Grand Usuel
LAROUSSE
dictionnaire encyclopédique

IN EXTENSO

Grand Usuel LAROUSSE

dictionnaire encyclopédique

QUERCY

ZYTHUM

LAROUSSE

21, Rue du Montparnasse 75283 Paris cedex 06

édition mise à jour au 30 juin 1996

Distributeur exclusif au Canada : les Éditions Françaises Inc.

ISSN 1264-4242
ISBN 2-03-750035-1 (volume 5)
ISBN 2-03-750029-7 (édition complète)

Photocomposition Maury – Malesherbes
Impression Aubin Imprimeur à Poitiers, Ligugé – L 53180
Dépôt légal : mars 1997 – n° de série éditeur : 19225
Imprimé en France (Printed in France) 750035 – Mars 1997

QUERCY, région du bassin d'Aquitaine, en bordure du Massif central. On distingue les *Causses du Quercy* (ou *haut Quercy*) et le *bas Quercy.* Les Causses (de Martel, au N. de la Dordogne, de Gramat, au N. du Lot, dominant la Limargue, et de Limogne, au S., bordant la dépression de Villefranche-de-Rouergue) correspondent approximativement au dép. du Lot. Au S.-O., le bas Quercy (nord du Tarn-et-Garonne) est formé de plateaux étroits que séparent des vallées parallèles, et, vers l'aval, de collines.
— **Hist.** Ancien pays des Cadurques, prospère à l'époque romaine, le Quercy appartint au royaume franc à partir de 507. Il dépendit du comté de Toulouse (849), fut ravagé par la croisade des albigeois et disputé entre les rois de France et d'Angleterre. Il fut réuni à la Couronne au XVe s.

QUERELLE n. f. (lat. *querella*). **1.** Opposition vive, échange de propos hostiles : *J'ai voulu vainement rester à l'écart de leur querelle.* — **2.** *Chercher querelle à qqn,* rechercher la dispute avec lui. ‖ *Querelle d'Allemand, mauvaise querelle,* querelle faite de mauvaise foi. ‖ *Querelle de personne,* différend portant non sur des idées, mais sur les personnes qui les soutiennent.

QUERELLER v. t. (conj. 4). *Litt.* Adresser des reproches, des critiques à qqn.
◆ **se quereller** v. pr. Avoir une querelle, un différend avec qqn.

QUERELLEUR, EUSE adj. et n. Qui aime à se quereller.

QUERÉTARO, v. du Mexique, cap. d'État, au N.-O. de Mexico ; 545 049 hab. Cathédrale baroque et néoclassique, et autres monuments. Musée. Textile. Mécanique.
— **Hist.** Assiégé dans cette ville, l'empereur Maximilien y fut fusillé (19 juin 1867).

QUÉRIR [ke-] v. t. (anc. fr. *querre,* du lat. *quaerere,* chercher) [seulem. inf.]. Litt. *Aller, envoyer, venir quérir qqn, qqch,* aller, envoyer, venir les chercher.

QUERNAGE n. m. Action de querner le schiste ardoisier.

QUERNER v. t. (conj. 3). Briser un bloc de schiste ardoisier en morceaux réguliers, ou répartons, au moyen du bouc.

QUERNEUR n. m. Ouvrier ardoisier qui procède au quernage.

QUERQUEVILLE (50460), comm. de la Manche, banlieue N.-O. de Cherbourg ; 6 597 hab. Chapelle remontant au Xe ou XIe s.

QUÉRULENCE n. f. Caractéristique psychique des sujets quérulents.

QUÉRULENT, E adj. (lat. *querulus,* qui se plaint). Se dit d'un sujet dont l'activité est orientée vers la réparation d'injustices et de dommages imaginaires.

QUÈSACO ? ou **QU'ÈSAQUO ?** [kesako] adv. interr. (loc. provenç. signif. *qu'est cela ?*). *Fam.* Qu'est-ce que c'est ?

QUESADA (Gonzalo JIMÉNEZ DE) → JIMÉNEZ DE QUESADA (Gonzalo).

QUESNAY (François), médecin et économiste français (Méré, Yvelines, 1694 - Versailles 1774). Chirurgien-chef de l'hôtel-Dieu de Mantes, il fréquenta les physiocrates et écrivit des articles pour l'*Encyclopédie.* Il publia en 1758 son œuvre maîtresse, le *Tableau économique,* où il compare la circulation des biens et services à la circulation du sang dans le corps humain. Pour Quesnay, la terre est la source première de la richesse. Son apport essentiel est l'invention, avant la lettre, de la macroéconomie (découverte du « circuit »). Quesnay défend en économie le libre jeu des lois naturelles.

QUESNEL (François), peintre et dessinateur français (Édimbourg, Écosse, v. 1545 - Paris 1616), le plus connu d'une famille d'artistes. Il apparaît sur les comptes de la Couronne, à Paris, dès 1571 ; en 1610, il travaille avec ses frères Nicolas et Jacques à l'entrée de Marie de Médicis à Paris. On lui attribue de nombreux portraits dessinés, marqués par une recherche de l'effet pictural (*Marie Touchet,* v. 1574, B. N., Paris ; *Antoine Caron,* 1592, *ibid.*)

QUESNEL (Pasquier), théologien français (Paris 1634 - Amsterdam 1719). Oratorien, il fut mis à l'Index (1676) pour jansénisme. Retiré aux Pays-Bas, il passa, après la mort d'Arnauld (1694), pour le chef des jansénistes ; réfugié en Hollande (1703), il se consacra à la justification d'Arnauld et à celle de son principal ouvrage, les *Réflexions morales,* qui fut deux fois condamné par Rome (1708, 1713).

QUESNEL (Joseph), écrivain canadien d'expression française (Saint-Malo 1749 - Montréal 1809), auteur de poésies champêtres et de comédies en vers.

QUESNOY (Le) [59530], ch.-l. de cant. du Nord, aux confins du Cambrésis et du Hainaut ; 5 081 hab. *(Quercitains).* Enceinte bastionnée des XVIe et XVIIe s.

QUESNOY-SUR-DEÛLE (59890), ch.-l. de cant. du Nord, à 12 km au N.-N.-O. de Lille ; 5 793 hab. *(Quesnoysiens).*

QU'EST-CE QUE pron. interr. Interroge sur les choses, en fonction d'objet direct : *Qu'est-ce qu'il veut ?*

QU'EST-CE QUI pron. interr. Dans les interrogations directes et (fam.) indirectes, interroge sur les personnes ou les choses, en fonction du sujet : *Je ne sais pas qu'est-ce qui est arrivé.*

Queste del Saint Graal *(la)*, roman qui constitue la clef de voûte du *Lancelot-Graal* en prose (1125-1135). Galaad, fils de Lancelot, mène à leur terme les aventures arthuriennes et a la vision du Graal.

QUESTEMBERT (56230), ch.-l. de cant. du Morbihan, au S. des landes de Lanvaux ; 5 334 hab. Halle en charpente de 1675.

QUESTEUR [kɛs-] n. m. (lat. *quaestor*). **1.** Magistrat romain chargé surtout de fonctions financières. (→ *encycl.*) — **2.** Membre élu du bureau d'une assemblée parlementaire, chargé de la gestion financière et de l'administration intérieure. (Il y a 3 questeurs à l'Assemblée nationale et au Sénat en France.)
ENCYCL. **Hist.** Élus par les comices tributes, les questeurs (au nombre de vingt à partir de Sulla) étaient chargés de gérer le Trésor (dans le temple de Saturne), d'encaisser impôts et amendes, de payer les soldes et les dépenses des travaux publics. Sous l'empire, la questure survécut, mais une bonne partie de ses fonctions passa à des fonctionnaires impériaux.

QUESTION n. f. (lat. *quaestio, -onis*). **1.** Demande faite pour obtenir une information, vérifier des connaissances : *Répondre aux questions des enquêteurs.* — **2.** Sujet à examiner et à discuter : *L'assemblée va examiner la question.* — **3.** Problème, difficulté : *Ils se sont disputés pour des questions d'argent.* — **4.** Ensemble des problèmes soulevés par tel ou tel sujet : *La question du chômage.* — **5.** Torture légale appliquée aux accusés et aux condamnés, pour leur arracher des aveux. (Codifiée du XIIIe au XVIe s., elle fut abolie partiellement par Louis XVI en 1780 et complètement par la Révolution.) — **6.** Technique de contrôle parlementaire qui permet aux membres des assemblées d'obtenir du gouvernement des renseignements ou des explications (question écrite, orale avec ou sans débat, question hebdomadaire au gouvernement). — **7.** *Belle question, cette question, quelle question !,* voilà une question stupide, absurde. ‖ *C'est une question de,* cela vient, dépend de : *C'est une question de temps.* ‖ *En question,* se dit de la personne, de la chose dont il s'agit. ‖ *Être en question,* être un objet de discussion. ‖ *Faire question,* être discutable ; soulever une réflexion, une interrogation de la part de qqn. ‖ *Il est question de,* il s'agit de, on parle de : *Dans cet article, il est question d'une nouvelle méthode ;* il y a un projet visant à, on parle de : *Il est question d'instituer un nouvel impôt.* ‖ *Il n'est pas question, c'est hors de question* ou, fam., *pas question,* expriment une opposition résolue à qqch. ‖ *Mettre qqch en question,* le soumettre à un examen, à une discussion. ‖ *Ne pas faire de question,* être évident, sûr, assuré. ‖ *Question,* en ce qui concerne ceci ou cela : *Question finances, je m'en tire assez bien.* ‖ *Remettre qqn en question,* reconsidérer qqn sur de nouvelles bases. ‖ *Question au jury,* formule par laquelle le jury est interrogé par le président de la cour d'assises sur les faits relevés à la charge de l'accusé et sur les circonstances qui les entourent.

QUESTIONNAIRE n. m. Série de questions auxquelles on doit répondre : *Remplir un questionnaire.*

QUESTIONNEMENT n. m. **1.** Fait de poser un ensemble de questions sur un problème. — **2.** Fait d'être interpellé par qqch qui pose problème.

QUESTIONNER v. t. (conj. 3). **1.** Poser des questions à qqn sur qqch, sur qqn : *La police l'a questionné sur ses relations.* — **2.** Poser problème à qqn : *La situation de l'emploi nous questionne.*

QUESTIONNEUR, EUSE n. *Litt.* Personne qui pose beaucoup de questions.

QUESTURE [kɛs-] n. f. **1.** Charge de questeur. — **2.** Ensemble des services dirigés par les questeurs d'une assemblée ; bureau des questeurs.

1. QUÊTE n. f. (forme norm. de l'anc. fr. *cheoite,* chute). **1.** Inclinaison sur l'arrière d'un mât de navire. — **2.** *Quête d'étambot,* élancement arrière d'un navire.

2. QUÊTE n. f. (lat. pop. **quaesita,* du lat. class. *quaerere,* chercher). **1.** *Litt.* Action de chercher : *La quête du bonheur.* — **2.** Action de quêter ; sommes obtenues : *Faire une quête à domicile.* — **3.** Action de chercher le gibier. — **4.** *Être en quête de,* être à la recherche de qqn, de qqch.

QUÉTELET (Adolphe), astronome, mathématicien et statisticien belge (Gand 1796 - Bruxelles 1874). Il a appliqué la théorie des probabilités aux sciences morales et politiques, ainsi qu'en anthropométrie.

QUÊTER v. t. (de *quête 2*) [conj. **4**]. **1.** *Litt.* Chercher à obtenir qqch ; rechercher, solliciter avec insistance et humilité : *Quêter un regard approbateur.* — **2.** En parlant d'un chien, chercher le gibier.
◆ v. i. Solliciter des aumônes : *Quêter pour les aveugles à la sortie de l'église.*

QUÊTEUR, EUSE n. **1.** Personne qui quête, recueille des aumônes. — **2.** *Litt.* Personne qui est toujours à la recherche de qqch : *Quêteur de louanges.*

QUETIGNY (21800), comm. de la Côte-d'Or, banlieue est de Dijon ; 9 599 hab. Produits pharmaceutiques.

QUETSCHE [kwɛtʃ] n. f. (mot alsacien ; de l'all. *Quetsche*). **1.** Variété de prunes à épiderme souvent bleu, grosses et oblongues, consommées fraîches. – **2.** Eau-de-vie obtenue par distillation de ces prunes.

QUETSCHIER n. m. Variété de prunier produisant la quetsche.

QUETTA, v. du Pākistān, ch.-l. de province, dans le Baloutchistan ; 285 000 hab. Position stratégique qui commande les passes de Bolan, Quetta est un centre administratif, commercial et industriel.

QUETTEHOU (50630), ch.-l. de cant. de la Manche, dans le nord-est du Cotentin ; 1 400 hab. Petite station balnéaire.

1. QUETZAL [kɛtzal] n. m. (pl. *quetzals*) [mot nahuatl]. Oiseau des forêts du Mexique et d'Amérique centrale, au plumage vert mordoré, pourvu chez le mâle de longues plumes caudales et d'une huppe. (Le quetzal a donné son nom au dieu précolombien Quetzalcóatl. Il est devenu l'emblème du Guatemala.) [N. usuel *oiseau-soleil.*]

2. QUETZAL [kɛtzal] n. m. (pl. *quetzales* [-lɛs]). Unité monétaire du Guatemala.

QUETZALCÓATL, dieu précolombien de la Végétation, à Teotihuacán. À côté de Tlaloc le dieu de la Pluie, il devint à l'époque aztèque le dieu des prêtres, de la pensée religieuse et des arts.

QUEUE n. f. (lat. *coda,* var. de *cauda*). **1.** Partie du corps des cordés située en arrière du cloaque ou de l'anus, et contenant l'extrémité de la colonne vertébrale. (→ *encycl.*) – **2.** Partie terminale d'un objet : *La queue d'un cerf-volant.* – **3.** Objet ou partie d'un objet de forme allongée, servant en partic. à le saisir : *La queue d'une casserole.* – **4.** Tige ou pédoncule d'une fleur, d'un fruit, d'une plante ; pétiole d'une feuille : *Queue de cerise.* – **5.** *Pop.* Membre viril. – **6.** Dernière partie, derniers rangs d'un groupe qui avance : *La queue d'un cortège.* – **7.** File de personnes qui attendent leur tour ; attente dans cette file : *Une queue de deux heures. Faire la queue.* – **8.** Ensemble des dernières voitures d'un train, d'un métro : *La queue du train est sortie des rails.* – **9.** Groupe situé en fin d'un classement : *Queue de classe qui ne suit pas du tout.* – **10.** Partie terminale de qqch ; fin : *La queue d'un orage.* – **11.** Trait plus ou moins vertical vers le bas dans le dessin d'une lettre, d'un chiffre : *La queue d'un 9.* – **12.** *À la queue, aller à la queue,* se placer après la dernière personne d'une file d'attente. ‖ *En queue,* à la fin ou à l'arrière. ‖ *Habit à queue,* habit dont les basques tombent largement derrière. ‖ *La queue basse, la queue entre les jambes,* plein de honte et de confusion. ‖ *N'avoir ni queue ni tête,* n'avoir aucun sens, être incohérent ; ne sembler avoir ni début ni fin. ‖ Fam. *N'en avoir pas la queue d'un,* ne pas avoir ce qu'on demande et, en partic., ne pas avoir d'argent. • **Aéron.** Partie postérieure du fuselage d'un avion. – **Astron.** Traînée lumineuse, constituée de gaz ou de poussières, issue de la chevelure d'une comète et toujours dirigée à l'opposé du Soleil, sous l'effet du vent solaire ou de la pression de rayonnement. – **Bât.** Partie arrière, noyée dans le mur, d'une pierre posée en boutisse (par oppos. à la *tête,* visible en parement). ‖ Partie la plus large d'une marche tournante (par oppos. au *collet*). – **Bouch.** Morceau correspondant à la queue. – **Cost.** Partie d'un vêtement qui traîne par-derrière, à terre. – **Jeux.** Tige de bois au bout garni d'une rondelle de cuir, avec laquelle on pousse les billes au billard. ‖ *Fausse queue,* au billard, dérapage du procédé sur la bille. – **Mar.** *Aviron de queue,* syn. de AVIRON DE GOUVERNE*. – **Math.** *Théorie des queues,* étude mathématique des trafics ou des flux, appliquant le calcul des probabilités aux phénomènes où un certain nombre d'objets (magasinage) ou d'usagers (liaisons téléphoniques) doivent attendre pour recevoir un service déterminé. – **Menuis.** *Queue droite,* tenon taillé droit sur l'about d'une pièce. [Syn. TENON ANGLAIS.] – **Outill.** Partie d'un outil destinée à assurer sa fixation dans un porte-outil ou dans le nez d'une machine-outil. – **Pétr.** Fraction la plus lourde d'un mélange d'hydrocarbures, obtenue en dernier par distillation fractionnée, par oppos. à *tête.* – **Pharm.** *Queue de cerise,* pédoncule de la cerise du griottier, utilisé en décoction pour son action diurétique. – **Rel.** *Tranche de queue,* tranche formée par la partie inférieure des pages du livre. – **Serrur.** Partie du pêne située à l'intérieur de la serrure. – **Trav. publ.** Partie inférieure d'un pavé, noyée dans le sable. – **Zool.** Chez les oiseaux, ensemble des grandes plumes (rectrices) portées par la queue vertébrale, qui est très réduite. ‖ Chez certains invertébrés, partie postérieure mince et souple du corps (postabdomen des scorpions, telson des crustacés macroures, etc.). ‖ Appendice des ailes postérieures de certains papillons dits « porte-queue ».

ENCYCL. **Zool.** La queue contient la portion postérieure du squelette axial (corde dorsale ou colonne vertébrale). Chez les poissons, la queue porte à son extrémité la nageoire caudale, située dans le plan vertical de symétrie, alors que chez les siréniens et les cétacés s'édifie une nagoire caudale horizontale. La queue des vertébrés aquatiques est en général un puissant organe de locomotion. Les amphibiens anoures perdent leur queue par résorption au moment de la métamorphose. La queue des caméléons est préhensile ; celle des lézards peut être « autotomisée » par l'animal en cas de danger pressant ; elle repousse ensuite. De nombreux sauriens ont une queue pourvue d'écailles saillantes, constituant un organe de défense. Chez les mammifères, la queue n'est qu'un appendice de diamètre modeste. Chez les kangourous, elle sert de balancier dans la course ; chez les pangolins et les singes du Nouveau Monde, elle est préhensile. Chez le castor, la queue est aplatie en palette horizontale et est utilisée par l'animal pour « maçonner » ses barrages.

QUEUE-D'ARONDE n. f. (pl. *queues-d'aronde*). **1.** Tenon simple ou multiple usiné en bout d'une pièce, allant en s'élargissant de la base à l'extrémité comme une queue d'hirondelle. — **2.** Profil identique au précédent, permettant l'assemblage en long de pièces perpendiculaires ou parallèles. — **3.** Rainure de section trapézoïdale à base élargie, ou tenon à base rétrécie, usinés dans une pièce, de manière à en permettre le coulissement par rapport à une autre pourvue de l'élément conjugué.

QUEUE(-)DE(-)CHEVAL n. f. (pl. *queues*[-] *de* [-]*cheval*). **1.** Coiffure où les cheveux, rejetés en arrière et resserrés par un lien assez haut sur la tête, retombent sur la nuque. — **2.** Ensemble de racines rachidiennes situées au-dessous du cône terminal de la moelle épinière dans le canal rachidien et innervant le périnée et les organes génitaux externes.

QUEUE-DE-MORUE n. f. (pl. *queues-de-morue*). **1.** Brosse large et plate, utilisée par les peintres en bâtiment et les peintres-décorateurs. — **2.** *Fam.* et *vx.* Habit de cérémonie.

QUEUE(-)DE(-)PAON [kødpɑ̃] n.f. (pl. *queues* [-]*de*[-]*paon*). Motif décoratif semi-circulaire, qui va en s'élargissant du centre à la périphérie.

QUEUE-DE-PIE n. f. (pl. *queues-de-pie*). *Fam.* Habit de cérémonie masculin se terminant dans le dos par deux pans arrondis.

QUEUE(-)DE(-)POISSON n. f. (pl. *queues*[-] *de* [-]*poisson*). **1.** Fait de se rabattre brusquement après avoir doublé un véhicule. — **2.** Fam. *Finir en queue de poisson,* se terminer brusquement, sans conclusion.

QUEUE(-)DE(-)RAT n. f. (pl. *queues-de-rat*). **1.** Lime ronde qui sert à agrandir les trous et à travailler les parties concaves à petit rayon. — **2.** Ligne qui s'amincit progressivement depuis la canne jusqu'à l'hameçon.

QUEUE-DE-RENARD n. f. (pl. *queues-de-renard*). Nom usuel commun à l'amarante, au mélampyre, au vulpin, etc.

QUEUE-DE-VOILE n. m. (pl. *queues-de-voile*). Nom donné à plusieurs variétés d'élevage du poisson rouge ou carassin.

QUEUE-EN-BRIE (La) [94510] comm. du Val-de-Marne, à 5 km au S.-E. de Champigny-sur-Marne ; 9 915 hab. *(Caudaciens).*

QUEUILLE (Henri), homme politique français (Neuvic-d'Ussel, Corrèze, 1884 - Paris 1970). Député radical-socialiste (1914-1935), puis sénateur (1935-1940), il fut plusieurs fois ministre de 1924 à 1940, notamment de l'Agriculture. En 1943, il rejoignit à Londres le général de Gaulle. Député radical-socialiste de la Corrèze (1946-1958), il a été vice-président du Conseil (1952-1954) et trois fois président du Conseil (1948-1949 ; juin-juill. 1950 ; mars 1951).

QUEUSOT n. m. (dimin. de *queue*). Tube de verre communiquant avec l'intérieur d'une ampoule électrique, par lequel la lampe est vidée et éventuellement remplie de gaz.

QUEUTAGE n. m. Action de queuter.

QUEUTER v. i. (de *queue*) [conj. 3]. Au billard, prolonger le choc avec la queue ou pousser d'un seul coup deux billes très rapprochées.

1. QUEUX n. m. (lat. *coquus,* de *coquere,* cuire). Vx. *Maître queux,* cuisinier.

2. QUEUX n. f. (lat. pop. **cotis,* du lat. class. *cos, cotis*). Pierre à aiguiser.

QUEVEDO Y VILLEGAS (Francisco Gómez DE), écrivain espagnol (Madrid 1580-Villanueva de los Infantes 1645). Chargé de missions diplomatiques, il connut tour à tour la faveur et la disgrâce du roi. Écrivain des contrastes, alliant dans ses poèmes l'inspiration la plus noble aux *romances* argotiques, impitoyable satiriste (*les Songes,* 1627 ; *Heures de tous,* 1635-36), il a publié des écrits politiques et moraux ainsi qu'un des plus étonnants romans picaresques, *Don Pablo de Ségovie* (1626).

QUÉVEN (56530), comm. du Morbihan, banlieue N.-O. de Lorient ; 9 006 hab.

QUEYRAS, région des Alpes françaises (Hautes-Alpes), correspondant à la haute et moyenne vallée du Guil et de ses affluents. C'est un pays élevé (1 500 à 2 000 m), aux vallées couvertes de forêts et de pâturages ; les conditions de la vie rurale, fondée sur l'élevage pastoral, ont été rénovées par le développement du tourisme (*parc naturel régional du Queyras,* créé en 1977).

QUEZALTENANGO, v. du Guatemala, ch.-l. de dép., à 2 300 m d'alt. ; 66 000 hab. Centre commercial et industriel (textile, cuir, mécanique, alimentation).

QUEZÓN (Manuel Luis), homme d'État philippin (Baler, Tayabas, 1878 - Saranac Lake, État de

New York, 1944). Chef du parti nationaliste à partir de 1922, il fut élu en 1935 président du Commonwealth des Philippines et s'exila aux États-Unis lors de l'invasion japonaise (1942).

QUEZÓN CITY, v. des Philippines, au N.-E. de Manille ; 1 666 766 hab. Fondée en 1948, elle fut la capitale jusqu'en 1976. Centre résidentiel. Université.

QUFU ou **K'IU-FOU,** v. de Chine (Shandong), au N.-E. de Jining ; 545 000 hab. Temples et monuments dédiés à Confucius, qui y enseigna et qui y est enseveli.

1. QUI pron. rel. (lat. *qui*). **1.** Introduit comme sujet une subordonnée relative : *L'homme qui sort d'ici est mon cousin.* – **2.** Après une prép., ne peut représenter que des humains : *Les voisins avec qui il est fâché.* – **3.** Sans antécédent, s'emploie comme sujet ou complément dans une relative indéfinie : *Qui ne dit mot consent. Consultez qui vous voudrez.* – **4.** Litt. *Qui... qui...*, l'un, l'autre : *Ils se sont dispersés qui d'un côté, qui de l'autre.* ‖ *Qui que,* introduit une subordonnée concessive indéfinie : *Qui que vous soyez.*

2. QUI pron. interr. (lat. *qui*). Introduit : **1.** une interrogative directe en présupposant comme réponse un nom de personne comme sujet : *Qui est venu ?* ; comme objet : *Qui avez-vous rencontré ?* ; après une préposition : *De qui parlez-vous ?* – **2.** une interrogative indirecte avec les mêmes fonctions : *Je sais qui vous avez vu.*

Qui a peur de Virginia Woolf ?, pièce d'Edward Albee (1962) : à travers un psychodrame familial, satire de la femme américaine et de l'univers absurde qu'elle engendre.

QUIA (À) → À QUIA.

QUIBERON (56170), ch.-l. de cant. du Morbihan, à l'extrémité sud de la *presqu'île de Quiberon ;* 4 647 hab. *(Quiberonnais).* Port de pêche et importante station balnéaire. Thalassothérapie. Conserveries.
– **Hist.** La presqu'île fut, en 1795, le cadre d'une tentative de débarquement royaliste avec l'aide des Anglais. Bloqués dans la presqu'île par le général Humbert, les trois régiments d'émigrés capitulèrent et 748 d'entre eux furent fusillés.

QUICHE n. f. (mot lorrain, d'orig. germ.). Tarte salée en pâte brisée garnie de lardons et recouverte d'un mélange d'œufs battus et de crème. (Spécialité lorraine.)

QUICHÉ [kitʃe] n. m. Langue maya, proche du cakchiquel, parlée au Guatemala par environ 800 000 locuteurs.

QUICHENOTTE ou **KICHENOTTE** n. f. (de *quichon,* mot régional). Coiffe de travail de tissu léger, à larges ailes et laissant tout le visage dans l'ombre, portée en Vendée.

QUICHERAT (Jules), archéologue français (Paris 1814 - *id.* 1882). Il fut l'un des créateurs de la science archéologique. Il a publié les documents relatifs aux procès de Jeanne d'Arc (1841-1849) et une *Histoire du costume en France* (1874).

QUICHÉS, Indiens du Guatemala, apparentés aux Mayas du Yucatán. Ils formèrent un puissant royaume qui connut son apogée au IXe s. apr. J.-C., et se maintint jusqu'au XVIe s. avec Utatlán (auj. Quiché) pour capitale.

Quichotte *(Don)* → DON QUICHOTTE.

QUICHUA → QUECHUA.

QUICK [kwik] n. m. (mot angl., *rapide*). Matière synthétique dure, poreuse et légèrement granuleuse, utilisée comme revêtement de certains courts de tennis en plein air.

Quick *(temps de),* mesure du temps de coagulation d'un plasma oxalaté et recalcifié en présence d'un excès de thromboplastine tissulaire. Il s'exprime en pourcentage (par rapport à une courbe de référence d'un plasma témoin). Les temps de Quick inférieurs à 70 % sont considérés comme pathologiques. Ce test est utilisé plus spécialement dans la surveillance des traitements anticoagulants par les antivitamines K.

QUICONQUE pron. rel. indéf. sing. (de *qui que onques,* qui que ce soit jamais, rapproché du lat. *quicumque*). Introduit une relative sans antécédent à sujet indéterminé : *Quiconque frappera par l'épée périra par l'épée.*
◆ pron. indéf. Indique une personne indéterminée, n'importe qui, personne : *Je sais mieux que quiconque ce qu'il faut faire.*

QUID [kɥid] pron. interr. *Fam.* Introduit une question directe : *Et quid de ton aventure ?*

QUIDAM [kɥidam] n. m. (lat. *quidam,* un certain). Homme dont on ignore ou dont on tait le nom.

QUIDDITÉ [kɥi-] n. f. (lat. scolast. *quidditas,* du lat. class. *quid,* quelle chose). Nature d'une chose en tant qu'elle s'exprime par sa définition (terminologie scolastique).

QUIERZY (02300), comm. de l'Aisne, dans la vallée de l'Oise ; 364 hab. Résidence carolingienne où Charles le Chauve promulgua un capitulaire admettant, en fait, l'hérédité des charges comtales (877).

QUIESCENCE [kɥiɛsɑ̃s] n. f. (de *quiescent*). Arrêt de développement des insectes en cas de conditions extérieures défavorables (température insuffisante ou sécheresse).

QUIESCENT, E [kɥiɛsɑ̃-, -ɑ̃t] adj. (lat. *quiescens, -entis,* de *quiescere,* se reposer). En état de quiescence.

QUI EST-CE QUE, QUI EST-CE QUI pron. interr. Dans les interrogatives directes ou indirectes (fam.), interroge sur les personnes : *Qui est-ce que vous connaissez ici ? Je ne sais pas avec qui est-ce qu'il est sorti. (Il ne sait pas) qui est-ce qui a téléphoné ?*

QUIET, ÈTE [kjɛ, kjɛt] adj. (lat. *quietus*). *Litt.* Paisible : *Mener une vie quiète.*

QUIÉTISME [kje-] n. m. (lat. *quietus,* paisible). Doctrine religieuse du XVIIe s., élaborée par le théologien espagnol Miguel de Molinos, rendue célèbre en France par les traités spirituels de Mme Guyon et un ouvrage de Fénelon, et qui, affirmant la présence continuelle de Dieu à l'âme, prônait un abandon total à l'effusion divine.

ENCYCL. Le quiétisme fut très vite condamné par Rome. Semblant s'éteindre, le conflit doctrinal se ralluma autour des écrits de Mme Guyon, que soutenait Fénelon contre Bossuet ; celui-ci répliqua à l'*Explication des maximes des saints* du premier (1697) par sa *Relation sur le quiétisme* (1698). Fortement blâmé par Rome, Fénelon se soumit (1699). Mme Guyon fut emprisonnée, puis exilée.

QUIÉTISTE [kje-] adj. et n. (de *quiet*). Relatif au quiétisme ; partisan du quiétisme.

QUIÉTUDE [kje-] n. f. (bas lat. *quietudo, -inis,* du lat. class. *quies, -etis,* repos). **1.** *Litt.* Douce tranquillité d'esprit, sérénité : *Attendre avec quiétude les résultats d'un examen.* — **2.** Confort calme d'un lieu : *La quiétude d'un appartement bourgeois.* — **3.** *En toute quiétude,* sans se faire le moindre souci.

QUIÉVRAIN, comm. de Belgique (Hainaut), près de la frontière française, à l'O. de Mons ; 7 000 hab.

QUIÉVRECHAIN (59920), comm. du Nord, au N.-E. de Valenciennes, à la frontière belge ; 6 477 hab. Activités industrielles en partie localisées à Blanc-Misseron.

QUIGNON n. m. (altér. de *coignon,* de *coin*). Morceau de gros pain contenant beaucoup de croûte.

QUILLAJA [kilaja] n. m. Nom générique de l'arbre d'Amérique du Sud qui fournit le bois de Panamá.

QUILLAN (11500), ch.-l. de cant. de l'Aude, sur l'Aude ; 3 937 hab. *(Quillannais).* Mairie dans un hôtel du XVIIIe s. Panneaux d'ameublement. Chapellerie.

QUILLARD n. m. (de *quille 2*). Voilier utilisé en compétition, d'un tonnage plus élevé que le dériveur et doté d'une quille.

QUILLARD (Pierre Antoine), peintre et graveur français (Paris 1701 - Lisbonne 1733). Élève de Watteau, il partit en 1726 pour le Portugal, où il devint peintre du roi Jean V.

1. QUILLE n. f. (anc. haut all. *kegil*). **1.** Pièce de bois tournée, posée verticalement sur le sol, qu'un joueur doit renverser en lançant une boule. — **2.** Pop. *La quille,* la fin du service militaire ; la sortie de prison. — **3.** *Pop.* Jambe. — **4.** En charronnerie, tige métallique fixée à l'arrière d'un véhicule à deux roues pour le soutenir.

2. QUILLE n. f. (anc. scand. *kilir,* pl. de *kjólr*). Pièce longitudinale inférieure de la charpente des bâtiments de navigation.

QUILLEBEUF-SUR-SEINE (27680), ch.-l. de cant. de l'Eure, près de l'estuaire de la Seine ; 1 055 hab. *(Quillebois).* Anc. cap. du Roumois. Église romane et gothique.

QUILLON n. m. (de *quille 1*). **1.** Chacun des bras de la croix, dans la garde d'une épée ou d'une dague. — **2.** Branche de la croisière d'une baïonnette ou de l'embouchoir d'un fusil, servant à former les faisceaux.

QUILMES, v. d'Argentine, banlieue industrielle de Buenos Aires ; 509 445 hab.

QUILON, port de l'Inde (Kerala), sur la côte de Malabār ; 362 572 hab. Centre industriel.

QUIMBOISEUR, EUSE n. Aux Antilles, sorcier, jeteur de sorts.

QUIMPER (29000), ch.-l. du Finistère, à 551 km à l'O.-S.-O. de Paris, sur l'Odet ; 62 541 hab. *(Quimpérois).* Cathédrale gothique St-Corentin (XIIIe-XVIe s., flèches du XIXe). Vieilles maisons. Musées breton et des Beaux-Arts. Capitale de la Cornouaille, centre administratif, commercial et touristique, peu industrialisé.
— **Hist.** Antique *Corisopitum,* devenue au haut Moyen Âge la capitale du comté de Cornouaille, elle fut appelée sous l'Ancien Régime Quimper-Corentin, du nom d'un saint évêque du VIe s.

Quimper *(faïences de),* faïences de la manufacture fondée à Quimper en 1690 par le Provençal Jean-Baptiste Bousquet (1649-1708) et en activité jusqu'à nos jours.

QUIMPERLÉ (29300), ch.-l. de cant. du Finistère, en Cornouaille ; 11 417 hab. *(Quimperlois).* Églises Ste-Croix, en rotonde (XIe s., reconstruite au XIXe) et N.-D.-et-St-Michel (XIIIe-XVe s.). Vieilles maisons. Papiers minces. Industrie alimentaire.

QUINA (la), lieu-dit de la commune de Gardes-le-Pontaroux (Charente), au nord-est de Villebois-Lavalette. Important gisement paléolithique où le Dr Henri Martin exhuma des squelettes de type néandertal. Industrie moustérienne connue par des racloirs façonnés par retouche écailleuse.

QUINAIRE adj. (lat. *quinarius,* de *quini,* cinq chacun). Se dit du système de numération de base 5. ◆ n. m. **1.** Monnaie romaine d'argent valant cinq as, frappée à partir du IIIe s. av. J.-C. — **2.** Sous l'Empire, monnaie d'or valant la moitié d'un aureus.

QUINALDINE n. f. Méthyl-quinoléine $C_{10}H_9N$, présente dans le goudron de houille (préparation de colorants).

QUINAUD, E adj. (moyen fr. *quin,* singe). *Vx.* Confus, penaud.

QUINAULT (Philippe), poète français (Paris 1635 - *id.* 1688). Auteur de comédies (*les Rivales,* 1653), de féeries et de tragi-comédies (*Astrate, roi de Tyr,* 1665), il collabora avec Molière et Corneille à *Psyché** avant de connaître à partir de 1672 un immense succès comme librettiste de Lully, malgré les attaques de Boileau et Bossuet. (Acad. fr., 1670.)

QUINAULTS, Indiens Salishs d'Amérique du Nord, établis sur la côte ouest de l'État de Washington.

QUINCAILLE n. f. *Fam.* Quincaillerie (sens 3, 4 et 5).

QUINCAILLERIE n. f. (onomat. *kink-,* évoquant des objets qui résonnent). — **1.** Ensemble des articles de ménage et de petit outillage ; commerce de ces objets. — **2.** Magasin où se fait ce commerce. — **3.** *Fam.* Bijoux faux, tape-à-l'œil. — **4.** *Fam.* Brochette de décorations arborées sur la poitrine. — **5.** *Fam.* Armes à feu que les truands portent avec eux.

QUINCAILLIER, ÈRE n. Personne qui vend des articles de quincaillerie.

Quincampoix *(rue),* à Paris (IIIe arrond.). Ancienne rue des merciers et orfèvres au Moyen Âge, elle devint le centre des agioteurs quand Law y établit sa banque (1716).

QUINCEY (Thomas DE) ⟶ DE QUINCEY.

Quincke *(œdème de)* ⟶ ŒDÈME.

QUINCONCE [kɛ̃kɔ̃s] n. m. (lat. *quincunx, -uncis,* de *quinque,* cinq, et *uncia,* once). **1.** *En quinconce,* selon un assemblage d'objets disposés par cinq dont quatre aux quatre angles d'un quadrilatère. — **2.** Plantation disposée en quinconce.

QUINCTIUS CINCINNATUS (Lucius) ⟶ CINCINNATUS.

QUINCTIUS FLAMININUS (Titus) ⟶ FLAMININUS.

QUINCY-SOUS-SÉNART (91480), comm. de l'Essonne, sur la lisière est de la *forêt de Sénart ;* 7 099 hab.

QUINDECEMVIR [kwɛ̃desɛmvir] n. m. (lat. *quindecemvir,* de *quindecim,* quinze, et *vir,* homme). Un des 15 prêtres de Rome préposés à la garde et à l'interprétation des livres sibyllins.

QUINE [kin] n. m. (lat. *quini,* cinq par cinq). **1.** Au jacquet, coup de dés qui amène les deux cinq. — **2.** Au loto, série de cinq numéros placés sur la même rangée horizontale d'un carton.

QUINE (Willard VAN ORMAN, dit **Willard**), logicien et philosophe américain (Akron 1908). Il refuse la distinction entre propositions analytiques et propositions synthétiques. Sa conception béhavioriste de la philosophie du langage s'oppose radicalement à l'innéisme de Chomsky. Dans le domaine de la philosophie analytique*, il importe à ses yeux de ne jamais oublier qu'une définition de type ontologique réfère à une théorie située à l'arrière-plan (*Méthodes de logique,* 1950 ; *Word and Object,* 1960 ; *Philosophy of Logic,* 1970).

QUINET (Edgar), historien français (Bourg-en-Bresse 1803 - Paris 1875). Professeur de littérature au Collège de France (1841), il fut suspendu en 1846 pour son anticléricalisme. Député en 1848, proscrit au 2 décembre 1851, il demeura en exil en Belgique et en Suisse jusqu'en 1870. Député en 1871, il résuma ses théories dans *l'Esprit nouveau* (1874). Partisan du républicanisme laïque, il a publié divers ouvrages (*les Révolutions d'Italie,* 1852).

QUINETTE (Nicolas Marie), baron **de Rochemont,** homme politique français (Soissons 1762 - Bruxelles 1821). Député à la Législative et à la Convention, il fut un des commissaires chargés d'enquêter sur Dumouriez, qui le livra aux Autrichiens (1793). Il fut échangé (1795) contre Madame Royale, fille de Louis XVI. Rallié à Bonaparte, il devint baron d'Empire (1810). La Restauration l'exila comme régicide.

QUI NHON, port du Viêt-nam, sur la *baie de Qui Nhon ;* 214 000 hab. Pêcheries. Salines.

QUINHYDRONE n. f. Composé vert $C_{12}H_{10}O_4$, résultant de la combinaison d'une molécule d'hydroquinone et d'une molécule de parabenzoquinone, utilisé en électrochimie comme substrat d'électrode.

QUINIDINE n. f. Alcaloïde extrait du quinquina, employé pour son action sédative cardiaque et antifibrillante.

QUININE n. f. (esp. *quina,* abrév. de *quinquina*). Dérivé de l'isoquinoléine, principal alcaloïde isolé des écorces des quinquinas, utilisé en thérapeutique.

ENCYCL. Découvert et préparé par Pelletier et Caventou en 1820, synthétisé par Woodward et Doering en 1945, le sulfate de quinine officinal est employé pour son action sur les hématozoaires du paludisme et comme fébrifuge dans l'état grippal.

QUININISME n. m. Intoxication par les sels de quinine.

QUINN (Anthony), acteur de cinéma américain (Chihuahua, Mexique, 1915). Il a joué notamment dans *Viva Zapata* (1952), *la Strada* (1954), *Notre-Dame de Paris* (1956), *la Diablesse en collant rose* (1959), *Requiem pour un champion* (1962), *Zorba le Grec* (1964), *Cyclone à la Jamaïque* (1965).

QUINOA n. m. (mot quechua). Sarrasin de l'Amérique du Sud, cultivé pour ses graines alimentaires.

QUINOLA n. m. (esp. *quinola*). Le valet de cœur, au jeu de reversi.

QUINOLÉINE n. f. (de *quinine* et lat. *oleum,* huile). **1.** Composé aromatique bicyclique C_9H_7N, dérivé de la pyridine et isomère de l'isoquinoléine. (Liquide incolore, d'odeur forte, la quinoléine est peu soluble dans l'eau et possède des propriétés chimiques voisines de celles de la pyridine.) — **2.** Nom générique des dérivés de ce composé. — **3.** *Jaune de quinoléine,* colorant dérivé de la quinaldine.

ENCYCL. Pharm. Les dérivés de la quinoléine ont une activité antimicrobienne. *L'orthoxyquinoléine* est utilisée pour les troubles intestinaux et urinaires, ainsi qu'en dermatologie et en gynécologie.

QUINOLÉIQUE ou **QUINOLÉINIQUE** adj. **1.** Qui se rapporte à la quinoléine. — **2.** *Acide quinoléique,* acide $C_7H_5NO_4$, qui s'obtient par oxydation permanganique de la quinoléine.

QUINONE n. f. (de *quinine*). Nom générique des dicétones cycliques insaturées, obtenues par oxydation des diphénols.

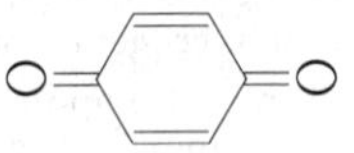

ENCYCL. Les quinones n'ont aucun caractère d'aromaticité et jouent un rôle important comme oxydants dans les réactions d'oxydoréduction biologiques. (→ PHYLLOQUINONES, UBIQUINONES.) Les plus simples sont les benzoquinones*. La plupart des dérivés quinoniques sont des colorants naturels ou synthétiques importants (alizanine, anthraquinones, etc.).

QUINONIQUE adj. Qui a trait aux quinones.

QUINOXALINE n. f. **1.** Dérivé bicyclique de la pyrazine, dont le squelette se retrouve dans la riboflavine. — **2.** Nom générique des dérivés de ce composé.

QUINQUAGÉNAIRE [kɛ̃ka-] adj. et n. (lat. *quinquagenarius,* de *quinquageni,* cinquante). Qui a entre cinquante et soixante ans.

QUINQUAGÉSIME [kɥɛ̃kɥa- ou kɛ̃ka-] n. f. (lat. ecclés. *Quinquagesima,* Pentecôte). Dimanche qui précède le premier dimanche de carême.

QUINQUENNAL, E, AUX [kɛ̃ke-] adj. (lat. *quinquennalis,* de *quinque,* cinq, et *annus,* année). **1.** Qui se fait, se célèbre tous les cinq ans : *Élection quinquennale.* — **2.** Qui s'étend sur cinq ans : *Plan quinquennal.*

QUINQUENNAT [kɛ̃ke-] n. m. **1.** Durée d'un plan quinquennal. — **2.** Durée d'un mandat de cinq ans.

QUINQUET [kɛ̃kɛ] n. m. (de A. *Quinquet,* n. pr.). **1.** Lampe à double courant d'air, avec réservoir d'huile à un niveau supérieur à celui de la mèche. — **2.** *Pop.* Œil.

QUINQUET (Antoine), pharmacien français (Soissons 1745 - Paris 1803). Il est surtout connu comme créateur et fabricant des *lampes à Quinquet,* qui sont, en fait, des perfectionnements de la lampe d'Argand, qu'il a munie d'un cylindre de cristal.

QUINQUINA n. m. (altér. du quechua *kinakina*). Arbre (rubiacée) du genre *cinchona,* qui fournit une écorce amère et fébrifuge, également appelée *quinquina,* et dont on extrait la quinine. (Gris, jaunes ou rouges selon l'espèce, les quinquinas contiennent de 5 à 15 % d'alcaloïdes.)

QUINSON (04480), comm. du sud des Alpes-de-Haute-Provence ; 277 hab. Barrage et centrale hydroélectrique sur le Verdon. Grotte préhistorique de Baume-Bonne, dont la stratigraphie s'étage entre le tayacien et le moustérien.

QUINT, E adj. (lat. *quintus,* cinquième). **1.** Cinquième (seulem. dans les n. pr.) : *Charles Quint.* — **2.** *Fièvre quinte,* fièvre dont les accès reviennent tous les cinq jours.

◆ **quint** n. m. **1.** Droit féodal se montant à la cinquième partie du prix de vente d'un fief et perçu par le suzerain. — **2.** Taxe du cinquième de la valeur de la matière, perçue par le roi sur les objets d'orfèvrerie.

QUINTAINE n. f. (lat. *quintana*). **1.** Pièce de bois fichée en terre, à laquelle était attaché un écu et que les chevaliers plantaient devant leur tente. — **2.** Mannequin monté sur un pivot, qui, lorsqu'on le frappait maladroitement avec la lance, tournait et assenait un coup sur le dos de celui qui l'avait frappé.

QUINTAL n. m. (pl. *quintaux*) [lat. médiév. *quintale,* de l'ar. *quinṭār*]. Anc. unité de mesure de masse (symb. q) équivalant à 100 kilogrammes.

QUINTANA (Manuel José), poète et homme politique espagnol (Madrid 1772 - *id.* 1857). Opposé à l'occupation napoléonienne (ode *A España,* 1808) et à l'absolutisme de Ferdinand VII, il exprima son engagement dans *Vies des Espagnols célèbres* (1807).

QUINTANA ROO, territoire du Mexique, dans l'est du Yucatán ; 50 350 km ; 493 277 hab. Ch.-l. *Chetumal.* Centres touristiques sur la côte (Cancún, île de Cozumel).

QUINTANE adj. f. *Fièvre quintane,* fièvre qui se produit tous les cinq jours, en laissant trois jours d'intervalle entre deux accès.

QUINTE n. f. (de *quint*) **1.** À certains jeux de cartes, réunion dans la même main de cinq cartes de même couleur qui se suivent sans interruption. — **2.** Groupement de secousses de toux successives et répétées. (La quinte est particulièrement typique de la coqueluche.) — **3.** Intervalle de cinq degrés dans l'échelle diatonique. (La quinte peut être *juste* [3 tons et 1 demi-ton diatonique], *diminuée* [2 tons et 2 demi-tons diatoniques], *augmentée* [3 tons, 1 demi-ton diatonique et 1 demi-ton chromatique].)

QUINTÉ n. m. (de *quint,* d'après tiercé). Type de pari (créé en 1989), engagé au P. M. U., où le joueur cherche à désigner les cinq premiers chevaux à l'arrivée d'une course.

QUINTE-CURCE, historien latin (Ier s. apr. J.-C.), auteur d'une *Histoire d'Alexandre,* en dix livres, pittoresque et romancée.

QUINTEFEUILLE n. f. (francisation du lat. *quinquefolium,* de *quinque,* cinq, et *folium,* feuille). **1.** Nom usuel de la *potentille.* — **2.** Fleur héraldique stylisée, à cinq pétales pointus.
◆ n. m. Motif décoratif médiéval à cinq lobes.

QUINTESSENCE n. f. (lat *quintus,* cinquième, et *essentian* essence). **1.** Substance éthérée que certains philosophes de l'Antiquité ajoutaient comme cinquième élément aux quatre éléments traditionnels. — **2.** *Litt.* Ce qu'il y a de plus raffiné en qqch, ce qui est l'essence même de qqch.

QUINTESSENCIER v. t. (conj. **9**). *Litt.* Tirer la quintessence de qqch.

QUINTET [kɛ̃tɛt] n. m. (amér. *quintet*). Quintette de jazz.

QUINTETTE [kɛ̃- ou kɥɛ̃tɛt] n. m. (ital. *quintetto*). **1.** Pièce musicale pour cinq parties vocales ou instrumentales. — **2.** Groupe de cinq chanteurs ou instrumentistes.
ENCYCL. À partir du milieu du XVIIIe s. avec Boccherini, J.-C. Bach, Mozart, le quintette à cordes a toutes les faveurs. Le quintette peut aussi associer à un quatuor à cordes un piano (Mozart, Schubert) ou un instrument à air (clarinette avec Mozart, Weber) ou ne comporter que des instruments à air. Au XIXe s. et au début du XXe, le quintette a été illustré par Schumann, Franck, Fauré, Schmitt.

QUINTEUX, EUSE adj. *Toux quinteuse,* qui se produit par quintes.

QUINTIDI [kɛ̃- ou kyɛ̃tidi] n. m. (lat. *quintus,* cinquième, et *dies,* jour). Cinquième jour de la décade, dans le calendrier républicain.

QUINTIL [kɛ̃- ou kɥɛ̃til] n. m. Strophe de cinq vers sur deux rimes.

QUINTILIEN, rhéteur latin (Calagurris Nassica, auj. Calahorra, Espagne, v. 30 - v. 100 apr. J.-C.). Il ouvrit à Rome une école de rhétorique qui accueillit les neveux de Domitien. Dans son *Institution oratoire,* il réagit contre le goût « moderne » représenté par Sénèque et prône le retour au classicisme cicéronien.

QUINTILIUS VARUS (Publius) → VARUS (Publius Quintilius).

QUINTILLION [kɛ̃- ou kɥɛ̃-] n. m. Le nombre 10^{30}.

QUINTIN (22800), ch.-l. de cant des Côtes-d'Armor, au S.-O. de Saint-Brieuc ; 2 897 hab. *(Quintinais).* Maisons anciennes. Métallurgie. Aliments du bétail.

QUINTINIE (Jean DE LA) → LA QUINTINIE.

QUINTIVALENT, E [kɥɛ̃-] adj. Syn. de PENTAVALENT.

QUINTO [kɥɛ̃-] adv. (lat. *quinto,* de *quintus,* cinquième). Désigne le cinquième élément d'une série commençant par *primo,* et s'écrit souvent 5o ; cinquièmement.

QUINTOLET n. m. (de *quinte,* d'apr. *triolet*). Groupe de cinq notes surmonté du chiffre 5, et valant quatre ou six notes de la même figure rythmique.

Quinton *(plasma de)* [n. déposé], eau de mer stérilisée et ramenée à la concentration moléculaire du plasma humain par dilution avec de l'eau distillée. Le plasma de Quinton est utilisé chez les nourrissons athrepsiques ou diarrhéiques.

QUINTUPLE [kɛ̃-] adj. (bas lat. *quintuplex,* de *quintus,* cinquième). **1.** Cinq fois aussi grand : *Trente est quintuple de six.* — **2.** Qui est constitué de cinq éléments identiques, d'un élément répété cinq fois : *Une étoile à quintuples rayons.*
◆ n. m. Nombre, quantité quintuple d'un autre nombre, d'une autre quantité.

QUINTUPLEMENT n. m. Action de quintupler.

QUINTUPLER v. t. (conj. **3**). Multiplier par cinq : *Quintupler son revenu.*
◆ v. i. Devenir cinq fois plus grand.

QUINTUPLÉS, ÉES n. pl. Cinq enfants provenant d'une grossesse unique. (Les quintuplés peuvent provenir soit de la division d'un zygote unique, soit de la fécondation de cinq œufs différents, soit des différentes combinaisons possibles de dizygotisme et de monozygotisme.)

QUINZAINE n. f. **1.** Quantité de quinze, ou d'environ quinze : *Une quinzaine de jours.* — **2.** Période de deux semaines consacrée à une activité : *La quinzaine du blanc.* — **3.** Salaire de deux semaines.

QUINZE adj. num. card. inv. (lat. *quindecim*). **1.** Dix plus cinq : *Quinze minutes font un quart d'heure.* — **2.** S'emploie au sens de « quinzième » dans une numérotation, dans l'expression d'un rang, etc. : *Tome quinze. Louis XV.*
◆ n. m. inv. **1.** Nombre quinze. (Désigne aussi, selon les cas, le jour, le numéro d'une chambre, un pourcentage, etc.) — **2.** Ensemble d'une équipe de rugby composée de quinze joueurs. — **3.** Au tennis, premier point marqué par un joueur ou par une équipe dans un jeu.

Quinze Joies de mariage *(les)*, parodie anonyme en prose (début XVe s.) d'une prière populaire, *les Quinze Joies de Notre-Dame :* les malheurs de l'homme marié.

Quinze-Vingts *(hospice des)*, hospice national fondé à Paris par Saint Louis, entre 1254 et 1261, en faveur d'une confrérie d'aveugles pauvres. En 1779, les Quinze-Vingts furent transférés du faubourg Saint-Honoré au faubourg Saint-Antoine. Actuellement, les Quinze-Vingts ne comportent que des services d'ophtalmologie.

QUINZIÈME adj. num. ord. **1.** Qui occupe le rang marqué par le nombre quinze : *Être dans sa quinzième année.* — **2.** Qui est contenu quinze fois dans le tout : *La quinzième partie de l'unité.*
◆ n. m. Partie contenue quinze fois dans un tout.

QUINZIÈMEMENT adv. En quinzième lieu.

QUINZISTE n. m. Joueur de rugby à quinze.

QUINZOMADAIRE n. m. *Fam.* Journal paraissant chaque quinzaine.

QUIPROQUO [kiprɔko] n. m. (lat. *quid pro quod,* une chose pour une autre). Méprise par laquelle une personne, une chose est prise pour une autre.

QUIPU [kipu] n. m. (mot quechua signif. *nœud*). Faisceau de cordelettes à nœuds, de couleurs et de torsion différentes, qui servait dans le royaume inca à enregistrer les recensements de population et les inventaires de biens.

QUIRAT [kira] n. m. (ar. *qirāt,* sorte de petit pois). Part que l'on a dans la propriété d'un navire indivis.

QUIRATAIRE [ki-] n. m. Personne qui possède un quirat.

QUIRIGUÁ, cité maya du Guatemala, au N. de Copán*. Vestiges archéologiques du classique récent (600-950 apr. J.-C.).

QUIRINAL *(mont),* une des collines de Rome, au nord du Capitole. S'y trouvaient les jardins de Salluste ainsi que les thermes de Dioclétien et de Constantin.

Quirinal *(palais du),* palais de Rome, sur le mont Quirinal. Construit comme résidence d'été des papes de 1574 à env. 1740, il est devenu résidence du roi (1870), puis du président de la République italienne.

QUIRINUS, ancienne divinité romaine. À une haute époque, ce dieu faisait partie d'une triade Jupiter-Mars-Quirinus, et était assimilé au Mars sabin. La tradition voulait que Romulus divinisé eût pris son nom.

QUIRITE [kɥi-] n. m. (lat. *quiris, -itis*). **1.** À l'origine, citoyen romain de vieille souche. — **2.** Citoyen résidant à Rome.

QUIROGA (Horacio), écrivain uruguayen (Salto 1878 - Buenos Aires 1937). Poète, nouvelliste et conteur, il a peint (*Anaconda,* 1921) le mystère des forêts vierges, les animaux sauvages et l'angoisse des hommes.

QUISCALE [-kɥi-] n. m. (lat. sc. mod. *quiscalus*). Gros passereau d'Amérique centrale (ictéridé) à plumage noir ou sombre, à reflets métalliques.

QUISLING (Vidkun), homme politique norvégien (Fyresdal, Telemark, 1887 - Oslo 1945). Ministre de la Guerre (1931-1933), il fonda le Rassemblement national, pronazi. Après l'invasion allemande, il devint chef du gouvernement (1942). Il fut condamné à mort à la Libération et exécuté.

QUISSAC (30260), ch.-l. de cant. du Gard, sur le Vidourle ; 2 069 hab. Vins.

QUIST (Harlin), éditeur américain (Virginia, Minnesota, 1930), fondateur de la maison Harlin Quist Books (1963), qui publie des ouvrages pour enfants, édités simultanément en anglais et en français depuis 1966.

QUITO, cap. de l'Équateur ; 1 100 847 hab. Située au cœur des Andes à environ 2 800 m d'alt., la ville a été longtemps concurrencée par Guayaquil. C'est un centre politique, financier (pétrole de l'Oriente), culturel (université) et industriel (biens de consommation), relié par rail au nouveau port de San Lorenzo.
— **Bx-arts.** C'est à Quito que se trouve l'essentiel du patrimoine artistique colonial de l'Équateur. La fusion des traditions hispaniques et du maniérisme italien, voire flamand, caractérise l'art

du XVIe s., comme le montre le couvent de S. Francisco, commencé vers 1534 et où fut installée une école d'arts et métiers destinée à la formation d'artistes indiens. Tradition mudéjare et motifs décoratifs italiens coexistent également au XVIIe s. (collège des jésuites, v. 1650). L'influence italienne l'emporte au siècle suivant (façade de l'église des jésuites). La sculpture religieuse est féconde au XVIIe s. (ors et polychromie, à la manière de l'école de Séville) et au XVIIIe s. (Bernardo Legarda). Dès la fin du XVIe s., l'école picturale de Quito reflète les modèles gravés européens, auxquels s'ajoute au XVIIe s. l'influence d'un Murillo sur le peintre métis Miguel de Santiago. Au XXe s., la figure dominante est celle d'O. Guayasamín. Musées d'art, d'archéologie, d'histoire, etc.

QUITTANCE n. f. (de *quitter*). Écrit par lequel un créancier reconnaît avoir été payé.

QUITTE adj. (lat. médiév. *quitus,* du lat. class. *quietus,* tranquille). **1.** Libéré d'une dette pécuniaire : *Je lui ai tout remboursé, je suis quitte envers lui.* — **2.** Libéré d'une obligation morale ou sociale : *Être quitte du service militaire.* — **3.** *En être quitte pour,* sortir sans autre dommage d'une affaire dangereuse ou délicate : *En être quitte pour la peur ;* avoir à subir, comme conséquence, l'inconvénient de faire telle chose : *J'ai oublié mes papiers à la banque, j'en ai été quitte pour y retourner.* ‖ *Quitte à,* sauf à, au risque de subir telle chose, à faire telle chose : *J'avouerai, quitte à payer pour cette erreur.* ‖ *Franc et quitte,* sans charge ni hypothèque.
◆ n. m. *Quitte ou double,* formule par laquelle on demande à un joueur s'il risque tous ses gains sur une autre épreuve pour les doubler ou s'il abandonne le jeu ; le jeu lui-même. ‖ *Jouer à quitte ou double,* risquer le tout pour le tout.

QUITTER v. t. (de *quitte*) [conj. 3]. **1.** Partir d'un lieu, en sortir : *Il a quitté son appartement de Paris pour la banlieue.* — **2.** Cesser l'activité qu'on avait, se séparer de qqn ou d'un groupe : *Quitter l'enseignement public pour le privé.* — **3.** *Fam.* Finir son travail : *À quelle heure quittez-vous le soir ?* — **4.** Partir du lieu où l'on se trouvait avec qqn ou cesser de lui parler au téléphone, dans une lettre, etc. : *Bon, il faut que je vous quitte, bonsoir.* — **5.** Ôter un vêtement : *Quittez votre pardessus, il fait très chaud ici.* — **6.** *Litt.* En parlant des forces, abandonner qqn : *Tout son courage l'avait quitté.* — **7.** *Litt.* Mourir : *Depuis qu'il nous a quittés.* — **8.** *Ne pas quitter qqn, un lieu, qqch,* rester sans cesse près de qqn, ne pas sortir d'un lieu, porter toujours le même vêtement, le même bijou, etc. — **9.** *Ne pas quitter qqn,* en parlant d'une idée, d'un souvenir, l'obséder. — **10.** *Ne pas quitter qqn, qqch des yeux,* les surveiller sans cesse, y faire très attention. ‖ *Ne pas quitter (l'écoute),* rester en ligne, ne pas raccrocher le téléphone. ‖ *Quitter le deuil, l'uniforme, etc.,* abandonner le rôle, l'état, la fonction symbolisés par tel type de vêtements. ‖ *Quitter la route,* faire une embardée, déraper, sortir de sa route.
◆ **se quitter** v. pr. Se séparer à la fin d'un entretien, d'une activité, ou se séparer définitivement, rompre des liens professionnels, affectifs : *Ils se quittent bons amis.*

QUITUS [kitys] n. m. (lat. médiév. *quitus,* quitte). **1.** Acte par lequel le dirigeant d'une société, et plus généralement le responsable de la gestion d'un patrimoine ou d'une opération déterminée, est reconnu s'être acquitté de sa charge. — **2.** *Arrêt de quitus,* arrêt par lequel la Cour des comptes déclare un comptable quitte envers le Trésor des deniers qu'il a gérés.

QUI VIVE ? loc. interj. Cri poussé par les sentinelles, pour reconnaître un isolé ou une troupe. (Syn. QUI VA LÀ ?, HALTE-LÀ !)
◆ **qui-vive** n. m. inv. *Sur le qui-vive,* sur ses gardes dans l'attente d'une attaque.

QUIZ n. m. (mot angl.). Jeu, concours par questions et réponses.

QUMRĀN *(Khirbet),* site palestinien, sur la rive nord-ouest de la mer Morte, où, de 1946 à 1956, furent découverts dans des grottes les manuscrits bibliques dits de la mer Morte.

QUNAYTRA, QUNEITRA ou **KOUNAÏTRA,** v. de Syrie, ch.-l. de prov., au S.-O. de Damas ; 42 000 hab.

QUÔC-NGU n. m. Système d'écriture alphabétique du vietnamien fondé sur l'alphabet latin. (C'est, depuis le début du XXe s., l'écriture officielle du vietnamien.)

QUODLIBET ou **QUOLIBET** [kwɔdlibɛt] n. m. (lat. *quodlibet,* n'importe quoi). Pièce musicale mêlant des textes et des musiques disparates d'une manière plaisante.

1. QUOI pron. interr. ou exclam. (lat. *quid,* forme neutre de *quis,* quel). **1.** Après une prép., sert à poser une question impliquant comme réponse un nom de chose ou une phrase (souvent accompagné dans la langue courante de *est-ce que*) : *À quoi est-ce que vous pensez ? Par quoi allez-vous commencer ? ;* sans prép., seulem. dans les phrases sans verbe ou avec un inf. : *Quoi de plus facile ? Quoi dire ?* — **2.** *Pop.* Seul, incite à répéter une question qu'on a mal entendue ou comprise. — **3.** *Fam.* Seul, marque l'étonnement : *Quoi ! vous partez déjà ?* — **4.** *Fam.* Marque un mouvement d'humeur (souvent après *alors, eh bien, encore*) : *Alors quoi ! il faudrait se décider.* — **5.** *À quoi bon !,* exprime le découragement, l'abandon. ‖ Pop. *De quoi ?,* formule de menace, de défi. ‖ Pop. *Ou quoi ?,* marque l'impatience après l'expression d'une question, d'un ordre. ‖ *Quoi !*, indique une conclusion, un résumé péremptoire : *Il est menteur, paresseux, voleur, tous les défauts, quoi !*

2. QUOI pron. rel. (de *quoi 1*). **1.** Après une prép. dans une relative à un mode personnel ou à l'inf., a pour antécédent *ce, rien, quelque chose : Il n'y a rien sur quoi il ne donne son avis.* — **2.** Sans antécédent, représente un énoncé déjà formulé et équivaut à *ça, cela : Il prétend le contraire, en quoi il a tort.* — **3.** Fam. *Avoir de quoi,* avoir de l'argent, de la fortune ; avoir ce qu'il faut pour : *Il n'y a pas de quoi rire.* ‖ *Il n'y a pas de quoi,* se dit pour se défendre d'un remerciement excessif.

QUOI QUE, pron. rel. indéf. **1.** Exprime une concession (différent de *quoique*) : *Quoi qu'on fasse, le résultat sera le même.* — **2.** *Quoi que ce soit,* quelque chose que ce soit. ‖ *Quoi qu'il en ait,* quels que soient ses sentiments, il sera obligé d'en passer par là. ‖ *Quoi qu'il en soit,* en tout état de cause, de toute façon.

QUOIQUE conj. (de *quoi* et *que*). **1.** Indique la concession ; bien que, encore que : *Quoique nous soyons à la fin juillet, il y a encore beaucoup de monde à Paris.* — **2.** Indique une réserve portant sur un qualificatif : *Quoique riche, il n'était guère généreux.* — **3.** Introduit une objection après un temps de réflexion : *J'irais bien jusqu'à la place, quoique ça me fera une trop longue marche.*
— REM. L'e de *quoique* ne s'élide que devant *il, elle, ils, elles, on, un, une.*

1. QUOLIBET [kɔlibɛ] n. m. (lat. *disputationes de quolibet,* discussions sur ce qui plaît, qui avaient lieu deux fois par an dans l'enseignement scolastique). Plaisanterie vulgaire, mauvais jeu de mots à l'adresse de qqn : *Accabler un camarade de quolibets.*

2. QUOLIBET → QUODLIBET.

QUORUM [korɔm ou kworɔm] n. m. (angl. *quorum,* du lat. *quorum,* génit. pl. de *qui,* lequel). **1.** Nombre de membres présents exigé dans une assemblée délibérante pour que le vote soit valable. — **2.** Nombre de votants nécessaire pour qu'une élection soit valable.

QUOTA [kɔta ou kwɔta] n. m. (angl. *quota,* du lat. *quota,* quelle quantité). **1.** Pourcentage, contingent, nombre déterminé : *Quota d'importation.* — **2.** Groupe de personnes identifiées par leurs caractéristiques démographiques et socio-économiques, constituant l'un des éléments d'un échantillon représentatif d'une population auquel est soumis un questionnaire standardisé dans le cadre d'une enquête par sondage. — **3.** *Quota de vente,* chiffre d'affaires que doit réaliser un vendeur.

QUOTE-PART [kɔtpar] n. f. (pl. *quotes-parts*) [lat. *quota pars,* de *quotus,* en quel nombre, et *pars,* part]. **1.** Part que chacun doit payer ou recevoir dans la répartition d'une somme ou de qqch : *Payer sa quote-part à un dîner.* — **2.** Montant que chaque pays membre doit souscrire dans le Fonds monétaire international, en instruments de réserve ou dans sa propre monnaie.

QUOTIDIEN, ENNE [kɔ-] adj. (lat. *quotidianus,* de *quotidie,* chaque jour). **1.** Qui se fait chaque jour : *Il fait sa promenade quotidienne avec son chien.* — **2.** Qui relève de la vie de tous les jours et n'a donc rien d'exceptionnel : *Des tâches des plus quotidiennes.*
◆ **quotidien** n. m. **1.** Journal paraissant tous les jours, sauf (en principe) le dimanche. — **2.** La vie quotidienne.

Quotidien de Paris *(le),* quotidien d'informations (1974-1994). Il avait été fondé par Philippe Tesson et des journalistes de *Combat.*

QUOTIDIENNEMENT adv. De façon quotidienne.

QUOTIDIENNETÉ n. f. Caractère de ce qui est quotidien, habituel.

QUOTIENT [kɔsjɑ̃] n. m. (lat. *quotiens,* var. de *quoties,* combien de fois). **1.** Résultat d'une division d'un décimal *a* par un décimal non nul *b*. — **2.** *Ensemble quotient,* ensemble des classes d'équivalence déterminées dans un ensemble M par une relation d'équivalence R (on le note M/R). ‖ *Quotient d'un réel* a *par un réel* b *non nul,* réel x tel que $a = bx$. (On l'écrit à l'aide d'une notation fractionnaire, soit $x = \frac{a}{b}$.) [→ *encycl.*] ‖ *Quotient euclidien d'un entier naturel* a *par un entier naturel* b *non nul,* entier naturel noté q, tel que, dans la division euclidienne de a par b, $a = bq + r$, où $0 \leqslant r < b$. ‖ *Quotient d'un polynôme* A *par un polynôme* B *non nul dans la division euclidienne,* polynôme Q vérifiant $A = BQ + R$, où le degré de R est strictement inférieur à celui de B. (→ DIVISION.) • **Bot.** *Quotient d'assimilation,* rendement énergétique de la photosynthèse. — **Dr.** *Quotient électoral,* nombre minimal de suffrages nécessaires pour obtenir un siège dans un scrutin à la représentation proportionnelle. (Le quotient électoral est calculé soit par circonscription [en divisant le nombre des suffrages exprimés par le nombre de sièges à pourvoir dans la circonscription], soit à l'échelon national, [en fixant à l'avance un nombre unique ou en divisant le nombre total des suffrages exprimés par le nombre total des sièges à pourvoir].) ‖ *Quotient familial,* quotient du revenu d'une personne physique par un certain nombre de parts (dépendant de la situation de famille du contribuable et du nombre et de la qualité des personnes à charge), auquel on applique le tarif de l'impôt progressif qui se trouve ainsi réduit. (Le montant de l'impôt est égal au résultat ainsi obtenu, multiplié par le nombre de parts.) — **Physiol.** *Quotient respiratoire,* rapport CO_2/O_2 du volume de gaz carbonique rejeté au volume d'oxygène absorbé lors de l'acte respiratoire. (Sa valeur normale est égale à 1.) — **Psychol.** *Quotient d'intelligence, quotient intellectuel* ou *Q. I.,* rapport entre l'âge mental et l'âge réel d'un enfant, multiplié par 100. (Le Q. I. moyen d'un groupe d'enfants représentatif de la population d'un âge donné est, par définition, égal à 100.)

ENCYCL. Si x est le quotient du réel a par le réel non nul b, l'équivalence $bx = a \Leftrightarrow x = \frac{a}{b}$ conduit à établir des règles de calcul sur les quotients mis sous la forme $\frac{a}{b}$, soit : $\forall a \in \mathbb{R}$, $\forall b \in \mathbb{R}^*$, $\forall c \in \mathbb{R}$, $\forall d \in \mathbb{R}^*$,

– $\frac{a}{b} = \frac{c}{d}$, si et seulement si $ad = bc$

– $\forall k \in \mathbb{R}^*$, $\frac{ka}{kb} = \frac{a}{b}$

– $\frac{a}{b} + \frac{c}{d} = \frac{ad + bc}{bd}$

– $\frac{a}{b} \times \frac{c}{d} = \frac{ac}{bd}$

– si $a \neq 0$, $\left(\frac{a}{b}\right)^{-1} = \frac{b}{a}$.

QUOTITÉ [kɔ-] n. f. (lat. *quotus,* combien). **1.** Montant d'une quote-part. — **2.** *Impôt de quotité,* impôt dont le montant est établi en appliquant à la matière imposable un taux déterminé.

Quo vadis ?, roman de Sienkiewicz (1896), qui a pour cadre Rome au temps des persécutions des chrétiens par Néron.

Qur'ān *(al-),* nom arabe du Coran.

QURAYCHITES, tribu arabe à laquelle appartenait Mahomet et qui domina La Mecque à partir du début du VIIe s. Une tradition *(ḥadith)* veut que les califes soient des Quraychites.

QURNAT AL-SAWDĀ ou **QORNET ES-SAOUDA,** point culminant du Liban ; 3 083 m.

Quṭb mīnār, minaret et tour de victoire, érigé à Delhi au début du XIIIe s. Haut de 72,50 m, son décor épigraphié en fait un chef-d'œuvre de l'art islamique indien.

QU YUAN ou **K'IU YUAN,** poète chinois (v. 343 av. J.-C. - v. 277 ?). Son œuvre — dont le poème *Lisao (Douleur de l'éloignement)* — forme une grande partie de l'anthologie *Chuci (Élégies du pays de Chu).* Ministre du royaume Chu, il fut renvoyé sur une calomnie et se noya.

QWAQWA, anc. bantoustan d'Afrique du Sud, au N. du Lesotho ; 457 km^2.

R n. m. Dix-huitième lettre de l'alphabet français, transcrivant une consonne constrictive ou vibrante sonore liquide.

R abrév. — **Chim.** Symbole représentant un radical carboné monovalent indéterminé. — **Métrol.** Symbole du *röntgen.* — **Phys.** Désigne la constante molaire des gaz parfaits. [Dans le SI, R = 8,3144 J/(mol.K).]

$\mathbb{R}$, symbole désignant l'ensemble des nombres réels. ‖ $\mathbb{R}$, symbole désignant la droite numérique achevée.

ENCYCL. Une première définition des nombres réels est celle de nombres pouvant se mettre sous forme de développement décimal illimité. Une seconde, axiomatique, définit le corps $\mathbb{R}$ des réels comme un ensemble muni d'une addition, d'une multiplication et d'une relation d'ordre notée $\leqslant$ possédant les propriétés suivantes :
— ($\mathbb{R}$, +, ×) est un corps commutatif ;
— ($\mathbb{R}$, +, ×, $\leqslant$) est un corps commutatif totalement ordonné ; la relation d'ordre total $\leqslant$ étant compatible avec l'addition et la multiplication dans $\mathbb{R}$;
— toute partie non vide majorée de $\mathbb{R}$ a une borne supérieure dans $\mathbb{R}$.

De ce troisième axiome, on déduit que $\mathbb{R}$ est archimédien, dense dans lui-même ($\mathbb{Q}$ est aussi dense dans $\mathbb{R}$) et vérifie le théorème des segments emboîtés.

Les réels non rationnels sont appelés irrationnels. On distingue d'autre part les réels algébriques et les réels transcendants. Muni de la topologie associée à la distance $d(x,y) = | x - y |$, $\mathbb{R}$ est appelé droite numérique et noté sous forme d'intervalle $]-\infty, +\infty[$. Les intervalles ouverts bornés de $\mathbb{R}$ sont les ouverts et les intervalles fermés bornés sont les fermés ; de plus, toute partie fermée bornée de $\mathbb{R}$ est compacte, et tout ensemble infini borné possède au moins un point d'accumulation (théorème de Bolzano-Weierstrass). Dans la théorie des ensembles, l'ensemble des réels intervient dans la célèbre hypothèse du continu* : tout ensemble non dénombrable contient une partie équipotente à $\mathbb{R}$; il n'existe donc pas d'ensemble dont le cardinal soit strictement supérieur à Card ($\mathbb{N}$) et strictement inférieur à Card ($\mathbb{R}$).

Ra, symbole chimique du *radium.*

RA n. m. inv. (onomat.). Série de coups de baguette frappés sur un tambour, des deux mains alternativement, en marquant fortement le dernier.

RÂ, divinité égyptienne → RÊ.

R. A. A., abrév. de RHUMATISME* ARTICULAIRE AIGU.

RAAB, nom allemand de la rivière Rába.

RAAB, nom allemand de Győr.

RAABE (Wilhelm), écrivain allemand (Eschershausen, Brunswick, 1831 - Brunswick 1910). Après *la Chronique de la rue aux Moineaux* (1857), il a publié des romans relatant à la vie des petites gens (*le Pasteur famélique,* 1864 ; *Abu Telfan,* 1867 ; *Clair de lune allemand,* 1873-1875).

RAB ou **RABIOT** n. m. (gasc. *rabiot,* rebut de pêche, de *rave*). *Fam.* **1.** Part supplémentaire de nourriture ou de boisson prise sur ce qui reste après que tout le monde a été servi : *Demander du rab.* — **2.** Temps de service actif supplémentaire auquel est astreint un militaire qui a encouru une peine disciplinaire. — **3.** Temps supplémentaire de travail : *Faire du rab.* — **4.** Avantage ou bénéfice supplémentaire inespéré : *Un rab de sommeil.*

RAB, île croate de l'Adriatique, en face du Velebit ; 93,5 km^2 ; 7 800 hab. Tourisme. — La localité de *Rab,* sur la côte occidentale, garde une cathédrale remontant au XIIe s. (œuvres d'art), d'autres églises, des demeures gothiques et Renaissance d'influence vénitienne. Station balnéaire.

RÁBA, en all. **Raab,** riv. d'Autriche et de Hongrie, affl. du Danube (r. dr.) ; 398 km (dont 275 en Hongrie). Son bassin constitue une très riche région agricole (Kisalföld).

RABĀB ou **REBAB** n. m. (ar. *rabāba*). Instrument de musique à cordes frottées ou pincées du type violon ou luth utilisé au Maghreb ou en Asie.

RABÂCHAGE n. m. **1.** Action de rabâcher, de répéter sans cesse les mêmes choses. — **2.** Propos de qqn qui rabâche, radote.

RABÂCHER v. t. (rad. préroman **rabb-* exprimant l'idée de tapage) [conj. 3]. **1.** Revenir sans cesse et de façon lassante sur les mêmes idées : *Rabâcher des conseils.* — **2.** Apprendre un texte en le répétant longuement.
◆ v. i. Répéter cent fois, sans cesse, les mêmes propos : *Journaliste qui rabâche.*

RABÂCHEUR, EUSE adj. et n. Qui ne fait que rabâcher.

RABAH, souverain africain (prov. de Khartoum v. 1840 - Kousseri, Cameroun, 1900). Chef de guerre musulman, il servit d'abord Zubayr. Puis il constitua à partir du Bahr el-Ghazal un vaste royaume esclavagiste. Il conquit le Baguirmi et le Bornou en 1893-94. Il fut défait et tué par les troupes françaises (1900).

RABAIS n. m. (de *rabaisser*). **1.** Diminution du prix d'un bien ou d'un service sur un prix préalablement proposé ou facturé. — **2.** Syn. de DÉCRUE. — **3.** *Au rabais,* qui est offert, consenti, etc., au moindre prix : *Nous refusons une formation au rabais ;* qui est de peu de valeur : *Un directeur au rabais.* ‖ *Travailler au rabais,* à un prix anormalement bas.

RABAISSANT, E adj. Qui avilit, déprécie, dégrade.

RABAISSEMENT n. m. *Litt.* Action de ramener qqch à une valeur moindre ou de le sous-estimer ; fait d'être rabaissé : *Rabaissement des valeurs morales.*

RABAISSER v. t. (de *abaisser*) [conj. 4]. **1.** *Litt.* Faire revenir à sa position basse ce qui a été relevé : *Elle rabaisse sa voilette.* — **2.** Abaisser de tant le prix de qqch. — **3.** *Litt.* Amener qqn, qqch à un niveau, à un rang inférieurs : *Des instincts qui rabaissent l'homme au niveau de la bête.* — **4.** Faire régresser qqn ou qqch dans l'échelle des valeurs ; ramener qqn à un niveau moral inférieur : *Cet acte rabaisse son mérite à nos yeux.* — **5.** Estimer qqn, qqch au-dessous de leur valeur : *Rabaisser le mérite d'autrui.* — **6.** Litt. *Rabaisser l'orgueil, les prétentions de qqn,* les diminuer, les modérer.
◆ **se rabaisser** v. pr. Déprécier son propre mérite.

RABAN n. m. (moyen néerl. *rabant,* de *raa,* vergue, et *bant,* lien). **1.** Cordage de faible longueur servant à amarrer ou à saisir divers objets. — **2.** Corde retenant un filet dormant et qui est maintenue par une pierre enfouie dans le sable.

RABAN MAUR *(bienheureux),* en lat. **Hrabanus Maurus,** théologien, poète et homme de science allemand (Mayence v. 780 - Winkel, Rhénanie, 856). Abbé de Fulda (822), archevêque de Mayence (847), conseiller de Louis le Pieux, il est considéré comme l'initiateur des études théologiques en Allemagne. Il est notamment l'auteur de *De rerum naturis* (842-847).

RABANE n. f. (malgache *rebana*). Tissu formé de brins de raphia.

RABASTENS (81800), ch.-l. de cant. du Tarn, sur le Tarn ; 3 853 hab. *(Rabastenais).* Église des XIIIe-XIVe s. à clocher fortifié. Vignoble. Confection. Meubles.

RABASTENS-DE-BIGORRE (65140),ch.-l. de cant. des Hautes-Pyrénées, en Gascogne ; 1 293 hab. *(Rabastenais).* Bastide du XIVe s. Marché (veaux).

RABAT n. m. (de *rabattre*). **1.** Partie d'un objet conçue pour pouvoir se rabattre, se replier afin d'assurer une fermeture : *Grand sac de cuir avec des poches à rabat.* — **2.** Syn. de RABATTAGE. — **3.** Revers de col faisant office de cravate porté par les gens de robe et d'Église, les professeurs d'université en toge. — **4.** Morceau de tissu destiné à dissimuler l'ouverture d'une poche ou à simuler celle-ci.

RABAT, cap. du Maroc, deuxième ville du pays par la population (520 000 hab. et plus de 800 000 pour l'agglomération), sur la rive gauche de l'oued Bou Regreg, en bordure de l'Atlantique. Fondée en 1150 comme poste militaire, la ville est avant tout un centre politique et administratif. S'y ajoutent des fonctions universitaires, commerciales, et des activités artisanales et industrielles (textile, mécanique, alimentation).
— **Bx-arts.** Remarquables monuments d'époque almohade : tour Ḥasan (minaret de la mosquée Ḥasan) et la puissante enceinte avec ses célèbres portes, celle de la casbah des Oudaïa et Bāb al-Ruwāḥ. Dans les environs, nécropole de Chella. Musée archéologique, musée des Oudaïa (arts décoratifs) et musée de l'Artisanat.

RABAT-JOIE n. inv. Personne d'humeur chagrine qui trouble la joie des autres.

RABATTAGE n. m. **1.** Action de rabattre le gibier. (Syn. RABAT.) — **2.** Action de supprimer certaines branches.

RABATTANT, E adj. Se dit d'une exploitation minière, d'une taille qui progresse en revenant vers le point d'accès au panneau ou vers le puits. (Contr. CHASSANT.)

RABATTEMENT n. m. **1.** Construction, en géométrie descriptive, d'une représentation en vraie grandeur φ_1 d'une figure plane $\mathcal{F}$ à partir de ses projections (φ, φ'), consistant en une rotation autour d'une droite horizontale (Δ) du plan P contenant $\mathcal{F}$, qui « amène » P sur un plan horizontal, de préférence celui de projection. — **2.** Opération de triangulation ayant pour objet de déduire les coordonnées d'un point de station de celles d'un point connu inaccessible. — **3.** *Rabattement de nappe,* opération qui consiste à abaisser le niveau d'une nappe phréatique par pompage afin de mettre hors d'eau des terrains.

RABATTEUR, EUSE n. **1.** Personne qui, à la chasse, est chargée de rabattre le gibier. (Syn. TRAQUEUR.) — **2.** Personne qui essaie d'amener la clientèle chez un commerçant, dans une entreprise ou de recruter des adhérents pour un parti.
◆ **rabatteur** n. m. Organe rotatif placé sur les appareils destinés à la fauche ou à la moisson et qui maintient l'herbe ou les céréales devant la lame.

RABATTRE v. t. (de *abattre*) [conj. **83**]. **1.** Ramener, appliquer un couvercle, un battant, un panneau, une pièce de papier, d'étoffe, etc., sur ou contre autre chose, en partic. autour d'une charnière, d'une ligne de pliure, etc. : *Rabattre le couvercle d'un coffre.* — **2.** Refermer qqch dont un des éléments se replie : *L'oiseau rabat ses ailes.* — **3.** Fermer qqch, en partic. avec violence, sur qqch : *Le vent a rabattu la porte sur ses doigts.* — **4.** Amener qqch, une partie de qqch dans une position plus basse : *Rabattre le bord de son chapeau.* — **5.** Ramener qqch dans une direction dont il s'était écarté : *Il a rabattu sa voiture sur la droite.* — **6.** Orienter des personnes, des animaux, dans telle direction : *Le service d'ordre rabattait les manifestants vers (sur) les rues adjacentes.* — **7.** *Fam.* Amener, inciter qqn à aller qqpart : *Un homme dans la rue rabattait les passants vers la boîte de nuit.* — **8.** Déduire une somme, la défalquer (d'un total), à titre de rabais ou de retenue : *Il consent à rabattre 5 % sur le prix affiché.* — **9.** *Litt.* Ramener à un degré moindre un sentiment, une attitude jugés excessifs : *Rabattre l'orgueil de quelqu'un.* — **10.** Réviser une attitude et être amené à la modérer : *Il a bien fallu qu'il rabatte de ses exigences.* — **11.** *En rabattre,* abandonner une attitude trop confiante : *Il est très sûr de lui, mais il en rabattra.* • **Arbor.** et **Hortic.** Tailler les gros rameaux d'une plante, d'un arbre, pour provoquer l'apparition de pousses nouvelles. ‖ Couper les branches d'un arbre à leur point d'attache sur le tronc. — **Chass.** *Rabattre le gibier,* battre un terrain pour pousser le gibier vers les chasseurs ou vers des panneaux tendus. — **Cout.** *Rabattre des mailles,* faire glisser chaque maille d'un tricot sur la suivante. — **Math.** Effectuer un rabattement, en géométrie descriptive. — **Métall.** Effacer à petits coups de marteau les inégalités produites sur une pièce par les grands coups de marteau de forge. (Syn. PARER.)
◆ v. i. ou **se rabattre** v. pr. Quitter brusquement la direction que l'on suivait pour se diriger sur une autre : *Il se rabattit à travers champs.*

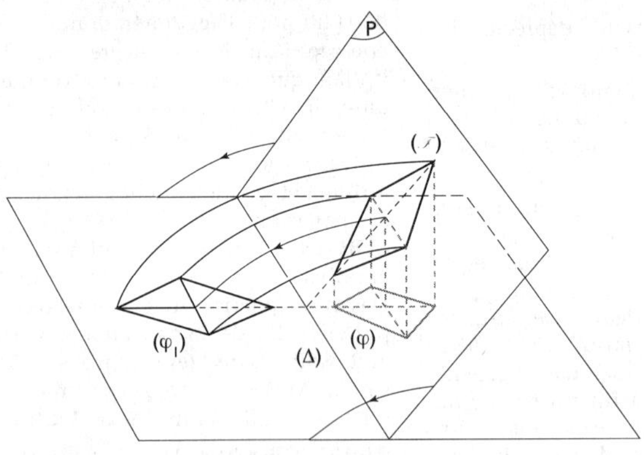

rabattement
de charnière (Δ)
d'une figure $\mathcal{F}$

◆ **être rabattu** v. pass. **1.** Être incliné, recourbé vers le bas. — **2.** En parlant d'un ton, d'une couleur, être à la fois sombre et chromatiquement peu saturé.

◆ **se rabattre** v. pr. **1.** Être (ou pouvoir être) abaissé, replié sur (contre) qqch : *Tablette qui se rabat contre le mur.* — **2.** Se refermer sur qqch, qqn : *La porte s'est rabattue violemment sur lui.* — **3.** Quitter brusquement la direction que l'on suivait pour se diriger vers : *Gibier qui se rabat vers un taillis pour se mettre à couvert.* — **4.** Rejoindre le côté de la chaussée après un écart à la fin d'une manœuvre de dépassement ou pour libérer la chaussée : *Le camion s'est rabattu trop vite.* — **5.** Accepter qqch, qqn, faute d'avoir pu obtenir la chose ou la personne préférées : *Se rabattre sur une formule de vacances moins onéreuse.*

RABAUD (Henri), compositeur et chef d'orchestre français (Paris 1873 - Neuilly-sur-Seine 1949). Il dirigea le Conservatoire de Paris de 1920 à 1941. Il est l'auteur de compositions pour orchestre de musique de chambre, de pages pour piano, de mélodies, mais son opéra *Mârouf, savetier du Caire* (1914) est son œuvre la plus connue. Rabaud fut un pionnier dans la musique de film (*le Miracle des loups,* 1924).

RABAUL, v. de Papouasie-Nouvelle-Guinée, principale ville de l'île de Nouvelle-Bretagne ; 15 000 hab. La ville fut occupée par les Japonais du 23 janv. 1942 jusqu'en 1945.

RABAUT (Jean-Paul), dit **Rabaut Saint-Etienne,** pasteur français (Nîmes 1743 - Paris 1793). Il fut à l'origine de l'édit de tolérance dont bénéficièrent en 1787 les protestants français. Député aux États généraux (1789) et à la Convention (1792), il défendit les droits de l'homme ; il fut exécuté avec les Girondins.

RABBATH AMMON, capitale des Ammonites, à la limite du désert syrien. C'est l'actuelle *'Ammān,* capitale de la Jordanie.

RABBI n. m. (hébr. *rabbi,* mon maître, de *rab,* maître). Titre donné aux docteurs de la Loi dans la littérature juive postbiblique.

RABBIN n. m. (lat. ecclés. *rabbinus,* de l'hébr. *rabbi*). **1.** Chef religieux, guide spirituel et ministre du culte d'une communauté juive. — **2.** *Grand rabbin,* titre donné aux rabbins qui occupent des postes importants de direction dans l'ensemble des communautés juives.

RABBINAT n. m. **1.** Dignité, fonction du rabbin. — **2.** Ensemble du corps des rabbins dans un pays déterminé.

RABBINIQUE adj. **1.** Relatif aux rabbins ou au rabbinisme. — **2.** Se dit de la cursive issue de l'hébreu carré utilisée au Moyen Âge. — **3.** Se dit de l'hébreu postbiblique utilisé par les rabbis.

RABBINISME n. m. Doctrine et activité religieuse et littéraire du judaïsme, après la destruction du second Temple en 70 apr. J.-C. (Elle est caractérisée par la mise en forme du Talmud et par la naissance, en Afrique du Nord et en Europe, de nombreux centres intellectuels actifs. La longue et brillante période rabbinique s'acheva avec l'émancipation des juifs européens à la fin du XVIIIe s. et au XIXe s.)

RABBIT-BOOK [rabitbuk] n. m. (pl. *rabbit-books*) [angl. *rabbit,* lapin, et *book,* livre]. Livre généalogique pour les races de lapins.

RABEARIVELO (Jean-Joseph), écrivain malgache (Tananarive 1901 ou 1903 - *id.* 1937). Il a tenté d'unir dans ses recueils de poèmes les mythes de la culture européenne aux thèmes ancestraux de son pays (*Presque songes,* 1934 ; *Traduit de la nuit,* 1935).

RABELAIS (François), écrivain français (La Devinière, près de Chinon, v. 1494-Paris 1553). Cordelier à Fontenay-le-Comte où il étudie le grec (1520), Rabelais passe en 1524-25 dans l'ordre des Bénédictins de Maillezais. Renonçant à la vie monacale en 1527, il entreprend le tour de France des universités, qui le conduit à la faculté de médecine de Montpellier. Devenu médecin de l'hôpital du Pont-du-Rhône à Lyon, il publie en 1532 des ouvrages de droit et de médecine, et les *Horribles et Épouvantables Faits et Prouesses du très renommé Pantagruel** ainsi qu'un almanach facétieux, la *Pantagruéline Prognostication.* Il accompagne l'évêque de Paris, Jean du Bellay, dans sa mission à Rome et, de retour à Lyon, fait paraître la *Vie inestimable du Grand Gargantua*, père de Pantagruel* (1534). Après plusieurs séjours à Rome, il se consacre de 1536 à 1546 à l'exercice de la médecine et dédie à Marguerite de Navarre le *Tiers Livre des faits et dicts héroïques du noble Pantagruel* (1546) qui est, comme les ouvrages précédents, condamné par la Sorbonne. Réfugié à Metz, puis à Rome, Rabelais publie, en passant par Lyon, les premiers chapitres du *Quart Livre de Pantagruel* (1548), dont l'ensemble paraît en 1552. Il devient en 1551 curé de Meudon. L'édition complète du *Cinquième Livre* ne sera publiée qu'en 1564. L'« œuvre-univers » de Rabelais, résumé des aspirations de la première moitié du XVIe s., concilie culture savante et tradition populaire. Rabelais développe dans ses récits héroï-comiques la leçon de l'humanisme nouveau. Derrière le gros rire et la farce, il invite à lire l'appel à un renouveau de l'idéal philosophique et moral à la lumière de la pensée antique et une profession de foi dans la nature humaine et dans la science. Le génie rabelaisien réside dans un langage truculent, fait d'inventions verbales et servi par un vocabulaire riche, imagé, qui fait appel à la diversité des langues et des registres.

RABELAISIEN, ENNE adj. Qui rappelle la verve truculente de Rabelais ; gaulois.

RABEMANANJARA (Jacques), homme politique et écrivain malgache d'expression française (Maroantsetra, prov. de Toamasina, 1913). Historien et essayiste, il a joué un rôle très actif dans le mouvement de la négritude. Poète lyrique (*Antidotes,* 1961 ; *Ordalies,* 1972), il est l'auteur de pièces en vers à sujets historico-légendaires : *Dieux malgaches* (1947), *les Agapes des dieux* (1962). Il a reçu en 1988 le grand prix de la Francophonie décerné par l'Académie française.

RABHAS, population de l'Assam dont le nombre est évalué à 150 000 membres.

RABI (Isidor Isaac), physicien américain (Rymanów, Galicie, 1898 - New York 1988). Ses études concernent le spin et les propriétés électriques et magnétiques du noyau de l'atome. (Prix Nobel de physique 1944.)

RĀBI'A QUZDĀRI DE BALKH, poétesse afghane (xe s.). Première femme à composer en arabe et en persan, elle est l'auteur de poèmes lyriques et mystiques.

RABIBOCHAGE n. m. *Fam.* et *vx.* Action de rabibocher ; fait de se rabibocher.

RABIBOCHER v. t. (mot dialect., du rad. *bib-,* désignant des choses sans importance) [conj. 3]. *Fam.* et *vx.* 1. Réparer sommairement qqch. — 2. Réconcilier qqn avec (et) qqn d'autre : *Rabibocher deux amoureux.*

RABIER (Benjamin), dessinateur humoriste français (La Roche-sur-Yon 1864 - Faverolles, Indre, 1939). Il est surtout connu pour ses livres d'enfants dont les héros sont des animaux (tel le canard Gédéon).

RABIN (Yitzhak), officier et homme politique israélien (Jérusalem 1922 - Tel-Aviv-Jaffa 1995). Chef d'état-major (1964-1967), Premier ministre à la tête d'un gouvernement travailliste (1974-1977), il fut ensuite ministre de la Défense (1984-1990). En 1992, il prit la tête du parti travailliste et redevint chef du gouvernement. Il relança les négociations israélo-arabes, qui aboutirent à l'accord de Washington (1993). Il fut assassiné par un extrémiste israélien. (Prix Nobel de la paix 1994.)

RABIOT → RAB.

RABIOTAGE n. m. *Fam.* Action de rabioter.

RABIOTER v. t. (de *rabiot*) [conj. 3]. *Fam.* et *vx.* 1. Obtenir qqch en supplément : *Rabioter du vin.* — 2. Prendre pour soi ce qui appartient à d'autres, rogner sur la part d'autrui : *Rabioter de l'essence à ses clients.* — 3. S'arranger pour bénéficier d'un temps supplémentaire.

RABIOTEUR, EUSE n. *Fam.* Personne qui rabiote.

RABIQUE adj. (lat. *rabies,* rage). Relatif à la rage.

RÂBLE n. m. (lat. *rutabulum,* spatule). 1. Partie du lièvre et du lapin, qui s'étend depuis le bas des épaules jusqu'à la queue. — 2. Outil utilisé par l'ouvrier saunier pour extraire le sel de la poêle. (Syn. ROUABLE.) — 3. Outil en forme de râteau employé dans les fours thermiques et métallurgiques pour étaler et déplacer le combustible ou le minerai. — 4. Fam. *Tomber, sauter sur le râble de qqn,* lui tomber dessus, l'attaquer à l'improviste.

RÂBLÉ, E adj. 1. Qui a le râble épais et court, les reins puissants : *Lièvre bien râblé.* — 2. Trapu, de forte carrure : *Des garçons de la campagne bien râblés.*

RÂBLER v. t. (conj. 3). 1. Remuer avec le râble. — 2. Nettoyer la poêle où l'on fait le sel.

RABONNIR ou **SE RABONNIR** v. pr. *Fam.* et *vx.* Devenir meilleur.

RABOT n. m. (de *rabotte,* lapin, mot dialect., du moyen néerl. *robbe,* lapin). 1. Outil à fût, utilisé pour corroyer une pièce de bois et en rendre le parement uni. (Le rabot comporte un fer en ciseau, de 36 à 70 mm de long, faisant un angle d'attaque de 45°). — 2. Lame montée derrière un tracteur, utilisée pour racler les déjections des animaux. — 3. Appareil d'abattage pour roche tendre, par enlèvement de copeaux tout le long d'un front de taille. — 4. Racle en bois très dur qui sert à nettoyer les glaces.

RABOTAGE n. m. 1. Action de raboter ; fait d'être raboté. — 2. Usinage d'une surface généralement plane par le déplacement relatif, rectiligne et alternatif d'une pièce ou d'un outil. (→ *encycl.*) — 3. *Rabotage basal,* en géologie, ablation de la base d'une unité charriée, lors de son déplacement sur son substratum. ‖ *Rabotage sommital,* syn. de BISEAUTAGE.

ENCYCL. Mécan. Le rabotage peut être obtenu par le mouvement d'une pièce devant un outil fixe (principe de la raboteuse*) ou par le déplacement d'un outil sur une pièce fixe (comme dans l'étau-limeur* et la mortaiseuse*).

RABOTER v. t. (de *rabot*) [conj. 3]. 1. Dresser une surface plane sur les métaux avec une raboteuse ou un étau-limeur, sur les bois avec un rabot ou avec une raboteuse. — 2. *Fam.* Heurter qqch et le frotter fortement contre qqch d'autre : *Raboter ses pneus contre le trottoir.*

RABOTEUSE n. f. 1. Machine-outil servant à usiner des surfaces planes et dans laquelle la coupe du métal est obtenue par le déplacement de la pièce devant un outil fixe. — 2. *Raboteuse* *à bois,* machine destinée à mettre à son épaisseur définitive une pièce de bois déjà dégauchie sur une face. (Syn. MACHINE À TIRER D'ÉPAISSEUR.)

RABOTEUX, EUSE adj. (de *rabot*). **1.** Dont la surface est inégale et présente des aspérités. — **2.** *Litt.* Se dit d'un style à l'expression heurtée, sans harmonie.

RABOTIN n. m. (de *rabot*). Outil du tailleur de pierre tendre, proche du chemin de fer, pour achever de dresser un parement.

RABOUGRIR v. t. (anc. fr. *abougrir,* de *bougre,* faible) [conj. **32**]. Retarder, entraver le développement d'un végétal, d'un être vivant : *Les fortes gelées ont rabougri les jeunes pousses.*
◆ v. i. ou **se rabougrir** v. pr., **être rabougri** v. pass. **1.** Avoir son développement, sa croissance ralentis, entravés ; prendre un aspect chétif, souffreteux : *Il conservait quelques plantes rabougries dans des pots.* — **2.** *Fam.* Se ratatiner, se dessécher : *Un visage ridé, desséché, rabougri.*

RABOUGRISSEMENT n. m. *Litt.* État de qqn, d'un végétal, de qqch qui est rabougri.

RABOUILLÈRE n. f. (de *rabotte,* lapin, mot dialect.). Petit terrier peu profond où la lapine met bas.

RABOUILLEUR, EUSE n. (anc. fr. *rabouiller,* de *bouiller,* mot dialect. signif. « troubler l'eau avec une perche »). Personne qui trouble l'eau avec une branche d'arbre pour prendre du poisson.

Rabouilleuse *(la) ou Un ménage de garçon en province,* roman d'H. de Balzac (1842) [*Scènes de la vie de province : les Célibataires*].

RABOUTER v. t. (de *abouter*) [conj. **3**]. Assembler bout à bout deux pièces de bois, de métal, de tissu, etc.

RABROUEMENT n. m. Fait d'être rabroué.

RABROUER v. t. (anc. fr. *brouer,* gronder, du norm. *breu,* écume) [conj. **3**]. Renvoyer qqn en le réprimandant : *Enfant qui se fait rabrouer par ses parents.*

RABUT (Charles), ingénieur français (Paris 1852 - *id.* 1925). On lui doit de grands perfectionnements dans la construction des ponts. En 1902, il énonça les lois de déformation du béton armé, les principes de calcul et les règles de son emploi.

RABUTIN (Roger DE) ⟶ BUSSY.

RACAGE n. m. (moyen fr. *raque,* de l'anc. scand. *rakki*). Collier qui lie une vergue ou la mâchoire d'une corne à un mât.

RACAHOUT [rakaut] n. m. Poudre faite de cacao, glands doux et riz, additionnée de fécule, salep, sucre et vanille, qui servait, chez les Arabes et les Turcs, à préparer des bouillies.

RACAILLE n. f. (anc. norm. *rasquer,* du lat. pop. *rasicare,* racler, du lat. class. *radere,* gratter). Populace méprisable ; catégorie de personnes considérées comme viles.

RACAN (Honorat DE BUEIL, *seigneur* DE), poète français (Aubigné, auj. Aubigné-Racan, 1589 - Paris 1670). Disciple de Malherbe, il a pratiqué l'élégie dans les *Stances sur la retraite* (1618) et rénové la pastorale (*les Bergeries,* 1625). On lui doit aussi des *Odes sacrées* (1651-1660). [Acad. fr., 1634.]

RACCARD n. m. En Suisse, grange à blé, typique du Valais.

RACCOMMODABLE adj. Qui peut être raccommodé.

RACCOMMODAGE n. m. Action de raccommoder qqch, fait d'être raccommodé : *Raccommodage d'un filet de pêche.*

RACCOMMODEMENT n. m. *Fam.* Réconciliation après une brouille.

RACCOMMODER v. t. (de *accommoder*) [conj. **3**]. **1.** Remettre en état, réparer un objet usé ou abîmé : *Faire raccommoder des assiettes anciennes.* — **2.** Réparer du linge à l'aide d'une aiguille et de fil : *Raccommoder un accroc à un pantalon.* — **3.** *Fam.* Remettre d'accord des personnes brouillées : *Raccommoder un fils avec son père.*
◆ **se raccommoder** v. pr. *Fam.* Se réconcilier.

RACCOMMODEUR, EUSE n. Personne dont le métier est de raccommoder certains objets : *Raccommodeur de faïence.*

RACCOMPAGNER v. t. (de *accompagner*) [conj. **3**]. **1.** Reconduire jusqu'à la porte qqn qui s'en va. — **2.** Accompagner qqn sur son chemin de retour : *Se faire raccompagner parce que les rues ne sont pas sûres.*

RACCORD n. m. (de *raccorder*). **1.** Liaison destinée à assurer la continuité entre deux parties séparées ou différentes, ou à rétablir l'homogénéité des diverses parties d'un ensemble : *Un plancher ancien réparé, où les raccords sont visibles. Un raccord de peinture.* — **2.** *Fam.* Retouche de maquillage. • **Cin.** Ajustement des éléments visibles de l'image pour éviter les incohérences visuelles entre deux plans successifs, parfois tournés à plusieurs semaines d'intervalle ; plan tourné pour assurer cet ajustement. — **Techn.** Pièce destinée à assurer l'assemblage, sans fuite, de deux éléments de tuyauterie, auxquels elle est fixée par des brides ou au moyen de filetages. — **Text.** Liaison des motifs répétés du décor d'un tissu, d'une broderie, formant ainsi composition. — **Théâtr.** Modification d'un texte dans lequel on a fait des coupures afin de relier deux répliques, deux scènes.

RACCORDABLE adj. Qui peut être raccordé à qqch.

RACCORDEMENT n. m. **1.** Action de raccorder, fait de se raccorder ; la jonction elle-même : *Le raccordement de deux conduites de gaz.* – **2.** Court tronçon de ligne servant à relier deux lignes distinctes. – **3.** *Ligne de raccordement,* ligne le long de laquelle les plans tangents à deux surfaces sont confondus. ‖ *Point de raccordement,* point où les droites tangentes à deux lignes sont confondues.

RACCORDER v. t. (de *accorder*) [conj. 3]. **1.** Réunir, relier deux choses distinctes, séparées : *Raccorder deux canalisations.* – **2.** Établir entre des choses de même nature une liaison, une transition qui ne laisse voir aucune rupture : *Un papier peint dont on doit raccorder les motifs.* – **3.** Constituer une communication, une jonction, une continuité entre deux choses : *Plusieurs ponts raccordent les deux parties de la ville.*

RACCOURCI n. m. **1.** Chemin plus court, plus direct que l'itinéraire normal : *Prendre un raccourci pour aller plus vite.* – **2.** Énoncé exprimant beaucoup en peu de mots : *Un raccourci hardi.* – **3.** *En raccourci,* sous une forme abrégée, ne conservant que l'essentiel. • **Bx-arts.** Réduction de certaines dimensions des objets et des figures sous l'effet de la perspective. (Figures vues de bas en haut des plafonds et des coupoles [celles du Corrège à Parme] ; célèbre *Christ mort* de Mantegna [Brera, Milan].) – **Chorégr.** Position dérivée dans laquelle la jambe en l'air est pliée.

RACCOURCIR v. t. (de *court*) [conj. 32]. **1.** Rendre qqch plus court, en réduire la longueur ou la durée : *Raccourcir une robe. Raccourcir un article.* – **2.** *Fam.* Décapiter, guillotiner qqn.
◆ v. i. ou **se raccourcir** v. pr., **être raccourci** v. pass. Devenir plus court, diminuer de longueur, de durée : *En automne, les jours raccourcissent.*

RACCOURCISSEMENT n. m. Fait de raccourcir : *Le raccourcissement des jours.*

RACCROC [-kro] n. m. (de *raccrocher*). *De raccroc,* dû au hasard : *Situation de raccroc.* ‖ *Par raccroc,* par un heureux hasard : *J'ai obtenu son adresse par raccroc.*

RACCROCHAGE n. m. **1.** Action de raccrocher qqn, de l'aborder au passage, sur la voie publique : *Raccrochage des passants par un camelot.* – **2.** Action de rattraper, de sauver ce qui paraissait perdu : *Le raccrochage de l'affaire sera difficile.*

RACCROCHER v. t. (de *accrocher*) [conj. 3]. **1.** Remettre à sa place en accrochant de nouveau (à qqch) ce qui avait été décroché : *Raccrocher la clef au tableau.* – **2.** Remettre sur le support le combiné du téléphone, ce qui interrompt la communication : *Je n'entends plus rien, il a raccroché.* – **3.** Accrocher qqch à qqch : *Raccrocher un wagon à une locomotive.* – **4.** Relier un fait à un autre : *Les enquêteurs raccrochent cet incident à ce qui s'est passé l'été dernier.* – **5.** *Fam.* Obtenir par hasard ou par chance qqch qu'on n'espérait pas : *Il a raccroché quelques commandes.* – **6.** Arrêter qqn au passage, pour lui parler ou lui proposer qqch. – **7.** Reprendre in extremis, avec des chances de succès, des pourparlers qui étaient sur le point d'échouer.
◆ v. i. *Fam.* Renoncer à exercer une activité professionnelle : *Champion cycliste qui décide de raccrocher.*
◆ **se raccrocher** v. pr., **être raccroché** v. pass. Avoir un rapport plus ou moins lointain avec qqch d'autre, s'y rattacher : *Cette croyance se raccroche au fétichisme.*
◆ **se raccrocher** v. pr. **1.** Se cramponner à qqch pour ne pas tomber : *Se raccrocher à une bouée.* – **2.** Trouver dans qqch ou auprès de qqn un réconfort, un soutien : *Se raccrocher à tous les motifs d'espérer.*

RACCROCHEUR, EUSE adj. Qui raccroche, qui cherche à attirer l'attention : *Une publicité raccrocheuse.*

RACE n. f. (ital. *razza,* du bas lat. *ratio,* espèce). **1.** Subdivision de l'espèce humaine. (→ *encycl.*) – **2.** Population animale résultant, soit par isolement géographique, soit par sélection, de la subdivision d'une même espèce, et possédant un certain nombre de caractères communs transmissibles d'une génération à la suivante. – **3.** *Litt.* Lignée familiale considérée dans sa continuité ; ensemble des ascendants ou des descendants d'un personnage ou d'un groupe humain : *La race de David.* – **4.** Ensemble de personnes présentant des caractères communs (profession, comportement, etc.), et que l'on réunit dans une même catégorie : *La race des gens honnêtes.* – **5.** *Avoir de la race,* avoir une distinction et une élégance naturelles. ‖ *De race,* se dit d'un animal domestique non métissé. ‖ *La race humaine,* l'ensemble des hommes, l'humanité.
ENCYCL. **Anthropobiol.** La diversité humaine a entraîné une classification raciale sur les critères les plus apparents d'abord : leucoderme (Blanc), mélanoderme (Noir), xanthoderme (Jaune). Cette classification s'est perfectionnée (XIXe s., avec les idées linnéennes) ; puis les progrès de la génétique, et l'élaboration du concept de distance génétique, depuis les années 1970, tendent à rejeter toute tentative de classification raciale. On a ainsi vainement cherché, au niveau du patrimoine génétique, des marqueurs raciaux véhiculés par le sang. On a, certes, isolé des gènes qui n'apparaissent que dans certaines populations et jamais dans d'autres : mais ces gènes sont

rares au sein de ces populations concernées. On a ensuite constaté que certains allèles ont une fréquence de répartition progressive, par palier, au sein d'un continent et qu'une population ne peut pas être caractérisée de façon absolue. Si le calcul des facteurs multiples qui interviennent dans la distance génétique n'aboutit pas à isoler la notion de race, le fait d'être blanc, noir, etc., n'est pas indifférent pour la structure génétique : mais la distance génétique entre deux Blancs pris au hasard dans une nation, par exemple, est souvent beaucoup plus forte qu'entre tel Européen et tel Africain, également pris au hasard. Les migrations entre groupes, qui transforment davantage les fréquences génétiques que les autres facteurs (dérive au hasard, ou sélection naturelle), ont effacé les quelques différenciations qu'avait pu créer un isolement prolongé.

RACÉ, E adj. 1. Se dit d'un animal de race, possédant les qualités propres à une race : *Cheval racé.* — 2. Qui paraît représenter un type particulièrement fin et distingué, qui a de la classe, de l'élégance : *Un homme racé. Un voilier racé.*

RACÉMASE n. f. Enzyme qui catalyse la transformation d'un acide aminé de la série L en acide aminé de la série D.

RACÉMIQUE adj. (lat. *racemus,* grappe de raisin). 1. S'est dit de l'acide qui se forme parfois lors de la vinification et qui est le mélange équimoléculaire des énantiomères dextrogyre et lévogyre de l'acide tartrique chiral. — 2. Se dit de tout mélange équimoléculaire de deux énantiomères. ◆ n. m. Mélange racémique.

ENCYCL. Les mélanges racémiques, qui ne dévient pas le plan de polarisation de la lumière, furent découverts par Pasteur, qui proposa diverses méthodes pour opérer leur fractionnement en énantiomères. La méthode la plus générale consiste à faire réagir le mélange racémique avec un autre composé chiral. Le mélange obtenu contient deux diastéréo-isomères dont les propriétés physiques sont différentes et qui sont donc séparables.

RACÉMISATION n. f. Réaction chimique transformant un énantiomère en mélange racémique correspondant.

RACER [resɛr] n. m. (angl. *racer,* coureur, de *to race,* courir). 1. Entre 1948 et 1955, nom donné aux voitures de compétition monoplace à moteurs de 500 cm^3. — 2. Canot à moteur fixe conçu pour la course.

RACEUR, EUSE n. (de *race*). Animal reproducteur dont les descendants présentent, nettement accusés, certains caractères.

RACHAT n. m. (anc. fr. *rachater,* racheter). 1. Action de racheter qqch, d'acheter de nouveau : *Rachat d'une voiture.* — 2. *Litt.* Action de faire libérer un prisonnier contre paiement d'une rançon. — 3. Action de se racheter ou de racheter une faute du point de vue moral. — 4. Acquisition par une société des actions constitutives de son propre capital social ou des obligations qu'elle a émises. — 5. Opération par laquelle un soldat obtenait à prix d'argent sa libération du service militaire, ou un conscrit son exemption dudit service. (Le rachat fut supprimé en 1905.)

RACHEL, personnage biblique, épouse préférée de Jacob, mère de Joseph et de Benjamin.

RACHEL (Élisabeth Rachel FÉLIX, dite **Mlle**), tragédienne française (Mumpf, canton d'Argovie, Suisse, 1821 - Le Cannet 1858). Elle débuta à la Comédie-Française en 1838 dans le rôle de Camille d'*Horace* de Corneille. Elle interpréta toutes les grandes héroïnes classiques et fit de nombreuses tournées internationales.

Rachel *(métier),* métier rectiligne à mailles jetées, à aiguilles à palette, pour tricots indémaillables, utilisé pour confectionner les rideaux, la dentelle, les filets, les tricots bouclettes, les tapis, la passementerie, les sacs d'emballage, etc.

RACHETABLE adj. Qui peut être racheté.

RACHETER v. t. (anc. fr. *rachater*) [conj. 28]. 1. Acheter une nouvelle fois qqch qu'on avait vendu. — 2. Acheter un autre exemplaire, une autre quantité de qqch : *Mes verres sont cassés, il faut que j'en rachète.* — 3. Acheter à qqn qqch que lui-même avait acheté et qu'il revend : *Racheter sa voiture à un ami.* — 4. *Litt.* Faire libérer un prisonnier par le versement d'une rançon. — 5. En parlant du Christ, sauver l'humanité par la rédemption. — 6. Faire pardonner, réparer une conduite coupable par des actes méritoires : *Il a racheté ses erreurs par une conduite exemplaire.* — 7. Compenser un défaut, le faire excuser par quelque qualité ; être une contrepartie suffisante à un inconvénient : *Sa loyauté rachète son mauvais caractère.* — 8. Déclarer reçu (ou admissible) un candidat à un examen alors que ses notes étaient insuffisantes. — 9. En construction, compenser une différence de niveau par une pente ou par des degrés ; ménager la transition entre deux plans différents. — 10. *Il n'y en a pas un pour racheter l'autre* ces deux personnes, ces deux choses sont également détestables. ◆ **se racheter** v. pr. Réparer ses fautes passées par une conduite méritoire.

RACHEVAGE n. m. (de *achever*). Ensemble des opérations qui ont pour objet de perfectionner et de terminer une pièce de poterie.

RACH GIA, port du Viêt-nam, sur le golfe de Thaïlande ; 104 200 hab. Traitement du riz.

RACHI → RASHI.

RACHIALGIE [-ʃjal-] n. f. (de *rachis* et *-algie*). Douleur siégeant en un point quelconque de la colonne vertébrale.

RACHIANESTHÉSIE ou **RACHIANALGÉSIE** [raʃia-] n. f. Méthode d'anesthésie régionale obtenue par l'injection d'une drogue au contact direct de la moelle après ponction de la dure-mère.

RACHICENTÈSE [ra₁i-] n. f. Syn. de PONCTION LOMBAIRE.

RACHĪD → ROSETTE.

RACHĪD (Mūlāy **al-**) [† Marrakech 1672], sultan du Maroc (1666-1672). Fondateur de la dynastie ʿalawīte, il s'empara de Fès en 1666 et de Marrakech en 1669.

RACHĪD AL-DĪN FAḌL ALLĀH, historien persan (Ḥamadhān 1247 - Soltāniyè 1318). Il est l'auteur d'un *Recueil de chroniques* qui est une source importante pour l'histoire des Mongols.

RACHIDIEN, ENNE adj. **1.** Relatif au rachis. — **2.** *Canal rachidien,* canal osseux creusé dans les vertèbres (rachis) et contenant la moelle épinière. ‖ *Ganglion rachidien,* ganglion nerveux, à fonctions sensorielles, situé sur la racine postérieure des nerfs rachidiens. (Syn. GANGLION SPINAL.) ‖ *Nerf rachidien,* nerf formé par la réunion d'une racine rachidienne antérieure (ou ventrale) et d'une racine postérieure (ou dorsale), qui sort de la colonne vertébrale au niveau d'un trou de conjugaison vertébral et se divise pour donner les différents nerfs périphériques sensitifs et moteurs.

RACHILDE (Marguerite EYMERY, dite), femme de lettres française (Château-l'Évêque, Dordogne, 1860 - Paris 1953). Cofondatrice du *Mercure de France* avec son mari, A. Vallette (1889), elle fut une des premières féministes. Auteur à scandale (*Monsieur Vénus,* 1889), elle soutint Jarry (*Alfred Jarry ou le Surmâle des lettres,* 1928).

RACHIMBOURG n. m. Homme libre qui, chez les Francs, faisait partie du jury d'un tribunal comtal.

RACHIS [-ʃis] n. m. (gr. *rhakhis*). **1.** Syn. de COLONNE* VERTÉBRALE. — **2.** Axe d'une plume d'oiseau. — **3.** Nervure principale d'une fronde de fougère ou d'une feuille.

RACHITIQUE adj. et n. (de *rachis*). Atteint de rachitisme.
◆ adj. **1.** Mal développé : *Un poulet rachitique.* — **2.** *Fam.* Qui est insuffisant : *Un roman un peu rachitique.*

RACHITISME n. m. (de *rachitique*). Maladie de l'enfance caractérisée par une insuffisance de calcification de l'os et des cartilages de croissance, due le plus souvent à l'avitaminose D.

ENCYCL. Le rachitisme est une maladie rare, touchant les enfants entre 6 et 18 mois et se voyant surtout dans les pays faiblement ensoleillés. Les signes osseux constituent l'essentiel de la maladie. Il s'y associe une hypotonie musculaire. Le traitement et la prévention consistent en l'administration de vitamine D.

RACHMANINOV → RAKHMANINOV.

RACHO adj. et n. *Pop.* Rachitique.

RACIAL, E, AUX adj. Qui relève de la race ou d'une race particulière d'hommes : *Discrimination raciale.*

RACIATION n. f. Processus biologique conduisant, au sein d'une population donnée, à l'apparition de races.

RACIBÓRZ, v. du sud-ouest de la Pologne, sur l'Odra, près de la frontière tchèque ; 53 000 hab.

RACINAGE n. m. (de *raciner*). En reliure, ornementation en camaïeu ou en couleurs rappelant l'aspect de racines.

RACINAIRE adj. Relatif à la racine. (Syn. RADICULAIRE.)

RACINAL n. m. (pl. *racinaux*) [de *racine*]. **1.** Pièce de charpente servant d'appui à d'autres pièces. — **2.** Pièce de bois coiffant les têtes de pieu dans un pilotis.

RACINE n. f. (bas lat. *radicina,* du lat. class. *radix, -icis*). **1.** Organe généralement souterrain des plantes vasculaires, qui les fixe au sol et qui assure leur ravitaillement en eau et en sels minéraux. (→ *encycl.* Bot.) — **2.** Follicule pileux, bulbe d'un poil, d'un cheveu : *Arracher le poil avec sa racine.* — **3.** Partie de qqch constituant son point de départ, sa base d'implantation : *La racine du nez.* — **4.** Ce qui est à la base, à l'origine de qqch : *Découvrir la racine du mal.* — **5.** *Litt.* Lien solide, attache profonde à un lieu, un milieu, un groupe : *Nous tenions à ce pays par des racines profondes.* — **6.** Fam. *Prendre racine,* s'attarder qqpart, sans manifester l'intention de partir. • **Anat.** Partie d'une dent située dans l'os alvéolaire du maxillaire. — **Géol.** Sous les chaînes de montagnes, partie profonde de la croûte continentale caractérisée par un enfoncement du moho jusqu'à 70-80 km. — **Ling.** Forme virtuelle à laquelle conduit l'analyse d'un mot après élimination de tous les éléments de formation et indices grammaticaux et qui est porteuse des sèmes essentiels, communs à tous les termes constitués à partir de cette forme. — **Math.** *Racine entière,* racine qui est égale à un entier. ‖ *Racine d'une équation algébrique de la forme* $P(x) = 0$, solution de cette équation. ‖ *Racines* $n^{ième}$ *d'un réel positif* a, *réel positif unique* α, noté $\sqrt[n]{a}$ *ou* $a^{1/n}$, tel que $\alpha^n = a$. [On a donc $(\sqrt[n]{a})^n = a$ ou $(a^{1/n})^n = a$.

Pour $n = 2$, on dit *racine carrée* (notée $\sqrt{a}$) ; pour $n = 3$, on dit *racine cubique*.] – **Neurol.** *Racine dorsale, racine ventrale,* faisceaux de fibres nerveuses, l'un dorsal, pourvu de ganglions rachidiens, à fonctions sensorielles, l'autre ventral, à fonctions motrices, dont la réunion forme le nerf rachidien. ‖ *Racine médullaire,* racine dorsale ou ventrale d'un nerf rachidien.

ENCYCL. **Bot.** La racine principale provient du développement de la radicule*. Sa croissance est orientée ordinairement vers le bas (géotropisme positif), fuyant la lumière et recherchant l'humidité.

Une racine typique comprend : 1° à son extrémité, la *coiffe,* sorte de bonnet protecteur pour le méristème terminal ; 2° la *région lisse,* dont la longueur est constante et qui est le siège d'une active croissance ; 3° la *région pilifère,* qui est couverte de poils absorbants, qui tombent en vieillissant et sont renouvelés dans la partie supérieure de la région lisse ; 4° la *région rugueuse,* portant les cicatrices des anciens poils ; 5° le *collet,* région de transition avec la tige, généralement proche de l'interface air-terre.

En coupe transversale, on distingue dans les racines jeunes : 1° l'*assise pilifère,* périphérique ; 2° l'*écorce,* ou parenchyme cortical ; 3° l'*endoderme,* assise de cellules à parois plus ou moins lignifiées ; 4° le *cylindre central,* qui comprend lui-même le péricycle, la moelle et les faisceaux conducteurs de la sève brute (bois) et de la sève élaborée (liber), alternant régulièrement.

Dans les racines âgées, d'autres tissus sont interposés en couches concentriques annuelles : 1° le *liège ;* 2° le *phelloderme,* qui est du parenchyme secondaire ; 3° le *liber secondaire ;* 4° le *bois secondaire.*

Le système racinaire est dit *pivotant* lorsque la racine principale domine, *fasciculé* lorsqu'il y a un faisceau de racines égales entre elles (poireau). Les racines sont *adventives* lorsqu'elles poussent latéralement sur un rhizome ou une tige. Elles peuvent s'enfler en tubercule (betterave, carotte), servir à la fixation (crampons du lierre), etc.

– **Math.** La notion *de racine $n^{\text{ième}}$* est directement liée à la notion de puissance et il en découle les règles de calcul suivantes :

$a \in \mathbb{R}^+$ et $b \in \mathbb{R}^+$, $\sqrt[n]{a} \times \sqrt[n]{b} = \sqrt[n]{ab}$,

$\sqrt[m]{\sqrt[n]{a}} = \sqrt[mn]{a}$, $\sqrt[n]{a} = \sqrt[np]{a^p}$,

$\sqrt[n]{a/b} = \sqrt[n]{a} / \sqrt[n]{b}$ $(b \neq 0)$

Quel que soit n, $\sqrt[n]{a}$ est toujours positif ; quand n est pair, $-\sqrt[n]{a}$ vérifie aussi

$$(-\sqrt[n]{a})^n = a.$$

RACINE, port des États-Unis (Wisconsin), sur le lac Michigan, entre Chicago et Milwaukee ; 86 000 hab. Centre commercial (céréales) et industriel (constructions mécaniques et électriques, alimentation).

RACINE (Jean), poète tragique français (La Ferté-Milon 1639 - Paris 1699). Orphelin, élevé par les religieuses de Port-Royal de 1645 à 1658, il suit ses études de logique au collège d'Harcourt. En 1660, il écrit *la Nymphe de la Seine,* et part pour Uzès à la vaine recherche d'un bénéfice ecclésiastique. De retour à Paris, il fait représenter sa première tragédie, *la Thébaïde* (1664), puis *Alexandre le Grand* (1665). Esprit hardi et souvent mordant, il entame une ascension rapide et une brillante carrière. Avec *Andromaque** (1667) s'ouvre la période des chefs-d'œuvre : *Britannicus** (1669), *Bérénice** (1670), *Bajazet** (1672), *Mithridate** (1673), *Iphigénie* en Aulide* (1674), *Phèdre** (1677), auxquels il faut ajouter la comédie *les Plaideurs* (1668). En 1677, Racine abandonne le théâtre. Réconcilié avec ses maîtres de Port-Royal, il est nommé historiographe du roi par Louis XIV. Douze ans plus tard, à la demande de Mme de Maintenon, il écrit pour les élèves de Saint-Cyr deux pièces : *Esther** (1689) et *Athalie** (1691).

Le théâtre de Racine peint la passion comme une force irrésistible qui consume celui qui en est possédé. Le conflit politique révèle le conflit intérieur. Modèle de la tragédie classique, la tragédie racinienne réalise parfaitement la règle des trois unités, visant non seulement l'unité mais aussi la simplicité de l'action dont les péripéties naissent de la passion même des personnages, dans un exercice de style perpétuellement renouvelé. Théâtre de la tendresse et de la cruauté, de la vertu et de la violence qui engendre la terreur et la pitié, le théâtre racinien se déroule en un espace toujours clos, inscrit dans un temps mythique et répétitif. (Acad. fr., 1673.)

RACINE (Louis), écrivain français (Paris 1692 - *id.* 1763), fils cadet de Jean Racine. Il a laissé des poèmes d'inspiration janséniste, *la Grâce* (1720), *la Religion* (1742) et des *Mémoires* sur son père.

Racine et Shakespeare, pamphlet de Stendhal, composé de deux opuscules (1823 et 1825). Il y définit le romantisme et défend la tragédie historique en prose, libérée des règles classiques.

RACINER v. t. (de *racine*) [conj. 3]. En reliure, procéder au racinage d'une peau.

◆ **être raciné** v. pass. En parlant d'un végétal, avoir des racines qui se sont développées, en partic. lors du marcottage.

Racing-Club (mots angl. signif. *club de courses*), nom adopté par de nombreuses associations sportives.

RACINIEN, ENNE adj. Caractéristique de l'œuvre de Racine ; qui rappelle son œuvre.

RACISME n. m. **1.** Croyance en une hiérarchie en valeur des groupes humains ; comportement inspiré par cette croyance. (→ *encycl.*) – **2.** Attitude d'hostilité systématique à l'égard d'une catégorie déterminée de personnes : *Racisme antijeunes.*

ENCYCL. L'idéologie raciste s'est développée avec Gobineau et H.S. Chamberlain au XIXe siècle. Le plus souvent accompagnée de comportements agressifs, elle a d'abord cru pouvoir s'appuyer sur une prétendue notion scientifique de race et sur une hiérarchie qui existerait entre les groupes humains aux plans intellectuel et physique. Malgré les conséquences monstrueuses de son application par le nazisme, principalement, le racisme se maintient partout dans le monde. Il se manisfeste sous forme de *discrimination raciale* (apartheid, purification ethnique, etc.), qui constitue son aspect social ou collectif, et sous forme de *préjugés racistes,* qui en sont la base affective et personnelle. De nombreux efforts ont été faits pour lutter contre lui, au niveau international (O.N.U.) et dans plusieurs pays grâce à la loi et à l'action d'associations (en France : le M. R. A. P., la L. I. C. R. A., S. O. S. Racisme, etc.).

– **Dr.** La loi réprime les discriminations raciales commises par voie de presse. Sont également réprimés le refus d'un bien ou d'un service, le refus d'embauche ou le licenciement ainsi que le fait de rendre plus difficile, sans motif légitime, l'exercice de l'activité économique d'un individu pour des raisons tenant à son origine nationale, son appartenance à une ethnie, une race ou une religion déterminée.

RACISTE adj. et n. Relatif au racisme, inspiré par le racisme ; qui soutient le racisme, qui fait preuve de racisme.

RACK n. m. (angl. *rack,* râtelier). **1.** Meuble de rangement pour appareils électro-acoustiques, à dimensions normalisées. – **2.** Tiroir destiné à recevoir des cartes ou des sous-ensembles électroniques.

RACKET [-kɛt] n. m. (angl. *racket*). Extorsion d'argent par intimidation ou violence.

RACKETTER [-kete] v. t. (conj. 3). Soumettre à un racket.

RACKETTEUR, EUSE [-ketœr, øz] n. (angl. *racketter*). Malfaiteur exerçant un racket.

RACKHAM (Arthur), aquarelliste britannique (Londres 1867 - Limpsfield, Surrey, 1939). Influencé par le symbolisme, il est l'auteur d'illustrations pour *Rip Van Winkle* (1905), *Peter Pan* (1906) et pour des contes de Hawthorne, Andersen, Poe, etc.

RACLAGE n. m. **1.** Action de racler. – **2.** Opération de finition des bois et du contreplaqué avec un racloir. – **3.** Déblayage à l'aide d'un racleur. (Syn. SCRAPAGE.)

RACLE n. f. **1.** Mince lame d'acier qui essuie les formes d'impression en héliogravure, en ne laissant de l'encre que dans les alvéoles gravées. – **2.** Syn. de DOCTEUR.

RACLÉE n. f. (de *racler*). *Fam.* **1.** Volée de coups. – **2.** Défaite cuisante : *Flanquer une raclée à l'équipe adverse.*

RACLEMENT n. m. Action de racler, de se racler la gorge ; bruit, trace qui en résulte : *Le raclement d'un violon.*

RACLER v. t. (anc. provenç. *rasclar,* du lat. pop. **rasiculare,* du lat. class. *radere,* gratter) [conj. 3]. **1.** Frotter avec vigueur une surface avec un instrument ou un corps dur pour détacher certaines parties qui y adhèrent : *Racler l'intérieur d'une casserole.* – **2.** Enlever qqch en raclant, en grattant : *Racler le grillé dans le fond d'un plat.* – **3.** Heurter qqch en frottant : *Quille du bateau qui a raclé le fond.* – **4.** Jouer sans habileté d'un instrument à cordes : *Passer des heures à racler son violon.* – **5.** *Racler le gosier, la gorge,* en parlant d'une boisson forte, produire une sensation d'âpreté quand on l'avale. – **6.** Polir une pièce de menuiserie au moyen d'un racloir.

◆ **se racler** v. pr. *Se racler la gorge,* débarrasser l'arrière-gorge des mucosités qui gênent en toussant fort volontairement.

RACLETTE n. f. (de *racler*). **1.** Appareil muni d'une lame souple en caoutchouc et servant à nettoyer une surface lisse. – **2.** Fromage gras au lait de vache, à pâte cuite, pressée, en forme de meule ; sorte de fondue à base de tranches de ce fromage, dont on racle au fur et à mesure la partie ramollie pour la manger chaude avec des pommes de terre. (Spécialité du Valais.) – **3.** Syn. de COUPE-PÂTE. – **4.** Outil de ramonage pour gratter la suie, nettoyer les tubes de chaudière.

RACLEUR, EUSE n. *Litt.* Personne qui joue maladroitement d'un instrument à cordes.

◆ **racleur** n. m. **1.** Engin de déblayage constitué d'un godet traîné sur le sol ou le tas de produits à déplacer à l'aide d'un câble tracteur et ramené par un ou deux câbles de retour. (Syn. SCRAPER.) – **2.** Instrument de musique sur lequel on obtient des sons en frottant avec une baguette les stries ou les encoches pratiquées sur un bâton, un os, un tube ou un métal.

RACLOIR n. m. (de *racler*). **1.** Lame d'acier, large et mince, utilisée dans le travail du bois ou des corps tendres pour gratter et lisser des surfaces planes. — **2.** Outil plat employé chez les mouleurs pour égaliser et lisser le sable d'un moule de fonderie. — **3.** Outil lithique, surtout fréquent au moustérien, obtenu par une retouche continue sur un ou deux bords. — **4.** *Racloir mécanique,* machine de finition du contreplaqué.

RACLURE n. f. **1.** Partie enlevevée d'un corps qu'on racle : *Des raclures d'or.* — **2.** *Pop.* Catégorie d'individus méprisables ; personne du plus bas étage.

RACOLAGE n. m. **1.** *Fam.* Action d'attirer les gens à soi par des procédés en général peu scrupuleux : *Se livrer à un racolage des électeurs.* — **2.** Action pour une prostituée de racoler un client sur la voie publique. — **3.** Recrutement par surprise ou par force des hommes pour le service militaire. (Le racolage disparut avec l'établissement de la conscription.)

RACOLER v. t. (de *accoler*) [conj. 3]. **1.** Attirer, recruter des gens : *Racoler des clients.* — **2.** Accoster, solliciter des passants en parlant de personnes qui se livrent à la prostitution. — **3.** Procéder au racolage.

RACOLEUR, EUSE adj. et n. Qui cherche à attirer à soi par des moyens peu recommandables : *Un racoleur sans scrupule.*

◆ adj. Qui cherche à séduire, à retenir l'attention : *Publicité racoleuse.*

◆ **racoleur** n. m. Bas-officier chargé de racoler. (Syn. ENRÔLEUR.)

RACON n. m. (angl. *radar beacon,* de *radar* et *beacon,* balise). Émetteur-récepteur associé à un repère fixe de navigation qui, lorsqu'il reçoit les émissions d'un radar, renvoie un signal distinctif qui peut apparaître sur l'écran du radar et fournir des indications de distance, de relèvement et d'identification. (Syn. BALISE RADAR, BALISE RÉPONDEUSE.)

RACONTABLE adj. Qui peut être raconté : *Une aventure qui n'est pas racontable.*

RACONTAR n. m. *Fam.* Commérage médisant et souvent mensonger.

RACONTERv. t. (anc. fr. *aconter,* conter) [conj. 3]. **1.** Faire oralement ou par écrit le récit d'événements, d'aventures, réels ou imaginaires : *À la veillée, il nous racontait les vieilles légendes du pays.* — **2.** Dire, rapporter que : *Tous racontent avoir vu une lumière étrange.* — **3.** Tenir des propos peu crédibles ou mensongers : *Raconter des balivernes.* — **4.** *On raconte que,* on colporte des bruits en jasant : *On raconte qu'il a eu plusieurs épouses.*

RACONTEUR, EUSE n. *Litt.* Personne qui raconte, aime raconter.

RACOON [rakun] n. m. Nom anglo-saxon du raton laveur, donné parfois au coypou.

RACORNIR v. t. (de *corne*) [conj. 32]. **1.** Dessécher qqch et le rendre dur et coriace : *Un métier qui racornit les paumes.* — **2.** Faire perdre à qqn, à un végétal de leur taille, de leur fraîcheur : *Le manque d'eau racornit les plantes.*

RACORNISSEMENT n. m. *Litt.* Fait de se racornir, d'être racorni.

RACOVIȚĂ (Emil), biologiste roumain (Iași 1868 - Bucarest 1947). Il fonda en collaboration avec René Jeannel (1879-1965), la biospéléologie ou étude des animaux des cavernes.

RAD, symbole du *radian.* ‖ *rad/s,* symbole du *radian par seconde.* ‖ *rad/s²,* symbole du *radian par seconde carrée.*

RAD n. m. (abrév. de *radiation*). Unité de dose absorbée de rayonnements ionisants, qui vaut 1/100 de gray.

RADA n. f. (mot slave signif. *conseil*). Conseil assumant un pouvoir politique ou administratif, en Pologne, en Lituanie, en Biélorussie et en Ukraine.

RADAMA Ier (1791-1828), roi de Madagascar (1810-1828). Il conquit les deux tiers de l'île et travailla à la modernisation et à l'occidentalisation de son pays.

RADAR n. m. (abrév. de l'angl. *RAdio Detection And Ranging*). **1.** Appareil de radiorepérage qui permet de déterminer la position et la distance d'un obstacle, d'un aéronef, etc., par l'émission d'ondes radioélectriques et la détection des ondes réfléchies à sa surface. (→ *encycl.*) — **2.** Syn. de RADIODÉTECTION. — **3.** En apposition avec ou sans trait d'union, désigne des appareils, des installations qui fonctionnent au moyen d'un radar : *Contrôle-radar sur l'autoroute.* — **4.** *Radar météorologique,* radar destiné à la localisation des hydrométéores et à la mesure de leur vitesse. ‖ *Radar de tir,* radar permettant de régler le tir de pièces d'artillerie ou de guider des missiles. ‖ *Radar de veille,* radar de détection permettant d'acquérir des objectifs à grande distance en vue de préparer une riposte.

ENCYCL. • *Historique.* Le premier radar est réalisé en 1904 par l'Allemand C. Hülsmeyer. En 1934, Pierre David expérimente avec succès un système de détection électromagnétique d'avions. Puis, Maurice Ponte crée, avec Henri Gutton, des dispositifs de détection électromagnétique, dont l'un est installé, en 1935, à bord du paquebot *Normandie* pour signaler l'approche d'obstacles. Dès le début de la Seconde Guerre mondiale, les Anglais, sous la direction de Watson-Watt, développent la technique du radar et installent de nombreuses stations pour la détection d'avions ennemis. Ces stations jouent un rôle décisif lors de la bataille d'Angleterre. À la même époque, des radars de conduite de tir sont installés sur les cuirassés allemands. Depuis, le radar n'a cessé de se perfectionner.

• *Fonctionnement.* Le radar émet, pendant une durée très courte, un faisceau étroit d'ondes radioélectriques qui, après réflexion sur une cible, retournent vers l'émetteur. La connaissance de la durée du trajet aller et retour des ondes permet de déterminer la distance de la cible. La vitesse de la cible est donnée par le décalage en fréquence de l'onde de retour par rapport à l'onde émise (effet Doppler). L'appareil proprement dit comprend, d'une part, un émetteur et un récepteur utilisant une antenne directive commune, d'autre part un indicateur servant à lire les résultats, généralement constitué par un écran cathodique. Les premiers radars fonctionnaient en ondes métriques. Puis on passa aux ondes décimétriques et, dans bien des cas, on utilise maintenant des ondes centimétriques. Plus les ondes sont courtes, plus facilement on les concentre en un faisceau étroit, et plus elles sont aptes à détecter des obstacles présentant une faible surface de réflexion. Les ondes sont émises, par l'intermédiaire d'une antenne articulée, par impulsions de très courte durée (fraction de microseconde) et de puissance élevée (jusqu'à plusieurs mégawatts).

Le balayage électronique, fréquemment utilisé, permet de changer la forme de l'antenne point par point en un temps négligeable et ainsi, avec le même dispositif, sans déplacement de pièce métallique, de faire varier la direction du rayonnement ou la forme du diagramme de rayonnement. L'« épaisseur » de l'antenne est contrôlée (à intervalles d'une demi-longueur d'onde) le plus souvent grâce à des dispositifs appelés « déphaseurs électroniques » (ou « retards électroniques ») commandés par un calculateur numérique, qui modifie donc en fonction des besoins la direction d'examen et la forme du faisceau ainsi rayonné. Avec cette technique, il n'est plus nécessaire de manœuvrer le réflecteur dans la direction d'une cible pour la poursuivre.

Applications civiles. L'une des principales applications du radar est la surveillance panoramique du contrôle du trafic aérien. Le radar est utilisé aussi, dans les aéroports, comme instrument d'aide à l'atterrissage des avions et des hélicoptères. À bord des avions de ligne, le rôle essentiel du radar est de détecter les formations nuageuses dangereuses. À bord des bateaux, il aide à éviter les collisions et à régler la navigation portuaire. Dans les centres météorologiques, il sert à localiser les systèmes nuageux. Des *radars de poursuite* permettent de suivre automatiquement les véhicules spatiaux après leur lancement, à des fins de localisation. En orbite, des *radars imageurs* fournissent des images du sol et des océans, de jour comme de nuit, quelle que soit la nébulosité ; des *radaraltimètres* autorisent des mesures d'altitude *(altimétrie spatiale)* ; des *radars de sondage* permettent de déterminer les caractéristiques météorologiques par l'analyse des ondes radioélectriques rétrodiffusées par les différentes couches de l'atmosphère. Chez les particuliers, des radars permettent de détecter les intrus. La police utilise des radars « cinémomètres » pour repérer les véhicules automobiles dépassant les vitesses autorisées.

• *Applications militaires.* Les *radars à impulsion,* qui sont souvent des radars Doppler, peuvent mesurer la direction des cibles en site et en gisement, leur distance et leur vitesse. Les *radars à ondes entretenues,* qui utilisent des ondes permanentes, permettent, dans le cas des fusées de proximité, l'explosion des charges à la distance optimale de l'objectif.

Dans l'aéronautique militaire, les radars de bord comprennent : les radars d'interception ; les radars de navigation, qui donnent une image du sol ; les radars à vision latérale, qui permettent de localiser des objets de très faible dimension. Le système américain AWACS, monté sur Boeing 707, affranchit la détection des limites liées à l'horizon optique. Les radars de la marine assurent la surveillance de l'espace aérien, ainsi que la veille de surface et la navigation. Les forces terrestres utilisent des radars antimortiers capables de restituer le début de la trajectoire du projectile et d'en déduire l'emplacement des pièces.

RADARASTRONOMIE n. f. Technique du radar appliquée à l'astronomie. (Elle a permis de déterminer les périodes de rotation de Mercure et de Vénus [1965] et d'obtenir des images du relief de Vénus.)

RADARISTE n. Spécialiste de la mise en œuvre et de l'entretien des radars.

RADCLIFFE (Ann Ward, *Mrs.*), femme de lettres britannique (Londres 1764 - *id.* 1823), auteur de romans « noirs » (*le Roman de la forêt,* 1791 ; *les Mystères d'Udolpho,* 1794).

RADCLIFFE-BROWN (Alfred Reginald), anthropologue britannique (Birmingham 1881 - Londres 1955). Il a notamment étudié les populations des îles Andaman et est à l'origine du fonctionnalisme (*Structure et fonction dans les sociétés primitives,* 1952, qui réunit des textes parus de 1924 à 1945).

RADE n. f. (moyen angl. *rade*). **1.** Grand bassin, naturel ou artificiel, ayant issue libre vers la mer et où les navires peuvent mouiller. — **2.** Fam. *En rade,* à l'écart, hors de course, à la traîne.

RADEAU n. m. (anc. provenç. *radel,* de *rat,* radeau, du lat. *ratis*). **1.** Petite construction flottante plate, utilisée comme bâtiment de servitude ou de sauvetage. — **2.** Syn. de TRAIN (de bois). — **3.** *Radeau pneumatique,* syn. de BATEAU* PNEUMATIQUE.

RADEGONDE *(sainte),* reine des Francs (en Thuringe v. 520 - Poitiers 587). Princesse germanique, elle fut faite prisonnière par Clotaire Ier, qui l'épousa (538). Après l'assassinat de son frère par le roi, elle entra en religion. Elle créa le monastère de Sainte-Croix, à Poitiers.

RADEK (Karl SOBELSOHN, dit **Karl**), homme politique soviétique d'origine polonaise (Lemberg 1885 - en prison 1939 ?). Il milita à l'extrême gauche de la social-démocratie polonaise puis allemande. Membre du Comité exécutif du Komintern (1920-1924), il fut exclu du parti communiste de l'U. R. S. S. en 1927. Réintégré en 1929, il fut arrêté et condamné en 1937. Il a été réhabilité en 1988.

RADETZKY VON RADETZ (Joseph, *comte*), maréchal autrichien (Trebnitz, auj. Třebenice, Bohême, 1766 - Milan 1858). Commandant en chef de l'armée d'Italie (1831), il réprima la révolution italienne de 1848 et battit les Sardo-Piémontais à Custoza (juill. 1848) et à Novare (mars 1849). Il fut gouverneur de Lombardie-Vénétie jusqu'en 1857.

RADFORD (Arthur), amiral américain (Chicago 1896 - Bethesda, Maryland, 1973). Commandant une flotte de porte-avions dans le Pacifique en 1943, il contribua largement à la destruction de la flotte japonaise. Après avoir commandé la flotte du Pacifique lors de la guerre de Corée, il devint président du Comité des chefs d'états-majors américains (1953-1957).

RĀDHĀ, dans la mythologie hindoue, l'amante du dieu Kriṣṇa. Son amour passionné est considéré comme une allégorie du désir du dévot pour son dieu.

RĀDHĀKRISHNAN (Sarvepalli), homme d'État et écrivain indien (Tiruttani, Andhra Pradesh, 1888 - Madras 1975). Spécialiste des religions orientales, recteur de l'université de Bénarès (1939-1948), il fut vice-président (1952-1962) puis président (1962-1967) de la République indienne. Il a notamment publié *An Idealist View of Life* (1932), *Religion and Society* (1947), *East and West ; Some Reflections* (1956).

1. RADIAL, E, AUX adj. (lat. *radius,* rayon). **1.** Relatif au rayon d'un cercle. — **2.** Qui s'exerce, s'effectue ou est dirigé selon un rayon. — **3.** *Champ radial,* champ vectoriel dont les lignes de champ sont perpendiculaires à des sphères concentriques ou à des cylindres de révolution coaxiaux. ‖ *Pneu radial,* ou *à carcasse radiale,* pneu à grande adhérence dont la carcasse est constituée d'une ceinture métallique en fils d'acier tissés en forme d'arceaux droits dont le plan passe par l'axe de la roue. ‖ *Vitesse radiale d'un astre,* projection de sa vitesse sur la ligne de visée.

◆ **radiale** n. f. Voie de circulation ayant son origine dans la partie centrale d'une agglomération et dirigée vers l'extérieur.

2. RADIAL, E, AUX adj. (de *radius*). Qui appartient, qui se rapporte au radius.

◆ **radial** n. m. Muscle ou nerf radial.

◆ **radiale** n. f. Veine ou artère radiale.

ENCYCL. **Anat.** Les *muscles radiaux* sont deux muscles de l'avant-bras, situés côte à côte, qui descendent au bord externe de l'avant-bras. L'*artère radiale* est la branche de bifurcation externe de l'humérale. Le *nerf radial* naît du plexus brachial et innerve les muscles de l'extension et de la supination du membre supérieur. La *veine radiale superficielle* et la *veine radiale accessoire* sont des veines de l'avant-bras qui se terminent au pli du coude.

RADIALEMENT adv. Selon un rayon.

RADIAN n. m. (lat. *radius,* rayon). **1.** Unité SI de mesure d'angle (symb. rad) équivalant à l'angle qui, ayant son sommet au centre d'un cercle, intercepte, sur la circonférence de ce cercle, un arc d'une longueur égale à celle du rayon du cercle. — **2.** Arc de circonférence de longueur égale au rayon. — **3.** *Radian par seconde,* unité SI de vitesse angulaire (symb. rad/s) d'un corps qui, animé d'une rotation uniforme autour d'un axe fixe, tourne, en 1 seconde, de 1 radian. ‖ *Radian par seconde carrée,* unité SI d'accélération angulaire (symb. rad/s^2) d'un corps qui est animé d'une rotation uniformément variée autour d'un axe fixe et dont la vitesse angulaire varie, en 1 seconde, de 1 radian par seconde.

RADIANCE n. f. Syn. anc. de EXITANCE.

RADIANT, E adj. (lat. *radians,* de *radiare,* rayonner). Qui se propage par radiation, émet des radiations : *Chaleur radiante.*

◆ **radiant** n. m. Point de la sphère céleste d'où semblent émaner les météores d'un essaim.

RADIATEUR n. m. (de *radiation 2*). **1.** Corps de chauffe transmettant, surtout par rayonnement, la chaleur qu'il reçoit d'un fluide chaud ou d'un fluide en combustion. — **2.** Organe de refroidissement du moteur d'une automobile, dans lequel l'eau échauffée en provenance de celui-ci cède ses calories au courant d'air déplacé qui le traverse. — **3.** *Radiateur électrique,* appareil de chauffage dont la source de chaleur est une résistance électrique. ‖ *Radiateur d'huile,* radiateur échangeur monté sur le circuit d'huile d'un moteur ou d'une boîte de vitesses (automatique).

RADIATIF, IVE adj. 1. Qui concerne les radiations. – 2. Se dit d'un phénomène au cours duquel est émise une radiation. – 3. *Bilan radiatif de la Terre,* bilan de l'énergie que le système Terre-atmosphère échange par rayonnement avec le reste de l'Univers. (À l'échelle annuelle, le bilan global est équilibré ; il n'en est pas de même de ses composantes spectrales, spatiales ou temporelles [bilan positif, dans le domaine tropical et pendant l'été, des latitudes tempérées].)

1. RADIATION n. f. (lat. médiév. *radiare,* rayer). Action de radier, de rayer qqn ou qqch d'une liste où il était inscrit : *Radiation des listes électorales.*

2. RADIATION n. f. (lat. *radiatio,* de *radiare,* irradier). 1. Émission de particules ou d'un rayonnement monochromatique ; ces particules ou ce rayonnement lui-même. – 2. *Pression de radiation,* syn. de PRESSION DE RAYONNEMENT*. ‖ *Radiation évolutive* ou *adaptative,* chacune des directions dans lesquelles s'est faite l'évolution d'un organe animal ou végétal le long des divers phylums, et qui a eu pour effet d'adapter l'espèce ou le groupe à un milieu ou à un mode de vie particulier. (Les ventouses, sabots, griffes rétractiles sont des radiations adaptatives de l'extrémité des doigts.)

RADIĆ (Stjepan), homme politique croate (Trebarjevo Desno 1871 - Zagreb 1928). Il fonda avec son frère Antun (1868-1919) le parti paysan croate (1904). Partisan, du fédéralisme, incarcéré à plusieurs reprises, il accepta la Constitution centraliste et participa au gouvernement (1925-1927). À nouveau dans l'opposition, il fut assassiné.

1. RADICAL, E, AUX adj. (lat. médiév. *radicalis,* du lat. class. *radix, -icis,* racine). 1. Qui appartient à la nature profonde, à l'essence d'un être ou d'une chose : *Vice radical d'une constitution.* – 2. Qui présente un caractère absolu, total ou définitif : *Une transformation radicale des institutions.* – 3. Se dit d'un genre d'action ou de moyen très énergique, très efficace, dont on use pour combattre qqch : *Une action radicale contre la fraude.* – 4. Qui appartient à la racine d'une plante. – 5. Qui appartient au radical ou à la racine d'un mot. – 6. *Économie radicale,* courant de pensée économique, représenté particulièrement aux États-Unis, pour lequel s'impose une « relecture » de l'économie grâce, notamment, aux concepts marxistes et à l'étude approfondie de l'histoire.

2. RADICAL, E, AUX adj. et n. (de l'angl. *radical*). 1. Se dit de qqn qui est membre d'un parti radical et, en partic., du parti républicain radical et radical-socialiste. – 2. Qui professe en matière politique et sociale des opinions tranchées visant à une transformation profonde de la société.

3. RADICAL n. m. (de *radical 1*). 1. Forme réelle prise par la racine d'un mot à travers ses diverses réalisations. – 2. Groupe d'atomes qui se retrouve intact lors d'une série de réactions chimiques, au cours desquelles un autre groupe d'atomes de la même molécule, ou groupe fonctionnel, subit des modifications. (→ *encycl.*) – 3. Symbole $\sqrt{\ }$ utilisé dans la notation des racines carrées ou des racines $n^{\text{ième}}$ ($\sqrt[n]{\ }$).

ENCYCL. **Chim.** La distinction, dans une formule développée, entre le radical et le groupe fonctionnel a permis d'introduire la notion d'homologie, qui a mis de l'ordre dans le nombre immense des composés organiques. On distingue les radicaux hydrocarbonés monovalents (méthyle CH_3, éthyle C_2H_5, allyle $CH_2{=}CH{-}CH_2$), divalents (méthylène CH_2, éthylène C_2H_4) et trivalents (méthine CH). On observe, dans certaines réactions, l'existence de radicaux libres monovalents dont la grande réactivité explique la durée de vie très brève.

RADICALAIRE adj. (de *radical 3*). 1. Se dit d'une réaction au cours de laquelle interviennent des radicaux libres. (On distingue les *réactions en chaîne,* au cours desquelles ne sont transférés que des radicaux, et les *réactions ioniques* [additions, substitutions], au cours desquelles sont transférés des radicaux et des électrons.) – 2. Se dit d'une polymérisation dans laquelle l'espèce propagatrice est un radical libre.

RADICALEMENT adv. D'une manière radicale.

RADICALISATION n. f. Action de radicaliser, fait de se radicaliser.

RADICALISER v. t. (de *radical 2*) [conj. 3]. Rendre un groupe, son action, plus instransigeants, plus durs, en partic. en matière politique ou sociale : *En déclenchant la grève, le syndicat radicalise ses revendications.*

RADICALISME n. m. (angl. *radicalism*). 1. Attitude d'esprit et doctrine de ceux qui veulent une rupture complète avec le passé institutionnel. – 2. En France, ensemble des positions du parti radical et radical-socialiste. – 3. Attitude d'esprit d'une intransigeance absolue.

ENCYCL. • En *France,* le radicalisme apparaît sous le règne de Louis-Philippe. Il s'agit moins d'un corps de doctrines que d'un état d'esprit propre à ceux qui proposent une politique de réformes qui réaliseraient pleinement la laïcité, la liberté et l'égalité. Dans le sillage de Ledru-Rollin, la grande revendication des radicaux est alors l'établissement du suffrage universel. Durant le second Empire, une nouvelle génération républicaine apparaît. Son radicalisme s'exprime en 1869 dans le programme de Belleville, proposé par Gambetta. Mais celui-ci ayant glissé dans l'opportunisme, Clemenceau devient le chef d'un nouveau radicalisme, qui se structure en 1892 avec la formation du *groupe républicain radical-socialiste* (communément appelé depuis *parti radical*), tandis que les radicaux modérés se regroupent dans la *gauche radicale.*

À la suite de l'affaire Dreyfus, les radicaux accèdent au pouvoir (1899) avec la victoire du Bloc des gauches. Ils forment en 1901 le *parti républicain radical et radical-socialiste,* dont le programme est précisé par le congrès de Nancy (1907). L'implantation rurale et provinciale du parti radical en fait un partenaire indispensable de la vie politique française. Mais, s'il se situe à gauche par son anticléricalisme, son attachement à la propriété privée l'oppose au parti socialiste. Les radicaux dirigent le gouvernement pratiquement de 1902 à 1914. Avec eux, la République modérée devient la « République radicale », et la séparation des Églises et de l'État est votée (1905).

Après la Première Guerre mondiale, les radicaux socialistes se définissent à la fois contre le conservatisme et contre « toute forme de bolchevisme ». Alors que la S. F. I. O. lui refuse son alliance et qu'apparaissent les communistes, le parti radical glisse par contrecoup un peu plus vers le centre. Herriot et Daladier alternent à sa direction. À la suite de son succès aux élections de 1924, le parti radical prend avec Herriot la direction du gouvernement et du Cartel des gauches (1924-25 et 1926). Après un léger recul en 1928, il renforce ses positions en 1932 et revient à la direction du gouvernement. Les radicaux forment l'aile droite du Front populaire (1936-1938), puis reprennent la direction des affaires avec les modérés (1938-1940). De 1940 à 1944, certains apportent leur soutien au régime de Vichy, d'autres sont inquiétés (Herriot, Daladier), d'autres encore participent à la Résistance (Queuille, Moulin, Mendès France). Aussi le parti radical connaît-il un grave échec en 1945, mais redevient rapidement, au sein de la « troisième force » (radicaux, socialistes, M. R. P.), l'arbitre de la politique française. Cependant, un net vieillissement menace le parti. Les radicaux tentent alors de le rajeunir, en prônant un néoradicalisme plus axé sur le social, qui s'incarne en la personne de Mendès France, à la vice-présidence en 1955.

Des exclusions (Edgar Faure, 1955), une scission (H. Queuille, 1956) entament l'unité du parti radical rénové. En 1959, Mendès France quitte le parti, après l'arrivée du général de Gaulle au pouvoir. F. Gaillard, M. Faure, R. Billères, se succèdent à la présidence. À l'occasion des élections présidentielles de 1965, les radicaux se divisent à nouveau. Alors que la tendance de M. Faure a voté pour Lecanuet, les partisans de R. Billères soutiennent F. Mitterrand.

Élu en 1971 à la présidence du parti, J.-J. Servan-Schreiber rejoint les centristes du Mouvement réformateur, provoquant une scission. Une fraction des radicaux refuse de le suivre et, sous la direction de R. Fabre, se rallie à l'Union de la gauche (1972). Ces radicaux de gauche se constituent en parti en 1973 (Mouvement des radicaux de gauche), M. R. G., et soutiennent la candidature de F. Mitterrand aux élections présidentielles de 1974, de 1981 et de 1988, puis participent aux gouvernements socialistes (de 1981 à 1986 et de 1988 à 1993). En 1994, le M. R. G. prend le nom de Radical, puis, en 1996, le nom de parti radical-socialiste. L'autre tendance, soutenant V. Giscard d'Estaing, s'associe en 1978 au parti républicain et au Centre des démocrates sociaux pour former l'Union* pour la démocratie française (U. D. F.).

• *En Grande-Bretagne,* le mot « radical » servit à désigner les réformistes les plus résolus parmi les whigs, puis parmi les libéraux. Un premier radicalisme apparaît à la fin du XVIIIe s. contre la politique autoritaire de George III. Ses revendications politiques (réforme parlementaire) se teintent de préoccupations sociales sous l'influence de la Révolution française. À partir de 1815, les radicaux mènent campagne pour une réforme électorale, réalisée en 1832. Réapparu à la fin du XIXe s., le radicalisme acquiert un caractère de plus en plus populaire, et trouve son porte-parole en J. Chamberlain. L'achèvement des réformes politiques et l'apparition d'un parti travailliste amènent sa disparition au début du XXe s.

RADICALITÉ n. f. Caractère radical de qqch.

RADICAL-SOCIALISME n. m. Doctrine politique apparue dans les années 1880-1890, apparentée au radicalisme.

RADICAL-SOCIALISTE adj. et n. (pl. *radicaux-socialistes*). Relatif au radical-socialisme ; partisan du radicalisme, membre du parti radical et radical-socialiste.

RADICANT, E adj. (lat. *radicans, -antis,* de *radicari,* pousser des racines). Se dit des tiges et des plantes qui émettent des racines adventives, comme le lierre, le fraisier, etc.

RADICELLE n. f. (lat. *radix, -icis,* petite racine). Fine ramification des racines.

RADICHTCHEV (Aleksandr Nikolaïevitch), écrivain russe (près de Moscou 1749 - Saint-Pétersbourg 1802). Auteur du *Voyage de Pétersbourg à Moscou* (1790), il fut un adversaire de l'absolutisme.

RADICICOLE adj. Se dit d'un insecte qui vit aux dépens des racines des plantes.

RADICIVORE adj. Se dit d'un animal qui se nourrit de racines des plantes.

RADICOTOMIE n. f. Section chirurgicale des racines antérieures ou postérieures des nerfs rachidiens.

RADICULAIRE adj. **1.** Relatif à la racine d'une dent. — **2.** Relatif aux racines des nerfs crâniens ou rachidiens. — **3.** Syn. de RACINAIRE.

RADICULALGIE n. f. Douleur paroxystique qui suit le trajet d'une ou plusieurs racines médullaires.

RADICULE n. f. (lat. *radicula,* petite racine). Partie de l'axe de l'embryon qui, en se développant, forme la racine du végétal.

RADICULITE n. f. Lésion d'une racine d'un nerf crânien ou rachidien.

RADIÉ, E adj. (lat. *radiatius*). **1.** Qui présente des rayons, des lignes rayonnantes : *Une pendule au cadran radié.* — **2.** Se dit des capitules comprenant des fleurons centraux, entourés d'une couronne de fleurs ligulées (par ex. pâquerette). [Syn. RAYONNÉ.] — **3.** Se dit de l'effigie monétaire de personnages portant une couronne de rayons, parce qu'assimilés à la divinité solaire (rois grecs, empereurs romains).
◆ **radiée** n. f. Composée aux capitules radiés.

1. RADIER n. m. (p.-ê. lat. **ratarium,* de *ratis,* radeau). **1.** Dalle épaisse en maçonnerie ou en béton constituant la fondation d'un ouvrage, le plancher d'une fosse, d'un canal ou d'une galerie souterraine. — **2.** Sol de la section excavée d'une galerie. — **3.** Revêtement de protection, en fond de rivière, contre le travail des eaux. — **4.** Partie d'une rivière sans profondeur sur laquelle l'eau coule rapidement.

2. RADIER v. t. (de *radiation 1*) [conj. 9]. **1.** Rayer officiellement le nom de qqn d'une liste. — **2.** Exclure d'un groupe : *Le conseil de l'ordre a radié ce médecin.*

RADIESTHÉSIE n. f. (de *radiation*). **1.** Sensibilité hypothétique des êtres vivants à certaines radiations, connues ou inconnues. — **2.** Procédé divinatoire permettant d'exercer cette sensibilité à l'aide d'une baguette (rhabdomancie) ou d'un pendule tenus à la main.

RADIESTHÉSIQUE adj. Relatif à la radiesthésie.

RADIESTHÉSISTE n. Praticien de la radiesthésie.

RADIEUSEMENT adv. *Litt.* D'une manière radieuse.

RADIEUX, EUSE adj. (lat. médiév. *radiosus,* du lat. class. *radius,* rayon). **1.** Qui émet des rayons lumineux, et en partic. se dit du soleil quand il brille de tout son éclat : *Un radieux soleil de printemps.* — **2.** Se dit d'un temps ou d'une journée clairs, lumineux, ensoleillés : *Une matinée radieuse.* — **3.** Qui rayonne de joie, qui manifeste un vif contentement : *Les candidats reçus étaient radieux.* — **4.** *Litt.* Qui se manifeste avec éclat et pureté, ou est lié à l'idée de la joie : *Une beauté radieuse.*

RADIFÈRE adj. Qui contient du radium.

RADIGUET (Raymond), écrivain français (Saint-Maur-des-Fossés 1903 - Paris 1923). Il tenta de retrouver la rigueur classique dans ses romans psychologiques (*le Diable au corps,* 1923 ; *le Bal du comte d'Orgel,* 1924).

RADIN, E ad. et n. (arg. *rade,* comptoir d'un bar). *Fam.* Qui est d'une avarice mesquine. — REM. L'adj. fém. peut garder la forme du masc. : *Qu'est-ce qu'elle est radin !*

RADINER v. i. ou **SE RADINER** v. pr. (anc. fr. *rade,* rapide) [conj. 3]. *Pop.* Venir, arriver.

RADINERIE n. f. ou **RADINISME** n. m. *Fam.* Avarice mesquine.

RADIO n. f. **1.** Abrév. de RADIODIFFUSION, RADIOGRAPHIE, RADIOTÉLÉPHONE. — **2.** Poste récepteur de radiodiffusion sonore. — **3.** *Radio locale privée* ou, usuellement, *radio libre,* station de radiodiffusion privée, dont les émissions ne peuvent être captées que localement et qui, légalisée par la loi du 9 nov. 1981, doit avoir obtenu une autorisation d'émettre.
◆ n. m. Abrév. de RADIOTÉLÉGRAMME.
◆ n. Abrév. de (OPÉRATEUR) RADIOÉLECTRICIEN, RADIOTÉLÉGRAPHISTE.

RADIOACTIF, IVE adj. Doué de radioactivité. (Syn. ACTIF.)

RADIOACTIVATION n. f. Méthode utilisée pour rendre radioactif un élément stable, généralement par bombardement neutronique.

RADIOACTIVITÉ n. f. Propriété des nucléides instables de perdre spontanément de leur masse en émettant des particules ou des rayonnements électromagnétiques.
ENCYCL. Le phénomène de la radioactivité fut découvert en 1896 par H. Becquerel sur l'uranium et très vite confirmé par Marie Curie pour le thorium.
Les principales transformations radioactives, ou types de radioactivité, sont :
1° l'émission alpha, émission par un noyau d'une particule alpha, ou noyau d'hélium, $^{4}He^{2+}$, qui diminue le numéro atomique de 2 unités et la masse de 4 unités ;
2° les transformations ou radioactivités bêta : émission β^- d'électrons pour les radio-isotopes riches en neutrons, ou émission β^+ d'électron positif ou position, pour les noyaux déficients en

neutrons. Dans ces deux transformations, le numéro atomique varie d'une unité et le nombre de masse est inchangé ;
3° la radioactivié ou émission gamma, émission d'un rayonnement électromagnétique, qui fait passer le noyau d'un état excité à un autre état moins excité ou stable. On connait aussi d'autres types de radioactivité, comme la fission spontanée d'un noyau lourd ou la radioactivité par émission de protons. La « période » d'une transformation radioactive est le temps nécessaire pour que la moitié des noyaux de l'élément considère se désintègre. Elle varie considèrablement d'un noyau à un autre (de 10^{-12} s à 10^{17} années).
La radioactivité peut représenter un danger pour les êtres vivants, par l'émission de rayonnements ionisants. Elle est mise à profit pour la datation (grâce à la loi de décroissance* radioactive) ou pour diverses applications scientifiques, biomédicales ou industrielles. (→ RADIO-ISOTOPE.)

RADIOALIGNEMENT n. m. Dispositif permettant le guidage radiophonique d'un avion ou d'un navire le long d'un axe.

RADIOALTIMÈTRE n. m. Appareil permettant, par lecture directe, la détermination continue de la distance verticale entre un avion et le sol, à partir de la mesure du temps écoulé entre l'émission d'une onde radioélectrique et sa réception après réflexion sur le sol.

RADIOAMATEUR n. m. Personne titulaire d'une licence l'autorisant à effectuer des radiocommunications, dans des conditions réglementées.

RADIOASTRONOME n. Spécialiste de radioastronomie.

RADIOASTRONOMIE n. f. Branche de l'astronomie qui étudie le rayonnement électromagnétique des astres dans le domaine des ondes radioélectriques.
ENCYCL. La première émission radio d'origine céleste a été observée en 1931-32 par Karl Jansky : elle provenait du centre de notre Galaxie. L'essor rapide de la radioastronomie depuis la fin de la Seconde Guerre mondiale a permis la découverte de nombreuses radiosources*, parmi lesquelles des astres insoupçonnés auparavant, tels les quasars* ou les pulsars*, et la mise en évidence du rayonnement cosmologique* à 3 K.
Le rayonnement radioélectrique des astres se présente comme dans le domaine visible sous forme de rayonnement continu et de rayonnement spectroscopique. La principale raie observée dans le spectre radio est celle de l'hydrogène neutre, à 21 cm de longueur d'onde, découverte en 1951. Un nouveau domaine spectroscopique s'est ouvert à la radioastronomie avec l'étude des raies émises par les molécules du milieu interstellaire, dans le domaine millimétrique.

radioastronomie millimétrique *(Institut de)* **[I. R. A. M.]**, organisme franco-allemand créé en 1979 pour le développement des recherches en radioastronomie dans le domaine des ondes millimétriques. Il comporte un centre scientifique, technique et administratif, à Grenoble, et deux observatoires : l'un, en Espagne, sur le pico Veleta, dans la Sierra Nevada ; l'autre, en France, sur le plateau de Bure, près de Gap.

RADIOASTRONOMIQUE adj. Relatif à la radioastronomie.

RADIOBALISAGE n. m. Signalisation d'une route aérienne ou maritime par une suite de radiobalises émettant des ondes électromagnétiques aisément identifiables.

RADIOBALISE n. f. Émetteur de radionavigation de faible puissance.

RADIOBALISER v. t. (conj. 3). Munir d'une signalisation par radiobalisage.

RADIOBIOLOGIE n. f. Étude de l'action des rayons X sur les tissus vivants.
ENCYCL. L'action des rayons X dépend de la dose appliquée et des caractéristiques de la cellule réceptrice. À faible dose, les rayons X ont une action excitante. À dose moyenne, on obtient un effet inhibiteur, et, à forte dose, une action destructrice. Les rayons X agissent avec d'autant plus d'intensité sur les cellules vivantes que l'activité reproductrice de ces cellules est plus grande, qu'elles sont plus éloignées du terme de leur division et que leurs fonctions sont moins définitivement fixées. Les organes hématopoïétiques, les cellules séminales et les cellules génératrices de la peau sont les plus sensibles aux radiations.

RADIOCARBONE n. m. Isotope 14 du carbone, servant pour la datation en archéologie et en géochronologie.

RADIO-CARPIEN, ENNE adj. (pl. *radio-carpiens, ennes*). **1.** Qui a rapport au radius et au carpe. — **2.** *Articulation radio-carpienne* ou *radio-carpienne* (n. f.), articulation très mobile du poignet qui unit l'avant-bras à la main.

RADIOCASSETTE n. f. Appareil constitué d'un récepteur de radiodiffusion associé à un lecteur-enregistreur de cassettes.

RADIOCHIMIE n. f. Étude des propriétés physicochimiques des radioéléments et des aspects chimiques des transmutations et des réactions nucléaires.

RADIOCHRONOLOGIE [-kro-] n. f. Syn. de GÉOCHRONOLOGIE* ABSOLUE.

RADIOCINÉMATOGRAPHIE n. f. Application de la cinématographie au diagnostic radiologique, utilisée dans l'étude des cavités cardiaques, du tube digestif et du bas appareil urinaire. (Abrév. RADIOCINÉMA.)

RADIOCOBALT n. m. Isotope radioactif du cobalt.

RADIOCOMMANDE n. f. Commande à distance, en général d'un engin mobile, par ondes radioélectriques.

RADIOCOMMUNICATION n. f. Télécommunication réalisée à l'aide d'ondes radioélectriques.
ENCYCL. Aux premières formes de radiocommunication, comme la radiotélégraphie et la radiotéléphonie, sont venues s'ajouter la radiodiffusion (comprenant radiodiffusion sonore et télévision), le radiorepérage (comprenant radionavigation maritime et aéronautique, et radiolocalisation), la télécommande ou la télémesure vers ou à partir d'engins mobiles ou spatiaux, etc. Aux signaux analogiques traditionnellement utilisés se substituent progressivement les signaux numériques, sur des réseaux acheminés de télécommunications, pour la transmission de sons, d'images (animées ou fixes) et de données informatiques. La fréquence des ondes employées pour une radiocommunication détermine les techniques d'émission et de réception ainsi que les antennes.
Pour les besoins de la réglementation et de l'attribution des bandes de fréquences, les radiocommunications sont réparties en services : le service fixe s'effectue entre stations fixes situées en des points déterminés, les services mobiles entre stations mobiles et stations terrestres. Des bandes de fréquences exclusives sont attribuées aux satellites et aux radiosondes météorologiques, aux satellites d'exploration de la Terre, à la radioastronomie*, aux émissions de signaux horaires, aux radioamateurs, etc.

RADIOCOMPAS n. m. Radiogoniomètre de bord qui permet de déterminer le gisement d'un émetteur de radionavigation, tel qu'un radiophare.

RADIOCONCENTRIQUE adj. Se dit d'un plan, notamment d'urbanisme, où les voies, rayonnant en étoile à partir d'un centre, sont reliées entre elles par des artères concentriques.

RADIOCONDUCTEUR n. m. Contact métallique imparfait dont la résistance électrique s'abaisse brusquement sous l'action d'ondes électromagnétiques.

RADIOCONSERVATION n. f. Technique de conservation des produits alimentaires par l'action d'un rayonnement ionisant.

RADIOCRISTALLOGRAPHIE n. f. Étude de la structure des cristaux, fondée sur la diffraction des rayons X, des électrons, neutrons, etc.
ENCYCL. La radiocristallographie est née, en 1912, avec la découverte, par Max von Laue, à Munich, de la diffraction cristalline des rayons X. Peu après, W. L. Bragg envisage la diffraction des rayons X comme des réflexions sur les différentes familles de plans réticulaires, la réflexion ne se produisant que pour des incidences satisfaisant à la condition, dite « de Bragg », $n\lambda = 2d \sin\theta$ (n nombre entier, λ longueur d'onde, d intervalle des plans réticulaires, θ complément de l'angle d'incidence). Ce point de vue permet à W. H. et W. L. Bragg l'établissement des premières structures atomiques des cristaux. Les méthodes expérimentales de la radiocristallographie sont essentiellement la méthode du *cristal tournant* (ou de Bragg) et la méthode des *poudres* (ou de Debye et Scherrer) quand la matière se présente sous forme de grains cristallins de l'ordre du µm.

RADIOCRISTALLOGRAPHIQUE adj. Relatif à la radiocristallographie.

RADIO-CUBITAL, E, AUX adj. Relatif au radius et au cubitus.

RADIODERMITE n. f. Lésion cutanée due à l'action des rayons X ou des substances radioactives.

RADIODÉTECTION n. f. Radiorepérage fondé sur la comparaison entre des signaux de référence et des signaux radioélectriques réfléchis ou réémis à partir de la position à déterminer. (Syn. DÉTECTION ÉLECTROMAGNÉTIQUE, RADAR.)

RADIODIAGNOSTIC n. m. Application des rayons X au diagnostic médical.

RADIODIFFUSER v. t. (conj. 3). Effectuer la radiodiffusion d'un programme.

RADIODIFFUSEUR n. m. Personne s'occupant d'émissions de radiodiffusion.

RADIODIFFUSION n. f. **1.** Radiocommunication dont les émissions sont destinées à être reçues directement par le public et qui comportent des programmes sonores ou des programmes de télévision. (→ TÉLÉVISION.) — **2.** Radiodiffusion de programmes uniquement sonores. (Abrév. RADIO.) — **3.** Organisme spécialisé dans cette activité.

radiodiffusion *(Union européenne de)* **[U. E. R.]**, organisation internationale, non gouvernementale, créée en 1950, qui groupe les organismes de radiodiffusion de l'Europe de l'Ouest et de l'Afrique du Nord, en vue de coordonner leurs activités sur les plans technique, juridique et des programmes, en collaboration avec divers pays ou autres associations de radiodiffuseurs extraeuropéens. Son siège administratif est à Genève.

L'U. E. R. gère notamment l'« Eurovision » depuis 1962, et la « mondovision » pour l'Europe, grâce à son centre technique de Bruxelles.

RADIOÉLECTRICIEN, ENNE n. Spécialiste de la radioélectricité. (Abrév. RADIO.)

RADIOÉLECTRICITÉ n. f. Ensemble des techniques traitant des propriétés et des applications des oscillations électriques de fréquence élevée et des ondes électromagnétiques correspondantes, notamment pour les radiocommunications.
ENCYCL. En 1896, Popov transmet en Morse jusqu'à 250 m le nom « Heinrich Hertz », qui fut ainsi le premier message de T. S. F. Presque en même temps, Marconi invente des antennes de formes variées et réalise successivement en Italie et en Grande-Bretagne plusieurs liaisons maritimes de plusieurs milles, puis la traversée de la Manche en 1899 et, en 1901, une liaison transatlantique. À partir de 1900, des progrès sont réalisés dans l'émission, la réception et la connaissance des phénomènes de propagation. À la réception, les principaux résultats obtenus sont l'augmentation de la sensibilité des détecteurs, puis la réalisation d'amplificateurs qui permettent d'assurer aussi la sélection du correspondant désiré. La sensibilité effectue un bond avec le détecteur à galène (1907-1909). L'amplification des signaux est alors assurée par des triodes. Le principe du *superhétérodyne**, indiqué en 1914 par l'Allemand Meissner, fait l'objet des réalisations et des brevets de Lucien Lévy en 1917 et 1918. Désormais, la quasi-totalité des récepteurs radioélectriques suit ce schéma. Les diodes à vide, qui ont remplacé les galènes, et les tubes à vide amplificateurs sont, à leur tour, progressivement remplacés par des diodes à semi-conducteurs et par les transistors, à partir de 1955. Jusqu'en 1910 environ, les émetteurs sont exclusivement des générateurs d'ondes amorties. Le premier émetteur dit à ondes entretenues est l'arc de Poulsen (1910). Les ondes entretenues pures sont produites à partir de 1915 par des alternateurs à haute fréquence, qui permettent d'atteindre en 1922 la puissance de 500 kW dans l'antenne. Les triodes permettent de réaliser des liaisons à très grande distance avec des fréquences supérieures à 3 MHz, grâce aux couches ionisées de la haute atmosphère. Bientôt sont construits des tubes à vide qui fournissent plusieurs kilowatts au-dessus de 3 MHz ; la puissance fournie à l'antenne est multipliée par le gain que l'on peut obtenir avec des antennes dirigées. À présent, la gamme d'ondes utilisables par propagation ionosphérique est saturée et seuls les faisceaux hertziens et les satellites relais qui emploient les fréquences élevées jusqu'à près de 300 GHz permettent d'étendre les capacités du trafic.

RADIOÉLECTRIQUE adj. **1.** Relatif à la radioélectricité. — **2.** Syn. de HERTZIEN. — **3.** *Fréquence radioélectrique,* syn. de RADIOFRÉQUENCE.

RADIOÉLÉMENT n. m. **1.** Élément chimique dont tous les isotopes sont instables. (→ *encycl.*) — **2.** Syn. de RADIO-ISOTOPE.
ENCYCL. Les radioéléments sont les éléments de numéro atomique supérieur à 83, le technétium (43) et le prométhéum (61). Les sources primaires de radioéléments naturels sont les minerais d'uranium et de thorium. Les isotopes 235 et 238 de l'uranium, ainsi que l'isotope 232 du thorium, sont les parents de trois familles radioactives aboutissant par désintégrations successives aux isotopes stables du plomb. Une quatrième famille, qui débute au neptunium 237 et se termine au bismuth 209, a été obtenue artificiellement. Les autres radioéléments sont tous synthétisés, soit par irradiation neutronique de l'uranium ou du plutonium, soit par réactions nucléaires par particules chargées. Les éléments de numéro atomique supérieur à 100, de période très courte, ne peuvent être préparés qu'en quantités infimes.

Radio France, société nationale de programmes de radiodiffusion, créée en 1974. Elle dirige cinq stations nationales de radio (France-Inter, France-Culture, France-Musique, Radio bleue et France-Info), et certaines radios locales décentralisées. Radio France Internationale (R.F.I.) et Radio-Télévision française d'Outre-Mer (R.F.O.) assurent respectivement la diffusion des programmes à destination internationale et de l'outre-mer.

RADIOFRÉQUENCE n. f. Syn. de FRÉQUENCE* RADIOÉLECTRIQUE.

RADIOGALAXIE n. f. Galaxie émettrice d'un puissant rayonnement radioélectrique.

RADIOGONIOMÈTRE n. m. Appareil de radiorepérage utilisé à bord des navires ou des aéronefs et comprenant une antenne directive associée à un récepteur radioélectrique, pour déterminer la direction d'un émetteur. (Syn. GONIOMÈTRE.)

RADIOGONIOMÉTRIE n. f. Détermination de la direction, et éventuellement de la position, d'un émetteur radioélectrique par la réception des ondes qu'il émet ou réfléchit. (Syn. GONIOMÉTRIE.)

RADIOGRAMME → RADIOTÉLÉGRAMME.

RADIOGRAPHIE n. f. **1.** Prise de phototypes au moyen de rayons X sur une émulsion spéciale sensible à ces rayons ; phototype réalisé de la sorte. (→ *encycl.*) — **2.** Image, description objective et en profondeur d'un phénomène quelconque, d'une personnalité : *Une radiographie de l'électorat.* — **3.** Méthode d'examen non destructif des matériaux, basée sur l'absorption différentielle des rayons X par les composants de leur structure. (On l'emploie pour le contrôle de la qualité des soudures, pour détecter les défauts et inclusions dans les pièces de fonderie, etc.) — **4.** *Radiographie numérisée,* radiographie utilisant des cristaux détecteurs comme support de recueil des informations.

ENCYCL. **Méd.** L'étude radiographique est basée sur l'appréciation des différences d'absorption et d'épaisseur. Une radiographie sans préparation donne une bonne image du thorax et du cœur. Le squelette chargé en calcium est parfaitement visible sur les radiographies. Si l'organe n'est pas spontanément opaque, on peut s'aider d'un produit de contraste artificiel, par ex. sulfate de baryum pour le tube digestif, préparation à base çd'iode pour l'appareil urinaire, les voies biliaires ou les vaisseaux.

On distingue la *radiographie conventionnelle,* basée sur l'utilisation de film classique, et la *radiographie numérisée,* où le nombre d'informations recueillies est infiniment plus grand, car l'on change le support de recueil : on remplace le film par des cristaux détecteurs, eux-mêmes reliés à un ordinateur qui permet de reconstituer l'image. Les fines différences d'absorption sont ainsi mieux décelées.

RADIOGRAPHIER v. t. (conj. 9). **1.** Photographier au moyen des rayons X. — **2.** Analyser avec précision et objectivité qqn, qqch : *Radiographier l'opinion publique.*

RADIOGRAPHIQUE adj. Qui concerne la radiographie.

RADIOGUIDAGE n. m. **1.** Guidage d'un engin mobile par ondes radioélectriques. — **2.** Diffusion d'informations radiophoniques concernant le trafic routier.

RADIOGUIDER v. t. (conj. 3). Procéder à un radioguidage.

RADIOHÉLIOGRAPHE n. m. Radiotélescope destiné à l'étude du Soleil.

RADIO-IMMUNOLOGIE n. f. Méthode de dosage très précise des antigènes, qui consiste à mettre en présence de l'anticorps correspondant le liquide biologique contenant l'antigène à doser, cet antigène étant marqué par un isotope radioactif. (Cette technique est utilisée en particulier dans le dosage des hormones.)

RADIO-INDICATEUR n. m. Syn. de TRACEUR* RADIOACTIF.

RADIO-INTERFÉROMÈTRE n. m. Instrument utilisé en radioastronomie, composé de plusieurs radiotélescopes que l'on braque simultanément vers le même astre.

ENCYCL. Le radio-interféromètre le plus simple, constitué de deux radiotélescopes, permet d'obtenir un pouvoir séparateur équivalent à celui d'un radiotélescope unique dont la dimension serait l'espacement des deux radiotélescopes. La recherche des meilleurs pouvoirs séparateurs possibles, pour étudier la structure détaillée des radiosources* compactes, a conduit à développer la radio-interférométrie à très longue base, ou VLBI *(Very Long Baseline Interferometry),* associant des instruments distants de plusieurs centaines ou milliers de kilomètres, et à développer des réseaux de radiotélescopes alignés et reliés deux à deux, dont on fait varier l'espacement.

RADIO-INTERFÉROMÉTRIE n. f. Technique de la radioastronomie qui fait appel à l'emploi de radio-interféromètres.

RADIO-INTERFÉROMÉTRIQUE adj. Relatif à la radio-interférométrie.

RADIO-IODE n. m. Isotope radioactif de l'iode. (L'iode 123 est de plus en plus utilisé en médecine.)

RADIO-ISOTOPE n. m. Isotope radioactif. (Syn. RADIOÉLÉMENT.)

ENCYCL. Le premier radio-isotope ou radioélément artificiel, le phosphore de nombre de masse 30 ($^{30}_{15}P$), fut obtenu en 1934 par Frédéric et Irène Joliot-Curie. Après la découverte de la fission et la réalisation des réacteurs nucléaires, ceux-ci permirent de disposer de sources intenses de neutrons qui donnèrent la possibilité d'obtenir des quantités importantes de radio-isotopes artificiels. Le premier fut le plutonium de nombre de masse 239 ($^{239}_{94}Pu$), qui fut utilisé pour réaliser la bombe atomique lancée sur Nagasaki le 9 août 1945. Depuis, la production de radio-isotopes s'est développée pour des utilisations pacifiques : *biologie végétale* (recherches sur la photosynthèse), *agronomie* (amélioration des plantes, éradication des insectes, conservation des denrées), *biochimie, physiologie, pharmacologie, médecine* (radiothérapie, diagnostic des affections thyroïdiennes), *sciences de la Terre* (datations, prospection minière, hydrologie, sédimentologie), *industrie* (contrôle non destructif des matériels, réalisation de jauges* de mesure, génie chimique, etc.).

RADIOLAIRE n. m. (lat. sc. *radiolaria,* du lat. class. *radiolus,* petit rayon). **1.** Protozoaire actinopode marin, planctonique, flottant, muni d'un élégant squelette siliceux à symétrie sphérique, grillagé, portant des pseudopodes rayonnés pour la capture des proies. — **2.** *Boue à radiolaires,* sédiment pélagique abyssal en majeure partie composé de squelettes et de spicules siliceux de radiolaires.

RADIOLARITE n. f. Roche sédimentaire siliceuse d'origine organique renfermant une grande quantité de tests de radiolaires.

RADIOLE n. f. (lat. *radiolus,* petit rayon). Nom scientifique des baguettes des oursins, appelées usuellement piquants.

RADIOLÉSION n. f. Ensemble des anomalies provoquées par l'action des rayons X et des corps radioactifs.

RADIOLITE n. f. Rudiste très commun dans les faciès récifaux du midi de la France.

RADIOLOCALISATION n. f. Application du radiorepérage à d'autres fins que la radionavigation.

RADIOLOGIE n. f. Partie de la médecine qui utilise, soit à des fins diagnostiques, soit à des fins thérapeutiques, les rayons X, les isotopes radioactifs et les radiations non ionisantes comme les ultrasons.

RADIOLOGIQUE adj. Relatif à la radiologie.

RADIOLOGIQUEMENT adv. Au moyen de la radiologie.

RADIOLOGUE ou **RADIOLOGISTE** n. Médecin spécialiste en radiologie.

RADIOLYSE n. f. Décomposition de substances chimiques obtenue par action de rayonnements ionisants.

RADIOMANOMÉTRIE n. f. Étude sur des clichés radiographiques de certains conduits ou vaisseaux injectés de produit opaque aux rayons X sous une pression donnée. (Cette technique est surtout utilisée pour les voies biliaires.)

RADIOMARITIME adj. Qui concerne le service mobile maritime régi par le Règlement des radiocommunications et par la Convention pour la sauvegarde de la vie humaine en mer.

RADIOMESSAGERIE n. f. Service de radiocommunication destiné à la transmission de messages vers un terminal ou un groupe de terminaux mobiles. (On dit aussi *radiomessagerie unilatérale.*)
ENCYCL. Ce système de télécommunication, voisin du radiotéléphone, permet de joindre à tout moment une personne en déplacement, munie d'un récepteur portatif qui se glisse dans une poche ou s'attache à la ceinture. L'utilisateur, selon le service auquel il est abonné, reçoit un simple signal d'appel (sonore et/ou lumineux) ou des messages alphanumériques susceptibles d'être mémorisés.

RADIOMÉTALLOGRAPHIE n. f. Radiographie appliquée à l'examen non destructif des métaux.

RADIOMÈTRE n. m. **1.** Appareil de mesure du flux d'énergie transporté par les ondes électromagnétiques ou acoustiques. (À l'aide de radiomètres sensibles à l'infrarouge, les sondes spatiales mesurent la température à la surface et dans l'atmosphère des planètes.) — **2.** *Radiomètre de Crookes,* moulinet d'axe vertical, placé dans un vide modéré, portant des ailettes verticales noircies sur une seule face. (Leur échauffement sous l'action du rayonnement provoque la rotation du moulinet par effet de recul, les molécules du gaz résiduel qui viennent les frapper étant réémises avec une vitesse accrue.)

RADIOMÉTRIE n. f. **1.** Mesure des grandeurs énergétiques relatives aux rayonnements. — **2.** Télédétection utilisant le rayonnement électromagnétique propre des objets aux longueurs d'onde radioélectriques ou infrarouges.

RADIOMÉTRIQUE adj. **1.** Qui concerne la radiométrie. — **2.** *Âge radiométrique,* âge d'une roche ou d'une formation obtenu par la radiochronologie.

RADIOMUTAGENÈSE n. f. Technique consistant à provoquer sur les végétaux cultivés, par l'action des rayonnements ionisants, certaines modifications (mutations), qui peuvent être transmissibles.

RADIONAVIGANT n. m. Opérateur de radio faisant partie de l'équipage d'un navire ou d'un avion.

RADIONAVIGATEUR n. m. Spécialiste assurant les radiocommunications et la navigation à bord d'un navire ou d'un aéronef.

RADIONAVIGATION n. f. **1.** Technique de navigation faisant appel à des procédés radioélectriques. — **2.** *Radionavigation par satellite,* procédé de radionavigation utilisant un satellite dont la position instantanée dans l'espace est connue avec une très grande précision. (La radionavigation fait en plus usage des émissions de signaux horaires, de radars et de la radiogoniométrie.)

RADIONÉCROSE n. f. Destruction tissulaire due aux rayonnements ionisants.

RADIO-PALMAIRE adj. (pl. *radio-palmaires*). *Artère radio-palmaire,* branche de l'artère radiale qui naît à la partie inférieure de la gouttière du pouls. (Elle s'anastomose avec l'artère cubitale pour former l'arcade palmaire superficielle.)

RADIOPATHOLOGIE n. f. Étude des accidents produits par les rayons X ou les corps radioactifs.

RADIOPELVIMÉTRIE n. f. Mesure des diamètres du bassin (employée en obstétrique), obtenue par des radiographies.

RADIOPHARE n. m. Station émettrice d'ondes radioélectriques, permettant à un navire ou à un avion de déterminer sa position et de suivre la route prévue.

RADIOPHONIE n. f. Système de transmission des sons utilisant les propriétés des ondes radioélectriques.

RADIOPHONIQUE adj. Relatif à la radiophonie, à la radiodiffusion.

RADIOPHOTOGRAPHIE n. f. **Radiol.** Photographie de l'image obtenue sur un écran de radioscopie.

RADIOPHOTOLUMINESCENCE n. f. Phénomène induit dans certains cristaux par les rayonnements ionisants et utilisé pour la mesure de ces rayonnements.

RADIOPROTECTION n. f. **1.** Étude des moyens de protéger l'homme contre les effets des rayonnements ionisants. — **2.** Mise en œuvre de ces moyens.

RADIORÉCEPTEUR n. m. Poste récepteur de radiocommunication.

RADIOREPÉRAGE n. m. Détermination de la position, de la vitesse, ou d'autres caractéristiques d'un objet au moyen d'ondes radioélectriques.

RADIORÉPONDEUR n. m. Organisme qui diffuse par téléphone des informations ou des programmes préenregistrés.

RADIOREPORTAGE n. m. Reportage diffusé par le moyen de la radiodiffusion.

RADIOREPORTER [-tɛr] n. Journaliste spécialisé dans les radioreportages.

RADIORÉSISTANCE n. f. **Méd.** État de cellules ou de tissus cancéreux insensibles à la radiothérapie ou qui le deviennent.

RADIORÉVEIL ou **RADIO-RÉVEIL** n. m. (pl. *radios-réveils*). Appareil de radio associé à un réveil électronique.

RADIOROUTE n. f. Ligne aérienne jalonnée par des moyens de radionavigation tels que des radiophares.

RADIOSCOPIE n. f. Technique de radiologie dans laquelle l'image d'une partie du corps est portée sur un écran de télévision.

RADIOSCOPIQUE adj. Qui concerne ou qui utilise la radioscopie.

RADIOSENSIBILITÉ n. f. Sensibilité des tissus vivants à l'action des rayons ionisants et plus spécialement des rayons X.
ENCYCL. La radiosensibilité dépend de la dose absorbée (mesurée en grays ou en rads) et des caractéristiques du rayonnement qu'on traduit par une grandeur, l'exposition (mesurée en coulombs ou en röntgens). La dose d'exposition entraînant la mort de la moitié d'une population donnée (dose létale 50), exprimée en röntgens (R), est variable selon les diverses espèces végétales et animales : pin 20 à 30, autres arbres 60, homme 600, oiseaux 3 000, insectes 40 000 à 60 000, scorpion 75 000. Les graines présentent une très haute résistance. Chez les plantes, la résistance aux radiations ionisantes est proportionnelle au nombre des chromosomes, ce qui avantage grandement les mutants polyploïdes.

RADIOSENSIBLE adj. Sensible aux rayonnements ionisants.

RADIOSONDAGE n. m. Mesure météorologique effectuée au moyen d'un ballon-sonde équipé d'appareils radioélectriques émetteurs.

RADIOSONDE n. f. Instrument emporté en ballon dans l'atmosphère, muni de dispositifs permettant de déterminer un ou plusieurs paramètres météorologiques (température, pression, humidité, etc.) et de transmettre ces données au sol par radio.

RADIOSOURCE n. f. Astre émetteur de rayonnement radioélectrique continu.
ENCYCL. On distingue les *radiosources discrètes,* bien localisées dans l'espace (par ex. le Soleil, une galaxie), et les *radiosources diffuses,* dont l'émission radio présente une distribution continue dans l'espace (par ex. le rayonnement cosmologique à 3 K). La première radiosource, autre que le Soleil, a été découverte en 1946 dans la constellation du Cygne. Les radiosources localisées dans notre Galaxie sont liées aux nébuleuses, aux pulsars, aux restes de supernovae, aux étoiles éruptives. Celles d'origine extérieure à notre Galaxie sont souvent des radiogalaxies ou des quasars.

RADIOSTÉRÉOSCOPIE n. f. Procédé de radioscopie employant deux ampoules voisines, pour donner sur l'écran l'illusion du relief.

RADIOSTRONTIUM [-tjɔm] n. m. Isotope radioactif du strontium. (Les deux isotopes de numéros atomiques 89 et 90 sont utilisés comme traceurs radioactifs. Le strontium 90, produit dans les réacteurs et les explosions nucléaires, est très dangereux.)

RADIO-TAXI n. m. (pl. *radio-taxis*). Taxi relié à sa compagnie par un équipement de radiotéléphonie.

RADIOTECHNIQUE [tɛk-] n. f. Technique de la production et de l'emploi des oscillations à fréquence radioélectrique.
◆ adj. Relatif à la radiotechnique.

RADIOTÉLÉGRAMME ou **RADIOGRAMME** n. m. Télégramme originaire ou à destination d'une station mobile, transmis sur les voies de radiocommunication du service mobile. (Abrév. RADIO.)

RADIOTÉLÉGRAPHIE n. f. Télégraphie par ondes radioélectriques.

RADIOTÉLÉGRAPHISTE n. Spécialiste de radiotélégraphie. (Abrév. RADIO.)

RADIOTÉLÉPHONE n. m. Téléphone utilisant un réseau de radiotéléphonie.

RADIOTÉLÉPHONIE n. f. Téléphonie par voie radioélectrique avec des mobiles.

RADIOTÉLÉPHONIQUE adj. Relatif à la radiotéléphonie.

RADIOTÉLESCOPE n. m. Instrument destiné à capter le rayonnement radioélectrique des astres.

ENCYCL. Un radiotélescope est constitué d'un collecteur appelé « antenne », qui joue le même rôle que le miroir d'un télescope optique, et d'un détecteur, qui mesure le rayonnement radioélectrique collecté. Les antennes sont le plus souvent des réflecteurs paraboliques ou sphériques, garnis de grillage métallique, dont la maille doit être au moins dix fois plus fine que la longueur d'onde d'observation. Des collecteurs de grandes dimensions sont nécessaires pour atteindre de grandes sensibilités et mesurer des flux très faibles. Les meilleurs pouvoirs séparateurs sont obtenus en utilisant des réseaux de radiotélescopes. (→ RADIO-INTERFÉROMÈTRE.)

RADIOTÉLÉVISÉ, E adj. Se dit d'un programme transmis à la fois par la radiodiffusion sonore et par la télévision.

RADIOTÉLÉVISION n. f. Ensemble des services, des installations et des programmes de radiodiffusion sonore ou de télévision.

RADIOTEUR n. m. *Fam.* Personne qui parle à la radio, fait de la radio.

RADIOTHÉRAPEUTE n. Médecin spécialiste en radiothérapie.

RADIOTHÉRAPIE n. f. **1.** Méthode de traitement fondée sur l'action biologique des rayonnements ionisants et plus spécialement des rayons X. (Dans ce dernier cas, c'est la röntgenthérapie.) — **2.** *Radiothérapie de contact,* radiothérapie à courte distance, utilisée pour le traitement des tumeurs cutanées ou des tumeurs situées dans une cavité naturelle (rectum). [Syn. CONTACTHÉRAPIE, CONTACTOTHÉRAPIE.] ‖ *Radiothérapie de convergence,* syn. de CYCLOTHÉRAPIE. ‖ *Radiothérapie fonctionnelle,* radiothérapie utilisant l'action modificatrice des rayons.

ENCYCL. **Méd.** L'action destructrice des rayons X est fondée sur la sensibilité différente des tissus pathologiques et des tissus sains avoisinants, qui doivent être épargnés. La sensibilité d'un tissu néoformé (cancer) est variable suivant son type histologique, l'activité de la division cellulaire et l'état du tissu conjonctif voisin. La radiosensibilité est atténuée ou supprimée par les radiations faites antérieurement.

L'action modificatrice des rayons (radiothérapie fonctionnelle) est utilisée dans les états inflammatoires, dans certains troubles neurovégétatifs ou algiques (zona), dans certains syndromes endocriniens.

RADIOTHÉRAPIQUE adj. Relatif à la radiothérapie.

RADIOTOXICITÉ n. f. Toxicité due aux rayonnements ionisants et plus spécialement aux rayons X.

RADIOTRACEUR n. m. Syn. de TRACEUR* RADIOACTIF.

RADIOTRANSPARENT, E adj. Se dit d'un corps (un calcul, en partic.) qui n'est pas visible à la radiographie.

RADIOTROTTOIR n. m. ou f. *Fam.* En Afrique, rumeur publique, nouvelles officieuses.

RADIS [-di] n. m. (ital. *radice,* du lat. *radix, -icis,* racine). **1.** Plante dont il existe diverses variétés (petits radis, radis raves, radis noirs) cultivées pour leur racine charnue comestible. — **2.** La racine de cette plante. — **3.** Pop. *Sans un radis,* sans le sou. ‖ *Radis du Japon* ou *de Satsuma,* syn. de DAIKON.

RADIUM [-djɔm] n. m. Métal alcalino-terreux radioactif. (Élément chimique de symbole Ra.)

ENCYCL. Découvert dans la pechblende en 1898 par P. et M. Curie, puis préparé sous forme métallique en 1910, le radium fond à 700 °C et décompose l'eau à froid. On connaît 25 isotopes, tous radioactifs, dont les nombres de masse sont compris entre 206 et 230 et dont le numéro atomique est 88. L'isotope 226 est radioactif α (période 1 622 ans) et donne naissance à un gaz radioactif : le radon 222. L'isotope 228 est radioactif β^- (période 6,7 ans). Ces deux isotopes sont les plus abondants ; on les trouve respectivement dans les minerais d'uranium et de thorium, dont ils sont extraits. Les effets biologiques du radium proviennent des rayonnements émis par lui-même ou par ses produits de filiation. Dans l'organisme, il se fixe principalement sur la moelle osseuse et sur le squelette. Il a été longtemps le seul radio-isotope utilisé en gammagraphie et en curiethérapie.

RADIUMTHÉRAPIE [-djɔm-] n. f. Syn. de CURIETHÉRAPIE.

RADIUS [-djys] n. m. (lat. *radius,* rayon). **1.** Os long formant la partie externe du squelette de l'avant-bras. (→ *encycl.*) — **2.** Os antérieur de l'avant-bras des vertébrés tétrapodes, supportant l'essentiel du poids du corps. — **3.** Troisième nervure de l'aile des insectes. — **4.** Syn. de AMBULACRE.

ENCYCL. **Anat.** Le radius est un os long, situé en dehors du cubitus, avec lequel il forme le squelette de l'avant-bras. Son extrémité supérieure participe à l'articulation du coude. L'extrémité inférieure, renflée, s'articule avec la tête du cubitus et le condyle carpien ; sa face externe et sa face postérieure sont creusées par de nombreuses gouttières pour le passage des tendons des muscles extenseurs et radiaux ; elle se prolonge en bas par une saillie appelée « apophyse styloïde du radius ».

RADJAH → RĀJĀ.

RADOM, v. de Pologne, en Mazovie, ch.-l. de voïévodie, au S. de Varsovie ; 188 000 hab. Ville ancienne, nœud ferroviaire et centre industriel.

RADÔME n. m. (angl. *radome,* de *radar* et *dome,* dôme). Coupole diélectrique transparente aux ondes radioélectriques, destinée à protéger une antenne de télécommunications contre les intempéries.

RADON n. m. Élément radioactif de masse atomique 222, de numéro atomique 86. (C'est le plus lourd des gaz rares et une émanation des isotopes du radium.)

RADOTAGE n. m. **1.** Action de radoter, de rabâcher : *Se répéter jusqu'au radotage.* — **2.** Propos plus ou moins incohérents, en général répétitifs : *Je n'ai pas le temps d'écouter ses radotages.*

RADOTER v. i. (var. de l'anc. fr. *redoter,* du moyen néerl. *doten,* être fou) [conj. 3]. **1.** Tenir des propos, des discours dénués de sens ou peu cohérents : *Vieillard qui commence à radoter.* — **2.** Répéter de façon ennuyeuse les mêmes propos, les mêmes thèmes : *Rien de nouveau dans sa conférence, il radote.*
◆ v. t. Répéter qqch de façon lassante, fastidieuse : *Radoter les mêmes histoires.*

RADOTEUR, EUSE adj. et n. Qui radote.

RADOUB [-du] n. m. (de *radouber*). **1.** Réparation de la coque d'un bâtiment. — **2.** Passage dans un engin de radoub d'un bâtiment, pour l'entretien ou la réparation de sa coque. — **3.** *Engin de radoub,* tout équipement où un bâtiment peut être entretenu ou réparé. (On distingue, par ordre décroissant du tonnage des bâtiments qui peuvent y être admis : formes [ou cales, ou bassins] de radoub ; docks flottants ; cales de halage [ou slipway] ; gril de carénage.)

RADOUBAGE n. m. Action de radouber.

RADOUBER v. t. (de *adouber*) [conj. 3]. **1.** Réparer un bâtiment de navigation. — **2.** Syn. de RAMENDER.

RADOUCIR v. t. (conj. 32). Rendre plus doux le temps, l'humeur etc. : *La pluie radoucit le temps.*
◆ v. i. ou **se radoucir** v. pr., **être radouci** v. pass. Devenir plus doux.

RADOUCISSEMENT n. m. Fait de se radoucir, d'être radouci.

RADULA n. f. (lat. *radula,* racloir). Face supérieure râpeuse de la langue des gastropodes et de la plupart des céphalopodes, couverte de dents cornées.

RADZIWIŁŁ, famille princière polonaise d'origine lituanienne qui joua un rôle important en Lituanie et en Pologne de la fin du XVe s. au début du XXe s. Elle donna à la Lituanie des voïévodes et des hetmans, notamment Mikołaj II (1470-1522), créé prince du Saint Empire en 1515. Plusieurs de ses membres furent dans la seconde moitié du XVIe s. les promoteurs du calvinisme dans l'État polono-lituanien.

RAEBURN (*sir* Henry), peintre écossais (Stockbridge, près d'Édimbourg, 1756-Édimbourg 1823). Il fut le portraitiste favori de la société écossaise. Son style se fonde sur une touche simplifiée, de forts contrastes de lumière et d'ombre. (40 portraits à la National Gallery d'Édimbourg.)

RAEDER (Erich), amiral allemand (Wandsbek, auj. rattaché à Hambourg, 1876 - Kiel 1960). Apprécié aussi bien par la République de Weimar que par le régime national-socialiste, il fut nommé commandant de la Kriegsmarine en 1935. Contraint de lancer prématurément ses forces dans la guerre, il ne parvint pas à isoler les îles Britanniques, mais organisa de remarquables débarquements en Norvège. Lorsque Hitler ordonna le désarmement des grands navires de surface, Raeder démissionna. Condamné à l'emprisonnement à vie en 1946 par le tribunal de Nuremberg, il fut libéré en 1955.

RAEREN, comm. de Belgique (prov. de Liège), dans les Ardennes, à la frontière allemande ; 9 053 hab. Grand musée de la poterie. La ville a été un grand centre de fabrication des grès (XVIe-XVIIe s.).

RAF (abrév. de *Royal Air Force,* Force aérienne royale), nom donné depuis 1918 à l'armée de l'air britannique.

RAFALE n. f. (ital. *raffica,* avec l'infl. du fr. *affaler,* porter un navire sur la côte). **1.** Augmentation soudaine et courte de la vitesse du vent. — **2.** Ensemble de coups tirés sans interruption par une pièce, une unité d'artillerie, ou une arme automatique. — **3.** Succession rapide et bruyante : *Des bons mots en rafales.*

RAFFAËLLI (Jean-François), peintre français (Paris 1850 - *id.* 1924). Lié aux impressionnistes, il a donné des scènes de genre, des vues de Paris et de la banlieue. Son style un peu sec s'exprime bien dans la gravure (en noir ou en couleurs) et dans l'illustration de livres (Huysmans).

RAFFERMIR v. t. (de *affermir*) [conj. 32]. **1.** Rendre qqch plus ferme, plus dur, plus résistant :

L'exercice raffermit les muscles. — **2.** Remettre qqn, un groupe dans un état plus stable, plus assuré, les confirmer dans telle position : *Cet échec n'est pas de nature à raffermir le gouvernement.* — **3.** *Litt.* Renforcer, consolider ce qui est ébranlé, affaibli : *Raffermir le courage de quelqu'un.* — **4.** Débarrasser une pâte céramique de l'eau excédentaire qu'elle contient.

◆ **se raffermir** v. pr., **être raffermi** v. pass. **1.** Devenir, être plus stable, plus assuré : *Sa santé s'est raffermie.* — **2.** *Litt.* Retrouver son assurance, une attitude ferme : *Se raffermir dans ses intentions.*

RAFFERMISSEMENT n. m. Fait de se raffermir, d'être raffermi : *Le raffermissement de l'autorité.*

RAFFET (Auguste), peintre, dessinateur et lithographe français (Paris 1804 - Gênes 1860), élève, notamment, de Charlet. Ses lithographies consacrées à la légende napoléonienne, à la conquête de l'Algérie et à diverses expéditions auxquelles il participa lui valurent la popularité. Il a illustré Chateaubriand, Nodier, etc.

RAFFINAGE n. m. **1.** Ensemble des opérations permettant de fabriquer, à partir des pétroles bruts, une large gamme de produits commerciaux. (→ *encycl.*) — **2.** Ensemble d'opérations ayant pour but d'améliorer les caractéristiques organoleptiques et la couleur des corps gras obtenus par pression ou extraction des matières premières oléagineuses. (Le raffinage comprend les opérations de démucilagination, de neutralisation, de décoloration et de désodorisation, éventuellement suivies d'une clarification par filtration.) — **3.** Traitement du sucre brut comportant l'affinage, la refonte, la clarification et la décoloration puis une nouvelle cristallisation. — **4.** Trai-

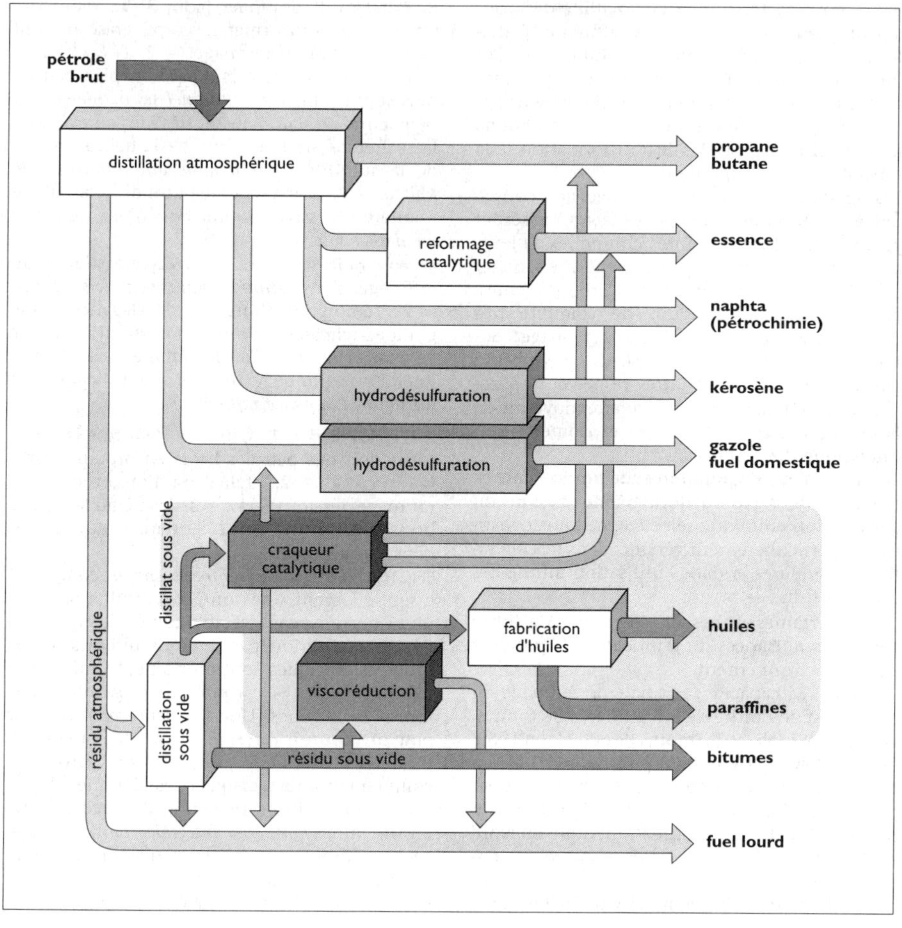

tement mécanique (défibrillation, coupage) des matières fibreuses en pile ou en raffineur.

ENCYCL. **Pétr.** On distingue le raffinage des produits à usage énergétique (carburants, carburéacteurs, gazole et fuel domestique, fuels lourds) et celui des produits non énergétiques (bitumes, lubrifiants). L'enchaînement des opérations conduisant du pétrole brut aux produits commerciaux peut être plus ou moins complexe. Dans le cas du raffinage des produits énergétiques, un grand nombre d'unités de fabrication peuvent intervenir et on subdivise celles-ci en trois catégories :

La distillation* initiale atmosphérique et ses annexes assurent la séparation du brut en diverses coupes, triées en fonction de la température d'ébullition des hydrocarbures qu'elles contiennent. Les fractions de première distillation sont ainsi ajustées pour correspondre approximativement aux caractéristiques de volatilité des principaux produits fournis par la raffinerie. Toutefois, les propriétés physico-chimiques des fractions de base, tout comme leurs quantités respectives, ne correspondent généralement pas tout à fait aux exigences du marché. Il faut donc faire appel à des procédés de transformation et de séparation complémentaires.

Les opérations chimiques de conversion consistent à traiter certaines coupes de façon à modifier profondément les structures chimiques de leurs constituants. Certaines provoquent une scission ou une union des édifices hydrocarbonés traités, conduisant à des produits de volatilité très différente de celle de la charge : craquage* des fractions lourdes, et synthèse des essences à partir de gaz légers. D'autres respectent approximativement la masse moléculaire moyenne de la charge traitée : reformage* et isomérisation catalytique des essences.

Les traitements d'épuration et de finition consistent à éliminer, par fractionnement physique ou par réaction chimique sélective, certains constituants particulièrement gênants dans des opérations ultérieures et dans l'utilisation ultime des produits finis.

Enfin, certaines unités ont pour but de lutter contre les nuisances du raffinage et de protéger ainsi l'environnement.

— **Géogr.** La capacité mondiale de raffinage du pétrole est de l'ordre de 3,7 milliards de tonnes. Longtemps croissante (moins de 600 Mt en 1950, près de 2 400 Mt en 1970, plus de 4 130 Mt en 1981), elle a reculé après le 2e choc pétrolier (hausse brutale des prix de 1979-80). Le déclin du raffinage touche en priorité l'Amérique du Nord et l'Europe occidentale, où de nombreuses raffineries ont été fermées ; ces deux régions concentrent tout de même environ 40 % de la capacité mondiale (7 % au Moyen-Orient et 3 % en Afrique).

RAFFINAT n. m. **1.** Produit pétrolier raffiné. — **2.** Produit pétrolier obtenu après extraction, à l'aide d'un solvant, des aromatiques contenus dans une huile.

RAFFINÉ, E n. Personne qui fait preuve de raffinement.

RAFFINEMENT n. m. **1.** Recherche d'une délicatesse, d'une élégance extrême, en partic. dans le goût, les comportements sociaux : *Admirer le raffinement d'une décoration.* — **2.** Subtilité de la pensée : *Esprit d'un raffinement extrême.* — **3.** Détail, point extrêmement recherché, poussé à l'extrême. — **4.** Degré extrême où sont poussés certains sentiments, certaines tendances ; manière d'agir qui y correspond : *Un raffinement de cruauté.*

RAFFINER v. t. (de *affiner*) [conj. **3**]. **1.** Soumettre un produit brut (métal, corps gras, produit pétrolier, etc.) au raffinage. — **2.** *Litt.* Orienter son comportement vers ce qui est plus délicat, plus subtil, plus rare : *Raffiner ses manières.*

◆ v. t. ind. **1.** *Litt.* Pousser très loin ou trop loin la recherche de la qualité, de la délicatesse ou de la subtilité : *Un homme qui raffine sur la toilette.* — **2.** Rechercher le point de détail d'une manière excessive : *Inutile de raffiner, l'essentiel est d'aller vite.*

◆ **être raffiné** v. pass. **1.** Avoir été soumis au raffinage : *Sucre raffiné. Produits pétroliers raffinés.* — **2.** Témoigner d'une grande élégance d'une grande délicatesse, d'un goût subtil : *Femme élégante et raffinée. Cuisine raffinée.* — **3.** Témoigner d'une grande recherche, d'un souci excessif du détail : *Supplice raffiné.*

RAFFINERIE n. f. **1.** Usine où s'effectue la transformation des pétroles bruts en produits finis. (→ *encycl.*) — **2.** Atelier où l'on procède au raffinage des corps gras. — **3.** Usine où les sucres bruts sont raffinés. — **4.** Ensemble des techniques du raffinage.

ENCYCL. **Pétr.** Une *raffinerie simple* comprend essentiellement une unité de distillation, une unité de reformage catalytique et divers traitements de finition par hydrodésulfuration. Les produits fabriqués sont en nombre limité : gaz liquéfiés, essences, carburéacteurs, gazoles, fuels lourds et bitumes. Une *raffinerie complexe* doit pouvoir fournir une plus grande variété de produits et implique des unités de conversion complémentaires : craquage catalytique, alkylation, isomérisation, réduction de viscosité, etc. Enfin, une *raffinerie intégrale* fabrique une gamme complète de produits incluant la totalité des huiles lubrifiantes, les bitumes, les paraffines, ainsi que les bases pétrochimiques.

RAFFINEUR, EUSE n. Technicien, industriel spécialisé dans le raffinage pétrolier.

◆ **raffineur** n. m. Appareil utilisé pour le raffinage de la pâte à papier.

RAFFINOSE n. m. Triholoside $C_{18}H_{32}O_{16}$, qui existe chez certains végétaux, notamment dans les racines de betteraves, les graines de diverses légumineuses, la manne d'eucalyptus. (Syn. MÉLITOSE.)

RAFFLESIA n. m. ou **RAFFLÉSIE** n. f. (de sir T. S. *Raffles,* n. pr.). Plante (aristolochiale) sans chlorophylle de l'archipel malais, parasite des racines d'arbres, à système végétatif presque nul. (La fleur de *Rafflesia arnoldi* mesure presque un mètre de diamètre et exhale une odeur de viande pourrie, attirant les mouches.)

RAFFOLER v. t. ind. (de *affoler*) [conj. 3]. Être follement épris de qqn, avoir un goût très vif pour qqch.

RAFFUT n. m. (de *raffûter,* gronder). *Fam.* **1.** Bruit violent et discordant : *Faire un raffut de tous les diables.* — **2.** Éclat scandaleux, esclandre : *Cette nouvelle va faire du raffut.*

RAFIOT n. m. (mot arg.). *Fam.* Mauvais ou vieux bateau.

RAFISTOLAGE n. m. Action de rafistoler, fait d'être rafistolé.

RAFISTOLER v. t. (moyen fr. *afistoler,* séduire, sur l'ital. *fistola,* flûte) [conj. 3]. *Fam.* Réparer qqch grossièrement : *Rafistoler un appareil détraqué.*

RAFISTOLEUR, EUSE n. *Fam.* Personne qui rafistole.

1. RAFLE n. f. (all. *Raffel,* de *raffen,* emporter rapidement). **1.** Opération policière exécutée à l'improviste dans un lieu suspect, en vue d'appréhender les personnes qui s'y trouvent et de vérifier leur identité : *Être pris dans une rafle.* — **2.** Arrestation massive de personnes : *Les rafles du Vel'd'Hiv.* — **3.** Action de rafler, de tout emporter : *Les cambrioleurs ont procédé à une rafle de tous les objets d'art.*

2. RAFLE n. f. (de *rafle 1*). **1.** Ensemble du pédoncule et des pédicelles qui soutiennent les grains du raisin ou des groseilles. (Syn. RÂPE.) — **2.** Axe de l'épi du maïs. — **3.** Produit résultant de la séparation des fruits du régime de palmier à huile. — **4.** Verveux à plusieurs entrées.

RAFLER v. t. (de *rafle 1*) [conj. 3]. *Fam.* **1.** S'emparer de la plus grande partie ou de l'ensemble des choses qui sont recherchées : *Élève qui rafle tous les prix.* — **2.** Voler qqch à qqn : *Il lui a raflé tous ses bijoux.*

RAFRAÎCHIR v. t. (de *fraîchir*) [conj. 32]. **1.** Rendre frais ou plus frais qqch, l'amener à un degré de froid modéré : *Rafraîchir des boissons dans un seau à glace.* — **2.** Faire baisser la température atmosphérique : *Ces pluies ont rafraîchi le temps.* — **3.** Faire éprouver à qqn, à une partie de son corps une sensation de fraîcheur agréable lorsqu'il a chaud : *Rafraîchir son visage avec une serviette humide.* — **4.** Remettre en état qqch de vieilli, passé ou usagé, raviver ses couleurs : *Rafraîchir les sièges en changeant le tissu.* — **5.** Couper légèrement les cheveux pour redonner forme à la coiffure. — **6.** Fam. *Rafraîchir la mémoire à (de) qqn,* lui rappeler qqch qu'il semble avoir oublié. • **Agric.** *Rafraîchir la terre,* lui donner un nouveau labour. — **Bois.** *Rafraîchir un bois,* refaire une coupe franche à l'extrémité d'une pièce de bois. — **Hortic.** *Rafraîchir les racines,* couper l'extrémité des racines développées, ce qui produit la multiplication des radicelles.

◆ v. i. Devenir, être plus frais : *Mettre une bouteille à rafraîchir.*

◆ **se rafraîchir** v. pr. **1.** Atteindre une température plus basse, mais modérément froide : *La mer s'est rafraîchie.* — **2.** Se donner une sensation de fraîcheur : *Se rafraîchir sous la douche.* — **3.** *Fam.* Boire un rafraîchissement. — **4.** Faire un brin de toilette, un raccord de maquillage, se recoiffer, etc.

RAFRAÎCHISSANT, E adj. **1.** Qui donne de la fraîcheur : *Un petit vent rafraîchissant.* — **2.** Qui calme la soif. — **3.** Qui inspire un sentiment de simplicité, de fraîcheur, de bien-être : *Une nouvelle rafraîchissante.*

RAFRAÎCHISSEMENT n. m. **1.** Fait pour la température atmosphérique de se rafraîchir. — **2.** Action de remettre qqch en état : *Des peintures qui auraient besoin d'un sérieux rafraîchissement.* — **3.** Boisson fraîche, en général non alcoolisée, que l'on prend pour se désaltérer. — **4.** En informatique, analyse périodique d'une image sur l'écran d'un visuel, afin de la maintenir visible.

RAFRAÎCHISSOIR n. m. Récipient qui servait, au XVIIIe s., à rafraîchir les bouteilles ou les verres.

RAFSANDJANI ('Ali Akbar Hāchemi), homme d'État iranien (Bahraman, à 60 km au N.-O. de Rafsandjan, prov. de Kermān, 1934). Président du Parlement *(Madjlis)* à partir de 1980, il est élu en 1989 président de la République islamique, devenant — avec 'Ali Khamenei — l'homme fort du régime après la mort de Khomeyni.

RAFT n. m. (mot angl.). Radeau pneumatique pour la pratique du rafting.

RAFTING n. m. Descente sportive, en raft, de cours d'eau coupés de rapides.

RĀGA n. m. inv. Mode musical dans la musique de l'Inde, caractérisé par une structure déterminée, des ornements et un motif mélodique spécifiques et correspondant à un climat émotionnel.

RAGAGE n. m. (de *raguer*). Détérioration due au frottement d'un corps quelconque (en partic. d'un câble) sur un autre corps.

RAGAILLARDIR v. t. (de *gaillard*) [conj. **32**]. *Fam.* Redonner à qqn de la gaieté, de la vigueur, de l'allant.

RAGAZ-LES-BAINS ⟶ BAD RAGAZ.

RAGE n. f. (lat. pop. **rabia*, du lat. class. *rabies*). **1.** Ensemble des manifestations pathologiques apparaissant chez l'homme et l'animal après contamination par le virus rabique, du groupe des rhabdovirus. (⟶ *encycl.*) — **2.** État d'irritation, de colère, de fureur qui peut porter à des actes excessifs : *Être fou de rage.* — **3.** Besoin ou désir irrépressible de qqch : *La rage de vivre.* — **4.** *Être en rage contre,* être en colère contre qqch, pester contre qqn. ‖ *Faire rage,* se manifester avec une violence extrême : *Épidémie qui fait rage.* ‖ *Rage de dents,* mal de dents qui cause de très vives douleurs.

ENCYCL. La rage est transmise à l'homme par la salive des animaux infectés, le plus souvent après une morsure d'un animal enragé. Si l'incubation de la rage est très longue (40 jours env.), son évolution est rapidement mortelle, qu'il s'agisse de *rage paralytique,* responsable d'arrêts respiratoires, ou de *rage furieuse,* réalisant un tableau d'excitation psychomotrice majeure en climat hyperfébrile. L'absence de traitement curatif explique l'absolue nécessité de recourir à la prévention de la rage : surveillance des animaux suspects, vaccination des animaux domestiques. En raison de la longueur de l'incubation, on a le temps d'immuniser les personnes mordues par un animal enragé. La vaccination doit être pratiquée au moindre doute.
— **Vétér.** Chez le chien, après une incubation de 15 à 60 jours, parfois plus (jusqu'à un an), la rage débute par des modifications du comportement. Suit alors (forme furieuse) une phase d'excitation et d'agressivité pendant laquelle le chien cherche à mordre tout ce qui l'entoure. Une paralysie progressive du larynx provoque une modification de l'aboiement et une intense salivation. L'animal meurt en 4 à 5 jours. Dans la forme paralytique, plus rare, il n'y a pas de phase agressive ; l'animal ne peut ni aboyer ni déglutir et meurt en 2 à 3 jours. Les principaux vecteurs de la rage sont des animaux sauvages qui la transmettent par morsure : le renard en Europe, la mangouste en Afrique du Sud, le coyotte aux États-Unis, le vampire en Amérique du Sud. Disparue d'Europe occidentale depuis fort longtemps, la rage est réapparue en Pologne sur des renards en 1935. Elle progresse depuis d'est en ouest et a atteint en 1968 la France, où elle gagne du terrain chaque année.

RAGEANT, E adj. *Fam.* Qui fait rager.

RAGER v. i. (de *rage*) [conj. **17**]. *Fam.* Être en proie à une violente irritation, à une mauvaise humeur hargneuse : *Il rageait de ne pouvoir rien faire.*

RAGEUR, EUSE adj. **1.** Sujet à des accès de colère, de fureur agressive : *Un tempérament colérique, rageur.* — **2.** Qui exprime la rage, la colère : *Un cri rageur.*

RAGEUSEMENT adv. D'une manière rageuse, avec hargne.

RAGLAN n. m. (de lord *Raglan,* n. pr.). **1.** *Vx.* Paletot à pèlerine, très en vogue en 1855. — **2.** Manteau à manches raglan.
◆ adj. inv. Se dit des manches de vêtements se prolongeant sur les épaules, qu'elles recouvrent jusqu'à l'encolure.

RAGLAN (*lord* FitzRoy James Henry SOMERSET, *baron*), feld-maréchal britannique (Badminton, Gloucestershire, 1788 -devant Sébastopol 1855). Après avoir combattu auprès de Wellington en Espagne et à Waterloo (1812-1815), il commanda les troupes britanniques en Crimée (1854) où il mourut du choléra.

Ragnarok (*ragna rok,* « destin final des dieux »), légende cosmogonique scandinave, d'origine islandaise, qui décrit la fin du monde.

RAGONDIN n. m. **1.** Grand rongeur aquatique d'Amérique du Sud, élevé pour sa belle fourrure et qui a reconstitué, par places, des populations sauvages. (Syn. MYOCASTOR, MYOPOTAME, COYPOU.) — **2.** Fourrure de cet animal. (Syn. NUTRIA).

1. RAGOT n. m. (moyen fr. *ragoter,* grogner comme un sanglier). *Fam.* Commérage malveillant et sans fondement.

2. RAGOT n. m. (bas lat. *ragire,* grogner). Sanglier ayant deux ans accomplis et qui ne vit plus en compagnie.

RAGOTE n. f. Jeune femelle de sanglier de deux ans qui prend son indépendance.

RAGOUGNASSE n. f. (de *ragoût*). *Fam.* nourriture peu ragoûtante.

RAGOÛT n. m. (de *goût*). Plat composé de morceaux de viande et de légumes cuits dans une sauce.

RAGOÛTANT, E adj. Appétissant.

RAGRÉAGE ou **RAGRÉMENT** n. m. Action de ragréer.

RAGRÉER v. t. (de *agréer*) [conj. **15**]. Faire disparaître (par raclage, polissage, etc.) toutes les irrégularités de surface d'un ouvrage de maçonnerie, de menuiserie, de métallerie, d'orfèvrerie, etc.

RAGTIME [ragtajm] n. m. (amér. *ragtime,* temps déchiqueté). Style de musique, puis de piano, de la fin du XIXe s., non improvisé et fortement syncopé, et qui mêle au folklore négro-américain des airs de danse en usage chez les Blancs.

RAGUENEAU (Cyprien), poète et comédien français (Paris 1608 - Lyon 1654). D'abord pâtissier, puis poète et comédien chez Molière, il servit de modèle à un personnage de *Cyrano de Bergerac,* d'E. Rostand.

RAGUER v. i. (néerl. *ragen*) [conj. 3]. S'user, se détériorer par le frottement sur un objet dur, en parlant d'un cordage.

RAGUSE, en ital. **Ragusa,** v. d'Italie, au S. de la Sicile, ch.-l. de province ; 67 000 hab. Beaux monuments construits ou reconstruits après le séisme de 1693. Centre agricole et chimique.

RAGUSE, anc. nom de Dubrovnik*.

RAGUSE (*duc* DE) → MARMONT.

RAHAD, riv. du Soudan, affl. du Nil Bleu (r. dr.) rejoint au N. de Sennar ; 500 km. Barrages (coton et arachide irrigués).

RAHAT-LOUKOUM [raatlukum] n. m. (pl. *rahat-loukoums*). Syn. de LOUKOUM.

RAHEL (Rachel BLUWSTEIN, dite), poétesse d'expression hébraïque (Saratov, Russie, 1890 - Tel-Aviv 1931). Sa poésie, caractérisée par une exceptionnelle musicalité, chante son amour pour Israël et le travail de la terre (*Regain,* 1927 ; *Nevo,* 1932).

RAHMAN (Mujibur), homme politique bengalī (Tongipara, Bangladesh, 1920 - Dacca 1975). Il milita pour l'autonomie du Pākistān oriental à l'égard du Pākistān occidental et créa dans ce but la ligue Awami (1949). Vainqueur des élections de 1970, il fut l'artisan de la sécession en 1971 du Pākistān oriental, qui devint le Bangladesh. Incarcéré en 1971-72, il dirigea après sa libération le nouvel État. Il fut renversé par un coup d'État et assassiné (1975).

RAHMAN (Zia ur-), officier et homme d'État bengalī (district de Sylhet 1935 - Chittagong 1981). Il s'empara du pouvoir en nov. 1975. Il fut assassiné lors d'une tentative de coup d'État.

RAHNER (Karl), jésuite et théologien allemand (Fribourg 1904 - Innsbruck 1984). Conseiller au concile Vatican II, il a fait apparaître, dans son enseignement (à Innsbruck, Munich, Münster) et dans ses ouvrages (*Mission et Grâce,* 1962-1965, 3 vol.), le sens vivifiant de la tradition chrétienne.

RAI n. m. (lat. *radius*). **1.** *Litt.* Rayon : *Les rais du soleil.* — **2.** Rayon d'une roue en bois.

RAÏ n. m. inv. (mot ar., *opinion*). Genre littéraire et musical arabe, improvisation poétique chantée traditionnelle au Maghreb (et en particulier dans l'Ouest algérien), exprimant une vision du monde propre à son auteur. (Le raï contemporain est largement ouvert aux influences des styles musicaux américains : pop, funk, soul, reggae, etc.)

RAÏA → RAYA.

RAÏATEA, une des îles de la Société (Polynésie française), la plus grande des îles Sous-le-Vent ; 192 km^2 ; 7 400 hab. Ch.-l. *Uturoa.*

RAIBOLINI (Francesco) → FRANCIA (il).

RAICHUR, v. de l'Inde (Karnātaka), au S.-O. d'Hyderābād ; 125 000 hab.

RAID [rɛd] n. m. (angl. *raid*). **1.** Incursion rapide exécutée en territoire inconnu ou ennemi pour recueillir des renseignements, capturer des prisonniers ou du matériel, bombarder un objectif, etc. — **2.** Parcours sur une longue distance, destiné à montrer l'endurance des concurrents et/ou la résistance du matériel : *Raid automobile.* — **3.** Opération boursière destinée à prendre le contrôle d'une société.

RAIDE adj. (anc. fr. *roide,* fém. de *roit,* du lat. *rigidus*). **1.** Qui est sans souplesse, sans mollesse, assez dur : *Des cheveux raides.* — **2.** Qui manque de souplesse, d'aisance, de naturel, dans son maintien ou ses mouvements : *Officier qui se tient raide dans son uniforme.* — **3.** Qui présente une forte déclivité, qui est dur à monter : *Versant en pente raide.* — **4.** *Fam.* Se dit d'une boisson alcoolique très forte et âpre au goût. — **5.** *Litt.* Qui se montre inflexible sur les principes, qui se refuse aux compromissions. — **6.** *Fam.* Inhabituel, plus ou moins étonnant, et qu'on a peine à admettre : *Le procédé est plutôt raide.* — **7.** *Fam.* Se dit d'un propos scabreux, qui choque la bienséance : *En dire de raides.* — **8.** *Pop.* Ivre, soûl. — **9.** *Avoir une jambe raide,* ne pas pouvoir plier l'articulation du genou. ‖ Fam. *Raide comme la justice,* très guindé. ‖ Pop. *Raide comme un passe-lacet,* totalement démuni d'argent.

◆ adv. **1.** De façon abrupte, selon une forte pente : *Côte qui monte raide.* — **2.** De façon rapide, soudaine : *Tomber raide mort.* — **3.** *Vx.* De façon violente, sèchement.

◆ n. m. Dystrophie musculaire ou myopathie observée sur les agneaux, due à une carence en sélénium ou en vitamine E.

RAIDEMENT adv. *Litt.* Avec raideur.

RAIDER [rajdœr] n. m. (angl. *raider,* pillard). Personne qui procède à des opérations de ramassage de titres de sociétés, en vue d'en prendre le contrôle.

RAIDEUR n. f. **1.** État de ce qui est raide, difficile à plier ou à courber : *Raideur du corps après la mort.* — **2.** Caractère de ce qui présente une forte déclivité : *Raideur dangereuse d'un escalier.* — **3.** Manque de souplesse, d'aisance, de grâce : *Saluer avec raideur.* — **4.** *Raideur d'un ressort,* quotient de la force axiale agissant sur un ressort hélicoïdal par la variation de longueur qu'il subit.

RAIDILLON n. m. Sentier en pente raide.

RAIDIR v. t. (conj. **32**). **1.** Tendre qqch, le rendre raide : *Raidir une amarre.* — **2.** Enlever de sa souplesse à qqch : *L'eau calcaire raidit les lainages.* — **3.** Tendre avec force en bandant ses muscles, son corps, un membre : *Raidir ses bras.* — **4.** *Litt.* Rendre qqn plus ferme, plus intransigeant dans sa position : *Votre insistance n'a fait que le raidir dans son obstination.*

◆ **se raidir** v. pr., **être raidi** v. pass. Devenir raide, rigide : *Cordage qui s'est raidi sous l'effet du sel.*

◆ **se raidir** v. pr. **1.** Donner de la tension, de la rigidité à tout son corps, en bandant ses muscles : *Cessez de vous raidir, détendez-vous.* — **2.** Rassembler sa volonté, ses forces morales pour résister à une menace, un danger : *Se raidir contre la souffrance.* — **3.** Se montrer plus intransigeant, plus dur : *Se raidir dans son refus.*

RAIDISSEMENT n. m. **1.** Action de raidir, de se raidir ; état de ce qui est raidi : *Le raidissement d'un muscle.* — **2.** Durcissement dans l'attitude politique de qqn, d'un pays, d'un groupe.

RAIDISSEUR n. m. **1.** Appareil servant à tendre les fils des clôtures, les fils téléphoniques, les câbles d'un appareil de manutention. — **2.** Câble métallique ou tout autre dispositif destiné à raidir les revêtements d'une aile ou d'un fuselage d'avion. — **3.** Dans le bâtiment, tout organe servant à renforcer un support, une charpente, etc. — **4.** Chacune des poutres constituant l'ossature d'un navire, dans la construction navale métallique.

1. RAIE n. f. (lat. médiév. *riga,* du gaul. **rica,* sillon). **1.** Ligne tracée sur une surface à l'aide d'une substance colorée, ou marquée en creux avec un instrument entamant la matière : *Raies creusées au couteau dans une pièce de bois.* — **2.** Ligne ou bande étroite et longue, colorée, qui marque la peau, le pelage, le plumage d'un animal ou qui, de couleur différente de celle du fond, constitue un élément décoratif sur un support (tissu, papier) : *Les raies noires du pelage du tigre. Une étoffe foncée à raies claires.* — **3.** Bande, ligne, faisceau, rayon se distinguant par leur couleur, leur éclat, etc. : *Raie de lumière au haut des volets d'une fenêtre.* — **4.** Sillon anatomique plus ou moins profond : *Raie des fesses.* — **5.** Séparation des cheveux, marquée d'avant en arrière : *Se coiffer avec la raie au milieu.* • **Agric.** *Raie de labour,* tranchée ouverte par la charrue entre la partie labourée et la partie non labourée du champ. (On dit aussi quelquefois SILLON.) — **Phys.** Partie d'une courbe représentant un spectre, en forme de pic ou de creux de faible largeur. ‖ Ligne brillante *(raie d'émission)* formant avec d'autres un spectre d'émission ou ligne sombre *(raie d'absorption)* interrompant un spectre continu.

2. RAIE n. f. (lat. *raia*). **1.** Poisson sélacien hypotrème, au corps aplati et en forme de losange, muni d'une queue de faible diamètre, et de fentes branchiales en position ventrale. (Le nom de *raie* est souvent étendu à tous les hypotrèmes.) [→ *encycl.*] — **2.** *Raie cornue,* autre nom de la mante. ‖ *Raie électrique,* autre nom de la torpille. ‖ *Raie venimeuse,* sélacien hypotrème (pastenague, aigle de mer et mante ou diable de mer), pourvu d'aiguillons venimeux portés par le fouet caudal.

ENCYCL. La face ventrale porte les cinq paires de fentes branchiales, les narines et la bouche. La denture est parfois en pavés (broyeurs de coquilles). La face dorsale porte les yeux et les orifices respiratoires.

Les raies chassent à l'affût, enfouies dans le sable, ou nagent lentement au-dessus du fond par ondulation des pectorales. On les pêche au chalut ou à la ligne de fond. On en reconnaît 23 espèces sur les côtes françaises, la plus grande, le pocheteau gris, atteignant 2,5 m de long et 100 kg.

RAIFORT [rɛfɔr] n. m. (anc. fr. *rais,* racine, du lat. *radix, -icis,* et *fort*). **1.** Crucifère du genre *armoracia* cultivée pour sa racine charnue à saveur poivrée, utilisée comme condiment. (Syn. COCHLÉAIRE, CRANSON.) — **2.** Gros radis d'hiver.

RAIL [raj] n. m. (angl. *rail,* traverse, de l'anc. fr. *reille,* du lat. *regula,* barre). **1.** Profilé d'acier laminé, constituant le chemin de roulement et de guidage des roues à boudin des véhicules ferroviaires. (Les rails ont une longueur de 36 m. Ils sont soudés pour donner des longueurs de plusieurs kilomètres. Dans les fortes courbes, la pose avec éclisses est maintenue.) — **2.** La voie ferrée, le chemin de fer : *Transport par rail.* — **3.** Fam. *Être sur les rails, sortir des rails,* être sur la bonne voie ou s'en écarter. • **Ch. de f.** *Troisième rail,* système de distribution du courant de traction par l'intermédiaire d'une barre métallique placée parallèlement à l'axe de la voie et sur laquelle se déplace un frotteur (patin) assurant le captage. (Il n'est plus utilisé que pour les réseaux métropolitains.) — **Mar.** Chenal du large, imposé au trafic maritime dans des parages de forte circulation, pour limiter les risques de collision ou de pollution (ex. : rail d'Ouessant). — **Techn.** Profilé de métal servant de guide à un mouvement de translation.

RAILBONDAGE n. m. (angl. *railbond*). Syn. de ÉCLISSAGE ÉLECTRIQUE.

RAILÉ, E [re-] adj. Se dit en vénerie des chiens qui sont tous de même taille.

RAILLER v. t. (lat. pop. **ragulare*, du bas lat. *ragere*, hurler) [conj. 3]. Tourner en dérision, ridiculiser qqn ou qqch par des moqueries, des plaisanteries plus ou moins vives : *Railler un camarade sur sa tenue.*
◆ v. i. *Litt.* User de l'ironie, de la moquerie, de sarcasmes : *Ils aiment à railler.*

RAILLERIE n. f. **1.** Action, fait de railler. — **2.** Propos ou attitude par lesquels on raille : *Des railleries déplacés.*

RAILLEUR, EUSE adj. et n. Qui raille, qui aime à se moquer.
◆ adj. Qui exprime la raillerie : *Ton railleur.*

RAILLEUSEMENT adv. *Litt.* D'une manière railleuse.

RAIL-ROUTE adj. inv. (angl. *railroad*, chemin de fer, avec l'infl. de *route*). Se dit des techniques permettant l'acheminement des marchandises sans rupture de charge, successivement par voie ferrée et par route sur les trajets terminaux.
ENCYCL. Le transport rail-route s'est développé, surtout après la Seconde Guerre mondiale, selon trois principes différents : chargement de véhicules routiers sur wagons (système *piggy-back* aux États-Unis, système *kangourou* en France, *autoroute roulante* en Europe centrale), véhicules mixtes rail-route, transport de wagons sur des remorques routières spécialisées.

RAIMBAUT d'Orange, troubadour provençal (v. 1146 - v. 1173), un des premiers adeptes du *trobar clus* (véritable hermétisme poétique avant la lettre). On possède encore de lui une quarantaine de pièces.

RAIMBAUT de Vaqueiras, troubadour provençal (Vacqueyras v. 1155 - v. 1210). Jongleur, il servit chez Guillaume des Baux, prince d'Orange, puis chez le marquis Boniface de Montferrat, qu'il suivit à la croisade de 1202. Il nous reste de lui une vingtaine de chansons et des sirventès.

SAINT

RAIMOND *(saint)* → RAYMOND (saint).

ANTIOCHE

RAIMOND Ier DE POITIERS (v. 1099/ 1100 - Fons Murez 1149), prince d'Antioche (1136-1149), deuxième fils de Guillaume IX, duc d'Aquitaine. Appelé à défendre la principauté d'Antioche, il en épousa l'héritière Constance (1136). Il eut des rapports difficiles avec l'empereur byzantin Jean II Comnène. Il joua un rôle déterminant dans le divorce de Louis VII avec Aliénor d'Aquitaine. Il fut battu et tué par Nūr al-Dīn.

BARCELONE

RAIMOND BORRELL (972-1018), comte de Barcelone (992-1018). Il combattit efficacement les musulmans de Catalogne.

RAIMOND BÉRENGER Ier le Vieux (v. 1024-1076), comte de Barcelone (1035-1076). Il étendit ses possessions en Catalogne et développa l'influence catalane sur le Languedoc. Il fit rédiger les *Usatges (Usages de Barcelone)*, premier code féodal d'Europe. — **Raimond Bérenger II** (v. 1053 - Gualba, Gérone, 1082), comte de Barcelone (1076-1082), dit *Tête d'étoupe*, fils du précédent. Il aurait été assassiné par son frère jumeau Bérenger Raimond II, avec lequel il régnait depuis 1076, et qui gouverna jusqu'en 1096. — **Raimond Bérenger III** (1082-1131), comte de Barcelone (1096-1131), comte de Provence (Raimond Bérenger Ier) [1112/13-1131]. Successeur de son oncle Bérenger Raimond II (1096), il réussit à écarter la menace almoravide, prit Ibiza et Majorque et étendit les limites de ses possessions au-delà des Pyrénées, et jusqu'en Provence (partage territorial de 1125). — **Raimond Bérenger IV** (v. 1114 - Borgo San Dalmazzo, Piémont, 1162), comte de Barcelone (1131-1162), prince d'Aragon (1137-1162), comte tuteur de Provence (Raimond Bérenger II) [1144-1162]. Il participa, avec le roi de Castille Alphonse VII, aux opérations de reconquête (Tortosa, 1148 ; Lérida, 1149). Son mariage en 1151 avec Pétronille d'Aragon permit la réunion de l'Aragon et de la Catalogne (effective dès 1137).

PROVENCE

RAIMOND BÉRENGER Ier, comte de Provence → RAIMOND BÉRENGER III, comte de Barcelone. — **Raimond Bérenger II** *le Vieux,* comte de Provence → RAIMOND BÉRENGER IV, comte de Barcelone. — **Raimond Bérenger III** († 1166), comte de Provence (1144-1166). Pendant sa longue minorité, la Provence fut gouvernée par son oncle et tuteur Raimond Bérenger II le Vieux (→ RAIMOND BÉRENGER IV, comte de Barcelone). — **Raimond Bérenger IV** ou **V** (1198-1245), comte de Provence (1209-1245). Fils et successeur d'Alphonse II (1196-1209), il pacifia le pays en proie à l'agitation féodale et aux révoltes urbaines. Il constitua une administration solide et s'entoura de bons conseillers. Sa cour brillante attira les troubadours.

TOULOUSE

RAIMOND Ier († v. 864), comte de Toulouse (852-864), aida Charles le Chauve contre Pépin II d'Aquitaine. — **Raimond II** (v. 860-923), comte de Toulouse (918-923). — **Raimond III** *Pons* (v. 900 - v. 950/51), comte de Toulouse (923 - v. 950), repoussa une invasion hongroise et agrandit son comté d'une partie du futur Languedoc. — **Raimond IV,** dit **Raimond de Saint-Gilles** (Toulouse

1042 - Tripoli 1105), comte de Toulouse (1093-1105). Il agrandit son État, par mariage, des comtés de Rouergue, de Nîmes et Narbonne, du Gévaudan, d'Agde, Béziers et Uzès. Il participa à la première croisade, où il attaqua l'émirat de Tripoli et prit part à la prise de Jérusalem (1099). Il participa au siège de Tripoli (1105) et jeta les bases du comté de Tripoli. — **Raimond V** (1134 - Nîmes 1194), comte de Toulouse (1148-1194). Il renforça l'unité de ses États en s'appuyant sur la bourgeoisie et en manifestant une autorité sévère à l'égard de ses vassaux. Il fut contraint de prêter hommage à Henri II Plantagenêt (1173). — **Raimond VI** (1156 - Toulouse 1222), comte de Toulouse (1194-1222). Il protégea les albigeois* et leurs sympathisants et fut excommunié par Innocent III. Lors de la croisade dirigée par Simon de Montfort, il perdit Toulouse, après un siège de deux ans (1213-1215), et fut dépossédé de ses États (1215). Un soulèvement de Toulouse et la mort de Simon (1218) lui permirent de reconquérir presque tous ses domaines. — **Raimond VII** (Beaucaire 1197 - Millau 1249), comte de Toulouse (1222-1249), fils et successeur du précédent, acheva la reconstitution de l'État toulousain. Ayant suspendu la persécution contre les cathares, il fut excommunié. Après une nouvelle croisade, celle de Louis VIII, il dut renoncer à une partie de ses possessions. Le mariage de sa fille unique Jeanne avec Alphonse de Poitiers, frère de Louis IX, assura l'annexion du comté au domaine royal (1229) et le traité de Lorris (1243) marqua en fait la fin de l'indépendance du comté.

TRIPOLI

RAIMOND Ier, comte de Tripoli (à Tortose) [1102-1105] → RAIMOND IV, comte de Toulouse. — **Raimond II** († près de Tripoli 1152), comte de Tripoli (1137-1152). — **Raimond III** (v. 1140-1187), comte de Tripoli (1152-1187), seigneur de Tibériade et de Galilée (1174-1187). Il fut à deux reprises régent du royaume latin de Jérusalem, durant les minorités de Baudouin IV (1174-1176) et de Baudouin V (1185-86).

RAIMONDI (Marcantonio), dit en fr. **Marc-Antoine,** graveur italien (Bologne 1480 - *id.* v. 1534). Buriniste, influencé par Campagnola, par Dürer, dont il copia les œuvres, et par Lucas de Leyde, il s'installa à Rome vers 1510 et se mit à reproduire et à diffuser largement les œuvres de Raphaël, puis celles de J. Romain, Bandinelli, etc. L'un des premiers, il a fait de la gravure de reproduction un métier et un art.

RAIMONDI (Ruggero), baryton italien (Bologne 1941). Sa voix lui permet de s'illustrer dans les rôles de composition (Scarpia, Boris Godounov, Méphisto, Don Juan).

RAIMU (Jules Auguste César MURAIRE, dit), acteur français (Toulon 1883 - Neuilly-sur-Seine 1946). Il est choisi en 1916 par Feydeau pour incarner le Marseillais de sa pièce *Monsieur chasse.* Il triomphe dans le rôle de César dans *Marius* de M. Pagnol (1929). À la Comédie-Française (1943), il joue *le Bourgeois gentilhomme* (1944), *le Malade imaginaire* (1944). Raimu a tourné une cinquantaine de films : *Marius* (1931), *Fanny* (1932), *les Gaîtés de l'escadron* (1932), *César* (1936), *Gribouille* (1937), *la Femme du boulanger* et *la Fille du puisatier* (1938 et 1941), *les Inconnus dans la maison* (1942), *l'Homme au chapeau rond* (1946).

RAIMUND (Ferdinand RAIMANN, dit), auteur dramatique autrichien (Vienne 1790 - Pottenstein 1836). Acteur, directeur de théâtre à Vienne, il est l'auteur de nombreuses pièces de théâtre, souvent inspirées de Grillparzer (*le Roi des Alpes et le Misanthrope,* 1828 ; *le Dissipateur,* 1834).

RAINAGE n. m. Action de rainer une pièce.

RAINALDI (Carlo), architecte italien (Rome 1611 - *id.* 1691). Après avoir collaboré avec son père, GIROLAMO (1570-1655), il élabora un style personnel qui combine des traits empruntés à l'Italie du Nord et au maniérisme avec la grande scénographie baroque romaine : façade de S. Andrea della Valle (1656-1665), églises jumelles de la piazza del Popolo (à partir de 1662), abside de S. Maria Maggiore (1669), etc.

RAINCY (Le) [93340], ch.-l. d'arrond. de la Seine-Saint-Denis, banlieue est de Paris ; 13 672 hab. Église d'A. Perret (1922-23 ; vitraux de M. Denis). Constructions mécaniques.

RAINER v. t. (de *rainure*) [conj. 4]. **1.** Pratiquer un sillon régulier dans une pièce de cuir ou de tout autre matériau afin de faciliter un pliage ou d'y loger une couture. — **2.** Pousser, au moyen d'un bouvet, une rainure dans une pièce de bois.

RAINETER v. t. (de *rainette 2*) [conj. 27]. **1.** Tracer des marques sur les pièces de bois de charpente au moyen de la rainette. — **2.** Donner de la voie à une lame de scie au moyen du tourne-à-gauche de la rainette.

1. RAINETTE n. f. (anc. fr. *raine,* grenouille ; du lat. *rana*). Petite grenouille (hylidé) arboricole et insectivore, aux doigts munis de ventouses et de couleur généralement verte.

2. RAINETTE ou **RÉNETTE** n. f. (anc. fr. *roisne,* rouanne, du gr. *rhukanê,* rabot). **1.** Petit outil de charpentier, lame d'acier formant gouge à une extrémité et, souvent, tourne-à-gauche à l'autre. — **2.** Couteau servant à tailler le sabot des chevaux.

RAINIER *(mont),* sommet volcanique des États-Unis (État de Washington), dans la chaîne des Cascades, au S.-E. de Tacoma ; 4 392 m. Parc national.

RAINIER III (Monaco 1923), prince de Monaco (1949). Fils de Pierre, comte de Polignac, et de Charlotte, duchesse de Valentinois. Il a épousé, en 1956, l'actrice américaine Grace Kelly († 1982), dont il a eu trois enfants.

RAINILAIARIVONY, homme politique malgache (1828 - Alger 1896). Il dirigea l'État malgache sous les reines Rasoherina, Ranavalona II et Ranavalona III, qu'il épousa successivement. Il fit des réformes pour tenter de sauver l'indépendance de son pays. Après la conquête de l'île par les Français (1895), il fut exilé à Alger.

RAINURAGE n. m. **1.** Opération consistant à creuser une rainure dans une pièce, un outil, etc. — **2.** Opération consistant à pratiquer à la scie de fines rainures à la surface d'une chaussée en béton pour augmenter l'adhérence.

RAINURE n. f. (anc. fr. *roisner,* entailler, de *roisne,* rouanne). **1.** Entaille longue, de section rectangulaire, en forme de T, ou en queue d'aronde, pratiquée dans une pièce. — **2.** Syn. anc. de ENCOCHE.

RAINURER v. t. (conj. **3**). Effectuer l'opération du rainurage.

RAINUREUSE n. f. Machine-outil utilisée dans la fabrication mécanique pour exécuter les rainures.

RAÏON n. m. (mot russe). Dans l'ex-U. R. S. S., division administrative correspondant à un district rural ou à un arrondissement urbain.

RAIPONCE n. f. (ital. *raponzo,* dimin. de *rapa,* rave, avec l'infl. de l'anc. fr. *raiz,* raifort). Campanulacée bisannuelle cultivée pour sa racine pivotante charnue, comestible, et associée aux feuilles de la base mangées en salade.

RAIPUR, v. de l'Inde (Madhya Pradesh), à l'E. de Nāgpur ; 339 000 hab. Centre industriel (constructions mécaniques, scieries, alimentation).

RAIRE v. i. (bas lat. *ragere*) [conj. **112**]. Syn. de RÉER.

RAÏS n. m. (ar. *ra'īs,* chef). Dans les pays arabes, en Égypte notamment, président de la République, président du Conseil, etc.

RAIS, RAYS ou **RETZ** (Gilles DE), maréchal de France (v. 1400 - Nantes 1440). Ancien compagnon de Jeanne d'Arc, retiré dans ses terres (vers 1435) et immensément riche, il se consacra à l'alchimie et à la magie noire, qui le mena aux pires scélératesses. Assassin d'enfants (de 140 à 300, selon les évaluations), il fut exécuté.

RAIS-DE-CŒUR n. m. pl. Ornement courant du répertoire de l'architecture classique, fait d'une suite de feuilles en forme de cœur alternant avec des fers de lance.

RAISE BORER n. f. Syn. de FOREUSE* DE CHEMINÉE.

RAISIN n. m. (bas lat. *racimus,* du lat. class. *racemus*). **1.** Fruit de la vigne se présentant sous forme d'une grappe composée de baies *(grains de raisin)* supportées par la rafle. — **2.** Ancien format de papier de 50 × 64 cm. — **3.** *Raisin d'Amérique,* phytolacca. ‖ *Raisins de Corinthe,* raisins secs, à très petits grains, provenant des îles Ioniennes. ‖ *Raisin de cuve,* raisin servant à la fabrication du vin. ‖ *Raisin de mer,* nom usuel des agglomérations d'œufs de la seiche. ‖ *Raisin d'ours,* busserole. ‖ *Raisins secs,* raisins obtenus par dessication au soleil ou à l'air sec. ‖ *Raisin de table,* raisin destiné à être consommé frais, comme fruit.

ENCYCL. **Vitic.** Le grain du raisin est formé d'une enveloppe plus ou moins épaisse, la pellicule, renfermant la pulpe et les pépins. Il contient de 70 à 85 % d'eau, de 12 à 30 % de sucre, des matières minérales, des matières azotées, des acides organiques, du tanin, des vitamines et des matières colorantes et odoriférantes, localisées surtout dans la pellicule.

Raisins de la colère *(les),* roman de John Steinbeck (1939) : épopée d'une famille de pauvres paysans à travers l'Amérique de la grande dépression, jusqu'en Californie, terre de rêves et de désillusions. Adapté au cinéma en 1940 par John Ford.

RAISINÉ n. m. **1.** Confiture faite avec du jus de raisin. — **2.** *Pop.* Sang.

RAISINIER n. m. (de *raisin,* par allus. à la forme du fruit). Nom usuel du coccoloba.

RAISMES (59590), comm. du Nord, banlieue N.-O. de Valenciennes ; 14 158 hab. *(Raismois).* Métallurgie.

RAISON n. f. (lat. *ratio, -onis,* compte). **1.** Faculté propre à l'homme, par laquelle il peut connaître, juger et se conduire selon des principes : *La raison considérée par opposition à l'instinct.* — **2.** Ensemble des principes, des manières de penser permettant de bien agir et de bien juger : *Une décision conforme à la raison.* — **3.** Ensemble des facultés intellectuelles, considérées dans leur état ou leur fonctionnement normal : *N'avoir plus toute sa raison.* — **4.** Ce qui explique, justifie un fait, un acte : *Connaissez-vous la raison de son départ ?* — **5.** *À plus forte raison,* introduit ou souligne un motif que l'on juge encore plus décisif. ‖ *À raison de,* sur la base de tant, selon ce compte : *Un terrain vendu à raison de trente francs le mètre ;* du fait de, en considération de, pour : *Vouloir être jugé à raison de ses capacités.* ‖ *Avec* *(juste) raison,* de façon fondée, à juste titre. ‖ *Avoir raison,* être dans le vrai, ne pas commettre d'erreur ; être fondé à agir, à parler d'une certaine façon : *Tu as raison de te plaindre.* ‖ *Avoir raison de,* vaincre la résistance de qqn, venir à bout de qqch. ‖ *Ce n'est pas une raison,* ce n'est pas un motif suffisant. ‖ Litt. *Demander raison (de qqch) à qqn,* lui demander réparation d'une offense par les armes. ‖ *Donner raison à qqn,* dire qu'il est dans le vrai, approuver son point de vue, son attitude : *Il donne toujours raison à son fils ;* être conforme, correspondre à ce que qqn avait dit, prédit : *Les événements lui ont donné raison.* ‖ *En raison de,* à cause de, eu égard à qqch : *En raison des circonstances ;* en proportion de : *Une production qui croît en raison des besoins.* ‖ *En raison directe, inverse de,* de façon proportionnelle, inversement proportionnelle à. ‖ *Entendre raison, se rendre à la raison,* finir par comprendre et admettre ce qui est raisonnable ou judicieux. ‖ *Il n'y a pas de raison,* rien n'exige ou ne justifie ceci (refus poli). ‖ *Livre de raison,* livre de comptes que tient le père ou la mère de famille, dans lequel sont notés les dépenses du ménage, les événements familiaux auxquels elles sont liées, etc. ‖ *Mariage de raison,* fondé sur des considérations matérielles, par oppos. au mariage d'amour. ‖ *Mettre qqn à la raison,* le réduire par force ou par persuasion. ‖ *Plus que de raison,* au-delà de ce qui est raisonnable, de façon excessive. ‖ *Pour (par) la raison que,* parce que. ‖ *Raison d'être, de vivre,* ce qui justifie l'existence de qqn à ses propres yeux : *Cet enfant était sa seule raison de vivre.* ‖ *Raison d'être de qqch,* ce qui en constitue la justification ou l'explication. ‖ *Raison de plus,* c'est un motif, un argument supplémentaire pour continuer dans la même voie. ‖ *Se faire une raison,* se résigner à une situation qu'on n'admet qu'à contrecœur. ‖ *Se rendre aux raisons de qqn,* admettre son point de vue, se laisser persuader. • **Dr.** *Raison sociale,* dénomination de certaines sociétés comportant exclusivement le nom de tout ou partie des associés suivi de « et Cie » et qui figure dans ses statuts. — **Hist.** *Culte de la Raison,* culte organisé par les hébertistes dans une intention de déchristianisation (1793-94). [Sa manifestation la plus spectaculaire fut la célébration, le 10 nov. 1793, à Notre-Dame de Paris, d'une fête en l'honneur de la Raison.] — **Math.** *Raison d'une suite arithmétique* (U_n), réel *r* tel que, pour tout *n*, $U_{n+1} - U_n = r$. ‖ *Raison d'une suite géométrique,* réel *r* tel que, pour tout *n*, $U_{n+1} = rU_n$.

RAISONNABLE adj. **1.** Doué de raison : *L'homme est défini comme un animal raisonnable.* — **2.** Qui pense, agit selon la raison, le bon sens, la mesure et la réflexion : *Vous n'êtes pas raisonnable de fumer ainsi.* — **3.** Qui manifeste ce bon sens, ce sens de la mesure : *Cette décision a paru raisonnable à tous.* — **4.** Qui manifeste de la modération dans les affaires, le commerce, etc. : *Consentir un prêt à des conditions raisonnables.* — **5.** Qui se situe dans une honnête moyenne, qui est modéré mais suffisant : *Offrir à un débutant une rémunération très raisonnable.*

RAISONNABLEMENT adv. **1.** D'une manière conforme à la raison : *Se conduire raisonnablement.* — **2.** De façon modérée : *Dépenser raisonnablement.*

RAISONNEMENT n. m. **1.** Activité, exercice de la raison, de la pensée : *Comprendre les choses par intuition plutôt qu'en faisant appel au raisonnement.* — **2.** Suite d'arguments, de propositions liés les uns aux autres, en partic. selon des principes logiques, et organisés de manière à aboutir à une conclusion : *Suivez bien mon raisonnement.* — **3.** *Litt.* Argument, objection, argutie : *Moins de raisonnements, des actes !*

RAISONNER v. i. (de *raison*) [conj. 3]. **1.** Faire usage de sa raison, de sa capacité de réflexion : *Raisonner froidement au milieu du danger.* — **2.** Lier logiquement entre elles des propositions pour aboutir à une proposition nouvelle, à une conclusion : *La philosophie, les mathématiques nous apprennent à raisonner.* — **3.** *Vx.* Produire des arguments, en général spécieux : *Ne raisonne pas, obéis !*

◆ v. t. **1.** Analyser qqch, le justifier de manière logique, rationnelle : *Raisonner ses choix* — **2.** Chercher par des arguments, des raisonnements à amener qqn à reconnaître ce qui est raisonnable, juste : *Raisonner un enfant difficile.*

◆ v. t. ind. *Litt.* Discuter de qqch avec des raisonnements souvent spécieux : *Il raisonne de tout et ne sait rien.*

◆ **être raisonné** v. pass. **1.** Témoigner de l'application des principes du raisonnement : *Exposé raisonné d'une théorie.* — **2.** Résulter d'un examen réfléchi, être motivé par des raisons : *Choix raisonné.*

◆ **se raisonner** v. pr. **1.** Faire appel à sa raison, en partic. pour freiner ses impulsions : *Ne te laisse pas emporter, raisonne-toi.* — **2.** *Ne pas se raisonner,* n'avoir rien à voir avec la raison, la réflexion et ne pas pouvoir être dominé par elles : *L'amour ne se raisonne pas.*

RAISONNEUR, EUSE adj. et n. Qui discute à propos de tout : *Un gamin raisonneur.*

Raizet (le), aéroport international de Pointe-à-Pitre (Guadeloupe).

RĀJĀ, RAJAH ou **RADJAH** [radʒa] n. m. inv. (mot sanskr.). **1.** Le roi, dans les pays hindous. — **2.** Feudataire musulman des empereurs moghols. — **3.** Dans l'Inde britannique, grand vassal de la Couronne.

RAJAHMUNDRY, port de l'Inde (Andhra Pradesh), sur la Godāvari, à la tête du delta ; 268 000 hab. Barrage pour l'irrigation et l'hydroélectricité (aluminium, papier). Exportations de bois tropicaux et de tapis.

RAJANG, fl. de l'île de Bornéo (Sarawak), qui aboutit à la mer de Chine méridionale par un vaste delta ; 560 km. La navigation maritime remonte jusqu'à Sibu.

RAJANIA n. m. (de J. *Rai,* n. pr.). Plante grimpante (dioscoréacée) au rhizome comestible, aux fleurs en épis axillaires, de l'Amérique centrale et des Antilles.

RĀJASTHĀN, État du nord-ouest de l'Inde ; 342 000 km^2 ; 43 880 640 hab. Cap. *Jaipur.* Établi sur le territoire d'anciens États princiers rājputs, le Rājasthān a un climat semi-aride : céréales et élevage (ovins, chameaux) sont complétés par des cultures irriguées. Mines (plomb, zinc, gypse, amiante, argent) et surtout textile.

RĀJASTHĀNĪ n. m. Groupe de dialectes indo-aryens parlés au Rājasthān par environ 20 millions de locuteurs.

RĀJBANSIS, population du Bangladesh, de l'Inde et du Népal, comptant plusieurs millions de personnes.

RAJEUNIR v. i. (de *jeune*) [conj. **32** ; auxil. *avoir* ou qqf *être*]. **1.** Redevenir jeune, être ramené à l'état de jeunesse. — **2.** Retrouver les qualités ou les aptitudes de la jeunesse : *Je vous trouve rajeunie.* — **3.** Retrouver l'animation, la gaieté des jeunes : *Avec tous ces enfants, la vieille maison rajeunissait.* — **4.** Retrouver l'apparence, l'éclat des choses neuves, fraîches : *Le cuir rajeunit avec cette crème.*
◆ v. t. **1.** Donner à qqn l'impression d'être plus jeune : *Cette robe vous rajeunit.* — **2.** Donner à qqn moins que son âge : *Cinquante ans ? C'est flatteur, mais vous me rajeunissez.* — **3.** Abaisser l'âge moyen d'un groupe en y incluant des éléments jeunes : *Un accroissement de la natalité a rajeuni la population.* — **4.** Rendre qqch, un équipement plus moderne : *Rajeunir son mobilier.*
◆ **se rajeunir** v. pr. **1.** Essayer de paraître plus jeune : *Se rajeunir en se faisant faire un lifting.* — **2.** Se prétendre plus jeune qu'on n'est réellement : *Se rajeunir d'au moins cinq ans.*

RAJEUNISSANT, E adj. Qui a la propriété de rajeunir : *Crème rajeunissante.*

RAJEUNISSEMENT n. m. **1.** Fait d'être ou de paraître rajeuni : *Une cure de rajeunissement.* — **2.** Action de rajeunir un groupe en y introduisant des éléments jeunes : *Le rajeunissement des cadres.* — **3.** Action de rajeunir qqch, un équipement, une entreprise, etc. — **4.** Coupe des branches d'arbres fruitiers, de façon à provoquer de nouvelles pousses plus vigoureuses. — **5.** Renouvellement des horizons supérieurs d'un sol, par décapage ou par brassage. — **6.** *Rajeunissement du relief,* modifications d'un relief résultant d'une reprise d'érosion.

RAJGIR, localité de l'Inde (Bihār), à 11 km de Nālandā, sur l'emplacement de l'ancienne Rājagriha, ancienne cap. du Magadha au temps de Mahāvīra et du Bouddha. Vestiges.

RAJIDÉ n. m. (lat. *raia,* raie). Nom de famille attribué aux raies.

RAJK (László), homme politique hongrois (Székelyudvarhely, auj. Odorhei, 1909 - Budapest 1949). Membre du parti communiste de Hongrie à partir de 1930 et de sa direction de 1945 à 1949, il fut ministre de l'Intérieur (1946-1948), puis des Affaires étrangères (1948 - juin 1949). Accusé fallacieusement de crimes et d'actes de duplicité, il fut condamné à mort et exécuté. Il a été réhabilité en 1955.

RĀJKOT, v. de l'Inde (Gujerat), dans la presqu'île de Kāthiāwār ; 444 000 hab. Centre commercial et industriel.

RAJOUT n. m. (de *rajouter*). Action de rajouter ; chose rajoutée : *Faire des rajouts sur une épreuve d'imprimerie.*

RAJOUTER v. t. (de *ajouter*) [conj. 3]. **1.** Mettre en plus, ajouter qqch (à qqch) : *Rajouter du sucre à son café.* — **2.** Dire en plus, après coup : *Il rajouta qu'il se désolidarisait de nous.* — **3.** Fam. *En rajouter,* forcer la vérité, la réalité ou la dose : *Ne crois pas tout ce qu'il dit, il en rajoute.*

RĀJPUTS, peuple de l'Inde du Nord habitant principalement le Rājasthān.

RĀJSHĀHĪ, v. du Bangladesh, ch.-l. de division, sur le Gange ; 300 000 hab. Centre commercial et agricole. Bois. Soie.

RAJUSTEMENT ou **RÉAJUSTEMENT** n. m. Action de rajuster, fait d'être rajusté : *Le rajustement des salaires.*

RAJUSTER ou **RÉAJUSTER** v. t. (de *ajuster*) [conj. 3]. **1.** Remettre en place un vêtement, un élément de sa tenue ; arranger : *Rajuster sa cravate.* — **2.** Redonner de la justesse, de la précision à qqch : *Rajuster le tir.* — **3.** Augmenter les salaires pour rétablir leur parité avec le coût de la vie ; modifier les prix de vente pour les mettre en accord avec les prix de revient.
◆ **se rajuster** v. pr. Remettre de l'ordre dans sa tenue vestimentaire.

RAKETTE ⟶ RAQUETTE 2.

RAKHMANINOV ou **RACHMANINOV** (Sergueï Vassilievitch), compositeur et pianiste russe (domaine d'Oneg, près de Novgorod, 1873 - Beverley Hills 1943). Directeur de l'orchestre du théâtre Bolchoï (1904-1906), il se fixa à Paris en 1917. Après un séjour en Suisse, il s'installa aux États-Unis (1936). Après le célèbre *Prélude* de 1891 qui fit sa gloire, il écrivit de multiples pages pour le piano dont 4 concertos (de 1891 à 1926). Pour l'orchestre, il laisse 3 symphonies (1895, 1907, 1936), des poèmes symphoniques, de la musique de chambre, environ 80 mélodies, des cantates et des services liturgiques orthodoxes (*Saint Jean Chrysostome,* 1910).

RAKI n. m. (mot turc). En Turquie, eau-de-vie de raisin ou de prune aromatisée à l'anis.

RAKKA → RAQQA.

RÁKÓCZI ou **RÁKÓCZY,** famille d'aristocrates hongrois qui a donné plusieurs princes à la Transylvanie. — GYÖRGY ou GEORGES Ier (1593-1648), prince de Transylvanie (1630-1648), s'allia à la France et à la Suède, contre la Maison d'Autriche et appuya les protestants hongrois. — GYÖRGY ou GEORGES II (Sárospatak 1621 - Várad 1660), prince de Transylvanie (1648-1660). — FERENC ou FRANÇOIS II (Borsi 1676-Rodosto, auj. Tekirdağ, 1735) fut porté en 1703-04 à la tête de la révolte des Hongrois contre les Habsbourg qui voulaient instaurer leur autorité sur les territoires qu'ils venaient de libérer des Turcs (paix de Karlowitz, 1699) sans respecter les « libertés » traditionnelles de la Couronne de Hongrie. Il fut aidé par Louis XIV, mais échoua et s'exila après la signature de la paix de Szatmár (1711).

RÁKOSI (Mátyás), homme politique hongrois (Ada 1892 - Gorki 1971). Membre du parti communiste de Hongrie depuis 1918, il participa au gouvernement de la République des Conseils (1919). Premier secrétaire du parti communiste (1945-1948), puis du parti des Travailleurs (1948-1956), président du Conseil (1952-53), il lutta après 1953 contre la ligne libérale d'Imre Nagy. Il se réfugia en U. R. S. S. après l'insurrection de 1956. Il fut exclu du parti en 1962.

RAKOVSKI (Georgi), écrivain et patriote bulgare (Kotel 1821 - près de Bucarest 1867). Journaliste, poète (*le Voyage dans la forêt,* 1858), il devint en Serbie le chef de l'émigration bulgare.

RAKU [-ku] n. m. inv. (jap. *raku,* facile). **1.** Procédé de cuisson rapide à basse température du grès. (Inventées en 1580 à Kyōto, les poteries ainsi réalisées étaient destinées à la cérémonie du thé. Elles se caractérisent par des glaçures très plombeuses, épaisses et criblées de petites dépressions.) — **2.** Tout objet ainsi obtenu.

RÂLANT, E adj. **1.** Qui présente les caractères du râle : *Respiration râlante.* — **2.** *Fam.* Qui provoque le dépit, la contrariété.

1. RÂLE n. m. (de *râler*). **1.** Son rauque, anormal, accompagnant la respiration, notamment chez les personnes à l'agonie. — **2.** Bruit pathologique perçu par le médecin à l'auscultation des poumons, et naissant dans les bronches ou les alvéoles.

2. RÂLE n. m. (de *râle 1,* ou lat. sc. *rallus*). Oiseau de marais (rallidé) aux longues pattes, au bec fort et pointu, à la queue courte, au plumage gris ou brun marqué de lignes et de taches. (Le râle d'eau niche dans les roseaux, et le râle des genêts dans les prairies et les landes à genêts.)

RALEIGH, v. des États-Unis, cap. de la Caroline du Nord ; 150 000 hab. Centre commercial, industriel (électronique, alimentation) et universitaire.

RALEIGH ou **RALEGH** (*sir* Walter), courtisan, navigateur et écrivain anglais (Hayes, Devon, v. 1554 - Londres 1618). Favori d'Élisabeth Ire (1582), il tente de fonder, à partir de 1584, la première colonie anglaise permanente en Amérique du Nord, dans une région (auj. Caroline du Nord) qu'il baptise « Virginie » en l'honneur de la reine. Il devient, après la disgrâce de Drake, le tenant d'une stratégie navale offensive (raid aux Açores, 1592). En 1595, il explore la Guyane, puis participe avec éclat à l'expédition contre Cadix (1596). Accusé de trahison par Jacques Ier, il est emprisonné de 1603 à 1616. Rentré en grâce, il se rend encore en Guyane (1616-1618), mais l'expédition échoue et Jacques Ier le fait exécuter. Il est l'auteur de nombreux écrits (récits de voyages, *Histoire du monde* [inachevée], poésies).

RÂLEMENT n. m. *Litt.* Bruit, son produit par une personne qui râle.

RALENTI n. m. **1.** Le plus faible régime que puisse soutenir un moteur sans caler. — **2.** Passage à une vitesse inférieure à la normale d'images enregistrées. — **3.** Procédé permettant d'observer, à la projection, un mouvement apparent plus lent que ne l'était le mouvement réellement filmé. — **4.** *Au ralenti,* à une vitesse, à une cadence, avec une production inférieures à la normale : *Usine qui tourne au ralenti.*

RALENTIR v. t. (anc. fr. *alentir,* de *lent*) [conj. 32]. **1.** Diminuer la vitesse d'un corps en mouvement, rendre plus lent un mouvement, le rythme d'un mécanisme : *Ralentir la vitesse de sa voiture.* — **2.** Rendre une action, un processus, un événement moins rapides : *Ralentir la cadence d'un travail.* — **3.** Diminuer la force, l'intensité de qqch : *Ralentir son ardeur.*

◆ v. i. Réduire son allure, sa vitesse : *Automobile qui ralentit dans un virage.*

◆ v. i. ou **se ralentir** v. pr., **être ralenti** v. pass. Se produire, se manifester sur un rythme plus lent, d'une façon moins soutenue : *L'activité économique se ralentit.*

RALENTISSEMENT n. m. **1.** Action, fait de ralentir : *Ralentissement de la circulation aux heures de pointe.* — **2.** Diminution, réduction d'une activité ou d'un ensemble d'activités ; d'une fonction : *Ralentissement des fonctions cérébrales.*

RALENTISSEUR n. m. **1.** Système de freinage d'un véhicule automobile, qui complète les freins d'arrêt. (Le ralentisseur électrodynamique met en œuvre des courants de Foucault qui s'opposent à la rotation de l'arbre de transmission ; le ralentisseur à obturateur d'échappement engendre une contre-pression amplifiant l'action du frein moteur.) — **2.** Dos-d'âne en travers d'une chaussée, destiné à contraindre les véhicules à ralentir. — **3.** Syn. de MODÉRATEUR.

RÂLER v. i. (de *racler*) [conj. 3]. **1.** Faire entendre des râles en respirant ; avoir la respiration bruyante et précipitée propre aux personnes qui agonisent : *Malade qui râle.* — **2.** *Fam.* Manifester son mécontentement, sa mauvaise humeur par des plaintes, des récriminations : *Il est difficile à supporter, il râle tout le temps.*

RÂLEUR, EUSE adj. et n. *Fam.* Qui râle habituellement ou à la moindre occasion.

RALIGNER n. m. (de *aligner*). *Pêche au raligner,* pêche à la traîne, en mer, des poissons chasseurs (bar, lieu, maquereau).

RALIK *(îles),* îles de la partie occidentale de l'archipel des Marshall.

RALINGUE n. f. (anc. scand. *rárlik,* de *rá,* vergue, et *lik,* lisière d'une voile). **1.** Cordage auquel sont cousus les bords d'une voile, pour les renforcer et les empêcher de se déchirer quand on hisse la voile. — **2.** Filin constituant la bordure d'un élément de filet. — **3.** Filin contribuant au maintien de l'ouverture du chalut ou de la senne.

RALINGUER v. t. (conj. 3). Coudre les ralingues d'une voile ou d'un filet.
◆ v. i. Battre au vent, en parlant d'une voile.

RALLENTENDO adv. (ital. *rallentendo,* en ralentissant). En musique, syn. de LARGANDO. (Abrév. *rall.* ou *rallent.*)

RALLIDÉ n. m. (lat. sc. *rallus,* râle). Nom de famille donné à des oiseaux aquatiques, généralement mauvais voiliers, tels que les râles, les foulques, les poules d'eau.

RALLIÉ, E n. Personne qui a donné son adhésion à un parti, à une cause, après en avoir été l'adversaire.

RALLIEMENT n. m. **1.** Action de rallier, de regrouper des troupes dispersées, ou fait, pour des personnes, de se regrouper en un endroit. — **2.** Action de qqn, d'un groupe qui se rallie, se déclare favorable à qqn, à un parti, etc. : *Je ne serais pas étonné de son ralliement à notre cause.* — **3.** Sonnerie de clairon ou de trompette pour rallier des troupes. — **4.** Mouvement qui conduisit de nombreux catholiques, au lendemain de l'échec boulangiste, à accepter la république en tant que régime, avec les encouragements du pape Léon XIII (encyclique *Au milieu des sollicitudes,* 1892). — **5.** *Mot, signe, cri de ralliement,* formule, signe, cri convenus, permettant aux membres d'une association de se reconnaitre. ‖ *Point de ralliement,* lieu convenu pour se retrouver ; opinion sur laquelle s'accordent des gens divisés par ailleurs.

RALLIER v. t. (de *allier*) [conj. 9]. **1.** Regrouper, rassembler des militaires, des navires dispersés : *Général qui tente de rallier ses troupes.* — **2.** Rassembler des personnes autour de soi, autour d'un projet commun : *Tenter de rallier les indécis à la veille d'un scrutin.* — **3.** Amener qqn à adhérer à une idée à une doctrine, à un parti, etc. : *Rallier quelqu'un à sa cause.* — **4.** Constituer l'élément qui rassemble un groupe, fait son unité : *Une solution qui rallie tous les suffrages.* — **5.** Adhérer à un groupe, un parti, en général après une période d'expectative : *Parlementaire qui rallie la majorité.* — **6.** Rejoindre son unité, son poste, après une absence : *Des permissionnaires qui ralliaient leur régiment.* — **7.** Arrêter les chiens qui vont sur le change, les rassembler et les relancer sur l'animal chassé.
◆ **se rallier** v. pr., **être rallié** v. pass. **1.** Rejoindre qqn, un parti pour faire cause commune avec eux : *Les généraux ralliés à la Restauration.* — **2.** Devenir partisan de qqch, souvent après s'y être opposé : *Se rallier au point de vue de la majorité.*

RALLIFORME n. m. Syn. de GRUIFORME.

RALLONGE n. f. **1.** Pièce ajoutée à un objet pour en augmenter la longueur : *Table à rallonges.* — **2.** *Fam.* Supplément qui augmente ce qui était prévu : *Une petite rallonge de vacances.* — **3.** Supplément de crédits donné pour l'augmentation de dépenses prévues. — **4.** Élément de soutènement placé sous le toit d'une mine.

RALLONGEMENT n. m. Action de rallonger ; fait d'être rallongé : *Le rallongement d'un pantalon.*

RALLONGER v. t. (de *allonger*) [conj. 17]. **1.** Accroître la longueur de qqch : *Rallonger un article de quelques lignes.* — **2.** Augmenter le temps normalement nécessaire pour aller d'un lieu à un autre : *Cet itinéraire nous a rallongés de dix minutes.*
◆ v. i. En parlant des jours, devenir plus longs après le solstice d'hiver.

RALLUMER v. t. (conj. 3). **1.** Allumer de nouveau ce qui avait été éteint : *Rallumer sa cigarette.*

— **2.** Allumer une autre chose de même nature : *Rallumer une cigarette.* — **3.** Faire renaître, redonner de la force, de l'intensité à ce qui faiblissait : *Cette remarque ralluma sa colère.*

◆ **se rallumer** v. pr. **1.** S'allumer de nouveau : *L'enseigne lumineuse qui s'éteint, se rallume.* — **2.** Se manifester de nouveau, reprendre une activité, une vivacité nouvelle : *Des ressentiments anciens qui se rallument.*

RALLYE [-li] n. m. (abrév. de l'angl. *rallye-paper,* jeu équestre, de *to rally,* réunir). **1.** Épreuve automobile sur route. — **2.** En vénerie, syn. de ÉQUIPAGE. — **3.** *Rallye sportif,* épreuve à vitesse moyenne imposée, qui se déroule sur routes ouvertes à la circulation normale, mais qui comporte des épreuves chronométrées sur routes fermées. ‖ *Rallye touristique,* promenade dont le but est un point de ralliement commun à l'ensemble des automobilistes participants.

1. RAM n. m. (angl. *ram,* bélier). **1.** Éperon métallique dont certains bâtiments américains étaient armés pendant la guerre de Sécession. — **2.** Le bâtiment lui-même.

2. RAM n. f. inv. (abrév. de l'angl. *Random Access Memory*). Syn. de MÉMOIRE VIVE*.

RĀMA, septième incarnation *(avatāra)* du dieu Viṣṇu et héros du *Rāmāyaṇa**. Représenté tenant un arc et des flèches, un carquois et une épée, il est souvent accompagné de sa femme Sītā, de son frère Lakṣmaṇa et du singe Hanumant.

RĀMA *(pont de)* → ADAM *(pont d').*

RĀMA, nom de règne des souverains de la dynastie Chakri au Siam : **Rāma Ier** ou **Phra Bouddha Yodfah Chulalok** (1782-1809), nom pris par le général Chao Phya Chakri, fondateur de la dynastie. — **Rāma II** ou **Phra Bouddha Lertlah** (1809-1824). — **Rāma III** ou **Phra Nang Khlao** (1824-1851). — **Rāma IV** ou **Mongkut*** (1851-1868). — **Rāma V** ou **Chulalongkorn*** (1868-1910). — **Rāma VI** ou **Vajiravudh** (1910-1925). — **Rāma VII** ou **Prajadhipok** (1925-1935). — **Rāma VIII** ou **Ananda Mahidol** (1935-1946). — **Rāma IX** ou **Bhumibol* Adulyadej,** couronné à Bangkok en 1950.

RAMAD *(tell),* site archéologique de Syrie intérieure, à 20 km au S.-O. de Damas. Trois phases successives illustrent l'évolution du néolithique en Damascène de 6500 à 5000 av. J.-C., avec fondation d'une agglomération v. 6200 av. J.-C., pratique de l'agriculture, présence du cuivre natif, et crânes surmodelés.

RAMAḌĀN n. m. (ar. *ramaḍān*). **1.** Le neuvième mois de l'année musulmane, mois de jeûne. — **2.** Les prescriptions qui concernent ce mois : *Observer le ramaḍān.*

ENCYCL. L'abstinence totale de nourriture, boisson, tabac, parfum et relations sexuelles dure du lever au coucher du soleil. Le ramaḍān se termine par trois jours de réjouissances.

RAMĀDĪ, v. d'Iraq, sur l'Euphrate, à l'O. de Bagdad ; 79 000 hab. Barrage.

RAMADIER (Paul), homme politique français (La Rochelle 1888 - Rodez 1961). Député socialiste à partir de 1928, il fut plusieurs fois ministre. Président du Conseil (1947), il écarta les ministres communistes. Ministre de la Défense nationale (1948-49), puis ministre des Affaires économiques et financières (1956-57), il créa la vignette automobile. Il a été maire de Decazeville de 1919 à 1959.

1. RAMAGE n. m. (de *ramer 3*). Action de ramer un tissu.

2. RAMAGE n. m. (anc. fr. *ram,* rameau, du lat. *ramus*). Chant de divers oiseaux dans les ramures des arbres ou des buissons. — **2.** *Litt.* Babil, parler inintelligible : *Le ramage des enfants.*

◆ **ramages** n. m. pl. Ornements décoratifs formant des arabesques de rameaux fleuris et feuillus.

RAMAGER v. i. (de *ramage 2*) [conj. **17**]. En parlant d'un oiseau, faire entendre son ramage.

RĀMAKRISHNA ou **RĀMAKRIṢṆA** (GADADHAR CHATTERJI ou GADADHAR CHATTOPADHYAYA, dit), brāhmane bengalī (Kamarpukur, près d'Hooghly, Bengale-Occidental, 1836 - Calcutta 1886). À travers ses expériences mystiques, il eut la vision de Mahomet et celle de Jésus-Christ, qui l'amenèrent à la conviction de l'unité de toutes les religions dans leur essence. Ses disciples rapportèrent son enseignement dans de nombreux ouvrages. Un ordre monastique, la *Rāmakrishna Mission,* fut fondé à Calcutta en 1897 par son disciple Vivekānanda.

RAMAN *(sir* CHANDRASEKHARA VENKATA), physicien indien (Trichinopoly, auj. Tiruchirapalli, 1888 - Bangalore 1970). Il a découvert, en 1928, l'effet qui porte son nom. (Prix Nobel de physique 1930.)

Raman *(effet),* processus de diffusion inélastique de la lumière par les molécules, les ions, les atomes. Le spectre d'une substance éclairée en lumière monochromatique se compose d'une raie correspondant à la diffusion élastique des photons incidents et de deux autres raies dont les déplacements sont liés aux énergies (quantifiées) d'excitation des molécules, des ions, etc. On peut ainsi, connaissant les énergies d'excitation, remonter à la structure des molécules ou des ions de la substance.

RĀMAṆA MAHARṢI (VENKATARAMAN AIYER, dit), brahmane indien (Madurai 1879 -Tiruvannamalai 1950). Il vulgarisa la pensée hindoue en Occident.

RAMANANTSOA (Gabriel), général et homme d'État malgache (Tananarive 1906 - Paris 1979). Investi des pleins pouvoirs en 1972, il tenta de promouvoir des réformes. Devant l'aggravation de la situation, il remit ses pouvoirs au colonel Ratsimandrava, assassiné quelques jours plus tard (févr. 1975).

RĀMĀNUJA, philosophe indien († v. 1137). Il enseigna à Śrīrangam et voyagea peut-être jusqu'au Cachemire. Outre son commentaire sur le Vedānta, on lui doit divers ouvrages sur le culte de Viṣṇu ; il préconisait la bhakti.

RAMANUJAN (Srinivasa), mathématicien indien (Erode, Tamil Nadu, 1887 - Chetput, près de Madras, 1920). Autodidacte, il a découvert ou redécouvert une centaine de théorèmes dans diverses branches des mathématiques. Grâce à G. H. Hardy, il fut admis à Trinity College à Cambridge, où il publia une vingtaine de mémoires, notamment en théorie analytique des nombres.

RAMAPITHÈQUE n. m. (de *Rāma,* n. pr.). Fossile de primate supérieur (hominoïde) longtemps considéré comme un ancêtre de l'homme. (Il vivait à la fin du miocène.)

RAMASSAGE n. m. **1.** Action de ramasser : *Ramassage du bois mort.* — **2.** Organisation du transport par autocar des écoliers et des travailleurs entre leur domicile et leur école ou leur lieu de travail. — **3.** *Camionnette de ramassage,* syn. de PICK-UP. ‖ *Ramassage de titres,* acquisition systématique des titres d'une société pour en prendre le contrôle.

RAMASSE-FEUILLES n. m. inv. Sorte de râteau à dents souples et serrées servant à ramasser les feuilles mortes.

RAMASSE-MIETTES n. m. inv. Ustensile qui sert à ramasser les miettes sur la table.

RAMASSER v. t. (de *amasser)* [conj. 3]. **1.** Prendre et réunir, rassembler en tas des choses plus ou moins éparses : *Ramasser les feuilles mortes.* — **2.** Prendre qqch ou des gens en divers endroits, en les rassemblant : *Car qui ramasse les enfants pour l'école.* — **3.** Prendre à terre des choses, des êtres qui y sont disséminés, y vivent, y croissent : *Ramasser des champignons.* — **4.** Prendre qqch au sol, sur un meuble : *Ramasser une pièce de monnaie.* — **5.** Relever qqn qui est tombé : *Ramasser un enfant qui a fait une chute.* — **6.** Recueillir qqn, un animal en le prenant en charge : *Ramasser les chiens perdus.* — **7.** *Fam.* Appréhender qqn, l'arrêter : *La police a ramassé les voleurs dans une rafle.* — **8.** *Fam.* Prendre, recevoir, attraper qqch de fâcheux : *Ramasser un bon rhume.* — **9.** Présenter qqch sous une forme réduite, en éliminer le superflu pour lui donner de la force : *Ramasser sa pensée en un raccourci saisissant.* — **10.** *Ramasser ses forces,* rassembler toute son énergie pour fournir un ultime effort. ‖ Fam. *Ramasser une pelle, une bûche, un gadin, une gamelle,* tomber, faire une chute. ‖ *Se faire ramasser,* se faire réprimander brutalement.

◆ **être ramassé** v. pass. **1.** Être plutôt petit, large, aux formes massives : *Un homme court et ramassé.* — **2.** Être concis et dense : *Style ramassé.*

◆ **se ramasser** v. pr., **être ramassé** v. pass. Se replier sur soi en bandant ses muscles : *Chat qui se ramasse pour bondir.*

◆ **se ramasser** v. pr. *Fam.* **1.** Se relever après être tombé. — **2.** Faire une chute : *Se ramasser en descendant un escalier.* — **3.** Subir un échec : *Se ramasser au bac.*

RAMASSETTE n. f. En Belgique, petite pelle pour les balayures.

RAMASSEUR, EUSE n. Personne qui ramasse qqch par terre : *Ramasseur de balles au tennis.*

◆ **ramasseur** n. m. Organe de ramassage de nombreuses machines de récolte. (Syn. PICK-UP.)

◆ **ramasseuse** n. f. Machine utilisée pour la récolte des pailles et des fourrages préalablement coupés.

RAMASSEUSE-PRESSE n. f. (pl. *ramasseuses-presses*). Machine servant à mettre en bottes sur le champ des pailles ou des fourrages préalablement coupés et fanés.

RAMASSIS [-si] n. m. (de *ramasser*). **1.** Ensemble d'objets dénués de valeur, accumulés sans ordre : *Un ramassis de vieux papiers.* — **2.** Réunion d'individus peu recommandables : *Un ramassis de bons à rien.*

RAMASSOIRE n. f. En Suisse, petite pelle pour les balayures.

RAMAT GAN, v. d'Israël, banlieue de Tel-Aviv-Jaffa ; 120 300 hab. Centre résidentiel culturel et industriel.

Rāmāyaṇa, épopée indienne composée en sanskrit par le poète Vālmīki vers 300 apr. J.-C., racontant la vie et les aventures de Rāma, prince d'Ayodhyā, et de Sītā, fille du roi Janaka, qui représentent l'image parfaite de l'homme-roi et de l'épouse. Rāma est banni par son père Daśaratha à la suite d'une intrigue de cour ; Sītā lui est ravie par l'asura Rāvaṇa, roi de Lankā, son adversaire. Après une terrible guerre, aidé par les singes et les ours, Rāma tue Rāvaṇa, ramène Sītā et remonte sur le trône que lui avait conservé son frère Bharata. Traduit en de nombreuses langues vernaculaires, ce poème épique est extrêmement populaire en Inde et il est également largement répandu en Asie du Sud-Est. Sa récitation jouée fait l'objet d'une grande fête annuelle dans le nord de l'Inde, le *Rām-līlā,* et offre les thèmes du kathākali dans le Sud, ainsi que de nombreuses œuvres d'art picturales et sculpturales.

RAMBARDE n. f. (anc. ital. *rambata,* construction à la proue d'un navire). Syn. de GARDE-CORPS.

RAMBERT (Miriam RAMBERG, dite **Marie**), danseuse et maîtresse de ballet britannique d'origine polonaise (Varsovie 1888 - Londres 1982). À Londres, elle ouvrit une école (1920) qui accueillit Frederick Ashton, Antony Tudor, Walter Gore... Avec ses élèves, elle fonda le Ballet Club (1930), qui devint le Ballet Rambert (1935). Dissoute en 1966, puis reconstituée en 1967 (le New Ballet Rambert), la troupe se tourna vers des expériences et des créations contemporaines.

RAMBERVILLERS (88700), ch.-l. de cant. des Vosges, au pied des Vosges ; 6 036 hab. *(Rambuvetais).* Église de la fin du XVe s., hôtel de ville de 1581. Constructions mécaniques. Textile. Papeterie.

RAMBOUILLET (78120), ch.-l. d'arrond. au N. de la Beauce ; 25 293 hab. *(Rambolitains).* La ville s'est développée à proximité du château (v. art. spécial) et au cœur d'une magnifique forêt (v. art. spécial). Ferme nationale, créée par Louis XVI, pour l'élevage de moutons mérinos, devenue école de bergerie. Ville résidentielle, touristique et commerciale avec quelques industries (constructions électriques, parfumerie).

Rambouillet *(château de),* à Rambouillet, édifice composite remontant au XIVe s., reconstruit principalement au XVIIIe s. Résidence princière ou royale (XVIIIe s.), puis impériale (XIXe s.), il est affecté à la présidence de la République depuis 1897. Dans le jardin anglais, pavillon des Coquillages (1778) ; dans le parc, laiterie de la Reine (1785) et bâtiments de la Ferme nationale.

Rambouillet *(forêt domaniale de),* forêt de 13 100 ha autour de Rambouillet. Les essences dominantes sont le chêne, le bouleau, le charme et le pin sylvestre. Elle comporte de nombreux étangs et un parc national de chasse, domaine présidentiel, où sont données des chasses à courre.

Rambouillet *(mérinos de),* race de moutons mérinos* prototype du mouton à laine.

RAMBOUILLET (Catherine DE VIVONNE, *marquise* DE) [Rome 1588 - Paris 1665]. Elle épousa, en 1600, Charles d'Angennes, marquis de Rambouillet. Intelligente et cultivée, surnommée « Arthénice » par les poètes, elle accueillit dans son salon de l'hôtel de Rambouillet, à Paris, la plus haute noblesse et les plus illustres représentants des lettres (Chapelain, Godeau, Benserade, Ménage, Voiture, etc.).

RAMBOUTAN n. m. (malais *rambûtan*). Variété de litchi, à pulpe moins abondante et moins estimée que celle du litchi proprement dit.

RAMBUTEAU (Claude Philibert BARTHELOT, *comte* DE), administrateur français (Mâcon 1781 - Champgrenon, près de Charnay-lès-Mâcon, 1869). Chambellan de Napoléon (1809), préfet (1811), il fut élu député de l'opposition (1827). Préfet de la Seine (1833-1848), il perça la rue qui porte son nom, aménagea la place de la Concorde, et fit construire la colonne de Juillet, des fontaines, des égouts.

RAMDAM [ramdam] n. m. (de *ramaḍān*). *Pop.* Vacarme, tapage.

1. RAME n. f. (de *ramer 1*). **1.** Longue pièce élargie à une extrémité dont on se sert pour faire avancer une embarcation. (Syn. AVIRON.) — **2.** *Faire force de rames,* ramer avec énergie. ‖ Fam. *Ne pas en fiche une rame,* ne rien faire du tout, fainéanter.

2. RAME n. f. (catalan *raima,* de l'ar. *rizma,* paquet). **1.** Mode de présentation de 500 feuilles de papier identiques. — **2.** Groupe de voitures ou de wagons de chemin de fer effectuant un même parcours : *Rame de métro.*

3. RAME n. f. (anc. fr. *ram,* du lat. *ramus,* rameau). Branche ou perche de bois servant de tuteur à certaines plantes grimpantes cultivées (pois, haricots).

4. RAME n. f. (moyen néerl. *rame,* châssis, du frq. **hrama*). Machine utilisée en teinture et apprêtage pour les traitements thermiques des tissus et tricots exigeant une tension transversale contrôlée. (Cette tension est assurée grâce à deux chaînes sans fin munies de pinces ou de picots dont on peut régler le parallélisme et la distance.)

RAMÉ → RAMER.

RAMEAU n. m. (lat. pop. **ramellus,* dimin. du lat. class. *ramus,* rameau). **1.** Branche de second ordre des arbres, des plantes herbacées. (Un rameau peut être axillaire [né à l'aisselle d'une feuille] ou terminal ; en arboriculture fruitière, les rameaux à bois ne portent que des feuilles, les rameaux mixtes donnent naissance à la fois à des feuilles et à des fleurs.) — **2.** Subdivision d'un ensemble (linguistique, généalogique, etc.) représenté sous forme d'arbre et déjà divisé en branches. — **3.** Subdivision d'une artère, d'une veine, d'un nerf, ou bien branche collatérale de ces éléments. (Syn. RAMIFICATION.) — **4.** En héraldique, subdivision d'une des branches d'une famille. — **5.** Étroit couloir, dérivé d'un puits ou d'une galerie de mine, pour installer un fourneau à son extrémité.

◆ **Rameaux** n. m. pl. *Dimanche des Rameaux* ou *les Rameaux,* fête chrétienne commémorant l'entrée triomphale de Jésus à Jérusalem et se situant le dimanche avant Pâques.

RAMEAU (Jean-Philippe), compositeur français (Dijon 1683 - Paris 1764). Pendant plus de vingt ans, il occupe les tribunes de plusieurs églises de France, notamment à Paris (v. 1706), où il publie son *Premier Livre de pièces de clavecin,* à Dijon (1709) et à Lyon (1713). En 1715, il est encore organiste à la cathédrale de Clermont-Ferrand ; il y rédige son *Traité de l'harmonie réduite à ses principes naturels,* qui sera publié en 1722. Il s'installe alors à Paris, il écrit un second recueil de *Pièces de clavecin avec une méthode* (1724) et de *Nouvelles Suites de pièces de clavecin* (v. 1728). Il fait la connaissance du fermier général Le Riche de La Pouplinière, chez lequel il rencontre l'abbé Pellegrin, qui lui ouvre les portes de l'Opéra en lui fournissant le livret d'*Hippolyte* et Aricie* (1733). Rameau continue alors à produire de nombreux opéras dont *les Indes* galantes* (1735), *Castor et Pollux* (1737), *les Fêtes d'Hébé* (1739), *Dardanus* (1739), *Platée* (1745), *Zaïs* (1748), *Pygmalion* (1748), *Zoroastre* (1749). Il compose aussi ses *Pièces de clavecin en concerts* (1741) et poursuit ses recherches théoriques. Louis XV le nomme en 1745 compositeur de la musique de la Chambre. Lors de la querelle des bouffons (1752-1754), il subit les critiques des partisans des Italiens, défendus par Jean-Jacques Rousseau. Pendant les dix dernières années de sa vie (1754-1764), il donne des écrits théoriques. Il compose encore quelques opéras : *les Paladins* (1760) et *les Boréades.*
Contemporain de Bach et de Händel, Rameau peut être considéré comme l'un des plus grands compositeurs de son temps. Grâce à une écriture musicale sans défaillance et à une orchestration colorée au service de l'expression dramatique, il parvint à placer l'opéra français à son plus haut niveau. Dans ses ouvrages théoriques, il simplifia et clarifia l'harmonie.

RAMEAU (Pierre), maître à danser français (XVIIIe s.), auteur du *Maître à danser* (1725).

RAMÉE n. f. (anc. fr. *ram,* rameau, du lat. *ramus*). **1.** *Litt.* Ensemble des branches feuillues d'un arbre. — **2.** Bouture consistant en une branche garnie de ses rameaux.

RAMENARD, E adj. et n. *Pop.* Se dit de qqn qui la ramène ; prétentieux.

RAMENDER v. t. (de *amender*) [conj. 3]. **1.** Réparer un filet, ou refaire les mailles qui manquent. (Syn. RADOUBER.) — **2.** Réparer les parties où la dorure d'un objet doré à la feuille est détériorée.

RAMENDEUR, EUSE n. Personne qui ramende les filets de pêche.

1. RAMENER v. t. (de *amener*) [conj. **19**]. **1.** Amener qqn de nouveau qqpart : *Ramener un malade à l'hôpital à la suite d'une rechute.* — **2.** Faire revenir qqn, un animal, le remettre au lieu d'où il était parti ou auprès de la personne qu'il avait quittée : *Ramener le bétail à l'étable.* — **3.** Faire revenir qqn, qqch à tel niveau, tel point : *Cela nous ramène loin en arrière.* — **4.** Amener avec soi qqn ou un animal, rapporter qqch en revenant au lieu d'où l'on était parti : *Ramener des fleurs de la campagne.* — **5.** *Fam.* Rendre ou rapporter à qqn ce qui lui appartenait, rapporter qqch qqpart : *Je vous ramène vos lunettes.* — **6.** Être la cause, le motif du retour de qqn, d'un animal, de qqch en tel lieu : *Le mistral a ramené le soleil.* — **7.** Remettre, faire revenir un objet à la place dont il s'est écarté, ou lui faire occuper une position nouvelle : *Ramener sur soi la couverture qui a glissé.* — **8.** Faire revenir qqn à tel état, à telle disposition d'esprit : *Essayez de le ramener à la raison.* — **9.** Faire renaître un état antérieur, ou favoriser son retour : *Des mesures destinées à ramener le calme dans les esprits.* — **10.** Concentrer sa pensée, un sentiment sur qqn, qqch : *Elle avait ramené toute son affection sur cet enfant.* — **11.** Réduire qqch à une forme moins complexe, moins importante : *Ramener les prix à leur niveau ancien.* — **12.** *Pop.* Faire sans arrêt mention, état de qqch, de qqn, en partic. pour se faire valoir : *Il ramène toujours sa science.* — **13.** Pop. *Ramener sa fraise* ou *la ramener,* chercher à se mettre en avant, à imposer son point de vue de façon déplaisante, prétentieuse. ‖ *Ramener tout à soi,* considérer toutes choses exclusivement par rapport à soi-même. • **Chorégr.** Faire passer une jambe d'arrière en avant ; lui faire prendre une position en raccourci. — **Jeux.** *Ramener une bille,* au billard, la toucher de telle façon qu'elle revienne près des autres.

◆ **se ramener** v. pr. **1.** Se réduire à un élément plus simple : *Le problème se ramène à une question de financement.* — **2.** *Pop.* Venir, revenir : *Alors, tu te ramènes ?*

2. RAMENER n. m. Attitude du cheval dont l'encolure est fléchie près de la nuque et la tête sensiblement verticale.

RAMEQUIN n. m. (néerl. *rammeken,* pain grillé). **1.** Tartelette garnie d'une crème au fromage. — **2.** Petit récipient en terre ou en porcelaine utilisé pour la cuisson au four.

1. RAMER v. i. (anc. fr. *reim,* du lat. *remus,* rame) [conj. 3]. **1.** Manœuvrer les rames pour faire avancer une embarcation. (Syn. NAGER.) — **2.** *Pop.* Avoir beaucoup de peine à faire qqch, se démener : *Il rame pour gagner sa vie.*

◆ **être ramé** v. pass. *Vol ramé,* vol d'un oiseau, d'une chauve-souris qui abaisse périodiquement ses deux ailes, de façon à trouver un appui sur l'air pour conserver ou augmenter sa hauteur et pour avancer. (Contr. VOL PLANÉ.)

2. RAMER v. t. (de *rame 3*) [conj. 3]. Soutenir, à l'aide de rames, des plantes grimpantes cultivées.

3. RAMER v. t. (de *rame 4*) [conj. 3]. Passer un tissu dans une rame.

Ramesseum, temple funéraire du pharaon Ramsès II dédié à Amon et à Ramsès divinisé et dont les ruines se dressent à Thèbes, au N.-O. des colosses de Memnon.

RAMESSIDE adj. Relatif à l'époque des Ramsès, rois de l'Égypte ancienne.

RĀMESWARAM, île du détroit de Palk, entre l'Inde et Sri Lanka, appartenant à l'Inde (Tamil Nadu). Ch.-l. *Rāmeswaram.* Pêche. Temple du XVIIe s., lieu de pèlerinage.

1. RAMETTE n. f. (de *rame 2*). Paquet de 125 feuilles de papier.

2. RAMETTE n. f. (de *rame 4*). Petit châssis d'imposition (impression typographique).

1. RAMEUR, EUSE n. (de *ramer 1*). Personne qui est en train de ramer.

2. RAMEUR, EUSE n. (de *ramer 3*). Ouvrier(ère) qui conduit une rame.

RAMEUTER v. t. (de *ameuter*) [conj. 3]. **1.** Rassembler, mobiliser des gens pour une nouvelle action : *Parti qui rameute ses militants lors d'une élection.* — **2.** Remettre les chiens en meute.

RAMEUX, EUSE adj. (lat. *ramosus, de ramus,* rameau). Qui a beaucoup de rameaux, de ramifications.

RAMGOOLAM (*sir* Seewoosagur), homme politique mauricien (Belle Rive 1900 - Port Louis 1985). Membre de la communauté indienne, il dirigea le pays comme Premier ministre de 1961 à 1982. Il fut en 1976-77 président de l'O. U. A.

RAMI ou **RUMMY** [rœmi] n. m. Jeu pratiqué avec un jeu de 52 cartes plus un joker entre 2, 3, 4 ou 5 joueurs. (Le but est de se débarrasser de toutes ses cartes [*faire rami*] en les déposant devant soi, de façon à former certaines combinaisons : brelans, carrés, séquences.)

RAMIE n. f. (malais *rami*). Nom usuel de deux urticacées textiles. (Genre *bœhmeria.*) [Les fibres de la ramie, longues, résistantes et brillantes, sont utilisées comme textile ou pour la fabrication de papier de luxe.]

RAMIER n. m. (anc. fr. *ram,* rameau). Gros pigeon à tête et dos gris-bleu, aux côtés du cou et aux ailes barrés de blanc, très commun dans les villes d'Europe. (Syn. PALOMBE.)

RAMIÈRE n. f. (anc. fr. *ram,* rameau, du lat. *ramus,* rameau). **1.** Nom provençal des taillis qui bordent les prés, les champs, les rivières et les ruisseaux. — **2.** Limite ou bordure d'une forêt, constituée par des buissons.

RAMIFICATION n. f. (lat. sc. *ramificatio*). **1.** Fait ou manière de se ramifier, de se diviser en éléments secondaires, surtout en parlant des végétaux ; chacune des divisions d'un végétal qui se ramifie. — **2.** Division en plusieurs branches ; chacune de ces divisions : *Les ramifications de la voie ferrée.* — **3.** Chacun des prolongements, des groupements secondaires d'un ensemble organisé à partir d'un centre principal : *Les ramifications d'un complot.* — **4.** Syn. de RAMEAU et de BRANCHEMENT.

RAMIFIER (SE) v. pr., **ÊTRE RAMIFIÉ** v. pass. (lat. médiév. *ramificare,* du lat. class. *ramus,* rameau, et *facere,* faire). **1.** Se subdiviser en de nombreux rameaux : *Une tige ramifiée.* — **2.** Se séparer en plusieurs branches qui peuvent se partager à leur tour : *Un delta ramifié.* — **3.** Présenter des ramifications : *Société secrète très ramifiée.* — **4.** En parlant d'une chaîne carbonée, comporter des atomes dont certains portent au moins trois atomes de carbone.

RAMILLE [-mij] n. f. (anc. fr. *ram,* du lat. *ramus,* rameau). Dernière division des rameaux (surtout pl.).

RAMILLIES-OFFUS, partie de l'actuelle comm. belge de Ramillies (Brabant wallon), à l'E. de Nivelles. Victoire de Malborough sur le maréchal de Villeroi (23 mai 1706).

RAMIN n. m. Arbre d'Asie tropicale et d'Océanie, au bois blanc-jaune pâle d'un très grand usage en menuiserie, ébénisterie, moulure.

Raminagrobis, personnage du *Pantagruel (Tiers Livre)* de Rabelais. Voiture et La Fontaine donnèrent ce nom à un vieux chat (livre VII, fable XVI ; livre XII, fable V).

RAMIRE Ier (v. 1000 - près de Grados 1063), premier roi d'Aragon (1035-1063). Fils naturel de Sanche III le Grand, roi de Navarre, il fit de son comté un royaume (1035), agrandi en 1043 des comtés de Sobrarbe et de Ribagorza. — **Ramire II,** dit *le Moine* (v. 1094 - monastère de San Pedro el Viejo, Huesca, 1157), roi d'Aragon (1134-1137), fils du roi Sanche Ier Ramírez. Évêque de Burgos, Pampelune, Roda et Barbastro, il fut élu roi à Jaca. Le pape l'autorisa à se marier et la négociation du futur mariage de sa fille Pétronille avec Raimond Bérenger IV lui permit de renoncer au trône et de se retirer dans un couvent.

RAMIRE Ier (v. 791 - Oviedo 850), roi des Asturies (842-850). Fils de Bermude le Diacre, successeur d'Alphonse II le Chaste, son cousin, il combattit les invasions musulmanes de 846 et 848. — **Ramire II** († León 951), roi de León (931-951), fils d'Ordoño II, successeur de son frère Alphonse IV. Il se consacra à la lutte contre les musulmans et battit 'Abd al-Raḥman III à Simancas (939). — **Ramire III** (961 - Astorga 985), roi de León (966-984). Fils et successeur de Sanche Ier de León, il essuya des défaites face aux musulmans (Rueda, 981) et fut chassé de sa capitale par ses vassaux en révolte (984) peu avant sa mort.

RAMISTE adj. et n. Relatif à Rameau ; adepte de son système musical.

RAMLA ou **RAMLEH,** v. d'Israël, au carrefour de la route de Tel-Aviv-Jaffa à Jérusalem et de la route du Nord vers le Néguev ; 30 800 hab.

RĀM MOHAN ROY, réformateur indien (Rādhānagara 1772 - Bristol 1833). Adversaire de l'hindouisme, il réussit à faire abolir par le Parlement anglais l'immolation des veuves (satī). Il fonda, en 1828, le Brāhmo* Samāj.

RAMNES ou **RAMNENSES,** une des trois tribus primitives de Rome.

RAMOLINO (Maria Letizia) → BONAPARTE.

RAMOLLI, E n. *Fam.* Personne aux facultés intellectuelles amoindries.

RAMOLLIR v. t. (de *amollir*) [conj. 32]. **1.** Rendre mou ou plus mou ce qui est nomalement dur, ferme, consistant : *Ces fortes pluies ont ramolli le sol.* — **2.** Affaiblir, diminuer l'énergie, la fermeté, la combativité de qqn, d'un groupe : *Le confort les avait ramollis.* — **3.** *Fam.* Affaiblir gravement les facultés mentales de qqn : *Un homme que l'âge a ramolli.*

◆ v. i. ou **se ramollir** v. pr., **être ramolli** v. pass. **1.** Devenir mou : *La cire chauffée se ramollit.* — **2.** *Fam.* Perdre ses facultés intellectuelles ; être atteint d'un ramollissement cérébral : *Il est quelque peu ramolli.*

RAMOLLISSANT, E adj. *Litt.* Qui ramollit ; débilitant : *Climat ramollissant.*

RAMOLLISSEMENT n. m. **1.** Fait de se ramollir, d'être ramolli ; état de ce qui est ramolli. — **2.** Diminution et parfois suppression presque complète de la cohésion des éléments d'un tissu, souvent consécutive à une oblitération vasculaire par thrombose ou embolie. — **3.** *Ramollissement cérébral,* nécrose du tissu cérébral secondaire à l'occlusion de l'artère qui irrigue le territoire affecté. (Syn. INFARCTUS CÉRÉBRAL.) [→ *encycl.*] ‖ *Ramollissement médulaire,* syn. de MYOMALACIE. ‖ *Ramollissement spinal,* syn. de MYÉLOMALACIE.

ENCYCL. **Neurol.** Dans le *ramollissement cérébral,* les signes observés dépendent du territoire vascularisé par l'artère touchée. Les ramollissements sont dus à deux mécanismes. Le premier est la thrombose qui réalise une obstruction progressive de la lumière vasculaire. Elle peut avoir pour causes l'athérosclérose, l'artériolosclérose, l'artérite et les traumatismes. Le second est l'embolie, qui prend son origine à distance dans un thrombus mural (par ex. de la carotide interne) ou dans le cœur. Le *ramollissement cérébral antérieur* affecte le territoire de l'artère cérébrale antérieure et se manifeste par une hémiplégie à prédominance crurale, controlatérale à la lésion et par un syndrome du corps calleux ; le *ramollissement cérébral postérieur* est consécutif à l'oblitération du tronc et des branches de l'artère cérébrale postérieure, le *ramollissement sylvien* à l'oblitération du tronc ou des branches de l'artère cérébrale postérieure.

RAMOLLO adj. et n. (de *ramolli*). *Pop.* **1.** Gâteux. — **2.** Mou, avachi.

RAMON (Gaston), biologiste et vétérinaire français (Bellechaume, Yonne, 1886 - Garches 1963). Il a perfectionné le mode d'obtention des sérums thérapeutiques (antidiphtérique, antitétanique, etc.) chez l'animal. Sa découverte majeure est celle des anatoxines qui a permis de développer la pratique des vaccinations associées (antidiphtérique, antitétanique, antityphoparatyphoïdique, etc.). [Acad. des sc., 1943.]

RAMÓN Y CAJAL (Santiago), médecin et neurologiste espagnol (Petilla, Navarre, 1852 - Madrid 1934). Grâce à une modification de la méthode de coloration de Golgi qui permet l'imprégnation argentée d'une cellule nerveuse en son entier avec ses prolongements, il approfondit les connaissances sur la structure du tissu nerveux. Il étudia ainsi l'ensemble du système nerveux. Il reçut le prix Nobel avec Golgi en 1906.

RAMONAGE n. m. Action de ramoner un conduit, un appareil ; fait d'être ramoné.

RAMONER v. t. (anc. fr. *ramon,* balai, de *ram,* rameau) [conj. 3]. **1.** Nettoyer un conduit ou un appareil de la suie qui s'y est déposée : *Ramoner une cheminée.* — **2.** En alpinisme, escalader une cheminée en prenant appui sur les deux parois à la fois.

RAMONEUR n. m. **1.** Ouvrier qui ramone les cheminées. — **2.** Appareil servant au ramonage.

RAMONVILLE-SAINT-AGNE (31520), comm. de la Haute-Garonne, banlieue sud de Toulouse ; 12 014 hab. Port de plaisance sur le canal du Midi. Station hertzienne.

RAMOSE, vizir sous le règne du pharaon Aménophis III et au début du règne d'Aménophis IV-Akhenaton (v. 1370 av. J.-C.). Sa tombe dans la nécropole de Gournah à Thèbes contient d'admirables peintures et bas-reliefs.

RAMPAGE n. m. Fonctionnement anormal d'une machine synchrone ou asynchrone à un sous-multiple de la vitesse de synchronisme.

RAMPAL (Jean-Pierre), flûtiste français (Marseille 1922). Soliste de l'Opéra de Paris (1955), il enseigne au Conservatoire de Paris depuis 1969.

RAMPANT, E adj. **1.** Qui progresse en prenant appui sur le sol par la face ventrale du corps. – **2.** Se dit d'un végétal qui s'étend sur le sol, et de ses parties qui se développent horizontalement. – **3.** Qui fait preuve de bassesse devant les personnages puissants : *Un air rampant.* – **4.** Qui progresse lentement et secrètement : *Une annexion rampante.* • **Bât.** *Arc* ou *voûte rampants,* arc ou voûte dissymétriques, soutenant, par exemple, une volée d'escalier. ‖ *Pièce rampante,* pièce posée en inclinaison. – **Bot.** Syn. de PROCOMBANT. – **Écon.** *Inflation rampante,* type d'inflation continue et de faible intensité. – **Hérald.** Se dit d'un animal quadrupède, le corps vertical, dressé sur une patte de derrière et levant les trois autres pour l'attaque.

◆ **rampant** adj. m. et n. m. *Fam.* Se dit, par oppos. à *navigant, volant,* des membres du personnel de l'aviation employés dans les installations au sol.

◆ n. m. **1.** Partie inclinée de certains membres d'architecture (pignon, fronton, etc.). – **2.** Passage incliné, de section réduite, desservant la partie haute d'un puits de mine, d'un bure ou d'un silo.

RAMPE n. f. (de *ramper*). **1.** Plan incliné établi entre deux parties d'une construction, d'un lieu aménagé (parc, jardin, etc.), situées à des niveaux différents, et permettant le passage de l'une à l'autre : *Rampe d'un garage.* – **2.** Route ou voie ferrée en déclivité, considérée dans le sens de la montée. – **3.** Garde-corps établi le long d'une volée d'escalier à jour, et supportant une main courante ; la main courante elle-même : *Tenir la rampe pour descendre.* – **4.** Pop. *Lâcher la rampe,* mourir. ‖ *Passer la rampe,* en parlant d'un spectacle, d'une réplique, etc., produire son effet sur le public. ‖ *Rampe de lancement,* plan incliné pour le lancement des avions catapultés ou des projectiles autopropulsés ; ce qui sert à faire connaître qqn, qqch au grand public à le mettre sur la voie du succès. ‖ Fam. *Tenir bon la rampe,* ne pas se laisser abattre par la maladie, la difficulté, l'adversité. • **Aéron.** Alignement de projecteurs pour éclairer une piste. – **Agric.** Tuyau de gros diamètre et de grande longueur, posé sur des supports, percé de trous ou muni d'asperseurs, utilisé pour l'irrigation des jardins ou des champs. – **Anat.** *Rampe tympanique, vestibulaire,* chacune des deux parties du limaçon de l'oreille interne, séparées par la lame spirale et le labyrinthe membraneux. – **Éclair.** Dispositif d'éclairage de grande longueur, généralement encastré. – **Mécan.** *Rampe des culbuteurs,* ensemble des culbuteurs et de leur arbre-support muni de ses appuis. – **Pétr.** *Rampe de chargement,* collecteur d'emplissage, tuyauterie auxquels on branche les camions et les wagons-citernes par des flexibles. – **Théâtr.** Autref., rangée de lampes, placée au bord et au ras du plancher de scène, destinée à éclairer le décor et les acteurs. (Auj. les projecteurs permettent de supprimer la rampe.)

RAMPEAU ou **RAMPO** n. m. (altér. de *rappel*). **1.** Aux dés, coup supplémentaire qui détermine le vainqueur, lorsque des adversaires ont obtenu le même nombre de points, après un ou plusieurs coups joués. – **2.** *Faire rampeau,* amener le même nombre de points que son adversaire, donc faire coup nul.

RAMPEMENT n. m. Syn. rare de REPTATION.

RAMPER v. i. (germ. **hrampon,* grimper, de **hrampa,* courbure) [conj. 3]. **1.** En parlant de certains animaux (reptiles, vers, gastropodes, etc.), progresser par reptation, c'est-à-dire par des mouvements divers du corps qui prend appui par sa face ventrale ou inférieure. – **2.** Avancer lentement, le ventre au contact du sol et en s'aidant des quatre membres : *Fantassins qui rampent vers les lignes ennemies.* – **3.** Progresser lentement et sans être vu : *Le feu rampe dans le sous-bois.* – **4.** Se montrer soumis, servile devant les puissants, les flatter par intérêt.

RAMPHASTIDÉ n. m. → RHAMPHASTIDÉ.

RAMPILLON (77370), comm. de Seine-et-Marne, à 4,5 km à l'E. de Nangis ; 653 hab. Église d'une ancienne commanderie d'hospitaliers (XIIIe-XIVe s. ; exceptionnel portail sculpté du milieu du XIIIe s.).

RAMPONNEAU n. m. (de J. *Ramponeaux,* n. pr.). **1.** Marteau de tapissier, dont l'un des côtés se termine en arrache-clou. – **2.** *Pop.* Coup, bourrade.

RĀMPUR, v. de l'Inde (Uttar Pradesh), à l'E. de Delhi ; 203 000 hab. Travail du coton. Sucrerie.

RAMSAY (Allan), poète écossais (Leadhills, Strathclyde, 1686 - Édimbourg 1758). Perruquier, il fonda l'un des premiers clubs littéraires d'Écosse, la première bibliothèque mobile (1726) et le premier théâtre d'Édimbourg (1736-1739). Ses poésies et ses ballades catalysèrent le renouveau poétique écossais.

RAMSAY (André Michel, *chevalier* DE), écrivain français d'origine écossaise (Ayr, Écosse, 1686 -

Saint-Germain-en-Laye 1743). Biographe (1723) de Fénelon qui le convertit au catholicisme, et dont il s'éloigna plus tard, il fut l'un des promoteurs de la franc-maçonnerie française.

RAMSAY (Allan), peintre britannique (Édimbourg 1713 - Douvres 1784). Influencé par l'Italie (où il fit deux longs séjours) et par la France, il a créé un type de « portrait de salon » plus familier que le « grand style » de Reynolds (*Margaret Ramsay,* v. 1755, National Gallery d'Édimbourg). Il fut peintre du roi George III.

RAMSAY (James), 1er marquis **de Dalhousie** → DALHOUSIE.

RAMSAY (*sir* William), chimiste britannique (Glasgow 1852 - High Wycombe, Buckinghamshire, 1916). Il expliqua en 1879 le mouvement brownien comme résultant des chocs moléculaires et participa aux découvertes de l'argon (1894), de l'hélium (1895), puis des autres gaz rares de l'air. (Prix Nobel de chimie 1904.)

RAMSAY (*sir* Bertram Home), amiral britannique (Hampton Court, Middlesex, 1883 - en France 1945). Chargé de la défense du secteur de Douvres, il dirigea l'évacuation de Dunkerque (juin 1940), puis commanda les forces navales chargées du débarquement de Normandie.

RAMSDEN (Jesse), mécanicien britannique (Salterhebble, Yorkshire, 1735 - Brighton 1800). Constructeur d'instruments de physique et d'optique, il fit faire de grands progrès à la mécanique de précision. Il inventa le théodolite.

RAMSÈS ou **RAMESSÈS,** en égyptien « le dieu Rê l'a mis au monde », nom de 11 pharaons des XIXe et XXe dynasties. — **Ramsès Ier** (1314-1312 av. J.-C.), général, sans doute originaire de Tanis, fonda la XIXe dynastie. — **Ramsès II** (1301-1235 av. J.-C.), fils de Seti Ier. C'est l'un des grands pharaons de l'histoire de l'Égypte. Pour s'éloigner du puissant clergé thébain d'Amon et pour se rapprocher de la Syrie menacée par le Hatti, il installa sa capitale à Pi-Ramsès (Tanis ? El-Kantara ?). Il combattit le roi hittite Mouwattali et l'affronta à Qadesh, sur l'Oronte. Il s'allia ensuite (1283) au Hatti, pour faire face à la menace de l'Assyrie. L'Égypte apparaissait alors comme le pays la plus riche de la Méditerranée orientale. En témoignent les vastes constructions qui furent entreprises : salle hypostyle de Karnak, temples d'Abou-Simbel, Ramesseum de Tanis. — **Ramsès III** (1198-1166 av. J.-C.) fonda la XXe dynastie. Il sauva l'Égypte des tentatives d'invasion des Peuples de la Mer, mais perdit une bonne partie de ses possessions d'Asie. Des difficultés intérieures et des complots de palais marquèrent la fin du règne. — Les règnes de **Ramsès IV** à **Ramsès XI** (1166-1085 av. J.-C.), qui terminèrent la XXe dynastie, sont plus mal connus. Troubles intérieurs, faiblesse de l'Égypte à l'extérieur entraînèrent la décadence du pouvoir pharaonique. Les tombes des Ramsès sont dans la Vallée des Rois.

RAMSEY (Arthur Michael), prélat anglican (Cambridge 1904 - Londres 1988). Archevêque de Canterbury (1961-1974), il milita constamment pour le rapprochement des Églises chrétiennes.

RAMSGATE, v. de Grande-Bretagne (Kent), sur la mer du Nord ; 40 000 hab. Port de pêche et de passagers ; centre de yachting. Station balnéaire.

RAMURE n. f. (anc. fr. *ram,* du lat. *ramus,* rameau). **1.** Syn. de BRANCHAGE. — **2.** Ensemble du bois d'un ruminant à cornes ramifiées.

RAMUS (Pierre DE LA RAMÉE, dit), humaniste, mathématicien et philosophe français (Cuts, Oise, 1515 - Paris 1572). Il critiqua Aristote, ce qui lui valut une condamnation de la Sorbonne, puis une réhabilitation par Henri II en 1547 et une chaire au Collège royal (Collège de France). Il fut ainsi le premier professeur de mathématiques au Collège de France. L'adhésion aux idées de la Réforme lui valut une suspension momentanée. Il reprit sa chaire de 1563 à 1567. Il fut assassiné lors de la Saint-Barthélemy.

RAMUZ (Charles-Ferdinand), écrivain suisse de langue française (Lausanne 1878 - Pully, près de Lausanne, 1947). Ses romans réalistes (*Aline,* 1905 ; *le Garçon savoyard,* 1936), ou symboliques (*l'Amour du monde,* 1925), ses recueils mystiques et lyriques (*Règne de l'esprit malin,* 1917), ses essais (*Besoin de grandeur,* 1937) évoquent, outre la poésie et la nature de la vie vaudoise, les valeurs élémentaires de la vie. Son *Histoire du soldat* (1920) a été mise en musique par Stravinski.

RANAIVO (Flavien), poète malgache d'expression française (Arivonimamo 1914). Dans ses poèmes brefs et denses, il s'inspire du genre populaire du hain-teny* (*le Retour au bercail,* 1962).

RANALE n. f. (lat. *rana,* grenouille). Plante dicotylédone très primitive, aux carpelles entièrement séparés, aux étamines nombreuses, insérées en spirale sur un réceptacle bombé, au périanthe non toujours différencié en calice et corolle. (L'ordre des *ranales* compte au moins 3 000 espèces, réparties dans les familles des renonculacées [bouton-d'or], magnoliacées, lauracées, nymphéacées, berbéridacées [épine-vinette], etc.) [Syn. POLYCARPIQUE.]

RANATRE n. f. (lat. *rana,* grenouille). Grande punaise carnassière (népidé), à l'abdomen terminé par un tube respiratoire et vivant dans la vase des marais.

RANAVALONA Ire (Ambohimanga v. 1790 - Tananarive 1861), reine de Madagascar (1828-1861). Elle succéda à son époux Radama Ier. Elle rompit avec les Français et les Anglais et s'opposa au christianisme. — **Ranavalona II** († Tananarive 1883), reine de Madagascar (1868-1883). — **Ranavalona III** (Tananarive 1862 - Alger 1917), reine de Madagascar (1883-1897). Elle fut déposée et déportée en 1897 par les Français, qui avaient établi leur protectorat sur Madagascar en 1895.

RANC (Jean), peintre français (Montpellier 1674 - Madrid 1735). Élève de son père, Antoine Ranc, et de Rigaud, dont il épousa la nièce, essentiellement portraitiste, il travailla à la cour d'Espagne à partir de 1723.

RANCAGUA, v. du Chili dans la Vallée centrale ; 140 000 hab. Centre commercial.

RANCARDER ou **RENCARDER** v. t. (conj. 3). *Pop.* 1. Renseigner. — 2. Donner un rendez-vous.

1. RANCART n. m. (altér. du norm. *mettre au récart,* mettre au rebut, de *rencarter,* écarter au jeu). Fam. *Mettre au rancart,* mettre qqch au rebut, s'en débarrasser ; mettre qqn à l'écart, ne plus s'en occuper.

2. RANCART, RANCARD, RENCARD n. m. *Pop.* 1. Renseignement confidentiel. — 2. Rendez-vous.

RANCE adj. (lat. *rancidus*). 1. Se dit d'un corps gras qui, au contact de l'air, a pris une odeur forte et une saveur âcre : *Du beurre rance.* — 2. Se dit de qqn qui a mal vieilli, de qqch qui est proche de la décomposition.

◆ n. m. Odeur, saveur caractéristiques d'un corps gras ranci : *Sentir le rance.*

RANCE (la), fl. côtier de Bretagne, aboutissant à la Manche ; 100 km. La Rance passe à Dinan, où commence un long estuaire.

Rance *(usine marémotrice de la),* centrale hydroélectrique marémotrice, située près de l'embouchure de la Rance, première réalisation mondiale de ce type (1967).

RANCÉ (Armand Jean Le Bouthillier de), moine français (Paris 1626 - Soligny, près de Mortagne, 1700). Aristocrate mondain converti, il se retira, en 1664, en son monastère cistercien de la Trappe, en Normandie ; abbé, il réforma sa communauté dans un sens extrêmement rigoureux : elle allait devenir le noyau des cisterciens réformés dits *trappistes.*

Rancé *(Vie de),* par Chateaubriand (1844). Imposée par son confesseur, cette biographie, dernière œuvre de Chateaubriand, juxtapose l'image du réformateur de la Trappe et le visage même de l'écrivain.

RANCH [rɑ̃tʃ ou rɑ̃ʃ] n. m. (pl. *ranches* ou *ranchs*) [amér. *ranch,* de l'esp. *rancho,* cabane]. En Amérique, en Afrique, exploitation agricole spécialisée dans l'élevage extensif du bétail.

RANCHE n. f. (frq. **runkja,* var. de **hrunka*). Chacun des échelons d'un échelier.

1. RANCHER n. m. (de *ranche*). Pièce de bois placée à l'avant ou à l'arrière d'une charrette ou d'un wagon plate-forme et servant d'appui aux ridelles.

2. RANCHER [-tʃœr] ou **RANCHERO** [rɑ̃tʃero ou rɑ̃ʃero] (amér. *rancher*). Personne qui s'occupe d'un ranch.

RĀNCHĪ, v. de l'Inde (Bihār) ; 501 000 hab. Centre agricole et industriel (sidérurgie, aluminium, soie, laque).

RANCI n. m. 1. Partie d'un produit qui est devenue rance : *Enlever le ranci d'un morceau de lard.* — 2. Odeur de rance : *Sentir le ranci.*

RANCIDITÉ n. f. État de ce qui est rance.

RANCILLAC (Bernard), peintre français (Paris 1931). Il s'orienta au début des années 60 vers une figuration narrative faisant référence aux *comics,* interprétés avec une verve ironique. Par la suite, il s'est appuyé sur des photos de presse, adoptant une manière froide, une gamme de couleurs vives pour traiter des thèmes militants (politique internationale ; les musiciens noirs de jazz [v. 1973-74] ; les Q. H. S. ; etc.).

RANCIO n. m. (esp. *rancio,* du lat. *rancidus,* rance). 1. Goût doucereux et persistant que prennent les vins doux naturels en vieillissant. — 2. Le vin vieilli lui-même.

RANCIR v. i. (conj. 32 ; auxil. *avoir* ou *être*) ou **SE RANCIR** v. pr. 1. Devenir rance : *Le beurre a ranci.* — 2. *Litt.* Se dénaturer, s'aigrir en vieillissant : *Ses idées ont ranci avec l'âge.*

RANCISSEMENT n.m. Altération des aliments contenant des matières grasse, caractérisée par l'apparition de goût et d'odeur désagréables et parfois par une modification de la couleur.

RANCŒUR n. f. (lat. *rancor, -oris*). Ressentiment tenace que l'on garde à la suite d'une déception, d'une injustice.

RANÇON n. f. (lat. *redemptio, -onis,* rachat). 1. Somme d'argent exigée pour la délivrance de qqn retenu prisonnier. — 2. Inconvénient, désagrément accompagnant inévitablement un avantage, un plaisir : *La rançon du progrès technique.*

RANÇONNEMENT n. m. *Litt.* Action de rançonner qqn.

RANÇONNER v. t. (conj. 3). 1. Exiger de qqn, par la contrainte, la remise d'argent, d'objets de valeur : *Les brigands rançonnaient les voyageurs.* — 2. *Fam.* Faire payer à qqn un prix excessif pour un achat, un service : *Un restaurant où l'on rançonne le touriste.*

RANÇONNEUR, EUSE n. *Litt.* Personne qui rançonne.

RANCUNE n. f. (altér. de l'anc. fr. *rancure,* du lat. pop. **rancura,* croisement du bas lat. *rancor,* rancœur, et du lat. class. *cura,* souci). **1.** Sentiment d'animosité durable et caché, souvent accompagné du désir de se venger, que qqn porte à qqn d'autre dont il estime avoir eu à se plaindre : *Il lui a gardé rancune de cette injustice.* — **2.** *Sans rancune !,* invite qqn à oublier tout ressentiment et à se réconcilier.

RANCUNIER, ÈRE adj. et n. Qui n'oublie pas les offenses ou les injustices subies.
◆ adj. Qui témoigne d'une tendance à la rancune ou manifeste de la rancune : *Caractère rancunier.*

RAND n. m. Unité monétaire de l'Afrique du Sud et de la Namibie.

RAND, appellation abrégée du Witwatersrand, district minier de l'Afrique du Sud (Gauteng).

RANDAN (63310), ch.-l. de cant. du Puy-de-Dôme, dans la Limagne ; 1 506 hab. *(Randanais).* Église en partie du XVᵉ s.

RANDENS (73220), comm. de la Savoie, sur l'Arc ; 644 hab. Centrale hydroélectrique alimentée par les eaux de l'Isère, amenées par un tunnel de 11 700 m.

RANDERS, v. du Danemark, dans l'est du Jylland, sur le *fjord de Randers ;* 62 500 hab. Noyau urbain ancien. Port de commerce et centre industriel.

RANDOIN (Lucie), biologiste et hygiéniste française (Bœurs-en-Othe, Yonne, 1888 - Paris 1960). Directrice du laboratoire de physiologie de la nutrition à la Recherche agronomique de 1922 à 1953, de celui du C. N. R. S. après 1939, directrice de l'Institut scientifique d'hygiène alimentaire en 1942, elle a largement contribué au développement de la diététique.

RANDOMISATION n. f. Action de randomiser.

RANDOMISER v. t. (conj. 3). Introduire un élément aléatoire dans un calcul ou dans un raisonnement.

RANDON (Jacques César, *comte*), maréchal de France (Grenoble 1795 - Genève 1871). Collaborateur de Bugeaud en Algérie (1841), il fut ministre de la Guerre (1851 ; 1859-1867).

RANDONNÉE n. f. (de *randonner*). **1.** Promenade assez longue où, généralement, on revient à son point de départ : *Faire une randonnée en voiture en Île-de-France.* — **2.** Activité de loisir consistant en une promenade de longue durée que l'on fait à pied, à bicyclette, à cheval, à skis, etc., sur un circuit le plus souvent balisé.

RANDONNER v. i. (anc. fr. *randon,* de *randir,* courir vite, du frq. **rand,* course) [conj. 3]. Pratiquer la randonnée.

RANDONNEUR, EUSE n. Personne qui pratique la randonnée de loisir.

RANDSTAD HOLLAND, région des Pays-Bas, délimitée par les villes d'Amsterdam, d'Utrecht, de Rotterdam et de La Haye, où se concentre la majeure partie des activités administratives, commerciales et industrielles du pays.

Ranelagh (le), à Paris, ancien lieu de promenade et de divertissement, dont il ne reste que des pelouses, face au bois de Boulogne (quartier de la Muette).

RANG n. m. (frq. **hring,* anneau). **1.** Suite de personnes ou de choses disposées les unes à côté des autres, sur une même ligne : *Un rang d'agents de police maintenait la foule. Collier à double rang de perles.* — **2.** Place dans un ensemble dont les éléments sont classés selon un ordre déterminé : *Classer des cubes par rang de taille.* — **3.** Position occupée par qqn dans une hiérarchie, et en partic. dans la hiérarchie sociale, du fait de sa naissance, de sa fonction, de sa fortune, etc. : *Officier de haut rang.* — **4.** Place attribuée à qqn ou à qqch, en fonction de la valeur ou de l'importance qui lui est reconnue, parmi d'autres de la même catégorie : *Un journaliste de second rang.* — **5.** Au Canada, terroir allongé d'une exploitation agricole, perpendiculaire à une rivière ou à une route. — **6.** *Au rang de,* à la catégorie de qqch : *Usage passé au rang d'institution ;* au nombre de, parmi : *Mettre quelqu'un au rang de ses amis ;* au grade de : *Être élevé au rang de ministre.* ‖ *Être, se mettre sur les rangs,* être, se mettre au nombre des personnes qui postulent ou sollicitent qqch. ‖ *Prendre rang,* figurer parmi les personnes ou les choses de tel groupe ; prendre son tour, se faire connaître en tant que postulant à qqch. ‖ *Ramener qqn dans le rang,* le soumettre après une incartade, lui faire renoncer à qqch qui l'écartait de la norme. ‖ *Rentrer dans le rang,* se soumettre après une incartade. ‖ *Serrer les rangs,* se rapprocher les uns des autres pour occuper moins de place ; s'unir, faire preuve de solidarité pour mieux affronter les difficultés. • **Bât.** Syn. de ASSISE. — **Cout.** Dans un ouvrage au tricot, au crochet, série de mailles sur une même ligne. — **Ling.** Syn. de NIVEAU. — **Mar.** Autref., classification des vaisseaux de guerre d'après leur taille et le nombre de leurs canons (XVIIᵉ-XVIIIᵉ s.).— **Mil.** Formation militaire composée d'hommes placés les uns à côté des autres. ‖ *Homme du rang,* militaire qui n'est ni officier ni sous-officier. (Syn. anc. HOMME DE TROUPE.) ‖ *Rang* *serré,* syn. de ORDRE SERRÉ. ‖ *Sorti du rang,* se dit d'un militaire promu officier sans être passé par une école militaire.

◆ **rangs** n. m. pl. Ensemble plus ou moins nombreux de personnes ayant un ou des caractères communs : *Se décider à rejoindre les rangs de l'opposition.*

RANGABÉ, RANGABÉS ou **RANGAVÍS** (Aléxandhros Rízos), écrivain grec (Constantinople 1809 - Athènes 1892). Représentant du romantisme, il contribua à faire du grec moderne une langue littéraire (*Poésies diverses,* 1837-1840 ; *Contes et Nouvelles,* 1855-1857).

RANGÉE n. f. Suite de choses disposées en rang, côte à côte : *Une rangée de fauteuils.*

RANGEMENT n. m. **1.** Action ou manière de ranger qqch ou d'y mettre de l'ordre ; fait d'être rangé : *Le rangement d'un grenier.* — **2.** Meuble, élément où l'on range des affaires (souvent en apposition avec ou sans trait d'union) : *Des casiers-rangement.*

1. RANGER v. t. (de *rang*) [conj. **17**]. **1.** Disposer des personnes, des choses côte à côte sur une ligne ou sur plusieurs lignes parallèles : *Ranger les élèves par deux dans la cour.* — **2.** Disposer des choses dans un ordre déterminé : *Ranger des mots dans l'ordre alphabétique.* — **3.** Mettre qqn, qqch à la place qui lui revient dans une classification, le faire entrer dans telle catégorie : *Ranger un auteur parmi les classiques.* — **4.** Mettre qqch à un endroit donné, ou le remettre à sa place habituelle : *Ranger un livre dans la bibliothèque.* — **5.** Mettre de l'ordre dans un lieu, y disposer les objets de façon convenable : *Ranger la cave.* — **6.** Mettre un véhicule de côté pour laisser la voie libre à la circulation : *Ranger sa voiture le long du trottoir.* — **7.** *Litt.* Amener qqn, un groupe à se soumettre à qqch, à se placer sous sa dépendance : *Ranger quelqu'un sous son autorité.* — **8.** Gagner qqn à la cause, au point de vue que l'on soutient : *L'orateur n'a pas tardé à ranger les assistants à son avis.* — **9.** En parlant d'un bateau, passer à petite distance de qqch.

◆ **se ranger** v. pr., **être rangé** v. pass. **1.** Se mettre en rang(s), ou se disposer, de telle ou telle façon : *Soldats qui se rangent par quatre.* — **2.** Se mettre à l'écart pour laisser le passage libre, et en partic. se garer : *Piétons qui se rangent sur le bas-côté de la route.* — **3.** Se placer, se classer parmi telle catégorie de gens : *Se ranger au nombre des adversaires du projet.* — **4.** Avoir sa place à tel endroit, voir tous ses éléments en place, être en ordre : *Où se rangent les verres ? Un appartement bien rangé.* — **5.** Revenir, après une vie de désordre, à une conduite régulière : *Avoir une vie rangée.* — **6.** Fam. *Se ranger des voitures,* cesser toute activité.

◆ **se ranger** v. pr. **1.** Décider de défendre la même cause, les mêmes idées que qqn : *Se ranger du côté des opprimés.* — **2.** Déclarer que l'on se rallie à la façon de voir de qqn : *Se ranger à l'avis de la majorité.*

2. RANGER [rɑ̃dʒœr ou -ɛr] n. m. (amér. *ranger*). **1.** Soldat d'un corps de choc de l'armée de terre américaine. — **2.** Chez les scouts, routier.

Ranger, famille de sondes américaines lancées entre 1961 et 1965 pour photographier le sol lunaire avec une résolution métrique (9 sondes furent lancées, 3 fonctionnèrent).

RANGERS [rɑ̃dʒœrs ou -ɛrs] n. m. pl. (de *ranger 2*). Gros brodequins sur lesquels est cousue une courte guêtre de cuir.

RANGOON, cap. de la Birmanie, au confluent de la Hlaing, de la Pazundaing et de la Pegu (qui forment la *Rangoon River*) ; 2 650 000 hab. Établie autour de la pagode de Shwedagon, haut lieu du bouddhisme, la ville est le principal centre économique du pays, les activités commerciales du port étant complétées par des industries variées (raffinerie de pétrole et pétrochimie, aciérie, travail du coton, alimentation). La ville possède de nombreux sanctuaires dont la « pagode » (stūpa) Shwedagon. Musée national.
— **Hist.** Elle se développa après la conquête de la basse Birmanie par le roi Alaungpaya (v. 1755). Annexée par les Britanniques (1852), elle devint la capitale de la Birmanie sous domination anglaise (1886) puis indépendante (1948).

RANGPUR, v. du nord du Bangladesh ; 156 000 hab. Travail du jute.

RĀNĪ n. f. inv. (mot hindī). Reine ou princesse de l'Inde ; femme d'un rājā.

RANIDÉ n. m. (lat. *rana,* grenouille). Nom de famille attribué aux grenouilles.

RANIGANJ, v. de l'Inde (Bengale-Occidental), dans la vallée de la Dāmodar ; 40 100 hab. Centre houiller depuis la fin du XVIIIe s.

RANIMER v. t. (de *animer*) [conj. **3**]. **1.** Faire revenir à lui qqn qui a perdu conscience, ou rétablir chez lui, par la réanimation, les fonctions vitales suspendues ou perturbées : *Ranimer un noyé par la respiration artificielle.* (Syn. RÉANIMER.) — **2.** Redonner de la vigueur, de la vitalité, du dynamisme à qqn, à qqch : *Un repos à la campagne ranimera vos forces.* — **3.** Redonner de l'énergie, de la force morale à qqn : *Ranimer l'ardeur des troupes.* — **4.** Redonner de l'activité, de la force à qqch : *Ranimer un incendie.* — **5.** Redonner vie à qqch de disparu, le faire renaître : *Il est vain de vouloir ranimer le passé.*

◆ **se ranimer** v. pr. **1.** Revenir à soi, reprendre conscience : *Se ranimer après une syncope.* — **2.** Retrouver une activité normale, l'aspect qui la manifeste : *Ses yeux se raniment.* — **3.** Reprendre une activité nouvelle : *Le volcan s'est ranimé.*

RANINE adj. f. (lat. *rana,* grenouille). *Artère ranine,* artère qui termine l'artère linguale. ‖ *Veines ranines,* nom donné à deux veines situées sous la langue.

RANJĪT SINGH, fondateur de l'empire des sikhs (Pendjab 1780 - Lahore 1839). Devenu chef d'une branche de la confédération des sikhs en 1792, il annexa Lahore (1799) et Amritsar (1802). Arrêté dans son expansion vers le sud-est par les Britanniques, il étendit ses possessions au nord-ouest jusqu'au Cachemire inclus (1819).

RANK (Otto ROSENFELD, dit **Otto**), psychanalyste autrichien (Vienne 1884 - New York 1939). Un des premiers disciples de S. Freud, il fait porter ses travaux sur les mythes et les légendes. Sa publication, en 1924, du *Traumatisme de la naissance* marque le début de ses divergences avec l'orthodoxie freudienne ; il y récuse en effet la fonction centrale du complexe d'Œdipe au profit de l'angoisse de la naissance.

Rank Organisation, firme cinématographique britannique fondée par lord Arthur RANK (Hull, Yorkshire, 1888 - Winchester 1972), en 1946, et née de la concentration de diverses sociétés progressivement contrôlées par lui-même depuis 1935. Elle fut puissante dans les années 40 et 50.

RANKE (Leopold VON), historien allemand (Wiehe 1795 - Berlin 1886). Il prôna une écriture historique objective, sans jugement de valeur, et est considéré comme l'un des fondateurs de la science historique moderne. Ses principales œuvres portent sur l'Occident aux XVIe et XVIIe s.

RANKER [-kœr] n. m. (all. *Ranker*). Sol peu évolué, constitué d'une couche de matière organique, reposant sur une roche dure silicatée, massive ou en éboulis.

RANKINE (William John Macquorn), ingénieur et physicien écossais (Édimbourg 1820 - Glasgow 1872). En thermodynamique, il proposa le terme d'« énergie » et effectua la distinction entre les énergies mécaniques potentielle et cinétique, créant ainsi l'énergétique.

Rank Xerox → XEROX.

RANSHOFFEN, bourg d'Autriche (Haute-Autriche), dans la vallée de l'Inn, intégré dans la ville de Braunau. Belle abbatiale (XVIIe s.) d'un ancien monastère. Aluminium.

RANSOM (John Crowe), écrivain américain (Pulaski, Tennessee, 1888 - Gambier, Ohio, 1974). Membre du Fugitive Group (lié aux traditions culturelles du Sud), représentant du New Criticism*, il a écrit des poèmes (*Chills and Fever,* 1924) et des essais (*The New Criticism,* 1941).

RANTANPLAN → RATAPLAN.

RANTIGNY (60290), comm. de l'Oise, à l'O. de Liancourt ; 2 510 hab. Produits de beauté. Fibres de verre.

RANTZAU (Josias, *comte* DE), maréchal de France d'origine allemande (Bothkamp, Holstein, 1609 - Paris 1650). Entré au service de la France en 1635, il participa à la victoire de Rocroi (1643). Il fut nommé maréchal de France en 1645.

RANVIER (Louis Antoine), histologiste français (Lyon 1835 - Vendranges, Loire, 1922). Professeur au Collège de France (1875), il est l'auteur de traités d'anatomie et d'histologie qui ont fait autorité, et il a laissé son nom à de nombreux éléments et formations cellulaires. (Acad. des sc., 1887.)

Ranvier *(étranglement* ou *nœud de),* interruption de la gaine de myéline à intervalles réguliers le long d'une fibre nerveuse myélinisée, offrant une moindre résistance à l'influx nerveux, qui saute ainsi d'un nœud au suivant et donc va plus vite.

RANVILLE (14860), comm. du Calvados, à 11 km au N.-E. de Caen ; 1 688 hab. Cimenterie.

RANZ [rɑ̃ ou rɑ̃z] n. m. *Ranz (des vaches),* air populaire des bergers suisses.

RAON-L'ÉTAPE (88110), ch.-l. de cant. des Vosges, au confluent de la Plaine et de la Meurthe ; 6 927 hab. *(Raonnais).* Textile. Constructions mécaniques. Industries du bois.

RAOUL ou **RODOLPHE de Bourgogne** († Auxerre 936), duc de Bourgogne (921-923), roi de France (923-936). Gendre de Robert Ier, il vint à bout des incursions normandes en 930.

RAOUL GLABER → GLABER.

Raoul de Cambrai, chanson de geste de la fin du XIIe s., épopée de la révolte contre le suzerain. Raoul, frustré par le roi Louis, commet des actions démesurées, défiant jusqu'à Dieu. Il sera tué par son écuyer Bernier, dont il a fait périr la mère en incendiant un couvent.

RAOULT (François Marie), chimiste et physicien français (Fournes-en-Weppes, Nord, 1830 - Grenoble 1901). Il est le créateur de la cryométrie, de l'ébulliométrie et de la tonométrie, à propos desquelles il énonça, en 1882, les lois qui portent son nom.

Raoult *(lois de),* lois donnant les variations de la pression de vapeur saturante et des températures d'ébullition ou de solidification des solutions diluées en fonction de la concentration. (→ CRYOSCOPIE, TONOMÉTRIE, ÉBULLIOSCOPIE.)

RAOUT [raut] n. m. (angl. *rout,* désordre, de l'anc. fr. *route,* compagnie). *Vx.* Grande réception mondaine.

RAP n. m. (angl. *rap,* tape). Style de musique soutenant un chant aux paroles, improvisées ou non, scandées sur un rythme très martelé.

RAPACE adj. (lat. *rapax, -acis,* de *rapere,* emporter). **1.** *Litt.* Avide d'argent ; qui n'hésite pas à s'enrichir aux dépens d'autrui. – **2.** Se dit d'un oiseau qui poursuit ses proies avec voracité.
◆ n. m. Oiseau se nourrissant principalement de vertébrés, capturés vivants et saisis par ses griffes recourbées ou serres. (Les rapaces ont un maxillaire en crochet, rabattu devant une mandibule droite et courte ; on distingue les falconiformes*, ou accipitriformes, dits aussi « rapaces diurnes », et les strigiformes*, ou « rapaces nocturnes ».) [Syn. OISEAU DE PROIE.]

Rapaces *(les),* film américain, réalisé par Erich von Stroheim en 1923. Mutilé par le producteur (sa durée fut ramenée de sept à trois heures), le film fut désavoué par Stroheim. Ce « débris » est d'une importance capitale, tant par sa valeur propre que par son influence. Stroheim met en scène des hommes en proie à leurs vices, parmi lesquels dominent la sensualité et l'avarice.

RAPACITÉ n. f. (lat. *rapacitas*). *Litt.* **1.** Caractère, comportement de qqn avide de s'enrichir. – **2.** Caractère d'un animal qui poursuit ses proies avec voracité.

RÂPAGE n. m. Action de râper.

RAPAKIVI ou **RAPAKIWI** n. m. (finlandais *rapakivi,* roche pourrie). Granite ou granodiorite caractérisés par de grands cristaux ovoïdes d'orthose rose, à couronne verdâtre d'oligoclase.

RAPALLO, v. d'Italie, en Ligurie sur la Riviera di Levante ; 28 900 hab. Centre touristique et station balnéaire.

Rapallo *(traités de),* traités signés :
– le 12 nov. 1920, entre l'Italie et la Yougoslavie. L'Italie renonçait à la Dalmatie mais conservait Zara et les îles de Cherso, Lussino, Lagosta et Pelagosa ; Fiume devenait État libre ;
– le 16 avr. 1922, entre l'Allemagne et la Russie soviétique. Il prévoyait le rétablissement des relations diplomatiques et économiques entre les deux pays. Il devint en partie caduc après le rapprochement de l'Allemagne et des puissances occidentales (traité de Locarno, 1925).

RAPATRIABLE adj. Qui peut être rapatrié.

RAPATRIÉ, E n. **1.** Personne ramenée dans son pays d'origine par les soins des autorités officielles : *Un convoi de rapatriés.* – **2.** Français d'Algérie installé en métropole après l'indépendance de ce pays (1962).

RAPATRIEMENT n. m. Action de rapatrier des personnes ou des capitaux ; fait d'être rapatrié.

RAPATRIER v. t. (moyen fr. *repatrier,* du lat. médiév. *repatriare,* revenir dans sa patrie) [conj. **10**]. **1.** Faire revenir qqn dans son pays d'origine : *Rapatrier des prisonniers de guerre.* – **2.** Assurer le retour, dans leur pays d'origine, de capitaux investis à l'étranger, de bénéfices réalisés à l'extérieur, de biens exportés, etc.

RÂPE n. f. (de *râper*). **1.** Ustensile culinaire en métal perforé, hérissé d'aspérités permettant, par frottement, de réduire menu certaines substances. – **2.** Dans les distilleries ou les cidreries, tambour armé de dents, tournant à grande vitesse, contre lequel sont appliquées les betteraves ou les pommes. – **3.** Lime à grosses dents espacées, utilisée pour le façonnage des bois, des métaux tendres, de la pierre. – **4.** Syn. de RAFLE.

RÂPÉ n. m. **1.** Fromage râpé (gruyère, parmesan, comté). – **2.** Tabac réduit en poudre après la première fermentation dans la fabrication du tabac à priser.

RÂPER v. t. (lat. pop. **raspare,* du germ. **raspôn,* rafler) [conj. 3]. **1.** Réduire qqch en poudre ou en menus éléments (miettes, fins copeaux, etc.), à l'aide d'une râpe ou d'un instrument similaire : *Râper des carottes.* – **2.** User, façonner à l'aide d'une râpe une pièce de bois ou d'une matière plus ou moins tendre : *Plombier qui râpe l'embouchure d'un tuyau.* – **3.** Produire sur le corps une sensation de grattement : *Un tissu qui râpe la peau.* – **4.** *Râper la gorge, le gosier,* avoir un goût rude, âpre et désagréable : *Un vin trop vert qui râpe la gorge.*
◆ **être râpé** v. pass. **1.** Être réduit en petits éléments (poudre, miettes, fins copeaux, etc.) à l'aide d'une râpe : *Du gruyère râpé.* – **2.** Être très usagé au point que l'étoffe montre la trame : *Un pardessus râpé.* – **3.** Fam. *C'est râpé !,* c'est définitivement compromis, ça a échoué.

RÂPERIE n. f. Partie de l'usine où se fait l'extraction du sucre de la betterave.

RAPETASSAGE n. m. *Fam.* Action de raccommoder grossièrement ; fait d'être raccommodé : *Le rapetassage des chaussures.*

RAPETASSER v. t. (anc. occitan *petasar,* ou anc. provenç. *petasser,* rapiécer, du lat. *pittacium,* pièce) [conj. 3]. *Fam.* **1.** Raccommoder un vêtement, des chaussures ou les réparer de façon sommaire : *Rapetasser un pantalon.* – **2.** Corriger, remanier un texte en y faisant des retouches partielles : *Rapetasser un manuscrit.*

RAPETISSEMENT n. m. **1.** Fait de rapetisser qqch ou de se rapetisser : *Le rapetissement d'un vêtement au lavage.* – **2.** Diminution du mérite ou de la valeur : *Le rapetissement systématique des idéaux.*

RAPETISSER v. t. (anc. fr. *apetisser,* de petit) [conj. 3]. **1.** Rendre ou faire paraître qqch plus petit : *La distance rapetisse les objets.* — **2.** Présenter qqch, qqn d'une façon qui réduit leur importance : *Vous rapetissez son rôle dans cette affaire.*

◆ v. i. ou **se rapetisser** v. pr. Devenir plus petit (de tant) : *Les jours rapetissent de quelques minutes.*

RÂPEUX, EUSE adj. (de *râpe*). **1.** Dont la surface, garnie d'aspérités petites et nombreuses, est rude au toucher : *Le chat a la langue râpeuse.* — **2.** Qui a une saveur âpre, un effet astringent : *Un cidre râpeux.* — **3.** Se dit d'une voix de gorge, dont les intonations manquent de douceur.

RAPHAËL (hébr. *Repha'el,* Dieu a guéri), un des sept anges principaux de l'apocalyptique juive, dont la tradition chrétienne fera des archanges.

RAPHAËL (Raffaello SANTI ou SANZIO, dit en fr.), peintre et architecte italien (Urbino 1483 - Rome 1520). Formé par son père, Giovanni Santi, puis, à Pérouse, par le Pérugin (*le Mariage de la Vierge,* 1504, Brera, Milan), il s'installe en 1504 à Florence, où il étudie les œuvres de Léonard de Vinci et de Fra Bartolomeo, et traite le thème de la Madone avec une noblesse tendre et sereine (*Madone au chardonneret,* Offices). En 1508, le pape Jules II l'appelle à Rome et lui commande la décoration des pièces (Chambres*) de son appartement, qu'il exécute personnellement (chambre de la Signature, avec *l'École* d'Athènes* ; chambre d'Héliodore, 1512-1514, au registre de moyens picturaux plus étendu : mouvement, clair-obscur, couleur...), ou qu'il confie à ses disciples (chambre de Constantin, par J. Romain). Il conçoit aussi la décoration des Loges* du Vatican, ornées de grotesques par Giovanni da Udine (à partir de 1518), peint *le Triomphe de Galatée* de la Farnésine (1511), donne les cartons de dix tapisseries des *Actes des Apôtres,* exécute encore madones, tableaux d'autels et portraits nombreux. Comme architecte, son activité a été presque aussi importante, avec, notamment, les plans du palais Pandolfini à Florence (disparu) et ceux de la villa Madama à Rome (entreprise en 1517). Son art, qui associe la mesure et l'harmonie à une ampleur figurative toute nouvelle, définit par excellence la Renaissance classique ; il a eu, à ce titre, un retentissement immense.

RAPHAÉLESQUE ou **RAPHAÉLIQUE** adj. Qui se rapporte à la manière du peintre Raphaël, ou rappelle cette manière.

RAPHÉ n. m. (gr. *raphê,* suture). Ligne saillante de la peau ou des aponévroses qui ressemble à une couture.

RAPHIA n. m. (malgache *rafia*). Palmier africain et malgache, fournissant une fibre textile ; cette fibre dont on fait des cordages, des tissus d'ameublement, des brosses, etc.

RAPHIA ou **RAPĪHOU,** auj. **Rafa,** anc. ville de Palestine, au S. de Gaza. Victoires de Sargon II sur les Égyptiens et le roi de Gaza (720 av. J.-C.) et de Ptolémée IV sur Antiochos III (217 av. J.-C.).

RAPHICÈRE n. m. Petite antilope (bovidé) à pelage roux, à cornes pointues, vivant dans les zones arides, du Kenya au Natal.

RAPHIDIOPTÈRE n. m. Nom d'ordre donné à de petits insectes voisins des planipennes, et qui vivent sur les arbres, dans les fentes des écorces.

RAPIAT adj. et n. (p.-ê. de *railler,* grappiller). *Fam.* Trop regardant sur la dépense ; avare. (Le fém. *rapiate* est rare.)

RAPIDE adj. (lat. *rapidus,* de *rapere,* emporter). **1.** Qui se déplace à une vitesse élevée : *Un homme rapide à la course.* — **2.** Qui coule avec une grande vitesse : *Torrent rapide.* — **3.** Qui présente une forte inclinaison accélérant les mouvements vers le bas : *Pente rapide.* — **4.** Qui, par ses qualités, permet de bonnes performances de vitesse : *Piste rapide.* — **5.** Qui est fait en peu de temps : *Un examen rapide.* — **6.** Qui permet une action, une opération en un temps relativement court ou plus court : *Avec une machine, c'est plus rapide.* — **7.** Se dit d'un rythme soutenu ou relativement soutenu, de ce qui est à ce rythme : *Pouls rapide.* — **8.** Qui se produit vite, au bout d'un temps relativement court : *Sa réussite fut rapide.* — **9.** Qui agit en très peu de temps : *Poison rapide.* — **10.** Qui agit, pense, comprend avec promptitude : *Avoir l'esprit rapide.* — **11.** *Litt.* Se dit de l'expression quand l'essentiel est dit avec sobriété et vivacité : *Style rapide.* — **12.** *Acier (à coupe) rapide,* acier spécial utilisé pour la confection d'outils de coupe à grande vitesse. ‖ *Sommeil rapide,* syn. de SOMMEIL PARADOXAL. ‖ *Train rapide* ou *rapide* (n. m.), train qui ne s'arrête qu'à quelques gares importantes et n'attend pas, en principe, les trains en correspondance en cas de retard de ces derniers.

◆ n. Personne qui va vite dans ce qu'elle fait ou qui comprend vite.

◆ n. m. Rupture du profil longitudinal d'un cours d'eau, déterminée par l'existence d'un seuil de roches dures entre des terrains moins résistants. (Souvent pl.)

RAPIDEMENT adv. De façon rapide.

RAPIDITÉ n. f. (lat *rapiditas*). **1.** Propriété d'un être animé ou de qqch qui se déplace à une vitesse élevée : *Rapidité d'un cheval.* — **2.** Caractère de ce qui est accompli dans un temps très bref : *Rapidité d'une décision.* — **3.** Caractère de qqn qui agit avec promptitude : *Réagir avec rapidité.* — **4.** Qualité d'une piste, d'une piscine, etc., qui permet des performances de qualité.

RAPIÉÇAGE ou **RAPIÈCEMENT** n. m. Action de rapiécer ; pièce posée par ce moyen.

RAPIÉCER v. t. (de *pièce*) [conj. **20**]. Réparer, raccommoder un vêtement, un article en tissu usagés en y posant, y cousant une ou des pièces : *Rapiécer un pantalon.*

RAPIÈRE n. f. (de *râpe*). Épée à lame longue et fine, pour frapper d'estoc et dont on se servait dans les duels (XIe-XVIIIe s.).

RAPIN n. m. (p.-ê. de *râper*). *Fam.* et *vx.* **1.** Apprenti dans un atelier d'artiste peintre ; élève peintre. – **2.** Peintre bohème, au talent douteux.

RAPIN (Nicolas), poète français (Fontenay-le-Comte v. 1540 - Poitiers 1608), l'un des auteurs de la *Satire* Ménippée.*

RAPINE n. f. (lat. *rapina,* de *rapere,* voler). *Litt.* **1.** Action de prendre de force qqch, de s'emparer du bien d'autrui par la violence : *Faire rendre gorge aux auteurs de rapines.* – **2.** Biens, argent obtenus par le pillage ou les malversations (surtout pl.) : *Une fortune constituée de rapines.*

RAPINER v. i. (conj. **3**). *Litt.* Pratiquer la rapine.

RAPINERIE n. f. *Litt.* Action de rapiner ; acte de rapine.

RAPLAPLA adj. inv. (de *à plat*). *Fam.* **1.** Fatigué, sans énergie, déprimé. – **2.** Très plat ou aplati.

RAPLATIR v. t. (conj. **32**). Rendre plat ou plus plat.

RAPP (Jean, *comte*), général français (Colmar 1772 - Rheinweiler, Bade, 1821). Aide de camp de Napoléon (1804), il se distingua pendant les campagnes impériales. Gouverneur de Dantzig (1807), il défendit la place (1813) avant d'être fait prisonnier. Il fut créé pair de France en 1819.

RAPPAREILLER v. t. (de *appareiller*) [conj. **4**]. Assortir de nouveau qqch à son pareil : *Rappareiller des laines.*

RAPPARIEMENT n. m. Action de rapparier ; fait d'être rapparié.

RAPPARIER v. t. (de *apparier*) [conj. **9**]. Réunir deux choses qui formeront de nouveau une paire : *Rapparier des gants.*

RAPPEL n. m. **1.** Action de rappeler qqn, de lui faire savoir qu'il doit rejoindre une destination ou revenir du lieu où il se trouve : *Rappel d'un ambassadeur.* – **2.** Action de faire revenir sur la scène un interprète en l'applaudissant. – **3.** Action d'inviter, d'exhorter qqn à revenir au respect d'une règle dont il s'est écarté : *Rappel à la raison.* – **4.** Action de rappeler, d'évoquer qqch, d'y faire penser de nouveau : *Ce rappel du passé l'a ému.* – **5.** Lettre, formulaire, panneau de signalisation, etc., qui répète, rappelle une injonction, une information, un avertissement précédents : *Recevoir un rappel de l'assurance.* – **6.** Chose qui en rappelle une autre : *Rappel de couleur dans une toilette.* – **7.** Paiement d'une portion d'appointements ou d'arrérages restée en suspens : *Toucher un rappel d'augmentation de trois mois.* – **8.** *Battre le rappel,* s'employer à réunir toutes les personnes ou toutes les choses exigées par les circonstances. ‖ *Rappel à l'ordre,* avertissement donné à qqn qui a commis un écart de conduite. • **Alp.** Technique permettant de descendre une paroi verticale ou surplombante sur une corde mise en double, fixée en son milieu à un piton, un anneau de corde ou une saillie du rocher. – **Dr.** *Lettres de rappel,* document par lequel un gouvernement signifie à l'un de ses agents diplomatiques à l'étranger qu'il met fin à sa mission. (Syn. LETTRES DE RECRÉANCE.) ‖ *Rappel à l'ordre,* sanction disciplinaire appliquée par le président à un membre d'une assemblée délibérante. ‖ *Rappel au règlement,* réclamation contre une violation du règlement d'une assemblée délibérante. – **Jeux.** Au billard, coup qui consiste à toucher la première bille adverse de façon qu'elle revienne à son point de départ après avoir touché une ou plusieurs bandes. – **Mar.** Mouvement transversal d'un navire qui se redresse subitement à la suite d'un coup de roulis. ‖ Sanction qui s'applique à un bateau ayant franchi trop tôt la ligne de départ d'une régate et qui l'oblige à revenir derrière cette ligne pour prendre un nouveau départ. ‖ Action de porter le corps à l'extérieur d'un voilier afin de contrebalancer la gîte due à l'action du vent sur les voiles. – **Math.** *Ligne de rappel,* en géométrie descriptive, droite définie par la projection horizontale et la projection frontale d'un point. (La ligne de rappel est perpendiculaire à la ligne de terre.) – **Mécan.** *Ressort, vis de rappel,* ressort, vis qui sert à ramener une partie mobile d'un mécanisme à sa position de repos. – **Méd.** Injection d'une dose convenable de vaccin, pratiquée un certain temps après une vaccination et destinée à renforcer et à prolonger l'immunité. – **Mil.** Batterie de tambour ou sonnerie de clairon ou de trompette pour ordonner aux militaires de gagner un point déterminé ou pour rendre les honneurs aux généraux de brigade. ‖ *Rappel sous les drapeaux,* mesure réglementaire convoquant des réservistes dans les forces armées. – **Presse.** Titre de page intérieure reprenant un sujet ou une information signalés dans une page précédente.

RAPPELABLE adj. Qui peut être ou qui doit être rappelé.

RAPPELÉ, E n. Personne convoquée de nouveau sous les drapeaux.

RAPPELER v. t. (conj. **24**). **1.** Appeler de nouveau qqn au téléphone ou appeler à son tour qqn qui a appelé : *Rappelez-moi dans la soirée.* — **2.** Appeler qqn, un animal pour les faire revenir au lieu où l'on est, où est qqn : *Rappeler son chien.* — **3.** Faire revenir un artiste sur la scène par des applaudissements, des acclamations, etc. — **4.** Faire savoir à qqn qu'il doit revenir, notamment au lieu où il exerce une fonction : *Rappeler des permissionnaires.* — **5.** Être la cause du rappel de qqn : *Un décès le rappelle à Paris.* — **6.** Avertir qqn de revenir au respect d'une règle, à un comportement dont il s'est écarté : *Rappeler un élève à l'obéissance.* — **7.** *Litt.* Ranimer, rassembler, par un effort de volonté, des facultés défaillantes : *Rappeler son courage.* — **8.** Remettre qqch en mémoire à qqn : *Rappelle-lui de téléphoner à sa mère.* — **9.** Évoquer le souvenir de qqch à qqn : *Cette maison me rappelle ma jeunesse.* — **10.** Présenter une ressemblance avec qqn, qqch d'autre : *Tu me rappelles ta mère.* — **11.** Créer un effet d'harmonie par quelque aspect identique : *Rappeler la couleur des rideaux avec les canapés.* — **12.** Au billard, exécuter un rappel. — **13.** *Dieu l'a rappelé à lui,* formule chrétienne pour dire que qqn est mort. ‖ *Rappeler qqn à l'ordre,* le réprimander pour un écart de conduite. ‖ *Rappeler qqn à la vie, à soi,* lui faire reprendre connaissance. ‖ *Veuillez me rappeler au bon souvenir de...,* formule de politesse par laquelle on prie un intermédiaire de transmettre à qqn le témoignage de sa sympathie.

◆ **se rappeler** v. pr. **1.** Avoir présent à l'esprit, dans la mémoire, le souvenir de qqn ou de qqch : *Se rappeler très bien ses grands-parents.* (La construction *se rappeler de qqn, de qqch,* familière devant un nom [*Je ne me rappelle pas de son visage*], est obligatoire avec un pronom personnel représentant un humain : *Vous ne vous rappelez pas de moi ?*) — **2.** *Se rappeler au bon souvenir, à l'attention de qqn,* formule de politesse adressée à qqn pour qu'il transmette un message à une tierce personne.

RAPPEUR, EUSE n. Personne qui chante, joue du rap.

RAPPLIQUER v. i. ou **SE RAPPLIQUER** v. pr. (de *appliquer*) [conj. 3]. *Pop.* Arriver, venir ou revenir en un lieu : *Toute la famille a rappliqué ici pour les fêtes.*

RAPPOINTIS n. m. Clou à grosse tête, lardé dans un bois que doit recouvrir un enduit de plâtre, pour retenir celui-ci.

RAPPORT n. m. (de *rapporter*). **1.** Gain, profit, revenu que rapporte l'exploitation d'un bien : *Des immeubles d'un bon rapport. Des arbres en plein rapport.* — **2.** Exposé dans lequel on relate ce qu'on a vu ou entendu ; compte-rendu, souvent de caractère officiel, d'une question, d'une mission : *Rapports de police.* — **3.** Lien ou relation entre deux ou plusieurs personnes ou choses : *Je ne vois pas de rapport entre ces deux événements.* — **4.** Ce que qqn, qqch a de commun avec d'autres : *La Sicile a beaucoup de rapport avec la Grèce.* — **5.** Ce par quoi qqn ou qqch s'accorde à d'autres, ce par quoi ils se conviennent : *Il y a des rapports subtils entre leurs deux personnalités.* — **6.** Relation sexuelle : *Avoir eu un rapport avec un homme.* — **7.** Relations entre des personnes ou des groupes (surtout pl.) : *Entretenir de bons rapports avec ses collègues.* — **8.** *Avoir rapport à,* se rapporter à, concerner. ‖ *En rapport avec qqch,* proportionné à, en accord avec. ‖ *Immeuble de rapport,* dont la location procure des revenus au propriétaire. ‖ *Mettre qqn en rapport avec qqn,* leur permettre de faire connaissance. ‖ *Par rapport à,* relativement à. ‖ Fam. *Rapport à,* en ce qui concerne, à propos de : *Rapport à ton père, je ne sais rien ;* à cause de : *Il ne peut pas sortir, rapport à ses parents.* ‖ *Sous le rapport de,* du point de vue de, en ce qui touche. ‖ *Sous tous (les) rapports,* à tous égards. • **Autom.** *Rapport du changement de vitesse* ou *du pont* ou *de démultiplication,* rapport d'engrenage de ces deux organes. — **Dr.** Exposé des éléments de fait ou de droit d'un procès, établi et présenté à l'audience ou en cours de délibéré par un magistrat de la juridiction chargée de juger l'affaire. ‖ *Rapport (financier),* compte-rendu annuel des résultats et de la gestion financière d'une entreprise, fait par le conseil d'administration (ou de surveillance) devant l'assemblée générale des actionnaires. ‖ *Rapport moral,* compte-rendu annuel des activités d'un organisme à but non lucratif, fait par son président devant l'assemblée générale des membres de cet organisme. ‖ *Rapport à succession,* opération par laquelle un héritier restitue à la masse des biens à partager un bien ou une somme d'argent provenant du défunt et dont il était débiteur, afin de rétablir l'égalité avec ses cohéritiers. — **Fin.** *Rapport économique et financier,* document joint au projet de loi de finances, présentant la situation économique ainsi qu'une description résumée du projet de loi. — **Math.** Nombre intervenant dans la définition de plusieurs transformations ponctuelles, telles les affinités, homologies, homothéties, inversions, similitudes, etc. ‖ *Point* M *divisant un bipoint* (A, B) *dans un rapport* k *donné,* point M de la droite (AB) tel que $\overline{MA} / \overline{MB} = k$, où $k \in \mathbb{R}$. ‖ *Rapport de* a *sur* (ou *à*) b, quotient de *a* par *b*, *a* et *b* appartenant au même ensemble. — **Mécan.** Dans un train d'engrenage, une boîte de vitesses, etc., quotient de la vitesse de rotation de l'arbre de sortie par celle de l'arbre d'entrée. — **Mil.** Réunion au cours de laquelle un chef militaire expose ses intentions et donne ses ordres. ‖ *Rapport quotidien,* rassemblement d'une unité militaire pour recevoir les instructions et les ordres de son chef. — **Mobil.** *Ouvrage de rapport,* ouvrage de décoration obtenu à l'aide de bois ou de pierres de différentes couleurs. (Par ex. la marqueterie et la mosaïque.) — **Text.** Dimensions en largeur et hauteur d'un motif décoratif qui sera répété sur un tissu façonné ou imprimé. ‖ *Rapport d'armure,* la plus petite représentation, sur du papier quadrillé, de l'armure d'un tissu, suffisant à caractériser ce tissu. ‖ *Rapport de chaîne* ou *de trame,* ensemble de fils consécutifs en chaîne ou en trame, correspondant au rapport d'armure.

RAPPORTABLE adj. Qui peut être rapporté : *Une anecdote peu rapportable.*

RAPPORTER v. t. (de *apporter*) [conj. 3]. **1.** Remettre qqch à l'endroit où il était : *Il vida le cendrier et le rapporta sur la table.* — **2.** Apporter de nouveau ou en plus : *Tu peux nous rapporter des frites.* — **3.** Rendre qqch à qui il appartient : *Je vous rapporte votre parapluie.* — **4.** Apporter qqch avec soi, à l'intention de qqn, en revenant d'un lieu ou au retour de quelque action : *Je ne vous rapporte aucune réponse de notre réunion.* — **5.** Tirer, retirer un souvenir, une impression de qqch : *Quelle impression rapportez-vous de cet entretien ?* — **6.** Ajouter qqch à qqch d'autre pour le compléter, l'améliorer : *Rapporter une bande de dentelle sur le bas du rideau.* — **7.** Procurer un gain, un bénéfice, un revenu à qqn : *Une action qui rapporte des dividendes.* — **8.** Être profitable à qqn : *Qu'est-ce que cela t'a rapporté d'y aller ?* — **9.** Répéter à qqn ce qu'on a vu, entendu, appris : *On m'a rapporté que vous allez partir.* — **10.** Exposer, dans un rapport, l'état d'une question que l'on a reçu mandat de suivre : *Rapporter les décisions d'une commission.* — **11.** Répéter de façon indiscrète ou malveillante à l'égard de qqn ce qu'on a vu ou appris : *Il rapporte tout au professeur.* — **12.** Considérer que qqch a un rapport plus ou moins étroit avec qqch d'autre : *Rapporter un phénomène à ses vraies causes.* — **13.** En parlant d'un chien, apporter à une personne l'objet qu'elle a lancé, le gibier qu'elle a tué. (Souvent sans compl.) — **14.** Abroger ou annuler une décision administrative. — **15.** Restituer à la masse des biens à partager ceux qu'on détient et qui doivent faire l'objet d'un rapport. — **16.** Tracer qqch sur le papier, après l'avoir mesuré sur le terrain. (Syn. REPORTER.) — **17.** *Rapporter tout à soi,* être égocentrique, profiter de chaque occasion pour parler de soi.

◆ **être rapporté** v. pass. Être ajouté à un ensemble pour le compléter : *Un jardin fait avec des terres rapportées.*

◆ **se rapporter** v. pr. **1.** Avoir un rapport avec qqch, ou être relatif à qqn : *Tout ce qui se rapporte à cet auteur m'intéresse.* — **2.** S'en remettre à qqn, lui faire confiance pour régler, décider qqch : *Je m'en rapporte à vous.* — **3.** En parlant d'un mot (ou d'un groupe de mots), être en relation grammaticale avec un autre.

RAPPORTEUR, EUSE adj. et n. Qui rapporte, par indiscrétion ou par malveillance.

◆ **rapporteur** n. m. **1.** Personne chargée d'exposer l'état d'un procès, d'une affaire, l'opinion d'une commission sur un projet ou une proposition de loi. — **2.** Instrument de vérification employé en construction mécanique pour mesurer les angles dièdres. — **3.** Cercle ou demi-cercle gradué servant à mesurer ou à reporter des angles. — **4.** *Conseiller rapporteur,* conseiller prud'homme chargé d'instruire une affaire et éventuellement de concilier les parties ; magistrat chargé d'instruire une affaire en appel. ‖ *Juge rapporteur,* juge chargé d'établir un rapport si l'affaire le requiert.

RAPPRENDRE → RÉAPPRENDRE.

RAPPROCHAGE n. m. Taille d'une haie, d'une bordure trop épaisse.

RAPPROCHEMENT n. m. **1.** Action de rapprocher, de joindre ; fait de se rapprocher : *Le rapprochement des lèvres d'une plaie.* — **2.** Fait d'établir ou de rétablir de bonnes relations avec qqn, un groupe, etc. : *Le rapprochement franco-allemand.* — **3.** Action de mettre en accord des choses qui s'opposent ou fait, pour celles-ci, d'évoluer de façon à s'accorder : *Un rapprochement entre les thèses des négociateurs.* — **4.** Action par laquelle on rapproche deux choses pour les comparer ; rapport que l'on discerne entre elles : *Le rapprochement de ces deux textes prouve le plagiat.* — **5.** Taille de rameaux pour obtenir de nouvelles pousses plus proches de la charpente de l'arbre.

1. RAPPROCHER v. t. (de *approcher*) [conj. 3]. **1.** Réduire la distance entre deux choses ou les mettre en contact : *Rapprocher sa chaise du feu.* — **2.** Faire paraître qqch plus proche, en partic. le grossir : *Ce zoom rapproche trois fois.* — **3.** Diminuer l'espace de temps entre deux ou plusieurs événements : *Rapprocher la date d'une rencontre.* — **4.** Placer qqn, faire qu'il soit plus près d'un lieu : *Il cherche un appartement qui le rapproche de son travail.* — **5.** Diminuer la distance qui sépare qqn d'un moment, l'écart qui le sépare d'un niveau : *Chaque heure perdue nous rapproche de la catastrophe.* — **6.** Inciter des personnes à établir des relations plus étroites, ou les amener à une réconciliation : *Des goûts communs l'avaient rapproché de sa cousine.* — **7.** Mettre en parallèle des choses, les comparer pour dégager des similitudes, une filiation, etc. : *Rapprocher deux ouvrages d'un même auteur.*

◆ **se rapprocher** v. pr., **être rapproché** v. pass. **1.** Être proche dans l'espace : *Appuyez sur le bouton le plus rapproché.* – **2.** Être proche ou plus proche dans le temps : *Les crises se rapprochent.*
◆ **se rapprocher** v. pr. **1.** Venir plus près de qqn, de qqch : *Chercher à se rapprocher de son travail.* – **2.** Établir avec qqn d'autre des relations plus étroites, plus amicales et, en partic., se réconcilier : *Se rapprocher d'un ancien adversaire.* – **3.** Évoluer vers qqch, être plus près d'atteindre qqch : *Taux d'inflation qui se rapproche de la cote d'alerte.* – **4.** Présenter des rapports, des similitudes avec : *Une école de peinture qui se rapproche du cubisme.*

2. RAPPROCHER n. m. Action des chiens qui sont parvenus à lancer l'animal de chasse.

RAPSODE, RAPSODIE, RAPSODIQUE → RHAPSODE, RHAPSODIE, RHAPSODIQUE.

Rapsodie, réacteur nucléaire expérimental à neutrons rapides refroidi par du sodium liquide, qui a fonctionné au centre d'études nucléaires de Cadarache de 1967 à 1982, et qui a ouvert la voie à la réalisation des centrales Phénix et Super-Phénix.

RAPT [rapt] n. m. (lat. *raptus,* de *rapere,* emporter). Fait de s'emparer illégalement de qqn ; enlèvement, kidnapping.

RAPTUS [-tys] n. m. (lat. *raptus,* enlèvement). Comportement paroxystique à caractère de décharge brusque et irrésistible, susceptible d'avoir des conséquences dramatiques pour le sujet ou pour autrui.

RÂPURE n. f. Ce qu'on enlève en râpant.

RAQQA ou **RAKKA,** v. de Syrie, ch.-l. de district, près de l'Euphrate ; 87 000 hab.
– **Hist.** et **Bx-arts.** Ancienne *Nikêphorion,* puis *Kallinikon* (de Séleucos II Kallinikos), Raqqa fut fondée par al-Manṣūr dans la seconde moitié du VIIIe s. Ruines du palais de Hārūn al-Rachīd ; Grande Mosquée (XIIe s.) ; porte « de Bagdad », vestige de l'enceinte du XVIe s. Grand centre de production céramique aux XIIe-XIIIe s.

RAQUER v. t. (mot picard, de l'anc. fr. *rachier,* cracher) [conj. 3]. *Pop.* Verser son argent, payer, casquer.

1. RAQUETTE n. f. (lat. médiév. *rasceta,* p.-ê. de l'ar. *raha,* paume de la main). **1.** Cadre ovale, garni d'un cordage en boyaux ou en fibre synthétique, terminé par un manche et dont on se sert pour jouer au tennis, au squash, au badminton, etc. – **2.** Plaque de bois recouverte d'une pellicule de caoutchouc, terminée par un manche et utilisée pour jouer au tennis de table. – **3.** Large semelle, généralement à claire-voie, qui permet de marcher sur la neige sans que le pied s'enfonce. – **4.** *Fam.* Joueur de tennis : *C'est une excellente raquette.* – **5.** Membre antérieur du bœuf. – **6.** Petit haveneau. – **7.** Au basket-ball, zone située à proximité immédiate du panier et dans laquelle il est interdit aux attaquants de stationner plus de trois secondes.

2. RAQUETTE ou **RAKETTE** n. f. (angl. *rocket*). Sorte de fusée de guerre (XIXe s.).

RAQUETTEUR, EUSE n. Au Canada, personne qui se déplace sur la neige avec des raquettes.

RAQUETTIER ou **RAQUETIER** n. m. Ouvrier qui fait des raquettes de tennis, de squash, etc.

RARE adj. (lat. *rarus*). **1.** Qui, n'existant qu'à peu d'exemplaires, est original, recherché : *Objets rares.* – **2.** Qui se rencontre peu souvent, qui n'est pas commun : *Les gens courageux sont rares.* – **3.** Qui est inhabituel, peu fréquent : *Il est rare de le voir en retard.* – **4.** Se dit d'êtres ou de choses en nombre restreint dans une circonstance donnée : *Quelques rares passants s'arrêtaient.* – **5.** Qui est peu serré, peu fourni, peu dense : *Des cheveux rares.* – **6.** *Se faire rare,* espacer ses visites ; se trouver de moins en moins souvent : *L'argent se fait rare.*

RARÉFACTION n. f. (lat. médiév. *rarefactio*). **1.** Fait, pour un gaz, de se raréfier : *La raréfaction de l'air en haute montagne.* – **2.** Diminution sensible de la quantité disponible d'une marchandise : *La raréfaction des légumes par suite du gel.*

RARÉFIABLE adj. Susceptible de se raréfier.

RARÉFIER v. t. (lat. *rarefacere*) [conj. 9]. **1.** Diminuer la densité d'un gaz : *L'altitude raréfie l'air.* – **2.** Rendre qqch plus rare, en diminuer la quantité ou le nombre : *Des achats excessifs ont raréfié ces produits.*
◆ **se raréfier** v. pr., **être raréfié** v. pass. En parlant de gaz, devenir moins denses.
◆ **se raréfier** v. pr. Devenir plus rare : *Espèce animale qui se raréfie.*

RAREMENT adv. Peu souvent.

RARETÉ n. f. (lat. *raritas*). **1.** Caractère de ce qui est rare, peu répandu, peu nombreux : *Rareté d'une denrée.* – **2.** Caractère de ce qui arrive, se produit peu souvent : *Il se plaint de la rareté de vos visites.* – **3.** *Litt.* Qualité de ce qui est peu ordinaire, peu commun : *Remarquer la rareté des expressions chez un poète.* – **4.** Objet rare, précieux ou curieux : *Cette édition ancienne est une rareté.*

RARISSIME adj. Très rare, d'une valeur très exceptionnelle.

RAROTONGA, île de la Polynésie, partie de l'archipel Cook ; 67 km² ; 9 000 hab. Production de fruits. L'île possède le centre administratif de l'archipel, *Avarua,* et un aéroport international.

1. RAS [rɑ] n. m. (lat. *ratis,* radeau). Petit radeau employé en particulier à la réparation de bâtiments près de la flottaison.

2. RAS [rɑs] n. m. (mot éthiopien). En Éthiopie, titre de la plus haute dignité, après le négus.

3. RAS, E [rɑ, rɑz] adj. (lat. *rasus,* de *radere,* raser). **1.** Se dit des éléments du système pileux coupés près de la peau et de la partie qui les porte. — **2.** Se dit du poil des animaux quand il est naturellement court : *Les chiens à poil ras.* — **3.** Se dit d'une étoffe dont le poil est court : *Velours ras.* — **4.** Se dit d'une végétation qui s'élève peu au-dessus du sol : *Gazon ras.* — **5.** *À ras bord(s),* jusqu'au(x) bord(s) : *Remplir un récipient à ras bord(s).*
◆ **ras** adv. **1.** De très près : *Ongles taillés ras.* — **2.** Manière de mesurer les grains ou d'autres marchandises en arasant la mesure qui les contient. — **3.** Fam. *En avoir ras le bol (de qqch, de qqn),* en avoir assez, en être excédé, dégoûté.
◆ **ras** n. m. *À ras,* très court. ‖ *À* ou *au ras de,* au niveau de, au plus près de : *Couper un arbre à ras de terre.* ‖ *À ras de terre* ou, fam., *au ras des pâquerettes, des marguerites,* de caractère trop prosaïque.

R. A. S., abrév. de RIEN À SIGNALER*.

RASĀ n. m. inv. (mot sanskrit signif. *goût*). D'après les canons de l'art classique indien, sentiment ou état d'esprit suscité par une œuvre littéraire, un spectacle dansé, musical ou théâtral.

RASADE n. f. (de *ras 3*). Quantité de boisson représentant un verre rempli à ras bord.

RASAGE n. m. **1.** Action de faire la barbe, de raser ou de se raser. — **2.** Opération de finition de pièces mécaniques, notamment d'engrenages, consistant à enlever une très légère surépaisseur au moyen d'un outil spécial. — **3.** Coupe des poils d'une peau ou d'une fourrure. — **4.** Opération qui a pour fin de débarrasser les étoffes des poils et inégalités qui pourraient nuire à leur aspect ; syn. de COUPE (du velours).

RA'S AL-KHAYMA, l'un des Émirats arabes unis, sur le golfe Persique, au N.-E. de Dubayy ; 1 625 km^2 ; 116 000 hab. Cap. *Ra's al-Khayma* (9 000 hab.).

RASANCE n. f. (de *raser*). Rapport entre la hauteur à laquelle s'élève la trajectoire d'un projectile et celle de l'objectif visé.

RASANT, E adj. **1.** Qui passe au plus près de qqch, d'une surface et, en partic., du sol : *Vol rasant d'un oiseau.* — **2.** *Fam.* Qui ennuie profondément : *Une lecture rasante.* — **3.** Se dit d'une fortification qui s'élève à peine au-dessus du terrain environnant. — **4.** *Incidence rasante,* incidence dont l'angle est proche de 90°. ‖ *Tir rasant,* tir dans lequel la trajectoire du projectile reste toujours à une hauteur inférieure à celle de l'objectif. ‖ *Vue rasante,* vue qui s'étend sur un pays plat.

RASCASSE n. f. (provenç. *rascasso,* de *rascas,* teigneux). Poisson (scorpénidé) à chair très estimée des eaux tropicales et tempérées chaudes, à bouche très large, au corps portant des lambeaux cutanés, à la tête épineuse, encore appelé *scorpion* ou *crapaud de mer.*

R. A. S. D., sigle de RÉPUBLIQUE ARABE SAHRAOUIE DÉMOCRATIQUE. (→ SAHARA OCCIDENTAL.)

RAS DACHAN, point culminant de l'Éthiopie, dans le Semien ; 4 550 m.

RAS(-)DU(-)COU ou **RAS(-)DE(-)COU** n. m. inv. **1.** Type d'encolure qui épouse simplement la base du cou. — **2.** Collier enserrant la base du cou.

RASEMENT n. m. **1.** Action de démolir un édifice ou un ensemble de constructions jusqu'au niveau du sol : *Le rasement d'un quartier.* — **2.** Disparition, par usure, du cornet dentaire des dents du cheval. (Le rasement des incisives sert à déterminer l'âge de l'animal.)

RASE-MOTTES n. m. inv. **1.** *Fam.* Personne de très petite taille. — **2.** *Vol en rase-mottes,* vol effectué à très basse altitude.

RASENNE adj. et n. Syn. de ÉTRUSQUE.

RASER v. t. (lat. pop. **rasare,* du lat. class. *radere,* raser) [conj. 3]. **1.** Couper les cheveux, la barbe, les poils sur une partie du corps au ras de la peau. — **2.** Abattre complètement une construction, la démolir jusqu'au niveau du sol : *Raser des fortifications.* — **3.** Passer très près, au ras de qqch ou de qqn : *Hirondelles qui rasent le sol.* — **4.** *Fam.* Ennuyer profondément qqn : *Il nous rase avec ses sermons.* — **5.** Soumettre à l'opération du rasage. — **6.** *Raser les murs,* marcher en longeant de près les murs pour se dissimuler.
◆ **être rasé** v. pass. En parlant de la dent d'un cheval, avoir subi le rasement.
◆ **se raser** v. pr., **être rasé** v. pass. **1.** Se faire la barbe : *Être rasé de près.* — **2.** Se couper à ras le poil qui pousse sur une partie du corps : *Se raser les jambes.*
◆ **se raser** v. pr. *Fam.* Éprouver de l'ennui, du déplaisir : *Se raser à une réception.*

RASETTE n. f. (de *raser*). **1.** Pièce de la charrue, formée d'un petit soc et d'un petit versoir et qui découpe une bande de terre en avant du corps principal. — **2.** Pièce servant de décrottoir pour les disques de charrue ou de pulvériseurs à disques.

RASEUR, EUSE n. Ouvrier travaillant à la machine à raser les peaux.

◆ n. et adj. *Fam.* Personne qui importune de façon constante.

RASH [raʃ] n. m. (pl. *rashs* ou *rashes*) [angl. *rash,* éruption]. Éruption qui ressemble à celle de la scarlatine ou de la rougeole, mais qui s'en distingue par l'absence d'autres symptômes de la maladie et par sa durée éphémère. (Ce peut être un incident des vaccinations et de l'antibiothérapie.)

RASHI ou **RACHI** (Solomon BEN ISAAC ou ISAAKI, dit), rabbin, commentateur de la Bible et du Talmud (Troyes 1040 - *id.* 1105). Ses commentaires ont eu une importance décisive sur toute la pensée juive et chrétienne médiévale. Il continue de marquer la pensée juive contemporaine. L'école talmudique (yeshiva*) qu'il fonda à Troyes attira de nombreux élèves.

Rashōmon, film japonais de Kurosawa Akira (1951). Adapté d'un récit d'Akutagawa Ryūnosuke, le film expose les quatre versions d'un même événement racontées par les acteurs ou témoins du drame. Lion d'or du festival de Venise en 1951.

RASIBUS [-bys] adv. (de *ras*). *Fam.* À ras, tout contre, tout près.

RASILLY → RAZILLY.

RASK (Rasmus Christian), linguiste danois (Brøndekilde, près d'Odense, 1787 - Copenhague 1832). Son mémoire *Recherches sur l'origine du vieux norrois ou islandais* (1814, publié en 1818) fonde la grammaire comparée : il y démontre en effet, avant Bopp, la parenté des langues germaniques, du grec, du latin, du lituanien, du slave et de l'arménien ; il montre d'autre part que les consonnes des langues germaniques varient avec une certaine régularité par rapport aux autres langues indo-européennes, ce qui deviendra la loi fondamentale formulée par Grimm en 1822. Rask est également l'auteur de grammaires descriptives du vieil islandais (1811), de l'anglo-saxon (1818) puis, après 1823, de l'espagnol, du frison, de l'italien, etc. ; il semble avoir eu en projet une grammaire générale fondée non sur des a priori philosophiques, mais sur la description des langues.

RASKOL, n. m. (mot russe signif. *dissidence*). Schisme de l'Église orthodoxe russe né de l'opposition des traditionalistes aux réformes du patriarche Nikon (1652-1666).

ENCYCL. L'adoption d'un missel corrigé (approuvé par le synode de 1655) et l'introduction de certaines modifications dans les usages liturgiques moscovites se heurtèrent à l'opposition des adeptes de la « vieille foi » (les vieux-croyants) et à leur chef Avvakoum. Condamnés comme hérétiques et schismatiques par le concile de 1666-67, ils furent persécutés mais refusèrent de se soumettre. De nombreux vieux-croyants se réfugièrent dans les solitudes forestières du Nord ou de l'Est pour y vivre en marge de l'ordre imposé par l'Église et l'État.

RASKOLNIK n. (pl. *raskolniki*) [mot russe signif. *schismatique*]. Désignation officielle (jusqu'en 1905) des vieux-croyants séparés de l'Église orthodoxe russe depuis le raskol.

Raskolnikov, héros du roman *Crime et Châtiment,* de Dostoïevski.

RAS LANOUF, port pétrolier de Libye, dans le golfe de la Grande Syrte, où aboutissent plusieurs oléoducs.

RAS-LE-BOL n. m. inv. *Fam.* Fait d'en avoir assez, d'être excédé.

RASMUSSEN (Knud), explorateur arctique danois (Jakobshavn 1879 - Copenhague 1933). Fils d'un Danois et d'une Esquimaude, il fonda, en 1910, au Groenland, la station de Thulé. À partir de 1911, il dirigea plusieurs expéditions dans le nord du Groenland et en Alaska, étudiant la vie des Esquimaux.

RASMUSSEN (Poul Nyrup), homme politique danois (Esbjerg, Jylland, 1943). Leader du parti social-démocrate à partir de 1992, il est Premier ministre depuis 1993.

RASOIR n. m. **1.** Instrument à lame en acier très effilée qui sert à raser, à se raser. — **2.** Appareil électrique ou mécanique *(rasoir de sûreté)* permettant de raser, de se raser. — **3.** *Coupé au rasoir,* dont les bords sont très nets. ‖ *Couper comme un rasoir,* être bien effilé, très tranchant. ‖ *Rasoir d'Occam,* autre nom du principe de parcimonie.
◆ adj. inv. *Fam.* Qui fatigue ou ennuie par ses propos interminables : *Un film rasoir qui dure deux heures.*

RASPAIL (François Vincent), chimiste et homme politique français (Carpentras 1794 - Arcueil 1878). Ancien séminariste venu à Paris pour étudier le droit et les sciences naturelles, il adhéra à la Charbonnerie (1821), participa à la révolution de 1830, et fut condamné à plusieurs reprises pour ses activités d'opposant politique (1832-1834). Ses travaux scientifiques et ses soins généreux aux pauvres le rendirent populaire. Son expertise sur l'arsenic sauva Mme Lafarge, accusée d'empoisonnement. Il mit au point une thérapeutique par le camphre et écrivit des livres de vulgarisation médicale. En 1848, il fonda le journal *l'Ami du Peuple,* et il échoua peu après comme candidat socialiste à la présidence de la République. En 1849, il fut banni pour son rôle dans la journée de manifestation du 15 mai 1848. Il s'établit en Belgique jusqu'à son amnistie, en 1859.

RASPE (Rudolf Erich), écrivain allemand (Hanovre 1737 - Muckross, Irlande, 1794). Il écrivit un recueil d'anecdotes sur le baron de Münchhausen* (1785).

RASPOUTINE (Grigori Iefimovitch), aventurier russe (Pokrovskoïe, gouvern. de Tobolsk, 1864 ou 1865 - Petrograd 1916). Fils de paysans sibériens, il acquit une réputation de saint homme *(starets)* et de guérisseur. Il sauva le tsarévitch Alexis atteint d'hémophilie en 1907, puis en 1912 et en 1915. Aussi était-il vénéré par l'impératrice Aleksandra Fedorovna comme l'« homme de Dieu » voué à sauver son fils et la Russie. Afin de faire cesser le scandale lié à la vie débauchée de Raspoutine et à son influence occulte — d'ailleurs fortement exagérée par la rumeur publique —, le prince F. Ioussoupov et le grand-duc Dimitri Pavlovitch organisèrent son assassinat dans la nuit du 16 au 17 (29 au 30) déc. 1916.

RASPOUTITSA n. f. (mot russe). Dégel provoquant une liquéfaction des sols se transformant en boue.

RASSASIANT, E adj. Qui rassasie.

RASSASIEMENT n. m. Fait d'être rassasié.

RASSASIER v. t. (anc. fr. *assasier,* du lat. *satiare,* de *satis,* assez) [conj. **9**]. Contenter son besoin ou son désir de nourriture, apaiser complètement sa faim : *Ce plat de pommes de terre nous a rassasiés.* ◆ **se rassasier** v. pr., **être rassasié** v. pass. **1.** Satisfaire, assouvir totalement sa faim. — **2.** *Litt.* Satisfaire son désir de qqch jusqu'à satiété : *N'être jamais rassasié d'honneurs.*

RASSEMBLEMENT n. m. **1.** Action de rassembler des choses éparses : *Rassemblement des documents pour une enquête.* — **2.** Action de réunir des personnes, des animaux dispersés : *Le rassemblement des élèves dans la cour.* — **3.** Réunion de personnes sur la voie publique : *Interdiction de tout rassemblement.* — **4.** Union en vue d'une action commune : *Rassemblement de toutes les énergies.* — **5.** Grande réunion politique, meeting. — **6.** Nom pris par certains partis politiques (avec une majusc.). — **7.** Sonnerie de clairon ou de trompette destinée à rassembler des soldats isolés.

Rassemblement démocratique africain (R. D. A.), parti politique africain. Créé en 1946 sous l'égide de F. Houphouët-Boigny dans le but d'obtenir l'indépendance par voie légale, il était proche du parti communiste français. Son action fut réprimée jusqu'en 1951, puis la loi-cadre de 1956 lui donna la réalité du pouvoir en Côte-d'Ivoire, en Guinée, au Mali, en Haute-Volta, au Niger, au Congo, au Tchad, au Gabon. En 1960, l'accession de la plupart des États africains à l'indépendance fit éclater le R. D. A. en partis spécifiques à chaque pays.

Rassemblement du peuple français (R. P. F.), mouvement fondé en 1947 par le général de Gaulle dans le but de mettre fin au système des partis et d'établir un pouvoir exécutif fort. Après avoir remporté de grands succès aux élections municipales de 1947 et aux législatives de 1951, le R. P. F., affaibli par une scission (1952), fut dissous.

Rassemblement pour la République (R. P. R.), parti politique français constitué en déc. 1976 sous l'impulsion de Jacques Chirac (qui en a été le président de 1976 à 1994), en remplacement de l'U. D. R. (Union des démocrates pour la République), dans le but de rénover le mouvement gaulliste. Prenant ses distances vis-à-vis du gouvernement d'inspiration giscardienne, le R. P. R. soutient la candidature de J. Chirac à l'élection présidentielle de mai 1981. Après la défaite de V. Giscard d'Estaing et l'arrivée au pouvoir des socialistes, le R. P. R. joue un rôle majeur au sein de la nouvelle opposition, prônant à nouveau l'union avec les giscardiens et les centristes. Aux élections législatives de mars 1986, le R. P. R. et l'U. D. F. reconquièrent la majorité : F. Mitterrand nomme J. Chirac Premier ministre, et les principaux portefeuilles sont attribués aux responsables du parti. Mais en 1988, après la réélection de F. Mitterrand (qui bat, au second tour, J. Chirac) à la présidence de la République et le retour d'une majorité (relative) socialiste à l'Assemblée, le R. P. R. repasse dans l'opposition. Aux élections européennes de juin 1989, la liste commune U. D. F.-R. P. R. arrive en tête, devant la liste socialiste. En 1993, le R. P. R. et l'U. D. F., alliés au sein de l'U. P. F. (Union pour la France) remportent les élections législatives et constituent un deuxième gouvernement de cohabitation, dirigé par É. Balladur. Après les élections européennes de juin 1994, marquées par un affaiblissement de la liste R. P. R.-U. D. F., le parti est dominé par la rivalité entre J. Chirac et É. Balladur qui sont tous deux candidats à l'élection présidentielle de 1995. J. Chirac, soutenu au second tour par É. Balladur, est élu président de la République (7 mai) face à L. Jospin. Il nomme alors A. Juppé à la tête du gouvernement. Ce dernier est élu en octobre à la présidence du R. P. R.

1. RASSEMBLER v. t. (de *assembler*) [conj. **3**]. **1.** Faire venir, réunir des personnes, des animaux : *Berger qui rassemble des bêtes.* — **2.** Rallier des gens qui ont des opinions identiques en vue d'une action commune : *Ce parti rassemble des mécontents.* — **3.** Réunir, à une fin déterminée, des choses dispersées : *Rassembler des documents dans une biographie.* — **4.** Faire appel à tous ses moyens, physiques ou intellectuels, les concentrer en vue d'une action difficile : *Avoir de la* *difficulté à rassembler ses idées.* — **5.** Faire prendre à un cheval une attitude comportant essentiellement un bon ramener, un léger abaissement des hanches et un certain engagement des membres postérieurs sous la masse.

◆ **se rassembler** v. pr., **être rassemblé** v. pass. **1.** Se réunir en un lieu : *Se rassembler pour le lever des couleurs.* — **2.** Se tasser le plus près possible de son centre de gravité, en partic. pour prendre de l'élan, se préparer à un saut.

2. RASSEMBLER n. m. Attitude prise par un cheval dans laquelle il est prêt à exécuter immédiatement le mouvement que son cavalier veut lui demander.

RASSEMBLEUR, EUSE n. Personne qui rassemble d'autres personnes, qui unit.

RASSEOIR v. t. (conj. **65**). **1.** Asseoir de nouveau qqn : *Rasseoir un enfant.* — **2.** Remettre en place, dans une position stable : *Rasseoir une dalle dans son logement.*

◆ **se rasseoir** v. pr. **1.** Se remettre dans la position assise. — **2.** En parlant d'un liquide, se clarifier par le repos : *Vin qui a besoin de se rasseoir.*

RASSÉRÉNER v. t. (de *serein*) [conj. **18**]. *Litt.* Rendre sa sérénité, son calme.

◆ **se rasséréner** v. pr., **être rasséréné** v. pass. *Litt.* Devenir calme après une période de trouble.

RAS SHAMRA ou **RA'S CHAMRĀ,** nom actuel du site d'Ougarit.

RASSIR v. i. ou **SE RASSIR** v. pr. (forme de *rasseoir*) [conj. **32** ; part. passé *rassi, e* ou *rassis, e*]. **1.** Se dessécher, devenir dur : *La brioche a rassi.* — **2.** En parlant d'une viande, subir le rassissement.

◆ **être rassis** v. pass. **1.** En parlant du pain, d'une pâtisserie, n'être plus frais. — **2.** *Litt.* Être réfléchi, pondéré : *Un homme de sens rassis.* — **3.** En parlant d'un sol, perdre les vides laissés après le labour par le passage répété d'outils de culture. (Syn. ÊTRE TASSÉ.)

RASSISSEMENT n. m. **1.** Durcissement du pain par vieillissement. — **2.** Attendrissement d'une viande par conservation pendant un certain temps.

RASSORTIMENT, RASSORTIR → RÉASSORTIMENT, RÉASSORTIR.

RASSURANT, E adj. Qui rassure, tranquillise : *Nouvelles rassurantes.*

RASSURER v. t. (conj. 3). Rendre confiance à qqn, le tranquilliser : *Son discours rassura la population.*

RASTA ou **RASTAFARIEN, ENNE** adj. et n. **1.** Relatif au rastafarisme ; adepte du rastafarisme. — **2.** Qui concerne ou qui rappelle la culture (musique reggae) ou les coutumes (cheveux tressés par ex.) des rastafariens ou des musiciens jamaïcains de reggae qui les ont popularisées.

RASTADT → RASTATT.

RASTAFARISME n. m. (de *ras Tafari,* nom de l'empereur d'Éthiopie Hailé Sélassié avant son couronnement). Mouvement mystique, culturel et politique propre aux Noirs de la Jamaïque et des Antilles anglophones qui apparut dans les années 1920. (Les rastas croient que la Jamaïque représente leur propre « Babylone » et qu'ils forment une des tribus perdues d'Israël.)

RA'S TANNŪRA, port d'Arabie Saoudite, sur le golfe Persique ; 6 300 hab. Grand centre pétrolier qui reçoit par pipeline du brut qu'il traite et surtout exporte.

RASTAQUOUÈRE ou **RASTA** n. m. (esp. d'Amérique *rastracuero,* traîne-cuir, sobriquet donné aux parvenus dans le commerce des cuirs). *Vx.* Étranger étalant un luxe suspect.

RASTATT ou **RASTADT,** v. d'Allemagne (Bade-Wurtemberg), au S.-S.-O. de Karlsruhe ; 37 200 hab. Vaste château du début du XVIIIe s. (musée militaire). — Aux environs, château de la Favorite, rococo.

Rastatt *(congrès de)* [9 déc. 1797 - 23 avr. 1799], congrès prévu par le traité de Campoformio pour fixer les compensations aux princes dépossédés sur la rive gauche du Rhin et le nouveau statut territorial de l'Allemagne et de l'Italie. Les négociations n'aboutirent pas. Le Directoire rappela ses envoyés, dont deux furent tués alors qu'ils quittaient la ville.

Rastatt *(traité de)* [6 mars 1714], traité qui mit fin à la guerre de la Succession d'Espagne. Louis XIV conservait l'Alsace, mais restituait les places tenues sur la rive droite du Rhin. L'empereur Charles VI s'assurait la Sardaigne, Naples, le Milanais, les présides de Toscane et les Pays-Bas espagnols.

RASTENBURG, nom all. de **Kętrzyn,** v. de Pologne, dans l'anc. Prusse-Orientale ; 15 900 hab. Dans le poste de commandement du Führer eut lieu, le 20 juill. 1944, l'attentat du colonel von Stauffenberg contre Hitler.

Rastignac (Eugène DE), personnage créé par Balzac dans *le Père Goriot.* Type de l'arriviste élégant, il reparaît dans la plupart des romans de *la Comédie humaine.*

RASTRELLI (Bartolomeo Francesco), architecte d'origine italienne dont la carrière s'est déroulée en Russie (Paris ? v. 1700 - Saint-Pétersbourg 1771). Son père, BARTOLOMEO CARLO (1675-1744), sculpteur, avait été appelé à Saint-Pétersbourg en 1715. Tendant à infléchir le rococo européen en fonction du milieu russe, Francesco devint en 1741 l'architecte attitré de la tsarine Élisabeth, pour qui il a élaboré une architecture brillante : cathédrale Smolnyï (1748), palais d'Hiver (1754-1762), etc., à Saint-Pétersbourg ; remodelage de Tsarskoïe Selo (v. 1752) ; église St-André à Kiev.

RAT n. m. (p.-ê. d'un rad. *ratt-* évoquant le bruit du grignotement, ou lat. *radere,* ronger). **1.** Nom usuel commun à divers rongeurs muridés et cricétidés, en particulier aux espèces du genre *rattus.* (→ *encycl.*) — **2.** *Fam.* Terme affectueux à l'égard d'un enfant, d'une femme. — **3.** Fam. *Être fait comme un rat,* être pris, être joué. ‖ *Les rats quittent le navire,* en cas de danger, les gens peu courageux ou intéressés s'en vont. ‖ *Petit rat,* jeune élève (garçon ou fille) de l'école de danse de l'Opéra de Paris. ‖ *Rat d'Amérique, rat musqué,* autres noms de l'ondatra. ‖ Fam. *Rat d'hôtel,* voleur qui dévalise les chambres de voyageurs. ‖ *Rat marsupial,* très petit marsupial d'Australie. ‖ *Rat palmiste,* nom usuel d'un écureuil rayé vivant dans les rochers ensoleillés d'Afrique du Nord, en groupes nombreux gardés par des sentinelles aux cris perçants. ‖ *Rat à peigne,* rongeur hystricomorphe fouisseur d'Argentine. (Syn. TUCOTUCO.) ‖ Fam. *S'ennuyer comme un rat mort,* s'ennuyer beaucoup.

◆ adj. et n. *Fam.* Qui est est très avare sur les petites choses.

◆ **rate** n. f. Femelle du rat.

ENCYCL. Parmi les nombreuses espèces de rat, deux sont présentes en France, le surmulot*, ou rat gris, ou rat d'égout, et le rat noir. Le rat noir, introduit en Europe occidentale au XIIe s., apporta avec lui les épidémies de peste. Le surmulot a conquis le monde entier au XVIIIe s. grâce au trafic maritime et éliminé peu à peu le rat noir. Ce dernier reste encore abondant dans les pays tropicaux. Malgré les mesures de dératisation, les rats sont encore les vecteurs d'un grand nombre de maladies infectieuses dangereuses pour l'homme.

Le nom de « rat » est aussi appliqué à près de 500 espèces de rongeurs muridés ou cricétidés de toute taille.

RATA n. m. (abrév. de *ratatouille*). *Pop.* Mauvais ragoût ; pitance quelconque.

RATAFIA n. m. (lat. *rata fiat,* que le marché soit conclu). Boisson alcoolique sucrée, préparée par macération de fruits, de fleurs ou de plantes ou par mélange de moût de raisin et d'alcool.

RATAGE n. m. *Fam.* Action de rater.

RATAK *(îles),* îles de la partie orientale des Marshall.

RATAPLAN interj. ou **RANTANPLAN** (onomat.). Indique le son du tambour.

RATATINER v. t. (rad. *tat-* exprimant la diminution) [conj. 3]. **1.** *Fam.* Rapetisser qqn : *L'âge l'a ratatiné.* — **2.** *Pop.* Endommager gravement qqch : *Il a ratatiné sa bicyclette contre un mur.* — **3.** *Pop.* Tuer qqn. — **4.** *Pop.* Battre qqn, un groupe à plate couture : *L'équipe s'est fait ratatiner au championnat.*

◆ **se ratatiner** v. pr., **être ratatiné** v. pass. **1.** Se rider, être déformé en diminuant de volume : *Une pomme, un visage qui se ratatine.* — **2.** *Fam.* Se tasser, en partic. du fait de l'âge, de la maladie : *Une petite vieille qui paraît se ratatiner.* — **3.** *Pop.* Percuter qqch en se détruisant : *La voiture s'est ratatinée contre un platane.*

RATATOUILLE n. f. (de *touiller,* avec l'infl. du rad. *tat-* exprimant la diminution). **1.** *Fam.* Nourriture, plat grossiers ou mal préparés. — **2.** Mélange d'aubergines, de courgettes, de tomates et de poivrons cuits à l'huile d'olive. (Spécialité niçoise.)

RAT-DE-CAVE n. m. (pl. *rats-de-cave*). Longue mèche de coton recouverte de stéarine ou de cire et dont on se servait pour s'éclairer dans une cave.

1. RATE → RAT.

2. RATE n. f. (moyen néerl. *rate,* rayon). **1.** Organe lymphoïde situé dans l'hypocondre gauche. — **2.** Pop. *Ne pas se fouler la rate,* ne faire aucun effort, paresser.

ENCYCL. La rate forme chez l'homme une masse rouge foncé pesant en moyenne 200 g ; elle est située au-dessous du diaphragme, en arrière de l'estomac, au-dessus de l'angle gauche du côlon et du rein gauche. Par son tissu lymphoïde, ou pulpe blanche, et son tissu vasculaire, ou pulpe rouge, elle a une fonction hématopoïétique jusqu'au dernier mois de la vie fœtale et une fonction hémolytique physiologique et parfois pathologique.

RATÉ, E n. Personne qui n'a pas réussi dans une carrière définie.

◆ **raté** n. m. **1.** Coup d'arme à feu qui n'est pas parti. — **2.** Bruit accidentel léger d'un moteur thermique dû à un défaut d'allumage ou de carburation. — **3.** Déficience dans le fonctionnement d'un organisme, dans une attitude, etc. : *Les ratés de la détente politique.*

RÂTEAU n. m. (lat. *rastellus,* de *rastrum,* râteau). **1.** Outil agricole et de jardinage composé d'un manche aboutissant à une barre perpendiculaire armée de dents. — **2.** Appareil tracté, porté ou automoteur servant à rassembler et/ou à déplacer des fourrages préalablement coupés par une faucheuse. — **3.** Traverse en bois, garnie de cuir, formant pression sur la pierre, dans la presse lithographique à bras. — **4.** Raclette à manche avec laquelle le croupier déplace les mises sur les tables de jeu.

RATEAU (Auguste), ingénieur français (Royan 1863 - Neuilly-sur-Seine 1930). Ses travaux ont porté sur les divers types de machines rotatives ou turbomachines (turbines, compresseurs, ventilateurs) dans lesquelles agissent des fluides tels que l'air ou la vapeur. En 1901, il conçut la turbine à vapeur multicellulaire à action à laquelle son nom est resté attaché. En 1917, il réalisa la suralimentation des moteurs d'avion grâce à un turbocompresseur actionné par les gaz d'échappement, permettant ainsi le vol à haute altitude.

RATEL n. m. (de *rat*). Mammifère carnivore (mustélidé) des régions chaudes de l'Ancien Monde, très voisin du blaireau, omnivore, agressif, grand amateur de miel.

RÂTELAGE n. m. Action de râteler.

RÂTELÉE n. f. Quantité amassée d'un coup de râteau.

RÂTELER v. t. (de *râteau*) [conj. 24]. **1.** Amasser avec le râteau : *Râteler de la paille.* — **2.** Ratisser, nettoyer avec le râteau : *Râteler des allées.*

RÂTELIER n. m. (de *râteau*). **1.** Assemblage à claire-voie de barres ou de tubes, destiné à recevoir le fourrage sec des animaux. — **2.** Dispositif doté d'évidements, fixé à une cloison pour recevoir des outils, des matériaux, ou posé au sol pour supporter des deux-roues, etc. : *Râtelier à pipes, à tubes à essais.* — **3.** *Fam.* Syn. de DENTIER. — **4.** Ensemble de pièces formant des échancrures à l'intérieur des ruches pour maintenir le haut des cadres. — **5.** Espace ménagé sur un côté de l'établi, permettant de placer des outils. — **6.** Syn. de CANTRE. — **7.** Fam. *Manger à tous les râteliers,* tirer profit sans scrupule de toute situation, même en servant des intérêts opposés. ‖ *Râtelier d'armes,* bâti supportant les armes portatives dans les chambrées, les salles d'armes et les coursives. ‖ *Râtelier de stockage,* dispositif permettant de stocker des charges longues (tubes, barres, profilés.)

RATER v. i. (de *prendre un rat,* ne pas partir, en parlant d'une arme à feu) [conj. 3]. **1.** En parlant du coup d'une arme à feu, ne pas partir par suite d'un défaut de fonctionnement. — **2.** *Fam.* Ne pas réussir, échouer : *Faire rater une affaire par sa maladresse. Projet qui rate.*

◆ v. t. **1.** Ne pas atteindre la cible que l'on vise : *Tirer trop vite et rater un lièvre.* — **2.** Ne pas atteindre à temps qqn, qqch : *Rater un rendez-vous de dix minutes.* — **3.** Ne pas profiter de qqch : *Rater une occasion.* — **4.** Ne pas mener qqch à bien, ne pas réussir ce qu'on entreprend : *Rater une sauce.* — **5.** Fam. *Ne pas en rater une,* commettre gaffe après gaffe. ‖ Fam. *Ne pas rater qqn,* le reprendre ou le châtier sévèrement au moment opportun.

◆ **être raté** v. pass. **1.** Être manqué, mal exécuté : *Un gâteau raté.* — **2.** Avoir échoué dans ses ambitions : *Un professeur raté.*

◆ **se rater** v. pr. *Fam.* Échouer dans son suicide.

RATHENAU (Walther), industriel et homme politique allemand (Berlin 1867 - *id.* 1922). Ministre de la Reconstruction (1921) puis des Affaires étrangères (1922), il négocia avec la Russie soviétique le traité de Rapallo (avr. 1922). Ce grand industriel juif, partisan d'un accord négocié avec les Alliés sur le problème des réparations, devint la cible des nationalistes et des antisémites et fut assassiné.

RATIBOISER v. t. (de *ratisser,* et anc. fr. dialect. *emboiser,* tromper) [conj. 3]. *Pop.* **1.** Prendre qqch à qqn, escroquer : *Ratiboiser de l'argent à ses parents.* — **2.** Ruiner qqn au jeu : *Ratiboiser les gogos.* — **3.** Couper à ras les cheveux de qqn.

RATICHON n. m. (de *rat d'église*). *Pop.* et *vx.* Prêtre.

RATICIDE adj. et n. m. Se dit d'un produit qui détruit les rats.

RATIER n. m. Chien qui chasse les rats.

RATIÈRE n. f. **1.** Piège à rats. — **2.** Mécanisme servant à commander les lames d'un métier à tisser.

RATIFICATION n. f. (lat. médiév. *ratificatio*). **1.** Action de ratifier qqch. — **2.** Acte juridique par lequel une personne prend à son compte l'opération juridique effectuée en son nom par un tiers qui n'en avait pas reçu pouvoir. — **3.** Procédure par laquelle le Parlement confère force de loi aux ordonnances prises par le gouvernement dans le cadre d'une loi d'habilitation de l'article 38 de la Constitution de 1958. — **4.** Acte par lequel une puissance contractante exprime, postérieurement à la signature d'un traité, son consentement à être liée par ce traité.

RATIFIER v. t. (lat. médiév. *ratificare,* du lat. class. *ratum facere,* rendre valable) [conj. 9]. **1.** Approuver, confirmer ce qui a été dit ou fait, le reconnaître comme vrai ou comme valide : *L'Assemblée a ratifié le choix du gouvernement.* — **2.** Procéder à la ratification d'une opération juridique, d'une ordonnance, d'un traité.

RÄTIKON, massif des Alpes séparant le canton suisse des Grisons du Voralberg autrichien. Il culmine à la *Scesaplana* (2 965 m).

RATINAGE n. m. (de *ratiner*). Apprêt mécanique appliqué à certains draps de laine cardée, conférant aux fibres et poils de surface l'aspect frisé de la ratine.

RATINE n. f. (moyen fr. *rater,* racler). Étoffe de laine croisée, dont le poil est tiré en dehors et frisé.

RATINER v. t. (de *ratine*) [conj. 3]. Soumettre une étoffe au ratinage.

RATINEUSE n. f. Machine servant à ratiner les étoffes.

RATING [-tiŋ] n. m. (angl. *rating,* de *to rate,* évaluer). 1. Chiffre exprimé en dimensions linéaires (mètres ou pieds) servant de critère pour répartir les voiliers en différentes classes ou séries en tenant compte notamment de la longueur du voilier et de la surface de la voilure. – 2. Ensemble d'études et d'instruments d'analyse permettant d'évaluer la surface financière d'un emprunteur et les risques qu'il représente.

RATINGEN, v. d'Allemagne (Rhénanie-du-Nord-Westphalie), dans la Ruhr ; 88 800 hab. Centre industriel.

RATIO [-sjo] n. m. (angl. *ratio,* du lat. *ratio,* calcul). Rapport entre deux grandeurs significatives d'un bilan ou d'un compte de résultat, utilisé comme indicateur de gestion de l'entreprise.

RATIOCINATION [rasjɔ-] n. f. (lat. *ratiocinatio*). *Litt.* Raisonnement trop subtil.

RATIOCINER [rasjɔ-] v. i. (lat. *ratiocinari,* calculer) [conj. 3]. *Litt.* Raisonner avec une subtilité excessive sur qqch.

RATION [-sjɔ̃] n. f. (lat. *ratio,* compte). 1. Quantité d'un aliment attribuée à qqn ou à un animal pour une journée : *Ration de fourrage pour un cheval.* – 2. Ce que qqn subit ; lot, part : *Elle a eu sa ration d'épreuves.* – 3. *Ration de combat,* ensemble des diverses denrées nécessaires à l'alimentation d'un ou de plusieurs combattants pendant une journée.

RATIONALISABLE [-sjɔ-] adj. Qui peut être rationalisé.

RATIONALISATION [-sjɔ-] n. f. 1. Action de rationaliser qqch. – 2. Perfectionnement d'une organisation technique en vue de son meilleur fonctionnement. – 3. Ensemble de moyens mis en œuvre dans le cadre d'un régime parlementaire pour assurer la stabilité et l'efficacité gouvernementales (constitution d'une majorité parlementaire homogène, procédés rendant la mise en jeu de la responsabilité gouvernementale plus difficile, etc.). – 4. Justification logique et consciente d'une conduite qui relève de motivations inconscientes. – 5. *Rationalisation des choix budgétaires (R. C. B.),* méthode cherchant à repérer les buts et les objectifs que se fixent les différents centres de décision publics, à définir les moyens permettant d'atteindre les uns et les autres et à choisir les plus efficaces d'entre eux.

RATIONALISER [-sjɔ-] v. t. (de *rationnel*) [conj. 3]. 1. Organiser un processus de manière à accroître son efficacité : *Rationaliser une fabrication industrielle.* – 2. Donner à qqch une explication rationnelle, logique : *Rationaliser une conduite aberrante.*

◆ **être rationalisé** v. pass. En parlant des formules d'électrostatique et d'électromagnétisme, être employées avec le système d'unités SI.

RATIONALISME [-sjɔ-] n. m. (de *rationnel*). 1. Doctrine selon laquelle rien de ce qui existe ne trouve une explication qui soit étrangère à ce que la raison humaine peut accepter (par oppos. à *irrationalisme* et/ou *fidéisme*). – 2. Système philosophique selon lequel les phénomènes de l'Univers relèvent d'une causalité compréhensible et de lois stables. – 3. Disposition d'esprit qui n'accorde de valeur qu'à la raison, au raisonnement. – 4. Tendance architecturale française privilégiant la structure et la fonction sur le traitement formel et décoratif. (→ *encycl.*)

ENCYCL. **Archit.** Discernable dans les ouvrages classiques de stéréotomie, chez P. Patte, J. N. L. Durand, J.-B. Rondelet, le rationalisme s'est affirmé au XIXe s. autour d'H. Labrouste, pour devenir « école » avec Viollet-le-Duc et A. de Baudot. Parmi les novateurs français de 1900, nombreux sont ceux qui se référaient encore à ce mouvement. Il en a été de même pour les Italiens après la Première Guerre mondiale, en dépit d'une attirance pour le fonctionnalisme international, d'esprit plutôt germanique.

RATIONALISTE [-sjɔ-] adj. et n. Qui relève du rationalisme ; partisan du rationalisme.

RATIONALITÉ [-sjɔ-] n. f. Caractère de ce qui est rationnel : *La rationalité d'un fait scientifique.*

RATIONNAIRE [-sjɔ-] n. Personne qui a droit à une ration.

RATIONNEL, ELLE [-sjɔ-] adj. (bas lat. *rationalis,* du lat. class. *ratio, -onis,* raison). 1. Propre à la raison : *Principes rationnels.* – 2. Qui est conforme à la raison, repose sur une bonne méthode : *Organisation rationnelle du travail.* – 3. Qui paraît logique, raisonnable, conforme au bon sens ; qui raisonne avec justesse : *Un esprit rationnel.* – 4. *Fraction rationnelle à une indéterminée,* élément du corps des fractions, noté K(X), de l'anneau K[X] des polynômes à une indéterminée. ‖ *Nombre rationnel* ou *rationnel* (n. m.), élément de l'ensemble $\mathbb{Q}$. (→ $\mathbb{Q}$.)

◆ **rationnel** n. m. Ce qui est rationnel.

RATIONNELLEMENT [-sjɔ-] adv. De façon rationnelle.

RATIONNEMENT [-sjɔ-] n. m. 1. Action de rationner ; fait d'être rationné. – 2. Calcul des rations des animaux domestiques.

RATIONNER [-sjɔ-] v. t. (conj. 3). 1. Attribuer à chaque consommateur une quantité limitée d'un produit : *Rationner certaines denrées alimen-*

taires. — **2.** Limiter qqn, une collectivité sur la consommation de certains produits : *On nous rationne sur l'électricité.* — **3.** Mesurer la quantité de nourriture à qqn : *Hôtel où l'on rationne les pensionnaires.*

RATIS [-ti] n. m. (de *ratisser*). Mésentère du porc.

RATISBONNE, en all. **Regensburg,** v. d'Allemagne (Bavière), sur le Danube ; 132 600 hab. Ville universitaire et centre commercial, administratif et industriel : constructions mécaniques et électriques, chimie, textile, cuir, alimentation.
— **Hist.** La ville a pour origine un bourg celtique, *Radasbona,* qui devint un camp romain du limes, *Castra Regina.* Résidence des ducs de Bavière depuis le Xe s., elle fut érigée en ville libre impériale (1245). En 1630 s'y tint une diète d'Empire au cours de laquelle la France, représentée par le P. Joseph, manœuvra les Électeurs contre les Habsbourg. La ville devint en 1663 le siège permanent de la diète du Saint-Empire. Elle fut annexée à la Bavière en 1810.
— **Bx-arts.** Nombreuses églises, surtout médiévales, dont St-Emmeram, anc. abbatiale reconstruite au XIe s., baroquisée au XVIIIe, et la cathédrale, reconstruite en style gothique français du XIIIe au XVIe s. (statues, vitraux). Anc. hôtel de ville, gothique, avec grande salle des diètes d'Empire. Musées de la ville et musée du château de Tour-et-Taxis.

RATISBONNE (Louis), écrivain et critique littéraire français (Strasbourg 1827 - Paris 1900). Il publia les œuvres posthumes de Vigny et traduisit Dante.

RATISSAGE n. m. **1.** Action de ratisser : *Le ratissage des allées.* — **2.** Enduit gras applicable sur plâtres bruts. — **3.** *Tir de ratissage,* tir d'artillerie exécuté par bonds croissants et décroissants pour battre une zone à la manière d'un râteau.

RATISSER v. t. (moyen fr. *rater,* racler, de *rature*) [conj. 3]. **1.** Nettoyer ou égaliser avec un râteau : *Ratisser une allée.* — **2.** Prendre, ramasser entièrement ce qui se trouve qqpart : *Ratisser la monnaie qui est sur le comptoir.* — **3.** *Fam.* Prendre, voler qqch à qqn : *On lui a ratissé son portefeuille.* — **4.** *Fam.* Ruiner qqn : *Se faire ratisser de tout son argent au poker.* — **5.** Fouiller méthodiquement une zone de terrain, un quartier pour rechercher qqn : *La gendarmerie a ratissé la forêt.* — **6.** Ramasser les enjeux qui sont sur le tapis avec le râteau. — **7.** Fam. *Ratisser large,* chercher à toucher les milieux les plus divers pour y recueillir le plus de suffrages, le plus d'adhérents, etc.

RATITE n. m. (lat. *ratis,* radeau). Oiseau aux pattes robustes, aux ailes rudimentaires, tel que l'autruche, le nandou, l'émeu, le casoar et le kiwi, incapable de voler.

RAT-KANGOUROU n. m. (pl. *rats-kangourous*). Rongeur américain des régions arides, à longues pattes postérieures, et qui creuse des terriers compliqués.

RATLAM, v. de l'Inde, dans le Madhya Pradesh, au N.-O. d'Indore ; 156 000 hab.

RATNA n. m. (mot sanskr. signif. *joyau, pierre précieuse*). Dans la terminologie bouddhique, le symbole des Trois Choses précieuses, ou *Triratna :* le Bouddha, la loi *(dhārma)* et la communauté *(saṅgha).*

RATNAPURA, v. du sud-ouest de Sri Lanka ; 37 000 hab. Commercialisation des pierres précieuses.

RATON n. m. (de *rat*). **1.** Petit rat. — **2.** Terme pop. et raciste désignant un Maghrébin. — **3.** *Raton laveur,* mammifère carnivore (procyonidé) d'Amérique, du Canada au Nicaragua, qui vit en forêt, près de l'eau et qui lave ses aliments avant de les manger. (N. usuel *racoon.*) [La fourrure du raton laveur, de couleur gris-brun brillant, marquée de noir, possède un duvet épais et très laineux. Elle est commercialisée en France sous le nom de marmotte.]

RATONNADE n. f. *Pop.* Expédition punitive ou brutalités exercées contre des Maghrébins.

RATONNEAU, petite île de la baie de Marseille (Bouches-du-Rhône), reliée par une digue à l'île de Pomègues.

RATOSH (Uriel HALPERIN, dit **Jonathan**), poète israélien (Varsovie 1909 - Tel-Aviv-Jaffa 1981). Chef de file du mouvement des cananéens, il fait de l'érotisme la source de la liberté (*Chants de l'épée,* 1978).

R. A. T. P., sigle de RÉGIE* AUTONOME DES TRANSPORTS PARISIENS.

RATSIRAKA (Didier), homme d'État malgache (Vatomandry, prov. de Toamasina, 1936). Il a été président du Conseil suprême de la révolution puis président de la République de 1975 à 1993.

RATTACHEMENT n. m. **1.** Action de rattacher ; fait d'être rattaché : *Le rattachement de la Savoie à la France.* — **2.** Opération géodésique permettant de déterminer la position d'un repère secondaire par rapport à celle du point principal.

RATTACHER v. t. (conj. 3). **1.** Attacher de nouveau un lien, qqn, un animal : *Rattacher la ficelle d'un paquet.* — **2.** Relier qqch ou qqn à qqch, unir deux choses jusqu'alors indépendantes : *Rattacher plusieurs services à une nouvelle direction.* — **3.** Établir un rapport de dépendance entre qqch ou qqn et qqch : *Un peintre qu'il faut rattacher à telle école.* — **4.** Constituer avec qqch un groupe, un lien d'ordre affectif : *Plus rien ne le rattachait à la vie.* — **5.** Effectuer un rattachement géodésique.

◆ **se rattacher** v. pr., **être rattaché** v. pass. Être lié à qqch par un rapport plus ou moins étroit, en découler : *Dialectes qui se rattachent à la langue d'oc.*

RATTACHEUR n. m. Ouvrier dont le travail consiste, en filature, à rattacher les mèches ou les fils cassés.

RATTACHISTE adj. et n. En Belgique, partisan du rattachement à la France de tout ou partie des régions francophones de Belgique.

RATTAZZI (Urbano, *comte*), homme politique italien (Alexandrie 1808 - Frosinone 1873). Avocat, professeur de droit, député (1848) au parlement de Turin et plusieurs fois ministre (1853, 1855-1858), il fut à la tête du gouvernement en 1862 et 1867. Il eut un rôle politique important lors des opérations de Garibaldi.

RATTE n. f. Variété de pomme de terre, donnant de petits tubercules allongés, de grande qualité gustative.

RATTRAPABLE adj. Qui peut être rattrapé.

RATTRAPAGE n. m. **1.** Action de rattraper ou de se rattraper : *Le rattrapage d'une erreur.* — **2.** Rajustement des prix, des salaires par rapport au coût de la vie.

RATTRAPANTE n. f. Deuxième aiguille trotteuse centrale de certains chronographes et compteurs, qui peut être arrêtée pour relever un temps intermédiaire, puis ramenée à l'aide d'un poussoir au niveau de l'aiguille en marche. (Syn. DÉDOUBLANTE.)

RATTRAPER v. t. (conj. 3). **1.** Reprendre qqn, un animal qui s'est échappé : *Rattraper un détenu en fuite.* — **2.** Arrêter, reprendre, en partic. avec les mains, un objet en mouvement : *Une balle difficile à rattraper.* — **3.** Rejoindre qqn, un animal, qqch qui se déplace et a une certaine avance : *Rattraper une voiture et la dépasser.* — **4.** Combler un retard pour atteindre un niveau équivalent à celui de qqn, qqch : *Les salaires doivent rattraper les prix.* — **5.** Regagner une perte, compenser un déficit. — **6.** Réparer, corriger une erreur : *Passer son temps à rattraper les maladresses des autres.* — **7.** Faire réussir qqch qui était manqué ou sur la voie de l'être : *Il a pu rattraper l'affaire.* — **8.** Donner à un élève, à un concurrent l'occasion ou les moyens de progresser, de réussir là où il avait échoué : *Rattraper un élève en mathématiques.* — **9.** Reprendre avec l'aiguille ou le crochet une maille qui avait sauté et la remonter à sa place normale.

◆ **se rattraper** v. pr. **1.** Se retenir à qqch, s'y aggriper pour éviter une chute : *Se rattraper à une branche.* — **2.** Combler une perte, un déficit, un retard : *Élève qui s'est rattrapé au troisième trimestre.* — **3.** Compenser par autre chose ce qui est ressenti comme un manque : *Se rattraper sur les desserts.* — **4.** Atténuer une faute, en limiter les conséquences fâcheuses : *Commettre une bévue et chercher à se rattraper.*

RÄTTVIK, station d'été et de sports d'hiver de Suède (Dalécarlie), sur le lac Silijan. Église du XIVe s. (fresques du XVe). Ateliers d'artisanat.

RATURAGE n. m. Action de raturer.

RATURE n. f. (lat. pop. **rasitura,* du lat. class. *radere,* gratter). Trait tracé sur ce qu'on a écrit pour l'annuler.

RATURER v. t. (conj. 3). Annuler ce qui est écrit en biffant, en traçant un trait dessus.

RATZEL (Friedrich), géographe allemand (Karlsruhe 1844 - Ammerland 1904). Il fut le premier à concevoir, sous l'influence de Darwin, la géographie comme étude des relations de l'homme et du milieu, notant le poids des contraintes physiques (déterminisme) dans les sociétés primitives. Dans l'*Anthropogéographie* (1882-1891), il souligne l'influence de l'environnement, mais aussi les faits de diffusion et de circulation.

RATZENHOFER (Gustav), général et sociologue autrichien (Vienne 1842 - sur le bateau qui le ramenait d'Amérique 1904). Les forces sociales fondamentales sont, selon lui, les désirs de l'existence individuelle et de la conservation de l'espèce (*l'Objet et le But de la politique,* 1893 ; *la Science sociologique,* 1898 ; *le Monisme positif,* 1899 ; *l'Éthique positive,* 1901 ; *Critique de l'intellect,* 1902).

RATZINGER (Joseph), prélat allemand (Marktl, Bavière, 1927). Archevêque de Munich et cardinal (1977), préfet de la Congrégation romaine pour la doctrine de la foi (depuis 1981), il impose le strict respect de la tradition. Il a présidé la commission de rédaction du « catéchisme universel » publié en 1992.

R. A. U., sigle de RÉPUBLIQUE ARABE* UNIE.

RAUBASINE n. f. Alcaloïde du rauwolfia, possédant une action vasodilatatrice périphérique, employé dans le traitement des artérites, coronarites et de certaines hypertensions. (Syn. AJMALICINE.)

RAUCH (Christian Daniel), sculpteur allemand (Arolsen, près de Waldeck, 1777 - Dresde 1857). Après avoir travaillé en Italie (1804-1818), où il se lia avec Thorvaldsen, il conquit Berlin par son art gracieux.

RAUCHAGE n. m. (mot picard). Remise à section d'une galerie de mine par abattage en couronne (découronnement ou relevage) ou par abattage à la sole (défonçage).

RAUCHER v. t. (conj. 3). Faire un rauchage.

RAUCITÉ n. f. (lat. *raucitas*). *Litt.* Caractère d'une voix rauque, d'un son rauque.

RAUCOURT (Françoise Marie Antoinette SAUCEROTTE, dite **Mlle**), tragédienne française (Paris 1756 - *id.* 1815). À la Comédie-Française, elle excella dans le rôle de Phèdre. Sa vie aventureuse interrompit sa carrière. Elle dut quitter deux fois la France (1776-1779 en Russie ; puis sous l'Empire en Italie). Louis XVIII intervint pour qu'elle ait des obsèques religieuses.

RAUGMENTER ou **RÉAUGMENTER** v. t. et v. i. (conj. 3). Augmenter de nouveau : *Les prix ont raugmenté ce mois-ci.*

Raulin *(liquide de),* milieu de culture liquide, contenant des ions minéraux et du saccharose, utilisé pour les champignons.

RAUMA, port de Finlande, sur le golfe de Botnie, au N.-O. de Turku ; 31 000 hab. Ensemble urbain ancien, avec quelques monuments et une tradition dentellière. Tourisme. Industries.

RAUQUE adj. (lat. *raucus,* enroué). **1.** Se dit d'une voix rude, âpre et comme enrouée. – **2.** Se dit d'un son rude et guttural : *Le cri rauque des grenouilles.*

RAUQUEMENT n. m. Feulement du tigre.

RAUSCHENBERG (Robert), peintre, assemblagiste et lithographe américain (Port Arthur, Texas, 1925). Ses « combine paintings », qui, à partir de 1953, intégrèrent à la toile photographies, pages de journaux et objets divers — ces derniers croissant en importance jusqu'aux assemblages « néodadaïstes » de 1959-1961 —, ont assumé la liaison entre expressionnisme abstrait et pop art. Il a utilisé à partir de 1962 le report sur toile (par sérigraphie) d'images photographiques et s'est intéressé aux rapports de l'art et de la technologie (série « Revolvers », 1967). Il est aussi l'auteur d'assemblages-environnements recourant aux matériaux les plus divers (*Oracle,* sonorisé, 1965 [M. N. A. M., Paris] ; « Early Egyptian Series », 1973). Décors et costumes pour la compagnie de danse de M. Cunningham.

RAUWOLFIA n. m. (de *Rauwolf,* n. pr.). Arbre ou arbuste (apocynacée) des régions chaudes d'Asie, d'Afrique, d'Amérique et d'Océanie, dont on retire des alcaloïdes à l'action hypotensive et sédative.

RAVACHOL (François Claudius KŒNIGSTEIN, dit), anarchiste français (Saint-Chamond 1859 - Montbrison 1892). Ouvrier teinturier, il multiplia, à Paris, en 1892, les attentats destinés à venger des anarchistes condamnés. Il fut guillotiné.

RAVAGE n. m. (de *ravir*). **1.** Dommage ou dégât matériel important, causé de façon violente par l'action des hommes, par les agents naturels, par un cataclysme, etc. : *Les ravages de la guerre.* — **2.** Effet désastreux de qqch sur qqn, sur l'organisme, dans la société : *Les ravages de l'alcoolisme.* — **3.** *Faire des ravages (dans les cœurs),* susciter des passions amoureuses.

RAVAGER v. t. (conj. 17). **1.** Causer qqpart des destructions, des dégâts matériels, des dommages considérables, par l'effet d'une action violente : *Des séismes ont ravagé cette contrée.* — **2.** *Litt.* Causer à qqn de graves troubles physiques ou moraux, provoquer des désordres dans son existence : *Le chagrin a ravagé son visage.*
◆ **être ravagé** v. pass. **1.** Être dévasté, saccagé par qqch de violent : *Un pays ravagé.* — **2.** *Litt.* Être gravement marqué par l'âge, les épreuves, le chagrin, etc. — **3.** *Fam.* Être fou, cinglé.

RAVAGEUR, EUSE adj. et n. *Litt.* Qui ravage ; dévastateur, destructeur.

RAVAILLAC (François) [Touvre, Charente, 1578 - Paris 1610]. Valet de chambre, puis maître d'école, enfin frère convers chez les feuillants de Paris, il se persuada qu'il sauverait la religion catholique en assassinant Henri IV, qui s'apprêtait à faire la guerre contre les puissances catholiques. Le 14 mai 1610, il poignarda à mort le roi dans son carrosse. Il fut écartelé.

RAVAISSON-MOLLIEN (Félix LACHER), philosophe et archéologue français (Namur 1813 - Paris 1900). Il est l'auteur d'une thèse sur *l'Habitude* (1839).

RAVAL n. m. (pl. *ravals*). Approfondissement d'un puits.

RAVALEMENT n. m. (de *ravaler*). **1.** Nettoyage d'un mur par grattage, lavage, ragréage et/ou application d'un enduit. (La loi française prescrit le ravalement des façades d'immeubles au moins tous les 10 ans.) — **2.** *Litt.* Action de déprécier qqn ; fait d'être déprécié, abaissé : *Ravalement à une condition inférieure.* — **3.** Action d'égaliser avec soin le parement d'une façade en pierre de taille qui vient d'être construite. — **4.** Crépi ou enduit que l'on exécute de haut en bas sur un mur. — **5.** Action de couper plus près du sol une souche trop saillante, une branche jusqu'à son point d'insertion sur une autre. — **6.** Pop. *Ravalement (de façade),* nettoyage de peau, lifting ou retouche de maquillage.

RAVALER v. t. (anc. fr. *avaler,* faire descendre) [conj. 3]. **1.** Exécuter un ravalement. — **2.** Retenir, garder pour soi ce qu'on s'apprêtait à manifester : *Ravaler sa colère.* — **3.** Mettre, placer qqn ou qqch à un niveau inférieur, en fait ou en paroles : *Des instincts qui ravalent l'homme au* *niveau de la bête.* — **4.** Approfondir un puits de mine. — **5.** Fam. *Faire ravaler ses paroles à qqn,* l'empêcher de tenir certains propos, l'obliger à les rétracter.

◆ v. i. En parlant du poisson, suivre un cours d'eau d'amont vers l'aval ou descendre à la mer.

◆ **se ravaler** v. pr., **être ravalé** v. pass. *Litt.* S'abaisser ou s'avilir : *Il se ravalerait en acceptant cette fonction.*

RAVALEUR n. m. Ouvrier spécialiste en ravalement.

RĀVAṆA, géant démoniaque régnant sur les démons ennemis des hommes et des dieux, et dont les aventures sont contées dans le *Rāmāyaṇa.*

RAVANCEUR n. m. Dispositif mécanique assurant l'avancement automatique d'une rame de wagonnets.

RAVAUDAGE n. m. *Vx.* Action de ravauder ; fait d'être ravaudé.

RAVAUDER v. t. (anc. fr. *ravaut,* de *ravaler*) [conj. 3]. *Vx.* Raccommoder à l'aiguille, repriser.

RAVE n. f. (provenç. *rava,* de l'anc. fr. *reve,* du lat. *rapum*). **1.** Terme servant à désigner des radis longs ou des navets plats. — **2.** *Rave de poisson,* syn. de ROGUE.

RAVEL (Maurice), compositeur français (Ciboure 1875 - Paris 1937). Soutenu par Fauré, il s'imposa dès ses premières œuvres pour piano. Il participa à la fondation de la S. M. I. (Société musicale indépendante) en 1910 puis partit pour l'Amérique du Nord en 1928, où triomphèrent ses œuvres. Ami de Stravinski, il fut joué par les Ballets russes de Diaghilev. Après avoir eu comme lieu d'attache Valvins, près de Fontainebleau, il s'installa en 1921 à Monfort-Lamaury.
Ses nombreuses œuvres concernent le répertoire symphonique (ouverture de *Schéhérazade,* 1898 ; *Rhapsodie espagnole,* 1908 ; *Pavane pour une infante défunte,* 1910 ; *Ma Mère l'Oye,* 1912 ; *Daphnis et Chloé,* 1912 ; *Valses nobles et sentimentales,* 1912 ; *Alborada del Gracioso,* 1918 ; *le Tombeau de Couperin,* 1919 ; *la Valse,* 1920 ; *Boléro* 1928), l'orchestre avec soliste (*Tzigane,* 1924 ; deux concertos pour piano, le second pour la main gauche, 1930-31). Parmi les ouvrages lyriques représentés, on relève *l'Heure espagnole* d'après Franc-Nohain (créée en 1911) et *l'Enfant et les Sortilèges* d'après Colette (créé en 1925). Il a composé de magnifiques mélodies, parfois groupées en cycles (*Schéhérazade,* 1903 ; *Histoires naturelles* d'après Jules Renard, 1906 ; *Chansons madécasses,* 1926, d'après E. Parny). Outre un *Quatuor à cordes* (1903), sa musique de chambre comprend notamment un *Trio* (1914). Ses œuvres pour piano comprennent : *Menuet antique* (1895), *Pavane pour une infante défunte* (1899), *Jeux d'eau* (1901), *Miroirs* (1905), *Sonatine* (1905), *Gaspard de la nuit* (1908), *Valses nobles et sentimentales* (1911), *le Tombeau de Couperin* (1917). Ravel a aussi laissé des orchestrations (*les Tableaux d'une exposition* de Moussorgski).

RAVELIN n. m. (ital. *ravellino,* var. de *rivellino*). Ouvrage de fortification analogue aux demi-lunes (XVe-XVIe s.).

RAVELINE (Valentin VAN HASSEL, dit **Henry**), médecin et écrivain belge d'expression wallonne (Pâturages, Hainaut, 1852 - *id.* 1938), un des meilleurs conteurs wallons (*Voléz co des Istoires ? In vlà !,* 1913).

RAVELLO, comm. d'Italie, en Campanie (prov. de Salerne), dominant la côte d'Amalfi ; 2 300 hab. Monuments, notamment des XIe-XIIIe s. Jardins avec vue magnifique sur le golfe de Salerne.

RAVENALA n. m. (malgache *ravinala*). Nom générique de l'*arbre du voyageur,* musacée de Madagascar, aux feuilles en éventail retenant l'eau de pluie.

RAVENELLE n. f. (anc. fr. *rafne,* radis, du lat. *raphanus,* raifort). Nom usuel du radis sauvage, de la sanve, ou moutarde des champs, et de la giroflée jaune.

RAVENNE, en ital. **Ravenna,** v. d'Italie, en Émilie, ch.-l. de prov., près de l'Adriatique ; 137 000 hab. Archevêché. Riches musées (National, de l'Archevêché, de l'Académie). La ville a perdu de son importance à cause de son éloignement de la mer. Raffinerie de pétrole et industries chimiques (engrais). — Aux environs, *Marina di Ravenna,* station balnéaire.

— **Hist.** Port militaire à l'époque impériale romaine, Ravenne devient résidence de l'empereur d'Occident de 402 à 476. Capitale du Royaume ostrogoth (493), elle est conquise (540) par les Byzantins qui, en 584, en font la capitale d'un exarchat s'étendant largement sur l'Italie du Nord, et la tête de pont à partir de laquelle l'empire d'Orient organise la défense de ses possessions italiennes face à la menace des Lombards. Ceux-ci, mettant à profit les difficultés intérieures de Ravenne et son instabilité politique, menacent l'exarchat puis s'emparent de sa capitale (751). Le Saint-Siège, fidèle allié de la ville, fait appel à Pépin le Bref, qui libère Ravenne et l'exarchat et les confie au pape, jetant ainsi les bases des États de l'Église (756). Le port s'ensable progressivement et Ravenne devient temporairement une commune libre, puis seigneurie des Polenta (1282). Elle passe sous l'emprise des Vénitiens, qui l'occupent de 1441 à 1509. Elle est saccagée en 1512 par les Français,

qui viennent de battre les troupes pontificales et espagnoles. Occupée par les Français de 1796 à 1815, elle est rattachée au Piémont en 1860.
— **Bx-arts.** La sobriété extérieure des édifices, construits en brique, contraste avec le faste de leur décor intérieur marqué par l'influence de Byzance : mosaïque pour les parties hautes et revêtement de marbre polychrome dans les parties basses. Citons : Sant'Apollinare Nuovo (504) et Sant'Apollinare in Classe (549), basiliques très proches du prototype romain ; les mausolées, celui de Théodoric (début VIe s.), de plan circulaire, et celui, cruciforme, de Galla Placidia (Ve s.) ; les baptistères de plan rayonnant, celui de la cathédrale, dit « des Orthodoxes » (début Ve s.), plus élancé que celui des Ariens (VIe s.) ; enfin, l'église San Vitale (v. 531-547), édifiée selon un plan rayonnant, avec octogone central à coupole et déambulatoire. L'ordonnance monumentale des cycles décoratifs, le raffinement et la richesse de la polychromie, rehaussée par les fonds d'or, l'idéalisation des personnages et le reflet de leur vie intérieure font de Ravenne l'un des hauts lieux de la mosaïque.

RAVENSARA n. m. Nom générique de l'arbre aux quatre épices de Madagascar (lauracée), dont l'amande du fruit *(noix de ravensara)* sert de condiment.

RAVENSBRÜCK, village d'Allemagne (Land de Brandebourg), près de Fürstenberg. En 1939 y fut créé un camp de concentration réservé aux femmes. 115 000 déportées, de tous les pays, y passèrent, avant d'aller travailler dans des kommandos, ou d'être exterminées.

RAVENSBURG, v. d'Allemagne (Bade-Wurtemberg), au N. du lac de Constance ; 42 100 hab. Enceinte médiévale et monuments anciens. Centre touristique et industriel.

RAVI → RAVIR.

RĀVI, riv. de l'Inde et du Pākistān, une des « Cinq Rivières » du Pendjab, affl. de la Chenāb (r. g.) ; environ 725 km. Elle forme la frontière indo-pakistanaise avant de pénétrer au Pākistān. Elle alimente de nombreux canaux d'irrigation.

RAVIÈGE *(lac de la),* retenue couvrant environ 450 ha sur l'Agout, entre les monts de Lacaune et de l'Espinouse.

RAVIER n. m. (de *rave*). Petit plat rectangulaire ou ovale dans lequel on sert des hors-d'œuvre.

RAVIER (Auguste), peintre français (Lyon 1814 - Morestel 1895). Paysagiste influencé par Turner, installé dans l'Isère, il s'est livré à une traque opiniâtre de la lumière à travers une variété de manières qui préfigurent le fauvisme, voire l'abstraction (musées de Saint-Étienne, Lyon, etc.).

RAVIGOTANT, E adj. *Fam.* Qui ravigote, revigore : *Un petit vin ravigotant.*

RAVIGOTE n. f. (de *ravigoter*). Vinaigrette additionnée de fines herbes, de câpres et d'échalotes.

RAVIGOTER v. t. (anc. fr. *ravigorer,* du lat. *vigor,* vigueur) [conj. 3]. *Fam.* Redonner à qqn de la vigueur, de la force.

RAVIN n. m. (de *raviner*). **1.** Dépression allongée et profonde creusée par un torrent. — **2.** Vallée sauvage et encaissée.

RAVINE n. f. (anc. fr. *raviner,* couler avec force, de *ravine,* impétuosité). Amorce d'un ravinement.

RAVINEMENT n. m. **1.** Formation de ravins, de rigoles, par les eaux de pluie, sur les pentes déboisées des reliefs. — **2.** Détérioration de la surface d'une chaussée, créée par l'écoulement des eaux.

RAVINER v. t. (de *ravine*) [conj. 3]. **1.** Creuser le sol de ravines : *Coteau que les pluies ont raviné.* — **2.** Creuser le visage de qqn, le marquer de rides.

RAVIOLE n. f. Petit carré de pâte alimentaire fourré de fromage. (Cuis. dauphinoise.)

RAVIOLI n. m. (pl. inv. ou *raviolis*). Petit carré de pâte à nouille farci de viande ou d'herbes hachées, poché.

RAVIR v. t. (lat. pop. **rapire,* du lat. class. *rapere,* enlever de force) [conj. 32]. **1.** *Litt.* Arracher, enlever qqn aux siens, à leur affection : *Une famille à qui la guerre a ravi ses deux enfants.* — **2.** *Litt.* Soustraire, prendre à qqn par surprise ou par ruse ce qui lui appartient, lui revient : *On lui a ravi le mérite de l'entreprise.* — **3.** Procurer à qqn une satisfaction, un plaisir extrême, lui plaire beaucoup : *Un livre qui ravit l'esprit.* — **4.** Litt. *À ravir,* de façon admirable, remarquable : *Elle est belle à ravir.*
◆ **être ravi** v. pass. **1.** Éprouver un grand contentement du fait de qqch, être très heureux que : *Je suis ravi de ce cadeau.* — **2.** Témoigner d'un vif plaisir, d'une sorte de béatitude un peu niaise : *Le visage ravi.*

RAVISER (SE) v. pr. (conj. 3). Revenir sur une résolution, une promesse.

RAVISIUS TEXTOR, nom latinisé de **Jean Tixier de Ravisi,** humaniste français (Saint-Saulge, Nivernais, v. 1480 - Paris 1524), l'un des compilateurs les plus féconds de la première Renaissance (*De prosodia libri IV, Dialogi aliquot,* 1529).

RAVISSANT, E adj. Qui est extrêmement joli, charmant, qui plaît beaucoup par sa beauté : *Elle est ravissante dans cette toilette.*

RAVISSEMENT n. m. **1.** Extase mystique. (L'art chrétien de la Contre-Réforme a mis l'accent sur les visions, les extases, les ravissements mystiques des saints.) — 2. État de qqn qui est transporté de joie, d'admiration, d'enthousiasme.

RAVISSEUR, EUSE n. Personne qui enlève qqn par la force ou la ruse.

◆ adj. *Patte ravisseuse,* patte antérieure de certains insectes, tels que la mante, qui se replie comme un couteau pliant autour de la proie.

RAVITAILLEMENT n. m. **1.** Action de ravitailler, de se ravitailler. — **2.** Denrées nécessaires à la consommation. — **3.** Mise à la disposition des troupes des ressources matérielles qui leur sont nécessaires ; ces ressources matérielles elles-mêmes. — **4.** *Bateau de ravitaillement,* syn. de RAVITAILLEUR. ‖ *Officier de ravitaillement,* officier chargé du ravitaillement en essence et en carburant. ‖ *Ravitaillement en vol,* action de transborder en vol, à partir d'un avion ravitailleur, une certaine quantité de carburant dans les réservoirs d'un autre appareil.

RAVITAILLER v. t. (anc. fr. *avitailler,* de *vitaille,* nourriture) [conj. 3]. **1.** Fournir des vivres, des munitions à un groupe, une troupe, etc. : *Ravitailler une ville assiégée.* — **2.** Fournir à qqn, un groupe, tel produit nécessaire à sa vie, à son activité : *Ravitailler la population sinistrée en eau.* — **3.** Fournir à un avion, un navire, ce qui est nécessaire à son fonctionnement, à l'équipage : *Ravitailler un avion en carburant.*

◆ **se ravitailler** v. pr. S'approvisionner de ce qui est nécessaire, de nourriture.

RAVITAILLEUR, EUSE n. Militaire préposé au ravitaillement.

◆ **ravitailleur** n. m. **1.** Bateau conçu pour l'aide aux travaux en mer (remorquage, opérations de plongée, secours aux installations de forage, etc.) [Syn. BATEAU DE RAVITAILLEMENT.] — **2.** Bâtiment de la flotte de guerre spécialement équipé pour le ravitaillement en mer d'une escadre, d'aéronefs ou de sous-marins (nucléaires, notamment). — **3.** Syn. de AVION-CITERNE. — **4.** *Ravitailleur d'avions,* camion-citerne spécialement équipé pour faire rapidement le plein en carburant des avions aux escales.

RAVIVAGE n. m. **1.** Décapage poussé des métaux que l'on veut dorer ou recouvrir d'un dépôt électrolytique. — **2.** Syn. de AVIVAGE.

RAVIVER v. t. (de *aviver*) [conj. 3]. **1.** Rendre un feu plus vif, lui redonner de la force : *Le vent a ravivé les incendies de forêt.* — **2.** Redonner de l'éclat à une couleur, à une chose colorée : *Un air froid qui ravive le teint.* — **3.** Faire revivre un sentiment, une sensation : *Nouvelle qui ravive les espoirs.* — **4.** Effectuer un ravivage.

1. RAVOIR n. m. (anc. fr. *ravoi,* torrent, du lat. pop. **rapidium*). **1.** Parc de filets que la mer couvre et découvre tour à tour. — **2.** Filet que l'on tend en travers d'une rivière.

2. RAVOIR v. t. (seulem. inf.). *Fam.* **1.** Reprendre possession de qqch : *Je ne peux pas ravoir le livre que j'ai prêté.* — **2.** Parvenir à remettre qqch en état, le récupérer, lui donner un aspect neuf : *On a beau frotter, on ne peut pas ravoir ces chandeliers.*

RAVOIRE (La) [73490], ch.-l. de cant. de la Savoie, banlieue est de Chambéry ; 7 083 hab.

RĀWALPINDĪ, v. du Pākistān, sur le piémont himalayen, dans la province du Pendjab ; 928 000 hab. Ancienne capitale du pays (entre 1959 et 1969). Le traité d'indépendance de l'Afghānistān y fut signé par les Anglais en août 1919. Poste militaire et centre touristique (proximité de Taxila), avec quelques industries (sidérurgie et construction mécanique, pétrochimie, cuir et coton, agroalimentaire). Université.

RAWA RUSKA, nom polonais de la ville ukrainienne de **Rava-Rousskaïa,** située au N. de Lvov. En 1914, la ville fut enlevée aux Austro-Hongrois par Broussilov. Lors de la Seconde Guerre mondiale, les Allemands y installèrent un camp de représailles pour les prisonniers de guerre.

RAWLINGS (Jerry), officier et homme d'État ghanéen (Accra 1947). Ayant pris une première fois le pouvoir en 1979, il dirige le pays, à la suite d'un second coup d'État, depuis 1981.

RAWLINSON OF TRENT (Henry SEYMOUR, *baron*), général britannique (Trent Manor 1864 - Delhi 1925). Il participa aux campagnes de Birmanie (1886), d'Égypte (1898) et des Boers (1899). Commandant la IVe armée britannique de 1916 à 1918, il fut représentant anglais au Conseil suprême de guerre des Alliés avant de commander l'armée des Indes (1920-1925).

RAWLS (John), philosophe américain (Baltimore 1921), auteur d'une analyse des rapports difficiles entre la justice sociale et l'efficacité économique (*Théorie de la justice,* 1971).

1. RAY [rɛ] n. m. Filet en forme d'entonnoir et à mailles très étroites.

2. RAY [rɛ] n. m. (vietnamien *rây*). En Asie du Sud-Est, culture sur brûlis.

RAY ou **WRAY** (John), naturaliste anglais (Black Notley, Essex, 1627 - *id.* 1705). Il a distingué le premier plantes monocotylédones et plantes dicotylédones, posé les bases de la classification moderne des oiseaux et des poissons, que Linné et Artedi reprirent à leur compte, et esquissé la classification des insectes en fonction des métamorphoses.

RĀY (Bhārat Candra), poète bengalī (distr. de Howrah 1712 - Malajor 1760). Poète officiel de la cour de Krishnanagar, son œuvre représente un sommet de la littérature « médiévale » (*Annadā Maṅgal,* 1753).

RAY (Raymond DE KREMER, dit **Jean**), écrivain belge de langue française (Gand 1887 - *id.* 1964). Auteur de romans populaires parfois signés **John Flanders** et de récits pour enfants, et maître du fantastique (*Contes du whisky,* 1925 ; *Malpertuis,* 1943 ; *les Contes noirs du golf,* 1964).

RAY (Emmanuel RUDNITSKY, dit **Man**), artiste américain (Philadelphie 1890 - Paris 1976). Il se consacre à la peinture en 1907, en vient à un cubisme ironique proche de l'abstraction (1915), découvre la photographie et anime, avec Duchamp et Picabia, l'activité dada à New York (premiers objets, 1917). En 1921, il s'installe à Paris comme photographe (l'un des plus rigoureux portraitistes de l'époque) et se joint au mouvement surréaliste. Il invente, en 1922, les *rayographes* (silhouettes d'objets posés sur plaque sensible), tourne plusieurs films de 1923 à 1929 (*l'Étoile de mer,* sur un poème de Desnos), donne des séries de peintures d'une fantaisie très libre ainsi que des objets surréalisants qui sont autant de boutades souvent poétiques.

RAY (Raymond Nicholas KIENZLE, dit **Nicholas**), cinéaste américain (Galesville, Wisconsin, 1911 - New York 1979). Son œuvre oscille entre les scénarios où son talent personnel peut trouver à s'exprimer : *Johnny Guitare* (1954), *la Fureur de vivre* (1955), *Derrière le miroir* (1956), *la Forêt interdite* (1958), *Traquenard* (1958), et ceux qui demeurent tributaires des impératifs de la production hollywoodienne comme *le Roi des rois* (1961) ou *les 55 Jours de Pékin* (1963).

RAY (Satyājit), cinéaste indien (Calcutta 1921 - *id.* 1992). Poursuivant les traditions du cinéma bengalī, il allie un remarquable sens plastique à une profonde humanité. Son œuvre la plus connue est une trilogie : *la Complainte du sentier* (*Pāther Pāncāli,* 1955), *l'Invaincu* (*Aparājito,* 1956), *le Monde d'Apu* (*Apur Sansār,* 1959). Il est l'auteur de nombreux autres films, dont *le Salon de musique* (1958), *la Déesse* (1960), *Charulata* (1964), *Tonnerres lointains* (1973), *les Joueurs d'échecs* (1977), *la Maison et le Monde* (1984), *Un ennemi du peuple* (1988), *les Branches de l'arbre* (1990), *le Visiteur* (1991).

RAYA ou **RAÏA** [raja] n. m. (turc *reaya,* de l'ar. *ra'iyya,* sujet). Sujet de l'Empire ottoman. (L'usage occidental réserve ce terme aux sujets non musulmans de cet empire.)

RAYAGE n. m. **1.** Action de rayer ; fait d'être rayé. — **2.** Opération par laquelle, on pratique des rayures dans le canon d'une arme à feu.

RAY-BAN [rɛban] n. f. pl. (n. déposé). Type de lunettes de soleil.

RAYER v. t. (anc. fr. *royer,* de *roie,* raie) [conj. **11**]. **1.** Marquer une surface d'une ou de plusieurs raies : *Rayer du papier. Le diamant raye le verre.* — **2.** Marquer qqch d'une ligne semblable à une rayure : *Une cicatrice rayait son visage.* — **3.** Marquer d'un trait qqch d'écrit pour l'annuler : *Rayer un mot dans un texte.* — **4.** Supprimer qqn, qqch d'un état, d'une liste et rendre nuls les effets de leur inscription : *Rayer un avocat du barreau.* — **5.** Supprimer, éliminer qqn, qqch de qqpart, d'un ensemble : *Rayer un pays de la carte.*
◆ **être rayé** v. pass. **1.** Avoir, comporter des raies ou des rayures : *Papier rayé.* — **2.** Être marqué d'une rayure qui endommage : *Vitre rayée.*

RAYER (Pierre François Olive), médecin français (Saint-Sylvain, Calvados, 1793 - Paris 1867), médecin ordinaire de Napoléon III (1852). On lui doit la découverte au microscope de l'agent du charbon (1850).

RAYÈRE n. f. (de *rayer*). Ouverture, longue et étroite, pratiquée verticalement dans le mur d'une tour.

RAYET (Georges), astronome français (Bordeaux 1839 - Floirac 1906). Il découvrit en 1867, en collaboration avec Charles Wolf, un type d'étoiles chaudes dont le spectre se caractérise par de larges raies d'émission et que l'on désigne à présent sous le nom d'*étoiles de Wolf-Rayet.*

RAYET (Jacqueline), danseuse française (Paris 1933). Étoile de l'Opéra de Paris (1961-1979), son nom reste attaché à la création de *la Symphonie inachevée* (1958 ; de P. Van Dijk), du *Sacre du printemps* (1965 ; de M. Béjart) ou de *Webern opus 5* (1966 ; de M. Béjart).

RAY-GRASS [rɛgra ou -gras] n. m. inv. (angl. *ray-grass,* de *ray,* ivraie, et *grass,* herbe). Graminée vivace, souvent employée pour la création des prairies temporaires, des pelouses et des tapis de verdure.

RAYLEIGH (John William STRUTT, 3e *baron*), physicien britannique (Langford Grove, près de Maldon, Essex, 1842 - Witham, Essex, 1919). Il a déterminé les dimensions de certaines molécules, grâce à l'étude des couches minces monomoléculaires, donné une valeur du nombre d'Avogadro, découvert l'argon avec Ramsay (1894) et étudié la diffusion de la lumière et le bleu du ciel. (Prix Nobel de physique 1904.)

RAYMOND de Peñafort *(saint),* religieux espagnol (château de Penyafort, près de Barcelone, v. 1175 - Barcelone 1275). Dominicain, canoniste, général de son ordre (1238-1240), il fut le second fondateur de l'ordre de Notre-Dame-de-la-Merci pour le rachat des captifs des musulmans. Canonisé en 1601.

RAYMOND LULLE *(bienheureux)* → LULLE (Raymond).

RAYMOND (Marcel), critique littéraire suisse de langue française (Genève 1897 - *id.* 1981), historien de la littérature et théoricien des typologies (*J.-J. Rousseau, la quête de soi et la rêverie,* 1962).

RAYNAL (Guillaume), historien et philosophe français (Lapanouse-de-Sévérac, Aveyron, 1713 - Paris 1796). Prêtre parisien, il abandonna la vie sacerdotale pour se consacrer à la philosophie et à l'histoire. Le plus hardi et le plus renommé de ses ouvrages est l'*Histoire philosophique et politique des établissements et du commerce des Européens dans les deux Indes* (1770). Décrété d'arrestation, à cause des attaques contenues dans cette œuvre contre la colonisation et le clergé, il se réfugia auprès de Frédéric II, puis de Catherine II, et rentra en France en 1787.

RAYNAL (Sylvain Eugène), officier français (Bordeaux 1867 - Boulogne-Billancourt 1939). Chef de bataillon (1914), il se distingua pendant la bataille de Verdun par sa défense héroïque du fort de Vaux (1916).

RAYNAL (Paul), auteur dramatique français (Narbonne 1885 - Paris 1971). Ses pièces sur la guerre soulevèrent de vives polémiques (*le Tombeau sous l'Arc de triomphe,* 1924 ; *le Matériel humain,* 1946).

RAYNAUD (Fernand), artiste et auteur de variétés français (Clermont-Ferrand 1926 - Riom 1973). Conteur d'histoires comiques, découvreur d'expressions qui font mouche, il offrait à son public l'image du Français moyen qui sait jouer de ses défauts et de ses manies pour faire naître le rire.

RAYNAUD (Jean-Pierre), artiste français (Colombes 1939). Dans la lignée du nouveau réalisme, il a élaboré à partir de 1963 des « psycho-objets » au vocabulaire formel (jauge, échelle métallique, pelle de secours, pots à fleurs, etc.) et chromatique (blanc et rouge) restreint. Obsessionnelle, son œuvre s'est développée comme une exploration systématique des rapports du monde mental et du monde réel (objets et environnements en carrelage blanc à joints noirs, à partir d'env. 1970).

Raynaud *(maladie* et *syndrome de)* [du n. du médecin fr. M. *Raynaud* (1834-1881)]. La *maladie de Raynaud* est caractérisée par l'arrêt temporaire de la circulation au niveau d'une ou de plusieurs extrémités avec apparition d'une pâleur cireuse sur la dernière phalange (aspect de doigt mort). La maladie, sans cause précise, est bénigne.
Le *syndrome de Raynaud,* qui se traduit par les mêmes troubles, apparaît dans la maladie du marteau piqueur ou dans le cadre de maladies plus sévères telles que les collagénoses.

RAYNOUARD (François), linguiste et écrivain français (Brignoles, Var, 1761 - Paris 1836). Auteur de tragédies historiques (*Caton d'Utique,* 1794), il est surtout connu pour son œuvre philologique, qui inaugure la grammaire comparée des langues romanes. (Acad. fr., 1807.)

RAYOL-CANADEL-SUR-MER (83820), comm. du Var formant deux stations balnéaires sur la côte des Maures, entre Cavalaire et Le Lavandou ; 872 hab.

1. RAYON n. m. (anc. fr. *rai,* du lat. *radius*). **1.** Trait, ligne qui part d'un centre lumineux : *Un rayon de soleil.* – **2.** Distance déterminée à partir d'un centre, d'un point d'origine dans toutes les directions : *Dans un rayon de trente kilomètres autour de Paris.* – **3.** Tige métallique de très faible diamètre reliant à la jante le moyeu d'une roue. – **4.** *Rayon d'action,* distance maximale que peut franchir à une vitesse donnée un navire, un avion, un char, etc., sans ravitaillement en combustible ; zone dans laquelle une arme peut intervenir sans modifier son emplacement de batterie ; espace, domaine où s'exerce l'activité de qqn, d'une entreprise. ‖ *Rayon de soleil,* brève éclaircie, courte apparition du soleil ; chose ou personne qui remplit le cœur de joie. • **Anat.** Chacune des pièces squelettiques qui soutiennent les nageoires des poissons. – **Autom.** *Rayon de braquage,* rayon du cercle décrit par le point le plus extérieur d'un véhicule au cours d'un essai de braquage maximal. – **Dess.** *Rayon visuel,* en perspective, ligne fictive allant du point de vue à un point quelconque d'un objet à représenter. (L'ensemble des rayons visuels constitue la *pyramide visuelle.*) ‖ *Rayon visuel principal,* axe de la pyramide visuelle. – **Dr.** *Rayon douanier,* syn. de RAYON-FRONTIÈRE. – **Hippol.** Ensemble des os de la partie supérieure des membres du cheval, dont la longueur et l'orientation influent sur la qualité des allures. – **Hydrol.** *Rayon marin,* sondeur multifaisceaux de haute résolution donnant la carte bathymétrique du fond en balayant une largeur équivalente aux trois quarts de la hauteur d'eau. – **Math.** Segment dont une extrémité est le centre d'un cercle, d'une sphère, d'un disque, d'une boule, l'autre étant un point du cercle, de la sphère ou de la frontière du disque ou de la boule ; longueur de ce segment. ‖ *Rayon vecteur,* en coordonnées polaires de pôle O et pour un point variable M, droite (OM) ou demi-droite [OM) ou encore segment [OM]. – **Météo.** *Rayon vert,* phénomène dû à la réfraction atmosphérique, qui se manifeste par un très bref éclat de lumière verte observable à l'horizon, immédiatement avant le lever du soleil, au point où son disque va apparaître, ou, après son coucher, au point où il a disparu. (Son observation exige une atmosphère très pure.) — **Opt.** *Rayon lumineux,* ligne hypothétique suivant laquelle la lumière se propage. (Dans la théorie électromagnétique, le rayon lumineux est la trajectoire de l'énergie ; il est normal aux surfaces d'onde.)

◆ **rayons** n. m. pl. **1.** Nom générique de certains rayonnements électromagnétiques de très faibles longueurs d'ondes (rayons X*, rayons gamma*) ou de certaines particules émises par les atomes (rayons cathodiques*) ou les noyaux (rayons alpha*, rayons bêta*). — **2.** Rayonnements, radiations, chaleur émis par le soleil : *Se protéger des rayons du soleil.* — **3.** *Mal* ou *maladie des rayons,* trouble qui survient chez des malades traités par les rayons X ou des corps radioactifs. (Les désordres peuvent être immédiats, mineurs [asthénie, vomissements, nausées], ou plus tardifs, résultant souvent de l'altération de la formule sanguine.)

Rayons et les Ombres *(les),* recueil de poésies lyriques de V. Hugo (1840), qui contient notamment la « Tristesse d'Olympio » et « Oceano Nox ».

2. RAYON n. m. (anc. fr. *ree,* rayon de miel, du frq. **hrata*) **1.** Planche, étagère d'une bibliothèque, d'une armoire, d'un comptoir, etc. — **2.** Dans un magasin, ensemble de comptoirs affectés à la vente d'un même genre d'article : *Le rayon des surgelés. Le rayon enfants.* — **3.** Chez les hyménoptères sociaux, assemblage des cellules hexagonales dans lesquelles sont élevés les jeunes et est emmagasiné le miel. (Les rayons en cire des ruches d'abeilles, verticaux, portent des alvéoles sur les deux faces ; ceux des guêpes, faits de fibres végétales, sont horizontaux et ne portent d'alvéoles que sur la face inférieure.) — **4.** *Ce n'est pas mon rayon,* ce n'est pas mon affaire. ‖ Fam. *En connaître un rayon,* être très fort dans un domaine, être très compétent.

3. RAYON n. m. (de *raie*). Petit sillon de très faible profondeur, dans lequel on dépose les semences.

RAYON-FRONTIÈRE n. m. (pl. *rayons-frontières*). Zone avoisinant une frontière et dans laquelle la douane exerce son contrôle sur la circulation des marchandises. (Syn. RAYON DOUANIER.)

1. RAYONNAGE n. m. (de *rayonner 2*). **1.** Ensemble de planches fixées horizontalement pour constituer une bibliothèque, une vitrine, un meuble de rangement, etc. — **2.** *Rayonnage de stockage dynamique,* dispositif de stockage tel que le prélèvement de l'objet de tête entraîne automatiquement son remplacement par le suivant.

2. RAYONNAGE n. m. (de *rayonner 3*). Action de rayonner un jardin, un champ.

RAYONNANT, E adj. **1.** Qui produit des rayonnements ou des radiations : *Chaleur rayonnante.* — **2.** Qui est disposé en forme de rayons traçant des lignes droites à partir d'un centre : *Motif rayonnant.* — **3.** *Être rayonnant (de joie, de bonheur, de santé, etc.),* avoir le visage, les yeux empreints d'une vive satisfaction, dénoter une excellente santé, etc. — **4.** Qui est éclatant, radieux : *Une beauté rayonnante.* — **5.** *Chapelles rayonnantes,* chapelles disposées autour de l'abside ou du déambulatoire d'une église. ‖ *Gothique rayonnant,* style né en Île-de-France et en Champagne vers 1230 et qui a duré jusque vers la fin du XIVe s. en France. (Ainsi nommé par référence au rayonnement du remplage des roses de façades.)

RAYONNE n. f. (amér. *rayon,* du fr. *rayon 1*). Fil textile continu cellulosique, réalisé généralement selon le procédé viscose ; étoffe tissée avec ce fil.

RAYONNÉ n. m. Animal à symétrie axiale. (Les *rayonnés* furent rassemblés en un embranchement au XIXe s.)

RAYONNEMENT n. m. **1.** *Litt.* Action de rayonner, lumière rayonnante : *Le rayonnement du feu.* — **2.** Influence exercée par qqn, un pays, en raison de son prestige : *Le rayonnement de la civilisation grecque.* — **3.** *Litt.* Éclat qui se répand sur le visage du fait du bonheur. • **Déf.** *Arme nucléaire à rayonnement renforcé,* syn. de BOMBE À NEUTRONS. — **Géophys.** *Rayonnement de la Terre,* rayonnement émis par la Terre vers l'espace dans le domaine infrarouge, à des longueurs d'onde

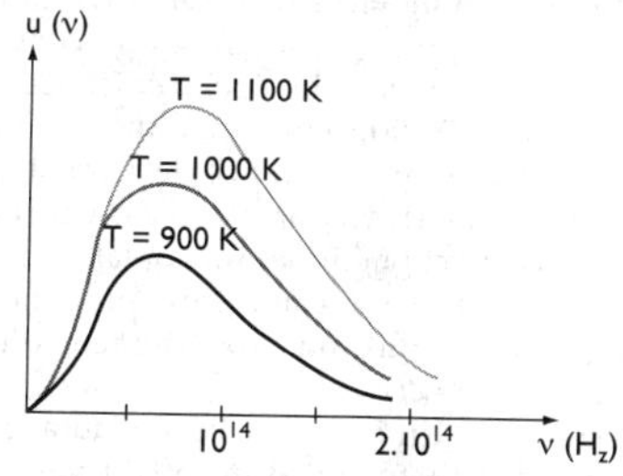

Loi de Planck pour diverses températures (l'abscisse du maximum croît proportionnellement à T).

supérieures à 4 μm, avec un maximum vers 11 μm. – **Phys.** Transport d'énergie sous forme d'ondes, éventuellement avec les particules associées, à partir d'une source ; ondes, et éventuellement particules associées, assurant un transport d'énergie dans un milieu. ‖ *Pression de rayonnement,* pression exercée par un rayonnement électromagnétique sur une surface réfléchissante ou absorbante placée sur son trajet. (Syn. PRESSION DE RADIATION.) [→ *encycl.*] ‖ *Rayonnement corpusculaire,* rayonnement considéré comme formé essentiellement par des particules. ‖ *Rayonnement électromagnétique,* rayonnement caractérisé par des ondes électromagnétiques, ou éventuellement par des photons associés. (→ *encycl.*) ‖ *Rayonnement optique,* rayonnement électromagnétique comprenant les domaines de l'ultraviolet, du visible et de l'infrarouge. ‖ *Rayonnement visible,* rayonnement optique susceptible de produire directement une sensation visuelle. – **Thermodyn.** *Rayonnement thermique,* émission d'un rayonnement électromagnétique par un corps porté à une certaine température. (→ *encycl.*) – **Topogr.** Implantation ou détermination d'un point de levé à partir d'un point de station connu, par mesure du gisement de la direction et de la distance au point de station.

ENCYCL. **Phys.** • *Pression de rayonnement.* Elle peut s'expliquer en considérant le rayonnement comme formé de photons possédant une quantité de mouvement, dont une partie est transférée lors de la rencontre avec la surface, qui subit ainsi une force de pression. Cette pression produit des effets observables, notamment sur la marche des satellites artificiels et sur la queue des comètes* passant au voisinage du Soleil. C'est elle qui assure la stabilité des étoiles* chaudes de la série principale du diagramme de Hertzsprung-Russel.

• *Rayonnements électromagnétiques.* Ils sont caractérisés par l'existence d'un champ magnétique et d'un champ électrique variables, étroitement associés, qui se propagent à une vitesse de phase finie, égale, dans le vide, à c, vitesse de la lumière, env. 300 000 km/s et, dans un milieu matériel, à c/n où n est l'indice de réfraction du milieu. (→ ONDE ÉLECTROMAGNÉTIQUE). Un rayonnement électromagnétique sinusoïdal, dit « monochromatique », est caractérisé par une fréquence notée ν (nu), ou une longueur d'onde dans le vide $\lambda = c/\nu$.

– **Thermodyn.** Un corps rayonne d'autant plus d'énergie que sa température est élevée : aux températures inférieures à 500 °C, le rayonnement thermique est principalement constitué par des radiations infrarouges ; vers 500 °C, le corps devient rouge sombre, puis il passe au rouge clair, au jaune et enfin au blanc vers 1 200 °C. On caractérise le rayonnement thermique des corps par comparaison avec le rayonnement d'un corps idéal, appelé corps noir*, qui absorbe tout le rayonnement qu'il reçoit. La loi de Planck donne l'énergie $u(\nu)d\nu$ qu'émet un corps noir par unité de surface et de temps ; à basse fréquence, elle s'écrit :

$$u(\nu)\ d\nu = (4\nu^2/c^3) \cdot kT,$$

où c est la vitesse de la lumière dans le vide, k la constante de Boltzmann et T la température absolue. La courbe représentant u en fonction de ν présente un maximum d'autant plus accentué que la température est élevée. L'abscisse ν_m de ce maximum se déplace avec la température suivant la loi de Wien : ν_m/T = constante. L'énergie totale rayonnée est donnée par la loi de Stefan*. Les corps réels ne suivent qu'approximativement les lois du corps noir ; leurs courbes de répartition spectrale sont néanmoins analogues.

1. RAYONNER v. i. (de *rayon 1*) [conj. 3]. **1.** *Litt.* Émettre des rayons lumineux, répandre de la lumière : *La mer rayonne de mille feux sous le soleil.* – **2.** Se propager sous forme de rayonnements ou de radiations à partir d'une source : *Chaleur qui rayonne d'un radiateur.* – **3.** En parlant d'un sentiment (gai), d'une faculté, émaner de qqn, apparaître visiblement dans sa personne : *Le bonheur rayonnait de tout son être.* – **4.** Manifester, exprimer avec force un sentiment, un état intérieur (favorable) : *Il rayonne de santé.* – **5.** Manifester son influence dans un espace géographique donné : *La civilisation grecque a rayonné dans tout l'Occident.* – **6.** Se présenter sous forme de rayons, de lignes divergentes : *Rond-point d'où rayonnent plusieurs avenues.* – **7.** Se déplacer dans un certain rayon autour d'un lieu.
◆ v. t. Émettre du rayonnement, des radiations.
◆ **être rayonné** v. pass. Être orné de rayons : *Des ostensoirs rayonnés.*

2. RAYONNER v. t. (de *rayon 2*) [conj. 3]. Garnir une pièce, un mur de rayonnages.

3. RAYONNER v. t. (de *rayon 3*) [conj. 3]. Tracer des rayons dans un jardin, dans un champ.

RAYONNEUR, EUSE adj. Se dit d'un instrument agricole qui trace des rayons.

RAYONNISME n. m. (trad. du russe *loutchizm*). Courant pictural russe créé par Larionov et Gontcharova (1913).

RAYONNISTE adj. Relatif au rayonnisme.

RAYS (Gilles DE) → RAIS.

RAYSSE (Martial), artiste français (Golfe-Juan 1936). L'un des nouveaux réalistes, il a donné à partir de 1959 une image à la fois clinquante et lyrique de la société de consommation, utilisant plastiques, néons, agrandissements photographiques et peinture acrylique dans ses assemblages et ses panneaux. Il a également créé des environnements audiovisuels (*Une forme de liberté,* 1969) et réalisé des films. Après quoi, faisant volte-face, il s'est plu à renouer tant avec la tradition culturelle qu'avec une peinture sensible, libre et chatoyante (série « Spelunca », 1976-77).

RAYURE n. f. (de *rayer*). **1.** Ligne ou bande plus ou moins large qui marque une étoffe, une surface : *Pantalon à rayures.* — **2.** Entaille laissée sur une surface par qqch de pointu, de coupant : *Des rayures sur une carrosserie.* — **3.** Rainure hélicoïdale, pratiquée à l'intérieur du canon d'une arme à feu, qui imprime au projectile un mouvement de rotation afin d'en augmenter la précision.

RAYY → REY.

RAZ [ra] n. m. (mot norm., de l'anc. scand. *rās,* courant d'eau). **1.** Détroit parcouru par des courants de marée rapides. — **2.** Le courant lui-même.

RAZ *(pointe du),* promontoire granitique, des côtes bretonnes, constituant la corne septentrionale de la Cornouaille et limitant, au S., la baie des Trépassés.

RAZ(-)DE(-)MARÉE n. m. inv. **1.** Envahissement exceptionnel du rivage par la mer, produit par une lame de tempête, un tsunami ou un plissement sous-marin. — **2.** Phénomène brutal et massif qui bouleverse une situation sociale ou politique : *Raz de marée conservateur aux élections.*

RAZÈS, en lat. **Pagus Redensis** (de *Redae,* bourgade qui disparut au Moyen Âge), ancien comté du Languedoc, correspondant à la région d'Alet et Limoux.

RAZGRAD, v. de Bulgarie, sur le Lom Blanc ; 52 000 hab. Vestiges de la ville romaine d'*Abritus.* Mosquée de 1614. Centre agricole (blé, maïs, tabac), industrialisé (chimie, porcelaine, verrerie).

RAZILLY ou **RASILLY** (Isaac DE), administrateur colonial français (château d'Oisseaumelle, près de Chinon, 1587 - La Hève, Acadie, 1635). Chevalier de Malte, engagé dans la marine royale (chef d'escadre, 1632), il fonda en Nouvelle-France la compagnie des Cent-Associés, pour le commerce et la colonisation (1627). Nommé lieutenant-général de la Nouvelle-France (1632), il prit possession de l'Acadie, jusqu'aux rives du Saint-Laurent.

RAZINE (Stepan Timofeïevitch, dit **Stenka**), cosaque du Don (Zimoveïska-sur-le-Don v. 1630 - Moscou 1671), chef de l'insurrection paysanne de 1670-71. Il s'empara, de mai à sept. 1670, de Tsaritsyne, Astrakhan, Saratov, Samara, où les insurgés massacrèrent les propriétaires, les marchands et les fonctionnaires. Mais il fut défait par l'armée du tsar Alexis Mikhaïlovitch (oct.). Livré aux autorités (avr. 1671), il fut exécuté.

RAZZIA [razja ou radzja] n. f. (ar. d'Algérie *hazȳa,* de l'ar. class. *rhazwu,* pl. *rhazāwa,* expédition rapide). **1.** Autref., invasion faite sur un territoire ennemi ou étranger pour enlever les troupeaux, les grains, faire du butin. — **2.** Fam. *Faire une razzia sur qqch,* l'emporter par surprise ou violence, en ne laissant rien.

RAZZIER [razje ou radzje] v. t. (conj. 9). **1.** Faire une razzia dans une localité, un pays. — **2.** *Fam.* Piller, emporter en achetant tout qqpart : *Les clients ont tout razzié dans le magasin.*

Rb, symbole chimique du *rubidium.*

RCA Corporation, société américaine fondée en 1919, spécialisée dans la fabrication et la commercialisation de produits liés à l'électronique, dans la production d'émissions de radio et de télévision, la communication par satellite, la bureautique, etc.

rd, symbole du *rad.*

R. D. A., sigle de RÉPUBLIQUE DÉMOCRATIQUE ALLEMANDE*

R. D. A., sigle de RASSEMBLEMENT* DÉMOCRATIQUE AFRICAIN.

R. D. S., abrév. de remboursement de la dette sociale, couramment employée pour C. R. D. S. (→ contribution* pour le remboursement de la dette sociale.)

Re, symbole chimique du *rhénium.*

RE- ou **RÉ-,** préfixe exprimant la réitération *(refaire),* le retour à un état antérieur *(recourber),* le renforcement *(repenser),* etc.

RÉ n. m. inv. Note de musique, deuxième degré de la gamme d'*ut.*

RÉ *(île de),* île française de l'Atlantique (Charente-Maritime), entre le pertuis Breton et le pertuis d'Antioche ; 85 km^2 ; 13 969 hab. Cette île basse, séparée de la côte d'Aunis par un détroit de 2,5 km, est longue de 28 km et large en moyenne de 3 à 5 km (avec 70 m seulement dans l'isthme du Martray). L'agriculture (céréales, primeurs, asperges, vignes), l'ostréiculture et le tourisme estival sont les ressources essentielles. L'île est reliée (comme Oléron) au continent par un pont.

RÊ, anc. **Râ,** d'abord nom servant à désigner le *Soleil* en égyptien, puis nom le plus usuel du dieu solaire, premier dieu du panthéon égyptien. Représenté sous forme d'un homme à tête de faucon, il porte sur la tête le disque solaire. À Héliopolis, il est le créateur du monde. Il accomplit en barque son cycle quotidien : le jour, sur le Nil céleste, la nuit sur le Nil souterrain. Avalé chaque soir par sa mère Nout, il renaît le matin, éternellement jeune et fort. Rê, dieu d'État, affirma sa supériorité dès la IVe dynastie. À partir de Khephren, les rois (« fils de Rê ») se réclamèrent de sa filiation. Au Moyen Empire, Rê fut associé avec le dieu de Thèbes, Amon (Amon-Rê).

RÉA n. m. (de **rouat,* altér. dialect. de *rouet*). Roue d'une poulie dont le pourtour présente une gorge pour recevoir un câble ou une chaîne.

RÉA → RHÉA.

RÉABONNEMENT n. m. Nouvel abonnement, prolongation d'un abonnement.

RÉABONNER v. t. (conj. 3). Prolonger l'abonnement de qqn en lui faisant payer une nouvelle période.

RÉABSORBER v. t. (conj. 3). Absorber de nouveau.

RÉABSORPTION n. f. Nouvelle absorption.

RÉAC adj. et n. *Fam.* Réactionnaire.

RÉACCOUTUMER (SE) v. pr. (conj. 3). S'habituer de nouveau à qqch.

RÉACTANCE n. f. (angl. *reactance*). **1.** Partie imaginaire de l'impédance complexe d'un dipôle électrique. — **2.** *Bobine de réactance,* bobine de grande inductance, utilisée dans un circuit pour y faire varier un courant alternatif par introduction d'un noyau ferromagnétique.

RÉACTEUR n. m. (de *réaction*). **1.** Syn. de MOTEUR À RÉACTION*. — **2.** Nom générique des appareils dans lesquels s'effectue une réaction chimique. (Syn. CHAMBRE DE RÉACTION.) — **3.** *Réacteur nucléaire,* appareil dans lequel il est possible de produire et de diriger une réaction nucléaire de fission ou de fusion. (→ *encycl.*)

ENCYCL. **Nucl.** Un *réacteur de fission* est formé d'un certain nombre de constituants répartis judicieusement dans un volume déterminé (le cœur), où il est possible, à volonté, de déclencher une réaction de fission en chaîne, d'en régler l'intensité et de l'arrêter. Parmi ces constituants, le combustible nucléaire joue un rôle essentiel par les nucléides fissiles qu'il contient, et dont les plus importants sont l'uranium 235 et le plutonium 239. Pour qu'une réaction en chaîne puisse s'entretenir, il faut que la masse totale des noyaux fissiles atteigne un certain minimum, la masse critique, qui dépend de la nature et de la répartition des matériaux du cœur et des dimensions de celui-ci. Dans les *réacteurs à neutrons lents,* on introduit, parmi les constituants du cœur, un modérateur qui, en ralentissant les neutrons, facilite l'établissement d'une réaction en chaîne. Le ralentissement des neutrons est réalisé par une série de chocs sur les noyaux du modérateur. Un bon modérateur doit être un élément léger et doit peu capturer les neutrons. On utilise en pratique l'eau lourde, le carbone (sous forme de graphite) et l'eau ordinaire. Avec les deux premiers, on a pu construire des réacteurs utilisant comme combustible l'uranium naturel ; avec l'eau ordinaire, qui capture davantage les neutrons, il faut employer de l'uranium enrichi en isotope 235.

Dans les *réacteurs à neutrons rapides,* où l'on évite au contraire d'introduire des modérateurs, on doit, pour réaliser une réaction en chaîne, utiliser un combustible qui contient une forte proportion de noyaux fissiles. Mais ces réacteurs présentent l'avantage de produire davantage de substance fissile qu'ils n'en consomment, d'où leur nom de surgénérateurs*.

Quel que soit le type de réacteur, il faut extraire du cœur la chaleur produite par les fissions, soit qu'on veuille l'utiliser pour produire de l'énergie, soit pour éviter que la température du cœur ne s'élève exagérément. On fait donc circuler dans le cœur un fluide dit caloporteur, qui extrait et transporte la chaleur. Les caloporteurs les plus employés pour les réacteurs à neutrons lents sont le gaz carbonique sous pression quand le modérateur est du graphite, l'eau lourde sous pression quand le modérateur est de l'eau ordinaire (la même eau joue alors le rôle de caloporteur et de modérateur). Le fluide de refroidissement adopté pour les réacteurs à neutrons rapides est le sodium liquide.

— *Principales filières.* Cinq familles (ou *filières*) de réacteurs équipent la quasi-totalité des centrales électronucléaires installées dans le monde. Elles sont couramment désignées par le nom du caloporteur et, s'il est distinct, par le nom du modérateur :
— eau ordinaire sous pression
— eau ordinaire bouillante
— gaz carbonique, graphite
— eau lourde sous pression
— eau ordinaire bouillante et graphite.

Les deux premières de la liste fournissent l'énergie à environ 70 % des centrales nucléaires.

La recherche fondamentale et appliquée utilise largement le *réacteur piscine,* réalisé en plongeant un réseau d'éléments combustibles, ainsi que les organes de commande correspondants, au fond d'une cuve ouverte remplie d'eau. L'eau joue à la fois le rôle de modérateur et de caloporteur et constitue un écran qui protège les expérimentateurs contre les rayonnements.

RÉACTIF, IVE adj. **1.** Qui réagit, exerce une réaction vis-à-vis de qqch. — **2.** Se dit d'un corps qui entre facilement en réaction. — **3.** Se dit d'un dispositif ou d'un circuit électrique inductif ou capacitif. (Syn. anc. DÉWATTÉ.) — **4.** Qui se rapporte à une réaction psychologique. — **5.** *Courant réactif,* composante d'un courant sinusoïdal en quadrature avec la tension. ‖ *Peinture primaire réactive,* produit appliqué au contact direct d'un subjectile et destiné essentiellement à assurer l'adhérence des couches ultérieures de peintures. (Syn. WASH-PRIMER).

◆ **réactif** n. m. **1.** Substance qui peut réagir avec une ou plusieurs espèces chimiques appelées *substrats.* (Un réactif permet de classer les réactions dans lesquelles il intervient [électrophile, nucléophile, radicalaire, etc.] et de caractériser une espèce chimique particulière.) — **2.** *Litt.* Ce qui, réagissant avec une extrême sensibilité, révèle un caractère profond. — **3.** Produit chimique utilisé en minéralurgie pour attaquer, dissoudre ou séparer des minéraux. — **4.** *Réactif métallographique,* solution d'attaque chimique ou électrochimique permettant de révéler la structure métallographique des alliages.

RÉACTION n. f. (lat. scolast. *reactio,* du lat. class. *actio,* action). **1.** Manière dont qqn, un groupe réagit face à un événement ou à l'action de qqn d'autre : *Sa première réaction a été de protester.* — **2.** Action en réponse à une autre action, qui s'oppose à celle-ci et tend à en annuler les effets : *Ce qui est excessif amène toujours une réaction.* — **3.** Mouvement d'idées qui se crée par référence à un mouvement antérieur et qui vise à réagir contre lui : *La Contre-Réforme, réaction de l'Église catholique contre la Réforme protestante.* — **4.** Tendance politique qui s'oppose au progrès social et s'efforce de rétablir un état de choses ancien ; hommes, partis qui s'en réclament : *Les menées de la réaction.* — **5.** Manière dont une machine, un organe mécanique répond à certaines commandes : *Réaction d'une voiture à l'accélérateur.* — **6.** *En réaction contre qqch,* en vue de s'y opposer. • **Aéron.** et **Astronaut.** *Avion à réaction,* avion propulsé par un ou plusieurs moteurs à réaction. ‖ *Moteur à réaction,* moteur fonctionnant par éjection d'un flux gazeux sous pression et à grande vitesse. (Syn. RÉACTEUR.) [→ *encycl.*] — **Autom.** *Barre de réaction,* dispositif empêchant la rotation autour de l'essieu d'un organe qui lui transmet un couple. — **Bois.** *Bois de réaction,* bois qui se forme dans les parties de l'arbre exposées à des efforts anormaux. (Arbres soumis à des vents dominants ou situés en terrains pentus.) — **Chim.** Transformation se produisant lorsque plusieurs espèces chimiques sont mises en présence, ou lorsqu'une seule espèce chimique reçoit un apport extérieur d'énergie, et se traduisant par l'apparition d'espèces chimiques nouvelles. ‖ *Chaleur de réaction,* énergie thermique mise en jeu dans une réaction. (Elle se mesure par calorimétrie ou se calcule à partir des variations d'énergie interne et d'enthalpie au cours de la réaction.) ‖ *Réaction à l'électrode,* réaction électrochimique par laquelle s'opère le transfert d'électrons du milieu conducteur ionique au milieu conducteur électronique, ou vice versa. — **Cybern.** Syn. de RÉTROACTION. — **Électron.** et **Télécomm.** Renvoi d'une fraction du signal de sortie d'un amplificateur vers son entrée. ‖ *Réaction négative,* syn. de CONTRE-RÉACTION. ‖ *Réaction positive,* réaction qui renvoie vers l'entrée un signal en phase avec le signal d'entrée. — **Mécan.** Force qu'exerce en retour un corps soumis à l'action d'un autre corps. — **Méd.** *Réaction de laboratoire* ou *réaction biologique,* méthode biochimique, chimique, physique, hématologique, sérologique, immunologique, etc., utilisée à des fins diagnostiques. — **Phys.** *Réaction nucléaire,* collision entre deux noyaux, conduisant soit à une déviation de leurs trajectoires respectives, soit à un échange de nucléons. (→ *encycl.*) — **Psychol.** Tout comportement directement suscité par un événement extérieur au système nerveux, appelé *stimulus.* (Syn. RÉPONSE.) ‖ *Temps de réaction,* temps pendant lequel le sujet reste inactif ou silencieux avant de réagir à un stimulus ou de répondre à un item.

ENCYCL. **Aéron.** et **Astronaut.** Les *moteurs à réaction* utilisés en aéronautique (turboréacteurs*, pulsoréacteurs* et statoréacteurs*) sont conçus pour fonctionner dans l'air : ils aspirent de l'air à l'avant de l'avion et le rejettent vers l'arrière à une vitesse plus élevée. Dans l'espace, l'absence d'air oblige à employer d'autres types de moteurs (moteurs-fusées* chimiques, moteurs nucléaires ou moteurs à propulsion ionique).

— **Phys.** Les *réactions nucléaires* étudiées en laboratoire sont le plus souvent induites par des particules provenant d'un accélérateur ou par les neutrons d'un réacteur. La première fut réalisée par Rutherford en 1919 grâce aux particules α émises par le radium :

$$^{14}_{7}\mathrm{N} + ^{4}_{2}\mathrm{He} \rightarrow ^{17}_{8}\mathrm{O} + ^{1}_{1}\mathrm{H}.$$

Comme dans toute réaction nucléaire, il y a conservation de la charge, de l'énergie et du nombre de nucléons, mais une faible variation de masse. De telles transmutations d'un élément en un autre servent à produire le plutonium à partir de l'uranium, le tritium à partir du lithium ou un isotope radioactif à partir d'un élément stable.

RÉACTIONNAIRE adj. et n. (de *réaction*). Qui se montre partisan d'un conservatisme étroit ou d'un retour vers un état social ou politique antérieur : *Gouvernement réactionnaire.* (Abrév. fam. RÉAC.)

◆ adj. Qui manifeste des idées de la réaction politique et sociale. (Abrév. fam. RÉAC.)

RÉACTIONNEL, ELLE adj. **1.** Relatif à une réaction chimique, physiologique, etc. — **2.** Se dit de tout trouble psychique se manifestant après un événement traumatisant, qui en serait seul responsable. — 3. *Formation réactionnelle,* défense ayant pour origine le surmoi et mobilisée par le sujet contre certains désirs inconscients.

RÉACTIVATION n. f. 1. En médecine, procédé qui consiste à faire réapparaître des propriétés, des phénomènes disparus. (La réactivation d'une réaction immunitaire équivaut au phénomène dit *de rappel,* exploité dans les vaccinations.) — 2. Action de redonner une vigueur, une impulsion nouvelle à qqch.

RÉACTIVER v. t. (conj. 3). 1. Activer de nouveau qqch : *Réactiver le feu.* — 2. Redonner à qqch une nouvelle vigueur : *Réactiver les pourparlers.*

RÉACTIVITÉ n. f. (de *réactif,* d'apr. *activité*). 1. Aptitude d'une structure vivante à répondre à tout changement physique ou chimique (température, oxygénation, etc.) par une réaction, généralement favorable à sa survie et à son développement. (Syn. IRRITABILITÉ, EXCITABILITÉ.) — 2. Facilité qu'a une espèce chimique à réagir.

RÉACTOGÈNE n. m. Substance alimentaire ou médicamenteuse déclenchant dans l'organisme un état d'hypersensibilité.

RÉACTUALISATION n. f. Action de réactualiser ; fait d'être réactualisé.

RÉACTUALISER v. t. (conj. 3). Réadapter à des conditions nouvelles, procéder à une nouvelle actualisation : *Réactualiser les abattements fiscaux.*

RÉADAPTATION n. f. 1. Action de réadapter ; fait de se réadapter. — 2. Adaptation d'une espèce vivante à un nouveau milieu, d'où provenaient toutefois ses ancêtres. — 3. Reprise progressive de l'activité après une maladie ou une blessure. — 4. *Réadaptation fonctionnelle,* ensemble des mesures permettant de réintégrer un malade ou un blessé dans la vie professionnelle.

RÉADAPTER v. t. (conj. 3). Adapter de nouveau qqn, qqch qui n'était plus adapté.

READE (Charles), écrivain britannique (près d'Ipsden, Oxfordshire, 1814 - Londres 1884). Les chroniques des tribunaux lui fournirent les thèmes de ses romans et nouvelles réalistes (*Jamais trop tard pour s'amender,* 1856 ; *Tentation terrible,* 1871). Il adapta à la scène *l'Assommoir* de Zola (1879).

Reader's Digest, association de presse américaine, constituée en 1922. Il publie une revue mensuelle illustrée, le *Reader's Digest,* fondée sur le principe de la condensation d'articles parus dans la presse mondiale, et qui a env. 40 éditions internationales. L'édition en langue française, *Sélection du Reader's Digest,* a été créée en 1947.

READING, v. de Grande-Bretagne, ch.-l. du Berkshire, au S. des Chiltern Hills ; 124 000 hab. Université. Centre européen de météorologie. Musées. Centre agricole, horticole et industriel.

RÉADJUDICATION n. f. Nouvelle adjudication d'un marché lorsque l'adjudicataire ne peut tenir ses engagements.

RÉADMETTRE v. t. (conj. 84). Admettre une nouvelle fois.

RÉADMISSION n. f. Action d'admettre une nouvelle fois ; fait d'être réadmis.

READY-MADE [redimed] n. m. (pl. inv. ou *ready-mades*) [angl. *ready-made,* tout fait]. Objet manufacturé promu au rang d'objet d'art par le seul choix de l'artiste. (M. Duchamp, 1913. Le ready-made peut être « aidé », « assisté » ou « rectifié » par certaines modifications.)

RÉAFFECTATION n. f. Nouvelle affectation.

RÉAFFECTER v. t. (conj. 4). Affecter de nouveau.

RÉAFFIRMATION n. f. Action de réaffirmer ; fait d'être réaffirmé.

RÉAFFIRMER v. t. (conj. 3). Affirmer de nouveau et avec force : *Réaffirmer ses positions.*

REAGAN (Ronald Wilson), homme d'État américain (Tampico, Illinois, 1911). D'abord acteur de cinéma (1937-1964), entré au parti républicain en 1962, il est gouverneur de Californie de 1967 à 1974. Candidat à la présidence en 1980, il bat Jimmy Carter avec un programme visant à redonner aux États-Unis puissance et prestige à l'extérieur et à relancer l'économie par une politique d'inspiration ultralibérale. Réélu en 1984, il accentue sa politique de fermeté à l'égard de l'U. R. S. S. et de ses alliés. En Amérique centrale, il systématise l'aide américaine aux antisandinistes du Nicaragua et aux gouvernements de cette région. Et, pour la première fois depuis la guerre du Viêt-nam, les États-Unis s'engagent militairement (intervention à la Grenade en 1983, raids aériens contre la Libye en 1986). À la fin de 1986, le crédit du président Reagan est affecté par la révélation de la vente secrète d'armes, par les États-Unis, à l'Iran (scandale de l'« Irangate »). À partir de 1985, il renoue le dialogue avec l'U. R. S. S. (accord de 1987). En 1989, son vice-président, G. Bush, lui succède à la présidence des États-Unis.

RÉAGINE n. f. (de *réagir*). Anticorps (IgE) impliqué dans les réactions d'hypersensibilité immédiate et d'anaphylaxie.

RÉAGIR v. t. ind. (bas lat. *reagere,* avec l'infl. de *agir*) [conj. 32]. 1. Présenter une modification qui est un effet direct de l'action exercée par un agent extérieur : *La cellule photoélectrique réagit à la lumière.* — 2. Répondre d'une certaine manière à une action ou à un événement extérieurs : *Bien réagir à une critique.* — **3.** S'opposer activement à l'action de qqch, résister à une menace, un danger : *Réagir contre la routine.* — **4.** Avoir un comportement qui contrebalance une agression extérieure : *Le malade est perdu, son organisme ne réagit plus.* — **5.** Avoir des répercussions sur qqch : *Trouble psychique qui réagit sur l'organisme.* — **6.** Entrer en réaction, en parlant d'un corps chimique.

RÉAJUSTEMENT, RÉAJUSTER → RAJUSTEMENT, RAJUSTER.

REAL n. m. Unité monétaire principale du Brésil.

1. RÉAL, E, AUX adj. et n. f. (esp. *real,* du lat. *regalis,* royal). *Galère réale,* galère que montait le roi ou le général des galères.

◆ **réale** n. f. Caractère d'imprimerie dont le dessin rappelle les types du XVIIIe s. (romain du roi). [Classification Vox.]

2. RÉAL n. m. (pl. *réaux* ou *réales*) [esp. *real*]. Terme générique désignant des monnaies royales de différents pays : Espagne (à partir du XIVe s. : monnaie d'argent valant 1/8 du peso), Portugal, Amérique centrale, Amérique du Sud, etc.

REAL *(Cordillera),* chaîne des Andes boliviennes, dominant d'Altiplano. De nombreux sommets dépassent 6 000 m, dont l'Ancohuma, l'Illimani, l'Illampu.

RÉALÉSAGE n. m. Action de réaléser.

RÉALÉSER v. t. (conj. **18**). Augmenter légèrement le diamètre d'un alésage pour faire disparaître l'ovalisation due à l'usure.

RÉALGAR n. m. (esp. *rejalgar,* de l'ar. *rahdj al-rhār,* poudre de cave). Sulfure naturel d'arsenic, monoclinique, qui constitue le principal minerai d'arsenic.

REALIA n. f. (lat. médiév. *realia,* les choses réelles). Unité lexicale qui désigne une réalité particulière à telle ou telle culture.

RÉALIGNEMENT n. m. Nouvelle définition du taux de change d'une monnaie par rapport à une autre ou à un ensemble d'autres : *Le réalignement du franc par rapport au Mark.*

RÉALIGNER v. t. Procéder au réalignement (d'une monnaie).

RÉALISABLE adj. **1.** Qui peut être réalisé : *Plan réalisable.* — **2.** Qui peut être transformé en argent liquide : *Héritage réalisable dans sa totalité.*

RÉALISATEUR, TRICE n. **1.** Personne qui réalise ce qu'elle a conçu. — **2.** Personne responsable de la réalisation d'un film ou d'une émission de télévision.

RÉALISATION n. f. **1.** Action de réaliser qqch, de le faire passer du stade de la conception à celui de la chose existante ; fait de se réaliser, d'être réalisé : *Il est vain de croire à la réalisation de telles utopies.* — **2.** Ce qui a été réalisé : *Cet ouvrage constitue une réalisation remarquable.* — **3.** Action de diriger la préparation et l'exécution d'un film ou d'une émission de télévision, d'en assurer la mise en scène ; le film ou l'émission ainsi réalisés. — **4.** Vente de biens en vue de leur transformation en argent. — **5.** Manifestation concrète d'une unité abstraite du système linguistique d'une langue. (Le français ne possède qu'un seul phonème /R/, qui connaît de nombreuses réalisations.) — **6.** Notation ou exécution complète des accords d'une basse chiffrée.

RÉALISER v. t. (de *réel,* avec l'infl. du lat. *realis*) [conj. **3**]. **1.** Faire passer à l'état de réalité concrète ce qui n'était que virtualité : *Des désirs difficiles à réaliser.* — **2.** Concrétiser qqch : *Cette maison réalise son rêve.* — **3.** Exécuter qqch, en être l'auteur, le maître d'œuvre : *Réaliser un exploit.* — **4.** Convertir un bien en argent liquide : *Réaliser son capital pour acheter de l'or.* — **5.** Avoir, prendre une conscience nette de la réalité d'un fait, se le représenter clairement dans tous ses détails (par l'angl. *to realize*) : *Il n'avait pas réalisé la gravité de la situation.* — **6.** Réunir en soi toutes les caractéristiques de qqn, de qqch : *Écrivain qui réalise le type du romancier.* — **7.** Procéder à la réalisation d'un film ou d'une émission de télévision ou de radio. — **8.** Effectuer la réalisation concrète d'une unité linguistique. — **9.** Compléter, en les notant ou en les exécutant, les accords indiqués seulement par des chiffres.

◆ **se réaliser** v. pr., **être réalisé** v. pass. Devenir réel, effectif : *Tous ses projets se sont réalisés.*

◆ **se réaliser** v. pr. Rendre effectives les virtualités qui sont en soi : *Cette activité ne lui permet pas de se réaliser.*

RÉALISME n. m. **1.** Attitude qui tient compte de la réalité telle qu'elle est : *Faire preuve de réalisme dans un cas difficile.* — **2.** Caractère de ce qui est une description objective de la réalité, qui ne masque rien de ses aspects les plus crus : *Ce film est d'un réalisme effrayant.* — **3.** Tendance littéraire et artistique du XIXe s., qui privilégie la représentation exacte, tels qu'ils sont, de la nature, des hommes, de la société. (→ *encycl.*) — **4.** Doctrine qui affirme que la connaissance du réel constitue le réel lui-même, que cette connaissance soit la seule réalité ou qu'à côté d'elle figure une autre réalité, l'objet auquel elle s'applique. — **5.** *Réalisme magique,* courant littéraire allemand — né après 1945, mêlant réalisme et psychologie (H. Kasack et E. Langgässer) — et sud-américain, à caractère politique et social (M. Á. Asturias). ‖ *Réalisme poétique,* courant littéraire allemand humoristique et régionaliste

(1850-1885), illustré par G. Freytag, Th. Storm, etc., qui succéda à l'esthétique romantique et à la Jeune-Allemagne. ‖ *Réalisme socialiste,* doctrine esthétique, proclamée en U. R. S. S. en 1934 sous l'influence déterminante de Jdanov, qui condamne les recherches formelles ainsi que l'attitude critique de l'écrivain à l'égard de la société. (L'écrivain doit participer à l'édification de l'État socialiste. L'art doit décrire l'homme dans son travail et son combat social.)

ENCYCL. **Bx-arts.** Réaction apparue dans le deuxième tiers du XIXe s. contre les conventions du néoclassicisme et du romantisme, le réalisme réclame du peintre une attitude d'objectivité et remet en honneur des sujets, paysans, ouvriers, depuis longtemps écartés de la scène picturale, sauf dans des versions idylliques et moralisantes. « Tout ce qui ne se dessine pas sur la rétine est en dehors du domaine de la peinture » confie Courbet à Castagnary, l'un des exégètes du réalisme avec Duranty et Champfleury, celui-ci auteur, en 1850, d'une monographie sur les Le Nain, les grands réalistes du XVIIe s (qui n'étaient pas des isolés : aspects réalistes de l'œuvre du Caravage, des Carrache, de Velázquez ou de Murillo, réalisme bourgeois des Hollandais). *Le Massacre de la rue Transnonain* de Daumier, en 1834, *le Vanneur* exposé par Millet au Salon de 1848, *les Casseurs de pierres* de Courbet, en 1849, marquent les débuts du réalisme. Les révolutions de 1848 jouent un rôle dans cette conception humanitaire et naturaliste de l'art. Le réalisme de Daumier tend à l'expressionnisme, tandis que celui de Millet rend témoignage de la condition paysanne. Autour de Millet, certains des paysagistes de Barbizon, Rousseau en tête, cherchent une fidélité totale à la chose vue. Le réalisme de Courbet, champion du mouvement, est transmué par sa richesse plastique. Il influence tout le groupe d'artistes (Ribot, Legros, etc.) qui forme à la brasserie Andler, à Paris, le cénacle réaliste. La soumission au réel est pratiquée d'une manière parfois presque photographique par d'autres peintres, Gérôme, A. Stevens, R. Bonheur, Bastien-Lepage, L. Lhermitte, le Hongrois M. Munkácsy. Dans la seconde moitié du XIXe s., toute une part de l'art occidental vit à l'heure du réalisme : Allemands comme Menzel, Leibl ; Belges comme Ch. De Groux, C. Meunier ; Italiens comme certains des macchiaioli ; Russes : les Ambulants ; Américains : Homer, Eakins ; etc.

Au XXe s., le réalisme se maintient, soit banalisé (divers « néoréalismes »), soit sous des formes renouvelées : parfois violent jusqu'à la caricature (la Nouvelle Objectivité des Allemands Grosz et Dix), ou insolite (le « réalisme magique » de peintres néerlandais comme Pyke Koch), ailleurs didactique jusqu'à la propagande officielle (réalisme socialiste). Dans les années 60 et 70 se sont manifestés le réalisme souvent militant de la nouvelle figuration européenne (Aillaud, Monory, les Malassis, etc.) puis le mirage photographique de l'hyperréalisme américain, avatar d'une des tendances générales de l'art aux États-Unis (Hopper).

— **Littér.** Le réalisme, qui correspond à l'apogée de la civilisation bourgeoise, marque une réaction contre le romantisme et ses excès. Influencé par le développement des sciences, qui engendrent le respect des faits, la précision dans l'observation et l'analyse, le courant réaliste trouva son expression philosophique dans le positivisme d'Auguste Comte et le déterminisme de Taine. Il s'incarne en littérature dans la recherche de la « sincérité dans l'art » avec Champfleury et Duranty et, bien qu'ils s'en défendent parfois, Flaubert, les Goncourt, Maupassant et Zola, qui le fera évoluer vers le naturalisme* vers 1880. Présidant à la création du drame bourgeois et de la comédie de mœurs (E. Augier, A. Dumas fils), le réalisme revêt une forme moins rigoureuse en Angleterre (Thackeray, G. Eliot), en Italie (Verga), en Allemagne (G. Hauptmann) et en Scandinavie (G. Brandes).

RÉALISTE adj. (de *réel*). **1.** Qui relève du réalisme dans ses aspects philosophiques, esthétiques, etc. — **2.** Qui dépeint, décrit les aspects vulgaires de la réalité. — **3.** *Chanson réaliste,* chanson dramatique et poétique, évoquant les amours malheureuses, les filles, la nuit, les ports, les bals, les brumes, etc. (Elle fit la renommée d'interprètes telles que Damia, Fréhel, Lys Gauty, Édith Piaf, Pia Colombo.)

◆ adj. et n. **1.** Qui a le sens des réalités, qui a l'esprit pratique. — **2.** En philosophie, en art, en littérature, partisan du réalisme.

RÉALITÉ n. f. (lat. médiév. *realitas,* du lat. class. *realis,* de *res,* chose). **1.** Caractère de ce qui est réel, de ce qui existe effectivement : *Douter de la réalité d'un fait.* — **2.** Ce qui est réel, ce qui existe en fait, par oppos. à ce qui est imaginé, rêvé, fictif : *La réalité dépasse la fiction.* — **3.** Vie réelle, telle qu'elle est, par oppos. aux désirs, aux illusions : *Regarder la réalité en face.* — **4.** Chose réelle, fait réel : *Être confronté à de dures réalités.* — **5.** *En réalité,* en fait, réellement. ‖ *Principe de réalité,* dans la première topique de Freud, élément qui complète et corrige le principe de plaisir et qui adapte les pulsions aux contraintes extérieures. ‖ *Réalité psychique,* postulat selon lequel les formations de l'inconscient sont ordonnées selon une causalité proprement psychique qui repose sur l'hypothèse de l'inconscient. (Le maillon initial de la réalité psychique est le fantasme, auquel s'attachent les souvenirs refoulés.)

RÉALMONT (81120), ch.-l. de cant. du Tarn, au contact du Lauragais et du Ségala ; 2 662 hab. *(Réalmontois).* Bastide fondée en 1272.

REALPOLITIK n. f. (all. *Realpolitik*). **1.** (avec une majusc.) Stratégie politique qui s'appuie sur le possible, négligeant les programmes abstraits et les jugements de valeur, et dont le seul objectif est l'efficacité. — **2.** Comportement qui fait passer au second plan les considérations de doctrine, de principe ou de morale.

RÉAM, port du Cambodge (prov. de Kampot), sur le golfe de Thaïlande. Base navale remise en état par les Soviétiques.

RÉAMÉNAGEMENT n. m. Action de réaménager ; fait d'être réaménagé : *Un réaménagement ministériel.*

RÉAMÉNAGER v. t. (conj. **17**). **1.** Aménager de nouveau, sur de nouvelles bases. — **2.** Transformer les caractéristiques d'une dette, en tendant notamment à en alléger les taux ou à en allonger les délais de remboursement.

RÉAMORCER v. t. (conj. **16**). Amorcer de nouveau : *Réamorcer une pompe. Réamorcer le dialogue.*

RÉANIMATEUR, TRICE n. Spécialiste de la réanimation médicale ou chirurgicale.

RÉANIMATION n. f. Ensemble des moyens physiques, chimiques, biologiques et mécaniques propres à rétablir et à maintenir un équilibre des fonctions vitales normales (respiration, circulation, rythme cardiaque, etc.) dans les agressions pathologiques et chirurgicales sévères.

RÉANIMER v. t. (conj. **3**). Syn. de RANIMER.

RÉAPPARAÎTRE v. i. (conj. **91**) [auxil. *être* ou *avoir*]. Apparaître de nouveau.

RÉAPPARITION n. f. Fait de réapparaître.

RÉAPPRENDRE ou **RAPPRENDRE** v. t. (conj. **79**). Apprendre de nouveau ce qu'on avait oublié.

RÉAPPRENTISSAGE n. m. Action de réapprendre.

RÉAPPROVISIONNEMENT n. m. Action de réapprovisionner ; fait d'être réapprovisionné.

RÉAPPROVISIONNER v. t. (conj. **3**). Remplacer par un nouvel apport les marchandises qui font défaut.

RÉARGENTER v. t. (conj. **3**). Argenter de nouveau (ce qui a été désargenté).

RÉARMEMENT n. m. **1.** Action de réarmer ; fait d'être réarmé. — **2.** *Dispositif de réarmement,* dispositif qui permet de remettre un appareil dans sa position initiale, à la suite d'un déclenchement.

RÉARMER v. t. (conj. **3**). **1.** Armer de nouveau : *Réarmer un navire, un appareil photo.* — **2.** Doter d'une armée : *Réarmer un pays vaincu.*
◆ v. i. ou **se réarmer** v. pr. Reconstituer ses forces armées, sa puissance militaire.

RÉARRANGEMENT n. m. **1.** Action d'arranger une nouvelle fois ; fait d'être réarrangé. — **2.** Réaction au cours de laquelle un ou plusieurs atomes d'un substrat se retrouvent disposés différemment dans le produit, provoquant une isomérisation du substrat ou une transformation anormale. (On distingue les réarrangements électrophiles, nucléophiles, radicalaires, péricycliques et les réarrangements catalysés par les métaux de transition.) [Syn. TRANSPOSITION.]

RÉARRANGER v. t. (conj. **17**). Arranger de nouveau, remettre en ordre.

RÉASSIGNATION n. f. Nouvelle assignation devant une juridiction saisie d'un litige entre les mêmes parties.

RÉASSIGNER v. t. (conj. **3**). Assigner de nouveau.

RÉASSORTIMENT, RASSORTIMENT ou **RÉASSORT** n. m. **1.** Action de réassortir. — **2.** Marchandises fournies pour réassortir.

RÉASSORTIR ou **RASSORTIR** v. t. (conj. **32**). Fournir de nouveau des marchandises pour rétablir un assortiment.

RÉASSUMER v. t. (conj. **3**). Assumer de nouveau et complètement.

RÉASSURANCE n. f. Opération consistant, pour un assureur, à se réassurer.

RÉASSURER v. t. (conj. **3**). Assurer une compagnie d'assurance pour tout ou partie de la somme qu'elle aurait à verser en cas de sinistre.

RÉASSUREUR n. m. Organisme qui réassure un assureur.

RÉATTU (Jacques), peintre français (Arles 1760 - *id.* 1833). Prix de Rome (1791), peintre d'histoire, il acquit à Arles, en 1822, un ancien prieuré, qu'il légua à la ville avec ses propres œuvres et ses collections (« musée Réattu »).

RÉAU (Louis), historien d'art français (Poitiers 1881 - Paris 1961), auteur de *l'Art russe* (1921-22), *Histoire de l'expansion de l'art français* (1924-1933), *Iconographie de l'art chrétien* (1955-1959), *les Monuments détruits de l'art français* (1959).

RÉAUGMENTER → RAUGMENTER.

RÉAUMUR (René Antoine FERCHAULT DE), physicien et naturaliste français (La Rochelle 1683 - Saint-Julien-du-Terroux 1757). Vers 1730, il construisit un thermomètre à alcool, le premier appareil dont les indications soient comparables les unes aux autres. Lors de recherches sur les alliages ferreux, il montra la possibilité de transformer la fonte en acier par addition de fer métallique ou oxydé, étudia la cémentation et la trempe de l'acier, la ductilité des métaux et fonda, en 1722, la métallographie. On lui doit aussi des *Mémoires pour servir à l'histoire des insectes* (1732-1742). Il a également étudié les mollusques, les crustacés, les oiseaux... (Acad. des sc., 1708.)

REBAB → RABĀB.

REBAIS (77510), ch.-l. de cant. de Seine-et-Marne, dans la Brie, à 12 km à l'E.-N.-E. de Coulommiers ; 1 754 hab. *(Resbaciens).* Église romane, anc. abbatiale. Papeterie.

REBAISSER v. i. et v. t. (conj. **4**). Baisser de nouveau.

REBAPTISER v. t. (conj. **3**). Donner un autre nom : *On a rebaptisé notre rue.*

RÉBARBATIF, IVE adj. (anc. fr. *rebarber,* faire face). **1.** Se dit d'une attitude rude et rebutante ; revêche. — **2.** Qui manque d'attrait, ennuyeux : *Un sujet de narration rébarbatif.*

REBAT n. m. (de *rebattre*). Tournée quotidienne des douaniers pour la surveillance d'un secteur.

REBATET (Lucien), écrivain français (Moras-en-Valloire, Drôme, 1903 - *id.* 1972). Journaliste à *l'Action française* (1929-1940), rédacteur à *Je suis partout* en 1932, il s'engagea dans la collaboration (*les Décombres,* 1942). Arrêté et condamné à mort en 1946, gracié, il a publié *les Deux Étendards* (1952) et *Une histoire de la musique* (1969).

REBÂTIR v. t. (conj. 32). Bâtir de nouveau ce qui a été détruit.

REBATTAGE n. m. **1.** Action de lisser la surface des briques. — **2.** Nouveau malaxage d'un mortier ou d'un béton après un certain temps de repos. (Syn. RESSUAGE.) — **3.** Action de resserrer les douelles d'une futaille en frappant sur les cercles.

REBATTEMENT n. m. (de *rebattre*). En héraldique, répétition des mêmes pièces ou des mêmes partitions à l'intérieur de l'écu.

REBATTEUSE n. f. Machine permettant de represser les briques filées pour leur donner la netteté de forme désirée.

REBATTRE v. t. (conj. 83). **1.** Battre de nouveau : *Rebattre les cartes.* — **2.** Effectuer le rebattage des briques, d'une futaille. — **3.** En parlant des chiens, revenir sur la voie. — **4.** Reproduire plusieurs fois une pièce héraldique. — **5.** *Rebattre un matelas,* ouvrir la laine ou le crin avec une carde, pour les gonfler. ‖ *Rebattre les oreilles à qqn de qqch,* lui répéter sans cesse la même chose jusqu'à le lasser.

◆ **être rebattu** v. pass. **1.** Avoir été redit, répété à satiété : *Un calembour rebattu.* — **2.** *Avoir les oreilles rebattues de qqch,* être fatigué de l'entendre.

REBAUDIR v. t. (anc. fr. *balt,* joyeux, du frq. **bald,* hardi) [conj. **32**]. Égayer les chiens de chasse en leur parlant.

REBEC n. m. (ar. *rabāb*). Sorte de vièle à caisse piriforme, creusée dans une seule pièce de bois avec son manche.

RÉBECCA, personnage biblique, petite-nièce d'Abraham. Elle fut l'épouse d'Isaac*, dont elle eut deux fils, Ésaü* et Jacob*.

REBEL (Jean Ferry), musicien français (Paris 1666 - *id.* 1747), violoniste (av. 1700), claveciniste (1702), enfin chef d'orchestre (v. 1718) à l'Opéra, qui fut l'un des premiers en France à écrire des sonates (1695). Sa pièce instrumentale descriptive *les Éléments* (1737) est son chef-d'œuvre. — Son fils, FRANÇOIS (Paris 1701 - *id.* 1775), fut surintendant de la musique du roi (1733) et dirigea l'Opéra.

REBELLE adj. et n. (lat. *rebellis,* de *bellum,* guerre). Qui est en révolte ouverte contre le gouvernement ou contre une autorité constituée : *Des troupes rebelles.*

◆ adj. **1.** Qui est fortement opposé, hostile à qqch, qui refuse de s'y soumettre : *Un enfant rebelle à la discipline.* — **2.** Qui manque de dispositions pour qqch : *Être rebelle à la musique.* — **3.** Qui se prête difficilement à l'action à laquelle on le soumet : *Mèche rebelle.* — **4.** Qui est difficile à guérir, qui ne cède pas aux remèdes.

REBELLER (SE) v. pr. (lat. *rebellare*) [conj. **4**]. **1.** Refuser de se soumettre à l'autorité politique légitime ou à toute autorité de droit ou de fait : *Se rebeller contre le gouvernement.* — **2.** Ne plus vouloir accepter la tutelle de qqch ou de ce qu'on estime être une contrainte insupportable : *Artistes qui se rebellent contre des règles désuètes.*

RÉBELLION n. f. (lat. *rebellio*). **1.** Action de se rebeller, de se révolter. — **2.** Ensemble des rebelles, des sujets en état de révolte : *Prendre des contacts avec la rébellion.* — **3.** Attitude d'opposition, de révolte, d'indiscipline : *Des intellectuels poussés par l'esprit de rébellion.* — **4.** Infraction commise contre l'autorité publique et consistant en une attaque ou en une résistance avec violence ou voies de fait envers certains fonctionnaires ou officiers publics agissant pour l'exécution des lois, des ordres ou ordonnances de l'autorité publique, des mandats de justice ou jugements.

REBELOTE n. f. *(Belote et) rebelote,* à la belote, réunion dans la même main de la dame et du roi d'atout ; se dit fam. lorsqu'on recommence une même action ou lorsque deux faits identiques se reproduisent.

REBEYROLLE (Paul), peintre français (Eymoutiers 1926). Son œuvre, qu'elle soit ou non figurative, selon les époques, manifeste toujours un rapport sensuel avec la nature, qui s'exprime à travers la richesse et le travail de la matière picturale, parfois chargée de collages de matériaux divers (monumentales séries des « Guerilleros » [1968] ou des « Prisonniers » [1972]). Musée à Eymoutiers.

REBIFFER (SE) v. pr. (rad. onomat. *biff-* exprimant un mouvement brusque) [conj. 3]. *Fam.* **1.** Se refuser à qqch avec brusquerie : *Se rebiffer contre des ordres stupides.* – **2.** Refuser d'obéir à qqn ; se révolter : *Il se rebiffe contre son chef.*

REBIQUER v. i. (p.-ê. de *bique,* au sens dialect. de « corne ») [conj. 3]. *Fam.* Se retrousser en faisant un angle, se dresser : *Pointes de col qui rebiquent.*

REBLANCHIR v. t. (conj. 32). Blanchir de nouveau ce qui s'est sali ou ce qui a jauni.

REBLOCHON n. m. (mot savoyard, de *reblocher,* traire une deuxième fois). Fromage au lait de vache, affiné et à croûte lavée, fabriqué en Haute-Savoie.

REBOBINAGE, REBOBINER → REMBOBINAGE, REMBOBINER.

REBOIRE v. t. et i. (conj. **108**). Boire de nouveau, recommencer à boire.

REBOISEMENT n. m. Plantation d'arbres sur un terrain nu ou sur un sol anciennement boisé. (Syn. REFORESTATION.)

REBOISER v. t. (conj. 3). Pratiquer le reboisement.

REBOND n. m. Fait de rebondir, mouvement de qqch qui rebondit : *Les rebonds du ballon.*

REBONDI, E adj. Se dit d'une partie du corps bien ronde : *Un visage rebondi.*

REBONDIR v. i. (de *bondir*) [conj. 32]. **1.** Faire un ou plusieurs bonds après avoir touché un autre corps : *Une balle en tombant rebondit sur le sol.* – **2.** Prendre un élan nouveau apès un arrêt passager ; avoir un développement nouveau et imprévu : *L'action de la pièce rebondit.* – **3.** Rétablir sa position après une période de difficultés.

REBONDISSEMENT n. m. **1.** Mouvement de ce qui rebondit. – **2.** Développement nouveau et imprévu d'une affaire après un arrêt momentané.

REBORD n. m. (de *reborder*). **1.** Partie en saillie, parfois ajoutée, qui forme le bord de qqch : *Rebord en pierre d'un bassin.* – **2.** Bord replié, retourné, formant ou non bourrelet : *Le rebord du pavillon de l'oreille.* – **3.** Syn. de TÊTIÈRE.

REBORDER v. t. (conj. 3). **1.** Garnir d'un nouveau bord ou rebord : *Reborder un chapeau.* – **2.** Border de nouveau un lit.

REBOT n. m. (anc. fr. *reboter,* repousser). Un des jeux de pelote basque, opposant deux équipes de cinq joueurs.

REBOUCHAGE n. m. **1.** En peinture, opération de préparation de surface ayant pour objet de faire disparaître les discontinuités superficielles d'un subjectile. – **2.** Obturation d'un puits par un bouchon de ciment.

REBOUCHER v. t. (conj. 3). **1.** Boucher de nouveau ce qui avait été débouché : *Reboucher une bouteille.* – **2.** Combler un trou : *Reboucher les fissures faites dans le plâtre.*

REBOUILLEUR n. m. Échangeur de chaleur utilisé pour réchauffer et vaporiser le liquide du fond d'une colonne à plateaux.

REBOUL (Jean), poète français, dit **le Boulanger de Nîmes** (Nîmes 1796 - *id.* 1864). Auteur de chansons satiriques, de *Poésies* (1836), il favorisa le mouvement félibréen et encouragea Mistral.

REBOURS (À) adv. (bas lat. *reburrus,* hérissé). **1.** À contre-poil : *Brosser du velours à rebours.* – **2.** En sens contraire, en partant de la fin : *Compter à rebours.* – **3.** De travers, à contresens : *Comprendre à rebours.* – **4.** À l'opposé, à l'inverse : *Tu fais tout à rebours de ce qu'on te dit.* – **5.** *Compte à rebours,* séquence temporelle des opérations qui précèdent le lancement d'une fusée ; comptage des opérations ou des moments qui précèdent un départ ou le début d'une action.

REBOUTEUX, EUSE ou **REBOUTEUR, EUSE** n. Personne qui, n'ayant pas fait d'études médicales, prétend guérir fractures, luxations, douleurs par des moyens empiriques. (L'activité des rebouteux est interdite par la loi.)

REBOUTONNER v. t. (conj. 3). Boutonner de nouveau un vêtement.

REBRAS n. m. **1.** Au XVIIe s., revers de manche. – **2.** Pièce de lingerie placée en revers au bas d'une manche.

REBREANU (Liviu), écrivain roumain (Tîrlişua, Transylvanie, 1885 - Valea Mare 1944), auteur de romans réalistes : *Ion* (1920), *la Forêt des pendus* (1922), *la Révolte* (1932).

REBRODER v. t. (conj. 3). Garnir une étoffe, un vêtement, un tissage d'une broderie postérieurement à sa fabrication.

REBROUSSEMENT n. m. **1.** Action de rebrousser, fait de se rebrousser. – **2.** Trajet d'un train qui repart en sens inverse de celui dans lequel il est arrivé. – **3.** Phénomène que présente une courbe en un point singulier où elle admet la même demi-tangente à droite et à gauche.

REBROUSSE-POIL (À) adv. **1.** Dans le sens opposé à la direction des poils : *Brosser une fourrure à rebrousse-poil.* — **2.** *Prendre qqn à rebrousse-poil,* agir avec lui si maladroitement qu'il se rebiffe.

REBROUSSER v. t. (anc. fr. *reborser,* de *rebours*) [conj. **3**]. **1.** Relever le poil, les cheveux, etc., dans le sens contraire à leur sens naturel : *Rebrousser le poil d'un chat.* — **2.** *Rebrousser chemin,* revenir en arrière. ‖ *Rebrousser le poil à qqn,* le mécontenter, le mettre de mauvaise humeur.

REBRÛLAGE n. m. Action de rebrûler.

REBRÛLER v. t. (conj. **3**). Ramollir à la flamme les bords de récipients en verre pour en supprimer les parties coupantes.

REBUFFADE n. f. (anc. fr. *rebuffe,* de l'ital. *rebuffo*). Refus brutal ou désagréable : *Essuyer une rebuffade.*

RÉBUFFAT (Gaston), alpiniste français (Marseille 1921 - Bobigny 1985). Il participa à l'expédition française à l'Annapūrnā (1950) et parcourut les grands itinéraires des Alpes. Écrivain, conférencier, photographe et cinéaste, G. Rébuffat a publié notamment *Étoiles et Tempêtes* (1954) et *les Horizons gagnés* (1975).

REBUFFEL (Lucien), syndicaliste français (Cannes 1927). Président de la fédération des P. M. E. d'Île-de-France en 1978, il devient, la même année, vice-président national de la Confédération générale des petites et moyennes entreprises (C. G. P. M. E.) et succède en 1990 à R. Bernasconi à la présidence du syndicat.

RÉBUS [rebys] n. m. (lat. *rebus,* ablatif de *res,* chose). **1.** Jeu d'esprit qui consiste à exprimer des mots ou des phrases par des lettres, des mots, des chiffres, des dessins et des signes dont la lecture phonétique révèle ce que l'on veut faire entendre. — **2.** Écriture difficile à déchiffrer.

REBUT n. m. (de *rebuter*). **1.** Ce qu'il y a de plus mauvais dans qqch et qui est laissé de côté : *Le rebut d'une fabrication.* — **2.** *Litt.* Ce qu'il y a de plus vil, de plus méprisable dans un groupe : *Le rebut de la population.* — **3.** Objet de correspondance qui n'a pu être ni distribué ni réexpédié par le service postal. — **4.** *Jeter au rebut,* se débarrasser de qqch qui est sans valeur ou inutilisable.

REBUTANT, E adj. **1.** Qui rebute, décourage, ennuie : *Travaux rebutants.* — **2.** Qui répugne par sa laideur : *Un visage rebutant.*

REBUTER v. t. (de *buter,* de *but*) [conj. **3**]. **1.** Lasser qqn de qqch, l'inciter à renoncer à poursuivre son action, son effort : *Par ses méthodes, il rebute ses collaborateurs.* — **2.** Ne pas être attirant, dégoûter : *Cette nourriture rebuterait un homme affamé.*

RECACHETER v. t. (conj. **27**). Cacheter de nouveau (une lettre qui avait été ouverte).

RECADRER v. t. **1.** Procéder à un nouveau cadrage. — **2.** Redéfinir le cadre, le contexte d'une action, d'un projet : *Recadrer la politique industrielle.*

RECALCIFICATION n. f. Action d'augmenter la calcémie et la fixation tissulaire du calcium. (On utilise des sels de calcium associés à la vitaminothérapie D.)

RECALCIFIER v. t. (conj. **9**). Enrichir de nouveau en calcium.

RÉCALCITRANT, E adj. (lat. *recalcitrare,* regimber). **1.** Se dit d'un animal qui résiste avec opiniâtreté à ce qu'on veut lui faire faire : *Âne récalcitrant.* — **2.** *Fam.* Qu'il n'est pas facile d'ajuster, d'agencer : *Un bouton de col récalcitrant.* ◆ adj. et n. Qui se montre rebelle à faire qqch, qui résiste.

RECALCULER v. t. (conj. **3**). Calculer de nouveau.

RECALÉ, E adj. et n. *Fam.* Qui a été refusé à un examen.

1. RECALER v. t. (conj. **3**). *Fam.* Refuser qqn à un examen.

2. RECALER v. t. (conj. **3**). Retoucher un tenon, une mortaise ou une coupe.

RECALESCENCE [-lɛsɑ̃s] n. f. Réchauffage spontané d'un alliage au cours de son refroidissement, dû à certaines transformations de phases.

RÉCAMIER (Julie Bernard, Mme), femme de lettres française (Lyon 1777 - Paris 1849). Issue de la bourgeoisie lyonnaise, elle épousa en 1793 le banquier parisien Récamier. À la fin du Directoire et sous le Consulat, elle tint un salon bientôt célèbre et se lia d'amitié avec Mme de Staël, chez qui elle se réfugia en 1806, après les revers de fortune de son mari. Elle fut exilée de Paris en 1811 par Napoléon, qui lui reprochait ses sympathies pour les opposants. En 1819, elle se retira à l'Abbaye-aux-Bois et se lia avec Chateaubriand, qui donna de l'éclat à son salon littéraire. Ses *Souvenirs* et sa *Correspondance* ont été publiés (1859).

RÉCAPITULATIF, IVE adj. et n. m. Se dit d'un tableau, d'un résumé, etc., qui récapitule, qui contient une récapitulation.

RÉCAPITULATION n. f. (bas lat. *recapitulatio*). **1.** Rappel, reprise sommaire de ce qu'on a dit ou écrit : *Récapitulation des arguments déjà donnés.* — **2.** Énumération complète des éléments d'un état, d'un tout : *Récapitulation d'un compte.*

— 3. *Récapitulation ontogénétique,* loi biogénétique selon laquelle le développement individuel reproduit le développement de la lignée. (Cette loi, successivement énoncée par Meckel [1815], A. Serres [1842], Fritz Müller [1864] et Haeckel [1866], ne s'applique qu'aux organes considérés isolément.)

RÉCAPITULER v. t. (bas lat. *recapitulare,* de *capitulum,* chapitre) [conj. 3]. Rappeler qqch ou le répéter en l'examinant de nouveau, en résumant ou en reprenant les points essentiels : *Récapituler sa leçon.*

RECARBURATION n. f. Restitution de carbone à l'acier, généralement effectuée par addition de ferromanganèse.

RECARDER v. t. (conj. 3). Carder de nouveau.

RECASER v. t. (conj. 3). *Fam.* Caser de nouveau qqn qui a perdu sa place, son poste.

RECASSER v. t. (conj. 3). Casser une nouvelle fois : *On lui a recassé l'os qui s'était mal remis.*

RECAUSER v. t. ind. (conj. 3). Parler de nouveau avec qqn de qqch.

RECCARED Ier († Tolède 601), roi des Wisigoths (586-601). Successeur de son père, Léovigild, il abandonna l'arianisme pour le catholicisme en 587.

RECÉDER v. t. (conj. 18). Céder à qqn ce qu'on a acheté.

RECEIVER [risivœr] n. m. (angl. *receiver*). Capacité placée entre les cylindres à haute et basse pression, dans une machine à vapeur compound.

RECEL n. m. (de *receler*). **1.** Fait de détenir sciemment des choses enlevées, détournées ou obtenues à l'aide d'un crime ou délit, ce qui constitue une infraction. — **2.** *Recel d'effets de communauté ou de succession,* action d'un copartageant qui dissimule, en vue de se l'approprier, un ou plusieurs éléments de la masse à partager. ‖ *Recel de malfaiteur,* fait de donner asile à des criminels ou à des délinquants ou d'aider un criminel à se soustraire aux recherches dont il est l'objet.

RECELER [rəs(ə)le] v. t. (de *celer*) [conj. 25]. **1.** Détenir, garder en sa possession des objets qu'on sait avoir été volés par un autre : *Receler des bijoux volés.* — **2.** Donner asile à qqn, le cacher pour le soustraire aux recherches de la justice. — **3.** Renfermer, contenir en soi des choses plus ou moins cachées ou secrètes : *Un sol qui recèle des réserves minérales.*

◆ **se receler** v. pr. En parlant d'un cerf, rester toute la nuit dans une enceinte.

RECELEUR, EUSE n. Personne qui recèle, se rend coupable de recel.

RÉCEMMENT adv. À une époque récente, il y a peu de temps.

RÉCENCE n. f. *Litt.* Caractère de ce qui est récent.

RECENSEMENT n. m. **1.** Opération administrative qui consiste à faire le dénombrement de la population d'un État. — **2.** Action de recenser des êtres, des choses ; fait d'être recensé. — **3.** Inventaire des équipements de toute nature susceptibles d'être réquisitionnés en temps de guerre. — **4.** Dénombrement des hommes soumis aux obligations du service national.

RECENSER v. t. (lat. *recensere,* énumérer) [conj. 3]. **1.** Faire le dénombrement officiel de la population. — **2.** Dénombrer des personnes, des choses, les inventorier, en dresser un état : *Recenser les volontaires.*

RECENSEUR, EUSE adj. et n. Se dit de qqn chargé de distribuer, de relever et, éventuellement, de remplir les questionnaires remis aux personnes soumises à un recensement.

RECENSION n. f. (lat. *recensio*). **1.** Analyse et compte rendu critique d'un ouvrage dans une revue. — **2.** Vérification d'un texte d'après les manuscrits.

RÉCENT, E adj. (lat. *recens, -entis,* nouveau). Qui appartient à un passé proche ou qui existe depuis peu : *Un événement récent. Immeuble récent.*

RECENTRAGE n. m. **1.** Action de recentrer ; fait d'être recentré. — **2.** Concentration des forces économiques sur un certain nombre de points forts, permettant d'occuper une position dominante.

RECENTRER v. t. (conj. 3). **1.** Remettre dans l'axe (ce qui a été désaxé). — **2.** Au football, envoyer de nouveau le ballon vers le centre, devant le but adverse. — **3.** Déterminer une politique par rapport à un nouvel objectif.

RECEPAGE ou **RECÉPAGE** n. m. **1.** Action de couper un arbre près de terre afin d'obtenir de nouvelles pousses. — **2.** Action de couper les pieux des pilotis pour les araser à un niveau donné.

RECEPER (conj. 19) ou **RECÉPER** (conj. 18) v. t. (de *cep*). Pratiquer le recepage.

RÉCÉPISSÉ n. m. (lat. *recepisse,* avoir reçu). Écrit constatant qu'un objet, une somme d'argent ou un document donné a été reçu.

RÉCÉPISSÉ-WARRANT [-warɑ̃] n. m. (pl. *récépissés-warrants*). Document délivré par les magasins généraux aux déposants de marchandises qui envisagent de les nantir et comprenant un récépissé, qui sert à transmettre la propriété des marchandises, et un warrant, qui, détaché du récépissé et endossé à l'ordre d'un porteur, devient un effet de commerce.

RÉCEPTACLE n. m. (lat. *receptaculum,* de *receptare,* recevoir). **1.** *Litt.* Lieu qui reçoit des choses ou des personnes venues de divers endroits : *Cet* *hôtel est le réceptacle de la pègre.* — **2.** Bassin où les eaux sont recueillies pour être ensuite distribuées par des conduites. — **3.** Sommet du pédoncule floral, sur lequel s'insèrent soit les pièces florales, soit les fleurs d'un capitule. (Le réceptacle peut devenir charnu et faire partie du fruit* [fraise, pomme, figue]. Le réceptacle du capitule de l'artichaut est charnu et comestible [« fond d'artichaut »].)

RÉCEPTEUR, TRICE adj. (lat. *receptor,* de *receptum,* de *recipere,* recevoir). **1.** Se dit d'un système qui reçoit de l'énergie, un signal, une onde, un fluide, etc. — **2.** *Machine réceptrice,* syn. de RÉCEPTEUR ACTIF. ‖ *Site récepteur,* portion de la membrane cellulaire sur laquelle vient se fixer une substance agissant à distance. (Neurotransmetteurs synaptiques et hormones agissent sur leur cellule cible en se fixant à un site récepteur spécifique.)

◆ **récepteur** n. m. Nom générique de dispositifs qui reçoivent une énergie ou un signal et fournissent une énergie ou un signal différents. • **Électr.** Dispositif dans lequel l'énergie électrique produit un effet énergétique (mécanique, chimique, etc.) autre que l'effet Joule et qui se trouve, de ce fait, doué de force contre-électromotrice. ‖ *Récepteur actif,* machine recevant de l'énergie électrique et la transformant en énergie mécanique. (Syn. MACHINE RÉCEPTRICE.) — **Électroacoust.** Transducteur électroacoustique qui transforme les ondes électriques en ondes acoustiques. — **Ling.** Personne qui reçoit et décode le message, par oppos. à *l'émetteur.* (C'est l'interlocuteur par rapport au locuteur ; on l'appelle aussi « auditeur » ou « destinataire ».) — **Méd.** Formation assurant la reconnaissance du message hormonal et le déclenchement de la réponse cellulaire. (Il existe une spécificité tissulaire de certains organes : les récepteurs d'œstrogènes au niveau des seins, par ex.) [Syn. CELLULE CIBLE, ORGANE CIBLE.] — **Neurol.** et **Zool.** Partie d'un organe sensoriel (muqueuse nasale, rétine, oreille interne, peau, etc.) assurant la transduction entre la stimulation et le message nerveux. ‖ Molécule présente dans un neurone, concentrée au niveau de la membrane postsynaptique et possédant une affinité spécifique pour un neuromédiateur. — **Techn.** *Récepteur (radioélectrique),* appareil destiné à amplifier les signaux radioélectriques captés par une antenne, en les filtrant pour éliminer les signaux voisins et les bruits indésirables, et à les démoduler pour fournir à la sortie des signaux ayant la forme et la puissance voulues. (Syn. RADIORÉCEPTEUR.) ‖ *Récepteur de radiodiffusion,* récepteur radioélectrique des signaux de radiodiffusion sonore, actionnant un haut-parleur. ‖ *Récepteur de télévision,* récepteur radioélectrique traduisant les signaux de télévision en images sur un écran, et les signaux associés en sons à l'aide d'un haut-parleur. — **Télév.** *Récepteur de contrôle,* syn. de ÉCRAN* DE CONTRÔLE. — **Trav. publ.** Récipient dans lequel se déversent des eaux surabondantes.

RÉCEPTIF, IVE adj. (lat. *receptum,* de *recipere,* recevoir). **1.** Susceptible d'accueillir facilement telle impression, suggestion, etc. : *Il s'est montré réceptif à notre demande.* — **2.** Se dit d'un sujet dont l'organisme est particulièrement sensible à l'action de certains agents pathogènes.

RÉCEPTION n. f. (lat. *receptio*). **1.** Action de recevoir qqch, d'entrer en possession de ce qui a été envoyé : *La réception d'un colis.* — **2.** Action, manière de recevoir des ondes sonores : *Bonne réception d'une émission.* — **3.** Action, manière de recevoir qqn qui se présente, de l'accueillir : *Une réception glaciale.* — **4.** Action de recevoir chez soi ; réunion organisée pour recevoir des invités : *Aller à une réception. Salons de réception d'une ambassade.* — **5.** Service d'une entreprise, d'un hôtel où l'on accueille les visiteurs ; personnel affecté à ce service : *Demander à la réception la clé de sa chambre.* — **6.** Action de recevoir officiellement qqn dans un cercle, une société, un corps ; le fait d'y être admis ; cérémonie qui marque cette entrée : *Discours de réception d'un nouvel académicien.* • **Ch. de f.** *Faisceau de réception,* dans un triage, faisceau de voies où sont reçus les trains à trier. — **Dr.** *Réception de marchandises,* opération du destinataire qui reçoit les marchandises des mains du voiturier ou de son préposé. ‖ *Réception de travaux,* acte par lequel celui qui a commandé des travaux reconnaît que leur exécution a été correcte et satisfaisante et à partir duquel court le délai de garantie. — **Hydrol.** *Bassin de réception,* partie supérieure d'un torrent. — **Sports.** Façon de reprendre contact avec le sol après un saut. ‖ Façon de contrôler le ballon après une passe d'un partenaire ou (pour le gardien de but) un tir d'un adversaire.

RÉCEPTIONNAIRE n. **1.** Personne chargée de la réception de travaux ou d'objets pour son propre compte ou pour celui du destinataire. — **2.** Chef de la réception dans un hôtel. — **3.** Destinataire en matière de transports maritimes.

RÉCEPTIONNER v. t. (conj. 3). **1.** Prendre livraison de marchandises et vérifier leur état. — **2.** Accueillir qqn, en partic. un client, à son arrivée. — **3.** Recevoir la balle, le ballon (dans un jeu).

RÉCEPTIONNISTE n. Personne chargée de la réception des visiteurs, de l'accueil de la clientèle dans un hôtel.

RÉCEPTIVITÉ n. f. (de *réceptif*). **1.** Qualité de qqn, d'un groupe, qui se montre particulièrement disposé à écouter les autres ou à subir l'influence de qqn, qqch : *La réceptivité de la Bourse à toute nouvelle défavorable.* — **2.** Aptitude d'un organisme à contracter certaines maladies. – **3.** Aptitude du cerveau à recevoir certaines stimulations.

RECERCLER v. t. (conj. **3**). Cercler de nouveau un tonneau.

RECÈS → RECEZ.

RÉCESSIF, IVE adj. (de *récession*). **1.** Se dit d'un caractère génétiquement déterminé et qui ne s'exprime phénotypiquement que si le gène responsable est présent en double exemplaire (état homozygote). [Le caractère récessif s'oppose au caractère dominant, qui s'exprime lorsque le gène responsable est présent en un exemplaire unique (état hétérozygote).] (→ *encycl.*) – **2.** Relatif à la récession, au ralentissement de l'activité économique.

ENCYCL. **Génét.** La première loi de l'hérédité autosomique récessive est que les deux parents d'un malade sont hétérozygotes pour le gène responsable de la maldie (par ex. l'albinisme). Leur apparence (leur phénotype) est normale, mais ils sont porteurs du gène pathologique. La deuxième loi concerne la fréquence des maladies dans les fratries issues de mariages entre hétérozygotes. Pour un grand nombre de fratries, la fréquence des malades est de 1/4 contre 3/4 de sujets bien portants. En troisième lieu, la descendance d'un sujet malade est presque toujours d'apparence normale. Enfin, la fréquence des unions consanguines parmi les parents de malades est plus élevée que dans la population générale.

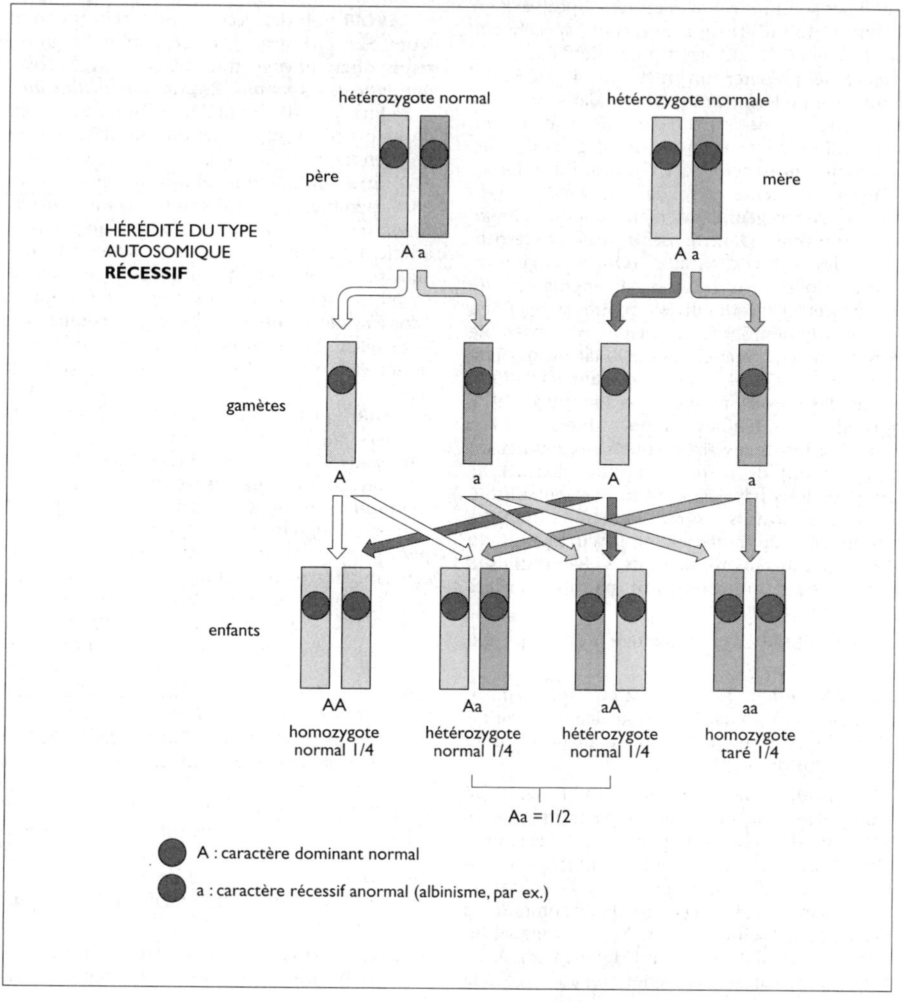

RÉCESSION n. f. (angl. *recession,* du lat. *recessio*). **1.** Ralentissement ou fléchissement de l'activité économique. — **2.** Mouvement de fuite des galaxies les unes par rapport aux autres, avec une vitesse proportionnelle à leur distance. — **3.** *Récession glaciaire,* recul des glaciers.

RÉCESSIVITÉ n. f. État d'un caractère héréditaire récessif.

RÉCESSUS [-sys] n. m. (lat. *recessus,* retraite). Nom donné à des organes ou parties d'organes normalement évaginés (par ex. les récessus du troisième ventricule).

RECETTE n. f. (lat. *recepta,* de *recipere,* recevoir). **1.** Somme reçue : *Colonne des recettes et des dépenses sur un livre de comptes.* — **2.** Montant total des sommes gagnées entrées en caisse à un moment donné : *Le caissier s'est fait voler la recette de la journée.* — **3.** Description détaillée de la façon de préparer un mets. — **4.** Méthode, moyen empirique pour réussir dans telle circonstance : *Une recette pour enlever les taches.* — **5.** *Faire recette,* attirer un très large public, un grand nombre d'acheteurs, de partisans. • **Banq.** *Garçon de recettes,* syn. de ENCAISSEUR. — **Fin.** Emploi de receveur des deniers publics. ‖ Bureau d'un receveur. ‖ *Recette fiscale,* structure territoriale des services fiscaux. (On distingue les recettes locales, les recettes des impôts ou « de centre » et les recettes divisionnaires au chef-lieu du département.) ‖ *Recettes publiques,* ensemble des ressources financières de l'État ou des collectivités locales. — **Impr.** Partie aménagée, à la sortie des presses, pour assurer le transfert et la réception des feuilles ou des cahiers. — **Mar.** *Essais de recette,* essais auxquels on soumet un navire avant de le recevoir d'un chantier de constructions navales. — **Min.** Lieu où se trouvent les dispositifs assurant la manutention des produits et du matériel, et la circulation du personnel, aux abords du puits, à chaque niveau. (Les recettes du fond sont parfois appelées « accrochage ».)

RECEVABILITÉ n. f. Caractère de ce qui est recevable.

RECEVABLE adj. **1.** Qui peut être reçu, admis. — **2.** Admis à poursuivre en justice. — **3.** Se dit d'une demande en justice à laquelle ne s'oppose aucune fin de non-recevoir.

RECEVEUR, EUSE n. (de *recevoir*). **1.** Employé chargé de percevoir le coût du parcours dans les véhicules des transports publics. — **2.** Personne chargée de recevoir des deniers publics. — **3.** Administrateur d'un bureau de poste. — **4.** Malade à qui on injecte du sang ou un de ses composants par voie intraveineuse. — **5.** Sujet sur lequel on a greffé un tissu ou transplanté un organe prélevé sur un donneur. — **6.** Ouvrier(ère) affecté(e) à la recette d'une presse. — **7.** Ouvrier préposé à la recette d'une mine. — **8.** *Receveur général,* en France, sous l'Ancien Régime, officier comptable établi dans une généralité pour assurer les mouvements de fonds d'origine fiscale. ‖ *Receveur universel,* individu du groupe sanguin AB, qui peut recevoir le sang de tous les sujets (dans le système ABO), mais ne peut en donner qu'aux sujets de son propre groupe. (Le receveur universel doit être du même groupe Rh que son donneur.)

RECEVEUR-DISTRIBUTEUR n. m. (pl. *receveurs-distributeurs*). Fonctionnaire de l'administration des Postes responsable, dans les petites localités, à la fois des opérations de guichet du bureau de poste et de la distribution des correspondances.

RECEVOIR v. t. (lat. *recipere,* de *capere,* prendre) [conj. **52**]. **1.** Entrer en possession de ce qui est remis, offert, envoyé, transmis par qqn : *Recevoir une lettre de ses enfants. Recevoir un prix littéraire.* — **2.** Être le destinataire d'une communication, d'une proposition, en prendre connaissance ou en prendre acte : *Recevoir des conseils d'un ami.* — **3.** Être l'objet d'une action, en éprouver les effets pénibles ou bienfaisants : *On a reçu une averse en venant ici.* — **4.** Suivi d'un n. avec article, forme avec celui-ci une loc. verbale qui équivaut à un verbe passif : *Recevoir des soins* (= être soigné). *Recevoir un coup* (= être frappé). *Recevoir une récompense* (= être récompensé). — **5.** Accueillir qqn chez soi, l'admettre auprès de soi à un titre ou à un autre : *Commerçant qui reçoit ses fournisseurs le matin.* — **6.** Admettre, accueillir qqch de telle ou telle façon : *Les pouvoirs publics ont reçu cette suggestion avec réticence.* — **7.** Admettre chez soi des amis, des relations, donner une réception : *Des gens qui savent recevoir.* — **8.** Recueillir qqch, qqn, les contenir : *Un bassin destiné à recevoir les eaux de pluie.* — **9.** Entendre un message radio, capter une émission de télévision, capter les signaux de qqn. — **10.** Attraper une balle, un ballon en le contrôlant. — **11.** Admettre qqn à un examen, dans une école après qu'il a satisfait à certaines conditions. — **12.** *Recevoir (l'expression de),* introduit des formules de politesse à la fin d'une lettre. *Recevez, Monsieur, l'expression de mes sentiments très respectueux.* ‖ Pop. *Se faire recevoir,* essuyer une vive réprimande, être froidement accueilli.

◆ **être reçu** v. pass. **1.** Être admis à un examen, dans un certain corps, une institution : *Être reçu quatrième à l'agrégation.* — **2.** Être consacré, admis couramment : *Des idées reçues.*

◆ **se recevoir** v. pr. Reprendre contact avec le sol après un saut.

RECEZ ou **RECÈS** [rəsɛ] n. m. (lat. *recessus,* action de se retirer). **1.** Procès-verbal des délibérations de l'ancienne Diète germanique. — **2.** Ordonnance émanant de la Ligue hanséatique.

Recez germanique de Ratisbonne, acte élaboré en France et ratifié par la Diète du Saint Empire à Ratisbonne (mars 1803). Fruit des négociations prévues par le traité de Lunéville (1801), il dédommagea les princes allemands de la rive gauche du Rhin, dépossédés par les conquêtes françaises, en sécularisant la quasi-totalité des principautés ecclésiastiques. Il créa trois nouveaux princes électeurs protestants ; dès lors, le collège électoral fut formé de 6 protestants et de 4 catholiques. En affaiblissant de la sorte l'influence autrichienne, cet acte transforma la carte du Saint Empire et préluda à sa dislocation en 1806.

RÉCHAMPIR v. t. (de *champ*) [conj. **32**]. En peinture décorative, faire ressortir une moulure, un ornement du fond sur lequel ils sont appliqués, soit en marquant leurs contours, soit en employant une ou plusieurs couleurs différentes de celle du fond.

RÉCHAMPIS [-pi] n. m. Mince filet décoratif de peinture.

RÉCHAMPISSAGE n. m. **1.** Action de réchampir. — **2.** Surface réchampie.

1. RECHANGE n. m. (de *rechanger*). **1.** *Vx.* Remplacement d'un objet par un autre similaire ; cet objet lui-même : *Les rechanges de drap.* — **2.** *De rechange,* qui sert à remplacer les objets qui sont non disponibles ou hors d'usage : *Roue de rechange ;* qui peut se substituer à ce qui a échoué, à ce qui s'est révélé inadéquat : *Une solution de rechange.*

2. RECHANGE n. m. (de *change*). **1.** Opération par laquelle le porteur d'une lettre de change impayée tire sur les obligés une nouvelle lettre de change (la retraite), qu'il fera escompter afin de recouvrer le montant de sa créance. — **2.** Prix de la négociation de la retraite.

RECHANGER v. t. (conj. **17**). Changer de nouveau.

RECHANTER v. t. (conj. 3). Chanter de nouveau.

RECHAPAGE n. m. Opération consistant à rechaper un pneu.

RECHAPER v. t. (de *chape*) [conj. 3]. Doter un pneu usagé d'une nouvelle bande de roulement.

RÉCHAPPER v. t. ind. (conj. 3). **1.** Échapper par chance à un danger grave : *Réchapper à un accident.* — **2.** Se sortir vivant d'une maladie : *Réchapper d'un cancer.*

RECHARGE n. f. **1.** Action de recharger, de remettre en état de fonctionnement : *La recharge d'un accumulateur.* — **2.** Ce qui permet d'approvisionner de nouveau un appareil : *Acheter une recharge de briquet.*

RECHARGEABLE adj. Qu'on peut recharger.

RECHARGEMENT n. m. Action de recharger un véhicule, une arme, une pièce, etc.

RECHARGER v. t. (conj. **17**). **1.** Placer de nouveau une charge sur un véhicule : *Recharger les bagages sur la voiture.* — **2.** Garnir de nouveau une arme de ce qui est nécessaire au tir : *Recharger un pistolet.* — **3.** Approvisionner de nouveau qqch pour le remettre en état de fonctionner : *Recharger une caméra.* — **4.** Ajouter de la matière dans les parties usées d'une pièce, d'un outil, etc., là où la cote est trop faible. — **5.** Empierrer une route, une voie ferrée pour en relever le niveau.

RÉCHAUD n. m. **1.** Appareil de cuisson portatif. — **2.** Amas de fumier disposé autour des coffres abritant des plantes et destiné à les réchauffer.

RÉCHAUFFAGE n. m. **1.** Action de réchauffer. — **2.** Opération thermique ayant pour objet de ramener une pièce ou un appareil à une température convenable.

RÉCHAUFFANT, E adj. Susceptible de réchauffer : *Une atmosphère réchauffante.*

RÉCHAUFFE n. f. Syn. de POSTCOMBUSTION.

RÉCHAUFFÉ n. m. **1.** Nourriture réchauffée : *Plat qui a un goût de réchauffé.* — **2.** *Fam.* Ce qui est trop connu, qui a perdu tout effet.

RÉCHAUFFEMENT n. m. Fait de se réchauffer (surtout en parlant du temps).

RÉCHAUFFER v. t. (de *échauffer*) [conj. 3]. **1.** Chauffer, rendre chaud ou plus chaud ce qui s'est refroidi : *Réchauffer un potage. Le soleil commence à réchauffer l'atmosphère.* — **2.** Redonner de la chaleur, faire disparaître la sensation de froid : *Battre des mains pour les réchauffer.* — **3.** Donner une ambiance plus chaleureuse à qqch, un lieu : *Des tentures rouges réchauffaient la pièce.* — **4.** Ranimer un sentiment, lui redonner de la force : *Réchauffer l'ardeur des troupes.* — **5.** Donner un ton plus chaud à une peinture. — **6.** *Réchauffer le cœur de qqn,* le réconforter.
◆ v. i. Devenir chaud ou plus chaud : *Faire réchauffer un plat au bain-marie.*
◆ **être réchauffé** v. pass. *Fam.* Avoir perdu tout effet pour avoir été trop longtemps utilisé : *Histoire réchauffée.*
◆ **se réchauffer** v. pr., **être réchauffé** v. pass. **1.** Redonner de la chaleur à son corps : *Courir pour se réchauffer.* — **2.** Devenir plus chaud : *La mer va se réchauffer.* — **3.** Repasser au feu pour être consommé chaud, en parlant d'un aliment qui a refroidi : *Un plat réchauffé.*

RÉCHAUFFEUR n. m. **1.** Appareil dans lequel on élève la température d'un fluide avant son utilisation. (→ *encycl.*) — **2.** *Réchauffeur à mélange,* réchauffeur dans lequel le fluide à réchauffer est mélangé avec le fluide chauffant. ‖ *Réchauffeur à surface,* échangeur de réchauffage. ENCYCL. Les *réchauffeurs d'eau d'alimentation* des générateurs de vapeur des centrales électriques échauffent l'eau au moyen de vapeur d'échappement ou de vapeur soutirée. Les *réchauffeurs d'air de combustion* sont essentiellement des récupérateurs de chaleur, utilisés concurremment avec les économiseurs* pour parfaire le refroidissement des fumées.

RECHAUSSEMENT n. m. Action de rechausser ; fait d'être rechaussé.

RECHAUSSER v. t. (conj. 3). **1.** Chausser de nouveau. – **2.** Réparer le pied d'un mur par une substitution de matériaux.

RÊCHE adj. (frq. **rubisk*). **1.** Qui est âpre au goût : *Un fruit rêche.* – **2.** Qui est rude au toucher : *Une grosse toile rêche.* – **3.** *Litt.* D'un abord désagréable, difficile à vivre : *Avoir un côté un peu rêche.*

RECHERCHE n. f. (de *rechercher*). **1.** Action de rechercher qqch ou qqn dont on ignore où il se trouve exactement : *La recherche d'un objet perdu.* – **2.** Action de chercher à se procurer ce que l'on désire : *La recherche de la sécurité.* – **3.** Action de chercher à découvrir qqch, à parvenir à une connaissance nouvelle : *La recherche des causes de l'inflation.* – **4.** Ensemble d'études et de travaux menés méthodiquement par un spécialiste et ayant pour objet de faire progresser la connaissance : *Des recherches historiques.* – **5.** Ensemble des activités auxquelles se livrent les chercheurs : *Le budget de la recherche.* – **6.** Souci de se distinguer du commun, se manifestant par un raffinement extrême dans les manières, la toilette : *Être habillé avec recherche.* – **7.** *Recherche minière,* ensemble des opérations engagées, sans certitude de succès, pour mettre en évidence l'existence d'un gisement exploitable.

recherche *(Agence nationale de valorisation de la)* **[A. N. V. A. R.],** établissement public créé en 1967 dont la mission est de concourir au développement de la recherche, de favoriser l'innovation et de contribuer à la modernisation des entreprises.

Recherche de l'absolu *(la),* roman d'H. de Balzac (1834). La passion scientifique de l'absolu provoquera la ruine de Balthazar Claës, la mort de sa femme et la misère de ses enfants.

recherche agronomique *(Institut national de la)* **[I. N. R. A.],** établissement public créé en 1946, placé sous la tutelle du ministère de l'Agriculture et du ministère chargé de la Recherche, ayant pour mission d'effectuer les travaux de la recherche scientifique intéressant l'agriculture, les industries agroalimentaires et le monde rural.

recherche en éducation et formation *(Institut national de)* **[I. N. R. E. F.],** organisme créé en 1986 ; il remplace l'ancien Institut national de recherche pédagogique (I. N. R. P.), créé en 1976. Établissement public placé sous la tutelle du ministère de l'Éducation nationale, l'I. N. R. E. F. assume l'ensemble des recherches concernant les enseignements de tous les niveaux et est ouvert aux entreprises et aux parents d'élèves.

recherche scientifique *(Centre national de la)* **[C. N. R. S.],** établissement public national, doté de la personnalité civile et de l'autonomie financière, placé sous la tutelle du ministre chargé de la Recherche. Créé en oct. 1939, le centre a vu ses missions redéfinies en 1982. Elles consistent à évaluer et effectuer toutes recherches présentant un intérêt pour l'avancement de la science, à contribuer à l'application des résultats de ces recherches, à développer l'information scientifique et à participer à l'analyse de la conjoncture scientifique nationale et internationale en vue de l'élaboration de la politique nationale dans ce domaine.
Le C. N. R. S. est un ensemble qui unit le C. N. R. S. lui-même et deux instituts nationaux : l'I.N.S.U. (Institut national des sciences de l'univers [anc. I.N.A.G., Institut national d'astronomie et de géophysique]) et l'IN_2P_3 (Institut national de physique nucléaire et de physique des particules). Il est administré par un conseil d'administration présidé par une personnalité nommée en Conseil des ministres. Le *Comité national de la recherche scientifique,* placé auprès du centre, est une instance de conseil, d'évaluation et de prospective, comptant 45 sections spécialisées par discipline.

recherche du temps perdu *(À la)* → À LA RECHERCHE DU TEMPS PERDU.

recherche de la vérité *(De la),* ouvrage de Malbrouke (1674-75), dans lequel l'auteur montre comment nous atteignons le réel grâce à Dieu.

recherches aérospatiales *(Office national d'études et de)* **[O. N. E. R. A.]** → AÉROSPATIALES.

RECHERCHE-ACTION n. f. (angl. *action research*). Étude qui transpose des connaissances théoriques dans le milieu naturel étudié et en dégage des enseignements susceptibles de généralisation pour aboutir à la production d'un savoir théorique et/ou s'attacher à résoudre des conflits internes à ce milieu (discrimination, etc.).

RECHERCHE-DÉVELOPPEMENT n. f. Ensemble des procédures qui concernent la conception, la mise au point et la fabrication d'un nouveau produit industriel ou commercial.

RECHERCHER v. t. (de *chercher*) [conj. 3]. **1.** Chercher qqch, qqn, les reprendre à l'endroit où ils sont : *J'irai vous rechercher la semaine prochaine.* — **2.** Tâcher de retrouver qqch par une action menée avec soin, méthode, persévérance : *Amateur qui recherche un ouvrage rare.* — **3.** Tenter de retrouver ou de découvrir qqn par une enquête policière, judiciaire : *Rechercher un criminel.* — **4.** Chercher à connaître, à établir, à définir ce qui n'est pas connu ou ce qui est mal connu : *Rechercher les causes d'un événement.* — **5.** Tenter de se procurer qqch, de s'assurer le concours de qqn pour satisfaire son intérêt, ses désirs, etc. : *Rechercher l'amitié de quelqu'un.* — **6.** Essayer de faire la connaissance de qqn, d'établir avec lui des relations de société, d'amitié : *Rechercher les gens puissants.*

◆ **être recherché** v. pass. **1.** Être rare, difficile à trouver, à obtenir : *Les œuvres de ce peintre sont très recherchées.* — **2.** Être très demandé pour ses qualités : *Un conférencier recherché.* — **3.** Dénoter du soin, du raffinement, de l'originalité ou un excès de recherche et un manque de naturel : *Des expressions trop recherchées.*

RECHIGNER v. t. ind. (frq. **kinan,* tordre la bouche) [conj. 3]. *Fam.* Témoigner de la mauvaise volonté à faire qqch : *Rechigner à un travail.*

◆ v. i. *Litt.* Montrer par son visage sa mauvaise humeur.

RECHRISTIANISATION [-kris-] n. f. Action de rechristianiser ; fait d'être rechristianisé.

RECHRISTIANISER [-kris-] v. t. (conj. 3). Ramener à la foi chrétienne une population, un pays déchristianisés.

RECHT, v. de l'Iran, ch.-l. de prov., sur le delta du Sefid Rud ; 340 600 hab. Centre commercial. Textile. Plastiques. Tabac.

RECHUTE n. f. **1.** Reprise évolutive d'une maladie en voie de guérison. — **2.** Action de retomber dans un mal, dans une mauvaise habitude.

RECHUTER v. i. (conj. 3). Faire une rechute, retomber malade, retomber dans une mauvaise habitude.

RÉCIDIVANT, E adj. Se dit d'une maladie qui récidive.

RÉCIDIVE n. f. (lat. médiév. *recidiva,* du lat. class. *recidivus,* qui retombe, revient). **1.** Action de commettre, dans des conditions précisées par la loi, une deuxième infraction après une première condamnation pénale définitive. — **2.** Réapparition d'une maladie dont un sujet déjà atteint avait complètement guéri.

RÉCIDIVER v. i. (conj. 3). **1.** Commettre de nouveau une infraction. — **2.** Faire qqch une nouvelle fois, recommencer. — **3.** En parlant d'une maladie, se manifester de nouveau.

RÉCIDIVISME n. m. Rechute dans la délinquance après condamnation.

RÉCIDIVISTE n. Personne ayant déjà été condamnée et qui a commis une nouvelle infraction.

RÉCIF n. m. (esp. *arrecife,* de l'ar. *al-raṣīf,* digue). **1.** Rocher ou groupe de rochers à fleur d'eau, généralement au voisinage des côtes. — **2.** *Récif corallien,* ligne d'écueils à fleur d'eau, construits par les coraux.

ENCYCL. Les *récifs* (ou *atolls*) *coralliens* sont dus à l'activité de madréporaires, cnidaires, solitaires ou coloniaux, qui édifient un squelette calcaire externe. Les formations récifales exigent une eau pure et chaude (de 19 à 29 °C), qui explique une localisation tropicale bien aérée, une profondeur compatible avec l'éclairement (de 20 à 50 m comme optimum) et une agitation moyenne. On distingue les récifs frangeants (bordant la côte, dont ils sont séparés par un lagon peu profond), les récifs-barrières, de grandes dimensions, et enfin les atolls.

RÉCIFAL, E, AUX adj. Relatif aux récifs.

RÉCIF-BARRIÈRE n. m. (pl. *récifs-barrières*). Barrière corallienne de grandes dimensions, séparée de la ligne de rivage par un lagon.

RECIFE, anc. **Pernambuco** ou **Fernambuco,** v. du nord-est du Brésil, cap. de l'État de Pernambouc ; 1 290 000 hab. (2 850 000 hab. dans l'agglomération). Églises anciennes, surtout de style rococo (XVIIIe s.). Musées. Longtemps centre commercial, la ville s'est industrialisée, en particulier sous l'impulsion de la Surintendance de développement du Nordeste, dont elle abrite le siège (constructions mécaniques et électriques, textiles synthétiques, chimie, alimentation).

— **Hist.** Fondée par les Portugais au milieu du XVIe s., la ville connut une grande prospérité aux XVIIe et XVIIIe s. avec le commerce du sucre.

RECINGLE n. f. (de *cingler*). Outil d'orfèvre servant à repousser la panse des pièces creuses et à goulot.

RÉCIPIENDAIRE n. (lat. *recipiendus,* qui doit être reçu). **1.** Personne que l'on reçoit dans une compagnie, une société savante avec un certain cérémonial. — **2.** Personne qui reçoit un diplôme universitaire, une médaille, etc.

RÉCIPIENT n. m. (lat. *recipiens,* de *recipere,* recevoir). Tout ustensile creux capable de contenir un liquide, un gaz, des objets, etc.

RÉCIPROCITÉ n. f. (bas lat. *reciprocitas*). Caractère de ce qui est réciproque.

RÉCIPROQUE adj. (lat. *reciprocus,* qui revient au point de départ). **1.** Qui marque un échange équivalent entre deux personnes, deux groupes : *Une amitié réciproque.* — **2.** Qui est la réplique inverse de qqch : *Proposition réciproque.* — **3.** Se dit d'un verbe pronominal qui exprime l'action exercée par deux ou plusieurs sujets les uns sur les autres (par ex. *Pierre et Paul se battent*). — **4.** *Application réciproque d'une application bijective* f de A *sur* B, application *g* (notée f^{-1}) *de B sur A telle qu'un élément de B ait pour image son antécédent par f.* (Syn. APPLICATION INVERSE.) ‖ *Fonction réciproque d'une fonction* f, relation réciproque de *f,* qui est effectivement une fonction (notée f^{-1}) *quand la restriction de f* à son domaine de définition est injective. ‖ *Relation réciproque,* pour une relation binaire R, relation binaire S définie par

$$(x, y) \in R \in \leftrightarrow (y, x) \in S.$$

◆ n. f. La pareille, l'action inverse : *Elle l'aime, mais la réciproque n'est pas vraie.*

RÉCIPROQUEMENT adv. **1.** D'une manière réciproque. — **2.** *Et réciproquement,* vice versa.

RÉCIPROQUER v. i. (lat. *reciprocare*) [conj. 3]. En Belgique, rendre la pareille, en parlant de vœux, souhaits, etc.

RECIRCULATION n. f. Syn. de RECYCLAGE.

RÉCIT n. m. (de *réciter*). **1.** Action de relater, de rapporter qqch : *Faire le récit d'un voyage.* — **2.** Développement oral ou écrit rapportant des faits vrais ou imaginaires : *Écrire des récits d'aventures.* — **3.** Dans une œuvre dramatique, narration d'un événement qui a eu lieu hors de la scène. — **4.** Solo instrumental de caractère orné. — **5.** Troisième clavier de l'orgue. — **6.** Syn. de RÉCITATIF.

Récits d'un chasseur, recueil de nouvelles d'Ivan Tourgueniev (1847-1852) et l'un de ses chefs-d'œuvre. Révélateurs de la vie paysanne, ils contribuèrent à la décision d'Alexandre II d'abolir le servage.

RÉCITAL n. m. (pl. *récitals*) [angl. *recital,* de *to recite*]. **1.** Concert où se fait entendre un seul exécutant. — **2.** Séance artistique donnée par un seul interprète ou consacrée à un seul genre. — **3.** Prestation exceptionnelle de qqn ; série d'actes remarquables : *L'avant-centre a donné un récital de tirs au but.*

RÉCITANT, E n. **1.** Personne qui récite un texte. — **2.** Dans une œuvre dramatique, un film, etc., personne qui dit un commentaire, parfois en « voix off ». — **3.** Narrateur qui déclame un texte dans une œuvre musicale (*l'Histoire du soldat* de Stravinski).

RÉCITATIF n. m. (ital. *recitativo*). **1.** Chant déclamé dont la mélodie et le rythme suivent les inflexions de la phrase parlée. (Syn. RECITATIVO.) — **2.** Air pour voix seule, de style déclamé. (Syn. RÉCIT.)

ENCYCL. Transmis par les communautés juives d'Orient, le récitatif alimente les chants liturgiques. À la fin du XVIe s., le récitatif paraît dans la musique profane, à Florence, et devient un élément important dans l'opéra de Monteverdi. D'abord accompagné par quelques accords au luth ou au clavecin, puis étoffé par des parties instrumentales, il assure la liaison entre les airs et les ensembles et sert à la narration des événements. Aux XVIIe et XVIIIe s. apparaissent en Italie, dans la musique profane et religieuse, le *recitativo secco,* soutenu par le seul clavecin, le *recitativo accompagnato,* accompagné par l'orchestre, et l'*arioso,* intermédiaire entre l'aria et le *recitativo secco.* Aux XIXe et XXe s., Wagner, Moussorgski, Debussy, Berg usent d'un récitatif continu et abandonnent le découpage en récitatif et airs.

RÉCITATION n. f. (lat. *recitatio,* de *recitare,* lire à haute voix). **1.** Action, manière de réciter ce qu'on sait, ce qu'on a appris par cœur : *La récitation des leçons.* — **2.** Texte littéraire, poésie que les élèves doivent apprendre par cœur et réciter de mémoire ; exercice scolaire correspondant.

RECITATIVO n. m. Syn. de RÉCITATIF.

RÉCITER v. t. (lat. *recitare*) [conj. 3]. **1.** Dire à haute voix un texte (que l'on a appris) : *Réciter une fable à ses parents.* — **2.** Dire, prononcer des paroles comme une chose apprise, sur un ton qui manque de naturel : *Témoin qui récite sa déposition.*

RECKLINGHAUSEN, v. d'Allemagne (Rhénanie-du-Nord-Westphalie), dans la Ruhr ; 119 000 hab. Centre industriel et commercial, ville de congrès. Musée consacré aux icônes.

Recklinghausen (*maladie de* VON), syn. de NEUROFIBROMATOSE.

RÉCLAMATION n. f. (lat. *reclamatio,* de *reclamare,* réclamer). **1.** Action de s'adresser à l'autorité pour se plaindre de qqch, pour protester, signaler une malfaçon, etc. : *Bureau des réclamations.* — **2.** Action de réclamer qqch auquel on estime avoir droit ; demande, lettre par laquelle on réclame : *Réclamation de dommages et intérêts.* — **3.** Action de protester, de revendiquer : *Être excédé par les réclamations continuelles des enfants.* — **4.** Contestation du contribuable auprès de l'Administration fiscale en cas de désaccord quant à la contribution qui lui est demandée. (Le délai général de réclamation expire le 31 mars de l'année qui suit l'année de mise en recouvrement du rôle.) — **5.** *Réclamation d'état,* action par laquelle une personne demande à établir le droit qu'elle a à un état qu'elle prétend être le sien afin de bénéficier de ses effets. (Ex. : action en réclamation d'état d'enfant légitime.)

1. RÉCLAME n. f. (de *réclamer*). **1.** *Vx.* Petit article inséré à titre onéreux dans un journal, une publication, faisant l'éloge d'un produit. — **2.** Syn. vieilli de PUBLICITÉ. — **3.** *En réclame,* se dit d'un produit en vente à prix réduit. ‖ *Faire de la réclame à qqn, à qqch,* attirer l'attention sur qqn, faire valoir qqch.

2. RÉCLAME n. m. (anc. fr. *reclaim,* appel, de *réclamer*). **1.** Cri et signe qu'on fait à l'autour pour le faire revenir au leurre ou sur le poing. — **2.** Toute chasse aux pièges et aux filets. — **3.** Appeau, sifflet, etc., servant à attirer les oiseaux.

RÉCLAMER v. t. (lat. *reclamare,* protester) [conj. 3]. **1.** Demander avec fermeté à qqn qqch jugé légitime : *Réclamer son dû à un créancier.* — **2.** Exprimer un besoin (en partic. sa faim, sa soif) par la parole ou par le comportement : *Il est venu me réclamer un verre d'eau.* — **3.** Demander qqch, qqn, dont on désire la présence, l'aide : *Enfant qui réclame ses parents.* — **4.** Exiger qqch de qqn comme une obligation, comme juste : *Réclamer des élèves un travail plus sérieux.* — **5.** Imposer qqch comme nécessaire : *Prendre les mesures que réclame la situation.* — **6.** *Cheval à réclamer,* cheval engagé dans une épreuve *(prix à réclamer)* à l'issue de laquelle il peut être acquis pour une somme égale ou supérieure à une valeur fixée *(prix de réclamation).*

◆ v. i. Faire une réclamation : *Réclamer auprès de l'Administration.*

◆ **se réclamer** v. pr. Se recommander de qqn pour obtenir qqch.

RECLASSEMENT n. m. **1.** Action de reclasser, de remettre dans un nouvel ordre : *Le reclassement des archives.* — **2.** Établissement d'une nouvelle classification des traitements et salaires : *Le reclassement de la fonction publique.* — **3.** Action de placer dans une activité nouvelle des personnes qui ont dû abandonner leur précédente activité.

RECLASSER v. t. (conj. 3). **1.** Remettre à sa place, dans un classement, ce qui en avait été sorti : *Reclasser une fiche dans le classeur.* — **2.** Classer selon une méthode différente les éléments d'un ensemble : *Reclasser des archives.* — **3.** Opérer le reclassement des salaires, des personnes.

RECLOUER v. t. (conj. 3). Clouer de nouveau (ce qui est décloué).

RECLURE v. t. (lat. *recludere,* de *claudere,* fermer) [conj. **96.** ; seulem. inf. et temps composés]. *Litt.* Isoler du reste des hommes : *Les deuils l'avaient reclus à la campagne.*

RECLUS, E adj. et n. (de *reclure*). **1.** *Litt.* Qui vit retiré, isolé du monde, qui sort peu. — **2.** Personne qui, par esprit de pénitence, s'enfermait dans des cellules, parfois murées.

RECLUS de Molliens (Barthélemy, dit **le**), poète français (premier tiers du XIIIe s.). Il a rimé le *Roman de Charité* (1224) et s'est interrogé dans son *Miserere* sur la culpabilité humaine.

RECLUS (Élisée), géographe et anarchiste français (Sainte-Foy-la-Grande 1830 - Thourout, près de Bruges, 1905). Obligé par ses idées républicaines de quitter la France en 1851, il suivit à Berlin les enseignements de Carl Ritter. Revenu à Paris (1857), affilié à l'Internationale, il participa à la Commune et fut condamné à la déportation, puis au bannissement. À l'étranger, il écrivit sa monumentale *Géographie universelle* (1875-1894). — Son frère aîné, ÉLIE (Sainte-Foy-la-Grande 1827 - Bruxelles 1904), fut proscrit d'abord au 2-Décembre, puis en 1871, après la Commune. — ONÉSIME (Orthez 1837 - Paris 1916), frère des précédents, a écrit, en collaboration avec son frère Élisée, *l'Afrique australe* (1901), *l'Empire du Milieu* (1902), etc., et réalisé des explorations dans l'Amérique centrale.

Reclus *(maladie de),* affection caractérisée par la présence de kystes petits et durs, en grain de plomb, disséminés dans les deux seins. C'est une affection bénigne, mais pour laquelle il existe une possibilité de dégénérescence d'un nodule.

RÉCLUSION n. f. (bas lat. *reclusio,* du lat. class. *recludere,* enfermer). **1.** *Litt.* État de qqn qui vit solitaire, retiré du monde. — **2.** *Réclusion criminelle,* peine criminelle de droit commun qui consiste en une privation de liberté avec assujettissement au travail. (Prononcée soit à temps [de 5 à 10 ans ou de 10 à 20 ans], soit à perpétuité, elle a remplacé la peine des travaux forcés en 1960. La réclusion criminelle à perpétuité s'est substituée à la peine de mort, abolie le 9 oct. 1981.)

RÉCLUSIONNAIRE n. Condamné à la réclusion.

RÉCOGNITIF [-gni-] adj. m. (lat. *recognitum,* de *recognescere,* reconnaître). *Acte récognitif,* acte par lequel on reconnaît à qqn un droit déjà existant, soit pour empêcher sa prescription, soit pour remplacer un acte perdu ou pour créer un titre (ex. reconnaissance de dettes).

RECOGNITION n. f. *Litt.* Reconnaissance, identification de qqch.

RECOIFFER v. t. (conj. 3). **1.** Coiffer de nouveau qqn (qui est décoiffé). — **2.** Remettre sa coiffure, son chapeau à qqn.

RECOIN n. m. (de *coin*). **1.** Coin caché, moins en vue : *Explorer tous les recoins de la pièce pour retrouver un portefeuille.* — **2.** *Litt.* Ce qu'il y a de plus caché ; repli secret : *Les recoins de la mémoire.*

RÉCOLEMENT n. m. 1. Vérification du nombre et de l'état des meubles ayant fait préalablement l'objet d'un inventaire, notamment lors d'une procédure de saisie-exécution. — 2. Vérification des constructions établies d'après des décisions administratives le long des routes ou sur les cours d'eau afin de contrôler le respect des prescriptions imposées.

RÉCOLER v. t. (lat. *recolere,* repasser en revue) [conj. 3]. Procéder à un récolement.

RECOLLAGE ou **RECOLLEMENT** n. m. Action de recoller.

RÉCOLLECTION n. f. (lat. médiév. *recollectio,* du lat. class. *recolligere,* recueillir). Retraite spirituelle pendant une journée ou un week-end.

RECOLLER v. t. (conj. 3). 1. Coller de nouveau (ce qui est décollé). — 2. Raccommoder en collant : *Recoller les morceaux d'une assiette brisée.* ◆ v. t. ind. *Fam.* Rejoindre un groupe : *Recoller au peloton.*

RÉCOLLET n. m. (lat. ecclés. *recollectus,* du lat. class. *recolligere,* recueillir). Religieux réformé, dans l'ordre de Saint-Augustin et dans celui de Saint-François.

RÉCOLTABLE adj. Qu'on peut récolter.

RÉCOLTANT, E adj. et n. Qui procède lui-même à la récolte.

RÉCOLTE n. f. (ital. *ricolta,* de *ricogliere,* recueillir, du lat. *recolligere*). 1. Action de recueillir, sur le champ, les produits agricoles ; ces produits eux-mêmes. — 2. Action de recueillir des produits autres que les produits agricoles : *Récolte du sel.* — 3. Ce qu'on recueille par la recherche : *Une ample récolte de documents.*

RÉCOLTER v. t. (conj. 3). 1. Faire la récolte des produits, les recueillir : *Récolter du blé.* — 2. Obtenir qqch comme conséquence de sa conduite et sans l'avoir voulu : *Récolter deux mois de prison.*

RÉCOLTEUR n. m. Ouvrier employé à une récolte (notamm. celle du caoutchouc).

RÉCOLTEUSE n. f. Machine agricole pour la récolte.

RÉCOLTEUSE-HACHEUSE-CHARGEUSE n. f. (pl. *récolteuses-hacheuses-chargeuses*). Syn. de ENSILEUSE.

RECOMBINAISON n. f. 1. Formation d'une entité chimique (atome, molécule, ion, radical) à partir des fragments résultant d'une dissociation. — 2. *Recombinaison génétique,* fait pour des gènes d'individus ou de cellules (et donc pour les caractères phénotypiques correspondants) de se retrouver à une génération donnée en une combinaison différente de celle observée à la génération précédente.

ENCYCL. La recombinaison se fait lors de la méiose, essentiellement par deux mécanismes : la séparation des chromosomes d'origine paternelle et maternelle et la survenue de crossing-over. Cette recombinaison assure un véritable brassage génique dans les populations.

RECOMBINANT, E n. Individu ou cellule ayant subi une recombinaison génétique.

RECOMMANDABLE adj. Qui mérite d'être recommandé ; digne d'estime, de considération : *Un individu peu recommandable.*

RECOMMANDATAIRE n. m. Syn. de BESOIN.

RECOMMANDATION n. f. 1. Action de recommander qqn, de le signaler à la bienveillante attention d'un autre ; paroles, écrit recommandant qqn : *Solliciter une recommandation. Une lettre de recommandation.* — 2. Action d'exhorter qqn à faire qqch, à adopter une certaine conduite : *Faire une recommandation à un collaborateur.* — 3. Résolution émanant d'une organisation internationale et qui en principe n'a pas force obligatoire à l'égard des États membres. — 4. Acte par lequel, au Moyen Âge, un homme faible (le recommandé) se mettait sous l'autorité et la protection d'un homme puissant. (Cette coutume fut à l'origine des liens de vassalité.) — 5. Opération par laquelle le service des postes assure la remise d'un envoi contre décharge au destinataire et le garantit contre les risques de perte, détérioration ou spoliation, moyennant une taxe perçue au moment du dépôt par l'expéditeur.

RECOMMANDER v. t. (de *commander*) [conj. 3]. 1. Signaler qqn à l'attention, à la bienveillance d'un autre : *Recommander un jeune à un employeur.* — 2. Rendre qqn digne d'estime, prouver sa valeur : *Un homme que ses états de service recommandent.* — 3. Conseiller vivement qqch à qqn : *Je vous recommande de rester calme.* — 4. *Recommander son âme à Dieu,* implorer le secours de Dieu, quand il n'y a plus rien d'autre à espérer (parfois ironiq.). — 5. Soumettre une lettre ou un paquet à la recommandation.
◆ **être recommandé** v. pass. 1. Être conseillé, adéquat : *Dans votre cas, le sport est recommandé.* — 2. En parlant d'un envoi postal, avoir fait l'objet d'une recommandation.
◆ **se recommander** v. pr. 1. Invoquer en sa faveur l'appui de qqn pour faciliter une démarche, l'obtention de qqch : *N'hésitez pas à vous recommander de moi.* — 2. Se signaler à l'attention par une qualité : *Cet ouvrage se recommande par sa clarté.* — 3. Implorer l'assistance, la protection de Dieu, des saints, etc.

RECOMMENCEMENT n. m. Action de recommencer ; fait d'être recommencé : *L'histoire est un éternel recommencement.*

RECOMMENCER v. t. (de *commencer*) [conj. **16**]. **1.** Faire de nouveau qqch en le reprenant depuis le début : *Recommencer le même article.* — **2.** Faire qqch une autre fois ; refaire la même chose : *Recommencer les mêmes erreurs.* — **3.** Indique la reprise d'une action, d'une activité après une interruption : *Il recommence le travail le 15. Il recommence à pleuvoir.* — **4.** *Recommencer sa vie,* la refaire sur de nouvelles bases.
◆ v. i. Se produire de nouveau, reprendre après une interruption : *Ma migraine recommence.*

RECOMPARAÎTRE v. i. (conj. **91**). Comparaître de nouveau.

RÉCOMPENSE n. f. (de *récompenser*) **1.** Ce qui est accordé à qqn en remerciement d'un service rendu ou en reconnaissance d'un mérite particulier : *Récompenses scolaires.* — **2.** Somme d'argent en échange d'un service particulier : *Promettre une récompense à qui rapportera son chien.* — **3.** Avantage ou sanction qui résulte d'une action, d'un comportement : *Il a échoué à son examen, c'est la récompense de sa paresse.* — **4.** Somme due, lors de la liquidation d'une communauté, par l'un ou l'autre des époux à la communauté, ou par celle-ci à ceux-là, pour compenser l'enrichissement ou l'appauvrissement injustifié de la masse commune ou des biens propres.

RÉCOMPENSER v. t. (lat. médiév. *recompensare,* du lat. class. *compensare,* compenser) [conj. **3**]. **1.** Gratifier qqn d'un don, d'une faveur pour le remercier ou pour reconnaître sa valeur : *Je vous récompenserai pour ce service.* — **2.** Reconnaître la valeur ou le mérite d'une action en accordant une récompense à son auteur : *Récompenser un acte de courage.* — **3.** Constituer une récompense ou un dédommagement moral pour qqn ou pour ce qu'il a accompli : *Des résultats l'ont récompensé de ses efforts.*

RECOMPOSABLE adj. Qui peut être recomposé.

RECOMPOSÉ, E adj. *Famille recomposée,* famille conjugale où les enfants de chaque conjoint sont issus d'une union antérieure.

RECOMPOSER v. t. (conj. **3**). **1.** Composer de nouveau ce qui a été détruit, dispersé, décomposé : *Recomposer sa coiffure défaite.* — **2.** Faire à nouveau ; refaire en modifiant : *Recomposer un exposé.*

RECOMPOSITION n. f. **1.** Action de recomposer ; fait d'être recomposé. — **2.** Restructuration sur des bases nouvelles : *La recomposition d'un parti.*

RECOMPTER v. t. (conj. **3**). Compter de nouveau.

RÉCONCILIATEUR, TRICE n. (lat. *reconciliator*). *Litt.* Personne qui réconcilie, qui essaie de réconcilier.

RÉCONCILIATION n. f. (lat. *reconciliatio*). **1.** Action de réconcilier des adversaires, des gens fâchés entre eux ; fait de se réconcilier. — **2.** Rétablissement des liens conjugaux entre époux en instance de divorce ou séparés de corps. — **3.** Cérémonie solennelle par laquelle un pécheur public est pardonné et réadmis à la communion par l'Église ou qui a pour objet de purifier un lieu saint profané. — **4.** *Sacrement de la réconciliation,* nom donné dans les perspectives théologiques nouvelles au sacrement de pénitence.

RÉCONCILIER v. t. (lat. *reconciliare*) [conj. **9**]. **1.** Ramener des personnes à la bonne entente, rétablir entre elles des relations amicales : *Je voudrais te réconcilier avec ton père.* — **2.** Inspirer à qqn une appréciation plus favorable de qqn, de qqch : *Ce repas les a réconciliés avec la cuisine du pays.* — **3.** *Litt.* Concilier des idées, des systèmes que tout semble opposer : *Réconcilier la science et la religion.*
◆ **se réconcilier** v. pr. **1.** Faire cesser le désaccord qui existait avec qqn : *Elle s'est réconciliée avec son mari.* — **2.** *Se réconcilier avec soi-même,* retrouver la paix de sa conscience.

RECONDAMNER v. t. (conj. **3**). Condamner une nouvelle fois.

RECONDITIONNEMENT n. m. Ensemble des travaux d'entretien, de réparation ou de rééquipement que l'on effectue au cours de l'exploitation d'un puits de pétrole.

RECONDUCTIBLE adj. Qui peut être reconduit, renouvelé.

RECONDUCTION n. f. **1.** Action de reconduire pour une nouvelle période ; fait d'être reconduit : *Reconduction d'un bail.* — **2.** *Tacite reconduction,* renouvellement ou prolongation d'un contrat à durée déterminée au-delà du terme prévu sans qu'il soit besoin d'accomplir une formalité. ‖ *Reconduction du budget,* système qui consiste pour chaque ministre à appliquer à l'année suivante le budget de l'année précédente, augmenté de la hausse des prix.

RECONDUIRE v. t. (de *conduire*) [conj. **98**]. **1.** Ramener qqn chez lui ou l'accompagner sur une certaine distance au moment du retour : *Je vais vous reconduire chez vous en voiture.* — **2.** Accompagner qqn à la porte : *Reconduire un visiteur jusqu'à l'ascenseur.* — **3.** Mener qqn jusqu'à la porte pour se débarrasser de lui : *Reconduisez cet insolent.* — **4.** Accompagner qqn jusqu'à la frontière pour l'expulser : *Reconduire à la frontière un clandestin.* — **5.** Proroger un contrat sans modification ou maintenir qqch en vigueur selon les mêmes modalités : *Reconduire une politique.* — **6.** Maintenir qqn dans ses fonctions : *Le conseil a reconduit le président.*

RECONDUITE n. f. *Reconduite à la frontière,* procédure d'expulsion d'un étranger à qui l'on a interdit le territoire français.

RECONFIGURATION n. f. Changement de spécialisation d'un aéronef par changement ou ajout d'équipements.

RÉCONFORT n. m. (de *réconforter*). Ce qui réconforte, donne de la force, de l'énergie : *Ta visite lui a apporté un grand réconfort.*

RÉCONFORTANT, E adj. Qui apporte du réconfort : *Un sentiment réconfortant.*

RÉCONFORTER v. t. (de *conforter,* du lat. *fortis,* fort) [conj. 3]. **1.** *Vx.* Rendre à qqn des forces, de la vigueur : *Cette boisson chaude va vous réconforter.* — **2.** Aider qqn à supporter une épreuve, en lui redonnant des raisons d'espérer : *Réconforter un ami par des paroles d'espoir.*

RECONNAISSABLE adj. Que l'on peut reconnaître.

RECONNAISSANCE n. f. **1.** Action de reconnaître qqn ou qqch : *La reconnaissance d'une pièce à conviction par un témoin.* — **2.** Action de reconnaître qqch comme vrai ou réel : *La reconnaissance du talent d'un écrivain par la critique.* — **3.** Action d'admettre qu'on est l'auteur ou le responsable d'une action : *La reconnaissance de son crime par l'inculpé.* — **4.** Action de reconnaître qqch comme légitime : *La reconnaissance d'une liberté par la Constitution.* — **5.** Sentiment qui incite à se considérer comme redevable envers la personne de qui on a reçu un bienfait : *Témoigner sa reconnaissance à quelqu'un.* — **6.** Fam. *La reconnaissance du ventre,* intérêt, commandé par des motifs peu élevés, que l'on porte à celui qui vous nourrit. ‖ *Signe de reconnaissance,* geste, signe qui permet à d'autres d'identifier qqn, un groupe. • **Aéron.** *Aviation de reconnaissance,* aviation de renseignements spécialisée dans les longues distances. — **Dr.** Acte unilatéral par lequel un État accepte de considérer qu'une situation ou un acte produit des effets juridiques. (Ainsi, la *reconnaissance d'État* a pour conséquence la possibilité qui est ainsi ouverte à cet État d'avoir des relations et une activité diplomatiques.) ‖ *Acte de reconnaissance,* reçu d'un dépôt fait au Crédit municipal. ‖ *Reconnaissance de dette,* acte unilatéral par lequel une personne se reconnaît débitrice. ‖ *Reconnaissance d'enfant naturel,* acte par lequel une personne affirme être le père ou la mère d'un enfant naturel et permettant d'établir la filiation de celui-ci. ‖ *Reconnaissance d'utilité publique,* acte administratif permettant à une association, une fondation ou à certains établissements privés d'avoir une capacité juridique élargie. — **Inform.** *Reconnaissance des formes,* étude d'un ensemble de données pour y trouver des configurations (appelées « formes ») particulières. (Technique utilisée en traitement des images, en analyse du signal, à la lecture automatique des caractères alphanumériques, etc.) ‖ *Reconnaissance de la parole,* ensemble des techniques utilisées pour permettre l'identification de mots par ordinateur dans un signal acoustique de parole. — **Mar.** Opération ayant pour objet de s'assurer de la position d'une terre, d'un danger, etc. ‖ *Signaux de reconnaissance,* signaux faits par un navire à la terre, ou par deux navires entre eux pour se reconnaître. — **Mil.** Mission de recherche de renseignements d'ordre tactique ou technique, sur le terrain ou sur l'ennemi, en engageant éventuellement le combat ; formation (aéronefs, blindés, fantassins) chargée de cette mission. — **Psychiatr.** *Fausse reconnaissance,* identification erronée de personnes ou de lieux à d'autres antérieurement connus.

Reconnaissance française *(médaille de la),* décoration, créée en 1917, qui récompense les personnes ou collectivités qui se sont dévouées pendant les deux guerres mondiales.

Reconnaissance de la France libérée *(médaille de la),* décoration créée en 1947 en faveur des ressortissants français et alliés ayant contribué à la libération de la France.

RECONNAISSANT, E adj. Qui a de la reconnaissance, de la gratitude : *Être reconnaissant d'un service rendu.*

RECONNAÎTRE v. t. (lat. *recognoscere*) [conj. **91**]. **1.** Juger qqn, qqch, les déterminer comme déjà connus à une date antérieure : *Reconnaître un air de musique.* — **2.** Identifier qqn, qqch, le nommer en fonction d'un caractère donné : *Reconnaître quelqu'un à son pas.* — **3.** Retrouver qqn, qqch tel qu'on l'a toujours connu, dans sa permanence et avec ses vrais caractères : *Je reconnais bien là sa paresse.* — **4.** Visiter un lieu, l'explorer pour en découvrir la situation, la disposition, les caractéristiques : *Chercher à reconnaître le terrain.* — **5.** Accepter qqch, le tenir pour vrai ou réel, l'admettre, le constater : *Je reconnais combien vous aviez raison.* — **6.** Avouer un acte critiquable ou répréhensible : *Reconnaître ses fautes.* — **7.** Compter qqch à l'actif de qqn, à son avantage : *Un ministre auquel on reconnaît de la compétence.* — **8.** Admettre qqn en telle qualité : *Reconnaître un parent pour son héritier.* — **9.** Se déclarer l'auteur de qqn, qqch et en assumer la responsabilité : *Reconnaître un enfant. Reconnaître une dette.* — **10.** Considérer un État, une institution comme légitimes : *Reconnaître un gouvernement.* — **11.** Recevoir un bienfait, un service rendu, etc., avec gratitude. — **12.** Exécuter une reconnaissance militaire ; arrêter qqn, un groupe en leur demandant le mot d'ordre.

◆ **être reconnu** v. pass. **1.** Être admis pour vrai, pour incontestable : *Un fait reconnu.* – **2.** Être admis comme ayant une vraie valeur : *Un auteur reconnu.*

◆ **se reconnaître** v. pr. **1.** Retrouver son image fidèle, ses traits véritables dans une représentation. – **2.** Retrouver ses traits, ses sentiments, ses manières dans une autre personne : *Mère qui se reconnaît dans sa fille.* – **3.** Connaître sa position en un lieu et être capable d'y retrouver son chemin : *Un dédale de rues où il est difficile de se reconnaître.* – **4.** Comprendre clairement, dans ses détails, une situation ou une explication complexe : *J'ai perdu le fil de votre raisonnement, je ne m'y reconnais plus.* – **5.** S'avouer comme étant tel : *Se reconnaître coupable.* – **6.** Être reconnaissable à tel trait : *Un grand cuisinier se reconnaît à la manière dont il fait les œufs brouillés.*

RECONQUÉRIR v. t. (conj. **39**). **1.** Conquérir de nouveau qqch, le reprendre après l'avoir perdu : *Les troupes ont reconquis le terrain.* – **2.** Recouvrer qqch, le regagner : *Reconquérir l'estime de ses amis.* – **3.** Être de nouveau aimé, estimé par qqn.

RECONQUÊTE n. f. Action de reconquérir ; fait d'être reconquis.

Reconquista (en fr. *Reconquête*), mot espagnol utilisé par les historiens pour désigner la reconquête de l'Espagne par les chrétiens sur les musulmans au cours du Moyen Âge. En 718 (bataille de Covadonga), les envahisseurs ont achevé d'occuper la Péninsule, à l'exception de zones refuges comme les Pyrénées et les Asturies. À partir de 750, la reconquête chrétienne s'amorce dans les Asturies et plus généralement à partir des régions montagneuses. Elle se poursuit lentement, en dépit des conflits intérieurs du camp chrétien, grâce à une conscience nationale précoce, bientôt accompagnée de l'idée de croisade. Des périodes de coexistence pacifique alternent avec les poussées des armées chrétiennes, soutenues par des États qui se consolident progressivement à partir du IXe s. (Asturies, León [910], Castille [951], Navarre [v. 840], Catalogne [985], Aragon [1035]).
Au XIe s., les chrétiens parviennent à la ligne du Tage à la faveur de l'émiettement politique des musulmans, en petits royaumes *(taifas)*. Alphonse VIII de Castille remporte une victoire décisive à Las Navas de Tolosa (1212). Enfin, en 1492, Grenade est conquise. Les territoires récupérés ont été colonisés par les chrétiens, hommes libres et non serfs, contrairement à ce qui se passait dans l'Europe féodale, et dotés de droits reconnus *(fueros)*. Le contact avec le monde musulman s'était révélé fécond, apportant des savoirs et des usages qui marqueront durablement le pays.

RECONSIDÉRATION n. f. Nouvel examen en vue d'une éventuelle décision différente.

RECONSIDÉRER v. t. (conj. **18**). Remettre qqch en question à partir de nouvelles bases : *Reconsidérer sa position.*

RECONSTITUANT, E adj. et n. m. Se dit d'un médicament, d'un aliment, etc., qui est présumé ramener à l'état normal l'organisme fatigué.

RECONSTITUER v. t. (conj. **7**). **1.** Former de nouveau qqch qui avait cessé d'être en tant qu'ensemble cohérent : *Reconstituer un parti politique.* – **2.** Rétablir dans sa forme, son état originels, ou restituer dans sa vérité qqch qui a disparu et dont il n'existe plus que des éléments ou des témoignages : *Reconstituer un manuscrit avec les fragments.* – **3.** Rétablir qqch (organe, force) dans son intégrité, son état premier : *Reconstituer ses forces après une maladie.* – **4.** Procéder à la reconstitution d'un crime, d'un délit.

◆ **être reconstitué** v. pass. *Bois reconstitué,* syn. de BOIS AGGLOMÉRÉ ; terme générique désignant les pièces de bois formées à partir d'éléments de plus faible section ou longueur. (Ex. bois lamellés, bois aboutés, placages.) ‖ *Lait reconstitué,* aliment en poudre, destiné aux jeunes animaux domestiques (veaux, agneaux, poulets), à base de lait dont la matière grasse a été extraite et remplacée par d'autres matières grasses d'origine animale.

RECONSTITUTION n. f. **1.** Action de reconstituer qqch ; fait de se reconstituer ; ce qui est reconstitué : *Reconstitution d'un parti.* – **2.** *Reconstitution de carrière,* opération par laquelle l'Administration détermine fictivement les diverses étapes de la carrière d'un fonctionnaire lorsqu'il est réintégré dans son corps ; opération par laquelle un organisme d'assurance vieillesse détermine les droits d'un assuré pour la période antérieure à la date de son affiliation obligatoire lorsque celle-là entre en compte pour le calcul de sa retraite. ‖ *Reconstitution d'un crime* ou *d'un délit,* transport du juge d'instruction sur les lieux de l'infraction afin d'élucider, en présence de l'inculpé, les conditions dans lesquelles elle a été commise.

RECONSTRUCTEUR, TRICE adj. et n. Qui reconstruit, rétablit.

RECONSTRUCTION n. f. **1.** Action de reconstruire ce qui a été détruit. – **2.** Action de rétablir dans son état premier. – **3.** Processus qui consiste, en partant des formes attestées d'une langue, à élaborer par comparaison des formes antérieures, non attestées, afin de retrouver le prototype de cette langue.

RECONSTRUIRE v. t. (conj. **98**). **1.** Construire de nouveau ce qui a été détruit : *Reconstruire une ville ravagée par un tremblement de terre.* – **2.** Rétablir qqch dans son état premier : *Reconstruire sa fortune.* – 3. Imaginer qqch autrement, en général de manière contestable : *Reconstruire l'histoire.*

RECONVENTIONNEL, ELLE adj. *Demande reconventionnelle,* celle qui est opposée par le défendeur au demandeur pour obtenir un avantage autre que le simple rejet de la prétention de son adversaire.

RECONVENTIONNELLEMENT adv. Par une demande reconventionnelle.

RECONVERSION n. f. **1.** Adaptation d'une industrie ancienne à de nouveaux besoins ; changement de production opéré par une entreprise, une localité ou une région ; changement de type d'activité ou de secteur d'activité au terme d'un processus de recyclage et de reclassement. – **2.** Fait pour un employé, un ouvrier, etc., de se reconvertir dans une nouvelle activité.

RECONVERTIR v. t. (conj. **32**). **1.** Adapter une activité agricole, industrielle, etc., à de nouveaux besoins, à une production nouvelle : *Reconvertir les usines d'armement en usines de tracteurs.* – **2.** Affecter qqn à un nouvel emploi, lui donner une nouvelle formation.

◆ **se reconvertir** v. pr. Se recycler dans un nouveau métier : *Se reconvertir dans l'informatique.*

RECOPIAGE n. m. ou **RECOPIE** n. f. Action de recopier.

RECOPIER v. t. (conj. **9**). **1.** Copier un texte déjà écrit : *Recopier une lettre en sept exemplaires.* – **2.** Mettre au net, au propre : *Recopier un brouillon.*

RECOQUILLER v. t. (de *coquille*) [conj. **3**]. *Litt.* Recroqueviller.

RECORD n. m. (angl. *record,* de *to record,* enregistrer). **1.** Performance sportive officiellement constatée et surpassant tout ce qui a été fait précédemment dans la même épreuve ou discipline. – **2.** Résultat, niveau supérieur à tous ceux obtenus antérieurement dans un domaine autre que le sport : *Record de la production d'automobiles.* – **3.** Fam. *Ça bat tous les records !,* se dit de qqch d'inimaginable.

◆ adj. **1.** Se dit d'un résultat représentant le maximum atteint jusqu'alors ou, à tout le moins, très remarquable : *Niveau record de la production.* – **2.** Fam. *En un temps record,* en un temps très court.

RECORDAGE n. m. Action de recorder.

RECORDER v. t. (de *corder*) [conj. **3**]. Regarnir de cordes (une raquette).

RECORDMAN [rəkɔrdman] n. m. (pl. *recordmen* ou *recordmans*) [de *record* et angl. *man,* homme]. Sportif qui détient un record.

RECORDWOMAN [rəkɔdwuman] n. f. (pl. *recordwomen* ou *recordwomans*) [de *record* et angl. *woman,* femme]. Sportive qui détient un record.

RECORRIGER v. t. (conj. **17**). Corriger de nouveau.

RECORS n. m. (anc. fr. *record,* rappel, du lat. *recordera,* se rappeler). Autref., personne qui accompagnait un huissier en tant que témoin et lui prêtait main-forte au besoin.

RECOUCHER v. t. (conj. **3**). Coucher de nouveau.

RECOUDRE v. t. (conj. **86**). **1.** Coudre ce qui est décousu ou déchiré, défait : *Recoudre un bouton.* – **2.** Fermer une plaie avec des points de suture.

RECOUPAGE n. m. Action de recouper.

RECOUPE n. f. **1.** Spiritueux provenant d'un mélange d'alcool à un degré élevé avec de l'eau simple. – **2.** Seconde coupe de fourrage. – **3.** Syn. de REMOULAGE. – **4.** Rognures, parcelles excédentaires d'un matériau (notamm. précieux) produites par le travail de celui-ci. – **5.** Dans un bois gravé au canif, seconde coupe, effectuée en biseau à la rencontre d'une première coupe, pour enlever le copeau.

RECOUPEMENT n. m. **1.** Vérification d'un fait établi au moyen de renseignements provenant d'une source différente qui viennent le confirmer : *Procéder par recoupements.* – **2.** Éléments d'informations identiques dans des sources différentes ; ce en quoi des choses se recoupent : *Il y a des recoupements dans leurs témoignages.* – **3.** Diminution d'épaisseur que l'on fait subir à un mur, lors d'un ravalement, ou suppression de parties excédentaires (balèvres, par ex.). – **4.** En topographie, action de déterminer la position d'un point A situé sur une direction prise d'un point connu B, en prenant du point A une ou deux directions sur deux autres points connus C et D.

RECOUPER v. t. (conj. **3**). **1.** Couper de nouveau qqch ou encore de qqch : *Recoupons-nous un peu de pain.* – **2.** Donner une coupe différente à un vêtement, le retoucher. – **3.** Coïncider avec qqch et apporter une confirmation : *Témoignage qui recoupe la version officielle de l'accident.*

◆ v. i. Aux cartes, faire une seconde coupe.

◆ **se recouper** v. pr. **1.** En parlant de lignes, se couper de nouveau. – **2.** Coïncider en quelque point et se confirmer par cela : *Leurs témoignages se recoupent.*

RECOURBEMENT n. m. *Litt.* Action de recourber ; fait d'être recourbé.

RECOURBER v. t. (conj. 3). Courber l'extrémité de qqch.
◆ **être recourbé** v. pass. Être courbé à son extrémité ; crochu : *Un grand nez recourbé.*

RECOURIR v. i. (de *courir*) [conj. **45**]. Participer de nouveau à une course, à une compétition : *Recourir après un accident.*
◆ v. t. Courir de nouveau une épreuve.
◆ v. t. ind. **1.** Faire appel à qqn, lui demander son aide, son concours : *Recourir à un expert.* — **2.** Faire usage de qqch, le mettre en œuvre : *Recourir à un stratagème.*

RECOURS n. m. (lat. *recursus,* de *recurrere,* revenir en courant). **1.** Action de recourir à qqn ou à qqch : *Le recours à des mesures d'urgence.* — **2.** Personne ou chose à laquelle on recourt : *Cet ami est son seul recours.* — **3.** Procédure permettant d'obtenir un nouvel examen d'une décision judiciaire. — **4.** Action de déférer à une autorité ou à une juridiction administrative un acte ou une décision administrative en vue d'en obtenir le retrait, l'annulation, l'abrogation, la réformation ou l'interprétation. (→ *encycl.*) — **5.** *Avoir recours,* faire appel à ; user de : *Si c'est nécessaire, j'aurai recours à vous.* ‖ *Avoir un recours contre qqn, qqch,* disposer d'un moyen d'action contre eux. ‖ *Droit de recours,* demande adressée à ses supérieurs par un militaire qui estime avoir à se plaindre d'une mesure intervenue à son encontre. ‖ *En dernier recours,* comme ultime ressource. ‖ *Recours en cassation,* syn. de POURVOI* EN CASSATION. ‖ *Recours en garantie,* action en garantie contre qqn.
ENCYCL. **Dr.** Les recours administratifs formés devant l'Administration sont le recours gracieux* ou le recours hiérarchique*. Les recours contentieux, toujours portés devant les tribunaux, sont le *recours de pleine juridiction,* qui vise à obtenir une condamnation pécuniaire de l'Administration, le *recours pour excès de pouvoir,* qui tend à l'annulation d'un acte administratif illégal, et le *recours en interprétation* ou *en appréciation de la légalité.*

RECOUVRABLE adj. Qui peut être recouvré.

RECOUVRAGE n. m. Action de recouvrir un siège.

1. RECOUVREMENT n. m. (de *recouvrer*). **1.** Action de recouvrer, de retrouver ce qui était perdu, des sommes dues. — **2.** Présentation de l'effet de commerce au débiteur pour en obtenir le paiement. — **3.** *Recouvrement de l'impôt,* ensemble des opérations qui ont pour objet d'obtenir le versement des impôts par les contribuables dans les caisses du Trésor. ‖ *Sauf recouvrement,* syn. de SAUF ENCAISSEMENT.

2. RECOUVREMENT n. m. (de *recouvrir*). **1.** Action de recouvrir, fait d'être recouvert : *Le recouvrement des terres par les eaux.* — **2.** Partie haute d'une ardoise ou d'une tuile plate, qui ne reçoit jamais l'eau directement. — **3.** Partie d'une pierre, d'une pièce de bois, etc., qui couvre un joint ou une autre pièce. — **4.** Superposition tectonique par suite d'un chevauchement ou d'un charriage. — **5.** Terrain stérile devant être excavé (pour exploiter à ciel ouvert) ou traversé par des voies d'accès (pour exploiter en souterrain) afin d'atteindre le minerai. — **6.** *Recouvrement d'un ensemble* E, famille $\mathcal{E}$ d'ensembles qui sont tels que chaque élément de E appartient au moins à l'un des éléments de $\mathcal{E}$.

RECOUVRER v. t. (lat. *recuperare*) [conj. 3]. **1.** Rentrer en possession de ce qu'on avait perdu : *Recouvrer la santé.* — **2.** Recevoir le paiement d'une somme due : *Recouvrer l'impôt.*

RECOUVRIR v. t. (de *couvrir*) [conj. **34**]. **1.** Couvrir qqch, le pourvoir d'une couverture, d'un élément protecteur : *Recouvrir ses livres de classe de plastique.* — **2.** Ramener sur qqn une couverture : *Recouvrir un enfant qui s'est découvert.* — **3.** Refaire à neuf les parties en tissu ou en cuir d'un siège. — **4.** Couvrir entièrement qqch, qqn : *Recouvrir un gâteau de confiture.* — **5.** Venir couvrir qqch : *Chaque tuile recouvre en partie l'autre.* — **6.** Masquer, dissimuler qqch de moins flatteur : *Un air assuré qui recouvre une grande timidité.* — **7.** Embrasser toute l'extension de qqch d'autre : *Un mot dont le sens recouvre partiellement celui d'un autre.*

RECRACHER v. t. (conj. 3). **1.** Rejeter de la bouche ce qu'on y a mis : *Recracher un noyau de cerise.* — **2.** *Fam.* Redire qqch, le répéter, en partic. mot pour mot.

RÉCRÉANCE n. f. (anc. fr. *recroire,* rendre). *Lettres de récréance,* lettres qu'un souverain envoie à son ambassadeur pour les présenter au prince d'auprès duquel il le rappelle, ou que ce prince donne à l'ambassadeur pour qu'il les remette au souverain qui le rappelle ; syn. de LETTRES DE RAPPEL*.

RÉCRÉATIF, IVE adj. Qui divertit, détend : *Séance récréative.*

RECRÉATION n. f. Action de recréer ; fait d'être recréé.

RÉCRÉATION n. f. (lat. *recreatio*). **1.** Repos, délassement que l'on s'accorde après un travail ; activité destinée à se détendre, se distraire : *Sa seule récréation est le piano.* — **2.** Temps accordé aux élèves pour leur permettre de jouer ou de se détendre : *Être en récréation.* (Abrév. fam. RÉCRÉ.)

RECRÉER v. t. (de *créer*) [conj. **15**]. **1.** Reconstruire, en partic. mentalement, ce qui est détruit ou qui paraît mal fait : *Vous voulez recréer le* *monde.* — **2.** Rendre par des procédés souvent artificiels l'aspect de qqch qui a disparu : *Recréer l'atmosphère des années 50.*

RÉCRÉER v. t. (lat. *recreare,* refaire) [conj. **15**]. *Litt.* Amuser, divertir.

RECRÉPIR v. t. (conj. 32). Crépir de nouveau, refaire le crépi de qqch.

RECRÉPISSAGE n. m. Action de recrépir.

RECREUSER v. t. (conj. 3). Creuser une nouvelle fois ou davantage.

RÉCRI n. m. (de *se récrier*). Redoublement de la voix d'un chien, quand il relance l'animal de chasse.

RÉCRIER (SE) v. pr. (de *s'écrier*) [conj. **10**]. **1.** *Litt.* Laisser échapper des exclamations exprimant des sentiments vifs et agréables (admiration, surprise, etc.). — **2.** Manifester avec véhémence son désaccord, son indignation. — **3.** En parlant des chiens, donner de la voix quand ils relancent un animal.

RÉCRIMINATEUR, TRICE adj. *Litt.* Qui récrimine.

RÉCRIMINATION n. f. (lat. médiév. *recriminatio,* de *recriminari,* récriminer). Action de récriminer, protestation : *Se répandre en continuelles récriminations.*

RÉCRIMINER v. t. ind. (lat. médiév. *recriminari,* du lat. class. *crimen, -inis,* accusation) [conj. 3]. Élever des protestations contre qqn, qqch.

RÉCRIRE → RÉÉCRIRE.

RECRISTALLISATION n. f. **1.** Modification des roches originelles par dissolution plus ou moins complète des minéraux primaires et formation de nouveaux minéraux. — **2.** Nouvelle cristallisation de métaux et d'alliages qui se développe à l'état solide, par chauffage, à partir de produits ayant subi un certain taux de déformation. (La recristallisation a lieu à partir d'une certaine température lors du chauffage de recuit* d'un produit écroui.) — **3.** Procédé de raffinage pétrolier pour concentrer une paraffine par cristallisation.

RECRISTALLISER v. t. (conj. 3). Produire la recristallisation.

RECROQUEVILLEMENT n. m. Action de se recroqueviller ; fait d'être recroquevillé.

RECROQUEVILLER v. t. (de *recoquiller,* avec l'infl. de *croc,* et *ville,* forme anc. de *vrille*) [conj. 3]. Rétracter, tordre sous l'action de la sécheresse : *La chaleur recroqueville les feuilles des arbres.*
◆ **se recroqueviller** v. pr., **être recroquevillé** v. pass. **1.** Se rétracter, se tordre sous l'action de la sécheresse, du froid : *Des feuilles recroquevillées.* — **2.** Se ramasser, se replier sur soi : *Il était tout recroquevillé sous ses couvertures.*

RECRÛ n. m. (de *recroître*). **1.** Ensemble des brins qui repoussent après exploitation d'un taillis. — **2.** Dans les pays tropicaux, peuplement qui apparaît après exploitation ou disparition de la forêt primaire.

RECRU (ÊTRE) v. pass. (anc. fr. *recroire,* renoncer). **1.** Être harassé, épuisé, fourbu. — **2.** *Litt.* Être accablé par l'excès de qqch : *Recru de désespoir.*

RECRUDESCENCE [-dɛsɑ̃s] n. f. (lat. *recrudescere,* reprendre des forces). **1.** Exacerbation des manifestations d'une maladie, des ravages d'une épidémie après une rémission temporaire. — **2.** Brusque réapparition de qqch avec redoublement d'intensité, d'activité : *Recrudescence du froid.*

RECRUDESCENT, E [-dɛsɑ̃, ɑ̃t] adj. Qui est en recrudescence.

RECRUE n. f. (moyen fr. *recroître,* devenir plus grand). **1.** Jeune soldat qui vient d'être appelé au service militaire. — **2.** Nouveau membre d'un groupe, d'une société, d'un parti. — **3.** *École de recrues,* première partie du service militaire suisse.

RECRUTEMENT n. m. **1.** Action de recruter des soldats, du personnel, des adhérents, etc. — **2.** *Service de recrutement,* anc. appellation de la DIRECTION DU SERVICE* NATIONAL.

ENCYCL. **Mil.** Avec l'organisation féodale, les seigneurs sont tenus, en théorie, d'amener à l'ost la totalité de leurs hommes. Mais la coutume limite cette obligation à un petit nombre de vassaux. Au service d'ost et de chevauchée s'ajoutent du XIe au XIVe s. les milices communales. Après la création de gendarmes d'ordonnance (1445) et de francs archers (1448), les modes de recrutement les plus divers ont été simultanément employés dans les armées royales jusqu'au XVIIIe s. : volontariat ; racolage organisé au profit des capitaines, puis du roi ; conscription suivant le principe de l'obligation du service militaire ; emploi de mercenaires étrangers. La Révolution supprime ces derniers et réaffirme l'obligation du service militaire par tirage au sort, en complément du volontariat. Le décret du 24 août 1793 comprend en germe le principe de la nation armée et de la mobilisation des ressources économiques. Cependant, la conscription devient si impopulaire que Louis XVIII la supprime. Mais les ressources du volontariat sont insuffisantes et, à partir de 1818, on en revient au tirage au sort, atténué par l'exonération, qui permet, avec de l'argent, d'échapper aux « mauvais numéros ». Après la défaite de 1870, le service est de nouveau personnel et obligatoire, avec des inégalités : le tirage au sort départage ceux qui font cinq ans de service actif de ceux qui n'en font qu'un. À partir de 1905, la France adopte le principe de la nation armée, et la conscription est définitivement établie. Seuls l'âge et la durée des obligations varient en fonction des besoins. Avec l'expérience des deux guerres mondiales, il est apparu que la défense concernait aussi bien les civils que les militaires ; aussi la notion de service militaire a-t-elle été élargie à celle d'un service national. Cependant, celui-ci n'a pu recevoir une application efficace que depuis la fin des opérations en Algérie. (→ SERVICE NATIONAL.)

RECRUTER v. t. (de *recrue*) [conj. 3]. **1.** Lever, enrôler des troupes, des recrues. – **2.** Amener qqn à entrer dans un parti, un groupe, une société : *Recruter des partisans.* – **3.** Engager des gens pour tenir certains emplois : *Recruter des spécialistes.*

◆ **se recruter** v. pr. **1.** Être embauché, engagé : *Les collaborateurs se recrutent sur titres.* – **2.** Se trouver dans un groupe, provenir de : *Les délinquants se recrutent dans les classes les plus défavorisées.*

RECRUTEUR, EUSE n. **1.** Personne qui recrute des adhérents, des clients, du personnel. – **2.** *Sergent recruteur,* sous-officier chargé par les capitaines jusqu'en 1762, puis par le ministre, d'engager des recrues pour l'armée.

RECTA adv. (lat. *recta,* tout droit, de *rectus,* droit). *Fam.* Ponctuellement, très exactement : *Payer recta.*

RECTAL, E, AUX adj. **1.** Relatif au rectum. – **2.** *Ampoule rectale,* partie supérieure dilatée du rectum.

RECTANGLE n. m. (lat. médiév. *rectangulus*). **1.** Quadrilatère plan qui possède quatre angles droits ; surface limitée par ce quadrilatère. (Un parallélogramme est un rectangle s'il a un angle droit ou si ses diagonales [segments] ont même longueur. Les médiatrices de deux côtés consécutifs d'un rectangle sont ses axes de symétrie.) – **2.** Par opposition au carré, ce même quadrilatère quand deux de ses côtés consécutifs sont inégaux (la longueur et la largeur). – **3.** Objet ayant cette forme : *Un rectangle de tissu.*

◆ adj. *Parallélépipède rectangle,* parallélépipède dont les faces sont toutes des rectangles. (Syn. PAVÉ.) ‖ *Trapèze rectangle,* trapèze qui a deux angles consécutifs droits, les sommets de ceux-ci n'étant pas extrémités d'une même base. ‖ *Triangle rectangle,* triangle dont un angle est droit. (Le côté opposé à celui-ci est l'hypoténuse.)

RECTANGULAIRE adj. **1.** Qui a la forme d'un rectangle. – **2.** Se dit parfois d'axes de coordonnées, lorsqu'ils sont orthogonaux deux à deux.

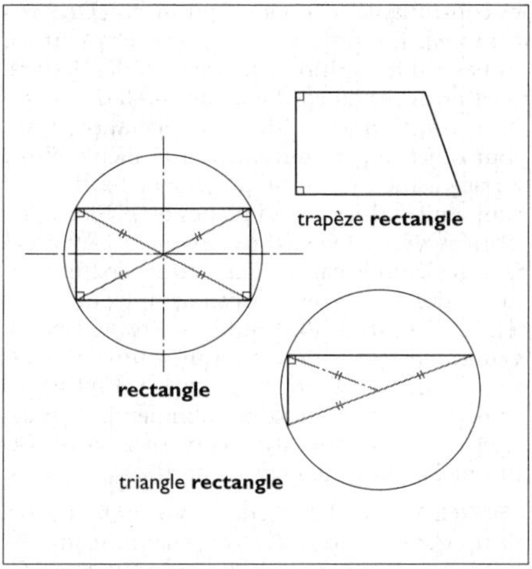

RECTEUR n. m. (lat. *rector,* de *regere,* diriger). **1.** Fonctionnaire de l'Éducation nationale nommé par décret du président de la République en Conseil des ministres, révocable à tout moment et responsable d'une académie. – **2.** Sous l'Ancien Régime, chef d'une université. – **3.** Supérieur d'un collège de jésuites. – **4.** Ecclésiastique ou laïque placé à la tête d'une université catholique. – **5.** Responsable d'un sanctuaire de pèlerinage non paroissial. – **6.** En Bretagne, curé de petite paroisse.

RECTIFIABLE adj. **1.** Qui peut être rectifié. – **2.** Se dit d'un corps que l'on peut séparer d'un autre produit ou que l'on peut purifier par distillation. – **3.** Se dit d'un arc paramétré tel que l'ensemble des longueurs des lignes polygonales qui y sont inscrites est majoré.

RECTIFIANT, E adj. Se dit du plan défini à l'aide des vecteurs $\vec{b}$ et $\vec{t}$ du trièdre de Frénet* en un point m d'une courbe gauche.

RECTIFICATEUR n. m. Appareil distillatoire fournissant un produit rectifié.

RECTIFICATIF, IVE adj. **1.** Qui sert à rectifier. – **2.** *Loi de finances rectificative,* loi ayant pour objet de modifier la détermination des charges et des ressources initialement fixée par la loi de finances. (Syn. COLLECTIF BUDGÉTAIRE.)

◆ **rectificatif** n. m. Texte, propos rectifiant une information erronée ou inexacte.

RECTIFICATION n. f. (bas lat. *rectificatio,* de *rectificare,* rectifier). **1.** Action de rectifier qqch : *La rectification d'une faute.* – **2.** Mise au point qui apporte une correction : *Apporter une rectification à la déclaration du témoin.* • **Agroalim.** Purification des spiritueux par une ou plusieurs distillations supplémentaires. – **Chim.** Distillation fractionnée d'un liquide volatile soit pour en séparer les constituants, soit pour le purifier. — **Dr.** *Droit de rectification,* possibilité pour le fisc de corriger les bases d'imposition compte tenu des déclarations erronées du contribuable. — **Math.** Action de rectifier un arc. — **Mécan.** Opération ayant pour objet le parachèvement à la meule d'une surface usinée. (C'est un procédé de finition qui s'applique à des surfaces planes ou cylindriques [portées de roulement, par ex.], ainsi qu'à des filetages, profils particuliers, cames, engrenages, etc., et qui permet de respecter des tolérances très serrées [de 0,01 à 0,001 mm].) — **Presse.** *Droit de rectification,* obligation, pour un journal, d'insérer gratuitement toute modification adressée par un dépositaire de l'autorité publique au sujet des actes de sa fonction, dans la mesure où ceux-ci auront été inexactement rapportés.

RECTIFIER v. t. (lat. médiév. *rectificare,* du lat. class. *rectus,* droit, et *facere,* faire) [conj. 9]. **1.** Modifier qqch pour le rendre adéquat : *Faire rectifier un costume.* — **2.** Rendre qqch exact en le corrigeant : *Rectifier un calcul.* — **3.** Faire disparaître une erreur : *Rectifier une faute dans un texte.* — **4.** *Pop.* Tuer, assassiner qqn. • **Chim.** Soumettre à la rectification. — **Math.** Déterminer la longueur d'un arc, lorsque c'est possible. (Il est dit alors *rectifiable.*) — **Mécan.** Parachever par meulage la surface d'une pièce usinée.

RECTIFIEUR, EUSE n. Ouvrier professionnel travaillant sur une rectifieuse.

◆ **rectifieuse** n. f. Machine-outil travaillant au moyen d'une meule pour l'exécution de travaux de rectification.

ENCYCL. Une rectifieuse est constituée d'un bâti rigide supportant, d'une part, une table sur laquelle est fixée la pièce à rectifier, ou la meule d'entraînement dans le cas d'une rectifieuse sans centre (procédé *centerless*), et, d'autre part, la broche de la meule de rectification. Un mécanisme à commande hydraulique assure le mouvement d'avance de l'usinage, translation alternative de la pièce par rapport à la meule, et le mouvement de pénétration, perpendiculaire au précédent.

RECTILIGNE adj. (bas lat. *rectilineus,* du lat. class. *rectus,* droit, et *linea,* ligne). **1.** Qui est ou a lieu en ligne droite : *Une trajectoire rectiligne.* — **2.** Qui a la forme d'une droite ou d'une partie de droite. — **3.** *Mouvement rectiligne,* mouvement d'un point dont la trajectoire est portée par une droite.

◆ n. m. *Rectiligne d'un dièdre de paire,* angle de paire de demi-droites ayant pour représentant la paire de demi-droites obtenues comme intersection d'une paire de demi-plans, représentant du dièdre, avec le plan orthogonal à leur frontière commune. (Si les demi-plans sont égaux, le rectiligne est l'angle nul.) ‖ *Rectiligne d'un secteur diédral,* secteur angulaire obtenu comme intersection du secteur diédral et d'un plan perpendiculaire à son arête.

RECTILINÉAIRE adj. Se dit d'un objectif photographique qui ne déforme pas l'image.

RECTION n. f. (lat. *rectio,* de *regere,* gouverner). Propriété que possède un morphème d'entraîner la présence de telle ou telle catégorie grammaticale. (Par ex. le verbe transitif « régit » un complément d'objet direct ou, en latin, un complément à l'accusatif.)

RECTITE n. f. Inflammation du rectum.

RECTITUDE n. f. (bas lat. *rectitudo*). **1.** *Litt.* Qualité de ce qui est droit, rectiligne : *La rectitude des lignes.* — **2.** Qualité de qqn qui se conforme strictement à la raison, au devoir : *Rectitude de caractère.*

RECTO n. m. (abrév. du lat. médiév. *folio recto,* sur le feuillet qui est à l'endroit). **1.** Première page d'un feuillet. — **2.** *Recto verso,* des deux côtés d'une feuille de papier : *Remplir un imprimé recto verso.*

RECTOCÈLE n. m. Protrusion de la paroi antérieure du rectum dans le vagin. (C'est une forme de prolapsus génital.)

RECTO-COLITE n.f. (pl. *recto-colites*). Inflammation du rectum et du côlon.

RECTOMÈTRE n. m. Plieuse mécanique, qui exécute en même temps le métrage des étoffes. (Syn. MÉTREUSE-PLIEUSE.)

RECTOPEXIE n. f. Intervention destinée à fixer le rectum pour remédier au prolapsus rectal.

RECTORAL, E, AUX adj. (lat. *rector,* recteur). Qui relève du recteur.

RECTORAT n. m. (lat. *rector,* recteur). **1.** Charge de recteur. — **2.** Durée de cette charge. — **3.** Bureaux de l'administration rectorale. — **4.** Charge de supérieur dans les collèges de jésuites.

RECTOSCOPE n. m. Endoscope servant à l'examen du rectum et au traitement de certaines de ses affections.

RECTOSCOPIE n. f. Examen de la cavité rectale à l'aide d'un rectoscope.

RECTO TONO loc. adv. (lat. *recto tono,* sur un ton régulier). **1.** Se dit d'une suite de syllabes émises sans aucune variation notable de la hauteur. — **2.** Se dit de la lecture musicale débitée sur une seule note.

RECTRICE n. f. (lat. *rectrix,* directrice). Plume de la queue des oiseaux portée par le croupion et jouant le rôle de gouvernail et de plan de soutien dans le vol.

RECTUM [rɛktɔm] n. m. (abrév. du bas lat. *rectum intestinum,* intestin droit). Portion terminale du côlon, qui aboutit à l'anus.

ENCYCL. **Anat.** Le rectum naît à la hauteur de la troisième vertèbre sacrée. La partie supérieure du rectum est distendue et constitue l'*ampoule rectale.* À sa partie terminale, le rectum traverse le « canal anal » ; il est entouré à ce niveau par le sphincter externe de l'anus.
– **Pathol.** Les tumeurs bénignes du rectum sont fréquentes (polypes, tumeurs villeuses) ; elles doivent être extirpées pour éviter leur dégénérescence. Le cancer du rectum, un des plus fréquents des cancers digestifs, se manifeste par des hémorragies de sang rouge, des faux besoins, mais il peut être longtemps latent.

1. REÇU → RECEVOIR.

2. REÇU n. m. Écrit sous seing privé dans lequel on reconnaît avoir reçu une somme, un objet.

3. REÇU, E n. Personne admise à un examen, à un concours.

Recuay *(culture),* culture précolombienne qui s'est épanouie au nord du Pérou, dans la vallée de Santra, de 200 av. J.-C. à 600 apr. J.-C.

RECUEIL n. m. (de *recueillir*). Ouvrage où sont réunis des écrits, des documents, des gravures, etc. : *Recueil de lois.*

RECUEILLEMENT n. m. Fait de se recueillir, de s'abstraire du monde extérieur pour se replier sur la vie intérieure.

RECUEILLIR v. t. (lat. *recolligere,* rassembler) [conj. **41**]. **1.** Prendre qqch, le cueillir, le ramasser : *Les abeilles recueillent le pollen sur les fleurs.* – **2.** Rassembler en un tout des choses prises à des endroits différents : *Recueillir de l'argent.* – **3.** Recevoir, récupérer dans un récipient un élément qui coule, se répand : *Bassin qui recueille les eaux de pluie.* – **4.** Recevoir, enregistrer, consigner qqch par écrit ou d'une autre façon : *Recueillir les dernières paroles d'un mourant.* – **5.** Obtenir pour soi : *Recueillir la moitié des suffrages.* – **6.** Donner asile et protection à qqn, à un animal : *Une vieille dame qui recueille les chats.*

◆ **être recueilli** v. pass. Manifester du recueillement : *Un visage recueilli.*

◆ **se recueillir** v. pr., **être recueilli** v. pass. **1.** Rentrer en soi-même, concentrer sa pensée sur sa vie intérieure : *Se recueillir avant de prendre la parole.* – **2.** Être plongé dans une méditation religieuse : *Personnes recueillies devant une tombe.*

RECUIRE v. t. (lat. pop. **recocere,* du lat. class. *recoquere*) [conj. **98**]. **1.** Cuire de nouveau ce qui a déjà été cuit. – **2.** Améliorer les qualités d'un métal par le recuit. – **3.** Diminuer la fragilité d'un objet en verre en le soumettant à la recuisson.

◆ v. i. Subir une nouvelle cuisson.

RECUISSON n. f. (de *recuire,* avec l'infl. de *cuisson*). Opération consistant à rechauffer les objets en verre, pour permettre le relâchement des tensions que provoque le formage du verre, et à les amener par un refroidissement approprié à la température ambiante sans créer de nouvelles tensions. (Syn. RECUIT.)

RECUIT n. m. **1.** Traitement thermique consistant en un chauffage d'un produit métallurgique à une température suffisante pour assurer son équilibre physico-chimique et structural, suivi d'un refroidissement lent. (→ *encycl.*) – **2.** Syn. de RECUISSON.

ENCYCL. **Métall.** Le recuit a pour but de modifier la microstructure du métal et aboutit en général à une diminution de la dureté et à une augmentation de la ductilité.
Le *recuit de recristallisation* est utilisé pour restaurer la ductilité d'un métal ou d'un alliage qui a subi antérieurement un écrouissage. Le traitement thermique doit être effectué à une température supérieure à une température critique, dite de « recristallisation ». Le *recuit de normalisation* s'applique au cas des aciers : il consiste à porter le métal au-dessus de la température de transformation ferrite-austénite. On obtient alors, par refroidissement lent, la structure d'équilibre ferrite-perlite ou bien, par trempe rapide, la structure martensitique. Le *recuit d'homogénéisation* a pour but d'atténuer les hétérogénéités de composition chimique, par exemple dans le cas des produits bruts de coulée. De même, le *recuit de mise en solution* fait passer en solution solide certains constituants se trouvant initialement sous forme de précipités. Il a souvent pour effet de durcir les alliages. Le *recuit de détensionnement,* effectué à basse température, élimine les contraintes résiduelles présentes dans les pièces après trempe ou traitements thermomécaniques. Le *recuit de malléabilisation* permet d'obtenir la fonte malléable par chauffage prolongé de fonte blanche.
On pratique souvent le recuit sous une atmosphère de protection afin d'éviter l'oxydation des produits par l'air ambiant à haute température.

RECUL n. m. (de *reculer*). **1.** Déplacement d'un corps, d'un véhicule, etc., vers l'arrière : *Le recul du wagon provoqua l'accident.* – **2.** Action, mouvement de qqn, d'un animal qui recule, se porte en arrière : *Le brusque recul de la main.* – **3.** Espace libre permettant de voir venir les balles au tennis de table. – **4.** Éloignement dans l'espace nécessaire pour bien voir qqch : *Manquer de recul pour juger d'un tableau.* – **5.** Éloignement dans le temps, permettant de juger un événement : *Avec le recul, les choses prennent un autre aspect.* — **6.** Mouvement en sens contraire du progrès, de la progression : *Le recul de la mortalité.* — **7.** Mouvement vers l'arrière imprimé par les gaz au canon d'une arme à feu au moment du départ du coup. — **8.** *Prendre du recul,* s'éloigner pour mettre une certaine distance entre un objet et soi ; considérer avec détachement afin d'apprécier impartialement.

RECULADE n. f. **1.** Action de reculer : *La honteuse reculade de l'armée.* — **2.** Adoption d'une position en retrait par rapport à une position antérieure trop avancée.

RECULÉE n. f. Vallée échancrant le rebord d'un plateau calcaire (Jura, Languedoc, etc.) et se terminant brutalement vers l'amont en « bout du monde ».

RECULEMENT n. m. Syn. de AVALOIRE.

RECULER v. i. (de *cul*) [conj. 3]. **1.** Aller, progresser en arrière ou en marche arrière : *Sa voiture a heurté la mienne en reculant.* — **2.** Être porté vers l'arrière : *Un canon recule au départ du coup.* — **3.** Se retirer en cédant à la force : *Subir le choc de l'ennemi sans reculer.* — **4.** S'éloigner, être ou paraître reporté en deçà d'une certaine limite : *Falaise dont le bord recule chaque année.* — **5.** Perdre du terrain par rapport à une position antérieure : *Le dollar recule de quelques centimes.* — **6.** Renoncer à faire qqch devant une difficulté ; hésiter : *Il n'est pas homme à reculer devant le danger.* — **7.** *Reculer pour mieux sauter,* retarder une décision désagréable, qu'il faudra prendre un jour ou l'autre.

◆ v. t. **1.** Porter, ramener qqch en arrière : *Reculer sa chaise et se lever.* — **2.** Placer qqch plus loin en arrière, le reporter à une certaine distance : *Reculer une clôture.* — **3.** Reporter une action à un moment ultérieur : *Reculer la date de son départ.*

◆ **être reculé** v. pass. **1.** Être isolé, lointain, à l'écart : *Une province reculée.* — **2.** Appartenir à une époque lointaine : *Un passé reculé.*

RECULONS (À) loc. adv. **1.** En reculant, en tournant le dos à ce vers quoi on se dirige ; *Avancer à reculons sans voir le précipice.* — **2.** *Aller, marcher à reculons,* rétrograder au lieu de progresser.

RECULOTTER v. t. (conj. 3). Remettre sa culotte, son pantalon à qqn.

RÉCUPÉRABLE adj. Que l'on peut récupérer.

RÉCUPÉRATEUR, TRICE adj. **1.** Qui favorise une récupération politique. — **2.** Qui permet de récupérer : *Un sommeil récupérateur.*

◆ adj. et n. Qui récupère des matériaux usagés.

◆ **récupérateur** n. m. **1.** Appareil destiné à emmagasiner l'énergie de recul d'une arme à feu pour ramener le canon ou la culasse mobile à sa position de tir après le départ d'un coup. — **2.** Syn. de ÉCRÉMEUR. — **3.** Appareil de transfert thermique assurant les échanges de chaleur internes dans un cycle thermodynamique. (Le transfert d'un fluide à un autre peut être effectué par accumulation de la chaleur [ou du froid] dans un matériau où on fait circuler alternativement les deux fluides ou dans un échangeur où les deux fluides circulent à contre-courant.) [→ *encycl.*]

ENCYCL. **Therm.** Des récupérateurs (économiseurs, réchauffeurs d'air) peuvent échauffer l'eau d'alimentation et l'air de combustion d'une chaudière en utilisant la chaleur des gaz provenant du foyer. De la même façon, les gaz chauds à la sortie des fours peuvent être utilisés dans des chaudières de récupération, suivies d'économiseurs, et les gaz recueillis au sommet des hauts fourneaux peuvent servir à échauffer l'air soufflé aux étalages. Dans les bâtiments, il existe des récupérateurs de cheminées (sur foyers ouverts) et des récupérateurs de chaleur sur air extrait dans les circuits de ventilation et de climatisation.

RÉCUPÉRATION n. f. (lat. *recuperatio*). **1.** Action de récupérer qqch, qqn ; fait d'être récupéré. — **2.** Fait de reprendre à son profit un mouvement d'opinion, une action collective en les détournant de leur sens original. — **3.** Action de remplacer des heures de travail perdues par un temps de travail équivalent. • **Astronaut.** Opération qui permet le retour d'un véhicule spatial à la surface de la Terre. (→ *encycl.*) — **Ch. de f.** *Freinage par récupération,* freinage, employé sur certaines locomotives et automotrices électriques, dans lequel les moteurs de traction fonctionnent comme génératrices. — **Industr.** Collecte et traitement des déchets et sous-produits afin de les rendre aptes à une nouvelle valorisation. — **Pétr.** Ensemble des actions qui permettent d'extraire une partie des hydrocarbures contenus dans un gisement. (→ *encycl.*) — **Therm.** Opération dans laquelle l'enthalpie des fumées est communiquée à l'air secondaire ou au gaz de chauffage par l'intermédiaire d'un récupérateur. ‖ *Chaudière à récupération,* chaudière parcourue par les gaz encore chauds recueillis à la sortie d'un appareil industriel et produisant de la vapeur ou de l'eau chaude. ‖ *Cycle à récupération,* cycle thermodynamique qui, en plus des échanges de chaleur avec les sources de chaleur extérieures, comporte des échanges internes, la chaleur étant prélevée au fluide actif en un point du circuit pour lui être rendue en un autre point. (Syn. CYCLE À RÉGÉNÉRATION.)

ENCYCL. **Astronaut.** La récupération d'un véhicule spatial comprend la désatellisation, la rentrée à grande vitesse dans les couches denses de l'atmosphère, suivie d'un freinage aérodynamique qui ramène la vitesse à quelques centaines de km/h à une altitude de quelques kilomètres, et l'atterrissage, ou l'amerrissage. La première récupération réussie fut celle du satellite américain Discoverer 13, le 11 août 1960.
— **Pétr.** Le taux de récupération d'un gisement en production (rapport du volume extrait au volume des réserves initiales) atteint à peine 30 %, c'est-à-dire que plus des deux tiers du pétrole contenu sont alors perdus. Avec la récupération primaire, l'écoulement du pétrole brut vers la surface est dû à l'énergie emmagasinée dans les gaz sous pression ou dans le système hydraulique naturel. Toutefois, en cas de baisse de production, la récupération peut être rétablie en stimulant le puits par acidification ou par fracturation hydraulique. Ce dernier procédé consiste à créer, par injection d'eau sous forte pression et fort débit, une fissure importante dans la formation, fissure qui sert de drain pour les fluides.

Les procédés de *récupération assistée,* qui augmentent l'énergie naturelle du réservoir imprégné et de son aquifère, pourraient porter le taux de récupération moyen à 45 %. On distingue : ceux qui n'apportent pas de modification majeure des caractéristiques physico-chimiques des fluides présents : injection d'eau dépourvue d'additifs, de gaz non miscibles (procédés de récupération secondaire ou secondée) ; ceux qui modifient l'état physico-chimique d'une partie au moins des fluides présents : injection d'eau améliorée, méthodes thermiques, méthodes avec fluides miscibles, etc. Ces procédés sont appelés aussi *récupération améliorée.* L'expression « récupération assistée » est souvent restreinte à ce seul type de récupération.

RÉCUPÉRER v. t. (lat. *recuperare*) [conj. **18**]. **1.** Rentrer en possession de ce qui a été prêté, perdu, etc. : *Récupérer des fonds.* — **2.** Recueillir des matériaux usagés pour en faire commerce : *Récupérer de la ferraille.* — **3.** Regagner qqch qui aurait pu être perdu : *Récupérer du matériel sur l'ennemi.* — **4.** Retrouver qqpart qqn dont on était séparé : *Récupérer à la gare les enfants de retour de vacances.* — **5.** Réinsérer qqn dans l'activité professionnelle : *Récupérer des anciens détenus.* — **6.** Reprendre des idées, un mouvement en les détournant de leur but premier : *Récupérer une grève.* — **7.** Fournir un temps de travail en remplacement de celui qui a été perdu. — **8.** Reprendre des forces après un effort violent, recouvrer sa santé après une maladie, retrouver l'usage d'un membre, d'un organe : *Récupérer l'usage de sa main.*

RÉCURAGE n. m. Action de récurer ; fait d'être récuré.

RÉCURANT, E adj. et n. m. Se dit d'un produit de nettoyage à base d'agent de surface et d'abrasifs, destiné à traiter les surfaces émaillées ou métalliques.

RÉCURER v. t. (de *écurer*) [conj. **3**]. Nettoyer en frottant avec qqch de rugueux ou avec un récurant : *Récurer une casserole.*

RÉCURRENCE n. f. **1.** Caractère de ce qui est récurrent ; répétition d'un phénomène : *La récurrence d'un thème dans un roman.* — **2.** Relation qui lie les termes d'une suite récurrente. — **3.** *Principe de démonstration par récurrence sur les entiers naturels,* principe selon lequel une propriété qui est vérifiée pour tout entier $n + 1$ dès qu'elle l'est pour n est vérifiée pour tout entier dès qu'elle l'est pour 0. ‖ *Raisonnement par récurrence,* démonstration par laquelle on étend à une série de termes homogènes la vérité d'une propriété d'au moins deux de ces termes. (Syn. RAISONNEMENT PAR INDUCTION.)

RÉCURRENT, E adj. (lat. *recurrens, -entis,* de *recurrere,* revenir en arrière). **1.** Qui revient, réapparaît, se reproduit : *Une haine récurrente.* — **2.** Se dit de plusieurs artères et nerfs en raison de leur trajet, en partic. du *nerf récurrent d'Arnold,* rameau collatéral méningé du nerf ophtalmique, et du *nerf récurrent,* ou *nerf laryngé inférieur,* branche du pneumogastrique. — **3.** Se dit d'une suite dont le terme de rang n est défini à l'aide d'un ou plusieurs des termes qui le précèdent (ceux de rangs $n - 1$ ou $n - 2$ le plus souvent, voire les deux), u_0 *ou* u_1 (ou les deux) étant donnés. — **4.** *Fièvre récurrente,* nom donné aux fièvres à borrelia se traduisant par au moins deux accès fébriles séparés par un intervalle libre de plusieurs jours. (L'une est la *fièvre récurrente à tique* [syn. TICK-FEVER].)

RÉCURSIF, IVE adj. (angl. *recursive,* du lat. *recursum,* de *recurrere,* revenir en arrière). **1.** Se dit d'une règle ou d'un élément doués de récursivité. — **2.** Se dit d'un programme informatique organisé de manière telle qu'il puisse se rappeler lui-même, c'est-à-dire demander sa propre exécution au cours de son déroulement. — **3.** *Fonction récursive,* fonction ayant certaines propriétés (de calculabilité notamm.) définies, étudiées avec précision dans le cadre de la théorie de la récursivité.

RÉCURSION n. f. En informatique, fonction dont la définition fait intervenir cette fonction elle-même.

RÉCURSIVEMENT adv. De façon récursive.

RÉCURSIVITÉ n. f. (de *récursif*). **1.** Propriété que possède une règle ou un élément constituant de pouvoir se répéter de manière théoriquement indéfinie. (C'est une propriété essentielle des règles d'une grammaire générative, celle qui permet d'engendrer un nombre infini de phrases.) – **2.** Qualité d'un programme informatique récursif. – **3.** Théorie destinée à fournir un cadre rigoureux à l'étude des notions intuitives de calculabilité et de décidabilité effectives. (Church a montré [1936] que la récursivité est l'équivalent mathématique de la calculabilité effective : la fonction récursive est une fonction rigoureusement calculable.)

RÉCURSOIRE adj. (lat. *recursus,* recours). *Action récursoire,* action intentée par le défendeur pour obtenir d'un tiers la garantie ou le remboursement des condamnations prononcées contre lui.

RÉCUSABLE adj. Qui peut être récusé.

RÉCUSATION n. f. (lat. *recusatio*). **1.** Fait de refuser, par soupçon de partialité, un juge, un juré, un arbitre, un expert ou un technicien dans les cas spécifiés par la loi. – **2.** *Litt.* Action de rejeter, de ne pas admettre qqn, qqch.

RÉCUSER v. t. (lat. *recusare*) [conj. 3]. **1.** User de la faculté ou du droit de récusation. – **2.** Ne pas admettre l'autorité de qqn, la valeur de qqch dans une décision : *Récuser un témoignage.*

◆ **se récuser** v. pr. Se déclarer incompétent pour juger une cause ; refuser une charge, une mission, un poste.

RECYCLABLE adj. Qui peut être recyclé.

RECYCLAGE n. m. **1.** Ensemble des techniques ayant pour objectif de récupérer des déchets et de les réintroduire dans le cycle de production dont ils sont issus. – **2.** Formation donnée à un travailleur pour lui permettre de s'adapter aux progrès dans sa profession ou de se reconvertir dans une nouvelle activité. – **3.** Aspiration des gaz à la sortie de l'échappement pour les faire participer aux opérations dépolluantes. (Syn. RECIRCULATION DES GAZ D'ÉCHAPPEMENT.) – **4.** Renvoi d'un produit de traitement en un point situé en amont dans le même circuit. (Syn. RECIRCULATION.) – **5.** *Recyclage de capitaux,* mécanisme par lequel les excédents monétaires de certains pays à balance commerciale favorable sont mis à la disposition de la communauté économique internationale.

RECYCLER v. t. (de *cycle*) [conj. 3]. **1.** Soumettre un produit à une opération de recyclage : *Recycler du papier.* – **2.** Soumettre qqn à un recyclage : *On l'a recyclé en informatique.*

◆ **se recycler** v. pr. Subir une formation professionnelle en vue de s'adapter à un nouveau métier.

RÉDACTEUR, TRICE n. (de *rédaction*). **1.** Auteur de la rédaction d'un texte. – **2.** Professionnel qui rédige des textes spécialisés ou des articles dans une entreprise de presse, une agence de publicité, etc. – **3.** *Rédacteur(trice) en chef,* rédacteur responsable des services de rédaction d'un journal, d'un périodique, etc. ‖ *Société de rédacteurs,* société regroupant des journalistes salariés d'une entreprise de presse et visant à assurer la défense de leurs intérêts moraux et à faire prévaloir les préoccupations d'intérêt général et de meilleure qualité du service d'information rendu. (La première fut créée en 1951 par *le Monde.*)

RÉDACTION n. f. (bas lat. *redactio,* du lat. class. *redigere,* ramener). **1.** Action de rédiger un texte ; le texte rédigé lui-même : *La rédaction de son livre lui a pris plusieurs mois.* – **2.** Exercice scolaire qui a pour objet d'apprendre aux élèves à rédiger. – **3.** Ensemble des rédacteurs d'un journal, d'une publication, d'un ouvrage collectif, d'une maison d'édition, d'une agence de publicité ; locaux où ils travaillent.

RÉDACTIONNEL, ELLE adj. **1.** Qui relève de la rédaction. – **2.** *Publicité rédactionnelle* ou *rédactionnel* (n. m.), texte publicitaire présenté sous forme d'article de journal à l'intérieur d'un support de presse.

◆ **rédactionnel** n. m. Texte d'une publicité (par oppos. à *visuel.*)

REDAN → REDENT.

Redan *(Grand),* ouvrage fortifié au S.-E. de Malakoff, célèbre par sa résistance aux Anglais pendant la guerre de Crimée (1855).

RED DEER, riv. du Canada (Alberta), affl. de la Saskatchewan du Sud ; 620 km.

RED DELICIOUS n. f. Pomme d'hiver très cultivée, de couleur rouge (starking, richared, topred).

REDDING (Otis), chanteur de soul music (Dawson, Géorgie, 1941 - Lac Madison, Wisconsin, 1967). Doté d'une voix chaude et généreuse, il a marqué de son empreinte toute la soul music des années 60. Il trouva la mort avec tout son orchestre dans un accident d'avion. Parmi ses grands succès, il faut citer *I've Been Loving You, Shake, The Dock of the Bay, Satisfaction.*

REDDIS, population telugu de l'Andhra Pradesh, d'env. 200 000 membres.

REDDITION n. f. (bas lat. *redditio,* du lat. class. *reddere,* rendre). **1.** Acte par lequel une troupe ou une forteresse met bas les armes. – **2.** *Reddition de compte,* acte par lequel un mandataire, un comptable, etc., présente les comptes de sa gestion.

REDÉCOUVERTE n. f. Action de redécouvrir.

REDÉCOUVRIR v. t. (conj. 34). Découvrir de nouveau ce que d'autres avaient découvert ou considérer avec des yeux neufs : *Redécouvrir des techniques de fabrication.*

REDÉFAIRE v. t. (conj. 109). Défaire de nouveau.

REDÉFINIR v. t. (conj. 32). Définir de nouveau ou autrement.

REDÉFINITION n. f. Action de redéfinir ; fait d'être redéfini.

REDEMANDER v. t. (conj. 3). Demander de nouveau, renouveler une demande : *Redemander des frites à un repas.*

REDÉMARRAGE n. m. Action de redémarrer, fait de redémarrer.

REDÉMARRER v. i. (conj. 3). Démarrer de nouveau après un temps d'arrêt : *La production redémarre.*

◆ v. t. Donner un nouvel élan, faire repartir : *Redémarrer l'industrie textile.*

RÉDEMPTEUR, TRICE adj. (lat. ecclés. *redemptor,* celui qui rachète). *Litt.* Qui rachète, réhabilite : *Une œuvre rédemptrice.*

◆ **Rédempteur** n. m. *Le Rédempteur,* Jésus-Christ.

RÉDEMPTION n. f. (lat. ecclés. *redemptio,* rachat). **1.** *Litt.* Action de ramener qqn au bien, de se racheter. — **2.** *La Rédemption,* le salut apporté par Jésus-Christ, qui, par sa vie, sa mort et sa résurrection, libère l'humanité pécheresse.

RÉDEMPTORISTE n. m. Religieux de la congrégation missionnaire du Très-Saint-Rédempteur, fondée à Scala, près de Naples, en 1732, par saint Alphonse-Marie de Liguori, pour évangéliser les pauvres gens des campagnes.

RÉDEMPTORISTINE n. f. Nom donné aux moniales à vœux solennels, constituant la branche féminine de la congrégation du Très-Saint-Rédempteur, fondée en 1732 par saint Alphonse-Marie de Liguori.

REDENT ou **REDAN** n. m. (de *dent*). **1.** Découpure en forme de dent ou de lobe concave dont la répétition constitue un motif ornemental (architectures romane et gothique). — **2.** Dans une construction, ressaut ou saillie en gradins. — **3.** Chacune des découpes faites dans la longueur de deux pièces de charpente pour les rendre solidaires. — **4.** Dehors de la fortification, en angle saillant d'au moins 60°, servant souvent à défendre un passage ou une sortie. — **5.** Petite plate-forme entre deux gradins d'une mine. — **6.** Décrochement extérieur d'une coque de canot rapide ou d'hydravion leur permettant de déjauger à grande vitesse. — **7.** *Toiture à redents,* syn. de SHED.

REDENTÉ, E adj. Découpé en redents.

REDÉPLOIEMENT n. m. **1.** Restructuration d'une activité économique, d'une entreprise, etc., en modifiant la répartition des effectifs, des moyens. — **2.** Processus de consolidation et de réadaptation de la structure industrielle d'un pays par une politique de création de nouvelles filières industrielles ou de prospection de nouveaux marchés. — **3.** Action de modifier le dispositif des troupes.

REDÉPLOYER v. t. (conj. 13). Procéder à un redéploiement.

REDESCENDRE v. i. (conj. 73 ; auxil. *être*). Descendre après être monté.

◆ v. t. (auxil. *avoir*). **1.** Parcourir de nouveau un lieu de haut en bas : *Redescendre un escalier.* — **2.** Descendre qqch d'un lieu après l'y avoir monté : *Redescendre les malles à la cave.*

REDESCENTE n. f. Descente après une montée.

REDESSINER v. t. (conj. 3). Dessiner une autre fois ou autrement.

REDEVABLE adj. **1.** Qui n'a pas encore payé qqch (argent, dette) : *Être redevable d'un arriéré à la Sécurité sociale.* — **2.** Qui doit un avantage, une faveur ou, ironiq., un désavantage à qqn : *Il n'est redevable qu'à lui-même de son succès.*

◆ n. Personne tenue de verser une redevance.

REDEVANCE n. f. **1.** Charge qui doit être acquittée à terme fixe. — **2.** Somme due en contrepartie de l'utilisation d'un service public : *Payer la redevance de la télévision.* — **3.** Syn. de ROYALTIES. — **4.** *Redevances seigneuriales,* ensemble de prestations en argent ou en nature dues à un seigneur par ceux qui habitaient dans l'étendue de la seigneurie. (C'étaient essentiellement le cens, le champart, les banalités, la corvée seigneuriale, la dîme inféodée, les lods et ventes.)

REDEVENIR v. i. (conj. 40). Revenir à un état antérieur : *Nous sommes redevenus des amis comme avant.*

REDEVOIR v. t. (conj. 53 ; seulem. aux temps simples). *Fam.* Devoir comme reliquat de l'argent, une dette.

REDFORD (Robert), acteur américain (Santa Monica, Californie, 1937). Après des prestations remarquées dans *la Poursuite impitoyable* (1966) et *Propriété interdite* (1966), il s'impose comme l'un des meilleurs acteurs américains de sa génération : *Willie Boy* (1969), *Butch Cassidy et le Kid* (1969), *Jeremiah Johnson* (1972), *l'Arnaque* (1973), *Gatsby le magnifique* (1974), *les Hommes du président* (1976), *le Meilleur* (1984), *Out of Africa* (1985). Il a réalisé lui-même plusieurs films (*Des gens comme les autres,* 1980 ; *Milagro,* 1988 ; *Et au milieu coule une rivière,* 1992).

REDGRAVE (*sir* Michael), acteur britannique (Bristol 1908 - Denham, Buckinghamshire,

1985). Au théâtre, il excellait aussi bien à camper les personnages shakespeariens que des héros plus modernes. Il a connu une brillante carrière au cinéma : *Une femme disparaît* (1938), *Sous le regard des étoiles* (1939), *le Chemin des étoiles* (1945), *Au cœur de la nuit* (sketch d'A. Cavalcanti, *id.*), *Le deuil sied à Électre* (1947), *Mr Arkadin* (1955), *la Solitude du coureur de fond* (1962), *le Messager* (1971). Ses trois enfants, Vanessa, Lynn et Corin, sont aussi acteurs.

REDHAVEN n. f. Pêche à chair jaune.

RÉDHIBITOIRE adj. (bas lat. *redhibitorius,* du lat. class. *redhibere,* reprendre une chose vendue). **1.** Se dit d'un défaut essentiel, capable d'être un empêchement absolu : *Il ne sait pas garder un secret, c'est un vice rédhibitoire.* – **2.** Qui constitue un obstacle radical à une action : *Un prix rédhibitoire.* – **3.** *Action rédhibitoire,* action en résolution d'une vente en raison d'un vice caché du bien vendu. ‖ *Vice rédhibitoire,* vice caché affectant un bien vendu, rendant ce bien impropre à l'usage auquel on le destine ; maladie ou défaut énoncé par loi, entraînant la résiliation de la vente de l'animal qui en est atteint.

RÉDIE n. f. (de *Redi,* n. pr.). Forme larvaire du cycle biologique des vers trématodes, vivant en parasite d'un mollusque d'eau douce (limnée par ex.) et donnant des larves de seconde forme (cercaires) qui infesteront un mammifère (mouton par ex.).

REDIFFUSER v. t. (conj. 3). **1.** Effectuer une rediffusion. – **2.** Relayer une diffusion.

REDIFFUSION n. f. Action de diffuser une émission de radio ou de télévision qui a déjà été diffusée ; cette émission elle-même.

RÉDIGER v. t. (lat. *redigere,* ramener) [conj. **17**]. Écrire un texte dans une forme élaborée et en respectant les règles du genre auquel il appartient : *Rédiger une protestation en termes énergiques.*

RÉDIMÉ, E adj. (lat. *redimere,* racheter). Sous l'Ancien Régime, se disait des provinces françaises qui s'étaient rachetées à titre onéreux en 1553 des droits prélevés par la royauté sur la vente du sel.

REDINGOTE n. f. (angl. *riding-coat,* vêtement pour aller à cheval). **1.** Autref., vêtement d'homme long et ample dont les basques se rejoignaient par-devant. – **2.** Auj., manteau ajusté à la taille.

RÉDINTÉGRATION n. f. (angl. *redintegration,* du lat. *redintegratio,* renouvellement). Processus psychologique selon lequel un élément d'une totalité mentale tendrait à faire réapparaître cette totalité dans l'esprit d'un sujet.

REDIRE v. t. (conj. **102**). **1.** Répéter ce qu'on a déjà dit une ou plusieurs fois : *Je vous redis combien j'ai été heureux de vous revoir.* – **2.** Répéter ce qu'un autre a dit : *Vous allez redire lentement cette phrase après moi.* – **3.** Répéter qqch à qqn en dévoilant ce qu'on devrait cacher : *Surtout, n'allez pas lui redire mes propos !* – **4.** *Avoir, trouver (qqch) à redire (à qqch),* trouver une critique à formuler à l'égard de qqch : *Je ne vois rien à redire à cette mesure.*

REDISCUTER v. t. (conj. **3**). Discuter de nouveau.

REDISTRIBUER v. t. (conj. **7**). Distribuer de nouveau ou autrement.

REDISTRIBUTION n. f. **1.** Action de redistribuer, fait d'être redistribué selon de nouvelles normes. – **2.** Ensemble des opérations à partir desquelles une partie des revenus de certains agents économiques se trouve reversée au profit d'autres.

REDITE n. f. (de *redire*). Répétition inutile et oiseuse : *Texte plein de redites.*

REDMOND (John), homme politique irlandais (Ballytrent, Wexford, 1856 - Londres 1918). Nationaliste modéré, il rétablit l'unité du parti irlandais sous son autorité (1900) et lutta pour l'obtention du Home Rule, mais condamna la révolte de 1916.

REDON (35600), ch.-l. d'arrond. d'Ille-et-Vilaine, sur la Vilaine ; 10 452 hab. *(Redonnais).* Église romane et gothique, anc. abbatiale. Briquets. Mécanique de précision. Optique. Laiterie. Sièges d'automobiles.

REDON (Odilon), peintre, dessinateur et graveur français (Bordeaux 1840 - Paris 1916). Élève de Bresdin, il a pratiqué un art visionnaire et symboliste, créant un monde mystérieux, onirique dans ses « Noirs » (fusains [*l'Araignée souriante,* 1881, musée d'Orsay], lithographies, eaux-fortes), puis, après 1890, dans ses pastels et ses peintures, aux accords chromatiques d'une irradiation inusitée (*Portrait de Gauguin,* 1903, Orsay ; série des *Chars d'Apollon...*).

REDONDANCE n. f. (lat. *redundantia*). **1.** Abondance excessive et non justifiée de termes dans le discours. – **2.** Caractère d'un énoncé qui réitère, sous plusieurs formes différentes, un même trait signifiant. – **3.** Terme redondant, redite. – **4.** En informatique et dans les télécommunications, duplication d'informations afin de garantir leur sécurité en cas d'incident.

REDONDANT, E adj. (bas lat. *redundans, -antis,* superflu, du lat. class. *redundare,* être en excès). **1.** Qui est superflu dans un discours, un écrit : *Des épithètes redondantes.* – **2.** Qui présente des redondances : *Style redondant.* – **3.** Se dit d'un signe linguistique qui n'apporte pas d'information nouvelle, mais réitère une information déjà donnée. — **4.** En informatique et dans les télécommunications, se dit d'un code qui emploie un nombre de symboles plus grand qu'il n'est nécessaire pour représenter des informations données.

REDONNER v. t. (conj. 3). **1.** Donner de nouveau à qqn qqch qu'il a déjà eu : *S'il tousse encore, qu'on lui redonne du sirop.* — **2.** Rendre à qqn ce qui lui a été pris, qu'il a eu, mais n'a plus : *Ce traitement vous redonnera la santé.* — **3.** Rendre à qqch un élément, un caractère possédé antérieurement : *Produit qui redonne au cuir l'éclat du neuf.* — **4.** Présenter de nouveau un spectacle : *Redonner un film à la télévision.*

◆ v. i. Litt. *Redonner dans un état,* se laisser aller de nouveau à qqch dont on s'était libéré : *Redonner dans ses erreurs anciennes.*

REDONS, en lat. **Redones** et parfois **Riedones,** peuple gaulois d'Armorique (cap. *Condate* ou *Redones,* auj. *Rennes*).

REDORER v. t. (conj. 3). Dorer de nouveau ce qui a perdu sa dorure : *Redorer le cadre d'un tableau.*

REDOUBLANT, E n. Élève qui redouble sa classe.

REDOUBLEMENT n. m. **1.** Fait de redoubler, de croître en intensité, en force, en quantité : *Le redoublement de la tempête.* — **2.** Fait pour un élève de redoubler sa classe. — **3.** Répétition d'un ou de plusieurs éléments d'un mot ou du mot tout entier, liée à une modification de sens. (Par ex. dans *fifille* ou dans *gaga.*)

REDOUBLER v. t. (de *doubler*) [conj. 3]. **1.** Rendre qqch double, le répéter : *Redoubler une consonne.* — **2.** Augmenter sensiblement la force, l'intensité de qqch : *Redoubler ses efforts.* — **3.** Accomplir une seconde année d'études dans la même classe : *Enfant qui a redoublé sa quatrième.* — **4.** *Redoubler son coup de fusil,* tirer un second coup de fusil immédiatement après le premier, sur la même pièce de gibier.

◆ v. i. **1.** Accroître la force d'un sentiment, d'une qualité, etc. : *Redoubler de prudence.* — **2.** Continuer de se manifester ou se reproduire avec une force, une intensité accrues : *Le vent redouble de violence.*

◆ **être redoublé** v. pass. **1.** Être répété plusieurs fois : *Des assauts redoublés.* — **2.** Être considérablement augmenté en intensité, en force, etc. : *Un zèle redoublé.* — **3.** *À coups redoublés,* avec violence. ‖ *Intervalle redoublé,* en musique, intervalle excédant l'étendue d'une octave.

REDOUL [rədul] n. m. (occitan *redoul*). Arbuste (coriariacée) dont les jeunes pousses fournissent un tanin.

REDOUTABLE adj. Qui est à redouter, à craindre fortement : *Un ennemi redoutable.*

REDOUTABLEMENT adv. De façon redoutable ; terriblement.

REDOUTE n. f. (ital. *ridotto*). **1.** Petit ouvrage de fortification isolé, fermé, de forme carrée. — **2.** Radeau armé, servant autrefois à franchir de vive force des cours d'eau. — **3.** Formation de combat compacte, utilisée contre la cavalerie au XVIe s. — **4.** *Vx.* Endroit public où l'on dansait, jouait, où l'on faisait de la musique ; fête donnée dans cet établissement.

Redoute *(la),* entreprise française de vente par correspondance créée en 1922, aujourd'hui la première entreprise française de ce secteur. La société, qui exploite également des magasins d'habillement, fait partie du groupe Pinault-Printemps-Redoute.

REDOUTÉ (Pierre Joseph), peintre de fleurs et lithographe français (Saint-Hubert, près de Liège, 1759 - Paris 1840). Parmi les ouvrages qu'il a illustrés, citons *la Flore de Navarre,* de Bonpland. Il a publié *la Famille des liliacées* (1802-1816), *Monographie des roses* (1817-1824) et a exécuté, pour les collections du Muséum d'histoire naturelle, plus de 6 000 aquarelles.

REDOUTER v. t. (de *douter*) [conj. 3]. Craindre vivement qqn, qqch : *Redouter de rencontrer quelqu'un.*

REDOUX n. m. (mot dialect.). Radoucissement de la température intervenant au cours de la saison froide.

REDOX adj. (de *réducteur* et *oxydant*). *Couple redox,* ensemble formé par un atome neutre et par le même atome ionisé ou par deux ions contenant un même atome, dont l'un est réducteur et l'autre oxydant.

REDRESSAGE n. m. Opération de finition du cuir pour la présentation.

REDRESSE n. f. (de *dresser*). **1.** Partie du cuir enlevée le long du rein pour obtenir des longueurs droites. — **2.** Pop. *À la redresse,* se dit de qqn d'énergique, qui se fait respecter : *Un type à la redresse.*

REDRESSEMENT n. m. **1.** Action de redresser ; fait de se redresser : *Un brusque redressement du corps.* — **2.** Action de redonner à qqch une forme droite ou sa forme primitive : *Redressement d'une barre tordue.* — **3.** Action de redresser un véhicule, un bateau, etc. — **4.** Retour à un niveau ou un rythme de développement normal, à un état satisfaisant : *Redressement de la balance des comptes.* — **5.** *Maison de redressement,* établissement jadis chargé de la rééducation des jeunes délinquants. • **Comptab.** Opération par laquelle on corrige un compte erroné pour l'établir conformément à la réalité. — **Dr.** Correction, opérée par un inspecteur des impôts après vérifications, conduisant à une majoration des sommes dues au titre de l'impôt par le contribuable. ‖ *Redressement judiciaire,* procédure judiciaire destinée à permettre la sauvegarde de l'entreprise, le maintien de l'activité et de l'emploi et l'apurement du passif. (→ *encycl.*) — **Écon.** Assainissement et relance d'une entreprise en difficulté. — **Électr.** Action de transformer un courant alternatif en courant unidirectionnel. — **Neurol.** *Réflexe de redressement,* enchaînement de réactions motrices permettant de garder une position convenable du corps et de ses segments pendant le mouvement. — **Topogr.** Restitution photographique d'un cliché oblique d'un terrain plan.

ENCYCL. **Dr.** Institué en remplacement du règlement judiciaire par la loi du 25 janv. 1985, le *redressement judiciaire* est applicable aux artisans, aux commerçants, aux personnes morales de droit privé ainsi qu'aux personnes ayant bénéficié du règlement* amiable mais n'ayant pas respecté leurs engagements. Le redressement judiciaire est assuré selon un plan arrêté par décision de justice à l'issue d'une période d'observation qui prévoit la continuation ou la cession de l'entreprise. Lorsque aucune solution n'est possible, il est procédé à la liquidation* judiciaire.

REDRESSER v. t. (de *dresser*) [conj. **4**]. **1.** Replacer dans la position verticale ce qui est incliné, courbé, plié, etc. : *Redresser un poteau électrique.* — **2.** Remettre en position droite le corps, le buste, la tête, etc. — **3.** Mettre ou remettre droit ce qui est déformé ou lui redonner sa forme première : *Faire redresser l'aile de sa voiture.* — **4.** Remettre un véhicule, un bateau en ligne droite, après un écart, une manœuvre, etc. ; faire reprendre de la hauteur à un avion après une descente en perte de vitesse. — **5.** *Litt.* Reprendre, réformer ce qui paraît s'écarter de la vérité, de l'exactitude, de l'équité : *Redresser les idées de quelqu'un.* — **6.** Effectuer le redressement d'un courant alternatif. — **7.** Inverser une image grâce à un dispositif optique. — **8.** *Redresser la situation,* rétablir dans un état satisfaisant une situation compromise. ‖ *Redresser les torts, les injustices sociales, etc.,* les réparer, rétablir les droits de ceux qui sont lésés.

◆ **se redresser** v. pr. **1.** Se remettre droit, debout : *Se redresser péniblement après une chute.* — **2.** Prendre une attitude fière, voire arrogante en se tenant droit : *Il se redresse, ses succès lui montent à la tête.* — **3.** Revenir à un état normal ou reprendre sa progression après un fléchissement : *Pays vaincu qui commence à se redresser.*

REDRESSEUR, EUSE adj. Se dit d'un dispositif qui redresse un courant alternatif, une image.

◆ **redresseur** n. m. **1.** Convertisseur d'énergie électrique qui transforme un système de courants alternatifs en un courant unidirectionnel. (→ *encycl.*) — **2.** Appareil photographique permettant d'obtenir l'image non déformée d'un terrain plan à partir d'un cliché oblique de ce terrain. — **3.** *Redresseur de torts,* au Moyen Âge, chevalier errant qui se faisait le vengeur des injustices et le défenseur des opprimés ; auj., celui qui prétend redresser les injustices et les abus, qui se pose en justicier.

ENCYCL. **Électr.** Les redresseurs sont des mutateurs à semi-conducteurs utilisant soit des soupapes non commandées (diodes munies de deux électrodes, une anode et une cathode), soit des soupapes commandées (thyristors ou transistors possédant une troisième électrode, la gâchette). Les montages sont monophasés pour les installations de faible puissance (charge des accumulateurs) ou polyphasés pour les installations plus puissantes (commande de moteurs ; alimentation des réseaux de transport à courant continu).

RED RIVER, fl. des États-Unis (Texas et Louisiane), tributaire du golfe du Mexique ; 1 638 km. Au N.-N.-O. de Baton Rouge, il se divise en deux branches, l'Atchafalaya, qui rejoint le golfe du Mexique, et l'Old River, qui rejoint le Mississippi.

RED RIVER, riv. du nord des États-Unis et du Canada, tributaire du lac Winnipeg ; 1 060 km.

REDTOP n. f. Pêche à chair jaune.

RÉDUCTEUR, TRICE adj. (lat. *reductor*). **1.** Qui réduit, opère une réduction. — **2.** Qui opère une diminution de valeur ou une simplification abusive : *Une analyse réductrice d'un roman complexe.*

◆ **réducteur** n. m. **1.** Corps chimique susceptible de fixer l'oxygène et plus généralement de céder des électrons. (Les réducteurs les plus utilisés sont le carbone [métallurgie], l'hydrogène [industries organiques], les métaux [par ex. l'aluminium dans l'aluminothermie] et de nombreuses matières organiques.) — **2.** Appareil permettant de recopier en les réduisant les dessins, les gravures, etc. — **3.** Mécanisme employé pour transmettre un mouvement de rotation en en réduisant la vitesse dans un rapport défini, au moyen de poulies et courroies, trains d'engrenages, etc.

RÉDUCTIBILITÉ n. f. Caractère réductible.

RÉDUCTIBLE adj. **1.** Qui peut être ramené à qqch de plus simple, de plus intéressant, etc. : *La situation n'est pas réductible à un affrontement idéologique.* — **2.** Qui peut être diminué : *Une somme réductible.* — **3.** Qui peut être ramené à un degré moindre d'oxydation. — **4.** Se dit d'un os qui peut être réduit, remis à sa place. — **5.** Se dit d'une équation dont le degré peut être abaissé. — **6.** *Fraction réductible,* fraction dont le numérateur et le dénominateur ne sont pas premiers entre eux.

RÉDUCTION n. f. (lat. *reductio*). **1.** Action de réduire qqch, d'en diminuer la valeur, le nombre, la quantité, l'importance : *Une réduction de personnel.* – **2.** Quantité dont qqch est réduit et, en partic., diminution opérée sur un prix : *Consentir une réduction à un acheteur.* – **3.** Reproduction d'un dessin, d'une carte, d'une œuvre d'art, etc., en diminuant les dimensions de l'original ; reproduction ainsi obtenue : *Réduction photographique d'un plan.* – **4.** *En réduction,* qui est la réplique de qqch d'autre en plus petit. • **Astron.** Opération par laquelle on ramène les résultats bruts obtenus au cours d'une observation à leur valeur telle qu'elle doit être introduite dans les calculs. – **Biol.** *Réduction chromatique,* effet principal de la méiose, consistant à produire les 4 premières cellules haploïdes du cycle reproductif. – **Chim.** Réaction chimique par laquelle on fournit des électrons à un atome, un ion ou une molécule. (Syn. DÉSOXYDATION.) – **Chir.** Opération qui a pour objet de remettre dans leur situation normale un organe déplacé, un os fracturé. – **Cuis.** Action de réduire un liquide. – **Dr.** *Réduction pour excès,* action en justice qui permet au juge saisi de sanctionner tout acte excessif passé par une personne sous sauvegarde de justice. ‖ *Réduction de libéralité,* diminution ou suppression totale des libéralités faites par le défunt lorsque leur montant global dépasse celui de la quotité disponible. (Elle est en principe demandée par les héritiers réservataires.) ‖ *Réduction de peine,* diminution d'une peine privative de liberté à temps accordée par le juge d'application des peines à un condamné qui a donné des preuves suffisantes de bonne conduite. – **Dr. canon.** *Réduction à l'état laïque,* pour un clerc, retour accordé ou imposé par les supérieurs ecclésiastiques au statut qui était le sien dans l'Église avant la cléricature. – **Hist.** En Amérique espagnole, village indien constitué par initiative de la Couronne pour faciliter la sédentarisation et l'évangélisation des indigènes. (Les plus célèbres réductions furent celles des Jésuites, au Paraguay, aux XVIIe et XVIIIe s.) – **Ling.** Transformation d'un mot en un mot plus court par abrègement, apocope, évolution phonétique, etc. (par ex. *métro* pour *métropolitain*). – **Log.** *Réduction à l'absurde,* opération par laquelle on prouve une proposition A en montrant que de non-A on ne peut que déduire une proposition absurde. – **Math.** Syn. de DÉCOMPOSITION. ‖ *Réduction d'une fraction* a/b, recherche d'une fraction équivalente à *a/b* et qui soit irréductible. – **Métall.** *Réduction directe,* méthode de production de fer par réduction chimique de minerais de fer à l'état solide. (Le procédé n'est utilisable que pour les minerais ayant une faible teneur en gangue ; il est principalement utilisé dans les pays en développement.) – **Mil.** *Réduction de grade,* sanction statutaire applicable aux engagés ou aux appelés pour faute grave et consistant à replacer le militaire dans un grade inférieur à celui qu'il détient. – **Mus.** Action de réduire les parties ou les effectifs d'une œuvre musicale. – **Pétr.** Distillation très poussée du pétrole brut ou d'un produit lourd. – **Philos.** *Réduction phénoménologique,* syn. de ÉPOCHÊ. – **Phon.** Dégradation du timbre d'une voyelle en syllabe inaccentuée. – **Stat.** *Réduction des données,* substitution, à un ensemble d'observations, d'un petit nombre de paramètres, de caractéristiques ou de résultats numériques, qu'on tire, par des calculs, de l'ensemble ordonné des données numériques. – **Techn.** Pièce destinée à assurer l'assemblage de deux éléments de tuyauterie de diamètres différents.

RÉDUCTIONNEL, ELLE adj. *Mitose réductionnelle,* nom donné à la première des deux divisions cellulaires qui constituent la méiose. (S'oppose à *équationnel.*)

RÉDUCTIONNISME n. m. Tendance qui consiste à réduire les phénomènes complexes à leurs composants plus simples et à considérer ces derniers comme plus fondamentaux que les phénomènes observés.

RÉDUCTIONNISTE adj. et n. Relatif au réductionnisme ; qui en est partisan.

RÉDUCTONE n. f. Substance fortement réductrice qui se forme lorsqu'on chauffe des sucres en milieu alcalin (brasserie, colorants alimentaires).

RÉDUIRE v. t. (lat. *reducere,* ramener, de *ducere,* conduire) [conj. **98**]. **1.** Diminuer qqch, le ramener à une dimension moindre, en diminuer la valeur, l'importance : *Réduire les prix de 20 %.* – **2.** Reproduire qqch en plus petit, en maintenant les mêmes proportions : *Réduire une photo.* – **3.** Ramener qqch, concrètement ou par l'interprétation, à qqch de plus simple ; résumer : *Réduire une question à l'essentiel.* – **4.** Écraser, moudre, pulvériser un matériau, un produit : *Matière que l'on doit réduire en pâte.* – **5.** Amener qqn, un groupe à un état de dépendance, à une situation pénible : *Réduire la presse au silence.* – **6.** Vaincre qqch, le désorganiser complètement : *Réduire les poches de résistance. Ces inondations réduisent à néant une année de travail.* – **7.** *Réduire en cendres, en miettes,* ruiner, mettre en pièces. • **Chim.** Effectuer la réduction. (Syn. DÉSOXYDER.) – **Chir.** Pratiquer une réduction. – **Cuis.** Rendre un liquide, une sauce plus concentrés par évaporation sur le feu. – **Math.** *Réduire des fractions au même dénominateur,* trouver des fractions équivalentes aux fractions données et ayant toutes le même dénominateur.

— **Mus.** *Réduire une partition,* disposer pour un seul instrument, ou pour un nombre restreint d'instruments, une partition prévue pour une plus ample formation.

◆ v. i. **1.** Diminuer en quantité, par évaporation, et devenir plus épais, plus concentré : *Ce sirop doit réduire de moitié.* — **2.** Diminuer de volume à la cuisson.

◆ **être réduit** v. pass. **1.** Être petit, peu nombreux, peu important : *Les débouchés sont très réduits.* — **2.** *En être réduit à,* n'avoir plus d'autre issue que de faire telle chose : *Ils en sont réduits à mendier.* — **3.** Fam. *Modèle, format réduit,* personne de petite taille. ‖ *Prix, tarif réduit,* sur lesquels a été consentie une réduction. • **Phon.** En parlant d'une voyelle, avoir subi la réduction. ‖ *Forme réduite,* forme d'un mot issue d'un changement phonétique (élision, apocope, etc.). — **Probab.** *Variable aléatoire réduite,* variable aléatoire centrée ayant un écart-type égal à 1. [On associe à une variable aléatoire X d'espérance mathématique m et d'écart-type σ la variable réduite $(X - m)/\sigma$. La loi correspondant à une variable réduite est, elle aussi, dite réduite.]

◆ **se réduire** v. pr. **1.** Se limiter volontairement à qqch, en partic. se restreindre dans ses dépenses : *Je me réduirai au strict nécessaire.* — **2.** Changer d'état et disparaître en se transformant en qqch : *Les nuages peuvent se réduire en grêle.*

◆ **se réduire** v. pr., **être réduit** v. pass. **1.** Être constitué seulement par telle chose ou pouvoir s'y ramener : *Un conflit réduit à quelques échanges verbaux.* — **2.** *Se réduire à rien, à néant, en miettes, etc.,* ne rien représenter ou être annihilé, détruit : *Objets réduits en poussière.*

RÉDUIT n. m. (lat. pop. *reductum,* lieu retiré). **1.** Petite pièce retirée. — **2.** Recoin dans une pièce. — **3.** Local, logement de petites dimensions et misérable. — **4.** Ouvrage fortifié à l'intérieur d'un autre et servant d'emplacement pour l'ultime défense. (Syn. RETIRADE.) — **5.** Compartiment cuirassé placé au centre des grands navires de guerre vers 1870 et où étaient rassemblées les pièces d'artillerie principales. — **6.** Zone refuge où des forces en état d'infériorité essaient de poursuivre le combat après une défaite.

RÉDUPLICATION n. f. (bas lat. *reduplicatio,* de *duplicare,* doubler). Répétition consécutive d'un mot dans une phrase (par ex. *c'est très très petit*).

RÉDUVE n. m. (lat. sc. *reduvius,* du bas lat. *reduvia,* restes). Grande punaise terrestre insectivore ailée, très carnassière, qui attaque les autres insectes et suce leur sang avec son rostre recourbé. (Sa piqûre, venimeuse, est très douloureuse.)

RÉDUVIIDÉ n. m. Nom de famille attribué aux réduves. (Les réduviidés peuvent transmettre à l'homme la maladie de Chagas*.)

REDWING [rɛdwiɲ] n. f. Pêche à chair blanche.

REE *(lough),* lac de la République d'Irlande, traversé par le Shannon, long d'une trentaine de kilomètres, au cœur de la plaine centrale. Pêche.

RÉÉCHELONNEMENT n. m. Allongement de la durée de remboursement d'une dette, notamment d'un endettement international. (Syn. MORATOIRE.)

RÉÉCOUTER (conj. 3). Écouter de nouveau.

RÉÉCRIRE ou **RÉCRIRE** v. t. (lat. *rescribere*) [conj. 99]. **1.** Rédiger qqch sous une nouvelle forme : *Réécrire un article.* — **2.** Adresser de nouveau un message, une missive. — **3.** (calque de l'angl. *rewrite*). Reprendre l'écriture d'un texte en améliorant la forme ou en l'adaptant à une nouvelle destination.

RÉÉCRITURE n. f. (calque de l'angl. *rewriting*). **1.** Action de réécrire un texte. — **2.** *Règle de réécriture,* en grammaire générative, règle donnée sous forme d'instruction et consistant à convertir un élément en un autre élément.

REED (John), homme politique et écrivain américain (Portland, États-Unis, 1887-Moscou 1920). Journaliste socialiste, il est l'auteur de deux reportages devenus des classiques : *le Mexique insurgé* (1914), *Dix Jours qui ébranlèrent le monde* (1919).

REED (*sir* Carol), cinéaste britannique (Londres 1906 - *id.* 1976). Il vint à la mise en scène en 1935 et réalisa quelques films avant la Seconde Guerre mondiale, dont *Sous le regard des étoiles* (1939) ; après 1945, il fut fortement influencé par l'école des documentaristes. Citons, parmi ses œuvres principales, *Huit Heures de sursis* (1947), *Première Désillusion* (1948), *le Troisième Homme* (1949), *Oliver* (1968).

RÉÉDIFICATION n. f. *Litt.* Action de rééditier ; reconstruction.

RÉÉDIFIER v. t. (conj. 9). *Litt.* Édifier qqch à nouveau ; reconstruire, rebâtir.

RÉÉDITER v. t. (conj. 3). **1.** Faire une nouvelle édition : *Rééditer un ouvrage épuisé.* — **2.** Accomplir de nouveau une action : *Rééditer la même erreur.*

RÉÉDITION n. f. **1.** Action de rééditer ; nouvelle édition d'un ouvrage. — **2.** Répétition du même fait, du même comportement.

RÉÉDUCATION n. f. **1.** Action de rééduquer ; ensemble des moyens mis en œuvre pour rééduquer. — **2.** Ensemble des mesures d'assistance, de surveillance ou d'éducation ordonnées par le juge à l'égard de l'enfance délinquante ou des mineurs en danger physique ou moral (assistance éducative, protection judiciaire). — **3.** *Rééducation motrice,* traitement médical destiné à obtenir le rétablissement des fonctions motrices des blessés ou des malades. (Elle fait appel à la kinésithérapie, à l'ergothérapie, etc.)

RÉÉDUQUER v. t. (conj. **3**). **1.** Reprendre la manière de penser de qqn pour la réformer lorsqu'elle a pris une mauvaise orientation. — **2.** Soumettre qqn à un traitement, afin de rétablir chez lui l'usage normal d'un membre ou d'une fonction.

RÉEL, ELLE adj. (lat. médiév. *realis,* du lat. class. *res,* chose). **1.** Qui existe ou a existé effectivement : *Le héros de ce roman est un personnage réel.* — **2.** Qui est conforme à ce qu'il doit être ou prétend être : *Je crois que sa peine était réelle.* — **3.** Qui n'est pas douteux, peut être visiblement constaté : *Constater une réelle amélioration de la situation.* • **Anthropol.** *Parenté réelle,* parenté biologique entre plusieurs individus (par oppos. à *parenté classificatoire*). — **Dr.** Qui porte sur une chose, par oppos. à *personnel* (droit réel, action réelle, par ex.). — **Inform.** Relatif à une variable pouvant prendre dans un programme des valeurs numériques non entières. ‖ *Traitement en temps réel,* mode de fonctionnement d'un système informatique dans lequel l'ordinateur élabore, à partir de données acquises ou reçues de l'extérieur, des informations de commande, de contrôle ou simplement de réponse, dans un intervalle de temps très faible vis-à-vis de l'évolution du processus avec lequel il est en relation. — **Math.** Se dit en géométrie analytique d'un ensemble dont tous les points ont pour coordonnées des nombres réels. ‖ *Droite réelle,* syn. de DROITE GRADUÉE*. ‖ *Nombre réel* ou *réel* (n. m.), élément de l'ensemble ℝ. (→ ℝ.) ‖ *Partie réelle d'un nombre complexe* (z = x + iy), réel *x.* — **Polit.** *Pays réel,* ensemble des individus d'une nation qui ne peuvent exprimer leurs choix politiques ou qui, par suite des distorsions dans le mode de désignation de ceux-ci, sont en désaccord avec les gouvernants (par oppos. à *pays légal*).

◆ **réel** n. m. Ce qui est, ce qui existe, ce qui arrive en fait.

RÉÉLECTION n. f. Action de réélire ; fait d'être réélu.

RÉÉLIGIBILITÉ n. f. Aptitude à être réélu.

RÉÉLIGIBLE adj. Qui remplit les conditions de rééligibilité.

RÉÉLIRE v. t. (conj. **106**). Élire qqn une nouvelle fois.

RÉELLEMENT adv. **1.** D'une manière réelle, effective : *Ces faits ont réellement eu lieu.* — **2.** D'une manière certaine, véritable : *Elle est réellement la plus compétente.* — **3.** D'une manière conforme à la vérité : *Montrer quelqu'un tel qu'il est réellement.* — **4.** En réalité, en vérité : *Réellement, c'était une faute.*

RÉEMBARQUEMENT n. m. Action de réembarquer.

RÉEMBARQUER v. t. et v. i. (conj. **3**). Embarquer de nouveau.

RÉEMBAUCHAGE n. m., ou **RÉEMBAUCHE** n. f. Action de réembaucher ; fait d'être réembauché.

RÉEMBAUCHER v. t. (conj. **3**). Embaucher de nouveau.

RÉÉMETTEUR n. m. Émetteur de radiodiffusion sonore ou de télévision, souvent de faible puissance, installé pour desservir des zones où la réception d'un émetteur principal est difficile ou impossible.

RÉÉMETTRE v. t. (conj. **84**). Émettre une nouvelle fois ou d'un autre lieu.

RÉEMPLOI n. m. **1.** Action de réemployer. (Syn. REMPLOI.) — **2.** Utilisation d'un travailleur dans un nouveau métier. — **3.** Achat d'un bien avec le produit de la vente d'un autre bien (ou de l'indemnisation compensant la perte de celui-ci). — **4.** Placement nouveau d'un capital. — **5.** En architecture, syn. de REMPLOI.

RÉEMPLOYER → REMPLOYER.

RÉEMPRUNTER ou **REMPRUNTER** v. t. (conj. **3**). Emprunter une nouvelle fois.

RÉENGAGEMENT, RÉENGAGER → RENGAGEMENT, RENGAGER.

RÉENREGISTREMENT n. m. Action de réenregistrer.

RÉENREGISTRER v. t. (conj. **3**). Enregistrer de nouveau.

RÉENSEMENCEMENT n. m. Action de réensemencer.

RÉENSEMENCER v. t. (conj. **16**). Ensemencer de nouveau.

RÉENTENDRE v. t. (conj. **73**). Entendre de nouveau ce qu'on a entendu.

RÉENVISAGER v. t. (conj. **17**). Envisager de nouveau et sur d'autres bases.

RÉÉQUILIBRAGE n. m. Action de rééquilibrer ; fait d'être rééquilibré.

RÉÉQUILIBRER v. t. (conj. **3**). Rétablir l'équilibre : *Rééquilibrer le budget.*

RÉER v. i. (var. de *raire*) [conj. **15**]. Pousser un cri bref, en parlant du cerf. (Syn. RAIRE.)

RÉESCOMPTE n. m. **1.** Opération qui consiste, pour la banque centrale, à acheter un effet avant son échéance à une banque ou à un organisme financier qui l'a déjà escompté, en remettant le montant de la créance, déduction faite du taux d'escompte officiel, fixé par la banque centrale. — 2. *Maison de réescompte,* intermédiaire qui, sur le marché monétaire, met en rapport des prêteurs et des emprunteurs.

RÉESCOMPTER v. t. (conj. 3). Opérer le réescompte d'un effet.

RÉESSAYAGE ou **RESSAYAGE** n. m. Action de réessayer.

RÉESSAYER ou **RESSAYER** v. t. (conj. 11). Essayer de nouveau.

RÉÉTUDIER v. t. (conj. 9). Étudier à nouveau.

RÉÉVALUATION n. f. 1. Action d'évaluer de nouveau, de rectifier la précédente évaluation. — 2. Technique, utilisée par les autorités monétaires d'un pays, qui consiste à augmenter la valeur officielle de la monnaie nationale par rapport aux devises étrangères. — 3. *Réévaluation des bilans,* opération consistant à rectifier divers postes de bilans pour tenir compte de la dépréciation monétaire.

RÉÉVALUER v. t. (conj. 7). 1. Effectuer la réévaluation d'une monnaie. — 2. Évaluer de nouveau qqch, en rectifier la précédente évaluation : *Réévaluer les forces de l'adversaire.*

REEVES (Hubert), astrophysicien canadien (Montréal 1932). Établi en France, il est depuis 1966 directeur de recherche au C. N. R. S. et travaille au Centre d'études nucléaires de Saclay. Ses principales contributions portent sur l'astrophysique stellaire, la nucléosynthèse et la cosmologie. Il est aussi un vulgarisateur très apprécié, auteur d'ouvrages (*Patience dans l'azur,* 1981 ; *Poussières d'étoiles,* 1984 ; *Dernières nouvelles du cosmos,* 1994), d'émissions télévisées et de films scientifiques.

RÉEXAMEN n. m. Fait de réexaminer.

RÉEXAMINER v. t. (conj. 3). Examiner de nouveau ou sur des bases nouvelles.

RÉEXPÉDIER v. t. (conj. 9). 1. Expédier de nouveau des marchandises à partir de leur lieu de destination. — 2. Faire suivre une lettre, le courrier à une nouvelle adresse. — 3. *Fam.* Renvoyer qqn d'où il vient.

RÉEXPÉDITION n. f. Nouvelle expédition.

RÉEXPORTATION n. f. Fait d'exporter des marchandises précédemment importées (en général en franchise temporaire de droits de douane) et qui viennent de subir certaines transformations ; régime douanier qui s'y applique.

RÉEXPORTER v. t. (conj. 3). Transporter hors d'un pays des marchandises qui y avaient été importées.

REFAÇONNER v. t. (conj. 3). Donner une nouvelle façon à qqch.

RÉFACTION n. f. (var. de *réfection*). 1. Réduction du prix de la marchandise ordonnée par le juge lorsque, au moment de la livraison, les conditions de quantité et même de qualité ne sont pas celles stipulées dans le contrat. — 2. Correction (aboutissant à une diminution du versement fiscal) d'une base imposable afin de tenir compte de certains éléments particuliers.

REFAIRE v. t. (conj. 109). 1. Recommencer une action, une tâche déjà faite par soi-même ou par un autre : *Refaire une addition.* — 2. Faire qqch d'analogue à ce qu'un autre a fait, essayer de l'imiter : *Une génération qui refait les erreurs de la précédente.* — 3. Modifier qqch, qqn pour le rendre différent : *Vous ne me referez pas.* — 4. Redonner son état premier ou un meilleur état à ce qui a subi un dommage : *Refaire la toiture d'une maison.* — 5. *Fam.* Tromper, duper, escroquer qqn : *Se faire refaire de cent mille francs.* — 6. *Refaire sa tête,* en parlant du chevreuil, du cerf ou du daim, pousser de nouveaux bois.

◆ **être refait** v. pass. *Fam.* Être trompé, mystifié, escroqué.

◆ **se refaire** v. pr. 1. Reprendre des forces, retrouver la santé. — 2. *Fam.* Rétablir sa situation financière, en partic. après des pertes au jeu. — 3. Modifier du tout au tout la nature de sa personnalité, de son caractère : *On ne se refait pas.* — 4. Faire en sorte de récupérer qqch après l'avoir perdu : *Avoir besoin de se refaire une réputation.* — 5. *Se refaire des amis,* en trouver d'autres. — 6. Se réaccoutumer à qqch, pouvoir de nouveau l'admettre, le supporter : *Se refaire à la vie urbaine.*

REFAIT n. m. Bois récemment repoussés des cerfs, des daims et des chevreuils.

RÉFECTION n. f. (lat. *refectio,* de *reficere,* refaire). Action de remettre en état, de réparer, de remettre à neuf : *La réfection d'une maison.*

RÉFECTOIRE n. m. (lat. ecclés. *refectorium,* du lat. class. *refectorius,* réconfortant). Salle où les membres d'une communauté prennent leur repas en commun.

REFEND n. m. (de *refendre*). 1. Canal taillé dans le parement d'un mur, accusant ou simulant le tracé des lits et des joints de la maçonnerie. — 2. *Bois de refend,* bois scié en long. ‖ *Mur de refend,* dans un bâtiment, mur porteur intérieur.

REFENDAGE n. m. (de *refendre*). 1. Opération qui consiste à diviser un cuir en plusieurs couches dans son épaisseur. — 2. Syn. de FENDAGE.

REFENDRE v. t. (conj. 73). 1. Scier en long une pièce de bois en deux pièces égales. — 2. Débiter l'ardoise dans un bloc. — **3.** Couper, avant ou après impression, des feuilles de papier. — **4.** Ouvrir dans une pièce d'orfèvrerie le logement d'une autre pièce. — **5.** Diviser une peau en plusieurs couches dans son épaisseur. (Syn. SCIER.) — **6.** *Scie à refendre,* scie de menuisier à lame orientable par rapport au plan de la monture.

REFENTE n. f. Action de scier de long les bois de charpente.

RÉFÉRÉ n. m. **1.** Procédure d'urgence contradictoire, qui permet d'obtenir du président d'une juridiction une mesure provisoire. (Le *juge des référés* rend une *ordonnance de référé.*) — **2.** Lettre adressée à un ministre par la Cour des comptes pour demander des explications relatives à la comptabilité de ses services.

RÉFÉRENCE n. f. (de *référer*). **1.** Action de référer, de renvoyer à un document, à une autorité : *Indemnité fixée par référence au traitement.* — **2.** Indication du passage d'un texte (page, paragraphe, ligne, etc.) permettant de s'y reporter : *Veuillez me fournir la référence de cette citation.* — **3.** Indication placée en tête d'une lettre et que l'on doit rappeler dans la réponse. — **4.** Fait permettant de connaître la valeur de qqn : *Il a travaillé aux États-Unis : c'est une référence.* — **5.** Base d'une comparaison, personne ou chose à partir de laquelle on définit, estime, calcule, etc. : *Prix de référence.* — **6.** *Faire référence à qqch, à qqn,* s'y rapporter, y avoir trait ; s'y référer, en faire mention. ‖ *Ouvrage de référence,* ouvrage que l'on consulte pour trouver une information précise, en partic. dans le domaine de la langue (dictionnaire, grammaire) ou dans un domaine technique, scientifique. • **Comm.** Ensemble des caractéristiques d'un article (prix, taille, couleur, etc.) qui le distinguent des autres articles de la même famille. — **Docum.** Indicateur de l'existence d'un être ou d'une chose, qui les synthétise de manière signalétique en renvoyant à la source même. — **Ling.** Propriété des signes linguistiques leur permettant de renvoyer à des entités extralinguistiques (objets ou individus appartenant au monde réel ou à un monde imaginaire). ‖ Syn. de RÉFÉRENT. — **Log.** Syn. de DÉNOTATION. — **Math.** *Dièdre, plan frontal,* etc., *de référence,* dièdre, plan frontal, etc., fixes, sur lesquels sont faites les projections des points, en géométrie descriptive. ‖ *Système d'axes, trièdre,* etc., *de référence,* système d'axes, trièdre, etc., fixes, à partir desquels sont exprimées les coordonnées des points. — **Sociol.** *Groupe de référence,* groupe réel ou imaginaire qu'un individu choisit comme base de comparaison pour lui-même, par rapport auquel il se situe lui-même, par oppos. au *groupe d'appartenance.*

◆ **références** n. f. pl. Attestation de personnes auxquelles on peut se référer pour avoir des renseignements sur qqn.

RÉFÉRENCEMENT n. m. **1.** Procédure par laquelle un producteur vendant à une centrale d'achat s'assure que les produits qu'il vend figureront sur les listes des adhérents de la centrale d'achat. — **2.** Recensement des points de vente dans lesquels un produit est présent.

RÉFÉRENCER ou **RÉFÉRENCIER** v. t. (conj. **16** ou 9). **1.** Donner une référence à qqch : *Référencer une citation.* — **2.** Procéder au référencement d'un produit.

1. RÉFÉRENDAIRE [-rɛ̃dɛr] adj. (de *référendum*). Relatif à un référendum.

2. RÉFÉRENDAIRE [-rɑ̃dɛr] adj. (bas lat. *referendarius,* du lat. class. *referendus,* de *referre,* rapporter). *Conseiller référendaire à la Cour des comptes,* magistrat chargé de vérifier les comptes des justiciables ou d'instruire les affaires contentieuses portées devant la Cour. ‖ *Conseiller référendaire à la Cour de cassation,* magistrat dont le rôle est d'assister les magistrats de la Cour de cassation et qui a voix délibérative dans certaines affaires.

◆ n. m. **1.** Conseiller référendaire. — **2.** Sous les Mérovingiens, chef de la chancellerie ayant la garde du sceau royal. — **3.** À Byzance, celui qui présentait aux souverains les requêtes et transmettait aux intéressés les décisions de l'empereur.

RÉFÉRENDUM [-rɛ̃dɔm] n. m. (lat. *referendum,* pour rapporter, de *referre,* rapporter). **1.** Procédé de démocratie semi-directe permettant aux citoyens de manifester eux-mêmes un choix politique. (→ *encycl.*) — **2.** Consultation des membres d'un groupe déterminé : *Référendum auprès des lecteurs d'une revue.*

ENCYCL. Depuis 1958, il y a eu sept référendums : 8 janv. 1961 (autodétermination de l'Algérie), 8 avr. 1962 (accords d'Évian), 28 oct. 1962 (élection du président de la République au suffrage universel direct), 27 avr. 1969 (régionalisation et réforme du Sénat), 23 avr. 1972 (élargissement de la Communauté européenne), 6 nov. 1988 (statut de la Nouvelle-Calédonie), 20 sept. 1992 (ratification du traité de Maastricht sur l'Union européenne). La démission du général de Gaulle, après l'échec du référendum du 27 avr. 1969, montre qu'il s'agit d'une sorte de question de confiance posée directement au peuple, dans laquelle le gouvernant met en jeu sa responsabilité.

— **Dr.** • Le *référendum législatif* permet l'intervention du peuple dans l'adoption de la loi. Il peut prendre la forme de l'initiative* populaire ou du veto* populaire, mais, le plus souvent, le peuple est simplement appelé par les gouvernants à accepter ou à rejeter la loi. C'est ce que prévoit l'article 11 de la Constitution de 1958, selon lequel le président de la République, sur proposition du gouvernement pendant la durée des sessions (auj. de la session) ou sur proposition conjointe des deux assemblées, publiée au *Journal officiel,* peut soumettre au référendum tout projet de loi portant sur l'organisation des pouvoirs publics ou tendant à autoriser la ratification d'un traité qui, sans être contraire à la Constitution, aurait des incidences sur le fonctionnement des institutions. Une révision constitutionnelle adoptée le 31 juill. 1995 a étendu le champ d'application du référendum aux réformes relatives à la politique économique ou sociale de la nation.

• *Le référendum constituant* permet l'adoption ou la révision de la Constitution par le peuple. En matière de révision, l'initiative populaire peut être prévue (Suisse).

L'article 89 de la Constitution de 1958, elle-même adoptée par référendum, prévoit que le projet ou la proposition de révision doit être voté par les deux assemblées en termes identiques, la révision n'étant définitive qu'après avoir été approuvée par référendum. Toutefois, en ce qui concerne les projets, le président de la République peut décider, à la place du référendum, de les soumettre au Parlement convoqué en Congrès ; dans ce cas, ils ne sont approuvés que s'ils réunissent la majorité des trois cinquièmes des suffrages exprimés.

RÉFÉRENT n. m. Être ou objet auquel renvoie un signe linguistique dans la réalité extralinguistique telle qu'elle est découpée par l'expérience de tel ou tel groupe humain. (Syn. RÉFÉRENCE.)

RÉFÉRENTIEL, ELLE adj. **1.** Qui concerne la référence. – **2.** *Fonction référentielle,* fonction du langage ayant pour but de communiquer des informations. (Syn. FONCTION COGNITIVE ou DÉNOTATIVE.)

◆ **référentiel** n. m. **1.** Ensemble auquel doivent appartenir les éléments, les solutions d'un problème posé. – **2.** Ensemble général dont on étudie les sous-ensembles. – **3.** Système de repérage permettant de situer un événement dans l'espace et dans le temps. (Il est idéalement constitué d'un trièdre, repère spatial, et d'une horloge, repère temporel.) [→ *encycl.*]

ENCYCL. **Phys.** La description du mouvement d'un point matériel change selon le référentiel par rapport auquel est repéré ce mouvement. La loi fondamentale de la dynamique* n'est valable que dans certains référentiels particuliers, appelés référentiels galiléens, qui ne peuvent être réalisés que de façon approchée. Par définition, dans un tel référentiel, un corps qui n'est soumis à aucune force y a un mouvement rectiligne et uniforme. Cette propriété reste valable pour tout référentiel en translation rectiligne et uniforme par rapport à un référentiel galiléen particulier *(principe de relativité galiléenne).*

Tous les référentiels galiléens ont le même repère de temps et diffèrent par leur seul repère d'espace : l'intervalle de temps séparant deux événements est donc une notion absolue qui est indépendante du référentiel. Einstein a montré que cela était incompatible avec les lois de la physique et a introduit un autre type de relativité, dans lequel l'intervalle de temps n'est pas invariant par changement de référentiel. Chaque référentiel doit alors être muni de son repère temporel particulier, c'est-à-dire d'une horloge dont les indications dépendent du référentiel. (→ RELATIVITÉ.)

RÉFÉRER v. t. ind. (lat. *referre*) [conj. **18**]. **1.** Se rapporter à qqch, y faire référence : *Cette note réfère à un passé déjà ancien.* – **2.** *En référer à,* avoir recours, faire appel à qqn, à un groupe pour trancher une question. – **3.** En parlant d'un signe linguistique, avoir tel élément pour référent.

◆ **se référer** v. pr. **1.** Recourir à qqch ou à qqn comme à une autorité, s'en prévaloir comme d'une caution : *Se référer à l'avis d'un ami.* – **2.** Se rapporter à qqch : *Observations qui se réfèrent à un passé récent.*

REFERMER v. t. (conj. **3**). **1.** Fermer ce qu'on avait ouvert ou ce qui se trouvait ouvert. – **2.** Prendre, saisir qqn, qqch dans qqch : *Il referma la main sur l'objet.*

◆ **se refermer** v. pr. **1.** Se cicatriser. – **2.** Se fermer : *Les portes se referment automatiquement.*

REFFYE (Jean-Baptiste Dieudonné VERCHÈRE DE), général français (Strasbourg 1821 - Versailles 1880). Il mit au point un des premiers modèles de mitrailleuse.

REFICHER v. t. (conj. **3**). Ficher de nouveau, rejointoyer les joints d'un mur.

REFILER v. t. (conj. **3**). *Pop.* Donner qqch à qqn, en partic. qqch de mauvais ou dont on fait peu de cas : *Il m'a refilé un vieux pull.*

REFINANCEMENT n. m. Ensemble des procédures par lesquelles les banques peuvent mobiliser les crédits qu'elles ont accordés.

REFINANCER v. t. (conj. **16**). Réaliser un refinancement.

1. RÉFLÉCHIR v. t. (lat. *reflectere,* faire tourner, avec l'infl. de *fléchir*) [conj. **32**]. **1.** Renvoyer dans le milieu dont elles poviennent des ondes, des particules ou des vibrations : *Les miroirs réfléchissent les rayons lumineux.* – **2.** Faire apparaître qqch sous forme d'image après réflexion : *Les eaux du lac réfléchissaient les arbres.*

◆ **être réfléchi** v. pass. En parlant d'une phrase, avoir un sujet et un objet qui réfèrent à la même personne ou à la même chose. (Dans la phrase *Pierre se lave,* « se » est un pronom personnel *réfléchi ;* le verbe « se laver » est dit à la *forme pronominale réfléchie.*)

◆ **se réfléchir** v. pr., **être réfléchi** v. pass. **1.** En parlant d'une onde, d'une vibration, être renvoyée, par la surface qu'elle vient frapper, dans le milieu d'où elle provient. – **2.** Apparaître sous forme d'image après réflexion dans qqch : *Un miroir où les objets sont réfléchis.*

2. RÉFLÉCHIR v. t. ind. (de *réfléchir 1*). [conj. **32**]. **1.** Concentrer son attention sur une idée, une question : *Réfléchissez bien à ma proposition.* – **2.** Penser longuement, en examinant, en pesant : *Parler sans réfléchir.* – **3.** Prendre conscience (du fait) que, s'en rendre compte : *As-tu réfléchi que tu n'étais pas libre demain ?* – **4.** *Donner à réfléchir,* pousser à se montrer prudent, à réviser ses projets.

◆ **être réfléchi** v. pass. **1.** Être fait, dit avec réflexion : *Une réponse réfléchie.* – **2.** Agir avec réflexion, pondération : *Un jeune homme réfléchi.* – **3.** *Tout bien réfléchi,* après avoir pesé le pour et le contre.

RÉFLÉCHISSANT, E adj. Qui réfléchit ; qui reflète.

RÉFLECTANCE n. f. Pourcentage de lumière réfléchie sur la peau humaine, qui varie selon les populations.

RÉFLECTEUR, TRICE adj. Qui réfléchit, renvoie par réflexion.

◆ **réflecteur** n. m. **1.** Dispositif servant à modifier, par réflexion, la répartition spatiale du flux de rayonnement lumineux, électromagnétique, acoustique, etc., d'une source. – **2.** Syn. de TÉLESCOPE. (S'emploie par oppos. à RÉFRACTEUR.) – **3.** Syn. de MIROIR. – **4.** *Réflecteur (hertzien),* élément d'une antenne, tel qu'un fil ou une surface métallique, placé derrière un élément alimenté par l'émetteur pour renvoyer le rayonnement vers cet élément, dans la direction voulue. (Syn. MIROIR HERTZIEN.)

RÉFLECTIF, IVE adj. Relatif aux réflexes.

RÉFLECTIVITÉ n. f. Capacité de réponse réflexe de l'ensemble de l'organisme ou d'une partie du corps.

RÉFLECTORISÉ, E adj. *Dispositif réflectorisé,* syn. de RÉTRORÉFLECTEUR.

REFLET n. m. (ital. *riflesso,* du lat. *reflectere,* réfléchir). **1.** Effet lumineux d'intensité plutôt faible, produit par la réflexion de la lumière sur les corps : *Lampe qui produit des reflets gênants pour lire.* – **2.** Nuance apparaissant sur un fond coloré, variant selon l'éclairage : *Étoffe à reflets changeants.* – **3.** Image plus ou moins nette que renvoie une surface réfléchissante : *Regarder son reflet dans une vitrine.* – **4.** Personne ou chose qui reproduit les traits principaux de qqch, de qqn : *Un art qui est le reflet d'une société.* – **5.** Éclat émanant de qqch et qui apparaît dans autre chose : *Le reflet de la bonté sur un visage.* • **Philos.** *Théorie de la conscience reflet,* théorie matérialiste qui considère la pensée et plus spécialement la conscience comme issues d'une représentation du monde extérieur, lequel existe hors de la conscience et indépendamment d'elle.

REFLÉTER v. t. (de *reflet*) [conj. **18**]. **1.** Renvoyer, réfléchir la lumière : *Des carreaux de faïence qui reflètent les rayons du soleil.* – **2.** Renvoyer l'image des êtres et des choses plus ou moins nettement : *Vitrine qui reflète la silhouette des passants.* – **3.** Présenter une image, une expression plus ou moins fidèle de qqch : *Ce compte rendu ne reflète pas la pensée de l'auteur.* – **4.** Laisser voir, révéler quelque réalité intérieure : *Son visage reflétait son trouble.*

◆ **se refléter** v. pr., **être reflété** v. pass. **1.** Apparaître sous forme d'image sur une surface réfléchissante : *Son visage se reflétait dans l'eau.* – **2.** Apparaître plus ou moins nettement dans, sur qqch : *Son émotion se reflétait sur son visage.*

REFLEURIR v. i. (conj. **32**). **1.** Produire de nouveau des fleurs. – **2.** *Litt.* Renaître et s'épanouir de nouveau.

REFLEX [reflœqks] adj. inv. (angl. *reflex*). Se dit d'un matériel photographique dont l'image de visée est formée sur une surface dépolie après renvoi par un miroir.

◆ n. m. inv. Appareil photographique équipé d'un viseur reflex.

RÉFLEXE adj. (lat. *reflexus*). **1.** Qui a lieu par réflexion. – **2.** Relatif au réflexe.

◆ n. m. **1.** Réponse motrice inconsciente ou involontaire provoquée par une stimulation sensitive ou sensorielle. (→ *encycl.*) – **2.** Réaction très rapide, anticipant toute réflexion, en présence d'un événement : *Un réflexe de défense.* – **3.** *Avoir du réflexe, des réflexes,* réagir rapidement et avec à-propos.

ENCYCL. **Neurol.** La plupart des activités motrices réflexes connues ont pour relais la moelle épinière (par ex. réflexe myotatique, à point de départ tendineux, réflexes de flexion, à point de départ cutané). Certains réflexes observables à la naissance sont destinés à disparaître au cours des premiers mois (réflexes archaïques). La marche automatique en est un exemple. D'autres réflexes médullaires ont une signification végétative. Certains réflexes siègent au niveau du bulbe : réflexes d'accommodation, réflexe de constriction pupillaire à la lumière, réflexes nystagmiques, etc. Ainsi, les réflexes peuvent soit prendre en charge une activité automatique (réflexe locomoteur du chien), soit adapter le tonus et la posture de façon automatique pour une activité motrice volontaire.

RÉFLEXIBILITÉ n. f. (angl. *reflexibility*). Propriété de ce qui est réflexible.

RÉFLEXIBLE adj. (angl. *reflexible*). Qui peut être réfléchi par une surface.

RÉFLEXIF, IVE adj. (de *réflexion*). **1.** Se dit, en philosophie, de la conscience qui se prend elle-même pour objet. – **2.** *Relation réflexive,* relation binaire sur un ensemble telle que tout élément de cet ensemble soit en relation avec lui-même.

1. RÉFLEXION n. f. (bas lat. *reflexio,* du lat. class. *reflectere,* ramener en arrière). **1.** Fait pour un corps de changer de direction après un choc avec un autre corps. – **2.** Phénomène par lequel des ondes, des particules ou des vibrations se réfléchissent sur une surface. – **3.** Renvoi d'un rayonnement par une surface sans changement de fréquence des radiations monochromatiques qui le composent. (→ *encycl.*) – **4.** *Angle de réflexion,* angle formé par le rayon réfléchi avec la normale à la surface réfléchissante au point d'incidence. ‖ *Réflexion sismique,* sondage sismique utilisant la propriété qu'a le son de se réfléchir sur les différents réflecteurs séparant les horizons du sous-sol.

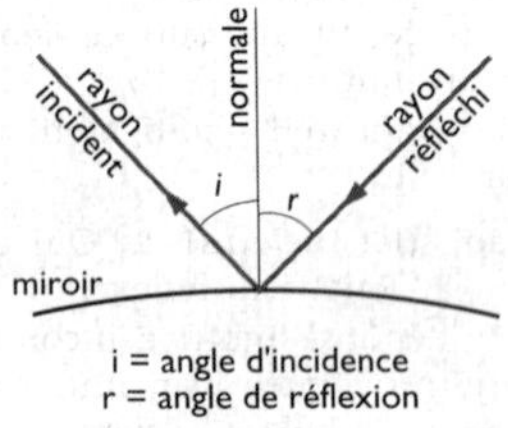

Principe de la **réflexion** d'un rayon lumineux.

ENCYCL. **Opt.** Lorsque des ondes lumineuses rencontrent la surface de séparation de deux milieux où les vitesses de propagation sont différentes, elles retournent en partie dans le premier milieu (lumière réfléchie) et pénètrent en partie dans le second (lumière transmise, ou réfractée). En tout point d'une surface réfléchissante, la normale, le rayon incident et le rayon réfléchi sont dans un même plan, l'angle d'incidence étant égal à l'angle de réflexion. On distingue la *réflexion métallique,* qui se produit à la surface d'un métal poli, et la *réflexion vitreuse,* qui se produit à la frontière de deux milieux diélectriques. Quand le premier milieu a un indice de réfraction supérieur à celui du second, il existe un angle d'incidence limite au-dessus duquel il n'y a plus de lumière transmise, c'est la *réflexion totale* (→ RÉFRACTION), utilisée dans les prismes et les fibres* optiques.

2. RÉFLEXION n. f. (de *réflexion 1*). **1.** Action de réfléchir, d'arrêter sa pensée sur qqch pour l'examiner en détail : *Une proposition qui demande réflexion.* – **2.** Qualité de qqn qui évite la hâte, la précipitation dans ses jugements et dans ses décisions : *Manquer de réflexion.* – **3.** Pensée, considération, conclusion auxquelles conduit cette activité de l'esprit : *Se laisser aller à des réflexions amères.* – **4.** Observation adressée à qqn pour le critiquer : *Il lui a fait une réflexion désobligeante.* – **5.** *Réflexion faite,* après avoir réfléchi, tout bien pesé.

RÉFLEXIVITÉ n. f. Propriété caractérisant une relation réflexive.

RÉFLEXOGÈNE adj. Qui provoque un réflexe.

RÉFLEXOGRAMME n. m. *Réflexogramme achilléen,* enregistrement graphique de la réponse musculaire réflexe du tendon d'Achille à une percussion, utilisé pour explorer la fonction thyroïdienne.

RÉFLEXOLOGIE n. f. Nom donné par Bechterev à sa théorie et parfois étendu à la théorie de Pavlov.

RÉFLEXOTHÉRAPIE n. f. Méthode thérapeutique consistant à provoquer des réflexes (par excitation, piqûre, cautérisation) au niveau d'une région située à distance de celle qui est atteinte.

REFLUER v. i. (lat. *refluere,* couler en arrière) [conj. 3]. **1.** En parlant d'un liquide en mouvement, revenir en sens inverse : *Liquide qui reflue dans un conduit bouché.* – **2.** Revenir, être ramené massivement vers un lieu ou dans une direction : *La foule des visiteurs reflua vers la sortie.* – **3.** *Litt.* En parlant des pensées, revenir en nombre à la conscience, resurgir : *Souvenirs qui refluent d'un lointain passé.*

REFLUX [-fly] n. m. **1.** Mouvement de la marée descendante. – **2.** Mouvement de personnes ou d'animaux qui reviennent en arrière : *Le reflux en désordre des manifestants.* – **3.** Mouvement de recul en valeur : *Le reflux de l'or.* – **4.** Partie de la fraction vaporisée qui est condensée et renvoyée comme liquide dans un appareil de distillation. – **5.** Retour d'un liquide organique dans le sens opposé au sens physiologique.

REFONDRE v. t. (conj. 75). **1.** Fondre de nouveau un métal. – **2.** Couler de nouveau un objet de métal en le repassant à la fonte. — **3.** Refaire entièrement, pour l'améliorer, un texte, un livre, une loi, etc. — **4.** Remettre en pâte le papier trop défectueux.

REFONTE n. f. **1.** Action de refondre un métal, de donner une nouvelle forme à un objet de métal. — **2.** Action de remanier afin d'améliorer : *La refonte d'un dictionnaire.* — **3.** Dissolution de sucre cristallisé dans de l'eau ; sirop obtenu par cette opération. — **4.** Opération de rajeunissement général d'un bâtiment. — **5.** Opération consistant à refondre le papier à l'aide de broyeurs ou de désintégrateurs.
◆ **refontes** n. f. pl. Vieux papiers destinés à la refonte.

REFORAGE n. m. Réalésage d'une partie d'un puits qui a quelque peu rétréci ou qui a été partiellement bouché.

REFORESTATION n. f. Syn. de REBOISEMENT.

RÉFORMABLE adj. Susceptible d'être réformé.

REFORMAGE n. m. (calque de l'angl. *reforming,* de *to reform,* rectifier). *Reformage catalytique,* procédé de raffinage qui modifie, par conversion chimique, l'indice d'octane d'une essence pour moteur à allumage commandé. ‖ *Reformage à la vapeur,* procédé de fabrication de gaz de synthèse ou d'hydrogène par conversion catalytique du méthane ou des hydrocarbures saturés légers.
ENCYCL. **Pétr.** *Reformage des essences.* Les essences obtenues par distillation directe n'ont pas l'indice d'octane que nécessitent les moteurs à explosion actuels. Elles sont composées principalement d'hydrocarbures saturés aliphatiques et naphténiques. Parmi leurs constituants, les paraffines linéaires ont un nombre d'octane faible, décroissant avec la longueur de la chaîne ; les oléfines et les naphtènes sont intermédiaires, alors que sont meilleurs les isoparaffines et surtout les hydrocarbures aromatiques (nombre d'octane supérieur à 100). Il est donc particulièrement intéressant de convertir les constituants saturés des essences directes en hydrocarbures aromatiques. C'est là le but du reformage des essences. Cette opération offre l'intérêt supplémentaire de contribuer à la fourniture des bases aromatiques utilisées en pétrochimie (benzène, toluène, xylènes).

REFORMAT [refɔrma] n. m. (de *reformage*). Essence dont l'indice d'octane a été amélioré par reformage.

RÉFORMATEUR, TRICE n. (lat. *reformator*). **1.** Personne qui pratique des réformes dans un domaine. — **2.** Promoteur de la Réforme protestante du XVIe s.
◆ adj. Qui réforme, vise à réformer : *Idées réformatrices.*

RÉFORMATION n. f. (lat. *reformatio,* de *reformare,* réformer). **1.** *Litt.* Action de réformer, de modifier. — **2.** Modification d'une décision juridictionnelle par la juridiction supérieure. — **3.** *La Réformation,* autre nom de la Réforme.

RÉFORME n. f. (de *réformer*). **1.** Changement de caractère profond, radical apporté à qqch, en partic. à une institution, et visant à améliorer son fonctionnement : *Réforme de l'enseignement.* — **2.** Action de retirer du service un véhicule ferroviaire pour révision, réparation ou examen. — **3.** Opération par laquelle un militaire atteint d'une affection qui diminue son aptitude physique est déclaré inapte temporaire ou définitif au service dans les armées ; position de ce militaire. — **4.** Classement hors service des matériels reconnus inutilisables pour l'armée. — **5.** Retour d'un ordre religieux à l'observation de ses règles primitives. — **6.** *Commission de réforme,* organisme chargé d'émettre un avis ou de statuer sur la mise en réforme temporaire ou définitive des militaires ou de proposer l'attribution d'une pension d'invalidité.
◆ **réformes** n. f. pl. Amélioration progressive et limitée de la société, dans le cadre des institutions existantes et sans recours à l'action révolutionnaire.

Réforme (la), mouvement religieux qui, au XVIe s., a soustrait à l'obédience de l'Église de Rome une partie de la chrétienté européenne et est à l'origine des Églises protestantes. La Réforme fut l'œuvre, au départ, de Martin Luther, dont la doctrine se répandit dans les pays germaniques et scandinaves après la publication de ses thèses en 1517. Avec Zwingli et Bucer, Zurich et Strasbourg devinrent les deux foyers importants d'où rayonnèrent en Suisse et en Alsace les idées nouvelles. Les pays francophones, très tôt touchés, trouvèrent en Calvin l'homme capable de mener à bien le renouveau religieux ; son action, tant à Genève qu'auprès des huguenots français, fit de la Suisse et de la France le bastion d'un type nouveau de protestantisme (→ CALVINISME), dont le rayonnement atteignit la Pologne, la Bohême, la Hongrie, les îles Britanniques, et marqua la Réforme anglicane (→ ANGLICANISME), qui apparaît comme une voie moyenne entre le catholicisme et le protestantisme. C'est sans doute à cause de cette situation particulière que l'Église d'Angleterre joue un rôle de premier plan dans le mouvement œcuménique (→ ŒCUMÉNISME). En marge des trois grands courants de la Réforme (Réforme luthérienne, Réforme calvinienne, Réforme anglicane), constituant des Églises organisées, se développèrent des courants parallèles, rebelles à tout embrigadement institutionnel : tels sont les anabaptistes et les mouvements se rattachant à l'illuminisme et au millénarisme.

La Réforme a eu historiquement des conséquences durables dans la pensée chrétienne. L'ébranlement qu'elle a provoqué a été une ouverture à une réflexion nouvelle sur la théologie et la vie chrétiennes. (→ RÉFORME CATHOLIQUE.)

Réforme catholique ou **Contre-Réforme,** ensemble des réformes entreprises par l'Église catholique en réponse à la Réforme protestante au XVIe s. Au début, Rome prend des mesures purement défensives : reconstitution de l'Inquisition (1542), création de la congrégation de l'Index (1543). Puis la convocation et les délibérations du concile de Trente* (1545-1563) permettent d'aborder les problèmes fondamentaux, à la fois doctrinaux et disciplinaires. Par la suite, des mesures d'application sont prises : création de séminaires diocésains ; élaboration du catéchisme romain (1566), du bréviaire romain (1568), du missel romain (1570). De nombreux évêques, en premier Charles Borromée, archevêque de Milan, introduisent la Réforme catholique dans leurs diocèses, insistant sur la formation et l'apostolat des prêtres. Et, tandis que cette réforme s'introduit dans de nombreux ordres religieux (carmel...), de nouveaux instituts de clercs réguliers et des sociétés cléricales (oratoriens, jésuites, sulpiciens, lazaristes...) deviennent le fer de lance d'une rénovation du clergé et de la liturgie, et aussi de la reconquête de certains territoires (Autriche, Bavière, Pologne, Hongrie...) passés au protestantisme. Au XVIIe s., en France particulièrement, un fort courant mystique prolongera les effets de la Réforme catholique.
— **Bx-arts.** Par opposition à la prohibition des images dans le culte réformé, l'Église catholique va s'appliquer à développer l'enseignement par l'image, tout en contrôlant la « décence » de l'iconographie sacrée. Des dévotions nouvelles apparaissent : l'Enfant Jésus, les anges gardiens, les archanges. Les artistes insistent sur la sensibilité et le mysticisme (le Tintoret, le Greco), tandis que le réalisme d'un Caravage est blâmé par la hiérarchie. En architecture, le style de la Contre-Réforme est, à l'origine, empreint d'une majesté austère et ne se confond donc pas avec le baroque, qui, au XVIIe s., exprimera un triomphalisme certain ; à Rome, l'église du Gesù, de Vignole, n'est richement décorée qu'un siècle après sa construction.

Réforme, hebdomadaire protestant d'informations générales, publié à Paris depuis mai 1945.

RÉFORMÉ, E n. 1. Protestant de confession calviniste (par oppos. aux *luthériens* et aux *anglicans*). — 2. Religieux d'un ordre réformé.

◆ **réformé** n. m. Militaire qui a été mis à la réforme.

1. REFORMER v. t. (de *former*) [conj. 3]. 1. Créer, produire de nouveau. — 2. Rassembler des personnes dispersées qui constituaient un groupe organisé.

◆ **se reformer** v. pr. 1. Se constituer de nouveau : *Les nuages se reforment.* — 2. En parlant de groupes, s'organiser de nouveau à partir d'éléments dispersés.

2. REFORMER v. t. (de *reformage*) [conj. 3]. Améliorer l'indice d'octane d'une essence par reformage.

RÉFORMER v. t. (lat. *reformare*) [conj. 3]. 1. Faire subir à qqch des modifications importantes destinées à l'améliorer : *Réformer les institutions.* — 2. Ramener un ordre religieux à une observation plus stricte de sa règle. — 3. *Litt.* Supprimer ce qui est nuisible : *Réformer les abus.* — 4. Effectuer la réforme d'un véhicule ferroviaire. — 5. Modifier partiellement une décision de caractère juridictionnel, émanant d'une juridiction inférieure. — 6. Prononcer la réforme de personnels, de matériels ou d'animaux militaires.

◆ **être réformé** v. pass. *Églises réformées,* Églises protestantes de tradition calviniste. ‖ *Religion réformée,* titre donné en général aux diverses dénominations protestantes. ‖ *Religion prétendue réformée (R. P. R.),* désignation de la religion protestante par les catholiques, sous l'Ancien Régime.

RÉFORMETTE n. f. *Fam.* Petite réforme de détail ou sans portée.

REFORMEUR [re-] n. m. (angl. *reformer*). Installation de raffinage pour le traitement continu des essences par reformage.

RÉFORMISME n. m. (de *réformiste*). 1. Pratique qui consiste à introduire des réformes politiques, économiques, sociales en restant dans le cadre institutionnel existant et en utilisant les procédures légales. — 2. Tendance qui apparaît dans les partis politiques qui se réclament du marxisme et qui vise à en modifier la doctrine, à l'adapter aux changements intervenus depuis Marx.

RÉFORMISTE adj. et n. (angl. *reformist*). Relatif au réformisme ; partisan du réformisme.

REFORMULATION n. f. Action de reformuler.

REFORMULER v. t. (conj. 3). Formuler de nouveau et d'une manière plus correcte.

REFOUILLEMENT n. m. Action de refouiller.

REFOUILLER v. t. (conj. 3). En sculpture et arts décoratifs, creuser ou approfondir des creux, notamment pour dégager en relief des ornements.

REFOULANT, E adj. Qui refoule : *Pompe refoulante.*

REFOULÉ, E adj. et n. Se dit d'une personne qui empêche ses désirs, en partic. ses pulsions sexuelles, de se manifester ouvertement.

◆ **refoulé** n. m. Représentant psychique, trace mnésique ou souvenir qui a subi le refoulement dans l'inconscient.

REFOULEMENT n. m. **1.** Action de refouler qqn, un groupe, de les repousser. – **2.** Action d'empêcher de s'extérioriser une réaction d'ordre affectif, de refuser d'accepter et de satisfaire une tendance naturelle. • **Ch. de f.** Manœuvre dans laquelle l'engin moteur pousse les véhicules. – **Métall.** Opération de mise en forme consistant à comprimer une pièce dans le sens de la longueur. (Le refoulement est utilisé dans le forgeage à chaud ou comme méthode d'essai de compression à froid.) – **Psychan.** Poussée hors de la conscience, par les forces de la résistance, d'une représentation incompatible avec le maintien du plaisir du sujet. (→ *encycl.*) – **Techn.** Déplacement d'un liquide ou d'un gaz par l'action d'une pompe refoulante ou d'un compresseur. ‖ Dans une pompe, départ de la tuyauterie servant à évacuer le liquide vers les organes d'utilisation.

ENCYCL. **Psychan.** On distingue : 1° un *refoulement secondaire,* qui survient régulièrement au cours de la vie du sujet sous les multiples forces de la censure et de la résistance, mais qui est, de plus, attiré dans l'inconscient par un noyau de représentants psychiques refoulés primaires ; 2° un *refoulement primaire,* ou *refoulement originaire,* qui est le noyau constitutif du refoulement et qui consiste en une séparation inaugurale de la conscience et de l'inconscient s'organisant autour d'un représentant de la pulsion qui se serait vu refuser la prise en charge dans le conscient.

REFOULER v. t. (conj. 3). **1.** Repousser qqn, un groupe, les faire reculer par la force ou les empêcher de passer qqpart, de pénétrer dans un lieu, notamment dans un pays : *Refouler des immigrants à la frontière.* – **2.** Faire refluer un liquide en s'opposant à ce qu'il s'écoule : *La marée refoule les eaux d'un fleuve dans son estuaire.* – **3.** Empêcher une réaction de s'extérioriser ou refuser de laisser s'exprimer une tendance naturelle, un sentiment : *Refouler sa colère.* • **Arm.** Comprimer, bourrer ou pousser avec le refouloir. – **Ch. de f.** Faire reculer une rame à l'aide de l'engin moteur. – **Métall.** Exécuter un travail de forge pour augmenter la section initiale d'une pièce. – **Psychan.** Soumettre au refoulement. – **Techn.** Déplacer un fluide dans une tuyauterie grâce à une machine, pompe ou compresseur, assurant une vitesse et une pression plus élevées. ‖ Faire entrer de force.

◆ v. i. Ne pas s'enfoncer sous les coups, en parlant d'une cheville, d'un pieu.

◆ **être refoulé** v. pass. Être empêché de se manifester ouvertement, de s'exprimer : *Instincts refoulés.*

REFOULEUR n. m. Appareil ou instrument servant à produire le refoulement d'un fluide.

REFOULOIR n. m. **1.** Tige munie d'une tête cylindrique qui sert soit à refouler le projectile hors du canon, soit à l'assurer dans sa position de chargement. – **2.** Outil utilisé pour effectuer sur un métal l'opération du refoulement.

RÉFRACTAIRE adj. (lat. *refractarius,* indocile, de *refringere,* briser). **1.** Qui résiste à qqch, qui refuse d'obéir ou de se soumettre : *Réfractaire à l'autorité.* – **2.** Qui est incapable de comprendre, de connaître certains sentiments, certains actes : *Réfractaire à la pitié. Réfractaire aux mathématiques.* • **Céram.** Qui résiste à certaines influences physiques ou chimiques (action chimique, corrosion, etc.). – **Méd.** Qui résiste à une infection microbienne. – **Métall.** Se dit d'un acier ou d'un alliage résistant à haute température soit à la corrosion de divers milieux, soit aux sollicitations mécaniques. – **Neurol.** *Période réfractaire,* diminution ou disparition de l'excitabilité d'une fibre nerveuse pendant ou après le passage du potentiel d'action. – **Therm.** Qui résiste à la chaleur, qui ne fond qu'à de très hautes températures.

◆ adj. et n. **1.** Se disait des prêtres qui, pendant la Révolution française, avaient refusé de prêter serment à la Constitution civile du clergé. (Syn. INSERMENTÉ.) – **2.** Sous le Consulat et l'Empire, conscrit qui s'efforçait d'échapper au service militaire. – **3.** Pendant la Seconde Guerre mondiale, citoyen qui se dérobait au Service du travail obligatoire en Allemagne.

◆ n. m. Matériau résistant aux températures élevées. (→ *encycl.*)

ENCYCL. Les réfractaires sont utilisés dans toutes les industries des hautes températures : céramique, cimenterie, sidérurgie, verrerie, etc. La plupart sont à base de silice et d'alumine ; on utilise aussi des oxydes métalliques, obtenus par frittage, et certains mélanges de carbures présentant un point de fusion voisin de 4 000 °C.

Réfractaire *(insigne du),* décoration française créée en 1963 à l'intention des réfractaires du Service du travail obligatoire en Allemagne.

RÉFRACTARITÉ n. f. Propriété d'un matériau réfractaire.

RÉFRACTER v. t. (lat. *refractum,* de *refringere,* briser) [conj. 3]. Faire subir la réfraction.

RÉFRACTEUR n. m. Syn. de LUNETTE* ASTRONOMIQUE. (Par oppos. à *réflecteur.*)

RÉFRACTION n. f. (bas lat. *refractio,* du lat. class. *refractum,* de *refringere,* briser). **1.** Changement de la direction de propagation d'une onde électromagnétique ou acoustique passant d'un milieu dans un autre. (→ *encycl.*) – **2.** Modification apportée à la direction d'un astre par suite de la traversée de l'atmosphère terrestre par les rayons lumineux issus de cet astre. (Par suite de la réfraction, le Soleil et la Lune paraissent aplatis à leur lever et à leur coucher.) – **3.** Pouvoir réfringent de l'œil. (La réfraction de l'œil est normale lorsque les images d'objets situés entre 5 m et l'infini viennent se former sur la rétine, permettant ainsi une perception nette des détails, et cela sans modification de l'accommodation.) – **4.** *Indice de réfraction absolu,* indice d'un milieu par rapport au vide. ‖ *Indice de réfraction du second milieu par rapport au premier,* rapport de la vitesse de la lumière dans le premier milieu à la vitesse de la lumière dans le second.

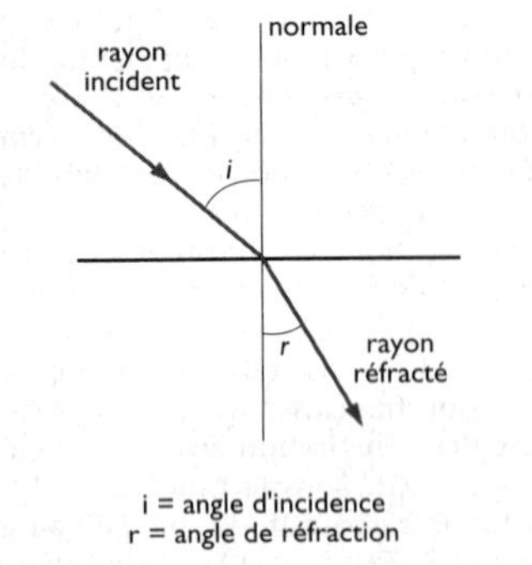

Principe de la **réfraction** d'un rayon lumineux.

ENCYCL. **Opt.** Un rayon lumineux arrivant avec un angle d'incidence *i* à la surface de séparation de deux milieux transparents subit une déviation, le rayon réfracté restant dans le plan d'incidence. L'angle de réfraction *r,* angle entre le rayon réfracté et la normale à la surface, est lié à l'angle d'incidence par la loi de Descartes : $\sin i/\sin r = n$, n étant l'indice de réfraction du second milieu par rapport au premier. Pour l'incidence rasante ($i = 90°$), l'angle *r* atteint une valeur limite L telle que : $\sin L = 1/n$. Pour le verre, d'indice $n = 1{,}5$, $L = 41° 48'$. Dans la propagation en sens inverse, du verre dans l'air par exemple, si le rayon arrive sur la surface de séparation sous un angle supérieur à L, la réfraction ne se fait plus : il y a *réflexion totale.* Certains milieux anisotropes présentent le phénomène de *double réfraction.* On observe deux rayons réfractés : le rayon *extraordinaire* et le rayon *ordinaire,* qui, seul, obéit à la loi de Descartes.

RÉFRACTIONNISTE n. Praticien qui mesure la réfraction de l'œil et qui corrige les troubles de réfraction par des verres correcteurs. (À la différence de certains pays, la profession de réfractionniste n'existe pas en France : ce sont les médecins ophtalmologistes qui déterminent la réfraction.) [Syn. OPTOMÉTRISTE.]

RÉFRACTOMÈTRE n. m. **1.** Instrument destiné à la mesure des indices de réfraction. (Les réfractomètres ordinaires mesurent généralement l'angle de réfraction limite de la substance ; les réfractomètres interférentiels mesurent la différence de chemin optique entre un rayon de référence et le rayon réfracté.) – **2.** Appareil destiné à la mesure objective de l'état de réfraction de l'œil. (Syn. OPTOMÈTRE.)

RÉFRACTOMÉTRIE n. f. Mesure des indices de réfraction.

REFRAIN n. m. (anc. fr. *refrait,* mélodie, de *refraindre,* briser, du lat. pop. *refrangere*). **1.** Retour d'un même vers ou d'un même groupe de vers dans le cours ou à la fin des parties d'une poésie, d'une chanson. – **2.** Chanson à refrain ; chanson en général. – **3.** *Fam.* Chose qu'on répète souvent, ce qui revient sans cesse. – **4.** Sonnerie ou batterie particulière à chaque unité militaire et qui permettait de reconnaître l'unité à qui s'adressaient les commandements donnés par clairon, trompette ou tambour. – **5.** Phrase vocale ou instrumentale qui revient régulièrement à la suite de chaque couplet d'une composition strophique.

RÉFRANGIBILITÉ n. f. Propriété de ce qui est réfrangible.

RÉFRANGIBLE adj. (lat. *refringere,* briser). Susceptible de subir la réfraction.

REFRAYER [-frɛje] v. t. (conj. **11**). Rendre plus unie une poterie avant de la cuire.

RÉFRÈNEMENT ou **REFRÈNEMENT** n. m. *Litt.* Action de réfréner : *Le réfrènement des passions.*

RÉFRÉNER ou **REFRÉNER** v. t. (lat. *refrenare,* de *frenare,* brider, de *frenum,* frein) [conj. **18**]. Empêcher un sentiment, une tendance de se manifester librement, les contenir dans des limites acceptables : *Réfréner ses désirs.*

RÉFRIGÉRANT, E adj. (lat. *refrigerans, -antis*). **1.** Qui est propre à abaisser la température. – **2.** Dont l'abord glacial arrête tout élan : *Un accueil réfrigérant.* – **3.** *Mélange réfrigérant,* mélange obtenu par addition de certains sels dans l'eau ou dans la glace pilée et qui produit du froid

par suite de la dissolution du sel dans l'eau ou de l'abaissement du point de fusion de la glace. ‖ *Véhicule réfrigérant,* véhicule isolé thermiquement, doté d'une source de froid autre qu'une machine frigorifique.
◆ **réfrigérant** n. m. Échangeur de chaleur utilisé pour refroidir un liquide ou un gaz à l'aide d'un fluide plus froid. (Syn. REFROIDISSEUR.)

RÉFRIGÉRATEUR n. m. (de *réfrigérer*). Enceinte isolée thermiquement, dont la température est abaissée et réglée au moyen d'une machine frigorifique. (Il se compose d'un compartiment à basse température, égale ou inférieure à - 6 °C, dans lequel se trouve le bac à glace, et d'un compartiment à denrées fraîches, dont la température se situe entre + 2 et + 8 °C.)

RÉFRIGÉRATEUR-CONGÉLATEUR n. m. (pl. *réfrigérateurs-congélateurs*). Meuble frigorifique comportant deux compartiments, l'un pour la réfrigération, l'autre pour la congélation.

RÉFRIGÉRATEUR-CONSERVATEUR n. m. (pl. *réfrigérateurs-conservateurs*). Réfrigérateur dont le compartiment à basse température permet une conservation de longue durée à - 18 °C de produits surgelés.

RÉFRIGÉRATION n. f. (lat. *refrigeratio,* de *refrigerare,* réfrigérer). Refroidissement, par un moyen artificiel, d'un produit alimentaire sans que soit atteint son point de congélation.

RÉFRIGÉRER v. t. (lat. *refrigerare*) [conj. **18**]. **1.** Abaisser la température d'un milieu ou d'un produit alimentaire. — **2.** Arrêter l'élan de qqn, son enthousiasme, le mettre mal à l'aise par un comportement désagréable.
◆ **être réfrigéré** v. pass. *Fam.* Être gelé, avoir très froid.

RÉFRINGENCE n. f. (de *réfringent*). Propriété de réfracter la lumière.

RÉFRINGENT, E adj. (lat. *refringens,* de *refringere,* briser). Qui produit la réfraction.

REFROIDIR v. t. (conj. 32). **1.** Amener qqch à une température plus basse : *Une circulation d'eau refroidit le moteur.* — **2.** Diminuer la force des dispositions de qqn à l'endroit de qqn d'autre ou de qqch : *Cette rivalité a refroidi leur amitié.* — **3.** Priver qqn de son enthousiasme, de sa capacité d'action ou d'entreprise : *Ce discours a refroidi l'auditoire.* — **4.** *Pop.* Tuer, assassiner qqn.
◆ v. i. ou **se refroidir** v. pr. **1.** Devenir froid ou plus froid : *Vous parlez trop, votre café va refroidir.* — **2.** Fam. *Laisser refroidir qqch,* le laisser en attente.

REFROIDISSEMENT n. m. **1.** Fait de refroidir, de se refroidir, de s'abaisser, en parlant de la température. — **2.** Indisposition, malaise causé par une température trop basse, favorisant le développement de certaines affections. — **3.** Diminution de la chaleur d'un sentiment, d'un état affectif : *Refroidissement d'une amitié.* — **4.** Opération destinée à évacuer une partie de la chaleur produite par la combustion du mélange gazeux dans les cylindres d'un moteur thermique ; ensemble du dispositif utilisé. (Les moteurs automobiles sont généralement refroidis par un courant d'eau prélevant la chaleur au contact des cylindres et la restituant dans le radiateur, qui est muni d'un ventilateur. Dans les motocyclettes, le refroidissement est souvent assuré par simple circulation de l'air autour des ailettes garnissant les cylindres et les culasses.) — **5.** *Plaque de refroidissement,* plaque métallique assurant le refroidissement d'un blindage d'un haut-fourneau ou celui d'un four électrique. ‖ *Tour de refroidissement,* syn. de AÉRORÉFRIGÉRANT.

REFROIDISSEUR n. m. **1.** Échangeur de chaleur destiné à refroidir un fluide. — **2.** Appareil permettant de refroidir le clinker de ciment à la sortie de la zone de cuisson du four et de récupérer ses calories pour échauffer l'air secondaire nécessaire à la combustion. — **3.** Dispositif prévu, sur une machine ou sur un organe mécanique, pour en éviter l'échauffement. — **4.** Pièce métallique placée dans un moule de fonderie et destinée à assurer un rapide refroidissement d'une zone de la pièce coulée. — **5.** Syn. de RÉFRIGÉRANT. — **6.** *Refroidisseur d'air,* syn. de FRIGORIFÈRE.

REFUGE n. m. (lat. *refugium*). **1.** Lieu, endroit où qqn qui est poursuivi ou menacé peut se mettre à l'abri : *L'évadé avait trouvé refuge dans une grange.* — **2.** *Litt.* Lieu où se rassemblent des gens d'une même catégorie, où ils se sentent acceptés : *Ce quartier tranquille est le refuge des artistes.* — **3.** *Litt.* Ce à quoi on recourt dans une situation ou un moment difficile, dont on attend une aide, un réconfort : *Chercher refuge dans la religion.* — **4.** En apposition, indique qu'une chose constitue un moyen de se préserver contre tel danger : *L'or est une valeur refuge.* — **5.** Simple abri ou construction en dur plus confortable, généralement point de départ des courses en haute montagne. — **6.** Emplacement aménagé au milieu d'une voie très large et très passante pour permettre aux piétons la traversée de cette voie en deux temps. — **7.** Élargissement que présente le tablier d'un pont pour permettre aux piétons de se mettre à l'abri de la circulation. — **8.** *Port de refuge,* syn. de PORT DE RELÂCHE. ‖ *Refuge fiscal,* syn. de PARADIS FISCAL. ‖ *Valeur refuge,* œuvre d'art, métal précieux, bien foncier, etc., acheté en période d'inflation par l'épargnant qui craint une dépréciation de la monnaie.

RÉFUGIÉ, E n. Personne ayant quitté son pays d'origine pour des raisons politiques, religieuses ou raciales, et ne bénéficiant pas, dans le pays où elle réside, du même statut que les populations autochtones, dont elle n'a pas acquis la nationalité.

réfugiés *(Haut-Commissariat des Nations unies pour les)* **[H. C. R.],** organe subsidiaire permanent de l'O. N. U., créé en 1950. À but humanitaire et social, il a pour objectif d'assurer la protection des réfugiés. (Prix Nobel de la paix 1954 et 1981.)

RÉFUGIER (SE) v. pr., **ÊTRE RÉFUGIÉ** v. pass. (de *refuge*) [conj. 9]. Se retirer en un lieu ou auprès de qqn pour échapper à un danger ou à une chose désagréable : *Se réfugier à l'étranger.*

REFUITE n. f. (anc. fr. *refuir,* fuir, d'apr. *fuite*). **1.** Lieu où l'animal passe d'ordinaire quand on le chasse. – **2.** Excès de profondeur donné à l'un des deux trous de scellement d'une poutre dans les murs afin de faciliter l'entrée de celle-ci. ‖ Tout dispositif similaire facilitant la pose d'une pièce entre deux parties fixes.

REFUMER v. i. (conj. 3). Se remettre à fumer après une interruption.

REFUS n. m. (de *refuser*). **1.** Action de refuser ce qui est offert, proposé, demandé, fourni, etc. : *S'exposer à un refus. Un refus d'obéissance.* – **2.** Action, fait de nier, de contester, de refuser un état, une idée, un comportement, etc. : *Le refus de la maladie.* – **3.** Fam. *Ce n'est pas de refus,* j'accepte volontiers. • **Agric.** Aliments délaissés par les animaux, au pré ou à l'étable. – **Bât.** et **Trav. publ.** Arrêt de l'enfoncement d'un pieu par résistance du sol. – **Dr.** *Refus de vente,* délit commis par un vendeur ou un prestataire de services qui refuse d'exécuter la demande d'un client de bonne foi, conforme aux usages commerciaux. – **Équit.** Désobéissance d'un cheval qui s'arrête devant un obstacle. – **Métall.** Défaut en surface d'une pièce de fonderie constitué par une cavité. – **Techn.** et **Chim.** *Refus d'un appareil de classification,* partie des matériaux qui ne répond pas au critère de classification. (Contr. PASSANT.)

REFUSABLE adj. Que l'on peut refuser.

REFUSÉ, E n. Candidat non admis à un examen.

REFUSER v. t. (lat. pop. **refusare,* croisement, du lat. class. *recusare,* refuser, et *refutare,* repousser) [conj. 3]. **1.** Ne pas accepter ce qui est offert, proposé par qqn : *Refuser une invitation.* – **2.** Ne pas accepter qqch qui ne paraît pas présenter les qualités voulues : *Refuser une livraison.* – **3.** Ne pas adhérer à qqch, le rejeter : *Je refusais tout à fait cette idée.* – **4.** Ne pas vouloir faire qqch : *Refuser le combat.* – **5.** Répondre négativement à la demande de qqn, ne pas lui autoriser qqch : *On lui refuse de sortir seul.* – **6.** Ne pas vouloir reconnaître à qqn telle qualité : *On ne peut lui refuser une réelle compétence en la matière.* – **7.** Ne pas laisser entrer des personnes en surnombre dans une salle de spectacle, un lieu public : *Théâtre qui refuse du monde tous les soirs.* – **8.** Ne pas recevoir qqn à un examen : *Refuser un candidat au baccalauréat.* – **9.** Ne pas prendre qqn, ne pas retenir sa candidature pour remplir un poste. – **10.** *Refuser de + inf.,* en parlant de qqch, équivaut à une négation forte : *Le tiroir refuse de s'ouvrir.* – **11.** En parlant d'un cheval, s'arrêter net devant l'obstacle.
◆ v. i. **1.** En parlant d'un pieu, syn. de REFOULER. – **2.** En parlant du vent, prendre une direction qui n'est plus favorable à la marche du voilier.
◆ **se refuser** v. pr. **1.** Ne pas se permettre qqch, s'en priver : *Se refuser tout repos.* – **2.** Ne pas vouloir admettre, accepter qqch : *Je me refuse à croire pareilles sornettes.* – **3.** En parlant d'une femme, ne pas vouloir accorder ses faveurs. – **4.** Être écarté, repoussé, en parlant de qqch : *Une telle offre ne se refuse pas.*

RÉFUTABILITÉ n. f. Caractère de ce qui est réfutable : *La réfutabilité d'une théorie.*

RÉFUTABLE adj. Qui peut être réfuté.

RÉFUTATION n. f. (lat. *refutatio*). Action de réfuter ; raisonnement allégué pour réfuter.

RÉFUTER v. t. (lat. *refutare,* repousser) [conj. 3]. **1.** Démontrer la fausseté d'une affirmation par des preuves contraires : *Réfuter un argument.* – **2.** Contredire qqn, le démentir.

REFUZNIK n. En U. R. S. S., personne qui désirait émigrer, mais à qui les autorités en refusaient le droit.

REG n. m. (ar. *ruqq*). Étendue désertique formée de cailloux provenant de la désagrégation physique d'un matériau et reposant fréquemment sur un matériau plus finement désagrégé.

REGAGNER v. t. (conj. 3). **1.** Retrouver une somme d'argent équivalente à celle que l'on a perdue : *Regagner en fin de partie ses pertes de la soirée.* – **2.** Obtenir de nouveau un avantage moral dont on était privé : *Regagner la confiance de ses électeurs.* – **3.** Revenir dans un lieu, un endroit que l'on a quitté précédemment : *Regagner Paris par le train.* – **4.** *Regagner le temps perdu,* compenser une perte de temps par un effort accru. ‖ *Regagner du terrain,* se rapprocher de ceux qui vous ont devancé ; progresser de nouveau après un recul.

1. REGAIN n. m. (anc. fr. *gaïn,* du frq. **waida,* pâturage). Herbe qui repousse dans les prairies après la fauche.

2. REGAIN n. m. (de *regagner,* avec l'infl. de *gain*). Retour ou accroissement d'un avantage, d'une qualité, etc., qui paraissaient décliner : *Regain de santé.*

RÉGAL n. m. (pl. *régals*) [croisement de l'anc. fr. *rigoler,* se divertir, et *gale,* réjouissance]. **1.** Mets particulièrement apprécié de qqn : *La crème au chocolat est son régal.* — **2.** Vif plaisir que l'on trouve à qqch : *C'est un régal pour les yeux.*

RÉGALADE n. f. (de *régaler 1*). **1.** *Vx.* Action de se régaler de quelque mets ou boisson. — **2.** *Boire à la régalade,* boire à la bouteille, sans que celle-ci touche les lèvres.

RÉGALAGE n. m. Action de régaler.

1. RÉGALE adj. f. (moyen fr. *régal,* du lat. *regalis,* royal). *Eau régale,* mélange d'acide nitrique et d'acide chlorhydrique, qui dissout l'or et le platine.

2. RÉGALE n. f. (lat. médiév. *regalia,* droit du roi, du lat. class. *regalis,* royal). Droit qu'avait le roi de France de percevoir les revenus d'un siège épiscopal vacant *(régale temporelle)* et de nommer aux bénéfices et prébendes en dépendant *(régale spirituelle).*

ENCYCL. La régale est mentionnée dès le Xe s. Au XVIe s., la monarchie s'évertua à en généraliser la pratique. Le clergé s'y opposa et, au temps de Louis XIV, l'affaire de la régale (décision du roi d'étendre la régale spirituelle et temporelle à tous les diocèses du royaume [1673, 1675]) fut un moment fort de la querelle gallicane. Finalement, une assemblée du clergé, en 1682, approuva l'extension de la régale à tout le royaume. Innocent XII l'admit à son tour en 1693.

3. RÉGALE n. f. (lat. *regalis,* royal). Anc. instrument de musique à vent, à réservoir d'air et à anches battantes.

RÉGALEC [-lɛk] n. m. (lat. *regalis,* royal). Poisson de l'Atlantique et de la Méditerranée, au corps rubané, pouvant atteindre 10 m de long. (Syn. ROI DES HARENGS.)

RÉGALEMENT n. m. (de *régaler 2*). Répartition proportionnelle, entre plusieurs personnes, d'une taxe dont le total est arrêté.

1. RÉGALER v. t. (de *régal*) [conj. 3]. **1.** Offrir à qqn un bon repas, un mets savoureux, lui offrir à boire : *Régaler des amis d'un excellent vin.* — **2.** *Fam.* Offrir à boire ou à manger : *C'est moi qui régale.* — **3.** Offrir à qqn un plaisir, un agrément : *Régaler ses collègues d'anecdotes croustillantes.*

◆ **se régaler** v. pr. **1.** Avoir plaisir à manger ou à boire qqch : *Se régaler d'un coq au vin.* — **2.** Éprouver un vif plaisir de qqch : *Se régaler d'un bon film.*

2. RÉGALER v. t. (de *égaler*) [conj. 3]. **1.** Aplanir un terrain, un remblai de façon à lui donner une surface régulière. — **2.** Réparer les parties endommagées d'une dentelle. — **3.** Répartir une taxe entre les contribuables.

RÉGALIEN, ENNE adj. (lat. *regalis,* royal). Qui appartient à la royauté.

RÉGALISTE n. m. (de *régale 2*). Ecclésiastique qui tenait un bénéfice en régale.

RÉGAMEY, nom de trois frères, peintres et surtout dessinateurs et illustrateurs français : GUILLAUME (Paris 1837 - *id.* 1875), FÉLIX (Paris 1844 - Juan-les-Pins 1907) et FRÉDÉRIC (Paris 1849 ? - *id.* 1925).

REGARD n. m. (de *regarder*). **1.** Action de regarder, de porter la vue sur qqn ou qqch : *Sa beauté arrête tous les regards.* — **2.** Manière de regarder, expression des yeux : *Un regard doux.* — **3.** *Au regard de qqch,* par rapport à qqch, aux termes de : *Être en règle au regard de la loi.* ‖ *Droit de regard,* droit de surveillance que peut se réserver l'une des parties dans un contrat. ‖ *En regard,* en face, vis-à-vis de : *Un texte latin avec traduction en regard ;* comparativement à qqch. • **Assain.** Puits recouvert d'une plaque au niveau du sol, par lequel les égoutiers pénètrent dans les égouts ou y introduisent des appareils ; cette plaque elle-même. ‖ Puits aménagé au-dessus d'une conduite d'eau, d'une fosse d'aisances, d'un réseau de drainage. — **Géol.** Direction vers laquelle est tourné le compartiment soulevé d'une faille. — **Techn.** Ouverture disposée dans la paroi d'un appareil, d'une machine, d'une installation (four, cuve, etc.) pour permettre la visite, le nettoyage, la surveillance de la marche des opérations, etc.

REGARDANT, E adj. Qui regarde de trop près à la dépense.

REGARDER v. t. (de *garder*) [conj. 3]. **1.** Porter le regard vers, sur qqch, qqn : *Regarder le paysage.* — **2.** Être spectateur de qqch (film, émission de télévision, etc.). — **3.** Examiner qqch avec attention ou le considérer sous un certain angle : *Il faut regarder pourquoi les conséquences sont graves.* — **4.** Considérer de telle ou telle manière qqn ou qqch ; juger : *Un jeune sportif que l'on regarde comme un espoir.* — **5.** Concerner qqn, l'intéresser, être de sa compétence : *Cela me regarde.* — **6.** Être placé en face de qqch, être tourné vers qqch : *La façade d'une maison qui regarde la campagne.* — **7.** *Ne regarder que son intérêt, ses avantages, etc.,* être uniquement intéressé par cela. ‖ *Pouvoir regarder qqn en face,* n'avoir rien à se reprocher dans la façon dont on a agi à son égard. ‖ Fam. *Regardez voir (si),* allez voir, regardez bien si, faites attention à cela. ‖ Fam. *Vous ne m'avez pas regardé,* rappelle à qqn qui l'on est et lui signifie que son comportement, ses exigences sont malvenus.

◆ v. t. ind. **1.** Porter une grande attention, un intérêt majeur à qqch, en tenir compte : *Regarder avant tout à la qualité.* — **2.** Être parcimonieux, faire attention au prix des choses : *Il regarde même à changer de voiture !* — **3.** *Y regarder de près, de plus près,* être exigeant, attentif au moindre détail. ‖ *Y regarder à deux fois, à plusieurs fois,* tout vérifier, en partic. avant de se décider.

◆ v. i. **1.** Diriger son regard, faire usage de la vue de telle ou telle façon : *Regarder par la fenêtre.* — **2.** Être orienté dans cette direction : *Cet immeuble regarde vers la mer.*

◆ **se regarder** v. pr. **1.** Contempler son image, ses propres traits : *Se regarder dans une glace.* — **2.** S'observer, se dévisager : *Se regarder en chiens de faïence.* — **3.** Être situé en vis-à-vis : *Deux immeubles dont les façades se regardent.*

REGARNI n. m. **1.** Action de refaire des plantations aux endroits où le reboisement a échoué. — **2.** Endroit où ces plantations sont faites. — **3.** Plant destiné à combler les vides d'un reboisement.

REGARNIR v. t. (conj. **32**). Garnir de nouveau ce qui était dégarni.

RÉGATE n. f. (vénitien *regata,* défi, de *regatar,* rivaliser). **1.** Course de voiliers qui se déroule sur un parcours délimité par des bouées ou marques, qu'il convient de contourner dans un sens défini sans les toucher. (Le pl. et le sing. ont le même sens.) [Le parcours délimité par trois bouées, dit « triangle olympique », est le plus communément utilisé, car il donne la possibilité de naviguer sous différentes allures. Le départ s'effectue face au vent.] — **2.** Cravate à longs pans qui retombent librement l'un sur l'autre.

RÉGATER v. i. (conj. **3**). **1.** Prendre part à une régate. — **2.** Lutter de vitesse avec un autre voilier.

RÉGATIER n. m. Personne participant à une régate.

REGAZÉIFICATEUR n. m. Installation opérant la regazéification.

REGAZÉIFICATION n. f. Opération consistant à remettre à l'état gazeux un liquide pétrolier, tel que le gaz naturel liquéfié.

REGAZÉIFIER v. t. (conj. **9**). Opérer la regazéification.

REGEL n. m. (de *regeler*). Nouvelle gelée.

REGELER v. i. (conj. **25** ; seulem. à la 3e pers.). *Il regèle,* il gèle de nouveau.

◆ v. t. Geler de nouveau : *Regeler des relations diplomatiques.*

RÉGENCE n. f. (de *régent*). **1.** Gouvernement d'une monarchie établi pendant la minorité, l'absence ou l'incapacité du souverain. — **2.** Fonction du régent ; durée de cette fonction. (En France, la régence, en cas de minorité, durait jusqu'à ce que le roi ait atteint sa quatorzième année.) — **3.** Syn. de PROTECTORAT (avec une majusc.).

◆ adj. inv. Qui se rapporte à l'époque, au style, aux mœurs de la Régence (avec une majusc.) : *Un fauteuil Régence.*

Régence (la), période correspondant à la minorité de Louis XV (1715-1723) et durant laquelle Philippe II, duc d'Orléans (le Régent), exerça le pouvoir, après cassation par le parlement du testament de Louis XIV, qui entendait limiter son pouvoir.

En réaction contre l'esprit du « Grand Siècle », la Régence rénove les institutions, libère l'économie et les mœurs, renverse le système d'alliances. Cette rupture avec le passé n'est pourtant qu'un assez bref épisode, le retour partiel à la tradition l'emportant peu à peu.

De 1715 à 1718, tout est nouveauté : la Cour quitte Versailles pour le Palais-Royal à Paris, où triomphent licence, gaieté, hardiesse dans la pensée, goûts nouveaux dans les arts. La haute noblesse, tenue en bride par Louis XIV, prend sa revanche dans le gouvernement, où les ministres et secrétaires d'État sont remplacés (15 sept. 1715) par la polysynodie*, huit conseils prenant le contre-pied de la politique financière, économique et religieuse de Louis XIV. Le résultat est très médiocre. À l'extérieur, l'alliance avec l'Angleterre, les Provinces-Unies puis l'Autriche est dirigée contre l'Espagne.

Les mécomptes entraînés par ces changements poussent le Régent, inspiré par l'abbé Guillaume Dubois*, à supprimer (1718) les conseils et à restaurer les secrétaires d'État. L'opinion est alors entièrement occupée par l'expérience audacieuse du banquier Law*, dont l'échec entraîne un bouleversement social et moral profond.

Après 1720 se dessine un retour à la tradition, souligné par un nouveau despotisme ministériel, l'abbé Dubois, devenu cardinal (1721) et Premier ministre (1722), décidant avec autorité de la politique extérieure et du retour aux anciennes alliances (fiançailles du roi avec l'infante d'Espagne). La politique de rigueur à l'égard des jansénistes (la bulle *Unigenitus* devenant loi du royaume, 1720), l'application retrouvée des idées colbertistes, la réinstallation de la Cour à Versailles sont des aspects de ce revirement.

Le 16 févr. 1723, Louis XV est déclaré majeur et le Régent lui remet ses pouvoirs.

Régence *(café de la),* établissement fondé à la fin du XVIIe s. place du Palais-Royal, à Paris, où Diderot a situé *le Neveu de Rameau.* Il fut transféré en 1854 rue Saint-Honoré.

Régence *(style),* style de transition entre « Louis XIV » et « Louis XV ». Il est caractérisé par une architecture plus gracieuse (de Cotte, Boffrand, G. M. Oppenordt) et par un décor d'une élégante souplesse (Claude III Audran, meubles de Cressent).

RÉGENCES BARBARESQUES, nom donné en France sous l'Ancien Régime aux États du nord-ouest de l'Afrique : Tripoli, Tunis et Alger.

Regency, mot anglais servant à désigner un style (1811-1830) représenté en architecture par les œuvres de J. Nash. Le mobilier Regency donne sa préférence à l'acajou et recherche avant tout le confort.

RÉGENDAT n. m. En Belgique, cycle d'études conduisant au diplôme de régent.

RÉGÉNÉRANT, E adj. Qui régénère, en partic. les tissus organiques.

RÉGÉNÉRATEUR, TRICE adj. *Litt.* Qui régénère.
◆ **régénérateur** n. m. **1.** Appareil pour régénérer le constituant d'un processus chimique (catalyseur, résine échangeuse d'ions, etc.). – **2.** Syn. de CHAMBRE* DE RÉCUPÉRATION.

RÉGÉNÉRATION n. f. (lat. ecclés. *regeneratio,* retour à la vie). **1.** Reconstitution des tissus organiques lésés chez les êtres vivants. – **2.** *Litt.* Renouvellement moral, amendement de ce qui était corrompu, altéré : *La régénération de la société.* • **Agric.** Amélioration des prairies anciennes. – **Biol.** Reconstitution, par un individu animal ou végétal amputé, de la partie du corps dont il a été privé. (→ *encycl.*) – **Chim.** Rétablissement de l'activité d'une substance (catalyseur, résine, etc.). – **Ménag.** Opération qui débarrasse la résine d'un adoucisseur d'eau du calcium retenu et qui lui restitue sa teneur en sodium. – **Nucl.** Lors de la consommation par fission d'une certaine substance fissile, production de cette même substance à partir d'une substance fertile ; lors de la consommation par fission de substances fissiles, production de substances fissiles à partir de substances fertiles. – **Sylvic.** Renouvellement d'un peuplement forestier soit par rejets de souche (taillis), soit par semis (futaie). – **Therm.** Opération dans laquelle la chaleur d'un fluide est communiquée à l'air secondaire ou au gaz de chauffage par l'intermédiaire d'un régénérateur. ‖ *Cycle à régénération,* syn. de CYCLE À RÉCUPÉRATION*.
ENCYCL. **Bot.** Un végétal peut reconstituer une de ses parties à partir d'une ou de quelques cellules adultes. Ainsi, on peut obtenir une plante complète, pourvue de tiges et de racines, à partir de cellules de feuilles. Cette propriété est utilisée dans de nombreuses cultures végétales in vitro.
– **Zool.** À peu près nulle chez les oiseaux et les mammifères, la régénération est fréquente chez les invertébrés inférieurs, sauf les sangsues. Elle est active chez les astéries et les tuniciers ou, après autotomie d'une patte, chez les arthropodes et, après autotomie de la queue, chez les lézards. Elle est remarquable chez les amphibiens urodèles.

RÉGÉNÉRER v. t. (lat. *regenerare*) [conj. **18**]. **1.** Reconstituer les tissus organiques après destruction. – **2.** *Litt.* Réformer en ramenant à un état antérieur jugé supérieur : *Régénérer la société.* – **3.** Rendre à une substance ses propriétés initiales, altérées ou modifiées au cours d'un traitement. – **4.** Opérer la régénération d'un adoucisseur d'eau.
◆ **être régénéré** v. pass. *Caoutchouc régénéré,* matériau élastique obtenu par dévulcanisation d'objets en caoutchouc débarrassés de leurs parties non élastiques.

REGENSBURG, nom all. de Ratisbonne.

RÉGENT, E n. (lat. *regens, -entis,* gouvernant). **1.** Personne qui exerce une régence. – **2.** Magistrat qui exerçait l'autorité dans les villes néerlandaises.
◆ **régent** n. m. **1.** Au XIIIe s., professeur d'université : *Docteur régent de théologie.* – **2.** Celui qui dirigeait une classe dans un collège. – **3.** En Belgique, professeur diplômé qui exerce dans le premier cycle de l'enseignement secondaire. – **4.** *Régent (de collège),* autref., professeur dans un collège municipal. ‖ *Le Régent,* titre porté par Philippe II, duc d'Orléans, qui gouverna la France pendant la minorité de Louis XV. ‖ *Régent de la Banque de France,* membre du conseil de régence de la Banque de France avant sa nationalisation (1800-1936).

Régent (le), diamant très pur, de 137 carats, faisant partie des joyaux de la Couronne de France (Louvre, galerie d'Apollon). D'origine indienne, il fut acquis par Th. Pitt, puis, en 1717, par Philippe d'Orléans.

Régents *(les),* toile de Hals, de 1664, son ultime chef-d'œuvre avec *les Régentes* (1,72 × 2,56 m, musée Frans Hals, anc. hospice des vieillards, Haarlem). Ce portrait collectif des dirigeants de l'hospice a inspiré à Malraux un célèbre commentaire *(les Voix du silence),* dont nous extrayons les lignes suivantes : « [... Ce] malheureux, à qui l'on vient d'allouer *trois brouettes de tourbe par an,* ce mendiant, qui sait que ses modèles ne verront dans ses lignes indomptées que le tremblement d'une main sénile, se vengera du monde écrasant et dérisoire qui pose devant lui par bienfaisance, en le contraignant à l'immortalité [...]. »

RÉGENTER v. t. (de *régent*) [conj. 3]. Diriger qqn de façon autoritaire, le soumettre à sa volonté d'une manière arbitraire : *Il veut régenter tout le monde.*

REGER (Max), compositeur et pédagogue allemand (Brand, Bavière, 1873 - Leipzig 1916). Il fut directeur de la musique à l'université de Leipzig. Son œuvre consiste en compositions orchestrales, œuvres pour orgue, œuvres pour piano (des *Variations et fugue sur un thème de J. S. Bach ; Introduction, passacaille et fugue* pour 2 pianos). Parmi ses multiples compositions pour chœurs et orchestre se détachent un dense *Requiem latin,* à la mémoire des soldats allemands (1915), et des cantates (*An die Hoffnung* et *Hymnus der Liebe,* 1914).

REGESTE n. m. (bas lat. *regesta,* registre). Nom donné à des catalogues d'actes d'une même chancellerie ou d'un même personnage lorsque, dans la série chronologique des actes, sont intercalées des indications empruntées aux sources narratives.

REGGAE [rege] n. m. (angl. *reggae*). Musique populaire jamaïcaine née, à la fin des années 60, de la fusion du ska et des rythmes calypso venus de la Trinité avec le blues et le rock and roll nord-américain, et caractérisée par un rythme binaire syncopé avec le décalage du temps fort.
◆ adj. inv. Relatif au reggae : *Groupes reggae.*

REGGAN, anc. **Reggane,** oasis du Sahara algérien (wilaya d'Adrar), sur la route du Niger ; 22 700 hab. Palmeraies. Jusqu'en 1967, centre d'expérimentation nucléaire français (la première bombe atomique française y fut expérimentée le 13 févr. 1960).

REGGIANI (Serge), acteur et chanteur français d'origine italienne (Reggio nell'Emilia 1922). Au théâtre, sa composition de Frantz dans *les Séquestrés d'Altona* (1959) de J.-P. Sartre fit remarquer la qualité de son jeu. Il a joué dans de nombreux films : *le Carrefour des enfants perdus* (1944), *les Portes de la nuit* (1946), *Manon* (1949), *les Amants de Vérone* (*id.*), *Casque d'or* (1952), *le Doulos* (1962), *Vincent, François, Paul et les autres* (1974), *l'Apiculteur* (1986). Depuis 1966, il connaît le succès dans le tour de chant *(les Loups, Ma liberté).*

REGGIO (*duc* DE) → OUDINOT.

REGGIO DI CALABRIA ou **REGGIO CALABRIA,** v. d'Italie, en Calabre, ch.-l. de prov., sur le détroit de Messine ; 177 000 hab. Archevêché. Musée national (préhistoire, archéologie, etc.). La ville est un marché agricole et un centre industriel (sidérurgie, chimie, alimentation).
— **Hist.** Ancienne colonie grecque de Chalcis *(Rhêgion),* la ville fut détruite par un tremblement de terre en 1908, puis reconstruite.

REGGIO NELL'EMILIA ou **REGGIO EMILIA,** v. d'Italie, en Émilie, ch.-l. de prov. ; 130 000 hab. Sur la voie Émilienne, c'est un nœud de communications et un centre commercial et industriel (constructions mécaniques et électriques, textile, chimie, alimentation). Monuments du XIIIe au XIXe s. Musées.

REGHAIA → RGHAYA.

1. RÉGICIDE n. (lat. médiév. *regicida,* du lat. class. *rex, regis,* roi, et *caedere,* tuer). **1.** Meurtrier d'un roi. — **2.** Nom donné en Grande-Bretagne, sous la restauration des Stuarts, à ceux qui avaient condamné à mort Charles Ier et, en France, sous la Restauration, à ceux qui, à la Convention, avaient voté la mort de Louis XVI.
◆ adj. *Litt.* Relatif au meurtre d'un souverain : *L'arme régicide.*

2. RÉGICIDE n. m. (lat. médiév. *regicidium*). Attentat contre la vie d'un roi.

RÉGIE n. f. (de *régir*). **1.** Mode de gestion d'un service public. (On distingue la *régie directe,* assurée exclusivement par des agents nommés par l'autorité [État, Région, département, commune] et appointés par elle, et la *régie intéressée,* assurée par une personne physique ou morale n'en supportant pas les risques mais intéressée au résultat de l'exploitation.) — **2.** Nom donné à certaines entreprises publiques. • **Cin.** Direction d'une production cinématographique. — **Écon.** *Travaux en régie,* travaux d'un entrepreneur, d'un artisan dont la facturation est fondée sur le nombre d'heures de main-d'œuvre passées et sur le remboursement du prix des matériaux utilisés. — **Fin.** Perception directe des impôts et revenus par l'État ou les collectivités locales. ‖ Administration chargée de cette perception ; son personnel ; ses bureaux. ‖ *Régie d'avance* ou *de dépenses,* règlement exceptionnel d'une dépense publique par l'ordonnateur. — **Presse.** Local attenant à un studio de télévision ou de radio où sont groupés les organes de commande et de contrôle permettant de réaliser une séquence de programme. — **Publ.** Entreprise concessionnaire chargée de recueillir la publicité pour le compte d'un support. (Quand le support est la presse, on parle de *régie de presse.*) — **Théâtr.** Organisation matérielle du spectacle, conduite d'une représentation. ‖ Activité du régisseur. ‖ Syn. rare de MISE* EN SCÈNE.

Régie autonome des transports parisiens (R. A. T. P.), établissement public industriel et commercial, créé en 1948, exploitant le métro, le RER (Réseau Express Régional) [conjointement avec la S. N. C. F.] et les transports en commun de surface en région parisienne.

RÉGILLE *(lac),* en lat. **Regillus lacus,** lac du Latium sur les bords duquel les Romains, aidés par les Dioscures selon la légende, défirent (entre 499 et 496 av. J.-C.) les Latins révoltés.

REGIMBER v. i. ou **SE REGIMBER** v. pr. (anc. fr. *regiber,* ruer, de *giber,* sauter) [conj. 3]. **1.** En parlant d'un cheval, d'un âne, ruer, se cabrer au lieu d'avancer. — **2.** *Litt.* Résister, se montrer récalcitrant : *Il se regimbe contre ses parents.*

1. RÉGIME n. m. (lat. *regimen, -inis,* de *regere,* diriger). **1.** Ensemble d'institutions, de procédures et de pratiques caractérisant un mode d'organisation et d'exercice du pouvoir ; les institutions et le personnel politique en place. — **2.** Ensemble des dispositions légales qui régissent la manière dont qqn ou qqch est soumis à une institution : *Être marié sous le régime de la communauté.* — **3.** Ensemble de prescriptions concernant les aliments et destinées à maintenir ou à rétablir la santé : *Régime lacté. Régime végétarien.* — **4.** Conduite alimentaire caractérisée par des restrictions : *Suivre un régime.* — **5.** Manière dont un phénomène se produit, se déroule ; rythme : *Le régime pluviométrique d'une région.* — **6.** Mode de fonctionnement d'une machine, d'une installation à l'état normal ; vitesse de rotation d'un moteur : *Marcher à plein régime.* — **7.** Ensemble d'institutions et de mécanismes conditionnant le fonctionnement de la production, de la consommation et de la répartition des biens économiques. — **8.** *À ce régime,* en vivant, en agissant ainsi. ‖ *Baisse de régime,* diminution du rythme de l'activité, de l'énergie. • **Cybern.** et **Phys.** *Régime établi,* état d'un système dynamique stable, soit en l'absence de toute variation des grandeurs d'influence, soit sous l'effet de la variation de l'une d'entre elles selon une loi mathématique simple. ‖ *Régime permanent harmonique,* comportement d'un système dynamique stable sous l'effet de la variation sinusoïdale d'une grandeur d'influence. ‖ *Régime transitoire,* passage d'un système dynamique stable d'un régime établi à un autre. — **Dr.** *Régime général de la Sécurité sociale,* régime de protection sociale commun aux salariés et assimilés. — **Écon.** *Régime préférentiel,* relations douanières de deux ou plusieurs pays se consentant des droits particulièrement favorables pour la totalité ou une partie de leurs échanges commerciaux. — **Hydrol.** Ensemble des variations subies par le débit d'un cours d'eau. (→ *encycl.*) — **Ling.** Mot ou groupe de mots qui dépend grammaticalement d'un autre mot de la phrase. ‖ *Cas régime,* en ancien français, cas exprimant les fonctions grammaticales autres que celle de sujet. — **Phys.** Mode d'évolution d'un système dans lequel les paramètres intéressants restent constants *(régime laminaire, régime turbulent).* — **Sylvic.** Mode de traitement d'une forêt défini par l'aménagement et destiné à assurer dans les meilleures conditions l'exploitation et la régénération du peuplement.

ENCYCL. **Hydrol.** Les *régimes fluviaux* sont caractérisés plus par leurs variations saisonnières que par les inégalités de leur alimentation moyenne annuelle. Les régimes simples présentent une seule saison des hautes eaux, une seule de basses eaux (cela implique souvent la prédominance écrasante d'un seul facteur pour déterminer l'alimentation du cours d'eau) : régime glaciaire (Arve à Chamonix par exemple), pluvial (Seine à Paris) ou nival (Ob). Mais, souvent, pour les cours d'eau importants surtout, le régime dénote les influences successives, plus ou moins enchevêtrées, d'au moins deux facteurs, chacun étant responsable à tour de rôle de l'abondance, puis de la pénurie. On parle ainsi de régime pluvio-nival ou nivo-pluvial (avec une prédominance du facteur pluie ou du facteur neige, mais avec la présence des deux), étant entendu que tous les types de transition existent et que la complexité s'accroît, sinon toujours en même temps que l'étendue du bassin, du moins avec la variété des origines régionales des affluents du cours principal.
— **Méd.** Chez le sujet en bonne santé, le régime alimentaire doit être proportionné aux besoins, qui varient avec l'âge, l'état physiologique, le mode de vie, l'activité physique. Chaque état pathologique, voire chaque malade, justifie l'établissement d'un régime particulier, comportant un choix et un dosage précis des différents aliments à utiliser. C'est ainsi que l'on établit :
1° des régimes de restriction calorique globale (obésité, maladies du cœur) ;
2° des régimes de suppression ou de restriction de certains groupes d'aliments ou de sels minéraux : chlorure de sodium (néphropathies, hypertension artérielle, corticothérapie) ; glucides (diabétiques) ; lipides (hypercholestérolémies, artériosclérose, hyperlipidémies) ; protides (états de rétention azotée, néphropathies) ; un régime pauvre en fibre alimentaire est parfois indiqué dans certaines colopathies ; les lithiases rénales ou biliaires imposent également certaines précautions ;
3° des régimes d'augmentation de la ration portant sur certains groupes d'aliments, tels les régimes hyperprotidiques dans les pertes de substance, dans certaines cicatrisations ;
4° enfin, les régimes de suralimentation, qui assurent aux malades une ration supérieure à leurs besoins immédiats pour favoriser des réparations tissulaires ou pour lutter contre des états de maigreur ou de dénutrition.

2. RÉGIME n. m. (calque de l'esp. des Antilles *racimo,* raisin, avec l'infl. de *régime 1*). **1.** Très grande inflorescence en forme de grappe contenue dans une spathe générale. — **2.** Groupe de fruits (bananes, dattes, par ex.) issus de cette inflorescence.

RÉGIMENT n. m. (bas lat. *regimentum,* action de régir, du lat. class. *regimen*). **1.** Unité de l'armée de terre, formant corps, constituée d'un ensemble cohérent d'hommes et de moyens, articulé en une unité de combat. (→ *encycl.*) — **2.** *Fam.* et *vx.* L'armée, le service militaire : *Faire son régiment.* — **3.** *Fam.* Un grand nombre, une multitude de : *Un régiment de cousins.* — **4.** *Conseil de régiment,* organisme constitué sous la présidence du chef de corps pour statuer sur les demandes de rengagements des sous-officiers ou leur admission dans le cadre des sous-officiers de carrière.

ENCYCL. **Mil.** Dans l'infanterie de l'Ancien Régime, on distinguait les *vieux régiments,* les plus anciens (XVIe s.), les *petits-vieux* (XVIIe s.) et les *régiments étrangers,* le plus souvent licenciés à la conclusion de la paix. Dans la cavalerie, la réunion des compagnies en régiments fut l'œuvre de Richelieu. Quant à l'artillerie, le premier régiment ne fut créé qu'en 1671 sous le nom de *fusiliers du roi.* Après la Révolution, les régiments allaient progressivement constituer l'unité de base de chaque arme.

La division type 77, qu'elle soit blindée ou d'infanterie, comprend essentiellement des régiments des armes et un régiment de commandement et de soutien. Le régiment, qui forme un cadre administratif, est commandé par un lieutenant-colonel ou un colonel. Il est l'unité morale dans laquelle se cultive et se développe l'esprit de corps, concrétisé par le drapeau, l'écusson et la musique du régiment.

RÉGIMENTAIRE adj. Relatif au régiment.

REGINA, v. du Canada, cap. de la Saskatchewan ; 163 000 hab. Archevêché catholique et évêché anglican. Carrefour ferroviaire et centre administratif, commercial (céréales) et industriel (sidérurgie, raffinerie de pétrole). Université.

REGINGLARD n. m. (de *ginguet,* de l'anc. fr. *ginguer,* var. de *giguer,* sauter). *Fam.* et *Vx.* Petit vin aigrelet.

REGINGOT[-ʒɛ̃go] n. m. ou **REJINGOT** n. m. Partie relevée en courbe d'un appui de fenêtre, empêchant les infiltrations d'eau.

REGINON de Prüm, chroniqueur allemand († Trèves 915). Abbé de Prüm (892-899), puis de Saint-Martin de Trèves, il a écrit une *Chronique* qui atteint l'année 906.

REGIOMONTANUS (Johann MÜLLER, plus connu sous le nom de), astronome et mathématicien allemand (Königsberg 1436 - Rome 1476). Il observa notamment la comète de 1472, sur laquelle il écrivit un opuscule. En 1475, il fut appelé à Rome par le pape Sixte IV, désireux de lui confier une réforme du calendrier et qui le nomma évêque de Ratisbonne. Mais il mourut de la peste l'année suivante. Son traité de trigonométrie plane et sphérique, *De triangulis omnimodis,* publié en 1533, ainsi que son *Épitome,* commentaire de l'*Almageste,* exercèrent une influence prépondérante sur ses successeurs.

RÉGION n. f. (lat. *regio, -onis*). **1.** Territoire dont l'étendue variable est déterminée soit par une unité administrative ou économique, soit par la similitude du relief, du climat et de la végétation, soit par une communauté culturelle : *La Ruhr est une grande région industrielle.* — **2.** Pays qui s'étend autour d'une ville, d'un lieu : *La région de Rambouillet.* — **3.** Partie du corps plus ou moins arbitrairement délimitée : *Souffrir de douleurs dans la région du cœur.* — **4.** *Litt.* Champ, domaine propre à une activité, une discipline, etc. : *Les hautes régions de la philosophie.* • **Astron.** *Région active solaire,* région de l'atmosphère du Soleil, associée à l'existence de groupes de taches, où s'observe une forte variabilité de l'émission de rayonnement, de la température et des mouvements. ‖ *Région HI,* région du milieu interstellaire très riche en hydrogène neutre. ‖ *Région HII,* région du milieu interstellaire très riche en hydrogène ionisé. (Syn. NÉBULEUSE À ÉMISSION.) — **Ch. de f.** Zone géographique correspondant au découpage territorial actuel de la S. N. C. F., désignée par la ville où est installée son siège. (La S. N. C. F. comprend 23 régions.) — **Dr.** Collectivité territoriale, au même titre que la commune ou le département, dont l'organe exécutif est le président du conseil régional. (S'écrit avec une majusc.) [→ *encycl.*] — **Géogr.** *Région naturelle,* espace correspondant à une unité géologique, géomorphologique, climatique ou biogéographique ou, parfois, à la combinaison de deux ou plusieurs de ces qualificatifs, dans lequel l'intervention de l'homme est nulle ou très limitée (hautes latitudes, grands déserts des tropiques, portions de la forêt dense des basses latitudes). — **Hist.** Quartier de la Rome antique. (On attribuait à Servius Tullius la division en 4 régions : Suburbana, Esquilina, Collina et Palatina. Auguste établit 14 régions numérotées.) — **Hydrol.** *Région source,* zone de l'Océan où s'effectuent les plongées d'eau. (Les principales régions sources sont localisées autour du continent antarctique [mers de Weddell, de Ross, plusieurs secteurs de l'Antarctique oriental]. Dans l'hémisphère boréal, ce sont le bassin du Groenland, l'extrémité du Groenland et la mer d'Okhotsk.) — **Math.** Partie de plan (resp. d'espace) dont la frontière est formée d'une ou plusieurs courbe(s) [resp. surface(s)] et dont l'intérieur est connexe. — **Mil.** *Région aérienne,* circonscription territoriale de l'armée de l'air servant de support et de cadre de soutien aux grandes unités aériennes qui y sont déployées.

(Les régions aériennes sont au nombre de 3, qui coïncident avec les régions militaires de défense : *région aérienne Atlantique,* avec pour siège Bordeaux ; *région aérienne Méditerranée,* siège à Aix-en-Provence-Les Mille ; *région aérienne Nord-Est,* siège à Villacoublay). ‖ *Région maritime,* circonscription territoriale de la marine nationale servant de cadre opérationnel et administratif aux forces qui s'y trouvent stationnées en vue de la défense du littoral. (Il existe 2 régions maritimes : *région maritime Atlantique,* avec pour siège Brest [deux préfectures maritimes : Brest pour l'Atlantique et Cherbourg pour la Manche et la mer du Nord] ; *région maritime Méditerranée,* siège à Toulon [préfecture maritime].) ‖ *Région militaire de défense (R. M. D.),* circonscription territoriale commune à l'armée de terre, à l'armée de l'air et à la gendarmerie, servant de cadre organisationnel et opérationnel aux forces qui s'y trouvent stationnées. (Il existe 3 régions militaires de défense : *R. M. D. Atlantique, R. M. D. Méditerranée* et *R. M. D. Nord-Est,* l'*Île-de-France* constituant un commandement militaire autonome.) — **Relig.** *Région apostolique,* organisation administrative de l'Église catholique en France, regroupant un certain nombre de diocèses et se donnant pour président un évêque élu. (Les 95 diocèses de France sont regroupés en 9 régions apostoliques.)

ENCYCL. **Dr.** Créées par le décret du 30 juin 1955, les 22 Régions de programme sont devenues, en 1960, des circonscriptions d'action régionale. Elles ont été érigées en établissements publics en 1972, puis en collectivités territoriales par la loi du 2 mars 1982 sur la décentralisation (demeurant cependant circonscriptions territoriales pour les services de l'État). Une loi de 1991 ayant fait de la Corse une collectivité territoriale à statut particulier, la France métropolitaine ne compte plus aujourd'hui que 21 Régions. (→ tableau FRANCE.) Le conseil régional (dont les membres, les conseillers régionaux, sont élus au suffrage universel, tous les six ans, depuis 1986) règle par ses délibérations les affaires de la Région. Le Comité économique et social demeure un organe consultatif, obligatoirement saisi des questions relatives à la planification nationale et régionale. L'exécutif régional est le président du conseil régional. La Région peut directement procéder à des attributions d'aides financières (au nom de l'État) pour les investissements d'entreprises concourant au développement régional et à l'emploi. Elle est responsable du plan régional, qui concourt à la constitution du plan national. Outre les 21 Régions en France métropolitaine, il y a 4 Régions outre-mer (celles-ci monodépartementales : Guadeloupe, Martinique, Guyane, Réunion).

RÉGIONAL, E, AUX adj. **1.** Propre à une région, à une province : *Un plat régional.* — **2.** Qui concerne un groupe d'États voisins (par oppos. à *mondial*) : *Un accord régional.* — **3.** Qui correspond à une région du corps : *Une anesthésie régionale.* — **4.** *Français régional,* la langue française effectivement parlée dans telle ou telle région, caractérisée par certaines particularités phonétiques (accents), lexicales (mots régionaux) et grammaticales. ‖ *Langue régionale,* langue qui, dans le cadre national, diffère nettement de la langue officielle standard et dont les locuteurs posent le problème de son statut et de sa transmission comme langue de communication et de culture. (En France, il s'agit de trois langues romanes [l'occitan, le catalan et le corse], deux germaniques [l'alsacien et le flamand], une celtique [le breton] et une d'origine non indo-européenne [le basque].)

◆ **régionales** n. f. pl. Élections ayant pour cadre la Région (conseillers régionaux).

RÉGIONALISATION n. f. Mode d'organisation territoriale de l'État unitaire consistant à donner une autonomie administrative aux régions.

RÉGIONALISER v. t. (conj. 3). Procéder à une régionalisation.

RÉGIONALISME n. m. **1.** Mouvement ou doctrine affirmant l'existence d'entités régionales et revendiquant leur reconnaissance. — **2.** Idiotisme propre à une région. — **3.** Esthétique littéraire, le plus souvent romanesque, qui identifie le réalisme à l'évocation d'un milieu géographique donné, représentée en Angleterre (M. Edgeworth), en France (G. Sand, Giono), aux États-Unis (Faulkner), en Espagne.

RÉGIONALISTE adj. et n. Qui concerne le régionalisme ; qui est partisan du régionalisme : *Écrivain régionaliste.*

RÉGIONNAIRE n. m. **1.** Nom donné à deux petits guides de Rome rédigés au IVe s. apr. J.-C. — **2.** Fonctionnaire pontifical responsable d'une région de Rome dans la primitive Église.

RÉGIR v. t. (lat. *regere*) [conj. 32]. **1.** Déterminer l'organisation, le déroulement, la structure, la nature de qqch : *Les lois qui régissent les mouvements des astres.* — **2.** Commander, gouverner qqch : *Elle régit tout à la maison.* — **3.** Entraîner telle catégorie grammaticale par le phénomène de la rection. (Syn. anc. GOUVERNER.)

RÉGISSEUR n. m. (de *régir*). **1.** Personne chargée d'administrer un domaine pour le compte d'un propriétaire. — **2.** Personne qui fait exécuter les ordres du metteur en scène (recrutement de figurants, fourniture d'accessoires, organisation du plateau), et responsable du déroulement du spectacle devant la direction. — **3.** Dans les pays germaniques, metteur en scène. – **4.** *Régisseur d'avance,* ordonnateur qui peut procéder à de menues dépenses sans que les comptables puissent exercer leur contrôle. ‖ *Régisseur de presse,* personne physique ou morale à qui est concédée l'exploitation de l'espace publicitaire d'un support de presse.

REGISTĀN → RIGESTĀN.

REGISTRAIRE n. m. (de *registre*). Au Québec, dans un établissement d'enseignement, personne chargée de l'inscription des élèves et de la tenue des dossiers.

REGISTRATION n. f. (de *registrer*). Art d'utiliser les jeux et de combiner les timbres à l'orgue ou au clavecin, laissé le plus souvent à l'initiative de l'interprète.

1. REGISTRE n. m. (anc. fr. *regeste,* du bas lat. *regesta,* catalogue). **1.** Livre où l'on inscrit les faits, les choses dont on veut garder le souvenir. – **2.** Organe de base d'un ordinateur capable de stocker une information élémentaire pour la mettre en relation directe avec les organes de calcul. – **3.** *Registre d'audience,* syn. de PLUMITIF.

2. REGISTRE n. m. (de *registre 1*). **1.** Chacune des trois parties, depuis l'extrême grave jusqu'à l'extrême aigu, qui composent l'échelle sonore ou la tessiture d'une voix ou d'un instrument. (On distingue le *grave,* le *médium,* l'*aigu.*) – **2.** Ton ou caractère particulier d'une œuvre artistique, d'un discours : *Film dans le registre intimiste.* – **3.** Étendue des moyens dont dispose qqn dans un certain domaine : *Il n'a pas un registre très étendu.* • **Bx-arts.** Chacune des bandes superposées en lesquelles est parfois divisée la surface d'une composition sculptée (tympans médiévaux) ou peinte, la panse d'un vase. – **Impr.** Correspondance de l'impression des lignes d'un recto avec celles du verso du même feuillet ou d'une même feuille. – **Phon.** Niveau relatif de hauteur dans lequel se réalise un ton (haut, moyen ou bas) ou un contour intonatif. – **Techn.** Organe placé dans un conduit et muni de lames pivotantes permettant de régler le débit d'un fluide.

REGISTRER v. t. (de *registre 2*) [conj. 3]. Pratiquer l'art de la registration.

RÉGLABLE adj. Qui peut être réglé.

RÉGLAGE n. m. **1.** Action de mettre au point le fonctionnement d'un appareil, d'un mécanisme ; manière dont il est réglé : *Le réglage d'un moteur.* – **2.** Action ou manière de régler du papier. – **3.** Ensemble des opérations consistant à amener le point moyen d'un tir à une distance de l'objectif inférieure à la précision recherchée.

1. RÈGLE n. f. (anc. fr. *reille,* avec l'infl. du lat. *regula*). **1.** Instrument qui sert à tracer des lignes droites et à mesurer des longueurs quand il est gradué. – **2.** Organe de la machine à papier composé de deux lames réglables l'une par rapport à l'autre, qui délimitent l'épaisseur du jet de pâte à son arrivée sur la toile. – **3.** *Règle à calcul* ou *logarithme,* petit instrument utilisé pour les calculs rapides. (Elle comporte une règle à glissière, portant une graduation logarithmique, et une réglette graduée de façon identique coulissant dans la rainure de la règle.)

2. RÈGLE n. f. (de *règle 1*). **1.** Prescription, de l'ordre de la pensée ou de l'action, qui s'impose à qqn dans un cas donné : *Les règles de la politesse.* – **2.** Prescription propre à une science, une technique, une activité déterminée et qu'il importe de suivre dans leur étude, leur pratique : *Règles juridiques.* – **3.** Convention ou ensemble des conventions propres à un jeu ou à un sport et admises par ceux qui le pratiquent : *Les règles du bridge.* – **4.** Ce qui survient, se produit ordinairement dans une situation déterminée (au sing.) : *Un fait qui ne saurait échapper à la règle.* – **5.** *Dans les règles (de l'art), selon les règles,* en respectant scrupuleusement les usages ; comme il se doit. ‖ *En bonne règle,* selon le bon usage, la meilleure méthode. ‖ *En règle,* conforme aux prescriptions légales ou à ce qui peut être exigé ; qui possède toutes les qualités de ce qui est en question ; systématique : *Une attaque en règle.* ‖ *En règle générale,* dans la plupart des cas. ‖ *Être de règle,* s'imposer, être requis ; se produire immanquablement. ‖ *Être, se mettre en règle,* avoir satisfait, ou faire ce qu'il faut pour satisfaire à une prescription légale ou à l'exigence de telle autorité : *Être en règle avec le fisc.* ‖ *La règle (les règles) du jeu,* l'ensemble des conventions que l'on doit admettre implicitement dans une situation donnée. ‖ *Règle d'or,* précepte qu'on a tout intérêt à suivre. • **Dr.** *Règle de droit,* norme sanctionnée par l'autorité publique. – **Log.** *Règles de formation,* énoncé métalinguistique déterminant quelles sont les constructions légitimes d'un langage donné. ‖ *Règles d'inférence,* énoncé métathéorique indiquant quelles sont les inférences légitimes dans une théorie donnée. – **Math.** Nom donné à certains théorèmes ou énoncés. (Ex. règle des signes*, règle de trois*, etc.) – **Psychan.** *Règle fondamentale,* application systématique de la méthode de libre association pendant les séances analytiques. – **Relig.** Ensemble de principes, règlements et recommandations destiné à aider des religieux à vivre selon l'esprit de leur institut. (Les quatre règles fondamentales sont celles des saints Basile, Augustin, Benoît et François d'Assise.)

◆ **règles** n. f. pl. Écoulement sanguin de la menstruation. (Syn. vieilli MENSTRUES.)

RÈGLE (en lat. *Norma, -ae*), petite constellation australe, au sud-est du Scorpion, introduite au XVIIIe s. par La Caille. On l'appelait l'*Équerre.*

Règle du jeu *(la),* œuvre autobiographique et poétique de Michel Leiris (4 vol., 1948-1976), à la recherche de son imaginaire personnel, tentant d'exorciser par les mots l'obsession de la mort.

Règle du jeu *(la),* film français de Jean Renoir (1939). Jean Renoir conduit un ballet désenchanté qui entremêle les intrigues des maîtres et celles des valets, le drame de l'office relayant et reflétant celui du salon. Cette satire sociale, décrite sur un ton faussement léger, décontenança le public.

Règles pour la direction de l'esprit, ouvrage inachevé de Descartes, écrit en 1628, publié après sa mort, à Amsterdam en 1701. Il contient un exposé de sa méthode.

RÉGLÉ ⟶ RÉGLER.

RÉGLÉE adj. f. Se dit d'une femme qui a ses règles.

RÈGLEMENT n. m. **1.** Action de régler, de terminer, de donner une solution définitive à qqch : *Le règlement d'un conflit.* – **2.** Action de fixer ce qui doit être dans un domaine légal : *Les règlements de police.* – **3.** Ensemble des mesures auxquelles sont soumis les membres d'une société, d'un groupe, etc. : *Règlement intérieur d'une entreprise.* – **4.** Action de régler un compte, de payer une dette ; paiement : *Le règlement d'une facture.* • **Dr.** Répartition faite entre créanciers, par le juge-commissaire, des sommes provenant d'une saisie et qui devient définitive si elle ne fait pas l'objet d'un contredit. ‖ *Règlement administratif,* acte à caractère général et impersonnel ayant pour but d'assurer l'exécution d'une loi ou de réglementer des matières nouvelles et émanant du pouvoir réglementaire. ‖ *Règlement amiable,* procédure instituée en 1984 faisant intervenir un conciliateur désigné par le tribunal de commerce et qui a pour but de favoriser le redressement de l'entreprise, notamment par l'obtention d'un accord avec ses créanciers sur des délais de paiement ou des remises de dette. ‖ *Règlement judiciaire,* procédure appliquée à un commerçant en état de cessation de paiements, à laquelle s'est substitué le redressement judiciaire. – **Fin.** *Loi de règlement,* loi de finances ayant pour objet de clore définitivement les comptes d'un exercice budgétaire. – **Mil.** Ensemble des règles juridiques ou techniques qui s'imposent aux militaires ou qui doivent inspirer leur action dans les différents domaines de leur activité.

RÉGLEMENTAIRE adj. **1.** Qui a trait au règlement : *Pouvoir réglementaire.* – **2.** Qui est prévu par le règlement, conforme au règlement : *La tenue réglementaire d'un militaire.* – **3.** Qui a force de règlement : *Une décision réglementaire.* – **4.** *Pouvoir réglementaire,* pouvoir reconnu à certaines autorités d'édicter des décisions exécutoires de caractère général, les règlements. (⟶ *encycl.*)

ENCYCL. **Dr.** En France, le *pouvoir réglementaire* appartient au Premier ministre, au président de la République ainsi qu'aux autres autorités administratives subordonnées. Bien que n'en disposant pas en droit, sauf pour l'organisation de leurs services ou sur délégation, les ministres l'exercent cependant en pratique par le biais des circulaires et directives. Ils contresignent en outre certains actes du chef de l'État et du Premier ministre. Les actes pris dans le cadre du pouvoir réglementaire se présentent sous la forme de décrets ou d'arrêtés.

RÉGLEMENTAIREMENT adv. En vertu des règlements.

RÉGLEMENTARISME n. m. Abus de la réglementation.

RÉGLEMENTARISTE adj. Relatif au réglementarisme.

RÉGLEMENTATION n. f. **1.** Action de réglementer ; fait d'être réglementé : *La réglementation des loyers.* – **2.** Ensemble des mesures légales et réglementaires régissant une question.

RÉGLEMENTER v. t. (conj. **3**). Soumettre qqch à un règlement : *Réglementer la vente de certains produits.*

RÉGLER v. t. (de *règle*) [conj. **18**]. **1.** Marquer du papier de lignes droites parallèles, tracées à la règle ou imprimées : *Régler une page pour y noter de la musique.* – **2.** Fixer qqch dans ses détails ou dans son ensemble : *Régler le programme d'un colloque.* – **3.** Donner une solution complète, définitive à qqch qui fait problème : *Chercher un médiateur pour régler un conflit.* – **4.** Agir en conformité avec qqch ou avec qqn : *Régler sa conduite sur les circonstances.* – **5.** *Litt.* Soumettre ses sentiments à une règle, les discipliner : *Apprendre à régler ses désirs.* – **6.** Payer ce qu'on doit : *Régler une facture. Régler le plombier.* – **7.** Mettre au point un fonctionnement, une opération en agissant sur l'appareil qui le permet : *Régler le ralenti d'un moteur.* – **8.** Mettre un mécanisme en conformité avec un autre mécanisme, créer les conditions pour qu'un mécanisme déclenche tel phénomène : *Réglez votre montre sur la mienne. Régler le four sur 200 °C.* – **9.** Mettre une machine, un dispositif en état de fonctionner correctement : *Faire régler les phares de sa voiture.*

◆ **être réglé** v. pass. **1.** Être soumis à une règle, à une discipline, à des habitudes régulières ;

avoir acquis des habitudes régulières : *Avoir une vie réglée.* — **2.** Avoir son déroulement entièrement déterminé à l'avance : *Cérémonie qui se déroule suivant un ordre réglé.* — **3.** Avoir reçu une solution définitive : *C'est une affaire réglée.* — **4.** En parlant d'un mécanisme, être dans l'état où il remplit au mieux son office. — **5.** *Appareil réglé,* syn. de APPAREIL ISODOME ; parfois, appareil à lits rectilignes, mais à assises de hauteur variable. ‖ *Papier réglé,* papier comportant des lignes horizontales ou un quadrillage facilitant l'écriture. ‖ *Surface réglée,* surface obtenue comme réunion d'une famille de droites dépendant d'un paramètre parcourant un intervalle ouvert de $\mathbb{R}$.
◆ **se régler** v. pr. **1.** Être mis au point, en parlant d'un mécanisme : *Cet appareil se règle facilement.* — **2.** Prendre qqn pour modèle : *Se régler sur le moniteur pour descendre la piste.* — **3.** Se conformer à qqch, s'en inspirer : *Il se règle sur la conduite de son frère aîné.*

RÉGLET n. m. (de *règle*). **1.** Moulure de section rectangulaire dont la largeur est sensiblement égale à la saillie. — **2.** Règle plate graduée, de bois ou de métal, utilisée par les typographes. — **3.** Petite règle servant à vérifier la planitude du parement d'une pièce de bois après le dégauchissage. — **4.** Règle constituée d'un ruban en acier à ressort, graduée et servant en mécanique pour la mesure des longueurs.

RÉGLETTE n. f. Petite règle.

RÉGLEUR, EUSE adj. En cybernétique, se dit d'un organe assurant une régulation.
◆ n. Spécialiste capable d'assurer le réglage d'un appareil ou d'un instrument.
◆ **régleur** n. m. Appareil permettant de régler l'admission de frigorigène à l'évaporateur d'une machine frigorifique.
◆ **régleuse** n. f. Machine traçant des lignes sur le papier en feuilles.

RÉGLISSE n. f. (de l'anc. fr. *ricolice,* de *licorece,* du lat. *liquiritia,* du gr. *glukurhidza,* racine douce). **1.** Arbrisseau (papilionacée) des contrées du sud de l'Europe, aux racines longues, riches en sucre. — **2.** Racine de réglisse employée en pharmacie pour son action laxative et dans le traitement des gastrites. — **3.** Produit obtenu par extraction des matières solubles contenues dans la racine de réglisse, utilisé comme arôme. (Souvent masculin en ce sens.) — **4.** *Réglisse d'Amérique, réglisse de montagne, réglisse sauvage,* légumineuses aux feuilles ou aux racines sucrées, succédanés de la réglisse.

RÉGLO adj. inv. *Pop.* Qui est conforme à la règle ; qui respecte le règlement : *C'est un type réglo.*

RÉGLURE n. f. **1.** Action de régler du papier. — **2.** Manière dont le papier est réglé. — **3.** Atelier où l'on règle le papier.

RÉGNANT, E adj. **1.** Qui exerce le pouvoir royal : *Prince régnant.* — **2.** Qui prédomine à un moment donné : *La mode régnante.*

REGNARD (Jean-François), poète comique français (Paris 1655 - château de Grillon, près de Dourdan, 1709). Après une vie aventureuse, il s'établit à Paris, acheta une charge de trésorier de France et écrivit des comédies pour le théâtre italien et le théâtre français (*le Joueur,* 1696 ; *le Légataire universel,* 1708).

REGNAUDIN (Thomas), sculpteur français (Moulins 1622 - Paris 1706). Élève et collaborateur de F. Anguier, il collabora ensuite à Versailles avec Girardon et composa, seul, le bassin de Cérès.

REGNAULT (Jean-Baptiste, *baron*), peintre français (Paris 1754 - *id.* 1829). Prix de Rome en 1776, il est l'auteur de compositions mythologiques d'un style plus souple que celui de David (*l'Éducation d'Achille,* morceau de réception à l'Académie, 1783, Louvre ; *Io,* 1827, Brest).

REGNAULT (Henri Victor), physicien et chimiste français (Aix-la-Chapelle 1810 - Paris 1878). Regnault a effectué sur les gaz des mesures d'une grande précision (dilatation, densité, chaleurs spécifiques). Il a découvert le chlorure de vinyle (1835) et le tétrachlorure de carbone. Il fut également un photographe remarquable. (Acad. des sc., 1840.)

REGNAULT (Henri), peintre français (Paris 1843 - tué à Buzenval 1871), fils du précédent. Grand prix de Rome, il voyagea en Espagne, où il peignit un portrait équestre du *Général Prim,* qui fit sensation au Salon de 1869.

REGNAULT (Jean), général français (Paris 1893 - *id.* 1970). Il participa activement au réarmement français à Alger (1943) puis commanda le groupe français des Missions alliées (1947) avant de se consacrer à l'histoire militaire.

REGNAULT ou **REGNAUD DE SAINT-JEAN-D'ANGÉLY** (Michel, *comte*), homme politique français (Saint-Fargeau 1761 - Paris 1819). Député modéré à la Constituante, il fut emprisonné en août 1793 et s'évada. Il fut conseiller d'État (1799), comte (1808) et procureur général de la Haute Cour. (Acad. fr., 1803.)

REGNAULT ou **REGNAUD DE SAINT-JEAN-D'ANGÉLY** (Auguste Étienne, *comte*), maréchal de France (Paris 1794 - Cannes 1870), fils du précédent. Il commanda les troupes de terre du corps expéditionnaire de la Méditerranée (1849). Ministre de la Guerre en janv. 1851, il fut nommé maréchal à la suite de sa conduite à Magenta (1859).

RÈGNE n. m. (lat. *regnum*). **1.** Gouvernement d'un souverain ; durée, époque de ce gouvernement. — **2.** Domination de qqn, d'un groupe jouissant d'un pouvoir absolu dans un domaine donné : *Le règne de la Pompadour.* — **3.** Influence considérable exercée par une idée, un principe, sur la manière de penser d'une époque : *Le règne de l'argent.* — **4.** Très vaste subdivision du monde vivant, comprenant toutes les espèces ayant un mode général d'alimentation relativement voisin et l'organisation adéquate. (→ *encycl.*)

ENCYCL. **Biol.** Historiquement, on a distingué trois règnes : animal, végétal et minéral. Le règne animal comprenait les grands métazoaires, seuls bien connus au XVIIe s., le règne végétal, les plantes vertes, le règne minéral, les « espèces minérales » : cristaux, minerais, roches typiques. De nos jours, la notion de règne minéral est totalement abandonnée et la découverte des unicellulaires (protistes, bactéries, virus, etc.) a estompé les limites entre animal et végétal ; on parle de protistes à « affinités » animales ou végétales.

RÉGNER v. i. (lat. *regnare*) [conj. **18**]. **1.** Exercer le pouvoir suprême dans un État en tant que souverain : *Bonaparte a régné sous le nom de Napoléon Ier.* — **2.** Exercer sur un lieu, un groupe une domination totale : *Philosophe qui a régné sur une génération d'intellectuels.* — **3.** Exercer son pouvoir, avoir un rôle, une influence prépondérante sur qqch : *Faire régner la justice sur le monde.* — **4.** Être bien établi qqpart : *Les opinions qui régnaient en France à cette époque.* — **5.** Se manifester qqpart, en parlant d'un état, d'un sentiment : *Le silence régnait dans la classe.* — **6.** Fam. *La confiance règne !,* se dit ironiq. à qqn à qui les assurances verbales ne suffisent pas et qui réclame des garanties.

RÉGNIÉ n. m. Vin rouge d'un cru renommé du Beaujolais.

RÉGNIER (Mathurin), poète français (Chartres 1573 - Rouen 1613). Neveu de Philippe Desportes, il entra dans l'Église pour hériter des bénéfices ecclésiastiques de son oncle. Vigoureux satiriste, excellant dans le portrait *(Macette),* il défendit, contre Malherbe, la libre inspiration *(Satire à Rapin).* De 1608 à 1613, il publia cinq élégies, trois épîtres et dix-neuf *Satires**. Il mourut subitement alors qu'il était devenu l'un des poètes officiels de la Cour.

RÉGNIER (Henri DE), écrivain français (Honfleur 1864 - Paris 1936). Époux de la fille de J. M. de Heredia, connue sous le pseudonyme littéraire de **Gérard d'Houville,** il passa du parnasse au symbolisme (*Poèmes anciens et romanesques,* 1887-1889 ; *les Jeux rustiques et divins,* 1897), revint au parnasse (*les Médailles d'argile,* 1900 ; *Flamma tenax,* 1922-1928) et écrivit des contes et des romans (*la Double Maîtresse,* 1900 ; *la Pécheresse,* 1920). [Acad. fr., 1911.]

RÉGNIER-DESMARAIS (François), grammairien français (Paris 1632 - *id.* 1713). Puriste, il est l'auteur d'une *Grammaire,* destinée à compléter le *Dictionnaire de l'Académie.* (Acad. fr., 1670.)

REGNITZ, riv. d'Allemagne, affl. du Main (r. g.) ; 168 km (bassin de 7 515 km^2). Elle est formée par la Rednitz et la Pegnitz. La voie Rhin-Main-Danube emprunte, pour partie, son cours.

RÉGOLITE n. m. (de *reg*). Syn. de ALTÉRITE.

REGONFLEMENT ou **REGONFLAGE** n. m. Action de regonfler ; fait d'être regonflé.

REGONFLER v. t. (conj. **3**). **1.** Gonfler de nouveau qqch : *Regonfler un pneu.* — **2.** Conforter qqn, lui redonner courage : *Ce succès l'a regonflé.* — **3.** Donner à une activité un nouvel élan, une nouvelle intensité : *L'inflation a regonflé les commandes.*

◆ v. i. ou **se regonfler** v. pr. Reprendre un certain volume : *Les carnets de commande regonflent.*

REGORGEMENT n. m. **1.** *Litt.* Fait de regorger. — **2.** Échappement pathologique d'un liquide hors d'une cavité naturelle, par simple effet de son trop-plein.

REGORGER v. i. (de *gorge*) [conj. **17**]. **1.** S'échapper hors d'un contenant qui est trop plein : *Liquide qui regorge au niveau d'une jonction de canalisation.* — **2.** Se trouver qqpart en très grande quantité : *Les fautes regorgent dans ce texte.*
◆ v. t. ind. **1.** Être si plein d'un liquide que celui-ci s'échappe, s'écoule au-dehors : *La terre regorge d'eau.* — **2.** Avoir de qqch en très grande quantité, en surabondance : *Les magasins regorgent de marchandises.*

RÉGOSOL n. m. (de *reg* et *sol*). Sol minéral brut, d'érosion, ou climatique (désert), sur matériau non consolidé, résultant de la désagrégation d'une roche tendre ou d'un apport sableux ou limoneux.

REGRATTAGE n. m. Action de regratter.

REGRATTER v. t. (conj. **3**). Nettoyer un mur, notamment, par grattage.

REGRATTIER, ÈRE n. (de *gratter*). Sous l'Ancien Régime, marchand qui vendait au détail légumes, fruits, épices et surtout le sel des greniers royaux.

REGRÉER v. t. (conj. **15**). Remplacer un gréement.

REGREFFER v. t. (conj. **4**). Faire une seconde greffe.

RÉGRESSER v. i. (de *régression*) [conj. **4**]. **1.** *Litt.* Revenir en arrière, refluer : *Les pluies diminuent et les eaux régressent.* — **2.** Reculer, aller dans le sens de la disparition : *L'épidémie régresse.*

— **3.** Évoluer dans le sens inverse du progrès : *Civilisation qui régresse.* — **4.** Baisser de niveau : *Élève qui régresse.* — **5.** Être en état de régression.

RÉGRESSIF, IVE adj. **1.** Qui marque une régression : *Évolution régressive.* — **2.** Se dit de qqn en état de régression. — **3.** *Érosion régressive,* entaille d'un lit fluviatile progressant vers l'amont. ‖ *Impôt régressif,* syn. de IMPÔT DÉGRESSIF*.

RÉGRESSION n. f. (lat. *regressio,* de *regredi,* rétrograder). **1.** Marche en arrière, recul : *Régression de l'inondation.* — **2.** Évolution en sens inverse d'un phénomène qui cesse de progresser ; diminution ; baisse : *Régression de la natalité, d'une production.* • **Biol.** Perte ou atrophie, dans une espèce vivante, d'un ou de plusieurs organes qui étaient bien développés chez ses ancêtres (pertes des yeux chez les cavernicoles, par ex.). — **Bot.** *Régression d'aire,* diminution de l'aire géographique occupée par une espèce. — **Géogr.** Recul de la mer, qui peut se produire par abaissement du niveau marin, construction et progradation littorale, mouvement tectonique local ou régional. — **Pédol.** Retour plus ou moins brutal d'un sol, par érosion, à un sol initial, peu évolué, ou à la roche mère nue. — **Psychan.** Processus de l'organisation libidinale du sujet qui, confronté à des frustrations intolérables, fait retour, pour s'en protéger, à des stades archaïques de sa vie libidinale et s'y fixe en vue d'y retrouver une satisfaction fantasmatique. — **Stat.** Détermination de la grandeur approximative d'un phénomène correspondant à la grandeur certaine d'un autre phénomène. ‖ *Droite de régression,* représentation d'un ensemble ou d'un nuage de points figuratifs à l'aide d'une droite dont la somme des carrés des distances aux divers points figuratifs est minimale, ces distances étant comptées parallèlement à l'axe des ordonnées.

REGRET n. m. (de *regretter*). **1.** Peine causée par une perte, l'absence de qqn, de qqch : *Le regret du passé.* — **2.** Chagrin, repentir d'avoir fait ou de ne pas avoir fait : *Le regret de ne pas avoir osé l'aborder.* — **3.** Mécontentement, contrariété, déplaisir causés par qqch que l'on déplore, par la non-réalisation d'un désir, d'un souhait : *Je vous quitte avec beaucoup de regret.* — **4.** *À regret,* avec peine. ‖ *Avoir le regret de, être au regret de,* formules de politesse employées pour annoncer une mauvaise nouvelle, un refus, etc.

Regrets *(les),* recueil poétique de Joachim du Bellay (1558). À la nostalgie de la « douceur angevine » (« Heureux qui, comme Ulysse... ») s'ajoute la satire acerbe de la cour pontificale ou des « coïons magnifiques » de Venise.

REGRETTABLE adj. Fâcheux, déplorable, malencontreux : *Une regrettable erreur.*

REGRETTABLEMENT adv. *Litt.* D'une manière regrettable.

REGRETTER v. t. (p.-ê. anc. scand. *grāta,* pleurer) [conj. 4]. **1.** Éprouver l'absence ou la disparition de qqn, qqch comme un manque pénible, douloureux : *Regretter ses amis disparus. Regretter sa jeunesse.* — **2.** Être mécontent de ce qu'on a fait, se reprocher d'avoir agi d'une certaine façon : *Je ne regrette pas de m'être dérangé.* — **3.** Être mécontent d'une situation, d'une action qui va contre ce qu'on juge souhaitable : *Nous regrettons que vous partiez.* — **4.** *Je regrette,* exprime un désaccord avec courtoisie. ‖ *Vous le regretterez, vous ne le regretterez pas,* se dit pour faire pression sur qqn, soit pour le dissuader d'agir, soit pour l'inciter à agir de telle ou telle façon.

REGRIMPER v. i. et v. t. (conj. 3). Grimper de nouveau.

REGROS n. m. (de *gros*). Grosse écorce de chêne, dont on fait le tan.

REGROSSIR v. i. (conj. 32). Grossir de nouveau après avoir maigri.

REGROUPEMENT n. m. Action de regrouper, de se regrouper ; fait d'être regroupé.

REGROUPER v. t. (conj. 3). **1.** Rassembler qqpart des personnes, des choses alors qu'elles étaient dispersées : *Regrouper des soldats.* — **2.** Mettre ensemble des éléments qui étaient distincts pour former un tout : *Regrouper deux classes en une seule.* — **3.** Contenir en soi des éléments, les rassembler, en être formé : *Mouvement qui regroupe les partis de gauche.*

REGUEIBAT *(dorsale des),* massif de l'extrémité occidentale de la plate-forme saharienne et allongé, du S.-O. au N.-E., entre le bassin de Tindouf, au N., et celui de Taoudéni, au S.

RÉGULAGE n. m. (de *réguler 2*). Dépôt de régule en couche mince sur un support métallique, pour constituer la surface de frottement d'un coussinet.

RÉGULARISATION n. f. **1.** Action de rendre conforme à la règle, à la norme, aux lois ; fait d'être régularisé : *La régularisation d'une situation.* — **2.** Réduction des inégalités initiales du profil longitudinal d'un cours d'eau par ablation régressive dans les secteurs de creusement et accumulation progressive dans les secteurs de dépôt. — **3.** Action ayant pour objet de donner à un cours d'eau un lit unique et bien délimité, un régime plus régulier. — **4.** *Régularisation littorale,* tendance simplificatrice manifestée par le tracé d'un littoral, résultant de l'érosion des caps et du remblaiement des baies.

RÉGULARISER v. t. (bas lat. *regularis,* régulier) [conj. 3]. **1.** Rendre qqch régulier, lui donner un rythme régulier : *Régulariser le trafic. Médicament qui régularise le rythme cardiaque.* — **2.** Donner à qqch une forme légale, réglementaire : *Régulariser un permis de séjour.* — **3.** *Régulariser la situation,* se marier avec qqn après avoir vécu maritalement avec lui.

RÉGULARITÉ n. f. (bas lat. *regularis,* régulier). **1.** Caractère de ce qui est conforme aux règles, aux normes établies : *Veiller à la régularité d'un scrutin.* — **2.** Caractère de ce qui présente de bonnes proportions, une disposition, des formes équilibrées : *Des traits d'une grande régularité.* — **3.** Caractère de ce qui se produit, se développe, fonctionne sans variations ni interruptions imprévues : *Régularité des battements du cœur.* — **4.** Caractère de ce qui se reproduit, revient à des moments déterminés du temps : *Emploi du temps d'une parfaite régularité.* — **5.** Caractère de qqn de régulier dans son activité, ses occupations : *Collaborateur apprécié pour sa régularité.* — **6.** *Axiome de régularité,* syn. de AXIOME DE FONDATION*.

RÉGULATEUR, TRICE adj. **1.** Qui règle, régularise. — **2.** Relatif à un appareil de régulation. — **3.** *Gène régulateur* ou *régulateur* n. m., gène qui contrôle l'opéron, responsable de la synthèse d'une molécule protidique appelée répresseur. ‖ *Tracé régulateur,* tracé géométrique à base de triangles, ou observant des proportions calculées, employé par certains architectes.

◆ **régulateur** n. m. **1.** Agent chargé de suivre sur un graphique le mouvement réel des trains sur une section de ligne pour assurer la meilleure circulation possible. — **2.** Officier d'état-major ou officier général *(régulateur général)* responsable de certaines tâches de régulation. — **3.** Appareil destiné à limiter la vitesse de rotation d'un moteur. — **4.** Dispositif réglant la tension et le courant fourni par la dynamo ou l'alternateur. — **5.** Appareil capable de maintenir pratiquement constante, ou de faire varier selon une loi déterminée du temps, une grandeur physique intervenant dans le fonctionnement d'une installation. (Syn. CONTRÔLEUR.) [→ *encycl.*] — **6.** Horloge de parquet et de précision, ayant en général un balancier compensé. — **7.** Ouvrage établi sur les canaux ayant pour objet de maintenir au droit des prises un niveau sensiblement constant quel que soit le débit dérivé.

ENCYCL. **Cybern.** Un régulateur comprend un détecteur, ou capteur, qui mesure les variations de la grandeur réglée, un organe émetteur, ou comparateur, qui élabore les variations de la grandeur réglante en fonction de l'écart entre la grandeur réglée et sa valeur de consigne, et un servomoteur, ou actionneur, qui produit les variations de la grandeur réglante commandées par l'organe émetteur.

RÉGULATION n. f. (anc. fr. *réguler,* du bas lat. *regulare,* régler). **1.** Action de régler un appareil, d'en corriger le fonctionnement ; fait d'être réglé : *La régulation d'un chronomètre.* — **2.** Fait d'assurer un fonctionnement correct, un rythme régulier : *Régulation du trafic routier.* • **Biol.** *Fonctions de régulation,* fonctions assurant la constance des caractères du milieu intérieur en dépit des variations incessantes du milieu extérieur. (→ *encycl.*) ‖ *Régulation thermique,* syn. de THERMORÉGULATION. — **Cybern.** Mode de fonctionnement qui, en comparant les valeurs simultanées d'une grandeur réglée et d'une grandeur de référence, oblige la grandeur réglée à se rapprocher de la valeur de consigne. (La même théorie s'applique aux systèmes à régulation et aux systèmes asservis. On parle de préférence de « régulation » lorsque la valeur de consigne est fixe et d'« asservissement » dans le cas contraire.) ‖ *Système de régulation,* syn. de ASSERVISSEMENT. — **Démogr.** *Régulation des naissances,* syn. de PLANIFICATION* DES NAISSANCES. — **Électr.** et **Mécan.** Adaptation permanente d'un des paramètres caractéristiques d'une machine à la valeur demandée par l'utilisation. — **Embryol.** *Œuf à régulation,* œuf possédant la faculté de régulation, par oppos. à *œuf en mosaïque.* ‖ *Régulation ontogénique,* régénération parfaite des parties amputées chez l'œuf ou le jeune embryon. (Deux « vrais jumeaux » proviennent chacun de la moitié seulement de la substance de l'œuf.) — **Génét.** Tout mécanisme capable de faire varier, en fonction des circonstances, l'activité des gènes. — **Mar.** Opération qui permet de déterminer, en visant le Soleil ou certains repères connus, la déviation du compas aux différents caps. — **Mil.** Action du commandement dans un domaine particulier (mouvements et transports, ravitaillement, transmissions) en vue d'en adapter les opérations aux nécessités de la manœuvre et à l'évolution de la situation.

ENCYCL. **Biol.** Les fonctions de régulation assurent tout d'abord la constance des caractères du « milieu intérieur » (sang) : température, degré d'acidité (pH), concentration ionique, teneur en glucose et autres substances, pression artérielle, teneur en oxygène et en dioxyde de carbone, etc. Elles agissent aussi par l'entremise du comportement : faim, soif. Elles sont gouvernées par le système nerveux, le système hormonal et surtout la région hypothalamique du cerveau et l'hypophyse.

RÉGULE n. m. (lat. *regulus,* roi). Alliage antifriction à base de plomb ou d'étain, utilisé pour le garnissage des coussinets.

1. RÉGULER v. t. (bas lat. *regulare,* régler) [conj. 3]. Assurer le fonctionnement correct, le rythme régulier d'un mécanisme, le développement d'un processus : *Réguler les naissances.*

2. RÉGULER v. t. (de *régule*) [conj. 3]. Effectuer l'opération de régulage.

RÉGULIER, ÈRE adj. (bas lat. *regularis,* du lat. class. *regula,* règle). **1.** Qui est conforme aux dispositions légales en vigueur : *Un congé régulier.* – **2.** *Fam.* Qui respecte avec loyauté les conventions et les usages d'un groupe ou d'un milieu social : *Être régulier en affaires.* – **3.** Qui ne s'écarte pas des règles de la morale sociale, des bienséances : *Mener une vie régulière.* – **4.** Qui répond aux règles, aux conventions établies dans un domaine de connaissance ou d'activité : *Poème de forme régulière.* – **5.** Qui est soumis à un rythme constant, égal : *Assurer un travail régulier.* – **6.** Qui se produit ou qui se fait à des moments ou en des lieux uniformément espacés : *Prendre ses repas à des heures régulières. Des espacements réguliers séparent les plants.* – **7.** Dont la forme, la disposition, les proportions, etc., se caractérisent par la mesure, l'équilibre, l'harmonie, la symétrie : *Visage aux traits réguliers.* – **8.** Qui a un caractère permanent, suivi, non occasionnel : *N'avoir aucune activité régulière.* – **9.** Qui, dans sa vie, son activité, se distingue par l'exactitude, la ponctualité, la constance : *Un employé régulier.* • **Bot.** Se dit des fleurs symétriques par rapport à un axe. – **Ling.** Se dit de toute forme conforme au paradigme considéré comme fondamental, en tant qu'il rend compte du plus grand nombre de formes. – **Math.** Se dit d'un polyèdre dont toutes les faces sont des polygones réguliers et dont tous les angles polyèdres des sommets sont isométriques. ‖ Se dit d'un polygone dont tous les côtés ont la même longueur et dont tous les angles ont la même mesure. ‖ Se dit d'une pyramide dont les faces latérales sont des triangles isocèles isométriques. ‖ Se dit d'un prisme dont les bases sont des polygones réguliers. ‖ *Élément régulier,* dans un ensemble muni d'une loi de composition T, élément a tel que, pour tout couple (x,y) d'éléments de l'ensemble considéré, si $x \mathrm{T} a = y \mathrm{T} a$, alors $x = y$ (élément *régulier à droite*) ; dans les mêmes conditions, élément a tel que $a \mathrm{T} x = a \mathrm{T}\ y \Rightarrow x = y$ (élément *régulier à gauche*). [Si les deux relations sont vérifiées simultanément, a est dit *régulier.*] – **Mil.** *Troupes régulières,* forces recrutées et organisées par les pouvoirs publics pour constituer la force armée officielle d'un État au regard du droit international. – **Relig.** Se dit, par oppos. à *séculier,* des ordres religieux soumis à une règle, ou de ce qui les concerne. – **Zool.** Se dit d'un oursin à symétrie axiale pentamère parfaite.

◆ **régulier** n. m. **1.** Religieux d'un ordre où l'on prononce des vœux solennels. – **2.** Soldat des troupes régulières.

◆ **régulière** n. f. *Pop.* Épouse ou maîtresse en titre.

RÉGULIÈREMENT adv. **1.** D'une manière régulière, uniforme, normale : *Cette montre marche régulièrement.* – **2.** À des moments réguliers : *Il dîne régulièrement à 8 heures.* – **3.** Conformément à la règle, à la loi, aux règlements : *Assemblée régulièrement élue.* – **4.** *Fam.* Si les choses se passent normalement : *Régulièrement, c'est lui qui devrait gagner.*

REGULUS (Marcus Atilius), général romain. Pris par les Carthaginois (256 av. J.-C.) lors de la première guerre punique, il fut envoyé à Rome pour négocier un rachat des prisonniers et la paix. Il dissuada le sénat d'accepter les conditions de l'adversaire et retourna à Carthage, où il mourut dans les tortures.

RÉGULUS, étoile la plus brillante de la constellation du Lion*. Magnit. visuelle : 1,3. Distance : 85 al.

RÉGUR n. m. Syn. de VERTISOL.

RÉGURGITATION n. f. **1.** Retour du contenu de l'estomac ou de l'œsophage dans la bouche, sans nausées ni effort de vomissement. (Normale chez le nourrisson au moment du « rot », elle peut dans d'autres circonstances traduire une lésion œsophagienne on gastrique.) – **2.** Rejet par les parents, chez les oiseaux notamment, en faveur des jeunes, d'aliments entreposés dans le jabot et ayant subi un début de digestion. – **3.** Rejet des parties non digestibles des proies chez les rapaces, sous forme de pelotes.

RÉGURGITER v. t. (du lat. *gurges, -itis,* gorge) [conj. 3]. Faire revenir dans la bouche le contenu de l'estomac ou de l'œsophage.

RÉHABILITABLE adj. Qui peut être réhabilité.

RÉHABILITATION n. f. **1.** Mesure individuelle, judiciaire ou légale, qui efface une condamnation pénale et ses conséquences (déchéance, incapacités, etc.). – **2.** Fait de réhabiliter qqn, qqch : *Réhabilitation d'un homme politique. Réhabilitation d'un îlot insalubre.*

RÉHABILITÉ, E n. Personne qui a obtenu sa réhabilitation.

RÉHABILITER v. t. (de *habiliter*) [conj. 3]. **1.** Mettre un terme aux soupçons, critiques, mépris, etc., dont qqn faisait l'objet en prouvant officiellement qu'il méritait ou qu'il mérite de nouveau la confiance, l'estime d'autrui : *Cette action l'a réhabilité aux yeux de son entourage.* – **2.** Reconnaître la valeur, l'utilité de qqn, de qqch après une période d'oubli, de discrédit : *Réhabiliter les petits commerçants.* – **3.** Restaurer et moderniser un quartier, un immeuble.

— **4.** Traiter un toxicomane de manière à permettre sa réinsertion sociale. — **5.** Procéder à la réhabilitation juridique de qqn.

RÉHABITUER v. t. (conj. 7). Habituer de nouveau.

REHAUSSAGE n. m. Action d'appliquer des rehauts à une peinture, un dessin.

REHAUSSE n. f. **1.** Panneau placé au-dessus des ridelles d'une remorque agricole pour en accroître la capacité. — **2.** Élément de châssis utilisé en fonderie pour maintenir le sable durant le serrage du moule.

REHAUSSEMENT n. m. **1.** Action de rehausser : *Le rehaussement d'une muraille.* — **2.** Correction en hausse d'un bénéfice ou d'un forfait fiscal.

REHAUSSER v. t. (conj. 3). **1.** Élever qqch, le surélever, en accroître la hauteur : *Rehausser un mur.* — **2.** Remettre qqch à une hauteur plus élevée : *Rehausser par endroits les lattes d'un plancher.* — **3.** Faire croître la valeur de qqch, lui donner une importance plus grande : *Il s'agit de rehausser le prestige de notre équipe.* — **4.** Mettre qqch en valeur, lui donner plus de relief : *Quelques fleurs de couleurs vives rehaussaient le bouquet.* — **5.** Accentuer, relever par des rehauts.

REHAUSSEUR adj. m. et n. m. Se dit d'un siège amovible destiné à rehausser un enfant assis dans un véhicule, afin qu'il soit correctement protégé par une ceinture de sécurité.

REHAUT n. m. (de *rehausser*). Touche claire ou brillante destinée, dans une peinture ou un dessin, à faire ressortir certaines parties.

REHE → JEHOL.

RÉHOBOAM n. m. Grosse bouteille de champagne, d'une contenance de six bouteilles ordinaires.

RÉHON (54430), comm. de Meurthe-et-Moselle, au S. de Longwy ; 3 183 hab. *(Rehonnais).* Sidérurgie.

REHOVOT, v. d'Israël, dans la plaine de Judée ; 83 000 hab. Centre universitaire (recherche scientifique) et industriel (agroalimentaire, verrerie, plastiques, produits pharmaceutiques).

RÉHYDRATANT, E adj. et n. m. Se dit d'un produit capable de réhydrater.

RÉHYDRATATION n. f. Action de réhydrater ; fait d'être réhydraté.

RÉHYDRATER v. t. (conj. 3). Hydrater ce qui a été desséché : *Une crème qui réhydrate la peau.*

REI [rɛj] n. m. (pl. *reis*) [port. *rei*]. Anc. monnaie, de faible valeur, du Portugal et du Brésil. (Divers multiples, dont le *milreis.*)

REI, v. d'Iran → REY.

REIBEL (Guy), compositeur français (Strasbourg 1936). Il s'est intéressé spécialement à la voix humaine et aux moyens électroacoustiques (*Triptyque électroacoustique,* 1973-74 ; *Granulations-Sillages,* 1976 ; *Langages imaginaires,* 1980 ; *les Quatre Éléments,* 1983).

REICH, mot allemand qui désigne l'empire et les formes impériales de la nation allemande. Le *premier Reich* désigne le Saint* Empire romain germanique (962-1806). Le *Deuxième Reich* (1871-1918) fédéra les États allemands sous la direction de la Prusse. Le régime national-socialiste (1933-1945) prit le nom de *Troisième Reich.*

REICH (Wilhelm), médecin et psychanalyste autrichien (Dobrzcynica, Galicie autrichienne, 1897 - pénitencier de Lewisburg, Pennsylvanie, 1957). Il joue dès 1920 un rôle important au sein de la société psychanalytique de Vienne, où il se distingue par son engagement dans le parti communiste autrichien. Il cherche à développer des expériences d'hygiène sexuelle au sein de la classe ouvrière de Vienne puis de Berlin. Refusant l'hypothèse de la pulsion de mort, il conçoit la névrose comme un conflit entre la pulsion sexuelle et une société autoritaire qui la réprime. Réduisant la sexualité à la physiologie de l'orgasme et à ce qui l'entrave, méconnaissant l'ordre symbolique, il en viendra à élargir la libido à une énergie cosmique : l'orgone. En 1934, il est exclu à la fois de l'Association internationale de psychanalyse et du parti communiste. Le nazisme le contraint à émigrer d'abord en Suède, puis en Norvège et aux États-Unis. Il y commence, en 1939, ses recherches sur l'orgone, dont la stagnation dans l'organisme serait responsable d'affections psychiques et somatiques comme le cancer (cette théorie est à l'origine de la bioénergie). Accusé d'escroquerie pour avoir commercialisé des accumulateurs d'orgone, Reich est incarcéré et meurt en prison. Il a écrit *Psychologie de masse du fascisme* (1933), *la Révolution sexuelle* (1945) et *Écoute, petit homme* (1948).

REICH (Steve), compositeur américain (New York 1936). Inventeur de la musique répétitive, il a écrit des œuvres fondées en général sur l'emboîtement, la superposition, le décalage de motifs plus ou moins brefs (*It's Gonna Rain* pour bande magnétique, 1965 ; *Drumming,* tiré de son étude du tambourinage au Ghana, 1971 ; *Tehillem,* marqué par sa découverte de la cantillation hébraïque, 1981 ; *The Desert Music,* 1985 ; *Electric Counterpoint* pour guitares et bande magnétique, 1987 ; *City Life,* 1995).

REICHA (Anton), en tchèque **Antonín Rejcha,** compositeur et théoricien de la musique tchèque naturalisé français (Prague 1770 - Paris 1836). Il travailla à Vienne avec Haydn avant de se fixer à Paris (1808), où il fut nommé professeur de contrepoint et de fugue au Conservatoire (1818). Il est l'auteur d'ouvrages de théorie et de pédagogie musicales : *Traité de haute composition musicale* (1824-1826). Il eut pour élèves Liszt, Berlioz, Franck et Gounod.

REICHARDT (Johann Friedrich), compositeur et musicographe allemand (Königsberg 1752 - Giebichenstein, près de Halle, 1814). Il devint en 1808 directeur général des théâtres et de l'orchestre de Jérôme Bonaparte, roi de Westphalie. Il a écrit de la musique instrumentale, des lieder et des ouvrages scéniques (*Claudine von villa Bella,* en collab. avec Goethe, 1789).

REICHENAU, île allemande du lac de Constance (Bade-Wurtemberg) ; 4,5 km^2. L'île est reliée par une chaussée à la terre ferme. Important foyer monastique au Moyen Âge (époque ottonienne : manuscrits enluminés). À Mittellzell, basilique surtout des Xe-XIe s. ; à Oberzell, église St-Georges, aux fresques du début du XIe s. Vignoble. Centre touristique.

REICHENAU (Walter VON), maréchal allemand (Karlsruhe 1884 - Lvov 1942). Il commanda la Xe armée en Pologne (1939), la VIe en France puis en Russie. Il succéda à Rundstedt à la tête du groupe d'armées Sud (déc. 1941).

REICHENBACH (Hans), logicien et philosophe allemand (Hambourg 1891 - Los Angeles 1953). Il est l'un des principaux représentants du positivisme logique (*Wahrscheinlichkeitslogik,* 1932).

REICHENBACH (François), cinéaste français (Paris 1922 - Neuilly-sur-Seine 1993). Son premier long métrage, *l'Amérique insolite* (1958-1960), le révèle comme un spécialiste de la « caméra-œil ». Il tourne ensuite notamment *Un cœur gros comme ça* (1962), *Mexico Mexico* (1969), *Arthur Rubinstein, l'amour de la vie* (1969), *Yehudi Menuhin, chemin de lumière* (1971), *la Raison du plus fou* (1973), *Houston Texas* (1980).

REICHENBERG → LIBEREC.

REICHSHOFFEN (67110), comm. du Bas-Rhin, dans les collines sous-vosgiennes ; 5 119 hab. Église du XVIIIe s. Constructions mécaniques. Tréfilerie. Câblerie. Literie.

Reichshoffen *(charges de)* [6 août 1870], nom donné improprement aux charges de cavalerie exécutées pendant la bataille de Frœschwiller*. L'une fut exécutée sur Morsbronn et l'autre devant Elsasshausen.

REICHSMARK [rajʃsmark] n. m. inv. Unité monétaire d'Allemagne, substituée le 30 août 1924 au Rentenmark-papier d'oct. 1923 et remplacée à son tour en juin 1948 par le deutsche Mark.

Reichsrat, nom allemand du Conseil d'Empire (1848-1861), puis du Parlement autrichien (1861-1918). Ce dernier comprenait la Chambre des seigneurs *(Herrenhaus),* nommés à titre de pairs héréditaires par l'empereur et la Chambre des représentants *(Abgeordnetenhaus),* élus par les diètes provinciales. Après le compromis austro-hongrois, le Reichsrat devint un parlement strictement cisleithan. La Chambre des représentants fut élue au suffrage universel à partir de 1907. • *En Allemagne,* le nom de « Reichsrat » s'appliqua aussi à l'organe législatif institué par la Constitution de Weimar (1919) pour remplacer le Bundesrat. Il fut supprimé par le régime nazi en févr. 1934.

REICHSTADT (*duc* DE), titre porté par le fils de Napoléon Ier. (→ NAPOLÉON II.)

Reichstag, chambre législative allemande (1867-1945). Empruntant son nom à l'ancienne Diète du Saint Empire, le Reichstag fut instauré par la Constitution de la Confédération de l'Allemagne du Nord (1867) en tant qu'organe législatif à représentation populaire, à côté du Bundesrat* (Conseil fédéral). Le Reichstag votait le budget et les lois, mais ces dernières devaient être soumises à la ratification du Bundesrat. La Constitution impériale de 1871 ne modifia pratiquement pas sa structure. Le chancelier avait le pouvoir de faire dissoudre le Reichstag par un arrêté du Bundesrat. La Constitution de Weimar (juill. 1919) fit du Reichstag l'organe législatif prépondérant de la jeune république alors que le Reichsrat (qui succédait au Bundesrat) ne disposait plus que de pouvoirs restreints. Le régime national-socialiste ne lui laissa qu'une existence formelle. L'incendie du palais du Reichstag (févr. 1933) servit de prétexte aux nazis pour interdire le parti communiste allemand.

REICHSTETT (67116), comm. du Bas-Rhin, à 8 km au N. de Strasbourg ; 4 653 hab. Raffinerie de pétrole.

Reichswehr, forces armées autorisées à l'Allemagne par le traité de Versailles.

REID (Thomas), philosophe britannique (Strachan, Grampian, 1710 - Glasgow 1796). Sa philosophie s'oppose au scepticisme de Hume en appliquant l'observation et l'induction aux faits spirituels (*Recherche sur l'entendement humain d'après les principes du sens commun,* 1764).

REID (Thomas Mayne), connu sous le nom de **Captain Mayne Reid,** écrivain et journaliste britannique (Ballyroney, comté de Down, 1818 - Londres 1883). Ancien trappeur, capitaine des volontaires dans la guerre contre le Mexique (1845), il publia des récits d'aventure sur les mœurs indiennes (*les Chasseurs de scalp,* 1851 ; *le Cavalier sans tête,* 1866).

RÉIFICATION n. f. (de *réifier*). **1.** En philosophie, processus par lequel on transforme qqch de mouvant, de dynamique en être fixe, statique. — **2.** Transformation effective d'un rapport social, d'une relation humaine en « chose », c'est-à-dire en système apparemment indépendant de ceux pour lesquels ce processus s'est effectué. (Le concept de réification est dû à Marx ; mais il a été surtout développé par Lukács.)

RÉIFIER v. t. (du lat. *res, rei,* chose) [conj. **9**]. Opérer la réification.

REIGNIER (74930), ch.-l. de cant. de la Haute-Savoie, dans le Genevois ; 4 091 hab. *(Reignerands).* Décolletage.

REIK (Theodor), psychanalyste américain d'origine autrichienne (Vienne 1888 - New York 1969). Il s'intéressa surtout aux applications de la psychanalyse hors du champ thérapeutique.

REILLANNE (04110), ch.-l. de cant. des Alpes-de-Haute-Provence ; 1 200 hab.

REILLE (Honoré Charles, *comte*), maréchal de France (Antibes 1775 - Paris 1860). Commandant en chef de l'armée du Portugal (1812), présent à Waterloo (1815), il fut fait maréchal de France par Louis-Philippe (1847). Il adhéra au coup d'État de 1851.

RÉIMPERMÉABILISATION n. f. Action de réimperméabiliser.

RÉIMPERMÉABILISER v. t. (conj. **3**). Imperméabiliser de nouveau.

RÉIMPLANTATION n. f. **1.** Nouvelle implantation d'un établissement industriel, d'une activité. — **2.** En chirurgie urinaire, anastomose entre l'uretère et la vessie à une place différente de l'orifice urétéral naturel. — **3.** Intervention qui consiste à placer une dent du sujet ou d'une autre personne dans une alvéole dentaire.

RÉIMPLANTER v. t. (conj. **3**). Pratiquer une réimplantation.

RÉIMPORTATION n. f. Action de réimporter ; marchandises réimportées.

RÉIMPORTER v. t. (conj. **3**). Importer de nouveau ce qui a été exporté.

RÉIMPOSER v. t. (conj. **3**). Établir une nouvelle imposition.

RÉIMPOSITION n. f. Action de réimposer.

RÉIMPRESSION n. f. Impression nouvelle d'un ouvrage.

RÉIMPRIMER v. t. (conj. **3**). Imprimer de nouveau sans modification.

RÉIMPUTATION n. f. Nouvelle imputation d'une dépense sur une rubrique budgétaire différente de la première.

RÉIMPUTER v. t. (conj. **3**). Effectuer une réimputation.

REIMS (51100), ch.-l. d'arrond. de la Marne, sur la Vesle, à 142 km à l'E.-N.-E. de Paris ; 185 164 hab. *(Rémois).*
— **Géogr.** Mieux desservie par la route (autoroute de l'Est) que par le rail, Reims commande une agglomération de plus de 200 000 habitants, de loin la plus importante de la Région Champagne-Ardenne. Siège d'une cour d'appel, d'un archevêché, d'une académie et d'une université, la ville est aussi un centre commercial (sociétés à succursales multiples) et financier (assurance, crédit) qui s'est industrialisé (constructions mécaniques [automobile, aéronautique] et électriques, textile, chimie, verrerie, cartonnerie et imprimerie, liées à la traditionnelle industrie du champagne). L'alimentation est encore représentée par la biscuiterie.
— **Hist.** La cité gallo-romaine de *Durocortorum,* capitale des Remi, ou Rèmes, fut la métropole de la Gaule Belgique. En souvenir du baptême de Clovis, administré par saint Remi (probablement en 498 ou 499, plutôt qu'en 496 comme le veut la tradition), la plupart des rois de France, de Louis VII à Charles X, se firent sacrer à Reims. La ville prospéra vers le XIIIe s. grâce à l'industrie lainière. Une université fut créée en 1548. Reims souffrit beaucoup pendant la Première Guerre mondiale. Eisenhower et les chefs d'état-major alliés y reçurent du général Jodl la reddition de la Wehrmacht à l'issue de la Seconde Guerre mondiale (7 mai 1945).
— **Bx-arts.** Vestiges romains (porte de Mars, etc.). Abbatiale St-Remi, avec vaste nef romane à tribunes (XIe s.), façade et chœur (vitraux) du premier art gothique. Cathédrale, reconstruite pour l'essentiel au XIIIe s., de type chartrain ; magnifique ensemble de sculpture monumentale à la façade nord du transept et aux portails de la façade principale, où figurent des statues de plusieurs époques du XIIIe s., du groupe de la Visitation, antiquisant, à celui de la Présentation, de style amiénois, et à la grâce souriante des œuvres proprement rémoises. Église St-Jacques, des XIIIe-XVIe s. (vitraux modernes). Hôtel de ville à façade Louis XIII. Place Royale Louis XV. Musées : trésor et dépôt lapidaire de la cathédrale au palais du Tau, anc. archevêché (XIIIe-XVIIe s.) ; musée des Beaux-Arts dans l'anc. abbaye St-Denis (toiles peintes du XVe s., portraits par les Cranach, riche ensemble de peinture française) ; Musée archéologique et historique dans l'anc. abbaye St-Remi ; musée de l'hôtel Le Vergeur ; musée du Vieux-Reims.

REIMS *(Montagne de),* plateau calcaire de Champagne, entre la Vesle et la Marne, culminant à 287 m. Vignobles sur les pentes. Au centre et à l'ouest, 12 000 ha de forêt englobés dans le *parc naturel régional de la Montagne de Reims* (51 000 ha).

REIN [rɛ̃] n. m. (lat. *ren, renis*). **1.** Chacun des deux organes pairs de sécrétion de l'urine. (→ *encycl.*) — **2.** Chacun des remplissages réalisés au-dessus de l'extrados d'une voûte pour supporter un plancher. — **3.** *Rein artificiel,* appareil, branché sur un circuit sanguin extracorporel, permettant de suppléer à la fonction déficiente des reins. (→ *encycl.* Méd.) ‖ *Rein vide,* espace non rempli au-dessus de l'extrados de voûtes non porteuses.

◆ **reins** n. m. pl. **1.** Nom courant des lombes ; bas du dos : *Avoir mal aux reins.* — **2.** *Litt.* La taille : *Une corde serrée autour des reins.* — **3.** *Avoir les reins solides,* avoir assez de force, d'énergie pour faire face à une épreuve. ‖ *Coup de reins,* effort violent des muscles du dos.

ENCYCL. **Anat.** Les reins, placés symétriquement de chaque côté de la colonne vertébrale dans les fosses lombaires, ont la forme de haricots. Leur bord interne présente un segment déprimé, le hile, qui livre passage à l'artère et à la veine rénales, et au bassinet. Le parenchyme rénal est composé d'une partie centrale, médullaire, formée par les pyramides de Malpighi, agglomérats de petits canaux collecteurs urinaires qui vont, par leur sommet, constituer une papille, et d'une partie périphérique, la substance corticale, qui pénètre entre les pyramides en formant les colonnes de Bertin. L'urine s'écoule des papilles dans les petits calices, qui la drainent dans les grands calices, lesquels se réunissent pour former le bassinet ; celui-ci se rétrécit en entonnoir et se continue avec l'uretère.

— **Histol.** Le rein humain est composé d'env. 1 million d'unités excrétrices, ou néphrons, qui représentent chacun un rein en miniature. Chaque néphron comprend un glomérule et un tubule, lui-même subdivisé en plusieurs segments. Le glomérule est formé par le floculus, ou capillaire glomérulaire, enveloppé par la capsule de Bowman. Après le glomérule se trouvent le tube contourné proximal, puis un segment grêle, ou anse de Henlé, et le tube contourné distal. Plusieurs canaux collecteurs confluent pour former un canal de Bellini, qui s'ouvre dans les calices à la pointe de la papille. À côté de la fonction excrétrice, le rein possède plusieurs fonctions endocrines intervenant dans la régulation de la pression artérielle, le métabolisme phosphocalcique et l'érythropoïèse notamment. L'ablation d'un rein n'entraîne aucun trouble, car l'autre rein subit rapidement une hypertrophie compensatrice, ce qui permet d'avoir recours à des donneurs vivants pour la transplantation* rénale.

— **Méd.** Le principe du *rein artificiel* est basé sur des échanges d'eau et de solutés au travers d'une membrane semi-perméable entre le sang du malade, d'une part, et une solution de composition hydroélectrolytique voisine de celle du plasma, d'autre part. (→ HÉMODIALYSEUR.) Limitées au début à l'insuffisance rénale aiguë réversible, les indications du rein artificiel se sont étendues aux néphropathies chroniques.

REINACH (Joseph), homme politique français (Paris 1856 - *id.* 1921). Avocat, journaliste, député (1889-1898 et 1906-1914), il soutint la cause de Dreyfus. Il a laissé une *Histoire de l'affaire Dreyfus* (1901-1904).

REINACH (Salomon), archéologue et philologue français (Saint-Germain-en-Laye 1858 - Boulogne-sur-Seine 1932), frère du précédent. Il a été directeur du musée des Antiquités nationales de Saint-Germain-en-Laye (1902). Il a publié *Manuel de philologie classique* (1880), *Description raisonnée du musée de Saint-Germain* (1894).

REINACH (Théodore), numismate et historien français (Saint-Germain-en-Laye 1860 - Paris 1928), frère des précédents. Il a dirigé la *Revue des études grecques* (1888-1907), *la Gazette des beaux-arts* (1906-1928), a écrit *l'Histoire par les monnaies* (1902), *la Musique grecque* (1926).

RÉINCARCÉRATION n. f. Action de réincarcérer ; fait d'être réincarcéré.

RÉINCARCÉRER v. t. (conj. **18**). Incarcérer de nouveau.

RÉINCARNATION n. f. **1.** Dans certaines religions (hindouisme, jaïnisme, bouddhisme, etc.), migration de l'âme, qui, au moment de la mort, passe dans un autre corps. — **2.** *Litt.* Rappel trait pour trait de qqn de disparu : *Ce tueur est une réincarnation de Jack l'Éventreur.*

RÉINCARNER (SE) v. pr., **ÊTRE RÉINCARNÉ** v. pass. (conj. **3**). Revivre sous une nouvelle forme corporelle.

RÉINCORPORATION n. f. Action de réincorporer.

RÉINCORPORER v. t. (conj. **3**). Incorporer de nouveau.

REINDEER LAKE, en fr. **lac du Caribou** ou **lac du Renne,** lac du Canada, dans le nord du Saskatchewan et du Manitoba ; 6 390 km². Pêche.

RÉINDUSTRIALISATION n. f. Action de réindustrialiser.

RÉINDUSTRIALISER v. t. (conj. **3**). Implanter des industries dans des pays, des régions où elles étaient en recul.

REINE n. f. (lat. *regina*). **1.** Princesse qui, de son chef, possède un royaume. — **2.** Épouse en titre d'un roi. — **3.** Celle qui domine, dirige, conduit : *La reine de la mode.* — **4.** Celle qui l'emporte en beauté, en esprit, en valeur sur les autres : *La reine de la soirée.* — **5.** Ce qui domine et s'impose qqpart : *Ici l'ironie est reine.* — **6.** Femelle reproductrice chez les insectes sociaux (abeilles, guêpes, fourmis, termites, etc.). [Selon les espèces, il y a une seule reine (monogynie) ou plusieurs reines (polygynie).] — **7.** Aux échecs et aux cartes, syn. de DAME. — **8.** *Comme une reine,* avec beaucoup d'éclat : *Être vêtue comme une reine ;* au plus haut point : *Être heureuse comme une reine.* ‖ *Fauteuil, chaise à la reine,* siège à dossier plat légèrement incliné, mis à la mode par la reine Marie Leszczyńska. ‖ Fam. et vx. *La petite reine,* la bicyclette. ‖ *Reine de beauté,* jeune fille ou jeune femme qui a emporté la première place à un concours de beauté. ‖ *Reine mère,* épouse du roi défunt, mère du roi (ou de la reine) régnant(e).

Reine morte *(la),* drame en 3 actes d'Henry de Montherlant (1942). Le roi Ferrante fait périr Inés de Castro, que le prince héritier don Pedro a épousée secrètement. Mais Ferrante meurt et Pedro couronne une reine morte.

Reines *(Vallée des),* nécropole thébaine, située à 1,5 km au S.-O. de la Vallée des Rois, sur la rive O. du Nil, qui abrite les hypogées des femmes et des filles de rois ramessides ainsi que ceux des fils de Ramsès III. L'un des plus célèbres est celui de la reine Nefertari.

REINE-ADÉLAÏDE *(archipel de la),* archipel des côtes du Chili, au débouché du détroit de Magellan.

REINE-CHARLOTTE *(détroit de la),* entrée septentrionale du bras de mer de l'océan Pacifique (Canada), séparant la côte de la Colombie britannique de l'île Vancouver.

REINE-CHARLOTTE *(îles de la),* ensemble d'env. 150 îles de la Colombie britannique (Canada), couvrant 13 215 km², sur l'océan Pacifique, au N.-O. de l'île Vancouver.

REINE-CLAUDE n. f. (pl. *reines-claudes*) [de *Claude,* première femme de François Ier]. Prune de couleur dorée ou verte, au goût sucré, dont il existe plusieurs variétés.

REINE-DES-PRÉS n. f. (pl. *reines-des-prés*). Nom usuel de la *spirée.*

REINE-ÉLISABETH *(îles de la),* partie de l'archipel Arctique canadien située au N. des détroits de Lancaster et de Melville et comprenant la terre d'Ellesmere, l'île Devon, les îles Parry, l'archipel Sverdrup.

REINE-MARGUERITE n. f. (pl. *reines-marguerites*). Nom usuel de l'*aster de Chine.*

REINE-MAUD *(terre de la),* région de l'Antarctique, dans le prolongement de l'Afrique, revendiquée par la Norvège.

REINETTE n. f. (de *reine*). Pomme originaire de l'ouest de la France, dont il existe plusieurs variétés (*reinette blanche* et *reinette grise* du Canada, *reinette* du Mans, ou *reine des reinettes*).

RÉINFECTER v. t. (conj. 4). Infecter de nouveau.

RÉINFECTION n. f. Fait d'être réinfecté.

REINHARDT (Max GOLDMANN, dit **Max**), directeur de théâtre autrichien (Baden, près de Vienne, 1873 - New York 1943). Directeur du Berliner Theater (1928), il fut un des novateurs de la technique théâtrale. Il émigra aux États-Unis (1933), où il se consacra au cinéma.

REINHARDT (Hans), général allemand (Bautzen 1887 - Munich 1963). Spécialiste des blindés, il remplaça Model au groupe d'armées Centre (août 1944) avant d'être relevé pour désobéissance au Führer (janv. 1945).

REINHARDT (Jean, dit **Django**), guitariste de jazz (Liberchies, Belgique, 1910 - Samois-sur-Seine 1953). D'origine tsigane, il a créé, en 1934, avec le violoniste Stéphane Grappelli, un quintette à cordes (trois guitares, une contrebasse et un violon). Sa composition *Nuages* a connu un immense succès. Parmi ses enregistrements, on peut citer *Dinah* (1934), *Djangology* (1935), *Minor Swing* (1937), *Manoir de mes rêves* (1943), *Echoes of France* (1946), *Minor Blues* (1949).

REINHARDT (Ad), peintre américain (Buffalo 1913 - New York 1967). Par la rigueur de sa démarche picturale et théorique (textes tels que *Douze Règles pour une nouvelle académie* [1957] et *Art as art* [*l'Art en tant qu'art,* 1962-1964]), il a joué un rôle déterminant dans l'élaboration de l'art minimal et de l'art conceptuel.

REINHOUD (Reinhoud D'HAESE, dit), sculpteur belge (Geraardsbergen 1928). Frère de Roël D'Haese, lié au groupe Cobra dès 1949, il a utilisé le cuivre martelé et soudé, puis d'autres métaux. Truculentes et grotesques, ses œuvres mêlent des formes humaines, animales et végétales.

RÉINJECTER v. t. (conj. 4). Injecter de nouveau (un liquide, des capitaux).

RÉINSCRIPTION n. f. Action de réinscrire ; fait d'être réinscrit.

RÉINSCRIRE v. t. (conj. 99). Inscrire de nouveau.

RÉINSÉRABLE adj. Qui peut être réinséré dans la société.

RÉINSÉRER v. t. (conj. 18). **1.** Insérer de nouveau qqch qqpart : *Réinsérer un maillon dans la chaîne.* — **2.** Agir pour que qqn (handicapé, délinquant, drogué, etc.) puisse se réadapter à la vie sociale.

RÉINSERTION n. f. Action de réinsérer ; fait d'être réinséré : *La réinsertion sociale des anciens détenus.*

RÉINSTALLATION n. f. Action de réinstaller ; fait d'être réinstallé.

RÉINSTALLER v. t. (conj. 3). Installer de nouveau.

RÉINTÉGRABLE adj. Qui peut être réintégré.

RÉINTÉGRANDE n. f. (de *réintégrer*). Action possessoire ouverte à tout détenteur pour recouvrer la possession qui lui a été enlevée par une voie de fait.

RÉINTÉGRATION n. f. **1.** Action de réintégrer ; fait d'être réintégré : *Réintégration d'un évadé dans sa prison.* — **2.** En restauration artistique, traitement des accidents, des lacunes. (En peinture, apport de matière picturale par repeints soit visibles, soit illusionnistes.) — **3.** Restitution de son emploi à un fonctionnaire momentanément mis en congé ou en disponibilité, ou révoqué irrégulièrement, ou à un salarié licencié abusivement. — **4.** Recouvrement sans rétroactivité de la nationalité française.

RÉINTÉGRER v. t. (lat. médiév. *reintegrare,* rétablir) [conj. 18]. **1.** Revenir dans un lieu après l'avoir quitté : *Le Rhône a réintégré son lit.* — **2.** Rendre à qqn la possession intégrale de ses droits, de ses biens. — **3.** Procéder à la réintégration de qqn.

RÉINTERPRÉTATION n. f. Action de réinterpréter ; fait d'être réinterprété.

RÉINTERPRÉTER v. t. (conj. 18). Interpréter de nouveau ou autrement.

RÉINTRODUCTION n. f. Action de réintroduire ; fait d'être réintroduit.

RÉINTRODUIRE v. t. (conj. 98). Introduire de nouveau.

RÉINVENTER v. t. (conj. 3). Donner une nouvelle dimension à qqch qui existe déjà, le découvrir de nouveau : *Réinventer le monde.*

RÉINVENTION n. f. Action de réinventer ; fait d'être réinventé.

RÉINVESTIR v. t. et v. i. (conj. 32). Investir de nouveau.

RÉINVESTISSEMENT n. m. Action de réinvestir ; nouvel investissement.

RÉINVITER v. t. (conj. 3). Inviter une nouvelle fois.

REIS [reis] n. m. (turc *reis*). **1.** Titre de plusieurs officiers ou dignitaires de l'Empire ottoman. — **2.** Titre donné aux capitaines de corsaires, chez les Barbaresques.

Reisebilder, œuvre de H. Heine → IMAGES DE VOYAGE.

REISER (Jean Marc), dessinateur humoriste français (Réhon, Meurthe-et-Moselle, 1941 - Paris 1983). Chez ce collaborateur de *Hara-Kiri, Charlie Hebdo,* etc., la simplicité autant que la verve du trait ont servi un humour anarchisant, une observation aiguë de la bêtise (albums *Mon papa* [1966], *Ils sont moches* [1970], *Vive les femmes* [1978], *Gros Dégueulasse* [1982], etc.).

REISS-ANDERSEN (Gunnar), poète norvégien (Larvik 1896 - Arendal 1964). Romantique et néoréaliste (*les Années d'initiation,* 1921 ; *Horizon,* 1934), il exalta la résistance norvégienne (*Poèmes guerriers de Norvège,* 1943) et exprima son angoisse du temps (*Années sur un rivage,* 1962).

REISZ (Karel), cinéaste britannique d'origine tchèque (Ostrava 1926). Il fait partie du « free cinema » avec T. Richardson et L. Anderson, pour qui il produit *Every Day except Christmas* (1957), puis tourne un second documentaire, *We are the Lambeth Boys* (1959), avant de signer son premier long métrage de fiction : *Samedi soir, dimanche matin* (1960). Il réalise ensuite *Morgan* (1966), *Isadora* (1968), *le Flambeur* (1974), *la Maîtresse du lieutenant français* (1981), *Sweet Dreams* (1985), *Chacun sa chance* (1989).

Reiter *(syndrome de)* → FIESSER-LEROY-REITER (syndrome de).

RÉITÉRATIF, IVE adj. Qui réitère, est propre à réitérer.

RÉITÉRATION n. f. **1.** *Litt.* Action de réitérer ; fait d'être répété ; répétition. — **2.** En géodésie, méthode de mesure d'un angle dans laquelle on répète plusieurs fois la même mesure en changeant systématiquement la direction origine du limbe de l'instrument afin d'éliminer ses défauts, en moyenne.

RÉITÉRER v. t. (bas lat. *reiterare,* faire de nouveau) [conj. 18]. **1.** Faire de nouveau qqch : *Réitérer une erreur.* — **2.** Dire de nouveau ce qu'on a déjà dit : *Réitérer un ordre à un subordonné.*

REÎTRE [rɛtr] n. m. (all. *Reiter*). **1.** Du XVe au XVIIe s., cavalier allemand mercenaire de la France. — **2.** *Litt.* Soldat brutal ; soudard.

REJ (Mikołaj), écrivain polonais (Żórawno 1505 - Rejowiec 1569). Considéré comme le père de la littérature nationale, il a donné, dans *le Miroir de tous les états* (1568), un tableau de la Pologne ancienne.

REJAILLIR v. i. (conj. 32). **1.** Jaillir sur qqn, qqch avec force à la suite d'un choc, d'une pression : *L'eau du robinet lui a rejailli sur la figure.* — **2.** Retomber sur qqn, un groupe, les atteindre en retour : *La honte a rejailli sur nous tous.*

REJAILLISSEMENT n. m. *Litt.* **1.** Action, mouvement de ce qui rejaillit. — **2.** Fait de rejaillir sur : *Le rejaillissement de son succès sur son entourage.*

RÉJANE (Gabrielle RÉJU, dite), actrice française (Paris 1856 - *id.* 1920). Elle a créé de nombreuses pièces à succès : *la Glu* (1883), de Jean Richepin, *Germinie Lacerteux* (1888), des Goncourt, *Amoureuse* (1891), de G. de Porto-Riche, *Madame Sans-Gêne* (1893), de V. Sardou. Elle dirigea de 1906 à 1918 le « théâtre Réjane ». Elle a tourné aussi plusieurs films.

REJANGS ou **REDJANGS,** peuple indonésien du sud-ouest de Sumatra, parlant le malais et estimé à 180 000 individus.

REJET n. m. (de *rejeter*). **1.** Action de rejeter, de renvoyer hors de soi : *Le rejet d'une épave par la mer.* – **2.** Ce qui est rejeté : *Des rejets de chlore ont pollué la rivière.* – **3.** Fait de refuser, de ne pas admettre ; abandon : *Le rejet d'une requête.* – **4.** *Phénomène de rejet,* refus d'admettre dans un groupe, une société, des éléments étrangers. • **Apic.** Jeune essaim d'abeilles qui abandonne la ruche natale. (Syn. REJETON.) – **Biol.** Phénomène par lequel un organisme receveur se défend contre un greffon provenant d'un autre sujet et le rend inapte à remplir sa fonction. (→ *encycl.*) – **Géol.** Valeur du déplacement entre les deux compartiments d'une faille. – **Gramm.** Le fait de déplacer à la fin de la proposition le sujet ou le verbe. – **Littér.** Procédé inverse de l'enjambement par lequel on rejette seulement une expression brève ou un mot ou deux au vers suivant ; mot ainsi rejeté. – **Sylvic.** Jeune pousse d'arbre provenant du recépage d'une souche *(rejet de souche)* ou d'une tige *(rejet de tige).*

ENCYCL. **Biol.** Le rejet est la conséquence d'une réponse immunologique aux antigènes tissulaires (en partic. leucocytaires) du greffon du donneur et que ne possède pas le receveur. Plusieurs systèmes sont actuellement connus, le principal étant le système H. L. A. (Human Leukocyte Antigens). On lutte contre le phénomène de rejet par l'administration de médicaments immunosuppresseurs, notamment la ciclosporine.

REJETABLE adj. Qui est à rejeter.

REJETEAU n. m. ou **REJETTEAU** n. m. (de *rejeter* et *eau*). Syn. de JET D'EAU.

REJETER v. t. (lat. *rejectare*) [conj. 27]. **1.** Renvoyer qqch, un animal qqpart, le relancer vers son point de départ, à l'endroit d'où il vient : *Rejeter à la mer les poissons trop petits.* – **2.** Envoyer qqch à une certaine distance : *La lave que rejettent les volcans.* – **3.** Ne pas ou ne plus admettre qqn, ne pas en vouloir, l'éliminer de son groupe : *La société rejette ces individus.* – **4.** Faire sortir qqch, l'expulser de son corps : *Malade qui rejette les aliments qu'il absorbe.* – **5.** Renvoyer ailleurs ce qu'on enlève d'un endroit, ce qui est inutile : *Rejeter des déblais sur le bord d'une tranchée.* – **6.** Déplacer qqch vers qqch qui suit : *Rejeter un adverbe en fin de phrase.* – **7.** Repousser qqn avec force hors d'un lieu ou en un lieu : *Rejeter les envahisseurs hors des frontières.* – **8.** Porter brusquement une partie du corps dans une direction : *Rejeter ses cheveux en arrière.* – **9.** Repousser, écarter ce qu'on ne veut pas admettre ou approuver : *Rejeter une offre, une idée.* – **10.** Faire retomber qqch sur qqn, lui en attribuer la responsabilité : *Rejeter les torts sur son adversaire.*

◆ v. i. Donner des rejets.

◆ **se rejeter** v. pr. **1.** Se reculer, porter son corps brusquement en arrière. – **2.** Litt. *Se rejeter sur qqch,* le prendre à titre de compensation : *Se rejeter sur une solution de compromis.*

REJETON n. m. (de *rejeter,* avec l'infl. de *jeton*). **1.** Nouvelle pousse produite par une plante vivace ou ligneuse, à partir de sa souche. – **2.** *Fam.* Enfant, fils ou fille. – **3.** Syn. de REJET. – **4.** *Rejeton de l'inconscient,* réapparition, sous forme de symptômes ou d'une formation de l'inconscient, de ce qui a été refoulé. (Le rejeton de l'inconscient inclut le retour* du refoulé.)

REJEU n. m. Reprise du mouvement le long d'une faille préexistante.

REJINGOT → REGINGOT.

REJOINDRE v. t. (conj. 82). **1.** Aller retrouver qqn qqpart : *Rejoindre sa famille dans le Midi.* – **2.** Atteindre, rattraper qqn qui est devant, qui a pris de l'avance : *Coureur qui rejoint le peloton.* – **3.** Gagner un lieu : *Rejoindre Paris par l'autoroute.* – **4.** Mener, conduire qqpart : *Cette route rejoint l'autoroute.* – **5.** Gagner ou regagner le poste auquel on est affecté : *Rejoindre son poste à l'étranger.* – **6.** Devenir membre d'un groupe, s'y joindre : *Rejoindre l'opposition.* – **7.** Être d'accord avec l'attitude de qqn, partager ses idées : *Il a rejoint mon point de vue.*

◆ **se rejoindre** v. pr. **1.** Se retrouver, se réunir en un lieu : *Nous nous rejoindrons à la gare.* – **2.** Venir en contact, se rencontrer, confluer en un endroit : *Les parallèles se rejoignent à l'infini.* – **3.** Se retrouver, tomber d'accord sur un point ; aboutir à qqch d'identique : *Nos opinions sur ce sujet se rejoignent.*

REJOINTOIEMENT n. m. Action de rejointoyer ; fait d'être rejointoyé.

REJOINTOYER [-twaje] v. t. (conj. 13). Refaire soigneusement les joints d'une maçonnerie après les avoir dégarnis.

REJOUER v. t. et v. i. (conj. 6). Jouer une nouvelle fois.

RÉJOUIR v. t. (de l'anc. fr. *esjoïr*) [conj. 32]. **1.** Mettre qqn en joie : *Cette nouvelle réjouit tout le monde.* – **2.** *Litt.* Faire plaisir à l'esprit, au goût, etc. : *Le bon vin réjouit le cœur de l'homme.* — **3.** *Ne pas réjouir qqn,* ne lui dire rien qui vaille, ne pas le tenter : *Ce voyage ne me réjouit pas du tout.*

◆ **être réjoui** v. pass. Manifester de la joie, être épanoui, joyeux : *Une mine réjouie.*

◆ **se réjouir** v. pr. Éprouver de la joie, du plaisir, une vive satisfaction ; se féliciter de : *Je me réjouis de votre succès.*

RÉJOUISSANCE n. f. Fait de se réjouir, manifestation de joie collective : *Feu d'artifice en signe de réjouissance.*

◆ **réjouissances** n. f. pl. Fête, amusements, distractions destinés à célébrer un événement heureux : *Le programme des réjouissances de fin d'année.*

RÉJOUISSANT, E adj. **1.** Qui réjouit, amuse, divertit : *Un spectacle réjouissant.* — **2.** *Ne pas être réjouissant,* être triste, ennuyeux, pénible.

REJUGER v. t. (conj. **17**). Juger une nouvelle fois.

RELÂCHE n. f. ou, vx, n. m. (de *relâcher*). **1.** *Litt.* Interruption d'une occupation, d'une activité pénible ou fastidieuse ; repos, détente qui en résulte : *Prendre une heure de relâche.* — **2.** Suspension momentanée des représentations d'un théâtre : *Le lundi est le jour de relâche.* — **3.** *Sans relâche,* sans arrêt, continuellement.

◆ n. f. **1.** Action, pour un bâtiment, de séjourner en un lieu d'escale en vue de compléter ses approvisionnements, de se faire réparer, de permettre à son équipage de se reposer. — **2.** Endroit d'une côte où l'on séjourne. — **3.** *Port de relâche,* port dans lequel un navire est obligé d'entrer pour réparer des avaries graves ou pour refaire un approvisionnement de combustible, d'eau ou de vivres. (Syn. PORT DE REFUGE.)

Relâche, ballet en 2 actes avec projection du film de René Clair *Entr'acte.* Argum. de Francis Picabia d'après Blaise Cendrars. Chorégr. de Jean Börlin et F. Picabia ; mus. de Erik Satie ; déc. et cost. de F. Picabia ; création au Théâtre des Champs-Élysées, à Paris (1924). *Relâche* fut un des premiers manifestes dada.

RELÂCHEMENT n. m. **1.** État de qqch qui est devenu plus lâche, dont la tension a diminué : *Relâchement des cordes d'un instrument de musique.* — **2.** Ralentissement ou négligence dans l'accomplissement d'une action, l'exercice d'une activité, etc. : *Constater un relâchement de la discipline.* — **3.** Diminution, fléchissement de la tension d'esprit, de l'intensité d'un état affectif : *Relâchement d'une amitié.* — **4.** État de laxité ou de distension incomplète dû à une diminution de l'élasticité des tissus. — **5.** *Relâchement intestinal,* syn. fam. de DIARRHÉE.

1. RELÂCHER v. t. (lat. *relaxare*) [conj. 3]. **1.** Rendre plus lâche ce qui est tendu ou serré : *Relâcher les liens d'un prisonnier.* — **2.** Rendre ou laisser devenir moins intense, moins rigoureux un effort, une action, une activité de l'esprit, une contrainte, etc. : *Relâcher son attention.* — **3.** Remettre qqn en liberté, le libérer : *Les terroristes ont relâché leur otage.* — **4.** Céder, rabattre : *Ne rien relâcher de ses prétentions.*

◆ v. i. Faire relâche : *Relâcher le mardi.*

◆ **être relâché** v. pass. *Phonème relâché,* phonème doux, par oppos. aux phonèmes tendus. (Syn. LÂCHE.)

◆ **se relâcher** v. pr., **être relâché** v. pass. **1.** Devenir plus lâche, moins intense ou moins rigoureux : *Style relâché.* — **2.** Se montrer moins strict, voire franchement négligent : *Se relâcher dans son travail.*

◆ **se relâcher** v. pr. Devenir moins tendu, moins rigide : *Cordes d'un violon qui se sont relâchées.*

2. RELÂCHER n. m. (de *relâcher 1*). Action de pêche qui consiste à retenir la ligne dans le courant, puis à lui rendre la main.

RELAIS n. m. (de *relayer,* avec l'infl. de *relaisser*). **1.** Autref., chevaux frais placés de distance en distance sur une route de poste pour remplacer les chevaux fatigués ; endroit où on s'arrêtait pour procéder à ces remplacements. — **2.** Nom donné à certains hôtels ou auberges. — **3.** Fait de succéder à qqn, à qqch afin de poursuivre une action : *Il a pris le relais de son père.* — **4.** Personne ou chose qui sert d'intermédiaire entre deux autres : *Servir de relais.* — **5.** En apposition après un nom, avec ou sans trait d'union, indique que qqch sert d'intermédiaire, d'étape : *Satellite relais.* • **Alp.** Emplacement sûr, lors d'une ascension, où l'alpiniste de tête, arrivé à bout de corde, s'arrête pour assurer la progression de ses compagnons. — **Banq.** Syn. de CRÉDIT* RELAIS. — **Cybern.** Organe qui bloque ou libère l'énergie d'une source sous l'effet d'un signal de commande mettant en jeu une énergie beaucoup plus faible que l'énergie de la source. ‖ Dispositif amplificateur de puissance interposé entre un signal de commande et un signal commandé. — **Électr.** Appareil destiné à produire des modifications soudaines et prédéterminées dans un ou plusieurs circuits électriques de sortie lorsque certaines conditions sont remplies dans les circuits électriques d'entrée dont il subit l'action. ‖ *Relais électromécanique,* relais électrique dans lequel l'opération logique est produite par le déplacement relatif d'éléments mécaniques sous l'action d'un courant électrique parcourant le ou les circuits d'entrée. ‖ *Relais de mesure,* relais électrique destiné à fonctionner lorsque sa grandeur caractéristique atteint, dans des conditions et avec une précision spécifiées, sa valeur de fonctionnement. ‖ *Relais statique,* relais électrique dans lequel l'opération logique est produite par des éléments électroniques, magnétiques, optiques ou autres, à l'exclusion de tout élément mobile. ‖ *Relais de tout ou rien,* relais électrique destiné à être alimenté par une grandeur dont la valeur est soit supérieure à celle pour laquelle il agit, soit inférieure à celle pour laquelle il relâche. — **Neurol.** Structure nerveuse où se fait une synapse entre deux neurones. — **Sports.** *Course de relais* ou *relais,* épreuve sportive dans laquelle les coureurs d'une même équipe se succèdent à des distances déterminées. — **Tapiss.** Absence de jonction entre deux trames de couleurs différentes, sur plusieurs duites, lorsque chaque zone colorée est parallèle à la chaîne. (Ces hiatus sont fermés, après tissage, par rentraiture.) — **Télécomm.** Électroaimant qui sert à ouvrir ou à fermer des contacts électriques. ‖ *Relais radioélectrique* ou *hertzien,* station intermédiaire d'un faisceau hertzien, comprenant une antenne alimentant un récepteur et un émetteur alimentant une antenne qui émet à nouveau les signaux reçus en leur donnant la puissance et la direction voulues. — **Véner.** Groupe de chiens ou de chevaux postés en un endroit déterminé sur un parcours de chasse pour remplacer les chiens ou les chevaux fatigués.

RELAISSER (SE) v. pr., **ÊTRE RELAISSÉ** v. pass. (conj. 4). En parlant d'un animal de chasse qui a été longtemps couru, s'arrêter de lassitude.

RELANCE n. f. **1.** Action de donner un nouvel élan, une nouvelle impulsion à qqch : *La relance d'un projet.* — **2.** Politique visant à créer une reprise de l'activité économique en favorisant la consommation ou l'investissement. — **3.** Action de relancer qqn, de le poursuivre de ses sollicitations. — **4.** À certains jeux, action de surenchérir sur l'adversaire ; la somme ainsi engagée.

RELANCER v. t. (conj. 16). **1.** Lancer de nouveau un objet ou le renvoyer en sens contraire : *Relancer une balle.* — **2.** Essayer de nouveau avec insistance d'obtenir qqch de qqn, de reprendre contact avec lui : *Organisme qui relance ses clients par téléphone.* — **3.** Remettre en marche une activité, une idée, un projet ; leur donner un nouvel essor : *Relancer la production.* — **4.** Lancer de nouveau l'animal de chasse.

◆ v. i. Faire une relance au jeu.

RELANCIS [-si] n. m. Syn. de LANCIS.

RELAPS, E [-laps] adj. et n. (lat. ecclés. *relapsus,* retombé). Se disait d'un chrétien retombé dans une hérésie à laquelle il avait précédemment renoncé.

RELARGAGE n. m. **1.** Diminution de la solubilité d'un sel lorsqu'on ajoute à sa solution un autre sel soluble. — **2.** Opération qui consiste à ajouter du chlorure de sodium à la solution résultant de l'empâtage, dans la fabrication du savon par la méthode marseillaise.

RÉLARGIR v. t. (de *élargir*) [conj. **32**]. Rendre plus large : *Rélargir une route.*

RÉLARGISSEMENT n. m. Action de rélargir ; fait d'être rélargi.

RELARGUER v. t. (conj. 3). Opérer le relargage.

RELATER v. t. (lat. *relatus,* de *referre,* rapporter) [conj. 3]. Rapporter qqch, raconter en détail : *Le journal relate les événements.*

RELATIF, IVE adj. (lat. médiév. *relativus,* du lat. class. *relatum,* de *referre,* rapporter). **1.** Qui se rapporte à qqn, à qqch, qui les concerne : *Les questions relatives à l'ordre du jour.* — **2.** Qui n'existe qu'en relation avec qqch d'autre, qui n'est pas indépendant : *Les positions relatives des deux parties.* — **3.** Qui dépend d'une autre notion, d'un autre critère et qui ne peut être défini que par rapport à eux, par oppos. à *absolu : Valeur relative d'une note.* — **4.** Qui est limité, imparfait, qui dépend de l'idée qu'on s'en fait, de l'exigence qu'on a à ce propos : *Une honnêteté toute relative.* • **Ling.** Se dit des mots (les pronoms *qui, que, quoi, lequel, dont,* l'adjectif *lequel,* l'adverbe *où*) qui servent à établir une relation entre un nom ou un pronom, qu'ils représentent (l'antécédent), et une proposition, dite *subordonnée relative.* (→ encycl.) — **Math.** *Décimal relatif,* élément de l'ensemble $\mathbb{D}$ des décimaux. ‖ *Entier relatif,* élément de l'ensemble $\mathbb{Z}$. ‖ *Nombre relatif* ou *relatif* (n. m.), élément de l'ensemble $\mathbb{Z}$ ou de l'ensemble $\mathbb{D}$. — **Métrol.** Se dit d'une mesure ou d'un instrument de mesure qui compare une grandeur à une autre de même nature indépendamment du rattachement à une unité. — **Phys.** *Mouvement relatif,* mouvement étudié par rapport à un référentiel lui-même en mouvement par rapport à un autre référentiel.

◆ **relatif** n. m. **1.** Ce qui dépend d'autre chose, est conditionné par autre chose. — **2.** Mot relatif.

◆ **relative** n. f. Proposition relative.

ENCYCL. **Ling.** On distingue les *pronoms relatifs* de forme simple et invariables *(qui, que, dont, quoi, où)* et ceux de forme composée *(lequel/laquelle, lesquels/lesquelles),* pouvant se combiner avec les prépositions *à* et *de* qui les régissent *(auquel, duquel).*

Le pronom relatif assume une fonction syntaxique propre à l'intérieur de la proposition relative qu'il introduit (sujet, complément d'objet, etc.) : *Je vois Jeanne* QUI *vient. C'est bien elle* QUE tu connais et DONT tu m'as parlé. Faisant suite à son antécédent sans virgule ou intonation particulière, la proposition relative restreint l'étendue du nom antécédent ; elle est dite alors relative restrictive (ou déterminative) ; dans le cas contraire, elle se comporte davantage comme un qualificatif *(J'aime Lucie, qui sourit toujours)* ; elle est dite alors descriptive ou appositive.

RELATINISATION n. f. Introduction massive dans une langue romane de mots directement issus du latin.

RELATION n. f. (lat. *relatio*). **1.** Action de rapporter en détail ce dont on a été le témoin ou dont on a eu connaissance ; récit qu'on en fait : *Faire la relation des événements auxquels on a participé.* — **2.** Caractère, état de deux ou plusieurs choses entre lesquelles existe un rapport : *Relation de cause à effet.* — **3.** Lien d'interdépendance, d'interaction, d'analogie, etc. : *La relation de l'homme avec le milieu géographique.* — **4.** Liaison assurée par un moyen de transport, une voie de communication : *La relation aérienne Paris - New York.* — **5.** Personne qu'on connaît, avec laquelle on a des rapports mondains, professionnels, etc. : *Une relation d'affaires.* — **6.** *Être, entrer, se mettre en relation(s) avec qqn,* le connaître, le fréquenter ou entrer en rapport avec lui. ‖ *Mettre en relation,* établir un rapport entre des choses, considérer qu'elles sont liées l'une à l'autre ; faire que des personnes se rencontrent, leur servir d'intermédiaire, les présenter l'une à l'autre. • **Log.** *Calcul des relations,* partie de la théorie des relations établissant des lois formelles qui régissent les fonctions permettant de construire de nouvelles relations à partir de relations données. ‖ *Théorie des relations,* partie fondamentale de la logique moderne comprenant le calcul des relations ainsi que l'étude des différents types de relations et de leurs propriétés générales. — **Math.** Nom donné à certaines égalités. ‖ Pour deux ensembles E_1 et E_2, propriété sur l'ensemble produit $E_1 \times E_2$, c'est-à-dire propriété des couples (x_1, x_2) où $x_1 \in E_1$, $x_2 \in E_2$. — **Physiol.** *Fonctions de relation,* ensemble des fonctions sensorielles, nerveuses, psychiques et motrices des animaux, qui leur permettent une relation de connaissance et d'intervention dans le milieu extérieur.

◆ **relations** n. f. pl. **1.** Ensemble des rapports et des liens existant entre personnes qui se rencontrent, se fréquentent, communiquent entre elles : *Relations de bon voisinage.* — **2.** Ensemble des rapports officiels qu'entretiennent les États ou certaines collectivités : *Rompre les relations diplomatiques avec un autre État.* — **3.** Rapports sexuels. — **4.** Fam. *Avoir des relations,* connaître des gens importants, influents. ‖ *Relations humaines,* système de rapports multiformes entre les membres du personnel et les dirigeants d'une entreprise, conçus comme devant faire contrepoids à la rigidité de l'organisation du travail. ‖ *Relations publiques,* activités professionnelles visant à informer l'opinion sur les réalisations d'une collectivité afin de promouvoir sa notoriété ; la profession elle-même.

RELATIONNEL, ELLE adj. **1.** Relatif aux relations entre les individus. — **2.** Relatif aux relations grammaticales. — **3.** *Adjectif relationnel,* adjectif qualificatif dérivé d'un nom et exprimant l'existence d'un rapport entre le nom auquel l'adjectif est joint et le nom dont l'adjectif est dérivé (par ex. *les problèmes sucriers et betteraviers.*)

RELATIONNISTE n. Au Québec, spécialiste des relations publiques.

RELATIVEMENT adv. **1.** *Litt.* De façon relative, contingente : *Tout ce qui n'est pas absolu n'existe que relativement.* — **2.** Passablement, jusqu'à un certain point : *Problème relativement facile.* — **3.** Proportionnellement à qqch, par comparaison à qqch : *Ce n'est pas cher relativement à ce qu'on a payé précédemment.* — **4.** Au sujet de qqch ; quant à : *Entendre un témoin relativement à une affaire.*

RELATIVISATION n. f. Action de relativiser ; fait d'être relativisé.

RELATIVISER v. t. (conj. 3). Faire perdre à qqch son caractère absolu en le replaçant dans un ensemble, un contexte.

RELATIVISME n. m. **1.** Conception philosophique qui admet la relativité de la connaissance. — **2.** Position idéologique de qqn qui pense qu'il n'y a pas d'absolu, que tout est relatif : *Faire preuve d'un certain relativisme.* — **3.** *Relativisme culturel,* école de pensée qui veut expliquer la grande diversité des cultures par le fait que les individus de cultures différentes vivent dans des univers différents et que leurs croyances et représentations sont relatives à leur contexte culturel. (F. Boas, A. Kroeber, M. Mead en sont les principaux représentants.)

RELATIVISTE adj. **1.** Qui relève de la théorie de la relativité. — **2.** Se dit de particules dont la vitesse est proche de celle de la lumière. — **3.** Qui concerne le relativisme.

◆ adj. et n. Partisan du relativisme.

RELATIVITÉ n. f. **1.** Caractère de ce qui est relatif : *La relativité des connaissances humaines.* — **2.** *Théories de la relativité,* ensemble de théories qui affirment qu'il existe des référentiels équivalents pour décrire les phénomènes, les grandeurs relatives à un référentiel se déduisant, selon certaines transformations, des mêmes grandeurs relatives à un autre référentiel et les lois physiques, exprimant les relations entre ces grandeurs, restant invariantes. (→ *encycl.*)

ENCYCL. **Phys.** • *Relativité galiléenne.* En mécanique newtonienne, on postule que deux expériences identiques, réalisées dans deux référentiels en translation uniforme l'un par rapport à l'autre, donnent des résultats identiques. Les lois de la physique classique sont invariantes par rapport aux lois de transformations galiléennes reliant les coordonnées d'espace-temps d'un même événement exprimées dans deux référentiels R et R′, où R′ est animé d'une vitesse $\vec{v}$ (de composantes v_x, v_y, v_z) constante par rapport à R :

$$(1)\begin{cases} t' = t \\ x' = x - v_x t \\ y' = y - v_y t \\ z' = z - v_z t. \end{cases}$$

Une conséquence de ces relations est la loi d'addition des vitesses dans un changement de référentiel.

• *Relativité restreinte.* Au cours du XIXe s., il apparut que les lois de l'électromagnétisme ne sont pas invariantes par la transformation (1) et que la vitesse c de la lumière est la même quel que soit le référentiel, en contradiction avec la loi de composition des vitesses. Einstein postula une nouvelle loi de transformation *(transformation de Lorentz),* qui conduisit à la théorie de la *relativité restreinte* et entraîna une révision fondamentale de la mécanique ; pour deux référentiels en translation uniforme l'un par rapport à l'autre, à la vitesse v parallèle à Ox :

$$(2)\begin{cases} x' = (x-vt)/\sqrt{1 - v^2/c^2} \\ y' = y \\ z' = z \\ t' = (t - vx/c^2)/\sqrt{1 - v^2/c^2}. \end{cases}$$

Les conséquences sur la *cinématique* sont nombreuses. L'intervalle de temps séparant deux événements change selon qu'on le mesure dans un référentiel où les deux événements ont lieu au même endroit ou dans un référentiel en mouvement uniforme par rapport au précédent (« dilatation des durées »). La distance séparant deux objets change d'un référentiel à l'autre (« contraction des longueurs ») et la loi de composition des vitesses est différente de la loi classique.

L'ensemble des phénomènes décrits n'est observable que si la vitesse des objets est voisine de celle de la lumière (v/c # 1). Si v/c est petit, les équations (2) se réduisent aux équations (1).

La relativité restreinte a aussi entraîné une révision de la *dynamique*. L'énergie totale E d'une particule de masse m_0 et de vitesse v est $E = m_0c^2/\sqrt{1 - v^2/c^2}$.L'énergie d'une particule au repos (m_0c^2) peut se transformer en d'autres formes d'énergie par disparition de la masse et, réciproquement, l'énergie peut se matérialiser sous forme de masse.

• *Relativité générale.* En généralisant le principe de relativité restreinte au cas des systèmes accélérés, Einstein a formulé le *principe d'équivalence :* l'égalité des masses pesantes (intervenant, par ex., dans : $P = mg$) et des masses inertes (dans $\vec{F} = m\vec{\gamma}$) a pour conséquence qu'il est impossible de distinguer, dans un espace clos et limité, entre les effets d'un champ de gravitation et ceux des forces d'inertie résultant de mouvements accélérés. La relativité générale fait ainsi la synthèse de la mécanique et de la gravitation. L'interaction de gravitation est décrite comme une courbure de l'espace induite par la présence de masses, les particules décrivant les courbes de longueurs minimales de cet espace-temps courbe non euclidien, ou espace de Minkowski.

RELAVAGE n. m. Action de relaver.

RELAVER v. t. (conj. 3). **1.** Laver de nouveau. — **2.** En Suisse, laver la vaisselle après le repas.

RELAX → RELAXE 1.

RELAX n. m. (nom déposé). Fauteuil de repos, en général à inclinaison variable pour permettre plusieurs positions du corps (de la position assise à une position presque allongée).

RELAXANT, E adj. Qui relaxe, favorise la relaxation.

1. RELAXATION n. f. (lat. *relaxatio*). **1.** Ensemble des phénomènes qui se produisent spontanément lorsque l'équilibre d'un système physique a été rompu et grâce auxquels le système revient progressivement à l'état d'équilibre. — **2.** Méthode d'étude des réactions chimiques très rapides (de l'ordre de la µs), consistant à perturber brusquement un système en équilibre et à déterminer la vitesse des réactions conduisant à un retour à l'équilibre. — **3.** Diminution, en fonction du temps, de la contrainte subie par un solide maintenu dans un état constant de déformation. — **4.** Décroissance, avec le temps, de la tension nécessaire pour maintenir constant l'allongement d'un polymère. — **5.** *Oscillation de relaxation,* oscillation périodique d'un système physique, dont chaque cycle comporte une phase où le système reçoit de l'énergie, suivie d'une autre où le système évolue spontanément et tend à retourner à son état d'équilibre. ‖ *Temps de relaxation,* temps qui caractérise la durée du retour à l'équilibre d'un système perturbé. (Si la loi qui régit le phénomène fait intervenir le terme $e^{-t/T}$, T est le temps de relaxation.)

2. RELAXATION n. f. (angl. *relaxation*). **1.** Méthode qui permet le contrôle de l'état de tension de la musculature striée et du mode de réaction émotionnelle en fonction des circonstances. — **2.** Détente à la fois physique et psychologique. — **3.** *Relaxation musculaire,* syn. de MYORELAXATION.

1. RELAXE ou **RELAX** adj. (de *relaxer 2*). *Fam.* Qui est décontracté, qui est reposant : *Des vacances relaxes. Il est très relaxe.*

◆ n. m. ou f. Détente et maîtrise des fonctions corporelles et des activités psychologiques.

2. RELAXE n. f. (de *relaxer 1*). Décision d'un tribunal de police ou d'un tribunal correctionnel qui renvoie des fins de la poursuite le prévenu.

RELAXÉ, E adj. (de *relaxation 1*). Qui met en jeu des phénomènes de relaxation (par ex. laser à fonctionnement relaxé).

1. RELAXER v. t. (lat. *relaxare,* relâcher) [conj. 3]. Renvoyer un prévenu des fins de la poursuite.

2. RELAXER v. t. (angl. *to relax,* détendre) [conj. 3]. Détendre qqn physiquement ou moralement : *Un bon bain te relaxera.*
◆ **se relaxer** v. pr., **être relaxé** v. pass. Se détendre, se reposer.

RELAYÉ, E n. Dans une course de relais, celui qui passe le témoin à son équipier.

RELAYER v. t. (anc. fr. *laier,* laisser, du lat. *laxare*) [conj. **11**]. **1.** Prendre le relais de qqn dans un travail, une occupation, une action : *Relayer un camarade fatigué.* — **2.** Substituer à qqch qqch d'autre, qui lui succède : *Relayer l'activité syndicale par un mouvement politique.* — **3.** Lors d'une course de relais, prendre la suite d'un équipier. — **4.** Retransmettre par un satellite une émission de radiocommunication. — **5.** Émettre un programme de radiodiffusion diffusé par un autre émetteur, un autre organisme.
◆ **se relayer** v. pr. Se remplacer à intervalles plus ou moins réguliers, alterner pour assurer la continuité d'une tâche : *Se relayer auprès d'un mourant.*

RELAYEUR, EUSE n. Dans une course de relais, celui qui prend le relais d'un équipier.

RELEASING FACTOR [rəliziŋʃaktɔr] n. m. (mots angl.). Hormone de l'hypothalamus de nature polypeptidique, dont l'action s'exerce sur la sécrétion d'une stimuline du lobe antérieur de l'hypophyse (abrév. R. F. ; syn. conseillé *libérine*). [Il existe autant de releasing factors que de stimulines hypophysaires.]

RELECQ-KERHUON (Le) [29480], comm. du Finistère, banlieue est de Brest ; 10 632 hab.

RELECTURE n. f. **1.** Action de relire pour corriger, pour confronter avec un manuscrit, etc. — **2.** Action de relire (une seconde fois ou d'un autre point de vue).

RELÉGABLE adj. Passible de la relégation.

RELÉGATION n. f. (lat. *relegatio*). **1.** À Rome, exil dans un lieu fixé, sans confiscation des biens ni suppression des droits politiques. — **2.** Peine qui frappait certains récidivistes, supprimée en 1970. — **3.** Descente d'une équipe dans une catégorie inférieure.

RELÉGUÉ, E n. Personne condamnée à la relégation.

RELÉGUER v. t. (lat. *relegare*) [conj. **18**]. **1.** Mettre qqn qqpart, l'envoyer dans un lieu plus ou moins isolé, à une place jugée secondaire : *On l'avait relégué au bout de la table.* — **2.** Mettre qqch à une place mineure ou dans un débarras : *Reléguer les meubles de famille au grenier.* — **3.** Rejeter qqn à une position inférieure : *Une équipe que ses défaites ont reléguée à la dixième place.* — **4.** Appliquer la peine de relégation.

RELENT n. m. (lat. *lentus,* tenace). **1.** Mauvaise odeur qui persiste : *Des relents de graisse.* — **2.** *Litt.* Ce qui subsiste chez qqn, ce qui reste : *Il y a dans ses écrits les relents de son éducation religieuse.*

RELEVABLE adj. Qu'on peut relever : *Siège relevable.*

RELEVAGE n. m. **1.** Action d'escamoter le train d'atterrissage dans les ailes ou dans le fuselage. — **2.** Mécanisme hydraulique permettant de modifier la position des instruments qui sont fixés à un tracteur. — **3.** Dégagement et remise sur voie de matériel déraillé. — **4.** Remise à flot d'un navire coulé. — **5.** Agrandissement d'une galerie de mine par abattage d'une tranche en couronne. — **6.** *Système de relevage,* appareil plaçant automatiquement en position de repos des outils, des pièces, des organes qui viennent d'agir.

RELEVAILLES n. f. pl. (de *relever 1*). Bénédiction que donnait le prêtre, à l'église, à une femme relevant de couches. (Depuis 1969, cette bénédiction est donnée lors du baptême de l'enfant.)

RELÈVE n. f. (de *relever 1*). **1.** Action de relever, de remplacer un groupe, une troupe par un autre dans une action : *La relève des générations.* — **2.** Équipe, troupe qui assure ce remplacement. — **3.** Action de relayer qqn ou qqch dans une action : *La relève est assurée : mon fils me succédera.* — **4.** En 1942, envoi en Allemagne de travailleurs français volontaires pour permettre un prétendu rapatriement de prisonniers de guerre. (L'échec de la relève entraîna l'institution, en 1943, du Service du travail obligatoire.)

RELEVÉ n. m. **1.** Action de noter par écrit ou par un dessin ; liste, tableau ainsi réalisés : *Faire un relevé des dépenses. Le relevé des compteurs.* — **2.** Représentation en plan, coupe et élévation d'un bâtiment existant. — **3.** Copie dessinée ou peinte d'une œuvre d'art, généralement ancienne (et surtout d'une peinture murale), d'une inscription, etc. — **4.** Mouvement, départ pieds à plat, permettant à la danseuse de se dresser sur les pointes (sur les demi-pointes pour le danseur) et de reprendre sa position initiale. (Syn. RELEVER.) — **5.** Méthode d'observation d'une population statistique afin d'en connaître le nombre ou la quantité. — **6.** *Relevé (de compte),* récapitulatif périodique des opérations enregistrées sur un compte bancaire. (Syn. EXTRAIT DE COMPTE.) ‖ *Relevé d'identité bancaire (R. I. B.),* pièce fournie par une banque au titulaire d'un compte et contenant notamment le nom de la banque, l'identification de l'agence et le numéro du compte. ‖ *Relevé d'identité postal (R. I. P.)*, équivalent d'un relevé d'identité bancaire pour les titulaires d'un compte courant postal.

RELÈVEMENT n. m. **1.** Action de relever qqch, de le remettre debout ou dans sa positon normale : *Relèvement d'un mur en ruine.* — **2.** Fait d'être porté plus haut, de voir s'accroître la hauteur : *Le relèvement du niveau des eaux dans un réservoir.* — **3.** Action de rétablir la situation de qqch ou fait de se rétablir : *Le relèvement rapide de l'économie.* — **4.** Action d'augmenter certaines données chiffrables : *Relèvement du prix du pétrole.* • **Assain.** *Station de relèvement,* syn. de STATION DE POMPAGE*. — **Dr.** Action de relever un condamné. — **Mar.** Angle que fait avec le nord la direction d'un point à terre, d'un bateau, d'un astre, etc. (On dit aussi ANGLE DE RELÈVEMENT.) ‖ Syn. de ALIGNEMENT. — **Math.** En géométrie descriptive, construction des projections (φ, φ') d'une figure $\mathcal{F}$ à partir de son rabattement φ_1. — **Télécomm.** Détermination d'un angle à l'aide d'un radiogoniomètre ou d'un autre appareil de radiorepérage. — **Topogr.** Opération consistant à déterminer à la planchette ou par le calcul la position inconnue d'un point M que l'on stationne en y mesurant les angles sous lesquels sont vus trois points A, B, C de coordonnées connues.

1. RELEVER v. t. (de *lever* ou lat. *relevare*) [conj. **19**]. **1.** Remettre qqn debout sur ses pieds : *Relever un blessé.* — **2.** Remettre qqch dans sa position ou dans son état normal : *Relever les pylônes abattus par l'ouragan.* — **3.** Amener à une meilleure position ce qui est en déclin, en chute, ruiné : *Relever l'économie par des mesures énergiques.* — **4.** Porter qqch plus haut, accroître sa hauteur, son niveau, sa valeur : *Relever d'un mètre le niveau de l'eau dans un bassin.* — **5.** Accroître la valeur de qqch, augmenter son niveau : *Relever les notes d'un point.* — **6.** Mettre, ramener qqch en position haute : *Relever la tête. Relever la vitre d'une portière.* — **7.** Donner un goût plus prononcé à un mets en y ajoutant épices ou assaisonnement : *Relever la salade d'une pointe d'ail.* — **8.** *Litt.* Mettre qqch en valeur par un élément ajouté, lui donner plus d'accent, de caractère : *Relever un discours d'une pointe d'humour.* — **9.** Remarquer qqch, le mettre en évidence, le signaler à l'attention : *Je relève que vous avez commis plusieurs fautes.* — **10.** Consigner qqch par écrit sous forme de note, de croquis, de schéma, etc. : *Relever le compteur. Relever les cotes d'un objet pour en faire le plan.* — **11.** Prendre l'image, le moulage d'une marque : *Relever des empreintes.* — **12.** Reprendre vivement les propos de qqn pour montrer qu'on ne saurait les admettre : *Relever une allusion blessante.* — **13.** Remplacer qqn dans une occupation, une fonction : *L'équipe de jour relève l'équipe de nuit.* — **14.** *Litt.* Libérer qqn de qqch, le délier d'une obligation, d'un engagement : *Relever un religieux de ses vœux.* — **15.** Priver qqn de sa charge, de son poste : *Relever un officier de son commandement.* — **16.** *Relever les cahiers, les copies,* les ramasser pour les corriger. ‖ *Relever un défi, le gant,* répondre à un défi, se déclarer prêt à le soutenir. • **Archit.** Lever des plans, faire un relevé. — **Bât.** Déplacer, enlever pour réparation (un parquet, par ex.). — **Bx-arts.** Mettre en valeur, faire ressortir. ‖ Exécuter un relevé. — **Cout.** Reprendre, dans un tricot, une maille qui a filé. — **Dr.** Dispenser un condamné des effets résultant de sa condamnation. — **Jeux.** Ramasser ses cartes sur le tapis. — **Mar.** Prendre la direction d'un point au moyen du compas. — **Topogr.** Effectuer un relèvement.

◆ v. t. ind. **1.** Commencer à se remettre d'une maladie, à se rétablir : *Il relevait d'une grippe.* — **2.** Être sous l'autorité, dans la dépendance de : *Ce service relève de tel ministère.* — **3.** Être du ressort de : *Votre cas relève d'un spécialiste.* — **4.** S'expliquer par, être le fait de : *Sa guérison relève du miracle.*

◆ v. i. En parlant d'un cervidé, sortir le soir pour aller viander.

◆ **être relevé** v. pass. **1.** Être orienté, dirigé, tourné vers le haut : *Chapeau à bords relevés.* — **2.** *Litt.* Se distinguer par sa qualité : *S'exprimer dans une langue relevée.* — **3.** Être épicé, très assaisonné : *Une sauce relevée.* — **4.** *Litt.* Se voir ajouter un ou des éléments destinés à être mis en valeur : *Un cadre brun clair relevé d'un filet d'or.* — **5.** Se dit d'un virage qui comporte une pente de l'extérieur vers l'intérieur. — **6.** *Airs relevés,* en équitation, sauts exécutés à la demande du cavalier et dans lesquels le cheval lève ensemble les jambes de devant (courbette), celles de derrière (croupade) ou les quatre à la fois (cabriole).

◆ **se relever** v. pr., **être relevé** v. pass. Pouvoir être porté ou manœuvré vers le haut : *Siège qui s'abaisse et se relève.*

◆ **se relever** v. pr. **1.** Se remettre debout, sur ses pieds : *Aider une personne âgée à se relever.* — **2.** Sortir de nouveau du lit : *Se relever plusieurs fois par nuit.* — **3.** Sortir d'une situation fâcheuse ou pénible, évoluer vers un état normal, satisfaisant : *Pays qui se relève de ses ruines.*

2. RELEVER n. m. (de *relever 1*). En chorégraphie, syn. de RELEVÉ.

RELEVEUR, EUSE adj. **1.** Se dit d'une pièce assurant le relevage. — **2.** *Muscle releveur* ou *releveur* (n. m.), muscle qui relève un organe ou une région (muscles releveurs de la paupière supérieure, profond et superficiel de l'aile du nez et de la lèvre supérieure, de l'anus).

◆ n. Personne chargée de relever, de noter, etc. : *Un releveur de compteurs.*

RELIAGE n. m. Action de relier un tonneau.

RELICTE n. f. (lat. *relictus,* de *relinquere,* laisser). Groupe de plantes ou espèce dont la présence sur une station donnée s'explique par des conditions climatiques disparues.

RELIEF n. m. (de *relever 1*). **1.** Ce qui fait saillie sur une surface : *Lettres en relief.* (→ *encycl.*) – **2.** Toute forme saillante à la surface du globe ; toute association de formes saillantes et de formes en creux. – **3.** Illusion d'un jeu de saillies et de retraits dans l'espace, en peinture, photographie, dessin, etc. : *Photo en relief.* – **4.** Ce qui distingue du commun, de la banalité : *Savoir donner du relief à ce qu'on dit.* – **5.** *Mettre qqn, qqch en relief,* les faire valoir, les mettre en évidence. • **Acoust.** Sensation auditive de l'espace, donnée par l'emploi simultané des deux oreilles. – **Cartogr.** *Carte en relief,* représentation topographique à trois dimensions, les échelles planimétrique et altimétrique pouvant être différentes. – **Sculpt.** Œuvre sculptée, modelée ou assemblée dont les différentes formes et parties se présentent en saillie plus ou moins nette sur un fond. (On distingue différents types de reliefs selon que les formes font une saillie faible [*relief méplat*, bas-relief**], moyenne [*demi-relief**] ou forte [*haut-relief**]. Le *relief pictural* est traité en perspective : lignes de fuite, figures pouvant aller du haut-relief à des parties simplement gravées, selon le degré d'éloignement suggéré. Le *plein relief spatial* consiste en figures en ronde bosse adhérant à un fond.) ‖ *Relief d'applique,* en arts décoratifs, motif sculpté en relief plus ou moins accusé, à revers plan, fait pour être fixé sur un fond indépendant.

◆ **reliefs** n. m. pl. *Litt.* **1.** Restes de nourriture qu'on enlève, le repas terminé. – **2.** Ce qui reste de qqch ; vestiges : *Les reliefs de sa gloire passée.*

ENCYCL. **Opt.** L'impression visuelle du relief dépend principalement de la vision binoculaire ; chaque œil recueille une image différente de l'objet examiné ; la superposition de ces deux images crée la sensation de relief. Cette propriété est utilisée dans les jumelles stéréoscopiques, qui exagèrent le relief en écartant, à l'aide de prismes, les directions de visée des deux images. La reproduction du relief à l'aide d'images planes a fait l'objet de nombreux travaux : les stéréoscopes exigent deux photographies juxtaposées, dont chacune est ramenée, par des miroirs et des lentilles, dans l'axe de visée de l'œil correspondant. Pour percevoir le relief sur un écran, on peut projeter deux images polarisées à angle droit et les examiner à l'aide de lunettes polarisantes, permettant à chacun des yeux de n'apercevoir qu'une image. Ce procédé permet la réalisation de projections en relief et en couleurs. Les techniques de l'holographie* permettent aussi de créer l'image virtuelle d'un objet tridimensionnel.

RELIER v. t. (conj. **9**). **1.** Lier des choses ensemble, les réunir, les joindre d'une façon ou d'une autre : *Relier un point à un autre. Manchon qui relie deux tubes.* – **2.** Mettre des lieux en communication par tel moyen : *Relier la ville à l'autoroute par une voie nouvelle.* – **3.** Établir une jonction entre deux éléments : *Deux membres de phrase que relie une conjonction.* – **4.** Mettre en rapport des données, établir entre elles un lien logique : *Relier le taux de divorce à la précocité du mariage.* – **5.** Effectuer la reliure d'ouvrages. – **6.** Mettre ou remettre des cercles à un tonneau.

RELIEUR, EUSE n. **1.** Artisan, ouvrier qui effectue la reliure d'ouvrages. – **2.** Propriétaire d'une entreprise de reliure.

RELIGIEUSEMENT adv. **1.** Selon les rites, les préceptes d'une religion, dans le respect d'une religion : *Être élevé religieusement.* – **2.** Avec recueillement : *Écouter religieusement un opéra.* – **3.** Exactement, scrupuleusement : *Suivre religieusement les prescriptions du médecin.*

RELIGIEUX, EUSE adj. (lat. *religiosus*). **1.** Qui appartient à la religion, à une religion : *Croyances religieuses. Dogmes religieux.* – **2.** Qui appartient à un ordre dont les membres se consacrent à la religion : *Habit religieux.* – **3.** Qui est fait selon les rites de la religion : *Mariage religieux.* – **4.** Qui pratique sa religion avec piété et foi, qui est tourné vers la vie spirituelle et contemplative : *Être profondément religieux.* – **5.** Qui est empreint de gravité et invite à une attitude de respect, de recueillement : *Silence religieux.*

◆ n. Personne qui a fait vœux de suivre une certaine règle autorisée par l'Église.

◆ **religieuse** n. f. Gâteau fait de deux choux superposés, fourrés de crème pâtissière et glacés au fondant.

ENCYCL. **Relig.** L'état religieux est un mode de vie reconnu par l'Église et que des baptisés choisissent librement, en vue de répondre aux appels de l'Évangile, en observant les vœux publics de chasteté, de pauvreté et d'obéissance religieuse.

On distingue essentiellement les religieux à vœux solennels et les religieux à vœux simples. Un institut est clérical lorsque la plupart de ses membres sont prêtres ; sinon, il est laïc.

L'entrée dans la vie religieuse se fait progressivement : postulat, noviciat, scolasticat. L'engagement officiel se traduit par la profession religieuse, d'abord temporaire, puis définitive. Des dispenses de vœux peuvent être accordées par l'Église.

PRINCIPAUX ORDRES RELIGIEUX
(représentés suivant l'ordre de préséance canonique)

I. Ordres monastiques.

1. Chanoines réguliers.
Chanoines réguliers de Saint-Augustin
Prémontrés

2. Moines.
Bénédictins confédérés (primatie et 14 congrégations)
Bénédictins olivétains
Cisterciens non réformés
Cisterciens réformés, ou trappistes
Chartreux

II. Ordres mendiants.

Dominicains, ou frères prêcheurs
Ordre franciscain
a) frères mineurs
b) frères mineurs conventuels
c) frères mineurs capucins
d) tiers ordre régulier
Augustins
a) ermites de Saint-Augustin
b) récollets de Saint-Augustin
Carmes
a) de l'ancienne observance
b) déchaussés
Servites de Marie
Frères hospitaliers de Saint-Jean-de-Dieu

III. Clercs réguliers.

Barnabites
Jésuites
Camilliens
Clercs réguliers des écoles pies

IV. Congrégations religieuses cléricales.

Passionistes
Rédemptoristes
Société de Marie (maristes)
Prêtres du Saint-Esprit
Compagnie de Marie (montfortains)
Oblats de Marie-Immaculée
Clercs de Saint-Viateur

IV. Congrégations religieuses cléricales.

Société de Marie (marianistes)
Assomptionnistes
Prêtres du Saint-Sacrement
Clarétains
Salésiens
Missionnaires du Sacré-Cœur (Issoudun)
Oblats de Saint-François-de-Sales
Prêtres du Sacré-Cœur (Saint-Quentin)
Missions africaines de Vérone (comboniens)
Congrégation de Scheut
Société du Verbe-Divin
Société du Divin-Sauveur
Institut missionnaire de Turin
Missionnaires de la Sainte-Famille
Missionnaires de Mariannhill
Société de Saint-Paul

V. Sociétés cléricales de vie commune
(sans vœux publics).

Oratoriens d'Italie
Oratoriens de France
Lazaristes (prêtres de la Mission)
Sulpiciens
Missions étrangères de Paris
Société de l'Apostolat catholique
Eudistes
Pères blancs
Société des Missions africaines (Lyon)
Société de Mill Hill

VI. Congrégations religieuses laïques.

Frères des Écoles chrétiennes
Christian Brothers
Frères de Ploërmel
Petits Frères de Marie (maristes)
Frères du Sacré-Cœur
Frères de Saint-Gabriel

religieuse portugaise *(Lettres de la)* → LETTRES DE LA RELIGIEUSE PORTUGAISE.

Religieux *(congrégation des),* congrégation romaine qui succéda, en 1908, à la congrégation des Évêques et Réguliers, établie en 1601. Depuis 1967, elle s'intitule officiellement *congrégation pour les Religieux et les Instituts séculiers.*

RELIGION n. f. (lat. *religio*). **1.** Ensemble déterminé de croyances et de dogmes définissant le rapport de l'homme avec le sacré. — **2.** Ensemble de pratiques et de rites spécifiques propres à chacune de ces croyances. — **3.** Adhésion à une doctrine religieuse ; foi : *N'avoir plus de religion.* — **4.** *Litt.* Toute organisation ou activité pour lesquelles on a un sentiment de respect ou de devoir à accomplir : *La politique était pour lui une religion.* — **5.** *Entrer en religion,* être agrégé par un engagement personnel à un ordre monastique ou à tout autre institut religieux. ‖ *La Religion,* aux XVIe et XVIIe s., dans le vocabulaire catholique, l'Église réformée. ‖ *Se faire une religion sur qqch,* se forger une opinion à ce sujet. ‖ Vx. *Se faire une religion de qqch,* s'en faire une obligation absolue. ‖ *Religion naturelle,* ensemble de croyances ou de préceptes fondés sur les seules données de la raison et de la conscience. ‖ *Sociologie des religions,* étude des pratiques et des institutions religieuses.

ENCYCL. Le terme latin *religio* recouvre essentiellement un ensemble d'observances et de rites, mais n'a pas l'acception moderne de « religion », qui désigne la relation de l'homme avec le sacré. L'histoire des religions a beaucoup évolué depuis le XIXe s. : on a abandonné la conception logique, verticale mais artificielle de l'évolution religieuse — animisme, polythéisme, monothéisme — pour une histoire comparée des religions : cette étude, renouvelée notamment par le P. Teilhard de Chardin, Mircea Eliade, Claude Lévi-Strauss..., fait apparaître des caractères communs entre les différentes religions, caractères qui fondent le sens du sacré diversement exprimé.

Religion *(guerres de),* conflits qui opposèrent catholiques et calvinistes, en France, de 1562 à 1598.

• *Le prélude.* La France n'échappe pas au conflit qui déchire l'Europe du XVIe s. à la suite de la Réforme. Déjà François Ier, au nom de la devise « Une foi, une loi, un roi », a entamé la persécution contre les protestants après l'affaire des Placards (1534). Henri II l'organise et, sous François II, les Guises l'accentuent : exécution d'Anne Du Bourg (23 déc. 1559), répression de la conjuration d'Amboise (mars 1560). Le calvinisme progresse pourtant et, surtout, recueille l'adhésion d'une partie de la noblesse avec, à sa tête, Antoine de Bourbon, Louis, prince de Condé, et l'amiral de Coligny. Sous Charles IX, la régente Catherine de Médicis, conseillée par le chancelier Michel de L'Hospital, tente une conciliation : si le colloque de Poissy (sept.-oct. 1561) entre évêques et pasteurs est un échec, l'édit du 17 janv. 1562 accorde aux réformés la liberté de culte en dehors des villes. Mais le massacre d'un groupe protestant par les gens du duc de Guise à Wassy (1er mars 1562) déclenche la guerre civile.

• *Les guerres et les édits de pacification.* Huit guerres confuses vont se succéder, interrompues par des tentatives de pacification dont les principes seront toujours les mêmes (liberté de conscience partout, liberté de culte limitée dans l'espace et, à partir de 1570, « places de sûreté » accordées aux protestants).

La *première guerre* (1562-63) commence par les succès des huguenots, aidés par Élisabeth Ire d'Angleterre. Puis les catholiques sont vainqueurs à Dreux. Après la mort d'Antoine de Bourbon, tué devant Rouen, et l'assassinat de François de Guise devant Orléans, la régente impose l'édit de pacification d'Amboise (19 mars 1563). La *deuxième guerre* (1567-68), déclenchée par Condé, aboutit à la défaite protestante de Saint-Denis et à la paix de Longjumeau. À l'issue de la *troisième* (1569-70), marquée par les victoires du duc d'Anjou (futur Henri III) à Jarnac (mars 1569) [où Condé est tué] et Moncontour (oct.), puis par celles de Coligny, est conclue la paix de Saint-Germain (août 1570). La *quatrième* (1573) succède au massacre de la Saint-Barthélemy (24 août 1572). Les huguenots, bien organisés, imposent au roi l'édit de Boulogne (juill. 1573). Désormais, la lutte se politise : l'absolutisme royal est contesté par de nombreux protestants, et le nouveau roi, Henri III, est critiqué pour son entourage (les *mignons*). Les catholiques se divisent : aux intransigeants s'opposent les politiques (ou malcontents), qui, dans la *cinquième guerre* (1574-1576), s'allient aux huguenots. Par l'édit de Beaulieu (6 mai 1576), le roi fait de larges concessions qui indignent la majorité catholique. Alors, derrière Henri de Guise, se forme la Sainte Ligue (Péronne, 1576), qui veut extirper le protestantisme. Henri III en est réduit à se proclamer chef de la Ligue. Les *sixième* (1577) et *septième* (1579-80) guerres sont sans résultats notables.

En 1584, la mort du duc d'Anjou, frère d'Henri III, fait du protestant Henri de Navarre l'héritier du trône. La Ligue oblige le roi à interdire le culte protestant, ce qui déclenche la *huitième guerre* (1585-1598). La Ligue fait alliance avec Philippe II d'Espagne, les huguenots avec l'Angleterre. Henri de Navarre est vainqueur à Coutras (oct. 1587). Henri de Guise, qui convoite la couronne, soulève Paris contre le roi (journée des Barricades, 12 mai 1588) et se fait nommer lieutenant général du royaume. Son assassinat et celui de son frère le cardinal de Lorraine (23-24 déc. 1588), ordonnés par Henri III, dressent contre le roi Paris et de nombreuses villes ligueuses. Alors, Henri III s'allie à Henri de Navarre, assiège Paris, mais est assassiné par Jacques Clément (1er août 1589). Le roi légitime est donc le protestant Henri IV, rejeté par presque tout son royaume. Il en entame la reconquête et assiège Paris en 1590, mais la ville est sauvée par les Espagnols. Par son abjuration (25 juill. 1593), il obtient la soumission de Paris (22 mars 1594), puis des autres villes et provinces et des chefs ligueurs. Vaincus, les Espagnols signent le traité de Vervins (2 mai 1598). La paix religieuse est rétablie par l'édit de Nantes (13 avr. 1598), qui institue une tolérance (d'ailleurs mal acceptée par les catholiques) presque unique en Europe.

RELIGIONNAIRE n. Nom donné jadis en France aux protestants.

RELIGIOSITÉ n. f. (bas lat. *religiositas*). Expression du sentiment religieux marqué par la sensibilité et conduisant à une vague religion personnelle.

RELIQUAIRE n. m. Boîte, objet, cadre destiné à contenir des reliques.

RELIQUAT [-ka] n. m. (lat. *reliqua*). **1.** Ce qui reste dû après un arrêté de comptes. — **2.** *Litt.* Ce qui subsiste de qqch : *Il a encore un reliquat de haine à mon égard.*

RELIQUE n. f. (lat. *reliquiae,* de *reliquus,* qui reste). **1.** Ce qui reste du corps des saints, des personnages sacrés, ou objet leur ayant appartenu, et qui fait l'objet d'un culte. — **2.** *Litt.* Objet témoin du passé auquel on attache le plus grand prix : *Ces lettres sont les reliques de nos amours d'antan.* — **3.** Dernier représentant d'un groupe ancien et autrefois prospère (latimeria, sphénodon, limule, ginkgo, sélaginelles, lycopodes). — **4.** *Forme* ou *relief relique,* forme de relief qui ne correspond plus aux conditions morphoclimatiques actuelles.

RELIRE v. t. (conj. **106**). **1.** Lire de nouveau : *Relire un roman.* — **2.** Lire pour contrôler ce qu'on a écrit ou ce qui est écrit : *Relisez votre texte pour corriger les fautes d'orthographe.*

◆ **se relire** v. pr. Lire ce qu'on a soi-même écrit : *Il n'arrive pas à se relire.*

RELIURE n. f. (de *relier*). **1.** Ensemble des opérations qui donnent à un ouvrage sa forme définitive et par lesquelles on l'habille d'une couverture rigide ou souple pour le protéger et le parer ; le secteur des industries graphiques exerçant cette activité. — **2.** Couverture cartonnée, recouverte de cuir, de toile, etc., dont on habille un livre pour le protéger et le décorer. — **3.** *Reliure d'amateur,* dans laquelle la gouttière et les marges de pied sont ébarbées, et la tête rognée. ‖ *Reliure à la grecque,* où le dos des feuilles est entaillé pour y introduire les ficelles des cahiers. ‖ *Reliure à nerfs,* dans laquelle les ficelles des cahiers forment de petites saillies sur le dos du livre. ‖ *Reliure pleine,* où le volume entier est recouvert d'une même peau ou toile. ‖ *Reliure sans couture,* dans laquelle les feuillets sont maintenus par la seule application d'une couche de colle à prise rapide. (Elle est utilisée industriellement en grandes séries.)

ENCYCL. Les feuilles d'impression sont pliées en cahiers de 4, 8, 12, 16 ou 32 pages. On effectue le montage des gardes, de même que celui des hors-texte. L'assemblage des cahiers forme le corps d'ouvrage, et les cahiers assemblés sont cousus. Les tranches sont rognées sur trois côtés, et le dos du livre arrondi : le volume est alors prêt à être couvert. Après recouvrement des cartons et du dos par de la peau, de la toile ou du papier, la couverture est décorée à la presse. Ces opérations sont communes à la reliure manuelle et à la reliure industrielle.

RELIZANE → GHILIZANE.

RELOGEMENT n. m. Action de reloger ; fait d'être relogé.

RELOGER v. t. (conj. **17**). Procurer un nouveau logement à qqn qui a perdu le sien ou qui est mal logé : *Reloger les sinistrés.*

RELOUER v. t. (conj. **6**). Louer de nouveau un appartement, une maison, etc., qu'on avait déjà loués.

RÉLUCTANCE n. f. (angl. *reluctance,* de *reluctant,* opposé, du lat. *reluctari,* opposer de la résistance). Dans un circuit magnétique, quotient de la force magnétomotrice par le flux d'induction associé. (Dans un circuit ferromagnétique homogène, de longueur l, de section constante s et de perméabilité μ, la réluctance s'écrit $\mathcal{R} = l/(\mu \cdot s)$, formule analogue à celle de la résistance électrique.)

RELUIRE v. i. (lat. *relucere*) [conj. **97**]. **1.** Briller en ayant des reflets lumineux : *Les parquets reluisent.* — **2.** *Faire reluire,* nettoyer et frotter afin de faire briller. — **3.** *Brosse à reluire,* syn. de POLISSOIRE.

RELUISANT, E adj. **1.** Qui reluit : *Les cuivres sont reluisants.* — **2.** Fam. *Peu reluisant,* médiocre, qui manque d'éclat ou de grandeur : *Un emploi peu reluisant.*

RELUQUER v. t. (moyen fr. *luquer,* du moyen néerl. *loeken,* regarder) [conj. **3**]. *Fam.* **1.** Regarder qqn avec une curiosité indiscrète : *Reluquer une femme dans la rue.* — **2.** Considérer qqch avec envie, avec convoitise : *Il reluque la place de directeur.*

REM n. m. (de *Röntgen Equivalent Man*). Unité d'équivalent de dose de rayonnement ionisant, qui vaut 1/100 de sievert.

REMÂCHER v. t. (conj. 3). **1.** Mâcher de nouveau. — **2.** Ressasser qqch dans son esprit : *Remâcher ses souvenirs.*

REMAGEN, v. d'Allemagne (Rhénanie-Palatinat), sur le Rhin ; 10 000 hab. Église romane et gothique. Centre touristique.
— **Hist.** L'occupation par surprise, le 7 mars 1945, du pont de Remagen permit aux Alliés d'établir leur première tête de pont sur la rive droite du Rhin. (→ *bataille du* RHIN.)

REMAILLAGE n. m. **1.** Opération consistant à remailler. — **2.** Syn. de REMMAILLAGE.

REMAILLER v. t. (conj. 3). **1.** Reconstituer un tricot par remontage des mailles coulées. — **2.** Éliminer les résidus de fleur subsistant sur les peaux chamoisées après leur tannage à l'huile. — **3.** Syn. de REMMAILLER.

REMAKE [rimɛk] n. m. (amér. *remake,* de l'angl. *to remake,* refaire). Nouvelle version d'un film, d'une œuvre littéraire.

RÉMALARD (61110), ch.-l. de cant. de l'Orne, dans le Perche ; 1 358 hab. *(Rémalardais).* Église avec portail roman. Mairie dans une gentilhommière du XVIe s.

RÉMANENCE n. f. (anc. fr. *remanoir,* rester, du lat. *remanere*). **1.** *Litt.* Persistance d'un état après la disparition de sa cause. — **2.** Durée pendant laquelle un herbicide, ou tout autre produit de traitement épandu ou incorporé au sol, continue à exercer son action. — **3.** Valeur prise par l'induction rémanente lorsqu'un matériau magnétique quitte l'état de saturation sous l'action d'un champ magnétique variant de façon monotone. — **4.** Propriété qu'a la sensation de persister quelque temps après que le stimulus a disparu.

RÉMANENT, E adj. **1.** Qui présente le phénomène de rémanence. — **2.** Se dit de l'aimantation qui subsiste dans un matériau ferromagnétique doux après suppression du courant magnétisant.
◆ **rémanents** n. m. pl. Débris de bois qui restent dans les coupes après l'exploitation.

REMANGER v. t. et v. t. ind. (conj. 17). Manger de nouveau de ce dont on a déjà mangé, faire un autre repas.

REMANIABLE adj. Qui peut être remanié.

REMANIEMENT n. m. **1.** Action de remanier, fait d'être remanié : *Le remaniement du gouvernement se fait attendre.* — **2.** Changement de structure d'un ou de plusieurs chromosomes, entraînant le gain, la perte ou le déplacement de segments chromosomiques. — **3.** Mélange de fragments de roches ou de fossiles pour constituer un sédiment plus récent.

REMANIER v. t. (de *manier*) [conj. 9]. **1.** Apporter des modifications à qqch en en arrangeant autrement les divers éléments : *Remanier un projet.* — **2.** Modifier la composition d'un groupe, d'une organisation : *Remanier le gouvernement.*

REMAQUILLER v. t. (conj. 3). Maquiller de nouveau.

REMARCHER v. i. (conj. 3). **1.** Marcher de nouveau après un handicap qui empêchait la marche. — **2.** Fonctionner de nouveau après un arrêt : *La télé remarche !*

REMARIAGE n. m. Nouveau mariage.

REMARIER v. t. (conj. 9). Marier de nouveau qqn.
◆ **se remarier** v. pr., **être remarié** v. pass. Se marier une nouvelle fois.

REMARQUABLE adj. **1.** Qui est susceptible d'être remarqué, d'attirer l'attention : *Cette rencontre entre chefs d'État est un événement remarquable.* — **2.** Qui se distingue par ses hautes qualités : *Travail remarquable.* — **3.** Qui se signale à l'attention par tel point : *La girafe est remarquable par la longueur de son cou.*

REMARQUABLEMENT adv. **1.** D'une manière remarquable : *Une femme remarquablement intelligente.* — **2.** Très bien, d'une manière qui se distingue des autres : *Il joue remarquablement du piano.*

REMARQUE n. f. (de *remarquer 1*). **1.** Opinion qu'on exprime sur un point particulier ; observation : *Remarque judicieuse.* — **2.** Note destinée au lecteur : *Texte accompagné de remarques critiques.* — **3.** Petite esquisse gravée dans la marge d'une estampe. — **4.** Vx. *Digne de remarque,* remarquable, digne d'attirer l'attention. ‖ *Faire une remarque à qqn,* lui faire une observation, une critique. ‖ *Faire la remarque de qqch à qqn,* le lui faire remarquer, attirer son attention là-dessus, le lui dire.

Remarques sur la langue française *utiles à ceux qui veulent bien parler et bien écrire,* par Claude Favre de Vaugelas (1647). Sorte de code de savoir-vivre linguistique, l'ouvrage de Vaugelas se veut fondé sur l'« usage », le « bon usage », celui de l'élite, de la Cour, qu'il oppose au « mauvais usage », celui du plus grand nombre. Les *Remarques* ont connu un succès considérable et joué un rôle appréciable dans l'histoire de la langue française.

REMARQUE (E. Paul REMARK, dit **Erich Maria**), écrivain allemand naturalisé américain (Osnabrück 1898 - Locarno 1970). Célèbre pour son roman *À l'ouest rien de nouveau* (1929), il s'exila en Amérique (1933) et poursuivit son œuvre (*Le ciel n'a pas de préférés,* 1961).

1. REMARQUER v. t. (de *marquer*) [conj. 3]. **1.** S'aviser de qqch, en prendre conscience : *Je n'ai rien remarqué d'anormal.* – **2.** Distinguer qqn, qqch parmi d'autres pour les qualités particulières qu'on lui reconnaît : *Parmi tous ces tableaux, j'en ai remarqué un.* – **3.** Exprimer, faire observer au moyen d'une remarque : *Il remarqua à voix basse que Pierre n'avait pas dit un mot.* – **4.** *Faire remarquer qqn,* le signaler à l'attention d'autrui. ‖ *Se faire remarquer,* attirer sur soi les regards, l'attention par son manque de tenue, de discrétion.

◆ **être remarqué** v. pass. Retenir particulièrement l'attention : *Il a fait une intervention très remarquée.*

2. REMARQUER v. t. (conj. 3). Marquer de nouveau : *Remarquer du linge.*

REMASTICAGE n. m. Nouveau masticage.

REMASTIQUER v. t. (conj. 3). Mastiquer une nouvelle fois.

REMBALLAGE n. m. Action de remballer.

REMBALLER v. t. (de *emballer*) [conj. 3]. **1.** Emballer, ranger de nouveau ce qui avait été déballé : *Remballer ses affaires et partir.* – **2.** *Fam.* Mal recevoir qqn, le renvoyer, l'envoyer au diable : *N'y allez pas, vous allez vous faire remballer.* – **3.** *Fam.* Garder qqch pour soi au moment où on allait parler : *Remballe tes compliments.*

REMBARQUEMENT n. m. Action de rembarquer ou fait de se rembarquer.

REMBARQUER v. t. (conj. 3). Embarquer de nouveau.

◆ v. i. ou **se rembarquer** v. pr. S'embarquer de nouveau pour une nouvelle destination ou après avoir été débarqué.

◆ **se rembarquer** v. pr. S'engager de nouveau dans une action : *Vous n'allez pas vous rembarquer dans une telle entreprise.*

REMBARRER v. t. (anc. fr. *embarer,* enfoncer, de *bare,* barrière) [conj. 3]. *Fam.* Remettre qqn à sa place ou mal le recevoir, le renvoyer.

REMBLAI n. m. (de *remblayer*). **1.** Syn. de REMBLAYAGE. – **2.** Masse de matière rapportée pour élever un terrain, combler un creux ou combler les vides de l'exploitation minière.

REMBLAIEMENT n. m. Action de l'eau qui dépose des matériaux qu'elle transporte.

REMBLAYAGE n. m. Action de remblayer ; fait d'être remblayé. (Syn. REMBLAI.)

REMBLAYER v. t. (anc. fr. *emblaer,* ensemencer) [conj. **11**]. Mettre des matériaux, du remblai pour hausser ou combler.

REMBLAYEUSE n. f. **1.** Équipement de terrassement servant à remblayer les tranchées. – **2.** Machine projetant un matériau de remblayage (sable, granulats, blocs de stérile).

REMBOBINAGE ou **REBOBINAGE** n. m. Action de rembobiner ; fait d'être rembobiné.

REMBOBINER ou **REBOBINER** v. t. (conj. 3). Enrouler de nouveau ce qui est débobiné ; remettre en place sur la bobine : *Rembobiner une bande magnétique.*

REMBOÎTAGE ou **REMBOÎTEMENT** n. m. Action de remboîter ; fait d'être remboîté.

REMBOÎTER v. t. (de *emboîter*) [conj. 3]. Remettre à sa place ce qui a été déboîté.

REMBORDAGE n. m. Action de remborder.

REMBORDER v. t. (de *border*) [conj. 3]. En maroquinerie, replier sur lui-même de façon régulière le bord d'une pièce préalablement paré et encollé. (La fabrication rembordée s'oppose à la fabrication rognée, qui caractérise la sellerie.)

REMBOURRAGE n. m. **1.** Action de rembourrer ; fait d'être rembourré. – **2.** Matière avec laquelle on rembourre. (Syn. REMBOURRURE.) – **3.** Partie du collier du cheval qui comprend le corps, les renforçures et la housse.

REMBOURRER v. t. (de *embourrer*) [conj. 3]. Remplir l'intérieur d'une enveloppe de bourre, de crin, de laine, etc. : *Rembourrer un fauteuil.*

◆ **être rembourré** v. pass. **1.** Être capitonné, matelassé, bourré de laine, de crin, etc. – **2.** *Fam.* Être grassouillet, avoir un certain embonpoint.

REMBOURROIR n. m. **1.** Lame d'acier, plate à son extrémité, servant à rembourrer. – **2.** Outil servant à confectionner les bourrelets.

REMBOURRURE n. f. Syn. de REMBOURRAGE.

REMBOURSABLE adj. Qui peut ou qui doit être remboursé.

REMBOURSEMENT n. m. **1.** Action de rembourser ; somme à rembourser : *Un remboursement en trois fois.* – **2.** *Expédition contre remboursement,* engagement d'un transporteur à ne remettre au destinataire la marchandise expédiée par un vendeur qu'après acquittement du prix de vente par le destinataire.

REMBOURSER v. t. (anc. fr. *embourser,* de *bourse*) [conj. 3]. **1.** Rendre à qqn l'argent emprunté : *Il m'a remboursé mes 100 francs.* – **2.** Rendre à qqn l'argent qu'il a déboursé : *Rembourser un chercheur de ses frais de mission.* – **3.** *Remboursez !,* cri de mécontentement de spectateurs quand le spectacle est mauvais.

REMBRANDT (Rembrandt Harmenszoon VAN RIJN, dit), peintre et graveur néerlandais (Leyde 1606 - Amsterdam 1669). Après ses humanités, il s'initie à la peinture à Leyde, puis apprend à Amsterdam, auprès de P. Lastman, les éléments d'un art réaliste porté aux effets de lumière (transmis par Elsheimer). Dès 1625, il ouvre un atelier à Leyde, avec J. Lievens. Son audace confère bientôt à ses toiles une force dramatique et une intensité d'expression accentuées par de puissants effets d'éclairage qui créent la forme et l'espace et auxquels la couleur est subordonnée (*les Pèlerins d'Emmaüs,* 1629, musée Jacquemart-André, Paris). Installé à Amsterdam vers 1631, bientôt célèbre et riche, il exécute de nombreuses commandes, surtout des portraits, dont le réalisme prend une nouvelle dimension dans le portrait collectif (*la Leçon d'anatomie du professeur Tulp,* 1632, Mauritshuis, La Haye), genre qu'il porte à une perfection fougueuse dans *la Ronde* de nuit* (1642). Après 1642, alors que Saskia, épousée en 1634, est morte, le dynamisme baroque de sa peinture se tempère dans une construction plus équilibrée et sereine (*les Pèlerins d'Emmaüs,* 1648, Louvre) et il demande à l'eau-forte (notamm. dans les années 1643-1656), avec la richesse subtile et frémissante des jeux de valeurs, une expression dramatique plus concentrée (*les Trois Arbres,* 1643 ; *Jésus guérissant les malades,* dite *la Pièce aux cent florins,* 1649). Sa peinture prend, à côté de l'austère composition des *Syndics des drapiers* (1662, Rijksmuseum, Amsterdam), les couleurs chaudes et la lumière dorée d'un lyrisme somptueux (*la Bénédiction de Jacob,* 1656, Kassel), parfois brutal (*le Bœuf écorché,* 1655, Louvre) ou plein d'émotion retenue (*la Fiancée juive,* v. 1665, Rijksmuseum). À la fin, soucis financiers et tourments (il perd sa compagne Hendrickje et son fils Titus) lui laissent pour seul refuge une peinture qu'il travaille dans des pâtes épaisses (*Autoportrait* de 1668, musée de Cologne, un des derniers d'une longue série). Son art, étranger au goût hollandais du fini poli et brillant comme à la spécialisation des genres, mais portant la lutte de la lumière et de l'ombre à la hauteur d'une méditation sur la destinée humaine, atteint une valeur universelle.

REMBRANESQUE adj. Qui se rapporte à la manière de Rembrandt ou la rappelle.

REMBRUNIR v. t. (de *embrunir*) [conj. 32]. *Litt.* Assombrir qqn, l'attrister : *Cette nouvelle l'avait rembruni.*

◆ **se rembrunir** v. pr. 1. *Litt.* Devenir plus brun, plus sombre : *Les couleurs se sont rembrunies.* – 2. Devenir maussade, soucieux : *Quand je lui ai parlé d'augmentation, il s'est rembruni.* – 3. Litt. *Le temps, le ciel se rembrunit,* le ciel est obscurci par les nuages.

REMBRUNISSEMENT n. m. *Litt.* Fait de se rembrunir.

REMBUCHEMENT n. m. Action de se rembucher.

REMBUCHER v. t. (anc. fr. *embuschier,* mettre en embuscade) [conj. 3]. 1. Suivre l'animal avec le limier jusqu'à la rentrée dans le fort ou l'enceinte. – 2. S'assurer de l'endroit où un animal est resté. (Syn. REMETTRE.)

◆ **se rembucher** v. pr. En parlant d'un animal de chasse, être entré dans un fort ou dans une enceinte pour y passer la journée.

REMÈDE n. m. (lat. *remedium*). 1. Tout ce qui peut servir à prévenir ou à combattre une maladie. – 2. Ce qui sert à prévenir ou à combattre une souffrance morale : *Il n'y a pas de remède à un tel désespoir.* – 3. Moyen, mesure propre à diminuer un mal, un danger, à résoudre une difficulté : *Y a-t-il un remède à l'inflation ?* – 4. *Porter remède à qqch,* prévenir ou combattre un mal. ‖ *Sans remède,* contre quoi il n'y a pas de recours ; irrémédiable.

REMÉDIABLE adj. À quoi l'on peut remédier.

REMÉDIER v. t. ind. (lat. *remediare,* de *remedium,* remède) [conj. 9]. 1. Atténuer un mal physique ou le guérir : *Remédier à une mauvaise digestion par un régime.* – 2. Combattre qqch de mauvais, supprimer un inconvénient : *Remédier au déséquilibre budgétaire.*

REMEMBREMENT n. m. Réunion de différentes parcelles en un seul tenant afin d'effectuer une redistribution rationnelle pour l'agriculture *(remembrement rural)* ou l'aménagement urbain.

ENCYCL. **Agric.** Le *remembrement rural* consiste à procéder à des échanges de parcelles entre exploitants afin de diminuer le nombre des parcelles des exploitations, d'agrandir la taille des parcelles et d'en améliorer l'accès depuis les exploitations. Il a pour but principal d'améliorer la productivité du travail dans les exploitations.

REMEMBRER v. t. (de *démembrer*) [conj. 3]. Réaliser le remembrement.

REMÉMORATION n. f. (bas lat. *rememoratio*). *Litt.* Action de se remettre qqch en mémoire.

REMÉMORER v. t. (bas lat. *rememorari*) [conj. 3]. Rappeler qqch à qqn, le lui remettre en mémoire : *Ce village lui remémorait sa jeunesse.*

◆ **se remémorer** v. pr. Se rappeler.

REMERCIEMENT n. m. 1. Action de remercier, de témoigner sa reconnaissance : *Lettre de remerciement.* – 2. Paroles, témoignages par lesquels on exprime sa gratitude : *Se confondre en remerciements.*

REMERCIER v. t. (anc. fr. *mercier,* de *merci*) [conj. 9]. 1. Exprimer à qqn de la gratitude, de la reconnaissance pour ce qu'il fait ou a fait : *Remercier un ami de son appui.* – 2. Congédier qqn, le priver de son emploi : *Remercier un* *employé.* — **3.** *Je vous remercie,* décline poliment une offre ou, ironiq., marque son mécontentement, son irritation.

RÉMÉRÉ n. m. (lat. médiév. *reemere,* racheter, du lat. class. *redimere*). Clause par laquelle le vendeur se réserve la faculté de reprendre la chose dans un délai maximal de 5 ans, en remboursant à l'acquéreur le prix principal augmenté des frais.

REMETTAGE n. m. (de *remettre*). **1.** Première opération de la fabrication des tissus, consistant à passer un à un, avec un petit crochet, chaque fil de la chaîne dans les maillons des lames du métier à tisser. (Syn. RENTRAGE.) — **2.** Disposition successive de tous les fils de chaîne d'un tissu dans les maillons des différentes lames.

REMETTANT n. m. Personne qui remet une valeur (lettre de change, chèque) au banquier chez lequel elle a un compte.

REMETTEUSE n. f. Ouvrière exécutant l'opération du remettage.

REMETTRE v. t. (de *mettre* ou lat. *remittere*) [conj. **84**]. **1.** Mettre qqch, qqn à l'endroit où il était auparavant : *Remettre un livre sur son rayon. Remettre un malade dans son lit.* — **2.** Mettre à nouveau qqch (dans qqch), en mettre plus : *Remettre du sel dans la soupe.* — **3.** Remplacer ce qui est tombé, cassé, usé, ce qui a disparu : *Remettre un bouton à une chemise.* — **4.** Mettre de nouveau un vêtement (à qqn, sur soi) : *Ne remets pas tes bottes, elles sont mouillées.* — **5.** Ramener qqn, qqch à leur position antérieure ou à leur position convenable : *Remettre quelqu'un debout. Remettre un véhicule sur ses roues.* — **6.** Rétablir qqn, qqch dans leur état antérieur ou les faire passer à un nouvel état : *Le médecin l'a remis au régime. Remettre un prisonnier en liberté.* — **7.** Réconforter qqn, lui redonner de la vigueur après une défaillance : *Buvez cet alcool, cela va vous remettre.* — **8.** Remboîter un membre démis, une articulation déplacée. — **9.** Se souvenir de qqn, le reconnaître : *Je le remets maintenant, c'est Durand.* — **10.** Rétablir un processus interrompu : *Remettre le courant électrique.* — **11.** Mettre qqch, qqn en la possession, au pouvoir de : *Remettre ses clefs au gardien. Remettre un criminel à la justice.* — **12.** Faire grâce à qqn de qqch, le dispenser d'une obligation : *Remettre une partie de sa peine à un condamné.* — **13.** Reporter qqch, le renvoyer à une date ultérieure : *Remettre un rendez-vous.* — **14.** Syn. de REMBUCHER. — **15.** Fam. *En remettre,* faire plus qu'il n'est nécessaire, dans l'intention de mieux convaincre. ‖ Fam. *Remettre ça,* recommencer ; au café, boire une nouvelle tournée. ‖ *Remettre qqch en état,* réparer, restaurer ce qui est abîmé. ‖ *Remettre qqn sur pied,* lui redonner des forces, le guérir. ‖ *Remettre sa démission,* démissionner. ‖ *Remettre la balle,* rejouer lorsque la balle est contestée. ‖ *Remettre la chaîne,* en passer tous les fils dans les mailles des lames. (Syn. RENTRER.)

◆ **être remis** v. pass. *Ce n'est que partie remise,* ce projet n'a pas abouti, mais nous y reviendrons.

◆ **se remettre** v. pr., **être remis** v. pass. **1.** Recouvrer progressivement la santé, avoir retrouvé l'équilibre physique ou moral : *Être remis d'un accident.* — **2.** Retrouver son calme, ses esprits, après une vive émotion : *Se remettre d'une grande frayeur.* — **3.** Être reporté à une date ultérieure : *Ce rendez-vous ne peut être remis.*

◆ **se remettre** v. pr. **1.** Se mettre de nouveau à la place, dans la position, dans l'état où l'on se trouvait : *Se remettre au lit. Il s'est remis en colère.* — **2.** Reprendre une action, une activité, recommencer à faire qqch : *Se remettre au tennis.* — **3.** Se trouver de nouveau dans tel état, se manifester de nouveau : *Le temps se remet au beau.* — **4.** Reconnaître qqn, se rappeler sa personne, son physique : *Je me remets très bien son visage.* — **5.** Se réconcilier avec qqn ; reprendre la vie commune. — **6.** *Ne pas s'en remettre,* rester sur sa stupéfaction, son étonnement. ‖ *S'en remettre à,* faire confiance à qqn, à son jugement, notamment pour la solution de quelque difficulté. ‖ *Se remettre entre les mains de,* se mettre à la discrétion de qqn ou d'une autorité.

REMEUBLER v. t. (conj. **5**). Regarnir de meubles ou garnir de nouveaux meubles.

REMI ou **RÈMES,** anc. peuple gaulois de la Belgique Seconde. Ville princ. *Remi* ou *Durocortorum* (Reims).

REMI ou **REMY** *(saint),* évêque († v. 530). Évêque de Reims vers 459, il baptisa le roi franc Clovis à Reims (probablement en 498 ou 499, plutôt que le 25 déc. 496 comme le veut la tradition) et fut son conseiller. Ses reliques furent placées en 1049 dans l'abbaye St-Remi de Reims.

REMIAGE n. m. **1.** Épuisement des marcs de pommes et de raisins par émiettage, macération dans l'eau et pressurage. — **2.** Liquide obtenu lors de cette opération.

REMICH, ch.-l. de cant. du Luxembourg, sur la Moselle ; 2 600 hab. Vins.

RÉMIGE n. f. (lat. *remigium,* de *remex, -igis,* rameur). Grande plume rigide de l'aile d'un oiseau. (La main de l'oiseau porte une dizaine de *rémiges primaires ;* l'avant-bras, des *rémiges secondaires.*)

REMILITARISATION n. f. Action de remilitariser ; fait d'être remilitarisé.

REMILITARISER v. t. (conj. **3**). Redonner un dispositif militaire à une région, à un État.

REMINÉRALISATION n. f. **1.** Restitution à l'organisme des constituants minéraux nécessaires à la vie des tissus. — **2.** Introduction de carbonate de calcium dans une eau trop douce.

REMINGTON, famille d'armuriers et d'industriels américains. ELIPHALET (Suffield, Connecticut, 1793 - Ilion, New York, 1861) et son fils PHILO (Litchfield, New York, 1816 - Silver Springs, Floride, 1889) fabriquèrent les premiers canons de fusil en acier moulé et mirent au point un fusil à chargement par la culasse. En 1873, Philo modifia la machine à écrire de Christopher Sholes et de Carlos Glidden et en entreprit la fabrication en série.

Remington Rand Company, société américaine de production de machines à écrire et à calculer et de matériels de bureau. Elle procède d'une des branches de la firme Remington, créée en 1860 pour la fabrication de carabines. Remington Rand absorba, à partir de 1927, de nombreuses entreprises et, à la fin de la Seconde Guerre mondiale, entreprit la fabrication de machines électroniques. Elle fusionna en 1955 avec la Sperry Corporation pour former la Sperry Rand Corporation. Celle-ci, fusionnant à son tour avec Burroughs, devint Unisys en 1986.

RÉMINISCENCE [-nisɑ̃s] n. f. (bas lat. *reminiscentia,* du lat. class. *reminisci,* se souvenir). **1.** Retour à la conscience claire de souvenirs non accompagnés de reconnaissance. — **2.** Souvenir vague ou incomplet, difficile à localiser : *Avoir de vagues réminiscences d'un événement.* — **3.** Emprunt fait inconsciemment à des souvenirs de lecture, de représentation : *On trouve chez cet auteur des réminiscences de Stendhal.*

REMIREMONT (88200), ch.-l. de cant. des Vosges, dans les Vosges, sur la Moselle ; 9 931 hab. *(Romarimontains).* Église gothique sur crypte du XIe s. Mairie dans l'anc. palais abbatial (1752). Maisons du XVIIIe s. Deux musées. Textile. Matériel agricole.
— **Hist.** La ville naquit près d'une abbaye de femmes fondée en 910. Elle fut réunie à la France en 1766.

REMIRE-MONTJOLY (97300 Cayenne), comm. de la Guyane française, au S. de Cayenne ; 11 709 hab. Port de Cayenne.

REMIS → REMETTRE.

REMISAGE n. m. Action de remiser.

REMISE n. f. (de *remettre*). **1.** Action de mettre de nouveau qqch à une place, dans un état où il se trouvait antérieurement : *Remise en place des meubles. La remise à neuf d'un bâtiment.* — **2.** Action de mettre en la possession de qqn : *La remise d'un colis à son destinataire.* — **3.** Action de remettre, de renvoyer à une date ultérieure l'exécution ou l'accomplissement de qqch : *La remise à plus tard d'une réunion.* — **4.** Diminution de prix accordée sur un achat par un commerçant : *Une remise de 5 %.* — **5.** Lieu couvert où l'on met à l'abri des véhicules, des engins, des matériels divers. • **Autom.** *Voiture de grande remise,* automobile de place avec chauffeur, qui se loue à l'année, au mois ou à la journée. — **Banq.** *Remise en compte courant,* remise d'une valeur par une personne à son banquier pour qu'il en touche le montant et le porte au compte de cette personne. — **Chass.** Endroit où le gibier se remet quand on l'a fait lever ; couvert bas et peu étendu destiné à servir de retraite au gibier. — **Comm.** Marge commerciale consentie par un fournisseur à un vendeur, calculée, par exemple, sur le prix de vente aux clients. — **Dr.** Dégrèvement d'un impôt, d'une pénalité ou d'un débet sur demande gracieuse. ‖ *Remise (de cause),* renvoi des débats d'une affaire à une audience ultérieure. ‖ *Remise de peine,* mesure d'indulgence résultant d'une grâce ou d'une amnistie et dispensant un condamné de subir tout ou partie de sa peine. — **Jeux.** Avantage que le joueur le plus fort accorde au plus faible pour égaliser la partie. ‖ Amende qu'on paie à divers jeux. — **Sports.** *Remise en jeu,* action succédant à la mise hors des limites du terrain du ballon et redonnant aux joueurs la possibilité de s'en servir.

1. REMISER v. t. (de *remise*) [conj. 3]. **1.** Mettre un véhicule, une marchandise, etc., à l'abri sous une remise, un hangar, dans un garage. — **2.** Mettre à l'écart ce dont on ne se servira pas pendant un assez long temps : *Remiser une malle au grenier.* — **3.** *Litt.* Rappeler violemment qqn aux convenances : *Remiser un insolent.*
◆ **se remiser** v. pr. En parlant d'un animal de chasse, s'arrêter ou se poser après avoir couru ou volé.

2. REMISER v. t. (de *miser*) [conj. 3]. Au jeu, faire une nouvelle mise.

REMISIER n. m. (de *remise*). Intermédiaire professionnel qui apportait des clients aux agents de change sans leur être lié par un contrat de travail.

RÉMISSIBLE adj. (lat. ecclés. *remissibilis*). **1.** *Litt.* Qui peut être remis, pardonné : *Péché rémissible.* — **2.** Se dit d'une peine qui peut faire l'objet d'une diminution par voie de grâce.

RÉMISSION n. f. (lat. *remissio,* de *remittere,* renvoyer). **1.** Action de remettre une faute, de faire grâce : *La rémission des péchés.* — **2.** Atténuation ou disparition momentanée des symptômes d'une maladie aiguë ou chronique. (Syn. RÉMITTENCE.) — **3.** *Lettres de rémission,* lettres de grâce accordées par le roi en faveur d'un condamné. ‖ *Sans rémission,* d'une manière implacable, sans qu'il soit fait grâce de quoi que ce soit.

RÉMITTENCE n. f. Syn. de RÉMISSION.

RÉMITTENT, E adj. (lat. *remittens, -entis*). Qui présente des rémissions : *Fièvre rémittente.*

RÉMIZ [-miz] n. m. (polon. *remiz*). Petite mésange au nid en forme de bourse avec une ouverture latérale et suspendu à une branche flexible. (Syn. PENDULINE.)

REMIZOV (Alekseï Mikhaïlovitch), écrivain russe (Moscou 1877 - Paris 1957). Ses romans (*l'Étang,* 1905 ; *les Sœurs en croix,* 1910 ; *la Cinquième Plaie,* 1912) et ses contes (*le Pré spirituel,* 1907 ; *Olia,* 1927), marqués par le symbolisme et le réalisme, le révélèrent comme un grand styliste et un maître du mot. Il émigra en France en 1921.

REMMAILLAGE [rɑ̃-] n. m. Couture utilisée pour assembler deux éléments de tricot bord à bord lorsque au moins l'un d'eux présente des risques importants de démaillage. (Syn. REMAILLAGE.)

REMMAILLER [rɑ̃-] v. t. **1.** Effectuer l'opération de remmaillage. — **2.** Relever et réparer les mailles d'un filet. (Syn. REMAILLER.)

REMMAILLEUR, EUSE [rɑ̃-] n. Personne pratiquant le remmaillage.

◆ **remmailleuse** n. f. Machine qui effectue le remmaillage.

REMMAILLOTER [rɑ̃-] v. t. (conj. **3**). Emmailloter de nouveau.

REMMANCHER [rɑ̃-] v. t. (conj. **3**). Emmancher de nouveau.

REMMENER [rɑ̃-] v. t. (conj. **19**). Emmener qqn à l'endroit d'où on l'avait amené.

REMMOULAGE [rɑ̃-] n. m. Assemblage des différentes parties d'un moule de fonderie avant la coulée du métal.

REMMOULER [rɑ̃-] v. t. (de *mouler*) [conj. **3**]. Procéder au remmoulage.

REMMOULEUR [rɑ̃-] n. m. Ouvrier fondeur chargé du remmoulage.

REMNOGRAMME n. m. Image obtenue par résonance magnétique nucléaire.

REMNOGRAPHE n. m. Appareil de remnographie.

REMNOGRAPHIE n. f. Syn. de RÉSONANCE* MAGNÉTIQUE NUCLÉAIRE.

REMODELAGE n. m. **1.** Action de remodeler. — **2.** Remaniement, rénovation faite à partir de nouvelles bases : *Remodelage d'un quartier ancien.*

REMODELER v. t. (conj. **25**). **1.** Modifier la forme ou l'aspect de qqch pour le rendre conforme à un modèle ou améliorer son esthétique : *Remodeler un visage.* — **2.** Donner à qqch une forme nouvelle adaptée aux besoins actuels, à une fonction spécifique : *Remodeler une institution.*

RÉMOIS, E adj. et n. (bas lat. *Remensis*). De Reims.

REMOND (Félix), ébéniste français (Saint-Loup-de-Fribois, Calvados, 1779 - Paris apr. 1840). Il fut l'un des initiateurs du style de la Restauration.

RÉMOND (René), universitaire, historien et politologue français (Lons-le-Saunier 1918). Spécialiste d'histoire politique contemporaine, un des principaux instigateurs du développement de l'histoire immédiate, il préside l'Institut d'histoire du temps présent (1979-1990) et la Fondation nationale des sciences politiques (depuis 1981). Ses principales œuvres sont *la Droite en France* (1954 ; éd. refondue en 1982 sous le titre *les Droites en France*), *la Vie politique en France* (*1789-1848,* 1966 ; *1848-1879,* 1969), *les Catholiques dans la France des années 30* (1979).

REMONTABLE adj. Qui peut être remonté.

REMONTAGE n. m. **1.** Action d'assembler de nouveau les diverses pièces d'une machine : *Le remontage d'un moteur.* — **2.** Action de tendre à nouveau le ressort d'un mécanisme : *Remontage d'une montre.*

REMONTANT, E adj. Qui fleurit à diverses époques de l'année (fraisier).

◆ **remontant** n. m. Boisson, médicament qui redonne de l'énergie, de la force.

REMONTE n. f. **1.** Action de remonter un cours d'eau. — **2.** Action de pourvoir en chevaux un corps de troupes. — **3.** Chacun des sauts qu'un étalon donne à une jument après le premier. — **4.** *Service des remontes,* service chargé jusqu'en 1926 de fournir l'armée en chevaux.

REMONTÉE n. f. **1.** Action de se déplacer en allant vers le haut : *La remontée des mineurs du fond du puits.* — **2.** Action d'aller vers l'amont d'un cours d'eau : *La remontée du Nil.* — **3.** Fait de retrouver un niveau supérieur après avoir baissé : *Remontée des cours de l'or.* — **4.** Action de remonter qqch de qqpart : *La remontée de la voiture accidentée a été difficile.* — **5.** Action pour un concurrent de rattraper ses adversaires. — **6.** *Remontée mécanique,* appareil utilisé par les skieurs pour remonter les pentes (téléski, télécabine, etc.). • **Hydrol.** *Remontée d'eau froide,* mouvement ascendant des eaux profondes vers la surface (favorisant la productivité biologique par apport d'éléments nutritifs dans la couche d'eau superficielle). [Syn. RÉSURGENCE D'EAU FROIDE, UPWELLING.] — **Matér.** *Remontée d'eau,* syn. de RESSUAGE. — **Pédol.** Phénomène s'opposant à l'entraînement des éléments minéraux par les eaux de drainage, lié au brassage biologique ou au cycle végétal, parfois à l'évaporation et à la capillarité.

REMONTE-PENTE n. m. (pl. *remonte-pentes*). Syn. de TÉLÉSKI.

REMONTER v. i. (conj. 3 ; auxil. *avoir* ou *être*). **1.** Monter de nouveau qqpart, regagner l'endroit d'où l'on est descendu, recommencer à monter dans un véhicule, à bicyclette, à cheval, etc. : *Remonter dans son bureau. Il ne remontera plus à bicyclette.* — **2.** Suivre une pente, une courbe ascendante après avoir effectué une descente : *L'avion descend puis remonte.* — **3.** Rebiquer et, en partic., ne pas rester en place, en parlant d'un vêtement : *Sa chemise remonte sans cesse.* — **4.** Atteindre un niveau supérieur après avoir baissé : *La fièvre du malade remonte. Élève qui a remonté (de trois places) ce trimestre.* — **5.** Aller vers la source d'un cours d'eau, retourner dans un endroit situé plus au nord ou retourner dans une grande ville : *Nous descendons à Lyon et nous remonterons à Paris après.* — **6.** Explorer le passé, se reporter par la pensée à une époque ou à un fait antérieurs : *Remonter dans ses souvenirs.* — **7.** Dater d'une certaine époque : *Cette institution remonte à la féodalité.* — **8.** Établir une relation de dépendance entre une donnée et une autre : *Remonter de l'effet à la cause.* • **Chorégr.** *En remontant,* indique que les pas sont exécutés en direction du fond de la scène. (Contr. EN DESCENDANT.) — **Hortic.** Fleurir de nouveau dans l'arrière-saison, en parlant d'une plante. — **Mar.** Se diriger vers le N., dans l'hémisphère boréal. — **Théâtr.** Aller de la rampe ou de l'avant-scène vers le fond du plateau.

◆ v. t. **1.** Parcourir de bas en haut ce qu'on a descendu : *Remonter l'escalier plusieurs fois par jour.* — **2.** Rattraper un concurrent qui se trouve à une certaine distance devant soi : *Coureur qui remonte un à un ceux qui l'avaient dépassé.* — **3.** Parcourir un cours d'eau ou le longer d'aval en amont : *Remonter un fleuve.* — **4.** Aller dans le sens inverse du mouvement général : *Remonter le flot des voyageurs.* — **5.** Parcourir une rue une autre fois dans le sens inverse, la suivre dans l'ordre inverse des numéros. — **6.** Porter qqch de nouveau en haut : *Remonter des meubles au grenier.* — **7.** Mettre, placer qqch à un niveau plus élevé, en augmenter la hauteur : *Remonter le niveau d'un quai.* — **8.** Mettre un vêtement plus haut à sa place : *Remonter ses chaussettes.* — **9.** Redonner à un ressort l'énergie nécessaire au fonctionnement : *Remonter une montre.* — **10.** Redonner à qqn de la vigueur, de l'énergie : *Ce fortifiant devrait vous remonter.* — **11.** Réajuster les parties d'un objet démonté, remettre en place un de ses éléments : *Démonter et remonter un moteur.* — **12.** Pourvoir de nouveau qqch de ce qui lui fait défaut, de ce qui lui est nécessaire : *Remonter sa garde-robe.* — **13.** Pourvoir en chevaux une formation militaire. — **14.** Fam. *Remonter le courant, la pente,* réagir, se sortir d'un mauvais pas, redresser une situation compromise. ‖ *Remonter une côte,* naviguer en suivant la côte dans une direction donnée.

◆ **être remonté** v. pass. *Fam.* **1.** Déborder de dynamisme : *Eh bien, toi, tu es remonté aujourd'hui !* — **2.** Être en colère contre qqn ou qqch et le manifester.

◆ **se remonter** v. pr. Se redonner des forces, du dynamisme : *Il a besoin de se remonter.*

REMONTOIR n. m. Dispositif au moyen duquel on peut remonter une montre, une pendule, une horloge sans l'aide d'une clef et sans être obligé de les ouvrir.

REMONTRANCE n. f. (de *remontrer*). Observation ayant un caractère de reproche : *Faire de sévères remontrances à un enfant.*

◆ **remontrances** n. f. pl. Observations présentées au roi par les cours souveraines, et en particulier par le parlement, à l'occasion de l'enregistrement d'un de ses actes législatifs (édit, ordonnance, etc.).

REMONTRER v. t. (conj. 3). **1.** Montrer de nouveau qqch (à qqn). — **2.** *En remontrer à qqn,* prouver qu'on est plus savant que lui, qu'on lui est supérieur, lui faire la leçon.

RÉMORA n. m. (lat. *remora,* retard). Poisson (échénéidé) des mers tropicales, dont la première nageoire dorsale est transformée en un disque adhésif par lequel il se fixe aux requins ou aux tortues. (Syn. SUCET.) Quelques espèces se rencontrent en Méditerranée. Les Anciens leur attribuaient le pouvoir de freiner les bateaux en s'y fixant.)

REMORAY *(lac de),* lac jurassien (Doubs) de 100 ha ; par la Taverne, il communique avec le lac de Saint-Point.

REMORDRE v. t. (conj. 76). Mordre de nouveau : *Se faire remordre par un chien.*

REMORDS n. m. (anc. fr. *remors,* part. pass. de *remordre*). **1.** Vive douleur morale causée par la conscience d'avoir mal agi : *Les remords le harcèlent.* — **2.** Vif regret : *Vous n'achetez pas le meuble, c'est sans remords ?*

REMORQUAGE n. m. Action de remorquer ; fait d'être remorqué.

REMORQUE n. f. **1.** Action de remorquer. — **2.** Véhicule routier sans moteur, tiré par un véhicule tracteur. — **3.** Voiture remorquée par un autorail ou une automotrice. — **4.** Câble destiné au remorquage d'un bateau. — **5.** *Être à la remorque de qqn,* se laisser diriger complètement par lui. ‖ *Prendre en remorque,* tirer un véhicule, un bateau, à l'aide d'une remorque, d'un câble, etc., alors qu'ils sont en panne ou pour les guider.

REMORQUER v. t. (ital. *rimorchiare,* du lat. pop. **remulculare,* du lat. class. *remulcum,* corde pour haler) [conj. 3]. 1. Tirer un véhicule, un bateau derrière soi : *Remorquer une caravane.* — 2. *Fam.* Emmener, traîner qqn derrière soi : *Elle remorque toujours avec elle ses deux enfants.*

REMORQUEUR, EUSE adj. 1. Qui remorque. — 2. *Avion remorqueur,* avion qui assure le remorquage d'un planeur au moyen d'un câble, largable à volonté.

◆ **remorqueur** n. m. 1. Bâtiment conçu pour déplacer d'un point à un autre des bâtiments de navigation dans un port, sur un fleuve, une rivière ou en mer. — 2. Véhicule spatial récupérable, conçu pour transférer des charges utiles d'une orbite terrestre à une autre d'altitude différente.

REMOUCHAMPS (Édouard), écrivain belge d'expression wallonne (Liège 1836-Grivegnée 1900), rénovateur du théâtre patoisant (*Tâtî l'pèriquî* [*Gautier le perruquier*], 1885) et de la création littéraire en dialecte wallon.

REMOUDRE v. t. (conj. 85). Moudre de nouveau.

REMOUILLER v. t. (conj. 3). Mouiller de nouveau.

RÉMOULADE n. f. (de *remouler,* intensif de *mouler,* écraser à la meule). Mayonnaise additionnée de moutarde et de fines herbes.

REMOULAGE n. m. 1. Action de remoudre. — 2. Résidu laissé par la transformation des semoules en farine.

RÉMOULEUR n. m. Personne dont l'activité, souvent ambulante, consiste à aiguiser les lames d'instruments tranchants.

REMOULINS (30210), ch.-l. de cant. du Gard, sur le Gard ; 1 780 hab. *(Remoulins).* Mairie dans une anc. église romane. Cultures fruitières. — Aux environs, pont du Gard*.

REMOUS n. m. (moyen fr. *remoudre,* de *moudre*). 1. Tourbillon d'eau qui se forme à l'arrière et sur les côtés d'un bâtiment de navigation en marche. — 2. Renflement de la surface de l'eau à l'amont d'un obstacle. — 3. Contre-courant qui s'établit le long des rives d'un cours d'eau. — 4. Mouvement massif en sens divers des gens ou des choses : *Les remous de la foule.* — 5. Mouvements divers qui agitent un pays, une assemblée : *Les remous politiques.*

REMPAILLAGE n. m. Action de rempailler un siège ; garniture du siège rempaillé.

REMPAILLER v. t. (de *empailler*) [conj. 3]. Refaire la garniture de paille d'un siège.

REMPAILLEUR, EUSE n. Personne qui rempaille les sièges.

REMPAQUETER v. t. (conj. 27). Empaqueter de nouveau.

REMPART n. m. (moyen fr. *emparer,* fortifier, avec l'infl. de *boulevart,* anc. forme de *boulevard*). 1. Massif de terre élevé portant le parapet et les banquettes de défense, qui constituait l'essentiel des enceintes fortifiées. — 2. Enceinte, terrassée ou non. — 3. Muraille épaisse dont on entourait les places de guerre ou les châteaux forts. — 4. Espace entre le mur d'enceinte et les habitations les plus proches (surtout pl.). — 5. *Litt.* Ce qui sert de défense, de protection : *Faire à qqn un rempart de son corps.*

REMPIÉTEMENT n. m. (de *empiéter*). Reprise en sous-œuvre des fondations d'un mur, d'un bâtiment.

REMPILER v. t. (conj. 3). Empiler de nouveau.
◆ v. i. *Pop.* Rengager dans l'armée.

REMPLAÇABLE adj. Que l'on peut remplacer.

REMPLAÇANT, E adj. et n. Qui remplace ou peut remplacer éventuellement une autre personne dans ses fonctions, son travail.

◆ **remplaçant** n. m. Celui qui accomplissait son service militaire à la place d'un autre.

REMPLACEMENT n. m. 1. Action de remplacer ; substitution à une autre personne ou à une autre chose : *Le remplacement des pneus usés.* — 2. Suppléance temporaire dans les fonctions de qqn d'autre : *Interne qui fait des remplacements.* — 3. Syn. de REMPLOI. — 4. Système qui permettait à certains privilégiés d'échapper à l'obligation du service militaire par l'achat d'un remplaçant. (Le remplacement, réglementaire en France de 1802 à 1855, puis à partir de 1868, a été supprimé par la loi de 1872.)

REMPLACER v. t. (anc. fr. *emplacer,* mettre en place) [conj. 16]. 1. Mettre qqch, qqn à la place de qqch, qqn d'autre destiné à remplir le même office, à jouer le même rôle : *Remplacer l'huile de colza par l'huile d'arachide. Remplacer un ouvrier tombé malade.* — 2. Remplir le rôle ou la fonction de qqch, de qqn, venir à sa place : *L'énergie nucléaire va remplacer le pétrole.* — 3. Exercer les fonctions de qqn à titre temporaire : *Je dois remplacer un médecin pendant ses vacances.* — 4. Succéder à qqch, à qqn : *Une génération remplace la précédente.*

REMPLAGE n. m. (de *remplir*). 1. Blocage de petits matériaux et de mortier dont on remplit l'espace vide entre les deux parements d'un mur ou dont on arase les reins d'une voûte. — 2. Armature de pierre des vitraux d'une fenêtre, formant un réseau ornemental (art gothique surtout). [Syn. RÉSEAU.]

REMPLI n. m. 1. Pliure en bordure d'un tissu pour former un ourlet, poser un biais, etc. — 2. Partie de la matière de recouvrement d'une couverture de livre relié qui est repliée et collée à l'envers des cartons.

REMPLIAGE n. m. Action de remplier.

REMPLIER v. t. (anc. fr. *emploier,* plier dans) [conj. **10**]. **1.** Replier sur lui-même, en le collant, le bord d'une pièce de la tige d'une chaussure. — **2.** Plier les bords de la matière de recouvrement d'une couverture de livre et les coller à l'envers des cartons.

REMPLIR v. t. (de *emplir*) [conj. **32**]. **1.** Mettre qqch en assez grande quantité dans un contenant, le rendre plein : *Déboucher une bouteille et remplir les verres.* — **2.** Faire venir en grand nombre des personnes dans un lieu : *Orateur qui ne remplit plus les salles.* — **3.** Occuper l'espace libre d'un lieu, en parlant d'un contenu : *L'article remplit la première page du journal ;* en parlant de personnes, s'y trouver en grand nombre : *Des manifestants remplissaient les rues.* — **4.** Occuper un temps : *Il a bien rempli sa journée.* — **5.** Combler un trou, une lacune, etc. : *Trouver quelque chose à dire pour remplir le silence. Remplir un manque.* — **6.** Compléter un imprimé en portant les indications demandées dans les espaces prévus à cet effet : *Remplir un questionnaire, un chèque.* — **7.** Pénétrer qqn d'un sentiment, d'une impression : *Cette nouvelle nous a remplis de joie.* — **8.** Accomplir, réaliser une fonction, un rôle, etc. : *Remplir ses engagements.* — **9.** Pouvoir satisfaire à une condition : *Remplir les conditions exigées pour participer à un scrutin.* — **10.** *Remplir l'attente, les espérances de qqn,* accomplir ce qu'il attendait, ne pas trahir sa confiance.

◆ **être rempli** v. pass. **1.** Être plein, bourré de qqch, de personnes : *Ce texte est rempli d'erreurs.* — **2.** Être pénétré d'un sentiment : *Être rempli de joie.* — **3.** Être accompli, tenu : *Une promesse remplie.* — **4.** *Être bien rempli,* ne pas comporter de temps libre. ‖ Litt. *Être rempli de soi-même, de son importance,* avoir une très haute opinion de soi-même, de sa valeur.

◆ **se remplir** v. pr., **être rempli** v. pass. Recevoir qqch comme contenu : *Retenue d'eau qui se remplit à la fonte des neiges.*

REMPLISSAGE n. m. **1.** Action de remplir : *Remplissage d'un verre.* — **2.** Ce qui allonge un texte sans rien ajouter de significatif : *Dans cette dissertation, il y a du remplissage.* — **3.** Éléments intermédiaires, sans fonction structurale essentielle, dans un pan de bois ou un plancher. — **4.** Pièce de bois servant à remplir un vide. — **5.** *Coefficient* ou *taux de remplissage,* pour un moyen de transport en commun, rapport du nombre moyen des places occupées par les voyageurs à celui des places disponibles.

REMPLOI n. m. **1.** Mise en œuvre, dans une construction, d'éléments, de matériaux provenant d'une construction antérieure. (On dit aussi RÉEMPLOI.) — **2.** Acquisition d'un bien avec les deniers provenant de l'aliénation d'un propre. (Syn. REMPLACEMENT.)

REMPLOYER ou **RÉEMPLOYER** v. t. (conj. **13**). **1.** Employer de nouveau. — **2.** Faire le remploi d'un bien.

REMPLUMER v. t. (conj. **3**). **1.** Regarnir de plumes. — **2.** *Fam.* Redonner une certaine prospérité, rétablir les finances : *Son mariage l'avait remplumé.*

◆ **se remplumer** v. pr., **être remplumé** v. pass. **1.** En parlant des oiseaux, se regarnir de plumes. — **2.** *Fam.* Rétablir sa situation financière. — **3.** *Fam.* Reprendre des forces, du poids après une maladie.

REMPOCHER v. t. (conj. **3**). Remettre dans sa poche.

REMPOISSONNEMENT n. m. Action de rempoissonner.

REMPOISSONNER v. t. (conj. **3**). Repeupler de poissons un étang, un cours d'eau.

REMPORTER v. t. (conj. **3**). **1.** Emporter d'un lieu ce qu'on y avait apporté : *N'oubliez pas de remporter votre disque.* — **2.** Être vainqueur : *Remporter la victoire dans un concours. Remporter le match.* — **3.** Obtenir un succès, une récompense : *Son livre a remporté un vif succès.*

REMPOTAGE n. m. Action de changer une plante de pot.

REMPOTER v. t. (conj. **3**). Effectuer le rempotage d'une plante.

REMPRUNTER → RÉEMPRUNTER.

REMSCHEID, v. d'Allemagne (Rhénanie-du-Nord-Westphalie), dans la Ruhr ; 124 000 hab. Aciérie. Constructions mécaniques et électriques.

REMUABLE adj. Que l'on peut remuer.

REMUAGE n. m. **1.** Action de remuer du blé pour l'éventer. — **2.** Oscillation donnée aux bouteilles de champagne placées sur pointe pour faire tomber tout le dépôt sur le bouchon.

REMUANT, E adj. **1.** Qui est toujours en mouvement, qui ne peut pas rester en place : *Un enfant remuant.* — **2.** Qui se plaît dans l'agitation, l'activité, le changement : *Un garçon remuant, dynamique.*

REMUE n. f. (de *remuer*). **1.** Montée des animaux aux alpages, par étapes, destinée à utiliser progressivement les pâturages. — **2.** Lieu de séjour temporaire du bétail dans un haut pâturage. — **3.** Abri rudimentaire du haut pâturage.

REMUE-MÉNAGE n. m. inv. **1.** Dérangement de meubles, d'objets qui sont changés de place : *Le* *déménagement a entraîné du remue-ménage.* — **2.** Agitation bruyante de gens qui vont en tous sens : *Il y avait sur le quai un remue-ménage effroyable.*

REMUE-MÉNINGES n. m. inv. Syn. de BRAINSTORMING.

REMUEMENT n. m. *Litt.* **1.** Fait de remuer ; mouvement de ce qui remue : *Le remuement des lèvres.* — **2.** Bruit résultant de l'action de remuer ou de se remuer.

REMUER v. t. (de *muer*) [conj. 7]. **1.** Faire changer un objet de place, de position : *Une malle difficile à remuer.* — **2.** Bouger, mouvoir une partie de son corps : *Remuer la tête.* — **3.** Agiter, déplacer les parties ou les éléments d'une matière, d'un liquide : *Remuer son café avec une cuiller.* — **4.** Évoquer qqch de passé : *Remuer de vieux souvenirs.* — **5.** Émouvoir profondément qqn, le troubler : *Trouver les accents qui remuent l'auditoire.*

◆ v. i. **1.** Bouger, se déplacer faiblement, être ébranlé : *Avoir une dent qui remue.* — **2.** Faire un ou des mouvements, changer de position : *Cet animal n'est pas mort, il remue encore.* — **3.** Passer à l'action, s'agiter, se révolter : *Une minorité qui commence à remuer.*

◆ **se remuer** v. pr. **1.** Bouger, s'activer : *Allez, remue-toi et viens m'aider.* — **2.** Faire des efforts pour obtenir le résultat souhaité : *Se remuer pour obtenir un emploi.*

REMUEUR, EUSE adj. et n. **1.** *Vx.* Qui remue, suscite des troubles. — **2.** Personne qui effectue le remuage des bouteilles de champagne. — **3.** *Remueur d'idées,* personne qui met en branle beaucoup d'idées.

REMUGLE n. m. (anc. scand. *mygla,* moisi). *Litt.* Odeur particulière que contractent les objets longtemps renfermés ou exposés à un mauvais air.

RÉMUNÉRATEUR, TRICE adj. (bas lat. *remunerator*). Qui procure un avantage pécuniaire : *Travail rémunérateur.*

RÉMUNÉRATION n. f. (lat. *remuneratio*). Prix d'un travail fourni, d'un service rendu : *C'est la rémunération de son travail.*

RÉMUNÉRER v. t. (lat. *remunerare,* récompenser, de *munus, -eris,* présent) [conj. 18]. **1.** Payer à qqn une somme donnée en échange d'un travail ou d'un service : *Rémunérer des ouvriers pour les heures supplémentaires.* — **2.** Donner de l'argent pour un travail : *Rémunérer les services d'un jardinier.*

REMUS, selon la légende, frère jumeau de Romulus, allaité comme lui par la Louve. Il s'était installé sur l'Aventin. Il fut tué par Romulus*.

RÉMUSAT (Claire Élisabeth GRAVIER DE VERGENNES, *comtesse* DE), femme de lettres française (Paris 1780 - *id.* 1821). Dame d'honneur de Joséphine, auteur de *Mémoires* (1879-80) sur la Cour de Napoléon Ier et d'un *Essai sur l'éducation des femmes* (1824).

RÉMUSAT (Abel), sinologue français (Paris 1788 - *id.* 1832). Il est l'un des créateurs des études chinoises en France : *Essai sur la langue et la littérature chinoises* (1811).

RÉMUSAT (Charles François Marie, *comte* DE), *homme politique français* (Paris 1797-*id.* 1875). Député libéral (1830-1847), il fut ministre de l'Intérieur en 1840. Proscrit de 1851 à 1859, il fut plus tard ministre des Affaires étrangères de Thiers (1871-1873). Il a laissé des *Mémoires.* (Acad. fr., 1846.)

REMY *(saint)* → REMI.

REMY (Joseph), pisciculteur français (La Bresse, près de Remiremont, 1804-1855). Il a découvert les moyens de fécondation artificielle des poissons qui devaient fonder les techniques de la pisciculture.

RÉMY (Gilbert RENAULT, dit **le colonel**), écrivain et résistant français (Vannes 1904 - Guingamp 1984). Engagé dans les Forces françaises libres (1940), il fonda le deuxième réseau de renseignements créé en France occupée, baptisé « Confrérie Notre-Dame ». Il a publié de nombreux ouvrages sur la Résistance.

RENÂCLER v. i. (anc. fr. *renaquer,* reculer, avec l'infl. de *renifler*) [conj. 3]. Faire du bruit en reniflant, en parlant d'un animal.

◆ v. t. ind. Témoigner de la répugnance pour qqch : *Renâcler à faire une besogne ennuyeuse.*

1. RENAISSANCE n. f. (de *renaître,* d'apr. *naissance*). **1.** *Litt.* Action de renaître : *Les renaissances continuelles du phénix.* — **2.** *Litt.* Nouvelle vie, nouvelle vigueur : *Sa guérison fut une véritable renaissance.* — **3.** Nouvel essor, renouveau : *La renaissance du Japon après la guerre.* — **4.** Époque de rénovation culturelle et artistique succédant à une période pauvre ou jugée telle : *La renaissance carolingienne.*

2. RENAISSANCE n. f. (de *renaissance 1*). **1.** Mouvement de rénovation culturelle et artistique qui prit sa source en Italie au XVe s. et se répandit dans toute l'Europe au XVIe s. — **2.** En apposition, indique ce qui appartient à l'époque ou au style de la Renaissance des XVe-XVIe s. (avec une majusc. et inv.) : *Une église Renaissance.* — **3.** *Broderie Renaissance,* broderie à jour dont les motifs ne présentent que le contour festonné et sont reliés entre eux par des brides.

ENCYCL. • *Beaux-arts.* La révolution qui, dans le domaine artistique, s'accomplit au XVe s. en Italie ne peut se comprendre si l'on n'évoque la situation politique de la péninsule et le climat d'effervescence intellectuelle et de crise spirituelle qui y régnait, lié à l'épanouissement de l'humanisme* et présidant à un nouveau système formel et iconographique puisé aux sources de l'Antiquité. En architecture, les écrits de Vitruve sont édités et commentés, les « ordres » établis comme règles, les lois des proportions scrutées. En sculpture, les statues, les bustes, les flancs des sarcophages romains fournissent des modèles révérés, les éléments décoratifs sont copiés. La mythologie et l'histoire antiques proposent un répertoire de thèmes et bientôt un nouveau système de symboles sans effacer l'iconographie chrétienne.

C'est à Florence*, dès les premières années du XVe s., que tous ces éléments se conjuguent dans l'art des Brunelleschi, Donatello, Masaccio et dans la pensée d'un L. B. Alberti. Cette *première Renaissance* gagne rapidement l'ensemble de l'Italie, trouvant de nouveaux élans dans les cours princières d'Urbino, Ferrare, Mantoue, Milan ainsi qu'à Venise.

Au début du XVIe s., le rôle d'entraînement passe de Florence à Rome. C'est la *seconde Renaissance* (ou *Renaissance classique*), œuvre d'artistes d'origines diverses, rassemblés par les papes : Bramante, Michel-Ange, Léonard de Vinci, Raphaël. Au nord, Parme, avec le Corrège, Venise, avec Giorgione, puis Titien et Palladio, constituent autant de foyers créatifs, tandis qu'une vague d'italianisme se répand sur l'Europe. Comme, très tôt, la Hongrie (règne de Mathias Corvin) et les terres slaves (Moscou dès 1475), sont touchées, par le biais du décor tout d'abord, l'Espagne (style *plateresque*) et, par suite des guerres d'Italie, la France : arabesques, grotesques, médaillons, pilastres ordonnés animent les façades des châteaux d'Amboise, Blois, Chambord. L'Allemagne avec Dürer, les Flandres, grâce à J. Gossart (initiateur du *romanisme*), sont également marquées par la nouvelle esthétique.

Dans le 2e tiers du XVIe s., environ, s'épanouit en Europe la phase *maniériste** de la Renaissance, qui voit une exaspération des acquis antérieurs, en peinture et en sculpture surtout, l'architecture adoptant progressivement le vocabulaire classique (P. Machuca en Espagne, Lescot et Delorme en France). Le maniérisme italien (Pontormo, le Parmesan, J. Romain), importé en France par le Rosso et le Primatice, règne d'emblée à Fontainebleau*, qui devient un centre d'attraction, au même titre que Rome, pour des peintres flamands tels que F. Floris et B. Spranger.

Cependant, avec la Contre-Réforme, définie par le concile de Trente, une dernière phase se joue en Italie. L'évolution vers un classicisme épuré s'accentue en architecture (le Gesù de Vignole, l'Escorial de J. B. de Toledo et J. de Herrera). Les peintres, dans le même temps, s'efforcent de s'adapter aux nouvelles exigences de l'art religieux (Véronèse, le Tintoret puis les Carrache), lesquelles engendreront progressivement un grand art surtout sacré, le baroque, dont la ferveur et l'élan remplaceront, sans l'effacer tout à fait, l'idéal esthétique de la Renaissance.

• *Littérature* → HUMANISME.

• *Musique.* La Renaissance en musique se situe de l'aube du XVe s. à l'aube du XVIIe s. et correspond à l'âge d'or de la polyphonie. Les musiciens du quattrocento italien cultivent la frottola, la laude, alors que les Bourguignons et les Franco-Flamands s'expriment par la messe, le motet, la chanson, toutes formes qui vont pénétrer l'Italie. Josquin Des Prés représente l'aboutissement de ce mouvement et l'ouverture vers une deuxième période qui coïncide avec la Réforme en Allemagne (psaume, choral), l'épanouissement de la chanson française et du madrigal italien. Janequin, Lassus, Palestrina, Victoria illustrent cette époque. Dans les dernières décennies du XVIe s. se forge un style monodique qui aboutira à la création de l'opéra (1600). Parallèlement, l'art instrumental devient une réalité.

RENAISSANT, E adj. **1.** Qui est en train de renaître : *Des obstacles renaissants.* – **2.** Qui a trait à la Renaissance.

RENAÎTRE v. i. (conj. **92** ; inusité aux temps composés). **1.** Naître de nouveau, revenir à la vie : *Le phénix renaissait de ses cendres.* – **2.** Croître, se développer de nouveau, en parlant des végétaux : *La végétation renaît à chaque printemps.* – **3.** Reparaître, recommencer à exister : *L'espoir renaît.* – **4.** Recouvrer sa vigueur, sa vitalité, ses forces : *Se sentir renaître après une longue maladie.* ◆ v. t. ind. *Litt.* Retrouver un certain état, son aptitude à éprouver tel ou tel sentiment : *Renaître à la vie.*

RENAIX → RONSE.

RÉNAL, E, AUX adj. (bas lat. *renalis,* du lat. class. *ren, renis,* rein). **1.** Relatif au rein. – **2.** *Artères rénales,* branches de l'aorte, au nombre de deux, une droite, l'autre gauche, qui irriguent les reins. ‖ *Insuffisance rénale,* diminution de la fonction d'épuration des deux reins. (→ *encycl.*) ‖ *Loge rénale,* espace limité par une enveloppe fibreuse qui contient le rein. ‖ *Veines rénales,* branches de la veine cave inférieure, au nombre de deux, l'une droite, l'autre gauche, qui collectent le sang veineux des reins.

ENCYCL. **Méd.** L'*insuffisance rénale aiguë* se manifeste par un arrêt total ou presque de l'émission spontanée des urines. Elle résulte d'un

obstacle (lithiase) sur les voies excrétrices, d'une insuffisance fonctionnelle (défaut de perfusion) ou d'une atteinte organique aiguë des deux reins (toxique ou immunologique), nécessitant une épuration extrarénale.
L'*insuffisance rénale chronique* voit les deux reins se détruire progressivement. À l'insuffisance de la fonction d'épuration s'ajoute la diminution de l'absorption intestinale du calcium (provoquant à la longue des troubles sanguins et osseux) et de la synthèse de l'érythropoïétine (entraînant une anémie). Il faut recourir à l'épuration extrarénale définitive ou à une transplantation* rénale.

RENAN (Ernest), écrivain français et historien des religions. (Tréguier 1823 - Paris 1892). À l'issue de sept années d'études ecclésiastiques (1838-1845), il traverse une crise religieuse à la fois d'ordre intellectuel et d'ordre psychologique qui le pousse à renoncer au sacerdoce. Ayant obtenu tous les grades universitaires dans la discipline philosophique, il voyage en Syrie et en Palestine (1861), où il a la « révélation » d'un « cinquième évangile », celui qui ferait revivre Jésus comme un homme incomparable, sans dimensions divines. C'est ce Jésus que Renan présente lors de sa leçon inaugurale au Collège de France (1862) et dans sa *Vie de Jésus* (1863), qui provoquent un scandale. Immédiatement suspendu, Renan sera réintégré dans sa chaire en 1870. Il poursuit ses travaux, notamment son *Histoire des origines du christianisme* (7 vol., 1863-1881, dont la *Vie de Jésus* constitue le premier volume), que suit l'*Histoire du peuple d'Israël* (5 vol., 1887-1894).
Épigraphiste de renommée mondiale, initiateur du *Corpus inscriptionum semiticarum,* il renouvelle les connaissances relatives aux peuples sémitiques ; il entre à l'Académie française en 1878. Ses *Drames philosophiques* (1878-1886) et ses *Souvenirs d'enfance et de jeunesse* (1883), qui comportent la *Prière sur l'Acropole,* sont des chefs-d'œuvre.

RENARD n. m. (frq. *Reginhart,* n. du héros du *Roman de Renart*). **1.** Mammifère carnivore voisin du chien, à la queue touffue, aux grandes oreilles, au museau pointu et au pelage roux, qui passe pour un chasseur très rusé. (→ *encycl.*) — **2.** Fourrure de cet animal *(renard roux, renard argenté, renard gris).* — **3.** Personne rusée et fourbe. — **4.** Mur aveugle, décoré sur le modèle d'un autre, percé de baies, qui lui est symétrique. — **5.** Développement progressif d'une fuite à travers un barrage ou une digue. — **6.** *Renard de mer,* requin à museau court et rond, à la longue caudale dissymétrique, commun sur les côtes d'Europe (taille 6 m pour 500 kg). ‖ *Renard polaire,* nom usuel de l'*isatis.* ‖ *Renard des sables,* autre nom du fennec.

ENCYCL. Le renard se rend parfois nuisible en saccageant les poulaillers, mais il détruit beaucoup de rongeurs. Une chasse excessive l'a rendu rare. On l'a accusé récemment de propager la rage en France.

RENARD (Petit) [en lat. *Vulpecula, -ae*], petite constellation boréale, au sud du Cygne, introduite au XVIIe s. par Hevelius.

RENARD (Michel, *abbé*), poète folkloriste belge d'expression wallonne (Braine-l'Alleud 1829 - Bruxelles 1904), auteur de poèmes épiques (*lès Aventures de Djan d'Nivèles, èl fi di s'père* (1857, 1878, 1890), *l'Argayon, èl djeyant d'Nivèles* (1893).

RENARD (Charles), aéronaute français (Damblain, Vosges, 1847 - Meudon 1905). Il effectua en compagnie du capitaine Krebs le premier vol en circuit fermé (9 août 1884) à bord du dirigeable *France.* Outre les recherches qu'il mena notamment sur les hélices sustentatrices ou propulsives, il inventa le moulinet dynamométrique connu sous son nom. Il imagina une série de nombres, appelés par la suite normaux, qui ont servi de base à la normalisation.

RENARD (Jules), écrivain français (Châlons, Mayenne, 1864 - Paris 1910). Auteur de romans et de nouvelles réalistes à l'humour cruel (*l'Écornifleur,* 1892, porté à la scène sous le titre *Monsieur Vernet* en 1903 ; *Histoires naturelles,* 1896 ; *les Philippe,* 1907), il a fait d'un enfant souffre-douleur le héros de son chef-d'œuvre à caractère autobiographique, *Poil de carotte* (1894), porté à la scène en 1900. Cofondateur du *Mercure de France* (1889), auteur de pièces à succès (*le Pain de ménage,* 1898), il a laissé de précieux renseignements sur la vie littéraire de son époque dans son *Journal* (1925-1927).

RENARDE n. f. Femelle du renard.

RENARDEAU n. m. Jeune renard de moins d'un an.

RENARDIÈRE n. f. **1.** Tanière du renard. — **2.** Au Québec, ferme d'élevage de renards.

RENART (Jean) → JEAN RENART.

Renart *(Roman de),* série de 28 contes à rire, ou « branches », français des XIe et XIIe s. dont les plus anciens sont dus à Pierre de Saint-Cloud, inspiré par l'*Ecbasis captivi* (Xe s.), récit de la rivalité du loup et du goupil, et surtout par l'*Ysengrimus* de Nivard de Gand (1148), épopée satirique latine. Parodie des chansons de geste et des romans courtois à l'aide de figures animales : le goupil (Renart), le loup (Ysengrin), le lion (Noble), l'ours (Brun), le chat (Tibert), l'âne (Baudouin), etc., ces contes évoluèrent vers la satire sociale et politique.

RENAU D'ÉLIÇAGARAY ou **ÉLISSAGARAY** (Bernard), dit **le Petit Renau** ou **le Poète de la mer,**

ingénieur militaire français (Armendarits, Pyrénées-Atlantiques, 1652 - Pougues 1719). Il mit au point une machine destinée à tracer le gabarit des vaisseaux et un nouveau type de bâtiment plus armé, les galiotes à bombes, qu'il mena lui-même contre Alger (1682) et Gênes (1684). On lui doit une *Théorie de la manœuvre des vaisseaux* (1689).

RENAUD DE CHÂTILLON († Ḥaṭṭīn 1187). Aventurier, il devint par ses mariages successifs prince d'Antioche (1153-1160) puis seigneur d'outre-Jourdain (1177-1187). Il guerroya contre les Byzantins et les musulmans. Capturé par Saladin, il fut exécuté.

RENAUD (Madeleine), actrice française (Paris 1900 - Neuilly-sur-Seine 1994). Elle a appartenu à la Comédie-Française de 1921 à 1947, avant de créer, avec Jean-Louis Barrault, la « Compagnie Renaud-Barrault ». Interprète, au théâtre, du répertoire traditionnel et moderne (Montherlant, Claudel, Mauriac, Beckett, M. Duras, etc.), elle a également joué dans de nombreux films : *Jean de la Lune* (1931), *la Maternelle* (1933), *Maria Chapdelaine* (1934), *Remorques* (1941), *Le ciel est à vous* (1944), *le Diable par la queue* (1968).

RENAUD (Renaud SÉCHAN, dit), chanteur français (Paris 1952). Il exprime, dans un vocabulaire mêlé d'argot ou de verlan, les révoltes et les émotions de sa génération *(Dans mon H. L. M., Mon beauf, En cloque, Miss Maggie, Mistrals gagnants).*

Renaud (Rinaldo), personnage du *Roland* furieux* de l'Arioste et de *la Jérusalem* délivrée* du Tasse.

RENAUDER v. i. (moyen fr. *Parler renaud,* nasiller, var. de *renard*) [conj. **3**]. *Pop.* et *vx.* Se plaindre, protester, râler.

RENAUDOT (Théophraste), médecin et journaliste français (Loudun 1586 - Paris 1653). Il a créé *la Gazette** (1631), qui marqua le début de la presse en France. Un prix Renaudot « Essai » a été créé en 1996.

Renaudot *(prix Théophraste),* prix littéraire français fondé en 1925, décerné chaque année à la même époque que le prix Goncourt à l'auteur d'un roman, d'un récit, d'un recueil de contes ou de nouvelles.

RENAULT (Bernard), paléobotaniste français (Autun 1836 - Paris 1904). Il décrivit des groupes entiers de végétaux fossiles inconnus avant lui, notamment les micro-organismes des combustibles fossiles.

RENAULT (Louis), industriel français (Paris 1877 - *id.* 1944). En 1898, il construit sa première voiture puis fonde « Renault frères », entreprise installée à Billancourt pour construire avec l'aide de ses frères des voitures de faible dimension. À partir de 1899, une notoriété considérable s'attache à sa marque, qui gagne toutes les courses de cette époque. Seul à partir de 1909, L. Renault agrandit ses usines, qui, pendant la Première Guerre mondiale, travaillent pour l'aviation et fabriquent des munitions. En 1918 est mis au point le *tank Renault,* présent dans toutes les offensives.
Ses usines ayant travaillé, pendant la Seconde Guerre mondiale, pour les autorités allemandes, Louis Renault est inculpé à la Libération pour faits de collaboration. Il meurt avant d'avoir pu exposer sa défense, et son entreprise est nationalisée.

Renault, société française issue des usines fondées en 1898 par les frères RENAULT. Nationalisée en 1945, la *Régie nationale des usines Renault* a vu l'État se désengager largement, en 1994, de son capital, qui est devenu majoritairement privé (56 %) en 1996. L'entreprise, qui a repris le nom de *Renault* en 1995, fabrique des voitures, des véhicules industriels et des matériels agricoles.

RENAZÉ (53800), comm. du sud-ouest de la Mayenne ; 2 874 hab. *(Renazéens).* Métallurgie. Ardoisières.

RENCAISSAGE n. m. Action de rencaisser une plante.

RENCAISSEMENT n. m. Action de rencaisser une somme d'argent.

RENCAISSER v. t. (conj. **4**). **1.** Mettre à nouveau une plante en caisse. – **2.** Encaisser de nouveau une somme d'argent.

RENCARD, RENCARDER → RANCARD, RANCARDER.

RENCHAÎNER v. t. (conj. **4**). Attacher de nouveau avec une chaîne.

RENCHÉRIR v. i. (de *enchérir*) [conj. **32**]. Augmenter de prix, devenir plus cher : *Les loyers ont bien renchéri.*
◆ v. t. Rendre plus cher : *Toutes ces mesures renchérissent les prix.*
◆ v. t. ind. **1.** Faire une enchère supérieure. – **2.** Aller plus loin qu'un autre dans ses propos, ses actes : *Il renchérit sur tout ce que je dis.*

RENCHÉRISSEMENT n. m. Augmentation de prix, hausse du coût de la vie.

RENCHÉRISSEUR, EUSE n. Personne qui renchérit, fait une enchère supérieure.

RENCOGNER v. t. (anc. fr. *s'encoigner,* de *coin*) [conj. **3**]. *Fam.* et *vx.* Pousser qqn qqpart, le serrer dans un coin.

1. RENCONTRE n. f. (de *rencontrer*). **1.** Fait de rencontrer qqn, de se trouver en sa présence sans l'avoir cherché : *Faire une rencontre inattendue.* – **2.** Entrevue, conversation concertée entre deux ou plusieurs personnes : *Une rencontre de* *chefs d'État.* — **3.** Compétition sportive : *Une rencontre de rugby.* — **4.** Engagement, combat imprévu entre deux détachements ennemis en mouvement : *Une rencontre qui a fait deux morts.* — **5.** Duel, combat singulier : *Convenir des conditions de la rencontre.* — **6.** Fait, pour deux choses, de se rencontrer, d'entrer en contact ou en collision : *La rencontre de deux cours d'eau.* — **7.** Au billard, choc de billes venant de directions opposées. — **8.** *Aller, venir à la rencontre de qqn,* se diriger vers qqn qui vient en sens inverse pour le rejoindre. ‖ Litt. *De rencontre,* ce qui arrive, survient par hasard. ‖ *Faire la rencontre de qqn,* faire sa connaissance, nouer des relations avec lui. ‖ *Mauvaise rencontre,* rencontre de qqn de dangereux.

2. RENCONTRE n. m. (anc. fr. *encontrer,* être de face). En héraldique, tête d'animal, en particulier de cerf, de bélier ou de bœuf, représentée de face.

RENCONTRER v. t. (anc. fr. *encontrer,* de *encontre*) [conj. 3]. **1.** Croiser qqn sur son chemin, se trouver en sa présence sans l'avoir voulu : *Rencontrer un ami dans la rue.* — **2.** Faire la connaissance de qqn, entrer en relation avec lui : *On rencontre chez lui des gens intéressants.* — **3.** Avoir une entrevue, un entretien avec qqn : *Une délégation syndicale doit rencontrer la direction.* — **4.** Affronter un adversaire, une équipe dans un match, une compétition. — **5.** Trouver qqch au cours d'une action : *Rencontrer une poche de gaz lors d'un forage.* — **6.** Heurter violemment qqch : *La voiture a rencontré un platane.* — **7.** Se trouver impliqué dans un événement : *C'est une occasion comme on en rencontre peu.* — **8.** Susciter telle réaction, tel sentiment chez autrui, dans un public : *Ses projets rencontrent le scepticisme.* — **9.** *Rencontrer le regard de qqn,* le regarder au moment où il vous regarde. — **10.** En géométrie, avoir une intersection non vide.

◆ **se rencontrer** v. pr. **1.** Se trouver en même temps au même endroit : *Ils se sont rencontrés à la gare.* — **2.** Faire connaissance : *Nous nous sommes rencontrés chez des amis.* — **3.** *Litt.* Être du même avis que qqn. — **4.** Se rejoindre, confluer : *La Dordogne et la Garonne se rencontrent au bec d'Ambès.* — **5.** Entrer en collision : *Les deux voitures se sont rencontrées à vive allure.* — **6.** Se trouver, se constater, exister : *S'il se rencontre une difficulté, venez me trouver.* — **7.** *Cela se rencontre,* cela existe, peut se trouver. ‖ *Les grands esprits se rencontrent,* se dit quand deux personnes expriment la même idée en même temps.

RENDANT, E n. Qui rend compte.

RENDEMENT n. m. (de *rendre*). **1.** Production évaluée par rapport à une norme, à une unité de mesure : *Le rendement d'un puits de pétrole.* — **2.** Rentabilité des capitaux employés, d'une somme placée ou investie : *Placement d'un bon rendement.* — **3.** Efficacité de qqn dans le travail : *Il s'applique, mais le rendement est nul.* — **4.** Rapport de l'énergie ou d'une autre grandeur fournie par une machine à l'énergie ou à la grandeur correspondante consommée par cette machine. (→ *encycl.*) • **Agric.** Poids, volume d'une récolte rapporté à l'unité de surface, souvent exprimé en quintaux ou en tonnes par hectare. — **Chim.** Au cours d'une réaction chimique, pourcentage des molécules d'une espèce chimique soumises à une transformation qui a conduit à un produit donné. (Une réaction n'étant généralement pas totale, son *rendement théorique,* qui dépend de la température et de la concentration des réactifs, est inférieur à l'unité. Le *rendement pratique,* inférieur au précédent, dépend en outre du temps pendant lequel les réactifs sont laissés au contact.) — **Écon.** *Loi des rendements décroissants,* loi selon laquelle, si l'on augmente d'une unité un seul des facteurs d'un processus de production, les autres restant inchangés, le supplément de production consécutif (ou rendement) augmente jusqu'à un maximum, puis diminue. — **Électr.** Rapport de la puissance utile à la puissance absorbée par un dispositif électrique. — **Industr.** Quantité produite, par unité de temps, par une main-d'œuvre ou des équipements. — **Min.** *Rendement métal,* taux de récupération du métal contenu dans un minerai lors d'un traitement. ‖ *Rendement poids,* ou *pondéral,* rapport de la masse de produit sortant d'un traitement à la masse de produit entrant. — **Peint.** *Rendement superficiel spécifique d'une peinture,* surface qu'il est possible de recouvrir en une couche avec l'unité de volume (ou de masse) de la peinture.

ENCYCL. **Thermodyn.** Dans les opérations mécaniques pures, le rendement est le rapport de deux travaux. Il est toujours inférieur à l'unité, parce qu'il se dissipe toujours un certain travail sous forme de chaleur. Il en est de même pour les transformations d'énergie mécanique en énergie électrique ou inversement.

Dans le cas des machines thermiques, fonctionnant suivant un cycle comprenant des échanges avec une source chaude et une source froide, on définit le rendement par le rapport de l'énergie mécanique produite à la chaleur prise à la source chaude. Aucun des cycles réels possibles ne peut avoir un rendement supérieur à celui du cycle de Carnot*, cycle réversible dont le rendement est égal au rapport de la différence de température entre les deux sources à la température absolue de la source chaude. Il est nécessairement inférieur à 1 et ne s'en rapprocherait que si la température de la source froide se rapprochait du zéro absolu.

En revanche, les machines fonctionnant suivant un cycle inversé, recevant du travail, de la chaleur de la source froide et cédant de la chaleur à la source chaude (machines frigorifiques, pompes à chaleur), ont un « rendement » supérieur à l'unité, que l'on préfère, pour éviter toute confusion, désigner par le terme « efficacité » ou « coefficient de performance ».

RENDEZ-VOUS n. m. (impératif de *se rendre*). **1.** Rencontre prévue entre deux ou plusieurs personnes à une même heure dans un même lieu : *Prendre rendez-vous chez le médecin.* — **2.** Lieu où l'on doit se rencontrer : *Être le premier à un rendez-vous.* — **3.** Lieu qui sert de point de rencontre, de réunion habituelle : *Ce café est le rendez-vous des artistes.* — **4.** Rencontre aménagée entre partenaires sociaux pour discuter des problèmes en suspens. — **5.** *Être au rendez-vous,* se produire au moment où on l'attendait : *La reprise des affaires n'était pas au rendez-vous.* ‖ *Rendez-vous spatial,* opération par laquelle un véhicule spatial en rejoint un autre en orbite autour de la Terre ou d'un autre corps céleste. (Le premier rendez-vous spatial a eu lieu le 15 déc. 1965, entre les cabines américaines Gemini 6 et 7.)

RENDORMIR v. t. (conj. **36**). Endormir de nouveau.

RENDRE v. t. (lat. pop. **rendere,* du lat. class. *reddere*) [conj. **73**]. **1.** Restituer à qqn ce qui lui appartient ou ce qui lui revient de droit : *Rendre à son propriétaire un livre prêté. Les ravisseurs ont rendu leur otage.* — **2.** Renvoyer, rapporter à qqn ce qu'on a reçu de lui et qu'on ne veut ou ne peut garder : *Rendre à un commerçant un article défectueux.* — **3.** Donner qqch en retour, en échange de ce qu'on a reçu : *Rendre la monnaie sur cent francs.* — **4.** Redonner une qualité, une faculté à qqn qui en a été privé : *Rendre la vue à un aveugle. Rendre la liberté à un prisonnier.* — **5.** Suivi d'un nom, entre avec le sens de « donner » dans des loc. verbales : *Rendre grâce à Dieu. Rendre visite à un ami. Rendre les honneurs à un chef d'État.* — **6.** Donner en retour : *Rendre un baiser. Rendre une invitation.* — **7.** Faire revenir qqn à un état antérieur, ramener qqch à sa destination première : *Rendre une église désaffectée au culte.* — **8.** *Fam.* Expulser par la bouche ce qui est contenu dans l'estomac : *Il a rendu son déjeuner.* — **9.** En parlant d'une denrée, laisser échapper le liquide qu'elle renferme : *Des légumes qui rendent beaucoup d'eau à la cuisson.* — **10.** Produire, émettre tel ou tel son : *Gong qui rend un son grave.* — **11.** Faire passer qqn, qqch à un nouvel état, les faire devenir tels : *On l'a rendu responsable de cette gestion.* — **12.** Exprimer par le langage ou représenter par le moyen de l'art ce qu'on pense, ce qu'on ressent : *Rendre les nuances de la pensée de l'auteur qu'on traduit.* — **13.** Prononcer, formuler un avis, un jugement, oralement ou par écrit : *Rendre une sentence.* — **14.** *Bien le rendre à qqn,* avoir en retour le même sentiment à son égard : *Il me déteste, mais je le lui rends bien ;* avoir un défaut équivalent à celui de qqn d'autre : *Sa sœur est idiote, mais il le lui rend bien.* ‖ Litt. *Rendre l'âme, le dernier soupir,* mourir. ‖ *Rendre la main* ou *la bride,* diminuer la tension des rênes, ce qui donne au cheval plus de liberté d'encolure. ‖ *Rendre du poids, de la distance,* en parlant d'un concurrent, porter plus de poids, partir de plus loin qu'un autre.

◆ v. i. En parlant d'une terre, d'une culture, d'une activité, produire, rapporter plus ou moins : *Cette année, les vignes ont bien rendu.*

◆ **être rendu** v. pass. **1.** Être parvenu à destination ; être arrivé : *Prix du charbon rendu à domicile. Me voici rendu, je vous quitte ici.* — **2.** Être épuisé de fatigue : *Après cette promenade, ils étaient rendus.*

◆ **se rendre** v. pr. **1.** Cesser le combat, se soumettre, capituler : *Le forcené a fini par se rendre à la police.* — **2.** Se laisser persuader par qqch, en reconnaître le bien-fondé : *Se rendre à l'évidence, à l'avis de ses supérieurs.* — **3.** Agir de façon à être, à devenir, à apparaître tel : *Rendez-vous utile ! Il finira par se rendre malade.* — **4.** Aller qqpart : *Se rendre en province.*

RENDU n. m. **1.** Objet qu'on vient d'acheter et qu'on rend au commerçant parce qu'il ne convient pas. — **2.** Qualité d'expression et de véracité dans l'exécution d'une œuvre d'art, d'une partie d'œuvre. — **3.** Dessin poussé, mis au net d'un projet d'architecture ou de décoration.

RENDULIC (Lothar), général allemand (Wiener-Neustadt 1887 - Linz 1971). Il commanda la IIe armée dans les Balkans (1943), la XXe en Finlande (1944) et le groupe d'armées Sud chargé de la défense de l'Autriche (1945). Nazi de la première heure, il avait été écarté de l'armée autrichienne en 1935. Condamné à vingt ans de prison à Nuremberg, il fut libéré en 1951.

RENDZINE [rɛ̃dzin] n. f. (polon. *rędziny*). Sol typique des roches calcaires friables, à profil généralement peu profond et humifère. (Ces sols sont largement utilisés en culture intensive céréalière [Champagne crayeuse]. Les rendzines, sols généralement jeunes, évoluent par décarbonatation vers les sols bruns.)

RÊNE n. f. (lat. pop. **retina,* du lat. class. *retinere,* retenir). **1.** Courroie, chaînette ou corde reliant les deux anneaux du mors et qui sert à maintenir la tête du cheval afin de le conduire. — **2.** *Effet de rêne,* effet obtenu par le cavalier en fonction de la direction selon laquelle il fait sentir l'action d'une rêne à son cheval. ‖ *Longues rênes* (ou *guides*), rênes tenues par un cavalier à pied pour effectuer des exercices de dressage. ‖ *Tenir les rênes de qqch,* prendre, avoir la direction de qqch.

RENÉ GOUPIL *(saint),* martyr français (en Anjou 1607 - Andagaron, Canada, 1642). Chirurgien, il se mit au service des jésuites qui évangélisaient les Hurons au Canada (1640). Il fut tué par les Iroquois. Canonisé avec les martyrs canadiens en 1930.

RENÉ Ier le Bon (Angers 1409 - Aix-en-Provence 1480), duc d'Anjou, comte de Provence (1434-1480), duc effectif de Bar (1430-1480), duc de Lorraine (1431-1453), roi effectif de Naples (1438-1442) et titulaire de Sicile (1434-1480), roi nominal de Jérusalem. Deuxième fils de Louis II, roi de Sicile, il épousa Isabelle, fille du duc de Lorraine, mais ses droits sur ce duché furent contestés par Antoine de Vaudémont, allié des Bourguignons. René, vaincu par ce dernier (Bulgnéville, 1431), se trouva un moment prisonnier de Philippe le Bon. De son frère aîné, Louis III († 1434), il hérita l'Anjou et la Provence ainsi que des droits sur le royaume de Naples, où il s'installa en 1438. Il s'en fit chasser par Alphonse d'Aragon (1442). Il revint en Lorraine et aida Charles VII contre les Anglais. Ayant cédé en 1453 la Lorraine à son fils aîné, il vécut en Anjou, puis, à partir de 1471, à Aix-en-Provence, où il écrivit des traités, romans et poèmes (*le Livre du cœur d'amour épris* [1457]), protégeant artistes et savants. Sous la pression de Louis XI, il légua ses possessions à son neveu, Charles du Maine, dont le roi de France allait être l'héritier. René d'Anjou a laissé le souvenir d'un souverain paternel (le « Bon Roi René »).

RENÉ *(Maître du Roi)* → CŒUR D'AMOUR ÉPRIS *(Maître du).*

RENÉ II (1451 - Fains 1508), duc de Lorraine (1473-1508) et de Bar (1480-1508). Fils de Ferry II de Lorraine et petit-fils de René Ier, il s'allia avec les villes alsaciennes et les cantons suisses (1474) après l'invasion de ses États par Charles le Téméraire. Il ne put faire valoir ses droits sur la Provence et ne récupéra qu'en 1485 le Barrois, occupé par les Français.

René, roman publié par Chateaubriand en 1802, dans le *Génie* du christianisme,* puis à part en 1805. L'auteur, après avoir fait la théorie du « vague des passions », caractéristique de la modernité, en donne comme exemple l'histoire de René, jeune homme mélancolique, qui se consume en rêveries. Cet état d'âme se juxtapose à l'état moral ressenti par Chateaubriand en émigration et qui constate l'inadéquation du jeune homme et de l'intellectuel dans la modernité.

RENÉE DE FRANCE (Blois 1510 - Montargis 1575), duchesse de Ferrare (1534-1559). Deuxième fille de Louis XII et d'Anne de Bretagne, elle épousa en 1528 Hercule II d'Este (duc de Ferrare en 1534). Elle tint à Ferrare une cour brillante. Gagnée à la Réforme, elle prit Clément Marot comme secrétaire. Veuve (1559), elle regagna la France.

RENÉGAT, E n. (ital. *rinnegato,* de *rinnegare,* du lat. pop. **renegare,* renier). Personne qui a abandonné, trahi ses opinions, sa religion, son parti.

RENÉGOCIATION n. f. **1.** Nouvelle négociation des termes d'un accord. — **2.** Réaménagement des termes d'un emprunt, prévoyant, par ex., un allongement des délais de remboursement.

RENÉGOCIER v. t. (conj. **9**). Négocier de nouveau.

RENEIGER v. i. (conj. **23**). Neiger de nouveau.

RENENS, v. de Suisse (cant. de Vaud) ; 17 000 hab. Textile. Mécanique de précision.

RÉNETTE → RAINETTE 2.

RENFERMÉ n. m. Mauvaise odeur d'une pièce longtemps fermée : *Cette chambre sent le renfermé.*

RENFERMEMENT n. m. *Litt.* Action de renfermer qqn : *Le renfermement des mendiants au XVIIe s.*

RENFERMER v. t. (conj. **3**). **1.** *Litt.* Ranger qqch qqpart, l'y enfermer : *Renfermer des bijoux dans une cassette.* — **2.** Contenir qqch dans un espace : *Le sous-sol de la région renferme des minerais rares.* — **3.** Contenir qqch en soi, comporter : *Une inscription qui doit renfermer un sens caché.* — **4.** Maintenir qqch à l'intérieur de certaines limites : *Renfermer une discussion dans des limites précises.* — **5.** *Litt.* Remettre qqn en prison ou dans un établissement psychiatrique.

◆ **se renfermer** v. pr., **être renfermé** v. pass. Être replié sur soi, être secret : *Garçon qui a un caractère renfermé.*

RENFILER v. t. (conj. **3**). Enfiler de nouveau.

RENFLEMENT n. m. **1.** État de ce qui est renflé. — **2.** Partie renflée : *Le renflement d'une tige.* — **3.** *Renflement moteur,* organe basal des feuilles de quelques plantes, qui relève ou abaisse la feuille selon la pression exercée par l'eau qu'il contient. (Cet organe réagit surtout à la lumière et aux contacts.)

RENFLER v. i. (conj. **3**). Enfler de nouveau.

◆ v. t. Donner à qqch une forme convexe : *Le vent renflait les voiles.*

◆ **se renfler** v. pr., **être renflé** v. pass. **1.** Être plus épais en une partie : *Le col du vase est renflé à sa base.* — **2.** *Colonne renflée,* dont le galbe est diminué vers le bas comme vers le haut, à partir du tiers inférieur de sa hauteur. (Une colonne renflée par le milieu est dite *fuselée.*)

RENFLOUAGE ou **RENFLOUEMENT** n. m. Action de renflouer.

RENFLOUER v. t. (norm. *flouée,* flot) [conj. **3**]. **1.** Remettre un bateau à flot alors qu'il est échoué ou tiré à terre. – **2.** Fournir à qqn, à une entreprise les fonds nécessaires pour rétablir sa situation.

RENFONCEMENT n. m. **1.** Ce qui est renfoncé, partie en retrait, recoin. – **2.** Creux ménagé dans le parement d'un mur ou d'une voûte. – **3.** Action de faire commencer une ligne imprimée par un blanc de valeur fixe.

RENFONCER v. t. (conj. **16**). **1.** Enfoncer qqch plus avant, plus profondément, avec plus de force : *Renfoncer le bouchon d'une bouteille.* – **2.** *Litt.* Ne pas laisser qqch se manifester : *Renfoncer ses larmes par pudeur.*
◆ **être renfoncé** v. pass. *Yeux renfoncés,* très enfoncés dans l'orbite.

RENFONÇURE n. f. Partie de toile rembourrée d'un collier, qui porte sur les épaules du cheval.

RENFORÇATEUR n. m. **1.** Bain servant au renforcement des phototypes. – **2.** Stimulus qui est un agent de renforcement dans une situation de conditionnement. – **3.** Substance qui renforce le goût d'un produit alimentaire.

RENFORCEMENT n. m. **1.** Action de renforcer, fait de se renforcer, d'être renforcé : *Le renforcement des pouvoirs de l'État.* – **2.** Augmentation du contraste d'un phototype trop faible. – **3.** Événement qui rend plus fort la capacité pour un stimulus de susciter une réaction conditionnelle.

RENFORCER v. t. (anc. fr. *enforcier*) [conj. **16**]. **1.** Rendre qqch plus solide, plus résistant, en partic. en lui ajoutant un élément : *Un blindage renforce la porte.* – **2.** Rendre un groupe plus puissant en accroissant son effectif, en améliorant sa composition : *Renforcer le service d'ordre.* – **3.** Donner à qqch une vigueur, une intensité accrues : *Renforcer une couleur.* – **4.** Rendre qqch plus certain, plus évident : *Tous ces faits renforcent le sentiment d'insécurité.* – **5.** Confirmer qqn dans son opinion, constituer pour lui un motif supplémentaire de croire qqch.
◆ **être renforcé** v. pass. **1.** Être rendu plus résistant, en partic. par l'adjonction d'une autre pièce. – **2.** Offrir par sa texture une meilleure résistance à l'usure.

RENFORMIR v. t. (de *forme*) [conj. **32**]. Dresser un mur à l'aide d'un renformis.

RENFORMIS [-mi] n. m. Enduit posé en surépaisseur sur un mur irrégulier, pour l'aplanir avant application de l'enduit final.

RENFORT n. m. (de *renforcer*). **1.** Accroissement du nombre des personnes ou des moyens matériels d'un groupe, lui permettant une action plus efficace : *Une équipe de renfort.* – **2.** Effectifs ou matériel supplémentaires destinés à renforcer ceux qui existent : *Sauveteurs qui reçoivent des renforts.* – **3.** Pièce qui en double une autre pour en augmenter la résistance ou pour remédier à l'usure. – **4.** Partie postérieure la plus épaisse d'un canon. – **5.** *À grand renfort de qqch,* en en employant une grande quantité, en recourant abondamment à tel moyen : *Convaincre son auditoire à grand renfort de statistiques.*

RENFROGNEMENT n. m. *Litt.* Action de se renfrogner ; fait d'être renfrogné.

RENFROGNER (SE) v. pr., **ÊTRE RENFROGNÉ** v. pass. (moyen fr. *refrogner,* de *froigne,* du gaul. **frogna,* narines) [conj. **3**]. Manifester sa mauvaise humeur, son mécontentement en contractant le visage : *Une mine renfrognée.*

RENGA n. m. (mot japonais signif. *série poétique*). Genre poétique japonais dans lequel deux ou plusieurs poètes rivalisent de virtuosité en échangeant des distiques.

RENGAGÉ n. m. Militaire qui a contracté un rengagement.

RENGAGEMENT ou **RÉENGAGEMENT** n. m. **1.** Action de rengager. – **2.** Acte par lequel un militaire, libérable de service, contractait un nouvel engagement dans l'armée. (La loi du 13 juill. 1972 ne fait plus référence qu'à la notion d'engagement.)

RENGAGER ou **RÉENGAGER** v. t. (conj. **17**). Engager de nouveau, réemployer. Contracter un rengagement.

RENGAINE n. f. (de *rengainer*). **1.** Paroles répétées à satiété : *C'est toujours la même rengaine.* – **2.** Refrain populaire ou chanson à succès.

RENGAINER v. t. (de *engainer*) [conj. **4**]. **1.** Remettre dans la gaine, dans le fourreau : *Rengainer une épée.* – **2.** Garder pour soi ce qu'on était sur le point de dire : *Rengainer ses compliments.*

RENGER-PATZSCH (Albert), photographe allemand (Würzburg 1897 - Wamel, Westphalie, 1966). Il fut un précurseur du langage photographique contemporain par le choix de thèmes (plantes, objets de la réalité quotidienne, paysages urbains ou industriels) isolés en gros plan et par la froideur de son écriture, qu'il voulait parfaitement objective. Son livre *Die Welt ist schön* (1928) fut en quelque sorte le manifeste du mouvement « Nouvelle Objectivité » en photographie.

RENGORGER (SE) v. pr. (anc. fr. *engorgié,* qui se pavane, de *gorge*) [conj. **17**]. **1.** En parlant d'un oiseau, avancer, faire saillir la gorge en ramenant la tête en arrière : *Paon qui se rengorge.* — **2.** Faire l'important, se gonfler d'orgueil : *Se rengorger au moindre compliment.*

RENGRAISSER v. i. (conj. **4**). Redevenir gras après avoir maigri.

RENGRÈNEMENT n. m. Action de rengréner.

RENGRÉNER ou **RENGRENER** v. t. (de *engrener*) [conj. **18** ou **19**]. Engager de nouveau entre les dents d'une roue dentée.

RENI (Guido), dit en fr. **le Guide,** peintre italien (Calvenzano, près de Bologne, 1575-Bologne 1642). Partagé entre Rome et Bologne, il fut marqué par l'art de Raphaël et celui des Carrache, mais subit aussi l'influence du Caravage (*la Crucifixion de saint Pierre,* 1603, Vatican). Il puise volontiers ses références dans l'Antiquité classique (plafond de *l'Aurore,* 1613-14, palais Rospigliosi, Rome) et n'échappe pas toujours, malgré son attrait pour la peinture plus chaude des Vénitiens, malgré aussi des recherches d'un grand raffinement, à un certain académisme (*Madone en gloire,* 1630, pinacothèque de Bologne).

RENIABLE adj. Qui peut être renié.

RENIEMENT n. m. Action de renier ; désaveu.

RENIER v. t. (lat. pop. **renegare,* du lat. class. *negare,* nier) [conj. **9**]. **1.** Déclarer qu'on ne croit plus en Dieu. — **2.** Ne plus reconnaître qqn, qqch pour ce qu'ils sont, considérer qu'on n'a plus aucun lien avec eux : *Renier sa famille.* — **3.** Ne plus reconnaître qqch comme sien : *Renier ses engagements politiques.*

◆ **se renier** v. pr. Renier ses opinions.

RENIER de Huy, fondeur (et orfèvre ?) mosan du début du XIIe s., auteur des fonts baptismaux de laiton auj. à St-Barthélemy de Liège (v. 1107-1118 ; cuve entourée de remarquables scènes en haut relief d'un style antiquisant).

RENIFLARD n. m. **1.** Soupape provoquant automatiquement une rentrée d'air dans un milieu où se produit une dépression. — **2.** Buse ou tubulure montée sur le carter d'un moteur à explosion et destinée à évacuer à l'extérieur les vapeurs d'huile.

RENIFLEMENT n. m. Action de renifler ; bruit fait en reniflant.

RENIFLER v. i. (anc. fr. *nifler,* aspirer par le nez, d'un rad. onomat. *niff-*) [conj. **3**]. Aspirer bruyamment par le nez : *Arrête de renifler, mouche-toi.*

◆ v. t. **1.** Sentir une odeur en l'aspirant fortement par le nez. — **2.** Absorber une matière en l'aspirant par le nez : *Renifler une pincée de cocaïne.* — **3.** *Fam.* Soupçonner que qqch existe : *Renifler une affaire.*

RENIFLEUR, EUSE adj. et n. *Fam.* Qui renifle, qui a l'habitude de renifler.

◆ **renifleur** n. m. Appareil servant à détecter d'éventuelles émissions d'hydrocarbures gazeux, des minerais, etc.

RÉNIFORME adj. (du lat. *ren, renis,* rein). Qui a la forme d'un rein.

RÉNINE n. f. (lat. *ren, renis,* rein). Enzyme protéolytique sécrétée par les cellules juxtaglomérulaires du rein en relation avec la baisse de la pression dans l'artère rénale. (Déversée dans la circulation sanguine, la rénine participe à la formation de l'angiotensine, qui possède une action hypertensive et agit sur les corticosurrénales, y stimulant la synthèse de l'aldostérone.)

RÉNITENCE n. f. État de ce qui est rénitent.

RÉNITENT, E adj. (lat. *renitens, -entis,* de *reniti,* résister). Se dit de certains tissus, abcès, tumeurs d'aspect tendu, qui résistent à la pression du doigt sans qu'il y ait de fluctuation.

RENN (Arnold VIETH VON GOLSSENAU, dit **Ludwig**), écrivain allemand (Dresde 1889-Berlin 1979). À ses romans d'inspiration pacifiste et révolutionnaire (*Guerre,* 1928 ; *Après-guerre,* 1930) ont succédé des récits moraux et politiques inspirés par ses épreuves personnelles (*Auf den Trümmern des Kaiserreichs,* 1961).

RENNAIS, E adj. et n. De Rennes.

RENNE n. m. (suéd. *ren*). Mammifère ruminant des régions froides de l'hémisphère Nord. (On le nomme *caribou* au Canada.)

ENCYCL. Le renne, caractérisé par la présence de bois dans les deux sexes, est élevé en semi-liberté en Laponie, où il fournit ses services, sa chair, sa peau, son lait, etc. Au Canada, il migre vers la toundra en été.

RENNE *(lac du)* → REINDEER LAKE.

RENNENKAMPF (Pavel Karlovitch), général russe (en Estonie 1854 - Taganrog 1918). Battu par Hindenburg en 1914 en Prusse-Orientale, il refusa ensuite le commandement de l'armée offert par Trotski et fut fusillé.

RENNEQUIN (René SUALEM, dit), mécanicien wallon (Jemeppe-sur-Meuse 1645-Bougival 1708). Son nom est resté attaché à la construction de la machine élévatoire des eaux de la Seine, ou machine de Marly (1681-1684), pour l'alimentation en eau du château de Versailles.

RENNER (Karl), homme d'État autrichien (Untertannowitz, auj. Dolní Dunajovice, Moravie, 1870 - Vienne 1950). Député au Reichsrat (1907), il dirigea l'aile droite de la social-démocratie autrichienne. Il fut le premier chancelier de la République d'Autriche (nov. 1918-juin 1920). Il demeura jusqu'en 1933 un partisan du rattachement de l'Autriche à l'Allemagne, auquel il avait dû renoncer lors de la signature du traité de Saint-Germain (sept. 1919). Il présida la IIe République autrichienne de 1945 à 1950.

RENNES, ch.-l. de la Région Bretagne et du dép. d'Ille-et-Vilaine, dans le *bassin de Rennes,* à la confluence de l'Ille et de la Vilaine, à 344 km à l'O.-S.-O. de Paris ; 203 533 hab. *(Rennais).*
— **Géogr.** Centre administratif, commercial, judiciaire (cour d'appel), intellectuel (académie et université) et militaire (siège d'une région militaire), caractérisé par une croissance lente (moins de 98 000 hab. en 1936), Rennes est devenue après 1950 le centre d'une grande agglomération (près de 250 000 hab. auj.), renforçant sa fonction tertiaire et s'industrialisant (construction automobile, électronique, édition), bénéficiant de bonnes liaisons routières et ferroviaires avec Paris.
— **Hist.** L'antique *Condate,* capitale du peuple des *Redones,* devint au xe s. la capitale des ducs de Bretagne. En 1491, Charles VIII investit Rennes et contraignit Anne de Bretagne à l'épouser. Le parlement de Bretagne s'y établit en 1561.
— **Bx-arts.** Églises Notre-Dame (anc. abbatiale St-Mélaine, gothique avec parties romanes ; cloître du xviie s.) et St-Germain (gothique, des xve-xvie s.). Vieilles demeures autour de la cathédrale (reconstruite en grande partie au xixe s.). Palais du parlement, auj. palais de justice, construit sur plans de S. de Brosse (façade modifiée apr. 1720 ; riches décors de la 2e moitié du xviie s.), détruit par un incendie en 1994. Nouvel urbanisme consécutif à l'incendie de 1720 (hôtel de ville par J. V Gabriel...). Musées de Bretagne (histoire et folklore) et des Beaux-Arts (peinture de l'école française, du xvie au xxe s. ; écoles italienne, flamande, hollandaise ; riche cabinet des dessins, issu de la collection du président de Robien ; céramique, dont les faïences de Rennes, du xviiie s.).

RENNES-LES-BAINS (11190), comm. de l'Aude, dans les Corbières ; 222 hab. Station thermale pour les rhumatismes.

RENO, v. des États-Unis, dans l'ouest du Nevada ; 254 667 hab. Centre commercial et surtout touristique (jeux, divorces rapides). Université.

RENOIR (Auguste), peintre français (Limoges 1841 - Cagnes-sur-Mer 1919). S'initiant à la peinture de plein air en compagnie de Monet, de Sisley et de Bazille (rencontrés, de 1862 à 1864, dans l'atelier de Ch. Gleyre à l'École nationale des beaux-arts), il s'attache à partir de 1869, dans des toiles qui marqueront l'impressionnisme de leur vitalité sensuelle, à rendre les vibrations lumineuses par des touches fragmentées, noyant les formes dans le miroitement des couleurs (*Chemin montant à travers les herbes,* 1875, musée d'Orsay), des taches de lumière et d'ombre (*le Moulin* de la Galette,* 1876). Soucieux, un temps, sous l'influence de Raphaël et d'Ingres, d'affirmer la composition et le dessin — il adopte alors des tons plus froids, des contours nets et un modelé atténué (*les Grandes Baigneuses,* 1884-1887, musée de Philadelphie) —, il retrouve vers 1890 une technique plus libre et colorée, caractérisée par une touche lisse et effilée, des couleurs plus transparentes, parfois nacrées, où domineront bientôt les rouges et les orangés. La femme (portraits : *Gabrielle à la rose,* 1911, musée d'Orsay ; nus : *les Baigneuses,* v. 1918, *ibid.* ; sculptures réalisées par des aides) inspire alors une œuvre qui s'achève, malgré la maladie, dans la sérénité et la plénitude.

RENOIR (Pierre), acteur français (Paris 1885 - *id.* 1952), fils du précédent. Il fit presque toute sa carrière théâtrale dans le sillage de Louis Jouvet. Parallèlement, il poursuivit une carrière cinématographique : *Madame Bovary* (1934), de son frère Jean Renoir, *la Bandera* (1935), de J. Duvivier, *la Marseillaise* (1938), de J. Renoir, *les Enfants du paradis* (1945), de M. Carné.

RENOIR (Jean), cinéaste français (Paris 1894 - Beverly Hills, États-Unis, 1979). Frère du précédent. En 1924, il réalise son premier film, *la Fille de l'eau.* Il ne cesse plus, dès lors, de tourner, abordant tous les genres. Citons *Nana* (1926), *la Petite Marchande d'allumettes* (1928), *la Chienne* (1931), *la Nuit du carrefour* (1932), *Toni* (1935), *le Crime de M. Lange* (1936), *les Bas-Fonds (id.), Une partie de campagne (id.), la Grande* Illusion* (1937), *la Bête humaine* (1938), *la Règle du jeu* (1939). Il part en 1940 pour Hollywood, où il réalise notamment *l'Homme du Sud* (1945). De l'Inde, il rapporte *le Fleuve* (1951), puis, d'Italie, *le Carrosse d'or* (1952). En France, il tourne *French-Cancan* (1955) et *Éléna et les hommes* (1956), *le Déjeuner sur l'herbe* (1959), *le Caporal épinglé* (1962). Il se soucie peu de la forme, mais parvient toujours à imprimer son style, inclassable, à la fois réaliste, poétique, bouffon, satirique.

RENOM n. m. (de *renommer*). **1.** *Litt.* Réputation de qqn, de qqch, opinion que le public a sur eux : *Le mauvais renom d'une marque.* — **2.** Opinion favorable largement répandue dans le public : *Ce savant doit son renom à cette découverte.*

RENOMMÉ (ÊTRE) v. pass. (de *renom*). Célèbre, réputé : *Artiste renommé. Région renommée pour ses vins.*

RENOMMÉE n. f. (de *renommer*). **1.** *Litt.* Opinion publique : *Avoir une bonne renommée.* — **2.** Opinion favorable d'un large public sur qqn, qqch : *La renommée des vins de France.* — **3.** *Preuve par* *commune renommée,* mode de preuve qui consiste à faire déposer des témoins non sur des faits dont ils ont eu personnellement connaissance mais sur une opinion répandue dans le voisinage.

RENOMMER v. t. (de *nommer*) [conj. 3]. Nommer une nouvelle fois.

RENON n. m. En Belgique, résiliation d'un bail.

RENONÇANT n. m. Dans l'hindouisme, personne, appelée *sannyāsin* ou *sādhu,* qui s'est libérée de toutes les obligations matérielles, sociales et rituelles de l'homme dans le monde pour mener une vie d'ascète entièrement vouée à la recherche du salut individuel.

RENONCE n. f. (de *renoncer*). Aux cartes, action de ne pas fournir de la couleur demandée.

RENONCEMENT n. m. **1.** Action de renoncer à qqch, de cesser de rechercher ce à quoi on tenait, de s'en détacher : *Renoncement aux honneurs.* — **2.** Action de se priver de toute satisfaction personnelle ou égoïste, de s'oublier soi-même : *Mener une vie de renoncement.*

RENONCER v. t. ind. (lat. *renuntiare,* annoncer en retour) [conj. **16**]. **1.** Se désister du droit qu'on a sur qqch, ne pas vouloir l'accepter : *Renoncer à une succession.* — **2.** Abandonner qqch, s'en dessaisir : *Il ne veut à aucun prix renoncer à son indépendance.* — **3.** Ne plus user de qqch, ne plus faire qqch : *Sportif qui renonce à la compétition.* — **4.** Cesser d'envisager, de considérer qqch comme possible, ne plus vouloir faire qqch : *Renoncer à un voyage.* — **5.** Abandonner l'idée de bénéficier de la compagnie de qqn, de sa collaboration : *Renoncer à celle qu'on aime.*
◆ v. t. En Belgique, effectuer un renon.
◆ v. i. **1.** Ne plus soutenir son effort, ne plus poursuivre ce qui a déjà été commencé. — **2.** À un jeu de cartes, ne pas fournir de la couleur demandée.

RENONCIATAIRE n. Personne en faveur de qui l'on fait une renonciation.

RENONCIATEUR, TRICE n. Personne qui fait une renonciation.

RENONCIATION n. f. (lat. *renuntiatio,* de *renuntiare*). **1.** *Litt.* Fait de renoncer à qqch, d'abandonner : *Renonciation à un projet.* — **2.** Action d'abandonner son droit soit sur un bien ou un ensemble de biens (renonciation à un usufruit, à une succession), soit à un moyen de défense, soit à une fonction (renonciation au trône).

RENONCULACÉE n. f. Herbe (ranale) des régions tempérées, souvent vénéneuse, aux fleurs d'un type primitif (pièces florales insérées en spirale sur un réceptacle bombé en général et toutes séparées, y compris les carpelles). [La famille des renonculacées compte env. 1 500 espèces, extrêmement diverses : bouton d'or, populage, ficaire, anémone, nigelle, clématite, ellébore, aconit, pivoine, ancolie, etc.]

RENONCULE n. f. (lat. *ranunculus,* petite grenouille). Herbe (renonculacée) vivace, vénéneuse, des prés et des bois, aux fleurs jaunes, blanches ou rouges, aux fruits munis d'un bec crochu, telle que le *bouton d'or.*

RENORMALISATION n. f. Redéfinition de certaines constantes relatives à des processus physiques (interaction des particules et des champs, phénomènes critiques tels que les transitions de phase) afin d'éliminer des quantités arbitraires (pouvant être infinies) apparaissant dans les calculs.

RENOSO *(monte),* sommet du centre de la Corse, aux confins des dép. de la Corse-du-Sud et de la Haute-Corse ; 2 352 m.

RENOU (Louis), sanskritiste français (Paris 1896 - Vernon 1966). Il est l'auteur de travaux dans le domaine indo-aryen ancien (grammaire, lexicographie, éditions et traductions de textes littéraires et religieux).

RENOUÉE n. f. (de *renouer*). Herbe (polygonacée) aux feuilles à stipules membraneuses engainantes, aux nombreuses petites fleurs en grappes, au fruit sec, indéhiscent, enveloppé par le périanthe, telle que le sarrasin.

RENOUEMENT n. m. *Litt.* Action de renouer des relations.

RENOUER v. t. (conj. 6). **1.** Nouer de nouveau qqch : *Renouer le lacet de sa chaussure.* — **2.** Reprendre ce qui a subi une interruption : *Renouer une amitié. Renouer le fil de son récit.*
◆ v. t. ind. **1.** Rétablir des relations, des liens avec qqn, qqch : *Renouer avec un camarade d'école.* — **2.** Reprendre, continuer ou rappeler qqch d'antérieur : *Forme d'art qui renoue avec l'art naïf.*

RÉNO-URÉTÉRAL, E, AUX adj. Relatif à la fois au rein et à l'uretère.

RENOUVEAU n. m. (de *renouveler*). **1.** *Litt.* Saison où la nature se renouvelle, printemps. — **2.** Retour à un état précédent après un déclin : *Un renouveau de succès.* — **3.** Apparition de formes nouvelles et plus riches : *Le renouveau des sciences.*

RENOUVELABLE adj. **1.** Qui est susceptible d'être renouvelé ou prolongé : *Bail renouvelable.* — **2.** Qui peut être répété : *Expérience renouvelable.* — **3.** Se dit de formes d'énergie telles que l'énergie solaire, le vent, les marées, la biomasse.

RENOUVELANT, E n. Enfant qui renouvelle, un an après sa communion solennelle, la profession de foi de son baptême.

RENOUVELER v. t. (anc. fr. *novel,* nouveau) [conj. 24]. **1.** Remplacer une partie ou la totalité des membres d'un groupe, des éléments d'un ensemble par des éléments nouveaux : *Renouveler une partie du personnel. Renouveler sa garde-robe.* — **2.** Remplacer par qqch de neuf ce qui est altéré, endommagé, usé, etc. : *Renouveler l'air d'une pièce.* — **3.** Donner à qqch un nouvel aspect, lui apporter des changements : *Renouveler l'aspect d'un quartier.* — **4.** Transformer profondément qqch : *Écrivain qui doit renouveler son style.* — **5.** *Litt.* Faire renaître qqch, le raviver : *Renouveler un différend par sa maladresse.* — **6.** Recommencer, réitérer une action : *Sportif qui espère renouveler ses performances.* — **7.** Réitérer un propos, dire de nouveau : *Je vous renouvelle ma question.* — **8.** Donner de nouveau qqch : *Renouveler sa confiance au président.* — **9.** Faire un nouveau contrat qui succède à celui qui vient d'expirer : *Renouveler un bail.* — **10.** Prononcer de nouveau ses vœux, sa profession de foi au cours d'une cérémonie solennelle.

◆ **être renouvelé** v. pass. **1.** *Litt.* Être emprunté, repris à qqn, imité de qqch : *Un personnage renouvelé du théâtre antique.* — **2.** Avoir reçu des modifications profondes : *Édition renouvelée.*

◆ **se renouveler** v. pr. **1.** Apporter dans ses œuvres des éléments nouveaux : *Un écrivain qui n'a pas su se renouveler.* — **2.** Se produire une nouvelle fois : *Des incidents qui se renouvellent souvent.* — **3.** Prendre une forme nouvelle : *La science se renouvelle constamment.* — **4.** Être remplacé par des éléments nouveaux de même nature : *Les générations se renouvellent.*

RENOUVELLEMENT n. m. **1.** Action de renouveler, fait de se renouveler, d'être renouvelé : *Le renouvellement du stock.* — **2.** Changement complet de la structure, des formes : *Le renouvellement de l'équipe gouvernementale.* — **3.** Émission d'un nouvel engagement, accompli publiquement devant la communauté chrétienne. — **4.** *Renouvellement des fonds océaniques,* syn. de EXPANSION* DES FONDS OCÉANIQUES.

RENOUVIER (Charles), philosophe français (Montpellier 1815 - Prades 1903). Il a continué la philosophie de Kant (néocriticisme). Il a écrit *la Science de la morale* (1869), *le Personnalisme* (1903).

RENOUVIN (Pierre), historien français (Paris 1893 - *id.* 1974). Professeur à la Sorbonne (1933), il étudia la Première Guerre mondiale, notamment dans la *Revue d'histoire de la Guerre mondiale,* qu'il dirigea avec Camille Bloch de 1926 à 1939. Il se spécialisa ensuite dans l'étude des relations internationales.

RÉNOVATEUR, TRICE adj. et n. (bas lat. *renovator*). Qui fait une transformation complète : *Les grands rénovateurs de la science au XIXe s.*

◆ adj. Qui produit une rénovation : *Une doctrine profondément rénovatrice.*

RÉNOVATION n. f. (lat. *renovatio*). **1.** Action de remettre à neuf par de profondes transformations : *La rénovation d'un appartement.* — **2.** Transformation aboutissant à un meilleur état : *La rénovation d'une doctrine.* — **3.** *Rénovation urbaine,* procédure d'aménagement d'un quartier ancien impliquant l'acquisition des immeubles situés dans le périmètre visé, leur démolition puis une reconstruction planifiée de l'ensemble.

RÉNOVER v. t. (lat. *renovare,* renouveler, de *novus,* nouveau) [conj. 3]. **1.** Remettre à neuf : *Rénover un appartement.* — **2.** Transformer qqch en l'améliorant : *Rénover les méthodes pédagogiques.*

RENSEIGNEMENT n. m. **1.** Indication, information, éclaircissement donnés sur qqn, qqch : *Donner des renseignements sur une affaire.* — **2.** Activité visant à acquérir et à tenir à jour la connaissance de l'ennemi ou des puissances étrangères. — **3.** *Aviation de renseignement,* partie de l'aviation militaire dont la mission consiste à recueillir des informations.

◆ **renseignements** n. m. pl. **1.** Bureau, service de renseignements : *S'adresser aux renseignements.* — **2.** *Aller aux renseignements,* aller s'informer. ‖ *Agent de renseignements,* personne chargée de recueillir certaines informations de caractère politique, économique ou militaire ; espion. ‖ *Officier de renseignements,* officier qui, dans chaque corps de troupes, est spécialisé dans la recherche de renseignements. ‖ *Service de renseignements,* organisme militaire spécialisé dans la recherche de renseignements sur l'ennemi. (→ *encycl.*)

ENCYCL. **Mil.** Pour la France, les missions de renseignements sont remplies, à l'étranger, par la Direction générale de la sécurité extérieure (D. G. S. E.) et, sur le territoire national, respectivement par la Direction de la surveillance du territoire (D. S. T.) et par la Direction de la protection et de la sécurité de la défense (D. P. S. D.).

Renseignements généraux (R. G.), service chargé de procéder à la recherche et à la centralisation des renseignements d'ordre politique et social à l'échelon national et qui relève, sous l'autorité du ministre de l'Intérieur, de la police nationale.

RENSEIGNER v. t. (de *enseigner*) [conj. 4]. **1.** Donner à qqn des indications, des éclaircissements, des informations, lui fournir la réponse qu'il attend : *L'hôtesse est chargée de renseigner les* *visiteurs.* — **2.** Constituer pour qqn une source d'informations : *Ce dossier nous renseigne sur son passé.*

◆ **être renseigné** v. pass. Être informé, au courant : *Journaliste bien renseigné.*

◆ **se renseigner** v. pr. Prendre des renseignements, des informations auprès de qqn : *Se renseigner auprès du vendeur.*

RENTABILISATION n. f. Action de rentabiliser.

RENTABILISER v. t. (conj. **3**). Faire en sorte que qqch devienne rentable : *Rentabiliser des investissements.*

RENTABILITÉ n. f. **1.** Caractère de ce qui est rentable. — **2.** Faculté d'un capital placé ou investi de dégager un résultat ou un gain exprimé en monnaie. — **3.** *Taux de rentabilité,* rapport entre le bénéfice d'une entreprise et les capitaux qui s'y trouvent engagés.

RENTABLE adj. **1.** Qui donne un profit, un bénéfice intéressant : *Une affaire rentable.* — **2.** Qui vaut la peine qu'on se donne ; fructueux : *Les recherches ont été rentables.*

RENTAMER v. t. (conj. **3**). *Vx.* Entamer de nouveau ; recommencer, reprendre.

RENTE n. f. (lat. pop. **rendita,* du lat. class. *reddita,* choses rendues). **1.** Revenu périodique, non obtenu par le travail, contrepartie du droit du propriétaire d'user de sa terre (rente foncière) ; supplément de rémunération qui, par suite des circonstances, d'une conjoncture particulière, etc., s'ajoute à la rémunération normale d'un (ou des) facteur(s) de la production. (→ *encycl.*) — **2.** Emprunt d'État à long ou moyen terme négociable en Bourse. — **3.** *Fam.* Personne ou chose dont on tire un profit régulier. — **4.** *Rente amortissable,* emprunt d'État dont a été fixée la date de remboursement. ‖ *Rente perpétuelle,* emprunt d'État dont la date de remboursement n'est pas fixée. ‖ *Rente de situation,* profit tiré du seul fait que l'on dispose d'une situation protégée ou bien placée.

ENCYCL. On doit à Ricardo une célèbre théorie sur la rente foncière. Elle se fonde sur le fait que les produits de la terre ont une valeur correspondant au coût en travail nécessaire pour les obtenir sur les terres les moins fertiles qu'il faut cultiver pour satisfaire la demande. Les terrains plus fertiles, dont les coûts de production sont plus bas, rapportent donc un surplus : la rente. La théorie de la rente foncière a été étendue et généralisée à d'autres situations : terrains urbains prenant de la valeur avec l'accroissement de la population des villes, privilège dû à la nature des choses et non au travail du producteur. Certaines de ces rentes, qui ne sont pas absolument indépendantes de la volonté de l'entrepreneur (choix de l'emplacement, emploi de main-d'œuvre plus compétente, etc.), sont appelées « quasi-rentes ».

RENTENMARK n. m. inv. (all. *Rentenmark,* mark revalorisé). Monnaie transitoire créée par la loi du 13 oct. 1923 pour arrêter l'inflation monétaire allemande après la Première Guerre mondiale.

RENTER v. t. (conj. **3**). *Vx.* Servir à qqn une rente, un revenu annuel et fixe.

◆ **être renté** v. pass. *Vx.* Avoir des rentes.

RENTIER, ÈRE n. **1.** Personne qui perçoit une ou des rentes. — **2.** Personne qui vit sans travailler de ses seuls revenus.

RENTING [rɛntiɲ] n. m. (angl. *renting,* de *to rent,* louer). Activité des entreprises spécialisées dans les opérations de location temporaire de matériels tels que camions, wagons, engins de travaux publics, etc.

RENTOILAGE n. m. Opération de restauration qui consiste à doubler la toile d'origine d'une peinture par une nouvelle toile. (La substitution d'une toile neuve à l'ancienne se nomme *transposition.*)

RENTOILER v. t. (conj. **3**). Effectuer le rentoilage.

RENTOILEUR, EUSE n. Personne qui fait des rentoilages.

RENTRAGE n. m. Syn. de REMETTAGE.

RENTRAIRE v. t. (anc. fr. *entraire,* entraîner) [conj. **112**]. **1.** Coudre les relais d'une tapisserie. — **2.** Réparer une tapisserie ancienne. (Syn. RENTRER.)

RENTRAITURE n. f. Action de rentraire ; son résultat.

RENTRANT, E adj. *Secteur angulaire rentrant* ou *rentrant* (n. m.), secteur angulaire ayant une mesure en degrés comprise entre 180 et 360.

◆ **rentrant** n. m. **1.** Joueur qui prend la place d'un autre joueur au cours d'une partie. — **2.** Angle rentrant d'une fortification.

RENTRAYAGE [-trɛjaʒ] n. m. (de *rentraire*). Réparation, après tissage, des défauts de fabrication apparents.

RENTRAYER [-treje] v. t. (var. de *rentraire*) [conj. **11**]. Pratiquer le rentrayage.

RENTRAYEUR, EUSE [-trejœr, -øz] n. Ouvrier (ère) qui exécute le rentrayage (syn. STOPPEUR) ou la rentraiture.

RENTRÉ n. m. Repli du tissu sur l'envers d'un vêtement.

RENTRÉE n. f. **1.** Action de rentrer qqch dans un local, à l'abri : *Participer à la rentrée des foins.* — **2.** Action de revenir dans un lieu que l'on avait quitté : *La rentrée du personnel.* — **3.** Action de reprendre ses fonctions, ses travaux après l'interruption des vacances : *La rentrée des classes.* — **4.** Pour un acteur, un homme public, fait de reparaître, après une absence, dans son activité : *Député qui prépare sa rentrée politique.* — **5.** Période qui succède aux congés annuels au début de l'automne : *Des grèves qui annoncent une rentrée difficile.* — **6.** Action de recouvrer des fonds ; somme recouvrée : *Attendre des rentrées importantes.* — **7.** Retour dans les couches denses de l'atmosphère terrestre d'un véhicule spatial ou d'une tête nucléaire larguée par un missile balistique. — **8.** Cartes que l'on prend à la place de celles que l'on a écartées ; au bridge, carte qui permet de reprendre la main.

RENTRER v. i. (conj. **3** ; auxil. *être*). **1.** Syn. de ENTRER, sauf pour quelques rares expressions : *L'eau rentre par les fissures. Rentrer en cinquième.* — **2.** Entrer de nouveau qqpart, y pénétrer après être sorti : *Rentre dans ta chambre !* — **3.** Revenir dans une situation, dans un état qu'on avait quittés : *Rentrer dans le droit chemin.* — **4.** Revenir ou retourner chez soi ou à son lieu habituel : *Rentrer au port.* — **5.** Revenir après avoir accompli telle action : *Rentrer de travailler. Rentrer de voyage.* — **6.** Reprendre ses occupations, ses activités après une interruption : *Les universités rentrent le mois prochain.* — **7.** En parlant de marchandises, être reçues en stock : *Cet article n'est pas encore rentré.* — **8.** Être touché, encaissé par qqn : *Des créances qui ne rentrent pas.* — **9.** *Rentrer dans son argent, dans ses frais,* récupérer au minimum l'argent mis dans une affaire. — **10.** Pop. *Rentrer dans qqn, dans le chou, dans le lard de qqn,* se jeter violemment sur lui pour le battre. ‖ *Rentrer en soi-même,* faire retour sur soi-même, sur son passé.

◆ v. t. (auxil. *avoir*) **1.** Mettre ou remettre qqch, un être animé à l'intérieur, à l'abri : *Rentrer les vaches. Rentrer sa voiture au garage.* — **2.** Introduire qqch, le faire pénétrer : *Rentrer la clef dans la serrure.* — **3.** Faire disparaître qqch en le ramenant à l'intérieur de qqch où il a sa place : *Chat qui rentre ses griffes.* — **4.** Déplacer une partie du corps pour que celui-ci soit droit et aligné : *Rentre ton ventre.* — **5.** Ne pas laisser se manifester une réaction, ne pas donner libre cours à un sentiment : *Avoir de la peine à rentrer sa déception.* — **6.** Syn. de RENTRAIRE et de REMETTRE LA CHAÎNE.

◆ **être rentré** v. pass. **1.** Être renfoncé, présenter un creux assez prononcé : *Des yeux rentrés.* — **2.** Ne pas être apparent, demeurer intérieur : *Une colère rentrée.*

RENVERSABLE adj. Qui peut être renversé.

RENVERSANT, E adj. *Fam.* Qui étonne au plus haut point : *Une nouvelle renversante.*

RENVERSE n. f. (de *renverser*). **1.** Changement cap pour cap de la direction du vent, d'un courant, de la marée, etc. — **2.** *À la renverse,* sur le dos, en arrière.

RENVERSÉ n. m. Rejet du buste et de la tête en arrière, donnant une posture anormale au corps sans en rompre l'équilibre.

RENVERSEMENT n. m. **1.** Fait de passer à une position renversée : *Le renversement de l'image des objets sur la rétine.* — **2.** Action de renverser, de rejeter en arrière une partie du corps : *Renversement du buste.* — **3.** Modification qui a pour effet de retourner complètement une situation, de bouleverser les idées reçues, etc. : *Un renversement des alliances.* — **4.** Action de provoquer la chute, la disparition de qqch : *Renversement d'un régime.* • **Aéron.** Figure de voltige aérienne constituée par une montée à la verticale au terme de laquelle l'avion bascule de 180° autour de son axe de lacet pour redescendre en piqué vers le sol avant de se rétablir en vol horizontal en direction opposée à celle d'origine. — **Mus.** Dans un accord, position dans laquelle on place à la basse un des sons constitutifs de cet accord autre que le son fondamental. — **Phys.** Phénomène qui consiste en ce qu'un gaz, qui émet une certaine raie (brillante) lorsque ses atomes sont excités, présente à l'inverse une raie obscure, lorsqu'il absorbe de la lumière. — **Sports.** Mouvement au sol ou aux barres dans lequel le corps passe par une position tête en bas.

RENVERSER v. t. (anc. fr. *enverser,* de *envers,* sur le dos) [conj. 3]. **1.** Mettre qqch à l'envers, sens dessus dessous : *Renverser un sablier.* — **2.** Pencher, incliner, rejeter en arrière une partie du corps : *Renverser la tête pour regarder en l'air.* — **3.** Faire tomber qqn, qqch, ou lui faire quitter sa position d'équilibre : *Renverser son adversaire d'un croc-en-jambe.* — **4.** Répandre un contenu en faisant tomber, en retournant le contenant : *Il a renversé du vin sur la nappe.* — **5.** Heurter accidentellement qqn : *Se faire renverser par une voiture.* — **6.** Éliminer qqch, le réduire à néant : *Cet événement risque de renverser nos projets.* — **7.** Provoquer la chute d'un gouvernement, d'un dirigeant : *L'opposition a renversé le gouvernement.* — **8.** Disposer qqch dans un ordre inverse : *Renverser l'ordre des syllabes d'un mot.* — **9.** Modifier les éléments d'une situation, lui donner une orientation différente. — **10.** Plonger qqn dans l'étonnement, lui causer une émotion profonde : *La nouvelle de son échec nous a renversés.* — **11.** Effectuer un renversé.

◆ v. i. Changer de sens, en parlant du courant de la marée.

◆ **être renversé** v. pass. **1.** Être dans une position contraire à la position naturelle ou normale : *Image renversée.* — **2.** Manifester une grande émotion, un grand étonnement. — **3.** *Crème renversée,* crème au lait et aux œufs, cuite au bain-marie, caramélisée, servie, une fois refroidie, en retournant le moule. ‖ *Écriture renversée,* écriture employée dans les inscriptions et dont les lettres sont inversées ou couchées. ‖ *Hameçon renversé,* hameçon dont la pointe n'est pas dans le même plan que la hampe.

◆ **se renverser** v. pr., **être renversé** v. pass. **1.** Incliner le corps en arrière : *Le corps renversé en arrière, essayez de toucher le sol.* — **2.** Être retourné sens dessus dessous : *La locomotive s'est renversée.*

RENVIDAGE n. m. Action de renvider.

RENVIDER v. t. (conj. 3). Enrouler sur les bobines le fil produit par un métier à filer.

RENVIDEUR, EUSE n. Ouvrier(ère) qui renvide.

◆ **renvideur** n. m. Métier à filer sur lequel le fil produit est renvidé.

RENVOI n. m. **1.** Action de renvoyer, de congédier qqn d'un emploi, d'un établissement : *Renvoi d'un élève.* — **2.** Action de retourner qqch à celui qui l'a envoyé : *Renvoi d'une lettre à l'expéditeur.* — **3.** Action de remettre à une date ultérieure : *Renvoi d'une audience à huitaine.* — **4.** Action de relancer un objet que l'on a reçu : *Le renvoi du ballon en touche par un équipier.* — **5.** Indication par laquelle on invite le lecteur à se reporter à un autre endroit du texte. — **6.** Fait, pour une onde, d'être renvoyée, réfléchie par une surface : *Renvoi des rayons lumineux par une glace.* — **7.** Éructation, rot : *Avoir des renvois d'ail.* • **Dr.** Modification ou addition faite à la suite d'un acte, ou en marge, ou en bas de page, qui fait partie intégrante de cet acte et qui doit être paraphée par ses signataires. ‖ Décision judiciaire de porter une affaire devant une autre juridiction. (C'est le cas en matière de cassation et de compétence de juridiction notamment. Toutefois, en cas de suspicion légitime ou pour cause de récusation des juges, ou encore pour cause de sûreté publique, le renvoi devant une autre juridiction peut être demandé.) ‖ Attribution d'une affaire à un magistrat (conseiller rapporteur, juge de la mise en état) ou à une chambre déterminée d'une juridiction. ‖ Décision de procéder à une audience ultérieure à l'examen d'une affaire. ‖ *Renvoi après cassation,* décision par laquelle le juge de cassation confie l'examen de l'affaire à une juridiction de même nature et de même rang que celle dont la sentence vient d'être annulée. ‖ *Renvoi des fins de la demande,* décision judiciaire de rejet. ‖ *Renvoi des fins de la poursuite,* relaxe d'un prévenu. — **Impr.** Syn. de APPEL* DE NOTE. — **Mar.** Syn. de DÉVERS. ‖ Mouvement du navire à la lame. — **Mécan.** Élément intermédiaire d'une transmission, qui en modifie la géométrie (arbre de renvoi, renvoi d'angle, etc.). — **Polit.** Décision par laquelle une assemblée parlementaire confie l'examen d'un texte à l'une de ses commissions, ou l'étude d'une pétition au ministre intéressé.

RENVOYER v. t. (conj. 30). **1.** Envoyer qqn, qqch qqpart, une nouvelle fois, le faire retourner qqpart (faire qqch) : *Il faudrait renvoyer une lettre, la première a dû s'égarer.* — **2.** Retourner ce qu'on a reçu à celui qui l'a envoyé : *Renvoyer une lettre à l'expéditeur.* — **3.** Lancer qqch que l'on a reçu en sens contraire : *Il t'envoie la balle et tu me la renvoies.* — **4.** En parlant d'une surface, réfléchir ce qu'elle reçoit : *La vitre renvoie les rayons du soleil.* — **5.** Faire retourner qqn au lieu d'où il vient : *Renvoyer un militaire dans ses foyers.* — **6.** Demander, ordonner ou conseiller à qqn de retourner à son occupation : *Renvoyer quelqu'un à ses études.* — **7.** Demander à qqn de sortir, de partir : *Renvoyer un importun.* — **8.** Ne plus admettre qqn temporairement ou définitivement : *Renvoyer un élève du lycée.* — **9.** Licencier qqn, le congédier. — **10.** Inviter qqn à s'adresser à qqn d'autre, à se rendre à un autre endroit, à consulter tel texte, etc. : *Son médecin traitant l'a renvoyé à un spécialiste.* — **11.** Transmettre, faire suivre à qqn ou à un organisme ce qui les concerne : *Renvoyer le projet devant une commission.* — **12.** Reporter qqch, le remettre à une date ultérieure : *Renvoyer un débat à la prochaine session.* — **13.** Signifier à qqn de se reporter à tel endroit d'un texte : *L'astérisque renvoie aux remarques en bas de page.* — **14.** Faire que qqn se reporte, en partic. par la pensée, à tel événement, tel moment : *Ce film nous renvoie à toute une époque de notre vie.* — **15.** Attribuer à une juridiction une affaire à instruire ou à juger ou ordonner son renvoi devant une autre juridiction. — **16.** Fournir une carte d'une couleur déjà jouée après avoir fait une levée.

RENVOYEUR, EUSE n. Au tennis, joueur (euse) qui se contente de retourner la balle sans prendre de risques offensifs.

RENWEZ (08150), ch.-l. de cant. des Ardennes, au N.-O. de Charleville-Mézières ; 1 339 hab. Église de style gothique flamboyant.

RÉOCCUPATION n. f. Action de réoccuper ; fait d'être réoccupé.

RÉOCCUPER v. t. (conj. 3). Occuper de nouveau.

RÉOLE (La) [33190], ch.-l. de cant. de la Gironde, sur la Garonne, dans l'Entre-deux-Mers ; 4 360 hab. *(Réolais).* La ville est issue d'un monastère fondé au VIIe s. ; église remontant à env. 1200, bâtiments conventuels du XVIIIe s. Restes d'un château d'Henri II d'Angleterre. Anc. hôtel de ville roman et gothique. Articles de pêche.

RÉOPÉRER v. t. (conj. **18**). Opérer une nouvelle fois.

RÉORCHESTRATION [-kɛs-] n. f. Nouvelle orchestration.

RÉORCHESTRER [-kɛs-] v. t. (conj. 3). **1.** Orchestrer de nouveau. — **2.** Changer l'effectif d'un orchestre et/ou remanier la répartition des instruments à l'intérieur d'une œuvre musicale.

RÉORDINATION n. f. Seconde ordination, destinée à suppléer une première ordination dont la nullité a été reconnue.

RÉORGANISATEUR, TRICE adj. et n. Qui réorganise.

RÉORGANISATION n. f. Action de réorganiser ; fait d'être réorganisé.

RÉORGANISER v. t. (conj. 3). Organiser de nouveau ou sur de nouvelles bases.

RÉORIENTATION n. f. Action de réorienter, fait d'être réorienté : *La réorientation de la politique française.*

RÉORIENTER v. t. (conj. 3). Donner une nouvelle direction à qqn, qqch : *Réorienter la politique d'un pays.*

RÉOUVERTURE n. f. Action de rouvrir ; fait d'être rouvert.

RÉOUVRIR v. t. (conj. **34** ; surtout inf. et participes). Ouvrir de nouveau.

REPACI (Leonida), écrivain et journaliste italien (Palmi, Reggio di Calabria, 1898-Viareggio 1985). Poète (*Poemi della solitudine,* 1920), il est aussi l'auteur d'une œuvre romanesque consacrée aux contradictions sociales de sa Calabre natale (*Storia dei fratelli Rupe,* 1958). Il fonda et dirigea le prix Viareggio.

REPAIRE n. m. (de *repairer*). **1.** Lieu de refuge des bêtes sauvages. — **2.** Endroit qui sert de refuge à des malfaiteurs, à des individus dangereux.

REPAIRER v. i. (bas lat. *repatriare,* patrie, du lat. class. *patria,* patrie) [conj. **4**]. Être au repaire, au gîte.

REPAÎTRE v. t. (de *paître*) [conj. **91** ; passé simple et temps composés rares]. *Litt.* **1.** Donner sa nourriture à un animal : *Repaître un lion de chair fraîche.* — **2.** Fournir à qqn ce qui peut l'entretenir : *Repaître son esprit de connaissances nouvelles.*

◆ **se repaître** v. pr., **être repu** v. pass. *Litt.* **1.** Se nourrir, se rassasier ; être gavé : *Le chat repu s'endormit sur le fauteuil.* — **2.** Entretenir son esprit de qqch, en avoir complètement satisfait son envie, en être imbu : *Être repu de films policiers.*

RÉPANDAGE n. m. Action de répandre des produits hydrocarbonés sur une chaussée.

RÉPANDEUSE n. f. Appareil destiné au répandage des bitumes ou des goudrons.

RÉPANDRE v. t. (de *épandre*) [conj. **74**]. **1.** Verser qqch, le projeter sur qqch : *Répandre des gravillons sur la chaussée.* — **2.** Laisser s'échapper de soi un liquide, une matière qui vient couvrir une surface : *Le fleuve a répandu ses eaux sur les champs.* — **3.** Être la source de lumière, de chaleur, d'une odeur, etc., les diffuser dans l'espace : *Ces roses répandent une odeur exquise.* — **4.** *Litt.* Dispenser qqch en abondance de façon que tous y participent : *Répandre le savoir.* — **5.** Rendre qqch public, le faire savoir au plus grand nombre : *On a répandu des calomnies sur son compte.* — **6.** Diffuser qqch, le faire connaître, adopter : *Répandre une nouvelle mode.* — **7.** Susciter un sentiment, le faire naître et se développer dans un groupe : *Cette nouvelle a répandu la consternation.* — **8.** *Litt.* Laisser s'exprimer sans retenue un sentiment qu'on ressent : *Répandre son amertume.* — **9.** *Répandre des larmes, des pleurs,* pleurer abondamment.

◆ **se répandre** v. pr., **être répandu** v. pass. **1.** S'écouler d'un contenant et envahir l'espace environnant : *Une nappe d'huile répandue sur la chaussée.* — **2.** S'étendre et gagner de multiples points : *Des plaques rouges répandues sur tout le corps.* — **3.** Envahir un lieu, un espace, s'y disséminer : *Les invités se répandirent dans le parc.* — **4.** *Litt.* Se montrer beaucoup dans le monde dans l'intention de se faire connaître : *Écrivain qui se répand dans le Tout-Paris.* — **5.** Être connu, banal, usuel : *Selon l'opinion la plus répandue.*

◆ **se répandre** v. pr. **1.** Se manifester de plus en plus nettement : *Le désappointement se répandit sur son visage.* — **2.** Se faire connaître d'un public de plus en plus large : *L'information s'est répandue.* — **3.** Manifester un état d'esprit par une grande abondance de mots : *Se répandre en menaces.*

RÉPARABLE adj. Qui peut être réparé.

RÉPARAGE n. m. Sur une sculpture métallique obtenue par fonte, sur une épreuve obtenue par moulage ou sur une céramique, suite d'opérations visant à faire disparaître défauts ou coutures.

REPARAÎTRE v. i. (conj. **91** ; auxil. *être* ou *avoir*). **1.** Se montrer de nouveau aux yeux de qqn : *Le soleil se cache et reparaît de temps en temps.* — **2.** Se manifester de nouveau qqpart : *Après dix ans d'absence, il reparaît à Paris.* — **3.** En parlant d'un journal, recommencer à paraître.

RÉPARATEUR, TRICE n. **1.** Personne qui répare, remet en état, en partic. les appareils horaires. (Syn. RHABILLEUR.) — **2.** *Religieuses réparatrices,* nom porté par les membres de plusieurs congrégations contemplatives.

◆ adj. 1. Qui rend les forces, la santé : *Sommeil réparateur.* – 2. *Chirurgie réparatrice,* syn. de CHIRURGIE PLASTIQUE*.

RÉPARATION n. f. (bas lat. *reparatio*). 1. Action de réparer qqch d'endommagé : *Réparation d'un véhicule accidenté.* – 2. Fait, pour un organisme, de se rétablir, de revenir à un état normal : *La réparation des tissus à la suite d'une blessure.* – 3. Action de réparer une faute commise, le préjudice moral qu'on a causé à qqn : *Demander la réparation d'une offense.* • **Dr.** Dédommagement d'un préjudice par la personne qui en est responsable, soit par le rétablissement de la situation antérieure, soit par le versement d'une somme d'argent, c'est-à-dire de dommages-intérêts. (On dit parfois RÉPARATION CIVILE.) ‖ Peine frappant l'auteur d'une infraction. – **Génét.** Ensemble des mécanismes qui permettent à la cellule de reconstituer un segment endommagé de la double hélice d'A. D. N. – **Sports.** *Coup de pied de réparation,* syn. de PENALTY. ‖ *Surface de réparation,* zone délimitée devant le but par des lignes tracées à 16,50 m de la ligne et des poteaux de but.

◆ **réparations** n. f. pl. 1. Travaux effectués en vue de la conservation ou de l'entretien de locaux. – 2. Prestations dues par les États vaincus aux États vainqueurs, à la suite d'une guerre, et tendant à réparer les dommages dont les États sont considérés comme responsables. – 3. *Question des réparations,* ensemble des problèmes posés par le paiement des dommages de guerre imposé à l'Allemagne par le traité de Versailles en 1919. (→ *encycl.*)

ENCYCL. **Hist.** L'article 231 du traité de Versailles énonçait le principe de réparations, une « commission des réparations » devant évaluer les montants et les modalités. La conférence de Spa (juill. 1920) détermina ainsi les pourcentages : 52 % pour la France, 22 % pour la Grande-Bretagne, 10 % pour l'Italie, etc. L'Allemagne demandant régulièrement des moratoires, et les Alliés étant divisés, la question fut périodiquement réexaminée (conférence de Cannes, 1922 ; plan Dawes, 1924-1930 ; plan Young, 1930-1932 ; conférence de Lausanne, 1932). La question des réparations fut définitivement enterrée avec l'avènement de Hitler (janv. 1933).

RÉPARATOIRE adj. Qui a pour objet de réparer : *Mesure réparatoire.*

RÉPARER v. t. (lat. *reparare*) [conj. 3]. 1. Exécuter les travaux, les opérations destinés à remédier à un dégât : *Réparer une brèche dans un mur.* – 2. Remettre en état ce qui a subi un dommage, une détérioration : *Réparer un appareil de télévision.* – 3. Faire disparaître un mal ou en atténuer les conséquences : *Réparer hâtivement le désordre de sa toilette.* – 4. Supprimer ou limiter les conséquences fâcheuses d'une action, compenser un préjudice causé : *Réparer une négligence, un oubli.* – 5. *Réparer ses forces,* se rétablir. – 6. Procéder au réparage.

REPARLER v. t. ind. (conj. 3). 1. Parler de nouveau de qqch, de qqn : *Nous reparlerons de cette question un autre jour.* – 2. Parler de nouveau à qqn après une brouille. – 3. Fam. *On en reparlera,* l'avenir pourrait bien vous donner tort.

REPARTAGER v. t. (conj. 17). Partager de nouveau.

REPARTIE [rə- ou re-] n. f. (de *repartir 2*). 1. Réponse vive, spirituelle : *Une vigoureuse repartie.* – 2. Sens de l'à-propos : *Avoir de la repartie.*

1. REPARTIR v. i. (de *partir*) [conj. 43 ; auxil. *être*]. 1. Se remettre à marcher, à rouler, à avancer : *La voiture est réparée, nous pouvons repartir.* – 2. Se remettre à fonctionner, à se dérouler, à progresser, etc. : *Le moteur est reparti.* – 3. S'en retourner à l'endroit d'où l'on vient, quitter l'endroit où l'on est arrivé : *Vous venez d'arriver et déjà vous repartez ?*

2. REPARTIR [rə- ou re-] v. t. et v. i. (de *repartir 1*) [conj. 43 ; auxil. *avoir*]. *Litt.* Répondre promptement et avec à-propos.

RÉPARTIR v. t. (anc. fr. *partir,* partager) [conj. 32]. 1. Classer des choses, des gens en plusieurs éléments : *On a réparti les joueurs en deux équipes.* – 2. Partager qqch entre des gens d'après certaines conventions, certaines règles : *Répartir le travail entre les collaborateurs.* – 3. Distribuer les éléments d'un groupe, d'un ensemble en différents lieux : *Répartir les touristes entre les deux cars.* – 4. Placer des choses, des gens de telle sorte qu'ils occupent certaines positions : *La police avait réparti ses hommes autour de la maison.* – 5. Étaler uniformément qqch sur une surface : *Bien répartir le produit sur les cheveux.* – 6. Étaler qqch dans le temps : *Répartir ses vacances sur deux mois.*

◆ **être réparti** v. pass. En parlant d'un système informatique, avoir ses unités de traitement, de mémoire ou d'accès (terminaux) connectées par un réseau de télécommunications.

◆ **se répartir** v. pr., **être réparti** v. pass. 1. Être distribué, partagé : *Les dépenses se répartiront ainsi.* – 2. Être disposé en différents lieux : *Les hommes sont répartis autour de l'immeuble.* – 3. Diffuser et couvrir un espace : *La chaleur est bien répartie.* – 4. Être partagé et couvrir un temps : *Le programme est réparti sur deux ans.*

◆ **se répartir** v. pr. Se distribuer des choses entre plusieurs : *Il faut se répartir les corvées.*

RÉPARTITEUR, TRICE n. 1. *Litt.* Personne qui a pour mission de répartir qqch. – 2. Personne chargée d'effectuer la répartition de l'impôt. – 3. Employé responsable des mouvements de produits dans un pipeline.

◆ **répartiteur** n. m. 1. Dispositif permettant de répartir un flux de matière au cours du temps sur un même appareil, ou entre plusieurs appareils. – 2. Réservoir dans lequel on coule plusieurs poches d'acier liquide et qui permet d'alimenter les diverses lignes d'une machine de coulée continue. – 3. Bâti dans lequel des circuits aboutissent sur des bornes ou des connecteurs qui permettent de relier les circuits entre eux de façon semi-permanente et de changer les destinations suivant les besoins.

RÉPARTITION n. f. 1. Action de répartir, de distribuer, de partager ou de classer des choses : *Répartition des vivres.* – 2. Manière dont sont distribués, répartis des êtres ou des choses : *Répartition inégale des revenus.* – 3. Étude des mécanismes de la formation et de la redistribution des revenus. – 4. *Fonction de répartition d'une variable aléatoire* X, fonction F définie pour tout réel x par $F(x) = P\{X < x\}$.

RÉPARTON n. m. Petit bloc de schiste ardoisier dans lequel, par fentes successives au ciseau, on prépare les fendis.

RÉPARTONNAGE n. m. Fabrication des répartons par boucage et quernage.

REPARURE n. f. En dorure sur bois, action de rendre nettes les moulures et les sculptures empâtées par le blanc d'apprêt.

REPARUTION n. f. Fait de reparaître.

REPAS n. m. (anc. fr. *past,* du lat. class. *pastus,* nourriture, avec l'infl. de *repaître*). 1. Ration, quantité d'aliments pris en une fois, selon un rythme régulier, pour assurer sa vie : *Le bébé en est à cinq repas par jour.* – 2. Action de se nourrir en absorbant cette ration : *Sauter un repas.* – 3. Ensemble de plats servis selon les usages à telle heure (déjeuner ou dîner) ou pour une circonstance particulière : *Repas de noces.* – 4. En apposition, indique que qqch contient ou constitue un repas : *Panier-repas. Plateau repas.*

REPASSAGE n. m. 1. Action de repasser du linge, une étoffe. – 2. Linge à repasser : *Avoir beaucoup de repassage.* – 3. Action d'aiguiser une lame : *Repassage d'un couteau.* – 4. Nouvelle distillation d'une eau-de-vie obtenue dans une précédente distillation.

REPASSER v. i. (conj. 3 ; auxil. *être* ou *avoir*). 1. Passer de nouveau (qqpart) : *Repasser dans une rue. Faire repasser le plat parmi les convives.* – 2. Se présenter de nouveau qqpart : *Pouvez-vous repasser demain ?* – 3. *Repasser derrière qqn,* revoir, vérifier ce qu'il a fait. – 4. *Repasser sur qqch,* revenir sur un tracé pour l'accentuer, avec tel procédé, tel instrument. – 5. Fam. *Il peut toujours repasser,* il n'aura rien quoi qu'il fasse.

◆ v. t. 1. Passer, franchir un lieu, un obstacle : *Faire repasser la frontière à des clandestins.* – 2. Passer qqch une nouvelle fois, soumettre une nouvelle fois à une action : *Repasser une visite médicale. Repasser une couche de vernis.* – 3. Jouer une autre fois qqch d'enregistré : *Repasser un film.* – 4. Donner, passer de nouveau ou en retour qqch, qqn à qqn : *Veux-tu me repasser le marteau ?* – 5. *Fam.* Donner à qqn qqch dont on ne veut plus : *Repasser un travail à un collègue.* – 6. *Fam.* Transmettre un mal à qqn, le contaminer : *Il m'a repassé son rhume.* – 7. Soumettre un tissu, un vêtement à l'action d'un fer chaud ou d'un instrument analogue pour en enlever les plis ou les mettre en forme. – 8. Affûter, aiguiser une lame : *Repasser un couteau.* – 9. Passer une seconde fois un examen, un concours après un échec. – 10. Répéter ce qu'on doit apprendre par cœur, se le remettre en mémoire : *Repasser sa géométrie avant un examen.* – 11. *Machine à repasser,* machine électrique qui sert à repasser le linge. (Syn. REPASSEUSE.)

REPASSES n. m. pl. 1. Son contenant encore de la farine et que l'on soumet une nouvelle fois à l'action du blutoir. – 2. Produit obtenu en fin de distillation des eaux-de-vie, destiné au repassage.

REPASSEUR, EUSE n. 1. Personne qui repasse du linge. – 2. Personne qui aiguise une lame.

◆ **repasseuse** n. f. Syn. de MACHINE À REPASSER.

REPAVAGE n. m. Action de repaver.

REPAVER v. t. (conj. 3). Paver de nouveau ; remplacer les pavés d'une rue.

REPAYER v. t. (conj. 11). Payer de nouveau, une seconde fois.

REPÊCHAGE n. m. 1. Action de repêcher, de ressortir de l'eau ce qui y était tombé. – 2. Épreuve supplémentaire réservée à des concurrents normalement éliminés et par laquelle ils peuvent obtenir leur qualification pour la suite d'une compétition, d'un examen. – 3. Extraction d'un puits en forage des objets accidentellement immobilisés. (Syn. INSTRUMENTATION.)

REPÊCHER v. t. (conj. 4). 1. Pêcher d'autres poissons, en pêcher une autre fois. – 2. Retirer de l'eau ce qui y est tombé : *On a repêché le corps dans la Saône.* – 3. *Fam.* Retirer du fond de qqch ce qui y était tombé : *Repêcher un trépan d'un puits de forage.* – 4. *Fam.* Recevoir un candidat après une épreuve de repêchage.

◆ v. i. S'adonner à nouveau à la pêche : *Je ne repêcherai plus jamais dans cette rivière.*

REPEIGNER v. t. (conj. **4**). Peigner de nouveau.

REPEINDRE v. t. (conj. **81**). Peindre de nouveau, peindre à neuf.

REPEINT n. m. Sur une œuvre peinte, ajout de peinture, dû le plus souvent à une autre main que celle de l'artiste. (Il peut s'agir de restauration [repeint « technique »] ou de modifications [repeint « de style », mise au goût du jour ; transformation iconographique par ajout, retrait ou substitution d'éléments].)

REPENDRE v. t. (conj. **73**). Pendre de nouveau ce qui est décroché.

REPENSER v. t. ind. (conj. **3**). **1.** Penser de nouveau à qqch, l'envisager sur d'autres bases : *C'est une chose qui mérite qu'on y repense.* — **2.** Évoquer qqch, qqn en pensée : *Quand j'y repense, je ris encore.*
◆ v. t. Examiner qqch d'un point de vue nouveau : *Repenser une politique.*

REPENTANCE n. f. (de *se repentir*). *Litt.* Regret douloureux de ses péchés.

REPENTANT, E adj. *Litt.* Qui manifeste un repentir de ses péchés.

REPENTI, E adj. et n. **1.** Qui s'est repenti, qui s'est corrigé d'un défaut, d'un vice : *Un buveur repenti.* — **2.** Dans certains pays, malfaiteur ou terroriste qui accepte de collaborer avec la justice en échange d'une atténuation de sa peine.

REPENTIGNY, v. du Canada, au Québec, au N.-E. de l'agglomération de Montréal, sur le Saint-Laurent (r. g.) ; 56 555 hab.

1. REPENTIR (SE) v. pr., **ÊTRE REPENTI** v. pass. (lat. médiév. *repœnitere,* du lat. class. *paenitere*) [conj. **37**]. **1.** Manifester un regret sincère de ses péchés, de sa faute, accompagné de l'intention de réparer : *Criminel qui refuse de se repentir. Se repentir d'avoir menti.* — **2.** Subir avec amertume les conséquences fâcheuses d'une action, d'un comportement : *Se repentir d'avoir fait confiance à quelqu'un.*

2. REPENTIR n. m. (de *repentir 1*). **1.** Vif regret éprouvé pour une faute commise, accompagné d'une promesse de réparation. — **2.** Correction apportée par un écrivain, un artiste à son œuvre, à son texte et en partic. par un peintre à son tableau en cours d'exécution. — **3.** *Droit de repentir,* faculté, pour l'auteur d'une œuvre artistique ou littéraire qui a cédé son droit d'exploitation, de le reprendre en indemnisant le cessionnaire (syn. DROIT DE RETRAIT) ; faculté de renoncer pendant 7 jours à un contrat de vente signé à la suite d'un démarchage à domicile.

REPÉRABLE adj. **1.** Qui peut être repéré. — **2.** Se dit d'une grandeur telle qu'on peut définir l'égalité, mais non la somme ou le rapport, de deux grandeurs de cette espèce. (C'est le cas de la température Celsius.) [S'oppose à MESURABLE.]

REPÉRAGE n. m. **1.** Action de repérer, de déterminer la place de qqch dans un espace. — **2.** Recherche, effectuée pendant la préparation d'un film, des décors où auront lieu les prises de vues. — **3.** Recherche sur le support d'un enregistrement du point où se trouve enregistré un signal déterminé. — **4.** Ensemble des dispositions prises pour que, dans des impressions à plusieurs couleurs, chaque couleur coïncide très précisément avec la couleur précédemment tirée.

REPERCÉ n. m. Travail à jour, en orfèvrerie.

REPERCER v. t. (conj. **16**). Travailler à jour.

RÉPERCUSSION n. f. (lat. *repercussio*). **1.** Action de répercuter, de se répercuter, fait d'être renvoyé dans une autre direction : *La répercussion de l'écho.* — **2.** Choc en retour, conséquence indirecte ou lointaine : *Les répercussions de la révolution de 1917.* — **3.** *Répercussion de l'impôt,* processus par lequel les catégories d'administrés désignées par la loi pour payer un impôt, une taxe, en transfèrent la charge sur d'autres catégories.

RÉPERCUTER v. t. (lat. *repercutere,* frapper) [conj. **3**]. **1.** Renvoyer un son, une onde dans une autre direction. — **2.** Transmettre l'effet, la charge de qqch sur qqch d'autre : *Répercuter la hausse des matières premières sur le prix des produits.* — **3.** Transmettre à qqn un ordre, une information, un état d'esprit, etc. : *Il répercute sa mauvaise humeur sur ses collaborateurs.*
◆ **se répercuter** v. pr. **1.** Être réfléchi, renvoyé : *Le son se répercute.* — **2.** Atteindre qqch par un effet de rebond : *L'augmentation des tarifs se répercute sur les prix.* — **3.** Exercer une influence sur qqn, qqch : *Sa colère se répercute sur sa famille.*

REPERDRE v. t. (conj. **77**). Perdre une nouvelle fois ; perdre ce qu'on avait gagné.

REPÈRE n. m. (var. de *repaire,* sous l'infl. du lat. *reperire,* trouver). **1.** Marque ou objet permettant de s'orienter dans l'espace, de localiser qqch, d'évaluer une distance, une mesure, une valeur, etc. : *La poste me sert de repère pour m'orienter dans le quartier.* — **2.** Ce qui permet de reconnaître qqch dans un ensemble, de localiser qqch dans le temps ou l'espace : *Je manque de repère pour préciser la date de cet événement.* — **3.** En apposition, indique que le terme est lui-même le repère : *Une date repère.* — **4.** *Point de repère,* toute marque employée pour reconnaître un lieu ou l'ordre dans lequel on doit assembler des pièces séparées ; point déterminé qui permet de s'orienter ; indice qui permet de situer un événement dans le temps. • **Géod.** Partie centrale d'une borne géodésique, destinée à assurer la pérennité du résultat d'une mesure. — **Impr.** Trait fin, ou croix, portés sur les formes imprimantes pour assurer le repérage. — **Math.** *Repère (affine) d'un espace affine* E, (*n* + 1)-uplet (A_0, A_1, ..., A_n) de points de E, tel que $\overrightarrow{A_0A_1}$, ..., $\overrightarrow{A_0A_n}$ est une base de l'espace vectoriel associé à E, qui est de dimension *n*. — **Phys.** Système de coordonnées liées à un solide indéformable, permettant de déterminer la position d'un événement dans l'espace. — **Techn.** Marque faite à différentes pièces d'un assemblage pour les reconnaître et les ajuster.

REPÉRER v. t. (de *repère*) [conj. **18**]. **1.** Trouver un lieu, déterminer précisément sa position : *Il est difficile de repérer où ils se trouvent.* — **2.** Découvrir et trouver qqn, qqch, connaître leur position : *Repérer un avion grâce au radar. Repérer un ami dans la foule.* — **3.** Remarquer qqn, qqch : *Il a repéré un bon petit restaurant.* — **4.** Aller sur un lieu et l'examiner en vue d'un choix, d'une opération déterminée : *Repérer les lieux pour un tournage.* — **5.** Situer un point, une figure à l'aide des coordonnées de points qui la définissent dans un repère. — **6.** Marquer des pièces qui doivent être assemblées pour permettre leur montage ou leur remontage correct. — **7.** Fam. *Se faire repérer,* attirer fâcheusement l'attention sur soi.

◆ **se repérer** v. pr. **1.** S'orienter qqpart, déterminer sa position grâce à des marques ou des objets : *Il est difficile de se repérer dans cette forêt.* — **2.** Se retrouver dans qqch, savoir où l'on en est : *Je n'arrive pas à me repérer dans ses mensonges.*

RÉPERTOIRE n. m. (bas lat. *repertorium,* inventaire, du lat. class. *reperire,* retrouver). **1.** Recueil, livre comportant des données classées selon un certain ordre : *Consulter le répertoire des fournisseurs d'une entreprise.* — **2.** Registre, cahier, carnet dont les pages sont munies d'onglets pour permettre une consultation rapide. — **3.** Titre donné à des recueils méthodiques. — **4.** Ensemble des œuvres qu'a l'habitude d'interpréter un artiste, une troupe : *Inscrire une nouvelle chanson à son répertoire.* — **5.** *Fam.* Ensemble des ressources du langage dont qqn peut faire usage dans un domaine particulier : *Son répertoire d'histoires drôles est inépuisable.* • **Bx-arts.** Ensemble de motifs décoratifs, formels, iconographiques, propres à un artiste, à une époque, à une civilisation. — **Chorégr.** Ensemble des grands ballets classiques et romantiques. — **Dr.** *Répertoire civil,* registre tenu au tribunal de grande instance et regroupant l'ensemble des demandes, actes et jugements relatifs aux modifications de pouvoirs des personnes majeures, en raison d'un changement de capacité ou de régime matrimonial. ‖ *Répertoire général,* ensemble de toutes les affaires présentées devant une juridiction et conservé au secrétariat-greffe. (Il s'est substitué au registre du rôle.) ‖ *Répertoire des métiers,* registre, substitué en 1962 au registre des métiers, tenu par les chambres de métiers et sur lequel sont immatriculés les artisans et les entreprises, dès lors qu'elles n'emploient pas plus de 10 salariés. — **Inform.** Élément de la structure d'organisation des fichiers dans un disque ; ensemble des instructions de commande d'un ordinateur. — **Rel.** Système d'encoches ménagées dans la tranche de gouttière d'un livre, permettant l'ouverture de ce livre à un endroit précis.

RÉPERTORIER v. t. (conj. **9**). **1.** Inscrire qqch dans une liste, un répertoire : *Répertorier des livres dans un fichier.* — **2.** Dénombrer des choses, en faire la liste : *Répertorier les malfaçons d'une construction.*

RÉPÉTABILITÉ n. f. Qualité d'une mesure qui donne le même résultat si on la répète dans des conditions identiques et dans un court intervalle de temps.

RÉPÉTER v. t. (lat. *repetere,* de *petere,* demander) [conj. **18**]. **1.** Dire qqch, l'énoncer une nouvelle fois : *Voulez-vous répéter votre question ?* — **2.** Dire, en partic. par indiscrétion, à qqn ce que l'on a entendu, su de qqn d'autre : *Répéter un secret.* — **3.** Exprimer, redire ce que soi-même ou un autre a déjà dit ; contenir une nouvelle fois ce propos, cette idée : *Cet article répète ce que vous avez écrit autrefois.* — **4.** Reproduire qqch, le dire, l'écrire une autre fois : *Répétez chaque lettre après moi.* — **5.** Refaire, recommencer ce qu'on a déjà fait ou ce qu'un autre a fait : *Répéter un exploit.* — **6.** Être la répétition, la reproduction de qqch : *Cette politique répète la précédente.* — **7.** Dire ou faire à plusieurs reprises qqch pour le mémoriser, pour s'exercer : *Répéter une leçon.* — **8.** Travailler un spectacle, un rôle, etc., s'y exercer avant la représentation publique. — **9.** En droit, obtenir la restitution de l'indu.

◆ **se répéter** v. pr., **être répété** v. pass. **1.** Être reproduit, être de nouveau présent : *La même disposition des locaux se répète à tous les étages.* — **2.** Se renouveler à de courts intervalles : *Des tentatives répétées.*

◆ **se répéter** v. pr. **1.** Redire les mêmes choses, reprendre les mêmes idées : *Il ne craint pas de se répéter.* — **2.** Se reproduire, revenir selon les mêmes modalités : *L'histoire ne se répète jamais.*

RÉPÉTEUR n. m. Appareil comprenant un ou plusieurs amplificateurs ou régénérateurs insérés en un point d'un câble de télécommunications, pour relever le niveau des signaux affaiblis par la transmission et éventuellement les remettre en forme.

RÉPÉTITEUR, TRICE adj. (lat. *repetitor*). **1.** Qui permet ou qui effectue la répétition. — **2.** *Cercle répétiteur,* appareil de mesure des angles selon la méthode de répétition, dont le limbe, horizontal, peut être solidarisé d'une lunette de visée et entraîné par elle, ou désolidarisé de celle-ci et rendu fixe.

◆ n. *Vx.* **1.** Personne qui donnait des leçons particulières à des élèves. – **2.** Fonctionnaire des lycées et collèges qui était chargé de la surveillance des études et de la suppléance des professeurs titulaires.

RÉPÉTITIF, IVE adj. **1.** Qui se reproduit de façon monotone, qui se répète sans cesse : *Le caractère répétitif d'une tâche.* – **2.** *Musique répétitive,* musique reposant sur la répétition systématique de motifs. (La musique répétitive a pris naissance aux États-Unis à la fin des années 50. Les compositeurs qui la pratiquent sont notamment La Monte Young, Terry Riley, Steve Reich, Phil Glass.)

RÉPÉTITION n. f. (lat. *repetitio*). **1.** Action de reproduire plusieurs fois, dans un texte, la même idée, le même mot. – **2.** Réitération d'une même action ; retour d'un même fait. – **3.** *Vx.* Leçon particulière donnée par un professeur à un ou plusieurs élèves. – **4.** Séance de travail au cours de laquelle on étudie un spectacle, un rôle, un concert, etc., avant de le présenter au public. – **5.** *À répétition,* se dit d'un mécanisme susceptible de fonctionner plusieurs fois de suite : *Sonnerie à répétition ;* se dit, fam., de ce qui se répète trop : *Des ennuis à répétition.* • **Arm.** *Arme à répétition,* arme à feu dont la vitesse de tir est augmentée par le chargement automatique des munitions dans la chambre. (Syn. ARME À CHARGEMENT AUTOMATIQUE ou ARME SEMI-AUTOMATIQUE.) – **Bx-arts.** Copie d'une œuvre exécutée par l'auteur ou sous sa direction. – **Ch. de f.** *Répétition des signaux,* ensemble de dispositifs assurant, à bord d'un engin moteur, ou d'un véhicule équipé pour la conduite, la retransmission ponctuelle au conducteur des indications données par les signaux à distance sur la voie. – **Dr.** *Répétition de l'indu,* action en restitution de l'indu. – **Géod.** *Méthode de répétition,* méthode de mesure des angles qui permet d'éliminer les erreurs systématiques de division et les erreurs accidentelles de lecture. (Elle utilise un *cercle répétiteur,* grâce auquel on peut additionner les mesures successives d'un même angle faites à l'aide d'un théodolite. En divisant la valeur finalement obtenue par le nombre de visées effectuées, on obtient l'angle cherché.) – **Math.** Rotation qui laisse globalement invariante une figure et dont une puissance est égale à l'application identique. – **Mus.** Reprise d'un fragment mélodique ou rythmique, d'une phrase, d'une période ou de tout un morceau. – **Psychan.** *Compulsion de répétition,* tendance postulée par S. Freud comme étant une manifestation de la pulsion de mort et dont la répétition du symptôme est un exemple.

RÉPÉTITIVITÉ n. f. Caractère de ce qui est répétitif.

RÉPÉTITORAT n. m. *Vx.* Fonction de répétiteur, de répétitrice.

REPEUPLÉE n. f. Syn. de REPEUPLEMENT.

REPEUPLEMENT n. m. **1.** Action de repeupler un lieu, fait de se repeupler, d'être repeuplé : *Repeuplement d'une région.* – **2.** Reconstitution d'un massif forestier. (Syn. REPEUPLÉE.)

REPEUPLER v. t. (conj. **5**). **1.** Faire venir des populations qqpart pour peupler une région dépeuplée ; occuper un lieu en tant que population immigrée : *Des colons ont repeuplé cette région.* – **2.** Regarnir un lieu d'espèces animales ou végétales : *Repeupler une forêt de nouvelles essences.*

REPINCER v. t. (conj. **16**). **1.** Pincer de nouveau. – **2.** *Fam.* Attraper qqn, le prendre de nouveau.

REPINE (Ilia Iefimovitch), peintre russe (Tchougouiev, gouvern. de Kharkov, 1844-Kuokkala, auj. Répino, Carélie, 1930). L'un des Ambulants, il se rendit célèbre en 1873 avec *les Haleurs de la Volga* (Musée russe, Saint-Pétersbourg), dans lequel on vit un symbole du peuple russe tirant sa chaîne. Il est l'auteur de portraits et de tableaux d'histoire d'un métier robuste.

REPIQUAGE n. m. **1.** Transplantation de jeunes plants provenant de pépinières, notamment dans la culture du riz, du tabac, etc. – **2.** Prélèvement d'une petite partie d'une culture de tissu ou de bactéries pour la transplanter sur un milieu neuf où elle continuera sa croissance. – **3.** Copie d'un disque, par réenregistrement sur un disque vierge ou sur une bande magnétique ; enregistrement obtenu. – **4.** Adjonction d'un texte sur des feuilles déjà imprimées. – **5.** Remplacement des pavés d'une chaussée. – **6.** Action de parsemer de petits trous le parement d'une maçonnerie pour donner une meilleure prise à l'enduit à venir. – **7.** Élimination manuelle des défauts ponctuels d'un phototype.

REPIQUER v. t. (conj. **3**). **1.** Pratiquer le repiquage. – **2.** *Pop.* Prendre qqn, l'arrêter de nouveau : *Se faire repiquer en train de voler.*

◆ v. t. ind. *Pop.* Revenir à qqch, s'y adonner de nouveau : *Il a repiqué à l'alcool.*

REPIQUEUSE n. f. Machine qui sert à mettre en terre des jeunes plants. (Syn. PLANTEUSE-REPIQUEUSE.)

RÉPIT n. m. (lat. *respectus,* de *respicere,* regarder en arrière). **1.** Arrêt momentané, suspension de qqch de pénible, d'une souffrance : *Ses crises ne lui laissent aucun répit.* – **2.** Repos, interruption dans une occupation absorbante ou contraignante : *Se donner un instant de répit.* – **3.** *Sans répit,* sans arrêt, sans cesse : *Travailler sans répit.*

REPLACEMENT n. m. Action de replacer.

REPLACER v. t. (conj. **16**). **1.** Remettre qqch à sa place, dans la bonne position : *Replacer un livre dans la bibliothèque.* – **2.** Placer, situer qqch, qqn dans telles circonstances : *Replacer un événement dans le contexte actuel.*

REPLANAGE n. m. Syn. de PLANAGE.

REPLANIR v. t. (anc. fr. *planir,* aplanir) [conj. **32**]. Effectuer le replanissage.

REPLANISSAGE n. m. Rabotage des parquets, des escaliers, au moyen de racloirs ou d'une ponceuse de manière à supprimer les irrégularités après la pose.

REPLANTATION n. f. Action de replanter.

REPLANTER v. t. (conj. **3**). Planter à nouveau.

REPLAT n. m. Sur un versant, pente plus faible entre deux pentes plus fortes.

REPLÂTRAGE n. m. **1.** Réparation en plâtre. – **2.** Remaniement sommaire et imparfait : *Replâtrage ministériel.*

REPLÂTRER v. t. (conj. **3**). **1.** Plâtrer de nouveau. – **2.** Tenter de recréer une certaine cohésion, une certaine unité au sein d'un groupe : *Replâtrer un ménage.*

REPLET, ÈTE adj. (lat. *repletus,* rempli). Qui a de l'embonpoint ; grassouillet : *Un petit homme replet.*

RÉPLÉTION n. f. (bas lat. *repletio,* du lat. class. *replere,* remplir). **1.** État d'un organe creux qui est rempli (par un solide, un liquide ou un gaz). – **2.** Hétérogénéité d'un astre, qui se traduit par une augmentation locale de son champ de gravitation. (Syn. MASCON ; contr. DÉPLÉTION.)

REPLEUVOIR v. i. (conj. **68** ; seulem. 3e pers.). Pleuvoir de nouveau.

REPLI n. m. (de *replier*). **1.** Pli formé sur le bord déjà rabattu d'une étoffe : *Repli d'un ourlet.* – **2.** Ondulation d'une surface ou d'une matière : *Les replis de la peau.* – **3.** *Litt.* Détour complexe ou partie secrète de qqch : *Les replis de la conscience.* – **4.** Action de se replier, de revenir en arrière : *Le repli des manifestants.* – **5.** Fait de revenir à une position, à une valeur qui marque un retrait, une régression : *Noter un repli des exportations.* – **6.** Retraite volontaire d'une troupe en vue de se rétablir derrière des positions tenues par des unités armées. – **7.** *Repli sur soi-même,* attitude de qqn qui s'enferme dans ses pensées et fuit la communication avec les autres. ‖ *Solution de repli,* possibilité qu'on se laisse de revenir en arrière, au cas où les choses tourneraient mal.

REPLIABLE adj. Susceptible de se replier.

RÉPLICATION n. f. (de *répliquer*). Production de molécules nouvelles d'A. D. N. ou d'A. R. N., par copie de molécules parentales appelées « matrices ».

RÉPLICON n. m. Segment d'acide nucléique (chromosome bactérien, génome viral, plasmide, segment de chromosome) qui peut se répliquer comme une unité autonome sous son propre contrôle.

REPLIEMENT n. m. **1.** *Litt.* Action de replier : *Le repliement d'un parapluie.* – **2.** Action de se replier sur soi, de s'isoler.

REPLIER v. t. (conj. **10**). **1.** Plier qqch une ou plusieurs fois sur lui-même : *Replier une feuille de papier. Replier deux fois le bas d'un pantalon.* – **2.** Plier et rabattre qqch, le ramener sur, contre qqch : *Replier le drap sous la couverture.* – **3.** Rabattre qqch d'articulé : *Replier un couteau.*

◆ **se replier** v. pr., **être replié** v. pass. **1.** Avoir des éléments articulés qui se rabattent l'un sur l'autre : *Siège qui se replie.* – **2.** Ramasser son corps, en rapprocher les parties : *Avoir les jambes repliées.* – **3.** S'isoler, s'enfermer dans ses pensées : *Un vieillard qui vit replié sur lui-même.* – **4.** Opérer un mouvement de retraite : *La police a obligé les manifestants à se replier.*

RÉPLIQUE n. f. (de *répliquer*). **1.** Réponse généralement faite sur un ton vif, péremptoire : *Avoir la réplique facile.* – **2.** Remarque destinée à mettre en question ce qui est demandé : *Exécuter les ordres sans réplique.* – **3.** Texte d'un personnage dans un dialogue théâtral, en réponse aux questions ou au discours de son ou de ses partenaires ; dernier mot, dernière phrase de ce texte. – **4.** Personne, action qui offre une ressemblance frappante avec une autre : *Il est la réplique de son père.* – **5.** Copie d'une œuvre avec ou sans variantes (dimensions, composition, facture, etc.), exécutée, sous le contrôle ou non de l'artiste, à une époque ancienne. – **6.** Séisme, ou ensemble de séismes succédant à un grand tremblement de terre. – **7.** *Argument sans réplique,* argument auquel on ne trouve rien à opposer. ‖ *Donner la réplique,* servir de partenaire à l'acteur qui a le rôle principal ; prononcer des paroles qui permettent à l'interlocuteur de briller. ‖ *Droit de réplique,* droit de répondre aux commentaires suscités par l'insertion d'une réponse dans un organe de presse.

RÉPLIQUER v. t. (lat. *replicare,* replier) [conj. **3**]. **1.** Répondre qqch avec vivacité, avec à-propos : *Il n'en est pas question, répliqua-t-il.* – **2.** Produire une réplication.

◆ v. t. ind. **1.** Répondre à qqn avec impertinence, contester ce qu'il dit, demande, ordonne.

— 2. Répondre à un comportement hostile par une action de représailles, par telle attitude : *Répliquer à une agression par une rupture des relations diplomatiques.*
◆ **se répliquer** v. pr. Subir une réplication.

REPLISSER v. t. (conj. 3). Plisser de nouveau, à plusieurs reprises.

REPLONGER v. i. (conj. 17). **1.** Plonger de nouveau. — **2.** *Fam.* Tomber de nouveau dans un mal, une situation nuisible : *Replonger dans l'alcool.*
◆ v. t. **1.** Plonger à nouveau qqch dans un liquide : *Replonger les mains dans l'eau.* — **2.** Précipiter à nouveau qqch, qqn dans un état : *Ces grèves replongèrent le pays dans l'anarchie.*
◆ **se replonger** v. pr. Se plonger à nouveau dans une activité.

REPLOYER v. t. (de *ployer*) [conj. 13]. *Litt.* Replier qqch.

REPLUIRE n. f. Défaut de surface d'une pièce métallique brute de coulée consistant en une excroissance plane enrobant souvent une masse sableuse.

REPOLIR v. t. (conj. 32). Polir de nouveau.

REPOLISSAGE n. m. Action de repolir.

RÉPONDANT n. m. (de *répondre*). **1.** Personne qui se porte garante. — **2.** Traduction littérale du mot hiéroglyphique shaouabti. — **3.** *Avoir du répondant,* présenter de sérieuses garanties financières.

RÉPONDEUR, EUSE adj. et n. Qui a l'habitude de répondre avec impertinence aux remontrances et observations.
◆ **répondeur** n. m. Appareil relié à un poste téléphonique, muni d'une mémoire et d'un enregistreur, et permettant d'enregistrer les appels et les messages, et éventuellement de délivrer un message au correspondant.

RÉPONDRE v. t. (lat. *respondere*) [conj. 75]. **1.** Dire, énoncer qqch en retour à qqn qui a parlé, posé une question : *Il lui arrive de répondre des bêtises. Répondre présent à l'appel de son nom.* — **2.** Ordonner, recommander, en retour, de faire telle chose : *Quand on l'interroge, il répond de patienter.* — **3.** Envoyer en retour une lettre. — **4.** *Répondre la messe,* répondre, pendant la messe, aux paroles prononcées par le prêtre.
◆ v. t. ind. **1.** Fournir la ou les réponses demandées : *Répondre à un questionnaire.* — **2.** Être conforme à ce qui est demandé, attendu : *Cela ne répond pas à notre question.* — **3.** Envoyer une lettre à qqn faisant suite à celle qu'il a adressée : *Écrivez-moi, je vous répondrai.* — **4.** Se manifester à qqn qui vous a appelé, donner suite de telle façon à une demande : *Répondre à un coup de téléphone.* — **5.** Faire des objections à qqn, contester ses ordres : *Un enfant qui répond à ses parents.* — **6.** Avoir tel comportement en retour : *J'ai répondu par de l'indifférence à ses avances.* — **7.** Avoir le même sentiment que qqn en retour, rendre la même action : *Il a toujours répondu à ma gentillesse.* — **8.** En parlant d'un son, d'un élément décoratif, etc., correspondre à un autre avec une certaine symétrie : *Au bleu du ciel répond le bleu de la mer.* — **9.** Réagir de façon normale à une action : *Les freins ne répondent plus.* — **10.** Être conforme à ce qui est attendu, lui correspondre parfaitement : *Une fabrication qui répond à un besoin.* — **11.** *Répondre de,* se porter garant pour qqn, cautionner ses actes : *Je réponds de son honnêteté.* — **12.** *Je vous en réponds,* renforce une affirmation ; je vous assure. ‖ *Ne plus répondre de rien,* s'avouer incapable de maîtriser une situation dangereuse. ‖ *Répondre aux aides,* pour un cheval, obéir aux indications du cavalier.
◆ **se répondre** v. pr. **1.** Se correspondre, se présenter symétriquement : *Deux sculptures se répondent à l'entrée du château.* — **2.** En parlant d'instruments, de sons, se faire entendre ou se produire alternativement et symétriquement.

RÉPONS [-pɔ̃] n. m. (lat. *responsum*). Chant exécuté alternativement par le chœur et par un soliste et qui prend place dans les offices de l'Église catholique.

RÉPONSE n. f. (fém. de *répons*). **1.** Ce que qqn dit, écrit ou fait pour répondre : *Réponse d'un inculpé à une question du juge.* — **2.** Lettre, correspondance envoyée en retour de celle qu'on a reçue : *Je n'ai pas encore sa réponse.* — **3.** Solution, explication, éclaircissement apporté à une question, à un point obscur : *Ce problème n'a pas reçu de réponse scientifique.* — **4.** Action répondant à une attaque, à une critique : *Cette mise en cause appelle une réponse.* — **5.** Action, comportement, sentiment en retour : *Mon affection est restée sans réponse.* — **6.** Réaction d'un organisme, d'un organe, d'un système sous l'effet d'un agent extérieur, d'une excitation : *Réponse du système nerveux à une excitation.* — **7.** Réaction de qqn à un appel : *Je frappe mais pas de réponse.* — **8.** En apposition, indique que le document joint sert de réponse : *Bulletin-réponse.* — **9.** *Avoir réponse à tout,* n'être jamais à court d'arguments, écarter toutes les objections pour se donner raison. • **Cybern.** *Temps de réponse,* intervalle de temps qui s'écoule entre l'application d'une excitation et l'établissement d'un nouveau régime établi. — **Dr.** *Droit de réponse,* droit accordé à toute personne (physique ou morale) nommée, désignée ou mise en cause par un organe de presse, une émission de radio ou de télévision, d'exiger l'insertion gratuite d'une réponse ou de répondre à l'antenne.

— **Électroacoust.** Propriété qui caractérise la transformation que fait subir un transducteur ou une chaîne électroacoustique au signal appliqué à l'entrée de l'appareillage, et qui s'exprime par le quotient complexe d'une grandeur déterminée mesurée à la sortie de l'appareillage par une autre grandeur mesurée à l'entrée dans des conditions de fonctionnement spécifiées. — **Psychol.** Syn. de RÉACTION.

REPOPULATION n. f. Accroissement d'une population après une dépopulation.

REPORT n. m. **1.** Action de reporter le total d'une colonne ou d'une page sur une autre ; total ainsi reporté : *Faire le report d'une somme.* — **2.** Action de remettre à un autre moment, d'ajourner : *Le report d'une affaire à une date ultérieure.* — **3.** Action de reporter sur qqch, qqn d'autre : *Le report des voix sur le candidat le mieux placé.* • **Art contemp.** Transfert d'une image photographique sur une toile, une gravure. — **Bours.** Opération traitée à la liquidation d'un marché à terme, en vue de proroger la spéculation jusqu'à la liquidation suivante. ‖ Prix payé au détenteur de capitaux qui prête au spéculateur les fonds dont celui-ci a besoin pour réaliser cette prorogation. — **Cout.** Action de dégager des mailles de leurs aiguilles pour effectuer un jour ou réaliser une diminution ou une augmentation. — **Fin.** Affectation, par arrêté du ministre des Finances, au budget d'un exercice des crédits de paiement inscrits au budget précédent et non employés. — **Grav.** *Papier à report,* papier préparé spécialement pour que le dessin qui y est tracé puisse être reporté directement sur le support (pierre, zinc) qui servira à l'impression. *(Autographie).* — **Impr.** Transfert, par copie sur plaque de métal, des éléments imprimants (textes et illustrations). ‖ Plaque offset prête à être calée. — **Mil.** *Report d'incorporation,* délai accordé à certains jeunes gens désirant retarder la date de leur incorporation.

REPORTAGE n. m. (de *reporter 1*). **1.** Ensemble des informations écrites, photographiées ou filmées recueillies par un journaliste sur le lieu même de l'événement. — **2.** Partie d'un programme de radio ou de télévision destinée à informer le public sur un événement d'actualité, sur une activité humaine, sur la nature... — **3.** Métier de reporter.

1. REPORTER [rəpɔrtɛr] n. m. (angl. *reporter,* de *to report,* rapporter). **1.** Journaliste chargé d'un reportage. — **2.** *Grand reporter,* journaliste chargé de reportages sur des événements d'importance ou lointains. ‖ *Sac (de) reporter,* sac de voyage à tous usages, léger et souple ou demi-souple, de forme rectangulaire ou carrée. ‖ *Valise (de) reporter,* grosse sacoche rigide, à bandoulière, pour appareils photographiques, caméra, accessoires, etc.

2. REPORTER v. t. (conj. 3). **1.** Porter un objet à l'endroit où il était auparavant, ou le remettre à celui qui le détenait : *Reporter un ouvrage dans la bibliothèque.* — **2.** Déplacer qqch, le mettre à un autre endroit : *Reporter un développement à un autre chapitre.* — **3.** Inscrire, transcrire qqch qqpart : *Reporter les dépenses dans son livre de comptes.* — **4.** Ramener qqn à une époque antérieure, en évoquant le passé : *Les photos nous ont reportés plusieurs années en arrière.* — **5.** Remettre une action à une date ultérieure (de tant) : *Reporter une conférence de dix jours.* — **6.** Orienter vers un nouvel objet un sentiment, un choix qui, initialement, s'appliquait à d'autres : *Reporter toute son affection sur son enfant.* — **7.** Faire un report en Bourse. — **8.** Syn. de RAPPORTER.

◆ **se reporter** v. pr. **1.** Se transférer sur qqn, qqch : *Les voix se sont reportées sur le candidat de l'opposition.* — **2.** Revenir par la pensée sur des faits passés : *Se reporter aux années de son enfance.* — **3.** Se référer à un document, à un ouvrage : *Reportez-vous à la bibliographie.*

REPORTER-CAMERAMAN n. m. (pl. *reporters-cameramen*). Journaliste chargé de la mise en images d'un événement d'actualité. (Syn. REPORTEUR D'IMAGES.)

REPORTER-PHOTOGRAPHE n. m. (pl. *reporters-photographes*). Journaliste chargé des photographies d'un reportage.

REPORTEUR n. m. **1.** Personne qui affecte des fonds à des opérations de report. — **2.** Typographe qui exécute les reports. — **3.** *Reporteur d'images,* syn. de REPORTER-CAMERAMAN.

REPOS n. m. (de *reposer 2*). **1.** Absence de mouvement, immobilité : *Muscle au repos.* — **2.** Fait pour qqn de se reposer, de cesser son activité ; temps correspondant : *Prendre un peu de repos.* — **3.** *Litt.* État de qqn qui se repose ou dort : *Être respectueux du repos des autres.* — **4.** Période, jour, pendant lesquels qqn cesse son travail : *Une heure de repos l'après-midi.* — **5.** *Litt.* État de qqn qui est sans inquiétude ni préoccupation, dont rien ne trouble la tranquillité ; quiétude : *Ce grave problème lui ôte tout repos.* — **6.** Pause que l'on observe dans la lecture ou la diction d'un texte. — **7.** *De tout repos,* qui ne présente aucun risque, offre des garanties. • **Agric.** *Terre au repos,* terre laissée sans culture. — **Bât.** Petit palier qui interrompt la suite des marches d'un escalier. ‖ Partie d'architecture qui reste unie. — **Dr.** *Repos compensateur,* repos concernant la récupération d'heures supplémentaires accomplies au-delà du contingent fixé par la loi et qui doit être payé comme temps de travail. ‖ *Repos hebdomadaire,* repos légal minimum de 24 heures consécutives (en principe le dimanche) que tout employeur est tenu d'accorder à tout salarié. — **Géol.** Phase d'inactivité d'un volcan. — **Horlog.** *Échappement à repos,* échappement dans lequel le rouage est immobile pendant presque toute l'oscillation du balancier. — **Littér.** Césure, coupe, dans un vers. — **Mil.** Position réglementaire debout, le pied gauche légèrement en avant, la main gauche sur la boucle du ceinturon. ‖ *Repos !,* commandement indiquant l'abandon de la position du garde-à-vous pour celle du repos. — **Phys.** État d'un corps immobile par rapport à un référentiel particulier. — **Serrur.** Épaulement réservé sur une pièce de serrurerie, et sur lequel vient s'appuyer une autre pièce. — **Sports.** Syn. de PAUSE.

REPOSANT, E adj. Qui atténue la fatigue, procure un délassement.

REPOSE n. f. (de *pose*). Action de remettre en place ce qui a été déposé : *La dépose et la repose d'un vitrail.*

REPOSÉE n. f. Lieu où une bête de chasse se repose pendant le jour.

REPOSE-PIED(S) n. m. (pl. *repose-pieds*). **1.** Appui pour les pieds, attenant à un fauteuil. — **2.** Appui fixé au cadre d'une motocyclette, sur lequel on peut poser le pied.

1. REPOSER v. t. (de *poser*) [conj. 3]. **1.** Poser de nouveau un objet qu'on a soulevé : *Reposer son livre sur la table.* — **2.** Remettre en place ce qui a été enlevé, déposé : *Reposer des rideaux.* — **3.** Poser qqch, le formuler, le présenter de nouveau ou d'une autre façon : *Reposer une question.*

2. REPOSER v. t. (bas lat. *repausare,* du lat. class. *pausa,* arrêt) [conj. 3]. Mettre qqn, son corps, son esprit dans des conditions propres à les délasser : *Une bonne nuit vous reposera. Reposer ses yeux.*
◆ v. i. **1.** *Litt.* Être étendu, dans une position ou un état qui délasse ; être endormi : *Reposer dans sa chambre.* — **2.** *Litt.* En parlant d'un défunt, être étendu qqpart : *Reposer sur son lit de mort ;* être enseveli en tel endroit : *Ici repose X.* — **3.** *Litt.* Être dans un état d'immobilité qui ressemble au sommeil : *En hiver, la nature repose.* — **4.** En parlant d'un navire, être au fond de l'eau, de la mer : *Le pétrolier repose par cent mètres de fond.* — **5.** Rester au repos, afin que les éléments en suspension tombent au fond du récipient, afin que telle modification se produise : *Laisser reposer le mélange.* — **6.** *Laisser reposer une terre,* la laisser sans culture.
◆ v. t. ind. **1.** Être posé sur qqch qui sert de support : *Les chevrons reposent sur des poutres.* — **2.** Être établi, fondé sur : *Son accusation repose sur de sérieux indices.*
◆ **se reposer** v. pr., **être reposé** v. pass. **1.** Cesser de travailler, d'agir pour éliminer la fatigue : *Se reposer deux jours par semaine.* — **2.** *À tête reposée,* libéré de tout souci, sans contrainte.
◆ **se reposer** v. pr. *Se reposer sur qqn,* lui faire confiance, s'en remettre à lui.

REPOSITIONNEMENT n. m. Fait de repositionner.

REPOSITIONNER v. t. (conj. 3). Positionner de nouveau.

REPOSOIR n. m. **1.** Autel provisoire destiné à déposer ou reposer le saint sacrement en dehors du tabernacle, le jeudi saint et à la Fête-Dieu. — **2.** Petit oratoire construit le long d'une route, au Moyen Âge. — **3.** Dans un hôpital, salle où le corps du défunt est exposé avant les funérailles.

REPOURVOIR v. t. (conj. 64). En Suisse, confier un poste, une charge à qqn.

REPOUSSAGE n. m. **1.** Formage à froid de pièces métalliques axisymétriques à parois minces. — **2.** Exécution d'un repoussé.

REPOUSSANT, E adj. Qui inspire de l'aversion, du dégoût : *Une saleté repoussante.*

REPOUSSE n. f. **1.** Fait de repousser, en parlant de cheveux, des plantes. — **2.** Végétation croissant spontanément après une récolte.

REPOUSSÉ n. m. Technique de martelage et de ciselure du métal permettant d'obtenir un décor en fort relief ; objet ainsi obtenu. (Le travail au repoussé se pratique sur l'or, l'argent, le cuivre, l'étain, en attaquant l'envers de la pièce à décorer à l'aide du marteau, de ciselets, de bouterolles ; un vase au col étroit se travaille à la recingle.)

REPOUSSER v. t. (conj. 3). **1.** Pousser en arrière qqch, qqn, un groupe, les faire reculer : *Les forces de l'ordre repoussent les manifestants.* — **2.** S'opposer avec succès à qqn, à son attaque : *Repousser un agresseur.* — **3.** Faire mauvais accueil à qqn, l'éconduire : *Repousser un prétendant.* — **4.** Ne pas admettre qqch, ne pas l'accepter : *Le conseil a repoussé le projet.* — **5.** Inspirer à qqn des sentiments d'antipathie, d'hostilité : *Il a un physique qui repousse.* — **6.** Remettre en place ce qui a été déplacé, tiré : *Repousser un tiroir.* — **7.** Écarter qqn, qqch de façon à l'éloigner de soi : *Un obstacle que l'on repousse du pied.* — **8.** Remettre à plus tard qqch qui était prévu : *Ils ont repoussé la date de leur mariage.* — **9.** Travailler une pièce mince de métal, un cuir sur une de ses faces, de manière à obtenir un relief décoratif sur l'autre face. — **10.** Réaliser une forme par repoussage.
◆ v. i. **1.** Pousser, croître de nouveau : *Laisser repousser sa barbe.* — **2.** Pop. *Repousser du goulot,* avoir mauvaise haleine.

REPOUSSEUR n. m. Ouvrier métallurgiste qui procède au repoussage.

REPOUSSOIR n. m. **1.** Masse colorée des premiers plans d'un tableau, qui, par contraste, fait fuir les arrière-plans, crée un effet de profondeur. – **2.** *Fam.* Chose ou personne qui en fait valoir une autre par opposition, par contraste : *Cette femme laide sert de repoussoir à sa voisine.* – **3.** Ciseau servant à tailler des moulures dans la pierre.

RÉPRÉHENSIBLE adj. (lat. *reprehendere,* critiquer). Qui mérite d'être repris, blâmé : *Un acte répréhensible.*

REPRENDRE v. t. (lat. *reprendere,* var. de *reprehendere*) [conj. **79**]. **1.** Prendre qqch de nouveau ou prendre une autre fois, en plus : *Reprendre sa place à table. Je reprendrais bien un peu de vin.* – **2.** Rentrer en possession de ce qu'on a donné, déposé, consenti : *Reprendre ses bagages à la consigne.* – **3.** Admettre de nouveau qqn près de soi, à son service, dans son groupe : *Il a repris son ancienne secrétaire.* – **4.** Prendre, arrêter de nouveau qqn qui s'est enfui : *Reprendre un fugitif.* – **5.** Récupérer une marchandise vendue en acceptant d'en annuler la vente : *Le magasin ne reprend aucun article.* – **6.** Prendre la suite de qqn, racheter à qqn un commerce, une charge : *Il reprendra le cabinet dentaire de son frère.* – **7.** Retrouver un état, une disposition, une faculté : *Convalescent qui reprend des forces.* – **8.** Affecter qqn de nouveau : *Ses obsessions l'ont repris.* – **9.** Continuer une chose interrompue, s'adonner de nouveau à une activité : *Reprendre son travail après une absence. Il a repris le piano.* – **10.** Jouer, donner de nouveau une pièce, un spectacle, un film. – **11.** Parler de nouveau, après un silence : *« Oui, reprit-il, il faut aller de l'avant. »* – **12.** Énoncer à nouveau des paroles, des idées : *L'assistance reprenait en chœur le refrain.* – **13.** Apporter des corrections, faire subir des transformations à qqch : *Il n'y a rien à reprendre à cet article.* – **14.** Faire sien, emprunter ce qui a été élaboré par qqn d'autre : *Reprendre les idées d'un autre.* – **15.** Réprimander qqn, le blâmer pour ce qu'il a fait : *Reprendre un enfant sur sa conduite.* – **16.** Surprendre qqn une fois de plus à commettre un acte blâmable : *Que je ne vous reprenne plus à grimper sur la fenêtre !* – **17.** *On ne m'y reprendra plus,* c'est la dernière fois que je fais cela. ‖ *Reprendre son cours,* recommencer comme auparavant, redevenir normal après un arrêt, une perturbation. • **Bât.** Réparer une maçonnerie. ‖ *Reprendre en sous-œuvre,* réparer ou reconstruire les parties inférieures (d'un mur, d'un pilier, etc.) en soutenant de façon provisoire les parties supérieures conservées. – **Cout.** Rétrécir un vêtement en refaisant les coutures ou les pinces. – **Équit.** Modérer l'allure d'un cheval après l'avoir laissé s'allonger. – **Mécan.** Usiner à nouveau une partie de pièce dont la cote est trop forte. – **Véner.** En parlant d'un chien, retrouver la voie de l'animal.
◆ v. i. **1.** Se développer normalement après avoir été transplanté ; repousser : *Les arbres ont repris difficilement.* – **2.** Se manifester de nouveau : *Les incendies de forêts ont repris.* – **3.** Recommencer après un congé, une pause, une fermeture : *Les cours reprennent cette semaine.* – **4.** En parlant du commerce, des affaires, redevenir actifs après une stagnation.
◆ **se reprendre** v. pr. **1.** Retrouver la maîtrise de soi, se ressaisir : *Il a des périodes de dépression, mais il se reprend.* – **2.** Se corriger, rectifier un propos : *Commettre un lapsus et se reprendre.* – **3.** Se remettre insensiblement à faire qqch : *Se reprendre à rire.*

REPRENEUR n. m. Personne qui reprend une entreprise en difficulté pour tenter de la réactiver, de lui donner un nouvel élan.

REPRÉSAILLES n. f. pl. (lat. médiév. *represalia ;* de l'ital. *ripresaglia,* de *riprendere,* reprendre). **1.** Mesures de violence qu'un État prend à l'égard d'un autre État pour répondre à un acte hostile de ce dernier. – **2.** Action de rendre le mal qu'on a subi : *Exercer des représailles.*

REPRÉSENTABLE adj. Qui peut être représenté.

REPRÉSENTANT, E n. **1.** Personne ou chose prise comme modèle, comme type d'une classe, d'une catégorie : *Être un bon représentant de la classe moyenne.* – **2.** Personne qui a reçu pouvoir d'agir au nom de qqn, qui accomplit un acte au nom et pour le compte de qqn ; agent mandataire. – **3.** Intermédiaire du commerce chargé de prospecter une clientèle et de prendre des commandes pour une entreprise. – **4.** Personne appelée à une succession par représentation de son ascendant prédécédé. – **5.** *Représentant (du peuple),* élu du peuple ayant reçu mandat de décider en son nom ; parlementaire ; en Belgique, aux États-Unis, membre de la Chambre des représentants. – **6.** *Représentant en mission,* sous la Révolution française, député envoyé dans les départements ou aux armées pour faire respecter les ordres du pouvoir central. ‖ *Représentant du personnel,* membre d'un comité d'entreprise ou délégué du personnel. ‖ *Représentant syndical,* représentant d'une des organisations syndicales représentatives, et désigné par elle au comité d'entreprise.
◆ **représentant** n. m. **1.** Élément d'une classe d'équivalence. – **2.** *Représentant (psychique),* expression dans le psychisme des excitations du corps, des pulsions.

REPRÉSENTATIF, IVE adj. **1.** Qui possède les caractéristiques principales de l'ensemble dont il relève, et peut, à ce titre, le représenter : *Échantillon représentatif de la population.* – **2.** Qui représente une collectivité et peut négocier, parler en son nom : *Syndicat représentatif.* — **3.** Qui est considéré comme le modèle d'une catégorie : *Écrivain représentatif de la jeune génération.* — **4.** *Régime représentatif,* mode d'organisation du pouvoir reposant sur le principe de la souveraineté nationale et en vertu duquel les citoyens donnent mandat à leurs élus de décider en leur nom *(mandat représentatif* par oppos. au *mandat impératif).*

REPRÉSENTATION n. f. (lat. *repraesentatrio*). **1.** Action de rendre sensible qqch au moyen d'une figure, d'un symbole, d'un signe : *L'écriture est la représentation de la langue parlée par des signes graphiques.* — **2.** Image, figure, symbole, signe qui représente un phénomène, une idée : *Représentation graphique de l'évolution des prix.* — **3.** Action de représenter par le moyen de l'art ; œuvre artistique figurant qqch, qqn : *Une représentation sculptée de la Vierge.* — **4.** Action d'évoquer qqch, qqn par le langage : *Des Mémoires qui donnent une représentation véridique d'une époque.* — **5.** Action de donner un spectacle devant un public, en partic. au théâtre ; ce spectacle lui-même. — **6.** Action de représenter qqn, une collectivité ; la (les) personne(s) qui en sont chargées : *La représentation des minorités.* — **7.** Activité de qqn qui représente une entreprise commerciale dans un secteur déterminé : *Obtenir la représentation d'une marque d'automobiles.* • **Cartogr.** et **Géod.** *Représentation plane,* syn. de PROJECTION. — **Dr.** Procédé juridique en vertu duquel le « représentant » accomplit un acte au nom et pour le compte du « représenté ». (La représentation peut être légale, conventionnelle ou judiciaire.) ‖ Procédé juridique en vertu duquel des héritiers du défunt viennent à sa succession, à la place d'un de leurs ascendants prédécédé. ‖ *Droit de représentation,* droit de communiquer directement une œuvre au public par le moyen d'interprètes ou par le moyen de supports matériels, ou encore par télédiffusion ou par satellite. (Le droit de représentation, qui nécessite le consentement de l'auteur, est l'un des droits patrimoniaux de l'auteur.) ‖ *Frais de représentation,* somme destinée à indemniser certaines personnes des frais auxquels les oblige leur situation. ‖ *Représentation en justice,* droit accordé aux avocats et aux avoués de se présenter devant les juridictions de leur ressort au nom des plaideurs ; faculté accordée à toute personne de se présenter au nom de quelqu'un d'autre devant les tribunaux d'exception à condition d'être munie d'un pouvoir régulier. (Les avocats peuvent se présenter sans pouvoir de leur client.) — **Philos.** Connaissance fournie à l'esprit par les sens ou par la mémoire. — **Psychol.** Perception, image mentale, etc., dont le contenu se rapporte à un objet, à une situation, à une scène, etc., du monde dans lequel vit le sujet.

REPRÉSENTATIVITÉ n. f. **1.** Qualité de qqn, d'un parti, d'un groupement ou d'un syndicat dont l'audience dans la population fait qu'il peut s'exprimer valablement en son nom. — **2.** Qualité d'un échantillon constitué de façon à correspondre à la population dont il est extrait.

REPRÉSENTÉ, E n. Personne pour qui le représentant accomplit un acte juridique.

REPRÉSENTER v. t. (lat. *repraesentare,* rendre présent) [conj. 3]. **1.** Présenter, remettre de nouveau qqch à qqn : *Représenter une traite.* — **2.** Rendre qqch perceptible, sensible par une figure, un symbole, un signe : *Représenter l'évolution d'un phénomène par un graphique.* — **3.** Figurer qqch, qqn par un moyen artistique ou un autre procédé : *Le décor représente une place publique.* — **4.** Décrire, évoquer qqch, qqn par le langage, l'écriture : *Ses contemporains le représentent sous les traits d'un cynique.* — **5.** Jouer ou faire jouer un spectacle devant un public. — **6.** Être le symbole, l'incarnation, le type de qqch : *Ces personnes représentent la classe moyenne.* — **7.** Correspondre à qqch, apparaître comme son équivalent : *Une découverte qui représente une révolution.* — **8.** Avoir reçu mandat pour agir au nom de qqn, d'un groupe, défendre ses intérêts : *Représenter son pays à une conférence internationale.* — **9.** Être le représentant d'une entreprise commerciale. — **10.** *Litt.* Faire observer qqch à qqn, le mettre en garde contre qqn : *Représenter à un ami les conséquences de sa décision.* — **11.** Être investi, après décès, des droits du de cujus.

◆ v. i. *Litt.* Avoir une certaine prestance : *Il représente bien.*

◆ **se représenter** v. pr. **1.** Se présenter de nouveau à qqch : *S'il échoue, il ne se représentera plus.* — **2.** Survenir, advenir de nouveau : *Une occasion qui ne se représentera sans doute jamais.* — **3.** Se figurer, imaginer qqch, qqn qui ne sont pas actuellement présents : *J'ai du mal à me le représenter dans sa nouvelle fonction.*

REPRESSER v. t. (conj. 4). En céramique, donner à un objet ébauché sa forme définitive au moyen d'une presse.

RÉPRESSEUR n. m. Organite cellulaire qui bloque la fabrication de toutes les enzymes dont la présence est inutile à la cellule.

RÉPRESSIBLE adj. (de *répression*). Qui peut être réprimé.

RÉPRESSIF, IVE adj. (lat. *repressum,* de *reprimere,* réprimer). **1.** Qui sert à réprimer, dont le contenu est fait de contraintes : *Une éducation répressive.* — **2.** Qui use de répression pour se faire obéir. — **3.** Qui juge en matière pénale.

RÉPRESSION n. f. (lat. *repressum,* de *reprimere,* réprimer). **1.** Action de réprimer, de punir : *La répression d'une insurrection.* – **2.** Action d'exercer des contraintes graves, des violences sur qqn ou un groupe afin d'empêcher le développement d'un désordre. – **3.** Poussée hors de la conscience d'un contenu représenté comme déplaisant ou inacceptable ; action de l'appareil psychique sur l'affect. – **4.** Arrêt de synthèse d'un métabolite par arrêt de synthèse des enzymes impliquées à sa formation.

RÉPRIMANDE n. f. (lat. *reprimenda culpa,* faute qui doit être réprimée). **1.** Rappel à l'ordre, blâme adressé avec autorité pour amender et corriger : *Faire une sévère réprimande.* – **2.** Punition disciplinaire infligée à un officier ou à un sous-officier pour sanctionner une faute assez grave ou des fautes répétées de gravité moindre.

RÉPRIMANDER v. t. (conj. 3). Blâmer qqn avec autorité : *Réprimander un élève.*

RÉPRIMER v. t. (lat. *reprimere*) [conj. 3]. **1.** Arrêter la manifestation, le développement d'un sentiment, d'une parole, d'un geste : *Réprimer un mouvement de colère.* – **2.** Exercer des contraintes afin d'empêcher le développement d'une action jugée dangereuse : *Réprimer une révolte.*

REPRINT [rəprint] n. m. (angl. *reprint*). Réimpression en fac-similé d'un livre, d'une revue ou d'une gravure.

REPRIS n. m. *Repris de justice,* personne qui a déjà subi une condamnation pénale.

REPRISAGE n. m. Action de repriser.

REPRISE n. f. (de *reprendre*). **1.** Action de reprendre qqch, de s'en emparer de nouveau : *La reprise d'une position par l'armée.* – **2.** Action de reprendre une action après une interruption : *La reprise des cotations d'une valeur.* – **3.** Fait, pour un végétal, de croître de nouveau après une transplantation : *La reprise de ces boutures se fait bien.* – **4.** Fait, pour certains phénomènes, de se manifester de nouveau : *Une reprise du froid.* – **5.** Action de représenter, de diffuser à nouveau un spectacle, un film, une émission : *Ce film est une reprise.* – **6.** Renouveau de l'activité commerciale et des transactions après une récession : *La reprise n'est pas pour demain.* – **7.** Rachat d'un matériel, d'un objet usagé à celui à qui on vend un matériel neuf ; somme correspondante ; l'objet racheté : *La reprise d'une voiture d'occasion par un garagiste.* – **8.** Somme d'argent versée par un nouveau locataire à son prédécesseur pour entrer dans un local. – **9.** *À deux, trois, diverses, etc., reprises,* deux, trois, maintes, etc., fois : *J'ai séjourné à plusieurs reprises dans cet hôtel.* • **Bât.** Action de reprendre ; son résultat. ‖ Traces laissées par le recommencement d'un chantier après une période d'interruption. – **Cout.** Réparation d'une étoffe déchirée en reconstituant à l'aiguille des fils de trame et des fils de chaîne. – **Dr.** *Droit de reprise,* droit reconnu au bailleur d'un local d'habitation ou commercial de le reprendre sous certaines conditions prévues par la loi. ‖ *Reprise des propres,* action par laquelle, lors de la liquidation de la communauté, chaque époux sépare ses biens personnels de la masse commune. – **Équit.** Leçon donnée au cavalier ou au cheval. ‖ Ensemble des cavaliers qui travaillent en même temps dans le même manège. ‖ Ensemble de figures exécutées par un ou plusieurs cavaliers, selon un ordre et un tracé déterminés. – **Géogr.** *Reprise d'érosion,* modification dans l'activité morphogénétique d'un cours d'eau, qui se traduit par une tendance marquée à l'entaille de son lit. (Les reprises d'érosion proviennent de mouvements tectoniques, d'abaissements du niveau de base ou, surtout, de phénomènes morphoclimatiques d'origine souvent humaine.) – **Jeux.** Chacun des coups d'une partie qui se dispute en plusieurs coups. ‖ Au billard, chaque nouveau coup de queue donné par les joueurs au cours de la partie. – **Littér.** Ensemble des vers d'un rondeau, d'une ballade, d'un couplet de chanson, que l'on répète pour refrain. – **Manut.** Manutention nouvelle des matériaux, notamment après le stockage. – **Métall.** Discontinuité au cours d'une opération de coulée, de moulage ou de laminage ; défaut ainsi créé sur la pièce. – **Mus.** Répétition d'un morceau ou d'une partie d'un morceau ; ce morceau lui-même. – **Sports.** Chacune des parties actives d'un combat de boxe. (Syn. ROUND.) – **Techn.** Passage d'un bas régime de moteur à un régime supérieur sans utilisation du changement de vitesse. – **Text.** *Taux de reprise,* pourcentage d'humidité d'une matière textile rapporté à son poids anhydre. – **Usin.** *Reprise d'usinage,* action consistant à continuer ou à recommencer un usinage après démontage et remontage de la pièce sur la machine.

REPRISER v. t. (conj. 3). Raccommoder, en faisant des reprises.

RÉPROBATEUR, TRICE adj. Qui exprime la réprobation : *Un regard réprobateur.*

RÉPROBATION n. f. (lat. *reprobatio,* de *reprobare,* réprouver). **1.** Jugement par lequel qqn blâme la conduite de qqn d'autre : *Encourir la réprobation de ses collègues.* – **2.** Jugement par lequel Dieu exclut un pécheur du bonheur éternel.

REPROCHABLE adj. **1.** *Litt.* Qui mérite des reproches. – **2.** Se dit d'un témoin qui, au pénal, ne peut être entendu sous serment.

REPROCHE n. m. **1.** Ce qu'on dit à qqn pour lui exprimer son mécontentement, sa désapprobation sur son comportement : *Vos reproches sont fondés.* — **2.** Mouvement, attitude de réprobation de celui qui reproche qqch à qqn : *Air de reproche.* — **3.** Critique faite sur qqch : *Je n'ai aucun reproche à faire à cette voiture.* — **4.** *Sans reproche,* à qui l'on ne peut rien reprocher.

REPROCHER v. t. (lat. pop. **repropriare,* rapprocher) [conj. 3]. **1.** Blâmer qqn en le rendant responsable d'une faute, d'une chose fâcheuse : *Reprocher à quelqu'un son ingratitude.* — **2.** Trouver un défaut à qqch, le critiquer : *Qu'est-ce que tu reproches à cette voiture ?* — **3.** Refuser l'audition d'un témoin sous serment au pénal.
◆ **se reprocher** v. pr. Se considérer comme responsable de qqch : *Se reprocher d'avoir été si négligent.*

REPRODUCTEUR, TRICE adj. **1.** Qui sert à la reproduction des êtres vivants, qui concerne la reproduction. — **2.** *Organe reproducteur,* étamine ou pistil des plantes à fleurs ; anthéridie ou archégone des plantes sans fleurs ; organes sporifères des fougères et des mousses.
◆ n. Sujet, mâle ou femelle, choisi comme géniteur.
◆ **reproducteur** n. m. Gabarit en forme de la pièce à obtenir, utilisé sur les machines-outils à reproduire.
◆ **reproductrice** n. f. Machine à cartes perforées destinée à établir des doubles de jeux de cartes.

REPRODUCTIBILITÉ n. f. **1.** Caractère de ce qui peut être reproduit : *La reproductibilité d'une expérience.* — **2.** Qualité d'une mesure qui donne les mêmes résultats si on la répète dans des conditions différentes et à des époques différentes.

REPRODUCTIBLE adj. Qui peut être reproduit.

REPRODUCTIF, IVE adj. **1.** Qui a la reproduction pour but ou pour résultat. — **2.** *Consommation reproductive,* consommation qui engendre un nouveau produit.

REPRODUCTION n. f. (de *reproduire,* avec l'infl. de *production*). **1.** Propriété caractéristique des structures vivantes qui consiste à édifier, à toutes les échelles d'observation (macromolécule, cellule, organisme), des structures vivantes identiques ou presque identiques à elles-mêmes. — **2.** Fait de se produire une nouvelle fois, de se répéter : *La reproduction des mêmes erreurs.* — **3.** Action de reproduire les êtres, les choses, d'en donner une représentation fidèle : *L'art n'est jamais la reproduction pure et simple de la réalité.* — **4.** Action d'exécuter qqch afin d'obtenir une réplique exacte de l'original : *Reproduction de clefs.* — **5.** Action de restituer aussi fidèlement que possible l'original : *Techniques de reproduction des sons.* — **6.** Action de reproduire, de publier de nouveau un écrit ou une illustration : *La reproduction d'un article, dans un ouvrage.* — **7.** Imitation d'un œuvre originale : *Une reproduction de tableau imprimée en quadrichromie.* • **Démogr.** *Taux brut de reproduction,* nombre moyen de filles mises au monde par un groupe donné de femmes, tout au long de la période de procréation. ‖ *Taux net de reproduction,* nombre moyen de filles par femme parvenant à l'âge de la procréation, issues d'un groupe donné de femmes. (Le remplacement des générations exige que le taux net de reproduction soit supérieur à 1.) — **Dr.** *Droit de reproduction,* droit de fixer matériellement une œuvre littéraire ou artistique par tous procédés qui permettent de la communiquer au public. (Le droit de reproduction, qui exige le consentement de l'auteur, est un de ses droits patrimoniaux.) — **Grav.** *Gravure de reproduction,* gravure, estampe qui, par opposition à une gravure originale, n'a pas été exécutée par l'auteur du dessin. (Syn. GRAVURE D'INTERPRÉTATION.) — **Sociol.** Processus par lequel une société se perpétue dans ses institutions et sa culture par la socialisation, l'éducation et la formation de ses jeunes, pour qu'ils assument les mêmes fonctions et jouent les mêmes rôles sociaux que ceux qui la caractérisent.

ENCYCL. **Biol.** La reproduction se présente sous trois formes principales :
1° la *reproduction extraspécifique,* propre aux virus qui, incapables de se multiplier, se font reproduire par la cellule (bactérienne ou eucaryote) qu'ils infestent.
2° la *reproduction agame,* ou *asexuée,* est une simple autoreproduction : mitose cellulaire, scissiparité bactérienne, bourgeonnement animal, reproduction des plantes par multiplication* végétative.
3° la *reproduction sexuée,* qui est généralement biparentale, le produit étant issu de l'union de deux individus distincts de la même espèce. Ces deux individus n'étant jamais identiques entre eux, le produit ne l'est ni à l'un ni à l'autre.

Lorsque l'individu entier est d'un seul sexe (animaux en général, plantes dioïques), il y a gonochorie. Lorsque les deux parents possèdent les deux sexes (escargots, lombric, plantes aux fleurs bisexuées), il y a hermaphrodisme. Lorsque les deux gamètes (cellules à N chromosomes) qui s'unissent sont différents, ce qui est le cas général, le plus petit et le plus mobile est le gamète mâle, ou spermatozoïde (anthérozoïde chez les végétaux), le plus gros, riche en réserves et peu mobile, est le gamète femelle (ovule des animaux, oosphère des plantes). Une exception remarquable est la *reproduction sexuée uniparentale* : parthénogenèse lorsqu'il n'y a pas de fécondation, ou autofécondation lorsque les deux gamètes proviennent du même individu (ténia, épine-vinette).

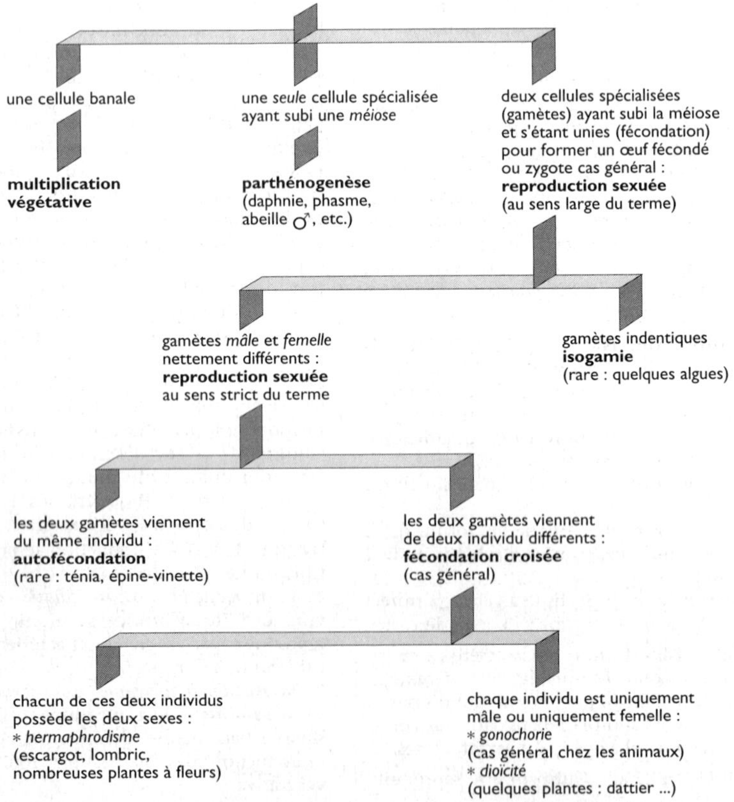

LA **REPRODUCTION** DU VIVANT

– **Bot.** La différence majeure entre le cycle reproductif des végétaux et celui des animaux est l'aptitude des quatre cellules haploïdes issues de la méiose* (tétraspores* au sens large) à se multiplier par mitose comme le feraient des cellules diploïdes, d'où l'existence d'une haplophase, ou phase gamétophytique, très inégalement développée selon les groupes, mais jamais nulle. Réduit à quelques cellules chez certaines algues (fucus) et chez toutes les angiospermes, le gamétophyte couvre, au contraire, la totalité du cycle reproductif lorsque le zygote, ou œuf fécondé, subit la méiose dès sa première division, comme chez les algues conjuguées (spirogyre). Il constitue la plante principale chez les mousses, dont le sporophyte diploïde est réduit à un petit sporogone, il est d'importance égale au sporophyte chez les hépatiques, il est réduit à un prothalle de très petite taille chez les fougères, prêles et lycopodes. Chez les champignons supérieurs, il existe une phase dicaryotique, où les cellules ont chacune deux noyaux séparés, à N chromosones chacun, la caryogamie étant retardée.

La sexualité chez les végétaux peut concerner seulement les gamètes, ou s'étendre au gamétophyte (prothalle unisexué des prêles et lycopodes), aux spores, aux organes sporifères (étamines et pistil des plantes à fleurs), à l'ensemble d'une fleur (fleurs unisexuées : espèces monoïques), enfin au sporophyte lui-même, c'est-à-dire à la plante entière (espèces dioïques : palmier).

REPRODUCTIVITÉ n. f. Caractère de ce qui est reproductif : *La reproductivité des investissements.*

REPRODUIRE v. t. (conj. 98). **1.** Produire, engendrer un être nouveau : *Reproduire des animaux par insémination artificielle.* – **2.** Faire un ou plusieurs exemplaires d'un objet par des procédés appropriés : *Reproduire une médaille par moulage.* — **3.** Faire que qqch se produise à nouveau : *Une expérience que l'on peut reproduire.* — **4.** Traduire, aussi fidèlement que possible, qqch, un personnage par le moyen de l'expression, de l'écriture, de l'art : *Reproduire, en les parodiant, les attitudes de quelqu'un.* — **5.** Constituer la représentation de qqch d'autre : *Cette gravure reproduit un portrait du XVIIIe s.* — **6.** Restituer un phénomène aussi fidèlement que possible : *Reproduire les sons avec un magnétophone.* — **7.** Faire paraître un texte, une œuvre qui a déjà fait l'objet d'une publication antérieure : *Demander l'autorisation de reproduire une photographie.* — **8.** En sociologie, assumer la reproduction. — **9.** *Machine à reproduire,* machine-outil permettant d'exécuter une pièce semblable à un modèle donné.

◆ **se reproduire** v. pr. **1.** Donner naissance à des individus de son espèce : *Se reproduire par parthénogenèse.* — **2.** Se produire de nouveau : *Cet incident ne se reproduira plus.*

REPROGRAMMABLE adj. Qui peut être reprogrammé.

REPROGRAMMATION n. f. Action de reprogrammer ; fait d'être reprogrammé.

REPROGRAMMER v. t. (conj. **3**). **1.** Mettre de nouveau au programme d'un spectacle, de la télévision, de la radio, une pièce, une émission, etc., qui avait été différée ou écartée. — **2.** Syn. de RECOMBINER. — **3.** Reprendre l'écriture d'un programme informatique pour le corriger, le faire évoluer ou le transférer sur un autre système ; réinscrire des valeurs dans des mémoires reprogrammables, après effacement des enregistrements précédents.

REPROGRAPHIE n. f. (de *reproduire*). Ensemble des techniques permettant de reproduire un document (diazocopie, photocopie, électrocopie, etc.).

REPROGRAPHIER v. t. (conj. **9**). Obtenir une image par la reprographie.

RÉPROUVÉ, E n. **1.** *Litt.* Personne mise au ban de la société. — **2.** Personne exclue du salut éternel.

RÉPROUVER v. t. (lat. *reprobare*) [conj. **3**]. **1.** Rejeter un acte en condamnant, en critiquant, en désapprouvant : *Des actes que la morale réprouve.* — **2.** En parlant de Dieu, exclure un pêcheur du salut éternel.

REPS [rɛps] n. m. (p.-ê. picard *réper,* racler, râper, ou angl. *rib,* côte). Étoffe de soie, de laine, ou de laine et de coton, de toutes couleurs, présentant de grosses côtes perpendiculaires aux lisières et employée le plus souvent pour l'ameublement. (Le reps est un dérivé de la toile.)

REPTATION n. f. (lat. *reptatio*). **1.** Mode de locomotion animale dans lequel le corps progresse, sans l'aide des membres, sur une surface solide ou dans le sol. (→ *encycl.*) — **2.** Syn. de CREEP.

ENCYCL. Les invertébrés rampent en allongeant l'avant du corps, puis en ramenant en avant la partie arrière (lombric, escargot, sangsue) ; les vertébrés, dont la longueur corporelle est fixe, ondulent sur le sol par une sorte de natation (serpents).

REPTILE n. m. (bas lat. *reptilis,* rampant). Nom de classe de vertébrés tétrapodes tels que lézards, serpents, tortues et crocodiles de la faune actuelle et de très nombreuses formes, parfois géantes, de l'ère secondaire. (Les formes actuelles rampent plutôt qu'elles ne marchent.)

ENCYCL. Les reptiles sont parfaitement adaptés à la vie hors de l'eau, grâce à leurs poumons, fonctionnels dès l'éclosion de l'œuf, à leur peau coriace qui ne laisse pas l'eau s'évaporer, à la structure de l'œuf amniotique riche en réserves d'eau. Issus des amphibiens, ils ont très tôt donné des phylums (thérapsides) annonçant les mammifères, puis de nombreux groupes, les uns terrestres (dinosaures), les autres aériens (ptérosauriens) ou retournés à la vie aquatique (ichthyosaures). Les oiseaux descendent de dinosaures primitifs (cœlurosaures). Les formes actuelles ne sont plus homéothermes, et seuls les crocodiles ont des dents alvéolées et un cœur à quatre compartiments. Les organes sensoriels sont parfois originaux : « œil thermoscopique » de certains serpents, organes de Jacobson assurant l'analyse gustative et olfactive des particules ramenées par la langue bifide. Les yeux voient les couleurs et il existe une oreille moyenne. Quelques espèces sont vivipares.

REPTILIEN, ENNE adj. Propre aux reptiles.

REPU → REPAÎTRE.

Repubblica *(la),* quotidien italien de gauche créé à Rome en 1976.

RÉPUBLICAIN, E adj. **1.** Relatif à la république, à une république : *Constitution républicaine.* — **2.** Favorable à la république : *Journal républicain.*

◆ adj. et n. Se dit d'un partisan de la république, attaché aux principes de la république.

◆ **républicain** n. m. Moineau d'Afrique australe, qui édifie un nid collectif où se reproduisent plusieurs dizaines de couples.

ENCYCL. • *Sous la monarchie constitutionnelle.* Sous la Restauration, les républicains, se réclamant des valeurs de la Révolution, ne peuvent guère agir que clandestinement (complots de la Charbonnerie, durement réprimés, 1821-22). Leur victoire lors des Trois Glorieuses (27, 28, 29 juill. 1830) est confisquée par la bourgeoisie au profit de Louis-Philippe. La monarchie de Juillet, d'abord tolérante envers eux, durcit la répression après les troubles de 1834-35 (lois de sept. 1835). Ils n'ont que de rares porte-parole à la Chambre (Ledru-Rollin, Garnier-Pagès). L'explosion de févr. 1848 révèle leur puissance réelle.

• *La IIe République et le second Empire.* Largement vainqueurs aux élections d'avr. 1848, les républicains se déchirent aussitôt : la majorité modérée écrase le mouvement populaire de juin 1848. Le coup d'État du 2-Décembre brise le parti républicain, réduit à l'exil (V. Hugo) ou au silence. L'opposition républicaine se réveille avec l'Empire libéral. Une nouvelle génération, positiviste et anticléricale, s'affirme : J. Ferry, Clemenceau et Gambetta qui formule en 1869 le programme ultradémocratique de Belleville*.

• *La IIIe République.* Après Sedan, les républicains forment le gouvernement de la Défense* nationale (4 sept. 1870). Mais les révolutionnaires s'opposent vite aux modérés et sont écrasés après la Commune (mai 1871). À l'Assemblée nationale élue en févr. 1871, les républicains profitent de l'opposition entre légitimistes et orléanistes, affirment un libéralisme politique et économique qui rassure la bourgeoisie et, avec le centre gauche orléaniste, font voter les lois constitutionnelles de 1875. Avec le départ du président Mac-Mahon (1879), la République est aux républicains. Mais ceux-ci se divisent encore : on ne peut plus parler d'*un* parti républicain.

républicain *(parti),* un des deux grands partis qui dominent la vie politique aux États-Unis. Né de l'opposition à l'accord esclavagiste du Kansas-Nebraska Act (1854), le parti républicain est fondé à Pittsburgh en 1856. Son programme anti-esclavagiste et protectionniste rallie les États industriels du Nord-Est, qui, en 1860, portent à la présidence Lincoln. Après la guerre de Sécession, qui voit croître leur influence après des fermiers de l'Ouest, les Républicains dominent la vie politique. Ils se divisent entre partisans d'une politique de répression à l'égard du Sud, et modérés, qui se rassemblent dans le parti libéral républicain (1872-1876). Avec l'adoption du monométallisme (1890) et du protectionnisme (tarif McKinley, 1890), ils se coupent de l'électorat de l'Ouest. Sous Theodore Roosevelt (1901-1909), le parti s'engage dans une politique plus libre-échangiste et moins favorable aux grandes entreprises (mise en application du Sherman Anti-Trust Act). Mais il connaît de nouveau des divisions : en 1912 Roosevelt se présente aux élections au nom du parti progressiste, contre le républicain conservateur Taft, ce qui permet au démocrate Wilson de l'emporter. De nouveau au pouvoir de 1921 à 1933, le parti se fait le champion des valeurs morales les plus traditionnelles et de l'isolationnisme ; pratiquant un ultralibéralisme économique, il ne propose aucun programme de lutte contre la crise. Battus en 1933, les républicains ne reviennent au pouvoir qu'avec Eisenhower (1953-1961), dont la présidence est marquée par la guerre froide. Battu par Kennedy en 1960, Nixon est élu en 1968 et met fin à la guerre du Viêt-nam, mais les scandales qui marquent son administration (Watergate, 1972-1974) discréditent le parti. Celui-ci revient au pouvoir avec les présidents Reagan (1981-1989) et Bush (1989-1993).

républicain *(parti)* **[P. R.],** parti politique français formé en mai 1977 par la Fédération des républicains indépendants. Rompant avec le Centre national des indépendants* et paysans, les *Républicains indépendants,* regroupés autour de V. Giscard d'Estaing se constituent en 1962 en groupe parlementaire et s'allient à la majorité gaulliste. Se définissant comme « libéraux, centristes et européens », ils se réorganisent dès 1966 en une « Fédération nationale des républicains indépendants », dirigée par V. Giscard d'Estaing et Michel Poniatowski, et affirment leur originalité par rapport à l'U. D. R., à laquelle ils n'accordent qu'un soutien conditionnel. Le mouvement soutient la candidature de G. Pompidou à la présidence de la République. L'élection de V. Giscard d'Estaing à la présidence de la République renforce la position de la Fédération, qui se transforme, en 1977, en parti républicain, puis participe en 1978 à la formation de l'Union* pour la démocratie française (U. D. F.). Entré dans l'opposition après l'accession de F. Mitterrand à la présidence de la République (1981), le P. R., composante de la majorité issue des élections législatives de 1986 et de 1993, participe aux deux gouvernements de cohabitation. En 1995, il soutient la candidature de J. Chirac à la présidence de la République. François Léotard, secrétaire général (1982-1988) puis président du parti républicain (1988-1990 et depuis 1995), assure également depuis 1996 la présidence de l'U.D.F.

Républicains indépendants (R.I.) → RÉPUBLICAIN *(parti).*

RÉPUBLICANISME n. m. Sentiments, opinion, doctrine des républicains.

REPUBLICAN RIVER, riv. des États-Unis, affl. du Kansas (r. g.) ; 679 km. Hydroélectricité.

RÉPUBLIQUE n. f. (lat. *republica,* de *res,* chose, et *publicus,* public). **1.** Forme d'organisation politique dans laquelle les détenteurs du pouvoir l'exercent en vertu d'un mandat conféré par le corps social. (En ce sens « république » s'oppose à « monarchie », mais ne se confond pas avec

« démocratie », dans l'hypothèse, par exemple, d'une restriction du suffrage.) – **2.** État, pays ayant cette forme d'organisation (avec majusc.) : *La République française.* – **3.** *Litt.* Association de gens formant une sorte de confrérie : *La république des esprits cultivés.* – **4.** *La république des lettres,* l'ensemble des gens de lettres.

République *(la),* dialogue de Platon en dix livres, écrit entre 384 et 377 av. J.-C. La division du texte en dix livres date du Moyen Âge. Platon définit le parallélisme entre morale et politique et propose une division sociale correspondant aux trois parties de l'âme : classe des artisans et laboureurs, classe des guerriers, classe des magistrats et philosophes. Le livre VII débute par le mythe de la Caverne*.

république *(les Six Livres de la),* par Jean Bodin (1576), qui fonde la science politique en France.

République *(Ire),* régime sous lequel la France a vécu de sept. 1792 à mai 1804. La Convention abolissant la royauté (renversée le 10 août), ses décrets furent dès lors datés de l'an I de la République. Le régime se voulut démocratique, avec la Constitution de l'an I (1793), non appliquée. Il devint bourgeois et conservateur avec la Convention thermidorienne, qui vota la Constitution de l'an III. Après brumaire an VIII (nov. 1799), la Constitution de l'an VIII établit en fait la dictature de Bonaparte, qui se mua en monarchie par le sénatus-consulte du 18 mai 1804, dit aussi Constitution de l'an XII.

République *(IIe),* régime de la France du 25 févr. 1848 au 2 déc. 1852. La République est proclamée par le gouvernement provisoire le 25 févr. 1848, au lendemain de l'abdication de Louis-Philippe. Aussitôt le gouvernement parisien doit tenir compte de la pression populaire et prend un certain nombre de mesures d'esprit démocratique (droit au travail, création des ateliers nationaux, liberté de presse et de réunion). Le 5 mars, le suffrage universel est institué, en vue de l'élection d'une Assemblée constituante (→ ASSEMBLÉE). Cependant, l'aggravation de la crise économique et la persistance de l'agitation politique provoque le mécontentement et l'inquiétude des classes moyennes. Les élections du 23 avril donnent à l'Assemblée constituante une majorité de modérés, qui, en juin 1848, sont confrontés au problème social. La fermeture des ateliers nationaux provoque l'insurrection ouvrière (23-26 juin), écrasée par Cavaignac, La Constitution, promulguée le 4 novembre, confie le pouvoir législatif à une seule chambre élue pour 3 ans (et indissoluble) et l'exécutif à un président élu pour 4 ans (et non rééligible immédiatement). Mais rien n'est prévu en cas de désaccord entre le président et l'Assemblée. Face à la division des républicains, Louis Napoléon Bonaparte est élu président à une forte majorité le 10 décembre 1848. Aux élections du 13 mai 1849, le parti de l'Ordre (légitimistes, orléanistes, quelques bonapartistes) obtient plus de 450 sièges sur 790. Rapidement, le prince-président entre en conflit avec l'Assemblée législative. Les années 1849-1851 sont dominées non seulement par cette rivalité, mais aussi par la politique réactionnaire de cette Assemblée (expédition de Rome, lois réduisant les libertés de presse et de réunion ; loi Falloux* [15 mars 1850] favorisant le clergé dans l'enseignement ; limitation du suffrage universel [31 mai 1850]). Cette politique et l'échec de la fusion entre légitimistes et orléanistes au lendemain de la mort de Louis-Philippe (1850) favorisent les ambitions du prince-président, qui, détournant le mécontentement populaire à son profit, critique l'Assemblée au cours de voyages en province. L'Assemblée ayant refusé une révision de la Constitution, le prince-président avec ses amis (Morny, Persigny, Saint-Armand) fomente un coup d'État (1er-2 déc. 1851) entériné par plébiscite le 22 décembre. Promulguée le 14 janvier, une nouvelle Constitution organise un régime de transition vers l'Empire. Le chef de l'État, élu pour 10 ans, est maître du pouvoir exécutif. Le législatif est à la fois scindé (Conseil d'État, Corps législatif, Sénat) et affaibli par le principe de la candidature officielle. Le 2 déc. 1852, Louis Napoléon devient empereur.

République *(IIIe),* régime de la France du 4 sept. 1870 au 10 juil. 1940.

• *La Défense nationale (4 sept. 1870-12 févr. 1871).* La république est proclamée à Paris le 4 sept. 1870 à l'annonce du désastre de Sedan. Les républicains forment le gouvernement de la Défense nationale, qui reste dans Paris assiégé et envoie en province une délégation (Gambetta). Le 28 janv. 1871, il signe un armistice prévoyant l'élection d'une Assemblée nationale (8 févr. 1871). Les monarchistes, partisans de la paix, l'emportent largement sur les républicains, qui veulent la guerre à outrance.

• *La fondation de la République (1871-1879).* Réunie à Bordeaux, l'Assemblée nomme Thiers chef du pouvoir exécutif. Il conclut la paix avec l'Allemagne (préliminaires de Versailles, 26 févr. 1871 ; traité de Francfort, 10 mai). L'assemblée s'installe à Versailles. Contre elle éclate l'insurrection de la Commune* de Paris (18 mars - 28 mai 1871), réprimée impitoyablement par Thiers. Celui-ci devient président de la République (loi Rivet, août 1871). Le pays se relève : le paiement de l'indemnité de guerre hâte la libération du territoire (1873). Thiers est renversé par l'Assemblée (24 mai 1873) et remplacé par le maréchal Mac-Mahon. La restauration semble imminente. Mais orléanistes et légitimistes ne peuvent s'entendre (oct. 1873). Le centre gauche orléaniste vote, avec les républicains, l'amendement Wallon (30 janv. 1875), qui introduit le mot République, puis les trois lois constitutionnelles des 24 et 25 févr. et 16 juill. 1875, qui tiennent lieu de Constitution (→ ASSEMBLÉE, FRANCE).

Au début de 1876, si la nouvelle Chambre est à forte majorité républicaine, la présidence (Mac-Mahon) et le Sénat restent acquis aux monarchistes. En 1877, Mac-Mahon dissout la Chambre avec l'accord du Sénat. Les républicains ayant gagné les élections (oct.), Mac-Mahon se soumet ; Puis, le 30 janv. 1879, il se démet et est remplacé par Jules Grévy. La majorité du Sénat vient de passer aux républicains, qui tiennent ainsi les trois pouvoirs.

• *La République modérée (1879-1899).* Les chambres quittent Versailles pour Paris (fin 1879). Les condamnés de la Commune sont amnistiés (1880). Mais les dirigeants républicains se divisent en opportunistes, partisans de mesures progressives, et radicaux, plus pressés. L'instabilité ministérielle caractérise désormais le régime. Gambetta, pourtant populaire, ne reste que 2 mois au pouvoir (nov. 1881-janv. 1882). Cependant Jules Ferry*, souvent ministre, deux fois président du Conseil (sept. 1880-nov. 1881 et févr. 1883-mars 1885), peut réaliser une œuvre considérable : liberté de presse et de réunion (1881), liberté municipale et syndicale (1881), école primaire gratuite (1881), laïque et obligatoire (1882). La République traverse ensuite une série de crises : scandale des décorations, qui entraîne la démission de Grévy (1887) ; agitation nationaliste et antiparlementaire (1887-1889), derrière le général Boulanger qui, après des succès électoraux répétés, échoue ; scandale de Panamá (1892-93), qui éclabousse le monde politique ; vague d'attentats anarchistes, culminant avec l'assassinat du président de la République Sadi-Carnot (juin 1894). La France, touchée par la dépression économique mondiale, a recours aux grands travaux (plan Freycinet, 1878) et surtout au protectionnisme (tarif Méline, 1892). L'ordre social est mis en cause : par le réveil, à partir de 1880, du mouvement socialiste, et la naissance d'un syndicalisme révolutionnaire (formation de la C. G. T., 1895). Cependant le régime est solide. Au-dehors, la conclusion de l'alliance franco-russe (1891-92) a tiré la France de vingt ans d'isolement. Le ralliement de certains catholiques à la République, prôné par le pape Léon XIII (1892), contribue à l'apaisement de la politique anticléricale. L'affaire Dreyfus* qui, à partir de 1897, déchire le pays, remet tout en cause.

• *La République radicale (1899-1914).* Contre l'agitation « nationaliste » se forme un ministère de Défense républicaine dirigé par Waldeck-Rousseau (juin 1899-juin 1902). Radicaux et socialistes s'unissent en un « Bloc des gauches ». L'anticléricalisme, modéré sous Waldeck-Rousseau, devient virulent sous le ministère Combes (juin 1902-janv. 1905). Avec la loi de séparation* des Églises et de l'État (9 déc. 1905), l'œuvre de laïcisation est achevée. Dès lors la question sociale passe au premier plan. Les socialistes, qui, grâce à Guesde et Jaurès, ont réalisé leur unité dans la S. F. I. O. (1905), quittent le Bloc des gauches. La C. G. T., où domine le courant anarcho-syndicaliste (Charte d'Amiens, 1906) se fait plus revendicative. Clemenceau, président du Conseil d'octobre 1906 à juillet 1909, affronte les grèves d'ouvriers et de fonctionnaires et les manifestations de vignerons qu'il réprime brutalement. Son successeur Briand use de méthodes plus douces. La législation sociale française reste timide.

Les problèmes extérieurs dominent la dernière période. Delcassé, ministre des Affaires étrangères de 1898 à 1905, a resserré l'alliance russe, et réalisé l'Entente* cordiale en liquidant le contentieux colonial franco-britannique (avr. 1904), mais, irritée, l'Allemagne se plaint « d'encerclement ». Le Maroc, que la France convoite, est l'occasion de graves crises franco-allemandes : l'une en 1905-06, avec la visite de Guillaume II à Tanger, l'autre en 1911 (affaire d'Agadir), réglée par Caillaux qui cède des territoires au Congo pour avoir les mains libres au Maroc. La tension croissante développe le nationalisme, dont Raymond Poincaré, président du Conseil en janvier 1912, puis président de la République en février 1913, apparaît, à tort ou à raison, comme le représentant. La France riposte aux armements allemands en portant le service militaire à trois ans (août 1913). Mais l'opinion reste pacifiste : la gauche radicale et socialiste, hostile à la loi de trois ans, gagne les élections d'avril-mai 1914.

• *La République et la Première Guerre mondiale (1914-1919).* Lorsque la guerre éclate, l'« Union sacrée », réclamée par Poincaré, se réalise. Mais en 1916-17, le pays connaît une grave crise, liée aux mutineries de l'armée et à la révolution russe. L'arrivée de Clemenceau au pouvoir (1917-1920) apaise la situation, et l'armistice du 11 novembre 1918 et accueilli avec enthousiasme. Mais la victoire a été chèrement payée. Si l'Alsace-Lorraine est récupérée, la France est exsangue et partiellement ruinée. (→ PREMIÈRE GUERRE MONDIALE.)

l'entre-deux-guerres : 1919-1940

• *L'après-guerre : les illusions de la victoire et de la prospérité (1919-1932).* Lors de la conférence de la paix à Paris (1919), la France doit compter avec les craintes anglaises d'une prépondérance française en Europe et les « quatorze points » de Wilson. De ce fait, le traité de Versailles (28 juin 1919) ne lui accorde pas des garanties suffisantes. La majorité de droite du Bloc* national, issue des élections de 1919, veut faire appliquer sans concession le traité de Versailles. En 1923, Poincaré, alors président du Conseil, fait occuper militairement la Ruhr. Mais devant l'hostilité de la Grande-Bretagne et des États-Unis, il se résigne à l'évacuer et à accepter le plan Dawes* (1924). Par ailleurs, sa crainte du bolchevisme (fondation du parti communiste français, 1920) l'incite à se rapprocher de la Pologne (fév. 1921) et des pays de la Petite-Entente* (Tchécoslovaquie, Yougoslavie, Roumanie). Le rassemblement des forces de l'opposition permet cependant la victoire du Cartel des gauches (1924-1926). À la tête d'un gouvernement radical homogène (1924-25), É. Herriot se heurte rapidement à des difficultés financières considérables, et doit démissionner. Ses successeurs, Painlevé et Briand, s'engagent dans la voie d'une politique internationale nouvelle, qui se traduit par le pacte de Locarno en octobre 1925 (alliance avec l'Angleterre, rapprochement avec l'Allemagne et l'U. R. S. S.). De retour au pouvoir, Poincaré forme un gouvernement d'Union nationale (1926-1929) et restaure la situation financière en créant un franc dévalué mais stable. Tandis que les modérés reviennent au pouvoir (1928), Briand se maintient aux Affaires étrangères (1925-1932) et poursuit une politique pacifiste : pacte de Briand-Kellogg (1928), plan Young (1929), conférence de La Haye (1929).

• *La crise en France (1932-1938).* La crise économique mondiale atteint la France en 1931-32. Elle s'accompagne d'une crise sociale, politique et, bientôt, diplomatique. Les socialistes et les radicaux remportent les élections de 1932, mais l'instabilité ministérielle, les scandales financiers (affaire Stavisky*, 1933) développent dans le pays un vaste courant antiparlementaire, qui se traduit par l'essor des ligues d'extrême droite. L'agitation culmine avec la manifestation du 6 février* 1934, et menace le régime. Après la démission de Daladier, G. Doumergue forme un gouvernement d'union nationale (févr.-nov. 1934). Les gouvernements de droite qui se succèdent ensuite doivent affronter la montée des tensions extérieures, liées à l'avènement de Hitler (1933). Recherchant un système de sécurité pour la France, P. Laval conclut des accords avec l'Angleterre et l'Italie (Stresa, avr. 1935) et avec l'U. R. S. S. (mai). Pour redresser les finances publiques, Laval pratique une politique de déflation qui provoque un profond mécontentement et la chute du gouvernement. Le Front populaire*, unissant les partis de gauche, remporte les élections de mai 1936. Devenu président du Conseil, L. Blum se heurte à un vaste mouvement de grèves, mais parvient à faire accepter de nombreuses lois sociales (accords Matignon, juin 1936). Face à l'opposition de la droite et de l'extrême droite et à l'hostilité des milieux d'affaires, le Front populaire ne peut toutefois se maintenir au pouvoir, et se disloque après un second cabinet Blum (1938).

• *De Munich à la chute du régime (1938-1940).* É. Daladier devient président du Conseil et P. Reynaud, ministre des Finances (1938), procède par décrets-lois pour restaurer l'économie. La France sort peu à peu de la crise, mais cette reprise est trop tardive. À l'extérieur, la menace nazie se précise. Après la remilitarisation de la Rhénanie (1936), l'Allemagne occupe l'Autriche (mars 1938) et, après la signature des accords de Munich (sept.), annexe la Bohême-Moravie (mars 1939). En août 1939, le pacte germano-soviétique de non-agression est signé, et Hitler envahit la Pologne (1er sept.), contraignant la France et la Grande-Bretagne à déclarer la guerre (3 sept.). L'armée française ne résiste pas à l'offensive allemande (→ SECONDE GUERRE* MONDIALE), et P. Raynaud, qui veut poursuivre la lutte outre-mer, est contraint de démissionner (16 juin 1940). Il est remplacé par Pétain, qui signe l'armistice (22 juin) avec l'Allemagne. Rassemblée à Vichy, l'Assemblée vote les pleins pouvoirs au maréchal Pétain (10 juill.) mettant fin à la IIIe République. Dès le 12 juillet, Pétain se proclame chef de l'état français, congédiant les chambres et le président de la République.

République *(IVe)*, régime de la France du 3 juin 1944 (formation du Gouvernement provisoire de la République française) au 5 oct. 1958 (promulgation de la Constitution de la Ve République).

• *L'installation d'un nouveau régime : une longue période de transition (1944-1947).* Le Gouvernement* provisoire de la République (G. P. R. F.) s'installe à Paris en août 1944, procède à d'importantes réformes de structure (nationalisations, planification) et promulgue des ordonnances et des lois sociales. Une Assemblée constituante, à forte majorité socialiste et communiste, est élue le 21 oct. 1945, qui désigne à l'unanimité le général de Gaulle comme chef de gouvernement (13 nov.). Mais, hostile au projet de Constitution de l'Assemblée, celui-ci démissionne (20 janv. 1946). Dès lors s'ouvre l'ère du tripartisme, associant socialistes, communistes et M. R. P. Ce dernier prend la première place dans la seconde Assemblée constituante, élue le 2 juin, et dont le projet de Constitution est approuvé par référendum le 13 octobre 1946. Le 10 novembre, la première Assemblée nationale est élue au suffrage universel, tandis que Vincent Auriol devient président de la République (16 janv. 1947).

• *La fin du tripartisme : le gouvernement de la troisième force (1947-1952).* Mais le tripartisme vole en éclats en 1947, lorsque Ramadier, président du Conseil, exclut du gouvernement les communistes, en désaccord avec sa politique sociale et extérieure (guerre d'Indochine*). Ceux-ci déclenchent de grandes grèves (juin 1947-nov. 1948), qui aboutissent à la scission de la C. G. T. et à la création de Force ouvrière (déc. 1947). Ce départ amène la constitution d'une coalition du centre, la Troisième Force, qui regroupe, jusqu'en 1952, le M. R. P., les socialistes, les radicaux et les modérés. Le gouvernement doit également faire face à l'opposition des gaullistes, rassemblés au sein du R. P. F. (créé en 1947). L'impossibilité de rassembler une véritable majorité favorise l'instabilité ministérielle. Pendant cette période, le pays achève sa reconstruction et amorce son développement économique, entrepris par le commissariat au plan (J. Monnet), mené grâce à l'aide américaine (plan Marshall*). Après le « coup de Prague » (févr. 1948), la France signe le pacte de l'Atlantique Nord (avr. 1949), et se lance parallèlement dans la construction de l'Europe (création de la C. E. C. A., 1951). Le succès du R. P. F. aux élections de juin 1951 et le retrait des socialistes entraînent la dislocation progressive de la coalition.

• *Les gouvernements de centre droit et la parenthèse Mendès France (1952-1956).* Après la rupture de la troisième force, le pouvoir est assuré par des ministères de centre droit. Pinay, président du Conseil en 1952, réussit à freiner l'inflation et rétablit la trésorerie (emprunt Pinay). R. Coty accède à la présidence de la République le 23 déc. 1953. Cette période est dominée par l'aggravation des conflits outre-mer. L'agitation politique se développe en Tunisie, au Maroc (1953). Après le désastre de Diên Biên Phu (7 mai 1954), P. Mendès France met fin à la guerre d'Indochine (accords de Genève, 21 juill.). Mais le déclenchement de l'insurrection en Algérie (1er nov. 1954) cause sa chute. Le 1er déc. 1955, le président du Conseil, E. Faure, dissout l'Assemblée nationale, et le Front républicain, constitué par les radicaux et les socialistes, remporte les élections de janv. 1956.

• *L'échec du Front républicain ; la crise du 13 mai 1958 et la fin du régime.* Le socialiste Guy Mollet devient président du Conseil (févr. 1956-mai 1957) et réalise son programme de réformes sociales. Le gouvernement accorde l'indépendance au Maroc et à la Tunisie (mars 1956), et fait voter la loi-cadre Defferre (juin 1956) accordant l'autonomie à Madagascar et aux territoires français d'Afrique. Il signe le traité de Rome (25 mars 1957) instituant la Communauté économique européenne. Face à la guerre d'Algérie, Guy Mollet obtient les pleins pouvoirs, mais la situation se détériore, et l'expédition de Suez (1956) est un échec. Le gouvernement est renversé. Les gouvernements qui se succèdent alors ne peuvent trouver de majorité solide et ne parviennent pas à résoudre le problème algérien, tandis que l'inflation se développe. La crise gouvernementale (avr.-mai 1958) et l'émeute d'Alger (13 mai) favorisent le retour au pouvoir du général de Gaulle, qui devient président du Conseil le 1er juin. La IVe République prend officiellement fin le jour de la promulgation de la nouvelle Constitution (4 oct. 1958), approuvée par référendum le 28 septembre.

République *(Ve)*, régime de la France depuis 1958. Issue de la crise en mai 1958, qui entraîne le retour du général de Gaulle au pouvoir, la Ve République succède à la IVe le 4 oct. 1958, date de promulgation de la nouvelle Constitution.

• *La république gaullienne (1958-1969).* En nov. 1958 une nouvelle Assemblée est élue où les gaullistes (Union pour la nouvelle République [U. N. R.]) sont largement représentés. Le 21 décembre, le général de Gaulle est élu président de la République ; il nomme M. Debré Premier ministre (janv. 1959). La première tâche du nouveau régime est de mettre fin à la guerre d'Algérie. Le ralliement du chef de l'État à une politique d'« autodétermination » du peuple algérien (sept. 1959) provoque une violente opposition de la population européenne d'Algérie, et des tentatives d'insurrection (semaine des barricades, janv. 1960 ; putsch des généraux, avr. 1961 ; création de l'O. A. S., qui commet de nombreux attentats). Les négociations avec le F. L. N. et le G. P. R. A. aboutissent aux accords d'Évian (mars 1962), qui reconnaissent l'indépendance de l'Algérie. Le redressement financier est obtenu par une dévaluation de 17,5 % (1958) et par la création du nouveau franc (1960), tandis que le retour à la convertibilité partielle favorise le développement économique.

Après la nomination de G. Pompidou comme Premier ministre (avr. 1962-juill. 1968), le caractère présidentiel du régime s'accentue. Un amendement constitutionnel, approuvé par référendum le 28 oct. 1962, prévoit l'élection du président de la République au suffrage universel. Sur le plan extérieur, le général de Gaulle affirme avec éclat la position de la France, et vise à lui faire jouer un rôle d'arbitre sur le plan international : reconnaissance de la Chine populaire (1964), discours de Phnom Penh, condamnant l'intervention américaine au Viêt-nam (1966), retrait de la France de l'O. T. A. N. (1966). Dans le même temps est organisée une force de dissuasion nucléaire, garante de l'indépendance nationale.

À l'intérieur, le gouvernement opère un certain nombre de réformes, créant notamment l'O. R. T. F. (1964), promulguant des ordonnances sur l'intéressement des salariés dans l'entreprise (1967). En 1963, un plan de stabilisation est mis en place pour combattre l'inflation. Mais ces mesures rigoureuses entraînent un ralentissement de l'expansion et un mécontentement social, qui se traduit aux élections présidentielles de déc. 1965 ; le général de Gaulle, mis en ballottage par F. Mitterrand, candidat unique de la gauche, n'est élu qu'au second tour. Une grave crise éclate en mai* 1968, qui met en péril le régime. Mais le chef de l'État dissout l'Assemblée, et les gaullistes de l'U. D. R. remportent à eux seuls la majorité absolue aux élections de juin. Le président de la République charge le nouveau Premier ministre M. Couve de Murville (juill. 1968-juin 1969) de diriger une politique réformiste : loi d'orientation de l'enseignement supérieur, loi sur l'exercice du droit syndical dans l'entreprise. En avr. 1969, un projet de régionalisation et de réforme du Sénat est rejeté par un référendum, ce qui entraîne la démission du général de Gaulle.

• *Le quinquennat de Georges Pompidou (21 juin 1969-2 avr. 1974).* Le 15 juill. 1969, G. Pompidou est élu président de la République. J. Chaban-Delmas, nommé Premier ministre (juin 1969-juill. 1972), met en place un projet de « nouvelle société », fondé sur la concertation entre les groupes sociaux, sur la participation et sur l'amélioration des conditions de travail et de vie. Parallèlement, les forces politiques se réorganisent en vue des élections législatives de mars 1973. Au centre, un accord entre le parti radical de J.-J. Servan-Schreiber et le Centre démocrate de J. Lecanuet donne naissance au Mouvement réformateur (1971). À gauche, le nouveau parti socialiste, dirigé par F. Mitterrand depuis juin 1971, élabore avec le parti communiste un « programme commun de gouvernement » auquel se rallient les radicaux de gauche (1972). Le 5 juill. 1972, Pierre Messmer devient Premier ministre, et prépare les élections de mars 1973 (programme de Provins). Celles-ci sont marquées par une importante progression de la gauche. Le second gouvernement Messmer se trouve confronté à une situation économique et sociale difficile, due à la crise monétaire internationale et au premier choc pétrolier. Sur le plan international, le président Pompidou encourage l'élargissement du Marché commun, notamment à la Grande-Bretagne (référendum d'avr. 1972). Premier chef d'État européen à se rendre en Chine (1973), G. Pompidou resserre les liens de la France avec l'U. R. S. S., et poursuit une politique de collaboration avec les pays arabes. Il meurt brusquement le 2 avr. 1974.

• *Le septennat de V. Giscard d'Estaing (mai 1974-mai 1981).* L'élection de mai 1974 est marquée par la présence de deux candidats pour la majorité, J. Chaban-Delmas et V. Giscard d'Estaing, tandis que la gauche se rassemble autour de la candidature unique de F. Mitterrand. Le républicain indépendant V. Giscard d'Estaing est élu au second tour devant F. Mitterrand, avec 50,8 % de suffrages. Le nouveau président choisit comme Premier ministre J. Chirac (mai 1974-août 1976), puis engage le gouvernement dans la voie de réformes libérales, dont le droit de vote à 18 ans (1974), et la loi sur l'interruption volontaire de grossesse (1975). Cependant, la situation économique et sociale continue de se dégrader. Après le départ de J. Chirac, le nouveau Premier ministre, R. Barre (août 1976-mai 1981), également ministre de l'Économie et des Finances, s'efforce de juguler une inflation endémique. Adopté en sept. 1976, le plan Barre repose sur le blocage des prix, le contrôle des revenus et la limitation du crédit. Mais ces mesures restent insuffisantes. Face à l'échéance électorale des municipales de 1977, le Premier ministre doit non seulement affronter l'opposition de gauche, mais aussi les gaullistes rassemblés autour de J. Chirac dans le Rassemblement pour la République (R. P. R.) [1976]. Ces élections sont caractérisées par une forte poussée de la gauche. Cependant, la profonde division des partis de gauche, après l'échec des discussions sur l'actualisation du programme commun, permet à la coalition gouvernementale de remporter les législatives de mars 1978. La majorité se répartit entre le R. P. R. et l'Union pour la démocratie française (U. D. F.), regroupant le parti républicain, les centristes et les radicaux. Reconduit dans ses fonctions, R. Barre accentue sa politique d'austérité, mais le chômage et l'inflation ne cessent de croître, tandis que l'augmentation du prix du pétrole pèse lourdement sur l'économie. À l'extérieur, l'équilibre entre l'U. R. S. S. et les États-Unis est maintenu, tandis que la France contribue à la construction de l'Europe, appuyant sa politique sur une alliance privilégiée avec l'Allemagne de l'Ouest. La France joue un rôle de conciliation au Liban (participation à la F. I. N. U. L.), et intervient militairement en Afrique noire : au Tchad (juin 1978) et au Zaïre (mai 1978).

• *F. Mitterrand président de la République (mai 1981 - mai 1995).*

— *L'alternance : les socialistes au pouvoir (mai 1981-mars 1986).* Le 10 mai 1981, F. Mitterrand, le candidat des socialistes, est élu président de la République, devançant V. Giscard d'Estaing avec 51,75 % des suffrages. La mutation politique est confirmée par les élections législatives de juin, qui donnent la majorité absolue aux socialistes. Le deuxième gouvernement Mauroy, formé le 23 juin (et qui comprend 4 ministres communistes) engage de profondes réformes : nationalisation de banques et de grands groupes industriels, droit du travail (retraite à 60 ans, réduction de la durée hebdomadaire du travail), nouvelle législation (abolition de la peine de mort, suppression des juridictions d'exception), décentralisation, etc.

Mais le gouvernement se trouve rapidement confronté à de graves problèmes économiques. L'inflation reste élevée, le chômage s'accroît ainsi que le déficit de la balance commerciale. Le franc est plusieurs fois dévalué (oct. 1981, juin 1982, mars 1983), et une politique d'austérité succède à la période des réformes. Ces difficultés s'accompagnent d'échecs notables pour la gauche aux élections municipales de 1983. Face à l'aggravation de la crise financière, le troisième gouvernement Mauroy (formé en mars 1983) pratique une politique de rigueur qui donne des résultats positifs (ralentissement de l'inflation) mais s'accompagne d'un accroissement du chômage. Cette politique se heurte à une opposition croissante, qui se traduit par l'échec de la majorité aux élections européennes de juin 1984, et à la mobilisation de l'opinion contre le projet de loi sur l'enseignement privé, qui est finalement retiré.

Après la démission de P. Mauroy, L. Fabius forme un nouveau gouvernement (juill. 1984), auquel les communistes refusent de s'associer. La politique de rigueur est poursuivie, et la nouvelle équipe obtient un certain nombre de résultats (recul de l'inflation notamment) mais le chômage reste toujours préoccupant. En 1985, le scrutin proportionnel est adopté pour les législatives et les régionales de mars 1986.

À l'extérieur, la France reste fidèle à l'alliance Atlantique, tandis que les relations avec l'U. R. S. S. s'améliorent avec l'arrivée au pouvoir de M. S. Gorbatchev. Elle s'efforce de conserver son influence en Afrique (soutien militaire au gouvernement tchadien), et participe de 1982 à 1984 à la Force multinationale de sécurité à Beyrouth.

— *La première cohabitation : J. Chirac Premier ministre (mars 1986 - mai 1988).* La nouvelle Assemblée (577 députés) élue en mars 1986 est dominée par la coalition R. P. R.-U. D. F. (286 sièges). J. Chirac, nommé Premier ministre par F. Mitterrand (20 mars), forme un gouvernement composé de membres du R. P. R. et de l'U. D. F., qui entreprend la réalisation d'un programme libéral.

— *Le retour des socialistes au gouvernement (mai 1988 - mars 1993).* Au lendemain de la réélection de F. Mitterrand à la présidence de la République (8 mai), J. Chirac démissionne et Michel Rocard est nommé Premier ministre (10 mai). Il forme un gouvernement à majorité socialiste élargie, au-delà de la participation traditionnelle du M. R. G., à quelques centristes et à des personnalités de la société civile. Après la dissolution de l'Assemblée nationale, les élections législatives de juin 1988 (au scrutin majoritaire) permettent aux socialistes de reconquérir la majorité (mais seulement relative). M. Rocard forme un deuxième gouvernement. Il obtient le retour de la paix en Nouvelle-Calédonie (accord de Matignon) et met en place plusieurs mesures destinées à lutter contre les inégalités (retour à l'impôt sur la fortune, instauration du revenu minimum d'insertion [R. M. I.] et de la contribution sociale généralisée [C. S. G.]). Mais ni lui ni ses successeurs au poste de Premier ministre, Édith Cresson (mai 1991 - avr. 1992) et Pierre Bérégovoy (avr. 1992 - mars 1993), ne parviennent, dans un contexte alourdi par les scandales politico-financiers, à empêcher l'aggravation de la crise économique (augmentation du chômage) et la montée du malaise social.

À l'extérieur, la France participe militairement à la guerre du Golfe, menée contre l'Iraq, pour libérer le Koweït (1990-91) et poursuit son engagement sur la voie de la construction européenne (ratification du traité de Maastricht, 20 sept. 1992).

— *La deuxième cohabitation : É. Balladur Premier ministre (mars 1993 - mai 1995).* Les élections législatives de mars 1993 voient la victoire écrasante de la coalition R. P. R.-U. D. F., qui remporte 473 sièges (soit plus des 4/5 de l'effectif de l'Assemblée nationale). De nouveau amené à composer avec une majorité opposée, F. Mitterrand appelle au poste de Premier ministre Édouard Balladur. Le gouvernement applique un programme centré sur le redressement économique et la stabilisation des dépenses sociales (emprunt d'État, relance des privatisations, autonomie de la Banque de France, réforme du régime des retraites) ainsi que sur la sécurité et le contrôle de l'immigration (réformes du Code de la nationalité et du droit d'asile).

• *La présidence de J. Chirac (depuis 1995).* Le 7 mai 1995, J. Chirac, soutenu par l'ensemble du R. P. R. et de l'U. D. F. (après avoir notamment devancé, au premier tour, É. Balladur), est élu président de la République, l'emportant avec 52,64 % des suffrages sur le candidat socialiste, Lionel Jospin. Disposant d'une large majorité à l'Assemblée nationale (élue en 1993), il nomme au poste de Premier ministre Alain Juppé. Celui-ci forme un premier gouvernement (mai), marqué par une représentation équilibrée entre le R. P. R. et l'U. D. F. et par une proportion importante de femmes, qui se donne comme objectifs la défense de l'emploi et la lutte contre l'exclusion et la « fracture sociale ». Mais, dès novembre, il désigne un deuxième gouvernement, plus resserré, auquel sont fixées de nouvelles priorités : réduction des déficits publics et mise en œuvre de grandes réformes comme celle de la Sécurité sociale. La poursuite d'une politique de rigueur dans un climat économique toujours déprimé entraîne de vastes mouvements de protestation (en particulier dans le secteur public, grèves de nov.-déc. 1995), révélateurs d'une crise sociale profonde. Une ample révision de l'organisation de la Défense est également mise en chantier.
À l'extérieur, le président de la République défend une politique active, axée sur la participation française et européenne au règlement des grands conflits régionaux (Bosnie, Proche-Orient) et sur la défense à l'étranger des intérêts économiques de la France.

RÉPUBLIQUE *(col de la)* ou **COL DU GRAND-BOIS,** col du Massif central, reliant Saint-Étienne à Bourg-Argental ; 1 161 m. Il est englobé dans le parc naturel régional du Pilat.

RÉPUDIATION n. f. (lat. *repudiatio*). **1.** Action de répudier une femme.– **2.** *Litt.* Action de rejeter ce qu'on avait admis : *La répudiation des idées de sa jeunesse.*

RÉPUDIER v. t. (lat. *repudiare,* repousser) [conj. **9**]. **1.** Dans les législations antiques et dans le droit musulman, renvoyer sa femme en vertu de dispositions légales par décision unilatérale du mari. – **2.** *Litt.* Rejeter un sentiment, une opinion, etc. : *Répudier ses engagements.*

RÉPUGNANCE n. f. (lat. *repugnantia*). **1.** Vive sensation de dégoût, d'écœurement à l'égard de qqch : *Avaler avec répugnance un médicament.* – **2.** Vif sentiment d'aversion, de répulsion, de mépris devant qqn ou qqch : *Sa répugnance pour ces idées.* – **3.** Sentiment de qqn devant une action qu'il répugne à faire : *N'avoir que de la répugnance pour les mathématiques.*

RÉPUGNANT, E adj. (lat. *repugnans, -antis*). **1.** Qui inspire un vif dégoût physique : *Une odeur répugnante.* – **2.** Qui inspire du mépris : *Un être répugnant.*

RÉPUGNER v. t. ind. (lat. *repugnare,* s'opposer à) [conj. **3**]. **1.** Inspirer à qqn du dégoût, de la répugnance, de l'aversion physique : *Cette nourriture lui répugne.* – **2.** Inspirer à qqn du mépris, de l'écœurement, de l'aversion morale : *Cet individu me répugne.* – **3.** Éprouver de l'aversion à faire qqch : *Je répugne à accuser un ami.*

RÉPULSIF, IVE adj. (lat. *repulsus,* repoussé). Qui exerce une répulsion.

RÉPULSION n. f. (bas lat. *repulsio,* de *repellere,* repousser). **1.** Force en vertu de laquelle certains corps se repoussent mutuellement. – **2.** Vive répugnance physique ou psychologique pour qqn, qqch : *Cet homme m'inspirait de la répulsion.*

RÉPUTATION n. f. (lat. *reputatio*). **1.** Manière dont qqn, qqch est connu, considéré dans un public : *Il a la réputation d'être honnête.* – **2.** Opinion favorable ou défavorable du public pour qqn, qqch : *L'hôtel a très mauvaise réputation.* – **3.** Fait d'être connu, célèbre : *Un produit de réputation mondiale.* – **4.** *Connaître de réputation,* seulement d'après ce qu'on en dit.

RÉPUTÉ (ÊTRE) v. pass. (lat. *reputare,* estimer). **1.** *Litt.* Être considéré comme, passer pour : *Homme réputé égoïste.* – **2.** Être bien connu pour : *Région réputée pour ses vins.* – **3.** Jouir d'un grand renom : *Un écrivain réputé.*

REQUALIFICATION n. f. Nouvelle qualification.

REQUÉRANT, E adj. et n. Qui présente une requête en justice.

REQUÉRIR v. t. (anc. fr. *requerre,* prier, du lat. *requirere,* avec l'infl. de *quérir*) [conj. **39**]. **1.** Faire appel à qqn, réclamer l'intervention de qqn ou de qqch, en vertu du pouvoir légal que l'on a : *Requérir des civils en cas de calamité.* – **2.** *Litt.* Sommer qqn de faire qqch, en vertu de l'autorité légale que l'on détient : *Requérir le directeur d'un journal d'insérer une réponse.* – **3.** Demander en justice, au nom de la loi, une mesure, une sanction contre un accusé : *Le procureur a requis une peine de prison.* – **4.** Exiger une action, une intervention de façon impérative ; nécessiter : *Sa santé requiert des soins constants.* – **5.** Faire appel à qqn, réclamer son concours : *Requérir de l'aide pour secourir un blessé.* – **6.** Délivrer une réquisition à une autorité militaire.
◆ **être requis** v. pass. Être conforme à ce qui est demandé pour telle chose : *Il n'a pas les qualités requises.*

REQUESENS Y ZÚÑIGA (Luis DE), gouverneur espagnol (Barcelone 1528 - Bruxelles 1576). Il contribua à la victoire de Lépante (1571). Successeur du duc d'Albe aux Pays-Bas (1573), il accorda une large amnistie, et tenta de négocier avec Guillaume Ier le Taciturne, mais il ne réussit pas à mettre fin à l'insurrection.

REQUÊTE n. f. (anc. fr. *requerre,* ou de *requérir*). **1.** Demande instante adressée à une autorité, à qqn : *Adresser une requête à quelqu'un.* — **2.** Saisine de la juridiction administrative par le demandeur. — **3.** Demande écrite présentée directement à un juge et qui a pour but d'obtenir une décision provisoire, en raison de l'urgence du problème à régler. — **4.** *Chambre des requêtes* ou *Requêtes du palais,* chambre du parlement créée en 1296, qui entendait les requêtes, jugeait en première instance les causes civiles de certains privilégiés et en appel les sentences des tribunaux de bailliage et de sénéchaussée. ‖ *Requête conjointe,* requête rédigée en commun par les parties pour obtenir une décision de justice.

REQUETÉ [rekete] n. m. (mot esp.). **1.** En Espagne, au XIXe s., combattant volontaire des troupes carlistes. — **2.** Pendant la guerre civile espagnole, soldat qui se battit aux côtés des nationalistes.

REQUIEM [rekɥijɛm] n. m. inv. (lat. *requiem,* accus. de *requies,* repos). **1.** Prière de l'Église catholique pour les morts ; messe pour un défunt. — **2.** Musique composée sur ce texte.

REQUILLER v. t. (conj. 3). Remettre debout les quilles abattues.

REQUIN n. m. (p.-ê. de *quien,* forme picarde de *chien* ou de *requiem*). **1.** Poisson sélacien au corps fuselé terminé par un rostre pointu et aux fentes branchiales situées sur les côtés du corps. (→ *encycl.*) — **2.** Homme d'affaires impitoyable et sans scrupule. — **3.** *Requin blanc,* grand requin épipélagique et solitaire, vorace et dangereux. (Taille 10 m pour 3 t.) ‖ *Requin bleu,* syn. de BLEU. ‖ *Requin bouclé,* syn. de SQUALE. ‖ *Requin à collerettes,* requin primitif à six paires de fentes branchiales, grand mangeur de céphalopodes. (Syn. REQUIN-LÉZARD.) ‖ *Requin à maquereaux,* syn. de GRISET.

ENCYCL. Les requins ont un squelette cartilagineux, un rostre qui reporte la bouche en position ventrale, des branchies en lames s'ouvrant par 7, 6 ou, le plus souvent, 5 paires de fentes branchiales, précédées d'évents ou spiracles, une caudale hétérocerque. Ils sont tous prédateurs, sauf les très grandes formes (requin-baleine, pèlerin), qui sont microphages. Les espèces benthiques se nourrissent de crustacés et de mollusques. Les requins pélagiques sont surtout piscivores. Seuls le requin blanc, le peau-bleue et le requin-tigre s'attaquent à l'homme. Certaines espèces (marteau, émissole), sont vivipares, d'autres pondent de gros œufs embryonnés de forme cubique.

REQUIN-BALEINE n. m. (pl. *requins-baleines*). Très grand requin microphage (jusqu'à 18 m de long) des eaux tropicales.

REQUIN-CITRON n. m. (pl. *requins-citron*). Requin côtier de l'Atlantique ouest, fréquent dans les eaux saumâtres.

REQUIN-LÉZARD n. m. (pl. *requins-lézards*). Syn. de REQUIN* À COLLERETTES.

REQUIN-MARTEAU n. m. (pl. *requins-marteaux*). Syn. de MARTEAU.

REQUIN-PÈLERIN n. m. (pl. *requins-pèlerins*). Syn. de PÈLERIN.

REQUINQUER v. t. (mot picard, var. du moyen fr. *clinquer*) [conj. 3]. *Fam.* **1.** Donner à qqch une meilleure apparence : *Requinquer sa boutique.* — **2.** Redonner à qqn des forces, du courage.
◆ **se requinquer** v. pr., **être requinqué** v. pass. *Fam.* Se rétablir, reprendre des forces, du courage.

REQUIN-TAUPE n. m. (pl. *requins-taupes*). Syn. de LAMIE.

1. REQUIS → REQUÉRIR.

2. REQUIS ou **RÉQUISITIONNÉ** n. m. (de *requérir*). **1.** Personne à laquelle les pouvoirs publics assignent, en temps de guerre, un emploi civil déterminé. — **2.** Citoyen d'un pays occupé, contraint, du fait de l'ennemi, d'effectuer certains travaux. — **3.** Personne qui collabore à un service public à la suite d'une réquisition.

RÉQUISIT [rekwisit] n. m. (angl. *requisit,* du lat. *requisitum,* de *requirere,* rechercher). Hypothèse, présupposé.

RÉQUISITION n. f. (bas lat. *requisitio,* du lat. class. *requisitum,* de *requirere,* rechercher). **1.** Procédé qui permet à l'Administration de contraindre des particuliers à lui céder un bien mobilier, immobilier (en jouissance) ou encore des prestations. (Les réquisitions donnent lieu à indemnités et ceux qui s'y opposent encourent des sanctions pénales.) — **2.** *Réquisition d'audience,* syn. de PLACET. ‖ *Réquisition de la force armée,* acte écrit par lequel certaines autorités civiles confient à une autorité militaire déterminée une mission de maintien de l'ordre, de police administrative ou de police judiciaire. ‖ *Réquisition militaire,* acte écrit par lequel les autorités militaires qualifiées exigent la fourniture de prestations ou de moyens nécessaires aux armées (logement, nourriture, moyen de transport, etc.). ‖ *Réquisition de paiement,* ordre écrit donné par l'ordonnateur au comptable qui a refusé d'effectuer un paiement du fait de l'insuffisance des crédits.
◆ **réquisitions** n. f. pl. **1.** Conclusions du ministère public dans les affaires qui lui sont communiquées. — **2.** Réquisitoire prononcé à l'audience.

RÉQUISITIONNER v. t. (conj. 3). **1.** Se procurer des biens par un acte de réquisition : *Réquisitionner du matériel.* — **2.** Utiliser les services de qqn par réquisition : *Réquisitionner des troupes pour enlever des ordures ménagères.* — **3.** *Fam.* Faire appel à qqn pour un service quelconque : *Je vous réquisitionne pour le ménage.*

RÉQUISITOIRE n. m. (lat. *requisitum,* de *requirere,* réclamer). **1.** Plaidoirie du ministère public devant le juge répressif afin de requérir l'application ou non de la loi pénale envers le prévenu ou l'accusé. — **2.** Discours dans lequel on accumule les accusations contre qqn, qqch : *Dresser un réquisitoire contre les abus.* — **3.** *Réquisitoire définitif,* rapport rédigé en fin d'instruction par le ministère public avec notamment demande de renvoi du prévenu devant le tribunal.

RÉQUISTA (12170), ch.-l. de cant. de l'Aveyron, dans le Ségala ; 2 360 hab.

RER [ɛrøɛr] (sigle de *Réseau Express Régional*), métro régional constitué de lignes au gabarit international des chemins de fer, électrifiées, desservant Paris et sa banlieue.

Rerum novarum, encyclique du 15 mai 1891 promulguée par Léon XIII et relative à la condition des ouvriers, véritable charte du catholicisme social.

RESAFÉ → RUṢĀFA.

RESAL (Henri), ingénieur et mathématicien français (Plombières 1828 - Annemasse 1896). Dans sa *Théorie sur la rotation des corps,* il a résolu presque sans calcul, grâce à un système particulier d'axes mobiles, des questions capitales se rapportant au mouvement des solides de révolution. En mécanique, il a introduit l'accélération angulaire composée, qui donne le moyen de poser immédiatement les équations du mouvement relatif d'un corps solide. On lui doit encore la théorie du roulement, des surfaces et des courbes de roulement (Acad. des sc., 1873.)

RESALER v. t. (conj. 3). Saler de nouveau ce qui n'est pas assez salé.

RESALIR v. t. (conj. 32). Salir de nouveau ce qui a été nettoyé.

RESCAPÉ, E adj. et n. (de *rescaper,* forme picarde de *réchapper*). **1.** Qui est sorti sain et sauf d'un danger, d'une catastrophe, d'un sinistre. — **2.** *Fam.* Qui a été jusqu'au bout d'une entreprise difficile, d'une épreuve sportive très dure : *Les rescapés de la traversée de l'Atlantique.*

RESCHENBPASS ou **RESCHENSCHEIDECK** *(col de)* → RESIA.

RESCINDABLE adj. Qui peut être rescindé.

RESCINDER [resɛ̃de] v. t. (lat. *rescindere,* rompre) [conj. 3]. Annuler un acte, un contrat pour lésion.

RESCISION [resi-] n. f. (bas lat. *rescissio*). **1.** Annulation judiciaire d'un acte pour cause de lésion. — **2.** *Action en rescision,* demande en nullité d'un acte, d'un contrat, fondée sur la lésion dont se plaint le demandeur.

RESCISOIRE [resi-] adj. (bas lat. *rescissorius,* du lat. class. *rescissum,* de *rescindere,* rompre). *Action rescisoire,* action qui a pour objet la rescision.

RESCOUSSE n. f. (part. passé fém. de l'anc. fr. *rescorre,* délivrer, du lat. *excutere,* faire sortir). **1.** Reprise d'un bâtiment de commerce saisi par l'ennemi. — **2.** *À la rescousse,* en renfort, pour porter assistance : *Venir à la rescousse de quelqu'un.*

RESCRIT n. m. (lat. *rescriptum,* de *rescribere,* récrire). **1.** Décision d'un empereur romain, consistant en une réponse sur un point de droit. — **2.** Réponse du pape à une supplique ou à une consultation. — **3.** Lettre d'ordres donnée par certains souverains sur une affaire particulière.

RÉSEAU n. m. (de *rets*). **1.** Ensemble formé de lignes ou d'éléments qui communiquent ou s'entrecroisent : *Un réseau de tranchées.* — **2.** Ensemble de routes, de voies navigables, de lignes aériennes ou de chemin de fer, qui relient différentes régions entre elles, qui appartiennent à une même compagnie. — **3.** Ensemble organisé dont les éléments, dépendant d'un centre, sont répartis en divers points : *Le réseau des agences d'une banque. Réseau de distribution commerciale.* — **4.** Ensemble de circuits, de canalisations et des appareils qui les relient, permettant la circulation et la distribution de l'électricité, de l'eau, du gaz, du téléphone, etc. — **5.** Organisation clandestine dont les membres travaillent en liaison les uns avec les autres : *Un réseau d'espionnage. Un réseau de résistance.* — **6.** *Litt.* Ensemble de liens, d'attaches de tous ordres : *Un réseau d'intrigues.* • **Anat.** Entrelacement de vaisseaux, de nerfs, etc. — **Archit.** Syn. de REMPLAGE. ‖ Dans une voûte d'ogives, système complexe de nervures entrecroisées. — **Assain.** *Réseau pluvial,* réseau d'évacuation des eaux de ruissellement. — **Ch. de f.** À la S. N. C. F., groupe de régions ayant des relations privilégiées pour certains domaines d'activité. — **Cristallogr.** Infinité triplement périodique de points se déduisant les uns des autres par des translations et où sont disposés les atomes constituant les cristaux. — **Dent.** Fond de dentelle à mailles géométriques. — **Électr.** *Analyse de réseau,* détermination de l'état d'un réseau, c'est-à-dire des grandeurs électriques (tensions, courants, puissances) qui le caractérisent. ‖ *Réseau bouclé,* réseau constitué de façon telle que chaque point puisse être alimenté par deux voies distinctes. ‖ *Réseau radial,* réseau constitué de façon telle que chaque point ne puisse être alimenté que par une seule voie. — **Géod.** Ensemble de points terrestres physiquement liés, généralement matérialisés et stables. (Selon le type de positionnement effectué, on distingue les réseaux planimétriques, ou réseaux géodésiques, les réseaux altimétriques, ou réseaux de nivellement, et les réseaux spatiaux, pour lesquels on détermine les trois coordonnées.) — **Géogr.** *Réseau urbain,* ensemble des villes d'une région, d'un État, considérées sous l'angle des rapports entretenus entre elles par leur localisation, leur poids démographique et économique. — **Hydrol.** *Réseau hydrographique,* ensemble constitué par les fleuves et leurs affluents drainant une région plus ou moins étendue. — **Inform.** Ensemble d'ordinateurs ou de terminaux interconnectés par des télécommunications généralement permanentes. (→ *encycl.*) ‖ *Réseau local,* réseau permettant la connexion de plusieurs ordinateurs et terminaux, sur le même site, sans faire appel à des liaisons téléphoniques du *réseau public,* mis en place par les pouvoirs publics. — **Mil.** Ensemble de moyens de nature homogène pouvant communiquer entre eux. (Certains réseaux sont spécialisés, tels les réseaux d'appui aérien.) — **Opt.** Surface portant une série de traits parallèles et équidistants très rapprochés. (→ *encycl.*) — **Polym.** Structure macromoléculaire tridimensionnelle dans laquelle les chaînes sont reliées entre elles par des liaisons le plus souvent covalentes. (Un réseau peut se constituer lors de la formation des chaînes [synthèse alcaline des phénoplastes] ou en reliant entre elles des chaînes déjà existantes [réticulation des polyesters insaturés, vulcanisation du caoutchouc naturel.]) — **Télécomm.** Syn. de CHAÎNE (DE RADIODIFFUSION, DE TÉLÉVISION). ‖ *Réseau de radiodiffusion sonore* ou *de télévision,* ensemble d'émetteurs diffusant un même programme ; ensemble des émetteurs d'un même organisme, d'une même région ou d'un même pays. ‖ *Réseau numérique à intégration de services (R. N. I. S.),* réseau de télécommunication permettant d'acheminer sous forme numérique tous les types d'information (sons, images fixes ou animées, textes, données informatiques). — **Zool.** Chez les ruminants, syn. de BONNET. ‖ *Réseau admirable,* plexus vasculaire situé sur le trajet de certaines artères des mammifères marins et arboricoles ainsi que des poissons, et dont les fonctions restent mal établies.

ENCYCL. **Électr.** Les réseaux, actuellement commandés par des dispatchings, sont reliés par des postes d'interconnexion et de transformation ; on distingue en France : 1° les *réseaux de transport,* à très haute tension (T. H. T., comprise entre 225 kV et 400 kV) ; 2° les *réseaux de répartition,* à très haute tention (H. T., de 45 à 90 kV) ; 3° les *réseaux de distribution,* à moyenne tension (M. T., de 3 à 30 kV) ; 4° les *réseaux à basse tension* (B. T., 220/380 V).

— **Inform.** et **Télécomm.** Les réseaux se distinguent notamment par :

— leur *étendue* : un réseau local couvre un immeuble ou un groupe d'immeubles voisins, un réseau urbain couvre une communauté urbaine, un réseau national ou international s'étend sur un ou plusieurs pays ;

— la *permanence des liaisons* : les petits réseaux utilisent des liaisons fixes et permanentes alors que les grands réseaux (réseaux commutés) font appel à des liaisons temporaires, généralement établies sur le téléphone ou sur des services publics spécialisés comme Transpac ; les réseaux commutés peuvent soit établir une ligne fixe pour toute la durée de la liaison (communication de messages), soit découper les messages en « paquets », munis chacun d'une adresse et acheminés indépendamment les uns des autres, souvent par des chemins différents (communication par paquets) ;

— leur *architecture* : les réseaux commutés sont maillés (il y a plusieurs chemins entre deux nœuds) ; les réseaux à liaisons permanentes sont usuellement organisés en boucle, ou anneau (tous les nœuds sont disposés sur une même ligne, refermée sur elle-même), en bus (tous les nœuds sont le long d'une ligne ouverte) ou en étoile (tous les nœuds sont reliés à un poste central) ;

— la *nature des signaux transmis* : exclusivement des données ou bien des données, de la parole et des images (réseau intégré) ;

— le *mode de gestion* : principalement concentré dans un poste unique (réseau centralisé) ou réparti entre les différents nœuds (réseau distribué ou réparti).

Le premier grand *réseau informatique* a été le réseau Arpanet, créé en 1968, aux États-Unis, par le ministère de la Défense, et qui est à l'origine du réseau international Internet.

— **Opt.** Les premiers réseaux de Fraunhofer étaient formés de traits tracés au diamant sur le verre ; on les fabrique aujourd'hui par gravure ou par holographie (méthode interférentielle). Les réseaux présentent la propriété de diffracter la lumière, à condition que l'intervalle entre les traits soit du même ordre de grandeur que la longueur d'onde de la lumière. Ils comportent ainsi plusieurs milliers de traits au millimètre et sont utilisés en spectroscopie, concurremment aux prismes.

RÉSÉCABLE adj. Se dit de ce qui peut être réséqué.

RÉSECTEUR n. m. Instrument servant à pratiquer une résection endoscopique en chirurgie urinaire.

RÉSECTION [resɛksjɔ̃] n. f. (de *réséquer*). **1.** Ablation chirurgicale d'une partie d'un organe, en conservant les parties saines et en rétablissant, s'il y a lieu, leur continuité. — **2.** *Résection articulaire,* ablation des surfaces cartilagineuses d'une articulation, suivie d'une immobilisation en vue de créer une ankylose. ‖ *Résection endoscopique,* intervention pratiquée à l'aide d'un résecteur introduit par l'urètre, et destinée à provoquer l'abrasion de différentes tumeurs ou lésions.

RÉSÉDA [rezeda] n. m. (lat. *reseda*). Herbe (résédacée) aux petites fleurs en grappes verdâtres, jaunes ou rougeâtres, au fruit en capsule, telle que la mignonnette.

RESENDE (Gardia DE), écrivain portugais (Evora 1470-1536). Secrétaire particulier de Jean II et de Manuel Ier, il fut choisi pour organiser le *Cancioneiro Geral* (1516), qui groupa près de 300 poètes portugais ou espagnols. Historien, il a écrit une *Vie de Jean II* (1545).

RÉSÉQUER [reseke] v. t. (lat. *resecare*) [conj. **18**]. Pratiquer une résection.

RÉSERPINE n. f. (de *rauwolfia* et *serpentina*). Alcaloïde isolé, de la racine de *Rauwolfia serpentina* (apocynacée), ou obtenu par synthèse, utilisé dans le traitement de l'hypertension artérielle.

RÉSERVATAIRE adj. et n. Se dit de l'héritier appelé de par la loi à bénéficier de tout ou partie de la réserve héréditaire.

RÉSERVATION n. f. Action de retenir une place (dans un train, un avion, au théâtre, etc.), une table (au restaurant), une chambre (dans un hôtel).

RÉSERVE n. f. (de *réserver*). **1.** Limitation, restriction apportée à un jugement, à un accord : *Une acceptation assortie de réserves.* — **2.** Quantité de qqch que l'on conserve pour pouvoir l'utiliser en temps opportun : *Disposer d'une réserve suffisante d'eau potable.* — **3.** Ensemble des œuvres d'un musée non exposées, des ouvrages d'une bibliothèque publique non directement accessibles : *Consulter un volume de la réserve.* — **4.** Local, magasin, dépôt où sont entreposées des marchandises, avant leur mise en vente. — **5.** Ensemble des ressources physiques, morales de qqn, auxquelles on peut faire appel : *Une réserve inépuisable de vitalité.* — **6.** Qualité de qqn, de son comportement, qui montre de la prudence et de la discrétion : *Un comportement empreint de réserve.* — **7.** *Être, se tenir sur la réserve,* observer une attitude circonspecte. ‖ *Être en réserve de la République,* en parlant d'une personnalité politique, être disponible si les circonstances exigent qu'on fasse appel à elle. ‖ *Sans réserve,* sans limite, sans restriction. ‖ *Sous réserve de,* en envisageant la possibilité de : *Sous réserve d'erreur, je vous dois encore mille francs.* ‖ *Sous (toute) réserve,* sans garantie, sans certitude absolue. • **Anthropol.** Territoire dans lequel sont cantonnées les ethnies aborigènes survivant, dans certains pays (États-Unis, Canada, Australie, Pérou, etc.), aux guerres et aux génocides qu'elles ont subis lors de la conquête de leur région par les Européens. — **Biochim.** *Réserve alcaline,* quantité de bicarbonates alcalins présente dans le sang et exprimée par le nombre de volumes de gaz carbonique que peuvent libérer cent volumes de plasma. (La *réserve alcaline* est, à l'état normal, de 55 à 60 volumes. Ses variations peuvent entraîner acidose* ou alcalose*.) — **Bx-arts** et **Arts décor.** Dans un dessin, une aquarelle, une peinture, une gravure en creux, etc., partie laissée vierge, sans trait ni couleur. ‖ *Taille en réserve,* en sculpture, syn. de TAILLE D'ÉPARGNE*. — **Dr.** Mention, lors de la réception d'un ouvrage, des malfaçons auxquelles il doit être remédié par l'entrepreneur. (La *levée des réserves* est l'acceptation des réfections par le maître de l'ouvrage.) ‖ Procédé par lequel une personne qui reçoit une marchandise refuse, au moment de cette réception, d'admettre que l'état de cette marchandise correspond à celui décrit dans le titre qui fait preuve de cette réception. ‖ Déclaration unilatérale d'un État tendant à exclure, en ce qui le concerne, certaines dispositions d'un traité multilatéral. ‖ *Obligation* ou *devoir de réserve,* discrétion à laquelle sont tenus les fonctionnaires et agents publics dans l'expression de leurs opinions. ‖ *Réserve (héréditaire),* portion du patrimoine dont une personne ne peut disposer à titre gratuit, par testament ou donation, au détriment de descendants et ascendants (les héritiers réservataires). ‖ *Réserve de pêche, de chasse,* partie d'un cours d'eau ou d'un territoire dans laquelle l'exercice de la pêche ou de la chasse est totalement prohibé dans l'intérêt de la reproduction du poisson ou du gibier. — **Écol.** *Réserve naturelle,* portion de territoire délimitée et protégée juridiquement de façon à préserver certaines espèces menacées de disparition. (→ *encycl.*) — **Écon.** Prélèvements effectués sur les bénéfices d'une société dans un but de prévoyance, faisant apparaître, au passif du bilan, des montants non incorporés (mais, éventuellement, incorporables) au capital social. ‖ *Monnaie de réserve,* monnaie qui tient lieu de mode de règlement pour les échanges internationaux. ‖ *Réserve légale,* réserve, obligatoirement constatée au bilan des sociétés par actions et des

S. A. R. L., d'un montant au moins égal au vingtième du bénéfice net de l'exercice, diminué, le cas échéant, des pertes antérieures. — **Féod.** Partie du domaine seigneurial exploitée directement par le maître et non fractionnée en tenures. — **Impr.** Partie qu'on laisse en blanc dans un fond imprimé. ‖ *En réserve,* syn. de EN NOIR* AU BLANC. — **Jeux.** Aux dominos, syn. de TALON. — **Mar.** *Réserve de flottabilité,* capacité étanche d'un navire au-dessus de sa flottaison en charge. — **Mil.** Au combat, corps ou détachement maintenu à la disposition du commandement pour être employé en renfort. ‖ Situation dans laquelle se trouve tout assujetti au service national dégagé des obligations du service actif légal ; période des obligations militaires correspondant à cette situation et qui fait suite aux cinq années de service actif et de la disponibilité. ‖ *Réserve générale,* grande unité ou unité non endivisionnée des diverses armes, maintenue à la disposition du haut commandement. (Les unités de matériel hautement spécialisé sont le plus souvent placées en réserve générale.) ‖ *Réserve mobile,* syn. de EN-CAS MOBILE. — **Sylvic.** Arbre maintenu sur pied au moment de l'exploitation. ‖ Partie de forêt où l'on enlève les arbres morts ou dépérissants et où l'on conserve le peuplement intact dans un but scientifique ou esthétique (réserve naturelle, réserve artistique). — **Techn.** Partie de surface recouverte d'une substance protectrice empêchant qu'elle subisse l'opération pratiquée sur les parties voisines ; la substance elle-même. — **Text.** Impression de motifs sur une étoffe réalisée avec une pâte contenant un produit chimique qui, après séchage, empêche le colorant de se fixer aux endroits désirés, lors d'une teinture ultérieure.

◆ **réserves** n. f. pl. Ensemble d'éléments accumulés, stockés, dans lesquels on peut puiser. • **Biol.** *Réserves nutritives,* substances que l'organisme animal ou végétal n'utilise pas immédiatement après leur absorption et leur digestion et qui sont accumulées telles quelles ou polymérisées, dans les différents tissus. (→ *encycl.*) — **Dr.** *Réserves foncières,* ensemble des biens immobiliers acquis ou conservés par l'État ou les collectivités publiques en vue de leur assurer la maîtrise des sols dans les régions urbanisées ou destinées à l'urbanisation. — **Écon.** *Réserves monétaires,* ensemble des avoirs d'un pays en moyens de paiement internationaux ; avoirs nets officiels d'un pays en or et en devises convertibles. ‖ *Réserves obligatoires,* pourcentage de leurs dépôts ou de leurs crédits que doivent conserver les banques en comptes non rémunérés à la Banque centrale. — **Min.** Tonnages de minerais identifiés susceptibles d'être exploités dans des conditions technologiques et économiques données. (→ *encycl.*) — **Pétr.** Quantités d'hydrocarbures récupérables dans un gisement.

ENCYCL. **Bot.** Les *réserves nutritives* des plantes sont principalement des glucides (amidon, sucres), des corps gras, des protéines. Il y en a toujours dans les graines, souvent dans les fruits (fruits charnus), et dans les organes souterrains, qui sont alors tubérisés. Les plantes des zones arides (cactus) font des réserves d'eau. Ce sont les réserves végétales qui assurent la nourriture de l'homme et de nombreux animaux.

— **Écol.** En France, les *réserves naturelles* ont été instituées par les lois du 1er juill. 1957 et du 10 juill. 1976. En 1996, on dénombrait en France (métropole et outre-mer) plus de 130 réserves naturelles, couvrant des espaces tant maritimes que montagneux ou forestiers.

— **Min.** On distingue des réserves *identifiées,* dont une part constitue les réserves ; des réserves *estimées,* par extrapolation des précédentes ; des réserves *inférées,* ou *potentielles.* À l'échelle d'un gisement identifié, on distingue : des réserves *prouvées* (ou *certaines,* ou *à vue*), des réserves *probables,* des réserves *possibles.* L'exploitation, avec ses imperfections (dilution, salissage, pertes), extrait les *réserves récupérables* ou *extractibles.* Les estimations des réserves et ressources sont continuellement mises en cause : par l'exploitation, qui supprime certaines réserves ; par l'évolution des technologies, qui rend accessibles des ressources précédemment inexploitables ; par l'évolution du contexte économique, qui donne de l'intérêt à certaines ressources et en retire à d'autres.

— **Physiol.** Les *réserves nutritives* sont les mêmes substances organiques que chez les végétaux, auxquelles s'ajoutent des matières minérales (fer du foie, phosphates de chaux, etc.). Elles constituent la plus grande partie de certains œufs, comme l'œuf de poule, et sont destinées à pourvoir aux besoins plastiques et énergétiques de l'organisme.

RÉSERVER v. t. (lat. *reservare*) [conj. 3]. **1.** Accorder qqch à qqn, le lui destiner de façon exclusive ou particulière : *Réserver ses éloges à ceux qui en sont dignes.* — **2.** Faire la réservation de qqch : *Réserver ses places d'avion.* — **3.** Affecter spécialement qqch à telle destination : *On réserve ce local aux réunions.* — **4.** Garder qqch en vue d'un usage particulier, précis, mieux adapté : *Il réserve ses révélations pour plus tard.* — **5.** Prévoir, dans un contrat, une disposition pour l'avenir : *L'Administration réserve le droit des tiers.* — **6.** Être la cause, la raison par laquelle telle chose advient à qqn : *Cette affaire a réservé plus d'une surprise.* — **7.** *Ménager une réserve,* une zone non travaillée d'un dessin, d'une gravure, etc. (Syn. ÉPARGNER.) — **8.** *Réserver l'avenir,* conserver sa liberté d'action pour plus tard. ‖ *Réserver tel accueil à qqn,* l'accueillir, le recevoir d'une certaine manière. ‖ *Réserver son opinion, sa réponse,* s'abstenir, dans l'immédiat, de faire savoir ce qu'on pense de qqch. ‖ *Réserver son pronostic,* en parlant d'un médecin, ne pas vouloir se prononcer sur l'évolution d'une maladie, ce qui sous-entend souvent la possibilité d'une issue mortelle.

◆ **être réservé** v. pass. **1.** Être destiné : *Le sort qui lui est réservé n'est guère enviable.* — **2.** Être retenu, mis de côté : *Table réservée.* — **3.** Manifester de la réserve, de la retenue : *Être très réservé dans ses jugements.* — **4.** En parlant d'un territoire de chasse, être privé, gardé. — **5.** *Biens réservés,* biens qui provenaient des gains et salaires de la femme mariée exerçant une activité professionnelle. (La loi de 1985 instituant des pouvoirs égalitaires dans la gestion de la communauté a rendu caduque cette institution.) ‖ *Cas réservés,* ceux dont la solution relève exclusivement de l'autorité épiscopale ou pontificale, sauf pouvoir spécial accordé à un prêtre. ‖ *Cotation réservée,* cotation qui n'a pu être réalisée, lors d'une séance boursière, sur une valeur donnée, notamment en raison d'un profond déséquilibre entre la demande et l'offre. ‖ *Quartier réservé,* quartier où se pratique la prostitution.

◆ **se réserver** v. pr. **1.** S'accorder qqch à soi-même, le garder pour son usage propre : *Se réserver quelques jours de liberté.* — **2.** Envisager la possibilité de faire qqch au moment convenable : *Je me réserve de lui donner mon avis.* — **3.** Refuser, écarter une possibilité actuelle afin de rester disponible pour qqch d'autre plus tard : *Il se réserve pour une entreprise plus ambitieuse.* — **4.** Ménager ses ressources physiques, ne pas se donner entièrement au début d'une épreuve.

RÉSERVISTE n. m. Militaire de la réserve.

RÉSERVOIR n. m. (de *réserver*). **1.** Lieu fait ou ménagé pour accumuler et conserver certaines choses en réserve. — **2.** Récipient, bassin, etc. destiné à contenir des produits liquides ou gazeux. (Dans les distributions d'eau des villes, les réservoirs, placés en haut d'une tour, assurent le double rôle de régulateur et de mise en pression ; ils contribuent aussi à amortir les différences de pression du réseau [coups de bélier].) — **3.** Lieu où sont amassées des réserves quelconques : *D'immenses réservoirs de matières premières.* — **4.** Abrév. de ROCHE-RÉSERVOIR. — **5.** *Réservoir de virus,* organisme chez lequel on trouve un agent infectieux (virus, bactérie ou parasite) qui peut être transmis à un autre organisme.

RESIA *(col de),* en all. **Reschenpass** ou **Reschenscheideck,** col des Alpes italiennes, aux sources de l'Adige, 1 510 m ; il relie la haute vallée de l'Adige à l'Engadine.

RÉSIDANAT n. m. Fonction hospitalière assurée par tous les étudiants en médecine en fin d'études.

RÉSIDANT, E adj. et n. Qui réside, qui demeure dans un lieu déterminé : *Les résidants d'un immeuble.*

RÉSIDENCE n. f. (lat. médiév. *residentia,* du lat. class. *residere,* séjourner). **1.** Fait de demeurer habituellement en un lieu déterminé ; cette habitation elle-même : *Établir sa résidence à Lyon.* — **2.** Lieu où réside un personnage officiel, un chef d'État, etc. : *La résidence d'un ambassadeur.* — **3.** Groupe d'habitations d'un certain confort : *Une résidence avec piscine et tennis.* — **4.** *Résidence principale,* lieu d'habitation où l'on a fait élection de domicile. ‖ *Résidence secondaire,* lieu d'habitation destiné le plus souvent aux séjours de vacances ou de week-end. ‖ *Résidence universitaire,* ensemble de locaux d'habitation publics mis à la disposition des étudiants bénéficiaires des œuvres sociales universitaires. • **Anthropol.** Lieu où habitent les jeunes époux et envisagé par rapport à leur famille d'origine. (Dans les cas les plus fréquents, la résidence est virilocale, uxorilocale, patrilocale, matrilocale.) — **Dr.** *Résidence de la famille,* domicile choisi d'un commun accord par les époux. (Syn. DOMICILE CONJUGAL.) ‖ *Résidence surveillée,* obligation faite à une personne jugée dangereuse pour l'ordre public de résider en un lieu fixé par l'autorité publique et de subir un contrôle limitant sa liberté de déplacement.

RÉSIDENT, E n. (lat. *residus,* qui réside). **1.** Personne qui réside dans un autre endroit que son pays d'origine. — **2.** Personne de nationalité française résidant en France ou personne étrangère (à l'exclusion des fonctionnaires) demeurant en France depuis deux ans au moins. — **3.** Agent diplomatique de grade inférieur à celui d'ambassadeur. — **4.** Étudiant qui loge dans une résidence universitaire. — **5.** *Résident général,* haut fonctionnaire que l'État protecteur plaçait auprès du souverain d'un État sous protectorat.

◆ adj. *Programme résident,* partie du système d'exploitation d'un ordinateur constamment disponible en mémoire centrale, et de ce fait immédiatement exécutable.

RÉSIDENTIEL, ELLE adj. Propre à la résidence, aux beaux quartiers d'une ville : *Immeubles résidentiels.*

Residenz Verlag, maison d'édition autrichienne, fondée en 1956 à Salzbourg, à vocation essentiellement littéraire.

RÉSIDER v. i. (lat. *residere*) [conj. 3]. **1.** Avoir sa résidence qqpart, y demeurer de façon habituelle : *Résider à Lyon, en banlieue.* — **2.** Avoir son origine, son fondement, son principe dans telle personne, telle chose : *Sa force réside dans son éloquence.* – **3.** Consister en qqch, en être formé : *Le seul inconvénient de cet appareil réside dans son prix.*

REŞID PAŞA MUSTAFA, homme politique ottoman (Istanbul 1800 - *id.* 1858). Six fois grand vizir de 1846 à 1852 et en 1856-57, il dirigea les réformes du Tanzimat.

RÉSIDU n. m. (lat. *residuum,* de *residere,* rester). **1.** Matière qui subsiste après une opération physique ou chimique, une transformation industrielle, une fabrication, en partic. après extraction des produits de plus grande valeur. – **2.** En raffinage, liquide lourd en fond de colonne. – **3.** Quantité d'urine qui reste dans la vessie après miction, chez les malades souffrant de rétention d'urine. – **4.** *Méthode des résidus,* l'une des méthodes inductives préconisées par Stuart Mill, et qui consiste à retrancher d'un phénomène complexe certaines composantes dont on connaît déjà les causes, afin de trouver par élimination les causes des composantes restantes.

RÉSIDUAIRE adj. Qui constitue un résidu : *Les eaux résiduaires.*

RÉSIDUEL, ELLE adj. **1.** Qui est de la nature des résidus ou qui constitue un résidu : *Matières résiduelles.* – **2.** Qui persiste de qqch en dépit de tentatives faites pour l'éliminer : *Fatigue résiduelle.* – **3.** Se dit d'une forme de relief qui doit sa survivance à sa position sur une ligne de partage des eaux ou à la résistance des roches qui la constituent. – **4.** Se dit d'une formation superficielle provenant de l'altération d'une roche dont une partie est éliminée après dissolution. – **5.** *Air résiduel,* quantité d'air qui reste dans les poumons après une expiration forcée. ‖ *Valeur résiduelle,* valeur pour laquelle figure au bilan un bien partiellement amorti.

RÉSIGNATION n. f. (lat. médiév. *resignatio*). **1.** Fait de se résigner, de supporter sans protester qqch de pénible, d'inévitable : *Abandonner la lutte avec résignation.* – **2.** *Vx.* Renonciation à un droit, à une charge, en faveur de qqn.

RÉSIGNÉ, E n. Personne qui a abdiqué devant le sort qui lui est fait.

RÉSIGNER v. t. (lat. *resignare,* remettre) [conj. **3**]. *Litt.* Abandonner de sa propre volonté une fonction ; démissionner : *Résigner sa charge de notaire.*

◆ **se résigner** v. pr., **être résigné** v. pass. **1.** Accepter sans protestation ni révolte qqch de pénible, de fâcheux, qui paraît inéluctable : *Se résigner à prendre une décision impopulaire.* – **2.** Manifester un esprit de résignation : *Un geste résigné.*

RÉSILIABLE adj. Qui peut être résilié.

RÉSILIATION n. f. (de *résilier*). Extinction des effets d'un contrat au cours de son exécution.

RÉSILIENCE n. f. (angl. *resilience,* rebondissement). Caractéristique mécanique définissant la résistance aux chocs d'un matériau. (La résilience des métaux, qui varie avec la température, est déterminée en provoquant la rupture par choc d'une éprouvette normalisée.)

RÉSILIER v. t. (lat. *resilire,* renoncer) [conj. **9**]. Mettre fin aux effets d'un contrat.

RÉSILLE n. f. (esp. *redecilla,* avec l'infl. de *réseau*). **1.** Filet à large mailles qui maintient la chevelure. – **2.** Nappe plane ou courbe composée d'un réseau de barres réunies par des nœuds. (Deux résilles, solidarisées par des barres de liaison, constituent une *structure spatiale.*)

RESINA → ERCOLANO.

RÉSINE n. f. (lat. *resina*). **1.** Produit de sécrétion végétale, solide ou semi-fluide, translucide, fusible à basse température, insoluble dans l'eau et difficile à cristalliser. (→ *encycl.*) – **2.** Composé macromoléculaire naturel ou synthétique, utilisé dans les industries des matières plastiques, des peintures, des adhésifs, etc. (Le terme générique « polymère » doit être utilisé, de préférence à celui de « résine ». – **3.** *Résine fossile,* carbure naturel d'hydrogène oxygéné, dont la variété la plus connue est l'ambre.

ENCYCL. **Biochim.** Les *résines végétales* sont des dérivés terpéniques insolubles dans l'eau et dans l'éther de pétrole, mais solubles dans l'alcool, les graisses et les solvants organiques. On en incorpore dans les vernis industriels, peintures et enduits. Les conifères dits « résineux » fournissent la colophane, dont on tire l'essence de térébenthine. D'autre familles fournissent les copals.

RÉSINER v. t. (conj. 3). **1.** Extraire la résine d'un arbre. – **2.** Enduire de résine : *Résiner des allumettes.*

◆ **être résiné** v. pass. *Vin résiné* ou *résiné* (n. m.), vin additionné de résine.

RÉSINEUX, EUSE adj. (lat. *resinosus*). **1.** Se dit des arbres produisant la résine. – **2.** Qui contient de la résine ou est propre à la résine : *Matière résineuse. Odeur résineuse.* – **3.** *Bois résineux,* bois des conifères, par oppos. à *bois feuillu.* ‖ *Électricité résineuse,* autref., électricité développée sur la résine par frottement, dite auj. *électricité négative.*

◆ **résineux** n. m. Arbre forestier (gymnosperme) riche en matières résineuses, contenues dans les canaux résinifères. (Les principaux résineux sont le pin et le sapin, l'épicéa, le mélèze, l'if, le cyprès, le cèdre, le genévrier et le thuya.)

RÉSINIER, ÈRE adj. Propre aux produits résineux, à leur production.
◆ n. Syn. de GEMMEUR.

RÉSINIFÈRE adj. Qui contient de la résine.

RÉSINIFICATION n. f. Transformation en résine.

RÉSINIFIER v. t. (conj. 9). Transformer en résine.

RÉSINIQUE adj. Se dit d'un acide extrait de la gemme de pin.

RÉSIPISCENCE [-pisɑ̃s] n. f. (lat. ecclés. *resipiscentia,* de *resipiscere,* revenir à la raison). Litt. *Venir, amener à résipiscence,* reconnaître, amener à reconnaître une faute avec volonté de s'amender.

RÉSISTANCE n. f. **1.** Action de résister physiquement à qqn, à un groupe, de s'opposer à leur attaque par la force ou par les armes : *Se laisser arrêter sans résistance.* — **2.** Action de résister à une autorité, de s'opposer à ce qu'on n'approuve pas : *Résistance à l'arbitraire. Se heurter à la résistance de ses proches.* — **3.** Capacité de qqn à résister aux épreuves physiques ou morales, d'un être vivant à résister à des conditions de vie extrêmes : *Avoir une bonne résistance à la fatigue.* — **4.** Propriété d'un matériau de résister aux effets d'un agent extérieur : *Matière textile utilisée pour sa résistance.* — **5.** Force qui s'oppose au mouvement dans un fluide : *La résistance de l'air.* — **6.** *Plat de résistance,* le plat principal d'un repas. • **Électr.** Quotient de la tension U aux bornes d'une résistance idéale par le courant I qui la parcourt. ($R = u/I$, ce qui constitue l'expression de la loi d'Ohm.) [→ *encycl.*] ‖ Dispositif caractérisé essentiellement par sa résistance électrique. (Syn. RÉSISTOR.) ‖ *Résistance idéale,* bipôle élémentaire idéal dans lequel la tension instantanée est proportionnelle au courant instantané. ‖ *Résistance pure* ou *résistance morte,* bipôle passif dans lequel toute l'énergie électrique mise en jeu est convertie en chaleur par effet Joule. — **Électron.** *Résistance interne d'un tube* ou *d'un transistor,* rapport d'une faible variation de la tension appliquée à la sortie (ou à l'entrée) à la variation de l'intensité du courant qui en résulte dans le même circuit, les autres paramètres demeurant constants. — **Géol.** Aptitude d'une roche à conserver les éléments qui la composent. (La résistance est liée aux constituants de la roche, à leur cohérence, à la granulométrie ; elle dépend aussi de la nature des agents de l'érosion en rapport avec le relief et, surtout, le climat.) — **Hist.** *Mouvements de résistance* ou *la Résistance,* groupements spontanés de résistants pendant la Seconde Guerre mondiale. ‖ *Parti de la Résistance,* au début de la monarchie de Juillet, parti des orléanistes conservateurs, avec Guizot et Casimir Perier, opposé au parti du Mouvement. — **Matér.** *Résistance des matériaux,* partie de la mécanique appliquée ayant pour objet l'évaluation des contraintes et des déformations subies par une structure sous l'action de forces extérieures données. (→ *encycl.*) — **Mil.** *Centre de résistance,* ensemble d'organisations défensives, occupé par un effectif de l'ordre de grandeur d'un bataillon ou d'un régiment. (Il est parfois articulé en points d'appui.) — **Phys.** *Coefficient de résistance,* coefficient sans dimension défini par la formule $C_x = R_x/(½)\,\rho SV^2$ où R_x est la résistance, V la vitesse du corps, S une surface de référence de celui-ci, et ρ la densité du fluide. (Dans les limites permises aux avions, la résistance de l'air est exprimée par : $R = KSV^2$, S étant le maître-couple, V la vitesse et K un coefficient dépendant de la forme de l'appareil et de l'angle d'incidence de sa voilure.) ‖ *Résistance de frottement,* résistance engendrée par la viscosité d'un fluide. ‖ *Résistance d'onde,* résistance liée à la propagation des ébranlements provoqués par le mouvement du corps dans le fluide (ondes de surface pour un navire, ondes de choc pour un projectile ou un avion supersonique). — **Psychan.** Manifestation du refus du sujet de reconnaître un matériel inconscient.

ENCYCL. **Électr.** La résistance d'un conducteur quelconque est le quotient de la puissance électrique qui y est transformée en chaleur par le carré de l'intensité du courant. L'unité SI de résistance est l'ohm*. La résistance électrique d'un fil conducteur homogène a pour expression $R = \rho\,.\,l/s$, *l* étant la dimension dans le sens des lignes de courant, *s* étant l'aire de la section normale aux lignes de courant et ρ la résistivité du matériau.

— **Matér.** *La résistance des matériaux* admet pour bases trois hypothèses fondamentales :
1° le principe de Saint-Venant, l'état de contrainte en un point ne dépend que des éléments de réduction du torseur des forces extérieures, à condition que le point d'application de ces forces soit éloigné du point considéré ; 2° l'hypothèse de Navier-Bernoulli, les sections planes, normales à la fibre moyenne d'une poutre, restent planes et perpendiculaires à la fibre moyenne au cours de la déformation de la poutre résultant des charges appliquées ; 3° la loi de Hooke, les relations qui lient les contraintes et les déformations sont linéaires et homogènes ; donc le comportement du matériau est élastique linéaire.

À partir de ces hypothèses, la résistance des matériaux permet de déterminer, sous l'action de charges données, l'état de contrainte en un point quelconque, de prévoir le déplacement subi par une section quelconque de la structure et d'évaluer les réactions d'appui des systèmes hyperstatiques.

Résistance (la), ensemble des actions menées contre l'occupation allemande pendant la Seconde Guerre mondiale ; ensemble de ceux qui ont participé à ces actions.

Les objectifs de la Résistance débordent du cadre militaire (libération du territoire) car ils prévoient, une fois la victoire acquise, la prise du pouvoir en déshérence et de nouvelles institutions de l'État. La participation de plus en plus active des communistes accentuera ce caractère politique.

Perçue comme une force occasionnelle, la Résistance n'est pas incluse dans une stratégie élaborée par les Alliés. Cependant la Grande-Bretagne, où se retrouvent les gouvernements exilés, devient la plaque tournante de tous les réseaux d'action et de renseignements vers l'Europe occupée. Les États-Unis fourniront progressivement en armes les mouvements de résistance, alors que l'U. R. S. S. se préoccupera essentiellement des partisans soviétiques opérant sur les arrières allemands.

la Résistance à l'ouest de l'Europe

Elle est caractérisée par la prédominance de la guerre psychologique.

• *Pays-Bas.* Aucun armistice n'a été signé ; la reine Wilhelmine est partie en Grande-Bretagne. La résistance sera surtout intellectuelle et morale (protestations contre les mesures antisémites). À partir de 1944 toutes les actions seront coordonnées, sur le plan militaire, par le prince Bernard, et sur le plan politique par le Grand Conseil de la Résistance.

• *Belgique.* Si le gouvernement Pierlot a rejoint Londres, le roi Léopold est resté en Belgique. La Résistance s'exerce d'une façon très efficace par les réseaux d'évasion et de renseignements. Tous les groupements armés s'unifient en juin 1944 (Forces belges de l'intérieur).

• *Norvège.* Le roi Haakon et son gouvernement rallient l'Angleterre. L'exploit le plus spectaculaire de la Résistance sera la destruction de l'usine d'eau lourde (févr. 1943).

• *Danemark.* Resté sur place, le gouvernement décide, devant les exigences allemandes, sa propre dissolution en août 1943. Des mouvements de grève générale se développeront à partir de l'été 1944.

• *France.* D'abord seuls quelques isolés réagissent au désastre et à l'armistice de juin 1940. La radio anglaise joue un rôle essentiel en faisant connaître de Gaulle et la France libre. En zone occupée naissent de nombreux mouvements de résistance (« Musée de l'Homme », « Valmy », « Libération Nord », « Résistance », « O. C. M. », « Ceux de la Résistance ») auxquels se joindront, après l'entrée de la Wehrmacht en U. R. S. S., les organisations du parti communiste (« Front national » et « Francs-Tireurs et Partisans »). En zone libre, la Résistance s'affirme de manière plus politique. Les activités s'organisent autour de trois grands mouvements : « Combat », « Libération » et « Franc-Tireur ». Quant à de Gaulle, pour affirmer la légitimité de son action vis-à-vis des Alliés, il a besoin de se faire reconnaître comme le chef d'une résistance unifiée. Tâche dont s'acquitteront P. Brossolette, le colonel Passy et Jean Moulin. Après le débarquement allié en Afrique du Nord (8-11 nov. 1942), cette marche vers l'unification est concrétisée par la fusion des trois mouvements de la zone sud dans les « Mouvements unis de la Résistance » (M. U. R.), puis par l'intégration des principaux mouvements, des partis résistants et des centrales syndicales clandestines dans le Conseil national de la Résistance (C. N. R.). À Alger, de Gaulle constitue le Comité français de libération nationale (C. F. L. N.) dont, il devient le seul président après avoir éliminé Giraud. En juin 1944, le C. F. L. N. est transformé en Gouvernement provisoire de la République française (G. P. R. F.). Les Forces françaises de l'intérieur (F. F. I.) sont progressivement formées à partir du printemps 1944.

Après quatre ans de luttes, la Résistance a gagné son triple combat : contre l'occupant, derrière les Alliés ; contre l'État français qui partout s'effondre de lui-même ; contre les Alliés pour leur faire admettre qu'elle représentait la France. Trois forces politiques émergent de ses rangs : de Gaulle ; le Mouvement républicain populaire (M. R. P.), qui regroupe les adhérents de la démocratie chrétienne (sept. 1944) ; le parti communiste, pour la première fois dans le gouvernement.

la Résistance en Europe orientale

Elle s'affirma davantage dans les maquis et dans la guérilla que dans la guerre psychologique ; plus qu'ailleurs elle a revêtu un caractère populaire.

• *Tchécoslovaquie.* Aussitôt après les accords de Munich (1938), le président Beneš est parti à Londres. S'il y a peu de groupes armés en Bohême, les maquis sont nombreux en Slovaquie où ils opèrent en liaison avec l'Armée rouge.

• *Pologne.* Toute la Résistance reconnaît d'abord l'autorité du gouvernement réfugié à Londres (Sikorski). Après la rupture des relations polono-soviétiques, Staline crée un Comité polonais de libération (Lublin) qu'il imposera par la suite comme seul interlocuteur.

• *Yougoslavie.* La Résistance est d'abord menée conjointement par des officiers de l'ancienne armée, les *tchetniks,* et par les partisans communistes de Tito. La rupture éclate dès la fin de 1941, allant jusqu'à la lutte ouverte. Tito, qui préconise la formation d'une Yougoslavie fédérée après la guerre, obtient l'appui britannique. Son « armée de libération nationale » libérera seule le sol national, ne recevant l'aide soviétique qu'au cours des ultimes combats pour Belgrade.

• *Grèce.* Deux mouvements se disputent le pays : l'EDES, royaliste, et l'ELAS, communiste. Ce dernier l'aurait sans doute emporté à la fin de 1944 sans l'intervention des forces britanniques à Athènes.

• *U. R. S. S.* L'originalité de la Résistance russe est d'avoir opéré en liaison avec une armée régulière et sous les ordres d'un gouvernement demeuré dans le pays. La tactique de la « terre brûlée » fut particulièrement spectaculaire dans les territoires occupés par la Wehrmacht.

la Résistance dans les pays de l'Axe

• *Italie.* D'abord émigrée, la Résistance au fascisme constitue, en décembre 1942, un front national d'action en Italie du Nord. Après septembre 1943, la Résistance se développe dans les territoires demeurés sous contrôle allemand et dans la République fasciste de Salo.

• *Allemagne.* Bien que l'opposition politique ait été muselée avec l'arrivée de Hitler au pouvoir, certaines voix s'étaient élevées dans les milieux religieux pour condamner la doctrine nazie. La tentative la plus marquante reste celle de militaires, qui, convaincus de la défaite inéluctable, tentèrent d'assassiner Hitler.

Résistance *(Conseil national de la)* **[C. N. R.]** → CONSEIL NATIONAL DE LA RÉSISTANCE.

Résistance *(médailles de la).* 1° Décoration française, créée à Alger en 1943 pour récompenser les services rendus dans la Résistance pendant la Seconde Guerre mondiale. — 2° Décoration belge, créée en 1946 pour récompenser les services rendus dans la Résistance de 1940 à 1945.

RÉSISTANT, E adj. **1.** Qui supporte bien les épreuves physiques ou les conditions de vie rigoureuses : *Le chameau est un animal très résistant.* — **2.** Qui résiste bien aux forces et aux actions qui menacent son intégrité : *Un bois résistant.* — **3.** Qui répond par une force contraire à celle qui s'exerce sur lui : *L'atmosphère est un milieu résistant.* — **4.** Qui participe à une action de résistance contre un occupant étranger : *Organisation résistante.* — **5.** Qui est doué d'une résistance électrique. — **6.** Se dit d'une force $\overrightarrow{F}$ appliquée à un corps en mouvement de vitesse $\overrightarrow{v}$, telle que le produit scalaire $\overrightarrow{F} \cdot \overrightarrow{v}$ est négatif. ‖ Se dit du travail (négatif) de cette force.
◆ n. **1.** Patriote ayant pris part à la Résistance. — **2.** Personne qui participe à une action de résistance contre une occupation étrangère.

RESISTENCIA, v. d'Argentine, ch.-l. de la prov., sur le Paraná ; 220 000 hab. Centre commercial et agricole.

RÉSISTER v. t. ind. (lat. *resistere,* se tenir ferme) [conj. 3]. **1.** S'opposer par la force à celui ou à ceux qui emploient des moyens violents : *Résister à un agresseur, à un assaut.* — **2.** S'opposer à qqn, à sa volonté : *Résister aux pressions de l'opinion publique.* — **3.** S'opposer à une force armée d'occupation, et en partic., participer à la Résistance pendant la Seconde Guerre mondiale. — **4.** Lutter pour ne pas succomber à ce qui attire, séduit : *Il a résisté à des offres alléchantes.* — **5.** Supporter victorieusement des épreuves physiques ou morales : *Pouvoir résister à la fatigue.* — **6.** Ne pas être atteint par les effets des actions auxquelles qqch est soumis : *Argumentation qui ne résiste pas à l'analyse.* — **7.** Opposer une résistance : *Il y a quelque chose qui résiste dans la serrure.* — **8.** En parlant d'un cheval, se contracter pour ne pas obéir aux indications des aides du cavalier.

RÉSISTIBLE adj. *Litt.* À qui ou à quoi il est possible de résister.

RÉSISTIF, IVE adj. Se dit d'un dispositif ou d'un circuit électriques dont la grandeur essentielle est la résistance.

RÉSISTIVIMÈTRE n. m. Appareil permettant de mesurer la résistivité électrique d'un conducteur.

RÉSISTIVITÉ n. f. (angl. *resistivity,* de *to resist,* résister). Inverse de la conductivité électrique. (La résistivité s'exprime en ohms-mètres [symb. Ωm].)

RÉSISTOR n. m. (angl. *resistor*). **1.** Syn. de RÉSISTANCE. — **2.** Résistance électrique servant au chauffage par effet Joule.

REŞIŢA, v. du sud-ouest de la Roumanie ; 100 000 hab. Métallurgie.

RÉSITE n. m. Produit obtenu dans le stade ultime de la synthèse des phénoplastes et constitué de réseaux tridimensionnels.

RÉSITOL n. m. Phénoplaste obtenu par synthèse en présence de catalyseurs alcalins et constitué par des chaînes ramifiées, mais encore indépendantes.

RESNAIS (Alain), cinéaste français (Vannes 1922). Il est tout d'abord monteur et tourne plusieurs courts métrages : *Van Gogh* (1948), *Guernica* (en collab. avec Robert Hessens, 1950), *Gauguin* (1950), *Les statues meurent aussi* (en collab. avec Chris Marker, 1953), *Nuit et Brouillard* (1955), *Toute la mémoire du monde* (1956), *le Mystère de l'atelier 15* (en collab. avec Chris Marker, 1957), *le Chant du Styrène* (1958). En 1959, il tourne son premier long métrage, *Hiroshima* mon amour.* Ses films suivants confirment l'originalité de son talent : *l'Année dernière à Marienbad* (1961), *Muriel* (1963), *La guerre est finie* (1966), *Je t'aime, je t'aime* (1968). Attentif aux scénarios des écrivains qui ont collaboré avec lui (Marguerite Duras, Alain Robbe-Grillet, Jean Cayrol, par ex.), il accorde des soins tout particuliers au montage, au jeu des acteurs et au contrepoint audiovisuel. Il tourne ensuite *Stavisky* (1974), *Providence* (1976), *Mon oncle d'Amérique* (1980), *La vie est un roman* (1983), *l'Amour à mort* (1984), *Mélo* (1986), *I Want to Go Home* (1989), *Smoking/No Smoking* (1993).

RESOCIALISATION n. f. Ensemble des mesures qui ont pour but une réinsertion sociale et une réadaptation progressive d'un délinquant, d'un malade mental.

RESOCIALISER v. t. (conj. 3). Opérer la resocialisation de qqn.

RÉSOL n. m. Phénoplaste obtenu dans les tout premiers stades de la synthèse menée en présence de catalyseurs alcalins.

RÉSOLU → RÉSOUDRE.

RÉSOLUBLE adj. (bas lat. *resolubilis*). **1.** Dont la solution est possible : *Problème aisément résoluble.* — **2.** Qui peut être cassé, annulé : *Contrat résoluble.*

RÉSOLUMENT adv. **1.** D'une manière décidée, sans hésitation : *Je suis résolument contre cette idée.* — **2.** Avec une détermination qui manifeste de l'intrépidité, du courage : *Se jeter résolument à l'eau.*

RÉSOLUTIF, IVE adj. et n. m. (lat. *resolutum,* de *resolvere,* résoudre). Se dit d'un médicament qui fait disparaître une inflammation sans suppuration ou qui favorise le relâchement musculaire.

RÉSOLUTION n. f. (lat. *resolutio*). **1.** Fait, pour un corps, de se décomposer en ses éléments ou de passer à un autre état : *Résolution de la neige en eau.* — **2.** Action de résoudre un problème, une difficulté : *Résolution d'une question de procédure.* — **3.** Acte par lequel, après réflexion, on décide volontairement d'accomplir qqch : *Prendre la résolution de ne plus boire.* — **4.** Attitude, disposition d'esprit, qualité de qqn qui ne se laisse pas détourner de ses entreprises : *Montrer une résolution à toute épreuve.* — **5.** Texte émis par une assemblée, et dans lequel ses membres expriment leur sentiment sur une question déterminée ou qui a trait à son fonctionnement intérieur : *Résolution adoptée à l'unanimité.* • **Dr.** Destruction pour le passé et l'avenir d'un contrat valable. (La résolution est de plein droit si elle est prévue au contrat, sinon elle est judiciaire.) — **Math.** Action de résoudre une équation, un système d'équations. — **Métrol.** *Limite de résolution,* plus petite variation perceptible de la grandeur à mesurer, dans des conditions de mesure données. ‖ *Pouvoir de résolution,* quotient de la grandeur choisie par convention comme référence par la limite de résolution. — **Opt.** *Pouvoir de résolution,* propriété qu'a un instrument d'optique de permettre la vision distincte de deux points rapprochés ; pour un système dispersif (prisme, réseau), rapport $\lambda/\delta\lambda$, où λ et $\lambda + \delta\lambda$ sont les longueurs d'onde de deux raies monochromatiques différant de la valeur minimale $\delta\lambda$ pour être séparées par le système. (Syn. RÉSOLVANCE.) ‖ *Pouvoir ou limite de résolution,* pour un système d'imagerie, syn. de POUVOIR SÉPARATEUR*. — **Pathol.** Retour à l'état normal, et sans suppuration, d'un tissu enflammé. — **Physiol.** *Résolution des membres,* état de relâchement musculaire.

RÉSOLUTOIRE adj. (lat. *resolutum,* de *resolvere,* résoudre). Qui a pour effet de résoudre un contrat.

RÉSOLVANCE n. f. Syn. de POUVOIR DE RÉSOLUTION*.

RÉSOLVANT, E adj. *Pouvoir résolvant,* aptitude d'une surface sensible à discriminer les fins détails.

◆ **résolvante** n. f. *Résolvante d'une équation,* seconde équation dont la résolution facilite celle de la première.

RÉSONANCE n. f. (lat. *resonantia,* écho). **1.** Manière dont une salle, un corps, restituent le son, en résonnant éventuellement à des fréquences propres. — **2.** Ce qui provoque une réponse chez qqn, ce qui l'émeut : *Son discours a eu une très grande résonance dans le milieu enseignant.* • **Chim.** Particularité d'une molécule de ne pouvoir être représentée par une seule formule développée. ‖ *Énergie de résonance,* quantité d'énergie supplémentaire dégagée par la formation d'une molécule mésomère, par comparaison avec la quantité d'énergie que dégagerait la formation d'une molécule fictive possédant une formule développée unique. (Le cas classique est celui du benzène*.) — **Électr.** et **Télécomm.** *Courbe de résonance,* courbe qui représente, en fonction de la fréquence de l'excitation, la tension aux bornes d'un circuit oscillant, au voisinage de la résonance. ‖ *Résonance électrique,* phénomène qui se produit lorsqu'on applique à un circuit oscillant une oscillation périodique de fréquence égale à la fréquence propre du circuit, dite « fréquence de résonance ». — **Méd.** *Résonance magnétique nucléaire (R. M. N.),* méthode de reconstitution des images anatomiques, utilisant la propriété de certains noyaux atomiques de se comporter à la fois comme de petits aimants et comme de petits gyroscopes (spin nucléaire). [Syn. IMAGERIE PAR RÉSONANCE MAGNÉTI-

QUE, REMNOGRAPHIE] (→ *encycl.*) — **Phys.** Augmentation de l'amplitude d'oscillation d'un système, sous l'influence d'impulsions régulières de fréquence voisine de la fréquence propre du système. (L'exemple le plus simple est celui de la balançoire, dont le mouvement ne s'amplifie que si on lui communique des impulsions accordées sur ses propres oscillations. Le phénomène existe aussi en acoustique, en optique et en électricité.) ‖ Nom donné aux particules élémentaires instables ayant une vie moyenne très courte (de l'ordre de 10^{-23} s.) ‖ *Résonance (atomique),* phénomène d'interaction entre les atomes et le rayonnement électromagnétique, qui ne se produit que pour certaines valeurs de la fréquence du rayonnement. (→ *encycl.*) ‖ *Résonance magnétique, résonance paramagnétique,* résonance atomique qui se produit entre deux sous-niveaux Zeeman, c'est-à-dire deux niveaux d'énergie qui existent seulement lorsque l'atome est soumis à un champ magnétique. ‖ *Résonance (nucléaire),* état d'excitation du noyau formé dans une réaction nucléaire correspondant à une valeur de l'énergie de la particule incidente, telle que la section efficace de la réaction considérée passe par un maximum. ‖ *Énergie de résonance,* valeur de l'énergie cinétique de la particule incidente correspondant à une résonance dans une réaction nucléaire.

ENCYCL. **Électr.** *Résonance électrique.* La fréquence propre, ou fréquence de résonance *f*, d'un circuit oscillant caractérisé par une inductance L, une capacité C et une résistance R, est donnée dans le cas où R est suffisamment petit, par la relation :

$$f = 1/2\pi\sqrt{LC}.$$

— **Méd.** C'est en 1977 qu'ont été obtenues les premières images par *résonance magnétique nucléaire* (R. M. N.). La R. M. N., qui réalise l'analyse chimique et métabolique du corps humain, donne des coupes anatomiques des tissus normaux et pathologiques avec une sensibilité exceptionnelle. Elle est particulièrement utile pour l'exploration du cerveau, du rachis, du bassin, du rhinopharynx, de la plupart des viscères et pour les affections des parties molles.

— **Phys.** En physique atomique et en spectroscopie, le mot « résonance » désigne divers processus d'absorption ou d'émission de lumière par des atomes ou des molécules. Les techniques de spectroscopie mettant en œuvre ces différents processus portent, par extension, le nom de résonance ; on distingue ainsi la résonance paramagnétique électronique (R. P. E.), la résonance magnétique nucléaire (R. M. N.), etc., correspondant chacune à des conditions expérimentales spécifiques. Si l'on soumet un gaz à un rayonnement électromagnétique monochromatique de fréquence variable, on observe une forte absorption chaque fois que la fréquence du rayonnement incident est égale à la différence entre deux des niveaux caractéristiques de l'atome. Le champ électromagnétique et l'atome se comportent alors comme deux systèmes mécaniques couplés : l'échange d'énergie est maximal lorsque leurs « fréquences » propres sont ajustées, d'où le nom de résonance atomique donné au phénomène. Suivant le domaine du spectre électromagnétique dans lequel se situe la fréquence absorbée (ou émise), on distingue la résonance optique (à la base du fonctionnement du laser*) et la résonance hertzienne, utilisée dans les masers* et les horloges atomiques.

RÉSONANT ou **RÉSONNANT, E** adj. (de *résonner*). Se dit d'un circuit électrique fonctionnant au voisinage de la résonance.

RÉSONATEUR, TRICE adj. Qui produit un phénomène de résonance.

◆ **résonateur** n. m. **1.** Corps capable de vibrer et d'entrer en résonance. — **2.** Dispositif constitué par une cavité ouverte sur l'extérieur qui présente une résonance prédominante à une fréquence déterminée. — **3.** Système qui possède une ou plusieurs fréquences propres et qui peut, de ce fait, entrer en résonance. — **4.** Dispositif pouvant osciller avec une période très stable, ce qui permet son utilisation comme base de temps dans les appareils horaires. — **5.** Cavité du conduit vocal qui filtre et amplifie certaines des fréquences propres aux différentes sources sonores de la parole. (Ce sont les cavités buccale, pharyngale et nasale.)

RÉSONNER v. i. (lat. *resonare*) [conj. 3]. **1.** Renvoyer le son en augmentant son intensité ou sa durée : *Une voûte qui résonne bien.* — **2.** Produire du son, être sonore : *Des pas résonnaient sur le trottoir.* — **3.** Retentir : *La sonnerie du téléphone résonne dans l'appartement.*

RÉSORBABLE adj. Qui peut se résorber, être résorbé.

RÉSORBER v. t. (lat. *resorbere,* avaler) [conj. 3]. **1.** Faire disparaître par résorption une tumeur, un épanchement, etc. — **2.** Faire disparaître peu à peu qqch de dangereux, de nuisible par une action interne : *Résorber le chômage.*

RÉSORCINE n. f. ou **RÉSORCINOL** n. m. (angl. *resorcin*). Dénomination courante du métadihydroxybenzène $C_6H_4(OH)_2$. (C'est un intermédiaire important pour la préparation d'explosifs, de colorants et un antiseptique cutané).

RÉSORCINÉ, E adj. Qui renferme de la résorcine.

RÉSORPTION n. f. (lat. *resorbere,* avaler de nouveau). **1.** Disparition par absorption ou atrophie progressive d'un épanchement pathologique, d'une tumeur, d'un corps étranger, d'un organe. – **2.** Disparition, suppression de ce qui est résorbé : *Résorption du chômage.* – **3.** Diffusion dans l'organisme et pénétration dans la circulation générale d'une substance introduite localement après passage à travers un revêtement épithélial (peau, par ex.) ou une muqueuse (muqueuse intestinale, par ex.).

RÉSOUDRE v. t. (lat. *resolvere,* dénouer) [conj. **88**]. **1.** *Litt.* Décomposer un corps, le faire passer d'un état à un autre : *Le temps résout les corps en poussière.* – **2.** Trouver une solution, une réponse à un problème, à une question : *Une énigme policière difficile à résoudre.* – **3.** Prendre le parti, la détermination de faire telle chose : *Il a résolu de partir à l'étranger.* – **4.** Inciter qqn à accomplir telle action : *On n'a pu le résoudre à accepter cette offre.* – **5.** Déterminer l'ensemble des solutions d'une équation, d'un système d'équations. – **6.** Priver d'effets un contrat. – **7.** Faire disparaître peu à peu et sans suppuration.

◆ **être résolu** v. pass. Être déterminé, fermement décidé : *Être résolu à hâter les choses. Un adversaire résolu.*

◆ **se résoudre** v. pr., **être résolu** v. pass. En parlant d'une inflammation, d'une lésion, disparaître peu à peu.

◆ **se résoudre** v. pr. **1.** Consentir finalement à qqch : *Ne pouvoir se résoudre à un affrontement.* – **2.** Se transformer en qqch d'autre, passer à un nouvel état : *Brume qui se résout en pluie.* – **3.** Aboutir finalement à tel résultat, consister en telle chose : *Cette aide se résout à peu de chose.*

RESPECT [rɛspɛ] n. m. (lat. *respectus*). **1.** Sentiment de considération envers qqn, et qui porte à le traiter avec des égards particuliers ; manifestations de ces égards : *Manquer de respect à quelqu'un.* – **2.** Sentiment de vénération envers ce qui est considéré comme sacré : *Le respect des morts.* – **3.** Considération que l'on a pour certaines choses : *Le respect de la parole donnée.* – **4.** *Manquer de respect à une femme,* se permettre avec elle des libertés. ‖ *Respect humain* [rɛspɛkymɛ̃], crainte de l'opinion d'autrui. ‖ *Sauf votre respect,* sans vouloir vous offenser. ‖ *Tenir qqn en respect,* le tenir à distance et lui interdire de bouger en le menaçant avec une arme ; lui en imposer.

◆ **respects** n. m. pl. Témoignages, marques de respect, de civilité : *Présenter ses respects à quelqu'un.*

RESPECTABILISER v. t. (de *respectable*) [conj. 3]. Rendre respectable.

RESPECTABILITÉ n. f. (angl. *respectability,* du fr. *respectable*). Caractère de qqn ou de qqch de respectable.

RESPECTABLE adj. **1.** Qui mérite du respect : *C'est quelqu'un de respectable. Des scrupules respectables.* – **2.** Qui est d'une importance certaine : *Il y avait un nombre respectable de manifestants.* – **3.** *Ironiq.* Qui a une allure digne : *Une respectable matrone.*

RESPECTER v. t. (de *respect*) [conj. **4**]. **1.** Traiter qqn avec respect, déférence, avoir de la considération pour ses opinions : *Je respecte vos convictions.* – **2.** Observer ce qui a valeur de règle, s'y conformer : *Respecter sa signature. Respecter l'ordre alphabétique.* – **3.** Ne pas porter atteinte à qqch : *Respecter le sommeil de quelqu'un.*

◆ **être respecté** v. pass. Être considéré avec respect : *Un nom respecté.*

◆ **se respecter** v. pr. **1.** Agir avec la décence qui convient : *Un homme qui a cessé de se respecter.* – **2.** Fam. *Qui se respecte,* qui a une haute idée de sa fonction, de ce qu'il fait : *Un acteur qui se respecte n'accepte pas n'importe quel rôle.*

RESPECTIF, IVE adj. (lat. scolast. *respectivus*). Qui concerne chaque élément d'un ensemble d'êtres ou de choses : *La force respective des adversaires.*

RESPECTIVEMENT adv. Chacun en ce qui le concerne : *Trois points désignés respectivement par a, b, et c.*

RESPECTUEUSEMENT adv. Avec respect ; d'une manière respectueuse.

RESPECTUEUX, EUSE adj. (de *respect*). **1.** Qui témoigne ou éprouve du respect : *Respectueux envers ses maîtres.* – **2.** Qui désire ne pas porter atteinte à qqch ; soucieux : *Respectueux de la liberté des autres.* – **3.** Qui marque le respect, en partic. dans des formules de politesse : *Présenter ses respectueuses salutations.* – **4.** *À (une) distance respectueuse,* à une distance assez grande commandée par le respect ou la crainte.

◆ **respectueuse** adj. et n. f. *Litt.* Prostituée.

RESPIGHI (Ottorino), compositeur italien (Bologne 1879 - Rome 1936). Il assura la direction de l'Académie de Sainte-Cécile à Rome (1913). Il a composé des poèmes symphoniques (*les Fontaines de Rome,* 1916 ; *les Pins de Rome,* 1924 ; *Fêtes romaines,* 1928), des concertos, trois ballets (*la Boutique fantasque,* d'après Rossini, pour les Ballets russes, 1919), ainsi que des œuvres dramatiques, de la musique de chambre, des mélodies, des chœurs.

RESPIRABLE adj. (bas lat. *respirabilis*). Qu'on peut respirer : *Air peu respirable.*

RESPIRATEUR n. m. **1.** Appareil permettant de respirer un air pur dans une atmosphère contaminée ou dépourvue d'oxygène. – **2.** Appareil destiné à assurer une ventilation pulmonaire efficace. (Les respirateurs agissent par voie externe [poumon d'acier] ou par insufflation [d'air, d'oxygène ou de mélange gazeux].)

RESPIRATION n. f. (lat. *respiratio*). **1.** Fait de respirer : *Une respiration bruyante.* — **2.** Ensemble des phénomènes permettant l'absorption de l'oxygène et le rejet du gaz carbonique par les êtres vivants. (→ *encycl.*) — **3.** Art de ponctuer la phrase musicale. — **4.** *Respiration artificielle,* ensemble des manœuvres destinées à suppléer à la respiration naturelle, lorsque celle-ci est insuffisante ou inefficace, pour assurer une hématose satisfaisante. (→ *encycl.*)

ENCYCL. **Physiol.** Chez l'homme, l'absorption de l'air et l'élimination des gaz sont assurées par la ventilation pulmonaire. Celle-ci est assurée par les mouvements d'expansion et de rétraction de la cage thoracique qui provoquent à l'intérieur du poumon des variations de pression, compensées par l'entrée (inspiration) ou la sortie (expiration) d'air par la trachée. Elle assure ainsi, par apport continuel d'air atmosphérique, la composition constante de l'air alvéolaire, qui, du fait des échanges gazeux avec le sang des capillaires, s'appauvrit en oxygène et s'enrichit en gaz carbonique. Normalement, le nombre des inspirations est de 15 ou 16 par minutes chez l'homme adulte au repos. À la suite d'exercices violents, la fréquence respiratoire peut passer à 30, 40 et même davantage.

La *régulation de la respiration* est assurée par deux centres nerveux bulbaires (centre apneustique de l'inspiration et centre expiratoire) et un centre pneumotaxique protubérentiel qui coordonne les deux centres bulbaires.

— **Bot.** La respiration, localisée à l'intérieur des cellules, au niveau des mitochondries, est essentiellement une oxydation des aliments (glucides, lipides, protides) fragmentés sous l'influence d'enzymes. Elle libère de l'énergie utilisable par la plante et se manifeste extérieurement par la pénétration d'oxygène et le rejet de gaz carbonique.

Le *quotient respiratoire* varie avec la nature des substances qui sont détruites par la respiration ; égal à l'unité lorsque les glucides seuls sont oxydés, il peut devenir supérieur (3 pendant la maturation des fruits, 1,57 pendant la formation des graines des plantes oléagineuses), ou au contraire très faible (de 0,4 à 0,5) pendant la germination de ces graines. Extrêmement simplifiée, la combustion respiratoire du glucose aurait pour formule : $C_6H_{12}O_6 + 6O_2 \rightarrow 6CO_2 + 6H_2O + 688$ kcal. Mais en raison de l'extrême complexité des réactions intermédiaires (cycle de Krebs, formation d'A. T. P.), le rendement est seulement voisin de 40 %. Outre la respiration aérobie (oxydation complète), il existe des fermentations anaérobies qui évitent l'asphyxie à la plante : fermentation alcoolique des betteraves ensilées, etc., mais dont le rendement énergétique est très bas.

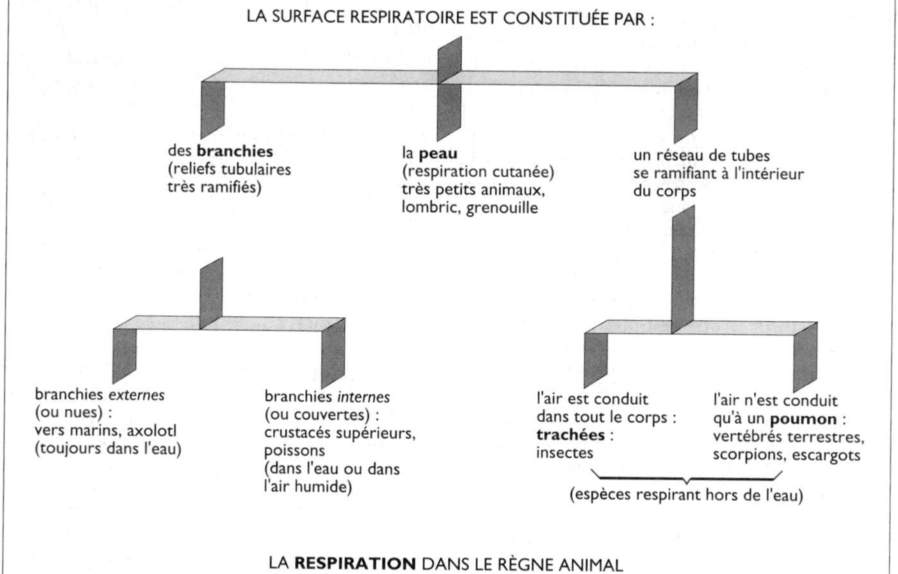

LA **RESPIRATION** DANS LE RÈGNE ANIMAL

Les fonctions respiratoire et chlorophyllienne semblent être l'inverse l'une de l'autre. En fait, la respiration ne cesse jamais, sous peine d'asphyxie, tandis que, à la lumière, la fonction chlorophyllienne la dissimule à cause de son intensité généralement plus grande.
– **Méd.** La *respiration artificielle* doit se pratiquer le plus rapidement possible sur les noyés, les pendus, les électrocutés, les intoxiqués par l'oxyde de carbone et, en règle générale, chez tous les sujets en état de mort apparente. En cas d'arrêt cardiaque, elle doit être associée à un massage cardiaque externe.
Elle peut se faire par voie interne, au moyen de respirateurs, ou par des méthodes d'action externe. Parmi les méthodes manuelles, la plus simple est la technique du bouche-à-bouche* ou, chez le nouveau-né, celle du bouche-à-nez. Les autres techniques utilisent les propriétés élastiques naturelles de la cage thoracique (méthodes de Silvester, de Schaefer, d'Holger-Nielsen) et doivent être pratiquées au rythme de 8 à 12 mouvements par minute.
– **Physiol.** et **Pathol.** Dans le règne animal, la respiration se traduit par les échanges d'oxygène et de gaz carbonique qui se font entre le milieu extérieur, l'air ou l'eau, et le milieu intérieur, le sang, au niveau d'organes adéquats, tels que les poumons ou les branchies. L'oxygène est apporté aux cellules par le sang, au moyen des hématies, qui ont la propriété de fixer l'oxygène de l'air ou celui dissous dans l'eau, et de l'abandonner au voisinage de ces cellules. C'est auprès des cellules que le sang se charge du gaz carbonique produit par ces dernières, qu'il abandonne ensuite lorsqu'il se trouve en contact avec le milieu extérieur, grâce aux surfaces respiratoires, toujours très étendues.
– **Zool.** Il y a quatre types de respiration chez les animaux. 1° La *respiration pulmonaire.* Chez les mammifères, le mécanisme et l'appareil respiratoires sont les mêmes que chez l'homme. Chez les oiseaux, les ramifications bronchiques communiquent avec des sacs aériens, dont certains communiquent avec les cavités pneumatiques des os. Chez la grenouille, l'appareil se réduit à un sac plein d'air que l'animal renouvelle par déglutition. Chez les invertébrés pulmonés (escargots, araignées), les poumons sont formés par de simples replis du tégument. 2° La *respiration trachéenne,* (araignées, mille-pattes et insectes). L'appareil consiste en tubes ramifiés (trachées), ouverts à l'extérieur par des stigmates et se terminant dans les tissus. 3° La *respiration branchiale.* Appareil de la respiration aquatique, une branchie est une cavité développée extérieurement au corps, et qui baigne dans le milieu (annélides, mollusques, crustacés, poissons et jeunes amphibiens.) 4° La *respiration cutanée.* Elle existe seule chez les protozoaires, les spongiaires, les cœlentérés, etc. et elle joue un rôle capital chez les amphibiens.

RESPIRATOIRE adj. **1.** Relatif à la respiration. – **2.** *Échanges respiratoires,* déplacement en sens inverse de l'oxygène et du gaz carbonique. (Au niveau de l'alvéole pulmonaire, l'oxygène va de l'alvéole vers le globule rouge ; au niveau des tissus, l'oxygène va du globule vers les cellules.)

RESPIRER v. i. (lat. *respirare*) [conj. **3**]. **1.** Absorber et rejeter l'air par les voies respiratoires : *Respirer par le nez, à fond.* – **2.** Vivre, être en vie : *Il a cessé de respirer.* – **3.** Reprendre haleine, marquer un temps d'arrêt ; souffler : *Laissez-moi respirer cinq minutes.* – **4.** Reprendre espoir, reprendre vie, être rassuré : *Il est sauvé ; enfin, je respire.* – **5.** Exercer la fonction de respiration. – **6.** *Litt.* En parlant d'un sentiment, se manifester avec évidence : *Un visage où respire la franchise.*
◆ v. t. **1.** Absorber de l'air, un gaz, le laisser pénétrer par les voies respiratoires : *Respirer des vapeurs toxiques.* – **2.** Sentir une odeur, un parfum, les percevoir par l'odorat : *Respirer les senteurs de la forêt.* – **3.** *Litt.* Laisser apparaître avec évidence tel sentiment, tel état : *Des lieux qui respirent l'ennui. Il respire la santé.*

RESPLENDIR v. i. (lat. *resplendere*) [conj. **32**]. *Litt.* **1.** Renvoyer la lumière, briller d'un vif éclat : *La surface de la mer resplendissait sous le soleil.* – **2.** S'épanouir, s'illuminer sous l'effet d'un sentiment violent et agréable : *Visage qui resplendit de joie.*

RESPLENDISSANT, E adj. Qui resplendit, qui brille de tout son éclat : *Elle est resplendissante de bonheur.*

RESPLENDISSEMENT n. m. *Litt.* Vif éclat de ce qui resplendit : *Le resplendissement de l'aurore.*

RESPONSABILISATION n. f. Action de responsabiliser ; fait d'être responsabilisé.

RESPONSABILISER v. t. (conj. 3). Rendre qqn, un groupe conscient de ses responsabilités : *Responsabiliser les conducteurs.*

RESPONSABILITÉ n. f. **1.** Obligation ou nécessité morale de répondre, de se porter garant de ses actions ou de celles des autres : *Décliner toute responsabilité en cas de vol.* – **2.** Fait d'être responsable d'une fonction : *Il a la responsabilité de tout un secteur.* – **3.** Fonction, position qui donne des pouvoirs de décision, mais implique que l'on en rende compte (surtout pl.) : *Avoir des responsabilités dans un syndicat.* – **4.** Fait pour qqch d'être la cause, l'origine d'un dommage : *La responsabilité de l'alcool dans beaucoup d'accidents.* – **5.** *Assurance de responsabilité,* assurance qui couvre les dommages causés aux tiers par le navire, mais qui ne produit d'effet qu'en cas d'insuffisance de la somme assurée par l'assurance sur corps. ‖ *Prendre ses responsabilités,* agir en pleine connaissance du fait que l'on peut être tenu pour responsable de qqch. ‖ *Responsabilité civile,* obligation imposée par la loi de réparer le dommage causé à autrui soit par l'inexécution d'une obligation née d'un contrat *(responsabilité contractuelle),* soit par un acte fautif accompli avec ou sans intention de nuire ou encore par le fait d'une personne, d'une chose ou d'un animal dont on doit répondre *(responsabilité délictuelle* ou *quasi-délictuelle).* ‖ *Responsabilité collective,* fait de considérer tous les membres d'un groupe solidairement responsables d'un fait collectif ou d'un acte commis par l'un de ses membres. ‖ *Responsabilité du fait d'autrui,* obligation de réparer les dommages causés aux tiers, qui pèse sur certaines personnes en raison de leurs liens avec l'auteur du préjudice. (Ex. : le père et la mère sont solidairement responsables du dommage causé par leurs enfants mineurs habitant avec eux.) ‖ *Responsabilité gouvernementale,* mécanisme selon lequel le gouvernement peut être amené à démissionner sous l'action du Parlement. (En France, elle est mise en œuvre devant l'Assemblée nationale par la question de confiance et la motion de censure.) ‖ *Responsabilité pénale,* obligation de répondre de ses actes délictueux et, en cas de condamnation, d'exécuter la sanction pénale prévue pour cette infraction. ‖ *Responsabilité de la puissance publique* (ou *de l'Administration*), système qui permet aux particuliers d'obtenir réparation des dommages provoqués par les agents de l'Administration.

RESPONSABLE adj. (lat. *responsum,* de *respondere,* répondre). **1.** Qui doit rendre compte devant une autorité de ses actes ou des actes de ceux dont il a la charge : *Les parents sont responsables des dommages causés par leurs enfants mineurs.* — **2.** Qui est l'auteur ou le coupable de qqch, et doit en supporter les conséquences : *Être responsable de la mauvaise gestion du service.* — **3.** Qui est à l'origine d'un mal : *Ce virus est responsable de nombreux cas mortels.* — **4.** Qui a la charge d'une fonction : *Il est responsable du ravitaillement.* — **5.** Qui est réfléchi, sérieux, qui prend en considération les conséquences de ses actes : *Ce n'est pas une attitude responsable.*
◆ n. **1.** Personne qui a la charge d'une fonction, la capacité de prendre des décisions dans une organisation : *Le responsable de la sécurité. Un responsable syndical.* — **2.** Personne, chose qui est à l'origine de qqch, en partic. de qqch de mauvais : *Chercher les responsables d'un accident.*
◆ n. m. Ce qui est à l'origine d'un mal : *Le responsable, c'est l'alcool.*

RESPONSORIAL, E, AUX adj. (bas lat. *responsorium,* répons). Se dit d'un air, d'un chant alterné entre deux chœurs ou entre un chœur et un soliste.

RESQUILLAGE n. m. ou **RESQUILLE** n. f. *Fam.* Action de resquiller, fraude.

RESQUILLER v. i. (provenç. *resquiha,* glisser) [conj. 3]. *Fam.* **1.** Se faufiler qqpart, entrer sans payer ou sans y avoir droit. — **2.** Passer avant son tour dans une file d'attente.
◆ v. t. *Fam.* Se procurer frauduleusement qqch : *Resquiller une place au match.*

RESQUILLEUR, EUSE n. et adj. *Fam.* Personne qui resquille.

RESSAC [rəsak] n. m. (esp. *resaca,* de *resacar,* tirer en arrière). Agitation de la surface marine, résultant de l'interférence de la houle et de sa réflexion contre une côte ou contre les obstacles qu'elle rencontre.

RESSAISIR v. t. (conj. 32). Saisir de nouveau qqn, le reprendre : *Le rire le ressaisit.*
◆ **se ressaisir** v. pr. **1.** S'emparer de nouveau de qqn, de qqch. — **2.** Reprendre son calme, la maîtrise de soi.

RESSAISISSEMENT n. m. *Litt.* Action de se ressaisir.

RESSASSER v. t. (de *sasser,* de *sas,* tamis) [conj. 3]. **1.** Répéter sans cesse ce qui a été dit : *Ressasser des histoires.* — **2.** *Litt.* Revenir sans cesse à une idée, un souvenir déplaisants : *Ressasser ses chagrins.*

RESSASSEUR, EUSE adj. et n. *Litt.* Qui répète sans cesse les mêmes choses.

RESSAUT n. m. (ital. *risalto,* de *risaltare,* faire saillie). **1.** Saillie qui interrompt un plan horizontal ; pente brusque qui apparaît après un palier : *Le dernier ressaut du Jura.* — **2.** Toute partie de mur en avancée ou en recul, ou formant une différence de niveau. — **3.** Accentuation bruque de la pente d'un versant. — **4.** Dans un écoulement à surface libre, brusque élévation du niveau de l'eau lors du passage de l'écoulement torrentiel à l'écoulement fluvial.

1. RESSAUTER v. t. et v. i. (de *sauter*) [conj. 3]. Sauter une nouvelle fois.

2. RESSAUTER v. i. (de *ressaut*) [conj. 3]. Faire ressaut.

RESSAYAGE, RESSAYER → RÉESSAYAGE, RÉESSAYER.

RESSEMBLANCE n. f. **1.** Rapport entre des personnes présentant un certain nombre de traits physiques ou psychologiques communs : *Une ressemblance frappante entre les deux frères.* — **2.** Rapport entre des choses présentant des éléments communs : *Je ne vois aucune ressemblance entre ces situations.* — **3.** Conformité relative entre une œuvre d'art, une représentation et son modèle : *Parfaite ressemblance d'un portrait.*

RESSEMBLANT, E adj. Qui ressemble à l'original : *Portrait très ressemblant.*

RESSEMBLER v. t. ind. (de *sembler*) [conj. 3]. **1.** Présenter un certain nombre de traits communs physiques ou psychologiques avec qqn : *Ressembler à son père. Chercher à ressembler à un acteur célèbre.* – **2.** Offrir un certain degré d'analogie avec qqch, un être vivant : *Les orvets ressemblent aux serpents.* – **3.** Être conforme aux habitudes, au caractère de qqn : *Ce mensonge ne lui ressemble pas du tout.* – **4.** *Ne ressembler à rien, ne pas ressembler à grand-chose,* être difficile à classer, à caractériser ou être mal fait.

◆ **se ressembler** v. pr. **1.** Avoir des points communs, présenter une similitude plus ou moins grande : *Se ressembler comme deux gouttes d'eau.* – **2.** *Litt.* Être le même dans son comportement : *Depuis sa maladie, il ne se ressemble plus.*

RESSEMELAGE n. m. Action de ressemeler ; semelle refaite.

RESSEMELER v. t. (conj. 24). Mettre une nouvelle semelle à une chaussure.

RESSEMER v. t. (conj. 19). Semer, ensemencer de nouveau.

RESSENTIMENT n. m. (de *ressentir*). Fait de se souvenir avec aigreur de qqch ou désir de se venger d'un tort, d'une injustice : *Éprouver un profond ressentiment.*

RESSENTIR v. t. (conj. 37). **1.** Éprouver une sensation, un état physique, en être affecté de façon agréable ou pénible : *Ressentir une douleur. Ressentir les bienfaits d'une cure.* – **2.** Éprouver telle disposition à l'égard de qqn, de qqch, tel sentiment : *Ressentir une grande joie à l'annonce d'un événement.* – **3.** Être particulièrement affecté par qqch, éprouver, subir les effets de qqch : *Pays qui ressent les contrecoups de la crise économique.*

◆ **se ressentir** v. pr. **1.** Éprouver les conséquences lointaines et défavorables d'une épreuve : *Se ressentir des suites d'une opération.* – **2.** Subir les effets plutôt défavorables de qqch : *Une entreprise qui se ressent d'une mauvaise gestion.* – **3.** Être disposé à faire telle chose, en avoir l'envie : *Tu t'en ressens pour une marche en forêt ?*

RESSERRE n. f. (de *resserrer*). Endroit où l'on met qqch à l'abri.

RESSERREMENT n. m. **1.** État de ce qui est resserré : *Le resserrement de la route.* – **2.** Action de resserrer, de limiter, de rendre plus strict : *Le resserrement du crédit.* – **3.** Action par laquelle qqch, un lien est rendu plus étroit : *Le resserrement d'une alliance.*

RESSERRER v. t. (conj. 4). **1.** Serrer qqch de nouveau ou davantage : *Resserrer sa ceinture.* – **2.** Rendre qqch plus étroit ou plus compact : *Resserrer le cercle.* – **3.** Rendre plus serré, plus tendu qqch de relâché, de dilaté : *Lotion qui resserre les pores de la peau.* – **4.** Maintenir qqch à l'intérieur de limites étroites, en réduire l'extension : *Resserrer un chapitre en quelques pages.* – **5.** Renforcer, raffermir des relations : *Ces circonstances ont resserré leur amitié.* – **6.** Rendre qqch plus rigoureux, plus sévère : *Resserrer la discipline.*

◆ **se resserrer** v. pr., **être resserré** v. pass. **1.** Devenir plus étroit, dans ses limites : *Rue qui se resserre.* – **2.** Se rapprocher, se refermer davantage : *L'étreinte des armées ennemies se resserre.* – **3.** Devenir plus sévère : *La surveillance s'est resserrée.* – **4.** Devenir plus intime, plus proche : *Nos relations se resserraient.*

RESSERVIR v. t. (conj. 38). **1.** Servir qqch de nouveau ou en plus : *On nous a resservi des frites.* – **2.** Redire ce qui a été déjà dit.

◆ v. i. **1.** Être encore utilisable : *Cela peut toujours resservir.* – **2.** En sports, faire un nouveau service.

RESSONS-SUR-MATZ (60490), ch.-l. de cant. de l'Oise, dans le Noyonnais ; 1 431 hab. *(Ressontois).* Produits laitiers. Violents combats en 1918. (→ MATZ.)

1. RESSORT n. m. (de *ressortir 1*). **1.** Organe élastique capable de supporter d'importantes déformations et destiné à exercer une force en tendant à reprendre sa forme initiale après avoir été plié, tendu, comprimé ou tordu. (Les ressorts sont destinés à amortir des chocs [tampons, ressorts de suspension des voitures] par absorption d'énergie pour produire un mouvement [mouvement d'horlogerie] par restitution de l'énergie emmagasinée lors de la déformation.) – **2.** *Litt.* Force occulte qui fait agir : *L'argent est le ressort de tous les conflits.* – **3.** Force morale, énergie qui permet de faire face : *Manquer de ressort.*

2. RESSORT n. m. (de *ressortir 2*). **1.** Circonscription territoriale dans laquelle s'exerce la juridiction d'un tribunal ou l'activité d'un officier ministériel ou d'un fonctionnaire. – **2.** Limite de la compétence matérielle et territoriale d'une juridiction. – **3.** *Litt.* Domaine où s'étend le pouvoir, la responsabilité, la compétence de qqn : *Cela n'est pas de mon ressort.* – **4.** *En dernier ressort,* en fin de compte, finalement : *Le public est juge en dernier ressort ;* se dit d'une décision judiciaire non susceptible d'appel. ‖ *Juger en premier ressort,* juger une affaire susceptible d'appel.

1. RESSORTIR v. i. (de *sortir*) [conj. **43** ; auxil. *être*]. **1.** Sortir une nouvelle fois : *Il n'a pas l'intention de ressortir aujourd'hui.* – **2.** Quitter le lieu dans lequel on vient d'entrer : *Entrer par une porte et ressortir par une autre.* – **3.** Reparaître à l'extérieur après avoir pénétré dans qqch : *Clou trop long, qui ressort de l'autre côté.* – **4.** Apparaître, se manifester, en parlant de qqch qui était caché : *Une rancune qui ressort.* – **5.** Être à nouveau publié, joué, représenté : *Un vieux film de Charlot qui ressort sur nos écrans.* – **6.** Être à nouveau tiré au hasard : *Le rouge est ressorti trois fois de suite.* – **7.** Se détacher sur un fond, paraître par contraste : *Appuyer le dessin d'un élément pour qu'il ressorte mieux.* – **8.** *Faire ressortir qqch,* le mettre en relief, en valeur. ‖ *Il ressort que,* il découle, il résulte : *Il ressort de là, qu'il faut agir.*

◆ v. t. (auxil. *avoir*) **1.** Sortir une nouvelle fois : *Ressortir le chien.* – **2.** Publier une nouvelle fois un livre, un texte, donner de nouveau un film : *On ressort de vieux films américains.* – **3.** Se mettre à utiliser de nouveau qqch qu'on avait mis de côté : *Ressortir une vieille robe.* – **4.** Évoquer de nouveau qqch qui était plus ou moins oublié : *Ressortir des vieux souvenirs.* – **5.** Répéter qqch, en reparler : *Il nous a ressorti l'histoire de sa grand-mère.*

2. RESSORTIR v. t. ind. (de *ressortir 1*) [conj. **32** ; auxil. *avoir*]. **1.** Être du ressort d'une juridiction, de sa compétence. – **2.** *Litt.* Appartenir à tel domaine, s'y rapporter, le concerner, en dépendre : *Une question qui ressortit à* (ou *de*) l'économie.

RESSORTISSANT, E adj. Qui ressortit à un tribunal.

◆ n. Personne protégée par les représentants diplomatiques ou consulaires d'un pays donné, lorsqu'elle réside dans un autre pays.

RESSOUDER v. t. (conj. **3**). **1.** Souder de nouveau ce qui était dessoudé : *Ressouder un tuyau.* – **2.** Recréer une union, une cohésion : *Ressouder un couple.*

RESSOURCE n. f. (anc. fr. *resours,* de *resordre,* se rétablir, du lat. *resurgere*). **1.** Ce qui tire d'embarras, améliore une situation difficile : *Vous êtes ma seule ressource dans ces circonstances.* – **2.** Manœuvre de redressement d'un avion à la suite d'un piqué. – **3.** Partie d'un système informatique pouvant être employée par différents utilisateurs. – **4.** *Avoir de la ressource,* avoir des réserves d'énergie, d'endurance permettant de faire face. ‖ *Un homme de ressource(s),* qui n'est jamais à court de solutions, qui triomphe des situations les plus délicates.

◆ **ressources** n. f. pl. **1.** Moyens financiers, revenus : *Avoir de maigres ressources.* – **2.** Possibilités d'action de qqn, moyens intellectuels dont il dispose : *C'est un homme plein de ressources.* – **3.** Moyens matériels, produits dont un pays, une région peuvent disposer dans tel domaine : *Posséder d'importantes ressources en matières premières.* – **4.** Moyens, possibilités qu'offre qqch : *Ressources d'une langue.* – **5.** *Ressources humaines,* ensemble du personnel d'une entreprise : *Directeur des ressources humaines.* ‖ *Ressources minières,* tonnages de minerais, connus ou à découvrir, susceptibles d'être exploités actuellement ou dans l'avenir. ‖ *Ressources naturelles,* ensemble formé par la nature et les modes pré-industriels d'exploitation de celle-ci.

ressources naturelles *(Union internationale pour la conservation de la nature et des)* **[U. I. C. N.],** organisme international, fondé en 1948, sous l'égide de l'O. N. U., ayant son siège à Gland, en Suisse, et regroupant des administrations de plus de 130 pays. L'U. I. C. N. a pour finalité la protection des espèces animales et végétales en voie de disparition, des ressources naturelles en voie d'épuisement, des biotopes menacés. Elle assure la promotion, l'homologation et le contrôle des parcs nationaux et des réserves naturelles intégrales.

RESSOURCEMENT n. m. *Litt.* Retour aux sources.

RESSOURCER (SE) v. pr. (conj. **16**). *Litt.* Revenir à ses sources, retrouver ses racines profondes : *Se ressourcer chez les philosophes grecs.*

RESSOUVENIR (SE) v. pr. (conj. **40**). *Litt.* Se souvenir de nouveau.

RESSUAGE n. m. (de *ressuer*). **1.** Remontée d'eau à la surface d'un coulis de ciment, d'un mortier ou d'un béton après la mise en place et le compactage. – **2.** Syn. de RABATTAGE. – **3.** Opération de séchage d'une pièce de céramique ou d'un moule. (Syn. RESSUYAGE.) – **4.** Séparation d'une phase liquide au cours du chauffage d'un alliage métallique ; défaut de fonderie qui en résulte, sous forme d'excroissance métallique. – **5.** Remontée capillaire des huiles dans les enduits superficiels au goudron, pendant la saison chaude. – **6.** *Essai de ressuage,* méthode de détection non destructive de fissures ou de porosités à la surface d'un matériau, consistant à badigeonner la pièce avec un liquide pénétrant, coloré ou fluorescent, puis à observer la résurgence du liquide à partir des fissures.

RESSUER v. i. (de *suer*) [conj. **7**]. Être le siège du phénomène de ressuage.

RESSUI [rɛ-] n. m. (de *ressuyer*). Lieu où le grand gibier se retire pour se sécher.

RESSURGIR ou **RESURGIR** [rəsyrʒir] v. i. (conj. **32**). **1.** Surgir de nouveau : *Source qui ressurgit un peu plus loin.* – **2.** Réapparaître, revenir à la conscience : *Faire ressurgir de vieux souvenirs.*

RESSUSCITÉ, E n. Personne qui est rendue à la vie.

RESSUSCITER v. i. (lat. *resuscitare,* réveiller) [conj. **3** ; auxil. *avoir* ou *être*]. **1.** Revenir à la vie : *Jésus ressuscita le troisième jour après sa mort.* – **2.** Retrouver la santé après une grave maladie. – **3.** *Litt.* Manifester une vie nouvelle : *Ces vieilles coutumes ont ressuscité.*
◆ v. t. **1.** Ramener un être de la mort à la vie : *Jésus, selon l'Évangile, ressuscita Lazare.* – **2.** *Litt.* Faire revivre qqch : *Ressusciter le passé.* – **3.** Guérir qqn alors qu'il était près de la mort ou très malade : *Ce médicament l'a ressuscité.*

RESSUYAGE n. m. Syn. de RESSUAGE.

RESSUYER v. t. (conj. **14**). Essuyer de nouveau ; faire sécher.
◆ **être ressuyé** v. pass. En parlant d'un sol mouillé, avoir perdu son excès d'eau.

RESTANT, E adj. Qui reste après la disparition des autres : *Partager l'argent restant.* • **Post.** *Poste restante,* faculté de se faire adresser le courrier dans un bureau de poste de son choix, où il sera retiré au guichet moyennant une redevance ; service correspondant dans un bureau de poste.
◆ **restant** n. m. **1.** Ce qui reste d'un tout : *Dépenser le restant de sa fortune.*

RESTAURANT n. m. (de *restaurer 2*). **1.** Établissement commercial où l'on sert des repas contre paiement. – **2.** En apposition, indique qu'un lieu comporte un restaurant : *Voiture restaurant.* – **3.** *Restaurant universitaire,* établissement préparant des repas pour les étudiants.

1. RESTAURATEUR, TRICE adj. (bas lat. *restaurator*). *Chirurgie restauratrice,* nom donné qqf à la chirurgie réparatrice.
◆ n. **1.** Praticien qui restaure des œuvres d'art, des objets, etc. – **2.** *Litt.* Personne qui rétablit dans l'état initial : *Le restaurateur des finances de l'État.*

2. RESTAURATEUR, TRICE n. (de *restaurant*). Personne qui tient un restaurant.

1. RESTAURATION n. f. (bas lat. *restauratio*). **1.** Remise en état, réfection : *La restauration d'une vieille bicoque.* – **2.** Rétablissement, nouvelle vigueur donnée à qqch : *La restauration de l'ordre.* • **Bx-arts** et **Archéol.** Ensemble des actions visant à interrompre le processus de destruction d'une œuvre d'art ou d'un objet quelconque témoignant de l'histoire humaine, à consolider cette œuvre, cet objet afin de le conserver et, éventuellement, à le rétablir plus ou moins dans son aspect originel. (→ *encycl.*) – **Dr.** *Restauration immobilière,* procédure de rénovation des quartiers anciens tout en respectant le caractère historique et architectural. – **Hist.** Rétablissement sur le trône d'une dynastie déchue. – **Inform.** À la fin de l'exécution d'une interruption, reprise d'un programme interrompu dans l'état où il se trouvait au moment de l'interruption. – **Métall.** Modification, généralement par chauffage modéré, de la structure d'un métal, d'un alliage déformé ou irradié, permettant à celle-ci de retrouver un état proche de l'équilibre physico-chimique.

ENCYCL. **Bx-arts** et **Archéol.** Quel que soit le matériau de l'œuvre, de l'objet, divers agents de détérioration, d'ordre chimique (gaz nocifs des atmosphères polluées, particules minérales très pénétrantes), physique (variations climatiques, auxquelles on remédie, dans les musées, par l'usage d'appareils appropriés) et biologique (bactéries), se retrouvent comme des constantes.

Chaque objet et chaque matière pose un problème spécifique de restauration. Pour tout objet, cependant, on tend aujourd'hui à respecter les trois règles suivantes : lisibilité de l'œuvre, stabilité dans le temps, réversibilité des matériaux utilisés pour le traitement. Reste ouverte la question de savoir s'il faut conserver les modifications, additions et restaurations antérieures, ou, au contraire, les abolir (*dérestauration*) afin de restituer à l'œuvre, dans la mesure du possible, son état primitif. Chaque cas appelle une solution particulière, que choisissent les services compétents des Monuments historiques ou de la direction des Musées de France, l'un et l'autre dotés d'ateliers de restauration et d'un laboratoire de recherche : celui des Monuments historiques (à Champs-sur-Marne) est plus spécialement chargé des secteurs de la pierre, du vitrail, du bois, de la peinture murale ; celui des Musées de France (au Louvre et à Versailles) a la charge des tableaux de chevalet, sculptures et autres objets des collections publiques.

Pour ce qui est des réparations à effectuer, grâce au concours des méthodes scientifiques les plus avancées, des techniques variées et délicates ont été mises au point, des produits efficaces et de moindre danger pour les œuvres, élaborés. Avant toute intervention, des moyens d'investigation non moins scientifiques permettent de déterminer la constitution physique et chimique de l'objet à traiter, en même temps qu'une documentation historique approfondie est rassemblée par le restaurateur. Mais l'essentiel demeure la qualification de ce dernier : depuis 1979, l'I. F. R. O. A. (Institut de formation des restaurateurs d'œuvres d'art) assure pour la profession un enseignement de haut niveau (à Saint-Denis depuis 1996).

2. RESTAURATION n. f. (de *restaurant*). **1.** Métier de restaurateur ; ensemble des restaurants et de leur administration. – **2.** *Restauration rapide,* syn. de FAST FOOD.

Restauration *(première),* première période du règne de Louis XVIII, entre la chute de l'Empire et le retour de Napoléon de l'île d'Elbe (avril-mai 1814-mars 1815). À l'instigation de Talleyrand, le sénat impérial appelle au trône Louis XVIII le 6 avril. Le roi, arrivé d'Angleterre, promet une monarchie constitutionnelle (déclaration de Saint-Ouen, 2 mai). Il constitue un ministère comportant à la fois d'anciens bonapartistes et des royalistes. Il signe avec les alliés le traité de Paris (30 mai) et octroie la Charte constitutionnelle (4 juin).
Le régime est d'abord accepté par la population, lasse de la conscription et de la fiscalité impériales, et par la bourgeoisie, désireuse de paix et d'ordre. Certaines mesures, toutefois, le rendent rapidement impopulaire : licenciement d'officiers mis en demi-solde, retour à l'emploi de formules anachroniques et au drapeau blanc. Ces conditions sont favorables au retour de Napoléon, qui débarque le 1er mars 1815 et arrive à Paris le 20, tandis que Louis XVIII se réfugie à Gand.

Restauration *(seconde),* nom donné au régime de la France, sous Louis XVIII et Charles X (1815-1830). Après Waterloo (18 juin 1815) et la seconde abdication de Napoléon, Louis XVIII se hâte de regagner Paris occupé (8 juill.).
• *Le régime et les partis.* Défini par la Charte de 1814, le régime est une monarchie constitutionnelle : une Chambre des pairs, héréditaire, est nommée par le roi ; une Chambre des députés renouvelable par cinquième chaque année est élue au suffrage censitaire (il faut au moins 300 francs d'impôts directs et 30 ans pour être électeur, au moins 1 000 francs et 40 ans pour être éligible). Le « pays légal » est ainsi limité à un peu plus de 100 000 électeurs et le peuple est exclu. Les ultraroyalistes, nostalgiques de l'Ancien Régime, sont hostiles même à la Charte ; leur chef réel est le comte d'Artois, frère du roi. À l'opposé, les « libéraux » ou « indépendants » apparus vers 1817-18, rassemblent monarchistes tièdes (Benjamin Constant, Casimir Perier, Laffitte), bonapartistes et d'anciens républicains.
• *Les débuts difficiles (1815-16).* Le gouvernement, contraint d'accepter une paix rigoureuse (second traité de Paris, 20 nov. 1815), est débordé par l'esprit de vengeance des ultraroyalistes. Une Terreur* blanche entraîne des massacres dans le Midi, surtout à Avignon, Nîmes, Toulouse. Les élections d'août 1815 donnent une « Chambre introuvable » où les ultras ont une majorité écrasante. Louis XVIII, en septembre, renvoie le ministère Talleyrand-Fouché et fait appel au duc de Richelieu, ami du tsar. Les ultras imposent le procès des généraux « complices » des Cent-Jours (exécution de Ney, déc. 1815), le bannissement des Conventionnels régicides, la création de cours prévôtales, la suspension des libertés, l'épuration de la fonction publique. Ils en viennent à reprocher au roi sa modération. Louis XVIII, poussé par les alliés, dissout la Chambre introuvable (5 sept. 1816).
• *L'expérience constitutionnelle (1816-1820).* Les élections sont favorables aux constitutionnels. Richelieu reste au pouvoir jusqu'à la fin de 1818, puis est remplacé par un ministère Dessolle, dont le vrai chef est Decazes, protégé du roi. Cette période est féconde : bonne gestion financière du baron Louis et de Corvetto, permettant le règlement des indemnités de guerre et, par suite, la libération du territoire (1818) ; loi militaire de Gouvion-Saint-Cyr (1818), supprimant les privilèges nobiliaires pour l'accès aux grades ; régime très libéral de la presse (lois de Serre, 1819). Mais les succès électoraux des libéraux font le jeu des ultras. Après l'assassinat de son neveu le duc de Berry (13 févr. 1820), Louis XVIII rappelle le duc de Richelieu.
• *La politique de réaction (1820-1828).* Les ultras sont au pouvoir dans le ministère Richelieu (févr. 1820-déc. 1821), puis dans celui du comte de Villèle (déc. 1821-janv. 1828). Ils sont encore renforcés à la mort de Louis XVIII (16 sept. 1824), par l'avènement de Charles X (le comte d'Artois). Grâce à la loi de juin 1820 dite du « double vote », ils triomphent aux élections de 1820, puis de 1824. La liberté de presse est réduite (1822). La France intervient en Espagne pour rétablir l'absolutisme royal (1823). Les émigrés sont indemnisés pour leurs biens vendus sous la Révolution (le « milliard des émigrés », 1825). Mais, avant tout, cette politique est cléricale (« union du trône et de l'autel ») avec une forte emprise du clergé sur l'enseignement, le rite archaïque du sacre de Charles X (mai 1825) et la loi sur le sacrilège (1825).
Au début, l'opposition est clandestine : une société secrète, la Charbonnerie, organise des complots militaires, facilement réprimés (exécution des quatre sergents de La Rochelle, 1822). À partir de 1826, l'opposition s'élargit et s'exprime légalement : bourgeoisie anticléricale, catholiques gallicans et même royalistes dissidents (Chateaubriand). La Chambre des pairs repousse un projet rétablissant en partie le droit d'aînesse (avr. 1826). Le gouvernement doit retirer un projet très restrictif sur la presse (avr. 1827). Les manifestations se multiplient. Villèle, défié, dissout la Chambre. Il perd les élections et démissionne (janv. 1828).
• *La fin du régime (1828-1830).* Charles X se résigne à un ministère de transition, dirigé en fait par Martignac, qui interdit les collèges de jésuites et limite le nombre d'élèves des petits séminaires

(juin 1828). Puis, le 8 août 1829, il appelle au pouvoir son ami le prince de Polignac, qui s'entoure d'ultras affirmés. Le roi se croit populaire et mise sur les succès extérieurs : expédition de Morée (1828), prise d'Alger (4 juill. 1830). Mais l'opposition devient anti-dynastique : réveil des républicains (Godefroy Cavaignac, A. Marrast) ; campagne pour remplacer Charles X par le duc d'Orléans (Thiers, A. Carrel, Talleyrand). La Chambre répond à un discours du trône menaçant par « l'adresse des 221 », hostile à Polignac (mars 1830). Elle est dissoute ; mais, aux élections de juin-juillet, la majorité opposante passe de 221 à 274. Charles X et Polignac ripostent par les ordonnances du 25 juillet 1830 : suspension de la liberté de la presse, dissolution de la nouvelle Chambre, réforme électorale favorisant l'aristocratie. Paris se soulève. Les journées des 27, 28 et 29 juillet (→ JUILLET 1830) contraignent Charles X à l'abdication et à l'exil.

Restauration *(style).* Pour une large part fidèle à l'esthétique de l'Empire, le style Restauration s'en distingue par une tendance à l'assouplissement des formes et par un éclaircissement des couleurs, dans le décor comme dans le mobilier. Commodes et secrétaires marquetés s'allègent ; les petites tables se multiplient, aux piètements fantaisistes en col-de-cygne ou en lyre ; les lits adoptent la forme bateau ; parmi les sièges, plus confortables, le type *en gondole* a la faveur. Vers 1822, sous l'influence du romantisme, le néogothique s'insinue dans les arts décoratifs (style troubadour).

Restauration anglaise, période de l'histoire d'Angleterre, caractérisée par le retour de la monarchie et la reprise en main de l'autorité par le roi Charles II* en 1660. Dans un sens plus large, on donne ce nom à la période allant de 1660 à 1702.

1. RESTAURER v. t. (lat. *restaurare,* rétablir, refaire) [conj. 3]. **1.** Réparer un édifice, remettre une œuvre d'art en bon état ou dans son état initial : *Un spécialiste qui restaure les tableaux anciens.* — **2.** Remettre en vigueur ce qui est tombé en désuétude, ce qui n'est plus : *Restaurer la paix.* — **3.** Rétablir sa santé, reconstituer ses forces par la convalescence, le repos, les soins. — **4.** Remettre une dynastie sur le trône. — **5.** Remettre un système informatique ou un programme dans des conditions permettant la reprise de son fonctionnement.

2. RESTAURER v. t. (de *restaurer 1*) [conj. 3]. *Litt.* Faire manger qqn : *Je vais restaurer mes invités.*
◆ **se restaurer** v. pr. Reprendre des forces en mangeant : *Prévoir une halte pour se restaurer.*

RESTE n. m. (de *rester*). **1.** Résultat d'une soustraction ; ce qui subsiste d'un ensemble dont on a retranché une ou plusieurs parties ou dont on considère à part une ou plusieurs parties : *Il occupe trois pièces et loue le reste de la maison. Elle est très différente du reste de ses collègues.* — **2.** Ce qui reste ou resterait à dire, à faire, etc. ; toute chose qui vient en plus : *Faites ceci, je m'occupe du reste.* — **3.** Partie non utilisée d'un matériau, de qqch, partie non consommée d'un aliment, d'un plat : *Râper des restes de fromage.* — **4.** Ce qui subsiste de qqch qui est détruit ou qui est en voie de disparaître : *Un reste de sa splendeur.* — **5.** *Au reste, du reste,* complète, rectifie, nuance une affirmation ; au surplus, d'ailleurs. ‖ *De reste,* plus qu'il n'est nécessaire : *Avoir de l'argent de reste.* ‖ *Et (tout) le reste,* après une énumération, indique qu'elle n'est pas close ; et (tout) ce qui s'ensuit. ‖ *Être en reste avec qqn,* être son obligé, lui devoir qqch. ‖ *Jouir, profiter de son reste,* profiter des derniers moments d'une situation avantageuse. ‖ *Ne pas demander son reste,* se retirer promptement de crainte d'avoir à subir d'autres désagréments. ‖ *N'être jamais en reste (de qqch),* se comporter de façon à n'être jamais le dernier sur ce point, en être prodigue : *Il n'est jamais en reste de bons mots.* • **Dr.** Voix non utilisées et sièges non attribués après la première répartition dans le cadre d'un scrutin à la représentation proportionnelle. — **Math.** *Reste de la division euclidienne d'un entier naturel* a *par un entier naturel* b *non nul,* entier naturel r tel que $a = bq + r$ avec $0 \leqslant r < b$. ‖ *Reste de la division euclidienne d'un polynôme* A *par un polynôme non nul* B, polynôme R de degré strictement inférieur au degré de B, vérifiant A = BQ + R.
◆ **restes** n. m. pl. **1.** Ce qui n'a pas été consommé au cours d'un repas : *L'art d'accommoder les restes.* — **2.** Ce dont qqn n'a pas ou plus voulu : *Refuser de se satisfaire des restes d'un autre.* — **3.** Cadavre, ossements, cendres d'un être humain. — **4.** Ruines de qqch de détruit ; vestiges qui subsistent d'un groupe anéanti : *Les restes d'une ville incendiée.* — **5.** Fam. *Avoir de beaux restes,* avoir encore des vestiges certains de sa beauté d'autrefois.

RESTEFOND, sommet des Alpes-de-Haute-Provence, au S.-E. de Barcelonnette (2 794 m), dominant le *col de Restefond* (2 643 m), qui relie les bassins de l'Ubaye et de la Tinée.

RESTER v. i. (lat. *restare,* s'arrêter) [conj. 3 ; auxil. *être*]. **1.** Continuer à séjourner dans un lieu ou auprès de qqn : *Rester à Paris tout l'été. Rester auprès d'un malade.* — **2.** *Fam.* Habiter à tel endroit, y avoir son domicile : *Il reste dans le même quartier que nous.* — **3.** Demeurer en un endroit, ne pas changer de place : *La voiture est restée au garage.* — **4.** Ne pas disparaître, en parlant d'une marque : *La tache est restée malgré les lavages répétées.* — **5.** Se maintenir, continuer à être dans la même position, le même état : *Rester debout. Rester jeune. Je reste votre ami.* — **6.** S'attarder à faire qqch : *Rester à lire jusque tard dans la nuit.* — **7.** Continuer de ressentir l'effet agréable ou pénible de qqch, s'y tenir : *Rester sur une impression de malaise.* — **8.** Subsister après disparition de qqch, de qqn, d'un groupe : *Un seul Français reste désormais en course.* — **9.** Se maintenir, ne pas disparaître, ne pas tomber dans l'oubli : *Cet écrivain restera.* — **10.** Être encore à faire par qqn : *Tout reste à découvrir en ce domaine.* — **11.** *En rester à,* s'y arrêter, ne pas aller au-delà : *En rester à un accord limité.* — **12.** *En rester là,* ne pas poursuivre une action, une collaboration, des relations. ‖ *Il reste que, il n'en reste pas moins que,* on ne peut nier que : *Reste qu'il nous a trompés.* ‖ *Rester dans la main,* se dit du cheval qui ne cherche pas à échapper à l'action du mors. ‖ Fam. *Y rester,* perdre la vie dans une entreprise dangereuse.

RESTIF (ou **RÉTIF**) **DE LA BRETONNE** (Nicolas Edme RÉTIF, dit), écrivain français (Sacy, Yonne, 1734 - Paris 1806). Fils d'un paysan bourguignon, apprenti typographe à Auxerre, puis imprimeur à Paris, où il mène une existence mouvementée, il est un représentant exemplaire du prolétariat intellectuel des Lumières. Dans une œuvre abondante (*le Paysan perverti ou les Dangers de la ville,* 1775 ; *la Vie de mon père,* 1779 ; *la Paysanne pervertie,* 1784 ; *Monsieur* Nicolas ou le Cœur humain dévoilé,* 1794-1797), il se révèle un observateur aigu des mœurs rurales et parisiennes et un réformateur audacieux.

RESTIGOUCHE, fl. du Canada (Nouveau-Brunswick), tributaire de la baie des Chaleurs ; 320 km env.

RESTITUABLE adj. Que l'on doit restituer : *Somme restituable aux ayants droit.*

RESTITUER v. t. (lat. *restituere*) [conj. **7**]. **1.** Rendre qqch à son propriétaire légitime : *Un État invité à restituer les territoires conquis.* — **2.** En parlant d'un appareil, redonner, dégager ce qui y a été emmagasiné sous une certaine forme : *Un radiateur qui restitue la chaleur accumulée.* — **3.** Reproduire un son enregistré : *Ce magnétophone restitue très bien les aigus.* — **4.** Donner une représentation fidèle de qqch : *Un roman qui restitue la société d'une époque.* — **5.** Rétablir un texte, un objet dans son état d'origine. — **6.** Reconstituer sur le papier l'aspect d'un monument ancien, détruit ou dénaturé. — **7.** Opérer la restitution d'un terrain ou d'un objet.

RESTITUTEUR adj. m. Se dit d'un appareil qui permet ou qui effectue une restitution.

RESTITUTION n. f. (lat. *restitutio*). **1.** Action de restituer, de rendre qqch qu'on possède indûment : *La restitution d'un bien mal acquis.* — **2.** Action de restituer une œuvre, un monument ; l'œuvre restituée. — **3.** Opération de reconstitution en plan ou en élévation, à l'aide d'un appareil de photogrammétrie, d'un objet ou d'un terrain pour lequel on dispose de deux photographies stéréoscopiques. (Syn. PHOTORESTITUTION.)

RESTOROUTE n. m. (n. déposé). Restaurant aménagé au bord d'une grande route, d'une autoroute.

RESTOUT ou **RETOUT,** famille de peintres français, dont le plus connu est JEAN II (Rouen 1692 - Paris 1768), neveu et élève de J. Jouvenet et son continuateur. L'essentiel de son œuvre est d'inspiration religieuse : vastes compositions à la manière de son oncle, aux figures animées parfois d'un frémissement mystique (*Martyre de saint André,* 1749, musée de Grenoble).

RESTREINDRE v. t. (lat. *restringere,* serrer fortement) [conj. **81**]. Ramener qqch à des limites plus étroites : *Restreindre ses activités.*

◆ **se restreindre** v. pr., **être restreint** v. pass. **1.** Devenir plus étroit ; être enfermé dans d'étroites limites : *Édition à tirage restreint.* — **2.** Se limiter, se borner à qqch : *La distribution se restreint à quelques grandes surfaces.*

◆ **se restreindre** v. pr. Réduire volontairement ses dépenses.

RESTRICTIF, IVE adj. (lat. *restrictum,* de *restringere,* restreindre). Qui apporte une restriction, une limitation : *Interprétation restrictive de la loi.*

RESTRICTION n. f. (bas lat. *restrictio*). **1.** Action de limiter, de réduire le nombre, l'importance de qqch ; fait de devenir moindre : *Restriction de crédits.* — **2.** Considération, critique, jugement qui limite la portée de qqch : *Apporter des restrictions à un principe.* — **3.** *Sans restriction,* entièrement, sans condition, sans réserve. • **Génét.** Fragmentation d'une molécule d'A. D. N. par certaines enzymes, appelées *enzymes de restriction,* qui coupent la double chaîne en des sites très spécifiques pour chaque type d'enzyme. (Les enzymes de restriction sont très utilisées en génie génétique). — **Mar.** *Série à restriction,* ensemble de yachts de régate différents, mais possédant le même rating. — **Math.** *Restriction d'une application* f *de domaine* A *à une partie* B *de* A, application notée f_B, de domaine B, définie par $f_B(x) = f(x)$ pour tout élément x de B. — **Philos.** *Restriction mentale,* acte par lequel on émet une opinion contraire à sa conviction en utilisant des arguments dont la présentation formelle ne constitue pas un mensonge.

◆ **restrictions** n. f. pl. **1.** Mesures de rationnement en période de pénurie ; privations qui en résultent : *La population a beaucoup souffert des restrictions.*

RESTRUCTURATION n. f. **1.** Opération consistant à réorganiser ou à réaménager un ensemble devenu inadapté : *Restructuration d'un quartier.* — **2.** Action de réorganiser qqch selon de nouveaux principes, avec de nouvelles structures : *La restructuration d'une entreprise.*

RESTRUCTURER v. t. (conj. 3). Effectuer une restructuration.

RESUCÉE n. f. *Fam.* **1.** Nouvelle quantité qu'on prend d'une boisson. — **2.** Chose faite, vue, entendue, goûtée plusieurs fois.

RÉSULTANT, E adj. **1.** Qui résulte de qqch. — **2.** *Moment résultant d'un système de* n *pointeurs en un point* O, pointeur égal à la somme vectorielle des moments en O des *n* pointeurs.

◆ **résultante** n. f. **1.** Résultat de l'action conjuguée de plusieurs facteurs. — **2.** *Résultante d'un système de vecteurs glissants,* vecteur unique, s'il existe, équivalent à ce système de vecteurs.

RÉSULTAT n. m. (lat. médiév. *resultatum,* du lat. class. *resultare*). **1.** Ce qui est la conséquence d'un acte, d'un phénomène : *Le résultat négatif d'une enquête.* — **2.** Ce qu'on obtient en agissant dans un but défini : *Rechercher un meilleur résultat.* — **3.** Réalisation positive, réussite indiscutable due à l'action de qqn : *Vous serez jugé sur vos résultats.* — **4.** Issue d'une compétition, d'un match ; décompte des points obtenus par chaque concurrent ou équipe. — **5.** Donnée numérique qui constitue la solution d'un problème, d'une opération mathématique, d'un calcul : *Connaître le résultat d'un problème d'arithmétique.* — **6.** *Fam.* En début de phrase sans article, total, conséquence : *Il a voulu rejouer au tennis ; résultat il s'est fait une entorse.*

◆ **résultats** n. m. pl. **1.** Réussite ou échec à un examen, un concours ; liste des candidats admis : *L'affichage des résultats.* — **2.** Décompte des points, des voix, etc., obtenus lors d'une compétition, d'une élection : *Résultats partiels d'une élection.* — **3.** Numéros gagnants d'une loterie, d'un jeu : *Les résultats du loto.* — **4.** Bénéfice (ou perte) d'une entreprise au cours d'un exercice.

RÉSULTATIF, IVE adj. et n. m. Se dit d'un verbe dont le sens implique le résultat par rapport à un autre (par ex. *savoir* par rapport à *apprendre*).

RÉSULTER v. i. (lat. *resultare,* rebondir) [conj. 3 ; seulem. aux troisièmes pers., à l'inf. et au part.]. S'ensuivre, être la conséquence de qqch : *Cet échec résulte d'un manque de préparation.*

RÉSUMÉ n. m. **1.** Forme abrégée du contenu d'un texte, d'un document, d'un film : *Faire le résumé d'un livre.* — **2.** Ouvrage succinct faisant un exposé sommaire d'une question : *Les résumés de géographie pour le baccalauréat.* — **3.** Exposé succinct, ne retenant que l'essentiel d'un événement quelconque : *Il nous a fait un résumé de la situation.* — **4.** *En résumé,* en peu de mots et pour récapituler.

RÉSUMER v. t. (lat. *resumere,* reprendre) [conj. 3]. **1.** Exprimer sous une forme plus brève ce qui a été dit ou écrit : *Résumer un entretien.* — **2.** Présenter un ensemble en le réduisant à l'essentiel : *On peut résumer la situation en quelques chiffres.* — **3.** Présenter, renfermer en soi les caractères principaux de qqch : *Le cas est exemplaire, car il résume tous les autres.*

◆ **se résumer** v. pr. **1.** Reprendre de façon concise ce qu'on vient d'exposer : *Pour me résumer, je dirai que...* — **2.** Consister essentiellement en telle chose : *Sa participation se résume à peu de chose.*

RESURCHAUFFE n. f. Opération ayant pour objet d'améliorer le rendement du cycle thermodynamique de la vapeur, en relevant la température de la vapeur surchauffée, après son passage dans l'étage à haute pression d'une turbine et avant son admission dans l'étage à basse pression.

RESURCHAUFFER v. t. (conj. 3). Faire subir la resurchauffe à une vapeur.

RESURCHAUFFEUR n. m. Appareil servant à resurchauffer une vapeur.

RÉSURGENCE n. f. (lat. *resurgens, -entis,* de *resurgere,* renaître). **1.** Réapparition à l'air libre, sous forme de grosse source, de l'eau absorbée par des cavités souterraines. — **2.** *Litt.* Fait de réapparaître, de resurgir : *La résurgence des doctrines racistes.* — **3.** Résurgence d'eau froide, syn. de REMONTÉE D'EAU FROIDE.

RESURGIR → RESSURGIR.

RÉSURRECTION n. f. (bas lat. *resurrectio,* du lat. class. *resurgere,* se relever). **1.** Retour de la mort à la vie : *La résurrection des morts.* — **2.** *Litt.* Réapparition, nouvel essor d'un phénomène artistique, littéraire, etc. : *La résurrection du théâtre.* — **3.** Fête où l'Église célèbre la résurrection de Jésus-Christ (c'est-à-dire le jour de Pâques). [S'écrit avec une majusc.] — **4.** *Résurrection générale* ou *résurrection de la chair,* article du Credo concernant la résurrection de tous les hommes à la fin du monde en vue du jugement de l'humanité.

RETABLE n. m. (de *table*). Dans une église, construction verticale portant un décor peint ou sculpté, placée sur un autel ou en retrait de celui-ci.

ENCYCL. D'origine paléochrétienne, le retable se développe à partir du Moyen Âge, évoluant du panneau simple plus ou moins richement décoré, fait d'émaux ou d'ivoire, de pierre ou de bois sculptés, puis peint (dès le XIIIe s. en Italie), au polyptyque* à panneaux multiples, pinacles et prédelle, largement répandu en Europe au XVe s. La Renaissance voit grandir l'importance du retable, avec la confection de véritables compositions architecturées (pilastres, colonnes), dont le développement atteindra son apogée dans les grands retables baroques des XVIIe-XVIIIe s., associant étroitement architecture, sculpture et peinture.

RÉTABLIR v. t. (de *établir*) [conj. 32]. **1.** Remettre dans son état premier ou dans un état satisfaisant : *Des mesures destinées à rétablir la situation économique.* — **2.** Remettre qqn sur pied, le ramener à la santé : *Ce traitement devrait vous rétablir.* — **3.** Remettre qqn dans sa position antérieure, lui rendre les avantages dont il avait été privé : *Rétablir quelqu'un dans toutes ses fonctions.* — **4.** Établir de nouveau, remettre en vigueur, en état ce qui avait été supprimé, interrompu : *Rétablir le courant.* — **5.** Reconstituer un texte dans sa forme originale. — **6.** *Rétablir les faits, la vérité,* décrire un événement de façon objective, en rectifiant une présentation tendancieuse.

◆ **se rétablir** v. pr., **être rétabli** v. pass. **1.** Recouvrer la santé, se remettre d'une maladie, d'un accident : *Un blessé qui se rétablit lentement.* — **2.** Revenir à un état normal : *Le calme est rétabli.*

◆ **se rétablir** v. pr. Effectuer un rétablissement.

RÉTABLISSEMENT n. m. **1.** Action de rétablir ce qui avait cessé d'être : *Rétablissement du courant électrique. Le rétablissement de la paix.* — **2.** Action de rétablir dans son état premier ou normal : *Le rétablissement d'un texte.* — **3.** Action de rétablir qqn dans telle ou telle situation : *Le rétablissement des spoliés dans tous leurs droits.* — **4.** Fait, pour qqn, de revenir à un bon état de santé : Je vous souhaite un prompt rétablissement. — **5.** Effort pour retrouver son équilibre : *Le rétablissement des finances de l'entreprise.* — **6.** Action de ramener dans la position de vol en palier un avion qui vient d'effectuer un virage, une montée ou une descente. — **7.** Mouvement de gymnastique qui consister à hisser le corps à la force des bras au-dessus du point d'appui des mains.

RETAILLE n. f. **1.** Opération qui consiste à moderniser la taille d'un diamant, ou à tailler de nouveau une pierre cassée. — **2.** *Tissus de retailles,* composés de rognures d'étoffes multicolores. — **3.** Syn. de RECOUPE.

RETAILLER v. t. (conj. 3). **1.** Tailler de nouveau, ou pour donner une nouvelle forme : *Retailler son crayon.* — **2.** Battre les cartes de nouveau et les faire couper une seconde fois. — **3.** Démonter et refaire un ouvrage de menuiserie.

RÉTAMAGE n. m. Action de rétamer des objets métalliques ; fait d'être rétamé.

RÉTAMER v. t. (conj. 3). **1.** Étamer de nouveau une surface métallique. — **2.** *Pop.* Rendre ivre : *Ce verre de punch m'a rétamé.* — **3.** *Pop.* Fatiguer, épuiser : *Cette marche nous a rétamés.* — **4.** *Pop.* Esquinter, démolir qqn, mettre hors d'usage qqch : *Il a rétamé sa voiture.* — **5.** *Pop.* Refuser qqn à un examen.

◆ **se rétamer** v. pr. *Pop.* Tomber.

RÉTAMEUR n. m. Ouvrier qui procède au rétamage des objets métalliques.

RETAPAGE n. m. *Fam.* Action de retaper ; fait d'être retapé.

RETAPE n. f. *Pop.* **1.** Action de racoler les passants pour se prostituer. — **2.** Publicité tapageuse, propagande excessive.

RETAPER v. t. (conj. 3). **1.** *Fam.* Réparer, remettre en état sommairement une chose usagée ou abîmée : *Retaper de vieux meubles.* — **2.** *Fam.* Remettre qqn en bonne condition physique : *Ce traitement devrait le retaper.* — **3.** *Fam.* Refaire un lit superficiellement. — **4.** Taper de nouveau un texte à la machine.

◆ **se retaper** v. pr. *Fam.* Reprendre des forces : *Il a grand besoin de se retaper.*

RETARD n. m. (de *retarder*). **1.** Action, fait d'arriver trop tard, de faire qqch plus tard qu'il ne faudrait : *Un retard dans le paiement des factures. Cet élève arrive souvent en retard.* — **2.** État de qqn, de qqch qui n'est pas aussi développé, avancé qu'il devrait l'être : *Il est en retard pour son âge. Un retard sur le planning.* — **3.** Fait de fonctionner moins vite que la normale : *L'horloge prend du retard.* — **4.** Différence entre l'heure réelle et celle indiquée par une montre, une pendule qui retardent : *Votre montre a dix minutes de retard.* — **5.** Distance ou intervalle de temps séparant un concurrent d'un autre dans une course. — **6.** *Sans retard,* sans délai. • **Écon.** *Retard technologique,* syn. de GAP. — **Horlog.** Toute action exercée sur un organe de correction de la fréquence du résonateur d'un appareil horaire en vue d'en corriger l'avance. — **Pharm.** En apposition à un nom indique qu'un médicament a été préparé de manière à libérer progressivement et avec un taux efficace et constant son principe actif dans l'organisme (*pénicilline retard,* par ex.) ; se dit aussi de l'injection et de l'effet pharmacologique de ce médicament. — **Phys.** Déphasage négatif d'une grandeur sinusoïdale par rapport à une autre de même fréquence. — **Pyrotechn.** Décalage de temps, dans un artifice à retard, entre la mise à feu et l'explosion. ‖ Élément pyrotechnique qui réalise ce décalage. ‖ *Artifice à retard,* artifice permettant le tir en volée par une mise à feu unique et des explosions échelonnées dans le temps en fonction des différents retards utilisés. — **Thermodyn.** *Retard à un changement d'état,* persistance d'une phase d'un corps dans des conditions de température et de pression où cette phase n'est plus stable.

RETARDATAIRE adj. et n. **1.** Qui arrive ou agit en retard. – **2.** Qui est en retard sur les idées, les mœurs, la technique de son temps : *Industrie retardataire.*

RETARDATEUR, TRICE adj. Qui ralentit un mouvement, un processus, etc. : *Action retardatrice d'un antioxydant.*

◆ **retardateur** n. m. **1.** Adjuvant utilisé à faible dose dans l'eau de gâchage et qui retarde la prise du ciment ou du plâtre. – **2.** Dispositif qui, après pression sur le déclencheur de l'appareil photo, diffère d'une dizaine de secondes le fonctionnement de l'obturateur.

RETARDÉ, E n. *Fam.* Personne qui est en retard dans son développement intellectuel ou psychomoteur.

RETARDEMENT n. m. *À retardement,* se dit d'un engin muni d'un dispositif qui en retarde l'explosion jusqu'à un moment déterminé ; dont l'effet ne se manifeste qu'après un certain délai : *Comprendre à retardement.*

RETARDER v. t. (lat. *retardare*) [conj. **3**]. **1.** Être pour qqn une cause de retard, le faire arriver plus tard qu'au moment prévu : *Les embouteillages nous ont retardés d'une heure. Sa maladie l'a retardé dans ses études.* – **2.** Faire qu'une action, un événement aient lieu après le moment fixé : *Retarder ses vacances de quinze jours.* – **3.** Régler une montre, une horloge sur une heure qui précède l'heure réelle : *Retarder sa montre d'une heure.* – **4.** Diminuer la fréquence de l'organe régulateur d'un appareil horaire (balancier, pendule, quartz, etc.) pour le faire aller moins vite.

◆ v. i. **1.** Indiquer un temps antérieur au temps vrai : *J'ai 4 heures, mais je crois que je retarde.* – **2.** En parlant d'un phénomène, arriver, se produire avec un retard par rapport à la fois précédente : *Le lever du soleil retarde chaque jour de quelques minutes.* – **3.** Avoir des idées, des goûts d'un autre âge. – **4.** *Fam.* Découvrir qqch après tout le monde.

◆ **être retardé** v. pass. **1.** *Fam.* Être en retard dans son développement intellectuel. – **2.** *Mouvement retardé,* mouvement dans lequel le module de la vitesse décroît avec le temps. (Contr. MOUVEMENT ACCÉLÉRÉ.) ‖ *Ouverture retardée,* ouverture du parachute commandée par le parachutiste, après un temps de chute libre.

RETASSURE n. f. (de *tasser*). Défaut constitué par une cavité se formant dans la partie massive d'une pièce métallique coulée et due à la contraction du métal lors de sa solidification.

RETÂTER v. t. (conj. **3**). Tâter de nouveau.

◆ v. t. ind. *Fam.* Faire de nouveau l'expérience de qqch : *Retâter du piano.*

RETEINDRE v. t. (conj. **81**). Teindre de nouveau.

RETÉLÉPHONER v. i. et v. t. (conj. **3**). Téléphoner de nouveau ; rappeler qqn au téléphone.

RETENDOIR n. m. Outil servant à régler la tension des cordes de piano.

RETENDRE v. t. (conj. **73**). Tendre de nouveau (ce qui était détendu).

RETENIR v. t. (de *tenir,* d'apr. lat. *retinere*) [conj. **40**]. **1.** Empêcher qqn, un animal, qqch de poursuivre le mouvement commencé en le tirant, en le ramenant vers soi : *Retenir par le bras un ami qui veut partir.* – **2.** Empêcher qqn, qqch de tomber : *J'ai retenu au dernier moment le vase qui allait tomber.* – **3.** Garder ce qui appartient à qqn : *L'hôtelier retient les bagages des clients qui ne paient pas.* – **4.** Empêcher qqn de partir, l'obliger à demeurer dans un lieu : *Un visiteur m'a retenu ici jusqu'à 7 heures.* – **5.** Empêcher qqn d'agir d'une certaine façon : *Je ne sais ce qui me retient de le gifler.* – **6.** Maintenir qqch en place, l'empêcher de se déplacer, de s'échapper : *Barrage construit pour retenir les eaux.* – **7.** Garder en soi : *La moquette retient bien la chaleur.* – **8.** Ne pas manifester un mouvement ou une réaction, notamment pour dissimuler ce qu'on ressent : *Retenir un mouvement de colère, une exclamation.* – **9.** Fixer qqch dans sa mémoire : *Je n'ai pas retenu son numéro de téléphone.* – **10.** Considérer une idée, une proposition comme dignes d'intérêt : *Retenir un projet.* – **11.** Attirer les regards de qqn, susciter son intérêt : *Ce projet a retenu l'attention de la commission.* – **12.** S'assurer à l'avance la présence, le concours de qqn pour faire qqch : *Retenir un ami pour un bridge.* – **13.** Se faire réserver qqch pour pouvoir en disposer le moment voulu : *Retenir sa chambre à l'hôtel.* – **14.** Prélever une partie d'une somme : *Retenir sur les salaires la cotisation de la Sécurité sociale.* – **15.** Faire une retenue dans un calcul arithmétique. – **16.** *Je ne vous retiens pas,* se dit à qqn pour le congédier ou lui indiquer courtoisement qu'il peut se retirer. ‖ Fam. *Je vous (le) retiens,* se dit à qqn ou de qqn qui s'est mal acquitté d'une tâche, de qqch qui s'est révélé insuffisant.

◆ v. i. En parlant d'une femelle de mammifères, devenir grosse après une saillie.

◆ **être retenu** v. pass. Manifester de la retenue, de la discrétion.

◆ **se retenir** v. pr. **1.** Se rattraper à qqch pour éviter une chute, ralentir un mouvement vers le bas : *Essayer de se retenir en dévalant une pente.* – **2.** Résister, par un effort de volonté, à une envie : *Se retenir de rire.* – **3.** *Fam.* Différer de satisfaire un besoin naturel. • **Équit.** *Cheval qui se retient,* cheval qui ne porte pas franchement en avant.

RÉTENTION n. f. (lat. *retentio,* de *retinere,* retenir). **1.** Accumulation excessive dans l'organisme de produits qui doivent normalement être éliminés. — **2.** Phénomène par lequel l'eau des précipitations ne rejoint pas immédiatement les cours d'eau (rétention glaciaire, nivale, rétention des éboulis, des terrains perméables). [La rétention provoque un décalage entre les précipitations et leur écoulement.] — **3.** Propriété de la mémoire qui consiste à conserver de l'information. — **4.** Droit pour un créancier de garder l'objet de son débiteur jusqu'au paiement de ce que celui-ci lui doit. — **5.** Fait pour le représentant d'une autorité de retenir près de lui un certain temps une personne (pour vérification d'identité par ex.). — **6.** *Ictère par rétention,* ictère dû à l'accumulation dans le sang de bilirubine conjuguée. (Il se rencontre dans les obstructions des voies excrétrices de la bile et dans les hépatites.) ‖ *Rétention administrative,* fait de placer dans un centre non pénitentiaire un étranger devant être expulsé ou reconduit à la frontière en cas de désaccord sur le pays d'accueil. ‖ *Rétention placentaire,* syn. de NON-DÉLIVRANCE. ‖ *Rétention d'urines,* impossibilité d'évacuer les urines contenues dans la vessie. (Elle est due le plus souvent à un adénome de la prostate.)

RETENTIR v. i. (anc. fr. *tentir,* du lat. pop. **tinnitire,* du lat. class. *tinnire,* tinter) [conj. **32**]. **1.** En parlant d'un son, se manifester avec force ; résonner : *Une voix sonore retentit comme un clairon.* — **2.** *Litt.* Être rempli par un son puissant, éclatant, qui résonne : *Des voûtes qui retentissent du bruit des voix.* — **3.** Avoir des effets, des répercussions sur qqch d'autre : *Une douleur articulaire qui retentit dans tout le membre.*

RETENTISSANT, E adj. **1.** Qui se manifeste avec force : *Le bruit retentissant d'un avertisseur.* — **2.** Qui a des répercussions considérables, des conséquences durables : *Une découverte retentissante.*

RETENTISSEMENT n. m. **1.** *Litt.* Fait de retentir, de se faire entendre avec force ; effet ainsi produit : *Le retentissement soudain d'une trompette.* — **2.** Suite de conséquences, de répercussions, due à une action : *Quel sera le retentissement de cette mesure sur l'économie ?* — **3.** Ensemble des réactions, des remous provoqués par un événement : *Cette déclaration devrait avoir un certain retentissement.*

RETENUE n. f. **1.** Action de retenir, de garder qqch, d'en interrompre l'acheminement : *Retenue de marchandises à la douane.* — **2.** Ce qui est déduit, prélevé sur une somme due : *Retenues sur un salaire.* — **3.** Punition consistant à retenir un élève dans l'établissement en dehors des heures de cours. — **4.** Qualité de qqn qui sait garder de la mesure dans ses réactions, l'expression de ses pensées : *Perdre toute retenue.* — **5.** Ralentissement de la circulation routière ; embouteillage, bouchon : *Une retenue de 12 km.* • **Bât.** Assujettissement des extrémités d'une poutre dans un mur. — **Comm.** *Retenue de garantie,* fraction du montant d'un marché qui n'est pas réglée à l'entrepreneur ou au fournisseur lors de la réception provisoire, mais qui l'est à la réception définitive. — **Dr.** Syn. de PRÉCOMPTE en droit social. ‖ *Retenue à la source,* procédé par lequel le fisc met le paiement de l'impôt à la charge d'une personne autre que le contribuable (par ex., en France, pour les valeurs à revenu fixe). [Syn. STOPPAGE À LA SOURCE.] — **Math.** Dans un calcul arithmétique, chiffre ou nombre qu'on reporte dans certains cas d'une colonne à la colonne directement à gauche. — **Navig.** Espace qui s'étend entre deux écluses et où l'eau est retenue. — **Trav. publ.** Eau emmagasinée derrière un barrage dans un réservoir ou un bief.

RETERÇAGE ou **RETERSAGE** n. m. Action de retercer.

RETERCER ou **RETERSER** v. t. (de *tiercer*) [conj. **16** ou 3]. Labourer la vigne une nouvelle fois, pour enlever les herbes.

RETE TESTIS, mots lat. signif. *filet du testicule,* et désignant le réseau constitué par les tubes droits anastomosés, situé à la partie antérosupérieure du testicule.

RETEZAT, massif montagneux de Roumanie, dans les Alpes de Transylvanie ; 2 509 m au *Peleaga.* Parc national.

RETHEL (08300), ch.-l. d'arrond. des Ardennes, sur l'Aisne ; 8 639 hab. *(Rethélois).* Église des XIIIe-XVIIe s. Musée régional. Électroménager. Matériel de levage. Confection. Abattoir (bovins). — **Hist.** Ancien camp romain, la ville fut érigée en comté au XIIIe s. et en duché sous Henri III. Occupée par les Espagnols sous la Fronde, elle fut reprise à Condé par Turenne en 1653. De violents combats s'y livrèrent en 1940.

RETHEL (Alfred), peintre et graveur allemand (Diepenbend, près d'Aix-la-Chapelle, 1816 - Düsseldorf 1859), auteur de fresques de la vie de Charlemagne à l'hôtel de ville d'Aix-la-Chapelle, d'une suite xylographique de la *Danse des morts* (1849).

RETHONDES (60153), comm. de l'Oise, sur l'Aisne, à 10 km à l'E. de Compiègne ; 593 hab.

Rethondes *(armistices de)* [11 nov. 1918 et 22 juin 1940], armistices signés dans une clairière de la forêt de Compiègne, proche de la gare de Rethondes.
• *11 novembre 1918.* Les conditions d'un armistice sont arrêtées le 4 nov. 1918 à Versailles par le Conseil suprême de la guerre des Alliés, puis communiquées par le maréchal Foch à la délégation allemande présidée par le Dr Erzberger, le 8 novembre à Rethondes. L'armistice est signé le 11 novembre à 5 h 10 pour prendre effet à 11 heures. Il sera renouvelé le 13 déc. 1918 et le 16 janv. 1919, puis reconduit le 16 février jusqu'à la signature du traité de Versailles (28 juin 1919).
• *22 juin 1940.* Le maréchal Pétain, chargé de former le cabinet après la démission de Paul Raynaud, demande par l'intermédiaire de l'Espagne l'armistice aux Allemands le 17 juin. Assurance est donnée aux Anglais que la flotte française ne sera jamais livrée à l'ennemi. La délégation française, présidée par Huntziger, est reçue le 21 juin par Hitler à Rethondes dans le wagon même de l'armistice de 1918. Le gouvernement de Bordeaux lui donne l'ordre de signer le 22 juin. Le feu ne cessera que le 25 juin, après la signature le 24, à Rome, de l'armistice avec l'Italie.

RÉTIAIRE [-sjɛr] n. m. (lat. *retiarius,* de *rete,* filet). Gladiateur romain sans cuirasse, armé d'un trident, d'un poignard et d'un grand filet de pêche, qu'il s'efforçait de jeter sur son adversaire, le mirmillon.

RÉTICENCE n. f. (lat. *reticentia,* silence obstiné). **1.** Omission volontaire de ce qu'on devrait dire. – **2.** Attitude de qqn qui hésite à dire expressément sa pensée, à donner son accord : *C'est sans aucune réticence qu'il a accepté.*

RÉTICENT, E adj. **1.** *Litt.* Qui ne manifeste pas ouvertement sa pensée : *Un interlocuteur réticent.* – **2.** Qui manifeste une certaine réserve, une hésitation, ou même une certaine opposition : *Se montrer réticent devant un projet.*

RÉTICULAIRE adj. **1.** Relatif à un réseau cristallin. – **2.** Relatif à un réticulum. – **3.** *Formation réticulaire,* syn. de RÉTICULÉE. ‖ *Plan réticulaire,* mode de regroupement des nœuds d'un réseau.

RÉTICULATION n. f. Passage d'un polymère d'un état où les macromolécules sont indépendantes à un état où elles sont reliées par des liaisons chimiques.

RÉTICULE n. m. (lat. *reticulum,* petit filet). **1.** Petit sac à main de dame. – **2.** Disque percé d'une ouverture circulaire coupée par deux fils très fins qui se croisent à angle droit et servent à la visée dans une lunette.

RÉTICULE (en lat. *Reticulum, -i*), petite constellation australe, introduite au XVIIIe s. par La Caille.

RÉTICULÉE n. f. Agrégat de cellules de taille et de forme différentes, réparties sur toute la hauteur du tronc cérébral à sa partie médiane. (Syn. FORMATION RÉTICULÉE ou RÉTICULAIRE.)
ENCYCL. **Neurol.** Les neurones de la réticulée sont intriqués, et sur un même neurone peuvent converger des influx sensitifs, sensoriels ou d'origine cervicale. Un même neurone peut envoyer des messages efférents sur de multiples cibles grâce aux nombreuses collatérales que présente chaque axone. Les afférences qui touchent la réticulée viennent notamment de la moelle épinière, du cervelet, du cortex cérébral et d'autres régions de la réticulée. La réticulée est impliquée dans de nombreuses fonctions : éveil du cerveau et contrôle du cycle veille-sommeil, du tonus musculaire, de la respiration, de la pression artérielle et des contractions cardiaques.

RÉTICULER v. t. (lat. *reticulatus,* croisé) [conj. **3**]. Relier entre elles des chaînes de polymère pour en faire un réseau.
◆ **être réticulé** v. pass. **1.** En parlant d'un mur, être formé de moellons carrés disposés en diagonale. (C'est l'*opus reticulatum* romain.) – **2.** En parlant d'une voûte gothique, comporter un réseau complexe de nervures. – **3.** En parlant d'un minéral, avoir des fibres arrangées de telle manière qu'elles imitent un réseau. – **4.** En parlant d'un tissu vivant, être en forme de réseau. – **5.** *Formation réticulée,* syn. de RÉTICULÉE. ‖ *Polymère réticulé,* polymère ayant subi la réticulation. (Les polymères réticulés [caoutchouc naturel vulcanisé, la plupart des phénoplastes] sont insolubles et infusibles.) ‖ *Sol réticulé,* syn. de SOL POLYGONAL* ARCTIQUE.

RÉTICULITE n. f. Inflammation du réseau chez les ruminants.

RETICULITERMES [-mɛs] n. m. Nom générique du termite lucifuge, qui vit dans les souches de pin et qui peut envahir les habitations.

RÉTICULOCYTE n. m. Globule rouge jeune, circulant environ 24 heures dans le sang.

RÉTICULO-ENDOTHÉLIAL, E, AUX adj. Se disait d'un tissu (ou d'un système) diffus dans tout l'organisme, qui était censé assurer simultanément des fonctions de soutien, des fonctions de défense et des fonctions hématopoïétiques, et dont l'existence est remise en question.

RÉTICULO-PÉRITONITE n. f. *Réticulo-péritonite traumatique,* chez les ruminants, inflammation du réseau et du péritoine avoisinant, consécutive à la perforation du réseau par un corps étranger.

RÉTICULOSARCOME n. m. Sarcome des tissus hématopoïétiques.

RÉTICULOSE ou **RÉTICULO-ENDOTHÉLIOSE** n. f. Nom générique d'un ensemble de maladies mal définies dans lequel on regroupe diverses histiocytoses et certaines hyperplasies inflammatoires (observées, par ex., au cours de la tuberculose, de la lèpre et de la brucellose).

RÉTICULUM [-lɔm] n. m. (lat. *reticulum,* petit filet). **1.** Réseau formé par les fibres de certains tissus ou les anastomoses des petits vaisseaux. — **2.** *Réticulum endoplasmique,* réseau tridimensionnel intracellulaire de canaux intercommunicants, limités par des membranes, ayant la forme de citernes ou de sacs aplatis, de taille variable. (Syn. ERGASTOPLASME.) ‖ *Réticulum fibrineux,* aspect en réseau que prend la fibrine du sang lors de la coagulation.

RÉTIE → RHÉTIE.

RETIERS (35240), ch.-l. de cant. d'Ille-et-Vilaine, à 35 km au S.-E. de Rennes ; 3 340 hab. *(Restériens).* Produits laitiers.

RÉTIF, IVE adj. (lat. pop. *restivus,* du lat. class. *restare,* s'arrêter). **1.** Se dit d'un animal qui s'arrête ou recule au lieu d'avancer. — **2.** Qui s'oppose à toute discipline : *Un enfant rétif qui n'obéit jamais.* — **3.** *Litt.* Se dit d'un esprit qui ne répond pas aux sollicitations : *Une mémoire rétive.*

RÉTINACLE n. m. (lat. *retinaculum,* petit réseau). Organes des fleurs d'orchidées servant à coller les deux pollinies sur l'insecte qui visite la fleur, ce qui permet la pollinisation croisée.

RÉTINAL ou **RÉTINÈNE** n. m. Aldéhyde diterpénique $C_{20}H_{28}O$, apparenté au rétinol, et dont l'union avec l'opsine forme la rhodopsine, ou pourpre rétinien.

RÉTINE n. f. (lat. médiév. *retina,* du lat. class. *rete,* réseau). Membrane du fond de l'œil, formée de cellules nerveuses en rapport avec les fibres du nerf optique, et sensible à la lumière.

ENCYCL. La rétine est une membrane mince et transparente, tapissée sur sa face externe par la choroïde. Elle est formée par l'épanouissement du nerf optique et par les cellules sensorielles de la vue. Le nerf optique perfore les différentes membranes de l'œil et fait à l'intérieur une légère saillie appelée *papille,* insensible à la lumière *(punctum cæcum).* Dans l'axe antéropostérieur de l'œil (axe optique) se trouve une dépression, la tache jaune *(macula lutea),* partie la plus sensible de la rétine.

La rétine est formée de trois couches de cellules, qui sont, de l'extérieur vers l'intérieur : 1° la couche des cônes et des bâtonnets, les premiers étant surtout sensibles à l'intensité des rayons lumineux, les seconds aux couleurs ; 2° une couche de neurones bipolaires, mettant en rapport les cellules visuelles et les neurones sensitifs ; 3° une couche de neurones multipolaires dont les axones forment les fibres du nerf optique.

Les maladies rétiniennes les plus fréquentes sont la dégénérescence maculaire, le décollement de rétine et les rétinopathies d'origine variable (diabète, hypertension artérielle, artériosclérose, etc.)

RÉTINIEN, ENNE adj. Relatif à la rétine : *Image rétinienne.*

1. RÉTINITE n. f. (de *rétine*). Inflammation de la rétine.

2. RÉTINITE n. f. (gr. *rêtinê,* résine). Syn. de PECHSTEIN.

RÉTINOBLASTOME n. m. Tumeur maligne embryonnaire de la rétine, parfois héréditaire, survenant chez le nourrisson ou le jeune enfant et souvent bilatérale.

RÉTINOGRAPHIE n. f. Photographie du fond d'œil.

RÉTINOÏQUE adj. *Acide rétinoïque,* acide diterpénique, métabolite de la vitamine D, jouant un rôle important dans le déterminisme de la division des cellules et impliqué probablement dans de nombreux processus (développement embryonnaire, renouvellement cellulaire, etc.). L'acide rétinoïque de synthèse, obtenu par oxydation du rétinal ou du rétinol, est utilisé en application locale, seul ou associé à l'érythromycine, pour le traitement de l'acné.

RÉTINOL n. m. Alcool diterpénique, qui est la vitamine A1.

RÉTINOPATHIE n. f. Toute affection de la rétine.

RÉTINULE n. f. Partie sensible de l'œil élémentaire, chez les insectes.

RÉTIQUE → RHÉTIQUE.

RETIRAGE n. m. Nouveau tirage d'un livre, d'une photo, etc.

RETIRATION n. f. (de *retirer*). **1.** Action d'imprimer le second côté d'une feuille. — **2.** Forme imprimante destinée à l'impression du verso d'une feuille. — **3.** *Presse à retiration,* presse imprimant le recto et le verso en un seul passage de la feuille.

RETIRER v. t. (de *tirer*) [conj. 3]. **1.** Tirer qqch une nouvelle fois : *Retirer un coup de fusil.* — **2.** Tirer qqn, qqch hors de l'endroit où il a été introduit, où il se trouve retenu : *Retirer un clou d'une planche. Retirer un noyé de la rivière.* — **3.** Ôter, éloigner qqch, une partie du corps de l'endroit où ils se trouvent : *Retire ta main, tu vas te brûler.* — **4.** Enlever qqch qu'on porte sur soi : *Retirer ses bijoux.* — **5.** Prendre à qqn ce qu'il a dans les mains ; le débarrasser, lui ôter ce qu'il a dans le corps, ce qu'il porte sur lui : *Il m'a retiré le couteau des mains. On lui a retiré deux dents.* — **6.** Déposséder, priver qqn de qqch, lui faire perdre l'usage d'un droit, d'un avantage, d'un bien : *Retirer la garde d'un enfant à sa mère.* — **7.** Cesser d'accorder tel sentiment à qqn : *Je lui retire mon affection.* — **8.** Faire quitter un lieu à qqn, le séparer d'un groupe : *Retirer son fils du lycée.* — **9.** Enlever, faire disparaître qqch du secteur d'activités où il se trouvait : *Retirer un produit du marché.* — **10.** Annuler l'engagement, la décision qu'on avait pris : *Retirer sa parole. Retirer sa participation.* — **11.** Prendre possession de ce qui est préparé, réservé pour soi, de ce qu'on avait placé en dépôt : *Retirer ses bagages à la consigne.* — **12.** Tirer une substance de qqch : *Un produit dont on retire une huile.* — **13.** Tirer un profit pécuniaire de qqch : *Retirer beaucoup d'argent d'une affaire.* — **14.** Tirer un avantage ou un désagrément de qqch : *De cette entreprise, ils ont surtout retiré des ennuis.* — **15.** Revenir sur une déclaration, une opinion : *Je retire ce que j'ai dit.* — **16.** Effectuer un nouveau tirage (d'un livre, d'une photo).

◆ **être retiré** v. pass. Être peu fréquenté, être écarté, isolé : *Une maison retirée.*

◆ **se retirer** v. pr., **être retiré** v. pass. **1.** Prendre sa retraite, cesser toute activité professionnelle : *Un homme retiré des affaires.* — **2.** S'isoler, se fixer qqpart pour y vivre à l'écart : *Se retirer dans un couvent.*

◆ **se retirer** v. pr. **1.** Quitter le lieu où l'on se trouve, la place où l'on est ; partir de chez qqn : *Retire-toi de là. Il est tard, nous allons nous retirer.* — **2.** En parlant d'un groupe, faire un mouvement en arrière pour abandonner le terrain : *Les manifestants se sont retirés vers la Bastille.* — **3.** Aller momentanément dans un endroit où l'on sera seul : *Se retirer dans sa chambre.* — **4.** En parlant des eaux, opérer un mouvement de reflux. — **5.** Pratiquer la méthode du retrait.

RETIRURE n. f. Creux qui se forme, dans une pièce coulée, par retrait de la matière.

RETISSAGE n. m. Action de retisser.

RETISSER v. t. (conj. 3). Tisser de nouveau.

RÉTIVITÉ n. f. (de *rétif*). **1.** Refus opiniâtre d'un cheval, d'un âne ou d'un mulet d'exécuter le travail qui lui est demandé. — **2.** *Litt.* Humeur, caractère rétifs.

RETOMBANT, E adj. Qui retombe ; pendant.

RETOMBE n. f. (de *retomber*). Feuille collée par sa lisière sur une partie d'un dessin d'architecture et portant un projet de transformation ou une variante. (Syn. CACHE.)

RETOMBÉ n. m. En chorégraphie, chute naturelle du corps, après une élévation.

RETOMBÉE n. f. **1.** Action de retomber après s'être élevé : *La retombée d'une fusée.* — **2.** *Litt.* Action de retomber après une exaltation : *La retombée de l'enthousiasme populaire.* — **3.** Conséquence, répercussion : *Les retombées politiques d'un scandale.* — **4.** Partie inférieure de chacune des deux montées d'un arc, d'une voûte, au-dessus des piédroits.

◆ **retombées** n. f. pl. *Retombées radioactives,* pollution des basses couches de l'atmosphère et de la surface du globe par des substances radioactives dispersées à haute altitude.

RETOMBER (conj. 3 ; auxil. *être*). **1.** Tomber une autre fois, tomber à nouveau : *La lampe est retombée.* — **2.** Se trouver une nouvelle fois dans un état (en partic. mauvais) : *Retomber dans la misère. Retomber malade.* — **3.** Reprendre contact après un saut, une chute, ou après avoir été lancé : *Sauter et se blesser en retombant.* — **4.** S'effondrer, s'affaisser après s'être relevé : *Le blessé est retombé épuisé sur le sol.* — **5.** Tomber de tout son poids après avoir été levé : *Le capot lui est retombé sur la main.* — **6.** S'affaisser, en parlant d'une préparation : *Le soufflé est retombé.* — **7.** Cesser de se produire, disparaître ou faiblir : *Sa colère est brusquement retombée.* — **8.** Baisser, diminuer après une élévation : *Le dollar est retombé.* — **9.** Tomber, pendre : *Les pans de la couverture retombent autour du lit.* — **10.** Atteindre qqn par contrecoup : *La faute du père retombera sur le fils.*

RETONDRE v. t. (conj. 75). Tondre de nouveau.

RETORDAGE ou **RETORDEMENT** n. m. Action de retordre ensemble deux ou plusieurs fils textiles, le plus souvent en sens inverse de la torsion des fils simples.

RETORDERIE n. f. Atelier de retordage.

RETORDEUR, EUSE n. Personne qui retord les fils.

RETORDRE v. t. (lat. *retorquere*) [conj. 76]. **1.** Tordre à nouveau : *Retordre du linge.* — **2.** Pratiquer l'opération du retordage. — **3.** *Métier à retordre,* machine servant à exécuter le retordage.

RÉTORQUER v. t. (lat. *retorquere,* retourner) [conj. 3]. Répondre, répliquer vivement qqch à qqn ; objecter : *Il m'a rétorqué que j'avais tort.*

RETORS, E [rətɔr, -ɔrs] adj. (anc. part. passé de *retordre*). **1.** Qui manie la ruse avec une finesse tortueuse : *Un politicien retors prêt à toutes les intrigues.* — **2.** Se dit du bec d'un oiseau recourbé et crochu. — **3.** *Fil retors,* fil formé de plusieurs fils simples retordus ensemble.

RÉTORSION n. f. (de *rétorquer,* avec l'infl. de *torsion*). **1.** Action de répliquer par des procédés, des mesures analogues à celles dont qqn s'est servi contre soi : *Mesures de rétorsion. User de rétorsion.* — **2.** Procédé de coercition qui consiste, pour un

État, à user à l'égard d'un autre État de mesures analogues à celles, préjudiciables, quoique licites, dont cet État s'est servi envers lui.

RETOUCHE n. f. **1.** Action de retoucher un texte, une photo, une peinture, etc. ; correction, rectification. — **2.** Rectification d'un vêtement, après essayage.

RETOUCHER v. t. (de *toucher*) [conj. **3**]. **1.** Rectifier, corriger, modifier certains détails : *Retoucher un dessin, une photo.* — **2.** Faire des retouches à un vêtement.
◆ v. t. ind. **1.** Toucher de nouveau à qqch. — **2.** S'adonner de nouveau à qqch : *Il n'a plus jamais retouché à l'alcool.*

RETOUCHEUR, EUSE n. **1.** Personne qui procède à la retouche des photographies ou des clichés de photogravure. — **2.** Personne qui effectue les retouches d'un vêtement.

RETOUCHEUR-CHROMISTE [-kro-] n. m. (pl. *retoucheurs-chromistes*). Spécialiste de la retouche des films de sélection des couleurs, en quadrichromie.

RETOUR n. m. (de *retourner*). **1.** Fait pour qqn, qqch de repartir, de revenir vers l'endroit d'où il est venu ; déplacement, voyage ainsi accompli : *Il va falloir penser au retour.* — **2.** Titre de transport permettant d'effectuer à l'inverse le voyage fait à l'aller : *Il n'a pas assez d'argent pour payer le retour.* — **3.** Fait d'être de nouveau qqpart après un congé, une absence : *Il a beaucoup changé depuis son retour.* — **4.** Action ou fait de revenir à un état antérieur : *Le retour au calme.* — **5.** Fait pour qqch d'être rendu, réexpédié : *Retour d'un colis.* — **6.** Fait de se manifester de nouveau, de se reproduire : *Un retour du froid.* — **7.** Changement brusque et complet : *Par un juste retour des choses, son mérite a été reconnu.* — **8.** *Litt.* Fait de répondre par une attitude réciproque aux sentiments de qqn d'autre : *Un amour qui ne peut se passer de retour.* — **9.** Partie destinée à être retournée, rabattue : *Un retour de drap.* — **10.** *De retour,* revenu : *De retour à Paris.* ‖ *En retour,* en échange, par réciprocité. ‖ *Être sur le retour,* être sur le point de partir pour regagner le lieu d'où l'on est venu ; commencer à vieillir. ‖ *Faire un retour sur soi-même,* faire un effort de sincérité dans l'examen de sa conduite et de sa vie passée. ‖ *Par retour (du courrier),* dès la réception d'une correspondance, sans délai. ‖ *Retour d'âge,* moment de l'existence où l'on commence à vieillir. ‖ *Retour de bâton,* choc en retour dangereux ou néfaste. ‖ *Retour de flamme,* poussée brusque et inattendue de flammes qui jaillissent hors du foyer ; dans un moteur thermique, accès de la flamme de l'explosion dans le carburateur ; renouveau d'activité, de passion ; effet indirect d'une action qui se retourne contre son auteur. ‖ *Retour de manivelle,* sur les voitures anciennes, choc qui se produisait au moment de la mise en marche à la manivelle ; *fam.,* conséquence néfaste ou dangereuse. ‖ *Retour en arrière,* vue rétrospective ; dans un récit, évocation d'événements passés ; décision, mesure qui constitue un recul, va en sens inverse du progrès.
• **Arm.** *Retour en batterie,* mouvement automatique ramenant le canon d'une bouche à feu à sa position de tir après le départ du coup. — **Banq.** *Clause de retour sans frais,* clause d'une lettre de change ou de son endossement qui prohibe le protêt en cas de non-paiement, en vue d'éviter des frais. — **Bât.** Angle rentrant qu'une partie de construction forme avec une autre, en avant de laquelle elle fait saillie. (Par ex. *aile en retour* sur le corps de bâtiment principal.) ‖ *Retour d'équerre,* retour à angle droit. — **Cin.** *Retour arrière,* trucage consistant à faire défiler la pellicule en sens inverse, de sorte que l'action commence par la fin et finit par le commencement. ‖ *Retour en arrière,* syn. de FLASH-BACK. — **Comm.** Marchandise renvoyée à un fournisseur pour diverses raisons et, notamment, le défaut de qualité. ‖ Ouvrage non vendu que le libraire retourne à l'éditeur, à l'expiration d'un délai convenu. — **Comptab.** *Retour sur investissements,* ratio financier indiquant la rentabilité des capitaux engagés dans une entreprise ou une activité. (Il est exprimé par le rapport bénéfice net/capital investi.) ‖ *Temps de retour,* temps au bout duquel un investissement productif se trouve rentabilisé. — **Dr.** Réimportation de marchandises qui n'ont pas été vendues. ‖ *Droit de retour (successoral),* droit résultant de la volonté des parties (retour conventionnel) et en vertu duquel un donateur rentre dans la possession des choses par lui données, en cas de prédécès du donateur. (Syn. SUCCESSION ANOMALE.) — **Électr.** *Retour par la terre,* utilisation de prises de terre, de gaines métalliques, de câbles ou autres armatures comme conducteurs. — **Hist.** *Loi du retour* (en hébreu *'aliya*), loi de l'État d'Israël, votée par la Knesset le 5 juill. 1950, stipulant que tout juif a le droit de venir s'installer en Israël en tant qu'immigrant. — **Min.** *Retour d'air,* ouvrage qui permet à l'air de sortir de la mine après avoir balayé les chantiers. — **Opt.** *Retour inverse de la lumière,* principe de l'optique géométrique selon lequel la trajectoire d'un rayon lumineux est indépendante du sens de propagation de la lumière. — **Psychan.** *Retour du refoulé,* réapparition, sous forme d'associations, d'éléments qui ont été refoulés. (C'est un cas particulier du rejeton* de l'inconscient.) — **Véner.** Ruse qu'emploient le cerf et surtout le chevreuil lorsqu'ils interrompent brusquement la ligne qu'ils ont suivie et se détournent à droite ou à gauche.

RETOURNABLE adj. Se dit d'un emballage qu'on peut récupérer.

RETOURNAC (43130), ch.-l. de cant. de la Haute-Loire, au-dessus de la Loire ; 2 294 hab. *(Retournacois).* Église romane.

RETOURNAGE n. m. **1.** Action de retourner un vêtement, un sac. – **2.** Aération et homogénéisation mécanique de l'orge de brasserie pendant la phase de germination.

RETOURNE n. f. Carte que le donneur retourne après avoir servi les joueurs, et qui détermine l'atout.

RETOURNÉ n. m. Au football, action d'expédier la balle en arrière, en la faisant passer au-dessus de soi.

RETOURNEMENT n. m. **1.** Bouleversement, changement complet et dans un sens opposé d'une situation, d'un comportement : *Le retournement d'une situation.* – **2.** Fait de retourner un espion. – **3.** Figure de voltige aérienne dans laquelle l'avion effectue un demi-tonneau en montant, pour se trouver sur le dos en haut de la trajectoire, puis pique et se redresse, afin de revenir en ligne de vol horizontal, à 180° de la direction initiale. – **4.** Double observation avec un même instrument, dans deux positions opposées, permettant, en prenant la moyenne des résulats obtenus, d'éliminer l'erreur systématique due à l'imperfection de l'instrument. – **5.** Symétrie orthogonale par rapport à une droite, dans l'espace affine à 3 dimensions. (C'est une rotation d'angle π.)

RETOURNEMER *(lac de),* lac des Vosges, au pied du Hohneck ; 5,5 ha. Il se déverse par la Vologne dans le lac de Longemer.

RETOURNER v. t. (de *tourner*) [conj. **3** ; auxil. *avoir*]. **1.** Mettre qqch à l'envers, le tourner de façon à placer le dessus en dessous, le devant derrière, etc. : *Retourner une grillade. Retourner un matelas.* – **2.** Mettre un local sens dessus dessous, bouleverser tout ce qui s'y trouve : *On a retourné toutes les pièces de son appartement.* – **3.** Tourner qqch en divers sens : *Retourner la salade. Tourner et retourner une idée dans sa tête.* – **4.** Troubler qqn profondément, lui causer une violente émotion : *La nouvelle de cette mort nous a tous retournés.* – **5.** Orienter qqch ou qqn dans une position inverse, sur qqn ou qqch d'autre : *Retourner son arme sur soi-même. Retourner sa colère contre ses proches.* – **6.** Renvoyer à l'expéditeur son envoi, renvoyer à un commerçant, un fabricant une marchandise qui ne convient pas : *L'éditeur lui a retourné son manuscrit.* – **7.** *Fam.* Faire changer qqn, un groupe d'opinion, de camp : *On le retourne comme une crêpe.* – **8.** *Fam.* Adresser à qqn des propos similaires : *Il lui a retourné ses insultes.* – **9.** Démonter un vêtement et le refaire en utilisant pour l'endroit l'envers du tissu moins usé. – **10.** *Retourner une situation,* en inverser le sens, l'orientation ; renverser. ‖ *Retourner la terre,* la remuer à l'aide de la bêche ou de la charrue, de façon à ramener à la surface sa partie profonde.

◆ v. i. (auxil. *être*). **1.** Aller de nouveau en un lieu où l'on est déjà allé : *Retourner chaque été à la mer.* – **2.** Revenir à l'endroit d'où l'on est parti, regagner son domicile ou le lieu que l'on a quitté : *Retournez à votre place.* – **3.** S'occuper à nouveau de qqch, de qqn : *Après cette pause, le médecin retourna à ses patients.* – **4.** Revenir à un état antérieur : *Ces conceptions vont nous faire retourner au Moyen Âge.* – **5.** Être restitué à qqn, à un groupe : *L'exploitation retournera à la collectivité.* – **6.** *Retourner dans une couleur,* jouer une carte de la couleur qui a déjà été jouée. – **7.** *Savoir de quoi il retourne,* savoir exactement de quoi il s'agit, être fixé sur une question.

◆ **être retourné** v. pass. Pour une fourrure, être travaillée de façon que l'article fini présente la peau de l'animal à l'extérieur et les poils à l'intérieur.

◆ **se retourner** v. pr. **1.** Se tourner dans un autre sens, sur un autre côté : *Se tourner et se retourner dans son lit.* – **2.** Se renverser : *Le véhicule s'est retourné dans le fossé.* – **3.** Tourner la tête, le buste ou le corps tout entier : *Se retourner sur le passage de quelqu'un.* – **4.** Recourir à qqn, qqch, après avoir envisagé une autre solution : *Ne savoir vers qui se retourner.* – **5.** Agir contre qqn dont on était l'allié, l'associé, ou faire porter sur un tiers une charge, une accusation dont on faisait l'objet : *Se retourner contre le propriétaire.* – **6.** Retomber sur son auteur, ou être reporté sur qqn d'autre : *Sa colère s'est retournée contre ses collaborateurs.* – **7.** *Fam.* Tirer parti habilement de la situation ; agir au mieux, en partic. pour trouver de l'argent : *Laissez-lui le temps de se retourner.* – **8.** *S'en retourner (qqpart),* partir pour regagner le lieu d'où l'on est venu. – **9.** *Se retourner un doigt, la main, le poignet,* se faire une luxation ou un arrachement ligamentaire.

RETOURNEUR n. m. En malterie industrielle, appareil utilisé pour le retournage automatique de l'orge en germination.

RETRACER v. t. (conj. **16**). **1.** Tracer, dessiner qqch de nouveau ou autrement : *Retracer un plan.* – **2.** Rappeler qqch à la mémoire : *Retracer la vie de Napoléon.*

RÉTRACTABLE adj. **1.** Qui peut être rétracté, se rétracter. – **2.** *Film rétractable,* film plastique qui se rétracte et qui épouse ainsi parfaitement la forme de l'objet qu'il enveloppe.

RÉTRACTATION n. f. **1.** Action de se rétracter, de se dédire : *Les rétractations des témoins.* — **2.** Dénomination des voies de recours contre une décision judiciaire qu'on peut adresser à la juridiction qui l'a rendue (opposition, révision et tierce opposition).

1. RÉTRACTER v. t. (lat. *retractum,* de *retrahere,* tirer en arrière) [conj. 3]. Tirer un organe en arrière, le raccourcir : *Le colimaçon rétracte ses cornes.*
◆ **se rétracter** v. pr., **être rétracté** v. pass. **1.** Subir un effet de raccourcissement, de tension : *Son visage s'est rétracté sous la douleur.* — **2.** *Voyelle rétractée,* syn. de VOYELLE ÉTIRÉE.

2. RÉTRACTER v. t. (lat. *retractare,* retirer) [conj. 3]. *Litt.* Désavouer ce qu'on a écrit ou dit : *Il a rétracté son témoignage devant les juges.*
◆ **se rétracter** v. pr. Nier formellement ce qu'on avait dit : *Le témoin s'est rétracté et a avoué qu'il n'avait rien vu.*

RÉTRACTIBILITÉ n. f. Propriété du bois de varier dans ses dimensions, lorsque son état d'humidité change, et qui provoque le « travail » du bois et le « jeu » des assemblages.

RÉTRACTIF, IVE adj. Qui produit une rétraction.

RÉTRACTILE adj. (lat. *retractum,* de *retrahere,* tirer en arrière). Qui a la possibilité de se rétracter : *Griffes rétractiles.*

RÉTRACTILITÉ n. f. Qualité de ce qui est rétractile.

RÉTRACTION n. f. (lat. *rétractio*). **1.** Raccourcissement de certains tissus ou organes. — **2.** Mise en place d'un film rétractable autour d'un objet.

RETRADUIRE v. t. (conj. **98**). Traduire de nouveau ou en partant d'une traduction.

RETRAIRE v. t. (lat. *retrahere*) [conj. **112**]. Exercer un droit de retrait.

RETRAIT n. m. (anc. fr. *retraire,* se retirer). **1.** Action, fait de se retirer d'un lieu, de revenir en arrière : *Le retrait des troupes. Le retrait d'un fleuve après la crue.* — **2.** Action de se retirer d'une action dans laquelle on était engagé : *Le retrait d'une équipe de la compétition.* — **3.** Fait de subir une diminution de volume ; cette diminution elle-même : *Un matériau qui présente un retrait important.* — **4.** Action de reprendre ce qui avait été accordé, mis en réserve : *Le retrait du permis de conduire. Retrait d'argent.* — **5.** *En retrait,* en arrière d'un alignement ou d'une limite déterminée ; dans une position moins avancée, moins audacieuse, comparée à une autre. • **Archit.** Autref., petite pièce d'habitation dépendant le plus souvent de la chambre à coucher et où l'on pouvait s'isoler. — **Bois.** Diminution de dimension d'un bois lorsque son état d'humidité décroît. — **Céram.** Resserrement de la pâte céramique par perte d'humidité au cours du séchage et de la cuisson, qui provoque une diminution des dimensions de l'objet. — **Dr.** Disparition d'un acte administratif sur décision de l'Administration. (Le retrait, qui est rétroactif, n'est possible que s'il est fondé sur l'illégalité de l'acte.) ‖ *Droit de retrait,* syn. de DROIT DE REPENTIR. ‖ *Retrait d'emploi,* sanction disciplinaire consistant à relever un fonctionnaire d'une compétence et des avantages de carrière attachés au poste qu'il occupait. — **Métall.** Contraction que subissent les produits métalliques au cours d'une opération (coulée, refroidissement, frittage).

RETRAITANT, E n. Personne qui fait une retraite spirituelle.

1. RETRAITE n. f. (de *retraire*). **1.** Action de se retirer de la vie active, d'abandonner ses fonctions ; état de qqn qui a cessé ses activités professionnelles : *Prendre sa retraite.* — **2.** Prestation sociale servie à qqn qui a pris sa retraite : *Toucher sa retraite.* (→ *encycl.*) — **3.** Éloignement où l'on se tient des préoccupations profanes pendant quelques jours pour se recueillir ; lieu où se déroulent ces exercices. — **4.** Lieu où qqn se retire pour vivre dans le calme, la solitude, ou pour se cacher : *Un appartement qui a servi de retraite à un fugitif.* — **5.** Marche en arrière d'une armée qui ne peut se maintenir sur ses positions. — **6.** *Battre en retraite,* reculer devant l'ennemi ; faire machine arrière. ‖ *Retraite aux flambeaux,* défilé nocturne organisé à l'occasion d'une fête publique, à la lueur des lampions. • **Bât.** Diminution donnée à l'épaisseur d'un mur, étage par étage, à mesure que l'on s'élève. — **Dr.** *Caisse de retraite,* organisme administratif qui gère un régime légal ou complémentaire de retraite. ‖ *Retraite anticipée,* prestation qui était versée dès 60 ans, avant l'abaissement de l'âge de la retraite, au taux normalement applicable à 65 ans à certaines catégories d'assurés (anciens combattants et prisonniers de guerre, travailleurs ayant exercé des travaux pénibles, etc.). ‖ *Retraite complémentaire,* part de la retraite versée par les régimes complémentaires de retraites créés par convention collective. — **Mar.** *Pièce de retraite,* canon qui se trouve à l'extrême arrière d'un navire de guerre. ‖ *Tirer en retraite,* tirer dans la direction de l'arrière. — **Mil.** Signal (sonnerie de clairon, batterie de tambours) marquant la fin d'une manœuvre ou d'un tir. ‖ *Manœuvre en retraite,* replis successifs d'une troupe pour pouvoir livrer à nouveau bataille dans des lieux et des temps choisis. — **Véner.** Sonnerie de trompe qui marque la fin de la chasse.

ENCYCL. **Dr.** L'abaissement de l'âge de la *retraite des salariés* à 60 ans a été institué par l'ordonnance du 26 mars 1982. Pour les salariés du régime général de la Sécurité sociale et du régime

agricole, la réforme de 1993 relative aux pensions de retraite (loi du 22 juill. et décrets du 27 août) a entériné l'allongement progressif de la durée d'assurance requise pour bénéficier d'une pension à « taux plein », de 37,5 années ou 150 trimestres (ancien régime) à 40 années ou 160 trimestres (nouveau régime ; seuil atteint en 2003). Le montant de la pension est fonction de la retraite de base versée par la Sécurité sociale (50 % du salaire des 10 meilleures années, période de référence élargie progressivement par la réforme de 1993 aux 25 meilleures années ; seuil atteint en 2013) et du complément versé par les caisses de retraites complémentaires. Le financement des retraites est assuré par des cotisations prélevées sur les salaires des actifs.
Pour la *retraite des non-salariés,* chaque catégorie (artisans et commerçants, professions libérales, exploitants agricoles) possède son propre régime d'assurance vieillesse. En 1973, la législation des régimes de retraite des artisans et commerçants a été alignée sur celle, sensiblement plus favorable, du régime général.
La *retraite des fonctionnaires* ne comporte pas de régime complémentaire, la pension légale s'élevant à 75 % du traitement pour une carrière de 37,5 années.

2. RETRAITE n. f. (de *traite*). Nouvelle lettre de change que le porteur non payé tire sur le tireur ou l'un des endosseurs pour lui réclamer le montant de la traite impayée, ainsi que les frais et intérêts.

RETRAITÉ, E adj. et n. Qui est à la retraite, qui a cessé son activité professionnelle.

RETRAITEMENT n. m. (de *retraiter 1*). Traitement chimique du combustible nucléaire après son utilisation dans un réacteur. (Son but est de récupérer l'uranium et le plutonium en les séparant des produits de fission fortement radioactifs.)

1. RETRAITER v. t. (de *traiter*) [conj. 4]. Pratiquer le retraitement du combustible nucléaire.

2. RETRAITER v. i. (de *retraite 1*) [conj. 4]. Battre en retraite.

RETRAITOLOGIE n. f. Étude de la retraite dans tous ses aspects (juridiques, économiques, sociaux, etc.).

RETRANCHEMENT n. m. **1.** *Litt.* Action de retrancher ; suppression de qqch d'un tout : *Retranchement d'une scène dans une pièce de théâtre.* — **2.** Obstacle fortifié naturel ou artificiel organisé pour défendre une position. — **3.** *Pousser qqn dans ses derniers retranchements,* détruire ses derniers arguments.

RETRANCHER v. i. (de *trancher*) [conj. 3]. **1.** Enlever, soustraire une partie d'une quantité : *Retrancher ses frais d'une somme à rembourser.* — **2.** Supprimer une partie d'un ensemble, en éliminer certains éléments : *Retrancher une séquence d'un film.* — **3.** Exécuter des travaux pour défendre une position. — **4.** *Retrancher un nombre d'un autre, une expression d'une autre,* effectuer la soustraction correspondante.
◆ **se retrancher** v. pr., **être retranché** v. pass. **1.** Se défendre, se protéger en se mettant à l'abri : *Armée qui se retranche derrière un fleuve.* — **2.** Invoquer qqch ou qqn comme protection, comme moyens de défense : *Se retrancher derrière le secret professionnel.* — **3.** Litt. *Se retrancher du monde,* se séparer volontairement des autres pour vivre seul.

RETRANSCRIPTION n. f. Action de retranscrire ; fait d'être retranscrit.

RETRANSCRIRE v. t. (conj. **99**). Transcrire de nouveau ; recopier.

RETRANSMETTRE v. t. (conj. **84**). **1.** Transmettre qqch de nouveau ; transmettre à d'autres ce qui vous a été transmis : *Correspondant qui retransmet une nouvelle au journal.* — **2.** Diffuser un programme à la radio ou à la télévision : *Retransmettre en direct, en différé.*

RETRANSMISSION n. f. Action de retransmettre ; fait d'être retransmis ; émission ainsi retransmise.

RETRAVAILLER v. t. et v. i. (conj. **3**). Travailler de nouveau.

RETRAVERSER v. t. (conj. **3**). Traverser de nouveau.

RÉTRÉCIR v. t. (anc. fr. *étrécir,* du lat. *strictus,* étroit) [conj. **32**]. **1.** Diminuer un tissu, un vêtement en longueur ou en largeur : *Rétrécir un pantalon de quelques centimètres.* — **2.** *Litt.* Diminuer l'étendue, la capacité, la portée de qqch : *Ce genre de vie a rétréci ses idées.*
◆ v. i. ou **se rétrécir** v. pr., **être rétréci** v. pass. **1.** Devenir plus étroit : *Le pull a rétréci au lavage.* — **2.** Perdre de son étendue, de ses possibilités : *Un horizon rétréci.*

RÉTRÉCISSEMENT n. m. **1.** Action de rétrécir ; fait de se rétrécir : *Le rétrécissement d'un pull-over.* — **2.** Diminution en largeur d'une voie, d'un canal, d'une forme, etc. : *Rétrécissement de la chaussée.* — **3.** Ensemble des faces supérieure et latérales du foyer d'une cheminée se raccordant en biais avec le manteau. — **4.** Diminution du calibre d'un canal ou d'un orifice, entraînant des troubles du transit au niveau de l'organe atteint.

RÉTREINDRE v. t. (de *étreindre*) [conj. **81**]. Diminuer le diamètre d'une pièce métallique par un martelage de la périphérie.

RÉTREINT n. m. ou **RÉTREINTE** n. f. (de *rétreindre*). Opération d'emboutissage visant à réduire les dimensions d'un objet à parois minces sans modifier son épaisseur.

RÉTREINTE n. f. Obtention d'une forme, à partir d'une plaque de métal, par la seule action du maillet ou du marteau, en orfèvrerie notamment.

RETREMPE n. f. Action de retremper un métal ou un alliage.

RETREMPER v. t. (conj. 3). **1.** Tremper, plonger de nouveau qqch : *Retremper du linge dans l'eau.* — **2.** *Litt.* Donner à qqn, à son esprit une nouvelle vigueur : *L'épreuve lui a retrempé le caractère.* — **3.** Faire subir une nouvelle trempe.
◆ **se retremper** v. pr. **1.** Se tremper une nouvelle fois dans l'eau. — **2.** Reprendre contact avec un milieu : *Se retremper dans le milieu familial.* — **3.** *Litt.* Reprendre une nouvelle vigueur au contact de qqch : *Se retremper aux sources mêmes de l'art.*

RÉTRIBUER v. t. (lat. *retribuere*) [conj. 7]. Donner un salaire, un traitement, une somme d'argent en échange d'un travail, d'un service : *Mal rétribuer ses employés.*
◆ **être rétribué** v. pass. Être fait contre une somme d'argent, en parlant d'un travail : *Travail bien rétribué.*

RÉTRIBUTION n. f. (bas lat. *retributio*). Somme d'argent versée en échange d'un travail, d'un service.

RETRIEVER [retrivɛr] n. m. (angl. *retriever,* de *to retrieve,* rapporter). Chien utilisé à la chasse pour rapporter le gibier.

1. RÉTRO adj. inv. et n. m. (de *rétrospectif*). *Fam.* **1.** Se dit d'un style, d'une mode s'inspirant de ce qui se faisait dans la première moitié du XXe s. : *Mobilier rétro des années 30.* — **2.** Qui marque un retour vers une époque passée : *Film rétro.*

2. RÉTRO n. m. (de *rétrograde*). Au billard, mouvement d'une bille qui, après en avoir frappé une autre, revient en arrière. (Syn. EFFET RÉTROGRADE.)

3. RÉTRO n. m. *Fam.* Rétroviseur.

RÉTROACTES n. m. pl. En Belgique, antécédents : *Les rétroactes d'une affaire.*

RÉTROACTIF, IVE adj. (lat. *retroactum,* de *retroagere,* ramener en arrière). Se dit d'une loi, d'un jugement, d'un acte dont les effets s'exercent sur une période antérieure à leur établissement.

RÉTROACTION n. f. **1.** Action, effet en retour. — **2.** Processus déclenché automatiquement après une perturbation, visant à provoquer une action correctrice en sens contraire. (Syn. FEED-BACK, RÉACTION.) [→ *encycl.*] — **3.** *Rétroaction biologique,* syn. de BIO-FEED-BACK.
ENCYCL. **Cybern.** La rétroaction est à la base de tous les processus de régulation et de commande, naturels ou artificiels. En effet, une grandeur ne peut conserver une valeur constante ni varier selon une loi déterminée que si, à la suite de toute perturbation tendant à l'écarter de sa valeur normale, se trouve déclenché automatiquement un processus de rétroaction qui provoque une action correctrice en sens contraire ; celle-ci est engendée dans une boucle de régulation ou d'asservissement, de sorte que l'énergie de rétroaction est très faible par rapport à l'énergie mise en jeu dans le processus.

RÉTROACTIVEMENT adv. D'une façon rétroactive.

RÉTROACTIVITÉ n. f. Report dans le passé des effets d'une loi, d'un jugement, etc.

RÉTROAGIR v. t. ind. (lat. *retroagere,* avec l'infl. de *agir*) [conj. 32]. *Litt.* Agir rétroactivement sur qqch.

RÉTROCÉDER v. t. (lat. *retrocedere,* reculer) [conj. 18]. **1.** Céder ce que qqn vous avait cédé ou ce qu'on avait acheté pour soi-même. — **2.** Effectuer une rétrocession.

RÉTROCESSION n. f. (bas lat. *retrocessio*). **1.** Acte portant cession à un tiers d'un droit acquis. — **2.** Transfert de la propriété d'un bien acquis à la personne qui l'avait antérieurement cédé. — **3.** Disparition de certains signes d'une maladie, sans que celle-ci ait nécessairement évolué vers la guérison. — **4.** *Rétrocession d'honoraires,* fait de reverser tout ou partie des honoraires perçus à un tiers.

RÉTROCONTRÔLE n. m. ou **RÉTRORÉGULATION** n. f. Autorégulation automatique et permanente du système endocrinien. (Syn. FEED-BACK.)

RÉTRODÉVIATION ou **RÉTROPOSITION** n. f. Déviation d'un organe vers l'arrière (s'applique surtout à l'utérus).

RÉTRODIFFUSION n. f. Diffusion vers l'arrière d'une particule ou d'un quanton.

RÉTROFLÉCHI, E adj. Se dit de l'utérus lorsque l'axe du corps utérin fait avec l'axe du col, qui est en position normale, un angle ouvert vers l'arrière.

RÉTROFLEXE adj. et n. f. (lat. *retroflexus,* de *retroflectere,* fléchir). Se dit d'un phonème réalisé avec la pointe de la langue qui s'incurve vers l'arrière.

RÉTROFLEXION n. f. État d'un utérus rétrofléchi.

RÉTROFUSÉE n. f. Moteur-fusée utilisé pour freiner un engin spatial.

RÉTROGRADATION n. f. (bas lat. *retrogradatio*). **1.** Action de rétrograder, de descendre ou de faire descendre à un niveau inférieur : *Rétrogradation d'un concurrent.* — **2.** Phase du mouvement géocentrique d'une planète au cours de laquelle la longitude de cette planète décroît. — **3.** Syn. anc. de RÉDUCTION* DE GRADE.

RÉTROGRADE adj. (lat. *retrogradus*). **1.** Qui va en arrière, en sens contraire du chemin parcouru : *Mouvement rétrograde.* — **2.** Qui reste attaché aux valeurs du passé, qui est opposé au progrès : *Idées rétrogrades.* • **Astron.** Se dit d'un mouvement qui s'effectue en sens inverse du mouvement direct. — **Géol.** Se dit d'un métamorphisme produit par une baisse d'intensité des climats thermodynamiques. — **Jeux.** *Effet rétrograde,* syn. de RÉTRO. — **Math.** Se dit d'un angle qui n'est pas direct. ‖ Se dit d'une base d'un espace vectoriel réel E n'ayant pas la même orientation que la base choisie pour orienter E. (Syn. BASE NÉGATIVE.) — **Mus.** *Mouvement rétrograde,* disposition inversée des notes d'un intervalle, d'un fragment ou d'un morceau entier. — **Neurol.** Se dit d'une amnésie dans laquelle la perte du souvenir porte sur des événements qui précèdent l'accident causal.

RÉTROGRADER v. i. (bas lat. *retrogradare,* du lat. class. *retrogradi*) [conj. 3]. **1.** Revenir en arrière : *Armée contrainte de rétrograder.* — **2.** Revenir à une situation antérieure, inférieure : *L'économie du pays a rétrogradé.* — **3.** Avoir une longitude géocentrique décroissante, en parlant d'une planète. — **4.** Passer le rapport de boîte de vitesses inférieur à celui que l'on utilise présentement. ◆ v. t. **1.** Faire descendre d'autorité à un rang, à un niveau inférieurs : *Rétrograder un concurrent.* — **2.** Soumettre à la rétrogradation.

RÉTROMAMMAIRE adj. Qui est situé derrière la glande mammaire.

RÉTROMANIE n. f. *Fam.* Intérêt passionné porté à la mode rétro, aux antiquités de la période rétro.

RÉTROMORPHOSE n. f. Phénomène de transformation d'une phase minérale en une autre phase, dont les conditions de stabilité sont de plus faible pression et/ou de plus faible température.

RÉTROMORPHOSÉ, E adj. Qui a subi une rétromorphose.

RÉTROPÉDALAGE n. m. Pédalage dans le sens contraire au sens normal.

RÉTROPÉDALER v. i. (conj. 3). Pédaler dans le sens inverse au sens habituel.

RÉTROPÉRITONÉAL, E, AUX adj. Qui est situé derrière la cavité du péritoine.

RÉTROPHARYNGIEN, ENNE adj. Situé dans la région postérieure du pharynx.

RÉTROPOSITION → RÉTRODÉVIATION.

RÉTROPROJECTEUR n. m. Appareil permettant de projeter, sans obscurcir la salle, des documents opaques ou transparents.

RÉTRORÉFLECTEUR n. m. Dispositif capable de renvoyer la lumière dans des directions voisines de celle d'où elle provient, cette propriété étant conservée pour des variations importantes de la direction du rayonnement incident. (Syn. DISPOSITIF RÉFLECTORISÉ.)

RÉTRORÉGULATION → RÉTROCONTRÔLE.

RÉTROSPECTIF, IVE adj. (du lat. *spectare,* observer). **1.** Qui concerne le passé, l'évolution de qqch : *Un examen rétrospectif de la situation.* — **2.** Qui se manifeste après coup, à l'évocation d'un événement : *Une peur rétrospective.*

RÉTROSPECTION n. f. (de *rétrospectif*). *Litt.* Action de regarder en arrière, de se reporter dans le passé.

RÉTROSPECTIVE n. f. **1.** Exposition présentant de façon récapitulative les œuvres d'un artiste, d'une école, d'une époque. — **2.** Émission, film, récit, etc., qui présentent de façon récapitulative et chronologique des faits appartenant à un domaine précis : *Une rétrospective des événements de l'année.*

RÉTROSPECTIVEMENT adv. De façon rétrospective : *Trembler rétrospectivement.*

RÉTROSTERNAL, E, AUX adj. Qui est localisé derrière le sternum.

RETROUSSAGE n. m. Action de retrousser une planche gravée.

RETROUSSEMENT n. m. Action de retrousser ; fait d'être retroussé.

RETROUSSER v. t. (de *trousser*) [conj. 3]. **1.** Relever le bas, les manches d'un vêtement vers le haut : *Retrousser ses jupes. Retrousser les manches.* — **2.** Relever vers le haut : *Retrousser ses babines.* — **3.** Essuyer plus ou moins une planche en taille-douce après l'avoir encrée, de façon à obtenir un tirage d'un aspect plus fondu que ne le donne un essuyage rigoureux.
◆ **se retrousser** v. pr., **être retroussé** v. pass. **1.** Se relever, remonter : *Le bas de son pantalon est retroussé.* — **2.** *Avoir le nez retroussé,* avoir le bout du nez relevé, en trompette. ‖ *Avoir les flancs retroussés, le ventre retroussé,* en parlant du cheval, avoir les flancs creux, le ventre resserré sous les flancs.

RETROUSSIS [-si] n. m. **1.** Partie du bord d'un chapeau, ou d'un vêtement, qui est relevée, repliée vers le haut. — **2.** Syn. de REVERS. — **3.** Partie des basques de la vareuse militaire relevée pour la commodité de la marche ou de l'équitation. (Le retroussis écarlate existe encore dans l'uniforme de la Garde républicaine.)

RETROUVABLE adj. Que l'on peut retrouver.

RETROUVAILLES n. f. pl. *Fam.* Action, fait de retrouver des personnes dont on était séparé : *De touchantes retrouvailles.*

RETROUVER v. t. (de *trouver*) [conj. 3]. **1.** Découvrir, reprendre un être qui avait disparu, qui est en fuite, trouver qqch qui avait disparu, qui était égaré ou oublié : *Retrouver les auteurs d'un vol. Retrouver ses clefs.* — **2.** Trouver de nouveau qqn, qqch : *Allez ! Et que je ne vous retrouve plus sur mon chemin.* — **3.** Recouvrer un état, pouvoir user de nouveau d'une faculté perdue : *Malade qui commence à retrouver le sommeil.* — **4.** Être de nouveau dans une situation, un lieu : *Être content de retrouver ses habitudes.* — **5.** Rejoindre qqn qqpart, à tel moment : *Je te retrouverai à midi au café.* — **6.** Reconnaître chez qqn ou dans qqch les traits, les qualités propres à qqn, à qqch : *Retrouver chez un enfant les gestes de son père.* — **7.** Fam. *Je vous retrouverai (au tournant), on se retrouvera,* je prendrai ma revanche le moment venu.

◆ **se retrouver** v. pr. **1.** Se présenter une nouvelle fois : *Des circonstances aussi favorables ne se retrouveront jamais.* — **2.** Se rencontrer, se donner rendez-vous en un lieu : *Se retrouver au restaurant.* — **3.** Être de nouveau en un lieu, parmi des personnes, dans une situation qu'on avait quittés : *Je suis heureux de me retrouver parmi vous.* — **4.** Être soudainement ou finalement dans telle situation : *Se retrouver seul. Se retrouver à la tête d'une entreprise.* — **5.** S'orienter dans un lieu, dans une question, dans une situation complexe : *Ne pas se retrouver dans un dédale de rues, dans un compte.* — **6.** Reconnaître les traits dominants de sa personnalité dans qqn d'autre : *Une mère qui se retrouve dans sa fille.* — **8.** Fam. *S'y retrouver,* équilibrer les recettes et les dépenses ; faire un léger profit.

RÉTROVERSÉ, E adj. Affecté de rétroversion.

RÉTROVERSION n. f. **1.** Action de se renverser ; position d'un organe renversé. — **2.** Position de l'utérus qui bascule tout entier en arrière autour de son axe, l'angle entre le col et le corps restant normal.

RÉTROVIRUS [-rys] n. m. Nom générique d'une famille de virus à A. R. N. comprenant en particulier des virus oncogènes pour les animaux et le virus associé au sida chez l'homme (V. I. H.).

RÉTROVISEUR n. m. Miroir fixé à un véhicule pour permettre au conducteur de voir ce qui se passe derrière lui. (Abrév. fam. RÉTRO.)

RETS [rɛ] n. m. (lat. *retis,* var. de *rete,* filet). **1.** Nom d'un grand nombre de filets servant à la chasse et à la pêche. — **2.** Litt. *Tomber dans les rets de qqn,* être pris au piège.

RETSINA n. m. (mot gr.). Vin grec résiné.

RETUBAGE n. m. Action de retuber.

RETUBER v. t. (conj. 3). Remplacer les tubes d'une chaudière.

RETZ ou **RAIS,** pays de Bretagne, entre l'estuaire de la Loire et la baie de Bourgneuf. Son nom lui vient de son ancienne capitale, Rezé *(Ratiatum),* détruite au IXᵉ s.

Retz *(désert de),* un des plus importants parcs « anglo-chinois » du XVIIIᵉ s. (dans les Yvelines, comm. de Chambourcy), créé vers 1775-1785 par un certain Racine de Monville, petit-fils de fermier général. Cet ensemble, auj. très altéré, fut, sous Louis XVI, un des buts de promenade de la Cour.

Retz *(forêt domaniale de)* ou **forêt de Villers-Cotterêts,** forêt de l'Île-de-France de 13 020 ha, traitée en futaie régulière (hêtre, charme, chêne).

RETZ (Gilles DE) → RAIS.

RETZ (Jean-François Paul DE GONDI, *cardinal* DE), homme politique et écrivain français (Montmirail 1613 - Paris 1679). Il reçoit en 1627 un canonicat à Notre-Dame de Paris, mène une vie de plaisirs et élabore des projets ambitieux, qu'il évoque dans *la Conjuration du comte Jean-Louis de Fiesque* (écrite vers 1632). Rendu suspect par ce livre et par ses relations avec le comte de Soissons, il n'est nommé coadjuteur de l'archevêque de Paris qu'en 1643. Rival malheureux de Mazarin, il se lance dans la Fronde, durant laquelle il sert successivement toutes les factions. Louis XIV le fait nommer cardinal en 1652, puis le fait incarcérer à cause de ses intrigues. Il devient archevêque de Paris (1654), perd ce titre, s'évade de prison, s'enfuit à Rome, récupère son évêché, se fait chasser de Rome par le pape Alexandre VII (1656), et ne revient en France qu'en 1661, après avoir renoncé à l'archevêché de Paris. Il s'est mis lui-même en scène dans ses *Mémoires* (rédigés à partir de 1665 et publiés en 1717).

REUBELL → REWBELL.

REUCHLIN (Johannes), humaniste allemand (Pforzheim 1455 - Bad Liebenzell ou Stuttgart 1522). Grand helléniste et fondateur des études hébraïques en Allemagne, il publia une grammaire de l'hébreu, *De rudimentis hebraicis* (1506). Il affirma l'utilité et l'intérêt du Talmud et de la kabbale et fut accusé d'hérésie par les dominicains de Cologne. Les humanistes allemands prirent sa défense, attaquant dans le pamphlet *Epistolae obscurorum virorum* (Erfurt, 1515-1517) la scolastique et l'intolérance de la théologie médiévale.

REUCHLINIEN, ENNE adj. *Prononciation reuchlienne,* système préconisé par Johannes Reuchlin, qui consistait à prononcer le grec ancien comme le font les Grecs modernes. (Il s'opposait au *système érasmien,* qui prévalut.)

RÉUNI → RÉUNIR.

RÉUNIFICATION n. f. Action de réunifier ; fait d'être réunifié.

RÉUNIFIER v. t. (conj. 9). Rétablir l'unité d'un pays, d'un parti, après qu'il s'est trouvé divisé.

RÉUNION n. f. (de *réunir,* avec l'infl. de *union*). **1.** Action de réunir, de remettre ensemble des éléments épars ; résultat de cette action : *La réunion des pièces d'un dossier.* — **2.** Action de rattacher un territoire à un autre ou à un État : *La réunion de la Lorraine à la France en 1766.* — **3.** Action de réunir des personnes en un lieu à une fin déterminée ; fait de se rassembler : *Réunion d'anciens élèves.* — **4.** Séance à laquelle assiste un groupe de personnes ; temps pendant lequel elle se déroule : *Aller à une réunion syndicale.* • **Hist.** *Chambres de réunion,* chambres créées en 1679 par Louis XIV pour donner un fondement juridique à sa politique d'annexions en pleine paix, dite politique des réunions (1679-1684). ‖ *Politique des réunions,* politique d'annexions territoriales pratiquée par Louis XIV en pleine paix de 1679 à 1684. (→ *encycl.*) — **Math.** *Réunion de deux ensembles* A *et* B, ensemble ayant pour éléments les éléments de A et les éléments de B. (L'ensemble réunion de A et de B s'écrit $A \cup B$ et se lit A union B.)

ENCYCL. **Hist.** La *politique des réunions* consistait à faire rechercher par des institutions d'État les droits territoriaux possédés par les provinces annexées à partir de 1648, pour les faire valoir et revendiquer de nouveaux territoires. Furent ainsi réunis les comtés et villes de Montbéliard, Sarrebourg, Sarrelouis, Forbach, la ville de Strasbourg, la forteresse de Casale Monferrato et le comté de Chimay. Cette politique provoqua une coalition générale contre la France (1681), mais la trêve de Ratisbonne (août 1684) reconnut pour vingt ans les annexions françaises. Louis XIV dut cependant renoncer, aux traités de Ryswick (1697), à ses réunions, à l'exception de Sarrelouis, Strasbourg et l'Alsace.

RÉUNION (974), département français d'outre-mer ; ch.-l. *Saint-Denis ;* ch.-l. d'arrond. *Saint-Benoît, Saint-Paul, Saint-Pierre ;* 4 arrond. ; 47 cant. ; 24 comm. ; 2 511 km² ; 597 823 hab. *(Réunionnais).* Le dép. appartient à l'académie de la Réunion, à la cour d'appel de Saint-Denis, à la région militaire sud de l'océan Indien.

— **Géogr.** Dans l'océan Indien, à l'E. de Madagascar, par 21° de latit. S., l'île de la Réunion, d'origine volcanique, a un relief accidenté (3 069 m au piton des Neiges). L'Est « au vent » est beaucoup plus humide que l'Ouest, abrité, mais l'ensemble peut être affecté par des cyclones. Les températures restent constamment élevées (modérées localement par l'altitude). La population est dense (près de 240 hab. au km²) avec une croissance toutefois ralentie par l'émigration et un début de contrôle des naissances. La canne à sucre est la ressource essentielle, base des exportations (complétées par du rhum, une essence de géranium, un peu de vanille), qui ne représentent guère en valeur que le dixième des importations. La Réunion est étroitement dépendante de l'aide financière de la métropole, qui a favorisé l'extension du réseau routier, l'amélioration de l'infrastructure scolaire et hospitalière. Le sous-emploi reste cependant important et les inégalités sociales, sources de tensions, notables.

— **Hist.** Découverte par les Portugais en 1528, l'île est occupée par les Français en 1638 et appelée île Bourbon. Elle est concédée à la Compagnie des Indes orientales (1664-1767). Pour la culture du caféier, introduite au début du XVIIIe s., on fait venir d'Afrique orientale des esclaves noirs, qui ne seront effectivement libérés qu'en 1848. L'île prend le nom qu'elle porte aujourd'hui en 1793. Dans la seconde moitié du XIXe s., la crise de la canne à sucre et l'ouverture du canal de Suez plongent l'île dans la misère, qui perdure malgré les cultures de vanille et de géranium. Dans les années 1920, l'exploitation de la canne à sucre redémarre grâce à des prix favorables. Département d'outre-mer depuis 1946, la Réunion a élu, en application de la loi sur la décentralisation, un conseil régional (1983).

RÉUNIONNAIS, E adj. et n. De l'île de la Réunion.

RÉUNIONNITE n. f. *Fam.* Manie de faire des réunions, souvent inutiles.

RÉUNIR v. t. (de *unir*) [conj. 32]. **1.** Rapprocher des choses séparées de façon à les mettre en contact, à les joindre : *Réunir deux bouts de ficelle par un nœud.* — **2.** Raccorder, faire communiquer des choses entre elles : *Réunir plusieurs villes par une voie rapide.* — **3.** Rattacher officiellement un pays, une région à un autre. — **4.** Rassembler, regrouper des éléments pour constituer un tout : *Réunir les papiers nécessaires à une demande.* — **5.** *Litt.* Rassembler en soi des éléments divers : *Cet édifice réunit des styles d'époques différentes.* — **6.** Faire se rassembler des personnes dans une intention déterminée : *Réunir une commission.* — **7.** Unir à nouveau des personnes, les rassembler : *Ce deuil les a réunis.*

◆ **se réunir** v. pr., **être réuni** v. pass. **1.** Se joindre, se fondre de manière à former un ensemble unique : *La Garonne et la Dordogne se réunissent au bec d'Ambès.* — **2.** Se retrouver ensemble en un lieu, former une assemblée : *Ils sont réunis dans la salle du conseil.* • **Hist.** *Droits réunis,* ensemble d'impôts indirects créés à partir de

1804, et frappant le sel, les boissons alcoolisées, les jeux de cartes, le tabac, etc. (Très impopulaires, ils ont été cependant maintenus bien au-delà du premier Empire.)

RÉUNISSAGE n. m. Action de réunir les rubans, mèches ou fils dans les filatures.

RÉUNISSEUSE n. f. ou **RÉUNISSEUR** n. m. **1.** Machine qui réunit en une seule nappe continue les rubans venant des peigneuses ou des cardes, pour en former des bobines destinées aux laminoirs. — **2.** Syn. de DOUBLEUSE.

REUS, v. d'Espagne, en Catalogne, au centre d'une plaine côtière (vignes, cultures fruitières) ; 81 000 hab. Textile.

RÉUSINAGE n. m. Action de réusiner ; fait d'être réusiné.

RÉUSINER v. t. (conj. 3). Recommencer l'usinage de certaines parties non conformes d'une pièce.

REUSS (la), riv. de Suisse, issue du massif de l'Aar-Gothard, traversant le lac des Quatre-Cantons, affl. de l'Aar (r. dr.). Dans la haute vallée, pont du Diable*, construit au Moyen Âge, pour donner accès au Saint-Gothard. Hydroélectricité.

RÉUSSIR v. i. (ital. *riuscire,* ressortir, de *uscire,* du lat. *exire,* sortir) [conj. **32**]. **1.** Avoir un résultat heureux, se terminer par un succès : *Le lancement de la fusée a réussi.* — **2.** Croître, se développer favorablement : *Une espèce qui réussit dans les sols argileux.* — **3.** Obtenir un succès, en partic. réaliser ses ambitions : *Il réussit dans ce qu'il entreprend.*

◆ v. t. Faire qqch avec succès : *Réussir une mayonnaise.*

◆ v. t. ind. **1.** Obtenir un succès dans une action, une entreprise : *Réussir à ses examens.* — **2.** Parvenir à faire telle chose : *Il a réussi à prendre la parole.* — **3.** Être favorable à qqn, lui procurer un avantage : *Ses manœuvres ne lui ont pas réussi.*

◆ **être réussi** v. pass. Être réalisé avec succès ; être excellent, remarquable : *Un voyage réussi. Une fête réussie.*

RÉUSSITE n. f. (ital. *riuscita*). **1.** Succès, résultat favorable : *La réussite d'une entreprise. Réussite à un examen. Réussite sociale.* — **2.** Entreprise, action, œuvre qui connaît le succès : *Notre voyage n'a pas été une réussite.* — **3.** Jeu de cartes au cours duquel un joueur solitaire s'efforce de placer ou d'employer toutes les cartes selon une combinaison déterminée. (Syn. PATIENCE.)

REUTER (Ludwig VON), amiral allemand (Guben, près de Berlin, 1869-1943). Chargé de conduire la flotte de haute mer à Scapa* Flow pour internement (nov. 1918), il la saborda le 21 juin 1919, plutôt que de la livrer aux Anglais.

Reuters, agence de presse britannique, créée en 1851 à Londres par Julius *Reuter* (Kassel 1816 - Nice 1899). Reuters, cotée en Bourse depuis 1984, est l'une des cinq grandes agences de presse mondiales. Son siège à Paris a pour dénomination *Reuter.*

REUTHER (Walter Philip), leader syndicaliste américain (Wheeling 1907 - près de Pellstow, Michigan, 1970). Vice-président (1946), puis président du Congress of Industrial Organizations (CIO), de 1952 à 1955, il contribua à la constitution de l'AFL-CIO (1955), dont il fut le premier vice-président (1955-1967).

RÉUTILISABLE adj. Que l'on peut utiliser de nouveau.

RÉUTILISATION n. f. Action de réutiliser ; fait d'être réutilisé.

RÉUTILISER v. t. (conj. 3). Utiliser de nouveau.

REUTLINGEN, v. d'Allemagne (Bade-Wurtemberg), au pied du Jura souabe ; 107 607 hab. Églises gothiques. Centre industriel.

REVACCINATION [-vaksi-] n. f. Action de revacciner ; fait d'être revacciné.

REVACCINER [-vaksi-] v. t. (conj. 3). Vacciner une nouvelle fois.

REVAL ou **REVEL** → TALLINN.

REVALOIR v. t. (de *valoir*) [conj. **60** ; seulem. à l'inf., ind. fut. et cond. prés.]. Rendre la pareille à qqn (en bien ou en mal) : *Je vous revaudrai cela.*

REVALORISATION n. f. Action de revaloriser une monnaie, des revenus, etc.

REVALORISER v. t. (conj. 3). **1.** Rendre à une monnaie dépréciée une partie de sa valeur. — **2.** Augmenter le montant des salaires, des retraites, etc., pour tenir compte de l'érosion monétaire. — **3.** Redonner du prestige, une valeur plus grande à qqch : *Revaloriser une théorie.*

REVANCHARD, E adj. et n. *Fam.* et *péjor.* Qui cherche à prendre sa revanche, en partic. après une défaite militaire.

◆ adj. *Fam.* et *péjor.* Qui témoigne d'un esprit de revanche : *Une politique revancharde.*

REVANCHE n. f. (anc. fr. *revengier,* venger). **1.** Action de rendre la pareille pour un mal que l'on a reçu : *Prendre une revanche sur un vainqueur.* — **2.** Action par laquelle on reprend un avantage qu'on avait perdu : *Ce succès inattendu est pour lui une revanche éclatante.* — **3.** Seconde partie que l'on joue pour donner au perdant la possibilité de gagner à son tour. — **4.** *En revanche,* en retour, en compensation, en contrepartie.

REVANCHISME n. m. Attitude politique animée par un esprit de revanche, en partic. après une défaite militaire.

REVANCHISTE adj. et n. Relatif au revanchisme ; partisan du revanchisme.

REVARD *(mont),* haut plateau des Préalpes (Savoie), au-dessus d'Aix-les-Bains ; 1 537 m. Centre de sports d'hiver.

REVASCULARISATION n. f. Intervention chirurgicale par laquelle on apporte de nouveaux vaisseaux sanguins à un organe insuffisamment vascularisé.

REVASCULARISER v. t. (conj. 3). Pratiquer une revascularisation.

RÊVASSER v. i. (conj. 3). Se laisser aller à la rêverie.

RÊVASSERIE n. f. *Litt.* **1.** Fait de rêvasser ; pensée vague. – **2.** Idée chimérique.

RÊVASSEUR, EUSE adj. et n. *Litt.* Qui rêvasse.

RÊVE n. m. **1.** Le fait de rêver, l'activité onirique. – **2.** Production psychique survenant pendant le sommeil, et pouvant être partiellement mémorisée. (→ *encycl.*) – **3.** Fait de laisser aller librement son imagination ; idée chimérique : *Un rêve éveillé.* – **4.** Représentation, plus ou moins idéale ou chimérique, de ce qu'on veut réaliser, de ce qu'on désire : *Accomplir un rêve de jeunesse.* – **5.** *De mes rêves,* aussi proche que possible de mon idéal : *La voiture de mes rêves.* ‖ *De rêve,* dont les qualités font qu'on a peine à le croire réel : *Passer des vacances de rêve.*
ENCYCL. **Neurol.** Le rêve intervient de façon préférentielle pendant la phase de sommeil paradoxal. Tout se passe, alors, comme si le système nerveux, déconnecté de l'extérieur, réalisait un état d'éveil interne permettant la prise de conscience du matériel du rêve. Des stimulations extérieures peuvent être incorporées au contenu du rêve, et ce d'autant plus que cette stimulation est signifiante pour le rêveur (par ex. son nom).

Rêve dans le Pavillon rouge *(le),* roman de Cao Xueqin (seconde moitié du XVIIIe s.). Voué à un succès extraordinaire, ce roman-fleuve, écrit dans une langue d'une grande pureté et parsemé de nombreux poèmes, est une fresque de la société aristocratique de l'époque.

Rêve de d'Alembert *(le),* dialogue de Diderot (composé en 1769, publié en 1830), qui fait suite à *l'Entretien entre d'Alembert et Diderot* et qui précède la *Suite de l'Entretien :* le matérialisme expérimental de Diderot appliqué à la biologie.

RÊVÉ → RÊVER.

REVÊCHE adj. (frq. **hreubisk,* âpre). Qui est d'un abord difficile et déplaisant : *Un visage revêche.*

1. RÉVEIL n. m. (de *réveiller*). **1.** Fait de se réveiller, de passer du sommeil à l'état de veille ; moment où cela se passe : *Un réveil pénible.* – **2.** Fait, pour qqch, de revenir à l'activité après une période d'arrêt, de repos : *Le réveil de la nature au printemps.* – **3.** *Litt.* Action de sortir de son aveuglement, de reprendre conscience de la réalité : *Son réveil risque d'être désagréable.* – **4.** Période qui se situe entre la fin d'une anesthésie générale et l'instant où l'opéré peut sans risque être ramené dans sa chambre. – **5.** Batterie ou sonnerie qui annonce l'heure du lever.

2. RÉVEIL n. m. inv. (abrév. de *réveille-matin*). **1.** Pendulette munie d'une sonnerie qui est déclenchée automatiquement à l'heure désirée. (Syn. RÉVEILLE-MATIN.) – **2.** *Montre réveil,* montre munie d'un dispositif d'alarme dont on peut régler le déclenchement à un moment choisi.

Réveil (le), ensemble des mouvements novateurs qui jalonnèrent le renouveau spirituel du protestantisme aux XVIIIe et XIXe s. et dont Friedrich Schleiermacher (1768-1834) fut le représentant le plus influent.

RÉVEILLÉE n. f. Période de marche continue d'un four de verrerie, entre deux arrêts pour grande réparation.

RÉVEILLE-MATIN n. m. inv. Syn. vieilli de RÉVEIL 2.

RÉVEILLER v. t. (de *éveiller*) [conj. 4]. **1.** Tirer du sommeil qqn, un animal, les ramener à l'état de veille : *Se faire réveiller par téléphone.* – **2.** Ramener qqn à la conscience : *Réveiller un sujet en état d'hypnose.* – **3.** Faire sortir qqn de son apathie, de son inactivité : *Un élève qu'il faut réveiller de temps à autre.* – **4.** Ramener à l'activité ce qui est assoupi, ce qui existe à l'état latent : *Réveiller une passion.*
◆ **se réveiller** v. pr., **être réveillé** v. pass. **1.** Sortir du sommeil : *Se réveiller en sursaut.* – **2.** Sortir d'un état d'inconscience, d'un coma, d'une anesthésie : *Le malade se réveille.* – **3.** Sortir de son apathie, de sa torpeur : *Pays qui commence à se réveiller.* – **4.** Renaître, se raviver, reprendre de l'activité : *Les vieilles rancunes se réveillent.*

RÉVEILLEUR, EUSE adj. et n. *Litt.* Qui tire qqn, un groupe de sa torpeur, de son apathie : *Réveilleur des consciences engourdies.*

RÉVEILLON n. m. (de *réveiller*). Repas de fête que l'on fait la nuit de Noël ou le 31 décembre ; cette fête elle-même.

Réveillon *(affaire),* émeute qui éclata au faubourg Saint-Antoine à Paris le 28 avr. 1789. La fabrique de papiers peints de J.-B. Réveillon fut pillée et incendiée par ses ouvriers, auxquels se joignirent de nombreux travailleurs du quartier. L'intervention de l'armée fit 300 victimes.

RÉVEILLONNER v. i. (conj. 3). Prendre part à un réveillon.

RÉVEILLONNEUR, EUSE n. Personne qui réveillonne.

REVEL (31250), ch.-l. de cant. de la Haute-Garonne, à l'O. de la Montagne Noire ; 7 810 hab. *(Revélois).* Bastide du XIVe s. Vieille halle et beffroi. Ébénisterie.

RÉVÉLATEUR, TRICE n. (bas lat. *revelator*). *Litt.* Personne qui révèle une vérité cachée.

◆ adj. Qui indique, révèle : *Un indice révélateur.*

◆ **révélateur** n. m. **1.** Ce qui révèle, indique, manifeste : *Être le révélateur de la crise.* – **2.** En photographie, bain transformant l'image latente en image visible.

RÉVÉLATION n. f. (bas lat. *revelatio,* de *revelare,* révéler). **1.** Action de révéler, de dévoiler, de faire connaître qqch : *La révélation d'un complot.* – **2.** Information nouvelle ou élément inédit : *Faire des révélations.* – **3.** Prise de conscience ou expérience soudaine d'une réalité, qui laisse une trace durable : *Ce voyage en Égypte a été une révélation.* – **4.** Personne ou chose dont le public découvre brusquement les qualités exceptionnelles : *Ce romancier a été la révélation de l'année.* – **5.** Acte par lequel Dieu fait connaître aux hommes son dessein de salut et se fait connaître à eux ; le donné révélé dont l'Église a le dépôt et qu'elle a la charge de conserver et de transmettre.

Revelations, modern dance work. Chorégr. d'Alvin Ailey sur des negro spirituals. Création mondiale par l'Alvin Ailey Dance Theatre, à New York (1960).

RÉVÉLER v. t. (bas lat. *revelare,* du lat. class. *velare,* voiler) [conj. **18**]. **1.** Faire connaître à qqn ou rendre public ce qui était tenu secret : *Je vais vous révéler mon secret.* – **2.** Manifester par des signes indubitables ce qui n'était pas immédiatement perceptible : *Sa tenue révélait son indifférence pour la toilette.* – **3.** Faire connaître qqn, le faire découvrir comme qqn de talentueux : *Cette émission de radio a révélé ce chanteur.* – **4.** *Révéler qqn à lui-même,* lui montrer, lui apprendre ce qu'il est réellement. – **5.** Transformer l'image photographique latente en image visible.

◆ **être révélé** v. pass. *Religion révélée,* celle qui se fonde sur une révélation divine, en partic. le christianisme.

◆ **se révéler** v. pr. **1.** Se faire connaître, se manifester : *Cet écrivain s'est révélé par un roman.* – **2.** Apparaître sous tel ou tel aspect, en tant que tel : *Cette tâche s'est révélée pleine de difficultés.*

REVENANT, E n. (de *revenir*). **1.** Âme d'un mort qui se manifesterait à un vivant sous une forme physique (apparition, esprit, fantôme). – **2.** *Fam.* Personne qu'on n'a pas vue depuis longtemps et qu'on ne s'attendait pas à revoir.

REVENDEUR, EUSE n. **1.** Personne qui revend un produit, une marchandise achetée : *Les revendeurs de drogue.* – **2.** Commerçant qui pratique la revente.

REVENDICATEUR, TRICE adj. et n. Qui revendique : *Des discours revendicateurs.*

REVENDICATIF, IVE adj. Qui exprime une revendication, surtout dans le domaine social : *Mouvements revendicatifs.*

REVENDICATION n. f. (lat. *rei vindicatio,* de *res,* chose, et *vindicatio,* action de revendiquer en justice). **1.** Action de revendiquer, de réclamer ce qui est dû, l'exercice d'un droit, etc. – **2.** Action en justice d'une personne qui réclame la mise en possession d'une chose dont elle est légalement propriétaire. – **3.** *Délire de revendication,* délire paranoïaque caractérisé par la volonté irréductible de faire triompher une demande que la société se refuse à satisfaire.

REVENDIQUER v. t. (de *revendication*) [conj. 3]. **1.** Réclamer ce à quoi on peut légitimement prétendre, en partic. un bien sur lequel on a un droit : *Revendiquer sa part d'héritage.* – **2.** Réclamer ce à quoi on estime avoir droit, notamment un avantage social : *Revendiquer une réduction du temps de travail.* – **3.** Exiger, réclamer avec force qqch comme un dû : *Il revendique de se coucher plus tard que ses frères.* – **4.** Demander à être reconnu comme l'auteur, le responsable d'un acte, d'un écrit : *Un attentat qu'aucun groupement n'a revendiqué.* – **5.** Déclarer qu'on entend assumer pleinement ce qu'on a fait, en accepter toutes les conséquences : *Revendiquer la responsabilité d'une décision.* – **6.** Exercer une revendication en justice.

REVENDRE v. t. (conj. **73**). **1.** Vendre ce qu'on a acheté : *Revendre sa voiture pour en acheter une neuve.* – **2.** Fam. *Avoir de qqch à revendre,* en être abondamment pourvu : *Avoir de l'esprit à revendre.*

REVENEZ-Y n. m. inv. **1.** *Litt.* Retour vers le passé ; chose sur laquelle on revient avec plaisir. – **2.** Fam. *Un goût de revenez-y,* un goût agréable, qui incite à recommencer.

REVENIR v. i. (lat. *revenire*) [conj. **40** ; auxil. *être*]. **1.** Venir à nouveau, une autre fois qqpart : *Les oiseaux migrateurs reviennent tous les ans.* – **2.** Regagner le lieu où l'on était, le lieu où l'on est habituellement : *Après l'entracte, les spectateurs reviennent à leur place.* – **3.** Se présenter, se manifester de nouveau : *Le froid et la neige sont revenus.* – **4.** Rentrer après avoir accompli telle action : *Elle revient de faire ses commissions.* – **5.** Sortir d'un état passager pour retrouver son état normal : *Il n'est pas encore revenu de sa surprise.* – **6.** *Litt.* Abandonner une manière de sentir, de penser, la désavouer : *Revenir de ses préventions.* — **7.** Retrouver un état perdu, des moyens dont on était privé : *Revenir à de meilleurs sentiments.* — **8.** En parlant d'un matériau, retrouver son état normal, antérieur, après un traitement particulier : *Tissu qui est bien revenu au lavage.* — **9.** Se livrer, s'adonner de nouveau à qqch : *Revenir au projet initial.* — **10.** Être retourné, rendu à qqn : *La lettre est revenue à son destinataire.* — **11.** Retourner près de qqn, avoir à nouveau les mêmes sentiments à son égard. — **12.** Se présenter de nouveau à l'esprit, à la conscience de qqn : *Des souvenirs qui reviennent à la mémoire.* — **13.** Être recouvré, récupéré par qqn : *Les forces lui reviennent lentement.* — **14.** S'élever au total, à la somme de, coûter tant à qqn : *L'entretien de cette voiture me revient cher.* — **15.** Être équivalent à qqch d'autre, s'y ramener : *Cela revient en fait à une rupture.* — **16.** *Revenir sur qqch,* reparler d'un sujet, d'une question : *Il revient sans cesse sur sa jeunesse ;* reconsidérer ce que l'on a dit ou fait, changer d'avis : *On ne reviendra pas sur cette décision.* — **17.** Rattraper ou se rapprocher d'un concurrent, d'une équipe : *Revenir au score.* — **18.** *En revenir, revenir de loin,* sortir sain et sauf d'une maladie ou d'un danger où l'on risquait de perdre la vie. ‖ *En revenir à qqch,* reprendre de l'intérêt pour ce qu'on avait délaissé : *Il faut en revenir à notre première idée ;* reparler d'un sujet après une digression : *Revenons-en à notre affaire.* ‖ *(Être) revenu de tout,* être complètement désabusé, indifférent à tout. ‖ *Faire revenir un aliment,* le faire colorer dans un corps gras chaud. ‖ Litt. *Il me revient que,* je me souviens. ‖ *Il n'y a plus à y revenir,* c'est définitif, c'est irrévocable. ‖ Fam. *Il (ça) s'appelle Reviens,* se dit lorsqu'on prête qqch qu'on veut récupérer. ‖ *N'en pas revenir,* être extrêmement surpris. ‖ Fam. *Ne pas revenir à qqn,* lui déplaire, lui inspirer de la méfiance : *Ces gens-là ne me reviennent pas.* ‖ *N'y revenez pas (plus),* avertissement, avec menace voilée, à ne pas recommencer. ‖ *Revenir à soi,* reprendre conscience après un évanouissement. ‖ *Revenir au même,* être équivalent. ‖ *Revenir sur ses pas,* refaire en sens inverse le chemin parcouru.

◆ v. t. ind. **1.** Être destiné à qqn, lui appartenir, lui échoir légitimement : *À sa mort, tous ses tableaux reviendront au musée.* — **2.** Échoir, incomber à qqn (souvent impersonnel) : *C'est à vous qu'il revient de présider la réunion.*

◆ **s'en revenir** v. pr. *Litt.* Venir, rentrer du lieu où l'on s'est rendu : *Des jeunes gens qui s'en reviennent de la fête.*

REVENTE n. f. **1.** Action de vendre ce qu'on a acheté. — **2.** Vente faite par un intermédiaire sans aucune transformation apportée au bien revendu après son achat.

REVENU n. m. (de *revenir*). **1.** Ce qui est perçu, en nature ou en monnaie, par qqn ou une collectivité comme fruit d'un capital placé (intérêt sur un capital prêté, dividende sur un capital engagé), ou comme la rémunération d'une activité (profit) ou d'un travail (salaire). — **2.** Traitement thermique consistant à chauffer, à une température inférieure à la température de transformation, une pièce métallique ayant subi la trempe, et à la laisser refroidir, en vue de détruire l'état de faux équilibre dû à la trempe. (→ *encycl.*) — **3.** *Politique des revenus,* action des pouvoirs publics pour répartir équitablement entre les catégories sociales les revenus provenant de l'activité économique de la nation. ‖ *Revenu minimum d'insertion (R. M. I.),* prestation assurée aux personnes les plus démunies et s'accompagnant de mesures de réinsertion sociale. ‖ *Revenu national,* valeur nette des biens économiques produits par la nation. ‖ *Revenus publics, revenus de l'État,* ce que l'État retire soit des contributions ou des impôts, soit de son domaine.

ENCYCL. **Métall.** Le revenu diminue la dureté, la résistance à la traction et la limite d'élasticité au profit de la résilience. Par un choix judicieux de la température et du temps de revenu, on arrive à donner à l'acier ses propriétés d'emploi optimales. Pour que le revenu soit effectué suivant les températures désirées, les pièces sont immergées dans un bain d'huile, de sels fondus ou de métal fondu (plomb), ou placées dans un four de traitement thermique.

REVENUE n. f. Pousse nouvelle des bois récemment coupés.

RÊVER v. i. (anc. fr. **esver,* du gallo-roman **esvo,* du lat. pop. **exvagus,* vagabond) [conj. **4**]. **1.** Faire des rêves pendant son sommeil : *Se souvenir d'avoir rêvé.* — **2.** Laisser aller sa pensée, son imagination, rêvasser : *Rester des heures à rêver.* — **3.** Concevoir, exprimer des choses déraisonnables, chimériques : *Vous rêvez si vous croyez que tout ira bien.* — **4.** *On croit rêver !,* exprime la stupéfaction ou l'indignation ; ce n'est pas possible.

◆ v. t. **1.** Voir, imaginer qqch au cours de son sommeil dans un rêve : *J'ai rêvé que nous partions à l'étranger.* — **2.** *Litt.* Se représenter par l'imagination ce qu'on souhaite d'une manière plus ou moins chimérique : *Rêver pour les siens un avenir merveilleux.* — **3.** Imaginer qqch, l'inventer de toutes pièces : *Il a dû rêver tout ce qu'il nous a raconté.*

◆ v. t. ind. **1.** Voir apparaître qqn, qqch dans un rêve : *J'ai rêvé d'un ami.* — **2.** S'absorber dans la pensée d'une chose que l'on désire vivement : *Rêver d'une vie meilleure.* — **3.** Réfléchir, revenir par la pensée sur un objet auquel on porte de l'intérêt : *Il n'a pu réaliser tous les projets auxquels il rêvait.* — **4.** Faire de qqch l'objet de sa rêverie : *À quoi rêvez-vous ?*

◆ **être rêvé** v. pass. Convenir parfaitement, être idéal : *C'est le lieu rêvé pour des vacances.*

RÉVERBÉRATION n. f. **1.** Renvoi, réfléchissement de la lumière par une surface qui la diffuse. — **2.** Persistance d'un son dans un espace clos ou semi-clos après interruption de la source sonore. (La réverbération doit être assez faible dans une salle de conférences pour que la parole reste intelligible ; et suffisante dans une salle de concert, pour donner de l'ampleur aux sons.)

RÉVERBÈRE n. m. (de *réverbérer*). **1.** Dispositif réflecteur qui, associé à une lampe, permettait de diriger la lumière dans une direction donnée. — **2.** Lanterne de verre, qui contient une lampe munie d'un ou plusieurs réflecteurs et qui sert à éclairer les rues. — **3.** *Four à réverbère,* four dans lequel les matières à traiter sont chauffées par l'intermédiaire d'une voûte qui, portée à haute température, rayonne fortement sur la sole.

RÉVERBÉRER v. t. (lat. *reverberare,* repousser) [conj. **18**]. Renvoyer la lumière, la chaleur, le son, en parlant d'une surface : *Les parois réverbèrent la chaleur.*

REVERCHER v. t. (lat. pop. **reverticare,* retourner, du lat. class. *revertere*) [conj. **3**]. Boucher les trous d'une pièce de poterie d'étain avec le fer à souder.

REVERCHON n. m. Variété de bigarreau.

REVERDIR v. i. (de *verdir*) [conj. **32**]. Redevenir vert, recouvrer sa verdure : *Les arbres reverdissent au printemps.*

◆ v. t. **1.** Rendre de nouveau vert. — **2.** Effectuer le reverdissage.

REVERDISSAGE n. m. Opération ayant pour but de faire reprendre à la peau brute l'eau qu'elle a perdue au cours de sa conversation. (Syn. TREMPE.)

REVERDOIR n. m. (anc. fr. *reverdir,* retourner). Réservoir où les moûts de brasserie se collectent avant de s'écouler vers la chaudière d'ébullition.

REVERDY (Pierre), poète français (Narbonne 1889 - Solesmes 1960). Lié avec les artistes de Montmartre, il a publié des poèmes qui seront à l'origine du surréalisme : *la Lucarne ovale* (1916), *les Ardoises du toit* (1918), *les Épaves du ciel* (1924). Retiré près de l'abbaye de Solesmes (1925), il a cherché, dans la solitude et la prière, à exprimer la réalité poétique du monde : *Écumes de la mer* (1926), *Pierres blanches* (1930), *Main-d'œuvre* (1949).

RÉVÉRENCE n. f. (lat. *reverentia*). **1.** *Litt.* Respect profond, vénération, déférence : *Traiter quelqu'un avec révérence.* — **2.** Mouvement du corps qu'on fait soit en s'inclinant, soit en pliant les genoux : *Petite fille qui fait la révérence.* — **3.** Litt. *Sauf révérence, révérence parler,* se disent quand on craint de choquer. ‖ *Tirer sa révérence,* saluer en s'en allant ; opposer un refus à qqn, renoncer à qqch, quitter qqn avec quelque désinvolture.

RÉVÉRENCIEUSEMENT adv. *Litt.* Avec respect ; respectueusement.

RÉVÉRENCIEUX, EUSE adj. (de *révérence*). *Litt.* Qui se montre obséquieux, trop cérémonieux.

RÉVÉREND, E adj. et n. (lat. *reverendus,* vénérable). **1.** Titre d'honneur qu'on donne aux religieux. — **2.** Titre que les Anglo-Saxons donnent aux pasteurs. — **3.** *Révérend Père,* titre donné aux religieux prêtres. (Abrév. R. P.)

RÉVÉRENDISSIME adj. (bas lat. *reverendissimus*). Titre d'honneur donné à certains ecclésiastiques de haut rang.

RÉVÉRER v. t. (lat. *revereri*) [conj. **18**]. *Litt.* Craindre qqn, le traiter avec un profond respect : *Révérer un saint.*

RÊVERIE n. f. (de *rêver*). **1.** Activité mentale dirigée vers des pensées vagues, sans but précis : *Être perdu dans de continuelles rêveries.* — **2.** *Litt.* Idée folle, chimérique : *Les rêveries des utopistes.*

Rêveries du promeneur solitaire *(les),* ouvrage posthume de J.-J. Rousseau (1782). Dans ce texte, divisé en dix « promenades », le narrateur évoque les moments les plus doux du passé ou ses impressions actuelles et fait le point sur son être moral.

REVERMONT, rebord occidental du Jura, entre l'Ain et la Seille, au-dessus de la Bresse.

REVERS [-vɛr] n. m. (lat. *reversus,* retourné). **1.** Côté opposé au principal ou à celui qui se présente le premier ou le plus souvent à la vue : *Le revers d'une tapisserie.* — **2.** Échec, défaite : *L'armée a subi des revers.* — **3.** Bande en cuir jaune ou verni, rabattue en haut d'une botte ou d'une chaussure. (Syn. RETROUSSIS.) — **4.** Envers retourné sur l'endroit, d'un col d'un parement, etc. — **4.** Partie supérieure des devants d'un vêtement tailleur, repliée sur l'endroit dans le prolongement du col. — **6.** Face d'une monnaie ou d'une médaille opposée au droit (ou avers). — **7.** Au tennis, au tennis de table et à la pelote basque, coup effectué à gauche par un droitier et vice versa. (Contr. COUP DROIT.) — **8.** *À revers,* par derrière ou sur le flanc. ‖ *Revers (de fortune),* événement malheureux, qui compromet la situation de qqn. ‖ *Revers de la main,* dos de la main, surface de la main opposée à la paume. ‖ *Revers de main,* geste par lequel on repousse, on frappe, on frotte du dos de la main. ‖ *Revers* *d'habit,* parties retournées des justaucorps croisants, dont la couleur distinguait les régiments entre eux (XVIIIe s.).

REVERS (Georges), général français (Saint-Malo 1891 - Saint-Mandé 1974). Chef de l'Organisation de résistance de l'armée (1943), il fut nommé en 1947 chef d'état-major des forces armées. Il rédigea un rapport sur la situation au Tonkin (1949) dont la divulgation, dans des conditions demeurées obscures, entraîna sa mise à la retraite (1950), mesure annulée en 1962 par le Conseil d'État.

REVERSEMENT n. m. **1.** Action de reverser ; fait d'être reversé. — **2.** Transfert de fonds d'une caisse à une autre.

REVERSER v. t. (conj. 3). **1.** Verser qqch de nouveau ou dans le récipient dont il provient : *Reverser du vin à boire.* — **2.** Reporter qqch sur qqch d'autre : *Reverser un compte sur un autre.*

REVERSI n. m. (ital. *rovescina,* de *rovescio,* à rebours, avec l'infl. de *revers*). **1.** Jeu de cartes où celui qui fait le moins de points et le moins de levées gagne la partie. — **2.** À ce jeu, coup qui consiste à faire toutes les levées et qui, par exception, fait gagner la partie. — **3.** Jeu qui se pratique entre deux joueurs qui posent sur un échiquier leurs pions de manière à encadrer les pions de l'adversaire.

RÉVERSIBILITÉ n. f. **1.** Qualité de ce qui est réversible. — **2.** Caractère d'une pension, d'une rente viagère ou d'un usufruit qui, au décès de leur titulaire, seront reportés sur un autre bénéficiaire. — **3.** Propriété d'une transmission de mouvement pouvant également fonctionner si on permute les rôles des éléments d'entrée et de sortie. — **4.** *Réversibilité des mérites,* application à tous les fidèles des mérites obtenus par les saints.

RÉVERSIBLE adj. (lat. médiév. *reversibilis,* du lat. class. *revertere,* retourner). **1.** Qui peut revenir en arrière, qui peut se produire en sens inverse : *Le temps n'est pas réversible.* — **2.** Se dit d'une étoffe, d'un vêtement qui peuvent être mis à l'envers comme à l'endroit. • **Aéron.** *Hélice à pas réversible,* hélice dont on peut rendre le pas négatif par une rotation appropriée des pales autour de leur axe, ce qui permet d'obtenir une action de freinage efficace de l'avion. — **Ch. de f.** Se dit d'un ensemble de voitures et d'engin(s) moteur(s) comportant une cabine de conduite à chaque extrémité. — **Chim.** Se dit d'une réaction qui, dans les mêmes conditions de température et de pression, se produit simultanément dans les deux sens opposés. (De telles réactions aboutissent à un équilibre chimique.) — **Dr.** Se dit d'un bien devant faire l'objet d'une réversion. ‖ Se dit d'une rente assurée à d'autres personnes après la mort du titulaire. — **Phys.** Se dit d'une transformation telle qu'il est possible de réaliser exactement la transformation inverse, tous les paramètres ayant à chaque étape les mêmes valeurs, que la transformation ait lieu dans l'un ou l'autre sens. (→ *encycl.*)

ENCYCL. **Phys.** Le concept de transformation réversible joue un rôle essentiel en thermodynamique. Dans le cas d'un système isolé, il s'agit d'une transformation isentropique. Une transformation réversible est nécessairement quasi statique* pour le système considéré et pour le milieu extérieur, mais elle doit aussi s'effectuer sans frottements ni effet Joule. Une transformation réelle n'est donc jamais rigoureusement réversible.

RÉVERSION n. f. (lat. *reversio*). **1.** Rétablissement d'un bien dans un patrimoine en vertu du droit de retour. — **2.** Forme particulière du rancissement de certaines huiles, qui se traduit par l'apparition d'un goût désagréable. — **3.** Phénomène intervenant après la trempe d'un métal lors de revenus trop longs et/ou à température trop élevée. (Il se traduit par une précipitation grossière et incomplète pouvant affecter les propriétés mécaniques.) — **4.** *Pension de réversion,* pension à laquelle a droit le conjoint ou l'ex-conjoint survivant d'un retraité du régime général de la Sécurité sociale. (Syn. PENSION DU SURVIVANT.)

REVÊTEMENT n. m. (de *revêtir*). Tout matériau qui recouvre une surface : *Le revêtement de la route est abîmé.* • **Aéron.** Portion externe de la structure d'un avion, sur laquelle s'effectue l'écoulement de l'air et qui subit les forces aérodynamiques. — **Archit.** et **Bât.** Action de garnir la surface d'une construction d'un placage ou d'une couche d'un matériau quelconque, pour protéger et/ou orner cette construction ; le matériau lui-même, l'effet qu'il produit. (De tout temps, les murs extérieurs ou intérieurs des bâtiments ont été habillés de plaques de pierre, de marbre ou de céramique, revêtus de bardeaux ou de clins [murs extérieurs], de mosaïque, d'enduits et de stucs, de lambris de bois [parois intérieures]. L'industrie fournit aujourd'hui tout un choix de panneaux, bardages et vêtures préfabriqués [revêtements externes].) — **Fortif.** Matériel utilisé pour éviter les éboulements dans les ouvrages fortifiés (claies, fascines, gabions, sacs de terre, etc.). — **Min.** Matériaux garnissant les parois d'un puits, destinés à résister aux pressions des terrains et, éventuellement, de l'eau. — **Mobil.** Matériau, vendu en rouleaux ou en plaques, utilisé pour recouvrir les parois ou le sol d'un local. — **Techn.** Couche déposée à la surface d'un matériau, d'une pièce, pour lui conférer des propriétés particulières. (On distingue les *revêtements métalliques* et les *revêtements* *non métalliques* [peintures, ciments, etc.].) — **Trav. publ.** *Revêtement superficiel,* syn. de ENDUIT* SUPERFICIEL.

REVÊTIR v. t. (de *vêtir*) [conj. 44]. **1.** Mettre sur soi un vêtement, surtout un habit d'apparat ou une tenue spéciale : *Revêtir un déguisement.* — **2.** *Litt.* Habiller qqn d'un vêtement, mettre sur lui un insigne : *Le président l'a revêtu de la grand-croix.* — **3.** Garnir, recouvrir un support ou un objet de qqch, d'un revêtement destiné à le renforcer, le protéger, l'orner : *Revêtir un mur de papier peint.* — **4.** *Litt.* Être disposé de façon à couvrir, protéger, orner : *La vigne vierge qui revêt la façade.* — **5.** Avoir, prendre telle forme, tel aspect, tel caractère : *Des arbres qui revêtent des formes étranges.* — **6.** Pourvoir un acte, un document de ce qui est nécessaire pour qu'il soit valide : *Revêtir un contrat de sa signature.*
◆ **être revêtu** v. pass. Être mis en possession, investi d'une charge, d'une dignité, d'une distinction : *Le pouvoir dont est revêtu le titulaire d'une fonction.*

RÊVEUR, EUSE adj. et n. **1.** Se dit de qqn qui fait, qui a fait un rêve pendant son sommeil. — **2.** Qui se laisse aller à la rêverie, qui se complaît dans des pensées vagues ou chimériques : *Garçon rêveur.* ◆ adj. **1.** Qui a l'air distrait, perdu dans ses pensées : *Vous semblez rêveur.* — **2.** *Laisser qqn rêveur,* le laisser perplexe.

RÊVEUSEMENT adv. De manière rêveuse : *Regarder rêveusement par la fenêtre.*

REVIENT n. m. *Prix de revient* ⟶ PRIX.

REVIF n. m. (de *vif*). Période comprise entre une morte-eau et la vive-eau suivante.

REVIGNY-SUR-ORNAIN (55800), ch.-l. de cant. de la Meuse, dans la Champagne humide ; 3 561 hab. Église gothique des XVe-XVIe s. Cimetière militaire. Métallurgie. Combats pendant la bataille de la Marne (1914).

REVIGORER v. t. (du lat. *vigor, -oris,* vigueur) [conj. 3]. Donner à qqn une nouvelle vigueur, une nouvelle impulsion : *L'air frais m'avait revigoré.*

REVILLAGIGEDO, petit archipel mexicain inhabité de l'océan Pacifique, d'origine volcanique, à quelque 520 km du cap Corrientes ; 830 km^2.

REVIN (08500), ch.-l. de cant. des Ardennes, sur la Meuse ; 9 523 hab. Église de 1706. Électroménager. Centrale hydroélectrique de pompage.

REVIREMENT n. m. Changement brusque et complet dans la manière d'être, de penser ou d'agir : *Il y a eu un revirement dans l'opinion publique.*

RÉVISABLE adj. Qui peut être révisé : *Jugement révisable.*

RÉVISER v. t. (lat. *revisere,* revoir) [conj. 3]. **1.** Examiner qqch à nouveau, pour corriger, pour amender : *Réviser un procès. Réviser son jugement.* — **2.** Étudier de nouveau une matière d'enseignement, un sujet : *Réviser un programme de français.* — **3.** Vérifier périodiquement le fonctionnement d'un véhicule, d'une installation : *Faire réviser sa voiture tous les 10 000 km.* — **4.** Vérifier si les corrections indiquées sur le bon à tirer ont été bien exécutées.

RÉVISEUR, EUSE n. **1.** Personne qui révise, qui vérifie. — **2.** Professionnel chargé de réviser les épreuves typographiques. — **3.** *Réviseur comptable,* personne chargée de missions de contrôle comptable, d'organisation administrative et/ou informatique, dans une entreprise, un organisme, etc.

RÉVISION n. f. (bas lat. *revisio*). **1.** Action d'examiner de nouveau, de mettre à jour, de modifier : *Révision d'un texte.* — **2.** Opération périodique de vérification et de remise en état d'un moteur, d'un organe mécanique, etc. — **3.** Action d'étudier de nouveau un sujet, un programme en vue d'un examen : *Révisions de maths.* — **4.** Action de réviser une épreuve après les corrections en bon à tirer. — **5.** Opération consistant à modifier, compléter ou supprimer les dispositions d'un texte constitutionnel en vigueur. (En France, l'initiative de la révision appartient concurremment au président de la République et aux membres du Parlement.) — **6.** Opération de mise à jour des listes électorales effectuée annuellement dans le cadre de la commune par une commission administrative. — **7.** *Conseil de révision,* jusqu'en 1971, organisme qui jugeait de l'aptitude des jeunes gens au service militaire ; on parle auj. de SÉLECTION. ‖ *Demande* ou *pourvoi en révision,* voie de recours extraordinaire tendant à la rétractation d'une décision de justice passée en force de chose jugée, en raison de l'erreur qui l'entache. (Au pénal, le pouvoir de statuer sur les pourvois en révision appartient à la Cour de cassation. Au civil, le recours en révision est porté devant la juridiction qui a rendu la décision attaquée.) ‖ *Révision utérine,* exploration manuelle de la cavité utérine après l'accouchement permettant de s'assurer de son intégrité et de sa vacuité.

RÉVISIONNEL, ELLE adj. Relatif à la révision de la Constitution.

RÉVISIONNISME n. m. **1.** Comportement, doctrine remettant en cause un dogme ou une théorie, notamment celle d'un parti politique. — **2.** Position idéologique des marxistes partisans de la révision des thèses révolutionnaires en fonction de l'évolution politique, sociale ou économique. — **3.** Remise en question de faits appartenant à l'histoire de la Seconde Guerre mondiale, tendant à nier ou à minimiser le génocide des Juifs par les nazis.

RÉVISIONNISTE adj. et n. **1.** Qui relève du révisionnisme ; partisan du révisionnisme. – **2.** Partisan de la révision d'une loi, d'une constitution (comme celle de 1875, mise en cause par le général Boulanger), ou d'un jugement (comme la condamnation d'Alfred Dreyfus).

révisionniste *(parti sioniste),* mouvement fondé en 1925 par Jabotinsky, sous le nom de « Union mondiale des sionistes révisionnistes », en réaction contre la politique conciliante de Weizmann. Les révisionnistes exigèrent, lors du XVIIe Congrès sioniste (1931), la création immédiate d'un État juif sur toute la Palestine y compris la rive orientale du Jourdain. Ils créèrent « la Nouvelle Organisation sioniste » (1935) et l'Irgoun*. Héritier du mouvement révisionniste, le parti Herout, créé en 1948 par M. Begin, inspire depuis la guerre de 1967 les mouvements du « Grand Israël ».

REVISITER v. t. (conj. **3**). Donner un éclairage entièrement nouveau sur une question, un problème.

REVISSER v. t. (conj. **3**). Visser de nouveau (ce qui était dévissé).

REVITALISANT, E adj. et n. m. Se dit d'un produit destiné à revitaliser.

REVITALISATION n. f. Action de revitaliser.

REVITALISER v. t. (de *vital*) [conj. **3**]. **1.** Donner une vitalité nouvelle à un pays, à une entreprise, etc. – **2.** Donner une nouvelle vigueur à des tissus organiques : *Crème pour revitaliser l'épiderme.*

REVIVAL [rəvival ou rivajvœl] ou **REVIVALISME** n. m. (angl. *revival,* retour à la vie). **1.** Mouvement du Réveil protestant. – **2.** Toute résurgence d'un mouvement, d'une mode, d'une coutume, d'un style, d'un état d'esprit anciens.

REVIVALISTE adj. et n. Relatif au revivalisme ; partisan du revivalisme.

REVIVIFICATION n. f. *Litt.* Action de revivifier, de faire revivre.

REVIVIFIER v. t. (conj. **9**). *Litt.* Redonner du courage, des forces à qqn, le ranimer physiquement ou moralement.

REVIVISCENCE [-visɑ̃s] n. f. (bas lat. *reviviscentia,* du lat. class. *reviviscere,* revivre). **1.** Retour à la vie active de formes vivantes (rotifères, tardigrades, anguillules, ciliés, amibes, mousses, graines, spores) qui étaient entrées en anhydrobiose (vie latente) sous l'effet de la dessiccation. (Syn. ANABIOSE.) – **2.** *Litt.* Réapparition d'états de conscience déjà éprouvés.

REVIVISCENT, E adj. Qui présente la reviviscence. (Syn. ANABIOTIQUE.)

REVIVRE v. i. (conj. **90**). **1.** Vivre de nouveau, en parlant d'un être mort : *Le Christ fit revivre Lazare.* – **2.** *Litt.* Sembler être présent en qqn d'autre qui réunit les mêmes qualités, les mêmes traits physiques et moraux : *Les parents ont le sentiment de revivre dans leurs enfants.* – **3.** Revenir à la santé, retrouver ses forces, son optimisme : *Revivre après des journées d'angoisse.* – **4.** Être à nouveau en usage, en vigueur : *Faire revivre une tradition tombée dans l'oubli.* – **5.** Être évoqué avec force et vérité, par l'écriture ou par un moyen artistique : *Un film qui fait revivre les années de guerre.*

◆ v. t. **1.** Vivre de nouveau des événements de sa vie passée : *Il ne voudrait pas revivre ce qu'il a enduré.* – **2.** Faire renaître, dans son esprit, certains événements de son passé : *Des rêveries où l'on revit avec plaisir sa jeunesse.*

Revizor *(le),* comédie de Gogol (1836). Dans une ville de province où l'on attend « le revizor » (inspecteur général), Khlestakov, un voyageur qu'on prend pour lui, profite de la méprise pour se laisser acheter par des fonctionnaires corrompus.

RÉVOCABILITÉ n. f. Caractère de ce qui est révocable.

RÉVOCABLE adj. Qui peut être révoqué.

RÉVOCATION n. f. (lat. *revocatio*). **1.** Acte par lequel l'auteur d'un acte juridique décide de l'anéantir, ou l'auteur d'une offre de la retirer. – **2.** Action de retirer les pouvoirs confiés au dirigeant d'une société. – **3.** Sanction qui, avant 1976, était applicable aux officiers de réserve et qui entraînait la perte de grade. – **4.** Mesure disciplinaire la plus grave prise contre un fonctionnaire, consistant dans son éviction des cadres de l'Administration.

révocation de l'édit de Nantes *(édit de),* édit signé par Louis XIV le 18 oct. 1685 à Fontainebleau, qui mit fin à l'existence légale du protestantisme en France (sauf en Alsace). Le roi, voyant dans l'unité religieuse du royaume le ciment de son unité politique, applique d'abord l'édit de Nantes de façon restrictive. À partir de 1679, la persécution devient ouverte : exclusion des huguenots des offices et des professions libérales, suppression des chambres mi-parties, dragonnades. Le roi, croyant le calvinisme presque extirpé, signe alors l'édit de révocation : culte protestant interdit, temples détruits, pasteurs expulsés, mais émigration interdite aux autres fidèles, enfants de protestants baptisés catholiques d'office. Les résultats de la révocation sont désastreux : exode de 200 000 à 300 000 protestants (Provinces-Unies, Angleterre, Brandebourg, Suisse), hostilité des États protestants, culte clandestin (assemblées du Désert) et révolte armée des camisards des Cévennes (à partir de 1702).

RÉVOCATOIRE adj. (bas lat. *revocatorius*). **1.** Qui produit une révocation. — **2.** *Action révocatoire,* syn. de ACTION PAULIENNE*.

REVOICI, REVOILÀ prép. Voici, voilà de nouveau : *Vous revoici. Nous revoilà.*

1. REVOIR v. t. (de *voir*) [conj. 62]. **1.** Voir qqn de nouveau : *Je vous reverrai à Paris.* — **2.** Revenir dans un lieu, s'y retrouver après un temps assez long : *Revoir sa maison natale.* — **3.** Regarder de nouveau ce à quoi on porte de l'intérêt ; assister une nouvelle fois à un événement : *Je souhaite ne jamais revoir de telles atrocités.* — **4.** Examiner qqch pour le corriger ou le vérifier : *Revoir un article avant publication.* — **5.** Étudier de nouveau une matière d'enseignement, un texte pour se le remettre en mémoire : *Revoir les auteurs du programme.* — **6.** Se représenter par la pensée qqn, qqch, tels qu'on les a connus, vus dans le passé : *Revoir un incident dont on a été le témoin.* — **7.** *À revoir,* indique qu'un point est insatisfaisant et doit être réexaminé.
◆ **se revoir** v. pr. **1.** Se voir de nouveau soi-même, par la pensée, dans telle situation passée : *Se revoir au volant de sa première voiture.* — **2.** Se rencontrer ou se fréquenter de nouveau : *Nous nous sommes revus une seule fois.*

2. REVOIR n. m. (de *revoir 1*). **1.** *Au revoir,* formule de politesse pour prendre congé. — **2.** Traces, fumées, empreintes, etc., laissées par l'animal de chasse sur le sol.

REVOLER v. i. (conj. 3). **1.** Voler de nouveau, ou revenir en volant : *Un oiseau qui revole à son nid.* — **2.** Piloter de nouveau un avion après une période d'arrêt.

RÉVOLTANT, E adj. Qui révolte, cause de l'indignation : *Une injustice révoltante.*

RÉVOLTE n. f. (de *révolter*). **1.** Action menée par un groupe de personnes qui s'opposent ouvertement à l'autorité établie et tentent de la renverser : *Fomenter une révolte.* — **2.** Attitude de qqn qui refuse d'obéir, de se soumettre à une autorité, à une contrainte : *Être en révolte contre ses parents.* — **3.** Sentiment violent d'indignation, de réprobation : *Exprimer sa révolte contre la guerre.* — **4.** Manifestation collective de refus d'obéissance menée par quatre militaires au moins.

RÉVOLTÉ, E n. **1.** Personne en rébellion ouverte contre l'autorité : *Réduire les révoltés.* — **2.** Personne qui est en révolte contre la société, l'ordre établi : *Un jeune révolté qui a quitté sa famille.*

RÉVOLTER v. t. (ital. *rivoltare,* retourner, de *rivolto,* part. passé de *rivolgere,* retourner, du lat. *revolvere*) [conj. 3]. Heurter qqn, lui inspirer de la réprobation, de l'indignation, de la colère : *Sa désinvolture me révolte. Il révolte ses partenaires par ses procédés.*
◆ **se révolter** v. pr., **être révolté** v. pass. **1.** Se soulever avec violence contre l'autorité, le pouvoir et chercher à s'en libérer : *Se révolter contre le gouvernement.* — **2.** Refuser d'obéir à qqn, contester son autorité : *Être révolté contre ses parents.* — **3.** Être indigné par qqch qu'on ne peut accepter, qui heurte la conscience : *Se révolter contre une mesure injuste.*

RÉVOLU (ÊTRE) v. pass. (lat. *revolutus,* de *revolvere,* faire rétrograder). Être écoulé, complètement achevé : *Avoir vingt ans révolus.*

RÉVOLUTION n. f. (lat. *revolutio,* de *revolvere,* ramener en arrière). **1.** Mouvement orbital périodique d'un corps céleste, en partic. d'une planète ou d'un satellite, autour d'un autre de masse prépondérante ; période de ce mouvement, appelée aussi *période de révolution.* — **2.** Mouvement d'un objet autour d'un point central, d'un axe, le ramenant périodiquement au même point. — **3.** Changement brusque et violent dans la structure politique et sociale d'un État, qui se produit quand un groupe se révolte contre les autorités en place et prend le pouvoir. — **4.** Les forces révolutionnaires, le pouvoir issu de ce changement : *La victoire de la révolution.* — **5.** Changement brusque, d'ordre économique, moral, culturel, qui se produit dans une société : *Une révolution dans la peinture.* — **6.** Agitation soudaine et passagère, provoquée dans le public par un fait inhabituel : *Un cambriolage audacieux a mis le quartier en révolution.* — **7.** Pour une futaie, temps nécessaire pour obtenir la régénération complète d'une forêt ; pour un taillis, temps qui sépare deux passages successifs en coupe sur une même parcelle. — **8.** *Révolution culturelle,* bouleversement complet des valeurs morales et culturelles qui fondent un type de société. ‖ *Révolution de palais,* action qui porte au pouvoir de nouveaux responsables, à la suite d'intrigues dans les sphères gouvernementales ; changement soudain, mais limité, dans le personnel dirigeant d'une institution, d'une entreprise. ‖ *La Révolution,* la Révolution française de 1789. ‖ *Solide de révolution,* solide d'un seul tenant, limité par une surface de révolution et aussi, parfois, par un ou deux disques de même axe que celle-ci. ‖ *Surface de révolution d'axe* D, surface engendrée par la rotation autour de D d'un arc Γ. (Les sections de cette surface par un plan perpendiculaire à D sont des cercles appelés parallèles.) ‖ *Symétrie* ou *autosymétrie de révolution,* invariance (d'une figure) par des rotations d'angle arbitraire.

révolution d'Angleterre *(première)* [1642-1649], révolution violente qui a entraîné la chute, puis l'exécution de Charles Ier, et l'établissement d'un nouveau régime, le Commonwealth. Ses causes sont liées au progrès de l'absolutisme royal sous les deux premiers Stuarts, à l'opposition du Parlement, soucieux de préserver ses privilèges en matière financière et constitutionnelle, et à la politique religieuse de Charles Ier, suspect d'indulgence envers les catholiques. La tentative d'étendre à l'Écosse puritaine et presbytérienne la politique épiscopalienne de l'archevêque de Canterbury W. Laud amène les Écossais à s'unir pour défendre leurs libertés religieuses (National Covenant, 1638).

Pour obtenir l'argent dont il a besoin pour vaincre l'Écosse, le roi convoque le « Court Parlement » (avr. 1640), puis le « Long Parlement » (nov. 1640) qui refuse au roi tout subside, lui impose l'exécution de Strafford (mai 1641), vote enfin la « Grande Remontrance » (nov. 1641). Ne pouvant obtenir l'arrestation des cinq chefs de l'opposition (janv. 1642), le roi se retire à York, déclenchant la première guerre civile (1642-1646) opposant les royalistes ou « cavaliers » aux partisans du Parlement ou « têtes rondes ». Les ressources des parlementaires, maîtres des principaux ports et des riches régions de l'Angleterre du Sud et de l'Est, dépassent largement celles du roi, qui occupe les districts essentiellement ruraux du Nord et de l'Ouest. Le tournant décisif des opérations est la victoire des parlementaires à Marston Moor (2 juill. 1644). L'« armée nouveau modèle », organisée suivant l'exemple des « Côtes de Fer » d'O. Cromwell, écrase les royalistes à Naseby (14 juin 1645). Charles Ier se réfugie en Écosse (1646) et tente de rétablir son autorité. Mais, ayant refusé de jurer le Covenant, il est livré au Parlement anglais (juin 1647). Espérant tirer parti du conflit qui oppose le Parlement et l'armée, il se réfugie dans l'île de Wight. Une seconde guerre civile, brève mais violente, éclate alors (1648). Victorieuse, l'armée de Cromwell marche sur Londres, et épure le Parlement, prêt à négocier avec le roi (déc. 1648). Ainsi amputé, le Parlement vote la mise en accusation de Charles Ier, qui est exécuté (janv. 1649). Cromwell* est dès lors le maître du pays.

révolution d'Angleterre *(seconde)* [1688-89], révolution pacifique qui entraîna le départ de Jacques II Stuart et l'avènement de Guillaume III d'Orange. (On dit aussi GLORIEUSE RÉVOLUTION). La cause en est la conversion au catholicisme du duc d'York, Jacques Stuart, puis son avènement au trône (1685) sous le nom de Jacques II. Celui-ci favorise les Églises dissidentes et les catholiques (Déclaration d'indulgence) et se rapproche de la papauté et de Louis XIV. La naissance du prince héritier Jacques Édouard (1688) permet l'établissement d'une dynastie catholique et éloigne l'accession au trône de la princesse Marie, fille de Jacques II, et de son époux Guillaume III d'Orange. À l'appel de quelques notables, ce dernier débarque à Torbay (nov. 1688). Jacques II s'enfuit en France (déc.). En accord avec le Parlement, Guillaume convoque une convention qui se réunit (févr. 1689) et reconnaît conjointement comme nouveaux souverains Marie II et Guillaume III, après leur avoir fait signer la Déclaration des droits (févr.). Cette révolution aboutit à instaurer en Angleterre une véritable monarchie constitutionnelle.

Révolution culturelle prolétarienne *(Grande)*, période de l'histoire contemporaine de la Chine ouverte brutalement au printemps de 1966 et achevée en 1976.

Elle commence par une attaque des milieux intellectuels de Shanghai et de Pékin, puis la mairie de Pékin est visée, ses responsables sont destitués. Les jeunes des écoles et des universités s'organisent en associations de gardes rouges ; les cours ne sont plus assurés ; dazibaos, réunions politiques, meetings critiques se succèdent. Les jeunes provinciaux viennent à la capitale et les Pékinois parcourent le pays pour « échanger des expériences révolutionnaires ». Tous se réclament de la pensée de Mao Zedong. La situation n'est plus contrôlée par les autorités administratives et politiques traditionnelles qui sont contestées au plus haut niveau : tels Deng Xiaoping (alors secrétaire général du P. C. C.) et surtout Liu Shaoqi (président de la République). Cependant, les forces en place résistent souvent. Les situations locales sont très diverses, et fréquemment confuses. L'armée, commandée par Lin Biao, intervient. Les jeunes sont envoyés à la campagne pour se rééduquer (1968) et des « comités révolutionnaires », contrôlés en fait par les troupes, sont alors mis en place. Au IXe Congrès (1969), Lin Biao est officiellement présenté comme le dauphin de Mao. Mais, en 1971, il disparaît à son tour, dans des circonstances mystérieuses. Jusqu'au décès de Mao, l'idéologie de la Révolution culturelle sera représentée au sommet par Jiang Qing, dont l'influence sera contrebalancée par celle du Premier ministre Zhou Enlai. Ce n'est qu'en 1976, avec l'arrestation de la Bande des Quatre, que la page sera vraiment tournée. Les réhabilitations se succèdent et les jeunes reviennent de la campagne. On considère aujourd'hui que ces « dix années de troubles » qui ont coûté fort cher au pays, en vies humaines, en destructions et l'ont désorganisé (universités fermées de 1966 à 1972) ont surtout été une tentative de Mao de retrouver l'essentiel du pouvoir, dont il avait été écarté après l'échec du Grand Bond en avant (1958). Mais, à l'époque, les mots d'ordre de « démocratie directe, lutte contre les privilèges, contre les inégalités entre les villes et la campagne » fascinèrent non seulement la jeunesse chinoise, mais aussi celle de bien des démocraties occidentales.

Révolution française (1789-1799), ensemble des mouvements révolutionnaires qui mirent fin en France à l'Ancien Régime.
• *Ses origines et ses premiers pas.* La Révolution a été préparée par la « philosophie des Lumières » qui, au nom de la raison, a sapé l'autorité de l'Église et les fondements de l'État d'Ancien Régime. La bourgeoisie revendique un rôle politique, et la guerre d'Amérique a propagé les principes de liberté et d'égalité. En outre, après une longue prospérité, la France subit une crise économique (mauvaises récoltes, vie chère, chômage). Louis XVI, incapable d'imposer aux privilégiés (parlements, assemblée des notables) les réformes fiscales nécessaires, se résout à convoquer les États généraux à Versailles pour le 5 mai 1789. Les trois ordres (clergé, noblesse, tiers état) votent de janvier à mai 1789 et rédigent des cahiers de doléances. Le roi a doublé le nombre de députés du tiers, mais, même à l'ouverture des États, ne se prononce pas sur la question du vote par tête ou par ordre. Alors, à l'occasion d'un incident de procédure, le tiers se proclame Assemblée nationale (17 juin), s'unit par le serment du Jeu de paume (20 juin) et refuse d'obéir au roi (23 juin). Celui-ci cède et ordonne aux privilégiés de se réunir avec le tiers. L'Assemblée s'intitule Constituante.
• *L'Assemblée nationale constituante (9 juill. 1789 - 30 sept. 1791).* La disette, le renvoi du ministère et les concentrations de troupes inquiètent la foule parisienne qui s'arme. La prise de la Bastille (14 juill.) est érigée en symbole de victoire sur l'absolutisme. Puis la Grande Peur provoque dans les campagnes des jacqueries, que l'Assemblée apaise en abolissant les privilèges (nuit du 4 août). Une nouvelle émeute (5-6 oct.) contraint le roi et l'Assemblée à quitter Versailles pour Paris, où ils sont désormais sous la menace d'une journée populaire. L'Assemblée cependant réalise une œuvre immense : Déclaration des droits de l'homme (26 août), élaboration d'une constitution prévoyant une monarchie tempérée par une Assemblée unique élue au suffrage censitaire ; une réforme totale de l'administration, de la justice, des impôts. Les biens du clergé sont nationalisés (2 nov. 1789). La Constitution civile du clergé (12 juill. 1790), refusée par les prêtres « réfractaires », dresse contre la Révolution une partie des catholiques. Les passions politiques, un instant apaisées par la fête de la Fédération (14 juill. 1790), s'expriment à la Constituante et dans les clubs (Jacobins, Cordeliers, puis Feuillants). Au-dehors, le conflit avec l'Europe d'Ancien Régime menace ; il est attisé par les émigrés. La fuite manquée à Varennes (20 juin 1791) discrédite Louis XVI et suscite un mouvement républicain. Mais l'Assemblée préfère admettre la fiction d'un enlèvement du roi.
• *L'Assemblée législative (1er oct. 1791-20 sept. 1792)* comprend à droite les Feuillants, à gauche les Brissotins ou Girondins. Les difficultés s'aggravent : clergé réfractaire, émigrés, tension croissante avec l'Autriche, alliée de la Prusse. La guerre est souhaitée, pour des raisons opposées, par le roi et les Brissotins. En la déclarant le 20 avr. 1792, l'Assemblée fait rebondir la Révolution. Louis XVI, qui a usé de son droit de veto, tient tête aux émeutiers qui envahissent les Tuileries le 20 juin. Mais, devant l'invasion qui commence, les extrémistes réclament sa déchéance pour complicité avec l'ennemi. La journée du 10 août renverse la monarchie ; le roi est emprisonné. La Législative, débordée par la Commune de Paris ne peut empêcher les massacres de septembre. L'invasion étrangère est arrêtée à Valmy (20 sept.).
• *La Convention nationale (21 sept. 1792 - 26 oct. 1795).* L'an I de la République commence le 22 sept. 1792. La lutte est aussitôt acharnée entre les Girondins (Brissot, Vergniaud), provinciaux et légalistes, et les Montagnards (Robespierre, Danton, Marat), partisans de mesures d'exception et en accord avec la Commune et les sans-culottes parisiens. Après un procès où les Girondins se divisent, Louis XVI est exécuté (21 janv. 1793). C'est un défi à l'Europe, déjà irritée par les conquêtes qui ont suivi Valmy. Une vaste coalition se forme ; l'invasion recommence et, en même temps, la Vendée se soulève. Les Montagnards obtiennent alors (mars-avr. 1793) la création du Tribunal révolutionnaire, du Comité de salut public, l'envoi de représentants en mission. Compromis par la trahison de Dumouriez, les Girondins sont éliminés par la journée du 2 juin, qui entraîne en province des insurrections fédéralistes. Les Montagnards font voter la Constitution démocratique de l'an I, inapplicable, mais pratiquent la dictature du « salut public » : loi des suspects (17 sept.), Terreur à Paris et en province, levée en masse (23 août), dirigisme (loi du maximum, 29 sept.). Les extrémistes imposent la déchristianisation, contre l'avis de Robespierre. À la fin de 1793, l'invasion est repoussée, les soulèvements sont brisés. Mais Robespierre agit de plus en plus en maître. Il envoie coup sur coup à l'échafaud les extrémistes (Hébert) et les indulgents (Danton).

Il organise le culte de l'Être suprême. Il aggrave la Terreur par la loi du 22 prairial, alors que la victoire de Fleurus (juin 1794) permet la reprise des conquêtes. Une conjuration de la peur abat Robespierre et ses amis le 9 thermidor (27 juill. 1794). La période thermidorienne est marquée par une détente politique (fin de la Terreur et des mesures d'exception), un relâchement moral, une réaction bourgeoise (répression des insurrections populaires d'avril-mai 1795, rétablissement du suffrage censitaire) et une pacification partielle (traités avec la Prusse, l'Espagne et la Hollande). La République se défend aussi contre les royalistes : écrasement des émigrés débarqués à Quiberon (juill. 1795), puis de la journée parisienne du 13 vendémiaire (5 oct. 1795).

• *Le Directoire (26 oct. 1795 - 9 nov. 1799).* La Constitution de l'an III, par crainte de la dictature, a morcelé le pouvoir : l'exécutif est confié à cinq directeurs, et le législatif au Conseil des Anciens et au conseil des Cinq-Cents. Les cinq directeurs pratiquent une politique de bascule en réprimant les manifestations, qu'elles soient monarchistes, jacobines ou babouvistes. Face à la crise financière (effondrement de l'assignat), le régime recourt aux expédients. Si le régime est sans prestige, le général Bonaparte devient un héros national par sa campagne d'Italie (1796-97), puis par l'inutile expédition d'Égypte. Non content d'avoir conquis les « frontières naturelles », le Directoire provoque l'Europe (politique des « Républiques sœurs »). Une seconde coalition se forme (1799). L'opinion, lasse du désordre, veut un régime fort. Bonaparte, revenu d'Égypte, renverse le Directoire par le coup d'État des 18-19 brumaire (9-10 nov. 1799). La Révolution a abouti au césarisme.

révolution française de 1830 → JUILLET 1830 *(journées du 27 au 29).*

révolution française de 1848, nom donné au mouvement révolutionnaire de février 1848, qui substitua la IIe République à la monarchie de Juillet. L'immobilisme de Louis-Philippe et de Guizot, la crise économique qui sévit depuis 1846 amènent l'opposition à réclamer une réforme électorale et parlementaire. Elle organise une campagne de banquets, dont le banquet final (22 févr. 1848) est interdit. Des manifestations commencent le 22 et s'aggravent le 23. Le roi renvoie Guizot. La fusillade qui éclate boulevard des Capucines soulève Paris. Le 24, l'armée est débordée ; Louis-Philippe abdique. Les républicains forment un gouvernement provisoire où entrent les modérés du *National* (Lamartine, Arago, Ledru-Rollin, Garnier-Pagès...), puis les socialistes de *la Réforme* (Louis Blanc, Albert). L'exemple de Paris est suivi par d'autres pays (→ RÉVOLUTIONS EUROPÉENNES DE 1848). Le gouvernement provisoire proclame la république (25 févr.) [→ IIe République*].

révolutions européennes de 1848, mouvements insurrectionnels d'inspiration libérale ou démocratique qui tentèrent de mettre fin aux régimes absolutistes de l'Europe et de satisfaire les revendications nationales.

• *Le « printemps des peuples ».* Les premiers troubles éclatent à la fin de 1847 dans les possessions autrichiennes d'Italie, plus d'un an après l'élection de Pie IX (juin 1846), pape de réputation libérale, qui crée une Consulte d'État à Rome. Puis Palerme se soulève le 12 janv. 1848. Mais ce sont les journées de février à Paris qui donnent le signal de la flambée révolutionnaire. Des troubles éclatent alors en Allemagne. Les insurgés obtiennent des « ministères de mars » dans la majorité des États de la Confédération germanique. Des constitutions libérales sont instaurées en Prusse, en Bavière et au Hanovre. À Francfort se réunit du 31 mars au 4 avr. un « Préparlement » qui convoque une Assemblée nationale. Élue au suffrage universel, elle siège à Francfort à partir du 18 mai. Cherchant à établir un pouvoir central, elle nomme en juin un gouvernement national dirigé par un « vicaire du Reich », Jean de Habsbourg. En Autriche, la révolution éclate le 13 mars à Vienne et Metternich doit s'enfuir ; Ferdinand Ier octroie une constitution libérale le 25 avr. En Hongrie, un gouvernement autonome se forme, sous la présidence de Batthyáni ; il obtient de Vienne la reconnaissance du statut hongrois (11 avr.). Fin mars éclatent des insurrections nationales serbe, moldave, valaque, croate. Les Tchèques obtiennent le 8 avr. la Charte de Bohême. En Italie, en févr.-mars 1848, les principaux États (Naples, Toscane, Piémont, États de l'Église) se dotent de constitutions : la république est proclamée à Milan et à Venise ; Charles-Albert, roi de Sardaigne, lance contre les Autrichiens une véritable croisade patriotique et appelle les Italiens à s'unir. En trois mois, le « printemps des peuples » semble avoir définitivement mis à bas les absolutismes européens restaurés depuis 1815.

• *La crise du mouvement libéral et national et la réaction.* En Allemagne, l'Assemblée de Francfort, divisée entre les partisans de la « Grande Allemagne » (avec l'Autriche) et ceux de la « Petite Allemagne » (unie à la Prusse), s'avère impuissante à asseoir sa souveraineté. Les modérés s'inquiètent de l'agitation ouvrière (émeute du 15 juin à Berlin...). Contrainte d'abandonner les duchés danois en sept. 1848, l'Assemblée brise les tentatives socialistes et fait appel aux armées bavaroise et prussienne contre les démocrates du Palatinat et du pays de Bade (juin 1849).

La réaction s'organise. Le maréchal Windischgrätz disperse le Congrès panslave qui s'est réuni à Prague le 2 juin et écrase la révolte qui éclate dans cette ville (12-17 juin). Les Autrichiens font intervenir les Croates de Jelačić en Hongrie, où les radicaux dirigés par Kossuth combattent pour l'indépendance (qui sera proclamée en avr. 1849). À Vienne, une Assemblée constituante se réunit à partir du 22 juill. ; elle abolit les privilèges seigneuriaux (7 sept.). Mais les démocrates qui se révoltent contre l'envoi des troupes en Hongrie (6 oct.) sont écrasés par l'armée (30-31 oct.). Le Parlement se retire à Kremsier et le prince de Schwarzenberg forme avec Bach un ministère (21 nov.) qui pousse Ferdinand à abdiquer en faveur de François-Joseph (2 déc.). En mars 1849, le Parlement de Kremsier est dissous et une constitution autoritaire est imposée. Les Hongrois sont vaincus par une coalition austro-russe et capitulent à Világos (13 août 1849). En Italie, Ferdinand II, roi des Deux-Siciles, rétablit son pouvoir à Naples (15 mai 1848) et Charles-Albert est défait par les Autrichiens (Custoza, 25 juill.). En revanche, un mouvement démocratique impose à Rome un ministère radical (15 nov.) puis, après la fuite du pape à Gaète, instaure la république (févr.-juill. 1849). Mais Charles-Albert est à nouveau battu (Novare, 23 mars 1849). L'Autriche anéantit les espoirs libéraux et unitaires et l'intervention française rétablit Pie IX à Rome (juill. 1849).
En dépit de leur échec, les révolutions de 1848 ont considérablement transformé l'Europe. Elles ont aboli les derniers liens serviles et les droits seigneuriaux dans les pays d'Europe centrale et orientale. Elles ont aussi accéléré le processus de formation d'ensembles nationaux.

révolution russe de 1905, ensemble des manifestations qui ébranlèrent la Russie en 1905. Une crise grave au cours de laquelle se développe l'hostilité au régime autocratique de Nicolas II éclate en Russie en 1902-1903. Les défaites de l'armée russe engagée contre le Japon aggravent la situation. En nov. 1904, le congrès des zemstvos réclame la convocation d'une assemblée nationale, et l'agitation constitutionnaliste gagne les ouvriers. Le 9 (22) janvier 1905, les ouvriers de Saint-Pétersbourg entreprennent une marche pour présenter leurs revendications au tsar. L'armée tire sur les manifestants (Dimanche* rouge). Les grèves se multiplient de janv. à oct. 1905 et des mutineries éclatent, dont celle du cuirassé Potemkine (juin). En oct., une grève générale paralyse le pays. Contraint d'accorder des concessions, Nicolas II rappelle Witte et promulgue le manifeste du 17 (30) octobre 1905, qui garantit les principales libertés et promet la réunion d'une assemblée législative (douma d'État) élue au suffrage universel. Les libéraux se divisent en octobristes, satisfaits, et en constitutionnels-démocrates, pour lesquels la douma octroyée doit devenir une assemblée constituante. Les marins se révoltent à Kronchtadt (fin oct.) et à Sébastopol (nov.). Les soviets des députés ouvriers tentent une insurrection, qui est écrasée en déc. 1905-janv. 1906. L'ordre rétabli, Nicolas II promulgue en mai 1906 les lois fondamentales, faisant ainsi échec à la prétention de la douma de se transformer en assemblée constituante.

révolution russe de 1917, mouvement révolutionnaire qui abattit le tsarisme en févr. 1917 et qui aboutit, après la prise du pouvoir par les bolcheviks en oct. 1917, à l'instauration de la République socialiste soviétique fédérative de Russie (janv. 1918).

• *De la guerre à la révolution.* Au cours de l'hiver 1915-16, l'armée russe doit évacuer la Pologne, la Galicie et la Lituanie et subit de lourdes pertes. La société perd alors confiance dans le gouvernement. Le mouvement de grèves se développe en 1916, et une certaine agitation gagne l'armée (fraternisations). Les graves problèmes de ravitaillement des villes durant l'hiver 1916-17 exaspèrent la population.

• *La révolution de février.* Une manifestation contre la vie chère est organisée le 23 févr. (8 mars 1917). La grève devient générale le 25 févr. (10 mars) à l'appel des bolcheviks. Les soldats qui ont dû tirer sur les manifestants se mutinent contre leurs officiers dans la nuit du 26 au 27 févr. (11 au 12 mars). Le 27 févr. (12 mars), ouvriers et soldats s'emparent de l'Arsenal et des bâtiments publics, libèrent les révolutionnaires emprisonnés et arrêtent les ministres. La douma décide de former un comité provisoire tandis que se réunit le soviet des députés ouvriers et soldats de Petrograd (nuit du 27 au 28 févr. [12 au 13 mars]). Le soviet reconnaît la légitimité du Gouvernement* provisoire, qui est constitué le 2 (15 mars) par la douma. Le même jour, Nicolas II abdique.

• *Le double pouvoir et l'échec des gouvernements de coalition.* La révolution gagne toutes les régions de l'Empire russe, où se constituent, au cours du mois de mars, 600 soviets dominés par des mencheviks, des sociaux-révolutionnaires ou des travaillistes. Les soviets se dotent en juin d'un organe permanent, le Comité exécutif central panrusse (le VTsIK). Le Gouvernement provisoire, dominé par les libéraux constitutionnels-démocrates (KD) et octobristes, veut poursuivre la guerre jusqu'à la victoire et confier à la future Assemblée constituante la tâche d'opérer les réformes de structure. De retour à Petrograd, Lénine préconise dans ses *Thèses d'avril* de n'apporter aucun soutien au Gouvernement provisoire. Voulant poursuivre la guerre, conformément aux engagements contractés par l'Empire tsariste, le Gouvernement provisoire s'oppose au soviet de Petrograd, partisan d'une paix « sans annexions ni contributions ». À la suite des manifestations contre la guerre des 20-21 avr. (3-4 mai), Goutchkov, ministre de la Guerre, et Milioukov démissionnent, et les représentants du soviet entrent au gouvernement. Les ouvriers s'exaspèrent des résistances du patronat ; avec le retour des soldats qui se démobilisent d'eux-mêmes, les désordres paysans se multiplient ; la Rada centrale de Kiev proclame en juin l'autonomie de l'Ukraine. Ouvriers et soldats réclament l'application du slogan lancé par Lénine lors des journées d'avril : « Tout le pouvoir aux soviets. » Après la manifestation du 4 (17) juill., le gouvernement lance un mandat d'arrêt contre Lénine, accusé d'être à la solde des Allemands. Kerenski forme un nouveau gouvernement de coalition le 24 juill. (6 août), mais les grèves révolutionnaires se développent. Kornilov tente un putsch (28 août [10 sept.]) que les KD soutiennent mais qu'ouvriers et soldats font échouer.

• *La révolution d'octobre.* Staline et Sverdlov font adopter les thèses de Lénine (réfugié en Finlande) sur la préparation de l'insurrection armée au VIe Congrès du P. O. S. D. R. (26 juill.-3 août [8-16 août]). Les bolcheviks rallient à leur politique le soviet de Petrograd, présidé par Trotski, et celui de Moscou (sept.). Lénine, rentré clandestinement à Petrograd, parvient à imposer ses vues. L'insurrection, dirigée depuis l'institut Smolnyï, commence le 24 oct. (6 nov.). La garde rouge, appuyée par le croiseur *Aurore,* donne l'assaut au palais d'Hiver puis arrête les membres du Gouvernement provisoire. Le 25 oct. (7 nov.), Petrograd est prise, Moscou le sera le 2 (15) nov. Le IIe Congrès des soviets, réuni le 25 oct., approuve l'insurrection et élit le premier gouvernement soviétique : le soviet des commissaires du peuple (Sovnarkom), constitué uniquement de bolcheviks et présidé par Lénine. Le IIIe Congrès panrusse des soviets instaure la République socialiste fédérative de Russie (18 [31] janv. 1918).

révolutions démocratiques de 1989, ensemble des événements qui aboutirent à la chute des régimes communistes en Europe du Centre et de l'Est. L'U. R. S. S. ne s'y opposa pas, acceptant ainsi la perte du contrôle qu'elle exerçait sur cette partie de l'Europe. Initiés par la Pologne (victoire de Solidarité aux élections de juin), poursuivis par la Hongrie (qui ouvrit le rideau de fer en mai), par la R. D. A. (démantèlement du mur de Berlin en novembre) et par la Tchécoslovaquie, les mouvements de contestation des régimes en place et de lutte pour l'instauration de la démocratie furent dans l'ensemble pacifiques. Des évolutions plus confuses conduisirent au renversement des gouvernements communistes de Bulgarie et de Roumanie.

Révolution française *(Histoire de la),* par J. Michelet (1847-1853). L'ouvrage s'achève au 9-Thermidor. Il est profondément marqué par le contexte de 1848, et teinté de lyrisme populaire.

Révolution surréaliste *(la),* revue surréaliste (1924-1929). Étape importante dans la vie du mouvement, Breton y publia son *Second Manifeste du surréalisme.*

revolutionibus orbium coelestium libri VI (De), ouvrage de Copernic, publié en 1543, dans lequel l'astronome expose sa conception héliocentrique de l'Univers.

RÉVOLUTIONNAIRE adj. **1.** Qui présente les caractères d'une révolution politique, qui vise à une révolution : *Agitation révolutionnaire.* – **2.** Qui appartient, est propre aux révolutions politiques : *Action révolutionnaire.* – **3.** Qui est de nature à provoquer ou à favoriser une révolution politique : *Climat révolutionnaire.* – **4.** Qui est institué, mis en place par une révolution politique : *Gouvernement révolutionnaire.* – **5.** Qui se rapporte à la Révolution française : *Calendrier révolutionnaire.* – **6.** Qui apporte de grands changements, est d'une grande nouveauté dans un domaine donné : *Une découverte scientifique révolutionnaire.* – **7.** *Guerre révolutionnaire,* doctrine marxiste-léniniste visant le contrôle d'un territoire ou d'une population déterminés par l'exploitation systématique de tout mouvement de masse social ou national résultant d'un mécontentement existant ou provoqué.

◆ adj. et n. **1.** Qui est partisan d'une révolution politique, qui y participe activement : *Les révolutionnaires français de 1789.* – **2.** Qui a des conceptions novatrices et radicales, propres à modifier profondément un état de choses : *Cet architecte est apparu comme un révolutionnaire.*

RÉVOLUTIONNAIREMENT adv. *Litt.* D'une manière révolutionnaire.

RÉVOLUTIONNARISATION n. f. Mise en œuvre d'une démarche révolutionnaire dans un processus politique, idéologique.

RÉVOLUTIONNARISME n. m. Attitude de ceux qui considèrent la révolution comme une fin en soi.

RÉVOLUTIONNARISTE adj. et n. Qui fait preuve de révolutionnarisme.

RÉVOLUTIONNER v. t. (conj. 3). **1.** Mettre un pays en état de révolution ; agiter un groupe par l'introduction de principes révolutionnaires : *Il* *rêve de révolutionner le monde.* — **2.** Apporter dans un domaine des innovations importantes : *L'invention de la machine à vapeur a révolutionné l'industrie.* — **3.** *Fam.* Troubler violemment qqn, un groupe : *Sa disparition a révolutionné tout le quartier.*

REVOLVER [revɔlvɛr] n. m. (angl. *revolver,* de *to revolve,* tourner). **1.** Arme individuelle de poing, à feu, à répétition, approvisionnée par un magasin cylindrique, ou barillet, contenant cinq ou six cartouches. — **2.** Pièce tournante des microscopes optiques, permettant de placer dans l'axe optique des objectifs de grossissements différents. — **3.** *Poche revolver,* poche fendue ou plaquée située au dos d'un pantalon.

REVOLVÉRISER v. t. (conj. 3). *Fam.* Tuer, blesser qqn à coups de revolver.

REVOLVING [-viŋ] adj. inv. (angl. *revolving,* tournant). *Crédit revolving,* crédit à moyen terme dont le taux est révisable périodiquement.

RÉVOQUER v. t. (lat. *revocare,* rappeler) [conj. 3]. **1.** Déclarer nul : *Révoquer un testament.* — **2.** Destituer un fonctionnaire, le relever de ses fonctions. — **3.** Mettre fin aux pouvoirs confiés au dirigeant d'une société. — **4.** Litt. *Révoquer en doute,* mettre en doute.

REVOTER v. i. et v. t. (conj. 3). Voter une nouvelle fois.

REVOULOIR v. t. (conj. 57). *Fam.* Vouloir de nouveau : *Tu reveux de la viande ?*

REVOYURE n. f. Pop. *À la revoyure,* au revoir.

1. REVUE n. f. (de *revoir 1*). **1.** Action d'examiner avec soin et de façon méthodique un ensemble d'éléments : *Faire la revue de ses vêtements.* — **2.** Inspection du personnel ou du matériel dans un corps de troupes. — **3.** Cérémonie militaire au cours de laquelle des effectifs, des engins défilent devant des personnalités : *La revue du 14 juillet.* — **4.** Spectacle composé de saynètes évoquant, dans un style humoristique, les événements contemporains ; enchaînement de tableaux fastueux, féeriques, animés par des danseuses habillées de plumes ou bien dévêtues. — **5.** Fam. *et* vx. *Être de la revue,* être déçu, frustré dans son attente. ‖ *Passer en revue,* parcourir le front des troupes afin de les inspecter au cours d'une cérémonie ; examiner un à un les divers éléments d'un tout. ‖ *Revue d'armement,* contrôle effectué par l'administrateur des Affaires maritimes de la régularité des contrats d'engagement des hommes d'équipage. ‖ *Revue de détail,* inspection, par un officier, des hommes de son unité, pour s'assurer de l'entretien de leurs équipements.

2. REVUE n. f. (angl. *review*). Publication périodique spécialisée dans un domaine donné.

Revue de l'Art, revue française de caractère scientifique consacrée aux beaux-arts, fondée en 1968 sous le patronage du ministère de la Culture, avec le concours du C. N. R. S.

Revue blanche *(la),* recueil bimensuel illustré fondé à Liège et à Paris en 1889, et qui défendit le mouvement symboliste.

Revue des Deux Mondes *(la),* revue fondée en 1829 par Mauroy et Ségur-Dupeyron avec F. Buloz comme rédacteur en chef dès 1831. Si la littérature domine à l'origine (A. Dumas, Balzac, Vigny, Sainte-Beuve...), la *Revue* aborde ensuite la politique, l'économie, les beaux-arts, etc. Mensuelle depuis 1969, devenue en 1972 *la Nouvelle Revue des Deux Mondes,* elle reprend son titre d'origine en 1982.

Revue de Paris, périodique fondé en 1829 par le Dr Véron. Rivale de *la Revue des Deux Mondes,* elle eut des collaborateurs tels que Balzac, A. Dumas, E. Sue, A. Karr, J. Janin. Elle cessa de paraître en 1970.

REVUISTE n. Auteur dramatique s'attachant à composer de petites scènes dialoguées pour une revue.

RÉVULSER v. t. (lat. *revulsus,* de *revellere,* arracher) [conj. 3]. **1.** *Litt.* Bouleverser le visage. — **2.** *Fam.* Provoquer chez qqn une réaction de dégoût, de rejet : *Ça me révulse de voir ça.*
◆ **se révulser** v. pr., **être révulsé** v. pass. *Litt.* Marquer, par le bouleversement de ses traits, une vive émotion, une grande douleur : *Avoir les yeux révulsés.*

RÉVULSIF, IVE adj. et n. m. (lat. *revulsum,* de *revellere,* arracher). Se dit d'un médicament qui produit une révulsion.

RÉVULSION n. f. (lat. *revulsio*). **1.** Ensemble des procédés thérapeutiques provoquant une irritation locale de la peau, pour drainer le sang d'une région malade vers les téguments. — **2.** *Fam.* Violent dégoût, rejet.

REWBELL ou **REUBELL** (Jean-François), homme politique français (Colmar 1747 - *id.* 1807). Avocat, député aux États généraux, puis à la Convention, élu directeur en oct. 1795, il fut un des auteurs du coup d'État du 18-Fructidor. Il fut remplacé au Directoire par Sieyès en mai 1799.

1. REWRITER [rəɾajtœr ou ri-] n. m. (angl. *rewriter,* de *to rewrite,* réécrire). Rédacteur chargé par l'éditeur de réécrire, de remanier dans le style et la présentation voulus des textes destinés à la publication.

2. REWRITER [rəɾajte ou ri-] v. t. (angl. *to rewrite*) [conj. 3]. Réécrire un texte afin de l'adapter pour une publication. (Syn. RÉÉCRIRE, RÉCRIRE.)

REWRITING [rərajtiɲ ou ri-] n. m. (angl. *rewriting*). Action de réécrire. (Syn. RÉÉCRITURE, RÉCRITURE.)

REX n. m. Lapin caractérisé par l'absence totale de jarre, spécialement élevé pour sa fourrure.

REXISME n. m. (lat. *Christus rex,* Christ roi). Mouvement antiparlementaire belge, lancé en 1935 par Léon Degrelle.
ENCYCL. Défendant un système politique autoritaire et corporatif de type fasciste, il soutint le mouvement nationaliste flamingant. Après de brillants succès électoraux en 1936, il déclina rapidement. Pendant la Seconde Guerre mondiale, le mouvement prôna la collaboration avec l'Allemagne. Il fut interdit à la fin de la guerre.

REXISTE adj. et n. Relatif au rexisme ; partisan du rexisme.

REXROTH (Kenneth), écrivain américain (South Bend, Indiana, 1905 - Montecito, Californie, 1982). Intéressé par les littératures grecque, japonaise et amérindienne, il se partage entre la tentation de l'intellectualisme et le lyrisme de la nature et de l'amour (*The Phoenix and the Tortoise,* 1944 ; *The Homestead called Damascus,* 1963).

REYou **RAYY** ou **REI,** v. d'Iran, à 7 km du centre de Téhéran, appelée *Rhagès* dans l'Antiquité. Le site archéologique a surtout livré une belle céramique peinte du début du chalcolithique (Ve millénaire). La ville donne son nom à une célèbre production de céramique islamique à l'époque médiévale.

REY *(isla del)* ou **SAN MIGUEL,** île du golfe de Panamá. Huîtres perlières.

REY (Jean), chimiste et médecin français (Le Bugue v. 1583 - † 1645). Il observa en 1630 que l'étain et le plomb augmentent de poids quand on les calcine, et attribua cette action à l'air. Sur ces réactions, il énonça le principe de conservation de la matière avant Lavoisier.

REY (Émile ou Emilio), guide italien (La Saxe, près de Courmayeur, 1846 - dent du Géant, massif du Mont-Blanc, 1896). Surnommé « l'homme aux cent premières », il fut l'un des premiers grands guides italiens du XIXe s. Ses principales ascensions se situent dans le massif du Mont-Blanc : premières de l'aiguille Noire de Peuterey (1877), de l'aiguille Blanche de Peuterey (1885), du mont Blanc par l'arête de Peuterey (1893). — Son fils ADOLPHE (Courmayeur 1878 - *id.* 1969) participa aux premières de l'arête est de l'Innominata (1919) et du Grand Capucin (1924).

REY (Jean), ingénieur et industriel français (Ouchy, Suisse, 1861 - Paris 1935). Il réalisa des dispositifs de commande électrique (pointage des projecteurs, gouvernails de plongée et de direction des sous-marins, etc.), perfectionna la technique de mise en place des mines sous-marines et conçut les premières installations de turbines à vapeur sur les navires.

REY (Jean), homme politique et juriste belge (Liège 1902 - *id.* 1983). Délégué à l'O. N. U. (1948) et au Conseil de l'Europe (1949-1953), plusieurs fois ministre, il devint membre (1958) de la Commission de la Communauté économique européenne, qu'il présida de 1967 à 1970.

REYBAUD (Louis), économiste et homme politique français (Marseille 1799 - Paris 1879). Ses ouvrages sur *l'Industrie en Europe* (1856) et sur *le Régime des manufactures* (1859) lui valurent d'être compris parmi les réformateurs sociaux. Un de ses romans connut la notoriété : *Jérôme Paturot à la recherche d'une position sociale* (1843), critique des mœurs françaises sous la monarchie de Juillet.

REYER (Louis Étienne REY, dit **Ernest**), compositeur français (Marseille 1823 - Le Lavandou 1909). Influencé par Berlioz et surtout par Wagner, son opéra *Sigurd* (1884) utilise la technique du leitmotiv. Son autre opéra, *Salammbô* (1890), resta longtemps au répertoire.

REYES (Alfonso), écrivain mexicain (Monterrey 1889 - Mexico 1959). Son œuvre, qui puise aux sources nationales et aztèques (*Vision de l'Anahuac,* 1917), a influencé l'orientation intellectuelle de son pays et de toute l'Amérique latine.

REYES PRIETO (Rafael), général et homme d'État colombien (Santa Rosa de Viterbo, Boyacá, v. 1849 - Bogotá 1921). Président de la République de 1904 à 1909, il permit, après la guerre civile des « mille jours » (1899-1903), la pacification et la modernisation du pays.

REYKJANES *(dorsale de),* anc. **plateau du Télégraphe,** segment de la dorsale de l'Atlantique nord, entre l'Islande et la zone de fracture Charlie-Gibbs, et séparant les bassins islandais (à l'E.) et du Labrador (à l'O.). Longueur 1 500 km environ.

REYKJAVÍK, cap. de l'Islande, sur la côte sud-ouest ; 101 824 hab. (154 000 hab. dans l'agglomération, soit plus de la moitié de la population de l'Islande). Principal port (commerce et pêche), centre culturel et industriel du pays.

REYMOND (les), famille d'émailleurs limousins dont le plus important est PIERRE (Limoges 1513 - *id.* 1584 ?). Son atelier fut très productif. Ses pièces de vaisselle sont peintes d'après Delaune, B. Salomon, mais aussi Dürer et Raphaël.

REYMONT (Władysław Stanisław), écrivain polonais (Kobiele Wielkie 1867 - Varsovie 1925). Ses romans évoquent, dans une veine réaliste et naturaliste, la nature polonaise et la vie paysanne (*les Paysans,* 1902-1909). On lui doit aussi des récits historiques (*l'Année 1794,* 1913-1918 ; *la Révolte,* 1924). [Prix Nobel 1924.]

REYNAUD (Émile), inventeur français et précurseur du dessin animé (Montreuil 1844 - Ivry-sur-Seine 1918). Mettant au point l'analyse du mouvement et sa reproduction ébauchées par Plateau avec le *phénakistiscope,* il construisit en 1876 le *praxinoscope* qu'il améliora ensuite en *praxinoscope-théâtre,* premier appareil permettant des projections animées lumineuses, puis en *Théâtre optique,* avec lequel il assura de 1892 à 1900 plus de 10 000 représentations publiques de courtes bandes de film perforé dont il dessinait et peignait lui-même les images.

REYNAUD (Paul), homme politique français (Barcelonnette 1878 - Neuilly 1966). Plusieurs fois ministre sous la IIIe République, notamment des Finances (1938-1940), il opère un net redressement de la situation financière du pays. Partisan d'une politique de fermeté à l'égard de l'Allemagne, il succède à Daladier comme président du Conseil en mars 1940, et prend aussi les Affaires étrangères, puis la Défense nationale. Favorable à la poursuite de la lutte, il s'oppose à l'armistice, et doit céder la place au maréchal Pétain, qui le fait interner (sept. 1940-1942). Il est ensuite déporté par les nazis (1942-1945). Défenseur de l'unité européenne, il jouera un rôle parlementaire important sous la IVe et la Ve République. Il est l'auteur de *Mémoires* (1960-1963).

REYNOLD (Gonzague DE), écrivain suisse d'expression française (Cressier, Fribourg, 1880 - Fribourg 1970). Il a publié des poèmes, une *Histoire littéraire de la Suisse au XVIIIe siècle* (1909-1912), *Cités et Pays suisses* (1914-1920), des essais et des *Mémoires* (1960-1963). Son œuvre capitale est la *Formation de l'Europe* (1944-1957).

REYNOLDS (*sir* Joshua), peintre anglais (Plympton, Devon, 1723 - Londres 1792). Portraitiste fécond, il passa trois ans en Italie, revint s'établir à Londres en 1752 et acquit vers 1760 une grande notoriété dans la société mondaine. Il fut en 1768 cofondateur et président de la Royal Academy, où il devait prononcer 15 importants *Discours sur les arts.* Classique, admirateur des Bolonais et de Rembrandt, coloriste plein de force (mais beaucoup de ses toiles ont mal vieilli), il se montra trop ambitieux dans ses tableaux d'histoire, parfois artificiel dans le rendu de la grâce féminine et de l'enfance, mais poussa la dignité réaliste jusqu'à une véritable grandeur (*Lord Hearthfield,* 1787, National Gallery).

REYNOLDS (Osborne), ingénieur britannique (Belfast 1842 - Watchet, Somerset, 1912). Il étudia les divers régimes d'écoulement des liquides et fluides visqueux (1883), démontra l'existence d'une vitesse critique et souligna l'importance d'un rapport connu sous le nom de *nombre de Reynolds.*

Reynolds *(nombre de),* coefficient sans dimension défini par : $\mathbb{R} = VL/\nu$, où V est la vitesse moyenne de l'écoulement, L une dimension linéaire caractéristique du corps immergé dans le fluide et ν la viscosité cinématique du fluide. Le nombre de Reynolds définit, en mécanique des fluides, les conditions de similitude d'écoulements sans surface libre dont les limites sont géométriquement semblables.

REYNOSA, v. du Mexique septentrional (État de Tamaulipas), sur le río Bravo (ou rio Grande) ; 283 000 hab. Raffinerie et pétrochimie. Travail du coton et du bois.

REYRIEUX (01600), ch.-l. de cant. de l'Ain, dans le sud de la Dombes, sur le Talançon ; 3 065 hab. (*Talançonnais,* du n. du ruisseau). Climatiseurs.

REZĀ CHĀH PAHLAVI ou **RIḌĀ CHĀH PAHLAVI** (Sevād Kuh, Māzandarān, 1878 - Johannesbourg 1944), chāh d'Iran (1925-1941). Colonel du régiment iranien des cosaques, il organisa le coup d'État de févr. 1921 qui porta au pouvoir Seyyed Ziaeddine Tabatabaï. Il devint alors ministre de la Guerre. En déc. 1925, il se fit proclamer chāh. S'inspirant des réformes de Mustafa Kemal, il imposa la modernisation et l'occidentalisation du pays (codes de lois de 1925-1928) ainsi que la sédentarisation des nomades. Les troupes britanniques et soviétiques qui entrèrent en Iran en août 1941 le contraignirent à abdiquer.

REZĀ-E ʻABBĀSI ou **RIḌĀ-I ʻABBĀSĪ,** peintre iranien d'Ispahan (v. 1565-1635), essentiellement attaché au souverain Chāh ʻAbbās, d'où son nom, Rezā-e ʻAbbāsi. Ses plus belles œuvres datent des années 1615-1635. Son atelier compta beaucoup d'élèves et il résida un moment à la cour des Grands Moghols de l'Inde.

REZĀYE → OURMIA.

REZ-DE-CHAUSSÉE n. m. inv. (de *rez* et *chaussée*). 1. Partie d'un bâtiment dont le sol se trouve au niveau du terrain environnant, voire en surélévation sur un sous-sol *(rez-de-chaussée surélevé).* – 2. Appartement situé au niveau du sol : *Habiter un rez-de-chaussée sur cour.*

REZ-DE-DALLE n. m. inv. Niveau correspondant à l'accès piétonnier dans les grands ensembles où la circulation automobile est à un niveau inférieur, sous dalle.

REZ-DE-JARDIN n. m. inv. Local qui se trouve de plain-pied avec un jardin.

REZÉ (44400), ch.-l. de cant. de la Loire-Atlantique, banlieue sud de Nantes, sur la Loire ; 33 703 hab. *(Rezéens).* Unité d'habitation de Le Corbusier (1953).

REZNIKOFF (Charles), poète américain (Brooklyn 1894 - New York 1976). Figure dominante du groupe des « objectivistes » dans les années 1930, il s'est imposé avec *By the Waters of Manhattan* (1962) et *Témoignage : États-Unis 1885-1915* (1965-1979).

REZONVILLE (57130), comm. de la Moselle, à 17,5 km à l'O. de Metz ; 288 hab. Une bataille indécise dite *bataille de Gravelotte* ou de *Mars-la-Tour* y opposa le 16 août 1870 Bazaine au prince de Prusse Frédéric-Charles. (→ *opérations et siège de* METZ.)

REZZOU n. m. (ar. *rhazū*). Bande armée qui se constituait en pays arabe, notamment au Sahara, pour aller à de grandes distances surprendre et piller un campement, un poste, ou les caravanes.

Rf, symbole chimique du *rutherfordium.*

R. F., sigle de RÉPUBLIQUE FRANÇAISE.

R. F. A., sigle de RÉPUBLIQUE FÉDÉRALE D'ALLEMAGNE.

R. F. P., sigle de RÉGIE FRANÇAISE DE PUBLICITÉ*.

RGHAYA, anc. **Reghaia,** v. d'Algérie, à l'E. d'Alger ; 29 000 hab. Centre industriel.

Rh, symbole chimique du *rhodium.*

Rh, abrév. de RHÉSUS.

rH [ɛraʃ] n. m. (de *réduction* et *H,* symbole de l'hydrogène). Notation utilisée en biologie pour désigner le potentiel d'oxydoréduction.

RHĀB ou **GHAB,** région de Syrie, entre les plateaux de Homs et de Ḥamā et la dépression du bas Oronte, de l'Amik gölü et de l'Afrine. C'est une dépression longue de 50 km et large de 8 km, drainée par l'Oronte, et encadrée par le djabal Anṣariyya à l'O. et le djabal Zāwiya à l'E. Les zones marécageuses, très importantes, ont été drainées et irriguées.

RHABDOMANCIE n. f. (du gr. *rhabdos,* baguette). Radiesthésie pratiquée avec une baguette.

RHABDOMANCIEN, ENNE ou **RHABDOMANT, E** n. Praticien de la rhabdomancie ; sourcier.

RHABDOMYOME n. m. Tumeur bénigne des muscles striés.

RHABILLAGE n. m. **1.** Action de se rhabiller. — **2.** Action de remettre en état, de réparer : *le rhabillage d'une montre.*

RHABILLER v. t. (conj. 3). **1.** Habiller de nouveau qqn ou lui racheter des vêtements : *Rhabiller un enfant.* — **2.** Remettre un objet en état ou changer son habillage. — **3.** *Litt.* Transformer l'aspect, la forme de qqch, sans en modifier le fond : *Rhabiller de vieilles idées avec des mots nouveaux.* — **4.** Transformer l'aspect, le décor d'une construction, sans en modifier la structure.

◆ **se rhabiller** v. pr., **être rhabillé** v. pass. *Fam.* S'habiller de nouveau.

RHABILLEUR, EUSE n. Réparateur d'horlogerie.

RHADAMANTHE, héros crétois, fils de Zeus et d'Europe, et frère de Minos. Sa réputation de sagesse et de justice lui valut de devenir un des juges des Enfers.

RHADAMÈS ou **GHADAMÈS,** oasis de Libye, dans le Fezzan occidental, à proximité du Sud tunisien et du Sahara algérien.

RHADÉS ou **EDES,** population malayo-polynésienne montagnarde du Viêt-nam (plateau de Dac Lac), estimée à 120 000 personnes.

RHAGADE n. f. (lat. *rhagas,* du gr. *rhagas, -ados,* crevasse). Syn. de GERÇURE.

RHAGÈS, anc. v. de Perse, en Médie orientale, détruite par les Mongols au début du XIIIᵉ s. (auj. *Rey**).

RHAGIE n. f. (gr. *rhagion,* petit grain de raisin). Longicorne forestier, dont la larve est nuisible au chêne, au châtaignier et au pin.

RHAGIONIDÉ n. m. (gr. *rhagion,* petit grain de raisin). Mouche orthoraphe carnassière, qui chasse, la tête en bas, sur les troncs des arbres. (Syn. LEPTIDÉ.)

RHAÏTA, GHAÏTA ou **GHAYṬA** n. m. (ar. *rhayṭa*). Hautbois utilisé au Maghreb et par les musiciens musulmans d'Afrique noire.

RHAMNACÉE n. f. (gr. *rhamnos,* nerprun). Nom de famille d'arbres ou arbustes parfois grimpants tels que le nerprun, le jujubier et le céanothe.

RHAMNONTE, en gr. **Ramnous,** anc. dème de l'Attique. Sanctuaire de Némésis avec les ruines du temple de Thémis (VIᵉ s. av. J.-C.) et celles du temple de Némésis (Vᵉ s. av. J.-C.).

RHAMNOSE n. m. Aldose $C_6H_{12}O_5$, qui se rencontre dans de nombreux hétérosides, associé à l'hespérétine, la quercétine, etc.

RHAMNUSIUM [-zjɔm] n. m. Longicorne dont la larve ronge le bois des tilleuls, des marronniers d'Inde, des ormes.

RHAMPHASTIDÉ ou **RAMPHASTIDÉ** n. m. Oiseau pisciforme frugivore à bec énorme mais léger, des forêts d'Amérique tropicale, tel que les toucans.

RHAMPHORHYNQUE n. m. (du gr. *rhamphos,* bec). Petit reptile volant fossile des terrains jurassiques, à longue queue spatulée, longues mâchoires dentées et grandes orbites à sclérotique ossifiée.

RHAMPHOTHÈQUE n. f. Tégument corné du bec des oiseaux, recouvrant les deux mâchoires osseuses. (Syn. BEC CORNÉ.)

RHAPIS n. m. Petit palmier de Chine et du Japon, utilisé à faire des cannes, des nattes et des tentures.

RHAPSODE ou **RAPSODE** n. m. (gr. *rhapsôdos,* de *rhaptein,* coudre, et *ôdê,* chant). Aède grec qui allait de ville en ville en récitant des poèmes épiques.

RHAPSODIE ou **RAPSODIE** n. f. (gr. *rhapsôdia*). **1.** Pièce instrumentale de caractère libre, proche de l'improvisation, utilisant des thèmes ou des effets folkloriques. Les principaux auteurs de rhapsodies sont : Liszt *(Rhapsodies hongroises),* Brahms *(Zwei Rhapsodien),* Lalo *(Rhapsodie norvégienne),* Dvořák *(Rhapsodies slaves),* Gershwin *(Rhapsody in blue),* Ravel *(Rhapsodie espagnole),* Bartók. — **2.** Poème ou partie de poème contenant un épisode épique, spécialement emprunté aux poèmes homériques.

RHAPSODIQUE ou **RAPSODIQUE** adj. Relatif aux rhapsodes ou à la rhapsodie.

RHARB ou **GHARB,** région du nord-ouest du Maroc, au bord de l'Atlantique, limitée à l'E. par les collines et rides prérifaines, au S. par les plateaux de la Meseta. C'est une plaine parcourue par le Sebou qui y décrit des méandres, devenue, après l'assèchement de marécages et l'irrigation. une importante zone de mise en valeur (agrumes et betterave à sucre).

RHARSA ou **GHARSA** *(chott el-),* dépression fermée marécageuse des confins de l'Algérie et de la Tunisie (qui en possède la majeure partie).

RHASSĀNIDES ou **GHASSĀNIDES,** dynastie de princes originaires du sud de l'Arabie, qui, vassaux de Byzance, gouvernèrent les tribus arabes de la Palmyrène et de la Palestine, du IIIe s. à 636 apr. J.-C.

RHĀT ou **GHĀT,** oasis de Libye, dans le sud-ouest du Fezzan, à proximité de la frontière du Sahara algérien ; 3 400 hab. Aéroport. Artisanat.

RHÄTIKON → RÄTIKON.

RHAZAL n. m. (mot ar.). Dans la poésie turque et persane, court poème lyrique (quatre à quinze vers), le nom du poète devant toujours figurer au dernier vers.

RHAZĀLĪ ou **GHAZĀLĪ** (Abū Ḥāmid Muḥammad **al-**), souv. appelé **Algazel,** penseur musulman, l'un des plus grands théologiens de l'islām (Ṭus, Khorāsān, 1058 - *id.* 1111). Il est nommé théologien enseignant la jurisprudence à Bagdad par le vizir Nizām al-Mulk ; mais l'assassinat de ce dernier en 1092 le marqua profondément. Il se tourna alors vers le soufisme et devint un derviche errant à la recherche de la pure spiritualité. Il critique la philosophie islamique d'Avicenne et d'al-Fārābī et en développe les raisons dans une philosophie mystique. Son œuvre embrasse toutes les sciences coraniques ; adversaire d'Avicenne sur ce point aussi, il considère la théologie comme une médecine qu'il faut utiliser avec prudence. Son œuvre principale est *l'Écroulement des philosophes.*

RHAZÈS → RĀZI *(al-).*

RHĀZĪ Ier ou **GHĀZĪ Ier** (La Mecque 1912 - Bagdad 1939), roi d'Iraq (1933-1939).

RHAZNÉVIDES ou **GHAZNÉVIDES,** dynastie turque qui régna sur l'actuel Afghānistān, une partie de l'Iran, et sur le Pendjab aux Xe-XIIe s. Fondée par Alp Tigin qui s'installa à Rhazni en 962 et par Sebuk Tigin (977-997), la dynastie acquit puissance et prestige sous Maḥmud de Rhazni (999-1030). Les Rhaznévides durent abandonner leurs possessions iraniennes aux Seldjoukides (v. 1040). Ils furent évincés d'Afghānistān par les Rhurides, qui leur succédèrent à Lahore en 1186.

RHAZNI, RHAZNA ou **GHAZNI,** v. de l'Afghānistān, ch.-l. de prov., sur les hauteurs qui prolongent le Safid Kuh vers le S. ; 30 400 hab. Ruines de l'anc. cap. des Rhaznévides, dont deux minarets. Musée.

RHÉA, titanide, fille d'Ouranos et de Gaïa, et femme de Cronos. Celui-ci dévorait ses enfants. Lors de la naissance de Zeus, Rhéa réussit à le sauver, en donnant à sa place une pierre à son époux.

RHÉA, cinquième satellite de Saturne, découvert en 1672. Diamètre : 1 530 km. Densité moyenne : 1,2. Demi-grand axe de son orbite : 527 040 km. Période de révolution sidérale : 4 j 12 h 24 min. On le suppose constitué en majeure partie de glace. Sa surface est couverte de cratères météoritiques.

RHEA (ou **RÉA**) **SILVIA,** fille de Numitor, roi d'Albe, mère de Romulus et Remus.

RHEDEN, v. des Pays-Bas (Gueldre), à l'E. d'Arnhem ; 48 000 hab. Centre industriel et touristique (parc national de la Veluwe).

RHEE (Lee Sŭng-man, dit **Syngman**), homme d'État coréen (prov. de Hwanghae 1875 - Honolulu 1965). Ardent nationaliste, il fut emprisonné de 1898 à 1904. Il fit ensuite ses études aux États-Unis. Il quitta à nouveau la Corée en 1912 à cause de son opposition à la domination japonaise. Puis il fonda à Shanghai un gouvernement en exil (1919), qui, par la suite, s'installa à Honolulu. Président de la République de Corée du Sud (1948-1960), il fut soutenu par les États-Unis et gouverna en dictateur. Il dut démissionner en juin 1960 et se réfugia à Hawaii.

RHEIMS (Maurice), commissaire-priseur et écrivain français (Versailles 1910). Commissaire-priseur à Paris de 1935 à 1972, il a appliqué sa curiosité d'esthète aussi bien aux mots (*Dictionnaire des mots sauvages,* 1969) qu'aux objets (*l'Objet 1900,* 1964). Il est l'auteur d'études sur l'art et les créateurs, de nouvelles (*le Cheval d'argent,* 1962), de romans (*le Luthier de Mantoue,* 1972 ; *les Greniers de Sienne,* 1988 ; *les Forêts d'argent,* 1995) et de Mémoires (*Haute Curiosité,* 1975). [Acad. fr., 1976.]

RHEINE, v. d'Allemagne (Rhénanie-du-Nord-Westphalie), sur l'Ems ; 71 300 hab. Centre industriel.

RHEINGAU, région touristique et agricole d'Allemagne (Hesse), occupant le sud-ouest du Taunus, le plateau qui lui fait suite au N.-O. et le bord de la plaine rhénane.

Rheinische Zeitung *(Gazette rhénane),* journal fondé à Cologne en 1842 et dont les principaux rédacteurs furent Marx et Engels. Elle fut interdite en 1849.

RHÉNAN, E adj. (bas lat. *Rhenanus*). Du Rhin, de la Rhénanie.

RHÉNAN *(Massif schisteux),* en all. **Rheinisches Schiefergebirge,** massif d'Allemagne, de part et d'autre du Rhin, dans le prolongement de l'Ardenne. Constitué par une série de massifs et de plateaux (400 à 700 m) bien individualisés (Eifel, Hunsrück, Taunus, Westerwald, Siebengebirge, Bergisches Land, Sauerland, Siegerland), il est entaillé de cours d'eau, Moselle, Rhin, Lahn, Sieg, Wupper, Ruhr, parfois encaissés. Les sommets sont forestiers (conifères), tandis que les vallées portent des cultures et des vignobles (Moselle, Rhin). Partout le tourisme est actif.

RHÉNANIE, en all. **Rheinland,** région historique de l'Allemagne. Habitée par des peuples celto-germaniques, la région est conquise par César en 57 av. J.-C. et subit une forte influence romaine. Envahie au Vᵉ s. par les Francs du Rhin, puis incorporée au royaume de Clovis, elle est ensuite incluse dans l'Austrasie, puis dans le royaume de Lothaire au traité de Verdun (843). De là, elle entre progressivement dans la mouvance germanique et est entièrement intégrée au Saint Empire en 925. Elle est divisée à la fin du Xᵉ s. entre les duchés de Franconie, de Haute et de Basse-Lorraine. Au Moyen Âge, le trafic commercial sur le Rhin fait la fortune des cités qui, comme Cologne, Trèves et Mayence, deviennent de grands centres économiques. Le pays se divise cependant en une multitude de territoires et seigneuries, que la guerre de Trente Ans ouvrira aux influences de la Prusse et de la France. Cette dernière y développe son emprise tout au long du XVIIIᵉ s. De 1797 à 1814, elle étend sa domination sur toute la rive gauche du Rhin. Quant à la Prusse, elle réunit en 1824 ses possessions rhénanes (Juliers-Clèves, Berg et Rhin inférieur) en une seule province, la Prusse rhénane *(Rheinprovinz).* La richesse en matières premières de la région et l'importance économique du Rhin favorisent le grand essor industriel du XIXᵉ s. Après le traité de Versailles (1919), la Rhénanie est démilitarisée. La France y suscite des mouvements séparatistes et retarde l'évacuation de ses troupes en raison du non-paiement par l'Allemagne des réparations de guerre. Hitler remilitarise la région à partir de 1936. Celle-ci est partagée en 1945 entre les zones d'occupation française et britannique dont les autorités créent en 1946 les Länder de Rhénanie-du-Nord-Westphalie* et de Rhénanie-Palatinat* qui feront partie de la R. F. A. fondée en 1949.

RHÉNANIE-DU-NORD-WESTPHALIE, en all. **Nordrhein-Westfalen,** État (Land) d'Allemagne ; 34 070 km² ; 17 103 588 hab. Cap. *Düsseldorf.*
Le plus peuplé des Länder allemands vient aussi en tête pour la production industrielle. Traversé par l'artère majeure que constitue le Rhin, il se compose de plusieurs régions. Le sud-sud-est appartient au Massif schisteux rhénan et juxtapose zones rurales (forêts, élevage) et centres industriels. Cologne sépare le bassin charbonnier en deux parties : bassin d'Aix-la-Chapelle (lignite) à l'O., Ruhr houillère à l'E. Charbon et sidérurgie sont à l'origine des activités et de la croissance de nombreuses villes de la Ruhr. L'extraction s'est déplacée maintenant vers le N. (vallée de la Lippe). Les reconversions et mutations industrielles ont restructuré la région qui dispose d'un réseau de transport exceptionnel et d'équipements culturels récents. Dans le nord, le bassin de Münster, traditionnellement agricole, s'industrialise. Les petits massifs de l'Est (Teutoburgerwald), surtout agricoles (céréales, betteraves à sucre, élevage), ont des stations thermales et de petits centres industriels.

RHÉNANIE-PALATINAT, en all. **Rheinland-Pfalz,** État (Land) d'Allemagne, frontalier avec la Belgique, le Luxembourg et la France ; 19 847 km² ; 3 701 661 hab. Cap. *Mayence.*
Le Land est formé essentiellement de moyennes montagnes. À l'ouest, l'Eifel et le Hunsrück, agricoles et forestiers, encadrent la vallée de la Moselle, occupée par des vignobles. Au confluent de la Moselle et du Rhin, Coblence est un centre commercial important. Au sud-est, le Palatinat est la partie la plus industrialisée, dominée par Ludwigshafen (chimie). La vallée du Rhin porte des vignobles ; elle est jalonnée de villes dont Mayence.

RHÉNIQUE adj. Se dit de l'anhydride ReO_3, dérivant du rhénium, et de l'acide correspondant, H_2ReO_4.

RHÉNIUM [-njɔm] n. m. (lat. sc. *rhenium,* du lat. class. *Rhenus,* Rhin). Métal blanc brillant, de densité 21. (Élément de symbole Re.)

ENCYCL. De numéro atomique 75 et de masse atomique 186,2, le rhénium fond vers 3 180 °C. Il s'oxyde vers 250 °C, s'unit aux halogènes et est attaqué par les acides sulfurique et nitrique. Il est utilisé pour la confection d'alliages réfractaires et comme catalyseur. On l'extrait le plus souvent de la molybdénite, sous-produit de la métallurgie du cuivre.

RHÉOBASE n. f. Valeur d'intensité minimale que doit présenter un courant électrique continu s'établissant instantanément pour exciter une fibre nerveuse. (Cette valeur dépend du dispositif de stimulation.)

RHÉOLOGIE n. f. Science des lois du comportement des matériaux, liant, à un instant donné, les contraintes aux déformations.

ENCYCL. On distingue divers types de comportement : *élastique* (le corps reprend sa forme initiale après déchargement) ; *plastique* (le déchargement est accompagné d'une déformation résiduelle) ; *élastoplastique* (le comportement demeure élastique tant que les contraintes restent inférieures à un certain seuil) ; *visqueux* (les déformations évoluent dans le temps avec une vitesse qui dépend des contraintes) ; *viscoélastique* (le corps reprend sa forme initiale avec un certain retard après déchargement).

RHÉOLOGIQUE adj. Relatif à la rhéologie.

RHÉOPEXIE n. f. Phénomène de durcissement par agitation, observé sur certaines suspensions colloïdales. (Contr. THIXOTROPIE.)

RHÉOPHILE adj. Se dit des espèces animales et végétales vivant dans les torrents.

RHÉOSTAT n. m. (angl. *rheostat*). **1.** Appareil utilisé comme résistance variable. – **2.** *Rhéostat de démarrage,* rhéostat destiné à limiter le courant absorbé par un moteur lors de son démarrage, et dont les résistances sont éliminées en marche normale. ‖ *Rhéostat de glissement,* rhéostat de réglage de vitesse d'un moteur asynchrone. ‖ *Rhéostat potentiométrique,* résistance potentiométrique permettant de faire varier la valeur de la tension recueillie sans démontage des connexions.

RHÉOSTATIQUE adj. **1.** Qui se rapporte à un rhéostat. – **2.** *Freinage rhéostatique,* freinage employé en traction électrique, dans lequel les moteurs de traction fonctionnent comme génératrices et transforment l'énergie mécanique transmise par les roues en énergie électrique dissipée sous forme de chaleur dans des résistances.

RHERIS ou **GHERIS** *(oued),* en ar. **al-Rhrīs,** fl. du Maroc saharien ; 270 km env. Issu du Haut Atlas oriental, il alimente bassins cultivés et oasis jusqu'au Tafilalet, puis, se réunissant à l'oued Ziz, il forme l'*oued Daoura,* qui se perd dans le désert en Algérie.

RHÉSUS [-zys] n. m. (lat. *Rhesus,* du gr. *Rhêsos,* n. myth.). **1.** Macaque à queue courte de l'Asie du Sud-Est, devenu célèbre par la découverte du facteur sanguin qui porte son nom. – **2.** Antigène du système Rhésus (avec majusc.).

Rhésus *(système),* ensemble de groupes* sanguins érythrocytaires découvert par Levine en 1939, représenté par trois couples d'antigènes : Dd, Cc, Ee.

L'antigène D, le plus immunogène de tous les antigènes de groupes sanguins, a été confondu au début avec l'antigène LW découvert en 1940 par Landsteiner et Wiener et présent sur les hématies du singe *Macacus rhesus.* Il s'agit en fait de deux antigènes différents, qui coexistent sur les hématies humaines, mais l'usage a conservé la dénomination de Rhésus.

La présence de l'antigène D caractérise les sujets Rhésus positif (Rh^+), fréquence en France 85 % ; son absence les sujets Rhésus négatif (Rh^-), fréquence en France 15 %. Une seule transfusion de sang D positif à un sujet D négatif comporte 50 à 70 % de probabilité d'apparition d'un anticorps anti-D. Il est donc impératif de ne transfuser un receveur Rh^- qu'avec du sang Rh^-. L'allo-immunisation maternelle est due dans l'immense majorité des cas à l'antigène D. C'est l'anticorps anti-D qui est responsable de la maladie hémolytique néonatale. (→ INCOMPATIBILITÉ FŒTO-MATERNELLE.)

RHÉTEUR n. m. (lat. *rhetor,* du gr. *rhêtôr*). **1.** Dans l'Antiquité, professeur d'art oratoire. – **2.** *Litt.* Personne qui s'exprime d'une manière emphatique.

RHETICUS, RHÄTICUS ou **RHAETICUS** (Joachim VON LAUCHEN, dit), astronome allemand (Feldkirch, Vorarlberg, 1514 - Košice 1576). Après avoir publié en 1540 un abrégé des théories coperniciennes, il fit imprimer en 1543, à Nuremberg, l'ouvrage de Copernic *De revolutionibus orbium coelestium,* que celui-ci hésitait à publier.

RHÉTIE ou **RÉTIE,** en lat. **Rhaetia** ou **Raetia,** anc. région des Alpes centrales s'étendant des Alpes au Rhin supérieur. Peuplée de Celtes, elle fut conquise sous Auguste et Tibère, et devint une province procuratorienne, bordée par un *limes.*

RHÉTIEN n. m. (du n. des *Alpes Rhétiques*). Étage du système triasique.

RHÉTIQUE ou **RÉTIQUE** adj. (lat. *rhaeticus,* de *Rhaetia,* la Rhétie). De la Rhétie.

RHÉTIQUES *(Alpes),* partie des Alpes centrales, entre le col du Splügen et le point de rencontre des frontières de l'Autriche, de la Suisse et de l'Italie. Elle englobe les massifs de l'Albula, de la Bernina, de l'Ortler.

RHÉTORICIEN, ENNE adj. Qui use des procédés de la rhétorique.
◆ n. Spécialiste de rhétorique.

RHÉTORIQUE n. f. (lat. *rhetorica,* du gr. *rhêtorikê*). **1.** Ensemble de procédés constituant l'art du bien-dire, de l'éloquence. – **2.** *Litt.* Déploiement d'éloquence, de moyens oratoires, pour persuader ; style emphatique et déclamatoire. – **3.** Autref., classe des collèges et des lycées où se terminaient les « humanités » par l'étude de la rhétorique. (C'est, depuis 1885, la classe de première.) – **4.** *Chambres de rhétorique,* sociétés littéraires, créées dès le XIVe s. en Artois et en Flandre. (Elles donnèrent des œuvres dirigées contre la domination espagnole.)
◆ adj. Relatif à la rhétorique : *Procédés rhétoriques.*

Rhétorique *(la),* traité d'Aristote, en trois livres, composé vers 330 av. J.-C. Cet ouvrage est à la base de l'enseignement du Moyen Âge. Il étudie notamment les types d'arguments à utiliser pour convaincre, les lieux communs et les passions qu'il faut mettre en jeu chez l'auditeur.

RHÉTORIQUEUR n. m. *Grands rhétoriqueurs,* nom donné à un groupe de poètes français de la fin du XVe s., remarquables par leur virtuosité formelle, leur raffinement lexical, leur goût du bizarre.
ENCYCL. Après le Breton Jean Meschinot, qui fait figure de précurseur, il s'agit surtout d'écrivains de la cour de Bourgogne, comme Olivier de La Marche, Georges Chastellain et Jean Molinet. Ils furent imités par des poètes de la cour de France, comme Jean et François Robertet, Octavien de Saint-Gelais, Guillaume Crétin, Jean Lemaire.

RHÉTO-ROMAN, E ou **RHÉTIQUE** adj. et n. m. (pl. *rhéto-romans, es*). Se dit d'un groupe de dialectes romans parlés en Suisse orientale (hautes vallées de l'Inn et du Rhin) et dans le nord de l'Italie (haut Adige, Dolomites, Frioul).

RHEXISTASIE n. f. (du gr. *rhêksis,* action de rompre). Selon Ehrart (1955), dans l'évolution des paysages terrestres et des sédiments qui leur sont associés, érosion mécanique brutale qui, lors d'un déséquilibre climatique entraînant la dégradation de la végétation protectrice, aboutit au transport à l'état solide du manteau d'altération et des sols jusqu'aux océans où s'accumulent des matériaux détritiques (argiles et sables).

RHEXISTASIQUE adj. Relatif à la rhexistasie.

RHIN, en all. **Rhein,** en néerl. **Rijn,** fl. de l'Europe occidentale, né dans les Alpes et tributaire de la mer du Nord ; 1 320 km.
– **Géogr.** C'est une voie de communication majeure utilisée dès le Moyen Âge. Bâle est devenu le principal débouché de la Suisse et Strasbourg a un trafic de 10 Mt. À la frontière germano-néerlandaise (Emmerich), celui-ci atteint 135 Mt, minerais et hydrocarbures vers l'amont, matériaux de construction et produits sidérurgiques vers l'aval. Par ailleurs, la liaison Rhin-Main-Danube a été mise en service en 1992. Depuis le traité de Versailles, la navigation sur le Rhin est soumise au régime international. La pollution, originaire de la Suisse, de l'Alsace et de la Ruhr, a créé des problèmes particulièrement aigus pour les Pays-Bas, dont le fleuve est la principale source d'approvisionnement en eau (la situation s'est toutefois largement améliorée auj., sous l'impulsion notamment de la Commission internationale pour la protection du Rhin).
Formé en Suisse, le Rhin est un torrent alpin jusqu'au lac de Constance. Cette partie du cours fournit plus de 40 % des eaux du fleuve. Il traverse ensuite le Jura (chutes de Schaffhouse), et sert de frontière entre la Suisse et l'Allemagne, puis coule dans la plaine d'Alsace entre la France et l'Allemagne (il est ici doublé par le grand canal d'Alsace [centrales hydroélectriques]). Dans la plaine de Bade, il reçoit le Neckar et le Main avant de pénétrer dans le Massif schisteux rhénan, vallée encaissée pittoresque et touristique (châteaux et vignobles). La Moselle (r. g.) conflue à Coblence. Dans la Ruhr, le trafic est très important, favorisé par un débit régulier (entre 1 120 m^3/s et 1 750 m^3/s). Un peu avant la frontière néerlandaise s'amorce le delta formé par trois bras principaux. Le plus important est le Lek, qui se dirige vers Rotterdam, où il est prolongé par la Nieuwe Waterweg, voie d'eau artificielle accessible aux gros bâtiments de mer.

Rhin *(le),* récit de voyages de V. Hugo (1842). Cet ouvrage est une œuvre clé pour l'évolution d'un auteur protée, qui, en se faisant le penseur politique de l'unité continentale européenne, se pose en guide spirituel.

Rhin *(batailles du),* ensemble des opérations qui permirent aux Alliés d'atteindre, puis de franchir le Rhin, à la fin de la Seconde Guerre mondiale (sept. 1944-avr. 1945). Après la prise du pont de Remagen par Patton (7 mars), Montgomery traverse le Rhin près de Duisburg et déborde la Ruhr par le nord. Le succès de l'opération permet l'encerclement du bassin industriel en liaison avec les Ire et IIIe armées américaines. Plus au sud, la VIIe armée Patch et la Ire armée française franchissent le Rhin le 26 mars à Worms et le 31 à Spire et Germersheim. L'exploitation se poursuit dans toute l'Allemagne : Simpson (IXe armée) atteint l'Elbe à Magdeburg le 11 avr. Patton est à Leipzig le 14 et fait sa jonction avec l'Armée rouge à Torgau le 25 avr. Au sud, l'opposition est plus tenace, mais après avoir, avec Patch, rompu le dispotif allemand, de Lattre s'empare de Stuttgart (21 avr.), atteint le Danube à Ulm (le 24) et entre en Autriche. Leclerc, au sein de la VIIe armée américaine, s'empare de Berchtesgaden le 4 mai, juste avant la capitulation allemande.

Rhin *(Confédération du)* → CONFÉDÉRATION DU RHIN.

Rhin *(ligue du),* union formée pour trois ans à Francfort-sur-le-Main, le 15 août 1658, entre les Électeurs de Cologne, de Trèves et de Mayence, la Hesse-Cassel, les rois de Suède et de France, pour assurer le respect des traités de Westphalie (1648) et contrebalancer l'influence des Habsbourg. Renouvelée en 1661 et en 1664, cette alliance servit surtout à Louis XIV, car elle empêchait l'empereur de venir en aide aux Habsbourg d'Espagne.

Rhin *(vins du),* nom générique donné aux vins allemands, généralement blancs, produits sur les coteaux du Rhin, de Bâle à Cologne, et à ceux des vallées adjacentes *(vins du Rheingau, de la Moselle, les vins de la Hesse et de Rhénanie* et *du Palatinat).*

RHIN (Bas-) [67], dép. de la Région Alsace ; ch.-l. de dép. *Strasbourg* ; ch.-l. d'arrond. *Haguenau, Molsheim, Saverne, Sélestat, Wissembourg ;* 7 arrond. (Strasbourg est le ch.-l. de deux arrond.) ; 44 cant. ; 522 comm. ; 4 755 km^2 ; 953 053 hab. *(Bas-Rhinois).* Le dép. appartient à l'académie de Strasbourg, à la cour d'appel de Colmar, à la région militaire Nord-Est.
Le département comprend une partie du Plateau lorrain (au nord-ouest) et des Vosges (au sud-ouest), régions d'élevage, localement de vignobles (collines sous-vosgiennes entre la Liepvrette et la Zorn). Le reste correspond à la moitié nord de la plaine d'Alsace, portant des cultures céréalières et industrielles (tabac, houblon) sur les sols lœssiques, des forêts (Haguenau) sur les terres sableuses et caillouteuses. L'industrie est représentée par la métallurgie, les activités alimentaires et textiles ; elle est surtout développée dans l'agglomération de Strasbourg (qui regroupe près de la moitié de la population totale du département), où elle bénéficie de l'énergie fournie par les centrales du grand canal d'Alsace et par le pétrole, raffiné à proximité (Reichstett).

RHIN (Haut-) [68], dép. de la Région Alsace ; ch.-l. de dép. *Colmar ;* ch.-l. d'arrond. *Altkirch, Guebwiller, Mulhouse, Ribeauvillé, Thann ;* 6 arrond. ; 31 cant. ; 377 comm. ; 3 525 km^2 ; 671 319 hab. *(Haut-Rhinois).* Le dép. appartient à l'académie de Strasbourg, à la cour d'appel de Colmar, à la région militaire Nord-Est.
Les collines sous-vosgiennes, couvertes de vignobles renommés, séparent la partie la plus élevée des Vosges, région de forêts et d'élevage, de la moitié sud de la plaine d'Alsace, portant des cultures de céréales, de tabac, de houblon, en dehors de secteurs marécageux (le Ried, entre Ill et Rhin, partiellement assaini et mis en valeur) ou forestiers (Hardt). Le Sundgau, pays céréalier aux sols lœssiques, occupe le sud du département. L'industrie, développée, est représentée, en dehors de l'extraction de la potasse, des aménagements hydroélectriques du grand canal d'Alsace et de la centrale nucléaire de Fessenheim, par les constructions mécaniques, le textile, les produits alimentaires, et localisée principalement dans les vallées vosgiennes, à Colmar et dans l'agglomération de Mulhouse.

Rhin et Danube, nom donné par le général de Lattre de Tassigny aux unités constituant la Ire armée française.

RHINANTHE n. m. (lat. sc. *rhinanthus*). Herbe (scrofulariacée) semi-parasite des prés, à fleurs bilabiées, jaunes, à grandes bractées dressées et dentelées. (N. usuel *crête-de-coq.*)

RHINARIUM [-rjɔm] n. m. (gr. *rhinarion,* onguent). Museau des mammifères, entourant le nez et riche en glandes muqueuses. (S'oppose à CHILOME.)

RHINAU (67860), comm. du Bas-Rhin, sur le Rhin ; 2 295 hab. Centrale hydroélectrique.

RHINE (Joseph Banks), parapsychologue américain (Waterloo, Pennsylvanie, 1895 - Hillsborough, Caroline du Nord, 1980). Il a fondé en 1935 un laboratoire de parapsychologie et, en 1937, le *Journal of Parapsychology.* Il a tenté de démontrer scientifiquement l'existence d'une faculté de perception extrasensorielle susceptible de rendre compte des phénomènes de télépathie et de clairvoyance (*Extra-Sensory Perception,* 1935).

RHINENCÉPHALE n. m. Division du système nerveux central comprenant, d'une part, des structures phylogénétiquement anciennes (hippocampe et circonvolution limbique) et, d'autre part, des structures sous-corticales (les noyaux septaux et le complexe nucléaire amygdalien). [Syn. PALÉOCORTEX.]

ENCYCL. **Neurol.** Le terme de « rhinencéphale » signifie cerveau olfactif, ce qui était sa fonction primitive ; celle-ci est très réduite chez l'homme. Mais le rhinencéphale intervient dans l'intégration des afférences émotionnelles ; il règle de nombreux comportements instinctifs (oraux, sexuels, agressifs), il participe aux cycles veille-sommeil et aux processus de mémorisation de façon fondamentale.

1. RHINGRAVE [rɛ̃grav] n. m. (all. *Rheingraf*, comte du Rhin). Nom porté par les comtes du Rheingau, qui résidaient au burg de Rheingrafenstein.

2. RHINGRAVE n. f. (de *rhingrave 1*). Haut-de-chausses recouvert d'une petite jupe, en usage en France dans la seconde moitié du XVIIe s. (La rhingrave fut alors remplacée par la culotte.)

Rhin-Herne *(canal)*, canal de la Ruhr (Allemagne), qui part du Rhin à Duisburg et se continue par le canal Dortmund-Ems ; 46 km.

RHINITE n. f. Syn. de CORYZA.

Rhin-Main-Danube, en all. *Rhein-Main-Donau*, liaison fluviale d'Allemagne, commencée en 1922 et achevée en 1992, reliant Aschaffenburg aux environs de Passau ; 677 km. Elle utilise les vallées du Main et de la Regnitz, puis un canal vers l'Altmühl, affluent du Danube.

RHINOBATIDÉ n. m. Nom de famille des *guitares de mer*, poissons sélaciens voisins des raies par leur avant aplati, mais ayant l'arrière fuselé des requins.

RHINO-BRONCHITE n. f. (pl. *rhino-bronchites*). Inflammation de la muqueuse nasale et de la muqueuse bronchique.

RHINOCARCINOME n. m. Carcinome du rhino-pharynx, associé au virus d'Epstein-Barr, fréquent dans la région de Canton.

RHINOCÉROS [-serɔs] n. m. (lat. *rhinoceros*, du gr. *rhinokerôs*). Très grand mammifère (5 m de long, 2 m à l'épaule, jusqu'à 4 t.) à membres pourvus de 3 doigts munis de sabots, et portant une ou deux cornes médianes sur le museau.
ENCYCL. Exclusivement herbivores, les rhinocéros sont les hôtes des savanes et des zones marécageuses. Leur peau épaisse porte un pelage rare. Il sont pourvus d'un odorat très subtil qui rend leur approche difficile. Très communs au pléistocène, les rhinocéros, objets d'une chasse abusive, sont aujourd'hui en voie de disparition. Il en subsiste 5 espèces : 3 en Asie tropicale, 2 en Afrique australe et orientale. Trois de ces espèces possèdent deux cornes l'une derrière l'autre, inégales. Les espèces de l'Inde et de Java ne subsistent plus que dans des réserves.

Rhinocéros, pièce d'E. Ionesco (1959). Dans une petite ville de province dont les habitants se transforment en rhinocéros, un seul résiste à la contagion : une parabole enseignant à ne pas abdiquer sa dignité.

RHINODERME n. m. Crapaud nain d'Amérique du Sud, au museau pointu, chez lequel les têtards se développent dans les sacs vocaux du mâle.

RHINOLALIE n. f. Troubles de la voix, produits par des modifications dans la résonance des cavités nasales.

RHINO-LARYNGITE n. f. (pl. *rhino-laryngites*). Inflammation de la muqueuse nasale et du larynx.

RHINOLOGIE n. f. Partie de la pathologie qui s'occupe spécialement des affections du nez et des fosses nasales.

RHINOLOPHE n. m. Syn. de FER-À-CHEVAL.

RHINO-PHARYNGIEN, ENNE ou **RHINO-PHARYNGÉ, E** adj. Relatif au rhino-pharynx.

RHINO-PHARYNGITE n. f. (pl. *rhino-pharyngites*). Inflammation du rhino-pharynx.
(Fréquente chez l'enfant, elle est en rapport avec la croissance de l'amygdale pharyngienne. Celle-ci peut s'hypertrophier considérablement, jusqu'à obstruer complètement le cavum, constituant les « végétations adénoïdes ».)

RHINO-PHARYNX n. m. Partie du pharynx située en arrière des fosses nasales. (Syn. CAVUM, ARRIÈRE-CAVITÉ DES FOSSES NASALES, NASO-PHARYNX.)

RHINOPHYMA n. m. Difformité du nez caractérisée par une hypertrophie bourgeonnante, apparaissant vers la cinquantaine.

RHINOPLASTIE n. f. Opération consistant à refaire ou à modifier le nez.

RHINORRHÉE n. f. Écoulement, par les narines, d'un liquide d'origine nasale (muqueux ou purulent), voire de liquide céphalo-rachidien, par une brèche de la lame criblée (rhinorrhée cérébro-spinale).

RHINOSCLÉROSE n. f. Atrophie de la muqueuse pituitaire.

RHINOSCOPIE n. f. Examen des fosses nasales.

RHINOVIRUS [-rys] n. m. Chacun des virus d'un groupe de virus à A. R. N., classés dans les *picornavirus*, incluant de nombreux agents d'infections respiratoires communément appelées « rhumes ».

RHIPIDISTIEN n. m. Poisson crossoptérygien fossile possédant des choanes et un canal lacrymal, ainsi que des nageoires pectorales, à squelette évoquant le chiridium des tétrapodes, qui sont tous ses descendants.

RHIR, série d'oasis du Sahara algérien (dont Touggourt), au S. du chott Melrhir.

RHIZALYSE n. f. Destruction physiologique ou pathologique de la racine d'une dent.

RHIZOBIUM [-bjɔm] n. m. Bactérie fixatrice d'azote atmosphérique vivant en symbiose sur les racines des légumineuses où elle forme des nodosités. L'introduction d'une telle légumineuse dans l'assolement permet d'enrichir en azote les sols cultivés.

RHIZOCÉPHALE n. m. Nom d'ordre donné à la sacculine et aux crustacés cirripèdes voisins.

RHIZOCTONE n. m. Champignon autrefois rangé dans le genre *rhizoctonia,* responsable de diverses maladies des plantes. (Le rhizoctone brun [*Corticium solani*] est commun sur la pomme de terre, où il entraîne le dessèchement des pousses en germination. Le rhizoctone violet [*Helicobasidium purpureum*] se rencontre sur les carottes, les asperges, la luzerne.)

RHIZOFLAGELLÉ n. m. Vaste embranchement de protozoaires, comprenant les flagellés et les rhizopodes. (Syn. SARCOMASTIGOPHORE.)

RHIZOGENÈSE n. f. Formation et apparition de racines nouvelles.

RHIZOÏDE n. m. Cellule végétale fixatrice et parfois absorbante, allongée en poil mais ne dépendant pas d'une racine. (On trouve des rhizoïdes sur les cryptogames verts [mousses, fougères, certaines algues] et chez certaines plantes épiphytes.)

RHIZOMATEUX, EUSE adj. Se dit des plantes qui possèdent un rhizome.

RHIZOME n. m. (gr. *rhidzôma,* touffe de racines). Tige souterraine vivace, généralement à peu près horizontale, émettant chaque année des racines et des tiges aériennes.

RHIZOMÉLIQUE adj. **1.** Relatif à la racine des membres ou à leurs segments proximaux. — **2.** *Spondylose rhizomélique,* syn. anc. de SPONDYLARTHRITE ANKYLOSANTE.

RHIZOPHAGE adj. Qui se nourrit de racines.

RHIZOPHORACÉE n. f. Nom d'une famille d'arbres comprenant les palétuviers de la mangrove (manglier, bruguiera...), caractérisés par leurs racines-échasses.

RHIZOPODE n. m. Protozoaire, libre ou parasite, se déplaçant et capturant les aliments à l'aide d'expansions cytoplasmiques temporaires, les pseudopodes. (Le sous-embranchement des rhizopodes comprend les foraminifères et d'autres formes encore mal connues [amibes].)

RHIZOPUS [-pys] n. m. Champignon (ordre des mucorales) tel que l'agent de la pourriture des fraises et la moisissure blanche du pain humide.

RHIZOSPHÈRE n. f. Zone du sol voisine des racines des plantes, et où se concentrent les micro-organismes.

RHIZOSTOME n. m. Grande méduse acalèphe dont la bouche est fragmentée en un grand nombre d'ostioles servant de suçoirs et de voie d'évacuation des gamètes. (Le développement se fait par l'intermédiaire du scyphistome, qui se découpe en une succession de petites méduses.)

RHIZOTROGUE n. m. Petit hanneton roux ou fauve, qui voltige le soir par essaims autour des arbres. (Sa larve vit de racines. N. usuel *hanneton de la Saint-Jean.*)

rH-MÈTRE n. m. Appareil de mesure du potentiel d'oxydoréduction d'un milieu.

RHÔ n. m. Dix-septième lettre de l'alphabet grec (Ρ, ρ), notant la liquide équivalente du *r* français.

RHO, v. d'Italie, en Lombardie (prov. de Milan), sur l'Olona ; 51 848 hab. Centre ferroviaire. Raffinerie de pétrole. Métallurgie.

RHODAMINE n. f. Nom générique de colorants rouges, apparentés à la fluorescéine.

RHODANIEN, ENNE adj. (lat. *Rhodanus,* Rhône). **1.** Du Rhône. — **2.** Se dit de la phase tectonique intrapliocène (env. – 3 millions d'années), définie dans les Alpes occidentales.
◆ **rhodanien** n. m. Dialecte provençal parlé dans la vallée du Rhône. (C'est la forme du provençal utilisée par F. Mistral et les félibres.)

RHODANIEN *(Sillon),* région déprimée située entre le Massif central et les Alpes, et drainée vers la Méditerranée, à partir de Lyon, par le Rhône. Il prolonge les plaines de la Saône.

RHODE ISLAND, île des États-Unis, la plus étendue de la baie de Narragansett, sur la côte de la Nouvelle-Angleterre ; 130 km². V. princ. *Newport, Portsmouth, Middletown.*

RHODE ISLAND, État du nord-est des États-Unis ; 3 144 km² (le plus petit des États américains) ; 1 003 464 hab. Cap. *Providence.* Densément peuplé, c'est un État très urbanisé, où l'agglomération de Providence-Pawtucket-Warwick rassemble 95 % de la population totale. L'industrie (métallurgie, textile, joaillerie) laisse loin derrière l'agriculture (élevage laitier, fruits et légumes).
— **Hist.** Colonisé à partir de 1636, le Rhode Island est la première colonie à se proclamer indépendante en 1776 et entre dans l'Union en 1790.

Rhode-Island *(poule),* race américaine de poules, rustique, au plumage rouge foncé, excellente pour la production d'œufs et de chair.

RHODES, en gr. **Ródhos,** île grecque du Dodécanèse, la principale de cet archipel ; 1 400 km² ; 80 000 hab. Ch.-l. *Rhodes.* Aéroport. Important tourisme.
— **Hist.** L'île est d'abord occupée par une population préhellénique, puis est envahie par les Doriens, probables fondateurs des trois villes anciennes de Camiros, Lindos et Ialysos. Ils font

de Rhodes la base d'un actif commerce maritime et d'un mouvement de colonisation. Rhodes se rallie à la Confédération athénienne, mais elle se révolte épisodiquement (412-411 av. J.-C.). Vers 408 est fondée une capitale, la cité de Rhodes, par synœcisme des trois anciennes cités. Alliés à l'Égypte, les Rhodiens résistent à un long siège de Démétrios Poliorcète (305-304). Ils conservent leur indépendance et font respecter la liberté des grandes routes maritimes. Les habitants s'enrichissent, et l'île est un foyer culturel (Panaitios, Apollonios de Rhodes). Les Romains, au IIe s. av. J.-C., font de Délos un port franc, qui concurrence les Rhodiens. Ceux-ci, ayant pris parti pour César, sont victimes d'un raid dévastateur de Cassius (43 av. J.-C.) et l'île sera définitivement annexée à l'Empire sous Vespasien. Byzantine, elle est l'objet des convoitises des marchands italiens, qui s'y installent (Vénitiens, Génois). En 1309, les hospitaliers de Saint-Jean-de-Jérusalem s'y établissent après leur expulsion de Palestine, puis le long siège de 1522 donne l'île aux Ottomans. L'Italie s'en empare en 1912. Rhodes retourne à la Grèce en 1947.

RHODES, v. de Grèce, à l'extrémité nord de l'île de Rhodes, ch.-l. du nome du Dodécanèse et grand centre touristique ; 43 619 hab. La Vieille Ville est entourée d'une enceinte semi-circulaire construite du début du XIVe s. au début du XVIe. Là se trouvent l'hôpital des Chevaliers (XVe s. ; musée archéologique) et les célèbres « auberges » ou maisons des différentes provinces de l'ordre de Saint-Jean.

Rhodes *(Colosse de),* statue d'Hélios, en bronze, haute de 32 m, qui s'élevait probablement à l'entrée du port de Rhodes. Œuvre de Charès de Lindos, elle était l'une des Sept Merveilles du monde, et a été renversée, en 227 av. J.-C., par un séisme.

RHODES (Alexandre DE), missionnaire jésuite français (Avignon 1591 - Ispahan 1660). Son séjour au Viêt-nam (1619-1646) lui permit d'en maîtriser la langue et de la romaniser. Il fit de nombreuses conversions. En 1655, il s'établit à Ispahan.

RHODES (Cecil), homme politique britannique (Bishop's Stortford, Hertfordshire, 1853 - Muizenberg, près du Cap, 1902). Homme d'affaires établi en Afrique du Sud (exploitation de diamants et d'or), il fonda la British South Africa Company qui obtint une charte royale en 1889 sur une partie du bassin du Zambèze, les futures Rhodésies. Devenu Premier ministre au Cap en 1890, il ne put briser la résistance des États boers et réaliser l'Union sud-africaine (échec de 1895). Cela l'amena à démissionner et à se consacrer à l'essor économique des Rhodésies (mise en chantier du chemin de fer reliant Le Caire au Cap).

RHODE-SAINT-GENÈSE → SINT-GENESIUS-RODE.

RHODÉSIE DU NORD → ZAMBIE.

RHODÉSIE DU SUD → ZIMBABWE.

RHODÉSIE ET DU NYASSALAND *(Fédération de),* fédération qui groupa de 1953 à 1963 les deux Rhodésies et le Nyassaland.

RHODÉSIEN, ENNE adj. et n. De Rhodésie.

RHODÉSIES, territoires de l'Afrique orientale qui ont constitué, de 1895 à 1924, le domaine d'exploitation de la British* South Africa Chartered Company, créée par Cecil Rhodes (d'où leur nom). Les Bantous avaient créé dans la région des États puissants (→ MONOMOTAPA). Le plateau rhodésien était occupé par des groupes zoulous qui se révoltèrent contre la compagnie de C. Rhodes. Ce dernier parvint à les soumettre et à empêcher les implantations portugaise et allemande. En 1911, la Rhodésie fut partagée en deux : le Sud, où vivait la majeure partie des colons, devint une colonie britannique (1923) et le Nord, un protectorat (1924). En 1953 fut créée une Fédération de Rhodésie* et du Nyassaland pour éviter la formation d'États noirs. Le Nyassaland et la Rhodésie du Nord devinrent indépendants en 1964 et prirent respectivement les noms de Malawi et de Zambie. La Rhodésie du Sud accéda à l'indépendance en 1980 sous le nom de Zimbabwe.

RHODES-INTÉRIEURES et **RHODES-EXTÉRIEURES,** en all. **Innerrhoden** et **Ausserrhoden,** subdivisions du canton suisse d'Appenzell, constituées en 1597, à la suite de la Réforme.

RHODIAGE n. m. Action de rhodier une surface métallique.

RHODIEN, ENNE adj. et n. De Rhodes.

RHODIER v. t. (de *rhodium*) [conj. 9]. Revêtir une surface métallique d'une couche protectrice de rhodium.
◆ **être rhodié** v. pass. Contenir du rhodium.

RHODINAL n. m. Aldéhyde monoterpénique isomère du citronellal, qu'il accompagne dans les essences naturelles.

RHODITE n. m. Insecte hyménoptère (cynipidé) qui produit sur les rosiers soit de très grosses galles chevelues (bédégars), soit de petites galles rouges et rondes.

RHODIUM [-djɔm] n. m. (gr. *rhodon,* rose, à cause de la couleur de certains de ses sels). L'un des métaux légers de la mine de platine. (Élément chimique de symb. Rh.)
ENCYCL. Découvert par Wollaston en 1803, le rhodium a pour numéro atomique 45 et pour masse atomique 102,91. C'est un solide blanc,

cassant, de densité 12,4, qui fond vers 1 960 °C. On l'utilise, allié au platine ou au palladium, dans la confection de thermocouples et de bobinages pour fours électriques.

RHODNIUS [-njys] n. m. Punaise hématophage (réduvidé) d'Amérique du Sud, vecteur de la maladie de Chagas.

RHODOCHROSITE [-krɔ-] n. f. Carbonate naturel de manganèse, de couleur rose, rhomboédrique.

RHODODENDRON [-dɛ̃-] n. m. (gr. *rhodon,* rose, et *dendron,* arbre). Plante arbustive (éricacée), telle que les *azalées,* à feuilles caduques et fleurs à 5 étamines, et les *rhododendrons* au sens strict, à feuilles persistantes et à fleurs à 10 étamines.

RHODOÏD n. m. (n. déposé). Matière thermoplastique quasi incombustible, à base d'acétate de cellulose.

RHODONITE n. f. Silicate naturel de manganèse de couleur rose, triclinique.

RHODOPE (le) ou **RHODOPES** (les), en bulgare **Rodopi,** ensemble montagneux des Balkans comportant les plus hautes montagnes de la Bulgarie ; 2 925 m au *pic Musala.* Le Rila, le Pirin et le Rhodope proprement dit sont les principaux massifs. Densément boisés, ils ont des ressources minières (fer, plomb, zinc, lignite). Plusieurs barrages produisent de l'électricité. Le Rhodope est un vieux domaine de vie pastorale traditionnelle, mais de petits centres industriels s'y sont développés.

RHODOPHYCÉE n. f. Nom de classe donné aux « algues rouges », pigmentées par la phycoérythrine.

ENCYCL. Les rhodophycées sont des algues surtout marines, le plus souvent fixées sur les fonds. Les parois fournissent les agars-agars et peuvent être abondamment incrustées de calcaire. Leur aptitude à utiliser les lumières verte et bleue leur permet de croître à une profondeur plus grande que les autres algues.

RHODOPSINE n. f. Pigment visuel de la rétine capable d'absorber la lumière et présent dans les cellules visuelles (bâtonnets et cônes). [Syn. POURPRE RÉTINIEN.]

RHŒADALE n. f. (lat. *rhoeas, -adis,* coquelicot). Nom d'ordre de plantes dicotylédones, dont la fleur a un réceptacle bombé et l'ovaire une placentation pariétale, telles que les papavéracées (coquelicot), fumariacées (fume-terre), crucifères (chou), résédacées et familles voisines. (Syn. PAPAVÉRALE.)

RHÔMANOS ou **ROMANOS le Mélode,** poète byzantin (VIe s. apr. J.-C.). Ses hymnes forment les chefs-d'œuvre du genre dans la littérature byzantine *(Hymne de la Passion).*

RHOMBE n. m. (lat. *rhombus,* du gr. *rhombos*). **1.** Instrument de musique, constitué d'une planchette en os, en bois ou en ivoire, attachée à une cordelette et que le joueur fait tournoyer audessus de la tête. (On trouve cet instrument en Océanie, en Afrique noire et chez les Indiens d'Amérique du Sud. Ses fonctions restent liées aux cérémonies rituelles.) — **2.** Ancien nom du losange.

RHOMBENCÉPHALE n. m. Troisième vésicule cérébrale embryonnaire d'où sont issus le myélencéphale et le métencéphale.

RHOMBIQUE adj. Se dit d'un cristal qui a la forme d'un losange. — **2.** Se dit de certains polyèdres ou solides dont les faces sont des losanges.

RHOMBOÈDRE n. m. Cristal parallélépipédique dont les six faces sont des losanges égaux.

RHOMBOÉDRIQUE adj. **1.** Se dit d'un cristal qui a la forme d'un rhomboèdre. — **2.** *Système rhomboédrique,* l'un des sept systèmes cristallins, dont la maille primitive est un rhomboèdre.

RHOMBOÏDAL, E, AUX adj. Se dit de certains polyèdres, de certains solides dont les faces sont des parallélogrammes.

RHOMBOÏDE adj. *Muscle rhomboïde* ou *rhomboïde* (n. m.), muscle large et mince de la région dorsale, en forme de losange.
◆ n. m. Anc. nom du parallélogramme.

RHÖN, massif volcanique de l'Allemagne, aux confins de la Hesse, de la Bavière et de la Thuringe. Il culmine à 950 m. Parcs naturels.

RHÔNALPIN, E adj. et n. De la Région Rhône-Alpes.

RHONDDA, v. de Grande-Bretagne, dans le sud du pays de Galles ; 82 000 hab. Charbon.

RHÔNE, fleuve de Suisse et de France ; 812 km (dont 522 km en France).
Principal fleuve issu des Alpes (né dans le massif de l'Aar-Gothard) après le Rhin, au caractère torrentiel encore marqué en Suisse (avant la traversée du Léman), le Rhône est aujourd'hui maîtrisé. C'est, en France, un important producteur d'hydro-électricité (près du tiers du total national), une artère électronucléaire (usines de Bugey, de Creys-Malville, Saint-Maurice-l'Exil, Cruas, Marcoule-Pierrelatte et Tricastin), un support de navigation (plus modeste) en aval de Lyon, un fournisseur d'eau pour l'irrigation (sur les rives et aussi dans le Languedoc). Cet aménagement du fleuve, à objectifs multiples, a été mené pendant un demi-siècle, essentiellement par la C. N. R. (Compagnie nationale du Rhône). La vallée, notamment encore en aval de Lyon (principale ville traversée, devant Genève, Valence et Avignon), est un grand axe de circulation

routière (autoroute du Soleil) et ferroviaire. Elle unifie un espace rhodanien communiquant avec le Nord (Bourgogne) et l'Est (Italie) par les vallées de ses trois principaux affluents : la Saône, l'Isère et la Durance. Ceux-ci (et les torrents cévenols) peuvent encore provoquer des crues de printemps, sextuplant un débit moyen du cours inférieur relativement modeste (1 500 m³/s à Beaucaire).

Rhône *(Compagnie nationale du)* **[C. N. R.],** société d'économie mixte créée en juin 1934, et réunissant, sous l'égide de l'État, les diverses collectivités intéressées à l'aménagement du Rhône entre la frontière suisse et la mer, en ce qui concerne à la fois la production hydroélectrique, l'amélioration de la navigation et l'utilisation agricole de l'eau.

RHÔNE (69), dép. de la Région Rhône-Alpes ; ch.-l. de dép. *Lyon ;* ch.-l. d'arrond. *Villefranche-sur-Saône ;* 2 arrond. ; 51 cant. ; 293 comm. ; 3 249 km² ; 1 508 966 hab. *(Rhodaniens).* Le département appartient à l'académie et à la cour d'appel de Lyon, à la région militaire Méditerranée.
Le département s'étend sur le Beaujolais et le Lyonnais, régions d'élevage, de petites industries textiles et mécaniques et, localement, de vignobles (côte beaujolaise). Il doit son importance économique et la répartition socioprofessionnelle de sa population active à l'agglomération de Lyon, qui concentre la quasi-totalité des activités industrielles et de services et plus de 80 % de la population totale du département.

RHÔNE *(glacier du),* glacier de Suisse, dans le haut Valais. De son extrémité inférieure, vers 1 900 m d'altitude, sort le Rhône.

RHÔNE-ALPES, Région regroupant huit départements : Ain, Ardèche, Drôme, Isère, Loire, Rhône, Savoie et Haute-Savoie ; 43 698 km² ; 5 350 701 hab. Ch.-l. *Lyon.*
Deuxième Région par la superficie et la population (avec une densité supérieure à la moyenne nationale), Rhône-Alpes juxtapose ensembles montagneux (majeure partie de l'est du Massif central, Jura méridional et surtout Préalpes [des Baronnies au Chablais] et Grandes Alpes [du Dévoluy au massif du Mont-Blanc]) et basses terres (plaines de la Saône et du Rhône, bas Dauphiné). La vallée du Rhône constitue un axe unificateur, site de la métropole régionale, qui s'appuie sur deux agglomérations notables (Grenoble et Saint-Étienne) et un réseau de villes moyennes (comme Annecy, Chambéry, Valence, Roanne). L'industrie régionale est dominée par la métallurgie de transformation, diversifiée, loin devant la chimie (liée au raffinage du pétrole), le textile (celui-ci en déclin) et l'agroalimentaire. La Région fournit près du tiers de l'électricité produite en France (électricité hydraulique et surtout d'origine nucléaire). La population s'est concentrée dans les vallées, axes de circulation (la vallée du Rhône en particulier, support fluvial et surtout ferroviaire et autoroutier), mais le tourisme estival et hivernal a localement, surtout dans les Alpes, revivifié la montagne, où l'élevage bovin demeure important. L'agriculture emploie aujourd'hui à peine 5 % de la population active, beaucoup moins que l'industrie, qui en occupe près de 35 %, et surtout que le secteur tertiaire, plus de 60 %.

Rhône au Rhin *(canal du),* canal de l'est de la France ; 320 km. Il relie la Saône (à Saint-Symphorien) au port fluvial de Strasbourg, en empruntant le lit du Doubs, celui de l'Ill, avant de rejoindre le grand canal d'Alsace.

Rhône-Poulenc, société française née, en 1928, du regroupement d'une entreprise parisienne, les Établissements Poulenc frères, et d'une firme lyonnaise, la Société chimique des usines du Rhône. Nationalisé en 1982 et retourné au secteur privé en 1993, le groupe se situe au tout premier plan pour ses secteurs d'activité privilégiés : la chimie fine et la pharmacie (Rhône-Poulenc Rorer).

RHOPALOCÈRE n. m. (du gr. *rhopalon,* massue). Papillon, généralement diurne, aux antennes renflées en massue à leur extrémité, et aux ailes relevées au repos. (Ce groupe comprend les *papilionidés,* les *piéridés,* les *nymphalidés,* les *lycénidés,* les *hespéridés.*)

RHORFA ou **GHORFA** n. f. (ar. *rhurfa,* pièce). En Tunisie méridionale, construction formée d'étroites cellules voûtées, superposées sur plusieurs étages, qui servent de grenier, parfois d'habitation.

RHOTACISME n. m. (de *rhô,* d'apr. *iotacisme*). **1.** Substitution de la consonne [r] aux consonnes [z], [d] et [l]. – **2.** Difficulté ou impossibilité de prononcer les [r].

RHOVYL n. m. (n. déposé). Fibre obtenue par filage du poly(chlorure de vinyle). [Les fibres de Rhovyl sont ininflammables et résistent aux agents chimiques.]

RHUBARBE n. f. (bas lat. *rheubarbarum,* racine barbare). Grande herbe (polygonacée) vivace, aux pétioles foliaires charnus, au limbe décoratif. (On consomme, après cuisson, le long pétiole des feuilles.)

RHUIS *(presqu'île de)* → RHUYS.

RHUM [rɔm] n. m. (angl. *rum*). Eau-de-vie obtenue par la fermentation alcoolique et la distillation des mélasses de canne à sucre ainsi que d'autres sous-produits de la fabrication du sucre de canne.

RHUMATISANT, E adj. et n. (bas lat. *rheumatizans, -antis,* du gr. *rheumatidzein*). Qui est affecté de rhumatisme.

RHUMATISMAL, E, AUX adj. Qui relève du rhumatisme.

RHUMATISME n. m. (lat *rheumatismus,* du gr. *rheumatismos*). **1.** Nom générique d'affections très diverses touchant les os et les articulations, les muscles et leurs tendons, ainsi que les nerfs sensitifs ou moteurs, et caractérisées par la douleur et la gêne fonctionnelle. – **2.** *Rhumatisme articulaire aigu (R. A. A.),* maladie inflammatoire du tissu conjonctif, souvent secondaire à une angine, touchant essentiellement le sujet jeune, de 5 à 20 ans. (Syn. MALADIE DE BOUILLAUD.)
ENCYCL. **Pathol.** On distingue habituellement : 1° les *rhumatismes infectieux,* dont le plus connu est le rhumatisme articulaire aigu, mais qui peuvent être secondaires à l'action de nombreux germes autres que le streptocoque ; 2° les *rhumatismes dégénératifs,* dont le type est l'arthrose ; 3° les *rhumatismes métaboliques,* comme la goutte ; 4° les *rhumatismes inflammatoires,* tels que la polyarthrite rhumatoïde, la spondylarthrite ankylosante, qui sont très proches des maladies auto-immunes (collagénoses) ; 5° les *rhumatismes abarticulaires* ou *périarticulaires :* périarthrite de l'épaule, tendinites diverses ; 6° les *arthropathies d'origine endocrinienne* (diabétiques, thyroïdiennes) ou *nerveuse* (syringomyélie, sclérose en plaque) ; 7° les *arthropathies,* ou douleurs osseuses par déminéralisation ; 8° les *ostéopathies* par tumeurs bénignes ou malignes au niveau des os ; 9° certaines affections inclassables, comme la *maladie de Paget.*
• *Le rhumatisme articulaire aigu,* le plus souvent à allure inflammatoire, touche les grosses articulations : genoux, poignets, chevilles, coudes. Il est en fait surtout dangereux par ses manifestations cardiaques : endocardite, péricardite, myocardite, pouvant aboutir à des séquelles valvulaires et myocardiques. Le traitement est basé sur une antibiothérapie (pénicilline) et une médication anti-inflammatoire à long terme.

RHUMATOÏDE adj. *Douleur rhumatoïde,* douleur erratique, ressemblant à une douleur rhumatismale, mais qui se rattache parfois à un état névralgique ou à une maladie aiguë. ‖ *Facteur rhumatoïde,* ensemble des anticorps dirigés contre les immunoglobulines G (anticorps anti-IgG) décelés dans le sérum des sujets atteints de polyarthrite rhumatoïde.

RHUMATOLOGIE n. f. Partie de la médecine qui étudie et traite les affections rhumatismales et les affections de l'appareil locomoteur (os, articulations, nerfs, muscles).

RHUMATOLOGIQUE adj. Relatif à la rhumatologie.

RHUMATOLOGUE n. Spécialiste de rhumatologie.

RHUMB ou **RUMB** [rɔ̃b] n. m. (angl. *rhumb,* altér. de *rim,* rebord). Syn. de AIRE* DE VENT.

RHUME n. m. (bas lat. *rheuma,* catarrhe, du gr. *rheûma*). **1.** Nom courant du catarrhe rhinotrachéo-bronchique et, en général, de toutes les affections qui produisent la toux. – **2.** *Rhume de cerveau,* nom usuel du *coryza.*

RHUMEL → RUMMEL.

RHUMER [rɔme] v. t. (conj. **3**). Mêler de rhum.

RHUMERIE [rɔmri] n. f. Usine où l'on fabrique le rhum.

RHUMIER [rɔmje] n. m. Fabricant de rhum.

RHUNE (la), massif des Pyrénées-Atlantiques, dans le Pays basque, à la frontière espagnole ; 900 m. Un chemin de fer électrique à crémaillère conduit au sommet. Émetteur de radiotélécommunications.

RHURIDES ou **GHURIDES,** dynastie musulmane d'origine iranienne qui régna au Khorāsān, en Afghānistān et en Inde au XIIe s. et au début du XIIIe s.

RHUYS ou **RHUIS** *(presqu'île de),* avancée de terre, fermant, vers le S., le golfe du Morbihan, dans la Bretagne méridionale. Église de Saint-Gildas-de-Rhuys, anc. abbatiale romane. Château de Suscinio.

RHYNCHITE ou **RYNCHITE** [rɛ̃kit] n. m. Charançon particulièrement nuisible aux arbres fruitiers.
ENCYCL. Les femelles sectionnent partiellement la base du pétiole et pondent dans les feuilles, les pousses ou les fruits des pommiers, des poiriers ou des pruniers. Après avoir nourri la larve, l'organe infesté sèche et meurt. Le rhynchite de la vigne *(Byctiscus)* est le cigarier*.

RHYNCHOBDELLE [rɛ̃ko-] n. f. Nom d'ordre des sangsues à trompe dévaginable.

RHYNCHOCÉPHALE [rɛ̃ko-] n. m. Reptile à allure de lézard, possédant un œil pinéal fonctionnel et d'autres caractères archaïques, tel que l'hattéria de Nouvelle-Zélande (sphénodon) et quelques formes fossiles.

RHYNCHONELLE [rɛ̃ko-] n. f. Brachiopode fossile très commun à l'ère secondaire.

RHYNCHOPHORE [rɛ̃ko-] n. m. **1.** Nom de sous-ordre ou de superfamille d'insectes coléoptères végétariens à tête prolongée par un rostre, souvent nuisibles, tels que les charançons, les scolytes, les rhynchites, etc., en tout plus de 30 000 espèces. — **2.** Nom scientifique d'un charançon du groupe des calandres, le ver palmiste.

RHYNIALE n. f. Nom d'ordre de plantes vasculaires fossiles dans le dévonien d'Écosse et proche des psilotales actuelles. (Syn. PSILOPHYTALE.)

ENCYCL. Ces plantes sans racines, aux feuillage rare ou absent, ont une tige formée d'un unique faisceau ligneux placé dans l'axe et entouré d'un manchon de liber. Leur reproduction s'effectue par des sporanges terminaux. Ce sont peut-être les premières plantes vasculaires, encore proches des hépatiques.

RHYOLITE n. f. Roche volcanique acide à phénocristaux de quartz et de feldspath, et dont le ciment plus ou moins vitreux peut contenir des minéraux ferromagnésiens.

RHYS (Ellen Gwendolen REES, dite **Jean**), femme de lettres dominicaine (Roseau 1894 - Exeter, Devon, 1979). Hormis son roman créole *la Prisonnière des Sargasses* (1966), la plupart de ses romans (*Quai des Grands-Augustins,* 1931) et de ses nouvelles (*Les tigres sont plus beaux à voir,* 1968) traitent de personnages européens.

RHYS AP GRUFFYDD († v. 1197), roi de Deheubarth (1155-v. 1197). Il fut l'un des chefs gallois des révoltes de 1136 et de 1165 contre la féodalité anglo-normande. Il reçut du roi d'Angleterre Henri II, en 1171, le titre de « Justicier des Galles du Sud ».

RHYSSE n. f. (gr. *rhusos,* ridé). Très grand hyménoptère (ichneumon) térébrant (16 cm de long), qui perfore l'écorce des arbres, pour pondre ses œufs dans le corps des larves xylophages.

RHYTHM AND BLUES [ritmɛndbluz] n. m. (loc. amér. signif. *rythme et blues*). Musique populaire noire américaine issue du blues, du jazz et du gospel, indissociable de la danse et dont le rock and roll s'est largement inspiré.

RHYTIDOME n. m. (gr. *rhutidoûn,* rider). Tissu mort qui s'exfolie sur les arbres. (Ex. plaques de l'écorce du platane.)

RHYTINE n. f. Mammifère sirénien de l'océan Pacifique, exterminé par une chasse excessive, au XIXe s. (La rhytine de Steller vivait sur le littoral du Pacifique nord et du détroit de Béring. Longue de 7-8 mètres, elle possédait des plaques cornées au lieu de dents et se nourrissait d'algues.)

RHYTON n. m. (gr. *rhuton,* de *rhein,* couler). Vase à boire antique, le plus souvent en forme de corne ou de tête d'animal.

R. I., sigle de RÉPUBLICAINS* INDÉPENDANTS.

RIA n. f. (esp. *ria*). Partie inférieure d'une vallée, ou d'un système de vallées, profondément envahie par la mer lors de la transgression flandrienne.

RIABOUCHINSKI (Dimitri Pavlovitch), aérodynamicien russe (Moscou 1882 - Paris 1962). Il fonda à Koutchino, près de Moscou, le premier institut d'aérodynamique d'Europe (1904).

RIACE, village d'Italie (prov. de Reggio di Calabria), à 4 km de la mer Ionienne ; 1 600 hab. Au large y furent découvertes, en 1972, deux grandes statues en bronze d'hommes nus, debout (musée de Reggio di Calabria). Ces œuvres (deuxième quart du Ve s. av. J.-C.) sont probablement issues d'un atelier attique.

RIAD → RIYĀḌ.

RIAILLÉ (44440), ch.-l. de cant. de la Loire-Atlantique, sur l'Erdre, à 21 km au N.-O. d'Ancenis ; 1 784 hab. *(Riailléens).*

RIAL n. m. (pl. *rials*). Unité monétaire de l'Iran, du sultanat d'Oman et du Yémen.

Rialto *(pont du),* pont de Venise, au milieu du Grand Canal, bâti de 1588 à 1591. Formant dos-d'âne, il est fait d'une seule arche de marbre de 28 m d'ouverture. Il est bordé de deux rangées de boutiques, autrefois occupées par les changeurs.

RIANS (83560), ch.-l. de cant. du Var, au S. de la Durance ; 2 733 hab.

RIANT, E adj. **1.** Qui, dans sa physionomie, annonce la gaieté, la bonne humeur, la gentillesse : *Un visage riant.* — **2.** Se dit d'un cadre naturel agréable à la vue : *Une riante vallée.* — **3.** *Litt.* Qui reflète la gaieté, la joie, le bonheur de vivre : *Évoquer les images riantes du passé.*

RIANTEC (56670), comm. du Morbihan, à l'E. de Port-Louis ; 4 903 hab. *(Riantécois).* Pêche. Station balnéaire.

RIAU, archipel d'Indonésie, fermant au S. le détroit de Singapour. Exploitations de bauxite et d'étain. Raffinerie de pétrole.

RIAZAN, v. de Russie, sur l'Oka, au S.-E. de Moscou ; 515 000 hab. Métallurgie. Chimie. Bois.
— **Bx-arts.** Le kremlin renferme trois monastères (auj. sections du musée régional), avec l'église des Archanges (XVIe s.), les églises baroques de l'Assomption et du monastère Spasski (décor extérieur de carreaux de faïence).

R. I. B., abrév. de RELEVÉ* D'IDENTITÉ BANCAIRE.

RIBALTA (Francisco), peintre espagnol (Solsona, prov. de Lérida, 1565 - Valence 1628). Formé, semble-t-il, à l'Escorial, au contact de Zuccaro et de Tibaldi, il fut l'introducteur du ténébrisme à Valence, où il a peint ses œuvres les plus importantes, pour les ordres religieux (musée de

Valence et Prado). — Son fils JUAN (Madrid 1596-97 - Valence 1628) fut un de ses élèves et collaborateurs.

RIBAMBELLE n. f. (mot dialect., de *riban,* ruban, et *bambiller,* osciller). *Fam.* 1. Série de petits personnages qui se tiennent les uns les autres, obtenue en découpant un personnage dans une feuille de papier plié. — 2. Groupe de personnes qui se déplacent ensemble plus ou moins les unes derrière les autres : *Les institutrices suivies de ribambelles d'enfants.* — 3. Grande quantité de personnes, de choses : *J'ai une ribambelle de choses à faire.*

RIBĀT n. m. inv. (mot ar.). 1. Couvent fortifié construit aux premiers siècles de l'islām, aux frontières de l'Empire arabe. (Parmi les plus célèbres figurent ceux de Monastir et de Sousse.) — 2. En Iran et en Turquie, caravansérail.

RIBATEJO, anc. prov. du Portugal central, de part et d'autre du cours inférieur du Tage, autour de Santarém.

RIBAUCOUR (Albert), ingénieur et mathématicien français (Lille 1845 - Philippeville 1893). En géométrie, il a imaginé un procédé d'étude des figures géométriques utilisant un trièdre mobile (→ DARBOUX) sur une surface de référence.

RIBAUD, E adj. et n. (anc. fr. *riber,* se livrer à la débauche, du haut all. *riban,* être en chaleur). 1. *Litt.* Débauché(e). — 2. Se disait, au Moyen Âge, de personnes qui suivaient une armée.

RIBAUDEQUIN n. m. Syn. de ORGUE (arme).

RIBBENTROP (Joachim VON), homme politique et diplomate allemand (Wesel 1893-Nuremberg 1946). Inscrit au parti nazi en 1932, nommé ambassadeur à Londres en 1936, il devint ministre des Affaires étrangères en 1938. Maître d'œuvre de la diplomatie hitlérienne, il signa le pacte germano-soviétique (août 1939). Considéré comme l'un des responsables de la Seconde Guerre mondiale, il fut condamné par le tribunal de Nuremberg et exécuté.

RIBEAUVILLÉ (68150), ch.-l. d'arrond. du Haut-Rhin, en bordure des collines sous-vosgiennes ; 4 882 hab. La ville conserve deux églises gothiques, des maisons anciennes, etc. Industrie textile. Vins. Électronique. — Aux environs, ruines de trois burgs fameux.

RIBÉCOURT-DRESLINCOURT (60170), ch.-l. de cant. de l'Oise, dans la vallée de l'Oise, en amont de Compiègne ; 3 956 hab. Industries chimiques.

RIBEIRÃO PRETO, v. du Brésil, dans le nord de l'État de São Paulo ; 430 805 hab. Archevêché. Musée du café. Centre commercial (café, coton) et industriel (textile, mécanique, alimentation).

RIBEIRO (Bernardim), écrivain portugais (Torrão, Alentejo, 1482 - Lisbonne 1552). Ses cinq églogues font de lui le créateur de la poésie pastorale dans son pays.

RIBEMONT (02240), ch.-l. de cant. de l'Aisne, sur l'Oise ; 2 237 hab. *(Ribemontois).* Chapelle St-Germain, du XVIIe s.

RIBEMONT-DESSAIGNES (Georges), écrivain français (Montpellier 1884 - Saint-Jeannet, Alpes-Maritimes, 1974). Rédacteur en chef de la revue *Bifur* (1929-1931), il participa aux mouvements dada et surréaliste (*Ombres,* 1942 ; *Ecce Homo,* 1945).

RIBERA (José ou Jusepe DE), dit en ital. **lo Spagnoletto,** peintre et graveur espagnol (Játiva, prov. de Valence, 1591 - Naples 1652). En Italie dès 1612, il fréquente, à Rome, le milieu des caravagistes, s'établit à Naples en 1616 et y devient le peintre favori des vice-rois espagnols. Il évolue d'un ténébrisme sévère (qui n'ignore pas le classicisme bolonais) à la richesse nuancée d'une gamme éclaircie, mettant une exceptionnelle qualité technique au service de sujets variés : thèmes évangéliques, martyrs et ascètes, fables bibliques ou mythologiques, gueux picaresques comme *le Pied-Bot* (1642) du Louvre. Il est capable d'un expressionnisme violent, mais aussi de la gravité solennelle imprégnant sa *Communion des apôtres* (1652) de la chartreuse de S. Martino. Son influence fut très grande sur les écoles napolitaine et espagnole.

RIBERA (Pedro DE), architecte espagnol (Madrid 1683-*id.* 1742). C'est le grand maître de l'art churrigueresque à Madrid : élégante « ermita » de la *Virgen del Puerto* (terminée en 1718), célèbre façade retable de l'hospice S. Fernando (1722-1726), pont de Tolède (terminé en 1734), etc.

RIBÉRAC (24600), ch.-l. de cant. de la Dordogne, dans le Périgord ; 4 424 hab. *(Ribéracois).* Petite église romane.

RIBÉSIACÉE n. f. Ancien nom de famille du groseillier, auj. incluse dans les saxifragacées.

RIBEYRENC n. m. Syn. de ASPIRAN.

RIBLON n. m. (anc. fr. *riber,* frotter). Déchet de fonte ou d'acier trié en vue de la refusion.

RIBOFLAVINE n. f. Syn. de LACTOFLAVINE.

RIBONUCLÉASE n. f. 1. Enzyme dont la séquence des acides aminés est entièrement connue, qui catalyse l'hydrolyse des acides ribonucléiques. — 2. *Ribonucléase* T_1, syn. de TAKADIASTASE.

RIBONUCLÉIQUE adj. *Acide ribonucléique (A. R. N.),* molécule de masse molaire élevée, faite d'une seule chaîne hélicoïdale (analogue à l'une des deux chaînes de l'acide désoxyribonucléique), composée de la succession de nucléotides où le sucre est le ribose et les bases azotées sont l'adénine, la cytosine, la guanine et l'uracile.

ENCYCL. On distingue : 1° l'*A. R. N. messager,* ou *A. R. N.-m,* qui est synthétisé au contact de l'A. D. N. chromosomique, puis se sépare de ce dernier, pénètre dans le cytoplasme et y assure la synthèse protidique. Il constitue un contretype des gènes inscrits dans l'A. D. N. En effet, il est synthétisé au contact même de celle des deux chaînes de l'A. D. N. qui contient le message héréditaire, grâce à une enzyme, l'A. R. N.-polymérase. Ce sont les biologistes français Jacob et Monod qui précisèrent le concept de l'A. R. N.-m en 1961 ;
2° l'*A. R. N. de transfert,* ou *A. R. N.-t,* petite molécule repliée sur elle-même, affectant grossièrement la forme d'un trèfle et dont il existe une cinquantaine de types différents dans les cellules eucaryotes. Son rôle est de transférer les acides aminés du milieu cellulaire vers les chaînes de protéines constituées par les A. R. N.-m ;
3° l'*A. R. N. ribosomial,* ou *A. R. N.-r,* dont il existe trois types différents, constituant 40 à 60 % du ribosome et doué de propriétés catalytiques. En assurant la formation de liaisons peptidiques entre les acides aminés transférés par les A. R. N.-t, il permet l'assemblage des chaînes de protéines.

RIBOSE n. m. Aldose, dont l'énantiomère lévogyre, le L-ribose, se rencontre dans de nombreux nucléotides et dans les acides ribonucléiques.

RIBOSOME n. m. Corpuscule nucléoprotéique dispersé en grand nombre dans le cytoplasme des cellules et représentant le site essentiel de la synthèse des protéines. (Chaque ribosome est constitué de trois types différents d'A. R. N. ribosomial combinés à des protéines.)

RIBOSOMIAL ou **RIBOSOMIQUE** adj. Relatif au ribosome.

RIBOT (Théodule), peintre et aquafortiste français (Saint-Nicolas-d'Attez, Eure, 1823 - Colombes 1891). L'influence des Espagnols (Ribera, Velázquez) est sensible sur son style réaliste, sobre et vigoureux (*le Supplice d'Alonso Cano,* musée de Rouen). Apprécié pour ses scènes de cuisine et ses marmitons, il est aussi l'auteur de natures mortes et de marines exécutées chez son ami Boudin, à Honfleur.

RIBOT (Théodule), philosophe et psychologue français (Guingamp 1839 - Paris 1916). Il est l'un de ceux qui ont introduit en France la psychologie expérimentale. Il a écrit *les Maladies de la mémoire* (1881), *Logique des sentiments* (1905).

RIBOT (Alexandre), homme politique français (Saint-Omer 1842 - Paris 1923). Magistrat, conseiller d'État (1875), député (1878-1885, 1887-1909), chef du parti républicain modéré, il fut ministre des Affaires étrangères (1890-1893) et plusieurs fois président du Conseil entre 1892 et 1917. Il négocia l'alliance avec la Russie (1891) et le rapprochement avec l'Allemagne (1895) et marqua la politique coloniale (protectorat sur Madagascar, mission Marchand au Soudan). [Acad. fr., 1906.]

RIBOTE n. f. (anc. fr. *ribauder,* paillarder, de *ribaud*). *Pop.* et *vx.* Excès de table, et surtout de boisson.

RIBOULDINGUE n. f. (de *ribouler,* vagabonder, et *dinguer*). *Fam.* Partie de plaisir.

RIBOVIRUS n. m. Virus dont le patrimoine génétique est constitué par une molécule d'A. R. N. (par oppos. à *adénovirus*).

RIBOZYME n. m. (de *ribosome* et *enzyme*). Fragment d'A. R. N. du ribosome de bactéries, doué comme une enzyme de propriétés catalytiques.

R. I. C. (abrév. de *Regolamento Internazionale delle Carrozze,* Règlement international des voitures à voyageurs), ensemble de dispositions réglant l'emploi réciproque, l'entretien et les échanges des voitures à voyageurs et des fourgons en trafic international entre les réseaux ferroviaires européens.

RICAIN, E adj. et n. *Pop.* Américain (des États-Unis).

RICAMARIE (La) [42150], comm. de la Loire, au S.-O. de Saint-Étienne, sur l'Ondaine ; 10 269 hab. Métallurgie.

RICANANT, E adj. Qui ricane.

RICANEMENT n. m. Action de ricaner ; rire exprimant une joie mauvaise.

RICANER v. i. (var. du norm. *recaner,* braire, du frq. **kinni,* mâchoire, avec infl. de *rire*) [conj. 3]. Rire d'une manière méprisante, sarcastique ou stupide.

RICANEUR, EUSE adj. et n. *Litt.* Qui ricane, se plaît à ricaner.

RICARD (Xavier DE), poète et journaliste français (Fontenay-sous-Bois 1843 - Marseille 1911). Emprisonné pour avoir fondé, en 1863, la *Revue du progrès,* cofondateur du *Parnasse* contemporain* (1866), avec Catulle Mendès, il soutint le félibrige républicain, opposé au félibrige conservateur de F. Mistral.

RICARD DE MONTFERRAND (Auguste RICARD, dit), architecte français (Paris 1786 - Saint-Pétersbourg 1858). Élève de Percier, il partit pour la Russie en 1816 et réalisa en 40 ans son œuvre principale, la cathédrale St-Isaac à Saint-Pétersbourg.

RICARDO (David), économiste britannique (Londres 1772 - Gatcomb Park, Gloucestershire, 1823). Chef de file de l'école classique anglaise, il énonça, dans la ligne de Malthus*, la loi de la *rente* foncière*. Il établit également la loi des rendements décroissants, reprise de Turgot, et une théorie de la valeur fondée sur le travail, qui est probablement sa plus importante contribution à l'économie politique. Il énonça aussi la théorie des coûts comparatifs mettant en lumière l'intérêt du libre-échange. Ricardo a exercé une influence considérable sur la pensée économique contemporaine. On lui doit notamment *Des Principes de l'économie politique et de l'impôt* (ouvrage traduit en français et publié avec des notes de J.-B. Say en 1819).

RICARDOU (Jean), écrivain français (Cannes 1932), théoricien et illustrateur du nouveau roman (*l'Observatoire de Cannes,* 1961 ; *Révolutions minuscules,* 1971) et auteur de travaux critiques (*Problèmes du nouveau roman,* 1967 ; *le Théâtre des métamorphoses,* 1981).

RICASOLI (Bettino, *baron*), homme politique italien (Florence 1809 - Brolio, Sienne, 1880). Libéral, il fut le soutien et le successeur de Cavour au gouvernement (1861-1862 et 1866-67). Il se trouva en conflit avec le Parlement sur la Question romaine.

RICCATI (Iacopo Francesco), mathématicien italien (Venise 1676 - Trévise 1754). Il s'intéressa aux conditions de résolution des équations différentielles, mit en avant l'idée d'en abaisser l'ordre et la méthode de séparation des variables.

RICCI (Matteo), missionnaire italien (Macerata 1552 - Pékin 1610). Jésuite (1571), il fonda la mission catholique en Chine, où il vécut à partir de 1582. Il s'intéressa à la civilisation chinoise et s'attacha à adapter l'apostolat aux croyances locales. Il rédigea un traité de morale en chinois, le *Tian zhu shi yi.* Son attitude syncrétiste fut à l'origine de la querelle des rites* chinois.

RICCI (Sebastiano), peintre italien (Belluno 1659 - Venise 1734). Après s'être formé et avoir travaillé à Venise, Bologne, Parme, Rome, il fut à Venise, au début du XVIIIe s., le créateur (avec G. A. Pellegrini) d'une nouvelle peinture décorative, lumineuse, gaie, animée, qui influença tout le rococo européen. — Son neveu MARCO (Belluno 1676 - Venise 1730) est, avec ses paysages imaginaires ou composés, l'initiateur de la peinture vénitienne de paysage du XVIIIe s.

RICCI (Lorenzo), général des jésuites (Florence 1703 - Rome 1775). Son long généralat (1758-1773) fut marqué par l'expulsion des jésuites des divers pays catholiques et par l'abolition de son ordre en 1773.

RICCI (Sipione DE'), prélat italien (Florence 1741 - Rignano, Florence, 1809), neveu du précédent. Évêque de Pistoia et Prato (1780), il fut le principal représentant en Italie du joséphisme et du jansénisme.

RICCIARELLI (Daniele), dit aussi **Daniele da Volterra,** peintre et sculpteur italien (Volterra 1509 - Rome 1566). Comme Perin del Vaga, il travailla, à Rome, sous l'influence à la fois de Michel-Ange et de Raphaël (*Déposition* dans une chapelle de la Trinité-des-Monts, v. 1544 ; décors de la Salle royale, au Vatican, avec d'importants stucs, 1547-1549).

RICCI-CURBASTRO (Gregorio), mathématicien italien (Lugo, Ravenne, 1853 - Bologne 1925). Il se consacra à la recherche d'invariants différentiels et créa le « calcul différentiel absolu », qu'Einstein appellera, en 1916, « calcul tensoriel ».

RICCIE [riksi] n. f. Hépatique des mares, à thalle vert ponctué de cavités noires contenant les capsules reproductrices.

RICCIO (il) → BRIOSCO (Andrea).

RICCIOLI (Giovan Battista), astronome et géographe italien (Ferrare 1598 - Bologne 1671). En 1650, il fut le premier à observer une étoile double : Mizar, dans la Grande Ourse. Son *Almagestum Novum* (1651) renferme l'une des premières cartes de la Lune, avec une nomenclature du relief dont s'inspire encore la nomenclature actuelle.

RICCOBONI (Luigi), acteur et écrivain italien (Modène 1676 - Paris 1753). Sous le nom de LELIO, il se rendit célèbre comme « premier amoureux » à la Comédie-Italienne de Paris, qu'il reconstitua à la demande du Régent en 1716 et où il assura le succès de pièces italiennes et des premières œuvres de Marivaux. Plusieurs membres de sa famille s'illustrèrent aussi au théâtre.

RICE (David Talbot), archéologue et byzantiniste britannique (Rugby, Warwickshire, 1903 - Coln Rogers, Gloucestershire, 1972). Plus particulièrement intéressé par la peinture de la période tardive (XIVe-XVe s.), il a laissé de nombreux travaux : *l'Art de l'islām* (1965), *l'Église Sainte-Sophie de Trébizonde* (1968), *la Peinture byzantine : époque tardive* (1968), etc.

RICERCARE ou **RICERCAR** [ritʃɛrkare ou -kar] n. m. (pl. *ricercari*) [ital. *ricercare*]. Pièce instrumentale dérivée de l'esprit de « recherche » des compositeurs dans le domaine de l'écriture contrapuntique. (Frescobaldi reste le maître du genre.)

RICEYS [risɛ] n. m. *Riceys cendré,* fromage cylindrique, affiné dans les cendres, fabriqué dans l'Aube avec du lait de vache.

RICEYS (Les) [10340], ch.-l. de cant. de l'Aube, dans le Barrois, au S. de Bar-sur-Seine ; 1 484 hab. *(Ricetons)*. Églises du XVIe s. Vignobles (vins rosés).

1. RICHARD n. m. Syn. de BUPRESTE.

2. RICHARD, E adj. *Fam.* Personne très riche.

ANGLETERRE

RICHARD Ier Cœur de Lion (Oxford 1157 - Châlus, France, 1199), roi d'Angleterre (1189-1199), troisième fils d'Henri II. Duc d'Aquitaine (1168), il se joint à la révolte de ses frères (1173), puis s'allie au roi de France Philippe II Auguste contre son père (1188), qu'il vainc peu avant sa mort (1189). Devenu roi, il renonce à l'alliance française. Il se croise en 1190, conquiert Chypre, s'empare de Saint-Jean-d'Acre (1191). Les intrigues nouées entre le roi de France et son frère Jean sans Terre l'amènent à quitter la Palestine (1192). À son retour, il est fait prisonnier par le duc d'Autriche, qui le livre à l'empereur Henri VI. Libéré contre la promesse d'une rançon, Richard n'est de retour qu'en 1194. Entreprenant de récupérer ce que Philippe Auguste lui a pris sur le continent, il fait montre d'une écrasante supériorité militaire. Il sera mortellement blessé lors du siège de Châlus (1199).

RICHARD II (Bordeaux 1367 - Pontefract, Yorkshire, 1400), roi d'Angleterre (1377-1399), fils d'Édouard, le Prince Noir. Pendant sa minorité, son oncle Jean de Gand continue de gouverner l'Angleterre. En 1381, le jeune roi doit faire face à la révolte paysanne et à l'hérésie de Wycliffe. Exerçant seul le pouvoir à partir de 1389, le roi adopte une politique pacifique à l'égard de la France. Aussi provoque-t-il l'hostilité des grands féodaux, qu'il n'hésite pas à faire condamner (1397). En 1399, Henri de Lancastre, fils de Jean de Gand, prend l'offensive. Abandonné par la plupart des barons, Richard est capturé et meurt en prison.

Richard II, drame historique en 5 actes de William Shakespeare (v. 1595). Tableau de la faiblesse d'un roi, qui ne retrouve son énergie que parmi ses assassins.

RICHARD III (Fotheringhay, Northamptonshire, 1452 - Bosworth, Leicestershire, 1485), roi d'Angleterre (1483-1485), fils cadet de Richard d'York. Régent à la mort de son frère Édouard IV, il séquestre le petit Édouard V et son frère, et fait déclarer leur naissance illégitime (juin 1483). Proclamé roi, il les fait assassiner. Les complots contre lui se multiplient. En 1485, Richard est vaincu et tué à Bosworth par Henri Tudor, héritier des Lancastre.

Richard III, drame historique de William Shakespeare (1592-93). Dominé par l'ambition, Richard III tue son frère et ses neveux avant de succomber au cours d'une révolte.

NORMANDIE

RICHARD Ier sans Peur (v. 932 - Fécamp 996), duc de Normandie (942-996), fils du duc Guillaume Ier Longue-Épée. Il favorisa l'avènement de Hugues Capet. — **Richard II** *le Bon* († 1027), duc de Normandie (996-1027), fils du précédent. Allié des Capétiens, il porta la Normandie à l'apogée de sa puissance.

DIVERS

RICHARD DE CORNOUAILLES (Winchester 1209 - Berkhamsted [auj. Great Berkhampstead] 1272), roi des Romains (1257-1272), frère du roi d'Angleterre Henri III. Conquérant de la Gascogne (1225-26), croisé avec Simon de Montfort (1240-41), il fut en 1257 élu roi des Romains.

RICHARD de Fournival, chanoine d'Amiens (1201-1260). Son *bestiaire d'amour* compose un guide emblématique destiné à orner le discours amoureux.

RICHARD de Saint-Victor, théologien écossais (v. 1110 - Paris 1173). Devenu chanoine à Paris, prieur de Saint-Victor en 1162, il fut l'un des plus grands mystiques du XIIe s.

RICHARD Strongbow, comte **de Pembroke** → CLARE.

RICHARD (François), dit **Richard-Lenoir,** industriel français (Épinay-sur-Odon, Normandie, 1765 - Paris 1839). Associé au négociant Lenoir-Dufresne (1797), il fonda à Paris une manufacture de filage et de tissage du coton, qui fut ruinée très vite.

RICHARD (Maurice), joueur de hockey canadien, surnommé **le Rocket** (Montréal 1921). Véritable héros populaire du Québec, il fut le joueur vedette du club Le Canadien de Montréal de 1942 à 1960.

RICHARD (Jean-Pierre), critique littéraire français (Marseille 1922). Il est attaché à la description de l'univers existentiel de l'écrivain à travers les sensations, les images et les thèmes (*Littérature et Sensation,* 1955 ; *l'Univers imaginaire de Mallarmé,* 1962 ; *Paysage de Chateaubriand,* 1967). Ses *Microlectures* (1979) sont marquées de psychanalyse et de références à l'écriture.

RICHARDS (Theodore William), chimiste américain (Germantown, Pennsylvanie, 1868 - Cambridge, Massachusetts, 1928). Il créa en 1905 le calorimètre adiabatique pour la mesure précise des quantités de chaleur et observa que la masse atomique du plomb dérivant de l'uranium par radioactivité est différente de celle du plomb ordinaire. (Prix Nobel de chimie 1914.)

RICHARDS (Dickinson Woodruff), médecin américain (Orange, New Jersey, 1895 - Lakeville,

Connecticut, 1973). Il a reçu le prix Nobel de médecine en 1956, avec Cournand et Forssmann, pour ses travaux sur le cathétérisme cardiaque.

RICHARD'S BAY, port et centre industriel de l'Afrique du Sud (Kwazulu-Natal), au N.-E. de Durban, sur l'océan Indien.

RICHARDSON (Samuel), écrivain anglais (Macworth, près de Derby, 1689 - Parson's Green, près de Londres, 1761). Réalisme et sentimentalité caractérisent ses romans épistolaires : *Paméla* ou la Vertu récompensée* (1740) et *Clarisse* Harlowe* (1747-48), son chef-d'œuvre, qui fut traduit en français par l'abbé Prévost et par Le Tourneur.

RICHARDSON (John), écrivain canadien d'expression anglaise (Queenston, Ontario, 1796 - New York 1852), auteur de romans (*Wacousta ou la Prophétie : Histoire des Canadas,* 1832) et de recueils de souvenirs (*Huit Années au Canada,* 1847).

RICHARDSON (James), voyageur britannique (Boston, Lincolnshire, 1806 - dans le Bornou 1851). Il visita le Sahara de 1845 à 1847, puis en 1850 les régions sahéliennes.

RICHARDSON (Henry Hobson), architecte américain (Saint James, Louisiane, 1838 - Brookline, près de Boston, 1886). Il vint se former à Paris et travailla avec Labrouste (1860-1865). Il a pratiqué une architecture historiciste habile, en général néoromane (Trinity Church, Boston, 1872), mais il a aussi participé à l'éclosion d'une tendance fonctionnelle de qualité (magasin Marshall Field à Chicago, 1885).

RICHARDSON (Ethel Florence LINDESAY, dite **Henry Handel**), romancière australienne (Melbourne 1870 - Hastings, Sussex, 1946). Venue en Angleterre à 17 ans, elle est l'auteur d'une trilogie : *le Destin de Richard Mahoney* (1917-1929).

RICHARDSON (Dorothy MILLER), romancière britannique (Abingdon 1873 - Beckenham 1957). Elle inventa et exploita, avant Joyce et V. Woolf, le « courant de la conscience » (*Pèlerinage,* 1915-1938).

RICHARDSON (*sir* Owen Willans), physicien britannique (Dewsbury, Yorkshire, 1879 - Alton, Hampshire, 1959). Il énonça en 1901 les lois quantitatives de l'émission des électrons par les métaux incandescents et effectua des recherches sur le spectre moléculaire de l'hydrogène. (Prix Nobel de physique 1928.)

RICHARDSON (Tony), cinéaste et metteur en scène de théâtre britannique (Shipley, Yorkshire, 1928 - Los Angeles 1991). Il est une des figures de proue du *free cinema* (*les Corps sauvages,* 1959) et réalise ensuite *le Cabotin* (1960), *Un goût de miel* (1961), *la Solitude du coureur de fond* (1962), *Tom Jones* (1963), *la Charge de la brigade légère* (1968), *A Delicate Balance* (1973), *Police Frontière* (1981).

RICHAUD (André DE), écrivain français (Perpignan 1909 - Valloris 1968). La hantise de la mort, le tragique de la vie caractérisent ses récits (*la Douleur,* 1930 ; *Je ne suis pas mort,* 1965), ses poèmes (*le Droit d'asile,* 1937) et son théâtre (*Village,* 1931).

RICHE adj. (frq. **riki,* puissant). **1.** Qui a de la fortune, des biens importants : *Une riche héritière.* — **2.** Se dit d'une collectivité dont la situation financière ou économique est prospère : *Les pays riches et les pays pauvres.* — **3.** Qui dispose d'une quantité relativement importante d'argent : *Aujourd'hui on a touché notre mois, on est riches.* — **4.** Qui implique un prix élevé ou une grande valeur, qui se distingue par son caractère luxueux : *Une riche demeure. Faire de riches présents.* — **5.** Qui se distingue par l'abondance et l'excellence des éléments qu'il renferme : *Une région au sol riche.* — **6.** Qui contient tel élément en forte proportion ou quantité : *Aliment riche en vitamines.* — **7.** Qui présente de nombreuses possibilités : *Une œuvre riche d'enseignements.* — **8.** *Faire un riche mariage,* épouser qqn de fortuné. ‖ *Riche comme Crésus, riche à millions,* extrêmement riche. ‖ Fam. *Une riche idée,* une trouvaille, une inspiration heureuse. ‖ Fam. *Une riche nature,* qqn qui aime la vie, qui est plein de vitalité. ‖ *Rimes riches,* rimes qui reposent sur l'identité de trois éléments vocaliques ou consonantiques.

◆ n. m. **1.** Personne qui possède une grande fortune, des biens importants : *Les riches et les pauvres.* — **2.** *Nouveau riche,* dont la fortune est récente et qui la montre avec ostentation, mauvais goût.

◆ adv. Fam. *Ça fait riche,* cela donne une impression de richesse, d'opulence.

RICHE (La) [37520], comm. d'Indre-et-Loire, banlieue ouest de Tours ; 7 862 hab. Château de Plessis-lès-Tours.

RICHELET (César Pierre), lexicographe français (Cheminon, près de Châlons-en-Champagne, 1626 - Paris 1698). Il est l'auteur du premier *Dictionnaire français* (1680).

RICHELIEU n. m. (de *Richelieu,* n. pr.). Type de chaussure basse à lacets.

RICHELIEU, riv. du Canada (Québec), émissaire du lac Champlain et affl. du Saint-Laurent à Sorel (r. dr.) ; 130 km.

RICHELIEU (37120), ch.-l. de cant. d'Indre-et-Loire, dans le Richelais, aux confins de la Touraine et du Poitou ; 2 296 hab. Ville construite sur plan régulier (J. Lemercier) pour le cardinal. Hôtel de ville (musée) ; halle en charpente ; parc du château (démoli au XIXe s.).

RICHELIEU (Alphonse Louis DU PLESSIS, cardinal DE), dit **le Cardinal de Lyon,** prélat français (Paris 1582 - Lyon 1653). Nommé évêque de Luçon en 1595, il préféra entrer à la Grande-Chartreuse (1605). Nommé archevêque d'Aix en 1626, il devint archevêque de Lyon en 1628, cardinal en 1629 et grand aumônier de France en 1631.

RICHELIEU (Armand Jean DU PLESSIS, *cardinal* DE), prélat et homme d'État français (Paris 1585 - *id.* 1642). Il entre dans les ordres afin de conserver à sa famille les revenus de l'évêché de Luçon (1606). Député aux états généraux de 1614 et choisi comme orateur par son ordre, il gagne la faveur de Marie de Médicis, qui le fait nommer secrétaire d'État à la Guerre et aux Affaires étrangères (1616). Mais il partage sa disgrâce après l'assassinat de Concini. Il réussit à réconcilier Louis XIII et sa mère, ce qui donne un nouveau départ à sa carrière. Cardinal (1622), il entre au Conseil du roi (1624) et en devient le chef et principal ministre. Il gouvernera la France pendant dix-huit ans en accord profond avec Louis XIII, qui, sans abandonner ses prérogatives, se ralliera constamment à ses vues. On appellera ce système de gouvernement le *ministériat.* Son programme de redressement, exposé dans le *Testament politique,* et réalisé par étapes avec un remarquable opportunisme, vise la sécurité et l'indépendance du royaume, le rétablissement du prestige royal en Europe, l'union de la France autour de l'absolutisme monarchique, l'intervention de l'État dans tous les domaines. Après la journée des Dupes (10 nov. 1630), ayant triomphé du parti dévot, il « règle » la monarchie par la soumission de tous. Il cherche à assagir la noblesse (édits contre les duels [1626], démantèlement des châteaux forts, exécution des désobéissants) et à la rallier au service de l'État (charges de cour, fonctions militaires). La lourde fiscalité répand la misère dans les campagnes et provoque des révoltes (Limousin, 1637 ; Normandie, 1639-40), qui sont durement brisées. La multiplication des intendants et la soumission des parlements contribuent à assurer l'autorité monarchique. Pourtant, jusqu'au bout, Richelieu devra déjouer des complots (Cinq-Mars, 1642).
Pour vaincre les protestants et les couper de l'aide anglaise, il assiège La Rochelle, qui capitule (1628). La paix d'Alès (1629) marque la défaite finale du protestantisme politique français (liberté de culte, mais perte des places fortes et des garanties militaires).
La politique économique, strictement mercantiliste, entraîne la création de compagnies de commerce extérieur qui souvent périclitent mais qui jettent les bases de la présence colonisatrice de la France (Canada, Sénégal, Madagascar). Richelieu fait renaître la marine et les ports, multiplie les manufactures, réforme le service des postes. Écrivains, artistes sont mis au service du roi. Il fait construire la chapelle de la Sorbonne et le Palais-Cardinal (Palais-Royal), contribue à la fondation de l'Académie française (1634), encourage la publication de *la Gazette* de Théophraste Renaudot (1631).
Aussi longtemps qu'il le pourra, il évitera une participation directe à la guerre de Trente Ans. Ses premiers succès sont une alliance avec l'Angleterre, dirigée contre l'Espagne (mariage d'Henriette de France et de Charles Ier), et une expédition dans la Valteline (1625), destinée à couper les communications des Impériaux avec le Milanais. Après avoir soutenu par des subsides les ennemis de l'empereur (Gustave-Adolphe, ligue des princes protestants), il doit se résoudre à la guerre (1635). Après des revers (invasion espagnole jusqu'à Corbie, 1636), Brisach en Alsace est occupée (1638), Arras assiégée (1640), le Roussillon occupé (1642). À la mort de Richelieu, s'annonce l'avènement de la puissance française en Europe : les progrès de l'Espagne et l'encerclement du royaume par les Habsbourg sont arrêtés.

RICHELIEU (Louis François Armand DE VIGNEROT DU PLESSIS, *duc* DE), maréchal de France (Paris 1696 - *id.* 1788), fils d'Armand Jean de Vignerot du Plessis, neveu du cardinal. Ambassadeur à Vienne (1725-1728), où il s'employa avec succès au rapprochement de la France et de l'Autriche, il révéla ses talents militaires pendant les guerres de la Succession de Pologne et de la Succession d'Autriche. Maréchal de France (1748), gouverneur de Guyenne et Gascogne (1755), il monta une expédition contre Minorque (1756) ; il occupa et pilla le Brunswick et le Hanovre (victoire de Kloster Zeven, 1757). Il fut ensuite disgracié, en partie sous l'influence de Mme de Pompadour. (Acad. fr., 1720.)

RICHELIEU (Armand Emmanuel DU PLESSIS, *comte* DE CHINON, *duc* DE FRONSAC, puis [1791] *duc* DE), homme politique français (Paris 1766 - *id.* 1822), petit-fils du maréchal. Émigré en Russie en 1790, il fut nommé gouverneur de la province d'Odessa (1803-1814). Rentré en France, Premier ministre (1815-1818), il signa le second traité de Paris. Il obtint au congrès d'Aix-la-Chapelle (1818) l'évacuation du territoire par les troupes étrangères. Revenu à la tête du gouvernement (févr. 1820), il limita les libertés publiques suscitant l'opposition des ultras aussi bien que celle des libéraux. Il démissionna en 1821. (Acad. fr., 1816.)

Richelieu *(broderie),* broderie sur toile, dont les brides qui relient les motifs entre eux sont ornées de picots.

Richelieu *(salle),* nom donné, de 1946 à 1959, à la salle de la Comédie-Française, située au Palais-Royal, pour la distinguer de la salle annexe, située dans l'ancien Odéon et appelée alors *salle Luxembourg.*

RICHEMENT adv. **1.** De façon à rendre riche : *Marier richement sa fille.* — **2.** D'une manière coûteuse, avec luxe : *Livre richement illustré.*

RICHEMONT (57270), comm. de la Moselle, sur l'Orne, près de son confluent avec la Moselle ; 1 823 hab. Port fluvial. Centrale thermique.

RICHEMONT (Arthur DE BRETAGNE, *comte* DE) ⟶ ARTHUR III, duc de Bretagne.

RICHEPIN (Jean), écrivain français (Médéa, auj. Lemdiyya, Algérie, 1849 - Paris 1926). Franc-tireur en 1870, il publia par la suite des poèmes (*Mes paradis,* 1894), des romans influencés par Jules Vallès (*la Glu,* 1881) et des drames (*Nana Sahib,* 1883). [Acad. fr., 1908.]

RICHER, chroniqueur français de la fin du Xe s. Moine de St-Remi à Reims, il composa des *Histoires* qui continuent les *Annales* d'Hincmar.

RICHER (Edmond), théologien gallican (Chaource 1559 - Paris 1631). Il fut le théoricien d'une tendance dure du gallicanisme qui alimenta l'argumentation antiromaine des états généraux.

RICHER (Jean), astronome français (1630 - Paris 1696). Lors d'une mission à Cayenne (1672-73), il découvrit que la longueur du pendule battant la seconde est plus courte près de l'équateur qu'à Paris, ce qui aida ultérieurement à préciser la forme de la Terre. Ses observations de la planète Mars (1672) à Cayenne, comparées à celles de Cassini et Picard à Paris, permirent pour la première fois de déterminer avec une bonne précision les distances des planètes.

RICHESSE n. f. **1.** État de qqn, d'un groupe qui possède une grande fortune, des biens importants : *Un parvenu qui étale sa richesse.* — **2.** Caractère des objets précieux, recherchés, luxueux : *Richesse d'un mobilier.* — **3.** Caractère de ce qui renferme ou peut produire qqch en abondance : *La richesse du sous-sol d'une région.* — **4.** Caractère de ce qui présente abondance et variété dans le domaine de la pensée ou de l'art : *Écrivain prisé pour la richesse de son vocabulaire.* — **5.** État de ce qui contient un ou plusieurs éléments en quantité notable : *Une bibliothèque connue pour sa richesse en manuscrits.* — **6.** Rapport entre le volume d'air admis et le volume du carburant (ou combustible) introduits simultanément dans un moteur thermique. (Sa valeur optimale est située aux environs de 16/1 pour un moteur à essence). — **7.** Rapport d'un nombre de moles d'un isotope déterminé au nombre total de moles des autres isotopes présents dans le mélange.

◆ **richesses** n. f. pl. **1.** Biens matériels, argent, valeurs, en tant qu'objets de propriété : *Amasser des richesses.* — **2.** Objets de grand prix ou de grande valeur : *Les richesses d'un musée.* — **3.** Ressources d'un pays, d'une région exploitées pour la satisfaction des besoins : *La mise en valeur des richesses du sol.* — **4.** Produits de l'activité économique d'une collectivité : *Circulation des richesses.* — **5.** Biens, valeurs d'ordre intellectuel, spirituel : *Les richesses d'une œuvre littéraire.*

richesse des nations *(Recherches sur la nature et les causes de la),* ouvrage d'A. Smith (1776), texte de base de l'économie politique. Partisan du libéralisme, A. Smith pense que l'intérêt personnel est le moteur principal de l'activité économique et qu'il conduit à l'intérêt général.

RICHET (Charles), physiologiste français (Paris 1850 - *id.* 1935). Il a découvert, en 1902, avec P. Portier le phénomène de l'anaphylaxie. Il s'intéressa également aux phénomènes parapsychologiques. On lui doit : *l'Anaphylaxie* (1911), *Apologie de la biologie* (1929). [Acad. des sc., 1914 ; prix Nobel de médecine 1913.] — Son fils CHARLES (Paris 1882-*id.* 1966), également médecin, fut déporté à Buchenwald. Il étudia à son retour les carences et la pathologie de la déportation, ainsi que les problèmes de la faim dans le monde.

Richeut, fabliau au langage épicé, composé vers 1170 et qui a pour thème la ruse féminine.

RICHIER (Ligier), sculpteur français (Saint-Mihiel v. 1500 - Genève 1567). Après le retable de pierre d'Hattonchâtel (Meuse ; 1523), d'un métier gothique très fouillé, deux chefs-d'œuvre manifestent son génie : la pathétique statue funéraire de René de Chalon à Bar-le-Duc (1547) et le *Sépulcre* de Saint-Mihiel, une de ses dernières œuvres, touchée par l'italianisme (idéalisation de la douleur, recherche de la beauté) malgré ce qu'elle conserve de réalisme populaire. — Son fils GÉRARD (Saint-Mihiel 1534 - *id.* v. 1600) et plusieurs de ses petits-fils, dont JACOB (Saint-Mihiel v. 1585 - Grenoble v. 1640), furent également sculpteurs.

RICHIER (Germaine), sculpteur français (Grans, Bouches-du-Rhône, 1904 - Montpellier 1959). Élève de Bourdelle à son arrivée à Paris en 1925, elle parvint, vingt ans plus tard, avec ses figures hybrides au modelé expressionniste, à la constitution d'un univers personnel, sorte de poème cosmogonique issu de l'informel, du déchirement et de la métamorphose (*la Montagne,* bronze, 1956).

RICHISSIME adj. *Fam.* Extrêmement riche.

RICHMOND, v. du Canada (Colombie britannique), banlieue de Vancouver, 126 624 hab.

RICHMOND, port des États-Unis (Californie), au N. d'Oakland, sur la baie de San Francisco ; 75 000 hab. Centre industriel.

RICHMOND, v. des États-Unis, cap. de la Virginie, sur la James River ; 219 000 hab. Capitole construit à la fin du XVIIIe s. sur plans de Th. Jefferson. Musées. Au contact du Piedmont et de la plaine côtière, centre commercial et industriel (chimie, textile, mécanique, bois, tabac et papier).
— **Hist.** Principale place d'armes des États du Sud de 1861 à 1865, Richmond fut prise par les nordistes après un siège difficile.

RICHMOND UPON THAMES, borough résidentiel de la banlieue ouest de Londres, sur la rive droite de la Tamise ; 160 000 hab.

Richter *(échelle de)* [du n. du géophysicien américain Charles Francis *Richter* (Butler County, Ohio, 1900 - Pasadena, Californie, 1985)]. Échelle mesurant la magnitude* des séismes. Numérotée de 1 à 9, l'échelle de Richter est une échelle logarithmique, c'est-à-dire que la progression des effets d'un séisme s'intensifie avec celle des degrés de l'échelle.

RICHTER (Jeremias Benjamin), chimiste allemand (Hirschberg, Silésie, 1762 - Berlin 1807). Il montra qu'il existe des rapports déterminés de poids entre les constituants des sels neutres, et détermina les poids équivalents des divers acides et bases. De cette observation dérive la loi des nombres proportionnels, qui porte son nom.

RICHTER (Johann Paul Friedrich), dit **Jean Paul,** écrivain allemand (Wunsiedel 1763 - Bayreuth 1825). Précepteur de 1786 à 1789, devenu célèbre grâce à ses récits (*Hesperus,* 1795 ; *Siebenkäs,* 1796-97), il a uni, dans ses romans (*le Titan,* 1800-1803 ; *Levana,* 1807), l'idéalisme sentimental à une ironie qui fait de son œuvre baroque l'une des plus originales du romantisme allemand.

RICHTER (Hans), peintre, cinéaste et théoricien allemand (Berlin 1888 - Muralto, près de Locarno, 1976). D'abord peintre d'inspiration cubiste, puis expressionniste, il rejoint les dadaïstes à Zurich en 1916 et évolue vers l'étude des interactions d'éléments formels simplifiés, pour aboutir, à Berlin, à des expériences cinématographiques. Les films, abstraits ou figuratifs (d'inspiration dadaïste), constituent dès lors, en Europe et aux États-Unis (1940-1948), une part essentielle de son œuvre (*Vormittagsspuk,* 1928 ; *Dreams that Money Can Buy,* en collab., 1944).

RICHTER (Hans Werner), écrivain allemand (Bansin, près de Rostock, 1908). Il est un des fondateurs du Groupe* 47. Ses romans s'apparentent par le style au reportage et au cinéma (*les Vaincus,* 1949 ; *Die Stunde der falschen Triumphe,* 1981).

RICHTER ou **RIKHTER** (Sviatoslav Teofilovitch), pianiste russe (Jitomir 1915). Il a notamment enregistré l'intégrale du *Clavier bien tempéré* de J. S. Bach, s'intéressant également à la musique du XXe s. (Hindemith, Bartók, Prokofiev).

RICHTER (Karl), chef d'orchestre, organiste et claveciniste allemand (Plauen 1926 - Munich 1981). Il fonda, en 1953, l'Orchestre Bach de Munich, avec lequel il effectua de célèbres enregistrements d'œuvres de Bach et de Händel notamment.

RICHTER (Burton), physicien américain (New York 1931). Il a découvert en 1974, dans les collisions électrons-positons, la particule « J » ou « psi » grâce à laquelle fut mise en évidence la notion de charme. (Prix Nobel de physique, avec S. Ting, 1976.)

RICHTER (Gerhard), peintre allemand (Waltersdorf, district de Dresde, 1932). Dans une sorte d'enquête sur les rapports de l'image et de la réalité, il a pratiqué tour à tour ou simultanément toutes les esthétiques de l'art contemporain, de l'abstraction à l'hyperréalisme.

RICHTHOFEN (Ferdinand, *baron* VON), géographe allemand (Carlsruhe, haute Silésie, auj. dans la voïévodie d'Opole, 1833-Berlin 1905). De 1860 à 1862, il visita Ceylan, le Japon, les Philippines et Java. Après un séjour en Californie, il fit plusieurs voyages en Chine, de 1868 à 1872. Le premier, il a interprété le lœss chinois comme un limon déposé par le vent.

RICHTHOFEN (Manfred, *baron* VON), aviateur allemand (Breslau 1892 - Vaux-sur-Somme 1918). As de la chasse allemande lors de la Grande Guerre, il fut abattu après 80 victoires. Ses souvenirs ont paru en 1917 sous le titre *le Chasseur rouge.*

RICIMER, général romain d'origine suève († 472). Il entra au service de Rome, détruisit la flotte des Vandales et disposa du pouvoir impérial au profit de son ami Majorien (456-461), puis de Sévère (461-465), et enfin d'Anthemius. En 472, il marcha sur Rome, qu'il dévasta, et fit égorger Anthemius pour donner sa place à Olybrius.

RICIN n. m. (lat. *ricinus*). **1.** Nom commun à deux euphorbiacées, le *ricin d'Amérique,* ou jatropha, et le *ricin d'Afrique,* ou *ricin de l'Inde,* plante oléagineuse de grande culture. — **2.** *Huile de ricin,* huile retirée, par pression à froid, des semences de *Ricinus communis* et servant de purgatif. — **3.** Syn. de TIQUE.

RICINÉ, E adj. Qui contient de l'huile de ricin.

RICINODENDRON n. m. Arbre de l'Afrique tropicale (euphorbiacée) dont on utilise le bois en placage et dont les graines fournissent une huile siccative.

RICINOLÉIQUE adj. *Acide ricinoléique,* acide dont les glycérides sont les constituants principaux de l'huile de ricin.

RICKETTSIE n. f. (de H. T. *Ricketts,* n. pr.). Bactérie intracellulaire obligatoire, d'un diamètre souvent inférieur à 0,5 µm, retrouvée dans un grand nombre de maladies (rickettsioses).

RICKETTSIOSE n. f. Maladie causée par une rickettsie.

ENCYCL. Les rickettsioses les plus fréquentes sont : la *fièvre pourprée des montagnes Rocheuses,* due à *Rickettsia rickettsi ;* la *fièvre boutonneuse méditerranéenne,* ou *de Conor,* provoquée par *R. conori* et transmise par la tique du chien ; la *fièvre du Natal,* causée par *R. lyperi ;* la *fièvre Q,* provoquée par *R. burneti* (actuellement *Coxiella burneti*). L'accès fébrile s'accompagne d'éruption, ainsi que de douleurs articulaires. D'autres rickettsioses ont pratiquement disparu en France : *typhus exanthématique,* responsable d'épidémies meurtrières ; *typhus murin,* ou *rickettsiose à puce,* d'évolution en général bénigne. La prophylaxie générale des rickettsioses consiste dans la destruction des tiques et des animaux tels que les rongeurs, qui sont des réservoirs de ces bactéries.

RICKOVER (Hyman George), amiral américain (Makov, auj. Maków Mazowiecki, Pologne, 1900 - Arlington, Virginie, 1986). Contre-amiral en 1953, il fut l'artisan du programme des premiers sous-marins nucléaires américains.

RICKSHAW [rikʃo] n. m. (angl. *rickshaw,* abrév. de l'hindī *jinricksha*). En Asie du Sud-Est et en Chine, voiture légère tirée par une bicyclette ou un scooter, et destinée au transport des personnes.

RICOCHER v. t. ind. (de *ricochet*) [conj. 3]. Faire ricochet, être renvoyé dans une autre direction après avoir touché un obstacle : *Une pierre qui ricoche sur l'eau.*

RICOCHET n. m. (p.-ê. de *riquer,* mot dialect., donner un petit coup, et *hocher,* vaciller). **1.** Rebond que fait une pierre lancée obliquement sur la surface de l'eau, un projectile qui frappe un corps dur, etc. — **2.** *Par ricochet,* par un effet indirect, par contrecoup.

RICŒUR (Paul), philosophe français (Valence 1913). D'abord tenant de la phénoménologie husserlienne, il s'intéresse à la symbolique freudienne, dont il pense qu'elle ouvre la voie à une ascèse de la réflexion sur elle-même et qu'elle est une éducation à la réalité (*Finitude et Culpabilité,* 1960 ; *le Conflit des interprétations,* 1969 ; *Temps et Récit,* 3 vol., 1983-1985 ; *Soi-même comme un autre,* 1990).

Ricordi, maison d'édition musicale italienne, fondée à Milan, en 1808, par Giovanni Ricordi (Milan 1785 - *id.* 1853), et spécialisée dans l'édition des œuvres lyriques italiennes (Rossini, Verdi, Puccini).

RICOTTA n. f. (ital. *ricotta,* petit-lait). Fromage italien préparé à partir du sérum obtenu dans la fabrication d'autres fromages, tels que l'emmental ou le provolone.

RIC-RAC ou, vx, **RIC-À-RAC** adv. (onomat.). *Fam.* **1.** Avec une exactitude rigoureuse : *Payer ric-rac.* — **2.** De façon tout juste suffisante : *Il est passé ric-rac dans la classe supérieure.*

RICTUS [-tys] n. m. (lat. *rictus,* ouverture de la bouche). **1.** Contraction des muscles de la face, donnant au visage l'expression d'un rire crispé. — **2.** *Litt.* Sourire grimaçant : *Rictus de colère.*

RICTUS (Gabriel Randon de Saint-Amand, dit **Jehan**), poète français (Boulogne-sur-Mer 1867 - Paris 1933). Il se fit connaître à Paris au cabaret des *Quat'z-arts* en récitant ses œuvres qui fustigent les injustices sociales. Ainsi furent composés *les Soliloques du pauvre* (1897), *les Doléances* (1899), *les Cantilènes du malheur* (1902) et *le Cœur populaire* (1914).

RIDAGE n. m. Action de rider un cordage.

RIḌĀ-I 'ABBĀSĪ → Rezā-e 'Abbāsi.

RIḌĀ CHĀH PAHLAVI → Rezā Chāh Pahlavi.

RIDE n. f. (de *rider*). **1.** Pli de la peau provoqué par l'âge, l'amaigrissement, etc. : *Il a des rides autour des yeux.* — **2.** Légère ondulation à la surface de l'eau : *Un vent léger forme des rides sur l'eau.* — **3.** Léger sillon sur une surface : *La peau du fruit se couvre de rides.* — **4.** Petite ondulation des fonds marins sédimentaires, modelée par l'eau. — **5.** *Ne pas avoir pris une ride,* être encore d'actualité, à la mode. ‖ *Ride de hauban,* petit cordage passant dans les trous des caps de mouton et servant à faire effort pour tendre les haubans. ‖ *Ride océanique,* syn. de dorsale.

RIDÉ → rider.

RIDEAU n. m. (de *rider*). **1.** Pièce d'étoffe mobile qu'on peut tendre à volonté devant une ouverture, pour tamiser ou intercepter le jour, protéger des regards, isoler du froid, du bruit. — **2.** Grande toile peinte ou draperie qu'on lève ou abaisse devant la scène d'un théâtre. — **3.** Voile, écran qui masque la vue ou forme un obstacle : *Rideau de fumée.* — **4.** *Rideau !,* cri des spectateurs demandant que soit mit fin à un spectacle qu'ils n'aiment pas ; c'est assez, cela suffit (fam.). ‖ *Rideau d'arbres,* boisement de faible largeur (quelques mètres à 200 m) effectué pour servir de brise-vent. ‖ *Rideau de bambou,* frontière qui sépare la Chine des autres pays, en partic. des pays à régime capitaliste. ‖ *Rideau de fer,* nappe d'acier ondulée, qu'on descend pour fermer une ouverture ; dispositif obligatoire qui sépare la scène de la salle d'un théâtre ; frontière qui séparait les États socialistes de l'Europe de l'Est des démocraties de l'Europe de l'Ouest (de 1946/1949 à 1989). ‖ *Le rideau tombe sur qqch,* un événement important s'achève. ‖ *Tirer le rideau sur qqch,* le cacher, le mettre à dessein en oubli. ‖ Fam. *Tomber en rideau,* tomber en panne. • **Bât.** Fermeture métallique à glissière, télescopique (tablier de cheminée, de magasin) ou formée d'une nappe d'acier ondulée. (Ces deux types fonctionnent verticalement ; un troisième, fait de lames de métal, de bois ou de plastique articulées entre elles, fonctionne soit horizontalement [garage], soit verticalement [des glissières permettent alors l'utilisation comme store].) — **Chauff.** Syn. de TRAPPE. — **Géogr.** Talus parallèle aux courbes de niveau, qui interrompt les pentes cultivées et les découpe en replats successifs. (Les rideaux ont été aménagés par les paysans pour lutter contre l'érosion.) — **Métall.** *Rideau de flammes,* filets de gaz enflammés, à l'entrée d'un four métallurgique sous atmosphère contrôlée, empêchant l'entrée de l'air. — **Mil.** Ligne de défense légère et mobile, destinée à masquer des mouvements de troupes. — **Mobil.** *Rideau droit,* rideau qui n'est pas retenu par une embrasse. — **Théâtr.** Partie de décors qui descend des cintres. (Syn. TOILE.) ‖ *Rideau à la française,* rideau qui s'ouvre et se relève, tandis que l'ensemble s'élève. ‖ *Rideau à la grecque* ou *à l'allemande,* rideau qui s'ouvre par le milieu en glissant sur une patience. ‖ *Rideau à la guillotine,* rideau qui tombe de haut en bas. ‖ *Rideau à l'italienne,* rideau qui s'ouvre par le milieu en remontant vers les portants. ‖ *Rideau à la polichinelle,* rideau qui s'enroule sur une perche placée à la base. — **Trav. publ.** Talus au-dessus d'une route, d'un canal.

Rideau *(canal),* canal du Canada (Ontario), qui relie Ottawa au lac Rideau par la rivière Rideau, et qui suit la vallée de la Cataraqui jusqu'à Kingston ; 200 km.

RIDECTOMIE n. f. Syn. de LIFTING.

RIDÉE n. f. Filet pour prendre les alouettes.

RIDELLE n. f. (moyen haut all. *reidel,* rondin). Balustrade, pleine ou à claire-voie, placée sur les côtés du tablier d'une charrette, d'une remorque, d'un camion ou d'un chariot de manutention, et destinée à contenir les marchandises.

RIDER v. t. (anc. haut all. *ridan,* tordre) [conj. 3]. **1.** Marquer de rides la peau d'une partie du corps : *Les soucis ont ridé son front.* — **2.** *Litt.* Marquer une surface d'ondulations : *Le vent ride l'eau du lac.* — **3.** Tendre un cordage à l'aide de ridoirs.

◆ **se rider** v. pr., **être ridé** v. pass. **1.** Se couvrir de rides : *Une vieille femme au visage ridé.* — **2.** Se couvrir d'ondulations ou de sillons : *Pomme ridée.*

RIDGWAY (Matthew Bunker), général américain (Fort Monroe, Virginie, 1895 - Fox Chapel, banlieue de Pittsburgh, 1993). Après avoir commandé en juin 1944 une division aéroportée en Normandie, il remplaça MacArthur à la tête des forces des Nations unies en Corée (1951). Il succéda à Eisenhower comme commandant en chef des forces de l'Atlantique en Europe puis devint chef d'état-major de l'armée de 1953 à 1955.

RIDICULE adj. (lat. *ridiculus,* de *ridere,* rire). **1.** Dont on est porté à rire, à se moquer : *Je trouve cette mode ridicule.* — **2.** Qui est peu sensé, déraisonnable : *C'est ridicule de se mettre dans des états pareils.* — **3.** Qui est insignifiant, dérisoire : *On lui a proposé un prix ridicule de sa vieille voiture.*
◆ n. m. **1.** *Litt.* Trait, aspect ridicule de qqn, ce qui en lui porte à rire, à se moquer : *Ne pas voir ses propres ridicules.* — **2.** Fait d'être ridicule, d'être un objet de moquerie : *La crainte du ridicule.* — **3.** Côté ridicule de qqch : *Sentir le ridicule d'une situation.* — **4.** *Tourner qqn, qqch en ridicule,* les rendre ridicules en se moquant d'eux.

RIDICULEMENT adv. **1.** De façon grotesque : *Se conduire ridiculement.* — **2.** De façon dérisoire : *Un prix ridiculement bas.*

RIDICULISER v. t. (conj. 3). **1.** Rendre qqn, qqch ridicule, en faire un objet de risée, se moquer de : *Caricature qui ridiculise un homme politique.* — **2.** *Fam.* Être terriblement supérieur à qqn, à un concurrent : *Le champion a ridiculisé son challenger.*

RIDOIR n. m. Tendeur de cordages.

RIDULE n.f. Petite ride.

RIEBECKITE n. f. (de E. *Riebeck,* n. pr.). Variété d'amphibole sodique, de couleur bleu foncé.

RIEC-SUR-BELON (29340), comm. du Finistère, en Cornouaille, à l'E. de Pont-Aven ; 4 055 hab. *(Riécois).* Parcs à huîtres sur l'estuaire du *Belon.*

RIED [rid] n. m. (all. *Ried*). Sol hydromorphe à gley organique et fréquemment calcaire des alluvions rhénanes.

RIEDISHEIM (68400), comm. du Haut-Rhin, banlieue est de Mulhouse ; 11 993 hab. Brûleurs.

RIEFENSTAHL (Helene, dite **Leni**), actrice et cinéaste allemande (Berlin 1902). Elle joua dans plusieurs films (*la Montagne sacrée,* 1926 ; *la*

Lumière bleue, 1932 [qu'elle dirige elle-même]), puis fut chargée de faire des films sur le congrès national-socialiste de Nuremberg en 1934 (*le Triomphe de la volonté,* 1935) et sur les Olympiades de Berlin en 1936 (*les Dieux du stade,* 1938).

RIEGL (Alois), esthéticien et historien d'art autrichien (Linz 1858 - Vienne 1905). Il fut conservateur au musée des Arts décoratifs de Vienne, puis professeur à l'université (1897). Contre les théories mécanistes de son époque (l'architecte G. Semper), il a montré que les formes décoratives ne sont pas seulement le produit d'une technique et d'un matériau spécifique, mais le résultat d'une intention ou volonté artistique (*Kunstwollen*). Il a fait progresser les méthodes d'analyse de l'œuvre d'art.

RIEGO (Rafael DEL), général espagnol (Santa María de Tuñas, Asturies, 1785 - Madrid 1823). Il combattit Napoléon en 1808 puis dirigea le soulèvement des troupes à Cadix (1820). Chargé par les Cortes de la lutte contre l'expédition française de 1823, il fut battu, livré aux royalistes et pendu.

RIEHEN, comm. de Suisse (cant. de Bâle-Ville), banlieue N.-E. de Bâle ; 20 600 hab.

RIEL n. m. Unité monétaire du Cambodge.

RIEL (Louis David), métis canadien (Saint-Boniface, Manitoba, 1844 - Regina 1885). De 1869 à 1873, il souleva les habitants du Manitoba contre les nouveaux colons anglophones. Il dut s'exiler (1873), mais, rentré au Canada, il tenta en 1884-85 de constituer, avec les métis et les Indiens de l'Ouest, un gouvernement indépendant. Il fut exécuté.

RIEMANN (Bernhard), mathématicien allemand (Breselenz, Hanovre, 1826 - Selasca, sur le lac Majeur, 1866). Élève de Gauss à Göttingen, puis de Jacobi et de Steiner à Berlin, il succède, en 1859, à Dirichlet dans la chaire de mathématiques de l'université de Göttingen. Sa thèse sur la théorie des fonctions de variables complexes (1851) bouleverse complètement cette théorie. Son étude des liens entre la théorie des fonctions et celle des surfaces l'amène à poser les bases de la topologie, dont il peut être considéré comme le créateur. En 1854, il développe une théorie de l'intégration, plus générale que celle de Cauchy. En théorie des nombres, il montre l'importance de la fonction zêta dans la théorie arithmétique des nombres premiers. Il a développé également l'idée d'une géométrie sur les multiplicités à courbure positive, dans laquelle une droite n'a aucune parallèle.

RIEMANN (Hugo), musicologue allemand (Grossmehlra, près de Sondershausen, 1849 - Leipzig 1919). Il est l'auteur d'un *Dictionnaire de la musique* (1882), d'un *Manuel d'histoire de la musique* (1904-1913) et des *Fondements de la musicologie* (1908).

RIEMANNIEN, ENNE adj. Relatif aux théories de Bernhard Riemann.

RIEMENSCHNEIDER (Tilman), sculpteur allemand (Heiligenstadt ? v. 1460 - Würzburg 1531). Il fit partie du Conseil de Würzburg et en fut chassé pour avoir pris parti pendant la guerre des Paysans pour les révoltés. Son art s'oppose à celui de V. Stoss par son lyrisme apaisé, sa vigueur tranquille. (Tombeau de l'empereur Henri II et de sa femme Cunégonde à la cathédrale de Bamberg, 1499-1513 ; retable de la Vierge à Creglingen, bois de tilleul, 1505-1510.)

RIEN pron. indéf. (lat. *rem,* accus. de *res,* chose). **1.** Avec *ne,* exprime la négation ou l'absence de qqch, en fonction de sujet, de complément ou d'attribut : *Cela ne signifie rien. Un écrivain qui n'a plus rien à dire. Rien ne le surprend.* — **2.** Sans *ne,* a une valeur négative dans des réponses et dans des phrases sans verbe : *« À quoi pensez-vous ? — À rien. » Rien vu, rien entendu.* — **3.** Sans *ne,* a le sens de « quelque chose », « quoi que ce soit » dans des phrases interrogatives, dubitatives, des subordonnées dépendant d'une principale négative, avec certains verbes ou adjectifs de sens négatif, après *avant de* ou *que, sans, sans que, trop... pour,* etc. : *Est-il rien de plus injuste que cette mesure ? Impossible de rien tenter actuellement. Sans que rien le laisse prévoir, il a démissionné.* — **4.** *Cela ne fait rien,* cela n'a aucune importance. ‖ *Cela ou rien, c'est la même chose,* cela n'a aucun effet, ne compte pas. ‖ *Ce (cela) n'est rien,* c'est une chose sans importance, sans gravité. ‖ Fam. *Ce n'est pas rien,* c'est une chose notable, avec laquelle il faut compter. ‖ *Comme si de rien n'était,* comme s'il ne s'était rien passé. ‖ Fam. *De rien,* réponse polie à un remerciement. ‖ Fam. *De rien du tout,* sans aucune importance, insignifiant. ‖ *En rien,* en aucune façon, nullement. ‖ Vx. *Une fille de rien,* de mauvaise vie. ‖ *N'avoir rien de,* n'être pas précisément : *Il n'a rien d'un homme d'action.* ‖ *N'être rien,* n'avoir aucune valeur, aucune importance personnelle ; être insignifiant. ‖ *N'être rien à (pour) qqn,* n'être nullement lié à lui par la parenté ou l'amitié. ‖ *Pour rien,* en pure perte ; sans raison valable, sans que cela compte : *Attendre pour rien.* ‖ *Rien au monde, rien du tout,* ou, fam., *rien de rien,* formes renforcées de *rien.* ‖ *Rien que,* seulement. ‖ Fam. *Rien que ça !,* souligne ironiq. l'importance de qqch. ‖ *Trois fois rien,* très peu de chose ou d'argent.

◆ n. m. **1.** *Litt.* Néant. — **2.** Ce qui est de peu d'importance ; petite chose, futilité : *Un rien l'irrite ou l'indispose. S'inquiéter pour des riens.* — **3.** Fam. *Comme un rien,* avec la plus grande facilité : *Il soulève 100 kilos comme un rien.* ‖ *En un rien de temps,* en très peu de temps. ‖ *Un rien de qqch,* une très petite quantité. ‖ *Un(e) rien du tout, un(e) moins que rien,* une personne qui ne mérite aucune considération.

◆ adv. *Pop.* Très, tout à fait ; drôlement : *Le soleil est rien chaud aujourd'hui !*

— REM. **1.** *Rien,* compl. d'obj. direct, se place après le verbe aux temps simples et entre l'auxiliaire et le participe passé aux temps composés : *Je ne vois rien. Je n'ai rien vu ;* il précède l'infinitif présent et suit l'auxiliaire à l'infinitif passé : *Il ne veut rien faire. Il dit n'avoir rien fait.* — **2.** L'adj. ou l'adv. qui accompagnent *rien* sont précédés de la prép. *de : Il n'y a rien de nouveau.*

RIENZO (Cola DI) → COLA DI RIENZO.

RIESA, v. d'Allemagne (Saxe), au N.-O. de Dresde ; 49 800 hab. Centre industriel.

RIESENER (Jean-Henri), ébéniste français d'origine allemande (Gladbeck, près d'Essen, 1734 - Paris 1806). Il obtint la direction de l'atelier parisien d'Œben à la mort du maître (1763). Fournisseur de la Cour et, en particulier, de Marie-Antoinette, personnel et raffiné, il est l'interprète le plus complet du style Louis XVI. — Son fils HENRI FRANÇOIS (Paris 1767-*id.* 1828) fut peintre portraitiste, et un oncle de Delacroix. — LÉON (Paris 1808-*id.* 1878), fils du précédent, fut également peintre ; son œuvre marque une transition entre le colorisme de Delacroix et l'impressionnisme.

RIESENGEBIRGE → KARKONOSZE.

RIESLING [risliŋ] n. m. (all. *Riesling*). **1.** Cépage blanc donnant de petits raisins et de petites grappes, qui produit des vins du Rhin. — **2.** Vin produit par ce cépage.

RIESMAN (David), sociologue américain (Philadelphie 1909). Il a écrit notamment *la Foule* solitaire* (1950) et *Faces in The Crowd* (1952), où il analyse l'évolution de l'homme en termes de caractère social et établit le lien entre les étapes de celle-ci avec des structures culturelles spécifiques.

RIESZ (Frigyes), mathématicien hongrois (Győr 1880 - Budapest 1956). Il a créé avec Haar l'institut Bolyai, enseigné à l'université de Szeged, puis à celle de Budapest. C'est un des fondateurs de l'analyse fonctionnelle moderne.

RIETI, v. d'Italie, ch.-l. de prov., dans le Latium ; 43 000 hab. C'est l'antique *Reate,* capitale des Sabins. Cathédrale des XIIe-XIIIe s. (intérieur baroque), palais épiscopal de la fin du XIIIe s. et autres monuments. Centre commercial. Industries textiles et alimentaires. Engrais.

RIETVELD (Gerrit Thomas), architecte et décorateur néerlandais (Utrecht 1888-*id.* 1964). D'abord ébéniste, membre du Stijl en 1919, du premier Congrès international d'architecture moderne en 1928, il a créé un langage nouveau en architecture comme dans le mobilier et la décoration intérieure. (Fauteuil « rouge et bleu », 1917 ; maison Schröder à Utrecht, 1924.)

RIÉU (Charles, dit **Charloun**), poète français d'expression occitane (Paradou, près des Baux-de-Provence, 1846 - Fontvieille 1924). Il est l'auteur de *li Cant dou terraire (les Chants du terroir)* [1897, 1900, 1904] et d'une traduction provençale de *l'Odyssée* (1907).

RIEUMES (31370), ch.-l. de cant. de la Haute-Garonne ; 2 448 hab. Anc. bastide. Marché. Aviculture.

RIEUPEYROUX (12240), ch.-l. de cant. de l'Aveyron, dans le Ségala ; 2 401 hab. *(Rieupeyrousains).* Église des XVe-XVIe s.

RIEUR, EUSE adj. et n. **1.** Qui rit volontiers ; qui aime à rire, à se moquer. — **2.** *Avoir, mettre les rieurs de son côté,* faire rire aux dépens d'un adversaire.

◆ adj. **1.** Qui exprime la gaieté, la joie : *Des yeux rieurs.* — **2.** *Mouette rieuse,* oiseau (laridé) à tête noire, hivernant en Afrique.

RIEUX (31310), ch.-l. de cant. de la Haute-Garonne ; 1 726 hab. Anc. évêché (1317-1790). Anc. cathédrale gothique des XIIIe-XVIIe s. Vieilles maisons.

RIEZ (04500), ch.-l. de cant. des Alpes-de-Haute-Provence, sur le plateau de Valensole ; 1 726 hab. *(Riézois).* Vestiges gallo-romains et baptistère mérovingien. Centre du commerce de l'essence de lavande.

RIF, chaîne de montagnes du nord du Maroc, en bordure de la Méditerranée. Peu élevée, sauf en son centre (2 452 m au djebel Tidighine), elle s'étire sur une longueur de 350 km avec une largeur variant de 50 à 100 km. La céréaliculture, l'arboriculture et l'élevage sont pratiqués dans l'ouest, arrosé, tandis que l'est, plus sec, se dépeuple. Les villes sont à la périphérie du massif : Tanger, Tétouan, Chechaouen, Al-Hoceima, Nador. L'Espagne possède les deux enclaves de Ceuta et de Melilla.

Rif *(campagnes du)* [1921-1926], opérations menées dans le Rif par les Espagnols et les Français, contre la révolte d'Abd el-Krim. Après avoir battu les Espagnols à Anoual (1921) et submergé les postes français, Abd el-Krim fut contenu par Lyautey puis par Pétain en liaison avec les Espagnols. Abandonné par les tribus, il dut se rendre au général Ibos (mai 1926).

RIFAIN, E adj. et n. Du Rif.

RIFAMPICINE n. f. Antibiotique dérivé hémisynthétique de la rifamycine, utilisé dans le traitement de la tuberculose.

RIFAMYCINE n. f. Antibiotique extrait des produits de fermentation de la culture d'une moisissure, le *Streptomyces mediterranei,* actif sur les germes Gram positif.

RIFBJERG (Klaus), écrivain et critique littéraire danois (Copenhague 1931). Si les crises humaines ou esthétiques de sa génération animent ses poèmes (*Confrontation,* 1960 ; *Mythologie,* 1970), l'observation psychologique, sociologique, historique ou politique caractérise ses romans et ses nouvelles (*l'Amateur d'opéra,* 1966 ; *Det Korte af de Lange,* 1976 ; *Tango,* 1980), ainsi que ses comédies musicales et son théâtre (*les Fous,* 1971 ; *Ça marche,* 1985), où la virtuosité formelle s'unit à la tension tragique.

RIFF n. m. (angl. *riff,* p.-ê. altér. du fr. *refrain*). En musique de jazz et de rock, court fragment mélodique de deux ou quatre mesures, répété rythmiquement pour accompagner une ligne mélodique.

RIFFLE n. m. Rainure ou baguette fixée dans le fond de certains appareils de concentration des minerais fins, pour arrêter ou ralentir l'entraînement par le courant d'eau des particules minéralisées denses.

RIFIFI n. m. (de l'arg. *rif,* combat). *Arg.* Bagarre, rixe.

1. RIFLARD n. m. (anc. fr. *rifler,* de l'anc. haut all. *riffilôn,* frotter). **1.** Outil à fût utilisé dans le corroyage du bois. — **2.** Sorte de ciseau à lame large et flexible employé par les maçons pour ébarber et dresser les ouvrages de plâtre ou de ciment.

2. RIFLARD n. m. (de *Riflard,* n. pr.). *Pop.* et *vx.* Grand parapluie, pépin.

RIFLE n. m. (amér. *rifle,* fusil). **1.** Carabine à long canon. — **2.** *Carabine (de) 22 long rifle,* carabine d'un calibre de 22/100 de pouce, soit 5,58 mm, employée pour le sport et le tir du moyen gibier.

RIFLOIR n. m. (anc. haut all. *riffilôn,* frotter). Lime de formes variées servant pour des travaux délicats (orfèvrerie, gravure, sculpture, outillage, etc.).

RIFT n. m. (angl. *rift,* fissure). **1.** En milieu continental, syn. de FOSSÉ D'EFFONDREMENT. — **2.** En milieu océanique, fossé affectant le plancher océanique au niveau de certaines rides ou dorsales dont il constitue la vallée axiale.

Rift *(fièvre de la vallée du)* **[F. V. R.],** arbovirose hémorragique grave due à un virus de la famille des *bunyaviridæ,* du genre *phlebovirus,* transmise par *Culex pipiens.*

RIFT VALLEY, suite de dépressions relativement étroites qui s'allongent en Asie occidentale et en Afrique orientale et qui correspondent à des fossés d'effondrement. C'est un accident majeur de l'écorce terrestre, que l'on peut suivre depuis la vallée du Jourdain jusqu'au cours inférieur du Zambèze. Une branche orientale, à laquelle ce nom de Rift Valley est plus spécialement attribué, correspond aux lacs Turkana (Kenya) et Natron (Tanzanie). De très importantes découvertes en paléontologie humaine y ont été faites. (→ OLDOWAY, OMO.)

RIGA, cap. de la Lettonie ; 915 000 hab. Forteresse fondée en 1201 sur les rives du *golfe de Riga.* Port sur la Baltique et centre industriel (chantiers navals, constructions mécaniques, électriques et électroniques, confection).
— **Hist.** Fondée par Albert de Buxhoeveden (1201), Riga fut membre de la ligue hanséatique. Convertie au luthéranisme au XVIe s. elle devint polonaise (1561), puis suédoise (1621) et enfin russe (1710). La ville fut occupée par les Allemands de sept. 1917 au début de 1919 et de juill. 1941 à 1944.
— **Bx-arts.** Cathédrale d'origine romane (XIIIe s.), château fort du XIVe s. ; musées.

RIGA *(golfe de),* échancrure de la côte orientale de la Baltique, au S. du golfe de Finlande, fermée au N.-O. par l'île Saaremaa.

RIGAUD ou **RIGAULD** (Eudes), prélat français (en Normandie v. 1200 - Rouen 1275). Archevêque de Rouen (1247), il fut conseiller de Saint Louis. Le journal de ses visites pastorales (1261-1269) constitue un document capital pour l'étude de la mentalité rurale au XIIIe s.

RIGAUD (Hyacinthe RIGAU Y ROS, dit **Hyacinthe**), peintre français (Perpignan 1659 - Paris 1743). Il vint en 1681 à Paris, où Le Brun le persuada d'abandonner la peinture d'histoire au profit du portrait, pour lequel il se montrait très doué. Il entra en 1687 à l'Académie, dont il fut recteur en 1733, après avoir reçu le titre de peintre des rois Louis XIV (1694) et Louis XV (1727). Maître du portrait d'apparat, admirateur de Van Dyck et de Rembrandt, il satisfit, grâce à un important atelier, à la demande de tous les grands personnages du temps.

RIGAUDON ou **RIGODON** n. m. (p.-ê. de *Rigaud,* n. d'un maître à danser). Danse à deux temps, de mouvement vif, qui apparaît dans les ballets et les suites françaises à la fin du XVIIe s. ; air sur lequel on l'exécutait.

RIGAULT (Raoul), homme politique français (Paris 1846 - *id.* 1871). Journaliste républicain, athée et anticlérical, membre de la Commune de

Paris. Procureur de la Commune, il procéda à de multiples arrestations. Il fut fusillé par les versaillais.

RIGAULT DE GENOUILLY (Charles), amiral français (Rochefort 1807 - Paris 1873). Il occupa Saigon (1859), puis établit la France en Cochinchine.

RIGEL, nom d'origine arabe donné à l'étoile β d'Orion*. Magnit. visuelle : 0,1. Distance : 900 al environ.

RIGESTĀN ou **REGISTĀN** n. m. inv. (mot iranien). Au Moyen-Orient de culture iranienne, place principale des villes. (Le plus célèbre rigestān est celui de Samarkand.)

RIGGENBACH (Nikolaus), ingénieur suisse (Guebwiller 1817 - Olten 1899). En 1865, il imagina le principe du chemin de fer à crémaillère. Il entreprit alors l'établissement de la ligne de Rigi, prototype de toutes celles qui ont été construites depuis.

RIGHI (Augusto), physicien italien (Bologne 1850 - *id.* 1920). Célèbre par ses recherches sur la lumière polarisée, la vision stéréoscopique et la polarisation diélectrique, il a étudié la réflexion des ondes électromagnétiques sur les surfaces métalliques (1893).

RIGI ou **RIGHI,** massif isolé de la Suisse centrale, entre les lacs des Quatre-Cantons et de Zoug ; 1 798 m au *Kulm.* Tourisme.

RIGIDE adj. (lat. *rigidus*). **1.** Qui résiste aux efforts de torsion, de cisaillement, qui ne plie pas : *Une barre de fer rigide.* — **2.** Qui manifeste une grande intransigeance, qui applique à la lettre des règles, des normes : *Un juge rigide.* — **3.** Qui se caractérise par un manque de souplesse : *Une éducation rigide.* — **4.** Se dit d'un rotor d'hélicoptère qui est solidaire de l'arbre de transmission. — **5.** Se dit d'un facteur économique qui s'adapte imparfaitement au changement de la conjoncture. — **6.** En géométrie, se dit de ce qui est non flexible, c'est-à-dire unique à une isométrie près.

RIGIDEMENT adv. *Litt.* De façon rigide, sans souplesse.

RIGIDIFIER v. t. (conj. 9). Rendre rigide, plus rigide.

RIGIDITÉ n. f. (lat. *rigiditas*). **1.** État, caractère de ce qui est rigide : *La rigidité d'une barre de fer.* — **2.** Caractère de qqn, de qqch qui manifeste un état d'esprit rigoureux et intransigeant : *Une rigidité de caractère qui rend les rapports difficiles.* — **3.** Caractère de ce qui comporte des contraintes rigoureuses, qui manque de souplesse : *La rigidité des lois régissant l'adoption.* — **4.** Manque d'adaptation d'un facteur économique à une modification de la conjoncture. [S'oppose à ÉLASTICITÉ.] — **5.** *Rigidité cadavérique,* durcissement qui, apparaissant de 1 à 6 heures après la mort, rend les membres rigides.

RIGIL KENTARUS, étoile α du Centaure*, la troisième des plus brillantes du ciel. Magnit. visuelle : - 0,3. Distance : 4,35 al.

RIGNAC (12390), ch.-l. de cant. de l'Aveyron, au N.-E. de Villefranche-de-Rouergue ; 1 792 hab. *(Rignacois).*

RIGODON → RIGAUDON.

RIGOLADE n. f. *Fam.* **1.** Action de rire et de se divertir sans contrainte : *Quelle rigolade, quand on est partis !* — **2.** Chose peu sérieuse, burlesque : *Tout ça n'est qu'une vaste rigolade !* — **3.** Chose faite sans effort, comme par jeu : *Réparer ça, c'est de la rigolade !*

RIGOLAGE n. m. (de *rigole*). Creusement de sillons pour planter de jeunes pousses, pour semer des graines.

RIGOLARD, E adj. et n. *Pop.* Qui aime à rigoler.

RIGOLE n. f. (moyen néerl. *regel,* ligne droite). **1.** Petit canal ou fossé creusé dans le sol pour l'écoulement. — **2.** Petite tranchée creusée pour recevoir les fondations d'un mur. — **3.** Rainure poussée sur les pièces d'appui des fenêtres et qui rejette l'eau au-dehors grâce à un trou d'écoulement. — **4.** Sillon peu profond dans lequel on sème des graines, où l'on dispose de jeunes plants.

RIGOLER v. i. (de *rire* et anc. fr. *galer,* s'amuser) [conj. 3]. *Fam.* Rire : *J'ai dit ça pour rigoler.*

Rigoletto, opéra en 3 actes de Verdi, sur un livret de F. M. Piave, d'après *Le roi s'amuse* de Victor Hugo (Venise, 1851).

RIGOLEUSE n. f. (de *rigole*). Charrue utilisée pour creuser et entretenir des fossés pour l'écoulement des eaux.

RIGOLO, OTE adj. (de *rigoler*). *Fam.* **1.** Qui est plaisant, amusant : *Histoire rigolote. On le trouve rigolo.* — **2.** Qui est curieux, étrange, qui dit ou fait qqch d'étrange : *C'est rigolo cette coïncidence.* ◆ n. *Pop.* **1.** Personne qui fait rire. — **2.** Personne qu'on ne peut pas prendre au sérieux, fumiste.

RIGORISME n. m. (de *rigoriste*). Attachement rigoureux aux règles morales ou religieuses.

RIGORISTE adj. et n. (lat. *rigor,* dureté). Qui fait preuve de rigorisme, qui manifeste du rigorisme : *Morale rigoriste.*

RIGOTTE n. f. (mot dialect., de *goutte 1*). Très petit fromage cylindrique fabriqué dans le département de la Loire, avec un mélange de lait de chèvre et de lait de vache.

RIGOUREUSEMENT adv. **1.** *Vx.* Avec rigueur, sévérité : *Sévir rigoureusement.* — **2.** En toute rigueur, avec une exactitude parfaite : *Classement rigoureusement fait.* — **3.** D'une manière incontestable, absolument : *C'est rigoureusement vrai.*

RIGOUREUX, EUSE adj. (de *rigueur*). **1.** Qui fait preuve ou est empreint de rigueur, de sévérité : *Un juge rigoureux dans sa sentence. Une discipline rigoureuse.* — **2.** Qui est pénible, difficile à supporter (en partic. les conditions atmosphériques très froides) : *Des conditions de travail très rigoureuses. Des températures rigoureuses.* — **3.** Qui se caractérise par une logique, une rigueur parfaite, une exactitude sans défaut : *Une analyse rigoureuse.*

Rigsdag ou **Riksdag,** le Parlement, en Suède et au Danemark. Dans ce dernier pays, cette appellation a été remplacée, en 1953, par celle de *Folketing**.

RIGUEUR n. f. (lat. *rigor,* de *rigere,* être durci). **1.** Caractère, manière d'agir de qqn qui se montre sévère et inflexible : *Craindre la rigueur d'un tribunal.* — **2.** Dureté extrême d'une règle, d'une obligation, d'une action : *Morale d'une rigueur excessive.* — **3.** Caractère de ce qui est dur à supporter, et notamment des conditions atmosphériques : *Froid d'une rigueur exceptionnelle.* — **4.** Caractère de qqn, de qqch qui se distingue par une exactitude, une logique, une précision parfaites : *Rigueur d'une argumentation.* — **5.** Politique économique, budgétaire, monétaire, tendant à rétablir un équilibre momentanément perturbé. — **6.** *À la rigueur,* si c'est absolument nécessaire ; à condition de ne pas être très exigeant. ‖ *Délai de rigueur,* qui doit être rigoureusement observé, car il ne sera pas prolongé. ‖ *En toute rigueur,* sans le moindre risque d'erreur. ‖ *(Être) de rigueur,* (être) imposé par la règle, les usages : *Tenue de soirée de rigueur.* ‖ *Tenir rigueur à qqn de qqch,* lui en garder du ressentiment.
◆ **rigueurs** n. f. pl. *Litt.* Effets, manifestations pénibles de qqch de sévère, de dur : *Les rigueurs de la loi. Les rigueurs de l'hiver.*

Rigveda, le plus ancien (entre 1500 et 800 av. J.-C.) et le plus important des quatre recueils sacrés du védisme *(Rigveda, Yajurveda, Sāmaveda, Atharvaveda).* Il se compose de 1 028 hymnes *(sūkta),* répartis en 10 « cercles » *(mandala).* Il contient les germes de la mythologie, de la cosmogonie, du rituel et de la philosophie brahmaniques.

RIIS (Jacob August), journaliste et photographe américain d'origine danoise (Ribe, Danemark, 1849 - Barre, Massachussetts, 1914). Dans ses reportages illustrés, il montra le dénuement des immigrés. Il photographia en intérieur avec les premières torches à éclair de magnésium, *How the Other Half Lives* (1890).

RIJEKA, port de Croatie, sur le golfe de Kvarner ; en ital. *Fiume ;* 168 000 hab. Principal port du pays qui assume aussi la fonction de transit vis-à-vis de la Hongrie et de l'Autriche. Constructions navales.
— **Hist.** D'origine vénitienne, Fiume passa à la maison d'Autriche en 1466. Port franc (1723), elle fut, au XIXe s., le débouché maritime de la Hongrie. Après la Première Guerre mondiale, elle fut acquise à l'Italie grâce à l'obstination de Gabriele D'Annunzio et au pacte de Rome de 1924. Le traité de Paris de 1947 l'attribua à la Yougoslavie.
— **Bx-arts.** Monuments du Moyen Âge à l'époque baroque. Musée historique et musée d'Art moderne.

Rijksmuseum (« Musée royal »), qualification qui s'applique, aux Pays-Bas, à tout musée relevant de l'administration centrale, mais, en particulier, au principal musée d'Amsterdam, fondé en 1808 par le roi Louis (Bonaparte) et transporté en 1885 dans un édifice dû à P. J. H. Cuypers. Chefs-d'œuvre de Saenredam, Hals, Rembrandt, Vermeer, Terborch, Steen, Van Ostade, J. Van Ruisdael, etc. ; écoles étrangères ; sculpture et arts décoratifs ; cabinet des estampes et des dessins parmi les plus riches du monde.

RIJSWIJCK → RYSWICK.

RIKIKI → RIQUIQUI.

RIKITEA, ch.-l. des îles Gambier, dans l'île Mangareva.

RIKSMÅL n. m. Syn. de BOKMÅL.

RILA *(massif du),* haute montagne de Bulgarie, formant l'ouest du Rhodope, où l'Iskăr prend sa source ; 2 925 m au *pic Musala,* point culminant du pays. Au cœur du massif, *monastère de Rila,* fondé au début du XIIIe s. et reconstruit, après des incendies, au XIVe et au XIXe s. Peintures murales, icônes, sculptures sur bois. Musée et bibliothèque. Aux environs du monastère, nombreuses églises et chapelles anciennes.

RILEY (Charles Valentine), entomologiste américain d'origine britannique (Londres 1843 - Washington 1895). Il fut l'un des promoteurs de l'emploi d'insectes dans la lutte contre les insectes nuisibles. Il recommanda en France l'emploi des cépages américains comme porte-greffes, pour lutter contre le phylloxéra.

RILEY (Terry), compositeur américain (Colfax, Californie, 1935). Il a travaillé avec divers instrumentistes de pop music et de jazz et a développé des techniques personnelles d'improvisation. Des œuvres comme *Poppy Nogood and the Panthom Band* (1967) et surtout *A Rainbow in*

Curved Air (1969) le firent connaître comme compositeur de musique répétitive. Il a ensuite été influencé par la musique indienne.

RILKE (Rainer Maria), écrivain autrichien (Prague 1875 - sanatorium de Val-Mont, Montreux, 1926). Poète romantique (*Couronné de rêve,* 1897), puis symboliste (*la Légende d'amour et de mort du cornette Christophe Rilke,* 1899 ; *le Livre des images,* 1902), il voyagea en Russie, rencontra Tolstoï, séjourna à Paris, parcourut l'Europe et devint le secrétaire de Rodin à Meudon (1905-06). De nouveaux voyages, au cours desquels s'épanouit son génie, révélèrent son angoisse latente et sa soif de la vie (*le Livre d'heures,* 1905 ; *Poésies nouvelles,* 1907-08 ; *les Cahiers* de Malte Laurids Brigge,* 1910). Malade, il se fixa au château de Muzot, en Suisse, où il essaya, à travers la méditation poétique, de dominer l'angoisse de la mort (*Élégies* de Duino,* 1923 ; *Sonnets à Orphée,* 1923).

RILLETTES n. f. pl. (mot dialect. de l'Ouest, de l'anc. fr. *rille,* longue bande de lard). Préparation, réalisée par cuisson dans la graisse, de viandes, découpées en morceaux, de porc, de lapin, d'oie ou de volaille.

RILLIEUX-LA-PAPE (69140), ch.-l. de cant. du Rhône, au N.-N.-E. de Lyon, entre le Rhône et la Saône ; 31 149 hab. Services bancaires. Jouets.

RILLONS n. m. pl. (mot dialect. de l'Ouest, de l'anc. fr. *rille,* longue bande de lard). Dés de poitrine de porc, rissolés et confits dans leur graisse de cuisson.

RILLY-LA-MONTAGNE (51500), comm. de la Marne, sur le versant nord de la Montagne de Reims ; 1 023 hab. Vins de champagne.

RILSAN n. m. (n. déposé). Polyamide de conception et de production françaises.

RIMAH (*tell* **al-**), site archéologique de Mésopotamie du Nord, à 65 km à l'ouest de Mossoul. Le site fut occupé dès le VIe millénaire. Les fouilles ont surtout révélé l'anc. ville assyrienne de Karana (IIe millénaire). Important complexe religieux.

RIMAILHO (Émile), ingénieur et officier français (Paris 1864 - Pont-Érambourg, Calvados, 1954). Il mit au point, sous la direction de Sainte-Claire Deville, le canon de 75 inventé par le colonel Deport et quitta l'armée en 1913. Rappelé pendant la Première Guerre mondiale, il fut affecté à l'état-major particulier de l'artillerie puis se consacra à l'étude de l'organisation des entreprises.

RIMAILLER v. i. (de *rimer*) [conj. 3]. *Fam.* et *vx.* Faire de mauvais vers.

RIMAILLEUR, EUSE n. *Fam.* et *vx.* Auteur de mauvais vers.

RIMAYE [-mɛ ou -maj] n. f. (savoyard *rimaye,* du lat. *rima,* fissure). Crevasse qui sépare, dans les glaciers, la glace du névé ou le rebord de la langue des parois rocheuses.

RIMBAUD (Arthur), poète français (Charleville 1854 - Marseille 1891). Virtuose en vers latins et lauréat, à quinze ans, du concours académique, il compose, à seize ans, des poèmes qui révèlent un génie d'une rare précocité (« le Bal des pendus », « le Bateau ivre ») ; il les présente à Verlaine qu'il rencontre en 1871 à Paris et qu'il suivra en Angleterre et en Belgique. Blessé à Bruxelles (1873) d'un coup de revolver par Verlaine qu'il veut quitter, il écrit, la même année, les poèmes en prose d'*Une saison* en enfer,* où il exprime ses « délires », puis il entre dans le silence, ayant choisi l'aventure qui le mène en Allemagne, en Italie, aux îles de la Sonde (1877), à Chypre (1879) et au Harar, où il fait du commerce et offre ses services à Ménélik. De retour en France, blessé au genou, il est amputé et meurt à l'hôpital, à Marseille. Entre-temps, en 1886, la revue *la Vogue* a publié son recueil d'*Illuminations**, composé de proses poétiques et de vers libres. Nourrie de révolte, auréolée de légendes, revendiquée par le surréalisme, l'œuvre de Rimbaud a profondément influencé la poésie moderne.

RIME n. f. (frq. **rîm,* rang). **1.** Retour, à la fin de deux ou plusieurs vers, de la même consonance de la terminaison, accentuée, du mot final. — **2.** *N'avoir ni rime ni raison,* être dépourvu de tout bon sens, être inexplicable.

RIMER v. i. (de *rime*) [conj. 3]. *Litt.* Composer des vers, des poésies.

◆ v. t. ind. **1.** Avoir des finales qui forment une rime : *« Pomme » rime avec « homme ».* — **2.** Aller ensemble, s'accorder : *Pouvoir rime souvent avec dictature.* — **3.** *Fam.* Correspondre à qqch, y ajouter qqch : *Des discordes qui ne riment à rien.*

◆ v. t. Mettre un texte en vers : *Parolier qui rime des chansons.*

◆ **être rimé** v. pass. Comporter des rimes.

RIMEUR, EUSE n. Personne qui fait des vers sans inspiration.

RIMINI, v. d'Italie, en Émilie, sur l'Adriatique ; 128 000 hab. Arc d'Auguste. Temple Malatesta, église du XIIIe s. rhabillée au XVe s. sur plans d'Alberti. Musée. Station balnéaire.

RIMINI (Francesca DA) → FRANCESCA da Rimini.

RIMMEL n. m. (n. déposé). Fard pour les cils.

RÎMNICU VÎLCEA, v. de Roumanie, sur l'Olt, en bordure des Carpates ; 85 000 hab. Églises des XVIe-XIXe s. Musée régional. Centre de villégiature. Chimie.

RIMOUSKI, v. du Canada (Québec), sur l'estuaire du Saint-Laurent (r. dr.) ; 32 397 hab. Centre commercial et industriel. Université. Centre d'océanologie.

RIMSKI-KORSAKOV (Nikolaï Andreïevitch), compositeur russe (Tikhvine, Novgorod, 1844 - Lioubensk, près de Saint-Pétersbourg, 1908). Il commença une carrière de marin, puis, attiré par la musique, rejoignit le groupe des Cinq en 1861, et assura la classe de composition et d'instrumentation au conservatoire de Saint-Pétersbourg. Dès 1889, il fit connaître à Paris l'école russe. Son œuvre abondante comprend avant tout des opéras : *Sadko* (1898), *la Fiancée du tsar* (1898-99), *Kitège* (1907) et le *Coq d'or* (1909). La révision qu'il fit du *Boris Godounov* de Moussorgski a longtemps pris le pas sur l'original. Il a composé aussi de la musique instrumentale et symphonique : *Capriccio espagnol, Ouverture de la Grande Pâque russe, Shéhérazade,* 3 symphonies, etc. Il est aussi l'auteur d'ouvrages théoriques : *Traité d'harmonie* (1884) et *Éléments d'orchestration* (1913).

RÍMUR n. m. inv. (mot islandais). Poème épique islandais composé dans une langue héritée de la poésie scaldique (XIVe-XXe s.).

RINÇAGE n. m. **1.** Action de rincer qqch. — **2.** Produit de coloration des cheveux.

RINCEAU n. m. (lat. pop. **ramuscellus,* du lat. class. *ramus,* rameau). **1.** Ornement de sculpture, de peinture, d'orfèvrerie, etc., emprunté aux rameaux des plantes qui se recourbent en volutes. — **2.** *Rinceaux peuplés,* rinceaux dans lesquels figurent animaux et petits personnages semblables à ceux des grotesques.

RINCE-BOUCHE n. m. inv. Gobelet d'eau tiède parfumée, que l'on utilisait pour se rincer la bouche après les repas.

RINCE-BOUTEILLES → RINCEUSE.

RINCE-DOIGTS n. m. inv. Bol contenant de l'eau tiède parfumée de citron pour se rincer les doigts à table.

RINCÉE n. f. *Pop.* Averse.

RINCER v. t. (anc. fr. *recincier,* du lat. pop. **recentiare,* laver, du lat. class. *recens, -entis,* frais) [conj. **16**]. **1.** Passer qqch à l'eau ou dans un autre liquide, pour le nettoyer rapidement ou pour le débarrasser d'un produit spécifique de lavage : *Rincer la vaisselle.* — **2.** Fam. *Se faire rincer,* subir des pertes importantes au jeu ; recevoir une averse abondante.
◆ **se rincer** v. pr. **1.** Se passer le corps à l'eau claire : *Se rincer les mains.* — **2.** Se laver la bouche avec un liquide que l'on rejette après. — **3.** Pop. *Se rincer le gosier, la dalle,* boire. ‖ Pop. *Se rincer l'œil,* regarder avec plaisir un spectacle licencieux.

RINCETTE n. f. *Fam.* **1.** Petite quantité d'eau-de-vie qu'on prend dans sa tasse, après avoir bu le café. — **2.** Eau-de-vie.

RINCEUR, EUSE adj. Qui sert au rinçage.
◆ **rinceur** n. m. Rampe de pulvérisation d'eau sous pression, destinée au nettoyage de différents organes de la machine à papier ou à carton. (Syn. PISSEUR.)
◆ **rinceuse** n. f. ou **rince-bouteilles** n. m. inv. Machine à rincer les bouteilles.

RINÇURE n. f. **1.** Eau dans laquelle on a rincé de la vaisselle. — **2.** Boisson faite de l'eau qui a servi à rincer les tonneaux.

RINFORZANDO [rinfɔrzɑ̃ndo] adv. (ital. *rinforzare,* renforcer). Terme d'interprétation servant à indiquer une augmentation de la sonorité. (Notation : <.)

RING [riŋ] n. m. (angl. *ring,* cercle). **1.** Enceinte carrée (de 4,90 à 6,10 m de côté) entourée de 3 rangs de cordes, dans laquelle se disputent les combats de boxe ou de catch. — **2.** La boxe elle-même : *Les champions du ring.*

1. RINGARD n. m. (wallon *ringuèle,* levier). Syn. de ATTISOIR.

2. RINGARD, E n. (p.-ê. de *ringard 1*). **1.** *Arg.* Acteur professionnel de second plan. — **2.** *Fam.* Acteur, comédien médiocre. — **3.** *Fam.* Bon à rien.
◆ adj. *Fam.* Qui est médiocre, dépassé, démodé : *Une chanson ringarde.*

RINGARDAGE n. m. Action de ringarder.

RINGARDER v. t. (de *ringard 1*) [conj. **3**]. Brasser avec un ringard un métal ou un alliage en fusion.

RINGARDISE n. f. (de *ringard 2*). *Fam.* Caractère de ce qui est ringard.

RINGARDISER v. t. (de *ringard 2*) [conj. **3**]. *Fam.* Rendre ringard, démodé.

RING DYKE [riŋdik] n. m. (angl. *ring,* anneau, et *dyke,* filon). Filon annulaire.

Ringer *(liquide de)* (du n. du médecin britannique Syndney *Ringer* [1835-1910]). Solution de chlorures de sodium, de potassium et de calcium, servant à maintenir en vie un organe animal isolé, tel un cœur de grenouille.

RINGGIT n. m. Unité monétaire de Malaysia. (Syn. DOLLAR DE MALAYSIA.)

RINGUET (Philippe PANNETON, dit), diplomate, médecin et écrivain canadien de langue française (Trois-Rivières 1895 - Lisbonne 1960), conteur, essayiste et romancier de la vie paysanne canadienne (*Trente Arpents,* 1938).

RINSER (Luise), femme de lettres allemande (Pitzling, auj. rattaché à Landsberg am Lech, 1911). Journaliste, romancière et nouvelliste d'inspiration chrétienne et sociale (*l'Âne noir,* 1974 ; *Miryan,* 1983).

RINTALA (Paavo), romancier finlandais de langue finnoise (Viipuri 1930). Il s'efforce d'expliquer les conflits sociaux sur un fond de réflexion religieux et psychologique (*Riche et Pauvre,* 1955 ; *Commando de la mort blanche,* 1963 ; *Sur la ligne des tanneurs* [1976-1979]).

RINUCCINI (Ottavio), poète italien (Florence 1562 - *id.* 1621). Son rôle fut important auprès de Caccini et Monteverdi, qui lui doivent les livrets de leurs premiers opéras. Il fut appelé à la cour d'Henri IV (1601-1603).

RINXENT (62720), comm. du Pas-de-Calais, dans le nord du Boulonnais ; 2 866 hab. Métallurgie. — Carrières à Hydrequent.

RÍO (Martín Antonío DEL) → DELRÍO.

RÍOBAMBA, v. de l'Équateur, cap. de la prov. du Chimborazo, à 2 782 m d'alt. ; 94 505 hab.

Rio Bec, nom d'un style architectural maya qui s'est développé au Mexique (États de Campeche et de Quintana Roo), pendant le classique récent (600-950 apr. J.-C.) et qui se caractérise par l'exubérance de son décor architectural.

RIO BRANCO, v. du Brésil, cap. de l'État d'Acre, sur l'Acre ; 196 871 hab. Centre commercial et agricole.

RIO DE JANEIRO, v. du Brésil, cap. de l'État du même nom, sur l'Atlantique ; 5 336 179 hab. *(Cariocas)* dans la ville même (9 600 528 hab. dans l'agglomération). Archevêché. Trois universités. Musées (national des Beaux-Arts, d'Art moderne, etc.).
— **Géogr.** La ville s'étend sur les rives et les îles de la baie de Guanabara. Des reliefs granitiques en forme de pitons, dont le plus célèbre est le Pain de Sucre, la végétation tropicale (moyenne annuelle de 23,5 °C), les rivages bordés de plages composent un paysage d'une grande beauté. La ville, découverte par un Portugais en 1502, prit de l'importance avec la construction d'une route la reliant aux mines d'or du Minas Gerais, au début du XVIIIe s. Elle devient capitale du Brésil et accueille en 1808 Jean VI, expulsé du Portugal par les armées napoléoniennes.
Au cours du XIXe s., la croissance se poursuit avec le développement du commerce et de la banque, de la caféiculture, des chemins de fer et de la navigation. La ville triple sa population entre 1935 (2 millions d'hab.) et 1980, autant par accroissement naturel que par l'arrivée de nombreux migrants. Au N., le port est entouré de quartiers où se mêlent industries et résidences ouvrières ; le Sud regroupe les quartiers de résidence aisée près des plages célèbres (Copacabana). Les bidonvilles (favelas), qui s'accrochent souvent à des pentes abruptes, regroupent encore environ 20 % de la population. Rio a perdu en 1960 son rôle de capitale fédérale. Elle a néanmoins gardé certains de ses anciens services, et le tertiaire représente les trois quarts de l'emploi total (administration, commerce et tourisme [culminant avec le carnaval]). Le secteur industriel est cependant diversifié (textile, alimentation, tabac, chimie, métallurgie, constructions mécaniques et électriques, meubles, papier, etc.). Deux aéroports, un port de voyageurs et de commerce (trafic de 20 Mt) montrent l'importance de la fonction de carrefour national et international.

RIO DE JANEIRO, État du sud-est du Brésil, sur l'Atlantique ; 44 000 km² ; 12 584 108 hab. Cap. *Rio de Janeiro.* L'ensemble montagneux de la serra do Mar sépare la côte, où se succèdent baies, plages, lagunes et région deltaïque (Paraíba do Sul). Sous un climat chaud et humide, plus tempéré en altitude, la vie agricole est consacrée aux plantations d'orangers et de canne à sucre. Outre Rio de Janeiro, l'État a plusieurs grandes villes : Nova Iguaçu, São João de Meriti, São Gonçalo, Duque de Caxias, Campos.

RÍO DE LA PLATA → PLATA *(Río de la).*

RÍO DE ORO, ancien protectorat espagnol d'Afrique, compris entre l'Atlantique et la Mauritanie, du parallèle 21° 21′ au parallèle 26° ; cap. *Villa Cisneros* (auj. Dakhla). Occupé par les Espagnols à partir de 1885, il devint en 1958, avec le territoire de la Saguía El Hamra, la province espagnole du Sahara, jusqu'en 1976. Il est intégré aujourd'hui au Maroc.

RIO GRANDE DO NORTE, État du nord-est du Brésil, sur l'Atlantique ; 53 000 km² ; 2 413 618 hab. Cap. *Natal.* Production de coton et de sucre. Salines. Gisements d'étain.

RIO GRANDE DO SUL, État du Brésil méridional ; 282 000 km² ; 9 127 611 hab. Cap. *Porto Alegre.* La vallée du Jacuí sépare le sud de la Campanha, prolongement des pampas argentines et uruguayennes, des plateaux du Nord, qui s'abaissent vers le fleuve Uruguay. Sous un climat tropical, l'agriculture a connu d'importantes mutations : riziculture irriguée et mécanisée, culture du théier et du soja en rotation. Les régions d'élevage se maintiennent difficilement (exode rural). La majorité de la population est urbaine. Porto Alegre, Rio Grande, Caxias do Sul, Pelotas et Santa Maria sont les principales villes.

RIOJA [rjɔra] n. m. Vin espagnol, produit dans la Rioja.

RIOJA (la), région historique de l'Espagne, constituant une communauté autonome, et nom actuel de l'anc. prov. de Logroño qui occupe la partie occidentale du bassin de l'Èbre. Vins blancs et vins rouges, ces derniers ayant une ressemblance avec les vins de Bordeaux et étant les plus appréciés.

RIOM (63200), ch.-l. d'arrond. du Puy-de-Dôme, en Auvergne, dans la Limagne, au pied des monts Dôme ; 19 302 hab. *(Riomois).* Cour d'appel. Églises St-Amable, romane et gothique, et N.-D.-du-Marthuret, à façade flamboyante. Dans le palais de justice, sainte-chapelle de Jean de Berry, aux beaux vitraux du XVe s. Musée F.-Mandet et musée régional d'Auvergne. Manufacture de tabac. Produits pharmaceutiques. Constructions électriques. — À Mozac, église romane (chapiteaux, trésor).

Riom *(procès de)* [févr.-avr. 1942], procès, exigé par les Allemands, qui se déroula à Riom devant la Cour suprême de justice, afin de juger les hommes politiques de la IIIe République considérés comme responsables de la défaite de 1940 (en particulier L. Blum, É. Daladier, le général Gamelin et P. Reynaud). Tournant au détriment du régime de Vichy, il fut interrompu à la demande de Hitler. Les accusés furent livrés aux autorités allemandes.

RIOM-ÈS-MONTAGNES (15400), ch.-l. de cant. du Cantal, à 842 m d'alt., dans le nord du massif du Cantal ; 3 332 hab. *(Riomois).* Église romane. Marché. Fromagerie.

RÍO MUNI → MBINI.

RIONI ou **RION,** fl. de Géorgie, qui descend du Caucase et se jette dans la mer Noire ; 327 km. Son bassin inférieur constitue l'anc. Colchide.

RIOPELLE (Jean-Paul), peintre canadien (Montréal 1923). Proche de Borduas et des « automatistes », il se lia à Paris, après 1945, avec les surréalistes, puis avec les pionniers de l'abstraction lyrique. Colorée (*Chevreuse,* 1954, M. N. A. M.), très structurée (« Icebergs » en noir et blanc, 1977), sa peinture puise librement dans le répertoire des formes de la nature.

RIORGES (42153), comm. de la Loire, banlieue ouest de Roanne ; 9 929 hab. Textile. Vannes.

RÍO TINTO → MINAS DE RÍOTINTO.

RIOURIK ou **RURIK,** chef varègue, maître de Novgorod à partir de 862.

RIOURIKIDES, en russe **Riourikovitchi,** dynastie dont les princes ont régné en Russie du IXe au XVIe s. Issue, selon la *Chronique des temps passés,* de Riourik, cette dynastie régna sur l'État de Kiev à partir de 882. Après 1054, les princes rİourikides gouvernèrent en commun la terre russe, la principauté de Kiev étant dévolue à l'aîné. À partir du XIIe s., les différentes régions devinrent le patrimoine héréditaire des lignées princières. Ainsi, la branche fondée par Iouri Dolgorouki (v. 1090-1157) régna sur la principauté de Rostov-Souzdal-Vladimir puis sur celle de Moscou, dont les grands-princes devinrent tsars de Russie en 1547. Cette branche s'éteignit en 1598. Deux autres branches régnèrent sur la Galicie et sur la Volhynie jusqu'en 1323.

R. I. P., abrév. de RELEVÉ* D'IDENTITÉ POSTAL.

RIPAGE ou **RIPEMENT** n. m. **1.** Action de riper. — **2.** Déplacement ou désarrimage des marchandises d'un navire du fait du roulis violent.

RIPAILLE n. f. (de *riper*). Fam. *Faire ripaille,* se livrer à des excès de table.

RIPAILLER v. i. (conj. 3). *Fam.* Faire ripaille.

RIPAILLEUR, EUSE n. *Fam.* Personne qui fait ripaille.

RIPARIA n. m. (lat. *riparius,* de *ripa,* rive). Espèce de vigne américaine résistante au phylloxéra, utilisée, après l'invasion phylloxérique, pour obtenir des porte-greffes et reconstituer le vignoble.

RIPATON n. m. (de *patte*). *Pop.* Pied (de qqn).

RIPE n. f. (de *riper*). Outil qui sert à gratter une sculpture, une moulure, un enduit. (C'est une tige d'acier légèrement recourbée en S, aux extrémités aplaties en spatule, l'une éventuellement dentée.)

RIPER v. t. (moyen néerl. *rippen,* tirailler avec force) [conj. 3]. **1.** Râcler qqch avec la ripe. — **2.** Déplacer une voie ferrée et la dresser, sans la démonter. — **3.** Faire glisser un cordage. — **4.** Déplacer par glissement sur le sol un équipement de desserte ou de soutènement, sans démontage préalable.
◆ v. i. **1.** Déraper, glisser sur le côté : *Le vélo a ripé sur les rails du train.* — **2.** *Pop.* S'en aller rapidement.

RIPERT (Georges), juriste français (La Ciotat 1880 - Paris 1958). Il a écrit un *Traité pratique de droit civil* (en collab. avec Planiol, 1924-1930), un *Traité de droit maritime* (1914) et un *Traité élémentaire de droit commercial* (1954).

RIPICOLE adj. (du lat. *ripa,* rive). Qui vit en bordure des eaux courantes.

RIPIÉNISTE n. Musicien chargé d'exécuter les parties de ripieno.

RIPIENO n. m. (ital. *ripieno,* remplissage). Dans le concerto grosso, ensemble de l'orchestre s'opposant au groupe des solistes.

RIPOLIN n. m. (de *Riep,* n. pr.). Marque déposée de peinture-émail.

RIPOLINER v. t. (de *Ripolin*) [conj. 3]. Peindre d'une peinture brillante.

RIPOLL, v. d'Espagne (Catalogne, prov. de Gérone) ; 11 200 hab. Anc. monastère bénédictin de S. María : église consacrée en 1032, avec important portail sculpté du XIIe s. ; cloître des XIIe-XVe s.

RIPOSTE n. f. (ital. *risposta,* de *rispondere,* répondre). **1.** Action qui répond sur-le-champ et vivement à une attaque : *Une riposte foudroyante.* — **2.** Réponse vive et immédiate à une raillerie, une injure : *Être prompte à la riposte.* — **3.** En escrime, action offensive portée immédiatement après la parade. — **4.** *Riposte graduée,* adaptation du choix des moyens militaires, notamment nucléaires, à la nature de la menace exercée par l'adversaire. (Énoncée par le général Maxwell Taylor en 1960, la théorie de la riposte graduée fut élaborée par R. McNamara.)

RIPOSTER v. t. ind. (de *riposte*) [conj. **3**]. **1.** Rendre avec vivacité à un adversaire la contrepartie d'une attaque : *Riposter à une agression par des mesures adéquates.* — **2.** Répondre à une parole par une brutale repartie : *Il riposta par des injures aux reproches qui lui étaient faits.* — **3.** En escrime, effectuer une riposte.

◆ v. t. Répondre qqch à qqn avec vivacité : *Il lui riposta qu'il était un imbécile.*

RIPOU adj. et n. (pl. *ripoux*) [mot verlan]. *Fam.* Se dit d'un policier corrompu.

RIPPAGE n. m. Défonçage du sol rocheux à l'aide d'un ripper.

RIPPER [ripœr] n. m. (angl. *to rip,* arracher). Syn. de DÉFONCEUSE.

RIPPERDA (Jan Willem, *duc* VAN), aventurier d'origine néerlandaise (Oldehove, Groningue, 1680 - Tétouan 1737). Officier, ambassadeur à Madrid (1715), il se fixa en Espagne, où il se convertit au catholicisme. Homme de confiance de Philippe V, il devint ambassadeur d'Espagne à Vienne, puis il cumula plusieurs ministères, et fut fait duc et grand d'Espagne. Disgracié (1726), emprisonné, il s'enfuit en Angleterre, puis au Maroc, où il se serait converti à l'islām.

RIPPLE-MARK [ripœlmark] n. f. (pl. *ripple-marks*) [angl. *ripple-mark,* de *ripple,* ride, et *mark,* marque]. Rides asymétriques, allongées, parallèles et régulièrement espacées, créées dans les sédiments sableux meubles par les mouvements de la houle ou les courants sous-marins.

RIPUAIRE adj. et n. (bas lat. *ripuarius,* du lat. class. *ripa,* rive). Qui concerne les Francs du Rhin. (Cette notion, non attestée avant le VIIIe s., est aujourd'hui abandonnée.)

RIQUET (Pierre Paul DE), ingénieur français (Béziers 1604 - Toulouse 1680). Il a réalisé la construction du canal du Midi, reliant Toulouse à Sète.

Riquet à la houppe, conte en prose de Ch. Perrault. La laideur du prince Riquet et la bêtise de la princesse s'effaceront par le miracle de l'amour.

RIQUEWIHR (68340), comm. du Haut-Rhin, à 13 km au N.-O. de Colmar ; 1 080 hab. Bourg pittoresque conservant une partie de son enceinte (*Dolder,* porte du XIIIe s. : petit musée), de nombreuses maisons anciennes, un château du XVIe s. (auj. musée postal). Vignobles.

RIQUIQUI ou **RIKIKI** adj. inv. (rad. expressif *rik-*). *Fam.* **1.** Qui est mesquin, vieillot, sans beauté. — **2.** Qui est tout petit, étroit, étriqué : *Un logement tout riquiqui.*

1. RIRE v. i. (lat. *ridere*) [conj. **95**]. **1.** Manifester une gaieté soudaine par l'expression du visage et par certains mouvements de la bouche et des muscles faciaux, accompagnés d'expirations plus ou moins saccadées et bruyantes : *Rire de bon cœur.* — **2.** En parlant de parties du visage, avoir l'expression du rire, de la gaieté : *Une bouche qui rit largement.* — **3.** S'amuser, se divertir : *Un repas où l'on a bien ri.* — **4.** Agir, parler, faire qqch par jeu, sans intention sérieuse : *Je vous ai dit cela pour rire.* — **5.** *Litt.* Offrir un aspect souriant, qui semble une image de la bonne humeur : *Un village qui rit sous le soleil.* — **6.** Fam. *Histoire de rire,* en matière de plaisanterie. ‖ *Laissez-moi rire, vous voulez rire,* ce n'est pas croyable, pas vrai. ‖ *Pour rire,* ou, fam., *pour de rire,* pour faire semblant ; qui est plus ou moins comique ou ridicule et ne doit pas être pris au sérieux. ‖ *Rire au nez, à la barbe de qqn,* se moquer de lui en face et de façon provoquante. ‖ *Rire du bout des dents, du bout des lèvres,* rire à contrecœur. ‖ *Sans rire,* sérieusement.

◆ v. t. ind. **1.** Considérer qqn, qqch avec ironie, les tourner en ridicule : *Rire d'un sot.* — **2.** Considérer qqch comme négligeable, ne pas s'en préoccuper : *Rire du danger.*

◆ **se rire** v. pr. **1.** *Litt.* Considérer qqn, qqch avec mépris, s'en moquer : *Cet insolent vous brave, il se rit de vous.* — **2.** Ne pas faire grand cas de qqn qui n'est pourtant pas négligeable, être certain d'en venir à bout : *Se rire des pièges d'un adversaire.*

2. RIRE n. m. (de *rire 1*). Action de rire : *Un petit rire discret.*

1. RIS [ri] n. m. pl. (lat. *risus,* de *ridere,* rire). *Litt.* Plaisirs : *Aimer les jeux et les ris.*

2. RIS [ri] n. m. Thymus du veau et de l'agneau, et qui est un mets délicat.

3. RIS [ri] n. m. (anc. scand. *rif*). **1.** Partie d'une voile destinée à être serrée sur une vergue ou une bôme au moyen de garcettes, pour pouvoir être soustraite à l'action du vent. — **2.** *Bande de ris,* bande de toile cousue dans la voile pour servir de renfort, et percée d'œillets dans lesquels passent les garcettes de ris. ‖ *Bas ris,* dernière bande de ris d'une voile. ‖ *Prendre des ris,* diminuer la surface d'une voile en nouant les garcettes de ris à la vergue (voile carrée), sur l'antenne (voile latine) ou sur la bôme (voile aurique).

RISBAN n. m. (néerl. *rijsbank,* de *rijs,* branchage, et *bank,* digue). Terre-plein fortifié, qui défendait l'entrée d'un port.

RISBERME n. f. (néerl. *rijsberme,* de *rijs,* branchage, et *berme,* jetée). **1.** Dans un ouvrage fortifié, fascinage au pied d'un talus vertical. — **2.** Dans un barrage en remblai, redan horizontal sur le parement amont ou aval.

RISC (sigle de l'angl. *Reduced Instruction Set Computer*), architecture d'un processeur élémentaire utilisant un jeu d'instructions réduit et permettant d'accroître les performances d'un système informatique.

RISCLE (32400), ch.-l. de cant. du Gers, en Gascogne, sur l'Adour ; 1 821 hab.

RISE n. f. (provenç. *risa,* petit ruisseau). Couloir en charpente, pour la vidange des bois dans les coupes en pente.

1. RISÉE n. f. (de *ris*). **1.** Moquerie, rires dont qqn est l'objet de la part des autres : *S'exposer à la risée du public.* — **2.** *Être la risée d'un groupe,* être l'objet de ses moqueries.

2. RISÉE n. f. (de *ris 3*). Petite brise, subite et passagère.

RISER [rizɛr ou rajzœr] n. m. (angl. *riser,* degré). Syn. de TUBE PROLONGATEUR.

RISETTE n. f. (de *ris 1*). *Fam.* Sourire d'un jeune enfant à l'adresse de qqn.

RISHON, v. d'Israël, au S. de Tel-Aviv-Jaffa ; 145 600 hab. Industrie (électronique, alimentation, poterie d'art). Orangeraies et vignobles.

RISI ou **RISHI** [riʃi] n. m. inv. (mot sanskr. signif. *sage*). **1.** Auteur inspiré des hymnes du *Rigveda.* — **2.** Saint personnage dans le brahmanisme.

RISI (Dino), cinéaste italien (Milan 1916). Spécialiste des comédies de mœurs à l'humour grinçant, il est l'auteur de *Pauvres mais beaux* (1956), *Une vie difficile* (1961), *la Marche sur Rome* (1962), *le Fanfaron* (1962), *les Monstres* (1963), *Parfum de femme* (1974), *Âmes perdues* (1976), *les Nouveaux Monstres* (1977), *Dernier Amour* (1978), *Fantôme d'amour* (1980), *le Fou de guerre* (1985), *Valse d'amour* (1992).

RISIBLE adj. (bas lat. *risibilis*). Dont on est porté à se moquer : *Une méprise risible.*

RISIBLEMENT adv. *Litt.* De façon risible.

RISLE ou, parfois, **RILLE** (la), riv. de Normandie ; 140 km. Elle passe à L'Aigle, Brionne et Pont-Audemer et finit dans l'estuaire de la Seine.

RIS-ORANGIS (91130), ch.-l. de cant. de l'Essonne, sur la Seine ; 24 788 hab. *(Rissois).* Maison de retraite des artistes lyriques. Constructions mécaniques.

Risorgimento, terme ital. signif. *Renaissance, Résurrection.* Mouvement littéraire et philosophique italien de la seconde moitié du XVIIIe s., qui se développa au XIXe s. en une idéologie politique qui porta la péninsule italienne à réaliser son unification en même temps que sa libération de l'absolutisme. L'aboutissement en fut la constitution de l'État italien (1859-60).

RISORIUS [-zɔrjys] n. m. (lat sc. *risorius,* de *ridere,* rire). Petit muscle peaucier de la face, situé au voisinage des lèvres.

RISOTTO [rizɔto] n. m. (mot ital.). Riz cuit dans du bouillon, diversement garni et aromatisé. (Spécialité italienne.)

RISOUL (05600), comm. des Hautes-Alpes, à 3 km au S.-S.-O. de Guillestre ; 527 hab. Ski (alt. 1 850-2 570 m) au S. du centre communal, dans la *forêt de Risoul.*

RISOUX (le), chaînon du Jura, qui sert de frontière entre la France (dép. du Doubs) et la Suisse ; 1 421 m.

RISQUE n. m. (ital. *risco,* du lat. pop. *resecum,* ce qui coupe). **1.** Possibilité, probabilité d'un fait, d'un événement considéré comme un mal ou un dommage : *Les risques de guerre augmentent.* — **2.** Danger, inconvénient plus ou moins probable auquel on est exposé : *Les risques du métier. Courir le risque d'un échec.* — **3.** Fait de s'engager dans une action qui pourrait apporter un avantage, mais qui comporte l'éventualité d'un danger : *Avoir le goût du risque.* — **4.** Événement éventuel, incertain, dont la réalisation ne dépend pas exclusivement de la volonté des parties et pouvant causer un dommage. — **5.** Préjudice, sinistre éventuel que les compagnies d'assurance garantissent moyennant le paiement d'une prime. — **6.** *À risque(s),* se dit de qqn, d'un groupe qui se trouve prédisposé à certains inconvénients (accident, maladie, délinquance, etc.) ; se dit de qqch dont l'utilisation, la continuation, etc., expose à un danger, à une perte, à un échec : *Capitaux à risques. Grossesse à risque.* ‖ *Assurance tous risques,* assurance automobile qui garantit l'assuré contre tous les dommages qu'il peut causer avec sa voiture et contre tous ceux qu'il peut subir. ‖ *Au risque de,* en s'exposant au danger de. ‖ *Aux risques et périls de qqn,* celui-ci acceptant de supporter seul les conséquences fâcheuses éventuelles de ce qu'il entreprend. ‖ *Prendre le risque de,* agir en s'exposant dangereusement pour obtenir un avantage. ‖ *Responsabilité pour risque,* responsabilité sans faute de l'Administration. ‖ *Risques sociaux,* événements dont les systèmes de sécurité sociale visent à réparer les conséquences (maladie, maternité, invalidité, chômage, etc.). ‖ *Théorie du risque,* doctrine fondant la responsabilité civile sur l'idée que celui qui tire profit d'une activité doit réparer les dommages qu'elle occasionne. ‖ *Théorie des risques,* règles juridiques permettant de désigner le contractant qui supporte les conséquences de la force majeure empêchant l'exécution d'un contrat synallagmatique.

RISQUER v. t. (de *risque*) [conj. 3]. **1.** Exposer qqch à un risque, à un danger possible, à une éventualité fâcheuse : *Risquer de l'argent dans une affaire.* — **2.** S'exposer à faire ou à subir telle chose : *Vous risquez un accident grave.* — **3.** Avoir une chance de (équivaut à *pouvoir* ou à un éventuel) : *Ce cadeau risque de lui plaire. La boulangerie risque d'être fermée.* — **4.** Engager une action qui comporte des dangers, dont l'issue est douteuse : *Risquer une plaisanterie.* — **5.** *Ne rien risquer,* ne rien craindre, n'avoir à redouter aucun dommage : *Garée ici, votre voiture ne risque rien.* ‖ *Risquer gros,* prendre de gros risques, notamment au jeu ; être passible d'une condamnation, d'une pénalité sévère. ‖ Fam. *Risquer le coup, la partie, le paquet,* tenter une entreprise malgré son issue incertaine. ‖ *Risquer le tout pour le tout,* s'engager à fond, en mobilisant toutes ses ressources, pour en finir avec qqn ou avec qqch. ‖ *Risquer un regard* ou, fam., *un œil,* regarder avec précaution, dans une circonstance où il y a danger à être vu.

◆ **être risqué** v. pass. **1.** Présenter des risques, avoir peu de chances de réussir ou de se réaliser : *Une entreprise risquée.* — **2.** Être d'un caractère osé, voire licencieux : *Une plaisanterie risquée.*

◆ **se risquer** v. pr. **1.** Aller dans un lieu où l'on court un risque, un danger : *Vous n'allez pas vous risquer en voiture sur le verglas ?* — **2.** S'engager dans une entreprise incertaine : *Comment a-t-il pu se risquer dans cette aventure ?* — **3.** Se hasarder à faire qqch, en dépit des dangers ou des difficultés : *Se risquer à critiquer un personnage influent.*

RISQUE-TOUT n. inv. *Fam.* Personne audacieuse voire imprudente.

RISS [ris] n. m. (de *Riss,* n. pr.). Troisième glaciation quaternaire dans les Alpes, datée de 200 000 ans environ.

RISSET (Jean-Claude), compositeur français (Le Puy 1938). De 1975 à 1979, il a été directeur du département Ordinateurs de l'I. R. C. A. M. Ses œuvres, parmi lesquelles *Mutations* (1969), *Dialogues* (1975), *Songes* (1979), *Passages* (1982), *Filtres* (1984), *Phases* (1988), *Rounds* (1990), font la liaison avec les sons synthétiques par ordinateur et la musique instrumentale postsérielle.

RISSOÏDÉ n. m. Nom de famille de mollusques gastropodes prosobranches très répandus sur les algues. (Leur pied sécrète un filament muqueux.)

1. RISSOLE n. f. (lat. pop. *russeola,* préparation rougeâtre, du bas lat. *russeus,* rouge). Chausson garni de viande, de poisson, etc., frit et servi chaud.

2. RISSOLE n. f. (provenç. *rissolo,* du bas lat. *retiolum*). Filet pour la pêche aux anchois et aux sardines en Méditerranée.

RISSOLER v. t. (de *rissole 1*) [conj. 3]. Faire prendre couleur à un aliment dans une matière grasse très chaude.

◆ v. i. Cuire de manière à prendre une couleur dorée.

RISSOLIER n. m. (provenç. *reissoulié,* de *reissole,* var. de *rissolo,* rissole). Bateau pour pêcher avec la rissole.

RIST (Charles), économiste français (Lausanne 1874 - Versailles 1955). Sous-gouverneur de la Banque de France (1926-1929), c'est un partisan de l'économie libérale : *Histoire des doctrines économiques, depuis les physiocrates jusqu'à nos jours* (1909, avec Ch. Gide), *Histoire des doctrines relatives au crédit et à la monnaie depuis John Law jusqu'à nos jours* (1938).

RISTIĆ (Jovan), homme politique serbe (Kragujevac 1831 - Belgrade 1899). Ministre des Affaires étrangères depuis 1872, Premier ministre en 1873, puis en 1878-1880, il promut une politique expansionniste soutenue par la Russie. Il fut régent d'Alexandre Ier Obrenović (1889-1893).

RISTOURNE n. f. (anc. fr. *extorne,* de l'ital. *storno,* de *tornare,* tourner). **1.** Avantage pécuniaire consenti à un client par un commerçant. — **2.** Commission versée à un intermédiaire occasionnel. — **3.** Part des bénéfices qu'une société coopérative de consommation verse à ses membres. — **4.** Versement annuel qu'une mutuelle fait à ses adhérents, lorsque le produit des cotisations a été supérieur à celui des règlements. — **5.** Nullité ou résiliation d'une assurance maritime.

RISTOURNER v. t. (conj. 3). **1.** Faire à qqn une ristourne de tant : *Il m'a ristourné cinquante francs.* — **2.** Annuler ou résilier une assurance maritime.

RISTOURNEUR, EUSE n. Commerçant consentant des ristournes.

RIT → RITE.

R. I. T. A. (abrév. de *Réseau Intégré de Transmissions Automatiques*), réseau de télécommunication qui équipe les forces françaises depuis 1983. Comprenant des moyens diversifiés, il permet notamment l'intégration de correspondants mobiles au système nodal de corps d'armée.

RITAL, E n. (pl. *ritals, es*). Terme pop. et raciste désignant un Italien.

RITARDANDO adv. (ital. *ritardando,* en retardant). Terme d'interprétation indiquant qu'il faut retenir le mouvement.

RITCHEY (George Willis), astronome américain (Tuppers Plains, Ohio, 1864 - Azusa, Californie, 1945). Il reste célèbre pour la qualité des systèmes optiques de télescopes qu'il a réalisés (miroirs des télescopes de 1,52 m et de 2,54 m de diamètre de l'observatoire du mont Wilson). Avec Henri Chrétien, il a mis au point un télescope aplanétique (1930).

RITCHIE (*sir* Neil Methuen), général britannique (Liss, Hampshire, 1897 - Toronto, Canada, 1983). À la tête de la VIIIe armée britannique en Égypte (1941), il refoula les Allemands jusqu'à El-Agheila. Il commanda les troupes britanniques en Extrême-Orient de 1947 à 1949.

RITE ou, vx, **RIT** n. m. (lat. *ritus*). **1.** Ensemble des règles et des cérémonies qui se pratiquent dans une Église particulière, une communauté religieuse : *Le rite romain. Le rite oriental.* — **2.** Règles fixant le déroulement d'une célébration liturgique. — **3.** Action accomplie conformément à des règles et faisant partie d'un cérémonial : *Rites de la remise d'une décoration.* — **4.** Manière d'agir propre à un groupe social ou à qqn, qui obéit à une règle, revêt un caractère invariable : *Ses journées se déroulaient selon un rite immuable.* — **5.** Dans certaines sociétés, acte, cérémonie magiques, à caractère répétitif, ayant pour objet d'orienter une force occulte vers une action déterminée. (Le rite individuel consiste en gestes, en paroles ou en attitudes. Il se manifeste collectivement par des chants, des danses ou des cérémonies figées et souvent complexes.) — **6.** Branche particulière de la franc-maçonnerie. (Avec une majusc.) [Chaque obédience pratique un ou plusieurs Rites. Chaque Rite possède ses rituels et ses grades.]

Rites *(Congrégation des),* congrégation romaine instituée en 1588, supprimée en 1969, qui veillait au maintien des règles de la liturgie et étudiait les causes de béatification et de canonisation.

rites chinois *(querelle des),* longue série de discussions qui se développèrent au XVIIe et au XVIIIe s. entre missionnaires catholiques, sur le point de savoir s'il convenait de permettre ou d'interdire aux Chinois nouvellement convertis toute participation aux rites chinois traditionnels (culte des ancêtres, etc.). Tandis que les jésuites étaient partisans de la conservation des rites chinois, espérant les christianiser progressivement, les dominicains les jugeaient idolâtriques. Durant tout le XVIIe s., les débats entre les deux conceptions de l'action missionnaire furent vifs ; et même lorsque Rome, en 1742, interdit strictement les rites aux Chinois devenus chrétiens, philosophes et jansénistes firent de cette interdiction une arme contre l'Église romaine, taxée d'intolérance. Mais la grande vague missionnaire du XIXe s. se développa dans le sens romain de l'occidentalisation des rites orientaux. Ce n'est qu'en 1939 que Pie XI permit aux Chinois chrétiens de pratiquer leurs rites traditionnels.

RITENUTO adv. (ital. *ritenuto,* retenu). Syn. de LARGANDO.

RITOURNELLE n. f. (ital. *ritornella,* de *ritorno,* retour). **1.** Phrase instrumentale qui précède et termine un air ou en sépare les strophes. — **2.** Introduction instrumentale d'une scène lyrique, d'un acte d'opéra. — **3.** Chanson, air où les refrains sont très fréquents : *Une petite ritournelle qu'elle chantait tous les matins.* — **4.** *Fam.* Propos, idée que qqn ressasse et qui revient comme un refrain dans sa conversation : *C'est sa ritournelle sur la dureté des temps.*

RÍTSOS (Ghiánnis), poète grec (Malvoisie, Péloponnèse, 1909 - Athènes 1990). Écrivain engagé, il donne une poésie classique (*Tracteurs,* 1934), puis lyrique (*le Chant de ma sœur,* 1937), aux longs dialogues dramatiques (*Hélène,* 1972) ou aux courts poèmes incisifs (*Témoignages,* 1963-1966), qui révèle une riche expérience humaine et une émouvante fraternité (*le Mur dans le miroir,* 1973 ; *Erotica,* 1981).

RITTER (Johann Wilhelm), physicien et physiologiste allemand (Samitz, Silésie, 1776 - Munich 1810). Il découvrit la polarisation des piles électriques (1798) et utilisa l'électrolyse pour séparer le cuivre métallique d'une solution de sulfate de cuivre. Il fut le premier à attribuer, dans la pile, la création du courant à une transformation chimique.

RITTER (Carl), géographe allemand (Quedlinburg, Prusse, 1779 - Berlin 1859), un des fondateurs, avec A. von Humboldt, de la géographie moderne. Influencé par Herder et par Schelling, il souligne la corrélation entre faits physiques et humains.

Ritter von Rittersheim *(maladie de),* syn. de DERMATITE* EXFOLIATIVE DES NOUVEAU-NÉS.

RITUALISATION n. f. Action de ritualiser ; fait d'être ritualisé.

RITUALISER v. t. (conj. 3). Régler, codifier qqch à la manière d'un rite : *Ritualiser le coucher d'un enfant.*

RITUALISME n. m. (de *rituel*). **1.** Respect strict des rites poussé jusqu'à l'exagération et au formalisme. — **2.** Mouvement religieux, parallèle au mouvement d'Oxford et qui se développa, après la sécession de Newman, au sein de l'Église anglicane.

RITUALISTE adj. Relatif au ritualisme.
◆ n. **1.** Auteur qui écrit sur les rites, sur les cérémonies religieuses. — **2.** Celui qui insiste sur l'importance des rites. — **3.** En Angleterre, partisan du ritualisme.

RITUEL, ELLE adj. (lat. *ritualis,* de *ritus,* rite). **1.** Conforme aux rites, réglé par un rite : *Chant rituel. Les prescriptions rituelles du mariage.* — **2.** Qui est comme réglé par une coutume immuable : *Le petit déjeuner rituel : café au lait, tartines.*
◆ **rituel** n. m. **1.** Gestes, symboles, prières formant l'ensemble des cérémonies d'une religion. — **2.** Dans l'Église latine, livre liturgique contenant les rites accomplis par le prêtre, notamment lors de la célébration des sacrements. — **3.** Ensemble d'actes, de paroles et d'objets, codifiés de façon stricte, fondé sur la croyance en l'efficacité d'entités non humaines et approprié à des situations spécifiques de l'existence. — **4.** Ensemble des règles et des habitudes fixées par la tradition : *Le rituel des rentrées scolaires.*

RITUELLEMENT adv. **1.** D'une manière rituelle, selon un cérémonial obligatoire. — **2.** Habituellement, invariablement : *Il arrivait rituellement à 9 heures.*

RITZ (César), homme d'affaires suisse (Niederwald 1850 - Küssnacht 1918). Il fonda le Ritz à Paris, en 1898, puis de nombreux autres hôtels portant son nom.

R. I. V. (abrév. de *Regolamento Internazionale dei Veicoli,* Règlement international des wagons), ensemble de dispositions réglant l'emploi réciproque, l'entretien et les échanges de wagons, des agrès de chargement, des conteneurs et des palettes en trafic international entre de nombreux réseaux ferroviaires d'Europe et du Moyen-Orient.

RIVA ou **RIVA DEL GARDA,** station climatique et touristique d'Italie, sur le lac de Garde ; 13 000 hab.

RIVA-BELLA, section de la comm. de Ouistreham (Calvados), en Normandie. Station balnéaire. Terminal de la liaison maritime Caen-Portsmouth.

RIVADAVIA (Bernardino), homme d'État argentin (Buenos Aires 1780 - Cadix 1845). Centraliste, il fut président des Provinces-Unies d'Argentine en 1826-27.

RIVAGE n. m. (de *rive*). **1.** Bande de terre qui borde une étendue d'eau et, plus généralement, région qui en est à proximité immédiate : *Rivage de sable.* — **2.** Partie de la terre soumise à l'action des vagues, de la marée (Le *rivage de la mer* dépend du domaine public maritime.)

RIVAIL (Léon Hippolyte Denizard) → KARDEC (Allan).

RIVAL, E, AUX n. (lat. *rivalis,* de *rivus,* ruisseau). **1.** Personne, groupe en compétition ouverte avec d'autres pour l'obtention d'un avantage ne pouvant revenir qu'à un seul : *Ils étaient amis, l'ambition en a fait des rivaux.* — **2.** Personne, chose qui, par sa nature, ses qualités comparables, est susceptible d'être une concurrente : *Un auteur qui, par ses tirages, n'a pas eu de rival en son temps.* — **3.** Personne qui dispute à une autre l'amour de qqn : *Un mari jaloux qui a tué son rival.* — **4.** *Sans rival(e),* sans équivalent, incomparable.
◆ adj. Qui est opposé à d'autres pour disputer d'un avantage : *Un marché convoité par plusieurs entreprises rivales.*

RIVALISER v. i. (de *rival*) [conj. 3]. **1.** Chercher à égaler ou à surpasser qqn en qqch : *Rivaliser d'adresse avec un adversaire.* — **2.** Être comparable à qqch sur le plan de la valeur, de l'importance : *Ses tableaux rivalisent avec ceux des maîtres.*

RIVALITÉ n. f. (lat. *rivalitas*). Concurrence de personnes, d'États, etc., qui prétendent aux mêmes avantages, aux mêmes succès.

RIVALZ ou **RIVALS** (Jean-Pierre), peintre et architecte français (Labastide-d'Anjou, Aude, 1625 - Toulouse 1706). Élève d'A. Frédeau à Toulouse, il termina sa formation à Rome puis revint à Toulouse, comme peintre et ingénieur de la ville. En peinture, il a cultivé tous les genres (*la Visitation,* à la cathédrale). — Son fils et élève ANTOINE, peintre et graveur (Toulouse 1667 - *id.* 1735), fut un excellent portraitiste et peintre d'histoire (*Raymond de Saint-Gilles, comte de Toulouse, prenant la croix,* 1706, musée des Augustins).

RIVAROL (Antoine RIVAROLI, dit **le Comte de**), écrivain français (Bagnols-sur-Cèze 1753 - Berlin 1801). Bel esprit, lauréat du prix de l'Académie de Berlin pour son *Discours sur l'universalité de la langue française* (1784), il se fit des ennemis littéraires (*Petit Almanach des grands hommes pour l'année 1788*) et politiques (*Petit Dictionnaire des grands hommes de la Révolution,* 1790) qui le contraignirent à l'exil, où il écrivit sa *Lettre à la noblesse française* (1792) et prépara un *Nouveau Dictionnaire de la langue française.*

RIVAS (Ángel DE SAAVEDRA, *duc* DE), homme politique et écrivain espagnol (Cordoue 1791 -

Madrid 1865). Ancien combattant de la guerre de l'Indépendance, exilé sous Ferdinand VII, puis amnistié en 1834, il ouvrit la voie au romantisme en Espagne avec son drame *Don Álvaro ou la Force du destin* (1835).

RIVE n. f. (lat. *ripa*). **1.** Bande de terre qui borde une étendue d'eau : *Les rives de la Loire. Arriver sur l'autre rive.* — **2.** Partie ou quartier d'une ville en bordure ou proche d'un cours d'eau : *Habiter la rive droite de la Seine.* • **Bât.** Limite d'un versant de toiture couvrant le mur pignon. (La rive peut faire, ou non, saillie.) — **Bois.** Chant d'une pièce de bois avivé. ‖ Petite face dressée d'un plateau provenant d'un plot. — **Maréch.** Bord d'un fer à cheval. — **Métall.** Bord longitudinal d'un produit plat. — **Spect.** *Style rive gauche,* style de chanson française poétique et littéraire qui vit le jour dans la période de l'après-guerre et pendant les années 50 dans les cabarets de la rive gauche à Paris. (Juliette Greco, les Frères Jacques, les Quatre Barbus, Cora Vaucaire, Catherine Sauvage, Jacques Brel, Bobby Lapointe, Anne Sylvestre.) — **Trav. publ.** *Poutre de rive,* dans un pont à poutres multiples sous chaussée, chacune des deux poutres les plus éloignées de l'axe longitudinal.

RIVE-DE-GIER (42800), ch.-l. de cant. de la Loire, au N.-E. de Saint-Étienne ; 15 699 hab. *(Ripagériens).* Ancien centre houiller. Métallurgie.

RIVELAINE n. f. (mot picard, de *river,* rafler, du moyen néerl. *riven,* râper). Pic mince à deux pointes qui servait autrefois à faire à la main une saignée dans la pierre pour en faciliter l'abattage.

RIVER v. t. (de *rive*) [conj. 3]. **1.** Rabattre et aplatir la pointe d'un clou, d'un rivet, etc., sur l'autre côté de l'objet qu'il traverse. — **2.** Assembler deux ou plusieurs éléments par écrasement d'une partie de l'un d'eux dans une partie adéquate de l'autre. — **3.** Assembler au moyen de rivets. (Syn. RIVETER.) — **4.** *Litt.* Attacher étroitement qqn à qqch, à un lieu, à un groupe : *Tout cela l'avait rivé à son village.* — **5.** Fam. *River son clou, le clou à qqn,* le réduire au silence par une réplique péremptoire.

◆ **être rivé** v. pass. **1.** Être immobilisé, fixé : *Rester rivé sur place. Avoir les yeux rivés sur qqn.* — **2.** Ne jamais quitter qqch : *Être rivé à son travail.*

RIVERA (José Fructuoso), homme d'État uruguayen (1784 ou 1788 - Montevideo 1854). Il se signala dans les luttes pour l'indépendance (1825-1828) et devint le premier président de la République (1829-1834). Il participa ensuite aux guerres civiles opposant libéraux et conservateurs (1838-1851).

RIVERA (Diego), peintre mexicain (Guanajuato 1886 - Mexico 1957). Formé surtout en Europe (Madrid, Paris), il adopta au début des années 10 un cubisme personnel. Puis la découverte de l'art mural italien (Giotto) le conduisit, au Mexique, à partir de 1921, au muralisme. Fondée sur l'osmose du passé national et de la réalité contemporaine, sa peinture vaut par sa force expressive. Ses principales décorations se trouvent à Mexico (de l'École nationale préparatoire [1922-23] au stade de la Cité universitaire [mosaïque, 1953]).

RIVERA (José Eustasio), écrivain colombien (Neiva del Huila, État de Tolima, 1889-New York 1928). Son roman *La Vorágine* (1924), sur la vie hallucinante des collecteurs de latex, est un des chefs-d'œuvre de la littérature hispano-américaine.

RIVERAIN, E adj. et n. (de *rivière*). **1.** Qui habite le long d'une rivière. — **2.** Qui habite le long d'une rue, à la lisière d'un bois, le long d'une voie de communication, près d'un aéroport : *Les riverains du boulevard se plaignent du bruit.*

RIVERAINETÉ n. f. **1.** Droits conférés au riverain. — **2.** Situation juridique d'immeubles qui en voisinent d'autres ou qui sont situés le long de voies.

RIVERS, État du sud-est du Nigeria ; 21 850 km^2 ; 3 983 857 hab. Cap. *Port Harcourt.* Gisements de pétrole.

RIVERS (William Halse), anthropologue britannique (Luton, Kent, 1864 - Londres 1922). Il est l'un des fondateurs de l'étude de la parenté (*Kinship and Social Organization,* 1914).

RIVERSIDE, v. des États-Unis (Californie), à l'E. de Los Angeles ; 170 900 hab. Collèges universitaires. Alimentation.

RIVES (38140), ch.-l. de cant. de l'Isère, dans le bas Dauphiné ; 5 431 hab. *(Rivois).* Constructions mécaniques. Papeterie.

RIVES (Jean-Pierre), joueur de rugby français (Toulouse 1952). Troisième ligne, il a totalisé 56 sélections dans l'équipe de France, dont il a été le capitaine (1978-1984).

RIVESALTES n. m. Vin doux naturel produit par le vignoble du même nom.

RIVESALTES (66600), ch.-l. de cant. des Pyrénées-Orientales, dans la plaine du Roussillon ; 7 348 hab. *(Rivesaltais).* Vins.

RIVET n. m. (de *river*). **1.** Élément d'assemblage de pièces plates, non démontable, formé d'une tige cylindrique renflée à une extrémité, et dont on écrase l'autre extrémité après l'avoir enfilée dans un trou ménagé dans les pièces à assembler. — **2.** *Rivet bifurqué* (ou *fendu* ou *à gorge*), rivet dont l'extrémité est divisée en deux parties qui s'écartent et se rabattent, utilisé pour assembler des pièces en matériaux peu résistants (carton, tissu, feutre, cuir, etc.). ‖ *Rivet fendu,* genre de rivet à tête bombée, dont la tige est fendue pour être rabattue au moment de la pose. ‖ *Rivet foré,* rivet dont l'extrémité creuse est rabattue vers l'extérieur en forme de couronne.

RIVET (Paul), anthropologue français (Wasigny, Ardennes, 1876 - Paris 1958). Médecin, il étudia les Amérindiens et fut l'un des fondateurs du musée de l'Homme (1937).

RIVET (Pierre Louis), général français (Montalieu, Isère, 1883 - Paris 1958). Il fut le chef des services militaires français de renseignements (S. R.) et de contre-espionnage à Paris (1936), à Vichy (1940), puis à Alger (1942-1944).

RIVETAGE n. m. Assemblage de deux pièces par des rivets ou par écrasement de l'extrémité de l'une d'elles dans un logement de l'autre.

RIVETER v. t. (conj. **27**). Syn. de RIVER.

RIVETEUSE n. f. Machine qui sert à poser les rivets.

RIVETTE (Jacques), cinéaste français (Rouen 1928). Il poursuit de film en film ses recherches sur le récit, la durée, l'improvisation, le thème du complot : *Paris nous appartient* (1961), *l'Amour fou* (1967-68), *Céline et Julie vont en bateau* (1974), *l'Amour par terre* (1984), *la Bande des quatre* (1989), *la Belle Noiseuse* (1991), *Jeanne la Pucelle* (en deux volets : *les Batailles* et *les Prisons,* 1994), *Haut bas fragile* (1995).

RIVIER (Alexis dit **Jean**), compositeur français (Villemomble 1896 - La Penne-sur-Huveaune 1987). Professeur de composition au Conservatoire de Paris, il a écrit sept symphonies, deux quatuors à cordes, des concertos, un *Requiem* (1953).

RIVIERA (la), nom donné au littoral italien du golfe de Gênes, depuis la frontière française jusqu'au golfe de La Spezia. (On a étendu parfois ce nom à la Côte d'Azur française.) Les Alpes maritimes et l'Apennin ligure y tombent abruptement dans la mer. Sous un climat méditerranéen très doux, les cultures de fleurs et de fruits alternent avec les stations balnéaires. Gênes est le centre industriel et commercial du littoral.

RIVIÈRE n. f. (lat. pop. **riparia,* du lat. class. *riparius,* qui se tient sur les rives). **1.** Cours d'eau de faible ou moyenne importance qui se jette dans un autre cours d'eau. (Pour la pêche on distingue les *rivières de première catégorie,* où dominent truite, ombre, saumon, etc., et les *rivières de deuxième catégorie,* où dominent des poissons blancs.) — **2.** *Litt.* Coulée, traînée formant un courant semblable à celui des eaux : *Une rivière de feu.* — **3.** Obstacle de steeple constitué d'une étendue d'eau peu profonde, généralement précédée d'une petite haie. — **4.** *Rivière de diamants,* collier composé de diamants sertis dans une monture très discrète. ‖ *Travail de rivière,* ensemble des opérations (reverdissage, pelanage, écharnage, déchaulage), qui préparent la peau au tannage.

RIVIÈRE (Henri), marin français (Paris 1827 - Hanoi 1883). Capitaine de vaisseau, envoyé au Tonkin, il prit Hanoi (1882) et Nam Dinh (1883). Il est l'auteur d'une *Histoire de la marine sous Louis XV* (1859).

RIVIÈRE (Henri), décorateur et graveur français (Paris 1864 - *id.* 1951). Avec un métier excellent et dans un style proche des nabis, il a donné des gravures sur bois en couleurs (*Paysages bretons,* 1890-1894), des eaux-fortes, des lithographies (*Trente-Six Vues sur la tour Eiffel,* 1888-1902).

RIVIÈRE (Jacques), écrivain français (Bordeaux 1886 - Paris 1925). Directeur de *la Nouvelle Revue française* (1919-1925), il revint à la foi sous l'influence de Claudel. On lui doit une importante *Correspondance* avec Claudel (1902-1914) [1926], avec son beau-frère Alain-Fournier (1905-1914) [1926-1928] et avec Marcel Proust (1914-1922) [1955].

RIVIÈRE-PILOTE (97211), comm. de la Martinique, dans le sud de l'île ; 12 678 hab.

RIVIÈRE-SALÉE (97215), comm. de la Martinique, près du fleuve homonyme, qui finit dans la baie de Fort-de-France ; 8 785 hab.

RIVIÈRES DU SUD, appellation qui s'applique à toutes les embouchures de la côte occidentale de l'Afrique, du Saloum au Liberia. Le « pays des Rivières du Sud » comprend la Guinée-Bissau, la Guinée et la Sierra Leone.

RIVOIR n. m. **1.** Machine à river. — **2.** Marteau servant à river dans le cas où l'on n'a pas à former de tête.

RIVOLI ou **RIVOLI VERONESE,** comm. d'Italie, à 20 km au N.-O. de Vérone, sur l'Adige ; 1 750 hab. Bonaparte y vainquit les Autrichiens (14 janv. 1797).

RIVULARIA n. m. (lat. *rivulus,* petit ruisseau). Algue bleue cyanophycée gélatineuse, formée de filaments rameux qui se disposent radialement autour d'un centre.

RIVURE n. f. (de *river*). Broche métallique qui entre dans les charnières des fiches.

RIXDALE n. f. (néerl. *rijsdaaler*). Anc. monnaie d'argent des Pays-Bas (dès la fin du XVIᵉ s.) et de divers pays du nord et du centre de l'Europe.

RIXE n. f. (lat. *rixa*). Querelle violente, généralement publique, accompagnée de menaces et de coups : *Une rixe sanglante.*

RIXENSART, comm. de Belgique (Brabant wallon) au N.-E. de Nivelles ; 20 000 hab. Château Renaissance du XVIIe s. Parc de loisirs.

RIXHEIM (68170), comm. du Haut-Rhin, banlieue est de Mulhouse ; 11 738 hab. Musée du Papier peint. Papiers peints. Industrie alimentaire.

RIYĀḌ, cap. de l'Arabie Saoudite ; 1 308 000 hab. (dont un tiers d'étrangers). Grosse oasis à palmiers dans la large vallée du Wādī Ḥanīfa, la ville a été reconstruite dans les années 50. Centre politique, administratif, commercial et industriel (raffinerie de pétrole, cimenterie, alimentation).

RIYAL n. m. (pl. *riyals*). Unité monétaire de l'Arabie Saoudite et du Qaṭar.

RIZ [ri] n. m. (ital. *riso,* du lat. *oryza*). **1.** Nom usuel d'une graminée du genre *oryza,* céréale très répandue dans les régions chaudes et dont les grains sont très utilisés pour l'alimentation humaine. (→ *encycl.*) — **2.** Grains de cette plante. — **3.** *Eau de riz,* décoction de grains de riz, qui régularise les fonctions intestinales. ‖ *Grain de riz,* procédé à décoration céramique, principalement pratiqué par les Chinois, qui évoque de façon translucide des grains de riz. ‖ *Paille de riz,* partie ligneuse des tiges de riz, avec laquelle on forme des tresses pour la confection de chapeaux. ‖ *Papier de riz,* papier fabriqué avec la moelle de l'arbre à pain ou avec des tiges de jeunes bambous. ‖ *Petit riz,* autre nom du quinoa. ‖ *Point de riz,* type de point qui consiste à tricoter sur un même rang une maille à l'endroit suivie d'une maille à l'envers, et inversement au rang suivant. ‖ *Riz blanchi* ou *usiné,* riz dont on a enlevé le péricarpe. ‖ *Riz décortiqué,* ou *riz cargo,* riz débarrassé de sa balle. ‖ *Riz glacé,* riz blanchi enrobé de glucose. ‖ *Riz précuit,* riz commercialisé après avoir subi une première ébullition qui attendrit l'enveloppe. ‖ *Riz prétraité,* riz précuit auquel une légère caramélisation donne un arôme particulier.

ENCYCL. **Agric.** et **Bot.** Chaque épillet ne porte qu'une fleur. Les deux glumelles internes enveloppent complètement le caryopse. Le grain ainsi vêtu porte le nom de *paddy.* Le riz affectionne les sols humides ou submergés (rizières). Les riz cultivés sont *Oryza sativa,* d'origine asiatique, la plus importante, et *O. glaberrima,* d'origine africaine. Le riz aquatique demande une irrigation et un sarclage soignés. Il est semé directement dans la rizière ou repiqué après semis en pépinière. La rizière est mise en eau jusqu'à la quasi-maturité. On la met à sec pour la récolte qui a lieu de 3 à 6 mois après le semis, selon les variétés. On cultive aussi dans les régions tropicales des riz pluviaux dont les apports d'eau sont dus aux précipitations. La production mondiale de riz dépasse 500 Mt de paddy. Elle est assurée pour plus de 90 % par les pays de l'Asie des moussons, où le riz constitue l'aliment de base de la population. Plante exigeante en chaleur et en eau, le riz est resté, malgré le grand nombre de variétés connues, limité aux régions chaudes. En zone tempérée, il constitue une céréale d'été qu'on ne cultive qu'à condition que cette saison soit assez longue et chaude (Japon, bassin méditerranéen). En France, la riziculture s'est développée en Camargue.
En raison de la grande variété des modes de culture, les rendements sont très variables, fluctuant, pour la riziculture avec submersion, entre 20 q/ha (Sénégal) et 80 q/ha (Java) pour un cycle. La Chine et l'Inde sont les premiers producteurs mondiaux (les deux pays fournissant nettement plus de la moitié de la production totale). Le Brésil est, devant les États-Unis, le premier producteur non asiatique ; l'Italie vient au premier rang européen. L'apport français est très modeste (de l'ordre de 100 000 t). Le commerce international ne porte que sur une part très faible de la production mondiale, de l'ordre de 2 à 3 %.

RIZAL (José), écrivain et homme politique philippin (Calamba, prov. de Laguna, 1861 - Manille 1896). Ses romans, *Noli me tangere* (1886) et *El Filibusterismo* (1891) critiquent la situation coloniale de son pays. Accusé à tort d'être l'instigateur de l'insurrection de 1896, il fut fusillé. Il est devenu un héros national.

RIZERIE n. f. Atelier ou usine où l'on traite le paddy afin de préparer du riz décortiqué, du riz blanchi, du riz glacé.

RIZICOLE adj. Qui a trait à la riziculture.

RIZICULTEUR, TRICE n. Personne qui cultive le riz.

RIZICULTURE n. f. Culture du riz.

RIZIER, ÈRE adj. Relatif au riz.
◆ **rizière** n. f. Terrain où l'on cultive le riz.

RIZIPISCICULTURE [-pisi-] n. f. Élevage de poissons dans des rizières.

RIZON n. m. Riz non décortiqué.

RIZOT n. m. Riz de qualité inférieure.

RIZ-PAIN-SEL n. m. inv. *Arg. mil.* Militaire de l'intendance.

RIZZIO ou **RICCIO** (David ou Davide), conseiller de la reine d'Écosse Marie Stuart (Pancalieri, Piémont, v. 1533 - Édimbourg 1566). Secrétaire particulier de la reine (1564), son influence croissante inquiéta le parti protestant et excita la jalousie de Darnley, qui le fit assassiner.

RIZZO (Antonio), sculpteur et architecte italien du XVe s. Il travailla à la chartreuse de Pavie avant de se fixer à Venise (palais des Doges : façade orientale de la cour [1483-1498], statues d'*Adam* et d'*Ève* [1484-1490] pour l'arc Foscari).

Rizzoli, maison d'édition italienne fondée par *Angelo Rizzoli* (Milan 1889-1970) à Milan, en 1909. Spécialisée, notamment, dans les encyclopédies, elle publie aussi le quotidien *Corriere della Sera.*

RKO (sigle de *Radio Keith Orpheum*), firme américaine de production cinématographique, née en 1928 de la fusion de plusieurs sociétés. Une des grandes compagnies d'Hollywood pendant les années 30 et 40, elle passa en 1948 sous le contrôle de Howard Hughes, déclina puis disparut en tant que firme cinématographique.

R. M. C., sigle de RADIO-MONTE-CARLO*.

R. M. I., abrév. de REVENU* MINIMUM D'INSERTION.

R. M. N. n. f. Abrév. de RÉSONANCE* MAGNÉTIQUE NUCLÉAIRE.

Rn, symbole chimique du *radon.*

R. N., abrév. de REVENU* NATIONAL et de ROUTE NATIONALE.

RNA (abrév. de *Ribonucleic Acid*), terminologie anglo-saxonne pour acide ribonucléique (A. R. N.).

R. N. I. S., abrév. de RÉSEAU* NUMÉRIQUE À INTÉGRATION DE SERVICES.

ROA BASTOS (Augusto), écrivain paraguayen (Asunción 1917). Ses nouvelles, mêlant le guarani à l'espagnol (*Cuerpo presente y otros cuentos,* 1972), et ses romans (*Fils d'homme,* 1960 ; *Moi, le Suprême,* 1974 ; *Veille de l'amiral,* 1992) ont une grande valeur descriptive.

ROADSTER [rodstɛr] n. m. (mot angl.). Carrosserie sportive comprenant une caisse ouverte à deux places principales et un volume arrière de ligne arrondie (spider), dans lequel se trouve une banquette rabattable à deux places.

ROANNAIS *(plaine du)* ou **PLAINE DE ROANNE,** plaine du Massif central, entre les monts de la Madeleine et ceux du Beaujolais.

ROANNE (42300), ch.-l. d'arrond. de la Loire, au cœur de la plaine du Roannais, sur la Loire ; 42 848 hab. *(Roannais).* Vestiges de l'ancien château (donjon). Musée « Joseph-Déchelette » (préhistoire, archéologie, objets d'art). La ville, noyau d'une agglomération d'environ 80 000 habitants, s'est développée grâce au textile, activité en difficulté, partiellement relayée par les constructions mécaniques, la chimie (pneumatiques), le travail du bois.

ROANOKE, v. des États-Unis (Virginie), au pied des Blue Ridge ; 100 400 hab. Centre industriel.

ROATÁN *(île),* île de la mer des Antilles dépendant du Honduras. Ch.-l. *Roatán.*

1. ROB n. m. (ar. *rub*). *Vx.* Suc épuré d'un fruit cuit, épaissi jusqu'à consistance de miel.

2. ROB → ROBRE.

ROBAGE n. m. Syn. de CAPAGE.

ROBBE-GRILLET (Alain), écrivain et cinéaste français (Brest 1922). Sa trilogie *les Gommes** (1953), *le Voyeur* (1955) et *la Jalousie** (1957), fondatrice du « nouveau roman », dont il se fera le théoricien (*Pour un nouveau roman,* 1963), fait de lui le montreur d'un univers immobile, sans message ni mode d'emploi, où le réel est une série d'interprétations juxtaposées ou entrecroisées, méticuleusement rapportées (*Dans le labyrinthe,* 1959 ; *Projet pour une révolution à New York,* 1970 ; *Topologie d'une cité fantôme,* 1976 ; *Souvenirs du triangle d'or,* 1978). À rebours de l'étiquette d'objectivité attachée à son œuvre, ses écrits plus récents reflètent l'intrusion d'éléments ouvertement autobiographiques dans un univers de fantasmes et de labyrinthes (en particulier dans la trilogie *Romanesques : le Miroir qui revient,* 1985 ; *Angélique ou l'Enchantement,* 1988 ; *les Derniers Jours de Corinthe,* 1994). Son esthétique du regard a débouché sur l'écriture cinématographique. Scénariste de *l'Année dernière à Marienbad,* réalisé par Alain Resnais en 1961, il a signé *l'Immortelle* (1963), *Trans-Europ-Express* (1966), *l'Eden et après* (1971), *Glissements progressifs du plaisir* (1974), *le Jeu avec le feu* (1975), *la Belle Captive* (1984), *Un bruit qui rend fou* (1995).

ROBBINS (Jerome), danseur et chorégraphe américain (New York 1918). Créateur d'un style où voisinent le jazz et le plus pur académisme, il s'est imposé dès 1944 avec *Fancy Free,* puis avec *la Cage* (1951), *Afternoon of a Faun* (1953). Il a réglé également les chorégraphies de comédies musicales : *The King and I* (1951) et surtout *West Side Story* (1957, au cinéma 1961). Directeur de sa propre troupe (les Ballets USA, 1958-1962), fondateur de l'American Lyric Theatre Workshop (1966), il a été codirecteur artistique du New York City Ballet (avec George Balanchine, puis avec Peter Martins) de 1969 à 1989. Il a composé de nombreuses œuvres dont *les Noces* (1965), *Dances at a Gathering* (1969), *The Goldberg Variations* (1971), *The Dybbuck Variations* (1974), *Four Chamber Works* (1982), *In Memory of...* (1985), *Ives Song* (1988).

ROBE n. f. (germ. **rauba,* butin). **1.** Vêtement féminin composé d'un corsage et d'une jupe d'un seul tenant. – **2.** S'emploie suivi d'un nom en apposition, qui en précise la forme : *Robe-chemisier.* – **3.** Vêtement d'une seule pièce, couvrant le corps jusqu'aux genoux ou aux pieds, porté par les hommes à certaines époques et dans certaines civilisations. — **4.** Vêtement ample et long que portent les magistrats, les avocats dans l'exercice de leurs fonctions, les professeurs de l'enseignement supérieur dans certaines circonstances, les moines, les évêques, les cardinaux, etc. — **5.** *Litt.* Profession des gens de justice : *Les gens de robe.* — **6.** Pelage d'un mammifère (surtout cheval ou bovin), défini par sa couleur. (→ *encycl.*) — **7.** Couleur du vin. — **8.** Syn. de CAPE (d'un cigare) et de JUPE (d'un réservoir). — **9.** *Lieutenant criminel de robe courte,* officier adjoint au prévôt de Paris et spécialisé dans la recherche et la capture des malfaiteurs. (Sa fonction exista de 1526 à 1783.) ‖ *Pommes de terre en robe de chambre* ou *en robe des champs,* pommes de terre cuites avec leur peau et servies telles.

ENCYCL. **Zool.** La robe simple a une seule couleur, avec des gradations possibles. Composée, elle comprend deux ou trois couleurs, mélangées ou juxtaposées. Les robes de deux couleurs juxtaposées sont : le bai, l'isabelle, le souris ; celles de deux couleurs mélangées : le gris, l'aubère et le louvet. Les robes à trois couleurs sont dites rouan (poils noirs, alezans et blancs). On appelle pie la robe blanche associée par grandes taches à une autre robe.

ROBER v. t. (conj. 3). Syn. de CAPER.

ROBERT n. m. (de *Robert,* n. d'une marque de biberons). *Pop.* Sein.

ROBERT (Le) [97231], comm. de la Martinique, sur la côte est ; 17 746 hab.

SAINTS

ROBERT *(saint),* moine français († La Chaise-Dieu 1067), fondateur du monastère de La Chaise-Dieu* (1046).

ROBERT BELLARMIN *(saint),* cardinal italien (Montepulciano, Toscane, 1542-Rome 1621). Jésuite, professeur de controverse au Collège romain, théologien de Clément VIII, cardinal (1599), archevêque de Capoue (1602-1605), il fut l'une des hautes figures de la Réforme catholique. Lors du premier procès de Galilée, il fut l'intermédiaire entre celui-ci et les autorités de l'Église. Canonisé en 1930, proclamé docteur de l'Église en 1931.

SAINT EMPIRE

ROBERT ou **RUPERT DE WITTELSBACH** (Amberg 1352 - château de Landskron, près d'Oppenheim, 1410), comte palatin (1398-1410) et roi des Romains (1400-1410). Ayant dirigé une ligue de princes contre Venceslas IV, il fut élu roi des Romains en 1400 après la déposition de celui-ci. Mais il ne put s'imposer ni en Italie, où Jean Galeas Visconti le battit à Brescia (1401), ni en Allemagne, où il se heurta à une opposition princière et urbaine coalisée dans la ligue de Marbach (1405).

FRANCE

ROBERT le Fort († Brissarthe, Maine-et-Loire, 866), comte d'Anjou et de Blois, marquis de Neustrie, fondateur de la dynastie des Robertiens. Il lutta contre les Normands et reçut de Charles le Chauve le comté d'Anjou. Il consolida sa domination du pays entre Seine et Loire. Il fut tué au cours d'un combat victorieux contre les Normands.

ROBERT Ier (v. 866 - Soissons 923), roi de France (922-923), second fils du précédent. Il reçut de Charles le Simple l'autorité princière entre Loire et Seine, et il contraignit Rollon à conclure le traité de Saint-Clair-sur-Epte (911). Les grands, révoltés contre Charles le Simple, l'élirent roi à Reims (29 juin 922), mais il fut tué au combat.

ROBERT II le Pieux (Orléans v. 972-Melun 1031), roi de France (996-1031), fils et successeur de Hugues Capet, qui l'associa au trône de son vivant (987). Il répudia sa première épouse, Rozala, fille de Bérenger II d'Italie, pour épouser sa cousine Berthe. Il fut excommunié et dut renvoyer Berthe. Il épousa v. 1003 Constance de Provence, dont l'entourage choqua la Cour. Il affermit son autorité contre les féodaux et accrut le domaine royal. Il prétendit à la succession de Bourgogne et parvint à conquérir le pays (1003-1016), qu'il confia à son fils, le futur Henri Ier.

ARTOIS

ROBERT Ier le Bon ou **le Vaillant** (1216-Mansourah 1250), comte d'Artois (1237-1250), troisième fils de Louis VIII, roi de France, et de Blanche de Castille. Il fonda la maison capétienne d'Artois et périt au cours de la septième croisade. — **Robert II** *le Noble* (1250 - Courtrai 1302), comte d'Artois (1250-1302), fils posthume du précédent, fut régent de Sicile après la mort de son oncle Charles Ier d'Anjou, de 1285 à 1289. — **Robert III** (1287-1342), comte d'Artois (1302-1309), petit-fils du précédent par Philippe d'Artois († 1298), débouté de ses droits sur l'Artois (1309, 1318), provoqua une révolte dans le pays et s'enfuit à Bruxelles (1331), puis en Angleterre.

ÉCOSSE

ROBERT Ier BRUCE (Turnberry, Strathclyde, 1274 - château de Cardross, près de Dumbarton, 1329), roi d'Écosse (1306-1329). Il se joint à Wallace lors du soulèvement national (1296) mais, vaincu, il doit se soumettre à Édouard Ier. Mis hors la loi à la suite d'un crime, il prend la tête de la résistance écossaise et se fait couronner roi (1306). En 1314, il anéantit l'armée d'Édouard II à Bannockburn et, en 1327, les Anglais doivent admettre leur défaite par le traité d'York. — **Robert II** *Stuart* (1316 - Dundonald, Strathclyde, 1390), roi d'Écosse, succéda à son oncle David. — **Robert III** (v. 1340 - Rothesay, Strathclyde, 1406), roi d'Écosse (1390-1406), fils du précédent. Son frère Robert, duc d'Albany, exerça la réalité du pouvoir.

EMPIRE LATIN DE CONSTANTINOPLE

ROBERT Ier DE COURTENAY († en Morée 1228), empereur latin de Constantinople (1221-1228). Fils et successeur de Pierre II de Courtenay, il ne parvint pas à défendre son empire contre le despote d'Épire Théodore Ange et l'empereur de Nicée Jean III Doukas Vatatzès. Son empire se réduisit à Constantinople et ses alentours. — **Robert II** *d'Anjou-Tarente* (v. 1320-1364), prince de Tarente et d'Achaïe (1331-1364), empereur latin titulaire de Constantinople (1346-1364).

FLANDRE

ROBERT Ier le Frison (v. 1031-1093), comte de Flandre (1071-1093), second fils du comte Baudouin V le Pieux. Il secourut Gertrude, comtesse de Hollande, contre les Frisons révoltés et l'épousa (1063). En 1071, il usurpa le comté de Flandre aux dépens de ses neveux qui lui avaient été confiés par son frère Baudouin VI.

NAPLES ET SICILE

ROBERT le Bon ou **le Sage** (1278 - Naples 1343), duc de Calabre, vicaire général du royaume de Sicile (1296), prince de Salerne (1304), comte de Piémont (1309) et roi de Naples (1309-1343). Troisième fils de Charles II d'Anjou et de Marie de Hongrie, otage du roi d'Aragon après les Vêpres siciliennes (1288-1295), il fut nommé héritier du royaume par une bulle de Boniface VIII (1297) au détriment de son neveu Charles Ier Robert. Défenseur des intérêts pontificaux et chef du parti guelfe en Italie centrale, il s'opposa à l'expédition de l'empereur Henri VII dans la péninsule (1310-1313). Nommé vicaire impérial par le pape Clément V (1314), il tenta d'étendre son influence en faisant élire à la papauté avignonnaise son candidat Jean XXII (1316). La réaction du futur empereur Louis de Bavière (1327) et du parti gibelin firent reculer sa présence politique dans le nord de l'Italie et ses troupes furent chassées de Rome. Il tenta en vain de conquérir la Sicile. Il gouverna habilement ses États et protégea les lettrés.

NORMANDIE

ROBERT Ier le Magnifique ou **le Diable** (v. 1010 - Nicée, Asie Mineure, 1035), duc de Normandie (1027-1035). Second fils du duc Richard II, il succéda (1027) à son frère Richard III. Il soutint Henri Ier de France contre son frère Robert en échange du Vexin français. Il fit reconnaître comme son héritier son bâtard Guillaume (le futur Conquérant), puis mourut au retour de la croisade. Au XVe s., il fut assimilé au héros légendaire Robert le Diable. — **Robert II** *Courteheuse* (v. 1054 - Cardiff 1134), duc de Normandie (1087-1106). Fils aîné de Guillaume Ier le Conquérant, il se révolta contre lui (1078) et devint duc à sa mort (1087). Il disputa vainement la couronne d'Angleterre à son frère cadet Guillaume le Roux, puis plus tard à Henri Ier Beauclerc, après avoir participé à la première croisade. Il fut battu à Tinchebray (1106) par Henri Ier débarqué en Normandie, et il mourut prisonnier.

SICILE

ROBERT GUISCARD (« l'Avisé ») [v. 1015 - Céphalonie 1085], comte (1057-1059), puis duc de Pouille, de Calabre et de Sicile (1059-1085). Appartenant à la famille normande de Hauteville, il rejoignit (v. 1046) ses demi-frères Guillaume Bras de Fer et Onfroi pour envahir les Pouilles et la Calabre. En butte à l'hostilité du pape Léon IX, il reçut l'investiture des duchés de Pouille et de Calabre du pape Nicolas II (1059). Il chassa définitivement les Byzantins d'Italie (1071) et conquit la Sicile sur les Sarrasins avec son frère Roger. Il tenta aussi deux expéditions contre l'Empire d'Orient (Illyrie, 1081-82 ; Céphalonie, 1085). En 1084, il délivra le pape Grégoire VII assiégé dans Rome.

DIVERS

ROBERT d'Arbrissel, moine français (Arbrissel, Bretagne, v. 1047 - Orsan, Berry, 1117). En 1101, il fonda l'abbaye double de Fontevraud*.

ROBERT de Blois, poète français du milieu du XIIIe s. Il contribua notamment à l'ébauche d'un enseignement laïc destiné aux femmes.

ROBERT de Boron ou **Borron,** écrivain français qui, vers 1210-1215, réinterpréta pour Gautier de Montbéliard la légende du Graal. Son œuvre est à l'origine du *Lancelot-Graal.*

ROBERT de Courçon, théologien d'origine anglaise (Kedleston, Derby, v. 1160 - Damiette 1219). Promoteur des statuts de l'Université de Paris, il prit une part importante à la croisade contre les albigeois (1214).

ROBERT GROSSETESTE → GROSSETESTE.

Robert le Diable, héros d'une légende célèbre du Moyen Âge français, traité dans un roman du XIIIe s. *(la Terrible et Merveilleuse Vie de Robert le Diable).* Fils d'un duc de Normandie, il rachète ses crimes par une dure pénitence, et meurt saintement, dans un ermitage.

ROBERT (Hubert), peintre, dessinateur et graveur français (Paris 1733 - *id.* 1808). Il séjourna de 1754 à 1765 en Italie, où il reçut les conseils de Pannini et étudia les antiques. Ses paysages, où des ruines et des monuments librement regroupés s'animent de scènes familières, sont empreints d'une sensibilité caractéristique de la fin du XVIIIe s. Robert peignit aussi des vues de Paris, s'occupa d'aménagements de parcs (Versailles, Compiègne, Méréville) et fut conservateur du Louvre sous le Directoire.

ROBERT (les frères), mécaniciens français. ANNE-JEAN (1758-1820) et NICOLAS LOUIS, dit **Robert le Jeune** (Paris 1761-Dreux 1828), aidèrent J. A. C. Charles à construire les premiers aérostats gonflés à l'hydrogène, et découvrirent un procédé permettant d'imperméabiliser l'enveloppe des ballons. Robert le Jeune accompagna Charles lors de sa première ascension en ballon (1er déc. 1783) et prit un brevet pour la première machine à fabriquer le papier continu (1799).

ROBERT (Léopold), peintre suisse (Les Éplatures, Neuchâtel, 1794 - Venise 1835). Élève de David et de Gros à Paris, puis travaillant en Italie, il eut un grand succès parisien avec des toiles comme *l'Arrivée des moissonneurs dans les marais Pontins* (1830, Louvre).

ROBERT (Henri) ⟶ HENRI-ROBERT.

ROBERT (Louis), archéologue et historien français (Laurière, Haute-Vienne, 1904-Paris 1985). Professeur au Collège de France (1939-1974), il s'est surtout consacré à l'étude de l'Asie Mineure grecque.

ROBERT (Paul), lexicographe et éditeur français (Orléansville, auj. Ech.-Cheliff, Algérie, 1910 - Mougins 1980). Il a dirigé la rédaction du *Dictionnaire alphabétique et analogique de la langue française* (6 vol., 1953-1964 ; nouv. éd., sous la direction d'Alain Rey, 9 vol., 1985 ; éd. électronique, 1989) et du *Petit Robert* (langue française, 1967 ; nouv. éd., 1993 ; éd. électronique, 1996), complété par le *Petit Robert des noms propres* (1974 ; nouv. éd., 1994). La maison d'édition qu'il fonda en 1951 (Le Robert) poursuit l'élargissement de sa gamme de dictionnaires et coédite avec la société britannique Harper Collins une série de dictionnaires anglais-français *(le Robert & Collins)*. Elle fait aujourd'hui partie de C. E. P. Communication.

ROBERT (Marthe), critique littéraire française (Paris 1914-*id.* 1996). Auteur d'essais (*Kafka,* 1968), d'études littéraires (*Roman des origines et origines du roman,* 1972 ; *Livre de lectures* [t. I, 1977 ; t. II, 1981 ; t. III, *la Tyrannie de l'imprimé,* 1984 ; t. IV, *le Puits de Babel,* 1987]).

ROBERT-HOUDIN (Jean Eugène), prestidigitateur français (Blois 1805 - Saint-Gervais-la-Forêt, près de Blois, 1871). Excellent mécanicien, il est connu pour ses extraordinaires automates et ses applications de l'électricité à des fins spectaculaires. En 1845, il ouvrit un théâtre spécialisé dans l'illusion, « Les Soirées Fantastiques ». — Son filt JEAN-JACQUES (Paris 1831 - *id.* 1883) lui succéda et présenta en France, en 1874, un « truc » alors populaire en Angleterre, « la malle des Indes ».

ROBERTI (Ercole DE') ⟶ ERCOLE.

ROBERTIENS, nom de la famille issue de Robert le Fort. (⟶ CAPÉTIENS.)

ROBERTS (*lord* Frederick SLEIGH), maréchal britannique (Cawnpore, auj. Kānpur, Inde, 1832 - Saint-Omer 1914). Il réprima la révolte des cipayes (1857) puis prit part à la campagne d'Abyssinie (1868). Il se distingua en Afghānistān par la prise de Kaboul et de Kandahar (1880). À la tête des forces britanniques engagées contre les Boers (1899), il rétablit la situation et devint, de 1901 à 1904, généralissime de l'armée anglaise.

ROBERTSFIELD, v. du Liberia, au S.-E. de Monrovia, près des plantations d'hévéas de Harbel. Aéroport international.

ROBERTSON (*sir* William Robert), maréchal britannique (Welbourn, Lincolnshire, 1860 - Londres 1933). Chef de l'état-major impérial de 1916 à 1918, il commanda ensuite les troupes d'occupation britanniques en Allemagne en 1919 et 1920.

ROBERVAL (Jean François DE LA ROQUE, *seigneur* DE), colonisateur français (Carcassonne v. 1500 - Paris v. 1560). Nommé par François Ier lieutenant général au Canada, il tenta d'implanter une colonie à Charlesbourg (1542-43).

ROBERVAL (Gilles PERSONNE DE), mathématicien et physicien français (Roberval, près de Senlis, 1602 - Paris 1675). Sa méthode des indivisibles, qu'il appliqua à la quadrature de la cycloïde et de la courbe sinus, est une approche du calcul intégral. En cinématique, sa méthode de composition des mouvements lui permit de construire la tangente à une courbe, de comparer les longueurs de courbes, et de déterminer des extremums. En mécanique, il participa au débat théorique sur le tube de Toricelli, démontra la règle de composition des forces et donna, en 1670, la description d'une « balance » qui porte son nom. Il fut un des membres fondateurs de l'Académie des sciences.

Roberval *(balance de),* balance à plateaux découverts et à deux fléaux à bras égaux.

ROBESON *(canal de* ou *détroit de),* bras de mer entre le Groenland et l'extrémité nord de l'île d'Ellesmere.

ROBESPIERRE (Maximilien DE), homme politique français (Arras 1758 - Paris 1794). Issu d'une famille de petite noblesse, orphelin, il est d'abord avocat à Arras. Député aux États géné-

raux, il se signale par ses interventions. Animateur de l'insurrection du Champ-de-Mars (17 juill. 1791), il est acclamé comme l'incorruptible défenseur du peuple. Il prend position contre la guerre, jugée imprudente tant que survivent les ennemis du dedans. Membre de la Commune après le 10 août, puis député de Paris à la Convention, il devient le chef des Montagnards. Il se prononce pour la condamnation du roi, contribue à l'institution du gouvernement révolutionnaire, accuse les Girondins et en provoque la chute (2 juin 1793). Entré au Comité de salut public le 27 juillet 1793, il devient l'âme de la dictature montagnarde.
Il affirme dans ses discours du 25 déc. 1793 et du 5 févr. 1794 que le ressort de la démocratie est à la fois vertu et terreur. Il se débarrasse des hébertistes (mars 1794) puis des indulgents (avr.) et inaugure la Grande Terreur (loi du 22 prairial, 10 juin 1794). Il cherche l'appui du peuple, tentant de réaliser un commencement d'égalité sociale (décrets de ventose, févr.-mars 1794). Enfin, il impose le culte de l'Être suprême dont la fête le 20 prairial (8 juin 1794) se déroule sous sa présidence. C'est l'apogée de sa dictature. Mais les victoires militaires (Fleurus, 26 juin) font naître l'espoir de voir se relâcher une tension devenue insupportable. Sa perte sera préparée par d'anciens dantonistes, des membres du Comité de salut public jaloux de son autorité et par des hommes qui se sentaient menacés en raison de leur corruption. Voulant prendre les devants, le 8 thermidor, à la Convention, Robespierre menace ses ennemis d'une vaste épuration. Affolés, ceux-ci s'assurent l'appui du centre et, le 9 thermidor, demandent et obtiennent sa mise en accusation. Il est emprisonné. La Commune le fait délivrer par la foule qui l'amène à l'Hôtel de Ville, mais celui-ci étant cerné et envahi par des gardes nationaux sous la conduite de Barras, Robespierre a la mâchoire fracassée par une balle. Le même jour, il est guillotiné sur la place de la Révolution. — Son frère, AUGUSTIN (Arras 1763 - Paris 1794), député de la Convention et représentant en mission à l'armée d'Italie (1793), rentré à Paris, demanda à suivre le sort de son frère. Il fut guillotiné le 10 thermidor.

ROBIDA (Albert), dessinateur, graveur et écrivain français (Compiègne 1848-Neuilly-sur-Seine 1926). Caricaturiste dans diverses publications, illustrateur (Rabelais, etc.), il est l'auteur (textes et dessins) d'albums consacrés aux vieilles villes d'Europe ainsi que d'albums comiques, notamment d'anticipation (*le XXe Siècle,* 1883).

ROBIN n. m. (de *robe*) **1.** Personne qui appartenait à la noblesse de robe. — **2.** Membre d'un parlement en France sous l'Ancien Régime. — **3.** *Litt.* Homme de robe, magistrat.

ROBIN (Mado), cantatrice française (Yzeure-sur-Creuse 1918 - Paris 1960). Elle débuta en 1942, révélant une voix de soprano colorature exceptionnelle. Son interprétation du rôle de Lakmé est restée légendaire.

Robin Hood *(Robin des Bois),* héros légendaire anglais, dont la poésie populaire place les exploits du XIIe s. au XVe s. Symbole de la résistance des paysans de race saxonne aux nobles, d'origine normande, il a été incarné au cinéma par D. Fairbanks (1922) et par E. Flynn (1938).

ROBINE n. f. (de *Robin,* forme fam. de *Robert*). Petit marteau en bois dont se sert le mouleur pour tasser le sable du moule.

ROBINET n. m. (moyen fr. *robin,* fontaine, de *Robin,* n. pr. employé au Moyen Âge pour désigner le mouton, les robinets des fontaines étant souvent ornés d'une tête de mouton). **1.** Appareil servant à interrompre ou à rétablir la circulation d'un fluide dans une canalisation, à l'aide d'un obturateur commandé de l'extérieur ; clé commandant cet obturateur. — **2.** *Robinet d'incendie armé (R. I. A.),* ensemble constitué par un robinet à ouverture rapide, un tuyau d'incendie raccordé en permanence et muni d'une lance. (Syn. POSTE D'INCENDIE ou DE SECOURS.)
ENCYCL. **Techn.** On classe les robinets selon le type d'obturateur. Dans le *robinet à obturateur déformable,* il s'agit le plus souvent d'une membrane souple ou d'un manchon déformable par pincement. Dans le *robinet à papillon,* l'obturateur, dit papillon, tourne autour d'un axe dans un cylindre constituant le corps. Dans le *robinet à piston,* un piston coulisse selon son axe entre deux garnitures d'étanchéité en découvrant ou non l'orifice d'écoulement. Dans le *robinet à soupape,* l'obturateur se déplace au niveau du siège parallèlement au sens d'écoulement. Dans le *robinet à tournant* (anc. *boisseau*), le corps est évidé et une pièce de forme adéquate (tournant) et de même axe y tourne, mettant ou non en regard les orifices des deux organes.

ROBINETIER n. m. Industriel, ouvrier qui fabrique des robinets.

ROBINETTERIE n. f. **1.** Fabrication des robinets. — **2.** Usine, fonderie où l'on fabrique des robinets. — **3.** Ensemble des appareils que l'on dispose sur un système contenant un fluide (tuyauterie, récipient, machine), pour permettre, modifier ou interrompre le débit de ce fluide.

ROBINET-VANNE n. m. (pl. *robinets-vannes*). Robinet dont l'obturateur se déplace perpendiculairement à l'axe de l'écoulement du fluide au niveau du ou des sièges du corps. (Syn. VANNE.)

ROBINIER n. m. (lat. sc. mod. *robinia,* de J. *Robin,* n. pr.). Arbre épineux (papilionacée) aux feuilles composées pennées à folioles arrondies, aux grappes de fleurs blanches et parfumées, souvent appelé *acacia.*
ENCYCL. Le *robinier faux acacia,* originaire de l'Amérique du Nord, fut introduit en France en 1601. Il est utilisé pour la fixation des terrains en pente (talus de chemin de fer) ou pour le boisement des friches calcaires. Son bois est jaunâtre, lourd, nerveux, élastique, durable. Les fleurs du robinier donnent le miel d'acacia.

ROBINSON (*sir* Robert), chimiste britannique (Bufford, près de Chesterfield, 1886 - Great Missenden, près de Londres, 1975). Après avoir étudié les alcaloïdes, puis les matières colorantes des fleurs, Robinson réalisa la synthèse d'hormones sexuelles ainsi que celle de la pénicilline. (Prix Nobel de chimie 1947.)

ROBINSON (Walker SMITH, dit **Ray Sugar**), boxeur américain (Detroit 1920 - Los Angeles 1989). Remarquable styliste et redoutable frappeur, il poursuivit jusqu'en 1966 une carrière entamée en 1940. Champion du monde des welters en 1946, des poids moyens en 1951, il quitta la boxe en 1952 puis reconquit son titre des poids moyens en 1955, qu'il perdit et regagna jusqu'en 1960.

ROBINSON (Mary), femme d'État irlandaise (Ballina 1944). Militante de gauche et avocate, elle lutte pour le droit des femmes et les groupes défavorisés. Sénateur de 1969 à 1989, elle est la première femme à accéder à la présidence de la République dans son pays (élue en 1990).

Robinson Crusoé *(la Vie et les Étranges Aventures de),* roman de Daniel Defoe (1719), inspiré par l'histoire réelle du marin écossais Alexander Selkirk, abandonné cinq ans sur une île de l'archipel Juan Fernández. Robinson, naufragé, vivra seul 28 ans, avant de rencontrer Vendredi, qui deviendra son serviteur peu de temps avant leur découverte par un navire.

Robinson suisse *(le),* roman de Johann David Wyss (1812-1827), adaptation enfantine du thème du roman de Defoe.

ROBINSONNADE n. f. Conte idyllique et utopique qui situe l'action dans un cadre exotique à la manière de Robinson Crusoé.

ROBLES (Gil) → GIL-ROBLES (José María).

ROBLÈS (Emmanuel), écrivain français (Oran 1914 - Boulogne-Billancourt 1995). La fraternité anime son œuvre théâtrale (*Plaidoyer pour un rebelle,* 1966) et romanesque (*les Sirènes,* 1977 ; *la Chasse à la licorne,* 1985), marquée par Camus.

ROBOAM, fils et successeur de Salomon, premier souverain du royaume de Juda (931-913 av. J.-C.). Son manque de sens politique provoqua la sécession des tribus du Nord qui formèrent le royaume d'Israël et se rallièrent à Jéroboam.

ROBORATIF, IVE adj. (lat. *roborare,* fortifier). *Litt.* Fortifiant.

ROBOT n. m. (du tchèque *robota,* travail forcé, mot créé en 1920 par K. Čapek). **1.** Dans les œuvres de science-fiction, machine à l'aspect humain, capable de se mouvoir, d'exécuter des opérations, de parler. – **2.** Appareil automatique capable de manipuler des objets ou d'exécuter des opérations selon un programme fixe, modifiable ou adaptable. (→ *encycl.*) – **3.** Personne qui agit de façon automatique. – **4.** En apposition, indique un appareil à commande automatique ou désigne qqn dont l'automatisme a qqch d'inhumain : *Avion-robot.* – **5.** Bloc-moteur électrique combinable avec divers accessoires permettant d'effectuer différentes opérations culinaires. (On dit aussi ROBOT MÉNAGER.) – **6.** *Robot compact ou universel,* syn. de PRÉPARATEUR* CULINAIRE.
ENCYCL. **Cybern.** Les robots industriels sont des manipulateurs automatiques programmés qui se substituent à l'homme pour l'accomplissement de tâches répétitives, pénibles ou dangereuses, par exemple en milieu hostile. On peut classer les robots selon la complexité de leurs organes de traitement de l'information. Les robots les plus simples sont des automatismes séquentiels à cycle simple ou multiple, fixe ou modifiable d'après la nature des pièces à manipuler. Lorsque le trajet de la « main » est complexe, on peut « enseigner » au robot les mouvements d'un opérateur humain en les enregistrant sur bande magnétique. Le troisième niveau est constitué par les robots à commande numérique, dont la programmation nécessite l'emploi de langages spéciaux. Enfin, les robots « intelligents » sont capables de prendre des décisions d'après leur état et celui de leur environnement et sont dotés pour cela de capteurs évolués et d'une grande capacité de traitement de l'information.

ROBOTICIEN, ENNE n. Spécialiste de robotique.

ROBOTIQUE n. f. Science et technique de la robotisation, de la conception et de la construction des robots.
◆ adj. Relatif à la robotique.

ROBOTISATION n. f. **1.** Substitution de robots à des opérateurs humains pour l'accomplissement de tâches industrielles. – **2.** Action de remplacer les comportements raisonnés de qqn par des automatismes : *Le travail à la chaîne conduit à la robotisation des ouvriers.*

ROBOTISER v. t. (conj. 3). **1.** Équiper une usine, un atelier, etc., de robots, remplacer les machines habituelles par des robots. – **2.** Faire accomplir une opération par des robots : *Robotiser la peinture des automobiles.* — **3.** Transformer qqn en robot, en lui ôtant toute réflexion critique.

ROBRE ou **ROB** n. m. (angl. *rubber,* de *to rub,* frotter). Au bridge, unité de marque qui indique qu'un camp a gagné deux manches. (Une partie se joue généralement en trois robres.) [Syn. TOUR.]

ROB ROY (Robert MACGREGOR, dit), héros écossais (Buchanan 1671 - Balquhidder 1734). Chef du clan MacGregor (1693), mis hors la loi en 1712, il devint populaire par ses expéditions de pillage aux dépens du duc Montrose.

ROBSON *(mont),* sommet des montagnes Rocheuses canadiennes (Colombie britannique) ; 3 954 m.

ROBUSTA n. m. Café produit par la variété *robusta* de l'espèce *Coffea canephora.*

ROBUSTE adj. (lat. *robustus,* de *robur,* force). **1.** Qui est solidement constitué, capable de fournir un effort physique important et de résister à la fatigue : *Avoir des jambes robustes. Un robuste cheval de trait.* — **2.** Qui résiste bien aux causes d'agression ou d'altération : *Une robuste constitution.* — **3.** Se dit des végétaux qui supportent les conditions rigoureuses du climat ou du milieu. — **4.** Qui est solidement construit et capable de résister à des efforts extrêmes et à un usage prolongé : *Une voiture robuste.* — **5.** *Litt.* Qui ne se laisse pas ébranler facilement : *Rien ne peut entamer ses robustes certitudes.*

ROBUSTESSE n. f. Caractère de qqn. de qqch de robuste.

ROBUSTI (Iacopo) → TINTORET *(le).*

1. ROC n. m. (forme masc. de *roche*). **1.** Masse de pierre très dure et cohérente qui fait corps avec le sous-sol : *Habitation creusée dans le roc.* — **2.** Symbole litt. de fermeté ou d'insensibilité : *C'est un roc, rien ne peut le toucher.*

2. ROC n. m. (pers. *ruh,* tour). — **1.** Nom donné aux tours du jeu d'échecs. — **2.** Meuble héraldique figurant une tour de jeu d'échecs. (On dit aussi ROC D'ÉCHIQUIER.)

ROCA *(cabo da),* cap du Portugal, à l'O. de Lisbonne, le plus occidental de l'Europe.

ROCA (Julio Argentino), homme d'État argentin (Tucumãn 1843 - Buenos Aires 1914). Président de la République en 1880-1886 et 1898-1904, il fit rédiger un code de travail et régla la question de la frontière avec le Chili (1902).

ROCADE n. f. (de *roquer*). **1.** Voie de communication militaire parallèle à la ligne de combat. — **2.** Voie contournant la partie centrale d'une agglomération, par oppos. à *radiale.*

ROCAILLAGE n. m. **1.** Opération consistant à garnir les gros joints entre moellons d'éclats insérés dans le mortier. — **2.** Syn. de ROCAILLE.

ROCAILLE n. f. (de *roc 1*). **1.** Terrain rempli de cailloux ; amas de petites pierres sur le sol. — **2.** Ouvrage, revêtement qui imite les rochers, les pierres, les concrétions naturelles. (La rocaille a orné les grottes des jardins depuis la Renaissance.) [Syn. ROCAILLAGE.] — **3.** Style ornemental qui fut en vogue, en France, d'environ 1710 à 1750. (→ *encycl.*) — **4.** Partie de jardin d'ornement traitée en pentes, dans laquelle on allie des roches et des plantes.

ENCYCL. **Arts décor.** Aspect particulier du style Louis XV, en complète rupture avec la solennité classique, l'art rocaille se caractérise par ses rythmes débridés, ses compositions dissymétriques dont chaque élément semble renchérir sur les caprices de la nature : coquillages déchiquetés, concrétions minérales, sinuosités végétales, oiseaux ou crustacés aux lignes contournées. Cet art, dont les principaux maîtres sont G. M. Oppenordt, J. A. Meissonnier, N. Pineau, trouve sa meilleure expression dans l'orfèvrerie, le petit mobilier, les bronzes, les lambris. Grâce aux recueils de gravures, les formes rocaille ont envahi l'Europe et surtout l'Allemagne, où elles ont nourri le rococo.

ROCAILLEUR n. m. **1.** Ouvrier cimentier spécialisé dans la confection de rocailles. — **2.** Auteur de décors rocaille.

ROCAILLEUX, EUSE adj. **1.** Couvert de petites pierres, de cailloux, d'aspérités : *Un chemin rocailleux.* — **2.** Se dit d'une expression littéraire sans harmonie ni grâce : *Style rocailleux.* — **3.** *Voix rocailleus,* rauque, râpeuse.

ROCAMADOUR n. m. Minuscule fromage rond du Quercy, qui durcit en vieillissant.

ROCAMADOUR (46500) ou parfois, anc., **ROC-AMADOUR,** comm. du Lot, dans le haut Quercy ; 631 hab. *(Amadouriens).* Bourg de pèlerinage dans un site pittoresque et escarpé, conservant un château en partie du XIVᵉ s., des restes de fortifications, une église romane et diverses chapelles, des maisons anciennes.

ROCAMBOLE n. f. (all. *Rockenbolle,* de *Roggen,* seigle, et *Bolle,* oignon). Espèce d'ail, dit aussi « ail d'Espagne », qui porte au sommet de sa tige des bulbilles pouvant servir à la multiplication.

Rocambole, héros aux aventures extraordinaires d'une trentaine de romans-feuilletons de Ponson du Terrail.

ROCAMBOLESQUE adj. (de *Rocambole,* n. pr.). Qui est plein d'invraisemblance, de péripéties extraordinaires : *Aventures rocambolesques.*

ROCARD (Michel), homme politique français (Courbevoie 1930). Secrétaire national des étudiants socialistes (1955-56), il quitte en 1958 la S. F. I. O. dont il désapprouve la position sur la guerre d'Algérie. Il participe ensuite à la création du P. S. U. (1960), dont il devient secrétaire général (1967-1973). Il se présente sans succès à l'élection présidentielle de 1969, puis est élu député des Yvelines (1969-1973). En 1974, il rejoint le parti socialiste. Maire de Conflans-Sainte-Honorine (1977-1994), il est ministre d'État ministre du Plan et de l'Aménagement du territoire (1981-1983), puis ministre de l'Agriculture (1983-1985), mais il démissionne et retrouve son siège de député des Yvelines (1986-1988). Nommé Premier ministre après la réélection de F. Mitterrand à la présidence de la République (1988), il tente d'instaurer une méthode de gouvernement fondée sur la concertation. Il est notamment l'instigateur de la mise en place du R. M. I. et du recours à une solution négociée pour la Nouvelle-Calédonie. Il est remplacé par É. Cresson en 1991. Premier secrétaire du P. S. en 1993-94, député européen (depuis 1994), il est élu sénateur des Yvelines en 1995.

ROC DE SERS, groupe d'abris-sous-roche de la comm. de Sers, en Charente, qui a livré une couche gravettienne et trois couches de solutréen supérieur. Célèbre frise de blocs de calcaire sculpté (chevaux, bisons, bouquetins affrontés, bovidés, etc.), en partie conservée au musée des Antiquités nationales, datée de la dernière moitié du faciès solutréen.

ROCH *(saint)* (Montpellier 1295 ? - *id.* 1327 ?). Sa vie est chargée de légendes. Depuis le XVᵉ s., on l'invoque contre la peste et les maladies contagieuses.

ROCHA (Glaúber), cinéaste brésilien (Vitória da Conquista, Bahia, 1938 - Rio de Janeiro 1981). *Le Dieu noir et le Diable blond* (1964) fait de lui l'un des fondateurs du « Cinema nôvo », qui montre le Brésil dans sa réalité politique et sociale. Il tourne ensuite *Terre en transe* (1967), puis *Antônio-das-Mortes* (1969), *le Lion à sept têtes* (1970), *Têtes coupées* (1970), *l'Âge de la terre* (1980).

ROCHAGE n. m. (de *rocher 2*). Au cours de la solidification de certains métaux ou alliages, dégagement de gaz formant des cloques irrégulières.

Rochambeau, aéroport international de Cayenne (Guyane française), à 13 km au S. de la ville.

ROCHAMBEAU (Jean-Baptiste DE VIMEUR, *comte* DE), maréchal de France (Vendôme 1725 - Thoré 1807). Lieutenant général (1780), il commanda l'armée du roi pendant la guerre d'Amérique et contribua à la capitulation de Yorktown. Il commanda l'armée du Nord (1790-1792).

ROCHASSIER n. m. (de *roche*). Alpiniste spécialisé dans l'escalade en rochers.

ROCHDALE, v. de Grande-Bretagne, au N.-N.-E. de Manchester ; 93 000 hab. Textile. Constructions électriques.

Rochdale *(Société des équitables pionniers de),* coopérative de consommation fondée en décembre 1844 à Rochdale (Lancashire). Sa réussite économique fit école en Grande-Bretagne et dans d'autres pays d'Europe.

ROCHE n. f. (bas lat. *rocca*). **1.** Tout matériau, consolidé ou non, constitutif de la Terre, à l'exclusion des sols et des êtres vivants, formé d'un agrégat de minéraux et présentant une homogénéité de composition. (On classe les roches suivant leur mode de formation, leur composition chimique ou minéralogique, leurs propriétés mécaniques, etc.) — **2.** Matériau dur, fragmenté et provenant de la surface terrestre ; pierre, caillou. — **3.** *Eau de roche,* eau très limpide, qui sourd d'une roche. ‖ *Noblesse de vieille roche,* noblesse ancienne. • **Carr.** Dans un massif rocheux exploité, banc le plus dur. ‖ Pierre la plus dure employée dans les constructions. ‖ *Moellon de roche,* morceau portable de calcaire dur. — **Min.** et **Trav. publ.** *Mécanique des roches,* application des lois générales de la mécanique des solides déformables au comportement des roches et des massifs rocheux. (→ *encycl.*) — **Pêch.** *Poisson de roche,* poisson marin vivant près des rochers. — **Pédol.** et **Géol.** *Roche mère,* partie inférieure du sol minéral, ou horizon C ; faciès correspondant aux conditions nécessaires à la genèse des hydrocarbures.

ENCYCL. **Min.** et **Trav. publ.** La *mécanique des roches* est la discipline de base pour la conception des ouvrages miniers, en ce qu'elle permet de prévoir la stabilité des excavations (chambres souterraines, talus de cornières...), compte tenu de la roche et des divers procédés de confortement existants (boulonnage, remblayage, foudroyage...). On part de l'analyse du massif rocheux (anisotropies, discontinuités à toutes échelles, présence d'eau, contraintes avant exploitation...) et de la caractérisation mécanique des matériaux (déformabilité, résistances à diverses sollicitations, immédiatement ou avec délais...), ce qui permet le raccordement à un modèle type de comportement (élastique, plastique, viscoplastique, après rupture, etc.). Diverses méthodes de calcul fournissent une répartition des contraintes et déformations en tout point de la structure ; la confrontation de ce champ de contraintes à un critère de rupture conduit à un diagnostic de la stabilité de l'édifice envisagé. Par approximations successives (modifications de la forme, ou de la dimension des excavations, modifications du soutènement...), on aboutit à la meilleure configuration possible. Des mesures de déformation du massif rocheux au voisinage des excavations permettent ultérieurement de contrôler la validité des modèles adoptés et au besoin de les affiner.

ROCHE (Édouard), astronome, mathématicien et géophysicien français (Montpellier 1820 - *id.* 1883). Il a étudié la cosmogonie du système solaire, la structure interne de la Terre, les comètes. Il a établi, en 1849, la *limite de Roche,* distance en deçà de laquelle un satellite naturel est détruit par les forces de marée dues à l'attraction du corps autour duquel il gravite.

ROCHE (Jean), biochimiste français (Sorgues, Vaucluse, 1901 - Paris 1992). Ses principaux travaux ont porté sur les hormones thyroïdiennes, les enzymes et les protéines, l'étude biochimique de l'évolution des animaux. (Acad. des sc., 1963.)

ROCHE (Maurice), écrivain français (Clermont-Ferrand 1924). L'obsession de la mort hante son œuvre qui, par ses rythmes, ses montages, ses collages et ses jeux typographiques, remet la forme littéraire en question (*Compact,* 1966 ; *Circus,* 1972 ; *Codex,* 1974 ; *Maladie Mélodie,* 1980 ; *Je ne vais pas bien mais il faut que j'y aille,* 1987 ; *Qui n'a pas vu Dieu n'a rien vu,* 1990 ; *Tout arrive, même rien,* 1993).

ROCHE (Denis), écrivain français (Paris 1937). Membre du groupe « Tel Quel » jusqu'en 1973, poète (*Éros énergumène,* 1968 ; *le Mécrit,* 1972) et romancier (*Louve basse,* 1976), il est aussi l'auteur de *Dépôts de savoir & de technique* (1980).

ROCHE (Stephen), coureur cycliste irlandais (Dublin 1959), vainqueur en 1987 du Giro, du Tour de France et du championnat du monde sur route.

ROCHE-BÉRANGER (la), section de la station de sports d'hiver de Chamrousse (Isère), à 1 750 m d'alt.

ROCHEBRUNE, sommet du massif de Beaufort (Haute-Savoie), au-dessus de Megève ; 1 754 m. Téléphérique.

ROCHECHOUART (87600), ch.-l. d'arrond. de la Haute-Vienne, dans l'ouest du Limousin ; 4 053 hab. *(Rochechouartais).* Imposant château reconstruit à la fin du XVe s. (peintures murales du début du XVIe s. ; musée). Chaussures. Cartonnerie. Matériel électrique.

ROCHECHOUART (*maison* DE), famille poitevine qui tire son nom de la seigneurie de Rochechouart (auj. dans la Haute-Vienne). Elle engloba vers 1200 la maison de Mortemart.

ROCHECHOUART-MORTEMART (Marie Clémentine DE), duchesse **d'Uzès** → UZÈS.

ROCHE-EN-ARDENNE (La), comm. de Belgique (prov. de Luxembourg), sur l'Ourthe ; 4 000 hab. Centre touristique.

ROCHEFORT (17300) ou parfois **ROCHEFORT-SUR-MER,** ch.-l. d'arrond. de la Charente-Maritime, sur la Charente ; 26 949 hab. *(Rochefortais).* Centre école de l'aéronautique navale et siège de l'École technique de l'armée de l'air de Rochefort. Ancien port de guerre, Rochefort possède quelques industries (construction aéronautique, équipements automobiles, etc.). Édifices des XVIIe (Corderie royale, abritant le Centre international de la mer) et XVIIIe s. Musée d'Art et d'Histoire ; musée de la Marine ; maison de Pierre Loti.
— **Hist.** La base navale de Rochefort, créée par Colbert (1666) et rivale de celles de Toulon et de Brest, demeura importante jusqu'à la fin de la marine à voile. En 1944, Rochefort fut occupée jusqu'à l'armistice par les Allemands repliés dans la poche de La Rochelle.

Rochefort *(école de),* nom donné à un groupe de poètes français de l'Ouest, réunis (1941-1944) par Jean Bouhier et René Guy Cadou.

ROCHEFORT, comm. de Belgique (prov. de Namur), au S.-E. de Dinant ; 10 800 hab. Musée de folklore. Grottes naturelles. Station de villégiature.

ROCHEFORT (Henri, *marquis* DE ROCHEFORT-LUÇAY, dit **Henri**), journaliste et homme politique français (Paris 1831 - Aix-les-Bains 1913). Il fonda en 1868 l'hebdomadaire *la Lanterne,* pamphlet virulent contre l'Empire ; accablé de condamnations, il se réfugia à Bruxelles. Revenu en 1869, député de Belleville, Rochefort rédigea le journal *la Marseillaise* et fut emprisonné lors du procès de l'affaire Victor Noir. Libéré par la révolution du 4 septembre 1870, il fonda une nouvelle publication, *le Mot d'ordre.* Déporté en Nouvelle-Calédonie (1873), évadé aussitôt, il revint en France en 1880, grâce à l'amnistie. Il créa *l'Intransigeant,* journal radical. Député (1885-86), il devint un partisan du général Boulanger, qu'il suivit en Belgique (1889). Réfugié à Londres, il stigmatisa les « chéquards » de Panamá et les dreyfusards. Amnistié (1895) et revenu en France, il se rallia au nationalisme intransigeant.

ROCHEFORT (Christiane), écrivain français (Paris 1917). Féministe (*le Repos du guerrier,* 1958), elle critique les mœurs contemporaines (*les Petits Enfants du siècle,* 1961 ; *Quand tu vas chez les femmes,* 1982 ; *la Porte du fond,* 1988).

ROCHEFORT-EN-TERRE (56220), ch.-l. de cant. du Morbihan, en bordure des landes de Lanvaux ; 646 hab. Bourg pittoresque. Ruines du château, église surtout des XVIe-XVIIe s., ensemble de maisons anciennes en granite.

ROCHEFORT-MONTAGNE (63210), ch.-l. de cant. du Puy-de-Dôme, en bordure des monts Dôme ; 1 093 hab. *(Rochefortois).*

ROCHEFOUCAULD (La) [16110], ch.-l. de cant. de la Charente, dans l'Angoumois ; 3 544 hab. *(Rupificaldiens).* Imposant château construit du XIIe au XVIIIe s. (belles parties de la Renaissance). Église du XIIIe s.

ROCHEGROSSE (Georges), peintre et illustrateur français (Versailles 1859 - El-Biar, Algérie, 1938). Peintre d'histoire, il a évolué d'un académisme théâtral et violent (*Andromaque,* 1883, musée de Rouen) au symbolisme, puis à l'orientalisme.

ROCHE-LA-MOLIÈRE (42230), comm. de la Loire, à 7 km à l'O. de Saint-Étienne ; 10 122 hab. Sellerie industrielle. Matériel aéronautique.

ROCHELLE (La) [17000], ch.-l. du dép. de la Charente-Maritime, à 466 km au S.-O. de Paris ; 73 744 hab. *(Rochelais).* Élément principal d'une agglomération de plus de 100 000 hab., port de commerce et de pêche, ville touristique, La Rochelle est surtout un centre administratif et commercial, avec quelques industries (métallurgie de transformation surtout), relativement proche de l'autoroute *Aquitaine.* Elle est reliée par un pont à l'île de Ré depuis 1988.
— **Hist.** Apparue au XIe s., La Rochelle fut disputée entre l'Angleterre et la France. Devenue un des foyers du protestantisme, elle subit deux sièges, en 1573 et 1627-28. Après le second, très meurtrier, ses remparts sont rasés. La ville se consacre dès lors au commerce colonial. La perte du Canada (1763) et la révocation de l'édit de Nantes entraîneront son déclin. En 1944, les unités allemandes repliées dans la poche de La Rochelle combattirent jusqu'à l'armistice du 8 mai 1945.
— **Bx-arts.** Restes de fortifications : tours du vieux port, des XIVe-XVe s., et tour de la Grosse-Horloge. Hôtel de ville achevé au temps d'Henri IV ; autres édifices publics et belles demeures des XVIe-XVIIIe s. Cathédrale surtout du XVIIIe s. Musée des Beaux-Arts (peinture), musée d'Orbigny-Bernon (histoire locale ; faïences, principalement de La Rochelle), musée du Nouveau Monde (hôtel Fleuriau, XVIIIe s.), muséum Lafaille d'Histoire naturelle et d'Ethnographie, Musée maritime. Centre faïencier au XVIIIe s.

ROCHE-MAGASIN ou **ROCHE-RÉSERVOIR** n. f. (pl. *roches-magasins, roches-réservoirs*). Roche perméable imprégnée de pétrole et de gaz naturel dont elle constitue le gisement, et toujours recouverte d'un niveau imperméable qui empêche la migration des hydrocarbures vers la surface.

ROCHEMAURE (07400), ch.-l. de cant. de l'Ardèche, en face de Montélimar ; 1 830 hab. Ruines perchées d'un château médiéval. Barrage de retenue sur le Rhône, alimentant l'usine hydroélectrique de Châteauneuf-du-Rhône.

ROCHE-POSAY (La) [86270], comm. de la Vienne, au confluent de la Creuse et de la Gartempe ; 1 454 hab. Station thermale (maladies de la peau).

1. ROCHER n. m. (de *roche*). **1.** Grande masse de pierre dure, escarpée, qui paraît enracinée dans le terrain, ou qu'on ne peut remuer. — **2.** Éminence rocheuse : *Le rocher de Gibraltar.* — **3.** Brisant, écueil : *Un rocher à fleur d'eau.* — **4.** Paroi rocheuse : *Escalade à flanc de rocher.* — **5.** Partie inférieure de l'os temporal, en forme de pyramide couchée horizontalement et dirigée en avant et en dedans. (Il contient l'oreille interne.) — **6.** Grosse bouchée de chocolat. — **7.** Syn. de STÉRILE. — **8.** *Faire du rocher,* faire de l'escalade sur des parois de pierre. ‖ *Rocher d'eau,* fontaine en forme de rocher.

2. ROCHER v. i. (de *roche*) [conj. **3**]. Présenter le phénomène de rochage.

ROCHER-NOIR (Le) → BOUMERDÈS.

ROCHERS-DE-NAYE, station d'été et de sports d'hiver de Suisse (cant. de Vaud), au-dessus de Montreux. Jardin botanique.

ROCHESERVIÈRE (85620), ch.-l. de cant. de la Vendée, dans le nord du Bocage vendéen ; 2 254 hab.

ROCHESTER, v. de Grande-Bretagne (Kent), sur la Medway ; 56 000 hab. Donjon du XIIe s. Cathédrale des XIIe-XVe s. Centre industriel (produits en aluminium, mécanique, papeterie).

ROCHESTER, v. des États-Unis (New York), au S. du lac Ontario ; 242 000 hab. Centre industriel utilisant l'énergie du Niagara : produits et appareils photographiques ; matériel électrique ; matériel de bureau. Musée de la photographie.

ROCHE-SUR-FORON (La) [74800], ch.-l. de cant. de la Haute-Savoie, dans la vallée de l'Arve ; 7 770 hab. *(Rochois).* Vestiges féodaux. École nationale des industries du lait et des viandes. Produits alimentaires. Plastiques. Bonneterie.

ROCHE-SUR-YON (La) [85000], ch.-l. de la Vendée, à 419 km au S.-O. de Paris ; 48 518 hab. *(Yonnais).* Fondation de Napoléon Ier (1804), elle s'appela Napoléon, puis Bourbon-Vendée (sous la Restauration) et Napoléon-Vendée (sous le second Empire). Haras nationaux. Centre administratif, commercial et industriel (électroménager, pneumatiques, agroalimentaire).

1. ROCHET n. m. (bas lat. *roccus,* du frq. **rokk*). Surplis à manches étroites.

2. ROCHET n. m. (dimin. de **roc,* quenouille, du frq. **rokko*). **1.** Bobine plus grosse et plus courte que les bobines ordinaires, sur laquelle on enroule la soie. — **2.** Morceau de bois à rebords, sur lequel le rubanier met la soie. — **3.** *Roue à rochet,* roue portant à sa périphérie des dents servant à transformer le mouvement alternatif d'un organe moteur en une rotation intermittente de sens constant.

ROCHET (Waldeck), homme politique français (Sainte-Croix, Saône-et-Loire, 1905 - Nanterre 1983). Entré au parti communiste en 1923, il devient membre du comité central en 1936. Pendant la Seconde Guerre mondiale, il représente le parti communiste auprès du général de Gaulle à Londres. Secrétaire général adjoint du parti communiste en 1961, puis secrétaire général (1964-1972), il joue un rôle important dans la réalisation de l'union de la gauche, et condamne l'invasion de la Tchécoslovaquie par l'armée soviétique (1968). Quelques mois plus tard, il abandonne ses fonctions pour raisons de santé.

ROCHETTE (La) [73110], ch.-l. de cant. de la Savoie, dans la Combe de Savoie ; 3 209 hab. *(Rochettois).* Cartonnerie.

ROCHEUSES *(montagnes),* partie orientale de la Cordillère nord-américaine. Les Rocheuses s'étendent sur 3 500 km, au Canada et aux États-Unis. Atteignant presque 4 000 m dans leur partie canadienne, elles dépassent cette altitude dans les monts Uinta et le Front Range du Colorado. Par suite de leur position continentale, leurs parties les plus hautes, exposées aux vents d'ouest, sont arrosées (ce sont les châteaux d'eau des Grandes Plaines) et portent des forêts des alpages. Le cuivre, le plomb, le zinc et l'uranium sont les principales ressources minières.

Rocheuses *(fièvre pourprée des montagnes),* rickettsiose due à *Rickettsia rickettsi.*

ROCHEUX, EUSE adj. (de *roche*). **1.** Couvert de rochers : *Île rocheuse.* — **2.** Qui est formé, constitué par de la roche : *Le fond rocheux de la rivière.*

Roch ha-Shana → ROSH HA-SHANA.

ROCHIER n. m. (de *roche*). Autre nom du *rouquier.*

ROCK [rɔk] n. m. (abrév. de *rock and roll*). **1.** Ensemble des styles musicaux dérivés du rock and roll des années 50. (On dit aussi ROCK MUSIC.) — **2.** Abrév. de ROCK AND ROLL.
◆ adj. inv. Relatif au rock : *Chanteur rock.*

ENCYCL. À partir de 1962, le rock and roll connaît une nouvelle jeunesse avec l'arrivée des Beatles et des Rolling Stones. Puisant ses racines et son énergie dans le rock and roll de la période Presley, cette musique s'en distingue cependant. On l'appelle « rock » dans le monde anglo-saxon, et « pop music » en France.
Dès 1965, et tout au long des années 70, aux États-Unis et en Angleterre, apparaissent de nouvelles formes : *jazz-rock, folk-rock.* Selon les modes et les styles, le rock devient *hard* (dur) ou *soft* (mou), *punk* ou *funk,* symphonique ou psychédélique, décadent ou *new wave,* africain ou français, disco ou reggae.

ROCKABILLY n. m. (amér. *rockabilly,* de *rock* et de *hillbilly*). Premier type du rock and roll, né de la fusion du blues et de la musique hillbilly et country, interprété par des chanteurs blancs du sud des États-Unis.

ROCK AND ROLL [rɔkɛndrɔl] n. m. (amér. *rock and roll,* de *to rock,* balancer, et *to roll,* tourner). **1.** Style musical à prédominance vocale, issu de la rencontre de la musique populaire noire (blues et rhythm and blues) avec des éléments empruntés au folklore américain blanc (musique hillbilly, country and western). — **2.** Danse de style swing apparue vers 1960, exécutée sur un rythme de jazz à quatre temps, analogue à celui du boogie-woogie. (Abrév. ROCK.)
ENCYCL. Caractérisé par un rythme 4/4 vigoureusement appuyé sur le deuxième et le quatrième temps, le rock and roll utilise une instrumentation où dominent guitares électriques et batterie. Deux musiciens ont joué un rôle capital dans son avènement : un Noir, Fats Domino, qui contribua par son succès *Ain't that a shame* à populariser le rhythm and blues, et un Blanc, Hank Williams, qui créa un type de chanson dont l'alternance couplet-refrain raconte une histoire, avec une recherche sur l'arrangement et l'effet. En 1954, Bill Haley signe, avec *Rock around the clock,* l'acte de naissance officiel du rock and roll. Très vite, groupes et chanteurs prolifèrent. Le rock and roll se diversifie alors en rockabilly, interprété par des Blancs, surtout du sud des États-Unis (Elvis Presley, Buddy Holly, Eddie Cochran, Ricky Nelson, Gene Vincent, Carl Perkins, Jerry Lee Lewis) et en rock and roll noir, issu du blues, plus violent, au tempo endiablé (Little Richard, Bo Didley, Chuck Berry).
Il atteint ensuite la Grande-Bretagne (Tommy Steele, les Shadows, Cliff Richard, puis les Beatles, les Who et les Rolling Stones), puis la France et s'y transforme en rock*.

ROCKDALE, v. d'Australie, banlieue de Sydney ; 84 000 hab. Centre résidentiel et industriel. Aéroport international de Sydney.

ROCKEFELLER (John Davison), industriel américain (Richford, New York, 1839 - Ormond Beach, Floride, 1937). Un des premiers à pressentir l'avenir de l'industrie du pétrole, il fonda en 1862 sa première entreprise pétrolière et créa, en 1870, la Standard Oil Company. Dès 1882, il dominait toute l'industrie du pétrole américain grâce à ses compagnies de transport, à son réseau de pipe-lines et à ses sociétés de raffinage. Rockefeller, qui possédait l'une des plus grosses fortunes du monde, en distribua une grande partie à différentes institutions et notamment à l'université de Chicago.

Rockefeller *(Institut),* organisme de recherche médicale fondé à New York en 1901, grâce aux dons de John Davison Rockefeller.

ROCKER [rɔkœr] n. m. ou **ROCKEUR, EUSE** n. (amér. *rocker*) **1.** Chanteur de rock. — **2.** *Fam.* Adepte du style rock, personne qui, dans sa tenue (blouson de cuir noir, bottes, etc.), imite les chanteurs rock.

ROCKFORD, v. des États-Unis (Illinois), au N.-O. de Chicago ; 139 700 hab. Centre commercial et industriel.

ROCKHAMPTON, v. d'Australie (Queensland), sur le Fitzroy ; 50 100 hab. Centre industriel (alimentation, réparations ferroviaires, chimie).

ROCKING-CHAIR [rɔkiɲ(t)ʃɛr] n. m. (pl. *rocking-chairs*) [angl. *rocking-chair,* de *to rock,* balancer, et *chair,* siège]. Syn. de BERCEUSE.

ROCKINGHAM (Charles WATSON WENTWORTH, 2ᵉ *marquis* DE), homme politique britannique (1730 - Londres 1782). Leader de l'opposition whig à la Chambre des lords, il devint ministre principal en 1765-66, puis en 1782, et s'opposa à la politique de Pitt envers les colonies américaines.

Rockwell *(dureté),* dureté d'un matériau mesurée par la profondeur de l'empreinte que laisse un pénétrateur de forme conique ou sphérique sous une charge définie. On utilise l'échelle B (symbole HRB) pour les matériaux à dureté moyenne et l'échelle C (symbole HRC) pour les matériaux durs.

ROCKY n. (pl. *rockys* ou *rockies*). Syn. fam. de ROCKER.

ROCKY MOUNTAINS, nom anglais des montagnes Rocheuses*.

ROCOCO n. m. (de *rocaille*). Style artistique en vogue au XVIIIᵉ s. (Allemagne, Autriche, Bohême, Russie, Italie, Espagne, etc.), qui dérive à la fois du grand style baroque italien et du décor rocaille français. (Le terme s'applique à une partie de la production picturale italienne et française, claire, légère et mouvementée, à l'architecture et au décor des abbayes de l'Allemagne du Sud et de l'Autriche, à toute une ornementation foisonnante, asymétrique et lumineuse, qui sera progressivement supplantée, dans la 2ᵉ moitié du XVIIIᵉ s., par la discipline néoclassique.)

◆ adj. inv. **1.** Qui appartient au rococo. — **2.** *Vx.* D'une complication ridicule, passé de mode : *Un cérémonial rococo.*

ROCOU n. m. (tupi *urucú*). Pigment caroténoïde extrait de la cire rouge entourant les graines du rocouyer, et utilisé comme colorant alimentaire.

ROCOUER v. t. (conj. **6**). Teindre avec du rocou.

ROCOUYER n. m. (de *rocou*). Arbrisseau (bixacée) tinctorial de l'Amérique centrale fournissant le rocou.

ROCQUENCOURT (78150), comm. des Yvelines, à 5 km au N.-N.-O. de Versailles ; 3 877 hab. Siège, de 1951 à 1967, du commandement suprême des forces alliées en Europe (SHAPE). Informatique.

ROCROI (08230), ch.-l. de cant. des Ardennes, dans le massif de l'Ardenne ; 2 565 hab. *(Rocroyens).* Enceinte bastionnée des XVIᵉ-XVIIᵉ s.
— **Hist.** La victoire du duc d'Enghien sur l'armée espagnole devant la ville (10-19 mai 1643) fit perdre à l'infanterie de Philippe IV sa réputation d'invincibilité.

ROD (Édouard), écrivain suisse d'expression française (Nyon 1857 - Grasse 1910). Il se dégagea rapidement du naturalisme de Zola au profit de la psychanalyse (*la Course à la mort,* 1885 ; *L'ombre s'étend sur la montagne,* 1907).

RODAGE n. m. (de *roder*) **1.** Fonctionnement, temporairement limité, au-dessous des performances nominales d'une machine ou d'un véhicule neufs. — **2.** Action de mettre progressivement qqch en état de fonctionner ; période correspondant à cette mise en train : *Le rodage d'un nouveau service.* — **3.** Opération ayant pour but d'obtenir une surface unie et polie, et, dans le cas de surfaces frottantes, une portée aussi parfaite que possible des pièces en contact. (→ *encycl.*) — **4.** *Rodage de soupape,* polissage soigné de la surface de portée d'une soupape et de son siège, pour garantir l'étanchéité absolue de fermeture.

ENCYCL. **Usin.** Le rodage est utilisé notamment pour la finition de surfaces intérieures de révolution des pièces mécaniques ; il s'effectue à l'aide d'une matière abrasive, de qualité et de grain déterminés. Dans le « honing », on utilise des pierres, ou bâtons rodoirs, d'abrasifs agglomérés. Dans le « lapping », l'abrasif est sous forme de poudre, à sec, en suspension dans un liquide approprié, ou incorporé à un support métallique doux (bronze ou fonte) forçant légèrement dans l'alésage à roder. La superfinition* est un procédé particulier de rodage.

RÔDAILLER v. i. (de *rôder*) [conj. 3]. *Fam.* Rôder çà et là en traînant.

RODBERTUS (Johann Karl), économiste et homme politique allemand (Greifswald 1805 - Jagetzow, district de Neubrandenburg, 1875). Pour éviter une crise de surproduction liée à l'insuffisance du pouvoir d'achat des travailleurs, il proposa une tarification des salaires par l'État et la propriété collective des moyens de production.

RODE (Helge), écrivain danois (Copenhague 1870 - Frederiksborg 1937), auteur d'une œuvre poétique (*le Jardin tranquille,* 1922) et théâtrale (*Fils de roi,* 1896 ; *Un homme venait de Jérusalem,* 1920) d'inspiration mystique.

RODENBACH (Georges), poète belge de langue française (Tournai 1855 - Paris 1898). Ami de Verhaeren, il collabora à *la Jeune Belgique* et s'installa à Paris. Ses romans à succès (*Bruges-la-Morte,* 1892) et ses recueils poétiques *la Jeunesse blanche* (1886) et *le Règne du silence* (1891) ont su traduire la poésie de la Flandre.

RODÉO n. m. (esp. *rodeo*). **1.** Dans la pampa argentine, rassemblement des troupeaux pour marquer les jeunes animaux. – **2.** Jeu sportif des États-Unis et du Mexique, comportant plusieurs épreuves minutées (attraper un veau au lasso, chevaucher un taureau, ou un bronco, maîtriser un bouvillon). – **3.** *Fam.* Course bruyante et agitée d'autos, de motos.

RODER v. t. (lat. *rodere,* ronger) [conj. 3]. **1.** Utiliser un appareil, une voiture dans les conditions voulues par le rodage. – **2.** Soumettre une surface au rodage. – **3.** Mettre progressivement au point par des essais répétés, par l'expérience : *Roder une nouvelle méthode pédagogique.*

◆ **se roder** v. pr., **être rodé** v. pass. S'adapter progressivement à une fonction.

RÔDER v. i. (anc. provenç. *rodar,* tourner, du lat. *rotare*) [conj. 3]. **1.** Errer çà et là, sans but précis : *Des chiens rôdent dans les rues.* – **2.** Tourner autour d'un endroit avec des intentions suspectes : *Quelqu'un rôde autour du pavillon.*

RODÉRIC → RODRIGUE.

RÔDEUR, EUSE n. Personne d'allure suspecte qui erre dans les rues, dans la campagne, à la recherche d'un mauvais coup.

◆ adj. Qui erre çà et là : *Des chiens rôdeurs.*

RODEZ (12000), ch.-l. du dép. de l'Aveyron, sur l'Aveyron, à 615 km au S. de Paris ; 26 794 hab. *(Ruthénois).* Évêché. Centre administratif et commercial avec quelques industries (constructions mécaniques, agroalimentaire). Haras national. – **Bx-arts.** Cathédrale gothique des XIIIe-XVIe s. (mobilier, sculptures). Église St-Amans, romane, remodelée au XVIIIe s. Hôtels et maisons des XVe-XVIIe s. Musée Fenaille (collections préhistoriques [statues-menhirs], gallo-romaines [céramique de la Graufesenque] et médiévales) et musée des Beaux-Arts, dit « Denys-Puech ».

RODEZ *(causse de)* → COMTAL *(causse).*

RODIÈRE (René), juriste français (Alger 1907 - Paris 1981). Inspirateur des lois qui, de 1966 à 1969, ont réformé le droit maritime, ses travaux et surtout son *Traité général de droit maritime* (1967-1980) ont fortement marqué cette discipline.

RODIN (Auguste), sculpteur français (Paris 1840 - Meudon 1917). Si ses études (École impériale de dessin, puis cours de Barye au Muséum) et ses travaux alimentaires (comme ornemaniste, mouleur, praticien et ciseleur) lui donnent sa formation et sa virtuosité, le choc reçu de Michel-Ange en Italie (1875) le libère de l'académisme. Jouant de la matière (plâtre, bronze, marbre), qu'il anime comme nul autre dans la lumière, l'artiste entame une œuvre qui mêle, en les dépassant, réalisme et romantisme. D'un lyrisme sensuel (*le Baiser**, 1886), mais aussi d'une intensité tragique (*les Bourgeois* de Calais,* 1884-1895), son art possède une originalité puissante, qu'on ne peut réduire à ses modèles de prédilection (antiques, gothiques ou Renaissance italienne). Malgré les scandales (le *Balzac,* 1891-1898), Rodin finit par être admis et admiré, et donne de nombreux bustes de personnalités (*Clemenceau,* 1911). Mais sa grande œuvre, qui l'occupe de 1880 jusqu'à sa mort, reste la monumentale et inachevée *Porte de l'enfer,* répertoire de ses idées, de ses formes et de ses thèmes ; s'y rattachent des sculptures comme les différentes versions du *Penseur.* Ses deux résidences, l'hôtel Biron à Paris (musée Rodin) et la villa des Brillants à Meudon, conservent la plus grande partie de son œuvre.

RODNA, massif du nord de la Roumanie ; 2 305 m au *Pietrosul.* Gisements de plomb argentifère et de manganèse.

RODNEY (Georges BRYDGES, *baron*), amiral anglais (Londres 1718 - *id.* 1792). Après s'être illustré contre les Espagnols pendant la guerre d'Amérique, il battit l'escadre de De Grasse au large de la Dominique (1782).

RODÓ (José Enrique), essayiste et critique littéraire uruguayen (Montevideo 1872 - Palerme 1917). Exaltant les valeurs de la latinité opposées au matérialisme anglo-saxon (*Ariel,* 1900), il a publié des essais (*Los motivos de proteo,* 1908 ; *El mirador de Próspero,* 1913) qui l'ont consacré comme le maître à penser de sa génération.

RODOGUNE, princesse parthe, fille de Mithridate Ier (IIe s. av. J.-C.). Elle épousa, en 140 av. J.-C., le roi de Syrie Démétrios II Nikatôr.

Rodogune, *princesse des Parthes,* tragédie de Pierre Corneille (1644).

RODOIR n. m. Bâton d'abrasifs agglomérés, utilisé dans le rodage.

RODOLPHE *(lac)* → TURKANA *(lac).*

RODOLPHE DE SOUABE († Hohenmölsen, près de Merseburg, 1080), duc de Souabe (1057-1080), roi des Romains (1077-1080). Il s'opposa à son beau-frère Henri IV, lorsque ce dernier entra en lutte contre le pape Grégoire VII (1076). Élu roi des Romains (1077), il ne put s'imposer contre son rival.

RODOLPHE Ier DE HABSBOURG (Limburg, Hesse, 1218 - Spire 1291), roi des Romains (1273-1291). Héritier du landgraviat de Haute-Alsace et de nombreuses terres en Suisse alémanique (1239), il fut élu roi des Romains en oct. 1273, ce qui mit fin au Grand Interrègne. Il parvint à soumettre Otakar II Přemysl, roi de Bohême (1278), et s'appropria ainsi un vaste domaine en Autriche (Basse-Autriche, Styrie). Il ne parvint pas à obtenir du pape la consécration impériale et ne put faire élire son fils Albert roi des Romains. Bien que n'ayant pas réussi à restaurer l'autorité impériale, Rodolphe Ier a fondé la puissance des Habsbourg.

RODOLPHE II DE HABSBOURG (Vienne 1552 - Prague 1612), archiduc d'Autriche, empereur germanique (1576-1612), roi de Hongrie (1572-1608) et de Bohême (1575-1611), fils de Maximilien II. Élevé à la cour d'Espagne, il fut un partisan ardent de la Réforme catholique. Dépourvu d'autorité, il s'enferma dans le château de Prague. Féru de sciences et d'art, il accueillit à sa cour T. Brahe et Kepler. Son instabilité mentale s'aggrava à partir de 1598 et son frère Mathias fut reconnu chef de la maison d'Autriche en 1606. Il dut céder à ce dernier le gouvernement de l'Autriche, de la Moravie et de la Hongrie (1608). L'empereur chercha cependant à se maintenir en Bohême et en Silésie en octroyant à ses sujets protestants une lettre de majesté (9 juill. 1609) qui leur garantissait la liberté de conscience et de culte. Mais Mathias obtint le gouvernement de la Bohême en 1611 et Rodolphe ne conserva plus que son titre impérial.

RODOLPHE DE HABSBOURG (Laxenburg 1858 - Mayerling 1889), archiduc d'Autriche. Fils unique de François-Joseph Ier, il se suicida avec Marie Vetsera dans le pavillon de chasse de Mayerling.

RODOLPHE Ier († 912), marquis ou duc (v. 865-888), puis roi de Bourgogne Transjurane (888-912), membre de la famille des Welfs. Des contestations territoriales le firent s'affronter au roi de Germanie Arnoul. — **Rodolphe II** († 937), roi de Bourgogne (912-937) et d'Italie (924-926), fils et successeur du précédent. Il acheva de reconquérir les terres transjuranes, contestées à son père par Arnoul. Par l'acquisition de la Provence, il constitua le royaume des Deux-Bourgognes (Bourgogne et Provence), ou royaume d'Arles.

RODOMONT n. m. (ital. *Rodomonte,* n. d'un personnage du *Roland furieux* de l'Arioste). *Litt.* Fanfaron qui se vante de prétendus actes de bravoure ; bravache.

RODOMONTADE n. f. (de *rodomont*). *Litt.* Vantardise pleine d'insolence.

RODONTICIDE ou **RODENTICIDE** adj. et n. m. (lat. *rodere,* ronger). Se dit d'un produit pour tuer les rongeurs.

RODOREDA (Mercè), femme de lettres catalane (Barcelone 1909 - Romanya-de-la-Selva 1983). Ses romans, tel son chef-d'œuvre *la Place du diamant* (1962), la placent au premier rang des romanciers catalans. On lui doit encore des nouvelles (*Mirall trencat,* 1975 ; *Quanta, quanta guerra,* 1980).

RODRIGO (Joaquín), compositeur espagnol (Sagunto, Valence, 1902). Son style s'inspire du folklore, notamment dans le *Concierto de Aranjuez,* pour guitare et orchestre (1939), et dans son *Concerto andalou* pour 4 guitares et orchestre (1967) écrit pour le quatuor los Romeros.

RODRIGUE ou **RODÉRIC,** roi des Wisigoths (710-711) († 711). En 711, il fut battu et tué par les Arabes de Ṭāriq ibn Ziyād.

RODRIGUE, en esp. **Rodrigo Díaz de Vivar** → CID CAMPEADOR.

Rodrigue, héros de la pièce de Pierre Corneille, *le Cid* (1637).

RODRIGUES ou **RODRIGUEZ,** île volcanique de l'océan Indien, appartenant au groupe des Mascareignes, dépendance de l'île Maurice ; 104 km² ; 30 300 hab.

RODRIGUES (Benjamin Olinde), économiste et mathématicien français (Bordeaux 1794 - Paris 1851). Il adhéra à la doctrine de Saint-Simon et préconisa la participation aux bénéfices. En mathématiques, il a étudié les lignes de courbure et a introduit, en théorie des surfaces, la représentation sphérique.

RODRIGUES (Nélson), écrivain brésilien (Recife 1912 - Rio de Janeiro 1980). Il renouvela la dramaturgie brésilienne : techniques narratives, compartimentage de la scène (*Baiser sur l'asphalte,* 1961).

RODRIGUES (Amália), chanteuse portugaise (Lisbonne 1920). Elle a imposé le fado sur les scènes du monde entier, en conservant l'esprit dans ses autres chansons.

RODRIGUES LOBO (Francisco) → LOBO (Francisco Rodrigues).

RODRÍGUEZ (Ventura), architecte espagnol (Ciempozuelos, prov. de Madrid, 1717-Madrid 1785). Éclectique, il domina l'architecture espagnole de son temps avant que s'installe le néoclassicisme de J. de Villanueva. (Église baroque S. Marcos à Madrid, 1749 ; salle du Collège royal de chirurgie à Barcelone, d'une extrême sévérité, 1761 ; façade à portique corinthien de la cathédrale de Pampelune, 1783).

RODRÍGUEZ DE FRANCIA (José Gaspar) → FRANCIA (José Gaspar Rodríguez de).

RODRÍGUEZ LARRETA → LARRETA.

RODRÍGUEZ (ou **ORDÓÑEZ**) **DE MONTALVO** (Garci), écrivain espagnol (fin XVe s.), gouverneur de Medina del Campo. Il fit paraître son roman *Amadis* de Gaule,* et sa suite (*La Sergas de Esplandián,* 1510).

RODTCHENKO (Aleksandr Mikhaïlovitch), peintre russe (Saint-Pétersbourg 1891 - Moscou 1956). Influencé par Malevitch, puis adhérant au constructivisme de Tatline, il participa à partir de 1920 à l'animation des nouveaux instituts d'art de Moscou. Après avoir effectué des recherches sur la couleur pure, sur la ligne, sur le mouvement (constructions suspendues de 1920), il choisit la voie d'un art « productiviste » contre celle de l'art « pur », se consacrant surtout au design industriel, aux arts graphiques et à la photographie.

ROEBLING (John Augustus), ingénieur américain d'origine allemande (Mülhausen, Prusse, 1806 - Brooklyn Heights 1869). Fondateur, près de Pittsburgh, de la première usine de câbles métalliques aux États-Unis, il fut chargé du grand pont de l'East River, entre Manhattan et Brooklyn, mais mourut accidentellement avant l'achèvement des travaux.

ROEDERER (Pierre Louis, *comte*), homme politique français (Metz 1754 - Bois-Roussel 1835). Conseiller au parlement de Metz (1780), député du tiers aux États généraux (1789), il se consacra à la réforme de la fiscalité. Professeur d'économie politique aux écoles centrales (1796), il fut sous l'Empire conseiller d'État, sénateur et l'auxiliaire de Napoléon dans ses réformes administratives. (Acad. fr., 1803, exclu en 1816.)

ROELANTS (Gaston), athlète belge (Opvelp, près de Louvain, 1937). Champion olympique en 1964 du 3 000 m steeple, il a aussi détenu les records du monde de l'heure et des 20 km.

ROELAS (Juan DE), peintre espagnol (Séville v. 1560 - Olivares, près de Séville, 1625). Influencé par les Vénitiens, il fut à Séville, au début du XVIIe s., le maître d'un art religieux d'esprit naturaliste et baroque.

RŒNTGEN → RÖNTGEN.

ROENTGEN (David), ébéniste allemand (Herrnhaag, près de Francfort, 1743-Wiesbaden 1807). Il fit des ateliers de son père, à Neuwied, une grande manufacture. Ses meubles à secret, qui associent les inventiont mécaniques à un traitement original de la marqueterie, eurent un grand succès à Paris — où il fonda une succursale en 1779 — et dans les cours d'Europe.

ROER ou **RUR** (la), riv. de Belgique, d'Allemagne et des Pays-Bas, affl. de la Meuse (r. dr.) à Roermond ; 248 km.

ROERMOND, v. des Pays-Bas (Limbourg), au confluent de la Roer et de la Meuse ; 38 000 hab. Église Notre-Dame, du XIIIe s. ; cathédrale du XVe s. Marché agricole et centre industriel.

ROESELARE, en fr. **Roulers,** v. de Belgique, ch.-l. d'arrond. de la Flandre-Occidentale ; 52 000 hab. Centre commercial et industriel. Église des XVe-XVIe s. — Victoire de Pichegru et de Macdonald sur l'armée autrichienne de Clerfayt (13 juill. 1794).

RŒSSEN → RÖSSEN.

RŒSTI ou **RÖSTI** [røʃti] n. m. pl. (all. *rösten,* griller). Mets suisse fait de pommes de terre râpées ou coupées en minces tranches et rissolées à la poêle.

ROETTIERS ou **ROËTTIERS,** famille allemande qui donna à la France et aux pays voisins, à la fin du XVIIe et au XVIIIe s., des graveurs en monnaies et médailles ainsi que des orfèvres. — JOSEPH (Anvers 1635 - Paris 1703), appelé en France par Colbert et naturalisé, devint graveur général des monnaies de France en 1682. — La charge fut reprise par son neveu NORBERT (Londres 1665 - Choisy-le-Roi 1727), puis par JOSEPH CHARLES (1691-1779) et par CHARLES-NORBERT (1720-1172). — JACQUES (Saint-Germain-en-Laye 1707 - Paris 1784), fils de Norbert, orfèvre, succéda en 1754 comme orfèvre du roi à son beau-père Nicolas Besnier. Son style évolua vers le néoclassicisme. — JACQUES-NICOLAS **Roettiers de la Tour** (né en 1736), fils du précédent, fut son élève et collaborateur ; il se retira, fortune faite, en 1777.

ROGATIONS n. f. pl. (lat. *rogatio,* prière). Procession de supplication, instituée au Ve s., et se déroulant durant les trois jours qui précèdent l'Ascension et en la fête de saint Marc (25 avr.).

ROGATOIRE adj. (lat. *rogatum,* de *rogare,* prier). *Commission rogatoire* → COMMISSION.

ROGATON n. m. (lat. médiév. *rogatum,* demande). *Fam.* **1.** Objet de rebut ; reste de peu de valeur. – **2.** Bribes d'aliments, restes d'un repas.

ROGER Ier (en Normandie 1031 - Mileto, Calabre, 1101), comte de Sicile (1062-1101), fils de Tancrède de Hauteville. Il aida son frère Robert Guiscard à conquérir la Calabre sur les musulmans (1061), puis prit une grande part à la conquête de la Sicile, achevée seulement en 1091. Il se montra très tolérant à l'égard de la population musulmane. – **Roger II** (v. 1095 - Palerme 1154), comte de Sicile (1101-1127), duc de Pouille et de Calabre (1127-1130), puis roi de Sicile (1130-1154), fils du précédent. Il fut en conflit avec la papauté. Il s'empara d'Innocent II (1139) et obtint alors la reconnaissance de son titre de roi. Sa flotte de guerre accomplit des opérations fructueuses en Afrique et en Grèce.

ROGER de Loria ou **RUGGERO di Lauria,** amiral italien (Lauria, auj. en Basilicate, ou Scalea, Calabre, v. 1245 - Valence ? 1305). Au service de Pierre III d'Aragon, il détruisit la flotte des Angevins après les Vêpres siciliennes (1283), et battit celle de Philippe III le Hardi au large de la Catalogne (1285).

Roger *(maladie de),* affection congénitale du cœur consistant en une communication anormale entre les deux ventricules. Cette communication est de petite taille, ce qui explique la parfaite tolérance fonctionnelle.

ROGER BONTEMPS → COLLERYE.

ROGER-DUCASSE (Jean), compositeur français (Bordeaux 1873 - Le Taillan-Médoc, Gironde, 1954). Son œuvre, écrite dans un style très fauréen, comporte des pièces d'orchestre (*Nocturne de printemps,* 1920 ; *Nocturne d'hiver,* 1931), des poèmes symphoniques, et révèle des qualités nouvelles dans sa musique de chambre et ses pièces pour piano (6 *Préludes, Études, Arabesques, Esquisses, Petite Suite*).

ROGERS (Carl Ransom), psychopédagogue américain (Oak Park, Illinois, 1902 - La Jolla 1987). Son approche, qualifiée de non directive, marquée à la fois par Freud et par Dewey, est profondément originale. Il préconise une psychothérapie fondée sur le rapport direct entre thérapeute et malade (*Psychothérapie et relations humaines,* 1942 ; *Client-Centered Therapy,* 1951 ; *le Développement de la personne,* 1961).

ROGERS (Virginia Katherine MCMATH, dite **Ginger**), actrice américaine (Independence, Missouri, 1911 - Rancho Village, près de Los Angeles, 1995). Après avoir joué dans l'opérette de Gershwin *Girl Crazy* (1930), elle devint, en 1933, au cinéma, la partenaire de Fred Astaire : *42e Rue* (1933), *la Joyeuse Divorcée* (1934), *Top Hat* (1935), *Roberta* (1935).

ROGERS (Richard), architecte britannique (Florence 1933). Il s'est spécialisé, avant et après son association avec R. Piano* (1970-1977), dans la construction de locaux aux structures métalliques très élaborées (immeuble de la Lloyd's à Londres, 1978-1985).

ROGET (Peter Mark), lexicographe britannique (Londres 1779 - West Malvern 1869). Il est l'auteur du *Thesaurus of English Words and Phrases* (1852), première tentative d'un dictionnaire synonymique et analogique.

ROGGEVEEN (Jacob), navigateur néerlandais (Middelburg 1659 - *id.* 1729). Au service de la Compagnie des Indes occidentales, il dirigea une expédition dans le Pacifique où il découvrit l'île de Pâques et les Samoa (1722).

ROGIER (Charles LATOUR), homme politique belge (Saint-Quentin, France, 1800-Bruxelles 1885). Membre du gouvernement provisoire (1831), il devint l'un des chefs du parti libéral. Ministre de l'Intérieur (1832-1834), puis des Travaux publics (1840-41), il fut chef de gouvernement de 1847 à 1852 et de 1857 à 1868. Il pratiqua une politique économique favorable au libre-échange, mais son anticléricalisme en matière scolaire suscita une vive opposition.

ROGNAC (13340), comm. des Bouches-du-Rhône, près de l'étang de Berre ; 11 129 hab. Travail des plastiques.

ROGNAGE n. m. **1.** Action, manière de rogner, de couper : *Le rognage des livres.* – **2.** Pincement ou sectionnement de l'extrémité des sarments de vigne ou de jeunes rameaux d'arbres lorsqu'ils ont atteint environ 1 m. – **3.** Opération du travail des métaux en feuille, qui a pour objet de découper les bords des pièces embouties. – **4.** Opération qui consiste à retirer d'une peau les parties inutilisables.

1. ROGNE n. f. (de *rogner 1*). Coupe au massicot pour la mise au format définitif.

2. ROGNE n. f. (de *rogner 2*). *Fam.* Mauvaise humeur, colère : *Être en rogne.*

ROGNE-PIED n. m. inv. Couteau sans manche, utilisé en maréchalerie pour enlever l'excédent de corne du sabot.

1. ROGNER v. t. (lat. pop. **retundiare,* couper en rond, du lat. class. *rotundus,* rond) [conj. 3]. **1.** Couper qqch sur son pourtour, en rectifier ou en égaliser la forme, en retrancher une partie sur ses bords : *Rogner une pièce de bois à une extrémité.* – **2.** Diminuer faiblement ce qui doit revenir à qqn ou lui appartient, afin de réaliser un petit profit ou d'acquérir un léger avantage : *Rogner les* *pouvoirs d'une assemblée.* — **3.** Découper, sur une bobineuse, la feuille de papier à la largeur désirée. — **4.** Couper les marges d'un livre broché ou relié pour faire disparaître les plis fermés par la pliure des cahiers et égaliser la dimension des feuillets. — **5.** Syn. de SURTAILLER. ◆ v. t. ind. Faire de petites économies : *Rogner sur la nourriture.*

2. ROGNER v. i. (rad. *ron,* exprimant le grondement) [conj. 3]. *Fam.* et *vx.* Être en rogne.

ROGNEUSE n. f. Appareil formé d'un bâti fixé sur un tracteur et de lames coupantes servant au rognage.

ROGNON n. m. (lat. pop. **ronio, -onis,* du lat. class. *ren, renis,* rein). **1.** Rein des animaux de boucherie. — **2.** Îlot rocheux isolé au milieu d'un glacier ou d'un champ de neige. — **3.** Masse minérale irrégulièrement arrondie, contenue dans une roche de nature différente (rognons de silex dans la craie, par ex.). — **4.** *Table (en) rognon,* table dont le dessus a la forme d'un rein. (Syn. TABLE HARICOT.)

ROGNONNADE n. f. Longe de veau cuite avec le rognon.

ROGNONNER v. i. (de *rogner 2*) [conj. 3]. *Fam.* et *vx.* Grommeler, bougonner.

ROGNURE n. f. **1.** Ce qui tombe, se détache de qqch qu'on rogne : *Des rognures d'ongles.* — **2.** Restes, débris de qqch : *Donner des rognures de viande aux chats.* — **3.** Déchet de papier obtenu au cours du bobinage. — **4.** Opération de reliure pratiquée sur la presse ou au massicot qui consiste à rogner les tranches d'un livre ; chute de papier résultant de cette opération.

ROGOMME [rɔgɔm] n. m. **1.** *Pop.* et *vx.* Eau-de-vie. — **2.** Fam. *Voix de rogomme,* voix rauque que donne l'abus des boissons alcooliques.

1. ROGUE adj. (anc. scand. *hrôkr*). Qui est arrogant, avec une nuance de raideur et de rudesse : *Un air rogue et bourru.*

2. ROGUE n. f. (mot. norm., de l'anc. scand. *hrogn*). **1.** Œufs de poisson salés, partic. de morue, employés comme appât dans la pêche à la sardine. — **2.** Œufs de poisson en général. (Syn. RAVE DE POISSON.)

ROGUÉ, E adj. Se dit d'un poisson qui a des œufs.

ROHAN (56580), ch.-l. de cant. du Morbihan, à l'E. de Pontivy, sur le *plateau de Rohan ;* 1 621 hab. *(Rohannais).*

ROHAN (*maison* DE), famille bretonne issue de Guethenoc († v. 1046), cadet de la maison de Bretagne, qui reçut un apanage et prit le nom de la petite localité du Morbihan. — EUDES ou EUDON régna sur la Bretagne (v. 1148-1155) après son mariage avec Berthe, comtesse de Bretagne. — JEAN II (1462-1516) épousa Marie de Bretagne, fille cadette du duc François Ier. — HENRI II (ou Ier) **de Rohan** fut fait duc et pair (1603). Le mariage de sa fille Marguerite entraîna la cession des titres et biens à la maison de Chabot (1645). [La branche de **Rohan-Chabot** est encore représentée aujourd'hui.] — BENJAMIN (1583-1642), frère d'Henri, fut seigneur de Soubise*. La maison de Rohan a formé aussi les branches de **Rohan-Guéménée** et de **Rohan-Montbazon.**

ROHAN *(le Maître de),* enlumineur actif à Paris et en Anjou dans la 1re moitié du XVe s., ainsi nommé en tant qu'illustrateur des *Grandes Heures* dites « de Rohan » (B. N. F., Paris), exécutées pour la famille d'Anjou, au service de laquelle il fut à partir d'env. 1420. Inégal, indifférent au rendu spatial et plastique, à la narration, au réalisme, il exprime avec force une vision intérieure toute d'angoisse et de pathétique.

ROHAN (Henri II ou Ier, *duc* DE), prince **de Léon** (Blain 1579 - Königsfelden 1638). Gendre de Sully, huguenot fanatique, il protesta contre la politique de Marie de Médicis et prit les armes à plusieurs reprises à partir de 1615, dans le Midi. Il contraignit Louis XIII à renouveler l'édit de Nantes par la paix de Montpellier (1622). Exilé en Italie, il rentra en France et commanda l'armée qui libéra la Valteline (1631). Disgracié (1633), il alla combattre en Allemagne.

ROHAN (Louis, *chevalier* DE) [1635 - Paris 1674]. Il participa à une conspiration ourdie contre Louis XIV avec les Hollandais et fut condamné à mort et décapité.

ROHAN (Armand Gaston Maximilien DE), prélat français (Paris 1674 - *id.* 1749). Coadjuteur (1701) puis titulaire (1704) du siège épiscopal de Strasbourg, cardinal (1712), il devint grand aumônier de France (1713). [Acad. fr. 1704.]

ROHAN (Louis René Édouard, *prince* DE), prélat français (Paris 1734 - Ettenheim, Bade, 1803). Coadjuteur de Strasbourg (1760), ambassadeur à Vienne (1772-1774), grand aumônier de France (1777), cardinal (1778), évêque de Strasbourg (1779), il mena une vie fastueuse et se compromit dans l'affaire du collier de la reine (1785-1786). Député aux États généraux (1789), il émigra en 1791. (Acad. fr., 1761.)

Rohan *(château des),* à Strasbourg, édifice construit le long de l'Ill, de 1730 à 1742, par Joseph Massol sur plans de R. de Cotte, pour le cardinal Armand de Rohan. Ses appartements du rez-de-chaussée offrent un bel exemple de l'art décoratif Louis XV. Il abrite les musées de la ville de Strasbourg.

Rohan *(hôtel de),* ou **de Strasbourg,** à Paris, dans le Marais, rue Vieille-du-Temple. Il a été élevé, sur un jardin commun avec l'hôtel de Soubise, par Delamair (1705-1708), pour Armand de Rohan, évêque de Strasbourg. Il est auj. affecté aux Archives nationales.

ROHART n. m. (anc. scand. *hross-hvalr,* morse). Ivoire provenant de l'hippopotame ou du morse.

RÓHEIM (Géza), psychanalyste hongrois (Budapest 1891 - New York 1953). Il est considéré comme le premier anthropologue psychanalyste. Ses études sur le terrain lui firent vérifier le caractère universel de l'œdipe, ce qui contredisait les thèses de B. Malinowski.

ROHLFS (Gerhard), explorateur allemand (Vegesack, près de Brême, 1831 - Rüngsdorf, près de Godesberg, 1896). De 1862 à 1865, il parcourut le Maroc, puis traversa le Sahara d'O. en E. Il visita ensuite le Cyrénaïque (1868), puis le désert de Libye (1873-74) et l'Éthiopie (1880).

RÖHM (Ernst), homme politique allemand (Munich 1887 - *id.* 1934). Officier, il dirigea les Sections d'assaut (SA), avec lesquelles il participa au putsch de Munich (1923). Nommé par Hitler chef d'état-major des SA et ministre sans portefeuille (1933), il voulut intégrer les SA dans les forces armées *(Reichswehr)* pour en faire une milice nationale socialiste. Il s'attira ainsi l'hostilité des généraux. Hitler le fit assassiner ainsi que tous les cadres SA lors de la « Nuit des longs couteaux », le 30 juin 1934.

ROHMER (Jean Marie Maurice SCHÉRER, dit **Éric**), cinéaste français (Tulle 1920). Rédacteur en chef de *la Gazette du cinéma* et des *Cahiers du cinéma,* il tourne de 1950 à 1968 une longue série de courts métrages parmi lesquels *la Boulangère de Monceau* (1962). Son premier long métrage est *le Signe du Lion* (1959), considéré comme l'un des premiers essais de la « nouvelle vague ». Il tourne en 1967 *la Collectionneuse,* qui s'insère dans sa série des « Contes moraux » entamée avec *la Boulangère de Monceau,* continuée avec *Ma nuit chez Maud* (1969), *le Genou de Claire* (1970) et *l'Amour l'après-midi* (1972). Il signe ensuite *la Marquise d'O* (1976) et *Perceval le Gallois* (1978), avant d'engager la série des « Comédies et proverbes », qui comprend *la Femme de l'aviateur* (1981), *le Beau Mariage* (1982), *Pauline à la plage* (1983), *les Nuits de la pleine lune* (1984), *le Rayon vert* (1986) et *l'Ami de mon amie* (1987). Avec *Conte de printemps* (1990), il inaugure un nouveau cycle (« Contes des quatre saisons »), qui se poursuit avec *Conte d'hiver* (1992) et *Conte d'été* (1996).

ROHRBACH-LÈS-BITCHE (57410), ch.-l. de cant. de la Moselle ; 2 135 hab.

ROH TAE-WOO, homme d'État sud-coréen (Dalsung, prov. de Kyongsang du Nord, 1932), président de la République de 1988 à 1993.

ROHTAK, v. de l'Inde (Haryana) ; 215 844 hab. Carrefour ferroviaire. Centre commercial. Collèges universitaires.

ROI n. m. (lat. *rex, regis,* de *regere,* diriger). **1.** Personne qui, en vertu de l'élection ou de l'hérédité, exerce, d'ordinaire à vie, le pouvoir souverain. — **2.** Personne qui détient la maîtrise d'un certain secteur d'activité économique : *Un roi du pétrole.* — **3.** Personne qui a la prééminence dans une certaine action : *Le roi de la fête.* — **4.** *Le roi (des),* personne qui, dans un domaine quelconque, a une prééminence incontestée : *Le roi des imbéciles ;* chose qui est la meilleure, la plus réputée dans une catégorie : *Quel est le roi des fromages ?* — **5.** Chacune des quatre figures d'un jeu de cartes qui représentent des rois. — **6.** Aux échecs, pièce principale, dont la prise décide du gain de la partie. — **7.** Nom donné, sous l'Ancien Régime, aux chefs de certaines institutions *(roi de la basoche)* ou à des officiers ayant juridiction sur certains groupes de personnes *(roi des ribauds).* — **8.** *Fête, jour des Rois,* fête qui a lieu à l'Épiphanie et au cours de laquelle on partage une galette dans laquelle le pâtissier a placé une fève. (On *tire les rois.*) ‖ *Le Grand Roi,* le roi des Perses, chez les auteurs grecs. ‖ *Plaisir de roi,* plaisir très vif. ‖ *Le roi des animaux,* le lion. ‖ *Les Rois Catholiques,* Ferdinand d'Aragon et Isabelle de Castille. ‖ *Le roi n'est pas son cousin,* il témoigne d'une prétention extrême. ‖ *Roi des rois,* titre des rois des Parthes et des rois des Perses. ‖ *Roi des Romains,* titre que portait dans le Saint Empire romain germanique l'empereur avant son couronnement par le pape, puis à partir de 1508 le successeur désigné de l'empereur régnant. ‖ *Le Roi-Sergent,* surnom du roi de Prusse Frédéric-Guillaume Ier. ‖ *Roi Très Chrétien,* titre officiel du roi de France aux XVIIe et XVIIIe s.

Roi Lear *(le),* drame en 5 actes de William Shakespeare (v. 1606). Un roi a deshérité sa plus jeune fille au profit des deux aînées et est payé d'ingratitude.

roi se meurt *(Le),* pièce d'Eugène Ionesco (1962). Même un roi meurt ; la révolte puis l'acceptation de l'inévitable.

Roi d'Ys *(le),* opéra en 3 actes d'Édouard Lalo, sur un livret d'E. Blau (Opéra-Comique, Paris, 1888).

Rois *(livres des),* nom donné à deux livres bibliques, composés aux VIIe-VIe s. av. J.-C., constitués par l'histoire du règne de Salomon et l'histoire parallèle des deux royaumes d'Israël et de Juda après le schisme de Jéroboam, en 931.

ROIDE adj., **ROIDEUR** n. f., **ROIDIR** v. i. Anc. formes de RAIDE, RAIDEUR, RAIDIR.

ROI-GUILLAUME *(île* ou *terre du),* île de l'archipel arctique canadien (Territoires du Nord-Ouest).

ROIS *(Vallée des),* site archéologique d'Égypte, en face de Louqsor, sur la rive ouest du Nil, derrière Deir el-Bahari. Ce vallon E. de la nécropole de Thèbes abrite les sépultures des rois du Nouvel Empire, depuis Thoutmosis Ier. Celles-ci sont dissociées de leur temple funéraire édifié dans le bas de la vallée. Parmi les 61 hypogées découverts (Aménophis II, Horemheb, Seti Ier, etc.), la plupart étaient pillés, sauf celui de Toutankhamon resté intact. Leurs parois sont le support des grands textes funéraires et d'une très riche iconographie mythologique.

ROISEL (80240), ch.-l. de cant. de la Somme, dans le Vermandois ; 2 024 hab. Industries agroalimentaires.

ROISSY-EN-BRIE (77680) ch.-l. de cant. de Seine-et-Marne, à 26 km à l'E.-S.-E. de Paris ; 18 763 hab.

ROISSY-EN-FRANCE (95700), comm. du Val-d'Oise, au N.-E. de Paris ; 2 149 hab. Aéroport Charles-de-Gaulle, mis en service en 1974, le plus important de France.

ROITELET n. m. (anc. fr. *roitel,* roi d'un petit État). **1.** Roi d'un tout petit État ; roi peu puissant. — **2.** Très petit passereau (régulidé ou muscicapidé selon les auteurs) chanteur (de 8 à 9 cm), au plumage gris-vert marqué de taches noires et d'un bandeau jaune-orangé sur la tête. (Le roitelet huppé est commun en France. Il gagne les régions méditerranéennes en hiver. On appelle parfois à tort « roitelet » le troglodyte.)

ROJAS (Fernando DE), écrivain espagnol (Puebla de Montalbán v. 1465 - Talavera de la Reina 1541), auteur présumé de *la Célestine** (1499).

ROJAS ZORILLA (Francisco DE), poète dramatique espagnol (Tolède 1607 - Madrid 1648), attaché à la cour de Philippe IV. Auteur de vingt-quatre pièces dont certaines comptent parmi les chefs-d'œuvre du théâtre espagnol *(Del rey abajo, ninguno),* et de comédies, il fut imité par le théâtre français du XVIIIe s.

ROKOSSOVSKI (Konstantine Konstantinovitch), maréchal soviétique (Velikie Louki, près de Poltava, 1896 - Moscou 1968). Il participa à la défense de Moscou (1941) et coopéra à l'encerclement des troupes allemandes à Stalingrad (1942). Vainqueur à Orel et à Briansk (1943), il conduisit l'offensive en direction de Varsovie (1944) et entra à Wismar en liaison avec les Britanniques (1945). Il prit la nationalité polonaise de 1949 à 1956 et devint ministre de la Défense de Pologne (1949-1956). Il a été vice-ministre de la Défense en U. R. S. S. de 1958 à 1962.

Roland, système d'arme sol-air français monté sur châssis AMX 30, et doté d'un missile de 6 km de portée, guidé par télécommande radar ou optique.

ROLAND ou **ROLLAND** (Pierre LAPORTE, dit), chef camisard français (Le Mas-Soubeyran 1675 - château de Castelnau, près d'Uzès, 1704). Ancien dragon, devenu un chef de camisards (1700), il fut trahi par un de ses officiers et tué. Sa maison natale est devenue le *musée du Désert,* consacré à la résistance camisarde.

ROLAND (Marie Désirée Pauline, dite **Pauline**), socialiste française (Falaise 1805-Lyon 1852). Saint-simonienne, elle milita pour le mouvement d'émancipation de la femme, notamment en 1848, où elle dirigea un club féministe.

Roland, héros des chansons de geste évoquant la bataille de Roncevaux *(Chanson* de Roland),* immortalisé par Boiardo, l'Arioste et Berni, modèle du chevalier chrétien. Préfet des Marches de Bretagne, tué à Roncevaux (778) selon Eginhard, neveu de Charlemagne selon la légende.

Roland amoureux, poème épique de Boiardo, en 3 livres et 69 chants (1487-1495). Inachevée, puis poursuivie par l'Arioste dans le *Roland* furieux,* l'œuvre s'inspire de l'épopée carolingienne et des romans bretons, mêlant les combats contre les Infidèles, les épisodes merveilleux et la passion de Roland pour Angélique.

Roland furieux, poème épique de l'Arioste, publié en 40 chants en 1516, puis sous sa forme définitive (46 chants) en 1532. L'auteur reprend le *Roland* amoureux* au point où Boiardo l'avait interrompu, décrit la folie amoureuse de Roland dédaigné par Angélique et conte le voyage dans la Lune d'Astolphe, monté sur l'hippogriffe rapportant la fiole qui doit guérir Roland, ainsi que les amours de Roger et de Bradamante, d'où sortira la maison d'Este.

ROLAND DE LA PLATIÈRE (Jean-Marie), homme politique français (Thizy, Rhône, 1734 - Bourg-Beaudouin, Eure, 1793). Il fonda à Lyon en 1790 un club politique, puis vint à Paris en 1791, se lia avec Brissot et devint ministre de l'Intérieur (1792). Ses efforts pour sauver le roi lui attirèrent la haine des Montagnards. En 1793, proscrit avec les Girondins, il se cacha en Normandie. Il se suicida à la nouvelle de la condamnation de sa femme, JEANNE-MARIE ou MANON **Phlipon,** Mme **Roland de La Platière** (Paris 1754 - *id.* 1793). Celle-ci était devenue l'égérie des Girondins, qui affluaient dans son salon de la rue Guénégaud. Elle dirigea indirectement le ministère de son mari. Arrêtée le 1er juin 1793, elle se défendit elle-même devant le tribunal. Elle écrivit en prison des *Mémoires pour ma fille* et fut exécutée le 8 nov. 1793.

Roland-Garros, stade de tennis de Paris (XVIe arrond.), site des championnats internationaux de France, tournoi mondial annuel disputé sur terre battue.

ROLANDIQUE adj. (de L. *Rolando,* n. pr.). Relatif à la scissure de Rolando.

Rolando *(scissure de)* (du n. de l'anatomiste et physiologiste italien Luigi *Rolando* [Turin 1773 - *id.* 1831]), profonde scissure verticale, perpendiculaire à la scissure de Sylvius, et en avant de laquelle se trouve le lobe frontal (cortex moteur) et en arrière le lobe pariétal (cortex sensitif).

RÔLE n. m. (bas lat. *rotulus,* rouleau, du lat. class. *rota,* roue). **1.** Ce que doit dire ou faire un acteur dans une pièce de théâtre, un film ; ce que doit exécuter et représenter un danseur dans un ballet : *Apprendre son rôle.* — **2.** Personnage représenté par l'acteur, le danseur : *Il joue le rôle d'Hamlet.* — **3.** Genre d'action ou de comportement, à la place qu'on occupe : *Son rôle dans cette affaire n'a pas été très clair.* — **4.** Fonction remplie par qqn, attribution assignée à une institution : *Le rôle du maire dans la commune.* — **5.** Fonction en général : *Rôle du verbe dans la phrase.* — **6.** *À tour de rôle,* chacun à son tour, au rang qui est le sien. ‖ Fam. *Avoir le beau rôle,* accomplir une tâche, être dans une position où il est aisé d'apparaître à son avantage. ‖ *Jouer un rôle dans qqch,* y participer activement : *Jouer un grand rôle dans une négociation ;* y avoir son utilité : *L'informatique joue un rôle déterminant dans le secteur tertiaire.* • **Dr.** Feuillet, écrit recto et verso, d'un acte notarié, de l'expédition d'un jugement, d'un cahier des charges. ‖ Registre où les affaires soumises à un tribunal sont inscrites par ordre chronologique. ‖ *Mise au rôle,* saisine du tribunal par remise au greffe d'une copie de l'assignation. (Syn. ENRÔLEMENT.) ‖ *Rôle nominatif,* acte administratif dans lequel l'Administration fiscale désigne nommément les contribuables assujettis à l'impôt direct ainsi que son montant. — **Hist.** Nom donné, particulièrement en Angleterre, à certains recueils d'actes du Moyen Âge, qui se présentaient en feuilles de parchemin cousues bout à bout et enroulées. — **Jeux.** *Jeu de rôle,* jeu de stratégie où chaque joueur incarne un personnage qui doit réagir aux circonstances du jeu. — **Mar.** *Rôle d'équipage,* liste des personnes composant l'équipage, ainsi que les passagers d'un navire. — **Mil.** Sous l'Ancien Régime, registre où étaient inscrits les nouveaux soldats. — **Psychol.** *Jeu de rôles,* technique de groupe visant à permettre aux participants d'analyser un type de relation socialement et institutionnellement défini (rôle). — **Sociol.** Ensemble de normes et d'attentes qui régissent le comportement d'un individu, du fait de son statut social ou de sa fonction dans un groupe. — **Spect.** *Rôle titulaire,* syn. de RÔLE-TITRE. — **Tab.** Corde de tabac à mâcher, obtenue par torsion de feuilles au rouet.

RÔLE-TITRE n. m. (pl. *rôles-titres*). Au théâtre, au cinéma et en chorégraphie, rôle homonyme du titre de l'œuvre interprétée. (Syn. RÔLE TITULAIRE.)

ROLIN (Nicolas), homme d'État bourguignon (Autun 1376 - *id.* 1462). Chancelier de Bourgogne (1422), mécène, il fonda l'hôtel-Dieu de Beaune. Jan Van Eyck aurait peint pour lui la *Vierge au donateur* du Louvre.

ROLL (Alfred), peintre français (Paris 1846 - *id.* 1919). Son métier vigoureux est au service d'un réalisme (la *Grève des mineurs,* 1880, musée de Valenciennes) qui se teinte d'impressionnisme. Il a donné des paysages, des portraits et a décoré un salon de l'hôtel de ville de Paris.

ROLLAND (Pierre LAPORTE, dit) → ROLAND.

ROLLAND (Eugène), ingénieur français (Metz 1812 - Paris 1885). Il conçut et réalisa des machines qui placèrent l'industrie française des tabacs au premier rang mondial de la technique. Il émit également une théorie complète des régulateurs isochrones. Il fut un précurseur en matière d'œuvres sociales (création de caisses de retraite, de cours de perfectionnement).

ROLLAND (Romain), écrivain français (Clamecy 1866 - Vézelay 1944). Outre son culte des héros et des êtres d'exception (*Beethoven,* 1903 ; *Michel-Ange,* 1907 ; *Tolstoï,* 1911), sa sympathie pour les hommes anime ses drames historiques *(Danton)* et philosophiques, jusqu'à ce qu'il crée un héros reflet de ses préoccupations, *Jean-Christophe** (10 vol., 1904-1912). Après un appel à la paix (*Au-dessus de la mêlée,* 1915) mal accueilli, il publie avec succès *Colas Breugnon* (1919), fonde la revue *Europe* (1922), où il publie un autre roman-fleuve, *l'Âme enchantée* (1922-1934), et s'intéresse aux penseurs de l'Inde et aux expériences de la Russie soviétique. On lui doit encore un *Péguy* (1944) et une autobiographie (*le Voyage intérieur,* 1942). [Prix Nobel 1915.]

ROLLE (Michel), mathématicien français (Ambert 1652 - Paris 1719). Il publia un *Traité d'algèbre* (1690), contenant sa *méthode des cascades* pour séparer les racines d'une équation. Son nom reste attaché à un théorème aux termes duquel pour une fonction définie continue sur $[a,b]$, dérivable sur $]a,b[$ et telle que $f(a) = f(b)$, il existe au moins un réel c de $]a,b[$ où $f'(c) = 0$.

ROLLER-GIN [rɔlœrdʒin] n. m. (pl. *roller-gins*) [angl. *roller-gin,* de *roller,* rouleau, et *to gin,* égrener (le coton)]. Machine servant à égrener le coton, composée d'un rouleau garni d'un cuir strié.

ROLLER-SKATE [rɔlœrskɛt] ou **ROLLER** n. m. [mot angl.]. 1. Patins à roulettes sur lesquels est fixée la chaussure. — 2. Mode de déplacement ainsi utilisé.

ROLLIER n. m. (all. *Roller,* p.-ê. de *rollen,* rouler). Oiseau (coraciadiforme) au plumage coloré, au bec fort et crochu, se nourrissant de gros insectes et de petits vertébrés.

ROLLIN (Charles), écrivain français (Paris 1661 - *id.* 1741). Ardent janséniste, il est l'auteur d'un *Traité des études* (1726-1728), d'une *Histoire ancienne...* (1731-1738) et d'une *Histoire romaine* (1738-1748).

ROLLINAT (Maurice), poète français (Châteauroux 1846 - Ivry 1903). Il interpréta lui-même ses poèmes dans des cabarets tels le Chat noir (*les Névroses,* 1883).

Rolling Stones, groupe britannique de rock. Fondé en 1962 à Londres, il représente la pop sulfureuse, adoptant des attitudes provocatrices envers l'ordre établi (*Satisfaction,* 1965 ; *Paint it black,* 1966 ; *Sympathy for the devil,* 1968). Il était composé à l'origine de Mick Jagger (Dartford 1943), chanteur, parolier et leader du groupe, de Keith Richards (Richmond 1943), guitariste et compositeur, de Brian Jones (Cheltenham 1942 - Londres 1969), guitariste, de Bill Wyman (né en 1941), bassiste (jusqu'en 1993), et de Charlie Watts (né en 1941), batteur. Brian Jones fut remplacé à sa mort par Mick Taylor (né en 1949) puis, en 1974, par Ron Wood (né en 1947).

ROLLINS (Theodore Walter, dit **Sonny**), saxophoniste ténor et compositeur de jazz américain (New York 1929). Il commence sa carrière en 1947 et publie en 1956 son album *Saxophone Colossus.* Marqué par le be-bop, il affectionne les petites formations et développe un jeu original, caractérisé par un son puissant et l'influence des musiques caraïbes *(St Thomas, Don't Stop the Carnival).*

ROLLMOPS [rɔlmɔps] n. m. (all. *Rollmops*). Hareng dont les filets, marinés au vin blanc, sont roulés autour de cornichons. (Spécialité allemande.)

ROLLON, chef normand († 930/932 ?). Chef de pirates norvégiens, il ravagea la Normandie et assiégea Paris en 892. Charles le Simple, par le traité de Saint-Clair-sur-Epte (911), lui accorda la possession de la Normandie en échange de sa conversion.

ROLL ON-ROLL OFF [rɔlɔnrɔlɔf] n. m. inv. (angl. *roll on roll off,* rouler dedans, rouler dehors). Syn. de MANUTENTION PAR ROULAGE*.

ROLLOT n. m. (de *Rollot,* n. pr.). Fromage au lait de vache, à pâte molle et croûte rougeâtre, fabriqué dans la Somme.

Rolls-Royce, société britannique fondée en 1904 à Manchester, spécialisée dans la production de voitures de luxe. À la veille de la Première Guerre mondiale, Rolls-Royce étendit son activité aux moteurs pour l'aviation, puis construisit, dès 1915, des voitures blindées. Après la Seconde Guerre mondiale, elle fut la première à fabriquer en grande série des moteurs à réaction. Le département aéronautique, racheté en 1971 par le gouvernement britannique, a été rendu au secteur privé en 1987.

ROL-TANGUY (Henri TANGUY, dit **Henri**), homme politique français (Morlaix, Finistère, 1908). Résistant dans les rangs de F. T. P., chef d'état-major F. F. I. de l'Île-de-France en juin 1944, il dirigea l'insurrection de Paris au mois d'août.

1. ROM [rɔm] adj. et n. (tsigane *rôm,* fils, homme). Qui appartient à l'un des trois groupes dont l'ensemble forme les Tsiganes.

2. ROM [rɔm] n. f. inv. (abrév. de l'angl. *Read Only Memory*). En informatique, syn. de MÉMOIRE MORTE*.

ROMAGNAT (63540), comm. du Puy-de-Dôme, banlieue sud de Clermont-Ferrand ; 8 639 hab.

ROMAGNE, en ital. **Romagna,** anc. **Romandiola,** région historique d'Italie, actuellement incluse dans l'Émilie*. La région fut le centre de l'Italie byzantine (v. 540-751). [→ RAVENNE.] Occupée par les Lombards, elle est donnée au pape par Pépin le Bref (756) et Charlemagne (774) ; mais l'autorité du pape ne s'y établit pleinement qu'au XVIe s. Elle subit une occupation autrichienne (1849-1859) et s'intègre au royaume de Sardaigne en 1860.

ROMAGNOL, E adj. et n. De Romagne.

ROMAIN, E adj. et n. 1. De Rome, de l'Empire constitué par Rome dans l'Antiquité. — 2. *Pigeon romain,* race française de pigeons d'élevage. ‖ *Travail de Romain,* travail énorme, nécessitant des efforts gigantesques.

◆ adj. 1. Se dit d'un caractère typographique dont le dessin est perpendiculaire à sa ligne de base, par oppos. à l'*italique.* — 2. Qui concerne l'Église catholique latine, dont le siège est à Rome. — 3. *Chiffres romains,* lettres I, V, X, L, C, D, M servant de symboles pour la numération romaine et représentant respectivement 1, 5, 10, 50, 100, 500 et 1 000. ‖ *Droit romain,* ensemble des règles de droit en vigueur sous la République et l'Empire romains.

◆ **romaine** n. f. 1. Variété de laitue à feuilles allongées. – 2. Fam. *Bon comme la romaine,* se dit de qqn de trop bon ou de qqn qui est dans une situation qui lui sera fatale.

romaine *(Question),* ensemble des problèmes posés par la survivance de l'État pontifical au XIXe s. Posée avec acuité par la révolution de 1848, la question romaine est au centre du problème d'ensemble de l'unité italienne. Pie IX, rétabli dans ses États par le corps expéditionnaire français (juill. 1849), est soutenu par les catholiques ultramontains. Sa souveraineté est garantie par la présence à Rome d'une garnison française. Engagé aux côtés des Piémontais dans une guerre en faveur de l'unité italienne, Napoléon III ne peut affranchir toute l'Italie ni faire cesser le pouvoir temporel du pape sans mécontenter les catholiques français. Il hésite, évacue finalement Rome (déc. 1866), mais quand Garibaldi, avec l'accord secret du gouvernement italien, se prépare à envahir les États pontificaux, les Français revenus en hâte l'arrêtent à Mentana (3 nov. 1867). La guerre avec l'Allemagne oblige la France à retirer ses troupes ; l'Italie occupe alors Rome et en fait sa capitale (20 sept. 1870). Le pape Pie IX et ses successeurs rejettent les garanties qu'une loi leur accorde en mai 1871. La question ne sera finalement réglée que par les accords du Latran, en 1929, entre Mussolini et Pie XI.

romaine *(Ire République),* nom donné à l'une des républiques sœurs fondées en Italie par les agents du Directoire (15 févr.-27 nov. 1798 ; déc. 1798-29 sept. 1799). Proclamée par les Jacobins italiens, interrompue quelques jours par une expédition de Napolitains, rétablie par Championnet, elle disparut avec le retour des Napolitains.

romaine *(IIe République),* nom donné au régime fondé par Mazzini et ses disciples à Rome (9 févr.-4 juill. 1849). Créée à la suite d'un soulèvement, dirigée par un triumvirat (Mazzini, Saffi et Armellini), elle fut battue par les troupes d'Oudinot, envoyées par Louis Napoléon pour satisfaire l'opinion catholique française.

Romains *(Épître aux),* épître de saint Paul, écrite dans l'hiver 57-58. Ses thèmes (justification et salut, loi mosaïque et foi chrétienne) constituent le point de départ d'un approfondissement de dogmes fondamentaux (justification, péché originel, baptême).

ROMAIN (Gallese, près de Civita Castellana, début du IXe s. - Rome 897), pape (897). Son pontificat ne dura que trois mois.

ROMAIN Ier LÉCAPÈNE († Proti 944), empereur byzantin (919-944). Drongaire (amiral) de la flotte, il maria sa fille Hélène au jeune Constantin VII (919) et s'empara du pouvoir en 920. Il fut renversé en 944 par ses fils et relégué dans l'île de Proti. – **Romain II,** empereur de la dynastie macédonienne (959-963), fils de Constantin VII. Il laissa gouverner sa femme, Théophano. – **Romain III** *Argyre,* empereur byzantin (1028-1034). Il se fit battre en Syrie (1030). Son épouse, Zoé, le fit étouffer pour mettre sur le trône son amant, Michel IV. – **Romain IV** *Diogène,* empereur byzantin (1068-1071). Brillant général, il fut, après la mort de Constantin X, choisi par la régente comme mari et devint empereur. Un moment prisonnier des Turcs, il fut battu et aveuglé par Michel VII.

ROMAIN (Giulio PIPPI, dit **Giulio Romano,** en fr. **Jules**), peintre et architecte italien (Rome 1499 - Mantoue 1546). Il fut l'élève et le collaborateur de Raphaël à Rome, mais se différencia de celui-ci sous l'influence, notamment, de Michel-Ange. Son œuvre majeure est le palais du Te à Mantoue (1525-1534), qui s'écarte des principes classiques, en architecture, par des effets de rusticité accusés et, en peinture, par une vitalité allant jusqu'au pathos (fresques de la salle des « Géants »). Il a donné des tableaux religieux ou mythologiques et des cartons de tapisseries (*Histoire de Scipion,* pour François Ier). L'énergie de son style définit une des faces du maniérisme.

1. ROMAINE → ROMAIN.

2. ROMAINE n. f. (anc. provenç. *romana,* de l'ar. *rummāna,* grenade). Balance à fléau dissymétrique dont le bras le plus long, gradué, porte un curseur qu'on déplace pour équilibrer le corps à peser, suspendu à l'autre bras. (On dit aussi BALANCE ROMAINE.)

ROMAINS (Jules), pseudonyme littéraire devenu ensuite le nom légal de Louis FARIGOULE, écrivain français (Saint-Julien-Chapteuil, Haute-Loire, 1885 - Paris 1972). Un des organisateurs du groupe de l'Abbaye, dès 1903, il conçoit l'idée de l'unanimisme, que traduisent ses poèmes (*la Vie unanime,* 1908) et ses romans à l'humour parodique (*Donogoo-Tonka,* 1920), son théâtre (*Monsieur Le Trouhadec saisi par la débauche,* 1923 ; *Knock* ou le Triomphe de la médecine,* 1923 ; *Donogoo,* 1930). Outre la série romanesque des *Hommes* de bonne volonté* (1932-1947), il a encore publié des essais (*Europe,* 1916 ; *l'Homme blanc,* 1937 ; *Pour raison garder,* 1960-1963 ; *Lettre ouverte contre une vaste conspiration,* 1966), des romans et des souvenirs (*Amitiés et Rencontres,* 1970). [Acad. fr., 1946.]

ROMAINVILLE (93230), ch.-l. de cant. de la Seine-Saint-Denis, banlieue N.-E. de Paris ; 23 615 hab. Église de 1787, œuvre de Brongniart. Centre industriel (constructions électriques, produits pharmaceutiques). Parc départemental.

1. ROMAN, E adj. (anc. fr. *romanz,* langue vulgaire, du lat. pop. **romanice,* à la façon des Romains). **1.** Se dit des diverses langues vivantes issues du latin vulgaire. — **2.** Qui concerne l'étude de ces langues : *Linguistique romane.* — **3.** Se dit de l'art qui s'est épanoui en Europe occidentale aux XIe et XIIe s. (→ *encycl.*) — **4.** *Tuile romane,* tuile de terre cuite à emboîtement, comportant une partie plate et une partie semi-tronconique.

◆ **roman** n. m. **1.** Langue dérivée du latin, qui était parlée entre le Ve et le Xe s. dans l'ensemble de la Romania (par opposition au latin, qui restait la langue écrite) et qui se différenciait selon les régions où elle était parlée en *gallo-roman, hispano-roman, italo-roman,* etc. (→ *encycl.*) — **2.** Art roman.

ENCYCL. **Bx-arts.** L'art roman peut être qualifié de fonctionnel, lui qui, en architecture, met au point, afin d'éviter les catastrophiques incendies de charpentes, des systèmes variés de voûtes de pierre avec leurs contrebutements appropriés (soit hauts collatéraux encadrant la nef principale, soit tribunes, etc.), souligne par la sculpture les points vitaux de l'édifice (chapiteaux, où la figure elle-même se plie aux lignes de force de la fonction portante), établit dans les vastes églises de pèlerinage (comme St-Martin de Tours au début du XIe s.) une circulation « à sens unique » des fidèles par les collatéraux et le déambulatoire (parfois aux trois niveaux de la crypte, du rez-de-chaussée et des tribunes), soumet chaque dispositif du plan et du mobilier aux intentions liturgiques, respecte enfin la beauté propre de chaque matériau. Néanmoins, l'art roman est d'abord symbolique : l'élancement des nefs est là pour guider l'esprit vers le divin, comme les figurations visionnaires des grands tympans sculptés (Moissac, Vézelay).

Cet art a hérité des civilisations avec lesquelles il s'est trouvé en contact ou dont il a pu connaître les monuments : apports gallo-romains, de l'Orient chrétien (Arménie, Syrie, Byzance), de l'islām, des peuples « barbares » (Celtes ; Francs ; Wisigoths en Espagne ; Vikings en Scandinavie...), des moines irlandais (eux-mêmes héritiers des Celtes). Le haut Moyen Âge, par-delà la renaissance carolingienne, prépare ainsi l'éclosion, autour de l'an mille, d'un « premier art roman » dont les églises en petit appareil, décorées de bandes lombardes, se voient notamment dans les régions montagneuses, de la Catalogne aux Grisons, et que répercute le haut massif occidental de St-Philibert de Tournus. Le nord de la France brille avec l'abbatiale de Cluny II (dès la 2e moitié du Xe s., disparue), puis avec la rotonde de St-Bénigne de Dijon ou avec le clocher-porche de Saint-Benoît-sur-Loire, où s'affirme la renaissance de la sculpture (comme elle s'est manifestée, dans le méplat, au linteau de Saint-Génis-des-Fontaines [1020], en Roussillon).

Ce XIe s. est le temps de toutes les inventions et, déjà, d'une parfaite maîtrise, qui allie jaillissement et massivité, que ce soit à Payerne, à Conques ou à Jumièges. La floraison de la fin du XIe s. et de la première moitié du XIIe, en France (St-Sernin de Toulouse, Cluny III, églises d'Auvergne, du Poitou, de Provence, de Bourgogne, églises à coupoles du Périgord...), en Espagne (Saint-Jacques-de-Compostelle...) ou en Angleterre (Ely, Durham...), n'en est que l'épanouissement, avec une remarquable amplification des programmes iconographiques : sculptés (Languedoc et Gascogne : cloître puis porche de Moissac, etc. ; tympans bourguignons ; portails de la Saintonge ; et, partout, chapiteaux du rond-point des chœurs...) ou peints (fresques de S. Angelo in Formis [Capoue], de Tavant, du Puy-en-Velay, de Saint-Savin, de la Catalogne...). Des édifices d'une grande majesté s'élèvent en Allemagne, de l'époque ottonienne à la fin du XIIe s., et en Italie (cathédrale de Pise), pays où soit le souvenir des basiliques paléochrétiennes, soit l'influence byzantine dominent ; ici et là les grands vaisseaux, sauf à Spire, restent couverts de plafonds.

On n'oubliera pas, enfin, la production de l'époque romane dans les domaines de l'enluminure, du vitrail, du bronze (portes d'églises en Allemagne et en Italie ; cuve baptismale de Renier de Huy à Liège...), de la ferronnerie.

— **Ling.** On désigne sous le nom de *roman commun* la première étape de la transformation du latin qui s'est sans doute produite entre le VIe et le VIIIe s., mais dont nous n'avons aucun témoignage écrit. En fait, dès le début, il a dû exister des divergences entre les différentes parties de la Romania. On peut distinguer, à l'intérieur de la Romania, une dizaine de groupes dialectaux : espagnol (relativement homogène du fait de la prédominance du castillan), portugais (très homogène), italien (extrêmement varié), sarde, occitan (regroupant l'occitan, le catalan et le gascon), français ou langue d'oïl, franco-provençal (très varié), rhéto-roman, roumain.

romane *(école)* ou **école romane française,** mouvement littéraire créé en 1891 par J. Moréas, R. de La Tailhède, M. Du Plessys, E. Raynaud et Ch. Maurras. Contre le romantisme, il propose un retour aux sources gréco-latines, à la littérature médiévale et au classicisme du XVIIe s.

2. ROMAN n. m. (de *roman 1*). **1.** Œuvre d'imagination constituée par un récit en prose d'une certaine longueur, dont l'intérêt est dans la narration d'aventures, l'étude de mœurs ou de caractères, l'analyse de sentiments ou de passions, la représentation du réel ou de diverses données objectives et subjectives ; genre littéraire regroupant les œuvres qui présentent ces caractéristiques. — **2.** À l'origine, œuvre narrative en prose ou en vers, écrite en langue romane (le *Roman de la Rose,* le *Roman de Renart,* par ex.). — **3.** Histoire compliquée dénuée de vraisemblance : *Cela m'a tout l'air d'un roman.* — **4.** *C'est tout un roman,* c'est une longue histoire compliquée. ‖ *Roman d'amour,* idylle romanesque. ‖ *Roman familial,* fantasme dans lequel le sujet imagine être né de parents de rang social élevé, tandis qu'il dédaigne les siens, pensant être un enfant adopté par eux.

Roman d'Alexandre → ALEXANDRE *(Roman d').*

Roman bourgeois *(le),* de Furetière (1666). Satire de la société galante, de la petite bourgeoisie et des gens de loi.

Roman comique *(le),* de Scarron. Ce récit des démêlés pittoresques d'une troupe de comédiens ambulants, laissé inachevé par l'auteur, fut terminé par Girault (1678) et Preschas (1679).

Roman de Renart → RENART *(Roman de).*

Roman de la Rose, chef-d'œuvre de la poésie allégorique, en deux parties. La première, datée de 1230-1235 et composée de 4 058 vers, est attribuée à Guillaume de Lorris. C'est un art d'aimer résumant les grands principes de la *fine amor* des troubadours. L'objet du désir, figuré par la Rose, est interdit par les obstacles que multiplient des personnifications comme Danger, Peur, etc. La seconde partie (17 723 vers) a été écrite entre 1270 et 1275 par Jean de Meung. Donnant à l'amoureux les mêmes interlocuteurs, il leur prête de plus longs discours inspirés par *l'Art d'aimer* d'Ovide et la philosophie d'Alain de Lille.

Roman de la Rose, œuvre de Jean Renart → GUILLAUME DE DOLE *(le Roman de).*

Roman des Trois Royaumes, roman historique chinois du XIVe s., dont la rédaction définitive est attribuée à Luo Guanzhong.

ROMAN, v. de Roumanie, sur la Moldava ; 60 000 hab. Église épiscopale du XVIe s. Musée. Métallurgie.

ROMANA (La), v. de la République Dominicaine, ch.-l. de prov., sur la côte sud ; 136 000 hab. Zone franche industrielle.

1. ROMANCE n. m. (esp. *romance*). Poème en vers de huit syllabes dont les vers pairs sont assonancés, et les impairs, libres.

2. ROMANCE n. f. (de *romance 1*). **1.** Ancienne chanson populaire espagnole de caractère narratif. — **2.** Mélodie accompagnée, d'un style simple et touchant. (On doit la plus célèbre, *Plaisir d'amour* [éditée en 1785], à Jean-Paul Martini.) — **3.** Pièce instrumentale inspirée de la mélodie du même nom, de caractère intimiste et sentimental (Beethoven, Schubert, Brahms). — **4.** Chanson à couplets dont les paroles, accompagnées d'une musique facile, ont un caractère tendre et sentimental.

ROMANCER v. t. (anc. fr. *romanz,* langue vulgaire) [conj. **16**]. Raconter qqch en agrémentant le récit de faits inventés.

◆ **être romancé** v. pass. Comporter des éléments imaginaires, être présenté sous forme de roman : *Vie romancée de Beethoven.*

ROMANCERO n. m. (esp. *romancero*). **1.** Nom donné aux nombreux recueils espagnols de romances datant de la période préclassique et où sont contenues les plus anciennes légendes nationales. — **2.** Ensemble de tous les romances, genre propre à la littérature espagnole.

ROMANCHE n. m. (rhéto-roman *rumantsch,* du lat. pop. **romanice,* en langue latine). Langue romane du groupe rhéto-roman, parlée en Suisse, dans le canton des Grisons, par environ 50 000 locuteurs. (C'est, depuis 1938, une langue nationale.)

◆ adj. Relatif au romanche.

ROMANCHE (la), riv. des Alpes du Nord, affl. du Drac (r. dr.) ; 78 km. Sur 20 km, entre Vizille et Livet, la vallée est jalonnée d'usines hydroélectriques, qui alimentent des industries électrométallurgiques et électrochimiques.

ROMANCHE *(fosse de la),* fosse de l'Atlantique équatorial (7 758 m), ouverte sur une longueur de 300 km et une largeur de 20 km sur le long de la zone de fracture du même nom, qui décale l'axe de la dorsale atlantique de 1 200 km vers l'est.

ROMANCHES, population du canton des Grisons, parlant le romanche.

ROMANCIER, ÈRE n. Auteur de romans.

ROMAN-CYCLE n. m. (pl. *romans-cycles*). Roman qui développe, à travers une série de volumes, les aventures d'un même personnage, d'une même famille, ou de différents types d'une même génération, d'une même société. (Syn. ROMAN CYCLIQUE.)

ROMAND, E adj. (var. de *roman 1,* avec l'infl. de *allemand*). Se dit de la partie de la Suisse où l'on parle français.

ROMANDIE, partie francophone de la Suisse correspondant à l'ouest du pays, du Valais au canton du Jura.

ROMANÈCHE-THORINS (71570), comm. de Saône-et-Loire, à 17 km au S.-S.-O. de Mâcon, dans le Beaujolais ; 1 729 hab. Musée Guillon relatif au compagnonnage. Vins renommés.

ROMANÉE n. m. (de *Romanée,* n. pr.). Vin rouge de Bourgogne très réputé, récolté dans la commune de Vosne-Romanée.

ROMANELLI (Giovanni Francesco), peintre italien (Viterbe 1610 - *id.* 1662). Élève du Dominiquin, puis de Pierre de Cortone, il travailla à deux reprises en France, décorant à fresque, en 1645-1647, la galerie du palais Mazarin (auj. B. N.), et, en 1655-1658, les plafonds de 4 salles de l'appartement d'été d'Anne d'Autriche au Louvre (sujets mythologiques et allégoriques).

ROMANELLIEN adj. et n. m. Se dit d'un faciès culturel du paléolithique supérieur italien et du sud-est de la France, contemporain du magdalénien supérieur. (Probablement à l'origine de l'azilien provençal, il se caractérise par un outillage de petite dimension.)

ROMANESQUE adj. **1.** Qui se rapporte au genre du roman ou en a les caractères : *L'œuvre romanesque d'un écrivain.* — **2.** Qui rappelle l'aspect sentimental, aventureux ou merveilleux des situations de certains romans : *Des aventures romanesques.* — **3.** Chez qui prédominent le sentiment, l'imagination, la rêverie : *Avoir une imagination romanesque.*
◆ n. m. **1.** Ce qui est propre au genre du roman, de la fiction littéraire. — **2.** Ce qui est sentimental ou merveilleux : *Le romanesque d'une situation.*

ROMANET (Émile), ingénieur français (Ville-sur-Anjou, Isère, 1873 - Grenoble 1962). En 1918, il créa à Grenoble la deuxième caisse de compensation d'allocations familiales connue en France (peu après celle de Lorient) ; la création de ces caisses incita le législateur à rendre obligatoire pour tous les employeurs l'adhésion à une caisse d'allocations familiales.

ROMAN-FEUILLETON n. m. (pl. *romans-feuilletons*). **1.** Roman d'aventures dont le récit, publié en épisodes dans un quotidien, suscite l'intérêt du lecteur par les rebondissements répétés de l'action. — **2.** Histoire pleine de rebondissements et qui paraît invraisemblable : *Sa vie est un véritable roman-feuilleton.*

ROMAN-FLEUVE n. m. (pl. *romans-fleuves*). **1.** Roman dans lequel le cours du récit se déroule tantôt avec rapidité, tantôt avec lenteur. — **2.** Roman ou récit d'une longueur excessive : *Ses lettres sont des romans-fleuves.*

ROMANI n. m. Syn. de TSIGANE.

ROMANIA, ensemble des pays de langue latine, puis romane, résultant du démembrement de l'Empire romain.

ROMANIA *(cap),* promontoire de la presqu'île de Malacca (Malaisie), marquant l'extrême sud-est du continent asiatique.

ROMANICHEL, ELLE n. (de *rom*). **1.** Personne appartenant à un peuple tsigane. (Se dit aussi de l'ensemble du peuple tsigane.) — **2.** Nomade vivant en général dans des caravanes stationnées à l'entrée des agglomérations.

ROMANIE, nom ancien de l'Empire latin de Constantinople (1204-1261).

ROMANISATION n. f. **1.** Extension de la langue et de la civilisation romaines. — **2.** Action de romaniser une graphie.

ROMANISER v. t. (lat. *romanus,* romain) [conj. 3]. **1.** Imposer la civilisation des Romains, la langue latine à une population, un pays. — **2.** Transcrire grâce à l'alphabet latin une langue qui n'avait pas auparavant de tradition écrite (certaines langues africaines par ex.) ou qui s'écrivait grâce à un autre système (turc, vietnamien).

ROMANISME n. m. **1.** Doctrine de l'Église romaine, dans le langage des autres confessions. — **2.** Art des romanistes.

1. ROMANISTE n. (de *romain*). **1.** Partisan du pape, dans le langage des confessions non catholiques. — **2.** Nom donné aux peintres flamands du XVIe s. qui, après avoir travaillé à Rome, ont diffusé dans leur pays le style des maîtres de la Renaissance italienne. — **3.** Spécialiste du droit romain.

2. ROMANISTE ou, vx, **ROMANISANT, E** n. (de *roman 1*). Linguiste ou philologue spécialiste des langues romanes.

ROMANISTIQUE n. f. Étude philologique ou linguistique des langues romanes.

ROMANITÉ n. f. (bas lat. *romanitas,* de *Romanus,* Romain). **1.** Civilisation romaine. — **2.** Ensemble des pays touchés par la civilisation de l'Empire romain.

ROMANO adj. et n. *Pop.* et *péjor.* Romanichel.

ROMANO *(Cayo),* île bordant la côte nord de Cuba (800 km² environ).

ROMANO (Ezzelino III DA) [1194 - Soncino 1259], podestat de Vérone (1226-1230 et 1232-1259), de Vicence (1236-1259) et de Padoue (1237-1256). Allié de Frédéric II, il étendit ses possessions en Italie du Nord. Il mourut prisonnier des guelfes.

ROMANO (Giulio) → ROMAIN (Jules).

ROMANONES (Álvaro DE FIGUEROA Y TORRES, *comte* DE), homme politique espagnol (Madrid 1863 -

id. 1950). Libéral, plusieurs fois ministre, il dirigea le gouvernement en 1912-13, 1915-1917 et 1918-19, et parvint à préserver la neutralité du pays pendant la Première Guerre mondiale. Il se réfugia en France pendant la guerre civile.

ROMANOS le Mélode → RHÔMANOS.

ROMANOV n. m. Race de mouton originaire du centre de la Russie, utilisée en croisement pour sa grande prolificité.

ROMANOV, dynastie qui régna sur la Russie de 1613 à 1917. Issus d'une famille de boyards qui dut son ascension au mariage d'Ivan IV avec Anastassia Romanovna (1547), les Romanov donnèrent à la Russie cinq tsars : MICHEL FEDOROVITCH (1613-1645), ALEXIS MIKHAÏLOVITCH (1645-1676), FÉDOR III (1676-1682), IVAN V (1682-1696), dont Sophie assura la régence, et PIERRE le Grand (1682-1725), à qui succéda CATHERINE Ire (1725-1727). Pierre le Grand prit le titre d'empereur en 1721. PIERRE II (1727-1730), dernier représentant mâle des Romanov, eut pour successeurs ANNA IVANOVNA (1730-1740), IVAN VI (1740-41) et ÉLISABETH Ire (1741-1762). Anna Petrovna, fille de Pierre le Grand, épousa en 1725 Charles-Frédéric, duc de Holstein-Gottorp, fondateur de la branche des Holstein-Romanov, qui régna sur la Russie de 1762 à 1917. Le premier représentant de cette branche, PIERRE III (1762), fut évincé par son épouse, CATHERINE II (1762-1796). Son fils, PAUL Ier (1796-1801), eut pour successeurs ALEXANDRE Ier (1801-1825), NICOLAS Ier (1825-1855), ALEXANDRE II (1855-1881), ALEXANDRE III (1881-1894) et NICOLAS II (1894-1917). Contraint d'abdiquer le 2 (15) mars 1917, Nicolas II et sa famille furent exécutés en juillet 1918 à Iekaterinbourg.

ROMAN-PHOTO n. m. (pl. *romans-photos*). Suite narrative diffusée par la presse périodique et réalisée à l'aide de photos incluant un texte romanesque.

ROMANS-SUR-ISÈRE (26100), ch.-l. de cant. de la Drôme ; 33 546 hab. *(Romanais).* Église des XIIe-XIVe s., anc. abbatiale. Vieilles maisons. Musée. Centre industriel : chaussure, tannerie, combustibles nucléaires, équipement automobile.

ROMANTICISME n. m. (ital. *romanticismo*). Mot italien francisé par Stendhal (1823) pour désigner le mouvement romantique avant que l'usage n'ait adopté le terme « romantisme ».

ROMANTIQUE adj. (angl. *romantic,* romanesque). **1.** Propre au romantisme ou qui s'y rapporte : *La littérature romantique.* — **2.** Qui rappelle les goûts, l'époque romantiques : *Coiffure romantique.* — **3.** Qui manifeste une prédominance d'idéalisme et de sentimentalité : *Un penchant romantique pour la solitude.* — **4.** Qui, par nature, touche la sensibilité et l'imagination, invite à l'émotion et à la rêverie, à l'expression des sentiments : *Les sites romantiques de la vallée du Rhin.*

◆ adj. et n. **1.** Qui se réclame du romantisme : *Les classiques et les romantiques.* — **2.** Chez qui la sensibilité et l'imagination l'emportent sur les qualités pratiques, qui a une conception idéaliste de la vie : *Un adolescent romantique.*

ROMANTIQUEMENT adv. *Litt.* De façon romantique.

ROMANTISER v. t. (conj. 3). Donner un caractère romantique, idéalisé à qqch : *Romantiser le suicide.*

ROMANTISME n. m. **1.** Ensemble des mouvements intellectuels qui, à partir de la fin du XVIIIe s., firent prévaloir le sentiment sur la raison et l'imagination sur l'analyse critique. (→ *encycl.*) — **2.** Ensemble de traits ou de caractères propres au mouvement romantique ou, par comparaison, à d'autres mouvements, à d'autres artistes : *Le romantisme de Hugo.* — **3.** Comportement, caractère de qqn qui se laisse dominer par l'imagination et se passionne pour les entreprises généreuses mais utopiques : *Le romantisme de la jeunesse.*

ENCYCL. **Bx-arts.** S'élaborant contre la tradition que représentaient l'académisme et le néoclassicisme, ce courant fait triompher, dès la fin du XVIIIe s., mais surtout au début du XIXe s., la spontanéité et la révolte (annoncées par Goya) là où dominaient la froideur et la raison. Les transformations d'un monde (surtout la Révolution française) ramènent au premier plan l'individu avec ses propres bouleversements, ses inquiétudes et sa lucidité (Géricault : *le Radeau de la « Méduse »,* 1819), ses cauchemars et ses rêves (Füssli, Turner), ses errements (portraits d'aliénés de Géricault), ses indignations et ses espoirs (Delacroix : *les Massacres de Scio,* 1824 ; *la Liberté guidant le peuple,* 1831). La solitude, la nuit, la mort voisinent avec le bouillonnement de la vie et la lumière selon l'artiste, son tempérament et sa culture. Les paysagistes anglais (Turner, Constable, Bonington), avec leur attrait pour une nature sauvage, apportent un renouveau du métier pictural, notamment par l'aquarelle. Ils mêlent à leurs œuvres une part d'imaginaire, tandis que W. Blake atteint à la puissance d'un mysticisme visionnaire et Füssli à un fantastique inquiétant. Tous deux sont marqués par un goût littéraire (la Bible, Shakespeare, Milton) en accord avec leurs aspirations, comme le peintre allemand Friedrich l'est par Tieck et Novalis lorsqu'il peint les paysages solitaires des monts des Géants.

Mais c'est sans doute en France que le romantisme pictural s'exprime avec le plus de diversité. Annoncé aussi bien par l'inspiration littéraire de

Girodet-Trioson que par le coloris audacieux de Gros, il se développe dans une exaltation passionnée et une recherche incessante du mouvement et de la richesse chromatique chez Géricault et Delacroix. Les thèmes littéraires (Delacroix : *Dante et Virgile aux Enfers,* 1822) voisinent avec les sujets contemporains (Géricault : *le Cuirassier blessé,* 1814), tandis que l'histoire, et notamment celle du Moyen Âge gothique (qui inspire le néogothique architectural), est une source de recréations fantaisistes pour la peinture (déjà touchée au XVIIIe s. par le courant « troubadour ») et pour l'estampe (avec A. Devéria, Gavarni, Nanteuil, etc.). La connaissance du Moyen-Orient et de l'Afrique fournit de nouveaux coloris, de nouveaux rythmes, un nouveau mélange de réel et d'imaginaire : l'orientalisme* nourrit bientôt l'inspiration de petits maîtres comme Decamps ou Prosper Marilhat, suivis de Fromentin ou d'un peintre de l'importance de Chassériau. Mais il y a beaucoup d'éclectisme dans ce mouvement et l'on s'éloigne ainsi de la dialectique d'affirmations impérieuses et d'interrogations tourmentées qui est à la source du romantisme.

— **Littér.** Plus encore qu'un mouvement littéraire, le romantisme est un état de la sensibilité européenne à la fin du XVIIIe s. et au début du XIXe. Venu d'Angleterre et d'Allemagne, il se manifeste un peu plus tard en France et dans les pays du Sud. Le romantisme se caractérise par une opposition au classicisme antique, païen et méridional. La raison est remplacée par l'émotion et la sensibilité. Trouble, mélancolie et passion sont les maîtres mots du romantique, qui rêve à la couleur de tous les exotismes, préfère le passé (surtout le Moyen Âge chrétien) qui prête au rêve et à l'imagination ou l'avenir qui réalisera ses aspirations. Il se cherche et s'analyse, ayant le goût des mystères et des initiations. En ce sens, le romantisme est une quête. La littérature romantique se dessine dans les romans anglais de Richardson (milieu du XVIIIe s.), l'inspiration venant de Shakespeare et d'Ossian.

Le mouvement prend forme en Allemagne avec Goethe (*Werther,* 1774) et Schiller, s'affirmant avec Hölderlin et Jean-Paul, à qui succèdent, d'une part, Tieck, Novalis, les frères Schlegel et, d'autre part, Brentano, Arnim et les frères Grimm. Ils reviennent aux sources d'une culture nationale. C'est à la même époque que se situent Kleist et E. T. A. Hoffmann. En Grande-Bretagne, le romantisme a pour représentants Wordsworth et Coleridge, qui publient les *Ballades lyriques* (1798) et ouvrent la voie à des poètes comme Southey, Th. Moore, Keats, Shelley, Byron et W. Scott pour le roman historique. Le romantisme est, en France, l'expression de toute une génération, victime du « mal du siècle », qui a lu Rousseau et Mme de Staël et s'est choisi pour maître Chateaubriand. Il triomphe avec Lamartine, Hugo, qui réclame en art une liberté pleine et entière *(Préface de « Cromwell »),* Vigny, Musset, B. Constant, Sainte-Beuve, et touche des écrivains tels que Nerval, Gautier et P. Borel. Stendhal préfère la société contemporaine *(le Rouge et le Noir)* au passé de Dumas *(les Trois Mousquetaires).* Entre la révolution de 1830 et celle de 1848, le romantisme s'impose comme une nouvelle « manière de sentir » ; notamment en Italie (Pellico, Manzoni, Leopardi) et en Espagne (J. Zorrilla), où il est en étroite liaison avec les revendications politiques et patriotiques. En Russie, il s'épanouit avec Pouchkine, Lermontov et Gogol.

À partir du milieu du XIXe s., le romantisme survit à travers la poésie de V. Hugo et les œuvres des écrivains scandinaves, tandis que les littératures voient l'apparition du réalisme.

— **Mus.** Le romantisme, en musique, prit sa source dans le *Sturm und Drang* allemand comme dans l'idéologie de la Révolution française. Il trouva sa terre d'élection dans les pays germaniques et son modèle dans les partitions majeures de Beethoven. Parmi les œuvres représentatives de cette période, on peut citer la *Symphonie fantastique* de Berlioz, *les Amours du poète* de Schumann, *Rigoletto* de Verdi, *Faust-Symphonie* de Liszt, *Tristan et Isolde* de Wagner, les *Kindertotenlieder* de Mahler.

ROMARIN n. m. (lat. *rosmarinus,* rosée de mer). Arbuste (labiée) aromatique du littoral méditerranéen, à feuilles persistantes et à fleurs bleues. (C'est une plante médicinale, également utilisée en parfumerie.)

ROMBAS (57120), ch.-l. de cant. de la Moselle, sur l'Orne ; 10 889 hab. *(Rombasiens).* Métallurgie. Cimenterie.

ROMBIÈRE n. f. (p.-ê. lorrain *romber,* gronder). *Fam.* Femme, généralement âgée, quelque peu ridicule et prétentieuse.

ROME, nom donné à l'un des principaux États de l'Antiquité, qui, à partir de la ville de Rome*, a conquis d'abord l'Italie*, puis le monde méditerranéen.

Histoire.

les origines légendaires et historiques

Selon la tradition, Romulus, le fondateur, trace sur le Palatin les limites d'une ville nouvelle en marquant d'un sillon les fondations des murailles *(Roma quadrata).* Les historiens romains dataient la fondation de 753 av. J.-C. À une population de vagabonds, Romulus procure des épouses en enlevant les femmes des Sabins, un peuple voisin. Les Romains ont des rois tantôt romains, tantôt sabins : le Sabin Numa Pompilius organise la religion ; le Romain Tullus Hostilius triomphe d'Albe grâce à la victoire des Horaces sur les Curiaces ; le Sabin Ancus Martius fonde Ostie. Viennent ensuite trois rois d'origine étrusque : Tarquin l'Ancien, Servius Tullius, qui construit une solide muraille (le Mur servien) et divise la population en classes suivant la richesse ; Tarquin le Superbe, qui étend la domination de Rome dans le Latium. Les nobles romains le chassent v. 509 av. J.-C. et fondent la république. L'archéologie a permis d'établir qu'entre le Xe et le VIIe s. av. J.-C., le Palatin et les autres collines étaient occupés par des villages distincts. Dans leur expansion, les Étrusques ont franchi le Tibre et créé la première ville de Rome en regroupant ces villages.

• *L'organisation sociale et politique de l'époque royale.* Les citoyens, essentiellement ruraux, sont groupés en trois tribus : *Tities, Ramnes* et *Lucères.* Chacune se divise en dix curies. L'assemblée des chefs *(patres)* des principales familles, le sénat, seconde le roi, détenteur essentiel d'un pouvoir sans doute électif et viager.

Seule une partie du peuple (les patriciens) a accès au sénat et aux comices curiates (l'assemblée des curies). Ces patriciens constituent les grandes familles, les *gentes,* qui honorent un ancêtre commun et autour desquels gravitent des clients, pauvres gens qui recherchent la protection des chefs des *gentes* devenus leurs patrons. En dehors des patriciens et de leurs clients, le reste des habitants de Rome constitue la catégorie des plébéiens, dépourvue de tout droit civique.

les débuts de la République

Ils sont marqués par la lutte des plébéiens contre les patriciens. Les magistrats qui ont succédé aux rois, les consuls, sont patriciens, de même que les sénateurs. De nouvelles assemblées, les comices centuriates, sont dominées par les riches propriétaires fonciers, généralement patriciens. Pour obtenir l'égalité, les plébéiens font « sécession », se retirent sur l'Aventin et obtiennent la création des tribuns de la plèbe* (494-471), chargés de défendre leurs intérêts. Ils sont élus par l'assemblée des plébéiens *(concilium plebis),* qui vote des décisions applicables aux plébéiens. Progressivement, toutes les magistratures vont s'ouvrir aux plébéiens. L'égalité de tous devant la loi a été codifiée par la loi des Douze Tables (milieu du Ve s. av. J.-C.).

Les premiers siècles de la République sont marqués par la conquête de l'Italie péninsulaire. L'instrument de la conquête, la légion*, est composée de citoyens levés en temps de guerre. À mesure de sa conquête, Rome utilise les contingents des cités sujettes et alliées comme troupes auxiliaires. En deux siècles, Rome va vaincre successivement les peuples du Latium, les Étrusques, les Gaulois, établis dans la plaine du Pô, les Samnites, les villes grecques de l'Italie du Sud, que l'intervention du roi d'Épire, Pyrrhos, n'a pas sauvées (entre 280 et 275 av. J.-C.). L'Italie est divisée en cités, chacune étant liée à Rome par un traité qui stipule leur statut : colonies romaines, municipes, cités alliées. Vers le milieu du IIIe s. av. J.-C., l'activité politique a toujours pour cadre la cité de Rome (la ville et ses environs) et seuls les citoyens romains ont tous les droits politiques.

L'ensemble des citoyens, le *populus romanus,* se réunit en assemblées appelées « comices* ». Les comices centuriates, dominés par les citoyens riches, occupent une place prépondérante : ils élisent les magistrats importants et votent les lois. En 287 av. J.-C., le *concilium plebis* devient *comices tributes,* ouverts aux patriciens : ils émettent des plébiscites applicables comme lois à tous les citoyens, élisent les tribuns de la plèbe et les magistrats inférieurs. Ils sont également contrôlés par les citoyens riches. En fait, le peuple n'a que l'apparence du pouvoir, réellement aux mains de la *nobilitas,* classe politique nouvelle apparue au IIIe s. av. J.-C. et constituée de riches patriciens ou plébéiens. Les magistratures, hiérarchisées dans le *cursus honorum,* sont généralement collégiales et annuelles. Au bas de l'échelle se trouvent les questeurs*, puis les édiles*. Les préteurs peuvent commander les armées et aider les deux consuls, qui présentent les lois aux comices et commandent en chef. Tous les cinq ans sont élus deux censeurs pour recenser les citoyens. En cas de grand danger, un dictateur, ayant tous les pouvoirs, peut être désigné pour six mois. Un peu en marge du *cursus,* les dix tribuns de la plèbe étendent leur pouvoir à tous les citoyens et président les comices tributes, auxquels ils présentent les projets. Tous les magistrats sont contrôlés par le sénat. Celui-ci est, au IIIe s. av. J.-C., une assemblée d'anciens magistrats. Maître de la politique extérieure, il domine également la politique intérieure, car les magistrats, qui font partie de la classe sénatoriale, observent scrupuleusement les avis des « sénatus-consultes », qui ont force de loi. Le sénat veille sur le Trésor *(Aerarium)* et est le gardien de la religion. Tandis que les comices et les magistrats n'ont que l'apparence du pouvoir, le sénat en a la réalité. Le gouvernement de Rome est une oligarchie.

Parmi les nombreux dieux romains, cinq divinités se détachent : la triade Jupiter-Mars-Quirinus, Janus et Vesta. Les Étrusques instaurent la triade capitoline Jupiter-Junon-Minerve. Cérès, Fortune, Diane, Hercule, Apollon, Vénus prennent rapidement une place importante. Le culte public est rendu par des prêtres attachés au service d'un dieu particulier (flamines) ou groupés en collèges (vestales). En plus des sites de divination, confiés aux haruspices, l'élément essentiel du culte est le sacrifice à la divinité. La religion romaine est très formaliste. Elle comprend aussi des fêtes qui donnent lieu à des jeux. Le culte public se double d'un culte familial dont le foyer domestique est le centre et dont le père de famille est le prêtre. On rend un culte aux esprits protecteurs, lares et pénates, et aux anciens.

les grandes conquêtes et la fin de la République

À partir du milieu du IIIe s. av. J.-C., Rome s'engage dans une série de guerres qui la conduiront à la domination du monde méditerranéen. Les guerres puniques* (264-146) permettent aux Romains d'anéantir définitivement sa grande rivale occidentale, Carthage, et leur donne la possession de l'Afrique punique.

En Orient, Rome écrase successivement les souverains hellénistiques : Philippe V (197) et Persée (168), rois de Macédoine, et Antiochos III de Syrie (189). La Macédoine et la Grèce deviennent des provinces (146). Attalos III de Pergame lègue son royaume à Rome (133), érigé en province romaine d'Asie. En Occident, l'Espagne orientale est soumise après la destruction de Numance (133) ; la conquête du sud de la Gaule fait naître la province de Narbonnaise (120).

Des généraux ambitieux réalisent de nouvelles conquêtes. Marius triomphe du roi des Numides, Jugurtha (105 av. J.-C.), et anéantit les Germains Teutons près d'Aix-en-Provence (102) et les Cimbres à Verceil (101 av. J.-C.). Sulla vainc Mithridate, roi du Pont, sur qui il reconquiert la Grèce et l'Asie Mineure (88-85 av. J.-C.) ; Pompée achève son œuvre (66-62 av. J.-C.) et conquiert la Syrie (64) et la Judée (63 av. J.-C.). Entre 58 et 51 av. J.-C., César assujettit la Gaule.

Ces conquêtes ont entraîné une véritable révolution économique, enrichissant l'État, mais aussi les particuliers. Les membres de la classe sénatoriale accaparent les terres que l'État s'est réservées lors des conquêtes (l'*ager publicus*) ; les chevaliers gèrent l'exploitation des biens publics (d'où leur nom de « publicains ») ou se livrent à la spéculation. Mais les conquêtes sont aussi cause de misères : les esclaves, plus nombreux, se révoltent (Spartacus, 73-71 av. J.-C.), beaucoup de petits paysans italiens, ruinés, viennent grossir, à Rome, la plèbe urbaine. En même temps, le goût du luxe s'est introduit dans les mœurs malgré les lois somptuaires. L'art et la littérature se transforment sous l'influence de l'Orient hellénisé.

Les Gracques Tiberius (133) et Caius (123) tentent vainement de reconstituer une classe moyenne de paysans. Après eux, la plèbe urbaine fait le jeu des grands ambitieux, qui s'imposent par la force. Ainsi Marius, appuyé sur une armée devenue permanente (107 à 86) ; de même que Sulla, qui, après la guerre sociale menée contre les alliés italiens révoltés, octroie à tous les Italiens la citoyenneté romaine (90) et restaure pour un temps l'autorité du sénat. Devant l'incapacité du sénat à venir à bout de Sertorius révolté en Espagne (72 av. J.-C.) et des esclaves de Spartacus, et malgré les efforts de Cicéron, qui écrase la conjuration de Catilina (63 av. J.-C.), Pompée et Crassus, à qui se joint J. César, imposent une alliance à trois (triumvirat) en 60, renouvelée en 55. Pompée pense l'emporter seul en obtenant d'être consul unique (52), mais J. César franchit le Rubicon (49), s'empare de l'Italie et vainc Pompée à Pharsale (48). César est assassiné (44) mais sa mort ne sauve pas la république. Marc Antoine affirme ses prétentions à sa succession et forme avec Octave, petit-neveu et fils adoptif de César, et Aemilius Lepidus un second triumvirat. Les trois directeurs éliminent les républicains à coup de proscriptions avant d'écraser leur armée à Philippes, en Macédoine (42). Ils se partagent le monde romain, mais entrent bientôt en conflit jusqu'à la victoire du seul Octave sur Marc Antoine (Actium, 31 av. J.-C.).

le Haut-Empire

Octave, à qui le sénat donne le titre d'Auguste (27 av. J.-C.), réorganise l'État. Il prend l'essentiel des pouvoirs des anciens magistrats. Le titre d'*imperator* le met au-dessus des autres généraux. Il se réserve l'administration de Rome et partage avec le sénat celle des provinces. Des anciennes institutions républicaines, seul le sénat garde quelque importance. Les magistrats perdent leurs attributions au profit des fonctionnaires créés par l'empereur : les préfets et les légats. C'est le régime du premier citoyen de Rome : le principat. Cette époque est le sommet de la civilisation artistique et littéraire (Virgile, Horace, Tite-Live).

Pendant près de deux siècles, l'Empire romain sera gouverné suivant les principes posés par Auguste. Jusqu'en 68 apr. J.-C. règnent les Julio-Claudiens (Auguste, Tibère, Caligula, Claude, Néron) ; de 69 à 96, les Flaviens (Vespasien, Titus, Domitien) ; de 96 à 192, les Antonins (Nerva, Trajan, Hadrien, Antonin le Pieux, Marc Aurèle et Commode). Le sénat, dernier lieu de la résistance à l'autorité impériale, est décimé par les proscriptions puis se rallie au régime avec l'entrée en nombre des provinciaux.

L'armée, désormais permanente, appuyée sur un *limes* fortifié, monte la garde aux frontières. Elle conquiert encore la Bretagne (sous Claude), la Dacie (sous Trajan), mais elle ne peut tenir les

pays germaniques au-delà du Rhin et du Danube, ni la Mésopotamie.
Pendant deux siècles, les provinces sont administrées avec équité. Les cités, organisées à l'image de Rome, sont de puissants foyers de romanisation. La vie provinciale progresse tandis que baisse le niveau de l'Italie, nourrie par le blé de l'Afrique et de l'Égypte. Rome est habitée par une nouvelle aristocratie et par une plèbe entièrement à la charge de l'État. D'immenses travaux en font la plus belle ville de l'Empire, et le port d'Ostie est très actif.
Le Haut-Empire voit le déclin de l'ancienne religion romaine. Les gestes rituels du culte public représentent plus une marque de patriotisme qu'une adhésion à une croyance. Le culte rendu à la déesse Rome *(Dea Roma)* et aux empereurs en témoigne. Les gens cultivés se tournent vers les systèmes philosophiques, bien souvent hérités des Grecs. L'épicurisme, le pythagorisme, le stoïcisme surtout s'imposent aux élites. Les cultes orientaux s'offrent à tous : cultes de Cybèle et d'Attis, d'Isis et de Sérapis, de Mithra. Le christianisme commence la conquête des diverses classes de la société. Il est rapidement en butte à l'hostilité du pouvoir impérial, ses fidèles n'acceptant pas de sacrifier aux dieux officiels.
Divers signes de décadence apparaissent. Le problème de la succession impériale, souvent résolu de façon sanglante au Ier s. apr. J.-C., pacifiquement au IIe s., va devenir l'occasion des troubles les plus graves : les armées, conscientes de leur force quand commencent les invasions germaniques (fin du IIe s.), vont faire et défaire les empereurs.

le Bas-Empire

On le fait débuter dès 192, à la mort de Commode. Pourtant, les Sévères, de 193 à 235 (Septime Sévère, Caracalla, Élagabal, Sévère Alexandre), maintiennent la paix, refoulant les Parthes et les peuples germaniques. En 212, Caracalla donne le droit de cité romaine à tous les habitants libres de l'Empire.
De 235 à 284, pressé par les Germains et par les Perses sassanides, l'Empire manque de se disloquer. Un moment, un empire des Gaules (258-273) et un royaume de Palmyre (260-273), pratiquement indépendants, participent à la défense du monde romain. De grands empereurs, toujours imposés et renversés par les armées, sauvent la situation : Gallien (260-268) puis Aurélien (270-275), qui reconstitue l'unité de l'Empire et entoure Rome de remparts.
À la fin du IIIe s., un redressement durable s'opère avec Dioclétien (284-305), qui établit le régime de la tétrarchie, système collégial de gouvernement par deux Augustes et deux Césars. Les chrétiens sont persécutés (édits de Nicomédie en 303-304). Le système de la tétrarchie ne survivra pas à Dioclétien.
Après de nouvelles guerres civiles, Constantin, vainqueur de Maxence au pont Milvius (312), l'emporte. Il accorde aux chrétiens le droit d'exercer leur religion (édit de Milan, 313). Il crée une nouvelle capitale sur l'emplacement de l'antique Byzance. Ce sera Constantinople, désormais rivale de Rome.
Après Constantin, mort en 337, l'Empire connaît épisodiquement des guerres civiles, alors que la pression des Barbares s'accentue. Malgré la tentative de restauration du paganisme par Julien (361-363), le christianisme l'emporte avec les règnes de Constance II (337-361) et de Valens (364-378). Théodose (379-395) décide, en 394, la fermeture des temples païens. À sa mort, ses deux fils, Arcadius et Honorius, se partagent l'Empire. Il y a désormais deux empires : l'un en Orient, l'autre en Occident.
L'empire d'Orient, ou Empire byzantin*, durera jusqu'à la fin du Moyen Âge. Quant à l'Empire romain d'Occident, il est submergé par les invasions barbares. Les Wisigoths passent en Italie (410) et fondent un royaume en Gaule du Sud. Les Francs occupent la Gaule du Nord après la rupture du front du Rhin (406) ; les Burgondes s'établissent en Savoie (443). Les Vandales, après avoir ravagé la Gaule et l'Espagne, débarquent en Afrique. Leur roi, Geiséric, vient saccager Rome en 455.
Désormais, l'empire d'Occident se morcelle en royaumes barbares. En 476, le dernier empereur, Romulus Augustule, disparaît, détrôné par un Barbare, Odoacre. Il n'y a plus d'Empire romain d'Occident.

Religions

Les antiques religions romaines comprennent l'ensemble des cultes en vigueur non seulement dans la cité de Rome, mais aussi dans les autres régions de l'Empire. Elles débordaient largement la sphère du culte public romain et étaient extrêmement diverses, notamment du fait de l'entrée progressive de nombreux rites et croyances d'origine étrangère. À l'époque où les religions proprement romaines font preuve d'une certaine stabilité (du IIe s. av. J.-C. au IIIe s. apr. J.-C.), elles se caractérisent principalement par le polythéisme et par le ritualisme. Un Romain adorait à la fois les dieux de sa famille (mânes, lares, pénates), ceux de son quartier, ceux de sa profession, enfin ceux de la cité. Ces derniers, qui avaient pour souverain Jupiter, étaient répartis en divers groupements dont le plus ancien était la triade précapitoline (Jupiter, Mars et Quirinus), relayée à partir du Ve s. av. J.-C.

par la triade dite *capitoline* parce qu'elle était installée dans le temple du Capitole (Jupiter, Junon et Minerve). Les dieux de la cité étaient classés en deux catégories : les divinités traditionnelles, ou indigènes (Jupiter, Junon, Mars, Vesta...), et les divinités nouvellement installées (Apollon, Esculape, Cybèle, Isis...), après l'intégration à Rome de nouvelles provinces (Grèce, Égypte). La seconde caractéristique de la religion romaine tenait au fait que le culte était toujours une affaire communautaire et devait s'exprimer par des rites parfaitement définis, soit dans le cadre domestique, soit au niveau de la cité. L'exécution méticuleuse du rite était alors plus importante que l'idée plus ou moins orthodoxe qu'on pouvait se faire des dieux. C'est d'abord par ce ritualisme qu'un lien (*religio* ayant le sens de « ce qui relie ») était établi avec la divinité. Du fait que les collèges des prêtres, simples fonctionnaires du culte public, se préoccupaient plus des aspects rituels et matériels du culte que des croyances elles-mêmes, la religion romaine devenait très perméable à l'introduction de doctrines nouvelles. Ainsi s'explique la rapidité avec laquelle le christianisme put se répandre à Rome et dans tout l'Empire.

ROME, en ital. **Roma,** cap. de l'Italie, ch.-l. de prov. et de la région du Latium ; 2 827 000 hab. *(Romains).*

— **Géogr.** Établie primitivement sur la rive gauche du Tibre, sur le site des sept collines, la ville, devenue capitale en 1870, a eu un développement démographique rapide, lié pour une grande part à l'exode rural. Mais, depuis une vingtaine d'années, son accroissement, dû au seul excédent naturel, s'est ralenti, en même temps que se développaient surtout les communes périphériques. Dans le centre ville, où restent présents de nombreux monuments de l'Antiquité, du Moyen Âge, de la Renaissance et du XIXᵉ s., sont localisées les activités administratives, financières et commerciales. La ville en effet est surtout tertiaire : c'est un centre politique, intellectuel, artistique (cinéma), touristique (12 millions de passagers par an à l'aéroport Léonard-de-Vinci), religieux (cité du Vatican), abritant des organismes internationaux (F. A. O.). L'industrie ne concerne guère que les biens de consommation et se localise dans l'est de la ville. Entre le centre et la rocade autoroutière qui entoure l'agglomération s'étendent des quartiers variés, résidentiels, aisés ou populaires, administratifs (EUR au sud) et ouvriers (parties est et ouest). Malgré l'existence d'un métro, la circulation reste difficile dans la ville.

— **Hist.** Selon la légende, Romulus aurait délimité de sa charrue le pourtour de la toute première Rome, qui se réduisait au mont Palatin. En réalité, la ville naît vers le VIIIᵉ s. av. J.-C. de la réunion de plusieurs habitats situés sur un groupe de collines (théoriquement sept). Les rois étrusques, au VIᵉ s., assainissent le sol (la Cloaca maxima draine la plaine du Forum) et entourent la ville de remparts (mur de Servius), puis ils laissent la place à la république, en 509. Dès lors, l'expansionnisme caractérise la politique de la ville : les Romains deviennent maîtres de l'Italie à la fin du IVᵉ s. et étendent leurs conquêtes à tout le bassin méditerranéen et même au-delà. L'afflux des étrangers grossit démesurément la ville, qui atteint vraisemblablement le million d'habitants vers le IIᵉ s. apr. J.-C. Dépendant étroitement des ressources de l'extérieur, elle aspire celles-ci au profit des dirigeants de la république, puis des empereurs et d'une masse de parasites. Sous les influences de la Grèce et de l'Orient, apportées par les esclaves et les immigrés volontaires, elle se transforme culturellement et surtout dans les domaines religieux (religions orientales, christianisme) et intellectuel (la philosophie grecque). Des privilégiés continuent à habiter dans des maisons à atrium, mais la masse vit dans de hauts immeubles de rapport. Le centre est encombré de monuments somptueux, souvent de marbre. L'habitat est entièrement repoussé vers la périphérie. Aux palais du Palatin s'ajoutent l'ensemble des forums républicains et impériaux, où se déroule en grande partie la vie religieuse, commerciale, politique et judiciaire. Lorsque la menace des invasions barbares se concrétise, la ville — l'*Urbs* — perd peu à peu son rôle de centre politique au profit de villes plus septentrionales. La fondation de Constantinople (324-330) accentue cette décentralisation. Désertée par les empereurs, dévastée par les envahisseurs du Vᵉ s., elle décline très vite. Politiquement, le clergé chrétien prend dans une certaine mesure le relais. Le pape assume son autorité spirituelle, tandis que les églises s'aménagent dans les anciens temples païens. Après le reflux de l'occupation byzantine en Italie, après l'appel aux monarques carolingiens pour contenir l'expansion des Lombards en Italie, le Saint-Siège apparaît comme le dépositaire du pouvoir à Rome. La ville, menacée par les Sarrasins (qui la saccagent en 846), connaît des siècles d'instabilité et de misère prolongée. Une population très réduite survit dans les ruines antiques. L'autorité pontificale est contestée sur le plan séculier jusqu'à la fin du Moyen Âge. Les grandes familles s'efforcent de contrôler l'élection des papes. La querelle des Investitures* oppose longuement la papauté et les empereurs germaniques (1076-1122). Le transfert du siège apostolique en Avignon (1309) appauvrit et dépeuple de nouveau Rome. Le peuple romain ne réussit pas à constituer un pouvoir laïque durable avec Cola di Rienzo (1347- 1354), pas plus qu'auparavant avec Arnaud de Brescia (1145-1155).

Le retour de Martin V à l'issue du grand schisme d'Occident (1420) restaure enfin l'autorité papale et ramène la prospérité. À partir du XVe s., de grandes constructions se réalisent (palais du Vatican, basilique Saint-Pierre, palais privés des cardinaux). Cet élan est un moment interrompu en 1527 par le sac de la ville par les soldats de Charles Quint. Rome, centre d'un catholicisme restauré, s'impose alors comme modèle doctrinal et aussi artistique. L'église du Gesù (1584) est le prototype des nouvelles églises, et le pape Sixte Quint opère de grands travaux de rénovation urbaine. Les nations européennes créent des académies artistiques, et le voyage à Rome est une étape dans la formation des artistes. Cependant, Rome, artificiellement entretenue, vit des revenus ecclésiastiques au milieu d'une campagne malsaine et déserte.

L'occupation napoléonienne fait de Rome une ville libre (1809-1815). Malgré les efforts de Pie IX, le pouvoir pontifical est ébranlé par la République romaine de 1849, éphémère œuvre de Mazzini. La présence d'un contingent français envoyé par Napoléon III soutient le pouvoir temporel jusqu'en 1870. Aussitôt après, Rome est investie par les troupes piémontaises et devient la capitale du royaume d'Italie. Le pape se considère comme prisonnier au Vatican* jusqu'aux accords du Latran, en 1929. Le développement de l'administration entraîne une rapide hausse de la population, qui stagnait à 210 000 hab. en 1870. Le fascisme veut faire de Rome une grande métropole : il installe des industries, remodèle le centre historique et construit de nouveaux quartiers. La Ville Éternelle, occupée par les Allemands en 1943, est libérée par les Alliés en 1944.

— **Archéol.** et **Bx-arts.** • *Rome antique du VIIIe s. av. J.-C. au IVe s. apr. J.-C.* Le Palatin fut le siège au VIIIe s. av. J.-C. de la première agglomération romaine, appartenant à un groupe de Latins. Les grands travaux édilitaires *(Cloaca maxima)* sont attribués par la tradition au premier roi étrusque, Tarquin l'Ancien. La ville républicaine laisse peu de monuments intacts en dehors des temples de Vesta et de la Fortune virile, au pied du Capitole.

• *La Rome impériale.* Elle s'épanouit autour des forums, qui forment le centre politique de la cité. Vaste place rectangulaire, souvent bordée de portiques, chaque forum s'accompagne de nombreux monuments (marchés, basiliques...). Les forums impériaux, dont celui de Trajan, œuvre d'Apollodore de Damas, avec son marché, la basilique d'Ulpia et les deux bibliothèques encadrant la colonne Trajane, constituent un ensemble tout aussi impressionnant que celui du Forum romain, son bâtiment de la Curie (édifice en brique du IIIe s. apr. J.-C.), ses basiliques Aemilia, Julia et de Maxence, ainsi que ses arcs de Septime Sévère, de Titus et de Constantin. Non loin s'élèvent le théâtre de Marcellus et, à l'opposé, l'immense Colisée. Citons encore les thermes de Constantin, de Trajan et de Dioclétien (église Sainte-Marie-des-Anges et Musée national) ainsi que les thermes gigantesques de Caracalla, qui ont livré des mosaïques d'un expressionnisme brutal, le Panthéon, le château Saint-Ange (mausolée d'Hadrien), etc. La *Domus aurea* de Néron conserve des peintures murales très proches de celles des débuts de l'art paléochrétien* dans les catacombes (de saint Callixte, de saint Sébastien, de sainte Domitille, de sainte Priscille...), où se reflète intensément la ferveur des premiers chrétiens.

• *Rome chrétienne du IVe au XIVe s.* Les premières basiliques ont conservé la grandeur romaine : St-Jean-de-Latran (très remaniée par Borromini en 1646 ; beau cloître à décor « cosmatesque » du XIIIe s. ; façade du XVIIIe s.), Ste-Marie-Majeure (mosaïques des IVe-Ve s. et mosaïque de 1295 par Iacopo Torriti), St-Paul-hors-les-Murs (fin du IVe s., reconstruite, sauf le transept, au XIXe s. ; la plus vaste après St-Pierre), S. Clemente (reconstruite au XIe s. ; belles peintures). Beaucoup de petites églises associent les traditions antique, paléochrétienne et byzantine : S. Sabina (Ve s.), S. Maria in Cosmedin (campanile du XIIe s.), S. Cosma et Damiano (mosaïque absidale du VIe s.), S. Maria Antiqua (fresques des VIe-VIIIe s.), S. Prassede (IXe s.), S. Maria in Trastevere (XIIe s. ; pavements cosmatesques, mosaïques de P. Cavallini), etc.

• *La Renaissance.* La construction du palais de Venise (v. 1455) en est la première grande manifestation, suivie des décors de la chapelle Sixtine*. Les entreprises de Jules II, confiées au génie de Bramante, de Raphaël ou de Michel-Ange, font de Rome le plus grand foyer créateur de la Renaissance classique : travaux du Vatican, début de la reconstruction de Saint-Pierre*, esquisse d'un nouvel urbanisme (où s'insèrent les contributions de Peruzzi, d'A. da Sangallo le Jeune, etc.). L'église du Gesù, commencée par Vignole en 1568, achevée en 1584 par Della Porta, est l'édifice type de l'époque de la Contre-Réforme, qui voit le percement, par D. Fontana, d'un vaste réseau de voies rectilignes.

• *Le baroque.* C'est à Rome qu'il se dessine, notamment avec Maderno, puis explose dans les œuvres de Bernin, de Borromini et de P. de Cortone (la magnificence du palais Barberini [1625-1639] doit aux quatre artistes). Un des lieux caractéristiques de la scénographie baroque est la place Navone, avec la fontaine des Fleuves de Bernin (1648) et l'église S. Agnese de C. Rainaldi et Borromini (1652-1657). Considérable est l'activité des peintres (le Dominiquin, le Guerchin, Lanfranco...) et des sculpteurs italiens (l'Algarde), auxquels s'ajoute la cohorte des étrangers, pour lesquels Rome commence à être le lieu de travail privilégié entre tous (peintres caravagesques, puis Poussin, rénovateur du courant classique, etc.). Le XVIIIe s. fait écho aux entreprises antérieures en multipliant perspectives, façades monumentales, escaliers, fontaines (ensemble de la fontaine de Trevi, par Nicola Salvi à partir de 1732). Rome est ensuite le centre de ralliement des doctrinaires du néoclassicisme (et des artistes : Canova, David). Le XIXe s. voit l'aménagement de la piazza del Popolo par Giuseppe Valadier (1813 et suiv.) et un premier outrage au cœur de la cité : le monument à Victor-Emmanuel II.

• Principaux musées de Rome (outre ceux du Vatican*) : musées du Capitole (antiques) et du palais des Conservateurs, dans l'ensemble du Capitole*, conçu par Michel-Ange ; musée national des Thermes de Dioclétien (antiques) ; musée de la villa Giulia (construite par Vignole) [art étrusque] ; galerie nationale d'Art ancien, dans les palais Barberini et Corsini (collections des XIIe-XVIIIe s.) ; galerie Doria-Pamphili (XVe-XVIIe s.) ; villa Borghèse* ; galerie nationale d'Art moderne.

Rome *(club de),* réunion d'économistes et de savants réfléchissant sur les problèmes de l'avenir de l'humanité, dont la première rencontre eut lieu à Rome en 1968.

Rome *(convention de)*, convention internationale sur la protection des artistes interprètes ou exécutants, des producteurs de phonogrammes et des organismes de radiodiffusion, signée à Rome en 1961, entrée en vigueur en 1964. La France l'a ratifiée en 1987 après s'être dotée d'une législation sur les droits voisins (loi du 3 juillet 1985).

Rome *(prix de),* récompense attribuée par voie de concours, du règne de Louis XIV à 1968, à de jeunes artistes français pour leur permettre de poursuivre leur formation dans l'établissement de l'Académie* de France à Rome. Les bénéficiaires, « premier grand prix » ou « deuxième grand prix », travaillaient trois ans à Rome aux frais de l'État. La résidence de l'Académie de France changea plusieurs fois, pour être fixée en 1803 à la Villa Médicis*. À partir du XVIIIe s., des académies régionales (par ex. celle des États de Bourgogne) envoyèrent elles aussi leurs meilleurs élèves à Rome.

Rome *(le roi de)* → NAPOLÉON II.

Rome *(sac de)* [mai 1527], conquête et pillage de Rome, accomplis par les troupes impériales de Charles Quint menées par le connétable de Bourbon, à la suite de l'engagement du pape Clément VII contre l'empereur aux côtés du roi de France François Ier. Cet événement, qui provoqua un retournement des alliances pontificales, marque la fin de la Renaissance romaine avec la dispersion des artistes que la papauté avait attirés auprès d'elle depuis le milieu du XVe s.

Rome *(traité de),* accord signé, le 25 mars 1957, entre la France, l'Allemagne fédérale, l'Italie, les Pays-Bas, la Belgique et le Luxembourg et qui créa la Communauté économique européenne (C. E. E.).

Rome, ville ouverte, film italien de Roberto Rossellini (1945). Cette œuvre, qui symbolise le renouveau du cinéma italien à la fin de la Seconde Guerre mondiale, évoque les combats qui amenèrent la libération de la capitale italienne.

ROMÉ DE L'ISLE (Jean-Baptiste), minéralogiste français (Gray 1736 - Paris 1790). Il énonça la première loi de la cristallographie, celle de la constance des angles, qui a conservé son nom.

ROMÉE (Isabelle), mère de Jeanne d'Arc († apr. 1456).

Roméo et Juliette, drame en 5 actes de Shakespeare (1594-95). À Vérone, malgré la haine qui sépare leurs deux familles, les Capulets et les Montaigus, Roméo et Juliette s'aiment et se marient ; la fatalité les entraîne dans la mort.

– **Chorégr.** et **Mus.** Le drame de Shakespeare inspira de nombreux musiciens (C. Gounod [opéra en 5 actes sur un livret de Barbier et Carré, 1867], Berlioz [symphonie dramatique pour solistes, chœur et orchestre, 1839], Tchaïkovski [fantaisie-ouverture, 1869 ; 2e version, 1870] et Prokofiev) ainsi que des chorégraphes (Vincenzo Galeotti, 1811 ; Bronislava Nijinska, 1926 ; Antony Tudor, 1943 ; Serge Lifar, 1949). Le *Roméo et Juliette* de Prokofiev (créé à Brno en 1938) constitue une tragédie entièrement dansée. Sur la même partition, Frederick Ashton (1955), S. Lifar (1955), Peter Van Dijk (1961), John Cranko (1962) donnèrent leurs propres versions. Maurice Béjart (1966) a adapté le drame shakespearien en un spectacle total, sur la partition de Berlioz.

RÖMER (Olaus ou Ole), astronome danois (Århus 1644 - Copenhague 1710). Par une étude attentive du mouvement des satellites de Jupiter, il établit, en 1676, à l'Observatoire de Paris, que la lumière se propage à une vitesse finie et fournit la première évaluation de cette vitesse ; il construisit plusieurs instruments, notamment la lunette méridienne.

ROMILLY (Jacqueline DE), universitaire française (Chartres 1913). Helléniste, spécialiste de la période classique et plus particulièrement de Thucydide, elle a été professeur à l'École normale supérieure (1953-1960) et à la Sorbonne (1957-1973) avant de devenir titulaire de la chaire « La Grèce et la formation de la pensée morale et politique » au Collège de France (1973-1984). On lui doit notamment *Histoire et raison* (1956), *l'Évolution du pathétique d'Eschyle à Euripide* (1961), *Problèmes de la tragédie grecque* (1975), *la Grèce antique à la découverte de la liberté* (1989), *Pourquoi la Grèce ?* (1992), *Alcibiade* (1995). [Acad. fr., 1988.]

ROMILLY-SUR-SEINE (10100), ch.-l. de cant. de l'Aube, dans la vallée de la Seine ; 15 838 hab. *(Romillons).* Bonneterie. Cycles. Ateliers de la S. N. C. F.

ROMME (Charles Gilbert), homme politique français (Riom 1750 - Paris 1795). Député (1791 et 1792), il fit adopter par la Convention le télégraphe optique, et participa à l'élaboration du calendrier révolutionnaire. Le 1er prairial an III (20 mai 1795), il fut un des chefs des insurgés ; condamné à mort, il se poignarda.

ROMMEL (Erwin), maréchal allemand (Heidenheim 1891 - Herrlingen, près d'Ulm, 1944). Il sert pendant la Première Guerre mondiale en France, en Roumanie et en Italie. D'abord nazi convaincu, il se distingua à la tête de la 7e division blindée en France (1940), puis de l'Afrikakorps en Libye (1941-1943). Rappelé en France à la tête du groupe d'armées B, il ne parvient pas à s'opposer au débarquement allié en 1944. Au courant de ses liens avec les conjurés du 20 juill., Hitler l'invite à se suicider ; il accepte pour sauver les siens (14 oct.). Liddell Hart a publié, sous le titre *la Guerre sans haine* (1953), les carnets de celui qu'on avait appelé le « Renard du désert ».

ROMNEY (George), peintre anglais (Dalton in Furness, Lancashire, 1734 - Kendal, Westmorland, 1802). Installé à Londres en 1762, surtout portraitiste, il a donné à ses gracieuses images enfantines une fraîcheur qui manque à ses portraits académiques d'importants personnages. Un séjour en Italie (1773-1775) infléchit sa manière vers le néoclassicisme (belles séries de croquis). Nombreux portraits d'Emma Hart (la future lady Hamilton), rencontrée en 1782.

RØMØ, île du Danemark, le long de la côte ouest du Jylland ; 100 km² ; 700 hab. Centre touristique et balnéaire relié à la côte par une digue.

ROMORANTIN-LANTHENAY (41200), ch.-l. d'arrond. de Loir-et-Cher, en Sologne, sur la Sauldre ; 18 472 hab. *(Romorantinais).* Restes du château royal des XVe et XVIe s. Logis du XVIe s. Musée de Sologne. Textile, construction mécanique (automobiles) et industrie du bâtiment.

ROMPIS [-pi] n. m. Ensemble d'arbres rompus, cassés.

ROMPRE v. t. (lat. *rumpere*) [conj. **78**]. **1.** *Litt.* Casser qqch d'un coup en deux ou plusieurs morceaux : *Rompre un morceau de bois d'un coup sec.* — **2.** Enfoncer qqch, le faire céder sous l'effet d'une forte pression : *Le fleuve menace de rompre ses digues.* — **3.** Faire cesser qqch, en empêcher la continuation : *Rompre un équilibre.* — **4.** Interrompre des relations, y mettre fin : *Rompre une amitié.* — **5.** Dénoncer un engagement, le considérer comme nul : *Rompre un contrat.* — **6.** *Litt.* Habituer qqn à qqch, l'y expérimenter : *Cela les avait rompus au maniement des armes.* — **7.** Provoquer la dislocation d'un front ennemi par une action offensive. — **8.** Arrêter la fermentation d'une pâte levée en la retournant et en la fractionnant. — **9.** Modifier une couleur en y mêlant sa complémentaire ou une teinte voisine de celle-ci. — **10.** *Applaudir à tout rompre,* ne pas ménager ses applaudissements. ‖ Fam. *Rompez !,* allez-vous-en ! ‖ *Rompre le silence,* y mettre fin par un bruit, un son ; se décider à prendre la parole dans un groupe de personnes qui se taisent. ‖ *Rompre les rangs,* se séparer à la fin d'un exercice d'ordre serré (au commandement : *Rompez les rangs !*).

◆ v. t. ind. **1.** Cesser délibérément toutes relations avec qqn, un groupe : *Il a rompu avec ses amis.* — **2.** Mettre fin à une liaison amoureuse : *Ils ont rompu après dix ans de mariage.* — **3.** Renoncer soudain à qqch, s'en libérer complètement et définitivement : *Avoir de la peine à rompre avec une habitude.* — **4.** Être très différent de qqch, constituer une rupture : *Cet ouvrage rompt avec la tradition.*

◆ v. i. **1.** *Litt.* Céder, être partagé brusquement en deux ou plusieurs morceaux : *La corde a tenu bon et n'a pas rompu.* — **2.** En escrime, reculer.

◆ **être rompu** v. pass. **1.** Être brisé, recru de fatigue : *Après cette longue marche, nous étions rompus.* — **2.** Être exercé à quelque activité, en avoir une expérience éprouvée : *Un homme rompu aux affaires.* — **3.** *Ton rompu,* teinte résultant d'un mélange par lequel on a rompu une couleur.

◆ **se rompre** v. pr., **être rompu** v. pass. **1.** Se briser : *Un chargement dont les attaches se sont rompues.* — **2.** *Se rompre le cou, les os,* faire une chute dangereuse, se tuer, le plus souvent par imprudence.

ROMPU n. m. Fraction théorique d'une valeur mobilière, intervenant lorsque le porteur possède un nombre de titres anciens à regrouper ne correspondant pas à un nombre entier de titres nouveaux.

ROMSDALEN, vallée de la Norvège centrale, drainée par la rivière Rauma, qui rejoint le *Romsdalfjord.*

ROMSTECK ou **RUMSTECK** [rɔmstɛk] n. m. (angl. *rump-steak,* de *rump,* croupe, et *steak,* tranche de viande). Partie du bœuf correspondant à la croupe, fournissant des morceaux à griller et à rôtir.

ROMUALD *(saint),* moine italien (Ravenne v. 950 - Val-di-Castro, près de Fabriano, 1027). En 1012, il se fixa au Campo Maldoli, qui devint le centre de la congrégation érémitique des camaldules*.

Rómulo Gallegos *(prix),* prix littéraire vénézuélien, fondé en 1964 et attribué tous les 5 ans à un roman écrit en espagnol.

ROMULUS, fondateur éponyme et premier roi de Rome, personnage de légende qu'on disait descendant d'Énée, fils de Mars et de Rhea Silvia, elle-même fille de Numitor, roi d'Albe. Il fut exposé avec son frère jumeau Remus dans une corbeille abandonnée au Tibre. Les enfants furent recueillis par une louve qui les allaita, puis par le berger Faustulus. Après une vie de brigandage, Romulus fonda une ville sur le Palatin en traçant un sillon qui en marquait la limite et tua Remus qui l'avait franchi par dérision. Sous son règne eut lieu l'enlèvement des Sabines. Il disparut mystérieusement, lors d'un orage.

ROMULUS AUGUSTULE (né v. 461 ou 462), dernier empereur d'Occident (475-476). Odoacre le déposa.

RONARC'H (Pierre Alexis), amiral français (Quimper 1865 - Paris 1940). Il commanda la brigade de fusiliers marins qui se distingua à Dixmude (1914) puis organisa la lutte contre les avions et les sous-marins dans la zone des armées du Nord. Il fut chef d'état-major général de la marine en 1919-20.

RONCAGLIA, localité et plaine de l'Émilie, où les empereurs, aux XIe et XIIe s., tinrent plusieurs assemblées. En nov. 1158, Frédéric Ier Barberousse y affirma ses privilèges en matière d'investiture.

RONCE n. f. (lat. *rumex, -icis*). **1.** Arbuste (rosacée) souvent épineux, très envahissant par marcottage naturel, et dont les baies composées noires sont les mûres sauvages. (Le framboisier est une ronce.) — **2.** Tige, garnie d'épines, de cette plante : *Se griffer aux ronces du chemin.* — **3.** Partie du bois où les éléments sont irrégulièrement enchevêtrés (bois madré), entraînant des effets décoratifs. (Ex. ronce de noyer.)

RONCE-LES-BAINS (17390 La Tremblade), écart de la comm. de La Tremblade (Charente-Maritime), en face de l'île d'Oléron. Station balnéaire.

RONCERAIE n. f. Terrain envahi par les ronces.

RONCEUX, EUSE adj. **1.** Syn. de MADRÉ. — **2.** *Litt.* Couvert de ronces : *Chemin ronceux.*

RONCEVAUX, en esp. **Roncesvalles,** bourg d'Espagne (prov. de Navarre), à proximité du col d'Ibañeta (ou *de Roncevaux*) [alt. 1 057 m]. Au passage du col, le 15 août 778, l'arrière-garde de Charlemagne fut surprise et détruite par les montagnards basques. Parmi les victimes se trouvait Roland, dont l'histoire fut transformée en légende dans *la Chanson de Roland.* Monastère fondé au XIIe s., qui accueillait les pèlerins de Compostelle ; église gothique consacrée en 1219 (statues, trésor).

RONCHAMP (70250), comm. de la Haute-Saône, à l'E. de Lure ; 3 146 hab. Chapelle N.-D.-du-Haut, un des chefs-d'œuvre de Le Corbusier (1950-1955).

RONCHIN (59790), comm. du Nord, banlieue sud-est de Lille ; 18 055 hab. *(Ronchinois).* Industries métallurgiques, textiles, chimiques et alimentaires.

RONCHON, ONNE n. et adj. *Fam.* Personne qui ronchonne pour peu de chose, qui a l'habitude de ronchonner.

RONCHONNEMENT n. m. *Fam.* Action de ronchonner, grognement.

RONCHONNER v. i. (mot dialect., de l'anc. fr. *ronchier,* ronfler, du bas lat. *r*[*h*]*oncare*) [conj. **3**]. *Fam.* Murmurer des paroles manifestant la mauvaise humeur ou le mécontentement : *S'éloigner en ronchonnant.*

RONCHONNEUR, EUSE adj. et n. *Fam.* Qui a l'habitude de ronchonner.

RONCHUS [-kys] n. m. (lat. *r*[*h*]*onchus*). Gros râle sonore de tonalité grave, perçu par auscultation du thorax dans les bronchites. (Syn. RÂLE RONFLANT.)

RONCIER n. m. ou **RONCIÈRE** n. f. Touffe, buisson de ronces.

RONCQ (59223), comm. du Nord, à 4 km au N.-O. de Tourcoing ; 12 078 hab. Textile. Chimie.

ROND, E adj. (lat. pop. **retundus*, du lat. class. *rotundus*, de *rota*, roue). **1.** Qui a la forme d'un cercle, d'une sphère, d'un cylindre : *Un plat rond. Des perles rondes.* – **2.** Dont la forme est arrondie ou présente une courbe : *Une reliure à dos rond.* – **3.** Se dit des parties du corps pleines et charnues : *Des joues bien rondes.* – **4.** *Fam.* Qui est de petite taille et assez corpulent : *Un petit homme rond.* – **5.** *Vx.* Qui a des manières directes, qui va droit au but : *Être rond en affaires.* – **6.** *Pop.* Qui est ivre. – **7.** Se dit d'un nombre entier ou, selon la grandeur du nombre, sans dizaines, centaines ; se dit de la quantité qui s'exprime par ce nombre : *Cela fera 102 francs, disons 100 francs pour faire un compte rond.* – **8.** *Faire, ouvrir des yeux ronds,* écarquiller les yeux sous l'effet de la surprise. ‖ *Tout rond,* se dit d'une somme exprimée exactement par un nombre entier et simple. • **Anat.** Se dit de muscles et de ligaments en raison de leur forme. ‖ *Muscles grand rond* et *petit rond,* muscles de la partie postérieure de l'épaule, étendus de l'omoplate à la partie supérieure de l'humérus. ‖ *Muscle rond pronateur,* muscle de l'avant-bras étendu de l'épitrochlée et de l'apophyse coronoïde du radius à la partie moyenne de la face externe du radius. – **Bois.** *Bois rond,* syn. de BOIS EN GRUME ; terme générique désignant les poteaux, les bois de mine et de trituration à l'état brut. – **Hist.** *Têtes rondes,* soldats (sans perruque et à cheveux courts) de l'armée parlementaire, lors de la première révolution d'Angleterre ; les partisans de Cromwell, par opposition aux cavaliers. – **Œnol.** Se dit d'un vin ayant de la rondeur.

◆ **rond** adv. *Avaler tout rond qqch,* sans mâcher. ‖ Fam. *Il ne tourne pas rond,* il agit de façon bizarre, il n'est pas dans son état normal. ‖ Fam. *Tourner rond,* en parlant d'un moteur, tourner régulièrement, sans ratés ; fonctionner, se dérouler de façon satisfaisante, sans incident : *Une entreprise qui tourne rond.*

◆ **rond** n. m. **1.** Figure, tracé en forme de circonférence : *Tracer des ronds au compas.* – **2.** Surface, objet de forme circulaire : *Des ronds de fumée.* – **3.** Tranche découpée de forme circulaire ; rondelle : *Mettre un rond de citron dans son thé.* – **4.** *Fam.* Argent : *N'avoir plus le rond.* – **5.** *En rond,* sur une ligne circulaire, en formant une circonférence : *Danser en rond.* ‖ *Faire des ronds dans l'eau,* provoquer la formation d'ondes circulaires concentriques en jetant des pierres dans l'eau ; ne rien faire d'utile. ‖ *Faire des ronds de jambe,* faire des politesses exagérées, se montrer trop aimable, voire obséquieux. ‖ *Rond de serviette,* anneau qui sert à glisser, en fin de repas, une serviette roulée. ‖ *Rond de cuir,* coussin de forme annulaire, utilisé autrefois par les employés de bureau. ‖ *Tourner en rond,* en revenir toujours au même point, ne pas progresser. • **Anat.** Muscle rond. – **Bât.** *Rond à béton,* barre d'acier doux, de section circulaire, employée comme armature dans le béton armé. – **Bois.** *Mise au rond,* opération préalable au déroulage dans la fabrication du contreplaqué. – **Bot.** *Rond de sorcière,* dans une prairie, anneau circulaire d'un vert plus vif où apparaissent les fructifications issues d'une seule spore de champignon. – **Bouch.** Nom de deux morceaux de bœuf, le *rond de gîte à la noix* (muscle demi-tendineux) et le *rond de tranche grasse* (muscle droit antérieur). – **Chorégr.** *Rond de jambe,* mouvement de la jambe qui fait décrire un cercle au pied libre sur le sol (rond de jambe à terre) ou un demi-cercle à une certaine hauteur (rond de jambe soutenu). – **Mécan.** *Faux rond,* rotation d'une pièce de révolution montée sur une machine, et qui tourne autour d'un axe non exactement confondu avec son axe propre.

◆ **ronde** n. f. **1.** Danse collective dans laquelle les danseurs se tiennent par la main et tournent en rond. – **2.** Chanson, air sur le rythme desquels s'exécute cette danse : *Un disque de rondes enfantines.* – **4.** Écriture à jambages courbes, à panse et à boucles presque circulaires. – **5.** Figure de note dont la valeur est égale à deux fois celle de la blanche. – **6.** *À la ronde,* dans l'espace qui s'étend tout autour d'un lieu ; chacun à son tour, en parlant des membres d'une assemblée, ou successivement à chacun d'eux : *Être connu à plusieurs lieues à la ronde. Verser à boire à la ronde.*

RONDA, v. d'Espagne, en Andalousie, en bordure de la *sierra de Ronda ;* 31 400 hab. C'est l'anc. *Arunda* des Romains. Église S. María la Mayor, gothique du XVIe s., avec restes de l'anc. mosquée. Pont du XVIIIe s. sur un ravin profond. *Plaza de toros* de la fin du XVIIIe s.

RONDACHE n. f. (norm. *rondache*). Bouclier rond (Antiquité, Moyen Âge).

RONDADE n. f. (de *rond*). Prise d'élan en acrobatie au sol.

ROND-DE-CUIR n. m. (pl. *ronds-de-cuir*). *Fam.* et *péjor.* Employé de bureau.

1. RONDE → ROND.

2. RONDE n. f. (moyen fr. *ronder,* faire la ronde). **1.** Parcours et visite qu'effectuent, généralement la nuit, officiers, policiers, gardiens, vigiles, pour s'assurer que rien d'anormal n'est survenu dans un lieu dont ils ont la garde. – **2.** Groupe de personnes qui procède à une telle inspection : *Croiser une ronde de police.* – **3.** Mouvement plus ou moins circulaire qui ramène périodiquement au point de départ : *La ronde des bolides sur un circuit.* – **4.** *Contrôleur de ronde,* appareil enregistrant l'heure à laquelle un agent est passé dans des locaux déterminés pour y faire des rondes de surveillance.

Ronde de nuit *(la),* titre traditionnel d'une toile peinte par Rembrandt en 1642 (3,59 × 4,38 m [après une amputation survenue en 1715], Rijksmuseum d'Amsterdam) et représentant, à la demande de l'Association des arquebusiers d'Amsterdam, la *Sortie du capitaine Frans Banning Cocq et de son lieutenant Willem Van Ruytenbuch.* Aucun détail nocturne (surtout après nettoyage) n'apparaît dans cette œuvre, remarquable par sa composition mouvementée, hors des conventions du portrait collectif de l'époque, par sa richesse chromatique et par la cohésion que lui donne un jeu savant de la lumière et de l'ombre.

RONDEAU n. m. (de *rond*). **1.** Genre lyrique à forme fixe de la poésie française. (Syn. RONDEL.) — **2.** Petite poésie mise en musique, et dont les premiers vers se répètent à la fin. (→ *encycl.*) — **3.** Pièce vocale ou instrumentale bâtie sur l'alternance d'un refrain et de plusieurs couplets ou strophes.

ENCYCL. **Littér.** Le terme de rondeau désignait au XIIIe s. une chanson de danse. Le rondeau se caractérise par l'alternance d'un même refrain et de couplets différents. Le *rondeau simple* (7 ou 8 vers sur 2 rimes), illustré par Guillaume de Machaut ou Froissart, recevra au XVIe s. le nom de « triolet ». Le *rondeau double* (13 vers) est la forme préférée de Charles d'Orléans. Le *rondeau parfait* comporte 6 quatrains.

RONDE-BOSSE n. f. (pl. *rondes-bosses*). Ouvrage de sculpture (statue, groupe) en ronde bosse, c'est-à-dire pleinement développé dans les trois dimensions, au lieu d'être lié à un fond comme les *reliefs.* (La *ronde-bosse frontale,* non destinée à être vue par l'arrière, ne reçoit de finition que sur sa face antérieure et ses côtés.)

RONDEL n. m. Anc. forme de RONDEAU.

RONDELET, ETTE adj. (de *rond*). *Fam.* **1.** Qui présente un certain embonpoint et des rondeurs agréables : *Un enfant petit et rondelet.* — **2.** Se dit d'une somme d'argent non négligeable : *De cette vente, il a retiré une somme rondelette.*

RONDELET (Jean-Baptiste), architecte français (Lyon 1743 - Paris 1829). Collaborateur de Soufflot à l'église Ste-Geneviève, il acheva le monument, puis, quand l'église devint « le Panthéon », il l'adapta à sa nouvelle fonction (sous la direction de Quatremère de Quincy) et, en 1806, le consolida. Professeur, il a publié un *Traité* [...] *de l'art de bâtir* (1802-1817).

RONDELLE n. f. (de *rond*). **1.** Petit disque percé que l'on place entre une vis ou un écrou et la pièce à serrer, pour transmettre et répartir, l'effort de serrage sur la pièce. — **2.** Tranche mince, plus ou moins sphérique ou cylindrique, coupée dans un objet comestible : *Rondelle de citron.* — **3.** Ciseau à pierre au tranchant plat semi-circulaire. (On dit aussi CISEAU-RONDELLE.) — **4.** Chacun des disques ou anneaux circulaires qui se placent sur un fourneau de cuisine (à bois, à charbon) pour en moduler l'ouverture. — **5.** Syn. de PLATEAU — **6.** Au Canada, palet de hockey sur glace.

RONDEMENT adv. **1.** Avec rapidité, efficacité : *Ces négociations ont été menées rondement.* — **2.** *Vx.* Avec franchise, sans détour : *Dire rondement les choses.*

RONDEUR n. f. **1.** État, caractère des parties du corps qui sont bien en chair et présentent des formes pleines, arrondies : *Une taille qui a pris de la rondeur.* — **2.** Attitude de qqn qui agit avec naturel, simplicité, s'exprime avec franchise : *Un ton d'une rondeur sympathique.* — **3.** Caractère d'un vin ayant de la souplesse, du moelleux, qui remplit bien la bouche.

◆ **rondeurs** n. f. pl. *Fam.* Parties, formes rondes et pleines du corps humain : *Les rondeurs opulentes des nus de Rubens.*

RONDIN n. m. (de *rond*). **1.** Bois de chauffage, scié aux longueurs d'usage, dont le diamètre est généralement compris entre 7 et 12 cm. — **2.** Bille non équarrie, dans le commerce des bois tropicaux.

RONDIR v. t. (de *rond*) [conj. **32**]. Tailler les ardoises dans les dimensions et la forme voulues.

RONDISSAGE n. m. Action de rondir.

RONDISSEUR, EUSE n. Ouvrier(ère) qui conduit une rondisseuse.

◆ **rondisseuse** n. f. Machine destinée à tailler les ardoises.

RONDO n. m. (ital. *rondo,* du fr. *rondeau*). Pièce instrumentale bâtie sur l'alternance d'un refrain et de plusieurs couplets. (Issu du rondeau français, il devient une des structures typiques du finale de sonate, de symphonie, de concerto.)

RONDÔNIA, État (territoire jusqu'en 1981) du Brésil, s'étendant, en bordure de la Bolivie, sur la forêt amazonienne et sur les plateaux du Mato Grosso ; 243 000 km^2 ; 1 130 400 hab. Cap. *Porto Velho.*

RONDOUILLARD, E adj. *Fam.* Qui a de l'embonpoint ; grassouillet.

ROND-POINT n. m. (pl. *ronds-points*). **1.** Place circulaire ou semi-circulaire où convergent plusieurs allées, avenues ou rues. — **2.** Carrefour où aboutissent plusieurs routes. — **3.** Dans le chœur d'une église, rangée semi-circulaire de supports, entre le sanctuaire et le déambulatoire.

RONÉO n. f. (n. déposé). Machine à reproduire des textes dactylographiés, des dessins, au stencil.

RONÉOTER ou **RONÉOTYPER** v. t. (conj. 3). Reproduire qqch à la Ronéo.

RONFLANT, E adj. **1.** Qui produit un son sourd et continu : *Poêle ronflant.* — **2.** Qui vise à l'effet, mais masque le vide de la pensée : *Des discours ronflants.* — **3.** *Râle ronflant,* syn. de RONCHUS.

RONFLEMENT n. m. **1.** Respiration bruyante du nez pendant le sommeil ; bruit que l'on fait en ronflant. — **2.** Sonorité sourde et prolongée.

RONFLER v. i. (rad. expressif *ron-,* avec l'infl. de *souffler*) [conj. 3]. **1.** Produire pendant le sommeil, en respirant, un bruit sonore venant de la gorge et des narines : *Ronfler comme un sonneur.* — **2.** Produire un bruit sourd, régulier : *Faire ronfler son moteur avant de démarrer.*

RONFLEUR, EUSE n. Personne qui ronfle, qui a l'habitude de ronfler.

RONGEAGE n. m. Impression sur étoffe pratiquée au moyen de rongeants.

RONGEANT n. m. Agent chimique fortement réducteur ayant une action destructrice sur certains colorants (azoïques, etc.), que l'on utilise pour le rongeage.

RONGEMENT n. m. *Litt.* Action de ronger.

RONGER v. t. (lat. *rumigare,* ruminer) [conj. **17**]. **1.** Mordiller qqch, l'entamer avec les dents : *Le chien ronge son os.* — **2.** Entamer une substance dure à petits coups de dents répétés, en la détachant par petits fragments pour la manger : *Un lapin qui ronge une carotte.* — **3.** En parlant des vers, des insectes, attaquer certaines substances : *Des chenilles qui rongent les feuilles.* — **4.** Attaquer qqch, l'user par une action lente et progressive : *Maladie qui ronge les pierres des édifices.* — **5.** Miner, tourmenter qqn, compromettre l'équilibre, la cohésion d'une collectivité : *La maladie le ronge.*

RONGEUR, EUSE adj. Se dit des animaux qui ont une dentition conformée pour ronger leur nourriture : *Les mammifères rongeurs.*

◆ **rongeur** n. m. Mammifère aux incisives tranchantes tel que le rat, le castor, l'écureuil, le porc-épic et de nombreux autres animaux. (Les *rongeurs* forment un ordre.)

ENCYCL. Les rongeurs ont deux sortes de dents : 4 incisives à croissance continue et des dents jugales à replis d'émail transversaux fonctionnant comme des râpes. Les lagomorphes* (lapin, lièvre), bien que possédant avec les rongeurs de nombreux caractères de convergence*, forment un groupe séparé. Les rongeurs comprennent plus de 2 000 espèces, soit environ la moitié des mammifères actuels. Ce sont des animaux herbivores ou omnivores, occupant tous les biotopes terrestres. Très féconds, ils prolifèrent partout, infligeant souvent des dégâts à l'agriculture.

Ils se subdivisent en trois sous-ordres : les sciuromorphes (écureuil, marmotte, castor), les myomorphes (rat, souris, hamster, campagnol, gerbille, loir, gerboise), enfin les hystricomorphes (porc-épic, cobaye, cabiai, agouti, chinchilla, ragondin).

RÔNIER n. m. Palmier dont les spadices fournissent un vin de palme, et la sève un sucre. (Genre *borassus.*)

RŌNIN [rɔnin] n. m. inv. (mot jap. signif. *homme flottant*). Samouraï qui quittait le service de son maître et se mettait à parcourir le pays en quête d'aventures. (Les rōnin contribuèrent à la restauration du pouvoir impérial en 1868.)

RONIS (Willy), photographe français (Paris 1910). Un regard chaleureux et mélancolique, des images simples aux éclairages lumineux baignés de douceur caractérisent son œuvre : *Belleville Ménilmontant* (1954), en collaboration avec Pierre Mac Orlan, et *Sur le fil du hasard* (1980).

RONO (Henry), athlète kenyan (Kiptaragon, Kenya, 1952). Il a détenu tous les records du monde sur les distances allant du 3 000 au 10 000 m.

RONQUIÈRES, localité de la comm. de Braine-le-Comte, en Belgique (Hainaut). Plan incliné permettant le passage des péniches sur le canal de Bruxelles à Charleroi.

RONRON n. m. (rad. expressif *ron-*). **1.** Bruit que le chat fait avec sa gorge pour marquer son contentement. — **2.** *Fam.* Bruit sourd et continu : *Le ronron d'un moteur.* — **3.** *Fam.* Monotonie, routine : *Le ronron de la vie quotidienne.*

RONRONNEMENT n. m. **1.** Action de ronronner ; bruit que fait le chat en ronronnant. — **2.** Bruit continu que fait un appareil, un moteur qui ronronne.

RONRONNER v. i. (de *ronron*) [conj. 3]. **1.** Faire des ronrons, en parlant du chat. — **2.** En parlant d'un moteur, d'un appareil, émettre un bruit sourd et régulier qui indique un fonctionnement normal. — **3.** Se complaire dans la monotonie, dans la routine : *Le service ronronne dans une sécurité trompeuse.*

RONSARD (Pierre DE), poète français (château de la Possonnière, Couture-sur-Loir, 1524 - prieuré de Saint-Cosme-en-l'Isle, près de Tours, 1585). Il est à l'âge de douze ans page à la cour de France. Atteint d'un mal qui le laissera à demi sourd, il est obligé de renoncer à la carrière des armes et se tourne vers les lettres. Il apprend le grec sous la direction de Dorat, en compagnie de du Bellay et de J. A. de Baïf. Ronsard s'impose comme le chef de la nouvelle école, qui se nomme d'abord « la Brigade », avant de devenir la « Pléiade* ». Sa poésie, érudite et ambitieuse dans les *Odes** (1550-1552), imitées de Pindare et d'Horace, se fait plus lyrique dans des vers amoureux et légers inspirés de Pétrarque et d'Anacréon (*Amours**, 1552 ; *Bocage,* 1554 ; *Continuation des Amours,* 1555-56) pour atteindre un ton épique dans les *Hymnes** (1555-56). Devenu en 1559 conseiller et aumônier ordinaire du roi et poète de cour, il célèbre la fonction de guide que le poète doit remplir à l'égard des peuples et des rois, et, prenant parti dans les guerres civiles (*Discours**, 1562-63), il exalte la monarchie et la nation dans les quatre premiers chants de la *Franciade** (1572) restée inachevée. S'il compose encore des pièces de circonstance pour les divertissements de la Cour comme les *Églogues* ou la *Bergerie* de 1562, sa carrière à la cour d'Henri III est éclipsée vers la fin par la gloire montante de Desportes et ses derniers vers (*Sonnets pour Hélène,* 1578) expriment sa nostalgie. Décrié par Malherbe et Boileau, Ronsard fut redécouvert au XIXe s. par Sainte-Beuve.

RONSE, en fr. **Renaix,** v. de Belgique (Flandre-Orientale), au pied des monts de Flandres ; 25 000 hab. Église gothique sur crypte romane. Musée de Folklore et d'Histoire. Textile.

RÖNTGEN ou **RŒNTGEN** [røntgɛn] n. m. (de W. C. *Röntgen,* n. pr.). Unité d'exposition de rayonnement X ou γ (symb. R), équivalant à $2{,}58 \times 10^{-4}$ coulomb par kilogramme.

RÖNTGEN (Wilhelm Conrad), physicien allemand (Lennep, Rhénanie, 1845 - Munich 1923). Il a découvert les rayons X (1895), étudié leur propagation, leur pouvoir de pénétration, et observé qu'ils produisent une ionisation de l'air. (Prix Nobel de physique 1901.)

ROODEPOORT, v. d'Afrique du Sud, près de Johannesburg ; 165 000 hab. (avec Maraisburg). Centre d'extraction de l'or. Aciérie. Textile.

ROOF → ROUF.

ROOKE (*sir* George), amiral anglais (près de Canterbury 1650 - dans le Kent 1709). Lors de la guerre de la Succession d'Espagne, il détruisit une flotte franco-espagnole au large de Vigo (1702), puis, en 1704, prit Gibraltar.

ROOKERIE n. f. (angl. *rookery,* de *rook,* corbeau). Rassemblement de manchots.

ROON (Albrecht, *comte* VON), maréchal et homme d'État prussien (Pleushagen, près de Kolberg, auj. Kołobrzeg, 1803 - Berlin 1879). Ministre de la Guerre (1859) et de la Marine (1861), il fut avec Moltke le grand réorganisateur de l'armée prussienne, à laquelle il donna notamment une grande mobilité, contribuant ainsi à ses succès de 1866 et de 1870.

ROOSEBEKE → ROZEBEKE.

ROOSENDAAL, v. des Pays-Bas (Brabant-Septentrional), au S.-O. de Breda ; 52 000 hab. Carrefour ferroviaire. Verrerie. Lampes.

ROOSEVELT (Theodore), homme d'État américain (New York 1858 - Oyster Bay, État de New York, 1919). Député républicain (1882-1884), puis chef de la police de New York (1895-1899), il devient secrétaire adjoint à la Marine en 1897. Lors de la guerre hispano-américaine, il organise un régiment de cavalerie, formé de volontaires, et participe à la victoire de San Juan (1898), qui entraîne l'indépendance de Cuba et l'annexion des Philippines. Élu gouverneur de New York (1898), puis vice-président des États-Unis (1900), il accède à la présidence après l'assassinat de McKinley (sept. 1901) et est réélu en 1904. Impérialiste convaincu, il assure aux États-Unis le contrôle du futur canal de Panamá (1903) et, pratiquant la politique du « gros bâton », envoie des troupes dans la République Dominicaine (1905) et à Cuba (1906). Sous sa présidence, les États-Unis prennent pour la première fois une part active aux affaires de l'Ancien Monde (médiations entre la Russie et le Japon [1905], participation à la conférence d'Algésiras [1906] et à la conférence de la paix à La Haye [1907]). Partisan d'un pouvoir exécutif renforcé, il élargit le contrôle de l'État sur l'économie et fait appliquer la législation antitrust. Déçu par le conservatisme de son successeur, Taft, il prend la tête du groupe progressiste et se présente aux élections de 1912 en rival de Taft, permettant au démocrate Wilson de l'emporter aisément. (Prix Nobel de la paix 1906.)

ROOSEVELT (Franklin Delano), homme d'État américain (Hyde Park, État de New York, 1882 - Warm Springs 1945). Cousin et neveu par alliance de Theodore Roosevelt, il est élu sénateur démocrate de l'État de New York (1910), devient secrétaire adjoint à la Marine (1913-1921) et renforce la flotte américaine. En 1921, une attaque de poliomyélite interrompt son activité. Gouverneur de New York (1929-1933), il accède à la présidence des États-Unis en pleine crise économique mondiale (1933). Entouré d'intellectuels libéraux (son brain-trust), il fait voter les lois du New Deal (« Nouvelle Donne ») qui visent à relancer l'économie par l'augmentation de la consommation, la réorganisation du crédit et le contrôle de la concurrence. S'appuyant sur l'opinion publique, il réforme les banques, supprime la prohibition, abandonne l'étalon-or (avr. 1933) et dévalue le dollar (1934). Enfin il cherche à faire reculer le chômage par une politique de grands travaux et s'efforce de réglementer les conditions de travail (1935) et les salaires (1938). Certaines de ces lois sont annulées par la Cour suprême, où se retranche l'opposition conservatrice, mais Roosevelt est réélu triomphalement (1936) et impose sa législation. Par leur caractère progressiste, ces mesures entraînent la mutation du parti démocrate. Renforçant le pouvoir fédéral, elles donnent au président des États-Unis un rôle prépondérant. À l'extérieur, Roosevelt pratique une politique de bon voisinage avec les États latino-américains. À partir de sept. 1939, allant à l'encontre d'une opinion américaine majoritairement isolationniste, il accorde une aide militaire aux adversaires de l'Allemagne et de l'Italie (loi prêt-bail, 1941). En 1940, il est réélu pour un troisième mandat. Après l'attaque japonaise contre Pearl Harbor (déc. 1941), suivie de la déclaration de guerre à l'Allemagne, Roosevelt dirige avec énergie l'effort de guerre des États-Unis, décide la fabrication de la bombe atomique et, par une diplomatie active, prépare l'après-guerre. En 1943, il accepte l'idée d'une Organisation des nations unies, dont il fait élaborer le plan à Dumbarton Oaks (1944). Il participe avec Churchill et Staline aux conférences de Téhéran (1943) et de Yalta (1945), où son attitude conciliatrice permet d'éviter la rupture avec l'U. R. S. S. Réélu pour un quatrième mandat en nov. 1944, il meurt à la veille de la victoire.

ROOST-WARENDIN (59286), comm. du Nord, à 8 km au N.-N.-E. de Douai ; 6 434 hab.

ROOTER [rutœr] n. m. (angl. *rooter,* de *to root,* arracher). Syn. de DÉFONCEUSE.

ROPARTZ (Joseph Guy), compositeur français (Guingamp 1864 - Lanloup, Côtes-d'Armor, 1955). Il travailla avec César Franck l'orgue et la composition (1887-1890), et se lia d'amitié avec Vincent d'Indy. Il dirigea le conservatoire et l'orchestre de Nancy (1894-1919) puis celui de Strasbourg. Son œuvre est considérable : 5 symphonies (1895-1945), des poèmes symphoniques, des pages d'orchestre, un opéra, *le Pays* (1910), des musiques de scène, des ballets, de la musique de chambre *(Prélude, Marine et Chanson),* des mélodies, des pages pour piano (3 *Nocturnes, Musiques au jardin*) et pour orgue, et des œuvres religieuses.

ROPS (Félicien), peintre et graveur belge (Namur 1833 - Essonnes, France, 1898). Ami de Baudelaire, de Guys, de Péladan, il évolue entre un symbolisme fantastique (*la Mort au bal,* 1870, musée Kröller-Müller) et un réalisme impressionniste qui annonce Toulouse-Lautrec. Il a illustré (1886) *les Diaboliques* de Barbey d'Aurevilly.

ROQUE [rɔk] n. m. (de *roquer*). Aux échecs, mouvement combiné d'une tour que l'on place auprès de son roi et du roi que l'on fait passer de l'autre côté de la tour quand aucune pièce ne les sépare.

ROQUEBILLIÈRE (06450), ch.-l. de cant. des Alpes-Maritimes, dans les Alpes niçoises, audessus de la Vésubie ; 1 636 hab. *(Roquebilliérois).*

ROQUEBRUNE-CAP-MARTIN (06190), comm. des Alpes-Maritimes, entre Monaco et Menton ; 12 564 hab. *(Roquebrunois).* Le vieux bourg est dominé par son château féodal ; église du XVIIIe s. En contrebas, station balnéaire.

ROQUEBRUNE-SUR-ARGENS (83520), comm. du Var, sur le bord nord-est du massif des Maures ; 10 422 hab. Vieux bourg pittoresque.

ROQUEBRUSSANNE (La) [83136], ch.-l. de cant. du Var, 1 245 hab.

ROQUECOURBE (81210), ch.-l. de cant. du Tarn, au N.-E. de Castres, sur l'Agout ; 2 279 hab. *(Roquecourbins).* Bonneterie.

ROQUE-D'ANTHÉRON (La) [13640], comm. des Bouches-du-Rhône, dans le sud du Comtat ; 4 021 hab. Château de 1605. Station estivale. — Aux environs, anc. abbaye de Silvacane.

ROQUEFORT n. m. Fromage à moisissures internes, fabriqué avec du lait de brebis, affiné exclusivement dans les caves de Roquefort-sur-Soulzon dans l'Aveyron et se présentant sous forme d'une meule de 20 cm de diamètre pesant environ 2 500 g.

ROQUEFORT (40120), ch.-l. de cant. des Landes, dans le nord-est du Marsan ; 1 834 hab. *(Roquefortois).* Anc. capitale du pays de Marsan. Église du XIIIe s. Constructions mécaniques.

ROQUEFORT-SUR-SOULZON (12250), comm. de l'Aveyron, en bordure du Causse du Larzac ; 796 hab. *(Roquefortais).* Grottes aménagées dans les calcaires où l'on affine le roquefort.

ROQUELAURE (Antoine, *baron* DE), maréchal de France (1560 - Lectoure 1625). Au service d'Henri IV, il participa à la plupart de ses combats et fut fait maréchal de France par Marie de Médicis (1614). — Son fils GASTON, marquis, puis (1652) duc **de Roquelaure,** général (1617 - Paris 1683), fut gouverneur de Guyenne (1676-1683). — ANTOINE, marquis **de Biran,** puis (1683) duc **de Roquelaure,** maréchal de France (1656 - Paris 1738), fils de Gaston, combattit en Languedoc les camisards (1706-1710) et contribua à la prise de Sète sur les Anglais (1710). Il fut nommé maréchal de France en 1724.

ROQUEMAURE (30150), ch.-l. de cant. du Gard, sur le Rhône, en amont d'Avignon ; 4 669 hab. *(Roquemaurois).* Église du XIIIe s. Primeurs. Vins.

ROQUEPERTUSE, site des Bouches-du-Rhône, dans la vallée de l'Arc. Cet oppidum a livré les vestiges d'un sanctuaire celto-ligure du IIIe s. av. J.-C. (Portique à niches abritant des crânes ; sculptures.)

ROQUER v. i. (anc. fr. *roc,* n. de la tour aux échecs) [conj. 3]. **1.** Aux échecs, faire un roque. – **2.** Au croquet, placer sa boule contre une autre boule, toucher et frapper d'un coup sec les deux boules pour les envoyer dans des directions différentes.

ROQUET n. m. (rad. expressif *rok-*). **1.** Petit chien hargneux qui aboie à tout propos. – **2.** *Fam.* Individu hargneux, mais peu redoutable.

ROQUETIN n. m. (de *roquet,* var. de *rochet*). Gros fil pris dans la trame de tissage d'un galon, qu'il orne sur le bord ou en surface.

1. ROQUETTE n. f. (ital. *rochetta,* de *ruca,* chou, du lat. *eruca*). **1.** Crucifère annuelle à tige velue dont les feuilles ont des lobes incisés et une saveur piquante. (Syn. ROUQUETTE.) – **2.** Petite perdrix à pattes jaunes. – **3.** *Roquette blanche, roquette des champs,* ou *fausse roquette, roquette de mer* (cakile), *roquette d'Orient,* nom usuel de diverses crucifères plus ou moins charnues.

2. ROQUETTE n. f. (var. de *rochet 2*). **1.** Au XIVe s., fusée de guerre incendiaire, utilisant pour sa propulsion la combustion de la poudre. – **2.** (d'apr. l'angl. *rocket*) Projectile orienté mécaniquement au départ, autopropulsé pendant la phase initiale de sa course et soumis ensuite aux seules lois de la balistique.

ROQUEVAIRE (13360), ch.-l. de cant. des Bouches-du-Rhône, à l'O. de la Sainte-Baume ; 7 081 hab. *(Roquevairois).* Cultures fruitières.

RORAIMA, massif gréseux de l'Amérique du Sud, aux confins du Guyana, du Venezuela et du Brésil ; 2 810 m.

RORAIMA, territoire du nord du Brésil, frontalier du Guyana et du Venezuela ; 230 000 km^2 ; 215 790 hab. Ch.-l. *Boa Vista.*

RORE (Cyprien DE), compositeur des Pays-Bas (Malines 1515 ou 1516 - Parme 1565). Maître de chapelle de princes italiens, il a composé une passion, des motets, des messes et des madrigaux. L'emploi qu'il fit du chromatisme a ouvert la voie à Monteverdi.

RORET (Nicolas), éditeur français (Vendeuvre-sur-Barse 1797 - Paris 1860). Il fonda à Paris, en 1824, une maison d'édition connue par son encyclopédie populaire de technologie *(Manuels Roret).*

RØROS, v. de Norvège, au S.-E. de Trondheim ; 5 000 hab. Anc. ville minière (cuivre), de plan régulier, gardant un ensemble de vieilles maisons en bois ; musée de la Mine.

RORQUAL [-kwal] n. m. (pl. *rorquals*) [anc. norv. *raudh-hwalr,* baleine rouge]. Syn. de BALEINOPTÈRE.

Rorschach *(test* ou *psychodiagnostic de),* test projectif créé en 1921 par le psychiatre suisse Hermann Rorschach (Zurich 1884 - Herisau 1922), consistant à interpréter une série de planches représentant des taches d'encre symétriques obtenues par pliage : l'analyse des réponses permet de déceler certains aspects de la personnalité du sujet.

Rörstrand *(manufacture de),* manufacture de faïences suédoises, établie près de Stockholm au château de Rörstrand, vers 1725, et dont la production était caractérisée par un style rocaille exubérant. Toujours en activité, la manufacture produit des pièces aux lignes épurées.

ROS ou **ROT** [ro] n. m. (anc. fr. *ros,* roseau). Peigne placé sur le battant du métier à tisser, et entre les dents duquel on place un ou plusieurs fils de chaîne.

ROSA n. f. Variété estimée de pommes de terre à chair ferme, arrivant à maturité à la fin de l'été.

ROSA (Salvator), peintre italien (Arenella, Naples, 1615 - Rome 1673). D'abord influencé par Van Laer et par Ribera (batailles, bambochades...), il fut touché par le classicisme vers 1640 (paysages composés, marines, mais aussi sujets ésotériques et de sorcellerie) et anima ses œuvres d'accents préromantiques à partir de 1650. Il fut également graveur, poète et musicien.

ROSACE n. f. (de *rose 1*). **1.** Ornement d'architecture en forme de fleur épanouie, composé d'un bouton autour duquel se groupent des feuilles inscrites dans un cercle. (Caissons de plafond, par ex.) – **2.** Syn. vieilli de ROSE. – **3.** Ouïe circulaire découpée dans la table d'harmonie de certains instruments à cordes pincées (luth, guitare, clavecin). [Syn. ROSE.]

ROSACÉ, E adj. (lat. *rosaceus*). De couleur rose. ◆ **rosacée** n. f. **1.** Nom de famille de plantes à fleurs, dicotylédones, dialypétales, telles que la rose, le pommier, l'aubépine, la potentille. (→ *encycl.*) – **2.** Syn. de COUPEROSE et de ACNÉ* ROSACÉE.

ENCYCL. **Bot.** Les feuilles des rosacées ont souvent deux stipules persistantes ; les fleurs se composent d'un calice à quatre ou cinq divisions, parfois doublé d'un calicule (fraisier) ou soudé à l'ovaire. Les étamines sont généralement en grand nombre, et distinctes. Le fruit est de forme variée : pomme (dérivée de la concrescence du réceptacle et des carpelles devenus charnus), un ou plusieurs akènes, réunion de petits akènes sur un réceptacle qui peut devenir charnu (fraises), etc. Principaux genres : spirée, potentille, fraisier, rose, aigremoine, alchémille, prunier, cerisier, amandier, pêcher, pommier, sorbier, cognassier, aubépine.

Rosae Crucis → ROSE-CROIX.

ROSAGE n. m. (lat. médiév. *rosago,* laurier-rose). Nom donné parfois aux rhododendrons et aux azalées.

ROSAIRE n.m. (lat. ecclés. *rosarium,* du lat. class. *rosarius,* de rose). **1.** Grand chapelet, composé de quinze dizaines de petits grains que séparent des grains un peu plus gros. — **2.** Prière que l'on récite en égrenant le chapelet. — **3.** *Fête du Rosaire,* fête instituée par saint Pie V, sous le vocable de N.-D.-de-la-Victoire, en mémoire de la victoire de Lépante (7 oct. 1571).

ROSALBA (Rosalba CARRIERA, dite) → CARRIERA.

ROSALBIN n. m. (lat. *rosa,* rose, et *albus,* blanc). Petit cacatoès d'Australie gris et rose, granivore.

ROSALE n. f. (bas lat. *rosalis,* relatif aux roses). Nom d'ordre de plantes dicotylédones qui réunissait autrefois les familles des rosacées, crassulacées, saxifragacées, etc. (Démembré, cet ordre ne comprend plus guère que les rosacées.)

ROSALIE n. f. (du prénom *Rosalie*). Nom usuel du *tamarin doré.*

ROSALIE (Jeanne-Marie RENDU, en relig. *sœur*), religieuse française (Confort, Bugey, 1787 - Paris 1856). Fille de la Charité (1802), supérieure de la maison de la rue de l'Épée-de-Bois, à Paris (1815), elle fut la providence de la population pauvre du quartier Mouffetard, notamment lors des événements de juin 1848.

ROSALIND, treizième satellite d'Uranus, découvert en 1986 par la sonde américaine Voyager 2. Demi-grand axe de son orbite : 69 900 km. Période de révolution sidérale : 13 h 24 min. Diamètre : env. 60 km.

ROSAMONDE → ROSEMONDE.

ROSANILINE n. f. Base conjuguée de la fuchsine employée pour la préparation de colorants (violet de Paris, bleu de Lyon).

ROSARIO, v. d'Argentine (prov. de Santa Fe), sur le Paraná ; 1 078 374 hab. Carrefour routier et ferroviaire, centre commercial et universitaire. Exportations de blé et de viande ; mécanique, travail du cuir et du bois.

ROSAS (Juan Manuel DE), homme d'État argentin (Buenos Aires 1793 - Southampton, Angleterre, 1877). À la tête des fédéralistes argentins, il renversa le gouvernement de la province de Buenos Aires (1828). De 1829 à 1831, puis de 1835 à 1852, il gouverna la province en dictateur. Son rêve d'expansion dans les pays de la Plata ligua contre lui la province de l'Entre Ríos, le Brésil et le Paraguay. Il fut renversé en 1852.

ROSAT [rɔza] adj. inv. (bas lat. *rosatum*). Se dit d'une préparation pharmaceutique qui contient de l'essence ou des pétales de rose (pommade rosat, miel rosat, par ex.).

Rosati (les) [anagramme d'*Artois*], société littéraire fondée à Arras, en 1778. Disparue au cours du XIXe s., la société se reconstitua *(Rosati de France)* à Fontenay-aux-Roses en 1892. Nouveau surgeon de la société parisienne, les *Rosati d'Artois* (Arras) organisent annuellement un concours régional de poésie.

ROSÂTRE adj. Qui a une teinte rose sale, rose indécis : *Du satin rosâtre.*

ROSAY (Françoise DE NALÈCHE, dite **Françoise**), actrice française (Paris 1891 - *id.* 1974). Épouse de Jacques Feyder, elle a marqué de ses interprétations *le Grand Jeu* (1933), *la Pension Mimosas* (1934), *la Kermesse héroïque* (1935) [trois films de J. Feyder], *Drôle de drame* (1937), *Un carnet de bal* (1937), *les Gens du voyage* (1937).

ROSBIF [rɔsbif] n. m. (angl. *roast-beef,* de *to roast,* griller, et *beef,* bœuf). Pièce de viande, de bœuf ou de cheval, destinée à être rôtie.

ROSCELIN, philosophe français (Compiègne v. 1050 - Tours ou Besançon v. 1120), l'un des fondateurs du nominalisme* et l'un des maîtres d'Abélard.

ROSCOFF (29680), comm. du Finistère, sur la côte du Léon, en face de l'île de Batz ; 3 735 hab. *(Roscovites).* Église de style gothique flamboyant (retables sculptés). Port de pêche, de commerce et de voyageurs (vers l'Angleterre et l'Irlande). Station balnéaire. Centre de thalassothérapie. Station de biologie marine. Primeurs.

1. ROSE n. f. (lat. *rosa*). **1.** Fleur du rosier, caractérisée par ses nombreux pétales parfumés. — **2.** *À l'eau de rose,* fade, mièvre : *Roman à l'eau de rose.* ‖ *Être frais comme une rose,* avoir l'air reposé. ‖ Fam. *Ne pas sentir la rose,* sentir mauvais. • **Archit.** Grande baie circulaire, ou partie circulaire d'une grande baie, subdivisée par un remplage décoratif et le plus souvent munie de vitraux. (C'est une amplification de l'oculus, surtout développée par l'architecture religieuse gothique.) [Syn. vieilli ROSACE.] ‖ *Rose de compartiment,* compartiment décoratif circulaire dans un pavement ou un parquet. — **Bijout.** Diamant dont le dessus est taillé à facettes et le dessous plat. (On dit aussi DIAMANT EN ROSE.) — **Bot.** *Rose de Jéricho,* autre nom de l'*anastatique.* ‖ *Rose de Noël, rose d'hiver,* noms usuels de l'*hellébore noir.* ‖ *Rose trémière,* malvacée commune dans les jardins, pouvant dépasser 2 m de haut et porteuse de très grandes fleurs de couleurs diverses. (Syn. PASSE

ROSE, PRIMEROSE, TRÉMIÈRE.) — **Hérald.** Fleur stylisée à cinq pétales, ornée d'un bouton central. — **Liturg.** *Rose d'or,* bouquet de roses en or, béni par le pape le quatrième dimanche de carême avant d'être offert à des souverains ou à des églises. — **Mar.** *Rose des vents,* représentation graphique des trente-deux aires de vent, montée sur l'équipage magnétique d'un compas de marine. — **Minér.** *Rose des sables,* concrétion de gypse, de couleur jaune ou rose, qui se forme par évaporation dans les régions désertiques. — **Mus.** Syn. de ROSACE. — **Parfum.** *Eau de rose,* eau de toilette préparée au cours de la distillation de l'huile essentielle de rose. — **Sylvic.** *Bois de rose femelle,* bois jaune verdâtre très odorant, dont la distillation donne l'essence de rose. ‖ *Bois de rose mâle,* palissandre à bois veiné jaune et rose, à grain fin, dur et lourd, employé en ébénisterie, tabletterie et placage.

2. ROSE adj. (de *rose 1*). **1.** Qui a une couleur rouge clair, semblable à celle de la rose commune : *Des étoffes roses.* — **2.** Avec un adjectif ou un nom qui en précise la nuance, *rose* forme des adjectifs composés invariables : *Des tons rose clair.* — **3.** Dont les idées politiques sont socialistes ou progressistes, sans être révolutionnaires (par opp. à *rouge*). — **4.** Qui a rapport au sexe, au commerce charnel (et, le cas échéant, au commerce charnel tarifé, vénal) : *Messageries roses.* — **5.** *Ne pas être rose,* se dit de ce qui n'est pas agréable. ‖ *Rose de l'arête,* se dit d'un poisson cuit de telle façon que la chair près de l'arête reste rosée. ‖ *Rose bonbon,* d'une couleur rose vif. ‖ *Rose thé,* d'une couleur jaune rosé. ‖ *Vieux rose,* d'une couleur d'un rose atténué.

◆ n. m. **1.** Couleur rose. — **2.** *Voir tout en rose, voir la vie en rose,* voir tout en beau, voir le bon côté des choses.

Rose *(Roman de la)* → ROMAN DE LA ROSE.

Rose blanche de Finlande *(ordre de la),* ordre national finlandais, créé en 1919 pour récompenser les services rendus au pays.

ROSE *(mont),* en ital. **Monte Rosa,** montagne située dans le massif du Mont-Rose, massif des Alpes Pennines partagé entre la Suisse (cant. du Valais) et l'Italie. De nombreux sommets du massif dépassent 4 000 m (Cervin ou Matterhorn, Breithorn, Lyskamm), dont les neuf cimes du mont Rose proprement dit ; la plus élevée est la pointe Dufour, qui culmine à 4 638 m.

ROSES *(vallée des),* partie de la vallée de la Tundža, en Bulgarie, autour de Kazanlăk (culture intensive de roses).

ROSE de Lima *(sainte),* vierge (Lima 1586-*id.* 1617). Tertiaire dominicaine, canonisée en 1671, elle est la patronne de l'Amérique.

ROSE (Valentin), dit **l'Aîné,** chimiste et pharmacien allemand (Neuruppin 1735-Berlin 1771). Il a laissé son nom à un alliage fusible de plomb, zinc et bismuth. — Son fils, VALENTIN, dit *le Jeune* (Berlin 1762 - *id.* 1807), découvrit le bicarbonate de sodium et imagina une méthode de recherche de l'arsenic. — HEINRICH (Berlin 1795 - *id.* 1864), fils du précédent, découvrit le niobium (1844) et créa l'analyse qualitative et quantitative. — GUSTAV (Berlin 1798 - *id.* 1873), frère du précédent, établit un système minéralogique cristallochimique.

ROSE (Murray), nageur australien (Birmingham, Grande-Bretagne, 1939). Champion olympique du 400 m et du 1 500 m à Melbourne (1956), du 400 m à Rome (1960), il a aussi détenu plusieurs fois les records du monde de ces distances.

1. ROSÉ → ROSER.

2. ROSÉ n. m. Vin de couleur rosée, obtenu à partir de raisins rouges et dont la couleur est due à la diffusion limitée des colorants de la pellicule des raisins dans le jus.

ROSEAU n. m. (anc. fr. *ros,* roseau). **1.** Nom usuel commun à de nombreuses plantes monocotylédones rhizomateuses du bord des eaux calmes. (→ *encycl.*) — **2.** *Litt.* Symbole de la faiblesse, de la fragilité de l'homme.

ENCYCL. Le mot « roseau » n'a pas de signification taxinomique, mais il a une signification morphologique et écologique : toutes les plantes appelées « roseau » sont des plantes monocotylédones vivaces, rhizomateuses du bord des eaux douces. Tous les roseaux sont de haute taille, pourvus de feuilles en lanières et d'un épi de fleurs terminal ; leur chaume, ordinairement creux ou rempli de moelle, ploie sous le vent qui assure la dispersion de leurs graines ; ils forment en général des peuplements serrés, appelés *roselières.*

ROSEAU, anc. **Charlotte Town,** cap. de la Dominique, dans les Petites Antilles (Windward Islands) ; 20 000 hab.

ROSEAU-MASSUE n. m. (pl. *roseaux-massues*). Grande herbe (typhacée) des marais et des prairies inondées, à souche rampante, aux très fines fleurs serrées en un manchon brun velouté très décoratif au sommet des hampes. (N. usuel *massette.*)

ROSEBERY (*comte* DE) → PRIMROSE (Archibald).

ROSE-CROIX n. m. inv. **1.** Membre de la Rose-Croix. (Syn. ROSICRUCIEN.) — **2.** *Chevalier Rose-Croix,* dix-huitième degré du Rite écossais ancien et accepté. ‖ *Prince Rose-Croix,* grade suprême du Rite français.

Rose-Croix, association mystique à audience universelle, libre de toute alliance religieuse, qui porte actuellement le nom d'« ancien et mystique ordre Rose-Croix » (AMORC). Sa philosophie a pour objet d'éveiller toutes les facultés de l'homme, en relation avec les lois cosmiques et naturelles. Le mot « rosicrucien » est la forme française du nom latin qu'avait l'ordre à l'origine (XVIIIe s.) : *Rosae Crucis,* qui signifie « de la Rose-Croix ». Il dérive du symbole de l'ordre : la croix et une seule rose rouge.

ROSÉ-DES-PRÉS n. m. (pl. *rosés-des-prés*). Nom usuel de la *psalliote des jachères,* champignon comestible.

ROSÉE n. f. (bas lat. *rosata,* du lat. class. *ros,* rosée). **1.** Vapeur d'eau qui se dépose, le matin, en gouttelettes très fines, sur les végétaux et sur certains corps exposés à l'air libre. (→ *encycl.*) – **2.** *Courbe de rosée,* dans le diagramme de phase d'un mélange binaire gazeux, courbe qui donne, pour une pression déterminée, la température d'apparition de la première goutte de liquide en fonction de la composition du mélange. ‖ *Herbe à la rosée, rosée du soleil,* noms usuels du *drosera.* ‖ *Point de rosée,* température pour laquelle la vapeur d'eau contenue dans l'air, en un lieu donné et à une pression donnée constante, devient saturante.

ENCYCL. **Météo.** La rosée se dépose par temps clair et parfaitement calme, lorsque le rayonnement nocturne abaisse au-dessous du point de rosée la température de l'air en contact direct avec le sol. Le refroidissement n'affecte que la couche très mince qui avoisine le sol. La rosée constitue dans certains déserts un appoint d'eau précieux expliquant la présence d'une végétation buissonnante, couverte d'épiphytes.

ROSEGGER (Peter), écrivain autrichien (Alpl, près de Krieglach, Styrie, 1843 - Krieglach 1918). Il a décrit la vie de son pays et prêché le retour à la terre (*les Récits du maître d'école de la forêt,* 1875).

ROSELEND, localité de Savoie (comm. de Beaufort), à l'E. de Beaufort, à 1 475 m d'alt. Barrage sur le *Doron de Roselend,* alimentant la centrale de La Bâthie.

ROSELIÈRE n. f. (anc. fr. *rosel,* roseau). Zone bordière des étangs, marais où les roseaux constituent l'essentiel de la végétation. (Ces formations abritent nids et couvées de nombreux oiseaux des marais et assurent une forte épuration des eaux.) [Syn. PHRAGMITAIE.]

ROSELIN n. m. (de *rose 2*). Petit passereau (sturnidé) au plumage brun orné de rose qui se rencontre parfois dans le Midi.

ROSELLE n. f. Nom d'un hibiscus *(Hibiscus sabdariffa),* appelé aussi *oseille de Guinée.*

ROSELLINIA n. m. Champignon ascomycète, agent du pourridié laineux de la vigne, du mûrier et des arbres fruitiers.

ROSEMONDE ou **ROSAMONDE,** épouse d'Alboïn, roi des Lombards (VIe s.). Princesse gépide, prisonnière d'Alboïn, qui l'obligea à l'épouser (v. 566), elle l'assassina (572). Elle se réfugia avec son amant à Ravenne, où tous deux s'empoisonnèrent.

ROSEN (Gustaf Fredrik, *comte* VON), général suédois (Revel, auj. Tallinn, 1688 - Stockholm 1769). Il fut gouverneur général de la Finlande (1747) et commanda l'armée suédoise pendant la guerre de Sept Ans.

ROSENBERG (Alfred), homme politique allemand (Revel, auj. Tallinn, 1893 - Nuremberg 1946). Membre du parti national-socialiste, rédacteur en chef du *Völkischer Beobachter* (1921), député (1930), il publia en 1930 *le Mythe du XXe siècle,* qui fit de lui le théoricien du racisme nazi. Ministre des Territoires occupés de l'Est, en 1941, il fut condamné à mort par le tribunal de Nuremberg et exécuté.

Rosenberg *(affaire),* affaire judiciaire américaine. Les époux Julius et Ethel Rosenberg furent accusés d'avoir livré des secrets atomiques aux Soviétiques, condamnés à mort (1951) et exécutés (1953). L'affaire, dans le contexte de la guerre froide, eut un retentissement international.

ROSENMÜLLER (Johann), compositeur allemand (Ölsnitz, près de Zwickau, v. 1619 - Wolfenbüttel 1684). Organiste de St-Nicolas de Leipzig (1651), il fut professeur de musique à Venise (1660-1682) et maître de chapelle de Wolfenbüttel (1674). Il écrivit beaucoup de sonates, qui tentent une synthèse entre l'art allemand et l'art italien, des lieds et de la musique religieuse.

ROSENQUIST (James), peintre américain (Grand Forks, Dakota du Nord, 1933). Peintre publicitaire à ses débuts, il en a retenu, comme représentant du pop art, le goût des formats géants, d'une imagerie froide juxtaposant des formes morcelées (*Œillères,* 1968-69, musée de Cologne).

ROSENZWEIG (Franz), philosophe allemand (Kassel 1886 - Francfort-sur-le-Main 1929). D'abord hégélien, tenté par la conversion au christianisme, il décide de rester juif après l'office de Yom Kippour, en 1913. Son œuvre principale, *l'Étoile de la Rédemption* (1921), assigne deux places concurrentes et complémentaires aux deux religions : le peuple juif proposerait une image intemporelle de la Rédemption, les chrétiens seraient chargés de la faire advenir au monde. Cette œuvre marqua profondément

Martin Buber, Gershom Scholem, Erich Fromm, Emmanuel Lévinas.

ROSÉOLE n. f. (de *rose 2,* d'après *rougeole*). Éruption cutanée caractérisée par des taches rosées, d'origine syphilitique, infectieuse (roséole infantile) ou allergique.

ROSÉOSCOPIE n. f. Détermination du point de rosée.

ROSER v. t. (conj. 3). *Litt.* Donner une teinte rose : *L'air vif avait rosé ses joues.*
◆ **être rosé** v. pass. Être faiblement teinté de rouge : *Teint rosé.*

ROSERAIE n. f. Terrain planté de rosiers.

ROSETTE n. f. (de *rose 1*). **1.** Nœud formé d'une ou deux boucles, qu'on peut détacher en tirant les bouts. — **2.** Insigne, en forme de petite rose, monté sur un bouton, porté à la boutonnière par les officiers et dignitaires de certains ordres de chevalerie ou de mérite. • **Arts décor.** Ornement en forme de petite rosace. — **Bot.** Raccourcissement notable des entre-nœuds des plantes dû à un virus (blé, lis, arachide) ou à une carence en zinc (pommier). ‖ *Feuilles en rosette,* feuilles étalées sur le sol en cercle, principalement au niveau du collet, comme chez le pissenlit. — **Charcut.** Boyau de porc correspondant au rectum ; saucisson enveloppé dans ce boyau. — **Équit.** Molette d'éperon. — **Serrur.** Plaquette fixée sur la porte et comportant en son centre un orifice circulaire pour le tourillonnement du bouton ou de la béquille. — **Sylvic.** Fendillement circulaire dans le cœur d'un arbre.

ROSETTE, en ar. **Rachīd,** port d'Égypte, en Basse-Égypte, à l'embouchure du bras occidental du Nil ; 37 000 hab.

Rosette *(pierre de),* fragment de stèle en basalte noir découvert en 1799 à Rosette, en Égypte (auj. au British Museum). Daté de 196 av. J.-C., il porte un décret de Ptolémée V, inscrit en caractères hiéroglyphiques, démotiques et grecs, et il est à l'origine du déchiffrement des hiéroglyphes par Champollion.

ROSEUR n. f. *Litt.* Couleur rose, rosée.

ROSEVAL n. f. Variété de pommes de terre.

ROSHEIM (67560), ch.-l. de cant. du Bas-Rhin, au S. de Molsheim ; 4 036 hab. Remarquable église St-Pierre-St-Paul, romane, surtout des XIIe-XIIIe s. (façade sculptée). Constructions mécaniques.

Rosh ha-Shana, fête marquant le début de l'année juive. C'est le premier jour du mois de tishri, à cheval sur septembre et octobre.

ROSI (Francesco), cinéaste italien (Naples 1922). Assistant de Visconti, il tourne *le Défi* (1958), puis *Salvatore Giuliano* (1962), *Main basse sur la ville* (1963) et *le Moment de la vérité* (1964) qui le placent en tête des jeunes cinéastes italiens des années 60. Il réalise des œuvres vigoureuses et polémiques sur la société de son temps : *les Hommes contre...* (1970), *l'Affaire Mattei* (1972), *Lucky Luciano* (1973), *Cadavres exquis* (1976), *le Christ s'est arrêté à Eboli* (1979), *Trois Frères* (1981). Il adapte à l'écran *Carmen* (1984), *Chronique d'une mort annoncée* (1987, d'après un roman de G. García Márquez) et *Oublier Palerme* (1990, d'après un roman de Edmonde Charles-Roux).

ROSICRUCIEN, ENNE adj. Relatif à la Rose-Croix, à sa doctrine.

ROSIER n. m. (de *rose 1*). Arbuste ornemental dérivé de l'églantier.
ENCYCL. Les rosiers, dont il existe une centaine d'espèces, sont des arbustes à tige dressée ou rampante. Par la sélection et l'hybridation, de très nombreuses variétés ont été créées. On les distingue par leur port, la grosseur et la couleur de leur fleur. Il existe des buissons à grande fleur (Mme A. Meilland), des miniatures qu'on peut employer pour des potées fleuries, des grimpants.

ROSIÈRE n. f. (de *rose 1*). **1.** Jeune fille vertueuse à laquelle, dans certaines localités, on décernait solennellement une couronne de roses accompagnée d'une récompense (dot, livret de caisse d'épargne). — **2.** *Fam.* Jeune fille censée être vierge.

ROSIÈRES-AUX-SALINES (54110), comm. de Meurthe-et-Moselle, sur la Meurthe ; 3 017 hab. *(Rosiérois).* Salines et sablières. Haras national. Église du XVIIIe s.

ROSIÈRES-EN-SANTERRE (80170), ch.-l. de cant. de la Somme ; 3 119 hab. *(Rosiérois).* Conserverie.

ROSIÉRISTE n. Horticulteur qui cultive des rosiers.

ROSIR v. i. (conj. 32). Devenir rose.
◆ v. t. *Litt.* Rendre rose : *Le soleil du couchant rosissait les collines.*

ROSKILDE, v. du Danemark, dans l'île de Sjaelland ; 48 700 hab. Capitale du Danemark jusqu'en 1445. Cathédrale romane et gothique (tombeaux royaux). Musée des bateaux vikings. Centre industriel.

ROSLIN (Alexander), peintre suédois (Malmö 1718 - Paris 1793). Il visita l'Italie, puis s'établit en 1752 à Paris, où il épousa la pastelliste Marie Suzanne Giroust et fit carrière comme portraitiste (*la Femme de l'artiste tenant un éventail,* 1768, Musée national, Stockholm).

ROSNY (Joseph Henri et son frère Séraphin Justin BOEX, connus sous le pseudonyme commun de **J.-H.**), écrivains français, le premier dit **Rosny aîné** (Bruxelles 1856-Paris 1940), le second dit **Rosny jeune** (Bruxelles 1859 - Ploubazlanec 1948). Tentés par la doctrine naturaliste (*Nell Horn,* 1886), ils s'opposèrent à Zola en 1887 et publièrent des romans fantastiques, évoquant la préhistoire (*les Xipéhuz,* 1888). Ils cessèrent en 1909 leur collaboration. À J.-H. Rosny aîné on doit notamment *la Guerre du feu* (1911), et à J.-H. Rosny jeune *Sépulcres blanchis* (1913).

ROSNY-SOUS-BOIS (93110), ch.-l. de cant. de la Seine-Saint-Denis, dans la banlieue est de Paris ; 37 779 hab. Le fort de Rosny-sous-Bois est le siège du Centre national d'information routière*.

ROSPORDEN (29140), ch.-l. de cant. du Finistère, en Cornouaille, au N. de Concarneau ; 6 561 hab. *(Rospordinois).* Église des XIVe-XVIIe s. Agroalimentaire. Chaussures. Centre touristique.

ROSS *(barrière de),* falaise de glace à la limite de la plate-forme de Ross.

ROSS *(île de),* île volcanique de l'Antarctique, culminant au mont Erebus (3 794 m). Elle est le point d'appui occidental de la barrière de Ross.

ROSS *(mer de),* portion de l'océan Austral entre 165° E. et 155° O., et au S. de 70° de latitude.

ROSS *(mont),* point culminant des îles Kerguelen ; 1 850 m.

ROSS (*sir* John), navigateur britannique (Balsarroch, Dumfries and Galloway, Écosse, 1777 - Londres 1856). Parti en 1818 à la recherche du passage du Nord-Ouest, Ross délimita la baie de Baffin. Au cours d'une seconde expédition (1829-1833), il découvrit l'extrémité nord du continent américain (péninsule de Boothia) et explora en partie la terre du Roi-Guillaume. — Son neveu, sir JAMES CLARK (Londres 1800-Aylesbury, Buckinghamshire, 1862), naviguant sous ses ordres, localisa le pôle magnétique de l'hémisphère Nord (1831). Il dirigea ensuite une expédition dans l'Antarctique (1840-41). Il découvrit deux volcans auxquels il donna le nom de ses navires *(Erebus* et *Terror),* longea la barrière de glace à laquelle son nom sera donné, et découvrit ensuite la terre Victoria (1841).

ROSS (*sir* Ronald), médecin britannique (Almora, Inde, 1857 - Putney Heath, Londres, 1932). Médecin militaire dans les Indes, il montra que la transmission du paludisme était due à des moustiques, ce qui rendit possible la prophylaxie de cette maladie. (Prix Nobel de médecine 1902.)

ROSS (Scott), claveciniste et organiste américain (Pittsburgh 1951 - Assas, Hérault, 1989). Fixé en France à l'âge de quatorze ans, profondément imprégné de l'esprit musical et philosophique du XVIIIe s., il a enregistré notamment une intégrale Rameau (1975), une intégrale François Couperin (1976) et la première intégrale jamais réalisée des sonates de Domenico Scarlatti (1988).

ROSSARD, E n. (de *rosse*). *Fam.* Personne prête à faire de mauvais tours.

Rossbach *(bataille de)* [5 nov. 1757], victoire remportée près de Rossbach (Saxe) par Frédéric II sur les Français et sur les Impériaux.

ROSSBY (Carl-Gustaf Arvid), physicien américain d'origine suédoise (Stockholm 1898 - *id.* 1957). Ses contributions les plus importantes sont relatives à la dynamique de l'atmosphère.

ROSSE n. f. (anc. fr. *ros,* de l'all. *Ross,* cheval). **1.** *Fam.* et *vx.* Mauvais cheval, sans vigueur. — **2.** *Fam.* Personne qui aime à dire ou faire des méchancetés.

◆ adj. *Fam.***1.** Qui est méchant, mauvais : *Une caricature rosse.* — **2.** Qui est exigeant, sévère, dur : *Un professeur rosse.*

ROSSE (William PARSONS, 3e *comte* DE) ⟶ PARSONS.

ROSSÉE n. f. (de *rosser*). *Fam.* Volée de coups : *Recevoir une rossée.*

ROSSELLINI (Roberto), cinéaste italien (Rome 1906 - *id.* 1977). D'abord scénariste, il réalise *Un pilote revient* (1942) et *l'Homme de la croix* (1942). En 1945, il tourne *Rome* ville ouverte,* manifeste du néoréalisme*, auquel il reste fidèle dans *Paisa* (1946) ; suivent *Allemagne année zéro* (1947), *Amore* (1948), *Stromboli* (1949), *Onze Fioretti de François d'Assise* (1950), *Europe 51* (1952), *Voyage en Italie* (1954), *le Général Della Rovere* (1959), *les Évadés de la nuit* (1959), *Vanina Vanini* (1961), *Anima nera* (1962). Le réalisateur se tourne ensuite vers la télévision (*l'Âge du fer,* 1965 ; *la Prise du pouvoir par Louis XIV,* 1967), poursuivant une œuvre résolument didactique (*Socrate,* 1971 ; *Pascal,* 1972 ; *le Messie,* 1976).

ROSSELLINO (Bernardo), architecte et sculpteur florentin (Settignano 1409 - Florence 1464). Disciple d'Alberti, il a réalisé le palais Rucellai à Florence (1446) et a travaillé à Pienza pour Pie II. En sculpture, il a inauguré un nouveau type de monument funéraire pariétal avec le tombeau de Leonardo Bruni à S. Croce (1444). — Son frère ANTONIO (Settignano 1427 - Florence 1479), sculpteur, auteur de nombreux bustes et de madones en bas relief, a donné le chef-d'œuvre du raffinement florentin avec la chapelle du cardinal de Portugal à S. Miniato al Monte (1461).

RÖSSEN ou **RŒSSEN** (du nom d'un site d'Allemagne, à Leuna) [Saxe-Anhalt], faciès culturel du néolithique moyen à céramique poinçonnée (courant danubien), dont l'aire s'étend des vallées du Rhin et du Danube supérieur au cours moyen de l'Elbe, mais dont l'influence s'exerça jusque dans le Bassin parisien. La *civilisation de*

Rössen correspond à l'installation de populations dans ces vallées au cours du IVe millénaire.

ROSSER v. t. (lat. pop. **rustiare*, battre, de **rustia*, gaule) [conj. 3]. *Fam.* **1.** Frapper violemment qqn, le rouer de coups. – **2.** Vaincre une armée, une équipe, la battre complètement.

ROSSERIE n. f. (de *rosse*). *Fam.* Parole ou action méchante, qui vise à blesser.

ROSSETTI (Dante Gabriel), peintre, dessinateur et poète britannique de père italien (Londres 1828 -Birchington-on-Sea, Kent, 1882). Fils de l'écrivain napolitain Gabriele Rossetti, exilé pour ses opinions politiques, il fut l'un des membres fondateurs de la confrérie préraphaélite. Ses tableaux (*Ecce ancilla Domini,* 1850, ou *Proserpine,* 1874, Tate Gallery ; *le Songe de Dante,* 1871, Liverpool) et ses poésies (*la Demoiselle élue,* 1850 ; *Poèmes,* 1870) s'inspirent des légendes médiévales et des thèmes de la poésie primitive anglaise et italienne.

ROSSI (Luigi), dit aussi **Aloysius de Rubeis,** compositeur italien (Torremaggiore, près de Foggia, v. 1598 - Rome 1653). Au service de Marcantonio Borghèse (1620-1640), neveu du pape Paul V, organiste de St-Louis-des-Français à Rome (1633), il se rendit, en 1635, chez les Médicis, à Florence, puis revint à Rome en 1641, où il devint musicien de la chambre du cardinal Barberini. Il a écrit des airs, des cantates, des motets, des canzones, ainsi que des opéras (*Orfeo,* 1647) et des oratorios.

ROSSI (Karl Ivanovitch), architecte russe (Saint-Pétersbourg 1775 - *id.* 1849). Fils d'un Italien et d'une Russe, il se fixa à Saint-Pétersbourg (1816), où il accomplit une œuvre considérable d'urbaniste néoclassique, élevant les deux édifices de la place du Palais, reliés par un arc de triomphe, le palais Michel (auj. Musée russe, 1819), le théâtre Alexandre (auj. Pouchkine, 1827), etc.

ROSSI (Pellegrino, *comte*), économiste et homme politique italien naturalisé français (Carrare 1787 - Rome 1848). Avocat, professeur de droit, il émigra en 1815 après s'être compromis avec Murat. Il vécut à Genève, puis à Paris, où il devint professeur au Collège de France (1833). Ambassadeur à Rome (1845-1848), il favorisa l'élection de Pie IX, présida un gouvernement constitutionnel pontifical (sept. 1848) et fut assassiné dans des conditions mystérieuses.

ROSSI (Constantin, dit **Tino**), chanteur français (Ajaccio 1907 - Neuilly-sur-Seine 1983). Il débuta à l'Alcazar de Marseille (1927), triompha sur la scène du Casino de Paris en 1934 dans la revue *Parade de France* de Vincent Scotto, puis dans le film *Marinella* (1936). Son succès de chanteur de charme, dû à sa voix à la douceur veloutée, devint mondial. Il a participé à de nombreux films (*Naples au baiser de feu,* 1937 ; *Fièvres,* 1942), opérettes et revues à grand spectacle.

ROSSI (Aldo), architecte et théoricien italien (Milan 1931). Il défend un concept d'architecture non pas *fonctionnelle* mais *rationnelle,* incluant des composantes historiques, régionales et symboliques, ce qui fait de lui une des figures du postmodernisme.

ROSSIF (Frédéric), réalisateur français d'origine yougoslave (Cetinje 1922 - Paris 1990). Il est l'auteur, tant pour la télévision que pour le cinéma, de films de montage : documentaires historiques (*Mourir à Madrid,* 1963 ; *Révolution d'Octobre,* 1967 ; *De Nuremberg à Nuremberg,* 1989) ou films animaliers (*la Fête sauvage,* 1976 ; *Sauvage et beau,* 1984).

ROSSIGNOL n. m. (anc. fr. *losseignol,* du lat. pop. **lusciniolus,* du lat. class. *luscinia*). **1.** Petit passereau (muscicapidé, autref. sylviidé) voisin des fauvettes, renommé pour son chant crépusculaire. (Le rossignol philomèle se trouve en France, d'avril à septembre, dans les forêts, bois, jardins et parcs des grandes villes.) – **2.** *Fam.* Marchandise défraîchie ou démodée ; objet d'occasion sans valeur, livre d'occasion sans intérêt. – **3.** Syn. de CROCHET. – **4.** Syn. de PIGEONNEAU. – **5.** *Rossignol des murailles,* autre nom du rougequeue.

ROSSINANTE n. f. (esp. *Rocinante,* nom du cheval de don Quichotte, de *rocino,* roussin). *Litt.* Cheval maigre et efflanqué.

ROSSINI (Gioacchino), compositeur italien (Pesaro 1792 - Paris 1868). Ses premiers opéras sérieux, *Tancredi, l'Italienne à Alger* (Venise, 1813) et *le Barbier* de Séville* (Rome, 1816), le font considérer comme le plus grand compositeur lyrique italien de l'époque. De 1815 à 1823, il produit chaque année deux opéras nouveaux à Milan, Venise, Rome et Naples. Parmi ceux-ci : *Otello, La Cenerentola (Cendrillon), Il Califfo di Bagdad, Semiramide.* À l'occasion du sacre de Charles X, il écrit *le Voyage à Reims* (1825), transformé sous le titre de *Comte Ory,* et les opéras *le Siège de Corinthe* (1826) et *Moïse* (1827). Directeur du Théâtre-Italien, intendant de la musique royale jusqu'à la révolution de Juillet, il écrit un dernier opéra, *Guillaume Tell* (1829), et ne compose plus que le *Stabat Mater* (1832-1841), quelques pièces religieuses, des cantates et des pages pour piano.

ROSSO, v. de Mauritanie, ch.-l. de région, sur le Sénégal ; 27 783 hab. Abattoirs.

ROSSO (Giovanni Battista DE ROSSI, dit **il Rosso Fiorentino** ou **[le]**), peintre et décorateur italien (Florence 1494 - Paris 1540). Formé à Florence, il en transgressa l'esthétique (hallucinante *Déposition de Croix* de Volterra, 1521) et élargit à Rome l'horizon de ses connaissances (1523-1527). Recommandé à François Ier, il partit en 1530 pour la France, devint premier peintre du roi et dirigea les travaux de décoration de Fontainebleau*, donnant la mesure de son imagination capricieuse dans les douze fresques encadrées de stucs de la galerie François-Ier (1534-1540). Influencé par Michel-Ange, porté par un tempérament tourmenté, il est un des maîtres du maniérisme.

ROSSO (Medardo), sculpteur italien (Turin 1858 - Milan 1928). Il fut en relation avec Rodin, qu'il a sans doute influencé. Avec son modelé nuancé, fluide, palpitant dans la lumière, il a élaboré un art parent de l'impressionnisme pictural (*la Rieuse,* 1891, cire, musée Rodin ; *Ecce puer,* 1906-1910, cire ou bronze).

ROSSOLIS [-lis] n. m. Syn. de DROSERA.

ROSTAND (Edmond), écrivain français (Marseille 1868 - Paris 1918). Il débuta par un recueil de vers (*les Musardises,* 1890), avant de réussir au théâtre (*Cyrano* de Bergerac,* 1897 ; *l'Aiglon,* 1900 ; *Chanteclerc,* 1910). [Acad. fr., 1901.]

ROSTAND (Rose Étiennette GÉRARD, Mme **Edmond**) → GÉRARD (Rosemonde).

ROSTAND (Jean), biologiste et écrivain français (Paris 1894 - Ville-d'Avray 1977), fils des précédents. Ses recherches intéressent en particulier la parthénogenèse artificielle, le doublement des chromosomes par le refroidissement de l'œuf, les anomalies héréditaires ou acquises des crapauds et des grenouilles, la conservation des cellules. Il fut aussi un vulgarisateur de talent. (Acad. fr., 1959.)

RÖSTI → RŒSTI.

ROSTOCK, v. d'Allemagne (Mecklembourg-Poméranie-Occidentale) ; 237 307 hab. (avec son avant-port Warnemünde, sur la Baltique). Port situé sur l'estuaire de la Warnow. Remarquable église Notre-Dame, des XIIIe-XVe s., et autres monuments. Musée historique. Centre universitaire. Constructions navales et centre industriel diversifié. Port de pêche.

ROSTOPCHINE (Fedor Vassilievitch, *comte*), général et homme politique russe (Livny, gouvern. d'Orel, 1763 - Moscou 1826). Gouverneur général de Moscou en 1812, il soutint le moral de la population, dont il n'organisa l'évacuation que quelques jours avant l'entrée de Napoléon dans Moscou (2 [14] septembre 1812). Il se défendit d'avoir été l'instigateur des incendies qui ravagèrent la ville. Il est le père de la comtesse de Ségur*.

ROSTOV, v. de Russie centrale ; 31 000 hab. — **Hist.** Mentionnée dès 862, Rostov devint au Xe s. le centre d'une principauté qui eut ultérieurement pour capitales Souzdal, puis Vladimir. — **Bx-arts.** Kremlin de la 2e moitié du XVIIe s., entouré d'églises fortifiées de style moscovite (égl. du Sauveur, de 1675, communiquant avec le palais épiscopal, dit « palais Blanc »).

ROSTOV-SUR-LE-DON, v. de Russie, près de l'embouchure du Don dans la mer d'Azov ; 1 027 000 hab. Port fluvial au débouché du canal Volga-Don. Centre administratif, industriel (agro-alimentaire, mécanique) et culturel (université).

ROSTOW (Walt Whitman), économiste américain (New York 1916). Dans *les Étapes de la croissance économique* (1960), il distingue cinq stades dans toute société en voie d'industrialisation : la société traditionnelle, les conditions préalables au démarrage, le démarrage, les progrès vers la maturité et l'ère de la consommation de masse. On lui doit en économie le concept de *take-off* (« décollage »).

ROSTRAL, E, AUX adj. (bas lat. *rostralis*). *Colonne rostrale,* colonne ornée de rostres de navires pris à l'ennemi, que les Romains élevaient en souvenir d'une victoire navale.

ROSTRE n. m. (lat. *rostrum*). **1.** Éperon de navire de guerre antique. — **2.** Ornement représentant une proue de navire antique. — **3.** Prolongement antérieur rigide surmontant la tête de divers animaux (stylets des acariens et des insectes piqueurs, bec des charançons, pointe dentelée de certaines crevettes, etc.). — **4.** Pointe arrière de la coquille des bélemnites, souvent seule partie conservée à l'état fossile.

◆ **rostres** n. m. pl. Tribune aux harangues de Rome, ornée de rostres pris aux Volsques, à la bataille d'Antium (338 av. J.-C.).

ROSTRENEN (22110), ch.-l. de cant. du sud-ouest des Côtes-d'Armor ; 4 079 hab. *(Rostrenois).* Église en partie des XIIIe-XVIIe s. Marché. Mobilier.

ROSTROPOVITCH (Mstislav Leopoldovitch), violoncelliste et chef d'orchestre russe (Bakou 1927). Il a enseigné au conservatoire de Moscou de 1956 à 1974 et a dirigé l'orchestre national de Washington de 1977 à 1994. Des compositeurs comme Chostakovitch, Britten, Dutilleux, Lutosławski ont écrit pour lui.

ROSWITHA ou **HROTSVITHA von Gandersheim,** religieuse et poétesse allemande (en Saxe v. 935 - apr. 975). Elle a laissé des œuvres en latin (dialogues en prose rythmée, poèmes narratifs).

1. ROT [rɔt] n. m. (angl. *rot,* pourriture). Nom générique de maladies cryptogamiques des plantes, en partic. de la vigne.

2. ROT [ro] n. m. (bas lat. *ruptus,* altér. du lat. class. *ructus,* rot). *Fam.* Émission bruyante, par la bouche, de gaz provenant de l'estomac. (Syn. ÉRUCTATION, RENVOI.)

3. ROT → ROS.

rot, notation de *rotationnel.*

RÔT [ro] n. m. (de *rôtir*). Syn. anc. de RÔTI.

ROTA, station balnéaire d'Espagne. Elle constitue la plus importante des bases américaines en Espagne.

ROTA (Nino), compositeur italien (Milan 1911 - Rome 1979). Il est surtout connu pour sa collaboration avec Fellini, pour qui il écrivit la musique de seize films, du *Cheik blanc* (1952) à *Prova d'orchestra* (1979), en passant par *La Strada* (1954) et *La Dolce Vita* (1960). Il a également collaboré avec Visconti (*Rocco et ses frères,* 1960 ; *le Guépard,* 1963) et Coppola (*le Parrain I* et *II,* 1972 et 1975).

ROTACÉ, E adj. (lat. *rota,* roue). Se dit des corolles arrondies et planes, comme celles de la pomme de terre ou du liseron.

ROTANG [-tɑ̃g] n. m. (malais *rōtan*). Palmier lianoïde à tige grêle, qui sert à faire des cannes, des liens, des paniers et des sièges.

ENCYCL. Le rotang de l'Inde fournit des cannes connues sous les noms de « jonc » et de « rotin* ». Divisé en lanières minces, il sert à faire des sièges dits « cannés », ainsi que des paniers et des corbeilles. Le *rotang à cordes* des Moluques sert à faire des cordages pour les navires, des cannes et des nattes. Le *rotang sang-dragon* fournit une gomme-résine rouge, agissant contre les blessures et servant à faire des vernis.

ROTARIEN n. m. Membre d'un rotary club.

ROTARY n. m. (angl. *rotary,* rotatif). **1.** Procédé de forage dans lequel le trépan est animé d'un mouvement de rotation. — **2.** Système d'autocommutateur téléphonique, basé sur des commutateurs rotatifs à positions multiples.

rotary clubs, clubs répandus notamm. en Amérique et en Europe, dont l'origine remonte à 1905 et dont les membres portent comme insigne une roue dorée, à la boutonnière. Ils se donnent pour objectifs de faire régner l'ordre moral dans le commerce, l'industrie, les professions libérales et de promouvoir l'amitié entre les peuples.

ROTATEUR adj. et n. m. (bas lat. *rotator,* du lat. class. *rotare,* tourner). Se dit de certains muscles qui ont pour action de faire tourner sur leur axe les parties auxquelles ils sont attachés.

ROTATIF, IVE adj. (de *rotation*). **1.** Qui agit en tournant : *Axe rotatif d'un lave-vaisselle.* — **2.** Syn. de ROTATOIRE.

◆ **rotative** n. f. Presse dont la forme imprimante est cylindrique et animée d'un mouvement rotatif continu. (Abrév. fam. ROTO.)

ENCYCL. **Impr.** Premières venues, les rotatives à feuilles ont été éclipsées par les rotatives à bobines, qui durent leur essor aux quotidiens. Les bandes de papier imprimées sont coupées et pliées. Les rotatives typographiques, qui ont été pratiquement les seules utilisées pour l'impression des journaux, sont remplacées par des rotatives en offset.

Les *rotatives en offset et en hélio* sont à forme cylindrique et à mouvement rotatif et passent du papier en bobines. Les éléments des rotatives en hélio sont toujours disposés en ligne ; ceux des rotatives en offset sont soit en ligne (rotatives blanchet-blanchet), soit planétaires. Le papier s'imprime à la vitesse de plusieurs mètres par seconde et le contrôle et la maintenance du repérage des couleurs sont assurés par des appareillages électroniques. Ces machines, outre l'impression des journaux, sont aussi employées pour l'impression de revues périodiques de grande diffusion.

ROTATION n. f. (lat. *rotatio,* de *rotare,* tourner). **1.** Mouvement d'un corps autour d'un point, d'un axe fixe, matériel ou non : *La rotation de la Terre.* (→ *encycl.* Phys.) — **2.** Fréquence de voyages effectués par un moyen de transport affecté à une ligne régulière. — **3.** Alternance périodique d'activités, de fonctions, de services : *Rotation des équipes.* — **4.** Succession, renouvellement fréquent de choses ou de personnes : *Rotation des clients dans un commerce.* — **5.** Succession, au cours d'un nombre d'années donné, d'un certain nombre de cultures selon un ordre déterminé, sur une même parcelle. — **6.** Intervalle de temps qui sépare deux coupes de bois successives sur une même parcelle. — **7.** Déplacement d'un espace affine euclidien $\overrightarrow{E_n}$ ayant au moins un point invariant. (→ *encycl.* Math.) — **8.** *Rotation du personnel,* pourcentage du personnel remplacé, pendant un an, dans une entreprise. ‖ *Rotation des postes,* organisation du travail où l'ouvrier est affecté successivement à des tâches différentes. ‖ *Rotation vectorielle d'un espace vectoriel réel* $\overrightarrow{E_n}$ *de dimension finie non nulle* n, isométrie vectorielle de $\overrightarrow{\ }_n$ dont le déterminant est égal à 1. (Il s'agit des isométries dites directes ou positives.) [→ *encycl.* Math.]

ENCYCL. **Math.** Dans le *plan affine* euclidien E_2, une rotation (autre que la transformation identique) est caractérisée par la donnée du point invariant A, et de son angle α. La rotation *r* de centre A et d'angle α transforme un point M, différent de A, en M′ tel que : AM = AM′ et $(\overrightarrow{AA}, \overrightarrow{AM})$, = α.

Dans l'*espace affine* euclidien E_2, les rotations (autres que la transformation identique) ont pour points invariants ceux d'une droite, appelée axe. Dans l'espace E_2, orienté, si Δ est une droite,

α un angle et d une des demi-droites de la direction de Δ, la rotation r d'un angle α autour de la droite orientée (Δ, d) transforme un point M, non situé sur Δ, en M′ tel que M et M′ ont la même projection orthogonale H sur Δ ; et HM = HM′ et α est un représentant du dièdre $(d$, $\widehat{\overrightarrow{HM}, \overrightarrow{HM'}})$). Le produit de deux rotations n'est une rotation que si les deux axes sont coucourants ou s'ils sont parallèles, les deux angles étant alors non opposés.

L'ensemble des *rotations vectorielles* d'un espace vectoriel réel E_n de dimension finie non nulle n se note $O^+(\vec{E}_n)$ *; c'est un sous-groupe du groupe orthogonal* $O(\vec{E}_n)$ *de* $\vec{E}_n$ *(→* ISOMÉTRIE*). Pour* $n = 1$, il se réduit à l'identité. Pour $n = 2$, il est commutatif et isomorphe au groupe des angles de couple de demi-droites de $\vec{E}_2$. Dans une base orthonormale directe de $\vec{E}_2$, la matrice de la rotation d'angle α est de la forme

$$\begin{pmatrix} \cos\alpha & -\sin\alpha \\ \sin\alpha & \cos\alpha \end{pmatrix}.$$

Dans le cas où $n = 3$, une rotation vectorielle autre que l'identité est une isométrie vectorielle dont le sous-espace vectoriel des vecteurs invariants est une droite vectorielle Δ. Une symétrie orthogonale par rapport à une droite est une rotation. Si $\vec{E}_3$ est orienté, la rotation vectorielle d'angle α autour de D a pour matrice, dans une base orthonormale directe , $\{\vec{i}, \vec{j}, \vec{k}\}$ telle que $\vec{k}$ soit le vecteur unitaire de D.

$$\begin{pmatrix} \cos\alpha & -\sin\alpha & 0 \\ \sin\alpha & \cos\alpha & 0 \\ 0 & 0 & 1 \end{pmatrix}.$$

Deux rotations distinctes de l'identité ne commutent que si elles ont le même axe ou si ce sont deux symétries par rapport à des droites orthogonales.

— **Phys.** Dans un mouvement de rotation d'un solide autour d'un axe, tout point du solide décrit un cercle centré sur l'axe de rotation. On caractérise le mouvement de rotation par un vecteur $\vec{w}$ porté par l'axe de rotation et de norme égale à la vitesse angulaire, ou vitesse instantanée de rotation.

ROTATIONNEL n. m. Pour un champ de vecteurs $\vec{A}$ (P, Q, R) différentiable en M (x, y, z), défini sur $U \subset \mathbb{R}^3$ et à valeurs dans un espace affine associé rapporté à un repère orthonormé direct, champ de vecteurs, noté rot $\vec{A}$ ou $\overrightarrow{\text{rot}}\ \vec{A}$, de composantes :

$$\left(\frac{\partial R}{\partial y} - \frac{\partial Q}{\partial z}, \frac{\partial P}{\partial z} - \frac{\partial R}{\partial x}, \frac{\partial Q}{\partial x} - \frac{\partial P}{\partial y}\right).$$

ROTATIVISTE n. Ouvrier qui conduit une rotative.

ROTATOIRE adj. **1.** Qui est caractérisé par la rotation : *Mouvement rotatoire.* (Syn. ROTATIF.) — **2.** *Pouvoir rotatoire,* propriété que possèdent certaines substances de faire tourner le plan de polarisation de la lumière qui les traverse. (→ *encycl.*)

ENCYCL. **Chim.** Le *pouvoir rotatoire* d'un solide, d'un liquide ou d'un gaz, qui est caractéristique de la longueur d'onde de la lumière, est proportionnel à l'épaisseur de la substance traversée et à la densité de la substance pure ou à sa concentration dans un mélange. Il est toujours dû à la chiralité* du milieu traversé. L'acide lactique, par exemple, possède deux isomères (l'un dextrogyre, l'autre lévogyre) correspondant à deux *configurations stériques* différentes. Le mélange équimoléculaire (dit « racémique ») des deux isomères a un pouvoir rotatoire nul. Le pouvoir rotatoire varie avec la température et avec le solvant.

ROTAVATOR n. m. (n. déposé). Appareil rotatif de travail du sol servant à des façons superficielles.

ROTE n. f. (lat. *rota,* roue). Tribunal ordinaire du Saint-Siège, qui juge les causes matrimoniales.

ROTELLA (Mimmo), peintre italien (Catanzaro 1918). Il a développé à partir de 1953 la technique du « décollage » (affiches décollées, lacérées et fixées sur un support), proche de celle des « affichistes » du Nouveau Réalisme français, auquel il adhéra en 1960. Cette irruption de la réalité brute, mais éclatée, dans l'œuvre l'a conduit à d'autres techniques : impression photographique sur toile émulsionnée (mec art) à partir de 1963, puis recherches au niveau de la typographie (« Artypo », 1966, « Artypo-plastiques », 1971).

ROTENGLE n. m. (all. *Roteugel*). Poisson (cyprinidé) des eaux douces et calmes, proche du gardon, mais au corps plus haut, avec de grandes écailles et des yeux dorés. (Il s'hybride facilement avec le gardon ou la brème bordelière.)

ROTÉNONE n. f. (angl. *rotenone,* du jap. *roten*). Cétone extraite de divers derris (légumineuses) et utilisée comme insecticide contre les parasites des végétaux.

ROTER v. i. (bas lat. *ruptare,* de *ructare*) [conj. 3]. **1.** *Fam.* Faire un rot, des rots. — **2.** En parlant du cerf en rut, pousser un cri spécial pour écarter un autre cerf.

ROTH (Joseph), journaliste et écrivain autrichien (Brody, Galicie, 1894 - Paris 1939). Influencé par la tradition juive et le réalisme russe, il a peint le déclin de l'Autriche-Hongrie (*la Marche de Radetzky,* 1932 ; *la Crypte des capucins,* 1938).

ROTH (Klaus Friedrich), mathématicien britannique (Breslau 1925). En 1955, il a obtenu le meilleur résultat actuel concernant la non-approximation des nombres algébriques par des nombres rationnels. (Médaille Fields 1958.)

ROTH (Philip), écrivain américain (Newark, New Jersey, 1933). Représentant de l'« école juive » américaine, il dresse le portrait social et psychologique de l'Amérique d'aujourd'hui (*Goodbye Colombus,* 1959 ; *Portnoy et son complexe,* 1969 ; *le Sein,* 1972 ; *la Leçon d'anatomie,* 1983 ; *la Contrevie,* 1986 ; *Patrimoine,* 1991 ; *Opération Shylock,* 1993 ; *Sabbath's Theater,* 1995).

ROTHARI ou **ROTHARIS** († 652), roi des Lombards (636-652). Il prit la Ligurie aux Byzantins et promulgua un *Édit* (643) qui fut la base de la législation lombarde.

ROTHENBURG OB DER TAUBER, v. d'Allemagne (Bavière), à l'O. de Nuremberg ; 12 000 hab. Vieille ville bien conservée : enceinte, monuments et maisons de l'époque gothique et de la Renaissance.

ROTHÉNEUF, écart de la comm. de Saint-Malo (Ille-et-Vilaine). Station balnéaire. — Rochers sculptés au début du siècle par l'abbé Adolphe Julien Fouéré. Le *havre* ou *anse de Rothéneuf* est une pittoresque petite baie.

ROTHERHAM, v. de Grande-Bretagne, au N.-E. de Sheffield ; 82 000 hab. Église de style gothique perpendiculaire. Métallurgie.

ROTHERMERE (Alfred HARMSWORTH, *vicomte*) → HARMSWORTH.

ROTHIÈRE (La) [10500], comm. de l'Aube, à 15,5 km au N.-O. de Bar-sur-Aube ; 121 hab. Défaite de Napoléon (1er févr. 1814) devant les Prussiens et les Autrichiens.

ROTHKO (Mark), peintre américain d'origine russe (Dvinsk, auj. Daougavpils, 1903-New York 1970). Aux États-Unis dès 1913, il débuta par des thèmes sociaux, passa par une phase surréaliste aux formes larvaires (1942-1947) et parvint vers 1950 à l'abstraction chromatique qui l'a rendu célèbre. Composées de plusieurs rectangles de couleur aux contours flous, ses toiles, de grand format, investissent le spectateur pour l'incliner à la méditation ; la couleur s'assombrit à partir de 1958.

ROTHSCHILD, famille de banquiers d'origine allemande de confession israélite. — MEYER AMSCHEL (Francfort-sur-le-Main 1743 - *id.* 1812) fonda la fortune familiale en s'occupant des affaires de l'Électeur Guillaume Ier de Hesse-Cassel. — Ses cinq fils amplifièrent son œuvre en donnant à la maison un caractère international : NATHAN (1777-1836) s'installa à Londres en 1800, où son argent finança la lutte contre Napoléon ; il fut aidé par JAMES (1792-1868), qui s'établit à Paris en 1812 et fonda, en 1817, la banque française portant son nom. AMSCHEL MEYER (1773-1855), dit *Anselme,* prit en 1812 la succession du père à Francfort ; SALOMON (1774-1855) s'installa à Vienne en 1821, et CARL (1788-1855), à Naples en 1820. Leur réseau et la possession d'un service de courriers particulier leur permirent de réaliser d'importantes opérations ; après avoir contribué à la défaite de Napoléon, ils devinrent les banquiers de la Restauration et de la monarchie de Juillet. — ALPHONSE (1827-1905), fils de James, régent de la Banque de France en 1855, facilita le règlement de l'indemnité de guerre française de 1871. — Son fils ÉDOUARD (1868-1949), qui lui succéda, participa au financement de la Première Guerre mondiale, puis à la stabilisation du franc. — La famille a légué des collections aux Musées nationaux et créé de nombreuses fondations hospitalières, charitables et scientifiques.

Rothschild *(collection Edmond de),* collection de 30 000 gravures (des origines à la fin du XVIIIe s.) et de 3 000 dessins réunis par le baron Edmond de Rothschild et donnés au Louvre, en 1935, par ses héritiers.

1. RÔTI → RÔTIR.

2. RÔTI n. m. (de *rôti 1*). **1.** Pièce de viande de boucherie ou de venaison, préparée à partir de morceaux à cuisson rapide, bardée et ficelée. — **2.** Toute viande rôtie.

ROTI, île d'Indonésie, au S.-O. de Timor ; 1 200 km² ; 95 000 hab. V. princ. *Baa.*

RÔTIE n. f. Tranche de pain grillée ou frite.

ROTIFÈRE n. m. (du lat. *rota,* roue). Nom d'embranchement de minuscules invertébrés aquatiques formés d'un nombre faible et défini de cellules et parfois à peine plus grands que des ciliés.

ENCYCL. Les rotifères ont un appareil locomoteur fait de couronnes ciliées vibratiles. On voit battre leur estomac broyeur *(mastax).* On en connaît près de 2 000 espèces, peuplant les eaux douces, la mer ou le film d'eau qui recouvre les mousses. Ils sont capables de survivre en anhydrobiose.

1. ROTIN n. m. (néerl. *rotting,* du malais *rôtan*). Partie de la tige du rotang dont on fait des cannes, des sièges, des meubles entiers, ou dont on décore des meubles à bâtis ou à panneaux. (Les ouvrages en rotin sont souples, résistants, légers, imputrescibles. Ils tiennent dans l'ameublement une place originale.)

2. ROTIN n. m. (orig. obscure). Pop. *Sans un rotin,* sans un sou.

ROTINIER, ÈRE n. Ouvrier(ère) qui travaille le rotin.

RÔTIR v. i. (frq. **raustjan*) [conj. 32]. **1.** Cuire à la broche, au four : *Le gigot rôtit au four.* – **2.** *Fam.* Être exposé à un soleil très vif : *Rôtir sur une plage.*
◆ v. t. **1.** Faire cuire à feu vif une viande, une volaille, etc. – **2.** Dessécher, brûler qqch : *Le soleil rôtit les fleurs.*
◆ **se rôtir** v. pr., **être rôti** v. pass. **1.** Être cuit au four : *Un poulet rôti.* – **2.** *Fam.* S'exposer à une source de chaleur très vive : *Se rôtir les jambes au feu.*

RÔTISSAGE n. m. Action de rôtir une viande ; fait d'être rôti.

RÔTISSERIE n. f. **1.** Boutique du rôtisseur. – **2.** Nom donné à certains restaurants.

RÔTISSEUR, EUSE n. **1.** Commerçant qui vend des viandes rôties. – **2.** Dans une brigade de cuisine, personne qui traite tous les aliments rôtis.

RÔTISSOIRE n. f. Appareil électrique pour les cuissons à la broche ou au gril.

ROTOBINEUSE n. f. Houe rotative constituée par une série de disques portant des dents recourbées.

ROTOGRAVURE n. f. Héliogravure tramée.

ROTOMOULAGE n. m. Moulage par rotation de pièces creuses en matières plastiques. [On l'applique surtout aux polyéthylènes, au polystyrène et au poly(chlorure de vinyle).]

ROTONDE n. f. (ital. *rotonda,* du lat. *rotundus,* rond). **1.** Bâtiment ou corps de bâtiment de plan centré circulaire, ou proche du cercle, souvent couvert d'une coupole. – **2.** Construction circulaire ou semi-circulaire, dans laquelle les locomotives sont remisées sur des voies s'étalant en éventail à l'intérieur de l'édifice et venant rayonner vers un pont tournant qui permet de diriger les machines sur chacune des voies intérieures. – **3.** Dans certains autobus, banquette en demi-cercle se trouvant à l'arrière.

ROTONDITÉ n. f. (lat. *rotunditas*). **1.** État, forme de ce qui est rond : *La rotondité de la Terre.* – **2.** *Fam.* Forme pleine, rondeur de qqn qui a de l'embonpoint.

ROTONDO *(monte),* sommet du centre de la Corse (dép. de la Haute-Corse) ; 2 622 m.

ROTOR n. m. (angl. *rotor*). **1.** Ensemble du moyeu et des surfaces en rotation assurant la sustentation des giravions. – **2.** Partie tournante d'une machine, par oppos. au *stator.*

ROTORIQUE adj. Relatif au rotor d'un convertisseur.

ROTORUA, v. de la Nouvelle-Zélande (île du Nord), près du *lac de Rotorua ;* 49 000 hab. Centre de la culture maori. Manifestations thermales et volcaniques (geysers, jets de vapeur, sources chaudes).

ROTOTROL n. m. Génératrice amplificatrice à courant continu.

ROTROU (Jean DE), dramaturge français (Dreux 1609-*id.* 1650). Son œuvre abondante comprend des comédies, des tragi-comédies (*la Sœur,* 1647 ; *Venceslas,* 1647) et des tragédies (*Bélisaire,* 1644 ; *le Véritable Saint Genest,* 1647 ; *Cosroès,* 1649). C'est, après Corneille, le second des tragiques français du XVIIe s.

ROTROUENGE ou **ROTRUENGE** n. f. (p.-ê. mot dialect., du lat. *retro,* en arrière). Aux XIIe et XIIIe s., chanson à strophes monorimes avec refrain.

ROTSÉS → LOZIS.

ROTTERDAM, port des Pays-Bas (Hollande-Méridionale), sur la « Nouvelle Meuse » (Nieuwe Maas), au débouché du Rhin et de la Meuse, à 30 km de la mer du Nord ; 582 266 hab. (1 040 000 hab. dans l'agglomération).
– **Géogr.** Métropole régionale du sud-ouest du pays, Rotterdam est le premier port du monde pour le trafic (290 Mt par an). Il est aussi devenu le premier port de conteneurs. Le creusement de la Nieuwe Waterweg lui a donné à la fin du XIXe s. un accès direct à la mer et lui a permis de supplanter Amsterdam. C'est à la fois un port de transit (vers l'Allemagne surtout) et un port industriel. Le pétrole représente environ 40 % du trafic, et les raffineries et les industries chimiques sont un des éléments essentiels de la zone portuaire. L'alimentation, la mécanique et les constructions navales (en crise) sont aussi représentées. Le secteur tertiaire s'accroît (commerce de gros, import-export, établissements financiers), de même que les activités culturelles et universitaires. Riche musée Boymans-Van Beuningen. L'agglomération, sous le contrôle d'un organisme public, s'étend surtout vers le sud, englobant à la fois des noyaux anciens (Schiedam et Vlaardingen) et des villes nouvelles (Spijkenisse).
– **Hist.** À l'abri d'une digue (dam) sur la rivière Rotte, le port prit son essor grâce au déclin d'Anvers (fin du XVIe s.), à la fondation des Compagnies hollandaises des Indes et à la construction navale. Au XVIIe s., elle est la deuxième ville commerçante des Provinces-Unies, et l'industrie du drap s'y développe. Le XVIIIe s. marque un déclin relatif, auquel s'ajoute l'ensablement naturel du chenal. Le port ne retrouve un essor rapide qu'après l'aménagement d'une voie d'eau artificielle, la Nieuwe Waterweg (1866-1872).

ROTTWEILLER [rɔtvajlœr] n. m. (all. *Rottweiler*). Chien de garde allemand, croisement de molosse et de chien de berger.

ROTULE n. f. (lat. *rotula,* petite roue). **1.** Petit os circulaire et plat situé à la partie antérieure du genou. (La face postérieure de la rotule s'articule avec la trochlée fémorale ; le bord supérieur donne insertion au muscle quadriceps crural ; l'extrémité inférieure, ou sommet, donne insertion au tendon rotulien. — **2.** Pièce de forme sphérique, utilisée comme articulation dans des organes devant pouvoir s'orienter dans tous les sens. — **3.** Pop. *Être sur les rotules,* être fourbu.

ROTULIEN, ENNE adj. **1.** Qui concerne la rotule. — **2.** *Ligament rotulien,* tendon terminal du muscle quadriceps, qui va du sommet de la rotule à la tubérosité antérieure du tibia. ‖ *Réflexe rotulien,* réflexe ostéotendineux qui se caractérise par une extension brusque de la jambe sur la cuisse par contraction du quadriceps lorsqu'on percute le tendon rotulien.

ROTURE n.f. (bas lat. *ruptura,* fracture). **1.** Condition de qqn ou d'un héritage qui n'est pas noble. — **2.** Ensemble des roturiers.

ROTURIER, ÈRE adj. et n. Qui n'est pas noble. Sous l'Ancien Régime, les roturiers payaient la taille et subissaient la corvée.
◆ adj. *Litt.* Qui manque de distinction : *Des façons roturières.*

ROTY (Oscar), médailleur français (Paris 1846 - *id.* 1911). Son art s'attache à une finesse quelque peu picturale, comme le montre son célèbre type monétaire de *la Semeuse* (1897).

ROUABLE n. m. (lat. *rutabulum,* de *ruere,* faire tomber). **1.** Longue perche terminée par un petit râteau, servant au boulanger pour rassembler la braise. — **2.** Syn. de RÂBLE.

ROUAGE n. m. (de *roue*). **1.** Chacune des pièces d'une machine, d'un appareil horaire, d'un engrenage. — **2.** Chaque élément d'un organisme, considéré dans sa participation au fonctionnement de l'ensemble : *Les rouages de l'Administration.*

ROUAN, ANNE adj. (esp. *roano,* du lat. *ravus,* gris). Se dit de la robe du cheval ou de la vache, lorsqu'elle est composée de blanc, d'alezan et de noir.
◆ **rouan** n. m. Cheval rouan.

ROUANNE n. f. (anc. fr. *roisne,* du gr. *rhukanê,* rabot). Outil de charpentier pour marquer les pièces de bois.

ROUAULT (Georges), peintre français (Paris 1871 - *id.* 1958). Après un apprentissage de peintre verrier, puis des études dans l'atelier de Gustave Moreau à l'E. N. S. B. A., il s'affirme à travers une ferveur religieuse et une haine de l'hypocrisie bourgeoise qui animent sa révolte (portraits à l'aquarelle, sombres et caricaturaux, de prostituées, de clowns, de juges). Mais la méditation et la recherche de la grandeur apaisent sa virulence : ses gravures atteignent l'intensité la plus épurée (*Miserere,* 1922-1927), tandis que sa peinture allie une matière riche et des couleurs somptueuses, cernées de noir, à un dépouillement rigoureux dans les figures *(Ecce Homo, Pierrot...),* les paysages (*Nocturne chrétien,* 1952, M. N. A. M.). Plusieurs centaines de ses toiles, inachevées, ont été données à l'État par sa famille.

ROUBAISIEN, ENNE adj. et n. **1.** De Roubaix. — **2.** Se dit de la pêche à la ligne flottante avec une gaule très raide munie d'un amortisseur placé sur la ligne.

ROUBAIX (59100), ch.-l. de cant. du Nord, au N.-E. de Lille, près de la frontière belge ; 98 179 hab. *(Roubaisiens).* La ville fait partie de la conurbation Lille-Roubaix-Tourcoing. Centre textile, avec Tourcoing, elle travaille surtout la laine. S'y ajoutent l'agroalimentaire et la vente par correspondance.

ROUBAUD (Jacques), poète français (Caluire-et-Cuire, Rhône, 1932). Il mêle la poésie et la science, la parole et le jeu mathématique (∈, 1967 ; *Mono no aware,* 1970 ; *Autobiographie, chapitre X,* 1977 ; *Dors,* 1982 ; *Quelque chose noir,* 1986). Il est également l'auteur de romans (*la Belle Hortense,* 1985 ; *l'Enlèvement d'Hortense,* 1987 ; *le Grand Incendie de Londres,* 1989 ; *l'Exil d'Hortense,* 1990 ; *la Boucle,* 1993).

ROUBIGNOLLES n. f. pl. (provenç. *roubignol,* de *robin,* mouton). *Pop.* Testicules.

ROUBILLIAC ou **ROUBILLAC** (Louis François), sculpteur français (Lyon 1695, 1702 ou 1705 - Londres 1762). Élève de N. Coustou, il s'installa vers 1730-1735 à Londres, où il rencontra le succès et bénéficia de nombreuses commandes : bustes ; monuments funéraires, comme celui du duc d'Argyll (1745-1749, Westminster Abbey).

ROUBINE n. f. Dans le Midi, nom donné aux bad-lands.

ROUBLARD, E adj. et n. (arg. *roublio,* feu, de l'ital. *robbio,* rouge). *Fam.* Capable d'user de moyens habiles, sinon peu délicats pour défendre ses intérêts.

ROUBLARDISE n. f. *Fam.* **1.** Caractère de qqn qui est roublard. — **2.** Acte de roublard.

ROUBLE n. m. (russe *roubl*). Unité monétaire de la Russie, de la Biélorussie et du Tadjikistan. (Il a été l'unité monétaire de l'U. R. S. S.)

ROUBLEV ou **ROUBLIOV** (Andreï), peintre russe (? v. 1360 - Moscou 1427 ou 1430). En 1405, il peignit, en collaboration avec Théophane le Grec, l'iconostase de la cathédrale de l'Annonciation à Moscou, puis il contribua à la décoration murale de la cathédrale de la Dormition à

Vladimir (fresque du *Jugement dernier*). Son œuvre maîtresse est l'icône d'autel *la Trinité* (les trois anges à la table d'Abraham ; galerie Tretiakov), où il harmonise abstraction et symbolisme chrétien dans une symphonie de couleurs lumineuses et raffinées. Il a été canonisé par l'Église orthodoxe russe en 1988.

ROUBO (André Jacob), menuisier charpentier français (Paris 1739 - *id.* 1791). Il est surtout connu pour son *Art du menuisier,* publié de 1769 à 1775 (4 vol.).

ROUBTSOVSK, v. de Russie, au pied de l'Altaï, en Sibérie occidentale ; 172 500 hab. Centre commercial. Machines agricoles.

ROUCAOU n. m. (provenç. *roucaou,* du bas lat. *rocca,* roche). Syn. de ROUQUIER.

ROUCH (Jean), cinéaste français (Paris 1917). Ethnographe, il utilise le cinéma comme instrument de recherche, d'abord dans des courts métrages (*les Maîtres-Fous,* 1955 ; *Jaguar,* 1956-1967), puis dans des longs métrages (*Moi un Noir,* 1958 ; *la Pyramide humaine,* 1959 ; *la Chasse au lion à l'arc,* 1965). Il s'essaie au cinéma-vérité dans *Chronique d'un été* (1961), puis dans *la Punition* (1963). Il réalise ensuite *Petit à petit* (1970), *Babatou* (1976), *Dionysos* (1984). Il a été président de la Cinémathèque française de 1987 à 1991.

ROUCHER (Jean Antoine), poète français (Montpellier 1745 - Paris 1794). Son chef-d'œuvre, *les Mois* (1779), est une épopée descriptive en douze chants. Emprisonné en 1793, il fut guillotiné, avec André Chénier, le 7 thermidor.

ROUCHI n. m. (mot picard). Parler picard du Hainaut.

ROUCOULADE n. f. **1.** Bruit que font entendre les pigeons et les tourterelles. — **2.** Action de tenir des propos tendres.

ROUCOULANT, E adj. Qui roucoule.

ROUCOULEMENT n. m. Roucoulade.

ROUCOULER v ; i. (rad. onomat. *ruk-*) [conj. 3]. **1.** En parlant des tourterelles et des pigeons, émettre un chant tendre et monotone. — **2.** Tenir des propos tendres et langoureux.

◆ v. t. Dire ou chanter langoureusement qqch : *Roucouler une romance.*

ROUD (Gustave), poète suisse de langue française (Saint-Légier-la-Chiésaz, Vaud, 1897 - Moudon 1976). Il vécut dans la solitude et cultiva une méditation que nourrissait la lecture des mystiques (*Petit Traité de la marche en plaine,* 1932 ; *Air de la solitude,* 1943 ; *Requiem,* 1967). Il a traduit Rilke, Novalis et Hölderlin.

ROUDNYI, v. nouvelle du Kazakhstan occidental, couplée au combinat minier (fer) de Sokolov-Sarbaï ; 129 000 hab.

ROUDOUDOU n. m. *Fam.* Sucre cuit coulé dans une boîte en bois ou dans une coquille que l'on lèche.

ROUE n. f. (lat. *rota*). **1.** Organe de forme circulaire, destiné à tourner autour d'un axe passant par son centre, et qui permet à un véhicule de reposer sur le sol et de s'y mouvoir. — **2.** *Faire la roue,* en parlant du paon, du dindon, déployer sa queue en éventail ; tourner latéralement sur soi-même en s'appuyant successivement sur les mains et les pieds ; prendre une attitude avantageuse pour séduire. ‖ *Grande roue,* dans une foire, roue verticale de fort diamètre mue par un moteur et munie de nacelles destinées au public. ‖ *Pousser à la roue,* aider à la réussite de qqn ou à la continuation d'un processus. ‖ *Roue de la Fortune,* attribut de la déesse Fortune, symbole de l'incertitude des destinées humaines ; dans les anciennes loteries, tambour en forme de roue contenant les numéros à tirer au sort. • **Autom.** *Roue directrice,* roue qui, par son mouvement, permet au véhicule de suivre le tracé de la route. ‖ *Roue indépendante,* roue articulée individuellement au châssis ou à la coque. ‖ *Roue motrice,* roue commandée par le moteur et qui assure la traction du véhicule. ‖ *Roue de secours,* roue supplémentaire destinée à remplacer une roue dont le pneu est crevé. — **Hist.** Supplice introduit en France au XVIe s. et qui consistait à rompre les membres du condamné, puis à l'attacher sur une roue. — **Mar.** *Roue à aubes,* propulseur de navire, portant des aubes, articulées ou fixes. ‖ *Roue du gouvernail* ou *barre à roue,* roue garnie sur sa circonférence de poignées, et fixée en son centre sur un axe autour duquel s'enroulent les drosses du gouvernail. — **Mécan.** Organe de forme circulaire permettant de transmettre le mouvement soit grâce aux dents dont son pourtour est garni, soit grâce à un lien flexible passant sur sa périphérie. ‖ *Roue d'angle,* roue dentée dont les dents, disposées obliquement, engrènent avec les dents d'une autre roue faisant un angle avec la première. — **Techn.** *Roue hydraulique,* machine transformant l'énergie disponible d'une chute d'eau en énergie mécanique. ‖ *Roue libre,* dispositif permettant à un organe moteur d'entraîner un mécanisme sans être entraîné par lui.

ROUÉ, E adj. et n. **1.** *Litt.* Qui est sans principes et sans moralité. — **2.** Qui est habile, rusé, sans scrupules, qui ne recule devant rien pour parvenir à ses fins : *C'est le plus roué des hommes d'affaires.*

◆ **roué** n. m. Surnom donné aux compagnons de plaisir du Régent (Philippe II, duc d'Orléans).

ROUELLE n. f. (bas lat. *rotella,* petite roue). **1.** Symbole solaire dans certaines civilisations de l'âge du bronze celtique, formé d'une petite roue pourvue de rayons. — **2.** Rondelle ajoutée à l'armure pour protéger les articulations de l'épaule, du coude et du genou. — **3.** Tranche de veau épaisse, obtenue en débitant le cuisseau sur toute sa largeur. — **4.** Pièce d'étoffe ronde que les Juifs devaient porter sur leurs vêtements, en France au Moyen Âge.

ROUELLE (Guillaume François), dit **Rouelle l'Aîné,** apothicaire et chimiste français (Mathieu, près de Caen, 1703-Paris 1770). Ses cours de chimie, suivis en particulier par Lavoisier et Diderot, sont restés célèbres. Rouelle établit que les sels résultent de l'action des acides sur les alcalis ou sur les oxydes métalliques, et détermina les densités des principaux acides minéraux. (Acad. des sc., 1744). — Son frère, HILAIRE MARIN dit **Rouelle le Cadet** (Mathieu, près de Caen, 1718 - Paris 1799), lui succéda ; il découvrit et isola l'urée dans l'urine.

ROUEN, ch.-l. de la Région Haute-Normandie et du dép. de la Seine-Maritime ; 105 470 hab. *(Rouennais).*
— **Géogr.** Centre d'une agglomération de plus de 380 000 hab., la plus peuplée de Normandie, Rouen est d'abord un centre tertiaire (administration régionale et départementale, académie et université, cour d'appel, archevêché, commerce, tourisme [lié au patrimoine monumental], etc.), où l'industrie, parfois en difficulté, est représentée surtout par la métallurgie de transformation, la chimie (liée au pétrole) et le textile. Port notable (trafic de l'ordre de 20 Mt), Rouen est bien relié à Paris par le rail et la route (autoroute de Normandie).
— **Hist.** *Rotomagus,* cité celte et gallo-romaine, est la capitale du peuple des Véliocasses, puis la métropole de la Lyonnaise IIe et, au IIIe s., le siège d'un évêché. Mise à sac par les Normands, elle devient l'une des principales villes de leur duché. Elle obtient une charte communale (v. 1144). Après la victoire de Philippe Auguste sur Jean sans Terre, elle appartient à la France. Pendant la guerre de Cent Ans, Henri V d'Angleterre s'en empare (1419) : le procès et le supplice de Jeanne d'Arc s'y déroulent (1431). Redevenue française (1449), elle est le siège d'un Échiquier, devenu Cour souveraine (1499) et transformé en parlement (1515). Au XVIe s., c'est un centre d'industries textiles florissantes ; ses marins participent aux premières explorations maritimes dans l'Atlantique. Au XVIIe s., la révocation de l'édit de Nantes et l'ensablement de l'estuaire de la Seine entraînent un certain déclin. Au XVIIIe s., l'essor de la filature et du tissage du coton (rouenneries, indiennes) inaugure son grand rôle industriel. Le chemin de fer assure l'essor du commerce, tandis que les travaux de dragage permettent le transbordement des navires de mer à la batellerie fluviale. La ville a subi de violents bombardements pendant la Seconde Guerre mondiale.
— **Bx-arts.** Cathédrale, rebâtie pour l'essentiel au XIIIe s. et achevée au XVIe (vitraux, dont Rouen fut un grand centre de production ; portails sculptés ; tombeau Renaissance des cardinaux d'Amboise, v. 1510-1520) ; église St-Ouen, anc. abbatiale, noblement reconstruite aux XIVe-XVIe s. (remarquables vitraux) ; église St-Maclou, au porche flamboyant (à côté, « aître Saint-Maclou », cimetière-ossuaire des XVIe-XVIIe s.). La période de transition gothico-renaissante est féconde pour l'architecture civile : vaste palais de justice, couronné d'une dentelle de pierre (très restauré aux XIXe et XXe s.), hôtel de Bourgtheroulde (bas-reliefs en hommage à François Ier), Gros-Horloge (arche flanquée d'un beffroi du XIVe s.), « fierte » Saint-Romain, maisons à pans de bois. L'église Ste-Jeanne-d'Arc (1979) a recueilli les vitraux (XVe et XVIe s.) de l'église St-Vincent, détruite.
Principaux musées : des Antiquités de la Seine-Maritime, dans un ancien couvent du XVIIe s. ; des Beaux-Arts (peinture française depuis le XVIIe s., Géricault, impressionnistes, écoles étrangères ; cabinet des dessins) ; de la Céramique, dans l'hôtel d'Hocqueville (faïences de Rouen, etc.) ; Le Secq des Tournelles, dans l'anc. église St-Laurent (ferronnerie d'art) ; Museum d'histoire naturelle.

Rouen *(faïences de).* L'atelier de Masséot Abaquesne, au XVIe s., est à l'origine de la tradition faïencière qui prit un véritable essor avec Edme Poterat*, ses descendants, et divers faïenciers connus pour leurs décors à lambrequins, broderies rayonnantes, bleus puis polychromes. Le XVIIIe s. est dominé par l'influence extrême-orientale.

ROUENNAIS, E [rwa-] adj. et n. De Rouen.

ROUE-PELLE n. f. (pl. *roues-pelles*). Excavateur, sur rails ou sur chenilles, comportant, à l'extrémité d'un bras, une roue équipée de godets munis de dents résistant à l'abrasion, utilisé pour extraire des matériaux tendres (en place) ou pour reprendre un stock de matériaux en vrac.

ROUER v. t. (de *roue*) [conj. 6]. **1.** *Rouer qqn de coups,* le battre violemment. — **2.** Faire mourir par le supplice de la roue.
◆ **être roué** v. pass. *Encolure rouée,* encolure qui s'arrondit progressivement du garrot à la nuque (très fréquente chez le cheval arabe). ‖ *Tête rouée,* tête du cerf, du chevreuil et du daim, dont les merrains sont recourbés en dedans.

ROUERGAT, E adj. et n. Du Rouergue.
◆ **rouergat** n. m. Dialecte de langue d'oc parlé dans l'Aveyron (Rouergue).

ROUERGUE, anc. pays du midi de la France ; cap. *Rodez.* Il correspond pratiquement à l'actuel dép. de l'Aveyron.

ROUERIE [ruri] n. f. (de *roué*). **1.** Action d'une personne rusée. — **2.** Caractère de qqn qui est d'une habileté sans scrupule.

ROUET n. m. (de *roue*). **1.** Instrument à roue mû par une pédale, qui servait autrefois à filer la laine, le chanvre et le lin. — **2.** Rondelle d'acier dentée qui, en butant sur un silex, provoquait l'étincelle et faisait partir le coup des armes à feu (XVe-XVIIe s.). — **3.** Grosse poulie avec réa et caisse métalliques, généralement portée par les mâts de charge. — **4.** Pièce fixée au palâtre et s'opposant à l'introduction d'une clé dont le panneton ne comporte pas de fente appropriée. — **5.** Charpente présentant la forme intérieure d'un puits, et qu'on établit au fond pour commencer les fondations.

ROUETTE n. f. (lat. *retorta*). Branche flexible pour attacher les fagots, les trains de bois flottants.

ROUF ou **ROOF** n. m. (moyen néerl. *roof*). Superstructure, pouvant être munie d'un capot à glissières, qui forme le dessus de la cabine d'un bateau.

ROUFFACH (68250), ch.-l. de cant. du Haut-Rhin, au S. de Colmar ; 4 560 hab. *(Rouffachois).* Ville pittoresque, avec deux églises gothiques, anc. hôtel de ville de la Renaissance, vieilles maisons. Vignobles. Constructions mécaniques.

ROUFFIGNAC-SAINT-CERNIN-DE-REILHAC (24580), comm. de la Dordogne, au N.-O. des Eyzies-de-Tayac ; 1 479 hab. Sur son territoire se trouve l'entrée de la grotte de Rouffignac, dite aussi « grotte de Miremont », ou « cro de Graville ». Ensemble de peintures pariétales attribuables au magdalénien.

ROUFLAQUETTE n. f. *Fam.* **1.** Chez une femme, mèche de cheveux formant un accroche-cœur sur la tempe. — **2.** Chez un homme, patte de cheveux descendant sur la joue.

ROUGAIL n. m. Apprêt à base de légumes (tomates, aubergines), de fruits (mangue) ou de poisson (morue), pilés avec du piment rouge et du gingembre. (Spécialité créole.)

ROUGE adj. (lat. *rubeus*). **1.** De la couleur du sang, du coquelicot, etc., couleur placée avant l'orange dans le spectre de la décomposition de la lumière. — **2.** Avec un nom ou un adj. qui en précise la nuance, *rouge* forme des adj. composés invariables. — **3.** Qui a été chauffé et porté à l'incandescence : *Le dessus du poêle est presque rouge.* — **4.** Dont la peau se colore vivement sous l'effet d'une cause physique ou d'une émotion : *Être rouge de colère.* — **5.** Se dit des cheveux, d'un pelage d'un roux ardent : *Un grand gaillard aux cheveux rouges.* — **6.** Qui a trait aux communistes, aux partisans de l'action révolutionnaire : *Banlieue rouge.* — **7.** *Être rouge comme une écrevisse, comme un homard, comme un coq, comme une pivoine, comme une tomate,* avoir le visage congestionné, très rouge. ‖ *Feu rouge,* feu de signalisation routière prescrivant l'arrêt. ‖ *Vin rouge,* vin obtenu à partir de raisins rouges par macération du jus avec les parties solides de la vendange. • **Anat.** *Noyau rouge,* noyau situé dans les pédoncules cérébraux en arrière du locus niger. (Il constitue un relais important sur les voies motrices extrapyramidales.) — **Chass.** *Perdrix rouge,* espèce de perdrix aux pattes et au bec rouges. — **Comptab.** *Jours rouges, intérêts rouges, nombres rouges,* indications portées en rouge sur les livres où sont inscrits les calculs des comptes courants, afin d'indiquer sans erreur possible ce qui doit être retranché des capitaux. — **Pédol.** Se dit d'un type de sol résultant de la rubéfaction.
◆ n. Communiste ; partisan de l'action révolutionnaire.
◆ adv. *Se fâcher tout rouge,* manifester violemment sa colère. ‖ *Voir rouge,* être en proie à un accès de fureur qui peut conduire à des actions excessives. ‖ *Voter rouge,* voter pour les partis révolutionnaires.
◆ n. m. **1.** Couleur rouge : *Des volets peints en rouge.* — **2.** Matière, colorant, pigment fournissant une couleur rouge : *Se mettre du rouge à joues.* (→ *encycl.*) — **3.** Couleur caractéristique des signaux d'arrêt ou de danger : *Attendre que le signal passe au rouge.* — **4.** Couleur, de nuances diverses, que prend un métal porté à l'incandescence : *Une barre de fer chauffé au rouge sombre.* — **5.** Coloration vive de la peau du visage, due à un afflux de sang provoqué par certains agents physiques, par une émotion : *Le rouge de la honte.* — **6.** *Fam.* Vin rouge : *Un litre de rouge.* — **7.** Situation déficitaire de qqn, d'une entreprise, d'un pays : *La balance commerciale est enfin sortie du rouge.* — **8.** *Gros rouge (qui tache),* vin rouge, de qualité médiocre. ‖ *Rouge à lèvres,* produit de maquillage pour les lèvres conditionné en bâton. ‖ Fam. *Le rouge est mis,* les enjeux sont faits ; il n'est plus possible de revenir en arrière, de se raviser. ‖ *Le rouge lui monte au visage,* son visage s'empourpre soudainement, du fait de la colère, de la confusion. • **Abras.** *Rouge à polir, rouge d'Angleterre* ou *de Prusse,* syn. de COLCOTAR. — **Biol.** *Rouge neutre,* colorant vital, non toxique, des vacuoles végétales. — **Jeux.** Aux cartes, les cœurs et les carreaux, de couleur rouge. ‖ Au trente-et-quarante et à la roulette, la couleur rouge. — **Minér.** *Rouge antique, rouge de Flandre, rouge*

marron, nom de diverses espèces de marbre. — **Sylvic.** Maladie du pin causée par un champignon qui provoque un rougissement puis la chute des aiguilles.

◆ n. f. Au billard, la bille rouge.

ENCYCL. **Peint.** Les *pigments rouges minéraux* les plus fréquemment utilisés sont : le *rouge de cadmium,* ou sulfo-séléniure de cadmium ; les *oxydes de fer rouges,* naturels ou artificiels : *minium**, vermillon*, mine orange* ; le *rouge de molybdène,* pigment constitué par des cristaux mixtes de molybdate (10 à 15 %), chromate (70 à 90 %) et sulfate (0 à 15 %) de plomb. À part l'*orseille,* utilisée dans l'industrie du papier peint, la plupart des *colorants rouges d'origine végétale* sont remplacés par des *colorants organiques.* En solution dans les solvants organiques, ces derniers donnent des solutions fortement colorées, sans pouvoir opacifiant, utilisées sous forme de vernis colorés et dans la préparation des encres. Certains d'entre eux, insolubles dans les solvants organiques et dans les huiles, sont utilisés comme pigments (*rouge para, rouge de toluidine,* etc.), tandis que d'autres, par fixation sur un support minéral (alumine, sulfate de baryum, etc.), donnent des *laques rouges.* Parmi les *colorants rouges d'origine animale,* seul le *carmin,* extrait de la cochenille, est couramment utilisé.

ROUGE *(fleuve),* en vietnamien **Sông Hông** ou **Sông Nhi Ha,** fl. du Viêt-nam ; 1 200 km. Il naît dans les montagnes du Yunnan, en Chine, et s'oriente vers le S.-E. peu après son entrée au Viêt-nam, puis coule en plaine, et reçoit la rivière Noire et le Sông Ca. En aval d'Hanoi, il atteint le golfe du Tonkin par un vaste delta, aménagé à partir du XIe s. et consacré à la riziculture.

ROUGE *(mer),* mer intercontinentale du nord-ouest de l'océan Indien qui communique avec le golfe d'Oman par le détroit de Bāb al-Mandab. Ses rives, dominées par des escarpements de failles séismiques, sont bordées de récits coralliens, faillés et soulevés. Des intrusions de laves affleurent dans le fossé axial, dont les cuvettes les plus profondes (plus de 2 000 m) sont occupées par des saumures chaudes.

Rouge *(passage de la mer),* épisode de la marche des Hébreux, fuyant l'oppression égyptienne pour se rendre en Terre promise. Conduits par Moïse, ceux-ci traversèrent à pied la mer Rouge (« asséchée » par Yahvé), qui se referma ensuite sur l'armée égyptienne.

Rouge *(place)* [*Krasnaïa Plochtchad,* « Belle Place », en vieux russe], place principale de Moscou, en bordure du Kremlin. C'était, autrefois, le plus grand marché du centre de la ville. Au S. de la place se dresse l'église Basile-le-Bienheureux, aux pittoresques bulbes (1560), au N. le musée d'Histoire (fin du XIXe s.) et le mausolée de Lénine (1924). La place Rouge est le cadre de toutes les grandes manifestations publiques de la capitale.

ROUGE *(rivière),* en angl. **Red River,** riv. de l'Amérique du Nord, tributaire du lac Winnipeg ; 870 km. Née à l'O. des Grands Lacs, elle pénètre au Canada dans le Manitoba et reçoit l'Assiniboine à Winnipeg.

Rouge et le Noir *(le),* roman de Stendhal (1830) inspiré d'un fait divers, le procès du séminariste Berthet (condamné à mort à Grenoble en 1827). Stendhal décrit le fonctionnement de la société de la Restauration, dans laquelle la gloire militaire étant interdite (le Rouge), le Noir s'impose (l'Église et toute forme d'opportunisme carriériste). Le héros, Julien Sorel, jeune paysan instruit et ambitieux, met toute son énergie à dominer ses faiblesses pour conquérir sa place dans le monde. Il devient l'amant de Mme de Rénal, mère des enfants dont il est le précepteur, puis va à Paris, où il est secrétaire du marquis de La Môle. Il conquiert sa fille Mathilde. Sur le point de l'épouser, il est dénoncé par Mme de Rénal et tire sur elle deux coups de pistolet.

ROUGÉ (44660), ch.-l. de cant. de la Loire-Atlantique, à 9 km au N.-O. de Châteaubriant ; 2 200 hab. *(Rougéens).* Minerai de fer.

ROUGEÂTRE adj. Qui tire sur le rouge, qui se nuance de rouge.

ROUGEAUD, E adj. et n. Qui a le visage rouge : *Un gros rougeaud.*

ROUGE-GORGE n. m. (pl. *rouges-gorges*). Petit passereau brun (muscicapidé) des bois, parcs et jardins, à face, gorge et poitrine d'un rouge vif, sédentaire, présent presque partout en France.

ROUGEMONT (25680), ch.-l. de cant. du Doubs, à 18 km au N. de Baume-les-Dames ; 1 279 hab.

ROUGEMONT (Denis DE), écrivain suisse de langue française (Neuchâtel 1906 - Genève 1985). Il a analysé les composantes de notre civilisation (*l'Amour et l'Occident,* 1939 ; *l'Aventure occidentale de l'homme,* 1957) et s'est fait le défenseur du fédéralisme européen.

ROUGEMONT-LE-CHÂTEAU (90110), ch.-l. de cant. du Territoire de Belfort, aux confins de l'Alsace et des Vosges ; 1 259 hab. *(Rougemontois).* Centre touristique.

ROUGEOIEMENT n. m. Lueur, reflet rouges : *Les rougeoiements du soleil couchant.*

ROUGEOLE n. f. (lat. pop. **rubeola*). Maladie infectieuse due à un virus du groupe des *paramyxovirus,* atteignant essentiellement les enfants et caractérisée par une éruption de taches rouges sur la peau. (Syn. vx FIÈVRE MORBILLEUSE.)

ENCYCL. La rougeole est extrêmement contagieuse. Elle engendre une immunité solide. Après une incubation de 10 jours, la période d'invasion dure de 3 à 5 jours et associe fièvre persistante et catarrhe oculo-respiratoire. Le signe de Koplik* affirme le diagnostic. L'éruption (petites taches rouges irrégulières, groupées en plaques, avec des intervalles de peau saine) débute au visage, puis envahit successivement, en 24 à 36 heures, le thorax, l'abdomen, les membres. Ensuite, la fièvre tombe et les taches disparaissent en 3 ou 4 jours. Les complications les plus fréquentes sont l'otite et la bronchopneumonie. Elles sont devenues rares et bénignes depuis l'emploi des antibiotiques. L'évolution des complications neurologiques (encéphalite) peut être grave. Il existe une vaccination contre la rougeole.

ROUGEOLEUX, EUSE adj. et n. Atteint de la rougeole.

ROUGEOT n. m. (de *rouge*). **1.** Autre nom du *milouin.* — **2.** Nom de diverses maladies de la vigne, dues à un parasite ou à une cause physiologique, caractérisées par un rougissement des feuilles.

ROUGEOYANT, E adj. Qui rougeoie.

ROUGEOYER v. i. (conj. 13). Prendre une teinte rougeâtre : *Le ciel rougeoyait sous les lueurs de l'incendie.*

ROUGE-QUEUE n. m. (pl. *rouges-queues*). Petit passereau (muscicapidé) au plumage gris noirâtre, au croupion et à la queue d'un rouge vif, nichant dans les creux des rochers, les arbres et les murailles. (Syn. ROSSIGNOL DES MURAILLES.)

ROUGET n. m. (de *rouge*). **1.** Poisson marin (mullidé) à chair très recherchée, muni de barbillons mentonniers, d'où son nom de *rouget barbet.* (On distingue le *rouget de vase* et le *rouget de roche,* ou surmulet.) [Syn. MULET ROUGE.] — **2.** Syn. de AOÛTAT. — **3.** Maladie contagieuse du porc, transmissible à l'homme, due à une bactérie et caractérisée par de la fièvre suivie de l'apparition de plaques rouges. (Chez l'homme, la maladie succède généralement à une inoculation cutanée accidentelle.) — **4.** *Rouget grondin,* variété rouge du grondin.

ROUGET DE LISLE (Claude Joseph), officier et compositeur français (Lons-le-Saunier 1760 - Choisy-le-Roi 1836). Capitaine du génie à Strasbourg, il y écrivit les six strophes (paroles et peut-être musique) du *Chant de guerre pour l'armée du Rhin,* qui devint *la Marseillaise.*

ROUGEUR n. f. **1.** Teinte, couleur rouges : *La rougeur des lèvres.* — **2.** Coloration rouge passagère du visage qui révèle une émotion : *Sa rougeur trahit son embarras.* — **3.** Tache rouge sur la peau : *Être sujet aux rougeurs.*

ROUGH [rœf] n. m. (angl. *rough,* terrain accidenté). **1.** Terrain non entretenu bordant le fairway d'un golf. — **2.** Maquette plus ou moins élaborée d'une illustration, devant servir à une campagne publicitaire. (Syn. CRAYONNÉ.)

ROUGIR v. i. (conj. 32). **1.** Devenir rouge : *Le fer rougit au feu.* — **2.** Devenir rouge sous l'effet d'une émotion, de la timidité, d'un sentiment de honte, de confusion, de culpabilité : *Rougir de plaisir.* — **3.** *Ne pas rougir de qqn, de qqch,* en être fier : *Je n'ai pas à rougir de ma conduite.*
◆ v. t. *Litt.* Rendre qqch rouge : *L'automne rougit les arbres.*
◆ **être rougi** v. pass. **1.** Être devenu rouge : *Yeux rougis.* — **2.** *Eau rougie,* eau mêlée d'une petite quantité de vin.

ROUGISSANT, E adj. **1.** Qui devient rouge : *Des feuilles rougissantes.* — **2.** Qui devient rouge d'émotion, de timidité.

ROUGISSEMENT n. m. *Litt.* Fait de rougir, de devenir rouge, ou action de rendre rouge.

Rougon-Macquart *(les),* cycle romanesque d'É. Zola (1871-1893) : l'« Histoire naturelle et sociale d'une famille sous le second Empire », de sa fondation jusqu'à sa décomposition du fait de son environnement socio-historique : *la Fortune des Rougon* (1871), *la Curée* (1871), *le Ventre de Paris* (1873), *la Conquête de Plassans* (1874), *la Faute* de l'abbé Mouret* (1875), *Son Excellence Eugène Rougon* (1876), *l'Assommoir** (1877), *Une page d'amour* (1878), *Nana** (1880), *Pot-Bouille* (1882), *Au Bonheur des dames* (1883), *la Joie de vivre* (1884), *Germinal** (1885), *l'Œuvre* (1886), *la Terre** (1887), *le Rêve* (1888), *la Bête humaine* (1890), *l'Argent* (1891), *la Débâcle** (1892), *le Docteur Pascal* (1893).

ROUHER (Eugène), homme politique français (Riom 1814 - Paris 1884). Avocat, député républicain en 1848-49, il se rallia à Louis Napoléon. Conseiller d'État, ministre du Commerce, de l'Agriculture et des Travaux publics (1855-1863), il développa les chemins de fer, la navigation, l'agriculture. Après les élections de 1869, il abandonna le gouvernement.

ROUIBA, v. d'Algérie, dans la Mitidja ; 38 000 hab. Centre industriel.

ROUILLAC (16170), ch.-l. de cant. de la Charente, à 24 km au N.-O. d'Angoulême ; 1 747 hab.

ROUILLE n. f. (lat. pop. **robicula,* altér. du lat. class. *robigo, -inis,* de *robus,* roux). **1.** Produit de corrosion des métaux ferreux, constitué principalement d'hydroxyde ferrique. (La rouille étant poreuse, la dégradation du fer ou de l'acier peu allié se poursuit jusqu'au cœur de la pièce, en l'absence de revêtement protecteur.) — **2.** *Litt.* Cause d'altération, d'absence de souplesse : *La rouille de l'âge.* — **3.** Altération du tain dans une glace. — **4.** Nom de diverses maladies des plantes, causées par des champignons de l'ordre des urédinales, dont le cycle reproductif exige le passage sur plusieurs hôtes successifs (blé et épine-vinette, par ex., pour la rouille du blé). [Ces parasites forment des fructifications rougeâtre, brunâtre ou orangée de la couleur de la rouille.] — **5.** Sorte d'aïoli relevé, accompagnant la soupe de poisson et la bouillabaisse. — **6.** *Rouille blanche,* maladie des crucifères, qui provoque de graves déformations.

◆ adj. inv. et n. m. D'une couleur brun-roux, qui est celle de la rouille.

ROUILLÉ (Antoine Louis), comte **de Jouy,** homme d'État français (Paris 1689-Neuilly-sur-Seine 1761). Secrétaire d'État à la Marine (1749-1754), il poursuivit l'œuvre de Maurepas. Secrétaire d'État aux Affaires étrangères (1754-1757), il signa le traité de Versailles de mai 1756.

ROUILLER v. t. (de *rouille*) [conj. 3]. **1.** Produire de la rouille à la surface d'un métal ferreux, d'un objet en fer. — **2.** Faire perdre à qqn la souplesse de son corps, émousser son esprit faute d'exercice : *L'inaction finit par rouiller son intelligence.*

◆ **être rouillé** v. pass. En parlant d'une plante, être atteinte de la rouille.

◆ **rouiller** v. i. ou **se rouiller** v. pr., **être rouillé** v. pass. Se couvrir de rouille.

◆ **se rouiller** v. pr., **être rouillé** v. pass. Perdre ses forces, sa souplesse, ses qualités intellectuelles par manque d'activité : *Il se rouille à ne rien faire.*

ROUILLEUSE n. f. Type de haveuse servant à faire des rouillures.

1. ROUILLURE n. f. (de *rouille*). **1.** État d'une pièce de fer rouillée. — **2.** Effet de la rouille sur une plante.

2. ROUILLURE n. f. (mot dialect., du lat. pop. *roticulare,* faire tourner). Saignée dans la roche verticale ou perpendiculaire aux épontes.

ROUIR v. t. (frq. **rōtjan,* rouir le chanvre) [conj. 32]. Dégrader et éliminer partiellement les ciments pectiques et ligneux dans lesquels sont noyés les faisceaux de fibres de certaines plantes textiles (lin, chanvre, jute, etc.), afin d'extraire ces fibres.

ROUISSAGE n. m. Action de rouir des plantes textiles. (Il se pratique par immersion plus ou moins prolongée [rouissage à l'eau], ou par exposition à la chaleur et à l'humidité au sol des andains de tiges [rouissage à terre]. En France, le rouissage à terre a pris le pas sur le rouissage à l'eau.)

ROUISSEUR, EUSE n. Personne pratiquant l'opération du rouissage.

ROUISSOIR n. m. Syn. de ROUTOIR.

ROUJAN (34320), ch.-l. de cant. de l'Hérault, dans le Biterrois ; 1 385 hab. *(Roujanais).* Église gothique.

ROULADE n. f. **1.** Syn. de ROULÉ-BOULÉ. — **2.** Effet donné par la voix, le chant qui alterne deux ou plusieurs notes sur une même syllabe, un même son : *Les roulades d'un oiseau.* — **3.** Dessin mélodique, ornemental, de rythme variable, précédant une note tenue ou reliant deux notes disjointes d'un intervalle. — **4.** Tranche de viande ou abaisse de pâte roulée sur elle-même autour d'une farce quelconque. — **5.** Préparation de charcuterie cuite ayant une forme cylindrique de 9 à 10 cm de diamètre au moins.

ROULAGE n. m. **1.** Action de rouler qqch : *Le roulage d'une cigarette.* — **2.** *Vx.* Action, fait de rouler, de transporter par voiture. • **Agric.** Opération consistant à faire passer un rouleau sur un terrain. — **Mar.** *Manutention par roulage,* manutention des marchandises entre la terre et le bord utilisant des engins de transport roulants à l'horizontale et des portes de chargement et des rampes d'accès propres au navire. (Syn. ROLL ON-ROLL OFF.) — **Métall.** Opération de mise en forme des métaux par déformation plastique consistant en une succession d'écrasements à chaud, avec rotation de la pièce entre impacts, ou en un forgeage avec rotation de la pièce par passage entre deux matrices, ou encore en une opération de cintrage de tôles réalisée par passage entre cylindres mobiles. — **Min.** Transport des produits par un engin qui roule sur le sol ou sur des rails entre la sortie du chantier et l'ouvrage d'extraction.

ROULANT, E adj. **1.** Qui peut être déplacé grâce à ses roues ou ses roulettes : *Table roulante.* — **2.** Se dit d'un sol, d'une piste sur lequel on roule facilement. — **3.** *Fam.* Qui est très comique : *C'est roulant ce que vous me dites.* — **4.** *Feu roulant,* feu de mousqueterie continu ; suite ininterrompue de questions, de critiques, etc. ‖ *Fonds roulants,* fonds destinés à faire face aux besoins courants de trésorerie d'une entreprise. ‖ *Personnel roulant,* personnel assurant un service à bord des véhicules d'une entreprise de transports en commun. ‖ *Tapis, trottoir roulant,* plateforme mobile actionnée mécaniquement sur des galets ou des rouleaux, qui sert au déplacement des piétons ou des marchandises sur un parcours donné. ‖ *Trottoir roulant accéléré,* trottoir roulant pour le transport sur des distances hectométriques, qui comporte une zone d'accès et une zone de sortie à vitesse faible (0,60 à 0,90 m/s) encadrant une zone où la vitesse est portée de 4 à 6 fois la vitesse d'entrée.

◆ **roulant** n. m. **1.** Agent de conduite d'un moyen de transport en commun. – **2.** Employé qui trie le courrier dans les wagons-poste.

◆ **roulante** n. f. **1.** Cuisine* roulante. – **2.** Courbe plane roulant sans glisser sur une autre courbe plane appelée base, qui reste fixe.

ROULE n. f. Syn. de ENROULOIR.

1. ROULÉ → ROULER.

2. ROULÉ n. m. **1.** Gâteau fait d'une abaisse de pâte à biscuit enduite de confiture et roulée en bûche. – **2.** Matériau d'alluvion de forme arrondie, utilisé comme granulat de certains bétons.

ROULEAU n. m. (de *rôle,* du lat. *rota,* roue). **1.** Cylindre de métal, de bois ou d'une autre matière employé à divers usages. – **2.** Cylindre fait d'un matériau roulé sur lui-même ou autour d'un support : *Rouleau de papier peint.* – **3.** Forme de cheveux roulés sur eux-mêmes. – **4.** Fam. *Être au bout du rouleau,* être sans argent, sans ressources ; être à bout de forces ; n'avoir plus longtemps à vivre. • **Agric.** Instrument constitué d'un ou plusieurs cylindres, utilisé pour briser les mottes, tasser le sol. – **Arm.** Syn. de GALET* GUIDE. – **Arts décor.** En peinture décorative, écriteau ou banderole aux extrémités enroulées, portant une inscription. ‖ En céramique et en orfèvrerie, vase de forme cylindrique. ‖ En ébénisterie, traverse ronde couronnant le dossier d'un lit ou d'un siège. – **Bât.** Rang de voussoirs d'un arc. ‖ Chacun des ressauts de la voussure d'un portail, dans les architectures romanes et gothique. (Le terme *voussure* est parfois appliqué à chaque rouleau.) – **Bur.** Cylindre de caoutchouc dur, servant à la fois à l'entraînement du papier et au support de la frappe, dans les machines à écrire, les calculatrices imprimantes, les imprimantes d'ordinateur, etc. – **Coiff.** Gros bigoudi cylindrique. – **Cuis.** *Rouleau de printemps,* hachis de crustacés, de poulet, d'oignons, de soja, de salade, de feuilles de menthe, etc., enveloppé dans une galette de riz. (Cuisine vietnamienne.) – **Hydrol.** Forme de déferlement de la houle à la côte et comportant un mouvement d'enroulement de la crête. – **Impr.** *Rouleau (à encrer),* cylindre faisant partie du système d'encrage d'une presse pour transférer l'encre de l'encrier à la forme d'impression. – **Mécan.** Petite pièce de révolution cylindrique, conique, ou en forme de tonneau, en acier très dur, cémenté, trempé et parfaitement poli, employée en construction mécanique, dans des roulements. – **Ménag.** *Rouleau à pâtisserie,* rouleau servant à abaisser les différentes pâtes de pâtisserie. – **Paléogr.** Manuscrit composé de feuilles collées ou cousues bout à bout. (C'est la forme fréquente des chartes du Moyen Âge.) – **Papet.** Longueur continue de papier ou de carton enroulée sur elle-même. – **Peint.** Manchon cylindrique tournant autour d'un étrier fixé à un manche, garni d'une peau de mouton ou d'un matériau synthétique spongieux, permettant l'application manuelle de peinture ou de vernis. – **Rel.** Machine servant à arrondir les dos des livres et à former les mors. – **Sylvic.** *Rouleau landais,* syn. de DÉBROUSSAILLEUR. – **Trav. publ.** *Rouleau compresseur,* engin, conçu pour le cylindrage des sols, et composé d'un ou de plusieurs cylindres métalliques de grand diamètre formant roues, montés sur un châssis. (Syn. CYLINDRE.) [→ *encycl.*] – **Verr.** Cylindre métallique qui sert à former la feuille de verre dans la fabrication par laminage.

ENCYCL. **Trav. publ.** Le *rouleau compresseur vibrateur* comprend un rouleau et une roue à laquelle on peut imprimer une vibration verticale qui, agissant en profondeur, réalise un serrage des matériaux. Le *rouleau à pneus,* lesté, assure le bon compactage du terrain par la pression et par les vibrations que lui transmettent les pneus (gonflés à basse pression). Les *rouleaux à pieds de mouton,* construits à partir de 1933, sont employés pour le compactage des barrages en terre.

ROULEAU (Raymond), acteur et metteur en scène français d'origine belge (Bruxelles 1904 - Paris 1981). Membre de l'Atelier à Paris, il devient directeur du théâtre de l'Œuvre (1944-1951). Il a interprété, mis en scène ou réalisé une centaine de pièces et de films dont *les Sorcières de Salem* (1956).

ROULÉ-BOULÉ n. m. (pl. *roulés-boulés*). Action de se rouler en boule au cours d'une chute, afin d'amortir le choc. (Syn. ROULADE.)

ROULEMENT n. m. (de *rouler*). **1.** Action de rouler ; mouvement de ce qui roule : *Le roulement régulier du train.* – **2.** Mouvement d'une partie du corps qui tourne ou semble tourner en se déplaçant : *Roulement des épaules.* – **3.** Bruit produit par un objet, un véhicule qui roule : *Être réveillé par un roulement de voiture.* – **4.** Bruit sourd et continu, évoquant celui d'un corps lourd qui roule sur le sol : *Des roulements de tonnerre.* – **5.** Circulation de l'argent, son utilisation pour les paiements, les transactions : *Roulement des capitaux.* – **6.** Fait, pour une quantité, un stock, d'être disponible pour une utilisation successive : *Assurer un roulement sur la semaine.* – **7.** Succession de plusieurs personnes dans un travail qu'elles assurent à tour de rôle, selon un horaire fixé à l'avance : *Deux équipes qui travaillent par roulement.* • **Arm.** *Train de roulement,* ensemble des organes mécaniques assurant la suspension et la progression d'un véhicule chenillé et sa tenue de route. — **Dr.** *Roulement des cours et tribunaux,* répartition annuelle des magistrats d'un même tribunal entre les chambres qui le composent. — **Industr.** Cycle et durée de travail d'une installation, depuis sa mise en route jusqu'à son arrêt. — **Mécan.** Organe interposé entre les paliers et les arbres des systèmes mécaniques en rotation, destiné à substituer un frottement de roulement à un frottement de glissement. (→ *encycl.*) ‖ Déplacement d'un corps qui reste en contact sans glisser avec un autre corps. ‖ *Frottement de roulement,* dans le mouvement relatif de deux surfaces, partie du frottement correspondant à la composante du vecteur rotation instantanée, contenue dans le plan tangent commun aux surfaces en leur point de contact. — **Méd.** *Roulement diastolique,* bruit à tonalité grave, que l'on entend à l'auscultation dans le rétrécissement mitral. — **Mus.** Trémolo obtenu par le rebondissement rapide et alternatif des baguettes ou des mailloches sur un tambour ou une timbale. — **Transp.** *Bande de roulement,* partie extérieure d'un pneumatique en contact avec le sol.

ENCYCL. **Mécan.** Un roulement comprend : 1° les pièces de roulement proprement dites (billes, rouleaux, aiguilles) ; 2° les bagues, qui forment chemins de roulement (pistes), l'une restant fixe alors que l'autre tourne pendant le fonctionnement ; 3° la cage intercalaire, qui maintient à écartement convenable les pièces de roulement. Lorsque la charge à supporter par le roulement est normale à l'axe, celui-ci est dit « radial » ; si elle est parallèle à l'arbre, le roulement axial, ou « butée », convient mieux. Dans le cas de charges obliques, on utilise des roulements spéciaux ; mais, pour des charges très élevées, on peut accoupler un roulement axial à un roulement radial. Les *roulements à rouleaux* supportent de fortes charges, car le contact des rouleaux sur les pistes est linéaire au lieu d'être ponctuel, comme celui des billes ; ils sont d'un emploi courant en construction automobile. Les *roulements à aiguilles* permettent de très grandes vitesses de rotation (au-delà de 10 000 tr/min).

ROULER v. t. (de *rôle* ou anc. fr. *roele,* petite roue, du lat. *rota,* roue) [conj. 3]. **1.** Déplacer un objet en le faisant tourner sur lui-même : *Rouler un fût.* — **2.** Pousser qqch qui est doté de roues ou de roulettes, déplacer ce qui s'y trouve : *Rouler un invalide dans son fauteuil.* — **3.** En parlant des eaux, emporter qqch d'un mouvement impétueux : *Le torrent roule des rochers.* — **4.** Tourner qqch sur lui-même : *Rouler un tapis.* — **5.** Tourner qqch autour de qqch d'autre ; enrouler : *Rouler du fil sur la bobine.* — **6.** Envelopper qqn, qqch dans qqch : *Rouler un enfant dans une couverture.* — **7.** Imprimer, en marchant, à une partie du corps, une sorte de balancement : *Rouler les épaules avec affectation.* — **8.** Soumettre qqch à l'action d'un rouleau, en partic. pour l'aplatir, l'uniformiser : *Rouler le gazon.* — **9.** Avoir certaines idées présentes à l'esprit, y revenir souvent : *Rouler dans sa tête de grands projets d'avenir.* — **10.** *Fam.* Abuser de la crédulité de qqn, de sa confiance, le tromper : *Se faire rouler par un escroc.* — **11.** Former un métal par roulage. — **12.** *Machine à rouler,* machine utilisée en chaudronnerie pour cintrer la tôle entre des cylindres en acier. ‖ *Rouler les « r »,* les prononcer en faisant vibrer la pointe de la langue contre les dents. ‖ *Rouler les yeux,* les porter rapidement de côté et d'autre, sous l'effet de la surprise ou d'une émotion vive. ‖ *Rouler une cigarette,* la confectionner soi-même en pressant le tabac et enroulant autour la feuille de papier. ‖ *Rouler du couscous,* former des grains uniformes et bien séparés les uns des autres en les travaillant du plat de la main. ‖ *Rouler la toile,* serrer la voile sur la vergue.

◆ v. i. **1.** Avancer en tournant sur soi-même : *Boule de neige qui grossit en roulant.* — **2.** Tourner sur soi-même, en partic. lors d'une chute : *Il a manqué la marche et a roulé dans l'escalier.* — **3.** Avancer, se déplacer en parlant d'un véhicule ou de ses passagers : *Ralentissez, vous roulez trop vite. Rouler en moto, à bicyclette.* — **4.** *Vx.* Avoir une vie aventureuse, voyager et connaître toutes sortes d'expériences : *Rouler de pays en pays.* — **5.** *Fam.* Travailler pour qqn, qqch, pour leur succès : *Rouler pour un chef de parti.* — **6.** En parlant de l'argent, circuler, être utilisé : *Faire rouler l'argent.* — **7.** Se remplacer, alterner, faire tour à tour un service : *Des équipes qui roulent sur 24 heures.* — **8.** Être tourné et retourné dans la tête : *Toutes ces idées roulaient dans son esprit.* — **9.** Se faire entendre, résonner en se prolongeant sourdement : *Coup de tonnerre qui roule dans la montagne.* — **10.** En parlant d'une conversation, d'une discussion, avoir qqch, qqn pour objet : *Tout l'entretien a roulé sur les choix à prendre.* — **11.** Mettre en mouvement la presse à imprimer et assurer le passage de l'ensemble des feuilles ou des bobines constituant le tirage. — **12.** En parlant d'un navire, être affecté de roulis, être pris en travers par la lame. — **13.** Pop. *Ça roule,* ça va bien, tout se déroule comme prévu. ‖ Fam. *Ça roule bien, mal, etc.,* la circulation des voitures est fluide, dense, etc. ‖ *Rouler des épaules, des hanches,* leur imprimer, en marchant, un mouvement de balancement. ‖ *Rouler sous la table,* être ivre mort, au point de tomber sous la table.

◆ **être roulé** v. pass. **1.** Être mis en rouleau : *Des crêpes roulées.* — **2.** Se dit de galets arrondis par l'action de l'eau. — 3. Fam. *Bien roulée,* se dit d'une femme bien faite. ‖ *Épaule roulée,* épaule désossée et parée sous forme de rouleau. ‖ *Col roulé,* col droit et haut, replié sur lui-même et très près du cou. ‖ *R roulé,* réalisé par des battements répétés de la pointe de la langue contre les alvéoles. (On le rencontre en arabe, en russe, en italien, ainsi qu'en Bourgogne, Corrèze, etc.)

◆ **se rouler** v. pr., **être roulé** v. pass. S'envelopper dans qqch : *Se rouler dans une couverture.*

◆ **se rouler** v. pr. 1. Se tourner et se retourner sur le sol, dans ou sur qqch : *Se rouler dans l'herbe.* — 2. *Fam.* Avoir le fou rire : *La scène était irrésistible, tout le monde se roulait.* — 3. Fam. *À se rouler par terre,* à donner le fou rire, particulièrement ridicule. ‖ *Se rouler de douleur,* se tordre sous l'effet d'une vive douleur physique. ‖ *Se rouler en boule,* sur soi-même. ‖ *Se rouler les pouces,* ou, pop, *se les rouler,* ne rien faire, être peu enclin au travail.

ROULERS → ROESELARE.

ROULETTE n. f. (anc. fr. *roele,* petite roue). 1. Petite roue tournant en tous sens, fixée sous un chariot de manutention, sous le pied d'un meuble, etc. — 2. *Fam.* Fraise dentaire. — 3. Jeu de hasard, dans lequel le gagnant est désigné par l'arrêt d'une bille sur l'un des numéros d'un plateau tournant. — 4. Fam. *Ça va, ça marche comme sur des roulettes,* cela ne rencontre aucun obstacle. ‖ *Roulette russe,* forme de duel (ou de pari) au revolver, le barillet étant chargé seulement de deux balles à des emplacements que le ou les tireurs ignorent. • **Cout.** *Roulette à patron,* petite roue dentée en acier, utilisée pour reproduire le tracé d'un patron sur un tissu. — **Grav.** Petite molette d'acier dentée dont les graveurs se servent pour grener leur planche (notamm. dans la gravure en manière de crayon). — **Math.** Dans un mouvement d'un plan mobile π sur un plan fixe P tel qu'une courbe de π (roulante) roule sans glisser sur une courbe de P (base), ensemble des points de P qui sont les positions successives d'un point attaché à π. — **Ménag.** *Roulette à pâte,* petite roue dentée servant à découper des bandes de pâte. — **Rel.** Fer à dorer formé d'un disque ou d'un cylindre mobiles dont la tranche ou la surface est gravée. — **Verr.** *Roulette de découpe,* petit disque en acier très dur fixé par son axe dans une monture, permettant de tracer sur la feuille de verre un trait de découpe.

ROULEUR, EUSE adj. *Cric rouleur,* cric monté sur roues pour la manœuvre des véhicules dans les garages. ‖ *Pigeon rouleur oriental,* race de pigeons originaire de l'Inde réputés pour leurs acrobaties dans les airs.

◆ **rouleur** n. m. Coureur cycliste doué de qualités d'endurance sur le plat et contre la montre.

◆ **rouleuse** n. f. Appareil servant à rouler à la main des cigarettes.

ROULIER n. m. 1. *Vx.* Personne qui transportait des marchandises sur un chariot. — 2. Navire de charge dont les marchandises sont manutentionnées par roulage en utilisant des camions, des remorques, qui demeurent à bord pendant la traversée. — 3. *Rouliers des mers,* expression consacrée, aux XVIe et XVIIe s., pour désigner les Hollandais, qui pratiquaient un actif commerce maritime.

ROULIS [-li] n. m. (de *rouler*). 1. Mouvement alternatif d'un bord sur l'autre que prend un navire sous l'effet du vent ou de la houle. — 2. Mouvement d'oscillation d'un aéronef autour de son axe longitudinal. — 3. Mouvement d'oscillation perturbateur d'un véhicule ferroviaire autour d'un axe longitudinal passant par le centre de gravité de ce véhicule. — 4. *Coup de roulis,* mouvement brusque et violent de roulis. ‖ *Quille de roulis,* quille latérale destinée à atténuer le roulis d'un navire. ‖ *Stabilisateur de roulis,* dispositif permettant de réduire l'amplitude du roulis d'un navire.

ROULOTTAGE n. m. Vol d'objets dans des voitures en stationnement ; vol à la roulotte.

ROULOTTE n. f. (anc. fr. *roele,* petite roue, ou de *rouler*). 1. Grande voiture où logent les nomades (forains, bohémiens, etc.). — 2. Voiture hippomobile de louage, aménagée en caravane pour faire du tourisme itinérant. — 3. *Vol à la roulotte,* syn. de ROULOTTAGE.

ROULOTTER v. t. (de *rouler*) [conj. 3]. Fixer un ourlet roulotté par un point.

◆ **être roulotté** v. pass. *Ourlet roulotté,* ou *roulotté* (n. m.), ourlet fait dans un tissu très fin, en roulant le bord du tissu.

ROULOTTIER n. m. 1. Voleur à la roulotte. — 2. Commerçant forain logé dans une roulotte.

ROULURE n. f. 1. *Pop.* Femme dépravée (terme d'injure). — 2. Décollement des couches annuelles du bois des arbres, dû à la gelée.

ROUM → RŪM.

ROUMAIN, E adj. et n. 1. De Roumanie. — 2. *Broderie roumaine,* broderie à motifs répétitifs exécutée au point de croix et lisérée de noir.

◆ **roumain** n. m. Langue romane parlée par plus de 20 millions de locuteurs, principalement en Roumanie.

ENCYCL. Le roumain, ou daco-roumain, est la langue nationale et officielle de la Roumanie. Il est également parlé dans le Banat yougoslave et, sous le nom de moldave (transcrit en cyrillique), en République de Moldavie (avec le statut de langue officielle) et en Ukraine, dans la région proche du Dniestr. On rattache également au roumain le macédo-roumain, ou aroumain, parlé par quelque 350 000 locuteurs (nord de la Grèce, Macédoine, Albanie et Bulgarie). Pendant tout le Moyen Âge, le lexique roumain a reçu des apports slaves considérables, mais les systèmes fondamentaux de la langue sont restés très proches du latin. Au XIXe s., quand se forge la langue littéraire, l'influence du français a été considérable. L'alphabet latin, augmenté de quelques signes diacritiques, a été adopté vers 1860.

ROUMAIN (Jacques), écrivain haïtien (Port-au-Prince 1907 - Mexico 1944). Fondateur d'un bureau d'ethnologie, il a inauguré la littérature prolétarienne haïtienne (*Gouverneur de la rosée,* 1944).

ROUMANIE, en roum. **România,** État de l'Europe orientale, sur la mer Noire. 237 000 km^2 ; 22 770 000 hab. *(Roumains).* CAP. *Bucarest.* LANGUE : *roumain.* MONNAIE : *leu.*

Géographie. Les Carpates constituent les principaux reliefs. La chaîne forme un arc de cercle qui entoure la Transylvanie, d'où émergent les monts Apuseni. À la périphérie de cet ensemble se succèdent plateaux et plaines : Moldavie roumaine au nord-est, Munténie et Dobroudja à l'est, Valachie au sud. Le climat est continental, relativement peu arrosé (de 500 à 600 mm de précipitations par an).

La population, qui compte plusieurs minorités (dont la principale est constituée par les Hongrois), est urbanisée à plus de 50 %. La gestion marxiste a conduit le pays à une situation désastreuse. La Roumanie possède toutefois quelques ressources énergétiques (gaz naturel, pétrole, lignite, hydroélectricité). La métallurgie (acier, aluminium), la pétrochimie, la mécanique (matériel agricole, ferroviaire, aéronautique, automobile) sont les principaux secteurs industriels, suivis par le textile, l'alimentation, le bois et le papier. En général, la vétusté des installations est la principale cause d'une productivité très faible.

Dans le domaine agricole, plus de 90 % des terres cultivées dépendaient de l'État, fournissant essentiellement du maïs, du blé et des betteraves à sucre.

Le nouveau pouvoir a attribué les terres aux paysans, qui disposent maintenant d'exploitations de 3 ha environ. Il a exprimé le projet d'introduire l'économie de marché, entreprise freinée par la modestie de l'aide occidentale.

Histoire. Si la Roumanie en tant que nation indépendante n'apparaît qu'au XIXe s., la formation de son peuple et de sa langue est liée à la romanisation de l'État dace après sa conquête par Trajan et sa transformation en province de Dacie (106 apr. J.-C.).

271 : La Dacie est évacuée par les Romains.

VIe s. : Les Slaves s'établissent dans la région.

XIe s. : Le christianisme s'y répand ; l'Église adopte la liturgie slavonne.

• *Les principautés de Moldavie, de Valachie et de Transylvanie.* Du Xe au XIIIe s., les invasions turco-mongoles perturbent la région, tandis que les Hongrois conquièrent la Transylvanie (XIe s.). Les principautés de Valachie et de Moldavie sont créées au XIVe s. ; elles s'émancipent de la suzeraineté hongroise, la première v. 1330 sous Basarab Ier, la seconde v. 1359 sous Bogdan Ier.

1386-1418 : Sous Mircea le Vieux, la Valachie doit accepter de payer un tribut aux Ottomans.

1455 : La Moldavie est également soumise au tribut.

1526 : Les Turcs, victorieux à Mohács, vassalisent la Transylvanie.

1691 : La Transylvanie est annexée par les Habsbourg.

1711 : Après l'échec de D. Cantemir, qui s'était allié à la Russie contre les Ottomans, les Turcs imposent un régime plus dur à la Moldavie et à la Valachie.

1775 : La Bucovine est annexée par l'Autriche.

1812 : La Bessarabie est cédée à la Russie.

1859 : Les principautés de Moldavie et de Valachie élisent un seul prince, Alexandre-Jean Cuza, et Napoléon III soutient leur union.

• *La Roumanie contemporaine.*

1866 : Le pays prend le nom de *Roumanie.* Le pouvoir est confié au prince Charles de Hohenzollern-Sigmaringen (Charles Ier).

1878 : L'indépendance du pays est reconnue.

1881 : Charles Ier devient roi de Roumanie.

1916 : La Roumanie s'engage dans la Première Guerre mondiale aux côtés des Alliés.

1918 : Les troupes roumaines pénètrent en Transylvanie.

Les traités de Neuilly, de Saint-Germain, de Trianon et de Paris (1919-20) attribuent à la Roumanie la Dobroudja, la Bucovine, la Transylvanie, le Banat et la Bessarabie. Dans les années 1930 se développe un mouvement fasciste, encadré par la Garde de fer.

1940 : I. Antonescu instaure la dictature.

Bien qu'alliée de l'Allemagne, la Roumanie est dépouillée de la Bessarabie et de la Bucovine du Nord (annexées par l'U. R. S. S.), d'une partie de la Transylvanie (récupérée par la Hongrie), de la Dobroudja méridionale (donnée à la Bulgarie).

1941 : La Roumanie entre en guerre contre l'U. R. S. S.

1944 : Antonescu est renversé. Un armistice est signé avec l'U. R. S. S.

1947 : Le traité de Paris entérine l'annexion de la Bessarabie et de la Bucovine du Nord par l'U. R. S. S.
Le roi Michel (1927-1930 ; 1940-1947) abdique et une république populaire est proclamée à la fin de 1947. Un régime de type soviétique est instauré.
1965 : N. Ceauşescu devient secrétaire général du parti communiste roumain.
1968 : Il refuse de participer à l'invasion de la Tchécoslovaquie.
1974 : Ceauşescu est président de la République. Le pays connaît des difficultés économiques et de graves pénuries qui engendrent un climat social d'autant plus sombre que le régime demeure centralisé et répressif.
1987 : La contestation se développe (émeutes ouvrières de Braşov).
1989 : Une insurrection (déc.) renverse le régime. Ceauşescu et son épouse sont arrêtés et exécutés. Un Conseil du Front de salut national, présidé par Ion Iliescu, assure la direction du pays. La République socialiste de Roumanie devient officiellement la république de Roumanie.
1990 : Les premières élections libres sont remportées par le Front de salut national ; Iliescu est élu à la présidence de la République.
1992 : Iliescu est réélu à la tête de l'État. À l'issue des élections législatives, de nombreuses formations politiques sont représentées au Parlement, au sein duquel le parti du président Iliescu ne détient plus la majorité.

Roumanie *(campagnes de),* opérations militaires qui se sont déroulées en Roumanie pendant les deux guerres mondiales.

• *Première Guerre mondiale.* En août 1916 les forces roumaines entrèrent en guerre aux côtés des Alliés et pénétrèrent en Hongrie. Refoulées par Mackensen et Falkenhayn, elles abandonnèrent Bucarest. Malgré la victoire de Mărășești (juill. 1917), la Roumanie signa avec l'Allemagne un armistice (mars 1918) avant la paix de Bucarest.

• *Seconde Guerre mondiale.* Occupée par les Allemands dès oct. 1940, la Roumanie ne fut libérée qu'en août 1944, par l'offensive des armées soviétiques de Malinovski et de Tolboukhine.

ROUMANILLE (Joseph), écrivain français de langue d'oc (Saint-Rémy-de-Provence 1818 - Avignon 1891). Il travailla à associer tous les littérateurs de langue provençale et publia une anthologie de leurs œuvres, *li Prouvençalo* (*les Provençales,* 1851). Il fut, après Mistral, capoulié du félibrige, dont il fut un des fondateurs. On lui doit *li Conte prouvençau e li Cascareleto* (*les Contes provençaux et les Bavardages,* 1884).

Roumare *(forêt domaniale de),* forêt à l'O. de Rouen traitée en futaie régulière (chênes, hêtres, charmes, pins sylvestres).

ROUMAZIÈRES-LOUBERT (16270), comm. de la Charente, à 15 km au S.-O. de Confolens ; 3 028 hab. Briques et tuiles.

ROUMÉLIE, ensemble des territoires de l'Empire ottoman dans les Balkans, gouverné par un beylerbey jusqu'au milieu du XVIe s. À partir de cette époque, plusieurs autres beylicats ou eyalets* ottomans furent créés en Europe. Le congrès de Berlin (1878) en détacha une province de *Roumélie-Orientale,* qui avait pour limites le Balkan au N., le Rhodope au S. Celle-ci s'unit à la principauté de Bulgarie en 1885. La Roumélie bulgare est aujourd'hui une importante région de cultures irriguées et mécanisées.

ROUMER (Émile), poète haïtien (Jérémie 1903), chef de file du mouvement indigéniste, auteur de satires et de poèmes en créole (*Rosaire Couronne Sonnets,* 1964).

ROUMI n. m. (ar. *rūmī,* de *rūm,* romain). Nom par lequel les musulmans désignent un chrétien.

ROUMOIS, région de Normandie (Eure), entre la Risle et la Seine.

ROUND [rawnd ou rund] n. m. (angl. *round,* du fr. *rond*). **1.** Chacune des reprises d'un combat de boxe. — **2.** Phase d'un débat, d'une discussion qui en comporte plusieurs : *Le premier round du débat budgétaire.*

ROUPETTES n. f. pl. *Pop.* Testicules.

1. ROUPIE n. f. *Fam.* **1.** *Vx.* Goutte de sécrétion des fosses nasales qui pend au nez. — **2.** *C'est de la roupie de sansonnet,* c'est sans valeur, insignifiant.

2. ROUPIE n. f. (port. *rupia,* de l'hindī *rūpya,* argent). Unité monétaire de l'Inde, du Népal, du Pākistān, de Sri Lanka et des îles Maldives, Maurice et Seychelles.

ROUPILLER v. i. (rad. onomat. *roupp-*) [conj. **3**]. *Fam.* Dormir.

ROUPILLON n. m. (de *roupiller*). *Fam.* Petit somme : *Piquer un roupillon.*

ROUPNEL (Gaston), écrivain français (Laissey, Doubs, 1871 - Gevrey-Chambertin 1946). On lui doit des études, des nouvelles et des romans sur la Bourgogne (*Nono,* 1910 ; *le Vieux Garain,* 1914 ; *Siloë,* 1927 ; *Hé ! Vivant,* 1927 ; *Histoire et Destin,* 1943), ainsi qu'une *Histoire de la campagne française* (1932), devenue un classique.

ROUQUETTE n. f. Syn. de ROQUETTE.

ROUQUETTE (Adrien Emmanuel), écrivain louisianais de langue française (La Nouvelle-Orléans 1813 - *id.* 1887), auteur d'un recueil lyrique,

Savanes (1841). — Son frère DOMINIQUE (Bayou-Lacombe 1810-La Nouvelle-Orléans 1890) fut également un poète (*Fleurs d'Amérique,* 1856).

ROUQUIER n. m. Petit poisson (labridé) des zones rocheuses, aux vives couleurs, très commun sur les côtes atlantiques. (Syn. ROCHIER, ROUCAOU.)

ROUQUIER (Georges), cinéaste français (Lunel-Viel, Hérault, 1909 - Paris 1989). Il fut l'un des plus grands documentaristes français : *le Tonnelier* (1942), *le Chaudronnier* (1949), *Arthur Honegger* (1955), *Lourdes et ses miracles* (1955). Avec ses deux longs métrages : *Farrebique* (1945) et *Biquefarre* (1983), il a peint un tableau plein de véracité du monde rural français.

ROUQUIN, E adj. et n. (de *roux* et suffixe dimin. *-quin*). *Fam.* Qui a les cheveux roux ; se dit de ses cheveux.

◆ **rouquin** n. m. *Pop.* Vin rouge.

ROURKELA, v. de l'Inde (Orissa) ; 398 692 hab. Métallurgie. Engrais.

ROUS (Francis Peyton), biologiste américain (Baltimore 1879 - New York 1970). Il réussit en 1909 l'une des premières transplantations d'une tumeur maligne chez le poulet, suggérant ainsi qu'un virus peut être le facteur causal d'une tumeur maligne. La théorie virale du cancer était née. Il a isolé ultérieurement le virus responsable, auquel son nom a été donné. (Prix Nobel de médecine 1966.)

ROUSCAILLER v. i. (moyen fr. *rousser,* gronder, et *cailler,* bavarder, p.-ê. de *caille*) [conj. **3**]. *Pop.* Réclamer, protester.

ROUSPÉTANCE n. f. *Fam.* Action de rouspéter, de protester.

ROUSPÉTER v. i. (moyen fr. *rousser,* gronder, et *péter*) [conj. **18**]. *Fam.* Manifester en paroles son opposition, son mécontentement.

ROUSPÉTEUR, EUSE adj. et n. *Fam.* Qui a l'habitude de rouspéter.

ROUSSABLE n. m. (de *roux*). Endroit où l'on fume les harengs.

ROUSSALKA n. f. (pl. *roussalki*) [russe *roussalka*]. Nymphe des eaux dans la mythologie slave.

ROUSSÂTRE adj. Qui tire sur le roux.

ROUSSE → ROUX.

ROUSSEAU n. m. (de *roux*). Poisson sparidé, vivant en petits bancs sur les côtes atlantiques, largement consommé. (Autre nom *dorade rose.*)

ROUSSEAU (Jean-Baptiste), poète français (Paris 1671 - Bruxelles 1741). L'Académie française lui ayant préféré La Motte, il fut accusé d'avoir fait courir des couplets calomnieux et condamné par le parlement au bannissement (1712). Ses *Cantates* et ses *Odes* l'ont rendu célèbre.

ROUSSEAU (Jules Antoine), sculpteur ornemaniste français (Versailles 1710 - Lardy 1782). Surtout créateur de boiseries, il décora notamment, au château de Versailles, le cabinet du Conseil (1755) et celui des Bains du roi (1771), qui se rapproche du style Louis XVI. — Ses fils JULES HUGUES, dit **Rousseau l'Aîné** (Versailles 1743 - Lardy 1806), et JEAN SIMÉON, dit **Rousseau de La Rottière** (Versailles 1747 - ? apr. 1822), peintres et stuccateurs, décorèrent notamment le boudoir de Marie-Antoinette au palais de Fontainebleau (v. 1785) et le grand cabinet de la reine à Versailles (v. 1788). Leur style s'inspire de la Renaissance italienne, puis de Pompéi.

ROUSSEAU (Jean-Jacques), écrivain et philosophe de langue française (Genève 1712 - Ermenonville, 1778). De famille protestante, orphelin de mère et abandonné à dix ans par son père, il connaît, livré à lui-même, une enfance, une éducation et des débuts difficiles : changements de situation, fugues, conversion au catholicisme, errances à pied. Revenu, après un séjour à Paris (1731), auprès de Mme de Warens qui l'avait déjà accueilli, il passe aux Charmettes les cinq années les plus agréables et les plus calmes de sa vie. Disgracié en 1738, précepteur un temps à Lyon, chez M. de Mably, il se rend à Paris (1741) après avoir élaboré un système d'annotation musicale que l'Académie refuse, part pour Venise (1743), mais revient à Paris (1744), où il commence une longue liaison avec une servante, Thérèse Levasseur, qui lui donnera cinq enfants, tous déposés aux Enfants-Trouvés. Remarqué grâce à son opéra *les Muses galantes* (1745), il écrit, à la demande de son ami Diderot, des articles sur la musique pour *l'Encyclopédie.* Rejetant la célébrité que lui vaut le couronnement, par l'Académie de Dijon, de son *Discours* sur les sciences et les arts* (1750) et les avantages dus à son opéra *le Devin du village* (1752) et à sa comédie *Narcisse* (1753), Rousseau décide de vivre en conformité avec ses principes ; redevenu citoyen de Genève et calviniste, il étonne par son *Discours* sur l'origine de l'inégalité* (1755). Un séjour à l'Ermitage (forêt de Montmorency), interrompu par une passion malheureuse pour Mme d'Houdetot, belle-sœur de son hôtesse Mme d'Épinay, des désaccords avec les Encyclopédistes préfigurent la période la plus féconde de sa vie, passée dans le domaine du maréchal de Luxembourg, à Montmorency. Il publie la *Lettre* à d'Alembert sur les spectacles* (1758), que suivent le roman à succès *Julie* ou la Nouvelle Héloïse* (1761), le traité politique *Du contrat* social* (1762) et le roman pédagogique *Émile** (1762), dont la condamnation oblige son auteur à passer en Suisse (1763-1765) où il se défend notamment contre Voltaire (*Lettre sur la Providence,* 1764), puis en Angleterre (1766), d'où, s'étant brouillé avec le philosophe Hume, il repart pour la France en 1767. De retour à Paris (1770), il peaufine les *Confessions**, écrites (1765-1770) en réponse à l'hostilité persistante des Encyclopédistes et publiées en 1782-1789, et rédige les *Dialogues (Rousseau juge de Jean-Jacques)* [1772-1776], publiés en 1789. Renonçant à polémiquer, il se livre à ses *Rêveries* du promeneur solitaire* (1776-1778), publiées en 1782. Fatigué, malade, il accepte l'hospitalité du marquis de Girardin, mais meurt peu de temps après (1778). D'abord enterré dans l'île des Peupliers, il est transféré au Panthéon en 1794. Chantre de la liberté individuelle et théoricien de l'État tout puissant, Rousseau a renouvelé les idées en éducation et en politique, préparé les grands changements de la Révolution ; il a créé des thèmes nouveaux en littérature, ouvert les sources du lyrisme et préparé l'avènement du romantisme.

ROUSSEAU (Théodore), peintre français (Paris 1812 - Barbizon 1867). Maître de l'école de Barbizon, où il travaille à partir de 1836 et s'installe complètement en 1847, à la fois réaliste et romantique, il exécute ses paysages sur le motif, mais les reprend, surcharge leur pâte à la recherche du fourmillement, de la palpitation de la nature, qu'il conçoit, déjà, comme un refuge, un facteur de permanence face au monde industriel (*la Descente des vaches dans le Jura,* 1835, musée Mesdag, La Haye).

ROUSSEAU (Eugène), faïencier, puis verrier français (Paris 1827 - *id.* 1891). Il commanda en 1866 à Bracquemond les décors, inspirés de la *Manga* d'Hokusai, d'un grand service de faïence fine. L'année suivante, il dessina ses premiers modèles de verrerie, que réalisèrent les frères Appert à Clichy. Avec ses verres doublés, gravés à l'acide, craquelés, il fut, à côté de Gallé, un des triomphateurs de l'Exposition des arts appliqués de 1884.

ROUSSEAU (Henri), dit **le Douanier Rousseau,** peintre français (Laval 1844-Paris 1910). D'origine populaire, employé à l'Octroi de Paris, il se consacre entièrement, à partir de 1893, à la peinture, déjà pratiquée depuis une dizaine d'années. Son art, d'une technique raffinée et d'une sensibilité qui le place parmi les plus grands peintres naïfs, fut reconnu par des poètes comme Apollinaire, par des peintres comme Delaunay ou Picasso. Il allie une composition souvent savante à une netteté du dessin et à une harmonie des couleurs qui confèrent à certaines de ses œuvres, notamment (à côté des portraits, des scènes populaires, des paysages parisiens ou autres) celles d'inspiration exotique, une dimension fantastique, chargée de poésie (*la Charmeuse* de serpents,* musée d'Orsay ; *la Bohémienne endormie* [1897] et *le Rêve* [1910], musée d'Art moderne, New York).

ROUSSEAUISTE adj. et n. Relatif à J.-J. Rousseau ; partisan des idées, du système de J.-J. Rousseau.

ROUSSEL (Ker Xavier), peintre français (Lorry-lès-Metz 1867 - L'Étang-la-Ville 1944). L'un des nabis, beau-frère de Vuillard, il a évolué vers un symbolisme sensuel d'inspiration virgilienne (*Vénus et l'Amour au bord de la mer,* 1908, musée d'Orsay).

ROUSSEL (Albert), compositeur français (Tourcoing 1869 - Royan 1937). Il commença une carrière dans la marine, puis démissionna en 1894 pour se consacrer à la musique. Il enseigna le contrepoint à la Schola cantorum de 1902 à 1914. Ses voyages en Inde et en Extrême-Orient ont nourri son inspiration. Son œuvre orchestrale comporte notamment 4 symphonies (*le Poème de la forêt,* 1906 ; 1921 ; 1930 ; 1934), *Petite Suite* (1929). Sa musique vocale comporte des mélodies pour voix et piano (2 recueils de *Quatre Poèmes d'Henri de Régnier,* 2 recueils de *Deux Poèmes chinois,* des *odes anacréontiques, Deux Idylles, Jazz dans la nuit*) ou voix et orchestre. Il a également composé de nombreuses pages de musique de chambre : *Joueurs de flûte,* pour flûte et piano (1924). Pour le théâtre, il laisse un opéra-ballet (*Padmâvatî,* 1923), des ballets (*le Festin de l'araignée,* 1913 ; *Bacchus et Ariane,* 1931), un opéra-bouffe et une musique de scène (*le Marchand de sable qui passe,* 1908).

ROUSSEL (Raymond), écrivain français (Paris 1877 - Palerme 1933). Rêvant d'une gloire littéraire qu'il ne connut pas de son vivant — il ne se remit jamais de l'insuccès de *la Doublure* (1897) —, Roussel fut revendiqué par les surréalistes comme un précurseur. Pratiquant une exploration poétique du langage lui-même, il engendra par une série de procédés purement formels ses histoires et ses machines fantastiques (*Impressions d'Afrique,* 1910 ; *Locus Solus,* 1914 ; *la Poussière des soleils,* 1926).

ROUSSELOT (Jean-Pierre), phonéticien français (Saint-Cloud 1846 - Paris 1924). Il fut l'un des fondateurs (avec Passy et Jespersen) de l'Association phonétique internationale (1886) et joua un rôle d'initiateur dans l'approche scientifique de la phonétique et de la dialectologie.

Roussel-Uclaf, société pharmaceutique française dont les origines remontent à 1911. La société allemande Hoechst AG en est l'actionnaire majoritaire.

ROUSSEROLLE n. f. (de *roux*). Petit passereau (muscicapidé) roux, du bord des eaux. (Trois espèces en France : la turdoïde, l'effarvatte et la verderolle. Autre nom *fauvette des roseaux*.)

ROUSSES (Les) [39220], comm. du Jura, au pied du col de Saint-Cergue ; 3 008 hab. *(Rousselans)*. Station estivale et de sports d'hiver, à 1 120-1 680 m. d'alt. — Aux environs, *lac des Rousses* (93 ha).

ROUSSES (GRANDES), massif cristallin des Alpes françaises du Nord (Isère et Savoie), à l'E. de la chaîne de Belledonne et au N. de la haute vallée de la Romanche ; 3 468 m au *pic de l'Étendard*.

ROUSSET (13790), comm. de l'est des Bouches-du-Rhône, près de l'Arc ; 2 949 hab. Électronique.

ROUSSET *(col de)*, col des Préalpes (Drôme), dans le Vercors ; 1 411 m. Ski. La route de Die à La Chapelle-en-Vercors passe en tunnel sous le col.

ROUSSET (Jean), critique littéraire suisse de langue française (Genève 1910). Il s'est attaché, dès *la Littérature de l'âge baroque en France* (1953), à une critique interprétative qui pose la question de l'apparence esthétique (*Forme et Signification,* 1962).

ROUSSET (David), écrivain français (Roanne 1912). Déporté, il a laissé un témoignage capital sur les camps de concentration nazis (*l'Univers concentrationnaire,* 1946 ; *les Jours de notre mort,* 1947).

ROUSSETTE n. f. (anc. fr. *roset,* roux). **1.** Petit requin inoffensif des zones littorales, à la robe claire parsemée de taches brunes. — **2.** Chauve-souris frugivore au pelage roux, souvent de grande taille, des régions tropicales de l'Ancien Monde.

ROUSSEUR n. f. **1.** *Litt.* Couleur rousse de qqch : *Chevelure d'une rousseur éclatante.* — **2.** *Tache de rousseur,* nom usuel de l'*éphélide.*

ROUSSI n. m. **1.** *Odeur de roussi,* odeur de qqch qui a trop chauffé et qui a légèrement brûlé. — **2.** *Sentir le roussi,* dégager une odeur de roussi ; être suspect, risquer de mal tourner (fam.).

ROUSSILLER v. t. (de *roussir*) [conj. **3**]. Brûler superficiellement : *Chat qui a roussillé son poil.*

ROUSSILLON, région des Pyrénées-Orientales, dont elle constitue la partie vitale. Autour de Perpignan, la capitale, c'est une plaine juxtaposant cultures fruitières, maraîchères (liées à l'irrigation, à partir du Tech, de la Têt et de l'Agly) et vignobles, alors que le littoral est gagné par l'urbanisation et le tourisme.
— **Hist.** Zone de passage, le Roussillon a connu des occupations successives : Romains, Wisigoths (414), Arabes (719), ceux-ci chassés par les Carolingiens (vers 759). Charlemagne l'engloba dans la marche d'Espagne. Les comtes héréditaires cédèrent en 1172 leur fief à l'Aragon. Les villes connurent alors un grand essor. Louis XI annexa le Roussillon (1463) et Charles VIII le remit aux Rois catholiques (traité de Barcelone, 1493). Français et Catalans s'allièrent contre les Espagnols, ce qui permit la prise de Perpignan par l'armée de Louis XIII (sept. 1642), mais ce n'est qu'au traité des Pyrénées (1659) que le Roussillon devint définitivement français.

Roussillon *(vins du),* appellation de vins très divers élaborés dans le département des Pyrénées-Orientales : vins de table, vins d'appellation contrôlée (côtes du Roussillon), vins doux naturels à appellation contrôlée (banyuls, rivesaltes).

ROUSSILLON (38150), ch.-l. de cant. de l'Isère, dans la vallée du Rhône ; 7 408 hab. *(Roussillonnais).* Château du XVIe s. Industrie textile et chimique.

ROUSSILLON (84220), comm. de Vaucluse, au N. du Luberon, à 11 km à l'O.-N.-O. d'Apt ; 1 170 hab. Centre touristique. Carrières d'ocre.

1. ROUSSIN n. m. (de *rousse*). *Arg.* Policier.

2. ROUSSIN n. m. (anc. fr. *roncin,* du lat. pop. **runcinus,* cheval de bât, avec infl. de *roux*). Autref., cheval entier, de forte taille, et qu'on montait surtout à la guerre.

ROUSSIN (André), écrivain français (Marseille 1911 - Paris 1987). Ses pièces mêlent la satire des mœurs à la verve du théâtre de boulevard (*la Petite Hutte,* 1947 ; *les Œufs de l'autruche,* 1950 ; *Lorsque l'enfant paraît,* 1952 ; *La vie est trop courte,* 1981). [Acad. fr., 1973.]

ROUSSIR v. i. (de *roux*) [conj. **32**]. Prendre une couleur rousse : *Les herbes ont roussi sous le soleil.* ◆ v. t. **1.** *Litt.* Faire devenir qqch roux : *L'automne roussit les feuilles des arbres.* — **2.** Brûler qqch : *Roussir un vêtement en le repassant.*

ROUSSISSEMENT n. m. *Litt.* Action de roussir qqch ; état de ce qui est roussi.

ROUSSISSURE n. f. *Litt.* Partie roussie, tache rousse sur qqch.

ROUSSY (Gustave), médecin et anatomo-pathologiste français (Vevey 1874 - Paris 1948). Médecin-chef de l'hôpital Paul-Brousse à Villejuif (1913), il fonda l'Institut du cancer (auj. Institut Gustave-Roussy). Il est l'auteur de travaux de cancérologie.

ROUSTAN ou **ROUSTAM,** mamelouk de Napoléon Ier (Tiflis, Géorgie, 1780 - Dourdan 1845). Esclave donné à Bonaparte par le cheikh du Caire, il devint son valet.

ROUSTAVI, v. de Géorgie, sur la Koura ; 159 000 hab. Centre industriel.

ROUSTE n. f. (de *rouster,* rosser, mot dialect. de l'Ouest). *Pop.* Volée de coups.

ROUSTHAVÉLI (Chotha), poète géorgien (Roustavi 1172 - Jérusalem 1216 ?). Son œuvre est l'expression la plus haute de l'âge d'or géorgien (*le Chevalier à la peau de tigre,* v. 1190-1210).

ROUSTONS n. m. pl. (languedocien *roustoun*). *Pop.* Testicules.

ROUTAGE n. m. (de *router*). **1.** Opération de triage effectuée par l'entreprise éditrice ou la messagerie pour classer et grouper les imprimés, journaux, prospectus, etc., à diffuser par lieux de destination. — **2.** Action de router un navire.

ROUTARD, E n. *Fam.* Personne qui voyage à pied ou en auto-stop à moindres frais.

ROUTE n. f. (lat. pop. **via rupta,* voie frayée). **1.** Voie de communication terrestre carrossable établie en dehors des agglomérations : *Route goudronnée.* (→ *encycl.* Trav. publ.) — **2.** Moyen de communication que constituent les routes et la circulation routière : *Les victimes de la route.* (→ *encycl.* Géogr.) — **3.** Voie de communication empruntée par un moyen de transport pour relier certains points du globe : *Les routes maritimes, aériennes.* — **4.** Itinéraire à suivre pour se rendre d'un lieu à un autre : *Aviateur qui s'est éloigné de sa route ;* trajet, espace parcouru ou à parcourir : *Ils ont fait la route à pied.* — **5.** Action de marcher, de se transporter vers une destination. *Il y a au moins six heures de route.* — **6.** Voie, ligne de conduite, direction suivie par qqn pour réaliser ses projets, orienter son action ou sa vie : *La route du succès lui est ouverte.* — **7.** *Carnet, journal de route,* journal de voyage, où l'on consigne les faits marquants, les observations intéressantes. ‖ *Code de la route,* ensemble des textes concernant la circulation routière codifiés en 1958. ‖ *En route !,* ordre ou invitation à partir. ‖ *Être sur la route de qqn,* constituer un obstacle pour lui. ‖ Fam. *Faire de la route,* parcourir des kilomètres en voiture. ‖ *Faire fausse route,* s'écarter de la bonne direction ; se tromper sur l'orientation à donner à son action, sur le choix des moyens pour atteindre un objectif. ‖ Fam. *Faire la route,* partir à l'aventure, en voyageant à pied ou en auto-stop et avec peu d'argent. ‖ *Faire route (vers, sur, etc.),* se diriger vers telle destination. ‖ *Faire route avec qqn,* l'avoir pour compagnon de voyage. ‖ *Mettre en route,* mettre en marche, un véhicule, un moteur, le faire démarrer ; commencer la réalisation de qqch : *Mettre en route un travail.* ‖ *Prendre la route,* partir en voiture, en moto, etc. ‖ *Se mettre en route,* partir. ‖ *Se mettre en travers de la route de qqn,* tenter de le faire échouer. ‖ *Service de route,* syn. de SERVICE DE LIGNE*. ‖ Fam. *Tenir la route,* résister à une objection, une difficulté : *Ses arguments ne tiennent pas la route.*

ENCYCL. **Géogr.** La densité et la qualité des réseaux routiers varient considérablement selon le niveau de développement et les superficies des pays, et selon la présence de modes de transports concurrents (en France, plus de 8 000 km d'autoroutes et de 30 000 km de routes nationales). L'atout essentiel de la route demeure sa souplesse (desserte diffuse, horaires souvent peu rigides) et sa facilité d'adaptation (au relief sinon au climat). Son inconvénient majeur est un coût élevé lié à une plus forte consommation d'énergie que le rail ou l'eau. Sur de courtes distances, la route reste sans concurrence pour le transport routier de marchandises (son avantage pour le transport des personnes est souvent plus psychologique qu'économique). En France, le trafic de marchandises sur route est environ de 1 200 millions de tonnes par an (mais 70 % sur moins de 50 km, 15 % à peine sur plus de 150 km).

— **Trav. publ.** Une route comprend une ou plusieurs chaussées*, limitées par des terre-pleins et des accotements, complétées parfois par des pistes pour cyclistes, piétons, cavaliers. Le plus souvent, la chaussée repose sur le terrain naturel, en déblai ou en remblai, constitué par des couches ou assises de matériaux appropriés, mais elle comporte souvent des ouvrages d'art très importants (grands ponts, viaducs, tunnels). Les caractéristiques géométriques d'une route moderne sont déterminées en fonction de la vitesse des véhicules rapides. Sa capacité doit être adaptée aux débits prévisibles ; elle détermine notamment le nombre de voies, la largeur de voie sur une route rapide étant de l'ordre de 3,50 m. Le tracé en plan de la route est composé d'alignements droits et de courbes circulaires, réunis par des raccordements à courbure continue. Le rayon minimum admissible est de l'ordre de 600 m pour une vitesse de 100 km/h, de 1 200 m pour 140 km/h, valeur généralement admise pour les autoroutes de rase campagne. Il est naturellement beaucoup plus faible sur les petites routes de montagne. Le profil en long, formé de portions de droites raccordées par des arcs de cercle, est conçu de façon à limiter autant que possible les déclivités, à assurer une visibilité convenable au sommet des côtes et à éviter, du fait de variations de déclivité trop rapide, l'introduction d'accélérations verticales inconfortables. Sur les routes portant une circulation lourde, on évite des déclivités excédant 4 à 6 % ; sur les routes de montagne, on dépasse parfois 10 %. En alignement, le profil en travers de la route est symétrique par rapport à l'axe, le versant ayant une pente de 2 à 3 % vers l'extérieur. Dans les courbes, la chaussée reçoit un dévers (généralement de 3 à 7 %) destiné à compenser partiellement les effets de l'accélération centrifuge.

Route des Flandres *(la),* roman de Cl. Simon (1960) : la rencontre d'un éclatement historique (le désastre de mai 1940) et d'une nouvelle technique du récit, qui présente successivement des éléments qui, dans la mémoire, se situent sur le même plan.

ROUTER v. t. (de *route*) [conj. 3]. **1.** Effectuer le routage des journaux, imprimés, etc. — **2.** Étudier et fixer à un navire la route qu'il doit suivre.

ROUTEUR n. m. **1.** Professionnel du routage. — **2.** Personne qui effectue le routage d'un navire.

1. ROUTIER, ÈRE adj. (de *route*). **1.** Relatif aux routes : *Réseau routier.* — **2.** Qui se fait sur route : *Transports routiers.* — **3.** *Carte routière,* représentation cartographique privilégiant les voies de circulation et les agglomérations.

◆ **routier** n. m. **1.** Chauffeur spécialisé dans la conduite des camions à longue distance. — **2.** *Fam.* Restaurant simple situé en bordure des routes à grande circulation. — **3.** Autref., nom donné aux scouts âgés de plus de 16 ans. — **4.** Carte à petite échelle, comprenant tout ou une grande partie d'un océan. — **5.** Cycliste spécialiste des courses sur route.

◆ **routière** n. f. Voiture automobile rapide et confortable, permettant de réaliser de longues étapes.

2. ROUTIER n. m. (anc. fr. *rote,* bande). **1.** Homme faisant partie d'une bande de soldats irréguliers et pillards (XIIe-XVe s.). [Les derniers routiers furent dispersés au XVe s. par les compagnies d'ordonnance.] — **2.** Fam. et vx. *Vieux routier,* homme qui a beaucoup d'expérience et, assez souvent, rusé, retors : *Un vieux routier des affaires.*

routière *(Centre national d'information),* organisme interministériel destiné à renseigner en permanence les pouvoirs publics et les usagers sur l'état des routes et du trafic et à procéder à des études sur le problème de la circulation routière. Il a été créé par la gendarmerie et son siège est à Rosny-sous-Bois.

1. ROUTINE n. f. (de *route*). **1.** Habitude mécanique, irréfléchie, et qui résulte d'une succession d'actions répétées sans cesse : *Travail qui devient une routine.* — **2.** Ensemble de ces actions, de ces gestes faits mécaniquement : *La routine quotidienne.* — **3.** Ensemble bien établi d'habitudes qui crée un état d'apathie, une absence d'innovation : *Administration qui succombe sous la routine.*

2. ROUTINE n. f. (angl. *routin*). Syn. de SOUS-PROGRAMME.

ROUTINIER, ÈRE adj. et n. Qui agit par routine, qui redoute tout ce qui dérange ses habitudes : *Les esprits routiniers.*

◆ adj. Qui est caractérisé par la routine : *Des méthodes routinières.*

ROUTOIR n. m. (de *rouir*). Lieu dans lequel sont rouies par immersion dans l'eau les tiges de plantes textiles. (Syn. ROUISSOIR.)

ROUTOT (27350), ch.-l. de cant. de l'Eure, dans le Roumois ; 1 096 hab. Église des XIIe et XVe s.

ROUVERIN ou **ROUVERAIN** adj. m. (anc. fr. *rouvel,* rougeâtre). Se dit d'un fer ou d'un acier qui est cassant à froid comme à chaud, à cause d'une teneur trop élevée en soufre et en oxygène.

ROUVIER (Maurice), homme politique français (Aix-en-Provence 1842 - Neuilly 1911). Journaliste, député (1871-1903) puis sénateur (1903-1911), il fut plusieurs fois ministre du Commerce et des Finances. Président du Conseil en 1887, il fut victime de son attitude vis-à-vis de Boulanger et du scandale des décorations. De nouveau chef du gouvernement (1905-1906), il tomba sur l'affaire des inventaires. Il fit démissionner Delcassé (1905) et prépara la conférence d'Algésiras (1906).

ROUVIÈRE (Henri), anatomiste français (Le Bleymard 1875 - Paris 1952). Son œuvre considérable intéresse l'ostéologie, l'arthrologie, la myologie, l'embryologie, l'anatomie des lymphatiques. On lui doit un *Traité d'anatomie humaine* (1921) constamment réédité.

ROUVRAIE n. f. (de *rouvre*). Lieu où croissent des chênes rouvres.

Rouvray *(forêt domaniale du),* forêt au S. de Rouen, couvrant 3 240 ha et plantée de pins sylvestres.

ROUVRE n. m. (moyen fr. *robre,* du lat. *robur, -oris*). Autre nom du *chêne* rouvre.*

ROUVRIR v. t. (conj. 34). **1.** Ouvrir de nouveau ce qui a été fermé, remettre en activité, ce qui a été interrompu : *Rouvrir la fenêtre. Rouvrir un hôtel. Rouvrir un débat.* — **2.** *Rouvrir une blessure,* faire renaître une douleur, une peine oubliées ou qui commençaient à s'apaiser.

◆ v. i. ou **être rouvert** v. pass. Être de nouveau ouvert, reprendre son activité après une fermeture, une interruption : *Le musée rouvrira prochainement.*

ROUVROY (62320), ch.-l. de cant. du Pas-de-Calais, à 9 km au S.-E. de Lens ; 9 236 hab.

ROUX, ROUSSE adj. (lat. *russus*). **1.** Qui présente une couleur intermédiaire entre le jaune et le rouge, avec des reflets dorés. — **2.** Qui tire sur cette couleur : *Des cheveux d'un châtain roux.*
◆ adj. et n. Dont les cheveux sont roux ; rouquin : *Une belle rousse.*
◆ **roux** n. m. **1.** Couleur rousse : *Barbe d'un roux ardent.* — **2.** Mélange de farine et de beurre exécuté sur le feu selon une durée qui en détermine la couleur (roux blanc, blond ou brun), utilisé pour lier les sauces.
◆ **rousse** n. f. Arg. *La rousse,* la police.

ROUX (Jacques), prêtre catholique et révolutionnaire français (Pranzac, Charente, 1752 - Bicêtre, Val-de-Marne, 1794). Vicaire de St-Nicolas-des-Champs, prêtre jureur, membre des Cordeliers, il fit partie des Enragés. Attaqué par Robespierre, puis par Marat, il se suicida après son arrestation.

ROUX (Joseph), poète français de dialecte limousin (Tulle 1834 - *id.* 1905). Capoulié du félibrige, il fut à la base du renouveau littéraire en Limousin.

ROUX (Wilhelm), biologiste allemand (Iéna 1850 - Halle 1924). Il introduisit la méthode expérimentale en embryologie et fonda la mécanique du développement ou embryologie causale.

ROUX (Émile), bactériologiste français (Confolens 1853 - Paris 1933). C'est avec lui que Pasteur découvrit et mit au point la vaccination préventive des maladies infectieuses par les microbes atténués dans leur virulence. Émile Roux découvrit la toxine diphtérique (1889) et réalisa la sérothérapie (1894), en particulier celle de la diphtérie. Il fut directeur de l'Institut Pasteur de 1904 jusqu'à sa mort. (Acad. des sc., 1899.)

ROUX (Dominique DE), écrivain français (Boulogne-Billancourt 1935 - Suresnes 1977). Essayiste, pamphlétaire, il a écrit les *Entretiens avec Gombrowicz* (1968) et des romans (*Maison jaune,* 1969 ; *le Cinquième Empire,* 1977).

ROVANIEMI, v. de Finlande, cap. de la prov. de Laponie (Lappi) ; 31 000 hab. Centre administratif, commercial et culturel. Tourisme (sports d'hiver).

ROVERETO, v. d'Italie, dans le Trentin (prov. de Trente) ; 33 300 hab. Forteresse des XIIIe-XVe s. Marché agricole et centre industriel.

Rover Group → BRITISH LEYLAND.

ROVIGO, v. d'Italie, en Vénétie, ch.-l. de prov., dans la basse plaine de l'Adige ; 52 000 hab. Église octogonale du XVIe s. Pinacothèque.

ROVING n. m. (n. déposé). Ensemble de fibres de verre assemblées sans torsion, utilisé comme armature de polymères stratifiés.

ROVNO, v. d'Ukraine, au N.-E. de Lvov ; 239 000 hab. Constructions mécaniques. Industries alimentaires, textiles et chimiques.

ROWING n. m. (mot angl.). *Vx.* Sport de l'aviron.

ROWLAND (Henry Augustus), physicien américain (Honesdale, Pennsylvanie, 1848 - Baltimore 1901). Il montra en 1876 qu'une charge électrique mobile crée un champ magnétique, mettant ainsi en évidence l'identité des électricités statique et dynamique. Grâce à des réseaux de diffraction de sa fabrication, il étudia le spectre solaire et identifia dans celui-ci trente-neuf éléments chimiques.

ROWLAND (Frank Sherwood), chimiste américain (Delaware, Ohio, 1927). Il a découvert et expliqué, en 1974, avec M. J. Molina, les mécanismes chimiques qui conduisent à la destruction de l'ozone stratosphérique par les C. F. C. (Prix Nobel de chimie 1995.)

ROWLANDSON (Thomas), peintre, dessinateur et graveur britannique (Londres 1756 - *id.* 1827). Moins moralisateur que Hogarth, moins politicien que Gillray, graphiste plein de truculente aisance, il est le grand maître du dessin satirique et humoristique, alors florissant à Londres (séries comme *le Microcosme de Londres* [1808], *les Voyages du docteur Syntax* [1812 à 1821] ou *la Danse de mort anglaise* [v. 1815]).

Rowohlt Verlag, maison d'édition allemande, fondée en 1908 à Hambourg, à vocation essentiellement littéraire. Elle lança, en 1945, la première collection de poche (*Rororo*) en R. F. A.

ROXANE ou **RHÔXANE,** épouse d'Alexandre III le Grand († Amphipolis v. 310 av. J.-C.). Fille du satrape de Bactriane Oxyartès, elle fut prise pour épouse par Alexandre ; elle eut de lui un fils posthume (323), Alexandre IV Aigos. Tous deux furent tués par Cassandre.

ROXELANE, en turc **Hurrem Sultan,** sultane ottomane d'origine ukrainienne (v. 1505 - Edirne 1558). Épouse favorite de Soliman le Magnifique, mère du prince Selim (plus tard Selim II), elle ne recula devant rien pour assurer le trône à son fils aux dépens de Mustafa, fils aîné de Soliman.

ROY (Ram Mohan), écrivain et journaliste bengalī (Rādhānagar, distr. de Hooghly, 1772 - Bristol 1833). Pionnier de la prose moderne, réformateur religieux, il est souvent appelé « le père de l'Inde moderne ».

ROY (Mgr Camille), prélat et écrivain canadien d'expression française (Berthier-en-Bas 1870 - Québec 1943), pionnier de l'étude de la littérature canadienne (*Manuel d'histoire de la littérature canadienne-française,* 1918).

ROY (Maurice), prélat canadien (Québec 1905 - Montréal 1985). Évêque de Trois-Rivières (1946), archevêque de Québec (1947-1981) et primat du Canada (1956-1981), il fut élevé au cardinalat en 1965.

ROY (Jules), écrivain français (Rovigo, auj. Bougara, Algérie, 1907). La guerre est au centre de ses récits et essais (*la Vallée heureuse,* 1946 ; *Métiers des armes,* 1948 ; *la Bataille de Dien-Bien-Phu,* 1963) et de ses romans (*les Chevaux du Soleil,* 1968-1975 ; *la Saison des Za,* 1982).

ROY (Gabrielle), femme de lettres canadienne d'expression française (Saint-Boniface, Manitoba, 1909 - Québec 1983). Ses romans évoquent la vie des petites gens des villes (*Bonheur d'occasion,* 1945) et son Ouest natal (*la Route d'Altamont,* 1966 ; *Un jardin au bout du monde,* 1975).

ROY (Claude), écrivain français (Paris 1915). Journaliste, écrivain engagé, poète (*Clair comme le jour,* 1943 ; *À la lisière du temps,* 1984 ; *le Noir de l'aube,* 1990 ; *les Pas du silence,* 1993), on lui doit des essais sur l'art, des romans (*la Traversée du pont des Arts,* 1979 ; *l'Ami lointain,* 1987) et une œuvre autobiographique (*Permis de séjour,* 1983 ; *Temps variable avec éclaircie,* 1984 ; *la Fleur du temps,* 1988 ; *l'Étonnement du voyageur,* 1990 ; *le Rivage des jours,* 1992).

ROYA (la), fl. côtier (60 km) qui coule en France et en Italie et rejoint la Méditerranée à Vintimille.

ROYAL, E, AUX adj. (lat. *regalis,* de *rex, regis,* roi). **1.** Qui est propre au roi, à sa fonction : *Pouvoir royal.* — **2.** Qui appartient, se rapporte à un roi : *Famille royale.* — **3.** Dans un État monarchique, se dit d'institutions qui relèvent de l'autorité du roi ou de l'administration centrale : *Académie royale de Belgique.* — **4.** Qui est digne d'un roi, revêt un caractère majestueux magnifique : *Un cadeau royal.* — **5.** Qui atteint un haut degré de supériorité dans son genre ; souverain : *Un mépris royal.* — **6.** Se dit d'espèces animales ou végétales qui se distinguent par leur taille ou par leur beauté : *Aigle royal. Rose royale.* — **7.** *(Son) Altesse royale,* titre donné à certains princes et à certaines princesses. (Abrév. A. R. et S. A. R.) ‖ *Maison royale,* ensemble de princes et princesses de sang royal. ‖ *Prince(sse) royal(e),* héritier(ère) présomptif(ive) de la Couronne. ‖ *Quinte royale,* au poker, la quinte majeure à cœur.

◆ **royal** n. m. Terme générique appliqué à des monnaies françaises d'or des XIVe et XVe s., frappées au type du roi. (*Royal assis* et *royal debout* de Philippe le Bel ; *double royal d'or* de Charles IV, etc.)

◆ **royale** n. f. **1.** Petite touffe de barbe qu'on laissait croître sous la lèvre inférieure (époque Louis XIII). — **2.** *À la royale,* se dit d'un apprêt du lièvre cuit très longuement au vin avec de l'ail et des échalotes. ‖ *La Royale,* nom donné à la Marine nationale française.

Royal Air Force *(Force aérienne royale)* **[RAF],** nom donné depuis 1918 à l'aviation militaire britannique.

Royal Ballet, ballet national britannique résultant de la fusion du Sadler's* Wells Ballet (fixé à Covent Garden) et du Sadler's Wells Theatre Ballet (fixé au Sadler's Wells Theatre). À partir de 1964, la troupe fixe du Royal Ballet s'est adjoint une troupe itinérante qui, en 1977, a pris le nom de Sadler's Wells Royal Ballet. La Royal Ballet School lui est attachée.

Royal-cravate (ainsi nommé par déformation du mot *croate*), régiment de cavalerie français formé, en 1643, avec des soldats croates.

Royal Dutch-Shell, groupe pétrolier international, dont les origines procèdent de la création, aux Pays-Bas en 1890, de la Royal Dutch Company, fondée pour exploiter des puits de pétrole aux Indes néerlandaises. En 1907, elle s'unit à la Shell Transport and Trading Co, fondée en 1897. Outre l'exploration et la production pétrolière, le groupe s'intéresse au raffinage et au transport du pétrole ainsi qu'à sa commercialisation, à la production de gaz naturel, de charbon et de métaux, à l'industrie chimique. Le groupe occupe la deuxième place mondiale de l'industrie pétrolière.

Royale *(place),* à Paris → VOSGES *(place des).*

ROYALEMENT adv. **1.** D'une manière royale, magnifique : *Recevoir royalement des hôtes de marque.* — **2.** *Fam.* Extrêmement : *S'en moquer royalement.*

Royal Geographical Society, société de géographie, fondée à Londres en 1830, initiatrice de nombreuses missions d'exploration au XIXe s.

ROYALISME n. m. Attachement à la monarchie, à la royauté.

ROYALISTE adj. et n. **1.** Partisan du roi, de la royauté dans un régime républicain ; se dit de ce qui soutient la cause du roi. — **2.** *Être plus royaliste que le roi,* soutenir qqn, une doctrine avec plus d'ardeur que ne le font cette personne elle-même ou les adeptes de cette doctrine.

ROYAL LEAMINGTON SPA → LEAMINGTON.

Royallieu *(camp de),* camp de triage, situé près de Compiègne, d'où les résistants arrêtés étaient dirigés sur les camps de concentration en Allemagne (1940-1944).

Royal Navy (« Marine royale »), nom donné à la marine militaire britannique.

Royal Society → SOCIÉTÉ ROYALE DE LONDRES.

ROYALTIES [rwajalti] n. f. pl. (angl. *royalties*). **1.** Droits d'auteur, redevance due au propriétaire d'un brevet ou d'une marque ou encore au propriétaire du sol sur lequel sont assurées certaines exploitations. (Syn. REDEVANCE.) — **2.** Somme versée à des intermédiaires pour certains services rendus sur le plan commercial.

ROYAN (17200), ch.-l. de cant. de la Charente-Maritime, sur l'Atlantique, à l'entrée de la Gironde ; 17 500 hab. *(Royannais).* Importante station balnéaire. Église de G. Gillet (1954). Centre audiovisuel. Royan a été le centre d'un festival de musique de 1964 à 1977.
— **Hist.** La ville, bombardée par erreur par l'aviation alliée, fut libérée, détruite, le 17 avr. 1945.

ROYAT (63130), ch.-l. de cant. du Puy-de-Dôme, banlieue S.-O. de Clermont-Ferrand ; 3 995 hab. *(Royatais* ou *Royadères).* Église romane fortifiée. Taillerie de diamants. Chocolaterie. Station thermale pour les maladies du cœur et des artères.

ROYAUME n. m. (anc. fr. *roiame,* du lat. *regimen, -inis,* gouvernement, avec l'infl. de *royal*). **1.** État gouverné par un roi : *Le royaume de Belgique.* — **2.** *Litt.* Lieu, domaine où qqn règne en maître, où qqch occupe la première place : *Vous êtes ici au royaume de la fantaisie.* ‖ *Le royaume des cieux, le royaume céleste,* le paradis. ‖ Litt. *Le royaume des morts,* les enfers, le séjour des ombres, dans la mythologie.

Royaumes combattants, période de l'histoire chinoise (481 - 221 av. J.-C.) qui précéda l'unification impériale. Officiellement, le pays était alors gouverné par les rois de la dynastie Zhou, mais de fait, la Chine était morcelée en principautés dont les querelles se réglaient par la guerre. Pendant cette période se développèrent des courants de pensée fondamentaux du monde chinois : confucianisme, légisme, taoïsme.

Royaume-Uni de Grande-Bretagne et d'Irlande, nom officiel du royaume formé le 1er janv. 1801 par l'union de la Grande-Bretagne et de l'Irlande (Acte de 1800). Après la sécession de la majeure partie de l'Irlande en 1922, le titre officiel est devenu *Royaume-Uni de Grande-Bretagne et d'Irlande du Nord* (1er janv. 1923).

ROYAUMONT, écart de la comm. d'Asnières-sur-Oise (95270). De l'abbaye cistercienne fondée par Louis IX en 1228, il reste le cloître, le réfectoire, les cuisines, etc., auxquels s'ajoutent des bâtiments du XVIIIe s. (palais abbatial) ; auj. centre culturel.

ROYAUTÉ n. f. (de *royal*). **1.** Dignité, fonction de roi : *Renoncer à la royauté.* — **2.** Gouvernement, pouvoir royal, régime monarchique : *La fin de la royauté en France.*

ROYBON (38940), ch.-l. de cant. de l'Isère, dans le bas Dauphiné ; 1 313 hab. *(Roybonnais).*

ROYE (80700), ch.-l. de cant. de la Somme, en bordure de l'autoroute du Nord ; 6 384 hab. *(Royens).* Sucrerie. Cartonnerie. Conditionnement.
— **Hist.** Occupée par les Allemands (1914), délivrée par les Français (1917), perdue de nouveau (mars 1918), la ville fut libérée en août 1918.

ROYER [rwaje] v. t. (anc. fr. *roie,* sillon) [conj. **13**]. Creuser des sillons dans un pré pour qu'il absorbe plus d'eau ou pour en activer le drainage.

ROYER-COLLARD (Pierre Paul), homme politique français (Sompuis 1763 - Châteauvieux, Loir-et-Cher, 1845). Avocat, député aux Cinq-Cents, il participa au conseil secret royaliste (1798-1803) et devint professeur d'histoire de la philosophie à la Sorbonne (1811-1814). Député en 1815, il fut un partisan de la monarchie constitutionnelle et le chef des doctrinaires*. Président de la Chambre (1828), il rédigea l'adresse des 221 (1830). [Acad. fr., 1827.]

ROZANOFF (Constantin), officier aviateur français (Varsovie 1905 - Melun-Villaroche 1954). Directeur des essais en vol et pilote d'essai de la société Marcel Dassault, premier aviateur français à avoir franchi le mur du son (1953), il se tua en présentant un Mystère 4-B, le 3 avr. 1954. Il avait commandé en 1942 le groupe de chasse La Fayette.

ROZAY-EN-BRIE (77540), ch.-l. de cant. de Seine-et-Marne, sur l'Yerres ; 2 415 hab. *(Rozéens).* Église surtout des XIIIe et XVIe s.

Rozebeke *(bataille de)* [1382], victoire remportée près d'Oudenaarde, en Belgique, par Charles VI, roi de France, sur les Gantois révoltés contre Louis II, comte de Flandre.

RÓŻEWICZ (Tadeusz), écrivain polonais (Radomsko 1921). Il a exprimé le désespoir et l'angoisse de l'homme contemporain à travers sa poésie (*Inquiétude,* 1947), ses nouvelles (*Mort dans de vieux décors,* 1970) et surtout son théâtre (*le Fichier,* 1960 ; *le Mariage blanc,* 1975).

ROZOY-SUR-SERRE (02360), ch.-l. de cant. de l'Aisne, sur les plateaux préardennais ; 1 097 hab. Église des XIIe-XVIe s.

R. P. E., abrév. de RÉSONANCE* PARAMAGNÉTIQUE ÉLECTRONIQUE.

R. P. F., sigle de RASSEMBLEMENT* DU PEUPLE FRANÇAIS.

R. P. R., sigle de RASSEMBLEMENT* POUR LA RÉPUBLIQUE.

RR LYRAE, type d'étoiles variables pulsantes, rappelant les céphéides, mais de périodes plus courtes, inférieures à 0,8 jour, et moins lumineuses.

R. S. F. S. R., sigle de RÉPUBLIQUE SOCIALISTE FÉDÉRATIVE SOVIÉTIQUE DE RUSSIE. (→ RUSSIE.)

RTL, abrév. de *résistance transistor logique,* utilisée pour désigner une famille de circuits intégrés.

R. T. L., sigle de RADIO-TÉLÉ-LUXEMBOURG*.

Ru, symbole chimique du *ruthénium.*

RU n. m. (lat. *rivus*). Petit ruisseau.

RUADE n. f. (de *ruer*). Pour un quadrupède, action de ruer ; mouvement par lequel il rue : *Lancer, décocher une ruade.*

RUANDA ou **RWANDA** n. m. Langue bantoue parlée par plus de 5 millions de locuteurs au Ruanda, au Zaïre, en Ouganda et au Burundi.

RUANDA ou **RWANDA,** État de l'Afrique centrale ; 26 338 km^2 ; 8 160 000 hab. *(Ruandais* ou *Rwandais).* CAP. *Kigali.* LANGUES : *français, ruanda* (ou *rwanda*) et *anglais.* MONNAIE : *franc du Ruanda* (ou *Rwanda*).

Géographie. C'est un pays de hauts plateaux, enclavé, proche de l'équateur, mais au climat tempéré par l'altitude. La population est rurale à plus de 90 %. L'agriculture vivrière (patates douces, haricots, bananes) occupe la majorité des terres cultivables. Le café et le thé, cultures commerciales, fournissaient l'essentiel des exportations avant que le pays ne soit ravagé, au milieu des années 1990, par le conflit opposant les Hutus (majoritaires) et les Tutsis.

Histoire.

XIVe s. : Le Ruanda entre dans l'histoire avec la dynastie des rois Nyiginya, issus de l'ethnie guerrière des Tutsis.

1894 : Les Allemands mènent une première expédition militaire. Ils tentent ensuite d'intégrer la région à l'Afrique-Orientale allemande mais ne parviennent pas à la contrôler totalement.

1916 : Des affrontements germano-belges obligent l'Allemagne à se replier sur l'Urundi (Burundi actuel).

1923 : La Belgique reçoit un mandat de la S. D. N. sur la région, qui prend le nom de Ruanda-Urundi et est rapidement rattachée (jusqu'en 1960) au Congo belge.

1962 : Le Ruanda devient indépendant (en même temps que le Burundi), avec Grégoire Kayibanda pour président.

Des luttes opposent les Hutus aux Tutsis, qui émigrent ou sont totalement évincés des affaires.

1973 : Le général Juvénal Habyarimana (Hutu) s'impose au pouvoir par un coup d'État.

1991 : En échange des aides belge et française contre les rebelles tutsis du F. P. R. (Front patriotique ruandais), le régime s'engage sur la voie de la démocratisation.

1994 : En dépit de l'accord de paix conclu en 1993 entre le gouvernement et les rebelles tutsis, la mort du président Habyarimana (probablement dans un attentat) est suivie d'atroces massacres. Tandis que la minorité tutsi est victime d'un véritable génocide, organisé par les milices extrémistes hutus, les populations hutues, elles aussi massacrées, fuient devant la progression du F. P. R. Une opération militaire française (« opération Turquoise ») porte assistance aux réfugiés qui fuient à l'intérieur du pays et vers le Zaïre. Le F. P. R. prend le contrôle du pays, qui reste le théâtre d'affrontements interethniques permanents.

RUANDAIS ou **RWANDAIS, E** adj. et n. Du Ruanda.

RUANDAS ou **RWANDAS,** population ayant donné son nom à l'État du Ruanda.

RUANDA-URUNDI ancien territoire sous tutelle belge, confié à la Belgique, en mandat, par la S. D. N., en 1923. Il devint autonome puis indépendant (1961-62) et se divisa en la République du Ruanda et le royaume de l'Urundi, ou Burundi.

RUANRUAN ou **JOUAN-JOUAN,** mot chin. signif. *insectes désagréablement remuants* et désignant des tribus nomades de Mongolie, apparentées aux Avars. Au début du Ve s. apr. J.-C. les Ruanruan constituèrent du Liaohe à l'Irtych un Empire des steppes. Si l'énergie des Tuoba (Tabghatchs) les empêcha d'envahir la Chine, ils vassalisèrent le royaume de Tourfan (460). Leur empire ne survécut pas à la poussée d'une nouvelle confédération de nomades dirigée par les Turcs (522).

RUAPEHU, volcan actif de la Nouvelle-Zélande, le plus haut sommet de l'île du Nord (2 796 m), dans le parc national Tongariro.

RUBĀ'IYYĀT, mot ar. (sing. *rubā'ī,* dérivé de *arba'a,* quatre) désignant un poème formé de quatre hémistiches.

RUB' AL-KHĀLĪ, désert de la péninsule arabique, entre le golfe Persique, au N ., les montagnes de l'Oman, à l'E., le Yémen, au S., et le djabal Ṭuwayq, à l'O. Quelques tribus nomades, récemment islamisées, y vivent de l'élevage du chameau et de la chasse.

RUBAN n. m. (moyen néerl. *ringhband,* collier). **1.** Ornement de tissu, plat et étroit, en fibres naturelles ou synthétiques ou en fils de métal ductile. — **2.** Bande étroite et mince d'une matière souple ou flexible : *Ruban adhésif en plastique.* — **3.** *Litt.* Ce qui s'étend en longueur et présente l'aspect d'un ruban : *La rivière déroule* *son long ruban.* — **4.** *Le ruban bleu de qqch,* symbole d'un résultat exceptionnel, d'une réussite en quelque domaine : *Pays qui détient le ruban bleu de la croissance.* • **Archit.** et **Arts décor.** Ornement figurant un ruban qui s'enroule en spirale autour d'une tige. — **Bur.** Bande de papier carbone ou de tissu imprégné d'encre grasse, qui permet l'impression dans les machines à écrire, les calculatrices imprimantes et les imprimantes d'ordinateur. — **Décor.** Marque d'une décoration formée d'un morceau de ruban et qui se porte à la boutonnière gauche. ‖ *Le ruban rouge,* la Légion d'honneur (fam.). ‖ *Le ruban violet,* les palmes académiques (fam.). — **Inform.** *Ruban perforé,* syn. de BANDE* PERFORÉE. — **Mar.** *Ruban bleu,* trophée symbolique accordé au paquebot qui traversait le plus rapidement l'Atlantique entre Bishop Rock Light-house, en Grande-Bretagne, et le phare d'Ambrose, au S.-E. de New York, aux États-Unis. (Il a été décerné pour la dernière fois, en 1952, à l'*United States.*) — **Métall.** Fer feuillard dont la largeur est plus faible que celle du feuillard ordinaire et que l'on obtient au laminoir. — **Neurol.** *Ruban de Reil,* syn. de LEMNISCUS. — **Outill.** Scie* à ruban. — **Text.** En préparation de filature, ensemble de fibres textiles discontinues avant l'application de la torsion. — **Topogr.** Boîte circulaire dans laquelle est enroulé un ruban gradué de 10, 20 ou 50 m, servant à mesurer les distances.

RUBANAGE n. m. Mise en place de rubans de papier isolant entourant les conducteurs des câbles souterrains.

RUBANÉ, E adj. **1.** Se dit d'un bois, d'un marbre, d'une surface quelconque qui présente des bandes moirées, comme des rubans. — **2.** *Faciès rubané* ou *rubané* (n. m.), faciès culturel du néolithique ancien et moyen appartenant au courant danubien. (Il s'est répandu depuis la Hongrie jusqu'en Belgique, entre le Ve et le IVe millénaire, et doit son nom au décor en forme de ruban de sa céramique.) ‖ *Roche rubanée,* roche dont la tranche est formée d'alternances de lits de couleurs différentes.

RUBANEMENT n. m. Caractéristique d'une roche rubanée.

RUBANERIE n. f. Profession du rubanier ; commerce de rubans.

RUBANIER, ÈRE adj. Relatif à la fabrication, à la vente des rubans.

◆ n. Tisseur au métier mécanique réalisant des rubans.

◆ **rubanier** n. m. Plante des marais à souche fibreuse, à feuilles rubanées, aux fleurs en capitules globuleux, voisine du roseau-massue. (Nom générique *sparganium.*)

RUBATO [rubato ou ry-] adv. (ital. *rubato,* de *rubare,* voler). Terme d'interprétation indiquant une grande liberté rythmique.

RUBBIA (Carlo), physicien italien (Gorizia 1934). Il a été à l'origine de la réalisation du grand anneau de collision du Cern où il a conduit les expériences menant à la découverte en 1983 des bosons intermédiaires W et Z. (Prix Nobel de physique, avec S. Van der Meer, 1984.)

RUBÉFACTION n. f. (de *rubéfier*). **1.** Congestion intense et passagère de la peau produite par un rubéfiant. — **2.** Développement de la coloration rouge des sols des climats méditerranéens et subtropicaux, lié au climat chaud à forte alternance saisonnière, aux roches initialement calcaires, qui, par altération, libèrent le fer à l'état finement cristallisé (hématite), et aux argiles du type montmorillonite.

RUBÉFIANT, E adj. et n. m. Se dit d'un médicament provoquant une rubéfaction.

RUBÉFIER v. t. (lat. *rubefacere,* rendre rouge, de *ruber,* rouge, et *facere,* faire) [conj. **9**]. Rendre rouge par l'effet d'un agent irritant.

RUBELLITE n. f. (lat. *rubellus,* qui tire sur le rouge). Variété rouge de tourmaline, recherchée comme gemme.

Rubempré (Lucien DE), personnage de *la Comédie humaine* de Balzac. Il est le héros du mauvais choix des moyens et de l'asservissement aux désirs.

RUBEN, tribu israélite située à l'E. du Jourdain dont l'ancêtre éponyme est Ruben, fils aîné de Jacob et de Léa.

RUBÉN DARÍO → DARÍO (Rubén).

RUBÉNIEN, ENNE adj. Propre à la manière de Rubens ou de ses émules.

RUBÉNISTE adj. et n. Se disait, dans l'Académie royale de peinture, d'un adepte de Rubens comme maître de la couleur (par oppos. aux *poussinistes,* privilégiant le dessin).

RUBENS (Petrus Paulus), peintre flamand (Siegen, Westphalie, 1577 - Anvers 1640). Son goût pour la peinture italienne, acquis à Anvers lors de sa formation et nourri au contact des grands maîtres en Italie (Titien, le Tintoret, Véronèse ainsi que le Corrège, les Carrache, le Caravage), marque le début de sa carrière glorieuse (*Descente de Croix,* 1612, cathédrale d'Anvers), alors qu'il s'est installé à Anvers avec sa femme, Isabella Brandt. Sa forte personnalité s'affirme dans un style expressif jusqu'à la violence, fougueux et coloré ; l'ampleur baroque qu'il déploie dans les formes, les couleurs, les effets dramatiques et mouvementés l'impose aussi bien dans des compositions profanes et mythologiques (*le Combat des Amazones,* 1617, Vieille Pinacothèque, Munich) que dans les sujets religieux (*le Coup de lance,* 1620, musée des Beaux-Arts d'Anvers) ou dans les 21 grands tableaux (1622-1625) de l'histoire de Marie* de Médicis. Après la mort de sa femme (1626), son art se fait plus lyrique et moins violent, s'apaise tout en gagnant en fantaisie, en légèreté de touche et en chaleur de coloris. À côté des portraits d'Hélène Fourment, sa seconde femme, épousée en 1630 (*la Petite Pelisse,* v. 1638, Kunsthistorisches Museum, Vienne), Rubens se plaît aux évocations familiales ou s'attache aux paysages et aux scènes populaires (*la Kermesse,* 1636, Louvre). Avant d'atteindre la sérénité de la vieillesse (*Autoportrait,* 1640, Vienne), il exécute encore des travaux comme les esquisses des décors mythologiques du pavillon de chasse de la Torre de la Parada, près de Madrid (1637), ou *les Horreurs de la guerre* (1638, palais Pitti, Florence). Abondante et grandiose, son œuvre se présente comme une magistrale synthèse de la peinture flamande et des apports italiens.

RUBÉOLE n. f. (lat. *rubeus,* roux). Maladie éruptive due à un virus du groupe des *paramyxovirus,* atteignant essentiellement les enfants.

ENCYCL. La rubéole est habituellement une maladie très contagieuse et bénigne chez l'enfant, mais qui, survenant chez une femme enceinte, surtout pendant les trois premiers mois de la grossesse, entraîne des malformations oculaires (cataracte), auditives (surdité) et cardiaques (persistance du canal artériel et sténose pulmonaire). Seules les primo-infections rubéoliques sont dangereuses pour le fœtus. Les examens sérologiques permettent de distinguer primo-infections et réinfections par la recherche d'immunoglobulines M. La sérologie de la rubéole est obligatoire au cours de l'examen prénuptial. La vaccination est actuellement conseillée chez tous les enfants, chez les filles prépubères, et chez les femmes adultes qui n'ont jamais eu la maladie.

RUBÉOLEUX, EUSE adj. et n. Relatif à la rubéole ; atteint de la rubéole.

RUBÉOLIFORME adj. Qui ressemble à la rubéole.

RUBÉOLIQUE adj. Syn. de RUBÉOLEUX.

RUBIACÉE n. f. (lat. *rubia,* garance). Nom de famille de plantes dicotylédones gamopétales telles que la garance, le gaillet, le caféier, le quinquina.

RUBIALE n. f. (lat. *rubia,* garance). Nom d'ordre des plantes appartenant aux familles des rubiacées et des caprifoliacées.

RUBICAN adj. m. et n. m. (ital. *rabicano,* de *rabo,* queue, et *cano,* blanc). Se dit d'un cheval noir, bai ou alezan dont la robe est semée de poils blancs ; se dit de sa robe.

RUBICON (le), en lat. **Rubico,** fleuve côtier de l'Italie, sur la mer Adriatique. Il formait frontière entre la Gaule Cisalpine et l'Italie. César, gouverneur de Cisalpine, le franchit illégalement en janv. 49 av. J.-C. pour marcher sur Rome. L'expression *franchir le Rubicon* signifie prendre une décision audacieuse et irrémédiable.

RUBICOND, E adj. (lat. *rubicundus*). *Litt.* Se dit d'un visage très rouge de peau, de qqn qui a un tel visage.

RUBIDINE n. f. Hydroxyde de rubidium RbOH.

RUBIDIUM [-djɔm] n. m. (lat. *rubidus,* rouge-brun, parce que son spectre comporte deux raies de cette couleur). Métal alcalin, découvert par Kirchhoff et Bunsen grâce à l'analyse spectrale. (Élément de symbole Rb.)

ENCYCL. Élément de numéro atomique 37 et de masse atomique 85,467, le rubidium est un solide blanc, de densité 1,53, qui fond à 38,9 °C. Il s'oxyde à l'air, décompose l'eau violemment et présente de grandes ressemblances avec le potassium.

RUBIDOMYCINE n. f. Syn. de DAUNORUBICINE.

RUBIGINEUX, EUSE adj. (lat. *rubiginosus,* rouillé). *Litt.* **1.** Qui est couvert de rouille. — **2.** Qui a la couleur de la rouille.

RUBINSTEIN (Anton Grigorievitch), pianiste et compositeur russe (Vykhvatintsy, près de Podolsk, 1829 - Peterhof 1894). Il fut un des plus brillants pianistes de son temps. Sa production comporte des pièces pour piano ainsi que de nombreuses mélodies, parmi lesquelles des *Chants persans.*

RUBINSTEIN (Ida), danseuse russe (Kharkov v. 1885 - Vence 1960). Auteur de la chorégraphie du *Martyre de saint Sébastien,* mystère de Gabriele D'Annunzio (mus. de Debussy), elle en fit la création en 1911 (théâtre du Châtelet). Elle organisa une troupe de danse et s'entoura de peintres, de compositeurs, de librettistes et de chorégraphes (A. Benois, Honegger, Stravinski, Milhaud, Massine, Fokine). Elle commanda le *Boléro* à Maurice Ravel (chorégr. de Bronislava Nijinska) et le créa à l'Opéra de Paris (1928).

RUBINSTEIN (Artur), pianiste polonais, naturalisé américain (Łódż 1887-Genève 1982). Virtuose réputé, il a interprété la musique romantique, notamment Chopin.

RUBIS [-bi] n. m. (lat. médiév. *rubinus,* du lat. class. *rubeus,* roux). **1.** Pierre précieuse transparente, constituée par une variété de corindon (alumine cristallisée) et d'un rouge vif nuancé de rose ou de pourpre. (Les rubis les plus beaux ont été extraits en Birmanie ; des pierres de qualité viennent de Sri Lanka, de Thaïlande, d'Afrique [Kenya, Tanzanie].) — **2.** Couleur rouge vif. — **3.** En horlogerie, syn. de PIERRE. — **4.** Nom donné à des oiseaux-mouches (colibris) américains pour les couleurs chatoyantes de leur plumage. — **5.** *Payer rubis sur l'ongle,* payer très exactement et immédiatement ce que l'on doit.

RUBRÈNE n. m. Hydrocarbure orangé $C_{42}H_{28}$, qui fixe réversiblement l'oxygène à la lumière du jour.

RUBRIQUE n. f. (lat. *rubrica,* terre rouge). **1.** Indication de la matière à laquelle ressortit un article, un développement dans un ouvrage : *Les rubriques d'un dictionnaire encyclopédique.* — **2.** Catégorie d'articles d'un journal, consacrés à un sujet déterminé, paraissant en principe régulièrement : *Tenir la rubrique scientifique d'un quotidien.* — **3.** Catégorie dans laquelle on classe qqch : *Ces dépenses entrent dans la rubrique « frais généraux ».* — **4.** Indication portée en lettres rouges dans un livre liturgique pour préciser les rites de célébration des divers actes liturgiques.

RUBRIQUER v. t. (conj. 3). Donner une rubrique à un article ; mettre en rubrique.

RUBROEK, RUBROUCK, RUYSBROEK ou **RUBRUQUIS** (Guillaume DE), religieux flamand (Rubroek, auj. Rubrouck, près de Cassel, v. 1220-apr. 1293). Franciscain, il fut envoyé en mission par le roi auprès du grand khān de Mongolie, Möngke, qu'il rencontra à Karakorum (1254). Après avoir participé à une discussion entre docteurs chrétiens, musulmans et bouddhistes, il rapporta à Saint Louis la réponse du khān l'invitant à se reconnaître comme son vassal. Le récit de son voyage, *Itinerarium ad partes orientales,* a été conservé.

RUCELLAI (Bernardo), en lat. **Oricellarius,** humaniste italien (Florence 1448-*id.* 1514), beau-frère de Laurent le Magnifique. Il composa des traités érudits *(De Urbe Roma ; De bello pisano).*

Ruchard (le), camp militaire d'Indre-et-Loire (comm. d'Avon-les-Roches).

RUCHE n. f. (bas lat. *rusca,* écorce, du gaul.). **1.** Habitation d'une colonie d'abeilles. (→ *encycl.*) — **2.** Colonie d'abeilles qui la peuple. — **3.** Endroit où de nombreuses personnes travaillent, s'activent dans tous les sens. — **4.** Tuiles disposées en piles pour recevoir le naissain des huîtres.

ENCYCL. **Apic.** Les ruches primitives ont des rayons fixes et sont constituées d'une caisse en bois, d'un panier de paille conique posé sur une planche. Les ruches modernes sont à cadres mobiles. Elles sont constituées de compartiments en bois superposés (ruches Dadant ou Langstroth).

Ruche (la), cité d'artistes du XVe arrond. de Paris, passage de Dantzig. Le bâtiment, ancien pavillon de l'Exposition universelle de 1900, déplacé et aménagé en 1902, est une rotonde à trois étages comportant des ateliers disposés en « alvéoles ». Des artistes à leurs débuts (Léger) ou nouvellement installés en France (Archipenko, Zadkine, Chagall, Soutine, Lipchitz, etc.) en firent un des hauts lieux de l'art.

RUCHÉ n. m. (de *rucher 1*). Bande d'étoffe, ruban, froncé ou plissé, cousu en garniture dans le vêtement féminin.

RUCHÉE n. f. **1.** Population d'une ruche. — **2.** Produit d'une ruche.

1. RUCHER v. t. (de *ruche*) [conj. 3]. **1.** Plisser ou froncer en ruché. — **2.** Garnir d'un ruché.

2. RUCHER n. m. (de *ruche*). **1.** Hangar où sont rangées les ruches. — **2.** Ensemble de ruches.

RUCHONNET (Louis), homme d'État suisse (Lausanne 1834 - Berne 1893). Président de la Confédération (1883 et 1890), il dirigea le département de la Juttice (1884-1893), unifiant le droit fédéral et amorçant la rédaction du Code pénal.

RUCKERS (les), dynastie anversoise de facteurs de clavecins qui se succédèrent de père en fils aux XVIe et XVIIe s.

RÜCKERT (Friedrich), poète et orientaliste allemand(Schweinfurt 1788 - Neuses, près de Cobourg, 1866). Il composa des poèmes patriotiques (*Poésies allemandes,* 1814), puis adapta au lyrisme allemand les rythmes de la poésie persane (*les Roses d'Orient,* 1822). On lui doit aussi *Printemps de l'amour* (1823) et les *Kindertotenlieder* (1872), mis en musique par G. Mahler.

RUDAKI (Abu ʿAbd Allāh Djaʿfar), poète persan († 940). Né près de Rudak dans la région de Samarkand, protégé de Naṣr II, souverain sāmānide de Boukhara, il est le premier grand lyrique persan. Il ne reste que quelques fragments de son œuvre.

RUDA ŚLĄSKA, v. de Pologne, dans la conurbation de Katowice ; 171 600 hab. Houille. Cokeries. Sidérurgie.

RUDBECK (Olof), écrivain suédois (Västerås 1630 - Uppsala 1702). Dans son épopée *Atland ou Manheim* (1679-1702), il voulut prouver l'identité de la Suède avec l'Atlantide de Platon. Ses adeptes formèrent l'école hyperboréenne.

RUDBECKIA n. m. (de O. *Rudbeck,* n. pr.). Composée vivace dont plusieurs espèces sont cultivées dans les jardins pour leurs grands capitules terminaux, à rayons jaunes, à disque brun violacé.

RUDE adj. (lat. *rudis*). **1.** Qui est dur, rugueux au toucher : *Des mains à la peau rude.* – **2.** Qui est sévère, brutal : *Vous avez été un peu rude avec elle.* – **3.** Se dit d'un son dur, rauque, désagréable : *Voix rude.* – **4.** Qui a un caractère fruste, grossier, qui manque de délicatesse : *Des hommes aux manières rudes.* – **5.** Qui est pénible, exige des efforts soutenus, de la résistance : *Un rude hiver. Être soumis à une rude épreuve.* – **6.** *Fam.* Remarquable en son genre : *Un rude appétit.* – **7.** Qui est difficile à vaincre, redoutable dans les affrontements : *Avoir affaire à un rude concurrent.* – **8.** Se dit d'un vin âpre au goût.

RUDE (François), sculpteur français (Dijon 1784 - Paris 1855). Prix de Rome en 1812, attaché à un classicisme nourri de la leçon antique, mais porté à une recherche du mouvement qui correspond à l'esprit épique de la Révolution et de l'Empire, il a sculpté quelques-unes des œuvres les plus représentatives de l'époque romantique (haut-relief en pierre du *Départ des volontaires de 1792,* dit *la Marseillaise* [1832-1835], Arc de triomphe de l'Étoile, Paris ; *Napoléon s'éveillant à l'immortalité* [1845], bronze, Fixin, Côte-d'Or).

RUDEMENT adv. **1.** De façon rude, violente, brutale : *Il s'est fait rudement corriger par son adversaire.* – **2.** De façon dure, sans ménagement : *Un chef qui mène rudement ses hommes.* – **3.** *Fam.* Très, beaucoup : *Cet artisan travaille rudement bien.*

RUDENTER v. t. (lat. *rudens, -entis,* cordage) [conj. 3]. Garnir de rudentures les cannelures d'une colonne, d'un pilastre.

RUDENTURE n. f. (lat. *rudens, -entis,* cordage). Ornement en forme de baguette, soit unie, soit elle-même décorée, qui peut remplir, jusqu'au tiers environ de la hauteur, les cannelures d'une colonne ou d'un pilastre.

RUDÉRAL, E, AUX adj. (lat. *rudus, -eris,* décombres). Se dit d'une espèce végétale (ortie par ex.) se développant sur des décombres, à proximité des maisons.

RÜDESHEIM, v. d'Allemagne (Hesse), sur le Rhin, en face de Bingen ; 10 400 hab. Château fort (musée du vin). Centre touristique et viticole. – Au sommet du Niederwald, statue colossale de la *Germania,* érigée en 1883.

RUDESSE n. f. (de *rude*). **1.** *Litt.* État, caractère de qqch de rude au toucher : *La rudesse de la toile neuve.* – **2.** Caractère de ce qui est dur à supporter, pénible : *La rudesse du climat.* – **3.** *Litt.* Caractère de ce qui est sans raffinement ni délicatesse : *Rudesse de langage.* – **4.** Caractère de qqn, de son comportement qui fait preuve de dureté, d'insensibilité : *Mener son personnel avec rudesse.*

RUDIMENT n. m. (lat. *rudimentum,* apprentissage, de *rudis,* grossier). **1.** *Litt.* Élément encore grossier de qqch : *Un rudiment de technique.* – **2.** Ébauche, forme embryonnaire ou juvénile d'un organe. – **3.** Organe qui ne prend, même chez l'adulte, qu'un très faible développement.
◆ **rudiments** n. m. pl. Notions élémentaires qui forment la base de l'enseignement ou de l'étude d'une science, d'un art : *Apprendre les rudiments de la grammaire.*

RUDIMENTAIRE adj. **1.** Qui est resté limité aux rudiments, aux notions élémentaires : *N'avoir que des connaissances rudimentaires en informatique.* – **2.** Qui en est à ses débuts, n'a pas atteint un degré notable d'évolution : *Une technique encore rudimentaire.* – **3.** Qui est insuffisant, médiocre : *Des informations trop rudimentaires pour être utiles.* – **4.** Se dit d'un organe réduit, plus ou moins complètement atrophié. (Par ex. doigts latéraux du cheval, appendice cæcal de l'homme.)

RUDINI (Antonio STARRABBA, *marquis* DI), homme politique italien (Palerme 1839-Rome 1908). Il fonda le parti de la Jeune Droite et dirigea deux gouvernements (1891-92 et 1896-1898). Il renonça aux visées sur l'Éthiopie et amorça un rapprochement avec la France.

RUDISTE n. m. (de *rude*). Bivalve de l'ère secondaire, aux valves très inégales et rudes, l'une en forme de cornet et fixée aux roches, l'autre plate et servant de couvercle. (Les rudistes ont formé, par leur accumulation, de véritables récifs [« calcaires à rudistes »] où l'on rencontre toute la faune habituelle des faciès récifaux.)

RUDITE n. f. (de *rude*). Classe la plus grossière des roches sédimentaires détritiques, dont les éléments ont une taille moyenne supérieure à 2 mm et qui regroupe les galets, les graviers, les blocs.

RUDNICKI (Adolf), écrivain polonais (Varsovie 1912 - *id.* 1990). Auteur de romans psychologiques (*les Rats,* 1932), il a, après la guerre, évoqué l'holocauste des Juifs polonais et mené une réflexion sur la nature humaine (*l'Époque des crématoires,* composée de *Shakespeare,* 1948, et de *la Fuite de Iasnaïa Poliana,* 1949 ; *la Mer vive et morte,* 1952 ; *le Marchand de Łódź,* 1963 ; *Têtes polonaises,* 1981 ; *le Compagnon de route,* 1987). *Les Feuillets bleus* rassemblent ses chroniques.

RUDOIEMENT n. m. *Litt.* Action de rudoyer.

RUDOLF von Ems, poète de langue allemande (près de Coire, Suisse, v. 1200 - en Italie v. 1254). Auteur du *Bon Gerhard,* de *Barlaam et Josaphat,* de poèmes dans la tradition courtoise, *Alexandre* et *Guillaume d'Orléans,* il a laissé une *Chronique universelle* inachevée.

RUDOLPH (Paul Marvin), architecte américain (Elkton, Kentucky, 1918). Proche par certains côtés du brutalisme, son œuvre dénote aussi un retour à l'historicisme ; elle témoigne d'une liberté plastique qui s'adapte aux conditions de chaque programme (École d'art et d'architecture de l'université Yale, 1960 ; Centre gouvernemental de Boston, 1962-1971).

RUDOLPH (Wilma), athlète américaine (Clarksville, Tennessee, 1940 - Nashville 1994). Championne olympique des 100 m, 200 m et 4 × 100 m, à Rome (1960), elle fut recordwoman du monde dans ces trois épreuves.

RUDOYER v. t. (de *rude*) [conj. **13**]. Traiter qqn, un animal sans ménagement, le malmener ; brutaliser.

1. RUE n. f. (lat. *ruga,* ride du visage). **1.** Voie de circulation routière aménagée à l'intérieur d'une agglomération, habituellement bordée de maisons, d'immeubles, de propriétés closes : *Habiter rue du Montparnasse. Les scènes de la rue.* — **2.** Ensemble des habitants, des commerçants, des maisons qui bordent une telle voie de circulation : *Toute la rue est au courant.* — **3.** Les milieux populaires ; le peuple susceptible de manifester, de s'insurger : *Céder à la pression de la rue.* — **4.** Subdivision en profondeur de la scène d'un théâtre à l'italienne. — **5.** *À tous les coins de rue,* en tout lieu, partout, communément. ‖ *Éducateur de rue,* éducateur travaillant dans le cadre d'une équipe de prévention. ‖ *Être à la rue,* être sans domicile, sans abri, dans un dénuement complet. ‖ *Jeter qqn à la rue,* le mettre dehors, le priver de son logement, de son emploi. ‖ *L'homme de la rue,* l'homme de type courant, sans caractère particulier. ‖ *Théâtre de rue,* théâtre qui se produit dans des lieux extérieurs aux bâtiments traditionnels et qui a un caractère souvent didactique ou politique.

2. RUE n. f. (lat. *ruta*). Herbe (rutacée) aux feuilles découpées, exhalant une odeur forte.

Rue sans joie *(la),* film allemand de G. W. Pabst (1925). Rompant avec les traditions de l'expressionnisme et du *Kammerspiel,* Pabst, alors inconnu, y campe une société vivante, souffrante, l'Allemagne d'après la Première Guerre mondiale. Ce film fit de Greta Garbo une vedette internationale.

RUE (80120), ch.-l. de cant. de la Somme, au N. de l'estuaire de la Somme ; 3 115 hab. Chapelle flamboyante du Saint-Esprit (XVe-XVIe s.). Beffroi des XVe et XIXe s. Sucrerie.

RUÉE n. f. Action de se ruer qqpart ou sur qqch ; mouvement impétueux d'une foule.

Ruée vers l'or *(la),* film américain réalisé et interprété par Charlie Chaplin (1925) : au cours de la ruée vers l'or au Klondike, en 1898, Charlot vit misérablement dans les neiges et devient millionnaire.

RUEFF (Jacques Léon), économiste et financier français (Paris 1896 - *id.* 1978). Spécialiste de l'économie monétaire, adepte fervent du libéralisme, il prôna l'instauration d'un véritable ordre monétaire international. Il a présidé en 1958 le comité des experts pour la réforme économique et financière. (Acad. fr., 1964.)

Rueil *(paix de)* [11 mars 1649], traité signé par Anne d'Autriche et le parlement de Paris et qui mit fin à la Fronde parlementaire.

RUEIL-MALMAISON (92500), ch.-l. de cant. des Hauts-de-Seine, banlieue ouest de Paris, près de la Seine, au pied du mont Valérien ; 67 323 hab. *(Ruellois).* Église St-Pierre-et-St-Paul, en partie de la Renaissance (tombeaux de l'impératrice Joséphine et de la reine Hortense). Centre résidentiel et industriel (industries automobile, aéronautique, produits pharmaceutiques, etc.). Institut français du pétrole.
— **Bx-arts.** Le *château de Malmaison,* édifié vers 1620, a été remodelé par Percier et Fontaine après sa cession en 1799 à Joséphine, épouse de Napoléon Bonaparte. De 1800 à 1804, ce fut la demeure préférée du Premier consul. Aujourd'hui, musée national consacré à cette période. — Le *château de Bois-Préau,* annexe du domaine de Malmaison, abrite des souvenirs relatifs à Sainte-Hélène et à la légende napoléonienne.

RUELLE n. f. (de *rue 1*). **1.** Petite rue étroite. — **2.** Autref., espace qu'on laissait entre un lit et la muraille. — **3.** Au XVIe et au XVIIe s., partie de la chambre à coucher, délimitée par des courtines, où les personnes de haut rang recevaient leurs invités.

RUELLÉE n. f. (anc. fr. *ruille,* règle de maçon, du lat. *regula*). Solin de mortier ou de plâtre garnissant les rives de pignon d'une toiture.

RUELLE-SUR-TOUVRE (16600), anc. **Ruelle,** ch.-l. de cant. de la Charente, au N.-E. d'Angoulême, sur la Touvre ; 7 338 hab. Armement.

RUER v. i. (lat. pop. **rutare,* jeter, du lat. class. *ruere,* s'élancer) [conj. **7**]. **1.** En parlant d'un équidé, lancer brusquement et avec force les deux pieds de derrière à la fois. — **2.** Fam. *Ruer dans les brancards,* manifester vivement son désaccord, protester avec force.

◆ **se ruer** v. pr. **1.** Se précipiter avec violence sur qqn, sur qqch : *Les assaillants se ruèrent sur eux.* — **2.** *Litt.* Se jeter avec impétuosité dans une action : *Se ruer à l'attaque.* — **3.** S'élancer en masse, avec précipitation ou en désordre vers ou dans un lieu : *À l'ouverture des portes, le public se rua dans la salle.*

RUFFEC (16700), ch.-l. de cant. de la Charente, au N. de l'Angoumois ; 4 445 hab. *(Ruffécois).* Église à façade romane sculptée.

RUFFIÉ (Jacques), médecin et anthropologue français (Limoux 1921). Professeur au Collège de France, il a étudié l'hématologie, l'immunologie et la génétique, et créé une science nouvelle, l'hémotypologie, qui étudie les facteurs héréditaires du sang. Il a notamment écrit *Hémotypologie comparée et évolution immunologique* (1966), *De la biologie à la culture* (1976), *le Sexe et la Mort* (1986), *la Naissance de la médecine prédictive,* 1993).

Ruffini *(corpuscule de),* corpuscule cutané récepteur statique de la pression, situé dans le derme.

RUFIAN ou **RUFFIAN** n. m. (anc. provenç. *rufian,* de l'ital. *ruffiano*). *Fam.* et *vx.* Souteneur.

RUFIGALLIQUE adj. (lat. *rufus,* roux, et de *gallique*). *Acide rufigallique,* acide obtenu par condensation de deux molécules d'acide gallique sous l'influence d'acide sulfurique et employé comme colorant brun.

RUFIN, en lat. **Flavius Rufinus,** homme politique romain (Elusa, auj. Eauze, v. 335 - Constantinople 395). Il devint en 392 préfet du prétoire d'Orient. Baptisé en 394, il joua un grand rôle dans les négociations entre saint Ambroise et Théodose. Il fut assassiné par Stilicon.

RUFISQUE, port du Sénégal (région du Cap-Vert), sur l'Atlantique, à l'E. de Dakar ; 49 800 hab.

RUGBY [rygbi] n. m. (de *Rugby,* n. pr.). Sport pratiqué avec un ballon ovale, opposant deux équipes de quinze *(rugby à quinze)* ou treize *(rugby* ou, parfois, *jeu à treize)* joueurs, chacune cherchant à marquer plus de points que l'autre en portant le ballon dans l'en-but de l'adversaire ou en le faisant passer, d'un coup de pied, au-dessus de la barre transversale entre les poteaux de but. (On disait à l'origine FOOTBALL RUGBY pour le différencier du FOOTBALL* ASSOCIATION.)

ENCYCL. Né en 1823 (inventé par William Webb Ellis) au collège de Rugby (Warwickshire), adapté et développé à Oxford et Cambridge, le rugby fit son apparition en France en 1872 (se répandant principalement dans le Sud-Ouest). Aujourd'hui, le rugby n'est toujours pas un sport universel. Il est pratiqué surtout dans les îles Britanniques et les anciens dominions de l'hémisphère Sud (Australie et Nouvelle-Zélande, Afrique du Sud), en France et dans quelques autres pays (Roumanie et Argentine notamment). Longtemps considéré comme un bastion de l'amateurisme, le rugby s'est vu officiellement reconnaître, en 1995, par la Fédération internationale, le statut de sport professionnel ; mais cette évolution, qui triomphe dans l'hémisphère Sud, n'affecte encore que faiblement l'Europe.

Le ballon est joué au pied ou à la main, chaque équipier devant se tenir en arrière de celui qui est en possession du ballon, sous peine d'être hors-jeu. Quand le ballon franchit la ligne de touche, les deux groupes des avants essaient de se l'approprier dans une phase de jeu dite « remise en jeu à la touche ». Certaines fautes (passe en avant à la main) sont sanctionnées par une mêlée, d'autres (hors-jeu, obstructions, irrégularités graves) par un coup de pied de pénalité, les moins graves par un coup franc. Pour s'opposer aux mouvements de l'adversaire, il est permis de bloquer ou de plaquer le porteur du ballon. Les points s'obtiennent par l'essai (5 points), la transformation de l'essai (2 points supplémentaires) et le but (3 points) réussi à la suite d'un coup de pied de pénalité ou d'un coup de pied tombé, ou drop-goal. La partie se dispute en deux mi-temps de 40 minutes.

En France, la principale compétition est le championnat national organisé par la Fédération française de rugby, créée en 1920. Au niveau international, le tournoi des Cinq Nations oppose, chaque année, les équipes de l'Angleterre, de l'Écosse, de l'Irlande, du pays de Galles et de la France. Depuis 1987 est organisée, tous les quatre ans, une Coupe du monde (remportée par la Nouvelle-Zélande [1987], par l'Australie [1991] et par l'Afrique du Sud [1995]).

• *Le rugby à treize* est né en 1895 d'une scission au sein de la Rugby Union d'Angleterre. Dans ce sport (où le professionnalisme est officiellement admis), les équipes sont composées de 13 joueurs : les troisième ligne aile du rugby à XV ont été supprimés. Les touches sont remplacées par des mêlées ; tout joueur bloqué par l'adversaire est dit tenu et joue lui-même le ballon au pied à l'endroit où il a été arrêté. Ces différences sont destinées à obtenir un jeu plus clair et plus rapide que celui du rugby à XV. Un essai compte quatre points ; un coup de pied de pénalité, deux points ; un drop, un point ; la transformation de l'essai ajoute deux points.

RUGBY, v. de Grande-Bretagne (Warwickshire), au S.-E. de Birmingham, sur l'Avon ; 59 400 hab.

RUGBYMAN [rygbiman] n. m. (pl. *rugbymen*) [de *rugby* et angl. *man,* homme]. Joueur de rugby.

RUGBYSTIQUE adj. Relatif au rugby.

RUGE (Otto), général norvégien (Oslo 1882-*id.* 1961). Commandant l'armée norvégienne en 1940, il dirigea la défense de la Norvège contre l'agression allemande.

RÜGEN, île allemande de la Baltique (Mecklembourg-Poméranie-Occidentale) ; 926 km². Ch.-l. *Bergen.* L'île est reliée au continent par une digue construite en 1936. Tourisme.

RUGGIERI (Cosimo), astrologue florentin († Paris 1615). Il vint en France avec Catherine de Médicis et se livra à maintes intrigues. Il publia après 1604 des almanachs annuels réputés.

RUGGIERI, famille d'artificiers originaire de Bologne. En 1730, les cinq frères PIETRO, FRANCESCO, ANTONIO, PETRONIO et GAETANO vinrent à Paris et émerveillèrent les spectateurs de la Comédie-Italienne par leurs feux d'artifice. Petronio, naturalisé français, mort en 1794, fonda l'entreprise, encore existante, qui porte son nom.

RUGINE n. f. (lat. médiév. *rugo, -inis,* rouanne). Instrument chirurgical qui sert à racler les os, à les isoler du périoste et des parties molles.

RUGINER v. t. (conj. 3). Racler un os avec une rugine.

RUGIR v. i. (lat. *rugire*) [conj. 32]. **1.** En parlant des grands félins, pousser le cri propre à leur espèce. — **2.** Pousser des cris terribles, des cris de bête fauve : *Rugir de colère.* — **3.** *Litt.* Produire un bruit grave, puissant, une sorte de grondement : *Entendre rugir le vent.*
◆ v. t. Proférer avec emportement, sur un ton violent, des paroles plus ou moins intelligibles : *Rugir des menaces.*

RUGISSANT, E adj. *Litt.* **1.** Qui rugit : *Le tigre rugissant.* — **2.** Qui produit un bruit grave et puissant : *Les moteurs rugissants.*

RUGISSEMENT n. m. **1.** Cri du lion et des autres grands félins. — **2.** Hurlement rauque manifestant la colère de qqn : *Rugissement de fureur.* — **3.** Bruit violent et prolongé : *Le rugissement des bolides.*

RUGLES (27250), ch.-l. de cant. de l'Eure, dans le pays d'Ouche ; 2 428 hab. *(Ruglois).* Église des XIIIe-XVIe s. Épingles et agrafes. Laminage de l'aluminium.

RUGOSIMÈTRE n. m. Appareil permettant d'étudier la rugosité d'une surface par exploration à l'aide d'un palpeur.

RUGOSIMÉTRIE n. f. Étude et mesure de la rugosité d'une surface.

RUGOSITÉ n. f. **1.** Caractère, état rugueux d'une surface. — **2.** Aspérité, point dur et rêche au toucher d'une surface, de la peau : *Effacer à la pierre ponce toutes les rugosités.*

RUGUEUX, EUSE adj. (lat. *rugosus,* de *ruga,* ride). Dont la surface présente des aspérités, des irrégularités et qui est rude au toucher : *Écorce rugueuse d'un arbre. Une peau rugueuse.*
◆ **rugueux** n. m. Dans un artifice pyrotechnique, petite pièce rugueuse sur laquelle peut venir frotter un élément porteur d'une composition sensible à la friction.

RUHLMANN (Émile Jacques), artiste décorateur français (Paris 1879 - *id.* 1933). Il travailla, à partir de 1911, pour une clientèle de luxe et exécuta des commandes pour l'État. Ses meubles se recommandent par l'élégance des formes, la discrétion de l'ornementation et la perfection technique dans la mise en œuvre de bois précieux ou de matières rares (incrustations d'écaille, de galuchat, d'ivoire).

RUHMKORFF ou **RÜHMKORFF** (Heinrich Daniel), mécanicien et électricien allemand (Hanovre 1803 - Paris 1877). Fixé à Paris dès sa jeunesse, il réalisa, en 1851, d'après des idées données par Masson et Breguet, la bobine d'induction (bobine* de Ruhmkorff).

RUHR, riv. d'Allemagne, affl. du Rhin (r. dr.), rejoint à Duisburg ; 218 km (bassin de 4 444 km²). Navigable, elle a donné son nom au principal bassin houiller allemand.

RUHR, région industrielle d'Allemagne, en Rhénanie-du-Nord-Westphalie, qui constitue la plus grande concentration industrielle d'Europe. Elle tire son nom de la rivière *Ruhr.* Occupant 130 km d'E. en O. et plus de 60 km du N. au S., elle constitue une circonscription d'aménagement depuis 1920.
Le charbon, à l'origine de la prospérité de la région, a suscité des implantations sidérurgiques et chimiques. Extrait d'abord dans le Sud, où les couches affleurent, puis plus au nord (vallées de l'Emscher et de la Lippe), sa production a maintenant beaucoup diminué. Les anciennes villes minières, Duisburg, Essen, Bochum et Dortmund, sont devenues des centres culturels et commerciaux aux industries diversifiées (sidérurgie, métallurgie, mécanique, électrotechnique, agroalimentaire). Canaux, voies ferrées, autoroutes, métro tissent une trame serrée de voies de communication. D'importants équipements culturels ont été implantés depuis les années 1960 : universités, écoles d'art, musées, bibliothèques, théâtres. En même temps ont été créés des parcs, des espaces verts et des terrains de jeu publics.
— **Hist.** La Ruhr devint une grande région industrielle au cours du XIXe s. Partiellement occupée à partir de mars 1921 en raison des réticences du gouvernement allemand à s'acquitter du paiement des réparations de guerre prévues par le traité de Versailles, la Ruhr fut investie et mise en exploitation directe par la France et la Belgique à partir de janv. 1923. En 1923, la crise inflationniste contraignit le gouvernement Stre-

semann à mettre un terme à la résistance passive. Après l'adoption du plan Dawes (août 1924), la Ruhr fut progressivement évacuée (oct. 1924 - juill. 1925). Après la Seconde Guerre mondiale, la région fit d'abord partie de la zone d'occupation britannique. En déc. 1948 fut instituée l'*Autorité internationale de la Ruhr,* organisme qui fut dissous en 1952, après l'entrée en vigueur de la Communauté européenne du charbon et de l'acier.

RUICHENG ou **JOUEI-TCH'ENG,** v. de Chine, dans le sud-ouest du Shanxi. Temple du Yonglegong remonté dans la ville, depuis 1959, à la suite de la construction d'un barrage sur le fleuve Jaune. C'est l'un des plus remarquables temples taoïstes d'époque Yuan. Fresques.

RUINE n. f. (lat. *ruina,* de *ruere,* faire tomber). **1.** Processus de dégradation, d'écroulement d'une construction, pouvant aboutir à sa destruction complète ; état d'un bâtiment qui se délabre, s'écroule (seulem. dans *en ruine*) : *Un château qui tombe en ruine.* — **2.** Édifice détruit, délabré, écroulé : *Ils ont acheté une ruine à la campagne pour la retaper.* — **3.** Désagrégation, destruction progressive de qqch, qui aboutit à sa disparition, à sa perte : *La ruine d'un État.* — **4.** État de qqn, d'un groupe qui a perdu tous ses biens, tout son avoir : *Un joueur qui court à la ruine.* — **5.** Cause de l'anéantissement, de la perte, de la disparition de qqch : *Ce scandale a été la ruine de son avenir.* — **6.** *Fam.* Personne usée physiquement ou intellectuellement : *Une artiste âgée qui n'est plus qu'une ruine.* — **7.** *Menacer ruine,* être près de s'effondrer, de crouler.

◆ **ruines** n. f. pl. Vestiges et décombres d'un édifice en partie écroulé : *Les ruines d'une enceinte fortifiée.*

RUINE-DE-ROME n. f. (pl. *ruines-de-Rome*). Petite linaire aux feuilles arrondies, des plus communes entre les pierres des murailles. (Syn. CYMBALAIRE.)

RUINER v. t. (de *ruine*) [conj. 3]. **1.** *Litt.* Endommager gravement qqch, lui faire subir des dégâts : *Les inondations ont ruiné les cultures de la région.* — **2.** Altérer profondément la santé par une action progressive et irréversible : *Le gin lui a ruiné l'estomac.* — **3.** Faire perdre ses biens, sa fortune à qqn, un groupe, compromettre sa situation financière : *La guerre a ruiné le pays.* — **4.** Constituer des dépenses excessives : *Ces vacances nous ruinent.* — **5.** Causer la perte de qqch, le réduire à rien : *Cet échec ruine tous ses espoirs.*

◆ **être ruiné** v. pass. **1.** *Litt.* Être réduit à l'état de ruine : *Des remparts ruinés.* — **2.** Avoir souffert des dommages importants : *Cette guerre a laissé les campagnes ruinées.* — **3.** Avoir subi de profondes atteintes et être gravement altéré : *L'autorité de l'État sort ruinée de cette crise.*

◆ **se ruiner** v. pr., **être ruiné** v. pass. **1.** Perdre ses biens matériels, sa fortune, son argent : *Se ruiner dans de mauvais placements.* — **2.** *Se ruiner la santé,* la compromettre gravement.

RUINEUSEMENT adv. De façon ruineuse.

RUINEUX, EUSE adj. (lat. *ruinosus,* écroulé). Qui entraîne des dépenses excessives : *Avoir des goûts ruineux.*

RUINIFORME adj. Se dit de rochers à l'aspect de ruines, résultant d'une météorisation inégale dans des roches hétérogènes.

RUINISTE n. Peintre qui s'est spécialisé dans la représentation des ruines.

RUINURE n. f. (anc fr. *roisnier,* entailler). Chacune des entailles faites sur les côtés de poteaux ou de solives pour donner prise à une maçonnerie de remplissage.

RUISDAEL ou **RUYSDAEL** (VAN), peintres néerlandais du XVIIe s. — SALOMON (Naarden v. 1600 - Haarlem 1670) est un excellent disciple d'Esaias Van de Velde et de Van Goyen. — Son neveu JACOB (Haarlem 1628/29 - *id.* 1682), humaniste et savant, sans doute handicapé par une maladie, s'installa à Amsterdam vers 1656. Son œuvre marque à la fois un sommet de l'école paysagiste hollandaise et son dépassement par une vision mélancolique et dramatique (*le Cimetière juif,* versions de Dresde et de Detroit) ou d'un lyrisme transfiguré (*le Coup de soleil,* Louvre). Les paysagistes romantiques du XIXe s. lui doivent beaucoup.

RUISSEAU n. m. (lat. pop. **rivuscellus,* du lat. class. *rivus*). **1.** Petit cours d'eau peu profond : *Des prés traversés par un ruisseau.* — **2.** Lit de ce cours d'eau : *Un ruisseau à sec.* — **3.** *Litt.* Liquide coulant en abondance : *Un ruisseau de larmes.* — **4.** Caniveau ou, autref., rigole établie au milieu de la chaussée, destinés à l'évacuation des eaux de pluie et des eaux ménagères. — **5.** *Litt.* Situation dégradante de qqn ; origine vile ou méprisable de qqch : *Tirer quelqu'un du ruisseau.*

RUISSELANT, E adj. **1.** Qui ruisselle, coule en abondance et continûment : *Des eaux ruisselantes.* — **2.** Qui est mouillé, inondé d'un liquide qui s'écoule : *Le visage ruisselant de sueur.* — **3.** Qui est mouillé, trempé : *Un imperméable ruisselant.*

RUISSELER v. i. (anc. fr. *ruissel,* ruisseau) [conj. 24]. **1.** Couler en abondance et de façon continue : *La sueur ruisselait sur le front du malade.* — **2.** *Litt.* Se répandre à profusion : *Sa chevelure ruisselait sur ses épaules. La lumière ruisselle.* — **3.** Être inondé, dégoutter d'un liquide qui coule : *Des murs qui ruissellent d'humidité.* — **4.** *Litt.* Être inondé, baigné de lumière, abondamment éclairé : *Dans la nuit, les magasins ruisselaient de lumière.*

RUISSELET n. m. (anc. fr. *ruissel,* ruisseau). Petit ruisseau.

RUISSELLEMENT n. m. **1.** Fait de ruisseler. — **2.** Écoulement instantané et temporaire, diffus ou concentré, des eaux sur un versant à la suite d'une averse (ou de la fusion nivale).

RUITZ (62620), comm. du Pas-de-Calais, à 3 km à l'E. de Bruay-la-Buissière ; 1 603 hab. Industrie automobile. Peintures. Textile.

RUIZ *(Nevado del),* volcan des Andes de Colombie (5 400 m d'alt.), dont l'éruption, en 1985, a fait plusieurs milliers de victimes.

RUIZ (Juan), plus souvent nommé **l'Archiprêtre de Hita,** écrivain espagnol (probablement à Alcalá de Henares v. 1285-v. 1350), auteur d'un long poème, le *Libro de buen amor* (1330 et 1343), ouvrage singulier et autobiographique, mêlé de légendes, d'allégories, de pointes satiriques sur la société du temps.

RUIZ CORTINES (Adolfo), homme d'État mexicain (Veracruz 1890 - *id.* 1973). Secrétaire d'État à l'Intérieur (1948-1951), président de la République (1952-1958), il poursuivit la politique d'industrialisation commencée par le président Alemán.

RUIZ DE ALARCÓN Y MENDOZA (Juan), poète dramatique espagnol (au Mexique 1581 - Madrid 1639). Il est l'auteur de comédies, *la Vérité suspecte* (1630), *l'Examen des maris* (1632), et d'un drame, *le Tisserand de Ségovie* (1634), qui font de lui l'un des grands noms du « Siècle d'or ».

RUKWA *(lac),* lac de Tanzanie, dans la fosse prolongeant vers le N.-O. le lac Malawi ; 2 800 km^2.

RULFO (Juan), écrivain mexicain (Sayula, prov. de Jalisco, 1918 - Mexico 1986). Il a peint en un style dépouillé le monde des paysans de sa province natale (*Pedro Páramo,* 1955).

RULLY (71150), comm. de Saône-et-Loire, dans le nord de la côte chalonnaise ; 1 684 hab. Château fort des XIIIe et XVe s. Vins rouges et vins blancs champagnisables.

RŪM, mot ar. désignant l'Empire byzantin. Les territoires conquis par les Seldjoukides* sur les Byzantins ont constitué le *sultanat de Rūm* (1077-1308).

RUMAIS ⟶ PALAUNGS.

RUMB ⟶ RHUMB.

RUMBA [rumba] n. f. (esp. des Antilles *rumba*). Danse cubaine dont le nom est originaire de l'Afrique occidentale. (Exécutée sur une mesure à 2/4, rythmée sur des contretemps soulignés par les percussions, la rumba est caractérisée par un déhanchement latéral alterné.)

RUMEN [rymɛn] n. m. (mot lat.). Syn. de PANSE.

RUMÉNOTOMIE n. f. Ouverture chirurgicale du rumen des bovins pour extraire un corps étranger. (Syn. GASTROTOMIE.)

RUMEUR n. f. (lat. *rumor, -oris*). **1.** Ensemble confus de bruits, de sons, de voix provenant d'un lieu où de nombreuses personnes sont rassemblées : *La rumeur venue d'un stade voisin.* — **2.** *Litt.* Grand bruit indistinct, d'origine quelconque : *La rumeur de l'océan.* — **3.** Murmure confus de désapprobation, de mécontentement dans un groupe : *Apaiser les rumeurs d'une assemblée.* — **4.** Nouvelle, bruit qui se répand dans le public, dont l'origine est inconnue ou incertaine et la véracité douteuse : *Des rumeurs de guerre.* — **5.** *La rumeur publique,* l'opinion du grand nombre ; nouvelles répandues dans le public.

RUMFORD (Benjamin THOMPSON, comte), physicien et chimiste américain (Woburn, Massachusetts, 1753 - Auteuil 1814). Il vécut en Bavière puis en France. Il imagina le calorimètre à eau, le thermoscope et étudia les chaleurs de combustion et de vaporisation. En montrant la constance de masse de la glace fondante, il détruisit la théorie du calorique.

RŪMĪ (Djalāl al-Dīn) ⟶ DJALĀL AL-DĪN RŪMĪ.

RUMILLY (74150), ch.-l. de cant. de la Haute-Savoie, sur le Chéran ; 10 307 hab. *(Rumilliens).* Maisons anciennes. Marché agricole. Industrie laitière. Appareils ménagers. Jouets. Tannerie.

RUMINAL, E, AUX adj. (lat. *rumina,* de *ruma,* mamelle). *Figuier ruminal,* figuier sauvage situé sur le Palatin puis sur le Forum, sous lequel Romulus et Remus avaient été trouvés suçant les mamelles d'une louve.

RUMINANT n.m. (de *ruminer*). Mammifère artiodactyle dont l'estomac est subdivisé en plusieurs compartiments et qui pratique la rumination avec mastication retardée. (Le groupe des *ruminants* forme un sous-ordre d'ongulés.)
ENCYCL. Les ruminants ont des membres à deux doigts portant chacun un sabot, ou onglon. Les incisives et souvent les canines manquent à la mâchoire supérieure ; les dents jugales sont du type sélénodonte ; les mouvements des mâchoires sont transversaux. Les ruminants portent des cornes ou des bois sur les os frontaux. L'estomac comporte 4 compartiments, dont 3 dérivent de l'œsophage : le bonnet, ou réseau, la panse, ou rumen, et le feuillet. Seule la caillette a une structure gastrique typique. Les ruminants sont herbivores, vivent en troupeaux, et nombre d'espèces ont été domestiquées par l'homme.

On distingue six familles : les tragulidés (chevrotains), les moschidés (porte-musc), les cervidés (cerf, daim, élan, renne, chevreuil), les giraffidés (girafe, okapi), les antilocapridés et les bovidés, subdivisés eux-mêmes en sous-familles : bovinés (bœuf, bison, yack, buffle, zébu), caprinés ou ovinés (chèvre, chamois, bœuf musqué, mouton, mouflon) et trois groupes d'antilopes. Les ruminants domestiques (bovins, ovins, caprins) ont une importance économique considérable.

RUMINATION n. f. (lat. *ruminatio*). **1.** Action de ramener dans la bouche, pour les mâcher, les aliments qui ont déjà séjourné dans la panse, ou rumen. (Les tylopodes [chameaux et lamas] et les ruminants proprement dits pratiquent la rumination.) [→ *encycl.*] — **2.** *Litt.* Action de ruminer sans fin une idée, un sentiment dans son esprit. — **3.** Méditation irrépressible et anxieuse de la même préoccupation.

ENCYCL. Les ruminants avalent rapidement leur nourriture végétale sans la mâcher et l'accumulent dans la panse, poche œsophagienne dont le volume atteint jusqu'à 250 litres chez le bœuf. Au repos, l'animal fait remonter le contenu de la panse dans sa bouche et mâche les aliments qu'il avait avalés rapidement. Après rumination buccale, les aliments passent dans le feuillet, puis dans la caillette, où les protéines sont digérées.

RUMINER v. i. (lat. *ruminare,* de *rumen, -inis,* panse) [conj. 3]. En parlant de certains animaux, pratiquer la rumination : *Les cerfs ruminent.*
◆ v. t. **1.** Ramener les aliments de l'estomac dans la bouche pour les mâcher : *Les vaches ruminent l'herbe des prés.* — **2.** Tourner et retourner qqch dans son esprit : *Ruminer une idée.*

RUMMEL ou **RHUMEL** *(oued),* fl. de l'Algérie orientale, tributaire de la Méditerranée ; 250 km env. Il draine les plaines constantinoises et traverse les monts de Constantine par une série de gorges, dont la plus célèbre est dominée par la ville de Constantine ; il prend en aval le nom de OUED EL-KEBIR.

RUMMY → RAMI.

RUMOR (Mariano), homme politique italien (Vicence 1915 - *id.* 1990). Député démocrate-chrétien (1948), secrétaire général du parti (1964-65), il occupa divers postes ministériels entre 1954 et 1976. Président du Conseil (1968-1970 et 1973-74), il tenta, avec l'appui de certains socialistes, d'affronter la montée du terrorisme et de l'agitation sociale sans parvenir à les juguler.

RUMSTECK → ROMSTECK.

RUNABOUT [rœnabawt] n. m. (angl. *runabout,* de *to run,* courir, et *about,* autour). Petit canot de course ou de plaisance à moteur intérieur de grande puissance, employé dans les courses motonautiques ou pour remorquer les skieurs nautiques.

RUNDIS ou **BARUNDIS,** population bantoue ayant donné son nom au Burundi, comptant environ 3 millions de membres.

RUNDSTEDT (Gerd VON), maréchal allemand (Aschersleben 1875 - Hanovre 1953). Chef d'état-major de division et de corps d'armée, en 1914-1918, il se révèle un organisateur remarquable. Disciple de Seeckt, apolitique, il essaiera de garder ses distances vis-à-vis du régime nazi. Retraité en 1938, rappelé en 1939, il mène le groupe d'armées Sud en Pologne, puis opère la percée à Sedan et encercle Dunkerque. Il démissionne en nov. 1941 après avoir envahi l'Ukraine et la Crimée. Rappelé sur le front ouest (mars 1942), à la tête du groupe d'armées D (nov. 1943), il est remplacé, après juin 1944, par Kluge. Il dirigera l'ultime attaque dans les Ardennes en décembre. Arrêté par les Américains, remis aux Anglais, il sera libéré en 1949.

RUNE n. f. (norvég. *rune,* de l'anc. scand. *rûnar,* écriture secrète). Chacun des signes graphiques des écritures runiques.

RUNEBERG (Johan Ludvig), poète finlandais d'expression suédoise (Pietarsaari 1804 - Porvoo 1877). Nommé « poète national de la Finlande », Runeberg appartient aussi à l'histoire de la littérature suédoise comme l'un de ses plus grands poètes romantiques. Puisant parfois son inspiration dans le passé héroïque scandinave (*le Roi Fjalar,* 1844), il a célébré la grandeur de l'âme finlandaise dans des récits de guerre (*Récits de l'enseigne Staal,* 1848-1860) et de paix ainsi que dans des poèmes (*les Chasseurs d'élan,* 1832).

RUNGE (Philipp Otto), peintre allemand (Wolgast, Poméranie, 1777 - Hambourg 1810). Son amitié avec le poète L. Tieck lui fournit une de ses sources d'inspiration. La Kunsthalle de Hambourg conserve une grande partie de son œuvre, composée surtout de portraits, de gravures *(les Heures du jour)* et de dessins (illustrations pour *Ossian*).

RUNGIS (94150), comm. du Val-de-Marne, à 7 km au S. de Paris ; 2 939 hab. Important centre d'approvisionnement en denrées alimentaires ouvert en 1969 pour remplacer les Halles de Paris. Marché d'intérêt national transformé en marché international, Rungis est auj. en pleine expansion (couvrant déjà plus de 230 ha).

RUNIQUE adj. Se dit d'anciennes écritures d'origine incertaine, formées de signes spéciaux appelés runes, utilisées par les peuples germaniques du nord de l'Europe (Grande-Bretagne, Scandinavie, Islande) entre le IIIe s. et le XVIIe s.

RUNOLOGIE n. f. Étude des inscriptions runiques.

RUNOLOGUE n. Spécialiste de runologie.

RUNWAY [rœnwe] n. f. (angl. *runway*). Chemin de roulement permettant l'accès à la piste principale d'un aérodrome ou le dégagement de celle-ci.

RUOLZ n. m. (de *Ruolz,* n. pr.). Alliage utilisé en orfèvrerie, d'une couleur se rapprochant de celle de l'argent, composé d'env. 35 à 50 % de cuivre, 25 à 40 % de nickel et 25 % d'argent.

RUOLZ-MONTCHAL (*comte* Henri DE), chimiste français (Paris 1808 - Neuilly-sur-Seine 1887). Avec G. R. Elkington, il inventa, en 1840, le procédé de dorure et argenture des métaux par galvanoplastie, exploité ensuite notamment par C. Christofle.

RUPEL (le), riv. de Belgique, affl. de l'Escaut (r. dr.), qu'elle rejoint au S. d'Anvers ; 12 km. Il est formé par la réunion de la Dyle, de la Nèthe et du Demer.

RUPERT, fl. du Canada (Québec), tributaire de la baie James, déversoir du lac Mistassini ; 610 km.

RUPERT (Robert, comte palatin, dit **le Prince**), amiral anglais (Prague 1619-Londres 1682), fils de l'Électeur palatin Frédéric V et d'Élisabeth Stuart. Commandant la cavalerie royale durant la guerre civile, il remporta un certain nombre de victoires avant d'être défait à Marston Moor (1644) et à Naseby (1645). Mis à la tête d'une flotte chargée de favoriser le soulèvement de l'Irlande, il fut battu par Blake (1650) et se réfugia sur le continent. À la Restauration, il fut nommé vice-amiral, puis Premier lord de l'Amirauté (1673-1679). Charles II le fit duc de Cumberland.

RUPESTRE adj. (lat. sc. mod. *rupestris,* du lat. class. *rupes,* rocher). **1.** Se dit d'une plante qui croît sur les rochers. — **2.** Syn. de PARIÉTAL.

RUPESTRIS [-is] n. m. Espèce de vigne résistante au phylloxéra, originaire des États-Unis, introduite en France comme porte-greffe pour reconstituer le vignoble après l'invasion phylloxérique.

RUPIAH [rupja] n. f. Unité monétaire principale de l'Indonésie.

RUPICOLE n. m. (du lat. *rupes,* paroi de rocher). Grand passereau (cotingidé) d'Amérique du Sud, dont le mâle a de belles couleurs rouges ou orangées et une longue crête sur la tête. (Les rupicoles pratiquent des parades nuptiales collectives et nichent dans les rochers.) [N. usuel *coq de roche.*]

RUPIN, E adj. et n. (arg. anc. *rupe,* dame, du moyen fr. *ripe,* gale). *Pop.* Riche.
◆ adj. *Pop.* Qui témoigne d'une grande richesse ; luxueux : *Un appartement rupin.*

RUPINER v. i. (de *rupin*) [conj. 3]. *Fam.* et *vx.* Briller dans un examen.

RUPTEUR n. m. (lat. *ruptum,* de *rumpere,* rompre). **1.** Appareil destiné à déterminer l'ouverture ou la fermeture d'un ou de plusieurs circuits et dont les éléments mobiles de contact n'ont qu'une position de repos correspondant à la fermeture des circuits principaux. — **2.** Dispositif servant à interrompre périodiquement le courant primaire d'une bobine d'induction. — **3.** Dispositif destiné à rompre le courant dans un système d'allumage électrique pour produire l'étincelle de la bougie.

RUPTURE n. f. (bas lat. *ruptura,* du lat. class. *rumpere,* briser). **1.** Fait, pour qqch, de se rompre, sous l'effet d'un effort excessif ou trop prolongé ou d'un choc : *Rupture d'une digue.* — **2.** Fait, pour un état, une action, d'être interrompu brusquement : *La rupture des négociations entre deux États.* — **3.** Action de considérer comme nul un engagement, un acte public ou particulier : *Rupture de fiançailles. Rupture des relations diplomatiques.* — **4.** Cessation soudaine et marquée de l'accord, de l'harmonie qui existait entre des éléments : *Rupture de rythme.* — **5.** Fait, pour des personnes, de cesser d'entretenir des relations : *Une scène de rupture.* — **6.** *En rupture avec qqch,* en opposition complète, en désaccord total avec qqch. • **Arm.** *Projectile, obus* ou *boulet de rupture,* projectile doué d'une grande force de pénétration et destiné généralement à perforer les blindages. — **Comm.** *Rupture de stock,* niveau d'un stock de marchandises ou de produits finis devenu insuffisant pour assurer la satisfaction de la demande de ces produits. — **Dr.** *Rupture abusive,* résiliation du contrat de travail à l'initiative de l'employeur sans respecter le préavis. (L'employeur encourt les sanctions prévues pour absence de motif réel et sérieux du licenciement.) ‖ *Rupture de la vie commune,* motif de divorce, fondé sur une séparation de fait entre les époux supérieure à 6 ans. (Ce motif ne permet pas d'obtenir de droit le divorce, qui est réputé prononcé aux torts du demandeur.) — **Manut.** *Rupture de charge,* interruption dans le cycle de transport, soit par changement de véhicule ou de mode de transport, soit par modification du lot ou unité de charge. — **Matér.** État à partir duquel un solide se sépare en parties disjointes. ‖ *Charge de rupture,* effort de traction (mesuré en N/mm^2) sous lequel se rompt une barre dans les essais de métaux ou de matériaux de construction. ‖ *Mécanique de la rupture,* partie de la science des matériaux portant principalement sur les problèmes posés par le comportement dit fragile de métaux tels que les aciers de construction. (On distingue trois modes élémentaires de rupture, qui se distinguent par les orientations des surfaces de la fissure par rapport aux contraintes exercées : l'ouverture, le glissement et le cisaillement.) – **Mil.** Ouverture d'une brèche dans le dispositif défensif de l'adversaire. – **Pathol.** Solution de continuité, déchirure d'un organe qui n'est pas produite par un instrument tranchant.

RUR → ROER.

RURAL, E, AUX adj. (bas lat. *ruralis,* du lat. class. *rus, ruris,* campagne). **1.** Qui concerne la campagne, les paysans, l'agriculture : *Exode rural.* – **2.** *Droit rural,* ensemble des règles régissant les agriculteurs, les exploitations agricoles et fixant le régime du sol agricole, des animaux, des végétaux, de la chasse et de la pêche. ‖ *Population rurale,* population des campagnes, et, en France, population vivant dans des communes de moins de 2 000 habitants. ‖ *Sociologie rurale,* étude des groupements de populations peu denses situés à la campagne et dont l'activité principale est l'agriculture, de leurs rapports à l'environnement et de leur mode d'organisation économique et sociale.
◆ n. Habitant de la campagne.

RURALISME n. m. **1.** Tendance à exalter la vie à la campagne. – **2.** Politique qui consiste à améliorer le sort de ceux qui vivent des produits de la terre.

RURALISTE adj. Relatif au ruralisme.
◆ n. **1.** Partisan du ruralisme. – **2.** Spécialiste de l'étude des questions rurales.

RURALITÉ n. f. Caractère rural.

RURBAIN, E adj. (de *rural* et *urbain*). **1.** Relatif à la rurbanisation. – **2.** *Aire rurbaine,* banlieue de faible densité relative de peuplement, juxtaposant espace rural survivant et habitat, généralement pavillonnaire, d'actifs employés dans la ville voisine.
◆ n. Habitant d'une zone rurbaine.

RURBANISATION n. f. Développement de villages, aux noyaux souvent anciens, situés à proximité de villes dont ils constituent des banlieues.

RURIK → RIOURIK.

RUṢĀFA ou **RÉSAFÉ,** localité de Syrie, au S.-E. du lac Asad, connue à l'époque byzantine sous le nom de *Sergiopolis.* Vestiges (remparts, basiliques, cathédrale, martyrium, etc.) ornés de décoration sculptée rappelant la splendeur de cette ville, prospère au VIe s. et lieu de pèlerinage où l'on célébrait saint Serge.

RUSE n. f. (anc. fr. *reüser,* faire reculer, du lat. *recusare*). **1.** Procédé habile, mais déloyal, dont qqn se sert pour obtenir ou réaliser ce qu'il désire : *Déjouer les ruses d'un adversaire.* – **2.** Adresse de qqn à agir de façon trompeuse, déloyale, pour parvenir à ses fins : *Un visage qui dénote la ruse.* – **3.** *Ruse de guerre,* tout procédé utilisé au combat pour tromper ou surprendre l'ennemi ou, fam., pour venir à bout d'un adversaire.

RUSE, v. de Bulgarie, sur le Danube ; 179 000 hab. Reliée à la ville roumaine de Giurgiu par un pont, Ruse est le premier port fluvial bulgare. Ville ancienne (monuments baroques), industrialisée (raffinage du pétrole, matériel agricole, constructions navales et ferroviaires, sucrerie, industries textiles, cuir, caoutchouc).

RUSÉ, E adj. et n. Qui a de la ruse, qui agit avec ruse : *Un homme de loi rusé.*
◆ adj. **1.** Qui dénote la ruse : *Un air rusé.* – **2.** Se dit d'un animal dont le comportement évoque la ruse : *Le renard a la réputation d'un animal rusé.*

RUSER v. i. (de *ruse*) [conj. 3]. Agir avec ruse, avec déloyauté.
◆ v. t. ind. Employer la ruse, des moyens détournés pour triompher de qqn, de qqch, pour obtenir qqch : *Ruser avec ses adversaires, avec un obstacle.*

RUSH [rœʃ] n. m. (pl. *rushs* ou *rushes*) [angl. *rush,* ruée]. **1.** Effort violent d'un concurrent – des membres d'une équipe –, pour s'assurer la victoire : *Le rush des coureurs sur la ligne d'arrivée.* – **2.** Action de se ruer en grand nombre qqpart ou sur qqch : *Le grand rush des vacances.*

RUSHDIE (Salman), écrivain britannique d'origine indienne (Bombay 1947). Magicien du verbe, il place l'imagination au centre de ses récits (*les Enfants de minuit,* 1980 ; *Haroun et la mer des histoires,* 1990 ; *le Dernier Soupir du Maure,* 1995). Son roman *les Versets sataniques* (1988), jugé blasphématoire contre l'islām, lui a valu d'être « condamné » à mort par une décision « juridique » *(fatwa)* de R. Khomeyni.

RUSHES [rœʃ] n. m. pl. (amér. *rushes,* projection d'essai). **1.** Prises de vues cinématographiques telles qu'elles apparaissent au retour du développement de ce qui a été filmé, avant le choix du montage. (Syn. ÉPREUVES DE TOURNAGE.) – **2.** Séance de projection au cours de laquelle sont visionnés les rushes.

RUSHMORE *(mont),* site des États-Unis, au S.-O. de Rapid City (Dakota du Sud). Un monument y représente les présidents Washington, Jefferson, Lincoln et Th. Roosevelt, visages d'une vingtaine de mètres de hauteur sculptés sur une paroi granitique, par Gutzon Borglum, de 1927 à 1941.

RUSIZI → RUZIZI.

RUSKIN (John), critique et historien d'art, sociologue et écrivain britannique (Londres 1819 -

Brantwood, Cumberland, 1900). Réagissant contre le matérialisme de l'ère victorienne, alliant la prédication morale et les initiatives sociales à la réflexion sur l'art, il a exalté l'architecture gothique, a soutenu le mouvement préraphaélite ainsi que le renouveau des métiers d'art. Parmi ses ouvrages : *les Sept Lampes de l'architecture* (1849), *les Pierres de Venise* (1851-1853), *l'Économie politique de l'art* (1857), *la Bible d'Amiens* (1880-1885).

RUSQUIER n. m. (lat. *ruscus,* houx). Ouvrier qui lève l'écorce du chêne-liège.

RUSSE adj. et n. **1.** De Russie ou (anciennement) d'U. R. S. S. — **2.** *Braque russe,* chien courant à poil court, issu du croisement de chiens russes indigènes et de fox-hounds. ‖ *Église russe,* Église orthodoxe de Russie, relevant du patriarcat de Moscou. ‖ *Lapin russe,* race de lapins de petite taille, aux yeux rouges, au pelage blanc pur, fournissant une chair délicieuse et une fourrure remarquable. (Syn. LAPIN PETIT-RUSSE.) ‖ *Lévrier russe,* syn. de BARZOÏ.

◆ n. m. Langue slave, du groupe oriental, écrite en alphabet cyrillique, parlée principalement en Russie. (Le russe a été de 1923 à 1991 la langue officielle de l'U. R. S. S. Auj., il possède le statut de langue officielle en Russie mais aussi en Biélorussie [avec le biélorusse], au Kazakhstan [avec le kazakh] et en Moldavie [avec le moldave].)

ENCYCL. Le russe constitue, avec le biélorusse et l'ukrainien, le groupe des langues slaves de l'Est. Dès le IXe s., le vieux russe se différencie du vieux slave, ou bulgaro-macédonien, première langue écrite en alphabet cyrillique* (créé en 863). Dans un premier temps, seuls des textes religieux de la tradition gréco-byzantine sont traduits en slavon mêlé de russe. Parallèlement se développe autour de Kiev et de Novgorod une riche littérature populaire, les *bylines,* ou chansons de geste. Quand la Moscovie devient prédominante, au XVe s., des œuvres littéraires sont composées dans une langue qui se libère peu à peu du slavon et s'enrichit d'éléments spécifiquement russes. Au XIIIe s. s'établit le dualisme entre le slavon, réservé à l'écriture littéraire ou religieuse, et le russe, laissé à l'expression courante. L'européanisation de la Russie entreprise par Pierre le Grand entraîne une importante évolution qui aboutit à la création du russe moderne dans la seconde moitié du XVIIIe s. La langue s'affine par le biais des traductions et le russe vivant acquiert droit de cité dans la langue écrite. Des dictionnaires bilingues sont publiés, la langue est normalisée et Lomonossov, dans sa *Grammaire* (1755), réalise un compromis entre le slavon et le russe courant. Karamzine puis Pouchkine créent une langue littéraire souple et riche qui ne se modifiera guère pendant un siècle.

Avec la révolution de 1917, l'alphabet est simplifié ; d'innombrables néologismes sont formés par la juxtaposition d'abréviations (ainsi *narkom* pour *narodnyï komissar,* commissaire du peuple). Enfin, ces dernières années, l'influence de l'anglais et du français est manifeste.

Le russe est une langue à accent tonique variable possédant une fonction distinctive. Il possède 33 consonnes et 5 voyelles. La déclinaison comprend 6 cas (nominatif, accusatif, génitif, datif, instrumental et locatif). Le système verbal pallie l'insuffisance des temps du passé par l'opposition d'aspect entre l'imperfectif et le perfectif.

RUSSELL (John), 1er comte **de Bedford,** homme politique anglais (1486 ? - Londres 1555). Il fut successivement conseiller d'Henri VIII, d'Édouard VI et de Marie Ire. — FRANCIS **Russell,** 4e comte *de Bedford* (1593-1641), arrière-petit-fils du précédent. Opposé à l'absolutisme de Charles Ier, il fut l'un des chefs du parti parlementaire en 1640-41. — Lord WILLIAM **Russell** (1639 - Londres 1683), petit-fils du précédent. Indigné par les « révélations » d'Oates, il intenta une action pour l'exclusion du duc d'York de la succession au trône (1681) et complota avec Monmouth. Accusé de complicité dans le complot de Rye House (1683), il fut condamné à mort. — EDWARD **Russell,** comte d'Orford (1653-1727), cousin du précédent. À la tête d'une flotte anglo-hollandaise, il vainquit les Français en 1692 à la bataille de la Hougue. — JOHN **Russell,** 4e duc de Bedford (1710 - Woburn 1771). Lord de l'Amirauté dans le ministère Pelham (1744), il fit partie du cabinet Bute (1761) et fut l'un des promoteurs du traité de Paris (1763).

RUSSELL (John, 1er *comte*), homme politique britannique (Londres 1792 - Pembroke Lodge, Richmond Park, 1878). Leader whig aux Communes (1834), secrétaire à l'Intérieur (1835-1839) puis aux Colonies (1839-1841), il succéda à Peel comme Premier ministre (1846-1852) et acheva son œuvre libre-échangiste. Ministre des Affaires étrangères (1852-1855), il préconisa une politique de fermeté envers la Russie, qui aboutit à la guerre de Crimée (1854). Il fut de nouveau ministre des Affaires étrangères (1860-1865) et Premier ministre en 1865-66.

RUSSELL (John Scott), ingénieur écossais (Glasgow 1808 - Ventnor, île de Wight, 1882). Il construisit, en collaboration avec Isambard Kingdom Brunel, le colossal *Great Eastern,* qui fut le plus grand navire du monde jusqu'au début du XXe s.

RUSSELL (George William), connu sous le pseudonyme de Æ, écrivain, peintre et sociologue irlandais (Lurgan, comté d'Armagh, 1867 - Bournemouth 1935). Il a compté parmi les fondateurs de l'*Abbey* Theatre*. On lui doit des recueils de poésies (*Chants du retour,* 1894 ; *la Chandelle de la vision,* 1918) et un drame, *Deirdre* (1906).

RUSSELL (Bertrand, 3e *comte*), philosophe et logicien britannique (Trelleck, pays de Galles, 1872 - Penrhyndeudraeth, pays de Galles, 1970). Son activité est triple : pédagogique (il fonde une école en 1927) ; militante (depuis 1916, date où il fit un court séjour en prison pour pacifisme) jusqu'à la fin de ses jours (rapprochement momentané avec la future Union soviétique en 1920, vaine tentative de députation en 1907, puis en 1922, campagne antinucléaire à partir de 1958, formation du tribunal Russell pour juger les crimes de guerre américains au Viêt-nam en 1967) ; scientifique enfin : le logicisme* et la théorie des types*. C'est Russell qui a fondé la logique du XXe s., dont les idées se prolongent jusqu'à nos jours à travers le cercle de Vienne*, et la philosophie analytique*. Ses œuvres majeures en logique sont *The Principles of Mathematics* (1903), *Principia Mathematica,* en collab. avec Whitehead (1910-1913), *The Analysis of Mind* (1921), *An Inquiry into Meaning and Truth,* 1940). Il a aussi écrit une *Histoire de la philosophie occidentale* (1945) et son *Autobiographie* (1967-1969). [Prix Nobel de littérature 1950.]

RUSSELL (Henry Norris), astronome américain (Oyster Bay, New York, 1877 - Princeton, New Jersey, 1957). Ses travaux de physique stellaire l'amenèrent à établir, indépendamment de Hertzsprung*, une classification des étoiles en fonction de leur luminosité et de leur type spectral, qui se traduit par le *diagramme* dit *de Hertzsprung-Russell* (1913). Il détermina en outre de nombreuses distances stellaires.

RUSSELL (Ken), cinéaste britannique (Southampton 1927). Il s'est imposé avec trois films d'une singulière exubérance : *Love* (1969), *Music Lovers* (1971) et *les Diables* (1971). Il tourne ensuite *le Messie sauvage* (1972), *Mahler* (1974), *Tommy* (1975), *Valentino* (1977), *Au-delà du réel* (1979), *les Jours et les Nuits de China blue* (1984), *Gothic* (1987).

RÜSSELSHEIM, v. d'Allemagne (Hesse), sur le Main ; 64 000 hab. Construction automobile.

RUSSEY (Le) [25210], ch.-l. de cant. du Doubs, dans le Jura plissé ; 1 879 hab.

RUSSIE (Fédération de), en russe **Rossia,** État de l'Europe orientale et de l'Asie, 17 075 000 km² ; 146 700 000 hab. *(Russes).* CAP. *Moscou.* LANGUE : *russe.* MONNAIE : *rouble.*

Géographie.

• *Le milieu naturel.* La Russie est, de loin, le plus vaste pays du monde (plus de trente fois la superficie de la France), s'étendant sur environ 10 000 km d'ouest en est, de la Baltique au Pacifique (onze fuseaux horaires), sur la majeure partie de l'Europe orientale et surtout le nord de l'Asie. D'ouest en est, on distingue quatre ensembles : la plaine russe de l'Europe orientale, les hauteurs de l'Oural, la plaine de Sibérie occidentale et la Sibérie orientale, où les plateaux (entre Ienisseï et Lena) sont bordés de chaînes et d'arcs montagneux (monts de Verkhoïansk, du Kamtchatka, chaîne de Sikhote-Aline). Sous des latitudes froides et tempérées, le climat devient de plus en plus continental vers l'est, où l'on relève les températures les plus froides du globe (– 48 °C en moyenne en janvier à Verkhoïansk). La toundra borde le littoral arctique et est remplacée par la taïga au sud du cercle polaire. La forêt de feuillus assure ensuite la transition avec la steppe, aux terres noires très fertiles, qui occupe la Russie méridionale et le sud de la plaine de Sibérie occidentale.

• *La population.* La dureté des conditions climatiques explique la relative faiblesse moyenne du peuplement (moins de 10 hab. au km²), sa localisation préférentielle à l'O. de l'Oural et souvent à des latitudes méridionales plus clémentes. Les Russes de souche constituent un peu plus de 80 % de la population totale, les minorités totalisent toutefois près de 30 millions d'individus, bénéficiant parfois d'un statut, au moins théorique, d'autonomie. Il est vrai qu'un nombre presque égal de Russes vivent dans les territoires périphériques (au Kazakhstan et en Ukraine notamm.). La majeure partie de la population est aujourd'hui urbanisée. Moscou et Saint-Pétersbourg dominent le réseau urbain, mais une dizaine d'autres villes comptent plus d'un million d'habitants.

• *L'économie.* Les ressources naturelles sont à la mesure de l'étendue du territoire. La Russie se situe parmi les premiers producteurs mondiaux de pétrole et de gaz naturel, de minerai de fer (et aussi d'acier). Mais la situation est moins brillante dans les branches élaborées (électronique, chimie, plastique, automobiles), dans l'agriculture aussi, où le volume de la production (blé et pomme de terre notamm.), du cheptel (bovins et porcins) ne doit pas masquer la faiblesse des rendements. En réalité, la Russie paie la rançon d'une planification excessivement centralisée et dirigiste (liée au développement tentaculaire de la bureaucratie), ainsi que le manque de stimulation, d'innovation, de responsabilité propre à l'appropriation collective des moyens de production et à leur gestion, ignorant les lois du

LES RÉPUBLIQUES DE LA FÉDÉRATION DE RUSSIE

Républiques	Superficie (en km²)	Population	Capitale
République des Adyguéens	7 600	432 000	Maïkop
République de l'Altaï	92 600	192 000	Gorno-Altaïsk
République de Bachkirie	143 600	3 952 000	Oufa
République de Bouriatie	351 300	1 042 000	Oulan-Oude
République de Carélie	172 400	792 000	Petrozavodsk
République du Daguestan	50 300	1 792 000	Makhatchkala
République de Iakoutie	3 103 200	1 081 000	Iakoutsk
République d'Ingouchie	–	310 000	Nazran
République de Kabardino-Balkarie	12 500	760 000	Naltchik
République de Kalmoukie	75 900	322 000	Elista
République des Karatchaïs-Tcherkesses	14 100	418 000	Tcherkessk
République de Khakassie	61 900	569 000	Abakan
République des Komis	415 900	1 263 000	Syktyvkar
République des Maris	23 200	750 000	Iochkar-Ola
République de Mordovie	26 200	964 000	Saransk
République d'Ossétie du Nord	8 000	634 000	Vladikavkaz
République des Oudmourtes	42 100	1 609 000	Ijevsk
République du Tatarstan	68 000	3 640 000	Kazan
République de Tchétchénie	–	980 000	Groznyï
République de Tchouvachie	18 300	1 336 000	Tcheboksary
République de Touva	170 500	309 000	Kyzyl

La Fédération comporte aussi 6 territoires *(krai),* 49 *oblasts,* 2 villes à statut spécial *(Moscou et Saint-Pétersbourg),* 1 région autonome *(celle des Juifs)* et 10 districts autonomes.

marché dans un espace qui a été longtemps isolé commercialement. Elle subit les conséquences du déclin des échanges avec les territoires limitrophes et l'ancienne Europe de l'Est, à la fois clients et fournisseurs obligés. Elle souffre enfin de facteurs plus « naturels » : les aléas climatiques, la distance (cause d'une fréquente dissociation spatiale des ressources, notamm. minérales et énergétiques, et des besoins).

Après la dissolution de l'U. R. S. S., elle a engagé un processus de passage à l'économie de marché qui s'avère difficile. La faible compétitivité a multiplié les fermetures d'usines, et accru le chômage. Les inégalités sociales se sont développées, ainsi que (localement) les tensions ethniques. Les problèmes de l'environnement sont à l'échelle du pays et de la négligence des autorités. Le rouble s'est effondré et l'aide internationale est une condition du développement, sinon de la survie, de l'économie.

Histoire. À partir du Vᵉ s. apr. J.-C., des tribus slaves s'installent sur le Dniepr. Elles entrent en contact avec les Varègues scandinaves, mi-pillards, mi-marchands, qui vont les dominer et, au IXᵉ s., fonder des principautés dont les chefs sont semi-légendaires (Askold à Kiev, Riourik à Novgorod).

• *Les premiers États russes.*

882 : Oleg le Sage unifie les terres russes autour de Kiev.

L'État kiévien, qui dure jusqu'en 1240, contrôle le commerce de la Baltique à la mer Noire. La pénétration du christianisme y est suivie du baptême de Vladimir Iᵉʳ v. 988.

1019-1054 : Sous le règne de Iaroslav le Sage, la Russie voit se développer une civilisation urbaine influencée par Byzance.

1169 : Un second État russe est fondé dans le Nord-Est (région de Vladimir-Souzdal).
1238-1240 : Les Mongols (Tatars) conquièrent presque tout le pays.
1242 : Le grand-prince de Novgorod, Alexandre Nevski, élimine à l'O. la menace germanique en battant les chevaliers Porte-Glaive.
Tandis que le commerce de Novgorod passe sous le contrôle des marchands de la Hanse, s'affirme progressivement la prééminence de Moscou, qui devient capitale politique et religieuse. Mais les princes moscovites, qui ont obtenu des Mongols en 1328 la dignité de « grand-prince », doivent disputer l'hégémonie à l'État lituanien, en pleine expansion.

• *L'ascension de la Moscovie.*

1380 : Dimitri Donskoï (1362-1389) se dresse contre les Mongols et les bat à Koulikovo.
Cette victoire n'est pas décisive, mais l'affranchissement de la Moscovie va être facilité par le déclin de la Horde d'Or.
1480 : Ivan III (1462-1505) se proclame autocrate.
Il se fait reconnaître « souverain de toutes les Russies » et, mettant à profit la chute de Constantinople (1453), il proclame Moscou héritière de celle-ci, et donc « troisième Rome ».
1533-1584 : Ivan IV le Terrible, qui prend le titre de tsar, essaie de moderniser le pays et recourt à la terreur.
Il lutte contre la noblesse traditionnelle, les boyards, au profit d'une aristocratie de fonctionnaires, et entreprend de fixer les paysans à la terre en leur interdisant de se déplacer (1581), mesure qui est à l'origine du servage. Il reconquiert sur les Tatars la vallée de la Volga (Kazan, Astrakhan) et lance la conquête de la Sibérie.
1598-1613 : Des troubles politiques et sociaux, liés à la famine, se produisent dès le règne de Boris Godounov (1598-1605). Après sa mort, l'anarchie se développe, mise à profit par les Suédois et les Polonais, qui font couronner leur candidat au trône de Russie (1610).
1613 : Une assemblée nationale *(zemski sobor)* dénoue la crise en élisant Michel III Romanov.
Ses successeurs luttent contre leurs puissants voisins (Pologne, Suède) et affrontent révoltes paysannes et troubles religieux (*raskol,* ou schisme des vieux-croyants).
1682-1725 : Pierre le Grand mène de façon autoritaire une politique de réformes inspirée de l'Occident.
Il renforce son pouvoir, réorganise l'armée et les Finances, fonde Saint-Pétersbourg et crée l'Empire russe (1721).

• *L'Empire russe.* L'œuvre de Pierre le Grand ne touche qu'une minorité de la population ; elle est partiellement abandonnée par ses successeurs, sous le règne desquels se suivent révolutions de palais et ministres allemands.
1741-1762 : Sous le règne d'Élisabeth (fille de Pierre le Grand), la Russie, alliée de la France et de l'Autriche pendant la guerre de Sept Ans, bat Frédéric de Prusse, qui est sauvé de la défaite par l'avènement de Pierre III.
1762-1796 : Catherine II, après avoir éliminé son mari Pierre III, règne en despote éclairé.
Liée aux philosophes (Voltaire, etc.), la « Grande Catherine » fait des réformes qui visent essentiellement au renforcement du pouvoir impérial, centralisant l'Administration et favorisant le développement économique. S'appuyant sur la noblesse, elle renforce le servage, ce qui provoque des révoltes. Enfin, elle agrandit la Russie aux dépens de l'Empire ottoman (1768-1792) et de la Pologne (partages de 1772, 1793 et 1795).
1796-1815 : La Russie joue un rôle actif en Europe. Paul Ier (1796-1801) participe aux coalitions contre la France, puis s'oppose à l'Angleterre. Alexandre Ier (1801-1825), vaincu par Napoléon, s'allie avec lui (Tilsit, 1807), puis prend une part active à sa chute (campagne de Russie, 1812). Il participe au congrès de Vienne (1815) et, instigateur de la Sainte-Alliance, il se fait le gardien de l'ordre établi.
1825-1855 : Nicolas Ier mène une politique autoritaire en matant la conspiration « décabriste » (1825) et la révolte polonaise (1831). Il poursuit l'expansion russe dans le Caucase.
Mais les ambitions russes devant la faiblesse ottomane inquiètent l'Angleterre, et la guerre de Crimée est un échec pour la Russie.
1855-1881 : Alexandre II modernise son empire : il abolit le servage (1861), crée des assemblées élues, les *zemstvos*, et réforme la justice. Il aide les peuples des Balkans à se libérer des Turcs et commence la conquête de l'Asie centrale.
Ses réformes sont jugées insuffisantes et les libéraux se tournent vers l'action révolutionnaire. Le tsar est assassiné.
1881-1894 : Alexandre III mène une politique de réaction autocratique qui accentue le divorce avec un pays en pleine évolution économique et sociale.
Il impose une russification systématique et traque les opposants. Si l'industrie progresse, la misère paysanne s'accroît, sauf pour une minorité : les *koulaks.*
1894-1917 : La même politique est poursuivie par Nicolas II, mais les oppositions s'amplifient (particulièrement parmi les ouvriers, touchés par le marxisme).
La défaite militaire contre le Japon favorise la révolution de 1905. Après avoir fait des concessions libérales, Nicolas revient à l'autocratisme.
La participation de la Russie à la Première Guerre

mondiale et les difficultés qui en découlent accroissent le mécontentement et entraînent la révolution de 1917. Le succès de celle-ci est suivi de la chute du tsarisme.

• *La Russie soviétique.*

1918 : Création de la République socialiste fédérative soviétique de Russie.

1922 : La R.S.F.S.R. adhère à l'U.R.S.S. (→ U.R.S.S.) Constituant dès lors le centre de l'Union soviétique, la Russie joue un rôle fédérateur à l'égard des républiques périphériques (14 depuis la Seconde Guerre mondiale), dans lesquelles l'emploi de la langue russe et l'établissement des Russes sont considérés comme les vecteurs de la consolidation des valeurs soviétiques. Cependant, après 1985, les aspirations à la démocratie se développent rapidement, entraînant une rupture avec le système soviétique.

1990 : Le Soviet suprême issu des premières élections républicaines libres élit Boris Ieltsine à sa présidence.

1991 : Ieltsine, élu président de la république de Russie, s'oppose au putsch tenté contre Gorbatchev (août).

• *La Fédération de Russie.*

Après la dissolution de l'U.R.S.S. (déc. 1991), la Russie adhère à la C.E.I. (Communauté d'États indépendants), au sein de laquelle elle cherche à jouer un rôle prépondérant. Elle succède à l'U.R.S.S. comme membre permanent du Conseil de sécurité de l'O.N.U. et prend le nom officiel de « Fédération de Russie ». Celle-ci est confrontée en 1992 à des troubles, notamment en Ossétie, en Ingouchie et en Tchétchénie. Le passage à l'économie de marché entraîne l'aggravation de la pauvreté et de la corruption.

1993 : B. Ieltsine dissout le Soviet suprême (sept.) et brise sa résistance en le faisant assaillir par les forces armées. À l'issue du référendum et des élections législatives de décembre, une nouvelle Constitution entre en vigueur.

1994 : Les forces armées interviennent contre la Tchétchénie sécessionniste (déc.).

1995 : Les élections législatives (déc.) sont marquées par un retour en force des communistes, qui, avec leurs alliés, contrôlent près de la moitié de la Douma.

1996 : Devançant le candidat communiste Guennadi Ziouganov, B. Ieltsine est réélu à la présidence de la République (juill.).

Russie *(campagne de)* [24 juin-30 déc. 1812], campagne dirigée par Napoléon Ier contre la Russie. Les difficultés résultant du Blocus continental, la crainte d'une restauration de la Pologne à partir du grand-duché de Varsovie, l'annexion par Napoléon en 1811 de l'Oldenburg conduisent à l'éclatement de l'alliance franco-russe conclue à Erfurt en 1808. Allié de l'Autriche (14 mars 1812) et de la Prusse (24 févr. 1812), Napoléon attaque la Russie, liée à la Turquie (Bucarest, 28 mai 1812) et à la Suède (traité de Saint-Pétersbourg, 5 avr. 1812). Le 24 juin, la Grande Armée, forte de 600 000 hommes, franchit le Niémen, marche sur Moscou et, au prix d'une véritable boucherie, bat Koutouzov à Borodino (la Moskova, 7 sept.). Napoléon entre dans Moscou (14 sept.), mais la ville est ravagée par des incendies d'origine contestée, tandis que l'armée russe se reconstitue au sud de la ville. Craignant l'arrivée de l'hiver, Napoléon ordonne la retraite de ses troupes, qui, par un froid terrible, affamées, harcelées par les Cosaques et suivies par Koutouzov, doivent se frayer un passage sur la Berezina (25-29 nov.). Inquiet de la nouvelle de la conspiration de Malet, Napoléon regagne Paris, abandonnant le commandement à Murat. Les débris de la Grande Armée franchissent le Niémen (30 déc.), tandis que la Prusse, trahissant Napoléon, se joint aux Russes, créant ainsi la sixième coalition. Au total, Napoléon a perdu 500 000 hommes : 400 000 ont été tués et 100 000 faits prisonniers.

RUSSIE BLANCHE → BIÉLORUSSIE.

RUSSIE SUBCARPATIQUE, autre nom de l'Ukraine subcarpatique.

RUSSIEN, ENNE adj. Se dit de l'art de la Russie kiévienne (Xe-XIIIe s.).

RUSSIFICATION n. f. Action de russifier ; fait d'être russifié.

RUSSIFIER ou **RUSSISER** v. t. (conj. 9 ou 3). **1.** Peupler une région de personnes d'origine russe, de colons russes. – **2.** Donner à qqch un caractère russe, soumettre un groupe à une influence russe ou (anciénn.) soviétique.

RUSSILLO (Joseph), danseur américain d'origine italienne (New York 1938). Il est un des meilleurs représentants de la modern dance en Europe. Fixé à Paris, chorégraphe de la compagnie Anne Béranger-Joseph Russillo (fondée en 1969), il crée sa propre troupe, le Ballet-Théâtre Joseph Russillo (1972), qui s'installe à Toulouse et devient un centre chorégraphique national en 1984. Parmi ses compositions : *Samson* (1971), *Il était une fois comme toutes les fois* (1973), *Mémoires pour demain* (1974), *Requiem* (1977), *Orphée* (1980), *la Légende de Joseph* (1982), *les Sept Péchés capitaux* (1985), *la Divine Comédie* (1986).

RUSSISME n. m. **1.** Fait de langue particulier au russe (en partic. par rapport aux autres langues slaves). – **2.** Mot, expression, tournure d'origine russe introduite par emprunt dans une autre langue.

RUSSKOF n. Terme pop. et péjor. désignant un Russe.

russo-japonaise *(guerre)* [févr. 1904-sept. 1905], conflit qui opposa la Russie et le Japon et qui se termina par la victoire de ce dernier. L'affermissement des positions russes en Asie orientale vers 1900 se heurte aux visées du Japon. Déçu de l'intervention des puissances européennes (installation des Allemands dans la baie de Jiaozhou, des Français à Guangzhouwan et des Russes au Liaodong et en Corée) pour limiter les avantages qu'il a retirés de sa victoire sur la Chine (1895), l'Empire nippon, fort d'un accord avec l'Angleterre (1902), décide d'intervenir contre la Russie. Après l'échec des négociations russo-japonaises sur l'évacuation de la Mandchourie, un ultimatum japonais est adressé à Moscou. Après avoir mis le siège devant Port-Arthur, les Japonais débarquent en Corée, lancent leurs forces, commandées par le maréchal Ōyama, sur Moukden, où elles contraignent l'armée russe de Kouropatkine à se replier. L'escadre russe de la Baltique, après un long périple, est écrasée à Tsushima le 27 mai 1905 par l'amiral Tōgō Heihachiro. Le traité de Portsmouth (5 sept. 1905) consacre la victoire du Japon, qui établit son protectorat sur la Corée, annexe la partie sud de l'île de Sakhaline et oblige les Russes à évacuer la Mandchourie.

RUSSOLO (Luigi), compositeur et peintre italien (Portogruaro, Venise, 1885 - Cerro di Laveno 1947). Plasticien, il fut cosignataire, en 1910, des deux *Manifestes de la peinture futuriste.* En 1913, il décida de se consacrer aux problèmes sonores avec un manifeste sur *l'Art des bruits.* Il fit construire différents « bruiteurs » avec lesquels il fit des tournées de concerts en Italie, en Grande-Bretagne, à Paris (où il se fixa en 1927). Son influence a été considérable sur des compositeurs comme Honegger, Varèse et, plus tard, sur la musique concrète.

RUSSOPHILE adj. et n. Qui est favorable aux Russes ou (anciennement.) à l'U. R. S. S.

RUSSOPHONE adj. et n. Qui parle russe.

russo-turque *(guerre)* [1877-78] → BALKANS *(campagnes des).*

RUSSULE n. f. (lat. sc. mod. *russula,* du bas lat. *russulus,* rougeâtre). Champignon basidiomycète, à chair ferme et grenue. (Plusieurs russules sont de bons comestibles : *russule verdoyante, charbonnière, jolie* ; d'autres sont amères ou nauséabondes : *russule amère, émétique, fétide.*)

Russy *(forêt domaniale de),* forêt de Sologne (Loir-et-Cher), au S. de Blois ; 3 179 ha. Elle est peuplée de chênes, de hêtres, de charmes, de pins sylvestres et traitée en futaie régulière.

RUSTAUD, E adj. et n. (de *ruste,* var. anc. de *rustre*). *Fam.* Qui a une allure paysanne, des manières gauches ou grossières, qui ignore la politesse et les usages.

RUSTAUDERIE n. f. *Litt.* Manière de rustaud.

RUSTÉMIDES ou **RUSTUMIDES,** dynastie qui régna sur le Maghreb central de 777 env. à 909. Fondée par le khāridjite ʿAbd al-Raḥmān ibn Rustem, la dynastie eut pour capitale Tāhert et fut renversée par les Fāṭimides en 909.

RUSTENBURG, v. d'Afrique du Sud, au N.-O. de Johannesburg ; 22 000 hab. Mines de platine et de chrome.

RUSTICAGE n. m. **1.** Action de rustiquer. — **2.** Traitement rustique d'un ouvrage de maçonnerie.

RUSTICITÉ n. f. (lat. *rusticitas, -atis*). *Litt.* **1.** Caractère de ce qui est rustique : *La rusticité d'un mobilier.* — **2.** Manière rustique, fruste de se conduire. — **3.** Aptitude d'une plante ou d'un animal à supporter des conditions de vie difficiles.

RUSTINE n. f. (n. déposé). Petite rondelle de caoutchouc servant à réparer une chambre à air de bicyclette.

RUSTIQUE adj. (lat.*rusticus,* de *rus, ruris,* campagne). **1.** *Litt.* Qui appartient ou se rapporte à la campagne, aux gens ou aux choses du milieu rural : *Vie rustique.* — **2.** Se dit des meubles régionaux fabriqués selon des procédés artisanaux ou sur les mêmes modèles : *Une armoire rustique.* — **3.** Se dit d'objets utilitaires, d'un aménagement qui a les caractères simples et naturels de la campagne : *Cuisine rustique.* — **4.** *Litt.* Qui est fruste, sans façons, sans raffinements : *Des gens aux manières rustiques.* • **Agric.** Se dit des plantes et des animaux doués de rusticité. — **Archit.** *Ordre rustique, architecture rustique,* ordre, architecture dont les colonnes, les membres de l'entablement sont ornés de bossages à parement laissé brut ou vermiculé, parfois de congélations. — **Bât.** Se dit d'une maçonnerie dont le parement est fait soit de pierres d'aspect brut, soit d'un mortier incrusté de cailloux, de coquillages, à la manière du *rocaillage.* ‖ Se dit d'ouvrages (bancs, kiosques) dont l'ossature est constituée de troncs et de branches laissés bruts, ou de leur imitation en ciment. — **Ling.** Se dit du latin vulgaire répandu dans les provinces de l'Empire romain.

◆ n. m. **1.** Genre, style campagnard, en ameublement et en décoration : *Se meubler en rustique.* — **2.** Laie à deux tranchants dentelés, pour la taille de la pierre dure.

RUSTIQUER v. t. (conj. 3). **1.** Tailler une pierre avec le rustique. — **2.** Traiter un mur dans le genre rustique.

RUSTRE adj. et n. (anc. fr. *ruiste,* du lat. *rusticus,* rustique). Qui est grossier, manque d'éducation, de délicatesse : *Ce garçon est un rustre.*

RUT [ryt] n. m. (bas lat. *rugitus,* rugissement). Période d'activité sexuelle des mammifères mâles.

RUTABAGA n. m. (suéd. *rotabaggar,* chou-rave). Plante (crucifère) bisannuelle, voisine du navet, aux feuilles rappelant celles du chou, et à la tige, renflée, servant à l'alimentation animale et consommable comme légume à l'état jeune.

RUTACÉE n. f. Nom de famille de plantes telles que les agrumes (orange, citron, etc.), la rue, le dictame et le jaborandi. (Les feuilles des rutacées sont ponctuées de glandes transparentes odoriférantes.)

RUTEBEUF, poète français du XIIIe s., peut-être d'origine champenoise. Il est l'auteur de complaintes, de poèmes satiriques, d'une « branche » du *Roman de Renart : Renart le Bestourné* et d'un des plus anciens miracles de Notre-Dame (*le Miracle* de Théophile,* v. 1260). Il est le premier poète à avoir donné une œuvre personnelle, libérée de l'emprise des traditions courtoises.

RUTÈLE n. f. (p.-ê. du lat. class. *rutilus,* éclatant). Scarabée brillant d'Amérique latine, aux vives teintes métalliques.

RUTH, femme moabite, dont l'histoire est racontée dans le livre biblique du même nom. Elle entre, par son mariage avec Booz, dans la généalogie de Jésus (Matthieu I, 5).

Ruth *(livre de),* livre biblique (vers 450 av. J.-C.), dont le genre s'apparente à la nouvelle ou au conte.

RUTHÈNE adj. et n. (lat. médiév. *Ruthenia,* anc. n. de la Russie). **1.** Syn. anc. de UKRAINIEN. — **2.** *Église catholique ruthène,* Église uniate créée en 1596.

◆ n. m. Nom donné autrefois à l'ukrainien parlé en Galicie, en Bucovine et en Hongrie.

RUTHÈNES, Slaves de l'Est, établis dans les Carpates orientales (Ukraine subcarpatiques), en Bucovine et en Galicie, régions qui furent soumises à la domination hongroise ou polonaise et qui sont aujourd'hui intégrées à l'Ukraine.

RUTHÉNIE SUBCARPATIQUE, autre nom de l'Ukraine subcarpatique.

RUTHÉNIE ROUGE, nom donné autrefois par les Polonais aux régions de Galicie intégrées à la Pologne à la fin du XIVe s.

RUTHÉNIUM [-njɔm] n. m. (lat. sc. *ruthenium,* du lat. médiév. *Ruthenia,* anc. n. de la Russie). Métal de la mine de platine. (Élément chimique de symbole Ru.)

ENCYCL. De numéro atomique 44 et de masse atomique 101,07, le ruthénium est un métal dur et cassant, de densité 12,4, qui fond vers 2 250 °C. Il s'oxyde facilement à l'air et présente des analogies chimiques avec l'étain. Il s'extrait de l'osmiure d'iridium, résidu de l'attaque de la mine de platine par l'eau régale. On l'utilise, allié au platine et au palladium, pour réaliser des contacts électriques très résistants.

RUTHERFORD OF NELSON (Ernest, lord), physicien britannique (Nelson, Nouvelle-Zélande, 1871 - Cambridge 1937). Il découvrit en 1899 la radioactivité du thorium et donna avec Soddy, en 1903, la loi des transformations radioactives. Il distingua les rayons bêta et alpha, montrant que ces derniers sont constitués de noyaux d'hélium. Grâce aux rayons alpha du radium, il réalisa en 1919 la première transmutation provoquée, celle de l'azote en oxygène. Il détermina enfin la masse du neutron et proposa un modèle d'atome composé d'électrons satellites et d'un noyau central, dont il donna l'ordre de grandeur de la dimension. (Prix Nobel de chimie 1908.)

RUTHERFORDIUM [-djɔm] n. m. (de *Rutherford,* n. pr.). Nom donné par les Américains à l'élément chimique de numéro atomique 104, de symbole Rf, que les Soviétiques ont baptisé « kourtchatovium ».

RUTILANCE n. f. ou **RUTILEMENT** n. m. *Litt.* Caractère de ce qui est rutilant.

RUTILANT, E adj. (lat. *rutilans, -antis*). — **1.** Qui est d'un rouge vif, éclatant : *Cuivre rutilant.* — **2.** Qui brille d'un vif éclat : *Une carrosserie rutilante.*

RUTILE n. m. (lat. *rutilus,* rouge ardent). Oxyde naturel de titane, quadratique.

RUTILER v. i. (lat. *rutilare,* teindre en rouge) [conj. 3]. Briller d'un vif éclat, étinceler : *Les cuivres rutilent.*

RUTILISME n. m. (lat. *rutilus,* d'un rouge ardent). Pigmentation rousse des cheveux et des poils, due à l'érythromélanine.

RUTINE n. f. **RUTOSIDE** n. m. (lat. *ruta,* rue [plante]). Hétéroside extrait de nombreux végétaux (tomate, sarrasin, câpre, rose) et possédant une action vitaminique P sur la perméabilité capillaire.

RÜTLI ou **GRÜTLI** (le), prairie de Suisse (cant. d'Uri), sur la bordure sud-est du lac des Quatre-Cantons. Un serment y fut prêté, le 1er août 1291, par les patriotes des trois cantons d'Uri, de Nidwald et de Schwyz, qui voulaient se débarrasser de la tyrannie d'Albert d'Autriche.

RUTULES, peuple ancien du sud du Latium (Italie), dont le territoire bordait la mer Tyrrhénienne ; cap. *Ardea.*

RUVIGNY (Henri DE MASSUE, *marquis* DE), d'origine française (1610 - Greenwich 1689). Lieutenant général (1652), député général des Églises protestantes (1653), il fut envoyé auprès de Charles II pour négocier son alliance avec la France (1676). Après la révocation de l'édit de Nantes, il émigra en Angleterre (1686) et s'y fit naturaliser. — Son fils, HENRI **de Massue,** 2e marquis **de Ruvigny,** comte *de Galway* (Paris 1648 - Hampshire 1720), s'exila en Angleterre en 1686 et devint un conseiller apprécié de Guillaume III, qu'il servit comme lord de la justice d'Irlande (1697-1701, 1715-16).

RUVU → PANGANI.

RUVUMA, fl. de l'Afrique orientale, tributaire de l'océan Indien. Il sépare la Tanzanie du Mozambique ; 1 000 km environ.

RUWENZORI, massif situé à la frontière zaïro-ougandaise, allongé sur 100 km entre les lacs Mobutu et Édouard. Il culmine au mont Stanley (pic Marguerite, 5 119 m). Première ascension en 1906 par l'équipe du duc des Abruzzes.

Ruy Blas, drame en 5 actes et en vers de V. Hugo (1838). L'action se passe à la cour d'Espagne, à la fin du XVIIe s. : disgracié, Don Salluste, grand d'Espagne, se venge de la reine au substituant à son cousin Don César son valet Ruy Blas, amoureux de sa souveraine qui, délaissée, s'en éprend à son tour. Dénoncé par Don Salluste, Ruy Blas le tue et s'empoisonne en emportant le pardon de la reine.

RUYER (Raymond), philosophe français (Plainfaing, Vosges, 1902-Nancy 1987). Il a élaboré une philosophie de l'amour de la vie (*la Conscience et le Corps,* 1936 ; *le Monde des valeurs,* 1947).

RUYSBROECK (Jan VAN) → VAN RUUSBROEC.

RUYSBROEK (Guillaume DE) → RUBROEK.

RUYSDAEL (Jacob et Salomon VAN) → RUISDAEL.

RUYTER (Michiel Adriaanszoon DE), amiral néerlandais (Flessingue 1607 - près de Syracuse 1676). Contre-amiral en 1652, il participa à la première guerre anglo-hollandaise (1652-1654). Vice-amiral (1663), il repoussa l'escadre de Monk devant Dunkerque (1666), puis, remontant la Tamise, incendia les navires anglais devant Chatham (1667). Il battit la flotte anglo-française à Solebay (1672), puis l'arrêta devant Schoouvelt-Bank, en Zélande (1673), préservant ainsi son pays d'un débarquement. Envoyé au secours de l'Espagne contre les Siliciens révoltés, il fut battu par Duquesne au large d'Augusta (1676), et mortellement blessé.

RUZ [ry] n. m. (mot du Jura). Dans le relief de type jurassien, bassin de réception torrentiel entaillé au flanc d'un mont par les eaux qui descendent parallèlement à la pente des couches.

RUŽIČKA (Leopold), chimiste suisse d'origine croate (Vukovar, Croatie, 1887 - Zurich 1976). Il s'est intéressé à l'étude des hormones stéroïdes et à la structure des polyterpènes. (Prix Nobel de chimie 1939.)

RUZIZI ou **RUSIZI,** riv. d'Afrique centrale, reliant le lac Kivu au lac Tanganyika et séparant le Zaïre du Ruanda et du Burundi. Hydroélectricité.

Ruzyně, aéroport de Prague.

RUZZANTE ou **RUZANTE** (Angelo BEOLCO, dit), écrivain, acteur et metteur en scène italien (Padoue v. 1500 - *id.* 1542). Il est l'auteur de comédies dialectales (*Pastoral,* 1518-1520 ; *La Moscheta,* 1528 ; *La Piovana,* 1532 ; *Vaccaria,* 1533). Ses types paysans annoncent les « masques » de valets de la commedia dell'arte.

RWANDA → RUANDA.

RWANDAIS → RUANDAIS.

RYBINSK, v. de Russie ; 252 000 hab. Barrage et centrale sur la Volga. Centre industriel.

RYBNIK, v. du sud de la Pologne, près de la frontière tchèque ; 144 800 hab. Nœud ferroviaire, centre industriel d'une région minière (charbon).

RYDBERG (Viktor), écrivain suédois (Jönköping 1828 - Djursholm 1895), journaliste et critique littéraire influent, auteur de romans (*Singoalla,* 1858-1865), de poèmes et d'ouvrages historiques et religieux.

RYDBERG (Johannes Robert), physicien suédois (Halmstad 1854 - Lund 1919). Il établit une relation entre les spectres des divers éléments chimiques, mettant en évidence l'existence d'une constante qui a été d'une importance capitale dans les théories sur la structure de l'atome. (La *constante de Rydberg* R_H vaut 10 967 759 m^{-1}.)

RYDZ-ŚMIGŁY (Edward), maréchal polonais (Brzeżany, auj. Berejany, Ukraine, 1886 - Varsovie 1941). Disciple de Piłsudski, il participa à la Première Guerre mondiale, puis aux opérations contre les Ukrainiens et contre les Soviétiques. Commandant en chef des forces polonaises en 1939, il se réfugia en Roumanie après la défaite.

RYE [raj] n. m. (mot amér.). Whisky canadien, à base de seigle.

Rye House *(complot de)* [1683], complot organisé par un groupe de whigs pour assassiner le roi Charles II et son frère Jacques d'York. La découverte de ce complot favorisa la réaction monarchique.

RYJKOV (Nikolaï Ivanovitch), homme politique russe (Dyleïevka, région de Donetsk, 1929). Membre du secrétariat du Comité central du parti (1982-1985) puis du Politburo (1985-1990), il a été de sept. 1985 à janv. 1991 président du Conseil des ministres de l'U. R. S. S.

RYKOV (Alekseï Ivanovitch), homme politique soviétique (Saratov 1881 - Moscou 1938). Membre du P. O. S. D. R. depuis 1900, il devint commissaire du peuple à l'Intérieur en nov. 1917 et présida le Conseil des commissaires du peuple de 1924 à 1930. Il défendit la poursuite de la NEP et s'opposa au tournant à gauche effectué par Staline en 1928-29. Exclu du parti et arrêté en 1937, il fut condamné à mort et exécuté (1938). Sa mémoire a été réhabilitée par Gorbatchev en 1988.

RYLE (Gilbert), philosophe et logicien britannique (Brighton 1900 - Whitby, North Yorkshire, 1976). Il préconise une analyse conceptuelle rigoureuse pour lever les ambiguïtés du langage. Il s'inscrit dans la ligne de Wittgenstein et de la philosophie analytique. Il a écrit *la Notion d'esprit* (1949).

RYLE (*sir* Martin), astrophysicien britannique (Brighton 1918 - Cambridge 1984). Directeur de l'observatoire de radioastronomie Mullard, à Cambridge (1959), il a mis au point la technique de la « synthèse d'ouverture ». Celle-ci permet, à l'aide d'un ensemble de petits radiotélescopes répartis dans un périmètre de plusieurs kilomètres, d'étudier les radiosources célestes avec un pouvoir de résolution égal à celui que présenterait un instrument géant unique couvrant la même zone. (Prix Nobel de physique 1974 avec A. Hewish.)

RYLEÏV (Kondrati Fedorovitch), poète et révolutionnaire russe (Batovo, près de Saint-Pétersbourg, 1795 - Saint-Pétersbourg 1826). Il participa au complot décabriste (14 [26] déc. 1825) et fut condamné à mort et exécuté.

RYNCHITE → RHYNCHITE.

RYOJUN → PORT-ARTHUR.

RYSWICK, auj. **Rijswijk,** localité des Pays-Bas (Hollande-Méridionale), banlieue S.-E. de La Haye ; 54 000 hab.

Ryswick *(traités de)* [1697], traités conclus au château du Nieuwburg, près de Ryswick, et mettant fin à la guerre de la Ligue d'Augsbourg. Ils furent signés le 20 sept. entre la France, les Provinces-Unies, l'Angleterre et l'Espagne et le 30 oct. entre la France et l'empereur Léopold Ier. Louis XIV restituait les territoires occupés (Lorraine, Palatinat, Catalogne) ou annexés grâce à sa politique de réunions* (sauf Sarrelouis, Longwy et Strasbourg). Il reconnaissait Guillaume III comme roi d'Angleterre. Les Provinces-Unies obtenaient des avantages commerciaux dans les ports français et le droit de tenir garnison dans certaines places des Pays-Bas espagnols.

RYTHME n. m. (lat. *rhythmus,* du gr. *rhuthmos,* cadence). **1.** Retour, à des intervalles réguliers dans le temps, d'un fait, d'un phénomène : *Rythme des saisons, des marées.* — **2.** Élément temporel de la musique, dû à la succession et la relation entre les valeurs de durée : *Suivre le rythme en dansant.* — **3.** Succession de temps forts et de temps faibles, mouvement dans une œuvre littéraire, un film, etc. : *Un film dont le rythme est trop lent.* — **4.** Cadence à laquelle s'effectue une action, un processus : *Des livraisons qui continuent à un rythme normal.* — **5.** Ordre, équilibre d'une œuvre plastique ou architecturale résultant de la proportion et de l'agencement de ses parties : *Rythme d'une composition.* — **6.** Retour régulier, dans la chaîne parlée, d'impressions auditives analogues, créées par divers éléments linguistiques. — **7.** En prosodie, retour à intervalles réguliers des temps forts et des temps faibles, dans un vers, une phrase musicale, etc. — **8.** *Boîte à rythmes* ou *générateur de rythmes,* ensemble de circuits électroniques programmés ou programmables donnant divers rythmes musicaux. (Ils sont parfois intégrés aux orgues électroniques.) — **9.** *Rythme biologique,* syn. de BIORYTHME. ‖ *Rythme cardiaque,* succession régulière des contractions (systoles) et des relaxations (diastoles) du muscle cardiaque. (→ *encycl.*) ‖ *Rythme respiratoire,* succession des inspirations et des expirations. ‖ *Rythmes scolaires,* périodes de temps qui ponctuent la vie de l'enfant et de l'adolescent à l'école et au collège.

ENCYCL. **Mus.** Le rythme joue un rôle d'organisation important et donne au discours musical le moyen d'être compréhensible en établissant les rapports de durée, d'intensité, d'acuité. Il s'établit grâce à l'existence de moyens expressifs (succession de temps faibles et de temps forts) liés aux lois de l'écriture (succession régulière ou non des valeurs de durée). La combinaison de ces éléments engendre une périodicité qui se manifeste par l'égalité des temps de la mesure.
— **Physiol.** Le *rythme cardiaque* normal (de 60 à 80 pulsations par minute au repos), peut s'accélérer (tachycardie), notamment au cours des efforts et des émotions. Il peut à l'inverse se ralentir (bradycardie), en particulier chez les sportifs et les sujets vagotoniques. Il varie dans sa fréquence ou dans sa régularité (arythmie) au cours de nombreuses circonstances pathologiques.

RYTHMER v. t. (conj. 3). **1.** Donner à un texte un certain rythme, par le travail de l'écriture : *Rythmer une strophe.* — **2.** Marquer le rythme d'un morceau de musique, d'un texte, etc. : *Rythmer un air avec son pied.* — **3.** Marquer, constituer les temps qui organisent la structure interne d'une durée ; scander : *Ces événements qui rythmaient sa vie.*

◆ **être rythmé** v. pass. **1.** Avoir un rythme, être cadencé : *Un pas rythmé.* — **2.** Être harmonieux par son rythme : *Prose rythmée.*

RYTHMICIEN, ENNE n. Spécialiste de rythmique.

RYTHMICITÉ n. f. Caractère d'un phénomène rythmique.

RYTHMIQUE adj. **1.** Qui appartient au rythme, qui est fondé sur un rythme régulier. — **2.** Se dit d'une versification fondée non pas sur le nombre et la quantité des syllabes, mais sur la coïncidence des temps marqués du vers avec les accents des mots, comme chez les Anglais et les Allemands. — **3.** *Prose rythmique,* prose harmonieusement cadencée.

◆ n. f. **1.** Science des rythmes concernant la prose et surtout la poésie. — **2.** Gymnastique* rythmique.

RYTHMIQUEMENT adv. En rythme, de façon rythmique.

RYTI (Risto Heikki), homme d'État finlandais (Huittinen 1889 - Helsinki 1956). Premier ministre (déc. 1939-déc. 1940), puis président de la République (19 déc. 1940-1er août 1944), il conclut (juin 1944) avec Ribbentrop un pacte d'assistance militaire. Condamné (1946) à dix ans de prison, il fut gracié en 1949.

RYŪKYŪ, archipel japonais d'origine volcanique et corallienne, allongé sur 1 300 km du S. de Kyūshū à Taiwan, et séparant la mer de Chine orientale de l'océan Pacifique ; 2 250 km^2 ; 1 222 398 hab. Il constitue aujourd'hui la préfecture d'Okinawa (nom de son île principale). Occupé par les Américains après 1945, l'archipel a été rendu au Japon en 1972. Tourisme.

RZESZÓW, v. du sud-est de la Pologne ; 154 800 hab. Nœud ferroviaire. Centre industriel.

S n. m. **1.** Dix-neuvième lettre de l'alphabet français notant une consonne constrictive, qui peut être sourde [s] comme dans *sel* ou sonore [z] comme dans *rose.* – **2.** Forme sinueuse formant deux boucles : *Virage en S.*

S abrév. **Chim.** Symbole du *soufre.* – **Géogr.** Désigne le sud. – **Métrol.** Symbole du *siemens.*

s, symbole de la *seconde,* unité de temps.

$, symbole du *dollar.*

SA → SON.

SA [ɛsa] n. f. (abrév. de l'all. *SturmAbteilung,* section d'assaut). Formation paramilitaire du parti nazi, qui, en dominant la rue, a joué un rôle essentiel dans la marche de Hitler vers la conquête du pouvoir.
◆ n. m. Membre de cette formation.

S. A., abrév. de SOCIÉTÉ* ANONYME.

SAADI → SA'DI.

SAADIA ou **SA'ADIYA BEN YOSEF,** dit en ar. **Sa'adya al-Fayyūmī,** grammairien, philosophe et théologien juif (dans le Fayoum 882 ou 892 - Sūrā, Syrie, 942). Son œuvre principale est un traité de philosophie juive, le *Livre des croyances et des opinions,* écrit en arabe (933) et qui fut traduit en hébreu en 1186.

SAADIENS → SA'DIENS.

SAALE, riv. d'Allemagne (née en Rép. tchèque), affl. de l'Elbe (r. g.) ; 427 km (bassin de 23 673 km^2).

SAALES (67420), ch.-l. de cant. du Bas-Rhin, dans le massif des Vosges, à l'entrée du *col de Saales* (556 m), reliant Strasbourg à Saint-Dié ; 787 hab.

SAALFELD, v. d'Allemagne (Thuringe), sur la Saale ; 33 500 hab. Monuments du XIVe au XVIIIe s. Centre industriel.

SAALIEN n. m. (de *Saale,* n. pr.). Phase tectonique intrapermienne (env. – 260 MA) appartenant à l'orogenèse hercynienne et définie en Allemagne du Nord.

SAANE, nom allemand de la Sarine.

SAANEN, nom allemand de Gessenay.

SAAR, nom allemand de la Sarre.

SAARBRÜCKEN, nom allemand de Sarrebruck.

SAAREMAA, en russe **Sarema** et en suédois **Ösel,** île d'Estonie, fermant au N.-O. le golfe de Riga ; 2 714 km^2. Élevage.

SAARIKOSKI (Pentti), écrivain finlandais d'expression finnoise (Impilahti 1937 - Joensuu 1983). D'abord poète lyrique classique (*Poèmes,* 1958), il s'est ensuite livré à une explosion verbale proche de celle des poètes beatniks américains (*Où que j'aille,* 1965 ; *l'Invitation à la danse,* 1980). On lui doit aussi des romans.

SAARINEN (Eero), architecte et designer américain d'origine finlandaise (Kirkkonummi 1910 - Ann Arbor, Michigan, 1961). Il devint en 1937 l'associé de son père, ELIEL (1873-1950), architecte de la gare centrale d'Helsinki (plans : 1904), établi aux États-Unis en 1923. Il a élevé dans le style de Mies van der Rohe, qu'il a su animer plastiquement, le Centre technique de la General Motors à Detroit (1945-1955), ainsi que des ensembles de bureaux. Il abandonna l'angle droit pour l'envol de son aérogare de la TWA à Idlewild, en voile de béton (1956), et manifesta dans d'autres œuvres une liberté maniériste tout aussi inédite (collèges de Yale, à New Haven). Il a créé des meubles en métal, plastique et fibres de verre, notamment sa série de sièges coquilles à pied central, dessinée en 1956.

SAARLAUTERN, nom donné par les Allemands à Sarrelouis de 1936 à 1945.

SAAS FEE, station d'été et de sports d'hiver de Suisse (cant. du Valais), dans le *Saastal,* au pied du glacier de *Fee* (alt. 1 800-3 200 m) ; 1 200 hab.

SAAVEDRA (Ángel DE), duc de **Rivas** → RIVAS.

SABA, ancien État de l'E. du Yémen (capitale Mā'rib), dont la prospérité était due au commerce des aromates. Entre 738 et 685 av. J.-C., il payait tribut aux Assyriens. Du Ve au IVe s. av. J.-C. datent des inscriptions en écriture sudarabique et des monuments : barrage de Mā'rib, temples de Mā'rib et de Ṣirwāḥ. La prospérité déclina à l'ère chrétienne. À la suite de luttes entre tribus, Saba passa sous la domination des Ḥimyarites au IIIe s. apr. J.-C.

SABA *(la reine de),* reine légendaire d'Arabie qui, selon la Bible, vint rendre visite au roi Salomon. Le Coran reprend cet épisode et donne à la reine le nom de Balkis. Elle serait aussi, par Salomon, l'ancêtre de la dynastie des empereurs d'Éthiopie.

SABA (Umberto POLI, dit **Umberto**), écrivain italien (Trieste 1883 - Gorizia 1957). Son expérience de la persécution raciste et de la psychanalyse a inspiré son œuvre poétique, attentive aux rêves de l'adolescence et aux faits quotidiens (*Il Canzoniere,* 1921, 1945, 1961).

SABADELL, v. d'Espagne (prov. de Barcelone) ; 186 000 hab. Centre textile. Musée (préhistoire, vie régionale, etc.).

SABAH, anc. **Bornéo-Septentrional,** État membre de la Fédération de Malaysia ; 73 700 km² ; 1 791 000 hab. Cap. *Kota Kinabalu.*
— **Géogr.** Limité au S. par le Sarawak et Kalimantan, c'est un pays montagneux, peuplé d'indigènes (44 %), de Chinois (21 %), et de Malais. L'agriculture occupe 6 % du territoire (rizières, hévéas), le bois représente les trois quarts des exportations. Le sous-sol fournit du cuivre et, au large, du pétrole. Les ports sont Kota Kinabalu, Sandakan et Labuan.
— **Hist.** La région fut fréquentée par des marchands chinois dès l'époque des Song. Elle fut partagée au XVIIe s. entre les sultanats de Brunei et de Sulu. Cédée en 1877 à la future (1881) British North Borneo Company, elle fut placée sous le protectorat britannique (1888). Occupé par les Japonais (1942-1945), Bornéo-Septentrional devint une colonie de la Couronne (1946) puis entra dans la Fédération de Malaysia (1963), ce qui déclencha la « confrontation » (1963-1966) avec les Philippines et l'Indonésie.

SABAKI → GALANA.

SABAL n. m. Palmier des régions tropicales et subtropicales de l'Amérique.

SABARMATI, fl. de l'Inde, tributaire de la mer d'Oman ; 400 km env.

SABATIER (Auguste), théologien protestant français (Vallon-Pont-d'Arc 1839 - Paris 1901). Il fut l'un des fondateurs de la faculté de théologie protestante de Paris (1877) et son doyen en 1895. Il professait le caractère symbolique de la connaissance religieuse.

SABATIER (Paul), chimiste français (Carcassonne 1854 - Toulouse 1941). En collaboration avec Senderens, il a découvert les propriétés du nickel réduit relativement aux hydrogénations catalytiques et a réalisé ainsi la synthèse de nombreux hydrocarbures. (Acad. des sc., 1913 ; prix Nobel de chimie 1912.)

SABATIER (Robert), écrivain et critique français (Paris 1923). Son enfance (*les Allumettes suédoises,* 1969 ; *Trois Sucettes à la menthe,* 1972 ; *les Noisettes sauvages,* 1974 ; *les Fillettes chantantes,* 1980 ; *David et Olivier,* 1986 ; *Olivier et ses amis,* 1993), le bilan d'une existence (*les Années secrètes de la vie d'un homme,* 1984) forment les thèmes de ses romans. On lui doit aussi une *Histoire de la poésie française* (1975-1988) et des recueils de poèmes.

SÁBATO (Ernesto), écrivain argentin (Rojas, prov. de Buenos Aires, 1911). Physicien, lié aux surréalistes, il s'est consacré à l'expérimentation d'un récit romanesque qui unit la technique du roman policier à la méditation philosophique (*le Tunnel,* 1948 ; *Alejandra,* 1961 ; *l'Ange des ténèbres,* 1974) et à l'essai *(La cultura en la encrucijada nacional,* 1976).

SABAYON n. m. (ital. *zabaione*). Entremets sucré, composé d'une crème à base de jaunes d'œufs et de vin doux. (Spécialité italienne.)

SABAZIOS, Dieu thrace et phrygien de la Végétation, du Blé et de la Bière. Dans la Grèce classique, on l'assimilait à Dionysos. Son culte s'étendit dans l'Empire romain.

SABBAT n. m. (lat. *sabbatum,* du gr. *sabbaton,* de l'hébr. *shabbāt*). **1.** Jour de repos hebdomadaire consacré à Dieu, dont la loi mosaïque fait une stricte obligation. (Commencé le vendredi soir et se terminant le samedi soir, le sabbat est marqué par diverses cérémonies.) [Syn. SHABBAT.] — **2.** *Fam.* et *vx.* Vacarme et remue-ménage frénétique. — **3.** Prétendue assemblée cérémonielle de sorciers et de sorcières, marqué par le culte rendu au diable.

SABBATAI ZEVI, kabbaliste juif (Smyrne 1626 - Ulcinj, Monténégro, 1676). Réputé pour sa science, il se présenta en 1665 comme le Messie. Le mouvement messianiste qu'il provoqua prit une telle ampleur que le gouvernement ottoman s'en inquiéta et le fit arrêter. Il n'échappa à la peine capitale qu'en se convertissant à l'islām.

SABBATIQUE adj. 1. Relatif au sabbat : *Repos sabbatique.* — 2. *Année sabbatique,* la dernière année d'une période de sept ans, que la loi mosaïque commandait de sanctifier par la cessation des travaux agricoles et l'abandon aux pauvres et aux animaux des fruits de la terre ; année de congé accordée dans certains pays aux universitaires ou à certains cadres d'entreprise pour leur permettre de poursuivre leurs travaux de recherche, ou de renouveler leurs connaissances. ‖ *Congé sabbatique,* congé non rémunéré de 6 à 11 mois accordé à un salarié qui remplit les conditions d'ancienneté et d'activité nécessaires.

SABBIONETA, comm. d'Italie, en Lombardie, à 33 km au S.-O. de Mantoue ; 2 000 hab. Remarquables monuments élevés vers la fin du XVIe s. pour le duc Vespasien Gonzague.

1. SABÉEN, ENNE adj. et n. Du pays de Saba.

2. SABÉEN n. m. (araméen *ç'ba,* baptiser). Nom donné aux membres de plusieurs sectes religieuses de l'époque ancienne de l'islām, notamment aux mandéens vivant actuellement en Iraq.

SABÉISME n. m. Religion des sabéens.

SABELLE n. f. (lat. sc. *sabella,* p.-ê. du lat. class. *sabulum,* sable). Annélide polychète vivant dans un tube enfoui verticalement dans le sable, d'où sort un panache de branchies plumeuses.

SABELLIANISME n. m. Doctrine de Sabellius.

SABELLIEN, ENNE adj. et n. Relatif à Sabellius ; disciple de Sabellius.

SABELLIENS, peuple de montagnards de l'Apennin, à l'époque romaine. Les Samnites en constituaient l'élément principal.

SABELLIUS, hérésiarque du IIIe s., initiateur d'une doctrine, dite encore *monarchianisme**.

Sabena (sigle de *Société Anonyme Belge d'Exploitation de la Navigation Aérienne*), société belge de transports aériens, dont les origines remontent à 1919.

SABĪL → SÉBIL.

SABIN (Albert Bruce), médecin américain d'origine russe (Białystok 1906 - Washington 1993). Spécialiste de virologie, il a mis au point la vaccination antipoliomyélitique par voie orale.

SABINE n. f. (lat. *sabina,* plante des sabins). Espèce de genévrier toxique et odorant du midi de l'Europe.

SABINE, en lat. **Sabina,** région d'Italie centrale, pays des anciens Sabins*.

SABINE, fl. des États-Unis (Texas et Louisiane), tributaire du golfe du Mexique ; 930 km (bassin de 26 950 km^2).

SABINE (*sir* Edward), géophysicien britannique (Dublin 1788 - East Sheen, Surrey, 1883). Ses recherches ont porté sur le champ de pesanteur et la forme de la Terre. Il a découvert (1852) la relation entre les taches solaires et les orages magnétiques.

SABINIEN (Blera, Étrurie, ? - Rome 606), pape de 604 à 606.

SABINS *(monts),* en ital. **Sabini,** massif d'Italie, dans le Latium ; 1 365 m au monte Pellechia.

SABINS, peuple de l'Italie antique, établi au nord-est de Rome. Selon la légende, l'enlèvement des Sabines par Romulus et ses hommes entraîna la guerre avec les Romains puis un traité d'alliance par lequel le roi était choisi par alternance entre l'un et l'autre peuple.

SABINUS (Julius) [† Rome 79 apr. J.-C.], usurpateur d'origine gauloise (69-70 apr. J.-C.). Il tenta de rendre à la Gaule son indépendance. En 79, Vespasien l'envoya au supplice.

SABIR n. m. (esp. ou provenç. *saber,* savoir). 1. Système linguistique réduit à quelques règles de combinaison et au vocabulaire d'un champ lexical déterminé (par ex. commerce, relations maîtres-esclaves). — 2. Langue difficilement compréhensible, charabia, jargon.

SABLAGE n. m. 1. Action de sabler ; fait d'être sablé. — 2. Décapage d'une surface au moyen de sable, de silice ou de tout autre abrasif minéral projeté à l'aide d'air comprimé. — 3. Action de répandre, sur une chaussée enneigée ou verglacée, des matériaux sableux pour augmenter l'adhérence des roues.

1. SABLE n. m. (lat. *sabulum*). 1. Sédiment détritique meuble formé par des grains de la taille des arénites (672,5 μm à 2 mm). [→ *encycl.*] — 2. *Bâtir sur le sable,* fonder une entreprise sur qqch de fragile. ‖ Fam. *Être sur le sable,* être sans argent, sans emploi. ‖ *Le marchand de sable est passé,* se dit aux enfants lorsqu'on les voit, le soir, sur le point de s'endormir. ‖ *Tempête de sable,* transport de sable, le plus souvent, de poussières par un vent violent. • **Bx-arts.** *Peinture de sable,* dessins tracés sur le sol avec des pigments colorés, répartis avec les doigts, par les Indiens du sud-ouest des États-unis et représentant différents dieux de la mythologie. — **Méd.** Ensemble de petits calculs urinaires. — **Métall.** Nom générique de matériaux réfractaires en grains, de diamètre compris entre 0,075 et 1 mm, servant à fabriquer des moules de fonderie. — **Pédol.** Fraction du sol constituée des particules (quartz, mica blanc) de diamètres compris entre 0,02 et

2 mm. (Un sol dit sableux comporte au moins 80 % de sable.) – **Pétr.** *Sable asphaltique* ou *bitumineux* ou *pétrolifère,* gisement de sable ayant une forte concentration en hydrocardures bitumineux et susceptible de produire du pétrole à l'aide de procédés thermiques. – **Therm.** *Bain de sable,* sable qu'on interpose entre un foyer et un récipient qu'on ne veut pas chauffer à feu nu.
◆ adj. inv. D'une couleur beige grisé très clair.
◆ **sables** n. m. pl. **1.** Désert de sable. – **2.** *Sables mouvants,* sable humide, où l'on risque de s'enfoncer jusqu'à l'enlisement ; sable sec que les vents déplacent dans les régions désertiques. ‖ *Se perdre dans les sables,* se dit d'un projet, d'une négociation, etc., qui traîne en longueur et finit par perdre son sens. ‖ *Vin de sables,* vin produit sur des terrains sableux (par ex. île de Ré).
ENCYCL. **Géol.** Les grains de sable proviennent, pour leur grande majorité, de la désagrégation de roches préexistantes, suivie d'un transport par les eaux ou par le vent. Ils sont le plus souvent constitués par du quartz. Selon la taille des grains, on parle de *sable grossier, moyen, fin* ou *très fin.* La nomenclature tient également compte de la présence d'autres éléments : *sable feldspathique* (ou arkose), *micacé* (psammite), *aurifère, argileux,* etc. Les sables, même compactés, ont une porosité et une perméabilité importantes qui les font rechercher comme aquifères. Les sables siliceux très purs (sables de Fontainebleau à 99,5 % de silice) sont utilisés en verrerie.
– **Matér.** Le *sable de construction,* qui entre dans la composition des mortiers et des bétons, est un matériau silico-calcaire. Il est d'origine naturelle (matériau alluvionnaire ou sable marin) ou artificielle et destiné alors à certains usages : enduits isolants, béton réfractaire, etc.

2. SABLE n. m. (polon. *sabol,* marte zibeline). Une des couleurs (noir) du blason. (Il s'indique, en gravure, soit par des lignes verticales et horizontales croisées, soit par une teinte noire unie.)

SABLE *(île du)* ou **CAPE SABLE ISLAND,** île de l'Atlantique, au large de la Nouvelle-Écosse (Canada).

SABLÉ n. m. **1.** Petite galette en pâte sablée. – **2.** En broderie, semis réalisé au point de piqûre. – **3.** Armure d'un tissu présentant de petits motifs régulièrement espacés en tous sens.

SABLÉ (Madeleine DE SOUVRÉ, *marquise* DE), femme de lettres française (en Touraine 1599 - Port-Royal 1678). Belle et spirituelle, elle fréquenta l'hôtel de Rambouillet, puis tint salon chez elle, où elle lança la mode des portraits et des maximes.

SABLER v. t. (conj. 3). **1.** Couvrir de sable : *Sabler la chaussée.* – **2.** Projeter du sable sur les rails devant les roues au moyen d'une sablière. – **3.** Nettoyer une surface par projection d'un jet de sable. – **4.** *Sabler le champagne,* célébrer un événement en buvant du champagne.
◆ **être sablé** v. pass. **1.** Être couvert de sable : *Allée sablée.* – **2.** *Pâte sablée,* pâte friable comportant une forte proportion de jaunes d'œufs et de sucre.

SABLERIE n. f. (de *sable 1*). Partie d'une fonderie où l'on prépare les sables de moulage par différents traitements.

SABLES-D'OLONNE (Les) [85100], ch.-l. d'arrond. de la Vendée, sur l'Atlantique ; 16 245 hab. *(Sablais).* Église du XVIIe s. Musée régional et d'art contemporain à l'anc. abbaye Ste-Croix. Station balnéaire. Pêche. Bateaux de plaisance. – À La Chaume, chapelle romane du fort St-Nicolas.

SABLES-D'OR (les), en bulg. **Zlatni Pjasăci,** station balnéaire de Bulgarie, sur la mer Noire, au N. de Varna.

SABLES-D'OR-LES-PINS (les) [22240 Fréhel], station balnéaire de la Manche, située sur la comm. de Fréhel (Côtes-d'Armor), au S.-O. du cap Fréhel.

SABLÉ-SUR-SARTHE (72300), ch.-l. de cant. de la Sarthe, au confluent de la *Sarthe,* de l'Erve et de la Vaige ; 12 972 hab. *(Saboliens).* Dans l'église, deux verrières des XVe et XVIe s. Fonderie. Industries alimentaires.

SABLEUR n. m. **1.** Ouvrier qui pratique le sablage. – **2.** Ouvrier chargé de la préparation des sables de moulage.

SABLEUSE n. f. **1.** Appareil tracté pour le sablage des chaussées. – **2.** Machine à l'aide de laquelle on projette violemment un jet de sable fin sur des corps durs (pierre, verre, métaux), pour les dépolir, les décaper ou les graver.

SABLEUX, EUSE adj. **1.** De la nature du sable, qui en contient : *Côte sableuse.* – **2.** Dont la consistance évoque les grains de sable : *La pâte est trop sableuse.*

SABLIER, ÈRE adj. Relatif au sable, à l'extraction, au commerce du sable.
◆ **sablier** n. m. **1.** Petit appareil en verre, constitué de deux récipients communiquant par un étroit conduit où s'écoule du sable fin, qui sert à mesurer le temps. – **2.** *Vx.* Petit récipient contenant le sable fin qu'on répandait jadis sur l'écriture qu'on voulait sécher. – **3.** Nom usuel de l'*assacu.* – **4.** Bac ou canal dont le rôle est de retenir par gravité les impuretés d'une suspension fibreuse qui s'écoule.
◆ **sablière** n. f. **1.** Lieu d'où l'on extrait du sable. – **2.** Pièce de bois horizontale qui reçoit l'extrémité inférieure des chevrons dans un pan de toiture. – **3.** Dans un mur en pan de bois,

chacune des pièces horizontales, hautes et basses, où s'assemblent les poteaux et les tournisses. (La *sablière haute* supporte les solives des planchers.) – **4.** Réservoir de sable muni de tubes, permettant d'envoyer du sable sous les roues d'une locomotive pour augmenter l'adhérence au démarrage ou dans les rampes.

SABLON n. m. (lat. *sabulo, -onis*). Sable très fin.

SABLONNER v. t. (conj. 3). Couvrir de sable une surface.

SABLONNEUX, EUSE adj. **1.** Se dit d'un lieu couvert de sable : *Terrain sablonneux.* – **2.** Qui contient du sablon.

SABLONNIÈRE n. f. Lieu d'où l'on extrait du sablon.

SABLONS (38550), comm. de l'Isère, à 7 km au S. du Péage-de-Roussillon ; 1 540 hab. Centrale hydroélectrique sur une dérivation du Rhône.

SABOLY (Nicolas), poète et musicien provençal (Montreux, près de Carpentras, 1614 - Avignon 1675). Maître de musique d'Arles, il composa plus de 100 noëls.

SABORD [-bɔr] n. m. (p.-ê de *bord*). **1.** Ouverture quadrangulaire pratiquée dans la muraille d'un navire, et servant soit de passage à la volée des pièces, soit de prise d'air pour les chambres et les batteries. – **2.** *Mille sabords !,* juron familier des marins.

SABORDAGE ou **SABORDEMENT** n. m. Action de saborder ; fait de se saborder.

SABORDER v. t. (de *sabord*) [conj. 3]. **1.** Couler volontairement un navire pour éteindre un incendie, ou pour l'empêcher de tomber dans les mains de l'ennemi. – **2.** Mettre volontairement fin à l'activité d'une entreprise. – **3.** Agir de manière à détruire un projet.

SABOT [-bo] n. m. (anc. picard *çabot,* p.-ê. d'un fr. dialect. *bot,* chaussure grossière). **1.** Chaussure faite d'une pièce de bois ou d'une semelle de bois et d'un dessus de gros cuir. – **2.** Chaussure utilitaire du même type, faite en caoutchouc moulé d'une seule pièce. – **3.** *Fam.* et *vx.* Instrument, outil, chose qui ne vaut rien. – **4.** Fam. *Je vous vois venir avec vos gros sabots,* vous cachez mal vos intentions. ‖ *Sabot de Denver,* dispositif utilisé par la police afin d'immobiliser les voitures en stationnement illicite par le blocage d'une roue. • **For.** Extrémité inférieure d'une colonne de tubage. – **Jeux.** Boîte dans laquelle sont placées les cartes que le banquier distribue, une par une, à certains jeux ; les cartes qui s'y trouvent. – **Mécan.** *Sabot de frein,* pièce dont l'intérieur, à concavité circulaire, vient s'appliquer contre le bandage de la roue d'un véhicule ou la périphérie d'une poulie, pour en arrêter ou en modérer le mouvement. – **Ménag.** Baignoire de longueur réduite conçue pour être utilisée en position assise. (On dit aussi BAIGNOIRE SABOT.) – **Mobil.** Garniture de métal aux pieds de certains meubles. – **Trav. publ.** Garniture qui s'adapte à l'extrémité d'un poteau, d'une pièce, d'un pilot. – **Zool.** Formation cornée qui entoure la dernière phalange du doigt des équidés ; onglon des ruminants et des suidés. (Le sabot des équidés comprend la lame ou muraille, à la partie inférieure la sole, échancrée à l'arrière par la fourchette, épaississement dermique. Le sabot des artiodactyles est moins complexe ; la sole est peu développée.)

1. SABOTAGE n. m. (de *saboter 1*). **1.** Action de fabriquer des sabots ; métier du sabotier. – **2.** Opération consistant à entailler les traverses de chemin de fer pour y fixer les pièces métalliques constituant les éléments de la voie (rails, coussinets, etc.).

2. SABOTAGE n. m. (de *saboter 2*). **1.** Action de saboter un travail. – **2.** Acte qui a pour but de détériorer ou de détruire intentionnellement du matériel, des installations : *Le sabotage d'une voie ferrée.* – **3.** Manœuvres ayant pour objectif de désorganiser une entreprise, de faire échouer une action : *Le sabotage d'une politique.*

SABOT-DE-VÉNUS n. m. (pl. *sabots-de-Vénus*). Très belle orchidée au pétale inférieur en forme de sac, devenue rare et protégée en France, mais souvent cultivée en serre. (Ancien nom sc. *cypripedium.*)

1. SABOTER v. t. (de *sabot*). **1.** Fabriquer des sabots. – **2.** Procéder au sabotage de traverses de chemin de fer. – **3.** Munir d'un sabot le pied d'un poteau pour le préserver contre tout écrasement.

2. SABOTER v. t. (de *saboter 1*) [conj. 3]. **1.** Mal exécuter un travail, le faire sans soin : *Saboter la réparation d'une voiture.* – **2.** Détériorer ou détruire volontairement qqch : *Saboter le matériel.* – **3.** Agir de manière à provoquer l'échec d'une action, à la neutraliser ; torpiller : *Saboter les négociations de paix.*

SABOTERIE n. f. **1.** Industrie de la fabrication des sabots. – **2.** Fabrique de sabots. – **3.** Atelier du sabotier.

SABOTEUR, EUSE n. **1.** Personne qui exécute un travail vite et mal. – **2.** Personne qui détériore volontairement un outillage, du matériel. – **3.** Personne qui agit de manière à faire échouer une entreprise, une action : *Les saboteurs de la paix.*

SABOTIER, ÈRE n. Artisan qui fabrique ou commerçant qui vend des sabots.

SABOURAUD (Raymond Jacques Adrien), dermatologiste français (Nantes 1864 - Paris 1938).

Il a déterminé la nature mycosique des teignes et décrit les diverses manifestations de la séborrhée.

SABRA n. (mot hébr. signif. *cactus*). Juif né en Israël.

SABRAGE n. m. Opération consistant à débarrasser les peaux de mouton en cours de reverdissage des impuretés contenues dans la laine.

SABRATHA, cité punique, puis romaine, de la Tripolitaine fondée v. le Vᵉ s. av. J.-C. Mausolée à décor égyptisant, reconstitué au IIᵉ s. av. J.-C. Au Iᵉʳ s. apr. J.-C. se développe le centre urbain romanisé, avec forum, capitole, basilique judiciaire et curie. Vestiges d'une basilique de l'époque de Justinien.

SABRE n. m. (all. *Säbel,* du magyar *száblya*). **1.** Arme blanche, droite ou recourbée, qui ne tranche que d'un côté. — **2.** *Fam.* et *vx.* Rasoir à manche et à longue lame. — **3.** En escrime, arme légère (500 g) présentant une coquille prolongée pour protéger le dessus de la main ; discipline utilisant cette arme. (Les coups portés avec la pointe et le « plat » de la lame, tranchant et faux tranchant, sont autorisés. La cible est constituée par les parties du corps situées au-dessus d'une ligne horizontale joignant le sommet des os iliaques.) — **4.** Épée de cordier. — **5.** Poisson marin comestible des eaux tempérées, à corps allongé et rubané, prédateur vorace, à denture forte. — **6.** *Le sabre et le goupillon,* l'union de l'armée et de l'Église. ‖ *Sabre d'abattis,* sabre assez court, à large lame, utilisé pour se frayer un chemin à travers la brousse.

SABRE-BAÏONNETTE n. m. (pl. *sabres-baïonnettes*). Sabre court qui pouvait être fixé à l'extrémité d'un fusil.

SABRE-BRIQUET n. m. (pl. *sabres-briquets*). Sabre court des fantassins et des artilleurs (XVIIIᵉ s.-XIXᵉ s.).

SABRER v. t. (conj. 3). **1.** Frapper qqn à coups de sabre, le mettre en pièces. — **2.** Ouvrir une bouteille de champagne en cassant le goulot d'un coup de sabre, de grand couteau, etc. — **3.** Sillonner, marquer qqch de vigoureuses hachures, de traits : *Sabrer une page de coups de crayon.* — **4.** Faire de larges coupures dans un texte : *Sabrer de longs passages sur un manuscrit.* — **5.** *Fam.* Mettre une très mauvaise note à un candidat, à une copie. — **6.** *Fam.* Éliminer qqn, le licencier, le renvoyer. — **7.** *Fam.* Bâcler un travail.

SABRES (40630), ch.-l. de cant. des Landes ; 1 181 hab. Église des XVᵉ et XVIᵉ s. Écomusée de la Grande Lande. (→ MARQUÈZE.)

SABRETACHE n. f. (all. *Säbel,* sabre, et *Tasche,* poche). Sacoche plate portée au ceinturon par les officiers et les cavaliers aux XVIIIᵉ et XIXᵉ s.

SABREUR n. m. **1.** Personne qui se bat au sabre ou qui donne des coups de sabre. — **2.** Escrimeur spécialiste du sabre.

SABREUSE n. f. Machine utilisée pour le sabrage des peaux de mouton.

SABUNDE, SEBON ou **SEBONDE** (Raimundo), philosophe espagnol (Barcelone ? - Toulouse 1436). Il est surtout connu pour sa *Theologia naturalis sive Liber craeturarum,* publiée vers 1484, traduite par Montaigne en 1569, apologie du christianisme, qui fut mise à l'Index. Montaigne y consacre développements et allusions dans les *Essais* (« Apologie de Raimond Sebond »).

SABURRAL, E, AUX adj. (lat. *saburra,* lest). Se dit d'une langue recouverte d'un enduit blanc jaunâtre.

1. SAC n. m. (lat. *saccus,* du gr. *sakkos*). **1.** Contenant fait de matières diverses, indépendant, ouvert seulement par le haut : *Un sac de toile. Sac à charbon. Sac poubelle.*— **2.** Son contenu : *Moudre un sac de blé.* — **3.** Accessoire du vêtement féminin ou masculin, à usage utilitaire (rangement de petits objets personnels) et esthétique. (On dit aussi SAC À MAIN.) — **4.** *Pop.* Somme de mille anciens francs : *J'ai payé ce livre dix sacs.* — **5.** Nom donné à plusieurs cavités de l'organisme (par ex. sac lacrymal). — **6.** Fam. *L'affaire est dans le sac,* elle est pratiquement réglée, le succès est assuré. ‖ Litt. *Homme de sac et de corde,* scélérat. ‖ *Mettre dans le même sac,* confondre dans le même mépris, la même réprobation. ‖ *Robe sac,* robe droite, sans pinces à la taille. ‖ *Sac à dos, de montagne,* sac de toile muni de sangles et d'une armature, utilisé par les campeurs, les alpinistes. ‖ Fam. *Sac à viande,* enveloppe de tissu fin isolant le campeur de son sac de couchage. ‖ Fam. *Sac d'embrouilles, sac de nœuds,* affaire très compliquée. ‖ *Sac à malice,* individu dont l'esprit est fécond en expédients ingénieux. ‖ *Sac à papier !,* juron burlesque. ‖ Fam. *Sac à vin,* ivrogne. ‖ *Sac de voyage,* bagage à main, à large ouverture munie d'une fermeture à glissière, avec deux poignées et, éventuellement, une bandoulière.

2. SAC n. m. (ital. *sacco*). *Litt.* **1.** Dévastation et pillage d'une ville prise ; massacre de ses habitants. — **2.** *Mettre à sac,* piller un endroit quelconque de ce qu'il contient.

SAC (abrév. de *Strategic Air Command*), commandement dont le rôle est de mettre en œuvre la composante aérienne de la force nucléaire stratégique américaine.

SAC À CHARBON, nébuleuse obscure du ciel austral, qui se détache sur le fond brillant de la Voie lactée, dans une direction voisine de la Croix du Sud.

SÁ-CARNEIRO (Mário DE), écrivain portugais (Lisbonne 1890 - Paris 1916). L'un des principaux représentants, avec son ami F. Pessoa, du « modernisme » portugais, il est l'auteur de poèmes (*Dispersion,* 1914) et de récits (*la Confession de Lúcio,* 1914) marqués par un profond désarroi face au sentiment de l'irréalité de l'existence. Il se suicida.

SACCADE n. f. (de *saquer*). **1.** Mouvement brusque et irrégulier. — **2.** *Par saccades,* par à-coups, d'un mouvement irrégulier et violent : *Rire par saccades ;* par bonds : *Avancer par saccades.*

SACCADER v. t. (conj. **3**). Rendre irrégulier, haché.

◆ **être saccadé** v. pass. Être produit par des mouvements, brusques et irréguliers ; être haché, heurté : *Voix saccadée.*

SACCAGE n. m. Action de saccager.

SACCAGER v. t. (ital. *saccheggiare,* de *sacco,* sac) [conj. **17**]. **1.** *Vx.* Mettre un pays, une ville à sac, les piller, les ravager. — **2.** Mettre un lieu dans le désordre en le dévastant : *Les voleurs ont saccagé l'appartement.* — **3.** *Fam.* Faire très mal un travail.

SACCAGEUR, EUSE n. *Litt.* Personne qui saccage.

SACCHARASE [-ka-] n. f. Enzyme digestive qui hydrolise le saccharose en fructose et en glucose.

SACCHARATE [-ka-] n. m. Combinaison du saccharose avec un oxyde métallique. (Syn. SUCRATE.)

SACCHARIDE [-ka-] n. m. Ancien nom générique des glucides.

SACCHARIFÈRE [-ka-] adj. Qui produit ou contient du sucre.

SACCHARIFIABLE [-ka-] adj. Qui peut être saccharifié.

SACCHARIFICATEUR [-ka-] n. m. En brasserie et distillerie, appareil pour transformer l'amidon ou la fécule en glucose.

SACCHARIFICATION [-ka-] n. f. Transformation en sucres fermentescibles des matières amylacées, sous l'influence d'enzymes ou d'acides minéraux.

ENCYCL. En brasserie et distillerie, on utilise les amylases produites lors de la germination des céréales. Le malt de brasserie broyé, mélangé à de l'eau et porté à 60-65 °C se transforme pour 80 % en matières fermentescibles (maltose et glucose). En distillerie, on cuit des grains ou des pommes de terre et on provoque (par un lait de malt) la saccharification, qui produit des dextrines en même temps que les matières fermentescibles sont hydrolisées. L'hydrolyse des matières cellulosiques se fait en présence d'acide chlorhydrique ou d'acide sulfurique.

SACCHARIFIER [-ka-] v. t. (conj. **9**). Convertir en sucre.

SACCHARIMÈTRE [-ka-] n. m. Polarimètre destiné à déterminer la concentration des jus sucrés et utilisant le pouvoir rotatoire du sucre.

ENCYCL. Le saccharimètre se compose d'un polariseur et d'un analyseur, entre lesquels s'interpose le tube d'observation, d'un système d'éclairage, d'un système de pénombre qui divise le champ en deux plages et qui améliore la précision de la mesure, d'un système de compensation et d'une lunette de visée. Le saccharimètre se distingue du polarimètre en ce qu'il donne une lecture à partir d'une graduation en degrés saccharimétriques, au lieu d'un angle de rotation.

SACCHARIMÉTRIE [-ka-] n. f. Dosage des solutions sucrées, à l'aide du saccharimètre.

SACCHARIMÉTRIQUE [-ka-] adj. Relatif à la saccharimétrie.

SACCHARIN, E [-ka-] adj. **1.** De la nature du sucre. — **2.** Relatif au sucre, à sa fabrication.

SACCHARINE [-ka-] n. f. **1.** Imide de l'acide orthotoluène sulfonique, de formule $C_7H_5NO_3S$. — **2.** Sel sodique du précédent, utilisé en thérapeutique et en diététique pour remplacer le sucre (pouvoir sucrant 500 fois supérieur à celui du saccharose), édulcorer les médicaments et les aliments destinés aux diabétiques.

SACCHARINER [-ka-] v. t. (conj. **3**). Additionner de saccharine.

SACCHAROÏDE [-ka-] adj. Qui a l'apparence du sucre cristallisé.

SACCHAROLÉ [-ka-] n. m. Médicament contenant une forte proportion de sucre associée à un ou à plusieurs principes actifs.

SACCHAROMYCES [sakaromisɛs] n. m. Nom générique de la levure de bière.

SACCHAROSE [-ka-] n. m. Nom scientifique du sucre de canne ou de betterave, formé d'une molécule de glucose et d'une molécule de fructose unies par leurs groupements réducteurs, et de formule $C_{12}H_{22}O_{11}$.

ENCYCL. **Chim.** Le saccharose est un solide incolore, très soluble dans l'eau, peu soluble dans l'alcool et insoluble dans l'éther. Il fond à 160 °C et se resolidifie sous forme de solide amorphe (sucre d'orge) ; à température plus élevée, il perd de l'eau et brunit en donnant le caramel. À température encore plus élevée, il charbonne. Le saccharose naturel est dextrogyre et non réducteur. Par hydrolyse, il conduit à un mélange de glucose (réducteur) et de fructose, mélange lévogyre (phénomène d'*inversion du saccharose*).

SACCHARURE [-ka-] n. m. Syn. de GRANULÉ.

SACCHETTI (Franco), écrivain italien (Raguse, Dalmatie, v. 1332 - San Miniato 1400), auteur d'un recueil pittoresque et réaliste de *Trois Cents Nouvelles* sur la société de son temps.

SACCHI (Andrea), peintre italien (Nettuno, Latium, 1599 - Rome 1661). Élève de l'Albane, il s'attacha à réagir contre l'exubérance du baroque (salle de la Divine Sagesse au palais Barberini, Rome, 1629).

SACCHINI (Antonio Gaspare), compositeur italien (Florence 1730 - Paris 1786). Il donna son premier opéra (*Andromaque,* 1761) à Naples. Il fit jouer ensuite ses opéras dans les grandes villes d'Italie, en Allemagne, se fixa à Londres avant de venir, en 1781, à Paris, où on l'opposa à Piccinni.

Sacco et Vanzetti *(affaire),* affaire judiciaire américaine. Anarchistes d'origine italienne, Nicola Sacco et Bartolomeo Vanzetti furent accusés à tort d'un double meurtre (1920), condamnés à mort et exécutés (1927). Leur mort souleva une vive indignation dans le monde entier.

SACCULE n. m. (lat. *sacculus,* petit sac). Organe membraneux situé dans le vestibule de l'oreille interne, au-dessous de l'utricule, et jouant un rôle important dans l'équilibre.

SACCULINE n. f. Crustacé cirripède, parasite des crabes, qui, à l'état adulte, se réduit à un sac à œufs nanti de rameaux filamenteux qui envahissent tout le crabe.

S. A. C. E. M., sigle de SOCIÉTÉ DES AUTEURS*, COMPOSITEURS ET ÉDITEURS DE MUSIQUE.

SACERDOCE n. m. (lat. *sacerdotium,* de *sacerdos,* prêtre). **1.** Fonction du prêtre. – **2.** Fonction qui présente un caractère particulièrement respectable en raison du dévouement à l'égard d'autrui qu'elle exige.

Sacerdoce et de l'Empire *(lutte du),* conflit qui opposa, en Allemagne et en Italie, l'autorité pontificale (Sacerdoce) et le pouvoir impérial (1157-1250). La papauté s'était engagée dans la querelle des Investitures (1076-1122). Après la trêve du concordat de Worms (1122), la lutte entre le Sacerdoce et l'Empire se ralluma lorsque Frédéric Ier Barberousse (1155-1190) voulut renforcer l'autorité impériale, alors que la papauté entendait affirmer la suprématie de l'Église sur le pouvoir temporel. À la diète de Besançon (1157), le cardinal Bandinelli affirma que les empereurs ne détenaient leur couronne qu'en *beneficium* (fief) de l'Église. Frédéric Ier riposta en apportant son soutien à l'antipape Victor IV contre Alexandre III (Bandinelli) [1159]. Mais, en 1198, la double élection royale allemande du Hohenstaufen Philippe de Souabe et du Welf Otton IV de Brunswick permit au pape Innocent III de faire jouer son droit à confirmer l'élection du roi des Romains et d'arracher à ce dernier des concessions territoriales importantes en Italie. Alors s'ouvrit un nouveau cycle d'excommunications des empereurs (Otto IV en 1210, Frédéric II en 1227 puis en 1239), de formation de ligues urbaines en Italie (Ligue lombarde), soutenues le plus souvent par le pape, et de luttes entre les Guelfes et les Gibelins. Après la mort de Frédéric II (1250), le Saint Empire romain germanique entra dans une période d'anarchie, le Grand Interrègne (1250-1273).

SACERDOTAL, E, AUX adj. (lat. *sacerdotalis*). Relatif au sacerdoce : *Habits sacerdotaux.*

SACEUR (abrév. de *Supreme Allied Commander Europe*), commandant en chef des forces alliées du pacte de l'Atlantique Nord en Europe. (→ SHAPE.)

SACHEM [saʃɛm] n. m. (mot algonquin). Chef de tribu chez les Indiens d'Amérique, et notamment chez les Algonquins.

SACHERIE n. f. Industrie des sacs d'emballage.

SACHER-MASOCH (Leopold, *chevalier* VON), écrivain autrichien (Lemberg 1836-Lindheim, Hesse, 1895). Il est l'auteur de romans dont l'érotisme, marqué par la souffrance, a été appelé *masochisme* *(Vénus à la fourrure,* 1870 ; *les Messalines de Vienne,* 1874).

SACHET n. m. (de *sac*). **1.** Petit sac : *Sachet de bonbons.* — **2.** Conditionnement en papier de certaines substances équivalant à une dose : *Du thé en sachet.*

SACHS (Hans), poète allemand (Nuremberg 1494 - *id.* 1576). Cordonnier reçu maître chanteur, il a écrit des pièces lyriques (*le Rossignol de Wittenberg,* 1523), des *Farces de Carnaval* et des drames qui se rattachent à la tradition médiévale. Wagner en a fait le héros de ses *Maîtres chanteurs de Nuremberg.*

SACHS (Curt), musicologue américain d'origine allemande (Berlin 1881 - New York 1959). Il a été un des pionniers de la science organologique (*Real-Lexikon der Musikinstrumente,* 1913).

SACHS (Leonie, dite **Nelly**), femme de lettres suédoise d'origine allemande (Berlin 1891 - Stockholm 1970). Israélite, réfugiée à Stockholm (1940), elle a témoigné du martyre des Juifs à travers sa poésie (*Dans les habitations de la mort,* 1947) et son théâtre (*Signe sur le sable,* 1962). [Prix Nobel, avec S. J. Agnon, 1966.]

Sacilor, société française, créée en 1973 et provenant du rapprochement, réalisé à partir de 1967, du groupe Wendel et de Sidélor. La fusion progressive des groupes Sacilor et Usinor s'est achevée par la création, 1988, d'une société holding commune, Usinor-Sacilor, au capital contrôlé par l'État puis privatisé en 1995. Le groupe a ses activités dans l'industrie sidérurgique et minière : extraction de minerai, produits longs et plats, aciers spéciaux, etc.

SACKVILLE (Thomas), baron **de Buckhurst** et 1er comte **de Dorset,** poète anglais (Buckhurst, Sussex, v. 1536 - Londres 1608), auteur, avec Norton, de la première tragédie anglaise en vers blancs (*Gorboduc ou Ferrex et Porex,* 1561).

SACKVILLE (George), 1er vicomte **Sackville,** homme politique britannique (Londres 1716 - Stoneland Lodge, Withyham, Sussex, 1785). Commandant l'armée britannique en Allemagne pendant la guerre de Sept Ans, il fut disgracié après la bataille de Minden (1759). En 1770, il prit le nom de **Germain.** Rentré en grâce, il devint secrétaire aux Colonies (1775-1782) lors de la révolte américaine.

SACLAY (91400), comm. de l'Essonne, sur le plateau qui domine la Bièvre ; 2 897 hab. Centre d'études nucléaires.

Saclay *(centre d'études nucléaires de),* le plus important des cinq centres d'études nucléaires* civils du Commissariat à l'énergie atomique, créé en 1952. Son activité est axée sur la recherche fondamentale, la recherche technologique et le développement industriel des réacteurs nucléaires et de leur cycle de combustible, la production de sources radioactives pour les applications médicales et industrielles, l'innovation et la valorisation industrielle, l'enseignement *(Institut national des sciences et techniques nucléaires).*

SACO, anc. **Porto-Salazar,** port de la côte sud de l'Angola. Point d'arrivée de la voie ferrée de Cassinga. Exportation de fer.

SACOCHE n. f. (ital. *saccoccia,* de *sacco,* sac). **1.** Gros sac de cuir à fermeture et muni d'une courroie, dont on se servait autrefois pour le voyage et qui a, actuellement, divers usages utilitaires : *Sacoche à outils.* — **2.** Sac dont se servent les garçons de recette et les encaisseurs. — **3.** Sac de toile, de plastique, etc., fixé au porte-bagages d'un véhicule à deux roues.

SACOLÈVE n. f. ou **SACOLÉVA** n. m. Navire caboteur du Levant, courbé et relevé de l'arrière.

SAC-POUBELLE n. m. (pl. *sacs-poubelle*). Sac de plastique destiné aux ordures ménagères.

SACQUER → SAQUER.

SACRAL, E, AUX adj. (lat. médiév. *sacralis,* du lat. class. *sacer*). Qui se situe dans la sphère du sacré, par oppos. à *profane.*

1. SACRALISATION n. f. (de *sacraliser*). Action d'attribuer un caractère sacré à qqch ; fait d'être sacralisé.

2. SACRALISATION n. f. (angl. *sacralization,* de *sacrum*). Anomalie de la cinquième vertèbre lombaire dont les apophyses transverses peuvent être soudées aux ailerons sacrés.

SACRALISER v. t. (de *sacral*) [conj. 3]. **1.** Revêtir qqn, qqch d'un caractère sacré, les considérer comme sacrés : *Un peuple* qui a sacralisé ses ancêtres. — **2.** Placer qqch très haut dans une échelle de valeurs : *Sacraliser le repos.*

SACRAMENTAIRE n. m. (lat. méliév. *sacramentarius*). Livre qui, au Moyen Âge, contenait les prières liturgiques à l'usage des évêques et des prêtres, pour la messe et les autres sacrements. (Les sacramentaires, ont donné naissance au missel et au rituel.)

SACRAMENTAL n. m. Rite de sanctification (bénédiction, consécration, prière publique, procession...) institué par l'Église catholique pour obtenir un effet spirituel.

SACRAMENTEL, ELLE adj. **1.** Qui concerne les sacrements. — **2.** *Litt.* Qui tient du sacrement par son caractère rituel, solennel : *Paroles sacramentelles.*

SACRAMENTO (le), riv. des États-Unis (Californie), affl. du San Joaquin (r. dr.) ; 620 km (bassin de 70 189 km²).

SACRAMENTO, v. des États-Unis, cap. de la Californie, sur l'American River, en amont de son affluent avec le Sacramento ; 369 365 hab. (1 481 102 hab. dans l'agglomération). Nœud ferroviaire. Centre d'une riche région agricole. Agroalimentaire. Aéronautique. Informatique.

1. SACRE n. m. (ar. *ṣaqr*). Faucon du Proche-Orient, très voisin du pèlerin, mais de couleur plus claire. (On dit aussi FAUCON SACRE.)

2. SACRE n. m. (de *sacrer*). **1.** Ordination d'un évêque conférant la plénitude du sacrement de l'ordre. (Ce mot a été abandonné en 1968, et l'on parle désormais d'*ordination épiscopale.*) — **2.** Cérémonie religieuse pour le couronnement des rois, des empereurs. (→ *encycl.*) — **3.** *Litt.* Consécration solennelle de qqn ou de qqch. — **4.** *Fam.* Au Québec, formule de juron, souvent formée par le nom d'objets sacrés (par ex. *tabernacle, ciboire*).
ENCYCL. En France, le sacre, inauguré avec Pépin en 751, se tenait depuis le XIIIe s. à Reims (sauf pour Henri IV sacré à Chartres et Napoléon Ier à Paris). Il comportait la proclamation du roi, la consécration avec l'huile de la sainte ampoule, enfin le couronnement.

Sacre du printemps *(le),* ballet en 2 parties de Stravinski ; chorégr. de Vaslav Nijinski, crée à Paris (1913), par les Ballets russes. La hardiesse de la musique et de la chorégraphie firent scandale. La partition a inspiré plusieurs versions chorégraphiques : entre autres celle de Maurice Béjart, créée à Bruxelles (1959) puis à Paris (1965), et celle de John Neumeier, créée sous le titre *le Sacre* (1972).

1. SACRÉ, E adj. (de *sacrum*). **1.** Qui appartient, qui se rapporte au sacrum. – **2.** *Plexus sacré,* plexus nerveux constitué par le tronc lombosacré et les branches antérieures des trois premiers nerfs sacrés, qui donne naissance essentiellement aux nerfs grand et petit sciatiques.

2. SACRÉ, E adj. (de *sacrer*). **1.** Qui appartient au domaine séparé, intangible et inviolable du religieux et qui doit inspirer crainte et respect (par oppos. à *profane*) : *Les vestales entretenaient le feu sacré.* – **2.** *Litt.* Se dit des sentiments de crainte et de respect inspirés par les choses qui sont l'objet d'une révérence religieuse : *Horreur sacrée.* – **3.** Qui a un rapport avec la religion, avec l'exercice d'un culte : *Auteurs sacrés. Musique sacrée et musique profane.* – **4.** À qui l'on doit un respect absolu, qui s'impose par sa haute valeur : *Le caractère sacré de la personne humaine. Les lois sacrées de l'hospitalité.* – **5.** *Fam.* Qui revêt une importance primordiale et à quoi il ne faut pas toucher : *Rien de plus sacré que sa promenade après le déjeuner.* – **6.** *Fam.* Indique un très haut degré dans l'excellence, ou au contraire marque la péjoration : *Vous êtes un sacré menteur.* – **7.** *Pop.* Renforce les jurons : *Sacré nom de Dieu !* – **8.** *Art sacré,* art religieux, au service du culte, spécialement au XXe s. ‖ *Livres sacrés,* la Bible.

◆ **sacré** n. m. Ce qui a un caractère sacré ; le domaine des choses sacrées.

Sacré Collège, collège des cardinaux formant le sénat de l'Église romaine et le conseil du pape. À la mort du pape, le Sacré Collège prend en charge l'administration du Saint-Siège et procède à l'élection d'un nouveau pape. Depuis 1970, seuls les cardinaux âgés de moins de 80 ans sont électeurs.

sacrées *(guerres),* guerres entre Grecs qui avaient pour but la domination du temple d'Apollon. La première guerre sacrée aboutit à la destruction de Krissa, ville phocidienne, qui est rasée (590 av. J.-C.). Au cours de la deuxième (448-447 av. J.-C.), les Phocidiens, s'étant emparés du sanctuaire, sont expulsés par les Spartiates et rétablis par Périclès. La troisième (356-346 av. J.-C.), née de la condamnation pour impiété des chefs phocidiens, amène l'intervention de Philippe II de Macédoine, qui conquiert la Phocide (346) et en rase les villes. On peut considérer comme quatrième guerre sacrée l'expédition réclamée par les amphictyons contre Amphissa, qui contribua à faire de Philippe II le maître de la Grèce (339).

SACRÉ *(mont),* en lat. **mons Sacer,** colline proche de Rome. En 494 av. J.-C., la plèbe romaine y fit sa première sécession pour protester contre les dettes et la famine.

Sacré Cœur → CŒUR *(Sacré).*

Sacré-Cœur *(basilique du),* à Paris, sur la butte Montmartre. Financée par des souscriptions nationales à la suite de la défaite de 1870 et de la Commune, la construction de ce vaste monument de style romano-byzantin, sur plans d'Abadie, fut réalisée de 1876 à 1912.

Sacré-Cœur *(fête du),* fête liturgique catholique célébrée dans l'Église universelle, depuis 1856, le vendredi après la Fête-Dieu.

SACREDIEU ! ou **SACREBLEU !** interj. (de sacré et *dieu,* altéré en *bleu*). Jurons familiers.

SACREMENT n. m. (lat. *sacramentum,* de *sacrare,* consacrer). **1.** Acte rituel ayant pour but la sanctification de celui qui en est l'objet. – **2.** Signe sacré institué par Jésus-Christ qui donne la sanctification divine. – **3.** *Derniers sacrements,* sacrements que les catholiques reçoivent quand ils sont en danger de mort (pénitence, onction des malades et communion en viatique). ‖ *Saint sacrement,* l'eucharistie.

ENCYCL. Chez les catholiques, les sacrements sont : le baptême, la confirmation, l'eucharistie, la pénitence, l'onction des malades, l'ordre et le mariage.
Le pouvoir d'administrer les sacrements appartient aux évêques et aux prêtres. Cependant, toute personne peut conférer le baptême en cas de nécessité. La majorité des Églises protestantes n'admettent que deux sacrements : le baptême et la Cène.

SACRÉMENT adv. *Fam.* Extrêmement, diablement : *Il a eu sacrément de la chance.*

SACRER v. t. (lat. *sacrare*) [conj. 3]. **1.** Conférer à qqn un caractère sacré par une cérémonie religieuse : *Sacrer un évêque.* – **2.** Attribuer solennellement un titre à qqn : *On l'a sacré le plus grand peintre de l'époque.*

◆ v. i. *Vx.* Faire des imprécations, blasphémer, jurer : *Sacrer comme un charretier.*

SACRET n. m. Mâle du faucon sacre.

SACRIFICATEUR, TRICE n. (bas. lat. *sacrificator*). Prêtre ou prêtresse qui offrait les sacrifices dans l'Antiquité.

SACRIFICATOIRE adj. (bas lat. ecclés. *sacrificator*). *Vx.* Relatif au sacrifice.

SACRIFICE n. m. (lat. *sacrificium,* de *sacrificare,* sacrifier). **1.** Offrande à une divinité et, en particulier, immolation de victimes. – **2.** Effort volontairement produit, peine volontairement acceptée dans un dessein religieux d'expiation ou d'intercession. — 3. Renoncement volontaire à qqch, perte qu'on accepte, privation, en partic. sur le plan financier : *Faire de grands sacrifices pour ses enfants.* — 4. *Esprit de sacrifice,* abnégation, dévouement absolu. ‖ *Sacrifice de la croix,* mort volontaire de Jésus sur la croix, en expiation des péchés des hommes. ‖ *Sacrifice humain,* immolation d'une personne offerte comme victime à la divinité. ‖ *Saint Sacrifice (de la messe),* la messe, signe sacramentel du sacrifice de la croix.

SACRIFICIEL, ELLE adj. 1. Propre à un sacrifice religieux. — 2. Se dit d'un métal placé en position d'anode dans un dispositif de protection cathodique.

SACRIFIÉ, E n. Personne négligée volontairement en faveur de qqn, de qqch : *Il se pose toujours en éternel sacrifié.*

SACRIFIER v. t. (lat. *sacrificare,* de *sacrum facere,* faire une chose sacrée) [conj. 9]. 1. *Litt.* Immoler une victime vivante pour en faire l'offrande à un dieu : *Agamemnon consentit à sacrifier sa propre fille.* — 2. Accepter de faire ou de laisser mourir qqn pour atteindre un but : *Sacrifier sa vie pour une cause.* — 3. Tuer un animal ou le soumettre à des expériences de laboratoire. — 4. Abandonner qqch, qqn, les délaisser au profit d'une autre chose, d'une autre personne à laquelle on donne la primauté : *Sacrifier ses amis à son ambition.* — 5. Renoncer à qqch, à qqn, accepter de les perdre, d'en faire le sacrifice : *Il a accepté de me sacrifier une partie de son temps.* — 6. Faire supporter injustement à qqn, à qqch le poids de qqch, lui en faire payer le prix : *Une population que l'on a sacrifiée lors de la conclusion d'un traité de paix.* — 7. *Fam.* Écouler une marchandise à bas prix, voire à perte, pour s'en défaire.

◆ v. t. ind. *Litt.* 1. Offrir un sacrifice, des sacrifices à un dieu : *Sacrifier à des idoles.* — 2. Se conformer à qqch, s'y soumettre avec plus ou moins de complaisance ou de faiblesse : *Sacrifier à la mode.*

◆ **être sacrifié** v. pass. 1. Être plus ou moins voué à la destruction, au massacre : *Des troupes sacrifiées.* — 2. *Prix sacrifiés,* prix très bas de marchandises que l'on veut absolument écouler.

◆ **se sacrifier** v. pr. 1. Accepter de donner sa vie pour qqch, qqn : *Se sacrifier pour son pays.* — 2. Faire le sacrifice de ses intérêts en faveur de qqch, qqn : *Il s'est sacrifié pour élever ses enfants.*

1. SACRILÈGE adj. (lat. *sacrilegus,* impie). Qui profane des personnes, des choses ou des lieux sacrés : *Geste, parole sacrilège.*

◆ adj. et n. Qui commet un sacrilège : *Prêtre sacrilège.*

2. SACRILÈGE n. m. (lat. *sacrilegium,* profanation). 1. Profanation à l'encontre d'une personne, d'une chose ou d'un lieu officiellement consacrés au service de Dieu. — 2. Atteinte portée à qqn, à qqch particulièrement digne de respect : *C'est un sacrilège d'attaquer ainsi la vie privée des gens.*

SACRIPANT n. m. (de *Sacripante,* n. d'un fanfaron dans un poème de Boiardo). *Fam.* et *vx.* Vaurien capable de mauvais coups.

SACRISTAIN n. m. (anc. fr. *secrestain,* du lat. médiév. *sacristanus*). 1. Employé qui a le soin de la sacristie d'une église. — 2. Petit gâteau feuilleté.

SACRISTI ! → SAPRISTI !

SACRISTIE n. f. (lat. médiév. *sacristia,* du lat. class. *sacer, -cri,* sacré). Annexe d'une église où l'on conserve les vases sacrés, les ornements d'église et où les ministres se préparent pour célébrer le service divin.

SACRISTINE n. f. Femme ou religieuse chargée du soin de la sacristie.

SACROBOSCO (Johannes DE), dit aussi **Jean de Holywood** ou **Jean de Halifax,** moine et mathématicien anglais (Holywood, auj. Halifax, Yorkshire, fin du XIIe s. - Paris 1244 ou 1256). Il fut professeur de mathématiques à l'Université de Paris. L'un des premiers, il exposa l'arithmétique et l'algèbre arabes. Son traité *De sphaera mundi* (1472) résume les connaissances astronomiques acquises par Ptolémée et ses commentateurs arabes.

SACRO-COCCYGIEN, ENNE [-koksi-] adj. (pl. *sacro-coccygiens, ennes*). Relatif au sacrum et au coccyx.

SACRO-ILIAQUE adj. (pl. *sacro-iliaques*). Relatif au sacrum et l'os iliaque : *Articulation sacro-iliaque.*

SACRO-LOMBAIRE adj. (pl. *sacro-lombaires*). Relatif au sacrum et aux vertèbres lombaires.

SACRO-SAINT, E adj. (pl. *sacro-saints, es*) [lat. *sacrosanctus,* sacré]. *Fam.* À quoi on ne peut toucher, qui est considéré comme sacré, tabou : *la sacro-sainte Administration.*

SACRUM [-krɔm] n. m. (lat. *os sacrum,* os sacré). Os formé par la soudure des cinq vertèbres sacrées, articulé latéralement avec les os iliaques, par sa face supérieure avec le rachis lombaire et par son extrémité inférieure avec le coccyx. (Les trous sacrés traversant le sacrum donnent passage aux nerfs sacrés.)

Sacsahuamán, gigantesque forteresse qui protégeait Cuzco, la capitale de l'Empire inca, et dont il reste d'importants vestiges en appareil cyclopéen à joint vif.

SACY (Silvestre DE) → SILVESTRE DE SACY.

SÁ DA BANDEIRA → LUBANGO.

SADATE (Anouar **el-**), en ar. **Anwar al-Sādāt,** homme d'État égyptien (Mit Aboul Kom, Ménoufièh, 1918 - Le Caire 1981). Il participe au coup d'État des « officiers libres » de juill. 1952 et est vice-président (1957-1960), puis président (1960-1969) de l'Assemblée nationale. En oct. 1970, il succède à Nasser à la tête de l'État. Il démocratise les institutions et libéralise l'économie (privatisations, code des investissements étrangers). Il lance l'offensive de la 4e guerre israélo-arabe (oct. 1973) dans le Sinaï, rompt totalement avec l'U. R. S. S. en 1976, conclut les accords de Camp David (1978) et le traité de Washington avec Israël (1979), qui isoleront quelques années l'Égypte du reste du monde arabe. Il est assassiné en oct. 1981. (Prix Nobel de la paix 1978, partagé avec M. Begin.)

SADD n. m. (ar. *sadd,* barrage). Îlot de végétation formant un barrage qui s'oppose à l'écoulement des eaux dans la cuvette marécageuse du Soudan méridional.

Sadd al-'Ālī *(barrage de)* → ASSOUAN.

SADDUCÉEN ou **SADUCÉEN, ENNE** adj. et n. (p.-ê. de *Zadok,* n. présumé du prêtre fondateur de cette secte). Se dit d'un membre d'une secte juive rivale de celle des pharisiens. (Apparus vers le IIe s. av. J.-C., les sadducéens étaient conservateurs dans le domaine religieux et politique, collaborant avec l'occupant romain et se défiant à la fois des pharisiens, et des mouvements messianiques.)

SADE (Donatien Alphonse François, *comte* DE SADE, dit **le marquis de**), écrivain français (Paris 1740 - Charenton 1814). Après avoir servi dans l'armée (1755-1763), ses débauches (flagellation, sodomie, sacrilège) lui valent des emprisonnements successifs, ponctués de libérations et de fuites. Incarcéré, il écrit ses premiers ouvrages : *les Cent* Vingt Journées de Sodome* (1782-1785) ; libéré, il poursuit son œuvre avec *Justine ou les Malheurs de la vertu* (1791), compose des drames moraux (*le Suborneur,* 1793) et publie un *Discours aux mânes de Marat et de Le Peletier* (1793) qui le fait emprisonner pour modérantisme. Sauvé par la chute de Robespierre, il publie *la Philosophie dans le boudoir* (1795) et la *Nouvelle Justine*, suivie de l'Histoire de Juliette, sa sœur* (1797), qui lui vaut une nouvelle arrestation en 1801. En 1803, Sade est transféré à Charenton, où il organise des représentations théâtrales et rédige ses derniers romans, telle *l'Histoire secrète d'Isabelle de Bavière* (1813). Contestée, vilipendée, sujette à procès, l'œuvre de Sade n'a pas été reconnue avant Apollinaire et les surréalistes, qui décelèrent en elle la volonté de libérer l'homme de toutes les contraintes.

SÁ DE MIRANDA (Francisco DE), humaniste et écrivain portugais (Coimbra 1480 - Quinta de Tapada, Minho, 1558). Il introduisit au Portugal le décasyllabe, le sonnet, l'élégie, l'églogue et la comédie en prose (*les Étrangers,* 1527).

SĀDHU [sadu] n. inv. (sanskr. *sādhu,* bon). Ascète hindou, qui a renoncé à toutes les attaches de la vie matérielle pour se consacrer à la recherche spirituelle.

SA'DI ou **SAADI** (Mocharrafoddin ebn Moslehoddin), poète persan (Chirāz v. 1213 - *id.* 1292). Moraliste indulgent, attiré par le soufisme, il a composé des recueils lyriques, didactiques, le *Golestān* (Jardin des roses),* traduit en français (1634) et le *Bustān,* qui ont initié l'Occident à la poésie persane.

SA'DIENS ou **SAADIENS,** dynastie qui régna au Maroc de 1554 à 1659. Arabes d'ascendance ḥasanide, originaires de la moyenne vallée du Draa, les Sa'diens éliminèrent peu à peu les Waṭṭāssides. Fondée par Muḥammad Ier (1549-1557), leur dynastie connut son apogée sous Aḥmad al-Manṣūr (1578-1603).

SADIQUE adj. **1.** Relatif au sadisme. — **2.** Qui témoigne d'un esprit cruel, d'une méchanceté systématique.
◆ adj. et n. **1.** Se dit d'un sujet présentant du sadisme. — **2.** Qui prend plaisir à faire souffrir, qui manifeste une méchanceté, une cruauté systématiques : *C'est un sadique, qui fait pleurer les enfants.*

SADIQUE-ANAL, E, AUX adj. *Stade sadique-anal,* syn. de STADE ANAL.

SADIQUEMENT adv. De manière sadique, avec sadisme, cruellement.

SADIQUE-ORAL, E, AUX adj. *Stade sadique-oral,* seconde phase du stade oral distinguée par K. Abraham. (Le stade de succion est suivi d'un stade de morsure.)

SADISME n. m. (de *Sade,* n. pr.). **1.** Ensemble des perversions dans lesquelles la satisfaction sexuelle dépend de la souffrance ou de l'humiliation infligée à autrui. (Pour S. Freud, le sadisme est la partie de la pulsion de mort qui, alliée à la pulsion sexuelle, est tournée vers l'extérieur.) — **2.** Plaisir pris à faire souffrir, jouissance tirée du malheur des autres.

Sadler's Wells Ballet, nom pris en 1936 par la troupe de ballet anglaise formée des danseurs de l'Old Vic Theatre et du Sadler's Wells Theatre. En 1956, le Sadler's Wells Ballet devint, par charte royale, le Royal* Ballet.

SADO, île japonaise de la mer du Japon, au large de Honshū ; 857 km² ; 70 000 hab. Mines (or, argent, cuivre). Pêche. Tourisme. V. princ. *Ryōtsu.*

SADOLET (Jacques), en ital. **Iacopo Sadoleto,** cardinal et humaniste italien (Modène 1477 - Rome 1547). Secrétaire de Léon X (1513), cardinal (1536), il a écrit des ouvrages remarquables par leur tolérance à l'égard des protestants.

SADOMASOCHISME n. m. Couple de termes complémentaires caractérisant un double aspect de la vie pulsionnelle, le sadisme et le masochisme.

SADOMASOCHISTE adj. et n. Relatif au sadomasochisme ; qui présente un sadomasochisme.

SADOUL (Georges), journaliste et historien du cinéma français (Nancy 1904 - Paris 1967). Après avoir suivi le mouvement surréaliste de 1925 à 1932, il se spécialisa dans l'étude de l'histoire du cinéma (*Histoire du cinéma mondial des origines à nos jours,* 1949 ; *Histoire du cinéma français,* 1962 ; *Dictionnaire des cinéastes,* 1965 ; *Dictionnaire des films,* 1965 ; *Histoire générale du cinéma,* 1946-1954, 6 vol.).

SADOVÁ, nom tchèque de Sadowa.

SADOVEANU (Mihail), écrivain roumain (Pașcani, Moldavie, 1880 - Bucarest 1961). Ses romans brossent une vaste fresque du peuple roumain (*l'Auberge d'Ancouța,* 1928 ; *l'Îlot des loups,* 1941), tandis que ses romans historiques évoquent des légendes (*Nicoară Potcoavă,* 1952) et la vie de province (*Là où il ne s'est rien passé,* 1933).

Sadowa *(bataille de)* [3 juill. 1866], victoire remportée à Sadowa (en tchèque *Sadová*), en Bohême-Orientale, près de Hradec Králové (Königgrätz), par l'armée prussienne sur l'armée autrichienne de Benedek lors de la guerre austro-prussienne*. Elle eut un grand retentissement en France et en Europe, où elle révéla l'efficacité de l'armée prussienne.

SADUCÉEN ⟶ SADDUCÉEN.

SAE *(classification),* classification en « grades », d'après leur viscosité, des huiles pour moteurs, établie par la *Society of Automotive Engineers.*

SAEMUND (ou **SAEMUNDR**) **SIGFÚSSON le Savant** ou **le Sage,** écrivain islandais (v. 1056-1133). Grand voyageur, premier étudiant islandais à la Sorbonne, il a exercé une grande influence sur les débuts de la littérature islandaise.

SAENREDAM (Pieter Jansz.), peintre et dessinateur néerlandais (Assendelft, près de Zaandam, 1597 - Haarlem 1665). Peintre d'architecture, il prit surtout pour thème des intérieurs d'église, remarquables par la limpidité de l'atmosphère, la netteté du langage formel, la finesse d'une palette de beiges, de blancs et de gris.

SAFADIN ⟶ MALIK AL-'ĀDIL.

SAFAGA, port et station balnéaire d'Égypte, sur la mer Rouge. Il exporte les phosphates extraits dans les environs.

SAFARI n. m. (mot swahili, de l'ar. *safara,* voyager). Expédition de chasse aux gros animaux sauvages, en Afrique noire.

ŠAFAŘIK (Pavel Josef), philologue tchèque (Kobeliarovo, Slovaquie, 1795 - Prague 1861), auteur d'un ouvrage sur les *Antiquités slaves* (1837).

SAFARI-PHOTO n. m. (pl. *safaris-photos*). Expédition touristique au cours de laquelle on photographie les animaux sauvages.

SAFAWIDES ⟶ SÉFÉVIDES.

S. A. F. E. R. n. f. Abrév. de SOCIÉTÉ D'AMÉNAGEMENT* FONCIER ET D'ÉTABLISSEMENT RURAL.

SAFFLORITE n. f. Arséniure naturel de cobalt monoclinique.

SAFI, en ar. **Aṣfi,** port du Maroc, sur l'Atlantique ; 197 000 hab. Fortifications des XIVe et XVe s. Centre commercial et industriel.

SAFID KUH (« la Montagne blanche »), chaîne de montagnes suivie par la frontière du Pākistān et de l'Afghānistān, à l'O. de la passe de Khaybar ; 4 761 m au mont *Sikaram.*

SAFID KUH, chaîne de montagnes d'Afghānistān, située entre le Paropamisus et l'Hindū Kūch, au S. du Band-e Turkestān ; 3 135 m.

1. SAFRAN n. m. (lat. médiév. *safranum,* de l'ar. *za'farān*). **1.** Crocus cultivé pour ses fleurs. — **2.** Colorant jaune puissant contenu dans les styles et stigmates de cette plante. — **3.** Poudre orangée, préparée à partir des stigmates desséchés de *Crocus sativus,* servant de condiment. ◆ adj. inv. D'un jaune-orangé.

2. SAFRAN n. m. (ar. *za'frān*). Surface du gouvernail sur laquelle agissent les filets d'eau.

SAFRANÉ, E adj. **1.** Aromatisé, assaisonné au safran. — **2.** De la couleur jaune du safran.

SAFRANINE n. f. Nom générique de matières colorantes appartenant au groupe des azines et caractérisées par la présence d'un radical aryle lié à l'azote azinique. (Les safranines sont des colorants basiques violets ou rouges, qui teignent la laine, la soie et le coton mordancé au tanin.)

SAFRE n. m. (bas lat. *sapphirus,* saphir). Verre spécial coloré en bleu par de l'oxyde de cobalt. (Syn. SMALT.)

SAFROLE n. m. (de *sassafras*). Composé phénolique $C_{10}H_{10}O_2$, que l'on extrait de l'huile de sassafras et de l'essence de camphre. (Le safrole s'utilise en parfumerie et en inhalation, comme antiseptique des voies respiratoires.)

SAGA n. f. (anc. scand. *saga*). **1.** Nom générique d'un ensemble de récits en prose, rédigés généralement en Islande du XIIe au XIVe s. (→ *encycl.*) — **2.** Épopée familiale quasi légendaire se déroulant sur plusieurs générations.
ENCYCL. On distingue les sagas « royales », relatives aux rois de Norvège (*la Saga de Sverre,* v. 1220 ; *Heimskringla,* v. 1230, de Snorri Sturluson) ou à une région (*Islendingabok,* de Saemund et Ari Frode, XIIe s.), les sagas des Islandais (XIIIe s.-XIVe s.), relatives aux événements ou au peuplement *(la Saga d'Egill, la Saga de Grettir, la Saga d'Erik le Rouge),* les sagas « contemporaines », relatives à l'Histoire et aux événements politiques (*Sturlunga saga,* XIIIe s.) et enfin les sagas des « temps anciens » (fin XIIIe s.-XIVe s.), romans d'aventures *(Völsunga saga).* La *Saga de Njål le Brûlé* échappe à toute classification.

Saga de Gösta Berling *(la),* roman de Selma Lagerlöf (1891) : la rédemption d'un pasteur ivrogne, Gösta Berling, au sein d'une communauté d'aventuriers commandés par une femme.

Saga des Forsyte *(la),* cycle romanesque de John Galsworthy (6 vol., 1906-1928). Une grande famille victorienne ne peut éviter la décadence. L'œuvre présente l'Angleterre du début du XXe s. en réaction contre l'austérité victorienne.

SAGA, v. du Japon, dans l'île de Kyūshū ; 164 000 hab. Textile. Céramique.

SAGACE adj. (lat. *sagax, -acis,* qui a l'odorat subtil). Qui a de la pénétration d'esprit, fait preuve d'un sens aigu de l'observation.

SAGACITÉ (lat. *sagacitas, -atis*). Pénétration d'esprit qui fait découvrir et comprendre les choses les plus difficiles ; perspicacité : *La sagacité des enquêteurs permit de retrouver le voleur.*

SAGAIE n. f. (berbère *zagāya*). Javelot de certains peuples, composé d'une perche terminée par un fer de lance ou une arête de poisson.

SAGAMI *(baie de),* baie de la côte du Japon (Honshū), sur le Pacifique, englobant la baie de Tōkyō.

SAGAMIHARA, v. du Japon, à l'O.-S.-O. de Tōkyō ; 531 562 hab. Métallurgie. Constructions électriques.

SAGAN (Carl), astrophysicien américain (New York 1934). Directeur du Laboratoire pour les études planétaires et professeur d'astronomie à l'université Cornell d'Ithaca, il se spécialise en planétologie et en exobiologie. Conseiller scientifique de la NASA, il a collaboré aux programmes de sondes planétaires Viking* et Voyager*. Il est aussi l'auteur d'ouvrages de vulgarisation.

SAGAN (Françoise QUOIREZ, dite **Françoise**), femme de lettres française (Cajarc, Lot, 1935). Célèbre dès son premier livre, *Bonjour tristesse* (1954), elle donne dans ses romans (*Un certain sourire,* 1956 ; *Aimez-vous Brahms ?,* 1959 ; *la Chamade,* 1965 ; *Des bleus à l'âme,* 1972 ; *le Lit défait,* 1977 ; *la Femme fardée,* 1981 ; *De guerre lasse,* 1985 ; *la Laisse,* 1989 ; *les Faux-fuyants,* 1991 ; *le Miroir égaré,* 1996), son théâtre (*Château en Suède,* 1960 ; *le Cheval évanoui,* 1966), ses nouvelles (*Musiques de scène,* 1981) et ses Mémoires (*Avec mon meilleur souvenir,* 1984) le portrait désinvolte d'une société aisée et désabusée.

SĀGAR ou **SAUGOR,** v. de l'Inde (Madhya Pradesh) ; 256 878 hab. Centre industriel.

SAGARD n. m. (all. *Säger*). Dans les Vosges, ouvrier de scierie.

SAGARTIA n. f. (gr. *Sagartioi,* n. d'un peuple perse). Actinie se fixant sur les coquilles occupées par des pagures.

SAGASTA (Práxedes Mateo), homme politique espagnol (Torrecilla de Cameros, Logroño, 1825 - Madrid 1903). Il participa à la révolution de 1868, puis, après la restauration de 1874, se rallia à la monarchie. Premier ministre à quatre reprises entre 1881 et 1902, il prit des mesures libérales et dut liquider l'empire colonial après la guerre contre les États-Unis (1898).

SAGE adj. (lat. pop. **sabius,* du lat. class. *sapidus,* qui a du goût). **1.** Qui fait preuve de sûreté dans ses jugements et sa conduite : *Avoir la réputation d'un homme sage.* — **2.** Qui est prudent, réfléchi, qui est conforme à la mesure, au bon sens : *Prendre de sages mesures.* — **3.** Dont les mœurs sont irréprochables, qui montre de la réserve dans ses rapports avec l'autre sexe : *Un homme rangé, mais qui n'a pas toujours été sage.* — **4.** Qui est conforme à cette pudeur, à cette réserve : *Une petite robe sage.* — **5.** Qui se comporte avec calme, docilité : *Un enfant sage.* — **6.** Qui évite tout excès, toute originalité, et reflète un certain conformisme : *Avoir des goûts très sages en peinture.*
◆ n. m. **1.** Dans l'Antiquité, homme réputé pour ses connaissances, son expérience, son jugement, et dont les avis sont écoutés. — **2.** Homme qui est parvenu à la maîtrise de soi et tend à réaliser un modèle idéal de vie : *Le sage selon le bouddhisme.* — **3.** Homme raisonnable, réfléchi et mesuré dans ses pensées et ses actions. — **4.** Personne compétente et indépendante, chargée par les pouvoirs publics d'étudier une question délicate : *Soumettre un projet à une commission de sages.* — **5.** *Les Sept Sages de la Grèce,* nom donné à sept grands personnages grecs, philosophes ou hommes d'État : Bias de Priène, Chilon de Lacédémone, Cléobule de Lindos, Périandre de Corinthe, Pittacos de Mytilène, Solon d'Athènes, Thalès de Milet.

SAGE-FEMME n. f. (pl. *sages-femmes*) [de *sage*, instruit, et *femme*]. Praticienne médicale à compétence limitée, qui assure diagnostic et surveillance de la grossesse et la pratique de l'accouchement eutocique. (Depuis 1982, la profession est ouverte aux hommes [*hommes sages-femmes*]. Les sages-femmes, qui doivent être inscrites au tableau de l'ordre des sages-femmes, relèvent, en matière disciplinaire, de l'ordre des médecins.)

SAGEMENT adv. **1.** Avec intelligence et discernement : *Sagement raisonné.* — **2.** Avec tranquillité, calme, modération : *Écouter sagement un orateur.* — **3.** Sans hardiesse ni originalité.

SAGESSE n. f. **1.** Idéal supérieur de vie proposé par une doctrine morale ou philosophique ; comportement de qqn qui s'y conforme : *La sagesse orientale.* — **2.** Qualité de qqn qui fait preuve d'un jugement droit, sûr, averti dans ses décisions, ses actions : *Il a tranché avec sa sagesse habituelle.* — **3.** Qualité de qqn qui agit avec prudence et modération ; caractère de son action : *Il n'a pas eu la sagesse d'attendre.* — **4.** Tempérance, modération dans les désirs, les plaisirs, la nourriture, la boisson, etc. — **5.** Comportement d'un enfant tranquille, obéissant : *Les enfants ont été d'une sagesse exemplaire.* — **6.** Caractère de ce qui demeure traditionnel, classique, éloigné des audaces ou des outrances : *La trop grande sagesse d'un projet d'urbanisme.* — **7.** En théologie, discernement dans les choses de l'ordre surnaturel. — **8.** *Dent de sagesse,* la troisième molaire. ‖ *La sagesse des nations,* morale courante, exprimée sous forme de conseils, de maximes, et qui est censée représenter l'expérience accumulée par l'humanité.

Sagesse, recueil poétique de P. Verlaine (1881). Emprisonné à Mons, après avoir tiré sur Rimbaud, le poète médite, revient sur son passé.

Sagesse *(filles de la),* congrégation religieuse féminine fondée par Louis-Marie Grignion de Montfort en 1703, pour l'enseignement populaire et le soin des malades.

Sagesse *(livre de la),* livre deutérocanonique de l'Ancien Testament, rédigé vers l'an 50 avant notre ère par un Juif d'Alexandrie. C'est une exhortation à la recherche de la véritable sagesse qui vient de Dieu.

SAGHO, SARHO ou **SARGHO,** massif montagneux du Maroc méridional, qui culmine à 2 712 m.

SAGINE n. f. (lat. sc. *sagina*). Herbe naine (caryophyllacée), très gazonnante, à tiges étalées, cultivée souvent dans les jardins de rocaille.

1. SAGITTAIRE n. m. (lat. *sagittarius,* archer, de *sagitta,* flèche). Archer, dans les troupes auxiliaires de l'armée romaine.

2. SAGITTAIRE n. f. (lat. sc. mod. *sagittaria,* du lat. class. *sagitta,* flèche). Herbe dressée (alismacée) vivant dans les lieux marécageux. (Les feuilles sont rubanées dans l'eau, longuement pétiolées en forme de lance à l'extérieur de l'eau. N. usuel *flèche d'eau.*)

SAGITTAIRE (lat. *Sagittarius, -ii*), la plus australe des constellations zodiacales, entre le Scorpion et le Capricorne. Située dans la direction du centre de la Galaxie, elle constitue une région du ciel particulièrement riche en étoiles et en matière interstellaire.
— **Astrol.** Neuvième signe du Zodiaque, que le Soleil quitte au solstice d'hiver.

SAGITTAL, E, AUX adj. (lat. *sagitta,* flèche). **1.** Orienté d'arrière en avant. (Le *plan sagittal,* ou plan de symétrie du corps des animaux, est à la fois perpendiculaire aux plans transversaux et aux plans frontaux.) — **2.** *Courant sagittal,* syn. de COURANT D'ARRACHEMENT*. ‖ *Diagramme sagittal,* représentation graphique d'une relation d'un ensemble fini E vers un ensemble fini F au moyen d'arcs fléchés joignant chaque élément de E et le ou les éléments de F avec lesquels il est en relation. ‖ *Suture sagittale,* suture unissant les deux os pariétaux.

SAGNAC (Philippe), historien français (Périgueux 1868 - Luynes 1954). Il créa à la Sorbonne le Centre d'études de la Révolution française (1935), et fonda, avec Louis Halphen, la collection historique « Peuples et Civilisations ».

SAGNE n. f. (gaul. **sagna,* terrain marécageux). Dans le Jura, tourbière où dominent les sphaignes et les linaigrettes.

SAGONE (20118), petit port et station balnéaire de la Corse-du-Sud (comm. de Vico), sur le *golfe de Sagone.*

SAGONTE, en lat. **Saguntum,** v. antique de la Tarraconnaise. Cité ibère, alliée de Rome, elle fut assiégée par Hannibal en 219 av. J.-C. Ce fut le point de départ de la deuxième guerre punique*. Auj. *Sagunto**.

SAGOU n. m. (port. *sagu,* du malais *sāgū*). Matière alimentaire farineuse préparée à partir de la moelle contenue dans le stipe des sagoutiers.

1. SAGOUIN n. m. (tupi *saguim*). Ancien nom usuel commun au ouistiti, au tamarin et aux singes voisins.

2. SAGOUIN, E n. (de *sagouin 1*). *Fam.* Personne malpropre.

SAGOUTIER n. m. (de *sagou*). **1.** Au sens strict, arbre (cycadacée) du genre *metroxylon,* ressemblant à un palmier et qui donne le meilleur sagou. — **2.** Au sens large, tout arbre fournissant un sagou.

SAGUENAY (le), riv. du Canada (Québec), affl. du Saint-Laurent (r. g.) ; env. 200 km. Aménagements hydroélectriques.

SAGUNTO, port d'Espagne au N. de Valence ; 55 300 hab. C'est l'antique *Sagonte**, appelée jusqu'en 1877 *Murviedro.* Restes d'une importante forteresse et d'un théâtre romain.

SAHA (Meghnad), astrophysicien indien (Dacca 1893 - New Delhi 1956). Il a établi, en 1920, une loi qui détermine, en fonction de la densité, à l'équilibre thermodynamique, la fraction ionisée dans un milieu gazeux. Cette relation a permis, notamment, de classer les étoiles des plus chaudes aux plus froides, d'après leur type spectral.

SAHAGÚN, v. du Mexique (État de Hidalgo), près de Mexico. Métallurgie.

SAHAGÚN (Bernardino DE), franciscain espagnol (Sahagún 1500 - Mexico 1590). Missionnaire au Mexique, son *Historia general de las cosas de la Nueva España* fournit de précieuses indications sur les civilisations précolombiennes.

SAHARA (le), en ar. **al-Ṣahrā',** le plus grand désert du monde, couvrant plus de 8 millions de km² (recevant moins de 100 mm d'eau par an), entre l'Afrique du Nord méditerranéenne et l'Afrique noire, l'Atlantique et la mer Rouge. Au N., l'Atlas saharien marque la limite septentrionale du désert, qui atteint la mer en Libye et en Égypte. Au S., la limite méridionale est la bordure sahélienne, où apparaît le cram-cram, graminée qui nécessite des pluies d'été relativement régulières.

Géographie. Le Sahara s'étend sur une dizaine d'États : Maroc, Algérie, Tunisie, Libye, Égypte, Soudan, Tchad, Niger, Mali et Mauritanie. C'est un désert zonal, lié aux hautes pressions subtropicales, responsables du faible volume des précipitations. Les températures maximales peuvent atteindre 50 °C, même 55 °C, et l'amplitude thermique quotidienne (15 à 30 °C) est souvent supérieure à l'amplitude annuelle. En dehors des deux massifs du Hoggar et du Tibesti (qui dépassent 3 000 m), les paysages sont le plus souvent plats, pierreux (regs) ou sableux (ergs). Les cours d'eau sont des oueds temporaires, dont l'écoulement peut être souterrain. Seul le Nil traverse le désert. Environ un million et demi de personnes vivent au Sahara. Le nomadisme, qui était le mode de vie de la moitié de la population, recule progressivement au fur et à mesure de l'emprise administrative et économique sur ce territoire. Des cultures sont pratiquées dans les oasis, qui, outre une importante production de dattes, fournissent des céréales et des légumes. Les ressources minières sont notables : pétrole et gaz naturel en Algérie et en Libye, phosphates au Sahara occidental, uranium au Niger, fer en Mauritanie. Elles constituent le principal facteur d'intégration économique des zones sahariennes.

Histoire.

• *La préhistoire et la protohistoire.* Le Sahara a connu plusieurs périodes humides au cours du quaternaire, attestées par l'aspect du relief, les restes d'une végétation de type méditerranéen et les sites préhistoriques ornés de peintures rupestres. Au paléolithique y vécurent des chasseurs-cueilleurs dont le nombre diminua à la suite d'une phase d'assèchement. Au néolithique ancien se développa une très importante population, sans doute noire, de pêcheurs, de chasseurs, d'éleveurs et même de cultivateurs. Près de 30 000 peintures et gravures ont été recensées depuis 1874. Elles ont été regroupées en trois périodes (celle des troupeaux, celle du cheval et celle du chameau). Le reste, d'une conception symbolique, qui relève de la période dite « archaïque », serait la plus ancienne forme d'art africain.

• *L'Antiquité.* La route des chars, reliant le golfe des Syrtes à la région de Gao, sur le Niger, fut établie au Ier millénaire av. J.-C. par les Libyens et les Garamantes. Elle déclina à partir du IVe s. av. J.-C. à la suite d'une phase de sécheresse qui rendit impossible l'usage du cheval. Celui-ci fut peu à peu remplacé à partir du IIe s. av. J.-C. par le dromadaire, venu d'Arabie. Le Sahara était alors traversé par des courants commerciaux qui amenaient l'or du Soudan vers la Cyrénaïque, et sans doute aussi l'ivoire, les plumes d'autruche et les esclaves. Le dromadaire permit aux grands nomades et aux Berbères d'Afrique du Nord de profiter du recul de la puissance romaine pour contrôler le désert et imposer leur loi aux sédentaires des régions bordières du Sahara. Les Berbères développèrent le commerce caravanier entre le monde méditerranéen et l'Afrique noire en utilisant les « ports sahariens » (Ghāna, Aoudaghost).

• *L'islamisation.* Après avoir imposé leur domination aux Berbères d'Afrique du Nord, les Arabes traversèrent le désert et atteignirent l'Afrique noire (VIIIe s.), s'installant au Sahara par vagues successives jusqu'à l'époque contemporaine. Les populations sahariennes furent ainsi islamisées, arabisées, voire vassalisées ; seules celles qui étaient protégées par la dureté des conditions naturelles, comme les Touareg, gardèrent leurs coutumes. Le commerce caravanier s'amplifia grâce aux débouchés offerts par l'empire musulman. Les peuples arabes ou arabisés et les Berbères du désert (Ṣanhādja, Zénètes) intervinrent au Maghreb (mouvement des Almoravides, XIe-XIIe s.) et progressèrent vers le Sahel. Ils en islamisèrent peu à peu les habitants et renversèrent les empires (le Ghāna, en 1076) qui contrôlaient le commerce transsaharien, qu'ils assurèrent désormais. En 1591, les Marocains anéantirent l'Empire songhaï.

• Au XIXe s. commença l'exploitation du désert par les Européens. Après s'être installés au nord et sur les côtes occidentales du continent, ils cherchèrent à relier leurs différents territoires. Les Français occupèrent Laghouat (1852), Tombouctou (1894). Des colonnes venues d'Algérie, du Soudan et du Congo firent leur jonction au Tchad (1898-1900). Mais la liaison entre le Maroc et la Mauritanie ne fut réalisée qu'en 1934. Les Espagnols créèrent la colonie du Río de Oro (1884-1886). Les Italiens s'établirent en Tripolitaine et en Cyrénaïque (1911-12). Les découvertes minières et pétrolières, la volonté des populations de recouvrer leur indépendance poussèrent à la décolonisation de la région (1951-1976).

SAHARA ESPAGNOL, appellation employée jusqu'en 1975 pour désigner le territoire du Río de Oro et de la Saguía El Hamra. (→ SAHARA OCCIDENTAL.)

SAHARA OCCIDENTAL, anc. **Sahara espagnol,** région d'Afrique, sur l'Atlantique, de part et d'autre du tropique du Cancer. Façade atlantique du Sahara, elle recèle d'importants gisements de phosphates.

— **Hist.** En 1974, l'Espagne décide de se retirer du Sahara espagnol, que le roi Ḥasan II du Maroc revendique aussitôt. Il signe un accord secret de partage avec la Mauritanie. Ces visées sont combattues par le front Polisario, mouvement de libération nationale du peuple sahraoui, créé en 1973 avec l'appui de l'Algérie. Ce mouvement obtient de l'O. N. U. en 1978 la reconnaissance du droit à l'autodétermination des Sahraouis. Le Maroc avait organisé en 1975 une « Marche verte » rassemblant 350 000 personnes, afin de montrer sa volonté de recouvrer la Saguía El Hamra, région la plus riche en pétrole et en phosphates, ce qu'il fait dès le départ des Espagnols à la fin de l'année. En 1976, le Polisario proclame la République arabe sahraouie démocratique (R. A. S. D.). Il organise des raids contre la Mauritanie, qui se retire du conflit en 1979, et contre le Maroc. À partir de 1981, le Maroc fait construire des « murs » destinés d'abord à protéger le triangle Bou-Craa-El-Aiun-Smara, puis à interdire au Polisario l'accès à l'Atlantique. L'admission de la R. A. S. D. à l'O. U. A. (1982), officielle en 1984, provoque le retrait du Maroc de cette organisation. En 1988, le rétablissement des relations diplomatiques entre le Maroc et l'Algérie favorise l'accord des différentes parties concernées par le conflit du Sahara occidental sur un plan de paix proposé par l'O. N. U. (prévoyant, notamment, un référendum d'autodétermination du peuple sahraoui, toujours en suspens à ce jour).

SAHĀRANPUR, v. de l'Inde (Uttar Pradesh), au N. de Delhi ; 373 904 hab. Centre commercial et agricole. Ateliers de chemin de fer. Papeterie. Cotonnades.

SAHARIEN, ENNE adj. et n. **1.** Du Sahara. — **2.** Qui rappelle les aspects climatiques du Sahara ; torride : *Une chaleur saharienne.* — **3.** *Unités sahariennes,* troupes coloniales qui étaient chargées de la police et de la sécurité du Sahara. (Les dernières unités sahariennes, les *Compagnies sahariennes de légion étrangère,* ont été dissoutes entre 1962 et 1965.)

◆ **saharien** n. m. Groupe de langues africaines parlées au Tchad (toubou, zaghaoua) et au nord-est du Nigeria (kanouri).

◆ **saharienne** n. f. Veste de toile ceinturée, à manches courtes, inspirée de l'uniforme militaire.

SAHEL n. m. (ar. *Sāḥil,* rivage). En Afrique, au S. du Sahara, zone de transition entre le désert et le domaine tropical humide soudanien.

ENCYCL. Selon l'O. N. U., le Sahel concerne la Mauritanie, le Sénégal, le Mali, le Burkina, le Niger, le Tchad. On peut y ajouter le Soudan. Les pluies qui tombent de juin à septembre y passent de 600 mm au sud à 100 mm au nord, en même temps que la savane arborée ou arbustive est progressivement remplacée par la steppe. Dans le Sud, des agriculteurs cultivent mil et arachide ; vers le nord des pasteurs pratiquent l'élevage (bovins, caprins, chameaux), nomade ou semi-nomade. Le milieu, très fragile, est soumis à l'alternance de périodes sèches et humides. Les sécheresses récentes, aggravées souvent par le surpâturage, ont provoqué une extension du désert.

SAHEL ou **SAHEL-SOUMMAM** *(oued),* oued d'Algérie, 200 km env., qui débouche dans le golfe de Bejaïa.

SAHÉLIEN, ENNE adj. Du Sahel.

SAHIB n. m. (mot indien, de l'ar. *ṣāḥib*). Titre honorifique en Inde.

SĀHIWĀL, v. du nord-est du Pākistān, entre Multān et Lahore ; 151 000 hab.

SAHLINS (Marshall David), anthropologue américain (Chicago 1931). Il se situe dans la perspective structuraliste avec une teinte de marxisme, surtout dans ses études sur les économies des sociétés (*Raisons utilitaires et raisons culturelles,* 1976).

SAHRAOUI, E adj. et n. Du Sahara, en particulier du Sahara occidental.

SAÏ [saj] n. m. (mot tupi). Autre nom du capucin.

SAÏAN, nom de deux ensembles de moyenne montagne *(Saïan occidental* et *Saïan oriental)* de Russie, dans le sud de la Sibérie orientale.

SAICHO ⟶ DENGYŌ DAISHI.

SA'ĪD ⟶ PORT-SAÏD.

SA'ĪD PACHA (Muḥammad) [Le Caire 1822 - Alexandrie 1863], vice-roi d'Égypte (1854-1863). Fils de Méhémet Ali, il renoua avec sa politique moderniste pro-occidentale. Il accorda à Ferdinand de Lesseps, en 1864, une concession pour la construction et l'exploitation du canal de Suez.

SAIDA, v. d'Algérie, ch.-l. de wilaya, à la limite du Tell ; 81 000 hab. Centre commercial et industriel (eau minérale, carton, cimenterie).

SAIDA *(monts de),* région montagneuse de l'Algérie occidentale, 1 180 m.

SAÏDA ⟶ ṢAYDĀ.

SAIDPUR, v. du Bangladesh, à l'O. de Rangpur ; 128 000 hab. Jute. Réparations ferroviaires.

1. SAIE n. f. (forme picarde de *soie*). Brosse en soies de porc des orfèvres. (Syn. SOIE.)

2. SAIE n. f. (lat. *sagum*). Manteau court de laine grossière, porté dans l'armée romaine antique.

SAÏGA n. m. (russe *saïga,* du turc). Mouton sauvage des steppes d'Asie centrale, au museau enflé en une sorte de trompe. (L'espèce est protégée et sa chasse réglementée.)

SAIGNANT, E adj. **1.** Qui saigne, dégoutte de sang : *Blessure saignante.* — **2.** Se dit d'une viande cuite rapidement et dont la chair au milieu est encore crue. — **3.** Se dit d'une blessure morale, d'un chagrin dont on ressent encore tous les effets. — **4.** *Fam.* Qui est particulièrement dur, cruel : *Il était en colère, ça a été saignant.*

SAIGNÉE n. f. (de *saigner*). **1.** Évacuation de sang provoquée à des fins médicales ; quantité de sang ainsi évacuée. (Elle est obtenue par introduction d'une aiguille dans une veine du pli du coude.) — **2.** Pli formé par le bras et l'avant-bras. — **3.** *Litt.* Pertes humaines importantes au cours d'une guerre : *La terrible saignée de 1914.* — **4.** Dépenses qui font un trou dans le budget : *Une saignée dans le Trésor public.* • **Min.** Sillon creusé dans une veine de minerai par un outil de machine d'abattage. — **Sylvic.** Entaille faite dans le fût d'un arbre sur pied pour en extraire un liquide (résine, latex). — **Techn.** Entaille profonde et de faible largeur faite à l'aide d'un outil tranchant. — **Trav. publ.** Petit canal ménagé dans l'accotement d'une route, pour évacuer les eaux collectées sur la rive de la chaussée. — **Usin.** Opération de tournage consistant à détacher une pièce terminée par une coupe perpendiculaire à l'axe de la rotation.

SAIGNELÉGIER, comm. de Suisse (cant. du Jura), ch.-l. du district des Franches-Montagnes ; 1 800 hab.

SAIGNEMENT n. m. **1.** Écoulement, épanchement de sang. — **2.** *Temps de saignement,* temps nécessaire pour obtenir l'arrêt du saignement d'une « blessure standard » faite par scarification du lobule de l'oreille. (Il est normalement de 2 à 4 min.)

SAIGNER v. i. (lat. *sanguinare,* de *sanguis, -inis,* sang) [conj. 4]. **1.** Laisser du sang s'échapper, perdre du sang : *Le blessé saigne encore. Saigner du nez.* — **2.** *Litt.* Ressentir une grande douleur morale : *Son cœur saignait à cette évocation.* — **3.** Fam. *Ça va saigner,* le conflit va être très dur. ‖ *Saigner comme un bœuf,* abondamment.
◆ v. t. **1.** Faire une saignée à qqn. — **2.** Tuer un animal en le vidant de son sang : *Saigner un mouton.* — **3.** *Fam.* et *vx.* Tuer qqn, le blesser dans une agression, une rixe au couteau. — **4.** Soutirer de l'argent à qqn ; le rançonner : *Saigner les contribuables.* — **5.** Réaliser une saignée.
◆ **se saigner** v. pr. **1.** S'imposer de lourdes dépenses : *Se saigner pour ses enfants.* — **2.** *Se saigner aux quatre veines,* se priver de tout au profit de qqn.

SAIGNES (15240), ch.-l. de cant. du Cantal ; 1 024 hab.

SAIGNEUR n. m. Personne chargée de tuer les porcs.

SAIGON ⟶ HÔ CHI MINH-VILLE.

SAIGŌ TAKAMORI, samurai du clan de Satsuma (Kagoshima 1828 - près de Kagoshima 1877). Il joua un rôle essentiel dans la restauration impériale en combattant le shōgun. Cependant, mécontent des mesures antiféodales prises par l'empereur dès 1868, il passa à l'opposition en 1873 et dirigea la rébellion contre le gouvernement de Tōkyō. Celui que les Japonais appelaient le « Grand Saigō » fut blessé et se suicida. — Son frère, **Saigō Tsugumichi** (Satsuma 1843 - 1902), contribua à la restauration de 1868. Ministre de la Marine (1885, 1892-1902), il a contribué au développement de la marine du Japon.

SAIGYŌ (SATO NORIKIYO, dit), poète et moine japonais (1118 - Ōsaka 1190). Ses œuvres sont regroupées notamment dans le *Sankashū*. Il est aussi l'auteur le plus important du *Shinkokinshū**, achevé en 1205.

SAIKAKU → IHARA SAIKAKU.

SAILER (Anton, dit **Toni**), skieur autrichien (Kitzbühel 1935). Il a remporté les trois titres olympiques (descente, slalom spécial et slalom géant) à Cortina d'Ampezzo en 1956, les titres de la descente, du slalom géant et du combiné aux championnats du monde à Badgastein en 1958.

SAILLANT, E adj. (de *saillir 2*). **1.** Qui fait saillie, dépasse, déborde sur la ligne normale : *Corniche saillante.* — **2.** Qui ressort sur le reste ; qui attire l'attention : *Les traits saillants de son caractère.* — **3.** Se dit d'un secteur angulaire convexe qui n'est ni plat ni plein. (La mesure en degrés d'un secteur saillant appartient à [0,180[.)
◆ **saillant** n. m. **1.** Partie de fortification qui fait saillie. — **2.** Secteur angulaire saillant.

SAILLANT (Louis), syndicaliste français (Valence 1910 - Paris 1974). Dirigeant de la C. G. T. clandestine, il devint président du Conseil national de la résistance en sept. 1944. Secrétaire général de la Fédération syndicale mondiale (F. S. M.) [1945-1969], il fut un des fondateurs du Mouvement mondial de la paix.

SAILLAT-SUR-VIENNE (87720), comm. de l'ouest de la Haute-Vienne ; 972 hab. Cellulose et extraits tannants.

1. SAILLIE n. f. (de *saillir 1*). Action de saillir une femelle.
ENCYCL. Dans la *saillie en liberté*, un ou plusieurs mâles sont laissés dans un lot de femelles ; dans la *saillie en main*, une femelle est présentée à un mâle sous la surveillance de l'éleveur, ce qui permet un meilleur contrôle de la reproduction.

2. SAILLIE n. f. (de *saillir 2*). **1.** Partie saillante qui fait relief sur une surface unie : *Les saillies d'un os.* — **2.** *Litt.* Trait d'esprit brillant, imprévu : *Une conversation émaillée de saillies.* — **3.** Chacune des parties en avancée sur le nu d'une façade (balcon, corniche, etc.). — **4.** Relief apparent des figures ou objets représentés dans une peinture. — **5.** *Faire saillie,* dépasser l'alignement, déborder.

1. SAILLIR v. t. (anc. fr. *salir,* du lat. *salire,* couvrir la femelle) [conj. **32**]. En parlant d'un animal mâle, s'accoupler à une femelle, la couvrir. (Syn. SERVIR.)

2. SAILLIR v. i. (de *saillir 1*) [conj. **50**]. **1.** Dépasser l'alignement, avancer par rapport à la surface générale : *Une armoire dont le fronton saillait.* — **2.** Être représenté avec une apparence de fort relief.

SAILLY-FLIBEAUCOURT (80970), comm. de la Somme, à 13 km au N.-O. d'Abbeville, dans le Ponthieu ; 1 003 hab. Serrurerie.

SAIMAA, lac du sud-est de la Finlande, tributaire du Ladoga et relié à Vyborg par un canal.

SAÏMIRI n. m. (port. du Brésil *saimirim,* du tupi *sahy,* singe, et *miri,* petit). Petit singe (cébidé) d'Amérique tropicale, à queue non préhensile. (Syn. SAPAJOU.)

1. SAIN, E adj. (lat. *sanus*). **1.** Qui ne présente aucune atteinte pathologique ou anomalie (par oppos. à *malade*) : *Un corps sain.* — **2.** Qui respire la santé : *Une jeunesse saine et vigoureuse.* — **3.** Qui demeure intact, n'a subi aucune altération grave (par oppos. à *gâté, pourri*) : *Une viande saine.* — **4.** Qui est favorable à la santé des individus : *Une nourriture saine et abondante.* — **5.** Qui est doué d'un bon équilibre psychique, dont le comportement intellectuel et/ou moral ne révèle aucune déficience ni perversion : *Son jugement n'est pas sain.* — **6.** Se dit des actions et des opinions conformes à la raison, à la pondération, ou ne s'écartant pas de ce qui est jugé normal : *Avoir de saines lectures.* — **7.** Qui ne présente aucune anomalie, aucun vice, où tout est régulier, normal : *La gestion de cette entreprise n'est pas saine.* — **8.** Se dit d'une côte ne présentant aucun danger, où il n'y a pas d'écueils. — **9.** *Sain et sauf,* se dit de qqn sorti indemne d'un danger, d'un péril.

2. SAIN n. m. (lat. *sagina,* graisse). Graisse du sanglier et des animaux qui se défendent avec leurs dents.

SAINBOIS n. m. Nom usuel du *daphné.*

SAINCAIZE-MEAUCE (58470), comm. de la Nièvre, à 12 km au S.-O. de Nevers ; 424 hab. Nœud ferroviaire.

SAINDOUX n. m. (de *sain 2* et *doux*). Graisse obtenue par fusion des tissus adipeux du porc.

SAINEMENT adv. **1.** De façon saine, hygiénique : *Se nourrir sainement.* — **2.** Judicieusement, sagement : *Juger sainement de la situation.*

SAINFOIN n. m. (de *sain 1* et *foin*). Légumineuse (papilionacée) fourragère, vivace et rustique.

SAINGHIN-EN-WEPPES (59184), comm. du Nord, à 15 km au S.-O. de Lille ; 5 130 hab.

SAINS-EN-GOHELLE (62114), ch.-l. de cant. du Pas-de-Calais, à 3 km au S.-E. de Nœux-les-Mines ; 6 045 hab. *(Sainsois).* Textile.

SAINT, E adj. (lat. *sanctus,* sacré). **1.** Se dit de Dieu en tant qu'il est souverainement pur, parfait. — **2.** Se dit d'une personne élue de Dieu et reconnue par l'Église : *La Sainte Vierge. L'Évangile selon saint Jean.* — **3.** Entre dans la formation de noms propres qui désignent en partic. une fête (avec l'article *la*), une église, etc. (avec majuscule) : *Aller à la messe à Saint-Roch.* — **4.** Qui vit selon la loi de Dieu, qui mène une vie exemplaire sur le plan moral ou religieux : *Le curé est un saint homme.* — **5.** Qui appartient à la religion, qui a un caractère sacré : *Le saint sacrifice* *de la messe.* — **6.** Qui a un caractère vénérable et à quoi on ne peut toucher : *La sainte autorité des lois.* — **7.** Indique le degré extrême d'un sentiment de réaction contre qqch, qqn : *Éprouver une sainte horreur du mensonge.* — **8.** Se dit de chacun des jours de la semaine qui précède le dimanche de Pâques ; se dit de la semaine elle-même. — **9.** *Ville sainte,* Jérusalem, pour les juifs et les chrétiens. ‖ *Villes saintes,* Jérusalem, Médine et La Mecque, pour les musulmans.

◆ n. **1.** Chrétien canonisé dont la vie est proposée en exemple par l'Église et auquel est rendu un culte public. — **2.** Représentation, statue d'un personnage auquel les Églises catholique ou orientales rendent un culte public. (Les Églises protestantes prohibent le culte des saints.) — **3.** Homme, femme, d'une piété et d'une vie exemplaires. — **4.** Fam. *Ce n'est pas un (petit) saint,* c'est un personnage malhonnête. ‖ *Ne (plus) savoir à quel saint se vouer,* ne plus savoir quel moyen employer pour se tirer d'affaire ; ne savoir à qui recourir. ‖ *Petit saint,* personne vertueuse ; se dit ironiq. de qqn qui affecte hypocritement la vertu. ‖ *Saints du dernier jour,* titre que se donnent les mormons. ‖ *Saints de glace,* saint Mamert, saint Pancrace et saint Servais, dont les fêtes (11, 12 et 13 mai) passent pour être souvent accompagnées de gelées tardives. ‖ *Se vouer, se recommander à tous les saints (du paradis),* avoir recours à tous les moyens à sa portée, dans une circonstance difficile.

◆ **saint** n. m. **1.** Espace qui, dans le Temple de Jérusalem, précédait la partie la plus sacrée de l'édifice consacré à Yahvé. — **2.** *Saint des saints,* partie la plus sacrée du Temple de Jérusalem ; la partie de qqch qui est la plus secrète, la plus importante, cachée aux yeux du public.

SAINT-ACHEUL, faubourg d'Amiens (Somme), situé à l'emplacement d'une ancienne abbaye de moines augustins fondée en 1085. Fouillé par Boucher de Perthes, en 1835, le gisement préhistorique est le lieu d'origine du faciès acheuléen.

SAINT-AFFRIQUE (12400), ch.-l. de cant. de l'Aveyron, sur la Sorgues ; 8 322 hab. *(Saint-Affricains).* Pont gothique. Centre commercial. École des métiers (E. D. F.-G. D. F.).

SAINT-AGNAN (58230), comm. de la Nièvre, à 15 km à l'O.-N.-O. de Saulieu ; 186 hab. Centre de séjour en bordure du *lac de Saint-Agnan.*

SAINT-AGNANT (17620), ch.-l. de cant. de la Charente-Maritime, en bordure du marais de Brouage ; 1 853 hab. *(Saint-Agnantais).*

SAINT-AGRÈVE (07320), ch.-l. de cant. de l'Ardèche, dans le Velay ; 2 783 hab. *(Saint-Agrévois).* Station touristique. Marché. Conserves.

SAINT-AIGNAN (41110), ch.-l. de cant. de Loir-et-Cher, sur le Cher ; 3 785 hab. Église en partie romane (crypte avec peintures). Ruines féodales et château de la Renaissance. Mécanique. Confection.

SAINT AIGNAN (DE) → BEAUVILLIER.

SAINT-ALBAN-LEYSSE (73230), ch.-l. de cant. de la Savoie, dans la cluse de Chambéry ; 4 029 hab. Station estivale. Matériel d'équipement.

SAINT ALBANS, v. de Grande-Bretagne, au N.-O. de Londres ; 51 000 hab. Vestiges de la cité romaine de Verulamium. Belle cathédrale romane, anc. abbatiale, pour l'essentiel de la fin du XIe s. Tombe de F. Bacon dans l'église St Michael.

SAINT-ALBAN-SUR-LIMAGNOLE (48120), ch.-l. de cant. de la Lozère, aux confins du Gévaudan et de la Margeride ; 1 954 hab. Hôpital psychiatrique.

SAINT-AMAND (Jean Amand LACOSTE, dit), auteur dramatique français (Paris 1797 - *id.* 1885). Auteur avec B. Antier de *l'Auberge des Adrets* (1823) et de *Robert Macaire* (1834).

SAINT-AMAND-EN-PUISAYE (58310), ch.-l. de cant. du nord-ouest de la Nièvre ; 1 394 hab. *(Saint-Amandois).* Église gothique et château de la Renaissance. Marché. Poterie. Parquetterie.

SAINT-AMAND-LES-EAUX (59230), ch.-l. de cant. du Nord, sur la Scarpe ; 16 898 hab. *(Amandinois).* Pavillon Renaissance (« Échevinage ») et monumental clocher-porche baroque (1626) d'une anc. abbaye (fondée en 647). Chaudronnerie, brasserie, faïencerie. Station thermale (rhumatismes chroniques et arthroses). Centre céramique depuis le XVIIIe s.

SAINT-AMAND-LONGPRÉ (41310), ch.-l. de cant. de Loir-et-Cher, au S.-S.-O. de Vendôme ; 955 hab.

SAINT-AMAND-MONTROND (18200), ch.-l. d'arrond. du Cher, sur le Cher ; 12 377 hab. *(Saint-Amandois).* Église romane. Musée dans l'hôtel Saint-Vic, du XIIIe s. Métallurgie. Imprimerie. — Aux environs, anc. abbaye du Noirlac* et châteaux de Meillant et d'Ainay-le-Vieil, tous deux des XIVe-XVIe s.

SAINT-AMANS-SOULT (81240), ch.-l. de cant. du Tarn, au pied de la Montagne Noire ; 1 734 hab. *(Saint-Amantais).* Patrie du maréchal Soult, qui y est enterré.

SAINT-AMANT (Marc Antoine GIRARD, *sieur* DE), poète français (Quevilly, près de Rouen, 1594 - Paris 1661). Protestant converti au catholicisme, il fréquente le salon de Mme de Rambouillet et voyage en Europe. Passant de poèmes bachiques *(les Goinfres)* à des poèmes d'inspiration mariniste (*la Pluie* ou *Solitude,* 1618), fantastique *(les*

Visions) ou encore satirique (*la Rome ridicule,* 1643), il inventa le vocabulaire poétique burlesque. On lui doit aussi une idylle héroïque : *Moïse sauvé* (1653). [Acad. fr., 1634].

SAINT-AMANT-DE-BOIXE (16330), ch.-l. de cant. de la Charente ; 1 002 hab. Église romane et gothique, anc. abbatiale.

SAINT-AMANT-TALLENDE (63450), ch.-l. de cant. du Puy-de-Dôme, à 18 km au S. de Clermont-Ferrand ; 1 525 hab. Deux châteaux, des XIVe et XIXe s. Papeterie.

SAINT-AMARIN (68550), ch.-l. de cant. du Haut-Rhin, dans les Vosges ; 2 411 hab. *(Saint-Amarinois).*

SAINT-AMBROIX (30500), ch.-l. de cant. du Gard, sur la Cèze ; 3 551 hab. Constructions mécaniques.

SAINT-AMOUR n. m. inv. Vin rouge produit sur la commune de Saint-Amour-Bellevue (Saône-et-Loire), célèbre cru du Beaujolais.

SAINT-AMOUR (39160), ch.-l. de cant. du Jura, en bordure du Jura ; 2 387 hab. Église reconstruite aux XVIIe-XVIIIe s. Carrières de marbre.

SAINT-AMOUR (Guillaume DE) → GUILLAUME DE SAINT-AMOUR.

SAINT-ANDRÉ (59350), comm. du Nord, banlieue nord de Lille, sur la Deûle ; 10 128 hab. *(Andrésiens).* Industries textiles, alimentaires et chimiques.

SAINT-ANDRÉ (97440), comm. du nord-est de la Réunion ; 35 375 hab. Sucrerie.

SAINT-ANDRÉ (Jacques D'ALBON, *seigneur* DE), maréchal de France (Saint-André-d'Apchon, Loire, v. 1510 - Dreux 1562). Maréchal (1547), il contribua à la négociation du traité du Cateau-Cambrésis (1559). Il fut tué au cours de la première guerre de Religion.

Saint-André *(ordre de),* le plus élevé des anciens ordres de chevalerie de Russie, créé en 1698 par Pierre le Grand. Cet ordre disparut en 1917 avec l'Empire.

SAINT-ANDRÉ-DE-CUBZAC (33240), ch.-l. de cant. de la Gironde, sur la Dordogne ; 6 362 hab. Église en partie romane du XIe s. Château du Bouilh, inachevé, par V. Louis. Vins rouges et blancs.

SAINT-ANDRÉ-DE-L'EURE (27220), ch.-l. de cant. de l'Eure, dans la *plaine de Saint-André* (céréales) ; 3 139 hab.

SAINT-ANDRÉ-LES-ALPES (04170), ch.-l. de cant. des Alpes-de-Haute-Provence, sur le Verdon ; 812 hab. *(Saint-Andréens).* Station estivale. Conserverie. — Aux environs, barrage de Castillon.

SAINT-ANDRÉ-LES-VERGERS (10120), banlieue S.-O. de Troyes ; 11 389 hab. *(Dryats).* Église du XVIe s. (sculptures). Métallurgie. Constructions électriques.

SAINT ANDREWS, v. de Grande-Bretagne, en Écosse, sur la mer du Nord ; 11 800 hab. Université. Ruines de la cathédrale des XIIe-XIVe s. Terrains de golf. Tourisme.

Saint-Ange *(château)* [en ital. *castello Sant'Angelo*], à Rome, sur la rive droite du Tibre. Construit par Hadrien pour servir de mausolée, il fut terminé en 139. Ce monument se composait alors d'une base quadrangulaire surmontée de deux constructions cylindriques. Lieu de sépulture pour les empereurs jusqu'à Caracalla, il servit de citadelle dès le Xe s., de refuge pour les papes (XIIIe s.), et enfin de prison d'État.

SAINT-ANTHÈME (63660), ch.-l. de cant. du Puy-de-Dôme, dans le Forez ; 897 hab. *(Saint-Anthémois).* Station touristique.

Saint-Antoine *(faubourg),* quartier de Paris (XIe-XIIe arrond.), qui s'étend de la Bastille à la Nation et que traverse la rue du Faubourg-Saint-Antoine. C'est le domaine des professionnels du meuble, surtout depuis que Louis XIV y exempta artisans et marchands des règlements corporatifs.

Saint-Antoine *(combat du faubourg)* [1er juill. 1652], épisode parisien de la Fronde, au cours duquel Condé, pris entre les troupes royales de Turenne et les portes fermées de Paris, fut sauvé par la Grande Mademoiselle qui fit ouvrir la porte Saint-Antoine et tirer le canon sur les troupes royales.

SAINT-ANTONIN-NOBLE-VAL (82140), ch.-l. de cant. de Tarn-et-Garonne, dans le bas Quercy, sur l'Aveyron ; 1 882 hab. *(Saint-Antonnois).* Anc. hôtel de ville du XIIe s., restauré au XIXe s. Maisons gothiques. Station estivale et centre touristique.

SAINT-APOLLINAIRE (21850), comm. de la Côte-d'Or, banlieue N.-E. de Dijon ; 5 588 hab. Électronique.

SAINT-ARNAUD → EULMA *(El-).*

SAINT-ARNAUD (Arnaud Jacques, dit **Jacques Achille Leroy de**), maréchal de France (Paris 1798 - en mer Noire 1854). Après avoir servi en Algérie (1831-1851), il assura, comme ministre de la Guerre, le succès du coup d'État du 2 décembre 1851. Commandant de l'armée d'Orient, il battit les Russes à l'Alma (1854).

SAINT-ARNOULT-EN-YVELINES (78730), ch.-l. de cant. des Yvelines, entre Dourdan et Rambouillet ; 5 824 hab. Église des XIIe et XVIe s. Fondation Elsa Triolet-Louis Aragon.

SAINT-ASTIER (24110), ch.-l. de cant. de la Dordogne, sur l'Isle ; 5 254 hab. *(Astériens).* Imposante église des XVe et XVIe s., avec parties romanes. Carrières.

SAINT-AUBAN (04600), écart de la comm. de Château-Arnoux (Alpes-de-Haute-Provence), sur la Durance. Industrie chimique. — Au S., aérodrome (vol à voile).

SAINT-AUBIN (DE), artistes français du XVIIIe s., dont les plus connus sont trois frères, fils d'un brodeur du roi, tous nés et morts à Paris. — CHARLES GERMAIN (1721-1786), dessinateur en broderie et graveur, est l'auteur de recueils de fleurettes et de bouquets et surtout d'une suite intitulée *Essai de papillonneries humaines,* scènes pleines de fantaisie mêlées d'arabesques, dont les personnages sont des insectes. — GABRIEL JACQUES (1724-1780), peintre, dessinateur et graveur, a laissé quelques tableaux de genre *(la Parade du boulevard,* 1760, National Gallery de Londres), une cinquantaine d'eaux-fortes *(le Salon de 1753 au Louvre, le Spectacle des Tuileries)* et une multitude de dessins, où toutes les techniques sont mêlées, qui tracent de la vie parisienne un tableau d'une vivacité et d'une justesse remarquables (*Couronnement de Voltaire au Théâtre-Français,* 1778, cabinet des Dessins du Louvre). — AUGUSTIN (1736-1807), dessinateur et graveur, fut en son temps le plus célèbre de la famille, excellant dans la vignette, l'ornement, le portrait. Graveur de la Bibliothèque du roi (1777), il a exécuté à ce titre de nombreuses planches documentaires (médailles, etc.).

SAINT-AUBIN-D'AUBIGNÉ (35250), ch.-l. de cant. d'Ille-et-Vilaine, à 18 km au N.-N.-E. de Rennes ; 2 256 hab.

SAINT-AUBIN-DU-CORMIER (35140), ch.-l. de cant. d'Ille-et-Vilaine, au S.-O. de Fougères ; 2 741 hab. *(Saint-Aubinais).* Ruines imposantes d'un château fort.

SAINT-AUBIN-LÈS-ELBEUF (76410), comm. de la Seine-Maritime, sur la Seine, en face d'Elbeuf ; 8 691 hab. *(Saint-Aubinois).* Industries chimiques. Crayons.

SAINT-AUBIN-SUR-MER (14750), comm. du Calvados, au N. de Caen, sur la Manche ; 1 531 hab. *(Saint-Aubinais).* Station balnéaire. La 3e division anglaise y débarqua le 6 juin 1944.

SAINT-AUDE (Magloire), pseudonyme de **Clément Magloire fils** (Port-au-Prince 1912 - *id.* 1971), écrivain haïtien. Son *Dialogue de mes lampes* (1941), qui enthousiasma André Breton, fait de lui un représentant authentique du surréalisme haïtien.

SAINT-AULAYE (24410), ch.-l. de cant. de la Dordogne, sur la Dronne ; 1 537 hab. Église du XIIe s. Produits réfractaires.

SAINT-AVÉ (56890), comm. du Morbihan, banlieue N.-E. de Vannes ; 6 973 hab. Chapelle du XVe s. (œuvres d'art).

SAINT-AVERTIN (37550), ch.-l. de cant. d'Indre-et-Loire, banlieue S.-E. de Tours, sur le Cher ; 12 225 hab. *(Saint-Avertinois).* Église en partie des XIe et XIIe s. Vins rouges. Informatique bancaire.

SAINT-AVOLD (57500), ch.-l. de cant. de la Moselle, sur la Rosselle ; 17 079 hab. *(Saint-Avoldiens* ou *Naboriens).* Belle église, anc. abbatiale reconstruite au XVIIIe s. Plus grand cimetière militaire américain d'Europe. Industries chimiques. (→ CARLING.)

SAINT-AYGULF (83600 Fréjus), station balnéaire du Var (comm. de Fréjus), sur la côte des Maures.

SAINT-BARTHÉLEMY (97133), île française des Petites Antilles, au N.-N.-O. de la Guadeloupe ; 25 km² ; 5 043 hab. Ch.-l. *Gustavia* (l'île fut suédoise de 1784 à 1876). Port franc. Tourisme actif.

Saint-Barthélemy (la), massacre de protestants qui eut lieu principalement à Paris le 24 août 1572, jour de la fête de saint Barthélemy. Catherine de Médicis, hostile au projet d'aide aux Pays-Bas insurgés contre Philippe II et jalouse de l'influence de l'amiral de Coligny, chef des protestants, s'allia aux Guises pour le faire assassiner. Quatre jours après le mariage d'Henri de Navarre (futur Henri IV) et de Marguerite de Valois, un attentat contre l'amiral échoua (22 août). Craignant d'être compromise par l'enquête, Catherine obtint du roi Charles IX, pour déjouer un prétendu complot, l'ordre de mettre à mort tous les chefs protestants. Coligny et la plupart d'entre eux furent tués dans la nuit du 23 au 24 août. Henri de Navarre et Condé durent abjurer pour sauver leur vie. Puis le peuple se déchaîna, faisant environ 3 000 victimes. De nombreuses villes suivirent l'exemple de la capitale.

SAINT-BARTHÉLEMY-D'ANJOU (49124) comm. de Maine-et-Loire, banlieue est d'Angers ; 9 763 hab. Industrie automobile. Liqueurs.

SAINT-BÉAT (31440), ch.-l. de cant. de la Haute-Garonne, sur la Garonne ; 554 hab. *(Saint-Béatais).* Sa position stratégique qui commandait le passage vers l'Espagne lui valut le surnom de CLEF DE FRANCE. Petite église romane. Importantes carrières de marbre, déjà exploitées par les Romains et qui fournirent aussi des matériaux pour les bassins de Versailles et pour de nombreux monuments des villes du Midi.

SAINT-BENIN-D'AZY (58270), ch.-l. de cant. de la Nièvre, à 20 km à l'E. de Nevers ; 1 259 hab.

SAINT-BENOÎT (86280), comm. de la Vienne, banlieue sud de Poitiers ; 6 024 hab. Église romane, anc. abbatiale. Grottes. Industries chimiques et mécaniques.

SAINT-BENOÎT (97470), ch.-l. d'arrond. de la Réunion, sur l'océan Indien ; 26 457 hab. Sucrerie. Conserves alimentaires.

SAINT-BENOÎT-DE-CARMAUX (81400), comm. du Tarn, banlieue ouest de Carmaux ; 2 520 hab. Chimie.

SAINT-BENOÎT-SUR-LOIRE (45730), comm. du Loiret, sur la Loire, dans le val d'Orléans ; 1 893 hab. *(Bénédictins).* Fondée vers 650, l'abbaye de Fleury prit le nom de St-Benoît quelques années plus tard, quand elle reçut le corps de saint Benoît, dérobé au Mont-Cassin. La basilique actuelle, commencée soit vers 1030, soit vers 1070 (clocher-porche à deux étages, aux précieux chapiteaux ; chœur à deux niveaux, à déambulatoire et chapelles rayonnantes), fut terminée au XIIIe s. ; pavement italien du haut Moyen Âge dans le chœur. L'abbaye (reconstruite pour l'essentiel) est de nouveau occupée par des bénédictins depuis 1947. — Aux environs, église de Germigny-des-Prés, anc. oratoire carolingien.

SAINT-BERNARD n. m. inv. (du n. du col du *Grand-Saint-Bernard*). **1.** Chien de très forte taille à la robe rouge et blanche, et dressé pour le sauvetage en montagne. — **2.** Personne généreuse toujours prête à se dévouer.

SAINT-BERNARD (Grand-), col des Alpes Pennines, entre la Suisse (Valais) et l'Italie (vallée d'Aoste), par où passe une route carrossable ; 2 469 m (c'est le *Mons Jovis* des Romains). Près du col se trouvent les deux bâtiments de l'hospice et du couvent fondés au Xe s. par saint Bernard de Menthon (Savoie). Le passage utilisé dès l'Antiquité, et parcouru maintes fois par les armées (Bonaparte en 1800), est utilisé seulement l'été. Le *tunnel routier du Grand-Saint-Bernard* (5 826 m de longueur), ouvert en 1964, a permis d'améliorer les relations entre l'Italie et la Suisse.

SAINT-BERNARD (Petit-), col des Alpes, à la frontière franco-italienne ; 2 188 m, reliant par la route la Tarentaise (Savoie) et le Val d'Aoste (Italie). Les ruines de l'hospice, fondé au Xe s. par saint Bernard de Menthon, se trouvent sur le versant français.

SAINT-BERTHEVIN (53940), ch.-l. de cant. de la Mayenne, banlieue ouest de Laval ; 6 487 hab. *(Berthevinois).* Équipements automobiles.

SAINT-BERTRAND-DE-COMMINGES (31510), comm. de la Haute-Garonne, au pied des Pyrénées, sur la Garonne ; 217 hab. Vestiges romains. Anc. cathédrale romane (XIIe s. ; portail, cloître), gothique (nef et abside du XIVe s.) et Renaissance (riche chœur liturgique avec stalles de 1535). Musée du Comminges. — Aux environs, église St-Just de Valcabrère, des XIe-XIIe s., cathédrale primitive du Comminges.
— **Hist.** C'est l'antique et riche *Lugdunum Convenarum.* Elle fut le siège d'un évêché de la fin du XIe s. à 1790.

SAINT-BLAISE, site archéologique de la comm. de Saint-Mitre-les-Remparts, dans les Bouches-sur-Rhône, à 7,5 km au N.-O. de Martigues. Probable comptoir étrusque dès le VIIe s. av. J.-C. qui a livré de nombreux vestiges ainsi que les restes d'une église paléochrétienne du Ve s.

SAINT-BONNET-DE-JOUX (71220), ch.-l. de cant. de Saône-et-Loire ; 857 hab. Château de Chaumont, en partie des XVIe et XVIIe s. (écuries).

SAINT-BONNET-EN-CHAMPSAUR (05500), ch.-l. de cant. des Hautes-Alpes, sur le Drac ; 1 433 hab. *(Saint-Bonnetiers).* Station d'altitude (1 225 m).

SAINT-BONNET-LE-CHÂTEAU (42380), ch.-l. de cant. du sud-ouest de la Loire, aux confins du Forez et du Velay ; 1 749 hab. Bourg fortifié conservant un aspect médiéval. Église des XVe et XVIe s. (fresques du XVe dans la crypte). Boules à jouer. Constructions électriques.

SAINT-BON-TARENTAISE (73120), comm. de la Savoie, dans la région des Trois-Vallées ; 1 743 hab. Stations d'altitude et de sports d'hiver de Courchevel, Moriond, Le Praz.

SAINT-BREVIN-LES-PINS ou **SAINT-BRÉVIN-LES-PINS** (44250), comm. de la Loire-Atlantique, à l'entrée de l'estuaire de la Loire ; 8 756 hab. *(Brévinois).* [→ MINDIN.] — Au S., à l'écart de *Saint-Brévin-l'Océan,* station balnéaire.

SAINT-BRIAC-SUR-MER (35800), comm. d'Ille-et-Vilaine, à l'O. de Dinard ; 1 832 hab. Station balnéaire.

SAINT-BRICE-EN-COGLÈS (35460), ch.-l. de cant. d'Ille-et-Vilaine, au N.-O. de Fougères ; 2 501 hab. *(Briçois).* Deux châteaux du XVIIe s.

SAINT-BRICE-SOUS-FORÊT (95350), comm. du Val-d'Oise, à l'E. de la forêt de Montmorency ; 11 714 hab. *(Saint-Briciens).*

SAINT-BRIEUC (22000), ch.-l. du dép. des Côtes-d'Armor, à 443 km à l'O. de Paris ; 47 370 hab. *(Briochins).* Cathédrale reconstruite pour l'essentiel aux XIVe-XVe s. Musée d'ethnographie, d'histoire et d'art. Centre administratif, commercial et industriel (métallurgie de transformation, matières plastiques et caoutchouc, agroalimentaire), commandant une agglomération de plus de 80 000 habitants.

SAINT-CALAIS (72120), ch.-l. de cant. de la Sarthe, dans le haut Maine ; 4 307 hab. *(Calaisiens).* Église, anc. abbatiale, reconstruite aux XVe-XVIe s. Électronique.

SAINT-CAST-LE-GUILDO (22380), comm. des Côtes-d'Armor, entre la baie de la Frenaye et l'anse de Saint-Cast ; 3 178 hab. *(Castins).* Station balnéaire.

SAINT CATHARINES, v. du Canada (Ontario), au S. de Toronto, sur le canal Welland ; 124 000 hab. Centre commercial et industriel. Université.

SAINT-CÉRÉ (46400), ch.-l. de cant. du Lot, sur la Bave, affl. de la Dordogne ; 3 872 hab. *(Saint-Céréens).* Ancienne place forte des vicomtes de Turenne. Maisons anciennes. Centre de villégiature. Articles de voyage. — Sur une hauteur, château féodal dit « les tours de St-Laurent » (atelier de Jean Lurçat, auj. aménagé en musée). Aux environs, château Renaissance de Montal.

SAINT-CERGUE, station de sports d'hiver de la Suisse (cant. de Vaud), dans le Jura, à 1 047 m d'alt., sur la voie ferrée de Morez à Nyon ; 540 hab.

SAINT-CERNIN (15310), ch.-l. de cant. du Cantal, au N. d'Aurillac ; 1 172 hab. Église romane (boiseries historiées de la fin du XVe s.). — Aux environs, château fort d'Anjony, du XVe s. (fresques du XVIe).

SAINT-CHAMAS (13250), comm. des Bouches-du-Rhône, sur l'étang de Berre ; 5 419 hab. *(Saint-Chamassens).* Église du XVIIe s. Centrale hydroélectrique sur la Durance. — Aux environs, pont romain sur la Touloubre.

SAINT-CHAMOND (42400), ch.-l. de cant. de la Loire, dans la dépression de Saint-Étienne, sur le Gier ; 39 262 hab. *(Saint-Chamonais* ou *Couramiauds).* Industrie métallurgique, textile et chimique.

Saint-Charles *(ordre de),* ordre monégasque fondé en 1858 par le prince Charles III de Monaco.

SAINT-CHÉLY-D'APCHER (48200), ch.-l. de cant. de la Lozère, dans le Gévaudan ; 5 516 hab. *(Barrabans).* Foires. Métallurgie. Électronique.

SAINT-CHÉRON (91530), ch.-l. de cant. de l'Essonne, sur l'Orge ; 4 107 hab. Carrières de grès.

SAINT-CHINIAN (34360), ch.-l. de cant. de l'Hérault, au S. des monts du Minervois ; 1 721 hab. *(Saint-Chinianais).* Vins.

SAINT-CHRISTOL (84390), comm. de Vaucluse, sur le *plateau de Saint-Christol* (autre nom du plateau d'Albion) ; 1 413 hab. Base de l'armée de l'air.

SAINT-CHRISTOPHE-EN-BRIONNAIS (71800), comm. de Saône-et-Loire, à 22 km au S.-S.-E. de Paray-le-Monial ; 565 hab. Marché des bovins.

SAINT CHRISTOPHER ET NEVIS ou **SAINT KITTS AND NEVIS,** État des Petites Antilles (Leeward Islands) ; 261 km^2 ; 50 000 hab., formé des îles de *Saint Christopher* (ou *Saint Kitts,* 168 km^2) et de *Nevis.* CAP. *Basseterre.* LANGUE : *anglais.* MONNAIE : *dollar des Caraïbes orientales.* Le tourisme s'est ajouté à l'agriculture (canne à sucre, banane, coton). Mais, conséquence du sous-emploi, l'émigration reste importante. L'archipel est indépendant, dans le cadre du Commonwealth, depuis 1983.

SAINT-CIERS-SUR-GIRONDE (33820), ch.-l. de cant. de la Gironde ; 2 913 hab. Vignobles.

SAINT-CIRQ-LAPOPIE (46330), comm. du Lot, au-dessus du Lot ; 188 hab. Vieux bourg pittoresque.

SAINT-CLAIR, fl. et lac de l'Amérique du Nord, séparant la province canadienne de l'Ontario de l'État américain du Michigan : le *fleuve* ou *rivière Saint-Clair,* émissaire du lac Huron, est long de 63 km ; il se déverse dans le *lac Saint-Clair* (1 270 km^2), qui communique avec le lac Érié par la rivière de Detroit.

SAINT-CLAIR-SUR-EPTE (95770), comm. du Val-d'Oise, dans le Vexin ; 783 hab. Église des XIe-XIIIe s. — En 911, par un traité, Charles le Simple abandonna aux Normands la région s'étendant de l'Epte à la mer.

SAINT-CLAR (32380), ch.-l. de cant. du Gers, dominant l'Arrats ; 975 hab. Restes de deux châteaux (XVIe et XVIIe s.).

SAINT-CLAUD (16450), ch.-l. de cant. de la Charente, dans le nord-est de l'Angoumois ; 1 145 hab.

SAINT-CLAUDE (39200), ch.-l. d'arrond. du Jura, dans le Jura plissé, sur la Bienne ; 13 265 hab. *(Sanclaudiens).* La cité gauloise, puis romaine de *Condate* prit le nom de l'évêque de Besançon *Claude,* qui y mourut au VIIe s. La ville est étagée sur les premières pentes du mont Bayard. Cathédrale St-Pierre, construite du XIVe au XVIIIe s. (stalles sculptées du XVe). Centre industriel : pipes, taille des diamants, travail des matières plastiques.

SAINT-CLAUDE (97120), comm. de la Guadeloupe, sur le versant sud-ouest de la Soufrière ; 10 370 hab.

SAINT-CLOUD (92210), ch.-l. de cant. des Hauts-de-Seine, banlieue ouest de Paris ; 28 673 hab. *(Clodoaldiens).* Musée historique du Domaine national de Saint-Cloud ; beau parc dans un site dominant Paris. Musée municipal consacré à l'histoire locale et aux arts. École normale supé-

rieure. Bureau international des poids et mesures. Centre résidentiel avec quelques industries : construction aéronautique et électronique notamment.
— **Hist.** La localité doit son nom au fils du roi Clodomir, Clodoald, qui y fonda un monastère. Propriété nationale à partir de 1793, le château fut le témoin du coup d'État des 18-19 brumaire an VIII, de la proclamation du premier Empire le 18 mai 1804 et du second le 2 déc. 1852. Bombardé, incendié, pendant le siège de Paris (oct. 1870), il fut rasé en 1891.

Saint-Cloud *(hippodrome de),* hippodrome qui appartient depuis 1919 à la Société sportive d'encouragement. On y court à main gauche ; le tour de piste est de 2 600 m. La ligne droite a 900 m.

Saint-Cloud *(manufacture de porcelaines et de faïences de),* manufacture fondée par Pierre Chicaneau vers 1674 et en activité jusqu'en 1766. Elle a produit des porcelaines tendres « bleu et blanc » dans le style des faïences auxquelles succédèrent des pièces polychromes et des « blancs » imités de l'Extrême-Orient.

SAINT-CRÉPIN n. m. inv. (du n. de *saint Crépin,* patron des cordonniers). *Vx.* Ensemble des outils et des fournitures, cuirs non compris, nécessaires à un cordonnier.

SAINT-CYPRIEN (24220), ch.-l. de cant. de la Dordogne, à l'O. de Sarlat ; 1 631 hab. Église des XIIe et XIVe s. Maisons anciennes.

SAINT-CYPRIEN (66750), comm. des Pyrénées-Occidentales, à 15 km au S.-E. de Perpignan ; 6 922 hab. Station balnéaire de *Saint-Cyprien-Plage.*

Saint-Cyr *(École spéciale militaire de)* ⟶ SAINT-CYR-COËTQUIDAN.

SAINT-CYRAN (*abbé* DE) ⟶ DU VERGIER DE HAURANNE.

SAINT-CYR-AU-MONT-D'OR (69450), comm. du Rhône, dans le massif du Mont-d'Or lyonnais ; 5 439 hab. École nationale supérieure de la police (musée).

Saint-Cyr-Coëtquidan, appellation courante donnée à l'ensemble des écoles militaires installées depuis la Libération au camp de Coëtquidan* : l'École spéciale militaire de Saint-Cyr, l'École militaire interarmes, l'École militaire du corps* technique et administratif, et plusieurs autres centres d'instruction.
• *L'École spéciale militaire de Saint-Cyr* est une école de formation des officiers de l'armée de terre. Créée en 1802 par Bonaparte, elle a eu son siège à Saint-Cyr[-l'École] (Yvelines) de 1808 à 1940. Elle forme pendant trois années d'études des officiers destinés à servir dans toutes les armes. L'admission a lieu par concours, ouvert à des candidats (garçons ou [depuis 1983] filles) âgés de moins de 22 ans et possédant un niveau baccalauréat plus deux années d'études.
• *L'École militaire interarmes* est une école de formation des officiers de l'armée de terre issus du corps des sous-officiers. Elle a été fondée par le général de Lattre de Tassigny en 1945. Les cours durent deux années. L'admission a lieu par concours ouvert à des sous-officiers et à des officiers de réserve en situation d'activité âgés de plus de 22 ans et de moins de 30 ans.

SAINT-CYRIEN, ENNE adj. et n. (pl. *saint-cyriens, ennes*). De Saint-Cyr.
◆ n. Élève ou ancien(enne) élève de l'École spéciale militaire de Saint-Cyr.

SAINT-CYR-L'ÉCOLE (78210), ch.-l. de cant. des Yvelines, à l'O. de Versailles ; 15 838 hab. *(Saint-Cyriens).* Mme de Maintenon y fonda, en 1686, une maison d'éducation pour les jeunes filles nobles et sans fortune, la Maison royale de Saint-Louis. En 1964 y fut ouvert un collège militaire sur l'ancien emplacement de l'École spéciale militaire. Base de l'armée de l'air.

SAINT-CYR-SUR-LOIRE (37540), ch.-l. de cant. d'Indre-et-Loire, banlieue nord de Tours ; 15 274 hab. *(Saint-Cyriens).* Mécanique de précision. Constructions électriques.

SAINT-CYR-SUR-MER (83270), comm. du Var ; 7 083 hab. *(Saint-Cyriens).* Station balnéaire. — Aux environs, château des Baumelles, du XVIIe s. Vestiges de l'antique *Tauroentum* (musée).

SAINT-DENIS (93200), ch.-l. de cant. de la Seine-Saint-Denis, banlieue nord de Paris ; 90 806 hab. *(Dionysiens).* Évêché. La ville, siège des très anciennes foires du lendit*, est un centre industriel : métallurgie ; constructions mécaniques et électriques ; produits chimiques et alimentaires, etc. Site de l'université Paris-VIII. Anc. abbaye, dont les bâtiments, reconstruits au XVIIIe s., abritent depuis 1809 une maison d'éducation de la Légion d'honneur. Institut de formation des restaurateurs d'œuvres d'art (I. F. R. O. A.). Stade de France, en construction (pour la Coupe du monde de football de 1998).
— **Bx-arts.** L'abbaye, qui doit son nom à saint Denis, premier évêque de Paris, et qui devint la nécropole des rois de France, fut fondée à l'époque mérovingienne (VIIe s.). Elle connut un grand essor grâce à Suger, qui en fut abbé à partir de 1122 et sous la direction duquel débuta l'édification de l'église actuelle. La basilique, auj. cathédrale, est le premier monument gothique par ce qui en demeure du temps de Suger : façade (1140 ; mutilée), crypte et rez-de-chaussée du chœur (1144), à double déambulatoire et chapelles rayonnantes (vitraux). La construction,

reprise en 1231, poursuivie dans le style rayonnant (triforium à claire-voie) avec un ample transept fait pour recevoir les sépultures royales, fut achevée en 1281. Malgré les destructions de la Révolution et grâce aux réaménagements et ajouts postérieurs, la basilique présente un ensemble unique de monuments funéraires, des gisants de Childebert et de Frédégonde (sculptés au XIIe s. pour St-Germain-des-Prés) et du tombeau adossé de Dagobert (à quatre registres sous arc et gable, XIIIe s.) au riche groupe de la Renaissance, comprenant, entre autres, les ensembles architecturés des tombeaux de Louis XII* et Anne de Bretagne, de François Ier* et Claude de France, d'Henri II* et Catherine de Médicis, ce dernier primitivement destiné à la « rotonde des Valois » — chapelle restée inachevée et qui fut démolie au XVIIIe s. La ville possède un musée d'Art et d'Histoire (ancien couvent des carmélites, XVIIe et XVIIIe s.).

Saint-Denis *(bataille de)* [10 nov. 1567], bataille où les protestants, qui bloquaient Paris, furent battus par les catholiques (dont le chef, le connétable de Montmorency, fut blessé mortellement).

Saint-Denis *(canal),* canal de navigation reliant le canal de l'Ourcq à la Seine, près de Saint-Denis ; 7 km.

SAINT-DENIS (97400), ch.-l. du dép. de la Réunion, sur la côte nord de l'île ; 122 875 hab. Cour d'appel. Évêché. Musée Léon-Dierx (peintures et dessins). Centre administratif et commercial. Industries agroalimentaires.

SAINT DENIS (Ruth DENNIS, dite **Ruth**), danseuse américaine (Newark, New Jersey, 1877 - Hollywood 1968). Influencée par l'enseignement de François Delsarte et par les danses orientales, elle créa un style de « danse libre » très personnel. Ses recherches et ses innovations la rattachent au groupe des pionniers de la danse moderne. Avec Ted Shawn, son partenaire et mari (1914), elle fonda la Denishawn School à Los Angeles (1915-1931), où furent formés les chefs de file de la modern dance.

SAINT-DENIS-D'OLÉRON (17650), comm. de la Charente-Maritime, à l'extrémité nord de l'*île d'Oléron ;* 1 113 hab. Station balnéaire.

SAINT-DENIS-DU-SIG → WAD SIG.

SAINT-DENYS GARNEAU → GARNEAU.

SAINT-DIDIER-AU-MONT-D'OR (69370), comm. du Rhône, dans le massif du Mont-d'Or lyonnais ; 5 980 hab.

SAINT-DIDIER-EN-VELAY (43140), ch.-l. de cant. du nord-est de la Haute-Loire ; 2 910 hab. *(Désidériens).* Textile. Articles de sport.

SAINT-DIÉ (88100), ch.-l. d'arrond. des Vosges, dans le *bassin de Saint-Dié,* sur la Meurthe ; 23 670 hab. *(Déodatiens).* Évêché. Cathédrale en grès rouge des XIIe-XVIIIe s., en grande partie reconstruite après 1945 ; cloître des XIVe-XVIe s. ; église Notre-Dame, du XIIe s., de style roman rhénan. Riche bibliothèque municipale. Musée. Festival international de géographie. Constructions mécaniques.

SAINT-DIZIER (52100), ch.-l. d'arrond. de la Haute-Marne, sur la Marne ; 35 558 hab. *(Bragards).* Musée. Centre industriel (matériel agricole, tréfilerie, émaillerie, textile et agroalimentaire). Triage ferroviaire.
— **Hist.** La ville soutint un siège héroïque contre Charles Quint (1544).

SAINT-DOMINGUE → HAÏTI et DOMINICAINE *(République).*

SAINT-DOMINGUE, en esp. **Santo Domingo,** de 1936 à 1961 **Ciudad Trujillo,** cap. de la République Dominicaine, sur la côte méridionale de l'île d'Haïti ; 1 318 000 hab. (1 556 000 dans l'agglomération). Cathédrale d'env. 1520-1540. Nombreux monuments des XVIe-XVIIIe s. ; musées. Centre administratif, commercial, universitaire où se développent les industries (agroalimentaire, textile).

SAINT-DONAT-SUR-L'HERBASSE (26260), ch.-l. de cant. de la Drôme, dans le bas Dauphiné ; 2 675 hab. *(Donatiens).* Restes d'un château médiéval. Église des XIIe-XVIe s. Articles de voyage.

SAINT-DOULCHARD (18230), ch.-l. de cant. du Cher, banlieue N.-O. de Bourges ; 9 245 hab. *(Dolchardiens).* Pneumatiques.

SAINT-DYÉ-SUR-LOIRE (41500), comm. de Loir-et-Cher, sur la Loire, près du parc de Chambord ; 900 hab. Église gothique du XVIe s. Vieilles maisons.

SAINTE-ADRESSE (76310), comm. de la Seine-Maritime, banlieue ouest du Havre ; 8 193 hab. Station balnéaire. Siège du gouvernement belge d'oct. 1914 à déc. 1918.

Sainte-Alliance → ALLIANCE *(Sainte-).*

SAINTE-ANNE (97180), comm. de la Guadeloupe, sur la côte sud de la Grande-Terre ; 16 954 hab. Tourisme balnéaire.

Sainte-Anne *(ordre de),* ordre russe institué en 1735 et donné le plus couramment aux étrangers. Il disparut en 1917.

SAINTE-ANNE-D'AURAY (56400), comm. du Morbihan, à 6 km au N.-E. d'Auray ; 1 758 hab. Pèlerinage à sainte Anne, patronne de la Bretagne. Basilique du XIXe s. (trésor ; musée d'art breton).

SAINTE-BARBE n. f. (pl. *saintes-barbes*) [du n. de *sainte Barbe,* patronne des artilleurs]. Sur les anciens navires de guerre, entrepôt du matériel d'artillerie et des poudres.

Sainte-Barbe *(collège),* à Paris, établissement d'enseignement fondé en 1460, sur la montagne Sainte-Geneviève, par Geoffroy Le Normant. Relié à l'État depuis 1897, il dispense un enseignement secondaire et supérieur.

SAINTE-BAUME *(montagne* ou *massif de la),* massif calcaire de Provence (Bouches-du-Rhône et Var), à l'E. de Marseille ; 1 147 m.

SAINTE-BEUVE (Charles Augustin), écrivain et critique littéraire français (Boulogne-sur-Mer 1804 - Paris 1869). Critique au *Globe,* il fit partie du cénacle romantique. Après le *Tableau historique et critique de la poésie française et du théâtre français au XVI*e *siècle* (1828), il publia un recueil de poèmes (*Vie, poésies et pensées de Joseph Delorme,* 1829), suivi d'un roman (*Volupté,* 1834) né de sa liaison avec Adèle Hugo, puis il se consacra à la critique et à l'histoire littéraire, unissant portrait et analyse pour lier nature de l'homme et talent de l'écrivain. Mis à part *Port-Royal** (1840-1859), son œuvre capitale, fruit des cours qu'il professa à Lausanne, ses articles, parus dans *la Revue des Deux Mondes, le Moniteur, le Temps,* furent réunis en volumes (*Critiques et portraits littéraires,* 1836-1839 ; *Causeries* du lundi,* 1851-1862 ; *Nouveaux Lundis,* 1863-1870). Sainte-Beuve fut longtemps le critique de référence de l'Université française. (Acad. fr., 1844.)

SAINTE-CATHERINE *(mont)* ou **Djebel Kāthrīna,** massif montagneux d'Égypte, dans le sud du Sinaï ; 2 641 m, point culminant de la péninsule. Monastère fondé au VIe s. par l'empereur Justinien, au pied de la montagne sainte. Basilique (VIe s.) érigée en basalte noir, avec décor mosaïqué d'origine dans l'abside. Bibliothèque (très riche collection de manuscrits et d'icônes s'échelonnant du VIe au XVIe s.).

Sainte-Chapelle du Palais, à Paris, ancienne chapelle palatine, auj. dans l'enceinte du Palais de Justice, en l'île de la Cité. Saint Louis la fit construire, de 1241 à 1248, pour abriter des reliques provenant de Terre sainte. Elle se compose d'une chapelle inférieure, destinée à la maison du roi, et d'une chapelle haute, qui communiquait avec les appartements royaux. Cette dernière est un chef-d'œuvre de l'art gothique rayonnant, espace unique ouvert de toutes parts à la lumière par l'intermédiaire de ses vitraux à médaillons que soutient une armature légère ; aux grandes piles sont adossées des statues d'apôtres. (Très importantes restaurations du XIXe s.)

SAINTE-CLAIRE DEVILLE (Charles), géologue et météorologue français (île Saint Thomas, Antilles, 1814 - Paris 1876). Il participa à plusieurs expéditions scientifiques au cours desquelles il étudia surtout les phénomènes météorologiques et volcaniques. Il fut, en France, l'un des fondateurs de la météorologie.

SAINTE-CLAIRE DEVILLE (Henri), chimiste français (île Saint Thomas, Antilles, 1818 - Boulogne-sur-Seine 1881), frère du précédent. Il a mis en évidence les dissociations, à haute température, de la vapeur d'eau, du gaz chlorhydrique, du gaz sulfureux, du gaz carbonique, etc. Il imagina, en 1854, la méthode qui permit la première préparation industrielle de l'aluminium ; en 1857, il étendit le même procédé au magnésium. (Acad. des sc., 1861.)

SAINTE-CLAIRE DEVILLE (Charles Étienne), général français (Paris 1857 - *id.* 1944). Inspecteur général du matériel d'artillerie pendant la Première Guerre mondiale, il avait mis au point le canon de 75 inventé par le colonel Deport.

SAINTE-CROIX *(île),* en angl. **Saint Croix,** en esp. **Santa Cruz,** la plus grande île de l'archipel des îles Vierges (États-Unis) ; 217 km^2 ; 50 000 hab. Ch.-l. *Christiansted.* Port pétrolier (raffinerie). Métallurgie de l'aluminium. L'île fut découverte par Christophe Colomb en 1493.

SAINTE-CROIX, station d'été et de sports d'hiver de Suisse (cant. de Vaud) ; 4 500 hab. Constructions mécaniques et électriques.

SAINTE-CROIX-DE-VERDON (04500), comm. des Alpes-de-Haute-Provence, au S.-E. de Riez ; 88 hab. — Retenue sur le Verdon, plan d'eau destiné à l'irrigation, au tourisme et à l'alimentation d'une centrale hydroélectrique.

SAINTE-ENIMIE (48210), ch.-l. de cant. de la Lozère ; 515 hab. Centre touristique des gorges du Tarn. Église romane.

SAINTE-FLORINE (43250), comm. de la Haute-Loire, près de l'Allier ; 3 223 hab. Équipement électrique.

SAINTE-FOY, v. du Canada, (Québec), dans la banlieue de Québec ; 74 328 hab.

SAINTE-FOY-LA-GRANDE (33220), ch.-l. de cant. de la Gironde, sur la Dordogne ; 2 900 hab. *(Foyens).* Bastide du XIIIe s. Marché.

SAINTE-FOY-LÈS-LYON (69110), ch.-l. de cant. du Rhône, banlieue ouest de Lyon ; 21 550 hab.

Sainte-Geneviève (anc. *abbaye*), à Paris, rue Clovis (Ve arrond.), établissement fondé à l'emplacement d'une basilique érigée par Clovis et où fut déposé le corps de sainte Geneviève. L'abbaye, d'abord dédiée aux apôtres Pierre et Paul, adopta le vocable de Sainte-Geneviève au XIIIe s. En 1764 fut commencée, sous la direction de Soufflot, l'église monumentale qui devait devenir le Panthéon*. Au début du XIXe s., les bâtiments de l'abbaye furent affectés au lycée Napoléon, auj. lycée Henri-IV.

Sainte-Geneviève *(bibliothèque),* bibliothèque publique et universitaire de Paris installée dans ses locaux actuels, dus à l'architecte Labrouste, en 1850.

SAINTE-GENEVIÈVE *(montagne),* colline de Paris (rive gauche de la Seine, V^{e} arrond.), sur laquelle s'étendait la ville romaine, dont ont été notamment retrouvés le théâtre (sous le lycée St-Louis), les arènes (rue Monge) et les thermes (dits de *Cluny**). Sur ses « flancs » s'élèvent la Sorbonne, le Collège de France, l'anc. École polytechnique, l'église St-Étienne-du-Mont (XVe-XVIIe s. ; jubé d'env. 1545 ; châsse de sainte Geneviève), le Panthéon.

SAINTE-GENEVIÈVE-DES-BOIS (91700), ch.-l. de cant. de l'Essonne, à 20 km au S. de Paris ; 31 372 hab. *(Génovéfains).*

SAINTE-GENEVIÈVE-SUR-ARGENCE (12420), ch.-l. de cant. de l'Aveyron, aux confins de l'Aubrac ; 1 152 hab.

SAINT-ÉGRÈVE (38120), ch.-l. de cant. de l'Isère, banlieue nord-ouest de Grenoble ; 15 920 hab. Électronique.

SAINTE-HÉLÈNE, en angl. **Saint Helena Island,** île britannique de l'Atlantique sud, à 1 850 km de l'Afrique et à 3 500 km du Brésil ; 122 km^{2} ; 5 700 hab. Cap. *Jamestown.*
– **Hist.** Découverte en 1502 par les Portugais, l'île fut occupée de 1645 à 1651 par les Hollandais, puis par les Anglais à partir de 1659. Napoléon Ier y fut déporté (1815-1821).

Sainte-Hélène *(médaille de),* médaille commémorative créée en 1857 par Napoléon III pour les militaires ayant combattu de 1792 à 1815 sous les drapeaux français. Son ruban a été repris pour celui de la croix de guerre 1914-1918.

SAINTE-HÉLÈNE *(baie de),* en angl. **Saint Helena Bay,** vaste échancrure formée par l'Atlantique sur la côte ouest de l'Afrique du Sud.

SAINTE-HERMINE (85210), ch.-l. de cant. de la Vendée, à l'E.-S.-E. de La Roche-sur-Yon ; 2 300 hab. Château du XVIIe s.

SAINT ELIAS *(chaîne de),* en fr. **Saint-Élie,** massif d'Amérique du Nord, sur la frontière de l'Alaska et du Canada, englobant les monts Logan (5 959 m) et Saint Elias (5 489 m).

SAINTE-LIVRADE-SUR-LOT (47110), ch.-l. de cant. de Lot-et-Garonne, dans l'Agenais ; 6 153 hab. *(Saint-Livradais* ou *Livradais).* Église des XIIe s. et XIVe s. Conserveries.

SAINT-ÉLOY-LES-MINES (63700), comm. du nord-ouest du Puy-de-Dôme ; 5 089 hab. Amiante-ciment. Chaussures. Isolants.

SAINTE-LUCE-SUR-LOIRE (44980), comm. de la Loire-Atlantique, banlieue N.-E. de Nantes ; 9 696 hab. Industrie du bâtiment.

SAINTE-LUCIE, en angl. **Saint Lucia,** île volcanique des Petites Antilles (Windward Islands) ; 616 km^{2} ; 150 000 hab. CAP. *Castries.* LANGUE : anglais. MONNAIE : *dollar des Caraïbes orientales.* Production de bananes (plus de la moitié des exportations). Tourisme. L'île est indépendante, dans le cadre du Commonwealth, depuis 1979.

SAINTE-MARGUERITE *(île),* île de la Côte d'Azur (Alpes-Maritimes), appartenant au groupe de Lérins, au large de Cannes ; 210 ha. Fort du XVIIe s., où furent enfermés l'Homme au masque* de fer, puis Bazaine.

SAINTE-MARGUERITE, en all. **Sankt Margrethen,** comm. de Suisse, sur le Rhin ; 4 900 hab. Gare internationale sur la ligne Zurich-Vienne.

SAINTE-MARIE (97230), comm. de la Martinique, sur la côte nord-est ; 19 760 hab.

SAINTE-MARIE (97438), comm. de la Réunion, à l'E. de Saint-Denis ; 20 334 hab.

SAINTE-MARIE *(île)* → NOSY BORAHA.

SAINTE-MARIE *(rivière),* cours d'eau faisant partie du système du Saint-Laurent et servant de déversoir au lac Supérieur pour gagner le lac Huron ; 100 km. Elle sépare la province canadienne de l'Ontario de l'État américain de Michigan.

SAINTE-MARIE-AUX-MINES (68160), ch.-l. de cant. du Haut-Rhin, dans les Vosges, à une extrémité d'un tunnel routier reliant Saint-Dié à Sélestat ; 5 958 hab. *(Sainte-Mariens).* Anc. mines d'argent, de plomb et de cuivre. Textile.

Sainte-Marie-de-la-Fleur, en ital. *Santa Maria del Fiore,* cathédrale de Florence. Entreprise en 1296 par Arnolfo di Cambio, sa construction s'acheva avec la mise en place de la coupole de Brunelleschi, de 1420 à 1436. L'extérieur est revêtu de marbres polychromes (façade ouest de la fin du XIXe s.). À l'intérieur (croix latine à trois vaisseaux), nombreuses œuvres d'art, dont le *John Hawkwood* équestre peint par Uccello ; vitraux d'après Ghiberti, Uccello, Andrea del Castagno. Le campanile, commencé par Giotto (1334), est orné de bas-reliefs et de statues dus à Andrea Pisano, Donatello, Nanni di Banco, etc. (originaux au musée de l'Œuvre de la cathédrale). À proximité, le baptistère St-Jean, octogone tapissé de marbres blancs et verts, est un édifice roman des XIe-XIIe s. Trois de ses façades sont parées de doubles portes en bronze doré, œuvres d'Andrea

Pisano (au sud, 1330-1336) et de Ghiberti (au nord [1401-1424] et à l'est [porte « du Paradis », 1425-1452]).

Sainte-Marie-Majeure, en ital. *Santa Maria Maggiore,* église de Rome. L'ancienne basilique, fondée au IVe s., fut agrandie, puis remaniée au XVe s. et pourvue de chapelles latérales au XVIe. La façade est de Fuga (1743). À l'intérieur, mosaïques du Ve et du XIIIe s. (Torriti).

SAINTE-MARTHE (DE), famille d'humanistes français, dont les plus célèbres sont : CHARLES (Fontevrault 1512 - Alençon 1555), qui enseigna la théologie à Poitiers. Suspect de luthéranisme et incarcéré à Grenoble (1541-1543), il enseigna l'hébreu et le grec à Lyon, puis il résida à la Cour de Marguerite de Navarre ; — GAUCHER II, dit SCÉVOLE Ier **de Sainte-Marthe** (Loudun 1536 - *id.* 1623), neveu du précédent, député aux états de Blois (1588), opposé à la Ligue, auteur du poème latin didactique la *Paidotrophia ;* — ABEL Ier (Loudun 1566 - Poitiers 1652), fils aîné du précédent, avocat renommé et auteur de poésies latines ; — GAUCHER III, dit SCÉVOLE II (Loudun 1571 - Paris 1650), frère du précédent, son frère jumeau LOUIS (Loudun 1571 - Paris 1656), puis son fils PIERRE *Scévole* (Paris 1618 - *id.* 1690) écrivirent l'*Histoire généalogique de la Maison de France* et travaillèrent à la *Gallia christiana.*

SAINTE-MAURE n. m. inv. (de *Sainte-Maure,* n. pr.). Fromage de chèvre de forme cylindrique allongée, fabriqué en Touraine.

SAINTE-MAURE *(plateau de),* petite région de la Touraine entre la Champeigne, la Gâtine de Loches et la vallée de la Vienne. Élevage.

SAINTE-MAURE-DE-TOURAINE (37800), ch.-l. de cant. d'Indre-et-Loire, sur le plateau de Sainte-Maure ; 3 996 hab. *(Saint-Mauriens).* Dans l'enceinte du château (ruiné), église surtout du XIIe s. Marché (fromages de chèvre, volailles).

SAINTE-MAXIME (83120), comm. du Var, sur le golfe de Saint-Tropez ; 10 047 hab. Station balnéaire. Port de plaisance. Casino. Les Américains et les forces françaises y débarquèrent le 15 août 1944.

SAINTE-MENEHOULD [-mənu] n. f. Préparation constituée de pieds de porc, de mouton ou de veau panés et servis avec une sauce piquante.

SAINTE-MENEHOULD [-mənu] (51800), ch.-l. d'arrond. de la Marne, à l'O. de l'Argonne, sur l'Aisne ; 5 410 hab. *(Ménehildiens).* Nombreux édifices du XVIIIe s. ; église des XIIIe et XIVe s. Cimetière militaire. Matières plastiques. Instruments de précision.

SAINTEMENT adv. D'une manière sainte ; comme un saint.

SAINTE-MÈRE-ÉGLISE (50480), ch.-l. de cant. de la Manche, dans le N.-E. du Cotentin ; 1 564 hab. Une division aéroportée américaine y fut larguée le 6 juin 1944.

SAINT-ÉMILION n. m. inv. Vin rouge du Bordelais, récolté dans la région de Saint-Émilion.

SAINT-ÉMILION (33330), comm. de la Gironde, à 6 km à l'E.-S.-E. de Libourne, centre du vignoble du Saint-Émilionnais ; 2 845 hab. *(Saint-Émilionnais).* Église rupestre (fin du XIe s. ?). Collégiale des XIIe-XVe s. (cloître) et autres monuments médiévaux. Vins rouges. Macarons.

SAINT-ÉMILIONNAIS, région du Bordelais (Gironde), autour de Saint-Émilion, constituée par les coteaux de la rive droite de la Dordogne. Vins rouges.

SAINT EMPIRE ROMAIN GERMANIQUE, en all. **Heiliges Römisches Reich Deutscher Nation,** en lat. **Sacrum Romanorum Imperium Nationis Germanicae,** désignation officielle de l'empire fondé par Otton Ier le Grand (962), comprenant les royaumes de Germanie, d'Italie et, à partir de 1032, celui de Bourgogne. Il fut dissous en 1806.

• *L'universalisme impérial et la papauté.* Sacré empereur en 962, Otton Ier le Grand se veut l'héritier d'une antique tradition qui a survécu à la chute de l'Empire romain d'Occident (476 apr. J.-C.) et à la désagrégation de l'Empire carolingien au Xe s. Associant l'idéal de l'universalisme impérial à celui de l'unité chrétienne, celle-ci confère au monarque la toute-puissance temporelle et lui permet d'intervenir, à l'instar de Constantin le Grand et de Charlemagne, dans les affaires de l'Église (césaropapisme). Jusqu'au milieu du XIe s., les empereurs accentuent leur mainmise sur la papauté et font élire des papes à leur dévotion. Ainsi Henri III, à la tête d'un empire bordé à l'ouest par l'Escaut, la Meuse, la Saône et le Rhône, au sud par les possessions byzantines des Pouilles, à l'est par les royaumes de Pologne et de Hongrie qui reconnaissent sa suprématie, se permet-il de destituer en 1046 trois papes : Grégoire VI, Silvestre III et Benoît IX. À partir du milieu du XIe s., s'affirme le renouveau religieux inspiré du monachisme clunisien. Les papes entendent s'affranchir de la tutelle impériale. Les deux pouvoirs (les « deux glaives ») s'engagent alors dans une lutte acharnée pour la suprématie : querelle des Investitures (1076-1122), lutte du Sacerdoce et de l'Empire (1157-1250), à l'issue de laquelle l'Allemagne plonge dans l'anarchie du Grand Interrègne (1250-1273).

• *Les institutions.* L'Empire n'a jamais été doté d'institutions centralisées, seuls les princes, ecclésiastiques et laïques, exercent, dans les limites de leurs territoires, un pouvoir politique et un contrôle social réels.

SOUVERAINS DU SAINT EMPIRE (962-1806)					
maisons et dynasties	rois et empereurs		antirois		maisons et dynasties
Saxe	Otton Ier le Grand	962-973			
	Otton II	973-983			
	Otton III	983-1002			
	Henri II le Saint	1002-1024			
dynastie salienne	Conrad II	1024-1039			
	Henri III	1039-1056			
	Henri IV	1056-1106	Rodolphe*	1077-1080	**Souabe**
	Henri V	1106-1125	Hermann*	1081-1089	**Salm**
Supplinburg	Lothaire	1125-1137			
Hohenstaufen	Conrad III*	1138-1152			
	Frédéric Ier Barberousse	1152-1190			
	Henri VI	1190-1197			
Brunswick	Otton IV	1198-1218	Philippe*	1198-1208	**Hohenstaufen**
			Frédéric II	1212-1220	
Hohenstaufen	Frédéric II	1220-1250	Henri Raspe*	1246-1247	**Thuringe**
			Guillaume*	1247-1250	**Hollande**
	GRAND INTERRÈGNE				
	Conrad IV*	1250-1254	Guillaume*	1250-1254	**Hollande**
Hollande	Guillaume*	1254-1256			
Cornouailles	Richard*	1257-1272	Alphonse*	1257-1272	**Castille**
Habsbourg	Rodolphe Ier*	1273-1291	Alphonse*	1273-1275	**Castille**
Nassau	Adolphe*	1292-1298			
Habsbourg	Albert Ier*	1298-1308			
Luxembourg	Henri VII	1308-1313			
Bavière	Louis IV	1314-1346	Frédéric le Beau*	1314-1330	**Habsbourg**
			Charles IV	1346	**Luxembourg**
Luxembourg	Charles IV	1346-1378	Günther*	1349	**Schwarzburg**
Luxembourg	Venceslas*	1378-1400			
Palatinat	Rupert*	1400-1410			
Luxembourg	Sigismond	1410-1437	Jobst*	1410-1411	**Moravie**
Habsbourg	Albert II*	1438-1439			
	Frédéric III	1440-1493			
	Maximilien Ier	1493-1519			
	Charles Quint	1519-1556			
	Ferdinand Ier	1556-1564			
	Maximilien II	1564-1576			
	Rodolphe II	1576-1612			
	Mathias	1612-1619			
	Ferdinand II	1619-1637			
	Ferdinand III	1637-1657			
	Léopold Ier	1658-1705			
	Joseph Ier	1705-1711			
	Charles VI	1711-1740			
Bavière	Charles VII	1742-1745			
Lorraine	François Ier	1745-1765			
Habsbourg-Lorraine	Joseph II	1765-1790			
	Léopold II	1790-1792			
	François II (qui devient empereur d'Autriche sous le nom de François Ier)	1792-1806			

* *L'astérisque suit les noms des souverains n'ayant pas accédé à la dignité impériale.*

Le roi de Germanie (ou le « roi des Romains ») est élu par ses vassaux immédiats qui se réunissent en assemblées politiques ou diètes (Reichstag). Par la Bulle d'or (1356), Charles IV institue un collège de sept princes électeurs, véritables arbitres du pouvoir. Le pape accorde la couronne impériale au roi des Romains et, au Moyen Âge, nul ne lui conteste ce droit.

• *Le repli sur l'Allemagne et le déclin.* L'expansion capétienne au XIVe s. et l'affranchissement des marches orientales du royaume d'Italie (XIVe-XVe s.) entraînent un repli de l'Empire sur le domaine germanique. À partir de 1438, il a à sa tête un Habsbourg, chef de la maison d'Autriche. Charles Quint, qui tente de reconstituer une monarchie universelle, est le dernier empereur à recevoir la consécration pontificale (1530). Maximilien Ier avait pris en 1508 le titre d'empereur élu des Romains, sans se rendre à Rome pour y être couronné par le pape. La Réforme et la guerre de Trente Ans (1618-1648) ruinent le Saint Empire dont les traités de Westphalie (1648) sanctionnent le morcellement territorial et la division religieuse. Dans la seconde moitié du XVIIe s., l'Empire contient les derniers assauts des Ottomans en Europe orientale. Mais il se fait dépouiller de ses marches occidentales par Louis XIV. il combat en vain l'ascension de la Prusse au XVIIIe s. Institution devenue désuète, l'Empire ne résiste pas aux conquêtes napoléoniennes. François II prend en 1804 le titre d'empereur héréditaire d'Autriche (sous le nom de François Ier) et le 6 août 1806 il renonce à la couronne impériale d'Allemagne.

SAINTE NITOUCHE n. f. (pl. *saintes nitouches*) [de *n'y touche*]. Personne qui se donne une apparence de sagesse, qui affecte l'innocence, et, en partic., femme qui affecte la pruderie.

SAINTENY (Jean), homme politique français (Le Vésinet 1907 - Paris 1978). Commissaire de la République pour le Tonkin et le Nord-Annam (oct. 1945-déc. 1947), il signa avec Hô Chi Minh, le 6 mars 1946, un accord qui reconnaissait l'existence de la République du Viêt-nam, accord qui devint vite caduc. Il fut ensuite délégué général de la France au Viêt-nam du Nord au lendemain de la conférence de Genève (1954).

Sainte-Odile *(abbaye de)*, abbaye fondée au VIIe s. par sainte Odile, patronne de l'Alsace, sur le mont homonyme, à 12 km au S.-O. d'Obernai. Plusieurs fois détruite et remaniée, elle a été rouverte en 1853 (tombeau de sainte Odile).

Sainte-Pélagie *(prison)*, ancienne prison de Paris (sise rue de la Clef, Ve arrond.). Elle fut installée en 1792 dans les locaux d'un établissement pour filles repenties, fondé au XVIIe s. Elle a été démolie en 1898.

SAINTE-ROSE (97115), comm. de la Guadeloupe, sur la côte nord de la Basse-Terre ; 14 077 hab.

SAINTE-ROSE (97439), comm. de l'est de la Réunion ; 5 768 hab.

SAINTES (17100), ch.-l. d'arrond. de la Charente-Maritime, sur la Charente ; 27 546 hab. *(Saintais).* Centre commercial. Quelques industries (matériel téléphonique, réparation ferroviaire). Base aérienne.

— **Hist.** Louis IX y remporta une grande victoire sur les Anglais en 1242.

— **Bx-arts.** Vestiges romains, dont un arc de triomphe de Germanicus. Importantes églises romanes : St-Eutrope, sanctuaire de pèlerinage à vaste crypte, consacré en 1096 (chœur et clocher du XVe s.), et Ste-Marie-des-Dames, anc. abbatiale (portail sculpté) abritant un Institut de musique ancienne. Église St-Pierre, anc. cathédrale, reconstruite aux XVe-XVIe s. Musées archéologique, des Beaux-Arts (peintures, céramiques saintongeaises, etc.) et Dupuy-Mestreau (dans un hôtel du XVIIIe s.).

— **Céram.** La ville fut un centre faïencier, et sa région, dès le Moyen Âge, un centre de fabrication de poteries mates.

SAINTES *(îles des)*, archipel français des Petites Antilles, dépendance de la Guadeloupe ; 15 km^2 ; 3 050 hab. *(Saintois).* Deux îles principales forment deux communes : Terre-de-Bas, à l'O., et Terre-de-Haut. Pêche. Tourisme.

SAINTE-SAVINE (10300), ch.-l. de cant. de l'Aube, banlieue ouest de Troyes ; 9 841 hab. Église du XVIe s. Industrie automobile.

SAINTE-SÉVÈRE-SUR-INDRE (36160), ch.-l. de cant. de l'Indre, aux confins de la Marche et du Boischaut ; 978 hab. *(Séverois).* Vestiges féodaux. Halle en charpente.

SAINTE-SIGOLÈNE (43600), ch.-l. de cant. du nord-est de la Haute-Loire ; 5 262 hab. Constructions mécaniques. Matières plastiques. Textile.

SAINTES-MARIES-DE-LA-MER (13460), ch.-l. de cant. des Bouches-du-Rhône, 2 239 hab. *(Saintois).* Église romane fortifiée. Pèlerinages (en particulier, en mai, celui des gitans autour du tombeau de Sara, la servante noire des saintes Marie Jacobé et Marie Salomé).

Sainte-Sophie *(église)* de Constantinople, dédiée à la Sagesse divine (en gr. *Sophia*) et construite de 532 à 537, sous le règne de Justinien, par les architectes Anthémios de Tralles et Isidore de Milet. L'édifice, de plan presque carré, est couvert d'une immense coupole centrale sur pendentifs qui repose sur quatre arcs, soutenus par quatre puissants piliers ; deux demi-coupoles, à l'est et à l'ouest, contrebutent la coupole centrale. Beau décor de mosaïque postérieur à la crise iconoclaste. Lorsqu'elle devient mosquée, les Turcs lui ajoutent quatre minarets. Depuis l'avènement de la République, elle est transformée en musée.

SAINT-ESPRIT n. m. Troisième personne de la Trinité dans la Révélation chrétienne.

Saint-Esprit *(Pères du)* ou **spiritains,** congrégation missionnaire fondée en 1703 par Poullart des Places, compagnon de Louis Grignion de Montfort, pour le service religieux des colonies françaises.

Saint-Esprit *(ordre du),* le plus illustre des ordres de chevalerie de la monarchie française. Il fut institué à Paris par Henri III en 1578, au cœur des guerres de Religion, car le roi redoutait une « ligue » du parti catholique. Aboli à la Révolution, l'ordre fut rétabli par Louis XVIII et disparut en 1830.

SAINT-ESPRIT (Vanuatu) → ESPIRITU SANTO.

SAINT-ESPRIT (97270), comm. de la Martinique, dans le sud de l'île ; 7 799 hab.

SAINT-ESTÈPHE n. m. inv. Vin rouge du Bordelais produit sur la commune de Saint-Estèphe (Gironde), localité du Médoc.

SAINT-ESTÈVE (66240), ch.-l. de cant. des Pyrénées-Orientales, banlieue ouest de Perpignan ; 9 895 hab. *(Stéphanois).* Conserverie.

SAINTE-SUZANNE (53270), ch.-l. de cant. de la Mayenne, à 7 km au S.-E. d'Évron ; 940 hab. Remparts médiévaux et citadelle (donjon ; château du début du XVIIe s.).

SAINTE-SUZANNE (97441), comm. du nord de la Réunion ; 14 731 hab.

SAINTETÉ n. f. (anc. fr. *sainté,* refait sur le lat. *sanctitas,* caractère sacré). **1.** Qualité d'une personne sainte, qui recherche la perfection morale ou religieuse. — **2.** Qualité, caractère de ce qui est entouré d'un respect religieux : *La sainteté du mariage.* — **3.** *Sa Sainteté, Votre Sainteté,* titre d'honneur réservé au pape.

SAINTE-THÉRÈSE, v. du Canada (Québec), au N.-O. de Montréal ; 26 373 hab.

SAINT-ÉTIENNE, ch.-l. du dép. de la Loire, à 517 m d'alt., à 462 km au S.-S.-E. de Paris et à 59 km au S.-O. de Lyon ; 201 569 hab. *(Stéphanois).* Élément principal d'une agglomération d'environ 310 000 hab. (plus de 40 % de la population départementale), la ville a souffert de la crise frappant l'extraction houillère, la sidérurgie, le textile. Certaines reconversions (métallurgie de transformation, chimie) et le développement du secteur tertiaire (université, commerce) font que la ville demeure un centre actif.

Saint-Étienne *(musées de).* Le musée d'Art et d'Industrie, installé dans ses locaux actuels en 1856, comporte, à côté de collections historiques et artistiques, une vaste section technique (armes, cycles, métiers à tisser, etc.). Le musée d'Art moderne, municipal comme le précédent (dont il est issu) et inauguré en 1987, possède l'un des fonds les plus cohérents de France pour l'art des années 50 à aujourd'hui.

SAINT-ÉTIENNE-CANTALÈS (15150), comm. du Cantal, dans le nord de la Châtaigneraie ; 188 hab. Barrage sur la Cère. Sports nautiques.

SAINT-ÉTIENNE-DE-BAÏGORRY (64430), ch.-l. de cant. des Pyrénées-Atlantiques, dans le Pays basque ; 1 580 hab. Vieux pont sur la Nive. Centre touristique.

SAINT-ÉTIENNE-DE-MONTLUC (44360), ch.-l. de cant. de la Loire-Atlantique, au pied du sillon de Bretagne ; 5 912 hab. *(Stéphanois).*

SAINT-ÉTIENNE-DE-SAINT-GEOIRS (38590), ch.-l. de cant. de l'Isère, dans le bas Dauphiné ; 2 216 hab. *(Stéphanois).* Vestiges médiévaux. Skis.

SAINT-ÉTIENNE-DE-TINÉE (06660), ch.-l. de cant. des Alpes-Maritimes, sur la haute Tinée ; 2 041 hab. *(Stéphanois).* Station d'altitude (1 144 m) et de sports d'hiver. (→ AURON.)

SAINT-ÉTIENNE-DU-ROUVRAY (76800), ch.-l. de cant. de la Seine-Maritime, banlieue sud de Rouen ; 31 012 hab. (Stéphanais). Électrique. Constructions électriques et mécaniques. Papeterie.

SAINT-ÉTIENNE-LES-ORGUES (04230), ch.-l. de cant. des Alpes de Haute-Provence ; 1 096 hab.

SAINT-ÉTIENNE-LÈS-REMIREMONT (88200), comm. des Vosges, dans les Vosges du Sud ; 4 111 hab. *(Stéphanois).* Textile.

SAINTE-TULLE (04220), comm. des Alpes-de-Haute-Provence, à 6 km au S. de Manosque ; 3 035 hab. Centrale hydroélectrique sur une dérivation de la Durance.

SAINT-EUGÈNE, anc. nom de **Bologhine,** localité résidentielle de la banlieue nord d'Alger ; 53 000 hab.

Saint-Eustache *(église),* à Paris, au N. du « Forum des Halles » (Ier arrond.). Chapelle construite à la fin du XIIe s., elle a été rebâtie entre 1532 et 1637, avec un décor Renaissance sur une structure gothique ; la façade est de la 2e moitié du XVIIIe s. Restauré par Baltard (1854) l'édifice renferme de nombreuses œuvres d'art et le mausolée de Colbert par Coyzevox et Tubi.

SAINTE-VICTOIRE *(chaîne* ou *montagne de la),* petit massif calcaire de Provence, à l'E. d'Aix-en-Provence ; 1 011 m au pic des Mouches. Motif de nombreuses œuvres de P. Cézanne.

SAINT-ÉVREMOND (Charles DE MARGUETEL DE SAINT-DENIS DE), écrivain français (Saint-Denis-le-Gast, Manche, 1613 - Londres 1703). Causeur brillant, soldat courageux, fidèle à la cause royale pendant la Fronde, et épris de littérature, il compose une satire (*Comédie des académistes pour la réformation de la langue française,* 1642, publiée en 1650) et un pamphlet (*la Retraite de M. de Longueville en son gouvernement de Normandie,* 1649) avant de s'exiler en Hollande puis en Angleterre, compromis dans le procès de Fouquet. Brillant essayiste, intéressé par le théâtre, il donne *Dissertation sur l'Alexandre le Grand de Racine* (1666), *Sur les tragiques* (1672), *Sur nos comédies* (1677), ainsi qu'une pièce satirique, *les Opéras* (1677). Sa *Correspondance* révèle son scepticisme religieux et son épicurisme élégant.

SAINT-EXUPÉRY (Antoine DE), aviateur et écrivain français (Lyon 1900 - disparu en mission aérienne en 1944). Pilote de ligne, il assura le courrier aérien pour l'Afrique, l'Amérique et la Terre de Feu. Devenu pilote de reconnaissance en 1940, il accomplit nombre de missions jusqu'à sa mort. Ses œuvres célèbrent, avec la fraternité, les valeurs traditionnelles de l'humanisme (*Courrier Sud,* 1930 ; *Vol* de nuit,* 1931 ; *Terre des hommes,* 1939 ; *Pilote de guerre,* 1942 ; *Citadelle,* inachevé, 1948). On lui doit aussi une parabole (*le Petit* Prince,* 1943) et un recueil d'articles et de reportages (*Un sens à la vie,* 1956).

SAINT-FARGEAU (89170), ch.-l. de cant. de l'Yonne, sur le Loing ; 1 901 hab. Église du XIIIe s. Château médiéval remodelé au XVIIe s. Scierie.

SAINT-FARGEAU-PONTHIERRY (77310), comm. de Seine-et-Marne, sur la Seine, en aval de Melun ; 10 670 hab.

SAINT-FÉLICIEN (07410), ch.-l. de cant. de l'Ardèche, dans le haut Vivarais ; 1 252 hab. Industrie agroalimentaire.

Saint-Ferdinand *(ordre royal et militaire de),* ordre espagnol créé en 1811 et confirmé en 1815 pour récompenser les militaires qui avaient combattu Napoléon Ier.

SAINT-FERGUS, village de Grande-Bretagne, en Écosse, au N. d'Aberdeen, sur la mer du Nord. Arrivée des gazoducs venant des gisements de Frigg et de Brent.

SAINT-FERRÉOL *(bassin* ou *lac de),* plan d'eau artificiel de la Haute-Garonne, à proximité (au S.-E.) de Revel, principal réservoir du canal du Midi et site touristique.

SAINT-FLORENT (20217), comm. de la Haute-Corse, sur le *golfe de Saint-Florent ;* 1 365 hab. Station balnéaire. Port de plaisance. — À proximité, anc. cathédrale romane de Nebbio.

SAINT-FLORENTIN n. m. inv. Fromage à pâte molle fabriqué avec du lait de vache dans la région de Saint-Florentin.

SAINT-FLORENTIN (89600), ch.-l. de cant. de l'Yonne, au-dessus de l'Armançon ; 6 462 hab. *(Florentinois).* Église gothique et Renaissance. Constructions mécaniques. Confiserie.

SAINT-FLORENTIN (Louis PHÉLYPEAUX, *comte* DE) → LA VRILLIÈRE.

SAINT-FLORENT-LE-VIEIL (49410), ch.-l. de cant. de Maine-et-Loire, sur la Loire ; 2 529 hab. Église des XIVe et XVIIIe s. (tombeau de Bonchamps par David d'Angers).

SAINT-FLORENT-SUR-CHER (18400), comm. du Cher, en Champagne berrichonne ; 7 534 hab. *(Saint-Florentais).* Château des XVe et XVIe s., remanié. Tôlerie.

SAINT-FLOUR (15100), ch.-l. d'arrond. du Cantal, sur la bordure de la *planèze de Saint-Flour ;* 8 347 hab. *(Sanflorains).* Cathédrale du début du XVe s., en basalte. Musées Alfred-Drouet et de la Haute-Auvergne. Centre commercial et touristique.

SAINT-FOIX (Georges POULAIN, *comte* DE), musicologue français (Paris 1874 - Aix-en-Provence 1954). La majeure partie de son œuvre a pour objet Mozart : *W. A. Mozart, sa vie musicale et son œuvre* (5 vol., 1912-1946, les deux premiers écrits en collaboration avec Th. de Wyzewa), *les Symphonies de Mozart* (1932).

SAINT-FONS (69190), ch.-l. de cant. du Rhône, banlieue sud de Lyon ; 15 785 hab. *(Saint-Foniards).* Industries chimiques.

SAINT-FRANÇOIS, riv. du Canada (Québec), affl. du Saint-Laurent (lac Saint-Pierre) [r. dr.] ; 260 km. Hydroélectricité.

SAINT-FRANÇOIS *(lac),* lac du Canada (Québec et Ontario), sur le Saint-Laurent, en amont de Montréal.

SAINT-FRANÇOIS (97118), comm. de la Guadeloupe, sur la côte sud de la Grande-Terre ; 8 002 hab. Centre touristique.

SAINT-FRANÇOIS-LONGCHAMP (73130), comm. de la Savoie ; 236 hab. Sports d'hiver (alt. 1 350-2 550 m).

SAINT-FRUSQUIN n. m. inv. (de *frisque,* pimpant). *Fam.* et *vx.* Tout ce qu'un homme possède d'argent, de vêtements, et qui n'a pas grande valeur.

SAINT-FULGENT (85250), ch.-l. de cant. de la Vendée ; 3 007 hab.

Saint-Gabriel *(Frères de),* congrégation religieuse laïque masculine essentiellement enseignante, fondée au début du XVIIIe s. par Louis-Marie Grignion de Montfort.

SAINT-GALL *(canton de),* en all. **Sankt Gallen,** cant. de Suisse, limitrophe (à l'E.) de l'Autriche et du Liechtenstein, entre le lac de Constance et les Préalpes ; 2 014 km^2 ; 427 501 hab. Ch.-l. *Saint-Gall.*
Le canton est formé de collines au nord et à l'ouest et des Préalpes pour le reste. Le textile, présent depuis le Moyen Âge, est en crise, malgré les reconversions (textiles synthétiques, mécanique, agroalimentaire). Le tourisme, l'élevage, l'agriculture de la vallée du Rhin et des bords du lac de Constance complètent ces activités.

SAINT-GALL, en all. **Sankt Gallen,** v. de Suisse, ch.-l. de canton du même nom, sur la Steinach, tributaire du lac de Constance ; 74 000 hab. Ancienne abbaye rebâtie du XVIe au XVIIIe s. Cathédrale, anc. abbatiale, construite pour l'essentiel par l'Autrichien P. Thumb de 1755 à 1769 (riches décors rococo) ; bibliothèque de la même époque. Maisons anciennes. Musées. Le textile a fait la renommée de la ville. Chimie, verrerie, arts graphiques. Foire agricole annuelle.
– **Hist.** L'abbaye bénédictine se développa à partir d'un ermitage fondé par saint Gallus vers 614. Elle fut à partir du IXe s. réputée pour son école d'écriture et de musique. La ville de Saint-Gall fut érigée en ville impériale en 1281. Elle adhéra à la Confédération helvétique en 1454. Par l'Acte de médiation (1803), la ville devint la capitale du canton de Saint-Gall. L'abbaye fut supprimée en 1805.

SAINT-GALMIER (42330), ch.-l. de cant. de la Loire, en bordure des monts du Lyonnais ; 4 417 hab. *(Baldoniériens).* Église flamboyante (XVe-XVIe s.). Eaux minérales. Casino.

SAINT-GAUDENS (31800), ch.-l. d'arrond. de la Haute-Garonne, dans le Comminges, sur la Garonne ; 11 888 hab. *(Saint-Gaudinois).* Église romane des XIe et XIIe s. (chapiteaux). Marché agricole. Industrie du papier.

SAINT-GAULTIER (36800), ch.-l. de cant. de l'Indre, sur la Creuse ; 2 050 hab. *(Galtois).* Église romane du XIe s.

SAINT-GELAIS (Mellin DE), poète français (Angoulême 1491 - Paris 1558). Aumônier et bibliothécaire du roi, devenu poète de cour, il fut l'ami de Clément Marot et combattit la Pléiade.

SAINT-GENEST-LERPT (42530), comm. de la Loire, banlieue ouest de Saint-Étienne ; 5 511 hab. Textile. Mécanique.

SAINT-GENEST-MALIFAUX (42660), ch.-l. de cant. de la Loire, à 15 km au S. de Saint-Étienne ; 2 536 hab. *(Genésiens).* Industrie du bois.

SAINT-GENGOUX-LE-NATIONAL (71460), ch.-l. de cant. de Saône-et-Loire ; 1 026 hab. Église des XIIe et XVe s. Vieilles maisons. Vignobles.

SAINT-GENIEZ-D'OLT (12130), ch.-l. de cant. de l'Aveyron, sur le Lot ; 2 037 hab. Deux églises, des XIVe et XVIIIe s. Cultures de fraises.

SAINT-GENIS-DE-SAINTONGE (17240), ch.-l. de cant. du sud de la Charente-Maritime ; 1 020 hab.

SAINT-GENIS-LAVAL (69230), ch.-l. de cant. du Rhône, à 7 km au S.-S.-O. de Lyon ; 19 153 hab. Matériel de camping.

SAINT-GENIX-SUR-GUIERS (73240), ch.-l. de cant. de l'ouest de la Savoie ; 1 755 hab. Centre d'excursions.

SAINT-GEOIRE-EN-VALDAINE (38620), ch.-l. de cant. de l'Isère, au N. de Voiron ; 1 844 hab. Église reconstruite aux XVe-XVIe s.

SAINT GEORGE ou **SAINT-GEORGES** *(canal* ou *chenal),* détroit faisant communiquer le sud de la mer d'Irlande avec l'Atlantique.

SAINT GEORGE'S ou **SAINT GEORGE,** cap. et port de l'île de Grenade, dans les Petites Antilles ; 35 700 hab. Centre touristique.

Saint-Georges *(ordre de),* ordre russe fondé en 1769 par Catherine II. Il a été supprimé en 1917.

SAINT-GEORGES (Joseph BOULOGNE, *chevalier* DE), violoniste et compositeur français (la Guadeloupe v. 1739 - Paris 1799). Il mena une vie aventureuse avant d'entreprendre une carrière militaire. On lui doit deux recueils de quatuors (1777, 1785) et dix symphonies concertantes (1775-1782) qui en font un représentant important de l'école française.

SAINT-GEORGES DE BOUHÉLIER (Stéphane Georges DE BOUHÉLIER-LEPELLETIER, dit), écrivain français (Rueil 1876 - Montreux, Suisse, 1947). Poète (*les Chants de la vie ardente,* 1902) et auteur dramatique (*le Carnaval des enfants,* 1910), il fonda avec Maurice Le Blond, gendre de Zola, le naturisme, passerelle entre le naturalisme et le symbolisme.

SAINT-GEORGES-DE-COMMIERS (38450), comm. de l'Isère, au-dessus du Drac ; 1 683 hab. Centrale hydroélectrique.

SAINT-GEORGES-DE-DIDONNE (17110), comm. de la Charente-Maritime, près de Royan ; 4 730 hab. *(Saint-Georgeais).* Station balnéaire.

SAINT-GEORGES-DES-GROSEILLERS (61100), comm. de l'Orne ; 3 382 hab. Équipements automobiles.

SAINT-GEORGES-D'OLÉRON (17190), comm. de la Charente-Maritime, dans l'île d'Oléron ; 3 153 hab. Église romane et gothique. Plage et port de plaisance de Boyardville.

SAINT-GEORGES-EN-COUZAN (42990), ch.-l. de cant. de la Loire, dans les monts du Forez ; 543 hab.

SAINT-GEORGES-LÈS-BAILLARGEAUX (86130), ch.-l. de cant. de la Vienne, à 12 km au N.-N.-E. de Poitiers ; 2 863 hab. *(Baillargeaux).*

SAINT-GEORGES-SUR-CHER (41400), comm. de Loir-et-Cher, en Touraine ; 2 086 hab. Vins.

SAINT-GEORGES-SUR-LOIRE (49170), ch.-l. de cant. de Maine-et-Loire, dans la vallée de la Loire ; 3 112 hab. *(Saint-Georgeois).* Anc. abbaye. Vins du Saumurois. — Aux environs, château de Serrant (XVIe-XVIIIe s.).

SAINT-GERMAIN (Claude Louis, *comte* DE), général et homme d'État français (Vertamboz, Jura, 1707 - Paris 1778). Après avoir servi en Allemagne, il fut nommé feld-maréchal et ministre de la Guerre par Frédéric V de Danemark (1760-1772). Rentré en France, Louis XVI l'appela au secrétariat d'État à la Guerre (1775-1777). Il réorganisa le génie, l'artillerie et les bureaux, supprima la vénalité des grades, créa douze écoles militaires préparatoires et introduisit la tactique de l'ordre mince.

SAINT-GERMAIN (*comte* DE), aventurier d'origine inconnue (1707 ? - Eckernförde, Schleswig-Holstein, 1784). Prétendant vivre depuis des siècles et posséder un élixir de longue vie, il fut présenté à Louis XV en 1750. Il eut un vif succès à la Cour et à Paris. En 1760, il dut quitter la France après avoir intrigué contre Choiseul et poursuivit sa carrière de mystificateur à l'étranger. La société théosophique le vénère comme l'un des « Maîtres » invisibles et tutélaires.

Saint-Germain *(braque),* race de chiens d'arrêt utilisés pour la chasse au gros gibier.

SAINT-GERMAIN-AU-MONT-D'OR (69650), comm. du Rhône, au N. de Lyon ; 2 436 hab. Gare de triage.

SAINT-GERMAIN-DE-CALBERTE (48370), ch.-l. de cant. de la Lozère, dans les Cévennes ; 480 hab. *(Saint-Germainois).* Station estivale.

SAINT-GERMAIN-DES-FOSSÉS (03260), comm. de l'Allier, dans la Limagne bourbonnaise ; 3 780 hab. Église romane dans le cimetière. Gare de triage.

Saint-Germain-des-Prés (*église* et *anc. abbaye),* à Paris, place Saint-Germain-des-Prés (VIe arrond.). Fondé sur la rive gauche de la Seine par le roi Childebert Ier (558), le monastère Ste-Croix-St-Vincent reçut, en 576, la sépulture de saint Germain, évêque de Paris, dont il prit le nom au VIIIe s. L'abbaye possédait un immense domaine agricole. Ruinée par les Normands, elle fut reconstruite à partir du Xe s., puis au cours des XIe (chapiteaux de l'église), XIIe (chœur gothique, 1163) et XIIIe s. (réfectoire et chapelle de la Vierge, par Pierre de Montreuil). Un nouveau palais abbatial s'est élevé en 1586. L'abbaye fut réformée en 1631 par les bénédictins de la congrégation de Saint-Maur et devint le centre d'une intense activité intellectuelle. La Révolution ferma le monastère, dont les bâtiments brûlèrent (1794), à l'exception du palais abbatial et de l'église, rendue au culte en 1803, puis restaurée au milieu du siècle par Baltard et décorée de peintures murales par H. Flandrin.
Le *quartier de Saint-Germain-des-Prés* accueillit du XIIe au XVe s. une foire célèbre et fut au lendemain de la Seconde Guerre mondiale le lieu de rendez-vous, dans ses cafés littéraires (Flore, Deux-Magots), de la génération existentialiste.

SAINT-GERMAIN-DU-BOIS (71330), ch.-l. de cant. de Saône-et-Loire, dans la Bresse ; 1 887 hab. *(San-Germinois).*

SAINT-GERMAIN-DU-PLAIN (71370), ch.-l. de cant. de Saône-et-Loire, à 17 km au S.-E. de Chalon-sur-Saône ; 1 706 hab. *(San-Germinois).* – À proximité, au lieu-dit le gué de Gigny-Thorey, découverte, lors d'un dragage de la Saône, d'un ensemble de vaisselle italique (céramique, bronze et argent) du Ier s. av. J.-C.

SAINT-GERMAIN-DU-PUY (18390), comm. du Cher, banlieue est de Bourges ; 5 115 hab. Industrie du bâtiment.

SAINT-GERMAIN-EN-LAYE (78100), ch.-l. d'arrond. des Yvelines, à l'ouest de Paris, sur la rive gauche de la Seine ; 41 710 hab. *(Saint-Germanois).* Centre résidentiel (desservi, notamment, par le RER). Anc. château royal dont les vestiges médiévaux (fondations ; chapelle de Louis IX, donjon de Charles V) sont intégrés dans l'édifice construit par P. Chambiges sous François Ier ; entièrement restauré à partir de 1862, il est devenu en 1867 musée des Antiquités nationales (v. ci-dessous art. spécial). Pavillon Henri IV, seule construction subsistant du château Neuf, construit au-dessus de la Seine par Ph. Delorme pour Henri II. Hôtels des XVIIe et XVIIIe s. Musée municipal et musée du Prieuré (œuvres de M. Denis, des symbolistes et des nabis).

Saint-Germain-en-Laye *(édit de)* [8 août 1570], édit de pacification qui mettait fin à la troisième guerre de Religion*.

Saint-Germain-en-Laye *(édit de)* [21 févr. 1641], édit par lequel, à l'instigation de Richelieu, le roi interdisait au parlement de s'occuper des affaires de l'État.

Saint-Germain-en-Laye *(forêt domaniale de),* au N. de la ville de Saint-Germain-en-Laye, sur 3 650 ha. Elle est traitée en futaie jardinée et en taillis sous futaie.

Saint-Germain-en-Laye *(musée des Antiquités nationales de).* Les découvertes de Boucher de Perthes ont été à l'origine de ce musée des « Antiquités nationales » inauguré en 1867. Entièrement rénové, il abrite des vestiges archéologiques depuis le paléolithique (collection la plus riche du monde), jusqu'aux temps mérovingiens.

Saint-Germain-en-Laye *(traité de)* [29 mars 1632], traité par lequel Charles Ier, roi d'Angleterre, restituait à la France Québec et la région du Saint-Laurent pris par les Anglais en 1629.

Saint-Germain-en-Laye *(traité de)* [29 juin 1671], traité par lequel Frédéric-Guillaume, Électeur de Brandebourg, s'engageait à restituer la plupart de ses conquêtes à Charles XI de Suède.

Saint-Germain-en-Laye *(traité de)* [10 sept. 1919], traité signé entre l'Autriche et les Alliés. L'Autriche s'engageait à ne plus entretenir de forces militaires, à verser des dommages de guerre, à ne pas aliéner son indépendance sans le consentement unanime de la S. D. N.

Saint-Germain-l'Auxerrois *(église),* à Paris, place du Louvre (Ier arrond.). Église mérovingienne (VIIe s.-début du VIIIe s.), détruite par les Normands (IXe s.), elle fut entièrement rebâtie à partir du XIIIe s. (décor intérieur du XVIIIe). Saccagée à la Révolution, elle fut rouverte au culte en 1837, puis restaurée par Lassus et Baltard (beffroi érigé v. 1860 entre l'église et la mairie du Ier arrond.).

SAINT-GERMAIN-LAVAL (42260), ch.-l. de cant. de la Loire, en bordure de la plaine du Forez ; 1 530 hab. *(Germanois).* Vieux bourg pittoresque. Constructions mécaniques.

SAINT-GERMAIN-LEMBRON (63340), ch.-l. de cant. du Puy-de-Dôme, à 10 km au S. d'Issoire ; 1 687 hab.

SAINT-GERMAIN-LÈS-ARPAJON (91180), comm. de l'Essonne, banlieue est d'Arpajon ; 7 661 hab.

SAINT-GERMAIN-LES-BELLES (87380), ch.-l. de cant. du sud-est de la Haute-Vienne ; 1 097 hab. *(Saint-Germinois).* Église fortifiée du XIVe s. Industrie du bois.

SAINT-GERMAIN-LÈS-CORBEIL (91250), ch.-l. de cant. de l'Essonne, banlieue N.-E. de Corbeil-Essonnes ; 6 163 hab.

SAINT-GERMAIN-L'HERM (63630), ch.-l. de cant. du Puy-de-Dôme, dans le massif du Livradois ; 589 hab. Tourisme.

SAINT-GERMER-DE-FLY (60850), comm. de l'Oise, à 8 km au S.-E. de Gournay-en-Bray ; 1 593 hab. Restes d'une anc. abbaye, dont une église de style gothique primitif et une sainte chapelle du XIIIe s.

SAINT-GERVAIS-D'AUVERGNE (63390), ch.-l. de cant. du Puy-de-Dôme, dans la Combraille d'Auvergne ; 1 576 hab. *(Gervaisiens).*

SAINT-GERVAIS-LES-BAINS (74170), ch.-l. de cant. de la Haute-Savoie, dans le massif du Mont-Blanc ; 5 176 hab. *(Saint-Gervolains* ou *Saint-Gervelains).* Station de sports d'hiver (alt. 850-2 350 m). Station thermale (maladies de la peau et des muqueuses, affections respiratoires).

SAINT-GERVAIS-LES-TROIS-CLOCHERS (86230), ch.-l. de cant. de la Vienne, à 16 km au N.-O. de Châtellerault ; 1 195 hab.

Saint-Gervais-Saint-Protais *(église),* à Paris, rue François-Miron (IVe arrond.). Première église paroissiale de la rive droite (VIe s.), elle fut reconstruite aux XIIIe, XVe et XVIe s. en style gothique flamboyant. La façade, à trois ordres superposés, est due à Clément II Métezeau (1616-1621). Mutilée sous la Révolution, l'église a été restaurée. Elle abrite de nombreux tombeaux et œuvres d'art (vitraux du XVIe s. ; stalles des XVIe-XVIIe s.) ; orgue des Couperin.

SAINT-GHISLAIN, v. de Belgique (Hainaut), à l'O. de Mons ; 21 700 hab.

SAINT-GILDAS *(pointe),* cap de la côte du pays de Retz (Loire-Atlantique), limitant, au N., la baie de Bourgneuf.

SAINT-GILDAS-DE-RHUYS (56730), comm. du Morbihan, sur la côte sud de la *presqu'île de Rhuys ;* 1 180 hab. *(Gildasiens).* Importante église, anc. abbatiale, à chœur et transept romans.

SAINT-GILDAS-DES-BOIS (44530), ch.-l. de cant. de la Loire-Atlantique, à 11 km au N.-E. de Pontchâteau ; 3 380 hab. Église des XIIe et XIIIe s., anc. abbatiale.

SAINT-GILLES, en néerl. **Sint-Gillis,** comm. de Belgique (Bruxelles-Capitale), banlieue sud de Bruxelles ; 45 200 hab. Confection. Travail du cuir. Chimie.

SAINT-GILLES ou **SAINT-GILLES-DU-GARD** (30800), comm. du Gard, dans la plaine du Languedoc ; 11 765 hab. *(Saint-Gillois).* Église, anc. abbatiale romane et gothique, altérée au XVIe s. (à la façade, célèbre composition sculptée du milieu du XIIe s. ; crypte à ogives surbaissées ; escalier dit « vis de Saint-Gilles »).

SAINT-GILLES-CROIX-DE-VIE (85800), ch.-l. de cant. de la Vendée, sur l'Atlantique ; 6 490 hab. *(Gillocruciens).* Pêche. Station balnéaire.

SAINT-GIRONS (09200), ch.-l. d'arrond. de l'Ariège, au confluent du Salat, du Lez et du Baup ; 7 065 hab. *(Saint-Gironnais).* La ville comprend *Bourg-sur-Vic,* à droite du Salat (église

St-Valier, des XIIe-XVe s.), et *Villefranche,* sur la rive gauche. Industrie alimentaire (fromages).

SAINT-GLINGLIN (À LA) loc. adv. *Fam.* À une date indéterminée ; à un moment qui n'arrivera jamais : *Renvoyer une réponse à la saint-glinglin.*

SAINT-GOBAIN (02410), comm. de l'Aisne, dans la forêt de Saint-Gobain ; 2 338 hab. Site originel de la Compagnie de Saint-Gobain.

Saint-Gobain *(Compagnie de),* société française fondée sous le nom de Manufacture des glaces du faubourg Saint-Antoine (1665), réunie, en 1695, à la Manufacture royale des glaces de France (Saint-Gobain). Dès 1806, Saint-Gobain aborde la chimie et, plus tard, l'industrie de la pétrochimie et des matières plastiques. La société se rapproche, en 1970, de Pont-à-Mousson (créée en 1856), essentiellement adonnée à la fonderie et la production de tuyaux. Le groupe (une centaine de sociétés, françaises et étrangères) est un des premiers producteurs mondiaux de vitrages, de flacons, de produits isolants, de tuyaux en fonte et de matériaux de construction. Il détient une place importante dans la mécanique et la distribution de l'eau. Nationalisé en 1982, il est retourné au secteur privé en 1986.

Saint-Gobain *(forêt domaniale de)* ou **haute forêt de Coucy,** forêt qui s'étend sur le plateau dominant les vallées de l'Oise et de l'Ailette, 4 199 ha, traitée en futaie régulière.

Saint-Gond *(marais de),* marais situés aux confins de la Champagne et de la Brie, au pied de la côte de l'Île-de-France, traversés par le Petit Morin naissant. D'une superficie d'environ 3 000 ha, aujourd'hui en grande partie asséchés, ils sont surtout le domaine de la grande culture du maïs. — **Hist.** Combats pendant la campagne de France de Napoléon en 1814 et pendant la bataille de la Marne.

SAINT-GOTHARD ou **GOTHARD,** en all. **Sankt Gotthard,** col des Alpes suisses, reliant la haute vallée de la Reuss et la vallée du Tessin ; 2 112 m. Depuis 1882, existe un tunnel ferroviaire long de 15 km (alt. 1 155 m) emprunté par la voie Bâle-Milan. En 1980 a été ouvert un tunnel routier long de 16,9 km, section de l'autoroute Bâle-Chiasso, supplantant la route passant par le col, ouverte en 1906.
On donne parfois encore de nom de *Saint-Gothard* ou *Gothard* au massif de *l'Aar-Gothard.*

Saint-Gotthard *(bataille de)* [1er août 1664], bataille au cours de laquelle les impériaux de Montecuccoli arrêtèrent à Saint-Gotthard (en Hongrie occidentale, sur la Rába) les Turcs. La trêve de Vasvár fut alors signée.

SAINT-GRATIEN (95210), ch.-l. de cant. du Val-d'Oise, banlieue de Paris, à l'O. d'Enghien ; 19 377 hab. *(Saint-Gratiennois).*

Saint-Grégoire-le-Grand *(ordre de),* ordre pontifical créé en 1831 par le pape Grégoire XVI.

SAINT-GUÉNOLÉ (29760 Penmarch), écart de la comm. de Penmarch (Finistère). Station balnéaire. Port de pêche et conserverie. Célèbre pardon. Musée de Préhistoire.

SAINT-GUILHEM-LE-DÉSERT (34150), comm. de l'Hérault, dans les Garrigues ; 194 hab. Une dépendance de l'abbaye d'Aniane y fut fondée en 804 par Guillaume (ou Guilhem) le Grand, comte de Toulouse et duc d'Aquitaine. Restes de fortifications. Église romane, anc. abbatiale, rebâtie dans la 2e moitié du XIe s. (crypte du Xe s., narthex du XIIe, vestiges du cloître des XIe et XIIe s. ; musée lapidaire).

Saint-Guy *(danse de),* syn. fam. de CHORÉE DE SYDENHAM.

SAINT-HÉAND (42570), ch.-l. de cant. de la Loire, en bordure des monts du Lyonnais ; 3 636 hab. *(Héandais).*

SAINT HELENS *(mont),* volcan actif du nord-ouest des États-Unis (État de Washington), au N.-E. de Portland ; 2 549 m.

SAINT HELENS, v. de Grande-Bretagne, au N.-E. de Liverpool ; 99 000 hab. Verrerie.

SAINT HÉLIER, v. des îles Anglo-Normandes, cap. de Jersey ; 28 000 hab. Centre touristique. Château Élisabeth (XVIe-XVIIe s.).

SAINT-HERBLAIN (44800), ch.-l. de cant. de la Loire-Atlantique, banlieue ouest de Nantes ; 43 439 hab. *(Herblinois).* Stylos.

SAINT-HILAIRE (11250), ch.-l. de cant. de l'Aude, sur la bordure nord-ouest des Corbières ; 662 hab. *(Saint-Hilairois).* Importants restes (XIIe-XVIe s.) d'une abbaye carolingienne ; dans l'église, sarcophage roman sculpté. Vignobles produisant la « blanquette de Limoux ».

SAINT-HILAIRE ou **SAINT-HILAIRE-DU-TOUVET** (38720), comm. de l'Isère, sur le plateau des Petites-Roches (Chartreuse) ; 1 432 hab. Station climatique.

SAINT-HILAIRE-DE-RIEZ (85270), comm. de la Vendée, près de l'Atlantique ; 7 461 hab.

SAINT-HILAIRE-DES-LOGES (85240), ch.-l. de cant. de la Vendée, à 12 km à l'E. de Fontenay-le-Comte ; 1 755 hab.

SAINT-HILAIRE-DE-VILLEFRANCHE (17770), ch.-l. de cant. de la Charente-Maritime ; 1 014 hab.

SAINT-HILAIRE-DU-HARCOUËT (50600), ch.-l. de cant. de la Manche, dans le Bocage normand ; 5 051 hab. *(Saint-Hilairiens).* Marché.

SAINT-HIPPOLYTE (25190), ch.-l. de cant. du Doubs, dans le Jura, sur le Doubs ; 1 138 hab. Centre de séjour. Produits cellulosiques.

SAINT-HIPPOLYTE-DU-FORT (30170), ch.-l. de cant. du Gard, sur le Vidourle ; 3 571 hab. Demeures des XVIIe et XVIIIe s.

SAINT-HONORAT *(île),* île de la Côte d'Azur (Alpes-Maritimes), appartenant au groupe de Lérins, au large de Cannes. Monastère fondé au Ve s., reconstruit, notamment, à la fin du XIXe.

SAINT-HONORÉ n. m. inv. (du n. de *saint Honoré,* patron des boulangers). Gâteau en pâte brisée ou feuilletée, bordé d'une couronne de petits choux à la crème, et garni au centre de crème chantilly.

SAINT-HONORÉ-LES-BAINS (58360), comm. de la Nièvre, dans le S.-O. du Morvan ; 762 hab. Station thermale (affections des voies respiratoires).

SAINT-HUBERT, v. du Canada, au Québec, près de Montréal ; 78 141 hab. Base aérienne.

SAINT-HUBERT, v. de Belgique (Luxembourg), dans les Ardennes ; 5 500 hab. Vaste basilique dédiée à saint Hubert, anc. abbatiale reconstruite au XVIe s. en style gothique. Centre de villégiature.

SAINT-HYACINTHE, v. du Canada (Québec), à l'E. de Montréal ; 41 063 hab. Centre industriel.

SAINT-IMIER, comm. de Suisse (cant. de Berne), dans le *val Saint-Imier* (Jura) ; 5 400 hab. Église romane. Centre horloger.

SAINT-ISMIER (38330), ch.-l. de cant. de l'Isère ; 5 456 hab.

SAINT-JACQUES n. f. inv. *Fam.* Nom usuel de deux grands mollusques bivalves du genre *pecten* (peigne) à la chair appréciée. (On dit aussi COQUILLE SAINT-JACQUES.)

Saint-Jacques *(tour),* monument de Paris, dans un square situé au N.-E. de la place du Châtelet. C'est le clocher, du début du XVIe s. (restauré), de l'anc. église St-Jacques-la-Boucherie, démolie en 1797.

SAINT-JACQUES-DE-COMPOSTELLE, en esp. **Santiago de Compostela,** v. d'Espagne, ch.-l. de la Galice ; 82 000 hab. Archevêché. Université. Marché agricole. Artisanat lié au pèlerinage et au tourisme.
— **Hist.** Après le martyre de saint Jacques le Majeur, apôtre de l'Espagne, ses restes auraient été déposés dans un esquif, et celui-ci aurait échoué en Galice, où son tombeau aurait été découvert miraculeusement au IXe s. Le pèlerinage se développa à partir de la Reconquista. La localité était reliée à toute la chrétienté occidentale par un réseau de routes de pèlerinage très fréquentées.
— **Bx-arts.** Célèbre cathédrale construite pour l'essentiel de 1078 à 1130, sœur de St-Sernin de Toulouse (sculptures de la porte des Orfèvres, v. 1100, et du porche de la Gloire, 1188, ce dernier intégré dans la grande façade churrigueresque de 1738). Palais archiépiscopal en partie du XIIe s. (musées) et cloître gothique du XVIe. Magnifique hôpital royal par E. Egas (début du XVIe s.). Nombreux autres monuments de la vieille ville, églises et monastères.

SAINT-JACQUES-DE-LA-LANDE (35136), comm. d'Ille-et-Vilaine, banlieue S.-O. de Rennes ; 6 599 hab. Aéroport de Rennes. Station météorologique.

Saint-Jacques-de-l'Épée ou **Santiago** *(ordre militaire de),* ordre de Castille fondé vers 1170 pour protéger les pèlerins se rendant à Saint-Jacques-de-Compostelle. Établi au Portugal en 1725, il y devint un ordre de mérite scientifique, littéraire et artistique. Il fut institué au Brésil en 1843.

SAINT-JACUT-DE-LA-MER (22750), comm. des Côtes-d'Armor, à l'O.-S.-O. de Dinard ; 803 hab. *(Jaguens).* Station balnéaire.

SAINT-JAMES (50240), ch.-l. de cant. de la Manche, dans le sud de l'Avranchin ; 3 025 hab. *(Saint-Jamais).* Château de la Paluelle (XVe-XVIIe s.). Confection.

SAINT-JEAN, en angl. **Saint John,** fl. du Canada (Nouveau-Brunswick) et des États-Unis (Maine), tributaire de la baie de Fundy ; env. 700 km. Hydroélectricité.

SAINT-JEAN, en angl. **Saint John,** v. du Canada (Nouveau-Brunswick), au fond de la baie de Fundy, à l'embouchure du fleuve Saint-Jean ; 81 000 hab. Port de pêche, terminal pétrolier, centre commercial et industriel (constructions navales, pâte à papier, raffinerie de pétrole, textile, industries alimentaires).

SAINT-JEAN, v. du Canada (Québec), au S.-E. de Montréal ; 36 000 hab.

SAINT-JEAN, v. du Canada (Terre-Neuve) → SAINT JOHN'S.

SAINT-JEAN (31240), comm. de la Haute-Garonne, banlieue N.-E. de Toulouse ; 7 183 hab.

SAINT-JEAN *(lac),* lac du Canada (Québec), qui écoule ses eaux peu profondes dans le Saint-Laurent par le Saguenay ; 1 000 km² env.

SAINT-JEAN-BONNEFONDS (42650), comm. de la Loire, banlieue N.-E. de Saint-Étienne ; 6 445 hab. *(Saint-Jeandains).*

SAINT-JEAN-BRÉVELAY (56660), ch.-l. de cant. du Morbihan, au N. des landes de Lanvaux ; 2 467 hab.

SAINT-JEAN-CAP-FERRAT (06230), comm. des Alpes-Maritimes, sur la Côte d'Azur, dans la péninsule du cap Ferrat ; 2 253 hab. *(Saint-Jeannois).* Station balnéaire. Villa-musée « Île-de-France », appartenant à l'Institut.

SAINT-JEAN-D'ACRE, nom donné par les croisés à *Acre**. La ville fut prise par eux en 1104 et fit partie du royaume de Jérusalem. Elle fut perdue en 1187, reprise en 1191 et perdue définitivement en 1291.

SAINT-JEAN-D'ANGÉLY (17400), ch.-l. d'arrond. de la Charente-Maritime, sur la Boutonne ; 8 687 hab. *(Angériens).* Tour de l'Horloge, anc. beffroi. Restes d'une abbaye reconstruite à l'époque classique (façade de l'abbatiale, milieu du XVIIIe s.). Centre commercial.

SAINT-JEAN-D'AULPS (74430), comm. de la Haute-Savoie, dans le Chablais ; 920 hab. Sports d'hiver (alt. 800-1 800 m).

SAINT-JEAN-DE-BOURNAY (38440), ch.-l. de cant. de l'Isère, dans le bas Dauphiné ; 3 865 hab. *(Saint-Jeannais).* Électroménager.

SAINT-JEAN-DE-BRAYE (45800), ch.-l. de cant. du Loiret, banlieue est d'Orléans ; 16 739 hab. *(Abraysiens).* Électronique. Confection.

SAINT-JEAN-DE-CÔLE (24800), comm. de la Dordogne, dans le nord du Périgord ; 339 hab. Village typique conservant une église en granite du XIe s., anc. priorale (chapiteaux historiés), le château de la Marthonie (XVe-XVIIe s.), etc.

Saint-Jean-de-Dieu *(Frères hospitaliers de),* ordre religieux, assimilé aux ordres mendiants, fondé à Grenade en 1537, par Jean de Dieu, pour l'assistance des malades, surtout des pauvres.

Saint-Jean-de-Jérusalem, de Rhodes et de Malte *(ordre souverain militaire et hospitalier de),* dit **ordre souverain de Malte,** ordre de chevalerie souverain. Lors de l'entrée des croisés à Jérusalem (1099), les hospitaliers de Saint-Jean constituent un ordre religieux dont la règle servira de modèle aux autres ordres hospitaliers. Après la prise de Saint-Jean-d'Acre, l'ordre s'installe à Chypre (1191), à Rhodes (1309) puis à Malte (1530) jusqu'à la prise de l'île par Bonaparte (1798). L'ordre, alors divisé en 8 langues (ou nations), est placé sous l'autorité d'un grand maître élu dont dépendent environ 600 commanderies ; il s'installe à Rome en 1834 et se dote d'une nouvelle Constitution, approuvée par le Saint-Siège. L'action des 10 000 membres de l'ordre s'exerce essentiellement dans le domaine caritatif avec ses léproseries, hôpitaux, dispensaires, ambulances. Des branches non catholiques existent en Allemagne, en Scandinavie, aux Pays-Bas.

SAINT-JEAN-DE-LA-RUELLE (45140), ch.-l. de cant. du Loiret, banlieue ouest d'Orléans ; 16 656 hab. Industrie automobile. Électroménager.

Saint-Jean-de-Latran, à Rome → LATRAN *(place du).*

SAINT-JEAN-DE-LOSNE (21170), ch.-l. de cant. de la Côte-d'Or, sur la Saône, à l'endroit où se détache le canal de Bourgogne ; 1 354 hab. *(Saint-Jean-de-Losnais).* Port fluvial. Matériaux de construction. Sièges mémorables (1636, contre les impériaux de Gallas, et 1814, contre les Alliés).

SAINT-JEAN-DE-LUZ (64500), ch.-l. de cant. des Pyrénées-Atlantiques, dans le Pays basque, sur la Côte d'argent ; 13 181 hab. *(Luziens).* Vieux port de pêche (sardine, thon, anchois). Église basque typique (XIIIe-XVIIe s.) et nombreuses maisons anciennes. Station balnéaire.

SAINT-JEAN-DE-MAURIENNE (73300), ch.-l. d'arrond. de la Savoie, au-dessus de l'Arc ; 9 830 hab. *(Saint-Jeannais).* Cathédrale des XIe, XIIe, XVe et XIXe s. (stalles et boiseries du XVe). Centrale hydroélectrique. Aluminium.

SAINT-JEAN-DE-MONTS (85160), ch.-l. de cant. de la Vendée ; 6 042 hab. *(Montois).* Station balnéaire.

SAINT-JEAN-DU-GARD (30270), ch.-l. de cant. du Gard, dans les Cévennes ; 2 657 hab. *(Saint-Jeannois).* Centre d'excursions. Musée des Vallées cévenoles.

SAINT-JEAN-EN-ROYANS (26190), ch.-l. de cant. de la Drôme, dans le Vercors ; 2 923 hab. *(Saint-Jeannais).* Tourisme.

SAINT-JEAN-LE-BLANC (45650), ch.-l. de cant. du Loiret, banlieue sud d'Orléans ; 6 870 hab.

SAINT-JEAN-PIED-DE-PORT (64220), ch.-l. de cant. des Pyrénées-Atlantiques, dans le Pays basque ; 1 649 hab. *(Saint-Jeannais).* Murailles du XVe s., citadelle du XVIIe. Marché. Tourisme.

SAINT-JEOIRE (74490), ch.-l. de cant. de la Haute-Savoie, dans le Faucigny ; 2 293 hab. Station estivale et hivernale.

SAINT-JÉRÔME, v. du Canada (Québec), dans les Laurentides ; 25 100 hab.

SAINT-JOACHIM (44720), comm. de la Loire-Atlantique, dans la Brière ; 4 030 hab. Centre du parc naturel régional de la Brière. Tourbières.

SAINT JOHN → SAINT-JEAN (Canada).

SAINT JOHN, île de l'archipel des îles Vierges (Antilles), appartenant aux États-Unis ; 49 km² ; 2 500 hab. Parc naturel.

SAINT JOHN (Henry), vicomte **Bolingbroke** → BOLINGBROKE.

SAINT-JOHN PERSE (Alexis LÉGER, dit **Alexis Saint-Léger Léger,** puis), diplomate et poète français (Pointe-à-Pitre 1887 - Giens, Var, 1975). Il occupa plusieurs postes diplomatiques, dont celui de secrétaire général du ministère des Affaires étrangères entre 1933 et 1940, date à laquelle il s'exila aux États-Unis. Ses premières œuvres (*Éloges,* 1911) annoncent un poète ancré dans la terre et soucieux d'appréhender la création dans sa totalité. L'audace des images, la conquête d'un nouveau langage se retrouvent dans la suite de ses recueils (*Anabase**, 1924 ; *Exil,* 1942 ; *Vents,* 1946 ; *Amers,* 1957 ; *Chronique,* 1960 ; *Oiseaux,* 1963), qui constituent une méditation sur le destin de l'homme et ses rapports à une nature sacralisée. (Prix Nobel 1960.)

SAINT JOHN'S ou **SAINT JOHN,** cap. d'Antigua et Barbuda, sur l'île d'Antigua ; 36 000 hab.

SAINT JOHN'S ou **SAINT-JEAN,** v. du Canada, cap. de la province de Terre-Neuve, sur la côte sud-est de l'île ; 95 770 hab. (plus de 170 000 avec les banlieues). Évêché. Centre commercial, administratif et universitaire. Port de pêche. Construction navale.

SAINT-JOSEPH (97212), comm. de la Martinique, au N.-E. de Fort-de-France ; 14 054 hab.

SAINT-JOSEPH (97480), comm. du sud de la Réunion ; 25 852 hab.

SAINT-JOSSE-TEN-NOODE, en néerl. **Sint-Joost-ten-Node,** comm. de Belgique (Bruxelles-Capitale), banlieue est de Bruxelles ; 20 300 hab. Textile. Métallurgie.

SAINT-JOUIN-DE-MARNES (79600), comm. des Deux-Sèvres, dans le haut Poitou ; 659 hab. Église des XIe-XIIIe s., anc. abbatiale, un des chefs-d'œuvre de l'art roman poitevin.

SAINT-JUÉRY (81160), comm. du Tarn, sur le Tarn ; 6 782 hab. Métallurgie à l'écart du Saut-du-Tarn.

SAINT-JULIEN, en néerl. **Sint-Juliaan,** agglomération de la comm. de Langemark-Pœlkapelle*, en Belgique. — Les Allemands y employèrent, le 22 avr. 1915, les gaz asphyxiants.

SAINT-JULIEN-CHAPTEUIL (43260), ch.-l. de cant. de la Haute-Loire, à 20 km à l'E. du Puy-en-Velay ; 1 700 hab. *(Saint-Juliens).* Église en partie romane.

SAINT-JULIEN-DE-CONCELLES (44450), comm. de la Loire-Atlantique, dans la vallée de la Loire, en amont de Nantes ; 5 436 hab.

SAINT-JULIEN-DE-VOUVANTES (44670), ch.-l. de cant. de la Loire-Atlantique, à 14 km au S.-E. de Châteaubriant ; 966 hab.

SAINT-JULIEN-DU-SAULT (89330), ch.-l. de cant. de l'Yonne, aux confins du pays d'Othe ; 2 219 hab. Église des XIIIe-XVIe s.

SAINT-JULIEN-EN-GENEVOIS (74160), ch.-l. d'arrond. de la Haute-Savoie, à la frontière de la Suisse ; 8 048 hab. *(Saint-Juliennois).* Constructions mécaniques. Centre de recherche en immunologie et biotechnologie.

SAINT-JULIEN-L'ARS (86800), ch.-l. de cant. de la Vienne, à 13 km à l'E. de Poitiers ; 1 921 hab. Château en partie des XVe et XVIe s.

SAINT-JULIEN-LES-VILLAS (10800), comm. de l'Aube, banlieue sud-est de Troyes ; 6 058 hab. Constructions mécaniques. Bonneterie.

SAINT-JUNIEN (87200), ch.-l. de cant. de la Haute-Vienne, sur la Vienne ; 10 962 hab. *(Saint-Juniauds).* Église romane (tombeau sculpté de saint Junien et autres œuvres d'art).

SAINT-JUST (Louis Antoine Léon), homme politique français (Decize 1767 - Paris 1794). Élu à 25 ans député à la Convention (sept. 1792), il s'y distingue par son éloquence et la rigidité de ses principes. Il demande l'exécution du roi sans jugement et vote la mort immédiate. Entré le 30 mai 1793 au Comité de salut public, il est, comme Robespierre, partisan d'une République centralisatrice, égalitaire et vertueuse. Représentant en mission, il redresse, avec une énergie implacable, la situation de l'armée du Rhin (fin 1793) ; il contribue à la victoire de Fleurus (26 juin 1794). « Archange de la Terreur », il dénonce les fédéralistes girondins (juill. 1793), puis les factions hébertiste et dantoniste (mars-avril 1794). Il fait voter les décrets de ventôse (févr.-mars 1794) confisquant les biens des ennemis de la République pour les distribuer aux patriotes pauvres. Entraîné par la chute de Robespierre, il est exécuté le 10 thermidor (28 juill. 1794).

SAINT-JUST-EN-CHAUSSÉE (60130), ch.-l. de cant. de l'Oise, dans le sud de la Picardie ; 4 955 hab. *(Saint-Justois).*

SAINT-JUST-EN-CHEVALET (42430), ch.-l. de cant. de la Loire, au S.-O. de Roanne ; 1 540 hab. Ruines d'un château (petite église du XVe s.).

SAINT-JUST-SAINT-RAMBERT (42170), ch.-l. de cant. de la Loire, dans le sud du Forez ; 12 389 hab. *(Pontrambertois).* Église romane (XIe-XIIe s.). Musée.

SAINT KILDA, petit archipel écossais de l'Atlantique, au large des Hébrides, inhabité depuis 1930.

SAINT KITTS → SAINT CHRISTOPHER ET NEVIS.

SAINT-LAMBERT, v. du Canada (Québec), banlieue de Montréal ; 20 600 hab. Biscuiterie.

SAINT-LAMBERT (Jean François, *marquis* DE), écrivain français (Nancy 1716 - Paris 1803). Ami de Voltaire et des Encyclopédistes, aimé de Mmes du Châtelet et d'Houdetot, il est l'auteur d'un poème descriptif : *les Saisons* (1769). [Acad. fr., 1770.]

SAINT-LARY-SOULAN (65170), comm. des Hautes-Pyrénées, à 830 m d'alt. ; 1 113 hab. Centrale hydroélectrique. Sports d'hiver (alt. 830-2 450 m).

SAINT-LAURENT, fl. d'Amérique du Nord, émissaire du lac Ontario. Son cours, long de 570 km, est prolongé par un estuaire qui s'ouvre sur le *golfe du Saint-Laurent.* Son bassin comprend celui des Grands Lacs et ceux de ses affluents, Saint-Maurice et Outaouais : au total plus d'un million de km². Son débit atteint 10 200 m³/s à Québec. Quoique pondéré par les lacs, le régime comporte un maximum en mai (fonte des neiges) et un minimum en février (rétention nivale). Le fleuve est pris par les glaces entre novembre ou décembre et la mi-avril mais de grands progrès ont été faits dans la navigation d'hiver de la mer à Montréal.
Le fleuve a été aménagé : les navires de 25 000 t peuvent, huit mois par an, relier les Grands Lacs à l'Atlantique sans rupture de charge. Le trafic (minerai, pâte à papier et papier vers l'amont, céréales et soja vers l'aval) est de 38 Mt entre Montréal et le lac Ontario et de 39,5 Mt sur le canal Welland.

SAINT-LAURENT *(golfe du),* mer épicontinentale de la marge atlantique américaine, fermée par les îles de Cap-Breton et de Terre-Neuve. Superficie : 150 000 km². Sensiblement dessalées, principalement en été (moins de 30 ‰), les eaux ont un régime thermique très contrasté : banquise en hiver, de 11 à 13 °C en été. Le golfe est parcouru par une des grandes voies maritimes du monde et son activité portuaire est intense en été.

SAINT-LAURENT, v. du Canada, au Québec, banlieue de Montréal ; 73 638 hab.

SAINT-LAURENT (Louis Stephen), homme politique canadien (Compton, Québec, 1882 - Québec 1973). Leader du parti libéral de 1948 à 1958, Premier ministre (1948-1957), il obtint pour le Canada le droit de modifier sa constitution en toute souveraineté (1949).

SAINT LAURENT (Yves), couturier français (Oran 1936). Il s'est imposé par ses interprétations tout à la fois originales et sobres du vêtement quotidien (caban, tailleur-pantalon, etc.), par son style où s'allient sens des proportions et rigueur, et par son talent de coloriste. On lui doit de remarquables créations pour le théâtre et le cinéma.

SAINT-LAURENT-BLANGY (62223), comm. du Pas-de-Calais, au N.-E. d'Arras ; 5 389 hab. *(Imercuriens).* Textiles synthétiques.

SAINT-LAURENT-DE-CHAMOUSSET (69930), ch.-l. de cant. du Rhône, dans les monts du Lyonnais ; 1 601 hab.

SAINT-LAURENT-DE-LA-SALANQUE (66250), ch.-l. de cant. des Pyrénées-Orientales, dans la plaine du Roussillon ; 7 200 hab. Vignes et primeurs.

SAINT-LAURENT-DES-EAUX, section de la comm. de Saint-Laurent-Nouan (Loir-et-Cher). Centrale nucléaire sur la Loire.

SAINT-LAURENT-DU-MARONI (97320), ch.-l. d'arrond. de la Guyane française ; 13 894 hab. Port sur le Maroni. Ancien lieu de déportation des forçats.

SAINT-LAURENT-DU-PONT (38380), ch.-l. de cant. de l'Isère, sur le Guiers-Mort ; 4 083 hab. Centre d'excursions.

SAINT-LAURENT-DU-VAR (06700), ch.-l. de cant. des Alpes-Maritimes, sur la Côte d'Azur ; 24 475 hab.

SAINT-LAURENT-EN-GRANDVAUX (39150), anc. **Saint-Laurent-du-Jura,** ch.-l. de cant. du Jura, dans le Jura plissé ; 1 843 hab. *(Saint-Laurentins* ou *Grandvalliers).* Travail du bois.

SAINT-LAURENT-MÉDOC (33112), anc. **Saint-Laurent-et-Benon,** ch.-l. de cant. de la Gironde ; 3 376 hab. Vignobles du haut Médoc.

SAINT-LAURENT-SUR-GORRE (87310), ch.-l. de cant. de la Haute-Vienne, à 13 km à l'E.-S.-E. de Rochechouart ; 1 582 hab. *(Laurentais).*

SAINT-LAURENT-SUR-MER (14710), comm. du Calvados, au N.-O. de Bayeux ; 164 hab. — La première division américaine y débarqua le 6 juin 1944. Cimetière américain.

SAINT-LAURENT-SUR-SÈVRE (85290), comm. de la Vendée, près de la Sèvre nantaise ; 4 689 hab. *(Saint-Laurentais).*

Saint-Lazare *(maison de),* anc. prison de Paris, sise rue du Faubourg-Saint-Denis (X^e arrond.). Primitivement léproserie (XIIe s.), l'établissement fut confié, en 1632, aux prêtres de la Mission fondée par saint Vincent de Paul, depuis appelés *lazaristes.* Les bâtiments, reconstruits à la fin du XVIIe s., servirent de prison sous la Terreur, puis d'hôpital et de prison pour femmes, avant d'être rasés en 1935.

Saint-Lazare de Jérusalem *(ordre de),* ordre hospitalier et militaire issu de l'hôpital Saint-Lazare pour les lépreux existant à Jérusalem avant les croisades. Fondé par les croisés en 1115, il fut réuni en 1608 par Henri IV à l'ordre de Notre-Dame-du-Mont-Carmel. Aujourd'hui, l'ordre comprend des délégations nationales dans les divers pays d'Europe et se consacre à des œuvres hospitalières dans les pays en voie de développement.

SAINT-LÉON (Arthur Michel), danseur, violoniste, compositeur de musique, chorégraphe et maître de ballet français (Paris 1821 - *id.* 1870). Artiste aux talents multiples, il épousa la danseuse Fanny Cerrito, avec qui il se produisit à l'Opéra de Paris (1847). Il succéda à Jules Perrot comme maître de ballet à Saint-Pétersbourg (1859-1869), où il présenta *le Petit Cheval bossu* (1864). On lui doit notamment *la Source* (1866) et *Coppelia* (1870). Il créa un système de notation (*la Sténochorégraphie ou Art d'écrire promptement la danse,* 1852), et fit engager les premières étoiles russes à l'Opéra de Paris.

SAINT-LÉONARD, v. du Canada, au Québec, banlieue nord de Montréal ; 79 000 hab.

SAINT-LÉONARD-DE-NOBLAT (87400), ch.-l. de cant. de la Haute-Vienne, à l'E. de Limoges ; 5 134 hab. *(Miaulétous).* Église St-Léonard, anc. abbatiale (XIe-XIIIe s.), au beau clocher limousin.

SAINT-LEU (97436), comm. de la Réunion ; 20 987 hab. Station balnéaire. Pêche.

SAINT-LEU-D'ESSERENT (60340), comm. de l'Oise, sur l'Oise ; 4 368 hab. Remarquable église, anc. priorale, reconstruite en style gothique à partir d'env. 1150.

SAINT-LEU-LA-FORÊT (95320), ch.-l. de cant. du Val-d'Oise, sur la lisière sud de la forêt de Montmorency ; 14 530 hab. La reine Hortense y vécut de 1810 à 1815, après l'abdication de son époux Louis, roi de Hollande.

SAINT-LIZIER (09190), ch.-l. de cant. de l'Ariège, sur le Salat ; 1 661 hab. Capitale du Couserans jusqu'au XIIe s., siège d'un évêché jusqu'en 1790. Restes d'une enceinte d'origine romaine. Église romane et gothique, anc. cathédrale (peintures murales, trésor ; cloître à étage des XIIe et XVe s.).

SAINT-LÔ (50000), ch.-l. du dép. de la Manche, à 286 km à l'O. de Paris, dans le Bocage normand, sur une colline dominant la Vire ; 22 819 hab. *(Saint-Lois).* À l'hôtel de ville sont conservées huit tapisseries des *Amours de Gombaut et de Macé* (fin du XVIe s.). La ville possède quelques industries (dont l'électroménager), et un haras national. La ville avait été détruite lors de la bataille de Normandie en 1944.

SAINT-LOUBÈS (33450), comm. de la Gironde, dans l'Entre-deux-Mers ; 6 269 hab. Vignobles. Tuyaux en béton.

SAINT-LOUIS (68300), comm. du Haut-Rhin, à 4 km au N.-O. de Bâle ; 19 728 hab. *(Ludoviciens).* Constructions mécaniques. Aéroport commun à Mulhouse et à Bâle.

SAINT-LOUIS (97134), comm. de la Guadeloupe, sur la côte ouest de l'île de Marie-Galante ; 3 412 hab.

SAINT-LOUIS (97450), comm. de la Réunion, au N.-O. de Saint-Pierre ; 37 798 hab. Sucrerie.

SAINT LOUIS, v. des États-Unis (Missouri), sur le Mississippi (peu en aval de la confluence du Missouri) ; 396 685 hab. (2 444 099 hab. dans l'aire métropolitaine). Port fluvial, grand nœud ferroviaire, porte de l'Ouest. Centre commercial et industriel (agroalimentaire, construction automobile et aéronautique, chimie). Musées.

SAINT-LOUIS, port du Sénégal, dans une île du Sénégal, relié par voie ferrée à Dakar ; 126 000 hab. Centre résidentiel au caractère original en raison de son ancienneté. Point de transit entre le Sénégal et la Mauritanie.

Saint-Louis *(hôpital),* hôpital situé à Paris, dans le Xe arrond. Construit de 1607 à 1612, il représente le modèle le plus parfait de l'architecture hospitalière du XVIIe s. L'école de Saint-Louis a été le berceau de la dermatologie moderne.

SAINT-LOUIS *(île),* à Paris, île de la Seine, en amont de la Cité. Elle résulte de la réunion, au XVIIe s., de deux îlots inhabités. Maisons et hôtels élégants (Bretonvilliers, Lambert*, Lauzun*) y furent rapidement construits, dont beaucoup ont gardé leur aspect de l'époque. Église St-Louis-en-l'Île, commencée en 1664 par Le Vau.

Saint-Louis *(lycée),* établissement secondaire d'enseignement public situé à Paris, boulevard Saint-Michel, sur l'ancien emplacement du collège d'Harcourt (fondé en 1280).

Saint-Louis *(ordre royal et militaire de),* ordre français créé en 1693 par Louis XIV, pour récompenser « la vertu et les services rendus avec distinction » par les officiers catholiques pendant au moins dix ans. Supprimé en 1792, il fut rétabli de 1814 à 1830.

Saint-Louis-des-Français, église nationale des Français à Rome, consacrée en 1589. Trois célèbres panneaux du Caravage (*Histoire de saint Matthieu,* 1599-1602) ; fresques du Dominiquin (*Vie de sainte Cécile,* 1614).

SAINT-LOUIS-LÈS-BITCHE (57620), comm. de la Moselle, à 11 km au S.-S.-O. de Bitche ; 646 hab. Cristallerie fondée en 1767 (et ayant succédé à une verrerie du XVIe s.).

SAINT-LOUP-DE-NAUD (77650), comm. de Seine-et-Marne, à 10 km au S.-O. de Provins ; 808 hab. Église d'un ancien prieuré, surtout romane (XIe s.), célèbre pour son portail à statues-colonnes de la première époque gothique.

SAINT-LOUP-LAMAIRÉ (79600), ch.-l. de cant. des Deux-Sèvres, 1 169 hab. *(Lupéens).* Château reconstruit au XVIIe s. Vieilles maisons. Marché.

SAINT-LOUP-SUR-SEMOUSE (70800), ch.-l. de cant. du nord de la Haute-Saône ; 4 724 hab. *(Lupéens).* Mobilier. Kirsch.

Saint-Luc *(confrérie,* puis *académie de),* à Paris, organisme, mentionné dès 1290, qui ne groupa d'abord que des peintres. Augmentée en 1613 de la communauté des sculpteurs, la confrérie combattit âprement l'Académie royale de peinture et de sculpture, fondée en 1648, et s'intitula elle-même « académie ». (→ ACADÉMIE DE SAINT-LUC.)

SAINT-LUNAIRE (35800), comm. d'Ille-et-Vilaine, à l'O. de Dinard ; 2 173 hab. *(Lunairiens).* Station balnéaire. Église en partie romane.

SAINT-LYS (31470), ch.-l. de cant. de la Haute-Garonne, à 26 km à l'O.-S.-O. de Toulouse ; 4 589 hab.

SAINT-MACAIRE (33490), ch.-l. de cant. de la Gironde, en face de Langon, sur la Garonne ; 1 549 hab. Portes fortifiées. Église romane et gothique, anc. abbatiale.

SAINT-MACAIRE-EN-MAUGES (49450), comm. de Maine-et-Loire, à 12 km au N.-O. de Cholet ; 5 575 hab. *(Macairois).* Industrie du bâtiment. Chaussures.

SAINT-MAIXENTAIS n. m. inv. Élève ou ancien élève de l'école militaire de Saint-Maixent.

SAINT-MAIXENT-L'ÉCOLE (79400), ch.-l. de cant. des Deux-Sèvres, sur la Sèvre Niortaise ; 8 564 hab. *(Saint-Maixentais).* Église, anc. abbatiale, des XIe-XVIIe s. Édifices civils des XVIe-XVIIIe s. Depuis 1963, Saint-Maixent abrite l'École nationale des sous-officiers d'active de l'armée de terre.

SAINT-MALO (35400), ch.-l. d'arrond. d'Ille-et-Vilaine, à l'entrée de l'estuaire de la Rance ; 49 274 hab. *(Malouins).* Après la Seconde Guerre mondiale, la reconstruction a été menée avec grand soin. Les remparts, en partie des XIIe-XIIIe s., offrent de magnifiques panoramas sur la ville et sur la mer. Le château, surtout du XVe s., abrite un musée d'histoire. Église St-Vincent, des XIIe-XVIIIe s. À quelques dizaines de mètres du rivage, le rocher du Grand-Bé porte le tombeau de Chateaubriand. Petit port de pêche, de commerce et de voyageurs, Saint-Malo est surtout un centre touristique.
— **Hist.** À partir du rattachement à la France (1491), la navigation malouine se développa ; c'est à Saint-Malo aussi que le roi de France recrutait ses plus redoutables corsaires. Avec le XVIIIe s. commença le déclin commercial du port. Pendant la Seconde Guerre mondiale, la ville, incendiée par les Allemands, fut libérée par l'armée Patton le 14 août 1944.

SAINT-MAMET-LA-SALVETAT (15220), ch.-l. de cant. du Cantal, au S.-O. d'Aurillac ; 1 363 hab. Informatique.

SAINT-MAMMÈS (77670), comm. de Seine-et-Marne, au confluent de la Seine et du Loing ; 3 102 hab. Port de batellerie.

SAINT-MANDÉ (94160), ch.-l. de cant. du Val-de-Marne, banlieue E.-S.-E. de Paris ; 18 963 hab. Musée des Transports urbains.

SAINT-MANDRIER-SUR-MER (83430), ch.-l. de cant. du Var, sur la rade de Toulon ; 6 271 hab. *(Saint-Mandriérins).* Port de plaisance. Centre d'instruction naval.

Saint-Marc *(basilique* ou *église),* en ital. *San Marco,* édifice situé sur la place du même nom, à Venise. Bâtie pour abriter les reliques de saint Marc, elle fut commencée en 830. Elle a été reconstruite à partir de 1063 selon un plan en croix grecque à cinq coupoles, identique à celui de l'église des Sts-Apôtres de Constantinople. Le décor de mosaïques pariétales — œuvre d'artistes byzantins — a été réalisé surtout du XIIe au XVe s. Au-dessus du portail central de la façade (remodelée en 1419), se dressent 4 chevaux antiques en bronze rapportés de Constantinople en 1204. Derrière le maître-autel, qui renferme les reliques du saint, se trouve la célèbre *Pala d'oro,* grand retable d'émaux byzantins (1105, remanié au XIVe s.).

Saint-Marc *(place),* en ital. *piazza San Marco,* la grand-place de Venise. Dès le XIIIe s., les Vénitiens travaillèrent à son aménagement. La construction des Vieilles Procuraties, au début du XVIe s., amorça la création du vaste quadriportique, qui fut complété par la « loggetta » du Campanile, œuvre de J. Sansovino (1537), les Nouvelles Procuraties de Scamozzi (1584), enfin l'aile Napoléon (1810). Le Campanile a été reconstruit en 1912, d'après l'édifice primitif (Xe et XIIe s.), écroulé en 1902. La « Piazzetta », annexe de la place St-Marc, est bordée par le palais des Doges et par la bibliothèque (Libreria Vecchia), œuvre de Sansovino et Scamozzi (1536-1582).

SAINT-MARC *(République de)* → VENISE.

SAINT-MARCEAUX (Charles René DE), sculpteur français (Reims 1845 - Paris 1915). Il est l'auteur de bustes, de figures *(l'Aurore,* 1895, marbre, musée de Lyon) et de monuments comportant des allégories de style 1900 : *Dumas fils,* 1906, place Malesherbes, Paris ; *Création de l'Union postale,* 1909, Berne.

SAINT-MARCEL (36200), comm. de l'Indre, près de la Creuse ; 1 712 hab. *(Pitolats).* Église des XIIe s. et XIVe s., sur crypte du XIe s. (œuvres d'art, trésor). Vestiges d'*Argentomagus.*

SAINT-MARCEL (71380), comm. de Saône-et-Loire, près de Chalon ; 4 207 hab. Église du XIIe s. Industrie alimentaire. Chaudronnerie lourde.

SAINT-MARCELLIN n. m. inv. Petit fromage à pâte molle, à croûte moisie, fabriqué dans le Dauphiné avec du lait de vache.

SAINT-MARCELLIN (38160), ch.-l. de cant. de l'Isère, dans le bas Dauphiné ; 6 838 hab. *(Saint-Marcellinois).* Vestiges féodaux. Constructions électriques. Fromages.

SAINT MARC GIRARDIN (Marc GIRARDIN, dit), écrivain et homme politique français (Paris 1801 - Morsang-sur-Seine 1873). Vigoureux adversaire des romantiques (*Cours de littérature dramatique,* 1843), il se montra libéral en politique *(le Journal des débats),* siégea à droite à l'Assemblée de Bordeaux (1871) et contribua à la chute de Thiers. (Acad. fr., 1844.)

SAINT-MARIN *(République de),* en ital. **San Marino,** État d'Europe, enclavé dans le territoire italien, au S. de Rimini ; 61 km² ; 25 000 hab. CAP. *Saint-Marin* (5 000 hab.). LANGUE : *italien.* MONNAIE : *lire italienne.* Saint-Marin est la plus ancienne république d'Europe, et a des rapports spécifiques avec l'Italie (traité d'amitié de 1862, union douanière, diverses conventions). L'activité principale est le tourisme.

Histoire. Fondée, selon la légende, par l'ermite Marin au IVe s. apr. J.-C., la ville posséda une certaine autonomie à partir du IXe s., aux dépens du Saint-Siège. Elle devint république indépendante au XIIIe s. Gouvernée par un grand conseil de 60 membres (depuis le XVe s.) et par deux capitaines-régents, elle a préservé son indépendance.

SAINT-MARIN, en ital. **San Marino,** cap. de la République de Saint-Marin ; 5 000 hab. Centre touristique, d'aspect médiéval.

SAINT-MARS-LA-JAILLE (44540), ch.-l. de cant. de la Loire-Atlantique, sur l'Erdre ; 2 122 hab. *(Saint-Marsiens).*

SAINT-MARTIN (97150), en néerl. **Sint Maarten,** île des Petites Antilles partagée entre la France et les Pays-Bas. La partie française, au N., a 53 km² et 28 524 hab. ; ch.-l. *Marigot.* Tourisme. Commerce (zone franche). La partie néerlandaise a 34 km² et 33 459 hab. ; ch.-l. *Philipsburg.*

Saint-Martin *(canal),* canal de navigation (4 500 m), joignant le bassin de la Villette et la Seine (près du pont d'Austerlitz).

Saint-Martin *(théâtre de la* **Porte-**), théâtre situé à Paris, sur le boulevard Saint-Martin. Il fut construit par Lenoir en 1781 pour abriter l'Opéra puis, en 1814, le vaudeville et le mélodrame, sous la direction d'Harel, et enfin les drames romantiques. Incendié en 1871, le théâtre rouvrit ses portes en 1873.

SAINT-MARTIN (Louis Claude DE), théosophe français (Amboise 1743 - Aulnay-sous-Bois 1803). Il passa sa vie à répandre la doctrine, dite martiniste, de la réintégration, qu'il avait reçue de Martinez Pasqualis.

SAINT-MARTIN (Yves), jockey français (Agen 1941). Vainqueur des plus grandes courses classiques (Derby d'Epsom, prix de l'Arc-de-Triomphe, prix du Jockey-Club, prix de Diane, grand prix de Paris), il a remporté 15 cravaches d'or, de 1960 à 1983, et dépassé 3 000 victoires.

SAINT-MARTIN-BOULOGNE (62200), comm. du Pas-de-Calais, banlieue est de Boulogne ; 11 324 hab.

SAINT-MARTIN-D'AUXIGNY (18110), ch.-l. de cant. du Cher, dans le Sancerrois ; 1 927 hab.

SAINT-MARTIN-DE-BELLEVILLE (73440), comm. de la Savoie, en Tarentaise ; 2 346 hab. Sports d'hiver (les Menuires, Val-Thorens). — Aux environs, chapelle de Notre-Dame-de-Vie.

SAINT-MARTIN-DE-CRAU (13310), comm. des Bouches-du-Rhône ; 11 111 hab.

SAINT-MARTIN-DE-LONDRES (34380), ch.-l. de cant. de l'Hérault, au N.-O. de Montpellier ; 1 633 hab. Église romane de plan tréflé.

SAINT-MARTIN-DE-RÉ (17410), ch.-l. de cant. et port de la Charente-Maritime, sur la côte nord de l'*île de Ré ;* 2 520 hab. *(Martinais).* Église en partie du XVe s. et vieilles demeures. Citadelle de Vauban (pénitencier). Musée (marine, folklore, etc.). Centre touristique. Pêche.

SAINT-MARTIN-DES-CHAMPS (29600), comm. du Finistère, banlieue ouest de Morlaix ; 5 009 hab.

Saint-Martin-des-Champs (anc. *abbaye,* puis *prieuré de*), à Paris, rue Saint-Martin (IIIe arrond.). En 1060, Henri Ier fit reconstruire, et érigea en abbaye, une église dédiée à saint Martin que les Normands avaient détruite. Désaffectée sous la Révolution, elle abrite depuis 1798 le Conservatoire national des arts* et métiers. Ont été conservés l'église (chœur à double déambulatoire voûté d'ogives primitives, v. 1135 ; nef du XIIIe s.) et le réfectoire (XIIIe s.), attribué à Pierre de Montreuil.

SAINT-MARTIN-DE-SEIGNANX (40390), ch.-l. de cant. des Landes, à 11 km au N.-E. de Bayonne ; 3 067 hab.

SAINT-MARTIN-DE-VALAMAS (07310), ch.-l. de cant. de l'Ardèche, dans le haut Vivarais ; 1 399 hab. *(Saint-Martinois).*

SAINT-MARTIN-DE-VARREVILLE (50480), comm. de la Manche, sur la côte du Cotentin, à 18 km au N. de Carentan ; 172 hab. La 4e division américaine y débarqua le 6 juin 1944.

SAINT-MARTIN-D'HÈRES (38400), ch.-l. de cant. de l'Isère, dans la banlieue est de Grenoble ; 34 501 hab. Campus universitaire. Métallurgie.

Saint-Martin-du-Canigou *(abbaye de),* anc. abbaye bénédictine des Pyrénées-Orientales, dans le massif du Canigou, près de Vernet-les-Bains. Église du premier art roman méridional, consacrée au début du XIe s. Cloître à deux niveaux des XIe-XIIIe s.

SAINT-MARTIN-EN-BRESSE (71620), ch.-l. de cant. de Saône-et-Loire, dans le nord de la Bresse ; 1 629 hab.

SAINT-MARTIN-LE-VINOUX (38950), comm. de l'Isère, banlieue nord de Grenoble ; 5 150 hab.

SAINT-MARTIN-VÉSUBIE (06450), ch.-l. de cant. des Alpes-Maritimes, dans la vallée de la Vésubie ; 1 046 hab. *(Saint-Martinois).* Église du XVIIe s. Station climatique. Centrale hydroélectrique. Sports d'hiver à la Colmiane*.

SAINT-MARTORY (31360), ch.-l. de cant. de la Haute-Garonne, sur la Garonne ; 952 hab. Vestiges médiévaux. Pont du XVIIIe s.

SAINT-MATHIEU *(pointe),* promontoire granitique des côtes bretonnes (Finistère), à l'extrémité du pays de Léon, au S. du Conquet.

SAINT-MATHIEU (87440), ch.-l. de cant. de la Haute-Vienne, dans le S.-O. du Limousin ; 1 283 hab. *(Mathuséens).*

Saint-Maur *(congrégation bénédictine de).* Créée à Paris en 1618, elle fut à l'origine de l'intense activité intellectuelle des *mauristes,* notamment à Saint-Germain-des-Prés, devenu, en 1631, le centre de la congrégation. Elle compta jusqu'à 191 maisons mais disparut en 1790.

SAINT-MAUR-DES-FOSSÉS (94100), ch.-l. de cant. du Val-de-Marne, banlieue S.-E. de Paris, sur la Marne ; 77 492 hab. *(Saint-Mauriens).* Église St-Nicolas, des XIIe-XIVe s. Commune surtout résidentielle. Centre universitaire. Musée municipal. Lunetterie.

SAINT-MAURICE, riv. du Canada (Québec), affl. du Saint-Laurent (r. g.) ; 520 km. Hydroélectricité.

SAINT-MAURICE (94410), comm. du Val-de-Marne, banlieue S.-E. de Paris, sur la Marne ; 11 195 hab. Hôpital Esquirol (à vocation essentiellement psychiatrique, appelé autrefois « hôpital de Charenton »). Studios de cinéma.

SAINT-MAURICE, comm. de Suisse (cant. du Valais), sur le Rhône ; 4 000 hab. Exceptionnel trésor (objets précieux de l'époque mérovingienne au XVIe s. et au-delà) de l'abbaye d'Agaune dédiée à saint Maurice et à ses compagnons (fondée au VIe s.).

SAINT-MAURICE-L'EXIL (38550), comm. de l'Isère ; 5 319 hab. Centrale nucléaire sur le Rhône.

SAINT-MAX (54130), ch.-l. de cant. de Meurthe-et-Moselle, banlieue est de Nancy ; 11 131 hab. *(Maxois).*

SAINT-MAXIMIN-LA-SAINTE-BAUME (83470), ch.-l. de cant. du Var, au N. de la Sainte-Baume ; 9 693 hab. *(Saint-Maximinois).* Basilique Ste-Madeleine, des XIIIe-XVIe s. (mobilier, œuvres d'art), avec crypte du IVe ou Ve s. (sarcophages et dalles gravées). Centre culturel dans les anciens bâtiments conventuels (XIVe-XVIIIe s.).

Saint-Médard *(église),* à Paris (rue Mouffetard, Ve arrond.), dont le cimetière fut le théâtre de l'épisode des convulsionnaires* de 1729-1732.

Saint-Médard *(froids de la),* période froide et pluvieuse, qui marque parfois le début du mois de juin, en Europe.

SAINT-MÉDARD-EN-JALLES (33160), ch.-l. de cant. de la Gironde, dans le Médoc ; 22 121 hab. *(Saint-Médardais).* Vins. Industrie aérospatiale. Armement.

SAINT-MÉEN-LE-GRAND (35290), ch.-l. de cant. d'Ille-et-Vilaine, à l'O. du bassin de Rennes ; 3 821 hab. *(Mévennais).* Église, anc. abbatiale, des XIIe-XIVe s.

SAINT-MEMMIE (51470), comm. de la Marne, banlieue est de Châlons-en-Champagne ; 6 127 hab.

SAINT-MENOUX (03210), comm. de l'Allier, dans le Bourbonnais ; 1 012 hab. Église surtout du XIIe s., anc. abbatiale, conservant un narthex des environs de l'an mille ; chapiteaux ; trésor.

SAINT-MERD-LES-OUSSINES (19170), comm. de Corrèze, sur le plateau de Millevaches ; 117 hab. Important ensemble gallo-romain constituant probablement un conciliabulum*.

Saint-Merri *(église),* à Paris, rue Saint-Martin (IVe arrond.). D'origine mérovingienne, elle a été reconstruite entre 1515 et 1552 en style gothique flamboyant (œuvres d'art).

Saint-Michel *(fontaine),* à Paris, sur la place homonyme (VIe arrond.), face à la Seine. Composition adossée élevée en 1860 par Davioud, elle s'orne d'un colossal *Saint Michel terrassant le dragon* de Duret, inspiré de Raphaël. (→ ÉCLECTISME.)

SAINT-MICHEL (Le Mont-) → MONT-SAINT-MICHEL *(Le).*

Saint-Michel *(ordre de),* ordre de chevalerie français fondé par Louis XI en 1469. Supprimé par la Révolution, et rétabli par Louis XVIII, il disparut en 1830.

Saint-Michel-de-Cuxa *(abbaye de)* → PRADES.

SAINT-MICHEL-DE-MAURIENNE (73140), ch.-l. de cant. de la Savoie, sur l'Arc ; 3 045 hab. Vieux bourg. Centrales hydroélectriques. Métallurgie.

Saint-Michel-et-Saint-George *(ordre de),* ordre britannique créé en 1818, devenu la principale récompense des services rendus dans le domaine des affaires étrangères.

SAINT-MICHEL-L'OBSERVATOIRE ou **SAINT-MICHEL-DE-PROVENCE** (04870), comm. des Alpes-de-Haute-Provence, à 11 km au S.-O. de Forcalquier ; 851 hab. Observatoire de Haute-Provence* du C. N. R. S.

SAINT-MICHEL-SUR-ORGE (91240), ch.-l. de cant. de l'Essonne, à 22 km au S. de Paris ; 20 845 hab. *(Saint-Michellois).*

SAINT-MIHIEL (55300), ch.-l. de cant. de la Meuse, sur la Meuse ; 5 435 hab. *(Sammiellois).* Chacune des deux églises de la ville, rescapées des destructions de la Première Guerre mondiale, conserve un groupe de L. Richier. Bâtiments classiques de l'anc. abbaye. Vieilles demeures. Métallurgie. Lunetterie.
— **Hist.** Capitale du duché de Bar (1301), la ville fut prise par les Français en 1635.

Saint-Mihiel *(batailles de),* nom donné aux opérations qui permirent aux Allemands de s'emparer de Saint-Mihiel (sept. 1914), puis à la vaine contre-offensive française (avr. 1915) et enfin à la réduction de la poche de Saint-Mihiel et des Hauts de Meuse par les Américains (sept. 1918).

SAINT-MORITZ, en all. **Sankt Moritz,** et en romanche **San Murezzan,** station de villégiature et de sports d'hiver de Suisse (cant. des Grisons), dans la haute Engadine, 1 856-3 303 m d'alt. env. ; 5 900 hab. Musées.

SAINT-NAZAIRE (44600), ch.-l. d'arrond. de la Loire-Atlantique, à l'entrée de l'estuaire de la Loire, sur la rive nord ; 66 087 hab. *(Nazairiens).* Développé dans la seconde moitié du XIXe s. comme avant-port de Nantes, premier centre français de la construction navale, activité en crise, mais toujours dominante devant l'aéronautique, la chimie, l'alimentation et le textile. La ville a beaucoup souffert des bombardements pendant la Seconde Guerre mondiale et a été en grande partie reconstruite. Un Écomusée est consacré au passé de la ville et à ses activités.
— **Hist.** Les 27 et 28 mars 1942, une flottille britannique réussit à détruire le grand dock. Poche de résistance allemande qui ne capitula que le 8 mai 1945.

SAINT-NECTAIRE n. m. inv. Fromage au lait de vache à pâte pressée, à croûte moisie, fabriqué en Auvergne.

SAINT-NECTAIRE (63710), comm. du Puy-de-Dôme, dans le massif des monts Dore ; 664 hab. Fromages. Remarquable église romane auvergnate (chapiteaux historiés ; trésor : buste de saint Baudime, de la fin du XIIe s., etc.). Station thermale (maladies de l'appareil urinaire, maladies métaboliques).

SAINT-NICOLAS (62223), comm. du Pas-de-Calais, banlieue nord d'Arras, sur la Scarpe ; 6 137 hab.

SAINT-NICOLAS (Belgique, Flandre-orientale) → SINT-NIKLAAS.

SAINT-NICOLAS-D'ALIERMONT (76510), comm. de la Seine-Maritime ; 4 229 hab.

SAINT-NICOLAS-DE-LA-GRAVE (82210), ch.-l. de cant. de Tarn-et-Garonne, au S.-O. de Moissac ; 2 044 hab. *(Nicolaïtes).* Vignobles et vergers. Plan d'eau.

SAINT-NICOLAS-DE-PORT (54210), ch.-l. de cant. de Meurthe-et-Moselle, sur la Meurthe et le canal de la Marne au Rhin ; 7 766 hab. *(Portois).* Grande basilique de pèlerinage St-Nicolas, des XVe-XVIe s.

SAINT-NICOLAS-DE-REDON (44460), ch.-l. de cant. de la Loire-Atlantique, sur la Vilaine ; 2 939 hab.

SAINT-NICOLAS-DU-PÉLEM (22480), ch.-l. de cant. des Côtes-d'Armor, à 15 km au N.-E. de Rostrenen ; 1 993 hab. Église et manoir du XVIe s.

SAINT-NIZIER-DU-MOUCHEROTTE (38250), comm. de l'Isère, à l'O.-S.-O. de Grenoble ; 576 hab. Tremplin olympique de ski. Sports d'hiver.

SAINT-NOM-LA-BRETÈCHE (78860), ch.-l. de cant. des Yvelines, à 9 km au S.-O. de Saint-Germain-en-Laye ; 5 085 hab. Golf.

SAINT-NON (Jean-Claude RICHARD, *abbé* DE), graveur français (Paris 1727 - *id.* 1791). Il se lia en Italie (1759-1761) avec H. Robert et Fragonard. On lui doit la publication du *Voyage pittoresque ou Description des royaumes de Naples et de Sicile* (1781-1786), 5 volumes illustrés avec la collaboration des meilleurs dessinateurs et graveurs d'alors.

Saint-Office *(congrégation du),* congrégation romaine créée par Paul III, le 21 juill. 1542, sous le nom de *congrégation de la Suprême Inquisition,* pour combattre, comme tribunal sans appel, les progrès du protestantisme. Devenue officiellement *la congrégation du Saint-Office* (1908) puis (1965) *la Congrégation pour la doctrine de la foi,* elle a gardé une haute vue sur le « dépôt de la foi » de l'Église catholique, tout en abandonnant les structures et les procédés inquisitoriaux anciens.

Saint-Office *(tribunal du),* tribunal de l'Inquisition* espagnole, institué en 1478 par Ferdinand le Catholique et Isabelle, pour sauvegarder l'unité de la foi catholique, spécialement contre les Juifs, les Maures et les Morisques. Il fut établi dans tous les territoires de la couronne, supprimé de 1808 à 1814, et aboli en 1834. Il fonctionna aussi au Portugal de 1557 à 1826.

SAINT-OGAN (Alain), dessinateur français (Colombes 1895 - Paris 1974), créateur (1925) de la bande dessinée *Zig et Puce,* les aventures de deux enfants et de leur pingouin Alfred (16 vol., 1928-1952).

SAINT-OMER (62500), ch.-l. d'arrond. du Pas-de-Calais, en Flandre, sur l'Aa ; 15 304 hab. *(Audomarois).* Ruines de l'abbatiale St-Bertin. Basilique Notre-Dame, des XIIIe-XVe s. (nombreuses œuvres d'art). Musée municipal dans l'hôtel Sandelin, du XVIIIe s. (peintures, objets d'art). Centre faïencier depuis le XVIIIe s. Constructions mécaniques et électriques, confection, brasserie.
— **Hist.** Développée autour d'une abbaye fondée au VIIe s. par saint Omer, évêque de Thérouanne, ville affranchie en 1127, Saint-Omer dut subir de nombreux sièges : 1071, 1477, 1489, 1677, 1711.

SAINTONGE, anc. prov. de l'ouest de la France, correspondant essentiellement à la partie méridionale du dép. de la Charente-Maritime*. V. princ. *Saintes.*
— **Hist.** Ancien pays des *Santones* (capitale Saintes), elle fut occupée par les Wisigoths (419) et par Clovis (507). Elle passa à l'Angleterre (1152) et fut réunie à la couronne de France en 1375. Au XVIe s., elle fut un bastion du protestantisme.

SAINTONGEAIS, E adj. et n. De Saintonge.

SAINT-ORENS-DE-GAMEVILLE (31650), comm. de la Haute-Garonne, banlieue sud-est de Toulouse ; 9 719 hab.

SAINT-OUEN (93400), ch.-l. de cant. de la Seine-Saint-Denis, banlieue nord de Paris ; 42 611 hab. *(Audoniens).* Château de 1821 (musée municipal). Cimetière parisien. Marché aux puces. Centre industriel (constructions mécaniques et électriques, alimentation, centrale thermique).
— **Hist.** Louis XVIII y signa le 2 mai 1814 la déclaration établissant les bases de sa future charte.

SAINT-OUEN-L'AUMÔNE (95310), ch.-l. de cant. du Val-d'Oise, sur l'Oise, en face de Pontoise ; 18 822 hab. *(Saint-Ouennais).* Église du XIIe s. Restes de l'abbaye de Maubuisson, du XIIIe s. Industries métallurgiques et chimiques.

SAINT-PAIR-SUR-MER (50380), comm. de la Manche, sur la Manche ; 3 135 hab. Station balnéaire.

SAINT-PALAIS (64120), ch.-l. de cant. des Pyrénées-Atlantiques, dans le Pays basque ; 2 231 hab. *(Saint-Palaisiens).* Centre de villégiature.

SAINT-PALAIS-SUR-MER (17420), comm. de la Charente-Maritime, au N.-O. de Royan ; 2 800 hab. Station balnéaire.

SAINT-PARDOUX-LA-RIVIÈRE (24470), ch.-l. de cant. de la Dordogne, sur la Dronne ; 1 199 hab.

SAINT-PATERNE (72610), ch.-l. de cant. du nord de la Sarthe, banlieue S.-E. d'Alençon ; 1 890 hab.

Saint-Patrick *(très illustre ordre de),* ordre de chevalerie irlandais créé par George III en 1788.

SAINT-PAUL, fl. côtier du Liberia, qui rejoint l'Atlantique à Monrovia ; 360 km.

SAINT-PAUL *(île),* île volcanique française inhabitée de l'océan Indien, au S. de la Nouvelle-Amsterdam ; 7 km².

SAINT-PAUL ou **SAINT-PAUL-DE-VENCE** (06570), comm. des Alpes-Maritimes, au S. de Vence ; 2 936 hab. Anc. bourg fortifié, occupant un site pittoresque. Église en partie du XIIIe s. Fondation Maeght*. Centre de séjour.

SAINT-PAUL (97460), ch.-l. d'arrond. de la Réunion, au fond de la baie de Saint-Paul ; 71 952 hab. Centre commercial. Sucrerie. Distillerie.

SAINT PAUL, v. des États-Unis, cap. du Minnesota, constituant avec Minneapolis une conurbation de plus de 2 millions d'hab. (→ MINNEAPOLIS-SAINT PAUL.)

SAINT-PAUL-DE-FENOUILLET (66220), ch.-l. de cant. des Pyrénées-Orientales, sur l'Agly ; 2 223 hab. *(Saint-Paulais).* Église des XIe-XVe s.

Saint-Paul-hors-les-Murs, en ital. *San Paolo fuori le Mura,* basilique de Rome, fondée en 388. Dévastée par un incendie en 1823, elle a été reconstruite. L'intérieur conserve des mosaïques du Ve (restaurées) et du XIIIe s. À proximité, cloître à décors cosmatesques de l'ancien couvent des bénédictins (XIIe et XIIIe s.).

SAINT-PAUL-LÈS-DAX (40990), comm. des Landes, banlieue nord de Dax, sur l'Adour ; 9 564 hab. *(Saint-Paulois).* Église à chevet roman orné d'une frise de bas-reliefs en marbre au-dessus d'une arcature.

SAINTPAULIA n. m. Herbe sans tige (gesnériacée), à feuilles velues, vert foncé, aux fleurs bleu-violet ou roses.

SAINT-PAULIEN (43350), ch.-l. de cant. de la Haute-Loire, au N.-N.-O. du Puy-en-Velay ;

1 894 hab. Siège d'un évêché jusqu'au VIe s. Église romane, remaniée. Petit musée d'archéologie.

SAINT-PAULIN n. m. inv. Fromage au lait de vache, à pâte pressée et à croûte lavée.

Saint-Paul-Saint-Louis *(église),* à Paris, rue Saint-Antoine (IVe arrond.). Église de la maison professe des jésuites de Paris, l'édifice a été construit sur les plans des pères Martellange et Derand (1627-1641). *Vierge de pitié* de G. Pilon, tableaux de Vouet, Delacroix, etc.

SAINT-PAUL-TROIS-CHÂTEAUX (26130), ch.-l. de cant. de la Drôme, dans le Tricastin*, sur le site occupé successivement par *Noviomagus* et *Augusta Tricastinorum ;* 6 947 hab. Belle église romane, anc. cathédrale, des XIIe-XIIIe s. (mosaïque évoquant la Jérusalem céleste). — À 3 km, église romane de Saint-Restitut.

SAINT-PÉRAY n. m. inv. Vin blanc sec ou mousseux des Côtes-du-Rhône, récolté sur la commune de Saint-Péray.

SAINT-PÉRAY (07130), ch.-l. de cant. de l'Ardèche, près du Rhône, en face de Valence ; 5 932 hab. *(Saint-Pérollais).* Vins. Expéditions de fruits et de légumes.

SAINT-PÈRE n. m. (pl. *saints-pères*). Nom par lequel on désigne le pape.

SAINT-PÈRE (89450), comm. de l'Yonne, au pied de la colline de Vézelay ; 353 hab. Église Notre-Dame, anc. abbatiale (surtout du XIIIe s.), caractéristique du gothique bourguignon. Musée archéologique régional (fouilles du site gallo-romain des Fontaines-Salées).

SAINT-PÈRE-EN-RETZ (44320), ch.-l. de cant. de la Loire-Atlantique ; 3 312 hab. *(Saint-Périsiens).*

SAINT-PÉTERSBOURG, de 1914 à 1924 **Petrograd** et de 1924 à 1991 **Leningrad,** v. de Russie ; 4 952 000 hab.
— **Géogr.** Établie sur les îles du delta de la Neva, au fond du golfe de Finlande, Saint-Pétersbourg est la deuxième agglomération de la Russie. La ville, reconstruite après la Seconde Guerre mondiale, offre un ensemble urbanistique et architectural remarquable. Grand foyer culturel (musées, théâtres, université), nœud de communications (port et aéroport), c'est un centre commercial (fourrure) et industriel (chantiers navals, mécanique, chimie, constructions électriques et électroniques, optique, alimentation, bois, imprimerie).
— **Hist.** Pierre le Grand, qui voulait doter la Russie d'une fenêtre sur l'Europe et d'un port sur la Baltique, fonda en 1703 Saint-Pétersbourg qui devint la capitale de la Russie en 1712. À la fin du XVIIIe s., la ville assurait la majeure partie du commerce extérieur russe et était, avec Kronchtadt, le principal port militaire. Grande ville industrielle, elle se développe rapidement dans la seconde moitié du XIXe s. (usines Poutilov, Nobel, Oboukhov) et offrait le constraste de ses palais et hôtels aristocratiques et de ses faubourgs ouvriers misérables. Saint-Pétersbourg, qui avait été le théâtre de l'insurrection décembriste (1825), joua un rôle décisif dans les révolutions de 1905 et de 1917. La ville, rebaptisée Petrograd en 1914, fut le siège du soviet des commissaires du peuple (Sovnarkom) constitué en oct.-nov. 1917 sous la présidence de Lénine, qui dut évacuer la ville lors de l'offensive allemande (mars 1918) pour s'établir à Moscou, qui redevint la capitale de la Russie. Pendant la Seconde Guerre mondiale, Leningrad fut assiégée par la Wehrmacht de sept. 1941 à janv. 1943. En 1991, la ville reprit son ancien nom de Saint-Pétersbourg.
— **Bx-arts.** La construction de la ville par des architectes italiens ou français marque une ouverture décisive de la Russie sur l'Occident. Après l'œuvre de Domenico Trezzini (forteresse Pierre-et-Paul, 1703), la première grande époque est le règne d'Élisabeth, avec les édifices baroques de Rastrelli (palais d'Hiver, couvent Smolnyï), auxquels succède sous Catherine II le classicisme du palais de Marbre d'Antonio Rinaldi, de l'institut Smolnyï de Quarenghi, de l'Ermitage* (noyau initial) et de l'académie des Beaux-Arts de Vallin de La Mothe. Dans le premier quart du XIXe s., sous Alexandre Ier, le style Empire impose sa marque aux nouvelles pièces de cet ensemble majestueux : Amirauté de A. D. Zakharov, palais Michel (auj. Musée russe) et place du Sénat (avec la statue de Pierre le Grand par Falconet) de K. Rossi, Bourse de Thomas de Thomon, cathédrale St-Isaac, commencée en 1819 par Ricard de Montferrand, etc.

Saint-Pétersbourg *(manufacture impériale* [auj. *nationale*] *de porcelaine de).* Fondée v. 1744, et toujours en activité, elle est célèbre pour ses luxueux services inspirés de Meissen et de Sèvres, et pour des figurines évoquant le folklore russe.

SAINT PETERSBURG, v. des États-Unis, sur la côte ouest de la péninsule de Floride ; 239 000 hab. Centre touristique.

SAINT PHALLE (Marie Agnès, dite **Niki de**), peintre et sculpteur français (Neuilly-sur-Seine 1930). Ses assemblages et ses reliefs, hétéroclites ou surréalisants (introduction du hasard par des tirs à la carabine sur pochettes de couleur, 1960-61), la situent dans le mouvement du Nouveau Réalisme. À partir des années 60, elle a développé le thème de la femme, aboutissant aux célèbres *nanas* (en étoffe puis en polyester), opulentes jusqu'au gigantisme, mais drôles et naïves, enluminées de couleurs vives (*la Machine à rêver,* 1970). Dans les années 80, elle a élaboré des sculptures combinées avec des machines de Jean Tinguely (*Fontaine Stravinski,* 1983, près du Centre G.-Pompidou, à Paris) et a entrepris la réalisation de son « Jardin des tarots », aux sculptures géantes, à Garavicchio, en Toscane.

SAINT-PHILBERT-DE-GRAND-LIEU (44310), ch.-l. de cant. de la Loire-Atlantique, au S. du *lac de Grand-Lieu ;* 5 176 hab. Église, anc. abbatiale, en partie carolingienne (sarcophage de saint Philibert, du VIIe s.).

SAINT-PIERRE n. m. inv. (de *saint Pierre,* à cause de la tache ronde de ses flancs qui serait la marque du pouce de l'apôtre). Poisson (zéidé) comestible des côtes de France, au corps haut et comprimé, et qui nage couché sur un côté. (Syn. DORÉE, ZÉE.)

SAINT-PIERRE *(lac),* lac du Canada (Québec), élargissement du Saint-Laurent, en amont de Trois-Rivières.

SAINT-PIERRE, en angl. **Saint Peter Port**, v. des îles Anglo-Normandes, cap. de Guernesey ; 16 000 hab. Église et château du XIIIe s. Résidence de Victor Hugo (Hauteville House).

SAINT-PIERRE (97250), comm. de la Martinique, sur la côte occidentale de l'île, au S. de la montagne Pelée ; 5 045 hab. Ville la plus peuplée de la Martinique à la fin du XIXe s., elle fut détruite le 8 mai 1902 par une « nuée ardente » descendue de la montagne Pelée.

SAINT-PIERRE (97410), ch.-l. d'arrond. de la Réunion, sur la côte sud de l'île ; 59 645 hab. Centre commercial.

SAINT-PIERRE, ch.-l. de l'archipel de Saint-Pierre-et-Miquelon dans l'île Saint-Pierre ; 5 683 hab. Port de pêche. Préparation de la morue.

Saint-Pierre de Montmartre *(église),* à Paris, rue du Mont-Cenis (XVIIIe arrond.). Succédant à une église mérovingienne, elle a été construite vers 1140 (remarquables chapiteaux) comme chapelle d'une abbaye bénédictine de femmes.

Saint-Pierre de Rome, en ital. *San Pietro in Vaticano,* dite aussi *basilique vaticane,* le plus vaste des temples chrétiens, dans la cité du Vatican. Au-dessus d'une sépulture qui a pu être celle de saint Pierre (actuelles « grottes vaticanes »), Constantin fit élever une basilique que le pape Nicolas V, au XVe s., se préoccupa de reconstruire. Jules II fit reprendre les travaux en 1506, sous la direction de Bramante. Le plan central que ce dernier préconisait, modifié après sa mort par Raphaël et G. da Sangallo, repris ensuite par Michel-Ange (1547), qui le simplifia, axant tout sur la magnifique coupole (dont la calotte sera construite à la fin du XVIe s. par G. Della Porta), fut ensuite abandonné pour le plan en croix latine réalisé au XVIIe s. par Maderno, auteur également de la façade. En 1626 eut lieu la consécration de l'édifice, que la colonnade de Bernin allait envelopper un peu plus tard dans une perspective baroque (1656-1665).
La basilique abrite d'importantes œuvres d'art, dont le baldaquin de Bernin, une célèbre statue assise de saint Pierre, en bronze, attribuée à Arnolfo di Cambio, la « chaire de saint Pierre » (trône d'origine carolingienne, dans une mise en scène de Bernin), une Pietà de Michel-Ange (1499), de nombreux tombeaux de papes, statues, mosaïques et tableaux.

SAINT-PIERRE (Eustache DE) → EUSTACHE.

SAINT-PIERRE (Charles Irénée CASTEL, *abbé* DE), publiciste français (Saint-Pierre-Église 1658 - Paris 1743). Il est l'auteur d'un *Projet de paix perpétuelle* (1713) préconisant une confédération européenne, et d'un *Discours sur la polysynodie* (1718) qui critiquait l'absolutisme de Louis XIV et louait la politique du Régent. (Acad. fr., 1695, exclu en 1718.)

SAINT-PIERRE (Henri BERNARDIN DE) → BERNARDIN DE SAINT-PIERRE.

SAINT-PIERRE-D'ALBIGNY (73250), ch.-l. de cant. de la Savoie, au pied des Bauges ; 3 210 hab. *(Saint-Pierrains).* Château médiéval de Miolans. Métallurgie.

SAINT-PIERRE-D'ALLEVARD (38830), comm. de l'Isère, à 3 km au S.-O. d'Allevard ; 2 194 hab. Église romane et gothique. Métallurgie.

SAINT-PIERRE-DE-CHARTREUSE (38380), comm. de l'Isère, dans le massif de la Chartreuse ; 651 hab. Centre d'excursions et de sports d'hiver. — À 3 km, couvent de la Grande-Chartreuse*.

SAINT-PIERRE-DES-CORPS (37700), ch.-l. de cant. d'Indre-et-Loire, banlieue est de Tours ; 18 235 hab. *(Corpopétrussiens).* Centre ferroviaire. Constructions mécaniques.

SAINT-PIERRE-D'IRUBE (64990), ch.-l. de cant. des Pyrénées-Atlantiques, banlieue S.-E. de Bayonne ; 3 690 hab.

SAINT-PIERRE-D'OLÉRON (17310), ch.-l. de cant. de la Charente-Maritime, au centre de l'île d'Oléron ; 5 382 hab. Haute lanterne des morts du XIIIe s.

SAINT-PIERRE-DU-MONT (40280), comm. des Landes, banlieue S.-O. de Mont-de-Marsan ; 7 226 hab.

SAINT-PIERRE-ÉGLISE (50330), ch.-l. de cant. de la Manche, dans le nord-est du Cotentin ; 1 780 hab. Château du XVIIIe s.

SAINT-PIERRE-ET-MIQUELON (**975 ;** code postal **97500**), archipel français d'Amérique du Nord,

près de la côte sud de Terre-Neuve ; 242 km^2 ; 6 392 hab. Ch.-l. *Saint-Pierre.* L'archipel est formé de l'île *Saint-Pierre* (26 km^2 ; 5 683 hab.) et de *Miquelon* (216 km^2 ; 709 hab.), qui est constituée en fait de deux îles : *Miquelon,* ou *Grande Miquelon,* et Langlade, ou *Petite Miquelon,* reliées par un isthme sableux.
— **Géogr.** Le climat est froid (– 3 °C en février, 16 °C en août), perpétuellement humide et venteux. La pêche demeure la ressource essentielle. La fonction d'escale et le tourisme ne suffisent pas à retenir une population prolifique qui émigre au Canada, où l'archipel vend 70 % de son poisson et d'où il reçoit la moitié de ses importations.
— **Hist.** Fréquentées par les pêcheurs français dès le XVIe s., les îles ne furent peuplées qu'au XVIIe s. Âprement disputées entre Français et Anglais, elles furent rendues à la France par le traité de Paris (1814). Elles ont accédé au statut de territoire d'outre-mer en 1946, de département d'outre-mer en 1976 et de collectivité territoriale à statut particulier en 1985.

SAINT-PIERRE-LE-MOÛTIER (58240), ch.-l. de cant. de la Nièvre, au S. du val du Nivernais ; 2 107 hab. *(Saint-Pierrois).* Église, anc. abbatiale, des XIIe-XIIIe s. (décors sculptés).

SAINT-PIERRE-LES-ÉGLISES → CHAUVIGNY.

SAINT-PIERRE-LÈS-ELBEUF (76320), comm. de la Seine-Maritime, à 4 km au S.-E. d'Elbeuf ; 8 439 hab. Industrie chimique.

SAINT-PIERRE-MONTLIMART (49110), comm. de Maine-et-Loire ; 3 152 hab. Chaussures.

SAINT-PIERRE-QUIBERON (56510), comm. du Morbihan, dans la presqu'île de Quiberon ; 2 224 hab. Station balnéaire. Monuments mégalithiques.

SAINT-PIERRE-SUR-DIVES (14170), ch.-l. de cant. du Calvados, aux confins du pays d'Auge et de la campagne de Caen ; 4 012 hab. *(Pétruviens).* Église et salle capitulaire, surtout du XIIIe s., d'une anc. abbaye. Halle en charpente de la même époque, très restaurée.

SAINT-POINT (71630), comm. de Saône-et-Loire, dans le Mâconnais, à 11 km au S. de Cluny ; 286 hab. Château (XVe s.) restauré, séjour préféré de Lamartine. Le poète repose dans une chapelle, à côté de l'église.

SAINT-POINT *(lac de),* lac du Jura (Doubs), à 900 m d'alt., traversé par le Doubs supérieur ; 400 ha.

SAINT-POL (*comtes* DE) → LUXEMBOURG.

SAINT-POL (François Ier DE BOURBON, *comte* DE), duc **d'Estouteville,** homme de guerre français (Ham 1491 - Cotignan, près de Reims, 1545), fils de François de Bourbon, comte de Vendôme. Compagnon de François Ier à Marignan (1515) et de Bayard (1524), il devint duc par son mariage avec Adrienne d'Estouteville, dont François Ier érigea les biens en duché (1534).

SAINT-POL-DE-LÉON (29250), ch.-l. de cant. du Finistère, près de la Manche ; 7 473 hab. Anc. cathédrale des XIIIe-XVIe s. (beau mobilier). Chapelle du Kreisker, au célèbre clocher de 77 m (XVe s.). Centre commercial au cœur d'une région de production de primeurs.

SAINT-POL-ROUX (Paul ROUX, dit), poète français (Saint-Henry, près de Marseille, 1861 - Brest 1940). Symboliste (*la Dame à la faulx,* 1899), considéré par les surréalistes comme un précurseur, il conserva une part de l'héritage romantique (*Féeries intérieures,* 1907).

SAINT-POL-SUR-MER (59430), comm. du Nord, banlieue ouest de Dunkerque ; 24 013 hab. Plage.

SAINT-POL-SUR-TERNOISE (62130), ch.-l. de cant. du Pas-de-Calais, dans l'Artois ; 5 725 hab. *(Saint-Polais).* Agroalimentaire.
— **Hist.** Le comté de Saint-Pol appartint successivement aux maisons de Luxembourg (1350), de Bourbon-Vendôme (1487) et d'Orléans (1563). La ville fut détruite par Charles Quint en 1537.

SAINT-PONS-DE-THOMIÈRES (34220), ch.-l. de cant. de l'Hérault, au pied de l'Espinouse ; 2 720 hab. *(Saint-Ponais).* Anc. abbatiale, puis cathédrale, du XIIe s., remaniée au XVIIIe s. (orgues de 1772): Grotte du Jaur. Petit musée de préhistoire.

SAINT-PORCHAIRE (17250), ch.-l. de cant. de la Charente-Maritime, à 14 km au N.-O. de Saintes ; 1 296 hab. Église des XIIe et XVe s. Château de la Roche-Courbon, des XVe-XVIIe s.

Saint-Porchaire *(terre blanche de),* précieuses poteries, à pâte fine et blanche, créées au XVIe s., dans cette commune des Deux-Sèvres et dans la région. Recouvertes d'une glaçure transparente, elles se distinguent par leurs formes architecturales inspirées de l'orfèvrerie, et par la richesse de leur décor en relief. On attribua à Oiron des imitations de ces pièces qui étaient produites au XIXe s. par Ulysse à Blois.

SAINT-POURÇAIN-SUR-SIOULE (03500), ch.-l. de cant. de l'Allier, dans la Limagne ; 5 395 hab. *(Saint-Pourcinois* ou *Sanpourcinois).* Église, anc. abbatiale, des XIe-XVIIIe s. Vignobles.

Saint-Preux, personnage de *Julie ou la Nouvelle Héloïse,* roman de J.-J. Rousseau.

SAINT-PRIEST (69800), ch.-l. de cant. du Rhône, banlieue S.-E. de Lyon ; 42 131 hab. *(San-Priots).* Constructions mécaniques.

SAINT-PRIVAT (19220), ch.-l. de cant. du sud-est de la Corrèze, au S. du Limousin ; 1 143 hab. *(Saint-Privacois)*. Église des XIIIe et XVIe s.

SAINT-PRIVAT-LA-MONTAGNE (57124), comm. de la Moselle, à 15 km au N.-O. de Metz ; 1 402 hab. Défaite des Français par les Prussiens le 18 août 1870, à la suite de laquelle Bazaine replia les troupes françaises dans Metz.

SAINT-PRIX (95390), comm. du Val-d'Oise, au S. de la forêt de Montmorency ; 5 688 hab.

SAINT-QUAY-PORTRIEUX (22410), comm. des Côtes-d'Armor, sur la baie de Saint-Brieuc ; 3 379 hab. *(Quinocéens)*. Station balnéaire.

SAINT-QUENTIN (02100), ch.-l. d'arrond. de l'Aisne, sur la Somme et sur le canal de Saint-Quentin ; 62 085 hab. *(Saint-Quentinois)*. Belle église collégiale gothique, reconstruite du XIIIe au XVe s. Hôtel de ville à corps central gothique. Musée municipal Antoine-Lécuyer, riche de plus de 80 pastels de M. Quentin de La* Tour. Industrie (constructions mécaniques et électriques, agroalimentaire).
— **Hist.** Anc. cap. romaine des Véromanduens *(Augusta Veromanduorum)*, elle fut évangélisée au IIIe s. par saint Quentin. Sur la route des invasions venant du nord, la ville a connu des sièges et des combats en 1557, 1870, 1871 et pendant la Première Guerre mondiale.

Saint-Quentin *(canal de)*, canal reliant Cambrai (sur l'Escaut) à Chauny (sur l'Oise).

SAINT-QUENTIN-EN-YVELINES, ville nouvelle de la région parisienne, à 30 km à l'O. de Paris, dans une zone bien desservie par une branche autoroutière et la voie ferrée Paris-Chartres. Golf. Ensembles immobiliers divers, dont un, néoclassique, dû à R. Bofill. Anc. commanderie des Templiers de La Villedieu (Centre culturel et Écomusée).

SAINTRAILLES → XAINTRAILLES.

SAINT-RAMBERT-D'ALBON (26140), comm. de la Drôme, sur le Rhône ; 4 214 hab. Expédition de fruits. Biscuiterie. Matériaux de construction.

SAINT-RAMBERT-EN-BUGEY (01230), ch.-l. de cant. de l'Ain, sur l'Albarine ; 2 125 hab. Vestiges d'une anc. abbaye bénédictine.

SAINT-RAPHAËL (83700), ch.-l. de cant. du Var, au pied de l'Esterel ; 26 799 hab. *(Raphaëlois)*. Station balnéaire et hivernale. Port de plaisance. Thalassothérapie. Église de style roman provençal. Musée de la Mer (archéologie subaquatique). Mémorial de l'armée d'Afrique (1975). Les Américains y débarquèrent le 15 août 1944.

SAINT-RÉMY (71100), comm. de Saône-et-Loire, banlieue sud de Chalon ; 5 667 hab. Constructions électriques. Mobilier.

SAINT-RÉMY-DE-PROVENCE (13210), ch.-l. de cant. des Bouches-du-Rhône, au pied des Alpilles ; 9 429 hab. *(Saint-Rémois)*. La vieille ville offre, dans des hôtels gothique ou Renaissance, un dépôt archéologique et le musée des Alpilles. — À proximité, importants vestiges de l'antique Glanum* et anc. monastère de St-Paul-de-Mausole (XIIe-XIIIe s. ; cloître).

SAINT-RÉMY-LÈS-CHEVREUSE (78470), comm. des Yvelines, dans la vallée de Chevreuse, sur l'Yvette ; 5 617 hab. *(Saint-Rémois)*.

SAINT-RÉMY-SUR-DUROLLE (63550), ch.-l. de cant. du Puy-de-Dôme, en bordure des Bois-Noirs ; 2 044 hab.

SAINT-RENAN (29290), ch.-l. de cant. du Finistère, dans le Léon ; 6 749 hab. *(Renanais)*. Petit musée. Exploitation de granite stannifère.

SAINT-RIQUIER (80135), comm. de la Somme, dans le Ponthieu ; 1 175 hab. Grande église, reconstruite aux XIIIe, XVe et XVIe s., d'une ancienne et célèbre abbaye fondée au VIIe s. Centre culturel dans les bâtiments abbatiaux.

SAINT-ROMAIN-DE-COLBOSC (76430), ch.-l. de cant. de la Seine-Maritime, dans le pays de Caux ; 3 612 hab. *(Saint-Romanais)*.

SAINT-ROMAIN-EN-GAL (69560), comm. du Rhône, sur le Rhône, en face de Vienne ; 1 449 hab. Remarquable ensemble urbain des Ier, IIe et début IIIe s. (rues, maisons, mosaïques, thermes, installations portuaires, etc.).

Saint-Sacrement *(Compagnie du)*, organisation religieuse mise en place en France vers 1630, qui voulait « promouvoir la gloire de Dieu par toutes sortes de moyens ». À ses activités de charité, la Compagnie, que protégeait la Couronne, joignait la dénonciation de toutes les manifestations publiques de l'incrédulité, de l'hérésie, de l'immoralité. Ses excès de zèle provoquèrent sa suppression en 1665.

SAINT-SAËNS (76680), ch.-l. de cant. de la Seine-Maritime, dans le pays de Caux ; 2 142 hab.

SAINT-SAËNS (Camille), compositeur français (Paris 1835 - Alger 1921). Organiste de St-Merri (1853), puis de la Madeleine (1858-1877), il enseigna le piano à l'école Niedermeyer et parcourut le monde entier comme virtuose du piano et de l'orgue. Il a écrit des pièces d'orgue (*Six Préludes et fugues,* 1894-1898) et de piano, des poèmes symphoniques (*le Rouet d'Omphale,* 1872, *la Danse macabre,* 1874), trois grandes symphonies (dont la troisième en *ut* mineur avec orgue, 1886), 5 concertos pour piano (1858-1896), 2 concertos pour violoncelle (1872,

1902), *le Carnaval des animaux* (1886), de la musique vocale (*Samson et Dalila,* 1877), des oratorios.

SAINT-SATURNIN (63450), comm. du Puy-de-Dôme, au S. de Clermont-Ferrand ; 886 hab. Église romane auvergnate du milieu du XIIe s. Imposant château fort des XIVe-XVe s.

SAINT-SAULGE (58330), ch.-l. de cant. du centre de la Nièvre, dans le Nivernais ; 917 hab. *(Saint-Saulgeois).* Église gothique du XVIe s. sur crypte romane.

SAINT-SAULVE (59880), comm. du Nord, banlieue N.-E. de Valenciennes ; 11 161 hab. Métallurgie.

SAINT-SAUVEUR, station thermale des Hautes-Pyrénées, sur la commune de Luz-Saint-Sauveur (affections gynécologiques et veineuses).

SAINT-SAUVEUR (70300), ch.-l. de cant. de la Haute-Saône, banlieue de Luxeuil-les-Bains ; 2 873 hab.

SAINT-SAUVEUR-EN-PUISAYE (89520), ch.-l. de cant. de l'Yonne, 1 019 hab. Église des XIIe et XVIe s. Musée Colette dans le château. Briqueterie.

SAINT-SAUVEUR-LENDELIN (50490), ch.-l. de cant. de la Manche, dans le Bocage ; 1 397 hab. *(Saint-Sauveurais).*

SAINT-SAUVEUR-LE-VICOMTE (50390), ch.-l. de cant. de la Manche, dans le Cotentin ; 2 297 hab. *(Saint-Sauveurais).* Restes d'un château féodal (petit musée Barbey-d'Aurevilly). Église des XVe-XVIe s. Anc. abbaye bénédictine.

SAINT-SAUVEUR-SUR-TINÉE (06420), ch.-l. de cant. des Alpes-Maritimes ; 476 hab. *(Blavets).* Église du XVe s.

SAINT-SAVIN (33920), ch.-l. de cant. du nord de la Gironde ; 1 895 hab. *(Saint-Saviniens).* Vins blancs.

SAINT-SAVIN (86310), ch.-l. de cant. de la Vienne, dans le haut Poitou, sur la Gartempe ; 1 099 hab. *(Saint-Savinois).* Majestueuse église romane poitevine, anc. abbatiale (milieu XIe s.-début XIIe s.), à trois vaisseaux presque d'égale hauteur, qui offre le plus important ensemble de peintures pariétales romanes conservé en France, exécuté vers 1100 (à la voûte en berceau de la nef, scènes de l'Ancien Testament).

SAINT-SAVINIEN (17350), ch.-l. de cant. de la Charente-Maritime, sur la Charente ; 2 483 hab. *(Savinois).* Église romane et gothique.

SAINT-SÉBASTIEN, en esp. **San Sebastián,** v. d'Espagne, ch.-l. de prov., dans le Pays basque, à l'embouchure de l'Urumea ; 176 000 hab. Station balnéaire. Port. Centre commercial et administratif, avec quelques industries. Festival international du film.

SAINT-SÉBASTIEN-SUR-LOIRE (44230), comm. de la Loire-Atlantique, banlieue est de Nantes ; 22 763 hab. Hippodrome. Conserves alimentaires.

SAINT-SÉPULCRE n. m. (pl. *saints-sépulcres*). Ensemble de figures sculptées reproduisant la scène de la *Mise au tombeau.* (Nombreux exemples dans l'art occidental des XVe et XVIe s.) [Syn. SÉPULCRE.]

Saint-Sépulcre (le), nom donné à un ensemble de constructions élevées par l'empereur Constantin, à Jérusalem, à l'emplacement du tombeau du Christ. Les monuments furent plusieurs fois remaniés, notamment à l'époque des croisades (église de 1149). La rotonde constantinienne a été dévastée (1808) par un incendie. Une restauration générale a été effectuée. Catholiques latins, Grecs orthodoxes, Arméniens et Coptes y célèbrent leurs cultes.

Saint-Sépulcre *(ordre du),* ordre de chevalerie. Il trouve son origine dans la création, par Godefroi de Bouillon, d'une congrégation de religieux, assistés, pour la garde du tombeau du Christ, de chevaliers auxquels Baudouin Ier donne leur premier règlement au début du XIIe s. Primitivement conféré par le custode franciscain de Terre sainte, il l'est depuis 1868 par le patriarche latin de Jérusalem. L'ordre a été reconnu, en 1928, par la République française. Il entretient de nombreuses œuvres charitables, culturelles et sociales de l'Église catholique en Terre sainte.

Saint-Serge *(Institut),* institut de théologie orthodoxe de Paris, fondé en 1926.

SAINT-SERVAN, anc. ch.-l. de cant. d'Ille-et-Vilaine, rattaché à Saint-Malo en 1967, à l'entrée de l'estuaire de la Rance. *(Servannais).* Restes de fortifications. Sur un rocher, tour Solidor (1382).

SAINT-SEVER (40500), ch.-l. de cant. des Landes, au-dessus de l'Adour ; 4 666 hab. *(Saint-Severins).* Importante église, anc. abbatiale, des XIe et XIIe s. (chœur « bénédictin » à absidioles échelonnées ; intéressants chapiteaux). Conserves (foie gras).

SAINT-SEVER-CALVADOS (14380), ch.-l. de cant. du Calvados, dans le Bocage normand ; 1 512 hab. *(Severins).* Église, anc. abbatiale, des XIIIe-XVe s.

SAINT-SIÈGE n. m. inv. **1.** Siège du chef de l'Église catholique. — **2.** Gouvernement pontifical.

SAINT-SIÈGE *(États du)* → ÉTATS DE L'ÉGLISE.

SAINT-SIMON (Louis DE ROUVROY, *duc* DE), écrivain français (Paris 1675 - *id.* 1755). Mousquetaire à 16 ans, il prend part au siège de Namur et à la bataille de Neerwinden, puis il quitte l'armée (1702) pour mener une vie de courtisan à

Versailles. Lié à l'entourage réformiste du duc d'Orléans et du duc de Bourgogne dont la mort ruinera ses espoirs, Saint-Simon ne jouera que des seconds rôles politiques. À la mort du Régent, il se retire dans son château de la Ferté-Vidame, où il se consacre à la rédaction de ses *Mémoires** qui portent sur les années 1694-1723. Visant à annoncer, au nom des valeurs révolues d'un passé mythique, la fin d'une monarchie absolue livrée à l'hypocrisie, ses *Mémoires* constituent un précieux témoignage sur la fin du règne de Louis XIV et sur la Régence : saisis par les Affaires étrangères à la mort de l'écrivain, ils ne seront publiés qu'en 1830.

SAINT-SIMON (Claude Henri DE ROUVROY, *comte* DE), philosophe et économiste français (Paris 1760 - *id.* 1825). Issu d'une branche cadette de la famille du mémorialiste Louis de Saint-Simon, il participe en tant qu'officier à la guerre de l'Indépendance américaine (1781). Blessé et fait prisonnier par les Anglais en 1782, il rentre en France un an plus tard. Dès 1803, il publie un opuscule où il laisse paraître sa religion de la science et où il préconise un gouvernement des hommes à la tête duquel il place les savants. En 1814, avec son secrétaire Augustin Thierry, il fait paraître *De la réorganisation de la société européenne,* où il recommande l'institution d'un parlement européen. Enfin, en 1816 et dans les années qui suivent, il met au point son système, dans lequel il accorde à l'industrie et à la « classe industrielle » une place prépondérante, et où il comprend les meilleurs physiciens, chimistes, banquiers, industriels, agriculteurs ; puis, de 1820 à 1823, il se préoccupe des moins favorisés et recommande l'amélioration de la classe la plus pauvre et la plus nombreuse *(Du système industriel) ;* lui fait suite *le Catéchisme des industriels* (1823-24).

SAINT-SIMONIEN, ENNE adj. et n. (pl. *saint-simoniens, ennes*). Relatif au saint-simonisme ; partisan du saint-simonisme.

SAINT-SIMONISME n. m. Doctrine de Claude de Saint-Simon et de ses disciples (Bazard, Enfantin, Michel Chevalier, les frères Pereire, Pierre Leroux).

Saints-Maurice-et-Lazare *(ordre des),* ordre italien fondé en 1572 et reconnu en 1951 par la République italienne.

SAINT-SULPICE (81370), comm. du Tarn, dans le Lauragais, sur l'Agout ; 4 482 hab.

Saint-Sulpice *(Compagnie des prêtres de)* ou **Sulpiciens,** société religieuse à vie commune sans vœux, fondée par Monsieur Olier* pour former des séminaristes.

Saint-Sulpice *(église),* à Paris, place Saint-Sulpice (VIe arrond.). Église paroissiale des XIIIe et XVIe s., elle a été reconstruite dans un style majestueux en plusieurs campagnes (chœur, transept et bas-côtés surtout par Le Vau et Daniel Gittard, v. 1655-1678 ; grande nef par Oppenordt, v. 1718-1736 ; façade par Servandoni, v. 1733-1745 ; tour nord reconstruite par Chalgrin v. 1780). Sculptures des Slodtz, de Pigalle, Bouchardon ; peintures de Lemoyne, C. Van Loo, Delacroix, etc.

Saint-Sulpice *(séminaire de),* séminaire fondé, en 1641, par Monsieur Olier*, devenu (1642) curé de Saint-Sulpice. Il en fit le séminaire type tel que l'avait préconisé le concile de Trente. En 1906, le séminaire se transporta à Issy-les-Moulineaux.

SAINT-SULPICE-LES-FEUILLES (87160), ch.-l. de cant. de la Haute-Vienne, dans la Marche limousine ; 1 439 hab.

SAINT-SULPICIEN, ENNE adj. Syn. de SULPICIEN.

Saint-Sylvestre *(ordre de),* ordre pontifical institué par Grégoire XVI en 1841 pour récompenser les mérites civils.

SAINT-SYMPHORIEN (33113), ch.-l. de cant. du sud de la Gironde, dans la forêt landaise ; 1 398 hab.

SAINT-SYMPHORIEN-DE-LAY (42470), ch.-l. de cant. de la Loire, en bordure des monts du Beaujolais ; 1 495 hab.

SAINT-SYMPHORIEN-D'OZON (69360), ch.-l. de cant. du Rhône, à 14 km au S. de Lyon ; 5 188 hab.

SAINT-SYMPHORIEN-SUR-COISE (69590), ch.-l. de cant. du Rhône, dans les monts du Lyonnais ; 3 262 hab. *(Pelauds).* Église des XIIIe-XVe s.

SAINT-SYNODE n. m. **1.** Dans les Églises orientales, conseil d'évêques qui assistait le patriarche. — **2.** En Russie, collège spirituel institué en 1721 à la place du patriarcat, et qui administra jusqu'en 1917 l'Église orthodoxe russe.

SAINT-THÉGONNEC (29410), ch.-l. de cant. du Finistère, au S.-O. de Morlaix ; 2 153 hab. Église à clocher Renaissance, chapelle-ossuaire du XVIIIe s., calvaire de 1610. Célèbre pardon, en septembre.

SAINT THOMAS, île de l'archipel des îles Vierges (dépendance des États-Unis), 71 km² ; 48 166 hab. Ch.-l. *Charlotte Amalie.* Centre touristique.

SAINT-TRIVIER-DE-COURTES (01560), ch.-l. de cant. de l'Ain, dans la Bresse ; 1 075 hab.

SAINT-TRIVIER-SUR-MOIGNANS (01990), ch.-l. de cant. de l'Ain, au S.-E. de Mâcon ; 1 478 hab.

SAINT-TROJAN-LES-BAINS (17370), comm. de la Charente-Maritime, sur la côte sud-est d'Oléron ; 1 505 hab. Station balnéaire. Thalassothérapie.

SAINT-TROND, en néerl. **Sint-Truiden,** v. de Belgique (Limbourg), au S.-O. de Hasselt ; 37 000 hab. Centre commercial. Collégiale Notre-Dame, gothique, et autres monuments. Anc. béguinage. Musées.

SAINT-TROPEZ (83990), ch.-l. de cant. du Var, sur le golfe de Saint-Tropez ; 5 790 hab. *(Tropéziens).* Port de pêche et station balnéaire et touristique. Armement. Citadelle des XVIe et XVIIe s. (musée naval). Musée de l'Annonciade (notamment peintres ayant travaillé à Saint-Tropez : Auguste Pégurier, Signac, Cross, Matisse, Derain, Bonnard, Manguin, Dunoyer de Segonzac, etc.).

SAINT-TROPEZ *(golfe de),* golfe du dép. du Var. Les Américains, suivis des Français, y débarquèrent le 15 août 1944.

SAINT-VAAST-LA-HOUGUE (50550), comm. de la Manche, sur la *baie de la Hougue ;* 2 148 hab. Station balnéaire. Pêche. Ostréiculture et mytiliculture.

SAINT-VALERY-EN-CAUX (76460), ch.-l. de cant. de la Seine-Maritime, sur la Manche ; 4 735 hab. *(Valériquais).* Port de pêche et de plaisance ; station balnéaire.

SAINT-VALERY-SUR-SOMME (80230), ch.-l. de cant. de la Somme, sur l'estuaire de la Somme ; 2 783 hab. *(Valéricains).* Petit port et station balnéaire. Fortifications de la ville haute ; église surtout du XIVe s.

SAINT-VALLIER (26240), ch.-l. de cant. de la Drôme, au-dessus du Rhône ; 4 292 hab. Aéronautique. — La localité donne son nom à un aménagement hydroélectrique du Rhône.

SAINT-VALLIER (71230), comm. de Saône-et-Loire, à 4 km au S. de Montceau-les-Mines ; 10 083 hab. Industries mécaniques et textiles.

SAINT-VALLIER-DE-THIEY (06460), ch.-l. de cant. des Alpes-Maritimes ; 1 544 hab.

Saint-Vanne *(congrégation de),* congrégation bénédictine réformée, érigée par Clément VIII (1604) à partir du monastère Saint-Vanne de Verdun. Elle compta jusqu'à une cinquantaine de monastères ; elle disparut en 1791.

SAINT-VARENT (79330), ch.-l. de cant. du nord des Deux-Sèvres ; 2 580 hab. *(Saint-Varentais).* Produits laitiers.

SAINT-VAURY (23320), ch.-l. de cant. de la Creuse, dans la haute Marche ; 2 326 hab. Marché agricole.

SAINT-VENANT (Adhémar BARRÉ, *comte* DE), ingénieur français (Villiers-en-Bière, Seine-et-Marne, 1797 - Saint-Ouen, près de Vendôme, 1886). Il effectua, en 1839, les premières expériences précises sur l'écoulement des gaz à grande vitesse. (Acad. des sc., 1868.)

Saint-Venant *(équation de),* formule régissant les écoulements permanents de fluides compressibles. Si, dans une section plane perpendiculaire à la direction d'écoulement, la vitesse du fluide est u, sa pression p et sa masse volumique ρ, la formule, sous une forme différentielle, s'écrit :

$$u\,du = -\,dp/\rho.$$

SAINT-VÉRAN (05350), comm. des Hautes-Alpes, dans le Queyras ; 261 hab. Station d'altitude et de sports d'hiver (alt. 1 762-2 850 m). Église du XVIIe s. Maisons alpestres typiques. Station d'astrophysique.

Saint-Victor *(abbaye de),* anc. abbaye de Paris, qui était sise à l'emplacement de l'actuelle faculté des sciences (Ve arrond.). Fondée au XIIe s., elle exerça, par son école, une très grande influence ; 40 abbayes, en France, dépendaient d'elle dès 1225. Elle fut fermée en 1790, démolie en 1811.

SAINT-VICTOR (Paul BINS, *comte* DE), connu sous le nom de **Paul de Saint-Victor,** essayiste et critique français (Paris 1827 - *id.* 1881). Secrétaire de Lamartine en 1848, il a donné une intéressante étude sur l'histoire du théâtre (*les Deux Masques,* 1880-1883).

SAINT-VICTORET (13730), comm. des Bouches-du-Rhône, banlieue est de Marignane ; 6 058 hab.

SAINT-VINCENT *(cap),* en port. **São Vicente,** cap du Portugal méridional, à l'extrémité ouest de l'Algarve.

SAINT VINCENT *(golfe de),* grande baie de l'Australie du Sud, limitée par les péninsules d'York et de Fergusson.

SAINT-VINCENT (*comte* DE) → JERVIS.

Saint-Vincent-de-Paul *(Sœurs de)* → CHARITÉ *(Filles de la).*

Saint-Vincent-de-Paul *(Société),* société de charité fondée à Paris, en mai 1833, par Emmanuel Bailly et 7 étudiants, dont Frédéric Ozanam, avec pour but la sanctification de ses membres par la pratique de la charité et, notamment, par la visite des familles nécessiteuses. Son domaine d'activité s'est élargi à l'agriculture, l'alphabétisation, la prise en charge des asociaux, des handicapés, des marginaux, des migrants, des réfugiés, des victimes des guerres...

SAINT-VINCENT-DE-TYROSSE (40230), ch.-l. de cant. du sud-ouest des Landes ; 5 097 hab. *(Tyrossais).* Agroalimentaire.

SAINT-VINCENT ET LES GRENADINES, État des Petites Antilles (Windward Islands) ; 388 km² ;

120 000 hab., formé de l'île de *Saint-Vincent* (345 km²) et d'une partie des *Grenadines*. CAP. *Kingstown* (Saint-Vincent). LANGUE : *anglais*. MONNAIE : *dollar des Caraïbes orientales*. Le tourisme est l'activité principale. L'archipel est indépendant, dans le cadre du Commonwealth, depuis 1979.

SAINT-VIVIEN-DE-MÉDOC (33590), ch.-l. de cant. de la Gironde, dans le nord du Médoc ; 1 284 hab. Vins du bas Médoc.

SAINT-VRAIN (91770), comm. de l'Essonne, à 10 km au S.-E. d'Arpajon ; 2 315 hab. Parc zoologique.

SAINT-VULBAS (01150), comm. de l'Ain, au S. d'Ambérieu-en-Bugey, sur le Rhône ; 712 hab. (→ *centrale du* BUGEY.)

SAINT-YORRE (03270), comm. de l'Allier, sur l'Allier, en amont de Vichy ; 3 033 hab. Eaux minérales. Conditionnement.

SAINT-YRIEIX-LA-PERCHE (87500), ch.-l. de cant. du sud de la Haute-Vienne ; 8 148 hab. *(Arédiens)*. Collégiale romane et gothique. Ancien centre des carrières de kaolin utilisé pour la porcelaine limousine. Centre commercial.

SAINT-YRIEIX-SUR-CHARENTE (16710), comm. de la Charente, banlieue N.-O. d'Angoulême ; 6 553 hab. Constructions mécaniques.

SAIPAN *(île)*, la plus importante des îles Mariannes ; 122 km² ; 10 500 hab. Base navale.

SAÏS, l'une des plus vieilles cités de l'ancienne Égypte, située dans le Delta, sur la branche canopique. Au Ier millénaire av. J.-C., à partir de la XXVIe dynastie, elle fut résidence royale et foyer de civilisation. La fondation d'Alexandrie (332 av. J.-C.) diminua beaucoup son importance. (Auj. *Ṣā al-Ḥagar.*)

1. SAISI → SAISIR.

2. SAISI, E n. Débiteur, débitrice dont un bien fait l'objet d'une saisie.

SAISIE n. f. (de *saisir*). **1.** Voie d'exécution forcée tendant à faire placer sous main de justice un bien dont la propriété est revendiquée, ou sur lequel un créancier entend se faire payer. — **2.** Prise de possession, par les employés du fisc ou par la justice, des produits d'une infraction, des moyens ayant servi à la commettre ou des objets utiles à l'administration de la preuve en matière pénale. — **3.** Enregistrement d'une information en vue de son traitement ou de sa mémorisation dans un système informatique. (La saisie s'effectue généralement par frappe sur un clavier alphanumérique connecté à un écran de visualisation et de contrôle.) — **4.** Mainmise sur un navire neutre ou suspect en attendant une décision de capture ou de relaxe. — **5.** *Saisie conservatoire,* saisie destinée à empêcher l'aliénation ou la destruction d'un bien meuble. ‖ *Saisie immobilière,* saisie d'un immeuble, après commandement, à la requête d'un créancier porteur d'un titre exécutoire. ‖ *Saisie mobilière,* saisie-exécution ou saisie conservatoire portant sur un objet mobilier, une créance ou une valeur mobilière.

SAISIE-ARRÊT n. f. (pl. *saisies-arrêts*). Voie d'exécution par laquelle un créancier immobilise entre les mains d'un tiers des sommes ou objets mobiliers appartenant à son débiteur, avant de faire ordonner par justice que les sommes ou le prix des objets lui soient remis en déduction de sa créance. (Syn. OPPOSITION.)

SAISIE-BRANDON n. f. (pl. *saisies-brandons*). Saisie-exécution par huissier de fruits et récoltes sur pied, à la requête d'un créancier de l'exploitant.

SAISIE-EXÉCUTION n. f. (pl. *saisies-exécutions*). Saisie des meubles corporels du débiteur dans le but d'en opérer la vente publique aux enchères au profit des créanciers opposants.

SAISIE-GAGERIE n. f. (pl. *saisies-gageries*). Saisie conservatoire effectuée sans autorisation du juge par un propriétaire sur les biens mobiliers du locataire ou du fermier qui ne paie pas son loyer.

SAISIE-REVENDICATION n. f. (pl. *saisies-revendications*). Saisie conservatoire autorisée en justice en faveur du propriétaire, de l'usufruitier ou du créancier gagiste, qui prétend avoir un droit réel sur un meuble détenu par un tiers.

SAISIES *(col des)*, col routier des Alpes françaises, dans le nord de la Savoie ; 1 603 m. Sports d'hiver (alt. 1 603-1 950 m).

SAISINE n. f. (de *saisie*). **1.** Formalité au terme de laquelle une juridiction peut être amenée à connaître d'un litige. — **2.** Cordage qui sert à fixer, à maintenir ou à soulever divers objets. — **3.** *Saisine héréditaire,* faculté pour un héritier de se mettre en possession des biens du défunt, d'exercer ses droits et actions, sans avoir à en demander l'autorisation en justice (envoi en possession). [La saisine est reconnue aux héritiers légitimes, naturels, au conjoint survivant sauf dans certaines hypothèses et au légataire universel institué par testament authentique.]

SAISIR v. t. (bas lat. *sacire,* assigner, du frq. **satjan,* établir) [conj. **32**]. **1.** Prendre qqch avec la ou les mains, d'un mouvement rapide, pour le tenir ou s'y retenir fermement : *Saisir un bâton pour se défendre. Saisir la main de quelqu'un* — **2.** Prendre un objet en main ou avec un instrument, de façon à pouvoir le porter, le déplacer, en faire usage : *Saisir un outil par le manche.* — **3.** Retenir brutalement qqn, un animal pour l'immobiliser, le maîtriser : *Saisir un* *adversaire par les épaules. Félin qui saisit sa proie au garrot.* — **4.** Arrêter qqn (qqpart), l'aborder pour lui parler : *Saisir quelqu'un à la sortie de son bureau.* — **5.** Mettre à profit un événement au moment où il se présente : *Saisir l'instant propice pour agir.* — **6.** Percevoir un son, une forme par la vue ou par l'ouïe : *On ne saisit plus les contours des choses.* — **7.** Comprendre qqch, en percevoir le sens : *Il a parfaitement saisi que vous ne vouliez pas venir.* — **8.** Comprendre et restituer, dans leurs caractéristiques essentielles, des personnes ou des choses : *Saisir les travers de son temps.* — **9.** En parlant du froid, d'une sensation, s'emparer brusquement de qqn : *Un malaise l'a saisi à la sortie de la réunion.* — **10.** Produire sur qqn un effet de surprise, l'impressionner fortement : *Cette ressemblance nous a tous saisis.* — **11.** Mettre qqn, un organisme au fait de qqch qu'ils ont qualité pour examiner, juger : *Saisir un tribunal d'une affaire.* — **12.** Exposer un aliment à un feu vif. — **13.** Opérer une saisie ; porter un litige devant une juridiction, faire une saisine. — **14.** Effectuer une saisie informatique.

◆ **être saisi** v. pass. **1.** Être paralysé par la surprise : *Il fut tellement saisi qu'il demeura sans voix.* — **2.** Être soudainement et fortement affecté d'un sentiment, d'une émotion : *Être saisi de panique.* — **3.** *Tiers saisi,* détenteur de biens appartenant à un débiteur saisi lorsque le créancier a effectué la saisie-arrêt entre ses mains.

◆ **se saisir** v. pr. **1.** Prendre vivement ce qui est à la portée de la main : *Se saisir d'une arme.* — **2.** S'emparer d'un bien, en prendre possession : *Se saisir d'un territoire.* — **3.** Se rendre maître de qqn : *Les policiers ont réussi à se saisir du forcené.* — **4.** Évoquer une question pour l'étudier, la mettre à l'ordre du jour : *Le conseil municipal doit se saisir de ce projet.*

SAISISSABLE adj. **1.** Qui peut faire l'objet d'une saisie : *Biens saisissables.* — **2.** *Litt.* Qui peut être perçu, compris : *Une nuance à peine saisissable.*

SAISISSANT, E adj. **1.** Se dit d'un froid sec, qui saisit. — **2.** Qui frappe vivement, qui surprend : *Une ressemblance saisissante.*

◆ adj. et n. Qui opère ou qui fait opérer une saisie.

SAISISSEMENT n. m. **1.** Sensation de froid subite et violente. — **2.** Émotion ou surprise vive et soudaine : *Être muet de saisissement.*

SAISON n. f. (lat. *satio, -onis,* action de semer). **1.** Chacune des quatre parties en lesquelles l'année se trouve divisée par les équinoxes et les solstices. (→ *encycl.*) — **2.** Climat, conditions atmosphériques, activité de la nature qui correspondent à chacune de ces parties de l'année : *La saison n'est pas très avancée.* — **3.** Époque de l'année où dominent certains états de l'atmosphère : *La saison des pluies.* — **4.** Époque de l'année correspondant à la récolte de certains produits ou à des travaux agricoles : *La saison des vendanges.* — **5.** Époque de l'année caractérisée par une activité de type périodique : *La saison théâtrale recommence en septembre.* — **6.** *Litt.* Période de la vie humaine caractérisée par un trait particulier : *La quarantaine est une saison critique.* — **7.** Époque de l'année correspondant au maximum d'activité d'un secteur donné ; résultats obtenus dans cette activité : *Les hôteliers ont fait une bonne saison.* — **8.** Cure que l'on fait dans une station balnéaire, thermale, etc. : *Faire une saison à Vittel.* — **9.** *Basse saison, haute saison,* périodes correspondant au minimum, ou au maximum d'affluence dans les lieux touristiques. ‖ *De saison,* opportun, approprié. ‖ *Être hors de saison,* être inopportun, hors de propos. ‖ *La belle saison,* le printemps, l'été. ‖ *La mauvaise saison, la saison froide,* l'hiver.

ENCYCL. **Astron.** Si l'orbite de la Terre était circulaire et parcourue d'un mouvement uniforme, les saisons auraient toutes la même durée. Mais cette orbite est elliptique, et parcourue plus ou moins rapidement selon sa distance au Soleil (2e loi de Kepler). En outre, son grand axe tourne lentement dans son propre plan, ce qui provoque une lente variation de la durée des saisons. Les valeurs actuelles sont, pour l'hémisphère Nord : printemps 92 j 19 h ; été 93 j 23 h ; automne 89 j 13 h ; hiver 89 j 0 h. Le mécanisme des saisons est commun à toutes les planètes dont l'axe de rotation n'est pas perpendiculaire au plan de l'orbite ; ces saisons ont une durée d'autant plus voisine que l'excentricité de l'orbite de la planète est plus faible.

saison en enfer *(Une)*, recueil de poèmes en prose d'Arthur Rimbaud (1873). Après sa dramatique rupture avec Verlaine, le poète confesse ses délires, sa méfiance de la littérature.

Saisons *(les)*, poème anglais de James Thomson (1726-1730) : retour vers une poésie inspirée de la nature.

Saisons *(société des),* société secrète républicaine à l'époque de la monarchie de Juillet, dirigée principalement par Blanqui et Barbès, qui préconisait la prise du pouvoir par l'insurrection et l'instauration d'une forme de socialisme.

SAISONNALITÉ n. f. Caractère saisonnier : *La saisonnalité des ventes.*

SAISONNER v. i. (conj. 3). Donner des fruits en plus ou moins grande abondance suivant les années.

SAISONNIER, ÈRE adj. **1.** Relatif à une saison, à telle époque de l'année : *Une température saisonnière.* — **2.** Qui ne s'exerce, qui n'est actif que pendant une certaine période de l'année : *Main-d'œuvre saisonnière.* — **3.** *Propriété saisonnière,* syn. de MULTIPROPRIÉTÉ.

◆ n. **1.** Travailleur employé pour une durée limitée dans des secteurs économiques soumis à des pointes d'activité. — **2.** Personne qui effectue un séjour d'une certaine durée dans une station touristique.

SAISONNIÈREMENT adv. De façon saisonnière.

SAISSET (Bernard), évêque de Pamiers († 1314), célèbre pour ses démêlés avec Philippe le Bel, au temps de Boniface VIII.

SAÏTE adj. Relatif à la ville de Saïs et à la période de son épanouissement.

SAJOU n. m. (tupi *sahú*). Petit singe arboricole d'Amérique tropicale, à la queue préhensile (capucin et espèces voisines du genre *cebus*).

ŚAKA ou **ÇAKA** (en pers. *Saka*), nom sanskrit des Scythes et en particulier de ceux d'Asie qui dépendaient de l'Empire achéménide, aux confins de la Bactriane et de la Sogdiane.

SAKAI, v. du Japon (Honshū), sur la baie d'Ōsaka ; 807 000 hab. Centre industriel : sidérurgie, aluminium, machines-outils, chimie.

SAKAKURA JUNZŌ, architecte japonais (préfecture de Gifu 1901 - Tōkyō 1969). Quoique influencées par Le Corbusier (avec qui il a travaillé dans les années 30), ses œuvres ont marqué la renaissance d'une tradition nationale, notamment le musée d'Art moderne de Kamakura (1951 et 1966). L'immeuble Tōkyō-Kaikan à Tōkyō (1953), à la fois gare, grand magasin et théâtre, offre l'exemple d'un modernisme maniériste repensé à la japonaise.

SAKALAVAS ou **SAKALAVES,** peuple malayo-polynésien, principalement établi sur la côte occidentale de Madagascar, rassemblant env. 550 000 personnes.

SAKARYA (le), fl. de Turquie, tributaire de la mer Noire ; 790 km. Hydroélectricité.

SAKATA, port du Japon (Honshū), sur la mer du Japon ; 103 000 hab. Pêcheries. Aluminium. Chimie.

SAKÉ n. m. (jap. *sake*). Boisson alcoolique (entre 11 et 17 %) japonaise, fabriquée par fermentation du riz.

SAKHALINE, grande île de Russie, en Extrême-Orient, dans la mer d'Okhotsk ; 87 100 km^2 ; 693 000 hab. Séparée du continent par la Manche de Tartarie, l'île, montagneuse, a un climat rigoureux. La forêt, la pêche, le sous-sol (charbon, pétrole) lui fournissent ses principales ressources. Ioujno-Sakhalinsk est le centre administratif régional.

— **Hist.** Reconnue possession exclusive de la Russie en 1875, l'île fut partagée avec les Japonais après la guerre russo-japonaise (1904-05), et fut entièrement annexée par l'U. R. S. S. en 1945.

SAKHAROFF (les), couple de danseurs : ALEXANDRE **Sakharoff,** d'origine russe (Marioupol 1886 - Sienne 1963), et sa femme CLOTILDE **von der Planitz,** dite **Clotilde von Derp** (Berlin 1895 - Rome 1974), d'origine allemande. Surnommés les « poètes de la danse », ils ont présenté, de 1913 à 1954, un répertoire de soli et de pas de deux, d'un style de danse moderne très personnel, raffiné, voire précieux, s'inspirant de partitions de Debussy, de Chopin, Bach, Albéniz, Mahler, etc.

SAKHAROV (Andreï Dmitrievitch), physicien soviétique (Moscou 1921 - *id.* 1989). Il effectua des recherches sur les armes thermonucléaires, la physique des particules, et entra à l'Académie des sciences de l'U. R. S. S. en 1953. Opposé à la poursuite des expériences nucléaires, il rallia l'intelligentsia dissidente en 1966 et fut un des fondateurs du « Comité pour la défense des droits de l'homme » (1970). Victime en 1973 d'une violente campagne de presse, déchu de ses titres et récompenses en 1980, il fut placé en résidence surveillée à Gorki de 1980 à 1986. En 1988, il fut élu au présidium de l'Académie des sciences et, en 1989, député au Congrès des députés du peuple. (Prix Nobel de la paix 1975.)

SAKHAS ⟶ IAKOUTES.

SAKI n. m. (tupi *saki*). Singe *(cébidé)* frugivore des forêts denses d'Amazonie, à la fourrure épaisse et noire.

SAKIEH [sakje] n. f. (ar. *sāqiyya*). En Égypte, noria à traction animale.

SAKKARAH ⟶ SAQQARAH.

SAKMARA, riv. de Russie, affl. de l'Oural (r. dr.) ; 798 km (bassin de 30 200 km^2).

ŚAKTI ou **ÇAKTI** n. f. inv. (mot sanskr.). Dans l'hindouisme, l'énergie féminine active. (Le culte des śakti s'est étendu au bouddhisme par la voie du tantrisme.)

ŚAKTISME n. m. Doctrine religieuse de l'Inde, propre à certains courants (viṣṇuisme, śivaïsme, tantrisme), qui donne à la śakti un rôle important.

Śakuntalā ou **Çakuntalā,** dans l'épopée indienne du *Mahābhārata,* fille du roi kṣatriya Viśvamitra et de l'apsaras Menakā. — Drame sanskrit de Kālidāsa (IVe s. env.).

ŚĀKYAMUNI ou **ÇĀKYAMUNI** (« le Sage Śākya »), nom sous lequel on désigne *Siddhārtha Gautama,* le fondateur du bouddhisme.

SAL n. m. (pl. *sals*). Grand arbre de l'Inde fournissant un bois précieux.

SAL, riv. de Russie, affl. du Don inférieur (r. g.) ; 798 km (bassin de 21 300 km^2).

SAL *(ilha do)* [*île du Sel*], îlot de l'archipel du Cap-Vert (îles du Vent). Aéroport international.

SALA, colonie romaine de Mauritanie Tingitane (auj. *Chella*). Colonisée par les Phéniciens dès 700 av. J.-C., la ville connut une grande prospérité sous Juba II et Ptolémée, et était encore, sous Constantin, occupée par les Romains. Bel ensemble urbain.

SALABERRY-DE-VALLEYFIELD, anc. **Valleyfield,** v. du Canada (Québec), sur le Saint-Laurent ; 28 518 hab. Centre industriel.

SALABRE n. m. (provenç. *salabro*). **1.** Sorte de filet emmanché servant à capturer le poisson. — **2.** Drague pour pêcher le corail.

SALACE adj. (lat. *salax, -acis,* lubrique, de *salire,* saillir une femelle). *Litt.* Qui se plaît à des évocations d'ordre sexuel, qui a une forte propension pour les plaisirs sexuels.

SALACITÉ n. f. (lat. *salacitas, -atis*). *Litt.* Caractère salace de qqn ou de qqch ; lubricité.

SALACROU (Armand), écrivain français (Rouen 1899 - Le Havre 1989). Vaudeville ou drame métaphysique, son théâtre se veut une « méditation dramatique sur la condition humaine » (*l'Inconnue d'Arras,* 1935 ; *l'Archipel Lenoir,* 1947 ; *Boulevard Durand,* 1961 ; *Comme les chardons...,* 1964). Il a publié des Mémoires (*Dans la salle des pas perdus,* 2 vol., 1974-1976).

1. SALADE n. f. (piémontais *salada,* de *salare,* saler). **1.** Terme générique désignant certaines plantes potagères feuillues (laitues, chicorées, cresson, mâche, pissenlit). — **2.** Plat composé de feuilles de ces plantes crues et assaisonnées. — **3.** Mets composé de légumes, de viande ou de poisson assaisonnés généralement en vinaigrette. — **4.** *Fam.* Discours confus : *Quelle salade ! c'est incompréhensible !* — **5.** *En salade,* assaisonné avec une sauce vinaigrette. ‖ *Salade de fruits,* fruits d'une ou plusieurs variétés coupés en morceaux, accommodés avec du sucre et souvent de l'alcool. ‖ *Salade russe,* macédoine de légumes à la mayonnaise.

◆ **salades** n. f. pl. *Fam.* Propos mensongers : *Raconter des salades.*

2. SALADE n. f. (ital. *celata*). **1.** Casque en usage du XVᵉ au XVIIᵉ s. — **2.** Homme d'arme qui en était équipé.

SALADIER n. m. **1.** Plat creux dans lequel on présente et l'on assaisonne la salade. — **2.** Son contenu.

SALADIN Iᵉʳ, en ar. **Ṣalāḥ al-Dīn Yūsuf** (Takrīt, Mésopotamie, 1138 - Damas 1193), sultan ayyūbide (1171-1193). Vizir des Fāṭimides depuis 1169, il supprima le califat fāṭimide en 1171 et devint sultan. Il réunit sous son autorité l'Égypte, le Hedjaz, la Syrie et la Mésopotamie et fut le champion de la guerre sainte. Il remporta sur les Latins la bataille de Ḥaṭṭīn et s'empara de Jérusalem (1187), ce qui entraîna la formation de la troisième croisade (1189-1192). Une paix de compromis fut conclue (1192), qui laissait à Saladin la Syrie et la Palestine intérieures, y compris Jérusalem, mais presque toute la côte aux Francs. Le personnage de Saladin est à l'origine, tant en chrétienté qu'en islām, d'un cycle de légendes.

SALADO *(río),* nom de plusieurs cours d'eau argentins : l'un (2 000 km env.) coule dans l'ouest de la Pampa, et rejoint le río Colorado en saison humide ; un autre, d'une longueur équivalente, draine le nord de la Pampa, rejoignant le Paraná (r. dr.), près de Santa Fe.

SALAGE n. m. **1.** Action d'imprégner une denrée (viande, poisson) de sel, pour en favoriser la conservation. — **2.** Méthode utilisée pour conserver les peaux avant la mise en fabrication à la tannerie. (Outre le saupoudrage de sel, on effectue aussi le salage par immersion dans un bain de saumure, ou saumurage.) — **3.** Action de saler la chaussée.

Salagou, barrage et retenue (env. 1 000 ha) du dép. de l'Hérault, au pied des Cévennes.

SALAIRE n. m. (lat. *salarium,* solde pour acheter le sel). **1.** Toute somme versée en contrepartie ou à l'occasion d'un travail effectué par une personne pour le compte d'une autre, dans le cadre d'un contrat de travail. (→ *encycl.*) — **2.** Récompense méritée pour prix d'une bonne ou d'une mauvaise action : *C'est le juste salaire de son courage.* — **3.** *Éventail des salaires,* état comparatif des salaires versés aux travailleurs d'un établissement, d'une entreprise ou d'une branche industrielle, allant du plus bas au plus élevé. ‖ *Juste salaire,* notion introduite par les Pères de l'Église, au Moyen Âge, pour souligner que la rémunération du travailleur doit tenir compte de ses besoins. ‖ *Salaire de base,* salaire mensuel fixé suivant un coefficient ou des points et qui correspond à une fonction. ‖ *Salaire brut* ou *salaire réel,* salaire avant retenue des cotisations sociales, par oppos. au *salaire net.* ‖ *Salaire différé* (ou *contrat de travail à salaire différé*), créance sur la succession dont bénéficient les descendants d'un exploitant agricole, âgés de plus de dix-huit ans, qui participent à l'exploitation sans percevoir de rémunération. ‖ *Salaire minimum (interprofessionnel) de croissance (S. M. I. C.),* salaire minimal au-dessous duquel il est interdit de rémunérer un travailleur. (Il est fixé en fonction de l'évolution des prix à la consommation et, en cas de hausse, relevé obligatoirement le 1er juillet de chaque année.)

ENCYCL. **Dr.** Le salaire est fixé librement depuis la loi du 11 févr. 1950, par une convention collective, ou un accord d'établissement, par des accords nationaux ou au niveau d'une branche professionnelle, ou par un contrat individuel. Mais cette liberté est limitée de plusieurs façons : obligation de respect d'un salaire minimum, le S. M. I. C. ; salaires de base fixés par les conventions ; respect du principe d'égalité du salaire des hommes et des femmes (qui, en pratique, n'est pas souvent appliqué) ; interdiction des clauses d'indexation ; il peut également y avoir des mesures exceptionnelles de freinage des salaires.

SALAISON n. f. **1.** Opération consistant à saler une denrée alimentaire pour faciliter sa conservation. — **2.** Produits de charcuterie traités au sel (souvent pl.).

SALAISONNERIE n. f. Industrie de la salaison.

ṢALĀLAH ou **SALALA,** port du sultanat d'Oman. Centre commercial. Aéroport.

SALAM (Abdus), physicien pakistanais (Jhang 1926 - Londres 1996). Ayant proposé en 1967 une théorie qui permet d'unifier l'interaction électromagnétique responsable de la cohésion des atomes et l'interaction faible qui explique les désintégrations spontanées, il a partagé en 1979 le prix Nobel de physique avec les Américains Glashow et Weinberg.

SALAMALECS n. m. pl. (ar. *salām 'alaikum,* paix sur toi). *Fam.* Politesses exagérées et hypocrites.

SALAMANDRE n. f. (gr. *salamandra,* grand lézard). **1.** Amphibien urodèle vivipare, surtout insectivore, à peau luisante noire ou tachée de jaune vif, couverte d'un mucus venimeux. (Genre *salamandra ;* type de la famille des *salamandridés.*) [→ *encycl.*] — **2.** Nom donné à quelques formes voisines. — **3.** Nom déposé d'un poêle à combustion lente. — **4.** Pour certains alchimistes, animal fabuleux, indestructibles par le feu.

ENCYCL. Les salamandres sont des animaux nocturnes et prédateurs, se nourrissant d'invertébrés divers. La *salamandre commune* engendre des larves encore pourvues de branchies externes, et qui doivent achever leur développement dans l'eau. La *salamandre noire* met au monde des jeunes ayant achevé leur métamorphose. D'autres urodèles, américains ou japonais, classés dans des familles différentes, sont usuellement appelés « salamandres ».

SALAMANQUE, en esp. **Salamanca,** v. d'Espagne, en Castille-León, ch.-l. de prov. ; 167 000 hab. Centre culturel (université), administratif, commercial et surtout touristique.
— **Hist.** L'université, fondée au XIIIe s., se rendit surtout célèbre au XVIe s.
— **Bx-arts.** Vieille cathédrale du XIIe s., romane (tour-lanterne ; nombreuses œuvres d'art), avec cloître et salle capitulaire à voûte mudéjare du XIIIe s. Cathédrale Neuve du XVIe s., gothique, comme le couvent de S. Esteban (église à façade plateresque ; retable majeur de J. B. de Churriguera, 1693). Bâtiments universitaires du Moyen Âge au XVIIIe s., avec une célèbre façade aux ciselures plateresques (1520-1525). Vastes collège et église des jésuites *(la Clerecía),* entrepris en 1617 par J. Gómez de Mora. Belles demeures nobles, dont la *Casa de las Conchas* (début du XVIe s.) ou le palais de Monterrey (v. 1540, par R. Gil de Hontañón). *Plaza Mayor,* l'une des plus belles d'Espagne, sur plans d'A. de Churriguera (1728). Musée provincial.

SALAMBÔ → SALAMMBÔ.

SALAMI n. m. (ital. *salami,* pl. de *salame,* de *sale,* sel). **1.** Gros saucisson sec à viande finement hachée. — **2.** *Tactique du salami,* manière de vaincre un adversaire en lui arrachant peu à peu des concessions peu importantes séparément.

SALAMINE, en gr. **Salamis,** cité ancienne de Chypre (proche de Famagouste). Fondée v. 1100 av. J.-C., elle fut au Ier millénaire la cité la plus importante de l'île (tombes royales des VIIIe-VIIe s.). Centre de l'administration lagide de Chypre, elle fut éclipsée par Paphos à l'époque romaine. Ruines.

SALAMINE, en gr. **Salamis,** île grecque du golfe d'Égine, partie de l'agglomération Athènes-Le Pirée, à l'O. du Pirée ; 93,2 km² ; 18 400 hab. Ch.-l. *Salamína.*
— **Hist.** L'île fut intégrée à la cité d'Athènes en 612 av. J.-C. Au cours de la seconde guerre médique, le 29 sept. 480 av. J.-C., la flotte grecque détruisit celle de Xerxès devant Salamine. Ruines.

SALAMMBÔ ou **SALAMBÔ,** nom de la fille d'Hamilcar Barca, dont Flaubert a fait l'héroïne de son roman.

Salammbô, roman de Gustave Flaubert (1862) qui évoque la vie de Carthage, lors de la révolte des mercenaires, dont l'un des chefs, Mâtho, s'éprend de Salammbô, fille d'Hamilcar Barca et prêtresse de Tanit.

SALAN (Raoul), général français (Roquecourbe 1899 - Paris 1984). Directeur des troupes coloniales en 1949, muté en Indochine, il y succède à de Lattre de Tassigny comme commandant en chef des forces aériennes, terrestres et navales (1952-53). Nommé délégué général du gouvernement en Algérie par de Gaulle après les événements de mai 1958, il se retire en juin 1960. En désaccord avec la politique algérienne du gouvernement, il part pour l'Espagne. Il s'associe au putsch militaire du 22 avr. 1961 avec les généraux Challe, Jouhaud, Zeller, passe dans la clandestinité et crée le mouvement insurrectionnel dit « Organisation de l'armée secrète » (O. A. S.). Arrêté à Alger, le 22 avr. 1962, il est condamné à la détention perpétuelle. Gracié et amnistié en 1968, il est réhabilité en nov. 1982. Il a publié des *Mémoires* (4 vol., 1970-1974).

SALANDRA (Antonio), homme politique italien (Troia, près de Foggia, 1853 - Rome 1931). Député libéral (1886), il occupa différents postes ministériels de 1891 à 1910, puis succéda à Giolitti à la tête du gouvernement (1914). D'abord neutraliste, il finit par faire entrer l'Italie dans la guerre (1915), et fut renversé après les revers de 1916.

SALANG *(col du),* col de l'Afghānistān, dans l'Hindū Kūch, au N. de Kaboul, percé par un tunnel routier long de 3 km.

SALANGANE n. f. (malais *sārang,* nid). Petit oiseau (apodidé) à plumage brun, ailes longues et queue fourchue, d'Asie du Sud-Est, proche du martinet. (Le nid, lorsqu'il est fait de salive pure, constitue la base du potage « aux nids d'hirondelle » de la cuisine orientale.) [Syn. COLLOCALE.]

SALANQUE n. f. (mot languedocien). **1.** Dans la plaine du Roussillon, terre alluviale peu salée ou dessalée. — **2.** Nappe d'alluvions étalées par l'Agly et la Têt, dans la partie basse de leurs cours.

SALANT adj. m. Qui produit, contient du sel : *Puits salant.*

◆ n. m. Étendue proche de la mer où apparaissent des efflorescences salines.

SALARIAL, E, AUX adj. **1.** Relatif au salaire. — **2.** *Masse salariale,* somme des rémunérations, directes ou indirectes, perçues par l'ensemble des salariés d'un pays, d'une entreprise.

SALARIAT n. m. **1.** État, condition de salarié. — **2.** Mode de rémunération du travail par le salaire. — **3.** Ensemble des salariés.

SALARIÉ, E n. Personne qui perçoit un salaire dans le cadre d'un contrat de travail.

SALARIER v. t. (conj. 9). **1.** Donner un salaire à qqn. — **2.** Conférer à qqn un statut de salarié.

◆ **être salarié** v. pass. **1.** Percevoir un salaire : *Travailleur salarié.* — **2.** Procurer un salaire, en parlant d'un travail, d'une fonction : *Emploi salarié.*

SALAUD n. m. (de *sale*). *Pop.* Homme méprisable, qui agit de manière déloyale. (Terme d'injure. Au fém. on emploie la forme SALOPE.)

◆ adj. m. *Pop.* Se dit d'un homme qui se conduit d'une façon méprisable ou de son action : *C'est salaud ce que tu as fait.*

SALAVAT, v. de Russie, centre ferroviaire au pied de l'Oural ; 150 000 hab. Pétrochimie.

SALAWATI, archipel mélanésien, à l'extrémité N.-O. de la Nouvelle-Guinée indonésienne, dont il dépend.

SALAYAR ou **SALAJAR,** île d'Indonésie, au S. de l'île de Célèbes ; 671 km^2 ; 90 000 hab. V. princ. *Benteng.*

SALAZAR (António DE OLIVEIRA), homme politique portugais (Vimieiro, près de Santa Comba Dão, 1889 - Lisbonne 1970). Professeur d'économie politique à Coimbra (1917), ministre des Finances sous Carmona (1928), enfin président du Conseil (1932), il dirige la politique portugaise avec des pouvoirs très étendus. Il édifie un État national et chrétien, d'esprit corporatiste et anticommuniste. Dans les années 1960, il doit faire face aux révoltes dans les territoires d'outremer et à un mécontentement intérieur grandissant. Malade, il abandonne le pouvoir en 1968.

SALAZIE (97433), comm. de la Réunion, au N.-E. du Piton des Neiges ; 7 007 hab. Centre touristique.

SALBANDE n. f. (all. *Salband,* lisière du drap). Petite épaisseur d'argile existant souvent au contact des épontes d'un filon ou d'une faille.

SALBRIS (41300), ch.-l. de cant. de Loir-et-Cher, en Sologne ; 6 172 hab. *(Salbrisiens).* Église des XIIe et XVe-XVIe s. Armement.

SALDANHA (João Carlos DE SALDANHA OLIVEIRA E DAUN, *duc* DE), homme politique et maréchal portugais (Azinhaga, Santarém, 1790 - Londres 1876), petit-fils de Pombal. Il reçut la capitulation du roi Michel à Évora-Monte (1834). Le coup d'État de 1851 le porta à la direction du gouvernement, jusqu'en 1856. Il fut ensuite ambassadeur à Rome et à Paris et tenta en 1870 un coup d'État qui n'eut guère de suites. Il fut ambassadeur à Londres (1871).

SALE adj. (frq *salo). **1.** Qui est couvert de taches, de matières étrangères, qui est mal entretenu : *Donner du linge sale au blanchisseur. Avoir les mains sales.* — **2.** Qui néglige les soins de propreté élémentaire. — **3.** Se dit d'une couleur, d'une teinte qui n'est pas nette, franche : *Une façade de maison d'un blanc sale.* — **4.** Qui manque de soin dans ce qu'il fait : *Il est sale dans son travail.* — **5.** Qui est susceptible de salir celui qui s'en occupe : *Faire un travail sale.* — **6.** Qui est considéré comme impur, dégoûtant, ou qui offense la pudeur par son caractère obscène : *Raconter des histoires sales.* — 7. *Fam.* Qui est méchant, nuisible, désagréable : *Un sale type. Un sale temps.* — 8. *Fam.* Qui est très fâcheux, méchant, vilain : *Jouer un sale tour à quelqu'un.* — 9. Pop. *Sale tête, sale gueule,* figure laide, antipathique ; mauvaise mine, traits fatigués ; mine, expression de qqn qui est très ennuyé, très contrarié.

◆ n. m. *Au sale,* là où l'on met les affaires, le linge à laver : *Mettre sa chemise au sale.*

1. SALÉ → SALER.

2. SALÉ n. m. **1.** Nourriture salée : *Préférer le salé au sucré.* — **2.** Chair de porc salée. — **3.** *Petit salé,* morceau de poitrine de porc salé et cuit dans un bouillon aromatisé.

◆ adv. *Manger salé,* manger des aliments fortement salés.

SALÉ, v. du Maroc, sur l'Atlantique, à l'embouchure de l'oued Bou Regreg, en face de Rabat dont elle est devenue un faubourg ; 290 000 hab. Aéroport de Rabat.

SALÉ *(Grand Lac)* → GRAND LAC SALÉ.

Salé *(hôtel Aubert de Fontenay,* dit *hôtel),* à Paris, rue de Thorigny, dans le Marais. Il est, depuis 1985, musée Picasso.

SALEM, port des États-Unis (Massachusetts) ; 38 000 hab. Maisons anciennes. Musées.
— **Hist.** La ville fut célèbre, à la fin du XVIIe s., par une épidémie de sorcellerie durement réprimée (« chasse aux sorcières » : 3 exécutions en 1692) par les puritains.

SALEM, v. des États-Unis, cap. de l'Oregon, sur la Willamette ; 107 786 hab. Université.

SALEM, v. de l'Inde (Tamil Nadu), dans le Deccan ; 573 685 hab. Textiles, constructions électriques et mécaniques, chimie. Université.

SALEMENT adv. **1.** D'une manière sale : *Manger salement.* — **2.** D'une manière peu délicate, peu honnête : *Se conduire salement.* — **3.** *Pop.* Indique l'intensité ; terriblement, très : *J'ai eu salement peur.*

SALENGRO (Roger), homme politique français (Lille 1890 - *id.* 1936). Député socialiste (1928), il devint en juin 1936 ministre de l'Intérieur du Front populaire. Victime d'une campagne calomnieuse menée par la presse d'extrême droite, il se suicida.

SALENTO ou **PÉNINSULE SALENTINE,** péninsule du sud-est de l'Italie, s'étendant de Tarente à Brindisi ; 5 800 km².

SALEP [salɛp] n. m. (ar. *sāḥlāb*). Substance alimentaire tirée des tubercules desséchés de certaines orchidées.

SALER v. t. (de *sel*) [conj. 3]. **1.** Assaisonner avec du sel : *Tu as trop salé la soupe.* — **2.** Imprégner une denrée de sel, la plonger dans la saumure pour la conserver : *Saler du porc.* — **3.** *Fam.* Imposer à qqn une sanction trop sévère : *Les juges l'ont salé.* — **4.** *Fam.* Faire payer un prix excessif : *Saler la note.* — **5.** Effectuer l'opération de salage du cuir. — **6.** Répandre du sel sur la chaussée afin de faire fondre le verglas ou la neige.

◆ **être salé** v. pass. **1.** Contenir du sel, en avoir été imprégné ou en avoir le goût : *Cette sauce est trop salée.* — **2.** Avoir un caractère un peu osé : *Plaisanterie salée.* — **3.** *Fam.* Dépasser la mesure, être exagéré, sévère : *L'addition était salée.*

SALERNE *(golfe de),* golfe de la côte italienne, au S. de Naples, entre les caps Campanella et Licosa.

SALERNE, en ital. **Salerno,** v. d'Italie, en Campanie, ch.-l. de prov., sur le *golfe de Salerne ;* 157 200 hab. Archevêché. Monuments anciens, dont la cathédrale, entreprise v. 1080 (atrium ; portes en bronze ; ambons et chandelier pascal du XIIe s.). Musées provincial et de la cathédrale. Centre touristique, commercial et industriel.
— **Hist.** Ancienne colonie romaine, Salerne fut célèbre au Moyen Âge pour son école de médecine. Débarquement allié, le 9 sept. 1943.

Salerne *(école de),* école de médecine qui existait déjà au IXe s. et qui prospéra pendant tout le Moyen Âge.

SALERNES (83690), ch.-l. de cant. du Var, en basse Provence, à l'O. de Draguignan ; 3 064 hab. *(Salernois).* Église romane.

SALERON n. m. Petite salière.

SALERS [salɛrs] n. m. Variété de cantal.

SALERS (15140), ch.-l. de cant. du Cantal, dans le massif du Cantal, sur la *planèze de Salers ;* 440 hab. *(Sagraniers).* Portes fortifiées, église et maisons à tourelles surtout du XVe s. Centre touristique.

Salers *(race de),* race française de bovins de grande taille, à la robe acajou, élevée en Auvergne pour la viande et le lait.

SALES *(saint* François DE) → FRANÇOIS DE SALES *(saint).*

SALÉSIEN n. m. Religieux de la Société de Saint-François-de-Sales, congrégation fondée par saint Jean* Bosco, en 1859, à Turin, pour la formation intellectuelle, spirituelle, professionnelle et sociale des jeunes gens, plus particulièrement des jeunes ouvriers.

SALÉSIENNE n. f. Religieuse de la congrégation des Filles de Marie-Auxiliatrice, fondée à Turin, en 1872, par saint Jean* Bosco et sainte Marie Dominique Mazzarello, pour l'éducation des jeunes filles.

SALETÉ n. f. **1.** État de qqn, de qqch qui est sale, malpropre, mal tenu : *Se plaindre de la saleté des rues.* – **2.** Matière ou chose sale qui souille qqch, ou corps étranger qui trouble la netteté, la pureté de qqch : *Avoir une saleté dans l'œil.* – **3.** Chose mauvaise, dangereuse, nuisible : *Cet appareil est une vraie saleté.* – **4.** *Fam.* Action ou propos méprisable qui vise à faire du tort à qqn : *Répandre des saletés sur son adversaire.* – **5.** *Fam.* Propos, acte de caractère obscène : *Raconter des saletés.*

◆ **saletés** n. f. pl. *Fam.* Excréments d'un animal.

SALETTE-FALLAVAUX (La) [38970], comm. de l'Isère, dans le pays de Beaumont ; 87 hab. Basilique Notre-Dame-de-la-Salette, à 1 770 m d'altitude, lieu de pèlerinage marial très fréquenté depuis que, en 1846, la Vierge s'y révéla à deux jeunes bergers.

SALEUR, EUSE n. Personne qui sale des denrées, qui prépare des salaisons.

◆ **saleuse** n. f. Véhicule utilisé pour saler les chaussées.

SALÈVE *(mont),* montagne isolée des Préalpes (Haute-Savoie), dans le Genevois ; 1 375 m au Grand Piton. École d'escalade.

SALFORD, v. de Grande-Bretagne, banlieue ouest de Manchester ; 98 000 hab.

SALICACÉE n. f. (lat. *salix, -icis,* saule). Nom de famille d'arbres unisexués aux fleurs sans pétales, tels que le saule et le peuplier.

SALICAIRE n. f. (lat. sc. *salicaria*). Herbe (lythracée) des lieux humides, aux fleurs lilas réunies en épi.

SALICETI ou **SALICETTI** (Antoine Christophe), homme politique français (Saliceto, Corse, 1757 - Naples 1809). Député de la Corse à la Constituante et à la Convention, il favorisa la carrière de Bonaparte. Membre des Cinq-Cents (1797), il fut chargé de mission en Italie sous le Consulat et fut ministre de Joseph Bonaparte, roi de Naples (1806-1808).

SALICOLE adj. Qui a trait à la production du sel de mer dans les marais salants.

SALICOQUE n. f. (de *salir,* mot de l'Ouest, var. de *saillir,* et de *coque*). Autre nom usuel de la crevette rose ou bouquet.

SALICORNE n. f. Plante (chénopodiacée) des rivages et des lieux salés, à tiges charnues articulées sans feuilles.

SALICOSIDE n. m. ou **SALICINE** n. f. Hétéroside extrait des écorces de saule et de peuplier, hydrolysé en glucose et alcool salicylique, analgésique.

SALICULTEUR, TRICE n. Personne qui exploite un salin ou un marais salant.

SALICULTURE n. f. Exploitation d'un marais salant ou d'un salin.

SALICYLATE n. m. **1.** Sel ou ester de l'acide salicylique. – **2.** *Salicylate de phénol,* syn. de SALOL.

ENCYCL. **Pharm.** En thérapeutique, on utilise notamment le *salicylate de sodium* (qui fut longtemps le remède spécifique du rhumatisme articulaire aigu), les *salicylates d'aluminium* et de *titane* (pansement gastro-intestinal), le *salicylate de lithium* (source de lithium dans certaines psychoses), le *salicylate de méthyle* (action rubéfiante locale en frictions).

SALICYLÉ, E adj. et n. m. Se dit d'un médicament qui contient de l'acide salicylique ou des dérivés de l'acide salicylique.

SALICYLIQUE adj. (de *salicine*). Se dit de l'acide orthohydroxybenzoïque, de l'aldéhyde et de l'alcool correspondants.

ENCYCL. L'*alcool salicylique* $C_7H_8O_2$ existe sous forme de glucoside dans les écorces de saule et de peuplier (salicoside).

L'*aldéhyde salicylique* $C_7H_6O_2$ est une huile incolore bouillant à 196 °C, que l'on extrait de la reine-des-prés (*Spirœa ulmaria* [rosacée], d'où le nom d'aspirine donné à l'acide acétylsalicylique).

L'*acide salicylique* $C_7H_6O_3$ a été découvert par Piria en 1838 en oxydant l'aldéhyde salicylique. Il se rencontre dans diverses essences naturelles sous forme d'esters. C'est un solide, fondant à 155 °C, peu soluble dans l'eau à froid. Il est très employé comme intermédiaire dans l'industrie des colorants, des parfums et des médicaments. (→ ASPIRINE et SALICYLATE.)

SALIDIURÉTIQUE adj. et n. m. Se dit d'une substance qui augmente l'élimination urinaire de l'eau et du sodium.

1. SALIEN, ENNE adj. et n. (lat. *Salii*). *Prêtres saliens,* ou *saliens,* prêtres romains de Mars, au nombre de douze.

2. SALIEN, ENNE adj. (bas lat. *Salii,* de *Sala,* n. d'une rivière). **1.** Qui se rapporte à un groupe de Francs établis probablement dans l'Overijssel actuel. – **2.** *Dynastie salienne,* dynastie qui régna sur le Saint-Empire de 1024 à 1125. Elle est représentée par Conrad II (1024-1039), Henri III (1039-1056), Henri IV (1056-1106), Henri V (1106-1125), appelés Saliens en raison de leur origine franque.

SALIÈRE n. f. (anc. fr. *salier*). **1.** Petit récipient de métal, de verre, etc., qui sert à présenter le sel sur la table. – **2.** Boîte à couvercle où se trouve le sel employé en cuisine. – **3.** Syn. fam. de CREUX SUS-CLAVICULAIRE.

SALIERI (Antonio), compositeur italien (Legnago 1750 - Vienne 1825). Maître de la chapelle impériale à Vienne (1788-1824), son opéra *L'Europa riconosciuta* fut choisi pour inaugurer la Scala de Milan (1778). À cette époque, il éclipsait Mozart dans la capitale autrichienne, mais la légende selon laquelle il aurait empoisonné son rival est sans fondement. Une de ses dernières productions importantes est *Falstaff* (1799). On lui doit aussi de la musique religieuse et quelques pages instrumentales.

SALIES-DE-BÉARN (64270), ch.-l. de cant. des Pyrénées-Atlantiques, sur le Saleys ; 5 117 hab. *(Salisiens).* Station thermale (affections gynécologiques, rhumatismes, séquelles de traumatismes ostéo-articulaires, troubles de croissance). Chaussures. Literie. Informatique.

SALIES-DU-SALAT (31260), ch.-l. de cant. de la Haute-Garonne, sur le Salat ; 2 131 hab. *(Salisiens).* Ruines d'un château. Station thermale (affections gynécologiques, troubles de croissance).

SALIFÈRE adj. Se dit d'une roche sédimentaire contenant des niveaux d'évaporites, et du terrain qui renferme cette roche.

SALIFIABLE adj. Se dit d'un composé chimique susceptible d'être transformé en sel.

SALIFICATION n. f. Production d'un sel par réaction d'un acide sur une base.

SALIFIER v. t. (conj. 9). Transformer en sel.

SALIGAUD n. m. (bas all. *salik,* sale, du frq. **salo*). *Pop.* **1.** Personne sale, malpropre. — **2.** Personne qui agit d'une façon ignoble ou méprisable. (Le fém. *saligaude* est rare.)

SALIGÉNINE n. f. ou **SALIGÉNOL** n. m. Alcool salicylique.

SALIGNAC-EYVIGUES (24590), ch.-l. de cant. de la Dordogne, dans le sud-est du Périgord ; 1 047 hab. Château des XIIe-XVIe s.

SALIGNON n. m. (lat. pop. **salinio,* du lat. class. *salinum,* salière). Pain de sel extrait des eaux d'une fontaine salée.

ṢALIḤ ('Alī 'Abdallāh **al-**), officier et homme d'État yéménite (né en 1942). Président de la République arabe du Yémen (Yémen du Nord) à partir de 1978, il devient en 1990 le premier président de la République du Yémen, unifiée.

SALIN, E adj. (lat. *salinus*). **1.** Qui contient du sel ; qui est de la nature du sel : *Goût salin.* — **2.** Qui se rapporte aux sels. — **3.** *Roche saline,* roche essentiellement composée d'un chlorure (halite, sylvinite), d'un nitrate ou d'un sulfate (gypse). ‖ *Sol salin,* sol caractérisé par une concentration de sels de sodium provenant d'une nappe d'eau salée d'origine continentale et temporaire ou d'une nappe salée marine.

◆ **salin** n. m. **1.** Syn. de MARAIS SALANT. — **2.** Produit d'incinération des algues, varechs et goémons.

◆ **saline** n. f. Établissement producteur de sel à partir du sel gemme ou d'une saumure, au moyen d'une source de chaleur artificielle.

SALINA, une des îles Éoliennes, dans la mer Tyrrhénienne, à 3 km au N.-O. de Lipari ; 26,1 km^2 ; 2 200 hab. Tourisme.

SALINAS DE GORTARI (Carlos), homme d'État mexicain (Mexico 1948). Il a été président de la République de 1988 à 1994.

SALIN-DE-GIRAUD (13129), écart de la comm. d'Arles (Bouches-du-Rhône), dans le sud de la Camargue, à l'O. du Grand Rhône. Salins et industries chimiques.

SALINDRES (30340), comm. du Gard, à 10 km au N.-E. d'Alès ; 3 269 hab. Alumine.

SALINGER (Jerome David), écrivain américain (New York 1919). Ses nouvelles (*Franny and Zooey,* 1961 ; *Dressez haut la poutre maîtresse, charpentiers,* 1963 ; *Seymour, une introduction,* 1963) et son roman *l'Attrape-Cœur* (1951) expriment sur un mode à la fois symbolique et ironique les préoccupations et les obsessions de la jeunesse américaine.

SALINIER, ÈRE adj. Relatif à la production du sel. ◆ n. Producteur de sel.

SALINITÉ n. f. Teneur en sel d'un milieu, en partic. de l'eau de mer.

ENCYCL. **Biol.** La moyenne de salinité de l'eau de mer est de 35 ‰. Les milieux marins salés sont le domaine exclusif des algues rouges ou brunes. Les terrains salés se couvrent de plantes halophytes (salicorne, soude) qui leur sont propres, tandis que les terrains faiblement salés conviennent à la betterave, au dattier, au cotonnier, etc. Les animaux des eaux salées se partagent entre sténohalins qui exigent une concentration définie en sels et euryhalins qui supportent de larges variations de salinité.

SALINS-LES-BAINS (39110), ch.-l. de cant. du Jura, en bordure des plateaux jurassiens ; 3 828 hab. *(Salinois).* Restes d'enceinte médiévale. Églises St-Anatoile (romane et gothique) et St-Maurice, chapelle du XVIIe s., hôtel-Dieu de 1690 et autres monuments. Station thermale (troubles de croissance, rhumatismes, séquelles de traumatismes ostéo-articulaires). Faïencerie. Galeries souterraines (XIIe s.) des salines.

SALINS-LES-THERMES (73600), comm. de la Savoie, près de Moûtiers ; 1 004 hab. Station thermale jumelée avec Brides-les-Bains*.

Saliout, programme soviétique de stations orbitales. Les stations Saliout (19 t au lancement, 100 m³ de volume habitable) pouvaient abriter des équipages de 2 ou 3 personnes pour des séjours de plusieurs mois, ou des équipages comptant jusqu'à 6 personnes pour des périodes de quelques jours. Elles pouvaient effectuer des manœuvres de changement d'orbite grâce à un bloc propulseur situé à l'arrière. Une pièce d'amarrage située à l'avant permettait l'amarrage des vaisseaux de transport Soïouz* assurant le transfert aller-retour des équipages entre la Terre et la station. Ces stations ont été utilisées pour des recherches scientifiques et techniques (astronomie et astrophysique, biologie et médecine spatiales, science des matériaux, observation de la Terre, fabrication de substances en microgravité). Elles ont servi également de banc d'essais pour la mise au point des techniques nécessaires au développement de bases spatiales permanentes.
Saliout 1 a été satellisée en 1971, mais le programme n'a atteint son véritable développement qu'avec Saliout 6, en 1977, dotée d'une seconde pièce d'amarrage, pouvant recevoir soit un vaisseau piloté Soïouz, soit un vaisseau de ravitaillement automatique de type Progress*. Le premier équipage de visite de la station Saliout 7, en 1982, comprenait le premier spationaute français, Jean-Loup Chrétien. À partir de 1986, les Soviétiques utilisèrent une station de nouvelle génération, appelée Mir*.

SALIQUE adj. (lat. médiév. *salicus*). **1.** Relatif aux Francs Saliens. — **2.** *Loi salique,* recueil de lois des anciens Francs Saliens. (Code civil et pénal, elle contient une règle qui, excluant les femmes de la succession à la terre, fut invoquée pour légitimer l'ordre de succession au trône de France.)

SALIR v. t. (de *sale*) [conj. 32]. **1.** Rendre qqch sale : *Les enfants ont sali le parquet. Tous ces déchets salissent les eaux du lac.* — **2.** Calomnier qqn, porter atteinte à sa réputation : *Un scandale qui salit un homme politique.* — **3.** Faire paraître, rendre impur, malsain, malhonnête, sordide, ce qui ne l'était pas : *Avec vos insinuations, vous salissez leur amitié.* — **4.** *Salir son lit, ses draps,* les souiller d'excréments.

◆ v. i. Être salissant : *Métier qui salit.*

◆ **se salir** v. pr. **1.** Devenir sale, prendre un aspect malpropre : *Ce tissu clair se salit vite.* — **2.** Souiller ses vêtements, son corps, une partie de son corps : *Se salir les mains.* — **3.** Se compromettre par des actes douteux, malhonnêtes : *Se salir en participant à des combinaisons louches.*

SALIS (Rodolphe), cabaretier et humoriste français (Châtellerault 1851 - Naintré 1897). Il créa *Le Chat noir* (1881), prototype des cabarets de chansonniers montmartrois.

SALISBURY, v. de Grande-Bretagne, sur l'Avon ; 35 300 hab. Importante cathédrale de style gothique primitif (1220-1265), avec salle capitulaire et cloître de la fin du XIIIe s., tour du XIVe. Maisons anciennes. Musée.

SALISBURY, anc. nom de Harare.

SALISBURY (Robert Arthur Talbot GASCOYNE-CECIL, 3e *marquis* DE), homme politique britannique (Hatfield, Hertfordshire, 1830-*id.* 1903). Secrétaire d'État pour l'Inde (1866-67 et 1874-1878), il participe à la conférence de Constantinople (1877), s'opposant avec fermeté aux visées russes sur l'Empire ottoman. Ministre des Affaires étrangères, il accompagne Disraeli à la conférence de Berlin (1878). À la mort de ce dernier, il devient chef du parti conservateur (1881). Premier ministre et ministre des Affaires étrangères (1885-86, 1886-1892, 1895-1902), il combat vigoureusement le nationalisme irlandais. Il s'attache à préserver l'équilibre européen, sans s'engager sur le continent, et favorise le développement de l'Empire, surtout en Afrique, où il évite une guerre avec la France (Fachoda, 1898), mais ne peut éviter la guerre en Afrique du Sud (1899-1902).

SALISSANT, E adj. **1.** Qui salit, où l'on se salit : *Un travail salissant.* — **2.** Qui se salit aisément : *Le blanc est une couleur salissante.* — **3.** Qui porte atteinte à la pureté, à l'intégrité : *Propos salissants.*

SALIS-SEEWIS (Johann Gaudenz VON), écrivain suisse d'expression allemande (Bothmar, près de Malans, Grisons, 1762-*id.* 1834), le plus remarquable des poètes lyriques suisses du XVIIIe s. (*Poésies,* 1793).

SALISSURE n. f. **1.** Ce qui salit, souille une surface : *Un mur couvert de salissures.* — **2.** Fixation et développement de végétaux et d'animaux aquatiques sur les parties immergées et non protégées d'une plate-forme pétrolière ou d'une coque de navire. (Syn. FOULING.)

SALIVAIRE adj. **1.** Relatif à la salive. — **2.** *Glandes salivaires,* glandes qui sécrètent la salive. (Chez l'homme, il existe trois paires de glandes salivaires : les parotides, les sous-maxillaires et les sublinguales, qui sécrètent chacune une salive différente.)

SALIVANT, E adj. Qui produit la sécrétion de la salive. (Pour les médicaments, on emploie plutôt SIALAGOGUE.)

SALIVATION n. f. Sécrétion de la salive.

SALIVE n. f. (lat. *saliva*). **1.** Produit de la sécrétion des glandes parotides, sous-maxillaires et sublinguales, qui se déverse dans la bouche. (→ *encycl.*) — **2.** Fam. *Dépenser sa salive,* parler beaucoup. ‖ Fam. *Perdre sa salive,* parler, prêcher en vain.

ENCYCL. Essentiellement aqueuse (95 % en moyenne d'eau), la salive contient une enzyme, la ptyaline, ou amylase salivaire, qui commence la digestion des osides (sucres complexes tels que l'amidon ou le glycogène) en les transformant en oses (sucres simples). Elle joue aussi un rôle mécanique en facilitant l'enrobement et la déglutition du bol alimentaire. La quantité de salive mixte sécrétée par jour varie chez l'homme de 300 g à 1 000 g et plus.

SALIVER v. i. (conj. **3**). **1.** Sécréter de la salive. — **2.** Avoir très envie de qqch : *Il salivait devant les voitures.*

SALK (Jonas Edward), bactériologiste américain (New York 1914 - La Jolla 1995). Il a contribué à réaliser la vaccination antipoliomyélitique (1954-55).

SALLANCHES (74700), ch.-l. de cant. de la Haute-Savoie, à l'entrée de la cluse de l'Arve ; 13 024 hab. *(Sallanchards* ou *Sallanchois*). Station estivale. Skis. Mécanique de précision, électronique, industrie alimentaire.

SALLAUMINES (62430), comm. du Pas-de-Calais, banlieue S.-E. de Lens ; 11 103 hab. Industrie automobile.

SALLE n. f. (bas lat. *sala,* du frq. **sal*). **1.** Toute pièce de grandes dimensions dans un château, un palais, un hôtel particulier, etc. : *Une vaste salle flanquée de deux pièces.* — **2.** Nom de certaines pièces spécifiques d'un appartement : *Salle à manger. Salle de bains.* — **3.** Pièce, local destinés à une fonction particulière : *Salle d'attente. Salle des machines.* — **4.** Cinéma en tant que lieu : *Le film sortira en salle le mois prochain.* — **5.** Public qui se trouve dans une salle de réunion, de spectacle : *La salle était enthousiaste.* — **6.** *Garçon, fille de salle,* homme, femme qui, dans un établissement public, sont chargés du service de nettoiement. ‖ *Salle à manger,* pièce où l'on prend les repas ; mobilier propre à cette pièce. ‖ *Salle d'armes,* local réservé à l'enseignement de l'escrime ; dans les arsenaux, entrepôt des armes portatives. ‖ *Salle de bains,* pièce affectée aux soins corporels, et comportant lavabo et baignoire. ‖ *Salle capitulaire,* dans les cathédrales et les monastères, salle affectée aux réunions du chapitre. ‖ *Salle d'eau,* pièce affectée aux soins du corps, équipée d'un lavabo et d'une douche. ‖ *Salle de garde,* dans un hôpital, local où se réunissent les internes en médecine et où ils prennent leur repas. ‖ *Salle d'opération,* pièce spécialement aménagée en vue des opérations chirurgicales.

SALLÉ (Marie), danseuse française (1707-Paris 1756). Élève de Ballon, de Blondy et de Françoise Prévost, elle devint une des danseuses favorites de la cour française. C'est avec son ballet *Pygmalion* (1734), créé à Londres, qu'elle innova en matière de costume, abandonnant chaussures à talons et robes à panier, dansant drapée dans une robe de mousseline, la chevelure sans ornements et en sandales. Elle fut un précurseur des théories de Noverre.

SALLES-CURAN (12410), ch.-l. de cant. de l'Aveyron, au N. du Lévezou ; 1 298 hab. Église et château du XVe s. Tourisme.

SALLO (Denys DE), sieur **de la Coudraye,** plus connu sous le pseudonyme de **sieur d'Hérouville,** écrivain français (Paris 1626 - *id.* 1669). Il fonda, en 1665, le *Journal des savants.*

SALLUSTE, en lat. **Caius Sallustius Crispus,** historien romain (Amiternum 86 av. J.-C. - v. 35 av. J.-C.). Gouverneur de Numidie en 46, il amassa une fortune qui lui permit de faire bâtir à Rome une maison remplie d'œuvres d'art et entourée de jardins célèbres. Retiré de la vie politique à la mort de César, il se consacra à ses ouvrages historiques *(Conjuration de Catilina, Guerre de Jugurtha, Histoires).* Son œuvre, dont la méthode est inspirée de Thucydide, a été admirée pendant toute l'Antiquité.

SALM, ancien comté du Saint Empire, fondé en Ardennes au Xe s. Il fut divisé en *Bas-Salm* (Ardennes) et *Haut-Salm* (Vosges) ; ce dernier fut une principauté de l'Empire de 1623 à 1793.

Salm *(hôtel de)* ⟶ LÉGION* D'HONNEUR *(palais de la).*

SALMANASAR ou **SHOULMĀNOUASHARĒD,** nom de cinq rois assyriens : **Salmanasar Ier,** fils et successeur d'Adadnīrārī (1275-1245 av. J.-C.), annexa le dernier royaume de Mitanni, et fut le fondateur de Kalhou (Nimroud). — **Salmanasar III,** fils et successeur d'Assurnazirpal II (858-823), mena de nombreuses campagnes dans le Zagros, en Ourartou et en Syrie, mais ne put vaincre les rois araméens et néohittites. La révolte de son fils aîné suscita une guerre civile (827-822). — **Salmanasar V,** fils et successeur de Téglath-Phalasar III (727-722/1), assiégea et soumit Tyr ; il déposa Osée, roi d'Israël, et assiégea Samarie.

SALMANAZAR n. m. Grosse bouteille de champagne équivalant à douze bouteilles champenoises.

SALMIGONDIS [-di] n. m. (moyen fr. *salemine,* plat de poissons, et anc. fr. *condir,* assaisonner). **1.** Ragoût de restes de viandes. — **2.** *Fam.* Mélange confus et disparate : *Un salmigondis de banalités.*

SALMIS [-mi] n. m. (abrév. de *salmigondis*). Préparation du gibier à plumes qui, rôti aux deux tiers, est dépecé, paré, cuit dans une sauce au vin.

SALMON (André), écrivain français (Paris 1881 - Sanary-sur-Mer 1969). Ami d'Apollinaire et de Max Jacob, il a publié des poèmes (*Calumet,*

1910 ; *l'Âge de l'humanité,* 1921), des romans (*Tendres Canailles,* 1913 ; *la Négresse du Sacré-Cœur,* 1920), des études d'art sur Cézanne, Seurat, Modigliani et des *Souvenirs sans fin* (1955-56) qui font de lui un des plus importants témoins de la vie artistique et littéraire à Paris entre 1905 et 1960.

SALMONELLA n. f. inv. ou **SALMONELLE** n. f. (de D. E. *Salmon,* n. pr.). Genre bactérien composé de bacilles Gram négatif responsables de salmonelloses. (Famille des entérobactériacées.)

ENCYCL. Les salmonella comprennent plusieurs centaines d'espèces définies selon leurs antigènes somatiques (O) et flagellaires (H). Les agents des fièvres typhoïde *(Salmonella typhi)* et paratyphoïdes (*S. paratyphi* A, B ou C) ne semblent avoir pour hôte et pour réservoir principal que l'homme. Les salmonella agissent par une pénétration dans la paroi intestinale, suivie d'une multiplication dans les follicules lymphoïdes puis dans les ganglions mésentériques, et enfin par une dissémination par voie lymphatique et sanguine à tout l'organisme (septicémie).

SALMONELLOSE n. f. Infection due à des salmonella.

ENCYCL. On distingue la fièvre typhoïde* des autres salmonelloses, dites non typhoïdiques, responsables avant tout de toxi-infections alimentaires et, plus rarement, de graves affections extradigestives. Il existe souvent dans ces cas un état pathologique sous-jacent : déficit de l'immunité (sida), néoplasies, parasitoses.

SALMONICULTEUR, TRICE n. Pisciculteur produisant des salmonidés.

SALMONICULTURE n. f. Élevage des poissons de la famille des salmonidés.

SALMONIDÉ n. m. (lat. *salmo, -onis,* saumon). Nom de famille de poissons caractérisés par une dorsale postérieure adipeuse, tels que le saumon, la truite, l'omble chevalier, le corégone et l'ombre.

SALNIKOV (Vladimir), nageur russe (Leningrad 1960). Sous la bannière de l'U. R. S. S., il a été champion olympique des 400 m et 1 500 m en 1980, remportant à nouveau le titre sur 1 500 m en 1988.

SALO, station de villégiature d'Italie (prov. de Brescia), sur le lac de Garde ; 10 300 hab. Ce fut le siège du gouvernement de la république sociale italienne, créé par Mussolini en sept. 1943.

SALOIR n. m. (de *saler*). **1.** Autref., coffre de bois dans lequel on conservait le sel. — **2.** Pot en terre vernissée dans lequel on conserve les salaisons. — **3.** Pièce dans laquelle on fait les salaisons.

SALOL n. m. Ester salicylique du phénol, qui a été utilisé comme antiseptique des voies urinaires et intestinales.

SALOMÉ n. m. Chaussure basse, à bride, pour femme.

SALOMÉ, princesse juive († v. 72), fille d'Hérode Philippe et d'Hérodiade. Poussée par sa mère, elle obtint de son beau-père (second mari de sa mère), le tétrarque Hérode Antipas, la tête de Jean-Baptiste pour le prix d'une danse.

SALOMON *(îles),* en angl. **Solomon Islands,** archipel de la Mélanésie entre 5° et 12° de latitude Sud. Les îles de Buka et Bougainville font aujourd'hui partie de l'État de Papouasie-Nouvelle-Guinée. Les autres forment l'État des Salomon ; 30 000 km² ; 390 000 hab. CAP. *Honiara.* LANGUE : *anglais.* MONNAIE : *dollar des Salomon.*

Géographie. Les îles principales s'alignent en deux rangées : Choiseul, Santa Isabel, Malaita au N.-E. ; Vella Lavella, Nouvelle-Géorgie, Guadalcanal, Russell, Florida et San Cristobal au S.-O. Les pluies sont très abondantes (2 à 4 m). La majorité de la population se concentre sur les littoraux (pêche). Malgré quelques exportations (bois, coprah, épices, huile de palme), la balance commerciale reste déficitaire.

Histoire. Découvert par les Espagnols en 1568, l'archipel est visité par Bougainville deux siècles plus tard. En 1893, la Grande-Bretagne étend sa domination sur tout l'archipel à l'exception de Buka et Bougainville, qui sont allemandes depuis 1885. Elles passeront sous mandat australien en 1921. Les îles Salomon, notamment Guadalcanal et Bougainville, sont de 1942 à 1945 le siège de violents combats entre Américains et Japonais. En 1978, l'archipel accède à l'indépendance dans le cadre du Commonwealth.

SALOMON, en hébr. **Shelomo,** troisième roi des Hébreux (v. 970-931 av. J.-C.). Fils de David et de Bethsabée, il garantit la sécurité du royaume en établissant une ligne de forteresses et en renforçant son armée. Sa puissance lui sert à assurer une grande prospérité économique, mais aussi à construire des monuments dont le « Premier Temple » de Jérusalem, qui exige sept ans de travaux. À la mort de Salomon, son royaume se scinde en deux (Juda et Israël) à la suite du réveil de l'antagonisme entre les tribus du Nord et celles du Sud. Sa réputation de sagesse est illustrée par le jugement qu'il prononça en présence de deux femmes qui se disputaient un nouveau-né : Salomon ayant ordonné de fendre celui-ci en deux pour en donner la moitié à chacune, l'une des deux femmes poussa un cri, manifestant ainsi qu'elle était sa vraie mère.

Salomon *(psaumes de),* nom donné à dix-huit psaumes apocryphes, composés au Ier s. av. J.-C., sans doute entre 63 et 40.

SALOMON *(saint),* souverain des Bretons († près de Landerneau, 874). Neveu de Nominoë, il régna probablement de 857 à 874.

SALOMON (Erich), photographe allemand (Berlin 1886 - Auschwitz 1944). Père du reportage moderne, en utilisant l'appareil de petit format, il a laissé des instantanés d'une cruelle franchise : *Berühmte Zeitgenossen in unbewachten Augenblicken* (1931).

SALOMON (Ernst VON), écrivain allemand (Kiel 1902 - Winsen-an-der-Luhe, Basse-Saxe, 1972). Compromis dans l'assassinat du ministre des Affaires étrangères Rathenau (1922), il fit cinq ans de prison pendant lesquels il écrivit *les Réprouvés* (1930), où il évoque le désarroi de l'Allemagne vaincue, et *les Cadets* (1933). Interné par les Américains en 1945-46, il revint au roman avec *le Questionnaire* (1951) et donna une œuvre à tonalité autobiographique (*le Destin de A. D.,* 1961 ; *la Belle Wilhelmine,* 1965).

SALON n. m. (ital. *salone,* de *sala,* salle). **1.** Pièce d'un appartement, d'une maison, destinée à recevoir les visiteurs. — **2.** Mobilier propre à cette pièce de réception : *S'acheter un salon Louis XVI.* — **3.** Pièce commune confortablement meublée où l'on peut s'asseoir, lire, converser, dans un hôtel, sur un paquebot. — **4.** Pièce qu'un client peut réserver pour un repas, une réception, une fête, etc. — **5.** Réunion de personnalités des lettres, des arts et de la politique qui, en partic. aux XVIIe et XVIIIe s., se tenait chez une femme distinguée et où l'on discutait de littérature, de philosophie, de politique, etc. (→ *encycl.* Littér.) — **6.** *Litt.* Société mondaine : *Conversation de salon.* — **7.** Manifestation commerciale professionnelle permettant périodiquement aux entreprises de présenter leurs nouveautés (avec majusc.) : *Le Salon de l'automobile.* — **8.** Exposition, le plus souvent annuelle, d'artistes vivants (souvent avec une majusc.) ; article de journal, de revue, consacré à la critique d'un Salon. (→ *encycl.* Bx-arts.) — **9.** Nom de certains magasins : *Salon de coiffure. Salon de thé.* — **10.** *Comédie de salon,* petite pièce de théâtre facile, jouée par des amateurs. ‖ *Danse de salon,* danse récréative, exécutée presque toujours par couples, sur une musique spécifique (valse, tango, rumba, paso-doble, jerk, rock, etc.). ‖ *Salon de treillage,* sorte de tonnelle. ‖ *Salon de verdure,* espace ménagé au milieu des arbres d'un parc et garni de bancs. ‖ *Tenir salon,* réunir chez soi des personnes, en partic. du monde des arts et des lettres ; converser de manière assez mondaine.

ENCYCL. **Bx-arts.** Organisée pour la première fois en 1667, l'exposition des travaux des académiciens devra son nom de Salon à son installation, en 1725, dans le salon Carré du Louvre. Longtemps réservé aux artistes membres ou agréés de l'Académie (d'où la création d'expositions rivales), le Salon devient libre en 1791, avant d'être placé, en 1798, sous le contrôle d'un jury d'admission issu de l'Institut, et, en 1881, sous celui de la Société des artistes français. L'académisme intransigeant du jury (qui, en 1863, provoque la tenue d'un *Salon des Refusés*) suscite la fondation, en 1884, de la Société des artistes indépendants*, en 1890, de la Société nationale des beaux-arts, qui organisent leurs salons respectifs. Dès lors, les manifestations concurrentes se multiplient à Paris, du *Salon d'Automne* (1903) à la *Jeune Peinture* (1956), en passant par les *Réalités nouvelles* (1939), le *Salon de Mai* (1945), etc.

Des catalogues accompagnent ces Salons (le premier *livret* date de 1673), d'abondants commentaires aussi, comptes rendus critiques publiés dans la presse et signés, aux XVIIIe et XIXe s., d'amateurs d'art et d'écrivains (*Salons* de Diderot, Gautier, Baudelaire, des Goncourt, etc.). [→ EXPOSITION.]

— **Littér.** Au XVIIe s., les salons les plus importants furent ceux de la marquise de Rambouillet, de Madeleine de Scudéry, de Mme Scarron et de Ninon de Lenclos ; au XVIIIe, ceux de Mme de Tencin, Mme du Deffant, Mlle de Lespinasse, Mme d'Épinay, et, au XIXe, ceux de Mme de Staël, Mme Récamier et celui de la princesse Mathilde.

SÁLONA → ÁMFISSA.

SALON-DE-PROVENCE (13300), ch.-l. de cant. des Bouches-du-Rhône, au N. de l'étang de Berre ; 35 041 hab. *(Salonnais).* École de l'air. École militaire de l'air. Château de l'Emperi (XIIe-XVIe s.), auj. musée des Armées françaises de 1700 à 1918. Collégiale St-Laurent, de style gothique provençal. Musée de Salon et de la Crau. Équipement électrique. Industries alimentaires. — À l'E.-S.-E., centrale hydroélectrique.

SALONE, en lat. **Salona** ou **Salonae,** ville antique d'Illyrie, cap. de la province romaine de Dalmatie. La ville fut détruite par les Avars vers 615. Importantes ruines romaines et paléochrétiennes. C'est l'actuelle *Solin,* dans la banlieue de Split.

SALONIQUE → THESSALONIQUE.

SALONNARD, E n. *Vx.* Habitué des salons mondains, de leur snobisme.

SALONNIER n. m. Journaliste qui rendait compte du Salon officiel des beaux-arts.

SALOON [salun] n. m. (amér. *saloon,* du fr. *salon*). Bar du Far West américain.

SALOPARD n. m. *Pop.* Individu sans scrupule qui agit envers autrui d'une façon ignoble.

SALOPE n. f. (de *sale* et *hoppe,* var. dialect. de *huppe*). *Pop.* **1.** *Vx.* Femme, fille très sale. — **2.** Femme qui agit d'une manière déloyale, qu'on méprise (terme d'injure). — **3.** Injure adressée à un homme et mettant en cause sa virilité ou sa droiture.
◆ adj. f. *Pop.* Se dit d'une femme qui se conduit d'une façon méprisable, déloyale : *Elle a été salope avec moi.*

SALOPER v. t. (de *salope*) [conj. 3]. *Pop.* **1.** Exécuter un travail très mal, sans soin, sans conscience : *Le peintre a salopé la pose des papiers peints.* — **2.** Salir qqch, le souiller, le couvrir de taches : *Il a salopé son pantalon neuf.*

SALOPERIE n. f. *Pop.* **1.** Matière sale ; saleté : *Il y a des saloperies dans ton verre.* — **2.** Microbe, germe d'une maladie grave : *Attraper une saloperie.* — **3.** Propos, acte obscène : *Dire des saloperies.* — **4.** Action méprisable, basse, dégradante : *Il m'a fait une de ces saloperies !* — **5.** Chose, objet sans valeur ; marchandise ou aliment de mauvaise qualité : *Manger des saloperies.* — **6.** *Faire des saloperies qqpart,* rendre un lieu sale.

SALOPETTE n. f. (de *salope*). Vêtement constitué d'un pantalon prolongé par une bavette à bretelles.

SALOPIAUD ou **SALOPIOT** n. m. *Pop.* Syn. atténué de SALAUD.

SALORGE n. f. (mot dialect., du lat. *sal,* sel, et *horreum,* grenier). Magasin dans lequel on entrepose le sel.

SALOUEN (le ou la), fl. de l'Asie du Sud-Est ; 2 800 km. Issu du Tibet oriental, il traverse le Yunnan chinois, puis entre en Birmanie où il atteint l'océan Indien par un delta où s'est établie Moulmein. Le fleuve n'est navigable que sur de courts trajets et sur 100 km en amont du delta.

SALOUM (le), fl. côtier du Sénégal, tributaire de l'océan Atlantique.

SALPE n. f. (lat. *salpa,* merluche, du gr. *salpê,* poisson de mer). Tunicier pélagique et translucide, se reproduisant par alternance de générations sexuées et asexuées.

SALPÊTRAGE n. m. Formation de salpêtre.

SALPÊTRE n. m. (lat. médiév. *salpetræ,* sel de pierre). **1.** Nom donné à plusieurs nitrates. — **2.** *Salpêtre du Chili,* nitrate de sodium naturel. ‖ *Salpêtre terreux,* nitrate de calcium qu'on trouve en efflorescence sur les murs humides.
ENCYCL. Le salpêtre (nitrate de potassium KNO_3) se trouve dans la nature, principalement en Inde et en Égypte. On le prépare aujourd'hui à partir de nitrate de sodium (salpêtre du Chili) que l'on décompose à ébullition par le chlorure de potassium. Il est employé comme oxydant dans la composition des poudres et explosifs, et en métallurgie pour brûler les résidus carbonés ou sulfurés.

SALPÊTRER v. t. (conj. 4). **1.** Couvrir d'un dépôt de salpêtre : *L'humidité salpêtre les murs.* — **2.** Recouvrir de salpêtre : *Salpêtrer les fromages de chèvre.*

SALPÊTRIER n. m. **1.** Personne autorisée, sous l'Ancien Régime, à rechercher, collecter et fabriquer le salpêtre. — **2.** Ouvrier fabriquant le salpêtre.

SALPÊTRIÈRE *(grotte de la),* grotte de la vallée du Gardon (comm. de Remoulins, Gard). Gisement préhistorique avec une longue stratigraphie du paléolithique supérieur allant de l'aurignacien (- 28000) à l'azilien. Entre les niveaux solutréen et magdalénien récent un faciès culturel original, le *salpêtrien,* a été reconnu, associé à des vestiges de cabanes.

Salpêtrière *(hôpital de la),* à Paris, boulevard de l'Hôpital (XIIIe arrond.). Sur l'emplacement d'une fabrique de poudre, Louis XIV fonda en 1656 un hôpital général pour les indigentes, construit par Le Vau et Le Muet (1660-1663 ; chapelle par Bruant, 1669). Une maison de force pour femmes y fut adjointe en 1684, fermée en 1794. Vers 1780 furent bâties une infirmerie et des loges pour les malades mentaux. Pinel, Esquirol, Charcot y exercèrent. Auj., dans le cadre d'un C. H. U. (Pitié-Salpêtrière), la Salpêtrière continue à avoir une orientation neuropsychiatrique.

SALPICON n. m. (esp. *salpicón*). Préparation généralement utilisée pour garnir des bouchées, des tourtes, etc.

SALPINGECTOMIE n. f. Ablation de la trompe de Fallope.

SALPINGIEN, ENNE adj. Qui concerne la trompe de Fallope.

SALPINGITE n. f. Inflammation de la trompe de Fallope.
ENCYCL. Unilatérale ou plus souvent bilatérale, la salpingite touche souvent l'ovaire et le péritoine du ligament large. Si elle peut s'observer dans les suites d'un accouchement ou d'un avortement, elle apparaît surtout comme conséquence d'une infection sexuellement transmissible. Elle est plus rarement d'origine tuberculeuse. La maladie devenue chronique expose à une stérilité définitive.

SALPINGOGRAPHIE n. f. Radiographie des trompes de Fallope.

SALPINGO-OVARITE n. f. (pl. *salpingo-ovarites*). Inflammation simultanée de la trompe et de l'ovaire.

SALPINGOPLASTIE n. f. Intervention consistant à rétablir la perméabilité de la trompe, en cas de stérilité par obstruction tubaire.

SALSA n. f. (esp. *salsa*, sauce). Musique de danse d'Amérique espagnole, au tempo vif, appelée également *jazz afro-cubain*.

SALSEPAREILLE n. f. (moyen fr. *salseparille*, du port. *salsaparrilla*). Plante (liliacée) volubile croissant surtout au Mexique et en Asie orientale, naguère d'usage médicinal.

SALSES (66600), comm. des Pyrénées-Orientales, à l'O. de l'étang de Leucate (ou de *Salses*) ; 2 432 hab. *(Salséens)*. Forteresse élevée à la fin du XVe s. Sources salées. Aquaculture.

SALSETTE *(île de)*, île indienne de la mer d'Oman, au N. de l'île de Bombay ; 650 km^{2}. Aéroport de Santa Cruz.

SALSIFIS [-fi] n. m. (lat. médiév. *erba salsifica*). **1.** Nom usuel de *Tragopogon porrifolius*, ou salsifis vrai, cultivé pour sa longue racine charnue comestible, à la saveur mucilagineuse et sucrée. — **2.** Nom usuel de la *scorsonère*, appelée aussi *salsifis d'Espagne* ou *salsifis noir*.

SALSIGNE (11600), comm. de l'Aude, dans la Montagne Noire, à 19 km au N. de Carcassonne ; 375 hab. Mine d'or.

SALSODIQUE adj. Syn. de HALOMORPHE.

SALSOLA n. m. (lat. sc. *salsola*, du lat. class. *salsus*, salé). Herbe (chénopodiacée) vivant principalement dans les terrains salés. (Autref., à partir de *Salsola soda* [soude], par incinération, on extrayait du carbonate de sodium.)

SALT (abrév. de *Strategic Arms Limitation Talks*), négociations sur la limitation des armes stratégiques, menées de 1969 à 1979 entre les États-Unis et l'U. R. S. S.
La première phase de négociations (SALT I) aboutit le 26 mai 1972 à la signature, à Moscou, d'un traité visant à limiter les défenses antimissiles (→ ABM). La deuxième phase (SALT II) s'ouvrit à Genève le 21 nov. 1972 pour aboutir le 18 juin 1979 à la signature d'un accord comportant 3 volets principaux : 1° un plafond égal de part et d'autre pour diverses catégories de vecteurs nucléaires stratégiques (missiles balistiques déployés à terre, sur sous-marins, bombardiers) ; 2° un protocole de trois ans comportant certaines limitations pour les missiles balistiques intercontinentaux mobiles et les missiles de croisière ; 3° une déclaration de principe pour les négociations ultérieures. Les événements d'Afghānistān en déc. 1979 différèrent la ratification par le Sénat américain de cet accord.

SALTA, v. d'Argentine, dans les Andes, à 1 187 m d'altitude ; 373 857 hab. Archevêché. Marché régional.

SALTARELLE n. f. (ital. *saltarella*, de *saltare*, sauter). Danse vive sur un rythme ternaire, pratiquée par les paysans de la campagne romaine.

SALTATION n. f. (lat. *saltatio*, de *saltare*, sauter). **1.** Technique des sauts chorégraphiques ou acrobatiques. — **2.** Mode de déplacement par sauts des particules alluviales grossières.

SALTATOIRE adj. (lat. *saltatorius*, de *saltare*, sauter). **1.** *Appareil saltatoire*, ensemble des organes permettant à un animal, insecte en particulier, de sauter. — **2.** *L'art saltatoire*, la danse.

SALTEN (Siegmund SALZMANN, dit **Felix**), écrivain autrichien (Budapest 1869 - Zurich 1945), connu pour ses récits d'animaux, parmi lesquels l'*Histoire de Bambi* (1923), suivie des *Fils de Bambi* (1940), dont W. Disney tira un film (1942).

SALTICIDÉ n. m. Nom de famille d'araignées (plusieurs milliers d'espèces) telles que la saltique et les genres voisins, qui poursuivent leur proie à la course.

SALTILLO, v. du Mexique, cap. de l'État de Coahuila ; 440 845 hab. Construction automobile. Travail de la laine. Université.

SALTIMBANQUE n. (ital. *saltimbanco*, de *saltare*, sauter, et *banco*, banc). **1.** Artiste d'agilité exécutant des tours d'adresse. — **2.** Acrobate de plein air, forain. — **3.** *Fam.* Comédien, professionnel du spectacle.

SALTIQUE n. f. Araignée sauteuse rousse et jaune, qui vit dans les lieux marécageux.

SALT LAKE CITY, v. de l'ouest des États-Unis, cap. de l'Utah, au S.-E. du Grand Lac Salé ; 163 000 hab. Capitale des mormons*. Imposants monuments du XIXe s. : temple, « tabernacle », etc. Centre commercial et industriel (industries alimentaires, raffinerie de pétrole ; textile, électronique). Mines (cuivre, argent, plomb) dans la région.

SALTO n. m. (ital. *salto*, saut). Syn. de SAUT PÉRILLEUX.

SALTO, v. de l'Uruguay, sur le río Uruguay ; 80 000 hab. Port fluvial. Centre industriel (alimentation, chantiers navals). Barrage sur l'Uruguay (hydroélectricité).

SALTYKOV (Mikhail Ievgrafovitch), connu sous le nom de **Saltykov-Chtchedrine**, écrivain russe (Spas-Ougol, gouvern. de Tver, 1826 - Saint-Pétersbourg 1889). Il critiqua les défauts de la société russe dans des récits satiriques, aux tonalités sombres et pessimistes (*la Famille Golovlev*, 1880 ; *Notre Pochekhonie d'autrefois*, 1889).

SALUBRE adj. (lat. *salubris*). **1.** Qui est favorable à la santé, à l'organisme : *Climat salubre.* – **2.** Qui favorise l'harmonie, le bien-être social, le redressement économique, etc. : *Mesure salubre pour le pays.*

SALUBRITÉ n. f. (lat. *salubritas*). **1.** Qualité de ce qui est salubre, sain : *Salubrité d'un local.* – **2.** *Litt.* Qualité de ce qui favorise l'équilibre social, économique, etc. : *Mesures de salubrité.* – **3.** *Salubrité publique,* élément de l'ordre public, correspondant à l'absence de maladies et de risques de maladie, assuré et maintenu grâce à des prescriptions administratives relatives à l'hygiène des personnes, des animaux et des choses.

SALUCES, en ital. **Saluzzo,** v. d'Italie, dans le Piémont (prov. de Cuneo) ; 16 800 hab.
– **Hist.** Ce fut le chef-lieu d'un marquisat créé en 1142, devenu français en 1548 et récupéré par le duc de Savoie en 1601.

SALUER v. t. (lat. *salutare,* de *salus, -utis,* salut) [conj. 7]. **1.** Donner à qqn une marque extérieure de civilité, de respect, quand on se trouve en sa présence ou quand on le quitte : *Saluer un ami d'un geste de la main.* – **2.** Adresser à qqn ses compliments à la fin d'une lettre ou lui transmettre le salut d'une autre : *J'ai l'honneur de vous saluer.* – **3.** Honorer qqn, qqch du salut militaire ou d'une des marques de respect prévues. – **4.** Accueillir qqn, un événement de telle ou telle façon, par des manifestations d'approbation ou d'hostilité : *Des protestations ont salué l'annonce de ces résultats.* – **5.** Rendre hommage à une action, à une qualité de qqn, en reconnaissant leur valeur, en soulignant les sentiments de respect et d'admiration qu'elles inspirent : *Saluer le courage des sauveteurs.* – **6.** Reconnaître qqn en tant que tel, célébrer, exalter en lui tel aspect de sa personnalité jugé méritoire : *On le salua comme le chef de file de la nouvelle école.* – **7.** *Saluer la mémoire de qqn,* rappeler les titres d'un disparu à l'estime, à l'admiration d'autrui.

SALURE n. f. (de *saler*). Qualité, état de ce qui est salé : *La salure d'une viande.*

SALUT n. m. (lat. *salus, -utis*). **1.** Fait, pour qqn, d'échapper à un danger, à un malheur, à la mort ou, pour un État, aux dangers qui menacent son existence : *Il ne dut son salut qu'à la fuite. Prendre des mesures de salut public.* – **2.** Fait d'être sauvé de l'état de péché ou de la damnation éternelle, dans certaines religions : *Le salut de l'âme.* – **3.** Marque extérieure de politesse donnée à une personne qu'on rencontre ou dont on prend congé : *Faire un salut de la tête.* – **4.** Respect envers qqn ou qqch, prévu par un règlement : *Le salut au drapeau.* – **5.** Fam. *Salut !,* formule qu'on emploie quand on aborde qqn ou quand on le quitte : *Salut, ça va ? Salut, je m'en vais !* – **6.** Exposition et bénédiction du saint sacrement. – **7.** Échange d'honneurs entre deux navires, codifié par des règlements internationaux. – **8.** Acte réglementaire par lequel un militaire exprime son respect au drapeau, à un supérieur, à un convoi funèbre, etc.

salut *(Armée du),* organisation religieuse d'origine méthodiste, créée à Londres, en 1865, par William Booth, et connue d'abord, jusqu'en 1878, sous le nom de Mission chrétienne. Elle joint le zèle évangélisateur à l'action charitable et sociale. Organisée sur le modèle militaire, composée de soldats et d'officiers portant l'uniforme, commandée par un général élu par le grand conseil, elle se considère « en service actif » contre la misère, l'incrédulité et le péché.

SALUT *(îles du),* groupe de petites îles de la Guyane française, comprenant les îles Royale, Saint-Joseph et du Diable, autrefois utilisées par l'administration pénitentiaire.

salut public *(Comité de)* ⟶ COMITÉ DE SALUT PUBLIC.

SALUTAIRE adj. (lat. *salutaris,* de *salus, -utis,* salut). **1.** Qui est propre à conserver ou à rétablir la santé physique : *Air salutaire de la montagne.* – **2.** Qui peut avoir un effet intellectuel ou moral bienfaisant sur qqn : *Cette épreuve lui a été salutaire.*

SALUTATION n. f. (lat. *salutatio*). **1.** Action, manière de saluer, spécialement avec des marques de respect exagérées : *Faire de grandes salutations.* – **2.** *Salutation angélique,* nom parfois donné à l'*Ave Maria.*
◆ **salutations** n. f. pl. Entre dans diverses formules de politesse par lesquelles on termine les lettres : *Recevez mes salutations respectueuses.*

SALUTISTE adj. et n. De l'Armée du salut.

SALVADOR, en esp. **El Salvador,** État de l'Amérique centrale ; 21 000 km² ; 5 900 000 hab. *(Salvadoriens).* CAP. *San Salvador.* LANGUE : *espagnol.* MONNAIE : *colón salvadorien.*

Géographie. C'est le plus petit mais le plus densément peuplé (plus de 280 hab./km²) des États d'Amérique centrale. Ouvert seulement sur le Pacifique, c'est un pays montagneux et volcanique. Le climat, chaud et humide, a toutefois une saison sèche de 4 à 5 mois. La population, urbanisée pour plus de 40 %, a encore un taux de croissance élevé (plus de 2,5 % par an). L'agriculture juxtapose un secteur vivrier (maïs) pauvre et une agriculture commerciale en grandes exploitations : café sur les hautes terres, coton dans les plaines côtières, fournissant l'essentiel des exportations. Le sucre et l'élevage ne concernent que le marché intérieur. Le secteur industriel, sans être négligeable, ne fonctionne pas à sa pleine capacité. Une longue guerre civile a désorganisé l'économie. Les États-Unis restent le premier partenaire commercial du Salvador.

Histoire. Le pays est conquis par les Espagnols à partir de 1524.
1821 : Proclamation de l'indépendance.
1822 : Le pays est rattaché de force au Mexique.
1823-1838 : Il constitue une des Provinces-Unies d'Amérique centrale.
La vie politique est marquée par l'opposition entre conservateurs et libéraux puis par la succession de gouvernements autoritaires (général Maximiliano Hernández Martínez, 1931-1944) ou plus libéraux (colonel Óscar Osorio, 1950-1956).
1969 : Guerre avec le Honduras.
En 1972, les militaires imposent à la tête de l'État leur candidat, face à celui de l'opposition, le démocrate-chrétien José Napoleón Duarte. Des conflits sanglants opposent dès lors les diverses factions du pays.
Une junte réformiste installe Duarte à la tête de l'État (1980-1982).
1984-1989 : Présidence de Duarte à l'issue des élections présidentielles.
À partir de 1987, des accords sont signés avec les pays voisins en vue de rétablir la paix dans la région.
1989 : Alfredo Cristiani (extrême droite) est élu à la présidence de la République.
1992 : Un accord de paix conclu entre le gouvernement et la guérilla met fin à la guerre civile.
1994 : Armando Calderón Sol (extrême droite) est élu à la présidence de la République.

SALVADOR, anc. **São Salvador** ou **Bahia,** v. du Brésil, sur l'Atlantique, cap. de l'État de Bahia ; 2 056 013 hab. (2 472 131 hab. dans l'agglomération). La ville haute conserve quelques joyaux (églises surtout) de l'art baroque luso-brésilien des XVIIe et XVIIIe s. Musées. Port bien relié à l'arrière-pays par des routes et des voies ferrées, fortement industrialisé (pétrochimie, sidérurgie, cuir, textile, tabac), c'est aussi un centre touristique.

SALVADOR (El), localité du Chili septentrional, dans la cordillère des Andes, à l'E. de Chañaral. Mine de cuivre.

SALVADOR (Henri), auteur-compositeur-interprète français (Cayenne, Guyane, 1917). D'abord « collégien » de Ray Ventura, il s'est fait connaître comme chanteur créole, puis comme fantaisiste, spécialiste de la chanson parodique *(le Loup, la Biche et le Chevalier, Faut rigoler, le Blues du dentiste, Zorro est arrivé).*

SALVADORIEN, ENNE adj. et n. De la République du Salvador.

SALVAGNIN n. m. Vin rouge du canton de Vaud.

SALVANDY (Narcisse Achille, *comte* DE), homme politique français (Condom 1795 - Graveron, Eure, 1856). Officier sous l'Empire, conseiller d'État (1828), ministre de l'Instruction publique (1837-1839 et 1845-1848), il contribua à la fondation de l'École d'Athènes. (Acad. fr., 1835.)

Salvat, maison d'édition espagnole, fondée en 1869 (acquise par le groupe Hachette en 1988). Elle publie des ouvrages scientifiques, d'art et d'histoire, des dictionnaires et des encyclopédies.

SALVATEUR, TRICE adj. (bas lat. *salvator,* de *salvare,* sauver). *Litt.* Qui sauve : *Des mesures salvatrices.*

SALVAT-PAPASSEIT (Joan), poète catalan (Barcelone 1894 - *id.* 1924). Il collabora très tôt à la presse anarchiste, et entreprit une œuvre poétique résolument anticonformiste (*L'Irradiator del port i les gavines,* 1921 ; *Poema de la rosa als Llavis,* 1923).

SALVE n. f. (lat. *salve,* salut !). **1.** Décharge simultanée d'armes à feu au combat, en l'honneur de qqn ou en signe de félicité : *Salve d'artillerie.* — **2.** *Salve d'applaudissements,* applaudissements éclatant en même temps dans une assemblée.

Salve, Regina (« Salut, Reine »), la plus célèbre des grandes antiennes de la Vierge, dont on relève les premières traces dès le début du XIe s.

SALVETAT-PEYRALÈS (La) [12440], ch.-l. de cant. de l'Aveyron, au S.-E. de Villefranche-de-Rouergue ; 1 173 hab.

SALVETAT-SUR-AGOUT (La) [34330], ch.-l. de cant. de l'Hérault, entre les monts de l'Espinouse et de Lacaune ; 1 160 hab. *(Salvetois).* Centre de villégiature à proximité du lac de la Raviège.

SALVIAC (46340), ch.-l. de cant. du Lot ; 1 004 hab.

SALVIATI (Francesco DE' ROSSI, dit **Francesco** ou **Cecchino**), peintre italien (Florence 1510 - Rome 1563). Maniériste de la seconde génération, il travailla surtout à Rome et à Florence (fresques de l'*Histoire de Camille* au Palazzo Vecchio). Il aurait séjourné en France en 1554-55.

SALVIFIQUE adj. Qui a trait au salut.

SALVINIA n. f. (de A. M. *Salvini,* poète ital. [1653-1729]). Très petite fougère flottante des eaux douces tranquilles, dont une des trois feuilles joue le rôle de racine et porte les organes reproducteurs.

SALY (Jacques François Joseph), sculpteur français (Valenciennes 1717 - Paris 1776). Élève de G. Coustou, prix de Rome en 1738, il fut appelé à Copenhague en 1753 pour exécuter la statue équestre de Frédéric V. Il devint directeur de l'Académie danoise de peinture et de sculpture, puis revint en France en 1774.

SALZACH (la), riv. d'Autriche et d'Allemagne, affl. de l'Inn (r. dr.) ; 220 km. Elle passe à Salzbourg.

SALZBOURG, en all. **Salzburg,** v. d'Autriche, cap. de la province du même nom (7 154 km^2 et 483 880 hab.), sur la Salzach ; 144 000 hab. Archevêché. Centre touristique et culturel (festival Mozart chaque année), commercial et industriel.
— **Hist.** Siège d'un évêché (739) puis d'un archevêché (798) dont les archevêques devinrent des princes d'Empire en 1278, sécularisée en 1803, la ville passa à l'Autriche (1805), à la Bavière (1810), puis revint à l'Autriche en 1816.
— **Bx-arts.** Dominée par sa vieille forteresse, la ville conserve des églises médiévales, dont la Franziskanerkirche, au chœur hardi du début du XVe s. (*Vierge* de M. Pacher). Mais l'époque baroque l'a remodelée : Résidence des princes-archevêques (fin XVIe s.-fin XVIIIe s.), cathédrale par l'Italien Santino Solari (1614), églises de Fischer von Erlach, château Mirabell (monumental escalier par Hildebrandt), fontaines, etc. Maison natale de Mozart. Musées.

SALZBOURG *(Préalpes de),* ensemble de moyennes montagnes calcaires des Alpes orientales (Autriche et Bavière) entre l'Inn et l'Enns, atteignant près de 3 000 m d'altitude. Seules les grandes vallées sont exploitées (élevage, énergie hydroélectrique).

SALZGITTER, anc. **Watenstedt,** v. d'Allemagne (Basse-Saxe), au N. du Harz ; 117 000 hab. Sidérurgie, constructions ferroviaires et automobiles.

SALZKAMMERGUT, région des Préalpes d'Autriche, sur la rive droite de la Salzach, au S.-E. de Salzbourg. En dehors de l'élevage, la richesse traditionnelle est le sel. Hydroélectricité. Tourisme.

Sam *(Oncle)* ou **Uncle Sam,** expression plaisante servant à désigner le citoyen ou le gouvernement américain, formée par les initiales *US Am (United States of America).*

SAM, abrév. de l'expression anglo-saxonne *Sol-Air Missile,* employée pour désigner les missiles sol-air de conception soviétique. Les différentes versions permettent l'interception des appareils adverses à basse, moyenne ou haute altitude.

SAMAIN (Albert), poète français (Lille 1858 - Magny-les-Hameaux, Yvelines, 1900). Il participa à la fondation du *Mercure* de France* (1889) et donna à ses poèmes une tonalité mélancolique (*Au jardin de l'Infante,* 1893 ; *le Chariot d'or,* 1901).

SAM'AL → ZINCIRLI.

SĀMĀNIDES, dynastie iranienne qui régna en Perse et en Transoxiane de 874 à 999. Sous Naṣr ibn Aḥmad (913-942), l'empire (cap. Boukhara) englobait la Transoxiane, le Khorāsān, le Sistān, le Tabarestān.

SAMANIEGO (Félix María), poète espagnol (Laguardia 1745 - *id.* 1801). Il entreprit de propager en Espagne la philosophie des Lumières et écrivit des ouvrages polémiques contre l'Église ainsi qu'un recueil de 175 fables imitées de La Fontaine.

SAMAR, île des Philippines, séparée de Luçon par le détroit de San Bernardino ; 13 130 km^2 ; 470 000 hab.

SAMARA n. m. (mot persan). En Afrique, sandale constituée d'une semelle plate et d'une lanière qui se glisse entre les deux premiers orteils.

SAMARA (la), riv. de Russie, affl. de la Volga (r. g.) à Samara ; 594 km (bassin de 46 500 km^2).

SAMARA, de 1935 à 1990 **Kouïbychev,** v. de Russie, sur la Volga ; 1 242 000 hab. Métropole économique et financière, nœud majeur de communication sur la voie ferrée Moscou-Tcheliabinsk, au cœur d'un important complexe industriel, c'est un grand centre pétrochimique et mécanique. Centrale hydroélectrique.

SAMARANCH (Juan Antonio), diplomate et dirigeant sportif espagnol (Barcelone 1920), président depuis 1980 du Comité international olympique (C. I. O.).

SAMARE n. f. (lat. *samara,* graine d'orme). Fruit sec indéhiscent, à une seule graine, muni d'une aile membraneuse, comme chez l'orme et le frêne.

SAMARIE, en ar. **Sāmira,** région du centre de la Palestine, entre la Galilée au N. et la Judée au S. Dominée par le mont Carmel et par le mont Thabor, la Samarie est une voie de passage traditionnelle entre la côte méditerranéenne et l'intérieur désertique.

SAMARIE, anc. ville de Palestine, cap. du royaume d'Israël, fondée v. 880 av. J.-C. par Omri. Elle fut prise et détruite en 721 av. J.-C. par Sargon II d'Assyrie, et ses habitants furent déportés. Sa chute marqua la fin du royaume d'Israël. Elle ne retrouva une certaine importance qu'à l'époque gréco-romaine et hérodienne.
— **Archéol.** Sur l'acropole, lors des fouilles du quartier royal (IXe s. av. J.-C.) transformé en

forteresse par Achab, on a recueilli des ivoires de style phénicien et des tessons d'archives. Restes du système défensif des IVe-IIIe s. av. J.-C. Imposants vestiges romains.

SAMARINDA, port d'Indonésie, près de la côte orientale de Bornéo ; 335 000 hab.

SAMARITAIN, E adj. et n. (bas lat. *Samaritanus,* du lat. class. *Samaria,* Samarie). **1.** De la ville ou de la région de Samarie. — **2.** En Suisse, syn. de SECOURISTE.

◆ **samaritain** n. m. *Le Bon Samaritain,* personnage présenté par Jésus (Luc X, 29-37) comme un modèle de charité.

◆ **samaritaine** n. f. *La Samaritaine,* femme de Samarie qui, selon l'Évangile de Jean (IV, 1-42), reconnut Dieu en Jésus.

Samaritaine (*grands magasins* **À la**), société française dont les origines remontent à la création d'un établissement de vente au détail de tissus, fondé à Paris en 1870 par Ernest Cognacq*, et qui connut rapidement une grande expansion.

SAMARITAINS, anc. habitants de la province de Samarie après l'Exil de Babylone, qui formèrent une communauté juive dissidente, avec, au Sud de Naplouse, un temple rival de celui de Jérusalem.

SAMARIUM [-rjɔm] n. m. Métal du groupe des lanthanides. (Élément chimique de symbole Sm.)

ENCYCL. Élément de numéro atomique 62 et de masse atomique 150,4, le samarium est un solide blanc-gris, de densité 7,54, qui fond vers 1 077 °C. Il est utilisé dans les verres absorbant dans l'infrarouge et pour absorber les neutrons dans les réacteurs nucléaires.

SAMARKAND ou **SARMARQAND,** v. d'Ouzbékistan, dans la grande oasis du Zeravchan ; 366 000 hab. Industries agroalimentaires. Engrais. Tourisme.

— **Hist.** Capitale de la Sogdiane, *Maracanda* fut prise par Alexandre en 329 av. J.-C. Elle connut un brillant éclat à l'époque sāmānide (IXe-Xe s.). Dévastée en 1220 par Gengis Khān, elle devint à la fin du XIVe s. la capitale de Tīmūr Lang. Elle fut conquise par les Russes en 1868.

— **Bx-arts.** Sous Tīmūr Lang, la ville devint l'une des plus prestigieuses de l'islām. Nombreux édifices décorés de céramique polychrome : nécropole Chāh-e Zendeh (XIVe-XVe s.), mausolée de Tīmūr, mosquée de Bībī Khānum, ruinée. Rigestān bordé de trois madrasa des XVe-XVIIe s. Observatoire d'Uluğ Beg.

SĀMARRĀ, v. d'Iraq, sur la rive gauche du Tigre. Vestiges de la capitale des califes 'abbāssides (836-892) : palais Djawsaq al-Khāqānī, palais du Balkuwārā, Grande Mosquée au minaret (al-Malwiyya) en spirale, mosquée d'Abū Dulaf, château de l'Amoureux (Qaṣr al-ʿĀchiq), tombeau Qubbat al-Ṣulaybiyya.

SAMAS, peuple de langue indonésienne, rassemblant 20 200 Proto-Malais, répartis depuis Zamboanga, l'archipel de Sulu, le nord de Bornéo jusqu'à Célèbes.

SAMATAN (32130), ch.-l. de cant. du Gers, sur la Save ; 1 871 hab. *(Samatanais).* Marché agricole (volailles).

SAMBA [sɑ̃mba] n. f. (mot port. du Brésil). Danse de salon, d'origine brésilienne, de rythme scandé, de mesure à 2/4 ; air sur lequel elle se danse.

SAMBAR n. m. Grand cerf de l'Inde, à robe brune, dont les mâles portent une longue crinière et des bois très développés.

SAMBENITO → SAN-BENITO.

SAMBIN (Hugues), menuisier, sculpteur, décorateur et architecte français (Gray 1518 - Dijon v. 1601). Il fut un chef de file de la Renaissance en Bourgogne : porte sculptée, d'un goût exubérant, provenant du parlement de Dijon (1573, musée des Bx-Arts de la ville). On lui doit aussi, notamment, la façade de l'actuel palais de justice de Besançon.

SAMBRE (la), riv. de France et de Belgique, affl. de la Meuse (r. g.) ; 190 km. Elle naît dans la Thiérache, passe à Maubeuge, à Charleroi, et finit à Namur.

Sambre et Meuse, marche militaire française, composée en 1879 par Rauski, chef de musique, sur un air de Robert Planquette.

SAMBREVILLE, comm. de Belgique (prov. de Namur), sur la Sambre, entre Charleroi et Namur ; 27 700 hab.

SAMBUQUE n. f. (lat. *sambuca,* du gr. *sambukê*). Pont volant utilisé, au Moyen Âge, pour l'attaque des châteaux forts.

SAMEDI n. m. (lat. pop. **sambati dies,* du lat. class. *sabbatum,* sabbat, et *dies,* jour). **1.** Sixième jour de la semaine. — **2.** *Samedi saint,* dernier jour de la semaine sainte, veille de Pâques. (La liturgie de la veillée pascale a été déplacée, en 1956, du samedi matin à la nuit du samedi au dimanche.)

SAMER (62830), ch.-l. du Pas-de-Calais, dans la « fosse » du Boulonnais ; 3 090 hab. *(Samétiens).* Église du XVe s.

SAMISEN → SHAMISEN.

SAMIT [-mi] n. m. (lat. médiév. *samitum*). Tissu de soie uni ou façonné présentant à l'endroit et à l'envers des flottés de trame régulièrement liés en sergé. (Venus d'Orient, ces tissus, très en faveur aux XIVe et XVe s., étaient fabriqués en Italie dès le XIIe s.)

SAMIZDAT [samizdat] n. m. (russe *samizdat,* autoédition). Ensemble des techniques qui étaient utilisées en U. R. S. S. pour reproduire des textes interdits, à l'insu des autorités.

SAMMARTINI (Giuseppe), hautboïste et compositeur italien (Milan 1695 - Londres 1750). Il vécut à Londres. Il a écrit des recueils de sonates, des concertos, etc. — Son frère, GIOVANNI BATTISTA (Milan 1700 ou 1701 - *id.* 1775), organiste et maître de chapelle, fut sans doute le maître de Gluck et influença Mozart, qui, en 1770, joua devant lui. Son œuvre est considérable : musique religieuse, œuvres lyriques et surtout musique instrumentale (env. 70 symphonies). Il a joué un rôle éminent dans l'élaboration de la symphonie.

SAMMICHELI (Michele) → SANMICHELI.

SAMMY n. m. (pl. *sammies*) [de *Oncle Sam*]. Sobriquet amical donné aux soldats américains lors de leur venue en France, en 1917.

SAMNITES, peuple italique de race sabine et de langue osque, établi dans le Samnium. Montagnards belliqueux, en conflit avec les Romains lors de quatre guerres successives (343-341, 326-304, 298-291/290), leur absorption par Rome fut achevée au milieu du IIIe s. av. J.-C.

SAMNIUM, nom antique d'une région de l'Apennin central et méridional, habitée par les Samnites.

SAMO, souverain slave († v. 658). D'origine franque, il devint le chef des tribus slaves de Bohême et de Moravie, qui s'étaient révoltées contre les Avars, et refusa de se soumettre à Dagobert Ier.

SAMOA, archipel d'Océanie, en Polynésie, au S. de l'équateur, partagé politiquement entre l'*État indépendant des Samoa* ou *Samoa occidentales* et les *Samoa américaines* (dites parfois *Samoa orientales*).
— **Hist.** Découvertes en 1722 par le Hollandais Roggeveen, puis visitées par Bougainville (1768) et La Pérouse (1787), ces îles sont disputées, au XIXe s., entre les États-Unis, la Grande-Bretagne et l'Allemagne, qui s'entendent sur un système de condominion en 1889. En 1899, la Grande-Bretagne se désiste, et l'archipel est divisé entre l'Allemagne (partie occidentale) et les États-Unis (partie orientale). En 1914, les Néo-Zélandais occupent les îles allemandes, qu'ils administrent sous mandat de la S. D. N. (1920), puis sous tutelle de l'O. N. U. (1947). Les *Samoa occidentales* sont devenues un État indépendant le 1er janv. 1962. (V. art. suiv.)

SAMOA ou **SAMOA OCCIDENTALES,** État insulaire d'Océanie, en Polynésie ; 2 842 km^2 ; 175 000 hab. *(Samoans),* formé essentiellement des îles Savaii et Upolu, et de quelques îlots. CAP. *Apia.* LANGUES : *anglais* et *samoan.* MONNAIE : *tala (dollar des Samoa).*

Géographie. C'est un archipel volcanique, montagneux, portant une forêt dense. Les collines et les plaines littorales sont bien mises en valeur (cultures vivrières et plantations). Le sous-développement économique (aggravé par l'isolement) et la croissance démographique expliquent la persistance d'un courant d'émigration.

Histoire. Indépendantes depuis le 1er janv. 1962, les Samoa occidentales appartiennent au Commonwealth et sont membre de l'O. N. U. depuis 1976.

SAMOA AMÉRICAINES, partie orientale de l'archipel des Samoa, appelée parfois *Samoa orientales* ; 197 km^2 ; 46 000 hab. Ch.-l. *Fagatogo* (siège du gouvernement). Principale localité *Pago Pago.* Les plantations, la pêche et le tourisme sont les principales ressources.
— **Hist.** Directement sous le contrôle de la Marine des États-Unis jusqu'en 1951, les Samoa américaines sont administrées par un gouverneur dépendant du ministère américain de l'Intérieur. Depuis 1970, un délégué officieux les représente au Congrès des États-Unis.

SAMOAN, E adj. et n. (angl. *Samoan*). Des îles Samoa.

◆ **samoan** n. m. Langue polynésienne parlée principalement aux îles Samoa par environ 200 000 locuteurs.

SAMOËNS (74340), ch.-l. de cant. de la Haute-Savoie, dans le haut Faucigny ; 2 156 hab. *(Septimontains).* Église des XVe et XVIe s. Vieilles maisons. Station d'altitude et de sports d'hiver. Jardin alpin.

SAMOLUS ou **SAMOLE** n. m. (lat. *samolus*). Herbe (primulacée) vivace, à fleurs blanches, des zones marécageuses.

SAMORY (ou **SAMORI**) **TOURÉ,** chef malinké (Manyambaladougou, Guinée, v. 1830 - N'Djolé 1900). D'une lignée dioula bien enracinée dans le pays, il réforma la société malinké en édifiant sur le haut Niger de 1861 à 1881 un vaste empire militaire où le commerce était libre et efficacement protégé. En 1881, puis en 1885, il se heurta aux Français qui commençaient la conquête du Soudan, et traita avec eux en 1886-87. Cependant, la politique d'islamisation forcée qu'il pratiqua de 1885 à 1888 et les intrigues de Gallieni provoquèrent l'insurrection d'une grande partie de son empire en 1888-1890. Après la reprise de l'offensive française (1891), Samory évacua son ancien domaine et conquit le nord de la Côte-d'Ivoire et une partie du Ghana. Il fut arrêté par l'armée française en 1898, et exilé au Gabon.

SÁMOS, île grecque de la mer Égée, à proximité des côtes de Turquie ; 472,5 km²; 41 850 hab. *(Samiens* ou *Samiotes).*
– **Archéol.** Vestiges importants : Héraïon* et, au lieu-dit Pythagorion, ville antique, alimentée en eau par le tunnel d'Eupalines, et entourée d'un rempart de 6,5 km. Riche musée.
– **Hist.** L'île fut peuplée surtout d'Ioniens venus de Grèce, vers le temps de l'invasion dorienne. Grand foyer du culte d'Héra, elle adhéra à la ligue Ionienne et prit part au commerce maritime et à la colonisation. Les Samiens se distinguèrent par leur habileté technique (tissages, poteries, constructions navales). L'apogée de leur prospérité se situa sous la tyrannie de Polycrate (532-522). L'île fut prise par les Perses, s'en libéra bientôt (479) et s'intégra à la Confédération athénienne. Elle fut successivement soumise à Rome, à Byzance, à Gênes (XIVe-XVe s.) et aux Turcs. Autonome à partir de 1832, elle devint grecque en 1923.

SAMOSATE, en gr. et en lat. **Samosata,** ville ancienne de la Syrie septentrionale, sur l'Euphrate, au N. d'Édesse. Elle joua un rôle stratégique important au Bas-Empire. (Auj. *Samsat.*)

SAMOTHRACE, en grec **Samothráki,** île grecque du nord de la mer Égée, entre la Thrace et Imroz ; 178 km² ; 3 000 hab. Ch.-l. *Samothráki.*
– **Hist.** L'île était vouée au culte des Grands Dieux depuis un passé très lointain. Colonisé par les Grecs dès le VIIIe s. av. J.-C., elle connut une très grande prospérité à l'époque hellénistique et romaine.

Samothrace *(Victoire de),* marbre grec d'époque hellénistique (début du IIe s. av. J.-C.), découvert (1863) à Samothrace et conservé au Louvre. Cette figure de femme ailée, posée sur une proue de galère, devait commémorer une victoire navale de Démétrios Ier Poliorcète. Mouvement des draperies, puissance de l'ensemble en font un des chefs-d'œuvre de la sculpture.

SAMOURAÏ → SAMURAI.

SAMOUSSA n. m. (mot hindī). Petit pâté de viande à la pâte feuilletée.

SAMOVAR n.m. (russe *samovar,* de *samo,* soi-même, et *varit,* bouillir). Sorte de bouilloire à robinet, utilisée en Russie et au Moyen-Orient pour chauffer l'eau du thé.

SAMOYÈDE adj. et n. 1. Qui appartient aux Samoyèdes. – 2. Se dit d'un chien de traîneau à la fourrure épaisse, généralement blanche.
◆ n. m. Groupe de langues de la famille ouralienne parlées par les Samoyèdes.

SAMOYÈDES, peuple de Sibérie occupant les régions de toundras marécageuses et de forêts du nord de la Russie. Les Samoyèdes sont diversement établis en Sibérie, sur les monts de l'Altaï, les bassins de l'Ob et de l'Ienisseï. Ils sont estimés à 40 000 individus.

SAMPAN n. m. (chin. *sanpan,* trois planches). Embarcation asiatique, à fond plat, marchant à la godille ou à l'aviron et qui comporte, au centre, un dôme en bambou tressé, pour abriter les passagers.

SAMPIERO d'ORNANO ou **SAMPIERO CORSO** → ORNANO.

SAMPLE → SEMPLE.

SAMPOT n. m. En Thaïlande, au Laos, au Cambodge, pièce d'étoffe drapée pour former une culotte.

SAMPRAS (Pete), joueur de tennis américain (Washington 1971), vainqueur à Flushing Meadow en 1990, 1993, 1995 et 1996, à Wimbledon en 1993, 1994 et 1995 et aux Internationaux d'Australie en 1994.

SAMPSON (William Thomas), amiral américain (Palmyra, État de New York, 1840 - Washington 1902). Il commanda la flotte des Indes occidentales pendant la guerre hispano-américaine et détruisit la flotte espagnole de Cervera, à Santiago de Cuba (1898).

SAṂSĀRA, n. m. (mot sanskr.). Dans l'hindouisme et le bouddhisme, cycle de la vie, de la mort et de la renaissance.

SAMSØ, île de l'archipel danois, dans le Cattégat, entre l'île de Sjælland et le Jylland ; 114 km² ; 5 000 hab. V. princ. *Tranebjerg.* Tourisme.

SAMSON, un des derniers juges d'Israël (fin du XIIe s. av. J.-C.). Âme de la résistance contre les Philistins (Juges XIII-XVI), célèbre pour sa force herculéenne, il fut livré à ses ennemis par Dalila qui, durant son sommeil, lui rasa la tête, le privant ainsi de sa force, qui résidait dans sa chevelure. Mais, ses cheveux ayant repoussé, Samson put provoquer l'effondrement du temple où il mourut écrasé avec les princes philistins.

Samson et Dalila, opéra biblique en 3 actes et 4 tableaux de Camille Saint-Saëns, sur un livret de Ferdinand Lemaire (création en traduction allemande en 1877, à Weimar, sous l'impulsion de Liszt).

SAMSONOV (Aleksandr Vassilievitch), général russe (Iekaterinoslav 1859 - Willenberg, auj. Wielbark, voïévodie d'Olsztyn, 1914). Commandant la IIe armée russe en Prusse-Orientale, il fut vaincu à Tannenberg (août 1914) et se suicida.

SAMSOVA (Galina), danseuse d'origine russe (Stalingrad 1937). Avec le Ballet national canadien elle fit, au premier festival international de danse à Paris (1963), une étonnante création de *Cendrillon.* Passée au London's Festival Ballet (1964), elle en fut une des étoiles. Avec A. Prokovsky, elle a fondé le New London Ballet (1971).

SAMSUN, port de Turquie, sur la mer Noire ; 303 979 hab. Centre commercial. Textiles. Engrais.

SAMU n. m. (abrév. de *Service d'aide médicale d'urgence*). Service hospitalier chargé d'assurer les premiers soins aux victimes d'accidents et de les transporter vers un centre hospitalier.

SAMUEL, prophète et dernier des juges* d'Israël (XIe s. av. J.-C.). Il joua un rôle important dans l'institution de la monarchie chez les Hébreux.

Samuel *(livres de),* deux livres, rédigés au VIIe s. av. J.-C., à partir de traditions légendaires, hagiographiques et historiques. Trois personnages y dominent : Samuel, le dernier des juges, Saül, le premier roi, et David, le fondateur de l'État hébreu.

SAMUEL, tsar de Bulgarie (v. 997-1014). Il régna sur la partie occidentale de la Bulgarie, encore indépendante des Byzantins. Il voulut réunir sous son autorité tous les Slaves des Balkans mais Basile II lui infligea une terrible défaite en 1014 près de Thessalonique.

SAMUELSON (Paul Anthony), économiste américain (Gary, Indiana, 1915). Il participa à la mise au point, à la fin de la Seconde Guerre mondiale, des premiers ordinateurs conçus pour la défense antiaérienne. Son analyse des faits économiques fait un large appel à la formalisation mathématique. Il a écrit des ouvrages de vulgarisation. (Prix Nobel de sciences économiques 1970.)

SAMURAI [samurai] n. m. inv. ou **SAMOURAÏ** n. m. (jap. *samurai*). Guerrier japonais au service d'un daimyō.
ENCYCL. Avant le XVIIe s., la plupart des samurai étaient des cultivateurs qui accompagnaient leur daimyō au combat. Par la suite, ils devinrent les membres d'une caste militaire que l'établissement de la paix sous les Tokugawa rendit parasite. Ils furent à l'avant-garde du mouvement pour la restauration impériale et, après 1868, ils assimilèrent rapidement les techniques modernes. Leur code d'honneur s'appelait *bushidō* (« voie des guerriers »).

Samye, en tibétain *bSam-yas,* l'un des plus anciens (VIIIe s.) monastères du Tibet, à 50 km au S.-E. de Lhassa, célèbre pour les œuvres peintes et sculptées qu'il abrite.

SAN, riv. du sud-est de la Pologne, affl. de la Vistule (r. dr.) ; 444 km. Hydroélectricité.

San *(batailles du)* [1914-15], nom donné d'abord à l'offensive des Russes en Galicie* occidentale de sept. à nov. 1914, puis aux combats victorieux livrés, pour le franchissement de la rivière, par les armées de Mackensen.

SANA n. m. *Fam.* Sanatorium.

ṢAN'Ā', cap. du Yémen, sur le plateau intérieur, à 2 350 m d'alt. ; 428 000 hab. Important bazar et centre artisanal. Elle fut, jusqu'à l'unification des deux Yémens, en 1990, la capitale du Yémen du Nord.

SANAGA (la), principal fleuve du Cameroun, tributaire du golfe du Biafra (golfe de Guinée) ; 520 km. Hydroélectricité.

SAN AGUSTÍN, village de Colombie, dans la Cordillère centrale, au S. de Neiva.
— **Archéol.** La région contient de nombreux vestiges archéologiques (statues monolithiques anthropomorphes et zoomorphes et sépultures, outillage lithique et céramique). La culture de San Agustín, divisée en plusieurs phases, s'étend de 200 av. J.-C. au XIIe s.

SANĀ'I (Abu al-Madjd Madjdud), poète persan (v. 1080 - v. 1131). Il fut le premier à utiliser le rhazal* et de longs poèmes *(masnavi)* dans le registre mystique.

SANANDADJ ou **SANANDAJ,** v. d'Iran, 244 039 hab. Principal centre du Kurdistān iranien.

SAN ANDREAS *(faille de)*, longue fracture (plus de 1 000 km) de l'écorce terrestre, du golfe de Californie au N. de San Francisco. C'est une faille coulissante aux confins des plaques Pacifique et nord-américaine.

SAN ANTONIO, v. des États-Unis (Texas), sur le San Antonio ; 935 933 hab. Archevêché. Fondée en 1718 par des colons espagnols, la ville est aujourd'hui animée par les bases militaires de la région, le tourisme et par quelques industries (électronique, alimentation). Université et instituts de recherche.

San-Antonio, pseudonyme de l'écrivain Frédéric Dard et, dans ses romans ainsi signés, personnage de commissaire de police truculent et peu conformiste.

SANARY-SUR-MER (83110), comm. du Var, en Provence, à l'O. de Toulon ; 14 889 hab. *(Sanaryens).* Station balnéaire.

SANATORIAL, E, AUX adj. Relatif au sanatorium.

SANATORIUM [-rjɔm] n. m. (pl. *sanatoriums*) [angl. *sanatorium,* du lat. *sanator, -oris,* celui qui guérit]. Établissement de cure destiné au traitement des différentes formes de tuberculose ou de certaines maladies chroniques.

SAN-BENITO ou **SAMBENITO** [sɑ̃benito] n. m. (pl. *san-benitos*) [esp. *sambenito*]. Casaque jaune dont étaient revêtus ceux que l'Inquisition avait condamnés au bûcher.

SAN BERNARDINO *(col de),* en all. **Sankt-Bernhardin-Pass,** col des Alpes suisses, entre les vallées du Rhin postérieur au N. et de la Moesa au S. ; 2 060 m. Un tunnel autoroutier (7 km) relie Coire à Lugano.

SAN BERNARDINO, v. des États-Unis, (Californie), à l'E. de Los Angeles ; 164 000 hab. Industries alimentaires. Aéronautique.

SAN BERNARDO, v. du Chili, banlieue sud de Santiago ; 184 915 hab.

San Carlo *(théâtre de),* principal théâtre de Naples, construit en 1737.

SANCERRE n. m. Vin (surtout blanc sec) produit dans la région de Sancerre.

SANCERRE (18300), ch.-l. de cant. du Cher, sur une colline dominant la Loire ; 2 211 hab. *(Sancerrois).* Donjon du XVe s. Vignobles. Fromages de chèvre.
— **Hist.** Capitale d'un comté depuis 1152, Sancerre fut un grand foyer de protestantisme au XVIe s. Ses remparts furent rasés en 1621.

SANCERRE (Louis DE CHAMPAGNE, *comte* DE), connétable de France (v. 1341-1402). Compagnon de Du Guesclin, adversaire brillant des Anglais et des Flamands sous Charles VI (Rozebeke, 1382), il fut connétable en 1397.

SANCERROIS, région du Berry, à l'O. et au N. de Sancerre. Vignobles. Élevage ovin (fromages).

ARAGON

SANCHE Ier Ramírez (1043 - Huesca 1094), roi d'Aragon (1063-1094) et de Navarre (SANCHE V) [1076-1094]. Il battit Sanche II de Castille et réunit la Navarre à l'Aragon après l'assassinat de Sanche IV de Peñalén (1076). Il dirigea activement la Reconquista et prit Monzón (1089).

CASTILLE ET LEÓN

SANCHE Ier Garcés ou **García** († 1017), comte de Castille (995-1017), fils du comte García Ier Fernández. Il s'empara du pouvoir en Castille avec l'aide du calife de Cordoue (995), occupa Cordoue en 1009, et reçut du calife Hichām II plusieurs places fortes sur le Douro. — **Sanche II** *le Fort* (1038 ? - Zamora 1072), roi de Castille et de León (1065-1072). Fils de Ferdinand Ier, il se mêla aux querelles entre souverains chrétiens, lutta contre le roi de Saragosse al-Muqtadir et combattit ses frères pour reconstituer le royaume paternel. — **Sanche III** *le Désiré* (v. 1133 - Tolède 1158), roi de Castille (1157-1158). Fils et successeur d'Alphonse VII, il repoussa l'invasion de Sanche VI de Navarre, et fonda, pour la lutte contre les Almohades, l'ordre de Calatrava (1158). — **Sanche IV** *le Brave* (1258-Tolède 1295), roi de Castille et de León (1284-1295). Fils cadet d'Alphonse X le Sage, il s'assura la succession au détriment de ses neveux, obtint la régence en 1282 et la couronne en 1284. Il combattit les musulmans du Maroc et occupa Tarifa (1292).

LEÓN

SANCHE Ier le Gros *(el Craso* ou *el Gordo)* [† 965 ou 966], roi de León (956-965 ou 966). Successeur de son demi-frère Ordoño III (956), il fut renversé par Ordoño IV (958). Il obtint l'aide du calife ʿAbd al-Raḥmān III pour recouvrer son royaume. Il mourut empoisonné lors d'une intervention en Galice.

NAVARRE

SANCHE Ier Garcés († 925), roi de Navarre (905-925). Il fonda la deuxième dynastie de Navarre. Allié d'Ordoño II de León (918), il fut écrasé par ʿAbd al-Raḥmān III à la bataille de Valdejunquera (920). — **Sanche II** *Garcés Abarca* († 994), roi de Navarre (970-994). Il assiégea San Esteban de Gormaz, mais fut battu (973). Ses troupes furent défaites par al-Manṣūr à San Vicente et à Rueda (981). — **Sanche III** *Garcés el Grande* ou *el Mayor (le Grand)* [992 ?-1035], roi de Navarre (1000-1035), comte de Castille (1028-29). Par conquête ou par successions, il élargit considérablement son domaine. Son mariage avec Munie Elvire de Castille et l'assassinat de son beau-frère lui permirent d'annexer le comté de Castille (1028). Dominant presque toute l'Espagne chrétienne, il se fit, le premier, appeler *rex Iberorum.* Sa succession donna naissance aux royaumes (Navarre, Castille, Sobrarbe et Ribagorza, Aragon) qui domineront jusqu'au XVIe s. l'histoire ibérique. — **Sanche IV** *de Peñalén* (v. 1039-1076), roi de Navarre (1054-1076), fils et successeur de García IV Sánchez III. Il mourut assassiné ; son royaume se donna alors au roi d'Aragon Sanche Ier Ramírez. — **Sanche V,** roi de Navarre (1076-1094) → SANCHE Ier *Ramírez,* roi d'Aragon. — **Sanche VI** *el Sabio (le Sage),* roi de Navarre (1150-1194). Fils et successeur de García V Ramírez, il élargit la place de la Navarre dans la politique espagnole et protégea les arts.
— **Sanche VII** *el Fuerte (le Fort)* [1154 - Tudela 1234], roi de Navarre (1194-1234), fils et successeur du précédent. Menacé par la Castille et l'Aragon, il s'allia avec les Maures, puis se ligua avec ses adversaires pour vaincre le calife Muḥammad ibn Yaʿqūb al-Nāṣir à Las Navas de Tolosa (1212). Sans héritier direct, il légua son royaume à son neveu, le comte Thibaud IV de Champagne.

PORTUGAL

SANCHE Ier o Povoador (Coimbra 1154 - *id.* 1211), roi de Portugal (1185-1211), de la dynastie de Bourgogne. Son père, Alphonse Ier Henriques, l'associa très jeune au trône. Poursuivant la Reconquista vers le S. contre les Almohades, il occupa un certain temps l'Algarve et Silves. Il organisa la colonisation des terres conquises en faisant appel à des immigrés anglais, allemands et scandinaves. — **Sanche II** *o Capelo* (Coimbra v. 1210 - Tolède 1248), roi de Portugal (1223-1248), de la dynastie de Bourgogne. Il acheva la reconquête de l'Alentejo et de l'Algarve (1226-1238). Il fut déposé par le pape Innocent IV en 1245 au profit de son frère cadet. Après deux ans de lutte, vaincu, il se retira à Tolède.

SÁNCHEZ COELLO (Alonso), peintre espagnol (Benifayó, prov. de Valence, v. 1531 - Madrid 1588). Élève d'A. Moro, admirateur de Titien, il devint portraitiste de la cour de Philippe II. Peintre religieux, il a décoré les autels de l'Escorial de figures de saints (1580).

SÁNCHEZ COTÁN (*Fray* Juan), peintre espagnol (Orgaz 1561 - Grenade 1627). Pionnier du ténébrisme, il est l'auteur de *bodegones* (natures mortes) dépouillées et rigoureuses, ainsi que de sujets religieux d'une sensibilité de primitif (chartreuse et musée de Grenade).

SÁNCHEZ FERLOSIO (Rafael), écrivain espagnol (Rome 1927), romancier d'inspiration réaliste (*les Eaux du Jarama,* 1956) et fantastique (*Las semanas del jardín,* 1974 ; *le Témoignage de Yarfoz,* 1985).

Sancho Pança, écuyer de Don Quichotte, dont le bon sens trivial s'oppose aux folles imaginations de son maître.

SĀÑCĪ ou **SĀNCHĪ,** site archéologique de l'État indien du Madhya Pradesh (district de Bhopāl). Musée. Remarquables édifices bouddhiques élevés autour de fondations d'Aśoka : pilier, trois stūpa (Ier s. av.-Ier s. apr. J.-C.). Célèbre ensemble sculpté du Grand Stūpa, sur la balustrade (vedikā) et aux quatre porches (torana). Vestiges de nombreux temples et monastères (IIIe s. av. J.-C. aux XIe-XIIe s. apr. J.-C.).

SANCOINS (18600), ch.-l. de cant. du Cher, dans le sud-est du Berry ; 3 666 hab. Restes d'enceinte médiévale. Marché.

SAN CRISTÓBAL, île située à l'extrémité orientale de l'archipel des îles Galápagos (Équateur) ; 505 km^2 ; 1 400 hab. Ch.-l. *Puerto Baquerizo.*

SAN CRISTÓBAL, v. de la République Dominicaine, ch.-l. de prov. ; 34 900 hab.

SAN CRISTÓBAL, v. du Venezuela, cap. de l'État de Táchira ; 220 675 hab. Marché agricole et centre industriel. Université technique.

SANCTIFIANT, E adj. Qui sanctifie : *La grâce sanctifiante.*

SANCTIFICATEUR, TRICE adj. et n. (bas lat. *sanctificator*). **1.** Qui sanctifie ; qui produit la sanctification, le salut. — **2.** *Le Sanctificateur,* le Saint-Esprit.

SANCTIFICATION n. f. (bas lat. *sanctificatio*). **1.** Action de sanctifier ; effet de ce qui sanctifie. — **2.** Célébration selon les rites religieux.

SANCTIFIER v. t. (bas lat. *sanctificare,* du lat. class. *sanctus,* saint) [conj. **9**]. **1.** Rendre qqn saint, le mettre en état de grâce. — **2.** *Litt.* Attribuer à qqch un caractère sacré, noble, exceptionnel, le placer au-dessus de tout : *Sanctifier le pouvoir.* — **3.** Célébrer selon la loi religieuse : *Sanctifier le dimanche.*

SANCTION n. f. (lat. *sanctio,* de *sancire,* rendre irrévocable). **1.** Acte par lequel un usage, un événement, une action sont entérinés, reçoivent une sorte de validité : *Un mot qui a reçu la sanction de l'usage.* — **2.** Conséquence naturelle d'un acte : *L'échec est la sanction de la paresse.* — **3.** Mesure répressive infligée par une autorité pour l'inexécution d'un ordre, l'inobservation d'un règlement, d'une loi : *Prendre des sanctions contre des grévistes.* — **4.** Conséquence juridique du non-respect d'une règle de droit. — **5.** *Sanction (des lois),* acte par lequel le chef de l'État donne à la loi force exécutoire, promulgation.

SANCTIONNER v. t. (conj. **3**). **1.** Confirmer qqch, lui apporter une consécration officielle ou quasi officielle : *Sanctionner les propositions d'un médiateur.* — **2.** Réprimer une infraction, une faute, les punir par une sanction, une pénalité : *Une loi sanctionne ce genre d'infractions.*

SANCTIS (Francesco DE) → DE SANCTIS.

SANCTIS (Gaetano DE) → DE SANCTIS.

SANCTI SPÍRITUS, v. de Cuba, dans le centre de l'île ; 72 000 hab. Industrie laitière.

SANCTORAL n. m. (lat. médiév. *sanctoralis,* du lat. class. *sanctus,* saint). Partie de l'année liturgique qui contient les offices des saints.

SANCTUAIRE n. m. (lat. *sanctuarium,* de *sanctus,* saint). **1.** Édifice religieux, lieu saint en général. — **2.** Partie de l'église située autour de l'autel, où s'accomplissent les cérémonies liturgiques. — **3.** Lieu protégé contre toute agression : *Cette île est un sanctuaire pour les oiseaux.* — **4.** *Litt.* La partie la plus intime, la plus secrète de qqch : *Le sanctuaire de son cœur.* — **5.** Territoire dont la perte équivaudrait à la perte de l'identité nationale ; territoire couvert par la dissuasion nucléaire.

Sanctuaire, roman de William Faulkner (1931) : la déchéance d'une étudiante dominée par un bootlegger, lui-même promis à la mort.

SANCTUARISER v. t. Donner à un territoire le caractère d'un sanctuaire couvert par la dissuasion nucléaire.

SANCTUS [sɑ̃ktys] n. m. (lat. *sanctus,* saint). À la messe, chant après la préface qui commence par l'acclamation *sanctus* répétée trois fois.

SANCY *(puy de),* sommet volcanique d'Auvergne (Puy-de-Dôme), dans les monts Dore, point culminant du Massif central ; 1 885 m. Téléphérique.

SANCY (Nicolas HARLAY DE), homme d'État français (1546 - Paris 1629). Il leva pour Henri III des mercenaires suisses en engageant ses bijoux. Henri IV le fit surintendant des Finances (1594-1598). — Son fils ACHILLE, prélat et diplomate français (1581-1646), fut ambassadeur en Turquie (1610-1618), où il se fit remarquer par ses exactions. Entré à l'Oratoire, il devint évêque de Saint-Malo (1632).

SAND (Aurore DUPIN, *baronne* DUDEVANT, dite **George**), femme de lettres française (Paris 1804 - Nohant, Indre, 1876). Descendante de Maurice de Saxe par sa grand-mère et d'un artisan de Paris par sa mère, elle passe son enfance à Nohant. Mariée en 1822 avec Casimir Dudevant dont elle se séparera définitivement en 1836, elle s'enfuit à Paris en 1831 où elle devient l'amie de Jules Sandeau avec qui elle écrit *Rose et Blanche* (1831), avant de publier seule, sous le pseudonyme de George Sand, *Indiana** et *Valentine* (1832), puis *Lélia* (1833). Devenue une figure de la société intellectuelle parisienne, elle commence en 1833 une liaison avec Musset qui s'achève à Venise en 1834. Elle compose de nouveau des romans passionnels (*Mauprat,* 1837), mais poussée dès 1835 vers la politique par Michel de Bourges, elle s'oriente vers un socialisme idéaliste, inspiré des idées de Pierre Leroux et de La Mennais, qui s'exprime dans *Spiridon* (1838), *le Compagnon du tour de France* (1840), *Consuelo* (1842-43) et *le Péché de M. Antoine* (1847), date à laquelle se termine une longue liaison qui l'unissait depuis 1838 à Chopin. Elle se jette dans l'action politique aux côtés de Ledru-Rollin, mais les journées de juin 1848 ruinent son rêve démocratique. La veine rustique qui s'était déjà révélée dans *la Mare* au diable* (1846), *François* le Champi* (1847-48) se confirme dans *la Petite* Fadette* (1849) et *les Maîtres sonneurs* (1853). La « bonne dame de Nohant » revient alors sur son passé (*Elle et Lui,* 1859 ; *Impressions et Souvenirs,* 1873-1877) ou se consacre à des récits mondains (*les Beaux Messieurs de Bois-Doré,* 1857-58). Sa *Correspondance* est un document exceptionnel, aussi bien sur le XIXe s. que sur une femme qui sut faire de sa vie son œuvre véritable.

SANDAGE (Allan Rex), astrophysicien américain (Iowa City 1926). Ses travaux portent sur l'Univers extragalactique et la cosmologie. Il a découvert le premier quasar (1960), en identifiant la contrepartie optique d'une radiosource compacte.

SANDALE n. f. (lat. *sandalium,* du gr. *sandalion*). Chaussure comportant une semelle et des lanières ou bandes entre lesquelles le pied reste apparent.

SANDALETTE n. f. Chaussure légère faite d'une tige, cousue directement sur le semelage et fermée par une boucle.

SANDALIER, ÈRE n. Artisan qui fabrique des sandales.

SANDARAQUE n. f. (lat. *sandaraca,* du gr. *sandarakê,* arsenic rouge). Résine issue de divers conifères, utilisée pour la fabrication du vernis.

SANDAWES, population du groupe khoisan, du nord de la Tanzanie, groupant environ 500 000 membres.

SANDBURG (Carl), poète américain (Galesburg, Illinois, 1878 - Flat Rock, Caroline du Sud, 1967). Il eut une existence pauvre qu'il décrit dans son autobiographie, *Always the Young Strangers* (1953), avant de s'imposer avec une poésie d'inspiration populaire et spécifiquement américaine et de devenir l'un des chefs de « l'école de Chicago » (*Cornhuskers,* 1918 ; *Smoke and Steel,* 1920 ; *The People, yes,* 1936).

SANDEAU (Julien, dit **Jules**), écrivain français (Aubusson 1811 - Paris 1883). Il publia avec la future George Sand un roman, *Rose et Blanche* (1831), signé JULES SAND. On lui doit des romans tels *Mademoiselle de La Seiglière* (1848) qu'il porta au théâtre en 1851 et *Sacs et Parchemins* (1851) dont il tira avec É. Augier une pièce, *le Gendre* de M. Poirier* (1854). [Acad. fr., 1858.]

SANDEL (Cora), romancière norvégienne (Christiania, auj. Oslo, 1880 - Uppsala, Suède, 1974). Sa trilogie, en partie autobiographique, *Alberte* (1926-1931-1939) et son roman *la Pâtisserie de Krane* (1945) révèlent une fine analyse de la psychologie féminine. La satire sociale anime ses nouvelles (*Un sofa bleu,* 1927 ; *Notre difficile vie,* 1960).

SANDEMOSE (Aksel), écrivain norvégien d'origine danoise (Nykøbing, Danemark, 1899 - Copenhague 1965). Il publia des nouvelles (*Un marin débarque,* 1931), puis des romans à caractère psychologique, policier et parfois satirique

(*Un fuyard croise sa trace,* 1933 ; *Le passé est un rêve,* 1944, son chef-d'œuvre) qui révèlent un art consommé de l'anecdote, des digressions et des variations polémiques autour des motivations de meurtres énigmatiques.

SANDER (August), photographe allemand (Herdorf, Rhénanie-Palatinat, 1876 - Cologne 1964). Portraitiste à succès (1904-1910), il devient photographe ambulant et dresse le panorama de l'état social existant de l'Allemagne. Malgré les persécutions nazies (plus de 70 000 clichés détruits) et les bombardements, il laisse une œuvre révélatrice de la société allemande en évolution vers le nazisme (*Menschen ohne Maske,* 1927).

SANDERLING [sɑ̃dɛrlɛ̃] n. m. (angl. *sanderling,* de *sand,* sable). Bécasseau des toundras arctiques qui migre vers l'hémisphère austral.

SANDERS (Farrell, dit **Pharoah**), saxophoniste de jazz américain (Little Rock, Arkansas, 1940). Son lyrisme forcené prolonge, par ses références mystiques et orientales, le « message spirituel » des dernières œuvres de John Coltrane.

SANDGATE, station balnéaire de Grande-Bretagne (Kent), sur la côte du pas de Calais, à l'O. de Folkestone, dont elle dépend.

SANDHI n. m. inv. (sanskr. *sandhyā,* combinaison). Modification phonétique subie par la finale ou l'initiale d'un mot dans la phrase. (La liaison en français est un phénomène de sandhi : ainsi le [f] de *neuf* passe à [v] dans *neuf ans.*)

SANDHURST, v. de Grande-Bretagne (Berkshire), au S.-E. de Reading ; 6 400 hab.

Sandhurst *(école militaire de)* [*Royal Military Academy*], école militaire anglaise interarmes de l'armée de terre qui forme la presque totalité des officiers.

SAN DIEGO, v. des États-Unis, en Californie, sur la *baie de San Diego ;* 1 110 549 hab. (2 498 016 hab. dans l'agglomération). Grande base navale et aéronavale. Constructions navales et aéronautiques. Important port de pêche (thon). Institut océanographique. Musée des beaux-arts et musées scientifiques (Histoire naturelle, etc.) dans le parc Balboa.

SANDINISME n. m. Ensemble des idées, nationalistes et anti-impérialistes, dont le modèle réside dans l'action d'Augusto César Sandino.

SANDINISTE adj. et n. Relatif au sandinisme ; partisan du *Front sandiniste de libération nationale,* fondé au Nicaragua en 1967, dans le but de chasser les Somoza et qui détint le pouvoir de 1979 à 1990.

SANDINO (Augusto César), homme politique nicaraguayen (Niquinohomo 1893 - Managua 1934). En 1926, il soutint le soulèvement du libéral Sacasa contre les conservateurs et dirigea une guérilla contre les marines américains jusqu'à leur départ en 1933. Assassiné par des membres de la Garde nationale, il est devenu un héros du nationalisme latino-américain.

SANDJAK [sɑ̃dʒak] n. f. (turc *sancak,* étendard). Subdivision territoriale d'un pachalik de l'Empire ottoman.

SANDOMIERZ, v. du sud-est de la Pologne, sur la Vistule ; 21 000 hab. Ville historique riche en monuments (cathédrale et hôtel de ville reconstruits du XIVe au XVIIe s.) ; musées.

SANDOUVILLE (76430), comm. de la Seine-Maritime, à 16 km à l'E. du Havre ; 705 hab. Construction automobile. Tabac. Métallurgie du nickel et du cobalt.

SANDOW [sɑ̃do ou -dɔv] n. m. (n. déposé). **1.** Extenseur en caoutchouc utilisé en gymnastique ou pour fixer des objets sur un porte-bagages, une galerie de voiture, etc. — **2.** Câble élastique qui permet le lancement des planeurs le long des pentes.

Sandoz A. G., société suisse, fondée à Bâle en 1886. Elle a progressivement abandonné son métier d'origine, la chimie, pour devenir un grand groupe pharmaceutique.

SANDRART (Joachim VON), peintre et historien d'art allemand (Francfort-sur-le-Main 1606 - Nuremberg 1688). Il est surtout célèbre en tant qu'auteur de la première histoire de l'art allemande (*Teutsche Academie [...],* 1675-1679), riche de renseignements sur les artistes européens de son temps, qu'il avait, souvent, connus personnellement au cours de ses voyages.

SANDRE n. m. (lat. sc. *sandra,* de l'all. *Zander*). Grand poisson des eaux douces voisin de la perche, présent dans le Danube, le Rhin, le Doubs, la Saône, le Rhône, la Moselle. (Le sandre est l'objet d'une pisculture importante.) [Syn. PERCHE-BROCHET.]

SANDWICH [sɑ̃dwitʃ] n. m. (pl. *sandwiches* ou *sandwichs*) [angl. *sandwich,* du n. de John Montagu, comte de *Sandwich,* qui, au XVIIIe s., se faisait servir ce mets à sa table de jeu]. **1.** Tranches de pain, entre lesquelles on met une tranche de jambon, de fromage, etc. — **2.** Matériau composite constitué d'une âme très légère (bois, mousses organiques, nid d'abeilles) comprise entre deux plaques de matériau résistant. (Ces matériaux sont largement utilisés dans les industries aéronautique et spatiale, et dans le bâtiment.) — **3.** Fam. *Prendre qqn en sandwich,* le coincer ou l'attaquer de deux côtés à la fois.

SANDWICH *(île)* → VATÉ.

SANDWICH *(îles)* → HAWAII.

SANDWICH (*comte* DE) → MONTAGU.

SANDWICH DU SUD, en angl. **South Sandwich Islands,** archipel volcanique britannique de l'océan Austral, dépendance des Malouines.

SANEÏEV (Viktor Danilovitch), athlète géorgien (Soukhoumi 1945). Sous la bannière de l'U. R. S. S., il a été champion olympique du triple saut en 1968, 1972 et 1976, champion d'Europe en 1969 et 1974 et a détenu le record du monde de cette épreuve, ayant franchi 17,39 m dès 1968.

SANEM, comm. du Luxembourg (cant. d'Esch-Alzette) ; 11 100 hab. Métallurgie.

SAN FÉLIX, v. du Venezuela, sur l'Orénoque, formant avec Puerto Ordaz la ville de Ciudad Guayana. Briqueterie. Pulpe. Mine de diamants.

SAN FERNANDO, port pétrolier de l'île de la Trinité, sur le golfe de Paria ; 36 900 hab.

SANFORISAGE n. m. (n. déposé). Traitement alliant une action mécanique à celle de la chaleur, et visant à rendre irrétrécissables les tissus de coton.

SANFORISER v. t. (conj. 3). Procéder au Sanforisage.

SANFORISEUSE n. f. Machine sur laquelle se fait le Sanforisage.

SAN FRANCISCO *(baie de),* baie de la côte ouest des États-Unis, sur le littoral de la Californie, presque fermée par deux péninsules que sépare la Golden Gate.

SAN FRANCISCO, v. des États-Unis, en Californie ; 723 959 hab. (1 603 678 hab. dans l'agglomération, plus de 5 millions en étendant celle-ci à San Jose). Sur la rive sud de la Golden Gate franchie par un célèbre pont, la ville s'est développée dans un site pittoresque de collines. Au débouché de l'Ouest américain, la ville s'est étendue sur la rive est de la baie puis au sud du noyau primitif sur la rive ouest. C'est un port important, un centre industriel (raffinage du pétrole, construction navale et automobile) et tertiaire (finance, tourisme). Importants musées d'art, dont le M. H. De Young Memorial Museum et le California Palace of the Legion of Honor, et d'histoire naturelle.
— **Hist.** Mission espagnole fondée en 1776, la ville fut enlevée au Mexique par les Américains en 1846, et prit le nom de San Francisco en 1847. Elle connut un grand essor avec la ruée vers l'or (1849). Ravagée par un tremblement de terre en 1906, elle fut rapidement reconstruite. La région fut de nouveau touchée par de fortes secousses telluriques en 1989.

San Francisco *(conférences de),* réunions internationales nées de la Seconde Guerre mondiale.
— La *première conférence de San Francisco* (25 avr.-26 juin 1945) établit la Charte des Nations unies.
— La *seconde conférence* (4-8 sept. 1951) élabora le traité de paix entre le Japon et le plus grand nombre de ses anciens adversaires.

SANG [sɑ̃] n. m. (lat. *sanguis, -inis*). **1.** Liquide rouge parcourant le système circulatoire et irriguant tous les tissus de l'organisme, auxquels il apporte les substances nutritives et l'oxygène nécessaires au métabolisme, et dont il recueille les déchets pour les emporter vers les organes qui les éliminent (reins, poumons, peau). [→ *encycl.*] — **2.** *Litt.* Vie, existence : *Payer de son sang.* — **3.** *Litt.* Race, famille, extraction : *Prince de sang royal.* — **4.** *Animal à sang chaud,* syn. anc. de HOMÉOTHERME. ‖ *Animal à sang froid,* syn. anc. de POÏKILOTHERME. ‖ *Apport de sang frais,* arrivée d'éléments nouveaux, plus jeunes ; apport de capitaux. ‖ Fam. *Avoir du sang dans les veines, n'avoir pas de sang dans les veines, avoir du sang de poulet, de navet,* être, ne pas être énergique, audacieux. ‖ *Avoir du sang sur les mains,* avoir commis un meurtre. ‖ Fam. *Avoir qqch dans le sang,* y être porté instinctivement, en être passionné. ‖ Fam. *Bon sang ! Bon sang de bon sang, bon sang de bonsoir,* jurons. ‖ *Coup de sang,* hémorragie cérébrale ; violente émotion, violente colère. ‖ *Donner, répandre son sang pour qqch,* le lui sacrifier. ‖ *Être en sang, baigner dans son sang* ou, pop., *pisser le sang,* perdre beaucoup de sang, être tout ensanglanté. ‖ *Jusqu'au sang,* jusqu'à entamer la chair. ‖ Fam. *Mon sang n'a fait qu'un tour,* j'ai été fortement et subitement bouleversé. ‖ *Prince, princesse du sang,* issus de la famille royale par les mâles. ‖ *Se faire du mauvais sang, un sang d'encre, se ronger, se manger les sangs,* se tourmenter extrêmement. ‖ *Verser, répandre le sang,* se rendre capable de carnage, de meurtre.
ENCYCL. **Méd.** Le *sang artériel* transporte l'oxygène, sous forme d'oxyhémoglobine, de l'appareil respiratoire à l'ensemble du corps ; le sang veineux, rouge plus foncé, pauvre en oxygène, riche en gaz carbonique, revient de l'ensemble du corps et est propulsé vers l'appareil respiratoire. Le sang se compose de deux parties : une partie liquide, le plasma, et en suspension les éléments figurés : globules rouges, ou hématies, ou érythrocytes ; globules blancs, ou leucocytes ; plaquettes, ou thrombocytes. Le volume des éléments figurés du sang (hématocrite) représente normalement 45 % du volume sanguin total. Le plasma renferme de l'eau, des sels minéraux, des glucides, des lipides et des protides, des vitamines et des hormones. Dans le sang coagulé, le plasma est dépourvu de fibrinogène et devient le sérum. La masse sanguine totale est de 4,7 $\pm$ 1 litre chez l'homme et de 3,7 $\pm$ 0,8 litre chez la femme.

sang *(diplôme* et *insigne des donneurs de),* créés en 1949 pour reconnaître le dévouement des donneurs de sang bénévoles.

SANGALLO (les), architectes italiens, maîtres de la Renaissance classique. — GIULIANO GIAMBERTI, dit G. **da Sangallo** (Florence v. 1443 - *id.* 1516), d'abord employé par les Médicis comme ingénieur militaire, a donné les deux ouvrages les plus représentatifs de la fin du XVe s. avec la villa de Poggio a Caiano (1480), qui annonce Palladio, et l'église S. Maria delle Carceri de Prato (à partir de 1484), sans oublier le palais Gondi (1490) à Florence, ni des collaborations avec Bramante (à Lorette) et Raphaël (projet pour St-Pierre de Rome). — ANTONIO, dit A. **da Sangallo l'Ancien** (Florence v. 1453-*id.* v. 1534), frère du précédent, collabora avec celui-ci, réalisa des forteresses, puis construisit à Montepulciano l'église S. Biagio (à partir de 1518), d'une très harmonieuse franchise de composition. — ANTONIO CORDINI, dit A. **da Sangallo le Jeune** (Florence 1484 - Rome 1546), neveu des précédents et leur élève, lui aussi ingénieur militaire, développa l'agence familiale au service des papes Médicis. Il a élevé à Rome plusieurs églises et palais clairement ordonnés, dont le palais Farnèse*, qui montre une maîtrise totale des leçons antiques (cour inspirée du théâtre de Marcellus).

SANGATTE (62231), comm. du Pas-de-Calais, à 9 km à l'O.-S.-O. de Calais ; 3 382 hab. Station balnéaire.

SANG-DE-BŒUF n. m. inv. Rouge flammé des céramistes chinois, obtenu par la cuisson, en atmosphère réductrice, d'un émail contenant du cuivre.

SANG-DRAGON ou **SANG-DE-DRAGON** n. m. inv. Résine de couleur rouge sang, très soluble dans l'alcool, l'éther, les huiles grasses, possédant quelques usages médicaux et utilisée pour colorer les vernis.

SANGER (Frederick), biochimiste britannique (Rendcombe, Gloucestershire, 1918). Il a étudié la structure des protéines et a établi celle de la molécule d'insuline en 1955. Dans les années 1970-1980, il a déterminé la structure de plusieurs A. D. N., notamment viraux. (Prix Nobel de chimie 1958 et 1980.)

SANG-FROID n. m. inv. **1.** État de calme, maîtrise de soi : *Garder son sang-froid.* — **2.** *De sang-froid,* de façon délibérée, en pleine conscience de ce que l'on fait.

SAṄGHA, mot sanskr. désignant initialement une communauté de disciples qui se constitua autour du Bouddha et qui survécut et se développa après sa mort.

SANGHA, riv. du Congo, affl. du Congo (r. dr.) ; 1 700 km env.

SAN GIMIGNANO, comm. d'Italie, en Toscane (prov. de Sienne) ; 10 000 hab. Treize sévères tours de palais dominent la ville, souvenirs des rivalités intestines de l'époque médiévale. Cathédrale remontant au XIIe s. (chapelle de Giuliano da Maiano, avec fresques de Ghirlandaio), église S. Agostino (XIIIe s. ; fresques de Gozzoli) et autres monuments. Pinacothèque dans le Palais municipal, des XIIIe-XIVe s.

SAN GIORGIO A CREMANO, v. d'Italie, en Campanie, au pied du Vésuve ; 62 000 hab.

SANGLAGE n. m. Action de sangler.

SANGLANT, E adj. (bas lat. *sanguilentus,* du lat. class. *sanguinolentus*). **1.** Qui perd son sang, est couvert de son propre sang : *Une plaie sanglante.* — **2.** Qui est taché, maculé de sang : *Les mains sanglantes de l'assassin.* — **3.** Qui contribue à répandre le sang ou s'accompagne d'une grande effusion de sang ; meurtrier : *Des combats sanglants.* — **4.** *Litt.* Qui a été marqué par des morts violentes, des massacres ; cruel : *Le règne sanglant d'un tyran.* — **5.** *Litt.* Qui a la couleur rouge du sang : *Les lueurs sanglantes du soleil couchant.* — **6.** Se dit d'un acte dur, blessant, qui marque profondément celui qui en est la victime : *S'exposer à de sanglants reproches.* — **7.** *Fam.* Où il y a de la contestation, de la violence : *Je vais aller lui parler, mais ça risque d'être sanglant.* — **8.** *Traitement sanglant,* nom donné parfois au traitement chirurgical d'une affection, par opposition au *traitement orthopédique.*

SANGLE n. f. (lat. *cingula,* de *cingere,* ceindre). **1.** Bande large et plate, en cuir, en tissu ou en une matière résistante, servant à serrer, à maintenir, à porter : *Une vieille valise renforcée par des sangles.* — **2.** Bande plate et large qui passe sous le ventre d'un cheval ou d'une bête de somme et s'attache aux deux côtés de la selle ou du bât. — **3.** *Lit de sangle,* lit composé de deux châssis croisés en X, sur lesquels sont tendues des sangles ou une toile. ‖ *Sangle abdominale,* ensemble des muscles qui assurent le soutien des viscères et la fermeté de la paroi abdominale.

SANGLER v. t. (conj. **3**). **1.** Serrer une bête de somme avec une ou des sangles pour assujettir la selle ou le bât. — **2.** Serrer fortement qqn à la taille : *Cette veste le sanglait de façon ridicule.*

SĀNGLI, v. de l'Inde (Mahārāshtra), au N.-E. de Kolhāpur ; 363 728 hab. Centre commercial et industriel. Collèges universitaires.

SANGLIER n. m. (lat. *singularis,* solitaire). **1.** Porc sauvage (suidé) des forêts clairsemées de l'Ancien Monde, à énorme tête triangulaire (hure), canines éversées, poils raides, régime omnivore à

prédominance végétale. (La femelle est la *laie,* les petits les *marcassins.*) [→ *encycl.*] — **2.** Poisson carnassier commun sur nos côtes, à corps discoïde très comprimé, écailles hérissées de fortes soies épineuses, bouche très protractile.
ENCYCL. Le sanglier, qui peut infliger de gros dégâts aux cultures, est classé nuisible dans une grande partie de la France. On le chasse à tir, à courre ou en battue. Les chasses sont fréquemment repeuplées à partir d'élevages dont la production égale la production naturelle.

SANGLON n. m. (de *sangle*). **1.** Courroie de harnais percée de trous. — **2.** Extrémité d'une courroie ou d'une ceinture, qui entre dans la boucle et se fixe à l'ardillon.

SANGLOT n. m. (lat. pop. *singluttus,* altér. du lat. class. *singultus,* sanglot, d'apr. *gluttire,* avaler). **1.** Contraction spasmodique du diaphragme sous l'effet de la douleur ou de la peine, accompagnée de larmes, suivie de l'émission brusque et bruyante de l'air contenu dans la poitrine (souvent au pl.) : *Éclater en sanglots.* — **2.** *Litt.* Bruit qui évoque le sanglotement : *Les longs sanglots du vent.*

SANGLOTEMENT n. m. *Litt.* Action de sangloter.

SANGLOTER v. i. (conj. 3). Pleurer, manifester son émotion avec des sanglots : *Sangloter de joie.*

SANG-MÊLÉ n. inv. *Vx.* Métis, métisse.

SANGNIER (Marc), journaliste et homme politique français (Paris 1873 - *id.* 1950). Au collège Stanislas, il organise des cercles d'études qui seront à l'origine du Sillon*, mouvement chrétien, démocratique et social voué à l'éducation populaire (1894). À partir de 1906, Sangnier, avec *l'Éveil démocratique,* se lance dans la politique active. Désavoué par Rome (1910), il fonde la Jeune République et milite pour un internationalisme démocratique et pacifiste qui le conduit, notamment, à fonder les Auberges de la jeunesse (1929). Après la Seconde Guerre mondiale, la Jeune République fusionne avec le M. R. P., dont Sangnier devient président d'honneur.

SANGO n. m. Langue véhiculaire simplifiée, appartenant au groupe de l'Adamaoua oriental, parlée par environ 1 million de locuteurs en République Centrafricaine.

SANGRIA [sɑ̃grija] n. f. (esp. *sangria,* de *sangre,* sang). Vin rouge dans lequel ont macéré des tranches d'agrumes et de fruits avec des épices. (Spécialité espagnole.)

SANGSUE [sɑ̃sy] n. f. (lat. *sanguisuga,* de *sanguis,* sang, et *sugere,* sucer). **1.** Annélide marine (hirudinée), dulcicole ou terrestre, sans parapodes ni soies, souvent ectoparasite de vertébrés. — **2.** *Litt.* Personne avide, qui soutire de l'argent par tous les moyens. — **3.** *Fam.* Personne collante dont on n'arrive pas à se débarrasser.
ENCYCL. Les sangsues se déplacent soit en nageant par ondulation du corps, soit en arpentant leur support grâce à deux ventouses, l'une autour de la bouche, l'autre à l'arrière du corps. La sangsue médicinale possède trois mâchoires et des glandes salivaires sécrétant un anticoagulant (hirudine), qui lui permettent de se nourrir en suçant le sang de son hôte. Utilisée autrefois pour réaliser une saignée locale, elle ne l'est plus, compte tenu du risque d'infection.

SANGUIN, E adj. (lat. *sanguineus).* **1.** Relatif au sang. — **2.** Se dit des vaisseaux servant à la circulation du sang. — **3.** *Système sanguin,* ensemble des vaisseaux qui contiennent le sang. ‖ *Tempérament sanguin,* tempérament attribué aux individus corpulents au visage pléthorique et couperosé.

◆ **sanguin** n. m. Individu au tempérament sanguin.

◆ **sanguine** n. f. **1.** Orange à pulpe et épiderme plus ou moins rouge. — **2.** Crayon fait avec de la sanguine (hématite), d'un rouge brique ; dessin exécuté avec ce crayon. — **3.** Variété terreuse de l'hématite rouge.

1. SANGUINAIRE adj. (lat. *sanguinarius*). **1.** Qui n'hésite pas à répandre le sang : *Peuples sanguinaires.* — **2.** *Litt.* Qui est marqué par des effusions de sang : *Des luttes sanguinaires.* — **3.** *Litt.* Qui revêt un caractère cruel ou incite à la cruauté : *Des pratiques religieuses sanguinaires.*

2. SANGUINAIRE ou **SANGUINARIA** [-gɥi-] n. f. (lat. sc. *sanguinaria*). Herbe (papavéracée) vivace, à rhizome épais et court, qui contient un latex rouge sang âcre et toxique, dont se servaient les Indiens de l'Amérique du Nord pour se teindre le corps en rouge.

SANGUINAIRES *(îles),* groupe d'îlots granitiques de la Corse, à l'entrée nord du golfe d'Ajaccio.

SANGUINETI (Edoardo), écrivain italien (Gênes 1930). Chef de file des principaux mouvements d'avant-garde des années 60, il est l'auteur de romans (*le Noble Jeu de l'Oye,* 1967), de poèmes (*Laborintus,* 1956 ; *Segnalibri,* 1983) et d'une œuvre critique.

SANGUINIVORE [-gi-] adj. Syn. de HÉMATOPHAGE.

SANGUINOLENT, E [-gi-] adj. (lat. *sanguinolentus*). Qui est teinté de sang : *Crachats sanguinolents.*

SANGUISORBE n. f. Autre nom de la pimprenelle.

SANHÉDRIN [sanedrɛ̃] n. m. (araméen *sanhedrin,* du gr. *sunedrion,* assemblée). Autorité religieuse juive suprême, conseil suprême du judaïsme à l'époque gréco-romaine, siégeant à Jérusalem.

SANICLE n. f. (lat. pop. *sanicula,* du lat. class. *sanus,* sain). Plante (ombellifère) vivace à feuilles très divisées, aux fleurs blanches, autrefois utilisée comme hémostatique et vulnéraire.

SANIDINE n. f. (gr. *sanidion,* planchette). Variété de feldspath potassique que l'on trouve dans les roches volcaniques.

SANIDINITE n. f. Roche métamorphique de haute température caractérisée par la présence de sanidine.

SANIE n. f. (lat. *sanies*). Matière purulente fétide, mélangée de sang.

SANIEUX, EUSE adj. (lat. *saniosus*). Qui contient de la sanie ou qui y ressemble.

San Ildefonso *(convention de)* [1800], convention secrète signée par Bonaparte et Charles IV d'Espagne et appliquée après la paix de Lunéville. La France reçut la Louisiane, et le duc de Parme, beau-frère de Charles IV, fut créé roi d'Étrurie.

SANISETTE n. f. (n. déposé). Édicule abritant des toilettes publiques, dont l'accès et le nettoyage sont automatisés.

SANITAIRE adj. (lat. *sanitas,* santé). **1.** Relatif à la conservation de la santé publique : *Règlement sanitaire.* — **2.** Relatif aux installations et appareils destinés aux soins de propreté, d'hygiène : *Équipement sanitaire.* — **3.** Relatif à la distribution de l'eau, à l'assainissement urbain, aux installations du bâtiment propres à l'hygiène. — **4.** *Train sanitaire,* train constitué de voitures-ambulances et de véhicules pour le logement ou le travail du personnel sanitaire.
◆ n. m. **1.** Ensemble des installations de propreté (lavabos, water-closets, etc.) d'un lieu. (Souvent pl.) — **2.** Secteur d'activité relatif aux installations sanitaires.

SAN JOAQUIN, fl. des États-Unis, en Californie, tributaire du Pacifique ; 560 km.

SAN JOSÉ, cap. du Costa Rica, sur les hautes terres du bassin central ; 297 000 hab. Centre politique, administratif et industriel (biens de consommation). Archevêché. Université.

SAN JOSE, v. des États-Unis, en Californie, au S. de la baie de San Francisco ; 782 248 hab. (1 497 577 hab. dans l'aire métropolitaine). Université. Industries alimentaires, électroniques et mécaniques.

SAN JOSÉ DE CÚCUTA → CÚCUTA.

SAN JUAN *(archipel de),* groupe d'îles de la côte américaine (État de Washington) de l'océan Pacifique, entre l'île canadienne de Vancouver et le continent ; 800 hab.

SAN JUAN *(río),* fl. de l'Amérique centrale, tributaire de la mer des Antilles ; 200 km env. Émissaire du lac Nicaragua, il forme une partie de la frontière entre le Nicaragua et le Costa Rica.

SAN JUAN, v. d'Argentine, en bordure des Andes ; 118 000 hab. Archevêché. Centre industriel et commercial.

SAN JUAN, anc. **San Juan Bautista,** cap. de Porto Rico, sur la côte nord ; 435 000 hab. (plus de 800 000 hab. dans l'aggl.). Archevêché. Monuments du XVIe s. Musées. Tourisme.

SAN JUAN DE PASTO → PASTO.

SANJURJO (José), général espagnol (Pampelune 1872 - Estoril 1936). Il prépara, depuis le Portugal et en liaison avec Franco, le soulèvement de 1936. Il trouva la mort dans un accident d'avion.

ŚAṄKARA, philosophe indien (Kālaḍi ?, Kerala, v. 700 - Kedarnāth, Uttar Pradesh, v. 750). Pour échapper au cycle des renaissance, lié au karman, il préconise la prise de conscience de l'identité fondamentale du soi individuel et du soi universel (brahman), attitude appelée non-dualisme (advaita).

SANKT ANTON AM ARLBERG, station d'été et de sports d'hiver d'Autriche (Tyrol), près du col de l'Arlberg, à 1 300 m d'alt. ; 2 100 hab.

SANKT FLORIAN ou **MARKT SANKT FLORIAN,** comm. d'Autriche (Haute-Autriche), au S.-E. de Linz ; 15 000 hab. Ancienne et célèbre abbaye, reconstruite en style baroque, de 1686 à 1751, par Carlo Antonio Carlone et J. Prandtauer. Beau mobilier dans l'abbatiale. *Retable de la Passion* d'Altdorfer.

SANKT JOHANN IM TIROL, station d'été et de sports d'hiver d'Autriche (Tyrol), au pied des Alpes de Kitzbühel ; 6 500 hab.

SANKT PÖLTEN, v. d'Autriche, ch.-l. de la Basse-Autriche, à l'O. de Vienne ; 51 100 hab. Cathédrale d'origine romane, anc. abbatiale, transformée à partir de 1722 par Prandtauer (fresques de Daniel Gran). Autres monuments, surtout baroques. Carrefour ferroviaire et centre industriel.

SANKT WOLFGANG, station touristique d'Autriche (Haute-Autriche), sur la rive nord du *Wolfgangsee* ; 2 500 hab. Église S. Wolfgang, reconstruite au XVe s. (retable de M. Pacher).

SANKURU, riv. du Zaïre, affl. du Kasaï (r. dr.) ; 1 200 km env.

SAN LORENZO, site archéologique du Mexique, au S. de Minatitlán (État de Veracruz). Vestiges d'habitations et sculptures (têtes colossales et autels) olmèques (env. 1150 à 900 av. J.-C.). Le site a connu une seconde occupation, sans doute par les habitants de La Venta, entre 600 et 400 av. J.-C.

SAN LUCAS *(cap),* cap du Mexique, à l'extrémité méridionale de la Basse-Californie.

SAN LUIS POTOSÍ, ville du Mexique, cap. d'État, sur le plateau intérieur ; 525 819 hab. Cathédrale baroque. Centre ferroviaire et commercial. Aciérie. Métallurgie du cuivre et du zinc.

San Marco, nom donné à une plate-forme italienne off shore de lancement spatial installée depuis 1964 au large de la côte du Kenya, et à une série de satellites scientifiques italiens lancés de 1964 à 1988.

SAN MARINO → SAINT-MARIN *(République de).*

SAN MARTÍN (José DE), patriote argentin (Yapeyú, Corrientes, 1778 - Boulogne-sur-Mer 1850). Il démissionna de l'armée espagnole en 1811 et se mit au service du gouvernement de Buenos Aires, dont il organisa l'armée d'indépendance (1814). Après avoir franchi les Andes, il délivra le Chili (victoires de Chacabuco, 1817, et de Maipú, 1818), proclama l'indépendance à Lima (1821) et reçut le titre de Protecteur du Pérou. En désaccord avec Bolívar (entrevue de Guayaquil, 1822), il s'exila en Europe.

SAN-MARTINO-DI-LOTA (20200), ch.-l. de cant. de la Haute-Corse, dans la péninsule du cap Corse ; 2 467 hab.

SAN MATÍAS *(golfe de),* vaste échancrure de la côte de Patagonie, en Argentine.

SANMENXIA ou **SAN-MEN-HIA,** v. de Chine, sur le Huang He, près d'un vaste aménagement hydroélectrique ; 100 000 hab.

SANMICHELI ou **SAMMICHELI** (Michele), architecte et ingénieur italien (Vérone 1484 - *id.* 1559). Il travailla à Rome et dans les États pontificaux, à Vérone (palais Canossa et Bevilacqua, d'un maniérisme complexe et sévère, v. 1530 ; chapelle Pellegrini à S. Bernardino), à Venise (palais Grimani, 1556 et suiv.). Son activité d'architecte militaire au service de la République de Venise est considérable et de qualité (Vérone, le Lido à Venise, Zadar, Šibenik, Corfou, Candie, etc.).

SAN MIGUEL *(île)* → REY.

SAN MIGUEL, v. du Salvador oriental ; 183 000 hab. Centre commercial. Industries légères.

SAN MIGUEL DE TUCUMÁN, v. du nord-ouest de l'Argentine ; 473 014 hab. Université. Tourisme.

SANNĀR → SENNAR.

SANNAZZARO (Iacopo), écrivain et humaniste italien (Naples 1455 - *id.* 1530). Son chef-d'œuvre, *l'Arcadie** (1504), mélange de prose et de vers, eut une influence considérable sur la formation du roman pastoral et sur la littérature baroque en Europe.

SAN NICOLÁS ou **SAN NICOLÁS DE LOS ARROYOS,** v. d'Argentine (prov. de Buenos Aires), sur le Paraná ; 65 000 hab. Sidérurgie.

SANNOIS (95110), ch.-l. de cant. du Val-d'Oise, au pied des *buttes de Sannois,* à 2 km au N. d'Argenteuil ; 25 658 hab. *(Sannoisiens).*

SANNYĀSIN n. m. (mot sanskr.) En Inde, ascète qui a renoncé totalement au monde.

SANO DI PIETRO, peintre italien (Sienne 1406 - *id.* 1481). Maître d'un atelier qui produisit en grand nombre des retables et des madones, il diffusa l'art de Sassetta dans une version rustique, populaire.

SAN PABLO, v. des Philippines, dans le sud de l'île de Luçon ; 161 000 hab. Marché régional. Industries alimentaires. Confection. Chaussures.

SAN PEDRO, port de la Côte-d'Ivoire ; 32 000 hab. Traitement du café et du cacao. Exportation de bois.

SAN PEDRO DE MACORÍS, port de la République Dominicaine ; 137 000 hab. Industries alimentaires. Confection. Savonnerie. Exportation du sucre.

SAN PEDRO SULA, v. du nord-ouest du Honduras ; 326 000 hab. Centre commercial. Industries alimentaires. Tabac. Confection.

SAN PIETRO, île d'Italie, au S.-O. de la Sardaigne ; 51 km^2 ; 6 800 hab. Ch.-l. *Carloforte.* Pêche.

SANRAKU → KANŌ SANRAKU.

SAN REMO ou **SANREMO,** v. d'Italie, en Ligurie (prov. d'Imperia), important centre touristique et balnéaire sur la Riviera di Ponente ; 61 000 hab. Pittoresque ville haute (église S. Siro, en partie du XIIIe s.). Commercialisation des fleurs.

San Remo *(conférence de)* [19-26 avr. 1920], conférence qui réunit à San Remo le conseil suprême allié, pour discuter de l'exécution du traité de Versailles et préparer le traité de Sèvres avec la Turquie.

SANS prép. (lat. *sine*). **1.** Marque la privation, le manque, l'absence, l'exclusion : *Une boisson sans alcool. Soyez sans crainte.* — **2.** *Sans que,* indique une simultanéité ou une conséquence négative : *Je suis passé sans que personne ne me pose de questions. Tâche de t'approcher sans qu'on te voie.* — **3.** *Sans + inf. (répétant le verbe précédent),* à moitié, pas vraiment : *Il faut y croire sans y croire.* ‖ *Sans plus,* limite à son niveau le plus moyen ce qui vient d'être dit : *Elle est intelligente, mais sans plus.* ‖ *Sans frais,* mention inscrite au recto d'un effet de commerce par le tireur et répétée au verso par les endosseurs afin de dispenser le porteur de faire dresser protêt. (Abrév. *S. F.*)

SANS-ABRI n. inv. Personne qui n'a pas de logement.

SAN SALVADOR ou **WATLING** *(île),* île de l'archipel des Bahamas ; 1 000 hab. Ce fut probablement la première terre américaine atteinte par Christophe Colomb, le 12 octobre 1492.

SAN SALVADOR, cap. du Salvador ; 1 522 000 hab. dans l'agglomération. Dominée par le *volcan San Salvador* (1 950 m), plusieurs fois ravagée par des séismes, la ville est le principal centre industriel du pays. Université. Archevêché.

SAN SALVADOR DE JUJUY, v. du nord-ouest de l'Argentine ; 181 318 hab. Centre commercial et touristique.

SANSANDING, v. du Mali, site d'un barrage sur le Niger permettant l'irrigation ; 8 000 hab.

SANS-CŒUR n. inv. *Fam.* Personne inhumaine, endurcie.

SANSCRIT → SANSKRIT.

SANS-CULOTTE n. m. (pl. *sans-culottes*). Nom donné, sous la Convention, aux révolutionnaires les plus avancés, qui portaient le pantalon de bure à rayures.

SANS-CULOTTIDE n. f. (de *sans-culotte*). Nom des cinq jours (six jours tous les quatre ans) terminant l'année du calendrier républicain (appelés *complémentaires* à partir de 1795).

SANS-DIEU n. inv. *Fam.* et *vx.* Athée.

SAN SEBASTIÁN → SAINT-SÉBASTIEN.

Sanseido, maison d'édition japonaise fondée en 1881 à Tōkyō, qui publie des dictionnaires et des encyclopédies, des manuels scolaires et des ouvrages de référence.

SANS-EMPLOI n. inv. Personne sans travail, chômeur.

SAN SEVERO, v. d'Italie, dans la Pouille (prov. de Foggia) ; 54 000 hab. Vins.

SANSEVIÈRE n. f. (du n. du prince de *San Severo*). Plante (amaryllidacée) à port d'agave, exploitée pour les fibres de ses feuilles, utilisées en corderie, sacherie, etc.

SANS-FAÇON n. m. inv. *Litt.* Mépris volontaire de la politesse.

SANS-FAUTE n. m. inv. **1.** Parcours d'équitation sans la moindre erreur. — **2.** Prestation parfaite dans l'exécution de qqch : *Faire un sans-faute.*

SANS-FIL n. m. inv. Poste téléphonique dont le combiné est utilisable sans fil grâce à une liaison radioélectrique avec le socle, lui-même relié au réseau.

SANS-FILISTE n. (pl. *sans-filistes*). *Fam.* Radioamateur ; opérateur radioélectricien.

SANS-GÊNE n. m. inv. Manière d'agir de qqn qui n'observe pas les règles habituelles de la politesse.
◆ n. inv. Personne qui se comporte avec sans-gêne.

SANS-GRADE n. inv. *Fam.* Subalterne, subordonné sans pouvoir de décision.

SANSKRIT ou **SANSCRIT** n. m. (de *samskṛta,* parfait). Langue indo-aryenne ancienne, qui fut la langue sacrée de la civilisation brahmanique.
◆ **sanskrit, e** adj. Relatif au sanskrit.

ENCYCL. Langue savante, qui n'a sans doute jamais été parlée, le sanskrit est actuellement une des 15 langues officielles de l'Union indienne, où elle est utilisée comme langue de culte et d'enseignement. Sa forme la plus archaïque se trouve dans les Veda (IIe millénaire av. J.-C.). Vers le IVe s. av. J.-C., les grammairiens indiens (Pāṇini) fixèrent la langue : c'est le sanskrit classique. Le sanskrit s'écrit et s'imprime en caractères devanāgarī*.
La découverte du sanskrit par les philologues européens, à la fin du XVIIIe s., a donné naissance à la linguistique indo-européenne et à la grammaire comparée : le sanskrit est apparu comme un chaînon fondamental entre la protolangue indo-européenne et le grec ou le latin.

SANSKRITIQUE adj. Relatif au sanskrit, au sanskritisme.

SANSKRITISATION n. f. Action de sanskritiser.

SANSKRITISER v. t. (conj. 3). Introduire dans le hindī des mots d'origine sanskrite.

SANSKRITISME n. m. Ensemble des disciplines ayant pour objet le sanskrit.

SANSKRITISTE n. Spécialiste de la langue et de la littérature sanskrites.

SANS-LE-SOU n. inv. *Fam.* Personne qui n'a pas d'argent.

SANS-LOGIS n. inv. Personne qui ne dispose pas d'un local d'habitation.

SANSON *(famille),* famille d'origine florentine dont les membres furent exécuteurs des hautes œuvres à Paris de 1688 à 1847. — CHARLES (Paris 1740-1806) fut le bourreau qui guillotina Louis XVI.

Sansoni, maison d'édition italienne fondée à Florence, en 1873.

SANSONNET n. m. (dimin. du prénom *Samson*). Autre nom de l'étourneau.

SANSOVINO (Andrea CONTUCCI, dit **il**), sculpteur et architecte italien (Monte San Savino, Arezzo, 1460 - *id.* 1529). Pureté formelle et délicate idéalisation caractérisent son *Baptême du Christ* au-dessus de la porte est du baptistère de Florence (bronze, v. 1503) et se retrouvent, plus que dans les deux grandes compositions funéraires de S. Maria del Popolo à Rome (pour Jules II, v. 1506), dans les bas-reliefs de la *Vie de la Vierge* à la Santa Casa de Lorette, dont l'artiste dirigea le chantier, dans l'esprit de Bramante, à partir d'environ 1510.

SANSOVINO (Jacopo TATTI, dit **il**), sculpteur et architecte italien (Florence 1486 - Venise 1570). Il était le disciple du précédent, dont il adopta le nom. À Rome, il fut influencé par la sculpture antique, par Raphaël, puis par Michel-Ange. En 1527, il quitta Rome, dévastée, pour Venise, où, comme premier architecte de la ville, il allait adapter l'art de la seconde Renaissance à la tradition vénitienne : palais Corner, puissamment modelé, à partir de 1537 ; ensemble fastueux de la *loggetta* du campanile de St-Marc et de la *Libreria,* sur la Piazzetta ; nombreuses sculptures, dont *Mars* et *Neptune,* les « Géants » de l'escalier de la cour du palais des Doges.

SANS-PAPIERS n. inv. Personne qui ne possède pas les documents qui lui permettent de justifier de son identité et, si elle est étrangère, de la régularité de sa situation en France (pièce d'identité, carte de séjour, permis de travail, etc.).

SANS-PARTI n. inv. **1.** Personne qui n'est inscrite à aucun parti. — **2.** Dans les pays à parti unique, personne qui n'est pas inscrite comme membre de ce parti.

SANS-SOIN n. inv. *Fam.* Personne qui n'est pas soigneuse.

SANS-SOUCI n. inv. Personne qui ne s'inquiète de rien, qui ne se préoccupe pas de son avenir.

San Stefano *(traité de)* [3 mars 1878], traité conclu à San Stefano (auj. Yeşilköy, près d'Istanbul) entre la Russie victorieuse et l'Empire ottoman vaincu, dans la guerre russo-turque (1877-78) [→ *campagne des* BALKANS.]. Les Balkans devenant une zone d'influence russe, le congrès de Berlin (1878), réuni peu après, rétablit l'équilibre européen aux dépens de la Russie.

SANTA ANA, v. des États-Unis (Californie), au S.-E. de Los Angeles, au pied de la *sierra de Santa Ana ;* 293 742 hab. Conserves de fruits.

SANTA ANA, v. de l'ouest du Salvador, au pied du *volcan Santa Ana* (2 386 m) ; 208 000 hab. Centre commercial. Traitement du café. Industries textiles (coton). Meubles. Travail du cuir.

SANTA ANNA (Antonio LÓPEZ DE), homme d'État mexicain (Jalapa 1794 - Mexico 1876). Lieutenant d'Iturbide, il oblige celui-ci à démissionner (1823). Élu président en 1833, il instaure une république centraliste qui conduit le Texas à proclamer son indépendance (1836). Vaincu par les Texans (San Jacinto, 1836), il doit reconnaître la sécession. Santa Anna retrouve son prestige en repoussant les Français à Veracruz (1838) et impose sa dictature (1841-1845). Banni à Cuba, il rentre d'exil en 1847 pour lutter contre l'invasion américaine. Vaincu, il s'exile de nouveau ; il est rappelé par les conservateurs, se proclame dictateur à vie (1853), mais est définitivement chassé du pouvoir par la révolution libérale d'Ayutla (1855).

SANTA BARBARA, archipel américain de l'océan Pacifique, dépendance de l'État de Californie.

SANTA CATARINA, État du Brésil méridional, bordé à l'E. par l'Atlantique, à l'O. par l'Argentine ; 96 000 km² ; 4 536 433 hab. Cap. *Florianópolis.*

SANTA CLARA, v. de Cuba ; 203 800 hab. Centre industriel (tabac, mécanique, textile). Université.

Santa Claus, dans les pays anglo-saxons, nom familier de saint Nicolas, dans ses fonctions de patron des enfants, homologues de celles du Père Noël.

SANTA COLOMA DE GRAMANET, v. d'Espagne, en Catalogne, banlieue de Barcelone ; 141 000 hab.

SANTA CRUZ, archipel du Pacifique, en Mélanésie, au N. de Vanuatu, et dépendance des îles Salomon ; 938 km² ; 16 500 hab. Les principales îles sont : Santa Cruz, ou Ndeni, et Vanikoro.

SANTA CRUZ ou **SANTA CRUZ DE LA SIERRA,** v. de Bolivie, à l'est des Andes, à 420 m d'alt. ; 694 616 hab. Carrefour routier et ferroviaire. Centre commercial et industriel. Aéroport. Université.

SANTA CRUZ (Álvaro DE BAZÁN, *marquis* DE), amiral espagnol (Grenade 1526 - Lisbonne 1588). Il combattit à Lépante (1571). Il battit (1582-83) près des Açores la flotte française de Filippo Strozzi venue au secours des Portugais.

SANTA CRUZ (Andrés), homme d'État bolivien (La Paz 1792 - Saint-Nazaire 1865). Élu président de la Bolivie en 1829, il s'empara du Pérou en 1836 et forma une confédération dont il fut Protecteur. Combattu par le Chili, il fut vaincu et renversé en 1839.

SANTA CRUZ DE LA PALMA, ch.-l. de l'*île de la Palma* (archipel des Canaries) ; 16 800 hab. Port.

SANTA CRUZ DE TENERIFE, port de l'*île de Tenerife* (archipel des Canaries), 222 892 hab. Centre commercial et touristique. Raffinerie de pétrole.

SANTA FE, v. d'Argentine, sur un bras du Paraná ; 442 214 hab. Archevêché. Églises des XVIIe et XVIIIe s. Centre commercial et industriel.

SANTA FE, v. des États-Unis, cap. de l'État du Nouveau-Mexique ; 55 859 hab. Archevêché. Musées, dont celui du Nouveau-Mexique (archéologie et histoire des Indiens du Sud-Ouest). Centre administratif, touristique et commercial.
— **Hist.** Fondée par les Espagnols en 1610, la ville fut occupée par les États-Unis en 1846.

SANTA FE DE BOGOTÁ, anc. nom de Bogotá.

SANTA ISABEL → MALABO.

SANTAL n. m. (pl. *santals*) [gr. *santalon,* de l'ar. *sandal*]. Arbre hémiparasite (santalacée) d'Inde, de Malaisie et d'Australie, aux feuilles réduites, au bois très recherché, contenant une essence terpénique odoriférante, d'usage religieux, médicinal, ou aromatique, objet d'un commerce important ; ce bois ; cette essence.

SANTALACÉE n. f. Nom de famille donné aux santals vrais et aux plantes voisines, chlorophylliennes mais souvent hémiparasites, et dont le bois et les fruits sont utilisés.

SANTALALE n. f. Nom d'ordre de plantes à fleurs, telles que les santalacées (santal) et les loranthacées (gui).

SANTĀLĪ n. m. Langue mundā septentrionale, parlée par les Santals. (C'est la plus importante des langues mundā, regroupant plus de 80 % des locuteurs de ces langues.)

SANTALOL n. m. Alcool sesquiterpénique présent dans le bois de santal et utilisé en parfumerie et en savonnerie.

SANTALS ou **SANTALĪS,** population tribale du Bihār, du Bengale et de l'Orissa, appartenant au groupe mundā et dont le nombre est supérieur à 4 millions.

SANTA MARIA, île de l'archipel des Açores ; 100 km² ; 10 000 hab. Ch.-l. *Vila do Porto.*

SANTA MARIA, v. du Brésil à l'O. de Porto Alegre ; 217 565 hab. Université. Centre ferroviaire. Industries alimentaires.

Santa Maria del Fiore → SAINTE-MARIE-DE-LA-FLEUR.

SANTA MARIA DI LEUCA *(cap),* cap d'Italie, à l'extrémité méridionale de la Pouille.

SANTA MARTA, v. de Colombie, sur la mer des Antilles, au pied de la *sierra de Santa Marta ;* 286 460 hab. Port (bananes).

SANTA MONICA, v. des États-Unis (Californie), sur l'océan Pacifique, près de Los Angeles ; 88 000 hab. Station balnéaire. Constructions aéronautiques et spatiales.

SANTANDER, port et station balnéaire d'Espagne, ch.-l. de la région Cantabrique, sur le golfe de Gascogne ; 191 079 hab. Musée de Préhistoire et d'Archéologie. Métallurgie. Industries alimentaires.

SANTANDER (Francisco DE PAULA), homme d'État colombien (Rosario de Cúcuta 1792 - Bogotá 1840). Lieutenant de Bolívar, vice-président de la République de Colombie (1819), puis de la Grande-Colombie (1821), il fut banni par Bolívar à la suite d'une conjuration (1828). Revenu après la dissolution de la Grande-Colombie, il fut président de la République de Nouvelle-Grenade et jeta les bases de la Colombie moderne (1833-1837).

SANT'ANTIOCO, île d'Italie, au S.-O. de la Sardaigne ; 108,9 km² ; 12 100 hab.

SANTARÉM, v. du Portugal, sur le Tage ; 23 690 hab. Nombreuses églises du XIIe au XVIIIe s. Musée archéologique.

SANTARÉM, port du Brésil (État de Pará), sur l'Amazone, au confluent du Tapajós ; 265 105 hab. Étape du réseau routier amazonien. Centre commercial.
— **Archéol.** Site archéologique avec céramique à décor incisé et ponctué (vers 1200 ou 1300). Musée.

SANTAROSA (Santorre Annibale DE ROSSI DI POMAROLO, *comte* DE), homme politique piémontais (Savigliano 1783 - Sphactérie, Grèce, 1825). Chef libéral, il dirigea la révolution piémontaise de 1821. Il fut tué en combattant pour l'indépendance grecque.

SANTA TECLA, v. du Salvador → NUEVA SAN SALVADOR.

SANTAYANA (George), philosophe américain d'origine espagnole (Madrid 1863-Rome 1952). Il se situe dans une perspective sensualiste en ce qui concerne la connaissance et aristotélicienne à l'égard de la morale (*le Dernier Puritain,* 1935).

SANTÉ n. f. (lat. *sanitas, -atis,* de *sanus,* sain). **1.** État de qqn dont l'organisme fonctionne normalement : *Être plein de santé.* — **2.** État de l'organisme, bon ou mauvais : *Être en mauvaise santé.* — **3.** Équilibre psychique, harmonie de la vie mentale : *Santé morale.* — **4.** État sanitaire des membres d'une collectivité : *Constater une amélioration de la santé d'un pays.* — **5.** État, situation, satisfaisants ou non, de qqch dans le domaine économique, social : *La santé du franc.* — **6.** Pop. *À votre santé !,* vœu exprimé avant de boire à la santé de qqn. ‖ *Bulletin de santé,* communiqué officiel donnant des informations sur l'état de santé d'un personnage public malade ou blessé. ‖ *Maison de santé,* établissement privé où l'on traite spécialement les maladies mentales. ‖ *Santé publique,* ensemble des actions et prescriptions prises par l'Administration et relatives à la protection de la santé des citoyens. ‖ *Officier de santé,* personne qui était autorisée à exercer la médecine sans être munie du diplôme de docteur en médecine. (La loi du 30 novembre 1892 a arrêté sa promotion). ‖ *Se refaire une santé,* se rétablir. ‖ Fam. *Une petite santé,* une santé fragile, délicate. ‖ Fam. *Une santé de fer, de cheval,* une santé robuste, excellente, à toute épreuve. ‖ *Service de santé des armées,* service chargé d'assurer le soutien sanitaire des armées et des organismes dépendant du ministre de la Défense en matière d'hygiène, de prévention, de soins, d'expertises, d'enseignements et de recherches. (Il comprend une direction centrale, une inspection générale, trois inspections [terre, air, mer], des écoles, des centres de recherche et dirige une trentaine d'hôpitaux.)

Santé *(prison de la),* maison d'arrêt pour les condamnés hommes, rue de la Santé, à Paris, construite par Vaudremer dans les années 1860.

Santé des armées *(médaille d'honneur du service de),* médaille créée en 1962 pour récompenser les personnes qui ont apporté leur concours au service de santé des armées.

santé et de la recherche médicale *(Institut national de la)* **[I. N. S. E. R. M.],** nom donné en 1964 à l'ancien Institut national d'hygiène, créé en 1941. L'I. N. S. E. R. M. centralise les informations concernant les recherches médicales tant en France qu'à l'étranger, suscite et effectue des travaux de recherche, informe le gouvernement de l'état sanitaire du pays.

santé publique *(École nationale de la),* établissement d'enseignement supérieur, institué à Rennes par la loi du 28 juil. 1960. Aux futurs médecins fonctionnaires de la santé publique s'ajoutent, comme élèves, les futurs directeurs et économes des hôpitaux, ainsi que les architectes et urbanistes désirant se spécialiser dans les constructions sanitaires.

SANTEES, Indiens d'Amérique du Nord, de langue sioux, qui pratiquaient le chamanisme. Estimés à quelque 5 500, ils vivent auj. dans les réserves, notamment au Dakota.

SANT'ELIA (Antonio), architecte italien (Côme 1888 - près de Monfalcone, au front, 1916). Il présenta à Milan, en 1914, son célèbre projet de *Citta Nuova,* qui fut repris dans la revue *Lacerba* comme *Manifeste de l'architecture futuriste.* D'un graphisme influencé par la sécession viennoise, ses dessins dénotent la fascination exercée par les villes américaines et par l'essor des techniques modernes ; ils proposent des circulations à plusieurs niveaux, des immeubles de grande hauteur avec passages et ascenseurs extérieurs.

SANTENAY (21590), comm. de la Côte-d'Or, au pied du mont Sène ; 1 016 hab. Église des XIIe - XVIe s. Vignobles de la côte de Beaune. Station thermale.

SANTER (Jacques), homme politique luxembourgeois (Wasserbillig 1937). Président du parti chrétien social (1974-1982), il a été Premier ministre de 1984 à 1995. Il a succédé en 1995 à J. Delors à la présidence de la Commission européenne.

SANTERRE, région de la Picardie (Somme), entre Montdidier et Péronne, découpée en plateaux crayeux recouverts de limon. V. princ. *Montdidier.*

SANTERRE (Antoine Joseph), homme politique français (Paris 1752 - *id.* 1809). Brasseur au faubourg Saint-Antoine (1772), il participa à la prise de la Bastille, puis à la manifestation du Champ-de-Mars (17 juill. 1791). Il organisa la journée du 20 juin 1792. Commandant de la Garde nationale de Paris, il escorta Louis XVI à l'échafaud. En 1793, il se battit en Vendée, avec le grade de général. Il démissionna au lendemain de Thermidor.

SANTI ou **SANZIO** (Raffaello) → RAPHAËL.

SANTIAG n. f. *Fam.* Botte courte à bout effilé et à talon oblique.

SANTIAGO, cap. du Chili ; 4 385 000 hab. (avec les banlieues). Fondée en 1541 par Pedro de Valvidia, à 140 km du Pacifique, dans une vallée affluente de celle de l'Aconcagua qui mène aux cols vers l'Argentine, la ville a été la capitale du Chili colonial. Après l'indépendance, elle s'est imposée et a dominé Valparaíso et Concepción. Depuis les années 30, elle a connu un fort accroissement démographique, dû à la fois à la croissance naturelle et aux migrations rurales. Elle regroupe près du tiers de la population chilienne, fournit plus de la moitié de la production industrielle et des emplois tertiaires du pays. La ville, basse et étalée, est cernée de bidonvilles.

SANTIAGO, port de Cuba, sur la côte sud-est de l'île, ch.-l. de prov. ; 434 500 hab. Archevêché. Université. Nombreux monuments de l'époque coloniale. Industries alimentaires (sucre, rhum, conserves). Tabac. Mécanique. Cimenterie. Raffinerie de pétrole.

SANTIAGO ou **SANTIAGO DE LOS CABALLEROS,** v. de la République Dominicaine, au pied de la Cordillère septentrionale ; 489 500 hab. Centre commercial. Industrie textile. Produits pharmaceutiques. Industrie alimentaire. Tabac.

Santiago *(ordre de)* → SAINT-JACQUES-DE-L'ÉPÉE *(ordre de).*

SANTIAGO DEL ESTERO, v. du nord de l'Argentine, sur le rio Dulce ; 201 709 hab. Centre commercial et touristique. Industries alimentaires.

SANTILLANA (Íñigo López de Mendoza, *marquis* de), homme de guerre et écrivain espagnol (Carrión de los Condes 1398 - Guadalajara 1458). Il participa aux luttes civiles sous le règne de Jean II de Castille et obtint, après la bataille d'Olmedo (1445), le titre de marquis de Santillana. Il a laissé de nombreux poèmes d'amour, où s'harmonisent la tradition castillane, le goût de l'allégorie à la manière française et l'imitation des Italiens. Il fut l'auteur en espagnol des premiers « sonnets à l'italienne ».

SÄNTIS, montagne de la Suisse, à la frontière des cantons d'Appenzell et de Saint-Gall ; 2 502 m. Observatoire météorologique.

SANTO ANDRÉ, v. du Brésil, centre industriel de la banlieue de São Paulo ; 613 672 hab.

SANTO ANTAO, île volcanique de l'archipel du Cap-Vert (îles du Vent) ; 779 km² ; 43 000 hab.

SANTO DOMINGO → Saint-Domingue.

SANTO DOMINGO DE LOS COLORADOS, v. d'Équateur à l'O. de Quito ; 104 059 hab.

SANTO DOMINGO DE SILOS → Silos.

SANTOLINE n. f. (var. du moyen fr. *santonique,* du lat. *santonica herba,* herbe des Santons, peuple d'Aquitaine). Composée odorante originaire de la région méditerranéenne, voisine de l'armoise. (Ses akènes ont des propriétés vermifuges.)

SANTON n. m. (provenç. *santoun,* petit saint). Petite figurine en terre cuite peinte servant, en Provence, à décorer les crèches de Noël.

SANTONIEN n. m. (de *Saintonge* n. pr.). Étage du crétacé.

SANTONINE n. f. (occitan *santonino*). Médicament vermifuge extrait du semen-contra, aujourd'hui abandonné en raison de sa toxicité.

SANTONNIER n. m. En Provence, fabricant de santons.

SANTORIN *(archipel de),* archipel volcanique grec de la partie méridionale des Cyclades, formé de Santorin, Thirasoía et Kaméni.

SANTORIN, en gr. **Thíra,** principale île de l'*archipel de Santorin ;* 76 km² ; 8 000 hab. Ch.-l. *Thíra.* Volcan actif. Tourisme. Musée archéologique. Aéroport.
— **Archéol.** Vestiges (habitat, peintures murales, céramiques, etc.) d'Akrotíri, site majeur de la civilisation cycladique, détruit v. 1500 av. J.-C. par une éruption volcanique. Sur le site de Thíra (occupé au Ier millénaire), la cité archaïque a livré de nombreux objets.

SANTORINI ou **SANTORIN** (Gian Domenico), médecin et anatomiste italien (Venise 1681-*id.* 1737). Son nom a été donné à un faisceau musculaire, le *risorius de Santorini,* aux petites cornes cartilagineuses qui terminent les cartilages aryténoïdes *(tubercules de Santorini),* au canal excréteur du pancréas *(canal de Santorini)* et au plexus veineux pubio-prostatique *(plexus de Santorini).*

SANTOS, port du Brésil, au S.-E. de São Paulo ; 425 000 hab. Exportation de café. Industries alimentaires et sidérurgiques. Raffinerie de pétrole.

SANTOS-DUMONT (Alberto), aéronaute et aviateur brésilien (Palmyra, auj. Santos Dumont, 1873 - São Paulo 1932). Venu très jeune en France, il créa, de 1898 à 1905, plusieurs modèles de dirigeables. Il effectua le 23 oct. 1906 le premier vol propulsé homologué en Europe. Ses avions du type *Demoiselle,* créés à partir de 1909, sont les précurseurs des avions légers modernes.

SANTURCE-ANTIOGUO, port d'Espagne au N.-O. de Bilbao ; 53 900 hab. Raffinerie de pétrole. Centrale thermique. Pêche.

SANUDO DI NASSO (Marco), patricien de Venise († v. 1230). Il conquit Naxos (1205), puis soumit les Cyclades. Sa famille conserva le duché de Naxos (Nasso) jusqu'en 1383.

Sanūsiyya *(Confrérie* ou *Tariqā)* → Senousis.

SANVE n. f. (lat. *sinapi,* grain de moutarde). Nom usuel de la moutarde des champs. (Syn. ravenelle.)

SANVIGNES-LES-MINES (71410), comm. de Saône-et-Loire, à 5 km à l'O. de Montceau-les-Mines ; 4 967 hab.

SANXAY (86600), comm. de l'ouest de la Vienne, à 14 km au N.-O. de Lusignan ; 630 hab. — À proximité, importantes ruines gallo-romaines.

SANZA n. f. Instrument de musique d'Afrique noire, constituée d'une caisse sur laquelle sont fixées des languettes que l'on pince avec les doigts.

SANZIO (Raffaello) → Raphaël.

SÃO BERNARDO DO CAMPO, v. du Brésil, banlieue industrielle (automobile, chimie) de São Paulo ; 565 171 hab.

SÃO FRANCISCO, fl. du Brésil ; 3 100 km. Né dans le Minas Gerais, il draine la vaste région semi-aride du Sertão avant de rejoindre l'Atlantique (au S.-O. de Maçeió). Voie de circulation, il fait l'objet depuis 1946 d'aménagements hydrauliques (quatre barrages) pour la production d'électricité et l'irrigation.

SÃO GONÇALO, v. du Brésil, banlieue de Rio de Janeiro ; 747 891 hab.

SÃO JOÃO DE MERITI, v. du Brésil, banlieue de Rio de Janeiro ; 425 038 hab.

SÃO JORGE, île volcanique des Açores ; 238 km^2 ; 12 800 hab. Ch.-l. *Velas.*

SÃO JOSÉ DO RIO PRETO, anc. **Rio Preto,** v. du Brésil (État de São Paulo) ; 193 000 hab. Centre agricole (café, coton, riz, alimentation).

SÃO JOSÉ DOS CAMPOS, v. du Brésil, au N.-E. de São Paulo ; 442 728 hab. Textile. Automobile. École aéronautique et centre d'études aérospatiales.

SÃO LEOPOLDO, v. du Brésil (Rio Grande do Sul), au N. de Porto Alegre ; 104 000 hab. Centre industriel d'une région agricole.

SÃO LUIS ou **SÃO LUÍS DO MARANHÃO,** port du Brésil du Nord-Est, cap. de l'État du Maranhão ; 695 780 hab. Archevêché. Cathédrale du XVIIe s. Centre administratif, commercial et industriel.

SÃO MIGUEL, la plus importante des îles des Açores ; 747 km^2 ; 149 800 hab. Ch.-l. *Ponta Delgada.* Tourisme.

SAÔNE, riv. de l'est de la France, affl. du Rhône (r. dr.) ; 480 km (bassin de près de 30 000 km^2). Née sur le seuil de Lorraine, elle coule vers le S., passe à Gray, Chalon-sur-Saône, Mâcon et conflue à Lyon. Le Doubs est son principal affluent. Traversant surtout des régions basses *(plaines de la Saône),* elle a un régime régulier, assez abondant (400 m^3/s en moyenne) et est utilisée par la navigation, surtout en aval de Chalon.

SAÔNE (Haute-) [70], dép. de la Région Franche-Comté ; ch.-l. de dép. *Vesoul ;* ch.-l. d'arrond. *Lure ;* 2 arrond. ; 32 cant. ; 546 comm. ; 5 360 km^2 ; 229 650 hab. *(Haut-Saônois).* Le département appartient à l'académie et à la cour d'appel de Besançon, à la région militaire Nord-Est.
Aux confins des Vosges et de la Lorraine, le département s'étend principalement sur les plateaux et les plaines encadrant le cours supérieur de la Saône, souvent boisés, domaines d'une polyculture à base céréalière et surtout de l'élevage (plus riche cependant dans les fonds de vallée). L'industrie est représentée surtout par l'automobile, à Vesoul et à Lure, la petite métallurgie et le travail du bois. La densité de population n'atteint pas la moitié de la moyenne nationale.

SAÔNE-ET-LOIRE (71), dép. de la Région Bourgogne ; ch.-l. de dép. *Mâcon ;* ch.-l. d'arrond. *Autun, Chalon-sur-Saône, Charolles, Louhans ;* 5 arrond. ; 57 cant. ; 574 comm. ; 8 575 km^2 ; 559 413 hab. *(Saône-et-Loiriens).* Le département appartient à l'académie et à la cour d'appel de Dijon, à la région militaire Nord-Est.
En dehors de la partie septentrionale de la Bresse, où l'élevage (bovins et volailles) est associé à la polyculture, et de la vallée de la Saône, qui juxtapose cultures céréalières, betteravières, maraîchères et prairies, le département occupe le nord-est du Massif central. Le vignoble s'étend sur la côte chalonnaise et couvre le pied des monts du Mâconnais. L'élevage demeure la principale ressource du Charolais, séparé par le sillon Bourbince-Dheune des hauteurs boisées de l'Autunois, elles-mêmes limitées par le Morvan, également forestier. L'industrie, diversifiée, tient encore une place importante. Elle est représentée surtout par la métallurgie de transformation, la chimie et le textile et est présente dans le sillon Bourbince-Dheune et dans la vallée de la Saône (grand axe de circulation).

SÃO PAULO, v. du Brésil, cap. de l'État du même nom ; 9 480 427 hab. *(Paulistes)* [15 199 423 hab. dans sa région métropolitaine]. C'est la plus grande ville du Brésil et le premier centre industriel.
Fondée en 1554, le jour de la Saint-Paul, à 800 m d'alt., dans un bassin drainé par le Tietê et ses affluents, la ville ne s'est développée que très lentement jusqu'à l'accroissement démographique phénoménal des années du café : 240 000 hab. en 1900 ; 1 326 000 en 1940. L'agglomération, entourée de bidonvilles, s'est considérablement étendue. Malgré le métro, la circulation est difficile et la pollution importante. Le centre, hérissé de gratte-ciel, est essentiellement tertiaire : sièges de sociétés, établissements financiers, commerces. Tous les secteurs industriels sont représentés, en particulier le textile, la métallurgie, les constructions mécaniques et électriques, la chimie, l'alimentation, l'édition. Universités. Musées (riche Museu de Arte). Biennale d'art moderne.

SÃO PAULO, État du sud-est du Brésil, le plus peuplé du pays, sur l'Atlantique ; 248 000 km^2 ; 31 192 818 hab. Cap. *São Paulo.*
Les hauteurs de la serra do Mar séparent les plaines côtières alluviales de hautes terres drainées vers l'ouest par le Paraíba do Sul et le Tietê. Plus à l'ouest, des plateaux descendent doucement vers le Paraná. Le climat tropical à l'ouest est plus sec dans le nord et dans le sud. La mise en valeur, longtemps très circonscrite, a connu un essor considérable avec la culture du café à partir de 1870. Des milliers d'immigrants (Italiens, Espagnols, Portugais) ont alors peuplé l'État et développé villes et voies de communication. La crise des années 30 a entraîné le développement de l'élevage et de nouvelles

cultures : coton, riz, canne à sucre, arachides, agrumes. L'État est maintenant en majorité urbain et tient la première place dans le pays pour la production industrielle : pétrochimie, sidérurgie, métallurgie, chimie, textile, agroalimentaire.

SÃO PAULO DE LOANDA → LUANDA.

SAORAS, population tribale de l'Orissa (Inde), dont le nombre est supérieur à 500 000 membres.

SAOS, ancienne population africaine, non musulmane, qui rassemblait des groupes distincts par leur origine et leur mode de vie vivant au sud du lac Tchad, où ils s'établirent, au début de notre ère, par vagues successives. Des huttes (vestiges de villages et villes) et des tumulus funéraires ont livré des statuettes d'argile (animaux et surtout ancêtres divinisés), ainsi que de belles parures de bronze.

SÃO TIAGO ou **SANTIAGO,** île principale de l'archipel du Cap-Vert (îles Sous-le-Vent) ; 991 km² ; 129 000 hab. Ch.-l. *Praia,* capitale de l'archipel. Cultures de café et d'agrumes. Pêche.

SÃO TOMÉ ET PRÍNCIPE, État insulaire du golfe de Guinée ; 964 km² ; 130 000 hab., formé des îles de *São Tomé* (836 km²) et de *Príncipe* (ou *île du Prince,* 128 km²). CAP. *São Tomé.* LANGUE : *portugais.* MONNAIE : *dobra.*

Géographie. Des réformes soutenues par le F. M. I. ont été engagées pour moderniser l'agriculture, qui fournit à l'archipel ses principales ressources (cacao, café, coprah).

Histoire. Découvert en 1471, l'archipel, devenu colonie portugaise, fut mis en valeur grâce à de grandes plantations où travaillaient des esclaves. Il est indépendant depuis 1975.

SAOUDIEN, ENNE adj. et n. D'Arabie Saoudite.

SAOUDITE adj. Relatif à l'Arabie Saoudite.

SAOUDITES ou **SA'ŪDIENS,** dynastie qui régna sur le Nadjd, le Hedjaz (1926) et règne depuis 1932 sur l'Arabie* Saoudite.

SAOUL, SAOULER → SOÛL, SOÛLER.

SAOURA (la), oued du Sahara algérien, qui longe depuis Igli le Grand Erg occidental, et finit par une zone d'épandage. Palmeraies le long de la vallée.

SÃO VICENTE, île volcanique de l'archipel du Cap-Vert ; 227 km² ; 42 000 hab.

SÃO VICENTE, v. du Brésil, dans la banlieue sud de Santos ; 264 718 hab. Station balnéaire.

SAPAJOU n. m. (tupi *sapaiou*). **1.** Syn. de SAÏMIRI. — **2.** *Fam.* et *vx.* Homme laid.

1. SAPE n. f. (de *saper*). **1.** Tranchée creusée sous un mur, un ouvrage, etc., pour le renverser. — **2.** Dans la guerre de siège, communication enterrée *(sape volante* ou *pleine)* ou souterraine *(sape russe) ;* terme générique tendant à englober tous les travaux de fortification en campagne. — **3.** *Travail de sape,* menées plus ou moins secrètes visant à détruire qqn, qqch.

2. SAPE n. f. (de *se saper*). *Pop.* Vêtement, habit : *S'acheter des sapes neuves.*

SAPELLI n. m. Très grand arbre (méliacée) de la forêt tropicale africaine, dont le bois est recherché. (Syn. ABOUDIKRO.)

SAPEMENT n. m. **1.** Action de saper. — **2.** Destruction d'un relief par la base, sous la forme d'une mise en porte à faux généralement due à l'action d'un cours d'eau.

SAPÈQUE n. f. (malais *sapek*). Pièce de monnaie de faible valeur, en cuivre, qui était en usage en Extrême-Orient.

SAPER v. t. (ital. *zappare,* de *zappa,* hoyau, du bas lat. *sappa*) [conj. 3]. **1.** Creuser, sous les fondements d'une construction, une sape, pour provoquer son écroulement : *Saper un mur.* — **2.** En parlant des eaux, entamer une formation à sa partie inférieure et y causer des éboulements : *La mer sape les falaises.* — **3.** Chercher à détruire qqch par une action progressive et secrète : *Saper le moral de la population.*
◆ **se saper** v. pr., **être sapé** v. pass. *Pop.* S'habiller : *Il est toujours bien sapé.*

SAPERDE n. f. (lat. sc. *saperda,* du gr. *saperdês,* poisson salé). Nom commun à divers longicornes nuisibles aux céréales ou aux peupliers.

SAPERLIPOPETTE !, SAPERLOTTE ! interj. Jurons familiers et vieillis.

SAPEUR n. m. (de *saper*). **1.** Soldat de l'arme du génie. — **2.** *Sapeur d'infanterie, de cavalerie,* nom donné, jusqu'en 1940, aux fantassins ou aux cavaliers spécialisés dans l'emploi des explosifs.

SAPEUR-MINEUR n. m. (pl. *sapeurs-mineurs*). Soldat non spécialisé du génie.

SAPEUR-POMPIER n. m. (pl. *sapeurs-pompiers*). **1.** Syn. de POMPIER ; membre d'un corps de sapeurs-pompiers. — **2.** *Corps de sapeurs-pompiers,* formation réglementaire civile ou militaire, organisée en vue d'assurer les secours en cas d'incendie, d'inondation, d'accident, de péril ou de détresses cardio-respiratoires.
ENCYCL. De la lutte contre l'incendie, la mission des sapeurs-pompiers s'est étendue aux secours aux personnes et animaux en difficulté, à l'assistance aux asphyxiés et aux blessés de la voie publique, aux secours contre l'inondation, à la neutralisation des matières dangereuses, etc.
• *La brigade des sapeurs-pompiers de Paris* est une grande unité du génie mise à la disposition du ministre de l'Intérieur et aux ordres du préfet de

police. Elle est composée de militaires de l'armée de terre et commandée par un officier général.
• *Le bataillon de marins-pompiers de Marseille* est composé de personnels de la marine nationale, et commandé par un capitaine de vaisseau qui est, en même temps, directeur départemental des services d'incendie et de secours. Il relève du préfet.
• *Les corps des sapeurs-pompiers communaux ou départementaux.* Les grandes villes disposent toutes d'un corps de professionnels, tandis que les villes petites ou moyennes ont des corps mixtes (professionnels renforcés par des volontaires). Les petites localités rurales n'ont que des corps de volontaires.

Sapeurs-Pompiers *(médaille d'honneur des),* décoration française créée en 1900 pour récompenser les services exceptionnels ou l'ancienneté.

SAPEUR-TÉLÉGRAPHISTE n. m. (pl. *sapeurs-télégraphistes*). Soldat du génie spécialisé dans les transmissions, avant que cette arme ne se détache du génie (1942).

SAPHÈNE adj. (ar. *ṣāfin,* veine). **1.** Se dit des deux veines qui collectent le sang des veines superficielles du membre inférieur. — **2.** *Nerf saphène péronier* et *nerf saphène tibial* ou *interne,* branches des sciatiques poplités externe et interne.
◆ n. f. Veine saphène.

ENCYCL. La *veine saphène interne,* ou *grande saphène,* naît à la face dorsale du pied, monte sur la face interne de la jambe, puis croise la face interne de la cuisse et se jette dans la veine fémorale. La *veine saphène externe,* ou *petite saphène,* monte sur la face postérieure de la jambe, et se termine dans la veine poplitée.

SAPHIQUE adj. (lat. *sapphicus,* du gr. *sapphikos*). **1.** Relatif à Sappho ou au saphisme. — **2.** Se dit d'un vers de onze syllabes ou d'une strophe dont on attribuait l'invention à Sappho.

SAPHIR n. m. (bas lat. *sapphirus,* du gr. *sappheiros*). **1.** Pierre précieuse de la famille des corindons, de système cristallin rhomboédrique, de couleur bleue (Cachemire), verte (Thaïlande, Australie) et vert-jaune (Sri Lanka). — **2.** Cristal synthétique de même constitution utilisé en bijouterie, horlogerie et électronique. — **3.** Pointe de lecture en corindon de disques phonographiques.
◆ adj. inv. et n. m. Se dit d'une couleur d'un bleu lumineux.

SAPHISME n. m. (de *Sappho,* n. pr.). *Litt.* Homosexualité féminine.

SAPHO → SAPPHO.

SAPIDE adj. (lat. *sapidus*). Qui a de la saveur.

SAPIDITÉ n. f. **1.** Qualité de ce qui est sapide. — **2.** *Agent de sapidité,* additif alimentaire qui accentue la sensibilité des récepteurs gustatifs.

SAPIENCE [sapjɛ̃s] n. f. (lat. *sapientia*). *Vx.* Sagesse et science.

SAPIENTIAUX [sapjɛ̃sjo] adj. m. pl. (lat. médiév. *sapientialis,* du lat. class. *sapientia,* sagesse). *Livres sapientiaux* ou *sapientiaux* (n. m. pl.), groupe de livres bibliques *(les Proverbes, les Psaumes, le livre de la Sagesse...),* recueil de maximes, sentences et poèmes moraux de la sagesse orientale.

SAPIN n. m. (anc. fr. *sap,* du lat. *sapinus*). **1.** Conifère (pinacée) des régions tempérées de l'hémisphère Nord, dont l'espèce la plus répandue en Europe occidentale est le *sapin pectiné,* appelé aussi *sapin blanc* ou *sapin des Vosges.* — **2.** Fam. et vx. *Sentir le sapin,* être très malade, près de mourir.

ENCYCL. Le sapin peut atteindre 50 m de hauteur. C'est une essence d'ombre qu'on exploite vers 100 à 150 ans. La cime est conique quand l'arbre est jeune. Les aiguilles sont disposées en peigne, dans un plan. Les fruits sont des cônes allongés dressés ; les graines sont ailées. Le *sapin pectiné* est caractéristique des étages de montagne. Les forêts sont traitées en futaies régulières ou jardinées. Le bois de sapin, blanc et non résineux, est recherché en charpente, menuiserie et caisserie.

SAPINDACÉE n. f. (lat. sc. *sapindus,* savon indien). Nom de famille de plantes aux feuilles persistantes, telles que le savonnier, le marronnier d'Inde, et un millier d'autres espèces arborescentes ou grimpantes.

SAPINDALE n. f. (lat. sc. *sapindus,* savon indien). Nom d'un ordre groupant les familles des acéracées (érable), des sapindacées (savonnier) et, pour certains auteurs, des térébinthacées (anacardier).

SAPINE n. f. (de *sapin*). **1.** Grue fixe ou mobile de faible puissance, utilisée sur les chantiers pour les manutentions de matériaux. — **2.** Petit bateau utilisé sur les rivières. (Syn. SAPINETTE, SAPINIÈRE.) — **3.** En Bourgogne, récipient en bois destiné à recueillir le raisin.

SAPINETTE n. f. Nom usuel de diverses espèces ornementales d'épicéa, parfois donné abusivement au cèdre. (On distingue la *sapinette blanche,* la *sapinette rouge* et la *sapinette noire.*)

SAPINIÈRE n. f. **1.** Terrain planté de sapins. — **2.** Peuplement forestier composé de sapins, pins seuls ou mélangés avec d'autres essences (épicéa, hêtre, pin sylvestre).

SAPIR (Edward), linguiste américain (Lauenburg, Allemagne, 1884 - New Haven, Connecticut, 1939). Il se consacra, sous l'influence de F. Boas, à la description des langues et des cultures amérindiennes. Dès 1925, il dégagea la notion de phonème. Il a proposé également une nouvelle typologie des langues, fondée sur les données formelles (morphologie, procédés de dérivation, organisation sémantique, etc.). Sa conception du langage est que toute langue, « représentation symbolique de la réalité sensible », contient une vision propre du monde. Son ouvrage de synthèse *le Langage, une introduction à l'étude de la parole* (1921) est un des premiers essais pour constituer une nouvelle science du langage dégagée des considérations historiques.

SAPITEUR n. m. (lat. *sapere,* savoir). Expert chargé, en cas d'avarie d'un navire, d'estimer la valeur des marchandises.

SAPOGÉNINE n. f. Nom générique des aglycones résultant de l'hydrolyse des saponines.

SAPONACÉ, E adj. Qui a les caractères du savon, peut être employé aux mêmes usages que le savon.

SAPONAIRE n. f. (lat. médiév. *saponaria*). Herbe (caryophyllacée), à fleurs lilas ou rose pâle, à la tige et aux rhizomes riches en saponine.

SAPONIDE n. m. Agent de surface anionique, pratiquement stable à l'égard de l'eau, alors que le savon est susceptible, dans les mêmes conditions, de subir une hydrolyse réversible.

SAPONIFIABLE adj. Qui peut être saponifié.

SAPONIFICATION n. f. **1.** Transformation des matières grasses en savons par hydrolyse alcaline. — **2.** Hydrolyse alcaline des esters. (→ *encycl.*)

ENCYCL. La saponification des esters est une hydrolyse* rapide et totale. Cela explique l'emploi de solutions d'hydroxydes alcalins (soude, potasse) en savonnerie pour transformer les matières grasses, qui sont des glycérides insolubles dans l'eau, en sels d'acides gras ou savons et en glycérol, qui sont solubles dans l'eau.

SAPONIFIER v. t. (conj. 9). Soumettre à la saponification.

SAPONINE n. f. Nom générique d'hétérosides très répandus dans le règne végétal, en particulier dans la saponaire.

SAPONITE n. f. Silicate hydraté naturel de magnésium et d'aluminium, blanchâtre, onctueux, monoclinique.

SAPOR → CHĀHPUHR.

SAPORTA (Karine), danseuse et chorégraphe française (Neuilly-sur-Seine 1950). Après une formation de danse classique, elle poursuit des études universitaires aux États-Unis, où elle travaille diverses disciplines chorégraphiques (de M. Cunningham aux claquettes) tout en s'intéressant à la photographie, à la vidéo et au cinéma. De retour à Paris, elle fonde en 1976 un atelier de recherche, « Le corps graphique », qui devient la Compagnie Karine Saporta (1981). En 1988, elle est nommée directrice du Centre chorégraphique national de Caen. Ses réalisations témoignent d'une sensibilité exacerbée, exaltant le corps féminin en images fulgurantes et tensions paroxystiques : *Éclats d'infante* (1982), *Hypnotic Circus* (1983), *Cavale insomniaque* (1984), *le Cœur métamorphosé* (1986), *la Fiancée aux yeux de bois* (1988), *les Taureaux de Chimène* (1989), *l'Impur* (1993).

SAPOTACÉE n. f. (de *sapote*). Nom de famille d'arbres ou d'arbustes tropicaux latescents, à feuilles persistantes, et dont le fruit est toujours une baie.

SAPOTE n. f. (esp. *zapote,* du nahuatl *tzápotl*). Nom commun à divers fruits comestibles pulpeux d'Amérique centrale, portés par des arbres sans parenté botanique.

SAPOTIER n. m. **1.** Autre nom du *sapotillier.* — **2.** Tout arbre dont le fruit est appelé *sapote.*

SAPOTILLE n. f. (esp. *zapotillo*). Fruit du sapotillier, consommé cru ou servant à préparer des sirops.

SAPOTILLIER n. m. Arbre (sapotacée) cultivé dans les pays tropicaux pour ses fruits, pour son bois et pour son latex. (Autre n. usuel *sapotier.*)

SAPPAN n. m. (malais *sappang*). Arbre de Malaisie fournissant du bois de campêche.

SAPPHO ou **SAPHO,** poétesse grecque (Lesbos fin du VIIe - *id.* début du VIe s. av. J.-C.). Son œuvre, dont il ne reste que 650 vers, connut dans l'Antiquité un succès considérable. Chantre de l'amour et de la beauté, elle a créé dans ses poèmes, puisés dans le trésor populaire de son île natale, des rythmes et des mètres nouveaux : la strophe saphique.

SAPPORO, v. du Japon, ch.-l. de la province insulaire de Hokkaidō ; 1 671 742 hab. Nœud routier et ferroviaire, centre administratif, commercial, culturel (universités) et industriel (mécanique, textile, papeterie, alimentation). Jardin botanique. Musée Aïnou.

SAPRISTI ! ou **SACRISTI !** interj. Juron familier marquant l'étonnement, l'impatience, l'exaspération.

SAPROLEGNIA n. m. Champignon siphomycète aquatique, dont certaines espèces forment sur les écailles des poissons une sorte de barbe de couleur blanche.

SAPROLÉGNIOSE n. f. Maladie des poissons d'eau douce provoquée par un champignon.

SAPROMYZE n. f. Petite mouche jaune ou rousse, qui abonde sur les végétaux en décomposition.

SAPROPÈLE n. m. (du gr. *pêlos,* boue). Vase contenant une grande proportion de matières organiques en décomposition et constituant une roche mère potentielle pour les hydrocarbures.

SAPROPÉLIQUE adj. De la nature d'un sapropèle.

SAPROPÉLITE n. f. Roche sapropélique dont les constituants organiques dominants ont été générés en milieu aquatique, et contenant des algues microscopiques.

SAPROPHAGE adj. Se dit des organismes qui se nourrissent de matières organiques en décomposition.

SAPROPHYTE adj. et n. m. **1.** Se dit des végétaux supérieurs, des champignons et des micro-organismes qui se nourrissent de matière organique morte. — **2.** Se dit de tout germe se développant sur un être vivant sans manifester de pouvoir pathogène.

SAPROPHYTIQUE adj. Relatif aux saprophytes.

SAPROPHYTISME n. m. Mode de vie des végétaux saprophytes.

SAPROZOÏTE n. m. Protozoaire ou larve vivant sur des matières organiques en décomposition ou dans des cavités naturelles de l'homme ou des animaux.

SAPUCAIA n. m. (port. *sapucaia*). Arbre (lécythidacée) de l'Amérique tropicale, dont on utilise le bois, le liber (en corderie), les amandes (en huilerie) et les fruits (marmites de singe ou noix du Brésil).

SAQQARAH, village d'Égypte au S. du Caire, sur la rive ouest du Nil, à l'emplacement d'un faubourg de l'ancienne Memphis, dont il abrite la nécropole (7 km de long) : mastabas, pyramides des premières dynasties, complexe funéraire de Djoser (XXVIIIe s. av. J.-C.), avec de nombreux bas-reliefs illustrant la vie quotidienne durant l'Ancien Empire. La nécropole fut en usage jusqu'aux époques tardives, illustrées notamment par le Serapeum*.

SAQUER ou **SACQUER** v. t. (var. picarde de l'anc. fr. *sachier,* secouer, de *sac*) [conj. 3]. *Pop.* **1.** Congédier qqn, le renvoyer sans ménagements : *Saquer un employé.* — **2.** Refuser un candidat, un élève à un examen, le noter avec sévérité : *Il va se faire saquer à son concours.* — **3.** *Ne pas (pouvoir) saquer qqn, qqch,* ne pas pouvoir le supporter.

SAQUET *(plateau du),* massif des Pyrénées ariégeoises ; 2 040 m. Sports d'hiver.

SAR n. m. (provenç. *sar,* du lat. *sargus,* muge). Poisson (sparidé) comestible, au corps ovale et comprimé, marqué de bandes verticales sombres, vivant dans les prairies sous-marines ou sur les fonds rocheux.

SARA ou **SARAÏ** (mot hébr. signif. *Princesse*). Épouse d'Abraham, mère d'Isaac.

SARABANDE n. f. (esp. *zarabanda,* du pers. *sarband,* turban). **1.** Danse populaire espagnole, de mesure ternaire et d'un mouvement plutôt lent, dont la première apparition remonte à 1583. — **2.** Composition musicale dans le tempo et le caractère de cette danse. — **3.** *Fam.* Jeux bruyants, tapage, vacarme.

SARACENI (Carlo), peintre italien (Venise v. 1585 - *id.* 1620). Il fit l'essentiel de sa carrière à Rome, en disciple du Caravage, dont il interprète la leçon à travers une sensibilité intimiste, un lyrisme élégiaque (*Saint Roch soigné par l'ange,* gal. Doria-Pamphili.) Il eut pour disciple, notamment, le Lorrain Jean Le Clerc.

SARAGAT (Giuseppe), homme d'État italien (Turin 1898 - Rome 1988). Militant du parti socialiste à partir de 1922, en exil de 1926 à 1943, il fonda en 1947 le parti social-démocrate italien, rompant ainsi avec la ligne de P. Nenni. Il occupa divers postes ministériels entre 1944 et 1964 et devint président de la République (1964-1971) après la démission de A. Segni.

SARAGOSSE, en esp. **Zaragoza,** v. d'Espagne, cap. de l'Aragon, ch.-l. de prov., sur l'Èbre ; 591 000 hab. Archevêché. Centre administratif, militaire (académie militaire), universitaire, commercial et industriel (métallurgie de transformation).

— **Hist.** Phénicienne, puis romaine, après avoir été occupée par une série d'envahisseurs barbares et arabes, la ville devint indépendante au XIe s., puis la capitale d'un royaume arabe. Reconquise par Alphonse Ier d'Aragon (1118), elle devint sa capitale. Elle perdit son importance quand Madrid devint capitale. Durant la guerre de l'Indépendance, la ville soutint deux sièges contre les Français.

— **Bx-arts.** Aljafería, anc. palais des rois arabes, remontant au XIe s. Cathédrale entreprise à la fin du XIIe s. (cimborio à nervures étoilées du début du XVIe s. ; œuvres d'art). Tours mudéjares (XIVe s.) à décors de brique de S. Pablo ou de S. Miguel. Immense basilique Nuestra Señora del Pilar, à onze coupoles et quatre tours d'angle, conçue par Herrera le Jeune et transformée au XVIIIe s. (riche décor intérieur). Palais, surtout du XVIe s., comme la *Lonja* et l'actuelle *Audiencia.* Musée provincial (archéologie et objets d'art, peinture [Goya]).

Sarah-Bernhardt *(théâtre)* ⟶ THÉÂTRE* DE LA VILLE.

SARAÏ ⟶ SARAY.

SARAJEVO, cap. de la Bosnie-Herzégovine ; 415 600 hab. Centre artisanal et industriel. La ville fut d'abord turque et garde des mosquées (mosquée du Bey, XVIe s.). Musées. La ville, assiégée par les forces serbes de Bosnie-Herzégovine, a été ravagée par la guerre de 1992 à 1995.

Sarajevo *(attentat de)* [28 juin 1914], attentat perpétré par le Serbe G. Princip contre l'archiduc François-Ferdinand, qui provoqua le déclenchement de la Première Guerre mondiale.

SARAKOLLÉS ou **SARAKOLÉS** ou **SONINKÉS,** peuple du Sénégal, de Mauritanie et principalement du Mali, où ils sont plus de 475 000 personnes.

SARAN (45770), comm. du Loiret, à 6 km au N.-N.-O. d'Orléans ; 13 573 hab. (Saranais). Vente par correspondance.

SARANCOLIN → SARRANCOLIN.

SARANGĪ ou **SARANGUĪ** n. m. Violon indien sur lequel une peau tendue tient lieu de table d'harmonie.

SARANSK, v. de Russie, cap. de la république de Mordovie ; 322 000 hab. Industrie mécanique et électrique. Agroalimentaire. Chimie.

SARAPIS → SÉRAPIS.

SARAPOUL, v. de Russie (rép. des Oudmourtes), sur la Kama ; 109 000 hab. Constructions mécaniques et électriques, bois, alimentation.

SARAS, population du Tchad méridional et de la République centrafricaine.

SARASATE (Martín Melitón SARASATE Y NAVASCUÉS, dit **Pablo** DE), violoniste espagnol (Pampelune 1844 - Biarritz 1908). De nombreux compositeurs écrivirent à son intention : Lalo *(Symphonie espagnole),* Bruch *(Concerto no 2, Fantaisie écossaise),* Saint-Saëns *(Concertstück, Rondo capriccioso, Concerto en « si » mineur).*

Sarashina-nikki *(le Journal de Sarashina),* recueil autobiographique anonyme (XIe s.), l'un des chefs-d'œuvre du journal poétique japonais.

SARASIN (Jean-François), poète français (Caen v. 1615 - Pézenas 1654). Il compta, avec Ménage, Pellisson et Segrais, parmi les arbitres du goût de la société précieuse.

SARASVATĪ (Dayānanda), nationaliste indien (Tankāra, Gujerat, 1824 - Ajmer, Rājasthān, 1883). Brahmane du Gujerat, il fonda en 1875 l'Ārya Samāj, mouvement qui prêchait un hindouisme réformé et le développement économique et culturel de l'Inde par des voies indiennes.

SARATOGA SPRINGS ou **SARATOGA,** station thermale des États-Unis (New York) ; 23 900 hab. Hippodrome, musée hippique. Le général anglais Burgoyne, cerné par les Américains, y capitula le 17 oct. 1777.

SARATOV, v. de Russie, sur la Volga (r. dr.) ; 1 155 000 hab. Fondée en 1590, elle conserve des monuments des XVIIe-XIXe s. Musées. Nœud de communication et centre industriel (pétrochimie à partir du gaz naturel local, mécanique, alimentation). — À proximité, centrale hydroélectrique, sur la Volga.

SARAWAK, État membre de la fédération de Malaysia ; 125 000 km^2 ; 1 648 000 hab. Cap. *Kuching.* Situé dans le nord de Bornéo, le Sarawak est bordé par la mer de Chine méridionale, limité au S. et à l'E. par Kalimantan, au N.-E. par le Sabah. En arrière des plaines littorales, alluviales et marécageuses où vit la majorité de la population, les collines et les montagnes de l'intérieur sont couvertes par la forêt équatoriale. L'agriculture sédentaire (6 % du territoire) consiste en rizières, poivriers, plantations d'hévéas et de palmiers à huile. Le sous-sol fournit du pétrole (de l'ordre de 5 Mt par an) et du gaz naturel.

— **Hist.** Les régions côtières, fréquentées par les Chinois dès l'époque des Song, firent partie des empires de Śrīvijaya et de Majapahit, puis furent islamisées. L'intérieur, peuplé de Dayaks, a peu évolué. Intégré au sultanat de Brunei depuis le XVIe s., le Sarawak s'agrandit à ses dépens sous le rāja britannique James Brooke (1841-1868), puis sous ses descendants, qui y instaurèrent le protectorat britannique en 1888. Après l'occupation japonaise (1941-1945), le Sarawak devint une colonie de la Couronne (1946). Il entra dans la fédération de Malaysia en 1963, malgré l'hostilité de l'Indonésie.

SARAY n. m. inv. (mot d'orig. persane signif. *palais*). Dans le monde de l'islām, château, palais. (Parmi les plus célèbres, figurent l'Alhambra, Topkapı d'Istanbul [XVe-XIXe s.], et ceux de Delhi, Āgrā, Lahore.)

SARAY ou **SARAÏ,** anc. capitale de la Horde d'Or. Saray-l'Ancienne, ou Saray-Batū, a été fondée v. 1254 dans l'actuel oblast d'Astrakhan ; Saray-la-Nouvelle, ou Saray-Berke, a été fondée v. 1260 dans l'actuel oblast de Volgograd.

SARAZIN ou **SARRAZIN** (Jacques), sculpteur français (Noyon 1588 - Paris 1660). Après avoir travaillé à Rome de 1610 à 1628, il fut, à Paris, l'un des principaux sculpteurs du règne de Louis XIII, préparant la voie du classicisme et participant à la fondation de l'Académie de peinture et de sculpture (1648). [Travaux au Louvre et au château de Maisons ; monument du cœur d'Henri II de Condé à Chantilly.]

SARBACANE n. f. (ar. *zarbatāna*). Long tuyau à l'aide duquel on lance, en soufflant, de petits projectiles.

SARCASME n. m. (bas lat. *sarcasmus,* du gr. *sarkasmos,* de *sarkadzein,* mordre la chair). **1.** Action de railler avec méchanceté. — **2.** Paroles de raillerie : *Accabler quelqu'un de ses sarcasmes.*

SARCASTIQUE adj. **1.** *Litt.* Qui manifeste une ironie méchante, acerbe : *Une remarque sarcastique.* — **2.** Se dit d'un comportement moqueur : *Un rire sarcastique.*

SARCASTIQUEMENT adv. *Litt.* D'une manière sarcastique.

SARCELLE n. f. (lat. pop. **cercedula,* du lat. class. *querquedula*). Canard de petite taille, au régime omnivore, nichant près de l'eau. (La France héberge la *sarcelle d'été,* au mâle brun orné de blanc, qui hiverne en Afrique noire, et la *sarcelle d'hiver,* au mâle vivement coloré, qui passe toute l'année en France. Les sarcelles sont des gibiers recherchés.)

SARCELLES (95200), ch.-l. de cant. du Val-d'Oise, dans la banlieue nord de Paris ; 57 121 hab. *(Sarcellois).* Église des XIIe-XVIe s. Grand ensemble résidentiel construit à partir de 1956.

SARCINE n. f. (lat. sc. *sarcina,* ballot). Bactérie saprophyte Gram positif, apparentée aux staphylocoques.

SARCLAGE n. m. Action de sarcler ; fait d'être sarclé.

SARCLER v. t. (bas lat. *sarculare,* du lat. class. *sarculum,* houe) [conj. **3**]. Débarrasser une culture de ses mauvaises herbes, manuellement ou à l'aide d'un outil.
◆ **être sarclé** v. pass. *Plante sarclée,* plante dont la culture nécessite de nombreux sarclages et binages.

SARCLEUSE n. f. Bineuse destinée au sarclage mécanique.

SARCLOIR n. m. Outil fait d'un fer tranchant emmanché, utilisé pour sarcler.

SARCOCÈLE n. m. ou f. (gr. *sarkokêlê*). Tuméfaction du testicule ou de l'épididyme, quelle qu'en soit la cause.

SARCOÏDE n. f. Lésion cutanée de la sarcoïdose se présentant le plus souvent sous la forme de nodules (petits ou gros) ou parfois de placards violacés.

SARCOÏDOSE n. f. Affection d'origine inconnue caractérisée histologiquement par un granulome tuberculoïde non caséifié, et pouvant atteindre un grand nombre d'organes ou de tissus (ganglions, médiastin, poumons, peau). [Syn. MALADIE DE BESNIER-BOECK-SCHAUMANN.]

SARCOMASTIGOPHORE n. m. Syn. de RHIZOFLAGELLÉ.

SARCOMATEUX, EUSE adj. Qui est de la nature du sarcome.

SARCOMATOSE n. f. Maladie caractérisée par l'existence simultanée de plusieurs sarcomes.

SARCOME n. m. (bas lat. *sarcoma, -atis,* du gr. *sarkôma, -atos*). Tumeur conjonctive maligne.
ENCYCL. On désigne habituellement les sarcomes par le tissu qui leur a donné naissance ou qu'ils reproduisent. On distingue essentiellement les sarcomes du tissu conjonctif commun, et de ses dérivés, des endothéliums et des séreuses, des tissus hémolymphopoïétiques, et les sarcomes embryonnaires.

SARCOMÈRE n. m. Segment de fibre musculaire délimité par deux stries Z et qui en représente l'unité morphologique et fonctionnelle.

1. SARCOPHAGE n. m. (gr. *sarkophagos,* qui mange de la chair). **1.** Cercueil de pierre de l'Antiquité et du haut Moyen Âge. — **2.** Cercueil ou représentation d'un cercueil dans une grande cérémonie funèbre. — **3.** Partie qui, dans un tombeau, simule un cercueil. — **4.** Forme de sac de couchage qui enserre la tête.

2. SARCOPHAGE n. f. (lat. *sarcophagus,* qui consume les chairs). Grosse mouche vivipare (calliphoridé), des maisons, qui pond sur la viande et sur les cadavres.

SARCOPHILE n. m. Nom scientifique du diable* de Tasmanie.

SARCOPLASME n. m. Syn. de MYOPLASMA.

SARCOPTE n. m. Acarien, agent de la gale.

SARCOSPORIDIE n. f. Sous-classe de protistes sporozoaires, dont les nombreuses espèces vivent en parasites dans les muscles des vertébrés terrestres.

SARCOSPORIDIOSE n. f. Affection parasitaire des ruminants, du porc et du cheval, caractérisée par la présence de sarcosporidies dans les muscles.

SARDAIGNE, en ital. **Sardegna,** île et région d'Italie, au S. de la Corse ; 24 090 km² ; 1 637 705 hab. *(Sardes).* Cap. *Cagliari.* Elle est formée de 4 provinces *(Cagliari, Nuoro, Oristano* et *Sassari).*

Géograhie. À la différence de la Sicile, la Sardaigne est relativement peu peuplée. C'est un quadrilatère de 270 km sur 110 km, situé à 200 km à l'ouest des côtes italiennes, où dominent les plateaux et les montagnes aux formes lourdes, la principale plaine étant celle du Campidano au sud-ouest de l'île. Le climat méditerranéen est altéré par l'altitude, la fréquence des vents et l'humidité. Bien que les campagnes se dépeuplent, la vie rurale reste importante ; élevage, agriculture (céréales, vigne, cultures fruitières et maraîchères) surtout irriguée et chêne-liège fournissent les principales ressources. Malgré des implantations industrielles (papeterie, métallurgie, pétrochimie) et le développement du tourisme, le retard économique subsiste.

Histoire. Habitée dès la préhistoire, la Sardaigne connut un certain développement culturel aux âges des métaux, grâce à l'exploitation de ses minerais. De ces temps anciens subsistent des monuments, dolmens et surtout nuraghi. L'île est occupée ensuite par les Phéniciens (vers le VIIe s. av. J.-C.), par les colons grecs (VIe s.) et, après la bataille d'Alalia (535), par les Carthaginois. Les Romains prennent leur place à partir de 238, mais la pacification est très laborieuse. Province sénatoriale, puis impériale, pays malsain, resté assez sauvage, la Sardaigne est un lieu de déportation, en particulier pour les chrétiens employés dans les mines. Elle procure aussi à Rome une partie de son ravitaillement en blé.
Occupée par les Vandales (Ve s. apr. J.-C.), elle est reconquise par Bélisaire (534), et des moines du Mont-Cassin s'y établissent. Cependant, à partir du VIIIe s., de multiples incursions de Sarrasins dévastent les côtes. Pour s'en affranchir, les Sardes, virtuellement indépendants, font appel à Pise et à Gênes, qui la libèrent des pirates, pour mieux la posséder. L'île s'organise politiquement à partir du XIe s. La lutte pour le contrôle du territoire, avec les Pisans au nord-ouest et les Génois au sud-est, s'achève par la victoire des Génois à la Meloria (1284).
Le pape Boniface VIII attribue la souveraineté de la Sardaigne à l'Aragon et Jacques II en fait la conquête, à partir de 1323. Une révolte prend la forme d'une guerre civile d'un demi-siècle, à partir de 1368 et jusqu'à la chute de Sassari en 1420. En 1478 est instauré un régime de vice-royauté. L'influence espagnole se développe. Conquise en 1708 par les Anglais (guerre de la Sucession d'Espagne), l'île est livrée à l'Autriche (traité de Rastatt, 1714) et finalement échangée avec le duc de Savoie contre la Sicile (1718-1720). Dès lors, elle suit la destinée des États sardes, dont elle est une dépendance lointaine et arriérée, refuge des souverains de Savoie pendant la période révolutionnaire (1798-1814). Elle est rattachée au Piémont en 1847, puis intégrée au royaume d'Italie en 1861. Son particularisme et son médiocre développement lui ont valu d'être reconnue en 1948 comme région autonome.

Beaux-arts. Entre le XVe et le Xe s. av. J.-C. se développe la civilisation des nuraghi : grande civilisation du bronze, en liaison constante avec la zone atlantique riche en étain. Les nuraghi, maisons-forteresses, et de nombreuses sépultures (Uta, Albini, etc.) ont livré des statuettes de bronze : guerriers, lutteurs, joueurs de flûte, animaux stylisés, etc. (musée de Cagliari).
Par la suite, la Sardaigne a reçu l'apport de ses occupants successifs : Carthaginois, Romains (amphithéâtre de Cagliari), Pisans (cathédrale de Porto Torres, église S. Trinità di Saccargia, XIIe s.), Aragonais. Les styles de la Renaissance, baroque et néoclassique sont également représentés.

SARDAIGNE *(royaume de)* ou **ÉTATS SARDES,** royaume constitué en 1718-1720, grâce à l'incorporation de la Sardaigne aux États continentaux de la maison de Savoie*, qui s'étendaient de part et d'autre des Alpes occidentales.

SARDANAPALE, dernier roi des Assyriens, d'après la légende grecque. Vaincu par les rois des Mèdes et de Babylone, assiégé dans Ninive, il se tua sur son bûcher.

SARDANE n. f. (catalan *sardana*). Air et danse traditionnels de la Catalogne, rythmés par la musique de la cobla.

SARDĀR → SERDĀR.

SARDE adj. et n. (lat. *Sardus*). De Sardaigne.
◆ n. m. Langue romane parlée en Sardaigne par plus d'un million de locuteurs.

SARDES, en gr. **Sardeis,** anc. cité d'Asie Mineure située sur le Pactole. Les rois lydiens en firent leur capitale et y édifièrent leurs gigantesques tumulus au nord de la ville. Prise par Cyrus (546), elle devint la capitale d'une satrapie ; en 498 av. J.-C., les Grecs incendièrent la ville et le temple de Cybèle-Artémis. La ville déclina et fut détruite en 1402 par Tīmūr Lang.
– **Archéol.** Vestiges du temple d'Artémis caractéristique de la conception monumentale de l'époque hellénistique. Ruines romaines.

SARDES *(États)* → SARDAIGNE *(royaume de)* et SAVOIE (*États de la maison* DE).

SARDINE n. f. (lat. *sardina,* poisson de Sardaigne). **1.** Poisson (clupéidé) voisin du hareng et de l'alose, migrant en bancs serrés, objet d'une pêche intensive en vue de la consommation à l'état frais ou en conserve. — **2.** *Arg. mil.* Galon de caporal, de brigadier ou de sous-officier.— **3.** Fam. *Être serrés comme des sardines,* très serrés, dans un endroit comble.

SARDINELLE n. f. (de *sardine*). Poisson (clupéidé) des eaux chaudes et salées, pêché et consommé comme la sardine. (N. usuel *allache.*)

SARDINERIE n. f. Établissement où l'on prépare les sardines et où on les met en conserve.

SARDINIER, ÈRE adj. Relatif à la sardine, à sa pêche, à son industrie.
◆ n. **1.** Pêcheur(euse) de sardines. — **2.** Personne travaillant dans une sardinerie.

◆ **sardinier** n. m. Bateau qui fait la pêche de la sardine.

SARDOINE n. f. (lat. *sardonyx,* du gr. *sardonuks,* de *sardion,* cornaline, et *onuks,* ongle, onyx). Variété brune de calcédoine. (De la *sardoine rubanée* [*sardonyse*] ont été tirés camées et objets variés.)

SARDON n. m. (marseillais *sardoun,* du grec *sardonion*). Lisière de mailles fortes dont on borde le haut et le bas de certains filets.

SARDONIQUE adj. (gr. *sardonikos,* de Sardaigne, le rire étant provoqué, croyait-on, par la *sardonia,* renoncule de Sardaigne). Qui exprime une moquerie méchante : *Un rire sardonique.*

SARDONIQUEMENT adv. *Litt.* D'une manière sardonique.

SARDOU (Victorien), auteur dramatique français (Paris 1831 - *id.* 1908), auteur à succès de comédies et de pièces historiques (*Pattes de mouche,* 1860 ; *la Famille Benoîton,* 1865 ; *la Tosca,* 1887, qui inspira le livret du célèbre opéra de Puccini ; *Madame* Sans-Gêne,* 1893). [Acad. fr., 1877.]

SARDUY (Severo), écrivain cubain (Camagüey 1937 - Paris 1993), installé à Paris à partir de 1961. Poète, essayiste (*la Doublure,* 1982), il est aussi un romancier d'une grande virtuosité verbale (*Gestes,* 1963 ; *Cobra,* 1972 ; *Maïtreya,* 1980).

SARE n. m. Variété de pelote basque. (Syn. RAQUETTE ARGENTINE.)

SAREMA → SAAREMAA.

SARGASSE n. f. (port. *sargaço*). Très grande algue brune marine, répandue dans toutes les mers, aux configurations évoquant des racines, tiges, feuilles et fruits, et qui vit fixée sur les rochers côtiers ou forme des populations flottantes *(mer des Sargasses).*

SARGASSES *(mer des),* mer sans limites précises de la partie occidentale de l'océan Atlantique nord (Bermudes) où flottent en abondance, à la surface, les algues brunes appelées sargasses. La faune de la mer des Sargasses vit cachée sur les algues flottantes. On y trouve le seul insecte marin, l'halobate*.

SARGENT (John Singer), peintre américain (Florence 1856 - Londres 1925). Il fut surtout portraitiste, à Paris puis (à partir de 1885) à Londres, dans une veine traditionnelle, mais que vient enhardir l'exemple de ses amis Monet et Whistler.

SARGER (René), architecte et ingénieur français (Paris 1917). Après une collaboration avec l'ingénieur Bernard Lafaille, il fonde en 1954 un bureau d'études, en 1960 un institut de recherches qui lui permettront de participer aux réalisations de pointe de l'époque : église de Royan et pavillon français de l'Exposition de Bruxelles (1958), avec G. Gillet ; cathédrale d'Alger (1958-1961), avec Herbé et Le Couteur ; salle omnisports de Saint-Ouen ; etc.

SARGHO → SAGHO.

SARGODHA, v. du Pākistān, au N.-O. de Lahore ; 294 000 hab. Centre commercial. Industries alimentaires.

SARGON d'Akkad ou **SHARROUKĪN,** roi d'Akkad (début du XXIIIe s. av. J.-C.). Il conquit la basse Mésopotamie, soumit Mari, combattit victorieusement l'empire d'Ebla, le Soubarou et l'Élam. Il fonda la cité d'Akkad (ou Agadé), sa capitale.

SARGON II ou **SHARROUKĪN,** roi d'Assyrie (722/721-705 av. J.-C.). Roi usurpateur, il se disait le frère de Salmanasar V, disparu lors d'une révolte, et s'attribua la prise de Samarie (722/721). De l'Euphrate au Taurus, il annexa les États néohittites, ravagea l'Ourartou (714), étendit son empire chez les Mèdes et, en 710-709, reprit la Babylonie. Il imposa son autorité à Dilmoun et saccagea Chypre. Il acheva la construction de sa ville (713-706), Dour-Sharroukên (auj. Khursabād). En 705, il fut tué au combat.

SARH, anc. **Fort-Archambault,** v. du Tchad, ch.-l. de la préf. du Moyen-Chari ; 198 100 hab. Centre commercial. Industrie textile.

SARHO → SAGHO.

SARI n. m. (hindi *sārī*). Vêtement traditionnel de la femme indienne constitué d'une pièce d'étoffe drapée et ajustée sans couture ni épingles.

SARIGUE n. f. (tupi *sarigué*). Mammifère marsupial d'Amérique du Sud, tel que l'*opossum* et les espèces voisines. (La femelle rabat sur son dos sa longue queue préhensile, où s'accrochent les jeunes.)

SARIKAMIS, v. de Turquie (prov. de Kars), dans l'ancienne Arménie, au S.-O. de Kars ; 10 500 hab. Victoire des Russes sur les Turcs (4 janv. 1915).

SARIN n. m. Acide méthanephosphonique, CH_3—POF—OCH$(CH_3)_2$, qui bloque l'activité de la cholinestérase et a été envisagé comme gaz de combat.

SARINE, en all. **Saane,** riv. de Suisse, née dans l'Oberland bernois, affl. de l'Aar (r. g.) ; 128 km. Sa vallée forme l'axe du canton de Fribourg.

SARISSE n. f. (lat. *sarissa,* du gr. *sarisa*). Longue lance des soldats de la phalange macédonienne.

SARK, nom anglais de Sercq*.

SARKIS (Sarkis ZABUNYAN, dit), artiste arménien de Turquie (Istanbul 1938). À Paris à partir de 1964, il s'est orienté vers des travaux proches à la fois de l'art pauvre (technologie rudimentaire, matériaux bruts, auxquels s'ajoutent des enregistrements sonores) et de l'art conceptuel (œuvre à plusieurs niveaux de signification, historique, socioculturel, pseudo-artistique, etc.).

S. A. R. L. [ɛsaɛrɛl] n. f. Abrév. de SOCIÉTÉ* À RESPONSABILITÉ LIMITÉE.

SARLAT-LA-CANÉDA (24200), anc. **Sarlat,** ch.-l. d'arrond. de la Dordogne, dans le Périgord noir ; 10 648 hab. *(Sarladais).* Vieille ville pittoresque, aux édifices religieux et civils s'échelonnant du XIIe au XVIIe s. Maisons gothiques ou Renaissance. Musées. Marché agricole important (fruits, noix, truffes), base d'industries agroalimentaires (conserveries).

SARMATES ou **SAUROMATES,** peuple établi du IVe s. av. J.-C. au IIIe s. apr. J.-C. dans la plaine qui borde au N. la mer Noire, de part et d'autre du Don. Nomades guerriers, excellents cavaliers, les Sarmates ont harcelé l'Empire romain en Dacie et tout au long du Danube. Ils ont été ensuite submergés à leur tour par les Goths, puis, au IVe s., par les Huns. Proches des Scythes, ils ont laissé des sépultures princières, les kourganes*, qui ont livré de remarquables objets d'orfèvrerie, rehaussés de pierres de couleurs, témoignant d'un puissant style animalier.

SARMATIE, contrée habitée par les Sarmates.

SARMENT n. m. (lat. *sarmentum*). **1.** Tige ou branche ligneuse grimpante. — **2.** Branche de vigne de l'année, à partir du moment où elle est lignifiée.

SARMENT (Jean BELLEMÈRE, dit **Jean**), acteur et auteur dramatique français (Nantes 1897 - Boulogne-Billancourt 1976). Il interpréta la plupart de ses pièces (*la Couronne de carton,* 1920 ; *Léopold le Bien-Aimé,* 1927).

SARMENTEUX, EUSE adj. **1.** Qui donne beaucoup de sarments, dont les branches sont des sarments. — **2.** *Plante sarmenteuse,* syn. de LIANE.

SARMIENTO, montagne de la Terre de Feu, située dans la partie chilienne, près du détroit de Magellan ; 2 234 m.

SARMIENTO (Domingo Faustino), homme d'État et écrivain argentin (San Juan 1811 - Asunción, Paraguay, 1888). Il s'exila au Chili pendant la dictature de Rosas. Rallié à Urquiza (1852) il réforma l'enseignement. Premier civil élu président de la République (1868-1874), il mit fin à la guerre contre le Paraguay (1870) et gouverna en libéral éclairé. Il est l'auteur d'un célèbre roman, *Facundo* (1845), pamphlet politique où il oppose la « barbarie » des gauchos à la « civilisation » des centres urbains en Argentine.

SĀRNĀTH, site archéologique et célèbre lieu de pèlerinage de l'Inde (Uttar Pradesh, près de Bénarès). Lieu de la première prédication (en 531 ou 523 av. J.-C.) du Bouddha dans le parc aux gazelles. Pilier avec chapiteau (de l'époque d'Aśoka). Restes de la statuaire (période gupta, IVe s. et suiv.). Le site a été abandonné après l'invasion musulmane.

SARNEN, comm. de Suisse, ch.-l. du demi-canton d'Obwald (Unterwald), à l'extrémité nord du *lac de Sarnen ;* 7 400 hab. Centre de séjour.

SARNEY (José), homme d'État brésilien (São Luís 1930). Vice-président, il accéda à la présidence de la République en avr. 1985, succédant à Tancredo Neves, le président élu, mort peu après son investiture. Son mandat s'est achevé en 1990.

SARNIA, port du Canada (Ontario), à l'extrémité sud du lac Huron ; 70 938 hab. Chimie.

SAROD ou **SARODE** n. m. Luth indien dont la table d'harmonie est remplacée par une peau tendue.

SARONG [-rɔ̃g] n. m. (mot malais). Longue pièce d'étoffe, drapée à la manière d'une jupe, portée par les deux sexes en Malaisie, en Indonésie, au Cambodge, etc.

SAROS n. m. (lat. sc. *saros*). Période de 18 ans 11 jours (ou 10 jours s'il y a 5 années bissextiles dans l'intervalle) qui règle approximativement le retour des éclipses de Soleil et de Lune. (Cette période comprend 223 lunaisons et, en moyenne, 84 éclipses : 42 de Soleil et 42 de Lune.)

SAROS *(golfe de),* golfe de la mer Égée, entaillant profondément la côte turque de la Thrace.

SAROUAL ou **SAROUEL** n. m. (pl. *sarouals*) [ar. *sirwāl*]. Pantalon traditionnel d'Afrique du Nord, à jambes bouffantes et à entrejambe bas.

SAROYAN (William), écrivain américain (Fresno, Californie, 1908 - *id.* 1981). D'origine arménienne, il exerça divers métiers avant de publier une nouvelle, *l'Audacieux Jeune Homme au trapèze volant* (1934), que suivirent d'autres nouvelles, des romans (*l'Ennui avec les tigres,* 1938 ; *Marionnettes humaines,* 1943 ; *Entre garçons et filles,* 1963) et des pièces de théâtre (*Mon cœur est sur les monts d'Écosse,* 1939 ; *Voilà, vous savez qui,* 1962), d'inspiration à la fois romantique et ironique.

ŠAR PLANINA, massif schisteux et calcaire de la Yougoslavie (Kosovo) et de la Macédoine. Il culmine à 2 702 m. Sports d'hiver et tourisme.

SARRACENIA n. f. (lat. sc. *sarracenia,* du bas lat. *Sarracenus* Sarrasin). Herbe vivace insectivore des régions marécageuses de l'Amérique du Nord, aux feuilles en forme de cornets, pleins d'eau, dans lesquels se noient les insectes.

SARRAIL (Maurice), général français (Carcassonne 1856 - Paris 1929). Il commanda en 1914 la IIIe armée qui contribua au rétablissement de Joffre sur la Marne. À la tête de l'armée d'Orient (1915) il organisa le camp retranché de Salonique, reprit Monastir aux Bulgares et détrôna Constantin Ier, roi de Grèce. Il fut haut-commissaire en Syrie et commandant en chef de l'armée du Levant.

SARRALBE (57430), ch.-l. de cant. de la Moselle, dans le nord de la Lorraine ; 4 626 hab. *(Sarralbigeois).* Industries chimiques. Constructions métalliques. Salines.

SARRANCOLIN ou **SARANCOLIN** n. m. (de *Sarrancolin,* n. d'une localité des Hautes-Pyrénées). Marbre rouge foncé à veines rosées et jaunes.

Sarrans, aménagement hydroélectrique sur la Truyère (Aveyron), avec un lac de retenue, couvrant environ 1 000 ha.

1. SARRASIN, E n. et adj. (bas lat. *Sarracenus*). 1. Nom donné, au Moyen Âge, par les Occidentaux aux musulmans en général. — 2. *Cheminée sarrasine,* type de cheminée à foyer central propre à la demeure rurale en Bresse.
◆ **sarrasine** n. f. Herse placée entre le pont-levis et la porte d'un château fort.

2. SARRASIN n. m. (de *blé sarrasin,* à cause de la couleur noire du grain). Céréale (polygonacée) à tige rougeâtre et ramifiée convenant aux milieux défavorables. (Syn. BLÉ NOIR.)

SARRAU n. m. (pl. *sarraus*) [moyen all. *sarroc*]. Blouse à manches, faite de grosse toile et que l'on revêt par-dessus les vêtements.

Sarrau *(nombre de)* [du n. du physicien É. *Sarrau*], syn. de NOMBRE DE MACH*.

SARRAUT (Albert), homme politique français (Bordeaux 1872 - Paris 1962). Avocat, député (1902-1924), puis sénateur radical-socialiste (1926-1940), il fut gouverneur général de l'Indochine (1911-1914 et 1916-1919) où il maintint une administration libérale. Il fut plusieurs fois ministre, notamment des Colonies (1920-1924 et 1932-33), et de l'Intérieur (1926-1928, 1934-35 et 1938-1940). Président du Conseil (oct.-nov. 1933, janv.-juin 1936), il eut à faire face à l'invasion de la Rhénanie par Hitler. Il a été président de l'Assemblée de l'Union française (1951).

SARRAUTE (Nathalie), femme de lettres française (Ivanovo, Russie, 1900). Recherchant sous les apparences et les lieux communs « les sensations à l'état naissant » (de *Tropismes* [1939] à *Ici* [1995]), elle refuse à la fois la théorisation formaliste et le roman traditionnel (*Portrait* d'un inconnu,* 1948 ; *Martereau,* 1953). L'auteur se rattache au nouveau roman, tant par le texte de référence historique qu'est *l'Ère* du soupçon* (1956) que par *le Planétarium** (1959) et *les Fruits d'or* (1963), où des personnages tentent en vain, au milieu des banalités des objets et du langage quotidiens, d'établir une communication authentique. Après deux essais de dialogues radiophoniques (*le Silence,* 1964 ; *le Mensonge,* 1966), elle revient au roman avec *Vous les entendez ?* (1972), *Disent les imbéciles* (1976), *l'Usage de la parole* (1980), *Enfance* (1983), *Tu ne t'aimes pas* (1989). On lui doit aussi des pièces de théâtre (*Elle est là,* 1980 ; *Pour un oui ou pour un non,* 1982).

SARRAZIN (Albertine), femme de lettres française (Alger 1937 - Montpellier 1967). Elle écrivit en prison *la Cavale* (1965) et *l'Astragale* (1965), où elle témoigne avec pudeur et réalisme d'un engrenage auquel elle a fini par échapper.

SARRE, en all. **Saar,** riv. de France et d'Allemagne, affl. de la Moselle (r. dr.), formée par la *Sarre blanche* et la *Sarre rouge,* et descendant du massif du Donon ; 246 km. Elle coule vers le N. (passant à Sarrebourg et Sarreguemines), jusque vers Sarrebruck ; plus en aval elle se dirige vers le N.-O. La navigation est surtout active en Allemagne.

SARRE, en all. **Saarland,** État (Land) d'Allemagne, au N. de la Lorraine ; 2 568 km² ; 1 064 906 hab. *(Sarrois).* Cap. *Sarrebruck.*
— **Géogr.** Région de contact entre le Bassin parisien et le Massif schisteux rhénan, la Sarre est constituée de plateaux entaillés de vallées (Blies, Fischbach, Sarre). Le bassin houiller, à l'origine, avec la sidérurgie, du développement de la région, est une partie d'un gisement qui s'étend de Pont-à-Mousson (France) à Bad Kreuznach. La production a atteint son maximum (17 Mt) en 1956. Depuis, elle a considérablement baissé, de même que celle de l'acier. Le secteur industriel est très diversifié : mécanique, électrotechnique, chimie, agroalimentaire, industries graphiques. La production agricole est représentée par la pomme de terre et la betterave à sucre.
— **Hist.** La Sarre était divisée au Moyen Âge en seigneuries, dont la principale était le comté de Sarrebruck. À l'époque moderne, la région devint un enjeu stratégique. Louis XIV en obtint la partie méridionale (traité de Vincennes, 1661) puis procéda à la réunion des comtés et villes de Sarrebourg, Sarrelouis, Sarrebruck, etc. (1680-81). En 1814-15, la Prusse annexa la majeure partie de la région et développa l'exploitation du bassin houiller à partir de 1871. À la fin de la Première Guerre mondiale, Clemenceau demanda l'annexion de la Sarre. Il se heurta à l'opposition très vive des Alliés. Finalement, selon les décisions du traité de Versailles (28 juin 1919), le territoire sarrois fut placé sous la tutelle

de la S. D. N. pour une période de quinze ans, pendant laquelle la France fut propriétaire des mines de charbon. En janv. 1935, les Sarrois votèrent à 90,8 % pour le rattachement à l'Allemagne. Après la Seconde Guerre mondiale, la Sarre fit partie de la zone d'occupation française. Le statut de déc. 1947, approuvé par 83 % des électeurs, fit de la Sarre un pays indépendant, rattaché économiquement à la France. Mais, en 1953, le Bundestag déclara la Sarre partie intégrante de l'Allemagne et, au référendum d'oct. 1955, une majorité se déclara en faveur de la réintégration dans la R. F. A. Le 1er janv. 1957, la Sarre devint un Land de la République fédérale d'Allemagne.

SARREBOURG (57400), ch.-l. d'arrond. de la Moselle, sur la Sarre, à l'O. de Saverne ; 14 523 hab. *(Sarrebourgeois).* Musée régional. Industrie du bois. Mobilier métallique.
— **Hist.** À la fin du XVe s., la ville se donna aux ducs de Lorraine, qui la cédèrent à la France (1661).

SARREBRUCK, en all. **Saarbrücken,** v. d'Allemagne, cap. de la Sarre, sur la Sarre ; 190 000 hab. (360 000 avec les banlieues). Très tôt industrialisée (sidérurgie), la ville est un centre administratif, bancaire, universitaire, culturel (radio et télévision) et industriel (chimie, électrotechnique, mécanique, alimentation, imprimerie). Musée de la Sarre.

SARREGUEMINES (57200), ch.-l. d'arrond. de la Moselle, sur la Sarre ; 23 684 hab. *(Sarregueminois).* Faïencerie, pneumatiques, constructions mécaniques et électriques. Musée.

Sarreguemines *(manufacture de),* manufacture fondée en 1778 par les frères Nicolas et Paul Jacobi, célèbre pour ses grès fins colorés à reliefs antiquisants et ses faïences fines, lustrées ou imprimées. Aujourd'hui, seuls les carrelages et le sanitaire sont encore produits à Sarreguemines, la faïencerie fine — rachetée en 1979 par les faïences de Lunéville — étant désormais fabriquée à Saint-Clément (Meurthe-et-Moselle).

SARRELOUIS, en all. **Saarlouis,** de 1936 à 1945 **Saarlautern,** v. d'Allemagne (Sarre), sur la Sarre ; 39 700 hab.
— **Hist.** Fondée par Louis XIV, fortifiée par Vauban, elle fut cédée à la Prusse en 1815.

SARRÈTE ou **SARRETTE** n. f. (lat. *serra,* scie). Nom usuel de la *serratule.*

SARRETTE (Bernard), musicien français (Bordeaux 1765 - Paris 1858). Capitaine d'état-major de la Garde nationale, il y adjoignit un corps de musique en 1789. Il y rattacha une école de musique militaire (1792) qui devint le Conservatoire de musique (1795). Sarrette en fut directeur jusqu'en 1816.

SARRE-UNION (67260), ch.-l. de cant. du Bas-Rhin, sur la Sarre ; 3 175 hab. Église des XVe-XVIe s., hôtel de ville du XVIIe. Constructions électriques.

SARRIANS (84260), comm. de Vaucluse, dans le Comtat ; 5 118 hab. *(Sarriannais).* Primeurs. Conserves alimentaires.

SARRIETTE n. f. (anc. fr. *sarree,* du lat. *satureia*). Labiée buissonnante cultivée pour ses feuilles, très aromatiques, utilisées comme condiment.

SARROIS, E adj. et n. De la Sarre.

SARRUS (Pierre), mathématicien français (Saint-Affrique 1798 - *id.* 1861). Il est l'auteur d'ouvrages sur la résolution des équations numériques à plusieurs inconnues (1832). Il a donné une règle simple pour calculer les déterminants d'ordre 3 et la démonstration du lemme fondamental du calcul des variations.

SARSFIELD (Patrick), comte **de Lucan,** général irlandais (Lucan, près de Dublin, v. 1650 - Huy 1693). Brillant chef jacobite, il joua un rôle important dans la résistance des catholiques irlandais au roi Guillaume III (1689-1691). Réfugié en France, il servit dans les armées de Louis XIV.

SARTÈNE (20100), ch.-l. d'arrond. de la Corse-du-Sud ; 3 649 hab. *(Sartenais).* Centre viticole.

SARTHE, riv. de l'ouest de la France, une des branches mères de la Maine ; 285 km. Elle passe à Alençon, au Mans et rejoint la Mayenne peu en amont d'Angers.

SARTHE (72), dép. de la Région des Pays de la Loire ; ch.-l. de dép. *Le Mans ;* ch.-l. d'arrond. *La Flèche, Mamers ;* 3 arrond. ; 40 cant. ; 375 comm. ; 6 206 km^2 ; 513 654 hab. *(Sarthois).* Le dép. appartient à l'académie de Nantes, à la cour d'appel d'Angers, à la région militaire Atlantique.
Correspondant au haut Maine, le département, bocager, au relief peu accidenté (en dehors de ses confins septentrionaux), est formé de terrains souvent sableux (ferêts de Bercé, de Vibraye) ou argileux. L'élevage (bovins, porcins, aviculture) a progressé aux dépens du blé. L'industrie est représentée par la construction automobile, l'alimentation, le travail du bois et les constructions électriques et électroniques. Le Mans concentre, avec ses banlieues, env. 40 % de la population du département.

SARTI (Giuseppe), compositeur italien (Faenza 1729 - Berlin 1802). Directeur de l'opéra italien et de la musique de la cour (1753-1775), à Copenhague, il devint directeur de la chapelle de Catherine II à Saint-Pétersbourg (1784). Il fut un des premiers à écrire des opéras en danois et en russe.

SARTILLY (50530), ch.-l. de cant. de la Manche, près de la baie du Mont-Saint-Michel ; 1 159 hab.

SARTINE (Antoine DE), comte **d'Alby,** homme d'État français (Barcelone 1729-Tarragone 1801). Lieutenant général de police de Paris (1759-1774), il améliora l'hygiène, l'éclairage, le ravitaillement et la sécurité de la capitale. Secrétaire d'État à la Marine (1774) et ministre d'État (1775), il développa les forces navales, les arsenaux et les ports militaires. Attaqué par Necker, il fut disgracié en oct. 1780. Il émigra au début de la Révolution.

SARTORITE n. f. (de W. *Sartorius,* n. pr.). Arséniosulfure naturel de plomb, monoclinique.

SARTRE (Jean-Paul), philosophe et écrivain français (Paris 1905 - *id.* 1980). Agrégé de philosophie, dramaturge, romancier, Jean-Paul Sartre — qui refusa le prix Nobel en 1964 — a longtemps marqué la littérature et l'histoire des idées.

*Les Mots** (1964) dégagent les frustrations de l'enfance qui ont donné naissance à l'écrivain et les traits saillants de sa personnalité. Orphelin de père, élevé par une mère trop humble et un grand-père trop cabotin, l'enfant baigne dans un climat dont il cherche à s'échapper, très tôt, dans les livres.

Littérature et théâtre sartriens sont directement issus de ce thème profond. Désir de rejoindre la vie dans l'action, impossibilité de coïncider totalement avec cette action, sentiment d'inauthenticité, tels sont les problèmes des héros du théâtre sartrien. Drame où le héros se retrouve toujours spectateur de lui-même, doté par rapport à son action d'une liberté qui est comme une maladie (*la Nausée**, 1938 ; *le Mur**, 1939 ; *les Mouches,* 1943 ; *Huis* clos,* 1944). Cette « mauvaise foi » existentielle reçoit son statut dans *l'Être* et le Néant,* où la distinction de l'en-soi et du pour-soi, de la facticité et de la transcendance, ouvre une philosophie de la conscience et de la liberté souveraine.

Sartre, à partir de Husserl, construit une phénoménologie fondée sur la notion d'intentionnalité de la conscience (*Esquisse d'une théorie des émotions,* 1939). Sa réflexion porte sur l'imagination (*l'Imagination,* 1936 ; *l'Imaginaire,* 1940), domaine le plus libre de la pensée, parce que l'esprit peut s'y saisir dans une production indépendante du réel, mais aussi le plus obscur, parce que lié au désir et fonctionnant souvent malgré nous (dans le rêve, le délire). Pour résoudre la difficulté et laisser à la conscience sa souveraineté, Sartre invente la notion de conscience préréflexive.

La phénoménologie permet également d'éviter tout solipsisme. Au sein de cette conscience souveraine, tout comme le monde est là, dès l'origine, les autres sont irrémédiablement présents. Or, l'autre conscience, en même temps que constitutive de la mienne, est un danger : le jugement de l'autre sur moi risque de me réduire à mon être, de me cantonner dans un rôle déterminé, de me priver de ma liberté (réification). Le plus souvent, ce jugement est social, et c'est ce reflet, la fascination qu'il exerce sur ma conscience, qui sont les plus dangereux pour la liberté : c'est la société du sud des États-Unis, avec son moralisme et son racisme, qui constitue la putain et le Noir (*la P... respectueuse,* 1946). Comment échapper à cette fascination, retrouver notre liberté ? J. Genet, en faisant de sa déviance une profession *(le Journal du voleur),* s'est aussi transformé en « saint et en martyr » ; seule la littérature le libérera (*Saint Genet, comédien et martyr,* 1952).

Philosophiquement, la situation de la conscience au sein des autres est repensée dans la *Critique de la raison dialectique* (1960 ; tome II, posthume, 1985], où Sartre cherche à intégrer l'existentialisme au matérialisme dialectique, en refusant d'abolir la « dimension humaine » du déterminisme historique. Refus que manifestera son interprétation de Flaubert, *l'Idiot de la famille* (1971-72).

Directeur de quotidiens d'extrême gauche (*la Cause du peuple,* 1970 ; *Libération,* 1973), Sartre a tenté de réaliser un rassemblement de toutes les tendances antiautoritaires qui travaillent la société. Depuis 1945, dans *les Chemins de la liberté, Situations* et *les Temps modernes* (revue qu'il a fondée au lendemain de la guerre), il cherchait sa voie, opposée à la fois à la réaction et au parti communiste, avec lequel il avait définitivement rompu en 1956.

Après sa mort ont paru notamment *Cahiers pour une morale* (1983), *Lettres au Castor et à quelques autres* (1983), *Carnets de la drôle de guerre* (1983-1995) et *Vérité et existence* (1989).

SARTROUVILLE (78500), ch.-l. de cant. des Yvelines, à 12 km au N.-O. de Paris ; 50 440 hab. *(Sartrouvillois).* Constructions électriques. Mécanique de précision.

SARVIG (Ole), écrivain danois (Copenhague 1921 - *id.* 1981). Poète et critique d'art (*l'Homme,* 1948 ; *Je chante pour vous,* 1982), il s'est livré dans ses romans à des études diverses (*la Rose de pierre,* 1955 ; *les Voyageurs,* 1978), allant jusqu'au roman policier (*la Mer sous ma fenêtre,* 1960).

SARZEAU (56370), ch.-l. de cant. du Morbihan, dans la presqu'île de Rhuys ; 5 049 hab. *(Sarzeautins).* Aux environs, imposant château de Suscinio (XIIIe-XVe s. ; musée de l'Histoire de la Bretagne).

SAS [sas ou sa] n. m. (bas lat. *setacium,* tamis, du lat. class. *seta,* soie). **1.** Tamis de crin, de soie, etc., entouré d'un cercle de bois, pour passer des matières pulvérulentes ou liquides. — **2.** Enceinte ou passage clos, muni de deux portes ou systèmes de fermeture dont on ne peut ouvrir l'un que si l'autre est fermé et qui permet de passer ou de faire passer d'un milieu à un autre en maintenant ceux-ci isolés l'un de l'autre. — **3.** Partie d'une écluse comprise entre les têtes et limitée latéralement par les bajoyers.

S. A. S. (sigle de *Section Administrative Spécialisée*), organisme militaire et administratif créé en Algérie en 1956 pour prendre en charge l'administration d'une zone déterminée et assurer une décentralisation des services du territoire. Les S. A. S. disparurent en 1962.

SASARĀM, v. de l'Inde (Bihār), à l'E.-S.-E. de Bénarès ; 48 200 hab. Remarquable mausolée de Chīr Chāh (1540).

SASEBO, v. du Japon, sur la côte ouest de Kyūshū ; 252 000 hab. Chantiers navals. Base militaire.

SASHIMI ou **SHASHIMI** n. m. (jap. *sashimi,* poisson cru). Plat japonais de poisson cru découpé en fines lamelles, servi accompagné d'une sauce piquante.

SASKATCHEWAN (la), riv. du centre du Canada, qui traverse les provinces d'Alberta, de Saskatchewan et de Manitoba, et finit dans le lac Winnipeg. Elle est formée par la réunion de la *Saskatchewan du Sud* (880 km) et de la *Saskatchewan du Nord* (1 220 km). Hydroélectricité.

SASKATCHEWAN, une des provinces de la Prairie, au Canada ; 652 000 km^2 ; 988 928 hab. Cap. *Regina.* La province, dont la partie nord appartient au Bouclier canadien, a un climat froid aux hivers très rigoureux (moyenne de janvier - 16 °C ; minimum absolu - 49 °C). Les ressources sont agricoles (céréales, plantes fourragères, élevage bovin et porcin) et minières (pétrole, gaz naturel, charbon, uranium, potasse). La population, dont les origines sont très variées, est auj. en majorité urbaine.

SASKATOON, v. du Canada (Saskatchewan), sur la Saskatchewan du Sud ; 186 058 hab. Évêché. Université. Centre commercial et industriel.

SASOLBURG, localité de l'Afrique du Sud (État libre), au S. de Johannesburg ; 30 000 hab. Centre chimique.

SASSAFRAS [-fra] n. m. (esp. *sasafrás*). Arbre d'Amérique du Nord (lauracée), au bois aromatique, à la racine fournissant une essence parfumée, aux feuilles servant de condiment.

SASSAGE n. m. (de *sasser*). **1.** Polissage, par frottement, des objets de métal précieux agités dans du sable. — **2.** Opération de meunerie servant à trier des semoules de puretés différentes.

SASSANIDE adj. (lat. médiév. *Sassanida*). Relatif aux Sassanides.

SASSANIDES, dynastie nationale iranienne, originaire du Fārs, en Iran, et qui, entre 224-226 et 651 apr. J.-C. (conquête par les Arabes musulmans), édifia un empire de la Mésopotamie à l'Indus. Son éponyme, Sâssân ou Sâsân, est le nom d'un dieu inconnu. ARDACHÊR Ier, CHÂHPUHR Ier, CHÂHPUHR II, KHOSRÔ Ier, KHOSRÔ II furent les principaux rois sassanides.

SASSARI, v. d'Italie, en Sardaigne, ch.-l. de prov., dans le nord-ouest de l'île ; 120 000 hab. Archevêché. Université. Cathédrale surtout du XVe s. Musée.

SASSEMENT n. m. **1.** Action de sasser ; fait d'être sassé. — **2.** Syn. de ÉCLUSAGE.

SASSENAGE (38360), ch.-l. de cant. de l'Isère, dans la cluse de Voreppe ; 10 097 hab. *(Sassenageois).* Château du XVIIe s. Grottes. Fromages.

SASSER v. t. (de *sas*) [conj. 3]. **1.** Passer au sas. — **2.** Syn. de ÉCLUSER.

SASSETTA (Stefano DI GIOVANNI, dit), peintre italien (Sienne v. 1400 - *id.* 1450). Il associe le sens spatial et plastique d'un Masolino à la préciosité siennoise, le réalisme à l'idéalisme, cultivant la ligne ondoyante, la couleur lumineuse, les détails pittoresques (*Polyptyque de saint François,* 1444 : fragments à Londres, au Louvre, à Chantilly...).

SASSEUR n. m. Appareil utilisé pour le sassage.

SASSIÈRE (Grande), sommet des Alpes, au-dessus de la haute Tarentaise (Savoie), à la frontière italienne ; 3 747 m. Réserve naturelle.

SASSOU-NGUESSO (Denis), officier et homme d'État congolais (Edou, distr. d'Owando, 1943). Ministre de la Défense (1977-1979), il a été président de la République du Congo de 1972 à 1992.

SASTRE (Alfonso), écrivain espagnol (Madrid 1926). Partisan d'un « théâtre réaliste », il est un des représentants majeurs de la renaissance du théâtre espagnol (*Escouade vers la mort,* 1953 ; *La Celestina,* 1978 ; *El viaje infinito de Sancho Panza,* 1984). Un art dépouillé caractérise également son œuvre poétique et critique.

SATAN n. m. Nom usuel d'un singe du genre saki.

SATAN, prince des démons (le diable*) dans la tradition judéo-chrétienne.

SATANÉ, E adj. (de *Satan,* n. pr.) [devant un n.]. *Fam.* **1.** Qui est mauvais, détestable, fâcheux : *Quel satané temps !* — **2.** Indique un haut degré ; sacré : *Un satané menteur.*

SATANIQUE adj. **1.** Propre à Satan, au satanisme : *Esprit satanique. Culte satanique.* — **2.** Qui fait penser à Satan, semble inspiré par l'esprit du mal ; diabolique, pervers : *Méchanceté satanique.*

SATANIQUEMENT adv. De façon satanique.

SATANISME n. m. **1.** Culte de Satan. — **2.** Caractère de ce qui est satanique.

SATANISTE adj. et n. Adepte du satanisme.

SATELLISABLE adj. Qui peut être satellisé.

SATELLISATION n. f. Action de satelliser ; fait d'être satellisé.

SATELLISER v. t. (conj. 3). **1.** Lancer un corps dans l'espace avec une vitesse lui permettant de décrire, autour d'un astre, au moins une orbite, sous le seul effet de la force d'attraction qu'exerce l'astre sur lui. — **2.** Réduire un État à la condition de satellite d'une grande puissance. — **3.** Amener une ville, une région, etc., à une situation de dépendance économique, administrative par rapport à une autre.

SATELLITAIRE adj. Relatif aux satellites artificiels.

SATELLITE n. m. (lat. *satelles, -itis,* garde du corps). **1.** Corps qui gravite autour d'un astre de masse prépondérante, en particulier autour d'une planète. — **2.** *Litt.* Personne qui vit sous la dépendance d'une autre : *Les satellites d'une personnalité politique.* — **3.** État entièrement dépendant d'un autre plus puissant : *Les satellites du bloc socialiste.* — **4.** Collectivité qui subit la tutelle d'une autre : *Les filiales satellites d'un groupe important.* — **5.** Bâtiment annexe d'une aérogare, qui sert à l'embarquement et au débarquement des voyageurs et de leurs bagages. — **6.** Chacun des pignons mobiles d'un engrenage différentiel ou épicycloïdal. — **7.** *Satellite (artificiel),* engin construit par l'homme et placé en orbite autour d'un astre, en particulier de la Terre, par une fusée ou un système de transport spatial. (→ *encycl.*)

ENCYCL.

• *Historique.* Le premier *satellite artificiel* de la Terre, Spoutnik 1, a été lancé le 4 oct. 1957 par l'U. R. S. S. Depuis, près de 4 000 satellites ont été lancés. Des satellites artificiels ont été placés en orbite autour de quatre autres astres du système solaire : le Soleil lui-même (premier engin satellisé : Luna 1, U. R. S. S., 1959) ; la Lune (Luna 10, U. R. S. S., 1966) ; Mars (Mariner 9, États-Unis, 1971) ; Vénus (Venera 9, U.R.S.S., 1975).

• *Les orbites.* La trajectoire balistique d'un satellite est appelée son *orbite.* C'est une ellipse, définie par plusieurs paramètres : *périastre* et *apoastre* (*périgée* et *apogée* dans le cas d'un satellite de la Terre), *demi-grand axe, inclinaison du plan de l'orbite, période de révolution.* La vitesse minimale qu'il faut communiquer à un corps pour le satelliser autour de la Terre, au départ du sol, est voisine de 7,9 km/s *(première vitesse cosmique).* Pratiquement, aucune satellisation n'est possible à moins de 130 km d'altitude, car le frottement de l'air provoque alors une retombée rapide du satellite. Pour qu'un engin spatial puisse se soustraire à l'attraction terrestre et être dirigé vers d'autres astres, sa vitesse doit atteindre ou dépasser 11,2 km/s *(deuxième vitesse cosmique,* ou *vitesse de libération).*

L'orbite à 35 800 km d'altitude joue un rôle particulier : sa période de 23 h 56 min est égale à la période de rotation de la Terre et on la qualifie de *géosynchrone.* Si son plan est en outre confondu avec celui de l'équateur, un satellite y paraît immobile à un observateur terrestre : on le qualifie alors de *géostationnaire.* C'est le cas de la plupart des satellites de télécommunications, qui peuvent ainsi servir de relais pour acheminer des communications téléphoniques, des données ou des programmes de télévision entre des points distants de plusieurs milliers de kilomètres. Une autre orbite particulière est l'orbite *héliosynchrone,* qui conserve une position fixe dans l'espace par rapport au Soleil. Elle est utilisée par les satellites d'observation de la Terre, dont les passages à l'aplomb d'un point donné de la planète s'effectuent ainsi toujours à la même heure locale, donc dans des conditions d'éclairement identiques.

• *L'anatomie des satellites.* Les satellites artificiels se composent tous de *systèmes* ou de *sous-systèmes* qui concourent à leur bon fonctionnement durant leur vie orbitale. Il s'agit de la structure, de tous les ensembles mécaniques remplissant des fonctions statiques ou dynamiques (telles que le déploiement et l'orientation de panneaux solaires, le pointage fin d'antennes, etc.) et des équipements assurant le contrôle thermique ; la génération, le stockage et la distribution d'énergie ; la correction ou la modification d'orbite ; la stabilisation ; la télémesure, la télécommande et la gestion des données à bord. La structure assure l'interface avec le lanceur, supporte les divers équipements et joue un rôle d'écran protecteur contre les rayonnements et les micrométéorites. Elle est essentiellement conçue en fonction de la mission du satellite, de la masse à supporter et des contraintes mécaniques imposées par le lanceur. En général, on utilise pour sa construction des alliages légers à base d'aluminium, de magnésium, de titane ou des matériaux composites.

• *Les utilisations.* L'ensemble des satellites lancés depuis 1957 se répartit très inégalement entre ceux utilisés à des fins militaires (environ 75 % du total) et les autres (applications civiles et recherche scientifique). La majeure partie de leurs nombreuses applications peut se ranger en quatre catégories principales, définies à partir de la fonction remplie par le satellite, dont on utilise soit la position élevée (pour les télécommunications et l'observation de la Terre, au sens large [télédétection, surveillance et reconnaissance militaires, météorologie, géodésie, géophysique, collecte de données, localisation, navigation, etc.]), soit la situation extra-atmosphérique (pour la recherche scientifique, notamment l'astronomie), soit l'aptitude au déplacement dans le vide (pour l'exploration planétaire), soit le mouvement de chute libre et l'impesanteur qui en résulte (pour les recherches en microgravité).

● *Les débris spatiaux.* L'activité spatiale engendre autour de la Terre de nombreux résidus de dimensions variées : satellites hors service, étages supérieurs de lanceurs, débris provenant d'explosions, équipements divers éjectés dans l'espace après utilisation. La surveillance permanente de ces objets (jusqu'à la limite de détection) est assurée par un réseau de radars et de télescopes reliés à des caméras vidéo, placé sous la responsabilité du Norad (NORth American aerospace Defense command), devenu depuis 1988 le US Spacecom, un commandement unifié du département de la Défense des États-Unis, dont le centre opérationnel (Space Surveillance Center) se trouve enfoui sous la montagne Cheyenne, dans le Colorado.
Parmi les quelque 7 000 objets de plus de 10 cm de diamètre qui font l'objet d'une surveillance constante, on compte moins de 400 satellites opérationnels. Mais on estime qu'il existe entre 30 000 et 70 000 débris de 1 à 10 cm, indétectables depuis le sol. Ces débris représentent un danger potentiel réel pour les satellites, automatiques et habités, et pour les hommes qui évoluent en orbite. En raison de leur vitesse élevée, ils peuvent devenir de redoutables projectiles susceptibles de perforer le scaphandre d'un spationaute ou d'endommager gravement un véhicule spatial : à 10 km/s, une poussière de 3 mm possède la même énergie cinétique (donc le même pouvoir destructeur) qu'une boule de bowling projetée à 100 km/h. En moyenne, un débris spatial « détectable » rentre, chaque semaine, dans l'atmosphère terrestre et s'y désintègre.

SATHONAY-CAMP (69580), comm. du Rhône, banlieue nord-nord-est de Lyon ; 5 740 hab. Camp militaire.

SATĪ n. m. inv. (mot sanskr.). Coutume hindoue selon laquelle la veuve devait se faire brûler sur le bûcher funéraire de son mari, en témoignage de fidélité. (Elle fut interdite en 1829.)
◆ n. f. inv. Veuve qui s'immolait selon la coutume du satī.

SATIE (Erik), musicien français (Honfleur 1866 - Paris 1925). Pianiste au cabaret du Chat noir et à l'auberge du Clou, il est encouragé par Debussy. Il reste le précurseur du dadaïsme et du surréalisme (ballet *Parade,* 1917). Ses premières œuvres, inspirées par une volonté de dépouillement « médiéval et mystique », sont pour le piano (3 *Gymnopédies,* 1888 ; *3 Gnossiennes,* 1890 ; *Trois Morceaux en forme de poire,* 1890-1903 ; *Pièces froides,* 1897). Catholique et socialiste, attiré par la philosophie du sâr Peladan, il compose de la musique mystique (*Messe des pauvres,* 1895). À Arcueil, il reçoit à partir de 1923 des « disciples » (école d'Arcueil). Niant l'art, il expérimente la « musique d'ameublement » et aborde la « technique éclatée » et « répétitive » (ballet instantanéiste *Relâche* de Picabia en 1924, avec la musique du film *Entr'acte* de René Clair). Satie laisse également des mélodies, un *Socrate,* drame symphonique d'après Platon (1918), et des pages pour orchestre.

SATIÉTÉ [sasjete] n. f. (lat. *satietas,* de *satis,* assez). **1.** État de qqn qui est complètement rassasié : *Boire à satiété.* — **2.** *À satiété,* jusqu'à lasser.

SATILLIEU (07290), ch.-l. de cant. de l'Ardèche, au S. d'Annonay ; 1 838 hab.

SATIN n. m. (ar. *zaytūni,* de *Zaytūn,* n. ar. d'une ville chinoise). **1.** Étoffe lisse et brillante, principalement de soie, mais qui peut être exécutée aussi en coton ou en laine. — **2.** Symbole de la douceur au toucher, en partic. en parlant de la peau.

SATINAGE n. m. **1.** Action de satiner ; fait d'être satiné. — **2.** Opération destinée à atténuer le relief occasionné par le foulage sur les feuilles imprimées typographiquement. — **3.** Opération de finissage du cuir qui consiste à en presser le côté fleur contre une plaque d'acier poli chauffée. — **4.** Calandrage destiné à donner du lustre à un tissu ou à un papier.

SATINÉ n. m. Reflet brillant comme celui du satin.

SATINER v. t. (conj. 3). **1.** Donner le reflet, le toucher, la couleur du satin à qqch. — **2.** Procéder au satinage.
◆ **être satiné** v. pass. **1.** Avoir les reflets du satin et évoquer sa douceur : *Les chairs satinées de Rubens.* — **2.** *Peau satinée,* peau très douce.

SATINETTE n. f. Étoffe de coton et de soie, ou de coton seul, présentant l'aspect extérieur du satin.

SATIRE n. f. (lat. *satira,* var. de *satura,* farce). **1.** Pièce de vers où l'auteur attaque les vices et les ridicules de son temps. — **2.** Pamphlet ordinairement mêlé de prose et de vers, dans lequel on s'attaque aux mœurs publiques. — **3.** Écrit, propos, œuvre par lesquels on raille ou on critique vivement qqn ou qqch : *Ce film est une satire des mœurs politiques.*

Satires d'Horace. Au nombre de dix-huit, elles sont partagées en deux livres. Le premier (41-35 av. J.-C.) contient des anecdotes sur la vie quotidienne, prétexte à des considérations morales ou esthétiques. Dans le livre II (35-30 av. J.-C.), plus philosophique, le poète développe les grands thèmes de l'épicurisme.

Satires de Juvénal, recueil de seize satires, composées entre 100 et 128 : la condamnation de la dégradation des mœurs de la Rome impériale du Ier s. apr. J.-C.

Satires de Régnier (1608-1613). Ces dix-neuf pièces mêlent les confidences personnelles aux lieux communs de morale et aux tableaux de mœurs à la manière d'Horace.

Satires de Boileau (1666-1668 et 1694-1705). Les neuf premières *(le Repas ridicule, les Embarras de Paris)* dénoncent les mœurs du temps ou attaquent les écrivains à la mode. D'autres *(Sur l'équivoque)* interviennent dans la querelle religieuse.

Satire Ménippée, pamphlet dirigé contre la Ligue et publié en 1594 pendant la huitième guerre de Religion. Cette sorte de farce, composée par Pierre Le Roy, Pierre Pithou, Jacques Gillot, Florent Chrestien et les poètes Jean Passerat, Gilles Durant et Nicolas Rapin, est une caricature des états généraux de la Ligue et contribua au ralliement des Français au roi.

Satiricon, roman de Pétrone (Ier s. apr. J.-C.). À travers les aventures tragi-comiques de deux jeunes nobles libertins accompagnés de leur « mignon » Giton, une peinture réaliste et pittoresque des mœurs de l'époque néronienne. Le roman a inspiré un film à F. Fellini (*Satyricon,* 1969).

SATIRIQUE adj. (bas lat. *satiricus*). **1.** Qui appartient au genre littéraire de la satire : *La poésie satirique.* — **2.** Qui a le caractère de la satire, qui critique en raillant : *Un dessinateur satirique.*
◆ n. m. Écrivain qui a composé des satires, pratiqué le genre littéraire de la satire.

SATIRIQUEMENT adv. *Litt.* De façon satirique.

SATIRISER v. t. (conj. 3). *Litt.* Exercer sa satire sur qqn, qqch : *Satiriser les préjugés.*

SATIRISTE n. Auteur de satires, de dessins satiriques.

SATISFACTION n. f. (lat. *satisfactio*). **1.** Action de satisfaire un besoin, un désir, une demande, une tendance : *La satisfaction des besoins matériels.* — **2.** Contentement, joie résultant en partic. de l'accomplissement d'un désir, d'un souhait : *Éprouver une vive satisfaction.* — **3.** Ce qui satisfait, répond à la demande de qqn : *Cette mesure est une satisfaction donnée aux syndicats.* — **4.** *Litt.* Acte par lequel on obtient la réparation d'une offense, en partic. par les armes. — **5.** *Satisfaction sacramentelle,* prières ou pratiques imposées par le prêtre au pécheur qui désire recevoir l'absolution. (C'est la pénitence.)

SATISFACTOIRE adj. (lat. scolast. *satisfactorius*). Relatif au pouvoir de racheter les fautes commises.

SATISFAIRE v. t. (lat. *satisfacere,* de *satis,* assez, et *facere,* faire) [conj. **109**]. **1.** Contenter qqn, lui procurer ce qu'il demande, ce qu'il attend, ce qu'il désire : *Ses explications confuses ne nous ont pas satisfaits.* — **2.** Agir de façon à contenter un désir, un besoin : *Satisfaire son besoin d'évasion. Satisfaire l'attente de quelqu'un.*
◆ v. t. ind. Répondre à ce qui est exigé par qqch, remplir une obligation : *Ce projet ne satisfait pas aux règlements.*
◆ **être satisfait** v. pass. **1.** Voir son attente ou ses désirs comblés, être content de ce qu'on a ou de ce qui est : *Il est très satisfait de sa voiture.* — **2.** Manifester la satisfaction, le contentement de soi : *Rappeler ses réussites d'un air satisfait.* — **3.** Être comblé, recevoir une réponse favorable : *Des revendications non satisfaites.* — **4.** *Être satisfait de soi(-même),* avoir une excellente opinion de sa personne, de ses actions.
◆ **se satisfaire** v. pr. Considérer qqch comme suffisant, acceptable : *Il faudra bien se satisfaire de ce local modeste.*

SATISFAISANT, E adj. Qui satisfait, est conforme à ce qui était attendu : *Réponse satisfaisante. Un travail satisfaisant.*

SATISFECIT [-fesit] n. m. (lat. *satisfecit,* il a satisfait). **1.** *Vx.* Billet attestant le bon travail des élèves. — **2.** *Litt.* Témoignage d'approbation : *Obtenir un satisfecit pour tout son travail.*

SATISFIABILITÉ n. f. Caractère d'une proposition satisfiable.

SATISFIABLE adj. (angl. *satisfiable*). Se dit d'une fonction propositionnelle si elle est vraie sous certaines conditions.

SATLEDJ → SUTLEJ.

SATŌ EISAKU, homme politique japonais (Tabuse, préf. de Yamaguchi, 1901 - Tōkyō 1975). Il fut Premier ministre de 1964 à 1972. (Prix Nobel de la paix 1974.)

Satolas, aéroport de Lyon, à 27 km à l'E. de la ville.

SATORI n. m. inv. (mot jap.). Éveil spirituel qui est la but de la méditation zen.

SATORY *(plateau de),* plateau dominant Versailles au S., entre la voie ferrée et le vallon de la Bièvre. Camp militaire de 266 ha utilisé pour les expérimentations d'armement (blindés notamment). Les chefs de la Commune y furent fusillés en 1871.

SĀTPURA *(monts),* massif montagneux de l'Inde, qui forme la limite septentrionale du plateau du Deccan ; alt. env. 1 350 m.

SATRAPE n. m. (lat. *satrapes,* du pers. *khshatrapā*). **1.** Gouverneur d'une satrapie chez les anciens Perses. — **2.** *Litt.* Personnage qui mène une vie fastueuse ou qui exerce une autorité despotique.

SATRAPIE n. f. (lat. *satrapia*). Province de l'Empire perse gouvernée par un satrape.

SATU MARE, v. du nord-ouest de la Roumanie, en bordure de la plaine pannonienne ; 131 859 hab. Construction de machines et outillage, appareils ménagers. Agroalimentaire.

SATURABILITÉ n. f. Caractère de ce qui peut être saturé.

SATURABLE adj. Qui peut être saturé.

SATURANT, E adj. **1.** Qui sature, a la propriété de saturer. — **2.** *Vapeur saturante,* vapeur d'un corps en équilibre avec sa phase liquide.

SATURATEUR n. m. (bas lat. *saturator,* du lat. class. *saturare,* saturer). **1.** Récipient plein d'eau, que l'on adapte aux radiateurs d'appartement, afin d'humidifier l'air par évaporation. — **2.** Appareil utilisé pour saturer des liquides en certains gaz.

SATURATION n. f. (bas lat. *saturatio*). **1.** Action de saturer ; fait d'être saturé : *La saturation du marché.* — **2.** *Arriver à saturation,* atteindre le degré au-delà duquel qqch n'est plus supportable. • **Chim.** Transformation d'une liaison multiple en liaison simple par addition d'hydrogène. — **Hydrol.** *Zone de saturation,* dans des terrains perméables, zone où toutes les cavités et tous les interstices sont remplis d'eau, et qui contient, de ce fait, la nappe phréatique. — **Inform.** État d'une mémoire ou d'une voie de transmission d'informations fonctionnant à ses possibilités maximales. — **Log.** Propriété d'un modèle ou d'une théorie saturés. — **Magnét.** État d'une substance ferro- ou ferrimagnétique dont l'aimantation ne peut pas être augmentée de façon appréciable par un accroissement du champ magnétique. — **Météo.** État de l'atmosphère contenant la quantité maximale de vapeur d'eau, compatible avec la température et la pression du moment. — **Opt.** Attribut de la sensation visuelle permettant d'estimer la proportion de couleur chromatiquement pure contenue dans la sensation totale. — **Pétr.** Pourcentage du volume total des pores et des fissures d'une rocheréservoir, occupé par un fluide déterminé. — **Thermodyn.** Opération consistant à dissoudre une substance dans un liquide jusqu'à obtention d'une solution saturée ; état de la solution ainsi obtenue.

SATURER v. t. (lat. *saturare,* rassasier, de *satis,* assez) [conj. **3**]. **1.** Soumettre à la saturation, provoquer la saturation. — **2.** Fournir ou subir qqch jusqu'à une quantité ou un niveau excessifs : *Une population qu'on sature de publicité.*

◆ **être saturé** v. pass. **1.** Être rempli, imprégné à l'excès (de qqch) : *Un sol saturé de sel.* — **2.** Être encombré de qqch au point de ne pouvoir l'absorber : *Un marché saturé.* — **3.** En parlant d'une voie de circulation, ne plus pouvoir assurer l'écoulement des véhicules. — **4.** Être rassasié de ce dont on a eu en abondance ou écœuré par ce qu'on a dû subir de façon excessive : *Des enfants saturés de télévision.* • **Chim.** En parlant d'un composé chimique, avoir des liaisons interatomiques telles que tous les électrons sont appariés. — **Électroacoust.** En parlant d'un enregistrement, recevoir un signal électrique d'un niveau tel que toute augmentation à partir de ce niveau entraînerait de sévères distorsions. — **Géol.** En parlant d'une roche magmatique, être sans feldspathoïde. — **Log.** En parlant d'une théorie se dit de celle à laquelle on ne peut adjoindre un axiome indépendant des autres sans le rendre contradictoire. — **Magnét.** En parlant d'une substance ou d'un circuit, être en état de saturation magnétique. — **Opt.** En parlant des couleurs spectrales, correspondre à une pureté égale à l'unité. — **Thermodyn.** Se dit d'une atmosphère dans laquelle la pression partielle de la vapeur d'eau est égale à la pression de vapeur saturante de l'eau à la même température. ‖ Se dit d'une solution dans laquelle il est impossible, à température fixée, d'augmenter la concentration de soluté.

Saturn, famille de lanceurs spatiaux américains développée pour les besoins du programme Apollo*. La fusée Saturn 1-B, utilisée entre 1966 et 1975, était destinée à l'expérimentation sur orbite terrestre basse des éléments du vaisseau Apollo. D'une masse de 590 t, pour une hauteur de 68 m, elle pouvait placer 18 t de charge utile sur orbite. La Saturn 5, de 110 m de hauteur, d'une masse de 2 700 t au décollage, développant 3 400 t de poussée au départ, pouvait placer une charge de 140 t sur orbite terrestre, et envoyer vers la Lune les 45 t du vaisseau Apollo complet. Elle a servi 13 fois, entre 1967 et 1973.

SATURNALES n. f. pl. (lat. *Saturnalia,* de *Saturnus,* Saturne). **1.** Fêtes en l'honneur de Saturne, qui avaient lieu fin décembre et au cours desquelles on échangeait souhaits et cadeaux et on accordait aux esclaves la plus grande liberté. — **2.** *Litt.* Temps de débauche, de licence et de désordre : *Les saturnales de la Régence.*

SATURNE n. m. (de *Saturne,* n. pr.). Nom donné au plomb par les alchimistes.

CARACTÉRISTIQUES PHYSIQUES DE SATURNE	
diamètre équatorial	120 660 km (9,4 fois celui de la Terre)
diamètre polaire	108 000 km
aplatissement	0,105
masse par rapport à celle de la Terre	95,2
densité moyenne	0,69
période de rotation sidérale	10 h 14 min à 10 h 39 min
inclinaison de l'équateur sur l'orbite	26° 44′
albédo	0,45

CARACTÉRISTIQUES ORBITALES DE SATURNE	
demi-grand axe de l'orbite	1 429 400 000 km, soit 9,554 7 ua
distance maximale au Soleil	1 511 000 000 km
distance minimale au Soleil	1 346 400 000 km
excentricité	0,056
inclinaison sur l'écliptique	2°30′
période de révolution sidérale	29 ans 167 j
vitesse orbitale moyenne	9,64 km/s

SATURNE, divinité italique et romaine, identifiée au Cronos des Grecs. Dieu des vignerons et des paysans, il s'installa en Italie (Latium), qu'il gouverna et où il fit régner l'âge d'or. Il avait un temple sur le Forum de Rome. En Afrique, il a été identifié au Baal punique.

SATURNE, planète du système solaire, la sixième des planètes principales de ce système dans l'ordre croissant des distances au Soleil et la deuxième, après Jupiter*, par la masse et le volume.

• *Atmosphère.* Comme Jupiter, Saturne n'a pas de surface solide et est entourée d'une atmosphère épaisse, à base d'hydrogène et d'hélium auxquels s'ajoutent du méthane et de l'ammoniac, qui sont probablement les composants majeurs des nuages. Au sommet des nuages, la température est voisine de − 180 °C. La circulation atmosphérique s'apparente à celle de Jupiter, avec des courants horizontaux est-ouest de sens contraires, mais la vitesse des vents décroît de l'équateur (1 800 km/h) vers les pôles et s'annule pratiquement vers 40° de latitude.

• *Structure interne.* Elle s'apparente à celle de Jupiter, mais la plus forte proportion d'hydrogène se traduit, pour la planète, par une densité moyenne plus faible (0,69, la densité de l'eau étant prise pour unité). La majeure partie du globe serait constituée d'un mélange d'hydrogène et d'hélium, d'abord liquides jusque vers 30 000 km de profondeur puis sous une phase métallique. La lente migration de l'hélium, plus lourd que l'hydrogène, vers les régions profondes, constitue une source d'énergie interne susceptible d'expliquer pourquoi Saturne émet 3 fois plus d'énergie qu'elle n'en reçoit du Soleil. Au centre existerait un noyau dense, rocheux, d'environ 12 000 km de rayon.

• *Champ magnétique.* Saturne possède un champ magnétique dipolaire, découvert en 1979 par la sonde Pioneer 11, dont l'axe est presque confondu avec l'axe de rotation de la planète. Son intensité, au niveau des nuages, à l'équateur, est voisine de $2 \cdot 10^{-5}$T.

• *Les anneaux.* L'une des particularités de Saturne tient au vaste système d'anneaux qui l'entoure, découvert par Huygens en 1655. Ce système s'étend, dans le plan équatorial de la planète, jusqu'à plus de 300 000 km du centre de Saturne, mais avec une épaisseur inférieure à 1 km. Les photographies à haute résolution, recueillies en 1980 et 1981 par les sondes américaines Voyager ont révélé l'existence d'une multitude d'anneaux. Ceux-ci sont constitués de blocs de glace « sale » (glace mêlée à des poussières, des fragments minéraux, etc.) qui gravitent indépendamment sur des orbites voisines, comme autant de petits satellites. Ils se différencient principalement par la densité de matière et les dimensions des corps qu'ils renferment (de quelques micromètres à plusieurs mètres). Sur les photographies spatiales, de nombreuses irrégularités y apparaissent : variations d'épaisseur, hétérogénéités dans la distribution de matière, longues structures radiales temporaires tournant avec le champ magnétique, etc.

Pour certains, les anneaux seraient issus du morcellement d'un ou de plusieurs gros satellites qui, gravitant à proximité immédiate de Saturne, se brisèrent sous l'effet des forces de marée auxquelles ils étaient soumis. Pour d'autres, il s'agit plutôt de résidus de formation de la planète elle-même. Mais les deux processus ont pu se conjuguer.

• *Les satellites.* On a identifié à ce jour autour de Saturne une famille de 18 satellites. Le plus gros,

Titan*, avec un diamètre de plus de 5 000 km, a les dimensions d'une planète tellurique ; les plus petits n'excèdent pas une dizaine de kilomètres de rayon. Certains se trouvent en bordure d'anneaux dont ils confinent la matière entre d'étroites limites (« satellites bergers »).

SATURNIE n. f. Nom scientifique donné au grand paon de nuit.

SATURNIEN, ENNE adj. (lat. *Saturnius,* de Saturne). Relatif à la planète Saturne.

SATURNIN, E adj. (de *saturne*). Relatif au plomb ou produit par le plomb.
◆ adj. et n. Atteint de saturnisme.

SATURNIN ou **SERNIN** *(saint),* évêque († Toulouse v. 250), sans doute le premier évêque de Toulouse.

SATURNISME n. m. (de *saturne*). Intoxication chronique par le plomb.
ENCYCL. C'est surtout chez les ouvriers qui manient le plomb (cérusiers, cartonniers, peintres en bâtiment, vitriers, etc.) qu'on observe le saturnisme. On peut le rencontrer chez les personnes qui boivent des eaux ayant séjourné dans des conduites de plomb. Les signes du saturnisme sont la colique de plomb, douleur abdominale aiguë, le liseré bleuâtre gingival et, dans les formes prolongées et intenses, la fétidité de l'haleine, une anémie intense, une hypertension, des troubles nerveux (polynévrite des membres supérieurs), des dépôts tophacés (goutte saturnine), des accidents cérébraux (céphalalgie, délire, convulsions, attaques apoplectiformes et coma). Le saturnisme figure au tableau des maladies professionnelles.

SATYRE n. m. (lat. *satyrus,* du gr. *saturos*). **1.** Demi-dieu rustique représenté comme un être à corps humain avec des jambes de bouc, des oreilles allongées et pointues, des cornes recourbées et une queue. (Frères des nymphes, les satyres ont été associés au culte de Dionysos.) [Syn. SILÈNE.] — **2.** Individu qui se livre sur la voie publique à des manifestations exhibitionnistes, à des attentats contre la pudeur. — **3.** Papillon aux ailes variées de brun, de gris, de roux et de jaune, dont la chenille vit sur les graminées. — **4.** *Satyre puant,* syn. de PHALLUS IMPUDIQUE.

SATYRIASIS [-zis] n. m. État permanent d'excitation sexuelle chez l'homme.

SATYRIQUE adj. (lat. *satyricus,* du gr. *saturikos*). **1.** Qui a rapport aux satyres. — **2.** *Danses satyriques,* danses licencieuses, exécutées dans les drames satyriques. ‖ *Drame satyrique,* forme théâtrale grecque, traitant sur un mode burlesque des sujets mythologiques.

SAUÇAGE n. m. Syn. de CASING.

SAUCE n. f. (anc. fr. *salse,* salée, du lat. pop. *salsa,* fém. de *salsus,* salé). **1.** Préparation salée, de consistance liquide, servie chaude ou froide en accompagnement de certains aliments. — **2.** *Fam.* Amplification, développement, en général inutile : *Allonger la sauce.* — **3.** Crayon noir très friable, pour dessiner à l'estompe. — **4.** Solution de divers ingrédients ajoutée aux tabacs pour modifier le goût et l'arôme ou pour les rendre plus moelleux au toucher. — **5.** *En sauce,* se dit d'un mets cuit dans une sauce ou servi avec une sauce. ‖ Fam. *Mettre à toutes les sauces,* utiliser de toutes sortes de façons. ‖ Fam. *Ne pas savoir à quelle sauce on sera mangé,* ne pas savoir quel sort fâcheux vous sera réservé.

SAUCÉE n. f. (de *saucer*). *Pop.* **1.** Forte averse. — **2.** Correction, volée de coups.

SAUCER v. t. (de *sauce*) [conj. **16**]. **1.** Tremper un aliment dans la sauce : *Saucer son pain dans la vinaigrette.* — **2.** Éponger la sauce qui reste dans un plat, une assiette avec du pain. — **3.** *Fam.* Mouiller qqn, en parlant d'une pluie abondante : *Je me suis fait saucer par l'orage.* — **4.** Incorporer une sauce aux tabacs.
◆ **être saucé** v. pass. Se dit d'une monnaie ancienne de métal commun revêtue d'une fine couche argentée.

SAUCIER n. m. (de *saucer*). **1.** Membre d'une brigade de cuisine, qui confectionne les fonds et les sauces. — **2.** Appareil électrique permettant de réaliser les sauces.

SAUCIÈRE n. f. Récipient avec bec verseur dans lequel on sert la sauce à table.

SAUCISSE n. f. (lat. pop. **salsicia,* du lat. class. *salsus,* salé). **1.** Produit de charcuterie, à base de chair hachée et assaisonnée, et présenté à la vente sous boyau. — **2.** *Fam.* Imbécile. — **3.** *Fam.* Pendant la Première Guerre mondiale, ballon captif de forme allongée servant à l'observation ou à la protection antiaérienne.

SAUCISSON n. m. (ital. *salsiccione*). Produit de charcuterie à base de chair hachée et assaisonnée, présentée à la vente sous boyau. (On distingue les *saucissons cuits* et les *saucissons secs,* qui subissent une maturation et une dessiccation.)

SAUCISSONNAGE n. m. Action de saucissonner.

SAUCISSONNER v. i. (conj. 3). *Fam.* Manger du saucisson, de la charcuterie sur le pouce : *Saucissonner sur l'herbe.*
◆ v. t. *Fam.* **1.** Diviser qqch en plusieurs petites parties, en tranches ; tronçonner : *Saucissonner un livre en fascicules.* — **2.** Attacher, ficeler, boudiner qqn comme un saucisson.

SAUCISSONNEUR, EUSE n. *Fam.* Personne qui saucissonne.

SAUDAN (Sylvain), alpiniste et skieur suisse (Lausanne 1936). Il s'est spécialisé à la fin des années 60 dans les descentes à skis de pentes neigeuses de 50 à 55°, réalisées dans les Alpes, les Rocheuses et l'Himālaya.

SA'ŪD IBN 'ABD AL-'AZĪZ (Koweït 1902 - Athènes 1969), roi d'Arabie Saoudite (1953-1964), fils et successeur de 'Abd al-'Azīz ibn Sa'ūd. Très conservateur et peu soucieux du développement de son pays, il fut dessaisi de la réalité du pouvoir par Fayṣal en 1958-1960, puis déposé (1964) et exilé.

SA'ŪDIENS → SAOUDITES.

SAUER (Carl Ortwin), géographe américain (Warrenton, Montana, 1889 - Berkeley 1975). Il a développé la science du paysage, en privilégiant ses dimensions culturelles et historiques.

SAUERLAND, région d'Allemagne formée par le rebord septentrional du Massif schisteux rhénan au S.-E. de la Ruhr.

1. SAUF, SAUVE adj. (lat. *salvus*). **1.** Qui a échappé à une atteinte grave : *L'honneur est sauf.* — **2.** *Avoir la vie sauve,* avoir échappé à la mort, avoir sa vie épargnée.

2. SAUF prép. (de *sauf 1*). **1.** Marque l'exception ; hormis, excepté : *J'ai toute la collection sauf deux numéros.* — **2.** Sous réserve de ; excepté le cas de : *Sauf erreur.* — **3.** Litt. *Sauf à + inf.,* en excluant telle éventualité : *Il promettra tout ce qu'on voudra, sauf à renier sa parole.* ‖ *Sauf que,* sous la réserve que, excepté que : *Tout a bien marché, sauf qu'on s'est ennuyé.* ‖ *Sauf si,* introduit une éventualité qui, si elle se produit, annule l'affirmation précédente : *Nous irons à la campagne sauf s'il pleut.*

SAUF-CONDUIT n. m. (pl. *sauf-conduits*). Permis en vertu duquel on peut aller en un lieu et en revenir sans être inquiété par les agents de l'autorité qui l'ont délivré.

SAUGE n. f. (lat. *salvia*). Plante (labiée) aux fleurs en forme de casque. (La *sauge officinale,* spontanée dans le midi de la France, à fleurs violettes, est utilisée en pharmacopée. De nombreuses espèces et cultivars décorent les jardins d'ornement.)

SAUGOR → SĀGAR.

SAUGRENU, E adj. (anc. adj. *saugreneux,* salé, de *sau,* var. dialect. de *sel,* et *grain*). Qui déconcerte par son caractère étrange et plus ou moins ridicule : *Une idée saugrenue.*

SAUGUES (43170), ch.-l. de cant. de la Haute-Loire, dans la Margeride ; 2 220 hab. *(Saugains).* Église et donjon médiévaux.

SAUGUET (Henri POUPARD, dit **Henri**), compositeur français (Bordeaux 1901 - Paris 1989). Il fit partie en 1923 de l'école d'Arcueil patronnée par Satie. En 1927, Diaghilev créa son ballet, *la Chatte.* Suivirent, notamment, des ballets écrits pour les compagnies Roland Petit et Cuevas, dont *les Forains* (1945). Sauguet écrivit également des ouvrages lyriques (*la Chartreuse de Parme,* 1936 ; *les Caprices de Marianne,* 1954 ; *la Dame aux camélias,* 1959), de la musique de chambre et des symphonies.

SAUJON (17600), ch.-l. de cant. de la Charente-Maritime, dans la Saintonge ; 4 918 hab. *(Saujonnais).* Station hydrominérale (affections psychosomatiques).

SAUL ou **SHAUL,** autre forme de Paul*, nom de l'Apôtre.

SAÜL (nom hébr. signif. *Désiré*), premier roi des Hébreux de la tribu de Benjamin (v. 1030 - 1010 av. J.-C.). Désigné comme roi par le prophète Samuel, il constitua une armée permanente dont les trois pivots étaient son fils Jonathan, son général Abner et le chef de ses gardes, David. Mais Saül fut battu par les Philistins et se donna la mort à Gelboé.

SAULAIE ou **SAUSSAIE** n. f. (anc. fr. *sauz,* saule). Terrain planté de saules.

SAULDRE, rivières du sud du Bassin parisien : la *Petite Sauldre* est un affl. (r. g.) de la *Grande Sauldre* qui conflue avec le Cher (r. dr.) ; 166 km.

SAULE [sol] n. m. (frq. **salha*). Arbre ou arbrisseau (salicacée) des sols humides et du bord des cours d'eau, caractérisé par ses feuilles grisâtres et souvent taillé en têtard pour fournir des rameaux souples (osier).

ENCYCL. Les saules portent des chatons de fleurs unisexuées ; leurs graines sont couvertes de poils. Le *saule blanc* ou amarinier, le *saule des vanniers,* le *saule rouge* fournissent les osiers, le *saule marsault* envahit les clairières ; le *saule pleureur,* aux rameaux pendants, est surtout ornemental.

SAULIEU (21210), ch.-l. de cant. de la Côte-d'Or, en bordure du Morvan ; 3 014 hab. *(Sédélociens).* Marché agricole. Pépinières. Constructions mécaniques.

— **Bx-arts.** Églises St-Andoche (anc. abbatiale romane du XIIe s. ; beaux chapiteaux historiés de la nef) et St-Saturnin (reconstruite au XVe s.). Musée (archéologie ; artisanat morvandiau ; œuvres du sculpteur animalier François Pompon).

SAULNIER (Raymond (Paris 1881 - Orléans 1964). Collaborateur de Louis Blériot, il construisit l'avion avec lequel celui-ci réussit en 1909 la traversée de la Manche. En 1911, il fonda, avec les frères Morane*, la société Morane-Saulnier, qu'il dirigea jusqu'en 1964.

SAULT (84390), ch.-l. de cant. de Vaucluse, entre le Ventoux et les monts de Vaucluse ; 1 215 hab. *(Saltésiens).* Église des XIIe-XVIe s. Essence de lavande.

SAULT *(pays de),* haut plateau calcaire (vers 1 000 m d'alt.) des Pyrénées (Aude), à l'O. des gorges de l'Aude.

SAULT-SAINTE-MARIE, v. du Canada (Ontario), entre le lac Supérieur et le lac Huron, sur la rive gauche de la *rivière Sainte-Marie* et face à *Sault Sainte Marie* du Michigan (États-Unis) ; 81 000 hab. Métallurgie du fer et du chrome, travail du bois, industries chimiques et alimentaires. — Le *canal de Sault-Sainte-Marie,* ou *Soo-Canal,* en contournant les rapides de la rivière Sainte-Marie, permet la navigation entre le lac Supérieur et le lac Huron.

SAULX (la), riv. du Bassin parisien, affl. de la Marne (r. dr.) ; 126 km. Sa vallée est empruntée par le canal de la Marne au Rhin.

SAULX (DE) → TAVANNES.

SAULXURES-SUR-MOSELOTTE (88290), ch.-l. de cant. des Vosges, dans une vallée des Vosges ; 3 373 hab. *(Saulxurons).*

SAULZAIS-LE-POTIER (18360), ch.-l. de cant. du Cher, dans le Boischaut ; 477 hab. Commune parfois considérée comme le centre géographique de la France. (→ aussi BRUÈRE-ALLICHAMPS.)

SAUMAISE (Claude), érudit français (Semur-en-Auxois 1588 - Spa 1653). Célèbre pour sa vaste culture, auteur de nombreux ouvrages érudits ou polémiques, protestant, il se fixa à Leyde en 1632.

SAUMÂTRE adj. (lat. pop. **salmaster,* du lat. class. *salmacidus*). **1.** Dont le goût est celui de l'eau de mer mêlée d'eau douce : *Des eaux saumâtres.* (→ *encycl.*) — **2.** *Fam.* Qui est amer, désagréable : *La plaisanterie est un peu saumâtre.* — **3.** Fam. *La trouver saumâtre,* trouver très désagréable ce qui arrive.

ENCYCL. Propres aux lagunes, aux mers fermées, à certains estuaires, les *eaux saumâtres* abritent une faune et une flore très euryhalines, capables aussi de supporter de rapides changements dans la température ou le volume des eaux, et qui comptent peu d'espèces mais beaucoup d'individus. (→ SURSALÉ.)

SAUMON n.m. (lat. *salmo, -onis*). **1.** Poisson (salmonidé), se nourrissant en mer sur le plateau continental, remontant les fleuves pour se reproduire sur la frayère où il est né. (→ *encycl.*) — **2.** Lest extérieur d'un bateau à voiles, constitué par une lourde masse profilée fixée au bas de la quille. — **3.** Masse de métal telle qu'elle sort du moule de fonderie.

◆ adj. inv. D'une teinte rosée qui rappelle la chair du saumon.

ENCYCL. Le saumon ne fraie que dans les eaux courantes, froides et oxygénées. La pollution l'a éliminé de nombreux cours d'eau de France. Le jeune saumon (2-3 ans) mène la vie des truites, puis subit des transformations, et descend le cours des fleuves pour aller se nourrir en mer, au nord de la Norvège ou à l'ouest du Groenland : c'est alors un *tacon.* Deux à cinq ans plus tard reparaissent des *madeleinaux,* petits mâles qui pénètrent dans les estuaires en été, puis des *saumons d'hiver,* géniteurs des deux sexes qui remontent les rivières vers la fin de l'année. (Longueur 50 à 150 cm.)
La chair des saumons est consommée fraîche, salée, fumée ou préparée en conserve ; elle a une teinte orangée.

SAUMONÉ, E adj. **1.** Dont la nuance se rapproche du rose saumon. — **2.** *Truite saumonée,* truite à chair orangée, s'étant nourrie surtout de crustacés.

SAUMONEAU n. m. Jeune saumon ayant encore sa livrée juvénile.

SAUMONETTE n. f. Nom commercial parfois donné à la roussette, poisson sélacien.

SAUMUR n. m. Vin blanc récolté dans la région de Saumur (Maine-et-Loire).

SAUMUR (49400), ch.-l. d'arrond. de Maine-et-Loire, en Anjou, dans le Saumurois, sur la Loire ; 31 894 hab. *(Saumurois).* Centre commercial et touristique. Vins blancs mousseux. Alimentation. Aluminium.
— **Hist.** Saumur fut une active place de commerce, dotée, à la fin du XVIe s., d'une juridiction consulaire. Largement gagnée au protestantisme, place de sûreté huguenote, elle fut ruinée par la révocation de l'édit de Nantes (1685), mais retrouva sa prospérité au XVIIIe s.
— **Mil.** Saumur est, depuis 1946, le siège de l'« École d'application de l'arme blindée et cavalerie », héritière avec le Cadre noir de l'École d'équitation fondée à Saumur au XVIIIe s. et définitivement installée dans la ville en 1825. Depuis 1972, elle abrite le musée des Blindés.
— **Bx-arts.** Château des ducs d'Anjou, reconstruit à partir de la 2e moitié du XIVe s. (musées du Cheval et des Arts décoratifs). Églises N.-D.-de-Nantilly (romane, avec adjonctions de l'époque Louis XI ; collection de tapisseries des XVIe-XVIIe s.) et St-Pierre (en gothique angevin, XIIe-XIIIe s.). Hôtel de ville fortifié du début du XVIe s. Église N.-D.-des-Ardilliers, rotonde de la 2e moitié du XVIIe s.

SAUMURAGE n. m. **1.** Action de placer une denrée alimentaire dans de la saumure afin d'assurer sa conservation. — **2.** Salage des peaux fraîches par immersion dans un bain de saumure.

SAUMURE n. f. (bas lat. *salmuria,* du lat. *sal, salis,* sel, et *muria,* saumure). **1.** Solution aqueuse de sel aromatisée où l'on conserve des viandes, des poissons ou des légumes. — **2.** Solution aqueuse d'un sel utilisée comme fluide caloporteur dans l'évaporateur d'une machine frigorifique. — **3.** Eau fortement salée dont on extrait le sel par évaporation.

SAUMURER v. t. (conj. 3). Effectuer le saumurage d'une denrée, d'une peau.

SAUMURIEN n. m. *Vx.* Élève de l'école militaire de Saumur.

SAUMUROIS, région de l'Anjou méridional (Maine-et-Loire), entre le Layon et le confluent de la Loire et de la Vienne, aux riches cultures (vignobles, fleurs et légumes, champignons). V. princ. *Saumur.*

SAUNA n. m. (mot finnois). **1.** Bain de vapeur d'origine finlandaise. — **2.** Établissement où l'on prend ces bains. — **3.** Appareil qui permet de prendre ces bains.

SAUNAGE n. m. ou **SAUNAISON** n. f. (de *sauner*). **1.** Action de tirer le sel de la saumure. — **2.** Production et vente du sel. — **3.** *Faux saunage,* contrebande du sel, en France, sous l'Ancien Régime.

SAUNER v. i. (lat. pop. **salinare,* du lat. class. *salinae,* salines) [conj. 3]. Produire du sel à partir de la saumure.

SAUNIER n. m. (lat. pop. *salinarius*). **1.** Producteur de sel. — **2.** *Faux saunier,* contrebandier en sel, sous l'Ancien Régime.

SAUNIER (Claude Charles), ébéniste français (Paris 1735 - *id.* 1803), le plus connu d'une famille d'ébénistes parisiens. Il a notamment exécuté des bureaux à cylindre et des consoles-dessertes de style Louis XVI, soit revêtus de placages de couleurs contrastées, soit en acajou relevé de bronzes ou de filets de cuivre (musée Camondo, Paris).

SAUPIQUET n. m. (de *sau,* var. de *sel,* et *piquer*). Sauce relevée au vinaigre et aux échalotes, et liée à la crème ; jambon poêlé servi avec cette sauce.

SAUPOUDRAGE n. m. **1.** Action de saupoudrer qqch, fait d'être saupoudré : *Un saupoudrage uniforme.* — **2.** Affectation d'un budget à de nombreux bénéficiaires.

SAUPOUDRER v. t. (de *sau,* var. dialect. de *sel,* et *poudrer*) [conj. 3]. **1.** Couvrir qqch d'une matière pulvérulente : *Saupoudrer des crêpes de sucre.* — **2.** Disperser des crédits entre un grand nombre de bénéficiaires : *Saupoudrer les laboratoires de moyens dérisoires.* — **3.** *Litt.* Mettre qqch en divers endroits : *Saupoudrer un discours de citations.*

SAUPOUDREUSE n. f. Flacon dont le couvercle est percé de trous et qui sert à saupoudrer.

SAUR [sɔr] adj. m. (moyen néerl. *soor,* séché). *Hareng saur,* hareng ayant subi le saurissage.

SAURA (Carlos), cinéaste espagnol (Huesca 1932). Il est d'abord considéré comme un disciple doué de Luis Buñuel (*Ballade pour un bandit,* 1963 ; *la Chasse,* 1965) puis s'impose comme un observateur lucide et corrosif de la société franquiste, réalisant pour Geraldine Chaplin, sa femme, ses plus beaux films (*le Jardin des délices,* 1970 ; *Ana et les loups,* 1972 ; *la Cousine Angélique,* 1973 ; *Cría Cuervos,* 1976 ; *Elisa vida mía,* 1977 ; *Maman a cent ans,* 1979). Il a ensuite tourné avec le chorégraphe Antonio Gades *Noces de sang* (1981), *Carmen* (1983), *l'Amour sorcier* (1986), avant de réaliser, en 1989, *la Nuit obscure,* une évocation de saint Jean de la Croix.

SAURAGE → SAURISSAGE.

ŚAURASENĪ n. m. Prākrit de la partie occidentale de la plaine Indo-Gangétique, dont dérivent les langues modernes de l'Inde occidentale (braj, hindī, panjābī).

SAUREL n. m. (bas lat. *saurus,* poisson). Espèce de chinchard à queue jaune.

SAURER ou **SAURIR** v. t. (de *saur*) [conj. 3 et 32]. Pratiquer le saurissage.

SAURIA (Charles), inventeur français (Poligny 1812 - Saint-Lothain, Jura, 1895). En 1831, il inventa des allumettes phosphoriques à friction mais ne put en réaliser l'application industrielle.

SAURIASIS [-zis] n. m. (gr. *saura,* lézard). Forme d'ichtyose, dans laquelle la desquamation des téguments donne lieu à la formation d'écailles.

SAURIEN n. m. Syn. de LACERTILIEN.

SAURIN n. m. (de *saur*). Hareng laité, nouvellement sauré.

SAURIS [-ri] n. m. Saumure ayant servi à saler les harengs.

SAURISSAGE ou **SAURAGE** n. m. Traitement d'une denrée, essentiellement les harengs, par salage, séchage et fumage, afin de la conserver.

SAURISSERIE n. f. Établissement où l'on saure les harengs.

SAURISSEUR, EUSE n. Personne qui saure les harengs.

SAUROPHIDIEN n. m. Syn. de SQUAMATE.

SAUROPODE n. m. Sous-ordre de dinosaures apparus au jurassique, tels que les espèces géantes (plus de 25 m), quadrupèdes et végétariennes, à tête petite, long cou, corps massif et longue queue (brontosaure, diplodocus d'Amérique du Nord, brachiosaure d'Eurafrique).

SAUROPSIDÉ n. m. Nom de groupe donné aux oiseaux, aux reptiles actuels et à la plupart des reptiles fossiles, caractérisés par un seule condyle occipital, la prédominance de l'arc aortique droit, la structure de la ceinture pelvienne. (On oppose aux *sauropsidés* les *théropsidés,* qui regroupent les reptiles mammaliens et les mammifères.)

SAUROPTÉGYRIEN n. m. Reptile fossile marin de l'ère secondaire, à tête petite, long cou, corps massif à peau nue, aux membres transformés en palettes natatoires, tel que les plésiosaures.

SAUSSAIE ⟶ SAULAIE.

SAUSSURE (Nicolas DE), agronome suisse (Genève 1709 - *id.* 1790). Il étudia la nutrition et la respiration des plantes, ainsi que les fermentations.

SAUSSURE (Horace Bénédict DE), savant suisse (Conches, près de Genève, 1740 - *id.* 1799), fils du précédent. Botaniste, météorologue, géologue, physicien, il est surtout connu pour avoir inspiré la première ascension du mont Blanc (1786), et réalisé (accompagné notamment par J. Balmat) la deuxième (1787).

SAUSSURE (Albertine Adrienne DE) ⟶ NECKER DE SAUSSURE.

SAUSSURE (Ferdinand DE), linguiste suisse (Genève 1857 - Vufflens-le-Château, canton de Vaud, 1913). Influencé par les néogrammairiens, il publie en 1879 le *Mémoire sur le système primitif des voyelles dans les langues indo-européennes,* ouvrage révolutionnaire en ce sens que la reconstruction philologique ne se fonde pas sur une description phonétique mais sur les relations fonctionnelles que les éléments du système étudié entretiennent entre eux. De 1880 à 1891, Saussure est à Paris, à l'École pratique des hautes études. En 1891, il revient à Genève, où il enseigne jusqu'à sa mort le sanskrit, la grammaire comparée et, dans les dernières années de sa vie (1907, 1908-09 et 1910-11), la linguistique générale. Le *Cours* de linguistique générale,* qui paraît sous son nom en 1916, est une synthèse de ces trois années d'enseignement. L'influence de ce livre n'a pas été immédiate, mais elle a été considérable : l'ouvrage marque, en fait, le point de départ du structuralisme.

SAUSSURIEN, ENNE adj. Relatif à F. de Saussure, à ses théories linguistiques.

SAUT n. m. (lat. *saltus*). **1.** Mouvement brusque avec détente musculaire, par lequel le corps s'enlève du sol, se projette en l'air : *Un saut de deux mètres.* — **2.** Action de sauter d'un lieu plus élevé vers un lieu plus bas : *Saut en parachute.* — **3.** Fait pour qqch de quitter brusquement le sol pour y retomber : *La voiture a fait un saut de trente mètres.* — **4.** Exercice physique qui consiste à sauter de telle ou telle manière : *Le saut à la corde est un bon entraînement.* — **5.** Passage sans transition à un degré, à un état, une situation, un moment différents : *Un saut dans l'inconnu.* — **6.** *Faire le saut,* se décider à faire qqch qui posait problème, qui faisait hésiter ; franchir le pas. ‖ *Faire un saut qqpart,* y passer rapidement, y aller sans s'y attarder. ‖ *Le grand saut,* la mort. ‖ *Saut périlleux,* saut acrobatique sans appui consistant dans une rotation du corps dans l'espace (syn. SALTO) ; résolution hasardeuse. • **Aéron.** *Saut à ouverture automatique,* saut au cours duquel la voilure se déploie automatiquement au moyen d'un dispositif relié à l'avion. ‖ *Saut à ouverture commandée,* saut au cours duquel le parachutiste commande lui-même le déploiement de la voilure. ‖ *Tour de saut,* tour utilisée pour l'initiation du parachutiste. — **Équit.** *Concours de saut d'obstacles,* épreuve équestre dans laquelle un cavalier doit franchir les différents obstacles d'un parcours original dans le meilleur temps possible. ‖ *Saut de mouton,* bond d'un cheval qui, en s'enlevant, baisse la tête, voûte l'épine dorsale et ramène les extrémités sous le ventre. — **Géogr.** Cascade (le *saut du Doubs,* par ex.). — **Inform.** Rupture de séquence dans un programme à la suite de l'exécution d'une instruction de débranchement. — **Math.** *Saut d'une fonction* f *en un point* x_0, valeur absolue de la différence des limites de f à droite et à gauche en x_0. — **Sports.** Exercice de gymnastique exécuté au cheval* de saut. ‖ Épreuve d'athlétisme faisant partie des concours. (On distingue le saut en hauteur*, le saut en longueur*, le triple* saut et le saut à la perche*.) ‖ Bond exécuté lors d'une épreuve de patinage artistique. ‖ *Saut à skis,* épreuve masculine de ski nordique, consistant en un saut au tremplin de 70 m ou de 90 m. — **Zootechn.** Action d'un mâle couvrant une femelle.

ENCYCL. **Biol.** Le saut implique toujours chez l'animal le reploiement de l'organe de saut, suivi d'une brusque détente d'une partie postérieure du corps : pattes de derrière (sauterelle, chat, lapin, grenouille, kangourou, puce, araignées salticidés), nageoire caudale (poissons « volants »). Le saut est souvent un moyen de capture des proies (chat) ou un moyen de fuite (chamois).

SAUTAGE n. m. (de *sauter*). Dislocation de terrain ou de matière sous l'action de l'explosif (en carrière).

SAUT-DE-LIT n. m. (pl. *sauts-de-lit*). *Vx.* Peignoir léger.

SAUT-DE-LOUP n. m. (pl. *sauts-de-loup*). Large fossé creusé à la lisière d'un parc ou d'un jardin pour fermer le passage sans masquer la vue. (Syn. HAHA.)

SAUT-DE-MOUTON n. m. (pl. *sauts-de-mouton*). Passage d'une voie de communication par-dessus une autre voie de même nature pour éviter les traversées à niveau dans un croisement.

SAUTE n. f. (de *sauter*). *Saute d'humeur,* brusque changement d'humeur. ‖ *Saute de température,* variation brusque de la température. ‖ *Saute de vent,* changement subit dans la direction du vent.

SAUTÉ n. m. **1.** Apprêt à base de morceaux de viande ou de légumes, que l'on fait sauter à feu vif dans un corps gras. – **2.** En termes de tissage, le blanc du papier de mise en carte.

SAUTE-MOUTON n. m. inv. Jeu consistant à sauter par-dessus le dos d'un autre joueur, qui se tient courbé.

SAUTER v. i. (lat. *saltare*) [conj. 3]. **1.** Quitter le contact avec un sol ou une surface : *Sauter à pieds joints, à cloche-pied.* – **2.** Pratiquer l'exercice ou la discipline sportive du saut : *Sauter à la corde. Sauter en parachute.* – **3.** Se laisser tomber dans le vide : *Sauter par la fenêtre.* – **4.** S'installer sur ou dans un véhicule et démarrer avec une extrême rapidité : *Je saute dans un taxi et j'arrive.* – **5.** Passer sans transition, ou directement, de qqch à qqch d'autre : *Sauter d'emblée à la fin du chapitre.* – **6.** Être agité de mouvements brusques qui élèvent et font retomber : *Voiture qui saute sur les cailloux.* – **7.** En parlant d'un phénomène lumineux, du vent, être affecté de brusques variations : *Images d'un téléviseur qui sautent.* – **8.** Sortir brusquement de son logement : *Les bouchons de champagne vont sauter.* – **9.** Fondre, en parlant de fusibles : *Les plombs ont sauté.* – **10.** Exploser, en parlant de certains engins : *Les artificiers ont fait sauter la bombe.* – **11.** Être détruit par un engin explosif : *Faire sauter un pont.* – **12.** Être oublié, effacé, annulé, etc. : *Une phrase a sauté à la frappe. Faire sauter une contravention.* – **13.** Faire faillite, en parlant d'une entreprise, en partic. d'un établissement bancaire. – **14.** *Fam.* Être renvoyé, licencié : *S'il y a une nouvelle direction, je suis sûr de sauter.* – **15.** Fam. *Et que ça saute !,* invitation à se dépêcher. ‖ *Faire sauter,* faire cuire à feu vif, avec une matière grasse, des viandes, des volailles ou des légumes. ‖ Fam. *Sauter au plafond, sauter en l'air,* réagir avec vivacité sous l'effet de la surprise, de la colère, de l'indignation ou d'une sensation intense. ‖ *Sauter en selle,* s'élancer sur un cheval sellé, sans mettre le pied à l'étrier. ‖ Fam. *Se faire sauter la cervelle,* se tirer une balle dans la tête.
◆ v. t. ind. **1.** Se jeter vivement sur qqn, un animal pour les capturer, les agresser : *Un tigre qui saute sur sa proie.* – **2.** Se précipiter sur qqn pour lui parler, le solliciter. – **3.** Profiter d'une circonstance opportune : *N'hésitez pas, sautez sur l'occasion.* – **4.** *Sauter aux yeux,* être bien visible, manifeste.
◆ v. t. **1.** Franchir un obstacle en faisant un saut : *Cheval qui saute une haie.* – **2.** Passer qqch pour aller directement à ce qui suit : *Sauter son tour. Sauter un échelon.* – **3.** Omettre qqch intentionnellement ou non : *Sauter une phrase. Ne sautez aucun repas.* – **4.** Saillir, couvrir une femelle. – **5.** Pop. *La sauter,* être privé de nourriture et être très affamé.
◆ **être sauté** v. pass. Être cuit à feu vif : *Des pommes de terre sautées.*

SAUTEREAU n. m. Pièce principale du mécanisme d'un clavecin ou d'une épinette, qui sert à pincer la corde.

SAUTERELLE n. f. (de *sauter*). **1.** Insecte orthoptère sauteur, aux très longues pattes postérieures, aux larges ailes, aux longues antennes fines, dont une espèce, la sauterelle verte, est commune en été dans les prairies. (Le mâle fait entendre à la fin du jour et la nuit une stridulation très forte.) – **2.** Nom usuel donné aux criquets et à divers autres orthoptères sauteurs. – **3.** *Fam.* Femme ou fille osseuse : *Une grande sauterelle.* – **4.** Aiguillage mobile portatif, que l'on place sur une voie existante pour en sortir un véhicule. – **5.** Appareil de manutention mobile, constitué par un châssis inclinable monté sur roues et équipé d'une bande transporteuse sans fin. (Syn. TRANSPORTEUR ÉLÉVATEUR MOBILE.)

SAUTERIE n. f. *Fam.* Petite réunion dansante.

SAUTERNES n. m. Vin blanc liquoreux des vignobles de la région de Sauternes (Gironde), élaboré à partir de raisins très mûrs et envahis par un champignon, le *Botrytis cinerea* (pourriture noble).

SAUTE-RUISSEAU n. m. inv. *Vx.* Clerc de notaire, d'avoué chargé de faire les courses.

Sautet (le), aménagement hydroélectrique sur le Drac (Isère).

SAUTET (Claude), cinéaste français (Montrouge 1924). Un film policier, *Classe tous risques* (1960), attire l'attention sur lui. Il tourne ensuite *l'Arme à gauche* (1964), *les Choses de la vie* (1970), *Max et les ferrailleurs* (1971), *César et Rosalie* (1972), *Vincent, François, Paul et les autres* (1974), *Mado* (1976), *Une histoire simple* (1978), *Un mauvais fils* (1980), *Garçon !* (1983), *Quelques jours avec moi* (1988), *Un cœur en hiver* (1992), *Nelly et Mr. Arnaud* (1995).

SAUTEUR, EUSE adj. **1.** Se dit de tout animal dont le mode habituel de locomotion est le saut. – **2.** Se dit d'un acrobate ou d'un animal exécutant un saut.

◆ n. 1. Athlète spécialisé dans les épreuves de saut. — 2. *Fam.* et *vx.* Personne à l'esprit changeant, sur qui l'on ne peut compter.

◆ **sauteur** n. m. Cheval spécialisé dans le saut d'obstacles. (Syn. anc. JUMPER.)

◆ **sauteuse** n. f. 1. Casserole plate, qui sert à faire sauter les aliments. (Syn. SAUTOIR.) — 2. Scie alternative à lame étroite, utilisée pour découper de faibles épaisseurs. (On dit aussi SCIE SAUTEUSE.)

SAUTILLANT, E adj. 1. Qui sautille, se déplace par petits bonds : *Une allure sautillante.* — 2. Se dit d'un rythme, d'une danse qui sautille. — 3. Se dit d'une manière d'écrire en phrases courtes, hachées : *Un style sautillant.* — 4. Qui manque de suite, de cohérence : *Un esprit sautillant.*

SAUTILLEMENT n. m. 1. Action de sautiller : *Le sautillement des petits oiseaux.* — 2. *Litt.* Action de passer sans cesse d'un sujet à un autre : *Le sautillement de la pensée.*

SAUTILLER v. i. (conj. 3). 1. Se déplacer, avancer par petits sauts : *Marcher en sautillant.* — 2. Être animé de brusques mouvements de faible amplitude : *Image qui sautille.* — 3. Passer sans cesse d'un sujet à l'autre : *Esprit qui sautille.*

SAUTOIR n. m. 1. Collier de métal, de perles, etc., descendant sur la poitrine. — 2. Pièce honorable en forme de croix de Saint-André, formée par la réunion de la barre et de la bande. — 3. Emplacement spécialement aménagé pour l'exécution des sauts dans les concours d'athlétisme. — 4. Syn. de SAUTEUSE. — 5. En sautoir, se dit d'un objet que l'on porte sur le dos au moyen de deux bretelles se croisant sur la poitrine ; se dit d'un ordre, d'une décoration, d'un bijou dont le ruban, la chaîne sont passés autour du cou et tombent en pointe sur la poitrine.

SAUTY (Joseph), syndicaliste français (Amettes, Pas-de-Calais, 1906 - Lille 1970). Ouvrier mineur, il devient secrétaire général de la fédération des mines de la C. F. T. C. en 1937 et président en 1962. Il refuse la déconfessionnalisation de la C. F. T. C.

SAUVAGE adj. (bas lat. *salvaticus,* du lat. class. *silvaticus,* de *silva,* forêt). 1. Se dit d'une espèce animale non domestique, vivant en liberté dans la nature : *Le sanglier est un animal sauvage.* — 2. Se dit d'un sujet non apprivoisé d'une espèce domestique. — 3. Se dit d'un animal difficile à apprivoiser : *Le merle passe pour très sauvage.* — 4. Se dit d'une espèce végétale qui pousse librement dans la nature : *De la menthe sauvage.* — 5. Se dit d'un lieu qui est resté vierge, n'a pas été transformé par l'homme : *Une région sauvage et d'accès difficile.* — 6. Qui a lieu au contact de la nature : *Retrouver pour quelque temps la vie sauvage.* — 7. Qui s'organise en général spontanément en dehors des lois et règlements : *Crèche sauvage. Faire du camping sauvage.* — 8. Se dit d'une action violente, impitoyable, brutale : *Une répression sauvage.* — 9. *Capitalisme sauvage,* type d'économie où les mécanismes du marché, laissés à eux-mêmes, exercent des effets très brutaux. ‖ *Enfant sauvage,* enfant qui a grandi à l'écart d'un milieu humain et qui, au moment où il a été trouvé et recueilli, ne possédait pas l'usage du langage. ‖ *Type sauvage,* souche bactérienne, gène ou organisme qui est prédominant dans une population vivant dans la nature. (Les mutations géniques sont définies par rapport au type sauvage.) [Syn. TYPE STANDARD.]

◆ adj. et n. 1. S'est dit des groupes humains qui se sont développés à l'écart des sociétés évoluées et dont le mode de vie est resté primitif ; se dit aussi de ce qui leur est propre : *Une peuplade sauvage.* — 2. Se dit de qqn qui n'a pas le comportement social, l'attitude morale attendus dans une société civilisée : *Quel sauvage ! Il aurait pu s'excuser.* — 3. Qui fuit les contacts humains et mène une vie solitaire : *Un homme devenu sauvage avec l'âge.* — 4. Qui est violent, brutal, cruel : *Il devient sauvage quand ses intérêts sont en jeu.*

SAUVAGE (Frédéric), inventeur français (Boulogne-sur-Mer 1786 - Paris 1857). En 1832, il prit un brevet pour l'application de l'hélice à la propulsion des navires. Mais c'est Augustin Normand* qui concrétisa son idée (1842).

SAUVAGE (Henri), architecte français (Rouen 1873 - Paris 1932). D'abord adepte de l'Art nouveau, il créa ensuite un type d'immeubles à gradins, revêtus de céramique blanche, comme celui de la rue Vavin (1913) à Paris. Il construisit les premiers grands magasins Decré à Nantes (1931).

SAUVAGEMENT adv. De façon sauvage : *Se jeter sauvagement sur quelqu'un.*

SAUVAGEON n. m. (de *sauvage*). 1. Jeune arbre poussé sans avoir été cultivé. — 2. Arbre venu de semis et qui n'a pas été greffé. — 3. Rejeton issu du porte-greffe d'un arbre greffé.

◆ **sauvageon, onne** n. Enfant farouche, qui a grandi dans l'abandon et sans éducation, comme un sauvage.

SAUVAGERIE n. f. 1. *Litt.* Caractère de qqn qui fuit les contacts humains. — 2. Caractère de qqn, de son comportement, barbare, féroce, cruel envers les autres : *Un crime d'une extrême sauvagerie.*

SAUVAGESSE n. f. *Litt.* Femme sauvage, non civilisée.

SAUVAGIN, E adj. et n. m. (de *sauvage*). Se dit du goût ou de l'odeur particulière de certains oiseaux sauvages.

◆ **sauvagine** n. f. **1.** Ensemble des oiseaux sauvages qui ont le goût sauvagin. – **2.** Odeur de ces oiseaux. – **3.** Nom collectif donné aux carnassiers à fourrure et à leurs peaux commercialisées *(peaux de sauvagine).*

SAUVE (30610), ch.-l. de cant. du Gard, dans les Garrigues ; 1 618 hab. Vieux bourg typique.

SAUVE *(La)* [33670], comm. de la Gironde ; 1 155 hab. Ruines imposantes d'une abbatiale romane (chapiteaux).

SAUVEGARDE n. f. (de *sauf* et *garde*). **1.** Garantie, protection accordée par une autorité : *Se mettre sous la sauvegarde de la justice.* – **2.** Préservation de qqn ou de qqch, garantie contre toute atteinte qui leur serait portée : *Agir pour la sauvegarde de la paix.* – **3.** Syn. de TÉJU. • **Dr.** Clause de sauvegarde, stipulation d'un contrat par laquelle l'une des parties se réserve de ne pas remplir ses obligations si l'un des cocontractants cesse de satisfaire aux siennes. ‖ *Sauvegarde de justice,* régime de protection des incapables majeurs dans les actes de leur vie civile, qui conserve aux intéressés l'exercice de leurs droits, mais leur permet d'éviter de subir des opérations désagréables grâce à des actions en justice particulières (action en rescision* pour lésion, action en réduction* pour excès.) – **Inform.** Procédure de protection des informations contenues dans un système informatique, par copie de ces informations sur disque ou bande magnétique. – **Mar.** Garde-corps en cordages, empêchant que l'on ne tombe à la mer. ‖ Cordage ou chaîne qui empêche le gouvernail ou tout autre objet de tomber à la mer.

SAUVEGARDER v. t. (conj. 3). **1.** Assurer la sauvegarde, la protection de qqch, le mettre à l'abri de toute atteinte : *Cette clause du contrat sauvegarde vos intérêts.* – **2.** Effectuer la sauvegarde des données d'un système informatique. (Syn. SAUVER.)

SAUVE-QUI-PEUT n. m. inv. Fuite désordonnée, débandade générale.

SAUVER v. t. (bas lat. *salvare,* du lat. class. *salvus,* sauf) [conj. 3]. **1.** Faire échapper un être vivant au risque de mort qu'il encourait : *Sauver des vies humaines.* – **2.** *Fam.* Rendre à qqn un immense service : *Merci pour ce prêt, vous me sauvez (la vie).* – **3.** Soustraire qqn, un groupe, qqch à un danger grave ou mortel, les préserver de ce qui les menace : *Vous l'avez sauvé d'une noyade certaine. Sauver le pays de la banqueroute.* – **4.** Garder intact qqch, garder en vie un organe : *Il n'a pas pu sauver sa fortune. Les médecins lui ont sauvé la vue.* – **5.** Procurer à qqn le salut éternel, assurer son propre salut : *Jésus-Christ, venu sur terre pour sauver les hommes.* – **6.** Être l'élément qui, dans un tout, contrebalance les défauts du reste : *Ce qui sauve ce film médiocre, c'est sa brillante distribution.* – **7.** En informatique, syn. de SAUVEGARDER. – **8.** Fam. *Sauver les meubles,* dans une situation difficile, parvenir à conserver ce qui peut permettre de survivre, de poursuivre une activité. ‖ Fam. *Sauver sa peau,* échapper à la mort. ‖ *Sauver sa tête,* échapper à la peine capitale.

◆ **se sauver** v. pr. **1.** Se retirer précipitamment, prendre la fuite ; s'enfuir : *Se sauver à toutes jambes.* – **2.** *Fam.* Prendre congé, s'en aller brusquement : *Il est tard, je dois me sauver.* – **3.** Fuir d'un lieu où on est enfermé, détenu : *Plusieurs prisonniers se sont sauvés.* – **4.** Faire son salut éternel. – **5.** *Fam.* S'échapper d'un récipient, déborder : *Attention ! le lait va se sauver.* – **6.** *Sauve qui peut !,* que chacun échappe au danger comme il le pourra.

SAUVETAGE n. m. (de *sauver*). **1.** Action de soustraire qqn, qqch à ce qui le menace : *Le sauvetage d'un monument historique.* – **2.** Action de tirer qqn, qqch d'une situation critique : *Le sauvetage des entreprises en difficulté.* – **3.** Secours porté à un navire ou à un engin flottant par un autre navire. (Nom légal : *assistance maritime.*) – **4.** *Société de sauvetage,* société ayant pour but de porter secours aux naufragés et de dédommager les sauveteurs.

sauvetage *(médaille de),* appellation donnée à la médaille d'honneur des Actes* de courage et de dévouement accomplis dans les eaux maritimes. (On dit aussi *médaille d'honneur de la Marine marchande.*) Nom donné également à une décoration de la Société centrale de sauvetage des naufragés.

SAUVETÉ n. f. (de *sauf 1*). **1.** Bourgade rurale fondée, dans le midi de la France, par des monastères à l'époque des défrichements des XIe-XIIe s., pour servir de refuge aux fugitifs et aux errants. – **2.** *Cellule de sauveté,* dans une ruche, loge royale édifiée pour y élever des reines de remplacement.

SAUVETERRE *(causse de),* région du Massif central (Lozère), dans le nord des Grands Causses, entre les gorges du Tarn et du Lot.

SAUVETERRE-DE-BÉARN (64390), ch.-l. de cant. des Pyrénées-Atlantiques, sur le gave d'Oloron ; 1 464 hab. Ruines féodales. Église des XIIe et XIVe s. Conserveries.

SAUVETERRE-DE-GUYENNE (33540), ch.-l. de cant. de la Gironde, à 14 km au N. de La Réole ; 1 717 hab. Bastide de la fin du XIIIe s.

SAUVETERRIEN n. m. (de *Sauveterre-la-Lémance,* comm. de Lot-et-Garonne). Faciès industriel microlithique caractérisé par la pointe de Sauveterre (petite lamelle étroite, appointée par des retouches unilatérales ou bilatérales) et de nombreux microlithes géométriques.

SAUVETEUR n. m. Personne qui prend part à un sauvetage, qui le réalise.

SAUVETTE (À LA) loc. adv. **1.** Avec hâte et comme si l'on se cachait. – **2.** Se dit d'une forme de vente dans un lieu public par qqn ne justifiant pas d'une autorisation régulière ; se dit du marchand lui-même.

SAUVEUR n. m. (bas lat. *salvator*). **1.** Personne qui tire qqn, un groupe, d'une situation critique : *Le sauveur du pays.* – **2.** *Le Sauveur,* Jésus-Christ dans la tradition chrétienne.

SAUVEUR (Joseph), mathématicien et physicien français (La Flèche 1653 - Paris 1716). Il étudia les tuyaux sonores, les cordes vibrantes et créa l'acoustique musicale en expliquant les ondes stationnaires grâce à la notion de nœuds et de ventres de vibration. Il s'intéressa aussi au calcul des probabilités, appliquant ses résultats aux jeux de hasard. (Acad. des sc., 1699.)

SAUVIGNON n. m. **1.** Cépage blanc, cultivé dans les vignobles du Bordelais et de la Loire. – **2.** Vin produit par ce cépage.

SAUVY (Alfred), démographe et économiste français (Villeneuve-de-la-Raho, Pyrénées-Orientales, 1898 - Paris 1990). Il fut le chef de file des démographes français. Ses travaux d'économie, fondés sur une observation statistique scrupuleuse, lui confèrent, en outre, une place originale parmi les économistes français contemporains. On lui doit, notamment : *Théorie générale de la population* (1954-1956), *Malthus et les deux Marx* (1963), *Histoire économique de la France entre les deux guerres* (1965-1975), *Éléments de démographie* (1977), *De la rumeur à l'histoire* (1985).

SAUXILLANGES (63490), ch.-l. de cant. du Puy-de-Dôme, en bordure du Livradois ; 1 120 hab. Restes (XIIe-XVIIe s.) d'un prieuré fondé en 912.

SAUZE *(le)* [04400 Enchastrayes], écart de la comm. d'Enchastrayes (Alpes-de-Haute-Provence), à 5 km au S.-E. de Barcelonnette. Sports d'hiver (alt. 1 400-2 400 m).

SAUZÉ-VAUSSAIS (79190), ch.-l. de cant. du sud-ouest des Deux-Sèvres ; 1 772 hab. *(Sauzéens).* Église du XIIe s.

SAVA ou **SABA** *(saint),* métropolite de Serbie (1175 - Tărnovo 1235). Il obtint de Constantinople la reconnaissance de l'autocéphalie de l'Église serbe (1219).

SAVACOU n. m. Héron d'Amérique tropicale à bec court, plat et large (d'où son nom de *bec-en-cuiller*).

SAVAGE *(île)* → NIUE.

SAVAGNIN n. m. Cépage blanc, cultivé dans les vignobles du Jura.

SAVAII, île de Polynésie, une des Samoa ; 1 715 km^2 ; 44 930 hab.

SAVALL, (Jordi), gambiste et chef d'orchestre espagnol (Igualada, prov. de Barcelone, 1941). Après des études de violoncelle, il se tourne vers la viole de gambe et la musique ancienne. Fondateur de l'ensemble instrumental Hesperion XX (1974) et de l'ensemble vocal la Capella Reial de Catalunya, il dirige depuis 1989 le Concert des Nations (orchestre baroque et classique sur instruments d'époque). Il a largement contribué à la redécouverte du répertoire espagnol, sans pour autant se limiter à lui. Il a notamment interprété la musique du film *Tous les matins du monde* (Alain Corneau, 1991).

SAVAMMENT adv. **1.** De façon savante : *Disserter savamment.* – **2.** En connaissance de cause : *Vous en parlez savamment puisque vous êtes l'auteur.* – **3.** Avec habileté : *Intrigue savamment construite.*

SAVANE n. f. (esp. *sabana,* du taïno *zavana*). Formation végétale propre aux régions chaudes ayant une longue saison sèche, telles que les régions tropicales au sens strict du terme, et caractérisée par la dominance des hautes herbes. (On distingue la *savane boisée,* la *savane arborée,* la *savane arbustive* et la *savane herbeuse,* par ordre décroissant de densité du peuplement.)

ENCYCL. La savane est surtout couverte de très hautes herbes (graminées atteignant 2 m de haut). Les arbres sont peu nombreux, faute d'eau dans le sol, et ont une écorce épaisse (baobab). L'homme a fait largement progresser la savane aux dépens de la forêt. Elle s'étend surtout en Afrique (entre la forêt dense et le Sahel, steppique), et dans la partie septentrionale de l'Amérique du Sud (Venezuela oriental et Guyanes). La faune dominante y est constituée par des espèces capables de déplacements rapides : ongulés herbivores comme les girafes, les zèbres et certaines antilopes ; marsupiaux en Australie ; oiseaux coureurs, telles les autruches et les outardes ; et grands fauves vivant à leurs dépens (tigres d'Asie, panthères et lions d'Afrique). Termitières, lézards, serpents et insectes y abondent.

SAVANE-PARC n. f. (pl. *savanes-parcs*). Végétation de transition entre la savane et la forêt, caractérisée par des arbres dispersés au milieu de formations herbacées.

SAVANG VATTHANA (Luang Prabang 1907 - camp de Sam Neua ? 1978 ? ou [version officielle] 1984 ?), roi du Laos (1959-1975), fils et successeur de Sisavang Vong. Il fut envoyé en 1977 dans un « centre de rééducation », où il mourut.

SAVANNAH (la), fl. du sud-est des États-Unis, tributaire de l'Atlantique ; 505 km. Hydroélectricité.

SAVANNAH, port des États-Unis (Géorgie), sur le fleuve *Savannah ;* 141 600 hab. Centre touristique et industriel.

SAVANNAKHET, v. du Laos, ch.-l. de prov., sur le Mékong ; 97 000 hab.

SAVANT, E adj. (anc. part. prés. de *savoir*). **1.** Qui a des connaissances étendues dans divers domaines ou dans une discipline particulière : *C'est un puits de science, il est très savant.* — **2.** Se dit d'un animal que l'on a dressé à exécuter certains tours ou exercices : *Un montreur de chiens savants.* — **3.** Qui porte la marque de connaissances approfondies : *Il nous a fait un savant exposé sur cette question.* — **4.** Se dit d'une revue, d'une publication scientifique. — **5.** Qui dénote du savoir-faire, de l'habileté : *Il a réussi grâce à une savante manœuvre.* — **6.** En linguistique historique, se dit, par oppos. à *populaire,* d'une forme qui résulte d'un emprunt direct et non d'une évolution phonétique. — **7.** *Société savante,* association dont les membres rendent compte de leurs travaux et recherches, se réunissent pour en discuter.

◆ **savant** n. m. **1.** Personne qui a une compétence exceptionnelle dans une discipline scientifique : *Mme Curie a été un grand savant.* — **2.** *Litt.* Personne savante. (En ce sens on rencontre parfois le fém. SAVANTE.)

SAVARD (Félix Antoine), prélat et écrivain canadien de langue française (Québec 1895 - *id.* 1982). Ses romans-poèmes (*Menaud, maître draveur,* 1937) et ses récits (*l'Abatis,* 1943 ; *le Barachois,* 1959 ; *le Bouscueil,* 1973) marquent le sommet de la veine du Terroir.

SAVARIN n. m. (de *Brillat-Savarin,* n. pr.). Gâteau en pâte à baba, arrosé de sirop de sucre, parfumé au rhum et garni de crème pâtissière ou de chantilly.

1. SAVART n. m. (bas lat. *savarda*). En Champagne, lande crayeuse.

2. SAVART n. m. (de *Savart,* n. pr.). Unité de différence de hauteur de sons musicaux équivalant à la différence de hauteur de deux sons dont le rapport des fréquences a un logarithme égal à 1/1000. (L'octave vaut 301 savarts.)

SAVART (Félix), physicien français (Mézières 1791 - Paris 1841). Acousticien, il a inventé une roue dentée qui permet de produire des sons de fréquence déterminée, et a réalisé un sonomètre et un polariscope. Il est l'auteur, avec Biot*, d'expériences de mesure de champs magnétiques créés par les courants. (Acad. des sc., 1827.)

SAVARY (François), marquis **de Maulévrier,** comte **de Brèves** ⟶ BRÈVES.

SAVARY (Anne), duc **de Rovigo,** général français (Marcq, Ardennes, 1774 - Pau 1833). Général de division (1805), il servit brillamment à Iéna et à Wismar (1806) et s'empara de Rostock. Duc de Rovigo, il devint aide de camp de l'Empereur qu'il suivit en Espagne et en Allemagne (1809). Il succéda à Fouché comme ministre de la Police (juin 1810 - avr. 1814).

SAVARY (Jérôme), acteur et metteur en scène de théâtre français (Buenos Aires 1942). Fondateur (1966) et animateur de la troupe du Grand Magic Circus (dont il gardera toujours l'esprit : primauté de l'image et du son sur le verbe, sens de la fête, liberté inventive), il est depuis 1988 directeur du Théâtre national de Chaillot.

SAVATE n. f. (p.-ê. ar. *sabbâṭ*). **1.** Vieille pantoufle, vieux soulier extrêmement usé. — **2.** *Fam.* Personne gauche et maladroite : *Travailler comme une savate.* — **3.** Chaussure dont le quartier est rabattu, formant ainsi babouche. — **4.** Coulisse de bois sur laquelle repose un navire lors de son lancement. — **5.** Sport de combat pratiqué au XIXe s., ancêtre de la boxe française.

SAVE (la), riv. du bassin d'Aquitaine, affl. de la Garonne (r. g.) ; 150 km.

SAVE (la), en slovène et en serbo-croate **Sava,** riv. d'Europe, née en Slovénie, affl. du Danube (r. dr.), rejoint à Belgrade ; 945 km (bassin de 95 720 km²). Elle passe à Zagreb et sépare la Bosnie-Herzégovine de la Croatie, puis de la Yougoslavie.

SAVENAY (44260), ch.-l. de cant. de la Loire-Atlantique, à 26 km à l'E.-N.-E. de Saint-Nazaire ; 5 353 hab. *(Savenaisiens).* En déc. 1793, Kléber et Westermann y battirent les vendéens.

SAVERDUN (09700), ch.-l. de cant. de l'Ariège, sur l'Ariège ; 3 762 hab. *(Saverdunois).*

SAVERNE (67700), ch.-l. d'arrond. du Bas-Rhin, à 5 km à l'E.-S.-E. du *col de Saverne,* sur la Zorn et le canal de la Marne au Rhin ; 10 448 hab. *(Savernois).* Somptueux palais Rohan, d'époque Louis XVI (musée de la ville dans une aile). Église des XIIe-XVe s. Maisons anciennes. Constructions mécaniques (brouettes, matériel agricole).

SAVERNE *(seuil* ou *trouée de),* dépression de la partie septentrionale des Vosges (Bas-Rhin), faisant communiquer le Plateau lorrain et la plaine d'Alsace. C'est un grand axe de circulation : la R. N. 4 emprunte le *col de Saverne* (410 m d'alt.), doublée au N. par l'autoroute de l'Est ; plus au S. passe le canal de la Marne au Rhin.

SAVERY (Roelant), peintre et dessinateur flamand (Courtrai 1576 - Utrecht 1639). Influencé par J. Bruegel et G. Van Coninxloo, il travailla pour Rodolphe II, à Prague, de 1604 à 1612. Il a peint de nombreux paysages inspirés des forêts du Tyrol, animés de bêtes, d'oiseaux, parfois sur un prétexte biblique ou mythologique (*Orphée charmant les animaux,* diverses versions).

SAVERY (Thomas), mécanicien anglais (Shiltone, Devon, v. 1650 - Londres 1715). Technicien dans une mine en Cornouailles, il inventa en 1698, pour le pompage des eaux, une machine utilisant la pression de la vapeur d'eau comme force motrice.

SAVETIER n. m. (de *savate*). *Vx.* Artisan qui raccommode les vieux souliers.

SAVEUR n. f. (lat. *sapor, -oris*). **1.** Propriété qu'ont certains corps de produire une sensation sur l'organe du goût : *L'eau est inodore et sans saveur.* — **2.** Qualité d'un mets, d'une boisson qui produisent une sensation agréable et durable : *Relever la saveur d'un plat.* — **3.** Ce qui constitue l'agrément, le charme de qqch : *La saveur d'un dessin.*

SAVIGNAC (Raymond), affichiste français (Paris 1907). Il fut, à ses débuts, collaborateur de Cassandre. Son schématisme, souvent proche de la caricature, privilégie l'impact visuel immédiat par rapport au décoratif (*Vite Aspro,* 1964 ; *Lancelot du lac,* 1974).

SAVIGNY (Friedrich Karl VON), juriste allemand (Francfort-sur-le-Main 1779 - Berlin 1861). Ministre en Prusse en 1842, il fut chargé de la révision du droit prussien. Il a créé l'école historique allemande. Ses principaux ouvrages sont : *Histoire du droit romain au Moyen Âge* (1815-1831) et *Traité de droit romain* (1840-1849).

SAVIGNY-LÈS-BEAUNE (21420), comm. de la Côte-d'Or ; 1 402 hab. Vignobles de la côte de Beaune. Église des XIIe, XVe et XVIIIe s. ; château des XVIIe-XVIIIe s. (musée de la Moto).

SAVIGNY-LE-TEMPLE (77176), ch.-l. de cant. de Seine-et-Marne, partie de la ville nouvelle de Melun-Sénart ; 18 542 hab.

SAVIGNY-SUR-BRAYE (41360), ch.-l. de cant. de Loir-et-Cher ; 2 055 hab.

SAVIGNY-SUR-ORGE (91600), ch.-l. de cant. de l'Essonne, à 5 km au S. de l'aéroport d'Orly ; 33 651 hab. *(Saviniens).*

SAVILE (George), 1er marquis **de Halifax,** homme politique anglais (Thornhill, Yorkshire, 1633 - Londres 1695). Membre du Conseil privé (1672-73 et 1679-1685), il s'opposa aux bills d'exclusion de 1679-80, puis aux excès de Jacques II. Rallié à Guillaume III d'Angleterre, il fut lord du sceau privé et ministre principal de la Couronne (1689-90).

SAVIMBI (Jonas), homme politique angolais (Muhango, région de Movico, 1934). Fondateur en 1965 de l'Union nationale pour l'indépendance totale de l'Angola (U. N. I. T. A.), il s'oppose en 1975 au régime d'A. Neto et dirige jusqu'à la fin des années 1980, avec l'aide de l'Afrique du Sud, une guérilla contre le pouvoir central. Il entre ensuite (à partir de 1991) dans un processus de négociations avec le président Dos Santos (se portant même candidat, dans un cadre légal, à l'élection présidentielle de 1992).

SAVINES-LE-LAC (05160), ch.-l. de cant. des Hautes-Alpes, dans l'Embrunais, sur le lac de Serre-Ponçon ; 823 hab. *(Savinois).* Nouveau village construit après la submersion de l'ancien Savines.

SAVINIO (Alberto), pseudonyme d'**Andrea De Chirico,** écrivain, peintre et musicien italien (Athènes 1891 - Rome 1952), frère du peintre G. De Chirico. Adepte du surréalisme, il manifeste du goût pour le fantastique (*Hermaphrodite,* 1918 ; *C'est à toi que je parle, Cléo,* 1940).

SAVOIE, région historique occupant le nord des actuelles Alpes françaises et correspondant aux deux départements de la *Savoie* et de la *Haute-Savoie.*

— **Hist.** Occupée dès l'époque magdalénienne, la Savoie est peuplée à l'époque protohistorique par des Celtes, les Allobroges, puis entre 122 et 118 av. J.-C. occupée par Rome, sans être immédiatement pacifiée. À l'époque impériale, les dernières tribus sont soumises par Auguste. La paix romaine permet la naissance de villes dans les principales vallées (Seyssel, Annecy). Des Burgondes s'installent à partir de 443 et tiennent à peu près le pays jusqu'à la conquête franque (534). La Savoie est attribuée à la Lotharingie en 843 puis intégrée à la Bourgogne Transjurane (888) et au deuxième royaume de Bourgogne (934-935) ; le pouvoir s'éparpille alors entre les mains des diverses familles nobles. En 1032-1038, la Savoie est intégrée au Saint Empire, tandis que se manifestent les premiers comtes de Savoie, à partir d'Humbert Ier. La Savoie française est le noyau de leurs possessions (→ *États de la maison de* SAVOIE). En s'étendant vers l'E., l'État savoyard s'italianise de plus en plus. Annexée par la France révolutionnaire et impériale (1792-1815), la Savoie proprement dite revient à la France après plébiscite en 1860.

SAVOIE (73), dép. de la Région Rhône-Alpes ; ch.-l. de dép. *Chambéry ;* ch.-l. d'arrond. *Albertville, Saint-Jean-de-Maurienne ;* 3 arrond. ; 37 cant. ; 305 comm. ; 6 028 km^2 ; 348 261 hab. *(Savoyards).* Le dép. appartient à l'académie de Grenoble, à la cour d'appel de Chambéry, à la région militaire Méditerranée.

Le département, montagneux, s'étend d'ouest en est sur une partie des Préalpes du Nord (Bauges et Chartreuse), régions d'élevage et d'exploitation forestière ; le nord du Sillon alpin (Val d'Arly et Combe de Savoie), où apparaissent les cultures céréalières et fruitières, le tabac ; les massifs centraux (Beaufortin) et la Vanoise, ouverte par les vallées de l'Isère supérieure (Tarentaise) et de l'Arc (Maurienne). L'importance de l'agriculture, dominée par l'élevage, a beaucoup reculé devant celle de l'industrie, représentée surtout (en dehors des branches alimentaires et du travail du bois) par l'électrométallurgie (aluminium) et l'électrochimie ; ces activités sont implantées en Tarentaise et principalement en Maurienne, à proximité des aménagements hydroélectriques (La Bâthie). Le tourisme, très actif, anime le pourtour du lac du Bourget (Aix-les-Bains) et surtout la haute montagne (stations de sports d'hiver de Courchevel, Tignes, Val-d'Isère, etc.).

SAVOIE (Haute-) [74], dép. de la Région Rhône-Alpes ; ch.-l. de dép. *Annecy ;* ch.-l. d'arrond. *Bonneville, Thonon-les-Bains, Saint-Julien-en-Genevois ;* 4 arrond. ; 33 cant. ; 292 comm. ; 4 388 km^2 ; 568 286 hab. *(Haut-Savoyards).* Le dép. appartient à l'académie de Grenoble, à la cour d'appel de Chambéry, à la région militaire Méditerranée.
Le département s'étend à l'E. sur une partie des massifs centraux alpins (massif du Mont-Blanc, portant le point culminant de la chaîne, 4 807 m). À l'O., il occupe l'extrémité des massifs préalpins du Nord (Chablais et Bornes), régions d'élevage, ouvertes par les vallées du Fier (cluse d'Annecy), de l'Arve et du Giffre (Faucigny), où apparaissent les cultures céréalières et les vergers. Aux branches traditionnelles de l'industrie (horlogerie, travail du bois, produits alimentaires) se sont ajoutées des activités modernes (roulements à billes, décolletage, électrométallurgie). Le tourisme tient une place importante, surtout sur les rives du Léman et du lac d'Annecy ainsi que dans l'intérieur de la chaîne alpestre (stations de sports d'hiver de Chamonix-Mont-Blanc, Megève, etc.).

SAVOIE (*États de la maison* DE), États issus du rassemblement de divers territoires, autour de la Savoie, par une famille comtale remontant au Xe s. Humbert Ier aux Blanches Mains (ou Blanche-Main), implanté sur la rive sud du lac Léman, comte de Savoie (1003-v. 1048), possédait les comtés de Belley, de Sion et du Val d'Aoste. Ses successeurs accroissent le patrimoine familial, et Odon Ier, par mariage avec Adélaïde de Suse, acquiert le marquisat de Turin.
• *La constitution des États (1060-1440).* Thomas Ier (1189-1233) étend les possessions, obtient le titre de vicaire impérial en Lombardie, achète Chambéry et en fait sa capitale. Amédée IV (1233-1253) donne en apanage le Piémont à son frère Thomas II (1245-1259). Pierre II (1263-1268) met la main sur le pays de Gex, aux dépens des comtes de Genève. La progression territoriale est freinée par la puissance de la France et de l'Empire habsbourgeois. Mais Amédée V (1285-1323) reçoit la Bresse par mariage. Le « Comte vert » Amédée VI (1343-1383) signe avec le roi Jean II le Bon les traités de Paris (1354-55) qui fixent la frontière. La poussée s'oriente dès lors vers l'Italie, tandis que le pouvoir temporel des seigneurs ecclésiastiques est confisqué à la faveur des manifestations de mécontentement des paysans. Amédée VII, dit le « Comte rouge » (1383-1391), achète le comté de Nice (1388), ce qui donne à ses États un débouché maritime. Amédée VIII obtient de l'empereur l'érection du comté de Savoie en duché (1416). Il fait codifier les lois locales dans des *Statuts* ou *Réformes universelles de Savoie,* promulgués en 1430. Les institutions comportent un Conseil itinérant composé de nobles, des assemblées des états votant les subsides, et un Conseil résident, établi à Chambéry, détenant le pouvoir judiciaire d'État. Amédée VIII se retire dans un monastère (1434) puis devient pape sous le nom de Félix V (1439).
• *Querelles avec Genève et la France (1440-1718).* La pression française s'accentue au temps de Louis XI et entraîne l'abandon progressif de Chambéry au profit de Turin, ce qui partage la bourgeoisie en un parti savoyard et un parti piémontais et aboutit à la création de deux administrations. Genève se détache de la Savoie (1526) et Annecy devient un centre de la Contre-Réforme. La Savoie est presque entièrement occupée par la France à l'époque des guerres d'Italie (1536-1559), mais revient, au traité du Cateau-Cambrésis (1559), à Emmanuel-Philibert (1553-1580). La capitale est définitivement transférée à Turin (1562). Le développement de la Contre-Réforme provoque la guerre avec Genève, dont la Savoie reconnaît officiellement l'indépendance (1603). Henri IV annexe à la France la Bresse, le Bugey, le Valromey et le pays de Gex (1601). En 1630, les Français occupent la Savoie qui abandonne la forteresse de Pignerol (1631). Éprouvée par la guerre et par la peste de 1629-30, la Savoie tente de restaurer son économie en freinant l'émigration des montagnards, et en exploitant ses troupeaux de bovins et le sel des sources de Tarentaise.
• *Les États sardes (1718-1861).* Après deux nouvelles occupations françaises (1690-1696 et 1703-1713), le traité d'Utrecht (1713) attribue à Victor-Amédée II la couronne de Sicile, échangée contre la Sardaigne au traité de Londres (1718). La Savoie prend le nom d'« États sardes ». Duc de

Savoie, prince de Piémont et roi de Sardaigne, Victor-Amédée II modernise les institutions : intendants, cadastre général, nouvelle codification (*Royales Constitutions* de 1723). La Savoie elle-même n'est plus qu'une province qui, à la faveur des guerres de la Succession de Pologne et de la Succession d'Autriche, connaît quelques accroissements territoriaux. Les réformes économiques d'un despotisme éclairé favorisent la bourgeoisie marchande. Victor-Amédée III (1773-1796) redoutant la contagion de la Révolution française met fin au réformisme et accueille à Turin de nombreux émigrés. La Savoie est occupée et annexée à la France (1792-93). Avec Nice, elle est officiellement cédée à la France (traité de Paris, 1796), quand le Piémont est envahi par les troupes de la campagne d'Italie. Au second traité de Paris (1815), Victor-Emmanuel Ier (1802-1821) recouvre la totalité de ses États, et le congrès de Vienne lui attribue la République de Gênes. Face à une politique de réaction, les ferments libéraux, révolutionnaires ou nationalistes se manifestent et contraignent le roi à abdiquer (mars 1821). La tentative révolutionnaire est écrasée par les Autrichiens à Novare (avr. 1821). Charles-Albert (1831-1849), chef de la branche cadette de Savoie-Carignan, doit, lors de la crise européenne de 1848, partager le pouvoir avec deux chambres. Il entre même en lutte avec l'Autriche, mais, battu à Custozza et Novare (1848-49), il abdique en faveur de Victor-Emmanuel II (1849-1878). Cavour, ministre, puis président du Conseil, réussit à s'emparer de la Lombardie avec l'aide de Napoléon III, et cède en contrepartie Nice et la Savoie à la France (1860). Le plébiscite de mars 1860 rattache l'Émilie, Parme, Modène et la Toscane au royaume, et Victor-Emmanuel II est proclamé roi d'Italie par le premier Parlement élu dans le royaume, confondant la destinée des États sardes avec celle de l'Italie (1861).

Savoie *(vins de),* vins produits dans les départements de Savoie et de Haute-Savoie. Ce sont surtout des vins blancs secs et légers, fruités et légèrement acidulés, mais aussi des vins rouges.

1. SAVOIR v. t. (lat. pop. **sapere,* avoir du discernement) [conj. **59**]. **1.** Avoir appris qqch, et pouvoir le dire, le connaître, le répéter : *Savez-vous le nom de cette plante ?* — **2.** Être au courant de qqch, le tenir ou le donner comme vrai, réel : *Je sais qu'il voulait démissionner.* — **3.** Être convaincu de qqch, avoir dans l'esprit la connaissance, la certitude de qqch : *Nous savons combien vous regrettez cet échec.* — **4.** *Litt.* Connaître la valeur, l'importance de qqch : *Je sais mes obligations envers vous.* — **5.** Avoir des connaissances sur qqch, qqn : *Je sais bien des choses sur lui.* — **6.** Avoir une connaissance étendue d'une matière qui peut s'enseigner, se transmettre : *Savoir plusieurs langues étrangères. Savoir son métier.* — **7.** Avoir la capacité, après étude et apprentissage, de pratiquer, d'exercer une activité : *Savoir nager. Il ne sait pas jouer aux échecs.* — **8.** Avoir assez de talent, d'habileté, etc., pour faire telle chose : *Une femme qui a su rester jeune.* — **9.** En parlant de qqch, être capable de, pouvoir faire : *Un livre qui a su nous convaincre.* — **10.** Avoir des connaissances étendues, approfondies, avoir une grande expérience : *Prendre conseil auprès de ceux qui savent.* — **11.** *(À) savoir,* introduit un terme explicatif, une énumération ; c'est-à-dire : *Il manque l'essentiel, à savoir les capitaux.* ‖ *Dieu sait que, si, combien,* formules employées pour renforcer une affirmation. ‖ *Dieu seul le sait,* les raisons, les causes sont obscures, inconnues. ‖ *En savoir quelque chose,* l'avoir (malheureusement) éprouvé, en avoir fait l'expérience. ‖ *Faire savoir qqch à qqn,* l'en informer : *Veuillez me faire savoir les raisons de votre absence.* ‖ *Je ne sais qui, quoi,* formules dubitatives indiquant une personne ou un objet indéterminés, que l'on ne peut dénommer avec précision. ‖ *Ne pas (plus) savoir ce qu'on dit, ce qu'on fait,* ne pas (plus) contrôler ses paroles, ses actions. ‖ *Ne pas savoir ce qu'on veut,* être indécis ou versatile. ‖ *Ne pas vouloir le savoir,* ne pas vouloir entrer dans les raisons de qqn, refuser toute discussion. ‖ *Ne rien vouloir savoir,* s'obstiner, persister dans sa décision. ‖ *Pas que je sache,* forme de réponse négative dont on ne peut pas affirmer qu'elle est sûre. ‖ *Qui sait ?,* ce n'est pas impossible ; peut-être. ‖ *Qui vous savez, la chose que vous savez,* désignent par allusion qqn ou qqch que l'interlocuteur connaît bien, auxquels il pense. ‖ Fam. *Sans le savoir,* sans en être conscient. ‖ *Savez-vous, sais-tu,* syn. courants en Belgique de N'EST-CE PAS. ‖ *Savoir vivre,* être bien élevé. ‖ Fam. *Va savoir,* on ne sait rien de certain, on ne peut rien affirmer.

◆ **être su** v. pass. Avoir été appris et être bien assimilé, en parlant d'un texte, d'un rôle, d'un cours : *Leçons non sues.*

◆ **se savoir** v. pr. **1.** Avoir conscience d'être dans telle situation : *Un malade qui se sait perdu.* — **2.** Être connu, se propager : *La nouvelle commençait à se savoir.*

2. SAVOIR n. m. Ensemble cohérent de connaissances acquises au contact de la réalité ou par l'étude.

SAVOIR-FAIRE n. m. inv. **1.** Compétence acquise par l'expérience dans les problèmes pratiques, dans l'exercice d'un métier. — **2.** Syn. de KNOW-HOW.

SAVOIR-VIVRE n. m. inv. Connaissance et pratique des règles de la politesse, des usages du monde.

SAVOLDO (Giovan Gerolamo), peintre italien (Brescia v. 1480/1485 - Venise ? apr. 1548). Actif surtout à Venise, il se signale par des recherches luministes fondées sur une palette froide, par une poésie étrange alliée au réalisme (*Autoportrait,* Louvre).

SAVON n. m. (lat. *sapo, -onis*). **1.** Produit obtenu par l'action d'un alcali sur un corps gras, et servant au nettoyage, ainsi qu'au blanchissage. (→ *encycl.*) — **2.** Morceau façonné de ce produit. — **3.** *Fam.* Verte réprimande : *Passer un savon.* — **4.** *Savon cosmétique,* savon de toilette destiné à stimuler, adoucir et nourrir la peau. ‖ *Savon liquide,* solution aqueuse contenant 36 % de savon potassique d'huile de coco. ‖ *Savon de Marseille,* savon contenant 63 % d'acides gras et d'acides résiniques avec une teneur en eau de 28 %. ‖ *Savon médicinal,* savon initialement obtenu par la saponification de l'huile d'amande ou de l'huile de noyau au moyen de la lessive de soude ; tout savon pouvant être employé plus pour aseptiser que pour nettoyer. ‖ *Savon noir, savon mou* ou *savon de potasse,* combinaison de corps gras et de résine avec une lessive de potasse ou de soude. ‖ *Savon en poudre,* savon dur pulvérisé, dont la teneur en acides gras et résiniques est au moins égale à 82 %. ‖ *Savon de toilette,* savon employé pour le lavage du corps. ‖ *Savon des verriers,* bioxyde de manganèse, que l'on emploie pour décolorer le verre.

ENCYCL. Le savon est essentiellement un mélange de sels de sodium d'acides gras provenant de corps gras : suif, arachide, palme, coco, olive, etc. La fabrication classique proprement dite selon le procédé « marseillais » comprend les étapes suivantes : saponification (réaction avec de la soude), cuisson (parachèvement de la saponification), lavages (séparation du glycérol et purification du savon), liquidation (mise en forme du savon pour utilisation ultérieure). La dernière phase, appelée finition, comprend les opérations de séchage, malaxage, boudinage, coupage, estampage et, enfin, emballage. Au cours du malaxage sont ajoutés un certain nombre d'ingrédients qui donnent ses caractéristiques au produit : talc, charges, colorants, parfums, séquestrants, déodorants.

SAVONAROLE (Jérôme), en ital. **Girolamo Savonarola,** prédicateur italien (Ferrare 1452 - Florence 1498). Entré chez les dominicains de Bologne (1475), il amorce une carrière de prédicateur pessimiste et ardent dans les villes de Toscane et d'Italie septentrionale. En 1491, il est nommé prieur du couvent de Saint-Marc, à Florence, et ses sermons remportent un grand succès populaire. Ses prophéties menaçantes semblent se réaliser avec l'invasion de Charles VIII (1494). Dans son désarroi, la seigneurie florentine le laisse exercer une dictature théocratique de fait (1494-1497), marquée par une réforme de la Constitution et des mœurs. Cette tyrannie étouffante finit par provoquer des tensions entre ses partisans et ses adversaires. Savonarole s'enhardit à critiquer la corruption des prélats romains. Le pape Alexandre VI lui interdit de prêcher (1495), puis l'excommunie (1497). Savonarole n'en tient pas compte, mais ses adversaires se coalisent et réussissent à le faire arrêter. Condamné à mort, il est pendu et son corps est réduit en cendres.

SAVONE, en ital. **Savona,** port d'Italie, en Ligurie, ch.-l. de prov., sur la Riviera di Ponente ; 73 000 hab. Cathédrale d'env. 1600. Centre commercial et industriel (raffinerie de pétrole, constructions mécaniques et électriques, chantiers navals, industries alimentaires). Centre faïencier, à partir de la fin du XVIe s., dont la production (semis de plantes, d'oiseaux, de personnages traités en camaïeu bleu) a influencé les premières faïences de Nevers.

SAVONLINNA, en suéd. **Nyslott,** v. de Finlande (prov. de Mikkeli), sur un isthme étroit et plusieurs îlots ; 29 000 hab. Puissant château fort bâti sur un îlot en 1475. Centre intellectuel (université), culturel (festival international d'opéra) et thermal, Savonlinna a également des industries (bois, métallurgie, textile).

SAVONNAGE n. m. **1.** Action de savonner. — **2.** Dernière phase du doucissage du verre, au moyen d'une boue de sable très fin, donnant une surface satinée prête à subir le polissage.

SAVONNER v. t. (conj. 3). **1.** Passer le savon ou la savonnette sur qqch, le corps (de qqn), le laver au savon : *Savonnez la tache au savon de Marseille.* — **2.** Soumettre une glace au savonnage. — **3.** Fam. *Savonner (la tête de) qqn,* le réprimander vertement, lui passer un savon.

1. SAVONNERIE n. f. Établissement industriel où l'on fabrique du savon.

2. SAVONNERIE n. f. (du n. pr. *Savonnerie*). Tapis de la manufacture de la Savonnerie.

Savonnerie *(manufacture de la),* manufacture française de tapis créée à Paris, en 1604, avec privilège royal, pour tisser des tapis dans le genre des ouvrages d'Orient, installée en 1627 dans une ancienne savonnerie de Chaillot. Déjà rattachée, au temps de Le Brun, aux Gobelins, elle fut complètement réunie en 1826 à cette manufacture, dont elle devint un des ateliers. Ses plus somptueuses productions, où des rinceaux fleuris, sur fond sombre, encadrent d'amples cartouches figuratifs ou armoriés, datent du règne de Louis XIV.

SAVONNETTE n. f. **1.** Savon de toilette. – **2.** Montre à double boîtier.

SAVONNEUX, EUSE adj. **1.** Qui contient du savon : *Eau savonneuse.* – **2.** Qui rappelle le savon par son aspect, sa consistance, etc.

SAVONNIER, ÈRE adj. Relatif au savon, à sa fabrication, à son commerce.
◆ **savonnier** n. m. **1.** Fabricant de savon ; ouvrier qui travaille à la fabrication du savon. – **2.** Arbre (sapindacée) des régions chaudes d'Asie et d'Amérique, dont les graines possèdent un arille très riche en saponine. (On cultive le savonnier en Algérie pour le nettoyage des tissus.)

SAVORGNAN DE BRAZZA → BRAZZA.

SAVOURER v. t. (de *saveur*) [conj. 3]. **1.** Déguster un aliment, une boisson avec lenteur pour en apprécier pleinement la saveur : *Savourer un vin à petites gorgées.* – **2.** Prendre à qqch un plaisir extrême, complaisamment prolongé : *Savourer la douceur d'un soir d'été.*

SAVOUREUSEMENT adv. *Litt.* De façon savoureuse.

SAVOUREUX, EUSE adj. **1.** Qui a une saveur agréable : *Des fruits savoureux.* – **2.** Qui est plein d'agrément, de charme : *Une anecdote savoureuse.*

SAVOY (Guy), cuisinier français (Nevers 1953). Propriétaire d'un restaurant parisien prestigieux, il a aussi ouvert plusieurs bistrots où l'on sert une cuisine plus traditionnelle, à prix modérés.

SAVOYARD, E adj. et n. De la région ou du département de la Savoie.

SAVU, SAWU ou **SAWOE,** archipel d'Indonésie (414 km² et 50 000 hab.), fermant au S. la *mer de Savu,* qui est limitée à l'E. par Timor, à l'O. par Sumba et au N. par Flores.

SAWAH n. m. En Indonésie, culture permanente irriguée, permettant plusieurs récoltes par an.

SAWATCH MOUNTAINS, branche des Rocheuses méridionales (État-Unis, Colorado), dominant à l'E. la haute vallée de l'Arkansas ; 4 399 m au *mont Elbert.*

SAW-GIN [sodʒin] n. m. (pl. *saw-gins*) [angl. *saw,* scie, et *gin,* égreneuse). Machine servant à égrener le coton, par l'action de scies circulaires à dentures fines tournant très vite.

SAWOE, SAWU → SAVU.

SAX (Antoine-Joseph, dit **Adolphe**), facteur d'instruments de musique belge (Dinant 1814 - Paris 1894). Clarinettiste, il inventa le saxophone en 1841 et créa de nouveaux instruments, dont la famille des saxhorns.

SAXAOUL n. m. Arbre (chénopodiacée), sans feuilles, des déserts et des steppes de l'Asie centrale.

SAXE n. m. Porcelaine fabriquée à Meissen. (On dit aussi PORCELAINE DE SAXE.)

SAXE, en all. **Sachsen,** État (Land) d'Allemagne ; 18 337 km² ; 4 900 675 hab. Cap. *Dresde.*

Géographie. Les monts Métallifères (Erzgebirge) constituent le cœur de la région ; abrupts vers le sud du côté tchèque, ils descendent plus doucement vers le nord-ouest. Les ressources minières, nombreuses (en particulier argent, fer, zinc, plomb, etc.), furent exploitées dès le XIIe s. Les mines sont en grande partie épuisées, mais la « montagne » est restée industrialisée, autour de Chemnitz en particulier (textile et métallurgie). Issue de l'Erzgebirge, l'Elbe est bordée de villes industrielles, dont Dresde, également métropole culturelle et artistique. L'avant-pays saxon, à l'O., possède des activités agricoles et industrielles (celles-ci fondées sur l'exploitation du lignite et du sel autour de Halle et de Leipzig). L'est reste plus rural (malgré la présence de lignite) et la seule ville importante est Cottbus.

Histoire.
• *Le duché de Saxe (850-1356).* Intégrée au royaume de Germanie lors du traité de Verdun (843), peuplée de colons slaves et germaniques, la Saxe, qui s'étend alors de l'Ems à l'Elbe et de la Thuringe à la mer du Nord, s'organise en duché sous l'autorité de Liudolf (v. 850-866). Ce duché prend une part importante aux affaires de la Germanie puis du Saint Empire, auxquels il donne de 919 à 1024 le roi Henri Ier l'Oiseleur et les empereurs Otton Ier le Grand, Otton II, Otton III et Henri II le Saint. Il est à son apogée sous Henri le Lion (1142-1180), qui devient le maître de l'Allemagne du Nord. Mais son État est finalement détruit par Frédéric Ier Barberousse (1180). Ce nouveau duché de Saxe, dont le centre de gravité se situe sur l'Elbe moyenne, est donné à la maison des Ascaniens. Il est partagé en 1260 entre les duchés de Saxe-Lauenburg, ou Basse-Saxe, et de Saxe-Wittenberg ou Haute-Saxe.
• *La Saxe électorale (1356-1806).* Électorat de plein droit depuis la Bulle d'or de 1356, la Saxe-Wittenberg est attribuée à un Wettin : le margrave de Misnie, Frédéric Ier le Querelleur (1423-1428). Le nom de « Saxe » désigne alors l'ensemble des possessions des Wettin, qui comprennent la Misnie et la Thuringe. Mais un nouveau partage intervient en 1485 entre Ernest et Albert, petits-fils de Frédéric Ier : Ernest obtient la majeure partie de la Thuringe avec le pays de Wittenberg, auquel est attachée la dignité électorale (branche ernestine). Albert, le cadet, obtient la marche de Misnie, le nord de la Thuringe et Leipzig (branche albertine). La branche ernestine atteint son apogée avec l'Électeur Frédéric III, dit « le Sage » (1486-1525). Mais, en 1547, elle se fait ravir la dignité électorale par Maurice (1541-1553), de la branche albertine, qui a aidé

Charles Quint contre la ligue de Smalkalde. La Saxe électorale devient cependant un bastion du luthéranisme. Elle est au XVIe-XVIIe s. l'un des principaux États d'Europe ; sa prospérité est liée à l'exploitation minière. Dévastée pendant la guerre de Trente Ans (1618-1648), elle est de plus en plus concurrencée par le Brandebourg. L'Électeur Auguste le Fort (1694-1733), devenu roi de Pologne en 1697, doit engager la Saxe dans la guerre du Nord (1700-1721) contre Charles XII. Mais, obligée de capituler devant Frédéric II au début de la guerre de Sept Ans (1756-1763), la Saxe décline.

• *Le royaume de Saxe (1806-1918).* En 1806, la Saxe devient un royaume et passe dans le camp napoléonien en renouant avec la Pologne (grand-duché de Varsovie). Restée fidèle à la France, elle est vaincue à Leipzig (1813). Au congrès de Vienne (1815), Frédéric-Auguste Ier (1806-1827) conserve sa couronne, mais doit céder une grande partie de ses territoires à la Prusse (qui organise la province de Saxe Prussienne). La Saxe n'est plus qu'un État secondaire. Elle est dotée d'une Constitution en 1831. Ses velléités d'indépendance sont anéanties lors de la défaite de l'Autriche, son alliée, à Sadowa (1866). Le royaume est intégré à l'Empire allemand en 1871.

• *L'État de Saxe (1918-1952).* La république est proclamée le 10 nov. 1918 et Frédéric-Auguste III (1904-1918) abdique quelques jours plus tard. La Reichswehr intervient en 1920 lors du coup de force communiste et renverse en 1923 la coalition gouvernementale socialo-communiste. Dévastée au cours de la Seconde Guerre mondiale, la Saxe est incorporée dans la zone d'occupation soviétique (1945). En 1952, elle est répartie entre divers districts de la R. D. A. (Dresde, Karl-Marx-Stadt [Chemnitz], Cottbus et Halle). En 1990, la Saxe, reconstituée en Land, est réintégrée dans l'Allemagne unie.

• *Les principautés saxonnes.* Après 1547, les possessions de la ligne ernestine se sont considérablement morcelées au gré des héritages. Malgré un regroupement opéré en 1826, on ne distingue pas moins de quatre maisons princières principales au XIXe s. : le grand-duché de Saxe-Weimar-Eisenach, les duchés de Saxe-Altenburg, de Saxe-Cobourg-et-Gotha et de Saxe-Meningen-Hildburghausen. Devenus des États libres en 1918, ces duchés saxons sont incorporés dans l'État de Thuringe en 1920, sauf Cobourg, qui est annexé à la Bavière.

SAXE (Basse-), en all. **Niedersachsen,** État (Land) d'Allemagne ; 47 344 km² ; 7 283 795 hab. Cap. *Hanovre.* Le Sud est occupé par les massifs du Mittelgebirge, traversés par les vallées de la Weser et de la Peine et bordés au N. par des régions limoneuses (céréales, betterave à sucre, cultures sarclées, élevage). Le nord du Land, marqué par les glaciations quaternaires, est couvert de landes et de tourbières, mises en culture après amendements ou drainages. Des polders (Marschen) bordent les fleuves et le littoral. Le Land dispose d'un bon réseau de communications (canaux, chemin de fer, autoroutes), qui a favorisé (avec quelques ressources énergétiques) les activités industrielles (dont émerge la construction automobile).

SAXE-ANHALT, en all. **Sachsen-Anhalt,** État (Land) d'Allemagne ; 20 445 km² ; 2 964 971 hab. Cap. *Magdeburg.* Moins densément peuplé que la Saxe, le Land (anc. partie, également, de la R.D.A.) demeure à vocation largement agricole (céréales et élevage), occupant des terres basses, inégalement mises en valeur. L'industrie (métallurgie de transformation, chimie) est implantée à Magdeburg et Dessau notamment.

SAXE-COBOURG-SAALFELD (Friedrich-Josias, *prince* DE), maréchal autrichien (Cobourg 1737 - *id.* 1815). Commandant en chef de l'armée autrichienne aux Pays-Bas (1792), il battit Dumouriez à Neerwinden et envahit le nord de la France, mais fut vaincu à Fleurus par Jourdan (1794).

SAXE-WEIMAR (Bernard, *duc* DE), général allemand (Weimar 1604 - Neuenburg, Bade, 1639). Prince protestant, au service du Danemark puis de la Suède, dont il commanda l'armée à partir de 1632, il fut défait à Nördlingen (1634). Il entra au service de la France en 1635 et combattit victorieusement les Impériaux. Il enleva Brisach en 1638.

SAXHORN n. m. (de *Sax*, n. pr., et all. *Horn,* cor). Instrument de musique à air, en cuivre, à perce conique, embouchure et pistons. (Inventé en 1843.)

SAXICOLE adj. Qui vit sur les rochers, dans les terrains pierreux.

SAXIFRAGACÉE n. f. (de *saxifrage*). Nom d'une famille de plantes dicotylédones telles que la saxifrage, l'hydrangea, le groseillier, le seringa et le deutzia.

SAXIFRAGE n. f. (bas lat. *saxifraga,* du lat. class. *saxum,* roc, et *frangere,* briser). Herbe vivace aux fleurs blanches, jaunes, rarement roses ou pourpres. (N. usuel *perce-pierre.*)

SAXO n. m. *Fam.* Saxophone.
◆ n. *Fam.* Saxophoniste.

SAXO GRAMMATICUS, historien danois (v. 1150 - Roskilde v. 1220). À l'instigation de l'archevêque Absalon, il rédigea une chronique historique du Danemark destinée à glorifier la royauté et l'Église. Ses *Gesta Danorum* ont été publiés par le réformateur Christiern Pedersen (1514).

SAXON, ONNE adj. et n. (bas lat. *saxo, -onis*). De Saxe.
◆ **saxon** n. m. **1.** Ensemble des dialectes du germanique occidental dérivant du parler propre à la tribu installée à partir du IIe s. apr. J.-C. sur les bords de l'Elbe. — **2.** *Vieux saxon,* forme la plus archaïque du bas allemand.

SAXONIEN n. m. (de *Saxe,* n. pr.). Étage du système permien.

SAXONS, ancien peuple germanique mentionné pour la première fois par Ptolémée entre l'Elbe et la Trave (IIe s. apr. J.-C.). Quasiment maîtres de la mer du Nord au IIIe s., ils colonisèrent le sud de l'actuelle Angleterre au Ve s., alors que les Saxons demeurés sur le continent progressaient vers les rives de la Saale. Dominant le nord-ouest de l'Allemagne, ils furent définitivement soumis par les Francs en 785, après l'écrasement de la révolte de Widukind par Charlemagne et l'introduction forcée du christianisme. Leurs coutumes furent consignées dans la *Lex Saxonum,* rédigée sur l'ordre de Charlemagne. Elles furent codifiées dans le *Miroir des Saxons (Sachsenspiegel),* écrit au XIIIe s. en bas allemand.

SAXOPHONE n. m. (de *Sax,* n. pr.). Instrument de musique à air, en cuivre, à anche battante simple, à tuyau conique muni d'un mécanisme de clefs. (L'usage retient quatre modèles de saxophones : le soprano, l'alto, le ténor, le baryton.) [Abrév. SAXO.]

SAXOPHONISTE n. Musicien qui joue du saxophone. (Abrév. SAXO.)

SAY (Jean-Baptiste), économiste français (Lyon 1767 - Paris 1832). Dans son *Traité d'économie politique* (1803), J.-B. Say expose et clarifie la doctrine d'Adam Smith, dont il modifie cependant les fondements. Il énonce une loi de répartition au terme de laquelle, la production s'effectuant grâce au travail, au capital et aux agents naturels (dont la terre, objet d'une appropriation privée), le prix de ces services représente un revenu : « salaire », « profit », « rente ». Libéral et optimiste, Jean-Baptiste Say énonce la « loi des débouchés », selon laquelle un produit, une fois élaboré, est vendu, permettant, en échange, un débouché à d'autres produits, qui trouvent naturellement des acquéreurs. Say éclaire par ailleurs le rôle fondamental de l'entrepreneur. Son influence a été considérable durant la seconde partie du XIXe s.

SAY (Horace Émile), homme politique et économiste français (Noisy-le-Sec 1794-Paris 1860), fils du précédent. Il participa à la fondation de la Société d'économie politique, du *Journal des économistes* et du *Journal du commerce.* — Son fils LÉON, également économiste et homme politique (Paris 1826 - *id.* 1896), fut ministre des Finances (1872-73, 1875-1879, 1882). Il combattit en faveur du libre-échange et contre le socialisme.

SAYAMA, v. du Japon, banlieue de Tōkyō ; 124 000 hab. Centre résidentiel.

ṢAYDĀ ou **SAÏDA,** anc. **Sidon,** port du Liban ; 105 000 hab. Archevêché. Le port moderne est dominé par le château des Croisés.
— **Hist.** L'antique *Sidon** fut prise en 637 par les Arabes, qui en firent un des ports de Damas. Aux mains des croisés de 1110 à 1291, la ville fut florissante aux XVIe-XVIIe s. grâce au commerce de la soie.

SAYNÈTE [sɛnɛt] n. f. (esp. *sainete,* morceau délicat, de *sain,* graisse). **1.** Petite pièce comique du théâtre espagnol. — **2.** Courte pièce sans prétention, sketch.

SAYON [sɛjɔ̃] n. m. (esp. *sayo,* du lat. *sagum*). Casaque de guerre des Gaulois, des Romains et des chevaliers du Moyen Âge.

SAYYID n. m. (mot ar. signif. *seigneur*). Syn. de CHÉRIF.

Sb, symbole chimique de l'*antimoine.*

SBEÏTLA, village de Tunisie, au S.-O. de Kairouan ; 4 000 hab. Ce fut une colonie romaine dont il reste le centre urbain, avec forum et capitole à trois temples. Ruines de plusieurs églises chrétiennes des premiers siècles.

SBIRE n. m. (ital. *sbirro*). Individu chargé d'exécuter certaines basses besognes, homme de main.

SBR n. m. (abrév. de *Styrene-Butadiene Rubber*). Ensemble d'élastomères synthétiques obtenus par copolymérisation du butadiène et du styrène. (Les SBR présentent une moins bonne résistance à la déchirure que le caoutchouc naturel, mais ils sont plus durs après vulcanisation et résistent mieux aux solvants, à l'oxydation et au froid. Applications : pneumatiques, chaussures, tuyaux, tissus, enduits, etc.)

SBRINZ n. m. Fromage suisse, au lait de vache, très longuement affiné.

Sc, symbole chimique du *scandium.*

SCABELLON n. m. (ital. *sgabellone,* grand escabeau). Sorte de haut piédestal pour buste, statuette, luminaire (XVIIe s.).

SCABIEUSE n. f. (lat. sc. *scabiosa,* du lat. class. *scabiosus,* galeux, cette plante étant réputée guérir la gale). Herbe (dipsacacée) aux fleurs mauves, commune dans les prairies naturelles.

SCABIEUX, EUSE adj. (lat. *scabiosus*). Relatif à la gale. (Syn. PSORIQUE.)

SCABREUX, EUSE adj. (bas lat. *scabrosus,* du lat. class. *scaber, -bri,* raboteux). **1.** *Litt.* Qui présente des risques, qui peut aboutir à une situation embarrassante. — **2.** Qui est de nature à choquer la décence : *Aborder un sujet scabreux.*

SCAËR [skɛr] (29390), ch.-l. de cant. du Finistère, au S. de la Montagne Noire ; 5 587 hab. Papeterie. Industrie alimentaire.

SCAEVOLA → MUCIUS SCAEVOLA.

SCAFERLATI n. m. (p.-ê. altér. de l'ital. *scarpellati,* taillés au ciseau). Tabac coupé en lanières fines pour la pipe ou les cigarettes roulées à la main.

SCALA ou **SCALARIA** n. f. Mollusque gastropode marin, caractérisé par les côtes en escalier qui ornent sa coquille spirale.

SCALA (DELLA) → DELLA SCALA.

Scala *(théâtre de la),* théâtre lyrique de Milan, construit sur les plans de Giuseppe Piermarini et inauguré en 1778. Détruit en 1943, il fut reconstruit pour ouvrir de nouveau en 1948. Son nom reste attaché aux compositeurs Rossini, Bellini, Donizetti et Verdi ainsi qu'à Toscanini, qui en fit un théâtre à la réputation inégalée.

1. SCALAIRE adj. (angl. *scalar,* du lat. *scalaris,* de *scala,* escalier). **1.** Se dit d'une grandeur physique dont la mesure dans un système d'unités est un seul nombre. (S'oppose à VECTORIEL ou TENSORIEL.) — **2.** *Carré scalaire,* produit scalaire d'un vecteur par lui-même. ‖ *Matrice scalaire,* matrice diagonale d'ordre *n* de la forme αI_n, α étant un élément d'un corps commutatif K et I_n la matrice unité d'ordre *n.* ‖ *Produit scalaire,* forme bilinéaire symétrique $f(x,y)$, non dégénérée positive d'un espace euclidien. (→ *encycl.*)
◆ n. m. Élément d'un corps commutatif sur lequel est défini un espace vectoriel.
ENCYCL. **Math.** Dans un espace euclidien de dimension finie, doté d'une base orthogonale, un *produit scalaire* est défini par

$$f(x,\ y) = x \cdot y = \sum_{i=1}^{n} x_i y_i,$$

noté suivant les auteurs $x \cdot y$ ou (x/y) ou $\langle x, y \rangle$ ou $\langle x/y \rangle$. Dans un plan orienté P, le produit scalaire $\vec{x} \cdot \vec{y}$ de deux vecteurs non nuls faisant entre eux un angle $\varphi = (\vec{x},\ \vec{y})$ est donné par $\vec{x} \cdot \vec{y} = \|\vec{x}\| \cdot \|\vec{y}\| \cdot \cos\varphi$. La norme euclidienne de $\vec{x}$, $\|\vec{x}\|$ a pour carré

$\|\vec{x}\|^2 = \vec{x} \cdot \vec{x} = \sum_{i=1}^{n} x_i^2$. Deux vecteurs orthogonaux ont un produit scalaire nul.

2. SCALAIRE n. m. (lat. *scalaris,* de *scala,* escalier). Poisson d'aquarium (cichlidé), au corps comprimé, originaire d'Amérique.

SCALARIA → SCALA.

SCALARIFORME adj. (lat. *scalaris,* d'escalier). **1.** Se dit d'une série d'éléments disposés comme les barreaux d'une échelle. — **2.** *Vaisseaux scalariformes,* vaisseaux conducteurs des fougères.

SCALD n. m. (angl. *scald,* de *to scald,* échauder). Maladie physiologique des pommes et des poires, au cours de la conservation, caractérisée par le brunissement de l'épiderme et de la chair. (Syn. ÉCHAUDURE.)

SCALDE n. m. (scand. *skald,* poète). Au Moyen Âge, poète de cour norvégien et islandais.

SCALDIEN, ENNE adj. De la région de l'Escaut.

SCALÈNE adj. (bas lat. *scalenus,* du gr. *skalênos,* oblique). **1.** Se dit d'un triangle dont les trois côtés sont de longueurs inégales. — **2.** Se dit de muscles pairs, au nombre de trois, en forme de triangle, tendus de la nuque aux côtes. (Ce sont des muscles inspirateurs.)
◆ n. m. Muscle scalène.

SCALÉNOÈDRE adj. et n. m. Se dit d'un solide limité par douze triangles scalènes, égaux, qui est une forme caractéristique du système rhomboédrique.

SCALFARO (Oscar Luigi), homme d'État italien (Novare 1918). Magistrat, membre de la Démocratie chrétienne, il est plusieurs fois secrétaire d'État et ministre (des Transports, puis de l'Éducation nationale et — de 1983 à 1987 — de l'Intérieur) avant d'être élu en 1992 à la présidence de la Chambre des députés (avr.) puis, au lendemain de l'assassinat du juge Falcone, à la présidence de la République (mai).

SCALIGER (Jules César), en ital. **Giulio Cesare Scaligero,** philologue et médecin italien (Riva del Garda 1484 - Agen 1558). Il a cherché à concilier aristotélisme et humanisme chrétien et a ébauché les règles du classicisme (*De subtilitate,* 1557 ; *Poétique,* 1561).

SCALIGER (Joseph Juste), en ital. **Giuseppe Giusto Scaligero,** humaniste français d'origine italienne (Agen 1540 - Leyde 1609). Converti au protestantisme, humaniste à la vaste érudition, il a publié des commentaires d'auteurs latins, des poèmes latins (*Poemata omnia,* 1615) et dicté aux contemporains les règles du bon goût.

SCALIGERI → DELLA SCALA.

SCALIMÉTRIE n. f. (frq. **skala,* écaille). Détermination de l'âge des poissons par examen des écailles.

SCALP n. m. (angl. *scalp,* cuir chevelu). **1.** Pratique des Amérindiens qui consistait à enlever, sur la tête d'un ennemi, une touffe de cheveux avec la peau en signe de trophée de guerre. — **2.** Ensemble ainsi prélevé. — **3.** *Danse du scalp,* danse rituelle des Amérindiens qui agitaient des scalps ; manifestation de joie féroce après un succès remporté sur un adversaire (fam.).

SCALPEL n. m. (lat. *scalpellum,* de *scalpere,* inciser). Instrument en forme de petit couteau à manche étroit et à lame, qui sert pour inciser et disséquer.

SCALPER v. t. (de *scalp*) [conj. 3]. **1.** Détacher la peau du crâne avec un instrument tranchant. – **2.** Arracher violemment et accidentellement la peau du crâne : *L'automobiliste a été scalpé.*

SCAMANDRE ou **XANTHE,** en gr. **Skamandros** ou **Xanthos,** fleuve côtier de la Troade, prenant sa source au mont Ida. Sur ses rives, *l'Iliade* situe plusieurs combats entre Grecs et Troyens.

SCAMOZZI (Vincenzo), architecte italien (Vicence 1552 - Venise 1616). Disciple assez académique de Palladio, il termina certaines œuvres de celui-ci (décor de scène en perspective du Théâtre olympique de Vicence, 1585) et construisit notamment les Procuraties nouvelles de la place St-Marc à Venise (à partir de 1584).

SCANDALE n. m. (bas lat. *scandalum,* du gr. *skandalon,* trad. de l'hébr. *mikchôl,* obstacle). **1.** Effet fâcheux, indignation produits dans l'opinion publique par un fait, un acte estimé contraire à la morale, aux usages : *Agir sans craindre le scandale.* – **2.** Grave affaire malhonnête, honteuse, qui a un grand retentissement dans le public : *Un scandale financier. Presse à scandale.* – **3.** Querelle bruyante : *Faire du scandale sur la voie publique.* – **4.** Fait qui heurte la conscience, le bon sens, la morale, suscite l'émotion, la révolte : *Le scandale de la faim dans le monde.* – **5.** Parole ou acte répréhensibles qui sont pour le prochain une occasion de péché ou de dommage spirituel.

SCANDALEUSEMENT adv. D'une façon scandaleuse.

SCANDALEUX, EUSE adj. (bas lat. *scandalosus*). **1.** Qui cause ou est capable de causer du scandale : *Vie scandaleuse.* – **2.** Qui choque par son excès : *Prix scandaleux.*

SCANDALISER v. t. (bas lat. *scandalizare*) [conj. 3]. **1.** Susciter l'indignation par un comportement, un caractère contraires à la morale, aux bienséances : *Il a scandalisé tout le monde par son sans-gêne.* – **2.** Choquer qqn par ses aspects très ou trop novateurs, inhabituels : *Architecte qui a scandalisé ses contemporains par ses audaces.* – **3.** Être une cause de péché, porter au péché.
◆ **se scandaliser** v. pr., **être scandalisé** v. pass. Éprouver de l'indignation à propos de qqch : *Vous vous scandalisez pour peu de chose.*

SCANDER v. t. (lat. *scandere,* monter) [conj. 3]. **1.** Prononcer un vers grec ou latin en le rythmant, en marquant l'alternance des longues et des brèves et en insistant sur les temps forts. – **2.** Prononcer une phrase, des mots en détachant les groupes de mots, les syllabes : *Manifestants qui scandent des slogans.*

SCANDERBEG → SKANDERBEG.

SCANDINAVE adj. et n. **1.** De Scandinavie. – **2.** Syn. de NORDIQUE.

Scandinavian Airlines System (SAS), compagnie scandinave de transports aériens, née à Oslo, en 1946, de l'union de trois compagnies, danoise, norvégienne et suédoise.

SCANDINAVIE, région du nord de l'Europe, qui correspond le plus souvent à l'ensemble constitué par la Suède, la Norvège, le Danemark, la Finlande et l'Islande.
Les conditions naturelles rudes en raison de la latitude, les fonctions maritimes, la présence de la forêt, une faible densité de population, des régimes politiques libéraux sont autant de traits communs. Les paysages ont été marqués par les glaciers quaternaires, qui ont recouvert le bouclier ancien et la chaîne calédonienne des Scandes (Alpes scandinaves) ; les glaciers ont raboté les hauts plateaux, élargi les vallées et, en reculant, entraîné un relèvement du continent. Les argiles glaciaires, mêlées aux dépôts marins, fournissent des sols très favorables à l'agriculture. L'industrie, développée dès le XIXe s., utilise les ressources locales en bois, hydroélectricité et maintenant pétrole et gaz de la mer du Nord. Elle est localisée pour sa plus grande part dans les ports et les plus grandes agglomérations.

Histoire. Dès la fin de la préhistoire, les peuples scandinaves se distinguent par l'origine commune des populations, aux structures sociales et aux mentalités religieuses originales. Sociétés paysannes, elles ne connaissent ni le servage ni la féodalité. Aux VIIIe-XIe s., les expéditions des Scandinaves en Europe (Vikings) les mettent en contact avec la culture occidentale et le christianisme, qu'ils introduisent dans leurs pays. Dès lors, les royaumes de Norvège, de Suède et de Danemark vont se différencier et se concurrencer. L'Union de Kalmar (1397-1520), réalisant l'union politique des trois royaumes sous l'égide du Danemark, aura une existence éphémère. La Scandinavie va vivre au rythme des luttes de la Suède et du Danemark, qui se disputent l'hégémonie pour la maîtrise de la Baltique.
L'idée d'une unité de la Scandinavie prend corps au XIXe s. et se traduit, pendant la Première Guerre mondiale, par la communauté de la neutralité, que les trois États réussissent à maintenir. L'indépendance de la Finlande (1918) contribue à diriger le monde scandinave vers le nord-est. Au lendemain de la Seconde Guerre mondiale, la Suède maintient sa politique de neutralité, tandis que le Danemark et la Norvège adhèrent à

l'O. T. A. N. (1949) et que la Finlande signe avec l'U. R. S. S. le traité de Paris (1947).
Cependant, les États scandinaves (avec l'Islande) participent à l'O. N. U., acceptent le plan Marshall (1947) et adhèrent au Conseil de l'Europe et à l'O. E. C. E. (à l'exception de la Finlande). En 1951, en vue de défendre leurs intérêts, ils créent le Conseil nordique, conseil interparlementaire auquel adhère la Finlande (oct. 1956). Un accord de coopération est signé à Helsinki en 1962 ; un conseil de ministres est institué en 1971. La majorité des pays scandinaves font aujourd'hui partie de l'Union européenne (le Danemark depuis 1973, la Finlande et la Suède depuis 1995).

SCANDIUM [-djɔm] n. m. (lat. *Scandia,* var. de *Scandinavia,* Scandinavie). Métal qui accompagne dans ses minerais l'yttrium et les lanthanides, mais qui ne fait pas partie de leur groupe. (Symbole Sc.) [Élément de numéro atomique 21 et de masse atomique 44,956, le scandium est un métal très léger (densité = 3,0), qui possède un haut point de fusion (1 541 °C).]

SCANIE, région du sud de la Suède. Des sols fertiles et un climat relativement doux en font le grenier à blé du pays. S'y ajoutent d'autres cultures (betterave à sucre, légumes, oléagineux). Les villes sont des centres commerciaux et maritimes et des stations balnéaires.
— **Hist.** Appartenant au royaume de Danemark dès le VIIIe s., la Scanie fut le théâtre de guerres qui opposèrent les Danois et les Suédois à partir du XVIe s. Cédée à la Suède par le traité de Roskilde (1658), elle lui fut définitivement rattachée par la paix de Lund (1679).

1. SCANNER [-nɛr] ou **SCANNEUR** n. m. (angl. *scanner,* de *to scan,* balayer). **1.** Syn. de SCANOGRAPHE. (On dit aussi SCANNER X.) — **2.** Appareil électronique utilisé en photogravure pour explorer un document de façon linéaire, l'énergie lumineuse, transmise ou réfléchie, étant transformée en signaux électriques, traités par un ordinateur qui commande l'insolation des films photographiques destinés à l'établissement des formes imprimantes. (→ *encycl.*) — **3.** Capteur analogique ou numérique, pourvu d'un dispositif de balayage pour l'obtention d'images de la Terre. — **4.** Récepteur radio permettant de balayer rapidement la totalité de la gamme des fréquences. — **5.** Dispositif d'analyse d'image à haute définition connecté à un micro-ordinateur en vue de son affichage sur un visuel ou de son impression ultérieure.
ENCYCL. **Impr.** Les scanners effectuent simultanément la sélection et la correction électronique des quadrichromes et assurent différents traitements électroniques programmés : adaptation des contrastes ; corrections de valeurs et de couleurs ; accentuation électronique de détails. Un dispositif de tramage électronique par rayon laser assure directement la production des films de sélection tramés.

2. SCANNER [-ne] v. t. (conj. 3). En imprimerie, numériser (un document) à l'aide d'un scanner.

SCANOGRAPHE n. m. Appareil de diagnostic radiologique au moyen duquel se pratique la scanographie. (Syn. SCANNER, SCANNER X, TOMODENSITOMÈTRE.)

SCANOGRAPHIE n. f. **1.** Procédé radiologique de reconstruction informatique de l'image d'une coupe du corps à partir d'une série d'analyses de densité effectuées par le balayage et/ou la rotation de l'ensemble tube à rayons X-détecteurs. (Syn. TOMODENSITOMÉTRIE, TOMOGRAPHIE INFORMATISÉE OU COMPUTÉRISÉE.) — **2.** Image obtenue par ce procédé.
ENCYCL. Le scanographe a été inventé par un Britannique, G. N. Hounsfield, en 1973. L'absorption des rayons X est calculée en tout point d'une coupe d'épaisseur déterminée. À partir de ces mesures élémentaires, la totalité de la coupe est reconstruite, permettant de visualiser ainsi les structures anatomiques par leur différence d'absorption des rayons X.
L'ensemble de l'appareillage est formé d'un système de mesures couplé à un système de traitement informatique et d'une console permettant la restitution des données par l'ordinateur. La scanographie permet notamment de distinguer clairement la présence d'une masse liquidienne (kyste), de sang, de graisse ou de calcium. Elle a bouleversé les méthodes d'explorations radiologiques, en particulier en neurologie. Dans l'exploration du corps entier, elle apporte aussi des renseignements très intéressants. Dans tous les cas, elle permet une étude morphologique précise et autorise des études de densité. L'examen est indolore, peu agressif et pratiquement sans danger.

SCANOGRAPHIQUE adj. Relatif à la scanographie.

SCANSION n. f. (lat. *scansio, -onis*). Action ou manière de scander des vers.

Scapa Flow, importante base navale britannique dans l'archipel des Orcades. La flotte de guerre allemande, rassemblée après l'armistice de 1918, s'y saborda le 21 juin 1919.

SCAPHANDRE n. m. **1.** Équipement lourd individuel de plongée sous-marine comportant une liaison avec la surface pour la respiration du plongeur. (→ *encycl.*) — **2.** *Scaphandre autonome,* appareil respiratoire portatif, permettant une plongée sous-marine sans lien avec la surface. (→ *encycl.*) ‖ *Scaphandre spatial,* équipement que portent les astronautes à l'intérieur de leurs vaisseaux (lancement, manœuvres orbitales, retour) ou pour sortir dans l'espace.

ENCYCL. Un scaphandre classique se compose d'une combinaison imperméabilisée se terminant aux poignets par des joints étanches, laissant les mains libres. Au haut de la poitrine, un plastron métallique, surmonté d'une large collerette, permet de fixer le casque, muni d'un hublot en glace épaisse. L'air est fourni par une pompe ou par des réservoirs d'air comprimé. Il arrive au casque par un tuyau souple. Une soupape interdit le retour de l'air, une autre assure l'évacuation de l'air en excès. Ce type de scaphandre permet de descendre jusqu'à 100 m et de séjourner 20 min au maximum à cette profondeur. Toutefois, par fonds supérieurs à 60 m, il faut employer des scaphandres rigides articulés. Sauf pour des usages militaires, les *scaphandres autonomes* sont généralement à circuit ouvert, l'air vicié étant évacué à la mer au lieu d'être régénéré. L'appareil respiratoire comprend une ou plusieurs bouteilles de 5 l environ d'air comprimé à 200 kg/cm^2, sanglées sur le dos du plongeur, un dispositif détendeur et des tuyaux flexibles qui amènent l'air détendu au masque du plongeur. L'équipement comporte en outre des lunettes et des palmes.

SCAPHANDRIER n. m. Plongeur utilisant un scaphandre lourd.

SCAPHITES [-tɛs] n. m. Ammonite du crétacé supérieur, à la coquille en spirale se développant en une partie droite, puis arquée.

SCAPHOÏDE adj. et n. m. (gr. *skaphoeidês,* qui ressemble à un bateau). Se dit de deux petits os de la main et du pied.

SCAPHOPODE n. m. Mollusque des sables marins, sans tête, à coquille en forme de cornet, tel que les dentales. (Les *scaphopodes* forment une petite classe.)

Scapigliatura, mouvement littéraire italien, qui eut son centre à Milan dans les années 1860-1870. Le terme de *La Scapigliatura* (« bohème ») désigne à la fois une volonté de rupture avec les mythes de la bourgeoisie libérale et la naissance d'une nouvelle sensibilité décadente. Le mouvement doit aussi son originalité à ses liens avec les avant-gardes picturales et musicales de l'époque.

Scapin, valet rusé et intrigant de la Comédie-Italienne, repris par Molière dans *les Fourberies de Scapin.*

SCAPOLITE n. f. (lat. *scapus,* tige). Syn. de WERNÉRITE.

SCAPULAIRE adj. (lat. *scapulae,* épaules). **1.** Qui appartient à l'épaule ou à l'omoplate. — **2.** *Ceinture scapulaire,* ensemble osseux constitué par la clavicule, l'acromion et l'épine de l'omoplate et qui sert d'attache au membre supérieur.

◆ n. m. Pièce d'étoffe passée sur les épaules, descendant sur le dos et sur la poitrine, caractéristique de l'habit de certains ordres religieux et qui, sous sa forme simplifiée, est portée sous les vêtements par les laïcs pieux.

SCAPULO-HUMÉRAL, E, AUX adj. Qui appartient à l'omoplate et à l'humérus. (L'*articulation scapulo-humérale,* ou articulation de l'épaule, unit la tête humérale à la cavité glénoïde de l'omoplate.)

SCAPULOMANCIE n. f. Divination par l'interprétation des os éclatés à la chaleur. (Pratiquée en Chine dès le néolithique, on y voit l'origine de l'écriture chinoise.)

SCARABÉE n. m. (lat. *scarabeus,* du gr. *karabos*). **1.** Nom commun à de nombreuses espèces d'insectes coléoptères lamellicornes, constituant une section de l'immense famille des *scarabéidés.* (→ *encycl.*) — **2.** Céramique moulée ou pierre fine taillée en forme de scarabée, emblème de la résurrection dans l'ancienne Égypte. (La face ventrale de l'animal est généralement ornée de hiéroglyphes.)

ENCYCL. Les scarabées ont des antennes terminées en éventail. Ceux des régions chaudes peuvent être très grands. Le mâle porte parfois des sortes de cornes. La larve est coprophage. Principaux types : ateuchus (« scarabée sacré »), dynaste, copris, orycte, geotrupe.

SCARABÉIDÉ n. m. Insecte coléoptère tel que les scarabées proprement dits, les cétoines, bousiers, hannetons, etc. (Les *scarabéidés* forment une très vaste famille de plus de 15 000 espèces.)

Scaramouche, personnage de la Comédie-Italienne, créé par l'acteur Tiberio Fiorilli (v. 1600-1694) et qui survécut à son créateur.

SCARBOROUGH, v. du Canada (Ontario), banlieue de Toronto ; 524 598 hab.

SCARBOROUGH, port et station balnéaire de Grande-Bretagne (North Yorkshire), sur la mer du Nord ; 43 300 hab. Musées ; zoo.

SCARE n. m. (lat. *scarus,* du gr. *skairein,* bondir). Poisson des récifs coralliens à couleurs variées et brillantes, d'où son nom de *poisson-perroquet.*

SCARIEUX, EUSE adj. (lat. sc. *scariosus,* du lat. médiév. *scara,* lèpre). Se dit des organes végétaux membraneux, secs, minces et translucides.

SCARIFIAGE n. m. Travail du sol avec des outils à dents.

SCARIFICATEUR n. m. **1.** Petit appareil destiné à produire simultanément plusieurs scarifications. — **2.** Instrument agricole équipé de dents pour réaliser un ameublissement grossier. — 3. Appareil tracté ou porté par un engin automoteur et destiné au piochage des chaussées. (Syn. PIOCHEUSE.)

SCARIFICATION n. f. (bas lat. *scarificatio*). **1.** Petite incision superficielle de la peau. — **2.** Démolition, par arrachement de matériaux, de la couche supérieure d'une chaussée. (Syn. PIOCHAGE.) — **3.** Incision annulaire pratiquée sur un arbre, un cep de vigne.

SCARIFIER v. t. (bas lat. *scarificare*) [conj. 9]. **1.** Inciser en pratiquant des scarifications sur la peau. — **2.** Pratiquer le scarifiage d'une terre, la scarification d'un arbre, d'un cep de vigne.
◆ **être scarifié** v. pass. *Ventouses scarifiées,* celles que l'on accompagne de scarifications.

SCARLATINE n. f. (lat. médiév. *scarlatum,* de l'anc. fr. *escarlate,* écarlate). Maladie infectieuse, contagieuse et épidémique, caractérisée par un exanthème écarlate généralisé, un énanthème buccal et pharyngé et une desquamation par placards.
ENCYCL. La scarlatine est due à un streptocoque sécrétant une toxine érythrogène. Elle atteint de préférence les enfants entre 6 et 14 ans. Elle confère une immunité relative. Après une incubation de 3 à 5 jours, elle débute brusquement par une angine très fébrile à 39-40°. En 24 heures, l'éruption apparaît ; éruption cutanée d'aspect granité et rouge écarlate, qui envahit tout le corps ; angine avec gorge très rouge et langue d'abord blanche puis d'aspect framboisé. La desquamation débute au 8e-10e jour, se faisant par grands lambeaux aux paumes des mains et aux plantes des pieds. Le traitement très précoce par la pénicilline empêche l'apparition de deux complications graves : atteinte rénale et atteinte cardiaque. La scarlatine est une maladie à déclaration obligatoire.

SCARLATINEUX, EUSE adj. et n. Relatif à la scarlatine ; atteint de scarlatine.

SCARLATTI, famille de compositeurs italiens. — Le premier opéra d'ALESSANDRO (Palerme 1660 - Naples 1725), donné à Rome, lui valut d'être nommé maître de chapelle de la reine Christine de Suède (1679). En 1684, il partit pour Naples, où il dirigea une troupe qui donnait ses œuvres et où il fut nommé maître de la chapelle royale. Son œuvre est considérable : environ 115 opéras, plus de 600 cantates, des sérénades, des oratorios, des messes, des motets, une Passion selon saint Jean, des sonates de chambre, des toccatas et diverses pièces pour clavecin, 12 *Sinfonie di concerto grosso* (1715), des sonates, des ouvrages théoriques. — Son fils DOMENICO (Naples 1685 - Madrid 1757) occupa plusieurs postes à Rome (notamment maître de la chapelle Giulia au Vatican), puis s'établit (1719) à Lisbonne comme maître de chapelle de Jean V de Portugal. Nommé maître de clavecin de l'infante Maria Barbara, il suivit celle-ci à Madrid. Il a écrit des opéras, des oratorios, de la musique religieuse, des sinfonias et surtout plus de 550 sonates pour clavecin, appelées *Essercizi per gravicembalo.*

SCAROLE n. f. (var. de *escarole*). Espèce de chicorée cultivée à l'automne et en hiver comme salade verte.

SCARPA (Antonio), anatomiste et chirurgien italien (Motta di Livenza, Vénétie, 1752 - Pavie 1832). Il a étudié les maladies des yeux, les pieds bots, les anévrysmes, les nerfs de la cinquième paire, les ganglions, les plexus nerveux, etc.

Scarpa *(triangle de),* partie supéro-interne de la cuisse, qui contient le nerf crural, l'artère et la veine fémorales.

SCARPA (Carlo), architecte italien (Venise 1906 - Tōkyō 1978). Un mélange d'innovations formelles et de modestie, joint au traitement savant des détails, caractérise ses projets et ses réalisations. Bon nombre de celles-ci se situent dans le domaine muséographique (Castelvecchio de Vérone, 1958-1964) ; citons aussi la Banque populaire de Vérone (1973 et suiv.).

SCARPE (la), riv. du nord de la France, affl. de l'Escaut (r. g.) ; 100 km. Née dans l'Artois, elle passe à Arras et Douai.

SCARRON (Paul), écrivain français (Paris 1610 - *id.* 1660). Secrétaire de l'évêque du Mans, frappé de paralysie en 1638, il lance la mode de la poésie burlesque (*le Virgile travesti,* 1648-1652), compose des satires et écrit des pièces imitées du théâtre espagnol (*Jodelet ou le Valet-maître,* 1645 ; *Dom Japhet d'Arménie,* 1653 ; *l'Écolier de Salamanque,* 1655). Outre ses *Nouvelles tragi-comiques* (1655-1657), qui inspireront Molière, il se livre avec succès à une peinture savoureuse des comédiens de campagne (*Roman* comique,* 1651 et 1657). Il avait épousé, en 1652, Mlle d'Aubigné, future Mme de Maintenon.

SCAT [skat] n. m. (amér. *scat,* d'orig. onomat.). Style vocal propre au jazz, dans lequel les paroles sont remplacées par des syllabes et des onomatopées de fantaisie. (Créé par L. Armstrong, le scat a été renouvelé, notamment par E. Fitzgerald, S. Vaughan, D. Gillespie et Al Jarreau.)

SCATOL ou **SCATOLE** n. m. Composé, à odeur de matière fécale, qui prend naissance dans la putréfaction des protéines.

SCATOLOGIE n. f. Propos ou écrits grossiers où il est question d'excréments.

SCATOLOGIQUE adj. Propre à la scatologie.

SCATOPHAGE adj. (gr. *skatophagos*). Se dit des animaux, en partic. des insectes, qui se nourrissent des excréments d'autres espèces.
◆ n. m. **1.** Mouche jaune ou roussâtre, très velue, qui abonde au printemps et en été sur les excréments, où elle chasse d'autres insectes coprophiles. (Nom usuel *mouche à merde.*) — **2.** Poisson perciforme, aux vives couleurs, recherchant les déversoirs des égouts mais apprécié des aquariophiles.

SCATOPHAGIE n. f. Mode de vie des animaux scatophages.

SCATOPHILE adj. Syn. de COPROPHILE.

SCATTER [skatər] n. m. (angl. *to scatter,* disperser). Dispersion relative des résultats partiels obtenus par un sujet à une batterie de tests.

SCEAU n. m. (lat. pop. **sigellum,* du lat. class. *sigillum*). **1.** Grand cachet (ou matrice) sur lequel sont gravées en creux la figure, les armes ou la marque symbolique d'un État, d'un souverain, d'une communauté ou d'un particulier et dont on applique l'empreinte sur des actes ou des objets pour les authentifier, les clore d'une manière inviolable ou pour marquer la propriété. — **2.** L'empreinte même de ce sceau, sur une matière malléable, généralement la cire. — **3.** *Litt.* Signe manifeste qui authentifie ; marque : *Un récit qui porte le sceau de la sincérité.* — **4.** *Sous le sceau du secret,* à la condition que le secret en sera bien gardé. • **Dr.** *Droit de sceau,* droit perçu par l'Administration de l'enregistrement sur les actes du ministère de la Justice (naturalisation, par ex.). — **Hist.** Fonction, dignité du chancelier, du garde des Sceaux. ‖ *Grand sceau,* sceau royal qu'on apposait sur les édits, les privilèges, les grâces et les patentes. ‖ *Petit sceau,* sceau royal qu'on apposait sur les actes de justice.

SCEAU-DE-SALOMON n. m. (pl. *sceaux-de-Salomon*). Plante (liliacée) voisine du muguet, dont le rhizome horizontal forme chaque année une tige aérienne qui y laisse une cicatrice.

SCEAUX (92330), ch.-l. de cant. des Hauts-de-Seine, à 6 km au S. de Paris ; 18 202 hab. *(Scéens).* Ville surtout résidentielle. Institut universitaire de technologie. Église St-Jean-Baptiste, des XVIe-XVIIIe s. Du château élevé au XVIIe s. pour Colbert, illustré par les fêtes qu'y donna la duchesse du Maine au début du XVIIIe s., ne subsistent que l'orangerie et le pavillon de l'Aurore (coupole peinte par Le Brun) ainsi qu'un vaste parc tracé par Le Nôtre (débordant sur la comm. d'Antony). Dans le château reconstruit en 1856 est installé le musée départemental de l'Île-de-France (peintures et riche fonds iconographique de dessins, gravures, etc. ; sculptures, tapisseries, céramiques).

Sceaux *(faïences et porcelaines de),* faïences et porcelaines créées dans la manufacture de Jacques Chapelle, établi à Sceaux en 1748, qui produisit des porcelaines tendres à décor pastoral, des faïences, uniquement décorées et cuites au petit feu, puis, à partir de 1763, des porcelaines dures. La manufacture resta en activité jusqu'en 1795. Marques : fleur de lis ; SC ; SP ; ancre.

SCELBA (Mario), homme politique italien (Caltagirone, Sicile, 1901 - Rome 1991). Avocat, il participa à la constitution, dans la clandestinité, de la Démocratie chrétienne, avec De Gasperi (1941). Ministre de l'Intérieur (1947-1953), président du Conseil (1954-55), ministre de l'Intérieur de nouveau (1960-1962), il se fit remarquer par son intransigeance avec la gauche.

SCÉLÉRAT, E adj. (lat. *sceleratus,* de *scelus, -eris,* crime). *Litt.* Qui manifeste des sentiments ou des intentions criminels et perfides : *Des lois scélérates.*
◆ n. Personne qui a commis ou est capable de commettre un crime.

SCÉLÉRATESSE n. f. *Litt.* **1.** Manière d'agir d'un scélérat : *Il a eu la scélératesse d'accuser son bienfaiteur.* — **2.** Action scélérate : *Il est capable de toutes les scélératesses.*

SCELLAGE n. m. Action de sceller.

SCELLE (Georges), juriste français (Avranches 1878 - Paris 1961). Spécialiste de droit international, il est l'auteur notamment de *Précis de droit des gens* (1934).

SCELLEMENT [sɛ-] n. m. Action de sceller ; fait d'être scellé ; ouvrage qui en résulte.

SCELLER [sɛ-] v. t. (lat. pop. **sigellare,* du lat. class. *sigillare*) [conj. **4**]. **1.** Marquer un acte d'un sceau pour le fermer ou l'authentifier. — **2.** Apposer les scellés sur un objet, la porte d'un local. — **3.** Fermer qqch hermétiquement par soudage (matières plastiques) ou par pliage et pinçage (métal), le fixer solidement à l'aide d'une substance : *Sceller une couronne sur une dent. Sceller un coffre dans le mur.* — **4.** Fixer une pièce dans une cavité, notamment une pièce de métal dans une maçonnerie, à l'aide d'une substance dont on remplit l'espace restant et qui y durcit. — **5.** *Litt.* Tenir qqch étroitement clos : *La fidélité lui scellait les lèvres.* — **6.** Confirmer solennellement un traité, une union, les entériner par un acte : *Sceller un accord.*

SCELLÉS [se-] n. m. pl. **1.** Bandes de papier ou d'étoffe — que fixe, aux deux bouts, un cachet de cire revêtu d'un sceau officiel —, apposées sur un objet (armoire, coffre) ou un local (porte d'appartement) par autorité de justice pour empêcher un détournement d'objets. — 2. *Bris de scellés,* délit consistant à briser les scellés.

SCÉNARIMAGE [se-] n. m. Syn. de STORY-BOARD.

SCÉNARIO [se-] n. m. (pl. *scénarios* ou *scenarii*) [ital. *scenario,* décor, de *scena,* scène]. 1. Canevas, plan, scène par scène, d'une pièce de théâtre. — 2. Document écrit décrivant le film qui sera tourné. (Syn. SCRIPT.) — 3. Dans une bande dessinée, l'histoire, le récit, par oppos. à graphisme. — 4. Déroulement préétabli d'une action : *La cérémonie a eu lieu selon un scénario bien réglé.* — 5. Prévisions réalisées selon certaines hypothèses, et tenant compte des contraintes d'une situation économique, démographique, etc.

SCÉNARISTE [se-] n. Auteur d'un scénario de film, de bande dessinée.

SCÈNE [sɛn] n. f. (lat. *scena,* du gr. *skênê*). 1. Partie du théâtre où jouent les acteurs : *La scène de l'Odéon.* — 2. Ensemble des décors qui représentent le lieu où se passe l'action théâtrale : *La scène représente une forêt.* — 3. Action dans une pièce de théâtre : *La scène se passe en 1789.* — 4. Le théâtre, l'art dramatique : *Les vedettes de la scène et de l'écran.* — 5. Subdivision d'un acte d'une pièce de théâtre. — 6. Dans un film, et à l'intérieur d'une séquence, suite de plans formant un tout. — 7. Spectacle, action à laquelle on assiste en simple spectateur : *Être témoin de scènes déchirantes après une catastrophe.* — 8. Lieu où s'exerce une activité humaine : *Un nouveau venu sur la scène politique.* — 9. Emportement auquel on se livre : *Il m'a fait une scène pour une bagatelle.* — 10. *Entrer en scène,* faire son apparition. ‖ *Occuper le devant de la scène,* avoir une position importante, être connu du public. ‖ *Quitter la scène,* pour un acteur, prendre sa retraite ; s'effacer, se retirer, mourir. ‖ *Scène primitive* ou *scène originaire,* scène fantasmatique ou réelle dans laquelle le sujet est témoin du coït de ses parents.

Scènes de la vie de bohème, par H. Murger (1848), évocation idéalisée de la vie des artistes, des grisettes. Puccini s'en inspira pour son opéra *la Bohème.*

SCENIC-RAILWAY [senikrɛlwe] n. m. (pl. *scenic-railways*) [angl. *scenic-railway,* petit train]. Syn. de MONTAGNES RUSSES.

SCÉNIQUE [se-] adj. 1. Relatif à la scène, au théâtre. — 2. Propre au théâtre, du point de vue du théâtre : *La valeur scénique d'une pièce.* — 3. *Jeux scéniques,* forme d'expression proche du théâtre, pratiquée en général hors des salles traditionnelles par des non-professionnels.

SCÉNIQUEMENT [se-] adv. Du point de vue scénique.

SCÉNOGRAPHE [se-] n. 1. Artiste qui s'occupe de scénographie. — 2. Architecte ou décorateur spécialiste de l'agencement et de l'équipement des théâtres (scène et salle).

SCÉNOGRAPHIE [se-] n. f. (lat. *scaenographia,* du gr. *skênographia*). 1. *Vx.* Art de représenter en perspective. — 2. Art de concevoir les décors scéniques ; ces décors mêmes. — 3. Ensemble des éléments picturaux, plastiques et techniques qui permettent l'élaboration d'une mise en scène, notamment théâtrale, ou d'un spectacle quelconque. (L'histoire de la scénographie en Occident offre une suite de métamorphoses qui conduisent de la *scênê* du théâtre grec aux vidéotransmissions sur écrans géants d'aujourd'hui, en passant, en particulier, par la salle à l'italienne des XVIIe-XIXe s.) — 4. Aménagement expressif d'un espace architectural complexe : *Une scénographie baroque.*

SCÉNOGRAPHIQUE [se-] adj. Relatif à la scénographie.

SCÉNOLOGIE [se-] n. f. Science de la mise en scène théâtrale.

SCEPTICISME [sɛ-] n. m. (de *sceptique*). 1. Système philosophique qui repose sur la suspension du jugement. (Son fondateur est le philosophe grec Pyrrhon d'Élis, dont l'œuvre a été continuée par Sextus Empiricus.) — 2. Attitude de doute en matière religieuse ; incrédulité. — 3. Attitude de réserve, de doute devant un fait, une proposition quelconques : *Une déclaration accueillie avec scepticisme.*

SCEPTIQUE [sɛ-] adj. et n. (gr. *skeptikos,* de *skeptesthai,* examiner). 1. Adepte du scepticisme. — 2. Qui a tendance à mettre en doute les croyances et les vérités couramment admises : *C'est un esprit sceptique et destructeur.* — 3. Qui doute de qqch, qui refuse de se prononcer et réserve son jugement sur une question particulière : *Être sceptique sur un programme économique.* ◆ adj. 1. Propre au scepticisme philosophique. — 2. Qui exprime le scepticisme, le doute, la réserve : *Une moue sceptique.*

SCEPTIQUEMENT [sɛ-] adv. De façon sceptique, avec scepticisme.

SCEPTRE [sɛptr] n. m. (lat. *sceptrum,* du gr. *skêptron,* bâton). 1. Bâton de commandement, qui est un des insignes du pouvoir suprême (royauté, empire). — 2. Symbole litt. du pouvoir monarchique, de la royauté, de l'autorité suprême.

SCÈVE (Maurice), poète français (Lyon v. 1501 - *id.* v. 1560). Célèbre dans la société lyonnaise dès ses *Blasons* (1536), où la sentimentalité précieuse remplace une expression plus gauloise, il donna son chef-d'œuvre avec *Délie**, objet de plus haute *vertu* (1544), canzionere de 449 dizains qui célèbrent Pernette du Guillet. En 1562, enfin, parut *Microcosme,* épopée de la connaissance et poème scientifique.

SCEY-SUR-SAÔNE-ET-SAINT-ALBIN (70360), ch.-l. de cant. de la Haute-Saône, à l'O. de Vesoul ; 1 565 hab.

SCHABRAQUE → CHABRAQUE.

SCHACHT (Hjalmar), financier et économiste allemand (Tingleff, Schleswig, 1877 - Munich 1970). Président de la Reichsbank (1924-1930), il favorisa, grâce à ses relations dans les milieux financiers, la venue de Hitler au pouvoir. Celui-ci le nomma ministre de l'Économie (1934-1937) puis ministre sans portefeuille. En désaccord croissant avec Hitler depuis 1937, il fut écarté du pouvoir en 1943 et incarcéré en 1944-45. Il fut acquitté par le tribunal de Nuremberg (1946) et interné par les autorités allemandes jusqu'en 1948.

SCHADOW (Johann Gottfried), sculpteur allemand (Berlin 1764 - *id.* 1850). Il a donné de nombreuses œuvres, dans les années 1789-1800, en collaboration avec les architectes du nouveau Berlin, dont Langhans (quadrige de la porte de Brandebourg, 1789-1794). Noblesse et harmonie classique caractérisent sa production. Il fut nommé en 1815 directeur de l'Académie de Berlin. — Son fils, WILHELM VON SCHADOW (Berlin 1788 - Düsseldorf 1862), peintre, se joignit au groupe des nazaréens, à Rome, en 1813. Il dirigea l'Académie des beaux-arts de Düsseldorf de 1826 à 1859.

SCHAEFFER (Claude), archéologue français (Strasbourg 1898 - Saint-Germain-en-Laye 1982). Il se consacra dès 1929 à la mission archéologique de Ras Shamra-Ougarit (Syrie), où il découvrit des tablettes à écriture cunéiforme alphabétique. Il travailla ensuite à Chypre (Engómi).

SCHAEFFER (Pierre), compositeur et chercheur français (Nancy 1910 - Les Milles, comm. d'Aix-en-Provence, 1995). Polytechnicien, il entre à la Radiodiffusion française et y fonde en 1944 un studio d'essai. En 1951, il crée le Groupe de recherche de musique concrète, devenu en 1958 le Groupe de recherches musicales (G. R. M.). Le *Traité des objets musicaux* (1966) dresse le bilan de cette recherche. Schaeffer se consacre ensuite essentiellement à l'animation du Service de la recherche de la R. T. F. (futur Institut national de l'audiovisuel), qu'il a fondé en 1960. Il a écrit de la musique concrète (*Études de bruits,* 1948), des œuvres en collaboration avec Pierre Henry (*Bidule en « ut »,* 1949, *Symphonie pour un homme seul,* 1950), des études fondées sur les qualités intrinsèques des sens (*Étude aux objets,* 1959) et des pièces à base de sons électroniques (*le Trièdre fertile,* 1975). Il est également l'auteur de plusieurs ouvrages de recherche (*Machines à communiquer* [1970-1972], *Faber et Sapiens* [1986]).

SCHAEFFNER (André), ethnomusicologue français (Paris 1895 - *id.* 1980). En 1929, il créa le département d'ethnologie musicale du musée d'Ethnographie (futur musée de l'Homme), qu'il dirigea jusqu'en 1965. Il effectua diverses missions en Afrique.

SCHAERBEEK, en néerl. **Schaarbeek,** comm. de Belgique (Bruxelles-Capitale), banlieue industrielle du nord-est de Bruxelles ; 105 900 hab.

SCHAFF (Adam), philosophe et sociologue polonais (Leusberg, auj. Lvov, 1913). Il est l'auteur de travaux sur la philosophie du langage (*Langage et connaissance,* 1964).

SCHAFFHOUSE, en all. **Schaffhausen,** v. de Suisse, ch.-l. du canton du même nom, sur le Rhin, à son confluent avec la Durach ; 34 000 hab. Donjon et restes de fortifications médiévales. Cathédrale romane, anc. abbatiale. Riche musée dans l'anc. abbaye. L'aménagement hydroélectrique des chutes du Rhin a permis le développement industriel : métallurgie, textile, chimie, etc.

SCHAFFHOUSE *(canton de),* en all. **Schaffhausen,** cant. de la Suisse, sur la rive droite du Rhin ; 298 km² ; 72 160 hab. Ch.-l. *Schaffhouse.* Il juxtapose un plateau calcaire rude et forestier et des dépressions abritées et sèches (labours et vergers du Klettgau). Le secteur industriel a pris le relais du commerce médiéval.
— **Hist.** Ancien territoire d'une abbaye bénédictine fondée en 1050, la région devint en 1501 le 12ᵉ canton de la Confédération suisse.

SCHALLY (Andrew), biochimiste américain d'origine polonaise (Wilno, auj. Vilnius, Lituanie, 1926). Ses travaux sur les polypeptides, en particulier ceux de l'hypothalamus, lui ont valu de partager avec R. Guillemin et R. Yalow le prix Nobel de physiologie et de médecine pour 1977.

SCHAPIRO (Meyer), historien d'art américain (en Lituanie 1904 - New York 1996). Ses publications concernent surtout le Moyen Âge et l'art moderne (Van Gogh, Cézanne, l'abstraction, etc.). Il s'est appuyé sur le marxisme, la psychanalyse, la sémiologie pour mettre en rapport l'œuvre d'art avec l'histoire et le milieu social.

SCHAPPE n. f. (suisse alémanique *schappe,* garniture de fleuret). Fil obtenu en travaillant les déchets de soie naturelle selon un cycle de transformation proche de celui de la laine peignée.

SCHAPPISTE n. m. Industriel dont l'activité est la production du fil de schappe.

SCHARNHORST (Gerhard VON), général prussien (Bordenau, Hanovre, 1755 - Prague 1813). Il présida, avec Gneisenau, à la réorganisation militaire de la Prusse entre 1807 et 1813. Chef d'état-major de Blücher, il fut mortellement blessé à Lützen.

SCHAT (Peter), compositeur néerlandais (Utrecht 1935). Il devient un des chefs de file de l'avant-garde de son pays en composant l'opéra *Labyrinth* (1962). Lié, depuis 1967, au Studio de musique électro-instrumentale d'Amsterdam, il a fondé en 1973 la troupe du Cirque électrique d'Amsterdam.

SCHATZMAN (Evry), astrophysicien français (Neuilly-sur-Seine 1920). Il a créé à la Sorbonne, en 1954, la première chaire d'astrophysique de France. Théoricien, spécialiste des étoiles, il est l'auteur d'importantes contributions à l'étude du Soleil, des atmosphères stellaires, des réactions thermonucléaires au sein des étoiles. (Acad. des sc., 1985.)

SCHAUDINN (Fritz Richard), microbiologiste allemand (Röseningken, Prusse-Orientale, 1871 - Hambourg 1906). Il découvrit avec E. Hoffmann, en 1905, l'agent de la syphilis, le *Treponema pallidum.*

SCHAWLOW (Arthur Leonard), physicien américain (Mount Vernon, État de New York, 1921). Ses travaux portent sur la spectroscopie, l'électronique quantique et la supraconductivité. Associé à C. H. Townes, il a été à l'origine de l'invention du laser. (Prix Nobel de physique 1981.)

SCHEEL (Walter), homme d'État allemand (Solingen, Rhénanie, 1919). Membre du parti libéral (FDP) depuis 1946, il en devient président en 1968. Il contribue à la réorientation de celui-ci et à la formation d'une coalition gouvernementale avec les sociaux-démocrates en 1969. Vice-chancelier et ministre des Affaires étrangères de 1969 à 1974, il coopère à l'Ostpolitik du chancelier W. Brandt. Il a été président de la République de 1974 à 1979.

SCHEELE (Carl Wilhelm), chimiste et pharmacien suédois (Stralsund 1742 - Köping 1786). Il isola l'hydrogène en 1768, découvrit l'oxygène en 1773, peu de temps avant Priestley, et obtint le chlore. Il montra que le graphite est du carbone, étudia le phosphore, le chlorure d'argent et découvrit l'acide fluorhydrique (1771), l'acide cyanhydrique (1782) et la glycérine (1779).

SCHEELITE [ʃe-] n. f. (de C. W. *Scheele,* n. pr.). Tungstate naturel de calcium, de formule $CaWO_4$, du système quadratique, constituant un minerai de tungstène.

SCHEFFER (Ary), peintre français d'origine néerlandaise (Dordrecht 1795 - Argenteuil 1858). Élève de Guérin à Paris, il fut un des chefs de file du romantisme, plus par ses sujets (*la Mort de Géricault,* 1824, Louvre) que par son style, classicisant (*Saint Augustin et sainte Monique,* 1846, *ibid.*). Il prit, sous Louis-Philippe, une large part à la constitution du musée historique de Versailles. — Son frère HENRY (La Haye 1798 - Paris 1862) fut également peintre.

SCHÉHADÉ (Georges), écrivain libanais d'expression française (Alexandrie 1907 - Paris 1989). Poète d'inspiration surréaliste (*Étincelles,* 1928), il a surtout créé un « théâtre de poésie », teinté d'humour (*Monsieur Bob'le,* 1951 ; *l'Émigré de Brisbane,* 1965). Il a été, en 1986, le premier lauréat du grand prix de la Francophonie, décerné par l'Académie française.

Schéhérazade, personnage des *Mille* et Une Nuits.* Épouse du sultan Chāhriyār, elle laissait chaque nuit un récit inachevé afin de ne pas être exécutée le lendemain.

Schéhérazade, ballet en 1 acte, d'après un livret d'A. Benois, unissant les noms de Rimski-Korsakov (→ SHÉHÉRAZADE), Bakst, Fokine, créé en 1910 à l'Opéra par les Ballets russes de Diaghilev.

SCHEIDAGE [ʃe-] n. m. (all. *scheiden,* séparer). Concentration d'un minerai par triage manuel, avec éventuellement concassage au marteau.

SCHEIDEGG, nom de deux cols de Suisse, dans l'Oberland bernois.

SCHEIDEMANN (Philipp), homme politique allemand (Kassel 1865 - Copenhague 1939). Député social-démocrate (1903-1933), il proclama la république (9 nov. 1918) pour devancer les spartakistes, qu'il combattit au côté d'Ebert. Il présida le premier gouvernement de la République de Weimar (févr.-juin 1919) et démissionna pour ne pas signer le traité de Versailles.

SCHEIDER [ʃe-] v. t. (conj. **4**). Concentrer par scheidage.

SCHEIDT (Samuel), organiste et compositeur allemand (Halle 1587 - *id.* 1654). Élève de Sweelinck, à Amsterdam, il représente la tradition anglo-néerlandaise en Allemagne. Il composa de la musique vocale (*Cantiones sacrae,* 1620). Son œuvre d'orgue (*Tabulatura nova,* 3 recueils, 1624) tient une place prépondérante en Allemagne.

SCHEIN (Johann Hermann), compositeur allemand (Grünhain, Saxe, 1586 - Leipzig 1630). Il fut cantor (1616) et directeur de la musique (1618) à St-Thomas de Leipzig. Dans son œuvre vocale profane, il introduisit des éléments italiens empruntés soit à la chanson (*Musica boscareccia,* 1621-1628), soit au madrigal (*Diletti* *pastorali,* 1624). Il a composé aussi de la musique religieuse (motets du *Cymbalum sionium,* 1615 ; choral de l'*Opella nova,* 1618-1626).

SCHEINER (Christoph), astronome et mathématicien allemand (Wald, Souabe, 1575 - Neisse, Silésie, 1650). En 1611, à Ingolstadt, il observa les taches solaires à la lunette sans savoir que Galilée et Fabricius les avaient remarquées avant lui, mais son ouvrage *Rosa Ursina* (1626-1630) renferme des cartes du Soleil, indiquant l'évolution et le mouvement de ses taches et montrant que l'astre est lui-même soumis à des changements et qu'il tourne sur lui-même. On lui doit la construction du pantographe (1603). Enfin, il a montré, sur un œil de bœuf, la formation de l'image rétinienne et indiqué le rôle du cristallin dans l'accommodation.

SCHELANDRE (Jean DE), poète français (en Lorraine 1585 - château de Sousmazannes 1635). Il est l'auteur d'une tragédie (*Tyr et Sidon,* 1608) qui, remaniée en 1628, devint une tragi-comédie, précédée d'une préface-manifeste par F. Ogier, opposée aux trois unités.

SCHELDE, nom néerl. de l'Escaut.

SCHELEM → CHELEM.

SCHELER (Max), philosophe allemand (Munich 1874 - Francfort 1928). Il affirme l'indépendance des valeurs éternelles et immuables. Son œuvre essentielle est *Nature et forme de la sympathie* (1923) ; il a écrit également *Du renversement des valeurs* (1919), qui l'a fait regarder comme un « Nietzsche christianisé », bien qu'il se soit éloigné du catholicisme en 1925.

SCHELLING (Friedrich Wilhelm Joseph VON), philosophe allemand (Leonberg, Wurtemberg, 1775 - Bad Ragaz, Suisse, 1854). Fils de pasteur, il eut pour condisciples Hegel et Hölderlin à l'université de Tübingen, puis il enseigna lui-même à Leipzig, Iéna, Munich, Berlin notamment. Il a écrit *Idées pour une philosophie de la nature* (1797), *l'Âme du monde* (1798), *Systèmes de l'idéalisme transcendantal* (1800), *Recherches sur la liberté humaine* (1809). Sa philosophie part d'une critique du kantisme et du dogmatisme. Pour lui, il faut repenser la philosophie transcendantale en se servant de Spinoza : mettre à la place de la substance, le moi comme commencement absolu. Le système de Schelling n'est cependant pas un idéalisme absolu dans la mesure où il considère le monde, la nature comme antérieurs à l'homme.

SCHÉMA [ʃe-] n. m. (lat. *schema, -atis,* du gr. *skhêma, -atos,* figure). **1.** Dessin, tracé figurant les éléments essentiels d'un objet, d'un ensemble complexe, d'un phénomène, d'un processus et destinés à faire comprendre sa conformation et/ou son fonctionnement ; plan : *Schéma du moteur à explosion.* — **2.** Grandes lignes, points principaux qui permettent de comprendre un projet, un ouvrage, etc. : *Schéma de la réorganisation d'un service.* — **3.** Système, processus selon lequel un phénomène se produit : *Cet homme se comporte selon un schéma relativement simple.* • **Cybern.** *Schéma fonctionnel,* représentation graphique des propriétés dynamiques d'un système sous la fome d'un graphe orienté dont les branches et les nœuds représentent respectivement les variables et les relations entre elles. (Syn. BLOC-DIAGRAMME.) — **Dr.** *Schéma directeur,* programme d'aménagement des villes ou des régions visant à assurer l'équilibre entre l'urbanisation et la préservation du milieu naturel ou agricole. — **Relig.** *Schéma conciliaire,* exposé doctrinal élaboré en commissions et proposé à une assemblée générale du concile pour discussion et vote.

SCHÉMA-MOTEUR n. m. (pl. *schémas-moteurs*). Ensemble de mouvements stéréotypés dont l'expression, indépendante du stimulus extérieur déclencheur, est caractéristique du groupe zoologique considéré.

SCHÉMATIQUE [ʃe-] adj. **1.** Qui appartient au schéma, qui constitue un schéma. — **2.** Qui simplifie à l'excès, garde les seuls traits essentiels et manque de nuances : *Un exposé un peu schématique.*

SCHÉMATIQUEMENT [ʃe-] adv. De façon schématique.

SCHÉMATISATION [ʃe-] n. f. Action de schématiser, fait d'être schématisé.

SCHÉMATISER [ʃe-] v. t. (conj. 3). **1.** Représenter qqch par un schéma. — **2.** Représenter qqch d'une manière schématique : *Un exposé qui schématise les données du problème.* — **3.** Construire les éléments de la réalité à partir de la sensibilité et des images de l'intuition empirique.

SCHÉMATISME [ʃe-] n. m. **1.** Caractère schématique, simplificateur de qqch. — **2.** Théorie de l'application des catégories aux phénomènes dans la philosophie transcendantale de Kant *(Critique de la raison pure).*

SCHÈME [ʃɛm] n. m. (lat. *schema, -atis*). **1.** Ensemble de concepts permettant de se faire une image de la réalité en résumant les éléments disparates de cette réalité à l'aide d'instruments fournis par la raison. — **2.** Selon J. Piaget, régularité construite par tâtonnement dans l'action du sujet et qui peut être généralisée à d'autres situations. — **3.** Forme ou ensemble de formes artistiques. — **4.** *Schème moteur,* ensemble d'images ou de sensations kinesthésiques. ‖

Schème romanesque, élément narratif, prédicatif, dramatique reçu, constitué et utilisé par le romancier pour stabiliser son récit et maîtriser les effets latéraux, connotatifs, de l'œuvre. ‖ *Schème transcendantal,* chez Kant, ensemble de données de l'expérience, représentées par l'imagination et pour autant qu'elles sont susceptibles de recevoir une catégorie de l'entendement.

SCHÉNANTHE [ske-] n. m. (bas lat. *schœnanthos,* du gr. *skhoinanthon,* de *skhoinos,* jonc, et *anthos,* fleur). Graminée commune, qui fournit une essence odoriférante.

SCHENGEN *(accords de),* accords signés en 1985 et 1990 à Schengen (Luxembourg) par l'Allemagne, la Belgique, la France, le Luxembourg et les Pays-Bas, auxquels se sont joints par la suite l'Italie, l'Espagne, le Portugal, la Grèce et l'Autriche. Ils visent à supprimer progressivement les contrôles aux frontières pour permettre la libre circulation des personnes à l'intérieur de l'espace communautaire ainsi défini (dit *espace Schengen*). Ces accords sont entrés en vigueur en 1995, sauf en Grèce, en Italie et en Autriche.

SCHÉOL → SHÉOL.

SCHERCHEN (Hermann), chef d'orchestre allemand (Berlin 1891 - Florence 1966). Installé en Suisse, il dirigea l'orchestre de la radio de Zurich (1944-1950) et soutint la musique contemporaine. Il fonda la revue *Melos* en 1919.

SCHERER (Barthélemy Louis Joseph), général français (Delle, Territoire de Belfort, 1747 - Chauny, Aisne, 1804). Après avoir servi l'Autriche, il entra dans l'armée française (1780). Commandant de l'armée d'Italie, il remporta les batailles de la Fluvia (juin 1795) et de Loano (nov. 1795). Il fut ministre de la Guerre (juill. 1797-févr. 1799).

SCHERPENHEUVEL-ZICHEM, comm. de Belgique (Brabant flamand), aux confins des prov. d'Anvers et du Limbourg ; 21 000 hab.

SCHERRER (Paul), physicien suisse (Saint-Gall 1890 - Zurich 1969). Il mit au point en 1916, avec Debye, un procédé d'analyse par les rayons X des substances cristallines en poudre, dont les applications industrielles ont été considérables.

SCHERZANDO [skɛrtzɑ̃ndo] adv. (ital. *scherzando,* en plaisantant). Terme d'interprétation signifiant vivement, gaiement.

SCHERZO [skɛrtzo] n. m. (ital. *scherzo,* plaisanterie). Morceau de musique vif et gai. (Il s'insère dans la sonate, le quatuor et la symphonie mais Chopin et Brahms en font une pièce pour le piano.)

SCHEURER-KESTNER (Auguste), industriel et homme politique français (Mulhouse 1833 - Bagnères-de-Luchon 1899). Député en 1871, il démissionna pour protester contre l'annexion de l'Alsace-Lorraine et se fit réélire député de la Seine. Il fut l'un des premiers défenseurs de Dreyfus.

SCHIAPARELLI (Giovanni Virginio), astronome italien (Savigliano, Piémont, 1835 - Milan 1910). En 1886, il montra que les essaims de météorites sont formés de débris cométaires. Il est surtout connu par ses observations des planètes et des prétendus « canaux » de Mars, dont il fut l'un des plus ardents défenseurs.

SCHIAVONE [skjavɔne] n. f. (ital. *schiavona spada,* épée slavone). Épée à deux tranchants, en usage au XVIe s. en Italie, et particulièrement à Venise.

SCHIAVONE (Andrija MEDULIĆ ou Andrea MELDOLLA, dit), peintre et graveur italien d'origine croate (Zadar, début du XVIe s.-Venise 1563). Influencé par Giorgione et Titien, interprète du Parmesan en gravure, il a puisé dans l'exemple de ce dernier la voie d'un maniérisme tout en caprice et en mouvement, où la couleur s'étale en rythmes scintillants (*Adoration des Mages,* pinacothèque Ambrosienne, Milan).

SCHICKARD ou **SCHICKHARDT** (Wilhelm), savant allemand (Herrenberg 1592 - Tübingen 1635). Il a écrit des traités de mécanique, d'optique et de cartographie. Correspondant et ami de Kepler, il retravailla les logarithmes de Napier et inventa une machine arithmétique à roues dentées avec transfert des dizaines.

SCHICKELÉ (René), écrivain alsacien d'expression allemande (Oberehnheim, Alsace, 1883 - Vence 1940). Traducteur en allemand de Flaubert, influencé par Maeterlinck, poète et romancier (*l'Étranger,* 1909), son œuvre témoigne de son intention de faire de l'Alsace une terre de conciliation entre les cultures allemande et française.

Schicksalsdrama (« drame du destin »), courant dramatique allemand qui se manifeste dans les récits fantastiques d'Hoffmann et de Tieck, les drames de Grillparzer.

SCHIEDAM [skidam] n. m. (de *Schiedam,* n. pr.). Eau-de-vie de grain parfumée au genièvre (Pays-Bas et Belgique).

SCHIEDAM, port des Pays-Bas (Hollande-Méridionale), sur la Nouvelle-Meuse ; 72 900 hab. Arsenal. Chantiers navals. Distilleries. Travail du bois.

SCHIELE (Egon), peintre et dessinateur autrichien (Tulln, près de Vienne, 1890 - Vienne 1918). Proche de Klimt et du Jugendstil, il s'est affirmé vers 1910 par un style personnel, d'un graphisme aigu et nerveux, d'une intensité qui le rattache à l'expressionnisme. Autoportraits, portraits et paysages révèlent une tension désespérée, faite d'érotisme et de morbidité, moins âpre dans les œuvres postérieures à 1915.

Schiff *(réactif de),* solution aqueuse de fuchsine, décolorée par le bisulfite de sodium, qui prend une teinte violette au contact d'un aldéhyde.

SCHIFFLANGE, comm. du sud du Luxembourg, à l'E. d'Esch-sur-Alzette ; 6 700 hab. Métallurgie.

SCHILBÉIDÉ n. m. Nom de famille de poissons de surface, comestibles appréciés sous le nom de « soles d'Afrique ».

SCHILDER (Paul Ferdinand), médecin et psychanalyste autrichien (Vienne 1886 - New York 1940). Il s'est surtout intéressé à la construction de l'image du corps, tentant d'intégrer données neurologiques et données psychanalytiques.

SCHILLER (Friedrich VON), écrivain allemand (Marbach 1759 - Weimar 1805). Étudiant en droit et en médecine, il s'enflamme pour Rousseau, s'adonne à la poésie lyrique et fait représenter son premier drame lyrique à succès, *les Brigands** (1782), dont l'esprit de révolte déplaît au duc de Wurtemberg. Schiller, qui est alors chirurgien-major, se rend en Saxe, où il publie plusieurs drames qui dénoncent la tyrannie et attaquent les préjugés sociaux (*la Conjuration de Fiesque,* 1783 ; *Intrigue et Amour,* 1784) et *Don* Carlos* (1787), apothéose du républicanisme humanitaire. En 1787, il se lie, à Weimar, avec Herder et Wieland. Professeur d'histoire à l'université d'Iéna (1789), il épouse en 1790 Charlotte von Lengefeld et publie, après l'*Histoire du soulèvement des Pays-Bas* (1788), l'*Histoire de la guerre de Trente Ans* (1791-1793). Adepte de Kant, il lie, dans ses essais, la recherche du beau à la perfection morale (*Lettres sur l'éducation esthétique de l'homme,* 1793-94). En 1794, il noue avec Goethe une amitié que seule la mort interrompra. À Weimar (1799), ils composent ensemble *les Xénies* et dirigent la revue *les Heures,* puis Schiller compose ses célèbres *Ballades* (*les Grues d'Ibycus, l'Anneau de Polycrate,* 1797 ; *le Chant de la cloche,* 1799). Au théâtre, il consacre le meilleur de son génie, dont s'inspireront les romantiques (*Wallenstein*,* 1799 ; *Marie* Stuart,* 1800 ; *la Pucelle d'Orléans,* 1801 ; *la Fiancée de Messine,* 1803 ; *Guillaume* Tell,* 1804).

SCHILLING [ʃiliŋ] n. m. Unité monétaire de l'Autriche (symb. SCH).

SCHILTIGHEIM (67300), ch.-l. de cant. du Bas-Rhin, dans la banlieue nord de Strasbourg, sur l'Ill ; 29 330 hab. *(Schilikois).* Brasserie.

SCHIMMELPENNINCK (Rutger Jan), homme politique néerlandais (Deventer 1761 - Amsterdam 1825). Nommé par Napoléon grand pensionnaire de la République batave (1805-1806), il restaura les finances et réforma l'enseignement.

SCHINER (Matthäus), dit **le Cardinal de Sion,** prélat suisse (Mühlebach, Valais, v. 1465 - Rome 1522). Évêque de Sion (1499), créé cardinal en 1511, il engagea les Suisses aux côtés de l'empereur Maximilien et du pape Jules II. Après la défaite de Marignan, il soutint la candidature de Charles Quint à l'empire (1519) et devint son conseiller.

SCHINKEL (Karl Friedrich), architecte, décorateur de théâtre et peintre allemand (Neuruppin 1781 - Berlin 1841). Élève de D. et F. Gilly à Berlin, il fut, à partir de 1810, le grand responsable de l'architecture berlinoise (Corps de garde, 1816 ; théâtre royal, 1818 ; Musée ancien, 1822). Néoclassique, mais aussi romantique, il évolua vers un éclectisme sensible à l'art gothique comme à celui de la Renaissance.

Schiphol, aéroport international d'Amsterdam, au S.-O. de la ville.

SCHIRMECK (67130), ch.-l. de cant. du Bas-Rhin, sur la Bruche ; 2 198 hab. Station estivale. Industrie automobile. Camp de concentration pendant la Seconde Guerre mondiale.

SCHISMATIQUE [ʃis-] adj. et n. (bas lat. *schismaticus,* de *schisma, -atis,* séparation). **1.** Se dit de qqn qui opère un schisme. — **2.** Se dit d'un membre d'une Église ou d'un groupement religieux séparé de l'Église mère.

SCHISME [ʃism] n. m. (bas lat. *schisma,* du gr. *skhisma*). **1.** Rupture de l'unité de la communion ecclésiale et situation née de cette scission. — **2.** *Litt.* Division, scission dans un groupement, une école, un parti : *Schisme politique.* — **3.** *Grand schisme d'Occident,* période (XIVe-XVe s.) durant laquelle il y eut plusieurs papes à la fois. (→ *encycl.*) ‖ *Schisme d'Orient,* séparation des Églises orientales de la communion romaine. (→ *encycl.*)

ENCYCL. • *Schisme d'Orient.* Trois causes principales ont provoqué, dès le IVe s., des divisions entre l'Église orientale et l'Église latine : le césaropapisme des empereurs d'Orient, qui isole l'Église grecque de l'Occident ; le désir des patriarches de Constantinople (la « Nouvelle Rome ») d'établir leur primauté face à l'évêque de Rome ; les antipathies naturelles entre Latins et Grecs. Au IXe s., le schisme de Photios, court (863-867) mais virulent, trouve ses origines dans la querelle de formulation doctrinale autour du *Filioque.* Au XIe s., la rupture devient totale, en 1054, entre le patriarche de Constantinople, Keroularios, et le pape Léon IX ; ce schisme sera imité par les patriarches d'Antioche, de Jérusalem, d'Alexandrie et par le métropolite de Kiev. Malgré quelques efforts et l'abolition, grâce à

Paul VI et à Athênagoras (1965), des anathèmes réciproques, l'union n'est toujours pas réalisée, sauf pour quelques Églises orientales, dites « uniates ».

• *Grand schisme d'Occident* (1378-1417). À l'origine se situe la double élection de 1378 : au pape élu, Urbain VI, s'opposent la plupart des cardinaux non italiens, qui désignent le Français Clément VII. Celui-ci, établi en Avignon, est soutenu par la France des Valois, l'Écosse et les États ibériques ; les « urbanistes » dominent en Italie, en Angleterre, en Scandinavie, en Europe centrale. La mort d'Urbain VI en 1389 et celle de Clément VII en 1394 ne règlent rien, chacun ayant un successeur. La « voie de fait » — par les armes — n'ayant pas abouti, on recourt à la voie conciliaire. Mais, tandis que le concile de Pise élit Alexandre V (1409), qui meurt l'année suivante et est remplacé par Jean XXIII, les deux papes déchus, celui de Rome et celui d'Avignon, restent en place : si bien que la papauté devient tricéphale. Finalement, le concile de Constance (1415-1418) dépose les trois pontifes et provoque le conclave qui aboutit à l'élection d'un pape unique, Martin V (1417).

SCHISTE [ʃist] n. m. (lat. *schistos,* du gr. *skhistos,* fendu). **1.** Toute roche susceptible de se débiter en feuillets, et en partic. roche à grain fin (classe des lutites) et à structure foliacée. (Les schistes peuvent être sédimentaires ou métamorphiques.) — **2.** Dénomination générique de toute substance stérile mêlée au charbon. — **3.** *Huile de schiste,* huile minérale extraite des schistes bitumineux. ‖ *Schiste bitumineux,* schiste à forte concentration en matière organique (kérogène), dont on peut extraire, par traitement thermique, une huile semblable au pétrole. ‖ *Schiste cristallin,* ensemble regroupant des schistes à séricites, des micaschistes et des gneiss. (Syn. anc. ECTINITE.)

SCHISTEUX, EUSE [ʃis-] adj. Qui a l'aspect ou les propriétés d'un schiste, qui est constitué de schistes.

SCHISTIFICATION [ʃis-] n. f. (de *schiste,* d'apr. *pétrification*). Action de déposer, sur les parois des galeries de mines de charbon, des matériaux stériles fins qui se mêlent à la poussière de charbon et la rendent impropre à la propagation d'un coup de poussière.

SCHISTOCERQUE [ʃis-] n. m. Criquet (acrididé) dont deux espèces migratrices sont des fléaux des cultures.

SCHISTOSITÉ [ʃis-] n. f. **1.** Processus tectonique conduisant à l'acquisition d'un débit en feuillets parallèles. — **2.** État feuilleté propre à certaines roches et qui les rend fissiles. — **3.** *Plan de schistosité,* plan suivant lequel une roche schisteuse peut être fendue en lames parallèles.

SCHISTOSOME [ʃis-] n. m. Syn. de BILHARZIE.

SCHISTOSOMIASE ou **SCHISTOSOMOSE** [ʃis-] n. f. Syn. de BILHARZIOSE.

SCHIZOGAMIE [ski-] n. f. Mode de reproduction asexuée propre à certaines annélides polychètes et dans lequel l'arrière du corps forme des stolons unisexués qui se détachent à maturité, tandis que l'avant du corps reste intact.

SCHIZOGENÈSE [ski-] n. f. Mode de reproduction asexuée propre à certaines annélides polychètes et oligochètes, dans lequel un adulte se partage en plusieurs individus, qui se détachent avant ou après leur plein développement.

SCHIZOGONIE [ski-] n. f. Mode de multiplication asexuée des sporozoaires et de quelques autres protozoaires dans lequel le cytoplasme ne se partage en cellules qu'après multiplication des noyaux et des autres organites au sein d'un plasmode commun.

SCHIZOÏDE [ski-] adj. et n. Relatif à la schizoïdie ; sujet présentant une schizoïdie.

SCHIZOÏDIE [ski-] n. f. Constitution mentale caractérisée par le repli sur soi.

SCHIZOMÉTAMÉRIE [ski-] n. f. Mode de reproduction asexuée de certaines annélides polychètes et oligochètes dans lequel les segments se séparent avant de donner chacun un nouvel individu.

SCHIZONEURE [ski-] n. m. Nom scientifique du puceron lanigère (au dos recouvert d'un duvet cireux blanc), insecte très nuisible au pommier et au poirier. (On le combat à l'aide d'un hyménoptère chalcidien.)

SCHIZO-PARANOÏDE [ski-] adj. (pl. *schizo-paranoïdes*). *Position schizo-paranoïde,* type particulier de relations se limitant à des objets partiels, caractéristique des trois premiers mois de la vie, où dominent les processus de clivage et des angoisses de persécution.

SCHIZOPHASIE [ski-] n. f. Trouble du langage parlé où les mots sont détournés de leur sens, les néologismes, abondants, le rendant incompréhensible.

SCHIZOPHRÈNE [ski-] adj. et n. Atteint de schizophrénie.

SCHIZOPHRÉNIE [ski-] n. f. (all. *Schizophrenie,* du gr. *skhizein,* fendre, et *phrên,* pensée). Psychose délirante chronique caractérisée par une discordance de la pensée, de la vie émotionnelle et du rapport au monde extérieur.

ENCYCL. La schizophrénie est une affection de l'adulte jeune, de formes variables : accentuation insidieuse d'un caractère schizoïde ou cassure entre une vie intellectuelle brillante et une désorganisation des relations affectives, l'humeur étant souvent dépressive et surtout paradoxale. La période d'état se marque par une bizarrerie des conduites, par des hallucinations de diverses natures ; l'automatisme mental est alors presque constamment présent ainsi que des idées délirantes. Le processus schizophrénique s'accompagne d'atteinte du langage (schizophasie), traduisant l'altération du cours de la pensée, le sentiment de perte de l'unité de soi, l'ambivalence intellectuelle et affective et l'autisme.

Les aspects cliniques de la schizophrénie ne sont pas uniformes. Les formes que l'on distingue classiquement sont le délire paranoïde, l'hébéphrénie, la catatonie et l'héboïdophrénie. La thérapeutique allie le plus souvent une chimiothérapie neuroleptique, des hospitalisations et un abord psychanalytique.

Les théories concernant l'étiologie de la schizophrénie sont variées. Certains psychanalystes mettent l'accent sur une pathologie de la position schizoparanoïde, d'autres, à la suite de Jacques Lacan, en considèrent la forclusion comme le mécanisme spécifique. Certains travaux font état d'un type de communication spécifique aux familles de schizophrènes et attribuent à la double *contrainte un rôle pathogène. Les recherches génétiques considèrent que, si l'intervention d'un facteur de cet ordre est indiscutable, son mode d'action et ses rapports à l'environnement sont encore mal connus. Les recherches neurochimiques tentent de mettre en évidence une altération de l'activité de certains neurotransmetteurs sans parvenir à rien de décisif.

SCHIZOPHRÉNIQUE [ski-] adj. Relatif à la schizophrénie.

SCHIZOTHYME n. Sujet schizothymique.

SCHIZOTHYMIE [ski-] n. f. Tempérament qui, dans la typologie de Kretschmer, est associé à la structure physique leptosome et à l'introversion.

SCHIZOTHYMIQUE adj. Relatif à la schizothymie.

SCHLAGUE [ʃlag] n. f. (all. *Schlag,* coup). **1.** Châtiment autref. usité en Allemagne et qui consistait en coups de baguette sur le dos du fautif. — **2.** *Fam.* Manière brutale de se faire obéir.

SCHLAMMS [ʃlam] n. m. pl. (all. *Schlamm,* boue). Partie la plus fine d'un minerai, lorsqu'elle est en suspension dans l'eau. (Syn. BOUES FINES.)

SCHLEGEL (August Wilhelm VON), écrivain allemand (Hanovre 1767 - Bonn 1845). Professeur à l'université d'Iéna (1798), il collabore à la revue *les Heures,* dirigée par Goethe et Schiller. Il fonde, avec son frère Friedrich, la revue littéraire *Athenäum,* s'installe à Berlin (1801) et forme avec les poètes Tieck et Novalis, les philosophes Fichte et Schelling le premier groupe romantique allemand. Ami de Mme de Staël (1804), dont il influença le livre *De l'Allemagne,* il traduit Shakespeare, Calderón, Tasse, Pétrarque et l'Arioste. Théoricien plus que poète, il s'est opposé au classicisme français et à l'idéalisme de Schiller. — Son frère FRIEDRICH, écrivain et savant allemand (Hanovre 1772 - Dresde 1829), se rend avec lui à Iéna (1796), se mêle aux cercles romantiques, fonde, à Berlin, avec son frère la revue *Athenäum** (1798). Converti au catholicisme, il a laissé, outre son roman *Lucinde* (1799) et des essais, une *Histoire de la littérature ancienne et moderne* (1815), texte de ses leçons à l'université de Vienne.

SCHLEICHER (August), linguiste allemand (Meiningen 1821 - Iéna 1868). Spécialiste de grammaire comparée (*Abrégé de grammaire comparée des langues indogermaniques,* 1861-62) il a tenté de reconstruire l'indo-européen primitif. Influencé par Hegel et par Darwin, il concevait la langue comme un organisme naturel auquel on peut appliquer les méthodes des sciences naturelles.

SCHLEICHER (Kurt VON), général et homme politique allemand (Brandebourg 1882 - Neubabelsberg, auj. rattaché à Potsdam, 1934). Secrétaire général du ministre de la Guerre Groener (1929), il se lia avec les SA et les SS. Avec l'accord des nazis, il fit désigner von Papen comme chancelier et devint lui-même ministre de la Reichswehr. Il provoqua la chute de von Papen à qui il succéda le 3 déc. 1932 dans une ambiance de guerre civile. En butte à l'hostilité générale, il fut contraint de démissionner (1933) au profit de von Papen, devenu à son tour l'allié des nazis. Hitler le fit assassiner lors de la purge du 30 juin 1934.

SCHLEICHERA [ʃlɛj-] n. m. (de *Schleicher,* n. pr.). Arbre (sapindacée) d'Asie et d'Australie aux graines oléagineuses, aux fruits comestibles et sur lequel une cochenille se fixe et fournit la laque.

SCHLEIERMACHER (Friedrich Daniel Ernst), théologien protestant allemand (Breslau 1768 - Berlin 1834). Son grand mérite fut d'avoir voulu intégrer la théologie dans la culture de l'Europe contemporaine.

Schleissheim *(château de),* ancienne résidence des ducs de Bavière, à 15 km au N. de Munich. Il comprend deux constructions : l'une des XVIe-XVIIe s., l'autre élevée de 1701 à 1727 à l'instar de Versailles ; collection de peintures, surtout flamandes et hollandaises des XVIe et XVIIe s.

Schlemihl *(Merveilleuse Histoire de Peter)* → PETER SCHLEMIHL.

SCHLEMMER (Oskar), peintre et sculpteur allemand (Stuttgart 1888 - Baden-Baden 1943). Professeur au Bauhaus de 1920 à 1929, il y dirigea l'atelier de théâtre, où il élabora des conceptions scéniques nouvelles (*Ballet triadique,* 1922). Sa peinture et sa sculpture se caractérisent dès lors par des silhouettes géométrisées s'ordonnant avec rigueur pour exprimer les « propriétés plastiques » élémentaires du corps humain.

SCHLESINGER (Frank), astronome américain (New York 1871 - Lyme, Connecticut, 1943). Il a été un pionnier de l'emploi de la photographie pour la détermination des positions des étoiles et pour la mesure de leurs parallaxes.

SCHLESWIG, port d'Allemagne (Schleswig-Holstein), sur le golfe de la Schlei ; 30 300 hab. Cathédrale reconstruite à l'époque gothique. Musées du château de Gottorp.

SCHLESWIG-HOLSTEIN, État (Land) d'Allemagne, frontalier avec le Danemark. Il est limité au sud par l'Elbe, à l'exclusion de l'enclave concernant Hambourg ; 15 727 km^2 ; 2 594 606 hab. Cap. *Kiel.*
— **Géogr.** Occupant une partie de la grande plaine d'Allemagne du Nord, le Land tire ses ressources de l'industrie (constructions navales, mécaniques et électriques, alimentation) et d'une agriculture très intensive (céréales, betterave à sucre), qui n'occupe pourtant que 3 % des actifs. Le tourisme est important (côtes atlantique et baltique, îles frisonnes). Kiel et Lübeck sont les deux villes principales.
— **Hist.** En 1460, le roi de Danemark Christian Ier reçoit à titre personnel le duché de Slesvig (ou Schleswig) et le comté de Holstein (duché en 1474), territoire d'Empire. Au XVIe s., le Holstein passe aux mains d'une branche cadette de la maison royale, les Holstein-Gottorp. Au congrès de Vienne, les duchés de Holstein et de Lauenburg sont intégrés à la Confédération germanique, mais donnés à titre personnel au roi de Danemark (1815) en compensation de la perte de la Norvège. Cependant, les efforts des rois de Danemark pour incorporer les duchés, et surtout le Slesvig, aboutissent à la guerre des Duchés* (1864). Après la défaite danoise, le Slesvig, le Holstein et le Lauenburg sont attribués à la Prusse et à l'Autriche. En 1866, la Prusse, victorieuse de l'Autriche, se fait céder les duchés, les incorpore à l'État prussien et les réunit en un État de Schleswig-Holstein (1867), soumis à une germanisation intense. En 1920, un plébiscite fait passer le nord du Schleswig au Danemark, occupé en 1940 par les Allemands. En 1945, la frontière de 1920 est rétablie et, en 1946, un Land de Schleswig-Holstein est créé, intégré à la République fédérale d'Allemagne en 1949.

SCHLICK (Arnolt), organiste et compositeur allemand (? Heidelberg v. 1460 - ? Heidelberg apr. 1521). Il a écrit le premier ouvrage important sur la construction et le jeu de l'orgue et une des premières tablatures d'orgue (*Tabulaturen etlicher Lobgesang...,* 1512).

SCHLICK [Moritz], philosophe allemand (Berlin 1882 - Vienne 1936). Schlick fonde une épistémologie sur la distinction entre ce qui est éprouvé d'une expérience immédiate et la connaissance scientifique soumise aux lois de la logique. Sous l'influence de Wittgenstein et de Carnap, il adhère aux thèses du positivisme logique et devient un des membres les plus influents du cercle de Vienne. Il a écrit *Allgemeine Erkenntnislehre* (1918). Il est mort assassiné par un étudiant.

SCHLIEFFEN (Alfred, *comte* VON), maréchal allemand (Berlin 1833 - *id.* 1913). Chef du grand état-major (1891-1906), il s'employa à augmenter la puissance et la mobilité de l'armée. Le plan de campagne dit « plan Schlieffen », élaboré entre 1898 et 1905, consistait à contenir l'armée russe et à détruire l'armée française en la refoulant vers le Jura et la Suisse grâce à un large débordement à travers la Belgique jusqu'à Paris. Appliqué en 1914, ce plan échoua lors de la bataille de la Marne.

SCHLIEMANN (Heinrich), archéologue allemand (Neubukow, Mecklembourg, 1822 - Naples 1890). Il entreprit de retrouver les sites des poèmes homériques. Il découvrit (1870) à Hissarlik, emplacement supposé de Troie, les ruines de quatre villes superposées et, dans l'une, ce qu'il pensait être le trésor de Priam. Il fouilla ensuite Mycènes (1876), Orchomène (1880), Tirynthe (1884) et l'île d'Ithaque, mettant au jour les vestiges de la civilisation mycénienne. Il a écrit *Ithaque, le Péloponnèse et Troie* (1869), *Troie et ses ruines* (1874), etc.

SCHLITTAGE [ʃli-] n. m. Transport des bois au moyen de la schlitte.

SCHLITTE [ʃlit] n. f. (mot vosgien, de l'all. *Schlitten,* traîneau). Traîneau qui servait, dans les Vosges et en Forêt-Noire, à descendre le bois des montagnes, conduit par un homme sur une voie faite de rondins.

SCHLITTER [ʃli-] v. t. (conj. 3). Transporter le bois à l'aide de la schlitte.

SCHLITTEUR [ʃli-] n. m. Personne qui transporte le bois à l'aide de la schlitte.

SCHLŒSING (Jean-Jacques Théophile), chimiste et agronome français (Marseille 1824 - Paris 1919). On lui doit des recherches sur la composition et les propriétés du sol et de l'atmosphère, sur la fixation de l'azote par les végétaux ainsi que la découverte, avant Solvay, de la préparation du carbonate de sodium à l'ammoniac (1868). [Acad. des sc., 1882.] – Son fils ALPHONSE THÉOPHILE (Paris 1856 - *id.* 1930) s'est consacré surtout aux travaux de biologie végétale. (Acad. des sc., 1903.)

SCHLÖNDORFF (Volker), cinéaste allemand (Wiesbaden 1939). Il débute dans le long métrage avec *les Désarrois de l'élève Törless* (1966) et tourne ensuite *Vivre à tout prix* (1967), *Michael Kohlhaas le rebelle* (1969), *la Soudaine Richesse des pauvres gens de Kombach* (1970), *Feu de paille* (1972), *l'Honneur perdu de Katharina Blum* (1975), *le Coup de grâce* (1976), *le Tambour* (1979), *le Faussaire* (1981), *Un amour de Swann* (1984), *Mort d'un commis voyageur* (1985), *Colère en Louisiane* (1987), *The Voyager* (1991), *le Roi des aulnes* (1996).

SCHLOSSER (Julius VON), historien de l'art autrichien (Vienne 1866 - *id.* 1938). Son ouvrage *Die Kunstliteratur* (Vienne, 1924), consacré aux écrits d'histoire de l'art du Moyen Âge au XVIIIe s., est toujours utilisé.

SCHLOT [ʃlɔt] n. m. (all. *Schlotte*). Dans les salines, dépôt et incrustation qui se forment au fond des poêles.

SCHLOTAGE [ʃlɔ-] n. m. Action de schloter.

SCHLOTER [ʃlɔ-] v. t. (conj. 3). Traiter des saumures en cours d'évaporation par du lait de chaux en vue d'obtenir la précipitation du schlot et de les clarifier.

SCHLUCHT *(col de la)*, col du massif des Vosges, aux confins des Vosges et du Haut-Rhin ; 1 139 m. La route de Paris à Colmar y croise la « route des crêtes ». Sports d'hiver.

SCHLUMBERGER (Jean), écrivain français (Guebwiller 1877 - Paris 1968), fondateur avec Gide de *la Nouvelle Revue française* (1909), et auteur de romans, d'essais et de nouvelles.

SCHLUMBERGER (Conrad), physicien et industriel français (Guebwiller 1878 - Stockholm 1936) et son frère MARCEL, ingénieur et industriel français (Guebwiller 1884 - Le Val Richer 1953). Après des expériences de prospection minière au moyen de mesures électriques à la surface du sol, Conrad s'associa avec son frère Marcel, en 1919, pour procéder au développement industriel de ses inventions. En 1927, des mesures effectuées dans un sondage pétrolier à Pechelbronn révélèrent qu'il est possible d'identifier par leur résistivité électrique les formations géologiques traversées par le sondage, et notamment les formations productrices d'hydrocarbures. Dès 1929, cette technique fut mise en œuvre pour le compte des compagnies pétrolières par des ingénieurs de la société fondée par les deux frères.

SCHLUMBERGER (Daniel), archéologue français (Mulhouse 1904 - Princeton 1972). Il dirigea la délégation archéologique française en Afghānistān de 1945 à 1964, où il découvrit les ruines d'Aï-Khanoum*. Il a notamment effectué des recherches sur Palmyre, Surkh-Kotal et Lachkar-e Bāzār.

SCHLÜSSELBURG → PETROKREPOST.

SCHLÜTER (Andreas), sculpteur et architecte originaire de Dantzig (?) [v. 1660 ? - Moscou ou Saint-Pétersbourg 1714]. Appelé en 1694 à la cour de Prusse, il prit une part décisive, à partir de 1699, à la construction et au décor du palais royal de Berlin (détruit). Par sa sculpture, beaucoup plus dynamique que ses édifices, il est une des personnalités importantes du baroque allemand (monument équestre du Grand Électeur, 1703, château de Charlottenburg).

SCHLÜTER (Poul), homme politique danois (Tønder 1929). Député (à partir de 1964), chef du parti conservateur (1974-1993), il a été Premier ministre de 1982 à 1993.

SCHMIDT (Johann Friedrich Julius), astronome allemand (Eutin 1825 - Athènes 1884). On lui doit une grande carte de la Lune, publiée en 1878, sur laquelle figurent 32 856 cratères et qui a constitué la représentation la plus complète de la surface lunaire jusqu'à l'avènement des atlas photographiques.

SCHMIDT (Wilhelm), ingénieur allemand (Wegeleben, Saxe, 1858 - Bethel 1924). On lui doit l'application de la surchauffe aux locomotives à vapeur et l'invention d'un type de surchauffeur qui porte son nom.

SCHMIDT (Wilhelm), missionnaire et anthropologue allemand (Hörde, Westphalie, 1868 - Fribourg, Suisse, 1954). Il est à l'origine de la théorie du cercle culturel. (Il a écrit *Der Ursprung der Gottesidee,* 12 vol. 1912-1955.)

SCHMIDT (Erhard), mathématicien allemand (Dorpat 1876 - Berlin 1959). Il a formalisé les idées de Hilbert sur les équations intégrales en introduisant le concept d'espace de Hilbert et en étudiant la géométrie d'un tel espace. En algèbre linéaire, il a résolu des systèmes infinis d'équations à une infinité d'inconnues (1908).

SCHMIDT (Johannes), biologiste danois (Sjaelland 1877 - Copenhague 1933). On lui doit l'élucidation des métamorphoses et des migrations de l'anguille (1920-1922).

Schmidt *(télescope de)* [du n. de l'opticien allemand B. V. *Schmidt*], télescope photographique à grand champ comprenant un miroir sphérique devant lequel est placée, au centre de courbure, une lame correctrice en verre.

SCHMIDT (Arno), écrivain allemand (Hambourg 1914 - Celle, Basse-Saxe, 1979), peintre ironique et satirique de l'Allemagne de la guerre et de la culture traditionnelle (*Scènes de la vie d'un faune,* 1953 ; *la République des savants,* 1957 ; *Soir avec lisière dorée,* 1976).

SCHMIDT (Helmut), homme politique allemand (Hambourg 1918). Député social-démocrate de 1953 à 1962, puis de nouveau à partir de 1965, il est vice-président du SPD de 1968 à 1984. Ministre de la Défense (1969-1972), puis des Finances (1972-1974), il succède à W. Brandt comme chancelier de la République fédérale en 1974. Il conduit le SPD à la victoire lors des élections fédérales de 1976 et 1980. De plus en plus critiqué en raison de son atlantisme par l'aile gauche de son parti ainsi que par les pacifistes et les écologistes, il est renversé par le Bundestag en 1982.

SCHMIDT (Maarten), astrophysicien américain d'origine néerlandaise (Groningen 1929). En 1963, il a identifié les raies du spectre des quasars, dont il a découvert le très important décalage vers le rouge : interprété comme un effet Doppler-Fizeau, ce phénomène conduit à attribuer aux quasars des distances considérables.

SCHMIDT-ROTTLUFF (Karl), peintre et graveur allemand (Rottluff, près de Chemnitz, 1884 - Berlin-Ouest 1976). Membre fondateur de *Die Brücke* en 1905, il a évolué, sous l'influence de Nolde, puis de Feininger et du cubisme, vers un style vigoureusement expressif, sans modelé, où prédomine le rôle de la couleur et des contrastes.

SCHMIEDER (Wolfgang), musicologue allemand (Bromberg, auj. Brydgozcz, 1901). Il a publié, en 1950, le catalogue thématique de l'œuvre de J. S. Bach *(B. W. V.).*

SCHMITT (Florent), compositeur français (Blâmont 1870 - Neuilly-sur-Seine 1958). Grand prix de Rome en 1900, il dirigea l'opéra de Lyon (1922-1924) et présida la Société nationale de musique (1938-1958). Son grand lyrisme se retrouve dans ses pages pour orchestre (*Dionysiaques,* 1914-1925), dans ses ballets (*la Tragédie de Salomé,* 1907) et jusque dans sa musique de chambre (*Suite en rocaille,* quintette, 1935), mais surtout dans ses psaumes, où s'impose le grandiose (*Psaume 47,* 1904).

SCHMOLLER (Gustav VON), historien et économiste (Heilbronn 1838 - Bad Harzburg 1917). Il fut un des créateurs de l'école économique historique allemande et cofondateur, en 1872, de l'Association pour la politique sociale.

SCHNABEL (Artur), pianiste autrichien naturalisé américain (Lipnik 1882 - Morschach, Suisse, 1951). Il vécut à Berlin de 1900 à 1933, partit en 1939 pour les États-Unis. Il est réputé pour ses interprétations de Beethoven, de Schubert et de Brahms.

Schnæbelé *(affaire)* [20 avr. 1887], incident de frontière franco-allemand. L'arrestation, sous inculpation non justifiée d'espionnage, du commissaire de police français Schnæbelé, passé en Lorraine annexée au territoire allemand pour affaire de service, suscita une vive indignation en France, en dépit d'une rapide libération du fonctionnaire.

SCHNAPS [ʃnaps] n. m. (all. *Schnaps*). *Fam.* Dans les pays germaniques, eau-de-vie.

SCHNEBEL (Dieter), compositeur allemand (Lahr 1930). Pasteur et professeur de théologie de 1957 à 1976, il est, depuis 1976, professeur de musique expérimentale et de musicologie à l'École des beaux-arts de Berlin. Il imposa peu à peu des moyens de composition très personnels : composition collective, utilisation de matériaux optiques ainsi que de divers auxiliaires acoustiques, refus du son, langage muet, participation du public. Parmi ses œuvres, on peut citer *Dt 31,6,* pour douze groupes vocaux (1958), *Glossolalie* (1959-1961), pour récitant et instrumentistes, *Maulwerke* (1974), *Wagner-Idyll* (1980), pour ensemble de chambre, la *Messe de Dahlem* (1988), *Chili. Musik und Bilder zu Kleist* (1991).

SCHNEGG (Lucien), sculpteur français (Bordeaux 1864 - Paris 1909). Élève de Falguière, il fut praticien de Rodin. Son art de synthèse, empreint d'un certain classicisme, se retrouve chez les sculpteurs de son entourage, dits « la bande à Schnegg », tels Despiau, Pompon, Wlérick, Jane Poupelet.

SCHNEIDER, famille d'industriels français. — EUGÈNE (Bidestroff 1805 - Paris 1875) reprend en 1836, avec son frère ADOLPHE (Nancy 1802 - Le Creusot 1845), l'ancienne Fonderie royale du Creusot, créée sous Louis XVI. Il développe ses ateliers de mécanique, bientôt considérés comme les plus modernes du monde, et en crée de nouveaux à Chalon-sur-Saône. Député en 1845, ministre du Commerce et de l'Agriculture en 1851, il est élu, après le coup d'État du 2-Décembre, au Corps législatif, qu'il préside de 1867 à 1870. — Son fils HENRI (Le Creusot 1840 - Paris 1898) devient gérant à la mort de son père. Il développe les fabrications d'armement et les constructions mécaniques et est élu député de Saône-et-Loire en 1889. — EUGÈNE (Le Creusot 1868-Paris 1942), fils d'Henri, renforce, tant en France qu'à l'étranger, le groupe, dont il assure la direction à la mort de son père. — CHARLES (Paris 1898 - Saint-Tropez 1960), troisième fils du précédent, s'attache à l'œuvre de reconstruction et de modernisation des usines, en particulier celles du Creusot, ravagées pendant la Seconde Guerre mondiale.

SCHNEIDER (Hortense), mezzo-soprano française (Bordeaux 1833 - Paris 1920). Elle fut remarquée par Offenbach, qui écrivit pour elle *la Belle Hélène, la Périchole, la Grande Duchesse de Gerolstein.* Sa vie a inspiré plusieurs films.

SCHNEIDER (Gérard), peintre suisse naturalisé français (Sainte-Croix, cant. de Vaud, 1896 - Paris 1986). Parti d'expériences d'inspiration fauve et cubiste, il aboutit après la Seconde Guerre mondiale à une abstraction lyrique caractérisée par la puissance et la rapidité du geste, générateur de signes monumentaux dans lesquels forme, couleur et espace apparaissent indissociables.

SCHNEIDER (Rosemarie Albach-Retty, dite **Romy**), actrice de cinéma et de théâtre autrichienne (Vienne 1938 - Paris 1982). Fille de l'actrice Magda Schneider, elle débuta à l'écran en 1953 avant de remporter un succès international avec la série des *Sissi,* tournée entre 1955 et 1957 par E. Marischka. Sa rencontre avec Visconti, qui la dirigea au théâtre et au cinéma, fut déterminante pour sa carrière. Parmi ses meilleurs films, citons *le Combat dans l'île* (1962), *le Procès* (1962), *la Piscine* (1968), *les Choses de la vie* (1970), *César et Rosalie* (1972), *le Crépuscule des dieux* (1972), *L'important, c'est d'aimer* (1975), *la Mort en direct* (1980), *Garde à vue* (1981).

SCHNITZLER (Arthur), écrivain autrichien (Vienne 1862 - *id.* 1931). Médecin venu à la poésie et au théâtre, il a su, à travers ses drames (*Anatole,* 1893 ; *le Professeur Bernhardi,* 1912), ses romans et ses nouvelles (*Mademoiselle Else,* 1924), traduire le charme ironique et mélancolique de la Vienne d'autrefois.

SCHNOCK ou **CHNOQUE** [ʃnɔk] n. m. (p.-ê. de l'alsacien). *Pop.* **1.** *Un vieux schnock,* un vieil imbécile, un peu fou. — **2.** *Du schnock,* appellatif méprisant pour qqn dont on ne connaît pas le nom.

SCHNORCHEL [ʃnɔrkɛl] n. m. (all. *Schnorchel*). Dispositif permettant à un sous-marin doté de moteurs Diesel de naviguer longtemps en plongée grâce à un long tube rétractable, affleurant à la surface, qui assure l'arrivée d'air frais et l'évacuation des gaz usés.

SCHNURRE (Wolfdietrich), écrivain allemand (Francfort-sur-le-Main 1920 - Kiel 1989). Critique de théâtre et de cinéma, poète et romancier satirique, il a donné dans *le Photographe des ombres* (1978) un panorama de l'évolution littéraire allemande depuis la dernière guerre.

SCHOBERT (Johann), compositeur allemand (Silésie v. 1735 - Paris 1767). Au service du prince de Conti, il n'écrivit que de la musique instrumentale avec clavier (sonates, symphonies, concertos). Le jeune Mozart fut grandement influencé par lui.

SCHŒLCHER (97233), comm. de la Martinique, au N.-O. de Fort-de-France ; 19 874 hab. Domaine universitaire. Centre résidentiel et touristique.

SCHOELCHER (Marc), porcelainier français (Fessenheim 1766 - Paris 1832). Il produisit des porcelaines caractérisées par la beauté de leurs fonds « or », « écaille » ou « marbré » et par la finesse des vues de Paris ou de châteaux peintes d'après des aquarelles de Garneray ou de Janinet.

SCHOELCHER (Victor), homme politique français (Paris 1804 - Houilles 1893). Sous-secrétaire d'État à la Marine, il prépara le décret qui libérait les esclaves des territoires français (1848). Proscrit en 1851, il rentra en France en 1870, fut député (1871) et sénateur (1875) et demanda l'abolition de la peine de mort. Ses cendres sont au Panthéon.

SCHOENBERG (Arnold) → Schönberg.

SCHÖFFER (Peter), imprimeur allemand (Gernsheim, Hesse-Darmstadt, v. 1425 - Mayence 1502 ou 1503). Après avoir travaillé dans l'atelier de Gutenberg et de Fust, dont il devint l'associé, il imagina l'interligne ainsi que les notes marginales et fut le premier à imprimer en couleur les rubriques et les capitales.

SCHÖFFER (Nicolas), plasticien et théoricien hongrois naturalisé français (Kalocsa 1912 - Paris 1992). Installé à Paris, en 1936, il fut à partir des années 1948-1950 un pionnier de l'art cinétique avec ses dispositifs « luminodynamiques », constructions de métal brillant aux mouvements et aux éclairages programmés. Il a donné des projets d'urbanisme et d'architecture et a notamment écrit *la Ville cybernétique* (1969) et *la Nouvelle Charte de la ville* (1974).

Schola cantorum, école de chant liturgique et de musique religieuse fondée par Charles Bordes à Paris en 1894. Ses principaux collaborateurs furent Alexandre Guilmant et V. d'Indy. Peu à peu, la Schola devint une école supérieure de musique. Le cours de composition de V. d'Indy fit beaucoup pour sa célébrité.

SCHOLASTIQUE *(sainte),* sœur de saint Benoît de Nursie (Nursie v. 480 - Piumarola, près du mont Cassin, v. 543 ou 547). Elle fonda un monastère de femmes près du mont Cassin.

SCHOLEM (Gershom Gerhard), philosophe israélien (Berlin 1897 - Jérusalem 1982). Il est l'un des plus importants philosophes qui aient édité, expliqué et diffusé les grands textes de la Kabbale (*les Grands Courants de la mystique juive,* 1941).

SCHOLIASTE, SCHOLIE → SCOLIASTE, SCOLIE 1.

SCHOLL (Aurélien), écrivain et journaliste français (Bordeaux 1833 - Paris 1902). Ses mots, souvent cruels, étaient célèbres ; il fut le type même du boulevardier (*l'Esprit du boulevard,* 1886).

SCHOLLAERT (Frans Victor), homme politique belge (Wilsele, près de Louvain, 1851 - Sainte-Adresse 1917). Député catholique (1888), ministre de l'Intérieur (1895-1899), président de la Chambre des représentants (1901), il fit voter, en tant que chef de gouvernement (1908-1911), la réunion du Congo (août 1908).

SCHOLLANDER (Donald, dit **Don**), nageur américain (Charlotte, Caroline du Nord, 1946). Aux jeux Olympiques de Tōkyō (1964), il a remporté quatre titres : 100 m et 400 m nage libre, 4 × 100 m nage libre et 4 × 200 m nage libre. Il a été le premier nageur à descendre au-dessous des 2 minutes au 200 m nage libre.

SCHOMBERG (Gaspard DE), comte **de Nanteuil,** homme de guerre français d'origine allemande (Meissen v. 1540 - Paris 1599). Protestant, il combattit les catholiques, puis, naturalisé français (1570) et converti au catholicisme, il servit Charles IX puis Henri IV, qu'il seconda dans les négociations qui aboutirent à l'édit de Nantes. — Son fils, HENRI, comte *de Nanteuil* et *de Duretal,* marquis *d'Espinay,* maréchal de France (Paris 1575 - Bordeaux 1632), fut surintendant des Finances (1619-1623) et maréchal (1625). Il dirigea avec Bassompierre le siège de La Rochelle (1627-28). Il battit à Castelnaudary (1632) le duc Henri II de Montmorency, révolté contre le roi. — CHARLES, duc *d'Halluin,* maréchal de France (Nanteuil-le-Haudouin 1601 - Paris 1656), fils du précédent, devint duc en épousant la duchesse Anne d'Halluin. Il battit les Espagnols à Leucate et fut créé maréchal (1637). En 1642, il participa à la prise de Perpignan et, plus tard, devint vice-roi de Catalogne. Veuf (1641), il se remaria avec Marie de Hautefort (1646).

SCHOMBERG (Frédéric Armand, *comte* puis *duc* DE), maréchal de France (Heidelberg 1615 - près de la Boyne 1690). Il combattit les impériaux pendant la guerre de Trente Ans avec les Suédois puis avec les Hollandais. Il passa au service de la France après 1650 et combattit avec succès les Espagnols (Villaviciosa, 1665). Nommé maréchal de France (1675), il combattit Guillaume d'Orange. Protestant, il s'exila après la révocation de l'édit de Nantes. Il fut tué en combattant en Irlande contre Jacques II.

SCHOMBERG (Marie DE HAUTEFORT, *duchesse* DE) → HAUTEFORT.

SCHÖNBEIN (Christian Friedrich), chimiste allemand (Metzingen, Wurtemberg, 1799 - Baden-Baden 1868). Il a découvert l'ozone (1840), le coton-poudre et le collodion (1845).

SCHÖNBERG (Arnold), compositeur autrichien (Vienne 1874 - Los Angeles 1951). Dès ses premières œuvres, il s'inspire du chromatisme exacerbé de Wagner (*Nuit transfigurée,* 1899 ; *Gurrelieder**, 1900-1911). Après un séjour matériellement difficile à Berlin (1901-1903), il revient à Vienne. Son écriture évolue vers l'atonalité, avec *Erwartung**, op. 17 (*l'Attente,* 1909). Il écrit un *Traité d'harmonie* (1911) et se lie avec ses élèves Anton von Webern et Alban Berg ainsi qu'avec les peintres Kandinsky, Klee et Kokoschka. Il compose le *Pierrot* lunaire* (1912), pour voix et petit ensemble instrumental. De 1912 à 1921, son cercle d'élèves s'élargit et il met au point une technique d'exploitation du dodécaphonisme, désignée comme « musique sérielle » (*Suite pour piano,* op. 25, 1923 ; *Variations pour orchestre,* op. 31, 1928). Professeur de composition à Berlin (1925), il travaille à deux opéras (*Moïse et Aaron, le Chemin biblique*). À l'avènement du nazisme, il fuit aux États-Unis. Professeur à New York et à Boston, il occupe de 1936 à 1944 une chaire à l'université de Californie. Il compose alors des pages spécifiquement sérielles (concerto pour violon, 1936 ; 4e quatuor à cordes, 1936). Parmi ses ultimes œuvres se détachent la scène dramatique *Un survivant de Varsovie* (1947) et un *De profundis* (1950).

Schönbrunn, château impérial situé dans un faubourg du S.-O. de Vienne (Autriche). Brûlé par les Turcs en 1683, il a été reconstruit de la fin du XVIIe s. au milieu du XVIIIe par Fischer von Erlach, puis Nikolaus von Pacassi. Napoléon y signa le traité de Schönbrunn (1805) et la paix de Vienne (1809). Le duc de Reichstadt y est mort.

SCHONGAUER (Martin), peintre et graveur alsacien (Colmar v. 1450 - Brisach 1491). Fils d'un orfèvre originaire d'Augsbourg, il est le dernier grand représentant de la mystique médiévale rhénane et l'héritier de la renaissance picturale flamande. Si l'on a peu conservé de son œuvre peint (*Vierge au buisson de roses,* 1473, St-Martin de Colmar), on possède de lui des dessins et plus de cent gravures au burin (séries de la *Passion,* de la *Vie de la Vierge,* etc.). D'une tension spirituelle et d'une autorité graphique toutes nouvelles, celles-ci donnèrent à l'artiste une grande notoriété en Allemagne, en Italie, etc.

SCHOONER [ʃunœr ou skunœr] n. m. (angl. *schooner*). Syn. de GOÉLETTE.

SCHOPENHAUER (Arthur), philosophe allemand (Dantzig 1788 - Francfort-sur-le-Main 1860). Son œuvre maîtresse est *le Monde comme volonté et comme représentation* (1818). Il y affirme que le monde n'est qu'une macabre représentation, à laquelle il faut opposer un athéisme actif, qu'exprime la volonté. La volonté est pour lui un vouloir-vivre individuel sans transcendance. Il a également proposé une esthétique qui influencera le jeune Nietzsche et qui affirme que la contemplation d'une œuvre belle est une suspension du vouloir-vivre. Sa philosophie, souvent considérée comme la marque d'un pessimisme indépassable, est marquée par la découverte en Europe du monde de l'Inde, brahmanisme et bouddhisme confondus.

SCHORL [ʃɔrl] n. m. (all. *Schorl*). Variété noire de tourmaline, riche en fer, rhombo-édrique.

SCHÖRNER (Ferdinand), maréchal allemand (Munich 1892 - *id.* 1973). Il commanda une armée en Crimée (1944) puis successivement des groupes d'armées en Ukraine, en Courlande, en Silésie et en Bohême. Livré aux Soviétiques par les Américains en 1945, il fut libéré en 1955.

SCHORRE [ʃɔr] n. m. (moyen néerl. *schor,* alluvion). Partie haute d'un marais littoral, submergée uniquement aux grandes marées. (Il est formé de vase consolidée et recouverte de végétation herbacée.)

SCHOTEN, comm. de Belgique, au N.-E. d'Anvers ; 31 000 hab. Industries alimentaires. Constructions mécaniques et électriques.

SCHOTTKY (Walter), physicien allemand (Zurich 1886 - Pretzfeld, Bavière, 1976). Il est connu pour ses recherches sur les électrons et les ions dans les tubes à gaz raréfié, sur l'électronique des solides et sur les problèmes d'électroacoustique. En 1920, il a découvert l'effet qui porte son nom.

Schottky *(diode),* diode réalisée par une jonction métal-semi-conducteur et utilisée pour sa très faible capacité parasite dans les circuits intégrés fonctionnant à grande vitesse.

Schottky *(effet),* accroissement du courant de saturation d'un tube électronique sous l'action d'un champ élevé.

SCHOUWEN-DUIVELAND, île des Pays-Bas (Zélande), formée par la réunion de deux anciennes îles ; 244 km^2 ; 26 000 hab. Agriculture et tourisme.

SCHRIBAUX (Émile), agronome français (Richebourg, Haute-Marne, 1857 - Paris 1951). Ses recherches sur l'amélioration des plantes (blé, avoine) conduisirent à la création d'une station officielle pour le contrôle et l'essai des semences. (Acad. des sc., 1934.)

SCHRIEFFER (John Robert), physicien américain (Oak Park, Illinois, 1931). Spécialiste de magnétisme, il a partagé avec John Bardeen et Leon N. Cooper le prix Nobel de physique en 1972 pour leur théorie commune de la supraconductibilité.

SCHRÖDER (Rudolf Alexander), écrivain allemand (Brême 1878 - Bad Wiessee 1962). Peintre, architecte, décorateur et poète, devenu ministre luthérien, c'est le spiritualisme religieux qui anime sa poésie (*Milieu de la vie,* 1930), où il apparaît comme le défenseur des valeurs de l'humanisme chrétien.

SCHRÖDER-DEVRIENT (Wilhelmine), actrice et cantatrice allemande (Hambourg 1804 - Cobourg 1860). Dès 1823, le rôle de Léonore dans *Fidelio* la consacra comme la plus grande tragédienne lyrique allemande. Wagner écrivit pour elle *le Vaisseau fantôme* et *Tannhäuser* (rôle de Vénus).

SCHRÖDINGER (Erwin), physicien autrichien (Vienne 1887 - *id.* 1961). Dans quatre mémoires publiés en 1926, il a donné une contribution essentielle à l'établissement définitif de la théorie quantique ; il y formule l'équation fondamentale qui porte aujourd'hui son nom. Il s'est aussi penché sur les problèmes épistémologiques de la physique moderne, notamment dans ses rapports avec la biologie *(What is Life ?).* [Prix Nobel de physique 1933.]

Schrödinger *(équation de),* équation non relativiste de la physique quantique, qui régit la fonction d'onde d'un système quantique. C'est une équation aux dérivées partielles du second ordre portant sur une fonction à valeur complexe $\psi(x, t)$, dite fonction d'onde, dont le carré du module peut être interprété comme la densité de probabilité de la particule au point x à l'instant t. Valable pour une particule matérielle animée d'une faible vitesse, l'équation de Schrödinger s'applique à la physique atomique et moléculaire, et notamment à tous les calculs de la spectroscopie.

Schtroumpfs, personnages de bande dessinée, créés en 1958 par Peyo dans l'hebdomadaire belge *Spirou.* Ces petits lutins bleus sont dotés d'un langage et d'une organisation sociale empreints d'humour et d'utopie.

SCHUBART (Christian Friedrich Daniel), organiste, compositeur et poète allemand (Obersontheim, Wurtemberg, 1739 - Stuttgart 1791). L'un des meilleurs représentants du *Sturm* und Drang,* il est l'auteur de poèmes (1785) qui, telle *la Truite,* ont été mis en musique par Schubert.

SCHUBERT (Franz), compositeur autrichien (Lichtental, auj. dans Vienne, 1797 - Vienne

1828). Fils d'un instituteur de Lichtental (faubourg de Vienne), il suit les leçons de Salieri dès 1813. Il compose *Marguerite au rouet* en 1814, *le Roi* des aulnes* en 1815 et se spécialise dans le lied allemand. Après une brève carrière de maître d'école, il enseigne la musique aux filles du comte Johann Esterházy (1818). Toute sa vie, Schubert se bornera à fréquenter un cercle restreint d'artistes, parmi lesquels le ténor Michael Vogl, interprète de ses lieder. L'œuvre de Schubert est considérable. Il a composé de la musique orchestrale : musique de scène de *Rosamunde* (1823), ouverture, dix symphonies (IVe, dite « tragique », 1816 ; VIIIe, dite « inachevée », 1822 ; VIIe, dite « grande symphonie », 1825-1828), de la musique religieuse (motets en latin), des sonates pour piano, cinq *Klavierstücke* (1816), six *Moments musicaux* (1823-1828), onze impromptus (1827-28), la *Wanderer-Fantasie* (1822) et la *Fantaisie en fa* mineur pour piano à quatre mains (1828), des sonates pour piano et violon, deux grands trios avec piano (1826, 1827), quinze quatuors, dont *la Jeune Fille et la Mort* (1824), un quintette à cordes en *ut* majeur (1828) et le quintette *la Truite* pour cordes et piano (1819). Avec près de six cents lieder, Schubert apparaît comme un maître de ce genre. On distingue deux cycles importants : *la Belle Meunière* (1823), *le Voyage d'hiver* (1827), et le recueil des derniers lieder, *le Chant du cygne* (1828).

Schüller-Christian *(maladie de),* syn. de MALADIE DE HAND-SCHÜLLER-CHRISTIAN.

SCHULTHESS (Edmund), homme d'État suisse (Villnachern, près de Brugg, Argovie, 1868 - Berne 1944). Conseiller fédéral (1912-1935), il dirigea l'Économie nationale pendant la Première Guerre mondiale, puis présida la Confédération en 1917, 1921, 1928, 1933.

SCHULTZ (Johannes Heinrich), psychiatre allemand (Göttingen 1884 - Berlin 1970), fondateur d'une technique de relaxation, le training autogène.

SCHULTZ (Theodore William), économiste américain (Arlington, Dakota du Sud, 1902). Il a porté ses recherches sur les questions agricoles, sur la valeur économique de l'éducation et de l'investissement en capital humain. En 1979, il a partagé avec sir Arthur Lewis le prix Nobel d'économie pour des études sur les pays en voie de développement.

SCHULTZE (Max), biologiste allemand (Fribourg-en-Brisgau 1825 - Bonn 1874). En 1861, il définit, pour la première fois, la cellule comme une masse de protoplasme pourvue d'un noyau. Il a aussi montré les ressemblances entre les protoplasmes animaux et végétaux. C'est un précurseur de la biologie moderne.

SCHULZ (Bruno), écrivain polonais (Drohobycz, auj. Drogobytch, 1892 - *id.* 1942). D'origine juive, il enseigna le dessin toute sa vie au lycée de sa ville natale et fut assassiné par la Gestapo. Hanté par l'angoisse du temps présent, il est l'auteur de nouvelles qui s'organisent à partir du quotidien pour ouvrir l'accès à un univers dominé par la logique du délire (*les Boutiques de cannelle,* 1934 ; *le Sanatorium au croque-mort,* 1937).

SCHULZ (Charles Monroe), dessinateur humoristique américain (Minneapolis 1922), créateur (1948) de la célèbre série de bande dessinée *Peanuts**.

SCHULZE-DELITZSCH (Hermann), homme politique et économiste allemand (Delitzsch 1808 - Potsdam 1883). Il créa des banques populaires et des coopératives d'achat de denrées de première nécessité. Un des fondateurs du *Nationalverein* (1859), il se heurta au socialiste Lassalle, qui lui reprocha de détourner les ouvriers de l'action révolutionnaire.

SCHUMAN (Robert), homme politique français (Luxembourg 1886 - Scy-Chazelles, Moselle, 1963). Député de la Moselle (1919-1940 et 1945-1962), il participe à la fondation du M. R. P., dont il devient un des principaux dirigeants. Il est ensuite ministre des Finances (1946-47), puis président du Conseil (1947-48) et ministre des Affaires étrangères (1948-1953). Partisan de la construction européenne, il reprend le plan de Jean Monnet et met sur pied, en 1951, la Communauté européenne du charbon et de l'acier (C. E. C. A.), qui préfigure la création du Marché commun. Il échoue cependant dans son projet de Communauté européenne de défense (C. E. D.). Ministre de la justice (1955-56), il est ensuite président du Mouvement européen (1955) et de l'Assemblée parlementaire européenne de Strasbourg (1958-1960). Il est considéré comme un des « pères de l'Europe ».

SCHUMANN (Robert), compositeur allemand (Zwickau 1810 - Endenich, près de Bonn, 1856). Fils d'un éditeur très cultivé, il étudie d'abord le droit tout en suivant l'enseignement du pianiste F. Wieck, dont il aime la fille Clara dès 1835. Il doit attendre 1840 pour l'épouser, contre la volonté de son père. En 1843, il devient professeur au conservatoire de Leipzig puis il est nommé directeur de la musique à Düsseldorf (1850) mais il sombre peu à peu dans la folie et termine ses jours dans une clinique d'aliénés. Dans une première période, Schumann compose un nombre important de pièces pour piano : *Variations « Abegg »* (1830), *Papillons* (1831), *Carnaval* (1835), *Phantasiestücke* (1837), *Études symphoniques* (1837), *Scènes d'enfants* (1838),

Humoresque (1838), *Kreisleriana* (1838), fantaisie en « ut » (1838), *Novelettes* (1838), etc. ; des lieder (en 1840) : *l'Amour et la vie d'une femme* (poèmes de Chamisso) et *les Amours* du poète* (Heine), puis, à partir de 1841, un concerto pour piano, un quatuor avec piano et un quintette avec piano (1842). Dans une seconde période (1844-1853), il s'exprime dans des cadres plus conventionnels (forme sonate) et une écriture néoclassique : *Six Fugues sur B. A. C. H.* pour piano-pédalier ou orgue (1845), les *Scènes de Faust* (1844-1853), *Genoveva* (1849), quatre symphonies, des concertos pour violoncelle ou violon. — Sa femme, CLARA, née **Wieck** (Leipzig 1819-Francfort-sur-le-Main 1896), pianiste, se consacra à l'interprétation des œuvres de Beethoven, Chopin, Liszt, Schumann. Elle a composé des pièces pour piano et surtout de remarquables lieder.

SCHUMANN (Maurice), homme politique français (Paris 1911). Un des fondateurs du M. R. P., il est député du Nord (1945-1973) et devient secrétaire d'État aux Affaires étrangères (1951-1954). Rallié au général de Gaulle en 1958, il est plusieurs fois ministre, notamment des Affaires étrangères (1969-1973). Il est sénateur depuis 1974. (Acad. fr., 1974.)

SCHUMANN (Peter), directeur de théâtre américain (Silésie 1931), fondateur en 1962 du *Bread and Puppet Theatre.*

SCHUMPETER (Joseph Alois), économiste autrichien (Třešť, Moravie, 1883 - Salisbury, Connecticut, 1950). Ministre des Finances (1919), banquier et professeur d'économie à Bonn (1925), puis, à partir de 1932, à Harvard, on lui doit une analyse du processus d'évolution de l'économie capitaliste, où il perçoit l'inévitable arrivée du socialisme, et une remarquable mise en lumière du rôle de l'entrepreneur, agent, par l'innovation, de la croissance économique. On lui doit notamment *Capitalisme, Socialisme et Démocratie* (1942) et une *Histoire de l'analyse économique* (1954).

SCHUPO [ʃupo] n. f. (abrév. de l'all. *Schutz,* protection, et *Polizei,* police). Corps de police régulière créé en Prusse en 1920.
◆ n. m. Agent de police appartenant à ce corps.

SCHUSCHNIGG (Kurt VON), homme politique autrichien (Riva, lac de Garde, 1897 - Muters, près d'Innsbruck, 1977). Député chrétien-social (1927), ministre de la Justice (1932-33), de l'Instruction publique (1933), il devint chancelier après l'assassinat de Dollfuss (juill. 1934). Il chercha à préserver l'indépendance de l'Autriche à l'égard de l'Allemagne nazie. Menacé d'une intervention militaire par Hitler (févr. 1938), il dut libérer les nazis emprisonnés et appeler Seyss-Inquart à l'Intérieur. Après avoir tenté d'organiser un plébiscite sur le maintien d'une Autriche libre (mars 1938), il fut contraint de se retirer.

SCHUSS [ʃus] n. m. (all. *Schuss,* élan). Descente directe à skis suivant la ligne de la plus grande pente et sans ralentissement.
◆ adv. Fam. *Tout schuss,* très vite, à tombeau ouvert.

SCHUSTER (*sir* Arthur), physicien britannique (Francfort-sur-le-Main 1851 - Yeldall, près de Twyford, Berkshire, 1934). Il détermina pour la première fois, en 1890, le quotient *e/m* de la charge par la masse des particules (électrons) constituant les rayons cathodiques.

SCHÜTZ (Heinrich), compositeur allemand (Köstritz, auj. Bad Köstritz, Thuringe, 1585 - Dresde 1672). Maître de chapelle de l'Électeur de Saxe, Schütz a laissé essentiellement des œuvres religieuses, même si ses relations avec Monteverdi lui permirent d'écrire un livre de madrigaux italiens (1611) et le premier opéra en langue allemand (*Dafne,* 1627). Il sut allier le style concertant de Gabrieli à la monodie de Monteverdi en les adaptant à la liturgie luthérienne (*Psaumes de David,* 1619 ; *Symphoniae sacrae* : I, 1629 ; II, 1647 ; III, 1650 ; *les Sept Paroles du Christ,* 1645). Il crée l'oratorio allemand avec la *Résurrection* (1623). Schütz laisse également la *Weihnachtsthistorie* (1660-1664), chef-d'œuvre du genre de l'histoire sacrée.

SCHUTZENBERGER (Paul), chimiste français (Strasbourg 1829 - Mézy, Yvelines, 1897). Il a découvert les hydrosulfites et les acétates de cellulose (1869). [Acad. des sc., 1888.]

SCHWAB (Gustav), écrivain allemand (Stuttgart 1792 - *id.* 1850). Auteur de ballades très populaires et d'un *Recueil des légendes de l'Antiquité* (1838-1840), il fut, avec Uhland et Kerner, le principal représentant de l'école souabe*.

SCHWÄBISCH GMÜND, v. d'Allemagne (Bade-Wurtemberg), à l'E. de Stuttgart ; 57 000 hab. Église Ste-Croix, type de l'église-halle du XIVe s., par H. Parler. Centre industriel.

SCHWANGAU, localité d'Allemagne, dans le S.-O. de la Bavière, à l'E. de Füssen. À proximité, château néogothique de *Hohenschwangau* (v. 1832) ; château de *Neuschwanstein,* construit à partir de 1868 sur un éperon rocheux, dans un style médiéval féerique, pour le roi Louis II.

SCHWANN (Theodor), naturaliste allemand (Neuss am Rhein 1810 - Cologne 1882). Il montra que les fermentations sont provoquées par des êtres vivants, qu'elles ne se produisent pas en leur absence et qu'elles sont arrêtées par la chaleur et certains produits chimiques. C'est à lui que remonte la théorie de la cellule, constituant fondamental de l'organisme animal (1839).

Schwann *(gaine de),* ensemble de cellules névrogliques qui entourent l'axone d'un neurone en s'enroulant sur elles-mêmes un grand nombre de fois. Le contact entre deux de ces cellules constitue un *étranglement de Ranvier.*

SCHWARTZ (Berthold), dit aussi **Berthold der Schwarze,** moine et inventeur allemand (Fribourg-en-Brisgau v. 1310 - Venise 1384). Il passa, à tort, pour avoir inventé la poudre à canon. Il fondit les premiers canons de bronze des Vénitiens.

SCHWARTZ (Laurent), mathématicien français (Paris 1915). Ses travaux ont apporté une impulsion fondamentale à l'analyse fonctionnelle. Sa *Théorie des distributions,* généralisant la notion de fonction, a donné des outils importants pour l'analyse harmonique, la théorie des équations aux dérivées partielles (fonction de Dirac, transformation de Fourier) et pour les mathématiques appliquées à la physique. (Médaille Fields, 1950 ; Acad. des sc., 1975.)

Schwarz *(inégalité de),* inégalité selon laquelle, dans un espace euclidien muni d'un produit scalaire et d'une norme euclidienne,

$$|x \cdot y| \leqslant \|x\| \times \|y\|.$$

SCHWARZ-BART (André), écrivain français (Metz 1928), romancier hanté par le drame du racisme, de la solitude et de la persécution (*le Dernier des justes,* 1959 ; *Un plat de porc aux bananes vertes* (écrit en commun avec sa femme), 1967 ; *Mulâtresse Solitude,* 1972). — Sa femme SIMONE, femme de lettres française (Saintes 1938), a écrit des romans et des contes pénétrés des légendes et de la magie de la Guadeloupe (*Pluie et vent sur Télumée Miracle,* 1973 ; *Ti Jean l'horizon,* 1979).

Schwarzbunt, dénomination de la race bovine frisonne pie-noire en Allemagne.

SCHWARZENBERG (Karl Philipp, *prince* ZU), duc **von Krumau,** feld-maréchal et diplomate autrichien (Vienne 1771 - Leipzig 1820). Nommé ambassadeur à Paris, il négocia le mariage de Napoléon et de Marie-Louise. Il commanda les forces de la sixième coalition et, vainqueur à Leipzig (16-19 oct. 1813), il marcha sur Paris après le combat d'Arcis-sur-Aube (1814). — Son neveu, FELIX, prince **zu Schwarzenberg** (Krumau, auj. Český Krumlov, Bohême, 1800 - Vienne 1852), devint chancelier d'Autriche en nov. 1848, grâce à l'appui de son beau-frère, le général von Windischgraetz. Aristocrate conservateur, champion de la restauration, il fit monter François-Joseph sur le trône, renvoya la Constituante et rédigea la Constitution de mars 1849. D'inspiration centraliste, elle laissait encore place à des institutions représentatives. Il conduisit la réaction en Italie et fit appel à l'empereur de Russie, Nicolas Ier, pour réprimer la révolution hongroise (Világos, août 1849). Fort de ce rétablissement absolutiste, il imposa à la Prusse la reconstitution de la Confédération germanique (Olmütz, nov. 1850).

SCHWARZE PUMPE, site industriel (transformation du lignite) d'Allemagne, dans le Brandebourg, au S. de Spremberg. (→ HOYERSWERDA.)

SCHWARZKOPF (Elisabeth), soprano allemande naturalisée britannique (Jarotschin, auj. Jarocin, Posnanie, 1915). Elle débute en 1938 à l'Opéra de Berlin puis chante à l'Opéra de Vienne (1944) Mozart, R. Strauss, puis des rôles plus dramatiques. À partir de 1971, elle ne chante plus qu'en récital.

SCHWARZKOPF (Norman), général américain (Trenton, New Jersey, 1932). Officier de l'armée de terre, il a assuré le commandement de la force multinationale coalisée contre l'Iraq durant la guerre du Golfe (1990-91).

SCHWARZSCHILD (Karl), astrophysicien allemand (Francfort-sur-le-Main 1873 - Potsdam 1916). Auteur de recherches en physique solaire et cométaire et de travaux de statistique stellaire, il a donné la première solution exacte des équations d'Einstein, relative à la courbure d'un espace vide imposée par le champ gravitionnel d'une masse sphérique, et a prédit l'existence des trous* noirs.

SCHWARZWALD, nom allemand de la Forêt-Noire.

SCHWECHAT, v. d'Autriche (Basse-Autriche), banlieue S.-E. de Vienne ; 15 000 hab. Raffinerie de pétrole. Aéroport de Vienne.

SCHWEDT ou **SCHWEDT AN DER ODER,** v. d'Allemagne (Brandebourg), sur l'Oder ; 47 300 hab. Raffinerie de pétrole. Pétrochimie.

SCHWEINFURT, v. d'Allemagne (Bavière), sur le Main ; 54 000 hab. Centre industriel.

SCHWEINFURTH (Georg), voyageur allemand (Riga 1836 - Berlin 1925). Il explora les pays du Nil, l'Érythrée, l'Arabie du Sud, fonda l'Institut égyptien du Caire et devint directeur des musées de cette ville.

SCHWEITZER (Albert), médecin, théologien protestant et musicologue français (Kaysersberg 1875 - Lambaréné 1965). Professeur à la faculté de théologie protestante de Strasbourg (1905-1913), organiste de la société J. S. Bach à Paris, il fonda en 1913 au Gabon l'hôpital de Lambaréné, auquel il donna une renommée mondiale. Son œuvre exégétique et théologique (*Recherches sur la vie de Jésus,* 1906, nouv. éd. 1966 ; *la*

Mystique de l'apôtre Paul, 1930 ; *les Grands Penseurs de l'Inde,* 1936) est profondément marquée par la pensée libérale protestante. Il laisse de nombreux ouvrages consacrés à la musique, dont *J. S. Bach, le musicien-poète* (1905). [Prix Nobel de la paix 1952.]

Schweitzer *(liqueur de),* solution bleue obtenue par oxydation du cuivre à l'air en présence d'ammoniaque et employée comme solvant de la cellulose.

SCHWEIZ, nom allemand de la Suisse.

SCHWERIN, v. d'Allemagne, cap. du Mecklembourg-Poméranie-Occidentale, sur le *lac de Schwerin ;* 124 000 hab. Ancienne capitale du grand-duché de Mecklembourg-Schwerin. Cathédrale gothique. Important musée des beaux-arts (peinture hollandaise et flamande ; Oudry, etc.). Centre industriel.

SCHWINGER (Julian Seymour), physicien américain (New York 1918). Il a calculé le moment magnétique de l'électron et contribué, avec Feynman et Tomonaga, à la théorie des interactions du champ électromagnétique avec le photon. (Prix Nobel de physique 1965.)

SCHWITTERS (Kurt), peintre, sculpteur et écrivain allemand (Hanovre 1887 - Ambleside, Grande-Bretagne, 1948). Sa contribution essentielle à l'avant-garde, et notamment à dada, réside dans ses collages et assemblages (objets les plus quotidiens et déchets), dont il appliqua la technique à la poésie avant d'expérimenter le poème phonétique. Il a donné à toutes ses œuvres le nom, fourni par le hasard, de « Merz » (tableaux et sculptures Merz, poèmes Merz et surtout *Merzbau,* assemblage-environnement à l'échelle de sa propre maison à Hanovre [détruit]). Attiré par le constructivisme, il s'associa dans les années 30 au groupe *Abstraction-Création.*

SCHWOB (Marcel), écrivain français (Chaville 1867 - Paris 1905). Outre une *Étude sur l'argot français* (1889) et des traductions de De Foe ou de Shakespeare, il écrivit des contes (*Cœur double,* 1891), des poèmes en prose (*le Livre de Monelle,* 1894). Il avait épousé la comédienne Marguerite Moreno (1900).

SCHWYZ, v. de Suisse, ch.-l. de cant. du même nom ; 12 100 hab. Hôtel de ville des XVIe-XVIIe s. Vieilles maisons. Centre administratif, commercial et touristique.

SCHWYZ *(canton de),* l'un des « cantons primitifs », à l'origine de la Confédération suisse ; 908 km^2 ; 111 964 hab. Ch.-l. *Schwyz.* Situé dans la zone des Préalpes helvétiques, le canton est agricole (élevage) et touristique.

— **Hist.** Le pays de Schwyz obtint dès 1240, de Frédéric II, l'immédiateté d'Empire. Allié aux cantons d'Uri et Unterwalden, il s'affranchit définitivement de la tutelle des Habsbourg au début du XIVe s. Le canton, qui a donné son nom à la Confédération, fut hostile à la Réforme. Ayant résisté à la France, il fut réduit à l'état de simple division administrative (1798) puis restauré comme canton par l'Acte de médiation (1803).

schwyz *(race),* race suisse de bovins, connue en France sous le nom de *brune des Alpes,* rustique et bonne laitière, qui a été introduite dans de nombreux pays.

S. C. I. n. f. Abrév. de SOCIÉTÉ* CIVILE IMMOBILIÈRE.

SCIABLE adj. Qui peut être scié.

SCIAGE n. m. Action de scier. • **Bijout.** Opération par laquelle on débarrasse un diamant de sa gangue. ‖ Opération consistant à couper une gemme selon un plan qui deviendra la *table* de la future pierre taillée. — **Bois.** Transformation des grumes en pièces de formes utilisables par l'industrie et susceptibles d'être commercialisées soit en plots, soit en avivés. (→ *encycl.*) ‖ Bois de construction ou de menuiserie qui provient de troncs sciés dans leur longueur. (On dit aussi BOIS DE SCIAGE.) — **Mécan.** *Sciage thermique* ou *sciage par fusion,* découpage de matériaux métalliques et minéraux à l'aide d'un ruban dont le déplacement à très grande vitesse (env. 150 m/s) provoque la fusion du matériau.

ENCYCL. **Bois.** Le premier débit s'effectue sur dosse, sur faux quartier ou sur quartier, à l'aide de scies à ruban à grumes, de scies alternatives à lames circulaires ou de scies circulaires. Les produits ainsi obtenus sont repris sur les mêmes machines, adaptés au délignage, au dédoublage, à la refente, etc.

SCIAGRAPHE, SCIAGRAPHIE → SCIOGRAPHE, SCIOGRAPHIE.

SCIALYTIQUE [sja-] n. m. (n. déposé, du gr. *skia,* ombre, et *luein,* dissoudre). Appareil d'éclairage électrique qui élimine les ombres portées, utilisé dans les salles d'opération.

SCIANT, E adj. (de *scier*). **1.** *Fam.* et *vx.* Ennuyeux, insupportable. — **2.** Très étonnant, qui provoque la surprise.

SCIAPHILE [sja-] adj. Syn. de HÉLIOFUGE.

SCIARIDÉ [sja-] n. m. Nom de famille de moucherons nématocères souvent nuisibles. (Les larves de *Lycoria* [*Sciara*] *militaris,* ou « vers militaires », se déplacent par milliers à la surface du sol des forêts.)

SCIASCIA (Leonardo), écrivain italien (Racalmuto, prov. d'Agrigente, 1921 - Palerme 1989). Ses brefs récits policiers, mi-contes, mi-romans, ont pour thème la mafia, la politique italienne (*le Jour de la chouette,* 1961 ; *Candide ou Un rêve en Sicile,* 1977 ; *le Chevalier et la Mort,* 1988). Il a en outre donné des enquêtes historiques (*l'Affaire Moro,* 1978 ; *la Sorcière et le Capitaine,* 1986), des pièces de théâtre (*les Mafieux,* 1976) et des essais (*Pirandello et la Sicile,* 1961 ; *Mots croisés,* 1983).

SCIASPHÈRE [sja-] n. f. Partie de la biosphère qui n'est pas ou presque pas atteinte par la lumière solaire, comme la profondeur des océans, les grottes, le sol végétal ou, pour les endoparasites, l'intérieur du corps de leur hôte. (Les espèces vivant dans la sciasphère ne peuvent se nourrir par photosynthèse et sont soit hétérotrophes, soit, beaucoup plus rarement, chimiotrophes.)

SCIATALGIE [sja-] n. f. Irritation du nerf sciatique ou d'une de ses racines. (Syn. NÉVRALGIE SCIATIQUE.)

SCIATIQUE [sja-] adj. (lat. *sciaticus,* du gr. *iskhiadikos,* de *iskhion,* hanche). **1.** Qui se rapporte à la hanche ou à l'ischion. — **2.** Relatif au nerf sciatique. — **3.** *Échancrures sciatiques,* échancrures (grande et petite) que présente le bord postérieur de l'os iliaque. ‖ *Épine sciatique,* saillie que présente le bord postérieur de l'os iliaque et qui sépare les deux échancrures sciatiques. ‖ *Nerf sciatique,* chacun des deux nerfs du membre inférieur, le *nerf petit sciatique,* ou nerf fessier inférieur, branche collatérale du plexus sacré, et le *nerf grand sciatique,* ou *sciatique* (n. m.), branche terminale du plexus sacré. ‖ *Nerf sciatique poplité interne, nerf sciatique poplité externe,* branches terminales du nerf grand sciatique. ‖ *Névralgie sciatique,* syn. de SCIATALGIE.

◆ n. f. Irritation d'une racine du nerf sciatique, due à un conflit disco-radiculaire.

ENCYCL. La sciatique traduit l'atteinte douloureuse du nerf, le plus souvent d'une de ses racines, rarement du tronc. Le nerf sciatique peut être atteint dans sa fonction motrice par diminution de la force musculaire et dans sa fonction sensitive par la douleur qui suit le trajet anatomique de l'une ou l'autre des racines. La mise en extension du nerf par extension verticale de la jambe malade réveille une douleur sur l'un ou l'autre trajet : c'est le signe de Lasègue. On peut également retrouver certains points douloureux sur le trajet du nerf (points de Valleix). La colonne lombaire est enraidie et prend une attitude de défense, dite attitude antalgique. Certaines formes graves d'emblée associent tous ces signes avec une gêne motrice importante réalisant une sciatique paralysante. Le traitement est généralement médical (repos, antalgiques, anti-inflammatoires, etc.), parfois chirurgical dans les cas aigus.

SCIE n. f. (de *scier*). **1.** Outil à main formé d'une monture ou d'une poignée où est fixée une lame portant une denture coupante qui, par un mouvement alternatif, sert à débiter, à découper du bois, du métal, de la pierre, etc. (→ *encycl.*) — **2.** Machine fixe ou outil portatif comportant un (ou plusieurs) organe(s) coupant(s), animé(s), par un moteur, d'un mouvement alternatif, rectiligne ou circulaire, servant au même usage. — **3.** Refrain de chanson composé pour être facilement retenu. — **4.** *Fam.* Personne ou chose très ennuyeuse par son caractère répétitif : *Encore des formalités : quelle scie !* — **5.** Rengaine, répétition lassante de stéréotypes usés, ressassés. — **6.** *Scie à métaux,* scie constituée d'un arceau et d'une lame en acier trempé, à denture fine, utilisée pour scier les métaux. ‖ *Scie musicale,* lame d'acier vibrant sous l'attaque d'un archet ou d'un marteau feutré et dont la résonance varie suivant sa tension.

ENCYCL. **Bois.** *Scies à bois.* Parmi les *scies manuelles,* on distingue la scie à bûches, la scie à monture de charpentier, la scie de menuisier, la scie à refendre ou à chantourner. Les lames sont maintenues rigides par tension sur le bâti. D'autres scies à main comportent une simple lame rigide fixée dans une poignée (égoïne, scie à guichet). Les *scies portatives mécaniques* comportent habituellement une lame circulaire ou une lame droite animée d'un mouvement alternatif. Les *scies mécaniques à bâti fixe* (chariot ou table) utilisent des lames à ruban, des lames circulaires ou des lames droites multiples montées dans un châssis mobile. Elles sont utilisées pour le premier sciage, le sciage de reprise ou pour celui des bois à panneaux lors de la mise en œuvre. La *scie à ruban* prend le nom de scie à grumes, scie à chariot libre ou scie à dédoubler selon le système d'amenage et la nature du travail à effectuer. La scie à ruban est aussi utilisée dans les ateliers de menuiserie. La *scie circulaire* employée pour le débit des grumes sert aussi pour la deuxième transformation du bois (délignage, tronçonnage, découpes et rainurages divers [scie pendulaire]) ainsi que pour l'équarrissage des panneaux. La *scie à chaîne* comporte un outil en forme de chaîne sans fin à maillons coupants. Les modèles portatifs (avec moteur à essence ou électrique) sont très utilisés pour l'abattage et le façonnage des arbres sur coupe. Pour l'avenir, le sciage au jet d'eau semble plus prometteur que le laser.

SCIÉ → SCIER.

SCIEMMENT [sjamɑ̃] adv. En pleine connaissance de cause.

SCIENCE n. f. (lat. *scientia,* de *scire,* savoir). **1.** Ensemble cohérent de connaissances relatives à certaines catégories de faits, d'objets ou de phénomènes obéissant à des lois et/ou vérifiés par les méthodes expérimentales. — **2.** Chacune des branches de la connaissance, du savoir (souvent pl.) : *Les sciences mathématiques.* — **3.** *Litt.* Connaissance approfondie d'un domaine quelconque, acquise par la réflexion ou l'expérience : *La science du cœur humain.* — **4.** Manière habile de mettre en œuvre des connaissances acquises dans une technique : *La science des couleurs.* — **5.** *Homme de science,* savant, chercheur.

◆ **sciences** n. f. pl. **1.** Disciplines ayant pour objet l'étude des faits, des relations vérifiables. — **2.** Disciplines scolaires et universitaires comprenant la physique, la chimie, les mathématiques, la biologie, les sciences de la Terre, par oppos. aux *lettres* et aux *sciences humaines.* — **3.** *Sciences humaines* ou *science de l'homme,* disciplines ayant pour objet l'homme et ses comportements individuels et collectifs, passés et présents. ‖ *Sciences naturelles,* étude scientifique des objets rencontrés dans la nature (animaux, plantes, roches et minéraux, etc.). ‖ *Sciences sociales,* disciplines qui étudient les sociétés humaines, leur culture, leur évolution. ‖ *Philosophie des sciences,* courant philosophique apparu au XIXe s. qui vise à subordonner la réflexion philosophique à la démarche scientifique dans le but de ramener cette réflexion à plus de rigueur, à la réalité tangible ou concrète et, en même temps, de lui ouvrir une perspective globale.

Science chrétienne *(Christian Science),* doctrine religieuse qui consiste à guérir, par les seuls moyens spirituels, non seulement le mal moral, mais les maladies du corps. Elle est due à l'Américaine Mary Baker-Eddy (1821-1910), qui découvrit la Science chrétienne en 1866, à la suite d'une guérison miraculeuse, et qui organisa, à Boston, en 1879, l'Église scientiste du Christ, qui se répandit surtout aux États-Unis.

Science de la logique, appelée aussi *Grande Logique,* ouvrage de Friedrich Hegel (1812-1816). Hegel y assimile science de la logique et métaphysique, en ce sens notamment qu'il y définit la logique non comme l'universel abstrait, mais comme le particulier dans lequel s'incarne l'universel.

sciences appliquées *(Instituts nationaux des)* **[I. N. S. A.],** établissements publics d'enseignement supérieur. Créés en 1957 (Lyon), 1961 (Rennes, Toulouse) et 1985 (Rouen), les I. N. S. A. ont pour mission la formation d'ingénieurs de haute qualification, la formation continue et la réalisation de travaux de recherche.

sciences économiques et commerciales *(École supérieure des)* **[E. S. S. E. C.],** établissement d'enseignement supérieur, créé en 1907, auj. installé à Cergy-Pontoise, qui forme des cadres dirigeants de l'industrie et du commerce.

SCIENCE-FICTION n. f. (pl. *sciences-fictions*). Genre littéraire et cinématographique qui invente des mondes, des sociétés et des êtres situés dans des espaces-temps fictifs (souvent futurs), impliquant des sciences, des technologies et des situations radicalement différentes.

ENCYCL. **Cin.** Avatar du cinéma fantastique, la science-fiction, genre aux contours mal définis, emploie des modes narratifs variés : utopie, féerie scientifique, film-catastrophe, politique-fiction... Dans les années 1920-1930, le cinéma expressionniste allemand lui donne ses premières œuvres significatives comme *le Cabinet du docteur Caligari* (R. Wiene, 1919) et *Metropolis* (1927) ou *la Femme sur la Lune* (1929), de F. Lang. Les États-Unis fournissent, dès les débuts du parlant, une importante production divisée entre deux influences : celle de l'expressionnisme allemand associé aux sources littéraires *(Frankenstein, Docteur Jekyll et Mister Hyde),* celle des bandes dessinées populaires *(Dick Tracy, Flash Gordon).* La Seconde Guerre mondiale et la guerre froide renouvellent les thèmes (l'horreur atomique, la conquête de l'espace), faisant des années 50 une période féconde. Dans les années 60, trois films revitalisent le genre *(le Voyage fantastique,* de R. Fleischer, 1966 ; *la Planète des singes,* de F. J. Schaffner, 1967 ; *2001, l'Odyssée de l'espace,* de S. Kubrick, 1968), contenant de nouvelles exigences de qualité des effets spéciaux et faisant de la science-fiction le terrain d'expérimentation des nouvelles techniques cinématographiques (trucages optiques, images conçues et réalisées par ordinateur). Dans cette lignée, on peut citer *la Guerre des étoiles* (G. Lucas, 1977), *Rencontres du troisième type* (S. Spielberg, 1977), *Alien* (R. Scott, 1979), *Tron* (S. Lisberger, 1982). — **Littér.** La science-fiction, ou S. F., a pour origine à la fois la littérature fantastique et les récits irréels et satiriques, tels *les Voyages de Gulliver* (1726), de Swift. Son ancêtre le plus direct est le récit d'anticipation de la fin du XIXe siècle, dont les deux représentants majeurs sont J. Verne (qui a prévu de nombreuses inventions et la conquête lunaire) et H. G. Wells (*la Machine à explorer le temps,* 1895). La science-fiction est ainsi contemporaine de la révolution scientifique et industrielle. Le terme même de « science-fiction » date de 1926 et est dû au journaliste scientifique américain Hugo Gernsback. Né aux États-Unis, le genre a connu un essor énorme et populaire dès les années 1920 avec la floraison de magazines bon marché, mais c'est surtout après la Seconde Guerre mondiale et l'émergence du danger atomique qu'il a pris une place considérable dans la littérature anglo-saxonne (avec notamment R. Bradbury, I. Asimov, A. C. Clarke [né en 1917], S. Lem [né en 1921], P. K. Dick, J. G. Ballard [né en 1930], M. Moorcock [né en 1939]). En France, le premier à aborder le genre est R. Barjavel (*Ravage,* 1943), suivi de R. Merle, P. Boulle et G. Klein (né en 1937). À travers les thèmes de la conquête de l'espace, de la rencontre avec des civilisations extraterrestres, du voyage dans le temps, du pouvoir des machines (robots et ordinateurs), des manipulations génétiques, la science-fiction nous amène, comme son ancêtre l'utopie, à regarder autrement le présent de notre planète.

SCIÈNE [sjɛn] n. f. (lat. *sciaena,* du gr. *skiaina*). Nom générique du maigre (poisson).

SCIÉNIDÉ [sje-] n. m. Nom de famille de poissons perciformes carnivores des eaux saumâtres des tropiques, voisins des serranidés, caractérisés par leur vessie natatoire capable de pousser des grognements, tels que le maigre et les ombrines.

SCIENTIFICITÉ n. f. Caractère de ce qui est scientifique.

SCIENTIFIQUE adj. (bas lat. *scientificus*). **1.** Relatif à la science en général ou à une science en particulier, par oppos. à *littéraire : La recherche scientifique.* — **2.** Qui, dans le domaine de la connaissance, présente les caractères de rigueur, d'exigence, d'objectivité caractéristiques de la science ou des sciences : *Une enquête vraiment scientifique.* — **3.** Se dit d'une entreprise qui est conduite par des hommes de science pour un objectif de connaissance : *Une expédition scientifique.*

◆ adj. et n. **1.** Qui se consacre à l'étude d'une science ou des sciences : *Il est avant tout un scientifique.* — **2.** Qui se livre à l'étude d'un domaine avec la rigueur et les méthodes de la science.

scientifiques *(Conseil international des unions),* fédération de toutes les grandes unions scientifiques internationales en vue de coordonner les efforts des pays adhérents dans les différentes branches de la science et de ses applications.

SCIENTIFIQUEMENT adv. D'une manière, d'un point de vue scientifique.

SCIENTISME n. m. (de *science*). **1.** Opinion philosophique, de la fin du XIXe s., qui affirme que la science nous fait connaître la totalité des choses qui existent et que cette connaissance suffit à satisfaire toutes les aspirations humaines. (C'est une forme du positivisme.) — **2.** Doctrine de la Science* chrétienne.

SCIENTISTE adj. et n. (de *science*). Relatif au scientisme ; partisan du scientisme.

SCIENTOLOGIE n. f. Philosophie religieuse appliquée qui vise à étudier l'esprit dans sa relation à lui-même, à l'Univers et aux autres formes de vie. (La religion de Scientologie a été développée par l'Américain L. Ron Hubbard [1911-1986] en 1952.)

1. SCIER [sje] v. t. (lat. *secare*) [conj. **9**]. **1.** Couper, débiter au moyen d'une scie un objet, une matière dure : *Scier du bois, du métal.* — **2.** En parlant d'un lien, d'un fil, marquer une partie du corps, s'y enfoncer en exerçant une pression douloureuse : *La ficelle du paquet lui sciait les doigts.* — **3.** *Fam.* Étonner qqn, l'affecter profondément, lui couper le souffle : *Cette nouvelle m'a scié.* — **4.** Fam. *Scier qqn, qqch (à la base),* le ruiner, le détruire, l'anéantir. — **5.** En tannerie, syn. de REFENDRE.

◆ **être scié** v. pass. *Fam.* **1.** Être stupéfait. — **2.** *Avoir les jambes sciées,* être recru de fatigue, ne plus pouvoir marcher. ‖ *Taille sciée, face sciée,* aspect de pierre de taille résultant du sciage à la lame, au fil ou à la scie à dents.

2. SCIER [sje] v. i. (ital. *sciare*) [conj. **9**]. Ramer à rebours pour faire reculer ou tourner une embarcation. (Syn. NAGER À CULER.)

SCIERIE [siri] n. f. Établissement où l'on scie les bois.

SCIEUR [sjœr] n. m. **1.** Ouvrier effectuant à la main ou conduisant à la machine le sciage du bois, de la pierre. — **2.** Chef d'entreprise d'une usine de sciage.

SCILLARÈNE ou **SCILLAROSIDE** [sila-] n. m. Hétéroside isolé des bulbes de la scille, cardiotonique et diurétique.

SCILLE [sil] n. f. (lat. *scilla,* du gr. *skilla*). Liliacée bulbeuse des bois, aux fleurs bleues, douée de propriétés diurétiques et cardiotoniques, toxique à forte dose.

SCILLITIQUE [si-] adj. (bas lat. *scilliticus,* du gr. *skillitikos*). Relatif à la scille et à ses préparations.

SCILLY *(Isles of),* en fr. **îles Sorlingues,** petit archipel anglais situé à 40 km au large entre l'entrée de la Manche et celle du canal de Bristol ; 2 400 hab. Ch.-l. *Hugh Town.* Cultures florales. Tourisme.

SCINCIDÉ [sɛ̃-] n. m. (lat. *scincus,* du gr. *skigkos*). Nom de famille de petits reptiles sauriens, voisins des lézards, au corps cylindrique et lisse, à queue longue et effilée, tel le scinque.

SCINDER [sɛ̃de] v. t. (lat. *scindere*) [conj. **3**]. Diviser, fractionner qqch en plusieurs morceaux ; opérer une scission : *Scinder une phrase en propositions.*

◆ **se scinder** v. pr., **être scindé** v. pass. Se diviser : *Parti qui se scinde en tendances.*

SCINQUE [sɛ̃k] n. m. (lat. *scincus,* du gr. *skigkos*). Lézard des régions tropicales semi-arides et sablonneuses.

SCINTIGRAMME ou **SCINTILLOGRAMME** [sɛ̃-] n. m. Enregistrement graphique obtenu par scintigraphie.

SCINTIGRAPHIE ou **SCINTILLOGRAPHIE** [sɛ̃-] n. f. **1.** Méthode diagnostique permettant d'obtenir une image en présentant une surface photosensible devant un organe après injection dans l'organisme d'une substance radioactive se fixant électivement dans cet organe ; l'image ainsi obtenue. (Syn. GAMMAGRAPHIE, CARTOGRAPHIE.) [La thyroïde a été l'un des premiers organes complètement étudiés grâce à cette technique. On utilise l'iode 131 ou, chez l'enfant, l'iode 132. On pratique également des scintigraphies osseuse, rénale, hépatique et myocardique.] — **2.** *Scintigraphie cérébrale,* syn. de GAMMA-ENCÉPHALOGRAPHIE.

SCINTILLANT, E [sɛ̃-] adj. **1.** Qui jette des lumières intermittentes : *Étoiles scintillantes.* — **2.** *Litt.* Qui est plein de traits brillants : *Style scintillant.*

SCINTILLATEUR [sɛ̃tija-] n. m. Composé ou mélange émettant de la lumière au passage d'une particule chargée ou ionisante et utilisé dans les détecteurs de particules.

SCINTILLATION [sɛ̃tija-ou -la-] n. f. (lat. *scintillatio*). **1.** Fluctuation rapide de l'intensité du rayonnement reçu d'un astre ponctuel, due à des fluctuations de densité dans les milieux que traverse ce rayonnement avant de parvenir à l'observateur. — **2.** Fluctuation rapide de l'intensité, de la vitesse, de la fréquence ou d'une autre caractéristique d'un phénomène physique ou d'un appareil. — **3.** *Litt.* Éclat lumineux, manière de briller de ce qui jette des feux par intermittence : *La scintillation d'un diamant.* — **4.** *Détecteur* (ou *compteur*) *à scintillation,* dispositif constitué d'un scintillateur, d'un photomultiplicateur et de circuits associés, qui permet la détection (ou le comptage) de particules.

SCINTILLEMENT [sɛ̃tijmɑ̃] n. m. Fait de scintiller, de briller d'un éclat vif.

SCINTILLER [sɛ̃tije] v. i. (lat. *scintillare*) [conj. 3]. **1.** Présenter le phénomène de scintillation : *Les étoiles scintillent.* — **2.** Briller en jetant des éclats par intervalles : *Les diamants scintillent.* — **3.** Être brillant d'objets qui jettent des éclats intermittents : *Le ciel scintille d'étoiles.*

SCIOGRAPHE [sjo-] ou **SCIAGRAPHE** [sja-] n. m. Nom donné aux peintres antiques qui ont excellé dans la sciographie.

SCIOGRAPHIE [sjo-] ou **SCIAGRAPHIE** [sja-] n. f. (lat. *sciographia,* du gr. *skiographia*). **1.** Chez les peintres de l'Antiquité, art de peindre les ombres du clair-obscur. — **2.** Autref., dessin d'architecture en coupe.

SCION [sjɔ̃] n. m. (frq. **kip,* rejeton). **1.** Pousse de l'année. — **2.** Jeune branche destinée à être greffée. — **3.** Brin terminal très fin d'une canne à pêche.

SCIONZIER (74950), ch.-l. de cant. de la Haute-Savoie, dans la cluse de l'Arve ; 5 966 hab.

SCIOTTE [sjɔt] n. f. (dimin. de *scie*). Scie à main pour tailler la pierre.

SCIOTTEUSE [sjɔ-] n. f. Machine à débiter le marbre, composée d'un disque garni de diamant industriel tournant à grande vitesse sous un jet d'eau.

SCIPION BARBATUS, en lat. **Lucius Cornelius Scipio Barbatus,** consul romain en 298 av. J.-C. Il combattit avec succès les Étrusques et les Samnites. Son tombeau a été conservé.

SCIPION l'Africain, en lat. **Publius Cornelius Scipio** *Africanus,* général romain (235 - Liternum 183 av. J.-C.). En 211, il est désigné comme proconsul en Espagne. Il prend Carthagène, ne peut empêcher Hasdrubal de rejoindre Hannibal en Italie, mais conquiert l'Espagne méridionale. Consul en 205, il réunit des troupes en Sicile, passe en Afrique (204) et remporte la victoire décisive de Zama (202) qui met fin à la deuxième guerre punique. Il reçoit en 201 le titre d'*Africanus.* Légat en 190, il accompagne son frère Lucius en Asie et le seconde dans sa campagne contre Antiochos III Mégas, vaincu en 189. À son retour à Rome, il est en butte aux accusations de ses adversaires politiques et se retire dans son domaine de Liternum. — Son frère **Scipion** *l'Asiatique* (en lat. Lucius Cornelius Scipio *Asiaticus*) [† av. 184 av. J.-C.] l'accompagna dans ses campagnes. Consul en 190, il eut le commandement de la guerre contre Antiochos III Mégas et y gagna le triomphe et son surnom.

SCIPION ÉMILIEN, en lat. **Publius Cornelius Scipio Aemilianus,** surnommé le *Second Africain* (185 ou 184 - Rome 129 av. J.-C.). Fils de Paul Émile, il entra par adoption dans la *gens Cornelia.* Il participa au siège de Carthage (149). Consul en 147, il mit fin à la troisième guerre punique par la prise et la destruction de Carthage (146). En 134, à nouveau consul, il fit capituler Numance, en Espagne. Il s'opposa ensuite à la politique des Gracques.

SCIPION NASICA, en lat. **Publius Cornelius Scipio Nasica,** surnommé *Serapio* († Pergame 132 av. J.-C.). Consul en 138 av. J.-C., il fut à la tête de ceux qui assassinèrent Tiberius Gracchus en 133 av. J.-C.

SCIRON, brigand de Mégare qui, selon la mythologie grecque, précipitait les voyageurs dans la mer du haut des *roches Scironiennes.*

SCIRPE [sirp] n. m. (lat. *scirpus,* jonc). Herbe (cypéracée) des marécages, aux feuilles longues et étroites, parfois réduites à l'état de gaines.

SCISSION [sisjɔ̃] n. f. (bas lat. *scissio,* du lat. class. *scindere,* fendre). **1.** Fait de se diviser et, en partic., pour une partie d'une association, de se retirer en formant une organisation nouvelle : *Les désaccords provoquèrent une scission dans le parti.* — **2.** Partage des opinions et des votes dans un corps délibérant. — **3.** Éclatement du patrimoine d'une société en plusieurs fractions, dont chacune forme le patrimoine d'une nouvelle société.

SCISSIONNER v. i. (conj. 3). Faire scission.

SCISSIONNISTE [si-] adj. et n. Qui tend à provoquer une division ou qui l'a provoquée.

SCISSIPARE [sisi-] adj. (lat. *scissus,* divisé). Qui se multiplie par scissiparité. (Syn. FISSIPARE.)

SCISSIPARITÉ [si-] n. f. **1.** Mode de division des êtres unicellulaires consistant à doubler de longueur, puis à se partager en deux cellules identiques qui peuvent se séparer, comme le font de nombreuses bactéries. (Syn. FISSIPARITÉ ; s'oppose à GEMMIPARITÉ.) — **2.** Mode de division comparable observé chez les pluricellulaires vermiformes tels que les annélides polychètes.

SCISSURE [si-] n. f. (lat. *scissura,* coupure). **1.** Sillon profond creusé à la surface d'un organe (poumon, foie). — **2.** Sillon profond à la surface du cerveau ou du cervelet délimitant leurs différents lobes. (Les principales scissures cérébrales sont la scissure de Sylvius et la scissure de Rolando.)

SCISSURITE [si-] n. f. (de *scissure*). Inflammation pleurale localisée au niveau d'une scissure interlobaire.

SCITAMINALE [si-] n. f. Syn. de ZINGIBÉRALE.

SCIURE [sjyr] n. f. (de *scier 1*). Déchet en poussière qui tombe d'une matière qu'on scie, en partic. du bois.

SCIURIDÉ [sjy-] n. m. (lat. *sciurus,* du gr. *skiouros,* écureuil). Nom de famille de mammifères rongeurs à fourrure épaisse, fouisseurs ou arboricoles, tels que les écureuils, marmottes, « chiens de prairie », chipmunks, spermophiles et « écureuils volants ».

SCIUROMORPHE [sjy-] n. m. Nom de sous-ordre des sciuridés et des animaux voisins (castors, gaufres, lièvre sauteur).

SCLÉRACTINIE n. m. Cnidaire hexacoralliaire, participant pour une très grande part à l'édification des récifs coralliens.

SCLÉRAL, E, AUX adj. Qui a rapport à la sclérotique.

SCLÉRANTHE n. m. Petite herbe caryophyllacée, aux feuilles rigides, des sables et des rocailles.

SCLÉRÈME n. m. Œdème mou, survenant chez le nouveau-né ou le nourrisson, devenant ensuite dur et ligneux.

SCLÉRENCHYME [-ʃi-] n. m. Tissu lignifié de soutien, formant le squelette des plantes, surtout constitué de fibres et de cellules mortes à membrane épaisse. (Ex. : le noyau des fruits.)

SCLÉREUX, EUSE adj. (de *sclérose*). Se dit d'un tissu épaissi, devenu dur par suite d'un développement pathologique d'éléments conjonctifs fibreux. (Syn. SCLÉROSÉ.)

1. SCLÉRITE n. m. Partie dure de chacun des anneaux chez les arthropodes.

2. SCLÉRITE n. f. Inflammation de la sclérotique.

SCLÉRO-CHOROÏDITE [-ko-] n. f. (pl. *scléro-choroïdites*). Inflammation de la sclérotique et de la choroïde.

SCLÉRODACTYLIE n. f. Sclérodermie localisée aux doigts ou aux extrémités.

SCLÉRODERME n. m. Champignon voisin de la vesse-de-loup, parfois utilisé pour remplacer la truffe.

SCLÉRODERMIE n. f. Épaississement et induration profonde de la peau et du tissu cellulaire sous-cutané, qui perdent leur souplesse normale.
ENCYCL. La *sclérodermie généralisée* survient le plus souvent très lentement, avec des périodes de rémission et d'aggravation. Elle s'accompagne presque toujours de lésions viscérales, qui aggravent l'évolution. La sclérodermie localisée aux extrémités (mains ou pieds) est la *sclérodactylie.* La *sclérodermie circonscrite* ne s'accompagne pas de lésions viscérales.

SCLÉROGÈNE adj. Qui détermine la production d'un tissu scléreux.

SCLÉROPHYLLE adj. Se dit des plantes sclérophytes, à feuilles coriaces, et des formations végétales où dominent ces plantes (maquis, garrigue).

SCLÉROPHYTE n. m. Végétal résistant à la sécheresse grâce à ses nombreuses adaptations (cuticule épaisse ou cireuse, épines ou feuilles coriaces, stomates enfoncés dans des cryptes, racines très développées, forme générale en boule ou en coussinet).

SCLÉROPROTÉINE n. f. Protéine insoluble dans l'eau, telle la kératine, le collagène et l'élastine.

SCLÉROSANT, E adj. Qui sclérose : *Un mode de vie sclérosant.*

SCLÉROSCOPE n. m. Appareil mesurant la dureté d'un corps par la hauteur de rebondissement d'une bille d'acier très dur.

SCLÉROSE n. f. (gr. *sklêrôsis*). **1.** Induration pathologique d'un organe ou d'un tissu, due à une augmentation du tissu conjonctif qu'il contient. — **2.** Incapacité à évoluer, à s'adapter à une nouvelle situation par manque de dynamisme, par vieillissement. — **3.** *Sclérose latérale amyotrophique,* affection dégénérative du système nerveux central intéressant la voie pyramidale et les motoneurones des cornes antérieures de la moelle épinière et ceux des noyaux moteurs des nerfs crâniens à l'exception des noyaux oculomoteurs. (Syn. MALADIE DE CHARCOT*.) ‖ *Sclérose en plaques,* affection inflammatoire démyélinisante, évoluant sous forme de poussées régressives de caractère multifocal pouvant affecter l'ensemble du système nerveux central, puis sous forme de poussées successives et de moins en moins régressives. (Aucune étiologie certaine n'a été jusqu'à présent mise en évidence.)

SCLÉROSER v. t. (conj. 3). **1.** Provoquer une sclérose. — **2.** Faire perdre à qqn, à une collectivité toute capacité d'évoluer, les figer dans l'immobilisme : *Son manque de décision a fini par scléroser l'entreprise.*

◆ **être sclérosé** v. pass. **1.** Être atteint de sclérose. — **2.** Syn. de (ÊTRE) SCLÉREUX.

◆ **se scléroser** v. pr., **être sclérosé** v. pass. **1.** S'altérer, se durcir sous l'effet de la sclérose : *Tissu qui se sclérose.* — **2.** Perdre toute capacité de réagir à des situations nouvelles : *Une direction qui se sclérose.*

SCLÉROTE n. m. Peloton mycélien formé par certains champignons pour résister à des conditions défavorables.

SCLÉROTINIA n. m. Champignon discomycète, dont certaines espèces causent les monilioses des arbres fruitiers, une autre la « pourriture noble » du sauternes, d'autres encore diverses maladies des plantes.

SCLÉROTIQUE n. f. (lat. médiév. *sclerotica,* du gr. *sklêrotês,* dureté). Membrane fibreuse blanche constituant l'enveloppe résistante de l'œil. (Elle est percée en arrière pour le passage du nerf optique ; en avant elle se prolonge par la cornée.)

SCOLA (Ettore), cinéaste italien (Trevico, Campanie, 1931). Il se fait connaître avec *Drame de la jalousie* (1970), s'impose avec *Nous nous sommes tant aimés* (1974) et *Affreux, sales et méchants* (1975), tourne une œuvre d'une rare délicatesse, *Une journée particulière* (1977), et aborde ensuite la satire sociale avec *la Terrasse* (1979), le mélodrame avec *Passion d'amour* (1981) et la fable historique avec *la Nuit de Varennes* (1982). On lui doit aussi *le Bal* (1983), *Macaroni* (1985), *la Famille* (1987), *Splendor* (1989), *Quelle heure est-il* (1989), *le Voyage du capitaine Fracasse* (1990).

SCOLAIRE adj. (bas lat. *scholaris,* du lat. class. *schola,* école). **1.** Qui a rapport à l'école, à l'enseignement : *Vacances scolaires.* — **2.** Qui a un caractère livresque, pédagogique, non adapté à sa fonction réelle : *Un roman à caractère scolaire.* — **3.** *Année scolaire,* temps d'études qui s'écoule depuis la rentrée des classes jusqu'aux grandes vacances.

◆ n. m. **1.** Enfant d'âge scolaire. — **2.** Ouvrage d'enseignement destiné aux écoles.

SCOLAIREMENT adv. D'une manière scolaire, livresque.

SCOLARISABLE adj. Qui est susceptible d'être scolarisé.

SCOLARISATION n. f. Action de scolariser ; fait d'être scolarisé.

SCOLARISER v. t. (conj. 3). **1.** Doter un pays, une région des établissements scolaires nécessaires à l'enseignement de toute une population. — **2.** Admettre un enfant, un groupe à suivre l'enseignement d'un établissement scolaire : *Scolariser les jeunes jusqu'à l'âge de seize ans.*

SCOLARITÉ n. f. **1.** État d'un enfant qui suit un cycle d'études dans un établissement scolaire. — **2.** Études ainsi faites ; leur durée.

SCOLASTICAT n. m. (de *scolastique*). **1.** Maison où les jeunes religieux, après leur noviciat, achèvent leurs études. — **2.** Temps que ces étudiants passent dans cette maison. — **3.** Les études auxquelles ils se livrent.

SCOLASTIQUE adj. (lat. *scholasticus,* du gr. *skholastikos*). **1.** Relatif à la scolastique. — **2.** Relatif aux écoles du Moyen Âge, aux méthodes qui y étaient pratiquées. — **3.** Qui se caractérise par le formalisme le plus traditionnel et le verbalisme le plus creux, à la manière de la scolastique décadente de la fin du Moyen Âge.

◆ n. m. **1.** Au Moyen Âge, philosophe, théologien qui suivait les méthodes usitées dans les écoles. — **2.** Jeune religieux qui poursuit ses études au scolasticat.

◆ n. f. **1.** Enseignement philosophique qui fut donné en Europe du Xᵉ au XVIᵉ s. et qui consistait à relier les dogmes chrétiens et la Révélation à la philosophie traditionnelle dans un formalisme complet sur le plan du discours. (Cet enseignement était fondé sur les concepts grammaticaux, logiques, syllogistiques et ontologiques issus d'Aristote.) — **2.** Philosophie issue de cet enseignement. (Saint Anselme, Abélard et Pierre Lombard mirent au point la scolastique, qui atteignit son apogée avec Albert le Grand et saint Thomas d'Aquin.)

SCOLEX n. m. Nom scientifique de la tête, ou région antérieure, des ténias, portant les organes de fixation à l'hôte.

SCOLIASTE ou **SCHOLIASTE** n. m. (de *scolie*). Auteur de scolies sur les textes de l'Antiquité.

1. SCOLIE ou **SCHOLIE** n. f. (gr. *skholion,* commentaire). **1.** Remarque grammaticale, critique ou historique due à un commentateur ancien. — **2.** En logique, remarque qui suit un théorème démontré ou un problème résolu.

2. SCOLIE n. f. (lat. sc. *scolia*). Gros insecte hyménoptère des pays chauds et du midi de la France, à la piqûre très douloureuse.

SCOLIOSE n. f. (gr. *skoliôsis,* de *skolioûn,* courber). Déviation latérale de la colonne vertébrale.
ENCYCL. La scoliose peut exister seule ou bien être associée à une déviation antéropostérieure du rachis, cyphose ou lordose. Elle peut être due à une mauvaise attitude, à une insuffisance des muscles périvertébraux (poliomyélite), à une malformation vertébrale, à une inégalité de longueur des membres inférieurs. Le traitement fait appel à la rééducation motrice, à l'appareillage ou à l'intervention chirurgicale.

SCOLIOTIQUE adj. et n. Relatif à la scoliose ; atteint de scoliose.

1. SCOLOPENDRE n. f. (lat. *scolopendrium,* du gr. *skolopendrion*). Fougère aux feuilles rubanées sous lesquelles sont alignés les sporanges le long des nervures.

2. SCOLOPENDRE n. f. (lat. *scolopendra,* du gr. *skolopendra*). Grand myriapode chilopode venimeux du sud de la France. (Sa morsure est douloureuse.)

SCOLYTE n. m. (lat. sc. *scolytus,* du gr. *skôlêks,* ver). **1.** Petit insecte coléoptère cylindrique, brun ou noir, dont les larves creusent, sous l'écorce des arbres malades, des galeries rayonnantes qui prennent naissance sur une galerie centrale pratiquée par la mère. — **2.** *Scolyte typographe,* nom usuel d'un ips.

SCOMBRÉSOCIDÉ n. m. (gr. *skombros,* maquereau, et *esoks,* brochet). Nom de famille de poissons marins tels que l'orphie et le balaou.

SCOMBRIDÉ n. m. (gr. *skombros,* maquereau). Nom d'une famille de poissons marins pélagiques, bons nageurs au corps fuselé, à la queue puissante, tels que les maquereaux et les divers thons.

SCONE n. m. (angl. *scone*). Petit pain brioché, servi avec le thé. (Spécialité anglaise.)

SCONE, village d'Écosse (Tayside), situé sur le Tay, au N.-E. de Perth. Alexandre Ier y fonda en 1115 une importante abbaye. C'est là, sur la « pierre du Destin », prétendument apportée par Kenneth Ier, que furent couronnés la plupart des rois d'Écosse. En 1296, la pierre fut emportée à Westminster.

SCONSE ou **SKUNKS** [skɔ̃s] n. m. (angl. *skunk,* de l'algonquin). **1.** Syn. de MOUFETTE. — **2.** Fourrure fournie par les carnassiers du genre *moufette.*

SCOOP [skup] n. m. (angl. *scoop*). Information importante ou sensationnelle qu'un journaliste ou un organe de presse annonce en exclusivité, avant tout autre. (Syn. EXCLUSIVITÉ.)

SCOOTER [skutœr ou -tɛr] n. m. (angl. *motor-scooter,* patinette à moteur). Véhicule motorisé à deux roues de petit diamètre, entièrement caréné, à cadre ouvert, plancher plat et dont la cylindrée varie entre 50 et 200 cm^3.

SCOOTÉRISTE [sku-] n. Conducteur d'un scooter.

S. C. O. P. n. f. Abrév. de SOCIÉTÉ COOPÉRATIVE OUVRIÈRE DE PRODUCTION.

SCOPAS, architecte et sculpteur grec, actif vers le milieu du IVe s. av. J.-C. Il a travaillé à Némée, à Halicarnasse et à Tégée (fronton ouest du temple). Intensité d'expression et rythme nouveau animent ses œuvres (*Ménade,* réplique antique à Dresde), qui influencèrent profondément la sculpture de l'époque hellénistique.

SCOPIE n. f. *Fam.* Radioscopie.

SCOPOLAMINE n. f. (de *scopolie,* n. d'une plante, et *amine*). Alcaloïde de formule $C_{17}H_{21}NO_4$ utilisé comme parasympathicolytique. (Son action est proche de celle de l'atropine.) [Syn. HYOSCINE.]

SCORBUT [-byt] n. m. (lat. médiév. *scorbutus,* du néerl. **scôrbut*). **1.** Maladie générale caractérisée par des hémorragies multiples, par une cachexie progressive, et provoquée par la carence en vitamine C. (→ *encycl.*) — **2.** *Scorbut infantile,* syn. de MALADIE DE BARLOW.
ENCYCL. Le scorbut débute par un affaiblissement progressif, des douleurs dans les jambes et les articulations. Les gencives s'ulcèrent et saignent, la muqueuse buccale se recouvre de taches bleuâtres, les dents se déchaussent. On observe des ecchymoses, du purpura, des hémorragies viscérales plus ou moins graves. Le traitement consiste dans une alimentation à base de légumes et de fruits frais et dans l'administration de vitamine C.

SCORBUTIQUE adj. et n. Relatif au scorbut ; atteint de scorbut.

SCORDATURA n. f. (ital. *scordatura,* de *scordare,* désaccorder). Modification de l'accord d'une ou de plusieurs cordes d'un instrument.

SCORDISQUES, peuple celte, établi dès le IIIe s. av. J.-C. sur la Save et sur le Danube. Ils se heurtèrent aux Romains de 143 à 106 av. J.-C. Ils se fondirent finalement dans la population pannonienne.

SCORE n. m. (angl. *score*). **1.** Nombre de points ou de buts obtenus par chaque adversaire ou équipe dans une compétition. — **2.** Résultat, en partic. chiffré, obtenu dans un test psychologique, un classement, une élection, une compétition quelconque.

SCORESBY (William), navigateur britannique (Cropton, près de Whitby, Yorkshire, 1789 - Torquay 1857). Il étudia le littoral du Groenland de 1807 à 1822 et découvrit le *Scoresby Sund.*

SCORIACÉ, E adj. (de *scorie*). Bulleux, rude et léger comme une scorie.

SCORIE n. f. (lat. *scoria,* du gr. *skôria*). **1.** Sous-produit d'élaboration métallurgique, ayant une forte teneur en silicates et oxydes métalliques. (Certaines scories sont recyclées en raison de leur teneur en oxydes ; d'autres sont utilisées en cimenterie, pour l'isolation, les revêtements routiers ou comme engrais.) — **2.** Produit volcanique riche en vacuoles, de très faible densité, qui se forme lors des éruptions de type explosif. — **3.** Partie mauvaise, inutile ; déchet : *Des scories dénaturent ce texte.*

SCORPÉNIDÉ ou **SCORPÆNIDÉ** n. m. (lat. *scorpaena,* du gr. *scorpaina,* rascasse). Nom d'une famille de poissons marins côtiers appelés usuellement *rascasses* ou *scorpions de mer* pour leurs épines venimeuses.

SCORPÉNIFORME n. m. Nom d'ordre de poissons à la tête armée de fortes plaques osseuses, aux pectorales thoraciques et souvent pédiculées, tels que les rascasses, grondins, malarmats et genres voisins.

SCORPIOÏDE adj. Se dit d'une inflorescence dans laquelle chaque fleur s'implante du même côté de la fleur précédente, d'où un enroulement, comme chez le myosotis.

SCORPION n. m. (lat. *scorpio,* du gr. *skorpios*). **1.** Grand arachnide des régions chaudes portant en avant une paire de pinces et dont l'abdomen mobile se termine par un aiguillon venimeux. — **2.** Grande arbalète actionnée par un treuil et lançant de gros traits (Antiquité et Moyen Âge). — **3.** Syn. de FOUET* DE GUERRE. — **4.** Syn. de RASCASSE.

ENCYCL. Les scorpions respirent par des poumons (quatre paires). Ce sont des animaux terrestres, nocturnes, très carnassiers, ils peuvent rester près d'une année sans absorber de nourriture et offrent une résistance remarquable aux facteurs nuisibles, notamment aux radiations ionisantes. On les trouve surtout sous les pierres. Leur piqûre est très douloureuse, mortelle chez certaines espèces. On ne trouve de scorpions en France que dans le Midi.

SCORPION (en lat. *Scorpius, ii*), constellation zodiacale située entre la Balance et le Sagittaire. Son étoile la plus brillante est Antarès*. ‖ Huitième signe du Zodiaque, que le Soleil traverse du 23 octobre au 22 novembre.

SCORSESE (Martin), cinéaste américain (New York 1942). Il passe du film policier social *Bertha Boxcar* (1972) au film musical sur les coulisses du spectacle *New York New York* (1977), mais traite surtout de l'Amérique, urbaine et nocturne, des « paumés », des minoritaires et des antihéros : *Mean Streets* (1973), *Alice n'est plus ici* (1975), *Taxi Driver* (1976), *la Valse des pantins* (1982), *After Hours* (1985), *la Couleur de l'argent* (1986). La sortie, en 1988, de *la Dernière Tentation du Christ* suscite de nombreuses polémiques. Il réalise ensuite *les Affranchis* (1990), *les Nerfs à vif* (1992), *le Temps de l'innocence* (1993), *Casino* (1995).

SCORSONÈRE n. f. (ital. *scorzonera,* de *scorzone,* vipère noire). Composée vivace aux fleurs jaunes et aux longues racines noires et charnues, vendues sous le nom de salsifis.

SCORZA (Manuel), écrivain péruvien (Lima 1928 - Mejorada del Campo, prov. de Madrid, Espagne, 1983). Poète, défenseur de la cause indienne, exilé, il est aussi l'auteur de romans engagés (*Roulements de tambours pour Rancas,* 1970), qu'anime parfois un souffle lyrique *(Garabombo l'Invisible,* 1972 ; *la Danse immobile,* 1983).

SCOT ÉRIGÈNE (Jean), théologien irlandais (v. 810 - v. 877). Il a exercé une grande influence dans la théologie du Moyen Âge, y introduisant une pensée de type rationnel. Il a écrit *De praedestinationae* (851).

SCOT (John DUNS) → DUNS SCOT.

1. SCOTCH [skɔtʃ] n. m. (pl. *scotches* ou *scotchs*) [angl. *scotch whisky,* whisky écossais]. Whisky écossais.

2. SCOTCH [skɔtʃ] n. m. Marque déposée d'adhésifs et de rubans adhésifs.

SCOTCHER v. t. (conj. 3). Coller avec du Scotch, du ruban adhésif.

SCOTIA *(mer de la)* [du nom d'un navire], mer de l'Atlantique austral délimitée par le plateau des Malouines, les archipels de Géorgie, des Sandwich, des Orcades et des Shetland du Sud. Elle communique avec le Pacifique par le détroit de Drake.

SCOTIE n. f. (lat. *scotia*). Gorge à profil demi-ovale comprise entre deux réglets, l'un plus saillant que l'autre. (Bases de colonnes, dans l'archit. classique.)

SCOTISME n. m. Doctrine philosophique et théologique de Duns* Scot.

SCOTISTE adj. et n. Relatif au scotisme ; partisan du scotisme.

SCOTLAND, nom anglais de l'Écosse.

Scotland Yard, siège de la police londonienne, situé le long de la Tamise, non loin de Westminster Bridge. L'organisation de cette police, compétente pour la seule région du Grand Londres, est due à l'initiative du ministre Robert Peel (1829).

SCOTOME n. m. (bas lat. *scotoma,* du gr. *skotôma,* obscurcissement). Déficit du champ visuel.

SCOTOMISATION n. f. **1.** Fait de scotomiser, d'être scotomisé. — **2.** En psychiatrie, mise à l'écart par le sujet d'une partie importante mais méconnue de sa réalité.

SCOTOMISER v. t. (conj. 3). **1.** Passer volontairement sous silence : *Vous scotomisez une partie du problème.* — **2.** Opérer une scotomisation.

SCOTOPHORE n. m. (du gr. *skotos,* obscurité). Produit qui perd son caractère de luminescence sous l'effet d'une excitation.

SCOTOPIQUE adj. Se dit de la vision avec luminosité faible, assurée par les bâtonnets des cellules sensorielles de la rétine. (Syn. VISION NOCTURNE.)

SCOTS, nom générique des pirates et aventuriers irlandais du haut Moyen Âge, qui colonisèrent l'Écosse. Ce nom s'étendit ensuite à tous les habitants du nord de l'île de Bretagne, appelés *Scottish* (« Écossais »). Vers 843, le roi scot Kenneth MacAlpin annexa le royaume picte, et les conquêtes du XIe s. assurèrent l'unité du nord de l'île de Bretagne.

SCOTT (James), duc **de Monmouth** → MONMOUTH.

SCOTT (John), 1er comte **d'Eldon,** homme politique britannique (Newcastle 1751 - Londres 1838). Député tory en 1783, il fut Attorney général (1793-1799) puis chancelier de 1801 à 1827. Farouchement conservateur et anticatholique, il démissionna lorsque Canning, qu'il jugeait trop libéral et favorable aux catholiques, devint Premier ministre (1827).

SCOTT (*sir* Walter), écrivain écossais (Édimbourg 1771 - Abbotsford 1832). Avocat, poète attaché à la culture écossaise (*le Lai du dernier ménestrel,* 1805 ; *la Dame du lac,* 1810), il devient célèbre dès la parution de *Waverley** (1814) pour ses romans historiques (*l'Antiquaire,* 1816 ; *Rob Roy,* 1818 ; *la Fiancée de Lammermoor,* 1819 ; *Ivanhoé*,* 1819 ; *Kenilworth,* 1821 ; *Quentin* Durward,* 1823 ; *la Jolie Fille de Perth,* 1828), qui exercèrent une grande influence sur les romantiques.

SCOTT (*sir* George Gilbert), architecte britannique (Gawcott, près de Buckingham, 1811 - Londres 1878), le plus connu d'une famille d'architectes des XIXe et XXe s. Il a restauré des églises et cathédrales gothiques et a construit des édifices néogothiques typiques du goût victorien (gare St Pancras à Londres, 1865 et suiv.).

SCOTT (Robert Falcon), explorateur britannique (Devonport 1868 - dans l'Antarctique 1912). De 1901 à 1904, il dirigea une expédition dans l'Antarctique et localisa le pôle magnétique (1903). Parti en 1910 à la conquête du pôle Sud, il parvint au pôle le 17 janv. 1912, soit plus d'un mois après l'expédition d'Amundsen. Il périt au retour avec ses compagnons.

SCOTTIQUE adj. *Écriture scottique,* syn. de ÉCRITURE IRLANDAISE.

SCOTTISH [skɔtiʃ] n. f. (angl. *scottish*). Danse de salon d'origine écossaise en vogue au début du XXe s., combinant des pas de polka et de valse.

SCOTTISH-TERRIER ou **SCOTCH-TERRIER** n. m. (pl. *scottish-terriers, scotch-terriers*) [angl. *scottish terrier,* terrier écossais]. Race de chiens terriers, originaire d'Écosse, à poils durs, ardents dans la chasse sous terre, utilisés aussi comme chiens d'agrément.

SCOTTO (Vincent), compositeur de chansons français (Marseille 1874 - Paris 1952). Il connut la célébrité dès 1895 grâce à sa *Petite Tonkinoise,* puis avec *Sous les ponts de Paris.* On lui doit de nombreux autres succès : *le Plus Beau Tango du monde, J'ai deux amours, Marinella,* et des opérettes (*Un de la Canebière,* 1938, *Violettes impériales,* 1948).

SCOUBIDOU n. m. *Fam.* Petit gadget fait d'une tresse de fils de plastique, à la mode vers 1960.

SCOUMOUNE n. f. *Pop.* Malchance, poisse.

SCOURED [skawrəd] n. m. (angl. *scoured,* de *to scour,* laver). Laine lavée directement sur le dos du mouton, avant la tonte.

SCOUT, E [skut] n. (abrév. de *boy-scout*). Jeune garçon, jeune fille faisant partie d'une association de scoutisme.
◆ adj. **1.** Relatif aux scouts, au scoutisme : *Camp, mouvement scout.* — **2.** Qui rappelle les règles et les comportements des scouts : *Avoir un petit côté scout.*

SCOUT-CAR [skutkar] n. m. (pl. *scouts-cars*) [angl. *scout car,* voiture de reconnaissance]. Véhicule de reconnaissance ou de liaison, rapide, légèrement armé et blindé.

SCOUTISME n. m. Organisation mondiale ayant pour but la formation morale, physique, pratique et civique des enfants et des adolescents des deux sexes.

ENCYCL. La charte du scoutisme a été publiée, en 1908, par un officier britannique, Robert Baden-Powell. Implanté d'abord en Grande-Bretagne, le scoutisme se répandit rapidement dans le monde entier, prenant des noms différents selon les obédiences religieuses.

SCRABBLE [skrabl ou skrabəl] n. m. (n. déposé). Jeu de lettres, créé en 1946 aux États-Unis, qui consiste à former des mots à partir de lettres tirées au hasard et à les placer sur une grille de façon qu'ils s'intègrent aux mots déjà constitués.

SCRABBLEUR, EUSE n. Joueur(euse) de Scrabble.

SCRAP [skrap] n. m. (angl. *scrap,* fragment). Caoutchouc tel qu'il est recueilli sur l'écorce des hévéas et contenant généralement des débris d'écorce.

SCRAPAGE n. m. Syn. de RACLAGE.

SCRAPER [skrapœr] n. m. (angl. *scraper,* grattoir). Syn. de DÉCAPEUSE et de RACLEUR.

SCRATCH [skratʃ] adj. inv. (angl. *scratch,* marque). **1.** Au golf, se dit d'un joueur qui ne bénéficie d'aucun point dans une compétition à handicap. — **2.** *Course scratch* ou *scratch* (n. m.), épreuve dans laquelle tous les concurrents partent de la même ligne ou sans avantage ni handicap.
◆ n. m. (pl. *scratches*). Action de scratcher.

SCRATCHER [skratʃe] v. t. (angl. *to scratch,* gratter) [conj. 3]. Rayer d'une compétition un concurrent ou une équipe qui ne se présente pas ou qui arrive après les délais autorisés.

SCRIABINE → SKRIABINE.

SCRIBAN n. m. ou **SCRIBANNE** n. f. (néerl. *schrijbank,* pupitre pour écrire). Secrétaire d'origine néerlandaise (XVIIe s.), à pente, surmonté d'un corps formant le plus souvent bibliothèque.

SCRIBE n. m. (lat. *scriba,* de *scribere,* écrire). **1.** En Égypte ancienne, personnage important d'une administration chargé de la rédaction de divers textes. — **2.** Dans les écrits du Nouveau Testament, docteur juif, interprète officiel des saintes Écritures. — **3.** *Fam.* Employé aux écritures ; celui qui écrit pour qqn d'autre. — **4.** *Fam.* Écrivain public.

SCRIBE (Eugène), auteur dramatique français (Paris 1791 - *id.* 1861). Ses comédies (*l'Ours et le Pacha,* 1820) et ses vaudevilles (*le Mariage de raison,* 1826 ; *le Mariage d'argent,* 1827 ; *Bertrand et Raton,* 1833 ; *le Verre d'eau,* 1840) s'inspirent des conflits sociaux et moraux de la bourgeoisie de son temps. Il fut également librettiste d'opéras et d'opéras-comiques (*la Muette de Portici,* 1828 ; *Fra Diavolo,* 1830 ; *Robert le Diable,* 1831). [Acad. fr., 1834.]

Scribner's Sons *(Charles),* maison d'édition américaine, fondée à New York par Charles Scribner en 1846.

SCRIBOUILLARD, E n. *Fam.* Employé subalterne qui tient les écritures, les vérifie.

SCRIBOUILLER v. t. (conj. 3). *Fam.* Écrire mal.

SCRIBOUILLEUR, EUSE n. *Fam.* Écrivain médiocre.

SCRIPOPHILE n. Personne qui pratique la scripophilie.

SCRIPOPHILIE n. f. Passe-temps consistant à collectionner les anciens titres de sociétés (actions, obligations, etc.).

1. SCRIPT [skript] n. m. (angl. *script,* écrit). Syn. de SCÉNARIO.

2. SCRIPT [skript] n. m. (abrév. de l'angl. *script-writing,* écriture script). Type d'écriture manuscrite simplifiée, dans laquelle les lettres se rapprochent des caractères d'imprimerie.

1. SCRIPTE n. f. (de *script 2*). Caractère d'imprimerie imitant l'écriture courante.

2. SCRIPTE n. (francisation de l'angl. *script-girl*). Auxiliaire du réalisateur, chargé de noter tous les détails techniques et artistiques relatifs à chaque prise de vues. (Syn. SECRÉTAIRE DE PLATEAU.)

SCRIPTEUR n. m. (lat. *scriptor*). Émetteur d'un message écrit (par oppos. au *locuteur*).

SCRIPT-GIRL n. f. (pl. *script-girls*). [de l'angl. *girl,* jeune fille]. Syn. vieilli de SCRIPTE 2.

SCRIPTORIUM [-rjɔm] n. m. (pl. *scriptoriums* ou *scriptoria*) [mot lat.]. **1.** Lieu réservé, dans les anciens monastères, à l'écriture des manuscrits. — **2.** École monastique de production de manuscrits.

SCRIPTURAIRE adj. (lat. *scriptura,* écriture). **1.** Relatif aux saintes Écritures. — **2.** Relatif à l'écriture, au style.

SCRIPTURAL, E, AUX adj. (lat. *scriptura,* écriture). **1.** Relatif à l'écriture, au code écrit, par oppos. à *oral.* — **2.** *Monnaie scripturale,* monnaie créée et circulant par un simple jeu d'écritures.

SCROFULAIRE n. f. (lat. médiév. *scrophularia,* du bas lat. *scrophulae,* écrouelles). Plante herbacée vivace, souvent fétide, à tige tétragone parfois ailée.

SCROFULARIACÉE n. f. Nom de famille de plantes gamopétales, telles que la scrofulaire, la linaire, la digitale, la gueule-de-loup, la molène, la véronique, le mélampyre. (Syn. PERSONÉE.)

SCROFULE n. f. (bas lat. *scrofulae*). Syn. de ÉCROUELLES.

SCROFULEUX, EUSE adj. et n. Qui relève de la scrofule ; atteint de scrofule.

SCROGNEUGNEU ! interj. (altér. de *sacré nom de Dieu*). Exclamation marquant le mécontentement.

SCROTAL, E, AUX adj. (de *scrotum*). Relatif au scrotum.

SCROTUM [-tɔm] n. m. (bas lat. *scrotum*). **1.** La peau des bourses. — **2.** Les bourses elles-mêmes.

SCRUB [skrœb] n. m. (angl. *scrub*). Brousse épaisse d'Australie, formée de buissons toujours verts, de familles diverses, notamment des acacias.

1. SCRUPULE n. m. (lat. *scripulum*). Anc. unité de poids valant la 24e partie de l'once.

2. SCRUPULE n. m. (lat. *scrupulus,* petit caillou). **1.** Hésitation à agir, inquiétude morale provenant de la crainte de commettre une faute : *Un scrupule me retient.* — **2.** Exigence morale très poussée, née de la crainte de manquer à la perfection : *Pousser l'exactitude jusqu'au scrupule.* — **3.** Doute sur un point précis, entraînant une correction, une retouche, etc. : *Les derniers scrupules d'un écrivain sur son manuscrit.* — **4.** Inquiétude excessive de conscience, inspirée par un sens aigu de la perfection chrétienne. — **5.** *Avoir scrupule à,* hésiter à faire qqch par peur de commettre une erreur, d'être source d'une gêne, etc. ‖ *Se faire (un) scrupule de qqch,* ne pas le faire par délicatesse de conscience.

SCRUPULEUSEMENT adv. Avec un soin scrupuleux, une exactitude rigoureuse.

SCRUPULEUX, EUSE adj. (de *scrupule 2,* d'apr. lat. *scrupulosus*). **1.** Qui est d'une grande exigence quant à l'honnêteté : *Être scrupuleux dans le remboursement de ses dettes.* — **2.** Qui met un soin minutieux à exécuter ce qu'il a à faire ; qui est marqué par ce soin : *Un employé scrupuleux.*

SCRUTATEUR, TRICE adj. (lat. *scrutator,* de *scrutari,* scruter). *Litt.* Qui vise à découvrir qqch en observant attentivement : *Un coup d'œil scrutateur.*

◆ n. Personne qui concourt au bon déroulement et au dépouillement d'un scrutin.

SCRUTATION n. f. (lat. *scrutatio,* de *scrutari,* scruter). *Litt.* Action de scruter ; fait d'être scruté.

SCRUTER v. t. (lat. *scrutari,* fouiller) [conj. 3]. **1.** Examiner soigneusement qqn, son attitude pour y voir ce qu'il pense, ce qu'il ressent : *Scruter le visage de quelqu'un.* — **2.** Observer, regarder attentivement qqch pour y découvrir ce qu'on cherche : *Scruter l'horizon pour apercevoir un bateau.*

SCRUTIN n. m. (bas lat. *scrutinium,* du lat. class. *scrutari,* scruter). **1.** Ensemble des opérations qui constituent un vote ou une élection. (On distingue le *scrutin uninominal* [un siège à pourvoir] et le *scrutin plurinominal,* ou *de liste* [plusieurs sièges à pourvoir]. Suivant la technique de représentation adoptée, le scrutin peut être *majoritaire* ou *à la proportionnelle.*) — **2.** *Scrutin d'arrondissement,* appellation du scrutin uninominal majoritaire lorsque la circonscription de vote était l'arrondissement.

SCUDÉRY (Georges DE), écrivain français (Le Havre 1601 - Paris 1667). Ayant quitté l'armée pour le théâtre, il écrivit des tragi-comédies, s'opposa à Corneille dans la querelle du Cid et publia des romans dont la plupart étaient écrits par sa sœur Madeleine. (Acad. fr., 1649.) — Sa sœur, MADELEINE **de Scudéry** (Le Havre 1607 - Paris 1701), publia sous le nom de son frère plusieurs romans (Ibrahim ou l'Illustre Bassa, 1641 ; *Artamène ou le Grand Cyrus,* 1649-1653 ; *Clélie**,* 1654-1660, où se trouve la Carte du Tendre*) qui ravirent les précieux.

SCULL [skœl] n. m. (angl. *scull*). En aviron, rame en couple (un aviron dans chaque main).

SCULLER [skœlœr] n. m. (angl. *sculler*). Rameur en couple qui manie une paire d'avirons.

sculpsit, mot lat. signif. *a sculpté,* que les sculpteurs, et surtout les graveurs, ont longtemps inscrit sur leurs ouvrages à côté de leur signature. (Souvent en abrégé : *sculp.*)

SCULPTER [skylte] v. t. (lat. *sculptum,* de *sculpere*) [conj. 3]. **1.** Tailler la pierre, le bois, etc., avec divers outils, en vue de dégager des formes, des volumes d'un effet artistique : *Sculpter le marbre en taille directe.* — **2.** Créer une œuvre d'art à trois dimensions par tout procédé, y compris le modelage : *Sculpter une ronde-bosse, un relief.* — **3.** Orner qqch de sculptures : *Sculpter un meuble.* — **4.** Façonner, modeler qqch comme l'aurait fait un sculpteur : *La mer avait sculpté les rochers.*

◆ v. i. **1.** Pratiquer la sculpture. — **2.** *Machine à sculpter,* appareil permettant de reproduire des sculptures, avec possibilité d'en varier les dimensions.

◆ **être sculpté** v. pass. Être orné de sculptures : *Bois sculpté.*

SCULPTEUR [skyltœr] n. m. (bas lat. *sculptor*). **1.** Artiste ou artisan qui fait profession de sculpter. (On dit aussi au fém. *sculptrice.*) [On disait, au Moyen Âge, *imagier, tailleur d'images.*] — **2.** Tailleur de pierre capable de produire les morceaux les plus difficiles.

SCULPTEUR (en lat. *Sculptor, oris*), petite constellation australe introduite par La Caille en 1752, à l'est de l'étoile brillante Fomalhaut, et appelée primitivement « Atelier du Sculpteur ».

SCULPTURAL, E, AUX [skylty-] adj. **1.** Relatif à la sculpture, qui évoque la sculpture. (Syn. PLASTI-

QUE.) — **2.** Qui évoque la beauté formelle d'une sculpture classique : *Un corps sculptural.*

SCULPTURE [skyltyr] n. f. (lat. *sculptura*). **1.** Art de sculpter. — **2.** Œuvre du sculpteur : *Exposer ses sculptures.* — **3.** Ensemble d'œuvres sculptées : *La sculpture romane languedocienne.* — **4.** Action de sculpter un matériau : *La sculpture du bois est délicate.* — **5.** Forme taillée, façonnée dans un matériau : *Les sculptures d'un meuble.* — **6.** *Petite sculpture,* sculpture à petite échelle ou en matériaux précieux, tel l'ivoire.

◆ **sculptures** n. f. Ensemble des parties creuses et en relief de la bande de roulement d'un pneumatique.

ENCYCL. Apparue dès les temps préhistoriques, la sculpture a brillé aussi bien dans l'Égypte ancienne, la Grèce et la Rome antiques qu'en Chine, en Inde ou dans l'Amérique précolombienne avant de se développer en Occident à partir de l'époque romane. Sa destination a d'abord été essentiellement religieuse (images de la divinité) ou magique (art funéraire, source importante de la petite statuaire et du portrait). C'est à la Renaissance qu'une sculpture profane, ou à fin purement esthétique, prend son essor, pour s'épanouir pleinement aux XVIIe et XVIIIe s. dans l'Europe monarchique : décorations publiques ou de palais, bustes et statues commémoratives, qui connaîtront au XIXe s. une prolifération systématique. Les mutations profondes que connaît le XXe s. mènent la sculpture aux confins d'autres formes d'expression ; ainsi se trouvent dépassés les critères de sa spécificité, mais se trouve aussi accrue sa richesse potentielle.

• *Techniques.* On distingue la sculpture *en ronde bosse,* entièrement dégagée dans les trois dimensions, et les *reliefs*,* plus ou moins liés à un fond ; la *sculpture monumentale* (statues* et groupes, reliefs à figures) et la *sculpture d'ornements.*

L'œuvre sculptée est obtenue soit par l'intermédiaire du *modelage* (terre, cire, plastiline, plâtre), soit par *taille directe* sur marbre, pierre, bois, ainsi qu'ivoire ou pierres dures pour certaines petites pièces. Le modelage est généralement suivi d'un moulage (confection d'un *modèle,* le plus souvent en plâtre) et d'une exécution soit en bronze (*fonte* au *sable* ou *à la cire perdue*), soit en pierre ou marbre. Le passage du modèle à l'œuvre sculptée dans la pierre se fait par la méthode de la *mise-aux-points,* généralement confiée par l'artiste à un praticien exécutant. La *taille directe,* par le sculpteur lui-même s'aidant de dessins ou d'esquisses modelées, a été à peu près abandonnée au XIXe s., pour renaître au XXe. Aux matériaux traditionnels (les plus nobles étant le marbre et le bronze) se sont joints, au XXe s., divers métaux (cuivre, fer, aluminium, notamment soudés) et, plus récemment, les résines synthétiques et autres matières plastiques.

SCUNTHORPE, v. de Grande-Bretagne (Humberside), à l'E. de la Trent ; 66 000 hab. Métallurgie.

SCUTARI → SHKODËR *(ville* et *lac de).*

SCUTARI, en turc. **Üsküdar,** ou **SCUTARI D'ASIE,** localité de Turquie, sur la rive orientale du Bosphore, faubourg d'Istanbul. Mosquées du XVIe s. Grand cimetière.

SCUTELLAIRE n. f. (lat. *scutella,* petite coupe). Labiée ornementale aux fleurs bleues dans les espèces françaises.

SCUTELLIFORME adj. Qui a la forme d'un bouclier.

SCUTELLISTE n. f. Insecte hyménoptère chalcidien, dont une espèce a été utilisée dans la lutte biologique contre les cochenilles de l'olivier et du figuier.

SCUTELLUM [-telɔm] n. m. (lat. *scutum,* bouclier). Syn. de HYPOBLASTE.

SCUTENAIRE (Louis), écrivain et critique d'art belge d'expression française (Ollignies 1905 - Bruxelles 1987). Ami du peintre Magritte, il a été un chef de file du surréalisme belge (1927) avec ses poèmes, tracts, maximes et notations paradoxales (*Mes inscriptions,* 4 vol. [1945, 1976, 1981, 1984] ; *Textes automatiques,* 1977).

SCUTIGÈRE n. f. Myriapode des maisons, à pattes et antennes démesurément longues et fines.

SCUTUM [skytɔm] n. m. (lat. *scutum*). Bouclier romain de forme rectangulaire que portaient les légionnaires.

SCYLAX de Caryanda, navigateur grec de Carie au service de Darios Ier (VIe-Ve s. av. J.-C.). Il descendit le cours de l'Indus et, après une navigation dans l'océan Indien et la mer Rouge, atteignit l'Égypte.

SCYLLA, en gr. **Skulla,** écueil du détroit de Messine, personnifié, dans la mythologie, par un monstre marin femelle, anthropophage, embusqué en face de Charybde.

SCYLLARE [si-] n. m. (gr. *skullein,* déchirer). Crustacé décapode marin à la carapace large et déprimée, aux antennes très courtes. (N. usuel *cigale de mer.*)

SCYPHISTOME [si-] n. m. Forme larvaire fixée de certaines méduses qui, par étranglement puis séparation, donne des méduses juvéniles *(strobilation).*

SCYPHOZOAIRE [si-] n. m. ou, vx, **SCYPHOMÉDUSE** n. f. Méduse sans voile, pourvue d'un manubrium élargi en 4 bras et se multipliant par strobilation. (Syn. ACALÈPHE, ACRASPÈDE.)

SCYTHE [sit] adj. et n. (lat. *Scytha*). Qui appartient aux Scythes.
◆ n. m. Langue ancienne du groupe iranien oriental, parlée par les Scythes. (L'ossète en serait un lointain descendant.)

SCYTHES, peuple de langue iranienne occupant, depuis le XIIe s. av. J.-C., la steppe eurasiatique, du bas Danube à l'Altaï et au Tarim. Peuple cavalier, pratiquant une économie pastorale, ils ont laissé de vastes tombeaux sous tumulus, les kourganes, dont le riche mobilier funéraire (orfèvreries, armes, harnachements, etc.) participe de l'art des steppes.* À la fin du VIIIe s. av. J.-C., ils envahissent l'Orient par le Caucase. Au VIe s., les Achéménides imposent leur domination aux Scythes du Turkestan, qu'ils nomment les Śaka. Mais Darios Ier ne peut vaincre les Scythes d'Europe. Du IVe au IIe s. av. J.-C., les Sarmates, venus de l'est, absorbent les Scythes d'Ukraine ou les refoulent vers la Thrace.

SCYTHIE, pour les anciens Grecs, pays au N. de la mer Noire, du Danube au Don.

S. D. E. C. E. (sigle de *Service de Documentation Extérieure et de Contre-Espionnage*), service créé en 1947 et remplacé en 1982 par la *Direction générale de la sécurité* extérieure (D. G. S. E.).*

S. D. F. n. Abréviation de *sans domicile fixe,* désignation officielle des vagabonds, des sans-abri.

S. D. N., sigle de SOCIÉTÉ* DES NATIONS.

SE (s' devant une voyelle ou un *h* muet) pron. pers. réfléchi de la 3e pers. du sing. et du pl. (lat. se). En position atone, constitue avec le verbe la forme pronominale à la 3e pers. : *Elle s'est blessée au doigt. Ce vin se boit frais.*

Se, symbole chimique du *sélénium.*

S. E., abrév. de SON EXCELLENCE (ministre).

S.-E., abrév. de SUD-EST.

SEABEE [sibi] n. m. (angl. *sea-bee,* altér. des initiales *C B,* de *Construction Battalion*). Type de navire porte-barges sur lequel les barges sont manutentionnées au moyen d'un appareil élévateur submersible ; la barge elle-même (port en lourd 850 t).

SEABORG (Glenn Theodore), chimiste américain (Ishpeming, Michigan, 1912). Il a découvert le plutonium en 1941, en collaboration avec McMillan, et mis au point les méthodes d'extraction de ce métal. Par la suite, il obtint l'américium, le curium et, en 1950, le berkélium et le californium. (Prix Nobel de chimie 1951.)

SEAGA (Edward), homme politique jamaïquain (Boston, États-Unis, 1930). Leader du parti travailliste depuis 1974, il a été Premier ministre de 1980 à 1989.

SEA-LINE [silajn] n. m. (pl. *sea-lines*) [angl. *sea-line,* de *sea,* mer, et *pipe-line*]. Canalisation sous-marine servant au transport des hydrocarbures.

SEALSKIN [silskin] n. m. (angl. *sealskin,* de *seal,* veau marin, et *skin,* peau). Étoffe veloutée, d'origine anglaise, faite avec des poils d'animaux.

SEALYHAM-TERRIER n. m. (pl. *sealyham-terriers*). Chien terrier de petite taille, bon chasseur.

SÉANCE n. f. (de *seoir*). **1.** Réunion des membres d'une assemblée qui délibèrent ou travaillent ensemble ; durée de cette réunion : *Une séance de l'Académie.* — **2.** Intervalle de temps consacré à une activité, un traitement, etc., et qui peut être répété ; contenu de ce temps : *Une séance de travail.* — **3.** Chacune des projections du programme d'un cinéma : *La séance est à 14 heures.*

1. SÉANT, E adj. (de *seoir*). *Litt.* Qui convient à telle situation : *Il n'est pas séant de se servir le premier.*

2. SÉANT n. m. (de *seoir*). *Litt.* Partie du corps sur laquelle on s'assoit : *Retomber sur son séant.*

SEARLE (Ronald), dessinateur et graveur humoriste britannique (Cambridge 1920). Il s'est imposé par un style où l'humour noir s'associe à la poésie sur un ton volontiers sophistisqué et élégant (albums *De drôles de chats* [1967], *Hommage à Toulouse-Lautrec* [1969], *the King of Beasts & other Creatures* [1980], etc.).

SEARLE (John Rogers), philosophe américain (Denver, Colorado, 1932), auteur d'une théorie des actes du discours (*les Actes du langage,* 1969 ; *Sens et expression,* 1979).

Sears, Roebuck and Co., société américaine, créée en 1886, possédant la plus importante chaîne de grands magasins du monde. Elle s'adonne également à l'assurance et au négoce international.

SEATO (sigle de *SouthEast Asia Treaty Organization*), appellation anglaise de l'*Organisation du traité de l'Asie du Sud-Est,* ou O. T. A. S. E.

SEATTLE, v. des États-Unis (Washington), sur le Puget Sound, au pied du mont Rainier ; 516 259 hab. (1 972 961 hab. dans l'agglomération). Port (trafic de 14 Mt) notamment en relation avec l'Alaska et le Japon. Centre de construction navale et aéronautique (Boeing). Port de pêche important (saumon d'Alaska, thon). Musées.

SEAU n. m. (lat. pop. **sitellus,* du lat. class. *sitella*). **1.** Récipient cylindrique, assez large et haut, muni d'une anse, qui sert à transporter de l'eau, des liquides ou d'autres matières : *Un seau de lait. Un seau à charbon.* — **2.** Récipient servant à divers usages : *Seau à champagne. Seau hygiénique.* — **3.** Contenu de ce récipient : *Vider un* *seau d'eau.* — **4.** Fam. *Il pleut à seaux,* il pleut très fort.

S. E. B. (sigle de *Société d'Emboutissage de Bourgogne*), société industrielle française fondée en 1857. Spécialisée dans la production de petit électroménager, elle vient en tête, dans son secteur, des producteurs français et (après le rachat de Rowenta) européens.

SÉBACÉ, E adj. (bas lat. *sebaceus,* du lat. class. *sebum,* suif). **1.** Qui est de la nature des corps gras ; qui contient ou qui produit des corps gras. — **2.** *Glande sébacée,* glande qui sécrète le sébum. (→ *encycl.*) ‖ *Kyste sébacé,* tumeur sous-cutanée résultant de la dilatation kystique d'une glande sébacée. ‖ *Matière sébacée,* syn. de SÉBUM.

ENCYCL. **Histol.** Les *glandes sébacées* se rencontrent, chez l'homme, sur toute la surface du corps, sauf à la paume des mains et à la plante des pieds ; elles sont en relation avec le follicule pileux. Le sébum sécrété par les glandes sébacées a pour résultat de lubrifier les poils et la peau.

SÉBACIQUE adj. *Acide sébacique,* diacide $(CH_2)_8-(CO_2H)_2$, utilisé dans l'industrie comme intermédiaire pour la préparation des polyesters et des polyamides.

SEBAG (Lucien), anthropologue français (Tunis 1934 - Paris 1965), auteur d'une étude fondamentale par la méthode qu'elle met en œuvre et qui a marqué Lévi-Strauss : *l'Invention du monde chez les Indiens Pueblos* (1971).

SÉBASTE n. m. (gr. *sebastos,* vénérable). Poisson (scorpénidé) des mers froides et tempérées (grand sébaste rouge de la mer du Nord, petit sébaste de la Manche.

SÉBASTE, en gr. **Sebastê** (gr. *sebastos,* auguste), nom donné à l'ancienne Samarie* par Hérode le Grand.

SEBASTIANI DE LA PORTA (François Horace, *comte*), maréchal de France (La Porta, Corse, 1772 - Paris 1851). Après s'être distingué à Arcole (1796), il prit part aux campagnes d'Espagne, de Russie et d'Allemagne. Ministre des Affaires étrangères (1830) puis de la Guerre (1831), il fut ambassadeur de France à Londres (1835-1839).

SEBASTIANO DEL PIOMBO (Sebastiano LUCIANI, dit), peintre italien (Venise ? v. 1485 - Rome 1547). Disciple de Giorgione à Venise, il s'installa en 1511 à Rome, où il devint l'ami de Michel-Ange, tentant de rivaliser avec lui ainsi qu'avec Raphaël ; après la mort de ce dernier, il devint un portraitiste sans rival, au style large et monumental dans l'individualisation. La même puissance plastique caractérise ses tableaux religieux.

SÉBASTIEN *(saint),* martyr romain du IIIe s. Officier romain dénoncé comme chrétien, il fut une première fois percé de flèches ; il succomba après avoir été flagellé à mort. Il est le patron des archers.

SÉBASTIEN (Lisbonne 1554 - Alcaçar-Quivir 1578), roi de Portugal (1557-1578), fils posthume de l'infant Jean de Bragance, petit-fils et successeur du roi Jean III. Il rêvait de croisades et chercha à se constituer un grand domaine maghrébin. Après une première expédition au Maroc (1574), sans résultat, il débarqua à nouveau en 1578 et subit une lourde défaite à Alcaçar-Quivir, où il fut tué.

SÉBASTOPOL, v. d'Ukraine, sur la côte de Crimée ; 366 000 hab. Constructions navales.

Sébastopol *(sièges de).* • *Siège de 1854-55.* Les forces anglo-franco-turques investirent Sébastopol en oct. 1854, mais la garnison russe repoussa tous les assauts pendant l'hiver. En juin 1855, si le Mamelon vert et les Ouvrages blancs furent conquis, les attaques contre le Grand Redan et la tour de Malakoff échouèrent. Le 8 sept., un nouvel assaut obligea les Russes à évacuer Sébastopol et à se retirer sur la rive nord de la baie. (→ *guerre de* CRIMÉE.)
• *Sièges de 1941-42 et de 1944.* Investie par la Wehrmacht dès nov. 1941, la ville ne tomba qu'en juill. 1942, après 250 jours de siège. L'Armée rouge ne la réoccupa qu'en mai 1944, après un nouveau siège d'un mois.

SEBEK ou **SOBEK,** dieu-crocodile de l'Égypte ancienne, représenté le plus souvent sous sa forme animale. Dieu de la Fécondité, il était adoré notamment à Crocodilopolis du Fayoum et à Kom-Ombo.

SÉBENNYTIQUE *(branche),* branche intérieure du delta du Nil, qui devait son nom à la ville de *Sebennytos.*

SEBENNYTOS, en égyptien **Tjebnouti,** ville égyptienne du delta du Nil, capitale de la XXXe dynastie. C'est l'actuelle *Semenoud.*

SEBHA, v. de Libye, ch.-l. de prov. dans le Fezzan ; 76 200 hab. Oasis.

SEBIL ou **SABĪL** n. m. (mot ar.) Fontaine publique en pays musulman, en partic. celle accompagnant la mosquée.

SÉBILE n. f. (p.-ê. lat. *cibus,* nourriture). *Litt.* Récipient en forme de coupe peu profonde où les mendiants recueillaient les aumônes.

SÉBILLET (Thomas), écrivain français (Paris v. 1512 - *id.* 1589). Avocat au parlement de Paris, disciple de Marot, il écrivit un *Art poétique françoys* (1548).

SÉBILLOT (Paul), folkloriste français (Matignon, Côtes-du-Nord, 1843 - Paris 1918). Il est l'auteur de *Folklore de France* (1904-1907).

SEBKHA n. f. (ar. *sabkha*). En Afrique du Nord, dépression inondable et salée. (Élément essentiel du paysage semi-désertique, la sebkha est tour à tour une nappe d'eau sans profondeur et une étendue blanchâtre de sel aux rivages indécis et changeants, selon la saison et la pluviosité.)

SEBONDE (Raymond DE) → SABUNDE.

SÉBORRHÉE n. f. (du lat. *sebum*, suif). Augmentation anormale de la sécrétion des glandes sébacées et sudoripares de la peau. (La séborrhée donne au visage un aspect huileux. Elle provoque quelques affections cutanées caractéristiques : l'acné vulgaire, l'alopécie diffuse progressive, les séborrhéides, l'eczéma séborrhéique.)

SÉBORRHÉIDE n. f. Eczématide pityriasiforme apparaissant sur la peau séborrhéique, au cuir chevelu, à la face, sur le thorax.

SÉBORRHÉIQUE adj. et n. Relatif à la séborrhée ; atteint de séborrhée.

SEBOU *(oued)*, fl. du Maroc septentrional, tributaire de l'Atlantique ; 458 km. Né dans le Moyen Atlas, il traverse la plaine de Fès puis celle du Rharb, où il alimente la riziculture irriguée.

SEBRING, v. des États-Unis, dans le centre de la Floride ; 8 700 hab. Circuit automobile.

SÉBUM [-bɔm] n. m. (lat. *sebum*, suif). Produit de sécrétion des glandes sébacées, composé de débris cellulaires, de graisses et d'acides gras, de cholestérol et de savon. (Sa sécrétion physiologique maximale, sous la dépendance de glandes endocrines, se situe au front.) [Syn. MATIÈRE SÉBACÉE.]

SEC, SÈCHE adj. (lat. *siccus*). **1.** Qui ne renferme pas d'eau, qui n'est pas mouillé, qui a perdu son élément liquide : *Du sable sec. Des vêtements secs.* — **2.** Se dit des conditions atmosphériques quand l'humidité est faible, quand les pluies sont rares : *Un froid sec.* — **3.** Qui est dépourvu d'humidité ambiante : *Conserver dans un endroit frais et sec.* — **4.** Se dit d'aliments qu'on a laissés se déshydrater ou qu'on a soumis à un traitement spécial pour être conservés : *Des légumes secs.* — **5.** Se dit d'une boisson alcoolisée non additionnée d'eau : *Boire un whisky sec.* — **6.** Se dit d'une partie de l'organisme qui manque des sécrétions appropriées : *Avoir la peau sèche.* — **7.** Se dit d'un son rapide, sans ampleur ni résonance : *Un claquement sec.* — **8.** Se dit d'une manière de parler sans rondeur ni chaleur : *Un ton sec, tranchant.* — **9.** Qui est maigre, décharné : *Un homme grand et sec.* — **10.** Qui manque de douceur, d'ampleur et d'ornements : *Une élégance un peu sèche.* — **11.** Qui est dépourvu de chaleur, de générosité, de sensibilité : *Un cœur sec.* — **12.** Se dit d'un vin ou d'un cidre peu sucrés. — **13.** *À pied sec,* sans avoir à se mouiller : *Traverser le ruisseau à pied sec.* ‖ *Avoir la gorge sèche, le gosier sec,* avoir très soif. ‖ *Coup sec,* coup frappé vivement, nettement. ‖ *D'un œil sec,* sans être ému, sans ressentir de pitié. ‖ Fam. *L'avoir sec,* être déçu, contrarié. ‖ *Licenciement sec,* licenciement sans mesure sociale d'accompagnement (par ex. sans plan de formation professionnelle). ‖ *Perte sèche,* qui n'est atténuée par aucune compensation. ‖ *Régime sec,* sans aucune boisson alcoolisée. ‖ Fam. *Sec comme un coup de trique, comme un échalas,* au corps très maigre. ‖ *Yeux secs,* sans larmes : *Il regardait la scène les yeux secs, sans aucune émotion.* • **Bx-arts.** Se dit des contours d'une forme, d'un graphisme qui sont durs et sans souplesse ; d'un coloris qui manque de douceur, de moelleux. — **Chim.** *Voie sèche,* traitement qui se fait sans recours à des liquides. — **Jeux.** *Avoir un atout sec, une carte sèche,* avoir une seule carte dans une couleur. — **Météo.** *Orage sec,* phénomène orageux ne comportant pas de pluie. — **Mus.** *Guitare sèche,* guitare traditionnelle, qui n'est pas électrique. — **Pathol.** *Chaleur sèche,* chaleur qui n'est pas accompagnée de sueur ni de moiteur. ‖ *Toux sèche,* toux sans expectoration. — **Thermodyn.** *Vapeur sèche,* vapeur dont la pression est inférieure à la pression de vapeur saturante.

◆ **sec** adv. **1.** De façon nette et brève : *Des détonations qui claquent sec.* — **2.** Avec vigueur, rapidité et décision : *Démarrer sec.* — **3.** Pop. *Aussi sec,* immédiatement et sans la moindre hésitation. ‖ *Boire sec,* boire abondamment des boissons alcoolisées. ‖ Fam. *Rester sec,* être incapable de répondre à une question.

◆ n. m. *À sec,* vidé du liquide habituellement contenu : *L'été, la rivière est à sec.* ‖ *Au sec,* dans un endroit sec. ‖ Fam. *Être à sec,* être sans argent. ‖ *Maçonnerie à sec,* maçonnerie faite avec des pierres sans mortier. (On dit aussi *maçonnerie en pierres sèches* et, dans le cas de pierres de taille, *à joints vifs.*)

SÉCABLE adj. (bas lat. *secabilis,* du lat. class. *secare,* couper). Qui peut être coupé, divisé : *Comprimé sécable.*

SECAM (abrév. de *séquentiel à mémoire*), système de télévision en couleurs breveté en 1956 par Henri de France et adopté en France et dans divers pays (Arabie Saoudite, Grèce, Iran, etc.).

SÉCANT, E adj. (lat. *secans, -antis*). Se dit d'une figure relativement à une autre quand elles ont une intersection non vide et non réduite à un ou plusieurs points multiples.

◆ **sécante** n. f. Droite sécante.

SÉCATEUR n. m. (lat. *secare,* couper). Outil en forme de gros ciseaux pour tailler les rameaux, les branches.

SECCHI (Angelo), astronome italien (Reggio Emilia 1818 - Rome 1878). Pionnier de la spectroscopie stellaire, il eut le premier l'idée de classer les étoiles d'après l'aspect de leur spectre (1868) et il suggéra que celui-ci est lié à leur température de surface.

SÉCESSION n. f. (lat. *secessio,* de *secedere,* se retirer). **1.** Action menée par une fraction de la population d'un État en vue de se séparer, de façon pacifique ou violente, de la collectivité nationale pour former un État distinct ou se réunir à un autre. — **2.** Terme *(Secession* ou *Sezession)* désignant, dans les pays germaniques, certains groupes d'artistes ayant rompu, à la fin du XIXe s. avec la tradition académique. (→ *encycl.*)

ENCYCL. **Bx-arts.** Les principales sécessions furent celle de Munich, fondée en 1892, avec les décorateurs Otto Eckmann et Hermann Obrist, les architectes August Endell et Behrens, etc. ; celle de Vienne (1897), animée par G. Klimt, J. M. Olbrich, K. Moser, J. Hoffmann ; celle de Berlin (1899), dont l'âme fut Liebermann. Si la Sécession munichoise a produit, avec le *Jugendstil,* un art apparenté à l'Art nouveau belge ou français, des tendances beaucoup plus abstraites et constructives caractérisent l'école viennoise.

Sécession *(guerre de)* [*Civil War*], conflit intérieur des États-Unis d'Amérique, qui, à propos de la question noire, opposa, de 1861 à 1865, une confédération d'États du Sud aux États du Nord et qui se termina par la victoire de ces derniers. L'élection à la présidence de l'antiesclavagiste Lincoln (1860) entraîne, à l'initiative de la Caroline du Sud, la « sécession » progressive de 11 États (sur les 34 que comptent les États-Unis), qui forment à Richmond une confédération dirigée par Jefferson Davis. Les sudistes (confédérés), commandés par Lee, prennent l'initiative et, après les succès de Richmond et de Fredericksburg, menacent Washington mais échouent à Gettysburg (1er-3 juill. 1863). Tandis que leur flotte, sous les ordres de Farragut, s'empare de La Nouvelle-Orléans, les nordistes, commandés par Grant, pénètrent à l'ouest dans la vallée du Mississippi ; ils s'emparent de Vicksburg (juill. 1863) et de Chattanooga (nov.), obtenant ainsi la rupture avec la confédération des États indécis situés à l'O. du Mississippi. Sherman, après avoir pris Atlanta, atteint l'Atlantique à Savannah et vainc Johnston à Bentonville. Les troupes de Grant enlèvent Petersburg (avr. 1865). Épuisé, Lee capitule le 9 avril à Appomattox, suivi, le 26, par Johnston à Durham. Le 15 avril, cinq jours après la fin du conflit, qui a fait 617 000 morts, Lincoln est assassiné par un sudiste.

SÉCESSIONNISME n. m. Attitude de qqn, d'un groupe qui fait sécession, qui préconise la sécession.

SÉCESSIONNISTE adj. et n. Qui fait sécession : *Les États sécessionnistes du Sud.*

SÉCHAGE n. m. **1.** Action de sécher ou de faire sécher : *Le séchage des cheveux.* — **2.** Traitement qui a pour but d'éliminer d'un corps, en totalité ou en partie, l'eau qui s'y trouve incorporée. (→ *encycl.*) — **3.** Passage de la couche de peinture de l'état liquide à l'état solide.

ENCYCL. Le séchage joue un rôle important dans de nombreuses industries. On opère par évaporation ou par vaporisation à l'aide, en général, d'un apport de chaleur. On distingue le séchage par convection, où la chaleur est transmise par l'intermédiaire d'un gaz chaud ou d'une vapeur qui entrent en contact avec le produit à sécher, le séchage par conduction, où le produit circule dans des récipients chauffés, et le séchage par rayonnement, utilisant la chaleur produite par des surfaces rayonnantes. Des techniques comme la lyophilisation et le séchage par micro-ondes complètent ces procédés.

1. SÈCHE n. f. (de *sec*). *Pop.* Cigarette.

2. SÈCHE n. f. (de *sécher*). Dessiccation subie par la viande depuis l'abattage des animaux jusqu'à la vente au détail.

SÈCHE-CHEVEUX n. m. inv. Appareil électrique soufflant de l'air chaud et qui sert à sécher les cheveux. (Syn. SÉCHOIR.)

SÈCHE-LINGE n. m. inv. Appareil électroménager permettant de sécher le linge grâce à un courant d'air chaud. (Syn. SÉCHOIR.)

SÈCHE-MAINS n. m. inv. Dispositif électrique mural soufflant de l'air chaud, destiné à se sécher les mains.

SÈCHEMENT adv. **1.** D'une façon dure, forte, brusque : *Démarrer sèchement.* — **2.** D'une façon brève et brutale : *Répliquer sèchement.* — **3.** Sans agrément, sans fantaisie : *Exposer sèchement ses arguments.*

SÉCHER v. t. (lat. *siccare,* de *siccus,* sec) [conj. **18**]. **1.** Rendre qqch sec en faisant évaporer l'eau ou le liquide qui l'imprègne ou qui recouvre sa surface : *Sécher ses vêtements devant le feu.* — **2.** Rendre qqch sec à l'excès : *Un été torride qui a séché la végétation.* — **3.** Soumettre une substance alimentaire à une dessiccation, à une déshydratation destinée à assurer sa conservation : *Sécher des raisins.* — **4.** Faire disparaître un liquide en l'absorbant, en l'étanchant, en l'essuyant, le faire évaporer : *Sécher la sueur de son visage avec son mouchoir.* — **5.** *Fam.* Manquer volontairement un cours, une réunion, etc. :

Sécher le lycée. — **6.** Litt. *Sécher les larmes de qqn,* le consoler.

◆ v. i. **1.** Devenir sec, ne plus être imbibé de liquide : *Des filets de pêche qui sèchent au soleil.* — **2.** Perdre de son eau, de son humidité : *Faire sécher des champignons.* — **3.** Disparaître par évaporation : *Les flaques d'eau ont séché au soleil.* — **4.** Durcir en parlant de peintures, de colles. — **5.** *Litt.* Languir, dépérir : *Sécher d'ennui.* — **6.** *Fam.* Être incapable de répondre à une interrogation, à une question : *Sécher en histoire.* — **7.** Fam. *Sécher sur pied,* s'ennuyer, se morfondre.

SÉCHERESSE n. f. (de *sec*). **1.** État, caractère de ce qui est sec : *La sécheresse du sol.* — **2.** Absence ou insuffisance de pluie pendant une certaine période : *Un déficit des récoltes dû à la sécheresse.* — **3.** Caractère d'un ouvrage de l'esprit (ou de son auteur) qui se distingue par sa sévérité, son manque d'agrément, de développement : *Sécheresse d'un style.* — **4.** Caractère de qqn qui est dénué de sensibilité, de chaleur, de sentiments généreux : *Montrer une grande sécheresse de cœur.* — **5.** Dureté d'exécution, défaut de moelleux d'une œuvre d'art.

SÉCHERIE n. f. **1.** Lieu où l'on met à sécher des matières humides, du poisson. — **2.** Ensemble des cylindres sécheurs d'une machine à papier ou à carton.

SÉCHEUR, EUSE adj. Qui assure un séchage.

◆ **sécheur** n. m. *Sécheur de vapeur,* dispositif éliminant les gouttelettes d'eau en suspension dans la vapeur ou en prévenant la formation.

SÉCHOIR n. m. **1.** Installation, appareil servant au séchage de diverses matières. — **2.** Dispositif constitué d'un ou plusieurs fils tendus servant à faire sécher le linge. — **3.** Syn. de SÈCHE-CHEVEUX et de SÈCHE-LINGE.

SECLIN (59113), ch.-l. de cant. du Nord, à 11 km au S. de Lille ; 12 325 hab. *(Seclinois).* Église du XIIIe s. sur crypte préromane. Hôpital du XVIIe s. (parties du XVe). Métallurgie.

SÉCLUSION n. f. (lat. *seclusum,* de *secludere,* séparer de). Adaptation physiologique par laquelle un animal ou une plante s'isole du milieu, empêchant passivement les actions défavorables de s'exercer sur lui.

ENCYCL. **Biol.** Le plus souvent, la séclusion est assurée par un tégument épais (carapace, écorce, fourrure, etc.). Certains animaux y ajoutent l'enroulement en boule (cloporte, glomeris, tatou, hérisson) ou la régulation thermique (mammifères, oiseaux).

SÉCODONTE adj. (du lat. *secare,* couper). *Denture sécodonte,* denture à molaires tranchantes, comme celle des mammifères carnivores.

SECOND, E [səgɔ̃, -ɔ̃d; səgɔ̃t, au masc, en liaison devant voyelle ou *h* muet] adj. num. ordin. et n. (lat. *secundus*). **1.** Qui vient après le premier dans une succession, un ensemble ordonné, une classification : *Le second volume paraîtra dans six mois. Monter au second (étage).* — **2.** Se dit de la deuxième division d'un ouvrage : *Chapitre second.* — **3.** Qui n'est pas premier dans sa catégorie : *Un homme politique de second plan.* — **4.** Qui est tout à fait semblable ou comparable à qqn ou à qqch d'autre, qui en apparaît comme un nouvel exemple, une nouvelle forme : *Être une seconde mère pour un orphelin.* — **5.** Se dit de qqn qui, dans une composition vocale ou instrumentale, exécute la plus basse des parties destinées à sa voix ou à son instrument (par ex. *second violon*). — **6.** Se dit d'une lettre portant en haut et à droite deux petits accents ("). — **7.** *État second,* dans un état anormal, où l'on cesse d'avoir la pleine conscience de ses actes ; trouble transitoire de la conscience caractérisé par la survenue d'une activité psychomotrice coordonnée apparaissant comme bizarre ou paradoxale. (Il est toujours suivi d'amnésie.) ‖ *Second capitaine* ou *second* (n. m.), capitaine au second rang d'un navire de commerce.

◆ **second** n. m. **1.** Collaborateur qui aide un responsable dans ses fonctions et le remplace éventuellement. — **2.** Second capitaine. — **3.** Officier qui vient après le commandant d'un navire de guerre et qui est chargé de le suppléer. (On dit aussi OFFICIER EN SECOND.) — **4.** *En second,* au second rang.

◆ **seconde** n. f. **1.** Deuxième catégorie dans certains moyens de transport en commun (train, bateau), moins chère que la première ; billet de cette classe. — **2.** Seconde vitesse d'une automobile. — **3.** La deuxième des cinq positions fondamentales de la danse académique. — **4.** Classe qui précède la 1re et correspond à la cinquième année de l'enseignement secondaire. — **5.** Intervalle de deux degrés dans l'échelle diatonique. (La seconde est *mineure* quand ces degrés sont distants d'un demi-ton et *majeure* quand ils le sont d'un ton.)

SECOND (Jan EVERAERTS, dit **Jean**), humaniste flamand (La Haye 1511 - Tournai 1536). Ses *Baisers,* petits poèmes érotiques en latin, furent souvent imités au XVIe s.

SECONDAIRE [-gɔ̃-] adj. (lat. *secundarius*). **1.** Qui n'occupe pas le premier rang dans un domaine donné, qui n'a qu'une importance de second ordre : *Une ville secondaire.* — **2.** Qui se produit dans un deuxième temps, comme conséquence de qqch, qui lui est subordonné : *Les effets secondaires de ces mesures.* • **Biol.** *Caractère sexuel secondaire,* différence entre les adultes mâle et femelle d'une espèce animale ne portant pas sur

l'appareil génital lui-même. (Lorsque de tels caractères sont très apparents, il y a dimorphisme sexuel.) — **Bours.** *Marché secondaire,* partie d'un marché financier où se négocient les titres préalablement souscrits (par oppos. à *marché primaire*). — **Bx-arts** et **Opt.** *Couleur secondaire,* syn. de COULEUR BINAIRE*. — **Chim.** Se dit d'un atome de carbone ne portant qu'un seul atome d'hydrogène ainsi que d'un alcool dont le groupement OH est fixé sur un tel atome de carbone. ‖ Se dit d'une amine ou d'un amide dont l'atome d'azote ne porte qu'un seul atome d'hydrogène. — **Écon.** *Secteur secondaire* ou *secondaire* (n. m.), ensemble des activités économiques correspondant à la transformation des matières premières en biens productifs ou en biens de consommation. — **Électron.** *Émission secondaire,* émission d'électrons sous l'action des chocs dus à un bombardement électronique. — **Enseign.** *Enseignement secondaire* ou *secondaire* (n. m.), enseignement des collèges et des lycées destiné aux enfants issus de l'enseignement primaire. — **Géol.** *Ère secondaire* ou *secondaire* (n. m.), syn. vieilli de MÉSOZOÏQUE. — **Mécan.** *Arbre secondaire,* dans une transmission, arbre intermédiaire entre l'arbre primaire et l'arbre de sortie du mouvement. — **Pathol.** *Hémorragie secondaire,* celle qui survient un certain temps après une blessure ou une opération ; hémorragie traumatique.
◆ n. m. Syn. de ENROULEMENT SECONDAIRE.

SECONDAIREMENT [-gɔ̃-] adv. D'une façon secondaire, accessoire.

SECONDARISER v. t. (conj. 3). Rendre secondaire, peu important.

1. SECONDE → SECOND.

2. SECONDE [səgɔ̃d] n. f. (lat. médiév. *minuta secunda,* minute, qui vient au second rang). **1.** Unité SI de mesure du temps (symb. s) équivalant à la durée de 9 192 631 770 périodes de la radiation correspondant à la transition entre les deux niveaux hyperfins de l'état fondamental de l'atome de césium 133. — **2.** Moment très court : *Une seconde, et je suis à vous.* — **3.** Unité de mesure d'angle ou d'arc (symb. ″) équivalant à la soixantième partie d'une minute.

SECONDEMENT [-gɔ̃-] adv. *Litt.* En second lieu, deuxièmement.

SECONDER [-gɔ̃-] v. t. (lat. *secundare*) [conj. 3]. **1.** Assister qqn dans sa tâche, être son collaborateur le plus proche : *Seconder un savant dans ses recherches.* — **2.** Appuyer qqn, son action, le favoriser : *Seconder les desseins d'un ambitieux.*

SECONDIGNY (79130), ch.-l. de cant. des Deux-Sèvres, sur le Thouet ; 1 952 hab. Église des XIe et XIIe s.

SECONDINE [-gɔ̃-] n. f. (bas lat. *secundina*). Tégument interne de l'ovule, puis de la graine.

SECOUEMENT n. m. Fait de secouer qqch.

SECOUER v. t. (anc. fr. *secourre,* du lat. *succutere,* agiter) [conj. 6]. **1.** Imprimer de brusques mouvements à qqch, à qqn : *Les cahots nous secouaient. Secouer le flacon avant de l'ouvrir.* — **2.** Agiter la tête, la main, les épaules, etc., vivement et de manière répétée en signe de qqch : *Il secoua la tête en signe de dénégation.* — **3.** Agiter vivement qqch pour le débarrasser de qqch (liquide, poussière, poudre, etc.) : *Secouer la salade.* — **4.** Sortir de son inaction en se libérant de sa paresse, de son indolence, de sa torpeur, etc. — **5.** Tenter de se libérer, de se débarrasser d'une autorité, d'un joug, de la routine, de préjugés, etc. — **6.** Causer à qqn un choc physique ou moral, ébranler son équilibre : *Un deuil qui secoue toute une famille.* — **7.** *Fam.* Mener qqn, le commander avec vivacité, rudesse ou le gronder pour l'inciter à agir, à travailler : *Secouer un élève.*
◆ **se secouer** v. pr. **1.** S'agiter, se remuer énergiquement pour se débarrasser d'une chose gênante : *Secouez-vous, vous êtes couvert de paille.* — **2.** *Fam.* Réagir contre le découragement, l'inertie.

SECOUEUR n. m. **1.** Crible incliné, oscillant à l'arrière de la moissonneuse-batteuse, qui extrait les derniers grains entraînés avec la paille sortant du batteur. — **2.** Appareil de fonderie permettant, par secousses, de briser les moules en sable et de les détacher de la pièce coulée.

SECOURABLE adj. (anc. fr. *secourre,* porter secours à). **1.** *Litt.* Qui est porté à secourir les autres : *Un homme secourable.* — **2.** *Main secourable,* aide, assistance.

SECOURIR v. t. (anc. fr. *secourre,* du lat. *succurrere,* avec l'infl. de *courir*) [conj. **45**]. **1.** Porter secours à qqn, un groupe, les aider à sortir du danger qui les menace : *Secourir des alpinistes en difficulté.* — **2.** Apporter une aide matérielle ou morale à qqn : *Secourir une personne dans la gêne.*

SECOURISME n. m. Ensemble des moyens pratiques et thérapeutiques simples mis en œuvre pour porter secours aux personnes en danger et leur donner les premiers soins.

SECOURISTE n. (de *secours*). **1.** Membre d'une organisation de secours pour les victimes d'un accident, d'une catastrophe. — **2.** Personne capable de pratiquer les gestes ou les méthodes du secourisme.

SECOURS n. m. (de *secourir*). **1.** Action de secourir qqn : *Appeler un ami à son secours.* — **2.** Aide financière, matérielle : *Elle a reçu un secours de ses parents.* — **3.** Renfort en hommes, en matériel pour porter assistance à qqn en danger : *Les premiers secours sont arrivés peu après l'accident.* — **4.** Soins donnés à un malade, un blessé, un accidenté dans un état critique : *Secours d'urgence aux noyés.* — **5.** Aide, moyen utile fourni par qqch : *Avec le secours du dictionnaire, j'ai pu comprendre.* — **6.** *Au secours !*, cri par lequel on demande à être secouru. ‖ *De secours,* qui est destiné à servir en cas de nécessité, en remplacement de qqch : *Une roue de secours ;* se dit d'une issue destinée à n'être utilisée qu'en cas de danger : *Sortie de secours.* • **Ch. de f.** *Train de secours,* train maintenu prêt à partir en permanence et utilisé, en cas d'accident ou d'incident, pour le dégagement des voies et le relevage du matériel. — **Dr.** Aide subsidiaire et exceptionnelle accordée après enquête à une personne ou à une famille dans le besoin par une caisse d'allocations familiales. — **Relig.** *Chapelle de secours,* chapelle qui, dans une paroisse en extension, double l'église paroissiale, trop éloignée ou de dimensions insuffisantes.

Secours catholique, organisation caritative créée en 1946, qui a pour but de lutter contre la pauvreté et d'organiser des secours d'urgence en cas de catastrophe.

Secours populaire français (S. P. F.), association de solidarité créée en 1945 (issue du Secours populaire de France et des colonies, fondé en 1936). Son action humanitaire s'exerce en France et dans le monde.

SECOUSSE n. f. (anc. fr. *secous,* de *secourre,* secouer). **1.** Ébranlement qui affecte un corps, dû en partic. à un choc, à un effort exercé brusquement, etc. : *Secousses dues aux inégalités du terrain.* — **2.** *Secousse (sismique, tellurique),* chacune des oscillations du sol dans un tremblement de terre. — **3.** Effet, plus ou moins profond et durable, d'un événement pénible sur l'équilibre psychique : *Toutes ces secousses ont fini par ébranler sa santé.* — **4.** Perturbation, politique, économique, sociale, qui affecte une collectivité : *Pays en proie à de continuelles secousses politiques.* — **5.** Pop. *Ne pas en ficher une secousse,* ne rien faire, être très paresseux.

SECRET, ÈTE adj. (lat. *secretus*). **1.** Qui n'est connu que d'un très petit nombre de personnes et ne doit pas être divulgué aux autres : *Dossier secret.* — **2.** Qui est fait, mené sans que personne d'autre ne le sache : *Un rendez-vous secret.* — **3.** Qui est le fait d'un petit nombre et qui est impénétrable à cause du mystère dont on l'entoure : *Code secret.* — **4.** Qui est soigneusement dissimulé aux regards : *Un escalier secret.* — **5.** Qui demeure intime, qu'on ne découvre pas facilement : *Conserver le secret espoir d'une réussite.* — **6.** Qui est caché au plus profond de qqch, de qqn : *Le sens secret de la vie.* — **7.** *Litt.* Qui n'est pas porté aux confidences, qui dissimule ses actions : *C'est un homme secret.* — **8.** Vx. *Police secrète* ou *secrète* (n. f.), ensemble de policiers en civil.

◆ **secret** n. m. **1.** Ce qui doit être tenu caché : *Confier un secret à un ami.* — **2.** Discrétion, silence qui entoure qqch : *Promettre le secret absolu sur une affaire.* — **3.** Ce qui est caché, mystérieux ou réservé aux initiés : *Les secrets de la nature.* — **4.** Ce qui est tenu caché dans qqch : *Nous avions réussi à percer le secret du souterrain.* — **5.** Moyen caché, peu connu ou difficile à acquérir pour réussir qqch : *le secret du bonheur.* — **6.** Mécanisme caché, combinaison dont la connaissance est nécessaire pour faire fonctionner qqch : *Une serrure à secret.* — **7.** *Dans le secret de son cœur,* dans son for intérieur. ‖ *En secret,* secrètement, sans témoins. ‖ *Être dans le secret,* dans la confidence. ‖ *Mettre qqn au secret,* l'emprisonner en le privant de toute communication avec l'extérieur. ‖ *Meuble à secret,* meuble à cachettes ou à tiroirs dissimulés. (Nombreux exemples à partir du XVIe s., parfois avec ressorts d'horlogerie.) ‖ *Ne pas avoir de secret pour qqn,* ne rien lui cacher ; être connu parfaitement de lui. ‖ *Secret de fabrique,* procédé de fabrication original, protégé ou non par un brevet et mis au point par une entreprise industrielle. ‖ *Secret professionnel,* silence, discrétion auxquels sont tenues quelques professions sur l'état ou la vie privée de leurs clients. ‖ *Secret du roi,* organisme diplomatique parallèle créé par Louis XV en 1743 pour s'informer et agir à l'insu de ses ministres grâce à des agents officieux.

◆ **secrète** n. f. Ancien nom de la prière qui termine l'offertoire et qui se disait à voix basse.

SECRETA [sekreta] n. m. pl. (lat. *secreta,* pl. de *secretum,* de *secernere,* éliminer). Ensemble des produits de sécrétion utiles élaborés par les glandes, par oppos. aux produits d'excrétion, ou *excreta.*

SECRÉTAIRE n. (bas lat. *secretarius*). **1.** Employé chargé de sténographier et de dactylographier du courrier, de rédiger des lettres, de classer la correspondance. — **2.** Personne qui met par écrit les délibérations d'une assemblée, qui est chargée de son organisation, de son fonctionnement : *Secrétaire de séance.* — **3.** *Secrétaire de rédaction,* rédacteur chargé, dans un journal, une maison d'édition, de coordonner les activités rédactionnelles. • **Cin.** et **Télév.** *Secrétaire de plateau,* syn. de SCRIPTE. — **Dr.** *Secrétaire d'administration,* fonctionnaire qui remplit les fonctions de rédacteur dans une administration. ‖ *Secrétaire d'ambassade,* agent diplomatique se situant hiérarchiquement entre l'attaché d'ambassade et le conseiller d'ambassade. ‖ *Secré-*

taire du comité d'entreprise, membre du comité d'entreprise élu par ce dernier, chargé de coordonner les actions du comité d'entreprise, dont il est responsable devant la direction de l'entreprise. (Il arrête conjointement avec le président du comité d'entreprise [chef d'entreprise] l'ordre du jour des réunions du C. E. et en rédige le procès-verbal.) ‖ *Secrétaire général de l'O. N. U.,* directeur du Secrétariat général de l'O. N. U., nommé par l'Assemblée générale sur recommandation du Conseil de sécurité pour une durée de 5 ans. ‖ *Secrétaire de mairie,* personne qui assure dans une mairie et sous l'autorité du maire certaines tâches administratives. — **Écon.** *Secrétaire général,* dans une entreprise, cadre supérieur qui assiste la direction générale en matière juridique ou administrative. — **Hist.** *Secrétaire d'État,* en France, sous l'Ancien Régime, officier chargé de diriger un département ministériel. — **Polit.** *Secrétaire des débats,* fonctionnaire de l'Assemblée nationale, du Sénat chargé de rédiger le compte-rendu analytique des séances de l'assemblée à laquelle il est rattaché. ‖ *Secrétaire d'État,* en France, membre du gouvernement, généralement placé sous l'autorité d'un ministre ou du Premier ministre et qui agit sur délégation ; aux États-Unis, ministre des Affaires étrangères ; en Grande-Bretagne, titulaire de certains postes ministériels. ‖ *Secrétaire général,* haut fonctionnaire qui remplit des fonctions de coordination entre les divers services d'un département ministériel qui sont placés sous ses ordres ; dirigeant de certains partis politiques (*premier secrétaire* dans d'autres partis) ou de certains syndicats. ‖ *Secrétaire général de l'Assemblée nationale, du Sénat,* fonctionnaire placé sous l'autorité du bureau de l'Assemblée, qui a la direction effective des services de celle-ci et qui assiste le président en séance. ‖ *Secrétaire général du gouvernement,* haut fonctionnaire responsable du secrétariat général du gouvernement. ‖ *Secrétaire général de la présidence de la République,* haut fonctionnaire nommé par le chef de l'État, responsable du secrétariat général de la présidence de la République. — **Relig.** *Secrétaire d'État,* cardinal qui remplit en fait, auprès du pape, le rôle de Premier ministre.

◆ n. m. **1.** Meuble formant table à écrire (panneau rabattable ou surface fixe), muni de tiroirs et de casiers de rangement. (Divers types, remontant à l'époque Louis XV : secrétaire en armoire ou à abattant ; secrétaire en dos d'âne ou en pente [pour dames surtout], secrétaire ou bureau à cylindre.) — **2.** Syn. de SERPENTAIRE.

SECRÉTAIRE-GREFFIER n. m. (pl. *secrétaires-greffiers*). Fonctionnaire assistant le secrétaire-greffier en chef, qui dirige le secrétariat-greffe d'un tribunal administratif.

SECRÉTAIRERIE n. f. (de *secrétaire*). *Secrétairerie d'État,* organisme central de l'administration de l'Église catholique, dirigé par le cardinal secrétaire d'État.

SECRÉTAN (Charles), philosophe suisse (Lausanne 1815 - *id.* 1895). La liberté personnelle et la solidarité sont pour lui les clés de la question sociale (*la Philosophie de la liberté,* 1848-49 ; *Théologie et religion,* 1883).

SECRÉTARIAT n. m. **1.** Emploi, fonction de secrétaire. — **2.** Métier de secrétaire : *Apprendre le secrétariat.* — **3.** Bureau où un ou plusieurs secrétaires travaillent à des écritures, des expéditions, des enregistrements, des classements. — **4.** Ensemble des tâches concernant la gestion, l'organisation de qqch. — **5.** *Secrétariat d'État,* ensemble des services dirigés par un secrétaire d'État. ‖ *Secrétariat général du gouvernement,* organe placé auprès du chef du gouvernement ou du Premier ministre, chargé de la préparation et du secrétariat des conseils ministériels et de la coordination de l'action gouvernementale. ‖ *Secrétariat général de l'O. N. U.,* organe administratif des Nations unies dirigé par le secrétaire général. ‖ *Secrétariat général de la présidence de la République,* organe chargé, concurremment avec le secrétariat général du gouvernement, de la préparation et du secrétariat des conseils ministériels et de la liaison entre la présidence de la République et l'ensemble des pouvoirs publics.

SECRÉTARIAT-GREFFE n. m. (pl. *secrétariats-greffes*). Ensemble des services administratifs d'une juridiction de l'ordre judiciaire (à l'exception du tribunal de commerce) chargés notamment de la conservation des minutes et de la délivrance des expéditions de jugement, de la tenue du casier judiciaire, etc. ; ensemble des services administratifs d'un tribunal administratif.

SECRÈTE → SECRET.

SECRÈTEMENT adv. **1.** De façon secrète, cachée : *Vendre secrètement ses bijoux.* — **2.** Sans rien exprimer, sans manifestation extérieure : *Désirer secrètement le départ de quelqu'un.*

SÉCRÉTER v. t. (de *sécrétion*) [conj. **18**]. **1.** Produire par sécrétion. — **2.** *Litt.* Produire naturellement qqch sans apport extérieur : *Cet appartement sécrète l'ennui.*

SÉCRÉTEUR, TEUSE ou **TRICE** adj. (de *sécrétion*). **1.** Se dit des organes, des tissus qui produisent une sécrétion. (Chez les plantes, les organes sécréteurs sont divers : cellules isolées, poils, poches ou canaux, tubes ou laticifères, nectaires des fleurs, glandes digestives des plantes carnivores. — **2.** Se dit d'un sujet dont la salive contient, quel que soit le groupe érythrocytaire

ABO, de la substance H salivaire et, pour les sujets des groupes A, B et AB, respectivement l'antigène A, l'antigène B et les antigènes A et B. (Cette propriété est observée chez 80 % des sujets de race blanche et se transmet sur le mode dominant ; les 20 % restants sont appelés *non-sécréteurs.*)

SÉCRÉTINE n. f. Hormone qui se forme dans la muqueuse duodénale au moment où celle-ci entre en contact avec le chyme acide. (Elle excite la sécrétion du suc pancréatique et, accessoirement, de la bile et du suc intestinal.)

SÉCRÉTION n. f. (lat. *secretio,* de *secernere,* séparer). **1.** Opération par laquelle les cellules, spécialement les éléments des épithéliums glandulaires, élaborent des matériaux qui sont évacués, par un canal excréteur, vers un autre organe ou vers l'extérieur *(sécrétion externe* ou *exocrine),* ou déversés directement dans le sang *(sécrétion interne* ou *endocrine).* — **2.** Substance ainsi élaborée. — **3.** Produit qui s'accumule dans les cellules des plantes et reste sans emploi. (Les principaux produits accumulés sont les huiles essentielles, la résine, les gommes, tanins, alcaloïdes, hétérosides, le latex, les raphides. Les végétaux élaborent en outre des hormones, les auxines.)

SÉCRÉTOIRE adj. Relatif à la sécrétion.

SECTAIRE n. (de *secte*). *Vx.* Adepte d'une doctrine religieuse ou philosophique, et, en partic., membre d'une secte, d'une fraction dissidente d'une religion.

◆ adj. et n. Se dit de qqn qui, par intolérance ou étroitesse d'esprit, se refuse à admettre les opinions différentes de celles qu'il professe : *Une attitude de sectaire.*

◆ adj. Qui dénote du sectarisme : *Un enseignement sectaire.*

SECTARISME n. m. Attitude intransigeante de partisans intolérants d'une opinion, d'un parti.

SECTATEUR, TRICE n. (lat. *sectator*). **1.** *Litt.* Partisan déclaré de la doctrine, des opinions de qqn : *Les sectateurs de Platon.* — **2.** Membre d'une secte.

SECTE n. f. (lat. *secta,* de *sequi,* suivre). **1.** Ensemble de personnes professant une même doctrine (philosophique, religieuse, etc.) : *La secte d'Épicure.* — **2.** Groupement religieux, clos sur lui-même et créé en opposition à des idées et à des pratiques religieuses dominantes. (→ *encycl.*) — **3.** Clan constitué par des personnes ayant la même idéologie : *Ce petit groupe constituait une secte à l'intérieur du parti.*

ENCYCL. Les sectes se sont multipliées à l'époque contemporaine. On peut citer parmi les plus influentes : l'Association internationale pour la conscience de Kriṣṇa (fondée par A. C. Bhaktivedanta en Inde) ; l'Association pour l'unification du christianisme mondial, fondée par le Coréen Sun Myung Moon ; l'Église de Jésus-Christ des saints des derniers jours, ou Mormons (New York, 1830) ; l'Église de scientologie (Californie, 1954) ; les Témoins de Jéhovah, etc. Parmi les caractéristiques communes aux sectes, on peut relever : un leader charismatique ; un endoctrinement intensif ; un besoin de communication, d'absolu, de don de soi, de points de repère, de dépaysement qui expliquent la fascination que les sectes exercent aujourd'hui (notamment sur les jeunes).

SECTEUR n. m. (lat. *sector,* de *secare,* diviser). **1.** Domaine défini d'activité économique, sociale dans un État, une organisation, une institution : *Le secteur de l'élevage.* — **2.** Subdivision d'un domaine d'activité : *Le secteur des ventes.* — **3.** Division d'un espace par rapport à une activité quelconque : *Pour la prospection de la clientèle, chacun a son secteur bien défini.* — **4.** *Fam.* Endroit quelconque : *Qu'est-ce que tu fais dans le secteur ?* • **Écon.** Division des activités économiques qui tient compte de la nature de l'activité ou des biens produits. (On distingue les secteurs primaire, secondaire, tertiaire.) ‖ Division de l'activité économique nationale sur la base de la propriété des entreprises. (Secteurs privé, public, semi-public.) — **Électr.** Subdivision d'un réseau de distribution électrique. — **Mar.** Subdivision militaire d'une région maritime. — **Math.** Syn. de SECTEUR ANGULAIRE* ‖ *Angle de secteur,* classe d'équivalence qui contient tous les secteurs angulaires liés par la relation « est isométrique à ». ‖ *Secteur sphérique,* partie d'un

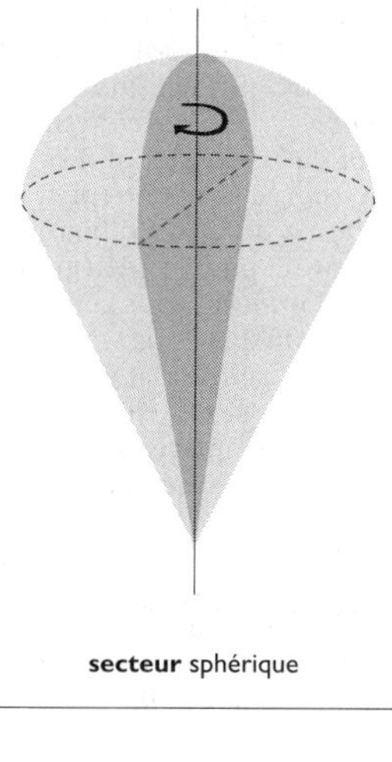

secteur sphérique

espace engendrée par la rotation d'un secteur de disque, par exemple autour de son axe de symétrie. — **Mil.** Zone d'action, dans le combat défensif, ou circonscription territoriale confiée à une grande unité (secteur de division, de corps d'armée, par ex.). ‖ *Secteur défensif, fortifié,* circonscription territoriale aménagée dès le temps de paix en vue de la défense des frontières. — **Relig.** Groupe de paroisses. ‖ *Responsable de secteur,* depuis Vatican II, nom donné au curé. — **Urban.** et **Dr.** Subdivision d'une zone. ‖ *Secteur sauvegardé,* quartier de ville dont le caractère historique ou esthétique justifie la conservation, la restauration et la mise en valeur.

SECTION n. f. (lat. *sectio,* de *secare,* couper). **1.** Action de couper ; fait d'être coupé : *La section accidentelle de la moelle épinière.* — **2.** Forme, surface, diamètre, dimension d'une coupe plane transversale, réelle ou imaginaire, d'un objet : *Un tube de 12 mm de section.* — **3.** Division ou subdivision d'un ouvrage écrit : *Un traité comprenant plusieurs sections.* — **4.** Partie d'une voie de communication : *Une section d'autoroute en réparation.* — **5.** Division du parcours d'une ligne d'autobus, servant de base au calcul du prix d'un trajet : *Un trajet urbain de quatre sections.* — **6.** Partie d'un ensemble quelconque que l'on a divisé, notamment pour les besoins de l'administration, du classement : *Les sections d'une bibliothèque.* — **7.** Groupe local d'adhérents d'un parti, d'un syndicat, constituant une subdivision de celui-ci : *Une réunion de section.* • **Ch. de f.** À la S. N. C. F., établissement de la fonction équipement comprenant un certain nombre de districts. — **Dr.** Subdivision d'une chambre d'un tribunal ou d'une cour. ‖ Nom de certaines divisions administratives d'une commune, érigée en personne morale possédant et gérant les biens affectés à l'utilité collective de ses habitants. ‖ *Section du Conseil d'État,* formation administrative ou juridictionnelle du Conseil d'État. ‖ *Section syndicale d'entreprise,* ensemble des membres du personnel affiliés à un même syndicat au sein d'une entreprise. (Créée en 1968, la section a un crédit d'heures alloué, sur le temps de travail, pour ses délégués syndicaux, peut disposer d'un local dans certaines entreprises, a le droit d'affichage sur ses panneaux, etc.) — **Hist.** *Sections parisiennes,* à Paris, sous la Révolution, subdivisions électorales, créées le 21 mai 1790 pour remplacer les anciens districts. (Elles devinrent des centres d'agitation des sans-culottes et furent à l'origine de la journée du 10 août 1792. Elles ont disparu sous le Directoire.) — **Hydrol.** *Section mouillée,* coupe en travers d'un cours d'eau. — **Math.** Action de couper un volume par un plan ; figure résultant de cette action. ‖ *Section droite,* section d'un cube ou d'un prisme par un plan perpendiculaire à une arête, ou d'un cylindre par un plan perpendiculaire à une génératrice. ‖ *Section rectiligne d'un dièdre,* section d'un dièdre par un plan orthogonal à son arête. — **Mil.** Petite unité élémentaire constitutive de la batterie dans l'artillerie, de la compagnie dans l'armée de l'air, l'infanterie, le génie, les transmissions et la plupart des services. (La section est commandée par un lieutenant.) ‖ *Section d'état-major,* élément d'un bureau d'état-major. ‖ *Section spéciale,* unité disciplinaire où étaient affectés, jusqu'en 1972, les insoumis et les militaires gravement punis. — **Mus.** *Section rythmique,* en jazz, ensemble des instruments (piano, guitare, contrebasse, batterie) qui font entendre la ligne harmonique d'un thème et marquent les temps de la mesure. — **Navig.** *Section mouillée,* surface, dans un plan vertical, de la tranche d'eau comprise entre le plafond et le niveau de la retenue normale du chenal d'une voie navigable. — **Phys.** *Section efficace,* grandeur, ayant les dimensions d'une aire, permettant de calculer la probabilité des interactions d'un type donné entre particules, ou entre particules et noyaux. (L'unité utilisée en pratique est le *barn* qui vaut 10^{-24} cm^2.) [→ *encycl.*]

ENCYCL. **Nucl.** À chaque type d'interaction entre un neutron et un noyau d'atome correspond une *section efficace* dont la valeur dépend de la nature du noyau et de l'énergie (ou de la vitesse) du neutron. L'intérêt essentiel des sections efficaces est de permettre de prévoir le nombre d'interactions d'un type donné entre les neutrons et les noyaux présents dans un milieu donné.

SECTIONNEMENT n. m. **1.** Action de sectionner ; fait d'être sectionné. — **2.** Division de la caténaire en portions pouvant être isolées électriquement les unes des autres ; dispositif assurant cette division.

SECTIONNER v. t. (conj. 3). **1.** Couper qqch net, le trancher en deux, surtout de façon accidentelle : *La machine lui a sectionné le bras.* — **2.** Diviser certaines choses en sections, en plusieurs éléments distincts : *Sectionner une circonscription électorale en deux.*

SECTIONNEUR n. m. **1.** Appareil mécanique de connexion électrique qui assure, en position d'ouverture, une distance d'isolement entre contacts satisfaisant à des conditions spécifiées. — **2.** *Sectionneur de terre,* appareil mécanique de connexion utilisé pour mettre à la terre des parties d'un circuit électrique.

SECTORIEL, ELLE adj. Relatif à un secteur d'activité déterminé.

SECTORISATION n. f. (de *secteur*). Division en secteurs géographiques, en particulier dans le domaine administratif.

SECTORISER v. t. (de *sectorisation*) [conj. 3]. Procéder à la sectorisation.

SÉCULAIRE adj. (lat. *saecularis*). **1.** Qui a lieu tous les cent ans : *Jubilé séculaire.* — **2.** Qui date d'un ou de plusieurs siècles : *Un chêne séculaire.* — **3.** Qui est très ancien, qui existe depuis un temps immémorial : *Préjugé séculaire.* — **4.** Se dit de variations astronomiques à très longues périodes. — **5.** *Année séculaire,* année qui finit un siècle. ‖ *Jeux séculaires,* jeux publics que l'on célébrait à Rome une fois par *saeculum* (110 ans). (Ils furent en réalité célébrés en 249 et 17 av. J.-C. et en 46, 87, 147, 204, et 248 apr. J.-C.)

SÉCULAIREMENT adv. *Litt.* Depuis des siècles, depuis très longtemps.

SÉCULARISATION n. f. **1.** Passage de certaines valeurs du domaine du sacré dans le domaine du profane. — **2.** Retour à la vie laïque, avec indult de l'autorité compétente, d'un clerc ou d'un religieux. — **3.** Passage d'un religieux dans le clergé séculier. — **4.** Transfert à l'État des biens ecclésiastiques ou exercice par l'État de fonctions précédemment réservées au clergé (état civil, assistance publique, enseignement).

SÉCULARISER v. t. (de *séculier,* d'apr. le bas lat. *saecularis,* du siècle) [conj. 3]. Procéder à la sécularisation de qqch ou de qqn.

SÉCULIER, ÈRE adj. (bas lat. *saecularis*). **1.** Se dit d'un prêtre qui n'appartient à aucun ordre ou institut religieux. — **2.** Se disait de la justice laïque, temporelle. — **3.** *Bras séculier,* puissance de la justice laïque temporelle. ‖ *Institut séculier,* association religieuse dont les membres tendent à l'état de perfection, mais ne sont pas dans la situation canonique des ordres religieux et des congrégations religieuses.
◆ **séculier** n. m. Laïque ou prêtre séculier.

SECUNDO [səgɔ̃do] adv. (lat. *secundo,* de *secundus,* second). Secondement, en deuxième lieu. (Désigne le deuxième article d'une série commençant par *primo.*)

SÉCURISANT, E adj. Qui procure un sentiment de sécurité : *Un milieu sécurisant.*

SÉCURISATION n. f. Action de sécuriser ; fait d'être sécurisé.

SÉCURISER v. t. (de *sécurité*) [conj. 3]. **1.** Donner une impression de sécurité, de tranquillité, de confiance en soi : *Des malades qu'il faut avant tout sécuriser.* — **2.** Donner à qqch de la sécurité, de la stabilité : *Sécuriser l'emploi.*

SECURIT n. m. (n. déposé). Verre de sécurité obtenu par trempe.

SÉCURITAIRE adj. Qui est en rapport avec la sécurité publique : *L'idéologie sécuritaire.*

SÉCURITÉ n. f. (lat. *securitas*). **1.** Situation dans laquelle qqn, qqch n'est exposé à aucun danger, à aucun risque, en partic. d'agression physique, d'accidents, de vol, de détérioration : *Cette installation présente une sécurité totale.* — **2.** Situation de qqn qui se sent à l'abri du danger, qui est rassuré. — **3.** Absence ou limitation des risques dans un domaine précis : *Ils recherchaient la sécurité matérielle.* — **4.** *De sécurité,* destiné à prévenir un accident ou un événement dommageable ou à en limiter les effets : *Ceinture de sécurité. Marge de sécurité.* • **Arm.** Dispositif du mécanisme d'une arme à feu, interdisant tout départ intempestif du coup. — **Déf.** *Sécurité civile,* nom donné, depuis 1975, à la *protection civile,* c'est-à-dire à l'ensemble des mesures de prévention et de secours que requiert, en toutes circonstances, la sauvegarde des populations. (En France, tous ces problèmes relèvent du ministre de l'Intérieur.) [→ *encycl.*] — **Dr.** *Direction centrale de la sécurité publique,* direction de la police nationale qui est en liaison avec les services départementaux et municipaux de police et assure les communications avec l'état-major des Compagnies républicaines de sécurité (Nouvelle dénomination : *Direction des polices urbaines*). ‖ *Sécurité sociale,* ensemble des mesures législatives et administratives qui ont pour objet de garantir les individus et les familles contre certains risques, appelés risques sociaux ; ensemble des organismes administratifs chargés d'appliquer ces mesures. (Dans ce sens, Sécurité prend une majuscule.) [→ *encycl.*] ‖ *Sécurité publique,* élément de l'ordre public. ‖ *Sécurité routière,* ensemble des règles et des services visant à la protection des usagers de la route. — **Éclair.** *Éclairage de sécurité,* éclairage d'un local destiné à permettre l'évacuation des occupants et l'exécution de manœuvres de sécurité lorsque l'éclairage normal est défaillant. — **Mar.** *Officier de sécurité,* officier d'un navire de commerce chargé spécialement de la lutte contre l'incendie. — **Matér.** Propriété qu'a une structure de résister aux sollicitations auxquelles le concepteur a prévu qu'elle pourra être soumise. — **Nucl.** *Sécurité nucléaire,* protection des personnes et des biens contre les dangers, nuisances et gênes de toute nature, résultant de la création, du fonctionnement et de l'arrêt des installations nucléaires fixes ou mobiles, ainsi que de la conservation, du transport, de l'utilisation ou de la transformation des substances radioactives naturelles ou artificielles ; ensemble des mesures qui visent à assurer cette protection. (La *sûreté nucléaire* est le domaine de la sécurité nucléaire qui concerne les installations nucléaires.) — **Pyrotechn.** *Explosif* *de sécurité,* explosif dont le tir, dans les mines de charbon grisouteuses, ne risque pas de provoquer un coup de grisou ou un coup de poussières. (Syn. EXPLOSIF ANTIGRISOUTEUX.) — **Verr.** *Verre de sécurité,* verre qui ne doit pas provoquer de coupures graves en cas de bris. (On distingue le verre feuilleté et le verre trempé.)

ENCYCL. **Déf.** Pour assurer les missions de prévention (recherche des causes d'accidents, études des matériaux), de réglementation (sécurité des immeubles), d'instruction (pompiers, bénévoles, secouristes, etc.) et d'information, la *sécurité civile* dispose de services et de moyens nationaux :

1° un *état-major* qui peut en permanence organiser et coordonner à l'échelon national les opérations de secours ;

2° un *Institut national d'études de la sécurité civile ;*

3° un *service de l'alerte,* chargé en temps de conflit d'alerter les autorités et la population en cas de danger aérien ou de risque provoqué par une attaque nucléaire, biologique ou chimique ;

4° un *groupement aérien* (hélicoptères et bombardiers d'eau) ;

5° un *service de déminage.*

L'organisation des secours, essentiellement départementale, relève du préfet. (→ ORSEC ; POLMAR.)

— **Dr.** Le système français de *sécurité sociale* est issu d'une ordonnance du 4 oct. 1945 instituant un régime de protection sociale commun à toute la population (généralisation) et géré par un service public unique (unité). Il regroupe les risques sociaux en quatre branches : l'assurance maladie, maternité, invalidité, décès ; l'assurance accidents du travail ; l'assurance vieillesse (à laquelle s'ajoute, depuis la loi du 17 juil. 1980, l'assurance veuvage) et les prestations familiales. Il s'articule en plusieurs catégories de régimes, chacun correspondant à une population déterminée. Le *régime général,* le plus important, regroupe salariés et assimilés (travailleurs à domicile ; V. R. P. ; etc.) ainsi que diverses catégories sociales, le plus souvent pour un risque déterminé. Il existe aussi de nombreux régimes spéciaux de salariés propres à certaines prestations. La protection des agriculteurs est assurée par la Mutualité sociale agricole dans le cadre du régime des salariés agricoles, semblables au régime général, et du régime des exploitants. Les membres des professions non salariées non agricoles sont rattachés au régime général pour les prestations familiales mais couverts, pour l'assurance vieillesse, par des régimes autonomes créés en 1948, gérés par des caisses de base, locales ou professionnelles.

L'organisation du régime général est fondée sur la distinction des branches d'assurance : la gestion des assurances maladie et accidents de travail est assurée par les caisses primaires d'assurance maladie (C. P. A. M.) et les caisses régionales d'assurance maladie (C. R. A. M.), sous l'autorité de la Caisse nationale d'assurance maladie (C. N. A. M.). L'assurance vieillesse est gérée par la Caisse nationale d'assurance vieillesse (C. N. A. V.) ; en pratique, celle-ci a délégué certaines de ses attributions aux C. R. A. M., dans un souci de rapprochement des assurés. Les prestations familiales sont du ressort des caisses d'allocations familiales (C. A. F.) et, sur le plan national, de la Caisse nationale d'allocations familiales (C. N. A. F.). Le recouvrement des cotisations est de la compétence des unions de recouvrement des cotisations de sécurité sociale et d'allocations familiales (U. R. S. S. A. F), sous le contrôle de l'Agence centrale des organismes de sécurité sociale (A. C. O. S. S.). Enfin, une Union des caisses nationales de sécurité sociale (U. C. A. N. S. S.) a été créée en 1968 pour la gestion des personnels et la formation professionnelle.

Les caisses sont des organismes autonomes placés sous la tutelle de l'État.

L'organisation financière du système français repose sur des cotisations assises soit sur le salaire, et réparties entre l'employeur et le salarié, soit sur le revenu. Les cotisations afférentes à certains risques sont assises dans la limite d'un plafond annuel. Sauf en matière d'accidents de travail, les cotisations sont indépendantes de la valeur du risque, conformément au principe de solidarité.

sécurité extérieure *(Direction générale de la)* **[D. G. S. E.],** appellation, depuis avril 1982, de l'organisme chargé de rechercher et d'exploiter les renseignements intéressant la sécurité de la France, ainsi que de détecter et d'entraver, hors du territoire national, les activités d'espionnage dirigées contre les intérêts français.

SEDAINE (Michel Jean), auteur dramatique français (Paris 1719 - *id.* 1797). Librettiste à succès pour l'Opéra-Comique (*Rose et Colas,* 1764), il reste connu grâce au *Philosophe* sans le savoir* (1765), chef-d'œuvre de la « comédie sérieuse », et à *la Gageure imprévue* (1768). [Acad. fr., 1786.]

SEDAN (08200), ch.-l. d'arrond. des Ardennes, sur la Meuse ; 22 407 hab. *(Sedanais).* Vaste forteresse des XVe-XVIIe s. (musée). Centre industriel (matières plastiques).

— **Hist.** Sedan fut incorporée au domaine royal sous Charles V. Foyer de protestantisme, elle abrita une Académie calviniste renommée.

Sedan *(bataille de)* [1er sept. 1870], défaite des troupes françaises par les Prussiens qui entraîna la capture et la chute de Napoléon III, la proclamation de la république à Paris, et termina la première phase du conflit. (→ *guerre* FRANCO-ALLEMANDE.)

Sedan *(percée de)* [13 mai 1940], rupture des positions françaises sur la Meuse, effectuée par la Wehrmacht de part et d'autre de Sedan. L'exploitation de cette brèche ouvrit la porte de la Manche aux blindés allemands. (→ *campagne de* FRANCE.)

SÉDANGS, population proto-indochinoise des hauts plateaux du nord de la chaîne annamite (Viêt-nam).

SÉDATIF, IVE adj. et n. m. (lat. médiév. *sedativus,* du lat. class. *sedare,* calmer). Se dit de toute substance capable de modérer l'activité d'un organe, de supprimer des réactions réflexes, de calmer la douleur ou de diminuer l'anxiété et de combattre l'insomnie.

SÉDATION n. f. (lat. *sedatio*). Atténuation ou disparition des manifestations pathologiques au moyen d'un sédatif.

SÉDÉCIAS († Babylone 586 av. J.-C.), dernier roi de Juda (597-587 av. J.-C.). Il fut déporté à Babylone par Nabuchodonosor, qui lui fit crever les yeux.

SÉDENTAIRE adj. et n. (lat. *sedentarius,* de *sedere,* être assis). **1.** Dont la profession n'exige pas de déplacements fréquents hors du lieu où elle s'exerce : *Les employés de bureau constituent un personnel sédentaire.* — **2.** Qui reste le plus souvent à son domicile, sort peu : *L'âge et la maladie l'ont rendu sédentaire.* — **3.** Dont l'habitat est fixe (par oppos. à *nomade*).

◆ adj. Qui n'entraîne pas de déplacements : *Un métier sédentaire.*

◆ n. f. Annélide polychète vivant fixée dans un tube : cirratules, arénicoles, hermelles, térébelles, sabelles et serpules.

SÉDENTARISATION n. f. Fait de se sédentariser, d'être sédentarisé.

SÉDENTARISER v. t. (conj. 3). Rendre sédentaire, fixer en un lieu une population nomade.

SÉDENTARITÉ n. f. Situation de qqn, d'une activité, d'une existence sédentaire.

SEDIA GESTATORIA [sedjaʒɛs-] n. f. (mots ital. signif. *chaise à porteurs*). Fauteuil monté sur un brancard à quatre bras, sur lequel, en des circonstances solennelles, était porté le souverain pontife.

SÉDIMENT n. m. (lat. *sedimentum,* de *sedimen,* dépôt). **1.** En géologie, dépôt laissé par l'eau ou le vent. — **2.** En chimie, dépôt formé lors d'une sédimentation. — **3.** Dépôt formé par la précipitation des matières contenues en suspension dans un liquide organique, et spécialement dans l'urine. — **4.** Boue solide ou semi-solide en suspension dans certains pétroles bruts, et qui se dépose dans les réservoirs de stockage.

SÉDIMENTAIRE adj. **1.** Qui a le caractère d'un sédiment, qui résulte d'une sédimentation. — **2.** *Roche sédimentaire,* roche formée par le dépôt plus ou moins continu de matériaux prélevés sur les continents après altération des roches préexistantes et transport par des agents mécaniques externes (eau ou vent). [Syn. ROCHE EXOGÈNE.]

ENCYCL. Les *roches sédimentaires* recouvrent 75 % de la surface de la croûte terrestre, mais n'en forment que 5 % du volume total. Le sédiment déposé devient une roche sédimentaire après diagenèse. D'après leur origine, on distingue les *roches sédimentaires détritiques* (accumulation de débris variés : sables, grès), *physico-chimiques* (précipitation d'ions : calcaire, silex), *organiques* (dues aux êtres vivants : hydrocarbures, charbons). D'après leur composition, on distingue des *roches sédimentaires siliceuses, carbonatées, argileuses, salines, carbonées, phosphatées, etc.*

SÉDIMENTATION n. f. **1.** Ensemble des phénomènes qui conduisent à la formation et au dépôt d'un sédiment. (→ *encycl.* Géol.) — **2.** Phénomène de dépôt de particules en suspension, sous l'action de la pesanteur (parfois d'une force centrifuge). [La sédimentation permet de mesurer la taille des grains d'un colloïde et de séparer des constituants ayant des vitesses de sédimentation différentes.] — **3.** *Vitesse de sédimentation (globulaire),* mesure de la vitesse de chute des hématies dans une colonne de sang rendu incoagulable. (→ *encycl.* Méd.)

ENCYCL. **Géol.** La sédimentation est réglée par les milieux bioclimatiques régionaux et par les mouvements orogéniques. Ainsi, les séquences sédimentaires enregistrent fidèlement l'évolution de l'environnement des aires de dépôt et contribuent à la reconstitution des événements les plus marquants de l'histoire de la Terre.

— **Méd.** La *vitesse de sédimentation* est fonction du nombre de globules rouges et du taux des protéines sériques, notamment du fibrinogène et des globulines. Elle augmente dans de nombreuses maladies (notamment inflammatoires et infectieuses).

SÉDIMENTER v. i. ou **SE SÉDIMENTER** v. pr., **ÊTRE SÉDIMENTÉ** v. pass. (conj. 3). **1.** Se déposer, en parlant de particules en suspension. — **2.** Être affecté par un processus de sédimentation.

SÉDIMENTOLOGIE n. f. Étude de la sédimentation et des sédiments, liée à la nature, à la configuration, à la répartition et à l'extension des dépôts sédimentaires.

SÉDIMENTOLOGIQUE adj. Relatif à la sédimentologie.

SÉDITIEUX, EUSE adj. et n. (lat. *seditiosus*). Qui prend part à une sédition, qui vise à fomenter une sédition : *Des officiers séditieux.*
◆ adj. Qui révèle une sédition, qui porte à la sédition : *Des écrits séditieux.*

SÉDITION n. f. (lat. *seditio*). Soulèvement concerté et préparé contre l'autorité établie. (C'est un crime contre la sûreté de l'État.)

Sedlitz *(eau de)* [du n. d'une localité, auj. *Sedlčany,* de la région de Most, Rép. tchèque], eau sulfatée magnésienne, utilisée comme purgatif. Le *sel de Sedlitz* est le sulfate de magnésium.

SEDOM → SODOME.

SEDOV (Leonid Ivanovitch), physicien russe (Rostov-sur-le-Don 1907). Spécialiste de la mécanique des fluides, il a surtout étudié l'aérodynamique et la dynamique des gaz, ainsi que les fluides visqueux, l'élasticité et les ondes de choc.

SÉDUCTEUR, TRICE adj. (bas lat. *seductor,* du lat. class. *seducere,* séduire). Qui séduit, attire d'une façon irrésistible : *Le pouvoir séducteur des mots.*
◆ adj. et n. Qui séduit, qui fait des conquêtes amoureuses : *C'est une grande séductrice.*

SÉDUCTION n. f. (lat. *seductio*). **1.** Action, fait de séduire qqn, de l'attirer irrésistiblement, de le charmer par un pouvoir plus ou moins indéfinissable : *Pouvoir de séduction de l'argent.* — **2.** Moyen, pouvoir, capacité de séduire : *Une femme pleine de séduction.* — **3.** Action de séduire qqn, de l'amener à consentir à des relations sexuelles. — **4.** *Séduction dolosive,* action consistant à faire consentir une femme à des relations sexuelles grâce à des manœuvres dolosives, par exemple promesse de mariage, ou abus d'autorité. ‖ *Séduction de mineur,* enlèvement ou détournement de mineur, sans fraude ni violence.

SÉDUIRE v. t. (lat. *seducere,* tirer à l'écart) [conj. **98**]. **1.** Attirer fortement qqn, le tenir comme sous un charme, s'imposer à lui par telle qualité : *Une femme qui séduit par sa beauté.* — **2.** Enchanter, tenter qqn, lui plaire : *Le lieu m'a séduit, j'ai décidé de m'y fixer.* — **3.** Exercer sur qqn tous les moyens de plaire, en partic. pour l'abuser, faire illusion, le faire agir dans un sens bien précis, etc. : *Ces hommes politiques nous séduisent par leurs promesses.* — **4.** Amener qqn à avoir des relations intimes hors du mariage.

SÉDUISANT, E adj. **1.** Qui exerce un vif attrait sur autrui par son charme, ses qualités : *Une femme séduisante.* — **2.** Qui est susceptible de plaire à qqn, de le tenter, de susciter son adhésion : *Des promesses séduisantes pour les électeurs.*

SEDUM [sedɔm] n. m. (lat. *sedum,* joubarde). Nom générique de l'orpin.

SÉE (Camille), homme politique français (Colmar 1847 - Paris 1919). Il fut l'initiateur de la loi instituant les lycées pour les jeunes filles (1880) et le créateur de l'École normale supérieure de Sèvres (1881).

SEEBECK (Thomas Johann), physicien allemand (Reval, auj. Tallinn, 1770 - Berlin 1831). Il a découvert la thermoélectricité (1821), en a étudié les lois et fait l'application à la mesure des températures.

Seebeck *(effet),* effet thermoélectrique selon lequel la force électromotrice de contact augmente avec la différence de température entre les jonctions des matériaux constituant un circuit.

SEEBERGER (Jules), photographe français (Vienne, Isère, 1872 - Galluis, Yvelines, 1932). Avec ses deux frères HENRI (Lyon 1874 - Galluis, Yvelines, 1955) et LOUIS (Lyon 1876 - Guérard, Seine-et-Marne, 1947), il laisse une œuvre où la vérité documentaire est tempérée par un sens artistique aigu. Les trois frères ont travaillé pour *la Mode pratique* et, les premiers, ils installèrent leurs jolies élégantes en extérieur.

SEECKT (Hans VON), général allemand (Schleswig 1866 - Berlin 1936). Après avoir servi dans les états-majors lors de la Première Guerre mondiale, il dirigea la délégation militaire aux négociations de paix (1919). Il succéda à Hindenburg à la tête de la Reichswehr, à laquelle il donna un règlement résolument offensif, et reconstitua, sous une forme camouflée, le grand état-major. Relevé en 1926, élu au Reichstag (1930 et 1932), il partit ensuite réorganiser l'armée chinoise de Jiang Jieshi.

SEEFELD, station thermale et de sports d'hiver d'Autriche (Tyrol), au N.-O. d'Innsbruck ; 2 500 hab.

SEELAND → SJAELLAND.

SEELEY (*sir* John), historien britannique (Londres 1834 - Cambridge 1895). Son ouvrage sur la politique coloniale anglaise du XVIIIe s. (*The Expansion of England,* 1883) exerça une profonde influence sur la doctrine impérialiste.

SEELISBERG, comm. de Suisse, qui donne son nom au *tunnel routier de Seelisberg,* long de 9 250 m, ouvert sur la rive ouest du lac des Quatre-Cantons, entre Beckenried (Nidwald) et Flüelen (Uri).

SEERSUCKER [sirsœkœr] n. m. (angl. *seersucker,* crépon de coton). Tissu de coton écossais, gaufré et parfois à fines rayures, parfois mélangé à du polyester.

SÉES (61500), anc. **Séez,** ch.-l. de cant. de l'Orne, sur l'Orne ; 4 959 hab. *(Sagiens).* Cathédrale des XIIIe-XIVe s. (vitraux ; maître autel d'époque Louis XVI). Évêché du XVIIIe s., comme les bâtiments de l'anc. abbaye St-Martin. Musée d'Art sacré.

SÉFARADE n. et adj. (hébr. *Sefarad,* Espagne). Se dit des Juifs des pays méditerranéens. (On emploie aussi le terme hébreu *sefardi* [pl. *sefardim*].)

SEFÉRIS (Gheórghios SEFERIÁDHIS, dit **Georges**), poète et diplomate grec (Smyrne 1900 - Athènes 1971). Si le poète unit avec talent les mythes anciens aux graves problèmes de la Grèce moderne, (*Strophe,* 1931 ; *Journal de bord,* 3 vol., 1940-1955, *Trois Poèmes secrets,* 1966), le prosateur et le critique (*Essais, Journal*), révèlent un grand humaniste (Prix Nobel 1963).

SÉFÉVIDES ou **ṢAFAWIDES,** dynastie qui régna sur l'Iran de 1501 à 1736. Elle fut fondée par Ismā'īl Ier (1501-1524), chef de la Confrérie Ṣafawī (créée au XIIIe s. par Ṣafī al-Dīn [1253-1334]). Celui-ci imposa le chī'isme duodécimain à l'Iran qui se singularisa ainsi davantage afin de mieux résister à la poussée de l'Empire ottoman sunnite. Les principaux souverains furent : ṬAHMĀSP Ier (1524-1576), 'ABBĀS Ier (1587-1629), qui porta l'Empire séfévide à son apogée, 'ABBĀS II (1633-1667), ḤOSEYN (1694-1722), qui fut renversé par les Afghans, et 'ABBĀS III (1732-1736), dont le trône fut usurpé par Nāder Chāh.

SÉGA n. m. Danse de la Réunion, proche de la biguine.

SEGALA n. m. (anc. provenç. *segel,* du lat. *secale,* seigle). Dans le Massif central, terre à seigle.

SÉGALA, région de plateaux du Massif central (Aveyron et nord-est du Tarn), entre les vallées du Tarn et de l'Aveyron. Elle est formée par des plateaux cristallins, s'élevant d'O. en E., de 700 m à plus de 1 000 m d'alt., vers le Lévezou. Céréales et élevage.

SEGALEN (Victor), écrivain français (Brest 1878 - Huelgoat 1919). Si Tahiti et Gauguin lui inspirèrent son roman *les Immémoriaux,* paru sous le pseudonyme de MAX ANÉLY (1907), c'est la Chine, où il découvrit les monuments funéraires des Han et le mysticisme oriental, qui inspira ses poèmes (*Stèles,* 1912 ; *Peintures,* 1916) et son roman *René Leys* (1922).

SEGANTINI (Giovanni), peintre italien (Arco, prov. de Trente, 1858 - Schafberg, haute Engadine, 1899). Il commença par le naturalisme (scènes paysannes), puis des préoccupations spirituelles et l'adoption de la technique divisionniste le conduisirent à un symbolisme frémissant (*l'Amour aux sources de la vie,* 1896, galerie d'Art moderne, Milan). Musée à Saint-Moritz.

SÉGESTE, en lat. **Segesta,** ville antique de Sicile, entre Palerme et Trapani. C'est une cité antérieure à la colonisation grecque, peuplée par les Élymes, un des trois peuples indigènes de Sicile. Ruines, dont le temple dorique de Cérès.

SEGHERS (Hercules), peintre et graveur hollandais (Haarlem 1589/90 - Amsterdam v. 1633-1638). L'un des grands paysagistes de son temps, il eut une vie misérable, et très peu de ses toiles sont conservées. Aquafortiste, il a mêlé les procédés et utilisé des rehauts de couleur jusqu'à obtenir des planches d'un caractère dramatique et visionnaire unique dans l'art occidental (*Paysage rocheux à la rivière,* v. 1620, cabinet des Estampes d'Amsterdam).

SEGHERS (Daniel), peintre flamand (Anvers 1590 - *id.* 1661). Élève de Bruegel de Velours, en possession d'une technique précise et brillante, il a représenté des bouquets agrémentés d'insectes et surtout des guirlandes de fleurs entourant des médaillons en grisaille (trompe-l'œil de sculpture) ; ces médaillons, image pieuse ou portrait, étaient peints par d'autres artistes, tel E. Quellin. La formule fut très imitée.

SEGHERS ou **ZEGHERS** (Gerard), peintre flamand (Anvers 1591 - *id.* 1651), cousin du précédent. Il voyagea en Italie, en Espagne, et travailla surtout à Anvers. Influencé par le Caravage, puis par Rubens, il fut un peintre surtout religieux, très apprécié et à la tête d'un atelier important.

SEGHERS (Netty RADVÁNYI, dite **Anna**), femme de lettres allemande (Mayence 1900 - Berlin-Est 1983). Adversaire du régime hitlérien, émigrée en France (1933), puis au Mexique, elle a publié des romans sur la résistance au nazisme (*la Septième Croix,* 1942 ; *Les morts restent jeunes,* 1949). Rentrée en R. D. A., elle a encore donné des nouvelles (*Rencontre insolite,* 1973) et des romans (*la Traversée,* 1970).

Seghers *(Éditions),* maison d'édition française fondée en 1944 par Pierre Seghers (1906-1987), spécialisée à l'origine dans l'édition des poètes. Rachetée en 1969 par Laffont, elle fait aujourd'hui partie de C. E. P. Communication.

SEGMENT n. m. (lat. *segmentum*). Portion, partie bien délimitée, détachée d'un ensemble. • **Autom.** *Segment de frein,* pièce en forme de croissant portant une garniture de friction, qui s'applique contre le tambour de frein sous l'effet d'une pression. — **Écon.** Sous-ensemble d'un marché offrant des caractéristiques communes. — **Histol.** *Segment musculaire,* espace compris entre deux disques minces des muscles striés. — **Math.** Partie de droite connexe et limitée par deux points appelés extrémités. (On le note [AB] ou]AB[selon qu'il est fermé ou ouvert.) – **Mécan.** *Segment d'arrêt,* syn. de CIRCLIPS. ‖ *Segment de piston,* anneau élastique assurant l'étanchéité du piston dans le cylindre d'un moteur. ‖ *Segment racleur,* segment spécial présentant radialement une gorge annulaire et percé de petits trous, afin d'éviter la remontée de l'huile du carter dans la chambre de combustion. – **Méd.** *Segment inférieur,* partie amincie de l'utérus, qui se constitue entre le col et le corps, à partir du sixième mois de la grossesse. (C'est le lieu préférentiel pour une incision en cas de césarienne.) – **Zool.** Syn. de ANNEAU et de PODITE.

SEGMENTAIRE adj. **1.** Qui concerne un segment. – **2.** Divisé en segments ou qui se répète dans chaque segment. (Ce terme est souvent synonyme de MÉTAMÉRIQUE.) – **3.** *Arc segmentaire,* arc surbaissé, fait d'un segment de cercle inférieur au demi-cercle. (Syn. ARC BOMBÉ.) ‖ *Organe segmentaire,* néphridie des annélides, présente dans chaque métamère.

SEGMENTATION n. f. **1.** Action de segmenter, fait d'être segmenté. – **2.** Division d'une unité anatomique en plusieurs éléments. (Syn. FRACTIONNEMENT.) – **3.** Ensemble des divisions successives de l'œuf fécondé qui aboutissent au stade blastula. – **4.** Division embryonnaire du corps des annélides et des arthropodes en une suite de segments, ou anneaux pluricellulaires, d'abord semblables, puis différenciés.

SEGMENTER v. t. (conj. 3). Partager qqch, le diviser, le couper en segments.

SEGNI (Antonio), homme d'État italien (Sassari 1891 - Rome 1972). Professeur de droit, député démocrate-chrétien en 1944, il fut président du conseil (1955-1957 et 1959-60) et président de la République (1962, démissionnaire en 1964).

SEGNO (AL) [loc. ital. signif. *au signe*]. Indication qui invite à reprendre le morceau à partir du signe indiqué.

SEGONZAC (16130), ch.-l. de cant. de l'ouest de la Charente ; 2 186 hab. *(Segonzacais).* Église à beau clocher-porche roman. Vignobles de la Grande Champagne. Eaux-de-vie.

SEGONZAC (André DUNOYER DE) → DUNOYER DE SEGONZAC.

SÉGOU, v. du Mali, sur le Niger ; 88 100 hab. Centre commercial et port fluvial. Industrie cotonnière. Siège de l'Office du Niger.

SÉGOU *(royaume de),* État bambara fondé sur le haut Niger (dans le Mali actuel) au début du XVIIe s. Il fut occupé par El-Hadj Omar en 1861.

SEGOVIA (Andrés), guitariste espagnol (Linares, Andalousie, 1893 - Madrid 1987). Il est à l'origine du renouveau de la guitare classique et remit en honneur le répertoire ancien.

SÉGOVIE, en esp. **Segovia,** v. d'Espagne, ch.-l. de prov. de Castille-León, au nord de la sierra de Guadarrama, à 1 000 m d'alt. ; 53 000 hab. Centre administratif et commercial. Alimentation. Engrais.

– **Bx-arts.** La vieille ville conserve de belles églises romanes (XIIe-XIIIe s.), une cathédrale reconstruite à partir de 1525, en style encore gothique, par J. et R. Gil de Hontañón, des maisons romanes et gothiques, un Alcazar royal trop restauré. Hors de l'enceinte, aqueduc romain, long de 800 m, et diverses églises médiévales, dont celle du monastère du Parral, de style isabélin (fin du XVe s.). Musée provincial des Beaux-Arts.

SÉGRAIRIE n. f. (anc. fr. *segraierie,* du lat. médiév. *secretarius,* gardien d'un district forestier). **1.** Possession d'un bois par indivis soit avec l'État, soit avec des particuliers. – **2.** Le bois lui-même.

SÉGRAIS n. m. (de *ségrairie*). Bois isolé de la forêt et qu'on exploite à part.

SEGRAIS (Jean REGNAULT DE), poète français (Caen 1624 - *id.* 1701). Poète du terroir (*Athys,* 1653), célébré comme poète pastoral après sa mort (*Églogues,* 1723), il signa *la Princesse de Montpensier* (1662) et *Zayde* (1669-1671) écrits avec Mme de La Fayette ainsi que la première édition de sa *Princesse de Clèves* (1678). [Acad. fr., 1662.]

SÈGRE (la ou le), en esp. **Segre,** riv. de Catalogne, née dans la Cerdagne française (Pyrénées-Orientales), affl. de l'Èbre (r. g.) ; 265 km.

SEGRÉ (49500), ch.-l. d'arrond. de Maine-et-Loire, dans le Segréen, en Anjou ; 7 078 hab. *(Segréens).* Équipements automobiles.

SEGRÈ (Emilio), physicien américain d'origine italienne (Tivoli 1905 - Lafayette, Californie, 1989). Il découvrit le technétium, premier élément artificiel, puis l'astate, et participa à l'obtention du plutonium. En 1955, il réalisa à Berkeley, avec Chamberlain, la production de l'antiproton. (Prix Nobel de physique 1959.)

SÉGRÉGABILITÉ n. f. (de *ségrégation*). Tendance que possèdent les grains les plus gros d'un béton à se séparer pour se regrouper à la partie inférieure d'un ouvrage.

SÉGRÉGATIF, IVE adj. (anc. fr. *segreger,* séparer). Qui relève de la ségrégation, qui la pratique ou qui la favorise : *Système ségrégatif.*

SÉGRÉGATION n. f. (bas lat. *segregatio,* du lat. class. *segregare,* isoler). **1.** Action de mettre à part qqn, un groupe : *L'argent opère souvent une ségrégation sociale.* – **2.** Processus par lequel une distance sociale est imposée à un groupe du fait de sa race, de son sexe, de sa position sociale ou de sa religion, par rapport aux autres groupes d'une collectivité. • **Génét.** Séparation de paires de chromosomes homologues ou de paires de gènes allèles et leur répartition dans les cellules filles lors de la méiose. — **Géol.** Concentration de minéraux dans une formation géologique, sous l'effet de processus magmatiques, métamorphiques ou sédimentaires, et pouvant aboutir à la formation de gîtes minéraux exploitables. — **Métall.** Inégalité de composition chimique entre les diverses parties d'un alliage métallique ; séparation de parties chimiquement hétérogènes durant la solidification d'un alliage. — **Techn.** Séparation en amas distincts d'un ensemble de corps différents préalablement mélangés.

SÉGRÉGATIONNISME n. m. Politique de ségrégation raciale.

SÉGRÉGATIONNISTE adj. et n. Relatif au ségrégationnisme, à une ségrégation ; partisan de la ségrégation raciale.

SÉGRÉGUER v. t. (angl. *to segregate,* isoler) [conj. **18**]. Soumettre à la ségrégation raciale ou à une ségrégation quelconque.

SEGUIA [segja] n. f. (ar. *sāqiya*). Au Sahara, canalisation à ciel ouvert servant à la distribution d'eau dans les oasis.

SEGUIDILLA [segidija] ou **SÉGUEDILLE** n. f. (esp. *seguidilla,* de *seguida,* suite). Composition littéraire et musicale espagnole, en mesure ternaire, dont l'usage remonte au XVe s. et qui reste encore très répandue sous forme de chanson et de danse populaire.

SÉGUIER (Pierre), magistrat français (Paris 1504 - *id.* 1580). Président à mortier au parlement de Paris (1555), il s'opposa à l'enregistrement de l'édit introduisant l'Inquisition en France. — Son fils ANTOINE, seigneur **de Villiers** et **de Fourqueux** (Paris 1552 - *id.* 1624), président à mortier au parlement de Paris (1597), dirigea la Chambre de justice créée par Henri IV en 1607 pour rechercher les malversations des financiers. — Le neveu du précédent, PIERRE, comte **de Gien,** (Paris 1588 - Saint-Germain-en-Laye 1672), intendant de Guyenne (1621), puis président à mortier (1624), garde des Sceaux (1633), puis chancelier de France (1635) fut un serviteur docile de Richelieu. Il resta fidèle à Mazarin pendant la Fronde. Président de la Chambre de justice (1661-1664), il instruisit le procès de Fouquet, dont il réclama la condamnation à mort. Il fut le protecteur de l'Académie française. (Acad. fr., 1635.)

SÉGUIER (Antoine Louis), magistrat français (Paris 1726 - Tournai 1792). Avocat général au parlement de Paris (1755), il fut un adversaire des philosophes et s'opposa à la réforme judiciaire de Maupeou et aux édits de Turgot de 1776. (Acad. fr., 1757.)

SEGUIN (Marc), ingénieur français (Annonay 1786 - *id.* 1875). Neveu de Joseph de Montgolfier, il réalisa, en 1822, des expériences sur la résistance des câbles métalliques, qui lui permirent d'utiliser les câbles au lieu de chaînes pour la construction des ponts suspendus, tel le pont sur le Rhône, entre Tain-l'Hermitage et Tournon, en 1824. Mais son nom est resté attaché à la chaudière tubulaire à tubes de fumée qu'il adopta pour les locomotives (1827).

SEGUIN (Édouard Onesimus), pédagogue et médecin américain d'origine française (Clamecy 1812 - New York 1880). Élève d'Itard et d'Esquirol, il fonda en 1839 à Paris le premier établissement éducatif destiné aux enfants arriérés. Ses méthodes pédagogiques visent à favoriser systématiquement l'activité des sens, supposée augmenter les performances intellectuelles.

SÉGUIN (Philippe), homme politique français (Tunis 1943). Membre du R. P. R., député des Vosges (1978, régulièrement réélu depuis) et maire d'Épinal depuis 1983, ministre des Affaires sociales et de l'Emploi (1986-1988), il est depuis 1993 président de l'Assemblée nationale.

SÉGUR (Philippe Henri, *marquis* DE), maréchal de France (Paris 1724 - *id.* 1801). Maréchal de camp (1749) puis lieutenant général (1760), il se distingua pendant la guerre de Sept Ans. Secrétaire d'État à la Guerre en 1780, puis maréchal de France en 1783, il créa un corps permanent d'officiers d'état-major (1783) et compléta l'œuvre de réorganisation de Saint-Germain.

SÉGUR (Philippe Paul, *comte* DE), général et historien français (Paris 1780 - *id.* 1873), fils de Louis Philippe, comte de Ségur d'Aguesseau. Il participa aux campagnes de Russie, d'Allemagne et de France. Pair de France (nov. 1831), il a laissé une *Histoire de Napoléon et de la Grande Armée pendant l'année 1812* (1824) et des *Mémoires* (1873). [Acad. fr., 1830.]

SÉGUR (Sophie ROSTOPCHINE, *comtesse* DE), femme de lettres française (Saint-Pétersbourg 1799 - Paris 1874). Fille du comte Rostopchine, gouverneur de Moscou, et épouse du comte Eugène de Ségur, elle écrivit pour ses petits-enfants des romans dont le succès n'a pas faibli (*les Petites Filles modèles,* 1858 ; *les Mémoires d'un âne,* 1860 ; *les Malheurs de Sophie,* 1864 ; *le Général Dourakine,* 1866).

SEGURA (le), fl. d'Espagne (Murcie), tributaire de la Méditerranée ; 340 km (bassin de 16 079 km^2). Il alimente les huertas de Murcie et d'Orihuela. Hydroélectricité.

SÉGUR D'AGUESSEAU (Louis Philippe, *comte* DE), général et écrivain français (Paris 1753 - *id.* 1830), fils de Philippe Henri, marquis de Ségur. Envoyé en Russie, il y négocia le traité de commerce de 1787. Conseiller d'État (1802), sénateur (1813), pair de France (1814), il est l'auteur de vaudevilles et d'ouvrages historiques. (Acad. fr., 1803.)

SÉGUY (Georges), syndicaliste français (Toulouse 1927). Ouvrier typographe, déporté à Mauthausen pendant la Seconde Guerre mondiale, il devient secrétaire de la Fédération C. G. T. des cheminots en 1949 et entre au comité central du parti communiste français en 1954. Il a été secrétaire général de la C. G. T. de 1967 à 1982.

SEIBAL, site archéologique maya du Guatemala (Petén). Important centre cérémoniel florissant entre 650 et 890 de notre ère. Nombreuses stèles gravées.

seicento *(Il),* expression ital. servant à désigner le XVIIe s. littéraire et artistique.

1. SEICHE n. f. (lat. *sepia,* du gr. *sêpia*). Mollusque céphalopode, à coquille interne lacuneuse (os), fréquent sur les côtes d'Europe.

ENCYCL. Les seiches ont un corps ovale, entièrement bordé par une nageoire. La tête porte huit bras courts garnis de ventouses et deux grands tentacules servant à capturer les proies. La bouche a des mâchoires cornées (« bec de perroquet »). Les yeux et le cerveau sont très perfectionnés. Un grand os interne, calcaire et lacuneux, joue le rôle de flotteur. En cas de danger, la seiche fuit par « réaction », expulsant de l'eau mêlée d'une sécrétion noire (sépia) qui masque sa fuite.

2. SEICHE n. f. (p.-ê. de *sec*). Oscillation libre de la surface d'un bassin, d'une baie, d'un lac, écartée de sa position d'équilibre sous l'effet du vent, de longues houles ou de la pression atmosphérique.

SEICHES-SUR-LE-LOIR (49140), ch.-l. de cant. de Maine-et-Loire, à 20 km au N.-E. d'Angers ; 2 258 hab. Ruines du château du Verger (fin du XVe s.).

SÉIDE [seid] n. m. (de *Séide,* de l'ar. *Zayd ibn Ḥāritha,* n. d'un affranchi de Mahomet). *Litt.* Adepte fanatique d'une doctrine, d'une personne, prêt à exécuter aveuglément tous les ordres d'un maître.

SEIFERT (Jaroslav), poète tchèque (Prague 1901 - *id.* 1986). Poète prolétarien, devenu avec Nezval, le chef de file de l'avant-garde « poétiste » (*Sur les ondes de la T. S. F.,* 1925), il publie de nouveaux recueils (*Mozart à Prague,* 1946), refuse toute compromission après 1948 (*Concert sur l'île,* 1965), défend les écrivains persécutés, publie clandestinement et à l'étranger (*Colonne de peste,* 1977), et rédige ses souvenirs. Il a signé la Charte 77. (Prix Nobel 1984.)

SEÏFOULLINE (Sadvakas, dit **Saken**), écrivain kazakh (région d'Akmola 1894 - Alma-Ata 1939). Instituteur rural et poète progressiste (*Jours enfuis,* 1914 ; *Sur les vagues de la vie,* 1928), il s'impose par son théâtre (*les Faucons rouges,* 1920) et son roman sur la guerre civile (*Âpre Chemin, passage ardu,* 1927) comme le pionnier de la littérature du Kazakhstan.

SEIGLE n. m. (lat. *secale*). Céréale (graminée) rustique des terres pauvres et froides, comprenant plusieurs espèces originaires du sud de l'Europe et de l'Asie centrale, dont la culture a reculé devant celle du blé.

ENCYCL. La production mondiale de seigle est de l'ordre de 30 Mt. La Russie est le premier producteur (entre 10 et 15 Mt), suivie de la Pologne, de l'Allemagne, de la Biélorussie et des pays de la zone froide de l'hémisphère Nord.

SEIGNELAY (89250), ch.-l. de cant. de l'Yonne, à 13 km au N. d'Auxerre ; 1 545 hab. Église des XVe et XVIe s. Halle en charpente et restes d'un château.

SEIGNELAY (Jean-Baptiste COLBERT, *marquis DE), homme d'État français* (Paris 1651 - Versailles 1690). Fils de Colbert, il lui succéda à la Marine et à la maison du roi en 1683. Il mena une politique maritime et coloniale orientée contre l'Angleterre.

Seignette *(sel de),* tartrate de potassium et de sodium.

SEIGNEUR n. m. (lat. *senior, -oris,* plus âgé). **1.** Propriétaire féodal. — **2.** Sous l'Ancien Régime, personne noble de haut rang. — **3.** Personne qui occupe le premier rang dans quelque domaine : *Les seigneurs de l'industrie.* — **4.** *Litt.* Maître : *Il est le seigneur de ces lieux.* — **5.** Titre donné à Dieu et au Christ dans la littérature grecque et dans la liturgie chrétienne. — **6.** *Chambre des seigneurs,* titre donné jadis, dans certains pays, à des assemblées législatives exclusivement composées de nobles. ‖ *Comme un seigneur, en grand seigneur,* avec luxe, magnifiquement, ou avec noblesse. ‖ *Droit du seigneur,* droit qui a été souvent défini comme identique au droit de cuissage ou de culage. ‖ *Être grand seigneur,* dépenser sans compter et de manière ostentatoire. ‖ Fam. *Le seigneur et maître (d'une femme),* son mari. ‖ *Seigneur de (la) guerre,* dans la Chine de 1911 à 1927, potentat de province faisant la guerre à ses homologues.

SEIGNEURIAGE n. m. Tout droit d'un seigneur féodal.

SEIGNEURIAL, E, AUX adj. **1.** Qui dépendait d'un seigneur, de son autorité : *Droits seigneuriaux.* — **2.** *Litt.* Qui est digne d'un seigneur, magnifique : *Palais seigneurial.*

SEIGNEURIE n. f. (de *seigneur*). **1.** Droit, puissance, autorité d'un homme sur la terre dont il est le seigneur. — **2.** Mouvances, droit féodaux d'une terre, indépendamment de la terre même. — **3.** Terre sur laquelle s'exerce une puissance seigneuriale. — **4.** Gouvernement d'une ville d'Italie, au Moyen Âge (la seigneurie de Florence, par ex.). — **5.** *Votre Seigneurie,* titre d'honneur qu'on donnait aux pairs de France, et qu'on donne encore, en Angleterre, aux membres de la Chambre des lords.

ENCYCL. • *La seigneurie en France* est liée dans ses origines à la féodalité, mais se distingue du fief et signifie seulement terre noble à la fin de l'Ancien Régime. Au Moyen Âge se distinguent la *seigneurie foncière* ou *domaniale* et la *seigneurie banale.* La première prolonge le grand domaine du Bas Empire : le seigneur est un propriétaire terrien exigeant redevances et corvées de tenanciers serviles ou libres et étendant peu à peu ses droits de justice et de police ainsi que les banalités. La seconde déborde le cadre du seul domaine foncier : le seigneur y a pouvoir de commandement et de justice sur l'ensemble d'un territoire, remplaçant l'autorité défaillante des derniers carolingiens.

• *Seigneurie italienne.* La *signoria* est une magistrature exécutive des villes médiévales apparue au XIIIe s., à la faveur des dissensions au sein des communes. Des « seigneurs » finiront par imposer souvent à côté puis à la place des magistrats communaux leur pouvoir absolu qui tendit à devenir héréditaire et à déboucher ainsi sur la formation de véritables principautés (Visconti à Milan, Médicis à Florence). À Venise la seigneurie, à partir du XVe s., désignait le gouvernement oligarchique de la cité.

SEIGNOSSE (40510), comm. des Landes, à 7 km au N.-O. de Saint-Vincent-de-Tyrosse ; 1 641 hab. *(Seignossais).* Station balnéaire.

Seikan *(tunnel de),* tunnel du Japon, en partie sous-marin, reliant les îles de Honshū et de Hokkaidō, sous le détroit de Tsugaru (53,85 km). Il a été mis en service en 1988.

SEILHAC (19700), ch.-l. de cant. de la Corrèze, à 15 km au N. de Tulle ; 1 552 hab. *(Seilhacois).* Étangs. Menhir.

SEILLE n. f. (lat. *situla*). *Vx.* Récipient en bois ou en toile, en forme de seau, pour tirer et transporter de l'eau.

SEILLE (la), riv. du centre-est de la France, affl. de la Saône (r. g.) ; 110 km.

SEILLE ou **SEILLE LORRAINE** (la), riv. de Lorraine, affl. de la Moselle (r. dr.), rejointe à Metz ; 130 km.

SEIME [sɛm] n. f. (anc. fr. *semer,* du bas lat. *semare,* partager en deux). Fente de la paroi du sabot du cheval dans le sens des fibres et partant de la couronne, qui peut provoquer la boiterie.

SEIN [sɛ̃] n. m. (lat. *sinus*). **1.** Glande mammaire et ses conduits excréteurs qui aboutissent au mamelon. — **2.** Chacune des mamelles de la femme. — **3.** *Litt.* Buste, partie antérieure de la poitrine : *Elle le tenait serré contre son sein.* — **4.** *Litt.* Siège de la conception : *Être dans le sein de sa mère.* — **5.** *Litt.* Refuge que constituent les bras de qqn, ou son écoute, sa tendresse : *S'épancher dans le sein d'un ami.* — **6.** *Litt.* Partie interne qui renferme qqch : *Le sein de la terre.* — **7.** *Au sein de,* au milieu de, dans le cadre de. ◆ **seins** n. m. pl. Poitrine d'une femme.

SEIN *(île de)* [29990], île de l'Atlantique (Finistère, dont elle constitue une comm.), séparée de la pointe du Raz par le raz de Sein ; 358 hab. *(Sénans).* Pêche. En juin 1940, presque tous les hommes valides de l'île rejoignirent la France libre.

SEINE, SEINER, SEINEUR → SENNE, SENNER, SENNEUR.

SEINE (la), fl. de France, drainant la majeure partie du Bassin parisien ; 776 km (bassin de 78 650 km²). Née sur le plateau de Langres à 471 m d'altitude, au N.-E. de Saint-Seine-l'Abbaye, la Seine draine d'abord la Champagne (passant à Troyes), longe, au S., la Brie (par Melun), traverse Paris et sa banlieue, puis atteint la Normandie (passant à Rouen), avant de rejoindre la Manche par un estuaire sur lequel est établi Le Havre. L'Aube, l'Yonne, le Loing, la Marne, l'Oise et l'Eure sont, d'amont en aval, ses principaux affluents. La navigation commence au confluent de l'Yonne, mais est surtout active en aval de Paris (premier port fluvial français). Dans l'ensemble, la Seine a un régime régulier, avec de modestes écarts de débit (débit moyen à Paris : 300 m³/s). Toutefois des crues parfois redoutables (hiver 1910) peuvent se produire par suite de pluies exceptionnelles sur les terrains de son bassin supérieur. Aujourd'hui, la réalisation de plusieurs réservoirs, dits « Seine » (lac de la forêt d'Orient), « Marne » (lac du Der-Chantecoq) et « Aube »(lac du Temple), en a limité l'intensité.

SEINE *(baie de),* golfe ouvert par la Manche sur la côte normande, entre le Cotentin et le littoral du pays de Caux.

SEINE *(basse),* région de Haute-Normandie, de part et d'autre de la Seine, en aval de Rouen. Elle se caractérise par une navigation intense sur le fleuve et par la présence de nombreuses industries dans la vallée (raffineries de pétrole et chimie ; usines métallurgiques et textiles).

SEINE *(département de la),* anc. dép. correspondant à la ville de Paris et à sa proche banlieue. Il a été subdivisé en 1964 en quatre départements : Paris ou Ville de Paris, Hauts-de-Seine, Seine-Saint-Denis et Val-de-Marne (les trois derniers englobant aussi des comm. de l'anc. Seine-et-Oise).

Seine *(réservoir),* autre nom du lac de la forêt d'Orient*.

Seine *(sanctuaire des sources de la),* sanctuaire gaulois, à 1 500 m de la source du fleuve, où fut recueilli un grand nombre d'ex-voto (musée de Dijon) des alentours du Ier s. av. J.-C. Représentant divinités, pèlerins et organes guéris, ils témoignent de la sculpture gauloise avant la romanisation.

SEINE-ET-MARNE (77), dép. de la Région Île-de-France ; ch.-l. de dép. *Melun ;* ch.-l. d'arrond. *Fontainebleau, Meaux, Provins ;* 4 arrond. ; 43 cant. ; 514 comm. ; 5 915 km² ; 1 078 166 hab. *(Seine-et-Marnais).* Le département appartient à l'académie de Créteil, à la cour d'appel de Paris, à la région militaire Île-de-France.
La majeure partie du département s'étend sur la Brie, qui porte sur des sols souvent limoneux de riches cultures (blé, maïs, betterave à sucre) associées à un important élevage bovin pour la viande et les produits laitiers (fromages) ; des forêts s'étendent là où le limon est absent (forêt d'Armainvilliers). Les céréales dominent sur les plateaux du nord (Goële, Multien), et l'élevage dans le Gâtinais, plus verdoyant, qui fait suite, au sud, à la vaste forêt de Fontainebleau (sur sols sableux). L'industrie, en dehors de l'extraction modeste du pétrole, traité sur place (Grandpuits), est représentée par l'aéronautique, les constructions électriques, les matériaux de construction, la verrerie et l'imprimerie. Elle se localise surtout dans les vallées de la Seine et de la Marne, sites des principales villes (Melun et Meaux). L'ouest du département (englobant au moins en partie les villes nouvelles de Melun-Sénart et Marne-la-Vallée) appartient déjà à l'agglomération parisienne.

SEINE-ET-OISE *(département de),* anc. dép. correspondant à la majeure partie de la grande banlieue de Paris. Il a été subdivisé en 1964, formant trois départements (Essonne, Val-d'Oise et Yvelines).

SEINE-MARITIME (76), dép. de la Région Haute-Normandie ; ch.-l. de dép. *Rouen ;* ch.-l. d'arrond. *Dieppe, Le Havre ;* 3 arrond. ; 69 cant. ; 745 comm. ; 6 278 km² ; 1 223 429 hab. Le département appartient à l'académie et à la cour d'appel de Rouen, à la région militaire Atlantique.
Le pays de Bray, dépression argileuse, région d'élevage bovin, limite à l'E. le pays de Caux, plateau crayeux, où les fréquents placages limoneux permettent les cultures céréalières, industrielles (betterave à sucre, lin, colza) et fourragères (associées à un important élevage pour les produits laitiers). L'extrémité sud-ouest de la Picardie, où se trouve le même type d'économie, constitue la partie nord-est du département. L'industrie doit son importance aux usines de la basse Seine. Entre Rouen et Le Havre (deuxième port français) sont implantés les industries chimiques et automobiles, l'aéronautique, le raffinage du pétrole. Le littoral est jalonné de ports et de stations balnéaires (Dieppe, Fécamp, Le Tréport).

SEINE-OISE-MARNE, faciès culturel du néolithique final, dans le Bassin parisien qui s'échelonne de 2700 à 2000 av. J.-C. Sépultures collectives, allées couvertes de l'ouest de Paris (Épône, La Chaussée-Tirancourt) et hypogées de la Marne (vallée du Petit Morin) ; vases de facture grossière, haches en silex poli emmanchées dans des gaines de bois de cerf, pointes de flèche en silex, etc., en sont les caractéristiques.

SEINE-SAINT-DENIS (93), dép. de la Région Île-de-France ; ch.-l. de dép. *Bobigny ;* ch.-l. d'arrond. *Le Raincy, Saint-Denis ;* 3 arrond. ; 40 cant. ; 40 comm. ; 236 km² ; 1 381 197 hab. *(Séquano-dionysiens).* Le département appartient à l'académie de Créteil, à la cour d'appel de Paris, à la région militaire Île-de-France.
À l'O., près de Paris, de part et d'autre du canal de l'Ourcq, s'imbriquent étroitement usines (métallurgie surtout) et habitations ouvrières (Saint-Denis, Aubervilliers, Pantin). Au S.-E., particulièrement le long de la Marne, la fonction résidentielle prend le pas sur l'activité industrielle, pourtant présente. Dans le nord-est, la grande culture céréalière et betteravière recule devant l'expansion urbaine.

SEING [sɛ̃] n. m. (lat. *signum,* signe). **1.** Signature d'une personne sur un acte, pour en attester l'authenticité. — **2.** *Seing privé,* signature des parties dans un acte dit *acte* sous seing privé.*

SEIPEL (Ignaz), prélat et homme politique autrichien (Vienne 1876 - Pernitz, près de Berndorf, 1932). Prêtre catholique (1899) protonotaire apostolique (1921), il devint président du parti chrétien-social (1921). Chancelier (1922-1924 ; 1926-1929), il surmonta avec l'aide de la S. D. N. la crise financière et créa la nouvelle monnaie du schilling. Il réprima l'insurrection socialiste de Vienne (juill. 1927) et ouvrit la voie au régime autoritaire de Dollfuss.

SEI SHŌNAGON, femme de lettres japonaise (v. 965-1020 env.). De famille noble et lettrée, elle entra au service de l'impératrice Sadako vers 991 et quitta la cour en 1000 après avoir rédigé le *Makura* no Sōshi (Notes de chevet),* l'un des premiers chefs-d'œuvre du genre *zuihitsu* (« écrit au fil du pinceau »).

SÉISMAL ou **SISMAL, E,AUX** adj. Se dit de la ligne qui suit l'ordre d'ébranlement dans un séisme. (Syn. COSISMAL.)

SÉISME n. m. (gr. *seismos*). **1.** Mouvement brusque ou secousse de l'écorce terrestre, produit à une certaine profondeur, à partir d'un épicentre. (Syn. SECOUSSE TELLURIQUE, TREMBLEMENT DE TERRE.) [→ *encycl.*] — **2.** Énorme bouleversement de l'ordre des choses : *Un séisme électoral.*

ENCYCL. **Géophys.** On observe des séismes de tous les degrés d'intensité, parfois décelables seulement par les sismographes, correspondant parfois à des cataclysmes pouvant entraîner des dislocations visibles du sol et des catastrophes en des régions habitées. Un séisme se déclenche en un point à l'intérieur du sol, ou foyer (dont la projection à la surface de la Terre est l'épicentre), à partir duquel se propagent les ondes sismiques.

La mesure de l'ampleur des séismes s'effectue à l'aide d'échelles : échelles d'intensité (nature et importance des dégâts) et échelles de magnitude (mesure instrumentale indépendante du point de mesure).

Les tremblements de terre qui ont laissé les traces les plus profondes dans l'histoire sont ceux qui ont provoqué les pertes de vies humaines les plus considérables. Ainsi, le séisme de Lisbonne, en 1755, aurait causé la mort de près de 40 000 personnes ; celui de Californie, en 1906, provoqua l'incendie de San Francisco. Plus récents, les très violents tremblements de terre de Grèce (1953), d'Algérie (Orléansville/El-Asnam, 1954 et 1980), du Maroc (Agadir, 1960), du Pérou (1970, 70 000 morts), du Guatemala (1976), de Chine (Tangshan, 1976, entre 250 000 et 650 000 morts), du Mexique (1985), du Salvador (1986), d'Arménie (1988, 25 000 morts), d'Iran (1990, 35 000 morts), du Japon (Kōbe, 1995), ont fait plusieurs centaines de milliers de victimes, des millions de sinistrés. Il est important de souligner à ce sujet le rôle fondamental joué par le mode de construction des habitations dans le bilan des victimes.

L'effet des séismes importants sur le sol et le sous-sol des régions perturbées peut être considérable. Il s'y produit souvent des boursouflures de la surface, des effondrements, des failles, dont l'une des plus remarquables a été ouverte par le séisme de San Francisco de 1906. Les régimes d'écoulement des eaux superficielles et souterraines peuvent alors subir aussi des changements notables.

Les tremblements de terre importants comportent presque toujours, venant après les secousses principales, un grand nombre de secousses secondaires, ou répliques, dont la violence va en général en décroissant, et qui peuvent s'échelonner pendant des jours et même des mois. Par contre, les séismes précurseurs à un séisme important sont rares ; c'est la raison pour laquelle la prévision des secousses désastreuses reste difficile.

L'étude des séismes joue un rôle fondamental dans la compréhension de la structure interne du globe. On considère à cet effet les facteurs suivants :

1° *La profondeur du foyer.* Pour la majorité des séismes connus, les foyers se situent entre la surface et une cinquantaine de kilomètres de profondeur, mais leur profondeur peut aller jusqu'à 700 km.

2° *Les ondes de propagation.* Ce sont des ondes vibratoires dont l'enregistrement successif aux diverses stations permet, par recoupements, de déterminer avec précision la position géographique des épicentres et la profondeur des foyers.

Au voisinage de la mer ou en mer, les séismes peuvent provoquer de terribles raz de marée (ou tsunamis). Le rapprochement entre les séismes et certaines manifestations météorologiques (cyclones, tornades) n'a pas été clairement démontré. Par contre, il exite une relation entre les cyclones circulant au-dessus des mers et l'agitation microséismique.

SÉISMICITÉ, SÉISMIQUE, SÉISMOGÉNIQUE, SÉISMOGRAMME, SÉISMOGRAPHE, SÉISMOGRAPHIE, SÉISMOGRAPHIQUE, SÉISMOLOGIE, SÉISMOMÈTRE → SISMICITÉ, SISMIQUE, SISMOGÉNIQUE, SISMOGRAMME, SISMOGRAPHE, SISMOGRAPHIE, SISMOGRAPHIQUE, SISMOLOGIE, SISMOMÈTRE.

SEISTAN → SISTĀN.

S. E. I. T. A. (abrév. de *Société nationale d'exploitation industrielle des tabacs et allumettes*), société française chargée de la fabrication et de la commercialisation des tabacs et allumettes et dont les origines remontent à 1926. Elle a pris en 1980 le relais du S. E. I. T. A. *(Service d'exploitation industrielle des tabacs et allumettes),* établissement public industriel et commercial qui détenait le monopole de la culture, de l'importation et de la vente des tabacs et allumettes. La S. E. I. T. A. ne conserve plus que le monopole de la vente au détail par l'intermédiaire des débitants de tabac. Successivement société nationale de droit privé puis (1984) entreprise nationale au capital détenu en totalité par l'État, elle a été privatisée en 1995.

SEIZE adj. num. card. inv. (lat. *sedecim*). **1.** Dix plus six : *Seize ans.* – **2.** S'emploie au sens de « seizième » pour indiquer une numérotation, un rang : *Page seize. Louis XVI.*

◆ n. m. inv. **1.** Nombre seize (désigne, selon les cas, le jour, un pourcentage, le numéro d'une maison, etc.) : *Le seize du mois.* – **2.** *Les Seize,* comités de neuf membres institués par la Ligue en 1588 dans chacun des seize quartiers de Paris pour assurer l'administration et la police. (En 1591, ils déléguèrent leurs pouvoirs à un conseil de dix membres qui fit régner la terreur.)

SEIZIÈME adj. num. ord. **1.** Qui occupe un rang marqué par le nombre seize : *Le seizième jour du mois.* – **2.** Qui est contenu seize fois dans un tout.

◆ n. m. **1.** Partie contenue seize fois dans un tout. – **2.** *Seizième de finale,* phase éliminatoire d'une compétition opposant deux à deux trente-deux équipes ou trente-deux concurrents qualifiés (surtout pl.).

SEIZIÈMEMENT adv. En seizième lieu.

SÉJAN, en lat. **Lucius Aelius Seianus,** préfet du prétoire de Tibère (Volsinies, auj. Bolsena, Étrurie, entre 20 et 16 av. J.-C.-Rome 31 apr. J.-C.). Préfet du prétoire (21 apr. J.-C.), il gagna la confiance de Tibère, à qui il rêvait de succéder. Il fit disparaître Drusus Caesar, héritier du trône (23), et plusieurs membres de la famille impériale. Tibère le fit arrêter et mettre à mort (18 oct. 31).

SÉJOUR n. m. (de *séjourner*). **1.** Fait de séjourner qqpart pendant un certain temps : *Votre séjour à la mer s'est bien passé ? Faire un séjour à l'hôpital.* – **2.** Lieu où l'on séjourne : *Ce village est un agréable séjour d'été.* – **3.** Pièce d'un appartement servant à la fois de salle à manger et de salon. (On dit aussi SALLE DE SÉJOUR ; syn. LIVING, LIVING ROOM.)

SÉJOURNÉ (Paul), ingénieur français (Orléans 1851 - Paris 1939). Il dirigea la construction de nombreux ponts en maçonnerie, auxquels il apporta des formes et des procédés d'exécution nouveaux, imaginant notamment, pour les grandes voûtes, de couper les rouleaux en tronçons.

SÉJOURNER v. i. (lat. pop. **subdiurnare,* du bas lat. *diurnare,* durer) [conj. 3]. **1.** Demeurer, résider quelque temps dans un endroit : *Séjourner quelques années aux États-Unis.* – **2.** En parlant de vapeurs ou de liquides, rester immobile, stagnant : *Brouillard qui séjourne dans la vallée.*

SEKHMET, déesse guerrière égyptienne, représentée comme une femme à tête de lionne. Son principal centre de culte fut la région de Memphis, où elle formait une triade avec Ptah et Nefertoum.

SEKONDI-TAKORADI, port du Ghana ; 255 000 hab. Takoradi est maintenant le centre de l'agglomération. Exportation de cacao, bois et manganèse. Traitement du poisson.

SÉKOU TOURÉ → TOURÉ.

SEL n. m. (lat. *sal, salis*). **1.** Substance cristallisée, friable, soluble dans l'eau, d'un goût piquant, d'un emploi universel pour l'assaisonnement. (→ *encycl.*) – **2.** Ce qu'il y a de finement spirituel dans un propos, un écrit, un geste, une situation, ou ce qui augmente vivement leur intérêt : *Plaisanterie pleine de sel.* ‖ *Gros sel* ou *sel gris,* sel en gros cristaux, utilisé en cuisine. ‖ *Sel fin,* sel raffiné se présentant sous la forme d'une poudre blanche, utilisé pour la table. – **3.** Litt. *Le sel de la terre,* l'élément actif, l'élite, les meilleurs d'un groupe. • **Chim.** Corps pur, de structure ionique, résultant de l'action d'un acide ou d'un oxyde basique sur une base ou un oxyde basique, ou encore de l'action d'un acide ou d'une base sur un métal. (→ *encycl.*) – **Cuis.** *(Au) gros sel,* se dit d'une viande cuite dans son bouillon et servie parsemée de gros sel. – **Géol.** *Sel gemme,* chlorure de sodium (NaCl), du système cubique, existant dans les dépôts sédimentaires et en efflorescence dans les régions arides. (Syn. HALITE.) – **Pharm.** Nom donné à certains corps utilisés en thérapeutique, à cause de leur ressemblance avec le sel ordinaire (par ex. le *sel de Glauber ou de Lorraine* [sulfate de soude], le *sel d'Epsom* ou *d'Angleterre* [sulfate de magnésium], le *sel de Vichy* [bicarbonate de sodium].)

◆ **sels** n. m. pl. **1.** Mélanges acides ou alcalins qui servaient à ranimer par inhalation les personnes défaillantes. – **2.** *Sels de bain,* mélange parfumé de sels minéraux ajoutés à l'eau du bain, pour la parfumer et l'adoucir.

ENCYCL. • *Origines.* Constitué par du chlorure de sodium (NaCl) plus ou moins pur, le sel est très abondant dans la nature. Les mers renferment environ 30 kg de sel par mètre cube. Il existe également dans le sous-sol (sel gemme), provenant de l'évaporation des mers géologiques. Le sel se trouve aussi dans les lacs salés, dont certains sont desséchés et constituent d'importants dépôts de sel ; ils sont appelés *chotts* ou *sebkhas* en Afrique du Nord. En France, les gisements de sel gemme se trouvent dans le bassin franc-comtois, dans le Béarn, et surtout en Lorraine.

Le sel renferme généralement de 1 à 10 % d'impuretés, constituées principalement par des sulfates ou des chlorures de calcium et de magnésium, et des corps divers. Le sel extrait de la mer contient 96 à 98 % de chlorure de sodium.

• *Production.* Le sel extrait des mines (sel gemme) est raffiné dans des salines, le sel marin est récolté sur des salins ou marais salants. En

France, les salins du Languedoc sont les principaux producteurs ; mais, sur l'Atlantique, les marais salants de la Charente-Maritime et de la région du Croisic jouent encore un certain rôle.
• *Histoire.* Dès le XIe s., le sel est un élément important dans la vie sociale et politique du monde médiéval. Sa production et son commerce sont l'un des fondements de la richesse des États, tant en Méditerranée que dans la mer du Nord et la Baltique. Jusqu'à la fin du XVIIIe s., l'impôt sur le sel a constitué une part essentielle de leurs ressources fiscales. (→ GABELLE.)
— **Chim.** Un sel est formé d'ions de signes opposés : l'anion provient de l'acide, c'est sa base conjuguée ; le cation provient de la base, c'est son acide conjugué. Il en résulte qu'un monoacide neutralisé par une monobase ne peut donner qu'un seul sel. (Ex. Na^+Cl^-, résultant de l'action de HCl et de NaOH.) En revanche, un polyacide possédant plusieurs bases conjuguées peut fournir plusieurs sels avec une monobase : c'est, par exemple, le cas de H_2SO_4 qui, avec NaOH, donne l'hydrogénosulfate de sodium $Na^+HSO_4^-$ et le sulfate disodique $2Na^+,SO_4^{2-}$. Les sels sont des électrolytes forts. Leurs solubilité dans un solvant dépend de la charge et de la dimension des ions, de la constante diélectrique du solvant, etc. Pour les sels peu solubles, on peut définir un produit de solubilité*.
— **Industr.** Le sel (chlorure de sodium) est une matière première de la grande industrie chimique, utilisée pour son *chlore,* (base de nombreuses fabrications) et son *sodium* (matière première de l'industrie de la soude). Le sel sert également au salage des peaux, au fonctionnement des épurateurs d'eau, à la fonte des neiges, à la réfrigération, etc.
— **Physiol.** Le sel (chlorure de sodium) est un élément essentiel de l'alimentation : il contribue à maintenir la pression osmotique, et la plupart des fonctions vitales en dépendent. Le sang humain contient à peu près la même proportion de sel que l'eau de mer. L'élimination du sel par le rein doit être compensée par l'alimentation, de façon à maintenir exactement le capital salin. Si celui-ci augmente ou diminue, il en résulte des troubles organiques graves. Un adulte absorbe, sous des formes diverses, environ 20 g de sel par jour.

SÉLACIEN n. m. (gr. *selakhos,* poisson cartilagineux). Nom du principal groupe de poissons cartilagineux. (Syn. CHONDRICHTYEN.)
ENCYCL. Les sélaciens ont un corps recouvert de denticules cutanés ou écailles placoïdes ; la bouche s'ouvre ventralement sous un rostre ; les dents sont disposées en plusieurs rangées. Certains sélaciens pondent de gros œufs, d'autres sont vivipares, voire placentaires. Les fentes branchiales ne sont pas masquées par un opercule. La colonne vertébrale se prolonge dans le lobe supérieur de la nageoire caudale. Le sang a une forte teneur en urée, ce qui le rend isotonique à l'eau de mer. On divise les sélaciens en plurotrèmes (requins), à fentes branchiales latérales et hypotrèmes (raies et torpilles), dont les fentes branchiales s'ouvrent ventralement.

SÉLAGINELLE n. f. (lat. *selago, -inis,* genre de plante). Plante rampante, à ramification dichotome, n'ayant que de minuscules feuilles et formant des spores unisexuées. (Les sélaginelles, usuellement *lycopodes,* sont voisines des fougères.)

SELANGOR, État de Malaysia, en Malaisie, sur le détroit de Malacca ; 7 960 km² ; 2 289 236 hab. Cap. *Shah Alam.*

SELBERG (Atle), mathématicien norvégien (Langesund 1917). Ses travaux sur les nombres premiers lui ont valu la médaille Fields en 1950.

SELBORNE (*comtes* DE) → PALMER.

SELDJOUKIDES ou **SALDJŪQIDES,** dynastie turque qui domina l'Orient musulman du XIe au XIIIe s. Cette dynastie doit son nom à Selçuk (Saldjūq), membre d'un clan de Turcs Oghouz qui quitta au Xe s. le cours inférieur du Syr-Daria pour la Transoxiane. De là, les Oghouz déferlèrent sur l'Iran sous la conduite de Toghrul Beg (1038-1063), fondateur des Seldjoukides d'Iran ou Grands Seldjoukides (1038-1157). Ispahan devint leur capitale en 1051. Le sunnisme et la loyauté au califat leur permirent de remplacer en 1055 les gouverneurs chī'ites buwayhides de Bagdad et de créer pour eux-mêmes le titre de sultan. Alp Arslan (1063-1073) enleva Alep (1070), conquit l'Arménie et remporta sur les Byzantins la victoire de Mantzikert (1071) qui ouvrit aux Turcs l'Asie Mineure. La dynastie fut à son apogée sous Malik Chāh (1073-1092), qui occupa la Transoxiane, le Kermān, Jérusalem, Damas, l'Asie Mineure. Les sultans disposaient d'une armée puissante, d'une administration civile confiée à des fonctionnaires autochtones ou à des mamelouks. Par les fondations scolaires (madrasa), ils assurèrent le renouveau du sunnisme. Les principautés confiées à des branches cadettes (celle du Kermān [1041-1186], celle d'Iraq [1118-1194] et celle de Syrie [1078-1117]) s'affaiblirent rapidement. Le *sultanat de Rūm* (1077-1308) fut créé en Asie Mineure par Sulaymān ibn Kutulmich. Avec Konya (Iconium) pour capitale depuis le début du XIIe s., il fut à son apogée sous Keykubad Ier (1221-1237). Mais, à partir de 1243, les raids mongols ruinèrent le sultanat, qui se morcela en émirats turkmènes, vassaux des Mongols. Les Seldjoukides ont accompli en Asie Mineure une œuvre économique, culturelle et artistique importante.

SÉLECT, E adj. (angl. *select,* choisi). *Fam.* De premier choix, d'élite ; chic, élégant : *Des réunions sélectes.*

SÉLECTEUR, TRICE adj. Qui opère une sélection, un tri.

◆ **sélecteur** n. m. **1.** En télécommunications, commutateur destiné à réaliser une seule connexion, soit entre une entrée unique et plusieurs sorties, soit entre plusieurs entrées et une seule sortie. — **2.** Pédale actionnant le changement de vitesse d'une moto. — **3.** Dispositif permettant le choix de la combinaison et l'indexage de la position d'un organe tel que boîte de vitesses, d'avance, etc. — **4.** *Sélecteur de programme,* sélecteur permettant de choisir le canal de fréquences, donc le programme voulu, dans un récepteur de radio ou de télévision.

SÉLECTIF, IVE adj. Qui opère une sélection ou qui repose sur une sélection, un choix : *Recrutement sélectif.*

SÉLECTION n. f. (angl. *selection,* du lat. *selectio*). **1.** Action de choisir les personnes ou les choses qui conviennent le mieux : *Opérer une sélection entre les candidats.* — **2.** Ensemble de personnes ou de choses choisies : *Présenter une sélection de modèles de haute couture.* — **3.** Choix du mode de fonctionnement d'un appareil parmi tous ceux que ce dernier possède. • **Agric.** et **Biol.** Choix, opéré par la nature *(sélection naturelle),* résultant simplement de l'influence du milieu, ou par l'homme *(sélection artificielle),* au sein d'une espèce animale ou végétale, des individus qui assureront la reproduction de cette espèce de façon préférentielle ou exclusive. (→ *encycl.*) — **Enseign.** Limitation du nombre des bénéficiaires d'un enseignement au moyen du contrôle des connaissances. ‖ *Sélection professionnelle,* choix des candidats à une profession, selon les qualités requises. — **Mil.** Opération préliminaire à l'appel du contingent. (Syn. anc. RÉVISION.) ‖ *Centre de sélection,* organisme où les jeunes gens assujettis au service national et les candidats à l'engagement sont soumis à un examen médical et à des épreuves psychotechniques, en vue de leur affectation. — **Phot.** *Sélection trichrome,* processus d'analyse des composantes bleue, verte et rouge d'un phototype en couleurs. — **Sports.** Choix des éléments appelés à participer à une épreuve (généralement internationale). — **Télécomm.** Séparation, d'après leurs différences de fréquences, du signal voulu des autres signaux, brouilleurs ou parasites, appliqués à l'entrée d'un récepteur radioélectrique.

ENCYCL. **Agric.** Les nombreuses méthodes de sélection utilisées par les éleveurs ont permis d'améliorer considérablement les performances zootechniques (production laitière, rapidité de croissance, prolificité, etc.) des animaux domestiques. Elles sont fondées soit sur le choix de reproducteurs choisis en fonction des caractéristiques de leur ascendance, de leurs collatéraux (frères et sœurs) ou de leur descendance, soit sur leurs propres caractères et performances (sélection massale). Dans la pratique de l'élevage, la sélection se réalise par une combinaison de ces techniques. Dans l'élevage bovin, l'insémination artificielle a beaucoup contribué à la sélection de bons reproducteurs mâles et a élevé le niveau de productivité des vaches laitières.

Pour la production des semences et des plants, la *sélection conservatrice* permet de reproduire les générations successives de plantes identiques aux individus d'origine choisis pour des qualités reconnues. La *sélection créatrice* consiste à créer, par l'utilisation des techniques diversifiées, des variétés nouvelles et parfois même des espèces. Cette sélection est réalisée par des entreprises spécialisées en liaison avec des laboratoires officiels de recherche.

— **Biol.** La *sélection naturelle,* processus mis en évidence par Ch. Darwin et A. R. Wallace, résulte de l'élimination des plus faibles et de la survivance des plus aptes au cours de la « lutte pour la vie », c'est-à-dire pour la nourriture, le territoire, etc. Une *sélection sexuelle* (seuls les mâles les plus aptes se reproduisent) complète la sélection trophique. Le développement récent de la génétique* des populations a conduit à nuancer cette notion. D. Buican propose le concept élargi d'une *sélection multipolaire,* s'exerçant à tous les paliers d'intégration du vivant (de la molécule à l'écosystème), incluant la sélection naturelle, et à laquelle il rattache également la *sélection artificielle* imposée par l'homme.

SÉLECTIONNABLE adj. Susceptible d'être sélectionné.

SÉLECTIONNÉ, E n. Personne choisie parmi d'autres, en vue d'une épreuve, d'un concours.

SÉLECTIONNER v. t. (de *sélection*) [conj. 3]. **1.** Choisir, dans un ensemble, les personnes ou les choses qui répondent le mieux à un critère donné : *Sélectionner des élèves pour le concours général.* — **2.** Pratiquer la sélection de végétaux ou d'animaux. — **3.** Choisir les candidats chargés de représenter une ville, une région, un pays, etc., dans une compétition.

◆ **être sélectionné** v. pass. Être choisi par une sélection pour ses qualités : *Des graines sélectionnées.*

SÉLECTIONNEUR, EUSE n. **1.** Personne qui opère des sélections. — **2.** Dirigeant sportif chargé de choisir les membres d'une équipe officielle. — 3. Personne ou organisme pratiquant dans un élevage des méthodes lui permettant de réaliser un progrès génétique.

SÉLECTIVEMENT adv. D'une manière sélective.

SÉLECTIVITÉ n. f. (de *sélectif*). 1. Caractéristique d'un récepteur radioélectrique, mesurant son aptitude à assurer la sélection du signal voulu. — 2. Pourcentage des molécules d'une espèce chimique qui ont subi une transformation et qui ont conduit à un produit donné. — 3. Propriété des filtres colorés, caractérisée par leur absorption plus ou moins franche de certaines couleurs.

SÉLÈNE ou **SÉLÉNIEN, ENNE** adj. Qui appartient, qui a rapport à la Lune.

SÉLÉNÉ ou **SELÊNÊ,** chez les Grecs, personnification de la Lune, fille d'Hypérion, le Feu astral, et sœur d'Hélios.

SELENGA (la), riv. née en Mongolie, qui se termine en Russie par un delta dans le lac Baïkal ; 1 024 km (bassin de 447 000 km^2).

SÉLÉNHYDRIQUE adj. *Acide sélénhydrique,* acide H_2Se. (Syn. HYDROGÈNE SÉLÉNIÉ.)

SÉLÉNIATE ou **SÉLÉNATE** n. m. Sel de l'acide sélénique.

SÉLÉNIÉ, E adj. 1. Qui contient du sélénium. — 2. *Hydrogène sélénié,* syn. de ACIDE SÉLÉNHYDRIQUE.

SÉLÉNIEN → SÉLÈNE et SÉLÉNITE 1.

SÉLÉNIEUX adj. m. (de *séléniium*). Se dit de l'anhydride SeO_2 et de l'acide correspondant H_2SeO_3.

SÉLÉNIQUE adj. (de *sélénium*). Se dit de l'anhydride SeO_3 et de l'acide correspondant H_2SeO_4.

1. SÉLÉNITE ou **SÉLÉNIEN, ENNE** n. (gr. *selênitês*). Habitant imaginaire de la Lune.

2. SÉLÉNITE n. m. (de *sélénium*). Sel de l'acide sélénieux.

3. SÉLÉNITE n. f. (lat. *selenites*). Variété de gypse, à cristaux de grande taille.

SÉLÉNIUM [-njɔm] n. m. Non-métal de la colonne VI B du tableau périodique, présentant des analogies avec le soufre. (Élément de symbole Se.)

ENCYCL.

Numéro atomique :	34
Masse atomique :	78,96
Point de fusion :	217 °C
Masse volumique :	4,79 g/cm^3

Découvert en 1817 par Berzelius, le sélénium présente plusieurs variétés allotropiques. L'une d'elles, le sélénium *cristallisé gris,* a pour densité 4,8 et fond à 217 °C. Il est conducteur de la chaleur et de l'électricité, et sa résistivité décroît quand il est éclairé. Il se combine aux halogènes, au soufre, au phosphore, et donne des séléniures avec les métaux. On l'extrait essentiellement des boues d'affinage électrolytique du cuivre. Les principales utilisations sont la coloration des verres et la fabrication de cellules photoélectriques.

SÉLÉNIURE n. m. 1. Combinaison du sélénium avec un corps simple. — 2. Sel de l'acide sélénhydrique.

SÉLÉNODONTE adj. Se dit des mammifères (ruminants notamment) dont les molaires présentent, sous l'effet de l'usure, des lobes en forme de croissant transversal.

SÉLÉNOGRAPHIE n. f. Description de la Lune.

SÉLÉNOGRAPHIQUE adj. Relatif à la sélénographie.

SÉLÉNOLOGIE n. f. Étude scientifique de la Lune.

SÉLÉNOLOGUE n. Spécialiste de l'étude de la Lune.

SELES (Monica), joueuse de tennis yougoslave naturalisée américaine (Novi Sad 1973), vainqueur à Roland-Garros (1990, 1991, 1992), à Flushing Meadow (1991, 1992) et aux Internationaux d'Australie (1991, 1992, 1993 et - après une interruption de sa carrière de 1993 à 1995, à la suite d'une agression au cours d'un match - 1996).

SÉLESTAT (67600), ch.-l. d'arrond. du Bas-Rhin, sur l'Ill ; 15 896 hab. *(Sélestadiens).* Ville pittoresque, conservant des restes d'enceinte, des églises médiévales, dont l'anc. abbatiale romane Ste-Foy, des demeures du XVIe s. Bibliothèque humaniste et musée. Machines industrielles.

SÉLEUCIDE adj. Relatif à la dynastie des Séleucides.

SÉLEUCIDES, dynastie hellénistique qui régna en Asie de 312/305 à 64 av. J.-C. Son fondateur, le Macédonien Séleucos Ier, vainc Antigonos Monophthalmos à Ipsos (301) et étend sa domination de l'Inde à la Méditerranée. Après sa victoire sur Lysimaque (281), il soumet les villes grecques d'Asie Mineure et des Détroits. Mais l'Anatolie intérieure échappe très vite aux Séleucides, qui perdent aussi l'Égypte après la bataille de Paneion (200). La force de l'État séleucide réside dans la Syrie, la Mésopotamie et le territoire compris entre l'Euphrate et la mer ; d'où le nom de *royaume de Syrie* qui lui est parfois donné. Cet État aux frontières fluctuantes se caractérise par une extrême variété de peuples et de civilisations, dont l'unité repose sur la dynastie et l'hellénisme. Diffusé dans tout l'empire, celui-ci maintient son influence dans des régions qui échappent très tôt à la domination politique (Bactriane, Parthie). Pour favoriser l'hellénisation, les souverains multiplient les fondations de cités autonomes. À la fin du IIIe s., le Parthe Arsace, Diodote II de Bactriane et Attalos Ier de Pergame rompent avec les Séleucides en assumant le titre royal. L'intervention du Séleucide Antiochos III (223-187) en Europe (196) déclenche l'intervention de Rome (192), victorieuse à Magnésie du Sipyle (189). Désormais, Rome joue sur les querelles familiales de la dynastie, qui se multiplient après la mort de Démétrios Ier (150). Les Parthes* achèvent leur expansion ; la défaite et la mort d'Antiochos VII (138-129) marquent la perte définitive de la Mésopotamie. Les Juifs, d'abord révoltés contre les mesures autoritaires d'Antiochos IV Épiphane (175-164), imposent leur domination à toute la Palestine et se constituent en État indépendant (103-76 av. J.-C.). Pompée dépose les deux souverains rivaux, Antiochos XIII et Philippe II, et érige la Syrie en province romaine (64-63).

SÉLEUCIE, en gr. **Seleukeia,** nom de diverses villes orientales de l'Antiquité principalement fondées par Séleucos Ier Nikatôr. — **Séleucie de Piérie,** v. et port d'Antioche, au N. des bouches de l'Oronte, est le lieu de sépulture de la dynastie. — **Séleucie du Tigre,** située au confluent du Tigre (r. dr.) et du canal de l'Euphrate, remplaça Babylone. Ce fut un nœud important des routes caravanières. Elle fut supplantée par Ctésiphon, capitale des Parthes. Occupée et brûlée par les Romains, Séleucie fut remplacée par Bagdad.

SÉLEUCOS Ier Nikatôr (« le Vainqueur »), général macédonien (Europos v. 355 av. J.-C. - près de Lysimacheia 280), satrape de Babylonie (321-316 et 312-305) et roi fondateur de la dynastie des Séleucides (v. 305-280). Lieutenant d'Alexandre, après l'assassinat de Perdiccas, il reçoit la satrapie de Babylone (321). Chassé par Antigonos Monophthalmos, il contribue à la victoire de Ptolémée sur Démétrios Poliorcète (Gaza, 312). Il regagne la Babylonie, puis entreprend, à l'exemple d'Alexandre, une campagne jusqu'en Inde. Il contribue à la victoire d'Ipsos sur Antigonos Monophthalmos (301). Il installe sa capitale à Antioche. Plus tard, il est vainqueur de Démétrios (285), bat et tue Lysimaque au Couroupédion (281). Pour reconstituer l'empire unitaire d'Alexandre, il projette d'occuper la Thrace et la Macédoine, mais il est assassiné. — **Séleucos II Kallinikos** (« le Grand Vainqueur ») [v. 265-226 av. J.-C.], roi séleucide (246-226 av. J.-C.), fils d'Antiochos II. Il entre en conflit avec Ptolémée III qui soutient les droits de sa sœur Bérénice, seconde épouse d'Antiochos II, et de son jeune enfant (troisième guerre de Syrie, v. 246-241 av. J.-C.). Il ne peut reprendre aux Égyptiens ni Séleucie de Piérie ni les ports phéniciens. Il ne parvient à vaincre son frère, Antiochos Hierax, qui s'est assuré le gouvernement de l'Asie Mineure, qu'à la veille de sa mort. — **Séleucos III Sôtêr Keraunos** († 223 av. J.-C.), roi séleucide (226-223 av. J.-C.). Fils aîné de Séleucos II, il fut assassiné lors d'une campagne contre Attalos Ier de Pergame. — **Séleucos IV Philopatôr** († 175 av. J.-C.), roi séleucide (187-175 av. J.-C.), second fils d'Antiochos III. Il fut associé par son père au trône (188). Il dut remettre à Rome en otage son plus jeune fils, Démétrios. Essayant de rétablir son autorité en Palestine, il chargea son ministre Héliodore de s'emparer du trésor du Temple de Jérusalem. Celui-ci échoua et, à son retour, assassina le souverain. — **Séleucos V Nikatôr** († 125 av. J.-C.), roi séleucide (125 av. J.-C.). Fils aîné de Démétrios II, il fut tué sur l'ordre de sa mère, Cléopâtre Théa. — **Séleucos VI Épiphane Nikatôr** († Mopsueste 95 av. J.-C.), roi séleucide (96-95 av. J.-C.). Fils aîné d'Antiochos VIII, il fut chassé du pouvoir par Antiochos X (95), issu d'une autre branche royale.

1. SELF n. m. (angl. *self,* le soi). Chez M. Klein, terme qui fait référence aux sentiments et pulsions de l'ensemble de la personnalité, alors que le terme de « moi » fait davantage référence à la structure de la personnalité. (Syn. SOI.)

2. SELF n. m. *Fam.* Self-service.

3. SELF → SELF-INDUCTANCE.

SELF-CONTROL n. m. (pl. *self-controls*) [angl. *self-control*]. Maîtrise de soi, contrôle de soi : *Perdre son self-control.*

SELF-EXCITATION n. f. (pl. *self-excitations*). Excitation par influence de la détonation d'une cartouche d'un explosif par une cartouche du même explosif placée à distance. (Cette distance, pour des cartouches de masses et de dimensions déterminées, est le *coefficient de self-excitation.*)

SELF-GOVERNMENT [selfgɔvɛrnmənt] n. m. (pl. *self-governments*) [angl. *self-government,* gouvernement par soi-même]. Capacité pour un peuple ou un territoire de se gouverner lui-même.

SELF-INDUCTANCE ou **SELF** n. f. (pl. *self-inductances*). Syn. de AUTO-INDUCTANCE.

SELF-INDUCTION n. f. (pl. *self-inductions*). **1.** Syn. de AUTO-INDUCTION. — **2.** *Coefficient de self-induction,* syn. de AUTO-INDUCTANCE.

SELF-MADE-MAN [sɛlfmɛdman] n. m. (pl. *self-made-men* [-mɛn]) [mot angl.]. Personne qui est l'artisan de sa propre réussite.

SELF-SERVICE n. m. (pl. *self-services*). **1.** Technique de restauration dans laquelle le client se sert lui-même. — **2.** Restaurant où on pratique cette technique. (Abrév. fam. SELF.) — **3.** *En self-service,* où le client se sert lui-même : *Des appareils de photocopie en self-service.*

SELF-TRIMMER [sɛlftrimœr] n. m. (pl. *self-trimmers*). Vraquier dont la partie inférieure des parois latérales des cales constitue un plan incliné permettant l'arrimage automatique de la cargaison.

SELIM le Terrible (Amasya 1466 - Çorlu 1520), 9e sultan ottoman (1512-1520). Fils de Bayezid II, il s'empara du pouvoir avec l'aide des janissaires (1512). Il ne rompit pas la paix avec les puissances chrétiennes, mais il fit massacrer 40 000 chī'ites dans ses États et battit à Tchāldirān (1514) le chāh d'Iran, Ismā'īl Ier. Il annexa l'Anatolie orientale, conquit la Syrie et l'Égypte en 1516-17 et se fit reconnaître protecteur des villes saintes d'Arabie (La Mecque et Médine). Le calife 'abbāsside d'Égypte lui aurait, selon la tradition, cédé son titre de calife. — **Selim II** (Istanbul 1524 - *id.* 1574), 11e sultan ottoman (1566-1574). Surnommé *Mast* (« l'Ivrogne ») ou *Sarı* (« le Blond »), il laissa le grand vizir Sokullu s'occuper des affaires de l'État. — **Selim III** (Istanbul 1761 - *id.* 1808), 28e sultan ottoman (1789-1807). Son règne fut marqué par des guerres désastreuses contre l'Autriche (paix de Svištov, 1791) et la Russie (paix de Iași, 1792), puis par l'expédition de Bonaparte (1798-1802) ainsi que par des révoltes de provinces ottomanes. Les réformes que le sultan s'efforça d'introduire dans l'administration et dans l'armée provoquèrent une révolte des janissaires (1807), qui le renversèrent au profit de Mustafa IV.

Selingué, site d'un barrage sur le Sankarani (affl. du Niger) au Mali. Hydroélectricité et irrigation.

SÉLINONTE, en gr. **Selinous,** en lat. **Selinus,** cité grecque de la côte sud-ouest de la Sicile. Fondée vers 628 av. J.-C. par des habitants de Mégare Hyblaia, elle fut détruite par les Carthaginois en 409. Ruines de plusieurs temples grecs, dont le temple G, dédié à Apollon.

SELKIRK *(monts),* chaîne de montagnes de l'ouest du Canada (Colombie britannique), dans une boucle de la Columbia. Ils culminent au mont *Sir Sanford* (3 533 m).

SELKIRK (Alexander), marin écossais (Largo, Fife, 1676 - en mer 1721). S'étant querellé avec son capitaine, il se fit débarquer, en 1704, dans l'île Más á Tierra (archipel Juan Fernández), alors inhabitée. Il y fut recueilli en 1709. Son aventure inspira le *Robinson Crusoé* de Defoe.

SELLARS (Peter), metteur en scène de théâtre et d'opéra américain (Pittsburgh 1957). D'avant-garde, il réalise des spectacles hétéroclites et provocateurs (*Ajax* de Sophocle ; *Don Giovanni* de Mozart ; *le Marchand de Venise* de Shakespeare), mêlant les époques, les genres, les styles.

SELLASIE, en gr. **Sellasia,** anc. ville grecque du Péloponnèse, en Laconie, près de l'Eurotas. L'armée de Sparte y fut détruite par la ligue Achéenne (222 av. J.-C.).

1. SELLE n. f. (lat. *sella,* siège). **1.** Siège que l'on fixe sur le dos des chevaux, des mulets, des dromadaires pour la commodité de la personne qui y prend place. — **2.** Petit siège pourvu d'une suspension sur lequel s'assied le cycliste ou le motocycliste. — **3.** *Cheval de selle,* cheval propre à être monté. ‖ *Être bien en selle,* être bien assis à cheval ; être bien affermi dans sa situation. ‖ *Remettre en selle,* aider un cavalier à remonter sur son cheval ; aider qqn à rétablir ses affaires. • **Anat.** *Selle turcique,* excavation de la base du crâne, creusée dans la face supérieure de l'os sphénoïde, et qui renferme l'hypophyse. — **Bouch.** *Selle d'agneau, de mouton, de chevreuil,* morceau de viande correspondant à la région lombaire avec les muscles abdominaux. — **Ch. de f.** Plaquette de métal placée entre le patin du rail et la traverse, pour répartir les efforts sur la table de sabotage. — **Sculpt.** Escabeau que surmonte un plateau tournant, sur lequel le sculpteur pose le bloc de matière qu'il modèle.
◆ n. m. *Selle français,* race française de chevaux de selle, issue de croisements entre des juments normandes et des pur-sang anglais, appréciée pour le saut d'obstacles et le concours complet.

2. SELLE n. f. (de *selle 1*). *Aller à la selle,* évacuer les matières fécales.
◆ **selles** n. f. pl. Excréments humains.

SELLE *(massif de la),* massif du sud de la République d'Haïti ; 2 680 m.

SELLER v. t. (de *selle 1*) [conj. **4**]. Équiper une bête de somme d'une selle : *Seller un cheval.*

SELLERIE n. f. **1.** Lieu où l'on range les selles et harnais des chevaux. — **2.** Ensemble des selles et des harnais des chevaux d'une écurie. — **3.** Technique de fabrication des selles et harnais ; commerce de selles et harnais. — **4.** Ouvrages de sellier.

SELLERIE-BOURRELLERIE n. f. (pl. *selleries-bourrelleries*). Art de fabriquer et de réparer les pièces composant l'équipement du cheval.

SELLERIE-GARNISSAGE n. f. (pl. *selleries-garnissages*). **1.** Ensemble des opérations de confection et de montage de l'aménagement intérieur des véhicules. — **2.** Ensemble des éléments composant cet aménagement intérieur.

SELLERIE-MAROQUINERIE n. f. (pl. *selleries-maroquineries*). Travail des cuirs et des peaux pour la confection d'articles variés, et principalement de voyage.

SELLES-SUR-CHER (41130), ch.-l. de cant. du sud du dép. de Loir-et-Cher ; 4 774 hab. *(Sellois).*

Château féodal reconstruit au temps d'Henri IV. Église des XIIe et XIVe s., anc. abbatiale, dont l'abside est sculptée d'une double frise romane. Bâtiments abbatiaux du XVIIe s. Céramique industrielle.

SELLETTE n. f. (de *selle 1*). **1.** Siège de bois sur lequel on faisait asseoir l'accusé au tribunal pour lui faire subir un dernier interrogatoire avant l'application de la peine. — **2.** *Être sur la sellette,* être accusé, mis en cause ou être l'objet d'un flot de questions, de critiques. ‖ *Mettre qqn sur la sellette,* le presser de questions sur ce qu'il ne veut pas forcément dire. • **Bât.** Petit siège suspendu à une corde, à l'usage des ouvriers du bâtiment. — **Bourrell.** Pièce de harnais rembourrée qui fixe le reculement sur le cheval. — **Mobil.** Petit meuble composé d'une tablette montée sur pieds très hauts, pour porter une plante verte, un objet quelconque. — **Sculpt.** Petite selle.

SELLIER n. m. (de *selle 1*). Personne qui fabrique, répare ou vend des objets d'équipement et de harnachement pour les chevaux.

SELLIER-BOURRELIER n. m. (pl. *selliers-bourreliers*). Personne qui fabrique des sacs, des courroies, des bâches, etc.

SELLIER-GARNISSEUR n. m. (pl. *selliers-garnisseurs*). Ouvrier spécialisé dans la préparation et la confection des composants de l'aménagement intérieur des véhicules.

SELLIER-HARNACHEUR n. m. (pl. *selliers-harnacheurs*). Personne qui fabrique divers articles de harnachement.

SELLIER-MAROQUINIER n. m. (pl. *selliers-maroquiniers*). Ouvrier chargé de la fabrication d'articles de maroquinerie.

SELON prép. (anc. fr. *seon,* suivant, du lat. *secundum,* croisé avec *long,* suivant). Indique : **1.** une relation proportionnelle ; d'après, à proportion de, eu égard à : *Dépenser selon ses moyens.* — **2.** une adaptation dans une alternative ; suivant : *Agir selon les circonstances.* — **3.** une conformité à qqch ; conformément à : *J'ai agi selon vos désirs.* — **4.** l'origine, l'auteur d'une opinion qu'on va donner ou que l'on donne comme telle ; d'après, suivant l'opinion de : *Selon la rumeur publique, ce serait lui l'assassin.* — **5.** un principe, un critère de jugement, en se référant à tel point de vue : *Selon toute apparence.* — **6.** Fam. *C'est selon,* cela dépend des circonstances, des personnes, etc. ; peut-être. ‖ *Selon que... ou (que),* exprime une relation de correspondance dans une alternative ; suivant que... ou (que) : *Selon qu'il fera beau ou qu'il pleuvra.*

SELONCOURT (25230), comm. du Doubs, à 9 km au S.-E. de Montbéliard ; 5 653 hab. *(Seloncourtois).* Métallurgie.

SELONGEY (21260), ch.-l. de cant. du nord-est de la Côte-d'Or ; 2 422 hab. *(Selongéens).* Appareils ménagers.

SELTZ (67470), ch.-l. de cant. du Bas-Rhin, au N. de la forêt d'Haguenau, près du Rhin ; 2 592 hab. Site gallo-romain. Centre touristique.

Seltz *(eau de)* [de *Selters,* village de Hesse], eau naturellement gazeuse et acidulée, ou artificiellement chargée de gaz carbonique sous pression.

SELVA (Blanche), pianiste française (Brive-la-Gaillarde 1884 - Saint-Amand-Tallende 1942). Elle joua au piano, en 1904, l'intégrale de l'œuvre pour clavecin de J. S. Bach. Elle a créé des œuvres de V. d'Indy, Déodat de Séverac et Albéniz *(Iberia).*

Selye *(syndrome d'adaptation de)* [de Hans *Selye,* médecin canadien d'origine autrichienne (Vienne 1907 - Montréal 1982], ensemble des modifications qui surviennent dans un organisme à la suite d'un choc* traumatique ou opératoire ou plus largement d'un stress*, et qui lui permettent d'en supporter les conséquences physiopathologiques.

S. Ém., abrév. de SON ÉMINENCE.

SEM, un des trois fils de Noé. La liste des peuples dans la Genèse (x, 1-21) fait de lui l'ancêtre des peuples dits sémites.

SEM (Georges GOURSAT, *dit*), caricaturiste français (Périgueux 1863 - Paris 1934). Dessinateur du Tout-Paris et des lieux à la mode (Longchamp, Deauville, Monte-Carlo, etc.), il en a donné une image élégante et satirique, synthétique dans la forme.

SEMAILLES n. f. pl. (bas lat. *seminalia,* du lat. class. *seminalis,* destiné à être semé). **1.** Action de semer. — **2.** Ensemble des travaux agricoles comprenant les semis. — **3.** Période de l'année où s'effectuent ces travaux (semailles d'automne).

SEMAINE n. f. (bas lat. *septimana,* du lat. class. *septimanus,* de *septem,* sept). **1.** Période de sept jours consécutifs du lundi au dimanche inclus. — **2.** Période de sept jours sans considération du jour du départ : *Faire une cure thermale de trois semaines.* — **3.** Suite de cinq ou de six jours ouvrables, par opposition au week-end ou au dimanche : *S'informer des horaires des trains les jours de semaine.* — **4.** Total hebdomadaire des heures de travail d'un salarié : *La semaine de quarante heures.* — **5.** Salaire hebdomadaire : *Toucher sa semaine.* — **6.** Période de sept jours consacrée à une activité ou marquée par un trait dominant : *La semaine du blanc.* — **7.** Fam. *À la petite semaine,* sans plan d'ensemble, au jour le jour. ‖ *(Être) de semaine,* être de service pendant la semaine en cours. ‖ *Fin de semaine,* nom donné au week-end, au Canada. ‖ *Semaine anglaise,* semaine de travail qui comporte le samedi et le dimanche comme jours de repos. ‖ *Semaine pascale,* celle qui suit le dimanche de Pâques. ‖ *Semaine sainte* ou *grande semaine,* celle qui précède la fête de Pâques.

Semaine *(la) ou la Création du monde,* poème encyclopédique de Guillaume de Salluste du Bartas (1579), retraçant les sept jours de la création du monde. La *Seconde Semaine* (restée inachevée) suit l'histoire biblique jusqu'à la captivité de Babylone.

Semaines sociales de France, organisme permanent d'enseignement social supérieur d'après les principes de la doctrine de l'Église catholique, fondé à Lyon en 1904.

SEMAINIER, ÈRE n. Personne qui est de semaine dans une communauté pour remplir une fonction. — **2.** Personne qui participe aux Semaines sociales de France.

◆ **semainier** n. m. **1.** Calendrier, agenda de bureau qui indique les jours en les groupant par semaines. — **2.** État qui indique le total des heures passées par les ouvriers d'une entreprise pour les travaux exécutés pendant une semaine, et d'après lequel est établie la liste des acomptes hebdomadaires. — **3.** Chiffonnier à sept tiroirs. — **4.** Bracelet à sept anneaux.

SEMAN ou **SEMANI** (le), fl. d'Albanie, formé par la réunion du Devoll et de l'Osum ; 252 km. Barrage (irrigation).

SEMANGS ou **MENIKS** ou **MENIS,** population négrito de la péninsule malaise, apparentée au groupe môn-khmer. En Thaïlande, les Semangs ont aussi le nom de Ngoks.

SÉMANTÈME n. m. (de *sémantique,* d'apr. *morphème*). **1.** Syn. vieilli de LEXÈME. — **2.** Élément composant du sémème d'une unité lexicale, qui regroupe tous les traits sémantiques spécifiques de l'unité considérée.

SÉMANTICIEN, ENNE n. Linguiste spécialisé en sémantique.

SÉMANTIQUE n. f. (bas lat. *semanticus,* du gr. *sêmantikos,* qui signifie). **1.** Étude du sens des unités linguistiques et de leurs combinaisons. (→ *encycl.*) — **2.** Étude des propositions d'une théorie déductive du point de vue de leur vérité ou de leur fausseté. — **3.** Aspect de la logique qui traite de l'interprétation et de la signification des systèmes formels, par opposition à la syntaxe, entendue comme l'étude des relations formelles entre formules de tels systèmes.

◆ adj. **1.** Relatif au sens, à la signification des unités linguistiques. — **2.** Qui concerne la sémantique. — **3.** *Champ sémantique,* aire couverte, dans le domaine de la signification, par un mot ou un groupe de mots de la langue. ‖ *Trait sémantique,* syn. de SÈME.

ENCYCL. **Ling.** L'avènement d'une discipline ayant le sens pour objet (la sémantique) a été relativement tardif (le terme a été créé par M. Bréal en 1897). Considérant, à la suite de Saussure, que la langue devait être décrite « en elle-même et pour elle-même », c'est-à-dire avant tout comme une forme, les linguistes structuralistes ont établi une distinction rigoureuse entre forme et sens, ce qui laisse la possibilité de dégager un niveau d'analyse autonome : le niveau sémantique.

La *sémantique structurale* se fonde sur le concept saussurien de valeur, selon lequel la « signification » d'un signe ne se limite pas à la relation entre un signifiant et un signifié mais doit être également conçue comme résultant de la relation de ce signe avec d'autres signes : l'anglais *sheep* et le français *mouton* peuvent avoir la même signification mais ils n'ont pas la même valeur, puisque l'anglais comporte, en outre, *mutton* (viande de l'animal) ; d'où le projet de constituer des « champs sémantiques » de termes, puis des « microsystèmes » dont les sens se délimitent réciproquement. Dès lors, les comparaisons entre signes permettent de dégager des unités minimales de signification (les sèmes ou traits sémantiques) par des procédures analogues à celles utilisées en phonologie.

La *sémantique distributionnelle* prend pour base que le sens des unités linguistiques est en relation étroite avec leur distribution, c'est-à-dire avec la somme des environnements dans lesquels elles apparaissent : on pourra ainsi classer les divers sens d'un terme en fonction des constructions auxquelles il participe : l'adjectif *fort,* par ex., appliqué à une personne, change de sens lorsqu'il est suivi d'un complément prépositionnel *(un homme fort / fort aux échecs / fort en sciences).*

La *sémantique générative,* prolongeant et critiquant la grammaire générative, part de la constatation que deux phrases de même sens peuvent avoir des structures profondes différentes. Il faut donc envisager les structures profondes non plus au niveau syntaxique mais au niveau sémantique. Cette structure sémantique profonde, très abstraite, est constituée d'un ensemble de traits logiques dont la combinaison aboutit aux structures de surface.

Ainsi, la sémantique, qui était à l'origine une analyse du sens au niveau du mot, se situe désormais au niveau de la phrase, voire du discours (pragmatique).

SÉMANTIQUEMENT adv. Du point de vue sémantique.

SÉMANTISME n. m. Contenu sémantique d'une unité linguistique.

SÉMAPHORE n. m. **1.** Poste de signalisation établi sur une côte pour communiquer avec les navires en vue. – **2.** Signal d'arrêt d'espacement des trains (block), constitué en signalisation mécanique par une aile rouge étendue horizontalement, associée de nuit à un feu rouge, et en signalisation lumineuse par un feu rouge.

SÉMAPHORIQUE adj. Relatif au sémaphore.

SÉMAPHORISTE n. Personne affectée à l'entretien et au fonctionnement d'un sémaphore maritime.

SEMARANG, port d'Indonésie, sur la côte nord de Java ; 1 249 230 hab. Marché commercial.

SÉMASIOLOGIE n. f. (all. *Semasiologie,* du gr. *sêmasia,* signification). Étude sémantique qui consiste à partir du signe linguistique pour aller vers la détermination du concept.

SÉMASIOLOGIQUE adj. Relatif à la sémasiologie. (La démarche sémasiologique s'oppose à la démarche onomasiologique*.)

SEMBAT (Marcel), homme politique français (Bonnières-sur-Seine 1862 - Chamonix 1922). Député socialiste à partir de 1893, puis membre du parti socialiste S. F. I. O. (1905), il se prononça en 1920 contre l'adhésion à l'Internationale communiste au congrès de Tours et demeura à la S. F. I. O. La collection de peinture moderne réunie par sa femme, le peintre Georgette Agutte, et par lui-même a été léguée au musée de Grenoble.

SEMBENE (Ousmane), écrivain et cinéaste sénégalais (Ziguinchor 1923). Auteur de romans à caractère politique (*Ô pays, mon beau peuple,* 1957 ; *les Bouts de bois de Dieu,* 1960 ; *le Dernier de l'Empire,* 1981) et de recueils de nouvelles (*le Mandat,* 1965), il a aussi réalisé des films : *Borom Sarret* (1963), *Taw* (1970), *Emitaï* (1971), *Ceddo* (1977), *le Camp de Thiaroye* (1988), *Guelwaar* (1992).

SEMBLABLE adj. (de *sembler*). **1.** Qui ressemble à qqn, à qqch d'autre : *Deux jumeaux tout à fait semblables.* – **2.** De cette nature (souvent péjor.) : *Qui vous a raconté de semblables stupidités ?* – **3.** Se dit de deux figures géométriques images l'une de l'autre dans une similitude. – **4.** *Matrices semblables,* matrices carrées A et B d'ordre *n* telles qu'il existe une matrice carrée P d'ordre *n* vérifiant $B = P^{-1}AP$. (Deux matrices semblables sont deux matrices associées au même endomorphisme dans deux bases différentes.)

◆ n. (avec un possessif) **1.** Être humain, personne semblable : *Toi et tes semblables, vous êtes trop durs.* – **2.** Homme, animal, considéré par rapport aux autres hommes, aux autres animaux de la même espèce : *Partager le sort de ses semblables.*

SEMBLABLEMENT adv. *Litt.* D'une manière semblable.

SEMBLANÇAY (Jacques DE BEAUNE, *baron* DE), homme d'État français (Tours v. 1445 - Paris 1527). Trésorier général d'Anne de Bretagne (1491), il reçut de François Ier des pouvoirs équivalents à ceux d'un surintendant des Finances en 1518. N'ayant pu fournir l'argent nécessaire à l'entretien de l'armée, il fut rendu responsable des défaites subies en Italie. Accusé de malversations, il fut pendu.

SEMBLANT n. m. (de *sembler*). **1.** Une apparence, un petit peu de qqch : *Il y a un semblant de vérité dans cette histoire.* – **2.** *Faire semblant de,* feindre, simuler : *Faire semblant de dormir.* – **3.** *Ne faire semblant de rien,* feindre l'indifférence, l'ignorance ou l'inattention.

SEMBLER v. i. (bas lat. *similare,* être semblable) [conj. 3]. **1.** Présenter l'apparence de, donner l'impression d'être ou de faire qqch (pour qqn) : *Le président nous a semblé préoccupé. Cette robe semble vous aller parfaitement.* – **2.** *Il semble que,* il y a apparence que, il y a lieu de croire que : *Il semble que tout va bien.* – **3.** *Il (me, te, etc.) semble,* exprime une opinion, un jugement sur une action, un état de choses : *Il me semble superflu que vous reveniez.* – **4.** *Ce me semble, me semble-t-il, à ce qu'il me semble,* à mon avis, selon moi. ‖ Litt. *Que vous en semble, que vous semble-t-il de qqch ?,* que pensez-vous de cela ? ‖ *Si (comme, quand) bon me semble,* si (ou quand) cela me plaît, me convient.

SÈME n. m. (de *sémantique,* d'apr. *phonème*). Unité minimale de signification entrant, comme composant, dans le sens d'une unité lexicale. (Syn. TRAIT SÉMANTIQUE.)

SÉMÉAC (65600), ch.-l. de cant. des Hautes-Pyrénées, banlieue est de Tarbes ; 4 454 hab. Électromécanique.

SEMEÏ → **SEMIPALATINSK.**

SÉMÉIOGRAPHIE, SÉMÉIOGRAPHIQUE → SÉMIOGRAPHIE, SÉMIOGRAPHIQUE.

SÉMÉIOLOGIE ou **SÉMIOLOGIE** n. f. Partie de la médecine qui traite des signes des maladies, pour en tirer des conclusions relatives au diagnostic et au pronostic.

SÉMÉIOLOGIQUE ou **SÉMIOLOGIQUE** adj. Relatif à la séméiologie.

SEMELAGE n. m. Ensemble des pièces qui constituent le dessous de la chaussure, et qui s'interposent entre le pied et le sol.

SÉMÉLÉ, déesse chthonienne, fille de Cadmos et d'Harmonia. Aimée de Zeus, dont elle eut Dionysos, elle voulut voir le dieu dans l'éclat de sa gloire, mais elle fut consumée par la foudre.

SÉMELFACTIF, IVE adj. et n. m. Se dit d'un aspect du verbe qui envisage l'action comme faite une seule fois (par oppos. à *fréquentatif*).

SEMELLE n. f. (p.-ê. altér. de *lemelle,* var. picarde de *lamelle,* du lat. *lamella,* petite lame). **1.** Partie résistante en cuir, en bois, en caoutchouc, etc., qui forme le dessous de la chaussure et qui se trouve en contact avec le sol. – **2.** Pièce taillée, en forme de semelle, que l'on met à l'intérieur d'une chaussure. – **3.** *Fam.* Viande très dure : *Il nous a servi de la semelle.* – **4.** Fam. *Battre la semelle,* frapper le sol de ses pieds, pour les réchauffer. ‖ *Ne pas bouger d'une semelle,* ne faire aucun progrès. ‖ Fam. *Ne pas quitter qqn d'une semelle,* l'accompagner, le suivre partout. • **Agric.** Couche de terre tassée formant obstacle à une bonne pénétration des racines. – **Bât.** Pièce de bois horizontale servant d'assise au pied d'un poteau, d'un étai, ou sorte de sablière supportant un arbalétrier de toiture. ‖ Fondation basse, élargie pour répartir les charges linéaires (mur) ou concentrées (poteau, pilier). [La *semelle filante* supporte un mur.] ‖ Dans une marche, syn. de TABLETTE. – **Ch. de f.** *Semelle de frein,* organe venant s'appliquer sur la roue lors de la mise en action du frein. – **Manut.** Syn. de PIED-DE-CHÈVRE. – **Ménag.** Base du fer à repasser. – **Min.** Partie inférieure d'un élément de soutènement qui repose sur la sole. – **Sports.** Face du ski destinée à glisser sur la neige.

SÉMÈME n. m. (de *sème,* d'apr. *phonème*). Entité sémantique constituée d'un faisceau de sèmes.

SEMENCE n. f. (bas lat. *sementia*). **1.** Graine, ou autre partie d'un végétal, apte à former une plante complète après semis ou enfouissement. – **2.** Sperme de l'homme ou d'un animal mâle reproducteur. – **3.** *Litt.* Germe d'où naît qqch : *Les semences d'une révolution.* – **4.** Pointe à tige courte, régulièrement amincie de la tête à la pointe, utilisée par les tapissiers, les bourreliers, etc. – **5.** *Semence de perles,* ensemble de très petites perles.

SEMENCIER, ÈRE adj. Qui se rapporte aux semences.

◆ **semencier** n. m. **1.** Personne ou entreprise qui produit des semences. – **2.** Arbre choisi comme porte-graines.

SEMEN-CONTRA [semɛn-] n. m. inv. (lat. *semen,* semence, et *contra,* contre). Drogue officinale à base de capitules floraux, non épanouis, de différentes artémisias d'Asie, employée comme vermifuge actif contre les ascaris et les oxyures.

SEMENOVA ou **SEMIONOVA** (Marina Timofeïevna), danseuse russe (Saint-Pétersbourg 1908). Soliste au Bolchoï de Moscou, considérée comme une des plus grandes danseuses de sa génération, elle a brillé dans tout le répertoire classique.

SEMER v. t. (lat. *seminare,* de *semen, -inis,* semence) [conj. **19**]. **1.** Mettre une graine en terre afin de la faire germer : *Semer des céréales.* – **2.** Jeter, répandre qqch qqpart en le dispersant : *Semer des clous sur la route.* – **3.** *Fam.* Laisser tomber des objets sur son passage, en général sans le remarquer : *Attention, tu sèmes tes pièces.* – **4.** *Litt.* Parsemer un texte, un discours de qqch : *Semer un roman d'allusions politiques.* – **5.** *Litt.* Propager qqch, le répandre : *Semer la pagaïe. Des armes qui sèment la mort.* – **6.** *Fam.* Fausser compagnie à qqn, en partic. en le prenant de vitesse : *Un coureur qui sème le peloton.*

◆ **être semé** v. pass. **1.** Être parsemé : *Une affaire semée d'embûches.* – **2.** *Tête mal semée,* cerf qui a plus d'andouillers d'un côté que de l'autre.

SEMERU, volcan actif de Java (Indonésie), point culminant de l'île (3 676 m).

SEMESTRE n. m. (lat. *semestris,* de *sex,* six, et *mensis,* mois). **1.** Espace de six mois consécutifs à partir du début de l'année civile ou scolaire ; chacune des deux périodes de l'année. – **2.** Rente, pension qui se paie tous les six mois : *Toucher son semestre.*

SEMESTRIALITÉ n. f. Caractère de ce qui est semestriel.

SEMESTRIEL, ELLE adj. **1.** Qui a lieu, paraît chaque semestre : *Bulletin semestriel.* – **2.** Qui dure six mois : *Congé semestriel.*

SEMESTRIELLEMENT adv. Par semestre.

SEMEUR, EUSE n. (lat. *seminator,* de *seminare,* semer). **1.** Personne qui sème du grain. – **2.** *Litt.* Personne qui répand çà et là, qui propage : *Semeur de faux bruits.*

SEMI-, préfixe, du lat. *semi,* à moitié, exprimant l'idée de « à moitié », « partiellement ».

SEMI-ARIDE adj. (pl. *semi-arides*). Se dit des zones bioclimatiques au sein desquelles l'alimentation en eau est insuffisante. (La steppe est la végétation dominante sous climat chaud ; la toundra, sous climat froid.)

SEMI-ARIEN, ENNE adj. et n. (pl. *semi-ariens, ennes*). Partisan d'une forme mitigée de l'arianisme.

SEMI-AUTOMATIQUE adj. (pl. *semi-automatiques*). **1.** Se dit d'un appareil, d'une installation dont le cycle de travail comprend des phases à déroulement automatique séparées par des interventions manuelles. — **2.** *Arme semi-automatique,* syn. de ARME À RÉPÉTITION*.

SEMI-AUTOPROPULSÉ, E adj. (pl. *semi-autopropulsés, es*). Se dit d'un projectile dont la propulsion initiale, de type classique, est accélérée au départ du coup, ou sur sa trajectoire, par celle d'une fusée.

SEMI-AUTOPROPULSION n. f. (pl. *semi-autopropulsions*). Action caractérisant l'évolution d'un projectile semi-autopropulsé. (Syn. PROPULSION ADDITIONNELLE.)

SEMI-AUXILIAIRE adj. et n. m. (pl. *semi-auxiliaires*). Se dit de verbes ou de locutions verbales qui s'emploient devant un infinitif ou un gérondif avec un rôle d'auxiliaire à valeur diverse. (Par ex. *je vais venir* [futur proche], *je viens de partir* [passé proche], *il commence à pleuvoir* [inchoatif], etc.)

SEMI-CARBAZIDE n. f. (pl. *semi-carbazides*). Base $H_2N—NH—CO—NH_2$ apparentée à l'hydrazine, et employée pour la caractérisation des aldéhydes et des cétones sous forme de semi-carbazones.

SEMI-CARBAZONE n. f. (pl. *semi-carbazones*). Nom générique des composés résultant de la condensation de la semi-carbazide avec les aldéhydes et les cétones.

SEMI-CHENILLÉ, E adj. (pl. *semi-chenillés, es*). Se dit d'un véhicule automobile muni à la fois de roues et de chenilles.

SEMI-CIRCULAIRE adj. (pl. *semi-circulaires*). **1.** Qui est en demi-cercle. — **2.** Syn. de DEMI-CIRCULAIRE.

SEMI-COKE n. m. (pl. *semi-cokes*). Produit de la distillation de la houille à basse température (550 °C env.), intermédiaire entre la houille et le coke.

SEMI-CONDUCTEUR, TRICE adj. et n. m. (pl. *semi-conducteurs, trices*). Se dit d'un corps non métallique qui conduit imparfaitement l'électricité, et dont la résistivité décroît lorsque la température augmente.
ENCYCL. Un corps pur, apte à constituer un semi-conducteur, est appelé « semi-conducteur intrinsèque ». S'il ne reçoit pas d'énergie, il a une grande résistivité. Si la température (et donc l'agitation thermique) s'élève, certains électrons périphériques sont arrachés et la résistivité diminue. Celle-ci peut aussi être réduite sous l'effet de la lumière, d'un champ électrique, magnétique, ou par la présence d'atomes de nature différente (impuretés), disséminés dans le cristal. Les électrons périphériques des atomes étrangers peuvent être, suivant le type d'impureté, ou en plus grand en moins grand nombre que les électrons périphériques des atomes du corps pur. Dans le premier cas, les électrons en excès peuvent assurer le passage d'un courant électrique : le semi-conducteur est donneur ou de type N. Dans le second cas, l'absence d'électron (trou ou lacune) permet aussi le passage d'un courant d'électrons venant occuper les places vides : le semi-conducteur est accepteur ou de type P.
Le germanium et le silicium, quadrivalents, servent à réaliser un semi-conducteur de type N en introduisant dans leur réseau cristallin des impuretés d'un corps pentavalent (arsenic, antimoine) ou de type P avec des impuretés d'un corps trivalent (gallium, indium). En juxtaposant deux semi-conducteurs, l'un du type N et l'autre du type P (jonction), on permet aux électrons en excès dans le premier de circuler parmi les lacunes du second. Cette propriété est utilisée dans la diode* et dans le transistor*.
Aux éléments naturels du groupe IV (Ge et Si) s'ajoutent des composés* semi-conducteurs des groupes III, V tels que GaAs et GaAlAs et des groupes II, VI comme ZnTe.

SEMI-CONDUCTIBILITÉ ou **SEMI-CONDUCTION** n. f. (pl. *semi-conductibilités, semi-conductions*). Propriété qui caractérise les corps semi-conducteurs.

SEMI-CONSERVE n. f. (pl. *semi-conserves*). Conserve alimentaire à durée limitée, qui doit être gardée au frais.

SEMI-CONSONNE → SEMI-VOYELLE.

SEMI-CONVERGENT, E adj. (pl. *semi-convergents, es*). Se dit d'une série convergente qui n'est pas absolument convergente.

SEMI-DIESEL [-diezɛl] n. m. (pl. *semi-diesels*). Moteur à gazole fonctionnant avec un taux de compression moins élevé qu'un diesel et nécessitant, de ce fait, un allumage électrique.

SEMI-DISTILLATION n. f. (pl. *semi-distillations*). Distillation du charbon à basse température (500 à 600 °C), donnant du semi-coke, du gaz et des goudrons spéciaux.

SEMI-DISTILLÉ, E adj. (pl. *semi-distillés, es*). *Boulet semi-distillé,* aggloméré au brai, qu'on traite ensuite dans des fours de semi-distillation pour enlever le brai.

SEMI-DOMINANCE n. f. (pl. *semi-dominances*). État d'un hétérozygote (génotype A*a*) dont le phénotype est intermédiaire entre celui des deux homozygotes (génotypes AA et *aa*). [Syn. DOMINANCE PARTIELLE OU INCOMPLÈTE.]

SEMI-DURABLE adj. (pl. *semi-durables*). Se dit des biens qui ont une durée de vie moyenne.

SEMIEN, massif volcanique du nord de l'Éthiopie. Il atteint 4 550 m au Ras Dachan, point culminant de l'Éthiopie. Parc naturel.

SEMI-FINI, E adj. (pl. *semi-finis, es*). *Produit semi-fini*, syn. de DEMI-PRODUIT.

SEMI-FLUIDE n. m. (pl. *semi-fluides*). Ensemble de petits corps égaux placés en tas, comme des grains de sable, à la surface duquel peuvent se produire des actions tangentielles.

SEMI-GLOBALE adj. f. (pl. *semi-globales*). Se dit d'une méthode d'apprentissage de la lecture à mi-chemin entre la méthode analytique et la méthode globale.

SEMI-GROSSISTE n. (pl. *semi-grossistes*). Syn. de DEMI-GROSSISTE.

SEMI-LIBERTÉ n. f. (pl. *semi-libertés*). Régime permettant à un condamné de quitter l'établissement pénitentiaire pour le temps nécessaire à l'exercice d'une activité professionnelle, ou à un traitement médical.

SÉMILLANT, E adj. Qui est d'une vivacité pétillante et gaie : *Jeune fille sémillante.*

SÉMILLON n. m. (occitan *semihoun*, dér. de *seme*, semence). Cépage blanc cultivé en Gironde (Sauternes) et en Dordogne.

SEMI-LOGARITHMIQUE adj. (pl. *semi-logarithmiques*). Se dit d'une représentation graphique dans laquelle l'une des deux grandeurs est représentée avec une échelle arithmétique, l'autre avec une échelle logarithmique.

SEMI-LUNAIRE adj. (pl. *semi-lunaires*). **1.** Qui a la forme d'une demi-lune ou d'un croissant. — **2.** *Ganglion semi-lunaire*, syn. de GANGLION DE GASSER*. ‖ *Os semi-lunaire* ou *semi-lunaire* (n. m.), os de la première rangée du carpe, situé entre le scaphoïde et le pyramidal.

SÉMINAIRE n. m. (lat. ecclés. *seminarium*). **1.** Établissement où, depuis le XVIIᵉ s., l'on forme ceux qui se destinent à l'état ecclésiastique. — **2.** Ensemble du personnel et des élèves d'un séminaire. — **3.** Temps que l'on passe au séminaire pour y faire son éducation ecclésiastique. — **4.** Petit nombre de personnes réunies pour étudier un problème, une question sous la direction d'un animateur. — **5.** Groupe d'étudiants et de chercheurs travaillant sous la direction d'un enseignant. — **6.** *Congrégation des Séminaires*, congrégation romaine fondée en 1915 par Benoît XV, et dont dépendaient les établissements d'éducation ecclésiastique ; depuis 1967, elle s'appelle la *Congrégation pour l'éducation catholique*. ‖ *Grand séminaire*, école supérieure de philosophie et de théologie destinée aux jeunes gens qui se préparent au sacerdoce. ‖ *Petit séminaire*, école catholique d'enseignement secondaire préparant (éventuellement) au grand séminaire.

SÉMINAL, E, AUX adj. (lat. *seminalis*). **1.** Relatif à la semence, à la graine des végétaux. — **2.** Relatif au sperme. — **3.** *Cellule séminale*, grosse cellule en caryocinèse que l'on observe dans le tube séminipare au cours de la spermatogenèse. (Syn. CELLULE DE HENLE.) ‖ *Pertes séminales*, syn. de SPERMATORRHÉE. ‖ *Vésicule séminale*, chacune des deux poches allongées, placées au-dessus de la prostate, en arrière de la vessie, au-devant du rectum, et qui servent de réservoir au liquide séminal. ‖ *Voies séminales*, ensemble des conduits que parcourt le sperme au moment de son émission.

SÉMINARISTE n. m. **1.** Celui qui se prépare dans un grand séminaire à la réception des ordres. — **2.** Élève d'un petit séminaire.
◆ n. Personne qui participe à un séminaire.

SÉMINIFÈRE adj. **1.** Qui conduit le sperme. — **2.** *Conduits séminifères*, petits canaux glandulaires dont l'assemblage forme la substance du testicule et de l'épididyme, et dans lesquels se forme le sperme.

SÉMINIPARE adj. Qui donne naissance au sperme.

SÉMINOLES, Indiens d'Amérique du Nord, principalement localisés sur la côte est des États-Unis. (Ils vivent dans une réserve de Floride.)

SEMI-NOMADE adj. et n. (pl. *semi-nomades*). Qui pratique le semi-nomadisme.

SEMI-NOMADISME n. m. (pl. *semi-nomadismes*). Genre de vie combinant une agriculture occasionnelle et un élevage nomade, le plus souvent en bordure d'un désert.

SÉMINOME n. m. Tumeur maligne germinale du testicule, pouvant se développer aussi au niveau de l'ovaire ou du médiastin.

SEMI-OFFICIEL, ELLE adj. (pl. *semi-officiels, elles*). **1.** Qui est inspiré par le gouvernement, sans avoir un caractère tout à fait officiel. — **2.** Qui est presque sûr sans être encore officiellement annoncé.

SÉMIOGRAPHIE ou **SÉMÉIOGRAPHIE** n. f. Transcription des informations cartographiques par un système de signes.

SÉMIOGRAPHIQUE ou **SÉMÉIOGRAPHIQUE** adj. Relatif à la sémiographie.

SÉMIOLOGIE n. f. **1.** Pour F. de Saussure, science dont l'objet est l'étude de la vie des signes au sein de la vie sociale. — **2.** Syn. de SÉMIOTIQUE et de SÉMÉIOLOGIE. — **3.** *Sémiologie graphique*, étude des signes graphiques en liaison avec les informations qu'ils expriment.

SÉMIOLOGIQUE adj. **1.** Relatif à la sémiologie. — **2.** Syn. de SÉMÉIOLOGIQUE.

SÉMIOTICIEN, ENNE n. Spécialiste de sémiotique.

SÉMIOTIQUE n. f. (gr. *sêmeiôtikê,* de *sêmeioûn,* marquer d'un signe). **1.** Science générale des modes de production, de fonctionnement et de réception des différents systèmes de signes qui assurent et permettent une communication entre individus et/ou collectivités d'individus. (Syn. SÉMIOLOGIE.) [→ *encycl.*] — **2.** Cette science appliquée à un domaine particulier de la communication.
◆ adj. **1.** Relatif à la sémiotique. — **2.** *Fonction sémiotique,* selon Piaget, capacité de représenter, au moyen d'un signifiant différencié (signe, symbole), un signifié quelconque (situation ou objet) perceptible ou non perceptible actuellement.

ENCYCL. Si on peut définir la sémiotique ou la sémiologie (les deux termes sont en concurrence) comme la science générale des signes, le champ de cette science n'est pas toujours circonscrit de la même manière. Au sens étroit, la sémiotique cherche à inventorier les systèmes de signes existants (par ex. le Code de la route, le système morse, la publicité, etc.) et d'en donner une théorie générale. Dans un sens plus large, on part du principe que toute activité humaine est signifiante : le domaine de la sémiologie est alors celui de toutes les sciences humaines. Deux tendances apparaissent suivant la place qu'on donne au langage et à la linguistique dans le champ de la sémiotique. Dans la première (Peirce), le langage n'est qu'un système de symboles parmi d'autres, et il occupe une place non privilégiée. Dans la seconde tendance (Barthes), on suppose que tous les signes sont articulés à l'image du langage ; les systèmes signifiants sont traduisibles dans les langues naturelles, alors que l'inverse n'est pas possible. La sémiologie a alors comme objet la répercussion de la langue dans l'ensemble de la communication humaine. Depuis 1960, de nombreuses sciences humaines (de l'exégèse biblique à l'analyse du folklore, en passant par l'étude des jeux et la psychanalyse) ont adopté un point de vue et un outillage théorique d'inspiration sémiotique, qui ont contribué à les renouveler.

SEMI-OUVERT, E adj. (pl. *semi-ouverts, es*). *Intervalle semi-ouvert* → INTERVALLE.

SEMI-OUVRÉ, E adj. (pl. *semi-ouvrés, es*). Se dit d'un produit déjà partiellement élaboré, qui sera retravaillé ou conditionné ultérieurement dans la même entreprise.

SEMIPALATINSK, en kazakh **Semeï,** v. du Kazakhstan, sur l'Irtych ; 344 700 hab. Centre industriel.

SEMI-PARLEMENTAIRE adj. (pl. *semi-parlementaires*). Se dit d'un régime politique combinant des éléments du régime présidentiel (élection du chef de l'État au suffrage universel) et des éléments du régime parlementaire (responsabilité, dissolution). [Syn. SEMI-PRÉSIDENTIEL.]

SEMI-PEIGNÉ, E adj. (pl. *semi-peignés, es*). *Fil semi-peigné* ou *semi-peigné* (n. m.), fil voisin du fil peigné, mais n'ayant pas subi l'opération du peignage.

SEMI-PÉLAGIANISME n. m. (pl. *semi-pélagianismes*). Doctrine théologique concernant les rapports de la grâce et du libre arbitre, et qui est une forme adoucie de la doctrine de Pélage.

SEMI-PÉLAGIEN, ENNE adj. et n. (pl. *semi-pélagiens, ennes*). Relatif au semi-pélagianisme ; adepte du semi-pélagianisme.

SEMI-PERMÉABLE adj. (pl. *semi-perméables*). Se dit d'une membrane séparant une solution d'un autre milieu, qui laisse passer les molécules du solvant et pas celles du corps dissous. (Syn. HÉMIPERMÉABLE.)

SEMI-POLAIRE adj. (pl. *semi-polaires*). *Liaison semi-polaire,* liaison covalente dans l'établissement de laquelle les deux électrons sont fournis par le même atome, dit donneur, à un autre, dit accepteur.

SEMI-PORTIQUE n. m. (pl. *semi-portiques*). Appareil de levage intermédiaire entre le pont roulant et le portique, ne comportant qu'une seule palée et un seul rail au sol, le second rail de roulement étant fixé à un bâtiment.

SEMI-PRÉCIEUX, EUSE adj. (pl. *semi-précieux, euses*). *Pierres semi-précieuses,* appellation commerciale des pierres fines.

SEMI-PRÉSIDENTIEL, ELLE adj. (pl. *semi-présidentiels, elles*). Syn. de SEMI-PARLEMENTAIRE.

SEMI-PRODUIT → DEMI-PRODUIT.

SEMI-PUBLIC, IQUE adj. (pl. *semi-publics, iques*). Se dit d'organismes dont le caractère juridique relève du droit privé et du droit public, ou d'un secteur de l'économie régi par le droit privé mais contrôlé par une personne publique.
◆ **semi-public** n. m. Secteur semi-public.

SÉMIQUE adj. **1.** Qui concerne le sème. — **2.** *Analyse sémique,* analyse visant à établir la composition sémantique d'une unité lexicale par la considération des sèmes qui la constituent.

SÉMIRAMIS, reine orientale de la légende grecque. Elle avait fondé Babylone et conquis la majeure partie de l'Orient. C'est une amplification du personnage de Shammou-ramat, reine assyrienne et régente (810-806) pour son fils Adadmīrārī III.

SEMI-REMORQUE n. f. (pl. *semi-remorques*). Véhicule de transport sans essieu(x) de roulement à sa partie avant, laquelle repose et s'articule sur l'arrière d'un tracteur routier.

◆ n. m. Ensemble formé par ce véhicule et son tracteur.

SEMI-RIGIDE adj. (pl. *semi-rigides*). **1.** Se dit d'un dirigeable dont l'enveloppe est souple, mais comporte à sa base une quille rigide. — **2.** Se dit d'un rotor d'hélicoptère dont les articulations de battement ont été partiellement supprimées.

SEMIS [-mi] n. m. (de *semer*). **1.** Mise en place des semences dans un terrain préparé à cet effet. — **2.** Ensemble des plantes nées de cette opération. — **3.** Parcelle ou planche ensemencée depuis peu. — **4.** Ensemble de choses menues, de petits motifs décoratifs parsemant une surface : *Une robe à fond blanc avec un semis de petites fleurs rouges.*

SEMI-SUBMERSIBLE adj. (pl. *semi-submersibles*). Se dit d'une plate-forme flottante de forage en mer conçue pour minimiser les mouvements sur houle. (Une plate-forme semi-submersible est constituée d'un tablier supérieur recevant les équipements de forage, supporté par des colonnes [ou piles] verticales, reliées à des flotteurs [ou caissons] immergés à une vingtaine de mètres de profondeur.)

SÉMITE adj. et n. (de *Sem,* n. pr.). Qui appartient à un ensemble de peuples du Proche-Orient, parlant ou ayant parlé dans l'Antiquité des langues sémitiques.

SÉMITIQUE adj. **1.** Relatif aux Sémites. — **2.** Se dit d'un groupe de langues appartenant à la famille chamito-sémitique, et parlées sur un vaste domaine, au nord de l'Afrique et en Asie moyen-orientale.
◆ n. m. Le groupe sémitique.
ENCYCL. Les *langues sémitiques,* groupe le plus important de la famille chamito-sémitique, sont parlées actuellement au Moyen-Orient et dans le nord du continent africain. Elles se divisent en 3 sous-groupes : le sémitique oriental (akkadien), le sémitique occidental du Nord (ougaritique, phénicien, moabite, hébreu et araméen), le sémitique occidental du Sud (arabe, sudarabique et langues éthiopiennes).

SÉMITISANT, E n. Spécialiste des langues sémitiques.

SÉMITISME n. m. **1.** Ensemble de caractères propres aux Sémites, à leurs civilisations. — **2.** Idiotisme propre aux langues sémitiques.

SEMI-TUBULAIRE adj. (pl. *semi-tubulaires*). Se dit d'une chaudière dont la surface de chauffe est constituée en partie par les parois du corps cylindrique ou des bouilleurs, en partie par des tubes que parcourent les produits de la combustion.

SEMI-VOYELLE ou **SEMI-CONSONNE** n. f. (pl. *semi-voyelles, semi-consonnes*). Type de sons tels que, en français, [j] *(paille),* [ɥ] *(lui)* et [w] *(oui),* intermédiaires entre les voyelles et les consonnes. (Syn. GLIDE.)

SEMMELWEIS (Ignác Fülöp), médecin hongrois (Buda 1818 - Vienne 1865). Il reconnut, avant les découvertes de Pasteur, le caractère infectieux et transmissible de la fièvre puerpérale et l'action préservatrice des sels de chaux. Méconnu, il mourut dans un asile d'aliénés.

SEMMERING, col des Alpes orientales (Autriche), à 980 m d'altitude, mettant en communication la vallée de la Mürz et celle de la Leitha ; il est franchi par le chemin de fer de Vienne à Trieste et Zagreb.

SEMNOPITHÈQUE n. m. (du gr. *semnos,* majestueux). Ancien nom de divers singes (entelle, nasique et parfois colobes).

SEMNOZ, montagne des Préalpes (Haute-Savoie), dans les Bauges ; 1 699 m. Ski.

SEMOIR n. m. (de *semer*). **1.** Sac ou panier dans lequel le semeur portait les grains qu'il semait à la volée. — **2.** Machine servant à semer les grains. (Pour les céréales, les semoirs déposent en terre, sur des lignes, des volumes de semences correspondant aux doses souhaitées par hectare ; pour les betteraves, les semoirs de précision libèrent une seule graine à la fois sur le rang à l'espacement constant choisi par réglage.)

SEMOIS → SEMOY.

SEMONCE n. f. (part. pass. de l'anc. fr. *semondre,* du lat. *submonere,* avertir en secret). **1.** Avertissement mêlé de reproches. — **2.** Ordre donné à un navire de montrer ses couleurs et, au besoin, de stopper. — **3.** *Coup de semonce,* coup de canon, à blanc ou réel, appuyant la semonce d'un navire ; avertissement brutal donné en préalable à une action plus dure.

SEMONCER v. t. (de *semonce*) [conj. **16**]. **1.** *Litt.* Faire une semonce, une réprimande à qqn : *Semoncer un écolier.* — **2.** Donner à un navire un ordre de semonce.

SÉMONIDE de Samos ou **d'Amorgos,** poète grec (VIIᵉ s. av. J.-C.). Il a composé des ïambes que les Anciens admiraient pour leur pessimisme satirique.

SEMOULE n. f. (ital. *semola,* du bas lat. *simola,* var. de *simila,* fleur de farine). **1.** Fragments plus ou moins gros de grains de céréales, principalement de blé dur, obtenus par mouture des grains humidifiés, suivie de séchage et de tamisage. — **2.** Syn. de GRUAU.

SEMOULERIE n. f. **1.** Usine travaillant des blés durs pour en tirer des semoules. — **2.** Ensemble de l'activité économique consistant à fabriquer des semoules.

SEMOULIER, ÈRE n. 1. Industriel fabriquant de la semoule. — 2. Personne travaillant dans une semoulerie.

SEMOY ou **SEMOIS** (la), riv. de Belgique et de France, encaissée dans le massif de l'Ardenne, affl. de la Meuse (r. dr.) ; 198 km.

Sempach *(bataille de)* [9 juill. 1386], victoire que remportèrent à Sempach (cant. de Lucerne) les Suisses de la Confédération des huit cantons sur le duc Léopold d'Autriche.

SEMPÉ (Jean-Jacques), dessinateur d'humour français (Bordeaux 1932). Son œuvre associe un dessin détendu à une observation aiguë des détails significatifs. Elle offre une vision satirique, mais non sans tendresse, d'un monde compliqué et absurde (*Rien n'est simple,* 1962 ; *Tout se complique,* 1965 ; la série consacrée au *Petit Nicolas ; Saint-Tropez,* 1968 ; *l'Ascension sociale de M. Lambert,* 1975 ; *Un léger décalage,* 1977 ; la série des *Quelques...* dont *Quelques artistes et gens de lettres,* 1984 ; *Quelques campagnards* et *Quelques citadins,* 1989, etc.).

SEMPER (Gottfried), architecte et théoricien allemand (Hambourg 1803 - Rome 1879). Il étudia l'art antique en Italie et en Grèce, mais critiqua, comme professeur à Dresde, son imitation stricte. Il construisit l'Opéra (1837) et la Galerie de peinture de Dresde, travailla à Londres et à Zurich (professeur à l'École polytechnique de 1855 à 1871), donna les plans d'un théâtre wagnérien projeté à Munich (1866) et fut appelé à Vienne au moment des travaux du Ring (collaboration aux musées et au Burgtheater, d'un style néo-Renaissance).

SEMPERVIRENT, E [sɛ̃pɛrvirɑ̃, ɑ̃t] adj. (*semper virens,* toujours vert). Se dit des plantes qui portent des feuilles vertes toute l'année.

SEMPITERNEL, ELLE adj. (bas lat. *sempiternalis,* de *semper,* toujours). Qui est répété indéfiniment au point de fatiguer : *Il racontait ses sempiternelles histoires.*

SEMPITERNELLEMENT adv. *Litt.* Sans arrêt, continuellement.

SEMPLE ou **SAMPLE** n. m. (de *simple*). Ensemble des cordes verticales tendues sur le pied à lire, pour la préparation des cartons destinés à la mécanique Jacquard.

SEMPRONIA, dame romaine (IIe s. av. J.-C.), sœur des Gracques. Elle était l'épouse de Scipion Émilien.

SEMPRUN (Jorge), écrivain espagnol d'expression castillane et française (Madrid 1923). Militant du parti communiste espagnol, déporté en 1943 à Buchenwald, il nourrit de son expérience engagée une œuvre de mémoire (*la Deuxième Mort de Ramón Mercader,* 1969 ; *Autobiographie de Federico Sánchez,* 1978 ; *Quel beau dimanche !,* 1980 ; *l'Écriture ou la vie,* 1994). Il est aussi l'auteur de scénarios de films (*Z* et *l'Aveu,* de Costa-Gavras). Il a été ministre de la Culture de 1988 à 1991.

SEM TOB DE CARRIÓN, poète espagnol (Carrión de los Condes v. 1290 - v. 1369). Premier écrivain juif à avoir écrit en castillan, il a dédié au roi Pierre le Cruel un recueil de *Proverbios morales,* un des plus anciens monuments de la poésie gnomique de la littérature espagnole. Converti au christianisme, on lui doit notamment la *Danza de la muerte* (1360).

SEMUR-EN-AUXOIS (21140), ch.-l. de cant. de la Côte-d'Or, au-dessus d'un méandre de l'Armançon ; 5 085 hab. *(Semurois).* Restes de fortifications médiévales. Belle église des XIIIe-XIVe s., typique du gothique bourguignon. Vieilles maisons. Musée.

SEMUR-EN-BRIONNAIS (71110), ch.-l. de cant. de Saône-et-Loire ; 640 hab. *(Semurois).* Église du XIIe s., typique de l'art roman du Brionnais.

SEN n. m. Monnaie divisionnaire dans divers pays d'Extrême-Orient (Japon, Indonésie, Cambodge).

SEN (Mrinal), cinéaste indien (Faridpur, Bangladesh, 1923). Son film *Mr. Shome* (1969) est à l'origine du « nouveau cinéma indien ». Il aborde ensuite des thèmes politiques et polémiques *(Calcultta 71)* puis plus directement sociaux et psychologiques : *la Chasse royale* (1976), *les Marginaux* (1977), *l'Homme à la hache* (1978), *Un jour comme un autre* (1979), *À la recherche de la famine* (1980), *Kaléidoscope* (1981), *Affaire classée* (1982), *les Ruines* (1984), *Genesis* (1986), *Soudain un jour* (1988), *Antareen* (1994).

SÉNAC DE MEILHAN (Gabriel), administrateur et écrivain français (Versailles 1736 - Vienne, Autriche, 1803). Il fut intendant général à la guerre (1776), puis émigra en 1791. On lui doit des *Considérations sur les richesses et le luxe* (1787), où il combat les théories de Necker, et des *Considérations sur l'esprit et les mœurs* (1787).

SÉNAIRE n. m. (lat. *senarius*). Vers latin de six pieds ïambiques.

SENANAYAKE (Don Stephen), homme politique cinghalais (Colombo 1884 - *id.* 1952). Ministre de l'Agriculture (1931-1947), puis Premier ministre (1947), il demeura à la tête du gouvernement après l'accession de Ceylan à l'indépendance (1948). — Son fils, DUDLEY SHELTON (Colombo 1911 - *id.* 1973), fut Premier ministre en 1952-53, en 1960 et de 1965 à 1970.

SENANCOUR (Étienne PIVERT DE), écrivain français (Paris 1770 - Saint-Cloud 1846). Il étudia en analyste idéologue son inadaptation au monde dans son roman *Oberman** et dans des essais (*Libres Méditations d'un solitaire inconnu sur le détachement du monde et sur d'autres objets de la morale religieuse,* 1819).

Sénanque, abbaye de Gordes (Vaucluse). Fondée en 1148, elle demeure un des ensembles monastiques cisterciens les plus complets de la 2e moitié du XIIe s.

SÉNARMONTITE n. f. (de H. de *Sénarmont,* n. pr.). Oxyde naturel d'antimoine, de formule Sb_2O_3, du système cubique.

SENARPONT (80140), comm. de la Somme ; 810 hab. Flaconnage.

Sénart *(forêt de),* forêt entre les vallées de la Seine et de l'Yerres à proximité de Paris ; 2 500 ha de chênes (70 %), de bouleaux et de hêtres.

SÉNAT n. m. (lat. *senatus,* de *senex,* vieux). **1.** Nom donné à diverses assemblées politiques de l'Antiquité (à Rome, à Carthage, à Byzance). [→ *encycl.* Antiq.] — **2.** Seconde chambre ou chambre haute dans les régimes à caractère parlementaire. — **3.** Assemblée, qui, avec l'Assemblée nationale, constitue le Parlement français. (Avec une majusc.) [→ *encycl.*] — **4.** Lieu, bâtiment où se réunissent les sénateurs.

ENCYCL. **Antiq.** Dans la Rome royale, le sénat réunit les chefs de famille *(patres).* Sous la République, formé d'environ 300 membres, il admet les plébéiens après 400 av. J.-C. Les sénateurs sont choisis par les censeurs parmi les anciens magistrats. Il décident des *senatus-consultes,* véritables lois, surveillent l'installation des nouveaux cultes, ont la garde du trésor, attribuent les crédits nécessaires aux campagnes militaires. Le sénat assure la direction et permet la continuité de la politique romaine. La deuxième guerre punique en fait le centre de la résistance à Hannibal ; il en tire un tel prestige qu'il prend totalement en main le gouvernement de la République. Malgré la guerre civile et plusieurs épurations à la fin de la République, il conserve tout son prestige et une grande partie de son influence. Porté à 600, puis à 900 membres, il est ouvert aux provinciaux à partir de César.

Sous l'Empire, accessible uniquement aux anciens magistrats possédant au moins 1 million de sesterces et choisis par l'empereur, il se contente des apparences du pouvoir (provinces sénatoriales, frappe des monnaies de bronze) mais joue un rôle important en cas de crise (choix de Nerva comme successeur de Domitien) et reste un lieu d'opposition aux empereurs autocrates (Néron, Domitien, Commode), qui le déciment. Au Bas-Empire, il tend à devenir seulement un conseil municipal de la ville.

— **Hist.** • *Le Sénat sous le Consulat et le premier Empire.* La Constitution de l'an VIII créa un Sénat conservateur de 60 membres inamovibles, qui veillaient à l'observation des lois et de la Constitution, qu'ils pouvaient réviser. Le Sénat nommait les consuls, les tribuns, les législateurs. Il favorisa le passage au Consulat à vie (1802) puis à l'Empire (1804). Ses membres jouissaient d'une dotation foncière (sénatorerie). Le Sénat perdit vite toute indépendance et disparut en 1814, après avoir renié l'Empereur.

• *Le Sénat sous le second Empire.* La Constitution du 14 janv. 1852 ressuscita le Sénat conservateur, composé de membres de droit (cardinaux, amiraux, maréchaux) ou désignés par le prince-président. Inamovibles, dotés, les sénateurs devaient veiller sur les lois et la Constitution, les interpréter et les modifier, ce qui facilita le rétablissement de l'Empire. Son rôle fut modifié en 1867 et en 1869 : il se rapprocha du modèle de la chambre parlementaire à l'anglaise par son droit de renvoyer une loi au Corps législatif. Il disparut avec l'Empire.

• *Le Sénat sous les IIIe, IVe, Ve Républiques.* Les lois constitutionnelles de 1875 constituent un Sénat un peu semblable à la Chambre des pairs de la Restauration et de la monarchie de Juillet, où coexistent 75 sénateurs inamovibles et 225 sénateurs élus et renouvelés par tiers tous les trois ans. En 1884, les modalités d'élection du Sénat sont désormais réglées par une loi ordinaire et les sénateurs inamovibles ne sont plus renouvelés. Pendant toute la IIIe République, le Sénat joue un rôle important : son président est le deuxième personnage de l'État et préside le Congrès du Parlement, à Versailles ; l'avis conforme du Sénat est nécessaire pour que la Chambre des députés puisse être dissoute ; il peut être constitué en Haute Cour de justice ; il a, en matière législative, les mêmes pouvoirs que la Chambre des députés, mais, en matière financière, l'initiative des dépenses lui est interdite. La Constitution de 1946 lui substitue un Conseil* de la République.

La Constitution de 1948, qui fonde la Ve République, rétablit un Sénat de 318 membres (effectif porté à 321 sénateurs en 1989). Élu au suffrage universel, il assure la représentation des collectivités territoriales de la République et des Français établis à l'étranger. Les sénateurs, qui bénéficient de l'immunité parlementaire, sont élus pour neuf ans renouvelables par tiers tous les trois ans, et doivent avoir au moins 35 ans. L'élection des sénateurs métropolitains s'effectue au scrutin de liste départemental majoritaire à deux tours (sauf dans les départements les plus peuplés, où l'élection a lieu à la proportionnelle). Sont électeurs les députés, les conseillers généraux, les délégués des conseils municipaux et, depuis la loi du 10 juillet 1985, les conseillers régionaux.

Le président du Sénat, élu tous les 3 ans, est le deuxième personnage de la République ; il assure l'intérim provisoire en cas de vacance de la présidence de la République. Les pouvoirs du Sénat sont les mêmes que ceux de l'Assemblée nationale, sous trois réserves : les lois de finances sont toujours soumises en premier lieu à l'Assemblée nationale ; en cas de désaccord entre le Sénat et l'Assemblée nationale, le gouvernement peut demander à l'Assemblée nationale de se prononcer en dernier ressort ; la responsabilité politique du gouvernement ne peut être mise en cause par le Sénat. Le Sénat, comme l'Assemblée nationale, est réuni en session annuelle ordinaire de début octobre à fin juin.

Sénat *(palais du)*, à Paris → LUXEMBOURG (palais du).

SÉNATEUR n. m. (lat. *senator*). Membre d'un sénat.

SÉNATORIAL, E, AUX adj. **1.** Relatif au sénat ou à un sénateur. — **2.** *Élections sénatoriales* ou *sénatoriales* (n. f. pl.), élection des sénateurs.

SÉNATUS-CONSULTE [senatyskɔ̃sylt] n. m. (pl. *sénatus-consultes*) [lat. *senatusconsultum*]. **1.** Texte formulant l'avis du sénat romain et laissant aux magistrats le soin d'en assurer l'application. — **2.** Sous le Consulat, le premier et le second Empire, décision émanant du Sénat et ayant valeur de loi. (Les principaux sénatus-consultes furent ceux des 16 thermidor an X, 28 floréal an XII, 25 nov. 1852, 2 févr. 1861, 14 mars 1867, 8 sept. 1869.)

SENAU n. m. (néerl. *snauw*). Voilier marchand des XVIIIe et XIXe s., gréé en brick.

SENDAI, v. du Japon, au N. de Tōkyō, près du Pacifique ; 918 398 hab. Ancienne cité féodale et vieux centre artisanal, la ville est la métropole du nord du Japon.

SENDER (Ramón José), écrivain espagnol (Chalamera, Huesca, 1902 - San Diego 1982). Son œuvre d'écrivain exilé compose une célébration de la liberté et une peinture de la destinée humaine (*le Roi et la Reine,* 1947 ; *Requiem pour un paysan espagnol,* 1960 ; *La Mirada inmóvil,* 1979).

SENDERENS (Jean-Baptiste), chimiste français (Barbachen, près de Rabastens-de-Bigorre, 1856 - *id.* 1937). Il a utilisé, en collaboration avec Sabatier, les propriétés catalytiques du nickel pour réaliser des hydrogénations en chimie organique.

SENDERENS (Alain), cuisinier français (Hyères 1939). Après un apprentissage dans plusieurs grands restaurants (dont « la Tour d'argent »), il ouvre en 1968 « l'Archestrate », à Paris. Pratiquant un art culinaire original et savoureux, il prend en 1985 la direction de « Lucas Carton ».

Sendzimir *(laminoir),* type de laminoir mis au point par l'ingénieur américain *Sendzimir* pour la fabrication en continu de produits plats tels que bandes, tôles et feuillards.

SÉNÉ n. m. (lat. médiév. *sene,* de l'ar. *sanā*). **1.** Nom usuel des casses et d'autres plantes (baguenaudier, moutarde coronille, etc.). — **2.** Produit pharmaceutique laxatif qu'on en extrait.

SENÉ, menuisiers parisiens du XVIIIe s., dont le plus important est JEAN-BAPTISTE CLAUDE (Paris 1748 - ? 1803), reçu maître en 1769. Son œuvre est considérable, caractérisée par l'harmonie des formes, la perfection du travail, le raffinement de l'ornementation. (Lit de Marie-Antoinette au château de Fontainebleau.)

SÉNÉCHAL n. m. (pl. *sénéchaux*) [frq. **siniskalk,* serviteur le plus âgé). **1.** Grand officier du palais royal au temps des Mérovingiens, des Carolingiens et des premiers Capétiens. (La fonction fut supprimée en 1191.) — **2.** Officier royal de robe longue, qui était chef d'une justice subalterne établi dans une circonscription appelée sénéchaussée. (Il était, dans le midi de la France, l'équivalent du bailli.) — **3.** Principal officier de justice d'un seigneur ayant haute, moyenne et basse justice.

SÉNÉCHAUSSÉE n. f. (de *sénéchal*). **1.** Étendue de la juridiction d'un sénéchal. — **2.** Lieu où se tenait le tribunal dont le sénéchal était le chef. — **3.** Ce tribunal lui-même.

SÉNEÇON n. m. (lat. *senecio, -onis,* de *senex,* vieillard, par allus. aux poils blancs des aigrettes). Très grand genre de composées très différentes suivant les espèces (herbes annuelles ou vivaces, arbustes, arbres, lianes et même plantes succulentes). [En France, certains séneçons des Canaries sont vendus sous le nom de *cinéraires.*]

SENEFELDER (Alois), inventeur autrichien (Prague 1771 - Munich 1834). Écrivain de théâtre à la recherche d'un moyen d'imprimer lui-même ses textes, il eut l'idée de la lithographie*, qu'il acheva de mettre au point en 1799.

SÉNÉGAL (le), fl. de l'Afrique occidentale, tributaire de l'océan Atlantique ; 1 700 km. Formé à Bafoulabé (Mali) par deux cours d'eau venus de Guinée, le Bafing et le Bakoy, le fleuve sert de frontière entre le Sénégal et la Mauritanie avant de se jeter dans l'Atlantique en une embouchure dangereuse (courants). La crue a lieu de juin à octobre.

SÉNÉGAL, État de l'Afrique occidentale, sur l'Atlantique, au sud du fleuve *Sénégal ;* 197 000 km^2 ; 8 530 000 hab. *(Sénégalais).* CAP. *Dakar.* LANGUE : *français.* MONNAIE : *franc C. F. A.*

Géographie. En dehors du sud-est du pays, contrefort du Fouta-Djalon, le pays est formé de plateaux peu élevés, entaillés au N. par le fleuve Sénégal, au S. par la Gambie et la Casamance. La côte est sableuse, interrompue par les seuls reliefs de la presqu'île du Cap-Vert. Les températures, élevées dans l'intérieur (28 °C en moyenne), s'abaissent sur le littoral (24 °C). Les pluies passent de 1 550 mm au sud, avec une saison humide de sept mois, à 330 mm au nord, répartis sur trois mois. De grandes forêts au sud font place à la savane au centre et au sud-est, puis à la steppe au nord.
Les Ouolofs forment l'ethnie la plus nombreuse parmi la vingtaine que compte le pays. Leur langue est comprise et parlée par la majorité de la population, de même que le français, langue de l'administration et de l'enseignement. Les Sénégalais sont musulmans à plus de 80 %. Le tiers ouest du pays concentre la majorité de la population, dont le taux de croissance annuel est de 2,5 %. L'agriculture occupe près de 70 % des actifs, mais les productions vivrières (mil, riz) restent insuffisantes. L'arachide (750 000 t) est la principale culture commerciale, devant le coton, la canne à sucre, les fruits et légumes. L'élevage et une pêche active (première place aux exportations) complètent les ressources alimentaires. Par ailleurs, on extrait des phosphates et un peu de sel. Le secteur industriel (environ le tiers du P. I. B.) est concentré dans la région du Cap-Vert, autour de Dakar. L'agroalimentaire, la chimie, le raffinage du pétrole, les constructions mécaniques et électriques sont les principaux secteurs représentés. Le déficit commercial n'est pas comblé par les revenus du tourisme. La France est de loin le premier partenaire commercial.

Histoire. Le pays, peuplé dès la préhistoire, a connu le passage de populations successives et des métissages.
IXe s. : Formation du royaume de Tekrour, progressivement islamisé et vassalisé par l'empire du Mali.
XIVe s. : Constitution du royaume Dyolof.
XVe s. : Les Portugais installent des comptoirs sur la côte.
XVIe s. : Le royaume Dyolof se morcelle en plusieurs États.
1659 : Les Français fondent Saint-Louis.
1697 : Ils enlèvent Gorée aux Hollandais.
1854-1865 : Le général Faidherbe mène une politique d'expansion. La conquête est achevée par ses successeurs vers 1890.
1895 : Le siège de l'Afrique-Occidentale française est fixé à Dakar. Le Sénégal est doté d'un statut privilégié.
La colonisation favorise la production de l'arachide.
1958 : Le Sénégal devient république autonome au sein de la Communauté.
1959-60 : Il forme avec le Mali une éphémère fédération.
1960 : Le Sénégal devient indépendant.
Son président, Léopold Sédar Senghor, instaure en 1963 un régime à parti unique, remplacé par un régime tripartite en 1976.
1981 : Abdou Diouf succède à L. S. Senghor et institue le multipartisme.
1982-1989 : Le pays forme avec la Gambie la confédération de Sénégambie.
Un mouvement séparatiste se développe depuis les années 1980 en Casamance, partie méridionale du pays.

SÉNÉGALAIS, E adj. et n. **1.** Du Sénégal. — **2.** *Tirailleurs sénégalais,* unités de tirailleurs de l'armée française recrutées, jusqu'à l'indépendance de leurs pays (1960-61), parmi les populations noires des territoires de l'A.-O. F. et de l'A.-É. F.

SÉNÉGALI n. m. (de *Sénégal,* n. pr.). Nom commercial de divers passereaux plocéidés du groupe des astrilds.

SÉNÉGAMBIE, nom donné à la confédération entre le Sénégal et la Gambie formée en 1982 (en application d'un traité signé en déc. 1981) et suspendue en 1989.

SÉNÉGAMBIEN, ENNE adj. et n. De la Sénégambie.

SÉNÈQUE, en lat. **Lucius Annaeus Seneca,** dit **Sénèque le Père** ou **le Rhéteur,** écrivain latin (Cordoue v. 60 av. J.-C. - Rome v. 39 apr. J.-C.). Ses *Controverses et déclamations* offrent un témoignage intéressant sur l'enseignement des rhéteurs au Ier s.

SÉNÈQUE, en lat. **Lucius Annaeus Seneca,** dit **Sénèque le Philosophe,** philosophe latin (Cordoue v. 4 av. J.-C. - 65 apr. J.-C.), fils du précédent. Formé à l'école stoïcienne, il exerce la questure avant de se consacrer avec succès à la littérature. Après un exil de sept ans en Corse, il est rappelé à Rome, où il devient le précepteur de Néron. Compromis dans la conjuration de Pison en 65, il reçoit l'ordre de Néron de s'ouvrir les veines. Sénèque fit l'apologie de l'ascétisme et du renoncement aux biens terrestres dans une œuvre dont il ne reste que des *Consolations,* des traités de direction morale *(De la tranquillité de l'âme, De la clémence, De la brièveté de la vie* ou *Des bienfaits),* les *Lettres à Lucilius**, un traité scientifique *(Quaestiones naturales),* ainsi que des tragédies, dont *les Troyennes, Médée, Phèdre, Œdipe.*

SÉNESCENCE [-nɛsɑ̃s] n. f. (lat. *senescens, -entis,* de *senescere,* vieillir). **1.** Vieillissement naturel des tissus et de l'organisme. — **2.** Fléchissement de

l'activité et baisse générale des performances caractéristiques de la période de vie qui fait suite à la maturité. (Syn. VIEILLISSEMENT.)
ENCYCL. **Psychol.** La détérioration des capacités intellectuelles, qui apparaît en dehors de tout processus pathologique et qui est caractéristique de la sénescence, est due à la dépopulation neuronale. Cependant il apparaît que la perte de la plasticité des synapses, ainsi que la diminution des quantités disponibles de neuromédiateurs jouent dans ce processus un rôle plus important que la simple diminution du nombre des neurones fonctionnels. La défaillance de la mémoire à court terme et de l'attention sélective et donc de l'adaptation aux situations nouvelles apparaît comme le trouble majeur de la sénescence, auquel résistent mieux les sujets habitués aux exercices intellectuels.

SÉNESCENT, E adj. (lat. *senescens, -entis*). Atteint par la sénescence.

SENESTRE ou **SÉNESTRE** adj. et n. f. (lat. *sinister,* gauche). **1.** Se dit du côté gauche de l'écu (à droite pour l'observateur). — **2.** Se dit de la coquille des mollusques enroulée vers la gauche à partir du sommet. (Rares sont les espèces sénestres, ou les individus sénestres dans les espèces dextres.)

SENESTROCHÈRE [-kɛr] n. m. En héraldique, bras gauche représenté sur un écu.

SENET, anc. nom de Esnèh.

SÉNEVÉ n. m. (lat. pop. **sinapatum,* du lat. class. *sinapis,* grain de moutarde). Syn. de MOUTARDE.

SÉNEVOL n. m. Substance soufrée, extraite de crucifères, à odeur et saveur piquantes, dont l'action irritante est utilisée dans les sinapismes.

SENEZ (04330), ch.-l. de cant. des Alpes-de-Haute-Provence ; 128 hab. Église romane du début du XIIIe s., anc. cathédrale (tapisseries).

SENGHOR (Léopold Sédar), homme d'État et écrivain sénégalais (Joal, près de Dakar, 1906). D'origine sérère, il est un des créateurs du mouvement de la négritude. Professeur, député du Sénégal à l'Assemblée constituante (1945), il devient ministre conseiller du gouvernement français (1959-60). Il fonde le Bloc démocratique sénégalais (B. D. S.), qui se rapproche des socialistes pour former l'Union progressiste sénégalaise (U. P. S.) [1958]. Élu président de la République du Sénégal lors de l'indépendance (1960), il rompt avec le Premier ministre, Mamadou Dia, fin 1962-début 1963, puis exerce seul le pouvoir. Réélu à trois reprises, il laisse la présidence à Abdou Diouf le 1er janv. 1981. Défenseur de la francophonie, Senghor est à la fois poète (*Éthiopiques,* 1956 ; *Nocturnes,* 1961 ; *Élégies majeures,* 1979) et essayiste. (Acad. fr., 1983.)

SENIA (Es-), comm. d'Algérie, banlieue d'Oran ; 36 000 hab. Aéroport.

SÉNILE adj. (lat. *senilis,* de *senex, senis,* vieux). **1.** Qui est caractéristique de la vieillesse, propre à la vieillesse : *Une voix sénile.* — **2.** Dont les facultés intellectuelles sont dégradées par l'âge. — **3.** *Démence sénile,* démence qui survient après 70 ans liée à une atrophie corticale diffuse par raréfaction neuronale. (→ *encycl.*)
ENCYCL. La *démence sénile* concerne 20 % des sujets de plus de 80 ans. Elle est marquée par un affaiblissement global et massif des capacités intellectuelles qui comporte une amnésie totale ou prédominant sur les faits récents, une désorientation temporo-spatiale et la méconnaissance totale du trouble. Des idées de préjudice qui mettent en cause l'entourage immédiat sont fréquemment retrouvées.

SÉNILITÉ n. f. (de *sénile*). Diminution pathologique des facultés physiques et surtout psychiques dans la vieillesse.

SENIOR [senjɔr] adj. et n. (angl. *senior,* du lat. *senior,* plus âgé). Se dit des concurrents qui ont dépassé l'âge limite des juniors (20 ans pour la plupart des fédérations sportives), et qui ne sont pas encore vétérans (moins de 45 ans en général).

SENIOR (Nassau William), économiste britanique (Uffington, Berkshire, 1790 - Londres 1864). On le considère comme le fondateur de l'économie pure.

SENLIS (60300), ch.-l. d'arrond. de l'Oise, entre la forêt d'Halatte et la forêt de Chantilly ; 15 226 hab. *(Senlisiens).* Constructions mécaniques.
— **Hist.** Ancienne *Augustomagus,* ville gallo-romaine fortifiée, Senlis fut prise par les Anglais puis délivrée par Jeanne d'Arc (1429). Charles VIII y conclut avec Maximilien Ier un traité (1493) par lequel il lui cédait Artois, Charolais et Franche-Comté.
— **Bx-arts.** Restes du château royal du Moyen Âge (musée de la Vénerie), s'appuyant sur l'enceinte gallo-romaine. Anc. cathédrale Notre-Dame, gothique, commencée v. 1153 (portail de la Vierge, v. 1170 ; flèche du XIIIe s. ; transept refait au XVIe s.). Églises médiévales désaffectées. Demeures anciennes, dont la maison du Haubergier (musée archéologique).

SENNA (Ayrton), coureur automobile brésilien (São Paulo 1960 - Bologne 1994). Champion du monde des conducteurs en 1988, en 1990 et en 1991, il meurt victime d'un accident survenu lors du Grand Prix de Saint-Marin à Imola.

SENNACHÉRIB ou **SĪN-AHHĒ-ERĪBA,** roi d'Assyrie (705-680 av. J.-C.). Fils et successeur de

Sargon II, il lutta contre les révoltes de Babylone, qu'il détruisit en 689. En 701, il réprima le soulèvement de Tyr et des États de Palestine, aidés par l'Égypte. Il construisit un grand palais à Ninive.

SENNAR ou **SANNĀR,** v. du Soudan, sur le Nil Bleu (prov. du Nil-Bleu) ; 10 000 hab. Barrage (irrigation et hydroélectricité).

SENNE ou **SEINE** n. f. (lat. *sagena,* du gr. *sagênê*). Filet qu'on traîne sur les fonds sableux, en eau douce ou dans la mer. (La senne d'eau douce est un long filet de faible hauteur muni en son milieu d'une poche à mailles fines ; la senne de mer est un très long filet à maille simple, notamment la senne tournante coulissante qui permet d'encercler les bancs de poissons.)

SENNE (la), riv. de Belgique, affl. de la Dyle (r. g.), qui traverse Halle et Bruxelles ; 103 km.

SENNECEY-LE-GRAND (71240), ch.-l. de cant. de Saône-et-Loire, au N.-N.-O. de Tournus ; 2 586 hab.

Senneh *(nœud de),* nœud (dit aussi *nœud persan*), obtenu en nouant le fil de trame une fois sur deux sur le fil de chaîne et utilisé dans la fabrication de certains tapis d'Orient.

SENNER ou **SEINER** v. i. (conj. **4**). Pêcher à la senne.

SENNETT (Michael SINNOTT, dit **Mack**), cinéaste américain Richmond, Québec, 1880 - Hollywood 1960). En 1912, il créa la Keystone Company, puis s'associa, avec Griffith et Thomas Ince, dans une société de production, la Triangle. Il s'entoura d'acteurs comiques de grand talent (Fatty, Buster Keaton, Harold Lloyd, Harry Langdon et Charles Chaplin). Il a produit et réalisé une foule de courts métrages, qui sont des classiques du cinéma comique.

SENNEUR ou **SEINEUR, EUSE** adj. Relatif à la pêche à la senne.
◆ **senneur** n. m. Chalutier équipé de sennes.

SEN-NO RIKYŪ, maître du thé japonais (Kyōto 1522-1591). Il a codifié les principes de la cérémonie du thé. Condamné à mort par Hideyoshi, il est enterré à Kyōto, au Daitoku-ji, l'un des plus vénérables temples de la ville, fondé au XIVe s.

ŠENOA (August), écrivain croate (Zagreb 1838 - *id.* 1881). Il marqua le passage du romantisme au réalisme (*la Révolte des paysans,* 1877).

SENOIS, population du groupe môn-khmer de Malaisie qui se divise en plusieurs groupes : Semai, Temia, Jah-hut et Che-wong.

SÉNOLOGIE n. f. Étude des affections du sein ayant pour objet le dépistage précoce du cancer du sein.

SÉNOLOGUE n. Spécialiste de sénologie.

SÉNONAIS, E adj. et n. De Sens.

SÉNONAIS, région crayeuse du nord du dép. de l'Yonne, de part et d'autre de la vallée de l'Yonne. V. princ. *Sens.*

SENONCHES (28250), ch.-l. de cant. d'Eure-et-Loir, aux confins du Perche et du Thymerais ; 3 183 hab. *(Senonchois).* Château des XVe et XVIIe s. (donjon du XIIe).

Senonches *(forêt domaniale de),* forêt de 4 271 ha traitée en futaie régulière, peuplée de chênes, de hêtres et de charmes.

SENONES (88210), ch.-l. de cant. des Vosges, dans le bassin de Saint-Dié ; 3 169 hab. *(Senonais).* Anc. abbaye, fondée au VIIe s., reconstruite au XVIIIe. Textile.

SÉNONIEN n. m. (de *Sens,* n. pr.). Super-étage du système crétacé comprenant le coniacien, le santonien et le campanien.

SÉNONS, SENONES ou **SÉNONAIS,** peuple de l'anc. Gaule, établi dans le bassin supérieur de l'Yonne. V. princ. *Agedincum* ou *Senones* (auj. *Sens*).

SEÑORITA [seɲorita] n. m. (esp. *señorita,* demoiselle). Petit cigare à une seule enveloppe de tabac naturel.

SÉNOUFOS ou **SENUFOS,** population voltaïque répartie sur la Côte-d'Ivoire, le Mali et le Burkina, groupant environ un million de membres.

SENOUSIS ou **SĀNŪSĪS,** en ar. **Sanūsiyya,** confrérie musulmane aux croyances mahdistes non orthodoxes. Fondée par Muḥammad ibn ʻAlī al-Sanūsī (v. 1791, près de Mestghanem, oasis de Djaraboub, 1859), qui avait été initié à la Qādiriyya, cette confrérie se répandit en Cyrénaïque à partir de l'oasis de Djaraboud, mise en culture par des esclaves affranchis. Elle résista à l'occupation française du Kanem, du Tibesti et du Sahara, lutta contre les Britanniques aux frontières de l'Égypte (1915-16) et contre les Italiens en Libye (de 1919-1920 à 1930). Elle fut dissoute en 1930. Le royaume indépendant de Libye revint en 1951 à Idrīs Ier, petit-fils du fondateur de la confrérie.

SENOUSRET → SÉSOSTRIS.

1. SENS [sɑ̃s] n. m. (lat. *sensus*). **1.** Chacune des fonctions psychophysiologiques par lesquelles un organisme reçoit des informations sur certains éléments du milieu extérieur, de nature physique (vue, audition, sensibilité à la pesanteur, toucher) ou chimique (goût, odorat). — **2.** Aptitude à connaître, à apprécier qqch de façon immédiate et intuitive : *Avoir le sens des nuances.* — **3.** Ce que qqch signifie, ensemble d'idées que représente un signe, un symbole : *Le* *sens d'une allégorie.* — **4.** Ce que représente un mot, objet ou état auquel il réfère : *Chercher le sens d'un mot dans le dictionnaire.* — **5.** Raison d'être, valeur, finalité de qqch, ce qui le justifie et l'explique : *Donner un sens à son existence.* — **6.** *À double sens,* ambigu, qui peut prêter à deux interprétations. ‖ *À mon sens,* à mon point de vue, selon moi, à mon avis. ‖ *Bon sens,* sentiment de ce qui est raisonnable ; capacité de juger sainement. ‖ *École du bon sens,* mouvement littéraire de la fin de la monarchie de Juillet, qui réagit contre le romantisme. ‖ *Organe des sens,* organe où s'effectue la réception des informations correspondant à un sens. (Syn. ORGANE SENSORIEL.) ‖ *Sens commun,* capacité de juger, d'agir raisonnablement comme la majorité des gens. ‖ *Sens pratique,* capacité de discerner ce qui est utile, efficace, aptitude au concret. ‖ *Sixième sens,* intuition. ‖ *Tomber sous le sens,* être évident. ◆ n. m. pl. Ensemble des fonctions de la vie organique qui procurent les plaisirs physiques, spécialement sexuels : *Plaisirs des sens.*

2. SENS [sɑ̃s] n. m. (de *sens 1*). **1.** Direction dans laquelle se fait un mouvement : *Traverser la France dans le sens nord-sud.* — **2.** Direction de la circulation sur les voies routières : *Voie à sens unique.* — **3.** Chacun des côtés de qqch ; position de qqch dans l'espace : *Cette pièce n'est pas mise dans le bon sens.* — **4.** Direction prise par une activité, par un comportement, une action : *Cette politique ne va pas dans le bon sens.* — **5.** Mouvement, intention dans une relation entre personnes : *Un amour à sens unique.* — **6.** *Sens* [sɑ̃] *dessus dessous,* de telle sorte que ce qui devrait être dessus soit dessous ; en grand désordre ; dans un grand trouble, bouleversé. ‖ *Sens* [sɑ̃] *devant derrière,* dans une position telle que ce qui doit être devant se trouve derrière. ‖ *Sens de l'histoire,* direction générale, impliquée par les états présents et passés, des événements de l'histoire du monde. • **Math.** *Bipoints* (A, B) *et* (D, C) *de même sens* (respect de *sens contraire*), bipoints dont les supports respectifs (AB) et (CD) sont parallèles et tels que ABCD est un quadrilatère convexe (resp. croisé). ‖ *Sens trigonométrique,* sens de « rotation » inverse de celui des aiguilles d'une montre.

SENS (89100), ch.-l. d'arrond. de l'Yonne, dans le Sénonais, sur l'Yonne ; 27 755 hab. *(Sénonais).* Archevêché. Équipements automobiles.
— **Bx-arts.** Cathédrale entreprise v. 1130 et terminée avant la fin du XIIe s., le premier en date des grands monuments gothiques (élévation à trois étages, voûtes sexpartites ; transept ajouté par M. Chambiges ; sculptures et vitraux des XIIe-XVIe s. ; important trésor). Églises médiévales. Anc. palais synodal du XIIIe s. restauré par Viollet-le-Duc, bel édifice jouxtant la cathédrale, dans lequel s'est installé le Musée municipal (archéologie gallo-romaine ; sculptures du Moyen Âge et de la Renaissance ; peintures ; histoire...).

Sens *(hôtel de),* à Paris, rue du Figuier (IVe arrond.). Anc. résidence des archevêques de Sens (fin du XVe s.), très restauré, il abrite la bibliothèque Forney.

SENSASS [-sas] adj. inv. Abrév. fam. de SENSATIONNEL.

SENSATION n. f. (bas lat. *sensatio,* du lat. class. *sentire,* percevoir). **1.** Phénomène qui traduit, de façon interne chez un individu, une stimulation d'un de ses organes récepteurs : *Les sensations visuelles.* — **2.** État psychologique découlant des impressions reçues et à prédominance affective ou physiologique : *Une sensation de bien-être.* — **3.** *À sensation,* de nature à causer de l'émotion, à attirer l'attention : *Nouvelle à sensation.* ‖ *Avoir la sensation que,* avoir l'impression que. ‖ *Faire sensation,* provoquer une forte impression d'intérêt, de surprise, d'admiration. ‖ *Sensations fortes,* peur, vertiges, vives émotions en partic. dans des jeux, des loisirs, des spectacles ou des lectures, etc.

SENSATIONNALISME n. m. Goût pour le sensationnel.

SENSATIONNALISTE adj. Qui est volontairement destiné à faire sensation.

SENSATIONNEL, ELLE adj. **1.** Qui produit une impression de surprise, d'intérêt, d'admiration : *Nouvelle sensationnelle.* — **2.** *Fam.* Qui est remarquable, d'une valeur exceptionnelle : *Un exploit sportif sensationnel.* (Abrév. fam. SENSASS.)
◆ **sensationnel** n. m. Tout ce qui peut produire une forte impression de surprise, d'intérêt ou d'émotion : *Presse à la recherche du sensationnel.*

SENSATIONNISME n. m. Système philosophique qui considère les sensations comme la source de toutes nos connaissances. (Berkeley, Hume sont assez représentatifs de ce système.)

SENSATIONNISTE adj. et n. Relatif au sensationnisme ; partisan du sensationnisme.

SENSÉ, E adj. (bas lat. *sensatus,* du lat. class. *sensus,* action de comprendre). **1.** Qui a du bon sens : *Homme sensé.* — **2.** Qui est conforme au bon sens : *Une remarque sensée.*

SENSEI n. m. (mot jap.). Dans les arts martiaux, le professeur, le maître.

SENSÉMENT adv. *Litt.* D'une manière sensée.

SENSEUR n. m. **1.** Système optoélectronique permettant à un satellite de déterminer, aux fins d'orientation, la direction d'un astre brillant préalablement choisi. — **2.** Tout équipement de détection inclus dans un système d'arme (radars, caméras infrarouges, télémètres lasers).

SENSIBILISATEUR, TRICE ou **SENSIBILISANT, E** adj. Qui sensibilise qqn, l'opinion à qqch.

SENSIBILISATION n. f. **1.** Action de sensibiliser ; fait d'être sensibilisé : *Une campagne de sensibilisation aux problèmes du chômage.* – **2.** Étendage d'une couche photosensible sur les supports utilisés pour la fabrication des formes imprimantes. – **3.** État qui résulte de la stimulation immunitaire d'un individu par un antigène pouvant produire un état de défense contre l'antigène infectieux ou tumoral ou au contraire un état allergique.

SENSIBILISER v. t. (de *sensible*) [conj. 3]. **1.** Rendre sensible à une action physique, chimique, etc. ; provoquer une sensibilisation. – **2.** Rendre qqn, un groupe sensible, réceptif à qqch pour lequel il ne manifestait pas d'intérêt : *Les questions de sécurité sensibilisent vivement l'opinion.*

SENSIBILITÉ n. f. (bas lat. *sensibilitas,* du lat. class. *sensibilis*). **1.** Aptitude d'un organisme à réagir à des excitations externes ou internes. – **2.** Aptitude à réagir plus ou moins vivement à qqch : *La sensibilité du marché financier aux variations du dollar.* – **3.** Aptitude à s'émouvoir, à éprouver des sentiments d'humanité, de compassion, de tendresse pour autrui : *Un enfant d'une grande sensibilité ;* manifestation de cette aptitude : *Roman d'une grande sensibilité.* – **4.** Opinion, tendance, courant politique : *L'existence de sensibilités différentes chez les socialistes.* • **Métrol.** Qualité d'un instrument de mesure dont le dispositif indicateur éprouve un grand déplacement pour une variation déterminée de la grandeur à mesurer. – **Neurol.** Fonction du système nerveux qui assure, grâce aux organes sensoriels, la détection et la perception de modifications physiques ou chimiques survenant au niveau du corps ou de son environnement. (→ *encycl.*) – **Phot.** *Sensibilité générale,* réponse d'une émulsion à l'énergie d'un rayonnement électromagnétique, exprimée par une valeur numérique. (→ *encycl.*) ‖ *Sensibilité spectrale,* aptitude de réponse d'une émulsion sensible à un rayonnement de longueur d'onde déterminée. – **Pyrotechn.** Aptitude d'un explosif à réagir sous l'effet d'une excitation donnée (choc, onde de choc, élévation de température, étincelle électrique, etc.). – **Télécomm.** Aptitude d'un récepteur radioélectrique à fournir à la sortie un signal de niveau et de qualité convenables, avec un signal d'entrée plus ou moins faible.

ENCYCL. **Neurol.** La sensibilité est organisée à partir des récepteurs qui assurent la transmission à des fibres nerveuses d'un message codé décrivant la forme et l'intensité d'une stimulation mécanique ou chimique. Les fibres nerveuses se dirigent vers la moelle épinière et le tronc cérébral. Après au moins un relais synaptique, les informations sont véhiculées vers le thalamus puis vers le cortex cérébral pariétal. Celui-ci est connecté avec d'autres aires cérébrales permettant la perception consciente de la sensibilité et les réactions adaptées de l'organisme. Parallèlement, existe un autre système de projection aux niveaux thalamique et cortical qui permettrait d'alerter le cortex cérébral sans focaliser son attention sur un phénomène précis.

– **Phot.** La *sensibilité générale* des émulsions est exprimée par une double valeur numérique selon une norme internationale (ISO). Par ex : 50/18°. La première valeur, issue de l'ancienne norme américaine ASA, double quand la sensibilité double. La seconde valeur, issue de l'ancienne norme allemande DIN, double la sensibilité tous les 3 points. Ainsi, la sensibilité d'un film 200/24° est double de celle d'un film de 100/21°.

SENSIBLE adj. (lat. *sensibilis,* de *sentire,* percevoir). **1.** Qui est, qui peut être perçu par les sens : *Le monde sensible.* – **2.** Qui est apte à éprouver des perceptions, des sensations : *Avoir l'oreille sensible.* – **3.** Qui est très facilement affecté par la moindre action ou agression extérieure : *Être sensible de la gorge. Une dent sensible au froid.* – **4.** Se dit d'une partie du corps que l'on ressent, qui est plus ou moins douloureuse : *La douleur est moins vive, mais la zone est toujours sensible.* – **5.** Qui éprouve facilement des émotions, des sentiments, notamment de pitié, de compassion : *Une nature sensible. Être sensible à la douleur d'autrui.* – **6.** Qui est particulièrement accessible à certaines impressions d'ordre intellectuel, moral, esthétique ; réceptif : *Être sensible aux compliments.* – **7.** Se dit d'un appareil, d'un instrument de mesure, qui obéit à de très légères sollicitations : *Une balance très sensible.* – **8.** Se dit d'un matériel, d'un produit qui est sujet à des variations de prix dépendant de facteurs extérieurs. – **9.** Que l'on doit traiter avec une attention, une vigilance particulière : *Dossier sensible.* – **10.** Qui fait l'objet d'une surveillance renforcée pour des raisons de sécurité : *Vol sensible.* – **11.** Qui est facilement perçu par les sens ou par l'esprit : *Une sensible différence de prix.* – **12.** Se dit d'une émulsion photographique, d'un explosif, d'un matériel, etc., doués de sensibilité. – **13.** *Endroit, point sensible de qqn,* ce qui le touche particulièrement.

◆ n. m. Selon Aristote, objet des sens.

◆ n. f. Nom donné à la note correspondant au 7e degré de la gamme diatonique.

SENSIBLEMENT adv. **1.** D'une manière très perceptible : *La température a sensiblement baissé.* – **2.** À peu de chose près, presque : *Ces deux enfants ont sensiblement la même taille.*

SENSIBLERIE n. f. Sensibilité outrée ou affectée allant jusqu'au ridicule.

SENSILLE n. f. Organe sensoriel simple porté par le tégument des insectes, ayant une fonction tactile, gustative ou olfactive.

SENSITIF, IVE adj. (lat. médiév. *sensitivus,* du lat. class. *sensus,* action de sentir). **1.** Se dit des nerfs et des structures nerveuses qui véhiculent des informations issues de la sensibilité (informations tactiles nociceptives, thermiques, etc.) ou des organes des sens. — **2.** *Âme sensitive,* selon Aristote, second degré de l'âme, après l'âme nutritive, qui existe chez tous les animaux et qui leur permet non seulement de percevoir, mais encore de ressentir plaisir et douleur, donc également de désirer. ‖ *Personnalité sensitive,* type de personnalité pathologique décrit par Kretschmer et caractérisé par l'hyperémotivité, l'indécision, la scrupulosité, la réaction aux chocs affectifs par la dépression plus que par la révolte. ◆ adj. et n. **1.** Qui est d'une grande sensibilité et a surtout des réactions d'ordre affectif. — **2.** Se dit d'un sujet doué de perception extrasensorielle. — **3.** Se dit d'un sujet présentant une personnalité sensitive.

SENSITIVE n. f. Nom usuel donné à *Mimosa pudica,* plante dont les feuilles se replient au moindre contact.

SENSITIVO-MOTEUR, TRICE adj. (pl. *sensitivo-moteurs, trices*). Se dit des nerfs qui véhiculent à la fois des informations motrices et sensitives. (Syn. MIXTE.)

SENSITOGRAPHE ou **SENSITOMÈTRE** n. m. Appareil servant à réaliser des expositions échelonnées d'une émulsion photosensible afin d'en étudier les propriétés.

SENSITOMÉTRIE n. f. Technique étudiant la réponse des émulsions photosensibles en fonction de leurs conditions d'exposition et de traitement.

SENSORIALITÉ n. f. Caractéristique d'un être vivant pourvu d'un système sensoriel.

SENSORIEL, ELLE adj. (bas lat. *sensorium,* siège de la sensation). Qui se rapporte aux organes des sens, aux structures nerveuses qu'ils mettent en jeu et aux messages qu'ils véhiculent.

SENSORIMÉTRIE n. f. Étude des variations de la sensation en fonction de celle du stimulus.

SENSORIMÉTRIQUE adj. Relatif à la mesure de la sensation.

SENSORI-MOTEUR, TRICE adj. (pl. *sensori-moteurs, trices*). Qui concerne à la fois les phénomènes sensoriels et l'activité motrice, ou leurs interactions.

SENSUALISME n. m. (bas lat. *sensualis,* relatif aux sens). Doctrine selon laquelle toutes nos connaissances sont le fruit de nos sensations et de rien d'autre. (Le sensualisme est le nom donné habituellement au système de Condillac.)

SENSUALISTE adj. et n. Relatif au sensualisme ; partisan du sensualisme.

SENSUALITÉ n. f. (bas lat. *sensualitas*). **1.** Aptitude à goûter les plaisirs des sens, à être réceptif aux sensations physiques, en partic. sexuelles : *L'éveil de la sensualité chez les enfants.* — **2.** Caractère de qqn, de qqch de sensuel : *Œuvre d'art d'une grande sensualité.*

SENSUEL, ELLE adj. et n. (bas lat. *sensualis,* relatif aux sens). Qui est porté vers les plaisirs des sens ou dont l'aspect, le comportement ou l'œuvre évoquent les plaisirs des sens : *Un artiste sensuel.* ◆ adj. Qui évoque le goût des plaisirs des sens : *Bouche sensuelle.*

SENSUELLEMENT adv. *Litt.* Avec sensualité.

SENTE n. f. (lat. *semita*). *Litt.* Petit sentier.

SENTENCE n. f. (lat. *sententia*). **1.** *Litt.* Courte phrase d'une portée générale, précepte de morale, maxime : *Un discours rempli de sentences.* — **2.** Décision d'un arbitre ou d'un tribunal arbitral, en partic. des tribunaux d'instance et des conseils de prud'hommes. — **3.** Tout jugement (d'une autorité) à caractère décisif : *Le médecin allait prononcer sa sentence.*

SENTENCIEUSEMENT adv. D'une manière sentencieuse.

SENTENCIEUX, EUSE adj. (lat. *sententiosus*). Qui s'exprime souvent par sentences ou avec une solennité affectée : *Un ton sentencieux.*

SENTEUR n. f. (de *sentir*). *Litt.* Odeur agréable, parfum : *La senteur des lilas.*

SENTI → SENTIR.

SENTIER n. m. (lat. *semitarius*). **1.** Chemin étroit dans la nature, qui ne laisse passage qu'aux piétons. — **2.** *Litt.* Voie que l'on suit pour atteindre un but : *Les sentiers de la gloire.* — **3.** *Sentier du douanier,* servitude de passage en bordure du littoral, traditionnellement reconnue aux agents du Service des douanes et étendue aux piétons. ‖ *Sentier de grande randonnée (G. R.),* sentier balisé dont le parcours exige plusieurs jours, par opp. à *sentier de petite randonnée (P. R.),* dont le parcours peut être effectué dans la journée.

SENTIMENT n. m. (de *sentir*). **1.** Connaissance plus ou moins claire, donnée d'une manière immédiate : *Avoir le sentiment qu'on se trompe.* — **2.** Opinion, avis que l'on a sur qqch : *Je ne partage pas votre sentiment sur ce point.* — **3.** État affectif complexe et durable lié à certaines émotions ou représentations : *Le sentiment religieux.*

— **4.** Penchant bon ou mauvais : *Avoir des sentiments nobles.* — **5.** Disposition à être facilement ému : *Cet homme agit trop par sentiment.* — **6.** *Litt.* Amour : *Partage-t-elle le sentiment que vous avez pour elle ?* — **7.** À la chasse, odeur qui provient des animaux et qui révèle leur présence, leur proximité ou leur passage. — **8.** *Faire du sentiment,* se laisser influencer par des aspects affectifs.

◆ **sentiments** n. m. pl. Entre dans des formules de politesse, à la fin des lettres : *Veuillez agréer l'expression de mes sentiments dévoués.*

SENTIMENTAL, E, AUX adj. (angl. *sentimental,* du fr. *sentiment*). **1.** Qui concerne l'amour : *Une intrigue sentimentale.* — **2.** Qui repose sur des mobiles affectifs : *Un attachement sentimental à une maison.* — **3.** Qui manifeste une sentimentalité mièvre ou une générosité naïve, irrationnelle : *Une attitude sentimentale en face de problèmes économiques.* — **4.** *Roman sentimental,* roman qui sollicite à l'excès la sensibilité et la compassion par une vision subjective du sujet, fondée sur l'analyse des sentiments.

◆ adj. et n. Qui a ou qui affecte une sensibilité un peu romanesque, exagérée : *Une jeune fille très sentimentale.*

SENTIMENTALEMENT adv. D'une manière sentimentale.

SENTIMENTALISME n. m. Attitude de qqn qui se laisse guider par une sensibilité exacerbée.

SENTIMENTALITÉ n. f. **1.** Caractère, inclination, attitude de qqn de sentimental, d'affectif : *La sentimentalité attachante de quelqu'un.* — **2.** Abus ou affectation de la sensibilité excitée par l'imagination.

SENTINE n. f. (lat. *sentina*). **1.** *Litt.* Lieu sale et humide. — **2.** Partie de la cale d'un navire où s'amassaient les eaux et d'où elles pouvaient être pompées. — **3.** Caisse de bois immergée, percée de trous, servant de vivier.

SENTINELLE n. f. (ital. *sentinella,* de *sentire,* entendre). **1.** Autref., guetteur. — **2.** Auj., syn. de FACTIONNAIRE. — **3.** *Litt.* Personne ou chose qui a pour tâche de veiller, de surveiller pour éviter toute surprise. — **4.** Vx. *Faire sentinelle,* guetter, surveiller.

SENTINUM, ville d'Italie, en Ombrie, où Rome vainquit une coalition des Étrusques des Samnites et des Ombriens (vers 295 av. J.-C.).

SENTIR v. t. (lat. *sentire*) [conj. 37]. **1.** Percevoir qqch par l'odorat : *On sent l'odeur des bois.* — **2.** Humer l'air ambiant pour en percevoir l'odeur : *Avez-vous senti ce bouquet ?* — **3.** Percevoir une impression physique par les organes de la sensibilité (autres que la vue et l'ouïe) : *Sentir subitement la fraîcheur de l'air.* — **4.** Percevoir et connaître qqch plus ou moins confusément et de manière intuitive : *Il sent que son cheval veut tourner à gauche.* — **5.** Éprouver dans son corps les manifestations, les effets de qqch : *Elle ne sent jamais la fatigue.* — **6.** Avoir conscience d'une partie de son corps, parce qu'on y prête particulièrement attention, ou parce qu'elle est particulièrement sensible ou douloureuse : *Sentir son genou quand on marche.* — **7.** Connaître qqch, le goûter, l'éprouver par la sensibilité : *Sentir la beauté d'un texte.* — **8.** *Faire sentir qqch,* faire éprouver qqch à qqn, le lui faire comprendre : *Je leur ai fait sentir que je n'étais pas d'accord.* ‖ Fam. *Ne pas pouvoir sentir qqn, qqch,* éprouver une profonde antipathie à leur égard, les détester. ‖ *Se faire sentir,* se manifester, être sensible.

◆ v. i. **1.** Répandre telle odeur, avoir telle saveur : *Des fleurs qui sentent bon.* — **2.** Dégager une mauvaise odeur : *Le poisson commence à sentir.* — **3.** Avoir l'apparence de, être marqué par tel caractère : *Un garçon qui sent la province.*

◆ **être senti** v. pass. *Bien senti,* exprimé avec conviction et fermeté : *Une réplique bien sentie.*

◆ **se sentir** v. pr. **1.** Avoir conscience d'être dans tel ou tel état, d'éprouver tel ou tel changement : *Se sentir triste. Je me sens renaître.* — **2.** Être perceptible, sensible : *Les effets de la récession commencent à se sentir.* — **3.** *Ne plus se sentir,* ne plus être maître de soi, être grisé par le succès.

SEO DE URGEL, en catalan **La Seu d'Urgell,** v. d'Espagne, en Catalogne, sur le Segre, au débouché des vallées d'Andorre ; 10 374 hab. Cathédrale romane du XIIe s. Centre touristique. Évêché, dont le titulaire est coprince de l'Andorre avec le président de la République française.

SEOIR [swar] v. t. ind. (lat. *sedere*) [conj. **67** ; seulem. 3e pers. et aux temps simples]. *Litt.* **1.** Aller bien à qqn, convenir à sa personne : *Une couleur qui sied aux blondes.* — **2.** *Il sied de, que,* il est convenable ou souhaitable de ou que : *Il siérait de mettre fin à ces pratiques.* — **3.** *Il sied à qqn de,* il lui appartient de : *Il vous sied mal de trouver à redire à cette décision.*

SÉOUD, autre graphie de Sa'ud.

SÉOUL, cap. de la Corée du Sud, en amont de l'embouchure de la Han ; 10 612 577 hab. pour l'agglomération. La ville, très développée, s'étend à la fois vers le sud et dans la direction du port d'Inchon. Aux fonctions politiques et administratives, l'agglomération joint un rôle industriel important : engrais, ciment, pétrochimie, matériel de transport, biens de consommation.

— **Hist.** et **Archéol.** Fondée au XIe s., Séoul fut capitale de la dynastie Li qui y construisit le palais Kyŏngbok*, puis les palais Changdok et Toksu, rebâtis (fin XIXe s.-déb. XXe s.) et devenus des musées.

SEP [sɛp] n. m. (lat. *cippus,* pieu). Pièce horizontale de la charrue, reliée à l'age par les étançons et dont la pointe porte le soc et le versoir.

SÉPALE n. m. (lat. sc. *sepalum,* du gr. *skepê,* enveloppe). Chacune des pièces du calice d'une fleur. (Les sépales sont généralement verts chez les dicotylédones à pétales colorés ; ils entourent le bouton floral et, sauf exception, évoluent peu par la suite.)

SÉPALOÏDE adj. **1.** En forme de sépale. – **2.** Se dit de la corolle quand elle est verte.

SÉPARABILITÉ n. f. Qualité de ce qui est séparable.

SÉPARABLE adj. (lat. *separabilis*). **1.** Qui peut se séparer. – **2.** *Polynôme séparable,* polynôme dont toutes les racines sont distinctes.

SEPARANDA n. m. pl. (lat. *separanda,* choses à séparer). Substances pharmaceutiques dangereuses soumises actuellement au régime du tableau C. (Ces produits sont séparés des autres médicaments.)

SÉPARATEUR, TRICE adj. (bas lat. *separator*). **1.** Qui sépare : *Cloison séparatrice.* – **2.** *Pouvoir séparateur,* plus petite distance linéaire ou angulaire, mesurée dans l'espace objet, qui sépare deux points dont les images données par un système optique sont distinctement séparables. (Syn. POUVOIR OU LIMITE DE RÉSOLUTION.) [→ *encycl.*]
◆ **séparateur** n. m. **1.** Appareil adjoint à une installation et destiné à assurer la séparation d'éléments mélangés que l'on veut récupérer ou éliminer (par ex., séparateur magnétique, pneumatique). – **2.** Cloison mince isolante, placée entre les plaques d'un accumulateur. – **3.** En informatique, syn. de DÉLIMITEUR. – **4.** *Séparateur d'eau et de vapeur,* dispositif destiné à éliminer les gouttelettes d'eau contenues dans la vapeur, en utilisant les différences de propriétés physiques entre la vapeur et l'eau.
ENCYCL. **Opt.** Le *pouvoir séparateur* intrinsèque du microscope est fonction de la longueur d'onde λ de la lumière utilisée et vaut $1{,}2\lambda(2n$ sin U), où U est le demi-angle d'ouverture du faisceau incident utile et n l'indice du milieu qui sépare l'objet de l'objectif. Pratiquement, on ne peut avoir une image nette d'un objet de dimension inférieure à la longueur d'onde de la lumière, quel que soit le grossissement de l'appareil optique employé.

SÉPARATIF, IVE adj. Qui sépare, sert à séparer, marque la séparation.

SÉPARATION n. f. (lat. *separatio*). **1.** Action de séparer, d'isoler ; fait d'être séparé : *La séparation des divers composants d'un mélange.* – **2.** Fait de distinguer, de mettre à part : *Séparation des pouvoirs.* – **3.** Fait de se séparer, de rompre ou de se quitter : *Une séparation difficile à supporter.* – **4.** Objet ou espace qui sépare, qui forme obstacle : *Abattre une séparation entre deux pièces.*
● **Dr.** *Séparation de biens conventionnelle,* régime matrimonial qui permet à chaque époux d'administrer tous ses biens présents ou futurs. ‖ *Séparation de biens judiciaire,* régime matrimonial substitué par le juge au régime adopté lors du mariage, sur demande d'un époux dans son intérêt ou celui de son conjoint. ‖ *Séparation de corps,* suppression du devoir de cohabitation et substitution du régime de séparation de biens au régime matrimonial antérieur. (La séparation de corps peut, après 3 ans, être convertie en divorce à la demande d'un des époux.) ‖ *Séparation de dettes,* clause d'un régime de communauté qui stipule que chacun des époux garde la charge de ses dettes. ‖ *Séparation de fait,* ou *amiable,* état de deux époux qui vivent séparés sans y avoir été autorisés par un jugement de séparation de corps ou de divorce. ‖ *Séparation des patrimoines,* privilège accordé aux créanciers d'une succession et aux légataires particuliers d'une somme d'argent, leur permettant de se faire payer sur les biens successoraux de préférence aux créanciers personnels de l'héritier. – **Math.** *Séparation des racines réelles d'une équation,* recherche, pour chaque racine réelle de l'équation, d'un encadrement ne contenant aucune autre racine réelle de l'équation. – **Nucl.** *Séparation des isotopes,* ou *séparation isotopique,* opération ayant pour objet de modifier la teneur relative des isotopes d'un élément donné dans un mélange. (Elle permet d'augmenter la proportion d'un isotope dans le mélange, donc l'enrichissement* de l'élément en cet isotope. Les procédés de séparation isotopique sont fondés sur des différences de propriétés physiques ou chimiques des isotopes. Ce sont principalement la diffusion gazeuse, la centrifugation, les échanges chimiques et le laser.)

séparation des Églises et de l'État *(loi de),* acte du 9 déc. 1905, dénonçant le concordat de 1801, instituant en France un régime dans lequel l'État, qui considère la religion comme une manifestation individuelle, d'ordre privé, lui laisse toute liberté, sous le droit commun.

SÉPARATISME n. m. (angl. *separatism*). Attitude, tendance à sortir d'un ensemble national et à former une entité politique distincte de l'État d'origine.

SÉPARATISTE adj. et n. (angl. *separatist*). Relatif au séparatisme ; partisan d'un séparatisme.

SÉPARÉMENT adv. À part l'un de l'autre ; isolément : *Agir séparément.*

SÉPARER v. t. (lat. *separare,* mettre à part) [conj. 3]. **1.** Mettre à part, éloigner l'une de l'autre ou les unes des autres des choses qui étaient ensemble : *Séparer les fruits gâtés des fruits sains.* — **2.** Diviser, partager qqch : *Séparer une salle par une cloison.* — **3.** S'interposer entre des personnes ou des animaux qui se battent : *Il a fallu les séparer.* — **4.** Considérer, examiner des choses chacune pour elle-même : *Il faut séparer cette question du reste.* — **5.** Empêcher ou faire cesser entre des personnes une union de pensée ou de sentiment, les désunir : *Travailler à séparer un ennemi de ses alliés.* — **6.** Former une limite, une séparation entre des personnes ou des choses : *Une grille sépare le prisonnier de ses visiteurs. Une semaine nous sépare des vacances.*

◆ **être séparé** v. pass. **1.** Être distinct, différent, à part d'une autre chose : *La facture vous sera adressée par envoi séparé.* — **2.** Se dit d'un espace topologique dans lequel, pour tout couple de points *x* et *y,* il existe un voisinage de *x* et un voisinage de *y,* disjoints. — **3.** *Être séparés de biens,* vivre sous le régime matrimonial de la séparation de biens. ‖ *Être séparés de corps,* être autorisés par jugement à ne plus vivre ensemble et à administrer librement et respectivement leurs biens.

◆ **se séparer** v. pr., **être séparé** v. pass. **1.** Cesser de vivre avec qqn d'autre : *Se séparer de son mari.* — **2.** Quitter qqn, un groupe, qqch, en être éloigné, isolé.

◆ **se séparer** v. pr. **1.** Se passer des services de qqn : *Se séparer d'un collaborateur.* — **2.** Ne plus conserver qqch avec soi : *Vous n'auriez pas dû vous séparer de ce document.* — **3.** Se quitter, se disperser : *L'heure est venue de nous séparer.* — **4.** Se diviser, se détacher de qqch : *Le fleuve se sépare en plusieurs bras.*

SEPHORA ou **SEPPHORA,** fille d'un prêtre de Madian, épouse de Moïse.

SÉPIA n. f. **1.** Liquide brun-noir sécrété par des glandes ventrales de la seiche, pour camoufler sa fuite. — **2.** Encre brune préparée avec ce liquide, employée, surtout du XVIIe au XIXe s., pour le dessin et le lavis ; dessin exécuté avec cette encre.

SEPIK (le), fl. du nord-est de la Nouvelle-Guinée ; env. 1 100 km.

SÉPIOLE n. f. (lat. *sepiola*). Petite seiche comestible aux nageoires en ailes de papillon, et dont de nombreuses espèces peuvent produire de la lumière. (N. usuel *souchot.*)

SÉPIOLITE n. f. (gr. *sêpion,* os de seiche). Syn. de ÉCUME DE MER.

SÉPION n. m. Nom sc. de l'*os* de seiche.*

SEPPUKU [sepuku] n. m. (jap. *seppuku*). Syn. de HARA-KIRI.

SEPS [sɛps] n. m. (lat. *seps,* du gr. *sêps*). Reptile scincidé méditerranéen à corps très allongé, aux pattes très réduites.

SEPT [sɛt] adj. num. card. inv. (lat. *septem*). **1.** Six plus un : *Les sept jours de la semaine.* — **2.** S'emploie au sens de « septième » pour indiquer une numérotation, un rang : *Tome sept. Charles VII.*

◆ n. m. inv. **1.** Chiffre ou nombre sept (désigne aussi, selon les cas, le jour, un pourcentage, le numéro d'une maison, etc.) : *Le sept du mois. Acheter du 7 %.* — **2.** Carte portant sept points.

Sept *(La)* [acronyme de *Société Européenne de Programmes de Télévision*], société d'édition de programmes de télévision, à vocation culturelle, créée en France en 1986. Diffusée à partir de 1989 par satellite(s) TDF, elle a également passé — entre 1990 et 1992 — des accords avec FR3 pour la transmission de certains de ses programmes. Depuis 1992, elle constitue le pôle français de la chaîne européenne (franco-allemande) Arte*. En 1993, la société a changé sa dénomination en *La Sept-Arte.*

Sept Ans *(guerre de),* conflit européen qui opposa, de 1756 à 1763, l'Angleterre et la Prusse à la France, l'Autriche, la Russie, la Suède, l'Espagne et des princes allemands.

• *Origines du conflit.* L'affrontement franco-anglais à propos de la constitution d'un empire colonial en Inde et en Amérique, le désir de Marie-Thérèse de reprendre la Silésie à la Prusse provoquent un renversement des alliances. À partir de 1755, l'Europe est divisée en deux camps : par le traité de Westminster (1756), l'Angleterre et la Prusse s'engagent à repousser du sol allemand toute invasion étrangère (George II cherchant à protéger le Hanovre) ; par le premier traité de Versailles (1756), l'Autriche, déjà alliée de la Russie, engage avec la France une alliance défensive. La Suède, la plupart des princes allemands puis les Bourbons de Naples, de Parme et de Madrid (unis à la France dans le pacte de Famille) entrent aussi dans le conflit. L'Angleterre et la France luttent sur mer et aux colonies, la Prusse et la coalition européenne sur le continent. Les deux guerres simultanées durent sept ans.

• *La guerre continentale.* Le début de la guerre est défavorable à Frédéric II (défaite de Kolín, juin 1757). Il doit évacuer la Bohême, tandis que les Russes entrent en Prusse-Orientale, les Suédois en Poméranie et que le maréchal de Richelieu occupe le Hanovre (capitulation des Anglais à Kloster Zeven, sept. 1757). Il remporte ensuite des victoires (Rossbach sur les Français, Leuthen sur les Autrichiens, Zorndorf sur les Russes) en

1757-58. Puis la lutte est incertaine (entrée à Berlin des Austro-Russes en oct. 1760, occupation de la Saxe et de la Silésie par les Impériaux). Mais Pierre III devient tsar de Russie. Admirateur de Frédéric II, il lui rend ses conquêtes, imité par la Suède. Après sa victoire de Burkersdorf (juill. 1762) sur l'Autriche, celle-ci, épuisée, engage des négociations de paix.

• *La guerre maritime et coloniale.* L'Angleterre prend l'avantage sur la France, qui subit des défaites sur ses côtes mêmes (Quiberon, 1759), en Amérique du Nord (pertes de Louisbourg, Québec, Montréal, 1760), aux Indes enfin, où Lally Tollendal échoue devant Madras (1758-59), tandis que les comptoirs français tombent aux mains des Anglais. L'extension des hostilités et de nouveaux échecs poussent Louis XV à faire la paix avec l'Angleterre.

• *Les deux traités* de févr. 1763 (traité de Paris entre France et Angleterre, traité d'Hubertsbourg entre Autriche et Prusse) consacrent la victoire de l'Angleterre, maîtresse des mers, qui a ravi à la France de vastes possessions coloniales (Canada, est de la Louisiane, une partie des Antilles, Sénégal), et de la Prusse, devenue l'une des premières puissances militaires de l'Europe.

Sept Chefs *(guerre des),* légende rattachée au cycle thébain : la lutte qui opposa les deux fils d'Œdipe, Étéocle et Polynice, pour la possession du trône de Thèbes. Les deux frères s'entre-tuent et tous les chefs grecs, à l'exception d'Adraste, périssent, mais ils laissent des vengeurs, leurs fils, qui vont prendre Thèbes et donner le trône à Thersandre, fils de Polynice. Cette guerre a inspiré Eschyle *(les Sept contre Thèbes),* Sophocle *(Antigone*),* Euripide *(les Phéniciennes*)* et Racine *(la Thébaïde*).*

Sept Sages *(le Roman des),* version française d'une série de contes venus d'Asie et répandus dans toute l'Europe médiévale et le plus ancien texte français du XIIe s.

Sept Samouraïs *(les),* film japonais de Kurosawa Akira (1954). Dans cette ample fresque du monde rural du XVIe s., des samouraïs, engagés par des paysans que des bandits menacent, parviendront, par leurs sacrifices, à rétablir la paix.

SEPTAIN [sɛtɛ̃] n. m. (de *sept*). Pièce ou strophe de sept vers.

SEPTAL, E, AUX [sɛptal, -o] adj. (lat. *septum,* clôture). **1.** Se dit d'une région située sous le septum lucidum et formée d'amas cellulaires (les *noyaux septaux*). — **2.** *Placentation septale,* caractère des plantes dont les ovules sont implantés sur la paroi d'un ovaire à une seule loge.

SEPTANTE adj. num. card. (lat. pop. **septanta,* du lat. class. *septuaginta,* soixante-dix). En Belgique et en Suisse, soixante-dix.

Septante (la) ou **Version des Septante,** la plus importante des versions grecques de la Bible hébraïque. Écrite entre 250 et 130 av. J.-C. environ par les Juifs d'Alexandrie pour leurs coreligionnaires de la Diaspora hellénique, elle fut utilisée par l'Église chrétienne ancienne. Son appellation vient d'une légende selon laquelle 72 (ou 70) traducteurs juifs firent chacun un travail identique en 72 (ou 70) jours pour le compte du roi d'Égypte Ptolémée Philadelphe.

SEPTANTIÈME adj. num. ord. En Belgique et en Suisse, soixante-dixième.

SEPTE [sɛpt] n. m. (lat. *septum,* clôture). Lame calcaire radiale issue de la muraille des polypiers, n'atteignant pas le centre.

SEPTEMBRE n. m. (lat. *september,* de *septem,* sept, l'année romaine commençant en mars). Neuvième mois de l'année.

Septembre *(convention de)* [1864], convention préparée par le ministre italien Minghetti, signée à Paris, et qui résolvait provisoirement la Question romaine.

Septembre (*journée révolutionnaire du* **4-**) [1870], journée révolutionnaire qui, à la suite de la capitulation de Sedan, aboutit à la déchéance de Napoléon III, à la proclamation de la république à l'Hôtel de Ville de Paris et à l'institution d'un gouvernement provisoire de la Défense nationale, sous la présidence du général Trochu.

Septembre *(lois de)* [1835], groupe de trois lois, votées après l'attentat de Fieschi, renforçant les jurys, envisageant de nouvelles cours d'assises et interdisant les articles de presse critiquant le gouvernement.

Septembre *(massacres de)* [1792], exécutions sommaires qui eurent lieu, dans les prisons de Paris et en province, du 2 au 6 septembre 1792. Surexcités par la nouvelle de la prise de Verdun (2 sept.) par les Prussiens, les septembriseurs envahirent les prisons et massacrèrent plus de 1 100 personnes, dont un bon nombre de prêtres insermentés, d'aristocrates et de détenus de droit commun.

SEPTEMBRISEUR n. m. Personne qui prit part aux massacres de septembre 1792.

SEPTÈMES-LES-VALLONS (13240), comm. des Bouches-du-Rhône, à 12 km au N. de Marseille ; 10 435 hab. *(Septémois).* Produits chimiques.

SEPTEMVIR [sɛptɛmvir] n. m. (lat. *septemvir,* de *septem,* sept, et *vir,* homme). Magistrat romain qui faisait partie d'un collège de sept membres.

SEPTÉNAIRE n. m. Durée de 7 jours, dans le cours des maladies.

SEPT-EN-HUIT [sɛtɑ̃ɥit] n. m. inv. Papier de mise en carte, pour dessinateur de tissu, dont les grands carreaux ont la base divisée en sept parties et la hauteur, en huit.

SEPTENNAL, E, AUX adj. (bas lat. *septennis,* du lat. class. *septem,* sept, et *annus,* année). Qui dure sept ans ; qui se renouvelle tous les sept ans : *Pouvoirs septennaux.*

SEPTENNAT n. m. **1.** Période de sept ans. — **2.** En France, durée du mandat du président de la République.

SEPTENTRION n. m. (lat. *septentrio,* la Petite Ourse). *Litt.* Nord, celui des pôles du monde qui est situé près de la constellation de la Petite Ourse.

SEPTENTRIONAL, E, AUX adj. (lat. *septentrionalis*). Situé au nord ; qui appartient aux régions du Nord.

SEPTET [sɛptɛt] n. m. Groupe de sept musiciens de jazz.

Septfontaines *(faïencerie de),* faïencerie des environs de la ville de Luxembourg, fondée en 1766 par les frères Boch. Elle a produit au XVIIIe s. des pièces en faïence fine blanche ornée de motifs peints en bleu et, au XIXe s., des faïences fines imprimées. Elle a fusionné avec la faïencerie de Villeroy et est encore en activité.

SEPT-HUITIÈME n. m. Manteau légèrement plus court que la jupe sur laquelle il est porté.

SEPTICÉMIE n. f. (du lat. *septicus,* qui putréfie). Infection générale due à des décharges massives et répétées dans le sang de bactéries pathogènes. ENCYCL. La septicémie est une infection grave qui nécessite un traitement d'urgence en milieu hospitalier spécialisé. L'hémoculture permet d'affirmer le passage de germes dans le sang et d'identifier la bactérie. Les traitements antibiotiques ont largement amélioré le pronostic, empêchant la survenue de redoutables métastases septiques dans les divers organes.

SEPTICÉMIQUE adj. Qui a rapport à une septicémie.

SEPTICITÉ n. f. Caractère de ce qui est septique.

SEPTICOPYOHÉMIE n. f. (gr. *sêptikos,* septique, *puon,* pus, et *haima,* sang). Forme de septicémie, dans laquelle les bactéries pathogènes se localisent secondairement dans certaines régions de l'organisme et y déterminent des foyers purulents.

SEPTIDI n. m. (lat. *septem,* sept, et *dies,* jour). Septième jour de la décade, dans le calendrier républicain.

SEPTIÈME [sɛtjɛm] adj. num. ord. (de *sept*). **1.** Qui occupe le rang marqué par le nombre sept : *Coureur qui est septième au classement général.* — **2.** Qui est contenu sept fois dans un tout : *La septième partie de ses revenus.*

◆ n. m. Partie contenue sept fois dans un tout.
◆ n. f. **1.** Classe de l'enseignement élémentaire qui, avant la réforme du secondaire, correspondait au cours moyen deuxième année ; ensemble des élèves de cette classe. — **2.** Septième degré de l'échelle diatonique ; intervalle de sept degrés dans l'échelle diatonique. (La *septième majeure* contient 5 tons et 1 demi-ton diatonique ; la *septième mineure* 4 tons et 2 demi-tons diatoniques ; la *septième diminuée* 3 tons et 3 demi-tons diatoniques ; la *septième augmentée* [*u-si* dièse], 5 tons, 1 demi-ton diatonique et 1 demi-ton chromatique.)

SEPTIÈMEMENT [sɛtjɛ-] adv. En septième lieu.

SEPT-ÎLES (les), petit archipel breton (Côtes-d'Armor, comm. de Perros-Guirec), composé de sept îles principales ou écueils, dont la plus importante est l'île aux Moines. Réserve ornithologique.

SEPT-ÎLES, port du Canada (Québec), sur le Saint-Laurent, en face de l'*archipel des Sept-Îles ;* 29 000 hab. Terminus de la voie ferrée desservant les mines de fer du Nouveau-Québec.

SEPTILLION n. m. (de *sept,* d'apr. *quadrillion*). Un million de sextillions (10^{42}).

SEPTIMAIN, E adj. (lat. *septimus,* septième). Se dit de sectes chī'ites qui limitent à sept le nombre des imāms visibles. (Il s'agit principalement des ismaélites.)

SEPTIMANIE, au début du Moyen Âge, partie littorale de la Gaule méridionale (entre le Rhône et les Pyrénées), où se maintinrent les Wisigoths après la bataille de Vouillé (507). Elle fut rattachée au royaume franc en 759.

SEPTIME SÉVÈRE, en lat. **Lucius Septimius Severus Pertinax** (Leptis Magna 146 - Eburacum, auj. York, 211), empereur romain (193-211). Proclamé à Carnuntum par l'armée d'Illyrie, il élimina ses compétiteurs (Pescennius Niger, Clodius Albinus) et fit régner la terreur pour asseoir son pouvoir. De 197 à 202, il fit campagne contre les Parthes. Marié à Julia Domna, fille d'un grand prêtre d'Émèse, il fit de sa Cour le carrefour des intellectuels orientaux. Il accrut le rôle de l'ordre équestre aux dépens du sénat et favorisa l'armée. Il mourut au cours d'une expédition en Bretagne.

SEPTIMO adv. (lat. *septimo*). Septièmement. (Désigne le septième objet d'une série commençant par *primo.*)

SEPTIQUE adj. (lat. *septicus,* du gr. *sêptikos,* de *sêpein,* corrompre). **1.** Se dit de ce qui est souillé ou porteur de germes. (Contr. ASEPTIQUE.) — **2.** Se dit de ce qui résulte de cette contamination (choc septique).

SEPT-LAUX, partie du massif de Belledonne, dans les Alpes françaises (Isère). Il comprend de nombreux lacs *(laux)* d'origine glaciaire et culmine au Rocher Blanc (2 928 m). Sports d'hiver (Le Pleynet, Prapoutel).

SEPTMONCEL [sɛmɔ̃-] n. m. (de *Septmoncel,* n. pr.). Fromage à moisissures internes, fabriqué dans le Jura avec du lait de vache.

SEPTORIOSE n. f. Maladie cryptogamique du céleri et d'autres plantes, se traduisant par des taches brunes sur les feuilles.

SEPTUAGÉNAIRE adj. et n. (lat. *septuagenarius,* de *septuageni,* soixante-dix). Qui a eu soixante-dix ans.

SEPTUAGÉSIME n. f. (lat. ecclés. *septuagesima*). Avant la réforme liturgique de 1969, premier des trois dimanches préparant le carême.

SEPTUM [sɛptɔm] n. m. (lat. *septum,* clôture). **1.** Cloison entre deux cavités d'un organisme animal ou végétal. – **2.** *Septum lucidum,* feuillet double et très mince de substance blanche qui sépare les deux ventricules latéraux du cerveau à leur partie antérieure.

SEPTUOR n. m. (de *sept,* d'apr. *quatuor*). **1.** Ensemble vocal ou instrumental de sept exécutants. – **2.** Composition pour sept voix ou sept instruments.

SEPTUPLE adj. (bas lat. *septuplum,* du lat. class. *septem,* sept). **1.** Égal à sept fois une quantité donnée : *Nous devrions arriver à un résultat septuple en deux ans.* – **2.** Qui est répété sept fois.
◆ n. m. Quantité équivalant à sept fois une autre.

SEPTUPLER v. t. (conj. 3). Porter au septuple, rendre sept fois plus grand.
◆ v. i. Devenir septuple, être multiplié par sept : *Le chiffre d'affaires a septuplé.*

SÉPULCRAL, E, AUX adj. (lat. *sepulcralis*). *Litt.* **1.** Qui se rapporte à un sépulcre : *Pierre sépulcrale.* – **2.** Qui rappelle les caractères propres aux sépulcres, aux tombeaux : *Clarté sépulcrale.* – **3.** *Figure sépulcrale,* figure pâle, amaigrie, évoquant un spectre. ‖ *Voix sépulcrale,* voix sourde, caverneuse.

SÉPULCRE n. m. (lat. *sepulcrum,* de *sepelire,* ensevelir). **1.** *Litt.* Monument consacré à la sépulture d'un ou de plusieurs morts. – **2.** Syn. de SAINT-SÉPULCRE. – **3.** Autel où l'on conserve le saint sacrement le soir du jeudi saint.

SÉPULTURE n. f. (lat. *sepultura*). **1.** *Litt.* Action de mettre un mort en terre : *Donner la sépulture à des suppliciés.* – **2.** Lieu où l'on inhume un corps : *Violation de sépulture.*

SÉQUANES, SÉQUANAIS ou **SÉQUANIENS,** peuple de la Gaule celtique, habitant le pays arrosé par la Saône (v. princ. *Vesontio* [Besançon]).

SÉQUÉ, E adj. (lat. *secare,* couper). Se dit des feuilles aux découpures profondes atteignant la nervure médiane.

SÉQUELLE n. f. (lat. *sequela,* conséquence, de *sequi,* suivre). **1.** *Litt.* Suite de gens ou de choses attachés à qqn, à qqch : *On l'a chassé, lui et sa séquelle.* – **2.** Lésion ou manifestation fonctionnelle persistant après la guérison d'une maladie, d'une blessure : *C'est une séquelle de son opération.* – **3.** Troubles, effets pervers plus ou moins lointains qui sont le contrecoup d'un événement grave : *Les séquelles de la guerre d'Algérie.*

SÉQUENÇAGE n. m. **1.** Détermination de la séquence (suite ordonnée) des bases azotées constituant un fragment d'A. D. N. – **2.** *Séquençage du génome humain,* programme de recherche ayant pour but de déterminer la séquence des bases de tous les gènes humains en vue de les localiser et de déterminer leur fonction.

SÉQUENCE n. f. (bas lat. *sequentia,* succession, du lat. *sequi,* suivre). **1.** Suite ordonnée d'opérations, de phases, d'éléments, etc. – **2.** Suite d'unités linguistiques ordonnées conventionnellement. – **3.** Dans une installation automatique, suite d'opérations indépendantes se succédant dans un ordre préétabli. – **4.** Suite de plans formant un tout du point de vue de la construction du film. – **5.** Succession d'images constituant une sorte de narration. (Ce genre est pratiqué par certains artistes conceptuels et certains photographes, tel Duane Michals.) – **6.** Succession chronologique typique, concernant les roches d'une formation géologique, les minéraux d'une roche, ou les différentes phases d'un même phénomène géologique. – **7.** Réunion d'au moins trois cartes de même couleur et qui se suivent sans interruption.

SÉQUENCÉ, E adj. Se dit d'un copolymère dans lequel les motifs monomères d'une même nature sont regroupés pour former des segments de la chaîne macromoléculaire.

SÉQUENCEMENT n. m. (de *séquence*). Commande, selon un enchaînement défini, des différentes phases d'une opération, d'un programme.

SÉQUENCEUR n. m. Organe de commande d'un automatisme séquentiel à programme enregistré.

SÉQUENTIEL, ELLE adj. (de *séquence*). **1.** Qui appartient, se rapporte à une séquence, à une suite ordonnée d'opérations. – **2.** Se dit d'un brûleur à gaz à fonctionnement intermittent. – **3.** *Accès séquentiel,* procédure d'accès à des données enregistrées, dans laquelle le support d'informations ou la mémoire doivent être explorés systématiquement jusqu'à ce que soient rencontrées les données recherchées. ‖ *Traitement séquentiel,* traitement des données dans l'ordre où elles se présentent, sans sélection, regroupement ou tri préalable.

SÉQUENTIELLEMENT adv. Selon une séquence.

SÉQUESTRANT, E adj. et n. m. **1.** Se dit d'un produit chimique (par ex. le métaphosphate de sodium) formant des complexes avec de nombreux ions minéraux, qu'il fixe sous une forme empêchant leur précipitation par les réactions habituelles. — **2.** Syn. de CHÉLATEUR.

SÉQUESTRATION n. f. (bas lat. *sequestratio*). **1.** Action de séquestrer ; fait d'être séquestré. — **2.** Crime ou délit commis par ceux qui privent une personne de la liberté. — **3.** Formation de complexes de coordination de certains phosphates et d'ions métalliques en solution qui interdit toute réaction de précipitation de ces derniers. — **4.** Réaction permettant à un ion de ne plus présenter ses propriétés habituelles, par suite d'une combinaison avec un réactif ajouté.

SÉQUESTRE n. m. (lat. *sequestrum,* dépôt). **1.** Remise d'un bien litigieux en main tierce, par ordre de justice ou par convention des parties. — **2.** Personne entre les mains de laquelle sont remis des biens litigieux. — **3.** Portion de tissu nécrosé, qui reste enclavée.

SÉQUESTRÉ, E n. Personne qui est ou a été séquestrée.

SÉQUESTRER v. t. (bas lat. *sequestrare,* du lat. class. *sequestrum,* dépôt) [conj. **4**]. **1.** Détenir qqn dans un lieu fermé, comme prisonnier ou comme otage. — **2.** Mettre sous ou en séquestre.

SEQUIN [səkɛ̃] n. m. (ital. *zecchino,* de l'ar. *sikkah,* médaille). Ducat d'or créé à Venise en 1284. (Il devint la monnaie du grand commerce, circula en Orient et fut imité dans toute l'Europe.)

SÉQUOIA [sekɔja] n. m. (lat. sc. *sequoia*). Conifère propre à la Californie, célèbre pour sa haute taille (qui peut atteindre 140 m) et sa longévité (qui peut dépasser 2 000 ans). [Syn. WELLINGTONIA.]
ENCYCL. Les séquoias portent des feuilles en aiguilles, d'un beau vert-bleu. Ils fournissent un bois estimé, mais font surtout l'ornement des parcs du monde entier par leur port harmonieux.

Sera, monastère du bouddhisme tibétain, fondé en 1419, près de Lhassa, et appartenant à la secte des « bonnets jaunes » (Dge-lugs-pa). Il comprend de multiples lieux de culte et trois bibliothèques décorées de peintures.

SÉRAC n. m. (mot provenç., du lat. pop. **seraceum,* du lat. class. *serum,* petit-lait). Amas chaotique de blocs de glace, là où la pente du glacier s'accentue et où son adhérence diminue.

SÉRAIL [-raj] n. m. (ital. *serraglio,* du pers. *sarāy*). **1.** Dans les pays de civilisation turque, palais, notamment celui du sultan d'Istanbul. — **2.** Harem, partie du palais où sont enfermées les femmes ; ensemble des femmes du harem. — **3.** Milieu restreint, entourage immédiat d'une personnalité où se nouent de nombreuses intrigues : *Il connaît le sérail politique.*

SERAING, comm. de Belgique (prov. de Liège), sur la Meuse, au S.-O. de Liège ; 63 700 hab. Sidérurgie. Constructions mécaniques. — Au Val-Saint-Lambert, cristallerie.

SERAMPORE, v. de l'Inde (Bengale-Occidental), au N. de Calcutta ; 137 028 hab. Industries textiles et chimiques. Bijouterie.

SÉRAN ou **SÉRANÇOIR** n. m. (de *sérancer*). Peigne manuel qui sert à sérancer les tiges de chanvre ou de lin.

SÉRANÇAGE n. m. **1.** Action de sérancer le chanvre ou le lin. (Cette opération manuelle est abandonnée depuis l'adoption des turbines à teiller.) — **2.** Atelier où l'on sérance. — **3.** Peignage mécanique du lin.

SÉRANCER v. t. (p.-ê. rad. gaul. **ker-,* peigne) [conj. **16**]. Diviser grossièrement la filasse du lin ou du chanvre après rouissage.

SÉRANCEUR, EUSE n. Personne qui sérance.

SÉRANNE *(montagne de la),* chaînon calcaire situé au S.-E. du causse du Larzac (Hérault) ; 942 m.

SERAO (Matilde), femme de lettres italienne (Patras 1856 - Naples 1927). Journaliste et fondatrice (parfois en collaboration avec son mari E. Scarfoglio) de plusieurs journaux, elle a écrit des romans et des nouvelles, d'un vérisme emphatique et larmoyant, inspirés par le mélodrame de la misère napolitaine (*Il Ventre di Napoli,* 1884 ; *Il Paese di cuccagna,* 1890).

SERAPEUM [serapeɔm] n. m. (bas lat. *Serapeum,* du gr. *Serapeion*). **1.** Nécropole des taureaux Apis en Égypte. (Le plus célèbre est celui de Memphis, retrouvé par Mariette en 1850-51 et contenant de nombreuses stèles votives et 24 sarcophages [granite et basalte] où avaient reposé les taureaux Apis, devenus des Osiris.) — **2.** Temple de Sérapis dans le monde hellénistique et romain. (Le principal était celui d'Alexandrie.)

SÉRAPHIN n. m. (bas lat. *seraphin,* de l'hébr. *seraphim*). Esprit céleste que la tradition chrétienne classe dans la première hiérarchie des anges.

Séraphins *(ordre des),* ordre de chevalerie suédois créé à la fin du XIIIe s. et organisé par Frédéric Ier en 1748.

SÉRAPHIN de Sarov, saint orthodoxe russe (Koursk 1759 - Sarov, à 150 km au S. de Nijni Novgorod, 1833). Moine, puis starets à Sarov, il fut à l'origine du renouveau monastique et mystique en Russie au début du XIXe s.

SÉRAPHINE ou **SÉRAPHINE de Senlis** (Séraphine LOUIS, dite), peintre français (Arsy, Oise, 1864 - Clermont 1942). Femme de ménage à Senlis, elle a peint, en autodidacte inspirée, des bouquets où se mêlent fleurs, fruits, coquillages, etc., dans un chatoiement de couleurs translucides et brillantes. Elle fut internée en 1934 à l'asile psychiatrique de Clermont.

SÉRAPHIQUE adj. (lat. médiév. *seraphicus*). 1. *Litt.* Qui évoque les séraphins et les qualités qu'on leur prête (suavité, pureté, immatérialité) : *Chanteurs aux voix séraphiques.* — 2. *Docteur séraphique,* nom donné à saint Bonaventure. ‖ *Ordre séraphique,* nom donné à l'ordre franciscain.

SÉRAPIS ou **SARAPIS,** dieu de l'Égypte ptolémaïque, dont le culte fut institué par le roi Ptolémée Ier Sôtêr. Son nom dérive de Ouser-Hapi désignant en égyptien le taureau Apis mort et divinisé. C'est un dieu guérisseur, participant des dieux helléniques Hadès et Dionysos et du dieu égyptien Osiris. Son culte se répandit dans le monde gréco-romain aux côtés de celui d'Isis.

SERBE adj. et n. De Serbie.
◆ n. m. Forme du serbo-croate utilisée en Serbie.

SERBIE, en serbo-croate **Srbija,** anc. royaume de l'Europe méridionale, sur la rive droite du Danube, qui constitue auj. l'une des deux républiques fédérées de la Yougoslavie ; 55 968 km^2 ; 5 744 000 hab. *(Serbes)* [88 361 km^2 et 9 464 000 hab. en englobant les territoires dépendant de la Vojvodine et du Kosovo]. CAP. *Belgrade.*

Géographie. C'est un pays de collines et de moyennes montagnes dont la partie la plus active, outre Belgrade, est la vallée de la Morava, riche région agricole (céréales, vergers, élevage), passage vers la Macédoine, la Grèce et la Bulgarie, et qui est jalonnée de centres industriels (Niš, Kragujevac). La population est (presque) ethniquement homogène en Serbie proprement dite, mais compte une forte minorité hongroise en Vojvodine et une nette majorité albanaise au Kosovo.

Histoire.

• *La Serbie médiévale et ottomane.* La région, peuplée d'Illyriens, de Thraces puis de Celtes, est intégrée au IIe s. av. J.-C. à l'Empire romain, avant d'être submergée par les Slaves (VIe-VIIe s.). Dans la seconde moitié du IXe s., sous l'influence de Byzance, les Serbes sont christianisés. V. 1170-1196, Étienne Nemanja émancipe les terres serbes de la tutelle byzantine. Son fils Étienne Ier lui succède (1217) et crée une Église serbe indépendante. Au XIVe s., la Serbie devient la principale puissance des Balkans. Elle domine la Macédoine et la Thessalie. En 1389, les Serbes sont défaits par les Turcs à Kosovo. Une principauté de Serbie, vassale des Ottomans, subsiste grâce au soutien des Hongrois avant d'être intégrée à l'Empire ottoman (1459). Sous le joug ottoman (XVe-XIXe s.), l'Église serbe maintient la culture nationale.

• *La libération et l'indépendance.* Les Serbes se révoltent sous la conduite de Karageorges (1804-1813). En 1815, Miloš Obrenović est reconnu prince de Serbie par les Ottomans, avant d'obtenir l'autonomie complète du pays (1830). Des luttes violentes opposent les familles princières des Karadjordjević et des Obrenović, qui détiennent tour à tour le pouvoir.

En 1867, les dernières troupes turques évacuent le pays. La Serbie obtient son indépendance au congrès de Berlin (1878), mais le roi Pierre Karadjordjević doit accepter l'annexion de la Bosnie-Herzégovine par l'Autriche (1908). La Serbie participe aux deux guerres balkaniques (1912-13) et obtient la majeure partie de la Macédoine. À la suite de l'attentat de Sarajevo (1914), la Serbie rejette l'ultimatum autrichien, déclenchant ainsi la Première Guerre mondiale. Elle est occupée de 1915 à 1918 par les forces des puissances centrales et de la Bulgarie.

• *La Serbie au sein de la Yougoslavie.* En 1918, le royaume des Serbes, Croates et Slovènes est créé et prend le nom de Yougoslavie en 1929. En 1945, la Serbie constitue une des six républiques fédérées de la Yougoslavie. De nombreux Serbes vivent en dehors de la république de Serbie, particulièrement en Croatie (Slavonie, Krajina) et en Bosnie-Herzégovine. En 1986, Slobodan Milošević devient président de la Ligue communiste serbe. Une révision de la Constitution réduit en 1989 l'autonomie du Kosovo et de la Vojvodine. En 1990, les premières élections libres sont remportées par le parti socialiste serbe, continuateur de la Ligue communiste, dont le leader, S. Milošević, est élu à la présidence de la République.

• *La Serbie et la nouvelle Yougoslavie.* Favorable au maintien de la fédération yougoslave, la Serbie s'oppose à l'indépendance, proclamée en 1991, de la Slovénie, de la Croatie (elle fait intervenir l'armée fédérale aux côtés des milices serbes de Croatie), de la Bosnie-Herzégovine (où elle soutient les Serbes partisans de la partition du pays) et de la Macédoine. Finalement, elle décide en avril 1992 de former avec le Monténégro un nouvel État, la République fédérale de Yougoslavie, à l'encontre de laquelle l'O. N. U. décrète un embargo. En 1995, le président S. Milošević (réélu en déc. 1992) négocie au nom des Serbes de Bosnie l'accord de paix de Dayton, attitude conciliatrice qui vaut à la Serbie la levée de l'embargo et la normalisation progressive de ses relations avec les nouveaux États de la région et avec la communauté internationale.

Serbie *(campagne de),* opérations militaires qui se sont déroulées en Serbie en 1914-15. Attaquées dès août 1914, les forces serbes commandées par Putnik refoulent les Austro-Hongrois et reprennent Belgrade (déc.), dont ceux-ci s'étaient emparés (nov.). Mais, après l'entrée en guerre de la Bulgarie, l'offensive de Mackensen (oct. 1915) les oblige à battre en retraite par l'Albanie et à s'embarquer avec le roi Pierre pour Corfou, la Corse et Bizerte, d'où, reconstituées, les troupes serbes partiront pour la campagne de Macédoine*.

serbo-bulgare *(guerre)* [1885] → BALKANS *(campagnes des).*

SERBO-CROATE adj. (pl. *serbo-croates*). Qui relève à la fois de Serbie et de Croatie.
◆ n. m. Langue slave du groupe méridional.
ENCYCL. Langue de la majorité de la population en Yougoslavie (Serbie et Monténégro), en Croatie et en Bosnie-Herzégovine, le serbo-croate est aussi utilisé comme langue seconde en Slovénie et en Macédoine. Les Croates utilisent l'alphabet latin, les Serbes le cyrillique, mais il s'agit bien d'une seule et même langue.

serbo-turque *(guerre)* [1876] → BALKANS *(campagnes des).*

SERCAMBI (Giovanni), écrivain italien (Lucques 1347 - *id.* 1424), auteur d'une chronique de sa ville natale (de 1164 à 1424) et d'un recueil de nouvelles, imité du *Décaméron.*

SERCQ, en angl. **Sark,** une des îles Anglo-Normandes, à l'E. de Guernesey ; 5,2 km^2 ; 600 hab. Tourisme.

SERDAB n. m. (pers. *serdāb*). À l'intérieur d'un mastaba, réduit muré qui communique avec la chapelle par une fente étroite, et qui abrite la statue du défunt.

SERDĀR, SARDĀR ou **SIRDĀR** n. m. (pers. *sardār,* commandant). Titre honorifique donné, au Moyen-Orient, au généralissime qui part en campagne.

SERDEAU n. m. (anc. fr. *sert-de-l'eau*). Officier de bouche de la table royale.

SÉRÉ DE RIVIÈRES (Raymond), général français (Albi 1815 - Paris 1895). Il fut chargé d'instruire le procès Bazaine (1872) puis dirigea, à partir de 1875, la construction du système fortifié français.

SEREIN, E adj. (lat. pop. **seranus,* du lat. class. *serenus,* calme). **1.** *Litt.* Se dit de l'atmosphère, du temps, quand ils ne sont pas troublés par des perturbations météorologiques : *Un ciel serein.* — **2.** Qui n'est agité par aucun trouble, qui est exempt de passion, d'angoisse : *Montrer un visage serein.* — **3.** Se dit d'un jugement exempt de toute partialité, de toute passion.

SEREIN, riv. de Bourgogne, qui passe à Chablis, affl. de l'Yonne (r. dr.) ; 186 km.

SEREINEMENT adv. Avec sérénité, calme.

SERÉMANGE-ERZANGE (57290), comm. de la Moselle, au S.-O. de Thionville ; 4 182 hab. *(Sérémangeois).* Métallurgie.

SEREMBAN, v. de Malaysia, en Malaisie, au S.-E. de Kuala Lumpur ; 136 300 hab.

SERENA (La), v. du Chili septentrional, ch.-l. de région ; 120 245 hab. Marché du cuivre. Industrie du caoutchouc. Constructions mécaniques.

SÉRÉNADE n. f. (ital. *serenata,* nuit sereine). **1.** Concert donné la nuit sous les fenêtres de qqn, pour lui rendre hommage. — **2.** *Fam.* Vifs reproches faits en élevant la voix : *Avoir droit à une sérénade pour être arrivé en retard.* — **3.** *Fam.* Bruits, cris confus ; tapage. — **4.** Pièce vocale accompagnée par un ou plusieurs instruments. — **5.** Pièce instrumentale en plusieurs mouvements (Mozart, puis Brahms et Tchaïkovski en ont fait une œuvre symphonique.)

SERENI (Vittorio), écrivain italien (Luino, Varese, 1913 - Milan 1983). Rompant avec l'hermétisme (*Diairio d'Algeria,* 1947), sa poésie évolua vers un constat du mal de vivre contemporain (*Un Posto in vacanza,* 1973).

SÉRÉNISSIME adj. (ital. *serenissimo,* de *sereno,* du lat. *serenus,* serein). **1.** Qualificatif donné à quelques princes ou hauts personnages : *Altesse sérénissime.* — **2.** *La sérénissime République,* titre donné à la République de Venise aux XVe-XVIe s.

SÉRÉNITÉ n. f. (lat. *serenitas*). **1.** *Litt.* État serein d'un ciel, d'un temps : *La sérénité de l'air.* — **2.** État de calme, de tranquillité, de confiance sur le plan moral : *La sérénité de l'esprit.*

SÉRÈRES ou **SERERS,** population du Sénégal, du groupe atlantique occidental, groupant environ 950 000 membres.

SÉREUX, EUSE adj. (de *sérum*). **1.** Qui a les caractères de la sérosité. — **2.** *Membrane séreuse* ou *séreuse* (n. f.), fine membrane qui tapisse un certain nombre d'organes et de cavités du corps. (→ *encycl.*)
ENCYCL. Les séreuses sont formées par deux feuillets qui constituent une sorte de sac. L'un de ces feuillets tapisse un organe (feuillet viscéral) ;

l'autre tapisse la cavité dans laquelle se trouve cet organe (feuillet pariétal). On divise généralement les séreuses en : 1° *séreuses splanchniques* (péritoine, plèvre, péricarde) ; 2° *séreuses articulaires et tendineuses,* dont font partie les synoviales ; 3° *bourses séreuses,* intercalées entre les tendons, les muscles, les os.

SERF, SERVE [sɛrf, sɛrv] adj. (lat. *servus,* esclave). **1.** Relatif à l'état des serfs : *Des hommes de condition serve.* — **2.** *Litt.* Qui fait preuve d'une soumission complète à l'égard d'autrui.

◆ n. et adj. Dans la société féodale, personne attachée à une terre et dépendant d'un seigneur. (→ *encycl.*)

ENCYCL. **Hist.** Le serf, comme l'esclave antique, est la propriété du maître, qui peut le donner ou le vendre. Il travaille sans rétribution, ne peut se marier sans autorisation. Sa condition est héréditaire. Il peut être affranchi et devenir un homme libre. Aux XIe s.-XIIe s., sa condition s'adoucit et ses obligations sont mieux définies. Au XIIIe s., dans de nombreuses provinces, les critères du servage se réduisent au chevage, à la mainmorte, au formariage et à la taille arbitraire.

SERFOUETTE n. f. (de *serfouir*). Houe légère dont le fer forme lame d'un côté et fourche à deux dents de l'autre.

SERFOUIR v. t. (lat. pop. **circumfodire,* du lat. class. *circumfodere,* creuser autour) [conj. **32**]. Sarcler ou biner avec la serfouette.

SERFOUISSAGE ou **SERFOUAGE** n. m. Action de serfouir.

SERGE n. f. (lat. pop. **sarica,* du lat. class. *serica,* étoffes de soie). Étoffe croisée dont l'armure de base est celle du sergé.

SERGÉ n. m. (de *serge*). Armure utilisée pour le tissage d'étoffes qui présentent de fines côtes obliques.

SERGE de Radonège, saint orthodoxe russe (près de Rostov-le-Grand v. 1321-monastère de la Trinité-Saint-Serge, auj. Serguiev Possad, 1391). Inspirateur du renouveau hésychaste byzantin, il fit de son monastère de la Trinité-Saint-Serge le cœur de l'orthodoxie russe.

SERGE ou **SERGIUS Ier** *(saint)* [en Syrie-† Rome 701], pape de 687 à 701. Il mit fin au schisme d'Aquilée.

SERGE ou **SERGIUS II** (Rome - † *id.* 847), pape de 844 à 847.

SERGE ou **SERGIUS III** (Rome - † *id.* 911), pape de 904 à 911.

SERGE ou **SERGIUS IV** (Rome - † *id.* 1012), pape de 1009 à 1012.

SERGE, en gr. **Sergios** († 638), patriarche de Constantinople (610-638). Il fut le conseiller et l'auxiliaire d'Héraclius et l'inspirateur du monothélisme.

SERGE (Viktor Lvovitch KIBALTCHICH, dit **Victor**), révolutionnaire et écrivain russe de langue française (Bruxelles 1890 - Mexico 1947). Lié aux milieux anarchistes français, puis membre de l'appareil du Komintern, il fut emprisonné en U. R. S. S. (1933-1935). Il est l'auteur de romans, d'essais et d'une autobiographie (*Mémoires d'un révolutionnaire,* 1951).

SERGEL ou **SERGELL** (Johan Tobias), sculpteur suédois d'origine allemande (Stockholm 1740 - *id.* 1814). Formé à Stockholm, à Paris et surtout à Rome, où il travailla de 1767 à 1778, précocement néoclassique (célèbre *Faune,* 1770-1774), il fut le sculpteur favori de Gustave III. Comme dessinateur, cet ami de Füssli manifeste une grande liberté d'invention.

SERGENT n. m. (lat. *serviens, -entis,* de *servire,* être au service de qqn). **1.** Premier grade de la hiérarchie des sous-officiers dans l'armée de l'air et dans les armes et services de l'armée de terre. (Ce grade correspond à celui de *maréchal des logis* dans d'autres armes.) — **2.** *Sergent de ville,* anc. appellation des gardiens de la paix.

Sergents de La Rochelle *(les Quatre),* nom sous lequel on désigne quatre sous-officiers du 45e d'infanterie (Bories, Goubin, Pommier et Raoulx) qui avaient fondé une vente de carbonari dans leur régiment. Envoyés à La Rochelle, ils furent arrêtés et guillotinés à Paris (1822).

SERGENT-CHEF n. m. (pl. *sergents-chefs*). Grade immédiatement supérieur à celui de sergent et correspondant à celui de maréchal des logis-chef.

SERGENT-MAJOR n. m. (pl. *sergents-majors*). Grade compris entre ceux de sergent-chef et d'adjudant. (Le grade de sergent-major, créé en 1776, a été supprimé définitivement en 1972.)

SERGETTE n. f. (de *serge*). Petite serge étroite de laine croisée mince et légère.

SERGIPE, État du Brésil oriental, au S. du São Francisco ; 22 000 km^2 ; 1 492 400 hab. Cap. *Aracaju.*

SERGIUS → SERGE.

SERGUEÏEV ou **SERGHEÏEV** (Nikolaï Grigorievitch), danseur et maître de ballet d'origine russe (Saint-Pétersbourg 1876 - Nice 1951). Possesseur des transcriptions (en système Stepanov) de plus de vingt ballets du répertoire du théâtre Mariinski, il en remonta une grande partie pour les Ballets russes (*la Belle au bois dormant,* 1921), l'Opéra de Paris (*Giselle,* 1924), le Vic Wells Ballet (*Coppelia,* 1933 ; *Casse-Noisette, le Lac des cygnes,* 1934).

SERGUIEV POSSAD, de 1930 à 1991 **Zagorsk,** v. de Russie, au N.-E. de Moscou, sur la route de Iaroslav ; 115 600 hab. Centre industriel.
— **Bx-arts.** Vaste et prestigieux ensemble de l'ancien monastère *(laure)* de la Trinité-Saint-Serge, fondé au XIVe s. (édifices des XVe-XVIIIe s., dont la cathédrale de la Trinité, avec iconostase de A. Roublev ; musée des Arts appliqués).

SERIA, port du sultanat de Brunei ; 24 000 hab. Terminal pétrolier. Raffinerie et pétrochimie. Aéroport.

SERIAL [serjal] n. m. (pl. *serials*) [angl. *serial,* ouvrage qui paraît par séries]. Film à épisodes contant les diverses aventures d'un même personnage.

SÉRIALISME n. m. (de *musique sérielle*). Technique de composition musicale fondée sur l'utilisation de la série, dont elle généralise les principes en les appliquant à d'autres paramètres (rythme, intensité sonore, timbre) que celui de la hauteur des sons. (Le sérialisme est donc un élargissement du dodécaphonisme*. Il place le créateur devant une multitude d'options et fait souvent appel à l'initiative des interprètes. L'œuvre ainsi conçue est une forme ouverte, liée au hasard.)

SÉRIALITÉ n. f. Selon J.-P. Sartre, situation de séparation entre les hommes, qui les maintient sans rapport intuitif de compréhension les uns par rapport aux autres.

SÉRIATION n. f. Opération qui consiste à sérier, à disposer par séries.

SÉRICICOLE adj. Relatif à la sériciculture.

SÉRICICULTEUR, TRICE n. Personne se consacrant à la sériciculture.

SÉRICICULTURE n. f. Élevage des vers à soie et récolte des cocons qu'ils produisent, ou fourniture de vers à soie pour la fabrication du crin de Florence.
ENCYCL. Connue très anciennement de la Chine, puis de l'Inde, la sériciculture est introduite au VIe s. à Constantinople avant de gagner la Grèce puis l'Italie. En France, elle s'implante sous Henri IV. L'élevage se fait dans la magnanerie, local dans lequel sont disposées des claies étagées recevant les vers à soie. Les œufs du bombyx du mûrier sont mis en incubation au printemps. La chenille qui en sort (ver à soie), nourrie avec des feuilles de mûrier, subit quatre mues et atteint 8 cm après la quatrième. Lorsque le ver est prêt à donner sa soie, il perd son appétit. Il est alors encabané dans des branches de genêt ou de bruyère où il s'installe pour filer son cocon. Il file pendant trois jours jusqu'à 1 500 m de fil. Ces cocons sont dévidés pour obtenir la soie après avoir été soumis à l'étouffage, ce qui tue la chrysalide. Le dévidage du cocon s'effectue dans l'eau chaude pour obtenir la soie grège. Autrefois activité prospère, la sériciculture ne semble pas avoir d'avenir en France en raison de la concurrence de la Chine et du Japon. Il ne reste plus que quelques élevages dans les Cévennes.

SÉRICIGÈNE adj. **1.** Se dit des insectes, des organes qui produisent la soie. (Le principal papillon séricigène est le bombyx du mûrier, originaire de Chine, dont on élève la chenille ou ver à soie [sériciculture].) — **2.** *Glandes séricigènes,* glandes sécrétant la matière première de la soie.

SÉRICITE n. f. Silicate naturel appartenant à la famille des micas et au genre muscovite, présent dans les séricitoschistes.

SÉRICITISATION n. f. Syn. de DAMOURITISATION.

SÉRICITOSCHISTE n. m. Roche métamorphique de faible degré, riche en petits cristaux de mica blanc disposés dans la schistosité et donnant à la surface un aspect satiné.

SÉRIE n. f. (lat. *series*). **1.** Suite, succession de choses de même nature : *Poser une série de questions.* — **2.** Ensemble d'objets de même nature, généralement rangés dans un certain ordre ou réunis par rapport à un certain critère : *Une série de casseroles.* — **3.** Groupe de personnes, catégorie dans une classification quelconque : *Il est classé dans la série des récidivistes.* — **4.** *De série,* qui relève d'une fabrication en série. ‖ *En série, par série,* d'une manière répétitive, pendant un certain temps, en cascade. ‖ *Fabrication en série,* fabrication industrielle d'un grand nombre de pièces identiques. ‖ *Hors série,* qui n'est pas commun ; exceptionnel. ‖ *Série noire,* type de roman policier dont l'atmosphère répond aux critères définis par la collection du même nom ; suite d'accidents, de malheurs se produisant à un rythme rapproché. • **Chim.** Groupe de composés organiques, qui présentent un rapport caractéristique entre le nombre d'atomes de carbone et le nombre d'atomes d'hydrogène. — **Chorégr.** Enchaînement d'exercices identiques ou voisins, dont la répétition permet d'acquérir une parfaite maîtrise d'exécution. — **Cin.** *Série B,* film à budget réduit, tourné rapidement et dont le générique ne comprend pas de grandes vedettes du box-office. — **Électr.** *Couplage (en) série,* couplage de plusieurs dispositifs de façon qu'ils soient tous parcourus par le même courant. ‖ *Moteur série,* moteur dont l'enroulement inducteur est en série avec l'enroulement d'induit. — **Géol.** Ensemble de roches génétiquement liées *(série magmatique, série métamorphique).* ‖ Ensemble de couches considérées dans leur succession chronologique *(série stratigraphique),* et en partic. unité stratigraphique conventionnelle qui se place hiérarchiquement entre l'étage et le système et dont l'équivalent géochronologique est l'époque. — **Habill.** Ensemble de vêtements exécutés dans les tailles commercialisées. — **Inform.** *Traitement série,* traitement des opérations ou des transmissions bit après bit. (Contr. TRAITEMENT PARALLÈLE.) — **Mar.** Ensemble de voiliers présentant des caractéristiques suffisamment comparables pour qu'on puisse les faire courir simultanément. ‖ *Série handicap,* série constituée par les voiliers de croisière, en général différents les uns des autres, et qui reçoivent ou donnent un handicap lorsqu'ils participent à une course-croisière. — **Math.** Somme infinie $u_0 + u_1 + ... + u_n + ... = \sum_{n=0}^{\infty} u_n$, dont les termes sont ceux d'une suite (u_n), à termes réels ou complexes. (On parle alors de série de terme général u_n.) [→ *encycl.*] ‖ *Série de fonctions,* série dont le terme général est une fonction, définie sur un intervalle ouvert de $\mathbb{R}$ ou sur un disque ouvert de $\mathbb{C}$. — **Mus.** Succession, dans un ordre fixé à l'avance par le compositeur, des douze sons de l'échelle chromatique. (Les diverses manipulations d'une série obéissent aux règles de l'atonalité, du dodécaphonisme ou du sérialisme.) — **Phys.** *Série radioactive,* syn. de FAMILLE RADIOACTIVE. — **Sports.** Épreuve préliminaire, dans certaines compétitions, à laquelle participent un groupe de concurrents dont les premiers sont qualifiés pour la suite de la compétition. ‖ Au tennis et au tennis de table, catégorie groupant des sportifs ayant une valeur comparable. — **Stat.** *Série statistique,* ensemble des nombres portés dans un tableau de chiffres et résultant d'un dépouillement de faits collectés. — **Télév.** Feuilleton tourné pour la télévision.

ENCYCL. **Math.** On distingue les séries convergentes, divergentes et semi-convergentes. Pour déterminer si une série est convergente ou divergente, on peut faire abstraction d'un certain nombre fini et fixe de termes du début puis appliquer les critères ou règles de convergence de Cauchy ou de d'Alembert. Des cas particuliers intéressants de séries sont les séries alternée, géométrique, harmonique, etc. Si le terme général u_n est un réel ou un complexe, la série est dite numérique, et on peut éventuellement l'étudier à l'aide d'une série majorante. Parmi les séries de fonctions, les séries entières et trigonométriques (et plus spécialement les séries de Fourier) jouent un rôle fondamental. À partir de deux séries, on peut définir leur somme et leur produit.

Série noire, collection policière, créée en 1945 par Marcel Duhamel et dont le titre fut trouvé par Jacques Prévert.

SÉRIEL, ELLE adj. (de *série*). **1.** Qui appartient à une série, qui forme une série. — **2.** Relatif au sérialisme.

SÉRIER v. t. (conj. 9). Classer des questions, des difficultés, les distinguer selon leur nature ou leur importance.

SÉRIEUSEMENT adv. **1.** D'une manière sérieuse ; sans plaisanter : *Parler sérieusement.* — **2.** Réellement, vraiment : *Il songe sérieusement à changer de métier.* — **3.** Avec application, soin : *Travailler sérieusement à un concours.* — **4.** D'une manière grave : *Être sérieusement malade.*

SÉRIEUX, EUSE adj. (lat. médiév. *seriosus,* du lat. class. *serius*). **1.** Qui attache de l'importance à ce qu'il dit ou fait, respecte ses engagements, agit conformément à ce qu'on attend de lui, avec attention, soin : *C'est un garçon sérieux, digne de confiance.* — **2.** Qui est fait avec soin, respect des engagements pris : *Du travail sérieux.* — **3.** Qui s'appuie sur des bases sûres, sur quoi on peut se fonder : *Un argument sérieux.* — **4.** Dont la conduite est irréprochable : *Il n'a pas toujours été sérieux dans sa jeunesse.* — **5.** Qui fait appel à l'attention, à la réflexion, par oppos. à ce qui est distrayant, amusant : *Un livre sérieux.* — **6.** Qui ne plaisante pas, dont la physionomie, l'expression sont graves : *Avoir l'air sérieux et pensif.* — **7.** Qui présente un caractère de gravité : *Une forme sérieuse de grippe.* — **8.** Marque l'intensité, l'importance : *Il va falloir faire un sérieux effort.*

◆ **sérieux** n. m. **1.** Qualité de qqn de posé, de réfléchi, qui traite les choses avec attention, soin, gravité : *Un enfant qui se fait remarquer par son sérieux.* — **2.** Caractère de ce qui mérite attention, du fait de sa valeur propre, de son importance, de sa gravité : *Mésestimer le sérieux de la situation.* — **3.** *Pop.* Chope de bière d'un litre. — **4.** *Garder son sérieux,* garder une physionomie grave, malgré l'envie qu'on a de rire ou de sourire. ‖ *Prendre qqch, qqn au sérieux,* estimer qu'il s'agit de qqch, de qqn de digne d'intérêt, de considération. ‖ *Se prendre au sérieux,* se regarder avec complaisance, attacher à sa personne une importance exagérée.

SÉRIGRAPHIE n. f. **1.** Procédé d'impression à l'aide d'un écran constitué par un cadre sur lequel est tendu un tissu à mailles. (Syn. TRAME DE SOIE.) — **2.** Œuvre réalisée par ce procédé.

ENCYCL. On laisse libres les mailles correspondant à l'image à imprimer et on bouche le reste. Ainsi préparé, l'écran est appliqué sur le support ou sur l'objet à décorer. Avec une raclette, on y étale de l'encre, qui passe à travers les mailles laissées libres et se dépose sur la surface à imprimer. Ce procédé, d'une mise en œuvre simple et rapide, pratiqué depuis longtemps dans l'artisanat (impression d'étoffes), connaît depuis la fin de la Seconde Guerre mondiale la faveur d'un grand nombre d'artistes. Ses possibilités multiples (report de photographies, réalisation d'aplats de couleur d'une finition parfaite) permettent des applications stylistiques très diverses. Ainsi la sérigraphie a-t-elle été utilisée par les artistes de l'art cinétique comme du pop art, de même que par des groupes en veine d'affichage « sauvage » (mai-juin 1968 en France).

SERIN n. m. (p.-ê. anc. fr. *sereine,* sirène, du bas lat. *sirena*). **1.** Petit passereau fringillidé chanteur, à plumage vert ou jaune, à bec court et épais. (Le serin des Canaries, a fourni la souche de l'espèce domestique aux variétés nombreuses. Le serin de Mozambique, une des nombreuses espèces africaines, est aussi très prisé.) — **2.** *Fam.* Niais, qui croit tout ce qu'on lui dit.
◆ adj. inv. D'une couleur jaune pâle.

SERINAGE n. m. Action de seriner.

SERINE n. f. Serin femelle.

SÉRINE n. f. Acide aminé à fonction alcool, glucoformateur, présent en abondance dans la fibroïne de la soie et dans les phosphoprotéines (caséine du lait, phosvitine du jaune d'œuf).

SERINER v. t. (de *serin*) [conj. 3]. **1.** Instruire un serin, un oiseau, avec la serinette ; jouer sur la serinette. — **2.** *Fam.* Répéter inlassablement qqch à qqn : *Seriner des conseils à un enfant.*

SERINETTE n. f. (de *serin*). Petit orgue mécanique. (Il servait à apprendre des airs de chansons aux serins.)

SERINGA n. m. Arbuste ornemental (saxifragacée) des jardins, aux grandes fleurs solitaires parfumées.

SERINGUE n. f. (bas lat. *syringa,* du gr. *surigks, -iggos,* roseau). Instrument servant à injecter ou à prélever des liquides dans les tissus ou les cavités naturelles et formé d'un piston et d'un corps de pompe, muni d'un embout qui s'adapte au pavillon d'une aiguille.

SERINGUEIRO [seringwero] n. m. (port. *seringueiro*). Au Brésil, ouvrier qui extrait le latex de l'hévéa, dans la forêt amazonienne.

SÉRIQUE adj. (de *sérum*). **1.** Relatif à un sérum. — **2.** *Maladie sérique,* ensemble des troubles (fièvre, arthralgies, éruptions cutanées, etc.) qui peuvent se manifester chez le sujet traité par injection d'un sérum étranger. (Syn. MALADIE DU SÉRUM.)

SERLIENNE n. f. (ital. *serliano,* de S. *Serlio,* n. pr.). Baie arquée en plein cintre cantonnée de deux baies rectangulaires dont les linteaux forment impostes de l'arc. (Disposition romaine, imitée par Serlio, Palladio et leurs continuateurs.)

SERLIO (Sebastiano), architecte, sculpteur et théoricien italien (Bologne 1475 - Lyon ou Fontainebleau 1554/55). Actif à Venise et à Rome, auteur d'un important traité *(l'Architettura)* publié à partir de 1537, il a diffusé les principes d'une architecture pittoresque et variée, issue de Raphaël et de Peruzzi. Invité en France (1541), il travailla à Fontainebleau et donna peut-être les plans du château d'Ancy-le-Franc.

SERMENT n. m. (lat. *sacramentum,* de *sacrare,* rendre sacré). **1.** Affirmation solennelle de qqn en vue d'attester la vérité d'un fait, la sincérité d'une promesse, l'engagement de bien remplir les devoirs de sa fonction. — **2.** Engagement personnel vigoureusement exprimé : *Les deux amants échangèrent des serments.* — **3.** *Serment de fidélité,* acte qui suivait l'hommage, et par lequel le vassal jurait sur les Évangiles fidélité et assistance à son suzerain. ‖ *Serment d'ivrogne, de joueur,* serment qui ne sera pas tenu. ‖ *Serment judiciaire,* serment prêté devant le juge qui peut être décisoire, promissoire ou supplétoire. ‖ *Serment politique,* promesse de fidélité et de dévouement au gouvernement, exigée, par certains régimes, des dirigeants du pays ou des fonctionnaires.

Serment d'Hippocrate, ensemble des règles morales de l'art de guérir, établi par Hippocrate, accepté sous forme de serment, presque sans changement, en France, dès les XVe et XVIe s., et qui a été rendu obligatoire, lors de la soutenance de thèse, dans toutes les facultés de médecine, par l'édit royal de 1707, qui est toujours appliqué.

SERMISY (Claudin DE), compositeur français (? v. 1495 - Paris 1562). Il fut chanoine de la Sainte-Chapelle (1533). Il composa des messes, des motets, des magnificats, des *Leçons de ténèbres* et des chansons.

SERMON n. m. (lat. *sermo, -onis,* discours). **1.** Prédication faite au cours de la messe. — **2.** Remontrance importune, discours moralisateur et ennuyeux.

Sermon sur la montagne, titre donné à un discours de Jésus où sont exposées les huit béatitudes et qui constitue la charte de la religion chrétienne (Matthieu V-VIII ; Luc, VI, 17-49).

SERMONNAIRE n. m. (de *sermon*). **1.** Recueil liturgique des œuvres oratoires de l'Église ancienne. — **2.** Recueil de sermons.

SERMONNER v. t. (de *sermon*) [conj. 3]. Faire des remontrances à qqn.

SERMONNEUR, EUSE n. *Litt.* Personne qui fait, aime à faire des remontrances.

SERNAM (sigle de *SERvice NAtional des Messageries*), service spécialisé de la S. N. C. F., qui, depuis 1971, assure le transport des colis et envois de moins de cinq tonnes.

SERNIN *(saint)* → SATURNIN.

SÉRO-AGGLUTINATION n. f. (pl. *séro-agglutinations*). Agglutination de germes ou de cellules par les agglutinines d'un sérum. (Cette technique est employée pour le diagnostic de nombreuses maladies.)

SÉRO-ANATOXITHÉRAPIE n. f. (pl. *séro-anatoxithérapies*). Injection simultanée d'une dose massive de sérum spécifique et d'une petite dose d'anatoxine de même spécificité, que l'on répète à plusieurs jours d'intervalle (tétanos, diphtérie).

SÉRODIAGNOSTIC n. m. Méthode de diagnostic immunologique des infections, fondée sur la propriété que possède le sérum d'animaux ou d'hommes vaccinés, ou présentant l'infection considérée, de se combiner aux antigènes de l'agent infectieux responsable.

SERODINE (Giovanni), peintre suisse de l'école romaine (Ascona, Tessin, 1594 ou 1600 - Rome 1631). Héritier du Caravage, il innove par ses mises en page audacieuses et ses effets luminis-tes, traités dans une pâte dense et complexe (*Portrait du père de l'artiste,* musée de Lugano).

SÉROLOGIE n. f. Étude des sérums, de leurs propriétés et de leurs applications.
ENCYCL. La sérologie est plus particulièrement le dépistage des anticorps*, microbiens ou autres, dans les sérums ou les liquides organiques. Elle est utilisée pour le diagnostic d'un grand nombre de maladies, dont l'agent pathogène est difficile ou impossible à mettre en évidence : syphilis, kyste hydatique, mononucléose infectieuse, paludisme, etc. La loi a rendu obligatoire la sérologie de la syphilis (certificat prénuptial, donneurs de sang), de la rubéole chez les femmes (certificat prénuptial, grossesse), du sida (recherche des anticorps anti-lav chez les donneurs de sang).

SÉROLOGIQUE adj. Relatif à la sérologie.

SÉROLOGISTE n. Spécialiste de sérologie.

SÉRONÉGATIF, IVE adj. et n. Qui présente un sérodiagnostic négatif.

SÉROPOSITIF, IVE adj. et n. Se dit d'un sujet qui a une réaction sérologique positive pour une certaine maladie, en particulier pour le virus du sida.

SÉROPOSITIVITÉ n. f. Caractère séropositif.

SÉROPRÉVENTION ou **SÉROPROPHYLAXIE** n. f. Sérothérapie préventive.

SÉROSITÉ n. f. (de *séreux*). **1.** Liquide contenu et sécrété dans les cavités séreuses. — **2.** Liquide des phlyctènes, des œdèmes, des ascites, etc.

SÉROTHÉRAPIE n. f. Thérapie fondée sur l'emploi de sérums immunisants humains ou animaux, pour lutter contre des infections, des intoxications ou des envenimations *(sérothérapie curative)* ou pour les prévenir *(sérothérapie préventive).*
ENCYCL. À l'inverse de la vaccinothérapie, la sérothérapie confère une immunité immédiate, passive et de courte durée. Aujourd'hui, elle est pratiquée souvent avec des préparations d'immunoglobulines purifiées et hautement spécifiques de l'agent pathogène considéré dans les cas de maladies toxiques (tétanos, diphtérie, botulisme) ou d'envenimation (morsures de serpent, piqûres d'abeille, de scorpion).

SÉROTHÉRAPIQUE adj. Relatif à la sérothérapie.

SÉROTINE n. f. (lat. *serotinus,* tardif). Chauve-souris champêtre, voisine du murin, très commune en France, se nourrissant notamment de papillons de nuit.

SÉROTONINE n. f. Métabolite tissulaire du tryptophane médiateur chimique du système nerveux, ayant un rôle au cours de l'hypertension artérielle et dans les accidents anaphylactiques.

SÉROTONINERGIQUE adj. *Système sérotoninergique,* groupe neuronal dont le neuromédiateur est la sérotonine. (Syn. SYSTÈME INDOLAMINERGIQUE.)
ENCYCL. Les corps cellulaires des neurones contenant de la sérotonine sont situés dans le tronc cérébral ; leurs axones se projettent vers diverses structures de façon diffuse. Ils ont des fonctions très diverses, par ex. : induction du sommeil, contrôle de la douleur au niveau médullaire.

SEROV, v. de Russie, au N. de Iekaterinbourg ; 101 000 hab. Centre métallurgique, dans une région minière.

SÉROVACCINATION n. f. Vaccination à laquelle on associe un sérum spécifique.

SEROWE, v. de l'est du Botswana ; 95 041 hab.

SERPA PINTO (Alexandre Alberto DA ROCHA), explorateur portugais (Tendais, district de Viseu, 1846 - Lisbonne 1900). Dès les années 1870, il chercha à relier le Mozambique à l'Angola, mais les Anglais s'opposèrent à ces ambitions (1890). Il fut gouverneur général du Mozambique (1889).

SERPE n. f. (lat. pop. *sarpa,* du bas lat. *sarpere,* tailler). **1.** Outil tranchant à manche court et à fer plat large servant à couper des branches. — **2.** *Fait, taillé à la serpe, à coups de serpe,* de façon grossière, aux lignes rudes : *Visage taillé à coups de serpe.*

SERPENT n. m. (lat. *serpens, -entis,* de *serpere,* ramper). **1.** Reptile sans pattes, au corps allongé, se déplaçant par ondulations latérales du corps. (Les serpents constituent le sous-ordre des ophidiens, de l'ordre des squamates.) [→ *encycl.*]

– **2.** *Litt.* Personne perfide et méchante. – **3.** Ce qui affecte une forme sinueuse, étirée, ondulante : *Le long serpent des véhicules la nuit sur l'autoroute.* – **4.** Instrument de musique à air constitué par un tube en bois recouvert de cuir et percé de trous, accessibles grâce à sa forme en S. (Il est la basse des cornets à bouquin.) – **5.** *Serpent cracheur,* serpent capable de projeter son venin dans les yeux de son adversaire, comme le font certains cobras. ‖ *Serpent marin,* syn. de HYDROPHIDÉ. ‖ *Serpent de mer,* très grand animal marin hypothétique, observé dans l'océan Indien et le Pacifique, et qui pourrait être une anguille géante ou un survivant d'un groupe de reptiles disparus ; (fam.) sujet qui revient dans l'actualité aux moments où celle-ci est peu fournie ; histoire qui redevient périodiquement un sujet de conversation. ‖ *Serpent minute,* syn. de TYPHLOPIDÉ. ‖ *Serpent monétaire européen,* système monétaire instauré en 1972 et remplacé en 1979 par le Système monétaire européen (S. M. E.). ‖ *Serpent à plumes,* nom donné au dieu précolombien Quetzalcóatl souvent représenté sous la forme d'un serpent portant le plumage du quetzal.

ENCYCL. Chez les serpents, les os de la mâchoire sont très mobiles, ce qui leur permet d'avaler des proies volumineuses ; les dents sont petites et pointues. L'œil est recouvert d'une écaille transparente qui leur donne un regard fixe. Les écailles qui recouvrent le corps sont de petite taille.

Les serpents sont des animaux prédateurs ; beaucoup sont pourvus de glandes venimeuses. Les espèces *aglyphes* sont dépourvues de crochets* ; les *opisthoglyphes* ont des crochets creusés d'un sillon pour l'écoulement du venin et situés postérieurement (serpents non dangereux pour l'homme) ; les *protéroglyphes* ont des crochets situés en avant des mâchoires ; enfin, chez les *solénoglyphes,* le crochet est un organe inoculateur.

Les serpents ont sur la tête des récepteurs thermoscopiques leur permettant de déceler les proies à sang chaud et dans la bouche des organes qui analysent chimiquement les particules de terre recueillies par les deux pointes de la langue. La plupart des serpents pondent des œufs à coquille parcheminée ; quelques espèces sont vivipares incubantes, comme les vipères.

On connaît 2 700 espèces de serpents dont la plupart sont réparties entre cinq familles importantes : boïdés, colubridés, élapidés, hydrophidés et vipéridés.

SERPENT (en lat. *Serpens, -entis*), constellation équatoriale très étendue en longitude, scindée par la constellation d'Ophiucus en deux parties : la Tête du Serpent *(Serpens caput)* et la Queue du Serpent *(Serpens cauda).*

SERPENTAIRE n. m. Grand oiseau (falconiforme) des savanes africaines, aux longues pattes, à la tête huppée, qui se nourrit surtout de serpents et autres petits vertébrés. (Syn. SECRÉTAIRE.)

SERPENTAIRE, nom parfois donné à la constellation d'Ophiucus.

SERPENTE n. f. (de *serpent*). Papier très fin au filigrane du serpent, employé aux XVIIe-XVIIIe s.

SERPENTEAU n. m. **1.** Jeune serpent. – **2.** Petit artifice qui, après allumage, s'échappe avec un mouvement sinueux.

SERPENTEMENT n. m. *Litt.* État de ce qui serpente.

SERPENTER v. i. (de *serpent*) [conj. 3]. Décrire des sinuosités : *La rivière serpente à travers les prés.*

SERPENTIN, E adj. (bas lat. *serpentinus*). *Litt.* Qui ressemble au serpent.

◆ **serpentin** n. m. **1.** Longue et étroite bande de papier coloré, enroulée sur elle-même et qui se déroule quand on la lance. – **2.** Petite pièce d'artillerie de rempart de faible calibre (XVIe et XVIIe s.). [Syn. SERPENTINE.] – **3.** Tube d'un appareil thermique (échangeur de chaleur) enroulé en hélice ou en spirale, de manière à faire tenir une grande longueur de tube dans un récipient ou une enceinte de dimensions limitées.

◆ **serpentine** n. f. **1.** Syn. de SERPENTIN et de CROQUET. – **2.** Groupe de silicates hydratés de magnésium, amorphes ou cristallisés, résultant de l'altération du péridot (et d'autres minéraux), et comportant des variétés de couleur et de structure différentes (antigorite, chrysotile, *serpentine noble* [verdâtre et translucide], etc.).

SERPENTINISATION n. f. Transformation, par altération ou métamorphisme, de minéraux ferromagnésiens (en particulier le péridot) en serpentine.

SERPETTE n. f. (de *serpe*). Petite serpe servant à tailler la vigne et les arbres fruitiers.

SERPIGINEUX, EUSE adj. (moyen fr. *serpigine,* dartre, du lat. pop. **serpigo, -inis*). Se dit des affections cutanées ou muqueuses (ulcère, érysipèle, abcès, fistule), qui affectent des formes sinueuses.

SERPILLIÈRE [-jɛr] n. f. (lat. pop. **sirpicularia,* du lat. class. *sirpiculus,* relatif au jonc). Carré de tissage gaufré, utilisé pour laver les sols.

SERPOLET n. m. (moyen fr. *serpol,* du lat. *serpullum*). Nom usuel d'une espèce de thym, utilisée comme condiment.

SERPOLLET (Léon), industriel français (Culoz 1858 - Paris 1907). Après avoir construit la première chaudière à vaporisation instantanée (1881) et un tricycle à vapeur (1887), il conçut un nouveau moteur à vapeur (1891) utilisant l'huile de paraffine comme carburant, ce qui autorisait une réduction de poids. Trois années consécutives, ses voitures gagnèrent alors la coupe Rothschild, à Nice, en atteignant la vitesse de 120 km/h.

SERPOTTA (Giacomo), sculpteur stucateur italien (Palerme 1656 - *id.* 1732). Sans doute averti du baroque romain, il a décoré de reliefs en stuc et de statues d'une grande virtuosité trois oratoires de Palerme (de S. Zita, de S. Lorenzo, du Rosaire).

SERPOUKHOV, v. de Russie, au S. de Moscou ; 144 000 hab. Observatoire astronomique. Centre de recherches nucléaires où fonctionne depuis 1967 un synchrotron à protons de 70 GeV.

SERPULE n. f. (lat. sc. *serpula,* petit serpent). Petite annélide polychète sédentaire, vivant dans un tube calcaire operculé.

SERRA n. f. (port. *serra,* montagne). Syn. de MONTAGNE dans les pays de langue portugaise.

SERRA, nom de deux frères peintres, JAUME et PERE, qui ont dominé le marché de la peinture à Barcelone dans la 2e moitié du XIVe s. Leur style aimable et facile les rattache à l'école siennoise.

SERRA (Richard), sculpteur américain (San Francisco 1939). Il s'est engagé à partir de 1965-66 dans une problématique proche à la fois de l'art pauvre, du process art et de l'art minimal. Il privilégie les rapports spatiaux dans ses œuvres monumentales faites d'une juxtaposition de lourdes plaques d'acier (*Clara Clara,* 1983, square de Choisy à Paris).

SERRA DO MAR → MAR *(serra do).*

SERRAGE n. m. **1.** Action de serrer ; fait d'être serré. — **2.** Pression exercée par un organe mécanique sur une pièce ou un ensemble de pièces, afin d'empêcher leur déplacement. — **3.** Ajustement dans lequel la pièce intérieure a une cote légèrement supérieure à celle de la pièce extérieure ; différence entre ces deux cotes. — **4.** Compression d'un matériau plastique ou granuleux, afin d'augmenter sa compacité.

SÉRRAI ou **SÉRRES,** v. de Grèce, en Macédoine ; 50 875 hab.

SERRAN n. m. (lat. pop. **serranus,* du lat. class. *serra,* scie de mer). Poisson côtier (serranidé), carnassier vorace, pêché en Méditerranée.

SERRANIDÉ n. m. (de *serran*). Nom d'une famille de poissons perciformes, côtiers, carnassiers, tels que les bars, le barbier, les mérous, le cernier et les serrans.

SERRANO Y DOMÍNGUEZ (Francisco), duc **de la Torre**, maréchal et homme politique espagnol (Isla de León, auj. San Fernando, Cadix 1810 - Madrid 1885) Député libéral, ministre de la Guerre (1844), capitaine général de Cuba (1859-1862) et de Madrid (1865), il contribua à la chute d'Isabelle II (sept. 1868). Appelé à la présidence du Conseil par le roi Amédée (1871), il fut nommé chef du pouvoir exécutif en 1874.

SERRATULE n. f. (lat. *serratula,* petite scie). Composée ornementale, à fleurs purpurines, des rochers ou des prés humides. (Syn. SARRETTE ou SARRÈTE.)

SERRATUS [-tys] adj. (pl. *serrati*) [lat. *serratus,* dentelé]. Se dit de monnaies antiques au bord découpé en dents de scie.

SERRAULT (Michel), acteur français (Brunoy 1928). Venu du cabaret comme son complice Jean Poiret, il a composé des rôles d'une grande drôlerie mais a surtout imposé dans le cinéma français un personnage original, inquiétant et déroutant, caustique et souvent retors (*Assassins et voleurs,* 1957 ; *Buffet froid,* 1979 ; *la Cage aux folles,* 1980 ; *les Fantômes du chapelier,* 1982 ; *Mortelle Randonnée,* 1983 ; *Docteur Petiot,* 1990 ; *Nelly et Mr. Arnaud,* 1995). Il poursuit parallèlement une carrière théâtrale.

1. SERRE n. f. (de *serrer*). **1.** (surtout pl.) Griffe des oiseaux de proie. — **2.** Action de soumettre des fruits à une pression pour en extraire le jus. — **3.** Dans la construction métallique, raidisseur primaire horizontal constitué de tôles ou de plats soudés et supportant les membrures de bordé ou les raidisseurs verticaux de cloison. — **4.** En fonderie, opération de serrage du sable dans un moule. — **5.** Spécification du réglage d'un tricot destinée à définir la dimension des mailles et exprimée en « longueur de fil absorbée » (L. F. A.) par maille ou par groupe de mailles.

2. SERRE n. f. (de *serre 1*). **1.** Construction légère à parois translucides permettant de créer pour les plantes de meilleures conditions de végétation que les conditions naturelles. (→ *encycl.*) — **2.** Endroit très chaud, clos et protecteur, milieu où l'on est à l'abri de tout risque : *Enfant élevé en serre.* — **3.** *Effet de serre,* phénomène par lequel une ambiance isolée par une paroi transparente à la lumière solaire s'échauffe par suite de l'opacité de cette même paroi au rayonnement infrarouge émis par les corps ainsi isolés dans l'ambiance ; phénomène de réchauffement de l'atmosphère induit par des gaz (notamment le dioxyde de carbone) qui la rendent opaque au rayonnement infrarouge émis par la Terre.
ENCYCL. Autrefois vitrées, les serres utilisent de plus en plus les films plastiques. On distingue les

serres « tunnel », allongées et de section hémicirculaire, et les serres « chenille », étroites et basses.

Les serres froides, généralement non chauffées, abritent les plantes qui craignent les petites gelées. Dans les serres chaudes, destinées aux plantes tropicales, la température est maintenue entre 15 et 30 °C.

Les serres maraîchères se sont beaucoup développées après la Seconde Guerre mondiale pour produire des laitues en hiver, des tomates et des concombres au printemps, en été et en automne, ainsi que des radis, des melons et des fleurs.

3. SERRE n. m. (anc. provenç. *serra,* montagne). Crête d'interfluve étroite et allongée (dans l'Agenais, les Cévennes).

SERRE (la), riv. du nord de la France, affluent de l'Oise (r. g.) ; 112 km.

SERRE (Jean-Pierre), mathématicien français (Bages, Pyrénées-Orientales, 1926). Il a étudié la théorie des nombres et la topologie algébrique. Il a reçu la médaille Fields en 1954 pour sa reformulation de la théorie des espaces analytiques complexes, découverte avec H. Cartan en 1952. (Acad. des sc., 1976.)

SERRÉ → SERRER.

SERREAU (Jean-Marie), acteur et metteur en scène de théâtre français (Poitiers 1915 - Paris 1973). Saisissant dans Brecht (dont il monte, en 1949, *l'Exception et la Règle)* et Beckett les deux pôles de la réflexion dramatique contemporaine (dynamique de la lucidité et conscience de l'inéluctable autodestruction de toutes choses), il fait de la scène un instrument de compréhension des problèmes fondamentaux de notre temps, et notamment du tiers monde.

SERRE-CHEVALIER, station de sports d'hiver des Hautes-Alpes, au-dessus de la Guisane (alt. 1 200-2 800 m).

SERRE-FILE n. m. (pl. *serre-files*). **1.** Officier ou sous-officier placé derrière une troupe en marche pour s'assurer que chacun suit à sa place. – **2.** Dernier navire d'une ligne de marche ou de combat.

SERRE-FILS [-fil] n. m. inv. Pièce servant à relier, par serrage, deux ou plusieurs conducteurs électriques.

SERRE-FREIN n. m. (pl. *serre-freins*). Syn. de GARDE-FREIN.

SERRE-JOINT n. m. (pl. *serre-joints*). Outil d'ajusteur, de menuisier, d'ébéniste servant à assembler provisoirement entre eux différents éléments d'un ensemble ou à assurer le serrage des assemblages pendant la prise de la colle.

SERRE-LIVRES n. m. inv. Accessoire en équerre, de forme décorative, destiné à maintenir des livres debout les uns contre les autres. (Syn. APPUI-LIVRES.)

SERREMENT n. m. **1.** *Serrement de main,* action de serrer la main de qqn, poignée de main. – **2.** *Serrement de cœur,* oppression causée par une émotion douloureuse ; tristesse. – **3.** Barrage étanche et résistant à la pression de l'eau, fermant une galerie.

Serre-Ponçon *(barrage de),* barrage édifié sur la Durance (et auquel est accolée une centrale), aux confins des Alpes-de-Haute-Provence et des Hautes-Alpes. Achevé en 1961, ce barrage, pièce maîtresse de l'aménagement de la Durance, a créé une retenue utile d'un milliard de m^3 couvrant env. 3 000 ha *(lac de Serre-Ponçon).*

SERRER v. t. (lat. pop. **serrare,* du lat. class. *serare,* fermer, de *sera,* verrou) [conj. **4**]. **1.** Exercer une double pression sur qqch pour le tenir, l'empêcher de s'échapper, le maintenir en place : *Serrer une pièce de métal dans un étau.* – **2.** Refermer avec vigueur sa main sur qqch : *Il serrait la pièce dans sa main.* – **3.** Refermer ses bras autour de qqn, qqch et les tenir appliqués contre soi : *Il serrait son enfant dans ses bras.* – **4.** En parlant d'un vêtement, comprimer le corps : *Une large ceinture la serrait à la taille.* – **5.** *Serrer la main, le poing, la bouche,* les maintenir fermés. – **6.** Rapprocher les éléments d'une partie du corps et les maintenir en contact étroit : *Serrer les mâchoires.* – **7.** Comprimer qqch, en réduire le volume en tirant sur le lien qui l'entoure, le ficelle : *Serrer davantage un paquet.* – **8.** Tendre un lien, en réduire la longueur pour qu'il s'applique plus étroitement sur ce qu'il entoure : *Serrer son nœud de cravate.* – **9.** Rapprocher des choses, faire se rapprocher des personnes pour les faire tenir en plus grand nombre dans un espace donné : *Remplir une caisse de livres en les serrant au maximum.* – **10.** Agir sur un dispositif de fixation, de fermeture, de commande mécanique de façon à assujettir plus solidement qqch ou à le bloquer : *Serrer une vis.* – **11.** Pousser qqn, le presser contre un obstacle pour gêner ses mouvements, l'empêcher de se dégager : *Serrer son adversaire dans une encoignure.* – **12.** Approcher au plus près de qqch, avec le véhicule que l'on conduit : *Vous ne serrez pas assez le trottoir en vous garant.* – **13.** *Serrer de près,* poursuivre qqn à une faible distance, être sur le point de le rejoindre ; saisir ou exprimer qqch avec exactitude et précision, au terme d'un effort de réflexion, d'analyse. – **14.** *Litt.* Enfermer qqch, le ranger, le mettre à l'abri en lieu sûr : *Serrer des bijoux dans un coffret.* – **15.** Procéder au serrage d'une pièce, d'un matériau. – **16.** *Serrer les dents,* supporter avec fermeté la souffrance physique, les épreuves, les difficultés. ‖ *Serrer la main à qqn,* saisir dans sa main droite la main droite de qqn pour le saluer, le féliciter ; se réconcilier avec un adversaire. ‖ *Serrer une voile,* l'amarrer, pliée sur la vergue au moyen des rabans de ferlage.

◆ v. i. **1.** *Serrer à droite, à gauche,* conduire un véhicule en se rapprochant progressivement de la file de droite, de gauche de la voie qu'on suit. – **2.** Se rapprocher les uns des autres, en parlant des rangs d'une troupe en marche.

◆ **être serré** v. pass. **1.** Être très ajusté, coller au corps : *Un uniforme serré à la taille.* – **2.** Être constitué d'éléments très rapprochés les uns des autres : *Une plantation serrée.* – **3.** Comporter de la rigueur, de la précision : *User d'une argumentation serrée.* – **4.** Opposer des concurrents de force, de valeur comparable, qui se tiennent de très près : *Une partie serrée.* – **5.** En parlant de résultats, être très proches les uns des autres : *Un score très serré.* – **6.** Offrir peu de latitude, peu de possibilité : *Emploi du temps très serré.* – **7.** Avoir des difficultés financières : *Je suis un peu serré en ce moment.* – **8.** *Arrivée serrée,* syn. de ARRIVÉE POINTUE. ‖ *Café (bien) serré,* café express très fort. ‖ *Jeu serré,* jeu mené avec prudence et où l'attention ne se relâche pas. ‖ *Serré du devant, du derrière,* en parlant d'un cheval, avoir l'extrémité inférieure des membres antérieurs ou postérieurs qui se trouve en dedans de la ligne d'aplomb. (Contr. OUVERT.)

◆ **se serrer** v. pr., **être serré** v. pass. **1.** Porter des vêtements qui compriment le corps : *Être serré dans un blue-jean étroit.* – **2.** Se blottir, se presser contre qqn, qqch : *L'enfant était serré contre sa mère.* – **3.** Se rapprocher le plus possible de qqn, les uns des autres, pour occuper le moins d'espace possible : *Les campeurs étaient serrés autour du feu.* – **4.** Se contracter, en parlant d'une partie du corps : *Son cœur se serra devant tant de souffrance.*

SERRES (05700), ch.-l. de cant. des Hautes-Alpes, sur le Buëch ; 1 124 hab. Église en partie romane. Maisons anciennes.

SÉRRES → SÉRRAI.

SERRES (Olivier DE), agronome français (Villeneuve-de-Berg 1539 - Le Pradel, près de Villeneuve-de-Berg, 1619). De son domaine du Pradel il fit une ferme modèle. Le premier, il pratiqua méthodiquement les rotations intensives remplaçant l'ancien système des jachères par celui des prairies artificielles et des fourrages-racines. Il importa la garance, le houblon, le maïs et le mûrier. Il fut appelé à Paris par le roi, qui voulait établir en France la sériciculture. Il écrivit des ouvrages sur le ver à soie, le mûrier et un *Théâtre d'agriculture et mesnage des champs* (1600).

SERRES (Michel), philosophe français (Agen 1930). Il a entrepris une œuvre originale d'histoire des sciences avec la série des *Hermès* (1969-1977), puis s'est intéressé à des problèmes humanistes, s'appliquant à une mise en relation – sans a priori – des divers champs du savoir : *la Communication* (1969), *la Traduction* (1974), *Rome, le livre des fondations* (1983), *les Cinq Sens* (1985), *le Contrat naturel* (1990), *le Tiers instruit* (1991). [Acad. fr. 1990.]

SERRET (Joseph Alfred), mathématicien français (Paris 1819 - Versailles 1885). Il diffusa et clarifia la théorie des groupes de Galois. En géométrie différentielle, il poursuivit le travail de Cauchy sur l'étude des propriétés intrinsèques et locales des courbes dans l'espace.

SERRE-TÊTE n. m. (pl. *serre-têtes*). Bandeau, demi-cercle de plastique, d'écaille, etc., qui maintient la chevelure en place.

SERRE-TUBE n. m. (pl. *serre-tubes*). Outil formé d'une branche munie d'une chaîne ou d'une sangle dont on entoure le tube qu'on veut visser ou manœuvrer.

SERRICULTURE n. f. Culture sous serre.

SERRIÈRES (07340), ch.-l. de cant. de l'Ardèche, sur le Rhône ; 1 180 hab. Vieilles maisons. Musée de la batellerie du Rhône.

SERRISTE n. Personne qui pratique la culture sous serre.

SERRURE n. f. (de *serrer*). **1.** Appareil de fermeture comprenant un mécanisme se manœuvrant à la main, à l'aide d'un accessoire amovible (clef, bouton, béquille, etc.), ou à distance par un dispositif technique quelconque. (→ *encycl.*) – **2.** Moyen de fermeture des malles, valises, coffrets, nécessaires, serviettes, etc., constitué d'un boîtier avec le pêne et d'un moraillon. – **3.** *Serrure de sûreté,* serrure dont le mécanisme de condamnation est apte à résister aux tentatives d'ouverture sans violence par un moyen autre que sa clef (crochet, fausse clef, etc.).

ENCYCL. Une serrure comporte le coffre, qui contient le mécanisme et le ou les pênes, la gâche, qui reçoit le ou les pênes à la fermeture, et un bouton ou une clef, dont la rotation actionne le mécanisme. Selon les fonctions du pêne, on distingue essentiellement les serrures à un pêne : pêne dormant, bec-de-cane, pêne demi-tour ; à pênes multiples (ou multipoint) répartis sur toute la hauteur de la porte. Aux serrures mécaniques sont venues s'ajouter, récemment, des serrures électriques, électromécaniques, électroniques et surtout magnétiques.

SERRURERIE n. f. (de *serrurier*). **1.** Métier du serrurier. – **2.** Syn. vieilli de FERRONNERIE et de MÉTALLERIE.

SERRURIER n. m. (de *serrure*). **1.** Personne qui fait, vend, pose, répare les serrures. — **2.** Personne qui réalise des ouvrages métalliques à usage du bâtiment. (Syn. MÉTALLIER.)

SERS (16410), comm. de la Charente, à l'E. d'Angoulême ; 642 hab. (→ *Roc de Sers.*)

SERSOU, haute plaine d'Algérie, située au S. de l'Ouarsenis. Céréales. Élevage de chevaux. V. princ. *Tihert* (Tiaret).

SERT (Josep Lluís), architecte espagnol (Barcelone 1902 - *id.* 1983). Disciple de Le Corbusier, il travailla dans sa ville natale avant d'émigrer (1939) aux États-Unis, où, en 1953, il succéda à Gropius à la chaire d'architecture de l'université Harvard. Citons son ambassade des États-Unis à Bagdad (1955-1963), les bâtiments de la fondation Maeght à Saint-Paul-de-Vence (1962), ceux de la fondation Miró à Barcelone (1972).

SERTÃO [sɛrtao ou -tɑ̃] n. m. (pl. *sertões*) [brésil. *sertão*]. Zone peu peuplée semi-aride du Nordeste brésilien où l'élevage extensif l'emporte sur une agriculture vivrière peu productive.

SERTI n. m. Manière dont on sertit une gemme, une pierre de bijouterie (*serti clos, serti à griffes,* etc.). [Syn. SERTISSAGE, SERTISSURE.]

SERTIR v. t. (anc. fr. *sartir,* attacher solidement, du lat. pop. **sartire*) [conj. **32**]. **1.** Enchâsser dans une monture de métal une pierre de bijouterie. — **2.** Poser un fil de sertissage autour d'une broderie. — **3.** Fermer une cartouche en plaçant un carton sur les plombs et en rabattant sur celui-ci, avec un sertisseur, l'extrémité de la douille. — **4.** Fixer un accessoire (œillet, fermoir) sur un article en cuir par écrasement au maillet ou à la pince à sertir. — **5.** Unir une pièce à une autre à l'aide de petites saillies ménagées près du trou qui doit la recevoir. — **6.** Rabattre ensemble les bords de deux pièces de tôle, ou le bord d'une pièce contre celui d'une autre, afin d'en effectuer la fixation.

SERTISSAGE n. m. **1.** Action de sertir ; fait d'être serti. (Le sertissage est très utilisé dans la petite chaudronnerie et sert dans la fabrication des boîtes de fer-blanc.) — **2.** Syn. de SERTI. — **3.** Fil de textile ou de métal entourant une broderie et qui en cerne les contours.

SERTISSEUR, EUSE n. Personne qualifiée dans le sertissage des pierres de bijouterie.

◆ **sertisseur** n. m. Appareil destiné à fermer hermétiquement les boîtes de conserve après leur remplissage.

SERTISSURE n. f. **1.** Partie du chaton qui maintient une gemme. — **2.** Syn. de SERTI.

Sertoli *(syncitium de),* couche syncitiale qui constitue l'assise la plus externe du tube séminifère, dans le testicule.

SERTORIUS (Quintus), général romain (Nursia v. 123 - en Espagne 72 av. J.-C.). Chevalier romain, il chassa d'Espagne les partisans de Sulla. Soutenu par des immigrés italiens, il s'entendit avec les Espagnols qu'il ménagea. Il se tailla en Espagne un véritable État, où il résista aux armées romaines. S'étant aliéné, par sa cruauté, Italiens et Espagnols, il fut assassiné à l'instigation de son lieutenant Perpenna.

SERTÜRNER (Friedrich Wilhelm), pharmacien allemand (Neuhaus, près de Paderborn, 1783 - Hameln 1841). En 1817, étudiant le corps isolé de l'opium en 1803 par le pharmacien français J.-F. Derosne, Sertürner en démontra le caractère basique, prépara et décrivit les sels de cette base, qu'il appela « morphium » (morphine).

SÉRUM [-rɔm] n. m. (lat. *serum,* petit-lait). **1.** Liquide qui exsude d'un caillot de sang total coagulé ou liquide qui se sépare des globules d'un sang défibriné centrifugé. (→ *encycl.* Physiol.) — **2.** *Sérum antilymphocytaire (S. A. L.),* sérum capable de diminuer ou de supprimer l'activité immunitaire des lymphocytes. (Il est utilisé pour éviter les réactions de rejet après transplantation d'organes.) ‖ *Sérum artificiel,* solution thérapeutique dont la tension osmotique est égale à celle du sérum sanguin (par ex. *sérums physiologique, glucosé*). ‖ *Sérum thérapeutique,* sérum humain ou provenant de divers animaux, principalement du cheval, qui sont tantôt normaux, tantôt immunisés contre les microbes de diverses maladies infectieuses à l'aide de doses croissantes d'antigènes, ou bien soumis à des traitements divers. (→ *encycl.* Pharm.) ‖ *Maladie du sérum,* syn. de MALADIE SÉRIQUE*.

ENCYCL. **Pharm.** Les *sérums antitoxiques* neutralisent les toxines microbiennes (sérum antidiphtérique), les *sérums antimicrobiens* agissent contre les germes (sérum antiméningococcique). Les principaux sérums sont : les sérums antibotuliques A, B, C, D, E, antidiphtérique, antigangréneux, antirabique, antitétanique et antivenimeux.

— **Physiol.** Le *sérum sanguin* ne diffère du plasma que par l'absence de fibrinogène, transformé en fibrine lors de la coagulation. Sa composition chimique est modifiée au cours de l'évolution de nombreuses maladies. L'analyse du sérum sanguin constitue une partie importante de la chimie biologique et de la sérologie.

SÉRUMALBUMINE n. f. Albumine du sérum sanguin.

SÉRURIER (Jean Philibert, *comte*), maréchal de France (Laon 1742 - Paris 1819). Il participa à la guerre de Sept Ans, puis aux campagnes révolutionnaires et fit signer la capitulation de Mantoue par Wurmser (1797). Gouverneur des Invalides (1804), pair de France (juin 1814), il fut disgracié après les Cent-Jours, mais à nouveau en activité comme maréchal en 1819.

SÉRUSIER (Paul), peintre et théoricien français (Paris 1864 - Morlaix 1927). Il a assuré la liaison entre Gauguin, rencontré à Pont-Aven, et ses collègues nabis (petit *Paysage du bois d'Amour,* dit « le Talisman », 1888, musée d'Orsay). Professeur à l'académie Ranson, il a publié en 1921 son *A. B. C. de la peinture.*

SERVAGE n. m. (de *serf*). **1.** État de serf. – **2.** *Litt.* État de dépendance, privation de liberté.

SERVAL n. m. (pl. *servals*) [port. *cerval,* cervier, du lat. *cervus*]. Grand chat sauvage de l'Afrique intertropicale, haut sur pattes, à grandes oreilles et queue courte, habitant des savanes et des forêts-galeries, excellent coureur et sauteur, se nourrissant de rongeurs et de grenouilles.

SERVANCE *(ballon de),* sommet des Vosges méridionales ; 1 216 m. Ski.

SERVAN DE GERBEY (Joseph), général français (Romans 1741 - Paris 1808). Ministre de la Guerre (mai 1792), il fit voter la formation sous Paris d'un camp de 20 000 fédérés. Plénipotentiaire à la cour d'Espagne, il négocia la paix (juill. 1795).

SERVANDONI (Giovanni Niccolo), architecte, décorateur et peintre italien (Florence 1695 - Paris 1766). Fixé à Paris vers 1728, architecte du roi, il a notamment donné l'originale façade et la chapelle de la Vierge de l'église St-Sulpice (1733-1749). Il fut appelé dans différentes villes d'Europe comme scénographe. Proche du style rocaille dans ses décorations, il fut, en architecture, l'un des premiers à en prendre le contre-pied.

SERVAN-SCHREIBER (Jean-Jacques), journaliste et homme politique français (Paris 1924). Collaborateur de P. Mendès France (1952-1955), il fonde *l'Express* en 1953 avec F. Giroud. Député (1970-1978), président du parti radical (1971-1979), il fait un passage éphémère au gouvernement comme ministre des Réformes (mai-juin 1974). Il a écrit notamment *le Défi américain* (1967), *le Défi mondial* (1980).

SERVANT adj. m. (de *servir*). *Frère servant,* religieux convers employé aux travaux manuels d'un monastère.

◆ n. m. **1.** Soldat affecté au service d'une arme (servant de canon, de mitrailleuse, de mortier, par ex.). – **2.** Clerc ou laïque qui assiste le prêtre à la messe.

SERVANTE n. f. (de *servir*). *Litt.* **1.** Femme ou fille à gages employée aux travaux domestiques. – **2.** *Servante maîtresse,* servante qui a pris, dans le ménage, l'autorité d'une maîtresse de maison. – **3.** Titre porté par les religieuses d'une quarantaine de congrégations contemplatives ou hospitalières. – **4.** Au XVIIIe s., petite desserte à étages. – **5.** Support mobile, fournissant un point d'appui à la partie en porte à faux de pièces longues travaillées à l'établi ou à la machine. – **6.** Syn. de CHAMBRIÈRE.

Servante maîtresse *(la)* [*La Serva padrona*], intermezzo de J.-B. Pergolèse (Naples, 1733). Sa reprise à Paris en 1752 déclencha la Querelle des bouffons.

SERVANTY (Lucien), ingénieur aéronautique français (Paris 1909 - Toulouse 1973). Il est à l'origine du *Triton,* premier avion à réaction français (1946), et du long-courrier supersonique *Concorde* (1969).

SERVE → SERF.

SERVENTOIS n. m. Genre équivalent, dans la langue d'oïl, du *sirventès* de la littérature d'oc.

SERVET (Michel), également connu sous le nom de **Michel de Villanueva,** médecin et théologien espagnol (Tudela, Navarre, ou Villanueva de Sigena, Huesca, 1511 - Genève 1553). Mettant en cause, dans ses ouvrages, le dogme de la Trinité et la doctrine du péché originel, il échappa à l'Inquisition romaine pour se réfugier à Genève, où Calvin le fit brûler comme hérétique.

SERVEUR, EUSE n. Personne employée dans un café, un restaurant, pour servir la clientèle.

◆ **serveur** n. m. **1.** Aux cartes, le joueur qui donne les cartes. – **2.** Joueur qui met la balle en jeu, au tennis, au tennis de table, au volley-ball, etc. – **3.** Ensemble matériel et logiciel, branché sur un réseau télématique et mettant à la disposition des utilisateurs de ce réseau des banques de données ou de programmes spécialisées ; organisme qui assure ce service. (On dit aussi CENTRE SERVEUR.)

SERVIABILITÉ n. f. Caractère de qqn de serviable.

SERVIABLE adj. (de *servir*). Qui rend volontiers service.

SERVIAN (34290), ch.-l. de cant. de l'Hérault, au N.-E. de Béziers ; 3 091 hab. Église du XIIIe s. Vins.

SERVICE n. m. (lat. *servitium,* de *servire,* être esclave). **1.** Ensemble des obligations que les citoyens ont envers l'État, la société ; travail déterminé effectué pour leur compte : *Le service de l'État.* – **2.** Fonction de domestique dans une maison privée. – **3.** Célébration de l'office divin. – **4.** Travail de qqn chargé de servir des clients dans un restaurant, un magasin, un hôtel : *Service rapide, soigné.* – **5.** Ensemble des repas servis à des heures échelonnées dans une cantine, un wagon-restaurant : *Aller au premier,* *au deuxième service.* — **6.** Ensemble des plats composant une partie du repas et qui étaient apportés en même temps. — **7.** Pourcentage d'une note d'hôtel, de restaurant, etc., spécialement affecté au personnel : *15 % de service.* — **8.** Activité professionnelle exercée dans une entreprise, une administration : *Avoir quarante ans de service.* — **9.** Organisme qui fait partie d'un ensemble administratif ou économique ; organe d'une entreprise chargé d'une fonction précise, ensemble de personnes assurant cette fonction : *Les services commerciaux d'une entreprise.* — **10.** Usage que l'on peut faire de qqch : *Outil qui rend de grands services.* — **11.** Ce que l'on fait pour qqn, avantage qu'on lui donne spontanément : *Il m'est difficile de demander ce service à Paul.* — **12.** Liaison assurée par un moyen de transport collectif : *Le service d'été de la S. N. C. F.* — **13.** Distribution régulière d'une publication périodique : *Le service des abonnés à un hebdomadaire.* — **14.** Action de servir au tennis, au tennis de table, au volley-ball, etc. — **15.** Ensemble des objets (vaisselle, verrerie, argenterie) ou des articles de linge pour la table ; assortiment de pièces destinées à un usage spécial (*service à thé, à liqueurs,* etc.). — **16.** *De service,* se dit d'un passage ménagé pour le service de la maison : *Porte de service.* ‖ *En service,* se dit d'un appareil qui est en état de fonctionner. ‖ *État de service(s),* liste des emplois et activités de qqn au cours de sa carrière. ‖ *Être au service de qqn,* être à sa disposition. ‖ *Être de service, en service,* exercer ses fonctions professionnelles à telle heure, tel jour. ‖ Fam. *Être service, service,* être très strict sur la manière d'observer les ordres, les consignes. ‖ *Hors service,* qui n'est plus en état de fonctionner. ‖ *Je suis (tout) à votre service,* formule de politesse impliquant que l'on répondra à une demande. ‖ *Mauvais service,* acte nuisible aux intérêts de qqn. ‖ *Mettre qqch en service,* le faire fonctionner pour la première fois. ‖ *Prendre son service,* commencer l'exercice de ses fonctions. ‖ *Qu'y a-t-il pour votre service ?,* que désirez-vous, en quoi puis-je vous être utile ? ‖ *Rendre service à qqn,* lui être utile, l'aider. • **Dr.** *Service public,* activité d'intérêt général, assurée par un organisme public ou privé soumis aux règles exorbitantes du droit commun ; organisme assurant une activité de ce genre. — **Électr.** Séquence de conditions de fonctionnement auxquelles est soumis un composant, un dispositif ou un équipement. (Syn. CYCLE DE FONCTIONNEMENT.) ‖ *Facteur de service,* rapport de la durée de service d'une machine ou d'une installation à la durée totale de l'intervalle de temps considéré. — **Fin.** *Service de la dette,* ensemble des opérations qui concernent le remboursement de la dette publique et le paiement des intérêts. ‖ *Service voté,* minimum de dotations que le gouvernement juge indispensables afin de poursuivre l'exécution des services publics. — **Mar.** *Service à la mer, à terre,* situation d'un militaire de la Marine nationale, suivant qu'il est ou non embarqué sur un navire ou affecté à un poste assimilé. — **Mil.** Nom donné aux grands corps destinés à satisfaire les besoins généraux (administration, matériels, ravitaillement, etc.) des armées (par oppos. aux *armes,* chargées de mener le combat). ‖ *Service de défense,* service destiné à satisfaire les besoins de la défense du pays en personnel non militaire. ‖ *Service militaire,* ensemble des obligations militaires légales imposées aux citoyens pour contribuer à la défense éventuelle de leur pays par les armes ; temps passé sous les drapeaux par les jeunes Français pour leur faire acquérir une instruction militaire et pour donner aux pouvoirs publics une force armée capable d'assurer, en temps de paix, les missions de sécurité incombant au pays. (→ *encycl.*) ‖ *Service national,* ensemble des obligations militaires ou civiles imposées à tout citoyen français pour répondre aux besoins de la défense et à divers impératifs de solidarité. — **Sports.** *Être au service,* se dit du joueur qui effectue le service, de l'équipe à laquelle appartient ce joueur. — **Théâtr.** Places gratuites réservées par un théâtre pour diverses catégories d'invités *(service des artistes, service de presse).* — **Zootechn.** Saillie d'un étalon, et, plus généralement, d'un reproducteur mâle quelconque.

◆ **services** n. m. pl. **1.** Ensemble des travaux effectués pour qqn : *Se passer des services d'un employé.* — **2.** En Suisse, syn. de COUVERTS. — **3.** Par opposition aux *biens,* avantages ou satisfactions fournis par les entreprises ou par l'État au public, à titre gratuit ou onéreux. — **4.** *Services spéciaux,* services nationaux de recherche et d'exploitation des renseignements. ‖ *Société de services,* entreprise fournissant à titre onéreux un travail, des prestations, du personnel, des équipements, etc., à l'exclusion d'une production de biens matériels.

ENCYCL. **Mil.** La loi du 21 mars 1905 supprimait définitivement toutes les dispenses et disposait que : 1° le service est *national* (nul n'est admis dans les troupes françaises s'il n'est français ou naturalisé français ; les étrangers ne peuvent servir que sous statut spécial) ; 2° le service est rigoureusement *personnel* (nul ne peut s'y faire remplacer) ; 3° le service est *obligatoire* pour tous les hommes (sauf incapacité physique) ; 4° le service est *égal pour tous en durée ;* 5° le service est un *honneur.*

Le service national, dans sa définition actuelle, est régi par la loi du 10 juin 1971. Mais ses modalités d'exécution ont été, au cours des dernières années, largement aménagées et diver-

sifiées. Le service national, obligatoire pour les jeunes hommes et volontaire pour les jeunes filles, peut aujourd'hui revêtir une forme militaire (*service militaire* dans les armées - armées de terre, armée de l'air, Marine nationale — ou dans la gendarmerie) ou une forme civile. On distingue 5 formes civiles de service national, régies par la loi : le *service de l'aide technique* (dans les D.O.M.-T.O.M., 1965), le *service de la coopération* (dans les pays étrangers, 1965 ; il peut notamment être effectué en entreprise), le *service des objecteurs de conscience* (1983), le *service dans la police nationale* (1985) et le *service de sécurité civile* (dans le corps des sapeurs-pompiers auxiliaires, 1992). À ces formes civiles s'ajoutent 8 *protocoles de mise à disposition d'appelés du service militaire au profit de ministères civils.* Ces protocoles ont été conclus entre le ministère de la Défense et les ministères ou administrations suivants : Anciens combattants (1976), Rapatriés (1983), Formation professionnelle (1983), Handicapés (1991), Ville (1991), Emploi (1992), Environnement (1993). Le service national comprend des obligations d'activité et des obligations de réserve. La durée du service actif légal a été ramenée par la loi du 4 janvier 1992 de 12 à 10 mois (exception faite pour ceux qui effectuent leur service au titre de l'aide technique ou de la coopération, qui sont tenus de faire 16 mois, et pour les objecteurs de conscience, qui doivent un service de 20 mois). Une formule de volontariat service long (V.S.L.) a en outre été mise en place en 1983, qui permet aux appelés de prolonger leur service militaire de 4 à 12 mois, notamment dans un but de préparation à l'insertion professionnelle.
La réforme majeure engagée en 1996 en matière de Défense (réduction drastique des effectifs et passage progressif à une armée professionnelle, prévus par la loi de programmation militaire pour 1997-2002) pourrait toutefois amener à un bouleversement rapide et radical des données concernant le service national. Le débat est même désormais officiellement ouvert sur l'arrêt des obligations du service national actif à partir de la classe 99 (et sur son éventuel remplacement par la participation à un « rendez-vous citoyen »).

Service de documentation extérieure et de contre-espionnage ⟶ S. D. E. C. E.

Service du travail obligatoire ⟶ S. T. O.

Services militaires volontaires *(médaille des)*, décoration créée par décret du 13 mars 1975 pour récompenser les militaires des réserves.

Services militaires volontaires dans la France libre *(médaille commémorative des)*, décoration créée en 1946 en faveur des Français ou des étrangers ayant contracté un engagement dans les Forces françaises libres avant le 1er août 1943.

SERVIETTE n. f. (de *servir*). **1.** Pièce de linge individuelle servant à s'essuyer la bouche pendant le repas. (On dit aussi SERVIETTE DE TABLE.) — **2.** Rectangle de tissu utilisé pour s'essuyer la peau. (On dit aussi SERVIETTE DE TOILETTE.) — **3.** Sac à compartiments, de forme rectangulaire, qui sert à transporter des documents, des dossiers, des livres. — **4.** *Serviette hygiénique,* bande absorbante, utilisée comme protection externe au moment de la menstruation. ‖ *Serviette repliée,* motif décoratif de boiseries sculptées, aux XVe et XVIe s., figurant un rectangle de tissu à plusieurs replis parallèles. (Syn. PARCHEMIN PLIÉ OU PLISSÉ.)

SERVIETTE-ÉPONGE n. f. (pl. *serviettes-éponges*). Serviette de toilette en tissu-éponge.

SERVILE adj. (lat. *servilis,* de *servus,* esclave). **1.** Relatif à l'état de serf, au servage. — **2.** *Vx.* Relatif à l'état de domestique. — **3.** Qui fait preuve d'une soumission excessive : *Des complaisances serviles.* — **4.** Qui ne s'écarte pas d'un modèle, le suit aveuglément : *Une servile adaptation d'une pièce étrangère.*

SERVILEMENT adv. **1.** *Litt.* De façon servile, en obéissant bassement. — **2.** D'une manière trop étroitement exacte, sans originalité : *Imiter servilement ses devanciers.*

SERVILITÉ n. f. **1.** *Litt.* Esprit de servitude, de basse soumission : *La servilité de son entourage.* — **2.** Exactitude trop étroite, excessive : *Imiter avec servilité.*

SERVIR v. t. (lat. *servire,* être esclave) [conj. **38**]. **1.** S'acquitter envers qqn, une collectivité de certaines obligations, leur consacrer son activité : *Bien servir sa patrie.* — **2.** Apporter à qqn, qqch, son aide, son appui : *Il est toujours prêt à servir ses amis. Servir la justice.* — **3.** *Vx.* Accomplir des tâches pour qqn en qualité de domestique. — **4.** Fournir, donner à qqn l'article demandé, la consommation commandée : *Servir un client dans un magasin.* — **5.** Présenter le plat à qqn ou lui donner d'un mets dans son assiette, d'une boisson dans son verre : *Servir le vin.* — **6.** Être utile à qqn, favoriser ce qu'il fait : *Si la chance nous sert, nous pouvons réussir.* — **7.** Payer une pension, une rente, des intérêts à qqn : *Servir une rente viagère.* — **8.** *Fam.* Débiter qqch à qqn, le lui raconter, en faire état : *Il nous a servi une histoire qui ne tient pas debout.* — **9.** *Pour vous servir,* formule de politesse indiquant qu'on se met à la disposition de qqn. • **Jeux.** Distribuer les cartes à ses partenaires. — **Mil.** Exécuter les opérations nécessaires au fonctionnement d'une arme et à son emploi, en être le servant. — **Relig.** *Servir Dieu,* lui rendre le culte qui lui est dû. ‖ *Servir la messe,* être auprès du prêtre qui la célèbre, pour

l'assister. — **Véner.** Achever un animal. — **Zootechn.** Syn. de SAILLIR 2.
◆ v. i. **1.** *Vx.* Être employé comme domestique chez qqn : *Il avait servi chez des notables.* — **2.** Être employé comme serveuse, serveur, garçon dans un café, un restaurant. — **3.** Être militaire dans telle arme : *Servir dans l'aviation.* — **4.** Mettre la balle en jeu en l'envoyant par-dessus le filet, au tennis, au tennis de table, au volley-ball, etc.
◆ v. t. ind. **1.** Être utile, profitable à qqn : *Sa connaissance de l'anglais lui a servi dans sa profession.* — **2.** Être en usage, être employé, être utile : *Ce radiateur peut encore servir.* — **3.** Être utilisé à telle fin, être bon, propre à qqch : *Ces unités servent au maintien de l'ordre.* — **4.** Être utilisé (par qqn) en tant que, tenir lieu de : *Cette pièce sert de débarras.* — **5.** *Ne servir à rien,* être inutile : *Il ne sert à rien de se fâcher.*
◆ **être servi** v. pass. **1.** Avoir qqn à son service. — **2.** *Fam.* Avoir plus que son compte d'épreuves, d'ennuis, etc. : *Avec cette grippe en plus, je suis servi !* — **3.** Ne pas avoir besoin d'autres cartes à certains jeux, en partic. au poker. — **4.** *Madame est servie, Monsieur est servi,* formules par lesquelles un employé de maison annonce que l'on peut passer à table.
◆ **se servir** v. pr. **1.** Prendre ce dont on a besoin, en partic. parmi des objets qui se présentent au choix : *Ici, on peut se servir soi-même.* — **2.** Prendre d'un aliment, d'une boisson pour les mettre dans son assiette, dans son verre : *Se servir un verre de vin.* — **3.** S'approvisionner chez un commerçant de façon habituelle : *Je me sers chez le même boucher que vous.* — **4.** Faire usage de qqch, l'utiliser : *Un outil dont se servent les menuisiers.* — **5.** Utiliser qqn, qqch à son profit : *On s'est servi de vous.*

Servites de Marie *(ordre des),* ordre religieux, à la fois contemplatif et actif, assimilé aux mendiants, fondé en 1233, près de Florence, par sept riches marchands, pour honorer les douleurs de la Vierge.

SERVITEUR n. m. (bas lat. *servitor*). **1.** *Litt.* Celui qui est au service d'un souverain, de l'État, d'une collectivité : *Les hauts fonctionnaires, serviteurs de l'État.* — **2.** Syn. vieilli de DOMESTIQUE. — **3.** *Serviteur de Dieu,* prêtre, religieux ou homme voué à la pratique des œuvres religieuses.

SERVITUDE n. f. (lat. médiév. *servitudo, -inis*). **1.** *Litt.* État de dépendance complète de qqn envers qqn d'autre : *La servitude dans laquelle les femmes étaient tenues.* — **2.** *Litt.* État d'un pays qui a perdu son indépendance nationale, d'un peuple privé de la liberté politique. — **3.** Nécessité, obligation qui est ressentie comme une limitation, une atteinte à sa propre liberté. — **4.** Charge imposée et attachée à un fonds *(fonds servant)* au profit d'un autre fonds *(fonds dominant).* [→ *encycl.*] — **5.** Restriction au droit de propriété immobilière instituée au nom de l'intérêt général. (→ *encycl.*) — **6.** *Bâtiment de servitude,* bateau destiné au service des ports, des rades, tel que chaland, ponton, etc. ‖ *Servitudes militaires,* mesures prescrites par le génie militaire, interdisant ou limitant la construction ou la plantation autour de certains terrains militaires (champ de tir, dépôts, ouvrages fortifiés, etc.).
ENCYCL. **Dr.** On distingue les *servitudes naturelles* (écoulement des eaux...), les *servitudes légales* (vue, égout...), les servitudes *pour cause d'utilité publique* (alignement...) et les servitudes établies *par le fait de l'homme.* Ces dernières sont imposées à un fonds pour un autre fonds : servitudes urbaines ou rurales, servitudes continues (conduites d'eau...) ou discontinues (droit de passage...), servitudes apparentes (portes, fenêtres...) ou non apparentes (prohibition de bâtir sur un fonds).

Servitude et Grandeur militaires, ouvrage d'Alfred de Vigny (1835) en trois récits où l'auteur oppose aux devoirs de la discipline militaire la grandeur morale du soldat.

SERVIUS TULLIUS, sixième roi de Rome (traditionnellement 578-535 av. J.-C.). Selon la tradition, il succéda à Tarquin l'Ancien et fut tué par son gendre Tarquin le Superbe. On lui attribue la division des Romains en centuries et la construction d'une vaste enceinte (mur Servien).

SERVOCOMMANDE n. f. Mécanisme interposé entre une commande manuelle et l'organe commandé, dans le but de produire la force nécessaire à la manœuvre par emprunt d'énergie à une source extérieure.

SERVODIRECTION n. f. Servocommande (pneumatique ou hydraulique) apportant une assistance à la manœuvre de la direction d'un véhicule automobile. (On dit aussi DIRECTION ASSISTÉE.)

SERVOFREIN n. m. Servocommande assurant le fonctionnement des freins. (Syn. ASSISTANCE DU FREINAGE, FREINAGE ASSISTÉ.)

SERVOMÉCANISME n. m. Asservissement dans lequel la grandeur de sortie est de nature mécanique. (Les servomécanismes font partie de la famille des asservissements ou systèmes asservis. Les plus répandus sont les télécommandes linéaires ou angulaires, les copieurs asservis pour machines-outils et les régulateurs de vitesse linéaire ou angulaire.)

SERVOMOTEUR n. m. Moteur électrique, hydraulique ou pneumatique jouant le rôle d'actionneur final ou intermédiaire dans un asservissement ou un système à régulation.

SERVOVALVE n. f. Valve hydraulique équipée d'un dispositif de commande automatique permettant l'asservissement de son ouverture.

SERVRANCKX (Victor), peintre, décorateur et écrivain belge (Diegem, près de Bruxelles, 1897 - Vilvoorde 1965). Il a été un pionnier de l'art abstrait en Belgique, avec des phases mécanistes (*Opus 47,* 1923, musée d'Art moderne, Bruxelles), géométriques ou surréalisantes.

SES → SON.

1. SÉSAME n. m. (lat. *sesamum,* du gr. *sêsamon*). Plante (pédaliacée) originaire d'Afrique tropicale et australe, cultivée pour ses grains qui servent à fabriquer le halva et dont on tire une huile comestible et des tourteaux de haute valeur nutritive.

2. SÉSAME n. m. (de la formule *Sésame ouvre-toi,* par laquelle Ali Baba obtenait l'ouverture de sa caverne). Formule magique, moyen infaillible pour accéder à qqch, se faire ouvrir toutes les portes.

SÉSAMIE n. f. Noctuelle dont la chenille est très nuisible aux cultures de maïs et de sorgho du Midi.

SÉSAMOÏDE adj. (gr. *sêsamoeidês,* semblable au sésame). *Os sésamoïde* ou *sésamoïde* (n. m.), petit os situé dans l'épaisseur de certains tendons ou près de certaines articulations de la main et du pied.

SESBANIE n. f. Papilionacée des régions chaudes, aux fleurs rouges ou jaunes peu nombreuses.

SÉSIE n. f. (gr. *sês,* larve d'insecte). Petit papillon (ægériidé) qui ressemble à une guêpe. (La chenille est très nuisible, selon l'espèce, au peuplier ou au groseillier.)

SESKLO ou **SÉSKLON,** site de Grèce, en Thessalie, où une culture du néolithique moyen des Balkans (Ve millénaire av. J.-C.) a livré une céramique d'argile claire et de nombreuses statuettes féminines.

SÉSOSTRIS ou **SENOUSRET,** nom porté par trois pharaons égyptiens de la XIIe dynastie (XXe-XIXe s. av. J.-C.). — **Sésostris Ier** est le souverain régnant (1970-1936) dont parle le *Récit de Sinouhé* (souvenirs d'un contemporain). — **Sésostris II** (1906-1888) fit exécuter des travaux d'aménagement du Fayoum. — **Sésostris III** (1887-1850) fit campagne en Syrie et en Nubie, où il fonda des installations égyptiennes jusqu'à la 3e cataracte.

SESQUIOXYDE [sɛskɥi-] n. m. Oxyde qui contient trois atomes d'oxygène pour deux atomes de métal.

SESQUITERPÈNE [sɛskɥi-] n. m. Nom générique des hydrocarbures $C_{15}H_{24}$, dont la plupart sont des constituants odorants des huiles essentielles, utilisés en parfumerie et dans l'industrie agroalimentaire.

SESSHŪ (Oda Tōyō, dit), moine peintre japonais (prov. d'Okayama 1420 - Yamaguchi 1506). Son séjour en Chine (1467-1469) lui révéla les bases spirituelles de la peinture de paysage des Ming (école de Zhe) et des Song (école Ma-Xia). Il a donné à la peinture monochrome un accent personnel renouant avec le lyrisme japonais ; il a eu de nombreux disciples.

SESSILE adj. (lat. *sessilis,* de *sedere,* être assis). **1.** Se dit de tout organe inséré directement sur l'axe et dépourvu de pédoncule. — **2.** Se dit des animaux caractérisés par leur fixation à un support. — **3.** *Tumeur sessile,* tumeur qui se raccorde sans séparation aux parties voisines.

SESSION n. f. (lat. *sessio,* de *sedere,* être assis). **1.** Période pendant laquelle une assemblée, un tribunal, est en droit et a le devoir de siéger. — **2.** Période pendant laquelle des examens ont lieu : *Se présenter à la session de juin.* — **3.** Séance d'un concile.

SESTAO, v. d'Espagne, dans le Pays basque (prov. de Biscaye) ; 40 400 hab. Métallurgie. Chantiers navals.

SESTERCE n. m. (lat. *sestertius*). Monnaie romaine de la République (en argent, de 2 as 1/2), puis de l'Empire (en laiton, de 4 as).

SESTINE → SEXTINE.

SESTOS, colonie grecque de la Chersonèse de Thrace, en face d'Abydos.

SESTO SAN GIOVANNI, v. d'Italie, en Lombardie, dans la banlieue nord de Milan ; 96 000 hab. Centre industriel.

SESTRIÈRES, en ital. **Sestriere,** station d'été et de sports d'hiver d'Italie, dans le Piémont (prov. de Turin), près du col de Montgenèvre ; 760 hab.

SET [sɛt] n. m. (angl. *set,* de *to set,* poser). **1.** Ensemble de napperons qui remplace la nappe dans le service de table ; chacun de ces napperons. (On dit aussi SET DE TABLE.) — **2.** Dans certains sports, division d'une partie. (Syn. vieilli MANCHE.)

SÉTACÉ, E adj. (lat. *seta,* soie). Qui est en forme de soie de porc.

SÉTAIRE n. f. (lat. sc. *setaria,* du lat. class. *seta,* soie). Nom générique du *millet des oiseaux* et des graminées voisines.

SETAR n. m. Luth iranien en bois de mûrier, à caisse de résonance arrondie.

SETCH n. f. Organisation politique et militaire des cosaques Zaporogues (XVIe-XVIIIe s.).

SÈTE (34200), ch.-l. de cant. de l'Hérault ; 41 916 hab. *(Sétois).* Seul port notable du Languedoc et ville touristique entre l'étang de Thau et la Méditerranée. École d'hydrographie. Musée municipal « Paul-Valéry ». Expéditions de vins.

SETH, dieu égyptien, originaire sans doute d'Ombos. Divinité des forces violentes ou stériles de la nature, son rôle dans la légende osirienne* fit de lui un symbole des forces mauvaises.

SETH, patriarche biblique, troisième fils d'Adam, né après le meurtre d'Abel par Caïn.

SETI ou **SETHI,** nom de deux pharaons de la XIXe dynastie. — **Seti Ier** (1312-1298 av. J.-C.), fils de Ramsès Ier. Il fit bâtir à Abydos un temple comprenant sept sanctuaires. Sa tombe, dans la Vallée des Rois, est célèbre pour la beauté de ses bas-reliefs polychromes. Son fils, Ramsès II, lui succéda. — **Seti II** (1210-1205) renversa le roi Mine-ptah et épousa sa veuve.

SÉTIER n. m. (lat. *sextarius,* sixième). Ancienne mesure de capacité variable selon les régions, valant en principe 12 boisseaux en région parisienne.

SÉTIF → STIF.

SETO, v. du Japon, au N.-E. de Nagoya ; 120 800 hab. Centre de l'industrie de la porcelaine depuis le XIIIe s. Centre céramique depuis le XIIIe s. (remarquables grès).

SÉTON n. m. (lat. médiév. *seto,* latinisation de l'anc. provenç. *sedon,* de *seda,* soie de porc). *Blessure en séton,* plaie produite par un agent vulnérant qui fait trajet sous la peau entre un orifice d'entrée et un orifice de sortie.

SETO NAIKAI ou **MÉDITERRANÉE JAPONAISE** ou **MER INTÉRIEURE,** bras de mer ouvert entre l'océan Pacifique, à l'E., et le détroit de Corée, à l'O., entre les îles japonaises de Honshū, Shikoku et Kyūshū.

SETTAT, v. du Maroc, ch.-l. de prov., sur les plateaux de la haute Chaouïa ; 65 000 hab.

SETTER [setɛr] n. m. (angl. *setter,* de *to set,* arrêter). Type de chiens d'arrêt à poil long. (Le *setter anglais* est apprécié pour son odorat et sa rapidité ; le *setter irlandais,* au poil rouge acajou, lisse et lustré, est un chien résistant, aimant la chasse au marais ; le *setter Gordon* est bâti pour l'effort.)

SETTERLIND (Bo), écrivain suédois (Växjö 1923 - Stockholm 1991). Chantre de la nature (*Poèmes de Gotland,* 1963), il est un des plus grands poètes (*Voyage intérieur,* 1948 ; *Ciel étoilé,* 1984) et dramaturges (*Credo,* 1969) mystiques de son temps.

SETTONS *(lac des),* lac artificiel du Morvan, créé par le barrage de la vallée de la Cure.

SETÚBAL, port du Portugal, ch.-l. de distr., sur l'estuaire du Sado ; 83 548 hab. Église de l'anc. monastère de Jésus, entreprise par l'architecte Diogo Boitac en 1491, gothique et manuéline (musée annexe). Centre commercial et industriel.

SEUDRE (la), petit fleuve côtier de la Charente-Maritime ; 69 km. Ostréiculture sur l'estuaire.

SEUIL n. m. (lat. *solea,* de *solum,* base). **1.** Partie inférieure de la baie d'une porte, pouvant former feuillure et/ou emmarchement. — **2.** Entrée d'une maison ou zone avoisinant la porte d'entrée : *Vous ne franchirez jamais ce seuil.* — **3.** Ce qui constitue l'accès à un lieu, le début de ce lieu : *Au seuil du désert.* — **4.** Limite, point, moment au-delà desquels commence un état, se manifeste un phénomène : *Être au seuil de la vieillesse. Le seuil de la pauvreté.* • **Écon.** *Effet de seuil,* modification des réglementations auxquelles peuvent être soumises des entreprises, dès lors qu'elles ont dépassé une certaine taille et notamment un certain effectif de salariés. — **Géogr.** Lieu d'altitude intermédiaire entre des régions de reliefs contrastés, qui sert souvent à la fois de ligne de partage des eaux entre des régions de hauteurs et de passage entre des régions déprimées. — **Hydrol.** Partie peu profonde dans le lit d'un cours d'eau, située entre deux secteurs plus profonds, les mouilles. ‖ Ensemble de reliefs en surélévation et séparant deux bassins océaniques l'un de l'autre, ou isolant une dépression du fond marin le plus proche. — **Méd.** *Seuil d'élimination,* concentration à laquelle certaines substances plasmatiques sont éliminées par le rein. — **Neurol.** Niveau d'intensité du stimulus à partir duquel un phénomène physiologique est déclenché. — **Phys.** Valeur d'un paramètre dont dépend un phénomène, dit *à seuil,* au-dessous de laquelle celui-ci ne se produit pas. — **Text.** Tablette fixée sur le battant, et sur laquelle se déplace la navette du métier à tisser. (Syn. SEUILLET, VERGUETTE.)

Seuil *(Éditions du),* maison d'édition française, fondée en 1936 par Jean Bardet et Paul Flamand. Elle publie des œuvres littéraires et des ouvrages de sciences humaines et sociales dans de nombreuses collections.

SEUILLET n. m. Syn. de SEUIL.

SEUL, E adj. (lat. *solus*). **1.** Qui n'est pas en compagnie de qqn d'autre, qui se tient à l'écart des autres ; peut être renforcé par *tout : Laissez-moi (tout) seul.* — **2.** Qui est sans relation, ami, parent : *Une personne seule.* — **3.** Qui est isolé des autres : *Un village où l'on se sent un peu seul.* — **4.** Qui ne bénéficie d'aucune aide, d'aucune intervention extérieure : *Il l'a fait tout seul.*

– **5.** Unique de son espèce : *C'est la seule personne qui puisse vous aider.* – **6.** Indique l'intensité, seulement, uniquement, rien ou personne d'autre que : *Seul un miracle pourrait le sauver.* – **7.** *Être (le) seul à,* se distinguer de tous les autres dans un comportement, une action, etc. ‖ *Pas un seul,* aucun, pas le moindre. ‖ *Seul à seul,* hors la présence d'un tiers ; en tête à tête. ‖ *Un seul et même,* un individu, un objet unique sous des noms ou des aspects différents : *Votre client et mon directeur sont une seule et même personne.*

SEULEMENT adv. (de *seul*). **1.** Sans rien ou personne de plus que ceux qui sont indiqués : *Il est resté deux jours seulement.* – **2.** À l'exclusion de toute autre chose : *J'ai fait cela seulement pour lui rendre service.* – **3.** Pas avant, pas plus tôt que : *Il sera de retour seulement demain.* – **4.** Marque l'opposition, la restriction : *Je voudrais bien y aller, seulement je n'ai pas le temps.* – **5.** *Pas seulement,* pas même, même pas : *Il était là il n'y a pas seulement cinq minutes.* ‖ *Si seulement, pourvu seulement que,* si du moins, pourvu du moins que.

SEULET, ETTE adj. (de *seul*). *Fam.* ou *Litt.* Seul (surtout au fém.) : *Une âme seulette.*

SEURAT (Georges), peintre français (Paris 1859 - *id.* 1891). Plus que les cours de l'E. N. S. B. A., la lecture de l'ouvrage de Chevreul sur les couleurs ainsi que d'ouvrages d'optique, l'étude de Delacroix et la fréquentation de l'atelier de Puvis de Chavannes déterminent ses recherches, qui débouchent sur le néo-impressionnisme*. Il soumet la composition (qu'elle soit hiératique ou animée d'obliques et de courbes) et la technique picturales à une organisation systématique ; les couleurs sont employées sans mélange ni trituration, mais par juxtaposition des touches, qui se synthétisent optiquement dans la rétine du spectateur. Ses toiles les plus élaborées sont *Une baignade à Asnières* (1884, Nat. Gal., Londres), *Un dimanche* après-midi à la Grande Jatte, les Poseuses* (1887-88, fondation Barnes [petite version dans une coll. priv.]), *la Parade* (1887-88, Metropolitan Museum, New York), *le Chahut* (1890, musée Kröller-Müller), *le Cirque* (inachevé, musée d'Orsay). Ses dessins au crayon Conté atteignent, dans leurs effets saisissants d'ombre et de lumière, une rigeur dépouillée dont on a pu trouver l'équivalent dans la poésie de Mallarmé. Les problèmes soulevés et les solutions apportées par l'œuvre de Seurat ont eu une importance certaine pour l'élaboration du cubisme, du futurisme et de diverses formes du constructivisme.

SEURRE (21250), ch.-l. de cant. de la Côte-d'Or, sur la Saône ; 2 819 hab. *(Seurrois).* Église du XIVe s., château classique. Écomusée de la Saône. Composants électroniques.

SEVAN *(lac),* lac d'Arménie, dans une cuvette à 2 000 m d'altitude ; 1 416 km². Aménagement hydroélectrique.

SÈVE n. f. (lat. *sapa,* vin cuit). **1.** Liquide nourricier qui circule dans les diverses parties des végétaux. (→ *encycl.*) – **2.** *Litt.* Ce qui donne la force, la vigueur, la vitalité : *Être plein de sève et de jeunesse.* – **3.** Qualité de certains vins, où interviennent la délicatesse du goût, l'arôme et le bouquet.

ENCYCL. **Bot.** On appelle *sève brute* le liquide, contenant surtout des ions minéraux, qui monte des racines vers les feuilles, les bourgeons, les fleurs, circulant dans les vaisseaux du bois. Cette montée résulte de forces liées à la transpiration des feuilles, aux phénomènes d'osmose et à la capillarité. Au niveau des feuilles, la sève perd de l'eau par transpiration, et s'enrichit en substances organiques (sucres, amino-acides, amides), produites par la photosynthèse. Elle devient ainsi la *sève élaborée,* qui circule lentement dans les tubes criblés du liber pour alimenter les parties actives de la plante.

SEVENTIES [sevɛntiz] n. f. pl. (angl. *seventy,* soixante-dix). *Fam.* Les années 1970 : *La mode des seventies.*

SÉVERAC (Déodat DE), compositeur français (Saint-Félix-de-Caraman 1872 - Céret 1921). Il a composé des œuvres inspirées par le Roussillon, notamment des pièces pour piano souvent groupées en recueils : *le Chant de la terre* (1901), *En Languedoc* (1904), *Baigneuses au soleil* (1908), *Cerdaña* (1908-1911).

SÉVÉRAC-LE-CHÂTEAU (12150), ch.-l. de cant. de l'Aveyron, au pied du causse homonyme ; 2 521 hab. *(Séveraguais* ou *Séveragais).* Restes d'un château médiéval rebâti au début du XVIIe s. ; vieilles maisons.

SÉVÈRE adj. (lat. *severus*). **1.** Qui est dépourvu d'indulgence, qui n'hésite pas à sanctionner : *Des parents sévères.* – **2.** Se dit d'un règlement, d'une loi, d'un système, qui sont très rigoureux, très stricts : *Une morale sévère.* – **3.** Qui sanctionne, punit lourdement : *Un verdict sévère.* – **4.** Qui juge, critique : *Vous êtes trop sévère pour l'auteur de ce film.* – **5.** Dont l'aspect extérieur exprime la gravité, l'austérité : *Un magistrat au visage sévère.* – **6.** Qui se caractérise par l'absence de fantaisie et d'ornements : *Une architecture sévère.* – **7.** Se dit d'une maladie, d'une infirmité qui est grave, par oppos. à *bénin, léger* : *Une forme sévère de pneumonie.* – **8.** (d'après l'angl. *severe*) Indique un haut niveau dans qqch de pénible, de grave : *Subir une sévère défaite.* – **9.** *Style sévère,* style artistique de la Grèce antique qui s'épanouit durant le premier quart du ve s. av. J.-C. (Il est marqué, en céramique, par l'apparition des figures rouges et la fermeté du graphisme, et, en sculpture, par l'équilibre des proportions et l'attitude réservée des personnages.)

SÉVÈRE, en lat. **Flavius Valerius Severus** (en Illyrie - Rome 307), empereur romain (306-307). César à l'abdication de Dioclétien (305), il devint Auguste à la mort de Constance Ier Chlore (306). Il fut vaincu et tué par Maxence.

SÉVÈRE, en lat. **Libius Severus** (en Lucanie - Rome 465), empereur romain d'Occident (461-465), désigné par Ricimer pour succéder à Majorien.

SÉVÈRE ALEXANDRE, en lat. **Marcus Aurelius Severus Alexander** (Arca Caesarea, Phénicie, 205 ou 208 - Germanie 235), empereur romain (222-235). Il succéda à son cousin Élagabal, qui l'avait adopté. Il fut conseillé par des jurisconsultes, dont Ulpien. Il écarta la menace perse (232), combattit ensuite les Germains (234), mais fut tué dans une sédition militaire conduite par l'officier thrace Maximin.

SÉVEREAU n. m. Syn. de CHINCHARD.

SÉVÈREMENT adv. 1. D'une manière sévère, dure, rigoureuse. — 2. D'une manière sérieuse, dangereuse, inquiétante : *Un boxeur sévèrement touché.*

SÉVÈRES (les), dynastie romaine (193-235), qui compta les empereurs Septime Sévère, Caracalla, Geta, Élagabal et Sévère Alexandre.

SÉVERIN († Rome 640), pape (28 mai-2 août 640).

SÉVERIN (Séverin CAFFERRA, dit), mime français (Ajaccio 1863 - Sauveterre 1930). Il fut l'un des plus grands Pierrots du début du XXe s., d'abord à Marseille, puis à Paris.

SÉVERIN (Fernand), poète belge d'expression française (Grand-Manil, prov. de Namur, 1867 - Gand 1931). Il se distingua par la pureté classique de son inspiration et de sa forme dans le renouveau littéraire belge de 1880 (*le Lys,* 1888 ; *la Source au fond des bois,* 1924).

SÉVERINE (Caroline RÉMY, Mme GUEBHARD, dite), femme de lettres française (Paris 1855 - Pierrefonds 1929). Secrétaire de Jules Vallès, elle collabora avec lui, puis dirigea *le Cri du peuple* après sa mort. Elle marqua de son tempérament anarchiste ses ouvrages (*Pages rouges,* 1893 ; *Notes d'une frondeuse,* 1894).

SEVERINI (Gino), peintre italien (Cortona 1883 - Paris 1966). Adepte du divisionnisme, il s'installa en 1906 à Paris, où il devint le principal représentant du futurisme (*Hiéroglyphe dynamique du bal Tabarin,* 1912, musée d'Art moderne, New York), également attiré par le cubisme. Dans les années 20 et 30, il fit retour à un certain classicisme.

SÉVÉRITÉ n. f. (lat. *severitas*). 1. Manière d'agir de qqn qui est sévère, sans indulgence : *Traiter ses subordonnés avec sévérité.* — 2. *Litt.* Caractère de qqn dont l'attitude, le comportement sont empreints de gravité, de sérieux : *La sévérité de sa personne en impose.* — 3. Caractère de ce qui est dépourvu d'ornements, très sobre : *Une architecture d'une grande sévérité.* — 4. Caractère de ce qui est grave, dangereux : *La sévérité du mal nous surprit tous.*

SEVERN (la), riv. de Grande-Bretagne, qui naît dans le centre du pays de Galles, traverse Gloucester et se termine par un long estuaire que prolonge le canal de Bristol ; 290 km.

SEVERN (la), fl. du Canada (Ontario), tributaire de la baie d'Hudson ; 980 km env.

SEVERNAÏA ZEMLIA (« Terre du Nord »), archipel arctique de la Russie, situé au N. de la presqu'île de Taïmyr, entre 78° et 82° de latitude Nord ; 37 000 km^{2} env. Cet archipel sépare la mer de Kara de la mer des Laptev. Les îles les plus septentrionales sont presque entièrement couvertes par une carapace de glace.

SEVERODONETSK, v. d'Ukraine, dans le Donbass ; 113 000 hab. Centre industriel.

SEVERODVINSK, v. de Russie, à l'O. d'Arkhangelsk, sur le lac Blanc ; 249 000 hab. Construction automobile. Travail du bois. Confection. Industries alimentaires.

SEVESO, v. d'Italie, en Lombardie, au N. de Milan ; 17 500 hab. En juill. 1976, un incident dans une usine chimique y entraîna une pollution importante par de la Dioxine.

SÉVICES n. m. pl. (lat. *saevitia,* violence, de *saevus,* cruel). Mauvais traitements exercés sur qqn qu'on a sous son autorité ou sous sa responsabilité : *Exercer des sévices sur des prisonniers.*

SÉVIGNÉ (Marie DE RABUTIN-CHANTAL, *marquise* DE), femme de lettres française (Paris 1626 - Grignan 1696). Orpheline très jeune, elle est placée sous la protection de ses deux oncles, Philippe et Christophe de Coulanges. En 1644, elle épouse le marquis de Sévigné, qui meurt au cours d'un duel en 1651. Veuve avec deux enfants, Françoise-Marguerite et Charles, elle mène à Paris, à l'hôtel Carnavalet, ou aux Rochers, en Bretagne, une vie paisible, vouée à l'éducation de ses enfants mais aussi à l'étude et aux salons précieux. Outre des lettres adressées à ses amis (le marquis de Pomponne, Bussy-Rabutin, Mme de La Fayette, les Coulanges), on lui doit une longue correspondance avec sa fille, Mme de Grignan, qui a suivi en 1671 son mari, lieutenant général en Provence. Gaie, spirituelle, tendre, Mme de Sévigné mêle les mondanités, les confidences, les plaisanteries, les anecdotes sur la vie à Versailles et les jugements littéraires. Écrites dans le style brillant du langage parlé, ses *lettres* forment un témoignagne pittoresque sur les mœurs du temps.

SÉVILLAN, E adj. et n. De Séville.

SÉVILLE, en esp. **Sevilla,** v. d'Espagne, sur le Guadalquivir, capitale de l'Andalousie et quatrième ville d'Espagne ; 683 028 hab.
– **Géogr.** Centre administratif, commercial et touristique, avec quelques industries (agroalimentaire, constructions mécaniques, etc.).
– **Hist.** Ancienne ville ibérique, *Hispalis* est prise en 205 et 43 av. J.-C. par des troupes romaines, et prospère sous l'Empire. Sous les Wisigoths, elle est l'un des centres intellectuels de l'Occident, avec les évêques Léandre et Isidore. Assujettie par les Omeyyades au royaume de Cordoue, elle est ensuite capitale du royaume des 'Abbādides. Reprise par Ferdinand III (1248), elle devient un port animé par la présence de colonies de commerçants génois, catalans et flamands, puis la charnière entre la Méditerranée et l'Atlantique. Après la découverte de l'Amérique (1492), Séville bénéficie du monopole du commerce centralisé par sa *Casa* de Contratación.* Les sièges épiscopaux créés en Amérique dépendent de l'archevêque de Séville, qui devient patriarche. La décadence s'amorce à la fin du XVIIe s. et se précise au XVIIIe avec le transfert à l'avant-port de Cadix de la *Casa de Contratación* (1717).
– **Bx-arts.** Le musée archéologique est riche en pièces romaines provenant d'*Itálica.* Des constructions de la Séville islamique, il reste peu (Torre del Oro ; éléments intégrés à la cathédrale, entreprise en 1401, dont l'anc. minaret [XIIe s.], surélevé, dit *la Giralda*), mais les monuments mudéjars sont remarquables : Alcázar aux décors inspirés de l'Alhambra de Grenade (XIVe s., très restauré), Casa de Pilatos, églises. Monuments de la première Renaissance (grande sacristie de la cathédrale), classiques (Lonja, 2e moitié du XVIe s.) et baroques : œuvres de L. de Figueroa, comme l'hôpital des Venerables Sacerdotes ou le collège de S. Telmo. Cathédrale, églises et musée des Beaux-Arts (dans l'anc. couvent de La Merced) témoignent de l'éclat des écoles sévillanes de sculpture (Mártinez Montañés) et de peinture (Roelas, les Herrera, Zurbarán, Murillo, Valdés Leal, etc.). Des pavillons, des jardins et des ponts audacieux (sur le Guadalquivir) ont été réalisés pour l'Exposition universelle de 1992.

SÉVIR v. t. ind. (lat. *saevire,* être en fureur) [conj. **32**]. Agir avec rigueur, sévérité contre qqn, qqch : *Le gouvernement est décidé à sévir contre la fraude.*
◆ v. i. **1.** Se manifester avec force, causer des ravages : *La sécheresse a sévi en certaines régions d'Afrique.* – **2.** Être malheureusement en usage et avoir des effets nuisibles : *Cette doctrine sévit encore dans les milieux économiques.* – **3.** Avoir une action, une influence, nuisible, dangereuse, ou exercer une autorité pénible qqpart : *Cet incapable ne sévira pas longtemps à la tête de ce service.*

SEVKET (Mahmud), général et homme d'État ottoman (Bagdad 1856 - Istanbul 1913). Gouverneur du vilayet de Kosovo (Serbie), il joua un rôle de premier plan lors de la déposition d'Abdülhamid. Ministre de la Guerre, il dut se retirer après les défaites turques en Tripolitaine.

SEVRAGE n. m. **1.** Cessation de l'alimentation lactée chez l'enfant, le petit animal. – **2.** Action de sevrer qqn de qqch : *Un sevrage progressif du tabac.* – **3.** Ensemble des symptômes caractéristiques de l'état de manque. (On dit aussi SYNDROME DE SEVRAGE.)

SEVRAN (93270), ch.-l. de cant. de la Seine-Saint-Denis, banlieue N.-E. de Paris ; 48 564 hab. *(Sevranais).* Industrie photographique. Parc forestier.

SÈVRE NANTAISE, riv. du Poitou et du pays nantais, affl. de la Loire (r. g.), rejointe à Nantes ; 126 km.

SÈVRE NIORTAISE, fl. côtier du Poitou ; 150 km. Elle passe à Niort et s'achève dans l'anse de l'Aiguillon.

SEVRER v. t. (bas lat. *seperare,* séparer) [conj. **19**]. **1.** Cesser l'allaitement d'un enfant ou d'un petit animal pour lui donner une alimentation plus solide. – **2.** Désaccoutumer qqn de qqch, en partic. d'une drogue. – **3.** Priver qqn d'un plaisir : *On l'avait sevré de ses lectures préférées.* – **4.** Séparer une marcotte du pied mère après qu'elle a pris racine.

SÈVRES n. m. Porcelaine fabriquée à la Manufacture de Sèvres.

SÈVRES (92310), ch.-l. de cant. des Hauts-de-Seine, sur la Seine, banlieue S.-O. de Paris ; 22 057 hab. *(Sévriens).* Pavillon de Breteuil, siège du Bureau international des poids et mesures. Manufacture nationale (v. art. suiv.). Musée national de céramique. École nationale supérieure de céramique. Lycée international. Constructions mécaniques.

Sèvres *(Manufacture royale, impériale,* puis *nationale de).* En 1756, la fabrique royale de porcelaine tendre de Vincennes, transférée à Sèvres, devint la Manufacture de Sèvres. Elle prit un grand essor grâce aux talents de nombreux artistes : l'orfèvre Duplessis, les sculpteurs Falconet, Boizot, de nombreux peintres. Parallèlement à la porcelaine dure, la porcelaine tendre (vogue des fonds de couleur) y fut fabriquée jusqu'en 1800. Au début du XIXe s., sous la direction de Brongniart*, la maîtrise progressive des couleurs et de l'or développa le décor pictural. Dans la seconde moitié du XIXe s. s'y ajoutèrent de nouvelles techniques : pâtes d'application ou « pâte sur pâte » et « flammés ». La Manufacture fait appel à des artistes contemporains comme César, Lalanne, Savin, et Hadju, Mathieu, Poliakoff, Zao Wou-ki, etc.

Sèvres *(musée national de Céramique de),* musée fondé en 1823 par Brongniart* et transféré à son emplacement actuel en 1876.

Sèvres *(traité de)* [10 août 1920], traité signé entre les Alliés et l'Empire ottoman. Il consacrait, après la Première Guerre mondiale, la défaite de ce dernier qui perdait les quatre cinquièmes de ses anciens territoires. Le traité fut révisé en 1923 par le traité de Lausanne.

SÈVRES (Deux-) [79], dép. de la Région Poitou-Charentes ; ch.-l. de dép. *Niort ;* ch.-l. d'arrond. *Bressuire, Parthenay ;* 3 arrond. ; 33 cant. ; 307 comm. ; 5 999 km² ; 345 965 hab. *(Deux-Sévriens).* Le dép. appartient à l'académie et à la cour d'appel de Poitiers, à la région militaire Atlantique.
La moitié nord, appartenant en majeure partie au Massif armoricain, est une région surtout bocagère, vouée à l'élevage bovin pour la viande et les produits laitiers ; elle s'oppose à la partie méridionale, formée de plaines calcaires, découvertes, consacrées surtout aux céréales. L'industrie est seulement représentée par quelques usines alimentaires et textiles, par des constructions mécaniques et, localement (à Niort, seule ville importante), par le travail du bois et du cuir.

SÉVRIENNE n. f. *Anc.* Élève ou ancienne élève de l'École normale supérieure de jeunes filles (installée à *Sèvres* à l'origine, puis à Paris, et fusionnée en 1985 avec l'École normale supérieure de la rue d'Ulm).

SEWAMONO [sewa-] n. m. (mot jap.) Drame japonais à sujet bourgeois.

SEWARD *(péninsule),* péninsule de l'ouest de l'Alaska, sur le détroit de Béring. V. princ. *Nome,* sur la côte sud.

SEXAGE n. m. (de *sexe*). Détermination du sexe des jeunes animaux dès leur naissance, en partic. dans les élevages industriels de poussins.

SEXAGÉNAIRE adj. et n. (lat. *sexagenarius*). Qui a eu soixante ans.

SEXAGÉSIMAL, E, AUX adj. (lat. *sexagesimus,* soixantième). Se dit de la numération dont la base est égale à 60.

SEXAGÉSIME n. f. (lat. ecclés. *sexagesima dies,* soixantième jour). Dimanche qui, avant la réforme liturgique de 1969, suivait celui de la septuagésime.

SEX-APPEAL [sɛksapil] n. m. (pl. *sex-appeals*) [amér. *sex-appeal,* de *sex,* sexe, et *appeal,* appel]. Charme sensuel qui émane de qqn, d'une femme en partic., et qui provoque le désir.

S. Exc., abrév. de Son Excellence (évêque).

SEXE n. m. (lat. *sexus*). **1.** Caractère physique permanent de l'individu humain, animal ou végétal, permettant de distinguer, dans chaque espèce, des individus mâles et des individus femelles ; ensemble de ces individus mâles ou femelles. (→ *encycl.*) — **2.** Les organes sexuels, la verge chez l'homme, la vulve et le vagin chez la femme. — **3.** La sexualité : *Un roman dont le succès est bâti sur le sexe.* — **4.** *Le sexe faible, le beau sexe, le sexe,* les femmes. ‖ *Le sexe fort,* les hommes. • **Biol.** *Sexe chromatinien,* manifestation du dimorphisme sexuel, décelable dans tous les tissus de l'organisme et caractérisé par l'existence d'un granule spécial de chromatine, le corpuscule de Barr, dans le noyau des cellules. ‖ *Sexe génétique* ou *chromosomique,* sexe réel de l'individu, déterminé dès la fécondation par son caryotype. ‖ *Sexe gonadique,* ensemble des caractères déterminés par les fonctions des glandes sexuelles et qui peut être différent du sexe génétique. (La différence entre sexe gonadique et sexe génétique est soit pathologique, soit expérimentale.) — **Génét.** *Hérédité liée au sexe,* mode de transmission héréditaire des gènes situés sur le chromosome X pour les espèces où le sexe hétérogamétique est le sexe mâle (XY mâle ; XX femelle). [→ *encycl.*]

ENCYCL. **Biol.** Le sexe d'un individu est l'expression du rôle particulier qu'il joue dans la reproduction de l'espèce. La formation de la cellule fécondable, peu mobile, disposant de réserves alimentaires importantes, et que l'on nomme ovocyte ou ovotide chez l'animal, oosphère chez le végétal, est le fait de l'individu femelle dans toutes les espèces. En revanche, c'est seulement chez certaines espèces (animaux vivipares, plantes supérieures à graines) que la femelle héberge, protège et nourrit l'œuf fécondé, pour expulser finalement un jeune individu viable (« petit » chez les animaux, graine chez les spermaphytes). Enfin, le fait d'allaiter le jeune n'appartient qu'aux femelles de la classe des mammifères.
Quant au mâle, il forme des cellules fécondantes nombreuses, très mobiles, dépourvues de réserves, les spermatozoïdes, aussi bien chez les plantes que chez les animaux ; chez les plantes supérieures, toutefois, ce sont les grains de pollen, d'où naîtront plus tard les spermatozoïdes, qui sont répandus par les organes mâles. Ce

SEXE

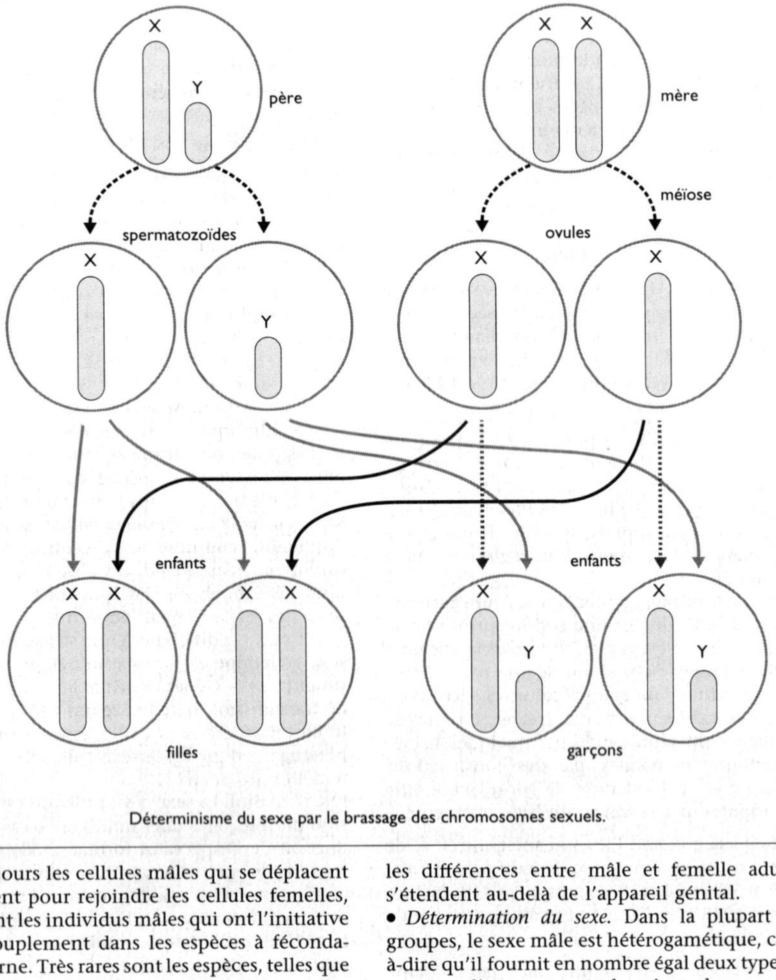

Déterminisme du sexe par le brassage des chromosomes sexuels.

sont toujours les cellules mâles qui se déplacent activement pour rejoindre les cellules femelles, et souvent les individus mâles qui ont l'initiative de l'accouplement dans les espèces à fécondation interne. Très rares sont les espèces, telles que l'hippocampe ou le rhinoderme, chez lesquelles le mâle assure l'incubation. Mais, chez de nombreuses espèces, le mâle prend sa part du soin des jeunes.

Cas particuliers : il y a isogamie lorsque les deux gamètes sont identiques (mucor, algue *mougeotia*) ; il y a intersexualité lorsque l'individu change de sexe au cours de sa vie (crépidule) ; il y a hermaphrodisme lorsqu'un même individu porte des organes féconds des deux sexes (escargot, la plupart des plantes à fleurs) ; il y a parthénogenèse en cas de reproduction par la femelle seule, sans fécondation (phasme, pucerons) ; enfin il y a dimorphisme sexuel lorsque les différences entre mâle et femelle adultes s'étendent au-delà de l'appareil génital.

• *Détermination du sexe.* Dans la plupart des groupes, le sexe mâle est hétérogamétique, c'est-à-dire qu'il fournit en nombre égal deux types de gamètes, l'un contenant le même chromosome (X) que la femelle, l'autre un chromosome différent (Y). L'union X + X donne alors une femelle, l'union X + Y un mâle. Chez les oiseaux et les reptiles, c'est la femelle qui forme deux types de gamètes.

— **Génét.** On connaît chez l'homme près de 250 gènes portés par le chromosome X. Ces gènes contrôlent, pour la majorité, des caractères dits autosomiques car ils n'ont rien à voir avec le développement sexuel. *L'hérédité liée au sexe* obéit à des lois particulières, l'homme étant porteur d'un seul X et la femme de deux X. Une maladie liée au sexe, telle que l'hémophilie ou le daltonisme, est transmise aux hommes par des femmes, hétérozygotes ou conductrices, non atteintes. Une femme conductrice transmet ce gène anormal à la moitié de ses fils, qui sont donc atteints, l'autre moitié étant indemnes eux et leur descendance, ainsi qu'à la moitié de ses filles, qui deviennent elles-mêmes conductrices, l'autre moitié des filles étant saines, elles et leur descendance. Le chromosome Y est un cas très particulier. On connaît, en effet, encore très mal quels sont les gènes dont il est porteur.

SEXENNAL, E, AUX adj. Qui a une durée de six ans : *Plan sexennal.*

SEXEUR, EUSE n. Personne qui pratique le sexage.

SEXISME n. m. Attitude discriminatoire fondée sur le sexe.

SEXISTE adj. et n. Relatif au sexisme ; partisan du sexisme.

SEXOLOGIE n. f. Étude des problèmes relatifs à la sexualité et à ses troubles dans leurs différents aspects.

ENCYCL. La reconnaissance par S. Freud de la sexualité infantile détache la fonction sexuelle de la stricte procréation et déplace, parallèlement, l'intérêt du biologique vers le fantasmatique qui sous-tend la sexualité. Le concept de libido témoigne du rôle primordial que Freud accorde à la sexualité dans la vie psychique. La sexologie naît après la Seconde Guerre mondiale et s'inspire d'une approche biologique expérimentale et statistique du comportement sexuel. Ces études (enquêtes de Kinsey, travaux de W. Masters et V. Johnson) ont pour principal effet la diffusion de normes concernant les réalisations sexuelles. La sexualité s'est individualisée comme objet d'étude autonome et a ses propres spécialistes : sexologues et sexothérapeutes. Cependant, bien que pluridisciplinaire, la sexologie tend à s'orienter vers la thérapeutique et à être appréhendée uniquement sous l'angle du médical dans une approche psychosomatique.

SEXOLOGUE n. Spécialiste de la sexologie.

SEXOTHÉRAPIE n. f. Ensemble des thérapeutiques des troubles de la sexualité.

SEXPARTITE adj. (lat. *sex,* six, et *partitus,* de *partire,* diviser en parties). Se dit d'une voûte sur croisée d'ogives composée de six quartiers et reposant sur quatre piles maîtresses plus deux piles intermédiaires.

SEX-RATIO [seksrasjo] n. f. (angl. *sex-ratio,* de *sex,* sexe, et *ratio,* rapport). Rapport des proportions des sexes à la naissance. (En France, la sex-ratio est de 105 ou 106 garçons pour 100 filles.)

SEX-SHOP [sɛksʃɔp] n. m. (pl. *sex-shops*) [angl. *sex-shop,* de *sex,* sexe, et *shop,* boutique]. Boutique spécialisée dans la vente de livres, de films, de revues pornographiques, d'aphrodisiaques, etc.

SEX-SYMBOL [sɛkssɛ̃bɔl] n. m. (pl. *sex-symbols*). Vedette qui symbolise l'idéal masculin ou féminin sur le plan de la sensualité, de la sexualité.

SEXTANT n. m. (lat. *sextans, -antis,* le sixième). Instrument muni d'un secteur gradué de 60° (sixième partie de la circonférence), qui permet de mesurer la hauteur des astres à partir d'un navire, malgré l'instabilité de l'observateur.

SEXTANT (en lat. *Sextans, -tis*), petite constellation équatoriale, au S. du lion, introduite au XVIIᵉ s. par Hevelius.

SEXTE n. f. Une des heures du bréviaire romain, qui doit être récitée vers midi.

SEXTIDI n. m. (lat. *sextus,* sixième, et *dies,* jour). Dans le calendrier républicain, sixième jour de la décade.

SEXTIL n. m. (lat. *sexta hora,* sixième heure). Configuration astrologique présentée par deux astres dont l'écart angulaire dans le ciel est de 60°.

SEXTILLION n. m. (lat. *sextus,* sixième, d'apr. *million*). Un million de quintillions, soit 10^{36}.

SEXTINE, SESTINE ou **SIXTINE** n. f. (lat. *sextus,* sixième). Poème à forme fixe, imaginé au XIIIᵉ s. par le troubadour provençal Arnaut Daniel. (La sextine comprend six strophes de six vers et une demi-strophe de trois vers. Les mots à la rime sont les mêmes pour toutes les strophes, mais se présentent sans cesse dans un ordre différent.)

SEXTO adv. (lat. *sexto loco,* en sixième lieu). Sixièmement. (Désigne le sixième objet d'une série commençant par *primo.*)

SEXTOLET n. m. (lat. *sextus,* d'apr. *triolet*). Division en 6 notes égales d'un temps dans une mesure binaire.

SEXTUOR n. m. (lat. *sex,* six, d'apr. *quatuor*). **1.** Ensemble vocal ou instrumental de six exécutants. — **2.** Composition pour six voix ou six instruments.

SEXTUPLE adj. (lat. *sextuplus,* de *sextus,* sixième). **1.** Qui est égal à six fois une quantité donnée : *Une récolte sextuple de la précédente.* — **2.** Qui est répété six fois.

◆ n. m. Quantité équivalant à six fois une autre : *Gagner le sextuple de sa mise.*

SEXTUPLER v. t. (conj. 3). Porter au sextuple, rendre six fois plus grand.

◆ v. i. Être multiplié par six : *En cent ans, la population a sextuplé.*

SEXTUPLÉS, ÉES n. pl. Six enfants issus d'une même grossesse.

SEXTUS Empiricus, en gr. **Sekstos ho Empeirikos,** philosophe, médecin et astronome grec (IIe-IIIe s. apr. J.-C.). Il est partisan de l'observation et de l'analyse expérimentale dans la pathologie, et a poursuivi l'œuvre de Pyrrhon entreprise au sein de l'école sceptique.

SEXUALISATION n. f. **1.** Action de sexualiser ; fait d'être sexualisé. – **2.** Apparition, au cours du développement d'un individu, des traits caractéristiques de l'un des deux sexes.

SEXUALISER v. t. (conj. **3**). Marquer de sexualité : *La tendance à sexualiser la publicité.*

SEXUALITÉ n. f. **1.** Ensemble des phénomènes sexuels ou liés au sexe, que l'on peut observer dans le monde vivant. (→ *encycl.*) – **2.** Ensemble des diverses modalités de la satisfaction sexuelle.

ENCYCL. **Biol.** Le gonochorisme, ou séparation des sexes, est le propre des espèces où mâle et femelle adultes diffèrent par les *caractères sexuels primaires,* portant sur les organes directement liés à la production, à l'émission et à l'échange des gamètes, et par les *caractères sexuels secondaires,* portant sur d'autres parties du corps (seins, barbe, « parure de noce » temporaire, etc.).

La différence entre les deux sexes varie de zéro (isogamie) à des extrêmes tels que les mâles nains de certains poissons, les femelles sans ailes de certains insectes.

SEXUATION n. f. Ensemble des phénomènes d'ordre biologique ou symboliques qui conduisent un sujet à se reconnaître comme appartenant à l'un ou l'autre sexe.

SEXUÉ, E adj. (de *sexe*). **1.** Qui possède l'un des deux sexes et ne peut se reproduire sans le concours de l'autre sexe. – **2.** Se dit d'une différence de comportement entre individus mâle et femelle d'une même espèce en dehors des conduites sexuelles. – **3.** *Reproduction sexuée,* reproduction impliquant le concours de deux individus, ou tout au moins de deux organes sexuels opposés, fournissant des gamètes qui s'unissent (fécondation).

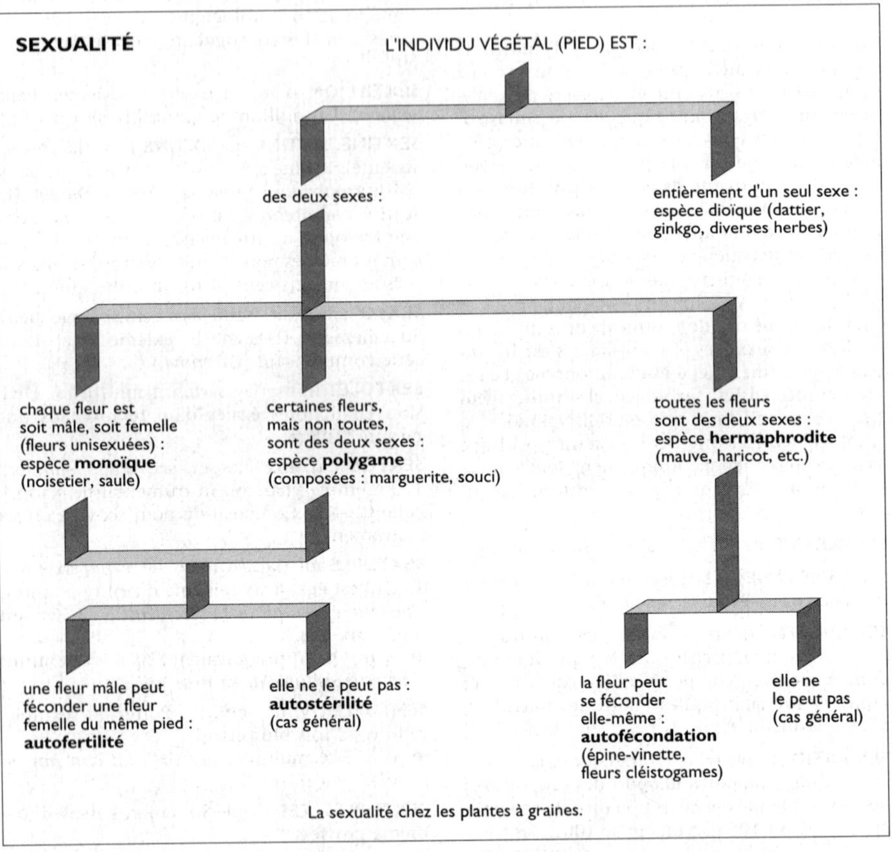

La sexualité chez les plantes à graines.

SEXUEL, ELLE adj. (bas lat. *sexualis*). **1.** Relatif au sexe, à la différence biologique entre mâle et femelle : *Parties sexuelles.* — **2.** Qui relève de la sexualité : *Pratiques sexuelles.* — **3.** Qui concerne la reproduction sexuée. — **4.** *Acte sexuel,* copulation, coït. ‖ *Appareil sexuel,* autre nom de l'appareil génito-urinaire. ‖ *Comportement sexuel,* ensemble des conduites qui, à l'intérieur d'une espèce, aboutissent à l'accouplement et à la reproduction. (→ *encycl.*) ‖ *Organes sexuels,* la verge chez le mâle, la vulve et le vagin chez la femelle.

ENCYCL. **Neurol.** Le *comportement sexuel* est un comportement élaboré. Les conduites de base, pour l'essentiel, sont contrôlées par des mécanismes hypothalamiques ; la modulation de ce comportement, dont la variété est maximale chez l'homme, est opérée par le système limbique. Chez l'homme, il existe une inhibition des conduites sexuelles exercée par le cerveau grâce à l'apprentissage. Celle-ci peut être annulée par des lésions du lobe frontal.

SEXUELLEMENT adv. **1.** Du point de vue sexuel. — **2.** *Maladie sexuellement transmissible (M. S. T.),* maladie pouvant être transmise au cours d'un rapport sexuel. (Ce terme tend à remplacer celui de MALADIE VÉNÉRIENNE.) [→ *encycl.*]

ENCYCL. **Méd.** Les M. S. T. comprennent non seulement les maladies vénériennes (syphilis, gonococcie[s], chancre mou, maladie de Nicolas-Favre [à déclaration obligatoire]) contractées et transmises par contact sexuel, mais aussi de nombreuses autres affections : candidoses génito-urinaires, urétrites à germes divers et, plus spécialement, à chlamydiae et à mycoplasmes, trichomonase, herpès, condylomes acuminés, mononucléose infectieuse, hépatite virale B, sida.

SEXUPARE adj. (lat. *sexus,* sexe). Se dit des pucerons qui ne diffèrent des générations parthénogénétiques, ou *virginipares,* qui les précèdent qu'en ce qu'ils donnent naissance à des individus sexués.

SEXY adj. inv. (angl. *sexy*). *Fam.* Qui a un charme attirant et aguichant, qui a du sex-appeal.

SEYANT, E adj. (de *seoir*). Qui convient, va bien à qqn, à son physique : *Une robe seyante.*

SEYBOUSE *(oued),* oued de l'Algérie orientale ; 225 km.

SEYCHELLES *(les),* État insulaire de l'océan Indien, au N.-E. de Madagascar ; 410 km^2 ; 74 000 hab. *(Seychellois).* CAP. *Victoria* (île Mahé). LANGUES : *créole, français* et *anglais.* MONNAIE : *roupie des Seychelles.*

Géographie. L'archipel comprend une trentaine d'îles granitiques et une soixantaine d'îlots coralliens émergeant au-dessus d'un vaste banc sous-marin de faible profondeur. Mahé est l'île la plus étendue et la plus peuplée. Le climat est chaud, saisonnièrement humide. Le tourisme représente aujourd'hui la ressource principale, devant les activités traditionnelles : pêche (conserveries) et agriculture (thé, vanille, coprah, cannelle).

Histoire. Des navigateurs arabes s'arrêtèrent sûrement dans cet archipel avant sa découverte en 1502 par les Portugais. Il fut occupé à partir de 1756 par les Français. Il passa sous le contrôle des Britanniques en 1814. D'abord dépendant de l'île Maurice, puis colonie de la Couronne à partir de 1903, l'archipel obtint son autonomie en 1970 et devint indépendant, dans le cadre du Commonwealth, en 1976. Il est dirigé par France Albert René (d'abord Premier ministre et, depuis 1977, président de la République).

SEYCHES (47350), ch.-l. de cant. de Lot-et-Garonne ; 1 030 hab.

Seyfert *(galaxies de),* catégorie de galaxies spirales à noyau actif, ainsi appelées du nom de l'astrophysicien Carl K. Seyfert (1911-1960), qui, le premier, les étudia en 1943. Elles semblent représenter une phase d'activité de la vie d'une galaxie, intermédiaire entre les galaxies normales et les quasars*.

SEYHAN, fl. du sud-est de la Turquie, qui atteint la Méditerranée près de Mersin ; 500 km env. Barrage (électricité et irrigation) près d'Adana.

SEYMOUR (Edward), comte **de Hertford** et 1er duc **de Somerset** (3e création), Protecteur d'Angleterre (v. 1500 - Londres 1552), frère aîné de Jeanne Seymour. Le mariage de sa sœur avec Henri VIII assure sa fortune. Nommé Protecteur (régent) par le Conseil de régence (1547), il consolide la Réforme protestante, et s'efforce de soulager les classes populaires, appauvries par la crise financière du XVIe s. Mais il échoue dans ses propositions d'entente avec l'Écosse et doit faire face à la révolte des catholiques de Cornouailles et des paysans du Norfolk (1549). Son rival Dudley en profite pour le renverser. Emprisonné (1551), il est condamné à mort et exécuté.

SEYMOUR (Jeanne) → JEANNE SEYMOUR.

SEYMOURIAMORPHE [se-] n. m. (de lord *Seymour,* n. pr.). Nom d'un sous-ordre de vertébrés fossiles du permien du Texas, intermédiaires entre les amphibiens et les reptiles.

SEYNE ou **SEYNE-LES-ALPES** (04140), ch.-l. de cant. des Alpes-de-Haute-Provence, dans le sud du Gapençais ; 1 229 hab. *(Seynois).* Anc. citadelle. Belle église romane. Centre de séjour et sports d'hiver.

SEYNE-SUR-MER (La) [83500], ch.-l. de cant. du Var, banlieue de Toulon, sur la rade de Toulon ; 60 567 hab. *(Seynois).*

SEYNOD (74600), ch.-l. de cant. de la Haute-Savoie, banlieue S.-O. d'Annecy ; 14 837 hab. *(Seynodiens).* Fromagerie.

SEYSSAUD (René), peintre français (Marseille 1867 - Saint-Chamas 1952). Régulièrement exposées dans les salons parisiens à partir de 1892, les toiles de ce Provençal annoncent le fauvisme par l'intensité du coloris, la largeur de la touche, tout en restant fidèles au spectacle de la nature.

SEYSSEL n. m. Vin blanc de Savoie, au bouquet caractéristique de violette, récolté dans les communes de Seyssel.

SEYSSEL (01420), ch.-l. de cant. de l'Ain, sur le Rhône ; 825 hab. *(Seysselans).* Pont suspendu, reliant le bourg à celui de Seyssel (Haute-Savoie). Vins blancs.

SEYSSEL (74910), ch.-l. de cant. de la Haute-Savoie, sur le Rhône et en face de Seyssel de l'Ain ; 1 710 hab. *(Seysselans).* Barrage et centrale électrique, en aval de Génissiat.

SEYSSINET-PARISET (38170), comm. de l'Isère, dans la banlieue S.-O. de Grenoble ; 13 292 hab.

SEYSS-INQUART (Arthur), homme politique autrichien (Stannern, près de Jihlava, 1892 - Nuremberg 1946). Il milita parmi les nazis en faveur de l'Anschluss. Il devint chancelier (mars 1938), puis statthalter d'Autriche (15 mars 1938-1er mai 1939) et enfin commissaire du Reich aux Pays-Bas (1940-1945). Il fut condamné par le tribunal de Nuremberg et exécuté.

SEYSSINS (38180), comm. de l'Isère, banlieue S.-O. de Grenoble ; 7 058 hab.

SÉZANNE (51120), ch.-l. de cant. de la Marne, en bordure de la Champagne ; 5 950 hab. *(Sézannais).* Église des XVe-XVIe s. Optique.

SÉZIGUE ou **SÉZIG** pron. pers. *Pop.* Soi, lui.

S. F., abrév. commerciale de SANS* FRAIS.

Sf, abrév. de *sforzando.*

SFAX, port de Tunisie, sur la côte nord du golfe de Gabès ; 232 000 hab. Deuxième ville du pays, c'est un centre administratif, commercial (fruits) et industriel (engrais à partir des phosphates de la région de Gafsa). Pêche (conserveries).
— **Bx-arts.** Grande Mosquée fondée au IXe s. et souvent remaniée ; enceinte du IXe s.

SFÎNTU GHEORGHE, v. de Roumanie, en Transylvanie ; 60 000 hab. Musée archéologique et historique.

S. F. I. O., sigle de SECTION FRANÇAISE DE L'INTERNATIONALE OUVRIÈRE. (→ *parti* SOCIALISTE.)

SFORZA, célèbre famille, originaire de Cotignola en Romagne, qui donna une dynastie de ducs à Milan (1450-1535). Elle s'est dénommée du surnom porté par son fondateur, MUZIO ou GIACOMO ATTENDOLO (Cotignola 1369 - près de Pescara 1424), condottiere qui combattit surtout pour le compte des Visconti de Milan et de la reine Jeanne II de Naples. — FRANÇOIS Ier *(Francesco)* [San Miniato 1401 - Milan 1466], fils naturel du précédent, servit comme condottiere la reine Jeanne puis Philippe-Marie Visconti, dont il épousa la fille Bianca Maria (1441). Après la mort de son beau-père, il réussit à se faire proclamer duc de Milan (1450), titre qu'il réussit à transmettre à son fils GALÉAS-MARIE *(Galeazzo Maria)* [Fermo 1444 - Milan 1476], diplomate et amateur d'art, mort assassiné. Le fils de ce dernier, JEAN-GALÉAS *(Gian Galeazzo)* [château d'Abbiategrasso 1469 - Pavie 1494], subit la régence de sa mère, Bonne de Savoie, puis fut évincé par son oncle Ludovic* Sforza, dit le More, qui se proclama duc en 1494, avant d'être déposé et emmené en captivité en france (1500) par Louis XII. — MAXIMILIEN *(Massimiliano)* [1493 - Paris 1530], fils de Ludovic, récupéra le duché, puis se fit battre à Marignan (1515) et le perdit. — FRANÇOIS II *(Francesco)* [1495-1535], second fils de Ludovic, fut aussi rétabli (1521) dans le duché qui, à sa mort, passa à Charles Quint.

SFORZANDO [sfɔrdzɑ̃(n)do] adv. (ital. *sforzando,* en renforçant). Terme d'interprétation musicale qui indique un court renforcement. (Abrév. Sf.)

S. F. P., sigle de SOCIÉTÉ FRANÇAISE DE PRODUCTION* ET DE CRÉATION AUDIOVISUELLES.

SFUMATO [sfumato] n. m. (mot ital.). En peinture, modelé vaporeux destiné à suggérer par les gradations de la couleur et de la lumière l'échelonnement en profondeur des objets dans l'atmosphère. (Peintres italiens comme Léonard de Vinci, Corrège, Andrea del Sarto...)

Sganarelle, personnage comique créé par Molière. Il apparaît dans des emplois différents : mari jaloux *(Sganarelle ou le Cocu imaginaire),* tuteur *(l'École des maris),* valet *(Dom Juan),* père *(l'Amour médecin),*fagotier *(le Médecin malgré lui).*

S. G. D. G., abrév. de SANS GARANTIE* DU GOUVERNEMENT.

SGRAFFITE n. m. (ital. *sgraffitto,* égratigné). Décoration murale, généralement en camaïeu, obtenue en imprégnant la surface de couleur, puis en l'enduisant d'un mortier blanc que l'on grattera et incisera pour faire apparaître la couleur sous-jacente suivant le dessin voulu.

'S-GRAVENHAGE → HAYE *(La).*

'S-GRAVESANDE → GRAVESANDE.

sh, symbole de *sinus hyperbolique.*

SHAANXI ou **CHEN-SI,** province de la Chine du Nord ; 200 000 km² ; 32 900 000 hab. Cap. *Xi'an.* La province s'étire sur 1 000 km environ, entre la Mongolie, au nord, et le Sichuan, au sud, avec un climat rude et aride, sauf dans le Sud. La vallée de la Wei est la région vitale (blé, maïs et coton). Au S. de la Wei, la chaîne des Qin Ling atteint 3 000 m et isole la vallée de la Han Shui. Le textile anime Xianyang et Xi'an. Baoji est un carrefour ferroviaire. On extrait du charbon à Tongchuan et du pétrole à Yanchang.

SHABA, anc. **Katanga,** région administrative la plus méridionale du Zaïre ; 496 965 km² ; 3 874 000 hab. Ch.-l. *Lubumbashi.* La région est formée de hautes terres et de massifs entrecoupés de profonds fossés occupés par des lacs (Upemba, Moero, Tanganyika). Les ressources minières (cuivre surtout, manganèse, plomb et uranium) ont suscité l'industrie (métallurgie) et l'urbanisation (Lubumbashi, Likasi, Kolwezi, Kamina). — **Hist.** Le travail du fer et du cuivre fit la prospérité de la région à partir du VIIIe s. L'essor agricole permit la création de royaumes dans la vallée de la Lualaba. Le premier Empire louba, créé avant 1490, s'étendit au cours du XVIe s. vers la frontière de l'actuelle Zambie et vers le Zaïre. L'Empire lunda, à cheval entre le Katanga et l'Angola, visant au contrôle des mines de sel et de cuivre de la région, fut à son apogée aux XVIIe et XVIIIe s. Vers 1750, le royaume lunda de Kazembe s'en détacha et s'étendit grâce aux fusils venant d'Europe. Cecil Rhodes et Léopold II firent rechercher de l'or dans la région. Le Katanga, annexé à l'État indépendant du Congo après 1884, fut exploité à partir de 1906 par la Compagnie du Haut-Katanga pour le cuivre. Lorsque le Congo devint indépendant (1960), le Katanga fit sécession (1960-1963) sous l'égide de Moïse Tschombé, soutenu par la Compagnie. En 1978, les Français sont intervenus à Kolwezi pour évacuer les Européens encerclés par les forces du Front national de libération du Congo (F. N. L. C.), venues de Zambie.

SHABAKA, souverain de la XXVe dynastie égyptienne (716-701 av. J.-C.), dite « éthiopienne ». Il compléta l'œuvre de Piankhi, en soumettant le Delta et en se libérant de la tutelle des grands prêtres d'Amon.

SHABATAKA, fils et successeur de Shabaka, troisième souverain égyptien de la XXVe dynastie dite « éthiopienne » (701-v. 689 av. J.-C.). Il tenta vainement d'enrayer l'avance assyrienne en Palestine.

SHABBAT [ʃabat] n. m. (mot hébreu). Syn. de SABBAT.

SHACKLETON (*sir* Ernest Henry), marin et explorateur britannique (Kilkee, Irlande, 1874 - Géorgie du Sud 1922). Après avoir participé à l'expédition de Scott (1901-1903), il tenta vainement d'atteindre le pôle Sud (1907-1915). Reparti en 1921 vers l'Antarctique, il mourut à bord de son navire.

SHĀFI'ISME, SHĀFI'ISTE → CHĀFI'ISME, CHĀFI'ISTE.

SHAFTESBURY (Anthony ASHLEY COOPER, 1er *comte*) → ASHLEY COOPER.

SHĀH → CHĀH.

SHAHAR (David), écrivain israélien (Jérusalem 1926). Son œuvre de poète et de romancier (*le Palais des vases brisés,* vaste fresque publiée depuis 1969) mêle souvenirs d'enfance et nostalgie d'un « paradis perdu ».

SHĀHJAHĀNPUR, v. de l'Inde (Uttar Pradesh), au N.-O. de Lucknow ; 260 260 hab. Carrefour routier et ferroviaire. Centre industriel et artisanal.

SHAHN (Ben), peintre et photographe russe naturalisé américain (Kovno, auj. Kaunas, 1898 - New York 1969). Tenant dans les années 30 d'un réalisme social souvent caricatural, il pratiqua un art simplifié, d'un style graphique direct qui le conduisit dans les années 50 à un schématisme presque géométrique. Photographe, il a fait partie (1935-1940) des équipes de la Farm Security Administration et a laissé des images poignantes du désarroi humain.

SHÂHPUR → CHÂHPUHR.

SHAHRBARÂZ ou **CHAHRBARÂZ,** général perse († 629 apr. J.-C.). Il fut l'adversaire d'Héraclius pendant 7 années de campagnes. Poussé par Héraclius, il détrôna le jeune Ardachêr III, prit sa place et fut assassiné peu après.

SHAKE-HAND [ʃɛkɛ̃nd] n. m. (pl. *shake-hands*) [angl. *to shake,* secouer, et *hand,* main). *Vx.* Poignée de main.

SHAKER [ʃɛkœr] n. m. (angl. *shaker,* de *to shake,* secouer). Double gobelet fermé dans lequel on agite les éléments d'un cocktail pour les servir frappés.

SHAKESPEARE (William), dramaturge anglais (Stratford on Avon, Warwickshire, 1564 - *id.* 1616). Fils de notable, il épouse en 1582 Anne Hathaway. De 1588 à 1592, il s'impose à Londres comme un acteur de talent et y anime, à partir de 1594, la troupe des « Lord Chamberlain's Men », qui donne ses représentations au théâtre du Globe et à la cour. Retiré en 1613 à Stratford, il y mène une vie paisible, s'accordant des satisfactions de parvenu. Si des érudits ont vu en Shakespeare le prête-nom d'aristocrates cultivés, un homosexuel masqué, un catholique de cœur,

sa vie est en coulisse de son œuvre : homme de scène et de mots, maître de la seule illusion, il lance la mode ou s'empresse de la suivre, s'accommodant de toutes les conventions et les fléchissant toutes.
*Henri VI** (1589-1592), *la Comédie des erreurs* (v. 1592), *Richard III** (1592-93), *Titus Andronicus* (1593-94), *les Deux Gentilshommes de Vérone* (v. 1594), *Peines d'amour perdues* (1594-95) le montrent émerveillé de son brio, jouant le jeu des genres non mêlés, battant sur leur terrain les auteurs de récits historiques, d'intrigue ou de tragédies macabres et les précieux. Il célèbre la royauté (Élisabeth Ire) et dénonce la tyrannie. Si la femme est pour Shakespeare synonyme de volonté, mais de volonté incertaine, c'est d'une misogynie de jeu qu'il use dans *la Mégère* apprivoisée* (1593-94). Shakespeare se veut peuple et nature, comme il se veut royal et somptueux.
La deuxième période (*Roméo* et Juliette,* 1594-95 ; *Richard II**, 1595 ; *le Songe* d'une nuit d'été,* 1595 ; *le Roi Jean,* 1595-96 ; *le Marchand* de Venise,* 1596) oppose les jeux de l'amour aux divisions de la cité. Déchirements miraculeusement effacés par le nationalisme ou l'esprit de comédie « gracieuse » (*Henri IV**, 1597-98 ; *Beaucoup* de bruit pour rien,* v. 1598 ; *Henri V**, 1598-99). *Jules César** (1599), *les Joyeuses* Commères de Windsor* (v. 1600-01), *Comme* il vous plaira* (v. 1599) et *la Nuit* des rois* (v. 1600-01) achèvent cette période sur l'évocation d'une androgynie de rêve, où la tragédie est constamment frôlée et où l'amour du destin et le refus de vivre passent au centre de l'œuvre. Brutus et *Hamlet** (1601), vengeurs calamiteux, inaugurent la phase tragique : celle de la noblesse gâchée, où un ordre gangrené ne sera restauré que par l'amputation tragique du héros. Après la tragédie *Troïlus* et Cressida* (1601) et *Tout est bien qui finit bien* (1602-03), où la comédie grince merveilleusement, sonne l'heure des dissonances : tandis que l'amour mène la plupart du temps à la mort, la trahison trône désormais dans l'imagination de Shakespeare (*Othello**, 1604 ; *Macbeth**, v. 1605 ; *le Roi* Lear,* 1606 ; *Antoine* et Cléopâtre,* v. 1606) ; le bonheur ne sera plus que providence. La période des pièces dites de réconciliation (de dépassement du tragique) est plus amère qu'on ne le dit. La solution miracle n'intervient pas toujours (*Corolian,* v. 1607 ; *Timon* d'Athènes,* 1607-08), aboutissant — mise à part la féerie de *Périclès* (1608), de *Cymbeline* (v. 1609) et du *Conte* d'hiver* (v. 1610) — au désespoir (*la Tempête,* 1611). Si la poésie de Shakespeare croule sous la richesse métaphorique (*Vénus et Adonis,* 1593 ; *le Viol de Lucrèce,* 1594) et si ses *Sonnets* sont obscurs à force de recherche, son théâtre se collette avec la réalité pour affiner la distance qui fait l'art et l'intelligence du réel.
Shakespeare est un homme d'ordre : le bien est dans le respect de la hiérarchie, des êtres, des choses, des biens, mais l'ordre est fragile, le désordre contagieux et la passion prolifique : c'est l'arrière-plan spirituel de l'action, du pouvoir et de la passion qui fascine Shakespeare. Quoique férocement hostile à la théologie puritaine, sa hantise est bien celle du salut collectif : le mal, c'est la trahison, la défection, l'usurpation, la trangression du statut de l'hôte ; le bien, c'est l'accueil retrouvé. C'est la précision du tissage verbal et scénique qui assure la densité hallucinante de son théâtre. On voit que c'est la distance prise par rapport aux deux mouvements fondamentaux de son temps, la tentative de sacralisation de l'ordre royal contre les anarchies populaires et féodales, et la montée de l'exigence et de l'espoir puritains, qui explique la richesse du théâtre de Shakespeare qui s'achève avec *Henri VIII** (1612-13). Il fut un tisseur d'âmes, mais ce sont des âmes pour le théâtre où l'ambition du salut n'est abordable que par le biais de la fiction.

SHAKESPEARIEN, ENNE [ʃɛkspirjɛ̃, ɛn] adj. **1.** Propre à Shakespeare. — **2.** Qui évoque son théâtre.

SHAKO n. m. (hongr. *csákó*). Coiffure militaire, de forme tronconique, portée notamment par les gardes républicains et les saint-cyriens.

SHAMASH, dieu-soleil qui régit la justice et la divination chez les Sémites de Mésopotamie.

SHAMASH-SHOUMA-OUKIN († Babylone 648 av. J.-C.), roi de Babylone (669-648). Il régna sous la tutelle de son frère cadet Assurbanipal, contre qui il organisa une révolte. Vaincu, il périt dans l'incendie de son palais. Le personnage mythique de Sardanapale* doit beaucoup aux événements de son règne.

SHAMIR (Yitzhak), homme politique israélien (en Pologne 1915). Membre de l'Irgoun jusqu'en 1940, fondateur du groupe Stern (1940), il est arrêté par les Britanniques et déporté en Érythrée en 1946. Il s'évade et rejoint Israël en 1948. Ministre des Affaires étrangères (1980-1986), il est Premier ministre en 1983-84 et à nouveau de 1986 à 1992. En 1993, il est remplacé à la tête du Likoud - qu'il présidait depuis 1983 - par Benyamin Netanyahou.

SHAMIR (Moshe), écrivain israélien (Safed 1921). Il s'est attaché dans ses romans, souvent inspirés de la vie des kibboutz (*Il a traversé le champ,* 1947) ou d'épisodes historiques (*Un roi de chair et de sang,* 1954), à décrire la société israélienne, ses conflits et ses réalisations.

SHAMISEN [ʃamizɛn] ou **SAMISEN** n. m. (jap. *shamisen*). Luth japonais à cordes en soie, servant à accompagner les spectacles de marionnettes et du théâtre kabuki.

SHAMMAÏ ou **SCHAMMAÏ,** docteur pharisien juif (Iᵉʳ s. av. J.-C.). Rival de Hillel, son école se distinguait par une interprétation plus rigoriste de la loi et des traditions.

SHAMPOOINER ou **SHAMPOUINER** v. t. (conj. 3). Faire un shampooing.

SHAMPOOINEUR ou **SHAMPOUINEUR, EUSE** n. Employé(e) d'un coiffeur chargé(e) du lavage des cheveux.

◆ **shampooineur** n. m. ou **shampooineuse** n. f. Balai à brosses rotatives, doté d'un réservoir pour solution détergente, utilisé pour nettoyer tapis, moquettes, etc.

SHAMPOOING ou **SHAMPOING** [-pwɛ̃] n. m. (angl. *shampooing*, de *to shampoo,* masser). **1.** Liquide, crème ou poudre servant à nettoyer la chevelure, à traiter le cheveu. – **2.** Lavage de la chevelure avec un shampooing. – **3.** Produit destiné au nettoyage des moquettes, des sièges, etc.

SHAMSHĪ-ADAD, nom de cinq rois assyriens, dont les plus importants sont : **Shamshī-Adad Iᵉʳ,** roi d'Assour (v. 1813-v. 1781 av. J.-C.) et de Mari (v. 1798-v. 1781), qui se constitua un vaste empire en haute Mésopotamie. – **Shamshī-Adad V,** roi d'Assyrie (823-810 av. J.-C.), successeur de son père Salmanasar III.

SHANĀĪ [ʃanaj] n. m. inv. Hautbois indien dont le pavillon est en cuivre.

SHANDONG ou **CHAN-TONG,** prov. de la Chine orientale ; 150 000 km² ; 84 400 000 hab. Cap. *Jinan.*
La province, l'une des plus peuplées de Chine, est traversée par la basse vallée du fleuve Jaune et a le climat le plus clément de la Chine du Nord. Les productions agricoles sont variées (arachides, patates douces, maïs, soja, blé, coton, tabac, fruits, élevages divers) et les ressources du sous-sol, notables (charbon, plomb, zinc, fer, pétrole). S'y ajoute la pêche. Qingdao et Jinan sont les grands centres urbains.

SHANG ou **CHANG** ou **YIN,** dynastie chinoise (XVIIIᵉ s. av. J.-C. - v. 1025 av. J.-C.). Première dynastie dont l'archéologie ait certifié l'existence, elle régna sur la plaine du Huang He. Le travail du bronze et l'apparition de l'écriture sont les deux faits dominants de la période. Elle fut renversée par les Zhou (v. 1025).

SHANGHAI ou **CHANG-HAI,** premier port de Chine, et ville formant un district municipal qui dépend directement du gouvernement central ; 6 200 km² ; 13 300 000 hab. La ville est établie sur le Huangpu, au débouché du Yangzi Jiang, dont le bassin constitue l'arrière-pays de l'agglomération. Elle est actuellement le premier centre industriel de la Chine. Tous les secteurs sont représentés : raffinage du pétrole et pétrochimie, métallurgie, constructions mécaniques (chantiers navals, matériel ferroviaire, automobile, cycles), électriques et électroniques, textile, etc.
– **Hist.** La ville s'est développée à partir du traité de Nankin (1842) qui l'a ouverte aux étrangers qui établiront des concessions. En 1863, les Occidentaux se regroupent, créant la « concession internationale ». Shanghai est occupée par les Japonais de nov. 1937 à 1945.
– **Bx-arts.** Très riche musée. Célèbre jardin *Yuyuan,* du XVIᵉ s., restauré en 1956.

SHANGQIU ou **CHANG-K'IEOU,** v. de Chine (Henan), sur la voie ferrée du Longhai ; 134 000 hab. Ancienne résidence des Song. Carrefour routier, centre commercial et industriel.

SHANKAR (Ravi), joueur de sitar et compositeur indien (Bénarès 1920). Par ses tournées internationales, il a beaucoup fait pour diffuser la musique indienne. Il a écrit des concertos pour sitar et de la musique de film (trilogie de S. Ray notamment).

SHANNON n. m. (de C.E. *Shannon,* n. pr.). Syn. de BIT.

SHANNON (le), principal fleuve de l'Irlande ; 368 km (avec l'estuaire) [bassin de 15 700 km²]. Né aux confins de l'Irlande du Nord et de la République d'Irlande, il traverse la plaine centrale (lacs) et se termine en un long estuaire qui commence à Limerick.

Shannon, aéroport de Limerick (Irlande), à l'O. de cette ville. – À proximité, zone industrielle (électronique).

SHANNON (Claude Elwood), mathématicien américain (Gaylord, Michigan, 1916). Il est, avec W. Weaver, à l'origine de la théorie de l'information*. Leurs travaux ont trouvé des applications importantes dans le domaine de l'intelligence artificielle.

SHANTOU ou **CHAN-T'EOU** ou **SWATOW,** port de Chine (Guangdong), au débouché du bassin du Han Shui ; 718 000 hab. Centre industriel.

SHANTUNG ou **CHANTOUNG** [ʃɑ̃tung] n. m. (de *Shandong,* n. d'une province chin.). Tissu de soie de provenance chinoise, présentant un grain très prononcé et quelquefois réalisé en armure cannelée.

SHANXI ou **CHAN-SI,** prov. de la Chine du Nord ; 156 000 km² ; 28 800 000 hab. Cap. *Taiyuan.*

Entre la Mongolie et la Grande Plaine, la province est formée d'un ensemble de plateaux dominés par des massifs ; elle reçoit partout moins de 500 mm de précipitations. Les bassins, irrigués, sont cultivés (blé au nord, coton au sud). Le charbon (le tiers des réserves du pays) est extrait dans toute la province, qui dispose d'un bon réseau ferroviaire. La métallurgie s'est développée à partir des mines de fer et de charbon. Les trois grands centres industriels sont Datong, Yangquan et Taiyuan.

SHANZHONG ou **CHAN-TCHONG,** v. de Taiwan, banlieue ouest de Taibei ; 378 000 hab.

SHAOGUAN ou **CHAO-KOUAN,** v. de Chine (Guangdong), sur la voie ferrée de Canton ; 200 000 hab. Centre commercial et industriel (aciérie, métallurgie). — À proximité, extraction de charbon.

SHAOUABTI ou **CHAOUABTI** n. m. Statuette funéraire égyptienne destinée à remplacer le mort dans l'exécution des travaux agricoles de l'au-delà. (Syn. RÉPONDANT.)

SHAOXING ou **CHAO-HING,** v. de Chine (Zhejiang), au S.-E. de Hangzhou ; 1 091 000 hab. Culture et commerce de la soie et du thé. Aciérie.

SHAOYANG ou **CHAO-YANG,** v. de Chine (Hunan), à l'O.-N.-O. de Hengyang ; 200 000 hab. Centre commercial. Travail du bois et du papier.

SHAPE (abrév. de *Supreme Headquarters Allied Powers Europe*), grand quartier général des puissances alliées en Europe de l'O. T. A. N. Installé en 1951 à Rocquencourt (Yvelines), son siège à été transféré en 1967 sur le territoire des anc. comm. de Casteau et de Maisières (auj. intégré dans la comm. de Mons), en Belgique, après la décision française de se retirer du commandement militaire intégré de l'O. T. A. N.

SHAPLEY (Harlow), astrophysicien américain (Nashville, près de Carthage, Missouri, 1885 - Boulder, Colorado, 1972). Il calibra la relation période-luminosité des céphéides mise en évidence par Henrietta Leavitt* et put ainsi déterminer la distance de nombreux amas globulaires et préciser la structure de la Galaxie. Après que Hubble eut établi l'existence de galaxies extérieures à la nôtre, il découvrit photographiquement des milliers de galaxies nouvelles, dont il montra la distribution fréquente en amas.

SHARAKU → TŌSHŪSAI SHARAKU.

SHARJAH → CHĀRDJA.

SHARKA n. f. Très grave virose des arbres fruitiers à noyau, qui se traduit par des anneaux sur les feuilles, des déformations et des taches sur les fruits.

SHARON, plaine du littoral d'Israël, s'étendant sur près de 100 km du mont Carmel à la frontière égyptienne. Vergers et vignobles.

SHARROUKĪN, nom d'un roi d'Akkad et de deux rois assyriens. (→ SARGON.)

SHASHI ou **CHA-CHE,** port fluvial de la Chine (Hubei), sur le Yangzi Jiang, entre Yichang et Wuhan ; 170 000 hab. Centre commercial (coton) et industriel (textile, constructions mécaniques et électriques). Gisement de pétrole.

SHASHIMI → SASHIMI.

SHASTRI (Lal Bahādur), homme politique indien (Mughal Sarai, distr. de Bénarès, 1904 - Tachkent 1966). Militant nationaliste, il devint président du Congrès en 1952. Il succéda à Nehru comme Premier ministre (1964). Il fut entraîné dans la guerre indo-pakistanaise à propos du Cachemire (août-sept. 1965). Il mourut lors des négociations de paix avec le Pākistān.

SHAW (Richard Norman), architecte britannique (Édimbourg 1831 - Londres 1912). Il s'attacha, sous l'influence notamment de Ph. Webb, à actualiser la tradition médiévale et vernaculaire britannique dans des maisons de campagne ainsi que dans des appartements et studios d'artistes, à Chelsea ou Kensington (années 1870). Vers 1890, il se détourna du mélange de styles élégant et délicat qu'il pratiquait jusque-là, au profit d'un classicisme monumental.

SHAW (George Bernard), écrivain irlandais (Dublin 1856 - Ayot Saint Lawrence, Hertfordshire, 1950). Autodidacte, journaliste, il rédige le manifeste de la *Fabian Society* (1884) et lutte pour le triomphe des idées socialistes dans des essais (*le Fabianisme et l'Empire,* 1900). Il écrit des romans (*Un socialiste peu social,* 1884 ; *la Profession de Cashel Byron,* 1886), mais c'est au théâtre qu'il connaît la notoriété. Dans ses pièces « plaisantes » (*le Héros et le Soldat,* 1894 ; *Candida,* 1897 ; *On ne peut jamais dire,* 1899) et « déplaisantes » (*L'argent n'a pas d'odeur,* 1892), puis « pour puritains » (*César et Cléopâtre,* 1901), il s'attaque à toutes les manifestations du conformisme social. L'aspiration croissante à la surhumanité et l'éloge de l'« élan vital » donnent *l'Homme et le Surhomme* (1905), *Androclès et le Lion* (1912), *Pygmalion** (1913), *Sainte Jeanne* (1923). Sa correspondance avec Mrs. Patrick Campbell, une de ses interprètes, sera adaptée à la scène sous le titre de *Cher Menteur* (1957). [Prix Nobel 1925.]

SHAW (Irvin), écrivain américain (New York 1913 - Davos, Suisse, 1984), auteur de pièces (*Enterrez les morts,* 1936) et de romans (*le Bal des maudits,* 1948 ; *Quinze Jours ailleurs,* 1960 ; *Beggarman, Thief,* 1979) d'inspiration sociale et idéologique.

SHAWINIGAN, v. du Canada (Québec), située entre Québec et Montréal ; 23 000 hab. Centre industriel (métallurgie, chimie, textile).

SHAWN (Edwin MYERS SHAWN, dit **Ted**), danseur et chorégraphe américain (Kansas City, Missouri, 1891 - Orlando, Floride, 1972). Renonçant à l'état de pasteur, il se préoccupa de la danse masculine. Avec Ruth Saint Denis, qu'il épousa (1914), il fonda la Denishawn School (1915), première grande école de danse américaine. Il créa le premier festival de danse, celui de Jacob's Pillow (Massachusetts) [1933].

SHAWNEES, Indiens Algonquins de l'Amérique du Nord, regroupés aujourd'hui dans l'Oklahoma.

SHEARER (Sybil), danseuse et chorégraphe canadienne (Toronto 1918). Une des plus importantes personnalités de la modern dance aux États-Unis, elle a formé nombre de danseurs, dirigé son propre groupe et réalisé des films de danse.

SHED [ʃɛd] n. m. (angl. *shed,* hangar). Type de couverture de bâtiments industriels présentant un profil en dent de scie et composé d'un versant vitré, de pente rapide, exposé au N. (pour un éclairage régulier) et d'un autre, de pente plus faible, à couverture opaque. (Syn. TOITURE À REDANS ou REDENTS.)

SHEELER (Charles), peintre américain (Philadelphie 1883 - Dobbs Ferry, New York, 1965). D'abord proche du fauvisme, il évolua vers une peinture schématique et froide où se retrouvent ses expériences de photographe. Caractéristiques du *précisionnisme,* ses compositions empruntent leurs lignes et leurs volumes stricts au paysage industriel moderne.

SHEET-FLOOD [ʃitflud] n. m. (pl. *sheet-floods*) [angl. *sheet,* nappe, et *flood,* inondation]. Syn. de RUISSELLEMENT EN NAPPE*.

SHEFFIELD, v. de Grande-Bretagne (South Yorkshire), sur le Don ; 536 000 hab. Grand centre industriel (coutellerie, argenterie, aciers spéciaux, accessoires automobiles). Musées.

SHEFFIELD (John), duc **de Buckingham** et duc **de Mulgrave,** homme politique anglais (1649-1720). Il fut comblé d'honneurs par Jacques II et surtout par la reine Anne, qui le fit duc de Buckingham et lord du Conseil privé (1703). Président du Conseil (1710), il devint opposant à l'avènement des Hanovre (1714).

SHEHU ou **CHEHOU** (Mehmet), homme politique albanais (1913 - Tirana 1981). Militant communiste, chef d'état-major de l'armée (1946), il devint Premier ministre en 1954. Il se serait suicidé en 1981.

SHEKEL [ʃekɛl] n. m. Unité monétaire d'Israël.

SHELBURNE (William PETTY FITZMAURICE, *comte* DE) → PETTY FITZMAURICE (William).

Shell française, société pétrolière française, dont les origines remontent à la création, en 1851, par Alexandre Deutsch de la Meurthe, d'une raffinerie d'huile minérale fondant les bases de l'industrie française du pétrole. En 1929, elle crée au Petit-Couronne, près de Rouen, une raffinerie importante et, en 1932, érige une nouvelle raffinerie à Pauillac (Gironde) [fermée en 1986]. Au lendemain de la Seconde Guerre mondiale, elle adopte le nom de « Shell française ». La société — dont le groupe Royal Dutch-Shell détient la presque totalité du capital — est active dans l'exploration, le raffinage, le transport et la commercialisation du pétrole.

Shell Transport and Trading Company Limited *(The),* société britannique fondée en 1897 pour le transport et le commerce du pétrole, ainsi que pour le financement d'entreprises pétrolières. C'est un holding qui détient une grande part du capital de la Royal* Dutch-Shell.

SHELLEY (Percy Bysshe), poète anglais (Field Place, Horsham, Sussex, 1792 - en mer, La Spezia, 1822). Fils de baronet, élevé à Eton, exclu d'Oxford pour avoir publié un pamphlet, *la Nécessité de l'athéisme* (1811), renié par son père, il part pour Londres, où il enlève Harriet Westbrook, qu'il épouse. Il séjourne en Écosse et au pays de Galles ; il y écrit son premier grand poème : *la Reine Mab* (1813). Séparé d'Harriet, il enlève Mary Godwin, rencontre Byron en Suisse, et, devenu phtisique, s'établit définitivement en Italie après le suicide d'Harriet, le refus de restitution de ses deux enfants et son remariage avec Mary. C'est là qu'il compose ses œuvres maîtresses : *Alastor ou l'Esprit de la solitude,* 1816 ; *Prométhée délivré,* 1820 ; le drame *les Cenci*,* 1819 ; les poèmes lyriques (*Ode à l'alouette ; Ode au vent d'ouest ; la Sensitive,* 1818). En 1820, Shelley retrouve Byron à Pise ; en 1821, la mort de Keats lui inspire l'élégie *Adonaïs.* Il publie, la même année, *Défense de la poésie* et meurt l'année suivante dans le naufrage de son yacht, au large de Lerici. Son corps sera, sur le sable, livré au feu en présence de Byron.

SHELLEY (Mary WOLLSTONECRAFT, Mrs., dite **Mary**), femme de lettres anglaise (Londres 1797 - *id.* 1851). Fille de William Godwin, elle épousa Shelley en 1818. Elle est l'auteur d'un célèbre roman de terreur *Frankenstein* ou le Prométhée moderne* (1818) et publia des œuvres posthumes de Shelley.

SHENDAO ou **CHEN-TAO,** n. m. (mot chinois signif. *l'allée de l'âme*). Allée bordée de sculptures qui précède les sépultures des empereurs et des hauts dignitaires chinois.

SHENG ou **CHENG** [ʃɛ̃g ou tʃɛ̃g] n. m. Orgue à bouche chinois.

SHENYANG ou **CHEN-YANG,** anc. **Moukden,** v. de la Chine du Nord-Est, cap. du Liaoning ; 4 440 000 hab. Sur la voie ferrée Dairen-Harbin et à proximité de gisements de houille et de fer, elle est aujourd'hui la troisième cité chinoise après Shanghai et Pékin, et le cœur de tout le Nord-Est, carrefour ferroviaire, centre administratif, universitaire et industriel. Palais et mausolées impériaux (XVIIe s.).
— **Hist.** Au centre d'une région sinisée depuis l'époque han (206 av. J.-C. - 220 apr. J.-C.), la ville devint en 1925 la capitale du chef mandchou Nurharci. Elle fut l'enjeu de la bataille de Moukden* (20 févr.-11 mars 1905).

SHENZHEN ou **CHEN-TCHEN,** v. de Chine (Guangdong), à proximité de Hongkong ; 300 000 hab. Zone franche industrielle.

SHEN ZHOU ou **CHEN TCHEOU,** peintre paysagiste chinois (Suzhou 1427 - 1509). Fin lettré, poète et calligraphe, il domina l'école de Wu. Dans ses œuvres, l'accord spontané des valeurs, la luminosité, l'émotion contenue traduisent une vision sereine et une conception cosmique du paysage.

SHÉOL ou **SCHÉOL** [ʃeɔl] n. m. (mot hébr.). Séjour des morts dans la Bible.

SHEPARD (Alan Bartlett), pilote et astronaute américain (East Derry, New Hampshire, 1923). Pilote de l'US Navy, il fut, le 5 mai 1961, le premier Américain lancé dans l'espace, à bord d'une cabine Mercury*. En 1971, il séjourna sur la Lune en qualité de commandant de bord du vaisseau Apollo 14.

SHEPP (Archie), saxophoniste et compositeur de jazz américain (Fort Lauderdale, Floride, 1937). Très engagé dans la lutte du peuple noir, il s'est imposé comme l'un des plus talentueux représentants du free jazz et a intégré les influences du rhythm and blues, du bop et de la musique électronique (*Malcom, Malcom, Semper Malcom,* 1965 ; *Mama Rose,* 1982).

SHÉRARDISATION n. f. (du n. de l'inventeur du procédé *Sherard Cowper Cowles*). Cémentation par le zinc de pièces d'acier ou de fonte. (Elle s'effectue dans un caisson hermétique, entre 350 et 500 °C, au contact d'un cément constitué de poudre de zinc et de divers adjuvants.)

SHERATON (Thomas), dessinateur et ébéniste anglais (Stockton on Tees, Durham, 1751 - Londres 1806). Influencé par R. Adam, il a publié des recueils de meubles et de décors qui eurent beaucoup de succès, définissant une sorte d'équivalent britannique du style Louis XVI.

SHERBRO *(île),* île de la côte de la Sierra Leone, au S.-E. de Freetown. Gisement de rutile.

SHERBROOKE, v. du Canada (Québec), à l'E. de Montréal, à l'embouchure de la Magog ; 74 100 hab. Archevêché. Université. Centre commercial et industriel. À proximité, extraction de cuivre et d'amiante.

SHERBROS, population du groupe atlantique occidental, groupant environ 300 000 membres en Sierra Leone.

SHERIDAN (Richard Brinsley Butler), auteur dramatique et homme politique britannique (Dublin 1751 - Londres 1816). Directeur du théâtre de Drury Lane, auteur de comédies à succès (*les Rivaux,* 1775 ; *l'École de la médisance,* 1777), il entra par la suite au Parlement (1780) et fit partie de divers ministères whigs jusqu'en 1812.

SHERIDAN (Philip Henry), général nordiste américain (Albany, New York, 1831 - Nonquitt, Massachusetts, 1888). Officier de cavalerie lors de la guerre de Sécession, il succéda à Sherman à la tête de l'armée de l'Union.

SHÉRIF n. m. (angl. *sheriff*). **1.** En Grande-Bretagne, officier d'administration qui représente la Couronne dans chaque comté. — **2.** Aux États-Unis, officier d'administration élu, ayant un pouvoir judiciaire limité. — **3.** *Fam.* Policier à la gachette facile.

Sherlock Holmes → HOLMES.

SHERMAN (William Tecumseh), général américain (Lancaster, Ohio, 1820 - New York 1891). Il se distingua lors de la guerre de Sécession au cours de la marche qui le conduisit de Chattanooga à Atlanta. Il fut nommé commandant en chef des armées de l'Union en 1869.

SHERMAN (John), homme politique américain (Lancaster, Ohio, 1823 - Washington 1900), frère du précédent. Républicain, secrétaire au Trésor (1877-1881) puis secrétaire d'État (1897), il fit voter la loi (1875) résorbant une partie des *greenbacks* (billets émis en grande quantité au lendemain de la guerre de Sécession) et prévoyant pour 1879 leur retour à la parité or. En 1890, il proposa une loi antitrust *(Sherman Act),* interdisant toute entrave à la concurrence.

SHERPA n. m. (de *Sherpa,* n. pr.). **1.** Dans l'Himālaya, guide ou porteur d'une expédition en haute montagne. — **2.** *Fam.* Conseiller d'un chef d'État, chargé de la préparation de ses rencontres internationales au plus haut niveau.

SHERPAS, peuple montagnard du Népal, habitant la haute vallée du Khumbu. Leur nombre avoisine les 100 000 personnes. C'est en compagnie du Sherpa Tenzing Norgay qu'E. Hillary gravit l'Everest en 1953.

SHERRINGTON (*sir* Charles Scott), physiologiste britannique (Londres 1857 - Eastbourne 1952). Il est considéré comme l'un des fondateurs de la neurologie moderne. Après avoir étudié les synapses, il découvrit la distribution métamérique des racines rachidiennes et individualisa la sensibilité proprioceptive. Il montra l'importance en neurologie de la notion de réflexe et d'intégration. (Prix Nobel de médecine 1932.)

SHERRY n. m. (pl. *sherrys* ou *sherries*) [angl. *sherry*]. Nom donné par les Anglais au jerez.

'S-HERTOGENBOSCH → BOIS-LE-DUC.

SHESHONQ, nom porté par cinq souverains égyptiens d'origine libyenne (XXIIe et XXIIIe dynasties). — Chef de mercenaires libyens, **Sheshonq Ier** († 929) s'empara du pouvoir à la mort de Psousennès II, vers 950 av. J.-C., inaugurant la XXIIe dynastie. Il fit désigner son fils comme grand prêtre d'Amon, et le clergé d'Amon émigra à Napata. Il prit et pilla Jérusalem, rendant à l'Égypte sa prépondérance en Palestine et en Phénicie. — Le règne de **Sheshonq III** (823-772) fut marqué par l'apparition à Tanis d'une dynastie rivale (la XXIIIe). — **Sheshonq V** (767-730) fut détrôné par le prince de Saïs, Tefnakht (XXIVe dynastie).

SHETLAND [ʃɛtlɑ̃d] n. m. (de *Shetland,* n. pr.). **1.** Tissu ou tricot de laine fabriqué avec la laine des moutons des îles Shetland. — **2.** Pull-over fabriqué dans cette laine. — **3.** Syn. de PONEY SHETLANDAIS*.

SHETLAND ou **ZETLAND** *(îles),* archipel de Grande-Bretagne, au N.-E. de l'Écosse, par 60° de latit. N. ; 1 425 km². Il compte une centaine d'îles, au climat humide et frais, les principales sont Mainland, Yell, Fetlar et Unst. L'élevage et la pêche furent longtemps les seules ressources. L'installation d'un énorme terminal pétrolier (Sullom Voe) où aboutissent deux oléoducs sous-marins issus des gisements pétroliers de la mer du Nord, a entraîné une forte croissance de la population.

SHETLAND DU SUD *(îles),* îles britanniques subantarctiques, dépendance des Malouines, au N. de la terre de Graham, revendiquées par le Chili et l'Argentine ; 4 662 km².

SHETLANDAIS, E adj. *Poney shetlandais,* race de poneys originaire des îles Shetland, de petit format, la plus répandue en France, se prêtant bien à l'initiation des enfants à l'équitation. (Syn. SHETLAND.)

SHI ou **CHE** n. m. (mot chin. signif. *chanson* ou *poème*). Genre poétique chinois pratiqué sous les Tang et les Song.

SHIATSU [ʃiatsu] n. m. (mot jap.). Méthode thérapeutique consistant à appliquer des pressions des doigts sur certains points du corps.

SHICHIFUKUJIN, les sept dieux japonais du Bonheur : Ebisn, Daikoku, Benten, Fukuzokuju, Bishamon, Jurōjin et Hotei.

SHIGA NAOYA, écrivain japonais (Ishinomaki 1883 - dép. de Shizuoka 1971). Jeune romancier révolté, réconcilié avec le monde et la famille (*Réconciliation,* 1917 ; *la Route dans les ténèbres,* 1922-1937), il a donné à ses nouvelles une perfection formelle inégalée au Japon (*Lune grise,* 1946).

SHIGELLA n. f. inv. Genre bactérien composé de bacilles Gram négatif. (L'espèce type est *Shigella dysenteriæ.*)

SHIGELLOSE n. f. Infection intestinale liée à un germe du genre shigella, qui entraîne des syndromes dysentériques sévères dans le cas de *Shigella dysenteriæ* ou de simples diarrhées fébriles dans les autres cas.

SHI HUANGDI → QIN SHI HUANGDI.

SHIISME, SHIITE → CHĪ'ISME, CHĪ'ITE.

SHIITAKE [ʃiitake] n. m. inv. (jap. *shiitake,* champignon parfumé). Champignon noir, basidiomycète comestible (polyporacée), cultivé en Asie.

Shiji ou **Che-ki** *(Mémoires historiques),* titre de la grande histoire de la Chine rédigée par Sima Qian vers la fin du IIe s. av. J.-C. L'ouvrage se compose d'*Annales* qui mènent l'histoire de la Chine jusqu'à la première dynastie Han, de *Tableaux chronologiques,* de monographies et de biographies. Son influence a été décisive sur toute l'historiographie du pays.

SHIJIAZHUANG ou **CHE-KIA-TCHOUANG,** v. de Chine, cap. du Hebei, au croisement de la transversale est-ouest et de la ligne Pékin-Hankou ; 1 070 000 hab. Textile. Engrais. Métallurgie. — À proximité, extraction du charbon.

Shijing ou **Cheking** *(Classique de la poésie),* première anthologie de 311 poèmes chinois (VIe-IIe s. av. J.-C.)

SHIKE ou **CHE K'O,** peintre chinois (prov. du Sichuan actif au Xe s.). Adepte du bouddhisme chan, dont l'extravagance est légendaire, il est apprécié au Japon pour son style spontané.

SHIKIMI n. m. Arbre sacré du Japon (magnoliacée), dont le fruit, peu aromatique et toxique, est appelé *badiane du Japon.*

SHIKOKU (« les Quatre Pays »), la moins étendue des quatre grandes îles du Japon (18 778 km²) et la moins peuplée (4 195 069 hab.) Réunie à la région de Kōbe par deux ponts, l'île est montagneuse, industrielle (métallurgie, pétrochimie) dans le nord, riverain de la mer Intérieure, plus rurale dans le sud (double récolte de riz).

SHILLING [ʃiliŋ] n. m. (angl. *shilling*). **1.** Unité monétaire du Kenya, de l'Ouganda, de la Somalie et de la Tanzanie. — **2.** Ancienne division de la livre sterling, valant 1/20 de celle-ci et elle-même divisée en 12 pence.

SHILLONG, v. de l'Inde, cap. du Meghalaya, sur le *plateau de Shillong ;* 222 278 hab. Centre commercial et agricole.

SHILLONG *(plateau de),* région de l'Inde, située entre le delta du Bengale et la vallée du Brahmapoutre et qui forme l'État de Meghalaya.

SHILLUKS ou **CHILLOUKS,** population nilotique du Soudan méridional, groupant environ 200 000 membres.

SHILOM → CHILOM.

SHIMAZAKI TŌSON (Shimazaki Haruki, dit), écrivain japonais (Magome, préf. de Nagano, 1872 - Ōiso, préf. de Kanagawa, 1943). Poète romantique (*Jeunes Herbes,* 1897), il devint chef de file du naturalisme japonais avec un roman *Transgression* (*Hakaï,* 1906) qui fit scandale. Outre des essais et des récits pour enfants, il publia son chef-d'œuvre : *Avant l'aube* (1929-1935), vaste fresque historique d'une communauté démantelée sous l'ère Meiji.

SHIMIZU, port et centre industriel du Japon, sur la baie de Tsuruga ; 241 600 hab. Exportation de thé et d'agrumes. Pêche.

SHIMMY [ʃimi] n. m. (pl. *shimmys*) [amér. *shimmy,* altér. du fr. *chemise*]. **1.** Danse d'origine américaine, en vogue après la Première Guerre mondiale, qui se dansait sur un air de fox-trot. — **2.** Syn. de DANDINEMENT.

SHIMOGA, v. de l'Inde (Karnātaka), sur la Tunga ; 178 882 hab. Centre industriel.

SHIMONOSEKI, port du Japon, à l'extrémité sud-ouest de Honshū sur le détroit homonyme ; 262 000 hab. Entre le détroit de Tsushima et la mer Intérieure (Seto Naikai), la ville est reliée à l'île de Kyūshū par un tunnel. Port de pêche, centre commercial et industriel (sidérurgie, industries alimentaires). Université.

Shimonoseki *(traité de)* [17 avr. 1895], traité entre la Chine et le Japon à l'issue de la guerre sino-japonaise (1894-1895). La Chine dut reconnaître l'indépendance de la Corée et céder au Japon Formose et la presqu'île du Liaodong. L'intervention conjointe de la Russie, de l'Allemagne et de la France obligea le Japon à rétrocéder cette presqu'île (nov. 1895).

SHINANO (le), fl. du Japon (Honshū), qui se jette dans la mer du Japon à Niigata ; 370 km.

SHINDŌ KANETO, cinéaste japonais (Hiroshima 1912). D'abord décorateur et scénariste, il aborde la réalisation en 1951. Il se fait remarquer dès son troisième film (*les Enfants d'Hiroshima,* 1952), mais n'acquiert une renommée internationale qu'en 1961, en remportant le grand prix du festival de Moscou avec *l'Île nue* (1960). Ensuite, il réalise notamment *Onibaba* (1965), *Kuroneko* (1968), *le Baladin aveugle* (1978).

SHINGLE [ʃingœl] n. m. (angl. *shingle,* bardeau). Élément de couverture en matériau artificiel bitumé, simulant le bardeau ou l'ardoise.

Shinkansen (littéralement « train rapide comme la balle »), réseau de lignes des chemins de fer japonais destiné aux relations intervilles à grande vitesse. Il comprend plus de 1 800 km de lignes à voie normale, exploitées par des rames automotrices électriques circulant de 220 à 275 km/h.

Shin-kokin-shū (abrév. de *Shin-kokin wakashū,* « Nouveau Recueil de waka anciens et modernes »), huitième anthologie poétique japonaise (20 vol. XIIe-XIIIe s.).

SHINRAN, moine bouddhiste japonais (Kyōto 1173 - *id.* 1262). Affilié à la secte Jōdo (« de la Terre pure ») et disciple de Hōnen, il fonda après la mort de celui-ci, en 1212, un mouvement séparatiste, le Jōdo Shinshū (« la Vraie Secte Jōdo »). Shinran eut une grande influence car ses enseignements s'adressaient tant aux riches qu'aux pauvres, aux lettrés qu'aux ignorants.

SHINTŌ ou **SHINTOÏSME** [ʃinto] n. m. (jap. *shintō*). Religion du Japon.

ENCYCL. Dans le shintō, les dieux sont la personnification des forces naturelles et les esprits des ancêtres sont également considérés comme des dieux *(kami).* À partir du VIe s. les bouddhistes annexent à leur panthéon les divinités shintoïstes, et peu à peu se forme un syncrétisme. Au XVIIe s., de nouvelles sectes shintoïstes déclarent refuser toute compromission avec une religion étrangère. En 1868, le gouvernement de Meiji sépare officiellement le shintō des autres cultes, faisant de celui-ci une sorte de religion d'État, caractérisée par l'adoration de l'empereur-dieu et par l'affirmation de la grandeur de la race japonaise. Après le désastre de 1945, le peuple retourne à ses croyances traditionnelles au sein des sectes dont l'ensemble constitue actuellement l'essentiel du shintō.

SHINTOÏSTE ou **SHINTOÏQUE** [ʃinto-] adj. Relatif au shintō.

◆ **shintoïste** adj. et n. Adepte du shintō.

SHIPCHANDLER [ʃipʃɑ̃dlœr] n. m. (angl. *shipchandler,* de *ship,* bateau, et *chandler,* fournisseur). Marchand d'articles de marine.

SHIP-MONEY [ʃipmɔne] n. m. (angl. *ship-money*). Ancien impôt anglais créé par les Plantagenêts et levé en cas de guerre sur les villes et les comtés maritimes pour l'équipement des flottes. (La généralisation de cet impôt, qui échappait au contrôle parlementaire, par Charles Ier entre 1634 et 1636 fut l'une des causes de la première révolution d'Angleterre. Il fut établi par le Long Parlement en 1641.)

SHIRE [ʃajr] n. m. (angl. *shire*). Division territoriale des îles Britanniques.

SHIRE, riv. du Malawi, émissaire du lac Malawi, affluent du Zambèze (r. g.) ; 402 km.

SHIRLEY (James), auteur dramatique anglais (Londres 1596 - *id.* 1666). Héritier du théâtre élisabéthain, il a écrit des comédies de mœurs (*le Traître,* 1631).

SHIRTING [ʃœrtiɲ] n. m. Tissu de coton, fabriqué en armure toile et utilisé principalement pour la confection d'articles de lingerie et de chemiserie.

Shisanling ou **Che-san-ling,** nécropole chinoise regroupant les tombeaux des treize derniers empereurs Ming, près de Pékin, fondée par Yongle en 1403.

SHISHA PANGMA → XIXABANGMA.

SHI TAO ou **CHE T'AO,** nom de peintre du moine chinois DAO Ji (prov. du Guangxi 1641 - v. 1720). Apparenté à la famille impériale Ming, c'est l'un des plus célèbres « individualistes » Qing, en lutte contre l'orthodoxie académique. Il laisse une œuvre immense, étonnante de modernisme ainsi qu'un important ouvrage : *Propos sur la peinture.*

SHIZUOKA, v. du Japon, dans l'île de Honshū, ch.-l. de préf., près de la baie de Suruga ; 472 196 hab. Célèbres sanctuaires de Sengen. Dans les environs, le Rinzai-ji, temple du XVIe s. (œuvres de Kanō Tanyū). Centre commercial (thé), industriel (matériel électrique) et universitaire.

SHKODËR ou **SHKODRA,** v. du nord de l'Albanie (en ital. *Scutari*) ; 81 800 hab. Ancien centre commercial et religieux, Shkodër a longtemps été la plus grande ville d'Albanie. Métallurgie. Agroalimentaire. Anc. cathédrale gothique du début du XIVe s., transformée en mosquée. Vieilles maisons fortifiées.
— **Hist.** Ville d'Illyrie, elle appartint successivement aux Romains, aux Byzantins, aux Bulgares et aux Serbes. Elle fut cédée à Venise en 1396 et occupée par les Ottomans en 1468. Elle fut attribuée à l'Albanie en 1913.

SHKODËR *(lac de),* en ital. **Scutari,** en serbo-croate **Skadar,** lac de la péninsule des Balkans, à la frontière albano-yougoslave (Monténégro) : 370 km², dont 148 à l'Albanie. Profondeur maximale : 44 m.

SHLONSKY (Abraham), écrivain israélien d'expression hébraïque (Krementchoug, Ukraine, 1900 - Tel-Aviv 1973). Installé à Tel-Aviv (1922), il s'intéresse au symbolisme à Paris, en 1925, et devient un maître du néologisme, empruntant symboles et images à la littérature et aux rites traditionnels juifs. Sa poésie expressionniste est le reflet d'époques troubles et tragiques (*Douleur,* 1924 ; *Pierres de la désolation,* 1934 ; *le Livre des échelles,* 1972).

SHOA → CHOA.

SHOCKLEY (William Bradford), physicien et technicien américain (Londres 1910 - Palo Alto 1989). Ses études sur les semi-conducteurs et sa mise au point des transistors lui ont valu en 1956 le prix Nobel de physique, avec ses collaborateurs J. Bardeen et W. H. Brattain.

SHŌGUN [ʃogun] ou **SHOGOUN** n. m. inv. (jap. *shōgun,* général). De 1192 à 1867, titre de celui qui détenait le pouvoir militaire et civil au Japon. (Il y eut trois dynasties shōgunales : les Minamoto, les Ashikaga et les Tokugawa.)

SHŌGUNAL, E, AUX [ʃogu-] adj. Relatif aux shōgun.

SHŌGUNAT [ʃogu-] n. m. Forme de gouvernement militaire instaurée au Japon en 1192.

SHOLĀPUR, v. de l'Inde (Mahārāshtra), au S.-E. de Bombay ; 620 499 hab. Carrefour routier et ferroviaire. Centre commercial et agricole (coton). Textile.

SHOLES (Christopher Latham), inventeur américain (Mooresburg, Pennsylvanie, 1819 - Milwaukee, Wisconsin, 1890). Il mit au point en 1867, avec Samuel Soulé et Carlos Glidden, la première machine à écrire pratique, dont la fabrication fut entreprise par Remington à partir de 1873.

SHONAS ou **CHONAS,** population bantoue du Zimbabwe et du Mozambique, groupant environ 2 millions de membres.

SHOOT [ʃut] n. m. (angl. *shoot,* de *to shoot,* tirer). **1.** Au football, syn. de TIR. — **2.** *Pop.* Injection de drogue, piqûre.

SHOOTER [ʃute] v. i. (de *shoot*) [conj. 3]. **1.** *Vx.* Au football, faire un shoot ; tirer. — **2.** *Fam.* Donner avec force un coup de pied dans un ballon.

◆ **se shooter** v. pr. *Pop.* Se faire une injection de drogue.

SHOPPING [ʃɔpiɲ] n. m. (angl. *shopping,* de *to shop,* courir les magasins). Action de se rendre dans les magasins pour regarder les vitrines, les étalages et faire des achats.

SHORAN n. m. (abrév. de l'angl. *short-range,* à courte portée). Dispositif permettant à un navire ou à un aéronef de connaître leur position par l'utilisation de deux balises répondeuses.

SHOREA n. m. (de J. *Shore,* n. pr.). Grand arbre (diptérocarpacée) répandu de l'Inde aux Philippines, donnant un bois apprécié, des fruits dont l'amande fournit une huile alimentaire, un tourteau utilisé pour le bétail et des résines (damar).

SHORT [ʃɔrt] n. m. (angl. *shorts,* de *short,* court). Culotte très courte portée pour certains sports ou comme tenue de vacances.

SHORTBREAD [ʃɔrtbrɛd] n. m. (angl. *shortbread,* sablé). Biscuit sablé, très riche en beurre. (Spécialité écossaise.)

SHORTENING [ʃɔrtniŋ] n. m. (angl. *shortening,* matière grasse). Corps gras utilisé dans la fabrication des biscuits pour les rendre croustillants.

Shorthorn *(race),* race anglaise de bovins de boucherie, originaire du comté de Durham, qui a servi, par croisements, à l'amélioration de nombreuses autres races. (Elle est aussi appelée *race de Durham.*)

SHORT TON [ʃɔrtɔn] n. f. (pl. *short tons*) [angl. *short,* petit, et *ton,* tonne]. Unité de mesure de masse américaine égale à 2 000 pounds (environ 907 kg) et appelée aussi TON ou TONNE AMÉRICAINE.

SHOSHA ou **SOGO-SHOSHA** n. f. inv. (mot jap.). Au Japon, société de commerce chargée de diffuser les produits des entreprises industrielles qui lui sont liées et d'assurer l'ensemble de leurs relations avec le marché.

SHOSHONES ou **SHOSHONIS,** Indiens uto-aztèques d'Amérique du Nord (env. 8 000), principalement établis dans l'Idaho, ainsi qu'au nord du Nevada et au nord de l'Utah.

Shōsōin, pavillon bâti sur pilotis construit au milieu du VIIIe s., dans l'enceinte du Tōdai-ji* de Nara, pour abriter les collections de son fondateur, l'empereur Shōmu (remarquable ensemble d'œuvres d'art de l'époque Tang).

SHŌTOKU TAISHI (573-622), titre posthume sous lequel est connu le prince japonais **Umayado,** qui exerça la régence de 600 à 622. Il joua un rôle important dans la propagation du bouddhisme et fit pénétrer le Japon dans l'orbite culturelle de la Chine. Il prépara un Code de lois d'inspiration bouddhique, qui s'adressait à la classe dirigeante de l'époque. Il fonda de nombreux sanctuaires, dont le Hōryu-ji.

SHOUROUPPAK, auj. **Fara,** cité sumérienne (v. 3300-2000 av. J.-C.), au S.-E. de Nippour. C'est la ville du Déluge dans la version sumérienne de ce mythe. Datant de l'époque proto-dynastique (milieu du IIIe millénaire) a été retrouvée une riche collection de tablettes et d'empreintes de sceaux.

SHOUTROUK-NAHHOUNTE Ier, roi d'Élam (v. 1185-1158 av. J.-C.). Il attaqua la Babylonie et prit les villes d'Akkad, d'où il emmena, à Suse, les statues et stèles qui sont aujourd'hui au Louvre (stèle de Narām-Sin, code d'Hammourabi, etc.).

SHOW [ʃo] n. m. (angl. *show,* spectacle). Spectacle de variétés centré sur une vedette.

SHŌWA TENNŌ → HIROHITO.

SHOW-BUSINESS [ʃobiznɛs] ou, fam., **SHOW-BIZ** n. m. inv. (angl. *show,* spectacle, et *business,* affaires). Industrie, métier du spectacle.

SHOWMAN [ʃoman] n. m. (pl. *showmen* [-mɛn]) [angl. *showman*]. Artiste qui a le sens du spectacle et du contact direct avec le public.

SHOWROOM [ʃorum] n. m. (angl. *show,* spectacle, et *room,* local). Local où un industriel, un commerçant, un couturier, etc., montre au public ses nouveaux produits.

SHŌYŌ DAISHI, nom posthume du moine japonais **Dōgen** (1200-1253), l'un des propagateurs du bouddhisme *zen,* dont il commença à prêcher les principes en 1223, à son retour de Chine.

SHQIPËRIA, nom albanais de l'Albanie.

SHRAPNELL ou **SHRAPNEL** n. m. (de H. *Shrapnel,* n. pr.). Obus rempli de balles.

SHREVEPORT, v. des États-Unis (Louisiane), sur la rivière Rouge du Sud ; 206 000 hab. Centre commercial, industriel et financier d'une riche région agricole, forestière et pétrolière.

SHREWSBURY, v. de Grande-Bretagne, ch.-l. du Salop, sur la Severn ; 56 200 hab. Églises médiévales (vitraux d'env. 1500 à St Mary) ou classiques. Maisons à colombages. Musées.

SHTETEL ou **SHTEL** n. m. (mot yiddish, de *stot,* ville). Avant 1945, communauté villageoise juive, d'Europe centrale, notamment de Pologne et de Lituanie.

SHUI ou **CHOUEI** ou **PAI-I,** minorité nationale de Chine établie dans le Guangxi (région autonome Zhuang) et le Guizhou (région autonome Shui). Leur nombre dépasse les 200 000 personnes.

Shujing ou **Chou-king** *(livre des documents),* l'un des cinq classiques chinois. Les considérations historiques et politiques qui y sont consignées ont influencé considérablement la pensée chinoise, notamment Confucius.

SHUMWAY (Norman Edward), chirurgien américain (Kalamazoo, Michigan, 1923). Il a réalisé, en 1968, sa première transplantation cardiaque chez l'homme, la première aux États-Unis et la quatrième dans le monde. Il a fait faire d'immenses progrès à la chirurgie à cœur ouvert.

SHUNGA n. m. (mot jap. signif. *peinture obscène*). Estampe de scènes érotiques, dont le genre reste associé à tout le développement de l'*ukiyo-e.*

SHUNT [ʃœt] n. m. (angl. *shunt,* de *to shunt,* dériver). **1.** Dispositif conducteur connecté en parallèle avec une partie d'un circuit électrique pour dériver une fraction du courant qui la traverse. – **2.** Dérivation ou court-circuit mettant en communication le circuit artériel et le circuit veineux ; création d'une telle communication dans un dessein thérapeutique. (→ *encycl.*) – **3.** *Moteur shunt,* moteur dont l'enroulement inducteur est disposé en dérivation aux bornes de l'enroulement d'induit.

ENCYCL. **Pathol.** et **Chir.** Le shunt se produit dans certaines malformations cardiaques (défaut de cloisonnement entre oreillettes et ventricules) ou vasculaires (passage direct du sang de l'artère vers la veine). En néphrologie, on crée un shunt entre artère et veine pour réaliser des séances d'épuration extrarénale (rein artificiel).

SHUNTAGE [ʃœ̃-] n. m. Action de shunter.

SHUNTER [ʃœ̃-] v. t. (conj. 3). Pourvoir un circuit d'un shunt.

SHUSHI → SUSHI.

SHUTE (Nevil Shute NORWAY, dit **Nevil**), écrivain britannique (Ealing, près de Londres, 1899 - Melbourne, Australie, 1960). Aviateur, ingénieur, il mêle dans ses romans fiction narrative et connaissances techniques (*le Testament* [*A Town Like Alice*], 1950).

SHUTERIQI (Dhimitër), écrivain albanais (Elbasan 1915). Il est l'initiateur du réalisme socialiste dans la littérature romanesque albanaise (*les Libérateurs,* 1952).

Shylock, personnage principal du *Marchand de Venise* de Shakespeare, usurier impitoyable qui finit dans le ridicule.

1. SI (**s'** devant *il* et *ils*) conj. (lat. *si*). Indique : **1.** avec l'ind. prés. ou passé, la condition (éventuel) : *Si tu viens me voir, tu seras bien reçu.* – **2.** avec l'ind. imparf. ou pl.-q.-parf., la répétition ; toutes les fois que : *S'il se trompait, on corrigeait son erreur.* – **3.** avec l'ind. imparf. (et le cond. dans la principale), une hypothèse irréalisable dans le présent (irréel du présent) ou réalisable dans l'avenir (potentiel) : *Si j'avais ce livre, je vous le donnerais. Si je trouvais ce livre, je vous le donnerais.* – **4.** avec l'ind. ou le subj. pl.-q.-parf. (et le cond. ou le subj. pl.-q.-parf. dans la principale), une hypothèse qui n'a pu se réaliser dans le passé (irréel du passé) : *Si je vous avais vu, je vous aurais prévenu.* – **5.** dans les phrases exclamatives avec l'imparf., un souhait irréalisable ou douteux et, avec le pl.-q.-parf., le regret : *Si au moins il faisait beau demain !* – **6.** *Si ce n'est,* sinon, sauf. ‖ *Si ce n'est que,* marque la restriction ; excepté que. ‖ *Si... c'est que...,* marque le fait à expliquer et l'explication. ‖ Litt. *Si j'étais que de vous, si j'étais vous,* si j'étais à votre place. ‖ *Si... ne,* à moins que. ‖ *Si tant est que,* s'il est vrai que ; pour autant que.

◆ n. m. inv. Expression d'une condition ; condition restrictive : *Avec lui, il y a toujours des si et des mais.*

2. SI (**s'** devant *il* et *ils*) adv. interr. et exclamatif (de *si 1*). Introduit une interrogative indirecte correspondant à *est-ce que* dans l'interrogative directe : *Je vous demande si vous viendrez.*

3. SI adv. d'affirmation (lat. *sic,* ainsi). **1.** Marque la dénégation après une interrogation négative et s'emploie dans une réponse : *Vous ne le croyez pas ? – Si, je le crois ;* dans une complétive, une phrase sans verbe, et avec les coordinations répond à une interrogative négative : *Je pense que si. Lui ne viendra pas, mais moi si.* – **2.** *Si fait,* expression vieillie syn. de SI.

4. SI adv. de quantité (de *si 3*). **1.** Marque l'intensité d'un adjectif ou d'un adverbe (suivi d'une subordonnée de conséquence) : *Il est si grand qu'il ne peut passer par cette porte.* – **2.** Marque une intensité affective : *Cet homme est si généreux !* – **3.** Marque une comparaison d'égalité dans une phrase négative ou interrogative (au lieu de *aussi*) : *On n'est jamais si malheureux qu'on s'imagine.* – **4.** *Si... que,* encadrant un adjectif ou un adverbe, introduit une subordonnée concessive ; quelque... que : *Si mal qu'il ait agi, il faut lui pardonner.* (Avec un adj., on peut employer *si... soit-il* : *Si aimable soit-il.*) – **5.** *(Tant et) si bien que,* introduit une subordonnée de conséquence : *La chance tourna si bien qu'il perdit tout.*

5. SI n. m. inv. (lat. *Sancte Johannes,* saint Jean). Note de musique, septième degré de la gamme d'*ut.*

Si, symbole chimique du *silicium.*

SI [ɛsi], abréviation désignant le système international d'unités*.

SIAL n. m. (de *silice* et *aluminium*). Anc. nom de la partie superficielle de la lithosphère crustale où prédominent la silice et l'aluminium. (Dans les théories modernes, il correspond à la croûte continentale.)

SIALADÉNITE n. f. Inflammation d'une glande salivaire.

SIALAGOGUE adj. et n. m. Syn. de SALIVANT.

SIALIDÉ n. m. Nom de famille d'insectes mégaloptères, dont les larves, aquatiques et carnassières, vivent dans les eaux à cours lent et respirent à l'aide de longues branchies filiformes.

1. SIALIQUE adj. (de *sial*). Se dit des magmas de composition granitique qui se forment dans la croûte continentale.

2. SIALIQUE adj. (gr. *sialon,* salive). *Acide sialique,* acide N-acétyl neuraminique (NANA), entrant dans la constitution des gangliosides et intervenant dans la transmission synaptique de l'influx nerveux.

SIALIS [-lis] n. m. Insecte (sialidé) au corps brun, aux ailes rembrunies.

SIALK *(Tepe),* site archéologique du plateau iranien, au sud de Kāchān occupé du VIe au Ier millénaire. Dès l'origine, on constate la présence de cuivre martelé et celle de céramique, avec pour celle-ci une évolution qui amène, au IVe millénaire, de beaux décors peints géométriques ou animaliers (Louvre). La même époque voit les débuts de l'urbanisation.

SIALKOT, v. du Pākistān, au N. de Lahore ; 296 000 hab. Centre commercial et industriel (mécanique, textile, caoutchouc, instruments de musique, céramiques). Collèges universitaires.

SIALLITIQUE adj. Relatif à la siallitisation.

SIALLITISATION n. f. Développement d'une fraction argileuse importante (ou minéraux argileux) lors de l'altération des roches et de la formation des sols.

SIALORRHÉE n. f. Syn. de PTYALISME.

SIAM, anc. nom de la Thaïlande.

SIAM *(golfe de* ou *du),* anc. nom du golfe de Thaïlande.

SIAMANG [-mɑ̃] n. m. (mot malais). Gibbon (hylobatidé) de Malaisie, au pelage sombre et épais, pourvu d'un sac laryngé.

SIAMOIS, E adj. et n. **1.** Du Siam. — **2.** Se dit d'une race de chats originaire d'Extrême-Orient, à la face couleur brun foncé, aux yeux bleu intense, à la robe brun fauve à crème. — **3.** *Frères siamois, sœurs siamoises,* jumeaux rattachés l'un à l'autre par une membrane placée à hauteur de la poitrine ou, plus généralement, par deux parties homologues de leurs corps.

◆ **siamois** n. m. **1.** Syn. de THAÏ. — **2.** Chat siamois.

SIAN → XI'AN.

SIANG-KIANG → XIANGJIANG.

SIANG-T'AN → XIANGTAN.

SIBELIUS (Johan Julius Christian, dit **Jean**), compositeur finlandais (Hämeenlinna 1865 - Järvenpää 1957). La symphonie *Kullervo,* d'après le *Kalevala* (Helsinki, 1892), fonde sa renommée en Finlande. Il participe aux revendications nationalistes de son pays. Naissent alors *Finlandia* (1899), puis les symphonies nº 1 et 2 (1899 ; 1902). Après 1904, ses œuvres tendent vers l'universalité et le classicisme. Il compose alors le concerto pour violon (1903, révisé en 1905), la symphonie nº 3, le quatuor à cordes *Voces intimae* (1909), la symphonie nº 4 (1911), la symphonie nº 5 (1915, révisée en 1916 et 1919) ; la symphonie nº 6 (1923), la symphonie nº 7 (1924), le poème symphonique *Tapiola* (1926).

ŠIBENIK, v. de Croatie, sur l'Adriatique ; 30 000 hab. Centre industriel et commercial. Port exportant du bois et de la bauxite.
— **Bx-arts.** La ville conserve pour l'essentiel son aspect des XVe-XVIIe s. Cathédrale des XVe et XVIe s., commencée en style gothique par des maîtres italiens, continuée par Juraj* Dalmatinac, puis par Nikola Firentinac, qui lui ont donné son empreinte Renaissance. Église conventuelle St-Frane (gothique du XIVe s., avec décors baroques), et autres monuments. Musée.

SIBERECHTS (Jan), peintre flamand (Anvers 1627 - Londres v. 1703). Il travailla sous l'influence des Hollandais italianisants (Both, Berchem...), puis, dans une manière plus libre, attentive aux effets de lumière, devint le « peintre de la paysanne flamande » (*le Gué,* 1665, musée d'Anvers). Il fut appelé en Angleterre vers 1672.

SIBÉRIE, la plus grande des régions géographiques de Russie. Au sens traditionnel du terme, la Sibérie s'étend de l'Oural à l'océan Pacifique, entre l'océan Arctique au N., le Kazakhstan et la frontière avec la Mongolie et la Chine au S. (près de 13 millions de km², environ 25 fois la France). Au sens restreint, la Sibérie comprend les régions économiques de *Sibérie occidentale* et de *Sibérie orientale,* les régions bordières de l'océan Pacifique formant l'Extrême-Orient russe.

Géographie. La mise en valeur de l'espace sibérien, qui recèle d'importantes ressources énergétiques et minérales, est rendue difficile par son éloignement et par la rigueur de son climat. Celui-ci, continental froid, se caractérise par de fortes amplitudes thermiques et des hivers très longs (4 à 9 mois). Des trois milieux biogéographiques, la toundra, au N. du cercle polaire et sur les hauteurs, offre le moins de ressources, tandis que la taïga représente les trois quarts des réserves de bois du pays. Quant au sud de la Sibérie occidentale, il appartient à la zone de la steppe boisée et de la steppe aux sols noirs favorables à l'agriculture. Trois grands fleuves, l'Ob, l'Ienisseï et la Lena, drainent la Sibérie vers l'océan Arctique. La région, très peu peuplée (env. 25 millions d'hab.), fournit matières premières et énergie.

• *La Sibérie occidentale.* C'est la plus peuplée. C'est une vaste plaine marécageuse, drainée par l'Ob, bordée au sud-est par le massif de l'Altaï. Ses ressources sont agricoles : céréales sur les terres vierges des steppes semi-arides, et énergétiques : charbon dans le Kouzbass, pétrole et gaz naturel dans le bassin de l'Ob moyen, importante zone de production d'hydrocarbures. Outre le couloir de peuplement le long du Transsibérien, de grands centres, urbains et industriels, se sont développés : Novossibirsk, Omsk, Tomsk.

• *La Sibérie orientale.* Elle est beaucoup plus étendue. S'y succèdent, du nord au sud, la presqu'île de Taïmyr, montagneuse, le plateau de Sibérie centrale et des hauteurs, les monts Saïan et les monts entourant le lac Baïkal. L'agriculture n'est possible que dans le Sud, autour du Baïkal et sur le haut Ienisseï. La mise en valeur s'organise autour de l'hydroélectricité (métallurgie de l'aluminium, traitement du bois), de l'exploitation des minerais non-ferreux (Norilsk) et du lignite (Kansk-Atchinsk) à partir des deux centres d'Irkoutsk et de Krasnoïarsk.

Préhistoire et histoire. Progressivement libérée des glaces, la Sibérie a été le foyer de nombreuses cultures préhistoriques avec au paléolithique une production, entre 24000 et 22000 av. J.-C., de statuettes féminines en ivoire. À l'est, les cultures du Baïkal participent à l'élaboration du néolithique chinois. Au nord de l'Altaï, des sépultures princières (VIe s. av. J.-C.) ont livré un riche mobilier funéraire au répertoire décoratif proche de celui des Scythes. À partir de la fin du IIIe s. av. J.-C., des populations mongoles et turques se substituent aux anciennes populations autochtones. Cependant, les Toungouses organisent un royaume dans les régions proches du Pacifique (VIIe-Xe s.). Au XVe s. se constitue le khanat mongol de Sibérie, détruit en 1598 par les Cosaques. Vers 1582 débute la colonisation russe, qui atteint la mer d'Okhotsk en 1639. En 1860, la Chine reconnaît la domination russe sur les territoires de l'Amour et de l'Oussouri. La construction du Transsibérien (1891-1916) permet alors la mise en valeur de la Sibérie méridionale.

SIBÉRIE (Nouvelle-), en russe **Novossibirskie Ostrova,** grand archipel situé au N. de la côte sibérienne de la russie, entre la mer des Laptev et la mer de Sibérie orientale ; 35 000 km². Ses îles principales sont l'île Kotelnyï, l'île Fadeïev, les îles Liakhov et l'île de la Nouvelle-Sibérie.

SIBÉRIE ORIENTALE *(mer de),* mer épicontinentale de l'océan Arctique, entre l'archipel de la Nouvelle-Sibérie et l'île Wrangel ; 660 000 km².

SIBÉRIEN, ENNE adj. et n. **1.** De Sibérie. — **2.** Se dit d'un froid très rigoureux, glacial.

ENCYCL. Les populations sibériennes comprennent plus d'un million d'individus : ce sont les Turco-Mongols (Bouriates, Iakoutes), les Finno-Ougriens (Ostyaks, Samoyèdes, Lapons), les Paléoasiatiques (Gilyaks, Koriaks, Tchouktches, Kamtchadales, Ioukaguirs) et les Toungouses.

SIBILANCE n. f. Caractère sibilant.

SIBILANT, E adj. (lat. *sibilans, -antis,* de *sibilare,* siffler). **1.** Qui produit un sifflement. — **2.** *Râle sibilant,* râle de tonalité aiguë, qui s'entend lorsqu'il y a atrésie des bronches ou lorsque ces conduits sont bouchés par des produits d'exsudation (en cas de bronchite notamment).

SIBIU, v. de Roumanie, en Transylvanie ; 164 000 hab. Elle devint au XIIIe s. une colonie saxone qui prit le nom d'*Hermannstadt* au XIVe s. Restes d'enceintes et autres souvenirs médiévaux. Riche musée dans le palais Brukenthal, du XVIIIe s. Centre industriel.

SIBOUR (Marie Dominique), prélat français (Saint-Paul-Trois-Châteaux 1792 - Paris 1857). Archevêque de Paris (1848), populaire par son zèle pastoral, il fut assassiné par un prêtre interdit.

SIBYLLE n. f. (lat. *sibylla,* du gr. *sibulla*). Prophétesse inspirée spécialement par Apollon. (Les sibylles d'Érythrées et de Cumes étaient les plus connues.)

SIBYLLE (v. 1150-1190), reine de Jérusalem (1186-1190), fille du roi de Jérusalem Amaury Ier. Elle épousa, en 1180, Gui de Lusignan. Elle devint reine après la mort se son fils Baudouin V (1187), mais perdit tout pouvoir après la prise de Jérusalem par Saladin.

SIBYLLIN, E adj. (lat. *sibyllinus*). **1.** Propre aux sibylles. — **2.** *Litt.* Dont le sens est obscur, énigmatique : *Paroles sibyllines.* — **3.** *Livres sibyllins,* recueil romain d'oracles attribués à la sibylle de Cumes. (Il aurait été vendu par elle à l'un des Tarquins, et fut conservé longtemps au Capitole.) ‖ *Oracles sibyllins,* recueil de prophéties et de malédictions à l'adresse des autorités romaines.

SIC adv. (lat. *sic,* ainsi). Entre parenthèses, à la fin d'une citation ou après un mot, indique qu'on les cite textuellement, signalant ainsi quelque particularité orthographique ou typographique.

S. I. C. A. n. f. Abrév. de SOCIÉTÉ* D'INTÉRÊTS COLLECTIFS AGRICOLES.

SICA (Vittorio DE) → DE SICA (Vittorio).

SICAIRE n. m. (lat. *sicarius,* de *sica,* poignard). *Litt.* Tueur à gages.

SICAMBRES, peuple de Germanie, établi à l'est du Rhin, entre Sieg et Lippe. Il fut décimé par Tibère (8 apr. J.-C.).

SICANES ou **SICANIENS,** population primitive de la Sicile méridionale et occidentale. Elle fut soumise par les Sicules.

SICARD (Roch Ambroise CUCURRON, dit), pédagogue français (Le Fousseret 1742 - Paris 1822). Entré dans les ordres, il dirigea l'institut des Sourds-Muets de Bordeaux puis succéda à l'abbé de L'Épée à la tête de l'établissement de Paris (1789).

SICAV n. f. inv. (abrév. de *société d'investissement à capital variable*). Société anonyme dont l'objet est la gestion d'un portefeuille de valeurs mobilières ; elle met ainsi au service de l'épargne individuelle un mode collectif d'investissement ; son capital social évolue en fonction des entrées et des sorties des associés.

SICCATEUR n. m. (lat. *siccatum,* de *siccare,* sécher). Fils de fer tendus entre des piquets sur lesquels on fait sécher le foin au champ.

SICCATIF, IVE adj. (bas lat. *siccativus,* du lat. class. *siccare,* secher). Se dit d'une matière (huiles de lin, de bois de Chine) qui, appliquée en couche mince, est apte à se polymériser sous l'action de l'air et, éventuellement, de la lumière.

◆ **siccatif** adj. et n. m. Préparation à base de composés métalliques ou organo-métalliques douée de propriétés catalytiques et qui, ajoutée à doses relativement faibles à des huiles, vernis, peintures, active leur siccativité propre.

SICCATIVITÉ n. f. Propriété des substances et des préparations siccatives.

SICCITÉ [siksite] n. f. (lat. *siccitas,* de *siccus,* sec). Qualité de ce qui est sec.

SICHEM, ville cananéenne de Samarie, retrouvée au tell Balata, entre le mont Garizim et le mont Ebal. Première ville du royaume des Hébreux avant la proclamation de Jérusalem comme capitale (v. 1000 av. J.-C.), capitale du royaume d'Israël jusqu'à la fondation de Samarie (v. 800 av. J.-C.), elle déclina après le retour de l'exil (v. 530 av. J.-C.), quand elle ne fut plus que la métropole des Samaritains.

SICHUAN ou **SSEU-TCH'OUAN,** province de la Chine centrale ; 569 000 km² ; 107 200 000 hab. Cap. *Chengdu.* La province, qui tire son nom des nombreux cours d'eau qui y coulent, est traversée au sud par le Yangzi Jiang. C'est la plus peuplée des provinces chinoises. Les plaines et les collines qui composent la majorité de ses paysages y sont cernées par des montagnes. De ce fait, le climat est très doux et, grâce à l'irrigation, l'agriculture, riche et variée (riz, blé, maïs, patates, tabac, arachide, colza, mûriers, thé, orangers). Les ressources du sous-sol (charbon, fer, sel gemme, phosphates, cuivre, pétrole et gaz) ont permis le développement de la sidérurgie et de deux grands centres urbains et industriels, Chengdu et Chongqing.

SICHUAN ou **SSEU-TCH'OUAN** *(Alpes du),* montagnes de la Chine aux confins du Sichuan et du Yunnan dont l'altitude est en moyenne de 5 000 à 6 000 m. ; le Yangzi Jiang, le Yalong et d'autres rivières y enfoncent leurs gorges de 2 000 m environ.

SICIÉ *(cap),* promontoire de la côte de Provence (Var), au S.-O. de Toulon ; 358 m.

SICILE, en ital. **Sicilia,** île de la Méditerranée, constituant une région d'Italie, qui comprend 9 provinces et dont la capitale est Palerme ; 25 708 km² ; 4 961 383 hab.

Géographie. Séparée de l'Italie péninsulaire par le détroit de Messine (5 km), l'île, de forme triangulaire, est la plus grande des îles méditerranéennes. Elle est dominée par des montagnes au nord, et par l'Etna (3 345 m) à l'est. Des collines occupent le Centre et des plateaux, le Sud. La densité de population, malgré l'émigration, reste élevée (193 hab/km²), et l'agriculture, active : céréales, vignes, amandiers, cultures maraîchères, agrumes. Le secteur industriel, peu développé, est dominé par l'extraction du pétrole (la majeure partie de la production italienne) et la chimie. Le tourisme, culturel et balnéaire, est très important.

Histoire.

• *Les origines.* La Sicile a été d'abord occupée par les Élymes (à l'O.), les Sicanes et les Sicules. De leurs cultures, l'époque néolithique a laissé de nombreuses sépultures et des vestiges de villages fortifiés.

• *Les colonisations phénicienne et grecque.* Les Phéniciens y apparaissent à l'ouest (après 850 av. J.-C.), suivis par les Grecs (après 750 av. J.-C.) qui occupent les côtes orientales, y fondant des colonies de peuplement et des comptoirs commerciaux : Syracuse, Mégare Hyblaia, Sélinonte, Géla (v. 690), Akragas (Agrigente). Les Grecs n'occupent ni l'intérieur de l'île ni la côte ouest. Au début du Vᵉ s. av. J.-C., une attaque par Carthage est repoussée par Gélon (480 av. J.-C.), tyran de Syracuse de 485 à 478, qui unifie la Sicile grecque et fonde la puissance syracusaine. Vers 450 av. J.-C., Syracuse étend son domaine sur le quart de l'île. Les autres cités, menacées, s'allient à Athènes ; mais l'expédition athénienne (414-413 av. J.-C.) se termine par un désastre. Ségeste fait appel aux Carthaginois, qui dévastent Sélinonte et Himère (408 av. J.-C.), prennent Akragas. Au IVᵉ s., le tyran Denys Iᵉʳ de Syracuse fait reculer les Carthaginois. Ce siècle est marqué par les figures de Timoléon, venu de Corinthe, qui met fin à la tyrannie de Denys le Jeune (344-336) ; d'Agathocle, qui restaure la tyrannie et fait même une expédition en Afrique (310 av. J.-C.). Après 264, la première guerre punique* fait de la Sicile un champ d'opération pour les légions romaines.

• *La Sicile romaine.* Après la première guerre punique et la prise de Syracuse par Marcellus (212 av. J.-C.), l'île devient la première province romaine. Les vastes troupes d'esclaves ruraux se révoltent à deux reprises (135 et 104 av. J.-C.). Un gouverneur, Verrès, met l'île en coupe réglée (73-71 av. J.-C.). Auguste installe des colonies (Palerme, Syracuse, Taormina, Catane). L'île demeure un des greniers à blé de Rome. En 440, elle est occupée par les Vandales, suivis par d'autres Barbares. En 535, Bélisaire la reprend pour le compte de l'Empire d'Orient.

• *La Sicile du Moyen Âge à nos jours.* Au carrefour d'influences diverses laissées par la domination byzantine (VIe-VIIIe s.) puis par celles des Arabes, qui s'installent à partir de 827, la Sicile est ensuite conquise par les Normands de Roger de Hauteville, frère de Robert Guiscard (1061-1091). Dès lors, son destin est lié à celui de l'italie méridionale jusqu'à ce que le royaume passe aux Hohenstaufen (1194) puis à la maison d'Anjou avec l'avènement à Naples de Charles Ier (1266). Après s'être soulevée contre la domination française aux Vêpres siciliennes (1282), l'île, conquise par l'Aragon, se séparera du royaume péninsulaire (toutefois, le royaume des Deux-Siciles sera établi une première fois entre 1442 et 1458), et suivra les destinées de l'Aragon puis de l'Espagne (jusqu'en 1713). Après plusieurs dominations étrangères, celles de la Savoie (1713-1718), de l'Autriche (1718-1734), la Sicile passe aux Bourbons d'Espagne (1734), qui, après le congrès de Vienne (1815), restaurent le royaume des Deux-Siciles (1816-1860). Incorporée au royaume d'Italie après plébiscite (1860), la Sicile a conservé jusqu'à nos jours un particularisme reconnu par la Constitution italienne de 1948, qui en fait une région autonome. La lutte de l'État contre la mafia s'intensifie à partir de 1982.

Archéologie et art.

l'Antiquité

Colons grecs, influences carthaginoises et apports indigènes des Sicanes et des Sicules sont le ferment de l'originalité artistique.

• *Urbanisme.* Bien avant l'époque d'Hippodamos de Milet, les villes sont édifiées selon un plan régulier distinguant : quartier religieux, quartier public et zone résidentielle (Mégare, Hyblaia, Selinonte...). Le château Euryale reste un bon exemple de l'architecture défensive élaborée sous Denys l'Ancien et remaniée jusqu'au milieu du Ier s. av. J.-C.

• *Architecture.* Le style colonial d'Occident est d'inspiration volontiers dorique, puis devient sensible aux influences ioniennes. La richesse des villes les amènent à témoigner de leur piété par de grands programmes de construction dès la fin du VIe et au Ve s av. J.-C. Parmi les monuments les plus célèbres, citons à Agrigente les temples d'Héraclès (fin VIe s. av. J.-C.) d'Héra (début Ve s. av. J.-C.), de Zeus (470 av. J.-C.) de la Concorde (440 av. J.-C.) ; les remparts du IVe s. av. J.-C. à Gela ; le temple (430 av. J.-C.) et le théâtre du IIIe s. à Ségeste ; les temples de Selinonte avec notamment le temple E du Ve s. av. J.-C. ; ou encore les monuments de Syracuse, Tindare, Taormina, etc.

• *Sculpture.* Entre les VIIIe et IVe s. av. J.-C., terres cuites et bronze relèvent souvent d'une inspiration indigène où s'associent spontanéité et sens du détail. Les métopes des temples nous donnent l'idée de l'interprétation de l'art grec *(Persée et la Gorgone, Héraclès et les Cercopes* [début du VIe s.] et, de 450 av. J. C. environ, *Héraclès luttant contre l'Amazone, Pallas luttant contre un géant).*

• *Arts décoratifs.* À côté de l'orfèvrerie, la numismatique a atteint l'un des sommets de l'art antique dans l'œuvre des grands médailleurs Eumenês, Euainetos, Cimon.

depuis le Moyen Âge

La Sicile a été une des grandes terres de l'art islamique, mais comme dans tous les pays reconquis par les chrétiens, hormis à Palerme (plafond sculpté et peint de la chapelle Palatine) peu de vestiges subsistent. En revanche, de nombreux monuments normands portent encore les traces de l'influence musulmane. Des manufactures de tissus jouirent d'une grande réputation, et leurs créations (manteaux de couronnement des rois de Palerme, Vienne, Schatzkammer) portent l'empreinte islamique. De magnifiques mosaïques byzantines décorent les cathédrales de Cefalu et de Monreale (XIIe s.) ; à partir du XIIIe s. il devient difficile de distinguer les productions italiennes de celles de Byzance. Par la suite, le baroque du XVIIIe s. constituera la phase la plus intéressante de l'art sicilien (Palerme, Catane, Noto, Syracuse...).

Sicile *(débarquement de)* [1943]. Les divisions anglo-américaines du général Alexander, débarquées le 10 juill., débordèrent rapidement les défenses germano-italiennes. Après la prise de Palerme (22 juill.) et de Catane (5 août), l'île fut totalement occupée, le 17, par les Alliés.

SICILES (Deux-) → DEUX-SICILES.

SICILIEN, ENNE adj. et n. De Sicile.

◆ **sicilien** n. m. **1.** Dialecte de l'italien méridional parlé en Sicile. — **2.** Étage du pléistocène d'une durée approximative de 300 000 ans, entre les glaciations de Mindel et de Riss.

◆ **sicilienne** n. f. Composition vocale ou instrumentale, de caractère expressif sur un rythme balancé. (On la trouve dans les opéras ou dans les sonates et concertos, insérée entre deux mouvements rapides [Corelli, A. Scarlatti, Vivaldi, J. S. Bach, Händel, Leclair]. Certains romantiques [Chausson, Fauré] l'ont utilisé comme mouvement modéré et expressif.)

SICKERT (Walter), peintre et graveur anglais (Munich 1860 - Bath 1942). Fils d'un peintre danois, il étudia à la Slade School de Londres et reçut les conseils de Whistler. Il organisa à Londres, en 1889, la première exposition des impressionnistes anglais. Installé à partir de 1905 à Camden Town, faubourg de Londres, il fut à l'origine du groupe de ce nom, qui, en 1913, devint le London Group. Ses scènes de genre, portraits et paysages allient impressionnisme et expressionnisme.

SICLE n. m. (gr. *siklos*). Poids et monnaie usités dans l'Orient ancien. (Il valait de 6 à 12 g environ.)

S. I. C. O. B. (sigle de *Salon international d'Informatique, télématique, Communication, Organisation de bureau et Bureautique*), association fondée en 1949 et qui présente chaque année en automne, à Paris, puis à Villepinte (à partir de 1987), tous les équipements de gestion de l'entreprise individuelle ou collective, et, depuis 1984, au printemps, un salon consacré à la mini-informatique, à la micro-informatique et aux progiciels.

SICOMI n. f. inv. (abrév. de *société immobilière pour le commerce et l'industrie*). Société immobilière et financière spécialisée dans la location d'immeubles non équipés à usage industriel et commercial. (Elle bénéficie d'un régime fiscal particulier.)

SICOVAM n. f. inv. (abrév. de *société interprofessionnelle pour la compensation des valeurs mobilières*). Organisme créé en 1949 dont l'objet est de faciliter la circulation des valeurs mobilières par virements de compte à compte et de permettre, entre les banques et agents de change affiliés, des livraisons de titres par simples virements.

SICULES. 1. Peuple primitif de la Sicile venu de la péninsule italique, et établi vers la fin de l'âge du bronze. — **2.** Syn. de SZEKLERS.

SICYONE, en gr. **Sikuôn,** anc. ville du Péloponnèse, sur le golfe de Corinthe. La dynastie des Orthagorides (650-570 av. J.-C.) y exerça une tyrannie pacifique. Elle fut longtemps l'alliée de Sparte jusqu'à la victoire d'Épaminondas. Un tremblement de terre en 23 apr. J.-C. la ruina définitivement. Vestiges hellénistiques et romains.

1. SIDA n. m. Malvacée des régions tropicales, d'usage textile.

2. SIDA n. m. (abrév. de *syndrome immunodéficitaire acquis*). Affection grave, transmissible par voie sexuelle ou sanguine et caractérisée par l'effondrement ou la disparition des réactions immunitaires de l'organisme, favorisant les infections.

ENCYCL. Le sida est décrit pour la première fois aux États-Unis en 1981, et le virus responsable (V. I. H., virus de l'immunodéficience humaine) est identifié en 1983. Mais certains cas isolés ont été rétrospectivement repérés en Grande-Bretagne (1958), en Norvège (1966) et aux États-Unis (1968).

les mécanismes

Le virus découvert en 1983 (V. I. H. 1) et celui découvert en 1985 (V. I. H. 2, cantonné jusqu'à maintenant à l'Afrique de l'Ouest) appartiennent à la famille des rétrovirus. Le V. I. H. s'attaque à certains globules blancs, les lymphocytes T-4 (dits aussi T-CD4 ou auxiliaires), qui jouent un rôle central dans les défenses immunitaires. Le système immunitaire ne peut plus assurer la destruction des cellules cancéreuses ni la défense contre les maladies infectieuses. Les malades deviennent très sensibles à des germes opportunistes qui ne peuvent attaquer l'organisme humain sain. De plus, il existe des cofacteurs, facteurs favorisant le développement et l'entretien du sida, encore plus mal connus (peut-être d'autres virus).

l'épidémiologie

En 1996, l'Organisation mondiale de la santé estimait à 27,9 millions le nombre de personnes infectées par le V. I. H. dans le monde depuis le début de l'épidémie, dont plus des deux tiers (19 millions) pour la seule Afrique subsaharienne.

• *La contamination.* Il existe plusieurs modes de contamination. La voie sexuelle (vaginale, anale ou orale) est la plus fréquente. La voie sanguine concerne essentiellement les échanges de seringues entre toxicomanes, car la transfusion n'est qu'exceptionnellement en cause depuis 1985. La mère peut également transmettre le virus à son enfant au cours de la grossesse. Bien que le virus soit présent dans la plupart des liquides biologiques, aucun autre mode de transmission n'est identifié avec certitude ; on considère que le sida ne se transmet pas par les gestes de la vie courante.

• *Les groupes à risque.* Ils sont constitués des sujets ayant une forte probabilité d'être contaminés : homosexuels (surtout masculins et à partenaires multiples), toxicomanes par voie intraveineuse. Mais, par rapport aux débuts de l'épidémie, cette notion de groupe à risque a été complétée par celle de comportement à risque, se rapportant à toute personne qui a plus d'un partenaire ou un partenaire qu'elle ne connaît pas parfaitement.

les signes et l'évolution

• *La séropositivité.* Une personne est dite « séropositive » pour le sida si son sang contient les anticorps spécifiques correspondants. Pour réaliser ce « sérodiagnostic », on demande d'abord un test simple (« Elisa »), qui, s'il est positif, doit être confirmé par un test plus sophistiqué (« Western Blot », en général). En France, il est interdit de réaliser ces examens sans que la personne soit d'accord.

La séropositivité n'apparaît qu'environ 3 mois après la contamination. Le plus souvent, le sujet reste sans aucun signe physique, parfois même pendant des années. Mais d'autres anomalies biologiques peuvent s'associer à la séropositivité, telle qu'une chute importante des lymphocytes sanguins, qui peut déclencher la mise en route d'un traitement. De plus, une personne séropositive, même sans symptômes, est contagieuse.

• *Les manifestations les plus bénignes.* On peut observer une altération de l'état général (fatigue, amaigrissement, fièvre), des adénopathies (augmentation de volume des ganglions lymphatiques) diffuses, une diarrhée, parfois une méningite.

• *Le sida.* C'est la forme terminale de l'infection par le V. I. H. Il consiste essentiellement en infections opportunistes. Le poumon est le plus fréquemment touché et un parasite, *Pneumocystis carinii,* est le plus souvent mis en cause ; un traitement préventif médicamenteux est proposé systématiquement aux malades. L'atteinte du système nerveux, notamment par le toxoplasme, représenterait 70 % des cas, mais elle est plus ou moins apparente. La rétine et le tube digestif peuvent également être infectés. Les autres germes en cause sont des champignons (cryptocoque) et des virus (cytomégalovirus, virus de l'herpès). En dehors de ces différentes infections, on observe des cancers, dont le plus caractéristique est le *sarcome de Kaposi,* qui se traduit par des taches violettes infiltrant la peau.

la prévention et le traitement

En ce qui concerne la sexualité, la fidélité entre partenaires indemnes ou l'utilisation systématique du préservatif masculin restent les seules préventions efficaces. Depuis quelques années (1985, en France), le V. I. H. est obligatoirement recherché dans les produits du don du sang, et le risque de transmission par transfusion est devenu très faible. Des seringues et des aiguilles stériles sont mises à la disposition des toxicomanes. Si la mise au point d'un vaccin se heurte à des difficultés considérables, on sait de mieux en mieux traiter les infections opportunistes. Contre le V. I. H. lui-même, des combinaisons de plusieurs antiviraux (zidovudine ou AZT, didanosine ou DDI, zalcitabine ou DDC) et d'antiprotéases donnent des résultats très prometteurs. (→ TRITHÉRAPIE.)

SIDAMO n. m. Langue couchitique parlée dans le sud-ouest de l'Éthiopie par environ 1 500 000 locuteurs.

SIDAMO, prov. du sud de l'Éthiopie ; 117 300 km² ; 4 241 527 hab. Ch.-l. *Aouassa.*

SIDDHĀRTHA, l'un des titres donnés à *Gautama,* le *Bouddha,* qui signifie « celui qui a atteint son but ».

SIDE, en lat. **Sida,** anc. ville de l'Asie Mineure (Pamphylie), sur la côte méditéranéenne, non loin du fleuve Mélos. Elle fut une colonie éolienne de Cymé. Sous la domination romaine, elle devint la capitale de la province de Pamphylie. Ensemble de ruines antiques.

SIDE-CAR [sidkar] n. m. (pl. *side-cars*) [angl. *side-car,* de *side,* côté, et *car,* voiture]. Caisse carrossée, montée sur une roue, pourvue d'un siège et que l''on accouple à une moto ; ensemble formé par cette caisse et la moto.

SIDÉEN, ENNE adj. et n. Qui est atteint du sida.

Sidelor, société française créée en 1950, provenant du regroupement d'actifs de diverses sociétés sidérurgiques lorraines. Se rapprochant ultérieurement du groupe de Wendel, elle forma Sacilor*.

SIDÉRAL, E, AUX adj. (lat. *sideralis*). **1.** Qui a rapport aux astres : *Observations sidérales.* — **2.** *Litt.* Qui émane des astres : *Clarté sidérale.* — **3.** *Horloge sidérale,* horloge qui indique l'heure de temps sidéral. ‖ *Révolution sidérale,* intervalle qui sépare deux passages consécutifs d'une planète ou d'un satellite en un point de son orbite.

SIDÉRANT, E adj. *Fam.* Qui étonne énormément : *Nouvelle sidérante.*

SIDÉRATION n. f. (lat. *sideratio,* action funeste des astres). Anéantissement subit des forces vitales, se traduisant par un arrêt de la respiration et un état de mort apparente.

SIDÉRER v. t. (lat. *siderari,* subir l'influence funeste des astres) [conj. **18**]. **1.** Provoquer une sidération. — **2.** *Fam.* Frapper qqn d'un étonnement extrême : *La nouvelle de son départ nous a sidérés.*

SIDÉRITE n. f. (lat. *sideritis,* aimant, du gr. *sidêritês lithos,* pierre de fer). **1.** Dans l'Antiquité, aimant. — **2.** Météorite dans laquelle il n'y a guère que du fer et du nickel. — **3.** Syn. de SIDÉROSE.

SIDÉROBLASTE n. m. Érythroblaste médullaire porteur d'inclusions ferriques non hémoglobiniques (20 à 50 % des érythroblastes de la moelle.)

SIDÉROCYTE n. m. Hématie porteuse d'inclusions ferriques non hémoglobiniques, de couleur bleue. (Env. 1 % dans le sang circulant.)

SIDÉROLITHE ou **SIDÉROLITE** n. f. Météorite dans laquelle la roche et l'alliage fer-nickel sont à peu près en proportions égales.

SIDÉROLITHIQUE ou **SIDÉROLITIQUE** adj. et n. m. Se dit d'une formation d'argiles rougeâtres à concrétions ferrugineuses dérivant d'anciens sols et pouvant être exploitée pour le fer.

SIDÉROPÉNIE n. f. Diminution de la quantité de fer contenue dans le sang.

SIDÉROSE n. f. **1.** Carbonate naturel de fer $FeCo_3$, rhomboédrique, utilisé comme minerai de fer. (Syn. FER SPATHIQUE, SIDÉRITE.) — **2.** Infiltration des tissus par des particules ferrugineuses, exogènes ou endogènes (hémosidérose). — **3.** *Sidérose cellulaire,* accumulation de fer sous forme de granulations intracytoplasmiques.

SIDÉROSTAT n. m. Type de cœlostat à un seul miroir.

SIDÉROXYLON n. m. Arbre (sapotacée) d'Amérique au bois très dur (bois de fer) et au fruit comestible (abricot des bois).

SIDÉRURGIE n. f. (gr. *sidêrourgos,* qui travaille le fer). Ensemble des techniques qui permettent d'élaborer et de mettre en forme le fer, les fontes et les aciers.

ENCYCL. La première méthode d'obtention de l'acier a été la réduction du minerai de fer par le charbon de bois dans des « foyers catalans » de petites dimensions. Les dimensions de l'appareil augmentant peu à peu, on finit par ne plus obtenir que de la fonte (haut fourneau), qu'il fallait décarburer dans un autre appareil (bas foyer, convertisseur). Le procédé actuel est l'*affinage liquide,* qui fournit la quasi-totalité de l'acier employé.

• *Affinage par le vent.* Les procédés Bessemer et Thomas, actuellement en voie de disparition, ont joué un rôle historique considérable. La fonte liquide arrivant du mélangeur est versée dans le convertisseur, au fond duquel souffle un intense courant d'air qui brûle les impuretés du métal. Cette combustion dégage en même temps la chaleur nécessaire pour élever la température du bain de 1 200 °C (fusion de la fonte) à 1 600 °C (fusion de l'acier). Dans le procédé Thomas, destiné aux fontes riches en phosphore et pauvres en silicium, on charge, en même temps que la fonte, la chaux qui sert à éliminer le phosphore. Le silicium, le carbone, puis le phosphore sont successivement oxydés. Le procédé acide, ou Bessemer, permet de traiter les fontes non phosphoreuses riches en silicium.

• *Procédés à l'oxygène.* Le soufflage avec de l'air enrichi en oxygène est aujourd'hui universellement employé. Il permet le traitement de grandes capacités de fonte et l'élaboration d'aciers de haute pureté. Le *procédé* autrichien *LD* (Linz Donawitz) utilise de l'oxygène pur, soufflé dans une cornue sous une pression de 10 bars. La turbulence créée à la surface du bain permet la décarbonisation de la fonte et sa transformation en acier. Le *procédé LD Pompey* fait appel, d'une part, au soufflage d'oxygène pur et, d'autre part, à un laitier enrichi en chaux facilitant la déphosphoration.

Conçu par le professeur Kalling pour traiter les fontes phosphoreuses et accepter des additions de ferrailles, le *procédé Kaldo* utilise une cornue inclinée, oscillante et rotative, l'oxygène pur étant soufflé en surfaces sous une pression de 4 bars. La progression de ce procédé, comme celle du *procédé Rotor,* a été freinée par une importante consommation de garnissages réfractaires. Dans ce dernier procédé, la lance à oxygène possède deux tuyères : l'une souffle de l'oxygène pur dans le bain, l'autre, à 75 % d'oxygène, oxyde le carbone en surface. Le *procédé OLP* (oxygène-lance-poudre), enfin, consiste à injecter de la poudre de chaux dans le jet d'oxygène, et s'adapte bien aux fontes phosphoreuses.

• *Affinage au four électrique.* Le chauffage est assuré par un arc électrique jaillissant entre des électrodes de carbone et les matières placées dans le four. L'affinage s'effectue après fusion, par l'intermédiaire de laitiers oxydants (élimination du silicium et du carbone), puis ultrabasiques (déphosphoration).

SIDÉRURGIQUE adj. Relatif à la sidérurgie.

SIDÉRURGISTE n. Personne qui travaille dans la sidérurgie.

SIDI n. m. (ar. *sīdī,* mon seigneur). **1.** Dans l'arabe d'Afrique, mot que l'on place devant les noms propres des personnes auxquelles on veut témoigner de la considération. — **2.** *Vx.* Terme pop. et raciste désignant un Nord-Africain.

SIDI BEL ABBES, v. d'Algérie, ch.-l. de wilaya, sur l'oued Mekerra ; 187 000 hab. Centre commercial et industriel. Ancienne ville-garnison de la Légion étrangère (1843-1962).

SIDI-BRAHIM n. m. Vin rouge au bouquet développé produit dans la région de Sidi-Brahim (Algérie).

Sidi-Brahim *(combats de)* [23-25 sept. 1845], combats acharnés livrés par le 8e bataillon de chasseurs et par un escadron de hussards contre les 3 000 cavaliers d'Abd el-Kader. L'anniversaire de Sidi-Brahim est devenu la fête de tradition des chasseurs à pied.

SIDI-FERRUCH, auj. **Sidi Fredj,** station balnéaire et touristique d'Algérie, sur la côte occidentale du Sahel d'Alger. C'est sur les plages de Sidi-Ferruch que, le 14 juin 1830, débarqua l'armée française.

SIDI-KACEM, anc. **Petitjean,** v. du Maroc (prov. de Rabat), en bordure de la plaine du Rharb ; 26 800 hab. Centre commercial. Raffinerie de pétrole.

SIDJILMĀSA, anc. cité du Tafilalet, au Maroc. Capitale d'un royaume berbère fondé en 757 apr. J.-C., centre de résistance khāridjite aux VIIIe-IXe s., étape du commerce de l'or et des esclaves, elle fut une ville florissante jusqu'au XIVe s.

SIDNEY (*sir* Henry), administrateur anglais (Londres ? 1529 - Ludlow, Shropshire, 1586). Lord-député d'Irlande (1565-1571, 1575-1578), il introduisit la division en comtés et organisa les présidences de Munster et de Connacht (1567-1569).

SIDNEY (*sir* Philip), écrivain anglais (Penshurst, Kent, 1554 - Arnhem 1586), auteur de sonnets pétrarquistes, d'un roman pastoral à succès (*l'Arcadie,* 1590) et d'une étude critique (*Apologie* ou *Défense de la poésie,* 1595), chef-d'œuvre de la prose anglaise à ses débuts.

SIDNEY (Algernon), homme politique anglais (Penshurst, Kent, 1622 - Londres 1683). Officier de cavalerie dans l'armée parlementaire, il s'opposa à la condamnation de Charles Ier. Après la Restauration, il se prononça en faveur de Monmouth et intrigua aux dépens de Jacques d'York. Impliqué dans le complot de Rye House, il fut condamné à mort.

SIDOBRE (le), région granitique de l'extrémité sud-ouest du Massif central (Tarn), à l'E. de Castres.

SIDOINE APOLLINAIRE *(saint),* en lat. **Caius Sollius Modestus Apollinaris Sidonius,** évêque (Lyon 431 ou 432 - Clermont-Ferrand 487 ou 489). Fils d'un préfet du prétoire, il épousa (452) la fille d'Avitus, empereur en 455-456. Il devint préfet de Rome. Élu évêque de Clermont (471 ou 472), il défendit l'Auvergne contre les Wisigoths. Son œuvre littéraire est une source importante pour l'histoire du Ve s.

SIDOLOGUE n. Médecin spécialiste du sida.

SIDON, auj. **Ṣaydā*** (Liban), cité ancienne de Phénicie. Capitale d'un royaume cananéen à partir du XVe s. av. J.-C., elle entretint un commerce actif avec l'Égypte. Tyr la maintint dans sa dépendance. Puis elle devint tributaire des Assyriens, qui réprimèrent brutalement ses révoltes (701, 677), et des Perses au VIe s., qui en firent autant en 343.
— **Archéol.** Importante nécropole royale qui a livré de nombreux sarcophages (Eshmounazar, Ve s. av. J.-C. au Louvre), ou encore celui dit d'Alexandre (Istanbul) dont le décor est profondément influencé par la sculpture hellénistique. Terrasse monumentale, vestige du temple du dieu Eshmoun, étagée sur la colline qui domine le Nahr al-Awalī.

SIÈCLE n. m. (lat. *saeculum*). **1.** Durée de cent années. — **2.** Période de cent ans, comptée de 1 à 100, de 101 à 200, de 201 à 300, etc., en numérotant à partir d'une origine chronologique appelée *ère : Le troisième siècle avant Jésus-Christ.* — **3.** Période de cent années numérotée à partir de la naissance de Jésus-Christ : *Les écrivains du dix-septième siècle.* — **4.** Temps, époque où l'on vit : *Être d'un autre siècle.* — **5.** Époque marquée par l'action, l'œuvre de qqn, par une découverte, par un certain état : *Le siècle de Périclès. Le siècle de l'atome. Un siècle de barbarie.* — **6.** *Fam.* Très longue période : *Voilà des siècles (un siècle) que je t'attends.* — **7.** *Litt.* Vie ou activités profanes, par oppos. aux activités spirituelles. — **8.** Fam. *Du siècle,* unique en son genre : *Le marché du siècle.* ‖ *Fin de siècle,* décadent. ‖ Fam. *Il y a un siècle, des siècles que,* il y a très longtemps. ‖ *Le Grand Siècle,* l'époque de Louis XIV. ‖ *Les siècles futurs, à venir,* l'avenir, la postérité.

Siècle *(le),* quotidien à l'origine monarchiste constitutionnel fondé en 1836 par M. Dutacq, qui connut un succès considérable en raison de son prix modique et de ses feuilletons, notamment *Capitaine Paul,* de Balzac. Il cessa de paraître en 1917.

Siècle de Louis XIV *(le),* œuvre historique de Voltaire publiée en 1751. Fondée sur des témoignages oraux et des documents écrits, elle glorifie le mécénat royal, mais critique la politique belliqueuse et l'intolérance religieuse du monarque.

SIED (IL) ⟶ SEOIR.

SIEDLCE, v. de Pologne, à l'E. de Varsovie, ch.-l. de voïévodie ; 53 000 hab.

SIEFF (Jeanloup), photographe français (Paris 1933). Il travaille pour les grandes revues américaines de mode (*Harper's Bazaar, Look, Esquire,* etc.), colorant ses travaux de son style propre : angle de vue et perspectives insolites, éclairage dramatique, travail de laboratoire, etc.

SIEGBAHN (Karl Manne), physicien suédois (Örebro 1886 - Stockholm 1978). Il a étudié les spectres des rayons X et découvert en 1925 la réfraction de ces rayons. (Prix Nobel de physique 1924.)

1. SIÈGE n. m. (lat. pop. **sedicum,* du lat. class. *sedere,* être assis). **1.** Meuble ou tout autre objet fait pour s'asseoir : *Prendre un siège.* — **2.** Partie horizontale de ce meuble, de cet objet, sur laquelle on s'assied. — **3.** Postérieur, fesses : *Bain de siège.* — **4.** Place, fonction, mandat de membre d'une assemblée délibérante : *Gagner plusieurs sièges aux élections.* — **5.** Endroit où réside une autorité, où se réunit une assemblée délibérante, où est installée la direction d'une société, d'une association, d'une entreprise, etc. : *Le siège de* *l'O. N. U. est à New York.* — **6.** Endroit où un phénomène a sa source, et notamment partie du corps, organe où se situent certaines fonctions : *Le foie est le siège de nombreuses fonctions métaboliques.* — **7.** Point, endroit de l'organisme où l'on situe l'origine des troubles ressentis par un malade : *Localiser le siège d'une douleur.* • **Dr.** Place où s'assied un juge. ‖ Lieu des séances. ‖ *Jugement rendu sur le siège,* jugement rendu dès la clôture des débats et sans que les juges se retirent en chambre du conseil pour délibérer. ‖ *Magistrature du siège,* syn. de MAGISTRATURE ASSISE*. ‖ *Siège d'exploitation,* lieu où s'exercent certaines opérations techniques ou commerciales pour le compte d'une société. ‖ *Siège social,* domicile d'une société, en principe déterminé dans les statuts. — **Méd.** *Présentation du siège,* présentation dans laquelle la partie fœtale qui se présente à l'engagement dans le bassin est constituée par les fesses. — **Min.** Ensemble d'une exploitation minière, considérée comme une unité, avec ses puits et ses installations du jour et du fond. (On dit aussi SIÈGE D'EXTRACTION et, dans les mines de charbon, FOSSE.) — **Techn.** Portée d'étanchéité du àcorps d'un appareil de robinetterie qui vient en contact étanche avec la portée d'étanchéité de l'obturateur.

2. SIÈGE n. m. (de *siège 1*). **1.** Opération menée contre un ouvrage ou une place forte en vue de s'en emparer de vive force. — **2.** *État de siège,* régime conférant des prérogatives exceptionnelles au gouvernement, en raison d'un péril national grave, et comportant, notamment, un transfert de compétence aux autorités militaires pour le maintien de l'ordre public. ‖ *Faire le siège de,* attendre aussi longtemps qu'il le faut pour être reçu par qqn à qui on doit exposer une demande. ‖ *Lever le siège,* replier l'armée assiégeante sans s'être emparé de la place ; partir, quitter les lieux où l'on était installé depuis un certain temps ; se lever et partir. ‖ *Mon siège est fait,* mon opinion est définitivement arrêtée.

SIÈGE-KILOMÈTRE n. m. (pl. *sièges-kilomètres*). Unité de mesure de la capacité d'un moyen de transport correspondant à 1 siège disponible sur une distance de 1 km.

SIEGEN v. d'Allemagne (Rhénanie-du-Nord-Westphalie), sur la *Sieg ;* 111 845 hab. Église et château du XIIIe s. (musée). Centre industriel. Université.

SIEGÉNITE n. f. Sulfure naturel de cobalt et de nickel, cristallisant dans le système cubique.

SIÉGER v. i. (de *siège 1*) [conj. 22]. **1.** Être membre d'une assemblée délibérante, d'un conseil, etc. : *Il siège au conseil d'administration.* — **2.** Avoir son siège à tel endroit, y exercer son activité : *L'Unesco siège à Paris.* — **3.** Tenir séance, être réuni : *Le tribunal ne siège pas aujourd'hui.* — **4.** Avoir son origine qqpart, y être localisé : *C'est là où siège la difficulté.*

Siegfried (de *Sieg,* victoire, et *Friede,* paix), héros mythique des peuples germaniques *(Nibelungenlied),* le même que le Scandinave Sigurd.

Siegfried, drame musical de R. Wagner → TÉTRALOGIE.

Siegfried *(ligne),* ligne de fortifications construite par les Allemands entre 1936 et 1940 sur la frontière occidentale du Reich. Appelée *Westwall* (« Mur de l'ouest ») par les Allemands, elle remplit son rôle de dissuasion en annihilant toute vélléité offensive française en 1939. Elle fut conquise par les Alliés au cours de l'hiver 1944-45.

SIEGFRIED (Jules), homme politique français (Mulhouse 1837 - Paris 1922). Républicain modéré, il fut presque constamment député de 1885 à 1922. Il fut l'un des dirigeants de l'Alliance républicaine démocratique de W. Rousseau.

SIEGFRIED (André), géographe, historien et sociologue français (Le Havre 1875 - Paris 1959), fils du précédent. Professeur au Collège de France, l'un des fondateurs de la science politique moderne, il fut le promoteur de la sociologie électorale en France (*Tableau politique de la France de l'Ouest,* 1913 ; *Tableau des partis en France,* 1930). [Acad. fr., 1944.]

Siegfried et le Limousin, roman de Jean Giraudoux (1922), dont l'adaptation à la scène (1928), marqua le succès de sa carrière dramatique. Jacques Forestier, le Limousin amnésique devenu un des chefs de la République de Weimar, était le symbole de la réconciliation franco-allemande.

SIE HO → XIE HE.

SIEMENS [si-ou zimɛns] n. m. (de *Siemens,* n. pr.). Unité SI de conductance électrique (symb. S).

SIEMENS (VON), famille d'ingénieurs et d'industriels allemands. — WERNER (Lenthe, près de Hanovre, 1816 - Berlin 1892) fonda en 1847, avec J. G. Halske (1814-1890), la Société Siemens et Halske pour l'établissement de lignes télégraphiques ; il inventa l'induit en navette (1866) puis l'induit en tambour qui devint d'un usage universel en électrotechnique ; il installa, avec ses frères Wilhelm et Carl, plusieurs câbles transatlantiques à partir de 1874 et réalisa la première locomotive électrique (1879) ainsi qu'une ligne de tramway avec deux rails conducteurs. — Son frère WILHELM (Lenthe 1823 - Londres 1883), émigré en 1844 en Grande-Bretagne, améliora les procédés électrochimiques d'Elkington* et perfectionna le procédé d'élaboration de l'acier. — FRIEDRICH (Menzendorf 1826 - Dresde 1904), frère des précédents, imagina en 1856, avec Wilhelm, le four à récupérateur de chaleur pour la fonte de l'acier et du verre. — CARL (Menzendorf 1829 - Menton 1906), frère des précédents, établit de nombreux réseaux télégraphiques à l'étranger, participa à l'installation de grands câbles transatlantiques et introduisit l'éclairage électrique en Russie.

Siemens, société allemande de constructions électriques et électrotechniques, fondée à Berlin en 1847 par Werner von Siemens et Johann Georg Halske. Elle a pris son nom actuel en 1966. Le groupe figure aujourd'hui aux premiers rangs mondiaux pour la production de matériels électriques.

SIEMIANOWICE ŚLĄSKIE, v. de Pologne, en haute Silésie ; 77 000 hab. Centre industriel.

SIEN, SIENNE adj. poss. (anc. fr. *suon,* du lat. *suus*). *Vx.* Épithète avant le n. dans quelques expressions, correspond à *de lui, d'elle : Une sienne cousine.*

◆ pron. poss. de la 3e pers. **1.** Ce qui appartient à lui, à elle : *Notre appartement est plus grand que le sien.* — **2.** *Litt.* Sans article comme attribut : *Il a fait sienne cette idée.* — **3.** Fam. *Faire des siennes,* faire des sottises habituelles. ‖ *Les siens,* ses parents, amis, compatriotes.

SIENKIEWICZ (Henryk), écrivain et journaliste polonais (Wola Okrzejska, près de Maciejowice, 1846 - Vevey, Suisse, 1916). Journaliste dès 1869 et nouvelliste, il soulève les difficultés des Polonais, en Pologne (*les Esquisses au fusain,* 1877) et à l'étranger (*le Gardien du phare,* 1880). Directeur du quotidien *Słowo,* il allie le pathétique à l'humour et l'ironie au grotesque. Patriote, il publie une trilogie historique, *Par le fer et par le feu* (1884), *le Déluge* (1886), *Monsieur Wołodyjowski* (1888), qui lui vaut une grande popularité. Après quelques romans aux thèmes contemporains qui soulignent son traditionalisme, son chef-d'œuvre *Quo* Vadis* (1896) lui vaut une réputation universelle que confirmera son dernier grand roman historique (*les Chevaliers Teutoniques,* 1900). [Prix Nobel 1905.]

SIENNE, en ital. **Siena,** v. d'Italie (Toscane), ch.-l. de province, dans les collines du Chianti ; 61 000 hab. Archevêché. Centre commercial (vins) et touristique. Sienne fut un centre de production de majolique particulièrement actif au XVIe s.

— **Hist.** Centre étrusque, puis colonie romaine *(Sena Julia)* sous Auguste, Sienne acquiert de l'importance comme lieu d'étape entre l'Italie du Nord et Rome à un moment où les Sarrasins menacent les régions côtières (VIIe-VIIIe s.). Elle devient évêché et capitale locale à l'époque lombarde, passe sous la souveraineté de son évêque (milieu du XIe s.) qu'elle rejette un siècle plus tard pour devenir une commune. À partir de cette époque, le développement économique, grâce aux compagnies commerciales, permet une politique d'expansion territoriale. Il favorisera aussi l'épanouissement artistique et religieux. Sienne se rallie alors au parti de l'empereur. Sa victoire sur sa rivale Florence à Montaperti (1260) est effacée par l'échec des Hohenstaufen (Manfred) et les dissensions prolongées au sein du gouvernement communal (dès la fin du XIIIe s.). Si Sienne s'illustre encore aux XIVe et XVe s., notamment dans le domaine religieux (sainte Catherine), les difficultés économiques et la peste noire de 1348 accélèrent son déclin. Elle accepte la seigneurie fondée par Pondolfo Petrucci (1502-1525), subit une occupation espagnole (1530-1552) et un assaut des troupes impériales (1555). Intégrée au grand-duché de Toscane (1569), elle perd son importance politique et économique.

— **Bx-arts.** Le visage actuel de la vieille ville demeure celui qu'ont modelé les XIIIe et XIVe s. : cathédrale (entreprise dans la 2e moitié du XIIIe s.), à laquelle ont travaillé Nicola et Giovanni Pisano, et autres églises gothiques, d'aspect plus sévère ; sur la piazza del Campo, en éventail, Palais public (XIVe s.), au haut campanile et aux rudes murailles (musée), et palais de l'aristocratie. La Pinacothèque de la ville (dans un palais du début du XVe s.) reflète l'originalité de la peinture siennoise, qui se constitue avec Duccio (*Maestà* du musée de l'Œuvre de la cathédrale, 1311), se poursuit avec une école gothique caractérisée par le raffinement linéaire et la préciosité des tons — S. Martini, L. Memmi, les Lorenzetti (grands décors du Palais public) —, se prolonge avec Giovanni di Paolo, Sassetta, etc. Le premier élan de la Renaissance est donné dans la sculpture, grâce à Jacopo della Quercia (fontaine Gaia, 1409-1419 ; fonts baptismaux du baptistère de la cathédrale, avec interventions de Ghiberti, de Donatello, etc.). Dans la peinture du XVe s., le Vecchietta, également sculpteur, et Matteo di Giovanni assurent la transition vers l'art nouveau, qu'exprime Francesco di Giorgio Martini. Pinturicchio, puis Signorelli et le Sodoma travaillent à Sienne. Au XVIe s., le maniériste Beccafumi a une large part dans l'achèvement du dallage historié de la cathédrale.

SIENNE *(terre de)* → TERRE.

SIENNOIS, E adj. et n. **1.** De Sienne. — **2.** *École siennoise,* école artistique qui s'est développée à Sienne, principalement du XIIIe au XVIe s.

SIERCK-LES-BAINS (57480), ch.-l. de cant. de la Moselle, sur la Moselle, près de la frontière de la Sarre ; 1 838 hab. Ruines d'un château fort. Métallurgie.

SIERENTZ (68510), ch.-l. de cant. du Haut-Rhin, au S. de la forêt de la Hardt ; 2 111 hab.

SIEROZEM, n. m. (mot russe). Sol gris des bordures des déserts, formé en profondeur d'un horizon calcaire pauvre en matière organique.

SIERPIŃSKI (Wacław), mathématicien polonais (Varsovie 1882 - *id.* 1969). Il fonda, avec Janiszewski et Mazurkiewicz, l'école mathématique polonaise moderne, qui a largement contribué au progrès de la théorie des ensembles, de la topologie et des fondements logiques des mathématiques. Il a également fait des travaux importants en théorie des nombres.

SIERRA n. f. (esp. *sierra,* scie). Nom donné, dans les pays de langue espagnole, aux chaînes de montagnes. (On dit SERRA en port. et en ital.)

SIERRA, nom donné à l'ensemble des provinces de la région andine de l'Équateur, couvrant au total près de 70 000 km² et comptant plus de 3 millions d'habitants. V. princ. *Quito.*

SIERRA LEONE, État de l'Afrique occidentale ; 72 000 km² ; 4 620 000 hab. CAP. *Freetown.* LANGUE : *anglais.* MONNAIE : *leone.*

Géographie. Plat, en dehors des hauteurs de l'Est, où le pic Bintimane (1 948 m) est le point culminant de l'Afrique de l'Ouest, le pays, proche de l'équateur, connaît un climat tropical humide, très arrosé, surtout au sud. La population, composée essentiellement de Mendés et de Temnés (et où l'islām a progressé), est en majorité agricole. Riz, mil, arachide, manioc sont les principales ressources vivrières, complétées par des cultures commerciales (café, cacao et amandes de palmiste). Les industries extractives dominent (bauxite, rutile et diamants).

Histoire. La côte de la Sierra Leone est explorée dans la seconde moitié du XVe s. par les Portugais, qui s'y livrent au commerce (or, esclaves). Ils sont supplantés par les Anglais au XVIIe s.

1787 : La société antiesclavagiste britannique achète la zone côtière et y accueille des Noirs affranchis venus d'Amérique et des Caraïbes.

1808 : Le littoral devient une colonie britannique.

1896 : Les Britanniques imposent leur protectorat à l'intérieur du pays.

1961 : La Sierra Leone accède à l'indépendance dans le cadre du Commonwealth.

1971-1985 : Siaka Stevens dirige le pays en y instaurant un système de parti unique.

1985-1992 : Le général Momoh détient le pouvoir. Il rétablit le multipartisme (1991).

1992 : Coup d'État militaire. Le nouveau pouvoir, sous la conduite du capitaine Valentine Strasser, doit faire face à une rébellion qui se développe dans l'est du pays, à la frontière du Liberia.

1996 : Le capitaine Strasser est à son tour écarté par un coup d'État militaire.

SIERRE, en all. **Siders,** station touristique de Suisse (Valais), au-dessus du Rhône ; 13 100 hab.

SIESTE n. f. (esp. *siesta,* du lat. *sexta hora,* sixième heure, correspondant chez les Romains à midi). Repos, petit somme, après le repas de midi.

SIEUR [sjœr] n. m. (lat. *seniorem,* accus. de *senior,* compar. de *senex,* vieux). **1.** Qualification dont on fait précéder un nom propre de personne, en style juridique : *L'avocat du sieur X...* — **2.** *Le sieur Untel,* désigne un homme de façon familière ou péjorative.

SIEVERT n. m. (de R. *Sievert,* n. pr.). Unité SI de mesure d'équivalent de dose* de rayonnement ionisant (symb. Sv).

SIEYÈS (Emmanuel Joseph), homme politique français (Fréjus 1748 - Paris 1836). Vicaire général de Chartres (1787), il se rend célèbre par sa brochure *Qu'est-ce que le tiers état ?* (1789). Élu député du tiers par les Parisiens, il joue un rôle décisif, en juin 1789, dans la transformation des états en Assemblée nationale et dans la résistance au roi. Il participe à la création du Club des Jacobins. Député modéré à la Convention, il vote pourtant la mort du roi. Il se tient dans l'ombre pendant la Terreur et a une activité diplomatique après Thermidor. Député aux Cinq-Cents, il devient Directeur en mai 1799 et prépare avec Bonaparte le coup d'État de Brumaire, qui fait de lui un des consuls provisoires. Son projet de Constitution de l'an VIII déplaît au Premier consul, et il est écarté du pouvoir, bien que comblé d'honneurs (président du Sénat [1800], comte [1809]). Il sera exilé de 1816 à 1830 comme régicide. (Acad. fr., 1803.)

SIFFLANT, E adj. **1.** Qui produit un sifflement : *Prononciation sifflante.* — **2.** *Consonne sifflante* ou *sifflante* (n. f.), les consonnes [s] et [z] dont l'émission est caractérisée par un bruit de sifflement aigu.

SIFFLEMENT n. m. **1.** Son aigu et prolongé que peuvent produire certains animaux. — **2.** Son aigu produit soit en chassant l'air entre ses dents, soit à l'aide d'instruments comme le sifflet. — **3.** Bruit aigu et prolongé produit par de l'air, de la vapeur, qui s'échappe avec force d'un orifice relativement étroit : *Le sifflement d'une locomotive.* — **4.** Bruit aigu produit par certains corps en mouvement : *Le sifflement des balles.* — **5.** Acouphène continu ou intermittent de tonie aiguë.

SIFFLER v. i. (bas lat. *sifilare,* du lat. class. *sibilare*) [conj. 3]. **1.** En parlant de certains oiseaux ou de certains animaux, émettre le cri propre à leur espèce ou des sons comparables à des sifflements : *Écouter siffler un merle.* — **2.** Produire un son aigu, en chassant l'air entre ses dents, dans l'ouverture des lèvres, ou à l'aide d'un instrument : *Siffler pour appeler un animal.* — **3.** Produire des sons qui tiennent du sifflement : *Un malade qui siffle en respirant.* — **4.** En parlant de qqch, produire un son aigu et prolongé, en partic. lors d'un mouvement rapide : *Des balles passaient en sifflant.*

◆ v. t. **1.** Moduler un air en sifflant : *Siffler une chanson.* — **2.** Appeler qqn, un animal, attirer son attention en sifflant : *Siffler les filles dans la rue.* — **3.** Rappeler qqn à l'ordre, lui intimer de s'arrêter au moyen d'un sifflet, en parlant d'un agent. — **4.** Accueillir qqn, un spectacle, par des sifflements, des cris de désapprobation ; conspuer : *Siffler un acteur.* — **5.** En parlant de l'arbitre, signaler, par un coup de sifflet, une phase du jeu, une faute, une irrégularité. — **6.** *Fam.* Boire rapidement un verre, une bouteille, les avaler d'un trait.

SIFFLET n. m. (de *siffler*). **1.** Petit instrument avec lequel on produit des sons aigus. — **2.** Appareil de signalisation sonore actionné par la vapeur ou l'air comprimé. — **3.** Désapprobation manifestée par des personnes qui sifflent : *S'exposer aux sifflets du public.* — **4.** *Fam.* Gorge, gosier. — **5.** *Coup de sifflet,* son bref produit par un sifflet. ‖ Fam. *Couper le sifflet à qqn,* le mettre hors d'état de répondre, l'interloquer. ‖ *En sifflet,* se dit d'une coupe, d'une section en biseau, d'une enture, d'un joint de pièces ainsi coupées.

SIFFLEUR, EUSE adj. et n. **1.** Se dit d'un animal qui siffle, a l'habitude de siffler : *Le merle siffleur.* — **2.** Qui siffle, manifeste sa désapprobation devant un spectacle, un artiste. — **3.** Syn. de CORNARD.

◆ **siffleur** n. m. Canard des régions côtières, dont la chasse est autorisée.

SIFFLOTEMENT n. m. Action de siffloter ; bruit ainsi fait.

SIFFLOTER v. i. et t. (conj. 3). Siffler légèrement, négligemment : *Siffloter en travaillant.*

SIFILET n. m. (de *six* et *filet*). Paradisier de Nouvelle-Guinée, au plumage noir velouté dont la tête porte trois longues plumes de chaque côté.

SÍFNOS, usuellement **Siphnos,** île grecque de l'archipel des Cyclades, au S.-O. de Páros ; 83 km^2 ; 2 000 hab. Artisanat. Tourisme.

SIG ou **MEKERRA,** riv. d'Algérie qui draine la plaine du Sig et rejoint la Macta ; 220 km.

SIGALON (Xavier), peintre français (Uzès 1787 - Rome 1837). Ses toiles sont d'un néoclassicisme teinté de romantisme (*la Jeune Courtisane,* 1822, Louvre ; *Locuste,* 1824, musée de Nîmes). Thiers le chargea en 1833 d'aller copier les fresques de Michel-Ange à la chapelle Sixtine (*le Jugement dernier,* E. N. S. B. A., Paris).

SIGEAN *(étang de),* dit aussi **étang de Bages et de Sigean,** étang littoral entre Narbonne et Port-la-Nouvelle. Salines. Il communique avec la Méditerranée par un grau aménagé (sur les rives duquel est établi Port-la-Nouvelle).

SIGEAN (11130), ch.-l. de cant. de l'Aude près de l'étang de Sigean ; 3 452 hab. *(Sigeanais).* Réserve zoologique.

SIGEBERT († v. 509 apr. J.-C.), roi des Francs du Rhin. Il repoussa les Alamans à Tolbiac, sans doute avant 496 apr. J.-C., mais fut ensuite assassiné par son fils, Chlodéric. Clovis lui succéda (v. 509).

SIGEBERT Ier (535 - Vitry-en-Artois 575), roi d'Austrasie (561-575), fils de Clotaire Ier. Il épousa Brunehaut, fille du roi des Wisigoths Athanagild. Il entra vite en conflit avec son demi-frère Chilpéric Ier, roi de Neustrie, marié avec Galswinthe, sœur de Brunehaut. La maîtresse de Chilpéric, Frédégonde, ayant assassiné Galswinthe, Brunehaut poussa son mari à la vengeance. Sigebert avait achevé la conquête de la Neustrie quand Frédégonde le fit assassiner. — **Sigebert II** (v. 601-613), fils de Thierry II, roi de Bourgogne et d'Austrasie. Non reconnu par les leudes à la mort de son père (613), il fut livré à Clotaire II, roi de Neustrie, qui le fit tuer. — **Sigebert III** (631-656), roi d'Austrasie (634-656), fils de Dagobert Ier et de Raintrude. Il abandonna en fait le pouvoir au maire du palais Grimoald.

SIGEBERT de Gembloux, chroniqueur brabançon (au Brabant v. 1030 - Gembloux 1112). Bénédictin, il écrivit un *Chronicon* (ou *Chronographia*) utile pour l'histoire de son temps.

SIGÉE *(cap),* en gr. **Sigeion,** promontoire et cité antique d'Asie Mineure (Troade). Pendant la guerre de Troie, ce fut l'abri de la flotte achéenne.

SIGER de Brabant, théologien brabançon (v. 1235 - Orvieto 1281 ou 1284). Son aristotélisme radical, taxé d'averroïsme, fut combattu par saint Thomas. Sa pensée provoqua dans la philosophie un apport de pensée naturaliste.

SIGFÚSSON (Hannes), écrivain islandais (Reykjavík 1922), un des chefs de file de la génération des « poètes atomiques » (*Témoignages,* 1966).

SIGHIŞOARA, en hongr. **Segesvár,** v. de Roumanie, en Transylvanie (région de Braşov), au S. de Tîrgu-Mureş ; 31 000 hab. La ville haute a gardé des vestiges de remparts, une église du XVe s., une tour des XIIIe-XIVe s. La ville basse est un centre commercial et industriel (confection).

1. SIGILLAIRE adj. (lat. *sigillum,* sceau). Relatif aux sceaux.

2. SIGILLAIRE n. f. (lat. sc. *sigillaria*). Lycopodiacée arborescente fossile des terrains houillers, aux cicatrices foliaires en forme de cachet et dont les racines sont appelées *stigmaria.*

SIGILLÉ, E adj. (lat. *sigillatus*). **1.** Marqué d'un sceau. — **2.** *Céramique sigillée* ou *sigillée* (n. f.), céramique rouge brique, brillante au décor en relief obtenu, avant cuisson, par application de poinçons. (Apparue dans le monde hellénistique, la sigillée se développe surtout dans le monde romain : Campanie et Toscane. Les centres de Gaule prennent, à partir du Ier s., le relais : Graufesenque, Lezoux jusqu'à la fin du IIe s. puis Argonne et Alsace.)

SIGILLOGRAPHIE n. f. (du lat. *sigillum,* sceau). Science auxiliaire de l'histoire, qui a pour objet l'étude des sceaux. (Elle concerne principalement les sceaux du Moyen Âge.) [Syn. vx SPHRAGISTIQUE.]

• *L'Antiquité.* Le principe du sceau réalisé par empreinte est extrêmement ancien. Il remonte au cylindre*-sceau de Mésopotamie et au scarabée égyptien, au ventre couvert de hiéroglyphes. Dans l'Orient ancien, comme en Égypte, le sceau a servi à marquer la propriété d'un objet, comme à fermer les contenants de façon sûre. Les Grecs (Ve s. av. J.-C.) puis les Romains (IIIe s. av. J.-C.) adoptent la pierre gravée ronde ou ovale (intaille), qui sert à la fois de sceau et de chaton de bague. Le sceau chinois paraît de peu antérieur aux Han.

• *Le Moyen Âge.* Les intailles antiques servirent encore aux époques mérovingienne et carolingienne. On connaît aussi des empreintes sur métal, plomb, or ou argent. Ces bulles étaient suspendues au parchemin par des lacets. En France, le type du sceau royal se précise au Xe s., représentant le roi trônant avec ses attributs en main (sceau dit « de majesté »). À partir du XIe s., le sceau est « pendant », suspendu soit par des cordelettes, soit par des rubans de parchemin. Il est souvent marqué sur son autre face d'un contre-sceau, plus petit. La forme des sceaux est souvent ronde (sceaux royaux) ou « en navette » (ovale aux extrémités aiguës). Au XIIe s., l'usage du sceau se généralise aux communautés ecclésiastiques, aux corporations, aux communes et même aux particuliers. Depuis 1500, la signature se substitue progressivement au sceau, qui ne sert plus guère aujourd'hui qu'aux scellés judiciaires, ou pour sceller les actes les plus solennels de l'État. En France, le sceau officiel remonte à la IIe République.

SIGILLOGRAPHIQUE adj. Relatif à la sigillographie.

SIGIRIYA, site archéologique de Sri Lanka, à l'O. de Polonnaruwa. Au sommet d'un piton rocheux, vestiges de la forteresse du roi Kassapa Ier (477-495). Peintures murales représentant 21 jeunes femmes dont les bustes dénudés sortent des nuées.

SIGISBÉE n. m. (ital. *cicisbeo*). *Litt.* Chevalier servant d'une dame.

SIGISMOND *(saint)* [† près d'Orléans, 523], roi des Burgondes (516-523), fils et successeur de Gondebaud. Après avoir répudié l'arianisme, il fonda le monastère de Saint-Maurice d'Agaune. Il s'allia à Théodoric, dont il épousa la fille. Il fut capturé et exécuté par Clodomir, fils de Clovis.

SIGISMOND DE LUXEMBOURG (Nuremberg 1368 - Znaim, auj. Znojmo, 1437), roi de Hongrie (1387-1437), roi des Romains (1410-1433), empereur (1433-1437), roi de Bohême (1419-1437), fils de l'empereur Charles IV. Il fut défait par les Ottomans à Nicopolis (1396). Il fit convoquer le concile de Constance (1414-1418), qui mit fin au grand schisme d'Occident. Malgré le sauf-conduit qu'il avait accordé au réformateur tchèque Jan Hus, ce concile le condamna à mort et le fit brûler (1415). Après la mort de son frère Venceslas IV (1419), Sigismond mena la croisade contre les hussites et les taborites et ne fut reconnu roi de Bohême qu'en 1436.

SIGISMOND Ier JAGELLON le Vieux (Kozienice 1467 - Cracovie 1548), grand-duc de Lituanie et roi de Pologne (1506-1548), fils de Casimir IV, frère et successeur d'Alexandre Ier Jagellon. Il conféra en 1525 au grand maître de l'ordre Teutonique, Albert de Brandebourg, le titre de duc héréditaire de Prusse, en échange de la reconnaissance de sa suzeraineté. Il réussit à incorporer la Mazovie au royaume, après l'extinction des Piast locaux (1526). Il signa en 1533, avec les Ottomans, une « paix perpétuelle » dirigée contre les Habsbourg. Sous son règne et sous celui de son fils, la Pologne connut un remarquable épanouissement de la culture et de l'art de la Renaissance. — **Sigismond II Auguste Jagellon** (Cracovie 1520 - Knyszyn 1572), roi de Pologne et grand-duc de Lituanie (1548-1572), fils du précédent. En conflit avec Ivan IV, il contrecarra ses visées baltiques en se faisant céder la Livonie par le grand maître de l'ordre Teutonique (1561). Il reconnut à la branche aînée des Hohenzollern de Brandebourg le droit de succession en Prusse ducale. Il prépara l'Union de Lublin (1569), qui souda en une république commune la Pologne et la Lituanie. Avec lui s'éteignit la dynastie des Jagellons.

SIGISMOND III VASA (château de Gripsholm, Suède, 1566 - Varsovie 1632), roi de Pologne (1587-1632) et de Suède (1592-1599), fils de Jean II Vasa, roi de Suède, et de Catherine Jagellon, sœur de Sigismond II Auguste. Lors de son couronnement à Uppsala (1593), il dut s'engager à respecter la Bible et la Confession d'Augsbourg. Mais, catholique fervent, Sigismond III contribua au triomphe de la Réforme catholique en Pologne. Charles de Sudermanie, futur Charles IX, le fit déposer en 1599. Sigismond ne renonça pas à ses droits à la couronne de Suède. Il mena des guerres ruineuses et impopulaires, faisant intervenir les Polonais en Russie lors du temps des troubles et luttant contre la Suède (1621-1629), qui s'empara de la Livonie maritime.

SIGLAISON n. f. Formation d'un sigle.

SIGLE n. m. (bas lat. *sigla,* abréviations). Abréviation formée par une suite de lettres qui sont les initiales d'un groupe de mots.
ENCYCL. Les sigles peuvent être lus en épelant les lettres : *P. M. U.* [peɛmy], ou comme un mot ordinaire : *S. N. E. S.* [snɛs] ; certains admettent les deux prononciations : *U. R. S. S.* [yɛrɛsɛs] ou [yrs], O. N. U. [oɛny] ou [ony]. Certains sigles peuvent donner lieu à dérivation : O. N. U. → *onusien ;* C. G. T. → *cégétiste.*

SIGLÉ, E adj. Se dit d'un objet, notamment d'un vêtement ou d'un sac, portant un sigle, des initiales en ornement.

SIGLIQUE adj. Relatif à un sigle.

SIGLUFJÖRDUR, port de pêche de l'Islande, sur la côte nord de l'île ; 2 200 hab.

SIGMA n. m. **1.** Dix-huitième lettre de l'alphabet grec (σ [ou, en nale ς], Σ), qui notait la sifflante [s]. — **2.** Liaison chimique covalente assurée par une orbitale moléculaire sigma. ‖ *Orbitale moléculaire sigma,* orbitale possédant un axe de révolution.

SIGMARINGEN, v. d'Allemagne (Bade-Wurtemberg), sur le Danube, au S. de Stuttgart ; 16 000 hab. Château des Hohenzollern, reconstruit au XIXᵉ s. ce fut le refuge du gouvernement de Brinon, en 1944 et 1945, et la résidence de Pétain après son départ de Vichy.

SIGMOÏDE adj. (gr. *sigmoeidês*). **1.** Qui a la forme d'un sigma majuscule. — **2.** Se dit des cavités que présente l'extrémité supérieure du cubitus. (La *grande cavité sigmoïde* s'articule avec l'humérus ; la *petite cavité sigmoïde* répond à la tête du radius.) — **3.** *Côlon sigmoïde* ou *sigmoïde* (n. m.), portion ilio-pelvienne du côlon. (Le côlon sigmoïde est mobile, contrairement au reste du côlon gauche.) ‖ *Valvule sigmoïde,* chacun des trois replis membraneux qui se trouvent à l'origine de l'artère pulmonaire et de l'aorte, et qui empêchent le reflux du sang vers les ventricules au moment de la diastole.

SIGMOÏDITE n. f. Inflammation du côlon sigmoïde.

SIGNAC (Paul), peintre, graveur et écrivain français (Paris 1863 - *id.* 1935). Sa rencontre avec Seurat en 1884, au moment de la fondation du Salon des indépendants, en fit le principal adepte et théoricien du divisionnisme (*D'Eugène Delacroix au néo-impressionnisme,* 1899). Il a particulièrement exprimé sa sensibilité dans de multiples aquarelles qui, par leur spontanéité, l'emportent en séduction sur ses toiles, d'un systématisme un peu monotone (paysages surtout, telles ses vues de ports : Saint-Tropez, La Rochelle, Venise...). Son rôle a été considérable dans la formation du groupe néo-impressionniste, et déterminante son action en faveur des générations suivantes (fauves, cubistes), comme président de la Société des indépendants (1909-1934).

SIGNAL n. m. (pl. *signaux*) [lat. pop. **signale,* du lat. class. *signum,* signe]. **1.** Tout signe, geste, cri, son, etc., destiné à avertir, à donner une consigne, un ordre : *Lancer un signal de détresse.* — **2.** Dispositif qui produit ou porte un signe conventionnel adéquat pour prévenir de qqch : *Un signal sonore avertit de la fermeture des portes.* — **3.** Fait, événement qui annonce qqch ou en marque le début : *Cet incident a été le signal de l'insurrection.* — **4.** *Donner le signal de qqch,* être le premier à faire qqch qui sert d'exemple, est suivi par d'autres. • **Art contemp.** Sculpture, monument conçus pour se détacher en hauteur dans le paysage, urbain ou autre. — **Ch. de f.** Dispositif de communication permettant de transmettre des indications conventionnelles aux conducteurs des trains ou des mouvements de manœuvre. — **Cybern.** Variation d'une grandeur physique de nature quelconque, transportant de l'information, et grâce à laquelle, dans une installation, un élément en influence un autre. — **Électroacoust.** et **Télécomm.** *Rapport signal sur bruit,* rapport, exprimé en décibels, des puissances du signal utile et du bruit en un point spécifié d'une voie de transmission ou à la sortie d'un appareil de reproduction sonore. — **Éthol.** *Stimulus signal,* syn. de STIMULUS DÉCLENCHEUR. — **Géod.** Construction en charpente, destinée soit à supporter l'appareil de visée, soit à être visée de cet appareil.

SIGNALEMENT n. m. **1.** Description physique de qqn, destinée à le faire reconnaître : *Donner le signalement d'un criminel.* — **2.** Description méthodique des particularités de la robe d'un animal.

SIGNALER v. t. (de *signal*) [conj. 3]. **1.** Attirer l'attention sur qqch, le faire connaître par un signe, un signal, un moyen matériel quelconque : *Signaler une manœuvre avec le clignotant.* — **2.** Faire connaître ou faire remarquer qqch, qqn (à qqn), en le lui disant, en l'écrivant : *Je vous signale que je serai absent demain.* — **3.** *Rien à signaler* (abrév. *R. A. S.*), formule par laquelle on exprime que tout va bien.

◆ **être signalé** v. pass. *Litt.* Attirer l'attention, l'estime, être remarquable : *Vous nous avez rendu un signalé service.*

◆ **se signaler** v. pr. Se faire connaître, se distinguer, par tel trait remarquable : *Se signaler par son courage.*

SIGNALÉTIQUE adj. (de *signaler*). **1.** Qui donne le signalement, la description propre à faire reconnaître qqn, qqch : *Fiche signalétique.* — **2.** *Plaque signalétique,* plaque apposée sur une machine ou un appareil et mentionnant ses caractéristiques.

◆ n. f. **1.** Activité sémiotique concernant les signaux, la signalisation. — **2.** Ensemble de panneaux de signalisation d'un réseau de transport, d'un lieu (ville, musée, etc.).

SIGNALEUR n. m. Soldat, marin, etc., spécialement chargé du service des signaux.

◆ adj. m. *Pistolet signaleur,* pistolet servant à lancer des artifices de signalisation ou éclairants.

SIGNALISATEUR, TRICE adj. Qui sert à la signalisation : *Panneau signalisateur.*

SIGNALISATION n. f. **1.** Emploi de divers signaux pour donner à distance des renseignements d'un ordre particulier. — **2.** Installation, disposition de signaux sur une voie ferrée, une route, une voie navigable, dans un bâtiment, etc. ; ensemble des signaux par lesquels on est renseigné.

SIGNALISER v. t. (conj. 3). Munir d'une signalisation.

SIGNATAIRE n. (de *signer,* d'apr. *signature*). Personne qui a signé un écrit, en partic. officiel : *Les signataires d'un traité.*

SIGNATURE n. f. (de *signer*). **1.** Action de signer un document, une lettre, un acte : *La signature du courrier par le directeur.* — **2.** Toute marque distinctive et personnelle manuscrite, permettant d'individualiser, sans doute possible, son auteur et traduisant la volonté non équivoque de consentir à un acte. — **3.** Cette marque apposée par un artiste sur son œuvre pour attester qu'il en est l'auteur. — **4.** Marque, particularité qui fait reconnaître l'auteur de qqch : *Ce meurtre porte la signature du criminel.* — **5.** Dédicace publique de ses livres faite par un écrivain. — **6.** *Avoir la signature,* être habilité à signer des chèques, des actes officiels en lieu et place de qqn d'autre. • **Dr.** *Signature sociale,* signature qui engage une société. — **Impr.** Marque particulière que l'on met au bas de la première page des cahiers d'un livre. (Elle est indispensable pour le contrôle de l'assemblage et le placement des cartons ou encarts, s'il y a lieu.) — **Phys.** *Signature spectrale d'un corps,* figure montrant la longueur d'onde et l'intensité respectives des diverses radiations électromagnétiques émises par ce corps.

Signature apostolique *(tribunal suprême de la),* cour d'appel et de cassation instituée en 1908 par Pie X, pour tous les tribunaux ecclésiastiques, et aussi tribunal administratif.

SIGNE n. m. (lat. *signum*). **1.** Ce qui permet de connaître ou de reconnaître, de deviner ou de prévoir qqch : *Il n'y a aucun signe d'amélioration. Quand les hirondelles volent bas, c'est signe de pluie.* — **2.** Geste ou mimique permettant de faire connaître une pensée ou de manifester un désir, un ordre : *Faire un signe de la tête.* — **3.** Marque distinctive faite sur qqch : *Marquer d'un signe les arbres à abattre.* — **4.** Représentation matérielle d'une chose, dessin, figure ou son ayant un caractère conventionnel : *Signes de ponctuation.* — **5.** Phénomène extraordinaire, miracle, dans le domaine surnaturel, religieux. — **6.** *C'est bon signe,* cela annonce qqch de bon. ‖ *C'est un signe des temps,* se dit d'un événement qui, par son caractère ou son importance, peut servir à juger l'époque où il se produit. ‖ *Donner des signes de qqch,* manifester telle caractéristique par son comportement, son état : *Donner des signes d'impatience.* ‖ *Donner signe de vie,* donner de ses nouvelles, se rappeler au souvenir, à l'attention de qqn. ‖ Fam. *Faire signe à qqn,* prendre contact ou rendez-vous avec lui, se manifester pour le rencontrer. ‖ *Signe particulier,* marque, trait, en partic. physique, qui est caractéristique de qqn et qui éventuellement permet de le reconnaître. ‖ *Sous le signe de qqch,* marqué par ce caractère ; sous les auspices de ; dans un climat, une ambiance de. • **Astrol.** *Signe (du zodiaque),* chacun des arcs de 30° de longitude en lesquels on divise le zodiaque* à partir du point vernal. — **Dr.** *Signes extérieurs de richesse,* manifestations extérieures de la richesse d'un contribuable qui entrent dans le cadre des éléments du train de vie. — **Ling.** Unité linguistique constituée par l'association d'une forme sonore ou graphique (signifiant) et d'un contenu conceptuel (signifié). — **Math.** Nom donné à certains symboles utilisés en mathématiques tels que : =, +, –, ×, :, <, etc. ‖ *Règle des signes,* règle qui définit le signe du produit *ab* de deux nombres, connaissant le signe de *a* et le signe de *b* :

signe de *a*	signe de *b*	signe de *ab*
+	+	+
+	−	−
−	+	−
−	−	+

‖ *Signe d'un nombre,* symbole noté + réservé au nombres positifs ou − réservé aux nombres négatifs. – **Méd.** Toute manifestation objective d'une maladie que le médecin peut constater lors de son examen ou provoquer intentionnellement à des fins diagnostiques. ‖ *Signe fonctionnel,* syn. de SYMPTÔME. ‖ *Signes généraux,* ceux qui traduisent le retentissement de la maladie sur l'ensemble de l'organisme (la fièvre, l'amaigrissement, la prostration, par ex.). – **Mus.** Convention graphique par laquelle les musiciens représentent les sons musicaux (hauteur, durée, intensité) les silences et tout ce qui touche à l'interprétation. – **Théol.** *Signe sensible,* manifestation extérieure qui rend présent un sacrement.

◆ **signes** n. m. pl. Ensemble de gestes conventionnels et/ou symboliques qui constituent la base d'une communication non verbale : *Le langage des signes des sourds-muets.*

SIGNER v. i. (anc. fr. *seignier,* du lat. *signare*) [conj. 3]. Écrire, former sa signature, tracer tel signe en guise de signature : *Signer de son nom de jeune fille.*

◆ v. t. **1.** Apposer sa signature sur un texte, une œuvre dont on est l'auteur, sur un document qu'on veut valider, sur un écrit dont on approuve le contenu, etc. : *Signer un tableau d'un pseudonyme. Signer un chèque.* – **2.** Matérialiser un accord, un traité, etc., les conclure par la signature de pièces officielles : *Signer un accord commercial avec un pays étranger.* – **3.** Commettre une action en laissant sa marque personnelle : *Il a signé son crime en étranglant ainsi ses victimes.*

◆ **se signer** v. pr. Faire le signe de la croix.

SIGNET n. m. (de *signe*). **1.** Petit ruban ou filet qu'on insère entre les feuillets d'un livre pour marquer l'endroit que l'on veut retrouver. – **2.** Sceau plaqué, destiné à clore les lettres missives à partir du XIIIe s.

SIGNIFIANT, E adj. Qui signifie, est porteur d'un sens.

◆ **signifiant** n. m. Forme concrète (image acoustique ou symboles graphiques) du signe linguistique, renvoyant arbitrairement à un concept, le signifié.

SIGNIFICATIF, IVE adj. (bas lat. *significativus*). **1.** Qui exprime qqch nettement, sans ambiguïté : *Choisir quelques exemples significatifs pour appuyer une explication.* – **2.** Qui est lourd de sens, à quoi on attribue facilement telle interprétation, qui renseigne sur quelque aspect : *Les résultats du sondage sont significatifs.* – **3.** *Chiffre significatif d'un nombre donné,* chiffre non nul qui compose ce nombre.

SIGNIFICATION n. f. (lat. *significatio*). **1.** Ce qui signifie, représente un signe, un geste, un fait, un mot, etc. : *La signification d'un sourire.* – **2.** Notification par huissier d'un acte de procédure ou d'un jugement. – **3.** *Degré de signification,* syn. de DEGRÉ DE COMPARAISON*.

SIGNIFICATIVEMENT adv. D'une manière significative, révélatrice.

SIGNIFIÉ n. m. Contenu sémantique (ou concept) du signe linguistique, manifesté concrètement par le signifiant.

SIGNIFIER v. t. (lat. *significare*) [conj. 9]. **1.** Avoir tel sens, telle définition : *Que signifie le mot « fébrifuge » ?* – **2.** Indiquer qqch, vouloir dire, impliquer : *Le vent d'ouest signifie qu'il va pleuvoir. Ce changement de poste signifie un surcroît de travail.* – **3.** *Litt.* Faire savoir officiellement, expressément qqch à qqn : *Je lui signifierai ma décision par écrit.* – **4.** *Que signifie qqch ?* marque le mécontentement devant une situation inattendue ou désagréable : *Que signifie ce chahut ?* – **5.** Notifier qqch par huissier.

SIGNORELLI (Luca), peintre italien (Cortona v. 1445 - *id.* 1523). Héritier de Piero Della Francesca, mais aussi de Verrocchio et d'A. del Pollaiolo, appelé à Lorette v. 1478, à Rome (chapelle Sixtine) v. 1480, il acquiert un style personnel d'une puissante tension (*Annonciation* de Volterra, 1491 ; *Vierge à l'Enfant,* en *tondo,* des Offices), avant d'exécuter avec son atelier (1497) une partie des fresques de la vie de saint Benoît dans le cloître de Monte Oliveto Maggiore, puis de composer celles de la chapelle S. Brizio à la cathédrale d'Orvieto (1499-1504), remarquables par l'exaltation plastique des figures (nus de la *Résurrection des corps*).

SIGNORET (Simone KAMINKER, dite **Simone**), actrice française de théâtre et de cinéma (Wiesbaden, Allemagne, 1921 - Autheuil-Authouillet, Eure, 1985). Elle débute au cinéma en 1942, mais n'obtient des rôles importants qu'à partir de 1945 : *les Démons de l'aube* (1946), *Dédée d'Anvers* (1948), *Manèges* (1950), *la Ronde* (1950) et surtout *Casque d'or* (1952). Elle a su s'adapter à l'évolution de son physique (*le Chat,* 1971 ; *la Veuve Couderc,* 1971 ; *la Vie devant soi,* 1977). Elle a publié des récits autobiographiques (*La nostalgie n'est plus ce qu'elle était,* 1976 ; *Le lendemain elle était souriante,* 1979) et un roman (*Adieu Volodia,* 1984). Elle était l'épouse d'Yves Montand.

SIGNY-L'ABBAYE (08460), ch.-l. de cant. des Ardennes, au N. de Rethel ; 1 430 hab. – Forêt domaniale d'environ 3 500 ha. – Combats victorieux de la division marocaine contre les Allemands le 28 août 1914.

SIGNY-LE-PETIT (08380), ch.-l. de cant. des Ardennes, à l'O. de Rocroi ; 1 282 hab. Église du XVIIe s.

SIGÜENZA, v. d'Espagne (Castille-La Manche), sur le Henares ; 5 000 hab. Monuments anciens, dont l'imposante cathédrale, reconstruite de la fin du XIIe au XVe s., romane et gothique (belles sculptures gothiques) ; chapelle et sacristie Renaissance par A. de Covarrubias. Musée.

SIGURD, héros des légendes germaniques et scandinaves, l'un des principaux personnages de l'*Edda,* de la *Volsungasaga* et des *Nibelungen** (où il apparaît sous le nom de « Siegfried »).

SIGURD Jorsalafare (« le Pèlerin de Jérusalem ») [† 1130], roi de Norvège (1103-1130). Il tenta d'établir dans son royaume une organisation étatique semblable à celle des monarchies de l'Occident chrétien.

SIGURÐSSON (Olafur Jóhann), écrivain islandais (Hlíd, près de Reykjavík, 1918). Romancier de la vie islandaise, il est surtout un poète et un auteur de récits au style original (*Sorcellerie et Feux-Follets,* 1977).

SIGYN, déesse scandinave, épouse de Loki, génie du mal.

SIHANOUK (Norodom)→ NORODOM SIHANOUK.

SIHANOUKVILLE, anc. **Kompong Som,** port du Cambodge, sur le golfe de Thaïlande ; 61 000 hab.

SIHUN → SYR-DARIA.

SIIRT, v. de Turquie, ch.-l. de prov., au S.-O. du lac de Van ; 42 000 hab. Mosquée (XIIe s.)

ŠIK (Ota), économiste suisse d'origine tchécoslovaque (Plzeň 1919). Membre du Comité central du parti communiste (1962-1969), il est l'auteur d'une réforme économique visant à rationaliser la production et à accroître la responsabilité des travailleurs. Déchu de sa nationalité en 1970, il doit s'exiler en Suisse. Il a écrit *la Troisième Voie* (1972, *Systèmes économiques, théorie critique comparative* (1987), *Croissance et crises* (1988).

SIKA n. m. Cervidé d'Extrême-Orient, introduit en Europe dans les jardins zoologiques, où il se reproduit aisément.

SIKASSO, v. du sud-est du Mali, ch.-l. de région ; 73 000 hab. Centre cotonnier.

SIKELIANÓS (Ángelos), poète grec (Leucade 1884 - Athènes 1951). Il unit la richesse de la langue et celle des images (*le Visionnaire,* 1909 ; *Mater Dei,* 1920 ; *la Voie sacrée,* 1935).

SIKH n. m. (pāli *sikkha,* disciple). Adepte du sikhisme. (Les sikhs, dont la majorité vit au Pendjab, sont au nombre de 10 millions env. Les hommes ne se coupent ni la barbe ni les cheveux, qu'ils coiffent en chignon caché sous un turban.) [→ SIKHISME.]
◆ adj. Relatif aux sikhs.

ŚIKHARA n. m. (mot sanskr. signif. *couronne*). Superstructure d'une cella ou d'un sanctuaire indiens.

SIKHISME n. m. L'une des quatre grandes religions de l'Inde fondée, à la fin du XVe s., au Pendjab par Guru Nānak.
ENCYCL. Le canon du sikhisme, l'*Ādi Granth,* repose sur le principe de l'existence d'un seul Dieu créateur, sans forme et au-delà de la compréhension humaine. Cette religion est née d'une fusion des aspects mystiques de l'islām (soufisme) et du viṣṇuisme *(bhakti).* Mais la composante hindoue domine. Les gourous historiques ont été au nombre de dix depuis Nānak, le dernier, Govind Singh (Gobind Rāi), étant mort en 1708. Depuis cette époque, l'*Ādi Granth* fait l'objet d'un culte exclusif et il est considéré comme le « gourou vivant ». Les sikhs ont atténué le système des castes hindoues. Ils reconnaissent trois groupes : les agriculteurs, les non-agriculteurs et les intouchables. Le rite principal est celui de l'admission parmi les *Khālsā,* fraternité des « purs », généralement célébré lors de la puberté. Du temps de Govind Singh, les *Khālsā* s'organisent militairement et prennent le surnom de *Singh* (lion). Au cours des XVIIIe et XIXe s., ils arrachent divers territoires aux Afghans et aux Pathans. Leur chef, Ranjīt Singh, étend sa domination jusqu'à la passe de Khaybar et sur tout le Cachemire. Sa succession est marquée par de nombreuses luttes de clans, qui facilitent l'instauration de l'administration britannique en 1849. Les sikhs se joignent massivement au mouvement de libération de Gāndhī. Au moment de la partition de l'Inde, ils se trouvent en nombre égal dans les territoires indien et pakistanais, mais leur violente hostilité envers les musulmans les contraint à se regrouper en Inde. Ils obtiennent, en 1966, la constitution d'une province panjābī, où ils sont légèrement majoritaires, et qui a pour capitale Chandigarh. Le vaste mouvement d'opposition qui se développe au Pendjab autour du parti autonomiste sikh, l'Akālī Dal, est réprimé militairement en 1984 (assaut de l'armée indienne contre des extrémistes sikhs retranchés dans le Temple d'or d'Amritsar, leur sanctuaire le plus sacré), ce qui entraîne par contrecoup l'assassinat d'Indira Gāndhī. Depuis, les éléments les

plus durs poursuivent la lutte, mais, dans leur grande majorité, les sikhs professent une religion fidèle à son idéal originel d'égalité, de service et de tolérance.

SIKHOTE-ALINE, ensemble montagneux de la façade extrême-orientale de la Russie. La chaîne, difficilement franchissable, s'étend parallèlement à la côte pacifique sur près de 1 000 km, avec une largeur de 250 km. Les forêts qui couvrent ses versants sont exploitées et le bois expédié par flottage jusqu'au Transsibérien. Gisements de plomb et de zinc.

SI-KIANG → XI JIANG.

SIKKIM, État de l'Inde dans l'Himālaya oriental, entre le Népal et le Bhoutan ; 7 300 km^2 ; 403 612 hab. Cap. *Gangtok.*
— **Hist.** Le Sikkim est une principauté fondée dans l'Himālaya par une famille tibétaine (1641). Longtemps dépendant du Tibet, qu'il relie à l'Inde, le Sikkim est annexé par le Népal (1774-1816). Il devient protectorat britannique (1861-1950), puis de l'Inde (1950-1974). En 1975, il est annexé par l'Inde dont il devient le 22e État.

SIKOK → SHIKOKU.

SIKORSKI (Władysław), général et homme d'État polonais (Tuszów Narodowy, Galicie, 1881 - Gibraltar 1943). Il participa à la Première Guerre mondiale dans la légion polonaise puis se distingua lors du conflit polono-soviétique. Chef du gouvernement (1922-23), il se retira en France à la suite du coup d'État de Piłsudski (1926). Après la défaite de 1939, il dirigea le gouvernement polonais réfugié en France puis à Londres (1940) et se heurta à l'U. R. S. S. Il périt dans un accident d'avion.

SIKORSKY (Igor), pilote et constructeur aéronautique américain d'origine russe (Kiev 1889 - Easton, Connecticut, 1972). Émigré aux États-Unis en 1919, il y fonda en 1923 sa propre société et, après 1940, se consacra aux hélicoptères, produisant de nombreux appareils, dont le « S-52 », qui battit en 1949 les records de vitesse et d'altitude.

SIL n. m. (lat. *sil*). Argile correspondant à une variété d'ocre, utilisée par les Anciens pour la fabrication de poteries.

SILA (la), massif granitique, forestier d'Italie, en Calabre, entre les golfes de Tarente, de Squillace et de Sant'Eufemia ; 1 930 m au *Botte Donato.* Tourisme.

SILANE n. m. (de *silicium*). Nom générique des hydrures de silicium et de leurs dérivés hydrocarbonés.

SILBERMANN (les), famille de facteurs d'orgues et de fabricant de pianoforte originaire de Saxe et fixée à Strasbourg dès le début du XVIIIe s. Des ateliers d'ANDREAS (Kleinbobritzsch, Saxe, 1678 - Strasbourg 1734) sortirent, de 1707 à 1733, des instruments, dont ceux de Marmoutier et d'Ebersmunter (Bas-Rhin), qui existent toujours dans leur intégralité. — Son frère GOTTFRIED (Kleinbobritzsch 1683 - Dresde 1753) construisit le grand orgue de la cathédrale de Freiberg. Leurs descendants poursuivirent leur activité.

SILENCE n. m. (lat. *silentium*). **1.** Absence de bruit dans un lieu calme : *Travailler dans le silence. Faire silence.* — **2.** Action, fait de se taire, de ne rien dire : *Cette déclaration a été accueillie par un silence glacial.* — **3.** Fait de cesser de donner de ses nouvelles, notamment par lettre : *S'inquiéter du silence d'un ami.* — **4.** Absence de mention de qqch dans un écrit : *Le silence de la loi sur ce délit.* — **5.** En musique, interruption plus ou moins longue du son ; signe qui sert à indiquer cette interruption. (→ *encycl.*) — **6.** *Imposer silence à qqn,* le faire taire ; l'empêcher de s'exprimer. ‖ *La loi du silence,* interdiction de fait de renseigner la police sur les agissements des membres d'une association criminelle avec laquelle on est en relation. ‖ *Passer qqch sous silence,* ne pas en parler, l'omettre volontairement. ‖ *Réduire qqn au silence,* l'empêcher d'exprimer ses opinions ; le contraindre à cesser une discussion ; le tuer (fam.). ‖ *Silence !* taisez-vous !

ENCYCL. **Mus.** Il y a autant de signes de silences que de figures de notes, soit sept. À la ronde équivaut la pause, à la blanche la demi-pause, à la noire le soupir, à la croche le demi-soupir, à la double-croche le quart de soupir, à la triple croche le huitième de soupir, à la quadruple croche le seizième de soupir. Chaque figure de silence vaut la moitié de celle qui la précède et le double de celle qui la suit.

SILENCIEUSEMENT adv. **1.** En silence, sans faire de bruit : *Glisser silencieusement sur l'eau.* — **2.** Sans parler, sans dire un mot : *Écouter silencieusement un exposé.* — **3.** *Litt.* En secret, sans se faire voir, se laisser soupçonner : *Ils ont préparé silencieusement leur coup.*

SILENCIEUX, EUSE adj. (bas lat. *silentiosus,* du lat. class. *silentium,* silence). **1.** Qui se tait et ne fait aucun bruit : *Un auditoire silencieux.* — **2.** Qui a l'habitude de peu s'exprimer, qui est peu communicatif : *Un homme taciturne, silencieux.* — **3.** Qui se tait, ne s'exprime pas : *Un écrivain qui reste silencieux depuis des années.* — **4.** Qui ne s'accompagne pas de paroles, de bruits, où les participants se taisent ou parlent peu : *Le repas fut morne et silencieux.* — **5.** Qui fait peu ou pas de bruit : *Un véhicule silencieux.* — **6.** Où l'on n'entend aucun bruit : *La salle silencieuse d'une bibliothèque.*

◆ **silencieux** n. m. 1. Appareil qui se fixe sur la bouche du canon d'une arme à feu pour amortir le bruit de la détonation. – 2. Dispositif qui, dans un moteur à explosion ou à réaction, amortit le bruit consécutif à l'expulsion des gaz brûlés.

SILÈNE n. m. (de *Silène,* n. myth.). 1. Herbe (caryophyllacée) à calice renflé ou tubuleux. (De nombreuses espèces sont cultivées dans les jardins de rocailles.) – 2. Papillon (satyridé), aux ailes traversées par une bande blanche.

SILÈNE, nom d'un satyre de la mythologie grecque, représenté comme un gros vieillard toujours ivre, qui passait pour avoir été le père nourricier de Dionysos.

SILENTBLOC [silɑ̃tblɔk ou sajlɛnt-] n. m. (n. déposé). Bloc élastique en caoutchouc spécial, comprimé et interposé entre des pièces n'ayant entre elles qu'un mouvement de très faible amplitude, pour absorber les vibrations et les bruits, et que l'on utilise pour la fixation souple d'un moteur, d'une machine.

SILENTIAIRE n. m. (bas lat. *silentiarius,* du lat. class. *silentium,* silence). 1. À Rome, garde chargé de maintenir le silence et l'ordre en présence de l'empereur. – 2. À Byzance, dignitaire chargé d'imposer silence en présence de l'empereur et d'introduire les personnes reçues en audience.

SILÉSIE, en polon. **Śląsk,** en all. **Schlesien,** région du sud-ouest de la Pologne, à l'E. du rebord oriental du massif de Bohême, drainée par le cours supérieur et moyen de l'Odra (en all. Oder) et ses affluents. Elle associe de riches activités agricoles, d'abondantes ressources minières et une exceptionnelle concentration industrielle autour des bassins charbonniers de Katowice-Rybnik *(bassin de haute Silésie)* et de Wałbrzych *(bassin de basse Silésie).*

– **Hist.** La région connut une forte poussée tchèque puis fut annexée par la Pologne (v. 989). Elle fut morcelée en un certain nombre de principautés gouvernées par des Piast. Ce morcellement facilita la colonisation germanique et la lente progression tchèque et saxonne. Au début du XIVe s., la plupart des principautés silésiennes reconnurent la suzeraineté de la Bohême. Elles entrèrent avec cette dernière dans l'État autrichien des Habsbourg (1526). Frédéric II conquit les neuf dixièmes de la Silésie (1742), qui furent rattachés à la Prusse. Seule la partie méridionale de la haute Silésie resta à l'Autriche, qui la conserva jusqu'en 1918. À la suite du plébiscite de 1921, la Silésie autrichienne fut partagée entre le Tchécoslovaquie et la Pologne, qui obtint la partie orientale, riche en gisements houillers. Hitler annexa les Sudètes (1938) et le reste de la Silésie (1939). Après la défaite allemande (1945), la Silésie fut attribuée à la Pologne et les Allemands quittèrent cette région (2 millions env. s'établirent en Allemagne occidentale, 1 million env. en Allemagne orientale).

SILÉSIE (basse), en polon. **Dolny Śląsk,** région du sud-ouest de la Pologne comprenant la moyenne vallée de l'Odra autour de Wrocław, le piémont des Sudètes et, extensivement les premiers contreforts et bassins intramontagnards de ce massif. Elle forme un ensemble économique où les ressources du sous-sol sont abondantes (minerais, lignite, charbon), les industries, variées, et l'agriculture, prospère (blé et betterave à sucre). Wrocław est la métropole régionale.

SILÉSIE (haute), en polon. **Górny Śląsk,** principale région industrielle de la Pologne, dans le sud du pays, entre les cours supérieurs de la Vistule et de l'Odra. Un vaste bassin charbonnier (5 500 km^2 dont 4 500 en Pologne), d'exploitation aisée et disposant de réserves importantes (95 Gt) a permis le développement d'une exceptionnelle concentration industrielle et urbaine, s'étendant sur 50 km de long d'E. en O. et 25 km du N. au S., d'environ 2 millions d'habitants. La haute Silésie fournit environ 180 Mt de charbon, assure 40 % de la production métallurgique nationale, alimentant des constructions mécaniques, la chimie, etc.

SILÉSIE TCHÈQUE, partie nord de la Moravie*, autour d'Ostrava*, prolongement méridional du bassin houiller de la haute Silésie polonaise.

SILÉSIEN, ENNE adj. et n. De Silésie.

◆ **silésien** n. m. Partie supérieure du système carbonifère comprenant 3 étages : stéphanien, westphalien et namurien.

◆ **silésienne** n. f. Étoffe mi-soie, mi-laine, dont on fait soit des doublures, soit des parapluies.

SILEX [-lɛks] n. m. (lat. *silex*). Roche sédimentaire siliceuse d'origine physico-chimique, constituée de calcédoine, de quartz et d'un peu d'opale. (Les silex se présentent généralement en rognons, à cassure conchoïdale et éclat vitreux, disséminés dans des roches carbonatées.)

ENCYCL. **Préhist.** Le silex a fourni la matière première de la plupart des industries lithiques préhistoriques. Du galet aménagé en passant par l'industrie sur éclat, pour aboutir à la feuille de laurier solutréenne et au microlithe azilien, le silex permet de suivre l'évolution de l'outillage durant des centaines de milliers d'années.

SILHOUETTE n. f. (de É. de *Silhouette,* n. pr.). 1. Dessin au trait dont les contours sont schématiques ou stylisés. – 2. Portrait de profil découpé au ciseau dans une feuille de papier noir et appliqué sur un fond clair, en vogue au XVIIIe s. – 3. Ombre projetée de qqch ou de qqn, dont la forme et les contours se détachent nettement sur un fond. — **4.** Forme générale d'un être ou d'une chose aux contours vagues : *On distinguait deux silhouettes dans le brouillard.* — **5.** Aspect, ligne générale du corps, d'un véhicule, de certains objets : *Avoir une silhouette élégante.*

SILHOUETTE (Étienne DE), homme d'État français (Limoges 1709 - Bry-sur-Marne 1767). Contrôleur général des Finances de mars à nov. 1759, il supprima de nombreuses pensions et envisagea une *subvention générale,* ensemble de taxes frappant les privilégiés. Vivement attaqué par ceux-ci, il fut vite disgracié. Après sa chute, on s'acharna à le ridiculiser (son nom fut donné par ses détracteurs à des dessins le représentant seulement par quelques traits pour symboliser l'état auquel ses mesures auraient réduit ceux qu'elles voulaient toucher).

SILHOUETTER v. t. (conj. 4). Dessiner ou découper une silhouette.
◆ **se silhouetter** v. pr., **être silhouetté** v. pass. *Litt.* Apparaître en silhouette, se découper.

SILICATAGE n. m. (de *silicate*). Réalisation d'un calcin artificiel, à la surface des pierres tendres et perméables, par silicatisation.

SILICATATION n. f. (de *silicate*). **1.** Traitement améliorant la dureté de la surface d'un mortier ou d'un béton à l'aide d'une solution chaude de silicate de soude ou de potasse. — **2.** Passage d'un composé métallique à l'état de silicate, par combinaison avec la silice.

SILICATE n. m. (de *silice*). **1.** Ensemble des minéraux caractérisés par le motif élémentaire tétraédrique comportant un atome Si au centre, des atomes O aux quatre sommets, et constituants essentiels des roches magmatiques et métamorphiques. — **2.** Sel ou ester d'un acide silicique.

SILICATER ou **SILICATISER** v. t. (conj. 3). Traiter, imprégner avec un silicate.
◆ **être silicaté** v. pass. Se dit d'une base combinée avec la silice et transformée en silicate.

SILICATISATION n. f. Opération par laquelle on imprègne de silicate certaines matières tendres (bois, pierres calcaires, etc.) pour les durcir ou les rendre moins sensibles au gel. (Ce traitement rend le bois ininflammable.)

SILICE n. f. (lat. *silex, -icis*). Composé oxygéné du silicium, de formule SiO_2, présent dans un grand nombre de minéraux, tels le quartz, la calcédoine, l'opale.
ENCYCL. Au point de vue chimique, la silice est un corps extrêmement stable, non dissociable par la chaleur, difficile à réduire. Le carbone la décompose au four électrique pour donner de l'oxyde de carbone et du carbure de silicium SiC. C'est un anhydride d'acide, qui se combine à haute température aux oxydes métalliques pour donner des silicates, sels de divers acides non isolés : les acides orthosilicique H_4SiO_4, métasilicique H_2SiO_3, etc.
Outre les formes naturelles de silice cristallisée ou amorphe, on utilise en laboratoire deux sortes de silice amorphe artificielle : le *verre de silice,* obtenu par fusion du quartz, possédant un faible coefficient de dilatation thermique, est utilisé pour la fabrication d'appareils de laboratoire ; le *gel de silice,* obtenu par acidification d'une solution d'un silicate alcalin et extraction de l'eau du gel formé, est employé comme catalyseur ou support de catalyseur.

SILICEUX, EUSE adj. **1.** Qui se rapporte à la silice. — **2.** *Roche siliceuse,* roche sédimentaire renfermant plus de 50 % de silice. (Les roches siliceuses peuvent être d'origine détritique [sable, grès], physico-chimique [silex, chert] ou biochimique [radiolarites, diatomites].)

SILICICOLE adj. Syn. rare de CALCIFUGE.

SILICIÉ, E adj. Se dit de composés ou d'alliages contenant du silicium.

SILICIFICATION n. f. **1.** Transformation en silice d'une roche préexistante par épigénie. — **2.** Fossilisation par incrustation de silice.

SILICIQUE adj. Se dit de l'anhydride SiO_2 (silice) et de nombreux acides non isolés.

SILICIUM [-sjɔm] n. m. Non-métal de la colone IV B du tableau périodique, analogue au carbone et constituant l'élément le plus abondant dans la nature après l'oxygène. (Élément de symbole Si.)

Numéro atomique : 14
Masse atomique : 28,086
Masse volumique : 2,33 g/cm^3
Température de fusion : 1 410 °C

ENCYCL. Isolé par Berzelius en 1823, le silicium est un corps très dur, qui ne se dissout que dans quelques métaux (plomb, argent, zinc). Il existe sous forme amorphe (poudre brune) et sous forme cristallisée (octaèdres gris-noir), formant environ 28 % de l'écorce terrestre. Il est attaqué par les halogènes et brûle dans l'oxygène pour donner de la silice SiO_2. Il se combine à chaud à l'hydrogène, au soufre, à l'azote, et donne avec le carbone, au four électrique, du carbure de silicium SiC. Il s'unit avec de nombreux métaux pour former des siliciures. C'est un réducteur énergique. Comme le carbone, le silicium peut donner des hydrures (en partic. les *silanes* dérivés de SiH_4), qui sont plus réactifs que les hydrocarbures. Les dérivés de R_2SiO (R = alkyle ou phényle) sont les silicones, classe importante de polymères synthétiques. Les deux principales utilisations industrielles sont la préparation de ferrosilicium, élément d'alliage pour les fontes et les aciers, et l'électronique, dont le silicium (ultrapur et sous forme de monocristaux dopés) est le premier matériau de base (emploi dans les circuits intégrés et dans les piles solaires). Le silicium ultrapur est obtenu par attaque du chlore ou de l'hydrogène sur le silicium industriel, lui-même obtenu par réduction de la silice par le charbon, au four électrique.

SILICIURATION n. f. Cémentation par le silicium.

SILICIURE n. m. Composé formé de silicium et d'un autre élément, le plus souvent un métal.

SILICOMANGANÈSE n. m. Ferro-alliage à forte teneur en manganèse (65 à 68 %) et en silicium (12 à 20 %) obtenu par un procédé électrothermique et utilisé comme addition d'affinage, au cours du convertissage de la fonte en acier.

SILICONE n. f. (de *silicium*). Nom générique des composés du silicium de formule générale R_2SiO, analogues siliciés des cétones R_2CO. (→ POLYSILOXANE.)

◆ n. m. Polysiloxane.

ENCYCL. **Pharm.** Les silicones liquides entrent dans la constitution de crèmes, lotions et pommades pour leur action hydrofuge. Leurs injections pratiquées à des fins esthétiques dans certains pays sont interdites en France. En revanche, les prothèses en silicone (pour les seins, surtout) sont couramment employées.

SILICON VALLEY, petite région des États-Unis (Californie), au S.-S.-E. de San Francisco, entre San Jose et Palo Alto. Site de nombreuses implantations de haute technologie, elle doit son nom à la densité des établissements industriels utilisant le *silicium* comme matière première pour la fabrication des semi-conducteurs.

SILICOSE n. f. Maladie pulmonaire due à l'inhalation de poussières de silice.

ENCYCL. Lentement progressive, la silicose aboutit à une sclérose pulmonaire extensive et entraîne une insuffisance respiratoire, puis une insuffisance cardiaque ; elle peut être compliquée de tuberculose (silico-tuberculose). Les ouvriers des carrières, les mineurs au rocher surtout, les mineurs au charbon, les ouvriers de la céramique, parfois de la métallurgie (décapage au jet de sable) sont parmi les plus exposés. La silicose peut être associée à une polyarthrite rhumatoïde. Elle figure sur la liste des maladies professionnelles.

SILICOTIQUE adj. Qui concerne la silicose.

◆ **silicotique** ou, vx, **silicosé, e** n. Qui est atteint de silicose.

SILICULE n. f. (lat. *silicula*). Fruit voisin de la silique, mais moins étroit.

SILICYLE n. m. Radical divalent SiO.

SILIGURI, v. de l'Inde, dans le Bengale-Occidental, au S. de Darjeeling ; 226 677 hab.

SILIONNE n. f. Fil de verre formé de fibres élémentaires textiles continues, d'un diamètre inférieur à 6 µm.

SILIQUE n. f. (lat. *siliqua*). Fruit déhiscent, typique des crucifères, formé de deux valves allongées abritant une membrane médiane qui porte des graines sur les bords.

SILISTRA, v. de Bulgarie, ch.-l. de district, sur le Danube, en Dobroudja, à la frontière roumaine ; 58 000 hab. Tombeau romain à peintures du IVe s. Pêche fluviale. Agroalimentaire.

SILIUS ITALICUS (Tiberius Catius), poète latin (v. 25 apr. J.-C.- 101). Admirateur fervent de Virgile, il composa une épopée sur la deuxième guerre punique (*Punica,* 90 apr. J.-C.).

SILJAN, lac de la Suède centrale (Dalécarlie), traversé par l'Öster Dal älv ; 290 km².

SILL n. m. (angl. *sill,* seuil). Filon magmatique mis en place entre deux couches et parallèlement au plan stratigraphique.

SILLA, ancien royaume coréen (57 av. J.-C.-935) situé au S.-E. de la péninsule.

SILLAGE n. m. (de *sillon*). **1.** Trace d'eau écumante qu'un navire laisse derrière lui à la surface de l'eau. – **2.** Chemin que vient de faire qqn, un animal, un véhicule ; terrain ou atmosphère traversés et qui comportent la marque de leur passage : *Les voitures dégagent des nuages de poussière sur leur sillage.* – **3.** Volume de fluide tourbillonnaire que laisse derrière lui un corps en mouvement dans un fluide. – **4.** Odeur laissée derrière soi par un parfum. – **5.** *Marcher dans le sillage de qqn,* suivre son exemple.

SILLANPÄÄ (Frans Eemil), écrivain finlandais de langue finnoise (Hämeenkyrö 1888 - Helsinki 1964). Associant les êtres et les événements dans un même mouvement évolutionniste, ses romans (*la Vie et le Soleil,* 1916 ; *Sainte Misère,* 1919, son chef-d'œuvre, né du tourment de la guerre civile ; *Silja,* 1931 ; *Paavo,* 1932) peignent la vie et la nature finlandaises. (Prix Nobel 1939.)

SILLÉ-LE-GUILLAUME (72140), ch.-l. de cant. de la Sarthe, en bordure de la *forêt de Sillé ;* 2 697 hab. *(Silléens).* Église en partie du XIIIe s. Château du XVe s., avec donjon plus ancien. Constructions électriques. Plan d'eau.

SILLERY (Nicolas BRULART, marquis DE), chancelier de France (Sillery 1544 - *id.* 1624). Il remplit des missions diplomatiques pour Henri III et Henri IV. Garde des Sceaux (1604), chancelier de France (1607), il dirigea les affaires de l'État en association avec son fils Pierre de 1622 à 1624.

— Son fils PIERRE **Brulart,** marquis **de Puisieux** et **de Sillery,** (Paris 1583 - id. 1640), ambassadeur en Espagne (1612), négocia le mariage de Louis XIII avec Anne d'Autriche.

SILLET n. m. (ital. *ciglietto,* petit cil, du lat. *cilium,* cil). **1.** Fine baguette de bois, d'ivoire ou d'os, placée entre le chevillier et le manche des instruments de musique à cordes. — **2.** Jonc métallique placé sur le cadre des instruments à cordes munis d'un clavier.

SILLIMANITE n. f. (de B. *Silliman,* n. pr.). Silicate naturel d'aluminium, de formule Al_2SiO_5, orthorhombique.

SILLITOE (Alan), écrivain britannique (Nottingham 1928). Chef de file des « Jeunes Gens en colère », il clame les frustrations de la classe ouvrière et son mépris de l'hypocrisie anglaise dans ses poèmes, ses récits satiriques, ses nouvelles (*la Solitude du coureur de fond,* 1959), ses romans (*Samedi soir, dimanche matin,* 1958 ; *A Tree on Fire,* 1967 ; *The Storyteller,* 1980 ; *les Aventuriers de l'Aldebaran,* 1983). Il est aussi poète et auteur pour enfants (*Marmalade Jim and the Fox,* 1984).

SILLON n. m. (rad. gaul. **selj-,* amasser de la terre). **1.** Trace laissée par un instrument de labour à la surface du champ. — **2.** Petite rigole ouverte à la binette pour semer en ligne. — **3.** *Litt.* Ride marquant le visage : *L'âge avait creusé des sillons sur son visage.* • **Agric.** Syn. rare de RAIE* DE LABOUR. — **Anat.** Rainure que présente la surface de certains organes. — **Ch. de f.** Dans un graphique de circulation ferroviaire, zone où il est possible de placer un certain nombre de trains à vitesse semblable et se succédant très rapidement. — **Électroacoust.** Piste gravée à la surface d'un disque phonographique et contenant l'enregistrement.

Sillon *(le),* revue créée en 1894, et mouvement social d'inspiration chrétienne fondé par Marc Sangnier*. À partir de 1903, celui-ci fait de sa revue *le Sillon* l'organe d'un mouvement chrétien et démocrate puis s'engage dans la lutte politique avec *l'Éveil démocratique* (1904). La papauté et l'épiscopat français prennent leurs distances. Blâmé par Pie X (1910), le mouvement se dissout mais son esprit continuera à inspirer la démocratie chrétienne.

SILLON ALPIN, articulation majeure des Alpes françaises constituée par une dépression longue de plus de 120 km, entre 200 et 300 m d'altitude, orientée N.-E.-S.-O., du bassin de Sallanches, au N., au col de la Croix-Haute, au S., et séparant les Préalpes, à l'O., des massifs centraux à l'E. Parcouru par les vallées de l'Arve, de l'Arly, de l'Isère et du Drac, large de 7 à 8 km, le Sillon alpin constitue une grande voie de passage à l'intérieur du domaine alpin, valorisée par les vallées transversales qui permettent soit une ouverture sur l'avant-pays (cluses), soit l'accès aux massifs centraux et aux grands cols (Maurienne, Tarentaise). L'agriculture demeure active : vergers, céréaliculture, viticulture, tabac, élevage. La fonction de passage a fixé une importante activité industrielle (métallurgie, chimie), présente notamment à Grenoble, utilisant très tôt l'hydroélectricité.

SILLONNER v. t. (conj. 3). **1.** *Litt.* Creuser sur une surface de longues traces analogues à des sillons ; s'y étendre en creux, en parlant de ces marques : *Des lézardes sillonnent le mur.* — **2.** Parcourir un lieu, le traverser en tous sens : *Les canaux qui sillonnent la Hollande.*

SILO n. m. (esp. *silo,* du lat. *sirus*). **1.** Fosse creusée dans la terre pour conserver des produits végétaux en les isolants de l'air et de l'eau. — **2.** Ensemble de grands réservoirs verticaux pour stocker des céréales. — **3.** Cavité creusée dans le sol et entourée de béton, dans laquelle est stocké, et à partir de laquelle est lancé, un missile ou un antimissile. — **4.** Capacité servant au stockage de produits pulvérulents ou granuleux. — **5.** *Silo boudin,* grande poche en matière plastique de 3 à 4 m de diamètre, posée à même le sol et bourrée de fourrage ensilé par une presse. ‖ *Silo couloir,* fosse en béton édifiée au niveau du sol pour stocker un fourrage ensilé. ‖ *Silo tour,* construction verticale élevée, à remplissage par le haut, pour stocker un fourrage ensilé.

SILO ou **SILÔH,** ancienne ville de la Palestine centrale, centre religieux où fut conservée l'arche d'alliance durant la période de Josué et des Juges (XIIIe s.-début du XIe s. av. J.-C.).

Siloé (hébr. *Shiloah,* canal), réservoir constituant dans la Jérusalem biblique le seul point d'eau permanent aux vertus thérapeutiques.

SILOÉ (GIL DE), sculpteur flamand d'origine anversoise, actif de 1486 à 1501 à Burgos. Il a notamment exécuté, à la chartreuse de Miraflores, deux monuments funéraires en albâtre, puis le grand retable en bois du maître-autel. Son art joint à une grande fermeté plastique le goût du détail pittoresque et la sensibilité poétique. — Son fils DIEGO, architecte et sculpteur (Burgos 1495 - Grenade 1563), formé en Italie, a surtout travaillé en Vieille-Castille et en Andalousie. À la cathédrale de Burgos, il a construit l'« escalier doré » (1519), inspiré de Bramante, et terminé avec Biguerny le grand retable de la chapelle du Connétable (1526). Appelé à Grenade pour y achever la construction du monastère de S. Jerónimo, il fut chargé de réaliser la cathédrale sur les plans, gothiques, d'E. Egas, mais édifia un monument Renaissance (1528-1561), prototype de toute une série (cathédrales de Málaga, Jaén, Guadix). Il a donné les plans de l'église S. Salvador de Úbeda, construite par son disciple A. de Vandelvira.

SILONE (Secondo TRANQUILI, dit **Ignazio**), écrivain et homme politique italien (Pescina, L'Aquila, 1900 - Genève 1978). Un des fondateurs du parti communiste italien, il rompit avec lui et en fut exclu en 1931. Tandis que ses romans évoquent les luttes antifascistes et la condition paysanne (*Fontamara,* 1930 ; *le Renard et les camélias,* 1960), son théâtre analyse les conflits entre une Église, un parti et une conscience (*l'Aventure d'un pauvre chrétien,* 1968).

Silos ou **Santo Domingo de Silos,** abbaye bénédictine d'Espagne (prov. de Burgos), à 50 km au S.-E. de Burgos. Ce fut l'un des principaux foyers d'art roman de Castille. Les sculptures du cloître illustrent deux styles différents, du milieu du XIIe s. (grands reliefs de la Passion) et de la fin de ce siècle (Annonciation, Arbre de Jessé, représentatifs de l'art « 1200 » [comme le portail de la Gloire de Compostelle]).

SILOTAGE n. m. Conservation en silo.

SILPHIDÉ n. m. (gr. *silphê,* blatte). Nom de famille de coléoptères voisins des staphylins, en général souterrains et nécrophages, mais dont certaines espèces ravagent les plants de betterave.

SILT n.m. (angl. *silt,* limon). **1.** Sédiment meuble de la classe des lutites (4 à 62 μm). — **2.** Roche sédimentaire plus ou moins consolidée qui en dérive.

SILURE ou **SILUROÏDE** n. m. (lat. *silurus,* du gr. *silouros*). Poisson cypriniforme, surtout des eaux douces, portant autour de la bouche des barbillons et possédant souvent des glandes venimeuses reliées à des épines pectorales ou dorsales. On rencontre en France, outre le glane (Rhin et Doubs), le poisson-chat commun, introduit d'Amérique du Nord en France en 1871.

SILURIEN n. m. (angl. *silurian,* du lat. *Silures,* n. pr.). Système de l'ère paléozoïque, d'une durée approximative de 20 millions d'années, caractérisé par l'abondance des graptolites, trilobites et des algues, et marqué par la fin de l'orogenèse calédonienne.

SILVA (António José DA), auteur dramatique portugais (Rio de Janeiro 1705 - Lisbonne 1739). Il rénova le théâtre populaire portugais (*la Vie de Don Quichotte,* 1733). Son audace et sa verve éblouissante éclatent dans *Ésope* (1734), *les Guerres du Romarin et de la Marjolaine* (1737). Il fut brûlé vif par l'Inquisition pour judaïsme.

Silvacane (anc. *abbaye de*), l'une des trois abbayes cisterciennes de Provence, près de La Roque-d'Anthéron (Bouches-du-Rhône). Église reconstruite à partir de 1175, d'un style roman très pur, comme le cloître, du XIIIe s. Salle capitulaire et salle des moines d'env. 1210-1230, voûtées d'ogives.

SILVAIN n. m. (lat. *Silvanus,* n. myth.). Nom usuel du coléoptère (cucujidé) *Orizæphilus,* nuisible aux stocks de denrées.

SILVAN, v. de Turquie (prov. de Diyarbakır), entre Diyarbakır et le lac de Van ; 44 000 hab. Grande Mosquée (XIIIe s.).

SILVÈRE *(saint)* [† île de Palmaria, auj. Palmaroda, îles Pontines, 537], pape (536-537). Plusieurs fois exilé, il est honoré comme martyr.

Silver Star (mots angl. signif. *Étoile d'argent*), décoration militaire américaine, créée en 1918 pour récompenser ceux qui ont fait l'objet d'une citation au combat sans obtenir la croix du service distingué.

SILVERSTONE, localité de Grande-Bretagne (Northamptonshire), au S.-O. de Northampton. Circuit automobile.

SILVES n. f. pl. (bas lat. *silvae,* pl. du lat. class. *silva,* forêt). Recueil de pièces poétiques latines sur des sujets variés sans rapport entre eux.

SILVESTRE, nom de plusieurs papes ⟶ SYLVESTRE.

SILVESTRE (Israël), dessinateur et graveur français (Nancy 1621 - Paris 1691). Neveu d'un éditeur et ami de Callot, Israël Henriet, il fit le commerce d'estampes à Paris, grava de nombreuses vues de France et d'Italie et, parvenu à une position officielle (dessinateur et graveur du roi en 1662, académicien en 1670), donna des planches (à l'eau-forte et au burin) qui illustrent le monde de la Cour et de la ville de 1660 à 1690.

SILVESTRE DE SACY (Antoine Isaac), orientaliste français (Paris 1758 - *id.* 1838). Sa connaissance des langues et sa méthode critique lui ont donné une place de premier plan dans l'histoire de l'orientalisme. (*Grammaire arabe,* 1810). Il enseigna à l'École des langues orientales (1795) et au Collège de France (1806).

SILYBE n. m. Chardon (composée) cultivé en jardin pour ses fleurs pourpres et son feuillage argenté. (Syn. CHARDON ARGENTÉ.)

SIMA n. m. (de *silice* et *magnésium*). Anc. nom de l'enveloppe interne de l'écorce terrestre, située sous le sial, et dans laquelle prédominent la silice et le magnésium. (Dans les théories modernes, il correspond au manteau.)

SIMA (Joseph), peintre tchèque naturalisé français (Jaroměř, Bohême orientale, 1891 - Paris 1971). Formé à Prague dans l'esprit des recherches fauves et cubistes, proche, à Paris (où il arriva en 1921), des expériences de l'avant-garde, il orienta son œuvre vers une expression métaphysique et poétique de l'imaginaire et participa au groupe le Grand Jeu avec Daumal et Gilbert-Lecomte.

SIMAGRÉE n. f. (p.-ê. de *sime,* n. régional du singe). Comédie pour attirer l'attention ou pour tromper : *Simagrées ridicules.*

SIMA GUANG ou **SSEU-MA KOUANG,** homme politique et historien chinois (1019-1086), auteur d'une grande histoire nationale : *Zizhi tongjian (Miroir complet pour l'illustration du gouvernement).*

SIMAK (Clifford Donald), écrivain américain (Millville, Wisconsin, 1904 - Minneapolis 1988), journaliste, auteur de science-fiction (*la Croisade de l'idiot,* 1960) et de romans (*Héritier des étoiles,* 1977 ; *la Planète des embûches,* 1983) sur l'universalité de la vie et de la communication dans l'univers.

SIMA QIAN ou **SSEU-MA TS'IEN,** écrivain chinois (v. 145 - v. 86 av. J.-C.). Grand historien de l'empereur, il est l'auteur de Mémoires historiques *(Shiji*)* en 130 volumes.

SIMARRE n. f. (ital. *zimarra,* de l'esp. *zamarra,* vêtement de berger). Large soutane d'intérieur naguère en usage dans le clergé romain.

SIMART (Pierre Charles), sculpteur français (Troyes 1806 - Paris 1857). Prix de Rome (1833), de tendance néoclassique, il reçut la commande de deux des statues colossales de la barrière du Trône, à Paris, *la Justice* et *l'Abondance* (1840). Ses petits modèles (musée de Troyes) pour les bas-reliefs du pourtour du tombeau de Napoléon Ier, aux Invalides, sont de 1846-47.

SIMARUBA n. m. (caraïbe *simaruba*). Arbre d'Amérique tropicale dont l'écorce, d'une amertume très prononcée, est tonique et fébrifuge. (Certaines espèces produisent le bois connu sous le nom de *marupa.*)

SIMARUBACÉE n. f. Nom de famille de plantes dialypétales telles que le simaruba, le quassia et le vernis du Japon. (Les *simarubacées* forment une famille.)

SIMA XIANGRU ou **SSEU-MA SIANG-JOU,** poète chinois (Chengdu 179 av. J.-C. - Muling 117 av. J.-C.). Un des plus célèbres auteurs du genre fu (mélange de prose et de poésie), il décrit, dans ses œuvres majeures, *le Fu de Zixu* et le *Fu de Shanglin,* les parcs et les chasses impériales.

SIMBIRSK, de 1924 à 1991 **Oulianovsk,** v. de Russie, sur la Volga ; 656 000 hab. Patrie de Lénine. Métallurgie et mécanique.

SIMBLEAU n. m. (altér. de *cingleau,* dimin. de *cengle,* var. anc. de *sangle*). **1.** Petit appareil servant à matérialiser l'axe d'un canon pour vérifier les lignes de mire. — **2.** Cordeau pour tracer des circonférences.

SIMBLOT ou **SIMBLEAU** n. m. Bouchon en bois ou en métal, placé de force dans un trou d'une pièce, et marqué au centre d'un coup de pointeau, dont l'empreinte matérialise la position de l'axe de cette pièce.

SIMCOE, lac du Canada (Ontario), qui se déverse dans le lac Huron ; 725 km^2.

SIMENON (Georges), écrivain belge de langue française (Liège 1903 - Lausanne 1989). Auteur, dès 1932, de romans policiers où il crée la figure du commissaire Maigret, qui lui vaudra une renommée internationale (*Maigret,* 1934 ; *les Inconnus dans la maison,* 1940 ; *Maigret et le marchand de vin,* 1970), il a publié, en outre, des romans d'aventures et de mœurs, des pièces de théâtre (*La neige était sale,* 1950), des nouvelles (*le Bateau d'Émile,* 1954), des récits autobiographiques (*Tant que je suis vivant,* 1978) et des *Mémoires intimes* (1981), suivis du *Livre de Marie-Jo* (1981), adressés à sa fille morte.

SIMÉON *(tribu de),* tribu israélite dont l'ancêtre est Siméon, fils de Jacob et de Lia. Elle se confondit peu à peu avec la tribu de Juda et disparaît au temps de David.

SIMÉON *(saint)* [Ier s.], personnage biblique mentionné dans l'Évangile de Luc (II, 25-35). Avec la prophétesse Anne, il accueillit Jésus, dont il pressentait la vocation messianique.

SIMÉON Stylite, l'Ancien *(saint),* ascète syrien (Sis, Cilicie, v. 390 - v. 459). Il aurait vécu quarante ans sur une colonne.

SIMÉON ⟶ ÉTIENNE NEMANJA.

SIMÉON Ier le Grand († 927), khān des Bulgares (893-927). Vainqueur des Byzantins, il leur imposa un tribut annuel (896). Voulant créer un nouvel empire avec Constantinople pour capitale, il investit cette ville (913) et s'y fit couronner basileus des Bulgares par le patriarche, qui accepta le mariage de la fille de Siméon avec Constantin VII Porphyrogénète. Les Byzantins rejetèrent ces clauses et Siméon envahit la Thrace et la Macédoine. Il anéantit la contre-offensive byzantine (917) et soumit la Serbie (924).

SIMÉON LE SUPERBE (1316-1353), prince de Moscou (1340-1353) et grand-prince de Vladimir (1341-1353), fils d'Ivan Ier.

SIMEULUE, SIMEULU ou **SIMEULOE,** île d'Indonésie, au large de la côte occidentale de Sumatra ; 1 844 km^2.

SIMFEROPOL, anc. **Ak-Metchet** (« Mosquée blanche »), v. d'Ukraine, en Crimée ; 353 000 hab. Centre commercial et industriel.

SIMIAND (François), sociologue et économiste français (Gières 1873 - Saint-Raphaël 1935). Il enseigna l'histoire du travail au Collège de France (1932-1935). Son principal ouvrage, *le Salaire, l'évolution sociale et la monnaie* (1932) tente d'« expliquer objectivement les faits réels de salaire ».

SIMIEN, ENNE adj. (lat. *simius,* singe). Qui relève des singes : *Figure simienne.*
◆ **simien** n. m. Nom scientifique des animaux du sous-ordre des singes.

SIMIESQUE adj. (lat. *simius,* singe). Qui rappelle le singe : *Formes simiesques.*

SIMILAIRE adj. (lat. *similis,* semblable). Se dit de choses qui peuvent, d'une certaine façon, être assimilées les unes aux autres : *Savons, détersifs et produits similaires.*

SIMILARITÉ n. f. Qualité des choses similaires.

1. SIMILI n. m. (lat. *similis,* semblable). **1.** *Fam.* et *vx.* Toute matière qui est une imitation d'une autre. — **2.** *Simili kraft,* papier d'emballage imitant le kraft, mais de résistance moindre. ‖ *Simili sulfurisé,* papier rendu imperméable aux corps gras par raffinage, et non par traitement acide.

2. SIMILI n. f. Abréviation de similigravure.

SIMILICUIR n. m. Produit plastique imitant le cuir, obtenu par enduction et calandrage d'un papier ou d'un tissu.

SIMILIGRAVURE n. f. **1.** Procédé d'obtention de clichés ou de films tramés en partant d'originaux à modelé continu. (Abrév. SIMILI.) — **2.** Cliché ou film tramé obtenu par ce procédé, permettant de reproduire les demi-teintes d'un document.

SIMILIPIERRE n. f. Pierre factice, ou carton-pierre.

SIMILISAGE n. m. Traitement mécanique destiné à donner aux articles de coton un brillant qui rappelle celui qui est acquis lors du mercerisage.

SIMILISER v. t. (conj. 3). Soumettre au similisage.

SIMILISTE n. m. Ouvrier qui, en photogravure, contrôle et retouche les clichés ou les films.

SIMILITUDE n. f. (lat. *similitudo*). Ressemblance, analogie, rapport exact entre des choses ou des personnes : *Il n'y a aucune similitude entre les deux frères.* • **Homéopath.** *Loi de similitude,* principe de base de la méthode homéopathique qui repose sur l'analogie existant entre les symptômes exprimés par le malade et les signes pathologiques apparus chez l'homme sain et sensible à qui l'on a administré une substance médicamenteuse potentiellement active. — **Math.** Application f d'un espace affine euclidien dans lui-même telle que la distance des images de deux points quelconques est égale au produit de la distance de ces deux points par un réel strictement positif appelé rapport de similitude. (→ *encycl.*) ‖ Propriété que possèdent deux figures semblables. ‖ Application linéaire d'un espace vectoriel euclidien sur $\mathbb{R}$ telle que la norme de l'image d'un vecteur quelconque est égale au produit de la norme du vecteur par un réel positif, appelé rapport. — **Mécan.** *Loi de similitude,* ensemble des conditions imposées aux maquettes (avions, navires, machines, etc.) pour que les résultats obtenus au cours des essais soient transposables aux réalisations en grandeur nature.

ENCYCL. **Math.** Une similitude de E_n est une application affine bijective. Si le rapport de similitude est égal à 1, c'est une isométrie. Si le rapport k est différent de 1, la similitude admet un et un seul point invariant P, qui est son centre ; elle se décompose alors en le produit, commutatif, d'une homothétie de centre P et de rapport k, et d'une isométrie admettant P comme point invariant.

SIMILOR n. m. (de *simili 1* et *or*). Laiton additionné de 12 à 15 % de zinc, utilisé en bijouterie fantaisie.

SIMLA, v. de l'Inde, cap. de l'Himāchal Pradesh, dans l'Himālaya, à 2 200 m d'alt. environ ; 109 860 hab. Ancienne capitale d'été de l'Inde. Station climatique.

SIMMEL (Georg), sociologue et philosophe allemand (Berlin 1858 - Strasbourg 1918). Il s'est intéressé à la sociologie de la culture (*Philosophische Kultur,* 1911 ; *Der Konflikt der modernen Kultur,* 1918).

SIMMENTAL, vallée de Suisse (Alpes bernoises), drainée par la Simme (53 km). Lieu d'origine de la *race du Simmental.* Tourisme.

Simmental *(race du),* race bovine suisse, à la robe rouge, bonne laitière.

Simmonds *(maladie de),* cachexie d'origine hypophysaire, en rapport avec une insuffisance globale de cette glande.

SIMON le Magicien, personnage dont on connaît l'existence par les Actes des Apôtres (VIII). Converti au christianisme, il voulut acheter à prix d'argent à saint Pierre le pouvoir de communiquer l'Esprit saint, d'où le nom de simonie* donné au trafic des choses saintes.

SIMON *(saint),* apôtre (Ier s.), surnommé **le Zélote.** La tradition le fait mourir martyr.

SIMON DE MONTFORT → MONTFORT (Simon de).

SIMÓN ABRIL (Pedro), humaniste espagnol (Alcaraz 1530 - Saragosse 1595 ?), traducteur en espagnol de lettres latines et grecques, auteur d'un *Traité de logique.*

SIMON (Richard), oratorien français (Dieppe 1638 - *id.* 1712). Dans ses travaux, dont les principaux sont *Histoire critique du Vieux Testament* (1678), *Histoire critique du Nouveau Testament* (1689), *Histoire critique des versions du Nouveau Testament* (1690), il tenta le premier essai d'interprétation rationaliste de la Bible. L'ostracisme dont il fut l'objet eut pour effet de paralyser pour longtemps les recherches bibliques en milieu chrétien.

SIMON (Antoine), homme politique français (Troyes 1736 - Paris 1794). Cordonnier, membre du conseil général de la Commune, il fut désigné comme gardien du Dauphin au Temple (1793-1794). Il fut exécuté après Thermidor.

SIMON (Jules François Simon SUISSE, dit **Jules**), homme politique français (Lorient 1814 - Paris 1896). Professeur de philosophie à la Sorbonne (1839), suspendu après le 2 déc. 1851, il fut député républicain de 1863 à 1870. Il fut ensuite ministre de l'Instruction publique (1870-1873) et président du Conseil (déc. 1876), mais Mac-Mahon le contraignit à démissionner (crise du 16 mai 1877). Il critiqua l'anticléricalisme de Jules Ferry et combattit le boulangisme. (Acad. fr., 1875.)

SIMON (Henri), écrivain belge d'expression wallonne (Liège 1856 - *id.* 1939). Son poème géorgique en langue dialectale *Li pan dè bon Diu (le Pain du bon Dieu)* [1914] est un chef-d'œuvre de la poésie wallonne.

SIMON (Théodore), psychiatre français (Dijon 1873 - Paris 1961). Sa collaboration aux travaux d'Alfred Binet* est à l'origine de l'essor des tests mentaux.

SIMON (François, dit **Michel**), acteur français d'origine suisse (Genève 1895 - Bry-sur-Marne 1975). Au théâtre comme au cinéma il a marqué ses interprétations de sa propension à l'insolite et d'une philosophie goguenarde et amère. Il débute au théâtre en 1920 et c'est sa création de Cloclo dans *Jean de la Lune,* de Marcel Achard (1929), qui le rend célèbre. Au cinéma, parmi ses principaux films, il faut citer *Jean de la Lune* (1932), *l'Atalante* (1934), *Drôle de drame* (1937), *le Quai des brumes* (1938), *la Fin du Jour* (1939), *la Beauté du diable* (1950), *la Poison* (1951), *le Vieil Homme et l'enfant* (1966).

SIMON (Pierre Henri), écrivain français (Saint-Fort-sur-Gironde 1903 - Paris 1972). Ses romans (*les Raisins verts,* 1950) et ses essais (*Ce que je crois,* 1966) s'inscrivent dans la tradition de l'humanisme chrétien. (Acad. fr., 1966.)

SIMON (Claude), écrivain français (Tananarive 1913), un des représentants du « nouveau roman ». En procédant par éclatements, incidentes, télescopages, immobilisations, rétrécissements et cristallisations, il brise le moule classique du récit sans pour autant s'attacher à la disparition des « histoires » (*la Route* des Flandres,* 1960 ; *les Corps conducteurs,* 1971). Des romans tels que *la Bataille de Pharsale* (1969), *Leçon de choses* (1975), *les Géorgiques* (1981), *l'Acacia* (1989), et des essais (*Orion aveugle,* 1970) forment à la fois la théorie et l'illustration d'une nouvelle pratique de l'espace littéraire, où la réalité fragmentée se recompose suivant un rythme proche de l'écriture picturale. (Prix Nobel 1985.)

SIMON (Herbert A.), économiste américain (Milwaukee 1916). Ses contributions à l'analyse des processus de la prise de décision lui ont valu, en 1978, le prix Nobel de sciences économiques.

Simon and Schuster, maison d'édition américaine fondée à New York en 1924 par R. L. Simon et W. L. Schuster.

Simon de Pouille, chanson de geste (XIIIe s.), suite du *Pèlerinage* de Charlemagne.*

SIMONE (Pauline BENDA, dite **Mme**), actrice et femme de lettres française (Paris 1877 - Montgeron 1985). Interprète de Bernstein, Bataille, etc., au théâtre, elle se consacra ensuite au roman (*le Bal des ardents,* 1951). Longtemps présidente du jury Femina, elle a laissé des souvenirs (*Mon nouveau testament,* 1970).

SIMONIAQUE adj. et n. (lat. ecclés. *simoniacus*). Relatif à la simonie ; coupable de simonie.

SIMONIDE de Samos ou **d'Amorgos** → SÉMONIDE.

SIMONIDE de Céos, poète lyrique grec (Iulis, île de Céos, v. 556 - Syracuse 467 av. J.-C.). S'il ne subsiste que des fragments de son œuvre, il reste le créateur d'un certain nombre de genres lyriques : l'encomion, le thrène et l'épinicie.

SIMONIE n. f. (lat. ecclés. *simonia,* du n. de *Simon le Magicien*). Trafic des choses saintes ; vente ou achat de biens spirituels, de charges ecclésiastiques.

SIMONIN (Albert), écrivain et scénariste français (Paris 1905 - *id.* 1980). Une jeunesse tumultueuse et révoltée (*Confessions d'un enfant de la Chapelle,* 1977) et l'univers carcéral lui inspirent des romans policiers à succès (*Touchez pas au grisbi !,* 1953 ; *Le cave se rebiffe,* 1954, etc.), qu'il adaptera au cinéma. Maître de l'argot moderne, il lui a consacré un dictionnaire (*le Petit Simonin illustré,* 1957).

SIMONNET (Henri Ferdinand Édouard), vétérinaire français (Meudon 1891 - Paris 1965). Il a étudié le rôle des vitamines A et B dans la nutrition et démontré avec Fabre l'activité antirachitique du cholestérol pur irradié (vitamine D). Il a travaillé sur les propriétés physiologiques et thérapeutiques des extraits gonadotropes hypophysaires et de la folliculine.

SIMONOV (Kirill Mikhaïlovitch, dit **Konstantine**), écrivain soviétique (Petrograd 1915 - Moscou 1979). La Seconde Guerre mondiale lui a inspiré des poèmes (*le Vainqueur,* 1937), des pièces patriotiques (*Un gars de notre ville,* 1941 ; *les Russes,* 1942), des évocations (*les Jours et les Nuits,* 1943-44) et une vaste fresque (*les Vivants et les Morts,* 1959-1971).

SIMONSTOWN, port et station balnéaire d'Afrique du Sud, au S. du Cap, sur la False Bay ; 12 000 hab. Pêche. Base navale.

SIMOUN n. m. (angl. *simoon,* de l'ar. *samūn*). Vent désertique, chaud et sec, accompagné de tourbillons de sable, qui souffle sur le Sahara, l'Égypte, l'Arabie et la Mésopotamie.

SIMPLE adj. (lat. *simplex*). **1.** Qui est formé d'atomes d'un seul élément, par oppos. à *composé : L'eau est formée de deux corps simples, l'hydrogène et l'oxygène.* — **2.** Qui n'est fait que d'une opération, d'un élément, d'une seule action, par oppos. à *double, triple,* etc. : *Fermer la porte d'un simple tour de clé.* — **3.** Qui est constitué d'un petit nombre d'éléments qui s'organisent de manière claire, par oppos. à *complexe* : *Un appareil très simple.* — **4.** Qui est facile à comprendre, à suivre, à exécuter, à appliquer, par oppos. à *compliqué* : *Fournir des explications simples.* — **5.** Qui est réduit à l'essentiel, sans recherche, sans apprêt, sans surcharges ni ornements inutiles : *Se contenter d'une nourriture simple.* — **6.** Qui suffit à soi seul, qui n'a besoin de rien d'autre pour produire l'effet attendu : *D'un simple geste, il imposa le silence.* — **7.** Qui se comporte avec franchise et naturel, sans prétention : *Aimer les gens simples. Il a toujours eu des goûts simples.* — **8.** Qui manque de finesse, qui est par trop naïf : *C'est un bon garçon, mais un peu simple.* — **9.** Qui n'est rien de plus que ce qu'indique sa dénomination : *C'était une simple remarque en passant.* — **10.** *C'est (bien) simple,* sert à amener une conséquence, une conclusion, à résumer une situation. ‖ *Simple soldat,* militaire qui n'a aucun grade. • **Acoust.** *Écho simple,* écho qui ne répète le son qu'une seule fois. — **Bot.** Se dit d'une fleur dont le nombre de pétales correspond à celui qui est habituel dans l'espèce. ‖ *Se dit d'une feuille* formée par un limbe unique entier plus ou moins divisé. (S'oppose à *feuilles composées.*) ‖ Se dit d'un fruit provenant d'un seul ovaire. — **Chim.** Simple liaison, liaison entre deux atomes assurée par une paire d'électrons. (La liaison C—H est une simple liaison.) — **Ling.** *Phrase simple,* phrase qui ne comporte qu'une seule proposition (par oppos. à la *phrase complexe*). ‖ *Temps simple,* forme verbale constituée sans auxiliaire de conjugaison (par oppos. à *temps composé*). — **Math.** Se dit d'une racine dont l'ordre de multiplicité est 1. ‖ Se dit d'un point d'une courbe image d'un arc paramétré, qui n'est atteint que pour une valeur du paramètre. (Sinon, il est multiple.) — **Pharm.** Se dit d'un médicament constitué d'une seule substance ou d'un seul principe actif et de son excipient (sirop simple, par ex.). — **Turf.** *Pari simple,* pari qui s'applique à un seul cheval que l'on joue « gagnant » (premier) ou « placé ».
◆ n. **1.** Personne crédule et confiante, et d'une intelligence restreinte. — **2.** Personne de condition modeste et dépourvue d'ambition. — **3.** *Simple d'esprit,* débile mental.
◆ n. m. **1.** Ce qui est simple, élémentaire : *Aller du simple au complexe.* — **2.** Match où l'on joue un contre un, au tennis, au tennis de table, etc. — **3.** *Du simple au double, au triple,* en se multipliant par deux, trois.
◆ **simples** n. m. pl. Plantes à usage médicinal et plus familièrement celles utilisées en tisane.

SIMPLEMENT adv. **1.** Sans complication : *Intrigue conduite simplement.* — **2.** Sans recherche, sans affectation, sans ornement : *Parler simplement.* — **3.** Sans détour : *Avouer simplement qu'on s'est trompé.* — **4.** Seulement, uniquement : *On lui demande simplement de venir.*

SIMPLET, ETTE adj. **1.** Qui manque par trop d'ouverture d'esprit, de finesse et qui se laisse facilement abuser : *Une fille un peu simplette.* — **2.** Se dit d'une idée, d'un jugement, etc., sans recherche ni finesse : *Un raisonnement simplet.*

SIMPLEXE n. m. Ensemble des parties d'un ensemble ordonné par l'inclusion.

SIMPLICE *(saint),* pape → SIMPLICIUS.

SIMPLICIDENTÉ n. m. (lat. *simplex, -icis,* simple, et *dent*). Nom de sous-ordre attribué autrefois aux rongeurs.

Simplicissimus *(la Vie de l'aventurier Simplicius),* roman éducatif de Grimmelshausen (1669), qui retrace sur le mode picaresque les aventures d'un personnage d'intelligence simple.

Simplicissimus, journal satirique allemand illustré, fondé en 1896 par A. Langen et Th. Th. Heine, à Munich. Longtemps antimilitariste et anticlérical, il eut de nombreux procès. Cessant de paraître en 1944, il reprit de 1954 à 1967.

SIMPLICITÉ n. f. (lat. *simplicitas*). **1.** Caractère de ce qui est formé d'éléments peu nombreux et organisés de manière claire : *Une organisation remarquable par sa simplicité.* — **2.** Caractère de ce qui est peu compliqué, facile à comprendre, à exécuter, à utiliser, etc. : *Cette opération est d'une grande simplicité.* — **3.** Caractère de ce qui se présente sous une forme dépouillée, qui est sans luxe : *La simplicité du style.* — **4.** Caractère de qqn, de son comportement, qui évite la recherche, l'affectation : *Un accueil d'une parfaite simplicité.* — **5.** Caractère exagérément naïf et crédule : *Une simplicité qui confine à la bêtise.* — **6.** Fam. *D'une simplicité biblique,* extrêmement simple.

SIMPLICIUS ou **SIMPLICE** *(saint)* [Tibur ? - Rome 483], pape de 468 à 483. Il fut l'adversaire des monophysites.

SIMPLICIUS, philosophe néoplatonicien (né en Cilicie v. 500 apr. J.-C.). L'un des derniers néoplatoniciens d'Athènes, il dut fuir la ville après le décret de fermeture de l'école par Justinien (529). Il a émis la théorie d'une matière primordiale, dont les autres matières seraient issues, théorie qui a été à la base de l'alchimie.

SIMPLIFIABLE adj. Qui peut être simplifié.

SIMPLIFICATEUR, TRICE adj. **1.** Qui est porté à ne retenir que ce qu'il juge essentiel dans les choses : *Un esprit simplificateur.* — **2.** Qui vise à réduire ce qui est complexe en qqch de plus simple : *Des règles simplificatrices dans le domaine de l'orthographe.*

SIMPLIFICATION n. f. Action de simplifier qqch, fait d'être simplifié : *Une simplification des procédures administratives.*

SIMPLIFIER v. t. (lat. médiév. *simplificare*) [conj. 9]. **1.** Rendre qqch plus simple, moins complexe, moins compliqué : *Simplifier des formalités.* — **2.** Décharger qqn de contraintes, de tâches fastidieuses, répétitives, prenantes, etc. : *La crèche lui simplifie la vie.* — **3.** Ne retenir de qqch que quelques éléments jugés essentiels : *En simplifiant trop le texte, on lui enlève toute sa substance.* — **4.** *Simplifier une fraction,* trouver, si elle existe, la fraction irréductible qui lui est équivalente.

SIMPLISME n. m. Caractère simpliste : *Un simplisme inquiétant.*

SIMPLISTE adj. Qui simplifie abusivement la réalité et en donne une représentation plus ou moins erronée : *Une vue simpliste de la situation.*

SIMPLON, un des grands passages des Alpes occidentales suisses, grâce à sa faible altitude (2 009 m) et à son enneigement réduit. L'aménagement du col entre les vallées du Rhône, au N., et de la Toce, au S., esquissé au XVIIe s., fut réalisé par Napoléon Ier (1805). Un tunnel ferroviaire de base (à 700 m d'alt. de moyenne), long de 19,8 km, fut creusé de 1898 à 1906 entre Brigue, au N., et Iselle, au S. C'est une voie importante entre l'Europe du Nord-Ouest et Milan, vers l'Italie et le sud-est de l'Europe. La route, praticable toute l'année, est en remodelage autoroutier.

Simplon-Orient-Express, train international de luxe créé le 15 avr. 1919 et exploité, sur le parcours Calais-Paris-Lausanne-Milan-Venise-Zagreb-Belgrade-Sofia-Istanbul, par le tunnel du Simplon. Il a été supprimé définitivement en 1977.

SIMPSON *(désert de),* désert d'Australie, qui s'étend essentiellement dans le sud-est du Territoire du Nord, sur environ 145 000 km^2.

SIMULACRE n. m. (lat. *simulacrum,* représentation figurée). Ce qui n'a que l'apparence de ce qu'il prétend être : *On nous propose un simulacre de concertation.*

SIMULATEUR, TRICE n. (lat. *simulator*). Personne qui, volontairement, simule un état physique ou psychique, cherche à se faire passer pour ce qu'elle n'est pas.

◆ **simulateur** n. m. **1.** Modèle matériel fontionnant en temps réel et ayant le même comportement qu'une machine ou une installation dont on désire étudier le comportement dynamique ou enseigner la conduite. — **2.** Programme mis au point pour représenter à l'aide d'un ordinateur le fonctionnement d'une machine, d'un système ou d'un phénomène avant sa construction, sa mise au point ou son utilisation. — **3.** Système permettant de tester un engin spatial en recréant artificiellement sur Terre un ou plusieurs des facteurs de l'environnement qu'il rencontrera pendant son lancement ou son vol dans l'espace. (On dit aussi SIMULATEUR SPATIAL ou CHAMBRE DE SIMULATION SPATIALE.) — **4.** *Simulateur de vol,* installation reproduisant le poste de pilotage d'un avion et permettant aux équipages de s'accoutumer à la manœuvre.

SIMULATION n. f. (lat. *simulatio*). **1.** Action de simuler un état physique, un sentiment, et, en partic., de faire croire que l'on est atteint d'une maladie pour en tirer un avantage : *Simulation d'un évanouissement.* — **2.** Représentation du comportement d'un processus physique, industriel, biologique, économique ou militaire au moyen d'un modèle matériel dont les paramètres et les variables sont les images de ceux du processus étudié. (Les modèles de simulation prennent le plus souvent la forme de programmes d'ordinateurs auxquels sont parfois associés des éléments de calcul analogique.) — **3.** Dissimulation, par les parties, d'un contrat secret (contre-lettre) sous le couvert d'un acte apparent.

SIMULER v. t. (lat. *simulare*) [conj. 3]. **1.** Imiter un état, un sentiment, les feindre, le plus souvent en vue de tromper : *Simuler la douleur.* — **2.** *Litt.* Offrir l'apparence de qqch, lui ressembler : *Un rocher qui simule une tête humaine.* — **3.** Effectuer une simulation.

◆ **être simulé** v. pass. **1.** Être feint, imité : *Un malaise simulé.* — **2.** *Acte simulé,* opération juridique feinte.

SIMULIE n. f. (lat. sc. *simulium,* de *simulare,* feindre). Redoutable moustique piqueur, dont les larves vivent dans les eaux courantes, fixées à des supports variés et dont les adultes peuvent transmettre des maladies graves.

SIMULTANÉ, E adj. (lat. médiév. *simultaneus,* du lat. class. *simul,* en même temps). **1.** Qui se produit en même temps : *L'arrivée simultanée de deux concurrents.* — **2.** *Traduction simultanée,* technique de traduction des paroles de qqn effectuée au fur et à mesure qu'il les prononce. ◆ **simultanée** n. f. Partie qu'un joueur d'échecs joue contre plusieurs adversaires en même temps.

SIMULTANÉISME n. m. Procédé narratif, qui consiste à présenter sans transition, en des images juxtaposées, des événements qui se déroulent au même moment en divers lieux. (Le simultanéisme a été illustré par Dos Passos et par Sartre.)

SIMULTANÉITÉ n. f. Caractère de ce qui est simultané : *Simultanéité des mouvements des bras et des jambes.*

SIMULTANÉMENT adv. D'une façon simultanée.

sin, symbole de *sinus.*

SĪN ou **SOUEN,** dieu-lune des Sémites de Mésopotamie, qui s'assimila au dieu sumérien Nanna. Père de Shamash et d'Ashtart, il avait pour villes saintes Our et Harran.

SINAÏ *(mont),* montagne sacrée de la Bible, appelée aussi Horeb (auj. *djebel Mūsā),* située dans la presqu'île où Moïse reçut la révélation du nom de Yahvé, conclut le pacte d'alliance entre Israël et son dieu, et reçut les Tables de la Loi. Le Sinaï, en territoire égyptien, comporte un massif élevé (2 641 m au mont Sainte-Catherine) et domine le golfe d''Aqaba. Région désertique, le Sinaï est localement animé (en bordure du golfe de Suez) par l'extraction du pétrole et le tourisme.
— **Hist.** À partir du ve s., le Sinaï fut un centre important du monachisme chrétien (monastère Sainte-Catherine). Enjeu de violents combats pendant les guerres israélo-arabes de 1967 et de 1973, le Sinaï a été restitué en 1982 à l'Égypte par les Israéliens.

SINALOA, État du Mexique, le long du Pacifique ; 58 092 km² ; 2 204 054 hab. Cap. *Culiacán.*

SINAN (Mimar), architecte et ingénieur turc (près de Kayseri 1489 - Istanbul 1588). Une œuvre abondante révèle son génie créatif, mais aussi son esprit de synthèse sachant allier la grande tradition architecturale du Proche-Orient ancien à celle de Byzance. De subtils jeux de coupoles confèrent à ses œuvres une majesté et une élégance typiques de l'architecture classique ottomane. Citons la mosquée Süleymaniye (1550-1557) et celle de Rüstem Paşa (v. 1555-1561), celle de Şehzade (1544-1548) à Istanbul, la Selimiye (1569-1574) à Édirne, etc.

SINANTHROPE n. m. Archanthropien d'un type reconnu dans la grotte de Zhoukoudian, près de Pékin. (Il remonterait à 500 000 ans env. ; on le classe parmi les *Homo erectus.*)

SINAPISATION n. f. Action de sinapiser ; application d'un sinapisme.

SINAPISER v. t. (bas lat. *sinapizare*) [conj. 3]. Saupoudrer de farine de moutarde noire pour produire une révulsion ou une rubéfaction. ◆ **être sinapisé** v. pass. Avoir la farine de moutarde noire comme principe actif.

SINAPISME n. m. (bas lat. *sinapismus,* du gr. *sinapidzein,* de *sinapi,* moutarde). Préparation révulsive dont le constituant principal est la poudre de graine de moutarde noire deshuilée.

ŞINASI → CHINASSI.

SINATRA (Frank), chanteur américain (Hoboken, New Jersey, 1915). Crooner célèbre, surnommé *The Voice* (la Voix), il a également tourné de nombreux films (*Tant qu'il y aura des hommes,* 1953 ; *l'Homme au bras d'or,* 1955).

SINCELEJO, v. de Colombie, au S. de Cartagena ; 120 537 hab. Centre commercial. Raffinerie de sucre. Confection.

SINCÈRE adj. (lat. *sincerus*). **1.** Qui exprime, sans les déguiser, ses pensées et ses sentiments : *Une réponse sincère.* — **2.** Qui est réellement tel, d'une manière convaincue : *Un démocrate sincère.* — **3.** Qui est marqué par la franchise, la droiture, qui est réellement éprouvé : *Une amitié sincère.* — **4.** Se dit d'actes officiels, de documents authentiques, non truqués.

SINCÈREMENT adv. D'une manière sincère et loyale : *Il a parlé sincèrement.*

SINCÉRITÉ n. f. (lat. *sinceritas*). **1.** Qualité de qqn de sincère, qui exprime avec franchise ce qu'il pense : *La sincérité du témoin ne peut être suspectée.* — **2.** Caractère de ce qui est l'expression fidèle des sentiments réels de qqn : *La sincérité des convictions d'un homme politique.* — **3.** Authenticité, absence de trucage, de contrefaçon : *La sincérité d'une élection.*

SINCIPITAL, E, AUX adj. Relatif au sinciput.

SINCIPUT (sɛ̃sipyt] n. m. (lat. *sinciput, -itis,* la moitié de la tête). La partie supérieure de la tête.

SINCLAIR (*sir* John), agronome et économiste écossais (Thurso Castle, Highland, 1754 - Édimbourg 1835). On lui doit la création, en 1793, du Bureau de l'agriculture, dont il fut le premier président. Il est un des fondateurs de la statistique.

SINCLAIR (Upton), romancier américain (Baltimore 1878 - Bound Brook, New Jersey, 1968). Auteur fécond et socialiste militant (*Jungle,* 1906), il dénonce le capitalisme (*le Roi charbon,* 1917 ; *Boston,* 1928). Son *« Cycle de Lanny Budd »* (11 vol., 1940-1949) donne une intéressante documentation sur la politique mondiale.

SIND, région du Pākistān, limitrophe de l'Inde, dont la basse plaine et le delta de l'Indus composent l'essentiel. Elle forme une province du pays (140 000 km² ; 20 312 000 hab.). Ch.-l. *Karāchi.* C'est une région très aride et très chaude où les cultures sont irriguées (barrages sur l'Indus). Les industries (en dehors du textile) sont regroupées à Karāchi.

Sindbad le Marin, personnage d'un conte des *Mille* et Une Nuits,* dont les sept voyages sont remplis d'aventures merveilleuses.

SINDELFINGEN, v. d'Allemagne, banlieue S.-O. de Stuttgart ; 59 930 hab. Industrie automobile.

SINDHĪ n. m. Langue indo-aryenne du Nord-Ouest parlée au Pākistān (prov. du Sind) et en Inde (Rann de Kutch, péninsule de Kāthiāwār) par environ 13 millions de locuteurs.

SINDONOLOGIE n. f. (du gr. *sindôn,* linceul). Ensembles des études faites sur le saint suaire de Turin.

SINDJĀR *(djabal),* chaînon montagneux d'Iraq, à proximité de la Syrie ;1 463 m.

SINÉ (Maurice SINET, dit), dessinateur humoriste français (Paris 1928). D'une veine féroce dans la simplicité, ses dessins ont paru dans *l'Express,* les 9 numéros de *Siné massacre* (1962-63), *l'Enragé* (1968), *Charlie-Hebdo* (1980-81). De 1981 à 1985, il participe avec Cabu et Loup à la séquence « Rebuts de presse » de l'émission de télévision de Michel Polac *Droit de réponse.* Il a donné de nombreux albums, tels *Portée de chats* (1957), *Dessins politiques* (1972), *Érotissiné* (1980), *Pourquoi tant de haine ? 40 Ans de noirs dessins* (1989).

SINÉCURE n. f. (angl. *sinecure,* du lat. *sine,* sans, et *cura,* soin). **1.** Emploi ou fonction bien payés pour un travail faible ou nul. — **2.** Fam. *Ce n'est pas une sinécure,* ce n'est pas de tout repos.

SINE DIE [sinedje] loc. adv. (lat. *sine die,* sans fixer le jour). Sans fixer de jour.

SINÉMURIEN n. m. (de *Semur*). Étage de la série liasique.

SINE QUA NON [sinekwanɔn] loc. adj. (mots lat. signif. *sans quoi non*). Indispensable : *Une condition sine qua non.*

SINE-SALOUM *(région du),* région du Sénégal, parcourue par le Sine et le Saloum ; 23 945 km² ; 973 200 hab. Ch.-l. *Kaolack.*

SINFONIA n. f. (ital. *sinfonia,* du lat. *symphonia,* symphonie). **1.** Ritournelle instrumentale, dans un ballet ou une pastorale, en Italie, aux XVIe et XVIIe s. — **2.** Ouverture d'opéra en Italie, jusqu'à la fin du XVIIIe s.

SINFONIETTA n. f. (dimin. de *sinfonia*). Symphonie de courte durée ou bien écrite pour un orchestre réduit.

SINGALETTE n. f. (de *Saint-Gall,* n. pr.). Toile de coton à contexture très claire utilisée pour la préparation de la gaze hydrophile et de la gaze apprêtée.

SI-NGAN → XI'AN.

SINGAPOUR, en angl. **Singapore,** État insulaire de l'Asie du Sud-Est, à l'extrémité méridionale de la péninsule Malaise ; 618 km² (y compris 54 îlots voisins) ; 2 870 000 hab. *(Singapouriens).* CAP. *Singapour.* LANGUES : *anglais, chinois, malais* et *tamoul.* MONNAIE : *dollar de Singapour.*

Géographie. Sous un climat équatorial (2 400 mm de pluie par an), la forêt est encore présente sur les collines centrales. L'île est reliée à la péninsule par un viaduc routier et ferroviaire et par un aqueduc qui assure son alimentation en eau. Il s'agit d'un État-ville, dont la population, très dense, est formée d'une majorité de Chinois (avec des minorités malaise et indienne). L'industrie se spécialise dans des activités à haute technicité. Les services fournissent la plus grande partie du P. I. B., les activités du port de transit (caoutchouc, étain ; au premier rang mondial pour les conteneurs) venant en tête. Le rôle financier est également important.

Histoire. Singapour (la « Cité des lions ») était le port de *Tumasik,* contrôlé par Śrīvijaya (IXe s.), puis par Majapahīt (XIVe s.). Possession du sultanat de Johore, elle est occupée pour le compte de la Compagnie anglaise des Indes orientales (1819). Principal port et entrepôt de la région, elle devient, en 1832, la capitale des Établissements des Détroits (Straits Settlements), créés en 1826. Place forte économique et position stratégique, elle capitule le 15 févr. 1942 et est occupée par les Japonais jusqu'en sept. 1945.
Érigée en colonie distincte (1946), elle obtient l'autonomie interne et le suffrage universel (1958-59). Le leader du parti d'action populaire (P. A. P.), l'avocat Lee Kuan Yew, devient Premier ministre (1959). Inquiets des tendances socialistes du P. A. P., les États malais proposent la Fédération de Malaysia, née le 16 sept. 1963, où Singapour conserve son autonomie. L'opposition entre Chinois et Malais conduit à l'indépendance de Singapour, proclamée le 9 août 1965. Lee Kuan Yew instaure un régime autoritaire, soutenu par le parti d'action populaire. En

1990, il cède la fonction de Premier ministre à Goh Chok Tong.

SINGE n. m. (lat. *simius,* du gr. *simos,* qui a le nez camus). **1.** Mammifère primate arboricole, fortement encéphalisé, à face souvent glabre. (Les singes constituent le sous-ordre des simiens.) [→ *encycl.*] — **2.** *Fam.* Personne au faciès grimaçant, simiesque. — **3.** Personne qui contrefait, imite qqn : *Le singe de son maître.* — **4.** *Pop.* Dans une entreprise, le chef, le directeur, le patron. — **5.** *Pop.* et *vx.* Conserve de bœuf en boîte. — **6.** *Adroit, malin comme un singe,* très adroit, très malin. ‖ Fam. *Faire le singe,* faire des grimaces ou des pitreries grotesques. ‖ *Singe(-)araignée,* nom usuel de l'*atèle.* ‖ *Singe vert,* nom usuel du *grivet.*

ENCYCL. Les singes, ou simiens, vivent dans les régions chaudes non insulaires. Leur tête, à gros crâne et à museau souvent réduit, porte des yeux aptes à une vision binoculaire ainsi qu'une musculature peaucière permettant une mimique très expressive. Les bras, souvent très longs, permettent le grimper et la brachiation. Le pied porte un gros orteil opposable, les ongles sont plats, les fesses souvent pourvues de callosités, les mamelles pectorales. Les espèces mangeuses de feuilles ont un estomac compartimenté. On distingue deux infraordres : les *platyrhiniens,* singes des Amériques, à narines écartées, 36 dents, à queue souvent préhensile (ouistiti, sapajou, atèle), et les *catarhiniens,* singes de l'Ancien Monde, à narines resserrées, 32 dents, queue absente ou non préhensile. Parmi ces derniers, les *cynomorphes* (cercopithécidés et colobidés : colobe, macaque, babouin) se distinguent des *anthropomorphes,* ou « grands singes » (*apes* des anglophones), plus proches de l'homme (hylobatidés et pongidés : gibbon, orang-outan, gorille, chimpanzé et formes fossiles).

SINGER v. t. (de *singe*) [conj. **17**]. **1.** Imiter qqn de façon grotesque, pour le tourner en dérision : *Élève qui singe le professeur.* — **2.** Affecter le comportement de qqn d'autre, simuler un sentiment qu'on n'a pas : *Singer les manières distinguées.*

SINGER (Isaac Merrit), inventeur américain (Pittstown, New York, 1811 - Torquay, Devon, 1875). Il perfectionna en 1851, à Boston, une machine à coudre et fonda à New York, pour construire sa machine, une usine qui devait devenir la Singer Company.

SINGER (Isaac Bashevis), écrivain américain d'expression yiddish (Radzymin, près de Varsovie, 1904 - Miami 1991). Établi aux États-Unis, chroniqueur théâtral et littéraire du *Forward,* il fait revivre dans ses romans et ses nouvelles la Pologne de son enfance sur le rythme des conteurs juifs traditionnels (*la Corne du bélier,* 1935 ; *Gimpel le fou,* 1957 ; *le Magicien de Lublin,* 1960 ; *Amour tardif,* 1980). [Prix Nobel 1978.]

SINGERIE n. f. **1.** Grimace, geste, tour comique : *Les singeries d'un clown.* — **2.** Démonstration hypocrite, manières affectées et ridicules : *Personne n'est dupe de ses singeries.* — **3.** Peinture ou ensemble décoratif figurant des singes. (Souvent associé aux chinoiseries à l'époque Louis XV : châteaux de Champs et de Chantilly, peintures de Huet à l'hôtel de Rohan à Paris.) — **4.** Section d'un jardin zoologique où sont élevés les singes.

SINGKEP, île d'Indonésie, dans l'archipel des Lingga, à l'E. de Sumatra ; 830 km². Étain. Gisements de bauxite. Exploitation du bois (rotin).

SINGLE [singœl] n. m. (angl. *single,* simple). **1.** Compartiment de voiture-lits à une seule place. — **2.** Chambre individuelle dans un hôtel. — **3.** Disque de variétés ne comportant que deux titres (un seul titre par face sur les anciens 45 tours).

SINGLETON [sɛ̃glətɔ̃] n. m. (angl. *singleton,* de *single,* simple). **1.** Au bridge, carte qui est seule de sa couleur dans la main d'un joueur, au début de la partie. — **2.** Ensemble ne comprenant qu'un seul élément.

Sing Sing, prison américaine située à Ossining (New York), créée en 1824 et qui a pour nom, depuis 1969, *Ossining Correctional Facility.*

SINGSPIEL [siŋʃpil] n. m. (all. *Singspiel,* opérette). Genre lyrique allemand dans lequel alternent dialogues parlés ou chantés et airs. (Ce genre atteignit son apogée avec *l'Enlèvement au sérail* de Mozart.)

SINGULARISER v. t. (de *singulier,* d'apr. le lat. *singularis,* particulier) [conj. **3**]. En parlant d'un trait, d'un caractère, distinguer qqn des autres : *Cette attitude le singularise dans ce milieu très conformiste.*

◆ **se singulariser** v. pr. Se faire remarquer par quelque aspect qui étonne ou choque : *Se singulariser par sa coiffure.*

SINGULARITÉ n. f. (bas lat. *singularitas*). **1.** *Litt.* Caractère de ce qui est unique en son genre : *La singularité de chaque vie.* — **2.** Caractère original ou étrange, insolite de qqch : *La singularité de sa tenue l'a fait remarquer.* — **3.** Acte qui révèle ce caractère : *Ses singularités n'étonnent plus personne.* — **4.** Trait distinctif de la catégorie du nombre indiquant la représentation d'une seule entité isolable. — **5.** Particularité survenant en un point singulier d'une courbe ou d'une surface.

SINGULET n. m. 1. État d'un système à plusieurs électrons, dont le moment angulaire de spin est nul. (Sa multiplicité vaut 1.) – 2. En spectroscopie, raie unique qu'il est impossible de séparer en plusieurs raies composantes. – 3. Électron unique, grâce auquel se fait, dans certaines molécules homopolaires, la liaison entre deux atomes.

SINGULIER, ÈRE adj. (anc. fr. *singuler,* du lat. *singularis,* de *singuli,* un par un). 1. *Litt.* Qui est unique, particulier, ne concerne qu'un seul individu : *Toute vie est singulière.* – 2. Qui attire l'attention par son caractère étonnant, étrange, curieux : *Un homme singulier qui n'a pas fini de nous surprendre.* – 3. Qui est tel à un point très élevé : *Il a fait preuve d'une singulière présence d'esprit.* – 4. Se dit d'un point d'une courbe ou d'une surface qui n'est pas ordinaire ni régulier, tels les points stationnaires ou anguleux, les points d'inflexion ou de rebroussement. – 5. Se dit du sujet unique et irremplaçable d'une proposition dans la logique classique (par ex. « Louis XIII » dans la proposition « Louis XIII a pris La Rochelle »).
◆ **singulier** n. m. Cas de la catégorie du nombre exprimant soit la singularité dans les noms comptables *(un homme),* soit l'absence de toute opposition de nombre dans les noms non comptables *(du beurre),* soit la pluralité dans les noms collectifs.

SINGULIÈREMENT adv. 1. *Litt.* D'une manière étrange, bizarre, curieuse : *Il s'est conduit singulièrement.* – 2. Fortement, beaucoup : *Ce film m'a singulièrement déplu.* – 3. Principalement, particulièrement : *La crise économique atteint singulièrement les salariés.*

SIN-HAI-LIEN → LIANYUNGANG.

SIN-HIANG → XINXIANG.

SINIGRINE n. f. ou **SINIGROSIDE** n. m. Hétéroside sulfuré, cristallisé, localisé dans la moutarde noire et dans divers crucifères et qui donne naissance à l'essence de moutarde.

SI-NING → XINING.

SINISANT, E n. 1. Syn. de SINOLOGUE. – 2. Personne qui a appris le chinois, qui le lit ou le parle.
◆ adj. Se dit d'un artiste, d'une œuvre qui s'inspirent de l'art de la Chine ancienne.

SINISATION n. f. Action de siniser ; fait d'être sinisé.

SINISER v. t. (lat. médiév. *Sina,* Chine) [conj. 3]. 1. Marquer des traits, des caractères de la civilisation, de la culture chinoise. – 2. Diffuser dans un pays la langue, l'écriture chinoise.

SINISTRALITÉ n. f. (de *sinistre 2*). Taux de sinistres : *Une hausse de la sinistralité.*

1. SINISTRE adj. (lat. *sinister,* qui est du côté gauche). 1. Qui annonce un malheur, des événements funestes : *De sinistres présages.* – 2. Qui évoque le malheur, inspire de la crainte : *L'expression sinistre d'un visage.* – 3. Qui est mauvais, dangereux et dont on peut craindre le pire : *Les sinistres conséquences d'une politique aventureuse.* – 4. Qui est triste et ennuyeux : *La soirée a été sinistre.* – 5. *Fam.* Sert à renforcer un terme injurieux : *Une sinistre canaille.*

2. SINISTRE n. m. (ital. *sinistro,* malheur). 1. Fait dommageable pour soi-même ou pour autrui de nature à mettre en jeu la garantie d'un assureur (incendie, accident de la circulation, etc.). – 2. Événement catastrophique qui entraîne des pertes importantes : *Les pompiers ont réussi à maîtriser le sinistre.*

SINISTRÉ, E n. Victime d'un sinistre.

SINISTREMENT adv. *Litt.* D'une manière sinistre.

SINISTRER v. t. (conj. 3). Entraîner, causer le sinistre, la catastrophe dont un groupe, une région subissent les dommages : *L'ouragan a sinistré la région.*
◆ **être sinistré** v. pass. Avoir été l'objet d'un sinistre : *Région déclarée sinistrée.*

SINISTROCARDIE n. f. Position du cœur dévié à gauche, par oppos. à *dextrocardie.*

SINISTROSE n. f. (de *sinistre 1*). *Fam.* Pessimisme systématique.

SINISTROVOLUBILE adj. Se dit des organes volubiles qui s'enroulent de droite à gauche, comme la tige du houblon.

SIN-KIANG → XINJIANG.

SIN-LE-NOBLE (59450), comm. du Nord, banlieue est de Douai ; 16 561 hab. *(Sinois).*

SINNAMARY (le), fl. côtier de la Guyane française, tributaire de l'Atlantique ; 260 km. – La commune de *Sinnamary* (97135), à l'embouchure du fleuve, a 3 435 hab. Ce fut le lieu de déportation des exilés du 18-Fructidor.

Sinn Féin (express. gaél. signif. *nous, nous-mêmes*), mouvement nationaliste et républicain irlandais. Organisé à partir de 1902, il reprend la tradition des Fenians et de la Fraternité* républicaine irlandaise, mais puise aussi une inspiration originale dans la renaissance culturelle gaélique. Le Sinn Féin se radicalise après l'insurrection de Pâques 1916 et obtient un triomphe total aux élections de 1918. Un gouvernement provisoire s'organise autour de De Valera (1919), mais son ralliement à l'État libre (1927) et la fondation par lui du parti Fianna* Fáil, en 1926, mettent fin au mouvement. Le Sinn Féin renaît cependant, à partir de 1968, à la faveur des troubles en Irlande du Nord. Il prend la tête de la résistance menée par l'IRA contre l'armée britannique et le gouvernement de l'Ulster. En 1970, le mouvement est affaibli par les mêmes scissions qu'au sein de l'IRA entre « officiels » et « provisoires ». Le Sinn Féin « provisoire » choisit, à partir de 1981, la voie de l'électoralisme et remporte un net succès aux élections d'oct. 1982 à l'Assemblée régionale d'Irlande du Nord. Il entre, en 1985, dans les institutions locales. Tribune politique de l'IRA, le Sinn Féin joue un rôle non négligeable dans le processus de paix engagé en Irlande du Nord à partir de 1993. Mais la rupture, en 1996, par l'IRA de la trêve qu'elle avait elle-même décrétée en 1994 rend sa position très difficile.

SINN FÉINER ou **SINNFEINER** [sinfɛjnœr] n. Membre ou partisan du Sinn Féin.

SÎNNICOLAU MARE, en hongr. **Nagyszentmiklós,** v. de Roumanie (région du Banat), près des frontières de la Yougoslavie et de la Hongrie ; 12 000 hab. Centre commercial. Un trésor « barbare » y a été découvert en 1799 : coupes et vases en or datables des VIIe-Xe s. (auj. à Vienne).

sino-japonaises *(guerres),* conflits qui, à partir de la fin du XIXe s., opposèrent le Japon et la Chine en Extrême-Orient.

• *Guerre de 1894-95.* Le Japon, désireux de prendre pied sur le continent, saisit le prétexte de troubles en Corée, vassale de la Chine, pour débarquer des troupes, qui prennent Séoul et Port-Arthur, tandis que la flotte chinoise est anéantie à Weihaiwei (1895). Par le traité de Shimonoseki (avr. 1895), la Chine, vaincue, reconnaît l'indépendance de la Corée et cède au Japon Formose et les îles Pescadores.

• *Guerre de 1937 à 1945.* L'expansion du Japon à partir de la Mandchourie provoque, en 1937, un nouveau conflit avec la Chine, où un front uni est constitué entre le Guomindang de Jiang Jieshi et le parti communiste. Surprise en pleine réorganisation militaire, la Chine cède du terrain de 1937 à 1939, les Japonais contrôlant toute sa façade maritime : Tianjin, Pékin puis Nankin (1937), Hankou et Canton (1938) sont occupés. Jiang Jieshi est obligé de se retirer à Chongqing, où il établit sa capitale de guerre de 1938 à 1946. Après l'attaque de Pearl Harbor (déc. 1941), le conflit sino-japonais s'intègre dans le conflit mondial. Jiang Jieshi déclare la guerre à l'Allemagne, à l'Italie et au Japon (9 déc. 1941) tandis que Tōkyō proclame la guerre de « la plus grande Asie » et établit à Nankin le gouvernement satellite de Wang Jingwei. Celui-ci mobilisera, entre 1942 et 1944, une trentaine de divisions qui combattront aux côtés du Japon. Ravitaillées par les Américains (liaisons aériennes et route de Birmanie) et par les Soviétiques (route de Gobi), les forces chinoises de Jiang Jieshi et des communistes maintiennent un front très étendu, élastique mais relativement stable. En 1944, les Japonais attaquent sur Changsha pour rétablir leur liaison avec leurs forces d'Indochine et de Birmanie. En janv. 1945, deux armées chinoises — parties, l'une, avec les Britanniques de Birmanie, l'autre du Yunnan — opèrent avec succès leur jonction. Jiang Jieshi n'est plus isolé, mais l'intervention soviétique (8 août 1945) provoque une recrudescence de la guérilla qui freine la remontée des troupes gouvernementales vers la Mandchourie. Par l'armistice du 14 août, les troupes japonaises (1 300 000 hommes) capitulent entre les mains des Chinois, tandis que les Américains s'emparent de Tianjin et de Pékin. Après l'évacuation de la Mandchourie par les troupes russes, la guerre civile reprend entre les troupes de Jiang Jieshi et les forces communistes de Mao Zedong, qui réussiront à se rendre maîtresses de l'ensemble du territoire chinois.

SINOLOGIE n. f. Étude de l'histoire, de la langue et de la civilisation chinoises.

SINOLOGUE n. Spécialiste de la langue et de la civilisation chinoises. (Syn. SINISANT.)

SINON conj. (de *si* et *non*). Introduit : **1.** une hypothèse négative ; dans le cas contraire, autrement, sans quoi : *Mettez-vous au travail, sinon vous n'aurez jamais terminé.* — **2.** une restriction, une concession ; excepté, sauf : *Que faire, sinon attendre ?* — **3.** un surenchérissement sur une affirmation ; peut-être même : *Il est un des rares, sinon le seul, à connaître la nouvelle.* — **4.** *Sinon que,* si ce n'est que : *Je ne sais rien, sinon qu'il est parti.*

SINOP, anc. **Sinope,** port de Turquie, ch.-l. de prov. ; 25 537 hab.
— **Hist.** Colonie de Milet (VIIe s. av. J.-C.), elle fut la principale cité du royaume du Pont.

SINOPÉ, neuvième satellite de Jupiter, le plus éloigné de la planète, découvert en 1914 par l'Américain S. Nicholson. Demi-grand axe de son orbite : 23 700 000 km. Période de révolution sidérale (mouvement rétrograde) : 758 j. Diamètre : 30 km.

SINOPIA n. f. (pl. *sinopie*) [ital. *sinopia,* de *Sinope,* n. pr.]. **1.** Pigment minéral rouge. — **2.** Dans la peinture à fresque, jusqu'au milieu du XVe s., dessin préparatoire exécuté avec ce pigment sur une première couche de mortier.

SINOPLE n. m. (lat. *sinopis,* terre rouge, de *Sinôpê,* Sinope). Une des couleurs (vert) du blason. (Il s'indique, en gravure, par des tailles obliques de dextre à senestre.)

SINOQUE adj. et n. (p.-ê. savoyard *sinoc,* bille). *Pop.* Fou.

SINO-TIBÉTAIN, E adj. et n. m. Se dit d'une famille de langues composée d'une part du chinois et de ses dialectes, d'autre part du groupe tibéto-birman. (Certains y incluent également le miao-yao et le thaï.)

SINOUHÉ (*Aventures de*), roman égyptien rédigé sous le Moyen Empire (v. 2 000 av. J.-C.). C'est une œuvre psychologique, d'un style alerte, considérée comme l'une des plus représentatives de la littérature égyptienne.

SINOWATZ (Fred), homme d'État autrichien (Neufeld an der Leitha, Burgenland, 1929). Président du parti socialiste de 1983 à 1988, il a été chancelier de 1983 à 1986.

SINTER n. m. Minerai aggloméré par sintérisation.

SINTÉRISATION n. f. Agglomération de particules d'un polymère, d'un minerai par pression à froid suivie d'un traitement thermique.

SINTÉRISER v. t. (conj. 3). Pratiquer la sintérisation.

SINT-GENESIUS-RODE, en fr. **Rhode-Saint-Genèse,** comm. de Belgique (Brabant flamand), au S. de la capitale ; 17 000 hab.

SINT-GILLIS-WAAS, comm. de Belgique (Flandre-Orientale), à la frontière des Pays-Bas ; 15 600 hab.

SINT-KATELIJNE-WAVER, en fr. **Wavre-Sainte-Catherine,** comm. de Belgique (prov. d'Anvers), au N.-E. de Malines ; 17 400 hab.

SINT-MARTENS-LATEM, en fr. **Laethem-Saint-Martin,** comm. de Belgique (Flandre-Orientale), au S.-O. de Gand ; 7 700 hab. À la fin du XIXe s. s'y constitua une école artistique, dont le premier groupe (G. Minne, le peintre Valerius De Saedeleer, l'écrivain Karel Van de Woestijne et son frère Gustaaf, peintre, etc.) avait une orientation symboliste et le second, au début du XXe s. (Permeke, G. De Smet, F. Van den Berghe, Albert Servaes...), allait engendrer l'expressionnisme flamand.

SINT-NIKLAAS, en fr. **Saint-Nicolas,** v. de Belgique, ch.-l. d'arrond. de la Flandre-Orientale ; 68 200 hab. Monuments divers ; musée. Centre commercial et industriel. Musée.

SINT-PIETERS-LEEUW, en fr. **Leeuw-Saint-Pierre,** comm. de Belgique (Brabant flamand), au N. de Halle ; 27 800 hab.

SINTRA, station balnéaire et touristique du Portugal (distr. de Lisbonne), à l'O. de la capitale ; 16 000 hab. Anc. palais royal remontant aux XIVe-XVIe s. (décors d'azulejos des XVe-XVIIIe s.). Palais de Pena (1840-1850).
— **Hist.** Le 30 août 1808, Junot y signa avec les Anglo-Portugais une convention qui déterminait l'évacuation du Portugal par les troupes françaises.

SINT-TRUIDEN, nom néerlandais de Saint-Trond.

SINUER v. i. (de *sinueux*) [conj. 7]. *Litt.* Faire, décrire des sinuosités : *La route sinuait à travers champs.*

SINUEUX, EUSE adj. (lat. *sinuosus,* de *sinus,* pli). **1.** Qui forme, dessine une série de courbes et de replis : *Le cours sinueux de la Seine.* — **2.** Qui emprunte des voies détournées : *Une pensée sinueuse.*

SINUIJU, v. de Corée du Nord, à la frontière chinoise ; 500 000 hab. Centre commercial et industriel. Durant la guerre de Corée (1950-51), Sinuiju fut la capitale de la Corée du Nord.

SINUOSITÉ n. f. (de *sinueux*). **1.** Ligne sinueuse : *Les sinuosités de la route.* — **2.** *Litt.* Voie, moyen détourné : *Les sinuosités d'une affaire.*

1. SINUS [-nys] n. m. (lat. *sinus,* courbure). **1.** Nom de diverses cavités de l'organisme. — **2.** *Sinus carotidien,* renflement que présente la carotide primitive au niveau de sa bifurcation. ‖ *Sinus du cœur,* première portion du tube cardiaque primitif, qui, en se fusionnant avec la deuxième portion, formera l'oreillette droite. (C'est là que se trouve le nœud de Keith et Flack, point d'origine de la contraction cardiaque.) ‖ *Sinus osseux,* cavité creusée dans l'épaisseur de certains os du crâne et de la face : sinus frontal, maxillaire supérieur ou antre de Highmore, sphénoïdal, ethmoïdal. ‖ *Sinus pleural,* cul-de-sac de la plèvre. ‖ *Sinus veineux,* dédoublement de la dure-mère dans lequel circule le sang veineux dans la boîte crânienne.

2. SINUS [-nys] n. m. (lat. médiév. *sinus,* sens emprunté à l'ar. *djayb,* pli d'un vêtement). *Fonction sinus,* fonction définie sur $\mathbb{R}$ qui, au réel x, associe le sinus de l'angle dont x est la mesure modulo 2π. (La dérivée de la fonction sinus est la fonction cosinus.) ‖ *Fonction sinus hyperbolique,* fonction définie sur $\mathbb{R} : x \rightarrow \text{sh}\, x$. (Sa dérivée est la fonction cosinus hyperbolique.) ‖ *Sinus de l'angle de couple de demi-droites* $\widehat{(d, d')}$, réel $b \in [-1 ; 1]$ tel que la matrice $\begin{pmatrix} a & -b \\ b & a \end{pmatrix}$ est celle de la rotation vectorielle r telle que $r(d) = d'$ ‖ *Sinus hyperbolique d'un réel* x, réel noté sh x égal à $(e^{x} - e^{-x})/2$. (V. dessin p. 6790.)

SINUSAL, E, AUX adj. **1.** Qui a rapport au nœud de Keith et Flack, lieu d'origine de la contraction cardiaque physiologique. — **2.** *Nœud sinusal,* syn. de NŒUD DE KEITH* ET FLACK. ‖ *Rythme sinusal,* rythme cardiaque normal.

SINUSIEN, ENNE adj. Relatif à un sinus.

SINUS

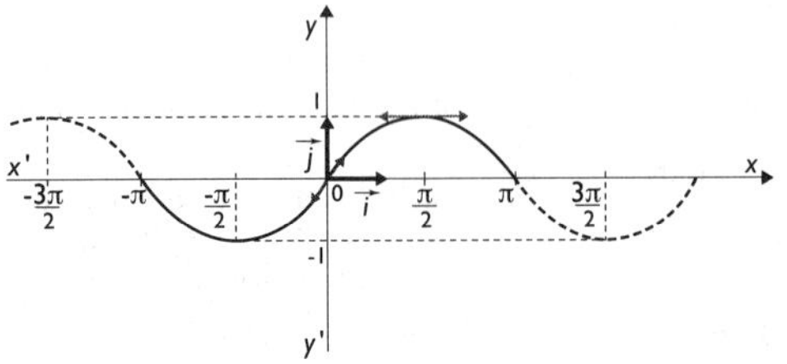

Fonction sinus : représentation graphique et tableau de variation de $x \mapsto \sin x$.

x	0		$\frac{\pi}{2}$
$(\sin x)'$	1	+	0
$\sin x$	0	↗	1

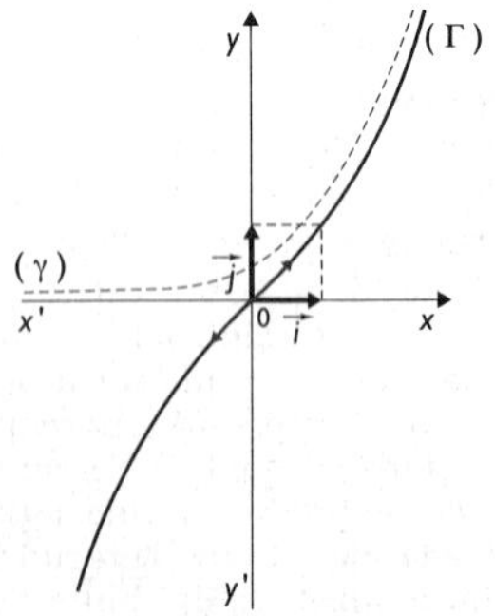

(Γ) : courbe représentative de $x \mapsto \text{sh } x$

(γ) : courbe représentative de $x \mapsto \frac{e^x}{2}$

Fonction sinus hyperbolique : représentation graphique et tableau de variation de $x \mapsto \text{sh } x$.

x	0		$+\infty$
$(\text{sh } x)'$	1	+	
$\text{sh } x$	0	↗	$+\infty$

SINUSITE n. f. (de *sinus 1*). Inflammation de la muqueuse qui tapisse les sinus de la face. (Les sinusites sont d'évolution aiguë ou chronique, associées parfois à une ostéite du maxillaire supérieur, d'origine dentaire.)

SINUSOÏDAL, E, AUX adj. (de *sinusoïde 1*). **1.** Se dit d'un mouvement ou d'une courbe dont le support est une sinusoïde ou qui présente des arches semblables à celles de la sinusoïde. — **2.** Se dit d'une fonction ayant pour graphe une sinusoïde. — **3.** Se dit d'un phénomène dont la grandeur caractéristique est représentée par une fonction sinusoïdale du temps.

1. SINUSOÏDE n. f. (de *sinus 2*). Courbe représentative de la fonction sinus, de la fonction cosinus ou, plus généralement, de toute fonction définie par $x \rightarrow$ Œ sin $(ax + b)$.

2. SINUSOÏDE n. m. (de *sinus 1*). Réseau vasculaire assurant les échanges dans les lobules hépatiques.

SION, en ar. **Djabal Ṣahyūn,** une des collines sur lesquelles est bâtie Jérusalem*, désignant parfois la ville elle-même.

Sion *(Notre-Dame-de-),* nom porté par deux congrégations, les *Prêtres* et les *Religieuses de Notre-Dame de Sion,* fondées en 1842 par le P. Théodore Ratisbonne, juif converti, pour travailler à la conversion des juifs. Leurs membres travaillent maintenant à une meilleure compréhension entre judaïsme et christianisme.

SION, village de Meurthe-et-Moselle (comm. de Saxon-Sion). Il est situé sur la colline de *Sion-Vaudémont,* la « Colline inspirée » de M. Barrès, but d'un pèlerinage très ancien. Basilique des

XIVe et XVIIIe-XIXe s. (vestiges gallo-romains en substructure).

SION, en all. **Sitten,** v. de Suisse, ch.-l. du Valais, sur le Rhône ; 25 336 hab. Évêché catholique. Cathédrale du XVe s. conservant des parties romanes (trésor). Église de Valère, anc. cathédrale fortifiée, romane et gothique (orgue du XIVe s. ; mobilier, œuvres d'art). Musées, dont le Musée historique du château de Valère. Centre commercial et industriel dans une région de vignobles et de vergers.

SION (Georges), auteur dramatique belge d'expression française (Binche 1913). Après une étude sur le *Théâtre français d'entre-deux-guerres* (1943), il inaugure, avec *la Matrone d'Éphèse* (1944), une série de comédies légères avant de donner, dans un registre grave et mystique, le meilleur de son œuvre (*Charles le Téméraire,* 1944 ; *le Voyageur de Forceloup,* 1951).

SIONISME n. m. (de *Sion,* n. pr.). Mouvement dont l'objet fut la constitution, en Palestine, d'un État juif.

ENCYCL. L'espérance du retour du peuple juif en Palestine est une donnée constante de la pensée juive : elle est associée à l'idée d'avènement messianique. Mais, pendant des siècles, elle ne dépasse pas le stade du vœu pieux. C'est durant la seconde partie du XIXe s. que le sionisme commence à prendre corps avec la fondation, en Palestine, par des juifs russes fuyant les pogroms, des premières communautés agricoles juives. Dans le même temps, il devient une doctrine soutenant un projet grâce à Theodor Herzl*, qui, avec son livre *l'État juif* (1896), donne le branle à une série d'initiatives importantes qui vont dans le sens de la reconstitution d'un État israélite en Terre promise : tenue annuelle, à partir de 1897, d'un congrès sioniste mondial ; création d'une Organisation sioniste mondiale dont le comité exécutif permanent est à Vienne, et du Fonds national juif pour le rachat des terres en Palestine (1901). Ce n'est qu'à partir de 1917, avec la déclaration Balfour, que la possibilité de la création d'un foyer national juif en Palestine est prise en compte par la diplomatie des puissances, notamment des Britanniques. Paradoxalement, ceux-ci sont amenés, en Palestine, passée sous mandat britannique, à freiner l'immigration juive qui provoque de nombreux conflits entre Arabes et Juifs (1929-1938) et, par voie de conséquence, une guerre larvée entre Britanniques et colons juifs qui se prolongera jusqu'en 1946, deux ans avant la proclamation officielle de l'État d'Israël (1948).

SIONISTE adj. et n. Relatif au sionisme ; partisan du sionisme.

SIOUAH ou **SĪWA,** v. d'Égypte (gouvernorat de Matrouh), dans l'*oasis de Siouah,* dans le désert occidental ; 6 000 hab. Alexandre y vint pour entendre l'oracle du grand temple d'Amon le proclamer « fils de Zeus-Amon ».

SIOULE (la), riv. d'Auvergne et du Bourbonnais, affl. de l'Allier (r. g.) ; 150 km.

SIOUX adj. et n. **1.** Qui appartient aux Sioux. — **2.** *Ruse de Sioux,* ruse très fine, habile.
◆ adj. *Fam.* Qui est très retors, rusé, astucieux.

SIOUX, Indiens d'Amérique du Nord, auxquels sont linguistiquement affiliées nombre de tribus indépendantes telles que Crows, Hidatsas, Winnebagos, Mandans, Iowas, Otos, Omahas, Osages, Poncas, Quapaws, Kansas et Dakotas, lesquelles se rattachent tantôt à l'aire culturelle des Plaines (Crows, Dakotas), tantôt à l'aire de la Prairie (Omahas, Iowas, Osages), où elles subsistèrent jusqu'à la disparition des bisons.

SIPHNOS → SÍFNOS.

SIPHOÏDE adj. En forme de siphon.

SIPHOMYCÈTE n. m. Champignon à mycélium continu, non cloisonné. (On rassemble dans ce groupe des champignons inférieurs sans parenté entre eux.) [Syn. PHYCOMYCÈTE.]

SIPHON n. m. (lat. *siphon,* du gr. *siphôn, -ônos*). **1.** Tube, tuyau recourbé en forme d'U renversé dont on se sert pour faire passer un liquide d'un niveau à un autre plus bas, en l'élevant d'abord au-dessus du niveau le plus haut. (→ *encycl.*) — **2.** Dispositif d'évacuation d'appareil sanitaire (évier, W.-C., etc.) comportant un conduit à double courbure qui crée une garde d'eau jouant le rôle d'obturateur pour les mauvaises odeurs. — **3.** Appareil dont on se sert pour le lavage ou l'évacuation de certaines cavités naturelles de l'organisme. — **4.** Carafe contenant sous pression de l'eau de Seltz. — **5.** Dans un réseau de galeries souterraines, conduit naturel totalement ennoyé. (Syn. VOÛTE MOUILLANTE.) — **6.** Ouvrage hydraulique enterré destiné à permettre la traversée d'un obstacle (vallée, voie de communication, etc.). — **7.** Tube servant à la circulation de l'eau chez les mollusques marins. (Les siphons assurent, selon les espèces, l'alimentation, l'excrétion, la fuite par réaction ou le réglage de la densité.)

ENCYCL. **Phys.** Considérons un siphon plein de liquide (fig. 1), dont les branches plongent dans deux récipients contenant ce même liquide, mais à des niveaux différents N et N'. Le liquide va s'écouler par l'intermédiaire du siphon jusqu'à ce que N et N' soient dans un même plan horizontal. Lorsqu'une branche ne plonge dans aucun liquide (fig. 2) et que le siphon est rempli, la pression du liquide à cette extrémité est égale

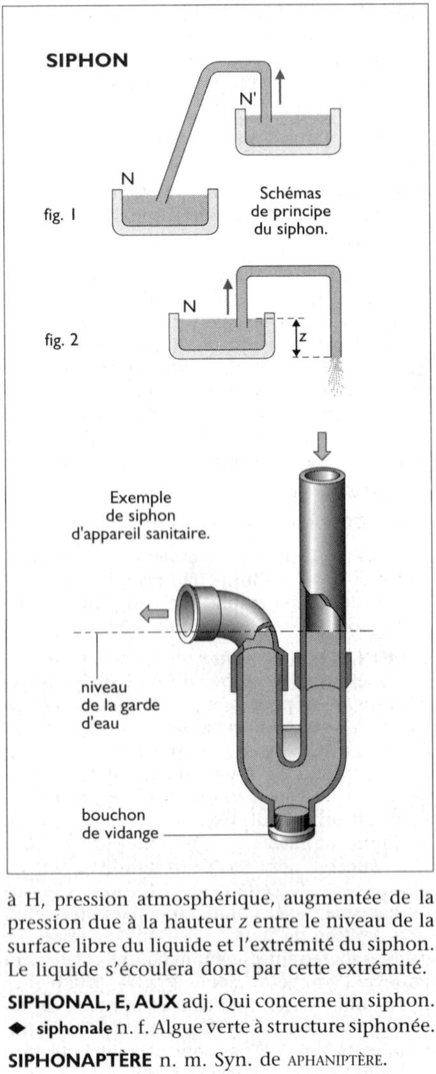

à H, pression atmosphérique, augmentée de la pression due à la hauteur *z* entre le niveau de la surface libre du liquide et l'extrémité du siphon. Le liquide s'écoulera donc par cette extrémité.

SIPHONAL, E, AUX adj. Qui concerne un siphon. ◆ **siphonale** n. f. Algue verte à structure siphonée.

SIPHONAPTÈRE n. m. Syn. de APHANIPTÈRE.

SIPHONÉ, E adj. (de *siphon*). *Structure siphonée,* structure végétale caractérisée par l'absence de toute cloison entre les cellules, propre aux algues siphonales et aux champignons siphomycètes. (Contr. STRUCTURE CELLULAIRE.)

SIPHONNÉ, E adj. *Pop.* Qui n'a plus toute sa raison, fou.

SIPHONNEMENT n. m. Action de siphonner.

SIPHONNER v. t. (conj. 3). **1.** Transvaser un liquide à l'aide d'un siphon. – **2.** Vider un réservoir de son contenu à l'aide d'un siphon.

SIPHONOCLADALE n. f. Algue verte telle que la cladophore, à thalle formé d'articles (ou apocytes) contenant chacun plusieurs noyaux.

SIPHONOGAMIE n. f. Mode général de fécondation des plantes à graines, où intervient un tube pollinique.

SIPHONOPHORE n. m. Nom d'ordre donné à des colonies marines flottantes de cnidaires, aux irisations magnifiques, telles que la physalie et la vélelle.
ENCYCL. Les siphonophores sont des colonies très complexes, possédant un gros flotteur (pneumatophore), des méduses motrices, de longs filaments pêcheurs associés chacun à un ensemble de polypes différenciés pour la digestion, l'excrétion, la reproduction, la protection.

ŠIPKA, v. de Bulgarie (distr. de Stara Zagora), au pied sud du col du même nom (1 333 m) ; 4 000 hab.

SIPO n. m. Très grand arbre (méliacée) de la forêt dense africaine, dont le bois est très utilisé en menuiserie extérieure, en ébénisterie, pour le contreplaqué.

SIPPAR, cité ancienne de basse Mésopotamie (au N.-O. de Babylone), qui a livré quelque 80 000 tablettes. C'était la ville sainte de Shamash. C'est l'actuelle *Abū Ḥabba,* en Iraq.

SIPUNCULIDE n. m. (lat. *siphunculus,* petit tuyau). Ver marin fouisseur des sables des mers froides. (Les *sipunculides* forment un minuscule embranchement.)

SIPYLE, en gr. **Sipulos,** montagne de l'Asie Mineure (auj. *Manisa Dağ),* 1 510 m, sur la rive gauche de l'Hermos. À ses pieds se trouvait la ville de Magnésie du Sipyle.

SIQUEIROS (David ALFARO), peintre mexicain (Santa Rosalia de Camargo, État de Chihuahua, 1896 - Cuernavaca 1974). Tôt engagé dans le mouvement révolutionnaire mexicain, il participa dans les années 20 à la conception d'un art national et populaire qui allait s'incarner dans le *muralisme.* Communiste, il fut accusé de participation à un attentat contre Trotski. Son œuvre est jalonnée de vastes compositions murales, notamment à Mexico, de l'École nationale préparatoire (1922) au Polyforum culturel (*la Marche de l'humanité en Amérique latine,* inaugurée en 1972).

SIR [sœr] n. m. (angl. *sir,* du fr. *sire*). Titre d'honneur chez les Anglais, précédant le prénom suivi ou non du nom de famille.

SIRAT (René Samuel), rabbin français (Bône, auj. Annaba, Algérie, 1930). Hébraïsant éminent, il a été grand rabbin de France de 1980 à 1987.

SIRDĀR → SERDĀR.

SIRE n. m. (lat. pop. **seior,* du lat. class. *senior,* plus vieux). **1.** Titre féodal porté par les seigneurs à partir du XIIIe s. — **2.** Titre donné aux empereurs et aux rois, en leur parlant ou en leur écrivant. — **3.** *Triste sire,* individu peu recommandable.

SIRÉN (Osvald), historien d'art finlandais (Helsinski 1879 - Stockholm 1966). On lui doit l'ouvrage de référence sur la peinture chinoise ancienne : *Chinese Painting, Leading Masters and Principles* (7 vol., 1956-1958).

SIRÈNE n. f. (bas lat. *sirena,* du gr. *seirên*). **1.** Dans la mythologie, démon marin femelle représenté sous forme d'oiseau ou de poisson avec tête et poitrine de femme et dont les chants séducteurs provoquaient des naufrages. — **2.** *Litt.* Femme douée d'une séduction dangereuse. — **3.** Appareil dans lequel un jet de vapeur ou d'air, périodiquement interrompu et rétabli, produit un son puissant servant de signal ou d'alerte. — **4.** Salamandre des étangs de l'est des États-Unis, aux caractères larvaires persistants (branchies, absence de pattes arrière et de paupières, bec corné). — **5.** *Le chant des sirènes,* une offre séduisante, mais dangereuse. ‖ Litt. *Voix de sirène,* voix enchanteresse, parole charmante à laquelle on ne peut résister.

SIRÉNIEN n. m. (de *sirène*). Petit ordre de mammifères herbivores marins, estuariens ou fluviaux, de grande taille, dépourvus de pattes postérieures et munis de nageoires à l'avant tels que le lamantin et le dugong. (Ces animaux, en voie de disparition, doivent leur nom aux mamelles pectorales de la femelle.)

SIRET (le), riv. d'Ukraine et de Roumanie, née dans les Carpates, affluent du Danube (r. g.) ; 700 km environ (bassin de 40 000 km²). Hydroélectricité.

SIREX n. m. (lat. sc. *sirex*). Insecte hyménoptère symphyte dont les diverses espèces (bouvillon, sirex géant, spectre) s'attaquent aux conifères.

SIREY (Jean-Baptiste), juriste français (Sarlat 1762 - Limoges 1845). Son nom reste attaché au *Recueil des lois et arrêts,* qu'il publia à partir de 1791 et qui continua de paraître après sa mort sous le titre *Recueil Sirey.*

SIRICE *(saint)* [Rome v. 320 - *id.* 399], pape de 384 à 399. Sa lettre dogmatique (385) à Himérius, évêque de Tarragone, est la plus ancienne décrétale authentique que l'on possède.

SIRIUS, étoile α de la constellation du Grand Chien*. Magnit. visuelle : – 1,4. Distance : 8,6 al. C'est l'étoile la plus brillante du ciel et l'une des plus proches. Elle est accompagnée d'une étoile peu brillante (naine blanche), Sirius B, prévue par Bessel et découverte en 1862 par Alvan Clark.

Sirius, entre dans la loc. *Voir les choses du point de vue de Sirius,* les voir de très haut.

SIRLI n. m. (onomat.). Petite alouette à bec fin et long, à plumage brun-rouge, des régions semi-arides de l'Afrique du Nord.

SIRMIUM, anc. ville de la Pannonie inférieure, sur la rive gauche de la Save. Elle devint, sous Dioclétien, la capitale de la Pannonie et fut détruite à l'époque des invasions.

SIRMOND (Jacques), religieux français (Riom 1559 - Paris 1651). Jésuite, il édita des auteurs chrétiens de l'Antiquité et fut le confesseur de Louis XIII de 1637 à 1643.

SIROCCO n. m. (ital. *scirocco*). Vent chaud et très sec qui souffle du désert vers le littoral sur tout le bassin de la Méditerranée. (Le sirocco atteint parfois Menton.)

ŠIROKÝ (Viliam), homme politique tchécoslovaque (Bratislava 1902 - Prague 1971). Membre du parti communiste tchécoslovaque depuis 1921, il présida le P. C. de Slovaquie (1945-1954) et fut président du Conseil (1953-1963). Exclu du parti en 1963, il fut réintégré en 1971.

SIROP [-ro] n. m. (lat. médiév. *sirupus,* de l'ar. *charāb,* boisson). **1.** Boisson concentrée à base de sucre et d'eau, aromatisée avec des extraits d'essences végétales, servie étendue d'eau. — **2.** Solution concentrée de sucre et d'eau (sirop de sucre) ou de jus de fruits (sirop de fruit), préparée à chaud ou à froid. — **3.** Préparation médicamenteuse, aqueuse, contenant, environ pour les deux tiers de son poids, du sucre blanc.

SIROTER v. t. (de *sirop*) [conj. 3]. *Fam.* Boire qqch à petits coups, en savourant : *Siroter son apéritif.*

SIROUA *(djebel),* massif granitique et volcanique du Maroc méridional, entre le Haut Atlas et l'Anti-Atlas, qu'il réunit ; 3 304 m. Gisements de manganèse.

SIRRAH, étoile α d'Andromède*, appelée également *Alpheratz.* Magnit. : 2,2. C'est l'un des sommets du Carré de Pégase*.

SIRTAKI n. m. (mot gr.). Danse de rythme 2/4, d'origine grecque, pouvant se danser seul ou en groupe.

SIRUPEUX, EUSE adj. (lat. médiév. *sirupus,* sirop). **1.** Qui a l'aspect ou la consistance du sirop : *Liquide sirupeux.* — **2.** Qui est trop doux, trop lénifiant, sans vigueur : *Musique sirupeuse.*

Sirven *(affaire)* [1764-1771], erreur judiciaire due à l'intolérance religieuse, dont la victime fut Pierre Paul *Sirven* (Castres 1709 - en Suisse 1777), protestant français. Accusé en 1764 d'avoir tué sa fille (qui en fait s'était suicidée), condamné à mort et réfugié en Suisse, il obtint l'aide de

Voltaire, grâce à qui il fut acquitté par le parlement de Toulouse (1771).

SIRVENTÈS [-vɛ̃tɛs] ou **SIRVENTE** n. m. (anc. provenç. *sirventès*). Genre poétique provençal des XIIe et XIIIe s. (C'est une poésie de circonstance, qui peut être politique, morale ou personnelle. Bertran de Born et Peire Cardenal excellèrent dans ce genre.)

SIS (ÊTRE) [si] v. pass. (de *seoir*). Être situé en tel lieu : *Une boutique sise rue Saint-Antoine.*

SISAK, v. de Croatie, au S.-E. de Zagreb ; 38 000 hab. Nœud ferroviaire et port fluvial. Centre industriel.

SISAL n. m. (pl. *sisals*) [de *Sisal,* n. d'un port du Yucatán]. Agave américain (amaryllidacée) cultivé dans les pays chauds pour ses feuilles, dont on tire des fibres textiles. (La fibre prend un nom différent suivant l'espèce dont elle provient : ixtle, henequen. La production de sisal est en régression sensible du fait de la concurrence des fibres synthétiques.)

SISAVANG VONG (Luang Prabang 1885 - *id.* 1959), roi de Luang Prabang (1904), puis du Laos autonome (1946-1959).

SISEBUT († 621), roi des Wisigoths d'Espagne (612-621). Il chassa les Byzantins de la Lusitanie et de la Bétique. Il obligea les Juifs à se faire baptiser.

Sishu ou **Sseu-chou,** mots chinois signif. *Quatre Livres* et désignant les quatre ouvrages qui, commentés par Zhu Xi, constituèrent, à partir des Song, la culture de base des fonctionnaires.

SISINNIUS (en Syrie ? - Rome 708), pape en 708, pendant quelques jours.

SISLEY (Alfred), peintre britannique de l'école française (Paris 1839 - Moret-sur-Loing 1899). À partir de 1863, il accompagna en forêt de Fontainebleau Monet, Bazille et Renoir, et se montra sensible à l'influence de T. Rousseau. Après 1870, très proche de Monet, il a peint avec les mêmes modulations délicates le pont d'Argenteuil, les rives de la Seine, les coteaux de Louveciennes, puis a donné des séries consacrées à l'église de Moret et aux peupliers des bords du Loing. Son œuvre n'a connu le succès qu'après sa mort ; elle est bien représentée au musée d'Orsay à Paris.

SISMAL ⟶ SÉISMAL.

ŠIŠMANIDES, dynastie qui régna sur la Bulgarie de 1323 à 1371 puis sur les principautés de Tărnovo (jusqu'en 1393) et de Vidin (jusqu'en 1396).

SISMICITÉ ou **SÉISMICITÉ** n. f. Distribution géographique (avec magnitude ou intensité) des séismes.

ENCYCL. Sur une carte de la sismicité du monde, on remarque de grands blocs stables (boucliers africain, brésilien, canadien, russo-baltique) séparés par des ceintures sismiques particulièrement actives correspondant à des zones de subduction. Les dorsales médio-océaniques, gigantesques chaînes de montagnes sous-marines, constituent d'autres zones sismiques. Elles correspondent à des zones d'expansion. (⟶ TECTONIQUE DES PLAQUES.) En France, les principales régions à risques sont les régions des Alpes et de la Côte d'Azur, les Pyrénées et le fossé rhénan.

SISMIQUE ou **SÉISMIQUE** adj. **1.** Relatif aux séismes. — **2.** *Prospection sismique* ou *sismique* (n. f.), prospection géophysique fondée sur la propriété de réflexion *(sismique-réflexion)* ou de réfraction *(sismique-réfraction)* des ondes sonores (provoquées par une explosion au voisinage de la surface du sol), dans le sous-sol à la surface de contact de terrains lithologiquement différents.

SISMOGENÈSE ou **SÉISMOGENÈSE** n. f. Processus de déclenchement des séismes.

SISMOGRAMME ou **SÉISMOGRAMME** n. m. Graphique donné par un sismographe.

SISMOGRAPHE ou **SÉISMOGRAPHE** n. m. Appareil enregistrant les mouvements du sol engendrés par les ondes sismiques.

SISMOGRAPHIE ou **SÉISMOGRAPHIE** n. f. Étude et mesure des mouvements du sol enregistrés dans les sismographes.

SISMOGRAPHIQUE ou **SÉISMOGRAPHIQUE** adj. Relatif à la sismographie.

SISMOLOGIE ou **SÉISMOLOGIE** n. f. Étude des séismes et, plus généralement, des divers mouvements du sol.

ENCYCL. D'une part, grâce à une étude précise des séismes naturels, la sismologie s'efforce de mieux connaître ceux-ci et, par voie de conséquence, les circonstances de leur déclenchement, ce qui fait que l'on peut espérer arriver, un jour, à les prévoir efficacement (en lieu et temps). D'autre part, elle ajoute à ces manifestations naturelles des explosions provoquées (« sismologie expérimentale ») pour faire progresser les connaissances, encore réduites, que l'on a de la structure de la Terre.

L'étude des sismogrammes montre que les ondes sismiques relatives à un même séisme sont reçues à chaque station déterminée en trois groupes successifs d'oscillations (fig. 1 page suivante). Le premier est formé par les « ondes P », qui sont des ondes longitudinales de compression-décompression, telles que peuvent les transmettre tous les milieux. Le deuxième groupe est constitué par les « ondes S », transversales, telles que peuvent seuls les transmettre les corps à l'état solide. Le troisième groupe, ou « ondes L », a été reconnu comme étant un mélange de deux types voisins d'ondes de surface.

Les ondes de surface apportent divers renseignements sur la constitution de la croûte terrestre (jusqu'au manteau, dans certains cas), mais ce sont les ondes de volume (P et S) qui, par leurs trajets profonds, avec réflexion ou réfraction sur les discontinuités internes qu'elles rencontrent (croûte, manteau, noyau), donnent des informations sur la constitution interne des couches profondes de la Terre (fig. 2 page suivante).

Les enregistrements reçus dans un réseau de sismographes permettent pour un séisme donné de déterminer les différents paramètres : heure, origine, coordonnées de l'épicentre, profondeur du foyer et magnitude des instants d'arrivée des ondes de volume à plusieurs stations. Les foyers sont classés en trois groupes relativement à la profondeur : foyers normaux (moins de 70 km), intermédiaires (jusqu'à 300 km), et profonds (ne dépassant pas, en général, 700 km). La magnitude est exprimée dans un certain nombre d'échelles (échelle de Richter notamment). La prévision des séismes n'a pas encore donné de résultats sûrs. On cherche à mettre en évidence à long, moyen ou court terme tout signe avant-coureur. Mais il faut avant tout, dans une région à risques, se protéger en pratiquant une politique de construction antisismique.

SISMOLOGIQUE adj. Relatif à la sismologie.

SISMOLOGUE n. Spécialiste de sismologie.

SISMOMÈTRE ou **SÉISMOMÈTRE** n. m. Partie mécanique sensible d'un sismographe.

SISMOMÉTRIE n. f. Étude et mesure des mouvements du sol causés par les séismes.

SISMONDI (Jean Charles Léonard SIMONDE DE), historien et économiste suisse (Genève 1773 - *id.* 1842). S'intéressant à la science économique, il adopte d'abord les idées d'Adam Smith*, puis en vient à dénoncer, en 1803, dans *De la richesse commerciale,* l'erreur des économistes libéraux classiques qui prônent avant tout la richesse. Il défend l'intervention de l'État dans les mécanismes économiques en vue de protéger les travailleurs contre les conséquences néfastes d'un laisser-faire absolu. Ses idées ont influencé Marx. Ses principaux ouvrages économiques sont : *Nouveaux Principes d'économie politique* (1819), *Études sur l'économie politique* (1837). On lui doit encore une *Histoire des Républiques italiennes* (1807), une *Histoire des Français* (1821).

SISMOTHÉRAPIE n. f. Thérapeutique de certains troubles mentaux fondée sur les électrochocs. (Syn. CONVULSIVOTHÉRAPIE.)

SISOVATH (Bangkok 1840 - Phnom Penh 1927), roi du Cambodge (1904-1927). Frère et successeur de Norodom Ier, il reprit possession (1907) des provinces cédées au Siam. — Son fils **Sisovath Monivong** (1875 - Phnom Penh 1941) régna de 1927 à 1941. Il dut remettre à la Thaïlande plusieurs provinces (1941).

SISSONNE ou **SISSONE** n. m. ou f. (du n. du comte de *Sissonne*). Saut vertical effectué après un plié et un appel des deux pieds, suivi d'une retombée sur un seul.

SISSONNE (02150), ch.-l. de cant. de l'Aisne, dans le Laonnois ; 3 651 hab. *(Sissonnais).* Camp militaire de 6 000 ha.

SISTĀN ou **SÉISTAN,** bassin fermé subdésertique (moins de 100 mm de pluies), dont le fond est à environ 480 m d'alt. partagé entre l'Iran et l'Afghānistān. Il est en partie occupé par des lacs marécageux, principalement alimentés par les eaux du Helmand.

— **Hist.** Le Sistān a connu des périodes de grande prospérité liées à une pluviosité accrue. Après 129 av. J.-C., il fut occupé par les Śaka et prit le nom de Śakastān (d'où vient Sistān). Au XIVe s., les Mongols détruisirent les réseaux d'irrigation du pays.

SISTERON (04200), ch.-l. de cant. des Alpes-de-Haute-Provence, sur la Durance ; 6 789 hab. *(Sisteronais).* Citadelle principalement des XIIe-XVIe s. Belle église romane du XIIe s., anc. cathédrale. Vieux quartiers. Centre commercial. Centrale hydroélectrique. Produits pharmaceutiques. Agroalimentaire.

SISTER-SHIP [sistœrʃip] n. m. (pl. *sister-ships*) [angl. *sister,* sœur, et *ship,* navire]. Syn. de NAVIRE-JUMEAU.

SISTRE n. m. (lat. *sistrum,* du gr. *sêistron*). Instrument de musique constitué d'un cadre sur lequel sont enfilées des coques de fruits, des coquilles ou des rondelles métalliques qui s'entrechoquent.

SISYMBRE n. m. (lat. *sisymbrium,* du gr. *sisumbrion,* cresson). Herbe crucifère annuelle aux fleurs jaunes, autref. utilisée contre l'enrouement, d'où son nom d'*herbe aux chantres.* (Syn. VÉLARET, VÉLAR.)

SISYPHE, roi légendaire de Corinthe, fils d'Éole. D'après *l'Iliade,* il était le plus rusé des hommes. Aux Enfers, il fut condamné à pousser éternellement, sur la pente d'une montagne, un énorme rocher qui toujours retombait avant d'atteindre le sommet.

SĪTĀ, dans la mythologie hindoue, femme de Rāma, qui personnifie l'épouse idéale.

SITALCÈS († 424 av. J.-C.), roi de la Thrace Odrysienne (v. 440-424 av. J.-C.), fils de Térès. Il fut l'allié des Athéniens pendant la guerre de Chalcidique.

SITAR n. m. (hindī *sītār*). Luth indien, au manche particulièrement long, muni de cordes sympathiques.

SITARISTE n. Joueur de sitar.

SITCOM n. f. (de l'angl. *situation comedy*). Comédie destinée à la télévision, et dont l'intérêt dramatique est fondé essentiellement sur les situations.

SITE n. m. (ital. *sito,* du lat. *situs*). **1.** Paysage considéré du point de vue de son pittoresque : *Un site classé.* – **2.** Configuration d'un lieu au regard d'une destination précise ; ce lieu : *Site de lancement.* • **Balist.** *Ligne de site,* ligne droite joignant une arme à son objectif au moment du tir. – **Écon.** Lieu où est implantée une activité industrielle ou commerciale. – **Génét.** La plus petite sous-unité, à l'intérieur d'un gène, capable de mutation et de recombinaison. (Cette sous-unité est la paire de bases de la molécule d'A. D. N.) – **Géogr.** Configuration propre du lieu occupé par une ville, et qui lui fournit les éléments locaux de vie matérielle et les possibilités d'extension (ravitaillement en eau, nature du sol, etc.). – **Psychol.** *Effet de site,* groupe de phénomènes dans le comportement social d'une personne, dû à l'environnement naturel, architectural, urbain où elle habite. (L'effet de site est surtout mesurable chez les migrants.) – **Topogr.** *Site d'un point par rapport à un autre,* angle que fait la ligne droite (ou pente) joignant ces deux points avec le plan horizontal. – **Transp.** *Site propre,* chaussée, voie, affectée exclusivement aux véhicules de transports collectifs (autobus ou trolleybus, tramways). ‖ *Site réservé,* bande de roulement d'une chaussée routière affectée aux véhicules de transports collectifs (autobus, tramways, trolleybus), et éventuellement aux taxis et aux véhicules d'urgence.

SITEMÈTRE ou **SITOMÈTRE** n. m. Instrument permettant à un observateur de déterminer le site d'un point.

SIT-IN [sitin] n. m. inv. (angl. *to sit in,* s'asseoir sur). Manifestation non violente consistant, pour les participants, à rester assis sur la voie publique.

SITIOMANIE n. f. (du gr. *sition,* nourriture). Boulimie d'origine psychique, qui se manifeste par un besoin impérieux d'ingérer des aliments.

SITKA, port de l'Alaska, sur l'île Baranof ; 7 800 hab. Ce fut la capitale de l'Alaska jusqu'en 1906.

SITOGONIOMÈTRE n. m. (de *site* et *goniomètre*). Sitomètre muni d'une boussole, permettant une mesure rapide et peu précise des angles de site et des azimuts.

SITONE n. m. Charançon nuisible au petit pois et à d'autres légumineuses.

SITOSTÉROL n. m. Stérol $C_{29}H_{50}O$, qui constitue le stérol le plus répandu dans le règne végétal.

SITÔT adv. (de *si* et *tôt*). **1.** Indique la proximité temporelle après qqch : *Sitôt averti de l'accident, il s'est rendu à l'hôpital.* – **2.** *Sitôt... sitôt...,* indique que la seconde action suit immédiatement la première : *Sitôt dit sitôt fait.* – **3.** *De sitôt,* dans les phrases négatives avec un verbe au futur, dans un futur proche : *Je ne recommencerai pas de sitôt.*

SITRUK (Joseph), rabbin français (Tunis 1944), grand rabbin de France depuis 1988.

SI-TSANG, nom chinois du Tibet.

SITTANG, fl. de Birmanie, qui débouche par un estuaire dans le golfe de Martaban (océan Indien) ; 560 km (bassin de 34 400 km²).

SITTE (Camillo), architecte, urbaniste et écrivain autrichien (Vienne 1843 - *id.* 1903). Ouvrage de pionnier en matière d'urbanisme, son *Art de bâtir les villes* (1889) lui valut la commande de nombreux plans régulateurs de villes germaniques.

SITTELLE n. f. (gr. *sittê,* sorte de pie). Petit passereau arboricole, surtout insectivore, à bec long, queue courte, pattes de grimpeur, tel que le *torche-pot.* (Les sittelles nichent dans un trou d'arbre et façonnent un mortier pour en rétrécir l'orifice.)

SITTER (Willem DE), astronome et mathématicien néerlandais (Sneek 1872 - Leyde 1934). Directeur de l'observatoire de Leyde de 1919 à sa mort, il est connu surtout pour ses travaux de cosmologie relativiste. En 1917, il a montré qu'on peut concevoir, dans le cadre de la théorie de la relativité, un modèle d'univers dans lequel la densité tend vers 0, c'est-à-dire dont le rayon tend vers l'infini.

SITTING BULL (« Taureau assis »), surnom donné à **Tatanka Iyotake,** chef des Sioux du Dakota (Grand River, Dakota du Sud, v. 1831 - *id.* 1890), adversaire irréductible des Américains à la conquête de l'Ouest.

SITTWE, anc. **Akyab,** port de Birmanie, sur le golfe du Bengale ; 143 000 hab.

SITUATION n. f. (de *situer*). **1.** Manière dont qqch, un lieu est placé par rapport à d'autres choses, d'autres lieux : *Leur boutique jouit d'une très bonne situation.* – **2.** État de qqn par rapport à son rang, à sa fortune : *Améliorer sa situation.* – **3.** État, fonction de qqn, de qqch dans un groupe ou dans un domaine déterminé : *La situation de la France dans la Communauté européenne.* — **4.** Place, emploi rémunéré et stable : *Avoir une belle situation.* — **5.** Ensemble des événements, des circonstances, des relations concrètes au milieu desquels se trouve qqn, un groupe : *Cette situation ne peut plus durer.* — **6.** Tableau des éléments qui composent le patrimoine d'une entreprise à une date donnée. — **7.** *En situation,* dans des conditions aussi proches que possible de la réalité. ‖ *En situation de,* en mesure de, à même de : *Je ne suis pas en situation de m'opposer à ce projet.* ‖ *Plan de situation,* plan à petite échelle indiquant la position d'un ou de plusieurs bâtiments par rapport à l'environnement. ‖ *Situation de trésorerie,* relevé des sommes disponibles ou réalisables à très court terme, en regard des sommes échues ou très prochainement exigibles.

Situation de la classe laborieuse en Angleterre *(la),* ouvrage de Friedrich Engels (1845). C'est le premier ouvrage qui propose une analyse marxiste d'un mouvement social, la constitution de la classe ouvrière par la concentration urbaine, la baisse des salaires, l'industrialisation et la radicalisation de la lutte des classes qui en résulte.

SITUATIONNEL, ELLE adj. Relatif à la situation de qqch.

SITUATIONNISME n. m. Philosophie des situationnistes.

SITUATIONNISTE adj. et n. Se dit d'un membre de l'Internationale situationniste, partisan des idées de cette organisation.

situationniste *(Internationale),* organisation née en 1957 à Londres. Les situationnistes se réfèrent à un Marx dépouillé de ses exégètes, à l'anarchie, à Proudhon, et réinventent certaines formules surréalistes qu'ils placent dans un contexte sociopolitique. Refusant toute formulation idéologique, le mouvement cherche à illustrer, au travers de certaines situations, l'aliénation qui en est à la base : le travail productif, la consommation, et la « société de spectacle » que nous vivons, celle dont le voir et le consommer sont les fondements. Il s'est exprimé par les ouvrages de Guy Debord, Raoul Vaneigem et par une revue, l'*Internationale situationniste.* Il a exercé une grande influence culturelle et politique.

SITUER v. t. (lat. médiév. *situare,* du lat. class. *situs,* position) [conj. 7]. **1.** Dire la place de qqch ou lui attribuer une place dans l'espace ou le temps : *Il situait cette ville dans l'ouest des États-Unis.* — **2.** Déterminer la place de qqch : *Situer un avion avec un radar.* — **3.** Considérer qqn, qqch comme un élément de tel groupe, tel ensemble, lui attribuer telle place ou tel rang : *Je le situais parmi les impressionnistes.*
◆ **être situé** v. pass. Être placé en un endroit et disposé d'une certaine façon : *Leur appartement est bien situé.*

SITULE n. f. (lat. *situla*). Seau de bronze, parfois décoré ou repoussé, spécifique du milieu alpin, du Danube à l'Italie du Nord, à l'époque protohistorique.

SITWELL (Edith), femme de lettres britannique (Scarborough 1887 - Londres 1964). Aristocrate, elle forma avec ses frères OSBERT (Londres 1892 - Florence 1969) et SACHEVERELL (Scarborough 1897 - Weston Hall, près de Towcester, Northamptonshire, 1988) un trio littéraire célèbre. Romantique (*Gold Coast Customs,* 1929), elle a attesté son universalisme et sa compassion dans des œuvres inspirées de la Seconde Guerre mondiale (*Street Songs,* 1942) et dans ses derniers recueils : *The Outcasts* (1962).

SIUAN-HOUA → XUANHUA.

SIU PEI-HONG → XU BEIHONG.

SIU-TCHEOU → XUZHOU.

SIU WEI → XU WEI.

ŚIVA, l'un des trois grands dieux de l'hindouisme avec Brahmā et Viṣṇu. Il symbolise les pouvoirs opposés de la création et de la destruction ; il est le grand maître des ascètes et des magiciens. On le vénère sous la forme du *linga,* symbole phallique en érection sur un socle représentant la *yoni* (vagin). Il demeure sur le mont Kailāsa avec son épouse Pārvatī (connue aussi sous les noms de Umā, Satī, Durgā, Kālī) et ses fils, Skanda aux six têtes et Ganeśa à la tête d'éléphant, accompagné de sa monture, le taureau Nandi, représenté à l'entrée ou au voisinage de tous les temples śivaïtes.

SIVACH *(golfe de)* ou **MER PUTRIDE,** zone de lagunes d'Ukraine, située le long de la côte orientale et septentrionale de la Crimée ; 2 560 km².

ŚIVAÏSME ou **ÇIVAÏSME** [ʃivaism] n. m. Courant religieux de l'hindouisme, qui vénère particulièrement Śiva.

ŚIVAÏTE ou **ÇIVAÏTE** [ʃi-] adj. Relatif à Śiva, au śivaïsme.

ŚIVĀJĪ BHONSLE, fondateur de l'empire des Marathes (1627-1680).

SIVAPITHÈQUE n. m. Singe anthropomorphe fossile, rapproché naguère de la lignée humaine, aujourd'hui de celle du chimpanzé.

SIVAS, v. de Turquie, ch.-l. de prov., sur le Kızıl Irmak ; 221 512 hab. Archevêché. Centre industriel : métallurgie, chimie, textile, alimentation. Remarquables monuments d'époque seldjoukide : plusieurs medrese du XIIIe s. et la Grande Mosquée et son minaret penché (XIe-XIIe s.).

SĪWA → SIOUAH.

SIWĀLIK *(chaîne des),* chaîne de montagnes de l'Inde et du Népal, au N. de la plaine Indo-Gangétique. Elle constitue une ligne d'avant-monts presque continue de l'Himālaya. Leur altitude varie le plus souvent de 600 à 1 200 m mais les montagnes alternent avec des vallées longitudinales, les *dūn,* et sont bordées au S. par d'énormes cônes de déjection caillouteux. La forêt tropicale y est souvent dégradée.

SIX [si, devant une consonne ou un *h* aspiré ; siz, devant une voyelle ou un *h* muet ; sis, en fin de phrase] adj. num. card. (lat. *sex*). **1.** Cinq plus un. — **2.** Au sens de « sixième », indique une numérotation, un rang : *Page six. Louis VI.* — **3.** *Les Six Jours,* épreuve de cyclisme sur piste, par équipes de deux - ou de trois - coureurs qui se relaient pendant six jours consécutifs (auj. pendant six soirées, soit 3 ou 4 h de course par jour).
◆ n. m. **1.** Chiffre, nombre 6. — **2.** Carte, moitié d'un domino ou face d'un dé marquées de six points.

Six *(groupe des),* réunion de jeunes musiciens français, qui vit le jour en 1918 à Paris. En faisaient partie Milhaud, Honegger, Auric, Poulenc, Durey et Germaine Tailleferre. Le groupe se manifesta en deux œuvres collectives : *les Mariés* de la tour Eiffel* (1921) et un *Album des Six.*

Six Dynasties, période de l'histoire de Chine pendant laquelle se succédèrent de 220 à 581, dans le Sud, à Nankin, six dynasties : les Wu, les Jin orientaux, les Song, les Qi, les Liang et les Chen, alors que le Nord était occupé à partir du IVe s. par des dynasties d'origine non chinoise. La période 317-589 est aussi appelée l'ère des Dynasties du Nord et du Sud.

Six Personnages en quête d'auteur, pièce de Luigi Pirandello (1921), inaugurant sa trilogie du « théâtre dans le théâtre » : drame d'une création impossible.

SIXAIN → SIZAIN.

SIX-FOURS-LES-PLAGES (83140), ch.-l. de cant. du Var, à l'O.-S.-O. de Toulon ; 29 178 hab. *(Six-Fournais).* Sur une hauteur, église romane et gothique de l'ancien village. — Aux environs, station balnéaire du Brusc.

SIX-HUIT [sisɥit] n. m. inv. Mesure à deux temps qui a la noire pointée pour unité de temps. (On la marque par la fraction 6/8.)

SIXIÈME [-zjɛm] adj. num. ord. **1.** Qui occupe le rang marqué par le nombre six : *Il est arrivé sixième dans cette épreuve. Il habite dans le sixième (arrondissement).* — **2.** Qui est contenu six fois dans un tout : *La sixième partie de ses revenus.*
◆ n. m. Partie contenue six fois dans un tout : *Recevoir le sixième d'une succession.*
◆ n. f. **1.** Première classe de l'enseignement secondaire. — **2.** Ensemble des élèves de cette classe.

SIXIÈMEMENT [-zjɛ-] adv. En sixième lieu, dans une énumération.

SIX-QUATRE-DEUX (À LA) loc. adv. *Fam.* De façon expéditive ; avec négligence : *Un travail fait à la six-quatre-deux.*

SIXTE n. f. (var. de l'anc. fr. *siste,* sixième, du lat. *sextus*). **1.** Sixième degré de l'échelle diatonique. — **2.** Intervalle de 6 degrés. (La *sixte majeure* comprend 4 tons et 1 demi-ton diatonique ; la *sixte mineure,* 3 tons et 2 demi-tons diatoniques ; la *sixte diminuée* contient 2 tons et 3 demi-tons diatoniques ; la *sixte augmentée,* 4 tons, 1 demi-ton diatonique et 1 demi-ton chromatique.)

SIXTE Ier *(saint)* [† Rome 125], pape de 115 à 125.

SIXTE II *(saint)* [en Grèce - Rome 258], pape en 257-258. Il mourut martyr.

SIXTE III *(saint)* [Rome - *id.* 440], pape de 432 à 440.

SIXTE IV (Francesco DELLA ROVERE) [Celle Ligure, près de Savone, 1414 - Rome 1484], pape de 1471 à 1484. Mécène, humaniste, il accrut la Bibliothèque vaticane et rouvrit l'Académie romaine. On lui doit surtout la commande de la chapelle Sixtine.

SIXTE V, dit **Sixte Quint** (Felice PERETTI) [Grottammare, Marches, 1520 - Rome 1590], pape de 1585 à 1590. Il assainit les mœurs et l'administration de ses États, poursuivant la simonie, la non-résidence, soutenant l'Inquisition romaine et approuvant nombre d'ordres religieux (il institue, en 1588, la congrégation des Réguliers). Il donna au Sacré Collège sa forme définitive, partagea l'administration romaine entre quinze congrégations et fit de la Vulgate la seule version latine autorisée de la Bible.

SIXTIES [sikstiz] n. f. pl. (angl. *sixty,* soixante). *Fam.* Les années 1960 : *La réapparition d'une vedette des sixties.*

Sixtine *(chapelle),* chapelle du palais du Vatican. Fondée par Sixte IV, elle a été décorée en 1481-82 de fresques commandées à Botticelli, Ghirlandaio, Cosimo Rosselli, Signorelli, le Pérugin et le Pinturicchio (thèmes de l'Ancien et du Nouveau Testament). À Michel-Ange sont dues les fresques fameuses de la voûte (1508-1512 ; scènes de la Création notamment, d'une émotion et d'un canon tout nouveaux) ainsi que celle du *Jugement dernier* (1536-1541), pathétique, sur le mur du fond. Les deux ensembles ont été nettoyés et restaurés de 1980 à 1989 (voûte) et de 1990 à 1994 *(Jugement dernier).*

SIYAD BARRE (Muḥammad), officier et homme d'État somalien (région du Haut-Djouba 1919 - Abuja, Nigeria, 1995). Chef d'état-major en 1966, il s'empara du pouvoir en 1969. Élu président de la République en 1980, réélu en 1986, il fut chassé du pouvoir en 1991.

SIYAHKALEM MEHMED, peintre turc (XIVe-XVe s.), dont le nom n'est peut-être qu'un surnom (« Plume noire »). Ses œuvres, recueillies par Mehmed II, sont conservées dans son *Album.* Ce sont de grandes compositions (atteignant jusqu'à 34 × 88 cm) très expressives.

SIZA (Alvaro), architecte portugais (Matosinhos, près de Porto, 1933). À Berlin ou à La Haye comme au Portugal, il s'inspire des divers courants de la modernité internationale tout en respectant site et tradition constructive locale. Après l'incendie de 1988, il dirige la reconstruction du quartier du Chiado à Lisbonne.

SIZAIN ou **SIXAIN** n. m. **1.** Strophe de six vers. — **2.** Poème de six vers présentant de nombreuses combinaisons de rimes, surtout employé au XIXe s. — **3.** Paquet de six jeux de cartes à jouer.

SIZAINE n. f. (de *six*). Groupe de six garçons ou de six filles d'une unité de scoutisme (louveteaux, jeannettes).

SIZERIN n. m. (flam. *sijsje,* serin). Petit passereau (fringillidé) brun vivant dans les régions boréales. (Une variété locale, le sizerin cabaret, niche dans les Alpes.)

SIZUN *(cap),* péninsule de Bretagne (Finistère) séparant les baies d'Audierne et de Douarnenez. Réserve ornithologique.

SIZUN (29450), ch.-l. de cant. du Finistère, à 17 km au S.-E. de Landerneau ; 1 765 hab. Église des XVIe-XVIIIe s. ; porte et ossuaire (fin XVIe s.) du cimetière.

S.J., sigle de SOCIÉTÉ DE JÉSUS. (→ *Compagnie de* JÉSUS.)

SJAELLAND, principale île de l'archipel danois (17 % de la superficie, mais 42 % de la population du Danemark). Le « Grand Copenhague » en occupe la majeure partie.

SJÖSTRÖM (Victor), acteur et cinéaste suédois (Silbodal 1879 - Stockholm 1960). Acteur, il aborda le cinéma en réalisant *le Jardinier* (1912). Il tourna, dès lors, de nombreux films : *Terje Vigen,* d'Ibsen (1916), *les Proscrits* (1917) et *la Charrette fantôme* (1920), œuvres majeures du cinéma muet suédois. À Hollywood, il réalisa *Larmes de clown* (1924), *la Lettre écarlate* (1926), *le Vent* (1928), *la Femme divine* avec Greta Garbo (1928), puis, à Londres, *Sous la robe rouge* (1937).

SKA n. m. Musique jamaïcaine née au début des années 60 sous l'influence du rhythm and blues américain.

SKAGEN *(cap),* cap du Danemark, formant l'extrémité nord du Jylland et s'allongeant entre le Skagerrak à l'O. et le Cattégat à l'E.

SKAGERRAK, détroit entre le Jylland et la Norvège, qui unit la mer du Nord au Cattégat. C'est un bras de mer très profond (plus de 700 m), large de 120 km.
— **Hist.** Les Allemands donnent le nom de *bataille du Skagerrak* à la bataille navale du Jutland* (31 mai-1er juin 1916).

SKAÏ [skaj] n. m. Marque déposée d'un similicuir obtenu par enduction d'un tissu par un plastisol additionné d'un agent gonflant.

SKALKÓTAS (Nikólaos), compositeur et violoniste grec (Chalcis 1904 - Athènes 1949). Les structures de ses œuvres, régies par un sérialisme complexe, empruntent au jazz comme à la tradition classique. Il laisse une symphonie (*le Retour d'Ulysse,* 1943), 36 *Danses grecques* (1936), des concertos, une cantate (*les Sortilèges de mai,* 1949), des mélodies, de la musique de chambre.

SKANDERBEG ou **SCANDERBEG** (Georges CASTRIOTA, dit), prince albanais (1405-Alessio, auj. Lezhë, 1468). Membre d'une famille qui dominait l'Albanie du Nord et avait reconnu la suzeraineté ottomane en 1385, il fut pris comme otage par les Turcs. En 1443, il abjura l'islām et fut reconnu en 1444 par plusieurs seigneurs albanais comme le chef de la lutte contre les Ottomans. Il bénéficia du soutien du pape Nicolas V, du roi d'Aragon et de Sicile Alphonse V. Il dut cependant reconnaître la suzeraineté ottomane en 1460. Ayant conclu une alliance avec Venise (1463), il fut attaqué par les Turcs (1464-1467) et se réfugia dans la forteresse vénitienne d'Alessio.

Skansen *(musée de),* à Stockholm, important musée de plein air, dans le parc du même nom. Premier du genre, il fut inauguré en 1891. On y voit des reconstitutions caractéristiques de l'architecture, du mobilier et des métiers traditionnels de la Suède.

SKARGA (Piotr POWĘSKI, dit **Piotr**), écrivain polonais (Grójec, Mazovie, 1536 - Cracovie 1612). Prédicateur de la cour du roi Sigismond III Vasa, il est l'auteur des huit *Sermons à la Diète* (1597), écrit politique d'inspiration religieuse et d'une haute qualité littéraire.

SKÄRGÅRD [ʃɛrgord] n. m. (mot suéd.). Ensemble d'îlots et d'écueils formant un archipel rocheux en avant d'une côte englacée au pléistocène.

SKARN n. m. Roche résultant d'échanges métasomatiques entre deux milieux de composition chimique très différente (généralement granite et roche carbonatée) au cours du métamorphisme de contact.

SKATEBOARD ou **SKATE** [skɛtbɔrd ou skɛt] n. m. (amér. *skateboard,* de *skate,* patin, et *board,* planche). Syn. de PLANCHE* À ROULETTES.

SKEENA, fl. du Canada (Colombie britannique), tributaire du Pacifique et dominé par les monts de la Skeena ; 570 km. Pêche au saumon. Conserveries.

SKEET [skit] n. m. (angl. *skeet*). Épreuve olympique de tir au fusil sur plateaux (d'argile).

SKELETON [skəletɔn] n. m. (angl. *skeleton,* du gr. *skeletos,* squelette). Long toboggan, utilisé sur piste de neige durcie ou de glace, sur lequel le coureur est couché à plat ventre.

SKELLEFTEÅ, v. de Suède (Västerbotten), à l'embouchure du *Skellefte älv ;* 74 000 hab. Traitement de minerais (or, argent, plomb, arsenic, zinc), exportés par le port de *Skelleftehamn.* Bois et papier. — Le *Skellefte älv,* émissaire des lacs Hornavan et Storavan, se jette dans le golfe de Botnie ; 410 km env. Hydroélectricité.

SKELTON (John), poète anglais (Diss, Norfolk, v. 1460 - Londres 1529). Précepteur du futur Henri VIII, il composa des satires vigoureuses (*The Boke of Phyllyp Sparowe,* 1503-1507) contre les religieux et les courtisans (*Colyn Cloute,* 1522).

Skène *(glandes de),* petites glandes, au nombre de deux, situées de part et d'autre de l'urètre chez la femme.

SKÉNITE n. f. Inflammation des glandes de Skène, traduisant souvent une maladie sexuellement transmissible.

SKETCH n. m. (pl. *sketches*) [angl. *sketch,* esquisse]. Œuvre dialoguée de courte durée, généralement comique, représentée au théâtre, au music-hall, à la télévision ou au cinéma.

SKF (sigle de *Aktiebolaget Svenska Kullagerfabriken*), firme suédoise fondée à Göteborg en 1905, aujourd'hui un des leaders mondiaux de la production de roulements à billes. Elle produit aussi des aciers spéciaux, des machines-outils et des torches à plasma.

SKHIRRA (La), anc. **Cekhira,** localité de Tunisie (gouvern. de Sfax), sur le golfe de Gabès. Port pétrolier à l'aboutissement du pipeline alimenté par plusieurs gisements algériens et tunisiens.

SKI n. m. (norv. *ski*). **1.** Chacun des deux longs patins utilisés pour glisser sur la neige ou sur l'eau *(ski nautique).* — **2.** Sport pratiqué sur la neige avec ces patins. (→ *encycl.*) — **3.** *Fam.* Sports d'hiver : *Aller au ski.* — **4.** Patin d'atterrissage remplaçant l'atterrisseur sur certains avions, planeurs ou hélicoptères. — **5.** *Ski alpin,* ski pratiqué sur des pentes généralement accentuées. ‖ *Ski artistique,* anc. *acrobatique,* discipline sportive regroupant le *ballet* (enchaînement de figures où prévalent équilibre et style), les *bosses* ou *hot-dog* (ski dans les champs de bosses) et le *saut* ou *aerial* (ski avec figures à partir d'un tremplin). [Syn. FREE-STYLE.] ‖ *Ski compact* ou *compact* (n. m.), ski court, très maniable, utilisé par les débutants. ‖ *Ski de fond,* ski pratiqué sur des parcours de faible dénivellation. ‖ *Ski nautique,* sport dans lequel le pratiquant, relié par une corde au bateau à moteur qui le tracte, glisse sur l'eau, sur un ou deux skis. (Il existe trois formes de compétitions : les figures, le slalom [uniquement en monoski] et le saut ; le combiné prend en compte les performances réalisées dans les trois.) ‖ *Ski nordique,* discipline sportive englobant les courses de fond, le saut à skis (à partir d'un tremplin) et le biathlon. ‖ *Ski parallèle,* compétition de slalom opposant simultanément deux adversaires sur des parcours parallèles. ‖ *Ski de randonnée,* ski pratiqué au moins en partie hors des pistes balisées. ‖ *Ski sauvage,* ski pratiqué hors des pistes balisées. ‖ *Ski de vitesse,* v. KILOMÈTRE lancé.

ENCYCL. Le *ski alpin* comprend trois types d'épreuves classiques : la descente, le slalom (dit parfois slalom spécial) et le slalom géant (auquel s'est ajouté dans les années 1980 le super-g). Le combiné permet de récompenser les skieurs complets, possédant à la fois des qualités de descendeurs et de slalomeurs. En dehors des jeux Olympiques d'hiver et des championnats du monde (tous les deux ans, les années impaires), les nations organisent chaque année de grandes classiques telles que le Kandahar, le Hahnenkamm et le Lauberhorn. Ces épreuves (et beaucoup d'autres) sont prises en compte pour l'annuelle Coupe du monde de ski alpin (créée en 1966) comptabilisant les résultats d'une saison.

Le *ski nordique* comporte les courses de ski de fond (10, 15, 30, 50 km et relais 4 × 10 km pour les hommes ; 5, 10, 15, 30 km et relais 4 × 5 km pour les femmes) ; le saut à skis ; le combiné nordique ; le biathlon. La Vasalopett est la compétition la plus célèbre. En France, il faut citer la Transjurassienne et la traversée du Vercors.

Parmi les spécialités du *ski artistique,* les bosses (depuis 1992) et le saut (depuis 1994) ont été admis comme disciplines olympiques.

ski et d'alpinisme *(École nationale de)* **[E. N. S. A.],** établissement fondé en 1943 et implanté depuis 1954 à Chamonix, visant à former des professionnels du ski (moniteurs) et de l'alpinisme (guides).

SKIABLE adj. Se dit d'un lieu ou d'une période qui permettent la pratique du ski.

SKIASCOPIE n. f. (gr. *skia,* ombre). Examen de l'ombre pupillaire pour déterminer le degré de réfraction de l'œil.

SKÍATHOS, île grecque de la mer Égée, dans le groupe des Sporades du Nord ; 48 km^2 ; 3 900 hab. Tourisme.

SKIBINE (George), danseur et chorégraphe d'origine russe (Iasnaïa Poliana, près de Kharkov, Ukraine, 1920 - Dallas 1981), naturalisé américain en 1945. Un des danseurs étoiles (1947) du Grand Ballet du marquis de Cuevas, il épouse la danseuse américaine Marjorie Tallchief. Il se révèle excellent chorégraphe (*Tragédie à Vérone,* 1950 ; *le Prisonnier du Caucase,* 1951). Maître de ballet à l'Opéra de Paris (1958-1962), où il donne *Daphnis et Chloé* (1959) et *Marines* (1961), il est directeur artistique du Harkness Ballet (1965-1967) avant de se fixer aux États-Unis, où il ouvre un centre chorégraphique à Dallas (1967).

SKI-BOB n. m. (pl. *ski-bobs*) [de *ski* et *bobsleigh*). Engin en forme de bicyclette, muni de petits skis. (Syn. VÉLOSKI.)

SKIER v. i. (conj. **10**). Pratiquer le ski.

SKIEUR, EUSE n. Personne qui pratique le ski.

SKIFF n. m. (angl. *skiff,* du fr. *esquif*). Longue et frêle embarcation à un rameur, armée en couple.

SKIKDA, anc. **Philippeville,** port d'Algérie, ch.-l. de wilaya ; 141 000 hab. Port de pêche et port pétrolier, à l'aboutissement de plusieurs pipelines de pétrole et de gaz naturel. Raffinerie de pétrole et pétrochimie. Liquéfaction et exportation du gaz naturel.

SKIMMIA n. m. Arbrisseau (rutacée) originaire de la Chine et du Japon, cultivé en Europe comme ornemental.

SKIN-EFFECT [skinefɛkt] n. m. (pl. *skin-effects*) [angl. *skin,* peau, et *effect,* effet]. Syn. de EFFET PELLICULAIRE*.

SKINHEAD [skinɛd] ou **SKIN** [skin] n. m. (angl. *skinhead,* tondu). Jeune dont le crâne rasé sert d'expression à une mode violente et agressive d'inspiration militaire.
◆ adj. Qui concerne les skinheads.

SKINNER (Burrhus Frederic), psychologue américain (Susquehanna, Pennsylvanie, 1904 - Cambridge, Massachusetts, 1990). Il a mis en évidence les conditionnements* opérants. Il a développé un courant particulier de béhaviorisme, qui souligne l'importance des renforcements. Il a écrit *Walden Two* (1948), *Science and Human Behavior* (1953), *Verbal Behavior* (1957).

SKIP [skip] n. m. (angl. *skip,* benne). Appareil élévateur constitué par une benne de grande capacité, mue par un treuil, dont le vidage s'opère par basculement ou par ouverture du fond. (On l'utilise pour l'alimentation des fours verticaux et pour l'extraction dans les puits de mine.)

1. SKIPPER [-pœr] n. m. (angl. *skipper*). **1.** Commandant de bord d'un voilier de course-croisière. — **2.** Barreur d'un voilier participant à une régate.

2. SKIPPER v. t. (conj. **3**). Être le skipper d'un voilier.

Skira *(éditions d'art Albert),* maison d'édition suisse, fondée à Genève en 1928 par Albert *Skira* (1904-1976), spécialisée dans les livres de bibliophilie et de beaux-arts.

SKLÉROS, illustre famille byzantine, dont le représentant le plus éminent fut BARDAS **Skléros** († 991). Beau-frère de Jean Ier Tzimiskès, il battit les Russes et les Arabes, puis écrasa la révolte de Bardas Phokas (971). Après la mort de Jean Ier Tzimiskès, en 976, il se révolta, fut battu, s'enfuit chez les Arabes, qui le retinrent sept ans prisonnier.

SKOBELEV (Mikhaïl Dmitrievitch), général russe (Saint-Pétersbourg 1843 - Moscou 1882). Après s'être distingué à Plevna (1877), il dirigea l'expédition qui donna le Turkestan à la Russie (1881).

SKOLEM (Albert Thoralf), logicien et mathématicien norvégien (Sandsvaer 1887 - Oslo 1963). Ses travaux mathématiques portent sur la théorie des nombres. En logique, il a apporté une importante contribution à la théorie intuitionniste. En 1923, il a jeté les bases d'une démonstration aux termes de laquelle l'analyse et l'arithmétique doivent être construites à l'aide de fonctions récursives.

SKOLIMOWSKI (Jerzy), cinéaste polonais (Varsovie 1938). Il débute avec *Signes particuliers : néant* (1964). Ses films suivants, *Walkover* (1965), *la Barrière* (1966), *Haut les mains* (1967), *le Départ* (1967), font de lui le chef de file du nouveau cinéma polonais. Émigré en Grande-Bretagne puis aux États-Unis, il tourne notamment *Deep End* (1970), *Roi, dame, valet* (1972), *Travail au noir* (1982), *le Succès à tout prix* (1984), *le Bateau-phare* (1985), *Eaux printanières* (1989), *Ferdydurke* (1991).

SKÓPELOS, île grecque de la mer Égée, dans les Sporades du Nord ; 93 km^2 ; 4 500 hab. Tourisme.

SKOPJE, en serbe **Skoplje,** cap. de la Macédoine, sur le Vardar ; 563 300 hab. Un séisme la détruisit presque entièrement en 1963. La reconstruction en a fait une ville moderne et a stimulé son développement industriel (sidérurgie). Galerie

d'art (icônes). Musée d'art contemporain. — Aux environs, monastères byzantins, dont celui de Sveti Pantelejmon à Nerezi, fondé en 1164 (dans l'église, ensemble exceptionnel de fresques de l'époque).
— **Hist.** Capitale, au Xe s., de l'empire bulgare de Samuel, au XIVe de l'empire serbe d'Étienne IX Uroš IV Dušan, la ville, prise par les Bulgares en 1915, fut libérée en sept. 1918 par les Français de Jouinot-Gambetta.

SKORINA (Gueorgui Loukitch, dit **Frantsisk**), humaniste biélorusse (Polotsk v. 1490 - Prague 1541). Fondateur à Prague (1517) de la première imprimerie biélorusse, il traduisit et imprima la Bible (1517-1519) et les Actes des Apôtres (1525).

SKÖVDE, v. de Suède, entre les lacs Vänern et Vättern ; 46 000 hab. — Aux environs, église romano-gothique (XIIIe s.) de l'ancien monastère cistercien de Varnhem.

SKRAM (Amalie ALVER, Mme), femme de lettres norvégienne (Bergen 1847 - Copenhague 1905). Auteur de romans à succès inspirés par la condition féminine (*Constance Ring,* 1885 ; *Trahie,* 1892), son chef-d'œuvre, *les Gens de Hellemyr* (4 vol., 1887-1898), est une satire feutrée sur le poids de l'atavisme et des clivages sociaux.

ŠKRÉTA (Karel), peintre et dessinateur tchèque (Prague 1610 - *id.* 1674). Formé surtout en Italie, il a consacré la majeure partie de son œuvre à des compositions religieuses (*Saint Martin partageant son manteau,* Gal. nat. de Prague) et au portrait. Il est le fondateur de l'école baroque de Bohême.

SKRIABINE ou **SCRIABINE** (Aleksandr Nikolaïevitch), compositeur et pianiste russe (Moscou 1872 - *id.* 1915). Il a composé 3 symphonies (no 3, *le Divin Poème,* 1902-1904), des poèmes symphoniques (*le Poème de l'extase,* 1905-1908 ; *Prométhée ou le Poème du feu,* 1908-1910), des œuvres pour piano (*Concerto* en *fa* dièse min., sonates, poèmes, études, préludes).

SKUA n. m. Oiseau (stercoraire) des îles Kerguelen, aux mœurs de rapace agressif.

SKUNKS → SCONSE.

SKUTTERUDITE n. f. (de *Skutterud,* n. pr.). Arséniure naturel de cobalt $CoAs_3$, cristallisant dans le système cubique.

ŠKVORECKÝ (Josef), écrivain tchèque (Náchod 1924). Auteur de romans (*les Lâches,* 1958 ; *Miracle en Bohême,* 1971) et de nouvelles à succès (*le Lionceau,* 1969), poète, critique, essayiste, exilé au Canada, il est un des plus illustres représentants de la tradition narrative tchèque.

SKYDOME [skajdom] n. m. (angl. *sky,* ciel, et *dome,* coupole). Sorte de hublot de plafond, lanterneau vitré (souvent simple forme en plastique) pour éclairage zénithal.

SKYE, île de Grande-Bretagne, dans l'archipel des Hébrides ; 155 km² ; 7 500 hab. Ch.-l. *Portree.* Élevage ovin. Tourisme.

SKYE-TERRIER [skaj-] n. m. (pl. *skye-terriers*) [angl. *skye-terrier,* du n. de l'île de *Skye*]. Chien d'agrément, à longue fourrure retombant de chaque côté du corps.

Skylab, station orbitale expérimentale américaine, réalisée à partir du matériel développé dans le cadre du programme Apollo*. Lancé en 1973, il fut occupé successivement par trois équipages de trois astronautes qui y séjournèrent respectivement 28 j, 59 j et 84 j en 1973-74. Il est retombé dans l'atmosphère et s'est désintégré en 1979.

SKYPHOS n. m. (gr. *skuphos*). Vase à boire de la Grèce antique, ayant la forme d'un gobelet à deux anses.

SKÝROS, île grecque de la mer Égée, la plus importante des Sporades du Nord ; 208 km² ; 2 300 hab. Ch.-l. *Skýros.*

SLAB n. m. (angl. *slab,* visqueux, gluant). Caoutchouc de qualité inférieure, consistant en un coagulat obtenu directement à partir de latex non filtré.

SLABBING [-biŋ] n. m. Laminoir dégrossisseur comportant une cage duo réversible.

SLÁDEK (Josef Václav), poète tchèque (Zbiroh 1845 - *id.* 1912). Poète intimiste (*Poésies,* 1875 ; *Léthé,* 1907) et patriote (*Chants paysans et sonnets tchèques,* 1889), il dirigea la revue *Lumír* (1877-1898) et traduisit des auteurs anglais et américains.

SLALOM [-lɔm] n. m. (norv. *slalom*). **1.** En ski alpin, parcours et épreuve consistant en une succession de virages imposés par des portes matérialisées par des piquets de couleurs alternées. — **2.** Épreuve de ski nautique consistant à contourner des bouées à une vitesse qui va s'accélérant. — **3.** En canoë et en kayak, compétition en eau vive consistant en le franchissement de portes balisées par des fiches suspendues colorées. — **4.** *Fam.* Parcours sinueux entre des obstacles : *Il se livra à un dangereux slalom entre les voitures.*

ENCYCL. Dans le *slalom spécial,* la dénivellation est comprise entre 140 et 220 m pour les hommes, entre 120 et 180 m pour les femmes, le nombre de portes se situant entre 55 et 75 pour les hommes, entre 45 et 60 pour les femmes ; dans le *slalom géant,* la dénivellation est comprise entre 250 et 400 m pour les hommes, entre 300 et 350 m pour les femmes, les portes étant au nombre d'env. 40 ; dans le *slalom super-géant,* ou *super-g* (compromis entre la descente et le slalom géant), la dénivellation est comprise entre 500 et 650 m pour les hommes, entre 400 et 500 m pour les femmes, le nombre de portes se situant entre 35 et 65 pour les hommes, 30 et 50 pour les femmes.

SLALOMER v. i. (conj. 3). **1.** À skis, descendre en slalom. — **2.** *Fam.* Faire des slaloms entre des obstacles.

SLALOMEUR, EUSE n. Skieur(euse) qui pratique le slalom.

SLANG [slɑ̃g] n. m. (angl. *slang*). Nom donné à l'argot dans les pays anglo-saxons.

SLÁNSKÝ (Rudolf), homme politique tchécoslovaque (Nezvěstice, Plzeň, 1901 - Prague 1952). Membre du parti communiste de Tchécoslovaquie depuis 1921, il en fut secrétaire général de 1945 à 1951. Accusé d'être le chef d'un « Centre de conspiration anti-État et anti-parti », il fut condamné à mort et exécuté (1952). Il a été réhabilité en 1968.

SLATINA, v. de Roumanie, en Munténie, ch.-l. de dép. sur l'Olt ; 60 000 hab. Centre industriel.

SLAUERHOFF (Jan Jacob), écrivain néerlandais (Leeuwarden 1898 - Hilversum 1936), un des grands poètes et romanciers de l'entre-deux-guerres, d'inspiration romantique (*Eldorado,* 1928).

SLAVE adj. et n. Qui appartient au groupe ethnique des Slaves.
◆ n. m. Groupe de langues de la famille indo-européenne, parlées par les Slaves.
ENCYCL. **Ling.** Les langues slaves se répartissent en *slave méridional* (bulgare, slovène, serbo-croate et macédonien), *slave oriental* (russe, biélorusse et ukrainien) et *slave occidental* (tchèque et slovaque, très proches, polonais et langues du groupe lekhite). Les langues slaves parlées par les peuples de tradition orthodoxe (russe, biélorusse, ukrainien, macédonien, serbe) utilisent l'alphabet cyrillique, les autres, de tradition catholique ou protestante (polonais, tchèque, slovaque, slovène, croate), se servent de l'alphabet latin.

SLAVEJKOV (Petko), écrivain et homme politique bulgare (Tărnovo 1827 - Sofia 1895). Poète, journaliste, il fut un des artisans de la langue littéraire moderne bulgare. Il introduisit dans la poésie bulgare la fable, la satire et l'épigramme. — Son fils PENČO (Trjavna 1866 - Brunate, près du lac de Côme, 1912), paralytique, fut influencé par le réalisme russe et par la poésie et la philosophie allemandes (Goethe, Heine, Nietzsche). Ses recueils de vers comptent parmi les chefs-d'œuvre de la littérature bulgare (*Rêve de bonheur,* 1907 ; *Hymne sanglant,* 1911-1913).

SLAVES, groupe ethnique de l'Europe centrale et orientale et de l'Asie septentrionale (Sibérie) parlant les langues slaves. Des nombreuses théories émises sur l'origine des Slaves, on peut retenir qu'une partie d'entre eux se rattache à la « civilisation lusacienne » (Ier millénaire av. J.-C., territoire de l'actuelle Pologne) et que leur premier habitat se situe au nord des Carpates (entre les vallées moyennes de la Vistule et du Dniepr). Appelés « Vénètes » par les auteurs latins, puis, plus tard, « Antes » et « Sklavènes », les Slaves commencent dès les premiers siècles de l'ère chrétienne leur migration vers le Danube et la frontière romaine. Au VIe s., ils submergent l'Europe méridionale (Thrace, Péloponnèse, Illyrie). Ils ne forment pas de grands États organisés, mis à part la Grande-Moravie (IXe s.). Cependant, avec le concours des Varègues, se constitue l'État russe de Kiev, qui poursuit l'expansion vers l'est, et, sous l'égide des Bulgares, celui de Bulgarie. Au IXe s., la Grande-Moravie est évangélisée par Cyrille et Méthode, qui donnent aux Slaves leur premier alphabet (glagolitique, matrice du cyrillique) ; les Bulgares et les Serbes adoptent le christianisme de rite byzantin, suivis, à la fin du Xe s., par les Russes ; les Croates et les Polonais adoptent le rite romain (Xe s.), de même que les Tchèques de Bohême. La différence entre Slaves orientaux, orthodoxes comme la majorité des Slaves méridionaux, et Slaves occidentaux, catholiques, pénétrés beaucoup plus profondément par la culture occidentale, s'accentue au cours des siècles. L'Europe slave, au sein de laquelle se sont établis les Hongrois (Xe-XIe s.), est partagée, à partir du XVIe s., entre l'Autriche (Bohême, Slovaquie, Slovénie, Croatie) et l'Empire ottoman (Bulgarie, Macédoine, Serbie, Bosnie). Seules la Russie, qui s'étend aux XVIIe-XVIIIe s. aux régions peuplées d'Ukrainiens et de Biélorusses, et la Pologne demeurent alors indépendantes. Les autres nations, parmi lesquelles se répand au XIXe s. le panslavisme, se libèrent à la fin du XIXe s. ou au début du XXe s. et se regroupent au sein des États slaves contemporains.

SLAVES, Indiens Athabascans des Territoires du Nord-Ouest, au Canada.

SLAVIANSK, en ukrainien **Sloviansk,** v. d'Ukraine, dans le Donbass ; 142 000 hab. Centre industriel.

SLAVICI (Ioan), écrivain roumain (Șiria, Transylvanie, 1848 - Panciu, Moldavie, 1925). Au cours d'une vie mouvementée qui se terminera dans l'amertume et la solitude, il publie, en 1892, un recueil de nouvelles, avec son chef-d'œuvre, *le Pope tondu,* suivi d'un autre, *le Moulin de la chance* (1896), qui font de lui un maître de la nouvelle villageoise.

SLAVISANT, E ou **SLAVISTE** n. Spécialiste des langues, des littératures, des civilisations slaves.

SLAVISER v. t. (conj. 3). Marquer de caractères slaves en imposant une langue, une culture slave.

SLAVISME n. m. (de *slave*). Idéologie reposant sur le sentiment d'un héritage historique et culturel commun à tous les Slaves. (Le slavisme culturel élaboré aux XVIIe-XVIIIe s. servit de fondement au panslavisme*. Des slavismes régionalistes se sont développés ultérieurement : l'illyrisme, l'austroslavisme ou le yougoslavisme.

SLAVISTIQUE n. f. Étude scientifique des langues slaves.

SLAVKOV, nom tchèque d'Austerlitz.

SLAVON n. m. Langue liturgique des Slaves orthodoxes, issue de la traduction des Évangiles par Cyrille et Méthode.

SLAVONIE, région historique de l'est de la Croatie, formée essentiellement par les plaines de la Podravina et de la Posavina. V. princ. *Osijek, Slavonski Brod* et *Vinkovci.*

SLAVOPHILE adj. et n. Se dit des membres de l'intelligentsia russe partisans, au XIXe s., d'un développement original de la Russie, opposés en cela aux occidentalistes.

ENCYCL. Convaincus que l'Europe occidentale, en adoptant la philosophie des Lumières, a renié les fondements religieux de sa propre culture, les slavophiles (I. V. Kireïevski [1806-1856], A. S. Khomiakov, les frères Aksakov) la récusent comme modèle. La Russie, demeurée fidèle à l'orthodoxie, doit développer ses valeurs propres, qui ont été conservées dans la commune paysanne *(mir)* et dans le peuple.

SLBM (abrév. de *Submarine Launched Ballistic Missile*), missile balistique lancé à partir d'un sous-marin (il est appelé en France « M. S. B. S. »).

SLCM (abrév. de *Sea Launched Cruise Missile*), missile de croisière lancé à partir d'une plateforme marine.

SLESVIG, en all. **Schleswig,** partie méridionale de la presqu'île du Jylland.

— **Hist.** Occupé par les Danois à la suite de l'émigration des Angles et des Jutes vers la Bretagne romaine, le Slesvig est protégé contre les entreprises de Charlemagne par un mur en terre, le *Danevirke,* renforcé à l'E. par le port fortifié de Haithabu (Schleswig) [IXe s.]. En 934, Henri Ier l'Oiseleur contraint le prince de Slesvig à accepter que la christianisation de son pays soit dirigée par l'archevêché de Hambourg. Du XIe au XIVe s., le duché est administré par des cadets de la famille royale de Danemark. À l'extinction de la famille ducale (1375), le comte de Holstein revendique ce duché, l'unit à son propre domaine en 1386 et en accélère la germanisation. Quand s'éteint la famille de Holstein-Schaumburg (1459), les états provinciaux choisissent comme duc le roi de Danemark Christian Ier d'Oldenburg, à condition que les deux principautés conservent leurs institutions particulières, le Holstein demeurant dans l'Empire (1460). Cédé en indivis par le Danemark à l'Autriche et à la Prusse après la guerre des Duchés (1864), le Slesvig est administré par la Prusse puis annexé à celle-ci après la guerre austro-prussienne (1866). À la suite des plébiscites organisés dans le Slesvig conformément au traité de Versailles (1919), le nord du pays est rattaché au Danemark (1920), tandis que le Schleswig du Sud reste allemand. En 1949, ce dernier forme une partie du land de Schleswig-Holstein*.

SLICE [slajs] n. m. (angl. *slice*). Effet latéral donné à une balle, au tennis, au golf.

SLICER [slajse] v. t. (angl. *to slice,* couper en tranches) [conj. **16**]. Frapper latéralement une balle de tennis ou de golf pour lui donner un effet.

SLIGO, en irland. **Sligeach,** v. de la République d'Irlande (prov. de Connacht), ch.-l. de comté, près de la *baie de Sligo ;* 17 200 hab. Évêché. Instruments de mesure. Industries alimentaires. Engrais. Restes (XIIIe-XVIe s.) d'un monastère franciscain.

SLIKKE [slik] n. f. (néerl. *slik*). Partie basse et nue d'un wadden, inondée à chaque marée.

SLIM (*sir* William Joseph), maréchal britannique (Bristol 1891 - Londres 1970). Après avoir réprimé la rébellion de Rachīd ʻAlī en Iraq (1941), il commanda la XIVe armée en Birmanie, avec laquelle il entra à Mandalay et à Rangoon (1945). Successeur de Montgomery comme chef d'état-major impérial, il fut gouverneur général de l'Australie (1953-1959).

1. SLIP n. m. (angl. *slip,* de *to slip,* glisser). **1.** Plan incliné sur lequel on hale à sec les navires. — **2.** Plan incliné à l'arrière des bateaux-usines par lequel les cétacés sont hissés à bord pour être dépecés. — **3.** Syn. de ARRÊTÉ* D'ASSURANCE.

2. SLIP n. m. (de *slip 1*). Culotte moulante à taille basse servant de sous-vêtement ou de culotte de bain.

SLIPHER (Vesto Melvin), astronome américain (Mulberry, Indiana, 1875 - Flagstaff, Arizona, 1969). Il mit en évidence, dans les spectres de Jupiter, Saturne, Uranus et Neptune, des bandes d'absorption grâce auxquelles il identifia certains constituants de l'atmosphère de ces planètes. Appliquant ensuite les techniques d'analyse spectrale aux astres lointains, il fut le premier à déterminer la vitesse radiale de galaxies (1912-1914) et à déceler leur mouvement de rotation.

SLIPPERETTE n. f. (angl. *slipper,* pantoufle). Pantoufle basse légère, à tige en tissu élastique montée sur une semelle plastique.

SLIP-WAY n. m. (pl. *slip-ways*) [angl. *slip-way*]. Syn. de CALE* DE HALAGE.

SLIVEN, v. de Bulgarie, au pied de la *passe de Sliven* (ou « Portes de Fer » du Balkan) ; 101 000 hab. Charbonnages. Eaux minérales. Centre industriel diversifié.

SLIVOVITZ n. f. (serbo-croate *slijiva,* prune). Eau-de-vie de prune fabriquée dans les Balkans et en Europe centrale.

SLOCHTEREN, v. des Pays-Bas (prov. de Groningue), à l'E. de Groningue ; 13 600 hab. Grand gisement de gaz naturel, en partie exporté.

SLODTZ, famille de sculpteurs français d'origine flamande. — SÉBASTIEN (Anvers 1655 - Paris 1726), disciple de Girardon, travailla à Versailles et pour les autres palais royaux. — Trois de ses fils furent sculpteurs : SÉBASTIEN ANTOINE (Paris 1695-1754), ornemaniste, qui participa à l'élaboration du style rocaille ; — PAUL AMBROISE (Paris 1702 - *id.* 1758), auteur de *la Chute d'Icare* (Louvre) ; — RENÉ MICHEL, dit *Michel-Ange* (Paris 1705 - *id.* 1764), qui exécuta à Rome plusieurs monuments funéraires et, pour St-Pierre, un colossal *Saint Bruno* qui tend à concilier la vitalité baroque et une recherche de grâce et de profondeur. On lui doit le mausolée de Languet de Gergy à l'église St-Sulpice, à Paris ; il travailla pour les Menus-Plaisirs.

SLOGAN n. m. (angl. *slogan,* du gaél. *sluagh,* troupe, et *ghairm,* cri de guerre). **1.** Brève formule frappante lancée pour propager une opinion, soutenir une action : *Les slogans politiques.* — **2.** Phrase publicitaire concise et originale, conçue en vue de bien inscrire dans l'esprit du public le nom d'un produit, d'une firme.

SŁONIMSKI (Antoni), écrivain polonais (Varsovie 1895 - *id.* 1976), cofondateur du groupe et de la revue poétique *Skamander.* Poète anarchisant (*Printemps noir,* 1919 ; *Fenêtre sans barreaux,* 1935), symboliste à ses débuts (*Parade,* 1920), il se réfugia en Angleterre en 1940, où il composa ses tragiques poèmes de guerre (*Alarme,* 1940). À son retour en Pologne, en 1951, il publia de mordantes chroniques (*Présence,* 1973) et *l'Alphabet de mes souvenirs* (1975), qui lui valurent disgrâces et déboires.

SLOOP [slup] n. m. (angl. *sloop,* du néerl. *sloep*). Voilier comportant un foc et une grand-voile triangulaire (gréement Marconi) ou trapézoïdale (aurique).

SLOUGH, v. de Grande-Bretagne (Berkshire), à l'O. de Londres, en face de Windsor ; 97 000 hab.

SLOUGHI [slugi] n. m. (ar. maghrébin *slugi*). Lévrier arabe, à poil ras, à la robe de couleur sable ou bringée.

SLOVAQUE adj. et n. De Slovaquie.
◆ n. m. Langue slave occidentale, proche du tchèque, parlée par env. 4 millions de personnes en Slovaquie, où elle est langue officielle.

SLOVAQUIE, en slovaque **Slovensko,** État de l'Europe orientale, au S. de la Pologne ; 49 000 km^2 ; 5 300 000 hab. *(Slovaques).* CAP. *Bratislava.* LANGUE : *slovaque.* MONNAIE : *couronne slovaque.*

Géographie. Extrémité nord-ouest des Carpates, les massifs montagneux (Hautes et Basses Tatras, Beskides), domaines des forêts et des pâturages (élevage), occupent la majeure partie du pays. Les cultures (céréales principalement) sont présentes surtout dans les plaines du Sud-Est et du Danube. Venant s'ajouter aux traditionnelles activités extractives (fer et autres minerais), l'industrie s'est développée, en particulier à Bratislava et à Košice, les principales villes. La population compte une importante minorité de Hongrois de souche (plus de 10 % du total), localisée le long de la frontière méridionale.

Histoire. Les Hongrois détruisent au Xe s. l'État slave de Grande-Moravie et annexent la Slovaquie, qui constitue dès lors la Haute-Hongrie.
1526 : Celle-ci entre avec le reste de la Hongrie dans le domaine des Habsbourg.
Après 1540, la plaine hongroise étant occupée par les Ottomans, le gouvernement hongrois s'établit à Presbourg (auj. Bratislava) et y demeure jusqu'en 1848. Le mouvement national slovaque se développe.
1918 : La Slovaquie est intégrée à l'État tchécoslovaque.
1939 : Un État slovaque séparé, sous protectorat allemand et gouverné par Mgr Tiso, est créé.
1945-1948 : La région est réintégrée dans la Tchécoslovaquie et la centralisation rétablie.
1969 : La Slovaquie est dotée du statut de république fédérée.
Le poids économique et politique de la Slovaquie se renforce durant la longue période où G. Husák est au pouvoir.
À partir de 1989, les Slovaques militent pour une nouvelle définition des rapports entre la République tchèque et la Slovaquie au sein de la fédération.
1990 : Les députés slovaques obtiennent que la Tchécoslovaquie prenne officiellement le nom de République fédérative tchèque et slovaque.
1992 : Le chef du gouvernement slovaque, Vladimir Mečiar, prépare avec son homologue tchèque la partition de la fédération.

1993 : La Slovaquie devient un État indépendant (1er janv.). Michal Kováč est élu président de la République.

SLOVÈNE adj. et n. De Slovénie.
◆ n. m. Langue slave du Sud parlée par env. 2 millions de locuteurs en Slovénie (où elle est langue officielle) et dans les régions frontalières d'Autriche et d'Italie.

SLOVÉNIE, en slovène **Slovenija,** État de l'Europe centrale, au S. de l'Autriche ; 20 200 km² ; 1 914 000 hab. *(Slovènes).* CAP. *Ljubljana.* LANGUE : *slovène.* MONNAIE : *tolar.*

Géographie. Aux confins de l'Italie, de l'Autriche et de la Hongrie, ouverte par les vallées de la Drave et de la Save, la Slovénie concentre sur le piedmont alpin la majeure partie de sa population et de ses activités agricoles (polyculture et élevage) et industrielles (extraction du charbon, centrale nucléaire, métallurgie, électronique, textile). Le Karst, au sud-ouest, a quelques centres miniers. Le tourisme et l'exploitation forestière animent les Alpes.

Histoire.
VIe s. : Des tribus slaves (Slovènes) s'établissent dans la région.
VIIIe s. : Celle-ci est incorporée à l'empire de Charlemagne.
1278 : Elle passe sous la domination des Habsbourg.
Un mouvement culturel et national se développe au XIXe s.
1918 : La Slovénie entre dans le royaume des Serbes, Croates et Slovènes, qui prend en 1929 le nom de Yougoslavie.
1941-1945 : Elle est partagée entre l'Allemagne, l'Italie et la Hongrie.
1945 : La Slovénie devient une des républiques fédérées de la Yougoslavie.
1990 : L'opposition démocratique remporte les premières élections libres.
1991 : La Slovénie proclame son indépendance.
1992 : Celle-ci est reconnue par la communauté internationale.

SLOVENSKÉ RUDOHORIE (« monts Métallifères de Slovaquie »), chaîne de montagnes de Slovaquie (120 km de long), au S. des Hautes et des Basses Tatras ; 1 480 m au *Stolica.*

SLOW [slo] n. m. (de *slow-fox*). **1.** Abrév. de SLOW-FOX. — **2.** Danse lente où les partenaires se tiennent enlacés.

SŁOWACKI (Juliusz), poète polonais (Krzemieniec 1809 - Paris 1849). Venu en France après l'insurrection de 1830, il y publia des drames historiques (*Kordian,* 1834 ; *Mazepa,* 1840) et des poèmes lyriques et philosophiques (*le Roi-Esprit,* 1847), mêlant aux thèmes romantiques un spiritualisme messianique. Incompris de son vivant, Słowacki est reconnu aujourd'hui comme le plus émouvant des poètes du romantisme polonais.

SLOW-FOX n. m. inv. (angl. *slow-fox,* de *slow,* lent, et *fox-trot*). Fox-trot de tempo lent, en vogue dans les années 20. (Abrév. SLOW.)

SLUICE [slus] n. m. (angl. *sluice,* canal). Chenal incliné muni de riffles transversaux, à l'aval et à l'amont desquels s'accumulent les minéraux les plus denses.

SLUM [slœm] n. m. (angl. *slum*). Quartier de taudis, bidonville.

SŁUPSK, v. de Pologne, en Poméranie centrale (Pomorze), ch.-l. de voïévodie ; 102 400 hab. Centre industriel diversifié et nœud ferroviaire.

SLUTER (Claus), sculpteur néerlandais (Haarlem v. 1340/1350 - Dijon 1405/06). Inscrit sur les registres corporatifs de Bruxelles après 1380, il est à Dijon à partir de 1385, au service de Philippe le Hardi. Devenu chef de chantier de la chartreuse de Champmol en 1389, il y sculpte les statues du portail, le duc et la duchesse de Bourgogne et leurs saints patrons de part et d'autre de la Vierge. Après 1395, aidé de son neveu Claus de Werve, il exécute les sculptures du calvaire dit « Puits de Moïse » et commence le tombeau à pleurants du duc. Son art expressif et dramatique, le « réalisme slutérien », a fortement influencé la sculpture française du XVe s.

Sm, symbole chimique du *samarium.*

S. M., abrév. de SA MAJESTÉ.

SMALA ou **SMALAH** n. f. (ar. *zamala*). **1.** Ensemble de la maison d'un chef arabe, avec ses tentes, ses serviteurs, ses troupeaux et ses équipages. — **2.** *Fam.* Famille nombreuse et encombrante : *Il arrive avec toute sa smala.*

SMALE (Stephen), mathématicien américain (Flint, Michigan, 1930). Professeur à Berkeley depuis 1964, il consacre ses recherches à la topologie différentielle. Il a obtenu la médaille Fields (1966).

Smalkalde *(articles de),* confession de foi rédigée par Luther en 1537. Repris par la *Formule de concorde* (1580), ils sont, avec la Confession d'Augsbourg, la charte du luthéranisme.

Smalkalde *(ligue de),* en all. *Schmalkaldischer Bund,* ligue religieuse et politique conclue pour six ans par des villes et des princes protestants d'Allemagne, en févr. 1531, et prorogée à dix ans en 1535. Formée sous la direction du landgrave Philippe de Hesse et de l'Électeur Jean-Frédéric de Saxe, cette ligue, à l'origine défensive, était destinée à parer aux menaces proférées par Charles Quint contre des luthériens lors de la diète d'Augsbourg (1530). Mais elle favorisa le développement du protestantisme. Charles Quint, lorsqu'il fut débarrassé des luttes contre les Turcs et contre la France, reprit cependant l'initiative en Allemagne et battit la ligue à Mühlberg (24 avr. 1547). Celle-ci fut dissoute. Philippe de Hesse dut se rendre et Jean-Frédéric de Saxe abandonna la dignité électorale à son cousin, Maurice de Saxe, allié de l'empereur.

SMALT n. m. (ital. *smalto,* du frq. **smalt,* émail). **1.** Silicate de potassium et de cobalt, se présentant sous forme d'une masse vitreuse bleue, utilisé en céramique. — **2.** Syn. de SAFRE.

SMALTITE n. f. (de *smalt*). Arséniure de cobalt, de formule $CoAs_2$, cubique.

SMARAGDIN, E adj. (lat. *smaragdus,* du gr. *smaragdos,* émeraude). *Litt.* Vert émeraude.

SMART [smart] adj. inv. (angl. *smart*). *Fam.* Élégant, chic.

SMASH [smaʃ] n. m. (pl. *smashs* ou *smashes*) [angl. *smash,* de *to smash,* écraser]. Au tennis, au tennis de table, au volley-ball, coup consistant à rabattre violemment une balle haute sur la surface de jeu.

SMASHER [smaʃe] v. i. et v. t. (conj. 3). Effectuer un smash (sur une balle, un adversaire).

S. M. E., abrév. de SYSTÈME MONÉTAIRE* EUROPÉEN.

SMECTIQUE adj. (gr. *smêktikos,* de *smêkhein,* nettoyer). **1.** Se dit d'une substance servant à dégraisser la laine. — **2.** *Argile smectique,* syn. de SMECTITE. ‖ *État smectique,* état mésomorphe, plus voisin de l'état cristallisé que de l'état liquide, et dans lequel les molécules restent dans des plans parallèles équidistants.

SMECTITE n. f. (gr. *smêktis gê,* terre qui nettoie). Argile gonflante, utilisée pour le dégraissage des peaux sous le nom de *terre à foulon.* (Syn. ARGILE SMECTIQUE.)

SMEDEREVO, v. de Yougoslavie (Serbie), sur le Danube ; 54 800 hab. Anc. capitale serbe au XVe s. Port fluvial. Aciérie. Constructions mécaniques.

SMEGMA n. m. (gr. *smêgma*). Matière blanche, pâteuse, qui s'accumule dans les replis des organes génitaux externes.

SMÉRINTHE n. m. (gr. *smêrinthos,* corde). Gros papillon aux ailes supérieures falquées, qui vole après le coucher du soleil.

SMETANA (Bedřich), compositeur et pianiste tchèque (Litomyšl 1824 - Prague 1884). Il fonda le premier théâtre tchèque de Prague, pour lequel il écrivit la plupart de ses drames lyriques. Son œuvre est marquée par le folklore (danses de Bohême pour piano), par un sentiment patriotique (le cycle de 6 poèmes symphoniques *Ma patrie,* comprenant *Moldau,* 1874-1879) et par la création d'un opéra tchèque avec notamment *la Fiancée vendue* (1866 ; dernière version, 1870).

SMET DE NAEYER (Paul, *comte* DE), homme politique belge (Gand 1843 - Bruxelles 1913). Député catholique (1886), ministre des Finances (1894), président du Conseil (1896-1899, 1899-1907), il fit voter la représentation proportionnelle intégrale.

S. M. I. C. [smik] n. m. Abrév. de SALAIRE* MINIMUM (INTERPROFESSIONNEL) DE CROISSANCE.

SMICARD, E n. *Fam.* Personne qui est au S. M. I. C., qui touche le S. M. I. C.

SMILAX n. m. Nom générique de la *salsepareille.*

SMILLAGE n. m. (de *smiller*). Opération de taille d'un bloc de pierre conduisant à lui donner l'aspect smillé.

SMILLE n. f. (bas lat. *smila,* scalpel, du gr. *smilê*). Marteau à deux pointes du carrier et du tailleur de pierre.

SMILLER [smije] v. t. (de *smille*) [conj. 3]. Dresser une pierre avec la smille.

◆ **être smillé** v. pass. En parlant d'une face de moellon ou de pierre de taille, présenter des stries courtes séparées par de petites cassures d'éclatement.

SMILODON n. m. (gr. *smilê,* canif). Félin fossile du quaternaire d'Amérique, aux canines supérieures en lames de poignard.

SMIRKE (*sir* Robert), architecte britannique (Londres 1781 - Cheltenham 1867), représentant du goût néogrec (British Museum, Londres, 1823-1847).

SMITH *(détroit de),* partie sud du détroit qui sépare le Groenland de la terre d'Ellesmere.

SMITH (John), navigateur et colonisateur anglais (Willoughby, Lincolnshire, v. 1579-Londres 1631). L'un des premiers membres de la Compagnie de Virginie, il participa à la fondation de Jamestown et devint, en 1608, président de la colonie.

SMITH (Adam), économiste écossais (Kirkcaldy 1723 - Édimbourg 1790). Professeur de philosophie morale à Glasgow (1751-1764), il acquit une certaine célébrité en publiant une *Théorie des sentiments moraux* (1759). Mais sa principale œuvre, *Recherches sur la nature et les causes de la richesse des nations,* fut publiée à Londres en 1776. Pour Adam Smith, la source de toute richesse réside dans l'activité de l'homme, c'est-à-dire dans le travail ; une heureuse organisation de l'économie se réalise spontanément dans toute société où l'homme peut se conduire sous l'impulsion de son intérêt personnel ; les gouvernements doivent accorder une liberté totale à la production nationale et au commerce international. Smith condamne le mercantilisme, les réglementations et entraves corporatistes et prône la non-intervention de l'État en matière économique. En matière de finances publiques, il pose également les grandes règles de l'impôt : *justice* (impôt proportionnel au revenu), *certitude* (la taxe imposée doit être certaine et non arbitraire), *commodité* (la contribution doit être levée de la façon la plus convenable au contribuable), *économie* (les frais de recouvrement doivent être réduits).

SMITH (Joseph), chef religieux américain (Sharon, Vermont, 1805 - Carthage, Illinois, 1844), initiateur du mouvement religieux des mormons* en 1830.

SMITH (*sir* Francis Pettit), ingénieur britannique (Hythe, Kent, 1808 - South Kensington 1874). Il fut l'un des pionniers de l'application de l'hélice à la propulsion des navires. En 1836, il prit un brevet pour une hélice propulsive qu'il perfectionna ensuite et qu'il adapta en 1839 sur l'*Archimedes.*

SMITH (Bessie), chanteuse de blues américaine (Chattanooga, Tennessee, 1894 - Clarksdale, Mississippi, 1937). Elle enregistra en 1923 son premier disque, qui connut un immense succès. Surnommée l'*Impératrice du blues,* elle fut une très grande vedette jusqu'en 1930 avant de sombrer dans l'alcoolisme et la misère.

SMITH (William Henry BERTHOLOFF, dit **Willie « the Lion »**), pianiste de jazz américain (Goshen, État de New York, 1897 - *id.* 1973). Il a été, avec James P. Johnson et Lucky Roberts, un des maîtres de l'école de piano stride* de Harlem des années 30.

SMITH (David), sculpteur américain (Decatur, Indiana, 1906 - Bennington, Vermont, 1965). Abordant en 1933 la sculpture en métal soudé, il a développé à partir de 1945 une œuvre qui atteint, avec la série des « Cubi », une rigueur abstraite annonciatrice du minimal art.

SMITH (W. Eugene), photographe américain (Wichita, Kansas, 1918 - New York 1978). Il couvrit les grandes batailles du Pacifique pendant la Seconde Guerre mondiale d'un regard humaniste, jamais voyeur, malgré sa force expressive. Citons de lui *Pittsburgh* (1955), *Une sage-femme* (1951) et enfin *Minamata* (1975).

SMITH (Ian Douglas), homme politique rhodésien (Selukwe 1919). Premier ministre en 1964, soutenu par les Blancs, il proclama unilatéralement l'indépendance de la Rhodésie en 1965, ce qui entraîna une rupture avec la Grande-Bretagne. Il imposa la domination blanche en Rhodésie jusqu'en 1979. Après l'accession à l'indépendance du pays, qui prit le nom de Zimbabwe, le parti de Ian Smith obtint en 1980 les 20 sièges du Parlement réservés par la Constitution aux Européens mais connut par la suite une notable perte d'audience. I. Smith a abandonné la présidence de son parti en 1987.

SMITH (James Oscar, dit **Jimmy**), organiste de jazz américain (Norristown, Pennsylvanie, 1925). Il fut le premier musicien à adapter aux ressources sonores de l'orgue les tournures du jazz moderne. Grand maître du jazz funky*, pétri de blues et de swing, il a exercé sur tous les organistes de sa génération une influence décisive.

SMITH (Hamilton), microbiologiste américain (New York 1931). Il a partagé, en 1978, le prix Nobel de médecine et de physiologie avec W. Arber et D. Nathans pour leur découverte des enzymes de restriction, qui devait ouvrir la voie aux manipulations génétiques.

SMITHSONITE n. f. (de James *Smithson,* n. pr.). Carbonate naturel de zinc, de formule $ZnCO_3$, du système rhomboédrique.

SMOCKS n. m. pl. (angl. *smock-frock,* blouse de paysan, de *to smock,* faire des fronces). Fronces rebrodées sur l'endroit, ornant des vêtements d'enfants.

SMOG [smɔg] n. m. (angl. *smog,* de *smoke,* fumée, et *fog,* brouillard). Mélange de fumée et de brouillard stagnant parfois au-dessus des concentrations urbaines et industrielles.

SMOKING [smokiŋ] n. m. (abrév. de l'angl. *smoking-jacket,* veste pour fumer). Tenue de soirée masculine dont le veston est à revers de satin et le pantalon orné à la couture d'un galon de même satin.

SMOLENSK, v. de Russie, sur le Dniepr, près de la Biélorussie ; 352 000 hab. Mentionnée dès 863, la ville conserve seize tours de son enceinte d'env. 1600. Constructions mécaniques et électriques. Matériel aéronautique. Textile.

SMOLLETT (Tobias George), écrivain écossais (Cardross, près de Dumbarton, 1721 - près de Livourne 1771). Il adapta le picaresque à l'Angleterre (*les Aventures de Roderick Random,* 1748) puis, lorsque la guerre éclata entre l'Angleterre et la France (1757), il donna au théâtre *la Reprise des hostilités ou les Becs-salés de la vieille Angleterre,* comédie violemment hostile aux Français.

Smolnyï *(institut),* édifice de Saint-Pétersbourg, œuvre de Rastrelli, qui servit, à partir de 1764, d'institution pour jeunes filles nobles. Il fut le quartier général d'où Lénine dirigea l'insurrection armée d'octobre 1917.

SMOLT n. m. (angl. *smolt*). Jeune saumon ayant atteint l'âge de sa descente passive vers la mer.

SMRITI n. f. (mot sanskr. signif. *recollection*). Littérature sacrée hindoue fondée sur la mémoire humaine, par oppos. à la littérature védique « révélée » *(śruti)*.

SMURF [smœrf] n. m. (équivalent amér. de « Schtroumpf »). Musique disco caractérisée par l'emploi saccadé de percussions, surtout électroniques, sur laquelle on danse avec des mouvements décomposés imitant les robots ou en faisant des figures acrobatiques ; la danse elle-même.

SMURFER [smœrfe] v. i. (conj. 3). Danser sur une musique de smurf.

SMUTS (Jan Christiaan), homme politique sud-africain (Bovenplaats, Le Cap, 1870 - Irene, près de Pretoria, 1950). Après avoir combattu dans les rangs des Boers (1899-1902), il participa à l'unification des colonies anglaises d'Afrique du Sud (1910) et mena campagne contre le Sud-Ouest africain allemand (1916). Il fut Premier ministre de 1919 à 1924 et de 1939 à 1948.

SMYRNE, ancien nom de la ville turque d'Izmir*. Smyrne a été fondée par des Éoliens avant le VIIe s. av. J.-C. Elle connut grâce à son port un grand développement à l'époque hellénistique. Elle fut une des premières villes évangélisées de l'Asie Mineure. Annexée par les Ottomans en 1424, Smyrne devint un port actif dont plus de la moitié de la population était composée de Grecs, de Juifs, d'Arméniens ou d'Occidentaux. Occupée par les Grecs en 1919, elle fut reprise par les Turcs en 1922.

SMYRNIUM n. m. Ombellifère à fleurs jaunes des régions méditerranéennes, autrefois cultivée comme alimentaire. (Nom usuel *maceron.*)

Sn, symbole chimique de l'*étain.*

S. N. A., abrév. de SOUS-MARIN* NUCLÉAIRE D'ATTAQUE.

SNACK-BAR ou **SNACK** n. m. (pl. *snack-bars* ou *snacks*) [amér. *snack-bar,* de *snack,* portion, et *bar*]. Restaurant spécialisé dans le service d'une nourriture standardisée.

SNAKE RIVER, riv. du nord-ouest des États-Unis, affl. de la Columbia (r. g.), qu'elle rejoint près de Pasco ; 1 600 km (bassin de 282 000 km²). Aménagements hydroélectriques et réservoirs pour l'irrigation dans le cours moyen et supérieur.

SNAP (sigle de *Systems for Nuclear Auxiliary Power,* système de puissance nucléaire auxiliaire). Nom générique des sources nucléaires d'électricité pour engins spatiaux développées aux États-Unis.

S. N. C. F., sigle de SOCIÉTÉ* NATIONALE DES CHEMINS DE FER FRANÇAIS.

SNEAKER [snikœr] n. m. (n. déposé) [angl. *sneaker,* chaussure de tennis]. Sandale de corde dont la semelle remonte sur le pourtour, ou sandale de toile à semelle en élastomère bordée d'une sangle sur le pourtour.

S. N. E. C. M. A., sigle de SOCIÉTÉ* NATIONALE D'ÉTUDE ET DE CONSTRUCTION DE MOTEURS D'AVIATION.

SNEFROU, premier souverain de la IVe dynastie égyptienne (XXVIIe s. av. J.-C.), père de Kheops. Il renforce les cadres de l'administration centrale en créant la charge de *vizir.* Il a fait construire trois pyramides, à Meidoum et Dahchour.

SNEKKJA n. m. Syn. de DRAKKAR.

SNELL (Peter), athlète néo-zélandais (Opunake 1938), champion olympique du 800 m en 1960 et 1964, du 1 500 m en 1964.

SNELLAERT (Ferdinand), écrivain belge d'expression néerlandaise (Courtrai 1806 - Gand 1872). Il fonda en 1836, à Gand, la société flamande « La langue est tout le peuple », qui fut à la base du « mouvement flamand ».

SNEL VAN ROYEN (Willebrord), dit **Willebrordus Snellius,** astronome et mathématicien hollandais (Leyde 1580 - *id.* 1626). Il introduisit la méthode de triangulation et découvrit en 1620 la loi de la réfraction de la lumière.

ŚNIARDWY *(lac),* le plus grand lac de Pologne (114 km²), en Mazurie. Pêche, loisirs nautiques et tourisme.

1. SNIFF interj. Bruit de reniflement.

2. SNIFF n. m. (angl. *to sniff,* renifler). *Arg.* Prise de cocaïne ou d'héroïne par le nez.

SNIFFER v. i. et v. t. (de *sniff 2*) [conj. 3]. *Arg.* Absorber une drogue en la prisant.

SNIJDERS ou **SNYDERS** (Frans), peintre flamand (Anvers 1579 - *id.* 1657). Maître en 1602, il fit le voyage d'Italie, se spécialisa dans la nature morte et collabora avec Rubens. Au contact de celui-ci, il aviva sa palette et donna à ses compositions de victuailles un caractère ample et décoratif, une organisation dynamique inconnue jusque-là. Il a également peint des animaux et des scènes de chasse. Il est bien représenté au Prado, à l'Ermitage, aux Musées royaux de Bruxelles.

S. N. L. E., abrév. de SOUS-MARIN* NUCLÉAIRE LANCEUR D'ENGINS.

SNOB [snɔb] adj. et n. (angl. *snob,* personne qui n'est pas de l'université). Qui affecte et admire les manières, les opinions qui sont en vogue dans les milieux qui passent pour distingués et qui méprise tout ce qui n'est pas issu de ces milieux. ◆ adj. Qui est marqué par l'affectation, le goût du jour, la mode des milieux soi-disant distingués : *Des manières snobs.*

SNOBER v. t. (conj. 3). Traiter qqn, qqch de haut, avec mépris, en l'évinçant, en le rejetant ou en l'évitant d'un air supérieur : *Elle passe la tête haute en nous snobant.*

SNOBINARD, E adj. et n. *Fam.* Qui se donne des manières de snob.

SNOBISME n. m. (angl. *snobism*). **1.** Admiration inconditionnelle pour les manières, les opinions en vogue dans les milieux tenus pour distingués et qui se manifeste par une imitation servile de leur comportement. — **2.** Admiration artificielle pour tout ce qui est nouveau, à la mode : *Snobisme littéraire.*

SNOILSKY (Carl, *comte*), poète suédois (Stockholm 1841 - *id.* 1903). Il devint célèbre avec *les Images italiennes* (1865) et surtout avec ses *Poèmes* (1869). Si ses *Sonnets* (1871) sont les plus parfaits de la langue suédoise, son œuvre la plus populaire demeure *Images suédoises* (1886), recueil de poèmes historiques.

SNORRI STURLUSON, écrivain et homme politique islandais (Hvammur v. 1179 - Reykjaholt 1241). Issu de la puissante famille des Sturlungar, il devint un des hommes les plus puissants de l'Islande. Après un séjour en Norvège auprès du roi Haakon IV Haakonsson, puis en Suède, il revint en Islande, où il perdit son influence politique. Il retourna en Norvège mais, disgracié, il regagna son pays, où il fut assassiné par son gendre. Auteur de l'*Edda prosaïque* et d'une vaste collection de sagas de rois de Norvège *(Heimskringla),* Snorri Sturluson est un des écrivains les plus importants de l'Islande médiévale par sa grande érudition et une rare maîtrise de la langue islandaise. On lui attribue également la *Saga d'Egill.*

SNOW-BOOT [snobut] n. m. (pl. *snow-boots*) [angl. *snow,* neige, et *boot,* botte]. Chaussure de caoutchouc qu'on peut mettre par-dessus les chaussures ordinaires.

SNOWDON, massif de Grande-Bretagne, point culminant du pays de Galles (1 085 m). Il fait partie d'un parc national. Centre d'excursions.

SNOWY MOUNTAINS, partie la plus élevée des Alpes australiennes. Importants aménagements hydrauliques (irrigation et hydroélectricité), surtout dans le bassin de la *Snowy River.*

S. N. P. M. I., sigle de SYNDICAT NATIONAL DE LA PETITE ET MOYENNE INDUSTRIE – PATRONAT INDÉPENDANT*.

SNYDERS (Frans) → SNIJDERS.

S.-O., abrév. de SUD-OUEST.

SOANE (*sir* John), architecte britannique (Goring-on-Thames 1753 - Londres 1837). Néo-classique en apparence, influencé par Piranèse, Ledoux, Vanbrugh, il est surtout un visionnaire anxieux, épris de primitivisme, dont la propre maison, à Londres (auj. musée Soane), reflète l'extrême originalité. Son grand œuvre, à la banque d'Angleterre (à partir de 1788), est détruit. Ses recherches historiques, comme professeur à la Royal Academy (1806), l'ont fait évoluer vers un *pittoresque* romantique.

SOANEN (Jean), oratorien et prélat français (Riom 1647 - La Chaise-Dieu 1740). Évêque de Senez (1695-1727), il fut l'une des plus hautes figures du jansénisme français.

SOAP-OPÉRA [sop-] n. m. (de l'angl. *soap,* savon, ces productions ayant été souvent financées par le fabricant de détergents « Procter and Gamble »). Nom fam. donné aux feuilletons de télévision américains.

SOAP-STOCK [sopstɔk] n. m. (pl. *soap-stocks*). Syn. de PÂTE DE NEUTRALISATION*.

SOARES (Mário), avocat et homme politique portugais (Lisbonne 1924). Leader d'un mouvement d'opposition, exilé à Paris (1970), il y fonda le parti socialiste portugais, dont il devint le secrétaire général (1973-1986). Après la révolution de 1974, il fut à plusieurs reprises Premier ministre (1976, 1977-78, 1983-1985). Il a été président de la République de 1986 à 1996.

SOBEK → SEBEK.

Sobibór, camp d'extermination allemand (1942-43), au nord de Lublin, où périrent 200 000 Juifs.

SOBIESKI (Jean) → JEAN III SOBIESKI.

SOBOUL (Albert), historien français (Ammi Moussa, Algérie, 1914 - Nîmes 1982). Professeur d'histoire de la Révolution française à la Sorbonne à partir de 1967, il a poursuivi l'étude socio-économique de la Révolution dans une optique marxiste. Ses principales œuvres sont *les Sans-culottes parisiens de l'an II* (1958), *la Civilisation de la Révolution française* (1970-1983), *Problèmes paysans de la Révolution, 1789-1848* (1976).

SOBRE adj. (lat. *sobrius*). **1.** Qui mange ou boit avec modération et, en partic., qui boit peu de boissons alcoolisées. — **2.** Se dit d'un animal peu exigeant pour sa nourriture et qui peut rester longtemps sans boire. — **3.** Qui montre de la mesure, de la réserve en qqch : *Être sobre dans ses déclarations.* — **4.** Qui est marqué par la mesure, la modération : *Une vie sobre.* — **5.** Qui n'a pas recours aux surcharges, aux ornements inutiles : *Une architecture sobre.*

SOBREMENT adv. **1.** D'une manière sobre : *Manger sobrement.* — **2.** Avec discrétion, retenue : *Sobrement vêtu.*

SOBRIÉTÉ n. f. (lat. *sobrietas*). **1.** Comportement de qqn, d'un animal qui est sobre. — **2.** *Litt.* Qualité de qqn qui se comporte avec retenue :

Mettre de la sobriété dans ses félicitations. — **3.** Qualité de ce qui se caractérise par une absence d'ornements superflus : *La sobriété d'une architecture.*

SOBRIQUET n. m. (p.-ê. de *sous*). Surnom familier donné par dérision, moquerie ou comme hypocoristique, par ex. le « Petit Caporal » (Napoléon Ier).

SOC n. m. (gaul. **succos*). Pièce travaillante de la charrue, qui découpe horizontalement la bande de terre et en amorce le soulèvement.

SOČA → ISONZO.

SOCCER [sɔkœr] n. m. (mot anglo-amér.). Football. (Employé particulièrement aux États-Unis et au Canada, par oppos. à *football américain*).

SOCÉ (Ousmane), écrivain sénégalais (Rufisque 1911 - *id.* 1978), connu pour son roman *Karim* (1935).

SOCHAUX (25600), ch.-l. de cant. du Doubs, banlieue est de Montbéliard ; 4 443 hab. Construction automobile.

SOCIABILISER v. t. (conj. 3). Rendre sociable, plus sociable : *L'école sociabilise les enfants.*

SOCIABILITÉ n. f. **1.** Qualité de qqn qui est sociable. — **2.** Caractère des relations entre personnes au sein d'un groupe social déterminé. — **3.** Réseau de relations sociales établies dans des groupes présentant une cohérence idéologique, culturelle ou religieuse.

SOCIABLE adj. (lat. *sociabilis,* de *sociare,* mettre en commun). **1.** Qui vit en société : *L'homme est un animal sociable.* — **2.** Qui se lie facilement aux autres et avec qui il est agréable de vivre : *Elle est très sociable.*

SOCIAL, E, AUX adj. (lat. *socialis*). **1.** Qui se rapporte à une société, à une collectivité humaine considérée comme une entité propre : *L'organisation sociale. Phénomènes sociaux.* — **2.** Qui intéresse les rapports entre un individu et les autres membres de la collectivité : *Avoir une vie sociale très développée.* — **3.** Qui concerne les relations entre les membres de la société ou l'organisation de ses membres en groupes, en classes : *Les inégalités sociales.* — **4.** Se dit de métiers, d'organismes, d'activités s'intéressant soit aux rapports entre les individus, les groupes dans la société, soit aux conditions économiques, psychologiques des membres de la société : *Assistante sociale.* — **5.** Qui concerne l'amélioration des conditions de vie et, en partic., des conditions matérielles des membres de la société : *Logements sociaux.* — **6.** *Corps social,* ensemble des citoyens d'une nation. ‖ *Être, animal social,* qui vit en société. • **Dr.** Relatif aux sociétés civiles et commerciales. ‖ *Droit social,* ensemble des textes législatifs et réglementaires concernant le droit du travail et de la sécurité sociale. ‖ *Service social,* service composé d'assistants sociaux et d'assistantes sociales, chargé de constituer les divers dossiers concernant les assurés sociaux ; dans une entreprise, service ayant un rôle d'intermédiaire entre l'Administration et les salariés pour tout ce qui concerne leur vie personnelle et professionnelle. — **Éthol.** *Comportement social,* ensemble des activités et des relations qui se développent entre congénères chez certaines espèces animales grâce à un système de communication. (Ces comportements se manifestent en permanence chez les espèces grégaires et temporairement chez les espèces solitaires.) — **Méd.** *Médecine sociale,* ensemble des mesures préventives et curatives d'ordre médical prises en charge par les pouvoirs publics ou des organismes privés. — **Sociol.** *Sciences sociales,* disciplines ayant pour objet l'étude de l'homme sous l'angle de ses relations avec la société et la culture (sociologie, anthropologie sociale, psychosociologie, sociolinguistique, etc.). — **Zool.** *Insectes sociaux,* espèces d'insectes qui ne peuvent subsister et se reproduire qu'en sociétés organisées (fourmis, abeilles, par ex.), par oppos. aux espèces solitaires.

◆ **social** n. m. **1.** Ensemble des questions sociales, des problèmes relevant du droit social. — **2.** Ensemble des actions relevant de l'amélioration des conditions de vie, de travail des travailleurs. — **3.** Ensemble des problèmes sociaux, par oppos. aux problèmes psychologiques.

social *(ordre du Mérite),* ordre français créé en 1936 pour récompenser le dévouement aux œuvres mutualistes et sociales. (Il n'est plus décerné depuis la création de l'ordre national du Mérite, 1er janv. 1964.)

sociales *(guerres)* [du lat. *bellum sociale,* guerre des Alliés], nom de deux conflits de l'Antiquité :
1° le conflit entre Athènes et ses alliés de la deuxième Confédération* athénienne (357-355 av. J.-C.), mécontents des empiétements d'Athènes et dont la sécession fut reconnue sous la pression de la Perse ; menacée par le roi de Perse, Athènes reconnaît la sécession des villes rebelles ;
2° le conflit entre Rome et ses alliés d'Italie (91-89/88 av. J.-C.), mécontents des projets de lotissement de l'*ager publicus.* À l'exception de l'Étrurie, de l'Ombrie et de la Cisalpine, toute l'Italie se souleva et forma une confédération avec pour capitale Corfinium, baptisée « Italia » (auj. *Corfinio*). Les victoires de Marius, de Sulla et de Cn. Pompeius Strabo feront moins pour réduire la rébellion que les lois qui étendront la *civitas* aux Italiens (en 90 et 89).

social français *(parti)* **[P. S. F.]**, formation politique fondée le 21 juin 1936 par le colonel de La Rocque après la dissolution des Croix-de-Feu. Visant à gagner à lui une partie de la classe ouvrière, mais très conservateur, il fut à l'origine, en 1937, des syndicats professionnels. Il compta un nombre considérable d'adhérents à partir de 1938. La guerre et la défaite le firent disparaître.

SOCIAL-CHRÉTIEN → CHRÉTIEN-SOCIAL.

social-chrétien belge *(parti)* **[P. S. C.]**, parti démocrate-chrétien de Belgique. Après la Seconde Guerre mondiale, le parti catholique belge abandonne son nom pour celui de « parti social-chrétien ». S'appuyant sur un programme essentiellement social, il participe en 1947 au gouvernement Spaak, en compagnie des socialistes. Revenu au pouvoir en 1949 dans une coalition avec les libéraux, le P. S. C. connaît une crise grave avec la question royale (1951), que résout l'abdication de Léopold III au profit de Baudouin Ier. Un nouveau ministère social-chrétien (1951-1954) entreprend une vaste réforme de l'enseignement, qui déclenche une véritable guerre scolaire, que règle le gouvernement Eyskens (pacte scolaire, nov. 1958). Gouvernant de nouveau avec le P. S. B., le parti se trouve de nouveau confronté à de graves problèmes : affaire du Congo, crise sociale, conflits entre Wallons et Flamands. En 1968, une crise gouvernementale fait éclater le P. S. C. entre sa branche wallonne (parti social-chrétien, ou P. S. C.) et sa branche flamande (Christelijke Volkspartij, ou C. V. P.). Dès lors, ces deux partis participent aux différents gouvernements de coalition qui se succèdent et qu'ils dirigent notamment avec G. Eyskens, L. Tindemans, W. Martens, J.-L. Dehaene.

SOCIAL-DÉMOCRATE adj. et n. (pl. *sociaux-démocrates*). Partisan de la social-démocratie.

social-démocrate allemand *(parti)*, parti politique allemand. Né de la fusion en mai 1875 à Gotha de l'Association générale allemande des travailleurs (fondée en 1863 par Ferdinand Lassalle) et du parti ouvrier social-démocrate (fondé en 1869 par August Bebel et Wilhelm Liebknecht), le parti ouvrier social-démocrate d'Allemagne est, quoique d'obédience marxiste, très influencé par les idées réformistes de Lassalle. Le congrès d'Erfurt (1891) adopte le programme théorique de Kautsky, qui s'appuie encore sur le marxisme. Mais dans la pratique, le parti, qui a pris son nom actuel (Sozialdemokratische Partei Deutschlands, ou SPD), observe une ligne de plus en plus modérée, définie par les thèses révisionnistes d'Eduard Bernstein. En 1912, le SPD forme la fraction la plus forte du Reichstag avec 110 députés. Mais ceux-ci votent les crédits de guerre en 1914, ce qui accentue la division, au sein du parti, entre les modérés, partisans de l'union sacrée, et la gauche qui entreprend une propagande clandestine contre la guerre *(Lettres de Spartakus)* sous la direction de Rosa Luxemburg et de Karl Liebknecht. En avr. 1917, une fraction minoritaire des députés crée l'USPD (parti social-démocrate indépendant d'Allemagne), qui, joint aux spartakistes, organise de puissantes grèves pacifistes. Au moment de la défaite militaire allemande, le SPD est à l'initiative de la proclamation de la république (9 nov. 1918) et organise l'écrasement dans le sang de la révolution spartakiste (janv. 1919). Associé aux partis conservateurs, il dirige le gouvernement à deux reprises sous la République de Weimar (1918-1920 et 1928-1930). Mis hors la loi par Hitler en juill. 1933, il se reconstitue dès la fin de 1945 dans toutes les zones d'occupation, sous la direction de Kurt Schumacher. Sous l'impulsion des Soviétiques à l'E., il fusionne avec les communistes pour former le SED (parti socialiste unifié d'Allemagne) en avr. 1946. Mais, violemment anticommuniste à l'O., le SPD élimine progressivement toute référence au marxisme (congrès de Bad Godesberg, 1959). Présidé par Willy Brandt (1964-1987), le parti est au pouvoir de 1969 à 1982 (gouvernements des chanceliers Brandt [1969-1974] et Schmidt [1974-1982]). Depuis, dirigé successivement par Hans Jochen Vogel (1987-1991 ; c'est sous sa présidence, en 1990, que le parti social-démocrate est-allemand, reconstitué en 1989, fusionne avec son homologue de R. F. A.), Björn Engholm (1991-1993), Rudolf Scharping (1993-1995) puis Oskar Lafontaine (depuis 1995), le SPD ne parvient pas, malgré des succès ponctuels, à ébranler la suprématie de la CDU.

social-démocrate de Russie *(parti ouvrier)* **[P. O. S. D. R.]**, parti politique révolutionnaire russe. Le P. O. S. D. R. est fondé en mars 1898 à Minsk par des militants de la Russie, à l'instigation du Bund, parti ouvrier juif créé l'année précédente. À partir de 1902, la majorité revient tantôt aux bolcheviks (Lénine), tantôt aux mencheviks (Martov), les deux tendances s'opposant sur le fonctionnement du parti et sur la ligne politique. À l'exception du plénum du Comité central en janv. 1910, le congrès de Londres de 1907, où les mencheviks perdent la majorité, sera le dernier à réunir l'ensemble du P. O. S. D. R. Celui-ci se scinde dès lors en de nombreuses tendances : chez les bolcheviks, Lénine est menacé sur sa gauche par A. Bogdanov ; chez les mencheviks apparaissent des tendances droitières, une aile gauche, tandis que Plekhanov anime les mencheviks du parti et soutient Lénine sur certains points du programme. Trotski et son groupe *Pravda* occupent une position intermédiaire. En janv. 1912, à Prague, les bolcheviks réunissent une conférence où ils excluent de fait les mencheviks. Les autres tendances constituent à Vienne la même année le bloc d'août. La guerre produit de nouvelles divisions. Les deux factions se réunissent à Kienthal et à Zimmerwald*. Après la révolution de févr. 1917, Lénine engage sa stratégie de prise du pouvoir, alors que les mencheviks font à partir d'avril partie de tous les gouvernements de coalition. Les bolcheviks, rejoints par Trotski et ses partisans, tiennent en août leur VIe Congrès, revendiquant ainsi la continuité du P. O. S. D. R. En mars 1918, les bolcheviks fondent le PCR (b). Interdits en juin 1918, puis de nouveau autorisés fin novembre, les mencheviks survivront dans une semi-légalité jusqu'à la fin de la guerre civile.

SOCIAL-DÉMOCRATIE n. f. (pl. *social-démocraties*). **1.** Courant d'idées issues du marxisme et auquel se référaient les partis politiques de langue allemande et les pays scandinaves au sein de la IIe Internationale. – **2.** Ensemble des organisations et des personnalités politiques qui se rattachent au socialisme parlementaire et réformiste.

social-démocratie scandinave. Fondés sur le modèle allemand, les partis sociaux-démocrates danois (1871), norvégien (1887), suédois (1889) et finlandais (1899) jouent un rôle actif dans leurs pays respectifs. Évoluant très tôt vers le réformisme, ils ont accepté de participer au gouvernement. Presque constamment au pouvoir depuis la fin de la Première Guerre mondiale, ils pratiquent une politique sociale avancée et optent pour une politique étrangère pacifiste.

SOCIALEMENT adv. Dans l'ordre social ; relativement à la société.

SOCIAL-IMPÉRIALISME n. m. Politique impérialiste pratiquée au nom du socialisme.

SOCIALISANT, E adj. et n. **1.** Qui sympathise avec le socialisme, qui s'en rapproche sans y adhérer. – **2.** Qui met au premier plan les préoccupations de justice et d'égalité sociale.

SOCIALISATION n. f. **1.** Collectivisation des moyens de production et d'échange, des sources d'énergie, du crédit, etc. – **2.** Transformation en un pays socialiste d'un pays à régime différent. – **3.** Processus par lequel l'enfant intériorise les divers éléments de la culture environnante (valeurs, normes, codes symboliques et règles de conduite) et s'intègre dans la vie sociale.

SOCIALISER v. t. (conj. 3). **1.** Opérer la socialisation des moyens de production et d'échange. – **2.** Opérer la socialisation d'un individu.

SOCIALISME n. m. **1.** Théorie visant à transformer l'organisation sociale dans un but de justice entre les hommes au plan du travail, de la rétribution, de l'éducation, du logement, etc. (→ *encycl.*) – **2.** Formation économique et sociale telle qu'elle existe dans les États dirigés par des gouvernements qui se réfèrent au marxisme-léninisme et caractérisée par la suppression de l'essentiel de la propriété privée des moyens de production et d'échange. – **3.** Ensemble des courants politiques socialistes ou sociaux-démocrates. – **4.** *Socialisme réel,* appellation péjorative donnée par les libéraux aux régimes communistes. ‖ *Socialisme scientifique,* selon les marxistes, doctrine de Karl Marx et de ses successeurs par oppos. au *socialisme utopique,* qui serait la doctrine de leurs prédécesseurs, tels Saint-Simon et Fourier. (→ *encycl.*)

ENCYCL. Le mot de « socialisme », qui existe dès le XVIIIe s., commence à être fréquemment employé en France et en Grande-Bretagne autour des années 1830. Il désigne des théories comme celles de Saint-Simon, Fourier, Owen et traduit un refus global de l'organisation sociale qui se met en place avec l'industrialisation et le capitalisme. Vers 1848, la désignation de « socialiste » s'applique à des systèmes philosophiques idéalistes généraux, qui ont pour point commun de préconiser un système social respectant l'individu. Ce terme commence à s'opposer à celui de « communiste », qui désigne une théorie visant à supprimer les classes sociales et à rendre égaux les hommes. Le mot de « communiste » est alors davantage réservé aux théoriciens tels que Cabet puis Marx. Chez ce dernier, le socialisme désigne une phase de l'évolution historique : les continuateurs de Marx qualifieront au XXe s. de « socialistes » les régimes qui, dans la perspective marxiste, ont opéré la révolution, c'est-à-dire la prise de pouvoir par le prolétariat, mais n'ont pas aboli l'État et l'ont au contraire renforcé au profit d'une classe elle-même structurée par le parti unique.

Ceux qui, dès le XIXe s., se réclament du socialisme et ne se rattachent pas au mouvement internationaliste marxiste, appartiennent à des courants de pensée très divers. En Allemagne, le courant politique dit *socialisme de la chaire,* parce que soutenu par des professeurs d'université, qui apparaît en 1872, préconise la toute-puissance de l'État. En France, nombre de catholiques pensent que l'Évangile comporte un message spirituel où l'amour du prochain est indissociable du besoin de justice sociale (La Mennais) et qu'il doit être mis en pratique par les chrétiens eux-mêmes. Ce courant, qui va de Lacordaire et Ozanam à Marc Sangnier puis à Emmanuel Mounier, peut être appelé *socialisme chrétien.* Les opposants à Marx au sein de la Iʳᵉ Internationale ont eu pour point commun le souci d'exalter la liberté individuelle. Proudhon, Stirner, Bakounine se situent dans cette ligne, dite *socialisme libertaire.* Après l'échec de la IIᵉ Internationale et face à la IIIᵉ Internationale (1919), les socialistes qui ont refusé le modèle soviétique fondent en 1923 l'Internationale ouvrière socialiste et, en 1951, l'Internationale socialiste. Après la Seconde Guerre mondiale, ils manifestent vigoureusement leur opposition au socialisme soviétique. Leur objectif commun est de favoriser les lois sur la famille, la sécurité sociale, le plein emploi, le logement. Y participent les partis socialistes suédois, allemand, belge, français, autrichien, grec, espagnol et portugais. La plupart de ces partis, tout en reconnaissant la réalité de la lutte des classes, refusent toute référence aux thèses marxistes et reprochent aux régimes qui se réclament du marxisme-léninisme leurs pratiques de l'économie étatisée, du parti unique et les atteintes aux droits de l'homme. Enfin, après l'effondrement du communisme dans l'Est européen, à la fin des années 1980, nombre d'hommes et d'appareils issus de l'ancien régime se convertissent, dans les pays ex-socialistes, à l'économie de marché et à la social-démocratie.

SOCIALISTE adj. et n. Relatif au socialisme ou à ses partisans ; partisan du socialisme ; membre d'un parti qui se réclame du socialisme.

socialiste *(parti)* [*Section française de l'Internationale ouvrière (S. F. I. O.)*], parti politique français constitué lors du congrès de Paris, en avr. 1905, par la fusion du parti socialiste français, du parti socialiste de France, du parti ouvrier socialiste révolutionnaire et de plusieurs fédérations autonomes. L'unité socialiste se réalise sous l'influence de l'essor des luttes ouvrières et à l'appel du congrès de l'Internationale d'Amsterdam (1904). Le nouveau parti se fixe pour but « la transformation de la société capitaliste en une société collectiviste ou communiste ». De 1905 à 1914, la S. F. I. O. élargit son influence et devient rapidement un parti parlementaire dont le prestige tient en grande partie à la personnalité de son principal leader, Jean Jaurès. Après l'assassinat de ce dernier, qui s'était vigoureusement opposé à la guerre, les socialistes votent les crédits de guerre et l'état de siège, tandis que deux de leurs membres (Guesde et Marcel Sembat) entrent au gouvernement. La participation des socialistes à l'effort de guerre n'est pas remise en question avant 1917. Au lendemain de la guerre se pose la question de l'adhésion à l'Internationale communiste, fondée en 1919. Les partisans de l'adhésion (Frossard, Cachin) l'emportent au congrès de Tours* (déc. 1920), tandis que la minorité (Blum, M. Sembat) conserve le nom de parti socialiste S. F. I. O. Elle représente environ le tiers des adhérents, la majorité des élus et dispose d'un quotidien, *le Populaire,* dirigé par L. Blum, secrétaire du groupe S. F. I. O. de la Chambre. De 1920 à 1934, la S. F. I. O. refuse tout contact avec le P. C. F. et se rapproche du parti radical, dont elle soutient les gouvernements sans y participer. Au lendemain des événements du 6 févr. 1934, le P. C. F. et la S. F. I. O. se rapprochent dans un Front* populaire, élargi aux radicaux. Premier parti de la gauche après les élections d'avr.-mai 1936, la S. F. I. O. forme un gouvernement présidé par L. Blum, auquel les communistes apportent leur soutien. Mais la signature du pacte germano-soviétique (1939) détermine une nouvelle rupture entre socialistes et communistes. Après la défaite de 1940, le parti socialiste se disloque. Quelques-uns de ses membres participent au gouvernement de Vichy, tandis que d'autres s'organisent dans la Résistance. Vers 1943, le parti se reconstitue sous la direction de Daniel Mayer, qui siège au Conseil national de la Résistance. Au lendemain de la Libération, la S. F. I. O. joue un rôle important dans l'histoire de la IVᵉ République sous l'impulsion de son nouveau secrétaire général, Guy Mollet (1946-1960). Opposée tout à la fois au communisme et au gaullisme, elle participe aux gouvernements de la « troisième force » (1947-1951) et fournit plusieurs chefs de gouvernement (F. Gouin et L. Blum [1946], Ramadier [1947] et G. Mollet [1956-57]) et le premier président de la IVᵉ République, Vincent Auriol. Divisée par la question algérienne, la S. F. I. O. contribue néanmoins à la mise en place des institutions de la Vᵉ République, tandis que Guy Mollet devient ministre d'État (1958-59). À partir de 1959, la S. F. I. O. entre dans l'opposition tandis que la contestation interne croît (constitution du parti socialiste unifié [P. S. U.] en 1960). Après les événements de mai 1968, la nécessité d'un renouvellement se fait sentir. En 1969, la S. F. I. O. s'intègre à un nouveau parti socialiste*, dont François Mitterrand devient le premier secrétaire au congrès extraordinaire d'Épinay (juin 1971).

socialiste *(parti)* **[P. S.],** parti politique né de la fusion du parti socialiste S. F. I. O. et de divers clubs entre le congrès d'Alfortville (mai 1969) et le congrès d'Épinay (11 juin 1971). Sous l'influence de son premier secrétaire F. Mitterrand (élu en 1971), il vise à devenir un grand parti socialiste, en partie sur le terrain occupé par le P. C. F. lui-même. En 1972, un accord sur un programme commun de gouvernement est signé entre socialistes, communistes et radicaux de gauche. La campagne pour les présidentielles de 1974 en faveur de F. Mitterrand accroît fortement l'audience du P. S., qui reçoit alors les adhésions d'une partie du P. S. U. avec Michel Rocard et de personnalités proches du gaullisme (J. Delors, E. Pisani). La rupture de l'union de la gauche (1977) entraîne son échec aux élections législatives de 1978. Le P. S. et le P. C. F. suivent désormais des voies différentes. Mais depuis 1971, le parti socialiste a élargi sa composition sociale et son implantation géographique, permettant en mai 1981 l'élection de F. Mitterrand à la présidence de la République. Les élections législatives de juin donnent la majorité absolue au P. S., dont le nouveau premier secrétaire est Lionel Jospin. Mais ses résultats électoraux vont se dégrader continûment jusqu'aux élections législatives de juin 1986, qui se déroulent au scrutin proportionnel. Le P. S., tout en restant la première formation de l'Assemblée (212 députés sur 577), est devancé par la coalition R. P. R.-U. D. F. et passe dans l'opposition, F. Mitterrand demeurant président de la République. Après la réélection de ce dernier à la présidence (mai 1988), le P. S. retrouve la direction du gouvernement et, au terme des élections législatives de juin 1988 (au scrutin majoritaire), reconquiert une majorité relative à l'Assemblée. Dans le même temps, L. Jospin, devenu ministre, cède la place de premier secrétaire du parti à P. Mauroy, lui-même remplacé en 1992 par L. Fabius. Marqué par l'usure du pouvoir et confronté à un contexte économique et social difficile, le P. S. connaît un véritable effondrement lors des élections législatives de mars 1993, perdant les 4/5 de son effectif parlementaire et entraînant l'ouverture d'une nouvelle période de cohabitation. Le parti essaie alors, sous l'impulsion de M. Rocard (élu en avr. 1993 à la tête d'une direction provisoire puis, en oct., au poste de premier secrétaire), de se reconstruire autour d'une nouvelle dynamique. Mais cette stratégie échoue et, après le revers subi par la liste conduite par M. Rocard aux européennes de 1994, ce dernier est remplacé à la tête du P. S. par H. Emmanuelli. J. Delors ayant renoncé à se présenter à l'élection présidentielle de 1995, le P. S. désigne comme candidat L. Jospin. Celui-ci crée la surprise en arrivant en tête au premier tour ; il est battu au second tour par J. Chirac (qui succède à F. Mitterrand à la présidence de la République) mais son très bon score (47,36 % des voix) lui confère une forte légitimité au sein du parti socialiste, dont il ne tarde pas à redevenir le premier secrétaire (oct. 1995).

socialiste belge *(parti)* **[P. S. B.],** parti politique belge fondé en 1945 par des militants de l'ancien parti ouvrier* belge, dissous en mai 1940. Le P. S. B. participe à des gouvernements de coalition avec les sociaux-chrétiens et les libéraux et fait adopter des mesures sociales (loi Van Acker, 1945). Après s'être opposé au retour du roi Léopold III (1950), le parti dirige à plusieurs reprises le gouvernement et pratique une politique favorable à la laïcité de l'enseignement, qui aboutit à la signature d'un « pacte scolaire » (1958). De 1961 à 1966, il participe aux gouvernements des sociaux-chrétiens et se trouve confronté aux conflits linguistiques entre Wallons et Flamands, qui le divisent, après un retour au pouvoir en 1973-74, et aboutiront à sa scission en 1978 en un parti socialiste (P. S.) francophone et en un Belgische Socialistische partij flamand, qui devient le Socialistische partij (S. P.) en 1980. Ces deux partis participent régulièrement aux gouvernements de coalition dirigés par des sociaux-chrétiens.

socialiste italien *(parti)* [*partito socialista italiano,* **PSI**], parti politique italien fondé en 1895. Au sein du PSI et dans son organe de presse, l'*Avanti !* (1896), se répandent les tendances marxistes et légalistes. Le parti connaît ses premiers succès électoraux à la fin des années 1890 (autour de 10 % des voix), malgré la répression qui, à deux reprises, aboutit à l'interdiction du PSI (1894 et 1898). Cependant, son unité reste fragile avec ses différents courants, réformistes autour de F. Turati, révolutionnaires autour de A. Labriola, qui s'opposent. Un des dirigeants socialistes, B. Mussolini, entraîne à sa suite quelques militants interventionnistes (1915). Malgré ces tensions internes, le parti socialiste devient le premier parti d'Italie aux élections de 1919 (32 % des voix). Mais, affaibli par la scission communiste provoquée au congrès de Livourne par P. Togliatti et A. Gramsci (1921), le PSI ne peut empêcher Mussolini de s'emparer du pouvoir (1922). Il est dissous (1926). Réfugiés en France, les militants, regroupés autour de P. Nenni, préparent leur retour. La ligne d'unité d'action avec les communistes, adoptée en Italie après la Libération, s'impose au parti socialiste italien d'unité prolétarienne (1943), dirigé par Nenni. Dès 1947, les sociaux-démocrates, hostiles aux communistes, fondent un nouveau parti, devenu PSDI (partito socialista democratico italiano) en 1953, qui fusionnera avec le PSI. L'ouverture à gauche de la Démocratie chrétienne, prônée notamment par A. Moro, provoque pourtant dans les années 1960 une réorientation des tendances socialistes et le PSI, comme les sociaux-démocrates, finit lui aussi par entrer dans les gouvernements de centre gauche (1963-1968). Après 1971, les socialistes et sociaux-démocrates, de nouveau divisés, enregistrent une stagnation. Cependant, malgré leur relative faiblesse, ils conservent un rôle d'arbitre entre communistes et démocrates-chrétiens : ainsi le social-démocrate G. Saragat (1964-1971) puis le socialiste S. Pertini (1979-1985) accèdent à la présidence de la République et, de 1983 à 1987, B. Craxi (secrétaire général du PSI de 1976 à 1993) est président du Conseil. Aux élections de 1992, tandis que les grands partis traditionnels reculent fortement, le PSI se maintient. Mais, laminé lors des élections de mars 1994 (aucun élu à la Chambre des députés), il proclame en nov. son autodissolution et sa transformation en un nouveau parti *(Socialistes italiens)*. Ces derniers sont un des éléments, mineur, de la coalition de gauche-centre gauche qui remporte les élections de 1996.

socialiste ouvrier espagnol *(parti)* **[P. S. O. E.]**, parti politique fondé en mai 1879 à Madrid sous le nom de parti démocratique socialiste ouvrier espagnol. Il prend son nom actuel en 1888, lors d'un congrès qui lance aussi le syndicat socialiste, l'Union générale des travailleurs (U. G. T.). Représenté aux Cortes dès 1910, il attire les intellectuels, s'inspire du marxisme et adhère à la IIe Internationale jusqu'en 1921, où une minorité se sépare et fonde le parti communiste ouvrier espagnol. Après une collaboration avec la dictature de Primo de Rivera (1923-1930), le P. S. O. E. participe à la chute de la monarchie (avr. 1931) et aux gouvernements de la république. Et il est le parti le plus important du Front populaire, victorieux aux élections de févr. 1936. Mais, pendant la guerre civile (1936-1939), le P. S. O. E. est débordé par le parti communiste, qui prend le contrôle de la zone républicaine. Après la défaite, le parti se reconstitue en France. Au congrès de Toulouse (1972), la tendance « intérieure » (des clandestins d'Espagne) l'emporte et, en 1974, Felipe González devient secrétaire général. Légalisé en 1976 après la mort de Franco, le P. S. O. E. obtient dès 1977 le contrôle de nombreuses municipalités et s'oriente vers la social-démocratie. En 1982, il obtient la majorité absolue aux Cortes et F. González devient président du gouvernement. Le P. S. O. E. l'emporte de nouveau aux élections de 1986, de 1989 et de 1993, mais, légèrement devancé par le parti populaire lors des élections de 1996, il doit lui céder le pouvoir.

socialiste unifié *(parti)* **[P. S. U.]**, parti politique français constitué le 3 avr. 1960 par la fusion de dissidents de la S. F. I. O. et du parti communiste français. Dirigé de 1967 à 1973 par M. Rocard, le P. S. U., optant pour un « socialisme autogestionnaire », refuse de signer le programme commun de gouvernement de la gauche (1972). La décision de sa direction de soutenir la candidature de F. Mitterrand aux élections présidentielles de mai 1974, le départ de M. Rocard, qui rejoint le parti socialiste, affaiblissent et divisent le P. S. U. En 1989-90, le parti procède à son autodissolution. Certains de ses membres forment, avec la Nouvelle Gauche, l'Alternative rouge et verte.

SOCIALITÉ n. f. Instinct social.

social-révolutionnaire *(parti)* ou **S.-R.**, parti politique russe (1901-1922) né du rassemblement de divers groupes populistes. Le programme S.-R., adopté lors du premier congrès du parti (déc. 1905 - janv. 1906), exige l'établissement d'une république démocratique, la journée de 8 heures pour les ouvriers et la socialisation de la terre. Le parti dispose d'un « détachement de combat » qui organise dans les années 1902-1906 des attentats politiques. Après la révolution de févr. 1917, le parti S.-R. détient, avec les mencheviks, la majorité dans les soviets. Puis il la perd au profit des bolcheviks. Après oct. 1917, le parti se scinde en S.-R. de gauche, qui s'allient aux bolcheviks, et en S.-R. de droite, qui constituent, durant l'été 1918, plusieurs gouvernements antibolcheviks. Ils joueront encore un certain rôle jusqu'en 1921 (insurrection de Kronchtadt).

SOCIÉTAIRE n. **1.** Personne qui fait partie de certaines sociétés ou associations : *Les sociétaires de la Société des gens de lettres.* — **2.** *Sociétaire de la Comédie-Française,* comédien admis par cooptation dans la société des comédiens-français.

SOCIÉTAL, E, AUX adj. Qui se rapporte aux divers aspects de la vie sociale des individus, en ce qu'ils constituent une société organisée.

SOCIÉTARIAT n. m. Qualité de sociétaire.

SOCIÉTÉ n. f. (lat. *societas*). **1.** Ensemble d'êtres humains vivant en groupe organisé : *Les hommes vivent en société.* — **2.** Milieu humain dans lequel qqn vit, caractérisé par ses institutions, ses lois, ses règles : *Les conflits entre l'individu et la société.* — **3.** Tout groupe social formé de personnes qui se réunissent pour une activité ou des intérêts communs : *Une société brillante entourait le nouvel élu.* — **4.** *Fam.* Ensemble des personnes actuellement réunies : *Saluer la société.* — **5.** Compagnie de qqn, d'un groupe, relations habituelles avec eux : *Rechercher la société des femmes.* — **6.** *En société,* devant un public formé de ses relations, de ses amis, etc. ‖ *Fait de société,* phénomène considéré comme particulièrement caractéristique d'une époque et d'une société. ‖ *La (bonne) société,* le groupe social que l'on considère comme possédant le bon goût, les bonnes manières, l'élégance, etc. ‖ *La haute société,* les personnes les plus en vue par leur position sociale, leur fortune, etc. ‖ *L'honorable société,* nom donné à la mafia. ‖ *Jeux de société,* jeux propres à distraire dans des réunions amicales, familiales ou mondaines. ‖ *La société civile,* le corps social, par opposition à la classe politique.

‖ *Société secrète,* organisation clandestine, structurée, dont les membres sont étroitement liés par des règles impératives. • **Agric.** *Société d'intérêt collectif agricole (S. I. C. A.),* organisme dont la fonction est de créer ou de gérer des installations et des équipements, ou d'assurer des services, au bénéfice des agriculteurs d'une région rurale ou de l'ensemble des habitants de cette région. – **Banq.** *Société financière,* organisme qui effectue des opérations bancaires sans faire appel aux dépôts du public, mais avec les seuls fonds provenant du groupe dont il fait partie. – **Dr.** Contrat par lequel deux ou plusieurs personnes mettent en commun soit des biens, soit leur activité en vue de réaliser des bénéfices qui seront ensuite partagés entre elles ou pour profiter d'une économie ; personne morale née de ce contrat. (→ *encycl.*) ‖ *Impôt sur les sociétés,* impôt sur les bénéfices des sociétés, institué en 1948. ‖ *Société d'acquêts,* dénomination de la communauté d'acquêts, adjointe parfois à un régime matrimonial de séparation des biens. ‖ *Société anonyme (S. A.),* celle dont le capital est divisé en actions négociables et qui est constituée entre des actionnaires qui ne supportent les pertes qu'à concurrence de leurs apports. ‖ *Société civile,* société ayant pour objet une activité civile, mais qui peut adopter une forme commerciale. ‖ *Société civile immobilière (S. C. I.),* société civile qui a pour objet la construction et la vente d'immeubles. ‖ *Société civile professionnelle (S. C. P.),* société regroupant des personnes physiques exerçant une profession libérale ou des officiers ministériels. ‖ *Société commerciale,* société de personnes (société en nom collectif, société en commandite) ou société de capitaux (société anonyme, société à responsabilité limitée). ‖ *Société d'économie mixte,* société anonyme dont une partie des actions appartient à une personne morale de droit public et l'autre partie est détenue par des personnes privées. ‖ *Société en nom collectif,* société dans laquelle les associés ont la qualité de commerçant et sont tous tenus solidairement et indéfiniment des engagements de la société sur tous leurs biens personnels. ‖ *Société à responsabilité limitée (S. A. R. L.),* société dont le capital est divisé en parts sociales, qui ne peuvent être cédées à des personnes étrangères à la société qu'avec le consentement de la majorité en nombre des associés représentant au moins les trois quarts du capital social, et dont les associés ne supportent les pertes que jusqu'à concurrence de leurs apports. – **Éthol.** *Société animale,* groupement d'individus d'une espèce animale présentant une structure sociale caractéristique. (Syn. COMMUNAUTÉ ANIMALE.) [→ *encycl.*] – **Littér.** *Société littéraire,* réunion d'écrivains rassemblés par une même conception esthétique ou pour la défense d'objectifs littéraires identiques. – **Philos.** *Société civile,* association d'individus reposant sur un contrat social et dont les liens de réciprocité instituent un ordre économique ou politique.

ENCYCL. **Dr.** En droit français, la société est un contrat, conclu entre associés. Elle peut, en outre, donner naissance à un groupement bénéficiant de la personnalité morale, ce qui lui permet d'avoir un patrimoine indépendant de celui des associés. La réglementation est regroupée dans deux textes fondamentaux : la loi du 24 juillet 1966 et la loi du 4 janvier 1978. Des législations particulières régissent certains types spéciaux de sociétés. L'ensemble de ces lois évolue rapidement sous la double pression des directives de la Communauté européenne, tendant à harmoniser le droit des sociétés des différents pays de l'Union, et des mesures juridiques et fiscales (surtout relatives à la société anonyme), destinées à faciliter le financement des entreprises. En tant que contrat, la société se caractérise par la réunion de trois éléments : l'apport effectué par chaque associé, qui peut être en numéraire, en biens (immeuble, fonds de commerce, brevet, etc.) ou en industrie ; la recherche et le partage des bénéfices ou l'obtention d'économies ; et, enfin, l'intention de subir ensemble les risques inhérents au développement de l'entreprise commune (appelée « affectio societatis »). Ces trois éléments permettent de distinguer la société des autres types de groupements, dont le régime est profondément différent : l'association – qui ne peut poursuivre, du moins à titre principal, un but lucratif – et le groupement d'intérêt économique (rôle du 23 sept. 1967), qui ne peut avoir d'autre but que de prolonger l'activité de ses membres afin de leur procurer personnellement des bénéfices.

• *Les types de sociétés.* La société peut se limiter à n'être qu'un contrat, sans entraîner de création de personne morale. La loi du 4 janvier 1978 a ainsi prévu la *société en participation,* dans laquelle un associé, seul, négocie avec les tiers et partage avec ses coassociés les bénéfices ou les pertes. Il est usuel de distinguer deux grandes catégories de sociétés : les *sociétés civiles,* qui représentent la catégorie la plus ancienne, et les *sociétés commerciales,* selon, en principe, la nature de l'objet social, catégories auxquelles il convient d'en ajouter une troisième, qui est fondée sur d'autres considérations : la *société coopérative.* On distingue deux catégories de sociétés commerciales : les *sociétés de personnes,* dans lesquelles la personne de chaque associé est une condition essentielle de la formation et du maintien du contrat, et où chaque associé est responsable, à l'égard des tiers, des dettes de la société sur la totalité de ses biens ; et les *sociétés de capitaux,* dans lesquelles la personne des associés est indifférente et où, en principe, chacun d'eux n'est engagé, à l'égard des tiers, qu'à concurrence de son apport.

Société générale, banque française fondée en 1864. Nationalisée en 1946 et revenue au secteur privé en 1987, la Société générale se classe aujourd'hui parmi les premiers groupes bancaires européens et même mondiaux.

Société générale de Belgique, société financière fondée en 1822 sous le nom de « Société générale des Pays-Bas pour favoriser l'industrie nationale ». Possédant de nombreuses participations dans la banque, les assurances, les transports, l'industrie, etc., elle est aujourd'hui le premier holding financier belge. Depuis 1988, elle est sous le contrôle de la Compagnie de Suez.

Société de Jésus (S. J.) → JÉSUS *(Compagnie de).*

Société de Marie → MARIANISTE, MARISTE.

Société musicale indépendante (S. M. I.), société fondée en 1910 par Fauré, Ravel, Schmitt, etc., en réaction contre le caractère étroitement « franckiste » de la Société nationale.

Société nationale des chemins de fer français (S. N. C. F.), entreprise créée en 1937, transformée en 1983 en établissement public industriel et commercial, chargée du transport ferroviaire en France.

Société nationale d'étude et de construction de moteurs d'aviation (S. N. E. C. M. A.), société nationale française qui procède du regroupement, en 1945, de plusieurs sociétés de construction de moteurs. Les activités du groupe concernent de nombreux secteurs : turboréacteurs, trains d'atterrissage, turbomachines, équipements nucléaires, propulsion d'engins, etc.

Société des Nations (S. D. N.), organisation internationale créée par le traité de Versailles (1919) et qui a siégé à Genève de 1920 à 1946. Les principes de base de la S. D. N. sont l'interdiction de la guerre, la justice, le respect du droit international. Sa double mission est de garantir la paix et la sécurité et de développer la coopération entre nations. Ses membres sont d'abord les États vainqueurs de la Première Guerre mondiale et les États neutres. Ses organes sont l'Assemblée, réunissant tous les États membres, le Conseil, véritable exécutif, formé de cinq membres permanents (France, Grande-Bretagne, Italie, Japon, puis Chine à la place des États-Unis) et de quatre membres non permanents élus (chiffre porté ensuite à six, neuf et onze), le secrétariat permanent, divers bureaux ou comités spécialisés, en particulier le B. I. T. (Bureau international du travail) et la Cour de justice internationale (en fait, la Cour de La Haye, créée en 1899, est intégrée dans la S. D. N.). Ne font partie de la S. D. N. ni l'Allemagne vaincue ni la Russie, en pleine révolution, ni les États-Unis, dont le Sénat a refusé de ratifier le traité de Versailles (20 nov. 1919). L'institution naît officiellement le 10 janv. 1920. L'Allemagne y est admise en 1926. Le déclin de la S. D. N vient avec la crise de 1929. La Conférence du désarmement (1932-1934) échoue. En 1933, le Japon, qui avait impunément envahi la Mandchourie (1931), puis l'Allemagne, devenue, nazie quittent la S. D. N. L'admission de l'U. R. S. S. (1934) ne compense pas ces départs. La guerre italo-éthiopienne (1935-36), opposant deux États membres, marque la faillite de la sécurité collective : contre l'agression italienne, la S. D. N. prend des sanctions inefficaces, et l'Italie se retire à son tour. Dès lors, la S. D. N. assistera sans réagir aux crises qui se multiplient jusqu'au déclenchement de la Seconde Guerre mondiale. En avr. 1946, la S. D. N. disparaît officiellement au profit de l'Organisation* des Nations unies.

Société royale de Londres (*Royal Society of London [for improving natural knowledge]*), la plus ancienne société scientifique de Grande-Bretagne, organisée en 1662 par Charles II.

SOCIÉTÉ *(îles de la),* principal archipel de la Polynésie française (1 647 km² ; 162 573 hab.). Ces îles ont été découvertes par Wallis (1767) et Cook (1769), qui leur a donné le nom de la Société royale de Londres. Tahiti a été placée sous le protectorat de la France en 1843, puis annexée en 1880 ; les autres îles ont été annexées en 1888. On peut distinguer 2 groupes : les *îles du Vent,* avec notamment Tahiti et Moorea ; les *îles Sous-le-Vent,* avec Raïatea, Tahaa, Huahine, Bora-Bora, Maupiti et quelques atolls. Les grandes îles sont d'anciens volcans entaillés par de profondes vallées. L'activité humaine se concentre dans d'étroites plaines littorales (plantations de cocotiers, cultures de tubercules et d'arbres à pain, pêche dans le lagon). Papeete concentre une part croissante de la population. Le tourisme s'est développé à Tahiti, mais aussi à Moorea et Bora-Bora.

SOCIN (Lelio SOZZINI ou SOCINI, en fr. **Lélius**), réformateur italien (Sienne 1525 - Zurich 1562). Il niait la divinité du Christ et le dogme de la Trinité. — Son neveu FAUSTO (en fr. *Fauste*) [Sienne 1539 - près de Cracovie 1604] se réfugia en Pologne et organisa en Europe orientale l'Église antitrinitaire dite « des Frères polonais ».

SOCINIANISME n. m. Doctrine théologique réformée se rattachant à l'enseignement de Lélius et Fauste Socin. (Elle est une négation du dogme de la Trinité et de la divinité du Christ, qui se retrouvera dans le protestantisme libéral au XIXe s.)

SOCINIEN, ENNE adj. et n. Qui a trait au sociniasnisme ; adepte du socinianisme.

SOCIOANALYSE n. f. Étude des résultats de certains tests sociométriques, jeux de rôles et sociodrames, dans le but d'analyser les caractéristiques de l'insertion d'un individu dans un groupe social.

SOCIOBIOLOGIE n. f. Courant de pensée d'origine anglo-saxonne qui affirme que les comportements sociaux humains reposent sur des bases génétiques, donc transmissibles. (Cette théorie, fondée par E. Wilson, a servi de fondement à des théories inégalitaires et racistes et n'a pas reçu de confirmation scientifique.)

SOCIOBIOLOGIQUE adj. et n. Relatif à la sociobiologie ; partisan de la sociobiologie.

SOCIOCENTRISME n. m. Inclination intellectuelle à concentrer l'attention sur la seule dimension sociale des événements historiques ou contemporains.

SOCIOCRITIQUE n. f. Discipline qui cherche à dévoiler l'idéologie à l'œuvre dans le texte littéraire pour déterminer la place occupée par les mécanismes socioculturels de production et de consommation du texte.
◆ adj. Qui concerne la sociocritique.

SOCIOCULTUREL, ELLE adj. Relatif aux structures sociales et à la culture qui contribue à les caractériser.

SOCIODRAMATIQUE adj. Relatif au sociodrame.

SOCIODRAME n. m. Forme de psychodrame qui, en transposant des problèmes sociaux généraux dans une situation de petit groupe, vise à permettre aux participants d'exprimer leurs conflits et d'analyser leurs réactions.

SOCIOÉCONOMIQUE adj. Relatif aux problèmes sociaux dans leur relation avec les problèmes économiques.

SOCIOÉDUCATIF, IVE adj. Relatif aux problèmes sociaux dans leur relation avec l'enseignement.

SOCIOGENÈSE n. f. Fait, pour les troubles psychiques, de dépendre de facteurs sociaux généraux (conditions socioéconomiques et culturelles).

SOCIOGÉNÉTIQUE adj. Relatif à la sociogenèse et à la sociogénétique.

SOCIOGRAMME n. m. Représentation graphique des résultats d'un test sociométrique.

SOCIOHISTORIQUE adj. Qui concerne une analyse historique de la société.

SOCIOLINGUISTE n. Linguiste spécialiste de sociolinguistique.

SOCIOLINGUISTIQUE n. f. Partie de la linguistique qui étudie selon quelles constantes les facteurs sociaux déterminent les différences dans la langue et dans l'utilisation qu'en font les personnes qui la parlent.
◆ adj. Qui concerne la sociolinguistique.
ENCYCL. Le premier domaine de la sociolinguistique a été une réflexion sur les rapports qui unissent la langue et la société : peut-on considérer que la langue d'une communauté humaine organise son expérience et conditionne sa vision du monde et sa réalité sociale, ou bien que ce sont les structures sociales qui conditionnent la langue (et en particulier son évolution) ? Dans une autre direction, la sociolinguistique examine les possibilités d'une étude parallèle des variations linguistiques et des variations sociales et leurs relations éventuelles de cause à effet.

Dans la pratique, la sociolinguistique peut intervenir au niveau de la standardisation d'une langue, soit pour établir des variétés normalisées, soit pour faciliter leur enseignement. Relèvent également de cette sociolinguistique appliquée les problèmes de planification linguistique, d'établissement de systèmes graphiques ou de grammaires, de production de textes de toute sorte.

SOCIOLOGIE n. f. **1.** Étude scientifique des sociétés humaines et des faits sociaux. (→ *encycl.*) – **2.** Étude des groupes humains qui exercent un métier *(sociologie rurale),* qui professent une foi, manifestent des croyances *(sociologie religieuse),* qui s'intéressent à un phénomène culturel, artistique (par ex. *sociologie de la littérature*). – **3.** *Sociologie végétale,* syn. de PHYTOSOCIOLOGIE.
ENCYCL. La sociologie étudie la naissance des groupes sociaux, leur organisation, les types de relations qu'entretiennent ces groupes entre eux et leurs influences sur les comportements individuels. Auguste Comte, qui lui donna son nom en 1836, avait l'ambition d'en faire la science de la réalité sociale dans son ensemble. Aujourd'hui, la sociologie est devenue empirique, analytique et quantitative.

C'est Auguste Comte qui érigea la sociologie en science en la définissant comme « une étude positive de l'ensemble des lois fondamentales propres aux phénomènes sociaux ». Karl Marx montre un peu plus tard l'interdépendance de l'infrastructure, principalement économique, et des éléments de la superstructure, notamment le monde des idéologies, et fait de la lutte des classes le moteur de l'évolution des sociétés. Parmi les fondateurs de la sociologie, il faut adjoindre Alexis de Tocqueville et Frédéric Le Play. Mais c'est Émile Durkheim qui, le premier,

a ouvert la voie d'une étude véritablement scientifique des différents faits sociaux (*Règles de la méthode sociologique,* 1894). Après Durkheim, à côté de ses grands domaines traditionnels (sociologie du travail, des classes sociales, de la religion, de la connaissance, du droit, etc.), la sociologie a élargi son champ d'investigation et s'est appliquée à l'art, à la littérature, à la culture, à la mode, à l'urbanisme, aux loisirs, à la bureaucratie, au milieu rural, aux communications de masse, à l'économie, au développement, aux relations internationales, etc.
Dans le domaine des méthodes et des techniques, la période contemporaine a vu la diffusion des instruments mathématiques et statistiques, l'affinement de certains concepts sociométriques, la multiplication des types de questionnaires et de tests, le perfectionnement des méthodes de description ethnographique, l'utilisation croissante de modèles linguistiques.

SOCIOLOGIQUE adj. **1.** Relatif à la sociologie, aux phénomènes étudiés par la sociologie. — **2.** *Art sociologique,* pratique fondée sur des interventions dans les lieux publics, des interviews, enquêtes, etc., et visant à étudier les problèmes de communication ainsi que les rapports entre l'art et la société. (Cette pratique fut celle du « Collectif d'Art sociologique », groupement français des années 1974-1981, composé d'Hervé Fischer [né en 1941], Fred Forest [né en 1933] et Jean-Paul Thénot [né en 1943].)

SOCIOLOGIQUEMENT adv. D'un point de vue sociologique.

SOCIOLOGISANT, E adj. Qui est influencé par la sociologie (souvent péjor.).

SOCIOLOGISME n. m. Conception affirmant la primauté épistémologique des faits sociaux et de la sociologie.

SOCIOLOGISTE adj. et n. Qui concerne le sociologisme ; partisan du sociologisme.

SOCIOLOGUE n. Spécialiste de sociologie.

SOCIOMÉTRIE n. f. Méthode d'observation des relations individuelles des membres d'un même groupe, à partir d'analyses quantitatives. (Fondée par J.-L. Moreno en 1930, la sociométrie a recours au test sociométrique ainsi qu'au psychodrame et au sociodrame.)

SOCIOMÉTRIQUE adj. Relatif à la sociométrie.

SOCIOPROFESSIONNEL, ELLE adj. Qui se rapporte à un groupe social déterminé en fonction de la profession de ses membres : *Catégorie socioprofessionnelle.*
◆ adj. et n. Se dit de qqn qui exerce une fonction dans les organisations sociales ou professionnelles.

SOCIOTECHNIQUE [-tɛk-] n. f. Approche des systèmes de travail et des organisations du travail en vue de leur amélioration. (Son objectif est plus large que celui que s'assigne l'ergonomie.)

SOCIOTHÉRAPIE n. f. Ensemble des techniques visant à améliorer les communications entre un sujet et son entourage à partir de situations de groupe qui se rattachent à celles de la dynamique de groupe ou résultent d'activités sociales menées en commun.

SOCIOTHÉRAPIQUE ou **SOCIOTHÉRAPEUTIQUE** adj. Relatif à la sociothérapie.

SOCLE n. m. (ital. *zoccolo,* du lat. *socculus,* dimin. de *soccus,* socque). **1.** Massif uni ou mouluré servant à surélever soit un ou plusieurs supports (colonnes, pilastres, etc.), soit une statue ou un groupe. (Mouluré, le socle est un PIÉDESTAL. Le socle allongé d'un édifice prend le nom de SOUBASSEMENT et, s'il porte une colonnade, de STYLOBATE.) — **2.** Ensemble géologique de grandes dimensions appartenant au niveau structural inférieur, souvent induré par métamorphisme et granitisation et sur lequel, après pénéplénation, repose en discordance une couverture sédimentaire. (Les massifs anciens arasés et les boucliers constituent les deux grands types de socles.) — **3.** Petite pièce de bois, de la hauteur de la plinthe, servant de base aux montants de chambranle. — **4.** En ébénisterie, base, en saillie, des meubles à bâtis et panneaux. — **5.** *Socle de marche,* ensemble formant une sorte de plinthe continue au-dessus des marches, le long du mur d'une cage d'escalier. ‖ *Tectonique de socle,* comportement rigide et cassant d'un substratum, par oppos. au style souple de sa couverture sédimentaire, qui s'en désolidarise.

SOCOA, écart de la commune de Ciboure (Pyrénées-Atlantiques), à la *pointe de Socoa,* en face de Saint-Jean-de-Luz. Station balnéaire.

SOCOTORA ou **SOCOTRA,** en ar. **Ṣuquṭrā,** île de l'océan Indien, à 250 km au large du cap Guardafui et 400 km de la côte S. de l'Arabie ; 3 580 km^2 ; 15 000 hab. Elle fait partie du Yémen. La pêche et l'élevage sont les principales activités.

SOCQUE n. m. (anc. provenç. *soca,* du lat. *soccus*). **1.** Chaussure basse des acteurs comiques romains. — **2.** Chaussure de bois, à semelle épaisse, que portaient certains montagnards et certains religieux. — **3.** Chaussure de plage, de détente, faite d'une semelle épaisse et d'un avant-pied en cuir, tissu, etc.

SOCQUETTE n. f. (angl. *sock,* avec l'infl. de *chaussette*). Article chaussant dont la partie supérieure se situe au niveau de la cheville.

SOCRATE, philosophe grec (Alôpekê, Attique, 470 - Athènes 399 av. J.-C.). Fils du sculpteur Sophronisque et de la sage-femme Phainarète, Socrate est à lui seul un problème philosophique. Il n'a rien écrit alors que la production littéraire était abondante de son temps ; il n'a pas fait métier d'enseignant, alors que nombre de ses contemporains tiraient profit de leur talent pédagogique. Le personnage nous est connu par Aristophane, qui le dénigre, Xénophon, qui nous en donne une image simpliste, et Platon, qui lui donne une stature historiquement fondamentale : mais Platon, son disciple principal, semble-t-il, a-t-il fait de Socrate un portrait fidèle ou sublimé par sa dévotion et son génie propre ? La question est insoluble et il nous est seulement loisible de dégager les traits communs des textes de ceux qui l'ont connu. Il parle, il n'écrit pas, et ce qu'il dit en dialoguant avec tel ou tel procède d'une méthode qui refuse tout acquis et qui écarte toute certitude qui ne proviendrait pas de lui seul : c'est la dialectique. Il interroge et fait découvrir à son interlocuteur une vérité qu'il ne savait pas qu'il connaissait : c'est la maïeutique, ou art d'accoucher les esprits. Accusé « d'honorer d'autres dieux que ceux de la cité », c'est-à-dire sans doute de tout mesurer à l'exercice de la pensée humaine, la sienne, accusé de « corrompre la jeunesse », c'est-à-dire sans doute de libérer des fausses croyances les jeunes à qui il s'adressait, il est arrêté, jugé, condamné à boire la ciguë. La vie et le destin de Socrate ont fasciné les philosophes occidentaux et suscité une admiration quasi mystique chez Rousseau, Kant et Hegel et une détestation exemplaire chez Nietzsche.

SOCRATIQUE adj. et n. (lat. *socraticus,* gr. *sôcratikos*). **1.** Relatif à Socrate ; partisan de la philosophie ou de l'attitude de Socrate. — **2.** *Amour socratique,* amour d'un homme adulte pour des jeunes garçons.

SOCRATIQUEMENT adv. À la manière de Socrate.

SOCRATISER v. i. (conj. **3**). Moraliser, philosopher comme Socrate.

SODA n. m. (angl. *soda,* abrév. de *soda-water,* eau de soude). Boisson, gazéifiée ou non, obtenue à partir d'eau, de sucre et de matières aromatiques d'origine végétale.

SODALITE n. f. (de *sodium* et *lithos,* pierre). Aluminosilicate naturel de sodium chloré, cubique, appartenant au genre feldspathoïde.

SODAR n. m. Appareil fonctionnant sur le principe du radar transposé aux ondes acoustiques, pour la mesure à distance des paramètres physiques de la basse atmosphère.

SODDY (Frederick), chimiste et physicien britannique (Eastbourne, Sussex, 1877 - Brighton 1956). Ses recherches sur la radioactivité lui permirent d'expliquer le mécanisme de la désintégration des atomes et de donner la loi de filiation (1902). Il découvrit en 1903 le phénomène d'isotopie. (Prix Nobel de chimie 1921.)

SODÉ, E adj. **1.** Qui contient du sodium ou de la soude. — **2.** *Chaux sodée,* chaux éteinte dans une solution de soude.

SÖDERBLOM (Nathan), prélat luthérien suédois (Trönö 1866 - Uppsala 1931). Archevêque d'Uppsala et primat de Suède (1914), il fut l'un des fondateurs du mouvement œcuménique. (Prix Nobel de la Paix 1930.)

SÖDERGRAN (Edith), femme de lettres finlandaise d'expression suédoise (Saint-Pétersbourg 1892 - Raivola, Carélie, 1923). Elle a introduit la poésie moderniste dans les pays nordiques. On lui doit une œuvre poétique d'un individualisme et d'une subjectivité exceptionnels (*Poèmes,* 1916 ; *l'Ombre de l'avenir,* 1920 ; *le Pays qui n'existe pas,* 1925).

SÖDERTÄLJE, v. de Suède, au S.-O. de Stockholm, sur le *Södertälje Kanal* reliant le lac Mälaren à la mer ; 80 000 hab. Centre industriel.

SODIQUE adj. Qui a rapport au sodium ou qui en contient.

SODIUM [-djɔm] n. m. (angl. *sodium,* de *soda,* soude). Métal alcalin très répandu dans la nature à l'état de chlorure (sel marin, sel gemme) ou de nitrate. (Élément chimique de symbole Na.)

ENCYCL. **Chim.** Découvert par Davy en 1807, le sodium est un solide mou, blanc argenté lorsqu'il est fraîchement coupé ; il s'oxyde à l'air et on le conserve dans de l'huile de vaseline. Le sodium est très réactif. Il réduit l'eau à froid en donnant de la soude et de l'hydrogène et donne de nombreux composés ioniques solubles dans l'eau (par ex. NaCl), où ils libèrent l'ion solvaté Na^+.

Numéro atomique : 11
Masse atomique : 22,99
Masse volumique : 0,97 g/cm^3
Température de fusion : 97,81 °C

Avec l'oxygène, le sodium donne un *oxyde* Na_2O, qui s'unit à l'eau pour donner l'*hydroxyde* NaOH, et un *peroxyde* Na_2O_2 (*oxylithe**), qui est décomposé par l'eau avec production d'oxygène. Le *chlorure* NaCl (sel* marin, ou gemme) cristallise en cubes incolores, fondant à 801 °C. L'*hypochlorite* NaClO est l'élément actif de l'eau de Javel* ; le *sulfate* Na_2SO_4 est employé comme purgatif, pour le traitement de la pâte à papier et la préparation du verre à vitres. Le *bisulfite*

$NaHSO_3$ se déshydrate aisément pour donner le « métabisulfite » $Na_2S_2O_5$, employé comme décolorant et désinfectant. Le *nitrate* $NaNO_3$ (salpêtre* du Chili) est employé comme engrais, le *carbonate* Na_2CO_3 est la soude* du commerce, et le *bicarbonate* $NaHCO_3$ est utilisé en médecine et pour la préparation de l'eau de Seltz. Le sodium est préparé par électrolyse d'un mélange de chlorure de sodium et de chlorure de calcium fondu vers 580 °C. Pur, il sert à la fabrication du plomb tétraéthyle, à la polymérisation du butadiène et à l'élaboration de certains métaux réfractaires (titane, zirconium). Liquide, il sert de fluide caloporteur dans les surgénérateurs et, gazeux, il est utilisé dans les lampes à décharge émettant dans le jaune (éclairage routier).
— **Physiol.** Le sodium joue un rôle de premier plan dans le maintien de l'équilibre acidobasique des liquides organiques et dans le métabolisme de l'eau au sein des tissus et des cellules. Il est éliminé par le rein à une concentration voisine de celle des tissus. Il existe un équilibre entre les ions potassium et les ions sodium, grâce auquel le potassium paraît chasser le sodium et provoquer son élimination. Cette action est mise à profit au cours de certains traitements médicamenteux.

SODOCALCIQUE adj. Se dit d'un verre dont les constituants principaux sont la silice, la soude et la chaux.

SODOKU n. m. (jap. *so,* rat, et *doku,* poison). Maladie infectieuse fréquente en Chine et au Japon, transmise par la morsure de rongeurs et due au bacille Gram négatif *Spirillum minus* (anc. *Spirillum morsus muris*). [Il se manifeste principalement par une fièvre prolongée et des douleurs articulaires et musculaires. L'évolution spontanée est favorable.]

SODOMA (Giovanni Antonio BAZZI, dit **il** ou **le**), peintre italien (Verceil 1477 - Sienne 1549). Successeur de Signorelli au cloître de Monte Oliveto Maggiore, il travailla en 1512 à la villa Farnésine, à Rome *(Histoire d'Alexandre et de Roxane),* puis fit carrière de fresquiste à Sienne (*Vie de sainte Catherine* à S. Domenico, 1526). Il est héritier de Raphaël pour l'harmonie, de Léonard de Vinci pour le modelé nuancé, du Pérugin et du Pinturicchio pour le sens du paysage et la fantaisie décorative.

SODOME, ancienne ville cananéenne (auj. *Sedom*) qui fut, avec Gomorrhe* et d'autres cités du sud de la mer Morte, détruite par un cataclysme au XIXe s. avant notre ère. La Bible rapporte l'histoire légendaire de cette catastrophe (Genèse, XIX), dont elle fait une punition de Dieu à l'encontre des habitants de ces villes, infidèles et immoraux.

SODOMIE n. f. (bas lat. *sodomia,* de *Sodoma,* Sodome). Coït anal.

SODOMISER v. t. (conj. 3). Pratiquer la sodomie sur qqn.

SODOMITE n. m. (bas lat. *sodomita*). *Litt.* Celui qui pratique la sodomie.

SOE (sigle de *Special Operations Executive*), services spéciaux britanniques créés en 1940 et chargés de l'exécution de sabotages et de l'aide aux troupes de résistance dans les pays occupés par l'Axe.

SOEKABOEMI → SUKABUMI.

SOEKARNO → SUKARNO.

SOELA → SULA.

SOEMBAVA → SUMBAVA.

SOERABAYA → SURABAYA.

SOERAKARTA → SURAKARTA.

SOEST, v. d'Allemagne (Rhénanie-du-Nord-Westphalie), au N. du Sauerland ; 40 200 hab. Cité médiévale conservant son enceinte fortifiée, de nombreuses maisons à colombages et une série d'églises du Xe au XVe s. (panneau de Konrad von Soest à la chapelle St-Nicolas).

SŒUR n. f. (lat. *soror*). **1.** Celle qui est née des mêmes parents. — **2.** Syn. de DEMI-SŒUR. — **3.** Celle avec qui on partage le même sort : *Elle était ma sœur d'infortune.* — **4.** *Litt.* Ce qui est apparenté à qqch d'autre (en parlant de noms féminins) : *L'envie et la calomnie sont sœurs.* — **5.** Nom qu'on donne aux femmes qui ont fait des vœux religieux et que les religieuses se donnent entre elles. — **6.** *Âme sœur,* personne que ses sentiments, ses inclinations, ses aspirations rapprochent d'une autre. ‖ Fam. *Bonne sœur,* religieuse. ‖ Pop. *Et ta sœur !,* se dit pour inviter qqn à se mêler de ce qui le regarde ou pour rejeter des propos exagérés et insupportables. ‖ *Les Neuf Sœurs,* les Muses. ‖ *Petites sœurs,* titre donné à plusieurs congrégations religieuses, notamment aux *Petites Sœurs des pauvres* et aux *Petites Sœurs de Jésus* de Charles de Foucauld.

SŒURETTE n. f. *Fam.* Petite sœur.

SOFA n. m. (ar. *ṣuffa,* estrade couverte d'un tapis). Canapé à joues pleines très en faveur au XVIIIe s., souvent placé dans une alcôve.

SOFFICI (Ardengo), écrivain, critique et peintre italien (Rignano sull'Arno, Toscane, 1879 - Forte dei Marmi, près de Lucques, 1964), une des figures du futurisme (*Arlequin,* 1914 ; *Journal de bord,* 1915).

SOFFIE n. f. Nom usuel commun à deux poissons, la soiffe et le blageon.

SOFFIONI n. m. (ital. *soffioni,* pl. de *soffione,* soufflard). Jet de vapeur d'eau chaude sous pression donnant des fumerolles riches en acide borique. (On en exploite l'acide borique, l'ammoniac et l'énergie thermique.) [Syn. SOUFFLARD.]

SOFFITE n. m. (ital. *soffitto*). **1.** Surface surplombante d'un membre d'architecture (par ex. larmier), vue par en dessous. — **2.** Plafond à caissons.

SOFIA, cap. de la Bulgarie ; 1 183 000 hab.
— **Géogr.** Située dans un bassin fertile entre la Stara Planina et les premiers contreforts du Rhodope, Sofia commande l'un des plus importants carrefours des Balkans. C'est un centre politique, administratif et universitaire qui fournit le quart de la production industrielle du pays (textile, mécanique, chimie, alimentation, extraction de charbon et de fer).
— **Hist.** Un établissement néolithique du IVe mill. av. J.-C. a été mis au jour à l'emplacement de l'actuelle Sofia. Importante ville romaine (*Serdica,* à partir de 29 av. J.-C.), elle passa à l'empire d'Orient. Elle fut conquise par les Bulgares en 809. Sous domination ottomane de 1382 à 1878, elle devint la capitale de la Bulgarie en 1879.
— **Bx-arts.** Vestiges romains. Églises anciennes : St-Georges, rotonde du VIe s., avec vestiges antérieurs ; Ste-Sophie, en croix latine, plusieurs fois reconstruite ; Ste-Petka-des-Selliers (fin XIVe-début XVe s.), presque enterrée pour satisfaire aux exigences de l'occupant turc. Mosquée des Bains, de la fin du XVIe s. Cathédrale Alexandre-Nevski, monument néobyzantin du début du XXe s. Musée archéologique (dans une mosquée de la fin du XVe s.), Galerie nationale d'art, Musée ethnographique, Musée d'art sacré, etc. — Aux environs, église de Bojana (ou Boïana), avec fresques du XIIIe s.

Sofirad (sigle de *Société financière de radiodiffusion*), société d'économie mixte créée en 1942 et dont la quasi-totalité du capital est détenue par l'État. Traditionnellement chargée de gérer les participations financières de l'État dans les sociétés de radio et de télévision dont les programmes sont susceptibles d'être captés sur le territoire français, elle a réorienté sa stratégie depuis 1986-87, se dégageant progressivement des activités radio du secteur concurrentiel et se redéployant vers une coopération internationale (en particulier dans l'espace francophone).

Sofres, société française de sondages et d'études de marché créée en 1963.

SOFT n. m. inv. Abrév. fam. de SOFTWARE.
◆ adj. inv. et n. m. inv. Se dit, par oppos. à *hard,* de films plus érotiques que pornographiques.

SOFT-DRINK [sɔftdrink] n. m. (pl. *soft-drinks*) [angl. *soft,* doux, et *drink,* boisson). Boisson non alcoolisée.

SOFTWARE [sɔftwɛr] n. m. (angl. *software,* de *soft,* mou, et *ware,* marchandise, par oppos. à *hardware*). Syn. de LOGICIEL.

Soga monogatari *(le Dit des Soga),* récit épique japonais de la fin du XIVe s., relatant sous une forme romancée l'histoire dramatique des deux frères Soga, qui moururent après avoir vengé leur père, assassiné dix-sept ans plus tôt par un officier du shōgun Minamoto no Yoritomo.

SOGAS ou **BASOGAS,** population bantoue de l'Ouganda méridional, groupant environ un million de membres.

SOGDIANE, région ancienne de l'Asie centrale comprenant les plaines cultivées entre l'Oxus et l'Iaxarte. V. princ. *Maracanda* (auj. Samarkand). La Sogdiane suivit généralement le sort de la Bactriane.

SOGDIEN, ENNE adj. De Sogdiane.
◆ **sogdien** n. m. Langue iranienne appartenant au groupe oriental et au stade du moyen iranien (IVe-Xe s.).

SOGDIENS ou **SOGDES,** population iranienne établie en Transoxiane.

SOGNEFJORD, le plus grand et le plus beau des fjords de Norvège, s'ouvrant au N. de Bergen. Il est long de 200 km environ, large de 5 à 6 km. Sa profondeur varie entre 930 et 1 308 m.

SOGO-SHOSHA → SHOSHA.

SOHAG, v. d'Égypte, en Haute-Égypte, ch.-l. de prov. ; 141 000 hab. Textile (coton). — Dans les environs, monastères coptes du Couvent* Rouge et du Couvent* Blanc.

SOHO, quartier du centre de Londres, au N.-O. de Charing Cross. Après la révocation de l'édit de Nantes, Soho devint le refuge d'émigrés français. Il présente encore des ruelles datant du XVIIIe s. et garde un caractère cosmopolite (restaurants et commerces de produits exotiques).

SOI pron. pers. réfl. de la 3e pers. (lat. *se* en position accentuée). **1.** Forme accentuée de *se* (ne s'emploie guère que dans les phrases qui ont un sujet indéterminé *on, chacun, personne,* qqf avec un sujet nom de chose ou quand il n'y a pas de sujet personnel dans les fonctions de compl., d'attribut ; peut être renforcé par *même, seul*) : *Que chacun travaille pour soi. Il faut tout faire par soi-même.* — **2.** Syn. de SELF 1. — **3.** *Cela va de soi,* c'est évident, naturel. ‖ *De soi-même,* spontanément. ‖ *En soi,* par lui-même.

SOI-DISANT adj. inv. (de *soi* et *disant*). **1.** Qui prétend être tel : *Untel, soi-disant héritier.* — **2.** Qu'on prétend tel ; prétendu (emploi critiqué par quelques puristes) : *Cette soi-disant liberté d'expression.*

◆ adv. À ce que prétend Untel, à ce qu'on prétend : *Il est venu soi-disant pour te parler.*

SOIE n. f. (lat. *seta*). **1.** Fil souple et résistant produit par la larve de divers papillons, en particulier du bombyx du mûrier, et qui lui sert à tisser sa coque nymphale, ou *cocon* ; étoffe faite avec ce fil. (→ *encycl.*) — **2.** Fil sécrété par les araignées, les mollusques (byssus de la moule), les cochenilles. — **3.** Poil raide et flexible porté par divers mammifères (porc), toutes les annélides sauf les sangsues, divers insectes et certaines plantes (pédicelle des mousses). — **4.** Chez les mammifères et les oiseaux, syn. de VIBRISSE. — **5.** Fil de pêche en soie naturelle ou en fibres artificielles. — **6.** Dans l'industrie cotonnière, syn. de FIBRE. — **7.** Partie du fer ou de la lame d'un couteau, d'un outil, etc., sur laquelle se monte la poignée, la garde ou le manche. — **8.** Syn. de SAIE. — **9.** *Papier de soie,* papier mousseline très léger et translucide.

ENCYCL. **Géogr.** La production mondiale dépasse 90 000 tonnes, assurée pour les deux tiers par la Chine (60 à 65 000 t). Loin derrière viennent l'Inde (12 000 t), puis le Japon et la Corée du Nord (4 500 à 5 000 t chacun), les États transcaucasiens de l'ex-U. R. S. S. (4 000 t) et le Brésil (2 000 t). En Europe, la production n'a cessé de diminuer depuis la fin du XIXe s. L'industrie de la soie est concentrée aujourd'hui à proximité des régions de production.

— **Text.** La soie est sécrétée par le bombyx sous forme de deux filaments enrobés dans une colle, ou grès, et forme un cocon. Le dévidage des cocons s'effectue après ramollissement du grès dans l'eau bouillante. Le fil ainsi obtenu constitue la soie grège, que le moulinage permet de régulariser, de purger et de tordre. L'opération de décreusage, en eau savonneuse à 90 °C, donne de la soie cuite, mi-cuite, ou souple, selon l'intensité du traitement. Les cocons d'autres vers vivant à l'état sauvage donnent une soie sauvage (tussah), plus grossière.

— **Zool.** Issue de glandes dites *séricigènes,* salivaires (chenilles) ou abdominales (araignées), la soie est rejetée à travers d'étroits orifices (filières), puis durcit rapidement à l'air. Les chenilles s'en font un fil de suspension, une bourse collective ou un cocon nymphal, les araignées une toile piège ou un cocon protecteur pour les œufs.

soie *(route de la),* piste caravanière qui traversait le continent eurasiatique. Cette voie de commerce, ouverte au IIe s. av. J.-C., et abandonnée à la fin du XIIIe s., partait de la région des capitales chinoises (proches de l'actuelle X'ian), qu'elle reliait à l'Europe ; elle se subdivisait en de nombreuses branches. Fameuse à cause de la soie exportée, cette voie permit aussi au monde occidental de connaître d'autres produits chinois (thé, papier, poudre à canon). À l'inverse, grâce aux voyages des marchands caravaniers, la Chine fut mise en contact avec le bouddhisme, l'islām et le nestorianisme, qui s'implantèrent dans l'empire.

SOIERIE n. f. **1.** Étoffe de soie. — **2.** Industrie et commerce de la soie. — **3.** Manière de préparer la soie.

SOIF n. f. (anc. fr. *seit,* du lat. *sitis,* p.-ê. d'apr. des mots du type *noif,* cas régime de *nois,* neige). **1.** Besoin de boire et sensation que produit ce besoin : *Étancher sa soif.* — **2.** Désir ardent, impatient, passionné de qqch : *La soif de l'absolu. La soif de connaître.* — **3.** *Avoir soif,* ressentir le besoin de boire ; avoir besoin d'eau. ‖ *Boire à sa soif,* boire autant qu'on veut. ‖ *Donner soif,* faire ressentir la soif, altérer. ‖ Fam. *Jusqu'à plus soif,* sans fin, à satiété. ‖ *Rester sur sa soif,* ne pas l'avoir étanchée ; ne pas avoir satisfait sa curiosité.

ENCYCL. La soif est une sensation générale qui dépend de la sécheresse des cavités buccale et pharyngienne, et, par conséquent, de la diminution des sécrétions salivaires, et qui traduit l'abaissement de la teneur en eau du sang et des tissus et donc le besoin de l'organisme en eau. Les causes physiologiques de la soif sont l'élimination urinaire, la sudation cutanée et l'évaporation pulmonaire ainsi que l'élévation de la température ambiante, et un travail musculaire considérable. Parmi les causes pathologiques, on doit mentionner la fièvre, l'usage des purgatifs, les diarrhées, les vomissements, certains médicaments comme les diurétiques et, enfin, diverses maladies comme le diabète.

SOIFFARD, E n. *Fam.* Personne qui aime à boire, qui boit trop de boissons alcoolisées.

SOIFFE n. f. Poisson (cyprinidé) de la Garonne et du Rhône, recherchant les eaux claires et rapides. (Syn. SOFFIE.)

SOIGNANT, E adj. et n. Personne qui donne des soins à qqn.

SOIGNÉ, E n. Personne qui reçoit des soins.

SOIGNER v. t. (frq. **sunnjôn,* s'occuper de) [conj. 3]. **1.** S'occuper du bien-être de qqn, être attentif à prévenir ses désirs, à lui faire plaisir : *Soigner ses invités. Soigner ses relations.* — **2.** S'occuper avec soin de qqch, être attentif à son bon état, à son aspect, à sa propreté ou à son bon fonctionnement : *Soigner sa tenue. Soigner son jardin.* — **3.** Procurer les soins nécessaires à la guérison, à l'amélioration de la santé de qqn, d'un animal : *Soigner un blessé.* — **4.** Essayer de faire disparaître une maladie, de l'éliminer par des soins, des remèdes : *Soigner son rhume.*

— **5.** Être attentif à faire qqch et à le présenter au mieux : *Soigner sa prononciation.*

◆ **être soigné** v. pass. **1.** Être très proprement vêtu : *Un jeune homme soigné.* — **2.** Être dans l'état net et propre qui témoigne des soins reçus : *Des ongles soignés.* — **3.** Être exécuté avec soin : *Une réparation soignée.* — **4.** *Fam.* Être fameux, fort en son genre : *Une grippe soignée.*

◆ **se soigner** v. pr. **1.** Prendre grand soin de soi-même, de sa personne, de son bien-être : *Un homme qui vit bien, qui se soigne.* — **2.** Prendre les mesures, les traitements nécessaires pour guérir d'un mal, d'une maladie : *Il se soigne à l'homéopathie.* — **3.** Pouvoir être traité, guéri : *Une maladie qui se soigne très bien.*

Soignes *(forêt de)*, forêt de Belgique, au S.-E. de Bruxelles (plus de 4 000 hectares).

SOIGNEUR n. m. Celui qui s'occupe des soins à donner, au cours d'un entraînement ou d'une compétition, à un sportif, à une équipe.

SOIGNEUSEMENT adv. Avec soin, application.

SOIGNEUX, EUSE adj. (de *soin*). **1.** Qui prend soin des objets, veille à leur état, ne les abîme pas : *Des ouvriers soigneux.* — **2.** Qui veille à préserver qqch : *Il était très soigneux de sa réputation.* — **3.** *Litt.* Qui est fait, exécuté de façon sérieuse, méthodique : *De soigneuses recherches ont abouti à cette conclusion.*

SOIGNIES, en néerl. **Zinnik,** v. de Belgique, ch.-l. d'arrond. du Hainaut, au S. de Bruxelles ; 23 300 hab. Importante collégiale romane St-Vincent, construite pour l'essentiel du 3e tiers du Xe s. au début du XIIe. Carrières. Verrerie.

SOIN n. m. (frq. **sunni*). **1.** Attention que l'on porte à faire qqch avec propreté, à entretenir qqch : *Il manque de soin dans sa tenue.* — **2.** Attention portée à présenter qqch avec netteté, minutie : *Il a présenté son devoir avec soin.* — **3.** Souci de bien faire, effort, peine scrupuleuse que l'on se donne : *Mon premier soin fut de tout remettre en place.* — **4.** Charge, devoir de veiller à qqch, de s'en occuper : *Laissez-moi le soin du ravitaillement.* — **5.** *Avoir, prendre soin de qqch, de qqn,* s'en occuper, veiller sur lui. ‖ *Avoir, prendre soin de qqn, qqch,* y penser, faire en sorte que.

◆ **soins** n. m. pl. **1.** Actes par lesquels on veille au bien-être de qqn : *Entourer ses hôtes de soins attentifs.* — **2.** Actes de thérapeutique qui visent à la santé de qqn, de son corps : *Les premiers soins à un blessé.* — **3.** Actes d'hygiène, de cosmétique qui visent à conserver ou à améliorer l'état de la peau, des ongles, des cheveux : *Soins de beauté.* — **4.** Actes qui visent à entretenir, préserver qqch, un végétal : *Cette plante a besoin de soins réguliers.* — **5.** *Aux bons soins de,* formule inscrite sur un envoi précédant le nom de qqn à qui on demande de bien vouloir transmettre au vrai destinataire. ‖ Fam. *Être aux petits soins avec, pour qqn,* être très attentionné avec lui.

Soïouz ou **Soyouz,** type de vaisseau spatial piloté russe, d'une masse voisine de 6,5 t, capable de transporter deux ou trois cosmonautes sur un trajet aller-retour entre la Terre et une orbite basse. Les vaisseaux Soïouz servent depuis 1971 à la desserte des stations orbitales soviétiques puis russes (Saliout, Mir). Une version améliorée, le Soïouz T, a été introduite en 1980, elle-même perfectionnée en Soïouz TM en 1986.

SOIR n. m. (lat. *sero,* tard, de *serus,* tardif). **1.** Moment du déclin, de la fin du jour : *Le soir tombe.* — **2.** Moment constitué par la fin de la journée et la première partie de la nuit : *Dîner tous les soirs au restaurant.* — **3.** *Du soir,* après la désignation d'une heure, indique qu'il s'agit d'une heure comprise entre env. 17 heures et minuit. — **4.** *Au soir,* après la date d'un jour ou les mots *hier, la veille,* indique qu'il s'agit de la dernière partie de la journée, de la première partie de la nuit. ‖ *Être du soir,* pouvoir veiller sans problème, aimer se coucher tard. ‖ Vx. *Le Grand Soir,* le bouleversement social dont on attend la destruction de l'état de choses actuel. ‖ *Robe du soir,* robe très habillée que l'on porte au cours d'une soirée. ‖ Fam. *Un de ces soirs,* un soir prochain.

◆ adv. Dans la soirée : *Qu'avez-vous fait hier soir ?*

Soir *(le),* quotidien belge du soir, de langue française, fondé à Bruxelles en 1887. C'est un des plus importants organes de la presse belge.

SOIRÉE n. f. **1.** Espace de temps compris entre le déclin du jour et le moment où l'on se couche : *Passer toute sa soirée à lire.* — **2.** Spectacle, fête, réunion qui a lieu le soir, en général après dîner : *Assister à une soirée à l'Opéra.* — **3.** Séance de théâtre, de cinéma, etc., spectacle donné dans la soirée (par oppos. à *matinée*). — **4.** *Tenue de soirée,* tenue masculine ou féminine (smoking ou robe du soir) de rigueur pour certaines soirées.

Soirées de Médan *(les)* → MÉDAN.

SOISSONNAIS, région du dép. de l'Aisne, à l'O. de la vallée de l'Oise et traversée par celle de l'Aisne. V. princ. *Soissons.*

SOISSONS n. m. (de *Soissons,* n. pr.). Variété de haricots nains ou à rames.

SOISSONS (02200), ch.-l. d'arrond. de l'Aisne, sur l'Aisne ; 32 144 hab. *(Soissonnais).* Évêché. Soissons, commandant une agglomération d'env. 50 000 hab., est un centre commercial et industriel (constructions électriques, verrerie, agroalimentaire, caoutchouc).

— **Hist.** Soissons fut la gallo-romaine *Augusta Suessionum,* devint un évêché dès le IIIe s. et une ville importante au haut Moyen Âge. Clovis y battit Syagrius (486). Située sur la route des invasions, Soissons souffrit du passage des armées en 1814, 1815, 1870, 1914, 1918 et 1940. – **Bx-arts.** Restes de l'abbaye St-Médard, d'origine carolingienne (cryptes) ; superbe cathédrale gothique, surtout du XIIIe s. (bras sud du transept, arrondi, de la fin du XIIe) ; façade à deux clochers, béante, de l'ancienne abbatiale St-Jean-des-Vignes (fin XIIIe-début XVIe s.) ; etc. Musée dans l'anc. abbatiale St-Léger.

Soissons *(vase de),* objet d'une anecdote rapportée par Grégoire de Tours. Après la bataille de Soissons (486), Clovis réclama à un soldat, en surplus de sa part de butin, un vase pris dans une église afin de le remettre à l'évêque de Reims. Le soldat brisa le vase, rappelant au roi l'égalité des guerriers dans le partage des dépouilles. L'année suivante, alors qu'il passait les troupes en revue, le roi s'arrêta devant le soldat et lui fendit le crâne en disant : « Ainsi as-tu fait du vase de Soissons. »

SOISSONS (Eugène Maurice DE SAVOIE-CARIGNAN, comte DE) [Chambéry 1633 - en Champagne 1673], fils de Thomas François de Savoie, prince de Carignan, et de Marie de Bourbon. Il se distingua dans les guerres du début du règne de Louis XIV : bataille des Dunes (1658), campagnes de Flandre (1667) et de Franche-Comté (1668), et fut nommé lieutenant-général en 1672. Époux d'Olympe Mancini, il fut le père du Prince Eugène.

SOISY-SOUS-MONTMORENCY (95230), ch.-l. de cant. du Val-d'Oise, banlieue nord de Paris, au S. de la *forêt de Montmorency ;* 16 627 hab. *(Soiséens).* Site de l'hippodrome d'Enghien*.

SOISY-SUR-SEINE (91450), comm. de l'Essonne, en bordure de la forêt de Sénart ; 7 220 hab. Centre de villégiature.

1. SOIT [swa] conj. (3e pers. du subj. prés. de *être*). *Soit..., soit,* marque une alternative : *Soit que vous restiez, soit que vous partiez.*

2. SOIT [swa devant consonne, swat devant voyelle ou en tête de phrase] adv. (de *soit 1*). **1.** En tête de phrase marque l'approbation ; d'accord : *Soit, j'accepte votre proposition.* – **2.** Dans l'énoncé d'un problème, expose les données, présente une explication ; étant donné, supposons : *Soit* ou *soient deux parallèles.*

SOIT-COMMUNIQUÉ n. m. inv. Ordonnance d'un juge d'instruction prescrivant que la procédure de son information soit communiquée au procureur de la République pour qu'il donne ses réquisitions.

SOIXANTAINE [-sɑ̃tɛn] n. f. **1.** Soixante ou environ ce nombre : *Une soixantaine de personnes.* – **2.** Âge d'à peu près soixante ans : *Avoir la soixantaine.*

SOIXANTE [-sɑ̃t] adj. num. card. inv. (lat. *sexaginta*). **1.** Six fois dix : *Un poids de soixante kilos.* – **2.** S'emploie, au sens de « soixantième », pour indiquer une numérotation, un rang : *Page soixante.*

◆ n. m. inv. Nombre, chiffre 60 : *Habiter au soixante rue Lepic.*

SOIXANTE-DIX adj. num. card. inv. **1.** Sept fois dix. – **2.** S'emploie au sens de « soixante-dixième » pour indiquer une numérotation, un ordre : *Page soixante-dix.*

◆ n. m. inv. Nombre, chiffre 70 : *Le soixante-dix a gagné.*

SOIXANTE-DIX-HUIT TOURS n. m. inv. Ancien type de disque dont la vitesse de rotation était de soixante-dix-huit tours par minute.

SOIXANTE-DIXIÈME adj. num. ord. **1.** Qui occupe le rang marqué par le nombre soixante-dix. – **2.** Qui est contenu soixante-dix fois dans un tout.

◆ n. m. Partie contenue soixante-dix fois dans un tout.

SOIXANTE-HUITARD, E adj. et n. (pl. *soixante-huitards, es*). Qui a participé aux événements de mai 1968 ou qui a adhéré à certaines idées contestataires de cette époque ; qui manifeste ces idées.

SOIXANTIÈME adj. num. ord. **1.** Qui occupe le rang marqué par le nombre soixante : *Être le soixantième au concours.* – **2.** Qui est contenu soixante fois dans un tout : *La minute est la soixantième partie de l'heure.*

◆ n. m. Partie contenue soixante fois dans un tout.

SOJA n. m. (mandchou *soya*). **1.** Légumineuse (papilionacée) originaire de la Chine et du Japon, ressemblant au haricot, cultivée pour ses graines, dont on tire une huile utilisée en alimentation humaine et un tourteau très employé en alimentation animale. – **2.** *Fromage de soja,* pâte consistante à base de farine de soja. (Syn. TOFU). ‖ *Germe de soja,* nom commercial donné en Europe aux jeunes pousses de l'ambérique *(Vigna mungo).* [Syn. MUNGO.] ‖ *Soja vert,* légumineuse *(Vigna radiata)* cultivée pour ses graines non huileuses, employées dans la cuisine chinoise. ‖ *Sauce de soja,* condiment liquide obtenu à partir de germes de soja fermentés. (Cuisine asiatique.)
ENCYCL. La plupart des variétés cultivées de soja ont été sélectionnées aux États-Unis. C'est une culture de printemps qu'on récolte à la moissonneuse-batteuse à la fin de l'été. Le tourteau, très riche en protéines (41 à 47 %), est utilisé massivement dans la fabrication des ali-

ments du bétail, notamment ceux destinés aux volailles. La production mondiale annuelle dépasse 100 M de tonnes de graines. Les États-Unis sont le premier producteur (60 Mt) et le premier exportateur, devant le Brésil (env. 20 Mt). L'Argentine et la Chine (env. 10 Mt chacune) sont les deux autres producteurs notables. La culture du soja s'est beaucoup développée récemment en France (plus de 130 000 ha, avec une production encore modeste, notamment par rapport à l'Italie, qui reste le premier producteur européen).

SOKA, v. du Japon (Honshū), banlieue de Tōkyō ; 206 129 hab. Centre industriel.

Sōka-Gakkai, secte bouddhiste japonaise qui s'est développée très rapidement à partir de 1950 pour devenir au début des années 1980 l'une des plus florissantes « nouvelles religions » du Japon (5 000 fidèles en 1951, 16,5 millions en 1978). Son action dans le monde des affaires et en politique lui a cependant valu de nombreuses critiques (en 1991, la très ancienne secte Nichiren, dont elle revendiquait les enseignements, l'a exclue de sa communauté).

SOKARIS, nom gr. de la divinité égyptienne **Sokar,** représentée comme un faucon étendu et gainé. Il avait des caractères funéraires.

Sokol, mot tchèque signif. *faucon* et désignant une société de gymnastique fondée en 1862 à Prague. Constituant une fraternité égalitaire et patriotique, les Sokol étendirent leur mouvement aux autres Slaves au début du XXe s. Ils organisèrent des légions pendant la Première Guerre mondiale et jouèrent un rôle important dans la première république tchécoslovaque. Leur association fut dissoute en 1948.

SOKOLLU (Mehmed) → SOKULLU.

SOKOLOVSKI (Vassili Danilovitch), maréchal soviétique (Kozliki, près de Grodno, 1897 - Moscou 1968). Ancien officier tsariste, rallié au parti communiste en 1931, il commanda en 1943 une armée avec laquelle il reprit Viazma, Smolensk et Roslavl. Il participa aux côtés de Koniev à la conquête de la Pologne et de la Sibérie. En 1946, il succéda à Joukov comme commandant en chef en Allemagne avant d'être chef d'état-major général des armées de 1952 à 1960.

SOKOLOW (Anna), danseuse et chorégraphe américaine d'origine polonaise (Hartford, Connecticut, 1915). Elle fait partie de la compagnie de Martha Graham (1930-1939). Dès 1934, elle forme son propre groupe puis fonde à Mexico, en 1939, le premier groupe de danse moderne. Après 1953, elle collabore régulièrement avec la compagnie israélienne Inbal, puis fonde un groupe de danse moderne à Tel-Aviv (1962).

SOKOTO, v. du Nigeria, sur la *rivière Sokoto,* cap. de l'État de Sokoto ; 186 000 hab. Centre commercial et artisanal. Cimenterie. Université. Lieu de pèlerinage. Elle fut au XIXe s. le centre de l'Empire peul du Sokoto, fondé par Ousmane dan Fodio à partir de 1804.

SOKULLU MEHMED PAŞA, grand vizir ottoman (Sokol, Bosnie, 1505 - Istanbul 1579). De famille chrétienne, il fut nommé grand vizir en 1565. Gardant le vizirat sous les règnes de Soliman Ier, Selim II et Murad III, il fut le véritable maître de l'empire.

1. SOL n. m. (lat. *solum*). **1.** Couche superficielle de l'écorce d'une planète tellurique : *Sol lunaire.* — **2.** Couche superficielle de l'écorce terrestre considérée quant à sa nature ou à ses qualités productives : *Un sol calcaire. Un sol fertile.* — **3.** Surface de la terre, aménagée ou non : *L'avion s'est écrasé au sol.* — **4.** Surface, en général plane et horizontale, aménagée pour le séjour, la circulation, etc., ou formant le plancher d'un appartement, d'un véhicule, etc. : *Le sol d'une cave.* — **5.** *Litt.* Contrée, pays, patrie : *L'attachement au sol natal.* • **Arm.** *Artillerie sol-air,* appellation actuelle de l'artillerie antiaérienne. ‖ *Missile sol-air,* missile lancé du sol sur un objectif aérien. ‖ *Missile sol-sol,* missile lancé du sol sur un objectif terrestre. — **Élev.** *Hors sol,* se dit d'un élevage (avicole, porcin, de jeunes bovins) dont les animaux sont alimentés avec des produits qui ne proviennent pas de l'exploitation agricole dans laquelle ils se trouvent ou d'un élevage constitué en dehors de toute exploitation agricole. — **Pédol.** Formation naturelle de surface, meuble, résultant de la transformation, au contact de l'atmosphère, de la roche mère sous-jacente, sous l'influence des processus physiques, chimiques et biologiques. (La partie superficielle du sol correspond à la couche arable des agronomes, souvent profondément influencée par l'action de l'homme.) [→ *encycl.*] — **Phys.** *Effet de sol,* propriété des systèmes dans lesquels une sustentation est assurée par de l'air à faible pression insufflé par des ventilateurs dans des cavités, limitées par des jupes et dont la paroi inférieure est constituée par le sol ou par la surface de l'eau. (Il est utilisé pour l'aéroglisseur et l'aérotrain.) — **Sports.** Épreuve de gymnastique se déroulant sur un praticable (avec accompagnement musical pour les femmes). [On dit aussi EXERCICES AU SOL.] — **Trav. publ.** *Mécanique des sols,* branche de la mécanique générale étudiant tous les problèmes de massifs et d'infrastructure dans les travaux publics et le génie civil.

ENCYCL. **Agric.** La partie travaillée du sol est un milieu vivant dont les propriétés physiques, chimiques et biologiques revêtent une importance primordiale pour les cultures. La fraction solide du sol comporte de 1,5 à 5 % de matière organique et de 95 à 98,5 % de fragments minéraux, le tout associé en agrégats (graines de terre). La répartition des particules minérales élémentaires, très variable selon les sols, constitue la *texture* du sol, qui retentit sur l'ensemble des proriétés de celui-ci. On désigne les sols d'après le ou les éléments dominants : sol argileux, sol limono-sableux, etc. Pour accoler entre eux les grains de sable et de limon en agrégats, eux-mêmes réunis en mottes, les argiles, les substances humiques et les colloïdes jouent le plus grand rôle. Cet arrangement des agrégats constitue la *structure* du sol, que l'on peut améliorer par des amendements humiques et calcaires ainsi que par la mise en prairie du sol pour plusieurs années.

La capacité du sol à retenir l'eau, l'une de ses propriétés les plus importantes, est très variable avec le type de sol. La partie de l'eau accessible aux plantes est la réserve utilisable. Le calcaire du sol joue un rôle dans la formation des agrégats, donc de la structure, et dans le degré d'acidité du sol. Ce dernier, mesuré par le pH du sol, ne doit pas être élevé : on cherche à maintenir le sol dans la zone de neutralité, avec un pH entre 6 et 7,5.

La matière organique du sol provient des résidus végétaux : racines, pailles, fumiers, déchets de récolte. L'humus est le résultat de la transformation de cette matière organique. Il forme avec les colloïdes minéraux du sol (argiles) une combinaison complexe et se minéralise progressivement en libérant ses constituants, principalement l'azote.

Le sol comprend une microflore abondante et diversifiée (algues, champignons, bactéries) qui intervient dans l'humidification et la minéralisation des matières organiques. La faune du sol est également très diversifiée mais ce sont surtout les vers de terre qui jouent un rôle important en améliorant la structure et la perméabilité du sol.

— **Pédol.** Les sols sont constitués de couches, ou horizons, qui se forment par transformations progressives des minéraux des roches sous l'influence des facteurs du milieu. L'histoire d'un sol commence par la désagrégation physique de la roche au contact de l'atmosphère (phase I), qui permet l'installation progressive de la végétation colonisatrice du matériau minéral (phase II). Ainsi se constituent simultanément les horizons C et A du sol initial : C, matériau de désagrégation, ou roche mère du sol ; A, horizon organo-minéral, colonisé par les racines des végétaux, et l'activité biologique de la rhizosphère est créée. Avec le temps, on assiste à l'approfondissement du profil du sol et à la différenciation d'horizons B résultant de l'altération et des migrations de matière des horizons C et A. Le sol évolue progressivement vers son profil d'équilibre, ou climax, correspondant au stade de maturité du sol, et de stabilité de l'écosystème plante-humus-sol (phase III). Cette évolution dépend de facteurs généraux (bioclimats et végétation) ou/et des conditions stationnelles (roche mère et topographie). L'homme, enfin, peut intervenir dans l'histoire du sol (dégradation).

2. SOL n. m. inv. Note de musique, cinquième degré de la gamme d'*ut.*

3. SOL n. m. (abrév. de *solution*). **1.** Liquide contenant une matière dispersée dans sa masse, sans que cette dispersion soit poussée jusqu'à la séparation du corps en ses molécules. — **2.** Partie soluble d'un polymère partiellement réticulé, la partie insoluble étant le gel.

4. SOL n. m. (anc. fr. *solt,* du bas lat. *solidus,* pièce d'or). Syn. anc. de SOU.

5. SOL n. m. Unité monétaire du Pérou.

SOLAIRE adj. (lat. *solaris,* de *sol, solis,* soleil). **1.** Qui est propre au Soleil : *Rayonnement solaire. Énergie solaire.* — **2.** Qui se rapporte, a trait au Soleil : *Les symboles solaires des peuples anciens.* — **3.** Qui repose sur l'utilisation du rayonnement et de l'énergie du Soleil : *Capteurs solaires.* — **4.** Qui contient un filtre destiné à protéger la peau des effets des rayons du Soleil : *Huile solaire.*
• **Astron.** *Système solaire,* ensemble du Soleil et des astres (en partic. des planètes) qui gravitent autour de lui ; région de l'espace dans laquelle le Soleil exerce une attraction prépondérante par rapport à celle des autres étoiles. — **Mar.** *Brise solaire,* petite brise se levant et se couchant avec le Soleil. — **Neurol.** *Plexus solaire,* centre neurovégétatif situé dans l'abdomen, entre l'estomac et la colonne vertébrale. (Formé de plusieurs ganglions nerveux, il reçoit des fibres afférentes, venant des systèmes sympathique et parasympathique, et envoie des fibres efférentes aux organes de la portion supérieure de l'abdomen, dont il contrôle le fonctionnement.) — **Phys.** *Constante solaire,* flux énergétique solaire total reçu par une surface unitaire placée perpendiculairement à la direction du Soleil, à une distance égale à la distance moyenne du Soleil à la Terre et hors de l'atmosphère terrestre. (Sa valeur est voisine de 1 350 W/m^2.) — **Verr.** *Vitrage solaire,* verre laminé ou glace colorés dans la masse ou recouverts d'une mince couche métallique, destinés à améliorer le confort lumineux et thermique dans les locaux.
◆ n. m. Ensemble des industries, des techniques relatives à l'utilisation de l'énergie solaire.

ENCYCL. Toute l'*énergie solaire* est émise sous forme de rayonnement lumineux : 41 % dans le visible, 52 % dans l'infrarouge et 7 % dans le proche ultraviolet. La Terre en capte un dix-milliardième environ, soit un peu plus de 150 000 millions de mégawatts. La partie directement utilisable est le rayonnement lumineux qui parvient au niveau du sol, dont la puissance varie entre 0 et 1 100 W/m^2 de surface horizontale selon la latitude. Ce rayonnement peut être transformé, à l'aide de capteurs, en chaleur, utilisée pour le chauffage de l'eau domestique, le chauffage et la climatisation des locaux, dans les fours* solaires ou encore convertie en énergie mécanique ou en électricité (pompage de l'eau, centrales hélioélectriques). Il peut aussi être converti directement en énergie électrique grâce aux photopiles*. Enfin, l'énergie solaire est stockée par les végétaux, qui peuvent être transformés par différents procédés en combustibles solides, liquides ou gazeux. (→ BIOMASSE.)

SOLAIZE (69360), comm. du Rhône, à 14 km au S. de Lyon ; 2 013 hab. Centre de recherches pétrolières.

SOLAL (Martial), pianiste et compositeur de jazz français (Alger 1927). Après avoir joué en trio, il opte pour le récital en solo ou en duo. En 1980, il prend la direction d'un grand orchestre auquel participent la plupart des principaux jazzmen français. Il a composé de la musique de jazz, de la musique de scène et de la musique de films *(À bout de souffle, Léon Morin prêtre)*.

SOLANA (José GUTIÉRREZ), peintre espagnol (Madrid 1886 - *id.* 1945). Complètement étrangères aux mouvements contemporains, ses toiles sont, pour l'âpreté et le goût du macabre associé au burlesque, comme l'œuvre d'un héritier de Morales, du Greco, de Goya (*les Déshérités,* musée d'Art moderne de Barcelone).

SOLANA MADARIAGA (Javier), homme politique espagnol (Madrid 1942). Socialiste, ministre de la Culture (1982-1988), de l'Éducation et de la Recherche (1988-1992), puis des Affaires étrangères (1992-1995), il a été élu en 1995 secrétaire général de l'O. T. A. N.

SOLANACÉE n. f. (lat. *solanum,* morelle). Famille de plantes, surtout américaines, à fleurs gamopétales, telles que la tomate, la pomme de terre, l'aubergine ou le tabac.

ENCYCL. Certaines solanacées contiennent des alcaloïdes : atropine, hyoscyamine (belladone, jusquiame), scopolamine (datura), nicotine (tabac), beaucoup d'autres sont alimentaires (pommes de terre, tomate, aubergine, piment, etc.) ou ornementales (pétunia, physalis).

SOLANALE n. f. Nom d'ordre parfois donné aux solanacées.

SOLARIGRAPHE n. m. Syn. de PYRANOGRAPHE.

SOLARIMÈTRE n. m. Syn. de PYRANOMÈTRE.

SOLARIO ou **SOLARI** (Cristoforo), dit **il Gobbo,** sculpteur et architecte italien, actif entre 1489 et 1520. Il travailla à Venise, à la chartreuse de Pavie (tombeaux de Béatrice d'Este et de Ludovic Sforza) et au dôme de Milan.

SOLARIO ou **SOLARI** (Andrea), peintre italien, actif de 1495 à 1520 env., frère du précédent. Il travailla à Milan, mais fut sensible à l'influence vénitienne. En 1507-1509, il séjourna en France, exécutant des fresques (perdues) au château de Gaillon. (*La Vierge au coussin vert,* Louvre.)

SOLARISATION n. f. **1.** Utilisation de l'énergie solaire pour chauffer un immeuble d'habitation, une piscine, etc. — **2.** Opération permettant d'obtenir des effets spéciaux par insolation de la surface sensible pendant le développement photographique.

SOLARIUM [-rjɔm] n. m. **1.** Établissement aménagé pour soigner les malades par la lumière solaire. — **2.** Emplacement réservé aux bains de soleil dans une piscine, une maison, etc. — **3.** Mollusque gastropode des mers chaudes. (Syn. ARCHITECTONICA.)

SOLASTER [-stɛr] n. m. Étoile de mer commune sur les côtes de la Manche, caractérisée par ses 12 à 14 bras courts entourant un large disque central et par sa teinte pourprée. (Syn. CROSSASTER.)

SOL-BITUME n. m. (pl. *sols-bitume*). Matériau obtenu par le mélange intime d'un bitume fluidifié à un sol qu'il stabilise.

SOL-CIMENT n. m. (pl. *sols-ciment*). Sol naturel additionné de ciment et d'eau, puis compacté.

SOLDANELLE n. f. (de l'anc. provenç. *soltz,* de l'anc. fr. *solz,* confiture de végétaux). Petite primulacée vivace à feuilles en rosettes, poussant dans les régions alpines.

SOLDAT n. m. (ital. *soldato*). **1.** Homme équipé et instruit par l'État pour la défense du pays. — **2.** Tout homme appartenant à la profession militaire (particulièrement dans l'armée de terre). — **3.** Militaire non gradé. (On dit aussi SIMPLE SOLDAT ; autref. DEUXIÈME CLASSE.) — **4.** *Litt.* Celui qui combat pour la défense de qqn ou de qqch : *Les soldats de la liberté.* — **5.** Dans les sociétés de fourmis et de termites, individu adulte neutre à tête très développée et qui paraît préposé à la défense de la communauté. — **6.** Pop. et vx. *Fille à soldats,* prostituée. ‖ Fam. *Jouer au petit soldat,* adopter une attitude téméraire. ‖ *Soldat de plomb,* figurine en plomb reproduisant un soldat en uniforme.

Soldat fanfaron *(le),* comédie de Plaute (v. 205 av. J.-C.). Un jeune Athénien, Pleusiclès, réussit grâce à son esclave Palestrion à reprendre au soldat Pyrgopolinice celle qu'il aime. Pyrgopolinice, ancêtre du Matamore de Corneille, reste le modèle des personnages burlesques.

Soldat inconnu *(le),* soldat français d'identité inconnue, tombé pendant la Première Guerre mondiale et transporté, le 11 nov. 1920, sous l'Arc de Triomphe, à Paris, afin que soient honorés en lui les 1 400 000 morts français de la guerre.

SOLDATE n. f. *Fam.* Femme soldat.

1. SOLDATESQUE adj. (esp. *soldadesco,* de l'ital. *soldatesco,* de *soldato,* soldat). *Litt.* Qui est empreint de rudesse, de brutalité, de grossièreté : *Manières soldatesques.*

2. SOLDATESQUE n. f. (esp. *soldadesca*). *Litt.* Troupe de soldats indisciplinés.

SOLDATI (Mario), écrivain et metteur en scène italien (Turin 1906). Il est l'auteur de nombreux romans et nouvelles, où le bizarre côtoie le quotidien (*Salmace,* 1929 ; *l'Enveloppe orange,* 1966 ; *l'Émeraude,* 1974 ; *l'Incendie,* 1981). Au cinéma, ses films les plus représentatifs sont deux œuvres lyriques : *Piccolo mondo antico* (1941) et *Malombra* (1942).

SOLDAT-ORDONNANCE n. m. (pl. *soldats-ordonnances*). Syn. de ORDONNANCE.

1. SOLDE n. f. (ital. *soldo,* du bas lat. *solidus,* pièce d'or). **1.** Traitement des militaires et de certains fonctionnaires assimilés. — **2.** *À la solde de,* à son service moyennant une rétribution et pour accomplir de basses besognes ou des tâches secrètes. ‖ *Service de la solde,* service de l'intendance chargé de régler les prestations en deniers allouées aux militaires. ‖ *Solde à l'air,* indemnité complémentaire de la solde attribuée aux militaires exécutant des missions aériennes ou parachutistes. ‖ *Solde budgétaire,* partie du traitement d'un militaire correspondant à l'indice afférent à son grade.

2. SOLDE n. m. (ital. *saldo,* de *saldare,* arrêter un compte, avec l'infl. de *solde 1*). **1.** Différence positive (*solde débiteur*) ou négative (*solde créditeur*) entre le total du débit et le total du crédit d'un compte. — **2.** Reliquat d'une somme à payer : *Le solde d'une facture.* — **3.** Vente de marchandises à prix réduit pour cause de dépréciation, liquidation, etc., ou à certaines époques de l'année ; ces marchandises elles-mêmes (souvent pl.). — **4.** *Pour solde de tout compte,* se dit pour tout paiement soldant un compte et enlevant toute possibilité d'une éventuelle contestation qui viendrait à s'élever. (Un *reçu pour solde de tout compte* est délivré par l'employeur au salarié en cas de rupture du contrat de travail.) ‖ *Solde migratoire,* pour un territoire donné, différence entre l'immigration et l'émigration. ‖ *Solde naturel,* bilan entre les naissances et les décès dans une région, dans un État.

SÖLDEN, station de sports d'hiver d'Autriche (Tyrol), dans l'Ötztal (alt. 1 377-3 040 m) ; 2 500 hab.

1. SOLDER v. t. (de *solde 1*) [conj. 3]. *Vx.* Verser une solde à des soldats, à qqn.

2. SOLDER v. t. (ital. *saldare,* avec l'infl. de *solde 2*) [conj. 3]. **1.** Acquitter une dette, la régler jusqu'au bout. — **2.** Achever d'écouler des marchandises en les vendant au rabais : *Solder des articles en fin de saison.* — **3.** *Solder un compte,* le faire disparaître en amenant le total de son débit et celui de son crédit à être égaux.
◆ **se solder** v. pr. Avoir qqch pour résultat final : *Les négociations se sont soldées par un échec.*

SOLDERIE n. f. Magasin spécialisé dans la vente de marchandises en solde.

SOLDEUR, EUSE n. Commerçant qui achète des marchandises dégriffées, démodées ou de second choix pour les revendre au rabais.

1. SOLE n. f. (lat. pop. **sola,* du lat. class. *solea,* sandale, avec l'infl. de *solum,* sol). **1.** Étendue de terre labourable destinée à une certaine culture pendant une période donnée de la rotation. — **2.** Partie inférieure d'une galerie de mine ; terrain qui est sous la galerie. (Pour une mine de charbon, on dit plutôt *daine.*) — **3.** Partie réfractaire horizontale d'un four sur laquelle on place les pièces à réchauffer.

2. SOLE n. f. (anc. provenç. *sola,* du lat. *solea*). **1.** Poisson marin plat couché sur le flanc gauche, dans toutes les mers, sur fonds sableux peu profonds. — **2.** *Sole d'Afrique,* poisson siluriforme à la chair savoureuse.
ENCYCL. Les soles, à la chair savoureuse, ont un corps ovale et allongé, couvert de petites écailles sur le flanc visible, qui porte les deux yeux ; le flanc aveugle est décoloré et parfois sans nageoire pectorale.

SOLEÁ n.f. (pl. *soleares*) [esp. *soleá*]. Chant et danse populaires andalous, graves et mélancoliques.

SOLÉAIRE adj. et n. m. (du lat. *solea,* plante du pied). *Muscle soléaire* ou *soléaire* (n. m.), volumineuse masse musculaire située à la face postérieure de la jambe. (Il s'insère, en haut, sur le péroné et le tibia, puis il fusionne avec les jumeaux pour former le triceps sural, qui se termine par le tendon d'Achille sur le calcanéum.)

SOLEB, site archéologique du Soudan, au bord du Nil, à env. 200 km au sud de Ouadi-Halfa et à 100 km en aval de la 3e cataracte. Vestiges d'un temple contemporain de celui de Louqsor, édifié par Aménophis III en l'honneur d'Amon et du principe royal divinisé.

SOLÉCISME n. m. (lat. *soloecismus,* du gr. *soloikismôs,* de *Soloi,* n. pr.). Construction qui n'est pas conforme aux règles de la syntaxe d'une langue à une époque donnée ou qui n'est pas acceptée dans une norme ou un usage jugé correct.

SOLEIL n. m. (lat. pop. *soliculus,* du lat. class. *sol, solis*). **1.** Étoile autour de laquelle gravite la Terre. (Dans ce sens, s'écrit avec une majuscule.) — **2.** Étoile quelconque. — **3.** Lumière, rayonnement, chaleur du Soleil : *Cette pièce manque de soleil.* — **4.** Lieu exposé aux rayons du Soleil : *Se mettre en plein soleil.* — **5.** *Litt.* Symbole de ce qui brille, de la bienfaisance ou du pouvoir éclatant, de l'influence rayonnante. — **6.** *Avoir des biens au soleil,* avoir des propriétés immobilières, du terrain. ‖ *Avoir sa place au soleil,* occuper une position sociale enviable. ‖ *Coup de soleil,* inflammation, brûlure de la peau produite par les rayons solaires. ‖ *Soleil d'eau,* soleil pâle, blafard, qui passe pour annoncer la pluie. ‖ *Sous le soleil,* sur terre, dans notre monde. • **Bot.** Autre nom du *tournesol.* — **Cout.** *Plissé soleil,* plissé en éventail dans un tissu en biais. — **Ethnol.** *Danse du Soleil,* cérémonie religieuse caractéristique de la culture des Indiens des Plaines, qui était destinée à attirer sur le groupe ou sur un individu les bienfaits de Wakan Tauka. — **Hérald.** Figure héraldique formée d'un disque d'or entouré généralement de seize rayons et présentant des traits humains. — **Liturg.** Ostensoir dont la partie supérieure s'irradie en forme de soleil. — **Pyrotechn.** Artifice constitué par des lances fixées sur une roue qui tourne dans un plan vertical. — **Sports.** En gymnastique, à la barre fixe, rotation arrière complète, mains en pronation.

ENCYCL. **Astron.** Situé à quelque 150 millions de km de la Terre, le Soleil est l'une des étoiles de la Galaxie*, au sein de laquelle il occupe une position assez excentrique, dans un bras spiral, à 28 000 al du centre galactique. Âgé de quelque 5 milliards d'années, c'est une étoile naine, qui appartient à la séquence principale du diagramme de Hertzsprung-Russell. Son rayon est de 696 000 km environ et sa masse est évaluée à $2 . 10^{30}$ kg, soit quelque 333 000 fois celle de la Terre. Sa masse volumique moyenne est voisine de $1\,400$ kg . m^{-3}. Il tourne sur lui-même, dans le sens direct, autour d'un axe incliné de 82° 45′ sur l'écliptique avec une période de 25,38 j à l'équateur (rotation sidérale).

Le Soleil est, en fait, une étoile banale, mais sa proximité est telle qu'il représente la seule étoile sur laquelle on puisse observer des détails (d'env. 150 km pour les plus fins). Son émission de rayonnement couvre l'ensemble du spectre électromagnétique avec un maximum au voisinage de 500 nm de longueur d'onde, ce qui explique son apparence jaune.

• *État physique et structure.* Le Soleil est une sphère de gaz incandescents au centre de laquelle la température (env. 15 millions de kelvins) et la densité permettent le déroulement de réactions nucléaires qui réalisent la fusion de noyaux d'atomes d'hydrogène en noyaux d'atomes d'hélium avec une perte de masse compensée par un dégagement d'énergie rayonnante. La région ordinairement visible, appelée photosphère*, n'est qu'une mince pellicule d'environ 100 km d'épaisseur. Au-dessus s'étendent la chromosphère* et la couronne*.

L'étude du Soleil constitue un moyen d'information permettant d'accéder à certains processus fondamentaux d'évolution des étoiles et de vérifier certaines hypothèses et méthodologies utilisées pour des recherches d'astrophysique.

• *Influence du Soleil sur la Terre.* L'alternance des jours, des nuits et des saisons est la première des relations globales entre le Soleil, la Terre et son climat. D'autres relations à court terme sont à présent bien établies, par ex. entre les éruptions solaires et les perturbations magnétiques de l'atmosphère terrestre. Les observations spatiales semblent mettre en évidence de légères fluctuations de la constante solaire* avec l'activité* solaire. La mise en évidence des relations Soleil-Terre à l'échelle du globe fait aujourd'hui l'objet d'actives recherches.

— **Relig.** Le *culte du Soleil,* assez répandu dans diverses sociétés anciennes, a eu un succès tout particulier en Égypte pharaonique, en tant que puissance fécondante. Rê représentait l'astre solaire, et Aton le disque solaire. Dans la ville sainte d'Héliopolis s'étaient élaborés mythes et systèmes théologiques et, dès la IVe dynastie, certains pharaons se sont qualifiés de fils de Rê. Aménophis IV organisa un nouveau culte solaire avec le syncrétisme Amon-Rê.

Soleil *(autoroute du),* anc. **autoroute du Sud,** autoroute reliant Paris à Marseille par Lyon et la vallée du Rhône. Elle se prolonge vers l'E. par l'autoroute *la Provençale* après que l'autoroute *la Languedocienne* s'en est détachée à Orange.

Soleil *(Théâtre du),* troupe fondée en 1964 par Ariane Mnouchkine et installée depuis 1970 à la Cartoucherie de Vincennes.

SOLEN [-lɛn] n. m. (lat. *solen,* du gr. *sôlên,* tuyau). Nom générique du couteau, mollusque bivalve.

SOLENNEL, ELLE [-la-] adj. (lat. *sollennis*). **1.** Qui est célébré avec éclat, revêt un caractère majestueux, public : *Des obsèques solennelles.* — **2.** Qui présente une gravité, une importance particulières par sa nature ou du fait des circonstances :

Faire une déclaration solennelle. — **3.** Qui est empreint d'une gravité souvent affectée, qui prend des airs d'importance : *S'exprimer d'un ton solennel.*

SOLENNELLEMENT [-la-] adv. De façon solennelle.

SOLENNISER [-la-] v. t. (bas lat. *sollemnizare*) [conj. 3]. Donner à un acte, à un événement un caractère solennel, une gravité particulière.

SOLENNITÉ [-la-] n. f. (bas lat. *solemnitas*). **1.** Caractère de ce qui est solennel : *La solennité d'une réception.* — **2.** Fête solennelle ; cérémonie de caractère officiel : *La solennité de Pâques.* — **3.** *Litt.* Caractère de ce qui est empreint d'une gravité majestueuse : *Parler avec solennité.* — **4.** Formalité qui accompagne les actes* solennels.

SOLÉNOCYTE n. m. (du gr. *sôlên,* tuyau). Cellule à longs flagelles des organes excréteurs segmentaires (néphridies) de divers invertébrés. (Syn. CELLULE FLAMME.)

SOLÉNOGLYPHE adj. et n. m. Se dit des serpents possédant des crochets venimeux situés à l'avant de la mâchoire supérieure, creusés d'un canal, et que l'animal redresse au moment de frapper sa proie (vipère, crotale, par ex.).

SOLÉNOÏDAL, E, AUX adj. **1.** Qui se rapporte au solénoïde. — **2.** *Champ solénoïdal,* champ vectoriel dont la divergence est nulle en tout point d'un domaine spécifié.

SOLÉNOÏDE n. m. (gr. *sôlênoeidês,* de *sôlên,* tuyau). Bobine cylindrique dont la longueur est très supérieure aux dimensions transversales. (Le champ magnétique créé à l'intérieur du solénoïde est sensiblement uniforme sur une grande étendue [champ solénoïdal]. Si le solénoïde comporte N spires réparties sur une longueur l et parcourues par un courant i, l'induction magnétique intérieure créée est $B = 4\pi 10^{-7}\ Ni/l$. Cet appareil entre dans la construction de nombreux instruments d'électricité et d'électrotechnique.)

SOLENT (the), chenal séparant l'île de Wight de la côte du Hampshire.

SOLENZARA (20145 Sari Solenzara), station balnéaire de la Corse-du-Sud, à l'embouchure de la *Solenzara.* — À 7 km au N., base aérienne.

SOLER (Antonio), compositeur et organiste espagnol (Olot, prov. de Gérone, 1729-Escorial 1783). Moine à l'Escorial, dont il était maître de chapelle, il a laissé 120 sonates pour clavier (éd. en 1796), un *Fandango,* 6 quintettes pour cordes et orgue, 6 concertos pour 2 orgues et de nombreuses œuvres religieuses et théâtrales.

SOLERET n. m. (anc. fr. *soler,* soulier). Partie de l'armure qui protégeait le pied.

SOLESMES (59730), ch.-l. de cant. du Nord, dans le Cambrésis ; 5 060 hab. *(Solesmois).* Restes d'un cloître gothique. Église du XVIIIe s. Métallurgie.

SOLESMES (72300), comm. de la Sarthe, aux confins du Maine et de l'Anjou, près de la Sarthe ; 1 284 hab. *(Solesmois).*
— **Hist.** Le monastère bénédictin, fondé vers 1010, fut vendu comme bien national après 1790 ; en 1833, l'abbé Guéranger le racheta, y reconstitua une communauté vivant selon l'esprit bénédictin et y fut à l'origine d'une restauration de la liturgie. En 1837, Grégoire XVI érigea Solesmes en abbaye mère de la congrégation de France. Foyer de plain-chant grégorien.
— **Bx-arts.** L'église (XIe-XIXe s.) abrite les *Saints de Solesmes,* deux groupes figurant les ensevelissements du Christ (fin du XVe s.) et de la Vierge (XVIe s.).

SOLEURE, en all. **Solothurn,** v. de Suisse, ch.-l. de cant., sur l'Aar ; 15 000 hab. Cathédrale reconstruite au XVIIIe s. en style baroque italien (trésor). Hôtel de ville des XVe-XVIIe s. Demeures anciennes. Musée historique au château Blumenstein ; musée de la Ville, riche en peintures des écoles suisse et européennes ; etc. Centre commercial avec quelques industries.

SOLEURE *(canton de),* en all. **Solothurn,** cant. de la Confédération suisse, imbriqué par l'histoire dans ceux de Bâle, Berne et Argovie ; 791 km² ; 231 746 hab., en majorité catholiques. Ch.-l. *Soleure.*
— **Hist.** Partagé en de nombreuses seigneuries, le territoire de l'actuel canton fut progressivement acheté par la ville de Soleure de 1363 à 1669. Avec celle-ci, il s'allia aux cantons suisses contre les Habsbourg et fut admis dans la Confédération en 1481. Fermé à la Réforme, le canton garda un régime aristocratique jusqu'en 1798, qui fut rétabli en 1815 ; la Constitution de 1831 en fit une république démocratique.

SOLFATARE n. f. (ital. *solfatara,* soufrière). Lieu de dégagement d'une fumerolle avec dépôt de soufre.

SOLFÈGE n. m. (ital. *solfeggio,* de *sol* et de *fa,* notes de musique). **1.** Discipline qui est la base de l'enseignement musical et qui permet la connaissance et la mémorisation des signes de notation tout en développant l'audition pour une appréciation exacte des sons et des intervalles. — **2.** Recueil d'exercices musicaux dans lequel les difficultés du déchiffrage sont graduées.

SOLFERINO, comm. d'Italie, en Lombardie (prov. de Mantoue), au S. du lac de Garde ; 1 900 hab. Ossuaire.

Solferino *(bataille de)* [24 juin 1859], victoire remportée par les troupes franco-piémontaises

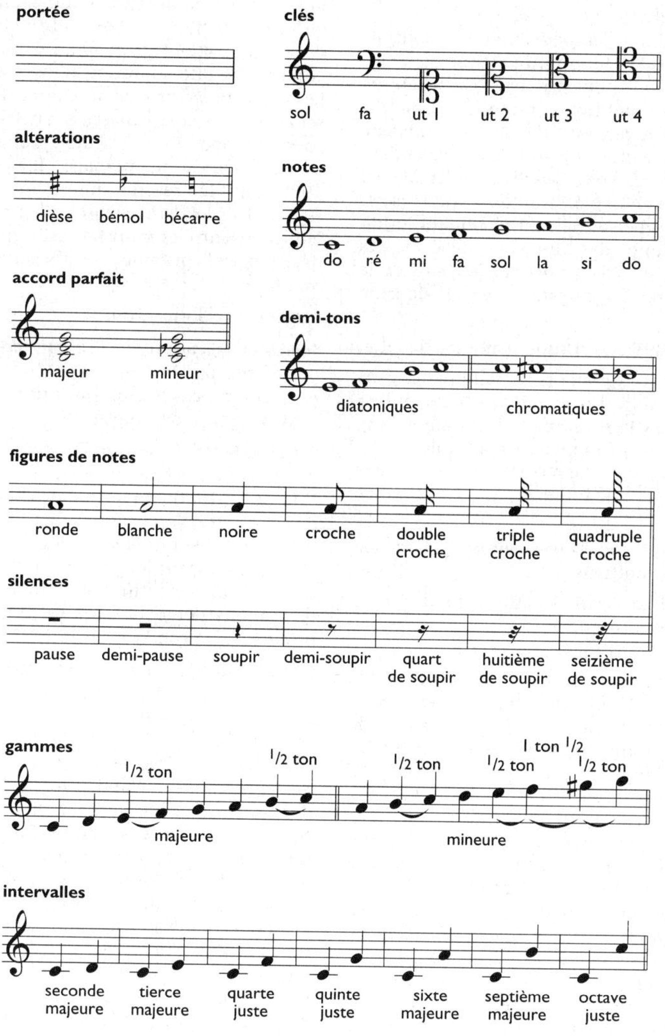

PRINCIPALES NOTIONS DE **SOLFÈGE**

commandées par Napoléon III sur les troupes autrichiennes de François-Joseph lors de la campagne d'Italie. Le caractère sanglant de cette bataille, qui coûta 17 000 morts aux Français et 22 000 aux Autrichiens, fut à l'origine de la fondation de la Croix-Rouge*.

SOLFIER v. t. (anc. fr. *solfa,* gamme, de *sol* et *fa*) [conj. 9]. Chanter un morceau de musique en nommant les notes et en respectant les signes de la notation.

SOLI → Soloi.

SOLICITOR n. m. (mot angl.). Homme de loi britannique. (Ses fonctions l'apparentent à l'avoué et au notaire français.)

SOLIDAGO n. m. (lat. sc. *solidago,* du lat. class. *solidare,* rendre solide). Nom générique de la *verge d'or,* composée aux petits capitules jaunes groupés en bouquets.

SOLIDAIRE adj. (lat. *in solidum,* pour le tout, de *solidus,* entier). **1.** Qui est ou s'estime lié à qqn d'autre ou à un groupe par une responsabilité commune, des intérêts communs : *L'un des accusés dit n'être pas solidaire de ses camarades.* — **2.** Se dit de choses qui sont liées, dépendent l'une de l'autre : *Ces deux questions sont solidaires.* — **3.** Se dit de deux pièces qu'on a solidarisées. — **4.** Se dit des personnes qui répondent juridiquement les unes des autres. — **5.** Se dit des débiteurs ou créanciers unis par les liens de la solidarité ou d'une obligation affectée de cette modalité.

SOLIDAIREMENT adv. D'une manière solidaire.

SOLIDARISER v. t. (conj. 3). **1.** Rendre des gens solidaires : *Solidariser une équipe.* — **2.** Assembler deux pièces en vue notamment d'entraîner l'une par l'autre dans un mouvement commun.

◆ **se solidariser** v. pr. Se reconnaître, se déclarer solidaire de qqn et le soutenir : *Se solidariser avec un collègue.*

SOLIDARISME n. m. Théorie morale et sociale fondée sur la solidarité.

SOLIDARISTE adj. et n. Relatif au solidarisme ; partisan du solidarisme.

SOLIDARITÉ n. f. **1.** Rapport existant entre des personnes qui, ayant une communauté d'intérêts, sont liées les unes aux autres : *Il existe une solidarité entre les membres de cette profession.* — **2.** *Litt.* Rapport d'interdépendance entre les choses : *Solidarité entre deux phénomènes.* — **3.** Sentiment d'un devoir moral envers les autres membres d'un groupe, fondé sur l'identité de situation, d'intérêts : *Agir par solidarité.* — **4.** Modalité d'une obligation s'opposant à la division d'une créance ou d'une dette divisible par nature et permettant à chaque créancier d'obtenir l'entier paiement *(solidarité active)* ou obligeant chaque débiteur à payer la totalité de la dette *(solidarité passive).* — **5.** *Contrat de solidarité,* contrat entre l'État et les entreprises (ou les collectivités locales), institué en 1982 et relatif à l'exonération de certaines charges sociales au bénéfice des entreprises (ou collectivités locales) opérant une forte réduction du travail ou facilitant la cessation anticipée du travail afin de favoriser la création d'emplois. ‖ *Contrat emploi-solidarité* (C. E. S.), v. CONTRAT. ‖ *Fonds national de solidarité* (F. N. S.), fonds budgétaire de l'État, créé en 1956 et qui verse une allocation aux personnes âgées dont le montant des ressources est inférieur au minimum vieillesse. ‖ *Impôt de solidarité,* impôt exceptionnel destiné à faire face à une situation de crise ou à financer un secteur de l'économie particulièrement frappé par la conjoncture, voire un régime social déficitaire. ‖ *Régime de solidarité,* régime d'indemnisation du chômage institué en 1984, distinct du régime d'assurance chômage et financé par l'État, qui comprenait une allocation d'insertion pour les jeunes demandeurs d'emploi et les femmes seules avec enfant à charge et une allocation de solidarité pour les chômeurs ayant épuisé leurs droits à l'allocation chômage. (Il a été relayé en 1988 par le revenu minimum d'insertion [R. M. I.].) ‖ *Solidarité ministérielle,* principe selon lequel chacun des ministres est responsable des décisions collégialement prises par le gouvernement.

Solidarité → SOLIDARNOŚĆ.

Solidarité italienne *(ordre de l'étoile de la),* premier ordre créé par la République italienne (1947) pour récompenser ceux qui ont contribué à la reconstruction de l'Italie.

Solidarność (en fr. *Solidarité*), union de syndicats polonais à caractère fédératif, constituée à Gdańsk en 1980. Indépendante et autogérée, fer de lance des revendications du peuple polonais, Solidarność est mise hors la loi en 1982 et passe alors entièrement à la clandestinité. Relégalisée en 1989, elle joue un rôle important dans les révolutions démocratiques de 1989. Elle a été présidée par Lech Wałęsa de 1981 à 1990.

SOLIDE adj. (lat. *solidus,* compact). **1.** Qui présente une consistance relativement ferme, par oppos. à *fluide, liquide : La lave devient solide en se refroidissant.* — **2.** Qui résiste bien à l'usure, aux risques de bris, de déchirure, etc. : *Un tissu solide.* — **3.** Qui est établi de manière durable, sur des bases sûres : *Une union solide. Des liens solides entre deux pays.* — **4.** Qui est vigoureux, qui a de la résistance : *C'est un solide gaillard. Avoir les nerfs solides.* — **5.** Qui est bien établi, sûr, sérieux, sur lequel on peut se fonder : *Avoir des connaissances solides en économie.* — **6.** *Fam.* Qui est important, substantiel : *Un solide coup de fourchette. Retirer de solides bénéfices d'une entreprise.* • **Bot.** *Bulbe solide,* syn. de CORMUS. — **Math.** Angle solide, ensemble formé par les demi-droites [OM), M étant un point quelconque d'une surface connexe incluse dans une sphère de centre O ; mesure de ce cône égale à l'aire de cette surface. (L'unité de mesure de l'angle solide est le stéradian.) — **Phys.** Se dit d'un état de la matière dans lequel les atomes oscillent autour de positions fixes ayant une distribution soit arbitraire (solides amorphes), soit ordonnée (cristaux). — **Text.** Se dit d'un textile, d'une teinture ou d'une impression présentant une bonne résistance au lavage, à la lumière, au frottement et aux autres conditions d'usage.

◆ adv. Avec solidité : *Construire solide.*

◆ n. m. 1. Ce qui est solide, consistant : *Marcher sur du solide.* — 2. Fam. *C'est du solide,* il s'agit d'une chose sérieuse, importante, digne de considération. • **Math.** Partie d'espace limitée de toutes parts par une surface rigide, sa frontière (Ex. : polyèdre, pyramide, prisme, cône, cylindre, etc.) ‖ Ensemble de points dont les distances mutuelles restent invariables. — **Phys.** Corps parfaitement rigide, dont les distances mutuelles des éléments qui le constituent ne changent pas au cours du temps. ‖ *Physique des solides,* partie de la physique dont le but est l'étude des propriétés de l'état solide. (→ *encycl.*)

ENCYCL. **Phys.** Le point de départ de la *physique du solide* est la cristallographie, qui cherche à déterminer la structure des cristaux grâce à des sources de rayons X ou de neutrons et des microscopes électroniques à haute résolution. La simplicité géométrique des cristaux a permis d'appliquer la théorie quantique à ces systèmes composés d'un très grand nombre d'atomes. Les noyaux liés entre eux par des liaisons chimiques ont des mouvements collectifs de vibrations se propageant dans tout le solide et dont la quantification conduit à la notion de phonons. La structure électronique se décrit par la théorie des bandes*. On étudie ensuite l'interaction des électrons avec les phonons. Cette théorie simplifiée du cristal parfait permet de décrire de manière satisfaisante les propriétés élastiques, électriques, thermiques et optiques des solides cristallins.

La physique des solides étudie aussi l'effet des perturbations introduites dans l'ordre cristallin par des défauts : « dislocations » ; effet des impuretés chimiques. Depuis peu est apparue une physique des milieux solides désordonnés, qui étudie les alliages, les verres, les composites, etc.

SOLIDEMENT adv. D'une manière solide.

SOLIDIFICATION n. f. Action de solidifier un corps ; fait de se solidifier.

SOLIDIFIER v. t. (conj. 9). Faire passer un corps de l'état liquide ou pâteux à l'état solide.
◆ **se solidifier** v. pr., **être solidifié** v. pass. Passer à l'état solide : *Des gouttes de cire solidifiées.*

SOLIDITÉ n. f. (lat. *soliditas*). 1. Qualité de ce qui est solide, robuste, résistant : *Vérifier la solidité d'un matériau.* — 2. Qualité de ce qui est bien assuré, bien établi, sûr : *Solidité d'un raisonnement.*

1. SOLIDUS [-dys] n. m. (pl. *solidi*) [lat. *solidus,* pièce d'or]. Monnaie d'or romaine (frappée par Constantin), puis byzantine (jusqu'à Nicéphore Phokas).

2. SOLIDUS [-dys] n. m. (lat. *solidus,* solide). Sur un diagramme d'équilibre thermodynamique, ensemble des points correspondant à la température de fusion commençante ou de solidification finissante.

SOLIER n. m. (lat. *solarium,* terrasse, de *solum,* sol). Au Moyen Âge et jusqu'à la fin du XVIe s., grenier, soupente ; étage supérieur pouvant servir de chambre.

SOLIFLORE n. m. (du lat. *solus,* seul). Vase destiné à ne contenir qu'une fleur.

SOLIFLUER v. i. (conj. 3). Être soumis à la solifluxion.

SOLIFLUXION n. f. (angl. *solifluction,* du lat. *solum,* sol, et *fluere,* couler). Mouvement lent affectant des matériaux riches en éléments colloïdaux possédant donc une forte capacité d'absorption d'eau (roches argileuses ou marneuses et formations superficielles du type lœss, limon ou altérite argileuse) après qu'ils ont franchi la limite de liquidité.

SOLIFUGE n. m. (bas lat. *solifuga,* du lat. class. *sol,* soleil, et *fugere,* fuir). Arachnide des régions chaudes ou tempérées chaudes, se distinguant des araignées par son abdomen segmenté, et qui attaque les insectes et les petits vertébrés.

SOLIGNAC-SUR-LOIRE (43370), ch.-l. de cant. de la Haute-Loire ; 1 047 hab.

SOLIGNY-LA-TRAPPE (61380), comm. de l'Orne, dans le Perche ; 631 hab. La commune tire son nom de la Grande Trappe, où, au XVIIe s., l'abbé de Rancé restaura l'observance cistercienne.

SOLIHULL, v. de Grande-Bretagne (West Midlands), au S.-E. de Birmingham ; 112 000 hab. Centre résidentiel.

SOLIKAMSK, v. de Russie, sur le versant occidental de l'Oural ; 110 200 hab. Potasse. Cellulose.

SOLILOQUE n. m. (bas lat. *soliloquium*). 1. Entretien de qqn avec lui-même. — 2. Discours de qqn qui, en compagnie, est seul à parler.

SOLILOQUER v. i. (de *soliloque*) [conj. 3]. Se parler à soi-même.

SOLIMAN Ier, en turc **Süleyman Ier Kanunî,** « le Législateur », surnommé **le Magnifique** par les Occidentaux (Trébizonde 1494 - Szigetvár, Baranya, Hongrie, 1566), 10e sultan ottoman (1520-1566), fils et successeur de Selim Ier. Il prend part en personne à la majeure partie des nombreuses campagnes militaires de son règne. En 1521, il enlève Belgrade. Il s'empare de Rhodes (1522), bat le roi de Hongrie à Mohács (1526) et entre dans Buda. En 1529, il assiège Vienne sans succès. Il attaque la Perse, prend Tabriz et Bagdad (1534). Au début des années 1550, il lance presque simultanément des opérations en Europe et en Orient contre la Perse. Les corsaires

Khayr al-Dīn Barberousse, Piyale Paşa et Dragut mènent de fructueuses opérations en mer (occupation passagère de Tunis, prise de Nice, de Djerba). L'activité législatrice de Soliman fut considérable (organisation de l'armée, de la féodalité militaire, de la propriété territoriale, des impôts sur les sujets, etc.).

SOLIMENA (Francesco), peintre italien (Canale di Serino, prov. d'Avellino, 1657 -Barra, près de Naples, 1747). Il est, avec L. Giordano, l'une des principales figures du baroque napolitain. La fougue mélodramatique de ses fresques pour les églises de la capitale vice-royale (S. Paolo Maggiore, sacristie de S. Domenico, Gesù Nuovo) n'exclut ni les inventions de détail ni les nuances délicates. Également peintre d'allégories et portraitiste, il a travaillé pour toutes les cours d'Europe.

SOLIN n. m. (de *sole 1*). **1.** Filet de mortier ou d'un autre matériau protégeant une rive de toiture. — **2.** Bande de métal ou de mortier bouchant un vide ou garnissant la jonction de deux plans, par ex. au droit d'une souche de cheminée.

SOLINGEN, v. d'Allemagne (Rhénanie-du-Nord-Westphalie), dans le sud de la Ruhr ; 160 000 hab. Vieux centre de l'industrie de la coutellerie. Musée de la coutellerie. Matières plastiques.

SOLIPÈDE n. m. Syn. anc. de ÉQUIDÉ.

SOLIPSISME n. m. (lat. *solus,* seul, et *ipse,* même). Conception selon laquelle le moi, avec ses sensations et ses sentiments, constitue la seule réalité existante dont on soit sûr.

SOLIPSISTE adj. et n. Qui concerne le solipsisme ; adepte du solipsisme.

SOLÍS (Juan DÍAZ DE) → DÍAZ DE SOLÍS (Juan).

SOLÍS Y RIVADENEIRA (Antonio DE), historien et écrivain espagnol (Alcalá de Henares 1610 - Madrid 1686), auteur de l'*Histoire de la conquête du Mexique* (1684).

SOLISTE n. Artiste qui exécute un solo.

SOLITAIRE adj. (lat. *solitarius,* de *solus,* seul). **1.** Qui est momentanément sans compagnie ou qui recherche la solitude : *Croiser un promeneur solitaire.* — **2.** Se dit d'actions que l'on fait seul, de circonstances où l'on est seul : *Une promenade solitaire. Une existence solitaire.* — **3.** Se dit d'un lieu désert ou situé à l'écart : *Sa maison est une retraite solitaire.* — **4.** Se dit d'une colonne isolée, monumentale, qui ne fait pas partie d'une construction, ne porte pas un entablement. — **5.** *Navigateur(trice) solitaire* ou *solitaire* (n.), patron ou skipper d'un bateau de plaisance naviguant seul.

◆ n. **1.** Personne qui aime la solitude, vit à l'écart : *Ce garçon est un solitaire.* — **2.** *Navigation en solitaire,* voyage en haute mer effectué par une seule personne, à bord d'un yacht de croisière ou de course.

◆ n. m. **1.** Anachorète, moine qui vit seul, dans un lieu écarté. — **2.** Diamant taillé en brillant monté seul, le plus souvent sur une bague. — **3.** Jeu de réflexion composé d'une tablette octogonale percée de 37 trous disposés symétriquement et dans lesquels se logent 37 fiches. — **4.** Vieux sanglier qui s'est séparé des compagnies et vit en solitaire. — **5.** Nom commun à deux gros oiseaux (raphidés) des îles Mascareignes, proches du dronte et exterminés au XVIIIe s.

SOLITAIREMENT adv. D'une manière solitaire.

SOLITON n. m. Onde d'un type particulier qui se propage sans déformation ni amortissement. (Bien que très différents des phénomènes ondulatoires généraux, les solitons existent en hydrodynamique et en physique des plasmas. Ils peuvent être considérés comme des modèles de quantons.)

SOLITUDE n. f. (lat. *solitudo*). **1.** État de qqn qui est seul momentanément ou habituellement : *Profiter d'un instant de solitude pour réfléchir. Aimer la solitude.* — **2.** État de qqn qui est psychologiquement seul : *Solitude morale.* — **3.** Caractère d'un lieu où l'on se sent seul, isolé : *La solitude des forêts.* — **4.** *Litt.* Lieu solitaire : *Habiter dans une solitude champêtre.*

SOLIVAGE n. m. Ensemble de solives.

SOLIVE n. f. (de *sole 1*). **1.** Pièce de charpente, poutrelle qui soutient un plancher et qui porte sur les murs ou sur les poutres. (Les solives sont en bois ou en fer, notamm. en double T.) — **2.** *Solive apparente,* solive non cachée par un plafond (remplissage, lattis plâtré, etc.).

SOLIVEAU n. m. Petite solive.

SOLJENITSYNE (Aleksandr Issaïevitch), écrivain russe (Kislovodsk 1918). Après des études de sciences à Rostov (1936-1941), il est mobilisé, mais, arrêté pour délit d'opinion (1945), il purge une peine de détention, puis de relégation (1945-1956). Libéré, il enseigne aux lycées de Vladimir et de Riazan et entreprend par son œuvre littéraire de porter témoignage (*Une journée* d'Ivan Denissovitch ; Pour le bien de la cause,* 1963 ; *la Maison de Matriona,* 1963). Exclu de l'Union des écrivains soviétiques (1969), c'est à l'étranger qu'il édite, en 1968, *le Premier Cercle* (1955-1958) et *le Pavillon des cancéreux* (1963-1966), œuvres de dénonciation du système carcéral. En 1971, le roman *Août 1914* affirme son dessein de restituer le cours de l'histoire nationale, qu'il juge « falsifiée » (*l'Archipel* du Goulag,*

1973-1976). En 1974, expulsé d'U. R. S. S. et déchu de sa citoyenneté, il s'installe aux États-Unis, où il poursuit son œuvre (*Lettre aux dirigeants de l'Union soviétique,* 1974-1976 ; *le Chêne et le veau, Lénine à Zurich,* 1975 ; *Les tanks connaissent la vérité,* 1980 ; *la Roue rouge,* grand cycle romanesque sur la révolution russe, formé de *Août 14* [reprise, en 1983, du roman publié en 1971], *Novembre 16* [1984] et *Mars 17* [1986]). De retour en Russie en 1994, après vingt ans d'exil, il dresse dans *le « Problème russe » à la fin du* XX*e s.* un nouveau tableau — souvent très virulent — de l'histoire de son pays. (Prix Nobel 1970.)

SÖLLE (Dorothee), théologienne allemande (Cologne 1929). Elle préconise l'abandon de toutes les métaphysiques (théologie de la mort* de Dieu) et l'amour inconditionnel du prochain (*la Représentation, un essai de théologie après « la mort de Dieu »,* 1965 ; *Imagination et obéissance,* 1968).

SOLLERS (Philippe), écrivain français (Talence 1936). Après des débuts classiques (*Une curieuse solitude,* 1957), il entreprend une double réflexion sur le langage et sur les rapports du langage avec le réel (*le Parc,* 1961 ; *Drame,* 1965 ; *Logiques,* 1968 ; *Nombres,* 1968 ; « Écriture et révolution », dans *Théorie d'ensemble* de *Tel quel,* 1968 ; *Lois,* 1972 ; *H,* 1973 ; *Paradis,* 1981). Animateur de la revue *Tel quel* de 1960 à 1982, il passe ensuite, dans une veine plus romanesque, à la critique brillante d'une société contemporaine falsifiée et hypocritement répressive (*Femmes,* 1983 ; *Portrait du joueur,* 1984 ; *le Cœur absolu,* 1987 ; *la Fête à Venise,* 1991 ; *le Secret,* 1993). On lui doit également de nombreux écrits sur l'art et le monde de l'art.

SOLLICITATION n. f. (lat. *sollicitatio*). **1.** Prière instante, démarche pressante en faveur de qqn : *Un ministre assailli de sollicitations.* — **2.** Ce qui sollicite qqn, attire son attention, son intérêt : *Le touriste est soumis à des sollicitations multiples.* — **3.** Action de solliciter qqch : *Voiture qui répond aux moindres sollicitations.* — **4.** Nom générique des efforts et des moments relatifs à une section d'une structure.

SOLLICITER v. t. (lat. *sollicitare,* agiter) [conj. 3]. **1.** Demander qqch à un supérieur, à une autorité : *Il a sollicité du président une audience.* — **2.** Prier instamment qqn de consentir à faire qqch : *On l'a sollicité de présenter sa candidature.* — **3.** Mettre en éveil, attirer, retenir l'intérêt de qqn : *Ce détail aurait dû solliciter votre attention.* — **4.** Tenter d'obtenir de qqn quelque avantage : *Il n'hésite pas à solliciter les gens en place.* — **5.** Faire fonctionner un appareil, un organe, etc., lui demander d'agir. — **6.** Interpréter un texte de façon tendancieuse, lui faire dire plus qu'il n'exprime. — **7.** *Solliciter un cheval,* l'exciter, l'animer.

SOLLICITEUR, EUSE n. Personne qui demande qqch avec instance.

SOLLICITUDE n. f. (lat. *sollicitudo,* trouble moral). Soins attentifs, affectueux à l'égard de qqn : *Être plein de sollicitude à l'égard d'un malade.*

SOLLIÈS-PONT (83210), ch.-l. de cant. du Var, à l'O. du massif des Maures ; 9 607 hab. *(Solliès-pontois).* — La commune de *Solliès-Ville* (1 902 hab.) comprend un village perché au-dessus de Solliès-Pont. Église d'env. 1200.

SOLLOGOUB (Vladimir Aleksandrovitch, *comte*), écrivain russe (Saint-Pétersbourg 1813 - Hambourg 1882), auteur de récits satiriques (*Tarantass,* 1845).

SOLLUM, SOLUM ou **SALŪM,** v. de l'Égypte, à la frontière de la Cyrénaïque. Théâtre de nombreux combats entre les forces de l'Axe et les forces alliées pendant la campagne de Libye*, en 1942.

SOLNHOFEN, anc. **Solenhofen,** village d'Allemagne (Bavière). Les calcaires jurassiques de Solnhofen ont fourni le premier squelette d'archéoptéryx et de nombreux autres fossiles, dont le premier ptérosaurien décrit (1784), et des empreintes d'animaux mous (méduses).

SOLO n. m. (pl. *solos* ou *soli*) [ital. *solo,* seul]. **1.** Œuvre ou fragment d'œuvre musicale, vocale ou instrumentale, destinée à un seul exécutant, accompagné ou non. — **2.** Ascension solitaire, sans assurage, d'une seule traite. (On dit aussi *escalade en solo.*) — **3.** Partie d'un ballet dansée par un seul artiste. — **4.** En jazz, improvisation plus ou moins longue jouée par un musicien sur un thème donné avec le soutien d'une section rythmique ou d'un grand orchestre. — **5.** *Solo* ou *spectacle solo,* syn. de ONE-MAN-SHOW.
◆ adj. inv. Se dit d'un musicien qui joue seul.

SOLO, le plus long fleuve de l'île de Java ; 540 km (bassin de 15 000 km^2).

Solo *(hommes de),* nom donné à une série de calottes crâniennes humaines fossiles découvertes dans les alluvions du Solo, au centre de Java. Âgés de 200 000 ans, ces restes sont ceux de pithécanthropes.

SOLO, archipel des Philippines → SULU.

SOLO → SURAKARTA.

SOLOGNE, région du sud du Bassin parisien, entre la Loire et le Cher et partagée entre les dép. du Loir-et-Cher, du Loiret et du Cher ; env. 4 800 km^2. (Hab. *Solognots*). V. princ. *Romorantin-Lanthenay.* Plaine de 100 à 150 m d'altitude, la Sologne a été longtemps un pays de landes et de marais, redouté pour ses fièvres. Assainie, elle juxtaposait céréales, élevage et pisciculture. Elle est devenue aujourd'hui une terre de loisirs (chasse essentiellement) à proximité relative de Paris, atteint par autoroute.

SOLOGNOT, E adj. et n. **1.** De Sologne. – **2.** Se dit d'une race française de moutons prolifique, très rustique.

SOLOGOUB (Fedor Kouzmitch TETERNIKOV, dit **Fedor**), écrivain russe (Saint-Pétersbourg 1863 - *id.* 1927), poète symboliste et romancier réaliste (*le Démon mesquin,* 1907).

SOLOI ou **SOLI** (nom gr. et nom lat.), nom de deux cités grecques. — **Soloi** de Cilicie, fondée par des Rhodiens, fut détruite au Ier s. av. J.-C. par le roi d'Arménie Tigrane. — **Soloi** de Chypre, fondée vers 580 av. J.-C., fut abandonnée vers 647 apr. J.-C. Vestiges importants (agora, palais hellénistique, basilique paléochrétienne, nécropole).

SOLOMON ISLANDS, nom anglais des îles Salomon.

SOLOMÓS (Dionýsios, *comte*), poète grec (Zante 1798 - Corfou 1857). Il composa ses premiers poèmes en italien, mais la guerre de l'Indépendance le convertit à la poésie grecque. Il connut la célébrité grâce à son *Hymne à la liberté* (1823), qui devint en 1864 l'hymne national grec. On lui doit en outre un long *Poème sur la mort de lord Byron* (1824) ainsi que de grandes compositions inachevées : *Lambros, Porphyras,* qui font de lui le grand poète de la Grèce moderne.

SOLON, homme d'État athénien (v. 640-v. 558 av. J.-C.). Il pratique le grand commerce et séjourne en Ionie. De retour en Attique, il est l'inspirateur de la conquête de Salamine sur les Mégariens. Devenu archonte (594-593), il abolit les dettes foncières, fait rapatrier les citoyens vendus à l'étranger comme esclaves et interdit la servitude pour dettes. Il partage les citoyens en quatre classes censitaires. Les riches ont accès aux magistratures, les pauvres (les *thètes*) participent aux réunions de l'*ecclésia* et siègent désormais au tribunal de l'*héliée.* Il semble qu'il ait eu le souci de développer en Attique l'artisanat, en obligeant les pères à apprendre un métier à leur fils, et le commerce, par une réforme des poids et mesures. Il favorise en Attique le maintien d'une oléiculture spéculative qui fera la prospérité de la cité. Solon a mérité d'être rangé parmi les Sept Sages de la Grèce.

SOLONETZ n. m. (russe *solonets*). Sol halomorphe ou sol sodique dans lequel le sodium est présent dans la solution du sol et fixé sur le complexe absorbant en quantité importante (pH supérieur à 8).

SOLONTCHAK n. m. (russe *solontchak*). Sol salin à efflorescences blanches, fréquent en régions arides.

SOLOR, groupe d'îles d'Indonésie, entre la mer de Flores et la mer de Savu ; 2 082 km² ; 14 800 hab.

SOLOTHURN, nom all. de Soleure.

Solovets ou **Solovki** *(monastère de),* monastère fondé v. 1430 sur l'île Solovetski (Russie), dans la mer Blanche. Il fut transformé en camp du Goulag du début des années 1920 jusqu'en 1939.

SOLOVIEV (Vladimir Sergueïevitch), philosophe et poète russe (Moscou 1853 - Ouzkoïe, auj. dans Moscou, 1900). Il s'écarta des slavophiles en fondant l'orthodoxie sur l'union des Églises. Sa poésie mêle aux visions prophétiques un humour caustique *(Sophia, Trois Rencontres).*

SOLOW (Robert Merton), économiste américain (New York 1924). Théoricien néoclassique, il a consacré des travaux à l'élaboration d'un modèle économétrique mesurant la croissance économique et à la relation entre croissance et progrès technique. (Prix Nobel 1987.)

SOLRE-LE-CHÂTEAU (59740), ch.-l. de cant. du Nord, au N.-E. d'Avesnes-sur-Helpe, dans le Hainaut ; 1 961 hab. *(Solréziens).* Église du XVIe s. précédée d'un clocher à flèche et bulbe (vitraux, trésor). Demeures des XVIe-XVIIIe s.

SOLRE-SUR-SAMBRE, anc. comm. de Belgique. (→ ERQUELINNES.)

SOLSTICE n. m. (lat. *solstitium,* de *sol,* soleil, et *status,* de *stare,* s'arrêter). **1.** Époque de l'année où le Soleil, dans son mouvement apparent sur l'écliptique, atteint sa plus forte déclinaison boréale ou australe et qui correspond à une durée du jour maximale ou minimale. – **2.** Point correspondant de la trajectoire apparente du Soleil sur l'écliptique. (Le passage du Soleil en ces points, le 21 ou le 22 juin et le 21 ou le 22 décembre, marque respectivement le début de l'été et celui de l'hiver dans l'hémisphère Nord. La situation est inverse dans l'hémisphère Sud.)

SOLSTICIAL, E, AUX adj. (lat. *solstitialis,* de *solstitium,* solstice). **1.** Relatif aux solstices. – **2.** *Point solsticial,* chacun des deux points de la sphère céleste pour lesquels la hauteur de culmination du Soleil passe par un maximum (ou un minimum).

ŠOLTA, île croate de l'Adriatique, en Dalmatie ; 60 km² ; 3 000 hab. Tourisme.

SOLTI (*sir* Georg), chef d'orchestre hongrois naturalisé britannique (Budapest 1912). Il a été directeur des Opéras de Munich (1946-1952), de Francfort (1952-1961) et de Londres (1961-1971) avant d'être directeur de l'Orchestre de Paris (1972-1975) et de l'Orchestre philharmonique de Londres (1979-1983). Il a dirigé également, de 1969 à 1991, l'Orchestre symphonique de Chicago.

SOLUBILISATION n. f. Action de solubiliser ; fait d'être rendu soluble.

SOLUBILISER v. t. (conj. 3). Rendre soluble un produit par un traitement approprié.

SOLUBILITÉ n. f. **1.** Propriété d'une substance de se dissoudre dans une autre. — **2.** *Coefficient de solubilité,* masse de corps dissous dans 100 g de solvant quand la solution est saturée. ‖ *Produit de solubilité,* pour une solution saturée d'un électrolyte MA (M, métal ou hydrogène ; A radical acide) très peu soluble, produit $P = [M^+] \times [A^-]$ où $[M^+]$ et $[A^-]$ représentent les concentrations ioniques.

SOLUBLE adj. (bas lat. *solubilis*). **1.** Qui peut être dissous dans un solvant donné : *Le sel, le sucre sont solubles dans l'eau.* — **2.** Que l'on dissout dans un liquide pour le consommer instantanément : *Café soluble.* — **3.** Qui peut être résolu : *Problème aisément soluble.*

SOLUTÉ n. m. (lat. *solutum,* de *solvere,* dissoudre). **1.** Corps dissous dans un solvant. — **2.** Préparation liquide obtenue par solution ou dissolution d'une ou plusieurs substances médicamenteuses dans un liquide appelé solvant. — **3.** Dans la pharmacopée, toute liqueur renfermant des substances toxiques.

1. SOLUTION n. f. (lat. *solutio,* de *solvere,* dissoudre). **1.** Liquide contenant un corps dissous. — **2.** Syn. anc. de SOLUTÉ. — **3.** Mélange homogène de deux ou plusieurs corps, présentant une seule phase. — **4.** Litt. *Solution de continuité,* interruption dans la continuité de qqch, séparation d'éléments auparavant liés. — **5.** *Solution nutritive,* solution de sels minéraux pour la culture hydroponique. ‖ *Solution du sol,* phase liquide ou eau naturellement présente dans le sol et contenant des sels minéraux dissous. ‖ *Solution solide,* mélange formé par la dissolution, dans un réseau cristallin métallique, d'atomes d'un second élément, métallique ou non. (On distingue les solutions solides d'insertion et de substitution.)

2. SOLUTION n. f. (de *solution 1*). **1.** Réponse à un problème, à une question : *Trouver la solution d'une énigme.* — **2.** Ce qui peut résoudre une difficulté, dénouer une situation complexe : *Ce n'est pas une solution.* — **3.** Manière dont une action, un phénomène, un événement se termine : *La solution de la crise internationale.* — **4.** Élément d'un ensemble donné pour lequel une équation ou un système d'équations est satisfait. — **5.** *Solution de facilité,* celle qui offre le moins d'inconvénient, qui demande le moins d'effort. ‖ *Solution finale,* entreprise d'extermination des Juifs et des Tsiganes, réalisée par les nazis pendant la Seconde Guerre mondiale.

SOLUTIONNER v. t. (conj. 3). Donner une solution à un problème ; résoudre.

SOLUTRÉEN n. m. Faciès culturel du paléolithique supérieur, situé pour la phase ancienne v. 18000 avant notre ère.

ENCYCL. L'industrie du solutréen se caractérise par un travail très délicat de la pierre, fournissant des lames de silex très minces. Certaines pointes du solutréen moyen, dites « en feuilles de laurier* », atteignent jusqu'à 35 cm de longueur. La phase finale est définie par de longues lames plus étroites, dites « en feuilles de saule », et par des pointes à cran. Les grattoirs sont très abondants. Les os fournissent les premières aiguilles à chas. Sur le plan artistique, les populations du solutréen ont laissé des bas-reliefs sculptés dont les plus remarquables sont visibles au Roc* de Sers.

SOLUTRÉ-POUILLY (71960), comm. de Saône-et-Loire, à 9 km à l'O. de Mâcon ; 367 hab. Vignobles. — Au pied de la *roche de Solutré* se trouve un important site préhistorique, occupé depuis le moustérien, éponyme du faciès solutréen. Musée.

SOLVABILITÉ n. f. État de qqn de solvable.

SOLVABLE adj. (lat. *solvere,* payer). Se dit d'un débiteur qui peut faire face à ses obligations à l'échéance.

SOLVANT n. m. (lat. *solvere,* dissoudre). **1.** Liquide possédant la propriété de dissoudre certaines substances. (En peinture, les solvants les plus employés sont l'essence de térébenthine, le white-spirit, le trichloréthylène, l'acétone.) — **2.** *Solvant sélectif,* solvant capable de dissoudre certaines impuretés sans affecter les autres propriétés du produit traité.

SOLVATATION n. f. Phénomène de combinaison ou d'association moléculaire d'un corps dissous avec son solvant. (La solvatation concerne surtout les corps colloïdaux mais se produit aussi entre les ions d'un électrolyte fort et les molécules du solvant.)

SOLVATE n. m. Combinaison ou association d'un composé soluble avec tout ou partie des éléments constitutifs du solvant.

SOLVATER v. t. (de *solvant*) [conj. 3]. Produire la solvatation.

SOLVAY (Ernest), industriel et philanthrope belge (Rebecq-Rognon 1838-Bruxelles 1922). De 1861 à 1865, il réalisa la fabrication industrielle du carbonate de sodium en décomposant le chlorure de sodium par l'ammoniac et le gaz carbonique. Il provoqua, à partir de 1911, des réunions internationales de savants dans le dessein « de discuter et de fixer une série de points controversés des théories physiques et chimiques modernes ».

Solvay et Cie, société belge, fondée en 1863 par Ernest Solvay pour l'exploitation industrielle de son procédé de fabrication du carbonate de sodium. Le groupe occupe une place importante dans l'industrie chimique européenne.

SOLWAY *(golfe de)* ou **SOLWAY FIRTH,** golfe formé par la mer d'Irlande, sur la côte ouest de la Grande-Bretagne, entre le Cumbria anglais et l'Écosse.

Solway Moss *(bataille de)* [nov. 1542], victoire remportée par l'armée anglaise sur les troupes du roi Jacques V d'Écosse, dans le comté de Cumbria.

1. SOMA n. m. (gr. *sôma,* corps). Ensemble de cellules qui constituent la masse du corps, à l'exclusion des cellules sexuelles, ou germen. (La distinction entre germen et soma est due à August Weismann.)

2. SOMA n. m. (mot sanskr.). Boisson sacrificielle dont l'usage était courant d'après les Veda. (Elle était fabriquée à partir du jus d'une plante ou d'un champignon inconnu. Elle semble avoir eu un fort effet hallucinogène.)

SOMAIN (59490), comm. du Nord, à 16 km à l'E. de Douai ; 12 021 hab. Triage ferroviaire. Industrie automobile.

SOMAIZE (Antoine BAUDEAU DE), écrivain français (1630 ?-?). On ignore tout de sa vie, hormis ses œuvres, qui, publiées après *les Précieuses ridicules,* défendent le courant précieux : *les Véritables Précieuses* (1660), comédie ; *le Grand Dictionnaire des précieuses ou la Clef de la langue des ruelles* (1660) ; *le Grand Dictionnaire des précieuses, historique, poétique, géographique, cosmographique, chronologique et armoirique* (1661).

SOMALI, E ou **SOMALIEN, ENNE** adj. et n. De Somalie.

◆ **somali** n. m. Langue couchitique parlée en Somalie. (C'est la langue officielle de la République de Somalie et la seule des langues couchitiques à avoir une expression écrite [en alphabet arabe].)

SOMALIE, État occupant la partie orientale de la Corne de l'Afrique ; 638 000 km^2 ; 9 500 000 hab. *(Somaliens).* CAP. *Muqdisho (Mogadiscio).* LANGUE : *somali.* MONNAIE : *shilling somali.*

Géographie. Au N., des montagnes dominent le golfe d'Aden tandis que la large plaine côtière de l'océan Indien se raccorde dans l'intérieur à un plateau. L'élevage nomade était la ressource essentielle de ce pays, en majeure partie aride. Seul le Sud, à une latitude équatoriale et traversé par deux fleuves (le Chébéli et le Djouba, issus des hautes terres éthiopiennes), possédait quelques cultures (canne à sucre, coton, banane), souvent irriguées. La sécheresse et surtout la guerre civile ont ruiné l'économie, provoqué des déplacements de population, des famines et conduit à la désintégration de l'État.

Histoire. Les commerçants musulmans entrent très tôt en contact avec la population noire du littoral. À partir du Xe s., les Somalis, venus du Yémen et de l'Arabie, s'y installent par vagues successives.

XIVe-XVIe s. : Les royaumes musulmans combattent l'Éthiopie, chrétienne.

1887 : Les Britanniques créent le protectorat de Somaliland le long du littoral septentrional.

1889 : Les Italiens imposent leur protectorat sur la côte orientale et méridionale.

Devenue colonie en 1905, la Somalie italienne (Somalia) s'agrandit de l'Ogaden à l'issue de la campagne d'Éthiopie (1935-36).

1941 : Après avoir dû évacuer le Somaliland, la Grande-Bretagne reconquiert l'ensemble de la région.

Elle l'administre jusqu'en 1950, année où l'Italie reçoit de l'O. N. U. la tutelle sur son ancienne colonie (hormis l'Ogaden, restitué à l'Éthiopie).

1960 : La république est proclamée. Son territoire regroupe les anciens Somaliland et Somalia.

1969 : Le général Siyad Barre s'empare du pouvoir et instaure la République démocratique de Somalie.

1977-78 : Un conflit oppose l'Éthiopie, soutenue par l'U. R. S. S., à la Somalie, qui revendique l'Ogaden.

1988 : Un accord de paix met fin à la guerre larvée entre les deux pays.

1991 : Le général Siyad Barre est renversé. Une guerre civile déchire le pays, frappé d'une terrible famine. Une « République indépendante du Somaliland » est proclamée dans le nord du pays.

1992 : Une force militaire internationale, à prépondérance américaine, intervient, sous l'égide de l'O. N. U., pour assurer la distribution de l'aide alimentaire.

1993-94 : Les forces de l'O. N. U. qui prennent le relais de cette opération ne parviennent pas à désarmer les factions rivales. La famine est cependant pratiquement jugulée.

1995 : La mission de l'O. N. U. prend fin sans que la paix civile ait été rétablie.

SOMALIE *(bassin de),* partie nord-ouest de l'océan Indien, limitée par Madagascar, les Comores, l'Afrique orientale, la dorsale Carlsberg et le massif des Seychelles prolongé par l'arc des Amirantes.

SOMALIE *(courant de),* courant rapide longeant la Corne de l'Afrique et présentant un renversement spectaculaire : en hiver, vers le S.-O. ; en été, vers le N.-E.

SOMALIE BRITANNIQUE, en angl. **Somaliland,** ancien protectorat britannique de l'Afrique orientale, situé en bordure du golfe d'Aden et intégré aujourd'hui à la République de Somalie ; 176 120 km².

SOMALIE ITALIENNE, en ital. **Somalia,** territoire de l'Afrique orientale situé en bordure de l'océan Indien et du golfe d'Aden, sous la tutelle de l'Italie jusqu'en 1960 et aujourd'hui intégré à la République de Somalie ; 461 540 km².

SOMALIS, population couchitique établie en République de Somalie, en Éthiopie, au Kenya et à Djibouti, estimée à 5 millions de membres.

SOMALIS *(Côte française des),* nom porté entre 1896 et 1967 par l'actuelle République de Djibouti*.

SOMAN n. m. Dérivé de l'acide méthanephosphonique, qui a été préconisé comme gaz de combat.

SOMATHORMONE n. f. Syn. de HORMONE SOMATOTROPE*.

SOMATION n. f. Syn. de ACCLIMATEMENT.

SOMATIQUE adj. (gr. *sômatikos,* de *sôma, -atos,* corps). **1.** Relatif au soma. — **2.** Qui concerne le corps, les fonctions organiques (par oppos. à *psychique*). — **3.** *Caractère somatique,* caractère affectant le soma. (Les caractères sexuels somatiques sont plutôt dits *secondaires.*)

SOMATISATION n. f. Action de somatiser un sentiment.

SOMATISER v. t. (conj. 3). Avoir une réponse physique, organique à un stress psychologique : *Somatiser son angoisse.*

◆ v. i. Avoir tendance à traduire ses conflits psychiques en troubles somatiques.

SOMATOGNOSIE n. f. Connaissance que l'on a de son corps et des relations entre ses différentes parties.

SOMATOMAMMOTROPHINE n. f. *Somatomammotrophine chorionique,* syn. de HORMONE LACTOGÈNE* PLACENTAIRE.

SOMATOMÉDINE n. f. Hormone polypeptidique qui commande la croissance du cartilage de conjugaison en y favorisant l'absorption de soufre.

SOMATOMÉTRIE n. f. Ensemble des techniques de mesure du corps humain.

SOMATOPLEURE n. f. Feuillet pariétal de l'épithélium de la cavité cœlomique générale des vertébrés, appliqué contre la musculature thoraco-abdominale.

SOMATOTOPIE n. f. Représentation du corps, point par point, par des éléments nerveux discrets au sein d'une structure nerveuse, qui permet au système nerveux la discrimination spatiale lorsqu'il reçoit les messages sensitifs ainsi que la commande précise de différents segments corporels.

SOMATOTROPE adj. *Hormone somatotrope,* hormone hypophysaire agissant sur la croissance. (Syn. SOMATHORMONE, SOMATOTROPHINE, HORMONE DE CROISSANCE.)

ENCYCL. Désignée souvent par les abréviations GH et STH (de l'angl. *g*rowth *h*ormone et *s*omato*t*rophin *h*ormone), l'hormone somatotrope a une activité biologique et une structure propres à chaque espèce. La synthèse de l'hormone somatotrope humaine a été réalisée.

SOMATOTROPHINE n. f. Syn. de HORMONE SOMATOTROPE.

SOMBART (Werner), économiste allemand (Ermsleben, distr. de Halle, 1863-Berlin 1941), l'un des principaux partisans de réformes sociales en faveur des ouvriers et l'un des fondateurs des cercles d'études sociales dans les universités allemandes. On lui doit, notamment, *le Capitalisme moderne* (1902), *l'Économie sociale allemande au XIXᵉ siècle* (1903) et, surtout, *le Socialisme et le mouvement social au XIXᵉ siècle* (1896).

SOMBAS, peuple du Bénin appartenant au groupe voltaïque et comptant 75 000 membres.

SOMBOR, v. de Yougoslavie (Vojvodine), dans la Backa ; 44 000 hab. Marché agricole et carrefour ferroviaire.

SOMBRE adj. (anc. fr. *sombrer,* faire de l'ombre, du bas lat. *subumbrare*). **1.** Se dit d'un lieu peu éclairé, où la luminosité est faible : *Une ruelle sombre.* — **2.** Se dit d'une couleur qui tire sur le brun ou sur le noir, ou d'une nuance foncée et sans éclat : *Une robe sombre.* — **3.** Dont le comportement, les pensées, le caractère manifestent de la gravité, du pessimisme, une inquiétude : *Une humeur sombre.* — **4.** Qui est empreint de tristesse, d'inquiétude, chargé de menaces : *Les perspectives d'avenir paraissent sombres.* — **5.** Renforce un terme injurieux ou dépréciatif : *C'est une sombre brute.*

◆ adv. *Il fait sombre,* il y a peu de clarté, de lumière.

SOMBRER v. i. (p.-ê. de l'esp. *zozobrar*) [conj. 3]. **1.** En parlant d'un bateau, couler, être englouti dans l'eau. — **2.** Être englouti, anéanti, cesser d'exister : *Cette entreprise est près de sombrer.* — **3.** Se laisser envahir par un état physique ou psychique jusqu'à la perte de la conscience : *Sombrer dans le sommeil.* — **4.** Tomber, se perdre dans une habitude néfaste, un état douloureux : *Il a sombré dans l'alcoolisme.* — **5.** *Sombrer dans l'oubli,* être oublié.

SOMBRERO n. m. (pl. *sombreros*) [esp. *sombrero,* de *sombra,* ombre). Chapeau de feutre à larges bords, dans les pays hispaniques.

SOMERS ou **SOMMERS** (John, *baron*), homme politique anglais (près de Worcester 1651 - Londres 1716). Whig, président de la commission qui rédigea la Déclaration des droits (1689), il devint conseiller personnel de Guillaume III et fut lord-chancelier (1697-1700), puis président du Conseil (1708-1710).

SOMERSET, île de l'archipel arctique canadien (Territoires du Nord-Ouest), entre l'île Devon et la péninsule de Boothia.

SOMERSET, comté du S.-O. de la Grande-Bretagne ; 3 458 km² ; 459 000 hab. Ch.-l. *Taunton.*

SOMERSET (*lord* Fitzroy James Henry) → RAGLAN (baron).

SOMERVILLE (*sir* James FOWNES), amiral britannique (Wells, Somerset, 1882 - *id.* 1949). Après avoir participé à l'évacuation de Dunkerque (1940), il dirigea l'expédition de l'escadre de Gibraltar contre la flotte française de Mers el-Kébir (juill. 1940). Il livra la bataille navale du cap Teulada (nov. 1940) contre les Italiens puis commanda la flotte britannique d'Extrême-Orient de 1942 à 1944.

SOMEŞ, en hongr. **Szamos,** riv. d'Europe centrale, formée de deux branches, qui draine le nord-ouest de la Transylvanie et rejoint la Tisza en Hongrie ; 411 km. Hydroélectricité.

SOMESTHÉSIE n. f. Domaine de la sensibilité qui concerne la perception consciente de toutes les modifications intéressant le revêtement cutanéo-muqueux, les viscères, le système musculaire et ostéo-articulaire.

SOMITE n. m. (gr. *soma,* corps). Syn. de ANNEAU et de MÉTAMÈRE.

SOMMAIRE adj. (lat. *summarium,* de *summa,* somme). **1.** Qui est exposé en peu de mots : *Une description sommaire des lieux.* — **2.** Qui est réduit à la forme la plus simple, au minimum : *Un repas sommaire. Un examen sommaire.* — **3.** Qui est fait rapidement sans les formes légales : *Exécution sommaire.*

◆ n. m. **1.** Liste située en tête ou parfois à la fin d'un livre, d'une revue, d'un dossier, et indiquant le titre des différentes parties de ce document. — **2.** Partie du titre d'un journal, venant après le sous-titre, énumérant les principaux éléments de l'information.

SOMMAIREMENT adv. D'une façon sommaire.

1. SOMMATION n. f. (de *sommer 1*). **1.** Acte par lequel un huissier enjoint à une personne de faire qqch (par ex. sommation de payer) ou de répondre à une question (interpellation). — **2.** Invitation ayant une forme impérative : *Se rendre à une sommation.* — **3.** Appel réglementaire (« Halte ! », « Halte ou je fais feu ! »), lancé par une sentinelle, enjoignant à une troupe ou à un isolé de s'arrêter et de se faire reconnaître. — **4.** En cas de troubles graves, appel solennel lancé par l'autorité civile et ordonnant à la foule de se disperser avant que la troupe n'intervienne.

2. SOMMATION n. f. (de *sommer 2*). **1.** Opération par laquelle on fait la somme de plusieurs quantités. — **2.** Phénomène par lequel plusieurs facteurs conjuguent leurs effets sur un individu. — **3.** En neurologie, syn. de CONVERGENCE.

SOMMATOIRE adj. Relatif à la sommation.

1. SOMME n. m. (lat. *somnus,* sommeil). Action de dormir pour un temps relativement court : *Faire un somme.*

2. SOMME n. f. (bas lat. *sauma,* var. de *sagma,* fardeau, du gr. *sagma*). *Bête de somme,* animal employé à porter des fardeaux ou, fam., personne accablée de travail, de corvées.

3. SOMME n. f. (lat. *summa*). **1.** Résultat d'une addition : *Faire la somme de deux nombres.* — **2.** Quantité d'argent : *Il me doit une somme importante.* — **3.** Quantité, masse de qqch : *La somme de tous nos ennuis.* — **4.** Œuvre importante, travail considérable, en partic. lorsqu'ils font le point, la synthèse des connaissances dans un domaine : *Somme philosophique.* — **5.** *En somme, somme toute,* en résumé, tout bien considéré, finalement. • **Log.** *Somme logique,* ensemble de l'extension de deux ou de plusieurs concepts. — **Math.** Nombre (entier, relatif, rationnel, réel ou complexe) qui est l'image de deux nombres a et b par l'opération addition. ‖ Image d'un couple (a,b) d'éléments d'un ensemble par une opération, appelée addition, définie sur cet ensemble. ‖ Pour une série convergente (u_n), nombre S vers lequel converge la suite (S_n) définie par

$$S_n = u_1 + ... + u_n.$$

‖ Pour deux fonctions f et g à valeurs dans un espace muni d'une addition, fonction définie par

$$f + g : x \mapsto f(x) + g(x).$$

‖ *Signe somme,* symbole ∫ de l'intégrale ou des primitives. ‖ *Sommes de deux séries* (u_n) *et* (v_n), série (w_n) telle que $w_n = u_n + v_n$ pour tout n. — **Théol.** *Somme théologique,* exposé doctrinal et raisonné de la théologie catholique au Moyen Âge. (L'exemple classique est la *Somme théologique* de saint Thomas d'Aquin.)

SOMME (la), fl. du nord du Bassin parisien, en Picardie ; 245 km (bassin d'env. 6 000 km²). Née dans l'Aisne, elle traverse surtout le dép. auquel elle a donné son nom, passant à Ham, Péronne, Amiens, Abbeville, rejoignant la Manche dans la *baie de Somme.*

Somme *(batailles de la),* combats survenus dans la région de la Somme pendant les deux guerres mondiales.

• *Première Guerre mondiale.* De juill. à nov. 1916, les forces franco-britanniques, conduites par Foch et par Haig, attaquent les troupes allemandes de part et d'autre de la Somme entre Albert, Flers, Combles et Chaulnes. Cette bataille entraîna de lourdes pertes mais eut des conséquences positives : stratégiquement, l'ennemi allait lâcher prise à Verdun ; moralement, elle allait consacrer l'épuisement allemand sur le front occidental.

• *Seconde Guerre mondiale.* Du 5 au 8 juin 1940, les forces françaises, rassemblées par Weygand sur le front de la Somme, ne purent empêcher la percée allemande en basse Somme : les blindés allemands atteignirent la Seine le 9 juin.

SOMME (80), dép. de la Région Picardie ; ch.-l. de dép. *Amiens ;* ch.-l. d'arrond. *Abbeville, Montdidier, Péronne ;* 4 arrond. ; 46 cant. ; 783 comm. ; 6 170 km² ; 547 825 hab. Le département appartient à l'académie et à la cour d'appel d'Amiens, à la région militaire Nord-Est.
En arrière du littoral, jalonné de petits ports et de stations balnéaires et bordé par des régions basses, où domine l'élevage, le département s'étend sur la plaine crayeuse, recouverte de limon, de la Picardie. Celle-ci porte des cultures céréalières, betteravières et fourragères (associées à l'élevage bovin) ; elle est entaillée par la vallée humide de la Somme. L'industrie, en dehors des usines alimentaires disséminées, est surtout présente dans le Vimeu (petite métallurgie) et dans l'agglomération d'Amiens (qui concentre près du tiers de la population du département).

SOMME *(baie de),* l'embouchure de la Somme dans la Manche.

SOMMEIL n. m. (bas lat. *somniculus,* dimin. de *somnus,* sommeil). **1.** État fonctionnel périodique de l'organisme, et notamment du système nerveux, pendant lequel la vigilance est abolie et la réactivité aux stimulations amoindrie. (→ *encycl.*) — **2.** Besoin de dormir : *Céder au sommeil.* — **3.** État d'inactivité provisoire ou d'activité ralentie de qqch : *Une industrie qui sort du sommeil.* — **4.** Repliement nocturne des feuilles et folioles, fermeture des fleurs dus à la nyctinastie. — **5.** *Avoir sommeil,* avoir envie de dormir. ‖ *Cure de sommeil,* thérapeutique psychiatrique fondée sur un état de sommeil plus ou moins profond artificiellement provoqué par des psychotropes. (Syn. NARCOTHÉRAPIE.) ‖ *Être en sommeil,* avoir une activité ralentie ou nulle. ‖ Litt. *Le sommeil éternel, le dernier sommeil,* la mort. ‖ *Maladie du sommeil,* nom usuel des trypanosomiases africaines. ‖ *Marchand de sommeil,* personne qui loue des chambres meublées à un prix excessif. ‖ *Mettre, laisser qqch en sommeil,* en réduire ou en suspendre l'activité. ‖ *Sommeil de plomb,* sommeil très profond. ‖ *Tomber de sommeil,* avoir un besoin invincible de dormir.

ENCYCL. **Neurol.** À partir d'enregistrements électroencéphalographiques continus du sommeil, on distingue deux phases : 1° le *sommeil lent,* qui représente la majeure partie du temps consacré au sommeil ; 2° le *sommeil paradoxal,* où le tracé encéphalographique ressemble à un tracé de veille, et qui correspond à la période de rêve. Le sommeil n'est pas un phénomène passif : il existe un système inducteur du sommeil lent et inhibiteur de l'éveil et un système de mise en route du sommeil paradoxal. Au cours de la vie, la durée du sommeil diminue : elle passe de 16 h sur 24 h à la naissance à 6 h sur 24 h vers 70 ans.

SOMMEILLER v. i. (de *sommeil*) [conj. 4]. **1.** Dormir d'un sommeil léger et qui ne dure jamais longtemps : *Certains sommeillaient pendant le discours.* — **2.** *Litt.* Être dans un état de torpeur, d'inertie : *L'hiver est la saison où la nature sommeille.* — **3.** Exister sans se manifester, être à l'état latent : *Les passions qui sommeillent en lui.*

SOMMELIER, ÈRE n. (altér. de *sommerier,* de *sommier,* bête de somme). Professionnel(elle) chargé(e) de la cave et du service des vins dans un restaurant.

◆ **sommelier** n. m. **1.** Au Moyen Âge, officier affecté au transport, sur des *sommiers,* ou chevaux de somme, des bagages d'un prince ou d'un seigneur. — **2.** Sous l'Ancien Régime, officier de cour chargé de mettre le couvert et de préparer les vins.

◆ **sommelière** n. f. En Suisse, serveuse dans un café, un restaurant.

SOMMELLERIE n. f. Charge de sommelier.

1. SOMMER v. t. (lat. médiév. *summare,* dire en résumé) [conj. 3]. **1.** Effectuer une sommation. — **2.** Signifier à qqn, de façon impérative, d'avoir à faire qqch : *Je vous somme de vous taire.*

2. SOMMER v. t. (de *somme 3*) [conj. 3]. Faire la somme de.

3. SOMMER v. t. (anc. fr. *som,* sommet) [conj. 3]. Orner le sommet, surmonter, couronner.

SOMMERFELD (Arnold), physicien et mathématicien allemand (Königsberg 1868-Munich 1951). Appliquant à l'atome, dès 1915, la mécanique relativiste conjointement avec la théorie des quanta, il réussit à expliquer la « structure fine » des raies spectrales. Il introduisit les orbites elliptiques dans les atomes et développa la théorie des électrons libres dans les métaux.

SOMMET n. m. (anc. fr. *som,* du lat. *summum*). **1.** Point culminant d'un relief : *Le mont Blanc est le plus haut sommet de France.* — **2.** Partie la plus élevée de qqch : *Atteindre le sommet de l'arbre.* — **3.** Degré supérieur, suprême de qqch : *Parvenir au sommet de la hiérarchie.* — **4.** Chose supérieure en son genre : *C'est un des sommets de la littérature.* — **5.** Conférence internationale réunissant les dirigeants de deux ou de plusieurs pays sur un problème particulier : *Un sommet franco-allemand.* (On dit aussi *conférence au sommet.*) — **6.** *Au sommet,* qui concerne les dirigeants suprêmes, les chefs d'État : *Décision au sommet.* • **Électr.** Syn. de NŒUD. — **Math.** Point commun à deux côtés consécutifs d'une ligne polygonale ou d'un polygone. ‖ Point commun aux deux demi-droites frontières d'un secteur angulaire. ‖ Point d'intersection d'une conique avec ses axes. ‖ Pour un polyèdre, sommet de ses faces. ‖ Sommet commun à toutes les faces d'un secteur ou angle polyèdre. ‖ Point par lequel passent toutes les génératrices d'un cône ou d'une surface conique. ‖ Le sommet opposé à la base, dans un triangle isocèle ou une pyramide. ‖ Syn. de PÔLE pour une homologie ou une perspective.

◆ **sommets** n. m. pl. La montagne : *L'air des sommets.*

1. SOMMIER n. m. (bas lat. *sagmarius,* bête de somme). Châssis de bois ou de métal dont l'intérieur est diversement garni et sur lequel repose le matelas. • **Bât.** Pierre taillée disposée à plat sur un pilier ou un piédroit et recevant sur un lit en coupe (c.-à-d. oblique) la charge d'une plate-bande ou d'un arc (dont le sommier constitue le premier claveau). ‖ Sablière formant linteau, poitrail. ‖ Chacune des traverses horizontales d'une grille, percées pour recevoir le barreaudage. — **Chauss., Maroq.** et **Sell.** Syn. de BILLOT. — **Mus.** Partie essentielle de l'orgue, constituée par de grandes caisses de bois dans lesquelles l'air est envoyé sous pression. ‖ Dans le piano et le clavecin, pièce de hêtre destinée à recevoir les chevilles auxquelles sont fixées les cordes. — **Therm.** Pièce réfractaire d'appui d'une voûte ou d'un arc de four.

2. SOMMIER n. m. (de *somme 3*). **1.** Registre sur lequel certains comptables ou économes prennent en charge divers produits. — **2.** *Sommier de police technique,* fichier centralisant depuis 1960 le relevé de toutes les condamnations à une peine privative de liberté pour crime ou délit.

SOMMIÈRE n. f. (anc. fr. *som,* sommet). Place découverte, dans une forêt.

SOMMIÈRES (30250), ch.-l. de cant. du Gard, dans les Garrigues ; 3 306 hab. *(Sommiérois).* Vestiges d'un château fort et demeures anciennes. Textile.

Sommières *(terre de),* produit détachant qui a la propriété d'absorber les graisses.

SOMMITAL, E, AUX adj. **1.** Relatif au sommet de qqch. — **2.** *Prairie sommitale,* formation végétale naturelle du sommet des montagnes, constituant une prairie d'herbes courtes et de plantes vivaces, souvent en coussinets ou en couronnes.

SOMMITÉ n. f. (bas lat. *summitas,* cime). **1.** Personne éminente dans un domaine quelconque : *Un congrès qui réunit les sommités de la médecine.* — **2.** *Sommité (fleurie),* tige garnie de fleurs, petites et nombreuses, dont on utilise l'ensemble.

SOMNAMBULE n. Personne qui est en proie au somnambulisme.

SOMNAMBULIQUE adj. Relatif au somnambulisme

SOMNAMBULISME n. m. (de *somnambule*). Comportement moteur automatique plus ou moins adapté se produisant durant le sommeil.

SOMNIFÈRE adj. et n. m. (lat. *somnifer,* de *somnus,* sommeil). Qui fait dormir, produit le sommeil. (Syn. HYPNOTIQUE.)

SOMNILOQUIE n. f. Émission de sons plus ou moins bien articulés pendant le sommeil.

SOMNOLENCE n. f. (bas lat. *somnolentia*). **1.** Sommeil peu profond qui se manifeste en dehors des heures habituelles. — **2.** *Litt.* État d'engourdissement, de passivité, d'inertie.

SOMNOLENT, E adj. (bas lat. *somnolentus,* du lat. class. *somnus,* sommeil). **1.** Qui est en état de somnolence, à demi assoupi : *Un voyageur somnolent.* — **2.** *Litt.* Qui manque d'activité et semble plongé dans un état de torpeur : *Une petite cité somnolente.* — **3.** Dont les facultés intellectuelles fonctionnent au ralenti et paraissent en sommeil : *Un homme à l'intelligence somnolente.*

SOMNOLER v. i. (de *somnolent*) [conj. 3]. **1.** Être en état de somnolence, de demi-sommeil : *Somnoler après un repas trop copieux.* — **2.** *Litt.* Être inactif, sommeiller : *La petite ville somnolait.*

SOMODEVILLA Y BENGOECHEA (Zenón DE), marquis **de la Ensenada** → ENSENADA.

SOMOSIERRA *(col de),* col d'Espagne, dans la sierra de Guadarrama, qui relie les deux Castilles et les bassins du Tage et du Douro ; 1 430 m.

SOMOZA (Anastasio, dit **Tacho**), homme d'État nicaraguayen (San Marcos 1896-Panamá 1956).

Commandant de la garde nationale, il renversa le président Sacasa en 1936. Président de la République (1937-1947, 1951-1956), il régna en dictateur et fut assassiné. — Son fils LUIS **Somoza Debayle** (Lede 1922 - Managua 1967) fut président de 1956 à 1963. — ANASTASIO **Somoza Debayle,** dit **Tachito** (León 1925 - Asunción, Paraguay, 1980), frère du précédent, devint président en 1967. Détenant tous les pouvoirs et la moitié de la richesse du pays, le clan Somoza rencontra une opposition croissante. Abandonné par les États-Unis, Somoza fut renversé par l'insurrection du Front sandiniste de libération nationale (juill. 1979). Exilé au Paraguay, il y fut exécuté par des sandinistes.

SOMPORT (*col du* ou *de*), col routier des Pyrénées-Atlantiques, à la frontière espagnole, entre la vallée d'Aspe et le río Aragón (Espagne) ; 1 632 m.

SOMPTUAIRE adj. (lat. *sumptuarius*). **1.** Se dit d'une loi qui restreignait et réglementait les dépenses. (Les lois somptuaires furent fréquentes dans l'Antiquité et surtout à Rome. La plus connue est la loi Oppia, de 215 av. J.-C.) — **2.** *Arts somptuaires,* arts décoratifs de luxe. ‖ *Dépense somptuaire,* dépense excessive faite pour le superflu, le luxe.

SOMPTUEUSEMENT adv. De façon somptueuse, fastueuse.

SOMPTUEUX, EUSE adj. (lat. *sumptuosus,* de *sumptus,* dépense). **1.** Qui, par son caractère opulent, luxueux, suppose de grandes dépenses : *Des toilettes somptueuses.* — **2.** Qui est superbe, magnifique : *Un livre orné de somptueuses illustrations.*

SOMPTUOSITÉ n. f. (bas lat. *sumptuositas*). *Litt.* Caractère de ce qui est somptueux : *La somptuosité d'un palais.*

SOMVILLE (Roger), peintre belge (Bruxelles 1923), représentant d'un réalisme social engagé (*le Café de nuit,* 1966, coll. de l'État belge ; mural *Notre temps,* métro de Bruxelles, 1974-1976).

1. SON, SA, SES adj. poss. de la 3e pers. du sing. (lat. *suum,* accus. de *suus*) [au lieu de *sa,* on emploie *son* devant un nom ou un adj. fém. commençant par une voyelle ou un *h* muet]. **1.** Qui est à lui, à elle, qui vient de lui, d'elle, qui le, la concerne, lui est propre, qui est tel par rapport à lui, à elle : *Son père. Il ne sait pas sa leçon.* — **2.** Entre en composition avec certains noms de titre dans la désignation de ces personnes : *Son Altesse.*

2. SON n. m. (anc. fr. *suen,* du lat. *sonus*). **1.** Sensation auditive engendrée par une onde acoustique. (→ *encycl.*) — **2.** Toute vibration acoustique considérée du point de vue des sensations auditives ainsi créées : *Son strident.* — **3.** Volume, intensité sonore d'un appareil : *Baisser le son.* — **4.** Ensemble des techniques d'enregistrement et de reproduction des sons, en partic. au cinéma, à la radio, à la télévision : *Ingénieur du son.* — **5.** *Au(x) son(s) de qqch,* en suivant la musique, les rythmes de. ‖ *Spectacle son et lumière,* spectacle nocturne, ayant pour cadre un édifice ancien et qui se propose de retracer l'histoire de cet édifice à l'aide d'illuminations et d'évocations sonores, musicales.

ENCYCL. **Acoust.** La vitesse de propagation du son dépend du milieu : dans l'air à 0 °C, elle est de 331 m/s ; elle augmente, aux températures ordinaires, de 0,6 m/s environ pour une élévation de température de 1 °C. Dans les autres gaz, elle est du même ordre de grandeur (quelques centaines de m/s). Dans les liquides, elle est toujours de l'ordre du km/s : 1 435 m/s dans l'eau à 8 °C. Dans les solides, elle est de quelques km/s (5 km/s pour l'acier).
Les sons se distinguent entre eux par leur hauteur*, leur intensité* et leur timbre*.

3. SON n. m. (p.-ê. anglo-saxon *seon,* rebut, ou lat. *secundus,* de qualité inférieure). **1.** Issue de la mouture du blé, constituée par des fragments d'enveloppe du grain retenant un peu de farine adhérente. — **2.** *Poupée de son,* poupée de tissu bourrée de sciure de bois. ‖ *Tache de son,* tache de rousseur sur le visage.

SŌN, riv. de l'Inde, affl. du Gange en amont de Paṭnā ; 760 km.

SONAGRAMME n. m. Représentation graphique à trois dimensions (temps, fréquences, intensité) des composants acoustiques d'un signal de parole.

SONAGRAPHE n. m. Spectrographe qui permet d'obtenir des sonagrammes.

SONAL n. m. Syn. de JINGLE.

SONANTE n. f. (de *sonner*). **1.** Consonne qui présente le degré d'obstacle le plus faible dans son émission (par ex. les liquides, les nasales et les glides). [Contr. OBSTRUANTE.] — **2.** Unité phonique susceptible de constituer le centre ou le sommet d'une syllabe.

SONAR n. m. (angl. *sonar,* abrév. de *Sound Navigation and Ranging*). Appareil de détection sous-marine, utilisant les ondes sonores et permettant le repérage, la localisation et l'identification des objets immergés.

SONATE n. f. (ital. *sonata*). **1.** Composition musicale en un ou plusieurs mouvements, pour soliste ou ensemble instrumental. — **2.** *Forme sonate,* plan du premier mouvement de la sonate classique, constitué par l'exposition, le développement et la réexposition de deux thèmes.

ENCYCL. Le mot « sonate », d'abord appliqué à toute pièce *sonnée* sur des instruments, désigne maintenant une forme unique de la musique instrumentale définitivement élaborée au XVIIe s. Elle s'inspire alors en particulier de la *suite,* groupant des transcriptions de danses à la mode écrites dans la même tonalité. Elle figure aux offices — *sonata da chiesa* (sonate d'église) — ou agrémente la vie à la cour — *sonata da camera* (sonate de chambre). Avec A. Corelli, elle s'organise autour de quatre mouvements, lents et vifs alternés. Après lui, chaque mouvement se compose d'un thème exposé, développé, et repris au ton principal. La France et les pays germaniques profiteront de cet apport : Jean-Marie Leclair dans la sonate pour violon ; J. S. Bach notamment dans la sonate pour clavier. La structure adoptée par Haydn, Mozart et Clementi se compose de trois ou quatre mouvements (*allégro ; adagio* ou *andante, menuet* et son *trio ; allégro* final). L'*allégro* initial est composé sur deux thèmes, Beethoven introduit des éléments de fugue, de récitatif, de variations, surtout dans le dernier mouvement. Il remplace le *menuet* par un *scherzo.* Avec Chopin, Schumann, Liszt, Brahms, la sonate, support d'une confession intime, devient aussi prétexte pour exhiber une virtuosité transcendante. Réutilisant le cadre ancien, Franck, Fauré, Debussy, Ravel apportent l'emploi des formules cycliques, une harmonie rénovée par un retour à la modalité, un langage libre, suggestif. La sonate connaît aussi une transformation de l'écriture grâce aux apports du folklore, à la découverte du jazz (Bartók, Kodály, Enesco) et à l'apparition de la musique sérielle (Schönberg).

Sonate à Kreutzer *(la),* roman de Léon Tolstoï (1890). C'est une célébration de la chasteté contre l'union de l'homme et de la femme qui n'est qu'une association de volupté et de haine.

Sonate des spectres *(la),* drame de Strindberg (1907), qui fait partie du groupe des « pièces de chambre ». La haine, le viol et le mensonge font de l'existence humaine un fantôme de vie, et de la mort la seule réalité.

SONATINE n. f. (ital. *sonatina*). Œuvre instrumentale de même forme que la sonate, mais de petite dimension et plus facile.

SONDAGE n. m. **1.** Action de sonder un milieu quelconque, une cavité, une eau, un sol. — **2.** Enquête statistique dont le but est de connaître, à un moment donné, la manière dont se répartissent les opinions individuelles à propos d'une question donnée. (On dit aussi SONDAGE D'OPINION ; syn. ENQUÊTE D'OPINION.) [→ *encycl.*] — **3.** Interrogation rapide de quelques personnes pour se faire une opinion générale : *Faire un sondage auprès des spectateurs.* — **4.** Prélèvement d'échantillons à partir desquels on extrapole une conclusion valable pour l'ensemble : *Un sondage rapide montre que ce livre est bourré de fautes.* • **Chir.** Introduction dans un conduit naturel d'une sonde destinée à évacuer le contenu de la cavité où elle aboutit *(sondage vésical),* à étudier le calibre, la profondeur de l'organe exploré, ou à y introduire un médicament. — **Géol.** *Sondage sismique,* détermination de la disposition des couches situées sous le fond marin par mesure de l'intervalle de temps qui sépare l'émission de signaux sismiques de leur retour apès réflexion et/ou réfraction dans les divers terrains et sur les réflecteurs qui les séparent. — **Hydrol.** Détermination de la profondeur marine (ou hauteur d'eau) à l'aide d'une sonde à main ou d'un appareillage particulier. — **Matér.** Exploration interne d'un matériau par tout signal physique pouvant le pénétrer (rayonnement électromagnétique, vibrations élastiques sonores et ultrasonores). — **Météo.** Exploration verticale de l'atmosphère soit in situ (radiosondes, ballons, fusées) ou à distance (lidar, sodar, radar, radiomètre). — **Min.** Contrôle de la solidité des parois d'une excavation par voie sonore. ‖ Trou ainsi creusé en vue de reconnaître le terrain. (Syn. TROU DE SONDE.) — **Pétr.** Puits en cours de forage. — **Stat.** Méthode consistant à recueillir des informations sur un groupe d'individus ou d'unités statistiques (échantillon) prélevé dans un ensemble plus important (population), et destinée à estimer certaines caractéristiques de la distribution d'un ou de plusieurs caractères dans cette population dans un but soit descriptif, soit décisionnel.

ENCYCL. **Dr.** La loi interdit notamment la publication, la diffusion et le commentaire de tout sondage en matière électorale, pendant la semaine qui précède chaque tour de scrutin ainsi que pendant le déroulement de celui-ci. Une Commission des sondages vérifie que les sondages ont été réalisés et vendus conformément à la loi.

SONDE n. f. (anglo-saxon *sund,* mer). **1.** Instrument au moyen duquel on mesure la profondeur de l'eau à un endroit déterminé, et qui peut en même temps donner des indications sur la nature des fonds. — **2.** *Donner un coup de sonde,* procéder à une enquête rapide sur qqn, un groupe à partir d'un petit nombre de données. • **Astronaut.** *Sonde spatiale,* engin lancé dans l'espace interplanétaire, et destiné à l'étudier. — **Chir.** Instrument cylindrique, plein ou creux, servant à pratiquer un sondage. — **Hydrol.** Hauteur d'eau ou profondeur sous la surface rapportée au zéro des cartes marines. — **Météo.** Appareil pour l'exploration verticale de l'atmosphère. — **Métrol.** Nom de certains capteurs de mesure. — **Pétr.** Appareil de forage. ‖ Instrument d'enregistrement descendu dans les sondages en vue d'effectuer des diagraphies. ‖ *Trou de sonde,* syn. de SONDAGE. — **Therm.** *Sonde thermométrique* ou *pyrométrique,* dispositif comportant un couple thermoélectrique et aménagé de façon qu'on puisse le placer dans une partie de machine ou d'appareil dont on veut mesurer la température.

SONDE *(archipel de la),* îles d'Indonésie prolongeant la presqu'île de Malacca jusqu'aux Moluques. Les principales sont Java et Sumatra.

SONDE *(détroit de la),* bras de mer qui sépare Sumatra de Java et met en relation la mer de Java et l'océan Indien ; longueur 170 km ; largeur de 25 à 110 km ; profondeur de 100 à 1 500 m.

SONDE *(mer de la),* anc. nom de la mer de Flores.

SONDÉ, E n. Personne interrogée à l'occasion d'un sondage d'opinion.

SONDER v. t. (de *sonde*) [conj. 3]. **1.** Mesurer la profondeur d'une cavité, de la mer, etc., ou en explorer sommairement le fond au moyen d'une sonde ou d'un sondeur. — **2.** Explorer en profondeur un sol par sondage, forage, afin de déterminer la nature de ses diverses couches ou de déceler la présence d'eau, de minerais, etc. : *Sonder un terrain avant de construire.* — **3.** Explorer qqch par divers procédés, pour en reconnaître l'état ou pour découvrir ce qui y est caché, enfoui : *Sonder la couche de neige après une avalanche.* — **4.** Interroger discrètement qqn pour chercher à connaître sa pensée : *Sonder la partie adverse.* — **5.** Soumettre un groupe à une enquête par sondage : *Sonder la clientèle d'un magasin.* — **6.** Procéder à un sondage (en chirurgie, géologie, résistance des matériaux, etc.).

Sonderbund (« Ligue séparée »), ligue fondée en 1845 par les sept cantons catholiques suisses — Lucerne, Uri, Schwyz, Unterwald, Zoug, Fribourg et Valais — pour défendre leurs droits sur leurs territoires, notamment le maintien des collèges dirigés par les jésuites. Résolue à recourir aux armes et à faire appel aux puissances catholiques (avant tout à l'Autriche), cette ligue fut déclarée incompatible avec le Pacte fédéral de 1815 par les radicaux, devenus majoritaires à la Diète (1847). Elle fut vaincue en trois semaines par les troupes fédérales (nov. 1847).

SONDEUR, EUSE n. **1.** Personne qui pratique des sondages, des explorations du sous-sol. — **2.** Personne qui effectue une enquête par sondage. (Syn. ENQUÊTEUR.) — **3.** *Maître sondeur,* chef d'équipe de forage.

◆ **sondeur** n. m. **1.** Appareil de sondage marin. (Il utilise généralement la réflexion par le fond marin ou par un obstacle [banc de poissons] d'ultrasons émis par un appareil fixé sur la coque.) — **2.** *Sondeur acoustique,* appareil émetteur et récepteur d'ondes acoustiques, utilisé pour l'étude physique des basses couches de l'atmosphère. ‖ *Sondeur ionosphérique,* instrument s'apparentant au radar, et destiné à l'étude à distance de la température et de la densité électronique de l'ionosphère par l'analyse des échos de signaux radioélectriques.

◆ **sondeuse** n. f. Machine, automotrice ou remorquée, utilisée pour la foration de sondages de faible profondeur.

SONDOLOGIQUE adj. Qui concerne les sondages d'opinion.

SONDRIO, v. d'Italie, en Lombardie, ch.-l. de prov., sur l'Adda ; 23 000 hab. Centre commercial et touristique de la Valteline.

SONE n. m. (de *son*). Unité de perception sonore correspondant à la perception d'un son de 1 000 hertz à 40 décibels au-dessus du seuil de perception de cette fréquence.

SONG, dynastie chinoise qui régna de 960 à 1279. Fondée par Zhao Kuangyin, elle gouverna un territoire, considérablement réduit par rapport à celui des brillantes périodes précédentes (Tang), et constamment menacé par des populations des steppes du Nord ou des forêts du Nord-Est. En 1127, les Song se réfugièrent dans la vallée du Yangzi. Ces difficultés territoriales ne doivent pas faire oublier la modernité de la Chine de l'époque. Mais le désintérêt envers les questions militaires permit aux Mongols d'occuper le pays en 1279 et de mettre ainsi fin à la dynastie des Song.

SONG, famille chinoise de Shanghai, dont certains membres ont joué un rôle important dans l'histoire de la Chine contemporaine : **Song Ziwen** ou **Song Tseu-wen** ou **T. V. Soong** (Shanghai 1894 - San Francisco 1971), ministre des Finances (1925-1933), ministre des Affaires étrangères du gouvernement nationaliste (1943-44). — **Song Qingling** ou **Song K'ing-ling** (Shanghai 1893 - Pékin 1981), sœur du précédent. Elle épousa en 1915 Sun Yat-sen (qui mourut en 1925). Elle fut vice-présidente de la République poulaire de Chine (1959-1974). — **Song Meiling** ou **Song Mei-ling** (Shanghai 1897), sœur des précédents et épouse de Jiang Jieshi.

SÔNG CA, fl. du Laos et du Viêt-nam, qui rejoint la mer de Chine près de Vinh.

SONGE n. m. (lat. *somnium*). *Litt.* **1.** Combinaison, souvent incohérente, d'images qui apparaissent dans l'esprit pendant le sommeil : *Faire un songe.* — **2.** Vues de l'esprit, chimères, illusions, vaines imaginations. — **3.** *En songe,* en rêve, pendant le sommeil.

Songe *(le),* drame symbolique de Strindberg (1902). Spectacle onirique qui illustre le mal de vivre et les souffrances de l'humanité.

songe de Poliphile *(Discours du),* ouvrage allégorique de l'humaniste italien Francesco Colonna (1433-1527), dont l'édition originale illustrée, chez Alde Manuce (1499), est un des chefs-d'œuvre de l'art du livre. Traduit plusieurs fois en français, il eut une grande renommée aux XVIe et XVIIe s.

Songe d'une nuit d'été *(le),* comédie féerique de Shakespeare (1595-96). Dans une forêt de rêve où vivent le roi des elfes Oberon et sa femme Titania, sylphes et amoureux se cherchent, se perdent et finissent par se retrouver. — Mendelssohn composa pour cette pièce (en 1842) une suite de fragments musicaux contenant notamment la célèbre *Marche nuptiale.*

Songe du vergier *(le),* ouvrage anonyme français (parfois attribué à Évrard de Trémaugnon), écrit v. 1378, probablement sur l'ordre de Charles V, sur les rapports des pouvoirs spirituel et temporel. Après une dispute imaginaire, un chevalier, défenseur des droits de la couronne, l'emporte sur un clerc tout dévoué au pape.

SONGE-CREUX n. m. inv. *Litt.* Personne qui n'a que des idées chimériques ; utopiste.

SONGER v. t. ind. (lat. *somniare,* voir en rêve) [conj. 17]. **1.** Avoir qqch, qqn dans l'esprit, présents à l'esprit : *On ne songe plus aux difficultés passées.* — **2.** Prendre ses dispositions en vue de qqch, avoir l'intention de faire qqch : *Il songe à divorcer.* — **3.** *Faire songer à qqn, qqch,* évoquer une autre personne, une autre chose, présenter avec elle une similitude.
◆ v. t. Se dire intérieurement, penser que : *Je songeais tristement que tout était fini.*
◆ v. i. *Litt.* Rêver, laisser errer sa pensée.

SONGERIE n. f. État de l'esprit qui s'abandonne à des pensées vagues, chimériques ; pensée vague et rêveuse.

SONGEUR, EUSE adj. Qui est absorbé dans une rêverie, dans une réflexion soucieuse : *Avoir un air songeur.*
◆ n. *Litt.* Personne qui aime s'abandonner à la rêverie.

SONGGRAM (Luang Pibul) → PIBUL SONGGRAM.

SONGHAÏ *(Empire),* empire qui s'étendit, à son apogée au XVIe s., depuis le Sénégal jusqu'au-delà de la boucle du Niger. Il contrôlait les routes commerciales qui reliaient la zone forestière et le désert. Il disparut à la suite de l'attaque des Marocains (1591).

SONGHAÏS ou **SONRHAÏS,** peuple du Mali et du Niger, regroupant environ 700 000 individus et formant un rameau linguistique autonome.

SÔNG HÔNG ou **SÔNG NHI HA** → ROUGE *(fleuve).*

SONGHUA JIANG ou **SONG-HOUA-KIANG,** nom chinois du Soungari.

SONGJIN → KIMCHAEK.

SONGKHLA, port de Thaïlande, ch.-l. de prov., sur le golfe de Thaïlande ; 80 881 hab.

SÔNG LÔ ou **RIVIÈRE CLAIRE,** riv. de Chine et du Viêt-nam, affl. du fleuve Rouge (r. g.), à Viêt Tri.

Song Taizu → ZHAO KUANGYIN.

SONIE n. f. (de *son*). Intensité de la sensation sonore en rapport avec la pression acoustique.

SONIQUE adj. Qui concerne la vitesse du son, possède une vitesse égale à celle du son.

SONIS (Gaston DE), général français (Pointe-à-Pitre 1825 - Paris 1887). Placé par Gambetta à la tête du 17e corps d'armée, avec les zouaves pontificaux, il se distingua à Loigny-la-Bataille (2 déc. 1870).

SONNAGE n. m. (de *sonner*). Épreuve au son, à l'aide d'un marteau, pour déceler une fêlure dans une pièce.

SONNAILLE n. f. (de *sonner*). **1.** Cloche ou clochette qu'on met au cou des bêtes qui paissent, notamment en montagne. — **2.** Son produit par ces clochettes. — **3.** Ceinture ou bracelet de coquillages, végétaux séchés ou petits grelots qui s'entrechoquent quand on les secoue.

1. SONNAILLER n. m. (de *sonnaille*). Animal qui, dans un troupeau, porte une sonnaille et marche le premier.

2. SONNAILLER v. i. (dimin. de *sonner*) [conj. 3]. Faire sonner sa sonnaille.

SONNANT, E adj. **1.** Se dit d'une heure juste, précise : *À 5 heures sonnantes, il était au rendez-vous.* — **2.** Se dit d'un mécanisme qui comporte une sonnerie. — **3.** *Espèces sonnantes et trébuchantes,* autref. monnaie métallique de bon aloi ; argent liquide destiné à payer qqch.

SONNER v. i. (lat. *sonare*) [conj. 3]. **1.** Retentir, produire des sons à la percussion ou sous l'effet d'un choc, en parlant d'une cloche, d'un corps sonore : *C'est Pâques, les cloches sonnent.* — **2.** Se faire entendre, résonner, tinter, en parlant d'un son, d'un corps : *Les dalles du vestibule sonnent sous les pas.* — **3.** Rendre un son caractéristique, en parlant de certains instruments de musique, en partic. ceux en cuivre. — **4.** Avoir sa sonnerie qui retentit, en parlant d'un appareil, d'un mécanisme : *Le téléphone sonne.* — **5.** Faire retentir une sonnerie, une sonnette, un timbre pour signaler sa présence, appeler qqn : *Sonner pour appeler l'infirmière.* — **6.** Être annoncé, marqué par une sonnerie : *La* *fin du cours n'a pas encore sonné.* — **7.** *Faire sonner un son, une syllabe,* le faire entendre dans la prononciation en l'articulant de façon distincte. ‖ *Faire sonner (bien haut) qqch,* s'en prévaloir avec ostentation. ‖ Litt. *Sa dernière heure a sonné,* il est près de mourir. ‖ *Sonner bien,* en parlant d'une expression, être agréable à entendre ; faire bon effet : *Voilà un titre qui sonne bien.* ‖ *Sonner faux, juste,* donner une impression de fausseté ou de vérité.

◆ v. t. **1.** Mettre une cloche en mouvement, la manœuvrer pour en tirer des sons. — **2.** Faire entendre une sonnerie : *Sonner le tocsin.* — **3.** Annoncer qqch par un signal sonore : *Sonner l'alarme.* — **4.** En parlant d'un instrument, d'une pendule, annoncer un événement, l'heure, par une sonnerie, un signal : *Une pendule qui sonne les heures.* — **5.** Appeler qqn, le faire venir en l'avertissant au moyen d'une sonnette, d'un timbre : *Sonner le garçon d'étage dans un hôtel.* — **6.** *Fam.* Assommer qqn, l'ébranler fortement par un coup violent ; lui causer un traumatisme psychique : *Cet échec l'a sonné.* — **7.** Vérifier l'état d'une installation électrique. — **8.** Vérifier, au son, l'absence de défauts dans une pièce de monnaie.

◆ v. t. ind. Jouer de certains instruments de musique (clairon, trompette, cor de chasse, hautbois, cornemuse, etc.).

◆ **être sonné** v. pass. **1.** Avoir été annoncé par le son de la cloche, par une sonnerie : *Il est 6 heures sonnées.* — **2.** *Fam.* Être accompli, révolu : *Elle a quarante ans bien sonnés.* — **3.** *Fam.* Être fortement ébranlé sous l'effet d'un choc, d'une émotion : *Le boxeur était complètement sonné.* — **4.** *Pop.* Avoir l'esprit dérangé : *Ce garçon est complètement sonné.*

SONNERIE n. f. **1.** Son produit par un timbre, et destiné à avertir, à appeler qqn : *Sonnerie d'alarme.* — **2.** Dispositif d'un appareil horaire, permettant de donner les heures, les demies, les quarts, les minutes, et, au besoin, les heures de réveil. — **3.** *Sonnerie (électrique),* moyen d'appel acoustique, consistant en un trembleur dont le marteau, actionné par un électroaimant, vient frapper une caisse de résonance. — **4.** Série de notes musicales déterminées, données par le clairon ou la trompette, et dont l'ensemble signifie un commandement (garde-à-vous, rassemblement, etc.) ou sert d'hommages au drapeau ou aux chefs de l'armée (Au drapeau !, À l'étendard !, Aux champs !). — **5.** Action de sonner de certains instruments de musique ; son produit par ces instruments. — **6.** Ensemble des cloches d'une église. — **7.** Air sonné par une ou plusieurs trompes de chasse.

SONNET n. m. (ital. *sonnetto,* de l'anc. provenç. *sonet,* petite chanson). Pièce de poésie, de quatorze vers, composée de deux quatrains et de deux tercets.

ENCYCL. **Littér.** Le sonnet se répandit aux XIVe et XVe s. en Italie. En France, au XVIe s., il eut la faveur de la Pléiade et resta en vogue au XVIIe s. Délaissé au XVIIIe s., il reparut à l'époque romantique et connut la faveur des poètes tels Th. Gautier, Baudelaire, les Parnassiens, Verlaine, Mallarmé, H. de Régnier. La disposition des rimes suit le schéma ABBA-ABBA-CCD-EDE ou EED.

SONNETTE n. f. (de *sonner*). **1.** Appareil avertisseur actionné par le courant électrique ; son ainsi produit. — **2.** Clochette ou timbre servant à appeler ou à avertir par une sonnerie. — **3.** Repère fixé à la lisière d'une pièce de tissu, et qui sert à marquer l'emplacement d'un défaut. — **4.** Charpente en forme de pyramide, utilisée pour le guidage du mouton dans le battage des pieux ou des palplanches. — **5.** Petit appareil de sondage, formé d'un treuil qui lève, par un câble, l'outil de forage périodiquement libéré. — **6.** *Coup de sonnette,* action de déclencher une sonnerie ; la sonnerie ainsi produite. ‖ *Serpent à sonnette,* nom usuel du *crotale.*

SONNEUR n. m. **1.** Personne chargée de sonner les cloches d'une église. — **2.** Personne qui joue d'instruments à vent dont on sonne (clairon, cor de chasse, cornemuse, etc.). — **3.** Autre nom du *bombina.* — **4.** Vx. *Dormir, ronfler comme un sonneur,* très profondément.

SONNINI DE MANONCOURT (Charles Nicolas Sigisbert), naturaliste français (Lunéville 1751 - Paris 1812). On lui doit plusieurs volumes faisant suite à l'*Histoire naturelle* de Buffon et relatifs aux reptiles, et (avec Lacepède) aux poissons et aux cétacés.

SONNINO (Giorgio Sidney, *baron*), homme politique italien (Pise 1847 - Rome 1922). Ministre des Finances puis du Trésor (1893-1896), président du Conseil (1906 et 1909-10), ministre des Affaires étrangères (1914-1919), il pratiqua en 1914, sans succès, des revendications irrédentistes à l'encontre de l'Autriche, puis il signa le traité de Londres (26 avr. 1915) qui décidait de l'entrée en guerre de l'italie.

SONO n. f. *Fam.* Sonorisation.

SONOGRAPHIE n. f. Image du fond marin situé de part et d'autre de la route suivie par un navire, obtenue par les échos latéraux provoqués par le balayage transversal d'un faisceau d'émission.

SONOMÈTRE n. m. Appareil servant à mesurer un niveau de pression ou d'intensité acoustique dans le domaine des fréquences audibles.

SONOMÉTRIE n. f. Étude comparée de l'intensité ou de la source des sons.

SONORA *(río),* fl. du Mexique occidental, tributaire du golfe de Californie ; 400 km env. Irrigation dans la région d'Hermosillo.

SONORA, État du nord-ouest du Mexique ; 184 934 km² ; 1 823 606 hab. Cap. *Hermosillo.*

SONORE adj. (lat. *sonorus*). **1.** Qui se rapporte au son en tant que phénomène physique ou acoustique : *Niveau sonore d'une radio.* — **2.** Qui est propre à émettre des sons ou se produit sous forme de sons : *Un signal sonore.* — **3.** Qui sonne fort, a un son clair, intense : *Rires sonores.* — **4.** Qui transmet ou renvoie bien les vibrations du son, d'un lieu où le son résonne, se propage : *Les voûtes sonores d'une cathédrale.* — **5.** Syn. de VOISÉ, par oppos. à *sourd.* — **6.** *Film sonore,* film qui comporte l'enregistrement des sons (paroles, musique, bruitage).
◆ n. f. Consonne sonore.

SONORISATION n. f. **1.** Action de sonoriser ; fait d'être sonorisé. — **2.** Ensemble de matériels permettant la diffusion des sons, en partic. avec une grande puissance sonore. (Abrév. fam. SONO.) • **Cin.** Adjonction du son (dialogues, bruitage, musique) à un film cinématographique. — **Phon.** Passage d'une consonne sourde à la sonore correspondante (par ex. [t] > [d], [s] > [z]).

SONORISER v. t. (conj. 3). **1.** Rendre sonore : *Sonoriser un film.* — **2.** Équiper d'une installation de sonorisation : *Sonoriser une salle.* — **3.** Adjoindre le son à un film cinématographique.
◆ **être sonorisé** v. pass. *Film sonorisé,* film muet qui a été doté plus tard d'une bande sonore.

SONORITÉ n. f. (bas lat. *sonoritas*). **1.** Propriété d'un corps qui produit ou conduit les sons : *La sonorité est propre aux corps élastiques.* — **2.** Caractère particulier d'un son ; façon dont il sonne : *La sonorité douce d'une voix.* — **3.** Qualité d'un son clair, éclatant : *La sonorité de l'espagnol.* — **4.** Qualité acoustique d'un instrument, d'un lieu, d'un milieu, etc. : *La bonne sonorité d'une salle.* — **5.** Syn. de VOISEMENT.

SONOTHÈQUE n. f. Archives où l'on conserve des enregistrements de bruits, d'effets sonores qui peuvent ensuite être utilisés par des réalisateurs de films, d'émissions radiophoniques ou télévisées.

SONOTONE n. m. (nom déposé). Appareil destiné à améliorer l'audition des malentendants, et qui se place près de l'oreille.

SONTAG (Henriette Gertrude WALPURGIS SONNTAG, dite **Henriette**), soprano allemande (Coblence 1806 - Mexico 1854). Rivale de la Malibran, elle inspira un roman à Théophile Gautier.

SONTAG (Susan), femme de lettres américaine (New York 1933). Ses essais (*la Photographie,* 1977 ; *la Maladie comme métaphore,* 1978 ; *l'Écriture même : à propos de Roland Barthes,* 1982 ; *le Sida et ses métaphores,* 1989), ses romans (*le Bienfaiteur,* 1963 ; *Dernier Recours,* 1967) et ses nouvelles (*Moi, etcetera,* 1982) brossent le portrait de l'avant-garde et des milieux intellectuels américains, en même temps qu'ils présentent, à travers l'analyse des écrivains français contemporains et de quelques symboles culturels majeurs de la modernité, la double tentation du pessimisme et du salut par l'écriture. Avec *l'Amant du volcan* (1992), elle réinterprète le genre du roman historique.

SONTHONAX (Léger Félicité), homme politique français (Oyonnax 1763 - Fontainebleau 1813). Avocat, défenseur des Noirs, il fut envoyé comme commissaire à Saint-Domingue, où il émancipa les esclaves (1793). Destitué par la Convention, renvoyé dans l'île par le Directoire (1796), il dut se soumettre à l'autorité de Toussaint-Louverture.

Sony Corporation, société japonaise dont les origines remontent à 1946. Ses activités couvrent les domaines de la télévision, de la vidéo, de l'électroacoustique, de la Bureautique, des composants électroniques, du disque et du cinéma (rachat de CBS disques et de Columbia).

SOOCHOW → SUZHOU.

SOORTS-HOSSEGOR (40150), comm. du sud-ouest des Landes ; 2 848 hab. — Aux environs, station balnéaire d'Hossegor et *lac d'Hossegor.*

Sopena, maison d'édition espagnole fondée à Barcelone en 1896 par Ramón Sopena López (1869-1932). Elle publie des dictionnaires, des encyclopédies, des ouvrages de littérature, d'art, d'histoire, de géographie et des livres pour la jeunesse.

S. O. P. E. X. A., sigle de SOCIÉTÉ POUR L'EXPANSION DES VENTES DES PRODUITS* AGRICOLES ET ALIMENTAIRES.

Sophia-Antipolis, complexe culturel et scientifique des Alpes-Maritimes, sur le *plateau de Valbonne*.*

SOPHIANIQUE adj. (gr. *sophia,* sagesse). Relatif à la sagesse divine.

SOPHIE († 578), impératrice byzantine (573-578), nièce de Théodora et épouse de Justin II. Elle gouverna à la place de Justin devenu fou, puis fit associer Tibère II au trône (574).

SOPHIE Alekseïevna (Moscou 1657 - *id.* 1704), régente de Russie (1682-1689). Fille du tsar Alexis Mikhaïlovitch, elle s'imposa en 1682 à la faveur d'une révolte des streltsy et se fit confier la régence de son frère Ivan V. Énergique et intelligente, elle gouverna avec son favori V. V. Golitsyne. En 1689, son demi-frère, Pierre le Grand, qui avait été proclamé tsar en 1682, investit

Moscou avec ses troupes et obligea Sophie à renoncer au pouvoir.

SOPHISME n. m. (gr. *sophisma*). **1.** Argument qui, partant de prémisses vraies, ou jugées telles, aboutit à une conclusion absurde et difficile à réfuter. — **2.** Raisonnement vicié à la base reposant sur un jeu de mots, un argument séduisant mais faux, destiné à induire l'interlocuteur en erreur.

SOPHISTE n. (gr. *sophistês*). **1.** Rhéteur grec, contemporain de Socrate (Ve s. av. J.-C.), qui vendait son enseignement philosophique (chose scandaleuse à l'époque), enseignement qui consistait à jouer sur les mots et à manipuler les raisonnements de telle sorte que la persuasion soit obtenue par l'effet charismatique de celui qui sait manier la parole et non par la mise en évidence de la vérité. (Parmi les plus célèbres sophistes, on trouve Protagoras, Gorgias, Critias, Prodicos.) — **2.** Personne qui fait des sophismes, des raisonnements spécieux.

SOPHISTICATION n. f. **1.** Action de sophistiquer qqch, de subtiliser avec excès. — **2.** État de qqch, de qqn de sophistiqué, d'affecté, d'artificiel. — **3.** Grande complexité technique : *Appareil de haute sophistication.*

SOPHISTIQUE adj. (bas lat. *sophisticus,* du gr. *sophistikos*). De la nature du sophisme.
◆ n. f. **1.** Selon Aristote, sagesse apparente mais sans réalité, qui propose comme règle de vie l'obtention du succès oratoire et du gain pécuniaire. — **2.** Mouvement d'idées constitué par les sophistes. (C'est une pratique des rhéteurs du Ve s. av. J.-C., principalement, et non une école philosophique proprement dite.) — **3.** Emploi de sophismes dans l'argumentation.

SOPHISTIQUER v. t. (bas lat. *sophisticari,* de *sophisticus,* sophistique) [conj. 3]. **1.** Introduire dans qqch une recherche ou une subtilité excessive : *Sophistiquer un raisonnement.* — **2.** Apporter à un objet des améliorations, des perfectionnements très poussés, relevant de techniques avancées : *Des armes que l'on sophistique de plus en plus.*
◆ **être sophistiqué** v. pass. **1.** Manifester un excès de distinction, de raffinement : *Une femme très sophistiquée.* — **2.** Être d'une complication, d'une subtilité extrême : *Un style sophistiqué.*
◆ **se sophistiquer** v. pr., **être sophistiqué** v. pass. Être très perfectionné, relever de procédés de haute technicité : *Un nouveau prototype d'avion très sophistiqué.*

SOPHOCLE, poète tragique grec (Colone, près d'Athènes, entre 496 et 494 av. J.-C.-Athènes 406 av. J.-C.). Ami de Périclès et d'Hérodote, citoyen accompli, il remporta au cours d'une carrière exceptionnelle plus de vingt victoires, sans jamais descendre au-dessous du second rang. Sept tragédies, sur plus d'une centaine, et un drame satyrique, dont ne subsistent que de longs fragments, *les Limiers,* sont parvenus jusqu'à nous, choisis par les grammairiens au IIe s. apr. J.-C. : *Ajax** (v. 445), *les Trachiniennes** (v. 445 ?), *Antigone** (v. 442), *Œdipe* roi* (v. 425), *Électre** (v. 415), *Philoctète** (409), *Œdipe* à Colone* (401). Il donna à la tragédie sa figure définitive : portant de douze à quinze le nombre des choreutes, il ajouta un troisième acteur et substitua à la trilogie liée la trilogie libre, où chaque drame formait un tout. L'action de la tragédie sophocléenne est menée à son terme par la volonté et les passions du héros, individu exceptionnel qui, en lutte contre un destin qui l'accable, demeure libre.

SOPHONIE, prophète d'Israël. Il exerça son ministère au temps du roi Josias (VIIe s. av. J.-C.) dont il prépara la réforme religieuse ; son œuvre *(livre de Sophonie)* annonce le message de Jérémie.

SOPHONISBE, reine de Numidie (Carthage 235 av. J.-C.-203). Fille d'Hasdrubal, fiancée à Masinissa, puis mariée à Syphax, elle poussa celui-ci à combattre Rome. À la prise de Cirta (203), elle tomba aux mains des Romains et de Masinissa qui l'épousa. Devant les exigences de Rome, Masinissa dut lui envoyer une coupe de poison. — **Littér.** Après la pièce de Trissino (1515), la *Sophonisbe* de Mairet (1634) est célèbre pour être la première des tragédies françaises où ait été appliquée la règle des trois unités. Le sujet fut repris ensuite par P. Corneille (1663), Thomson (1729), Voltaire (1770) et Alfieri (1789).

SOPHORA n. m. Arbre ou arbuste (papilionacée) ornemental, originaire principalement de l'Extrême-Orient, et introduit au Jardin des Plantes, en 1747.

SOPHROLOGIE n. f. (du gr. *sôphrôn,* sensé). Pratique destinée essentiellement à dominer les sensations douloureuses et de malaise psychique.

ENCYCL. La sophrologie, créée en 1960 par A. Caycedo, psychiatre espagnol, ne s'attache pas, à la différence de l'hypnose, à imposer la volonté de l'hypnotiseur mais à consolider et à épanouir les propres possibilités du sujet, avec son acceptation. Les méthodes employées sont diverses : écoute de la voix, musique stéréophonique, fixation d'objets. Elle est surtout utilisée pour dominer les sensations douloureuses (soins dentaires, accouchements).

SOPHROLOGIQUE ou **SOPHRONIQUE** adj. Relatif à la sophrologie.

SOPHROLOGUE n. Praticien de la sophrologie.

SOPHRON, auteur comique grec (Syracuse, seconde moitié du ve s. av. J.-C.). Ses pantomimes sont les premières du répertoire du théâtre muet.

SOPORIFIQUE adj. (lat. *sopor,* sommeil, et *facere,* faire). **1.** *Vx.* Propre à provoquer le sommeil : *Des comprimés soporifiques.* — **2.** Qui ennuie au point de donner envie de dormir : *Un livre soporifique.*
◆ n. m. Syn. vieilli de HYPNOTIQUE.

SOPOT, station balnéaire et centre touristique de Pologne, sur la côte ouest du golfe de Gdańsk ; 52 000 hab. Partie résidentielle de la conurbation Gdańsk-Gdynia-Sopot.

SOPRANISTE n. m. Chanteur adulte qui a une voix de soprano.

SOPRANO n. m. (pl. *soprani* ou *sopranos*) [ital. *soprano,* de *sopra,* dessus]. **1.** Catégorie de voix la plus élevée, de l'enfant et de la femme. (On distingue le *soprano dramatique,* ample et fort, et le *soprano léger,* plus fin et souple.) — **2.** Dans une famille d'instruments, celui qui possède la tessiture la plus élevée. — **3.** Partie aiguë d'une composition polyphonique.
◆ n. Personne qui a une voix de soprano.

SOPRON, v. de Hongrie (dép. de Györ-Sopron), près de la frontière autrichienne, à l'O. du lac Fertö (Neusiedl) ; 55 000 hab.
— **Bx-arts.** Églises gothiques des XIVe-XVe s., plus ou moins remaniées. Maisons gothiques et Renaissance. Ensemble baroque des XVIIe-XVIIIe s. Musée d'Histoire, dit « Franz-Liszt », et musée des Beaux-Arts.

SOR (Fernando) → SORS (Fernando).

SORABE n. m. Langue slave du groupe lekhite parlée par environ 100 000 locuteurs dans la vallée supérieure de la Spree. (Syn. WENDE.)

SORABES ou **SERBES DE LUSACE,** Slaves de Lusace, que les Allemands appelaient Wendes, comptant aujourd'hui env. 180 000 personnes établies sur le cours supérieur de la Spree.

SORBARIA n. m. (anc. provenç. *sorba,* du lat. *sorbum,* sorbe). Arbuste asiatique (rosacée) à feuilles pennées, à fleurs blanches, très apprécié en horticulture.

SORBE n. f. (lat. *sorbum*). Fruit comestible du sorbier. (Syn. CORME.)

SORBET n. m. (turc *šorbet,* boisson fraîche). Glace fondante, obtenue par congélation d'un mélange d'eau et de sucre aromatisé soit à l'aide de fruits, soit à l'aide de vin, de liqueur ou d'alcool.

SORBETIÈRE n. f. Appareil électrique permettant de faire des sorbets et des crèmes glacées.

SORBIER n. m. (de *sorbe*). Arbre (rosacée) tel que le cormier ou l'alisier.

SORBIERS (42290), comm. de la Loire, en bordure des monts du Lyonnais ; 7 163 hab. Constructions électriques.

1. SORBITE n. f. (de H. C. *Sorby,* n. pr.). Structure de revenu de l'acier, constituée d'un mélange intime de ferrite et de cémentite.

2. SORBITE n. f. ou **SORBITOL** n. m. (de *sorbe*). Polyalcool, CH_2OH—$(CHOH)_4$— CH_2OH, dont l'isomère lévogyre, le D-sorbitol, se rencontre dans les baies du sorbier. (Le sorbitol est utilisé pour son action diurétique, laxative, régulatrice du transit intestinal.) [Syn. GLUCITE ou GLUCITOL.]

SORBON (Robert DE), théologien français (Sorbon, près de Rethel, 1201 - Paris 1274). Maître en théologie, clerc de Louis IX, il profita de son influence auprès du roi pour fonder le collège qui porte son nom, la Sorbonne* (1253-1257), dont il fut le premier proviseur.

SORBONNARD, E n. *Fam.* Étudiant ou professeur à la Sorbonne.

Sorbonne (la), établissement public d'enseignement supérieur abritant le centre administratif de l'Académie de Paris, l'École des chartes et les locaux de plusieurs universités de lettres, sciences humaines et droit. La Sorbonne tire son nom de Robert de Sorbon, son fondateur (1257). À l'origine un collège, c'est-à-dire un pensionnat pour maîtres et étudiants pauvres, la Sorbonne prit rapidement une influence prépondérante dans l'enseignement de la théologie et devint, en 1554, le lieu des délibérations générales de la faculté de théologie, que l'on désigne alors sous le nom de « Sorbonne ». Elle intervint également en tant que tribunal ecclésiastique pour censurer les ouvrages contraires à l'orthodoxie. En 1625, Richelieu fit reconstruire par Lemercier ses bâtiments, dont il reste la chapelle (1635-1653) ; elle abrite le tombeau de Richelieu, par Girardon (1694). La Sorbonne a été complètement reconstruite, sauf la chapelle, suivant les plans de Nénot, de 1885 à 1901 (dans le grand amphithéâtre, *le Bois sacré* de Puvis de Chavannes).

SORBOSE n. m. Cétohexose, de formule

$$CH_2OH(CHOH)_3—CO—CH_2OH,$$

apparenté au L-glucose et obtenu par fermentation du sorbitol. (On l'emploie pour la synthèse industrielle de la vitamine C.)

SORBY (Henry Clifton), géologue et métallographe britannique (Woodbourne 1826-Sheffield 1908). Pionnier de l'application du microscope à la métallurgie et à la pétrographie, il a établi la structure microcristalline des métaux.

SORCELLERIE n. f. (anc. fr. *sorcerie*). **1.** Pratique magique en vue d'exercer une action, généralement néfaste, sur un être humain (sort, envoûtement, possession), sur des animaux ou des plantes (maladies du bétail, mauvaises récoltes, etc.). — 2. Croyance qui prévaut dans certaines sociétés ou groupes sociaux, selon laquelle certaines catégories de malheurs peuvent être attribuées à l'action malveillante et invisible d'individus. — 3. *Fam.* Manifestation, événement extraordinaires d'origine mystérieuse qui semblent relever de pratiques magiques, de forces surnaturelles.

SORCIER, ÈRE n. (bas lat. *sorcerius,* diseur de sorts, du lat. class. *sors, sortis,* sort). 1. Individu soupçonné de se livrer à des pratiques de sorcellerie. — 2. Fam. *Il ne faut pas être sorcier pour,* il n'est pas nécessaire d'avoir des dons exceptionnels pour comprendre, deviner, faire cela.
◆ **sorcier** adj. m. Fam. *Ce n'est pas sorcier,* ce n'est pas très difficile à comprendre, à résoudre, à faire.
◆ **sorcière** n. f. 1. Dans les contes de fées, femme en général laide, qui possède des dons surnaturels, qu'elle utilise pour faire le mal. — 2. Femme laide, déplaisante, voire méchante et malfaisante. — 3. *Chasse aux sorcières,* élimination, entreprise aux États-Unis, pendant et après la guerre de Corée (1950-1953), dans l'Administration, l'université, la presse et le cinéma, des communistes et des personnes suspectes de sympathie pour le communisme ; poursuite et élimination systématique, par les autorités, de tous ceux qui sont soupçonnés d'opinions jugées subversives.

SORDELLO de Mantoue, troubadour italien (Goito, près de Mantoue, v. 1200 - apr. 1269). C'est le plus célèbre des troubadours italiens en langue occitane.

SORDI (Alberto), acteur et cinéaste italien (Rome 1920). Il est une des figures les plus représentatives de la verve comique italienne : *Courrier du cœur,* 1952 ; *I Vitelloni,* 1953 ; *Un héros de notre temps,* 1955 ; *I magliari,* 1959 ; *la Grande Guerre,* 1959 ; *Mafioso,* 1962 ; *l'Argent de la vieille,* 1972.

SORDIDE adj. (lat. *sordidus,* crasseux) 1. Qui est misérable, sale, repoussant : *Les habitations sordides d'un bidonville.* — 2. Qui manifeste une grande bassesse de caractère : *Un égoïsme sordide.* — 3. Qui est marqué par l'âpreté au gain et la mesquinerie : *Faire preuve d'une avarice sordide.*

SORDIDEMENT adv. De façon sordide.

SORDIDITÉ n. f. *Litt.* État, caractère de ce qui est sordide.

SORE n. m. (gr. *sôros,* tas). Amas de sporanges, situé à la face inférieure d'une feuille de fougère.

SORÉDIE n. f. (gr. *sôros,* tas). Petite bouture naturelle mixte assurant la reproduction des lichens.

SOREIL (Arsène), essayiste belge d'expression française (Rendeux-Bas, prov. de Luxembourg, 1893 - † 1989). Esthéticien formé à l'école de Victor Basch, il est l'auteur d'une *Introduction à l'histoire de l'esthétique française* (1930), d'essais d'art et de littérature (*Thèmes de saison,* 1973), ainsi que de recueils de souvenirs et de vers (*Dure Ardenne,* 1933 ; *Lieux de songe,* 1967).

SOREL, port du Canada (Québec), au confluent du Richelieu et du Saint-Laurent ; 24 964 hab.

SOREL (Agnès), favorite de Charles VII (Fromenteau, Touraine, ou Froidmantel, Somme, v. 1422 - Anneville, Normandie, 1450). Première maîtresse officielle d'un roi de France, elle scandalisa l'opinion, mais elle eut une profonde influence sur Charles VII. Elle reçut du roi la seigneurie de Beauté-sur-Marne, ce qui la fit surnommer la « dame de Beauté ».

SOREL (Charles), sieur **de Souvigny,** écrivain français (Paris 1582 - *id.* 1674). On lui doit des romans de mœurs où le réalisme s'allie au pittoresque (*la Vraie Histoire comique de Francion**, 1622-1633) et une satire du romanesque traditionnel (*le Berger extravagant,* 1627).

SOREL (Albert), historien français (Honfleur 1842 - Paris 1906). Spécialiste d'histoire diplomatique, son principal ouvrage est *l'Europe et la Révolution française* (1885-1904). [Acad. fr., 1894.]

SOREL (Georges), philosophe et sociologue français (Cherbourg 1847 - Boulogne-sur-Seine 1922). Fils d'officier, polytechnicien, il s'établit à Paris puis à Boulogne. Il se tourne d'abord vers les socialistes, puis, après la lecture de Marx et de Proudhon, voit dans la pratique syndicaliste révolutionnaire le socialisme véritable. Hostile à la démocratie parlementaire, il est attiré un moment par la droite monarchiste. Il a écrit *Réflexions sur la violence* (1908).

SOREL (Céline Émilie SEURRE, dite **Cécile**), actrice française (Paris 1873 - Trouville 1966). À la Comédie-Française (1901-1933), elle marqua fortement les personnages de la Comtesse du *Mariage de Figaro* et de Célimène du *Misanthrope.* Elle devint ensuite vedette du Casino de Paris.

Sorel (Julien), héros du roman de Stendhal *le Rouge* et le Noir.* Personnage qui lutte contre sa timidité et sa sincérité en s'obligeant à l'ambition et à l'énergie.

SØRENSEN (Søren Peter Lauritz), chimiste danois (Havrebjerg 1868 - Copenhague 1939). Il est l'auteur de travaux sur la théorie des ions et l'acido-alcalimétrie ; il préconisa, en 1909, l'emploi de l'indice connu sous le nom de pH, pour évaluer l'acidité d'un milieu.

SØRENSEN (Villy), écrivain danois (Copenhague 1929). Auteur de romans et de recueils de nouvelles (*Histoires étranges,* 1953 ; *Histoires ano-*

dines, 1955), il s'oriente vers les essais philosophiques et critiques (*Poètes et Démons,* 1959 ; *Ni... ni, considérations critiques,* 1961 ; *Sans but — et avec,* 1973 ; *Nietzsche,* 1963 ; *l'Œuvre de Kafka,* 1968 ; *Jours de vent,* 1980) qui marquent son désir de préserver un idéal humaniste (*Ragnarok : une histoire de dieu,* 1982).

SORGE (Reinhard Johannes), poète allemand (Rixdorf, Berlin, 1892 - Ablaincourt 1916). Expressionniste, son drame *le Mendiant* (1912) est considéré comme l'œuvre la plus puissante de son temps.

SORGE (Richard), agent secret soviétique (Bakou 1895 - Tōkyō 1944). Correspondant de presse à Tōkyō à partir de 1933, il avertit Moscou, en mai 1941, de la date de l'attaque allemande prévue contre l'U. R. S. S. et, en août, de la décision des Japonais d'attaquer les États-Unis. Démasqué et arrêté (oct. 1941), il fut exécuté à Tōkyō. Il a été proclamé héros de l'Union soviétique en 1964.

SORGHO n. m. (ital. *sorgo,* du lat. médiév. *soricum,* plante de Syrie). Nom générique des plantes (graminacées), du genre *sorghum,* parmi lesquelles on trouve des céréales pour l'alimentation humaine, des espèces uniquement fourragères et des plantes spontanées, dont certaines sont de redoutables mauvaises herbes.
ENCYCL. Un grand nombre d'écotypes (« gros mils ») sont cultivés en Afrique, au sud du Sahara, pour la consommation humaine. Des hybrides, cultivés au sud des États-Unis mais aussi dans le sud de la France, fournissent des grains pour l'alimentation du bétail ou des fourrages verts. Certains hybrides (sorgho sucrier) fournissent des jus sucrés pour la fabrication de boissons.

SORGHO-GRAIN n. m. (pl. *sorghos-grains*). Nom donné aux variétés de sorgho cultivées pour leurs grains.

SORGUE ou **SORGUE DE VAUCLUSE** (la), riv. du Comtat Venaissin, qui sort de la fontaine de Vaucluse, affl. de l'Ouvèze (r. g.) ; 36 km.

SORGUES (84700), comm. de Vaucluse, dans le Comtat, sur l'Ouvèze ; 17 310 hab. *(Sorguais).* Industries chimiques. Poudrerie. Constructions mécaniques. Expédition de produits agricoles.

SORIA, v. d'Espagne, en Castille-León, ch.-l. de prov., sur le Douro (Duero) ; 32 000 hab. Centre commercial et agricole. Cimenterie. Tuilerie. Importantes églises d'époque romane tardive (dont S. Domingo, à façade de type poitevin) et autres monuments. Musée des fouilles de Numance (dont le site est à 8 km au N.).

SORICIDÉ n. m. (lat. *sorix, -icis,* souris). Nom de famille de très petits mammifères insectivores tels que les musaraignes, crossopes, crocidures, etc.

SORITE n. m. (gr. *sôreitês,* de *sôros,* amas). Syllogisme de la forme : A est B, B est C, C est D..., M est N, donc A est N.

SORLINGUES *(îles)* → SCILLY *(Isles of).*

SORNAC (19290), ch.-l. de cant. du nord de la Corrèze, dans la montagne limousine ; 990 hab.

SORNETTE n. f. (moyen fr. *sorne,* plaisanterie, de l'anc. provenç. *sorn,* sombre). Discours, propos frivole : *Débiter des sornettes.*

SOROCABA, v. du Brésil (État de São Paulo), à l'O. de São Paulo ; 377 270 hab. Centre industriel (textile, ciment, engrais, mécanique, aluminium, travail du cuir).

SOROKIN (Pitirim Alexandrovitch), sociologue américain d'origine russe (Touria, près de Syktyvkar, auj. dans la république des Komis, 1889 - Winchester, Massachusetts, 1968). Il a fondé à Saint-Pétersbourg la chaire de sociologie (1919-1922) et, en 1930, le département de sociologie à Harvard. Il avait été secrétaire de Kerenski en 1917 et avait dû s'exiler aux États-Unis en 1922. On lui doit notamment : *Sociology of Revolution* (1925), *Russia and the United States, Society, Culture and Personality* (1947), *Sociological Theories of Today* (1966).

SORORAL, E, AUX adj. (lat. *soror, -oris,* sœur). **1.** Qui concerne la sœur, les sœurs : *Héritage sororal.* — **2.** Se dit d'une famille dans laquelle un groupe de sœurs avec leurs enfants sont placés sous l'autorité de leur frère aîné.

SORORAT n. m. (lat. *soror, -oris,* sœur). Pratique selon laquelle un homme veuf doit épouser une sœur de sa défunte épouse.

SORORITÉ n. f. Attitude de solidarité féminine.

SORRE (Maximilien), géographe français (Rennes 1880 - Messigny, Côte-d'Or, 1962). Il interprète et modernise, dans le cadre d'une philosophie évolutionniste, les principes de sa discipline : *les Fondements de la géographie humaine* (4 vol., 1943-1952) et *l'Homme sur la Terre* (1962) prolongent les réflexions de Vidal de La Blache.

SORRENTE, en ital. **Sorrento,** v. d'Italie, en Campanie (prov. de Naples), sur le golfe de Naples ; 19 000 hab. Archevêché. Centre touristique important.

SORS ou **SOR** (Fernando), guitariste et compositeur espagnol (Barcelone 1778-Paris 1839). Il est connu pour la méthode (1830), les études et diverses compositions qu'il laissa pour la guitare.

SORT n. m. (lat. *sors, sortis*). **1.** Puissance surnaturelle qui est censée fixer le cours des événements dont la cause n'est pas déterminée : *Le sort en a décidé autrement.* — **2.** Conditions de vie de qqn, sa situation : *Il ne se plaint pas de son sort.*

— **3.** Situation qui échoit finalement à qqn, à qqch ; destinée : *J'ignore quel sera le sort de ce projet.* — **4.** Effet malfaisant atteignant un être vivant ou une chose, parfois attribué à des pratiques de sorcellerie : *On avait jeté un sort sur son troupeau.* — **5.** Fam. *Faire un sort à qqch,* le consommer entièrement. ‖ *Le sort en est jeté,* c'est une chose décidée, advienne que pourra. ‖ Litt. *Sort des armes,* résultat incertain de la guerre, des combats. ‖ *Tirer au sort,* s'en remettre au hasard pour décider du choix de qqch, de qqn.

SORTABLE adj. (de *sortir 1*). *Fam.* **1.** Qui se présente bien : *Ce jeune homme n'est pas sortable.* — **2.** Se dit de vêtements suffisamment corrects pour être mis pour sortir.

SORTANT, E adj. et n. **1.** Se dit du titulaire de certaines fonctions, notamment de fonctions électives, dont le mandat est arrivé à expiration : *Député sortant.* — **2.** Se dit du joueur qui se retire du jeu.

◆ adj. *Numéro sortant,* numéro qu'un tirage au sort fait apparaître.

◆ n. Personne qui sort d'un lieu.

SORTE n. f. (lat. *sors, sortis,* manière d'être). **1.** Caractéristique commune qui définit, à l'intérieur d'un ensemble d'êtres ou de choses de même nature, un groupe, un genre, un type identique : *Pratiquer plusieurs sortes de sports. Il a eu toutes sortes d'ennuis.* — **2.** *Une sorte de,* indique une approximation, une assimilation de qqn ou de qqch à qqn ou à qqch : *Il était enveloppé dans une sorte de houppelande.* — **3.** *De la sorte,* de cette façon, ainsi. ‖ *En quelque sorte,* pour ainsi dire, presque. ‖ *De (telle) sorte que* ou, litt., *en sorte que,* si bien que : *Il s'est réveillé trop tard, de sorte qu'il a raté son train.* ‖ *Faire en sorte de, que,* prendre ses dispositions en vue de, pour que.

SORTIE n. f. (de *sortir 1*). **1.** Endroit, passage, piste où l'on sort, par où l'on quitte un lieu : *Sortie de secours. C'est la première sortie sur l'autoroute.* — **2.** Action, fait de sortir d'un lieu, d'un établissement, de les quitter ; moment où l'on sort : *La sortie des classes.* — **3.** Fait de se porter sur le lieu d'une intervention, en parlant de services motorisés tels que les pompiers, les services de secours, etc. : *Plusieurs sorties par jour pour les pompiers.* — **4.** Fait de sortir d'une période ; moment où l'on en sort ; issue : *À la sortie de l'hiver.* — **5.** Fait d'aller à l'extérieur, dehors, à l'air libre : *C'est sa première sortie depuis sa maladie.* — **6.** Fait de sortir pour se distraire ; la distraction elle-même : *Toutes ces sorties cette semaine l'ont épuisé.* — **7.** Transport de marchandises, de capitaux, etc., hors du lieu où ils étaient, d'un pays, ou, pour un particulier, fait de sortir de l'argent d'un compte, d'un budget, etc. : *Sortie de capitaux.* — **8.** Fait de s'échapper, de quitter un circuit : *La sortie des gaz.* — **9.** Mise en vente, présentation au public d'un produit nouveau : *La sortie d'un film.* — **10.** Brusque emportement contre qqn, qqch : *Il a fait une violente sortie contre ses adversaires.* — **11.** Au théâtre, fait de quitter la scène. — **12.** *Être de sortie,* être absent ; avoir la permission de sortir. ‖ *Fausse sortie,* au théâtre, mouvement d'un personnage qui fait croire qu'il sort de scène, puis revient tout de suite ; mouvement de qqn qui fait croire qu'il s'en va. ‖ *Trouver, se ménager une (porte de) sortie,* trouver une manière habile de se tirer d'embarras. • **Aéron.** Mission de combat accomplie par un appareil militaire. — **Comm.** Mouvement des ventes, qui fait sortir les marchandises du magasin. — **Comptab.** Somme dépensée. ‖ *Bon de sortie,* document qui indique que des articles ont été prélevés au magasin pour être utilisés soit dans le cycle de fabrication, soit pour être expédiés à la clientèle. — **Grav.** Gradation insensible par laquelle des tailles se terminent. ‖ Coup de pointe ou de burin donné involontairement sur une partie déjà gravée. (Syn. ÉCHAPPADE.) — **Inform.** Transfert d'une information traitée dans un ordinateur, de l'unité centrale vers l'extérieur. — **Mil.** Opération menée par une garnison assiégée, pour rompre le front des assiégeants, ou par une force navale pour rompre un blocus. — **Pathol.** *Microbe de sortie,* bactérie ou virus accessoire isolé au décours d'une maladie infectieuse d'une autre origine. — **Sports.** Fait pour une balle, un ballon de dépasser les limites du terrain. ‖ En gymnastique, mouvement terminal à certains agrès (anneaux, barres, cheval-d'arçons).

SORTIE-DE-BAIN n. f. (pl. *sorties-de-bain*). Peignoir que l'on porte après le bain.

SORTIE-DE-BAL n. f. (pl. *sorties-de-bal*). Manteau ou cape qui était porté sur une robe du soir.

SORTILÈGE n. m. (lat. médiév. *sortilegium,* divination, du lat. class. *sortilegus*). **1.** Maléfice de sorcier ; sort. — **2.** Influence, force irrésistible qui semble d'origine magique : *J'essayais de me délivrer de ses sortilèges.*

1. SORTIR v. i. (lat. *sortiri,* obtenir par le sort) [conj. **43** ; auxil. *être*]. **1.** Quitter le lieu où l'on se trouve pour aller dehors ou passer dans un autre lieu : *Je sors me dégourdir un peu les jambes.* — **2.** Aller hors de chez soi pour se détendre, pour un spectacle, une réception, etc. : *Sortir dîner en ville.* — **3.** Fréquenter qqn, flirter avec : *Il sort avec les filles.* — **4.** S'échapper, se répandre au dehors, en parlant d'un fluide : *La fumée sort de la cheminée.* — **5.** Se déplacer ou se répandre hors de sa place habituelle, normale : *La porte est sortie de ses gonds.* — **6.** Franchir les limites de qqch : *Vous sortez des limites de vos compétences.*

— **7.** Être différent d'une règle : *Cela sort de l'ordinaire.* — **8.** Quitter le lieu de travail pour le déjeuner, à la fin de la journée, avoir fini une séance de travail, etc. : *Sortir d'une réunion.* — **9.** Ne plus participer à un jeu ou être celui qui doit être tenu à l'écart selon les règles du jeu. — **10.** *Fam.* Venir juste de finir de : *Je sors de lui parler, il y a cinq minutes.* — **11.** Quitter une institution définitivement : *Sortir de prison, de l'hôpital.* — **12.** Avoir fait ses études dans telle école, telle université. — **13.** Être issu de tel milieu : *Sortir d'une famille aisée.* — **14.** En parlant de qqch, ne plus appartenir à un groupe : *Cet objet ne doit pas sortir de la famille ;* en parlant d'un propos, ne pas être divulgué ailleurs : *Cette histoire ne doit pas sortir de notre comité.* — **15.** Quitter une période, un état, etc., ne plus s'y trouver : *On sortait de l'hiver. Sortir de son mutisme.* — **16.** Échapper à une situation difficile, s'en tirer, trouver une issue : *Sortir habilement d'une difficulté.* — **17.** Être tel après une épreuve, une situation, une opération, etc. : *Sortir indemne d'un accident. Le linge sort tout blanc de la machine.* — **18.** Être visible en dépassant de qqch, ne pas être rentré, faire saillie : *Ton mouchoir sort de ta poche, rentre-le.* — **19.** Apparaître, en partic. commencer à pousser, en parlant de qqch de vivant : *Les feuilles commencent à sortir.* — **20.** Être mis dans les circuits de distribution, de commercialisation : *Son livre sort ce mois-ci.* — **21.** Avoir été créé, fabriqué qqpart : *Une robe qui sort de chez un grand couturier.* — **22.** Être issu de qqch, y avoir son origine, sa source : *D'où sort cette idée stupide ?* — **23.** Être tiré au sort : *Quel sera le sujet qui sortira pour l'examen ?* — **24.** *D'où sors-tu,* se dit à qqn qui semble ignorer ce que tout le monde sait ou dont la conduite est tout à fait incongrue. ‖ *Il en sortira quelque chose, il n'en sortira rien de bon,* cela aura, n'aura pas d'effet, de résultat. ‖ *Ne pas en sortir,* être perdu dans une situation complexe, ne pas trouver d'issue. ‖ *Ne pas (vouloir) sortir de là,* s'en tenir avec obstination à la position qu'on a adoptée. ‖ Fam. *Sortir d'en prendre,* savoir de quoi il s'agit pour en avoir fait l'expérience et ne pas tenir à recommencer. ‖ *Sortir de l'esprit, de l'idée,* être oublié par qqn. ‖ *Sortir du rang,* en parlant d'un officier, ne pas être passé par les écoles ; en parlant de qqn, être parvenu à une haute fonction en partant des bas échelons. ‖ *Sortir de soi-même,* cesser de se replier sur soi, s'épanouir ; faire abnégation de soi-même, oublier sa propre personnalité. ‖ *Sortir de la vie de qqn,* ne plus compter pour lui, ne plus être de ses intimes, de ses amis.

◆ v. t. **1.** Extraire qqch, un animal, qqn d'un lieu, le tirer, le mettre à l'extérieur : *Sortir un mouchoir de sa poche. Les pompiers ont sorti l'enfant du brasier. Sortir le train d'atterrisage de l'avion.* — **2.** Aider qqn à se dégager d'un état pénible, d'une difficulté, l'en libérer : *Il m'a sorti d'un mauvais pas.* — **3.** Conduire qqn, un animal dehors pour qu'il prenne l'air, qu'il se donne de l'exercice, etc. : *Sortir un convalescent dans le parc. Sortir son chien.* — **4.** Emmener qqn avec soi, l'inviter au cinéma, au restaurant, au spectacle : *Ce soir on sort le cousin de province.* — **5.** *Fam.* Mettre qqn dehors assez violemment : *Sortez-le d'ici que je ne le voie plus.* — **6.** *Fam.* Éliminer un concurrent, un adversaire. — **7.** Mettre un produit dans les circuits de distribution, de commercialisation. — **8.** *Fam.* Créer qqch, inventer, mettre au jour : *Il est difficile de sortir de nouvelles idées tous les jours.* — **9.** *Fam.* Dire qqch d'étonnant ou d'agressif : *Qu'est-ce qu'il va encore sortir comme bêtise ?* — **10.** *Fam.* Tirer un numéro, une carte, etc., dans un jeu de hasard : *J'ai encore sorti un trois.* — **11.** En comptabilité, effectuer une sortie de valeur, porter au crédit d'un compte d'existant le montant des sorties d'une journée ou d'une période de jours.

◆ **se sortir** v. pr. **1.** Se tirer d'une situation délicate ou critique, venir à bout d'une tâche difficile : *Après des débuts laborieux, il est arrivé à s'en sortir.* — **2.** Fam. *S'en sortir,* guérir, sauver sa vie, s'en tirer.

2. SORTIR n. m. inv. (de *sortir 1*). Litt. *Au sortir de qqch,* au moment où l'on en sort : *Au sortir du lit, de l'hiver.*

S. O. S. [ɛsoɛs] n. m. **1.** Signal de détresse radiotélégraphique international, faisant partie des appels, des messages et du trafic de détresse, qui doit être transmis en morse sous la forme de trois lettres accolées sans intervalles notées SOS (...---...). — **2.** *Fam.* Demande d'aide, de secours et, en partic., demande pressante d'argent.

SOSIE n. m. (de *Sosie,* n. pr.). Personne qui a une parfaite ressemblance avec une autre au point qu'on peut les confondre.

Sosie, valet d'Amphitryon dans les pièces de Plaute et de Molière. Mercure, qui a pris les traits de Sosie, réussit à faire douter ce dernier de sa propre identité.

SOSIGÈNE d'Alexandrie, en gr. **Sôsigenês,** astronome grec du Ier s. av. J.-C. Il fournit à César les éléments de sa réforme du calendrier, et reconnut les variations des diamètres apparents du Soleil et de la Lune.

SOSNKOWSKI (Kazimierz), général polonais (Varsovie 1885 - Arundel, Québec, 1969). Ministre de la Guerre (1921-1924), il élabora et signa avec Foch, à Paris, le traité d'alliance militaire franco-polonais de 1921. Pendant la Seconde Guerre mondiale, il succéda à Sikorski comme commandant en chef des forces du gouvernement polonais de Londres (1943). Il dut se démettre sous la pression soviétique (1944) et se retira au Québec (1946).

SOSNOWIEC, v. de Pologne, en haute Silésie, appartenant à la conurbation de Katowice ; 259 000 hab. Centre industriel.

SOSPEL (06380), ch.-l. de cant. des Alpes-Maritimes, au N.-N.-O. de Menton ; 2 647 hab. *(Sospellois).* Église du XVIIe s., pont médiéval, etc.

SOSTENUTO [sɔstenuto] adv. (ital. *sostenuto,* soutenu). Terme d'interprétation qui indique qu'une note ou un passage entier doivent être joués de façon égale et soutenue.

SOSTRATOS de Cnide, architecte grec (IIIe s. av. J.-C.). Il éleva pour Ptolémée Philadelphe la célèbre tour-lanterne de l'île de Pharos, à Alexandrie.

SOT, SOTTE adj. et n. (rad. expressif *sott-). Qui manque d'intelligence, de jugement : *Elle a été assez sotte pour refuser.*

◆ adj. 1. *Litt.* Qui manifeste soudain de l'embarras, de la confusion, face à une situation qui le déconcerte : *Sa méprise l'a rendu tout sot.* — 2. Qui dénote une absence d'esprit, de jugement : *Il n'est pas permis d'agir de façon aussi sotte !* — 3. Qui est à la fois fâcheux, regrettable et absurde : *Comment sortir de cette sotte affaire ?*

SŌTATSU NONOMURA, dit **Tawaraya Sōtatsu,** peintre japonais (Kyōto, 1re moitié du XVIIe s.). Magicien de la couleur et insensible aux influences sinisantes de l'école de Kanō, il forge un style original, hardiment stylisé et hautement décoratif, qui fait revivre le *yamato-e** en s'inspirant souvent de thèmes historiques classiques. Sa collaboration avec le poète et calligraphe Kōetsu* s'avérera très fructueuse. Citons aussi ses paravents illustrant deux scènes du *Genji* monogatari,* ceux des *Dieux du Tonnerre et du Vent* ou des *Danses de bugaku,* conservés à Kyōto.

SOTCH n. m. (mot dialect., du rad. prélatin *tsotto-, trou). Dans les Grands Causses, dépression fermée, d'origine karstique.

SOTCHI, station balnéaire et climatique de Russie, sur la mer Noire, au pied du Caucase ; 344 000 hab.

SOTER *(saint)* [† Rome 175], pape de 166 à 175.

SOTÉRIOLOGIE n. f. (du gr. *sôtêrion,* salut, de *sôtêr,* sauveur). Science théologique traitant du salut de l'humanité, de sa rédemption.

Sotheby and Co. ou **Sotheby's,** la plus grande entreprise mondiale de vente aux enchères, fondée à Londres en 1733. Spécialisée dans la vente des tableaux, gravures, meubles, objets d'art, livres, elle possède tout un réseau de salles de vente à travers le monde. Elle est passée en 1983 sous contrôle américain.

SOTHOS ou **BASSOUTOS,** ensemble de populations bantoues réparties entre le Lesotho, l'est de l'Afrique du Sud, le sud du Zimbabwe et l'est du Botswana.

SOTIE → SOTTIE.

SOT-L'Y-LAISSE [soliles] n. m. inv. (de *le sot l'y laisse*). Morceau délicat qui se trouve de chaque côté de la carcasse au-dessus du croupion d'une volaille.

SOTO (Hernando DE), conquistador espagnol (Barcarrota, Badajoz, 1500 - sur les rives du Mississippi 1542). Compagnon de Pizarro, il parcourut à partir de 1539, avec une petite armée, la Floride, l'actuelle Géorgie et l'Ouest jusqu'au-delà du Mississippi.

SOTO (Jesús Rafael), artiste vénézuélien (Ciudad Bolívar 1923). Installé à Paris en 1950, il s'est engagé dans un type de manipulation des schémas et des signes géométriques conduisant au cinétisme. Dans son œuvre, bientôt, la superposition des trames et des grilles en profondeur et le déplacement, requis, du spectateur ont créé un mouvement (et, avec lui, une durée) abolissant toute forme stable et dématérialisant l'objet esthétique (« Vibrations immatérielles », 1965). À partir de 1968-69, il s'est orienté vers des environnements constitués par exemple de tiges métalliques peintes ordonnées verticalement sur un socle (« Progressions », « Extensions » : hall du bâtiment annexe de l'Unesco à Paris, 1970).

Sōtō, la plus grande des sectes du bouddhisme zen au Japon. Ses principaux centres se trouvent à Eihei-ji (préf. de Fukui), fondé en 1244 par Dōgen (Shōyō Daishi), et à Sōji-ji, près de Yokohama.

ŠOTOLA (Jiří), poète et romancier tchèque (Smidary 1924 - Prague 1989). Après le printemps de Prague, il ne put publier que des romans historiques (*la Nuit baroque,* 1969 ; *Les jambes, c'est fait pour cavaler,* 1972).

SOTTE → SOT.

SOTTEMENT adv. D'une manière sotte, stupide, bête.

SOTTEVILLE-LÈS-ROUEN (76300), ch.-l. de cant. de la Seine-Maritime, banlieue sud de *Rouen,* sur la Seine ; 29 957 hab. *(Sottevillais).* La ville, détruite en 1944, a été reconstruite sur les plans de M. Lods. Gare de triage. Constructions mécaniques. Produits cellulosiques.

SOTTIE ou **SOTIE** n. f. (de *sot*). Genre de pièce comique, en vogue du XIVe au XVe s. (Sous le couvert d'une bouffonnerie souvent grossière jouée par les « sots », on se livrait à une attaque hardie contre les mœurs et les pouvoirs établis.)

SOTTISE n. f. (de *sot*). **1.** Manque de jugement, d'intelligence de qqn, de ses propos, de son comportement : *Un homme d'une sottise incroyable.* – **2.** Propos ou acte stupide, irréfléchi ou futile, ou, en parlant d'un enfant, maladresse : *Ne dire que des sottises.* – **3.** Fam. et vx. *Dire des sottises à qqn,* l'injurier.

SOTTISIER n. m. Recueil d'erreurs comiques relevées dans les livres, dans les devoirs d'élèves ou dans la presse.

SOTTO VOCE [sɔtovɔtʃe] loc. adv. (ital. *sotto voce,* sous la voix). Terme d'interprétation mis sur un passage qui doit être exécuté d'une voix douce et amortie.

SOTTSASS (Ettore), designer italien (Innsbruck 1917). Architecte de formation, il a manifesté, tout en travaillant à partir de 1959 pour Olivetti, un tempérament exubérant, contraire au fonctionnalisme de l'époque. Épris des formes ludiques, gratuites, voire provocantes qui signalent le « nuovo design », il a participé à Milan au studio « Alchymia » (formé en 1976) et a été l'un des fondateurs du studio « Memphis » (1981, avec Aldo Cibic, Marco Zanini, etc.). En dépit des vœux de Sottsass, la production de ces groupes demeure confinée dans une sphère artisanale de luxe.

SOU n. m. (bas lat. *soldus,* du lat. class. *solidus,* massif). **1.** Terme désignant autref., en France, tantôt une espèce (de cuivre ou de bronze), tantôt une monnaie de compte, valant 1/20 de livre. (Syn. SOL.) – **2.** À partir de l'institution du système décimal, en 1793, pièce de 5 centimes. – **3.** *Fam.* Au pl., argent : *Compter ses sous.* – **4.** Fam. *De quatre sous,* de peu de valeur. ‖ Fam. *Être près de ses sous,* être avare. ‖ *Être propre, net comme un sou neuf,* être très propre. ‖ Fam. *Être sans le sou, n'avoir pas le sou, pas un sou vaillant,* être totalement démuni d'argent. ‖ *Gros sou,* autref. pièce de 10 centimes en bronze. ‖ Fam. *Gros sous,* l'argent : *Question de gros sous.* ‖ Fam. *Les quatre sous de,* la petite fortune de : *Manger ses quatre sous.* ‖ Fam. *N'avoir pas le premier sou,* n'avoir aucun argent pour engager une dépense. ‖ Fam. *N'avoir pas (pour) un sou de qqch,* en être complètement dépourvu. ‖ Fam. *Ne pas valoir, ne pas rapporter un sou, deux sous, quatre sous,* ne rien valoir, ne rien rapporter. ‖ *Pas un sou,* pas la moindre somme d'argent.

SOUABE adj. et n. **1.** De la Souabe. – **2.** *École souabe,* groupe d'écrivains romantiques, actifs entre 1815 et le milieu du XIXe s. et dont les principaux représentants furent L. Uhland et J. Kerner.

SOUABE, en all. **Schwaben,** région historique de l'Allemagne, à cheval sur l'ouest de la Bavière et le Bade-Wurtemberg. Habitée par les Celtes puis par les *Suèves* à partir du Ier s. av. J.-C., la région devint la province romaine de Rhétie. Les Alamans s'y installèrent à la fin du IIIe s. et furent convertis au christianisme au cours des VIIe-VIIIe s. La domination franque se consolida à la fin du VIIIe s. Lors du déclin de l'Empire carolingien, plusieurs familles rivalisèrent pour s'imposer dans la région, qui devint un duché au début du Xe s. Celui-ci fut acquis en 1079 par un Hohenstaufen, dont la maison devint une dynastie impériale. Après l'extinction de celle-ci (1268), la Souabe fut l'enjeu des rivalités entre les Habsbourg, d'une part, et les seigneurs locaux, dont les plus importants furent les comtes de Wurtemberg, d'autre part. Une ligue de villes et de seigneuries, la Grande Ligue, se constitua en 1488. Soutenue par les Habsbourg, elle garantit leur prépondérance dans la région. Après avoir évincé le duc Ulrich de Wurtemberg (1519) et écrasé la Guerre des Paysans (1525), la ligue ne survécut pas aux luttes confessionnelles et dut se dissoudre en 1534. Le conflit entre les ducs de Wurtemberg (protestants) et les catholiques, dirigés par l'Autriche, amena le démantèlement de la Souabe aux traités de Westphalie (1648).

SOUABE (*maison* DE) → HOHENSTAUFEN.

SOUABE-FRANCONIE *(bassin de),* grande région naturelle du sud de l'Allemagne, entre la Forêt-Noire et le massif de Bohême, partagée entre la Bavière, le Bade-Wurtemberg et la Hesse. C'est un bassin d'âge secondaire, soulevé au tertiaire, où les plateaux (alternant couches tendres et couches dures) forment des reliefs de côtes. C'est une région à prédominance agricole : landes sur les plateaux calcaires élevés, forêts sur les grès, cultures variées sur les bas plateaux et dans les dépressions, vignobles dans le Nord-Ouest.

SOUAGE ou **SUAGE** n. m. (anc. fr. *soue,* corde). Moulure en relief le long du bord d'un plat en étain, en argent, etc., ou le long de la base d'un flambeau.

SOUAHÉLI → SWAHILI.

SOUARI n. m. *Beurre de souari,* matière grasse extraite des fruits d'une espèce de caryocar.

SOUBASSEMENT n. m. (de *sous-* et *bas*). **1.** Partie inférieure, massive, d'une construction, qui surélève celle-ci au niveau du sol. – **2.** Base, fondement, ce sur quoi repose qqch. – **3.** Partie profonde du sous-sol, correspondant généralement au sous-sol cristallin.

SOUBATTAGE ou **SOUS-BATTAGE** n. m. (pl. *sous-battages*). Action de soubattre les brebis.

SOUBATTRE ou **SOUS-BATTRE** v. t. (de *sous-* et *battre*) [conj. **83**]. *Soubattre les brebis,* donner du plat de la main des tapes sur leur pis, après une première traite, pour provoquer la reprise de la sécrétion et récolter du lait supplémentaire riche en matières grasses.

SOUBIROUS (Bernadette) → BERNADETTE SOUBIROUS (sainte).

SOUBISE n. f. (du n. du prince de *Soubise*). **1.** Sauce faite à partir d'oignons, de beurre et de fond blanc. — **2.** Tresse plate qui bordait certains dolmans ou tenues militaires.

SOUBISE (Benjamin DE ROHAN, *seigneur* DE) [La Rochelle 1583 - Londres 1642]. Il fut un des chefs du parti protestant sous Louis XIII. Il fut battu à Saint-Jean-d'Angély (1621) et dans les marais de Riez (1622), et souleva La Rochelle (1627).

SOUBISE (Charles DE ROHAN, *prince* DE), maréchal de France (Versailles 1715 - Paris 1787). Maréchal de camp (1743), il contribua à la victoire de Fontenoy (1745). Lieutenant général (1748) puis maréchal de France (1758), il fut défait à Rossbach (1757) et à Wilhelmstadt (1762).

Soubise *(hôtel de),* à Paris, dans le Marais, rue des Francs-Bourgeois. Élevé à l'emplacement de l'hôtel de Clisson (1375) pour François de Rohan, prince de Soubise, il eut pour architectes Delamair, puis Boffrand (1705-1745) ; décors intérieurs de Boucher, C. Van Loo, Natoire, Restout, Lemoyne. Il est auj. occupé par les Archives nationales (comme l'hôtel de Rohan, contigu) et par le musée de l'Histoire de France.

SOUBRESAUT n. m. (provenç. *sobresaut,* de *sobre,* par-dessus, et *saut*). **1.** Saut brusque, inopiné d'un animal ou cahot de qqch : *Les soubresauts d'une voiture.* — **2.** Tressaillement brusque et involontaire du corps, sursaut : *À la vue du corps, il eut un soubresaut.* — **3.** Mouvement violent et de peu de durée d'une action : *Les derniers soubresauts de la bataille.* — **4.** En chorégraphie, le plus élémentaire des sauts, réalisé dans l'élévation donnée par la détente des jarrets.

SOUBRETTE n. f. (provenç. *soubreto,* de *soubret,* affecté). **1.** Femme de chambre ou suivante de comédie. — **2.** *Litt.* Petite bonne ou femme de chambre avenante.

SOUBREVESTE n. f. (ital. *sopravesta,* vêtement de dessus). **1.** Casaque sans manches, portée autref. par-dessus les armes. — **2.** Sorte de justaucorps sans manches porté par les mousquetaires.

SOUCHE n. f. (gaul. **tsŭkka*). **1.** Partie inférieure du tronc d'un arbre, située au-dessous du collet et d'où partent les racines. — **2.** Partie d'un arbre qui reste en terre quand l'arbre a été coupé au ras du sol ; cette même partie arrachée. — **3.** Portion d'une feuille qui reste attachée à un registre, à un carnet, etc., et qui sert à vérifier l'authenticité de la partie détachée, ou « volant » : *Carnet à souches.* — **4.** *Fam.* Personne lourde, d'esprit épais. — **5.** Personne ou animal de qui sort une suite de descendants : *Chien de bonne souche.* — **6.** Origine de qqn : *Être de souche paysanne.* — **7.** Source, origine, principe d'un ensemble ethnique, d'une famille linguistique : *Mot de souche francique.* — **8.** *Faire souche,* donner naissance à une lignée de descendants. ‖ *Mot souche,* mot à partir duquel se sont créés un ou des dérivés, une famille de mots. • **Bât.** Parties basses d'une tour, liées aux structures du corps de bâtiment dans lequel elle prend naissance. (S'oppose aux *parties hautes,* dégagées.) ‖ Partie en maçonnerie d'une cheminée, qui, renfermant les conduits de fumée, s'élève au-dessus d'un toit. — **Biol.** *Souche microbienne,* ensemble de cellules dérivant du même clone et donc présentant les carac tères typiques de la bactérie ou du virus d'origine. — **Dr.** Auteur commun à plusieurs personnes. ‖ *Partage par souche,* celui qui est en usage au cas de succession par représentation. (Contr. PARTAGE PAR TÊTE.) — **Génét.** *Cellule souche,* cellule ancestrale qui donne naissance aux éléments d'une lignée cellulaire. (Il peut s'agir d'une cellule germinale ou d'une cellule somatique telle qu'une cellule souche hématopoïétique à l'origine d'une lignée de cellules sanguines.) — **Vitic.** Pied de vigne.

SOU CHE → SU SHI.

1. SOUCHET n. m. (de *sous-* et anc. fr. *chever,* creuser). Saignée horizontale pratiquée dans un travail de terrassement, lors de l'abattage d'une masse parallélépipédique. (Syn. SOUS-CAVE.)

2. SOUCHET n. m. (de *souche*). Herbe rhizomateuse (cypéracée) des lieux humides et des marécages, à tige cylindrique ou de section triangulaire, telle que le papyrus des Égyptiens et le souchet comestible.

3. SOUCHET n. m. (p.-ê. de *souche*). Canard au bec spatulé, au plumage aux vives couleurs chez le mâle, nichant fréquemment en France.

SOUCHETAGE ou **SOUQUETAGE** n. m. **1.** Visite qu'on fait dans un bois pour y compter les souches. — **2.** Désignation, au moyen d'une marque, de chacun des arbres qui doivent être abattus dans une coupe.

SOUCHETER v. t. (de *souche*) [conj. **27**]. Effectuer le souchetage d'une coupe.

SOUCHETTE n. f. (de *souche*). Nom usuel de la collybie.

SOUCHEZ (62153), comm. du Pas-de-Calais, à 8 km au S.-O. de Lens ; 2 037 hab. *(Souchessois).* Violents combats en 1915.

SOU-CHONG [suʃɔ̃ ou suʃɔ̃g] n. m. (du chinois). Variété de thé noir chinois.

SOUCHOT n. m. Nom commercial de la sépiole.

1. SOUCI n. m. (anc. fr. *soussie,* tournesol, du bas lat. *solsequia,* qui suit le soleil). Composée annuelle ornementale des jardins, aux capitules d'un jaune vif, de type radié.

2. SOUCI n. m. (de *soucier*). **1.** Préoccupation qui trouble, inquiète : *Vivre sans souci. Se faire du souci.* — **2.** Objet des préoccupations, de l'inquiétude de qqn : *Son fils est son principal souci.* — **3.** *Avoir le souci de qqch,* y veiller attentivement, y attacher de l'importance : *Il a le souci de sa réputation.* ‖ *C'est (là) le moindre, le cadet, le dernier de mes soucis,* c'est qqch qui ne me tracasse pas du tout, qui passe après tout le reste.

SOUCIER (SE) v. pr. (lat. *sollicitare,* troubler) [conj. **9**]. Porter intérêt à qqn, qqch, y faire attention, en faire cas : *Vous semblez vous soucier de l'heure. Elle ne se soucie guère de son avenir.* ◆ **soucier** v. t. Fam. et vx. *Cela me soucie,* cela me cause du souci.

SOUCIEUSEMENT adv. *Litt.* D'une manière soucieuse.

SOUCIEUX, EUSE adj. **1.** Qui a des soucis ; qui, dans son expression, manifeste cet état : *Les difficultés le rendent soucieux.* — **2.** Qui a grand soin de qqch, y est fort attentif : *Être soucieux de sa réputation.*

SOUCOUPE n. f. (calque de l'ital. *sottocoppa,* de *sotto,* dessous, et *coppa,* coupe). **1.** Petite assiette conçue pour recevoir une tasse, ou utilisée dans les cafés, les restaurants pour rendre la monnaie. — **2.** *Soucoupe plongeante,* nom donné à certains submersibles à cause de leur forme caractéristique et de leur maniabilité. ‖ *Soucoupe volante,* syn. de OVNI.

SOUDABILITÉ n. f. (de *soudable*). Propriété d'un matériau qui se prête à la réalisation d'une construction par joints soudés.

SOUDABLE adj. Qui peut être soudé.

SOUDAGE n. m. (de *souder*). **1.** Opération consistant à réunir deux ou plusieurs parties constitutives d'un assemblage, de manière à assurer la continuité entre les parties à assembler, soit par chauffage, soit par intervention de pression, soit par l'un et l'autre, avec ou sans emploi d'un produit d'apport dont la température de fusion est du même ordre de grandeur que celle du matériau de base. — **2.** *Soudage autogène,* soudage de deux ou plusieurs pièces d'un même matériau sans utilisation d'un produit d'apport.

ENCYCL. • Le *soudage par fusion* regroupe tous les procédés de soudage comportant une fusion localisée, exécutée avec ou sans utilisation de produit d'apport et sans intervention de pression. On en distingue plusieurs familles. Dans le *soudage au gaz,* la chaleur nécessaire au soudage est fournie par la combustion d'un gaz ou d'un mélange gazeux avec de l'oxygène (oxyacétylénique : oxygène/acétylène ; oxhydrique : oxygène/hydrogène). Le produit d'apport est une baguette nue.

Dans le *soudage à l'arc,* la chaleur nécessaire au soudage est fournie par un arc électrique entre une électrode et la pièce.

Dans le *soudage avec électrode enrobée,* le flux enrobant l'électrode fond et forme à la surface du cordon de soudure un laitier qui protège le bain de fusion. Dans le *soudage sous protection gazeuse avec fil fusible,* l'arc et le bain de fusion sont protégés par un gaz inerte (hélium ou argon dans le procédé MIG [Metal Inert Gas]) ou un mélange gazeux actif (procédé MAG [Metal Active Gas]). La protection par gaz inerte est aussi à la base du procédé TIG (Tungsten Inert Gas), utilisant une électrode réfractaire de tungstène. La chaleur nécessaire au soudage peut être d'origine chimique (réaction d'un mélange d'oxydes métalliques avec la poudre d'aluminium dans le *soudage aluminothermique*), lumineuse (faisceau focalisé d'un laser dans le *soudage laser*) ou particulaire (*soudage par faisceau d'électrons* ou *d'ions,* généralement effectué sous vide).

• *Le soudage par pression* regroupe tous les procédés de soudage dans lesquels on obtient une soudure, en général sans produit d'apport, par application d'une pression suffisante pour obtenir une déformation plastique des faces à souder. Un chauffage localisé, obtenu à partir d'énergie électrique ou mécanique, permet ou facilite le processus. C'est l'effet Joule produit par un courant traversant l'assemblage qui permet le *soudage par résistance.* On distingue le « soudage par points », dans lequel la soudure est exécutée à l'endroit de la pièce située entre les électrodes, et le « soudage à la molette », dans lequel les pièces sont placées entre deux molettes exerçant un effort continu, le courant étant transmis par les molettes. Dans le *soudage par induction,* l'effet Joule est produit par des courants de Foucault induits par un champ magnétique alternatif.

• *La chaleur dégagée par le frottement de deux pièces serrées l'une contre l'autre et mises en rotation permet le soudage par friction,* tandis que les vibrations mécaniques de faible amplitude utilisées dans le *soudage par ultrasons* permettent l'exécution d'une soudure à une température inférieure au point de fusion du métal de base.

SOUDAIN, E adj. (bas lat. *subitanus,* du lat. class. *subitaneus*). Qui se produit, se fait tout à coup : *Une explosion soudaine.*

◆ **soudain** adv. Dans l'instant même ; subitement, inopinément : *Soudain, un orage éclata.*

SOUDAINEMENT adv. De façon soudaine, imprévue.

SOUDAINETÉ n. f. Qualité de ce qui se produit brusquement, à l'improviste : *La soudaineté d'une mort.*

SOUDAN, région de l'Afrique intertropicale. Située entre la zone du Sahel au N., la zone équatoriale au S., elle s'étend sur une partie des États suivants : Sénégal, Guinée, Mali, Burkina, Niger, Nigeria, Cameroun, Tchad, Centrafrique et *Soudan.* Elle est caractérisée par l'alternance d'une saison humide (été) et d'une saison sèche (hiver). Le paysage végétal est celui de savanes de graminées et de forêts claires parsemées d'arbres utiles (baobab, karité, néré, palmier-rônier, acacia, kapokier, fromager, etc.). Les cultures du mil et du sorgho sont complétées par celle du maïs.

SOUDAN, en ar. **al-Sūdān,** État de l'Afrique orientale, qui occupe la région du haut Nil ; 2 506 000 km² ; 27 400 000 hab. *(Soudanais).* CAP. *Khartoum.* LANGUE : *arabe.* MONNAIE : *livre soudanaise.*

Géographie. Le Soudan vient au premier rang de l'Afrique pour sa superficie, mais seulement au 8e rang pour la population. Celle-ci, dont l'accroissement naturel approche 3 % par an, est localisée majoritairement dans le nord du pays. Elle se compose de plus de 500 ethnies, partagées entre des populations blanches, islamisées et arabophones, dans le Nord, et des populations noires, animistes ou chrétiennes, sans unité linguistique, dans le Sud. Le pays est généralement plat, les hauteurs se situant à la périphérie, en dehors des monts Nuba (1 400 m), et le Nil le traverse du sud au nord. Les précipitations, estivales, permettent de distinguer trois régions. Le Sud, qui reçoit entre 600 et 1 500 mm de pluies, est isolé du reste du pays par les zones marécageuses du Sadd, où les populations vivent de cultures (sorgho) sur les bourrelets alluviaux, d'élevage et de pêche. Entre les 10e et 15e parallèles se situe le cœur du pays, qui reçoit entre 300 et 600 mm de pluies. Dans la Gezireh, entre le Nil Blanc et le Nil Bleu, grâce à des barrages, des périmètres irrigués produisent du coton ainsi que des cultures diversifiées (sorgho, blé, canne à sucre). À l'ouest, les cultures pluviales sont possibles (coton, sorgho, millet, arachide, sésame, acacia dont on tire la gomme arabique), complétées en altitude (Darfour) par le blé et l'élevage. Dans le Nord s'étend le domaine saharien, parcouru par des nomades (chameaux, bovins), sauf au nord-ouest, pratiquement vide. L'agriculture n'est possible que dans les oasis et le long de la vallée du Nil, densément peuplée.
L'agriculture emploie plus des trois quarts de la population active, mais ne satisfait pas la demande intérieure. La disponibilité en eau reste le problème crucial, et seulement 8 % des terres cultivables sont utilisées.
Par ailleurs, les régions sahéliennes, fragiles, se désertifient par endroits. Le coton, l'élevage, avec un des troupeaux les plus importants d'Afrique (bovins, ovins, caprins, camélidés) le sorgho, l'arachide, le sésame et la gomme arabique fournissent l'essentiel des exportations du pays. Les ressources minières sont modestes (un peu de pétrole). Les industries concernent le traitement du coton, l'alimentation, les cimenteries et le raffinage du pétrole ; elles sont localisées dans la région de Khartoum, Atbara et Port-Soudan. Endetté et dépendant de l'aide internationale, le pays doit faire face à de graves dissensions internes.

Histoire. Dans l'Antiquité, l'histoire du Soudan se confond avec celle de la Nubie, qui en couvre la partie septentrionale. Appelée pays de Koush par les Égyptiens, elle est conquise par les pharaons au début du IIe millénaire.
VIe av. J.-C. : Fondation du royaume de Méroé, capitale de la Nubie.
V. 350 apr. J.-C. : Méroé est détruite par les Éthiopiens.
Des royaumes chrétiens s'y succèdent à partir du VIe s., progressivement soumis par les Arabes, qui y diffusent l'islām. À partir du XVe s. se constituent des sultanats. De vastes zones sont dépeuplées par la traite.
1820-1840 : Méhémet-Ali, vice-roi d'Égypte, conquiert la région, dont Khartoum devient la capitale.
1881 : Début de l'insurrection du Mahdī, chef musulman qui proclame la guerre sainte contre les Britanniques.
1898 : Le général Kitchener rétablit le pouvoir anglo-égyptien, qui prend la forme d'un condominium (1899).
1956 : La République indépendante du Soudan est proclamée.
La révolte séparatiste du Sud, en majorité animiste et chrétien, est à l'origine d'une forte et permanente instabilité politique.
1969-1985 : Le général Dja'far al-Nimayrī, arrivé au pouvoir à la faveur d'un coup d'État militaire, dirige le pays, où il instaure un régime d'inspiration socialiste.
1986 : Un gouvernement civil est formé.
1989 : Des militaires conduits par le général 'Umar Ḥasan-al Bachīr, reprennent le pouvoir et accentuent l'orientation islamiste du pays.
À partir de 1992 : L'armée remporte d'importants succès sur la rébellion sudiste. Les populations du Sud sont durement touchées par la famine.

Accusé par de nombreux pays de soutenir le terrorisme, le Soudan se trouve très isolé sur la scène internationale.

SOUDAN FRANÇAIS → MALI.

SOUDANAIS, E adj. et n. **1.** De l'État du Soudan. – **2.** De la région climatique du Soudan. (Syn. SOUDANIEN.)

◆ adj. Se dit de langues africaines parlées de l'Éthiopie au Tchad et du sud de l'Égypte à l'Ouganda et au nord de la Tanzanie. (On distingue, à l'intérieur de la famille nilo-charienne, un groupe soudanais oriental [nubien, nilotique, barea, merarit, dagu, etc.] et un groupe soudanais central [sara, lugbara, mangbétou, baguirmi, morou, etc.].) [Syn. SOUDANIEN.]

SOUDANIEN, ENNE adj. et n. Syn. de SOUDANAIS.

SOUDANT, E adj. Se dit de la température du fer, de l'acier à laquelle deux pièces de fer ou d'acier peuvent être soudées par forgeage.

SOUDARD n. m. (anc. fr. *soudoier,* homme d'armes). **1.** Autref., soldat, mercenaire ; reître. – **2.** *Litt.* Individu grossier et brutal.

SOUDE n. f. (lat. médiév. *soda,* de l'ar. *suwwād*). **1.** Hydroxyde de sodium NaOH. (On dit aussi SOUDE CAUSTIQUE pour la distinguer de la soude du commerce.) – **2.** Carbonate de sodium commercial Na_2CO_3 appelé aussi SOUDE DU COMMERCE. – **3.** Nom usuel d'un salsola.

ENCYCL. La *soude caustique* est un solide blanc, fondant à 318 °C, soluble dans l'eau avec dégagement de chaleur, et très hygroscopique. On l'emploie pour la fabrication des savons durs, de l'alumine, de l'eau de Javel, l'obtention de pâte à papier, la mercerisation, etc.

La *soude du commerce* est le carbonate de sodium Na_2CO_3. Préparé par le procédé Solvay, il cristallise, avec 10 molécules d'eau, en prismes clinorhombiques qui effleurissent à l'air. Il est utilisé en verrerie et pour la fabrication de nombreux composés du sodium. On l'emploie encore dans le blanchiment, la teinture, la préparation d'émaux.

SOUDER v. t. (lat. *solidare,* de *solidus,* solide) [conj. 3]. **1.** Pratiquer le soudage, effectuer un soudage. – **2.** Joindre une chose à une autre en un ensemble unique : *Un mot formé de deux éléments que l'usage a soudés.* – **3.** Unir par un lien étroit, intime des personnes : *Le malheur les avait soudés.* – **4.** Coller fortement et définitivement, au moyen d'une colle subissant des transformations chimiques ou physiques qui donnent une forte adhérence.

◆ **être soudé** v. pass. *Fabrication soudée,* fabrication dans laquelle la semelle de la chaussure est fixée par collage sur une tige montée à la semence ou à la colle.

◆ **se souder** v. pr., **être soudé** v. pass. En parlant d'éléments primitivement distincts, être réunis en un ensemble unique : *Deux vertèbres qui se soudent.*

SOUDEUR, EUSE n. Personne effectuant manuellement une opération de soudage.

SOUDIER, ÈRE adj. Relatif à la soude et à sa fabrication.

◆ **soudière** n. f. Usine où l'on fabrique de la soude artificielle.

SOUDOBRASAGE n. m. Procédé de brasage fort dans lequel le joint brasé est obtenu de proche en proche, par une technique opératoire analogue à celle du soudage par fusion, mais sans action capillaire comme dans le brasage, ni fusion intentionnelle du métal de base.

SOUDOBRASURE n. f. Résultat de l'opération de soudobrasage.

SOUDOYER v. t. (de *solde 1*) [conj. **13**]. Payer qqn pour s'assurer sa complicité, son soutien : *Soudoyer quelqu'un pour obtenir des informations.*

SOUDURE n. f. **1.** Résultat de l'opération de soudage. (Syn. JOINT SOUDÉ.) – **2.** Manière dont qqch est soudé : *Une soudure nette.* – **3.** *Assurer, faire la soudure,* assurer la continuité de l'approvisionnement entre deux récoltes, entre deux rentrées d'argent ; assurer la continuité d'une fonction entre deux moments, la transition entre deux processus.

SOUE n. f. (mot régional, du bas lat. *sutis*). *Vx.* Étable pour les porcs.

SOUÈGES (René), botaniste français (Lamontjoie, Lot-et-Garonne, 1876 - Nogent-sur-Marne 1967). Il a formulé les lois essentielles de l'embryologie végétale. (Acad. des sc., 1943.)

SOUEI → SUI.

SOUEI-NING → SUINING.

SOUF (le), région du Sahara algérien entre Touggourt et le chott el-Djérid. V. princ. *El-Wad.* Palmeraies (dattes).

SOUFFLAGE n. m. **1.** Technique permettant, par action d'une pression d'air, de donner à une matière thermoplastique, préalablement ramollie par action de la chaleur, une forme déterminée. – **2.** Procédé de formage des objets en verre creux, par action d'air sous pression. (Syn. SOUFFLÉ.) – **3.** Méthode de nivellement de la voie ferrée, consistant à glisser sous les traverses une quantité de gravillon dosée pour permettre un relèvement exact du niveau, préalablement calculé. – **4.** Renflement de la carène d'un navire au voisinage de la flottaison, pour augmenter sa stabilité. – **5.** Procédé de fonderie permettant de fabriquer rapidement les noyaux de moules en projetant le sable dans une boîte à noyau.

— 6. *Opération métallurgique,* action qui consiste à envoyer un fort courant gazeux (air ou oxygène) dans un bain de métal en fusion pour éliminer certaines impuretés. — 7. Dans une mine, remontée de la sole d'une voie sous l'effet de l'expansion des terrains. — 8. *Soufflage des bitumes,* oxydation partielle d'un bitume par injection d'air comprimé, qui en élève le point de ramollissement. ‖ *Soufflage magnétique,* action s'exerçant entre un champ magnétique et un courant électrique, que l'on met à profit pour éteindre ou modifier un arc.

SOUFFLANT, E adj. 1. Se dit d'un appareil qui met en mouvement un fluide, en partic. l'air. — 2. *Fam.* Qui étonne, stupéfie, coupe la respiration : *Une nouvelle soufflante.*

◆ **soufflant** n. m. *Pop.* Pistolet, revolver.

◆ **soufflante** n. f. 1. Compresseur utilisé pour le soufflage de l'air nécessaire au fonctionnement d'un haut fourneau ou d'un convertisseur. — 2. Dans un turboréacteur à double flux, premier étage du compresseur, assimilable à une hélice carénée dotée de nombreuses pales. — 3. *Soufflante à gaz,* soufflante conduite par un moteur à gaz à piston tournant à vitesse lente (de 30 à 80 tr/min).

SOUFFLARD n. m. 1. Syn. de SOFFIONI. — 2. Jet de grisou qui s'échappe d'une fissure.

SOUFFLE n. m. (de *souffler*). 1. Air qu'on chasse par la bouche en expirant plus ou moins fortement : *Attiser les braises avec son souffle.* — 2. Air exhalé en respirant, respiration ; bruit ainsi produit : *Retenir son souffle.* — 3. Capacité à emmagasiner de l'air dans les poumons, en partic. pour un effort : *Manquer de souffle.* — 4. Agitation de l'air ; courant d'air léger : *Il n'y a pas un souffle de vent.* — 5. Déplacement d'air extrêmement brutal produit par une explosion. — 6. *Litt.* Mouvement, élan d'exaltation, d'aspiration profonde, d'inspiration : *Un souffle de liberté. Roman qui a du souffle.* — 7. *Litt.* Inspiration de l'écrivain, de l'artiste : *Poète qui manque de souffle.* — 8. *Dans un souffle,* d'une voix qu'on peut à peine distinguer. ‖ Litt. *Dernier souffle,* dernier soupir. ‖ Fam. *Ne pas manquer de souffle,* avoir du culot, de l'aplomb. ‖ *Second souffle,* regain de vitalité chez qqn qui accomplit un effort physique intense ; reprise d'activité après une période de fléchissement dans un domaine quelconque. ‖ Litt. *Souffle vital,* la vie elle-même. • **Acupunct.** Dans la pensée chinoise, énergie qui constitue et anime à la fois les êtres et le cosmos. (La notion de souffle est essentielle en médecine chinoise. En particulier, l'objet de l'acupuncture est de régulariser les souffles, plus précisément les souffles constitutifs et animateurs de l'homme.) — **Électroacoust.** Ensemble de bruits de hauteur indéfinie émis, en dehors de tout signal utile, par un haut-parleur en fin d'une chaîne de transmission. — **Méd.** Son normal ou pathologique perçu à l'auscultation de diverses parties du corps.

SOUFFLÉ n. m. 1. Préparation salée ou sucrée dans laquelle des blancs d'œufs en neige provoquent à la cuisson, à four modéré, une augmentation de volume. — 2. Syn. de SOUFFLAGE.

SOUFFLEMENT n. m. *Litt.* Action de souffler.

SOUFFLENHEIM (67620), comm. du Bas-Rhin, sur la bordure orientale de la forêt de Haguenau ; 4 296 hab. Poterie et céramique.

SOUFFLER v. i. (lat. *sufflare*) [conj. 3]. 1. Chasser de l'air par la bouche ou par le nez : *Inspirez, soufflez. Souffler dans une trompette.* — 2. Respirer avec difficulté, en expirant l'air bruyamment : *Terminer une course en soufflant.* — 3. S'arrêter pour reprendre haleine, pour se détendre : *Mettre pied à terre pour laisser souffler son cheval.* — 4. En parlant de l'air, du vent, se déplacer avec plus ou moins de force dans l'espace : *Un vent qui souffle en tempête.*

◆ v. t. ind. 1. Diriger son souffle sur qqch : *Souffler sur ses doigts.* — 2. Fam. *Souffler sur le feu,* attiser une querelle, un différend, exciter la discorde.

◆ v. t. 1. Diriger un souffle d'air sur qqch qui brûle, de façon à l'éteindre : *Le vent a soufflé les bougies.* — 2. Déplacer qqch, le projeter au moyen du souffle ou d'un courant d'air : *Souffler la fumée de sa cigarette au visage de quelqu'un.* — 3. Détruire une construction par un souffle violent : *Les bombes ont soufflé l'immeuble.* — 4. Dire discrètement qqch à qqn, le lui rappeler tout bas, sans être entendu des tiers : *Souffler son texte à un acteur.* — 5. Suggérer qqch à qqn : *On lui a soufflé de prendre cette décision.* — 6. *Fam.* Enlever qqch, qqn à qqn par ruse et de façon plus ou moins déloyale : *Se faire souffler une affaire par un concurrent.* — 7. *Fam.* Causer à qqn une vive stupéfaction, le renverser : *La nouvelle de son mariage nous a soufflés.* — 8. *Ne pas souffler mot (de qqch),* ne rien dire, se taire (sur qqch). ‖ *Souffler le chaud et le froid,* approuver puis critiquer une même chose, une même personne, selon l'intérêt du moment. • **Jeux.** Au jeu de dames, enlever un pion ou une dame à son adversaire qui a omis de s'en servir pour prendre. — **Métall.** Effectuer le soufflage d'un métal ou d'un alliage dans un four d'élaboration métallurgique. ‖ Pratiquer le soufflage des noyaux de fonderie à l'aide de machines spéciales. — **Verr.** *Souffler le verre, l'émail,* en faire des ouvrages par soufflage à l'aide d'un tube.

◆ **être soufflé** v. pass. 1. Donner l'impression d'être anormalement gonflé, gros, boursouflé : *Avoir le visage soufflé.* — 2. *Fam.* Être ébahi, très étonné, stupéfait, abasourdi. — **3.** *Foyer soufflé,* foyer dans lequel l'air de combustion pénètre sous l'effet d'une surpression, produite par un ventilateur.

SOUFFLERIE n. f. **1.** Installation d'essai utilisée en aérodynamique pour étudier l'action sur un corps d'un écoulement d'air. (Syn. TUNNEL AÉRODYNAMIQUE.) [→ *encycl.*] — **2.** Machine ou ensemble de machines destinés à l'aération ou à produire le vent nécessaire dans certains traitements ; partie d'une usine où sont établies ces machines. — **3.** Ensemble des soufflets d'un orgue.

ENCYCL. Dans les souffleries, la veine fluide agit généralement sur une maquette à échelle réduite, qu'il s'agisse d'un obstacle ou d'un véhicule. L'application à celui-ci des résultats de l'essai repose sur les lois de similitude de la mécanique des fluides, qui exigent la conservation du nombre de Reynolds* et, dans le cas des grandes vitesses, celle du nombre de Mach*. Les souffleries peuvent être en circuit ouvert (type Eiffel, qui réalisa la première installation moderne en 1909) ou en circuit fermé (type Prandtl). Dans le premier type, l'air, aspiré directement dans l'atmosphère ambiante, y est rejeté par le ventilateur ; le deuxième type, plus volumineux, s'impose dès qu'il s'agit d'utiliser un fluide différent de l'air ambiant ou conditionné en température (souffleries cryogéniques) ou en pression. La chambre d'essai, où se trouve la maquette, est située entre un convergent, destiné à accélérer l'air aspiré par les ventilateurs, et un divergent, destiné à réduire la vitesse de l'air. Les *souffleries à rafales* permettent d'atteindre, pendant de courtes durées, des nombres de Mach élevés. Elles sont généralement munies d'un compresseur à étages ou d'une pompe à vide et d'un réservoir d'air sous pression.
Aux plus grandes souffleries actuelles (Modane-Avrieux en France, Pasadena aux États-Unis, Emmeloord aux Pays-Bas) devrait s'adjoindre, dès 1993, la soufflerie cryogénique ETW (European Transsonic Windtunnel), qui sera implantée à Cologne.

SOUFFLET n. m. (de *souffler*). **1.** Instrument formé d'une cavité en matériau souple qu'on dilate pour la remplir d'air par aspiration, pour ensuite la vider par compression, en produisant un jet d'air dirigé. — **2.** *Litt.* Coup du plat ou du revers de la main sur la joue. — **3.** *Litt.* Acte ressenti comme un affront, une mortification. • **Archit.** Dans le gothique flamboyant, élément de remplage ayant la forme d'un cœur plus ou moins allongé selon un axe rectiligne. (Associé, ou non, avec des *mouchettes.*) — **Bât.** *Fenêtre à soufflet,* fenêtre dont le châssis s'ouvre par rotation autour d'un axe horizontal situé en rive inférieure. — **Ch. de f.** Couloir flexible de circulation, situé à l'extrémité des voitures et destiné à permettre le passage entre elles. — **Chauss.** Languette en forme de triangle assurant l'étanchéité de la fermeture. — **Cout.** Morceau de tissu intercalé dans une couture ou entre une poche plaquée et le vêtement de façon à donner de l'ampleur. — **Maroq.** Pièce latérale ou de fond d'un article de maroquinerie qui, en s'ouvrant ou en se fermant, permet d'agrandir ou de diminuer la capacité de l'objet. — **Phot.** Partie extensible, en toile ou en peau, plissée en accordéon, formant la chambre noire de certains appareils photographiques. ‖ Accessoire de photomacrographie comportant une partie extensible se fixant entre l'objectif et le boîtier photographique.

SOUFFLETER v. t. (conj. 27). *Litt.* Donner un soufflet, une gifle à qqn.

SOUFFLETTE n. f. **1.** Appareil connecté à une canalisation d'air comprimé, permettant de diriger un jet d'air sous pression sur un endroit dont on veut éliminer les poussières, les copeaux, etc. — **2.** Poche d'air formant boursouflure, qui se trouve enfermée entre le moule et la croûte d'une céramique. — **3.** Syn. de SOUFFLURE.

SOUFFLEUR, EUSE n. **1.** Personne qui se tient près de qqn qui parle ou joue en public et lui souffle son texte en cas de défaillance. (Au théâtre, le souffleur se tient dans une ouverture pratiquée dans le plancher de scène [*trou* ou *boîte du souffleur*].) — **2.** Ouvrier qui souffle les ouvrages de verrerie. — **3.** *Souffleur de verre,* artisan qui fabrique des petits objets artistiques en verre ; spécialiste qui fabrique, par soufflage et par soudage, les appareillages en verre utilisés dans la chimie et dans l'électronique.

◆ **souffleur** n. m. **1.** Grand dauphin de l'Atlantique Nord, carnassier et vorace. — **2.** Syn. de BOUTE-EN-TRAIN.

◆ **souffleuse** n. f. Au Canada, sorte de chasse-neige.

SOUFFLOT (Germain), architecte français (Irancy, près d'Auxerre, 1713 - Paris 1780). Après un séjour à Rome (1731-1738), il se fait connaître par son hôtel-Dieu de Lyon (plans de 1741). En 1749, il est, avec Cochin le Fils, de ceux qui accompagnent en Italie le futur surintendant Marigny, voyage (jusqu'à Herculanum et Paestum) qui est le prélude du néoclassicisme français. Le Panthéon* de Paris, qui l'occupe de 1755 à sa mort, tend à combiner la solennité et la régularité antiques avec une légèreté et un sens structural inspirés des bâtisseurs gothiques ; les recherches techniques auxquelles il donna lieu font de Soufflot un précurseur du rationalisme. L'architecte fut contrôleur des bâtiments du roi

(1763) et s'occupa d'embellissements divers pour les villes de Lyon et de Paris.

SOUFFLURE n. f. **1.** Cavité remplie de gaz occlus au cours de la solidification d'une masse de métal ou de verre fondus. – **2.** Grosse cloque qui se produit dans l'enduit couvrant un mur. – **3.** Poche d'air résiduelle entre deux couches fibreuses ou entre deux jets. (Syn. SOUFFLETTE.)

SOUFFRANCE n. f. (anc. fr. *sofrance,* du bas lat. *sufferentia*). **1.** Fait de souffrir, état prolongé de douleur physique ou morale : *Avoir sa part de souffrance dans l'existence.* – **2.** *En souffrance,* se dit d'une affaire qui attend d'être réglée ou d'un colis, d'une marchandise qui n'ont pas été réclamés ou délivrés.

SOUFFRANT, E adj. **1.** Dont l'état de santé n'est pas satisfaisant, qui souffre d'une indisposition : *Je ne suis pas sorti, j'étais un peu souffrant.* – **2.** *Litt.* Qui a à supporter des maux, des tourments : *Avoir une pensée pour l'humanité souffrante.*

SOUFFRE-DOULEUR n. inv. Personne ou animal sur qui se concentrent les mauvais traitements, les tracasseries : *Il était le souffre-douleur de sa classe.*

SOUFFRETEUX, EUSE adj. (anc. fr. *suffraite,* privation, du lat. class. *suffringere,* manquer). Qui est de constitution et de santé délicates : *Un enfant souffreteux.*

SOUFFRIR v. t. (lat. pop. **sufferire,* du lat. class. *sufferre,* supporter) [conj. **34**]. **1.** *Litt.* Endurer, supporter une chose pénible, éprouvante, un mal : *Souffrir la torture, la faim.* – **2.** *Litt.* Permettre qqch, le tolérer, l'admettre : *Ne pas souffrir la critique.* – **3.** *Ne pas pouvoir souffrir qqn, qqch,* éprouver une antipathie profonde pour qqn, une aversion marquée pour qqch : *Ne pas pouvoir souffrir la vulgarité.* – **4.** Admettre tel caractère, telle modification, etc., en être susceptible : *Ce travail ne doit souffrir aucun retard.* – **5.** *Souffrir le martyre, le calvaire, mille morts,* souffrir beaucoup.

◆ v. i. **1.** Ressentir une vive souffrance, avoir mal à une partie du corps : *Mes dents me font souffrir.* – **2.** Éprouver des souffrances morales, être particulièrement affecté par des difficultés, des peines, être malheureux. – **3.** Être endommagé : *Les cultures ont souffert de la sécheresse.* – **4.** Avoir des difficultés à faire qqch : *J'ai souffert pour lui expliquer la situation.*

◆ v. t. ind. **1.** Avoir, subir telle maladie : *Il souffre de son ulcère d'estomac.* – **2.** Ressentir douloureusement les effets d'un mal : *Le pays souffre de la crise économique.* – **3.** Être particulièrement fragile par rapport à qqch : *Pour ceux qui souffrent du froid, ces sous-vêtements sont indispensables.* – **4.** Être affecté d'un défaut : *Appareil qui souffre d'un défaut de fabrication.*

SOUFI ou **ÇOUFI** n. m. (ar. *ṣūfī,* vêtu de laine, de *ṣūf,* laine). Titre ou surnom individuel donné à un adepte du soufisme. (Le soufi est l'ascète vêtu de la robe de laine vierge en signe d'humilité.)

SOUFISME ou **ÇOUFISME** n. m. Règles et pratiques ascétiques et mystiques d'un ensemble d'écoles, de sectes et de confréries musulmanes.

ENCYCL. Dans l'histoire de l'islām, le soufisme s'est très tôt opposé à la casuistique des théologiens, mais il n'en respecte pas moins scrupuleusement la loi. Les soufis ont élaboré une image intemporelle du Prophète. Ainsi, leur piété faite d'amour et de relation personnelle avec le divin est à l'origine d'un culte mystique intime de Mahomet et de son message. Les premières écoles soufis s'élaborent au IXe s. à Bassora et à Bagdad autour de maîtres réputés comme al-Djunayd et son disciple al-Ḥallādj. À partir du XIIe s. se répandent des confréries *(ṭarīqa)* où les adeptes *(murīd),* à la recherche de l'anéantissement en Dieu, sont guidés par un *cheilch* ou *murchid* dans la pratique du *dhikr,* qui est l'élément central du rituel soufi. Ainsi naissent notamment la Qādiriyya à Bagdad au XIIe s., l'ordre des derviches mawlawī de Djalāl al-Dīn Rūmī à Konya au XIIIe s., la Naqchbandiyya en Asie centrale au XIVe s., la Sanūsiyya au XIXe s. au Maghreb... Le maraboutisme, essentiellement présent en Afrique du Nord, représente un autre aspect du soufisme, mais la forme dominante en est constituée par les très nombreuses confréries qui jouent encore actuellement un rôle politique et religieux important.

SOUFRAGE n. m. **1.** Action d'enduire qqch de soufre. – **2.** Action de répandre du soufre en poudre sur les plantes pour les traiter contre les oïdiums.

SOUFRE n. m. (lat. *sulfur*). **1.** Corps simple solide, non métallique, d'une couleur jaune citron. (Élément chimique de symbole S.) [→ *encycl.*] – **2.** *Fleur de soufre* ou *soufre sublimé,* soufre obtenu par refroidissement brusque de sa vapeur. ‖ *Goût de soufre,* goût désagréable des vins qui ont été sulfités en excès. ‖ *Sentir le soufre,* présenter un caractère d'hérésie.

◆ adj. inv. De la couleur jaune clair du soufre.

ENCYCL. **Chim.** Connu depuis l'Antiquité, et identifié comme élément chimique par Lavoisier, le soufre est un solide sans odeur ni saveur, mauvais conducteur de la chaleur et de l'électricité. Chauffé, il fond vers 113 °C en donnant un liquide jaune clair, puis devient visqueux et brunit ; vers 220 °C, il est noir et ne coule plus ; puis il redevient fluide, en restant noir ; il bout enfin à 444,6 °C. Le soufre existe sous deux formes cristallines. Préparé à froid par évaporation de ses solutions, il se présente en octaèdres du système orthorhombique (*soufre octaédrique* ou α), de densité 2,06 ; à chaud, par refroidissement du soufre fondu, il cristallise en aiguilles du système monoclinique (*soufre prismatique* ou β), de densité 1,96. Le *soufre mou* est un solide brun, pâteux et élastique, obtenu en versant dans l'eau froide le soufre fondu à sa température d'ébullition.

Numéro atomique : 16
Masse atomique : 32,06
Masse volumique : 1,56 g/cm^3
Température de fusion : 112,8 °C

Chimiquement voisin de l'oxygène, le soufre s'unit à chaud à l'hydrogène et au carbone pour donner l'acide sulfhydrique H_2S et le sulfure de carbone CS_2. Il se combine directement au fluor, au chlore et au brome, et brûle dans l'air avec une flamme bleue en donnant du gaz sulfureux SO_2. Constituant 0,06 % de la lithosphère, le soufre se trouve à l'état natif dans le voisinage des anciens volcans (Sicile, Louisiane, Japon). Plus fréquemment, il est combiné aux métaux, et les sulfures de fer, de cuivre, de plomb, de zinc constituent d'importants minerais de ces métaux. Enfin, il se trouve sous forme d'hydrogène sulfuré dans certains gaz naturels, comme celui de Lacq, qui en contient 15 % en volume. Il figure aussi dans la houille et les pétroles (de 1 à 2 %). Brut, il sert à la fabrication du gaz sulfureux, de l'acide sulfurique, du sulfure de carbone, des thiosulfates, etc. Purifié, il entre dans la composition de la poudre noire et de feux d'artifice. On l'emploie aussi pour la fabrication des allumettes, la vulcanisation du caoutchouc et la préparation de l'ébonite.

— **Pharm.** Le soufre est utilisé par voie interne comme laxatif doux et en applications externes (lotions, pommades), pour ses propriétés antiparasitaires, kératolytiques et antiséborrhéiques.

SOUFRÉ n. m. Papillon piéridé aux ailes d'un jaune de soufre et largement bordées de noir. (Genre *colias.*)

SOUFRER v. t. (conj. 3). **1.** Enduire de soufre. — **2.** Traiter les plantes par le soufre en poudre. — **3.** Syn. de SULFITER.

◆ **être soufré** v. pass. **1.** Contenir du soufre. — **2.** *Allumette soufrée,* par oppos. à *allumette paraffinée,* allumette où le soufre est l'intermédiaire pour porter la combustion du bouton chimique au bois.

SOUFREUSE n. f. Appareil pour réaliser le soufrage.

SOUFRIÈRE n. f. Mine de soufre.

SOUFRIÈRE (la), volcan actif, constituant le point culminant de la Guadeloupe ; 1 467 m.

SOUFRIÈRE (la), massif volcanique de l'île Saint Vincent, dans les Petites Antilles ; alt. 1 234 m.

SOUGARDE → SOUS-GARDE.

Souge *(camp de),* camp militaire de 3 800 ha, situé sur la commune de Saint-Médard-en-Jalles, à environ 15 km à l'O. de Bordeaux.

SOUGORGE → SOUS-GORGE.

SOUHAIT n. m. (de *souhaiter*). **1.** Aspiration vers qqch qu'on n'a pas, désir, envie que qqch arrive : *Formuler des souhaits de bonheur.* — **2.** *À souhait,* selon ses désirs, autant qu'on puisse le souhaiter : *Les affaires marchent à souhait.* ‖ *À vos souhaits !,* se dit à qqn qui éternue. ‖ *Souhaits de bonne année,* vœux de bonheur exprimés à l'occasion de la nouvelle année.

SOUHAITABLE adj. Qui doit être souhaité, désirable.

SOUHAITER v. t. (lat. pop. **subtushaitare,* du lat. class. *subtus,* sous, et du frq. **haitan,* promettre) [conj. **4**]. **1.** Désirer qqch, en former le vœu, le souhait : *Je souhaite que tout aille bien.* — **2.** Désirer qqch pour qqn, l'espérer pour lui, en former le vœu, à son intention : *Je leur souhaite de réussir.* — **3.** S'emploie dans des formules de politesse, de présentation de vœux : *Je vous souhaite une bonne nuit.* — **4.** *Souhaiter sa fête, son anniversaire à qqn,* lui témoigner de la sympathie à l'occasion de sa fête, de son anniversaire. — **5.** Fam. *Je lui en souhaite, je lui souhaite bien du plaisir,* vœu ironique à l'adresse de qqn qui s'expose à des ennuis.

SOUIL → SOUILLE.

SOUILLAC (46200), ch.-l. de cant. du Lot, sur la Dordogne ; 4 253 hab. *(Souillagais).* Industrie alimentaire.

— **Bx-arts.** Église romane à file de coupoles, anc. abbatiale. Au revers de la façade ont été placés les éléments d'un portail peut-être jamais achevé : trumeau aux animaux enchevêtrés, impressionnante figure d'Isaïe, etc. (v. 1130-1140), d'un style apparenté à celui de Moissac.

SOUILLARD n. m. (anc. fr. *soil,* abîme de l'enfer). Trou percé dans un mur ou dans un bandeau pour livrer passage à une descente pluviale. • **Véner.** Syn. de SOUILLE.

SOUILLE ou **SOUIL** [suj] n. f. (de *souiller*). **1.** Flaque boueuse naturelle ou parfois creusée par le sanglier, où l'animal se vautre. (Syn. SOUILLARD, SOUILLURE.) — **2.** Sillon tracé dans le sol par un obus qui ricoche. — **3.** Approfondissement portuaire dragué afin d'augmenter le tirant d'eau accessible. — **4.** Fosse creusée sur un fond marin pour y poser un câble ou un appareillage quelconque. — **5.** Enfoncement qu'un bateau échoué forme dans le sable ou dans la vase.

SOUILLER v. t. (anc. fr. *soil,* abîme de l'enfer, du lat. *solium,* cuve) [conj. **3**]. *Litt.* **1.** Tacher qqch, le maculer, le couvrir de qqch qui salit : *Souiller ses draps de vomissures.* — **2.** Polluer qqch, le contaminer par l'introduction d'impuretés, de germes dangereux : *Usine qui souille les eaux d'une rivière.* — **3.** Altérer ce qui était pur, intact, irréprochable, le marquer d'une tache morale : *Ils ont tenté de souiller sa mémoire.*

SOUILLON n. (de *souiller*). Personne qui se tient salement, qui vit dans la malpropreté.

SOUILLURE n. f. *Litt.* **1.** Ce qui souille, tache : *Vêtement couvert de souillures.* — **2.** Tache morale ; flétrissure : *La souillure du péché.* — **3.** Syn. de SOUILLE.

SOUILLY (55220), ch.-l. de cant. de la Meuse ; 323 hab. Quartier général de Pétain pendant la bataille de Verdun (1916).

SOUIMANGA ou **SOUI-MANGA** n. m. (mot d'orig. malgache). Petit passereau (nectariidé) des régions tropicales de l'Ancien Monde, au plumage de couleurs vives et métalliques.

SOUK n. m. (ar. *sūq*). **1.** Marché, dans les pays arabes ; lieu où se tient le marché. — **2.** *Fam.* Lieu désordonné.

SOUK-AHRAS → SOUQ AHRAS.

SOUK EL-ARBA → JENDOUBA.

SOUKHOMLINOV (Vladimir Aleksandrovitch), général russe (1848 - Berlin 1926). Chef d'état-major général (1908) puis ministre de la Guerre (1909), il fut en grande partie responsable de l'état d'impréparation de l'armée russe en 1914. Destitué (1915), condamné (1917), il fut amnistié par les Soviétiques (1918).

SOUKHOUMI, port de Géorgie, cap. de la république autonome d'Abkhazie, sur la mer Noire ; 124 000 hab. Site de l'ancienne *Dioscurias**, la ville fut annexée par l'Empire russe en 1810. Tabac. Conserveries. Travail du cuir. Constructions mécaniques. Station climatique.

SOUKOUS ou **BASOUKOUS,** population bantoue du sud-ouest du Zaïre, groupant environ 150 000 personnes.

SOUL → SOUL JAZZ et SOUL MUSIC.

SOÛL, E ou **SAOUL, E** [su, sul] adj. (lat. *satullus,* de *satur,* rassasié). **1.** *Fam.* Qui est ivre, qui a bu avec excès d'une boisson alcoolisée : *Rentrer soûl à la maison.* — **2.** Qui est pleinement rassasié de qqch, qui en a eu au-delà de ses désirs : *Nous sommes soûls de publicité.* — **3.** Qui est grisé, enivré, étourdi : *Être soûl d'espace et de liberté.*

◆ **soûl** n. m. *Tout son soûl,* autant qu'on peut désirer, qu'il est nécessaire pour être rassasié : *Dormir tout son soûl.*

SOULAC-SUR-MER (33780), comm. de la Gironde ; 2 862 hab. Station balnéaire.

SOULAGEMENT n. m. (de *soulager*). **1.** Diminution, disparition d'un mal physique ; sensation, impression ainsi ressentie : *Ces cachets m'ont apporté un soulagement.* — **2.** Allégement d'une peine, d'une douleur morale, psychologique chez qqn : *Le soulagement des misères.* — **3.** Impression ressentie à la disparition d'une difficulté, d'un inconvénient, d'une inquiétude : *C'est un soulagement de les savoir arrivés.*

SOULAGER v. t. (lat. pop. **subleviare,* soulever, du lat. class. *sublevare,* avec l'infl. de *alleviare,* alléger) [conj. **17**]. **1.** Débarrasser qqn, qqch d'une partie de sa charge : *Soulager l'avant de la voiture.* — **2.** Décharger qqn, une collectivité d'une partie des obligations qu'ils assument : *Réduire certaines taxes pour soulager les entreprises.* — **3.** Délivrer qqn d'une souffrance physique ou morale : *Ce médicament devrait vous soulager de votre mal de tête.* — **4.** Rendre un mal moins pénible, plus supportable : *Ses amis l'entourent d'affection pour soulager sa peine.* — **5.** *Fam.* Voler qqch à qqn : *On l'a soulagé de son portefeuille.*
◆ **se soulager** v. pr. **1.** Se décharger d'un fardeau, d'un poids, d'une peine. — **2.** *Fam.* Satisfaire un besoin naturel.

SOULAGES (Pierre), peintre et graveur français (Rodez 1919). Il s'engage à partir de 1946 dans une recherche qui, hors de toute référence figurative, privilégie le rythme et l'espace. Fondant son travail sur une dialectique de la spontanéité et de la construction, il s'exprime avec des moyens volontairement limités : couleur le plus souvent noire ou brune sur fond blanc, lignes et barres puissamment inscrites par le geste. Élaborée pour une saisie globale et instantanée, l'œuvre s'impose par sa monumentalité. Au dynamisme des coups de brosse (années 50) ou des raclages (v. 1959-60) succèdent des masses plus denses, bientôt caractérisées par une impérieuse architecture gestuelle (fin des années 60), puis par la frontalité absolue des monochromes noirs striés, d'une composition rigoureuse, commencés en 1979. Il a également conçu (1987-1994) les vitraux de l'abbaye Sainte-Foy de Conques, jouant particulièrement sur la luminosité du matériau (verre blanc, opaque et translucide).

SOULANE n. f. (béarnais *soulana,* du lat. *sol, solis,* soleil). Dans les Pyrénées ariégeoises, nom donné à l'adret.

SOÛLANT, E adj. *Fam.* Qui étourdit par ses discours longs et ennuyeux.

SOÛLARD, E n. (de *soûl*). *Pop.* Personne qui a l'habitude de s'enivrer.

SOULAS (Josias DE) → FLORIDOR.

SOÛLAUD → SOÛLOT.

SOULE *(pays de),* anc. province du Pays basque (Pyrénées-Atlantiques). Cap. *Mauléon* (auj. *Mauléon-Licharre*).

SOÛLER ou **SAOULER** v. t. (conj. **3**). **1.** *Fam.* Enivrer qqn, le faire boire jusqu'à l'ivresse : *On l'a soûlé à l'eau-de-vie.* — **2.** Griser qqn, l'enivrer, lui tourner la tête, en parlant d'odeurs, d'impressions : *Son parfum me soûlait.* — **3.** *Litt.* Abreuver qqn (de paroles) jusqu'à satiété, le fatiguer par un excès de qqch : *Soûler le public de promesses.*

◆ **se soûler** v. pr. *Fam.* S'enivrer : *Se soûler au whisky.*

SOÛLERIE n. f. *Fam.* **1.** État d'ivresse. — **2.** Beuverie.

SOULÈVEMENT n. m. **1.** Fait de se soulever, d'être porté vers le haut, état de ce qui est soulevé : *Un soulèvement de terrain.* — **2.** Mouvement collectif et massif de révolte : *Réprimer un soulèvement.*

SOULEVER v. t. (de *sous* et *lever*) [conj. **19**]. **1.** Faire quitter à qqn ou qqch le contact avec la surface sur laquelle il repose, en partic. en le portant : *Une grosse pierre que l'on soulève avec peine.* — **2.** Porter qqch, le mouvoir vers le haut ; lever un objet ou une partie du corps : *Soulever le loquet pour ouvrir la porte. Elle souleva la tête.* — **3.** Mettre qqch en mouvement au-dessus du sol, le faire lever, s'élever : *Le vent soulève les feuilles mortes.* — **4.** Susciter, faire naître telle réaction affective ou autre : *Cette réponse a soulevé des protestations.* — **5.** Inspirer à qqn, à un groupe de l'hostilité, de la révolte : *Soulever l'opinion contre le gouvernement.* — **6.** *Fam.* Voler qqch, qqn à qqn, le lui soustraire habilement : *Soulever à un concurrent une partie de sa clientèle.* — **7.** *Soulever une question, un problème,* en provoquer l'examen, la discussion.

◆ **se soulever** v. pr. **1.** Lever son corps, le déplacer vers le haut : *Aider un blessé à se soulever dans son lit.* — **2.** Être animé d'un mouvement qui porte vers le haut : *La poitrine du dormeur se soulève régulièrement.* — **3.** Entrer en rébellion contre l'autorité en place : *L'armée s'est soulevée et a pris le pouvoir.*

SOULIÉ (Frédéric), écrivain français (Foix 1800 - Bièvres 1847). Un drame, *Clotilde* (1832), et un roman, *les Deux Cadavres* (1832), lui apportèrent le succès, confirmé par un roman-feuilleton aux situations fortes : *les Mémoires du diable* (1837-38).

SOULIÉ DE MORANT (Georges), diplomate et sinologue français (Paris 1878 - *id.* 1955). Consul de France à Yunnanfu (auj. Kunming), il acquit une connaissance approfondie de l'acupuncture, qu'il introduisit en Europe en y apportant le fruit de ses observations.

SOULIER n. m. (anc. fr. *soller,* du bas lat. *subtelare,* de *subtel,* creux du pied). **1.** Chaussure à tige basse, de toutes catégories. — **2.** Fam. *Être dans ses petits souliers,* être dans une position gênante, dans l'embarras.

Soulier de satin *(le),* drame de Paul Claudel (1929 ; première représentation en 1943 ; première représentation en version intégrale, dans une mise en scène de A. Vitez, au festival d'Avignon, en 1987). L'impossible amour du conquistador espagnol don Rodrigue pour doña Prouhèze prend une valeur symbolique qui met en question la destinée totale de l'homme.

SOULIGNAGE ou **SOULIGNEMENT** n. m. Action de souligner ; trait par lequel on a souligné un mot, une phrase.

SOULIGNER v. t. (de *sous* et *ligne*) [conj. **3**]. **1.** Tracer un trait sous un ou plusieurs mots d'un texte, en général pour le mettre en valeur : *Souligner le titre.* — **2.** Border qqch d'un trait qui le met en valeur : *Souligner son regard d'un trait de crayon noir.* — **3.** Mettre qqch en valeur, le faire ressortir : *Un clin d'œil souligna sa remarque ironique.*

SOUL JAZZ [suldʒaz] ou **SOUL** n. m. Syn. de JAZZ FUNKY*.

SOUL MUSIC [sulmjuzik] ou **SOUL** n. f. Nom donné, dans les années 60, à une musique populaire noire issue du rhythm and blues. (Les meilleurs représentants de la soul music sont Otis Redding, James Brown, Aretha Franklin, Wilson Pickett, Al Green, Stevie Wonder, Smokey Robinson, Marvin Gaye.)

SOÛLOGRAPHE n. *Fam.* Ivrogne.

SOÛLOGRAPHIE n. f. *Fam.* Ivrognerie.

SOÛLOT, E ou **SOÛLAUD, E** n. *Pop.* Ivrogne, poivrot.

SOULOUQUE (Faustin) [Petit-Goâve 1782-*id.* 1867], empereur d'Haïti (1849-1859). Ancien esclave noir, il devint président de la République (1847) puis se fit proclamer empereur sous le nom de **Faustin Ier** (août 1849). Son despotisme provoqua une révolution en 1859, et il dut s'exiler.

SOULT (Jean de Dieu Nicolas), duc **de Dalmatie,** maréchal de France (Saint-Amans-la-Bastide, devenu Saint-Amans-Soult, Tarn, 1769 - *id.* 1851). Engagé en 1785, général en 1794, maréchal en 1804, il s'illustre à Austerlitz en enlevant le plateau de Pratzen (1805). De 1808 à 1811, il remporte de nombreux succès en Espagne et, en 1814, retarde la marche de Wellington sur Toulouse. Ministre de la Guerre de Louis XVIII (déc. 1814-mars 1815), il se rallie à Napoléon pendant les Cent-Jours. Banni en 1816, il revient en France en 1819 et est ministre de la Guerre (1830-1832) puis président du Conseil en 1832, 1839 et de 1840 à 1847, date à laquelle il reçoit du roi le titre exceptionnel de maréchal général de France.

SOULTE n. f. (anc. fr. *solte,* paiement, du lat. *solvere,* payer). Somme d'argent que, dans un partage ou un échange, l'une des parties doit aux autres pour rétablir l'égalité des lots ou des biens échangés. (Syn. RETOUR DE LOT.)

SOULTZ-HAUT-RHIN (68360), ch.-l. de cant. du Haut-Rhin, près de Guebwiller ; 5 888 hab. *(Soultziens).* Église des XIVe et XVe s., mairie dans une halle du XVIIe s. Constructions mécaniques.

SOULTZ-SOUS-FORÊTS (67250), ch.-l. de cant. du Bas-Rhin, dans les collines vosgiennes du Nord ; 2 193 hab. Église du XVe s. Constructions mécaniques.

SOUMAGNE, comm. de Belgique (prov. de Liège), à l'E. de Liège ; 12 500 hab.

SOUMAINTRAIN n. m. (mot champenois). Fromage à pâte molle fabriqué avec du lait de vache, dans le nord de la Bourgogne.

SOUMAK ou **SUMAK** n. m. Tapis tissé à plat, exécuté avec des fils qui accrochent en anneau des fils de chaîne et qui sont coupés sur l'envers à quelques centimètres du tissu.

SOUMAROKOV (Aleksandr Petrovitch), écrivain russe (Saint-Pétersbourg 1717-Moscou 1777). On lui doit la première pièce de théâtre russe, *Khorev* (1749), et le premier théâtre permanent.

SOUMET (Alexandre), poète français (Castelnaudary 1788 - Paris 1845). Ses tragédies témoignent de la prudence avec laquelle les écrivains de la première génération romantique se libérèrent des disciplines classiques (*Clytemnestre et Saül,* 1822 ; *Cléopâtre,* 1824). [Acad. fr., 1824.]

SOUMETTRE v. t. (lat. *submittere,* avec l'infl. de *sous*) [conj. **84**]. **1.** Se rendre maître de qqn, d'un groupe, d'une région par la force ou la contrainte : *Soumettre des rebelles.* — **2.** Placer qqn dans la dépendance, sous le pouvoir, la domination de qqn : *Soumettre quelqu'un à sa volonté.* — **3.** Faire suivre à qqn ou à qqch telle règle, telle loi, faire qu'ils en relèvent, qu'ils en dépendent : *Soumettre certains produits à une taxe.* — **4.** Faire subir telle action, tel état à qqn ou à qqch pour les éprouver : *Soumettre un produit à des tests.* — **5.** Faire subir à qqch ou à qqn les effets de qqch : *On soumet ces populations à une propagande intensive.* — **6.** Présenter qqch à qqn, le lui proposer comme objet d'examen ou de décision : *Soumettre un problème à des experts.*

◆ **être soumis** v. pass. **1.** Manifester une disposition à obéir, de la docilité, un esprit de soumission : *Un fils soumis. Un air soumis.* — **2.** Vx. *Fille soumise,* prostituée.

◆ **se soumettre** v. pr. **1.** Cesser de résister à qqn, accepter son autorité, sa domination, sa suprématie : *Les rebelles ont fini par se soumettre.* — **2.** Consentir à se conformer à qqch, à s'y plier ou à en subir les effets : *Se soumettre à des formalités.*

SOUMGAIT, v. d'Azerbaïdjan, au N. de Bakou ; 236 200 hab. Industries chimiques, métallurgiques et mécaniques. Matériel électrique.

SOUMISSION n. f. (lat. *submissio*). **1.** Action de mettre ou fait de se mettre sous le pouvoir d'une autorité contre laquelle on a lutté ; privation d'indépendance qui en résulte : *La soumission de la Grèce à l'Empire ottoman.* — **2.** Acceptation d'une autorité intellectuelle ou morale : *Soumission aux lois.* — **3.** État de qqn de soumis : *Vivre dans une soumission complète.* — **4.** Écrit par lequel un entrepreneur s'engage à se soumettre aux clauses du cahier des charges d'une adjudication, moyennant le prix qu'il propose.

SOUMISSIONNAIRE adj. et n. Qui fait une soumission pour une entreprise.

SOUMISSIONNER v. t. (conj. 3). Faire une soumission pour une entreprise.

Soummam *(congrès de la)* [août 1956], réunion des représentants de tous les secteurs engagés dans la guerre d'Algérie, qui se tint sur le cours inférieur de l'oued Sahel ou Sahel-Soummam. La charte qui y fut rédigée réclamait l'indépendance complète et l'instauration d'un régime socialiste. On y procéda à l'« organisation politico-administrative » (O. P. A.) du territoire en 6 *wilayas,* à l'organisation de l'Armée de libération nationale (A. L. N.) et à l'élection d'un Conseil national qui désigna un Comité exécutif de cinq membres.

SOUMY, v. d'Ukraine, au N.-O. de Kharkov ; 301 000 hab. Métallurgie et mécanique. Agroalimentaire. Textile. Chaussure.

SOUNDANAIS n. m. (de *Sounda,* n. pr.). Langue du groupe indonésien parlée dans la partie occidentale de Java par plus de 25 millions de locuteurs.

SOUNDOUKIAN (Gabriel), auteur dramatique arménien (Tiflis 1825 - *id.* 1912), fondateur du théâtre arménien (*Pepo,* 1871).

SOUNGARI (le), en chin. **Songhua Jiang,** riv. de la Chine du Nord-Est, affl. de l'Amour (r. dr.), qui traverse les villes de Jilin et de Harbin ; 1 800 km.

SOUNGUIR, gisement préhistorique de Russie, près de Vladimir. Il a livré les vestiges d'un campement de chasseurs paléolithique (contemporain du gravettien occidental) ainsi que deux sépultures attestant des rituels d'inhumation avec présence de mobilier funéraire.

SOUNION *(cap),* en gr. **Soúnio** ou **Kávo Kolónes,** promontoire des côtes de la Grèce, à l'extrémité S.-E. de l'Attique. C'est un important poste d'observation qui permet de contrôler l'entrée dans le golfe Saronique et le canal eubéen. Il est couronné par les colonnes du temple de Poséidon, périptère dorique construit vers 440 av. J.-C.

SOUPAPE n. f. (anc. fr. *souspape,* coup sous le menton, de *sous* et **pape,* mâchoire). **1.** Obturateur sous tension de ressort, dont le déplacement, perpendiculairement au plan du siège, est utilisé pour régler le mouvement d'un fluide. (→ *encycl.*) — **2.** Bonde d'obturation à tige d'un lavabo, d'une baignoire, etc. — **3.** Pièce mobile du sommier de l'orgue, permettant à l'air comprimé dans le sommier de pénétrer dans le tuyau. — **4.** *Soupape électrique,* organe de base des mutateurs, comprenant un ou plusieurs trajets conducteurs unidirectionnels. ‖ *Soupape de sûreté,* appareil de robinetterie destiné à limiter la pression d'un fluide à une valeur prédéterminée et fonctionnant par ouverture d'un obturateur lorsque cette valeur prédéterminée est atteinte ; ce qui permet d'empêcher, d'éviter un bouleversement, ce qui sert d'exutoire.

ENCYCL. **Mécan.** Une soupape est une pièce cylindrique qui repose ou est appliquée sur un siège d'un diamètre légèrement inférieur à son diamètre extérieur. En se levant elle permet le passage du fluide. Cette levée se fait par excès de pression du fluide *(soupape automatique)* ou sous l'action d'un mécanisme *(soupape commandée),* comme dans les moteurs actuels d'automobiles.

SOUPAULT (Philippe), écrivain français (Chaville 1897 - Paris 1990). Il participa au mouvement dada de 1918 à 1920 et fonda en 1919, avec Breton et Aragon, la revue *Littérature*,* où il publia, en collaboration avec Breton, *les Champs magnétiques,* premier texte surréaliste, qui fait appel à l'écriture automatique. Ayant rompu avec le surréalisme, cet observateur passionné de la réalité du monde se consacra aux voyages et au journalisme. Essayiste (*William Blake,* 1928 ; *Charlot,* 1930), romancier (*le Bon Apôtre,* 1923 ; *les Moribonds,* 1934), il publia en 1973 l'ensemble de son œuvre poétique sous le titre *Poèmes et Poésies 1917-1973* ainsi que ses *Mémoires de l'oubli* (1914-1980) en 1981.

SOUPÇON n. m. (lat. *suspectio,* de *suspicere,* suspecter). **1.** Opinion défavorable à l'égard de qqn, de son comportement, fondée sur des indices, des impressions, des intuitions, mais sans preuves précises : *De graves soupçons pèsent sur lui.* — **2.** Doute sur l'authenticité de qqch : *J'ai des soupçons sur sa sincérité.* — **3.** Simple conjecture, idée vague : *J'ai quelques soupçons sur l'origine de cette rumeur.* — **4.** Une très faible quantité de qqch : *Il y avait un soupçon d'ironie dans sa voix.* — **5.** *Être au-dessus de tout soupçon,* être irréprochable, incorruptile. ‖ *Ne pas avoir soupçon de qqch, que,* ne pas en avoir l'idée, ne pas soupçonner.

SOUPÇONNABLE adj. Qu'on peut soupçonner, suspecter.

SOUPÇONNER v. t. (conj. 3). **1.** Attribuer à qqn, sans preuves précises, des actes ou des intentions blâmables ou répréhensibles, le croire coupable d'après certains indices : *Il soupçonne son voisin.* — **2.** Suspecter qqch, mettre en doute une qualité, une attitude : *Soupçonner la bonne foi de qqn.* — **3.** Avoir l'idée vague, la présomption de l'existence ou la possibilité de qqch : *On soupçonne qu'il a été mêlé à cette affaire.* — **4.** *Ne pas soupçonner qqch,* ne pas en avoir l'idée, ne pas en concevoir le degré.

SOUPÇONNEUSEMENT adv. *Litt.* D'une manière soupçonneuse.

SOUPÇONNEUX, EUSE adj. **1.** Qui est enclin à concevoir des soupçons. — **2.** Qui laisse transparaître des soupçons : *Un regard soupçonneux.*

SOUPE n. f. (bas lat. *suppa,* du germ. **suppa*). **1.** Potage ou bouillon servi sur des tranches de pain. — **2.** Nom donné couramment au potage. — **3.** *Fam.* Neige qui fond, trop molle pour skier. — **4.** *À la soupe !,* à table ! ‖ Fam. *Aller à la soupe,* venir chercher l'argent là où on l'offre, sans se soucier de son origine. ‖ *Être soupe au lait,* être sujet à de brusques colères qui durent peu de temps. ‖ Fam. *Gros plein de soupe,* se dit de qqn très gros. ‖ Fam. *Marchand de soupe,* restaurateur peu scrupuleux sur la qualité des repas. ‖ *Servir la soupe,* agir dans l'intérêt de qqn, par complaisance ou maladresse. ‖ *Soupe populaire,* organisme charitable qui distribue des repas gratuits aux indigents. ‖ *Tremper la soupe,* verser le bouillon sur les tranches de pain.

SOUPENTE n. f. (anc. fr. *souspendre,* du lat. *suspendere,* suspendre). Réduit ménagé dans la partie haute d'une pièce que l'on a recoupée par un plancher.

1. SOUPER v. i. (de *soupe*) [conj. 3]. **1.** *Vx.* ou *région.* Prendre le repas du soir. — **2.** Prendre un repas ou une collation dans la nuit, après le spectacle, une soirée, etc.

◆ v. t. ind. **1.** Consommer qqch pour le souper, en faire son souper : *Souper d'un plateau de fruits* *de mer.* – **2.** Fam. *En avoir soupé,* en avoir assez, être excédé : *J'en ai soupé de ses retards.*

2. SOUPER n. m. (de *souper 1*). **1.** *Vx.* ou *région.* Repas du soir ; dîner (auj. encore en Belgique, en Suisse et au Canada). – **2.** Repas ou collation qu'on fait dans la nuit.

SOUPESER v. t. (de *sous* et *peser*) [conj. **19**]. **1.** Prendre qqch et le tenir dans la main, pour estimer approximativement son poids : *Soupeser une pierre.* – **2.** Peser, évaluer qqch : *Soupeser des arguments.*

SOUPEUR, EUSE n. *Vx.* Personne qui prend part à un souper, qui aime participer à des soupers.

SOUPHANOUVONG *(prince),* homme d'État laotien (Luang Prabang 1909 - Vientiane 1995). Demi-frère de Souvanna Phouma, il fonda l'armée de libération (1945) puis le Pathet Lao (1950). Chef de la résistance, il fut arrêté par la droite (1959) mais s'évada. Il participa à la tentative de réconciliation (1961-1963) qui échoua. Soutenu par le Viêt-nam du Nord, il contrôla peu à peu le pays. En 1973, après les accords de Paris, il présida le Conseil national de réconciliation. En déc. 1975, la monarchie étant abolie, il devint président de la République populaire démocratique du Laos. Il démissionna en 1986.

SOUPIÈRE n. f. Récipient creux, généralement à anses et à couvercle, dans lequel on présente la soupe, le potage.

SOUPIR n. m. (de *soupirer*). **1.** Expiration forte et prolongée occasionnée par une sensation, une forte émotion : *Pousser un soupir de soulagement.* – **2.** Expression du chagrin, de la peine, de la passion amoureuse : *Elle est l'objet de mes soupirs.* – **3.** *Litt.* Souffle léger : *Les soupirs de la brise.* – **4.** En musique, signe de silence de la durée d'une noire. – **5.** *Dernier soupir,* dernier moment de la vie d'un mourant. ‖ *Rendre le dernier soupir,* expirer, mourir.

Soupirs *(pont des),* à Venise, nom donné, à l'époque romantique semble-t-il, à la passerelle couverte (œuvre du XVIe s.) qui conduit du palais des Doges aux prisons.

SOUPIRAIL n. m. (pl. *soupiraux*) [de *soupirer,* d'apr. lat. *spiraculum,* de *spirare,* souffler]. Ouverture pratiquée à la partie inférieure d'un bâtiment pour donner un peu d'air et de lumière à un local en sous-sol.

SOUPIRANT n. m. *Ironiq.* Celui qui est amoureux d'une femme, qui lui fait la cour.

SOUPIRER v. i. (lat. *suspirare*) [conj. 3]. **1.** Pousser des soupirs, exprimant la satisfaction ou le déplaisir, un état agréable ou pénible : *Soupirer de plaisir, d'ennui.* – **2.** *Litt.* Être amoureux : *Soupirer pour une jeune beauté.*

◆ v. t. Dire qqch avec des soupirs, dans un soupir : *C'est impossible, soupira-t-il.*

◆ v. t. ind. Litt. *Soupirer après qqch,* le désirer vivement, l'attendre avec impatience.

SOUPLE adj. (lat. *supplex, -icis,* suppliant). **1.** Qui se plie, se déforme aisément ; flexible : *La lame souple d'un fleuret.* – **2.** Qui est ou se fait sans à-coups, sans raideur : *La démarche souple d'un félin.* – **3.** Qui a beaucoup de facilité pour mouvoir son corps, lui imposer des positions, des mouvements divers : *Faire des exercices pour rester souple.* – **4.** Se dit d'une méthode, d'un règlement, d'une structure susceptibles d'accepter des aménagements, des modifications : *Un horaire souple.* – **5.** Qui se plie aisément aux circonstances, s'adapte aux changements : *Un négociateur qui a su rester souple.* – **6.** Qui est assez docile, malléable : *À cet âge, les enfants sont encore assez souples.*

SOUPLEMENT adv. D'une manière souple.

SOUPLESSE n. f. **1.** Qualité de qqch ou de qqn qui est souple : *La souplesse d'un acrobate.* – **2.** Facilité, habileté à se plier aux circonstances, à s'adapter : *Souplesse du caractère.* – **3.** *En souplesse,* avec aisance, sans forcer, sans heurt ni violence.

SOUPPES-SUR-LOING (77460), comm. de Seine-et-Marne, dans le Gâtinais ; 4 919 hab. *(Sulpiciens).* Église des XIIe-XIIIe s. Sucrerie. Carrières de pierre dure. Plan d'eau.

SOUPPILOULIOUMA Ier, roi hittite (v. 1371-1345 av. J.-C.). Grand conquérant, il chassa d'Anatolie diverses troupes d'envahisseurs ; puis il réussit à s'emparer de la Syrie du Nord. Il s'ensuivit des difficultés avec l'Égypte. La veuve de Toutankhamon († 1352) lui demanda un de ses fils pour époux. Mais le prince envoyé par son père fut assassiné en Égypte, ce qui provoqua une guerre ouverte.

SOUQ AHRAS, v. d'Algérie (wilaya de Guelma), à proximité de la haute vallée de la Medjerda ; 83 000 hab. Ruines romaines de *Tagaste.* Nœud ferroviaire. Complexe papetier.

SOUQUENILLE n. f. (anc. fr. *souquanie,* du moyen haut all. *sukenîe,* d'origine slave). Longue blouse, en grosse toile, que portaient les cochers, les palefreniers (XVIIe et XVIIIe s.).

SOUQUER v. t. (occitan *soucá*) [conj. 3]. *Souquer un amarrage, un nœud,* le serrer fortement. ‖ *Souquer un bateau,* lui imposer des contraintes et des efforts exagérés.

◆ v. i. Tirer vigoureusement sur les avirons : *Souquer ferme.*

SOUQUETAGE → SOUCHETAGE.

SOURA (la), riv. de Russie, affl. de la Volga ; 841 km (bassin de 67 500 km²).

SOURATE → SURATE.

SOURCE n. f. (anc. fr. *sours,* part. passé de *sourdre*). **1.** Eau sortant naturellement du sol ; lieu où elle sort : *Capter une source.* – **2.** Cette eau ou cette issue considérée comme donnant naissance à un cours d'eau : *Remonter une rivière jusqu'à sa source.* – **3.** Principe, cause, origine de qqch : *Aller à la source du mal.* – **4.** Documents, textes originaux auxquels on a recours ; origine d'un récit, d'une œuvre : *Citer ses sources.* – **5.** Origine d'une information : *Je tenais mes renseignements de source sûre.* – **6.** Ce qui produit qqch : *Source de profit, de plaisir.* – **7.** *À la source,* à l'origine même, au point de départ d'un fait, d'une action. ‖ *Puiser à la source,* n'admettre que des renseignements de première main. ‖ *Retour aux sources,* action de revenir aux débuts jugés plus purs d'une doctrine. • **Astron.** *Source (de rayonnement),* tout astre qui émet du rayonnement électromagnétique. – **Ling.** *Langue source,* dans une opération de traduction, langue du texte que l'on traduit dans une autre langue (dite *langue cible*). – **Manut.** *Chargement en source,* emplissage d'un réservoir, d'un camion ou d'un wagon-citerne par le fond, et non par le sommet. – **Métall.** *Coulée en source,* méthode qui consiste à couler le métal fondu, de telle manière qu'il arrive dans le moule par sa partie inférieure. – **Nucl.** *Source radioactive,* quantité de matière radioactive destinée à être utilisée comme source de rayonnement. ‖ *Source de rayonnement,* appareil ou substance émettant ou susceptible d'émettre un rayonnement ionisant. – **Opt.** *Source de lumière* ou *source lumineuse,* système qui émet ou permet d'émettre un rayonnement lumineux. – **Pétr.** Roche, ou constituant organique de ladite roche, ayant généré du pétrole. ‖ Écoulement naturel de pétrole. – **Thermodyn.** *Source de chaleur,* milieu auquel un système en évolution emprunte ou fournit de la chaleur sans que cet échange en modifie sensiblement la température.

SOURCE (la) ou **ORLÉANS-LA-SOURCE,** cité satellite construite au S. d'Orléans près de la source du Loiret. Domaine universitaire. Parc floral.

SOURCELLERIE n. f. (de *sourcier*). Ensemble des moyens que certains prétendent détenir afin de déceler des sources souterraines, mais aussi des mines et des trésors cachés.

SOURCIER n. m. (de *source*). Celui qui prétend découvrir des sources et des nappes d'eau souterraines, voire des métaux à l'état naturel et des trésors, le plus souvent en maniant une baguette de bois ou un pendule, selon les principes de la radiesthésie. (Syn. BAGUETTISANT.)

SOURCIL [-si] n. m. (lat. *supercilium*). **1.** Saillie arquée, revêtue de poils, qui s'étend au-dessus de l'orbite. – **2.** Ensemble des poils qui garnissent cette région de l'œil. – **3.** *Froncer les sourcils,* témoigner du mécontentement. ‖ *Sourcil cotyloïdien,* rebord osseux saillant de l'os iliaque, qui limite la cavité cotyloïde.

SOURCILIER, ÈRE adj. Qui concerne les sourcils.

SOURCILLER v. i. (de *sourcil*) [conj. 3]. Manifester par un mouvement des sourcils, du regard, sa perplexité ou son mécontentement : *Il a tout écouté sans sourciller.*

SOURCILLEUX, EUSE adj. *Litt.* Qui fait preuve d'une exactitude, d'une minutie extrême, d'une exigence pointilleuse : *Un magistrat sourcilleux.*

SOURD, E adj. et n. (lat. *surdus*). **1.** Qui est privé du sens de l'ouïe, ou chez qui la perception des sons est perturbée : *Depuis son accident, il est sourd d'une oreille.* – **2.** *Frapper comme un sourd,* de toutes ses forces. ‖ *Dialogue de sourds,* entretien, discussion où chacun, refusant d'admettre les raisons de son interlocuteur, reste sur ses positions. ‖ *Faire la sourde oreille,* faire semblant de ne pas entendre, paraître ignorer ce qui est demandé. ‖ *N'être pas tombé dans l'oreille d'un sourd,* en parlant d'un avertissement, avoir été retenu par qqn qui est décidé à en faire son profit.
◆ adj. **1.** Qui ne veut pas entendre ce qu'on dit, qui reste insensible : *Rester sourd à toutes les protestations.* – **2.** Se dit d'un phénomène sonore qui parvient à l'oreille sous une forme atténuée, étouffée : *Des coups sourds.* – **3.** Se dit de sensations ou de sentiments qui ne sont pas nettement caractérisés, dont la manifestation reste vague, la nature indéterminée : *Une douleur sourde dans le côté.* – **4.** Se dit d'actions invisibles et lentes qui se font dans le secret : *De sourdes menées contre le régime.* – **5.** Se dit d'une teinte, d'une couleur rabattue, peu éclatante. – **6.** Syn. de NON VOISÉ*, par oppos. à *sonore.* – **7.** *Bécassine sourde,* petite bécasse qui hiverne régulièrement en France, et qui ne s'envole qu'au dernier moment en cas de danger. ‖ *Salle* ou *chambre sourde,* salle dont les parois sont rendues aussi absorbantes que possible, afin d'obtenir un champ acoustique libre.

SOURDEMENT adv. *Litt.* **1.** Avec un bruit ou un son étouffé : *L'orage gronde sourdement dans le lointain.* – **2.** En secret : *Intriguer sourdement.*

SOURDEVAL (50150), ch.-l. de cant. du nord-est de la Manche, dans le Bocage normand, sur la Sée ; 3 232 hab. *(Sourdevalais).*

SOURDINE n. f. (ital. *sordina,* de *sordo,* sourd, du lat. *surdus*). **1.** Dispositif destiné à atténuer l'intensité sonore des instruments de musique et à modifier leur timbre. – **2.** *En sourdine,* en faisant peu de bruit ; en modérant l'intensité des sons : *Mettre la radio en sourdine ;* à la dérobée, en secret, discrètement : *Agir en sourdine.* ‖ Fam. *Mettre une sourdine (à qqch),* mettre un frein, le manifester avec moins d'éclat.

SOURDINGUE adj. et n. *Pop.* Sourd.

SOURDIS (François D'ESCOUBLEAU DE), prélat français (1575 - Bordeaux 1828). Cardinal (1598) et archevêque de Bordeaux (1599), il imposa à son diocèse et notamment à ses prêtres les règles austères du concile de Trente. — Son frère HENRI (1593 - Auteuil, Yvelines, 1645), également prélat, participa au siège de La Rochelle puis à la campagne du Piémont (1629). Après avoir repris aux Espagnols les îles de Lérins (1637), il bloqua Fontarabie (1638) et incendia l'escadre espagnole devant Guetaria (22 août 1638) ; mais il ne put débloquer Gênes (1640) et échoua devant Tarragone (1641), échec qui provoqua sa disgrâce.

SOURDITÉ n. f. Caractère d'un phonème sourd ou non voisé.

SOURD-MUET, SOURDE-MUETTE adj. et n. (pl. *sourds-muets, sourdes-muettes*). Se dit d'une personne sourde et muette (surtout celle qui est sourde de naissance ou qui est devenue sourde avant d'avoir pu parler).

ENCYCL. L'absence de parole ne vient pas d'une malformation de l'appareil phonatoire, mais du fait que l'enfant, n'entendant pas les sons émis par lui-même et par l'entourage, ne peut les reproduire ou les imiter. Les premières tentatives d'éducation d'enfants sourds remontent au XVIe s. La rééducation, toujours longue, utilise des méthodes variées : lecture sur les lèvres en cas de surdité totale, à quoi s'ajoute l'appareillage avec prothèse auditive amplificatrice en cas de surdité profonde.

SOURDRE v. i. (lat. *surgere*) [conj. **73** ; seulem. à l'inf. et à la 3e pers. de l'ind. prés. et imparf.]. *Litt.* **1.** Sortir de terre, en parlant des eaux. — **2.** Jaillir, en parlant d'un liquide quelconque. — **3.** Naître, se manifester peu à peu, croître, en parlant d'une idée, d'un sentiment : *Le mécontentement commençait à sourdre dans la population.*

SOUR EL-GHOZLAN, anc. **Aumale,** v. d'Algérie, au pied de la chaîne des Bibans ; 22 600 hab.

SOURGOUT, v. de Russie, en Sibérie occidentale, sur l'Ob ; 261 100 hab. Port fluvial et centre pétrolier.

SOURIANT, E adj. **1.** Qui manifeste sa bonne humeur, sa gentillesse par le sourire et un accueil aimable : *Elle est toujours souriante, quoi qu'il arrive.* — **2.** *Litt.* Qui a un aspect avenant : *Une campagne souriante.*

SOURIAU (Étienne), philosophe et esthéticien français (Lille 1892 - Paris 1979). Il a donné un nouvel essor à l'esthétique comparée et a été un des créateurs de la filmologie. Il a écrit *l'Avenir de l'esthétique* (1929), *la Correspondance des arts* (1947).

SOURICEAU n. m. (de *souris*). *Litt.* Petit de la souris.

SOURICIÈRE n. f. **1.** Petit appareil pour prendre les souris : *Installer une souricière.* — **2.** Piège tendu par la police à l'endroit où elle sait que des malfaiteurs doivent se rendre : *Dresser une souricière.*

1. SOURIRE v. i. (lat. *subridere,* de *sub,* sous, et *ridere,* rire) [conj. **95**]. **1.** Avoir un sourire, le sourire : *Un homme qui ne sourit jamais.* — **2.** *Faire sourire,* prêter à une petite moquerie sans méchanceté : *Une naïveté qui fait sourire.*
◆ v. t. ind. **1.** Témoigner à qqn de la sympathie, de l'affection, de la gentillesse, en lui adressant un sourire : *Sourire à son interlocuteur.* — **2.** Être agréable à qqn, lui plaire, lui convenir : *Voilà une perspective qui ne me sourit guère.* — **3.** Être favorable à qqn, en parlant de la chance, du sort, etc. : *La fortune lui sourit.* — **4.** Considérer qqch ou qqn avec amusement, ironie, s'en moquer sans méchanceté : *Sourire de la naïveté de quelqu'un.*

2. SOURIRE n. m. (de *sourire 1*). **1.** Expression rieuse, marquée par de légers mouvements du visage, et en partic. un élément de la bouche, qui indique le plaisir, la sympathie, l'affection, etc. : *Accueillir un ami avec le sourire. Un sourire moqueur.* — **2.** *Avoir le sourire,* laisser paraître sa satisfaction, être content de ce qui est arrivé. ‖ *Garder le sourire,* rester de bonne humeur en dépit d'une situation malheureuse.

1. SOURIS n. f. (lat. pop. **sorix, -icis,* du lat. class. *sorex, -icis*). **1.** Petit mammifère rongeur (muridé), ubiquiste, au pelage gris, qui fréquente bois et champs, mais aussi et surtout les maisons. (→ *encycl.*) — **2.** Nom donné à un grand nombre de rongeurs de la taille de la souris grise. — **3.** *Pop.* Jeune femme. — **4.** Partie du gigot de mouton formée par les muscles de la jambe. — **5.** Petit dispositif dont le déplacement manuel sur une surface permet d'amener, sur l'écran de visualisation d'un ordinateur, un point sur la zone ainsi désignée. — **6.** Fam. *Souris d'hôtel,* femme qui s'introduit subrepticement dans les chambres d'hôtel pour y commettre des vols. ‖ *Souris de mer,* nom usuel d'un poisson agonidé.
◆ adj. inv. **1.** Se dit d'une couleur d'un gris argenté. (On dit aussi GRIS [DE] SOURIS.) — **2.** Se dit de la robe d'un cheval constituée de poils gris et de crins noirs.

ENCYCL. La souris grise, introduite du Proche-Orient en Europe lors des croisades, a un museau pointu, de grandes oreilles, de fortes moustaches. Elle vit dans les maisons ou greniers, où elle trouve nourriture et protection ; dans la nature, elle creuse des terriers et y aménage des nids tapissés de mousse. On élève en laboratoire, comme matériel d'expérimentation, des races albinos (« souris blanches »).

2. SOURIS n. m. *Litt.* Sourire.

SOURIS (André), compositeur et chef d'orchestre belge (Marchienne-au-Pont 1899-Paris 1970). Son œuvre comporte des pages d'orchestre *(Danceries de la Renaissance),* des musiques de scène, des musiques de films (*Breughel et la folie des hommes,* 1965), des compositions pour voix et ensemble instrumental.

SOURNIA (66730), ch.-l. de cant. des Pyrénées-Orientales, à 23 km au N. de Prades ; 381 hab. Château du XVe s.

SOURNOIS, E adj. et n. (anc. provenç. *sorn,* sombre, du lat. *surdus*). Qui cache ses pensées, ses sentiments véritables, qui agit hypocritement et souvent de façon malveillante avec autrui : *Un homme sournois.*

◆ adj. **1.** Qui dénote de la dissimulation, hypocrite : *Un regard sournois.* — **2.** Dont la manifestation est progressive et insidieuse : *Un mal sournois.*

SOURNOISEMENT adv. D'une manière sournoise.

SOURNOISERIE n. f. *Litt.* **1.** Caractère hypocrite du sournois, de son comportement. — **2.** Action sournoise.

SOUS prép. (lat. *subtus*). Marque : **1.** la position, la situation inférieure ou intérieure, le dessous avec ou sans contact : *Travailler sous la pluie. Une lettre sous enveloppe.* — **2.** la situation par rapport à un règne, un pouvoir, une époque : *Sous l'Empire.* — **3.** la subordination, la dépendance : *J'ai servi sous vos ordres.* — **4.** la position à l'intérieur d'un classement : *Classer deux articles sous la même rubrique.* — **5.** la condition, la restriction ; moyennant : *Sous réserve.* — **6.** la garantie : *Sous caution. Sous le secret.* — **7.** l'instrument, le moyen : *Avouer sous la torture.* — **8.** la cause, l'état subi, l'influence ou l'agent : *Agir sous l'empire de la colère. Être sous cortisone.* — **9.** la manière, l'aspect, l'apparence : *Voir les choses sous un mauvais jour. Signer sous un pseudonyme.* — **10.** l'espace de temps : *Sous huitaine.* — **11.** *Être sous la côte,* en être très près. ‖ *Sous tel pavillon,* en portant à la poupe le pavillon de telle nation.

SOUS-, préfixe exprimant : la position inférieure dans l'espace *(sous-tasse) ;* la subordination *(sous-directeur) ;* la subdivision *(sous-classe) ;* le degré ou la qualité inférieurs *(sous-littérature) ;* l'insuffisance *(sous-alimentation) ;* une action au second degré *(sous-louer).*

SOUS *(oued),* fl. du Maroc méridional, issu du Haut Atlas ; 180 km. (Le nom de « Sous » a parfois été étendu à tout le sud-ouest du Maroc.)

SOUS-ACQUÉREUR n. m. (pl. *sous-acquéreurs*). Personne qui acquiert en seconde main.

SOUS-ADMINISTRÉ, E adj. (pl. *sous-administrés, es*). Insuffisamment administré.

SOUS-AFFLUENT n. m. (pl. *sous-affluents*). Affluent d'un affluent.

SOUS-AFFRÈTEMENT n. m. (pl. *sous-affrètements*). Action de sous-louer un navire entièrement ou partiellement par un contrat de charte-partie.

SOUS-ALIMENTATION n. f. (pl. *sous-alimentations*). **1.** Insuffisance quantitative de l'apport alimentaire suffisamment prolongée pour provoquer des troubles organiques ou fonctionnels. — **2.** État pathologique qui en résulte.

SOUS-ALIMENTER v. t. (conj. 3). Alimenter insuffisamment.

SOUS-AMENDEMENT n. m. (pl. *sous-amendements*). Modification apportée à un amendement d'un texte législatif.

SOUS-ARACHNOÏDIEN, ENNE [-knɔi-] adj. (pl. *sous-arachnoïdiens, ennes*). Se dit de l'espace situé entre l'arachnoïde et la pie-mère. (Le liquide céphalo-rachidien y circule et il communique avec les ventricules par le trou de Magendie.)

SOUS-ARBRISSEAU n. m. (pl. *sous-arbrisseaux*). Plante de petite taille, ligneuse, au moins à sa base. (Une espèce constituée de sous-arbrisseaux est dite *suffrutescente.*)

SOUS-ARRONDISSEMENT n. m. (pl. *sous-arrondissements*). Subdivision d'un arrondissement maritime.

SOUS-ASSURER v. t. (conj. 3). Assurer un bien pour une somme inférieure à sa valeur réelle.

SOUS-ÂTRE n. m. (pl. *sous-âtres*). Dans une cheminée à âtre surélevé, espace libre entre l'âtre et le sol.

SOUS-BARBE n. f. (pl. *sous-barbes*). **1.** Pièce du licol, qu'on fixe sous l'auge, et qui réunit les deux montants de ce licol. — **2.** Cordage allant du beaupré à la guibre et servant à tenir cet espar contre les efforts provenant des étais.

SOUS-BAS n. m. Sorte de chaussette emboîtant juste de tour du pied, portée entre la chaussure et le bas.

SOUS-BATTAGE → SOUBATTAGE.

SOUS-BATTRE → SOUBATTRE.

SOUS-BOIS n. m. inv. **1.** Végétation qui pousse sous les arbres d'une forêt. — **2.** Partie d'une forêt où pousse cette végétation. — **3.** Peinture, dessin représentant un intérieur de bois ou de forêt.

SOUS-BRIGADIER n. m. (pl. *sous-brigadiers*). Officier marchant après le brigadier des armées du roi (Ancien Régime).

SOUS-CALIBRÉ, E adj. (pl. *sous-calibrés, es*). Se dit d'un projectile dont le calibre est inférieur à celui du canon qui le tire.

SOUS-CAPE n. f. (pl. *sous-capes*). Enveloppe intermédiaire du cigare, entre l'intérieur (tripe) et la robe (cape).

SOUS-CATÉGORIE n. f. (pl. *sous-catégories*). Subdivision d'une catégorie.

SOUS-CAVAGE n. m. (pl. *sous-cavages*). Extraction de la partie inférieure du front de taille, de telle sorte que les blocs supérieurs soient en surplomb.

SOUS-CAVE n. f. (pl. *sous-caves*). Syn. de SOUCHET.

SOUS-CAVER v. t. (conj. **3**). Procéder au sous-cavage.

SOUSCEYRAC (46190), ch.-l. de cant. du nord-est du Lot, dans la châtaigneraie du Quercy ; 1 070 hab. *(Sousceyracois)*.

SOUS-CHEF n. (pl. *sous-chefs*). **1.** Personne qui, dans une hiérarchie, vient immédiatement après celle qui porte le nom de « chef ». — **2.** Appellation donnée jusqu'en 1914 à certains sous-officiers spécialistes de l'artillerie (artificier, mécanicien, etc.).

SOUS-CLASSE n. f. (pl. *sous-classes*). Niveau de la classification immédiatement inférieur à la classe.

SOUS-CLAVICULAIRE adj. (pl. *sous-claviculaires*). Qui est situé sous la clavicule.

SOUS-CLAVIER, ÈRE adj. (pl. *sous-claviers, ères*). *Artère sous-clavière* ou *sous-clavière* (n. f.), artère principale du membre supérieur. ‖ *Muscle sous-clavier,* petit muscle allongé situé au-dessous de la clavicule.

SOUS-COMITÉ n. m. (pl. *sous-comités*). Comité nommé par un autre comité, pour l'étude de certaines questions.

SOUS-COMMISSION n. f. (pl. *sous-commissions*). Commission nommée par une commission pour l'étude d'une question déterminée.

SOUS-COMPTOIR [-kɔ̃twar] n. m. (pl. *sous-comptoirs*). Comptoir dépendant d'un autre comptoir.

SOUS-CONJONCTIVAL, E, AUX adj. Qui est situé sous la conjonctive.

SOUS-CONSOMMATION n. f. (pl. *sous-consommations*). Insuffisance de la consommation.

SOUS-CONTINENT n. m. *Sous-continent indien,* partie de l'Asie, au S. de l'Himālaya (Inde, Pākistān, Bangladesh).

SOUS-CORTICAL, E, AUX adj. Situé dans les hémisphères cérébraux entre le cortex et les ventricules.

SOUS-COSTAL, E, AUX adj. Situé sous les côtes.

SOUS-COUCHE n. f. (pl. *sous-couches*). **1.** Première couche d'un produit ou d'une préparation qui sert de support ou prépare le support pour les autres couches : *Une sous-couche de vernis.* — **2.** Couche de neige recouverte par de la neige fraîche.

SOUS-CRÉPITANT, E adj. et n. m. (pl. *sous-crépitants, es*). Se dit d'un râle audible à l'auscultation pulmonaire, de sonorité fine, humide, et dû à la présence de pus ou de mucus dans les bronches.

SOUSCRIPTEUR n. m. (lat. *subscriptor*). **1.** Personne qui prend part à une souscription. — **2.** Personne qui souscrit un effet de commerce.

SOUSCRIPTION n. f. (anc. fr. *subscription,* du lat. *subscriptio,* avec l'infl. de *sous*). **1.** Action de souscrire, de s'engager à s'associer à une entreprise, à acheter un ouvrage en cours de publication, etc. — **2.** Somme versée par le souscripteur. — **3.** Signature mise au bas d'un acte pour l'approuver. — **4.** Participation à une augmentation de capital en numéraire d'une société faisant appel à l'épargne ou à une émission d'obligations. — **5.** En diplomatique, marque apparente de l'intervention des auteurs et parties contractantes d'un acte, des consentants, garants et témoins, ou des chanceliers, notaires et scribes. — **6.** *Droit de souscription,* droit d'un actionnaire de participer par priorité à une augmentation de capital. ‖ *Souscription d'une action,* acte par lequel une personne s'engage à faire partie d'une société par actions et à apporter une somme égale, en principe, au montant nominal du titre souscrit.

SOUSCRIRE v. t. (moyen fr. *subscrire,* du lat. *subscribere,* avec l'infl. de *sous*) [conj. **99**]. **1.** Revêtir un écrit de sa signature pour l'approuver : *Souscrire un contrat.* — **2.** S'engager à verser une certaine somme en contrepartie de qqch : *Souscrire un abonnement à une revue.*
◆ v. t. ind. **1.** S'engager à contribuer financièrement à qqch, à prendre sa part d'une dépense commune : *Souscrire à un emprunt.* — **2.** Donner son adhésion, son approbation à qqch : *Je souscris entièrement à ce qui vient d'être dit.* — **3.** S'engager

à acheter, moyennant un prix convenu, un ouvrage de librairie dont la publication est en cours. – **4.** Prendre l'engagement irrévocable de se porter acquéreur de titres boursiers à leur émission, contre paiement d'un prix convenu à l'avance.
◆ **être souscrit** v. pass. *Iota souscrit,* en grec ancien, iota placé sous une voyelle longue, rappelant une diphtongue disparue.

SOUS-CULTURE n. f. (pl. *sous-cultures*). **1.** Ensemble de valeurs, de normes et de comportements propres à un groupe social donné et manifestant un écart par rapport à la culture dominante. – **2.** Culture dévalorisée ou fragmentaire, par rapport à une autre.

SOUS-CUTANÉ, E adj. (pl. *sous-cutanés, es*). **1.** Situé sous la peau. – **2.** Qui se pratique sous la peau.

SOUS-DÉCLARER v. t. (conj. 3). **1.** Ne pas déclarer la totalité de ses revenus. – **2.** Déclarer un bien au-dessous de sa valeur.

SOUS-DÉVELOPPÉ, E adj. (pl. *sous-développés, es*). **1.** Se dit d'un pays, d'une région caractérisés par un sous-développement économique. – **2.** Se dit d'un secteur qui n'a pas atteint le niveau de modernisation, d'équipement souhaité.
◆ n. *Fam.* Personne dont le niveau intellectuel est assez bas.

SOUS-DÉVELOPPEMENT n. m. (pl. *sous-développements*). **1.** État d'un pays caractérisé par la médiocrité du niveau de vie moyen (traduit notamment par une faible consommation alimentaire, une faible espérance de vie, un taux encore élevé d'analphabètes), auquel on peut fréquemment associer une forte croissance de la population, une répartition particulière des divers secteurs de l'économie et une composition spécifique de la balance commerciale. (→ *encycl.*) – **2.** État d'un secteur, d'une activité sous-développés.
ENCYCL. Aux critères énumérés dans la définition, on pourrait ajouter la faiblesse du P. N. B. ou de la consommation d'énergie par habitant, bien que ces concepts soient peut-être moins significatifs. Le sous-développement réside dans la liaison presque inéluctable de ces critères. Les expressions ont changé, on parle aujourd'hui de pays en voie de développement (les P. V. D.) et, pour les plus pauvres d'entre eux, de P. M. A. (pays les moins avancés), premiers bénéficiaires de l'aide publique et aussi de l'aide privée (par le biais des O. N. G. [organisations non gouvernementales]). En fait, le sous-développement concerne les trois quarts ou presque de la planète, et seuls y échappent réellement l'Europe, l'Amérique du Nord, Israël, le Japon, l'Australie et la Nouvelle-Zélande. Dans le reste du monde, il n'existe que des îlots de relative prospérité, des minorités privilégiées. Bien sûr, les transitions existent, le niveau de développement n'est pas le même en Corée du Sud et en Éthiopie, au Chili et au Burkina, les centres de Singapour ou de São Paulo ont peu à envier aux métropoles des pays développés. Mais les écarts sociaux et régionaux sont grands, aux dépens d'une majorité numériquement écrasante. Le contexte de crise, l'insuffisance ou, souvent, le mauvais emploi de l'aide internationale, les intérêts souvent concordants des pays riches et, localement au moins, d'oligarchies au pouvoir tendent à perpétuer une situation qui a peu évolué.

SOUS-DIACONAT n. m. (pl. *sous-diaconats*). Avant la réforme de Paul VI (1972), premier des ordres sacrés, qui précédait le diaconat.

SOUS-DIACRE n. m. (pl. *sous-diacres*). Clerc qui avait reçu le sous-diaconat.

SOUS-DIAPHRAGMATIQUE adj. (pl. *sous-diaphragmatiques*). Situé au-dessous du diaphragme. (Syn. SOUS-PHRÉNIQUE.)

SOUS-DIRECTEUR, TRICE n. (pl. *sous-directeurs, trices*). Personne qui, dans la hiérarchie, se trouve au-dessous du directeur, de la directrice.

SOUS-DOMINANTE n. f. (pl. *sous-dominantes*). Quatrième degré de l'échelle diatonique.

SOUS-DURAL, E, AUX adj. *Hématome sous-dural,* collection sanguine qui siège entre la dure-mère et la face externe de l'arachnoïde. (Habituellement d'origine traumatique, il survient volontiers chez le vieillard et l'alcoolique. D'installation progressive, il se manifeste essentiellement par des troubles de la vigilance.)

SOUS-ÉCOULEMENT n. m. (pl. *sous-écoulements*). Syn. de INFÉROFLUX.

SOUS-EMBRANCHEMENT n. m. (pl. *sous-embranchements*). Niveau de la classification partageant l'embranchement.

SOUS-EMPLOI n. m. (pl. *sous-emplois*). Emploi d'une partie seulement de la main-d'œuvre disponible.

SOUS-EMPLOYER v. t. (conj. **13**). N'employer qu'en partie les capacités, le temps d'une personne, d'un groupe de personnes, ou d'une machine, d'un équipement, etc.

SOUS-ENSEMBLE n. m. (pl. *sous-ensembles*). Partie de l'ensemble considéré ; subdivision d'un ensemble quelconque.

SOUS-ENTENDRE v. t. (conj. 73). **1.** Faire comprendre, de façon indirecte, ce qu'on a dans la pensée, sans l'exprimer explicitement : *Qu'est-ce* *qu'il sous-entend par cette allusion ?* — **2.** Impliquer, supposer : *Une peine judiciaire sous-entend un délit.*

◆ **être sous-entendu** v. pass. Être implicite, ne pas être exprimé, mais pouvoir être facilement supposé, rétabli : *Phrase où le verbe est sous-entendu.*

SOUS-ENTENDU n. m. (pl. *sous-entendus*). Idée, parole que l'on suggère sans les énoncer complètement ; allusion souvent perfide, désobligeante ou grivoise.

SOUS-ENTREPRENEUR n. m. (pl. *sous-entrepreneurs*). Entrepreneur qui est substitué, pour l'exécution d'un travail, à l'entrepreneur qui en a reçu la commande.

SOUS-ÉPINEUX, EUSE adj. (pl. *sous-épineux, euses*). **1.** Situé au-dessous de l'épine de l'omoplate. — **2.** *Fosse sous-épineuse,* dépression située à la face postérieure de l'omoplate. ‖ *Muscle sous-épineux* ou *sous-épineux* (n. m.), muscle triangulaire qui prend insertion dans la plus grande partie de la fosse sous-épineuse, et va se rattacher à la grosse tubérosité de l'humérus.

SOUS-ÉQUIPÉ, E adj. (pl. *sous-équipés, es*). Dont l'équipement industriel est insuffisant : *Région sous-équipée.*

SOUS-ÉQUIPEMENT n. m. (pl. *sous-équipements*). État d'une nation, d'une région sous-équipées.

SOUS-ESPACE n. m. (pl. *sous-espaces*). Variété linéaire affine, pour un espace affine donné. (Les sous-espaces de dimension zéro sont les points, ceux de dimension un les droites, etc.)

SOUS-ESPÈCE n. f. (pl. *sous-espèces*). Niveau de la classification immédiatement inférieur à l'espèce et supérieur à la variété.

SOUS-ESTIMATION n. f. (pl. *sous-estimations*). Action de sous-estimer.

SOUS-ESTIMER v. t. (conj. 3). **1.** Évaluer qqch à un prix inférieur à son prix réel : *Un inventaire dans lequel on a sous-estimé certains biens.* — **2.** Accorder à qqn, à qqch une valeur, une importance inférieures à celles qu'ils ont effectivement : *Sous-estimer son adversaire.*

SOUS-ÉTAGE n. m. (pl. *sous-étages*). **1.** Subdivision d'un étage géologique. — **2.** Ensemble des arbres et arbrisseaux qui poussent sous le peuplement principal d'une forêt.

SOUS-ÉVALUATION n. f. (pl. *sous-évaluations*). Action de sous-évaluer.

SOUS-ÉVALUER v. t. (conj. 7). Estimer qqch au-dessous de sa valeur : *Un contribuable qui a sous-évalué ses revenus.*

SOUS-EXPLOITATION n. f. (pl. *sous-exploitations*). Exploitation insuffisante.

SOUS-EXPLOITER v. t. (conj. 3). Exploiter insuffisamment.

SOUS-EXPOSER v. t. (conj. 3). Réaliser un phototype avec une sous-exposition.

SOUS-EXPOSITION n. f. (pl. *sous-expositions*). Exposition insuffisante d'un film, d'une photo.

SOUS-FAÎTE ou **SOUS-FAÎTAGE** n. m. (pl. *sous-faîtes, sous-faîtages*). Syn. de FAÎTAGE DOUBLE.

SOUS-FAMILLE n. f. (pl. *sous-familles*). Niveau de la classification partageant directement la famille.

SOUS-FIFRE n. m. (pl. *sous-fifres*). *Fam.* Personne qui occupe un emploi secondaire.

SOUS-FILIALE n. f. (pl. *sous-filiales*). Filiale d'une filiale.

SOUS-GARDE (pl. *sous-gardes*) ou **SOUGARDE** n. f. Pièce qui protège la détente d'une arme à feu.

SOUS-GENRE n. m. (pl. *sous-genres*). Niveau de la classification partageant directement le genre.

SOUS-GLACIAIRE adj. (pl. *sous-glaciaires*). Se dit de tout phénomène observable sous un glacier, en partic. de l'écoulement d'eau alimenté par la fusion de la glace.

SOUS-GORGE n. f. inv. ou **SOUGORGE** n. f. Partie d'un harnais de tête d'un cheval qui, taillée dans la même pièce que la têtière, passe sous la gorge.

SOUS-GOUVERNEUR n. m. (pl. *sous-gouverneurs*). Gouverneur en second.

SOUS-GROUPE n. m. (pl. *sous-groupes*). **1.** Subdivision d'un groupe. — **2.** *Sous-groupe d'un groupe* G, partie H non vide de G, stable pour la loi de G et qui, munie de l'opération de G induite sur H, a une structure de groupe.

SOUS-HÉPATIQUE adj. (pl. *sous-hépatiques*). Situé sous le foie.

SOUS-HOMME n. m. (pl. *sous-hommes*). Homme considéré comme inférieur.

SOUS-HUMANITÉ n. f. (pl. *sous-humanités*). État de sous-homme.

SOUS-HYOÏDIEN, ENNE adj. (pl. *sous-hyoïdiens, ennes*). Situé au-dessous de l'os hyoïde.

SOUS-INDUSTRIALISATION n. f. (pl. *sous-industrialisations*). État d'un pays, d'un secteur de l'économie, dont l'industrialisation est insuffisamment développée.

SOUS-INDUSTRIALISÉ, E adj. (pl. *sous-industrialisés, es*). Insuffisamment industrialisé.

SOUS-INFORMATION n. f. Action de sous-informer ; fait d'être sous-informé.

SOUS-INFORMER v. t. (conj. 3). Informer d'une manière insuffisante.

SOUS-INGÉNIEUR n. m. (pl. *sous-ingénieurs*). Cadre servant sous les ordres d'un ingénieur.

SOUS-JACENT, E adj. (pl. *sous-jacents, es*). **1.** Qui est placé sous qqch d'autre : *Tissus sous-jacents.* — **2.** Qui ne se manifeste pas clairement : *Sentiment sous-jacent.*

SOUS-LE-VENT *(îles)*, chapelet d'îles des Antilles, le long de la côte du Venezuela, et comprenant Curaçao, Aruba, Bonaire et Nueva Esparta . — Les Anglais appellent « îles Sous-le-Vent » les Leeward* Islands.

SOUS-LE-VENT *(îles)*, partie nord-ouest des îles de la Société (Polynésie française) ; 474 km^2 ; 22 232 hab.

SOUS-LIEUTENANCE n. f. (pl. *sous-lieutenances*). Grade de sous-lieutenant.

SOUS-LIEUTENANT n. m. (pl. *sous-lieutenants*). Premier grade des officiers, dans les armées de terre et de l'air. (Le sous-lieutenant porte un seul galon à la couleur de son arme.)

SOUSLIK n. m. Écureuil terrestre d'Asie et des Balkans, au pelage rayé de lignes longitudinales.

SOUS-LIMINAIRE adj. (pl. *sous-liminaires*). Syn. de INFRALIMINAIRE.

SOUS-LOCATAIRE n. (*sous-locataires*). Personne qui occupe un local en sous-location.

SOUS-LOCATION n. f. (pl. *sous-locations*). **1.** Action de sous-louer ; état de ce qui est sous-loué. — **2.** Bail en vertu duquel une tierce personne devient locataire du locataire principal, si le bail ou la loi le permet.

SOUS-LOUER v. t. (conj. 6). **1.** Donner à loyer tout ou partie d'un immeuble dont on est locataire principal. — **2.** Prendre à loyer tout ou partie d'un immeuble du locataire principal.

SOUSLOV (Mikhaïl Andreïevitch), homme politique soviétique (Chakhovkoïe, gouvern. de Simbirsk, 1902 - Moscou 1982). Membre du parti communiste depuis 1921 et du secrétariat du Comité central depuis 1947, il fut à la tête de l'agit-prop, et assista Jdanov dans sa politique répressive de l'après-guerre. Membre du praesidium du Comité central, rebaptisé en 1966 *Politburo,* de 1952 à 1953 puis de 1955 à 1982, il s'affirma comme spécialiste des questions idéologiques.

SOUS-MAIN n. m. inv. **1.** Ce que l'on place sous la feuille où l'on écrit pour qu'elle ne repose pas directement sur la table. — **2.** Grand carré de carton, de buvard, qu'on place sur un bureau. — **3.** *En sous-main,* en cachette, en secret.

SOUS-MAÎTRE n. m. (pl. *sous-maîtres*). *Sous-maître de manège,* maréchal des logis-chef ou maréchal des logis appartenant au Cadre noir.

SOUS-MAÎTRESSE n. f. (pl. *sous-maîtresses*). *Vx.* Surveillante de maison de tolérance.

SOUS-MAMMAIRE adj. (pl. *sous-mammaires*). Situé au-dessous du sein.

SOUS-MARIN, E adj. (pl. *sous-marins, es*). **1.** Qui concerne le fond de la mer : *Courants sous-marins.* — **2.** Qui s'effectue sous la mer : *Photographie sous-marine.* — **3.** *Relief sous-marin,* ensemble des saillies et des creux dénivelant la topographie sous-marine. (Deux domaines s'individualisent : la marge continentale formée de la plate-forme continentale, de la pente continentale et du glacis continental ; la cuvette océanique, juxtaposant plaines abyssales, dorsales, fosses.)

◆ **sous-marin** n. m. **1.** Bâtiment de guerre conçu pour naviguer et combattre en plongée. (→ *encycl.*) — **2.** Syn. de SUBMERSIBLE. — **3.** *Fam.* Personne qui s'introduit dans une organisation pour espionner. — **4.** Au Québec, baguette de pain garnie de charcuterie, de fromage et de légumes.

ENCYCL. Après quelques essais dont témoignent les tentatives de Bushnell (1775), Fulton (1798) ou Gustave Zédé (1888), il faut attendre l'extrême fin du XIXe s. pour voir apparaître des sous-marins sûrs comme le *Holland* (États-Unis) ou le *Narval* à double coque de l'ingénieur Laubeuf (1899). Jusqu'à la propulsion nucléaire, le *Narval* restera le prototype de tous les sous-marins. Lors de la Première Guerre mondiale, le sous-marin s'avère un redoutable bâtiment de combat, doublé d'un instrument de lutte contre la navigation commerciale. En quatre ans les sous-marins allemands détruisent plus de 11 millions de tonnes de navires de commerce. Au cours de la Seconde Guerre mondiale, le tiers des navires de guerre japonais est coulé par des sous-marins américains tandis que les submersibles allemands coûtent 12 millions de tonnes de bateaux marchands aux alliés. Sur le plan technique, cette période est marquée essentiellement par la mise au point de l'asdic, ancêtre du sonar*, et par celle du Schnorchel*.

Le développement du moteur nucléaire, avec le *Nautilus* américain, en service en 1954, constitue une véritable révolution tactique et stratégique (rayon d'action pratiquement illimité, affranchissement total de la surface). En 1960 apparaît avec le *George Washington* le premier sous-marin nucléaire armé de 16 missiles « SLBM » type Polaris lancés en plongée. Le sous-marin nucléaire lanceur d'engins (S. N. L. E.) tient depuis une place essentielle dans les forces de dissuasion des puissances nucléaires. En plus de ce type de bâtiment, les flottes sous-marines comprennent des sous-marins d'attaque à propulsion Diesel ou à propulsion nucléaire. Les sous-marins nucléaires d'attaque (S. N. A.) sont destinés à attaquer indifféremment les autres sous-marins, les bâtiments de surface ou encore des objectifs terrestres, ils mettent en œuvre des torpilles téléguidées ou autoguidées, des engins à changement de milieu et des missiles de croisière.

SOUS-MARINIER n. m. (pl. *sous-mariniers*). Membre de l'équipage d'un sous-marin.

SOUS-MARQUE n. f. (pl. *sous-marques*). Marque utilisée par un fabricant qui exploite par ailleurs une ou plusieurs marques principales de grande notoriété.

SOUS-MAXILLAIRE adj. (pl. *sous-maxillaires*). **1.** Situé sous la mâchoire inférieure. – **2.** *Glande sous-maxillaire,* glande salivaire paire située à la face interne du maxillaire inférieur. (Son canal excréteur est le canal de Wharton.)

SOUS-MÉDICALISATION n. f. (pl. *sous-médicalisations*). Fait d'être sous-médicalisé.

SOUS-MÉDICALISÉ, E adj. (pl. *sous-médicalisés, es*). Se dit d'une région où la densité médicale est trop faible pour répondre correctement aux besoins de la population.

SOUS-MINISTRE n. m. (pl. *sous-ministres*). Au Québec, haut fonctionnaire qui seconde un ministre.

SOUS-MULTIPLE n. m. (pl. *sous-multiples*). *Sous-multiple décimal d'une unité,* unité dérivée de l'unité de base en divisant celle-ci par une puissance positive de 10.

SOUS-MUQUEUX, EUSE adj. (pl. *sous-muqueux, euses*). Situé sous une muqueuse.

SOUS-NAPPE n. f. (pl. *sous-nappes*). Molleton qu'on met sous la nappe pour protéger la table.

SOUS-NEURAL, E, AUX adj. *Appareil sous-neural,* syn. de PLAQUE MOTRICE.

SOUS-NIVEAU n. m. (pl. *sous-niveaux*). **1.** Dans une mine, galerie de desserte ou d'exploitation tracée sur le plan horizontal. – **2.** Chacun des niveaux en lesquels se décompose, dans certaines circonstances, un niveau d'énergie atomique, moléculaire, etc. – **3.** *Exploitation par sous-niveaux,* exploitation minière dans laquelle le dépilage progresse entre deux sous-niveaux préalablement tracés.

SOUS-NOIX n. f. Morceau de veau, utilisé comme rôti, formé par les muscles de la partie postérieure de la cuisse.

SOUS-NORMALE n. f. (pl. *sous-normales*). Projetée de la normale cartésienne sur l'axe des abscisses ou sur le plan de cote nulle.

SOUS-NUTRITION n. f. (pl. *sous-nutritions*). Nutrition insuffisante.

SOUS-OCCIPITAL, E, AUX adj. Qui est situé au-dessous de l'os occipital.

SOUS-ŒUVRE n. m. *En sous-œuvre,* se dit d'un travail neuf ou en reprise effectué sous des parties portantes d'une construction, celles-ci étant dûment soutenues pendant l'opération.

SOUS-OFF n. m. (pl. *sous-offs*). *Pop.* Sous-officier.

SOUS-OFFICIER n. m. (pl. *sous-officiers*). Militaire des armées de terre et de l'air pourvu d'un grade qui en fait l'auxiliaire de l'officier dans l'exercice du commandement. (Dans les armées de terre et de l'air, les grades des sous-officiers s'échelonnent de celui de sergent ou maréchal des logis à celui de major. Dans l'armée de mer, les grades des sous-officiers, appelés « officiers mariniers », s'échelonnent de celui de second maître à celui de major.)

SOUS-OMBILICAL, E, AUX adj. Situé au-dessous de l'ombilic.

SOUS-OPTIQUE adj. *Région sous-optique,* syn. de RÉGION SOUS-THALAMIQUE.

SOUS-ORBITAIRE adj. (pl. *sous-orbitaires*). **1.** Situé au-dessous de l'orbite. – **2.** *Canal sous-orbitaire,* canal que présente le maxillaire supérieur et qui se termine en avant par le *trou sous-orbitaire.* (Il est parcouru par l'*artère sous-orbitaire* et par le *nerf sous-orbitaire.*)

SOUS-ORBITAL, E, AUX adj. Syn. de SUBORBITAL.

SOUS-ORDRE n. m. (pl. *sous-ordres*). **1.** Personne qui travaille sous les ordres d'une autre ; subordonné. – **2.** Niveau de la classification partageant directement un ordre. – **3.** Distribution à ses propres créanciers de la somme qui a été adjugée à un créancier dans un ordre. – **4.** *Opposant, créancier en sous-ordre,* opposant, créancier d'un créancier.

SOUS-OXYDE n. m. (pl. *sous-oxydes*). Oxyde contenant moins d'oxygène que l'oxyde normal.

SOUS-PALAN (EN) loc. adv. Se dit d'une marchandise qui, extraite des cales du navire, est livrée au port à son destinataire.

SOUS-PATTE n. f. (pl. *sous-pattes*). Bande de tissu fixée par un côté sous le bord d'un vêtement pour y coudre des boutons.

SOUS-PAYER v. t. (conj. **11**). Payer au-dessous du taux légal ou insuffisamment : *Employés sous-payés.*

SOUS-PÉRIOSTÉ, E adj. (pl. *sous-périostés, es*). Situé sous le périoste.

SOUS-PÉRITONÉAL, E, AUX adj. Situé dans la cavité abdomino-pelvienne, mais en dehors du péritoine.

SOUS-PEUPLÉ, E adj. (pl. *sous-peuplés, es*). Peuplé insuffisamment : *Région sous-peuplée.*

SOUS-PEUPLEMENT n. m. (pl. *sous-peuplements*). Peuplement insuffisant, eu égard aux ressources exploitées ou potentielles d'un pays.

SOUS-PHRÉNIQUE adj. (pl. *sous-phréniques*). Syn. de SOUS-DIAPHRAGMATIQUE.

SOUS-PIED n. m. (pl. *sous-pieds*). Bande de tissu extensible qui passe sous le pied et s'attache de part et d'autre d'un pantalon pour le maintenir tendu.

SOUS-PLANAGE n. m. (pl. *sous-planages*). Travail de chaudronnerie exécuté au marteau à main, destiné à régulariser la surface de deux tôles soudées à angle droit.

SOUS-PORTEUSE n. f. (pl. *sous-porteuses*). Porteuse employée, en multiplexage, dans une modulation intermédiaire en vue de moduler une seconde porteuse de fréquence plus élevée.

SOUS-PRÉFECTORAL, E, AUX adj. Relatif à une sous-préfecture, à un sous-préfet.

SOUS-PRÉFECTURE n. f. (pl. *sous-préfectures*). **1.** Subdivision de département administrée par un sous-préfet. — **2.** Ville où il réside. — **3.** Ensemble des services de l'administration sous-préfectorale.

SOUS-PRÉFET n. m. (pl. *sous-préfets*). Représentant de l'État dans l'arrondissement.

SOUS-PRÉFÈTE n. f. (pl. *sous-préfètes*). **1.** Femme sous-préfet. — **2.** Femme d'un sous-préfet.

SOUS-PRODUCTION n. f. (pl. *sous-productions*). Production insuffisante.

SOUS-PRODUIT n. m. (pl. *sous-produits*). **1.** Produit dérivé d'un autre. — **2.** Mauvaise imitation, produit de qualité médiocre. — **3.** Corps obtenu accessoirement dans une préparation chimique industrielle, ou comme résidu d'une extraction. — **4.** Substance utile associée dans le minerai au produit recherché par l'exploitation.

SOUS-PROGRAMME n. m. (pl. *sous-programmes*). Séquence d'instructions utilisée en plusieurs points d'un programme informatique ou susceptible d'être insérée dans plusieurs programmes. (Syn. PROCÉDURE, ROUTINE.)

SOUS-PROLÉTAIRE n. (pl. *sous-prolétaires*). Personne qui fait partie du sous-prolétariat.

SOUS-PROLÉTARIAT n. m. (pl. *sous-prolétariats*). Couche sociale de travailleurs surexploités, disposant généralement de conditions de vie et de logement très insuffisantes et souvent constituée d'immigrés.

SOUS-PULL n. m. (pl. *sous-pulls*). Pull-over très fin à col roulé, qui se porte sous un autre plus épais.

SOUS-QUALIFICATION n. f. (pl. *sous-qualifications*). Action de sous-qualifier ; fait d'être sous-qualifié.

SOUS-QUALIFIER v. t. (conj. **9**). Ne pas donner à qqn la qualification correspondant à ses capacités professionnelles.

SOUS-QUARTIER n. m. (pl. *sous-quartiers*). Zone d'action confiée à une unité militaire de l'importance d'une compagnie, dans une mission défensive, de pacification ou de sécurité du territoire.

SOUSQUETAGE → SOUCHETAGE.

SOUS-REFROIDIR v. t. (conj. **32**). Produire le sous-refroidissement.

◆ **être sous-refroidi** v. pass. En parlant d'un corps, être dans un état physique qui n'est pas stable à la température où il se trouve mais qui le serait à une température plus élevée. (C'est par exemple le cas d'une vapeur sursaturante ou d'un liquide surfondu.)

SOUS-REFROIDISSEMENT n. m. (pl. *sous-refroidissements*). Abaissement de la température d'un liquide (notamment un frigorigène) au-dessous de sa température de condensation.

SOUS-REPRÉSENTÉ, E adj. (pl. *sous-représentés, es*). Dont le nombre de représentants est inférieur à ce qu'il serait selon une règle strictement proportionnelle.

SOUSSANINE (Ivan), héros populaire russe (1613), qui a inspiré l'opéra de Glinka, *la Vie pour le tsar.*

SOUS-SATURÉ, E adj. (pl. *sous-saturés, es*). Se dit d'une roche magmatique déficitaire en silice. (Le silicium y représente moins de la moitié des cations.)

SOUS-SCAPULAIRE adj. (pl. *sous-scapulaires*). Situé sous l'omoplate. (Le *muscle sous-scapulaire* est rotateur du bras en dedans).

SOUSSE, en ar. *Sūsa*, port de Tunisie, ch.-l. de gouvernorat, sur le golfe d'Hammamet ; 84 000 hab. Ribāṭ (VIIIe s.), grande mosquée (IXe s.); remparts (IXe s.) et Casbah (XIe-XIVe s.). Musée. Centre commercial (olives du *Sahel de Sousse*) et touristique. Huileries. Construction automobile.

SOUS-SECRÉTAIRE n. (pl. *sous-secrétaires*). *Sous-secrétaire d'État,* membre du gouvernement subordonné à un secrétaire d'État ou à un ministre, notamment sous les IIIe et IVe Républiques.

SOUS-SECRÉTARIAT n. m. (pl. *sous-secrétariats*). Fonction, services d'un sous-secrétaire d'État.

SOUS-SECTEUR n. m. (pl. *sous-secteurs*). **1.** Zone d'un secteur correspondant à une unité de l'importance du régiment. — **2.** Division d'un secteur quelconque.

SOUS-SECTION n. f. (pl. *sous-sections*). Organe d'instruction des affaires et du jugement des affaires simples au Conseil d'État. (Il y a 10 sous-sections.)

SOUS-SÉREUX, EUSE adj. (pl. *sous-séreux, euses*). Situé sous une membrane séreuse.

SOUSSIGNÉ, E n. Personne qui a mis sa signature au bas d'un acte.

SOUSSIGNER v. t. (de *sous* et *signer*) [conj. 3]. Apposer sa signature au bas d'un acte.

SOUS-SOL n. m. (pl. *sous-sols*). **1.** Ce qui se trouve sous le sol, à plus ou moins grande profondeur. — **2.** Étage partiellement enterré, voire souterrain d'une construction.

SOUS-SOLAGE n. m. (pl. *sous-solages*). Ameublissement profond du sol sans retournement de la terre.

SOUS-SOLEUSE n. f. (pl. *sous-soleuses*). Instrument de travail profond du sol, qui agit par éclatement, sans retournement.

SOUS-STATION n. f. (pl. *sous-stations*). Ensemble des appareils de transformation et de distribution destinés à l'alimentation d'un réseau électrique.

SOUS-SYSTÈME n. m. (pl. *sous-systèmes*). Système subordonné à un autre.

SOUS-TANGENTE n. f. (pl. *sous-tangentes*). Projection sur un axe, le plus souvent l'axe des abscisses ($x'Ox$), du segment de la tangente (T) en un point à une courbe, dont les extrémités sont le point de contact et le point d'intersection de (T) avec cet axe.

SOUS-TASSE n. f. (pl. *sous-tasses*). Syn. de SOUCOUPE.

SOUSTELLE (Jacques), homme politique et ethnologue français (Montpellier 1912 -Neuilly-sur-Seine 1990). Spécialiste de l'Amérique précolombienne, il devient sous-directeur du musée de l'Homme en 1938. En 1940, il rejoint les Forces françaises libres à Londres, où de Gaulle le place à la tête de l'Information et des Services secrets (juill. 1942), puis à la Direction générale des services spéciaux à Alger (nov. 1943). Il poursuit alors une carrière politique, tout en restant fidèle au gaullisme (il est secrétaire général du R. P. F. de 1947 à 1951). Il est nommé gouverneur général de l'Algérie (janv. 1955 - févr. 1956) et sa position en faveur de l'intégration le rend très populaire. Son attachement à l'Algérie française l'oppose à de Gaulle, et entraîne son exclusion de l'U. N. R. (1960), puis son exil (1961-1968). Amnistié, il revient en France et devient directeur d'études en sciences sociales à l'École des hautes études (1969-1985). Il a écrit *la Vie quotidienne des Aztèques* (1955), *l'Art du Mexique* (1966), *les Quatre Soleils* (1967), *Archéologie et anthropologie* (1976). [Acad. fr., 1983.]

SOUS-TENDRE v. t. (conj. 73). **1.** Être la corde d'un arc de courbe. — **2.** Être à l'origine, à la base de qqch : *Le principe de la lutte des classes sous-tend cette analyse.*

SOUS-THALAMIQUE adj. (pl. *sous-thalamiques*). Relatif à la région du diencéphale située sous le thalamus et comportant des noyaux qui ont un rôle dans la motricité extrapyramidale (le corps de Luys, la zona incerta et la partie supérieure du locus niger). [Syn. RÉGION SOUS-OPTIQUE.]

SOUS-TITRAGE n. m. (pl. *sous-titrages*). Opération consistant à faire apparaître dans un film des sous-titres dans l'image.

SOUS-TITRE n. m. (pl. *sous-titres*). **1.** Titre placé après le titre principal d'un livre, pour le compléter. — **2.** Traduction résumée des dialogues d'un film, placée en bas de l'image.

SOUS-TITRER v. t. (conj. 3). **1.** Mettre un sous-titre à un texte destiné à la publication : *Sous-titrer un article de revue.* — **2.** Ajouter des sous-titres, à un film, à une émission de télévision.

SOUSTONS (40140), ch.-l. de cant. des Landes, au S. de l'étang de Soustons ; 5 311 hab. *(Soustonnais).* Industries du bois. Plastiques.

SOUSTONS *(étang de),* étang de la côte landaise méridionale (760 ha env.) communiquant avec la mer.

SOUSTRACTEUR n. m. Ensemble de circuits électroniques réalisant les fonctions qui permettent d'effectuer la différence de deux nombres.

SOUSTRACTIF, IVE adj. **1.** Relatif à la soustraction. — **2.** *Synthèse soustractive trichrome,* technique de restitution des couleurs, par superposition en repérage de trois images colorées respectivement en jaune, magenta et cyan.

SOUSTRACTION n. f. (anc. fr. *subtraction,* du bas lat. *subtractio,* du lat. class. *subtrahere,* soustraire). **1.** Action de soustraire, de s'approprier qqch contre le gré du détenteur légitime. — **2.** Opération qui consiste à trouver, s'il existe, le nombre x, appelé différence de b et a, tel que $a + x = b$. (x existe dans $\mathbb{N}$, seulement si $b \geqslant a$. Dans les autres ensembles de nombres, x existe toujours. On écrit $x = b - a$.)

SOUSTRAIRE v. t. (lat. *subtrahere,* avec l'infl. de *sous*) [conj. **112**]. **1.** Retrancher une quantité d'une autre, en faire la soustraction : *Si l'on soustrait 50 à 120, on obtient 70.* — **2.** Prendre qqch, l'enlever de qqch, généralement par des moyens irréguliers : *Soustraire un dossier des archives.* — **3.** Dérober qqch à qqn : *L'escroc lui a soustrait une somme considérable.* — **4.** Faire échapper qqn à qqch, lui permettre d'y échap-

per : *Rien ne peut vous soustraire à cette obligation.* – 5. Litt. *Soustraire qqn, qqch aux regards, à la vue,* les cacher, les placer hors de vue.
◆ **se soustraire** v. pr. Échapper à qqch, s'y dérober : *Se soustraire à une punition.*

SOUS-TRAITANCE n. f. (pl. *sous-traitances*). Opération par laquelle un entrepreneur confie, sous sa responsabilité et sous son contrôle, à une autre personne (sous-traitant) tout ou partie de l'exécution des tâches qui sont à sa charge.

SOUS-TRAITANT, E adj. et n. (pl. *sous-traitants, es*). **1.** Se dit de qqn, d'une entreprise qui exécute un travail qui lui a été confié par un autre. – **2.** Sous l'Ancien Régime, collaborateur en sous-ordre et associé subalterne des traitants.

SOUS-TRAITER v. t. (conj. 4). **1.** Prendre en charge un travail en sous-traitance ; confier un travail à un sous-traitant. – **2.** Céder à un autre une affaire qu'on a traitée.

SOUS-UNGUÉAL, E, AUX adj. Situé sous l'ongle.

SOUS-UTILISATION n. f. (pl. *sous-utilisations*). Fait de sous-utiliser, d'être sous-utilisé.

SOUS-UTILISER v. t. (conj. 3). Utiliser au-dessous de ses possibilités un appareil, une main-d'œuvre, etc.

SOUS-VENTRIÈRE n. f. (pl. *sous-ventrières*). **1.** Courroie attachée aux deux limons d'une charrette et qui passe sous le ventre du cheval qui y est attelé. – **2.** Pop. *Manger à s'en faire péter la sous-ventrière,* manger d'une façon excessive.

SOUS-VERGE n. m. inv. **1.** Cheval attelé, non monté, placé à la droite d'un autre lui aussi attelé et portant un cavalier. – **2.** *Fam.* et *vx.* Subordonné immédiat.

SOUS-VERRE n. m. inv. Ensemble constitué d'une image (gravure, dessin, photographie) entre une plaque de verre et un carton, maintenu par une bande adhésive, une baguette, etc.

SOUS-VÊTEMENT n. m. (pl. *sous-vêtements*). Pièce de lingerie ou de bonneterie que l'on porte sous les vêtements.

SOUS-VIRER v. i. (conj. 3). En parlant d'un véhicule automobile, avoir tendance, dans une courbe, à diminuer l'amplitude de l'impulsion de braquage donnée au volant par le conducteur.

SOUS-VIREUR, EUSE adj. (pl. *sous-vireurs, euses*). Se dit d'un véhicule automobile qui sous-vire.

SOUS-VOLTÉ, E adj. (pl. *sous-voltés, es*). Se dit d'un appareil alimenté à une tension inférieure à sa tension normale.

SOUTACHE n. f. (magyar *sujtás*). Petit galon utilisé pour orner un vêtement.

SOUTACHER v. t. (conj. 3). Garnir d'une soutache.

SOUTAGE n. m. Action de souter un navire en combustible.

SOUTANE n. f. (ital. *sottana,* vêtement de dessous, avec l'infl. de *sous*). **1.** Vêtement long descendant jusqu'au talon porté par les ecclésiastiques. – **2.** *Vx.* État ecclésiastique : *Prendre la soutane.*

ENCYCL. **Liturg.** La soutane est noire pour le prêtre, violette pour les évêques, rouge pour les cardinaux, blanche pour le pape (depuis saint Pie V). Introduite au moment de la Réforme catholique, la soutane, en France, devint obligatoire v. 1850. À partir de 1962, le costume civil a remplacé peu à peu la soutane.

SOUTANELLE n. f. (de *soutane*). **1.** Redingote à collet droit et sans revers, remplaçant autrefois la soutane comme costume de ville ou de voyage. – **2.** Petite soutane portée par les enfants de chœur.

SOU-TCHEOU → SUZHOU.

SOUTE n. f. (anc. provenç. *sota,* du lat. pop. **subta,* sous). **1.** Compartiment fermé de l'entrepont et des cales d'un navire, servant à contenir du matériel, du combustible, des munitions ou des vivres. – **2.** Compartiment à bagages aménagé dans le fuselage d'un avion. – **3.** *Soute à torpilles,* syn. de TORPILLERIE.
◆ **soutes** n. f. pl. Combustibles liquides pour les navires ; fuel-oil marin.

SOUTENABLE adj. **1.** Qui peut être défendu, appuyé par des arguments sérieux : *Ce point de vue n'est pas soutenable.* – **2.** Qui peut être supporté, enduré : *Des scènes de violence peu soutenables.*

SOUTENANCE n. f. Action de soutenir une thèse, un mémoire.

SOUTENANT n. m. Personne qui soutient une thèse, un mémoire.

SOUTÈNEMENT n. m. **1.** Action de soutenir les parois d'une excavation ; dispositif de soutien ; épaulement, contrefort. – **2.** *Mur de soutènement,* mur épais, généralement en glacis, qui sert à contenir la poussée des terres ou des eaux, à épauler un remblai ou une terrasse. ‖ *Soutènement marchant,* soutènement composé de piles hydrauliques.

SOUTENEUR n. m. **1.** *Litt.* Personne qui soutient, qui défend une idée, une cause. – **2.** Individu qui vit de la prostitution de filles qu'il prétend protéger ; proxénète.

SOUTENIR v. t. (lat. pop. **sustenire,* du lat. class. *sustinere*) [conj. **40**]. **1.** Maintenir qqch dans une position grâce à un support, lui servir de support, d'appui : *Soutenir de jeunes arbres avec des tuteurs.* – **2.** Maintenir qqn debout, l'empêcher de tomber, de s'affaisser : *Deux personnes le soutenaient* *pour marcher.* — **3.** Empêcher qqn, un organe de s'affaiblir, de défaillir, en lui redonnant des forces : *Ce médicament est destiné à soutenir le cœur.* — **4.** Empêcher qqn, un groupe de faiblir, lui permettre de se maintenir, en lui procurant une aide, un réconfort, etc. : *La certitude de réussir l'a soutenu dans ses recherches.* — **5.** Empêcher qqch de s'effondrer, de fléchir, agir de manière à lui conserver un niveau acceptable : *Soutenir l'économie. Soutenir l'intérêt de ses lecteurs.* — **6.** Être du côté de qqn, adhérer à la cause d'un groupe, combattre en leur faveur, les défendre : *Parti qui soutient le gouvernement.* — **7.** *Litt.* Supporter les effets de qqch, d'une action sans céder, sans faiblir, y résister : *Soutenir les assauts de l'ennemi.* — **8.** Affirmer une opinion, la défendre avec arguments à l'appui : *Je soutiens qu'il se trompe.* — **9.** En chorégraphie, maintenir le plus longtemps possible une attitude ou poursuivre tout effort commencé. — **10.** Aux cartes, renforcer une enchère du partenaire. — **11.** *Soutenir la comparaison avec qqn, qqch,* ne pas leur être inférieur. ‖ *Soutenir le regard de qqn,* le regarder dans les yeux sans se laisser intimider. ‖ *Soutenir son rang, sa réputation,* se comporter de façon conforme à son rang, à sa réputation. ‖ *Soutenir une thèse, un mémoire,* les présenter devant un jury et répondre aux observations et objections éventuelles.

◆ **être soutenu** v. pass. **1.** Se maintenir, se poursuivre avec une intensité constante, ne pas se relâcher : *Travail qui demande un effort soutenu.* — **2.** En parlant d'une couleur, présenter une certaine intensité : *Un bleu soutenu.* — **3.** *Langue soutenue,* niveau de langue caractérisé par une recherche volontiers archaïsante et puriste dans le choix des mots, les constructions syntaxiques et (à l'oral) la prononciation.

◆ **se soutenir** v. pr. **1.** Se maintenir en position d'équilibre dans l'air, l'eau : *Se soutenir dans l'eau grâce à une bouée.* — **2.** Se maintenir au même degré, conserver son niveau : *Un film dont l'intérêt se soutient du début à la fin.* — **3.** Être affirmé valablement : *C'est un point de vue qui peut se soutenir.* — **4.** Se prêter une mutuelle assistance, s'entraider.

SOUTER v. t. (de *soute*) [conj. **3**]. Fournir ou recevoir à bord le combustible nécessaire aux chaudières ou aux moteurs d'un navire.

SOUTERRAIN, E adj. (lat. *subterraneus,* de *sub,* sous, et *terra,* terre). **1.** Qui est, se fait sous terre à une certaine profondeur : *Abri souterrain. Travaux souterrains.* — **2.** Qui se trame secrètement : *Menées souterraines.* — **3.** Se dit d'une exploitation minière qui ne communique avec la surface que par des voies de sections réduites (puits, descenderies, galeries à flanc de coteau). — **4.** *Câble souterrain,* câble enterré, constitué de conducteurs isolés, placés à l'intérieur d'une gaine étanche. ‖ *Économie souterraine,* syn. de ÉCONOMIE IMMERGÉE.

◆ **souterrain** n. m. Ouvrage construit au-dessous du niveau du sol pour servir au passage d'une voie de communication, à une galerie d'amenée ou d'évacuation des eaux, au stockage de produits, etc.

SOUTERRAINE (La) [23300], ch.-l. de cant. de l'ouest de la Creuse ; 5 700 hab. *(Sostraniens).* Restes de fortifications. Église des XIIe-XIIIe s. (sculptures romanes et gothiques). Métallurgie. Office international de l'eau.

SOUTERRAINEMENT adv. *Litt.* De façon souterraine ; d'une manière secrète : *Agir souterrainement.*

SOUTHAMPTON *(île),* île des côtes arctiques du Canada (Territoires du Nord-Ouest), fermant au N. la baie d'Hudson ; 40 650 km^2.

SOUTHAMPTON, port de Grande-Bretagne (Hampshire), au fond de la rade de *Southampton Water ;* 204 000 hab. Vestiges médiévaux. Port de commerce et de voyageurs. Chantiers navals et autres industries (câbles, électronique, pièces d'automobile). Université. Musées.
— **Hist.** Port actif durant le Moyen Âge, Southampton tomba en décadence au début du XVIe s. Au XIXe s., il devint un des grands ports de l'Angleterre moderne.

SOUTH BEND, v. des États-Unis (Indiana) ; 109 700 hab. Industrie mécanique.

Southdown *(race),* race de moutons originaire du sud-est de l'Angleterre, réputée pour la production de viande.

SOUTH DOWNS, ligne de hauteurs du sud de la Grande-Bretagne (Sussex et Hampshire).

SOUTH DUM DUM, v. de l'Inde, banlieue de Calcutta ; 232 811 hab.

SOUTHEND-ON-SEA, v. de Grande-Bretagne (Essex), sur l'estuaire de la Tamise ; 157 000 hab. Musée dans un anc. prieuré clunisien. Station balnéaire.

SOUTHERN UPLANDS, hautes terres du sud de l'Écosse, entre la dépression des Lowlands, l'estuaire du Forth au N., la frontière de l'Angleterre au S. C'est un épais bourrelet, large de 80 km du N. au S., qui culmine à 826 m (Broad Law). Élevage ovin en altitude, élevage bovin laitier dans les plaines côtières. Bonneterie dans les petits centres du bassin de la Tweed.

SOUTHEY (Robert), écrivain britannique (Bristol 1774 - Keswick 1843). La Révolution française lui inspira un long poème épique, *Jeanne d'Arc* (1796). Après un voyage dans la péninsule Ibérique, il publia une épopée, *Thalaba le Des-*

tructeur (1801), des biographies (*Vie de Nelson,* 1813) et un poème narratif, *Roderick, le dernier des Goths* (1814).

SOUTHPORT, station balnéaire de Grande-Bretagne (Merseyside), sur la mer d'Irlande ; 90 000 hab.

SOUTH SHIELDS, port de Grande-Bretagne (Tyne and Wear), sur l'estuaire de la Tyne ; 100 500 hab. Station balnéaire et centre industriel.

SOUTHWELL, v. de Grande-Bretagne (Nottinghamshire) ; 52 000 hab. Cathédrale romane et gothique (jubé du XIVe s.).

South West Africa People's Organization (SWAPO), mouvement de libération de la Namibie, fondé en 1958 et engagé à partir de 1966 dans la lutte armée contre le gouvernement sud-africain. En 1990, avec l'accession de la Namibie à l'indépendance, la SWAPO conquiert le pouvoir politique ; son leader, Sam Nujoma, est élu à la présidence du nouvel État.

SOUTIEN n. m. (de *soutenir*). **1.** Ce qui soutient qqch : *Cette colonne est le soutien de la voûte.* — **2.** Action de soutenir qqn, de lui apporter appui, protection, secours : *Nous vous apporterons notre soutien.* — **3.** Action de soutenir qqch, d'empêcher son niveau de baisser : *Des mesures de soutien à l'économie.* — **4.** Personne, groupe qui soutient un groupe, qqn : *C'est un des plus sûrs soutiens du gouvernement.* • **Bot.** *Tissu de soutien,* tissu aux membranes cellulaires épaisses, cellulosiques (collenchyme) ou ligneuses (sclérenchyme, bois). — **Dr.** *Soutien de famille,* personne qui assure, grâce à son activité, la subsistance matérielle de sa famille et qui, de ce fait, bénéficie d'un statut particulier dans le cadre du service national. ‖ *Soutien indispensable de famille,* qualité reconnue au jeune homme dont la famille a été admise, par décision préfectorale, à bénéficier d'allocations d'aide sociale pendant qu'il effectuera son service actif, qu'il ait ou non été reconnu soutien de famille. — **Écon.** *Soutien des prix,* politique des pouvoirs publics consistant à assurer aux producteurs (notamment les agriculteurs) une garantie de revenu à travers la fixation d'un prix plancher pour les produits qu'ils commercialisent. — **Hérald.** Figure inanimée (objet, plante), employée comme support de l'écu. — **Mil.** Position d'une unité en mesure d'intervenir au profit d'une autre soit par le feu, soit par la manœuvre, soit par la fourniture de moyens ou de services. (On dit en ce dernier cas SOUTIEN LOGISTIQUE.)

SOUTIEN-GORGE n. m. (pl. *soutiens-gorge*). Pièce de lingerie féminine servant à maintenir les seins.

SOUTIER n. m. Matelot qui était chargé d'alimenter en charbon les chaufferies d'un navire.

SOUTINE (Chaïm), peintre français d'origine lituanienne (Smilovitchi, près de Minsk, 1893 - Paris 1943). Arrivé à Paris en 1913, au contact de l'art moderne (Van Gogh) et de nombreux artistes (tel Modigliani), il peint des toiles d'une allure tumultueuse qui acquièrent, après la découverte de la lumière du Midi (1918), une virulence éclatante, mais non exempte de raffinements chromatiques. La force tourbillonnante de ses tableaux, les déformations (séries des « Pâtissiers », « Enfants de chœur », « Grooms », etc.), la répétition d'un thème comme celui des « Bœufs écorchés » (1925) le situent dans le courant expressionniste.

SOUTIRAGE n. m. **1.** Action de soutirer une boisson. — **2.** Vin soutiré. — **3.** Extraction de matériaux fragmentés à la base d'une trémie, d'une chambre, d'un éboulis. — **4.** Prélèvement pétrolier sur une colonne à plateaux, qui fournit un distillat de qualité intermédiaire entre les produits de tête et de fond de tour.

SOUTIRER v. t. (de *sous-* et *tirer*) [conj. 3]. **1.** Transvaser une boisson d'un récipient dans un autre afin d'en éliminer les impuretés. — **2.** Obtenir qqch de qqn par une adroite insistance : *Soutirer de l'argent à ses parents.* — **3.** Procéder au soutirage.

SOUTIREUSE n. f. Machine permettant de remplir des bouteilles, des boîtes de boissons gazeuses ou non gazeuses (vin, eau, cidre, champagne).

SOU TONG-P'O → SU SHI.

SOUTRA → SŪTRA.

SOUTRAGE n. m. (anc. gasc. *sostratge,* litière, du lat. pop. **substrare,* mettre la litière). Enlèvement périodique de la végétation qui tapisse une forêt et qui en gêne l'exploitation.

SOUVANNA PHOUMA (*prince*), homme politique laotien (Luang Prabang 1901 - Vientiane 1984). Premier ministre de 1951 à 1954, de 1956 à 1958 puis à nouveau en 1960, il tenta d'imposer le neutralisme. Chassé par le coup d'État de Kong Lê (1960), il présida en 1962 avec Souphanouvong et Boun Oum (proaméricain) un gouvernement d'union nationale qui ne put se maintenir. Après le cessez-le-feu (1973), il dirigea un autre gouvernement provisoire (1974). Il fut renversé, en même temps que la royauté, en déc. 1975.

SOUVARINE (Boris LIFCHITZ, puis SOUVART, dit **Boris**), homme politique et publiciste français d'origine russe (Kiev 1895 - Paris 1984). Membre en 1919 du Comité pour la IIIe Internationale. Arrêté en 1920, il ne put assister au Congrès de

Tours, mais ses directives y jouèrent un rôle décisif. Il fut élu en mars 1921 au Comité directeur du P. C. F. mais ne fut pas réélu en décembre. Le P. C. F. demanda et obtint son exclusion de la IIIe Internationale en juill. 1924. Il a écrit la première grande étude critique du stalinisme, *Staline : aperçu historique du bolchevisme* (1935).

SOUVAROV n. m. Type de botte à la russe.

SOUVENANCE n. f. Litt. *À ma souvenance,* autant que je me le rappelle. ‖ Litt. *Avoir souvenance de qqch,* en avoir le souvenir.

1. SOUVENIR v. t. ind. (lat. *subvenire*) [conj. **40**]. Litt. *Il me souvient,* telle personne, telle chose me revient à l'esprit : *Il me souvient d'un fait troublant.*

◆ **se souvenir** v. pr. **1.** Garder la trace de qqn, de qqch dans la mémoire, se le rappeler : *Je me souviens de cette affaire. Il se souvint qu'il devait partir.* — **2.** *Je m'en souviendrai, il s'en souviendra,* je saurai me venger, le lui faire payer. ‖ *Souvenez-vous de,* ne l'oubliez pas, pensez-y.

2. SOUVENIR n. m. (de *souvenir 1*). **1.** Survivance, dans la mémoire, d'une sensation, d'une impression, d'une idée, d'un événement passés : *Un souvenir agréable.* — **2.** Faculté de se rappeler : *Se rappeler au souvenir de qqn.* — **3.** Objet qui rappelle la mémoire de qqn ou d'un événement : *Acceptez ce bijou comme souvenir.* — **4.** Petit objet vendu aux touristes sur les lieux particulièrement visités : *Un souvenir du Mont-Saint-Michel.* — **5.** En apposition, indique que l'objet rappelle la mémoire de qqn, d'un événement : *Photo-souvenir.* — **6.** *Au bon souvenir de qqn,* formule de politesse par laquelle on prie son interlocuteur de transmettre à qqn l'expression de sa sympathie.

SOUVENIR-ÉCRAN n. m. (pl. *souvenirs-écrans*). Pour S. Freud, souvenir reconstruit fictivement par le sujet à partir d'événements réels ou de fantasmes, et qui a la même valeur que ceux-ci.

SOUVENT adv. (lat. *subinde,* immédiatement après). **1.** Fréquemment, un grand nombre de fois : *Ils sortent souvent ensemble.* — **2.** D'ordinaire, dans de nombreux cas : *C'est bien souvent ce qui arrive quand on va trop vite.* — **3.** *Le plus souvent,* dans les cas les plus fréquents, généralement. ‖ Fam. *Plus souvent qu'à son tour,* à de trop nombreuses reprises, trop souvent.

1. SOUVERAIN, E adj. (lat. pop. **superanus,* du lat. class. *super,* en dessus). **1.** *Litt.* Qui, dans sa catégorie, atteint le plus haut degré de qualité : *Le souverain bien. Un bonheur souverain.* — **2.** Se dit d'un pouvoir qui n'est limité par aucun autre : *La Chambre est souveraine.* — **3.** Qui émane d'un organe souverain et n'est susceptible d'aucun contrôle : *Décision souveraine.* — **4.** Qui manifeste un sentiment de supériorité absolue : *Faire preuve d'un mépris souverain.* — **5.** *Remède souverain,* celui dont l'efficacité est certaine. ‖ *Souverain bien,* chez Kant, se dit du bien comme idéal suprême ou fin de la raison.

◆ n. Personne qui exerce le pouvoir suprême ; monarque, roi, empereur.

2. SOUVERAIN n. m. (angl. *sovereign*). Monnaie d'or anglaise, frappée d'abord en 1489 par Henri VII. (En 1816, la Monnaie de Londres émit sous ce nom une pièce d'or de 20 shillings, équivalant à une livre sterling.)

SOUVERAINEMENT adv. **1.** En souverain, avec un pouvoir souverain, sans appel : *Décider souverainement.* — **2.** Au plus haut point, au suprême degré : *Souverainement intelligent.*

SOUVERAINETÉ n. f. **1.** Pouvoir qui l'emporte sur les autres : *La souveraineté de la raison.* — **2.** Caractère de qqch de souverain : *La souveraineté d'une décision.* — **3.** Pouvoir suprême reconnu à l'État, qui implique l'exclusivité de sa compétence sur le territoire national *(souveraineté interne)* et son indépendance absolue dans l'ordre international où il n'est limité que par ses propres engagements *(souveraineté externe).* (L'art. 3 de la Constitution française de 1958 dispose que « la souveraineté nationale appartient au peuple, qui l'exerce par ses représentants et par la voie du référendum ».)

SOUVERAINISTE adj. et n. Au Canada, partisan de l'accession d'une province au statut d'État souverain.

SOUVESTRE (Pierre), écrivain français (1874-1914), créateur, avec Marcel Allain*, du personnage de Fantômas*.

SOUVIGNY (03210), ch.-l. de cant. de l'Allier, à 12 km à l'O.-S.-O. de Moulins ; 2 053 hab. La ville a pour origine un prieuré clunisien. Il en reste la plus belle église du Bourbonnais, construite aux XIe-XIIe s., très remaniée au XVe (tombeaux des ducs de Bourbon), et une partie des bâtiments conventuels (XIIIe-XVIIIe s.) ; musée lapidaire. Verrerie.

SOUVLAKI n. m. (gr. mod. *souvlakia*). Brochette grillée de porc, de mouton ou de veau. (Spécialité grecque.)

SOUVOROV (Aleksandr Vassilievitch, *comte,* puis *prince*), général russe (Moscou 1729 ou 1730 - Saint-Pétersbourg 1800). Après avoir combattu les Polonais et les Turcs (1768-1774), il devint gouverneur de Crimée (1786). Il réprima le soulèvement polonais de 1794 et fut nommé feld-maréchal par Catherine II. Lors de la deuxième coalition, il lutta avec succès contre les troupes françaises en Italie (victoire de la Trébie,

17-19 juin 1799 ; victoire de Novi, 15 août), mais fut arrêté en Suisse par la victoire française de Zurich (25-27 sept.).

Souvorov *(ordre de),* ordre militaire russe. Il fut créé en 1942 pour les officiers généraux et supérieurs soviétiques.

SOUZDAL, v. de Russie, au N.-E. de Moscou ; 10 000 hab. Ce fut la capitale de la principauté de Vladimir-Souzdal de 1125 à 1157. Dans l'enceinte du kremlin (XIe-XIIe s.), cathédrale de la Nativité, reconstruite en 1222 puis au XVIe s. Monastères construits et agrandis du XIIe au XVIIIe s. Églises en bois des XVIIe-XVIIIe s. Dès la fin du XIIe s. apparaît une école de peinture, dont le style, équilibré et délicat, s'épanouit aux XVe-XVIe s. Musée.

SOUZDALIE, nom donné autrefois à la région de Souzdal et désignant parfois la principauté de Vladimir-Souzdal*.

SOVIET [sɔvjɛt] n. m. (russe *sovet,* conseil). **1.** Assemblée de délégués élus, en Russie puis en U. R. S. S. — **2.** *Soviet suprême,* organe législatif et de contrôle du pouvoir d'État en U. R. S. S., au niveau fédéral et dans les républiques fédérées soviétiques. (Le *Soviet suprême* de l'U. R. S. S. était composé de deux chambres : le *Soviet de l'Union* et le *Soviet des nationalités*). — **3.** *Les Soviets,* appellation péjorative de l'U. R. S. S. ou de toute organisation de type communiste.

ENCYCL. Les premiers *soviets de députés ouvriers* s'organisent lors des grèves de la révolution de 1905. En 1917, des soviets ou comités d'ouvriers, de soldats et de paysans se constituent à partir de février et élisent en avril leur Comité exécutif central (Tsik). Après oct. 1917, les bolcheviks transforment ces soviets en organes politiques du nouvel État socialiste. Conformément à la Constitution de 1977, les soviets des députés du peuple de village, de ville et ceux des régions élisent des comités exécutifs qui ont des attributions voisines de celles des mairies ou des préfectures en France.

SOVIÉTIQUE adj. et n. D'U. R. S. S.
◆ adj. Qui relève des soviets.

SOVIÉTISATION n. f. Action de soviétiser ; fait d'être soviétisé.

SOVIÉTISER v. t. (conj. 3). Soumettre à l'autorité de l'U. R. S. S, à un régime de type communiste.

SOVIÉTISME n. m. Système communiste, domination soviétique.

SOVIÉTOLOGUE n. Spécialiste de la politique de l'U. R. S. S.

SOVKHOZE ou **SOVKHOZ** n. m. (russe *sovkhoz,* de *sovetskoïe khoziaïstvo,* économie soviétique). En U. R. S. S., grande exploitation agricole d'État.

ENCYCL. Intégrés dans un système économique centralement planifié, les sovkhozes étaient dirigés et contrôlés par l'administration économique (fixation des objectifs du plan, approvisionnement en moyens de production, assistance technique, nomination des principaux responsables). Environ 23 000 sovkhozes mettaient en culture une superficie de 112 millions d'hectares et assuraient la moitié de la production agricole. De plus grande taille que les kolkhozes, mieux dotés en capital et en moyens mécaniques, les sovkhozes obtenaient une meilleure productivité du travail.

SOVKHOZIEN, ENNE adj. Relatif aux sovkhozes.

SOVNARKHOZ n. m. (russe *sovet narodnogo khoziaïstva,* conseil d'économie nationale). Conseil qui fut chargé (1917-1932 et 1957-1965) de la gestion de l'économie dans une des régions de l'U. R. S. S.

SOWETO, banlieue de Johannesburg (Afrique du Sud) ; 597 000 hab. (dont une grande majorité de Noirs). Son nom est l'abréviation de *South Western Townships.* De graves émeutes s'y produisirent en 1976.

SOYA (Carl Erik), écrivain danois (Copenhague 1896 - Rudkøbing, île de Langeland, 1983), auteur de pièces satiriques (*les Parasites,* 1929 ; *Libre Choix,* 1948) et de recueils d'aphorismes (*Mon bilan,* 1978).

SOYAUX (16800), ch.-l. de cant. de la Charente, banlieue est d'Angoulême ; 10 671 hab. *(Sojaldiciens).* Industrie de la chaussure.

SOYEUX, EUSE adj. Qui présente les caractères de la soie (brillant, légèreté, douceur) : *Une chevelure soyeuse.*
◆ **soyeux** n. m. À Lyon, industriel travaillant la soie ou négociant en soieries.

SOYINKA (Wole), écrivain nigérian d'expression anglaise (Abeokuta 1934). Auteur dramatique fécond (*la Danse dans la forêt,* 1963 ; *A Play of Giants,* 1984), il a également écrit des recueils poétiques (*Poems From Prison,* 1969 ; *la Terre de Mandela,* 1988), des romans (*les Interprètes,* 1965 ; *Une saison d'anomie,* 1973) et une autobiographie (*Aké, les années d'enfance,* 1981), qui offrent une peinture lucide et amère du Nigeria contemporain ainsi qu'une vision critique de la négritude. Opposant au régime militaire au pouvoir dans son pays depuis 1993, il s'exile en France en 1994. (Prix Nobel 1986.)

Soyouz → SOÏOUZ.

S.-P., abrév. de SAINT-PÈRE, titre donné au pape.

SPA, station thermale et centre de villégiature de Belgique (prov. de Liège), dans les Ardennes, au S. de Verviers ; 10 140 hab. *(Spadois).* Eaux ferrugineuses et bicarbonatées. Embouteillage de l'eau minérale. Musée. – Au S.-E., circuit automobile de *Spa-Francorchamps.*

Spa *(conférence de)* [5-16 juill. 1920], conférence réunie entre les Alliés et l'Allemagne pour discuter en particulier le problème des réparations*.

S. P. A., sigle de SOCIÉTÉ PROTECTRICE DES ANIMAUX.

SPAAK (Paul Henri), homme politique belge (Schaerbeek 1899 - Bruxelles 1972). Député socialiste (1932), ministre des Affaires étrangères (1936), il est Premier ministre de 1938 à 1939. De nouveau ministre des Affaires étrangères (1939, 1940-1944), il s'oppose au retour de Léopold III en 1945. Redevenu Premier ministre (1946, 1947-1949) et ministre des Affaires étrangères (1946-1949), il préside la première session de l'Assemblée de l'O. N. U. (1946). P. H. Spaak fait ratifier les accords du Benelux et entrer la Belgique à l'O. T. A. N. Il préside l'Assemblée consultative du Conseil de l'Europe de 1949 à 1951, celle de la C. E. C. A. de 1952 à 1954. Revenu aux Affaires étrangères (1954), puis secrétaire général de l'O. T. A. N. (1957-1961), P. H. Spaak, est, de 1961 à 1965, vice-Premier ministre et ministre des Affaires étrangères jusqu'en 1966.

SPAATZ (Carl), général d'aviation américain (Boyertown, Pennsylvanie, 1891 - Washington 1974). Pilote de chasse sur le front français (1917-18), il commanda les forces aériennes américaines en Europe (1942) puis celles du Pacifique jusqu'en 1945. Il termina sa carrière en 1948 comme chef d'état-major général.

Space Command, appellation du Commandement américain pour l'espace. Constitué le 1er sept. 1982, il a pour mission de coordonner toutes les activités militaires dans l'espace.

Spacelab, laboratoire spatial modulaire habitable, développé par l'Agence spatiale européenne, qui peut être embarqué dans la navette* spatiale américaine, pour effectuer des recherches pluridisciplinaires (biologie, médecine, astrophysique, géophysique, observation de la Terre, élaboration de substances en microgravité). Son premier vol a eu lieu en 1983.

SPACE OPERA n. m. (pl. *space operas*) [angl. *space,* espace, et *opera,* opéra]. Ouvrage de science-fiction (roman, film, bande dessinée) qui évoque les voyages dans l'espace, les aventures et les combats entre héros et empires galactiques.

SPACIEUSEMENT adv. De façon spacieuse.

SPACIEUX, EUSE adj. (lat. *spatiosus,* de *spatium,* espace). Se dit d'un local, d'un véhicule relativement vaste par rapport à l'usage auquel il est destiné : *Une caravane spacieuse.*

SPADASSIN n. m. (ital. *spadaccino,* de *spada,* épée). **1.** *Vx.* Amateur de duels. – **2.** *Litt.* Tueur à gages.

S. P. A. D. E. M., sigle de SOCIÉTÉ DE LA PROPRIÉTÉ* ARTISTIQUE ET DES DESSINS ET MODÈLES.

SPADICE n. m. (bas lat. *spadix, -icis,* du gr. *spadiks*). Inflorescence des aracées et des palmiers, sorte d'épi, aux fleurs mâles et femelles séparées, enveloppé d'une ample bractée, la spathe.

SPADICIFLORE n. f. (du gr. *spadiks,* branche de palmier). Plante monocotylédone dont l'inflorescence est un spadice. (L'ancien ordre des *spadiciflores,* auj. démembré, comprenait les palmiers, les aracées et les lemnacées.)

SPADOLINI (Giovanni), homme politique italien (Florence 1925 - Rome 1994). Sénateur (1972), ministre de l'Environnement (1974-1976) et de l'Éducation (1979), secrétaire général du parti républicain (1979-1987), président du Conseil (juin 1981-nov. 1982), il fut le premier chef de gouvernement de la République italienne à ne pas appartenir à la Démocratie chrétienne. Ministre de la Défense de 1983 à 1987, il fut président du Sénat de 1987 à 1994.

SPAGHETTI n. m. (pl. *spaghettis* ou inv.) [ital. *spaghetti,* de *spago,* ficelle]. Pâte alimentaire ayant la forme d'un long bâtonnet plein.

SPAHI n. m. (turc *sipahi,* cavalier). **1.** Soldat d'un corps de cavalerie ottoman. – **2.** Cavalier de l'armée française appartenant à un corps d'Afrique du Nord créé en 1834 et organisé en une « subdivision d'arme » de la cavalerie en 1841. (Convertis pour la plupart en unités blindées, les régiments de spahis algériens, marocains et tunisiens s'illustrèrent tout particulièrement au cours de la Seconde Guerre mondiale avant d'être dissous en 1962.)

SPALATO → SPLIT.

SPALAX n. m. (gr. *spalaks,* taupe). Mammifère rongeur fouisseur, aveugle, aux incisives énormes, ressemblant à une taupe.

SPALLANZANI (Lazzaro), biologiste italien (Scandiano, près de Modène, 1729 - Pavie 1799). L'un des plus grands savants de son siècle, il a démontré l'action du suc gastrique sur la digestion des viandes et pratiqué des digestions artificielles ; il a élucidé complètement le mécanisme de la reproduction chez les batraciens et réalisé les premières fécondations artificielles (1777). Il a soutenu la théorie de Lavoisier sur la respiration, mais attaqué la théorie des molécules organiques de Buffon. Il a démontré que les infusoires provenaient de germes préexistant dans l'air, et a préparé la voie aux expériences de Pasteur.

SPALLATION n. f. (angl. *to spall,* éclater). Éclatement d'un noyau atomique en nucléons ou en noyaux plus légers sous l'effet d'une particule incidente très énergétique. (Dans le milieu interstellaire, le rayonnement cosmique interagissant avec la matière produit ainsi des noyaux légers [lithium, bore...] qui ne peuvent se former à l'intérieur des étoiles.)

SPALTER [-tɛr] n. m. (all. *spalten,* fendre). Brosse dont les peintres en bâtiment se servent pour faire les faux bois.

SPANANDRIE n. f. (gr. *spanios,* rare). Particularité de certaines populations de crustacés (artémia) ou d'insectes (phasme) dans lesquelles la reproduction est presque toujours parthénogénétique et où les mâles sont rares.

SPANDAU, anc. ville et place forte d'Allemagne, auj. réunie à Berlin. C'est à la prison de Spandau que furent internés, en 1946, les criminels de guerre allemands condamnés à la détention par le tribunal de Nuremberg*. Cette prison a été démolie après la mort de son dernier occupant, R. Hess, en 1987.

SPANIEL [spanjœl] n. m. (angl. *spaniel,* épagneul). Type de chien épagneul anglais.

SPANIOMÉNORRHÉE n. f. (gr. *spanios,* rare). Rareté et espacement anormal des menstruations.

SPANISH TOWN, v. de la Jamaïque, à l'O. de Kingston ; 92 000 hab. Elle fut la capitale de la Jamaïque jusqu'en 1870. Cathédrale du XVIIe s. Musée. Centre commercial et ferroviaire. Textile. Céramique.

SPARADRAP n. m. (lat. médiév. *sparadrapum,* p.-ê. du lat. class. *spargere,* étendre, et fr. *drap*). Bande de papier, de tissu ou de matière plastique, dont une face, destinée à être appliquée sur la peau, est enduite de substance adhésive, additionnée de produits pharmaceutiques actifs.

SPARDECK n. m. (mot angl., de *spar,* poutre, et *deck,* pont). Pont léger sur montants, qui s'étend sans interruption de l'avant jusqu'à l'arrière, sans dunette ni gaillards.

SPARGANIUM [-njɔm] n. m. (gr. *sparganion,* sorte de plante). Nom générique du rubanier.

SPARGANOSE n. f. (gr. *spargân,* être gonflé d'humeur). Parasitose larvaire due à la larve de stade II, de certains cestodes (pseudophyllidea, bothriocéphales). [La localisation oculaire en est la forme la plus grave.]

SPARIDÉ n. m. (lat. *sparus,* poisson marin). Nom de famille de poissons au corps ovale et comprimé, souvent hermaphrodites, recherchés pour leur chair, tels que la dorade, les pagres et le marbré.

SPARNACIEN n. m. (de *Épernay,* n. pr.). Nom donné à des formations continentales synchrones de l'ilerdien ou encore de la partie inférieure de l'yprésien.

SPARRING-PARTNER [spariŋpartnɛr] n. m. (pl. *sparring-partners*) [mot angl., de *sparring,* combat, et *partner,* partenaire]. Pugiliste participant à l'entraînement d'un boxeur avant un combat.

SPART n. m. ou **SPARTE** n. f. (lat. *spartum,* du gr. *sparton*). Nom commun aux espèces de graminées dont les feuilles peuvent être employées dans la sparterie.

SPARTACUS, chef d'esclaves révoltés († Lucanie 71 av. J.-C.). Ancien berger thrace, devenu esclave et vendu comme gladiateur, il s'évade en 73 avec ses compagnons et de nombreux esclaves. Il s'installe sur le Vésuve, d'où il repousse toutes les attaques. Il remonte vers le N. mais ne dépasse pas Modène, où il bat une armée romaine. Ne pouvant plus entretenir son armée, qui s'était accrue (100 000 hommes), il fait demi-tour, jette la panique dans Rome, et regagne la Lucanie. Spartacus se replie sur Regium (Reggio di Calabria), où Crassus le bloque. Il traverse les lignes romaines (début de 71) mais est vaincu et tué en Lucanie par Crassus qui fait supplicier 6 000 prisonniers.

SPARTAKISME n. m. Courant politique révolutionnaire né en Allemagne au cours de la Première Guerre mondiale, créé par Karl Liebknecht, Rosa Luxemburg, Franz Mehring, Clara Zetkin, autour d'un journal qui parut à partir de sept. 1916, *Spartakus.*

ENCYCL. Rosa Luxemburg et K. Liebknecht sont arrêtés en 1916. En oct. 1918, les spartakistes appellent à l'insurrection ; Rosa Luxemburg et Liebknecht sont libérés mais ils se heurtent très vite au SPD qui veut arrêter le mouvement. Rosa Luxemburg et Liebknecht quittent le SPD, poursuivent le mouvement révolutionnaire amorcé en nov. 1918 à Brême, Dresde, Hambourg, fondent le parti communiste allemand, le KPD *(Spartakusbund).* En 1919, ils tentent de soulever Berlin, mais, après l'assassinat de Rosa Luxemburg et de Liebknecht, le mouvement spartakiste est écrasé dans le sang par les socialistes (janv.-mai 1919).

SPARTAKISTE adj. Relatif au spartakisme ; partisan du spartakisme.

SPARTE ou **LACÉDÉMONE,** en gr. **Spartê** ou **Lakedaimôn,** anc. ville de Grèce, dans le Péloponnèse, sur l'Eurotas.

• *La formation de la puissance spartiate.* À la fin du IXe s. av. J.-C., quatre villages doriens s'unissent par synœcisme. À la fin du VIIIe s. av. J.-C., la Messénie, riche province à l'ouest du Taygète, est conquise. La tradition fait de Lycurgue, personnage mythique, le responsable de ses institutions. La cité des Lacédémoniens est composée de citoyens de plein droit, les égaux *(homoioi),* qui reçoivent de l'État un lot de terre *(cléros)* cultivé par des hilotes. À la périphérie du territoire, des périèques, également soumis aux égaux, vivent dans leurs cités selon leurs propres coutumes. Deux rois commandent l'armée ; une assemblée de notables, la *gerousia,* domine la vie politique ; l'assemblée des citoyens ou *apella* a peu de pouvoirs ; cinq éphores surveillent l'ensemble de la vie publique. Au début du VIIe s., la vie à Sparte est très brillante. La ville produit une très belle céramique, ses bronzes sont réputés, le chant lyrique s'y épanouit. Mais une longue guerre contre Argos, une deuxième guerre contre les Messéniens révoltés, la crainte des hilotes amènent à adopter un système d'éducation strict et une vie militaire collective. Vers 550 av. J.-C., quand Chilon est éphore, Sparte est devenue une cité austère.

• *L'apogée de Sparte.* Avec les autres cités du Péloponnèse, Sparte établit une politique d'alliance qui aboutit à la constitution de la ligue Péloponnésienne* (symmachie). Mobilisée en permanence, la caste des égaux est peu nombreuse. Elle est tout absorbée par la défense de l'ordre social et politique, comme l'attestent la révolte de 464 av. J.-C., consécutive au tremblement de terre qui détruit Sparte, ainsi que l'acharnement de la troisième guerre de Messénie qui s'ensuit (464-459/458 av. J.-C.).
Au moment des guerres médiques, Sparte laisse à Athènes la gloire de sauver l'Hellade puis s'efface devant l'essor de la puissance athénienne sur mer. Mais l'affrontement devient inévitable quand Athènes prétend arbitrer les affaires de la Grèce. La guerre du Péloponnèse* (431-404 av. J.-C.) marque la victoire de Sparte, qui, luttant pour défendre les « libertés grecques », recourt à l'aide de la Perse (412 av. J.-C.). Sparte hérite de l'Empire athénien, mais ne sait pas le gérer : son despotisme indispose les Grecs. Victorieuse à Coronée (394 av. J.-C.), mais battue sur mer (Cnide, 394 av. J.-C.), elle accepte l'arbitrage de Sardes et la « paix du Roi » (387/386 av. J.-C.). Bientôt le désastre de Leuctres (371 av. J.-C.) renverse son hégémonie en Grèce même et dans le Péloponnèse, où se crée contre elle la ligue Arcadienne.

• *Décadence.* Sparte est la proie d'une grave crise sociale : diminution du nombre des citoyens, concentration des fortunes, mécontentement des citoyens pauvres. Elle ne peut s'opposer à l'ascension de la Macédoine. Dès lors, réduite à la Laconie par Philippe II, qui dresse contre elle la Messénie agrandie, elle est écrasée en 265 av. J.-C. par Antigonos Ier Gonatas, contre lequel elle a coalisé l'Élide, l'Achaïe, l'Arcadie ; les tentatives de rénovation d'Agis IV (244-241 av. J.-C.) et de Cléomène III (235-222 av. J.-C.) échouent. Sparte se fait encore battre par ses voisins à Sellasie (222) et se fait absorber dans le domaine de Rome en 146 av. J.-C.

SPARTE, en gr. **Spárti,** v. de Grèce, dans le Péloponnèse, ch.-l. du nome de Laconie, au S.-E. de la Sparte antique ; 12 000 hab. Centre administratif et commercial.

SPARTÉINE n. f. (de *spart*). Alcaloïde extrait de diverses légumineuses (lupin, genêt à balai, fève de loup) ayant des propriétés cardiotoniques.

SPARTEL *(cap),* cap du Maroc sur l'Atlantique, à l'entrée ouest du détroit de Gibraltar.

SPARTERIE n. f. **1.** Ouvrage, tel que corde, natte, tapis, panier, etc., tressé soit en alfa ou en spart, soit en crin végétal. — **2.** Fabrication, commerce de ces ouvrages.

SPARTIATE [-sjat] adj. et n. De Sparte.
◆ adj. Se dit d'habitudes de vie rigides et austères : *Une éducation spartiate.*
◆ n. f. **1.** Sandale faite d'une semelle et de lanières croisées. — **2.** *À la spartiate,* de façon sévère et dure.

SPARTINA n. m. Graminée des rivages d'Europe et d'Amérique, dont une forme hybride envahit les côtes normandes et bretonnes.

SPARTIVENTO *(cap),* promontoire de Calabre, extrémité sud-ouest de l'Italie péninsulaire, sur la mer Ionienne.

SPASME n. m. **1.** Contraction pathologique des muscles et spécialement des muscles lisses. (Les spasmes les plus fréquents sont ceux qui siègent dans les organes creux et les sphincters : tube digestif, voies urinaires et appareil respiratoire.) — **2.** *Spasme du sanglot,* perte de connaissance accompagnée de cyanose chez un jeune enfant lors d'une colère, d'une émotion ou d'une douleur sans que l'électroencéphalogramme soit perturbé. ‖ *Spasme laryngé,* syn. de LARYNGOSPASME.

SPASMODIQUE adj. (angl. *spasmodic,* du gr. *spasmôdês,* convulsif). **1.** Qui est caractérisé par le spasme. — **2.** Qui se fait par brusques à-coups : *Résistance spasmodique.*

SPASMOLYTIQUE adj. et n. m. Syn. de ANTISPASMODIQUE.

SPASMOPHILE adj. et n. Atteint de spasmophilie.

SPASMOPHILIE n. f. Hyperexcitabilité neuromusculaire fréquemment latente ou se manifestant par des lipothymies, des paresthésies, une vivacité des réflexes ostéotendineux.

SPASMOPHILIQUE adj. Relatif à la spasmophilie.

SPASTICITÉ n. f. Hypertonie pyramidale.

SPATANGUE n. m. (bas lat. *spatangius,* du gr. *spataggês*). Oursin recouvert de piquants courts, vivant dans le sable vaseux.

SPATH [spat] n. m. (all. *Spath*). Nom donné à diverses substances pierreuses, à texture lamellaire et cristalline. (Le *spath calcaire* ou *d'Islande* est une variété pure et cristallisée de calcite ; le *spath fluor* ou *flusspath* est la fluorite, le *spath pesant,* la barytine.)

SPATHE n. f. (lat. *spatha,* spatule, du gr. *spathê*). Bractée en cornet, qui enveloppe l'inflorescence des aracées, palmiers, etc.

SPATHIQUE adj. **1.** Qui a l'aspect du spath. – **2.** *Fer spathique,* syn. de SIDÉROSE.

SPATIAL, E, AUX [-sjal, -sjo] adj. (lat. *spatium,* espace). **1.** Qui se rapporte à l'espace, à l'étendue : *La perception spatiale.* – **2.** Qui se rapporte à l'espace interplanétaire ou intersidéral : *Recherche spatiale.* – **3.** *Guerre spatiale,* extension à l'espace orbital terrestre de la compétition et, éventuellement, d'un conflit entre grandes puissances utilisant satellites, plates-formes stabilisées ou lunaires, etc.
◆ **spatial** n. m. Secteur économique en relation avec la conquête de l'espace.

spatiale européenne *(Agence)* → ESA.

spatiales *(Centre national d'études)* **[C. N. E. S.],** établissement public, scientifique et technique à caractère industriel et commercial, créé en 1961 et chargé du développement des activités spatiales françaises. Il a pour mission de proposer au gouvernement les orientations de la politique spatiale de la France et de mettre en œuvre, avec le concours de ses partenaires (industrie, recherche, défense), les programmes décidés. Son siège est à Paris. Ses principales installations comprennent le Centre spatial d'Évry (Essonne), le Centre spatial de Toulouse, le Centre spatial guyanais, à Kourou, et un réseau de stations de poursuite d'engins spatiaux.

SPATIALEMENT [-sja-] adv. Du point de vue de l'espace, de l'organisation dans l'espace.

SPATIALISATION [-sja-] n. f. Action de spatialiser.

SPATIALISER [-sja-] v. t. (conj. 3). Organiser dans l'espace, adapter aux conditions de l'espace.

SPATIALITÉ [-sja-] n. f. Caractère de ce qui est dans l'espace ou s'organise dans l'espace.

SPATIONAUTE [-sjo-] n. (de *spatial* et *astronaute*). Syn. de ASTRONAUTE et de COSMONAUTE.

SPATIO-TEMPOREL, ELLE [-sjo-] adj. (pl. *spatio-temporels, elles*). Qui intéresse l'espace et le temps.

SPATULE n. f. (bas lat. *spathula,* du lat. class. *spatha,* battoir). **1.** Ustensile de cuisine en forme de petite pelle aplatie et souple, servant à mélanger des ingrédients, à remuer un liquide, etc. – **2.** Extrémité élargie et aplatie d'un manche de cuillère, de fourchette. – **3.** Partie antérieure et recourbée d'un ski. ● **Bât.** Petite truelle de maçon, pour faire les rejointoiements. – **Orfèvr.** Syn. de FEUILLE. – **Peint.** Syn. de COUTEAU* À PALETTE. – **Sculpt.** Outil au bout plat et large dont se servent les mouleurs pour étendre et lisser le plâtre, et que les sculpteurs utilisent également pour le modelage. – **Zool.** Grand poisson voisin de l'esturgeon, au rostre long et aplati. (Deux espèces, l'une du Mississippi, l'autre du Yangzi Jiang, fournissent un excellent caviar.) ‖ Grand oiseau échassier des marais au plumage blanc, au long bec aplati.

SPATULÉ, E ou **SPATULIFORME** adj. Se dit d'un organe saillant élargi et aplati à l'extrémité.

SPD, sigle de SOZIALDEMOKRATISCHE PARTEI DEUTSCHLANDS (parti social-démocrate* *allemand).*

1. SPEAKER [spikœr] n. m. (angl. *speaker,* de *to speak,* parler). **1.** Président de la Chambre des communes en Grande-Bretagne. – **2.** Président de la Chambre des représentants aux États-Unis.

2. SPEAKER, SPEAKERINE [spikœr, spikrin] n. (de *speaker 1*). Syn. de ANNONCEUR (EUSE).

SPEARMAN (Charles Edward), psychologue britannique (Londres 1863 - *id.* 1945). Il a mis au point les méthodes d'analyse factorielle appliquée aux tests et a proposé l'hypothèse du facteur* g. Il a écrit *les Aptitudes de l'homme, leur nature et leur mesure* (1927).

SPÉCIAL, E, AUX adj. (lat. *specialis,* particulier). **1.** Qui est particulier à une certaine catégorie, destiné à une certaine fin : *Recevoir une formation spéciale.* – **2.** Qui présente un caractère exceptionnel, répond à des circonstances extraordinaires : *Bénéficier d'une faveur spéciale.* – **3.** Qui n'est pas commun, s'écarte de la norme, sort de l'ordinaire : *Une mentalité spéciale.* – **4.** Qui est considéré comme anormal, contre nature : *Avoir des mœurs spéciales.* – **5.** *Armes spéciales,* anc. appellation de la défense N. B. C.
◆ **spéciale** n. f. **1.** Classe de mathématiques spéciales. – **2.** Huître creuse ayant subi un affinage de plusieurs mois en claire, visant à lui donner une grande qualité nutritive et gustative. – **3.** Course de faible distance, sur un circuit fermé, dans un rallye automobile.

spéciale militaire interarmes *(École)* → SAINT-CYR-COËTQUIDAN.

SPÉCIALEMENT adv. **1.** D'une manière spéciale ; en particulier : *Il est venu spécialement pour vous voir.* – **2.** D'une manière qui convient à son objet, à sa destination : *Salle spécialement aménagée pour l'audiovisuel.* – **3.** *Pas spécialement,* médiocrement, assez peu.

SPÉCIALISATION n. f. Action de spécialiser ; fait de se spécialiser, d'être spécialisé.

SPÉCIALISER v. t. (conj. 3). **1.** Rendre qqn compétent dans un domaine, apte à un métier, à un travail spécial : *Spécialiser des chercheurs en biochimie.* — **2.** Restreindre le domaine d'action d'une activité, d'une entreprise tout en les rendant plus performantes dans la voie choisie : *Spécialiser les usines d'une région.*

◆ **se spécialiser** v. pr., **être spécialisé** v. pass. Se consacrer à une branche déterminée, à un domaine particulier : *Se spécialiser en pédiatrie.*

SPÉCIALISTE n. **1.** Personne qui a des connaissances approfondies dans un domaine, dans une branche déterminée, dans une activité professionnelle. — **2.** Médecin qui se consacre de manière exclusive à une discipline médicale, qui exerce une spécialité. — **3.** *Fam.* Personne qui fait ou subit qqch de façon habituelle : *Un spécialiste de l'escroquerie.*

SPÉCIALITÉ n. f. (bas lat. *specialitas,* du lat. class. *specialis,* particulier). **1.** Ensemble de connaissances approfondies dans une branche déterminée : *Sa spécialité, c'est la micro-informatique.* — **2.** Activité à laquelle on s'adonne d'une façon particulière et dans laquelle on réussit très bien : *Chacun a sa spécialité, lui, c'est la cuisine.* — **3.** Produit, objet, en partic. mets, que qqn réussit particulièrement bien : *Il nous a fait goûter une de ses spécialités.* — **4.** Produit qu'on ne trouve que sous telle marque, dans telle maison. — **5.** Produit réputé originaire d'une région : *Le cassoulet est une spécialité toulousaine.* — **6.** *Fam.* Manie agaçante : *Il a la spécialité de ne jamais arriver à l'heure.* • **Dr.** Principe selon lequel une personne extradée ne peut être poursuivie pour une infraction autre que celle sur laquelle avait été fondée la demande d'extradition. ‖ *Spécialité administrative,* principe selon lequel les personnes publiques autres que l'État doivent limiter leur action à leur propre sphère d'attribution. ‖ *Spécialité hypothécaire,* principe en vertu duquel l'acte de constitution d'une hypothèque conventionnelle doit contenir la désignation précise de l'immeuble grevé et de la créance garantie. — **Fin.** Principe selon lequel les dépenses, lors du vote de la loi de finances, sont présentées au Parlement de façon détaillée. — **Méd.** Branche particulière de la médecine exercée par un médecin spécialiste. — **Pharm.** Médicament préparé à l'avance, présenté sous un conditionnement particulier et caractérisé par une dénomination spéciale. (Toute spécialité pharmaceutique est soumise à l'obtention d'une autorisation de mise sur le marché [A. M. M.] délivrée par le ministère de la Santé.)

SPÉCIATION n. f. (angl. *speciation,* du lat. *species,* espèce). Formation d'espèces nouvelles. (Il y a spéciation lorsque des mutants ne peuvent s'hybrider avec les formes anciennes [amixie*].)

SPÉCIEUSEMENT adv. *Litt.* D'une manière spécieuse, fallacieuse.

SPÉCIEUX, EUSE adj. (lat. *speciosus,* de *species,* aspect). Qui est susceptible de tromper, de faire illusion par son apparence de vérité, de logique : *Un raisonnement spécieux.*

SPÉCIFICATIF, IVE adj. Qui sert à spécifier.

SPÉCIFICATION n. f. **1.** Action de déterminer spécifiquement qqch : *Sans spécification d'heure ni de date.* — **2.** Définition des caractéristiques essentielles (qualité, dimensions, etc.) que doit avoir une marchandise, une construction, un matériel, etc.

SPÉCIFICITÉ n. f. **1.** Qualité de ce qui est spécifique, propre à qqch : *La spécificité d'une coutume.* — **2.** Caractère d'une maladie dont les signes sont constants, et dont la cause est toujours semblable.

SPÉCIFIER v. t. (bas lat. *specificare,* du lat. class. *species,* espèce) [conj. 9]. Indiquer qqch avec toutes les précisions nécessaires pour qu'aucune équivoque ne subsiste : *Spécifier les conditions d'un prêt.*

SPÉCIFIQUE adj. (bas lat. *specificus,* du lat. class. *species,* espèce). Qui appartient en propre à une espèce, qui est particulier à qqch : *L'odeur spécifique du formol.* • **Biol.** *Nom spécifique,* nom latin propre à une seule espèce à l'intérieur du genre. (Ex. : la pomme de terre, *solanum tuberosum,* a pour nom spécifique *tuberosum.*) — **Chim.** Se dit d'une réaction qui peut produire deux isomères et qui, à cause de son mécanisme, n'en produit qu'un. — **Dr.** Se dit des droits de douane calculés sur les quantités physiques de chaque produit, par opposition aux droits « ad valorem ». — **Ling.** Se dit d'un mot dont la compréhension est plus grande et l'extension plus petite que celles de son générique. (Ainsi *moineau, corbeau, aigle, etc.,* sont des termes spécifiques, par rapport à *oiseau* qui est leur générique.) — **Méd.** Se dit d'un signe clinique ou d'une réaction biologique qui caractérisent une maladie ou d'un traitement exclusivement efficace pour une maladie donnée. — **Métrol.** Se dit d'une grandeur rapportée au volume, à la masse de la matière.

SPÉCIFIQUEMENT adv. De façon spécifique.

SPÉCIMEN [-mɛn] n. m. (angl. *specimen,* mot lat.). **1.** Être ou objet qui donne une idée de l'espèce, de la catégorie dont il fait partie : *Château qui est un spécimen de l'architecture de la Renaissance.*

– 2. Exemplaire ou échantillon (en partic. revue, publications) offerts gratuitement.

SPÉCIOSITÉ n. f. *Litt.* Caractère spécieux : *La spéciosité d'un argument.*

SPECKLE n. f. (angl. *speckle,* tacheture). **1.** Syn. de GRANULARITÉ. – **2.** *Interférométrie speckle,* syn. de INTERFÉROMÉTRIE DES TAVELURES*.

SPECTACLE n. m. (lat. *spectaculum*). **1.** Ensemble de ce qui se présente au regard, à l'attention, et qui est capable d'éveiller un sentiment : *Contempler le spectacle d'un coucher de soleil.* – **2.** Représentation théâtrale, projection cinématographique, etc. : *La rubrique des spectacles dans un journal.* – **3.** Ensemble des activités du théâtre, du cinéma, du music-hall, etc. : *L'industrie du spectacle.* – **4.** *À grand spectacle,* se dit d'un film, d'une pièce, qui mettent en œuvre d'importants moyens et dont la mise en scène est luxueuse. ‖ *Au spectacle de,* à la vue de. ‖ *Se donner, s'offrir en spectacle,* s'afficher en public, attirer fâcheusement l'attention sur soi. ‖ *Société du spectacle,* conception selon laquelle, dans la société contemporaine, les rôles sociaux, les échanges culturels ou commerciaux sont assumés avant tout dans une perspective ostentatoire, et sont ainsi vides de toute authenticité.

SPECTACULAIRE adj. **1.** Qui frappe la vue, provoque l'étonnement par quelque aspect exceptionnel : *Un accident spectaculaire.* – **2.** Qui est très net, très visible : *Des progrès spectaculaires.*

SPECTATEUR, TRICE n. (lat. *spectator*). **1.** Témoin oculaire d'une action, d'un événement : *Les spectateurs d'une catastrophe.* – **2.** Personne qui assiste à une cérémonie publique, à une manifestation sportive, à un spectacle. – **3.** Personne qui se contente d'observer et ne participe pas à l'action.

Spectator *(The),* feuille périodique publiée à Londres de 1711 à 1714, succédant à *The Tatler**. Il fut le modèle du journal de tendance « moralisatrice ».

SPECTRAL, E, AUX adj. **1.** *Litt.* Qui a le caractère d'un fantôme, qui ressemble à un fantôme : *Pâleur spectrale.* – **2.** Relatif aux spectres (électriques, de fréquence, etc.). – **3.** *Analyse spectrale,* analyse qualitative et quantitative d'une substance à l'aide des divers spectres (émission, absorption, fluorescence, etc.) qu'elle peut fournir.

SPECTRE n. m. (lat. *spectrum*). **1.** Apparition fantastique et effrayante d'un mort : *Croire aux spectres.* – **2.** *Litt.* Personne hâve et maigre. – **3.** Représentation effrayante d'une idée, d'un événement menaçant : *Agiter le spectre de la guerre.* • **Bactériol.** Ensemble des souches bactériennes sensibles à un antibiotique. – **Chim.** *Spectre de masse,* répartition, en fonction de leur masse, des ions produits à partir d'une substance. – **Électr.** *Spectre électrique,* dessin des lignes de champ, obtenu en saupoudrant d'une substance conductrice un plan, non conducteur, situé dans un champ électrique. – **Magnét.** *Spectre magnétique,* dessin des lignes d'induction d'un champ magnétique, obtenu en saupoudrant, avec de la limaille de fer, une surface non magnétique placée dans un champ magnétique. – **Phon.** Représentation graphique à deux dimensions (amplitude et fréquences) des composants acoustiques d'un son. – **Phys.** Ensemble des radiations monochromatiques résultant de la décomposition d'une lumière ou, plus généralement, d'un rayonnement complexe ; ensemble des radiations émises, absorbées, diffusées, etc., par un élément, une espèce chimique, dans des conditions déterminées. ‖ *Spectre de fréquence,* représentation, en fonction de la fréquence, des amplitudes, et éventuellement des phases, des composantes sinusoïdales d'une grandeur physique fonction du temps.

Spectre de la rose *(le),* ballet en un acte ; livr. de J.-L. Vaudoyer ; mus. de Weber *(Invitation à la valse)* ; chorégr. de Michel Fokine ; déc. et cost. de L. Bakst. Création mondiale au théâtre de Monte-Carlo (1911) par les Ballets russes.

SPECTROCHIMIQUE adj. Se dit de l'analyse chimique fondée sur l'étude du spectre de la substance à analyser.

SPECTROGRAMME n. m. Image spectrographique.

SPECTROGRAPHE n. m. **1.** Appareil servant à enregistrer (sur plaque photographique ou récepteur photoélectrique) l'image d'un spectre. – **2.** *Spectrographe de masse,* syn. de SPECTROMÈTRE DE MASSE.

SPECTROGRAPHIE n. f. **1.** Étude des spectres au moyen du spectrographe. – **2.** *Spectrographie de masse,* syn. de SPECTROMÉTRIE DE MASSE.

SPECTROGRAPHIQUE adj. Relatif à la spectrographie.

SPECTROHÉLIOGRAPHE n. m. Spectrographe à haute résolution, utilisé pour l'étude du spectre solaire.

SPECTROMÈTRE n. m. **1.** Appareil destiné à la mesure de la répartition d'un rayonnement complexe en fonction de la longueur d'onde ou de la fréquence s'il s'agit d'ondes, de la masse ou de l'énergie des particules individuelles s'il s'agit de particules. (→ *encycl.*) – **2.** *Spectromètre magnétique,* ensemble d'aimants et de détecteurs destinés à analyser les produits des collisions entre les particules d'un faisceau et les noyaux d'une cible. ‖ *Spectromètre de masse,* appareil d'analyse permettant l'étude des ions ou des molécules chargées formés à partir d'un échantillon dans des conditions appropriées. (Syn. SPECTROGRAPHE DE MASSE.) [→ *encycl.*]

ENCYCL. **Chim.** Un *spectromètre de masse* comprend une source d'ions qui produit des ions à partir de substance à analyser, les accélère et en forme un faisceau ; un analyseur qui, au moyen de combinaisons variées de champs électriques et magnétiques, sépare les espèces ioniques en faisceaux distincts qu'il filtre, selon le rapport *m/e* de leur masse à leur charge ; enfin, un détecteur met en évidence la présence d'ions et informe sur leur abondance.

— **Phys.** Les spectromètres sont constitués d'un système dispersif (prisme, réseau, etc.) qui décompose le rayonnement à étudier et soit d'un récepteur transmettant à chaque instant une seule fréquence et procédant à un balayage du spectre (spectromètre à monochromateur), soit d'un grand nombre de récepteurs qui analysent simultanément de nombreux éléments du spectre.

SPECTROMÉTRIE n. f. **1.** Étude des spectres effectuée à l'aide de spectromètres. — **2.** Application de la spectroscopie aux méthodes physiques d'analyse par la mesure qualitative (fréquence) et quantitative (intensité) des radiations. (→ *encycl.*) — **3.** *Spectrométrie de masse,* méthode d'analyse utilisant le spectromètre de masse. (Syn. SPECTROGRAPHIE DE MASSE.)

ENCYCL. La méthode spectrométrique la plus utilisée est la spectrométrie d'absorption. Les atomes ou les molécules excités par un apport d'énergie absorbent la radiation incidente de manière sélective, donnant un spectre de raies. La *spectrométrie infrarouge* permet ainsi de déterminer des structures moléculaires tandis que la *spectrométrie U. V. et visible* caractérise des groupes fonctionnels et permet des dosages précis. Les techniques de résonance* magnétique nucléaire et de résonance* paramagnétique électronique donnent aussi des spectres d'absorption.

La *spectrométrie d'émission atomique* est la méthode la plus générale d'identification des éléments métalliques. La *spectrométrie Raman,* qui utilise la diffusion par « effet Raman* », est très employée en analyse structurale. Enfin, les *spectrométries de rayons X* et de *fluorescence X* permettent l'analyse quantitative de composés chimiques.

SPECTROMÉTRIQUE adj. Relatif à la spectrométrie.

SPECTROPHOTOGRAPHIE n. f. Application de la photographie à la spectrométrie.

SPECTROPHOTOMÈTRE n. m. Appareil associant un spectromètre, utilisé en monochromateur, et un dispositif photométrique permettant de comparer la répartition spectrale de deux rayonnements. (Le spectrophotomètre est surtout utilisé pour étudier l'absorption des substances.)

SPECTROPHOTOMÉTRIE n. f. **1.** Comparaison des répartitions spectrales de deux rayonnements. — **2.** Analyse spectroscopique dans laquelle on mesure, à l'aide d'un détecteur photoélectrique, le rapport de deux grandeurs photométriques de même nature en fonction de la longueur d'onde.

SPECTROSCOPE n. m. Appareil donnant la représentation visuelle, par exemple sur un écran cathodique, d'un spectre de fréquence ou d'énergie.

SPECTROSCOPIE n. f. Ensemble des méthodes et techniques d'études générales des rayonnements émis, absorbés ou diffusés par une substance.

ENCYCL. Une molécule, un atome, passant d'un état énergétique E_1 à un autre E_2, peut émettre ou absorber un photon d'énergie définie par la relation $E_2 - E_1 = h \cdot c/\lambda$, où c représente la vitesse de la lumière, h la constante de Planck et λ la longueur d'onde du rayonnement classique associé au photon. Ainsi, l'analyse spectroscopique permet de relier la longueur d'onde du rayonnement émis ou absorbé aux propriétés de l'ensemble des atomes, molécules constituant la substance considérée.

• *Spectroscopie atomique.* Excité par un apport d'énergie, un atome peut émettre dans le domaine optique (U. V., visible et infrarouge) ou dans celui des rayons X. Le premier cas correspond à l'absorption de l'énergie par les électrons externes de l'atome, le second cas concerne les électrons des couches profondes de l'atome. Les spectres optiques sont des spectres de raies.

• *Spectroscopie moléculaire.* Le spectre d'une molécule est caractéristique de celle-ci et non pas des atomes qui la constituent, cela aussi bien dans le domaine optique que dans le domaine hertzien. Les spectres moléculaires sont formés de raies extrêmement nombreuses, dont certaines sont groupées en séries de raies très rapprochées donnant l'apparence de bandes*. Ces spectres s'expliquent comme ceux des atomes mais, en plus de l'énergie électronique, l'énergie d'une molécule est constituée d'autres termes correspondant aux mouvements propres de la molécule : rotation et vibration.

• *Spectroscopie des radiofréquences.* Appelée aussi *spectroscopie hertzienne,* elle constitue une extension de la spectroscopie atomique ou moléculaire vers les basses fréquences du spectre électromagnétique. Les deux méthodes les plus importantes sont la résonance* magnétique nucléaire et la résonance* paramagnétique électronique.

SPECTROSCOPIQUE adj. Relatif à la spectroscopie.

SPÉCULAIRE adj. (lat. *specularis,* transparent, de *speculum,* miroir). **1.** Relatif au miroir : *Image spéculaire.* – **2.** *Poli spéculaire,* poli parfait d'une pièce mécanique, que l'on obtient par le procédé de superfinition ou par polissage électrolytique. ◆ n. f. Herbe annuelle (campanulacée) à fleurs rondes ou en cloches, telle que le « miroir de Vénus ».

SPÉCULATEUR, TRICE n. (lat. *speculator,* observateur). Personne qui se livre à la spéculation, à des opérations susceptibles de procurer des bénéfices importants, mais aléatoires.

SPÉCULATIF, IVE adj. (lat. *speculativus*). **1.** Se dit des opérations intellectuelles qui ont pour objet la connaissance pure : *S'adonner à des recherches spéculatives.* **2.** Se dit d'opérations financières qui ont le caractère de spéculations : *Des achats spéculatifs de pétrole.*

SPÉCULATION n. f. (bas lat. *speculatio*). **1.** *Litt.* Toute recherche, étude qui n'a d'autre objet que de connaître : *Les spéculations de la métaphysique.* – **2.** Construction abstraite, commentaire arbitraire et invérifiable : *Leur entretien secret a donné lieu aux spéculations des journalistes.* – **3.** Opération consistant à acheter un bien en vue de réaliser un bénéfice de sa revente ultérieure. – **4.** *Spéculation illicite,* délit consistant à provoquer la modification artificielle d'un prix par des moyens frauduleux.

SPÉCULATIVEMENT adv. D'une manière spéculative.

SPÉCULER v. t. ind. (lat. *speculari*) [conj. 3]. **1.** *Litt.* Réfléchir sur une question, en faire un objet de réflexion, d'étude : *Spéculer sur l'avenir de l'Union européenne.* – **2.** Faire des opérations financières ou commerciales sur des choses négociables, afin de tirer profit des variations de leurs cours : *Spéculer sur le sucre.* – **3.** Compter sur qqch pour en tirer avantage, pour parvenir à ses fins : *Spéculer sur la cupidité des hommes.*

SPÉCULOS, SPÉCULOOS [-los] ou **SPÉCULAUS** n. m. Petit biscuit sec, très sucré. (Spécialité belge.)

SPÉCULUM [-lɔm] n. m. (lat. *speculum,* miroir). Instrument employé pour élargir les cavités naturelles du corps et permettre de les éclairer pour en faciliter l'examen. (Le *spéculum vaginal* est le type de ce genre d'instrument. Il existe aussi des spéculums pour les oreilles et pour le nez.)

SPEE (Maximilien, *comte* VON), amiral allemand (Copenhague 1861 - les Falkland 1914). Vainqueur de l'amiral anglais Cradock à Coronel (Chili) en nov. 1914, il fut battu aux îles Falkland (8 déc. 1914) par l'amiral Sturdee, et coula avec son bâtiment.

SPEECH [spitʃ] n. m. (pl. *speechs* ou *speeches*) [angl. *speech*]. *Fam.* Bref discours de circonstance.

SPEER (Albert), architecte et homme d'État allemand (Mannheim 1905 - Londres 1981). Inspecteur général des bâtiments de Berlin (1937), il fit construire, dans un style néoclassique colossal, la Grande-Chancellerie (détruite) et aménagea le Champ-de-Mars. Ministre de l'Armement (1942) puis ministre de l'Économie de Dönitz (mai 1945), il fut condamné à vingt ans de réclusion par le tribunal de Nuremberg.

SPEIDEL (Hans), général allemand (Metzingen, Wurtemberg, 1897 - Bad Honnef 1984). Engagé volontaire en 1914, passé dans la Reichswehr en 1919, il participa en juin 1940 aux négociations d'armistice. Il fut placé à la tête de plusieurs grands états-majors, à Paris, sur le front Est (1942), en Italie et de nouveau en France (avr. 1944). Suspect de collusion avec les conjurés du 20 juill. 1944, il fut relâché faute de preuves. Après la guerre, il dirigea la délégation militaire allemande au comité de la C. E. D. (1952) et fut nommé commandant en chef allié des forces terrestres du secteur Centre-Europe (1957-1963).

SPEISS [spajs] n. m. (all. *Speiss*). Produit obtenu au cours de l'élaboration d'un métal, et contenant un ou plusieurs métaux associés à l'arsenic.

SPEKE (John Hanning), explorateur britannique (Bideford, Devon, 1827 - près de Corsham, Wiltshire, 1864). Parti avec Burton pour l'Afrique centrale (1855), il découvrit le lac Ukerewe, qu'il nomma « Victoria » (1858), et qu'il considéra comme la source du Nil.

SPÉLÉISTE n. Spéléologue recherchant exclusivement la performance sportive.

SPÉLÉOLOGIE n. f. Exploration et étude des cavités naturelles du sol (gouffres, cavernes, rivières souterraines, etc.).

ENCYCL. Le plus vaste réseau exploré se trouve aux États-Unis, dans le Kentucky, où le système Flint Ridge-Mammoth Cave développe 252 km, précédant le Hölloch en Suisse (120,560 km). Mais c'est en France que se situent les plus grandes profondeurs explorées (le gouffre Jean-Bernard [– 1 455 m] dans les Alpes du Nord ; le gouffre de la Pierre-Saint-Martin [– 1 358 m] dans les Pyrénées ; le gouffre Berger [– 1 141 m]).

La spéléologie intéresse des disciplines et des sujets d'études très variés : la géologie, la minéralogie, la cristallographie, l'hydrogéologie (formation des cavernes, étude des cours d'eau souterrains) et ses applications aux travaux publics et à l'industrie hydroélectrique ; les problèmes de pollution ou de recherche d'eau potable. Les naturalistes étudient la faune et la flore cavernicoles. La paléontologie et l'archéologie préhistorique doivent beaucoup aux spéléologues, qui ont aussi permis l'aménagement de grottes à des fins touristiques.

SPÉLÉOLOGIQUE adj. Relatif à la spéléologie.

SPÉLÉOLOGUE n. Spécialiste, adepte de la spéléologie.

SPÉLERPÈS [-pɛs] n. m. (gr. *herpêstês,* reptile). Salamandre sans poumons des grottes de la Méditerranée occidentale, capturant ses proies en projetant sur elles sa longue langue, comme les caméléons.

SPEMANN (Hans), biologiste allemand (Stuttgart 1869 - Fribourg-en-Brisgau 1941). Ses travaux d'embryologie lui ont valu le prix Nobel de physiologie et de médecine pour 1935.

SPENCER [spɛnsœr] n. m. (angl. *spencer,* du n. de lord John Charles *Spencer*). **1.** Veste courte, ouverte et à revers, s'arrêtant à la taille. — **2.** *Vx.* Sorte de dolman très ajusté, porté par certains officiers de cavalerie (spahis, état-major, etc.). — **3.** Habit sans basques porté en tenue de soirée par certains officiers.

SPENCER (Robert), 2e comte **de Sunderland,** homme politique anglais (Paris 1641 - Althorp, Northamptonshire, 1702). L'un des artisans de la politique profrançaise de Charles II, puis de Jacques II, dont il fut le principal secrétaire d'État, rallié à Guillaume de Nassau en 1688, il devint ministre et conseiller personnel du nouveau roi (1691-1697). — Son fils, CHARLES, 3e comte *de Sunderland* (1674 - Londres 1722), fut secrétaire d'État, puis lord du sceau privé (1715) et chancelier de l'Échiquier (1718-1721).

SPENCER (John Poyntz), 5e comte **Spencer,** homme politique britannique (Spencer House 1835 - Althorp Park, Northamptonshire, 1910). Lord-lieutenant d'Irlande de 1868 à 1874, puis en 1882-1885, il se rallia à l'idée d'autonomie. Il fut ensuite Premier lord de l'Amirauté (1892-1895).

SPENCER (Herbert), philosophe britannique (Derby 1820 - Brighton 1903). Toute son œuvre est marquée par l'idée de l'évolution. Pour lui, le passage de l'homogène à l'hétérogène est l'explication de l'évolution de l'individu vers la société et des sociétés dites « primitives » vers les sociétés de plus en plus organisées. Il a notamment écrit : *Principes de biologie* (1864), *Principes de sociologie* (1877-1897), *Principes de morale* (1892-93).

SPENCER JONES (*sir* Harold), astronome britannique (Londres 1890 - *id.* 1960). Il a étudié les déplacements du pôle, les irrégularités du mouvement de la Terre et le ralentissement séculaire de la rotation terrestre.

SPENER (Philipp Jakob), théologien protestant (Ribeauvillé 1635 - Berlin 1705). On peut le considérer comme le second fondateur du piétisme.

SPENGLER (Oswald), philosophe allemand (Blankenburg, Harz, 1880 - Munich 1936). Dans son ouvrage *le Déclin de l'Occident* (1918-1922), il compare les civilisations à des êtres vivants qui naissent, se développent puis meurent inexorablement.

SPENSER (Edmund), poète anglais (Londres 1552 - *id.* 1599), auteur du poème pastoral *le Calendrier du berger* (1579), et de l'épopée allégorique *la Reine des fées* (1590-1596), traité systématique de l'idéalisme renaissant.

SPÉOS [speɔs] n. m. (gr. *speos,* caverne). Temple ou tombeau rupestre de l'Égypte pharaonique.

SPERANSKI (Mikhaïl Mikhaïlovitch, *comte*), homme politique russe (Tcherkoutino, gouvern. de Vladimir, 1772 - Saint-Pétersbourg 1839). Chargé par Alexandre Ier de préparer un plan d'ensemble pour la réforme de l'État, il proposa en 1809 un projet dont la seule application fut l'institution du Conseil d'État (1810). La noblesse traditionaliste obtint sa disgrâce en 1812. Sous Nicolas Ier, il présida à l'élaboration du *Recueil complet des lois de l'Empire russe* (1830) et du *Code des lois* (1832).

SPERBER (Manès), écrivain français d'origine autrichienne (Zablotov, Galicie, 1905 - Paris 1984). Essayiste (*Analyse de la tyrannie,* 1938), il est aussi l'auteur d'une trilogie romanesque (*Et le buisson devint cendre,* 1949 ; *Plus profond que l'abîme,* 1951 ; *la Baie perdue,* 1953) et d'une autobiographie (*Porteurs d'eau,* 1974 ; *le Pont inachevé,* 1975 ; *Au-delà de l'oubli,* 1977).

SPERGULE n. f. (bas lat. *spergula*). Autre nom de la sagine des gazons.

SPERMACETI n. m. (lat. médiév. *spermaceti,* du lat. class. *sperma,* semence, et *cetus,* baleine). Nom scientifique du blanc de baleine.

SPERMAPHYTE ou **SPERMATOPHYTE** n. m. Nom d'embranchement donné aux plantes supérieures à graines. (Syn. anc. PHANÉROGAME.)

ENCYCL. On compte environ 400 000 espèces de spermaphytes, presque toutes terrestres. On distingue deux sous-embranchements : les gymnospermes (pin) à fruit ouvert, et les angiospermes, à double fécondation et fruit clos. À leur tour, les angiospermes se divisent en deux classes : monocotylédones et dicotylédones.

SPERMATHÈQUE n. f. Organe creux afférent aux voies génitales de certains animaux femelles (reine d'abeille) et dans lequel le sperme est accumulé et conservé vivant pendant une longue période.

SPERMATIDE n. m. Spermatozoïde encore immature, résultant immédiatement de la méiose.

SPERMATIE n. f. Spore à un seul noyau des champignons.

SPERMATIQUE adj. (bas lat. *spermaticus,* du gr. *spermatikos*). **1.** Relatif au sperme. — **2.** *Artère spermatique,* artère du testicule et de l'épididyme, qui naît de la face antérieure de l'aorte, juste au-dessous des artères rénales. ‖ *Cordon spermatique,* pédicule qui suspend le testicule et l'épididyme. ‖ *Veine spermatique,* veine du testicule et de l'épididyme. ‖ *Voies spermatiques* trajet suivi par les spermatozoïdes élaborés dans le testicule, qui gagnent l'urètre en empruntant l'épididyme, le canal déférent, les vésicules séminales, puis le canal éjaculateur qui traverse la prostate et atteint l'urètre au niveau du *veru montanum.*

SPERMATISME n. m. Doctrine, aujourd'hui abandonnée, qui affirmait que les caractères héréditaires de l'embryon proviennent tous du seul gamète mâle.

SPERMATISTE adj. et n. Relatif au spermatisme ; partisan du spermatisme.

SPERMATOCYTE n. m. Cellule de la lignée germinale mâle dans le règne animal.

SPERMATOGENÈSE n. f. Ensemble des processus qui aboutissent à la formation des spermatozoïdes.
ENCYCL. Les cellules sexuelles primordiales (gonocytes) se transforment en spermatogonies, qui se multiplient, puis se transforment en spermatocytes I. Chacun de ceux-ci subit la méiose, qui engendre deux spermatocytes II, puis quatre spermatides haploïdes. Chaque spermatide acquiert un long flagelle et perd presque tout son cytoplasme pour devenir un spermatozoïde.
Chez les plantes, la spermatogenèse est plus complexe, le gamète mâle n'étant jamais le résultat direct de la méiose.

SPERMATOGONIE n. f. Cellule diploïde de la lignée germinale mâle dans le règne animal.

SPERMATOPHORE n. m. Dans quelques groupes animaux (araignée, collemboles, tritons), organe clos et détachable du mâle, contenant les spermatozoïdes.

SPERMATOPHYTE → SPERMAPHYTE.

SPERMATORRHÉE n. f. Perte séminale involontaire.

SPERMATOZOÏDE n. m. Cellule fécondante mâle, petite et capable de nager activement, qui constitue l'élément caractéristique du sperme. (Syn. GAMÈTE MÂLE.)
ENCYCL. Dans presque toutes les espèces animales, le spermatozoïde comprend : la tête, issue du noyau du spermatide et renfermant la chromatine ; l'acrosome, qui coiffe la tête ; la queue, ou flagelle postérieur, qui confère la mobilité ; les centrosomes, situés dans une « pièce intermédiaire » entre tête et flagelle ; un chondriome important, un cytoplasme extrêmement réduit.

SPERME n. m. (bas lat. *sperma,* du gr. *sperma,* semence). Substance complexe produite par les organes génitaux des animaux mâles, et contenant comme éléments essentiels des spermatozoïdes.
ENCYCL. Le sperme de l'homme est une substance demi-fluide, visqueuse, blanchâtre, d'odeur caractéristique, formée des produits de plusieurs organes. Ce sont : 1° la sécrétion du testicule, constituée surtout par des spermatozoïdes ; 2° le liquide des vésicules séminales ; 3° le liquide prostatique, qui donne au sperme son odeur spéciale et son aspect crémeux ; 4° le liquide des glandes bulbo-urétrales de Cowper, qui donne au sperme sa viscosité ; 5° le mucus des glandes de Littre.

SPERMICIDE adj. et n. m. Se dit d'une substance chimique qui, appliquée localement dans le vagin, détruit les spermatozoïdes. (Les spermicides sont utilisés comme moyen de contraception, en association avec un diaphragme.)

SPERMIDUCTE n. m. Ensemble des voies génitales mâles dans le règne animal.

SPERMIOGENÈSE n. f. Dernière phase de la spermatogenèse.

SPERMOCULTURE n. f. Culture de sperme pratiquée en vue d'y rechercher certains microbes.

SPERMOCYTOGRAMME ou **SPERMOGRAMME** n. m. Examen et numération des spermatozoïdes vivants ou morts par millilitre de sperme, avec détermination des pourcentages de diverses anomalies pouvant être observées.

SPERMOPHILE n. m. Écureuil terrestre américain ou eurasiatique (souslik) à queue touffue, à tête de marmotte, avec de petites oreilles cachées dans la fourrure et des bajoues.

SPERRLE (Hugo), maréchal allemand (Ludwigsburg 1885 - Munich 1953). Après avoir commandé une escadrille de chasse en 1914-1918, il commanda la légion Condor chargée d'appuyer les troupes franquistes. Commandant les forces aériennes engagées contre la France (1939-1940), il participa ensuite à la bataille d'Angleterre et fut chargé, avec des moyens très réduits, de la défense aérienne du front de l'Ouest (1944-1945).

SPERRY (Elmer Ambrose), inventeur et industriel américain (Cortland, État de New York, 1860 - Brooklyn 1930). Il s'intéressa aux applications du gyroscope, à la stabilisation des navires et des avions. Ses études ont servi de base aux techniques de réalisation des gyrocompas.

SPERRY (Roger Wolcott), neurophysiologiste américain (Hartford, Connecticut, 1913 - Pasadena 1994). Il a étudié expérimentalement les capacités propres à chacun des hémisphères cérébraux et montré en particulier que l'hémisphère droit était doué de certaines aptitudes linguistiques. (Prix Nobel de médecine 1981.)

Sperry Corporation → REMINGTON RAND COMPANY.

SPESSART, massif de l'Allemagne, sur le bord nord-ouest du bassin de Souabe-Franconie, contourné par le Main.

SPESSARTINE ou **SPESSARTITE** n. f. (de *Spessart,* n. pr.). Grenat manganésifère, de couleur jaune-orangé à brun-orangé.

SPESSIVTSEVA (Olga Aleksandrovna), danseuse russe (Rostov 1895 - New York 1991), la plus grande danseuse romantique du XXe s. Elle interpréta au Théâtre-Impérial de Saint-Pétersbourg tout le grand répertoire. Elle triompha en 1921, à Londres, dans *la Belle au bois dormant,* présentée par les Ballets russes. Elle dansa à plusieurs reprises à l'Opéra de Paris et dans le monde entier. Mais, présentant des signes dépressifs dès 1939, sa raison s'altéra et elle dut être hospitalisée (1943-1963).

SPET [spɛ] n. m. Petit barracuda dont la pêche sportive se pratique en Méditerranée et dans le golfe de Gascogne. (N. usuel *brochet de mer.*)

SPÉTSAI, île de Grèce, dans la mer Égée, à l'entrée du golfe de Nauplie ; 22 km^2 ; 3 500 hab. Centre touristique.

SPEYER → SPIRE.

SPEZIA (La), v. d'Italie, en Ligurie, ch.-l. de prov. ; 111 000 hab. Principale ville de la Riviera di Levante, partie orientale de la Ligurie. Anc. base militaire et centre de construction navale. — Le *golfe de La Spezia* s'enfonce dans la côte tyrrhénienne, entre Protovenere et Punta Bianca. Il est jalonné de stations balnéaires.

SPHACÈLE n. m. (gr. *sphakelos,* mortification). Tissu nécrosé en cours d'élimination.

SPHACÉLER v. t. (conj. **18**). Provoquer un sphacèle.

SPHACTÉRIE, en gr. **Sphaktêria,** nom anc. d'une petite île grecque du Péloponnèse, près de la côte de Messénie, vis-à-vis de Pylos, qu'elle protégeait. Les Athéniens firent capituler la garnison spartiate après un long siège, en 425 av. J.-C. (auj. *Sfaktiría*).

SPHÆROTHECA [sfe-] n. m. Champignon (érysiphacée), agent de l'oïdium américain du groseillier et de celui du rosier.

SPHAIGNE n. f. (gr. *sphagnos*). Mousse des tourbières, dont les rameaux privés de racines s'accroissent par le sommet tandis que la base meurt, se décompose et constitue une part importante de la tourbe.

SPHALÉRITE n. f. (gr. *sphaleros,* trompeur). Syn. de BLENDE.

SPHÈNE n. m. Silicotitanate naturel de calcium, monoclinique. (Syn. TITANITE.)

SPHÉNISCIDÉ n. m. (du gr. *sphêniskos,* cheville). Nom d'une famille d'oiseaux marins dont les seuls représentants sont les manchots.

SPHENODON n. m. Nom générique de l'hattéria.

SPHÉNOÏDAL, E, AUX adj. **1.** Relatif au sphénoïde. — **2.** *Sinus sphénoïdal,* chacune des deux cavités creusées dans le corps du sphénoïde et s'ouvrant dans les fosses nasales.

SPHÉNOÏDE n. m. (gr. *sphênoeidês,* en forme de coin). Os de la base du crâne situé derrière l'ethmoïde et le frontal et devant l'occipital et les temporaux.

ENCYCL. Chez l'homme, le sphénoïde est constitué d'une partie centrale, ou corps, et de deux parties latérales, la grande et la petite aile. La face supérieure comporte la gouttière optique, pour le chiasma des nerfs optiques, et la selle turcique, loge de l'hypophyse. La face inférieure constitue la partie la plus reculée de la voûte des fosses nasales.

SPHÉNO-PALATIN, E adj. Relatif au sphénoïde et au palais.

SPHÈRE n. f. (lat. *sphaera,* du gr. *sphaira*). **1.** Surface fermée dont tous les points sont à la même distance (rayon) d'un point intérieur (centre) ; solide limité par la surface précédente. (→ *encycl.* Math.) — **2.** Étendue d'action, d'autorité, d'influence de qqn : *Sphère d'activité.* — **3.** *Les hautes sphères,* les milieux dirigeants. ‖ *Sphère céleste,* sphère fictive, de rayon indéterminé, ayant pour centre l'œil de l'observateur et servant à définir la direction des astres indépendamment de leur distance. (→ *encycl.* Astron.) ‖ *Sphère d'influence,* région du globe sur laquelle une grande puissance s'est vu reconnaître (explicitement ou tacitement) par les autres des droits d'intervention particuliers.

ENCYCL. **Astron.** La *sphère céleste,* à laquelle semblent fixées les étoiles, tourne autour d'une ligne PP', dite ligne des pôles, ou axe du monde. Le plan EE', qui lui est perpendiculaire, constitue l'*équateur céleste.* Ce mouvement s'effectue dans le sens des aiguilles d'une montre pour un observateur placé le long de l'axe de rotation dans l'hémisphère Nord. Soit ZZ' la verticale correspondant à cet observateur (Z s'appelle le zénith*, Z' le nadir*) : le plan perpendiculaire à cette verticale et sur lequel se trouve l'observateur constitue l'horizon* ; le plan formé par les

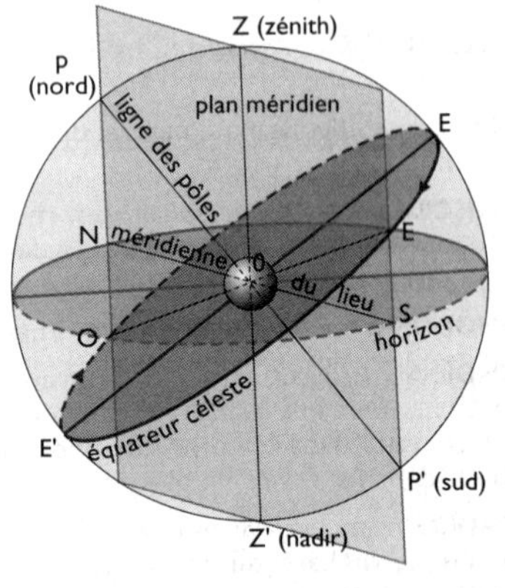

sphère céleste

droites ZZ′ et PP′ est le plan méridien du lieu ; sa trace NS sur l'horizon constitue la méridienne du lieu. La direction ON est celle du *nord,* la direction OS est celle du *sud.* La direction perpendiculaire horizontale est la ligne est-ouest : un observateur regardant vers le nord a l'est à sa droite.

– **Math.** Dans l'espace affine E_3 de dimension 3, l'aire d'une sphère de rayon r est $4\pi r^2$ et son volume intérieur $\frac{4}{3}\pi r^3$.

Dans un repère orthonormé de E_3, une sphère de rayon r et de centre $A(a, b, c)$ a pour équations paramétriques :

$x = r \cdot \cos u \cdot \sin v + a$

$y = r \cdot \sin u \cdot \sin v + b$

$z = r \cdot \cos v + c$

où $u \in [0,2\pi]$ et $v \in [0, \pi]$.

Elle a pour équation cartésienne :

$$x^2 + y^2 + z^2 - 2\,(a\,x + by + cz) + (a^2 + b^2 + c^2 - r^2) = 0$$

où $M\ (x, y, z)$ est un point variable de S.

L'intersection d'une sphère et d'un plan est un cercle.

SPHÉRICITÉ n. f. État de ce qui est sphérique.

SPHÉRIQUE adj. (bas lat. *sphaericus ;* du gr. *sphairikos*). **1.** Qui a la forme d'une sphère. – **2.** Se dit de notions ou de propriétés liées à une sphère d'un espace affine de dimension trois. (→ *encycl.*) – **3.** *Aberration sphérique,* aberration géométrique d'un système optique centré qui, de rayons issus d'un point situé sur l'axe, donne des rayons émergents passant par des points différents répartis sur l'axe. (L'ensemble des rayons émergents s'appuie sur une surface de révolution à 2 nappes appelée caustique*.) ‖ *Poudre sphérique,* poudre propulsive en petits grains sphériques de 0,1 à 0,6 mm. ‖ *Zone sphérique,* partie d'une sphère limitée par deux de ses parallèles.

ENCYCL. **Math.** En géométrie sphérique, la notion de droite de la géométrie euclidienne est remplacée par celle de géodésique (grand cercle de la sphère). Deux grands cercles ayant toujours deux points communs (diamétralement opposés), l'axiome d'Euclide n'est plus vérifié. On généralise les notions de la géométrie du plan ainsi : une courbe sphérique est une courbe tracée sur une sphère ; un polygone sphérique est formé de côtés ayant pour supports des grands cercles. Un cas particulier est celui des triangles sphériques, dont l'étude des angles constitue la trigonométrie sphérique, qui joue un rôle important en géodésie et en astrométrie.

SPHÉROCYTE n. m. Hématie en forme de petite bille sphérique rencontrée dans certaines anémies hémolytiques.

SPHÉROCYTOSE n. f. **1.** Présence de sphérocytes dans le sang. – **2.** *Sphérocytose héréditaire,* syn. de MALADIE DE MINKOWSKI-CHAUFFARD.

SPHÉROÏDAL, E, AUX adj. **1.** Qui est de forme quasi sphérique. – **2.** Se dit de la forme arrondie d'un constituant de structure (par ex. fonte à graphite sphéroïdal).

ABERRATION SPHÉRIQUE

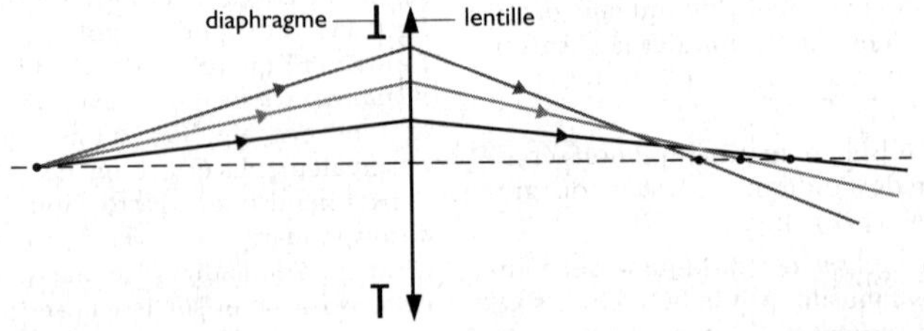

SPHÉROÏDE n. m. (lat. *sphaeroides,* du gr. *sphairoeidês,* semblable à une sphère). Ellipsoïde de révolution aplati. (La surface de la Terre est un sphéroïde.)

SPHÉROÏDISATION n. f. Transformation amenant des constituants à la forme sphéroïdale et plus particulièrement du graphite dans les fontes malléables.

SPHÉROLITE n. m. Petite masse de forme plus ou moins sphérique constituée par des cristaux disposés de façon radiaire ou concentrique.

SPHÉROMÈTRE n. m. Instrument qui sert à mesurer le rayon d'une sphère.

SPHÉRULE n. f. Petite sphère.

SPHEX n. m. inv. (gr. *sphêks,* guêpe). Grand hyménoptère voisin des guêpes, fouisseur, dont la femelle paralyse divers orthoptères pour y pondre et offrir ainsi aux larves une nourriture fraîche.

SPHINCTER [sfɛ̃ktɛr] n. m. (bas lat. *sphincter,* du gr. *sphigktêr*). **1.** Système musculaire, souvent circulaire, fait de plusieurs fibres lisses (contrôle involontaire) ou striées (contrôle volontaire), dont l'action ouvre ou ferme l'orifice d'un canal ou d'un organe (sphincters de la vessie, du rectum, du pylore). — **2.** *Sphincter d'Oddi,* appareil sphinctérien qui entoure la terminaison des canaux cholédoque et de Wirsung et qui contrôle l'évacuation de la bile et de la sécrétion pancréatique.

SPHINCTÉRIEN, ENNE adj. **1.** Qui se rapporte à un sphincter. — **2.** *Troubles sphinctériens,* troubles urinaires ou troubles de la défécation, d'origine neurologique.

SPHINGE n. f. (formé sur *sphinx* par Rabelais). Sphinx femelle.

SPHINGIDÉ n. m. Nom de famille attribué aux sphinx (papillons).

SPHINGOLIPIDE n. m. Lipide complexe dans lequel la liaison entre l'alcool (sphingosine) et l'acide gras est une liaison amide.

SPHINGOMYÉLINE n. f. Phosphoaminolipide que l'on rencontre dans le cylindraxe des cellules nerveuses.

SPHINGOSINE n. f. Dialcool azoté dont les dérivés N-acylés se rencontrent dans les sphingomyélines, les cérébrosides et les gangliosides.

SPHINX n. m. (lat. *sphinx,* du gr. *sphigks, -iggos*). **1.** Figure fabuleuse de la mythologie égyptienne, puis grecque. (→ *encycl.*) — **2.** *Litt.* Personne impassible et énigmatique. — **3.** Gros papillon du soir, au vol très puissant malgré des ailes étroites, et dont la chenille, vivement colorée, parfois pourvue d'une corne postérieure, ne fait pas de cocon. (Les types les plus connus sont les sphinx du liseron [herse], du troène, du pin, du saule, et le sphinx tête-mort, dont la chenille vit sur les solanacées.)

ENCYCL. **Myth.** Le sphinx, lion androcéphale, est, à l'origine, une figure mythique de l'Égypte ancienne. La plus ancienne de ces figures, le sphinx de Gizeh, à l'est de la pyramide de Khephren, 2500 av. J.-C. env., figure un lion couché, dont la tête est celle même du souverain ; il est là en tant que gardien de la nécropole. Ultérieurement, il fut assimilé au dieu solaire.

Pour les Grecs, le Sphinx peut être également associé au culte funéraire comme gardien des tombeaux. Mais c'est aussi le monstre envoyé par une divinité pour venger sur les Thébains un crime impuni du roi Laïos. Le Sphinx s'établit aux environs de Thèbes, arrêtant les passants qu'il dévorait quand ils ne pouvaient déchiffrer ses énigmes. Œdipe résolut celle qui lui était imposée et le Sphinx se tua.

SPHRAGISTIQUE n. f. (gr. *sphragistikos,* de *sphragis,* sceau). Syn. anc. de SIGILLOGRAPHIE.

SPHYGMIQUE adj. Qui appartient au pouls.

SPHYGMOGRAMME n. m. Tracé du pouls, obtenu à l'aide du sphygmographe.

SPHYGMOGRAPHE n. m. Instrument destiné à enregistrer le pouls.

SPHYGMOGRAPHIE n. f. Enregistrement des battements du pouls (carotidien, le plus souvent) au moyen d'un sphygmographe.

SPHYGMOMANOMÈTRE n. m. Appareil muni d'un manomètre à air, et à l'aide duquel on mesure la tension artérielle. (Syn. TENSIOMÈTRE.)

SPHYRÈNE n. f. (gr. *sphuraina*). Poisson des mers chaudes, au corps allongé, au museau pointu, à la denture puissante, tel que le spet et le barracuda.

SPI n. m. *Fam.* Spinnaker.

SPIC n. m. (lat. *spica,* épi). Nom usuel commun à la lavande aspic et à une valériane.

SPICA n. m. (lat. *spica,* épi). Sorte de bandage croisé appliqué au niveau de la racine d'un membre.

SPICCATO adv. (ital. *spiccato,* détaché). Terme d'interprétation propre aux instruments à cordes frottées, indiquant qu'il faut détacher les notes.

Spicheren *(bataille de)* ou **bataille de Forbach** (6 août 1870), bataille qui opposa les troupes françaises de Frossard (28 000 h.) à la Ire armée allemande de Steinmetz (70 000 h.). Frossard, non soutenu par Bazaine, dut se replier, ouvrant ainsi les portes de la Lorraine aux Allemands.

SPICILÈGE n. m. (lat. *spicilegium,* action de glaner, de *spica,* épi, et *legere,* choisir). Recueil de morceaux choisis, de documents variés, d'observations.

SPICULE n. m. (lat. *spiculum,* dard). **1.** Chacun des aiguillons calcaires ou siliceux simples ou ramifiés, parfois microscopiques, contenu dans la chair des éponges, radiolaires, holothuries, etc. — **2.** Structure en forme d'épi observable dans la chromosphère solaire en lumière monochromatique.

SPIDER [-dɛr] n. m. (angl. *spider,* araignée). Partie arrière d'une voiture particulière à une seule banquette, se terminant généralement par un volume fermé de forme arrondie.

SPIEGEL [ʃpigəl] n. m. (all. *Spiegel,* miroir). Alliage de fer, de manganèse (25 % au maximum) et de carbone (5 %), qui était utilisé comme addition de recarburation dans le convertissage de la fonte en acier.

Spiegel *(Der),* hebdomadaire d'information allemand créé en 1946 à Hanovre et à Hambourg depuis 1952, et qui a une large audience.

Spielberg ou **Špilberk,** forteresse de Brno, en Moravie. Construite de 1234 à 1277, elle servit aux Habsbourg de prison d'État (1742-1855), où furent enfermés des patriotes italiens, dont S. Pellico.

SPIELBERG (Steven), cinéaste américain (Cincinnati 1946). Il concilie les exigences d'un public populaire et certaines recherches originales dans le traitement de ses thèmes favoris : le suspense et la terreur (*Duel,* 1971 ; *les Dents de la mer,* 1975), la bouffonnerie débridée (*1941,* 1979), la science-fiction (*Rencontres du troisième type,* 1977 ; *E. T. l'extra-terrestre,* 1982), le film d'aventure (*les Aventuriers de l'arche perdue,* 1981 ; *Indiana Jones et le temple maudit,* 1984 ; *Empire du soleil,* 1987 ; *Indiana Jones et la Dernière Croisade,* 1989 ; *Jurassic Park,* 1993). Dans un tout autre registre, il aborde dans *la Liste de Schindler* (1993) un aspect de l'histoire de l'Holocauste.

SPIELHAGEN (Friedrich), écrivain allemand (Magdeburg 1829 - Berlin 1911), auteur de romans réalistes sur la société de son temps (*Marteau et enclume,* 1869 ; *Cyclone,* 1877).

SPIENNES, anc. comm. de Belgique, aujourd'hui quartier sud-est de Mons. Vestiges d'un important gisement de silex exploité au néolithique. L'ensemble se rattache à la culture de Michelsberg.

SPILANTHES [-tɛs] n. m. Composée des régions chaudes d'Amérique, qui fournit une huile essentielle odorante, employée comme antiscorbutique.

SPILITE n. f. Roche à texture volcanique, mais constituée essentiellement d'albite, chlorite, épidote et quartz.

SPILLIAERT (Léon), peintre belge (Ostende 1881 - Bruxelles 1946). Imaginative, inquiète, son œuvre, synthétique dans la forme, est à la charnière du symbolisme et de l'expressionnisme (*Autoportrait au miroir,* aquarelle, 1908, musée d'Ostende).

SPILONOTE n. m. Papillon dont la chenille tordeuse est nuisible aux arbres fruitiers, notamment aux pommiers. (Syn. PENTHINE.)

SPIN [spin] n. m. (angl. *spin,* de *to spin,* faire tourner). Moment angulaire intrinsèque des quantons.

ENCYCL. Comme tout moment angulaire en théorie quantique, le spin est « quantifié » et prend des valeurs qui sont multiples soit entiers, soit demi-entiers, de la constante de Planck réduite $h/2\pi$. Ainsi l'électron a-t-il un spin 1/2, ce qui veut dire qu'il possède deux états d'orientation de spin. Tout quanton de spin entier est un boson ; tout quanton de spin demi-entier est un fermion.

SPINA, port gréco-étrusque de l'Adriatique, au sud de l'embouchure du Pô (près de Comacchio). Fondée vers le VIe s. av. J.-C., la cité a joué, avant l'enlisement de son port, un rôle considérable dans les échanges commerciaux entre la Grèce, l'Étrurie, l'Italie du Nord et l'Europe centrale. Nécropole de Valle Trebba (abondant mobilier funéraire au musée national Spina à Ferrare).

SPINA-BIFIDA n. m. inv. (lat. sc. mod. *spina-bifida,* du lat. class. *spina,* épine dorsale, et *bifida,* séparée en deux parties). Malformation congénitale consistant en une déhiscence de la paroi postérieure du canal rachidien. (Situé le plus souvent dans la région lombaire, le spina-bifida est caractérisé par une hernie des éléments contenus dans le canal rachidien.)
◆ n. inv. Sujet atteint d'un spina-bifida.

SPINAL, E, AUX adj. (bas lat. *spinalis,* du lat. class. *spina,* épine dorsale). **1.** Qui concerne la moelle épinière. — **2.** *Ganglion spinal,* syn. de GANGLION RACHIDIEN. ‖ *Nerf spinal,* onzième paire de nerfs crâniens dont chacun pénètre dans le crâne par le trou occipital, traverse le trou déchiré postérieur. (Il se divise en une branche interne qui s'anastomose au pneumogastrique et d'une branche externe qui innerve le sterno-cléido-mastoïdien et le trapèze.)

SPINALIEN, ENNE adj. et n. D'Épinal.

SPINELLE n. m. (ital. *spinella*). Aluminate naturel de magnésium, de formule $MgAl_2O_4$, cubique, de couleur rose, rouge, rouge-brun, bleu-gris, bleu-violet, grisâtre ou verdâtre, dont les belles variétés sont employées comme gemme en bijouterie.

SPINELLO ARETINO (Spinello di Luca SPINELLI, dit), peintre italien (Arezzo v. 1350 - *id.* 1410), auteur de fresques d'un style animé (par ex. les scènes de la *Légende de saint Éphèse* au campo santo de Pise, 1390-91) ainsi que de polyptyques.

SPINESCENT, E [-nɛsɑ̃, ɑ̃t] adj. (bas lat. *spinescens,* de *spinescere,* se couvrir d'épines). Couvert d'épines.

SPINNAKER [spinekœr] n. m. (angl. *spinnaker,* foc-ballon). Voile triangulaire, de grande surface, légère et très creuse, que les yachts envoient dans la marche au vent arrière et aux allures portantes. (Abrév. fam. SPI.)

SPINO-CELLULAIRE adj. *Épithélioma spino-cellulaire,* épithélioma de la peau pouvant donner des métastases ganglionnaires.

SPINO-CÉRÉBELLEUX, EUSE adj. *Faisceaux spino-cérébelleux,* ensemble de deux faisceaux de fibres nerveuses naissant dans les cordons antérolatéraux de la moelle se terminant de façon directe ou indirecte au niveau du cervelet. (Ils y véhiculent des informations sensitives.)

SPINOLA (Ambrogio, *marquis* DE), homme de guerre génois (Gênes 1569 - Castelnuovo Scrivia 1630). Commandant en chef de l'armée espagnole aux Pays-Bas (1603), il prit Ostende en 1604 et Breda en 1625.

SPÍNOLA (António Sebastião Ribeiro DE), maréchal et homme d'État portugais (Estremoz 1910 - Lisbonne 1996). Gouverneur de Guinée (1968-1973), chef d'état-major général (1973), il fut mis à la retraite après la publication de son livre *le Portugal et l'avenir* (1974), relatif au destin des territoires d'outre-mer. Il prit la tête du coup d'État qui renversa le gouvernement (25 avr. 1974) et devint président de la République (15 mai). Mais la pression de la gauche arrivée au pouvoir l'amena à démissionner (sept.). Il s'exila au Brésil à la suite du coup d'État manqué du 11 mars 1975. Revenu au Portugal, il fut promu maréchal en 1981.

SPINONE [-ne] n. m. (ital. *spinone*). Race italienne de chiens d'arrêt, semblable au griffon.

SPINO-THALAMIQUE adj. **1.** Relatif à la moelle épinière et au thalamus. — **2.** *Faisceau spino-thalamique latéral,* syn. de SYSTÈME EXTRALEMNISCAL.

SPINOZA (Baruch [en lat. Benedictus] DE), philosophe hollandais (Amsterdam 1632 - La Haye 1677). Après des études pour devenir rabbin, il prend parti pour la République de Jean de Witt, puis il est exclu de la communauté juive en 1656. Il apprend à polir les verres d'optique et devient artisan. Il commence déjà à rédiger son œuvre, dont seulement deux ouvrages paraîtront de son vivant : *les Principes de la philosophie de Descartes* (1663) et le *Tractatus* theologicopoliticus* (1670, sans nom d'auteur). Le reste de ses œuvres paraîtront après sa mort : l'*Éthique** (rédigée dès 1661 et retouchée jusqu'en 1675), la plus importante de ses œuvres, le *Traité de la réforme de l'entendement* (1662) et le *Traité politique* (1676-77).

L'objectif majeur de Spinoza est de transmettre un message libérateur à l'égard de toutes les servitudes, sociales, intellectuelles, morales, pour que l'homme puisse accéder au plus haut de lui-même, la plénitude de la joie par la connaissance, qu'il appelle la béatitude. Pour atteindre cet idéal, l'hypothèse de départ est double : l'entendement, débarrassé des préjugés, peut arriver à une connaissance totale de la nature ; la nature elle-même est totalement intelligible. La connaissance de soi-même fait partie de ces objectifs : c'est au moyen de la connaissance des déterminations et des causalités que l'illusion de liberté se dissipe, et cette connaissance constitue, en fait, la vraie liberté. Il existe trois modes de connaissance : croyance (ou opinion), raisonnement, connaissance intuitive et rationnelle. Opposée à toutes les doctrines et aux grandes religions occidentales, judaïsme et formes diverses du christianisme, l'idée que Spinoza se fait de Dieu est celle d'un être qui se confond entièrement avec la nature, qu'elle soit déjà créée ou qu'elle se crée elle-même : c'est donc une théorie de l'immanence. Dieu est la substance unique, dont Spinoza dit au début de l'*Éthique* que c'est « ce dont l'essence implique l'existence, c'est-à-dire ce qui n'a pas besoin d'autre chose pour être créé ».

L'idée morale que Spinoza se fait de l'homme s'applique à la conception de la vie en société. Pour lui, il ne saurait être question de contrat entre les hommes : la cité existe par la force et la réunion de tous dans un esprit de liberté : c'est pourquoi il existe un droit à l'insurrection quand les hommes vivent dans la servitude. Le régime démocratique, par opposition au régime autocratique, est celui où les hommes vivent dans une passion saine, la liberté, qui repose sur la connaissance et la responsabilité. Spinoza enfin a ouvert la voie à la critique des textes sacrés (la Bible) et annonce Richard Simon et les exégètes du XIXe s.

SPINOZISME n. m. Système de Spinoza.

SPINOZISTE adj. et n. Relatif à la philosophie de Spinoza ; partisan du spinozisme.

SPINTERMÈTRE ou **SPINTHERMÈTRE** n. m. (gr. *spinthêr,* étincelle). Éclateur destiné à certaines mesures électriques à très haute tension.

SPIRACLE n. m. (lat. *spiraculum*). Orifice de sortie de l'eau qui a baigné les branchies internes des têtards.

SPIRAL, E, AUX adj. (lat. médiév. *spiralis*). **1.** Qui a la forme d'une spirale. – **2.** *Galaxie spirale*, galaxie dont les étoiles brillantes et les nébuleuses sont réparties dans des bras ayant une forme spiralée autour d'un noyau central.
◆ **spiral** n. m. Petit ressort en spirale d'Archimède, assurant, par son élasticité, les oscillations du balancier annulaire qui doivent être isochrones.
◆ **spirale** n. f. **1.** Suite de circonvolutions, d'enroulements : *Les spirales de la fumée.* – **2.** Montée rapide et irrésistible d'un phénomène ou d'un ensemble de phénomènes en interaction : *La spirale de l'inflation. La spirale des prix et des salaires.* – **3.** Fil métallique hélicoïdal servant à assembler les feuilles de cahiers, de carnets. – **4.** Courbe plane que décrit un point M, dont la distance ρ à un point fixe O croît ou décroît, en même temps que croît θ = ([O*x*), [OM)), où [O*x*) est une demi-droite fixe. (Autrement dit, ρ est une fonction monotone de θ.)

Exemple de **spirale** logarithmique. (Elle a pour équation polaire $\rho = e^{m\theta}$. Ses points d'intersection avec un même rayon vecteur sont répartis selon une progression géométrique. La tangente en ces points forme un angle constant V avec le rayon vecteur.)

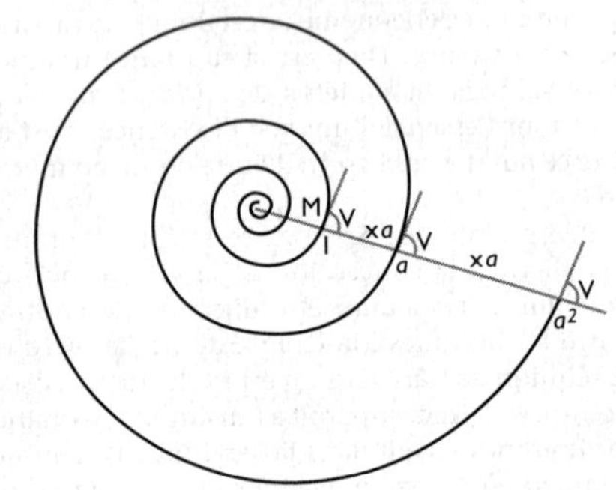

SPIRALÉ, E adj. Conformé en spirale.

SPIRALISATION n. f. Enroulement spiral du chromosome lié aux diverses phases de la mitose.

SPIRAMYCINE n. f. Antibiotique, extrait des milieux de cultures du *Streptomyces ambofaciens*, actif surtout sur les germes Gram positif.

SPIRAN → ASPIRAN.

SPIRANNE n. m. **1.** Nom générique des hydrocarbures bicycliques dans lequels un seul atome de carbone est commun aux deux cycles. – **2.** Toute molécule qui renferme un tel enchaînement d'atomes.

SPIRANTE n. f. (lat. *spirans, -antis,* de *spirare,* souffler). Syn. anc. de CONSTRICTIVE.

SPIRE n. f. (lat. *spira,* du gr. *speira,* enroulement). **1.** Partie d'une spirale correspondant à un intervalle de variation du paramètre θ de longueur 2π. – **2.** Partie d'une hélice comprise entre deux plans parallèles distants d'un pas. – **3.** Chacun des tours du fil dont est formé un ressort hélicoïdal. – **4.** Ensemble de conducteurs formant une boucle. – **5.** Ensemble des tours d'une coquille enroulée, comme celle des gastropodes.

SPIRE, en all. **Speyer,** v. d'Allemagne (Rhénanie-Palatinat), sur le Rhin, au S. de Mannheim ; 49 310 hab. Évêché.
– **Hist.** Cité celte, forteresse romaine du Rhin *(Noviomagus),* Spire fut ruinée par les invasions (450 apr. J.-C.). Siège d'un évêché depuis le XIIe s., elle devint une ville libre impériale en 1294. Plusieurs diètes s'y tinrent à l'époque de la Réforme, dont celle de 1529, où les princes réformés « protestèrent » contre la décision de Charles Quint restreignant la liberté religieuse.
– **Bx-arts.** Majestueuse cathédrale romane construite v. 1030-1060 ; crypte abritant les tombeaux des empereurs saliques ; musée diocésain. Musée historique du Palatinat (avec musée du Vin).

SPIRE (André), écrivain français (Nancy 1868 - Paris 1966). Son œuvre lyrique (*Poèmes juifs,* 1908), prophétique et sarcastique, se double d'une théorisation du rythme (*Plaisir poétique et plaisir musculaire,* 1949). Il s'engagea activement en faveur du sionisme.

SPIRÉE n. f. (lat. *spiraea,* du gr. *speiraia*). Rosacée souvent arbustive, ornementale, aux fleurs rouges, roses ou blanches, diversement groupées, telle que la filipendule, la reine-des-prés et la barbe-de-bouc.

SPIRIFER [-fɛr] n. m. Brachiopode fossile très répandu dans les terrains primaires.

SPIRILLE ou **SPIRILLUM** [-lɔm] n. m. Nom générique des bactéries en forme de filaments allongés et contournés en spirale, présentant parfois des cils vibratiles.

SPIRILLOSE [-loz] n. f. Nom générique des affections dues à des spirilles.

SPIRITAIN n. m. Membre de la congrégation du Saint-Esprit.

SPIRITE ou **SPIRITISTE** n. (angl. *spirit-rapper,* esprit frappeur). Personne qui pratique le spiritisme.
◆ adj. Relatif au spiritisme.

SPIRITISME n. m. (de *spirite*). Doctrine fondée sur l'existence, les manifestations et les enseignements des esprits, le plus souvent des esprits humains désincarnés. (Un humain incarné est employé comme médium entre le monde des humains et le monde des esprits lors des séances spirites.)

SPIRITOSO adv. (ital. *spiritoso,* de *spirito,* esprit). Terme d'interprétation signifiant avec entrain et expression.

SPIRITROMPE n. f. Trompe des papillons, enroulée en spirale au repos.

SPIRITUAL [spiritɥol] n. m. (pl. *spirituals*) [angl. *spiritual,* chant religieux]. Syn. de NEGRO SPIRITUAL.

SPIRITUALISATION n. f. *Litt.* Action de spiritualiser ; fait d'être spiritualisé.

SPIRITUALISER v. t. (de *spirituel*) [conj. 3]. *Litt.* Imprimer à qqch, à qqn une marque, un caractère de spiritualité, d'élévation : *Une poésie qui spiritualise l'amour.*

SPIRITUALISME n. m. **1.** Doctrine qui affirme l'existence de l'esprit comme réalité supérieure à la matière et antérieure à elle. — **2.** Doctrine posant en principe la spiritualité de l'âme et affirmant les valeurs spirituelles et morales. (S'oppose à MATÉRIALISME.)

SPIRITUALISTE adj. et n. Relatif au spiritualisme ; adepte du spiritualisme.

SPIRITUALITÉ n. f. (bas lat. *spiritualitas*). **1.** *Litt.* Qualité de ce qui est esprit, de ce qui est dégagé de toute matérialité : *La spiritualité de l'âme, de la poésie.* — **2.** Ce qui concerne la doctrine ou la vie centrée sur Dieu et les choses spirituelles.

SPIRITUEL, ELLE adj. (bas lat. *spiritualis,* du lat. class. *spiritus,* esprit). **1.** Qui est de la nature de l'esprit, considéré comme une réalité distincte de la matière : *La nature spirituelle de l'âme.* — **2.** Qui relève du domaine de la pensée, de l'esprit : *La parenté spirituelle de deux écrivains.* — **3.** Qui appartient à un domaine moral, distinct des réalités du monde sensible et de la vie pratique : *Le pape, chef spirituel des catholiques.* — **4.** Qui a de l'esprit, de la finesse dans sa manière de manier les idées : *Un homme spirituel.* — **5.** Qui manifeste du piquant, qui amuse, fait rire : *Une repartie spirituelle.* — **6.** *Pouvoir spirituel,* pouvoir de l'Église en matière religieuse.

◆ **spirituel** n. m. Membre d'une section de l'ordre des Franciscains, qui se faisait un devoir d'observer strictement la règle de saint François, et particulièrement le précepte de l'absolue pauvreté. (Persécutés et anathématisés par Jean XXII [1317-18], les spirituels donnèrent naissance aux fraticelles.)

SPIRITUELLEMENT adv. **1.** D'une manière spirituelle, avec esprit : *Répliquer très spirituellement.* — **2.** *Litt.* En esprit, par la pensée : *Ils sont spirituellement proches.*

SPIRITUEUX, EUSE adj. et n. m. (lat. *spiritus,* esprit). Se dit d'une boisson qui contient un fort pourcentage d'alcool comme l'armagnac, le cognac, le whisky, le gin, etc.

SPIROCERCOSE n. f. *Spirocercose canine,* maladie du chien, provoquée par des parasites (larves de *spirocerca*) dans le tube digestif.

SPIROCHÈTE [-kɛt] n. m. Nom générique des bactéries en forme de spirale et pourvues d'une ciliature complexe, incluse dans le corps cellulaire, qui provoque des déplacements par des mouvements d'oscillation. (Le groupe des spirochètes comprend les spirilles, les *borellia,* les *leptospira,* et surtout les *treponema.*)

SPIROCHÉTOSE [-ketoz] n. f. Nom générique des maladies infectieuses dues à un spirochète. (La *spirochétose du lapin,* ou *syphilis du lapin,* est transmise par le coït. La *spirochétose aviaire* est une maladie infectieuse transmise par des argas.)

SPIROGRAPHE n. m. (lat. sc. *spirographis*). Annélide polychète sédentaire (sabellidé) au superbe panache branchial.

SPIROGYRE n. f. Algue verte (conjuguée), commune dans les eaux douces, et dont les filaments portent un ruban spiralé de chlorophylle. (Lors de la reproduction se forment des « ponts » par lesquels les cellules des filaments mâles passent dans les filaments femelles, qui en mourant libèrent les œufs.)

SPIROÏDAL, E, AUX adj. D'une forme proche de la spirale.

SPIROÏDE adj. *Fracture spiroïde,* type de fracture dans lequel la solution de continuité est hélicoïdale.

SPIROMÈTRE n. m. Appareil destiné à mesurer la capacité vitale, c'est-à-dire le volume d'air expiré au cours d'une expiration forcée après une inspiration forcée.

SPIROMÉTRIE n. f. Mesure, à l'aide du spiromètre, des volumes gazeux respiratoires et des débits ventilatoires.

SPIRONOLACTONE n. f. Médicament chimique de structure analogue à celle de l'aldostérone et aux effets antagonistes de ceux de cette hormone. (La spironolactone est employée dans le traitement de différents œdèmes.)

SPIRORBE n. m. (lat. *spira,* spire, et *orbis,* cercle). Annélide polychète sédentaire très commune, à tube calcaire enroulé en spirale sur un support quelconque.

SPIROTRICHE n. m. Nom d'une sous-classe de protozoaires ciliés ayant, à côté de cils ordinaires, des organes ciliaires composés, tels que membranelles et cirres.

Spirou, personnage de bande dessinée créé en 1938 par Rob-Vel (Paris 1909 - Saint-Malo 1991) et Davine, et repris par plusieurs dessinateurs dont Jijé et A. Franquin. Ce petit groom vif et farceur a donné son nom à un hebdomadaire (1938) où ont travaillé les meilleurs auteurs belges de B. D.

SPIRULE n. f. (lat. *spirula,* tore). Mollusque céphalopode des grandes profondeurs marines, muni d'une coquille spirale interne divisée en chambres et d'un organe lumineux.

SPIRULINE n. f. Algue bleue (cyanophycée) d'Afrique noire et du Mexique aux qualités nutritives remarquables (matière sèche contenant jusqu'à 68 % de protéines).

SPITANT, E adj. En Belgique, se dit de qqn de vif, d'enjoué.

SPITHEAD, rade d'Angleterre, entre l'île de Wight et Portsmouth.

SPITTELER (Carl), écrivain suisse de langue allemande (Liestal 1845 - Lucerne 1924). Les mythes antiques lui inspirèrent de vastes fresques épiques (*Prométhée et Épiméthée,* 1880-81 ; *Printemps olympien,* 1900-1905 ; *le Second Prométhée,* 1924). [Prix Nobel 1919.]

SPITZ n. m. Syn. de LOULOU.

SPITZ (René Arpad), psychanalyste américain d'origine hongroise (Vienne, Autriche, 1887 - Denver, Colorado, 1974). Ses travaux, à partir d'observations directes, ont porté sur les relations entre la mère et l'enfant durant les deux premières années de la vie. Il a démontré les conséquences, pour le développement psychique et somatique, des carences affectives survenant à ce moment-là et a, en particulier, développé les notions d'hospitalisme et de dépression anaclitique.

SPITZ (Mark), nageur américain (Modesto, Californie, 1950). Il a dominé les jeux Olympiques de Munich en 1972, remportant quatre épreuves individuelles (100 m et 200 m nage libre, 100 m et 200 m papillon) et trois relais (4 × 100 m et 4 × 200 m nage libre, 4 × 100 m quatre nages) au cours desquels les précédents records du monde furent battus.

SPITZBERG, la plus grande île de l'archipel du Svalbard* ; 39 400 km². Les glaces, qui recouvrent encore plus de la moitié de l'île, y ont façonné des crêtes aiguës et ouvert des fjords. Gisement de houille exploité par les Norvégiens et les Russes.

SPITZER (Lyman), astronome américain (Toledo 1914). On lui doit d'importants travaux sur la physique des galaxies et la formation des étoiles. Il a montré que les planètes n'ont pu se former à partir de matière arrachée au Soleil.

SPLANCHNICECTOMIE [-knisɛk-] n. f. Résection des nerfs splanchniques au niveau des piliers du diaphragme.

SPLANCHNIQUE [-knik] adj. (gr. *splagkhnikos*). **1.** Relatif aux viscères. – **2.** *Cavité splanchnique,* chacune des trois grandes cavités du corps (crâne, thorax, abdomen).

SPLEEN [splin] n. m. (angl. *spleen,* du lat. *splen,* rate, parce que les Anciens croyaient que l'humeur noire était produite par la rate). *Litt.* Mélancolie sans cause précise.

SPLEENÉTIQUE [spli-] adj. *Litt.* Qui inspire ou exprime le spleen.

SPLENDEUR n. f. (lat. *splendor*). **1.** *Litt.* Grand éclat de lumière : *La splendeur du soleil.* – **2.** *Litt.* Très grande beauté : *La splendeur du paysage.* – **3.** Chose splendide : *Ce collier est une splendeur.* – **4.** *Litt.* Grand éclat de gloire, de puissance, de prospérité : *Du temps de sa splendeur, elle possédait cinq voitures.*

Splendeurs et misères des courtisanes, roman d'H. de Balzac (1838-1847) [*Scènes de la vie parisienne*]. Cette suite des *Illusions perdues* voit l'alliance de Lucien de Rubempré avec Vautrin dont il devient l'instrument, son ascension dans le monde, ses amours tragiques avec la courtisane Esther, son suicide et « la Dernière Incarnation de Vautrin » qui devient chef de la Sûreté.

SPLENDIDE adj. (lat. *splendidus,* de *splendere,* briller). **1.** Se dit d'un grand éclat lumineux, magnifique : *Journée splendide.* – **2.** Qui provoque l'admiration par sa beauté éclatante : *Un paysage splendide. Une fille splendide.*

SPLENDIDEMENT adv. D'une manière splendide.

SPLÉNECTOMIE n. f. Ablation chirurgicale de la rate.

SPLÉNIQUE adj. (lat. *splenicus,* du gr. *splênikos*). **1.** Relatif à la rate. – **2.** *Artère splénique,* branche du tronc cœliaque, qui se porte vers la rate, en suivant le bord supérieur du pancréas. ‖ *Veine splénique,* veine qui porte le sang veineux de la rate à la veine porte.

SPLÉNOGRAMME n. m. Proportion des différentes cellules d'un frottis de rate obtenu par ponction.

SPLÉNOÏDE adj. Qui a l'apparence de la rate.

SPLÉNOMÉGALIE n. f. Augmentation du volume de la rate.

ENCYCL. La splénomégalie s'observe principalement dans les infections (tuberculose, brucellose, etc.), les parasitoses (paludisme, kala-azar, etc.), les hypertensions portales (cirrhose du foie), les maladies du sang (hémopathies malignes), les maladies de surcharge (maladie de Gaucher et de Nieman-Pick), la sarcoïdose. La cause d'une splénomégalie peut rester inconnue ; c'est le cas en milieu tropical.

SPLÉNOMÉGALIQUE adj. Relatif à la splénomégalie.

SPLIT, port de Croatie, sur le littoral adriatique ; 189 388 hab. (en ital. *Spalato*). Tourisme.
— **Hist.** À la suite de la chute de Salone v. 615, les habitants de cette ville s'établirent à l'intérieur de l'ancien palais de Dioclétien à Spalato, à partir duquel se développa une importante cité byzantine de Dalmatie.
— **Bx-arts.** Quadrilatère de l'anc. palais de Dioclétien (175/180 × 215 m), noyau initial de la ville. Cathédrale aménagée dans le mausolée de l'empereur (clocher des XIIIe-XVIIe s., œuvres d'art, trésor). Petites églises voûtées du style « vieux-croate » (IXe-XIe s.). Palais Papalíc (auj. Musée de la ville) en style gothique fleuri, par Juraj Dalmatinac. Riche Musée archéologique, musée des Monuments archéologiques croates, musée Meštrović, etc.

SPLIT BRAIN [splitbrɛn] n. m. Syn. de ENCÉPHALE* DÉDOUBLÉ.

SPLITTING [splitiŋ] n. m. (angl. *splitting,* de *to split,* cliver). Syn. de CLIVURE.

SPLÜGEN, village suisse (Grisons), sur le Rhin postérieur, à 1 457 m d'alt. ; 400 hab. Sports d'hiver. La route du *col du Splügen* (2 113 m), vieille voie transalpine débouchant sur les lacs italiens, est aujourd'hui seulement touristique.

SPODUMÈNE n. m. (gr. *spodos,* cendre). Silicate naturel d'aluminium et de lithium, de formule $LiAlSi_2O_6$, appartenant au groupe des pyroxènes, utilisé en bijouterie.

SPOERRI (Daniel), artiste suisse d'origine roumaine (Galaţi 1930). « Tableaux-pièges », « Détrompe-l'œil », « Multiplicateurs d'art », « Conserves de magie à la noix », « Objets ethno-syncrétiques » sont parmi les principales séries d'assemblages, ironiques et corrosifs, de ce signataire, en 1960, du manifeste des Nouveaux Réalistes.

SPOHR (Louis), violoniste, chef d'orchestre et compositeur allemand (Brunswick 1784 - Kassel 1859). Il fit des tournées à travers toute l'Europe et fut directeur de la musique à Kassel (1822-1857). D'esprit romantique, son œuvre comprend des opéras, des oratorios, des lieder, des concertos, et des symphonies.

SPOILER [spɔilœr] n. m. (angl. *spoiler,* aérofrein). **1.** Volet escamotable placé sur l'extrados d'une aile, pour diminuer la portance. — **2.** Élément de carrosserie d'une automobile fixé sous le pare-chocs avant et destiné à améliorer l'aérodynamisme.

SPOKANE, v. des États-Unis (Washington), sur la rivière *Spokane,* affluent de la Columbia (r. g.) ; 171 000 hab. Nœud ferroviaire et centre industriel (métallurgie, aéronautique). — À proximité, base aérienne militaire et ressources minières.

SPOLÈTE, en ital. **Spoleto,** v. d'Italie, en Ombrie (prov. de Pérouse) ; 37 300 hab.
— **Hist.** Ville ombrienne, puis romaine (IIIe s. av. J.-C.), Spolète fut la capitale d'un puissant duché semi-indépendant à dater de 571. Attribué par Charlemagne au Saint-Siège, ce duché ne fut effectivement soumis à la papauté qu'au XIIIe s.
— **Bx-arts.** Ruines romaines. Église S. Salvatore, paléochrétienne et romane (IVe et IXe-XIIe s.), cathédrale romane (remaniée aux XVIe et XVIIe s.) et autres églises médiévales. Musées.

SPOLIATEUR, TRICE adj. et n. (lat. *spoliator,* de *spoliare,* dépouiller). *Litt.* Qui dépouille injustement, par violence ou par ruse : *Une loi spoliatrice.*

SPOLIATION n. f. (lat. *spoliatio*). *Litt.* Action de déposséder par violence ou par ruse.

SPOLIER v. t. (lat. *spoliare,* de *spolium,* dépouille) [conj. **9**]. *Litt.* Dépouiller qqn d'un bien par force ou par ruse, l'en déposséder : *Spolier un orphelin de son héritage.*

SPONDAÏQUE adj. (lat. *spondaicus,* du gr.). Se dit d'un hexamètre dactylique dont le cinquième pied est un spondée.

SPONDE (Jean DE), humaniste et poète français (Mauléon 1557 - Bordeaux 1595). Outre des commentaires savants d'Homère, d'Hésiode et d'Aristote, il a composé avec ses sonnets l'une des œuvres les plus éclatantes de la poésie baroque.

SPONDÉE n. m. (gr. *spondeios,* de *spondê,* libation). Pied composé de deux syllabes longues.

SPONDIAS [-djas] n. m. Arbre des régions tropicales (anacardiacée) portant des fruits charnus comestibles (mombin, pomme cythère).

SPONDYLARTHRITE n. f. **1.** Inflammation rhumatismale des vertèbres. — **2.** *Spondylarthrite ankylosante,* affection caractérisée par des douleurs de l'axe rachidien avec ankylose progressive touchant les articulations sacro-iliaques, les hanches, les genoux, les épaules. (Syn. PELVISPONDYLITE RHUMATISMALE.)

ENCYCL. La *spondylarthrite ankylosante* touche surtout l'homme (80 % des cas) entre 15 et 30 ans. La notion d'un facteur génétique est souvent retenue. La maladie peut être favorisée par des entéropathies ou des affections de la sphère urogénitale. Sur le plan biologique, on retrouve les signes de l'inflammation et une grande fréquence de la positivité de la réaction à l'antigène H. L. A. B 27.

SPONDYLE n. m. Mollusque bivalve, des mers chaudes, vivement coloré, sans byssus, fixé par sa valve droite.

SPONDYLITE n. f. **1.** Inflammation d'une ou de plusieurs vertèbres. — **2.** *Spondylite tuberculeuse,* syn. de MAL DE POTT.

SPONDYLOLISTHÉSIS [-zis] n. m. (du gr. *olisthêsis,* luxation). Glissement en avant d'un corps vertébral par rapport au corps vertébral sous-jacent.

SPONGIAIRE n. m. Embranchement d'animaux aquatiques (métazoaires), presque tous marins, vivant fixés, constitués par une paroi entourant une cavité centrale digestive bordée de cellules flagellées à collerette, dont le battement assure la circulation de l'eau, des aliments et des déchets depuis de très nombreux orifices d'entrée jusqu'à un petit nombre d'orifices de sortie. (Les parties molles sont soutenues par un réseau de spicules, calcaires, siliceux ou cornés selon le groupe.) [Syn. ÉPONGE.]

SPONGIEUX, EUSE adj. (lat. *spongiosus,* de *spongia,* éponge). **1.** Qui est poreux comme l'éponge : *Tissu spongieux.* — **2.** Qui s'imbibe d'eau comme une éponge : *Sol spongieux.* — **3.** *Os spongieux,* tissu rempli de moelle osseuse, formant la presque totalité des os courts et les extrémités des os longs.

SPONGILLE n. f. (lat. sc. *spongilla*). Éponge d'eau douce.

SPONGIOSITÉ n. f. Caractère de ce qui est spongieux.

SPONGOSPORA n. m. Champignon, agent de la gale poudreuse de la pomme de terre.

SPONSOR [spɔ̃nsɔr] n. m. (angl. *sponsor*). Particulier ou entreprise qui finance une manifestation, une épreuve sportive, culturelle — ou un de ses participants — dans un but publicitaire. (Syn. COMMANDITAIRE ou PARRAIN.)

SPONSORING [spɔ̃nsɔriŋ] n. m. (angl. *sponsoring,* de *to sponsor,* cautionner). Activité du sponsor. (Syn. PARRAINAGE PUBLICITAIRE.)

SPONSORISATION n. f. Action de sponsoriser.

SPONSORISÉ, E n. Personne, épreuve qui bénéficie de l'aide d'un sponsor.

SPONSORISER v. t. (conj. 3). Financer une entreprise, une manifestation, une équipe, un sportif, etc., pour obtenir une publicité, un surcroît de notoriété. (Syn. COMMANDITER ou PARRAINER.)

SPONTANÉ, E adj. (bas lat. *spontaneus,* du lat. class. *sponte sua,* de son propre mouvement). **1.** Se dit d'un phénomène qui se produit sans avoir été provoqué : *Inflammation spontanée d'une matière combustible.* — **2.** Se dit d'une action que l'agent accomplit de lui-même, sans avoir été sollicité : *Des aveux spontanés.* — **3.** Se dit d'un comportement qui n'est pas réfléchi, qui est fait sans calcul : *Sa réponse a été spontanée.* — **4.** Se dit de qqn qui obéit à ses premières impulsions, qui exprime sans détour ce qu'il pense : *Un garçon très spontané.* • **Bot.** Se dit des plantes qui croissent naturellement dans un pays, sans y avoir été introduites par l'homme. — **Phys.** Se dit de la fission d'un noyau sans apport d'énergie extérieure. — **Physiol.** Se dit des mouvements qui s'exécutent en apparence d'eux-mêmes (par ex. les mouvements du cœur, du cerveau, des artères).

SPONTANÉISME n. m. (de *spontané*). **1.** Dans l'action politique et sociale, attitude qui privilégie la spontanéité. — **2.** Théorie développée notamment par Bakounine et Rosa Luxemburg, et critiquée par Lénine, selon laquelle le mouvement révolutionnaire trouve de lui-même ses propres formes d'expression et d'action, sans se référer aux mots d'ordre, aux structures des organisations ouvrières officielles. — **3.** Doctrine de la génération spontanée ou abiogenèse.

SPONTANÉISTE adj. et n. Relatif au spontanéisme ; partisan du spontanéisme.

SPONTANÉITÉ n. f. Caractère de ce qui est spontané, de qqn qui est spontané, direct : *Manquer de spontanéité.*

SPONTANÉMENT adv. **1.** D'une manière spontanée, sans être sollicité, ni contraint : *Les sous-bois avaient pris feu spontanément.* — **2.** D'une manière naturelle, instinctive, sans réfléchir : *J'ai spontanément fermé le gaz.*

SPONTINI (Gaspare), compositeur italien naturalisé français (Maiolati, Ancône, 1774 - *id.* 1851). Il s'établit en 1803 à Paris, où, soutenu par l'impératrice Joséphine, il donne *la Vestale* (1807) et *Fernand Cortez* (1809), qui lui valent le poste de directeur du Théâtre-Italien (1810). Il révèle au public parisien *Don Giovanni* de Mozart (1811). En 1819, il se rend à Berlin, où il devient *Kapellmeister* et surintendant général de la cour de Frédéric-Guillaume III jusqu'en 1842.

SPORADES, archipel grec de la mer Égée, se composant de deux groupes d'îles *(Sporades du Nord* et *Sporades du Sud)* disséminées le long des côtes de la Grèce et de la Turquie.

SPORADES ÉQUATORIALES → LINE ISLANDS.

SPORADICITÉ n. f. Caractère sporadique de qqch, d'une maladie.

SPORADIQUE adj. (gr. *sporadikos,* dispersé, de *speiren,* semer). **1.** Qui existe çà et là, de temps en temps, irrégulièrement : *Grèves sporadiques.* — **2.** Se dit des maladies qui atteignent quelques individus disséminés dans une population.

SPORADIQUEMENT adv. D'une manière sporadique.

SPORANGE n. m. (gr. *spora,* semence, et *aggos,* vase). Organe contenant les spores chez les plantes cryptogames (algues, champignons, bryophytes, ptéridophytes). [Le sporange des mousses est plus souvent appelé *urne* ou *capsule.*]
ENCYCL. Un sporange est un sac, porté ou non au bout d'un pédoncule, et contenant soit un nombre indéterminé de spores, soit 2^n spores (huit chez les champignons ascomycètes). L'ouverture du sporange est souvent (mousses, fougères) assurée par la rétraction d'éléments spécialisés de sa paroi (déhiscence). Le sporange mâle des plantes à fleurs est l'étamine. Les sporanges sont bisexués chez la plupart des cryptogames actuelles.

SPORE n. f. Organe de dispersion et de multiplication caractéristique du règne végétal, et constitué par une très petite diaspore, aux cellules généralement haploïdes, et très souvent unicellulaire.
ENCYCL. Une spore est une bouture naturelle, de très faible taille, très résistante aux agents de destruction grâce à une vie ralentie (spores des bactéries), pouvant se séparer du pied mère pour se déplacer activement (spores nageuses des algues et des champignons aquatiques) ou se laisser entraîner, et possédant enfin une aptitude à « germer » en milieu favorable pour donner un organisme végétal. Un individu produit d'ordinaire un très grand nombre de spores. Tantôt celles-ci reproduisent exactement le pied mère, tantôt elles engendrent un organisme d'aspect différent appelé « prothalle » ou « gamétophyte ». Il y a des espèces « isosporées », où toutes les spores sont semblables, des espèces « hétérosporées » (sélaginelles, par ex.), chez lesquelles on distingue des *macrospores* femelles et des *microspores* mâles. Les plantes à fleurs n'ont gardé que les microspores, appelées alors *grains de pollen.* Les animaux ne produisent jamais de spores (sauf les protistes du groupe des sporozoaires*) et les plantes en produisent toujours (sauf les algues brunes de l'ordre des fucales).

SPORIFÈRE adj. Qui porte ou qui produit des spores.

SPOROGONE n. m. Sporophyte des mousses, vivant en parasite de la tige femelle et composé d'un pédicelle *(soie)* et d'un sporange *(capsule).*

SPOROPHYTE n. m. Organisme végétal diploïde issu d'un œuf fécondé et pouvant porter des organes sporifères. (À l'exception des mousses et des hépatiques, les plantes terrestres ont un sporophyte beaucoup plus développé que le gamétophyte*, ce dernier étant réduit à presque rien chez les plantes à fleurs.) [S'oppose à GAMÉTOPHYTE.]

SPOROTRICHE n. m. Champignon inférieur, parasite de l'homme et des animaux domestiques.

SPOROTRICHOSE [-koz] n. f. Mycose superficielle ou sous-cutanée, rarement viscérale, due à un champignon, *Sporotrichum schenkii* (adélomycète, hyphomycète), pathogène pour l'homme et l'animal sous sa forme levure. (Elle se traduit par un chancre d'inoculation ulcéré et des lésions nodulaires des lymphatiques siégeant plutôt aux membres ; l'atteinte osseuse sous-jacente est fréquente.)

SPOROTRICHOSIQUE [-ko-] adj. Relatif à la sporotrichose.

SPOROZOAIRE n. m. Nom d'un sous-embranchement de protozoaires parasites dont le cycle débute par une spore. (Celle-ci germe en un sporozoïte vermiforme qui, après diverses transformations, donne les gamètes ; œuf et spore éclosent souvent dans un hôte différent ; on distingue deux classes principales : les coccidies et les grégarines.)

SPOROZOÏTE n. m. Cellule de sporozoaire, issue d'une spore.

SPORT [spɔr] n. m. (angl. *sport,* de l'anc. fr. *desport,* amusement). **1.** Activité physique visant à améliorer sa condition physique. — **2.** Ensemble des exercices physiques se présentant sous forme de jeux individuels ou collectifs, donnant généralement lieu à compétition, pratiqués en observant certaines règles précises. — **3.** Chacune des formes particulières de cette activité. — **4.** *Fam.* Toute activité nécessitant à la fois du savoir-faire et une particulière attention à ce que fait le partenaire : *Avec lui, la conversation est un sport.* — **5.** Fam. *C'est du sport,* c'est difficile. ‖ *Faire qqch pour le sport,* sans intérêt financier, sans tirer d'avantage personnel. ‖ Fam. *Il va y avoir du sport,* les choses vont mal tourner, on risque d'en venir aux mains. ‖ *Sports aériens,* activités sportives de l'aviation (parachutisme, modèles réduits, vol à voile, vol libre et vol à moteur). ‖ *Sports de combat,* boxe, escrime, judo, lutte, karaté, etc. ‖ *Sports de glace,* bobsleigh, curling, hockey et patinage sur glace. ‖ *Sports d'hiver,* l'ensemble constitué par les sports de neige et les sports de glace ; vacances d'hiver en montagne n'impliquant pas obligatoirement la pratique de ces sports.

◆ adj. inv. **1.** Se dit de vêtements, d'accessoires d'un style confortable, par oppos. à *habillé* ou *de ville : Un tailleur sport.* — **2.** *Être (très) sport,* agir avec loyauté, fair-play, générosité : *Il a été très sport avec son concurrent.*

ENCYCL. Sur le *plan national,* la pratique du sport amateur s'effectue au sein de clubs ou d'associations locales régis par la loi de 1901. Ces clubs unisport ou omnisports sont affiliés aux fédérations unisport correspondantes. Celles-ci, habilitées par l'État, organisent les championnats nationaux, régionaux et départementaux, sélectionnent les équipes nationales en vue des rencontres internationales, désignent les champions de France et forment les cadres bénévoles. Elles dirigent leur sport et font respecter les règlements. À côté des fédérations habilitées vivent des fédérations omnisports groupées suivant leurs affinités politique, religieuse ou professionnelle, suivant les milieux : scolaire, universitaire, militaire, entreprises. Le Comité national olympique et sportif français (C. N. O. S. F.) regroupe l'ensemble des fédérations sportives françaises dont il coordonne les actions. Reconnu par le Comité international olympique (C. I. O.), il est seul habilité à veiller à la préparation et à l'engagement des sportifs français aux jeux Olympiques. Au sein du ministère, l'organisme en relation avec le monde sportif est la Direction des sports. Pour la formation des cadres rémunérés, l'État a créé les brevets d'État d'éducateur sportif et, en 1985, le corps des professeurs de sport. L'Institut national du sport et de l'éducation physique (I. N. S. E. P.) est à la fois un centre d'entraînement pour les sportifs de haut niveau et une école de formation de cadres sportifs. Les centres régionaux d'éducation physique et sportive (C. R. E. P. S.) forment des cadres régionaux et départementaux et organisent des stages. Les centres permanents d'entraînement et de formation (C. P. E. F.) associent, pour les jeunes athlètes, pratique sportive spécialisée et enseignement général (créés en 1985, ils remplacent progressivement les sections sport-études, mises en place au milieu des années 70).

Sur le *plan international,* il existe pour chaque sport une Fédération sportive internationale dont le but est d'établir les règlements et d'organiser les compétitions mondiales et continentales. Elles sont constituées par l'ensemble des fédérations nationales unisport. On distingue aussi les fédérations sportives internationales olympiques, reconnues par le C. I. O. Les grandes compétitions internationales sont les jeux Olympiques* et, pour chaque sport, des championnats et coupes du monde, des championnats continentaux et des jeux régionaux (jeux africains, asiatiques, panaméricains...). Depuis la fin du XIXe s., le sport s'est considérablement développé, notamment avec la multiplication des compétitions mondiales et continentales, retransmises par les médias. Le sport de haute compétition nécessite un entraînement d'une très grande intensité, ce qui conduit à certains dangers ou déviations : surmenage, dopage, violence, tricherie, appât de l'argent. Enfin, la pratique sportive à un niveau élevé n'étant plus compatible avec un véritable amateurisme, on assiste à un glissement de plus en plus net vers le professionnalisme, avéré ou officieux.

sport et de l'éducation physique *(Institut national du)* **[I. N. S. E. P.],** organisme créé en 1975 par le regroupement de l'*Institut national des sports* (I. N. S.) et de l'*École nationale supérieure d'éducation physique* (E. N. S. E. P.) et implanté à Paris (XIIe arrond., dans le bois de Vincennes). Il a notamm. pour but la formation et le perfectionnement d'athlètes de haut niveau.

SPORTIF, IVE adj. **1.** Qui est propre à un sport, aux sports ou qui s'y rapporte : *Les résultats sportifs.* — **2.** Qui a le caractère d'un sport, de la compétition : *Conduite sportive d'une automobile.* — **3.** Qui évoque la pratique d'un sport : *Une allure sportive.* — **4.** Qui est en accord avec une certaine conception du sport, du fair-play, ou qui agit conformément à celle-ci : *Montrez-vous sportif, reconnaissez vos torts.* — **5.** *Danse sportive,* danse de salon présentée en exhibition, par couple, et pour laquelle sont organisés des championnats. ‖ *Pêche sportive,* pêche au lancer, au cours de laquelle le pêcheur se déplace, par oppos. aux pêches au coup et sédentaires.

◆ adj. et n. **1.** Qui fait du sport, qui pratique un ou plusieurs sports. — **2.** Qui aime le sport, qui en apprécie le spectacle.

SPORTIVEMENT adv. Avec les qualités morales d'un sportif.

SPORTIVITÉ n. f. Caractère loyal, sportif.

SPORTSWEAR [spɔrtswɛr] n. m. (angl. *sportswear,* de *sports,* sports, et *wear,* ce qu'on porte). Terme commercial désignant des vêtements de style sport.

SPORTULE n. f. (lat. *sportula,* de *sporta,* corbeille). Dans la Rome antique, gratification accordée par les patrons à leurs clients.

SPORULATION n. f. Émission de spores, ou, dans le cas des bactéries, transformation en spores, qui assurent la survie de l'espèce lorsque les conditions deviennent défavorables : chaleur, sécheresse, salinité, etc.

ENCYCL. Pour les bactéries, les conditions déclenchant la sporulation peuvent être une élévation de la pression d'oxygène ou de la température jusqu'à 80 °C, ce qui explique que les bactéries sporulées résistent à la pasteurisation.

SPORULÉ, E adj. Se dit de bactéries (agents du tétanos, du charbon, du botulisme), capables de former des spores.

SPORULER v. i. (conj. 3). Former des spores.

SPOT [spɔt] n. m. (angl. *spot,* tache, point). **1.** Luminaire orientable assurant un éclairage localisé. — **2.** Petit projecteur directif permettant d'éclairer localement un comédien ou une partie du décor. — **3.** Image lumineuse que l'on forme sur l'échelle des instruments de mesure à miroir tournant pour servir d'index. — **4.** Tache lumineuse formée par le pinceau d'électrons sur l'écran d'un tube cathodique. — **5.** Film publicitaire de courte durée.
◆ adj. inv. *Prix spot,* se dit des prix pratiqués sur les marchés « libres » du pétrole (notamm. Rotterdam).

Spot (acronyme de *Satellite Pour l'Observation de la Terre*), famille de satellites français d'observation civile de la Terre, lancés depuis 1986 (le premier, Spot 1, a été opérationnel jusqu'en déc. 1990). Ils sont placés sur une orbite héliosynchrone, inclinée à 98,7° sur l'équateur, à 830 km d'altitude. Les prises de vues sont effectuées par deux caméras à haute résolution opérant dans le visible et le proche infrarouge.

Spoutnik, nom donné par les Soviétiques à leurs trois premiers satellites artificiels de la Terre. Spoutnik 1, lancé le 4 oct. 1957, était une boule de 83,6 kg, emportant un simple émetteur radio. Spoutnik 2, mis sur orbite le 3 nov. 1957, avait une masse de 543,5 kg, et il emporta la chienne Laïka, le premier être vivant à séjourner en orbite. Spoutnik 3, lancé le 15 mai 1958, était un satellite géophysique de 1 340 kg.

S. P. Q. R., sigle de SENATUS POPULUSQUE ROMANUS (« le sénat et le peuple romain »).

SPRANGER (Bartholomeus), peintre et dessinateur flamand (Anvers 1546 - Prague 1611), naturalisé tchèque en 1593. Il travailla surtout à Rome (1566-1575) et à Vienne avant de passer à Prague (1581), où il fut nommé peintre de la cour de Rodolphe II. Maniériste tardif plein de préciosité irréaliste, de sensualité (arabesques des nus) et de pittoresque, il est l'auteur de scènes mythologiques, historiques, religieuses, ainsi que de portraits (Kunsthistorisches Museum de Vienne, etc.).

SPRAT [sprat] n. m. (angl. *sprat*). Poisson (clupéidé) des mers nordiques, voisin du hareng et de la sardine, encore appelé menuise, harenguet ou anchois de Norvège, faisant l'objet d'une pêche importante.

SPRATLY *(îles),* archipel de la mer de Chine méridionale, sur 10° de latitude N., à l'O. de l'île philippine de Palauan. Il comprend une centaine de petites îles éparpillées sur environ 180 000 km², revendiquées (au moins pour certaines) par les Philippines, la Chine, Taiwan, le Viêt-nam, la Malaysia et Brunei.

SPRAY [sprɛ] n. m. (angl. *spray*). **1.** Jet de liquide en fines gouttelettes lancé par un pulvérisateur. — **2.** Le pulvérisateur lui-même.

SPRECHGESANG n. m. (mot all. signif. chant parlé). Style vocal d'expression musicale, oscillant entre le parlé et le chanté, mis au point par A. Schönberg à l'occasion de la composition de *Pierrot lunaire* (1912).

SPREE (la), riv. d'Allemagne, née dans la haute Lusace, affluent de la Havel, et qui passe à Berlin ; 403 km. Bassin de 10 100 km². Elle est unie à l'Oder par le canal Oder-Spree.

SPREEWALD, région de l'est de l'Allemagne, au N.-O. de Cottbus, traversée par la Spree. Cultures maraîchères.

SPREKELIA n. m. Plante bulbeuse (amaryllidacée) du Mexique, cultivée dans les serres et en plein air pour ses fleurs pourpre cramoisi.

SPRINGBOK [spriŋbɔk] n. m. (néerl. *springbok,* bouc sauteur). Antilope des savanes d'Afrique australe, célèbre par ses bonds.

SPRINGCREST [spriŋkrɛst] n. f. Variété de pêches à chair jaune créée aux États-Unis, adaptée au littoral méditerranéen.

springer *(welsh)* → WELSH-SPRINGER.

Springer-Verlag, maison d'édition allemande fondée en 1842, à Berlin, par Julius Springer et installée maintenant à Heidelberg. Spécialisée dans les ouvrages scientifiques, elle possède un réseau de distribution international.

Springer Verlag *(Axel),* groupe de presse et d'édition allemand, fondé par Axel Caesar Springer (Altona, Hambourg, 1912 - Berlin-Ouest 1985), à Hambourg, en 1945, transféré à Berlin en 1967, qui contrôle la majorité de la presse allemande avec des quotidiens *(Hamburger Abendblatt,* fondé en 1948 ; *Bild Zeitung,* fondé en 1952 ; *Die Welt,* acquis en 1953 ; le *Berliner Morgenpost),* des revues hebdomadaires et mensuelles.

SPRINGFIELD, v. des États-Unis, cap. de l'Illinois ; 105 227 hab. Centre commercial, administratif (compagnie d'assurance) et industriel. Maison et tombeau d'Abraham Lincoln.

SPRINGFIELD, v. des États-Unis (Massachusetts), sur la rivière Connecticut ; 156 983 hab. Centre industriel et universitaire. Important musée des Beaux-Arts.

SPRINGFIELD, v. des États-Unis (Missouri) ; 140 494 hab. Marché agricole et centre industriel.

SPRINGS, v. d'Afrique du Sud, dans le Witwatersrand, à l'E. de Johannesburg ; 154 000 hab. Mines d'or. Centre industriel.

SPRINGTIME [spriŋtajm] n. f. Variété de pêches à chair jaune, d'origine californienne, base de la production de fruits précoces du Midi.

SPRINKLER [sprinklɛr] n. m. (angl. *sprinkler,* de *to sprinkle,* arroser). **1.** Syn. de ASPERSEUR. — **2.** Ajutage de pulvérisation équipant des installations d'extinction automatiques à eau du type Grinnel.

SPRINT [sprint] n. m. (angl. *sprint*). **1.** Course de vitesse sur une courte distance. — **2.** Dans une course, accélération de l'allure à proximité de l'arrivée.

Sprint, missile antimissile américain, à haute accélération, capable d'intercepter les têtes nucléaires assaillantes dans leur phase terminale de rentrée.

1. SPRINTER [sprintœr] n. m. (angl. *sprinter*). **1.** En athlétisme, en natation et en cyclisme, spécialiste des courtes distances. — **2.** En cyclisme, routier capable d'accélérer brutalement à proximité immédiate de l'arrivée.

2. SPRINTER [sprinte] v. i. (de *sprint*) [conj. 3]. Faire un sprint, accélérer l'allure à la fin d'une course.

SPRUANCE (Raymond Ames), amiral américain (Baltimore 1886 - Pebble Beach, Californie, 1969). Pendant la campagne du Pacifique, il prit une part décisive à la bataille de Midway (1942) puis commanda la Vᵉ flotte. Il fut commandant en chef de la flotte du Pacifique en nov. 1945.

SPRUCE [sprus] n. m. (angl. *spruce,* sapin). Bois de certains épicéas d'Amérique du Nord.

SPRUE n. f. (angl. *sprue,* scories). Maladie surtout tropicale, caractérisée par une diarrhée chronique, une glossite et une anémie hypochrome et mégaloblastique. (Syn. PSILOSIS.)

SPUME n. f. (lat. *spuma,* écume). Liquide couvert d'écume à grosses bulles, comme le sang des hémoptysies.

SPUMEUX, EUSE adj. (lat. *spumosus,* de *spuma,* écume). Qui a l'apparence de l'écume.

SPUMOSITÉ n. f. Caractère de ce qui est spumeux.

SPY, localité de Belgique, dans la province de Namur (comm. de Jemeppe-sur-Sambre). En 1886, une petite grotte a livré les restes de trois squelettes humains de type néandertalien, accompagnés d'une industrie lithique moustérienne et d'ossements d'animaux disparus.

SQUALE [skwal] n. m. Requin, en partic. de la famille des squalidés.

SQUALÈNE [skwa-] n. m. Hydrocarbure insaturé, liquide, contenu dans de nombreux tissus animaux (foie de squales) et végétaux, pivot de la biosynthèse des stérols.

SQUALIDÉ [skwa-] n. m. Nom d'une famille de petits requins benthiques possédant des évents et cinq paires de fentes branchiales, ainsi que deux dorsales précédées chacune d'une épine, tels que les aiguillats, les sagres, les liches et les laimargues.

SQUALOÏDE [skwa-] n. m. Nom d'un sous-ordre de poissons comprenant les squalidés et les centrines.

SQUAMATE [skwa-] n. m. (lat. *squamatus,* écailleux). Reptile au corps recouvert d'écailles, possédant une fente cloacale transversale, tels que les lézards ou lacertiliens et les serpents ou ophidiens. (Syn. SAUROPHIDIEN.)

SQUAME [skwam] n. f. Lamelle épidermique qui se détache de la peau.

SQUAMEUX, EUSE [skwa-] adj. (lat. *squamosus*). **1.** Se dit d'un organe en forme d'écaille, qui ressemble à des écailles. — **2.** Se dit d'une dermatose caractérisée par des squames. — **3.** Se dit d'un animal couvert d'écailles.

SQUAMIFÈRE [skwa-] adj. Revêtu d'écailles.

SQUAMULE [skwa-] n. f. (lat. *squamula*). Nom scientifique des écailles des ailes des papillons, ainsi que des organes analogues d'autres insectes.

SQUARCIONE (Francesco), peintre italien (Padoue 1397 - *id.* 1474). Amateur d'œuvres antiques, il dirigea à Padoue un atelier où ses élèves (Mantegna, Tura, etc.) prirent le goût de l'archéologie et le sens de la grandeur romaine.

SQUARE [skwar] n. m. (angl. *square,* place carrée, du moyen fr. *esquare,* carré). **1.** Petit jardin public, généralement clôturé. (À Paris, création du milieu du XIXᵉ s.) — **2.** Cour entourée d'immeubles d'habitation.

SQUARE DANCE [skwerdɑ̃s] n. f. (pl. *square dances*) [amér. *square dance,* danse à quatre couples]. Danse du folklore nord-américain, s'apparentant au quadrille et dont les figures sont annoncées par le caller.

SQUASH [skwaʃ] n. m. (pl. *squashs*) [angl. *squash,* abrév. de *squash-racket(s),* de *to squash,* écraser]. Sport pratiqué en salle et opposant deux joueurs qui, placés côte à côte, se renvoient la balle avec une raquette en la faisant rebondir sur les quatre murs.

SQUAT [skwat] n. m. (angl. *to squat,* s'asseoir sur les talons). **1.** Action de squatter une habitation. — **2.** Logement ainsi occupé.

SQUATINIDÉ [skwa-] n. m. (lat. *squatina*). Nom de famille des anges* de mer.

1. SQUATTER [skwatœr ou -tɛr] n. m. (angl. *squatter*). **1.** Aux États-Unis, pionnier qui s'aventure et se fixe dans les territoires non encore occupés. — **2.** En Australie, propriétaire de troupeaux de moutons paissant sur des terrains loués au gouvernement. — **3.** Personne sans abri qui occupe illégalement un logement vacant ou destiné à la destruction.

2. SQUATTER ou **SQUATTÉRISER** [skwa-] v. t. (conj. 3). Occuper un logement vide sans droit ni titre.

SQUAW [skwo] n. f. (angl. *squaw*, de l'algonquin). Chez les Indiens de l'Amérique du Nord, femme mariée.

SQUAW VALLEY, station de sports d'hiver des États-Unis (Californie), dans le nord de la Sierra Nevada.

SQUEEZE [skwiz] n. m. (angl. *squeeze*, compression). Action de squeezer.

SQUEEZER [skwize] v. t. (angl. *to squeeze*, presser) [conj. 3]. **1.** Au bridge, obliger un adversaire à se défausser en supprimant ainsi sa garde dans l'une ou l'autre couleur qui lui reste. — **2.** *Fam.* Prendre qqn au dépourvu, le coincer entre des impératifs contradictoires.

SQUELETTE n. m. (gr. *skeleton*, de *skeletos*, desséché). **1.** Charpente osseuse du corps de l'homme et des animaux. (→ *encycl.* et dessin p. 6912) — **2.** Ensemble des éléments osseux d'un organe : *Squelette de la main, du nez.* — **3.** Restes osseux d'un individu ou d'un animal morts. — **4.** *Fam.* Personne très maigre. — **5.** Charpente d'une œuvre, d'un discours où ne figure que l'essentiel, exposé sèchement. — **6.** Structure charpentée, ossature d'une construction. — **7.** Enchaînement des atomes de carbone dans la molécule d'un composé organique.

ENCYCL. **Anat.** Le squelette sert de soutien aux parties molles et forme de véritables leviers sur lesquels agissent les muscles. Il est constitué par les os, reliés entre eux par les articulations. On distingue : 1° une colonne médiane, la colonne vertébrale, ou *rachis*, formée de 33 vertèbres ; 2° les *côtes*, articulées en arrière avec le rachis, en avant avec le sternum, l'ensemble constituant le *thorax ;* 3° la *tête*, articulée avec l'extrémité supérieure du rachis ; 4° les *membres supérieurs*, rattachés au thorax par la *ceinture scapulaire* (clavicule et omoplate) ; 5° les *membres inférieurs*, rattachés à la colonne vertébrale par la *ceinture pelvienne* (les 2 os iliaques qui la composent avec le sacrum forment le bassin) ; 6° en avant du cou, un os isolé, l'*os hyoïde*. Les os du corps humain sont au nombre de 200.
— **Zool.** Chez les invertébrés, les animaux aquatiques dépourvus de tout squelette rigide assurent leur fermeté à l'aide d'un hydrosquelette*. À celui-ci, présent chez tous les animaux, peuvent s'ajouter diverses pièces dures : spicules, carapace, coquille, cuticule, polypier, plaques des échinodermes, etc. Chez les vertébrés, outre les pièces dures externes : dents, écailles, griffes, sabots, carapace (tortues, etc.), on distingue un endosquelette profond, qui passe toujours par un stade cartilagineux, puis devient osseux dans la plupart des groupes, et un exosquelette qui, résulte d'une ossification directe du tissu conjonctif dermique (ossification dermique).

SQUELETTIQUE adj. (de *squelette*). **1.** Qui est d'une maigreur telle qu'on aperçoit les os sous la peau : *Un chat squelettique.* — **2.** Se dit d'un végétal qui semble sans vie : *Des arbres squelettiques.* — **3.** Qui est réduit à sa plus simple expression, qui est peu important ou sans développement : *Un parti squelettique. Un rapport squelettique.* — **4.** Se dit d'un muscle strié s'attachant à une pièce du squelette.

SQUID n. m. (sigle de *Superconducting QUantum Interference Device*). Composant cryoélectronique constitué d'un anneau supraconducteur comportant une jonction isolante et utilisé pour mesurer des champs magnétiques extrêmement faibles.

SQUILLE [skij] n. f. (lat. *squilla*). Crustacé stomatopode (squillidé) dont une espèce a reçu le nom de squille-mante *(Squilla mantis)* en raison de la conformation de ses pattes ravisseuses.

SQUIRE [skwajr] n. m. (angl. *squire*, de l'anc. *esquier*, écuyer). Syn. de ESQUIRE.

SQUIRRE ou **SQUIRRHE** [skir] n. m. (lat. *scirros*, du gr. *skirros*, corps dur). Variété de carcinome caractérisée par sa dureté. (Dans la variété dite « squirre atrophique » du sein, le squirre s'accompagne d'une rétraction des tissus.)

SQUIRREUX ou **SQUIRRHEUX, EUSE** [ski-] adj. De la nature du squirre.

sr, symbole du *stéradian*.

Sr, symbole chimique du *strontium*.

SRAFFA (Piero), économiste italien (Turin 1898 - Cambridge 1983). Enseignant à Cambridge, il a notamment étudié la formation des prix et diffusé la doctrine de Ricardo.

SREDNA GORA (« Montagne centrale » ou « Montagne intérieure »), montagne de Bulgarie, parallèle au mont Balkan ; 1 604 m au mont Bogdan.

SREMSKI KARLOVCI, nom actuel de Karlowitz.

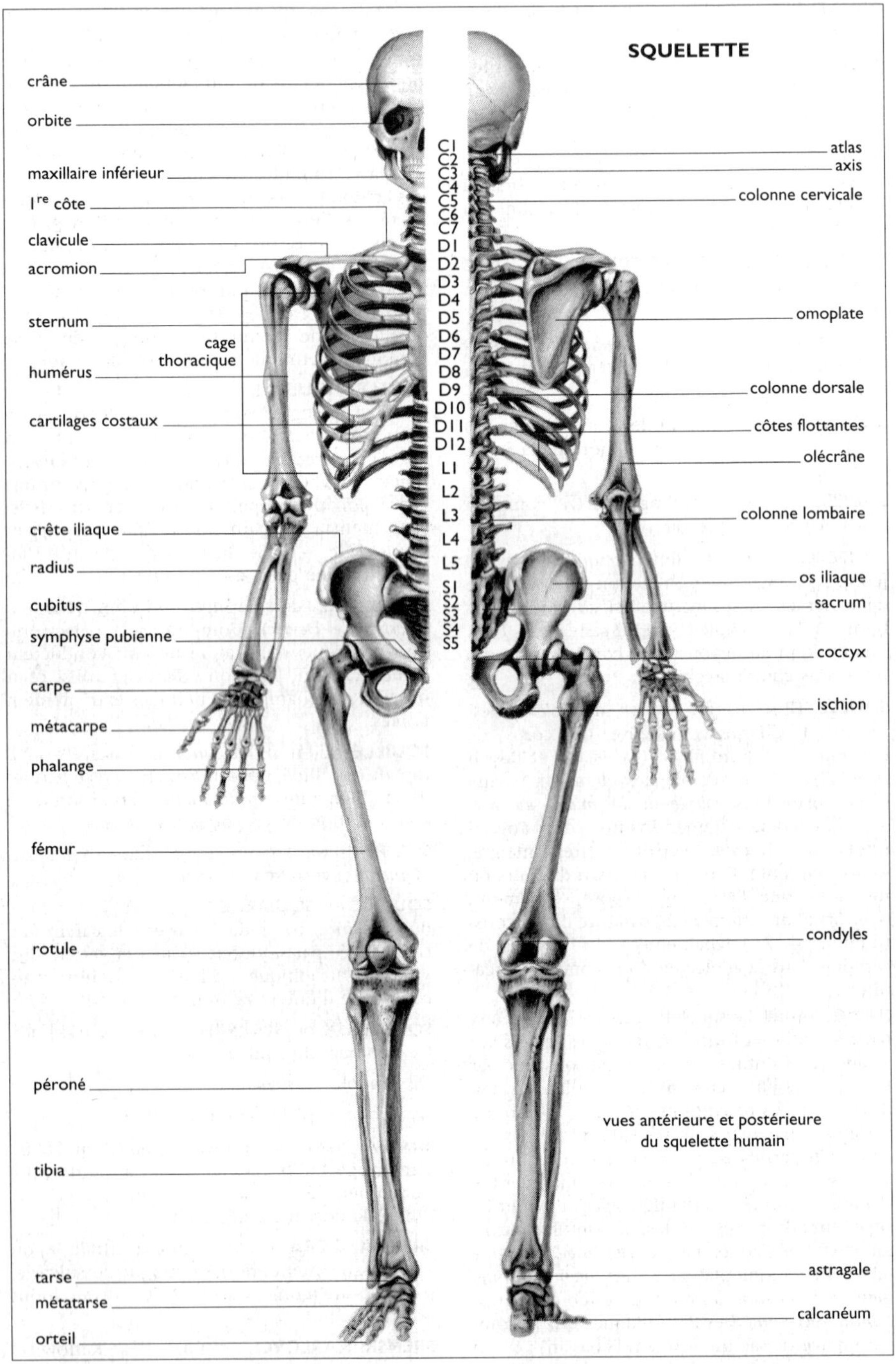
SQUELETTE
crâne
orbite
maxillaire inférieur
Ire côte
clavicule
acromion
sternum
cage thoracique
humérus
cartilages costaux
crête iliaque
radius
cubitus
symphyse pubienne
carpe
métacarpe
phalange
fémur
rotule
péroné
tibia
tarse
métatarse
orteil
C1
C2
C3
C4
C5
C6
C7
D1
D2
D3
D4
D5
D6
D7
D8
D9
D10
D11
D12
L1
L2
L3
L4
L5
S1
S2
S3
S4
S5
atlas
axis
colonne cervicale
omoplate
colonne dorsale
côtes flottantes
olécrâne
colonne lombaire
os iliaque
sacrum
coccyx
ischion
condyles
astragale
calcanéum
vues antérieure et postérieure du squelette humain

ŚRĪ, mot védique signif. *prospérité, bonne fortune,* personnifié dans les textes ultérieurs sous la forme d'une déesse.

ŚRĪKṢETRA, site archéologique de Birmanie, à 8 km au S. de Prome. Vestiges de stūpa et de temples témoignant des splendeurs passées de cette anc. cap. des Pyus, prospère entre le Ve et IXe s. Nombreuses stèles sculptées.

SRI LANKA, anc. **Ceylan,** État insulaire de l'Asie méridionale, au sud-est de l'Inde ; 66 000 km^2 ; 18 580 000 hab. *(Ceylanais* ou *Sri Lankais).* CAP. *Colombo* (ou *Kolamba*). LANGUES : *cinghalais* et *tamoul.* MONNAIE : *roupie de Sri Lanka.*

Géographie. Les plaines littorales et les plateaux de l'île, située dans le domaine équatorial, sont dominés au sud par le massif cinghalais, qui culmine à 2 524 m (Pidurutalagala). Celui-ci arrête la mousson du sud-ouest, si bien que le sud de l'île reçoit plus de 2,5 m de pluies (avec un maximum d'été) tandis que le nord, plus sec (1,5 m de pluie par an), est arrosé surtout en automne, avec une saison sèche variant de 4 à 8 mois.

La population, dont la croissance naturelle s'est ralentie (1,5 % par an environ), est en majorité rurale et concentrée surtout dans le quart sud-ouest de l'île. C'est là que sont localisées les principales plantations commerciales fournissant thé et caoutchouc. Dans le reste de l'île domine la riziculture irriguée, principale culture vivrière. Outre les pierres précieuses, on extrait du graphite et de l'ilménite. L'industrie, localisée dans la région de Colombo, reste modeste (raffinerie de pétrole, réparation navale, cimenterie, textile, alimentation). La situation économique, déjà difficile (déficit de la balance commerciale, dette extérieure), a empiré en raison du conflit meurtrier qui oppose les deux principales ethnies : Cinghalais (70 % de la population) et Tamouls (20 %).

Histoire.

IIIe s. av. J.-C. : Le bouddhisme est introduit à Ceylan dans le royaume d'Anurādhapura.

Xe s. apr. J.-C. : L'État passe sous la domination d'un royaume tamoul de l'Inde.

XIe s. : L'île est reconquise par un prince cinghalais.

À partir du XIVe s., les Cinghalais refluent progressivement vers le sud tandis que, au nord, les Tamouls constituent un royaume indépendant.

XVIe s. : Le Portugal occupe la côte.

1658 : Les Hollandais évincent les Portugais.

1796 : La Grande-Bretagne annexe l'île.

Les Britanniques soumettent le royaume de Kandy, État cinghalais situé à l'intérieur du pays, et développent une économie de plantation (thé, café).

1948 : Ceylan devient un État indépendant dans le cadre du Commonwealth.

1948-1956 : Les conservateurs sont au pouvoir avec Don Senanayake (1948-1952), puis avec son fils, Dudley Senanayake (1952-53), et avec John Lionel Kotelawala (1953-1956).

1956-1965 : La gauche, dirigée par Solomon Bandaranaike puis, après son assassinat (1959), par sa veuve Sirimavo Bandaranaike, gouverne le pays.

1965-1970 : D. Senanayake revient au pouvoir.

1970-1977 : S. Bandaranaike lui succède.

1972 : Ceylan prend le nom de république de Sri Lanka.

À partir de 1974, des organisations armées militent pour la création, dans le Nord, d'un État indépendant regroupant la minorité tamoule.

1977 : Le conservateur Junius Jayawardene devient Premier ministre.

1978 : Il est élu président de la République. Ranasinghe Premadasa devient Premier ministre.

Depuis 1983 : Des affrontements opposant Tamouls et Cinghalais menacent l'unité du pays.

1989 : R. Premadasa devient président de la République.

1987-1990 : En accord avec les autorités de Sri Lanka, les troupes indiennes interviennent dans l'île, sans parvenir à résoudre le conflit intérieur lié au séparatisme tamoul.

1993 : R. Premadasa est assassiné.

1994 : Chandrika Kumaratunga, leader de l'opposition de gauche, est élue à la présidence de la République. Sa mère, S. Bandaranaike, redevient Premier ministre.

1995 : Un accord de cessez-le-feu est conclu entre le gouvernement et les séparatistes tamouls ; ces derniers ayant rompu la trêve, l'armée sri lankaise lance contre eux une vaste offensive (prise de Jaffna, déc.).

SRI(-)LANKAIS, E adj. et n. De Sri Lanka.

SRINAGAR, v. de l'Inde, cap., avec Jammu, de l'État de Jammu-et-Cachemire, sur la Jhelum ; 594 775 hab. Bâtie à la fin du VIe s., la vieille ville groupe de hautes maisons de bois, le long de ses canaux. Travail de la soie. Artisanat. C'est en outre la principale station touristique de l'Himālaya, à 1 588 m d'alt. Monuments anciens dont de belles mosquées en bois (Madani Masdjid, XVe s.). Government Museum. Dans les environs, célèbres jardins, souvenirs des empereurs moghols (notamment le Chālimār Bāgh).

SRĪRANGAM, v. de l'Inde, banlieue de Tiruchirapalli (Tamil Nadu) ; 51 000 hab. Important centre de pèlerinage. Grand temple de Viṣṇu (Xe-XVIe s.), avec de remarquables salles hypostyles ; temple de Śiva (XVIIe s.).

ŚRĪVIJAYA ou **ÇRĪVIJAYA,** royaume d'Insulinde, dont la capitale semble située, à l'origine, près de Palembang. Il créa une thalassocratie contrôlant l'ouest de Java, Sumatra et la péninsule malaise de la fin du VIIe au XIVe s. Il fut gouverné du IXe au XIe s. par la dynastie des Sailendra. Attaqué par les Cola de l'Inde (XIe s.), les Thaïs et les Javanais (XIIIe s.), il disparut au profit du Majapahit (1377). — **Bx-arts** et **Archéol.** Après avoir subi l'influence de Java, une certaine originalité apparaît vers les XIe-XIIe s. dans les édifices (Muara Takus, Padang Lawas, etc.) et en statuaire. Mais c'est en Thaïlande que l'art de Śrīvijaya trouve sa plus belle expression entre le VIIIe et le XIIIe s. avec une remarquable statuaire d'inspiration mahāyānique.

SRONG-BTSAN SGAM-PO ou **SRONG-BCAN GAMPO,** premier roi historique du Tibet († v. 650 apr. J.-C.).

S. S., abrév. de SA SAINTETÉ (titre donné au pape) ou de SA SEIGNEURIE.

S. S., sigle de SÉCURITÉ* SOCIALE.

SS n. f. (abrév. de l'all. *Schutzstaffel,* échelon de protection). Organisation paramilitaire et policière nazie qui se voulait le germe racial et idéologique d'une « Europe nouvelle » à direction germanique.

◆ n. m. Membre de cette organisation.

◆ adj. Relatif à la SS, à ses membres.

ENCYCL. Créés en 1925 comme garde personnelle de Hitler, les SS comptaient 240 000 hommes en 1939. Placés sous la direction de Himmler, Reichsführer-SS en 1929, ils firent régner la terreur dès 1933. En juin 1934, ils abattirent Röhm et ses SA. À partir de 1939, ils furent chargés du contrôle des territoires occupés et de la garde des camps de concentration. Enfin, dès 1940, ils constituèrent de véritables unités militaires, la Waffen-SS (« SS en armes ») forte de 50 000 hommes en 1940 et de 830 000 en 1945. Ces unités fanatisées se distinguèrent par leur férocité.

SS-20, nom donné par les Occidentaux à un système d'arme nucléaire eurostratégique soviétique sol-sol. Déployés à partir de 1977, les SS-20 pouvaient couvrir toute l'Europe de l'Ouest, l'Afrique du Nord, le Proche-Orient, une partie de la Chine et le Japon. Au déploiement des SS-20, les pays de l'O. T. A. N. répondirent par la mise en service des missiles balistiques Pershing II (1983) et des missiles de croisière* GLCM. L'accord signé en 1987 entre l'U. R. S. S. et les États-Unis convint finalement de la suppression de tous les missiles de portée intermédiaire.

S. S. B. S. (abrév. de *Sol-Sol Balistique Stratégique*), type de missiles français, lancés à partir d'un site souterrain vers un objectif terrestre. Le missile *Sol-Sol Balistique Stratégique* type S-3 est une fusée à deux étages à propergol solide, d'une portée de 3 500 km, dotée d'une tête thermonucléaire (1 Mt).

S.-S.-E., abrév. de SUD-SUD-EST.

SSEU-MA KOUANG → SIMA GUANG.

SSEU-MA TS'IEN → SIMA QIAN.

SSEU-TCH'OUAN → SICHUAN.

S.-S.-O., abrév. de SUD-SUD-OUEST.

st, symbole du *stère.*

STAAL DE LAUNAY (Marguerite Jeanne CORDIER, *baronne* DE), femme de lettres française (Paris 1684 - Gennevilliers 1750). *Les Mémoires* (1755) et ses *Lettres* offrent un tableau caustique de la Régence.

Staatsrat, nom allemand du Conseil d'État autrichien (1761-1801 et 1808-1848).

STABAT ou **STABAT MATER** [stabat (matɛr)] n. m. inv. (mots lat. signif. *la Mère était debout*). 1. Prose de la liturgie catholique inspirée par les douleurs de la Vierge au pied de la croix de Jésus. — 2. Composition musicale sur les paroles de cette prose.

STABIES, en lat. **Stabiae,** ville antique de l'Italie péninsulaire (Campanie), au S. du Vésuve. Elle fut ensevelie par l'éruption du Vésuve, en même temps que Pompéi (79 apr. J.-C.). C'est l'actuelle *Castellammare* di Stabia.*

STABILISANT, E adj. et n. m. Se dit d'une substance additionnée à une matière plastique, à un explosif ou à un élastomère pour les rendre stables.

STABILISATEUR, TRICE adj. Qui rend stable : *Élément stabilisateur.*

◆ **stabilisateur** n. m. 1. Chacune des deux petites roues placées à l'arrière d'un vélo d'enfant. — 2. Chacun des plans fixes formant l'empennage d'un avion. — 3. Système destiné à maintenir le canon d'un char pointé sur l'objectif malgré les oscillations du châssis. (Le stabilisateur permet le tir en marche.) — 4. Appareil destiné à réduire l'amplitude des mouvements de la suspension. — 5. Dispositif destiné à éviter ou à amortir des oscillations. — 6. Substance chimique qui, par inhibition, s'oppose à la décomposition d'une combinaison peu stable. — 7. Colonne à plateaux servant à stabiliser une essence en en séparant les fractions trop volatiles. — 8. *Stabilisateur de tension,* dispositif servant à pallier les fluctuations de la tension du secteur électrique.

STABILISATION n. f. Action de stabiliser ; fait de se stabiliser : *La stabilisation de la situation.* • **Aéron.** Méthode assurant automatiquement, pendant un vol, la stabilité d'un avion quelles que soient les conditions de vol. — **Astronaut.** Régulation des mouvements d'un engin spatial autour de son centre de masse, par la mise en œuvre de couples internes ou externes à l'engin. (→ *encycl.*) — **Chim.** Mode d'action d'un stabilisateur ou d'un stabilisant. — **Écon.** Opération ayant pour objet de conférer ou de maintenir une valeur fixe à une monnaie. — **Métall.** Traitement thermique destiné à freiner l'évolution de la structure vers des états fragiles ou sensibles à la corrosion. — **Pétr.** Syn. de DÉGAZAGE. — **Pharm.** Destruction des enzymes solubles des plantes fraîches pour empêcher leur action en cours de dessiccation. — **Pyrotechn.** Élimination des impuretés instables contenues dans un explosif, complétée par l'addition d'un stabilisant. — **Trav. publ.** Transformation, soit mécanique, soit par addition d'un liant approprié, du terrain naturel en une surface de roulement résistant au trafic et aux intempéries.

ENCYCL. **Astronaut.** La stabilisation passive consiste soit à communiquer un mouvement de rotation au satellite autour de son axe principal d'inertie qui garde alors une direction fixe dans l'espace (stabilisation *gyroscopique* ou *par spin*), soit à utiliser le gradient de gravité créé par l'astre autour duquel il gravite. La stabilisation active s'obtient à l'aide de jets de gaz par des micropropulseurs, de volants d'inertie, ou de bobines magnétiques.

stabilisation des changes *(Fonds de),* compte spécial du Trésor, géré par la Banque de France, destiné à régulariser les parités entre le franc français et les autres devises.

STABILISER v. t. (de *stable*) [conj. 3]. **1.** Rendre qqch stable, lui permettre de garder sa position d'équilibre : *Stabiliser un échafaudage.* — **2.** Fixer qqch dans un certain état, l'empêcher de varier : *Stabiliser son poids après un régime.* — **3.** Créer les conditions propres à maintenir les prix, la monnaie, etc., à un cours ou à un niveau donnés. — **4.** Procéder à la stabilisation.

◆ **être stabilisé** v. pass. *Plate-forme stabilisée,* satellite artificiel comportant un ensemble mécanique qui conserve une direction fixe dans l'espace.

STABILISEUR n. m. Sorte d'aléseur qui, monté sur les masses-tiges d'une installation de forage, permet de les centrer dans le puits.

STABILITÉ n. f. (lat. *stabilitas*). **1.** Qualité de ce qui est stable, de ce qui tend à conserver sa position d'équilibre : *Vérifier la stabilité d'un véhicule.* — **2.** Caractère de ce qui se maintient tel, sans profondes variations, pendant un temps assez long : *La stabilité actuelle de la production.* — **3.** Caractère de qqn qui est stable : *Adolescent qui manque de stabilité.* • **Chim.** et **Polym.** Permanence d'une espèce chimique. (La stabilité des matières plastiques dépend de la température [thermostabilité], de la lumière [photostabilité], des radiations ionisantes [radiostabilité] et des diverses agressions chimiques.) ‖ Propriété d'un corps ou d'un système qui est dans son domaine d'équilibre. — **Cybern.** Propriété d'un système dynamique qui, écarté d'un de ses régimes établis par une perturbation transitoire, y revient plus ou moins rapidement après la disparition de cette perturbation. — **Écon.** *Contrats de stabilité,* accords passés entre les professions et les pouvoirs publics pour maintenir la stabilité des prix. — **Météo.** État de l'atmosphère lorsque les couches se superposent par ordre de densités décroissantes vers le haut. — **Pétr.** Qualité d'un produit pétrolier qui ne s'altère pas en cours de stockage ou d'utilisation. — **Phys.** Propriété d'un système en équilibre stable. — **Pyrotechn.** Propriété des substances explosives qui ne subissent pas d'altération chimique spontanée aux températures ordinaires.

STABLE adj. (lat. *stabilis*). **1.** Qui repose solidement sur sa base et dans une position d'équilibre bien assurée : *Fondations stables.* — **2.** Qui se maintient durablement dans tel ou tel état : *Une monnaie stable.* — **3.** Se dit de qqn dont la conduite est marquée par la constance, la permanence : *Avoir une humeur stable.* • **Chim.** Se dit d'un corps qui ne peut être décomposé que par une forte élévation de température, ou sur lequel les réactifs chimiques ont peu d'action. — **Math.** *Partie stable d'un ensemble* E *par une application* f *définie de* E *dans* E, partie X de E telle que $f(X) \subset X$. ‖ *Partie stable d'un ensemble* E *pour une loi de composition,* partie A de E telle que le composé de tout couple de $A \times A$ ou de $\Omega \times A$ (Ω étant l'ensemble d'opérateurs dans le cas d'une loi de composition externe) est encore un élément de A. — **Phys.** Se dit d'un équilibre présenté par un système qui, écarté de sa position d'équilibre, y revient. — **Pyrotechn.** Se dit d'une substance explosive qui ne s'altère pas spontanément.

STABULATION n. f. (lat. *stabulatio,* de *stabulum,* étable). **1.** Séjour et entretien du bétail en étable, temporairement ou d'une façon permanente. (→ *encycl.*) — **2.** Bâtiment destiné à ces animaux, notamment dans le cas des bovins.

ENCYCL. On parle de *stabulation permanente* lorsque les animaux sont maintenus dans des bâtiments fermés pendant de longues périodes (généralement l'hiver) ou même tout au long de l'année (cas de bovins à l'engraissement). Si les animaux sont attachés, gardant une place fixe dans l'étable, on parle de *stabulation entravée.* Dans la *stabulation libre,* les animaux ne sont pas attachés et peuvent se déplacer dans l'étable et sur une aire extérieure.

STACCATO adv. (ital. *staccato,* détaché). Terme d'interprétation vocale ou instrumentale qui indique que les notes doivent être exécutées nettement détachées.
◆ n. m. Dans la technique des instruments à cordes frottées, mode d'exécution qui suppose un arrêt de l'archet entre chaque note, sans que ce dernier quitte la corde.

STACE, en lat. **Publius Papinius Statius,** poète latin (Naples v. 40-96 apr. J.-C.). Auteur de deux épopées, *la Thébaïde* et *l'Achilléide,* inachevée, il composa un recueil de pièces de circonstance, les *Silves.*

STADE n. m. (lat. *stadium,* du gr. *stadion*). **1.** Terrain pourvu des installations nécessaires à la pratique des sports d'équipe, du tennis, des épreuves d'athlétisme, etc., et généralement à l'accueil des spectateurs (gradins, tribune). — **2.** Période, degré dans un développement quelconque : *La crise est arrivée à un stade décisif.* — **3.** Dans l'Antiquité, carrière, de la longueur d'un stade, où avaient lieu les courses à pied ou divers exercices. — **4.** Unité de longueur des anciens Grecs, équivalant à 600 pieds et dont la longueur variait selon les régions. (Le *stade attique* valait 177 mètres, le *stade olympique* 192 mètres.) — **5.** *Stade du développement,* découpage conventionnel dans l'évolution de l'enfant, du point de vue biologique, psycho-affectif et cognitif. (S. Freud, Piaget, Gesell, Wallon ont proposé différents systèmes pour analyser les stades du développement.)

STADHOUDER → STATHOUDER.

STADIA n. f. (gr. *stadia,* fém. de *stadios,* qui se tient debout). Mire parlante graduée en centimètres, que l'on pose verticalement en un point dont on veut mesurer la distance au tachéomètre.

STADION (Johann Philipp, *comte* VON), diplomate et homme politique autrichien (Mayence 1743 - Baden, près de Vienne, 1824). Ministre des Affaires étrangères (1806-1809), il prépara la guerre contre la France et démissionna après la défaite de Wagram (1809).

STAËL (Germaine NECKER, *baronne* **de Staël-Holstein,** dite **Mme de**), femme de lettres française (Paris 1766 - *id.* 1817). Fille de Necker, elle épouse en 1786 le baron de Staël-Holstein, ambassadeur de Suède à Paris. Dès le début de la Révolution, elle ouvre son salon à des hommes de tendances politiques différentes ; elle quitte cependant Paris après la chute de la royauté (sept. 1792) et voyage. En 1794, elle noue avec Benjamin Constant une liaison orageuse qui ne cessera qu'en 1808. Revenue à Paris après Thermidor, elle devient vite suspecte au Directoire et regagne son château de Coppet. De retour à Paris en 1797, elle publie son essai *De la littérature considérée dans ses rapports avec les institutions sociales* (1800) et son roman *Delphine** (1802). Elle voudrait devenir l'égérie de Bonaparte, mais celui-ci lui témoigne son hostilité lorsque Benjamin Constant se range dans l'opposition : de nouveau exilée, Mme de Staël partage son existence entre Coppet et de nombreux voyages, à Weimar, à Berlin et en Italie, d'où elle rapporte un nouveau roman, *Corinne** (1807), et entreprend de révéler aux Français la civilisation germanique, *De l'Allemagne** (1810-1813).

STAËL (Nicolas DE), peintre et dessinateur russe (Saint-Pétersbourg 1914 - Antibes 1955), naturalisé français en 1948. Plasticien audacieux autant que coloriste raffiné, abstrait à partir de 1942-43, il est passé vers 1950-1952 à une stylisation très personnelle du monde visible : compositions en mosaïque de couleurs (*les Toits de Paris,* 1952, M. N. A. M. ; série des « Footballeurs », 1952), puis en larges secteurs progressivement plus nuancés (paysages de Sicile, 1953 ; l'immense *Concert,* inachevé, M. N. A. M.). Il s'est donné la mort.

1. STAFF n. m. (all. *staffieren,* remplir). Mélange de plâtre à mouler et de fibres (jute, sisal, etc.) utilisé pour des plafonds, des ouvrages de décoration intérieure ou des gaines de chauffage.

2. STAFF n. m. (angl. *staff,* état-major). **1.** Groupe formé par les dirigeants d'une entreprise, d'une organisation. — **2.**Groupe de personnes qui travaillent ensemble.

STAFF (Leopold), poète polonais (Lwów 1878 - Skarżysko - Kamienna 1957). Ses recueils (*les Hauts Arbres,* 1932 ; *la Couleur du miel,* 1936) allient la profondeur de la pensée à la perfection de la forme.

STAFFA, petite île inhabitée de Grande-Bretagne, dans l'archipel écossais des Hébrides, à l'O. de l'île de Mull (grotte de Fingal*).

STAFFARDE, en ital. **Staffarda,** localité d'Italie, située dans le Piémont (prov. de Cuneo), au N.-O. de Saluces ; 220 hab. Abbaye cistercienne des XIIe-XIVe s. En 1690, l'armée de Catinat y battit le duc de Savoie Victor Amédée.

STAFFE n. m. (all. *staffieren,* remplir). Poignée de cuir ou de textile solide accrochée à un agrès ou tenue par un porteur et utilisée par les acrobates aériens pour des suspensions.

STAFFELFELDEN (68850), comm. du Haut-Rhin ; 3 345 hab. Potasse.

STAFFER v. t. (de *staff 1*). [conj. 3]. Réaliser des ouvrages en staff.

STAFFEUR n. m. Ouvrier qui procède à la pose et, éventuellement, au moulage d'ouvrages en staff.

STAFFORD, v. de Grande-Bretagne, ch.-l. du *Staffordshire,* au N.-N.-O. de Birmingham ; 55 000 hab. Centre ferroviaire. Constructions mécaniques et électriques. Chaussure.

STAFFORDSHIRE, comté de Grande-Bretagne, dans les Midlands. L'industrie céramique s'y est développée aux XVIIIe et XIXe s., avec des faïences fines et des grès fins ou vernis au sel. De nombreux potiers s'y installèrent dont Josiah Wedgwood*.

STAFKA → STAVKA.

STAGE n. m. (lat. médiév. *stagium,* de l'anc. fr. *estage,* séjour). **1.** Période d'études pratiques exigée des candidats à l'exercice de certaines professions libérales ou publiques. – **2.** Période pendant laquelle une personne exerce une activité temporaire dans une entreprise ou suit des cours en vue de sa formation.

STAGFLATION n. f. (de *stagnation* et *inflation*). Situation économique où le ralentissement de la croissance, parfois la récession, s'accompagne d'une hausse des prix et des salaires.

STAGIAIRE n. Personne qui effectue un stage.

STAGIRE, en gr. anc. **Stageiros** ou **Stagira,** auj. **Stágeira,** v. de Grèce située à l'E. de la Chalcidique, sur la mer Égée. Elle est la patrie d'Aristote.

STAGNANT, E [-gnɑ̃, -ɑ̃t] adj. (lat. *stagnans, -antis*). **1.** Se dit des fluides qui restent immobiles, qui ne s'écoulent pas : *Eaux stagnantes.* – **2.** Qui ne progresse pas : *La Bourse est stagnante en ce moment.*

STAGNATION [-gna-] n. f. **1.** État d'un fluide qui stagne. – **2.** Absence de progrès, de développement : *La stagnation des affaires.*

STAGNELIUS (Erik Johan), poète suédois (Gärdslösa Öland 1793 - Stockholm 1823). Révélée dans le courant du XIXe s., son œuvre, à la fois mystique et sensuelle, comprend des poèmes épiques (*Vladimir le Grand,* 1817), des drames en vers (*les Martyrs,* 1821), des recueils lyriques (*les Lys de Saron,* 1821-22).

STAGNER [stagne] v. i. (lat. *stagnare,* de *stagnum,* eau stagnante) [conj. **13**]. **1.** En parlant d'un fluide, rester immobile en un endroit : *Des eaux sales stagnent dans les caniveaux.* – **2.** En parlant d'une activité économique, marcher, fonctionner au ralenti : *Une industrie qui stagne.* – **3.** *Litt.* Demeurer dans un état fâcheux ou médiocre, s'y complaire : *Stagner dans son ignorance.*

STAHL (Georg Ernst), médecin et chimiste allemand (Ansbach 1660 - Berlin 1734). Il est le fondateur de la théorie animiste. En chimie, il développa la théorie du phlogistique et établit la composition des sulfates.

STAHLY (François), sculpteur français (Constance 1911). Travaillant la pierre, les métaux, le béton et, très souvent, le bois, il s'est inspiré de formes biologiques et naturelles avant d'évoluer, à partir des années 60, vers un art monumental intégré à l'espace urbain : portiques, colonnes, signaux, fontaines puis labyrinthes marquent les étapes de ses recherches formelles et spatiales pour l'aménagement de lieux privilégiés (faculté des sciences de Paris, 1966-67 ; Albany, État de New York, 1969-1971 ; etc.).

STAINS (93240), ch.-l. de cant. de la Seine-Saint-Denis, à 6 km au N. de Paris ; 35 068 hab. *(Stanois).* Communs (XVIIIe s.) de l'anc. château. Industries mécanique et chimique.

STAINVILLE (Étienne François, *comte* DE), duc **de Choiseul** → CHOISEUL.

STAIR (*vicomte* et *comte* DE) → DALRYMPLE.

STAKHANOV, anc. **Kadievka,** v. d'Ukraine, dans le Donbass ; 110 000 hab. Centre industriel. Extraction du charbon.

STAKHANOV (Alekseï Grigorievitch), mineur soviétique (Lougovaïa, gouvern. d'Orel, 1905 - Donetsk 1977). La propagande le présentait comme ayant obtenu en 1935-36 des résultats exceptionnels dans l'abattage du charbon grâce à la mise au point d'innovations techniques.

STAKHANOVISME n. m. (de A. G. *Stakhanov,* n. pr.). En régime socialiste, méthode appliquée de 1930 à 1950 consistant à réaliser des records de rendement grâce à des innovations techniques et à l'émulation des travailleurs.

STAKHANOVISTE adj. Qui concerne le stakhanovisme.
◆ n. **1.** Ouvrier qui applique dans son travail les méthodes du stakhanovisme. – **2.** *Fam.* Travailleur qui fait du zèle.

STAKNING [stakniɲ] n. m. (mot norv.). En ski de fond, progression par glissement simultané des skis et poussée simultanée sur les deux bâtons.

STALACTITE n. f. (gr. *stalaktos,* qui coule goutte à goutte). **1.** Concrétion calcaire qui se forme au plafond des grottes. – **2.** Autre nom des muqarnas.

STALAG n. m. (all. *Stalag,* abrév. de *Stammlager,* camp d'origine). Camp de sous-officiers et d'hommes de troupe prisonniers de guerre en Allemagne, pendant la Seconde Guerre mondiale.

STALAGMITE n. f. (gr. *stalagmos,* écoulement). Dans une grotte, colonne partant du sol, formée de concrétions calcaires. (Les stalagmites sont constituées par le calcaire encore dissous dans les gouttes d'eau qui tombent sur le sol. La plupart d'entre elles se placent au-dessous de stalactites, qu'elles finissent par rejoindre, formant une colonne.)

STALAGMOMÈTRE n. m. (gr. *stalagmos,* écoulement). Appareil utilisant le comptage des gouttes qui s'écoulent d'un tube capillaire pour effectuer des mesures.

STALAGMOMÉTRIE n. f. Méthode utilisant un stalagmomètre en vue de la détermination de la constante capillaire.

STALIN ou **ORASUL STALIN,** anc. nom de la ville roumaine de Brașov.

STALIN → VARNA.

STALINABAD → DOUCHANBE.

STALINE *(pic)* → COMMUNISME *(pic du).*

STALINE *(pic)* → MUSALA *(pic).*

STALINE (Iossif [Joseph] Vissarionovitch DJOUGACHVILI, dit), homme d'État soviétique (Gori, gouvern. de Tiflis, 1879 - Moscou 1953). Ancien élève du séminaire orthodoxe de Tiflis, il prend le parti des bolcheviks et fait la connaissance de Lénine en 1905. Coopté par le Comité central du P. O. S. D. R., en janv. 1912, comme membre de son bureau russe, il travaille avec Lénine pour mettre au point *le Marxisme et la Question nationale* (1913). Arrêté en 1913 et déporté, il revient à Pétrograd en mars 1917. Il entre alors au bureau du Comité central du P. O. S. D. R.
Il se rallie aux « thèses d'avril » de Lénine et, à partir de juill.-août, assure avec Sverdlov la direction du parti, Lénine ayant dû gagner la Finlande. Il entre au *Politburo* du parti, institué en oct. 1917, pour préparer l'insurrection. Commissaire du peuple aux Nationalités (1917-1922), il met en œuvre la politique bolchevique d'autodétermination nationale et de centralisation. Il devient en avr. 1922 secrétaire général du parti. Lénine, malade, dicte en déc. 1922-janv. 1923 les notes (que l'on appelle son « testament ») dans lesquelles il propose d'étudier un moyen pour démettre Staline, trop brutal, du poste de secrétaire général. En mai 1924, le Comité central en prend connaissance et, refusant d'écarter Staline, défendu par Zinoviev et Kamenev, décide de ne pas en informer les délégués au XIIIe congrès du parti. De 1924 à 1929, Staline élimine les autres candidats à la succession de Lénine. En avr. 1925, il fait adopter par le parti la thèse du « socialisme dans un seul pays ». S'appuyant d'abord sur Zinoviev et Kamenev pour combattre Trotski, il les contre ensuite dans les organisations qu'ils dirigent. L'opposition unifiée, regroupant en 1926 Trotski, Zinoviev, Kamenev et Chliapnikov, est définitivement battue à la fin de 1927. En avr. 1929, rompant avec la droite du parti, Staline annonce l'abandon de la NEP. Il engage alors l'U. R. S. S. dans une révolution totale imposant, fin 1929, un projet de collectivisation immédiate et totale, et faisant décréter en janv. 1930 la « liquidation des koulaks en tant que classe ». Des millions de koulaks sont déportés dans les camps du Goulag. Le développement de l'industrie lourde et les grands travaux de transformation de la nature sont menés à bien grâce aux mesures disciplinaires pesant sur la classe ouvrière, à l'émulation socialiste et au travail forcé. Staline s'appuie sur un appareil politique très puissant et renforce les institutions étatiques. Démasquant d'innombrables complots et réseaux de sabotage, réels ou imaginaires, il fait procéder à une vague de purges massives qui débute au lendemain de l'assassinat de Kirov (déc. 1934) et atteint son paroxysme après la nomination de Iejov à la tête du NKVD (sept. 1936). L'épuration se poursuit jusqu'en 1938, liquidant la majorité des anciens dirigeants du parti, du Komintern et de l'Armée rouge.
En outre, Staline préconise dès 1929 le renforcement de l'État, dont la constitution de 1936 entérine la légitimité. Il rompt avec la politique de sécurité collective défendue par Litvinov (qu'il remplace par Molotov en mai 1939) et favorise la conclusion du pacte germano-soviétique (août 1939).
Après l'attaque allemande (22 juin 1941), il parvient à redresser une situation initialement compromise. Président du comité d'État à la Défense, constitué en juin 1941, il prend le commandement suprême des forces armées de l'U. R. S. S. (août) et se fait nommer maréchal en 1943. Il mobilise la population au service de la « grande guerre patriotique ». Lors des conférences de Téhéran (nov.-déc. 1943), Yalta (févr. 1945) et Potsdam (juill.-août 1945), il défend avec habileté et ténacité les acquisitions de l'U. R. S. S.
La guerre a accru le prestige de Staline, dont le culte est célébré avec une intensité croissante tant en U. R. S. S. que dans les démocraties populaires. Pourtant, Staline durcit à nouveau sa politique. Une nouvelle vague de répression touche tous ceux qui sont déclarés « traîtres à la patrie » et déferle sur les régions annexées en 1939-40. Organisant la mise en place des régimes communistes dans l'Europe orientale et centrale, Staline crée le Kominform (1947). Après la rupture avec Tito (1949), il fait procéder à des purges massives dans les démocraties populaires. Il s'en prend en janv. 1953 au « complot des blouses blanches », lié à une organisation d'assistance juive. Il meurt le 5 mars suivant.

Staline *(prix),* nom initial des prix Lénine*.

STALINGRAD, nom porté de 1925 à 1961 par Volgograd.

Stalingrad *(bataille de)* [sept 1942 - févr. 1943], ensemble des combats qui se déroulèrent devant Stalingrad (auj. *Volgograd*) et au cours desquels les forces allemandes qui assaillaient la ville furent encerclées et contraintes à la capitulation. Stalingrad apparaît comme une double erreur de Hitler. Tout au long de l'été et de l'automne 1942, Stalingrad, d'objectif secondaire, devint l'objectif principal au détriment de la poussée en direction du Caucase, ce qui entraîna l'usure des meilleures forces allemandes et apporta aux Soviétiques un répit inespéré. Sur le plan stratégique, Stalingrad obligea le Reich à se battre désormais sur deux fronts, depuis le début de la contre-offensive alliée marquée par le débarquement d'Afrique du Nord. (→ guerre GERMANO-SOVIÉTIQUE.)

STALINIEN, ENNE adj. et n. Relatif à Staline, au stalinisme ; partisan de l'idéologie, de la pratique politique de Staline.

STALINISME n. m. Théorie et ensemble de pratiques développées par Staline en U. R. S. S. de 1924 à 1953, dans le mouvement communiste international à la même époque et, après la Seconde Guerre mondiale, dans les démocraties populaires.
ENCYCL. La spécification du stalinisme a varié suivant les auteurs, et le contexte sociopolitique de leur analyse. Pour Trotski, le stalinisme est une dégénérescence bureaucratique ; pour Hannah Arendt, un totalitarisme, socialiste de nom, qui s'est constitué face aux totalitarismes fascistes, de type mussolinien et hitlérien, en retrouvant certaines de leurs caractéristiques ; pour d'autres, la continuation naturelle du léninisme, avec la classification des pratiques en une théorie baptisée le marxisme-léninisme ; pour Khrouchtchev, principalement le culte de la personnalité.

STALINO → DONETSK.

STALINOGORSK → NOVOMOSKOVSK.

STALINSK → NOVOKOUZNETSK.

STALINSTADT → EISENHÜTTENSTADT.

STALLE n. f. (lat. médiév. *stallum,* de l'anc. fr. *estal,* position). **1.** Dans une écurie, une étable, ou une salle de traite, emplacement occupé par un animal, délimité par des séparations fixes. — **2.** Chacun des sièges de bois, à dossier élevé, garnissant les deux côtés du chœur d'une église cathédrale ou abbatiale. (Les stalles étaient réservées au clergé, aux moines ; beaux ensembles sculptés à partir du XIIIe s.)

STAMBOLIJSKI (Aleksandăr), homme politique bulgare (Slavovica 1879 - *id.* 1923). Il devint à partir de 1905 le véritable chef de l'union populaire agrarienne bulgare. Premier ministre en 1919-20, puis en 1920-1923, à la tête d'un gouvernement agrarien, il fut fusillé lors du coup d'État de juin 1923.

STAMBOLOV ou **STAMBOULOV** (Stefan Nikolov), homme politique bulgare (Tărnovo 1854 - Sofia 1895). Régent (1886-1887), il favorisa l'investiture de Ferdinand de Saxe-Cobourg, qui le chargea de la présidence du Conseil. Il exerça jusqu'en 1894 une dictature de fait. Il fut massacré dans la rue.

STAMBOUL, nom donné parfois à la partie ancienne d'Istanbul, au S. de la Corne d'Or.

STAMBOULIOTE adj. et n. D'Istanbul.

STAMFORD, v. des États-Unis (Connecticut), banlieue de New York, sur le Long Island Sound ; 108 056 hab. Centre résidentiel et industriel. Université.

STAMINAL, E, AUX adj. Relatif à l'étamine.

STAMINÉ, E adj. Se dit d'une fleur qui, sur un pied bisexué, a des étamines mais n'a pas de pistil. (On dit aussi *fleur mâle.*)

STAMINODE n. m. Étamine stérile.

STAMINO-PISTILLÉ, E adj. Se dit des fleurs hermaphrodites, lorsque la plante porte aussi des fleurs unisexuées.

STAMITZ ou **STAMIC** (Johann Wenzel Anton), violoniste et compositeur tchèque (Německý Brod 1717 - Mannheim 1757). Premier violon (1743), puis directeur de la musique instrumentale (1750) de la cour de Mannheim, il fit de son orchestre l'un des plus réputés d'Europe, et de Mannheim l'un des principaux lieux de développement de la symphonie préclassique. J. Stamitz écrivit des concertos, de la musique de chambre, mais son importance réside surtout dans ses symphonies. — Son fils KARL (Mannheim 1745 - Iéna 1801) a composé des symphonies et des symphonies concertantes.

STAMNOS n. m. (gr. *stamnos*). Cratère grec, souvent muni d'un couvercle et de deux anses. (Il servait au stockage des denrées.)

STAMP (*sir* Laurence Dudley), géographe britannique (Londres 1898 - Mexico 1966), qui a dirigé la réalisation de la carte d'utilisation du sol en Grande-Bretagne et le service qui en est issu.

Stampa *(la),* quotidien italien de tendance libérale progressiste, créé en 1894 à Turin par Luigi Roux, et qui a un fort tirage.

Stamp Act, loi britannique frappant d'un droit de timbre les actes publics dans les colonies anglaises d'Amérique du Nord (1765). Très impopulaire, elle fut à l'origine de la guerre de l'Indépendance*.

STAMPE n. f. (mot liégeois, de *stamper,* poser, du frq. **stampôn,* écraser). Intercalaire dans un gisement houiller.

STAMPIEN n. m. (de *Étampes,* n. pr.). Étage de l'oligocène.

STANCE n. f. (ital. *stanza,* pause, du lat. *stare,* s'arrêter). Groupe de vers offrant un sens complet et suivi d'un repos.

◆ **stances** n. f. pl. Poème lyrique, religieux ou élégiaque, formé de strophes de même structure.

STAND [stɑ̃d] n. m. (angl. *stand,* de *to stand,* se dresser). **1.** Espace réservé à chacun des participants ou à chacune des catégories de produits dans un salon, une foire, etc. ; ensemble des installations et des produits exposés. – **2.** *Stand (de tir),* endroit clos aménagé pour le tir de précision à la cible. – **3.** *Stand (de ravitaillement),* emplacement sur une bretelle de raccordement à la piste, affecté à un concurrent dans une épreuve automobile ou motocycliste en circuit.

Standaard *(De),* quotidien belge de tendance catholique, créé en 1914 à Anvers, l'un des premiers journaux belges par son tirage.

1. STANDARD n. m. (angl. *standard,* étalon, de l'anc. fr. *estandard,* étendard). **1.** Règle fixe à l'intérieur d'une entreprise pour caractériser un produit, une méthode de travail, une quantité à produire, le montant d'un budget. – **2.** Commutateur téléphonique manuel, de capacité moyenne, employé en général dans les installations privées d'entreprises. – **3.** Service chargé de recevoir et d'orienter les communications téléphoniques à l'intérieur d'une entreprise, d'une administration, etc. – **4.** En télévision, syn. de SYSTÈME. – **5.** En informatique et dans l'audiovisuel, syn. de NORME. – **6.** Description détaillée des caractères typiques d'une race, notamment en ce qui concerne sa morphologie, sa taille, la couleur de sa robe, la forme de sa tête. – **7.** Thème musical devenu un « classique » du jazz, et sur lequel improvisent les musiciens. – **8.** *Standard de vie,* niveau de vie.

2. STANDARD adj. (de *standard 1*) [parfois considéré comme inv. en nombre]. **1.** Qui est conforme à une norme de fabrication en grande série : *Des pneus standards* ou *standard.* – **2.** Qui correspond à un type courant, habituel, dépourvu d'originalité : *Un bureau impersonnel, au mobilier standard.* – **3.** Se dit de la langue la plus couramment employée au sein d'une communauté linguistique. – **4.** Se dit d'un outillage, d'une pièce disponibles sur catalogue et utilisables immédiatement sans modification. – **5.** *Prix standard,* prix d'ordre fixé pour tous les coûts de l'entreprise, afin d'obtenir des résultats comptables indépendants de la variation des prix. ‖ *Type standard,* syn. de TYPE SAUVAGE.

Standard Oil Company (New Jersey), firme pétrolière américaine, fondée en 1882, société mère du groupe Standard, qui comprenait à l'origine une dizaine de sociétés pétrolières de différents États de l'Union. En 1912, en application de la loi antitrust, la Cour suprême prononça l'éclatement de la Standard Oil of New Jersey. Le capital de la Standard Oil est aujourd'hui détenu à 95 % par la British Petroleum Company. (→ EXXON CORPORATION et ROCKEFELLER.)

STANDARDISATION n. f. **1.** Action de standardiser ; fait d'être standardisé. – **2.** Réduction de la diversité des conduites à des comportements conformes aux normes sociales.

STANDARDISER v. t. (conj. 3). **1.** Ramener un produit, une production à une norme, à un modèle unique ou à un petit nombre de modèles aux caractéristiques définies : *Standardiser des modèles de robinets.* – **2.** Mettre sur le même modèle des êtres, des choses : *Standardiser la langue.*

STANDARDISTE n. Opératrice ou opérateur chargé d'établir les connexions téléphoniques avec un commutateur manuel.

STAND-BY [stɑ̃dbaj] adj. inv. (angl. *to stand by,* se tenir prêt). Se dit d'un billet d'avion acheté aussitôt avant d'embarquer, sans réservation.

◆ adj. *Crédit stand-by,* ligne de crédit accordée pour une période et un montant convenus, permettant à son bénéficiaire de tirer sur ce crédit. (Le F. M. I., notamment, accorde de tels crédits à ses membres.)

STANDING [-diŋ] n. m. (angl. *standing,* de *to stand,* demeurer). **1.** Position économique et sociale, en partic. haut niveau de vie. – **2.** Aménagement et type de construction qui classent un immeuble dans une catégorie plus ou moins luxueuse.

STANDOLIE n. f. (de *standard 2* et lat. *oleum,* huile). Huile siccative ayant subi un traitement thermique de polymérisation, utilisée pour la fabrication des vernis gras et synthétiques.

STĂNESCU (Nichita), poète roumain (Ploiești 1933), créateur d'une poésie gnomique où l'invention verbale s'unit à la méditation philosophique (*l'Œuf et la Sphère,* 1967 ; *Poetica magna,* 1978).

STANEV (Emilian), écrivain bulgare (Tărnovo 1907 - Sofia 1978). Admirable conteur, il a laissé des récits inspirés par les animaux (*À travers ondes et forêts,* 1943 ; *Histoire d'une forêt,* 1948).

Stanford University, université américaine fondée en 1885 à Palo Alto, en Californie. Son centre de recherches, le *Stanford Linear Accelerator Center*

(SLAC), possède plusieurs accélérateurs linéaires d'électrons et des anneaux de collision électrons-positrons.

STANHOPE (James, 1er *comte*), général et homme politique anglais (Paris 1673 - Londres 1721). Il commanda en chef les forces anglaises en Espagne de 1708 à 1710. L'un des chefs du parti whig, secrétaire d'État en 1714, il réussit à conclure la Triple-Alliance avec la France et les Provinces-Unies (1717), puis la Quadruple-Alliance (1718), qui ralliait l'Autriche. Il ramena la paix dans la Baltique (1720-21).

STANHOPE (Philip), 4e comte **de Chesterfield,** homme politique, diplomate et homme de lettres anglais (Londres 1694 - *id.* 1773). Brillant représentant de l'aristocratie whig, il dirigea des ambassades en Suède et aux Provinces-Unies (1728-1732, puis 1745). Il entra en 1744 dans le ministère Pelham, puis reçut la lieutenance d'Irlande (1745-46). Secrétaire d'État dans le ministère Newcastle (1746-1748), il se consacra ensuite à son activité littéraire.

STANHOPE (Charles, 3e *comte*), mathématicien, homme politique et inventeur anglais (Londres 1753 - Chevening, Kent, 1816). Il a réalisé, en 1803, une presse typographique métallique, qui devint d'un usage général par la suite.

STANIMAKA → ASENOVGRAD.

STANIOLE n. f. Gaine en feuille d'aluminium, dont on coiffe les petites bouteilles de bière afin de les protéger de la lumière.

STANISLAS *(saint),* en polon. **Stanisław,** évêque polonais (Szczepanow, près de Tarnów, 1030 - Cracovie 1079). Évêque de Cracovie (1072), il s'opposa aux violences du roi Boleslas II, qu'il excommunia et qui le fit mettre à mort. Il fut canonisé en 1253.

STANISLAS Ier LESZCZYŃSKI (Lwów 1677 - Lunéville 1766), roi de Pologne en titre de 1704 à 1766 et, en fait, de 1704 à 1709 et de 1733 à 1736. Élu roi de Pologne avec l'appui de la Suède (1704), il ne parvint pas à s'imposer. Après Poltava (1709), il s'enfuit en Suède. Devenu le beau-père de Louis XV (1725), il se fit élire roi en sept. 1733, pour succéder à Auguste II. À l'issue de la guerre de la Succession de Pologne (1733-1738), il dut abdiquer et se contenter d'une souveraineté nominale sur le Barrois et la Lorraine (1738). Il consacra la fin de sa vie à embellir ses capitales (Lunéville, Nancy).

STANISLAS II AUGUSTE PONIATOWSKI, (Wołzyn 1732 - Saint-Pétersbourg 1798), dernier roi de Pologne (1764-1795). Fils de Stanislas Poniatowski, il avait été l'amant de la future Catherine II (1755) et fut élu roi de Pologne avec l'appui des troupes russes (sept. 1764). Il se heurta à la Confédération de Bar, qui s'était formée en 1768 et qui proclama sa déchéance (1770). Obligé d'accepter le premier partage de la Pologne (1772), il se consacra au relèvement du pays, soutint l'œuvre de la « Grande Diète » (1788-1792) et la Constitution de 1791. Puis il capitula devant Catherine II (2e partage de la Pologne, 1793) et dut abdiquer en 1795.

Stanislas *(collège),* établissement parisien d'enseignement privé. Créé en 1804, il reste une des plus importantes maisons d'éducation catholique de Paris. Il possède une filiale fondée en 1938 à Montréal, au Canada.

STANISLAVSKI (Konstantine Sergueïevitch ALEKSEÏEV, dit), acteur et metteur en scène de théâtre russe (Moscou 1863 - *id.* 1938). En 1898, il fonde avec V. N. Nemirovitch-Dantchenko le Théâtre d'art de Moscou. Parti du naturalisme (G. Hauptmann), passant par le symbolisme (Maeterlinck) et le réalisme synthétique avec Tchekhov, il a élaboré un « système » qui devient une somme dramatique où la personnalité du comédien, ses rapports avec le texte créent la vie artistique et l'émotion vraie.

STANKOVIĆ (Borisav), écrivain serbe (Vranje 1875 - Belgrade 1927). Ses contes (*le Vieil Évangile,* 1899) et ses romans (*le Sang impur,* 1910) peignent les régions du sud de la Serbie, sous la domination turque.

STANLEY [stanlɛ] n. f. Variété de prunes à épiderme violet-bleu et à chair jaune, d'origine américaine.

STANLEY → PORT STANLEY.

STANLEY (John ROWLANDS, puis *sir* **Henry Morton**), journaliste et voyageur britannique (Denbigh, pays de Galles, 1841 - Londres 1904). Chargé de retrouver Livingstone en Afrique centrale, il gagne Zanzibar (1871), d'où il pénètre dans l'intérieur ; il rencontre Livingstone à Ujiji sur la rive est du lac Tanganyika (nov. 1871). Revenu en Afrique, il va ensuite de Zanzibar (1874) à Boma (1877), explorant le lac Victoria et l'Ouganda, découvrant le Ruwenzori et le lac Albert, visitant le Tanganyika, et naviguant sur le Congo jusqu'à l'embouchure. Entré au service de l'Association internationale africaine, fondée par le roi des Belges Léopold II, il remonte le Congo (1879-1884) jusqu'au Stanley Pool, découvre le lac Léopold II, et établit les bases du futur Congo belge. Rentré en Angleterre, il est élu membre de la Chambre des communes. Stanley a signé de nombreux récits de ses voyages.

STANLEY (Wendell Meredith), biochimiste américain (Ridgeville, Indiana, 1904 - Salamanque 1971). Il obtint à l'état cristallisé le virus de la mosaïque du tabac. Il a partagé avec

J. H. Northrop et J. B. Sumner le prix Nobel de chimie pour 1946.

STANLEY FALLS → TSHUNGU *(chutes).*

STANLEY POOL → MALÉBO *(Pool).*

STANLEYVILLE → KISANGANI.

STANNAGE n. m. (bas lat. *stannum,* étain). Imprégnation partielle d'une étoffe avec un sel d'étain pour modifier par endroits l'affinité tinctoriale.

STANNATE n. m. Sel de l'acide stannique.

STANNEUX adj. m. Se dit des composés de l'étain divalent.

STANNIFÈRE adj. Relatif à l'étain, qui en contient.

STANNIQUE adj. Se dit des composés de l'étain tétravalent.

STANNOÏDE adj. Qui ressemble à l'étain.

STANOVOÏ *(monts),* en russe **Stanovoï Khrebet,** montagnes de Russie, en Sibérie orientale ; 2 412 m. Gisement d'or et de fer.

STANS, bourg de Suisse, ch.-l. du demi-canton de Nidwald (Unterwald) ; 5 700 hab. Centre touristique. Église du XVIIe s., conservant un clocher roman. Musée.

STANSTEAD, localité de Grande-Bretagne (Essex), à une cinquantaine de kilomètres au N.-N.-E. de Londres. Aéroport.

STAPÉDIEN, ENNE adj. (bas lat. *stapia,* étrier). **1.** Relatif à l'étrier de l'oreille moyenne. – **2.** *Muscle stapédien* ou *stapédien* (n. m.), muscle de l'étrier.

STAPELIA n. m. Asclépiadacée des zones arides d'Afrique du Sud, à port de cactus, malodorante mais ornementale.

STAPHISAIGRE n. f. (bas lat. *staphis agria,* raisin sauvage, du gr.). Delphinium très toxique utilisé comme insecticide (« herbe aux poux »).

STAPHYLIER n. m. Arbuste rustique à fleurs blanches ornementales tel que le nez-coupé, ou faux pistachier.

1. STAPHYLIN, E adj. Qui appartient à la luette.

2. STAPHYLIN n. m. Insecte coléoptère allongé, aux élytres très courts, ayant souvent l'abdomen relevé pendant la marche. (La famille des staphylins, ou *staphylinidés,* compte plus de 20 000 espèces, généralement saprophages ou insectivores.)

STAPHYLOCOCCIE [-kɔksi] n. f. État morbide dû à une infection par le staphylocoque.

STAPHYLOCOCCIQUE [-kɔksik] adj. Relatif au staphylocoque.

STAPHYLOCOQUE n. m. (lat. sc. *staphylococcus*). Genre de cocci Gram positif, dont les amas présentent, au microscope, l'aspect de grappes de raisin.

ENCYCL. Le staphylocoque est un microcoque de très petite dimension (1 µm en moyenne). Il existe trois variétés principales : *Staphylococcus aureus,* ou « doré » ; *S. citreus,* ou « citrin » ; et *S. albus,* ou « blanc » *(micrococcus).* Les staphylocoques sont pyogènes. On les rencontre dans un grand nombre d'infections cutanées (furoncle, anthrax) ou oto-rhino-laryngologiques (otites, angines), ou encore dans des suppurations superficielles (abcès) ou profondes (pneumonies, abcès des reins, etc.).

STAPHYLOME n. m. (bas lat. *staphyloma,* du gr. *staphulôma*). Boursouflement des membranes de l'œil, dû à un affaiblissement de ses parois.

STAR n. f. (angl. *star,* étoile). **1.** Vedette du cinéma, d'un autre domaine du spectacle. – **2.** Vedette du monde politique, financier, etc. (ironiq.).

STAR, voilier monotype de régate, à bulb-keel et à deux équipiers, retenu en série olympique. Il porte beaucoup de voiles pour sa taille et exige d'assez grandes qualités athlétiques.

STARA PLANINA (« Vieille Montagne »), axe principal du système montagneux du Balkan, en Bulgarie ; 2 376 m au pic *Botev.*

STARA ZAGORA, v. de Bulgarie, entre la vallée des Roses et le bassin de Plovdiv ; 165 000 hab. Anc. ville macédonienne, puis romaine (restes d'enceinte). Musée national (archéologie, histoire). Centre commercial, culturel et industriel.

STARČEVO-KÖRÖS, faciès culturel néolithique de l'Europe centrale (milieu du VIe-fin du Ve millénaire), qui comprend de nombreuses variations régionales et même locales et auquel les gisements de Starčevo (Yougoslavie [Serbie]) et du Körös (affluent de la Tisza, en Hongrie) ont donné leur nom. La céramique comprend des décors peints, des décors imprimés et des décors à la barbotine. Vinča en Serbie et Vučedol en Slavonie s'y rattachent alors que certaines affinités existent avec les cultures néolithiques de Sesklo et Dimini en Thessalie.

STARCK (Philippe), designer et architecte d'intérieur français (Paris 1949). Attaché aux aspects tant symbolique que fonctionnel de l'objet, il a élaboré des séries de mobiliers d'une structure simple, mais inventive, qui se veulent porteurs d'une dimension culturelle et sociale.

STARETS [-rɛts] ou **STARIETS** [-rjɛts] n. m. (mot russe signif. *vieillard*). Dans l'ancienne Russie, saint moine ou ermite, considéré par le peuple comme prophète, ou thaumaturge.

STARHEMBERG (Ernst Rüdiger, *comte* VON), feld-maréchal autrichien (Graz 1638 - Wösendorf in der Wachau 1701). Il défendit Vienne contre les Turcs en 1683.

STARIE n. f. (néerl. *star,* immobile). *Jours de starie,* syn. de JOURS* DE PLANCHE.

STARISATION n. f. Action de stariser qqn.

STARISER v. t. (conj. 3). Élever qqn au rang de vedette, de star.

STARK (Johannes), physicien allemand (Schickenhof, Bavière, 1874 - Traunstein 1957). Il découvrit l'effet Doppler sur les rayons canaux (1905) et observa la séparation des raies spectrales sous l'influence du champ électrique (*effet Stark,* 1913). [Prix Nobel de physique 1919.]

STARKING [starkiɲ] n. f. Pomme rouge produite par la variété de pommiers *starking delicious,* d'origine américaine.

STARLETTE n. f. Jeune actrice de cinéma aspirant à une carrière de star.

STARNBERG *(lac de),* en all. **Starnberger See,** lac d'Allemagne, au pied des Alpes bavaroises, appelé aussi *lac de Würm ;* 57 km².

STAROBINSKI (Jean), critique littéraire suisse (Genève 1920). La psychiatrie, l'existentialisme, le marxisme, des références linguistiques inspirent son œuvre critique (*Jean-Jacques Rousseau, la transparence et l'obstacle,* 1958 ; *l'Invention de la liberté,* 1964 ; *Montaigne en mouvement,* 1982 ; *le Remède dans le mal. Critique et légitimation de l'artifice à l'âge des Lumières,* 1989 ; *Table d'orientation,* 1990).

STAROSTE n. m. (russe *starosta,* doyen). En Russie, représentant élu par une communauté rurale ou urbaine.

Starr-Edwards *(valve de),* valve artificielle formée d'une bille logée dans une cage métallique et destinée à remplacer les orifices valvulaires pathologiques, notamment valve aortique et valve mitrale.

Stars and Stripes *(The)* [« les Étoiles et les Bandes »], nom donné par les Américains à leur drapeau fédéral, dit aussi *Old Glory* (la « Vieille Gloire »).

Star-Spangled Banner *(The)* [*la Bannière parsemée d'étoiles*], hymne national américain depuis 1931.

STAR-SYSTEM n. m. (pl. *star-systems*) [angl. *star-system*]. Mode de fonctionnement d'activités telles le cinéma, le music-hall, la littérature, voire la politique, lorsque ces activités sont organisées autour de la notoriété d'une vedette.

START (abrév. de *Strategic Arms Reduction Talks*), négociations sur la réduction des armements stratégiques menées de 1982 à 1991 (START I) entre les États-Unis et l'U. R. S. S. (Après la dissolution de l'U. R. S. S., la Russie [1992], puis le Kazakhstan, la Biélorussie et l'Ukraine [1993] adhèrent à START I.) En 1992, de nouvelles négociations sont engagées entre les États-Unis et la Russie, qui aboutissent en 1993 à un nouveau traité (START II), par lequel les deux pays s'engagent à procéder à de nouvelles et importantes réductions de leurs arsenaux dans les dix années à venir.

STARTER [-tɛr] n. m. (angl. *starter,* de *to start,* partir). **1.** Celui qui est chargé de donner le signal du départ dans certaines courses. — **2.** Celui qui règle les départs et la circulation au sol sur un terrain d'aviation militaire. — **3.** Dispositif utilisé en association avec un ballast, pour l'allumage d'une lampe à décharge. — **4.** Dispositif auxiliaire du carburateur, dont la mise en action permet un démarrage aisé par l'envoi au moteur d'un mélange plus riche que le mélange de marche normale.

STARTING-BLOCK [startiɲblɔk] n. m. (pl. *starting-blocks*) [angl. *starting-block,* de *to start,* partir, et *block,* bloc]. Appareil sur lequel, au moment du départ, les coureurs de vitesse calent leurs pieds, leurs mains étant appuyées au sol.

STARTING-GATE [startiɲget] n. f. (pl. *starting-gates*) [angl. *starting-gate,* de *to start,* partir, et *gate,* porte]. Dispositif, placé sur la piste, dont les portes s'ouvrent simultanément et automatiquement pour le départ d'une course de chevaux.

STARYÏ OSKOL, v. de Russie, au S.-E. de Koursk ; 182 700 hab. Extraction du fer. Centre industriel.

STASE n. f. (gr. *stasis,* arrêt). **1.** Arrêt, stagnation d'un liquide organique circulant. — **2.** Syn. de CONGESTION PASSIVE. — **3.** *Stase libidinale,* selon Freud, accumulation sur des formations intrapsychiques de la libido qui ne peut ni se décharger ni se dériver. (Elle expliquerait certains symptômes névrotiques [hypochondrie].)

Stasi (abrév. de *Staatssicherheitsdienst,* service de la sûreté intérieure de l'État), police politique de la République démocratique allemande (1950-1989).

STASSANO (Ernesto), chimiste et métallurgiste italien (Naples 1859 - *id.* 1922). Il a imaginé, de 1898 à 1902, le four électrique à arc qui porte son nom et qui constitue une étape importante dans le développement de l'électrométallurgie de l'acier.

STASSFURT, v. d'Allemagne (Saxe-Anhalt) ; 26 000 hab. Centre d'extraction de la potasse et du sel.

STATEN ISLAND, île des États-Unis, borough de New York, au S.-O. de Manhattan ; 155 km² ;

378 977 hab. Centre résidentiel. Musées. Mécanique. Raffinerie de pétrole.

STATÈRE n. m. (bas lat. *stater,* du gr. *statêr*). Terme désignant un poids de métal, puis la principale espèce d'électrum, d'argent ou d'or dans les divers systèmes monétaires du monde méditerranéen antique. (Ex. statère de Phocée [16,52 g], statère éginétique [12 g], etc.)

STATHOUDER ou **STADHOUDER** [-dɛr] n. m. (néerl. *stadhouder,* de *stade,* lieu, et *houder,* qui gouverne). **1.** Dans les Pays-Bas espagnols, gouverneur de province, choisi par le souverain. — **2.** Dans les Provinces-Unies, chef du pouvoir exécutif d'une province ou de l'ensemble de l'Union. (Guillaume Ier de Nassau, gouverneur de la Hollande et de la Zélande, fut fait stathouder de plusieurs provinces lors de la révolte de celles-ci. Il se créa ainsi un stathoudérat qualifié abusivement de « général » et qui prit une apparence monarchique du fait de la tendance à l'hérédité de la fonction.)

STATHOUDÉRAT n. m. Dignité, exercice des fonctions de stathouder.

STATIA → SAINT-EUSTACHE.

STATICE n. m. (lat. *statice,* du gr. *statikê*). Herbe (plombaginacée) vivace des côtes maritimes, utilisée comme décorative pour ses fleurs très colorées et très persistantes, telle que la « lavande de mer ».

STATIF n. m. (lat. *stativus,* fixe). **1.** Socle comportant une tige verticale pouvant recevoir divers dispositifs ou appareils de laboratoire, de photographie. — **2.** Partie mécanique (pied, corps et tube) du microscope.

STATION n. f. (lat. *statio*). **1.** Façon de se tenir, position d'une personne : *Station verticale.* — **2.** Fait de s'arrêter au cours d'un déplacement : *Faire de longues stations au café.* — **3.** Endroit aménagé pour l'arrêt des véhicules de transports en commun : *Station d'autobus.* — **4.** Emplacement, installation ayant une destination définie : *Une station de lavage pour voitures.* — **5.** Lieu de séjour temporaire permettant certaines activités ou certains traitements : *Station d'altitude. Station thermale.* — **6.** Installations scientifiques, en partic. pour l'observation de phénomènes naturels : *Station météorologique.* • **Astron.** Phase du mouvement apparent d'une planète dans le ciel, durant laquelle celle-ci semble temporairement immobile parmi les étoiles. — **Astronaut.** *Station orbitale* ou *spatiale,* véhicule spatial non récupérable, lancé inhabité, mais conçu pour servir en orbite d'habitat et de lieu de travail pour des équipages effectuant les voyages aller et retour entre la Terre et la station. (→ *encycl.*) — **Géod.** Point du terrain, matérialisé ou non, où est disposé un instrument pour faire des mesures. — **Inform.** *Station de travail,* matériel, connectable ou non, doté d'une importante puissance de calcul, mis à la disposition d'un utilisateur pour une tâche déterminée. — **Liturg.** Chacune des quatorze pauses que, suivant une tradition tardive, fit Jésus sur le chemin du Calvaire. ‖ Chacun des quatorze tableaux, sculptures ou simples croix, qui représentent ces pauses, et devant lesquels on récite les prières dont l'ensemble porte le nom de « chemin de la croix ». — **Télécomm.** *Station radioélectrique,* ensemble d'émetteurs ou de récepteurs, d'antennes et d'auxiliaires permettant d'assurer un service de radiocommunication en un emplacement donné.

ENCYCL. **Astronaut.** Les stations orbitales sont conçues pour être habitées pendant des périodes prolongées, et disposent d'importants équipements scientifiques et techniques pluridisciplinaires. Elles comprennent des pièces d'amarrage pour les vaisseaux de transport et de ravitaillement, des sas pour le transfert des équipages et des équipements, des zones d'habitation et des zones de travail. Une station orbitale peut être lancée en une seule fois, ou bien être constituée de modules satellisés séparément et assemblés sur orbite. Les premières stations orbitales ont été les Saliout* soviétiques et le Skylab* américain.
Les Russes exploitent la station Mir depuis 1986. Les États-Unis ont entrepris, en coopération avec la Russie, l'Europe, le Canada et le Japon, la réalisation d'une station permanente formée de modules satellisés séparément puis assemblés sur orbite et dont les équipages se relaieront sans interruption. Son achèvement est prévu vers 2002.

STATIONNAIRE adj. (bas lat. *stationarius,* du lat. class. *statio, -onis,* immobilité). **1.** Se dit du temps, des conditions atmosphériques qui ne changent pas : *Des nappes de brouillard stationnaires.* — **2.** Qui ne subit aucune évolution, reste dans le même état : *L'état du malade est stationnaire.* • **Astron.** *Théorie de l'état stationnaire* ou *de l'Univers stationnaire,* ou *cosmologie stationnaire,* théorie cosmologique selon laquelle l'Univers conserve une densité de matière constante au cours du temps. (Aucune théorie de ce type ne parvient actuellement à expliquer les principaux faits d'observation sur lesquels s'appuie le modèle du big bang*.) — **Math.** Se dit d'un point d'un arc paramétré (I, *f*) où *f'* s'annule. ‖ *Suite stationnaire,* suite (a_n) telle qu'il existe un naturel p pour lequel $a_n = a_p$ pour tout $n > p$. — **Phys.** Se dit des phénomènes physiques qui se reproduisent identiquement à eux-mêmes au cours du temps. ‖ *Ondes stationnaires,* ondes dans lesquelles les phénomènes d'oscillation sont, en tout point, soit en concordance, soit en opposition de phase. ‖ *État stationnaire,* état d'énergie bien définie (état propre d'énergie) d'un système quantique. — **Probab.** et **Cybern.** *Processus aléatoire stationnaire,* processus dont les propriétés statistiques ne dépendent pas de l'origine des temps.

◆ n. m. Bâtiment de guerre affecté à la surveillance d'un port ou d'une zone maritime.

STATIONNARITÉ n. f. Fait pour un phénomène d'être stationnaire.

STATIONNEMENT n. m. **1.** Fait de stationner qqpart, en parlant de véhicules : *Stationnement interdit.* — **2.** État de troupes qui ne sont pas engagées dans la bataille ou dans une manœuvre (caserne, camp, bivouac, cantonnement, etc.). — **3.** Au Canada, parc de stationnement.

STATIONNER v. i. (conj. 3). **1.** S'arrêter, demeurer au même endroit pendant un certain temps, en parlant d'un véhicule : *Des voitures qui stationnent en double file.* — **2.** Demeurer au même endroit, en partic. sur la voie publique : *Les passants stationnent près du lieu de l'attentat.* — **3.** En parlant de troupes, rester en stationnement.

◆ v. t. *Fam.* Arrêter un véhicule qqpart pendant un certain temps : *J'ai stationné ma voiture au coin de la rue.*

◆ **être stationné** v. pass. *Fam.* Être en stationnement.

STATION-SERVICE n. f. (pl. *stations-service*). Poste offrant aux automobilistes et aux motocyclistes toutes les ressources en carburants, lubrifiants, ingrédients et accessoires nécessaires au bon fonctionnement de leur véhicule.

STATIQUE adj. (gr. *statikos*). **1.** Relatif à l'équilibre des systèmes matériels. — **2.** Qui est sans mouvement ou qui manque de mouvement : *Un film statique.* — **3.** Qui n'évolue pas, semble fixé de manière définitive, par oppos. à *dynamique* : *Un monde statique, immobile.* — **4.** Se dit d'un art, d'une œuvre caractérisés par l'équilibre, la stabilité. — **5.** *Analyse statique,* analyse qui étudie les résultats de l'action des forces économiques, les états d'équilibre ou de déséquilibre qu'elle engendre à un moment donné. (Elle s'oppose à l'*analyse dynamique.*) ‖ *Électricité statique,* électricité dans les conducteurs en équilibre. ‖ *Pêche statique,* pêche à la ligne posée ; pêche sédentaire, par oppos. à la pêche sportive.

◆ n. f. **1.** Partie de la mécanique qui étudie l'équilibre des systèmes matériels dans un référentiel donné. (→ *encycl.*) — **2.** *Statique chimique,* étude des conditions d'équilibre des réactions chimiques. ‖ *Statique des gaz,* partie de la physique qui a pour objet l'étude des pressions et de la compressibilité des gaz.

ENCYCL. **Phys.** L'utilisation des lois de la dynamique permet d'établir les conditions d'équilibre d'un système matériel initialement immobile dans un référentiel :

1° la somme des forces appliquées doit être nulle : le système n'acquiert pas de mouvement de translation ;

2° le moment résultant des forces appliquées par rapport à un point quelconque doit être nul : le système n'entre pas en rotation. Ces conditions, toujours nécessaires, ne sont suffisantes que pour les systèmes parfaitement indéformables.

STATIQUEMENT adv. De façon statique.

STATIRA, princesse perse († Babylone 323 av. J.-C.), fille de Darios III. Elle fut, après Issos, prisonnière d'Alexandre, qui l'épousa à Suse (324). Roxane la fit tuer après la mort du roi.

STATISME n. m. *Litt.* État de ce qui est statique.

STATISTICIEN, ENNE n. Spécialiste de la statistique.

STATISTIQUE n. f. (all. *Statistik*). **1.** Ensemble de données d'observation relatives à un groupe d'individus ou d'unités (souvent pl.). — **2.** Ensemble des méthodes qui ont pour objet la collecte, le traitement et l'interprétation de ces données. (→ *encycl.* Statist.) — **3.** Ensemble des données numériques concernant un phénomène quelconque et dont on tire certaines conclusions. — **4.** Variable aléatoire, fonction des observations, construite à partir d'un échantillon. (Ainsi, la moyenne d'un échantillon est une statistique.) — **5.** *Statistique lexicale,* application des méthodes statistiques à la description du vocabulaire. (Reposant sur la recherche des fréquences, la statistique a été appliquée à l'analyse du style et à l'élaboration de vocabulaires fondamentaux.)

◆ adj. **1.** Relatif à la statistique. — **2.** Se dit de la pelote obtenue par repliements successifs d'une chaîne macromoléculaire sur elle-même. — **3.** *Mécanique statistique,* branche de la physique qui relie les propriétés des corps à l'échelle courante (ou macroscopique) à celles de leurs constituants microscopiques (atomes, molécules, etc.). [→ *encycl.*]

ENCYCL. **Phys.** *Mécanique statistique.* Les grandeurs physiques mesurables (pression, température, résistivité électrique, etc.) d'un système macroscopique ne peuvent être reliées aux propriétés de ses constituants microscopiques que par l'intermédiaire de concepts probabilistes. Le nombre de degrés de liberté d'un tel système est si grand (1 cm^3 de gaz contient environ 10^{19} molécules...) qu'on ne peut le décrire exactement.

En outre, la mesure, qui prend un certain temps, ne donne que des valeurs moyennes.
Plutôt que d'étudier le comportement d'un système au cours du temps, on peut examiner, à un instant donné, l'état d'un grand nombre de systèmes identiques et effectuer une moyenne sur cet ensemble. L'« hypothèse ergodique » postule que les deux modes de calcul donnent le même résultat : c'est le fondement de la mécanique statistique.

• *Entropie statistique, température, distribution de Boltzmann.* Un état microscopique est déterminé par la précision de l'état de chacun des éléments constituant le système. Si l'on connaît les probabilités P_e qu'a le système de se trouver dans chacun de ses états microscopiques *e,* il est possible de calculer les valeurs moyennes des grandeurs physiques macroscopiques par application des techniques statistiques. L'*entropie,* qui n'est pas seulement une valeur moyenne, est définie par : $S = -k \sum_e P_e \cdot \ln P_e$, où k est la constante de Boltzmann*. Mais tous les états microscopiques ne peuvent être atteints par le système. Des contraintes extérieures (le volume ou l'énergie doivent être constants) font que seuls certains états lui sont accessibles. L'*hypothèse microcanonique* postule que, pour un système isolé à l'équilibre, tous les états accessibles sont également probables. L'entropie statistique fait alors intervenir le nombre W d'états microscopiques accessibles et s'exprime selon la célèbre formule, gravée sur la tombe de L. Boltzmann : $S = k \ln W$. La *température* thermodynamique T d'un système isolé est une grandeur essentiellement macroscopique qui ne peut être définie comme moyenne d'une quantité microscopique. Elle est définie à partir de l'entropie par : $1/T = \partial S/\partial E$, où $\partial S/\partial E$ est la dérivée de l'entropie par rapport à l'énergie. La température permet de définir la probabilité P_e pour qu'un système, en contact avec un thermostat de température invariable T, se trouve dans un état microscopique *e* d'énergie E_e : $P_e = A \exp(-E_e/kT)$, A étant une constante telle que la somme de toutes les probabilités soit égale à 1. Cette loi est appelée « distribution de Boltzmann ».

• *Systèmes de particules indiscernables : statistiques de Fermi-Dirac, Bose-Einstein, Maxwell-Boltzmann.* Le fait qu'un système soit constitué de particules identiques change le décompte des états microscopiques accessibles et donc le calcul de l'entropie. Lorsque les particules sont des fermions*, leur comportement est décrit par la statistique de Fermi-Dirac : le nombre moyen de particules qui se trouvent dans un état λ d'énergie ε_λ est : $\overline{n}_\lambda = 1/(\exp[(\varepsilon_\lambda - \mu)/kT] + 1)$, où μ est le niveau de Fermi déterminé par : $\sum_\lambda \overline{n}_\lambda = N$, N étant le nombre total de fermions. Lorsque les particules sont des bosons*, leur comportement est décrit par la statistique de Bose-Einstein :

$$\overline{n}_\lambda = 1/(\exp[(\varepsilon_\lambda - \mu)/kT] - 1),$$

où μ est une constante dépendant de la température et déterminée par $\sum_\lambda \overline{n}_\lambda = N$, N étant le nombre total de bosons. À très basse température, cette statistique explique les phénomènes de superfluidité* et de supraconductivité*. À température élevée, les deux statistiques précédentes tendent vers celle de Maxwell-Boltzmann :

$$\overline{n}_\lambda = A \exp(-\varepsilon_\lambda/kT).$$

— **Stat.** Un travail statistique comporte plusieurs phases. La première, méthodologique, consiste à définir les unités statistiques sur lesquelles on va opérer (caractères, nomenclatures, etc.). Dans la deuxième phase, on procède au recueil des données (échantillonnage, mesures, enquêtes par questionnaires, etc.). Dans la troisième phase (statistique descriptive), on présente ces données sous forme de tableaux, de courbes ou de graphiques, qui contiennent toute l'information. On réduit généralement les données en les remplaçant par des courbes plus parlantes (histogrammes) ou par un petit nombre de paramètres, les uns caractérisant la tendance centrale (moyenne, médiane, mode), les autres la dispersion (quantiles, écart, variance, écart-type, moment, étendue).
Dans la statistique classique (inférence statistique), on essaie ensuite à l'aide de ces paramètres de rattacher les observations à un modèle ou à une loi statistique (binomiale, normale, etc.) ; cela conduit, dans le cas où l'on a procédé à un échantillonnage dans la population étudiée, aux problèmes de l'estimation des paramètres. Pour tirer des conclusions à partir d'un échantillon, il faut faire une hypothèse sur la population totale et porter un jugement sur sa valeur : c'est l'objet des tests d'hypothèse. Enfin, lorsque plusieurs caractères sont déterminés simultanément, on peut chercher s'il existe des liaisons entre eux : liaison fonctionnelle, indépendance totale ou liaison stochastique (corrélation).

statistique et des études économiques *(Institut national de la)* **[I. N. S. E. E.],** organisme public chargé de la publication des statistiques françaises, de diverses enquêtes et de l'élaboration d'études, notamment en matière de conjoncture économique. Il a pris, en 1946, la suite du *Service national des statistiques,* créé en 1941.

STATISTIQUEMENT adv. D'un point de vue statistique.

STATOCONIE n. f. Syn. de OTOLITHE.

STATOCRATIE n. f. Système dans lequel l'État domine la vie de la nation.

STATOCRATIQUE adj. Relatif à la statocratie.

STATOCYSTE n. m. Organe sensoriel de nombreux invertébrés, formé d'une vésicule creuse tapissée intérieurement de cellules ciliées ou soies chitineuses et renfermant un statolithe.
ENCYCL. Le statocyste informe l'organisme de sa position par rapport au champ de pesanteur et même de ses propres mouvements circulaires.

STATO-FUSÉE n. m. (pl. *stato-fusées*). Propulseur à réaction associant un statoréacteur pour le vol de croisière à un moteur-fusée pour la phase de départ et d'accélération.

STATOLITHE n. m. Chacun des grains solides contenus dans les statocystes. (Les statolithes de l'oreille interne des poissons sont appelés *otolithes.*)

STATOR n. m. (lat. *statum,* de *stare,* se tenir debout). Partie fixe d'une machine, par oppos. au rotor, qui est la partie mobile.

STATORÉACTEUR n. m. Moteur à réaction constitué d'une tuyère thermopropulsive, utilisé pour la propulsion des avions et des missiles.
ENCYCL. Le statoréacteur possède un rendement élevé aux très hautes vitesses supersoniques ; il est également capable de fournir des poussées incomparablement plus élevées que celles des plus puissants turboréacteurs. Il se compose d'une entrée d'air par laquelle l'air pénètre directement pour être comprimé par la vitesse même de l'avion ou du missile qui l'utilise. Au centre du moteur se trouvent disposées plusieurs couronnes d'injecteurs alimentés en carburant ; la combustion de ce dernier dans l'air comprimé émet des gaz éjectés à vitesse accrue dans l'atmosphère par une tuyère, qui assure ainsi, par réaction, la propulsion de l'avion.

STATTHALTER [statalter ou -tœr] n. m. (all. *Statthalter*). Gouverneur en pays germanique, représentant le pouvoir central. (Ce fut le titre du gouverneur de l'Alsace-Lorraine de 1879 à 1918.)

STATUAIRE adj. (lat. *statuarius*). **1.** Relatif aux statues. — **2.** *Colonne statuaire,* colonne qui porte une statue. ‖ *Marbre statuaire,* marbre suffisamment homogène pour faire des statues.
◆ n. Sculpteur qui fait des statues.
◆ n. f. (lat. *statuaria*). **1.** Art de faire des statues. — **2.** Ensemble et caractères des statues d'une époque, d'un pays, d'un monument : *La statuaire grecque classique. La statuaire de Chartres.*

STATUE n. f. (lat. *statua*). **1.** Sculpture en ronde bosse représentant une figure isolée et entière et dont la taille, pour l'homme, est égale à au moins la moitié de la taille naturelle. (→ *encycl.*) — **2.** *Litt.* Symbole de l'immobilité, de l'insensibilité ou de la beauté froide.
ENCYCL. On distingue notamment les statues équestres, en pied, couchées, agenouillées ; les statues colossales, grandeur nature, demi-nature. La réunion de plusieurs figures en ronde bosse forme un groupe. Une statue porte sur une base, une plinthe ou une terrasse, qui peuvent elles-mêmes être surélevées par un socle ou un piédestal.

STATUE-BLOC ou **STATUE-CUBE** n. f. (pl. *statues-blocs, statues-cubes*). Dans l'Égypte pharaonique, statue représentant un personnage accroupi.

STATUE-COLONNE n. f. (pl. *statues-colonnes*). Dans l'art gothique, statue adossée à une colonne ou une colonnette et taillée dans le même bloc que celle-ci. (V. 1140 : Saint-Denis, Chartres, etc.)

STATUE-MENHIR n. f. (pl. *statues-menhirs*). Menhir, sculpté ou gravé, représentant un personnage humain.

STATUER v. t. ind. (lat. *statuere*) [conj. 7]. Prendre une décision, en vertu de l'autorité qu'on détient, au sujet d'une question, d'un litige : *Le tribunal n'a pas statué sur le fond.*
◆ v. t. Décider, édicter qqch, juger que : *La cour a statué qu'il y avait lieu à appel.*

STATUETTE n. f. Figure en ronde bosse d'une taille intermédiaire entre celles de la demi-nature (80 cm pour l'être humain) et de la figurine (⩽ 25 cm).

STATUFIER v. t. (conj. 9). **1.** *Fam.* Élever une statue à qqn ; ironiq., en faire un éloge excessif et prématuré. — **2.** *Litt.* Figer qqn par la surprise, la peur.

STATU QUO [-ko ou -kwo] n. m. inv. (lat. *in statu quo ante,* dans le même état qu'auparavant). État des choses à un moment donné : *Maintenir le statu quo.*

STATURE n. f. (lat. *statura*). **1.** Hauteur de la taille de qqn ou d'un animal. — **2.** Caractère, importance de qqn : *Avoir la stature d'un homme d'État.*

STATURO-PONDÉRAL, E, AUX adj. Relatif à la taille et au poids.

STATUS [-tys] n. m. Rang occupé par un individu dans une certaine hiérarchie sociale et lui conférant un nombre, parfois précis et codifié, de droits et de devoirs.

STATUT n. m. (bas lat. *statutum,* du lat. class. *statuere,* statuer). **1.** Ensemble des dispositions législatives ou réglementaires fixant les garanties fondamentales (droits et obligations) accordées à une collectivité publique ou à un corps de fonctionnaires ou d'agents publics (statut général de la fonction publique, statut des magistrats). – 2. Législation applicable à un justiciable en fonction de sa nationalité ou de son domicile *(statut personnel)*, en fonction du lieu de l'objet litigieux *(statut réel)* ou applicable en un lieu du territoire ou aux personnes originaires de ce lieu *(statut territorial)*. – 3. Situation de fait, position par rapport à la société, aux institutions, etc. : *Le statut de la femme, du livre.*

◆ **statuts** n. m. pl. Acte constitutif d'une société ou d'une association établi par écrit et comportant des mentions exigées par la loi (forme, durée, nom, objet social, etc.).

STATUTAIRE adj. Qui est prévu par les statuts, conforme aux statuts, désigné par les statuts : *Gérant statutaire.*

STATUTAIREMENT adv. Conformément aux statuts.

Statute, mot angl. signif. *acte législatif* et désignant en Angleterre la loi issue de la volonté commune du souverain et du Parlement, source du droit anglais avec la Common Law et l'Equity.

STAUDINGER (Hermann), chimiste allemand (Worms 1881 - Fribourg-en-Brisgau 1965). Il a été le premier à établir de façon irréfutable l'individualité des macromolécules. Il a relié la masse molaire des polymères à certaines de leurs caractéristiques physiques et établi l'existence de réseaux. (Prix Nobel de chimie 1953.)

STAUDT (Christian VON), mathématicien allemand (Rothenburg 1798 - Erlangen 1867). Privilégiant la forme au détriment des relations métriques, il définit une mesure projective des longueurs qui devait lui permettre de construire la géométrie indépendamment de la notion de distance.

STAUFFENBERG (Claus, *comte* SCHENK VON), colonel allemand (Jettingen, Augsbourg, 1907 - Berlin 1944). Chef d'état-major de l'armée de réserve (juill. 1944), hostile au nazisme, il plaça une bombe dans la salle de séance du quartier général du Führer à Rastenburg (20 juill. 1944). De retour à Berlin, persuadé de la mort de Hitler, il déclencha alors le putsch. Arrêté, il fut fusillé le soir même.

STAUROPE n. m. Nom générique de la harpye du hêtre.

STAUROTHÈQUE n. f. Reliquaire censé contenir une parcelle de la croix du Christ. (Ex. : staurothèque byzantine de la cathédrale de Limburg.)

STAUROTIDE ou **STAUROLITE** n. f. Silicate naturel d'aluminium et de fer, orthorhombique. (La macle la plus fréquente de ce minerai porte le nom de *pierre de croix* ou *croisette de Bretagne.*)

STAVANGER, port du sud-ouest de la Norvège, sur un bras du Boknafjord (ou Stavangerfjord) ; 93 000 hab. Belle cathédrale des XIIe-XIIIe s. Vieilles maisons en bois ; Musées. Port de pêche, de commerce, de voyageurs et pétrolier (raffinerie) ; centre industriel, administratif et technique de l'exploitation pétrolière en mer du Nord.

STAVELOT, v. de Belgique (prov. de Liège), dans l'Ardenne ; 5 900 hab. De l'abbaye fondée v. 651 restent des bâtiments du XVIIIe s. (musée de l'ancienne Abbaye et de la Tannerie ; musée G.-Apollinaire). À l'église St-Sébastien (de 1754), monumentale châsse de saint Remacle, en orfèvrerie (XIIIe s.). La commune comprend la localité de Francorchamps*.

Stavisky *(affaire)*, scandale financier qui atteignit les milieux politiques français à partir de déc. 1933, quand fut découverte l'escroquerie réalisée par Alexandre *Stavisky* (Slobodka, Ukraine, 1886 - Chamonix 1934). Celui-ci avait émis sur le Crédit municipal de Bayonne de faux bons de caisse qui ne furent pas remboursés. Sa mort, le 9 janv. 1934, dans des conditions suspectes, fut largement exploitée par la droite et contribua à la chute du ministère Chautemps (27 janv.) et à la journée du 6 févr. 1934.

STAVKA ou **STAFKA** n. f. (mot russe). 1. Tente qui abritait le commandant en chef de l'armée russe. – 2. Commandement suprême de l'armée russe. (Conseil suprême militaire soviétique, la stavka fut chargée, de 1941 à 1945, d'élaborer les plans stratégiques généraux pour la conduite de la guerre. Auj., c'est l'organe suprême de commandement des forces armées soviétiques, qui, en temps de guerre, assure, sous l'autorité du commandant en chef, la direction des opérations.)

STAVKIRKE, mot norv. désignant les églises médiévales de bois de Norvège (XIe-XVe s.). L'étagement pyramidant de leurs toitures est caractéristique.

STAVROPOL, v. de Russie, au N. du Caucase ; 332 000 hab. Exploitation du gaz naturel et du pétrole. Chimie. Constructions mécaniques. Industrie alimentaire. Confection. Meubles. Arts graphiques. De 1935 à 1943, Stavropol s'est appelée *Vorochilovsk.*

STAWUG ou **STAVHUGG** n. m. (mot norv.). Pas de marche rapide, utilisé en ski de fond et consistant en glissements sur la neige avec projection alternante des bâtons pour tirer le skieur.

STAYER [stɛjœr] n. m. (angl. *stayer,* de *to stay,* demeurer). 1. Coureur cycliste de demi-fond derrière motocyclette, sur piste. – 2. Cheval spécialiste des longues distances (au-dessus de 3 000 m).

STEAK [stɛk] n. m. (angl. *steak*). Syn. de BIFTECK.

STEAMER [stimœr] n. m. (angl. *steamer,* de *steam,* vapeur). *Vx.* Navire à vapeur.

STEAMING [stimiɲ] n. m. (angl. *steaming,* de *to steam,* traiter à la vapeur). Suralimentation des brebis lors de la période précédant la mise bas.

STÉARATE n. m. Sel ou ester de l'acide stéarique.

STÉARINE n. f. **1.** Tout ester stéarique de la glycérine, et plus spécialement la tristéarine. — **2.** Appellation impropre de l'acide stéarique technique.

ENCYCL. La stéarine, ou acide stéarique technique, est constituée par un mélange d'acide palmitique et d'acide stéarique. On l'obtient par hydrolyse et pression des suifs ou à partir des huiles et graisses hydrogénées. Elle est utilisée en cosmétique, en lubrification et a été très employée pour la fabrication des bougies.

STÉARINERIE n. f. Fabrique de stéarine.

STÉARINIER n. m. Fabricant de stéarine.

STÉARIQUE adj. *Acide stéarique,* dénomination courante de l'acide octadécanoïque $C_{17}H_{35}—CO_2H$.

ENCYCL. Découvert par Chevreul, l'acide stéarique se rencontre sous forme de glycéride dans les graisses animales et dans les huiles végétales hydrogénées. Pur, c'est un solide blanc cristallisé qui fond à 69,6 °; il est insoluble dans l'eau et soluble dans l'alcool, le chloroforme et le benzène.

STÉATOPYGE adj. Qui présente de la stéatopygie.

STÉATOPYGIE n. f. (du gr. *stear, steatos,* graisse). Présence d'un matelas adipeux épais dans la région du sacrum et des fesses, reposant sur une ensellure lombo-sacrée très prononcée. (La stéatopygie présente une fréquence particulière chez les peuples khoisans, tels que les Bochimans et les Hottentots.)

STÉATORRHÉE ou **STÉARRHÉE** n. f. Excès de matières grasses dans les fèces.

STÉATOSE n. f. Dégénérescence graisseuse d'un tissu.

STEELE (*sir* Richard), écrivain irlandais (Dublin 1672 - Carmarthen, pays de Galles, 1729). Ami d'Addison, il fonda le *Tatler,* périodique qui annonce le succès du *Spectator* (1711-12), puis, pour les whigs, *The Guardian* (1713) et *The Englishman* (1713-1715). Auteur de comédies (*l'Amant menteur,* 1703 ; *les Amants réservés,* 1722), il devint, sous George Ier, directeur du théâtre de Drury Lane.

STEEMAN (Stanislas André), écrivain belge (Liège 1908 - Menton 1970). Essayiste, dessinateur et journaliste, il est l'auteur de romans policiers, dont *Six Hommes morts* (1931), *L'assassin habite au 21* (1939), porté à l'écran par H.-G. Clouzot, *Monsieur Wens détective* (1936), *Le condamné meurt à cinq heures* (1959).

STEEN (Jan Havicksz.), peintre néerlandais (Leyde v. 1626 - *id.* 1679). Il est le plus abondant et le plus varié des peintres de genre hollandais du XVIIe s. Ses scènes populaires, vivantes, animées par les effets de lumière et une couleur chaude, sont parfois empreintes d'intentions moralisantes (*Fête dans une auberge,* 1674, Louvre).

STEENKERQUE → STEINKERQUE.

STEENSTRAAT, lieu-dit de Belgique (Flandre-Occidentale), au N. d'Ypres. Théâtre de la première attaque allemande par gaz sur les troupes franco-belges, le 22 avr. 1915, lors de la bataille d'Ypres.

STEENVOORDE (59114), ch.-l. de cant. du Nord, au N. d'Hazebrouck ; 4 029 hab. Produits laitiers.

STEEPLE-CHASE [stipəltʃɛz] ou **STEEPLE** [stipl] n. m. (pl. *steeple-chases, steeples*) [angl. *steeple-chase,* de *steeple,* clocher, et *chase,* chasse]. **1.** Course de chevaux qui comporte des haies ainsi que des obstacles de différentes natures. (Le *grand steeple-chase de Paris* se dispute à Auteuil sur une distance approximative de 5 500 m.) — **2.** *3 000 m steeple,* course à pied de 3 000 m, sur piste, où les concurrents ont à franchir une série d'obstacles artificiels placés sur leur parcours (28 haies et 7 sauts de rivière).

STEFAN (Josef), physicien autrichien (Sankt Peter, près de Klagenfurt, 1835 - Vienne 1893). Il est surtout connu par la loi qui porte son nom sur le rayonnement du corps noir (1879), reliant la puissance surfacique P rayonnée à la température absolue T : $P = \sigma T^4$;

$$(\sigma = 5,67 \cdot 10^{-8}\ W \cdot m^{-2} \cdot K^{-4}).$$

STEFANO da Verona, ou **da Zevio,** peintre et dessinateur italien (Vérone v. 1374 - apr. 1438). L'influence des écoles septentrionales, celle de Cologne en particulier, lui a inspiré certains des motifs féeriques qui font le charme de compositions comme *la Madone avec des anges* (galerie Colonna, Rome), un des joyaux du gothique international en Italie, et, plus tard, *l'Adoration des Mages* (1435, Brera, Milan).

STEFFANI (Agostino), compositeur italien (Castelfranco Veneto 1654 - Francfort-sur-le-Main 1728). Ordonné prêtre en 1680, il mène une double activité, musicale et diplomatique. En 1688, il est directeur de la chapelle à la cour de Hanovre et devient, quelques années plus tard, évêque de Spiga. En 1709, il est nommé vicaire apostolique pour l'Allemagne du Nord et ne retourne à Hanovre qu'en 1725. Son influence s'exerça surtout sur Bach, Telemann et Händel, au travers de ses opéras *(Servio Tullio, Niobe, Enrico Leone).*

STÉGANOPODE n. m. (gr. *steganopous,* palmipède). Syn. anc. de PÉLÉCANIFORME.

STÉGOCÉPHALE n. m. Nom de groupe d'amphibiens fossiles du primaire et du trias, qui furent sans doute les premiers vertébrés ayant de véritables pattes. (Plus grands que les formes actuelles, les stégocéphales ont constitué une faune diversifiée, issue de certains poissons crossoptérygiens.)

STÉGODONTE n. m. Proboscidien fossile du pliocène intermédiaire entre les mastodontes et les éléphants.

STÉGOMYIE n. f. Moustique (culicidé) qui propage la fièvre jaune et la dengue.

STÉGOSAURE n. m. Grand dinosaure (7 m) ornithischien du crétacé d'Amérique du Nord, herbivore, à la tête minuscule, au corps revêtu d'une cuirasse. (Il avait un bec analogue à celui des oiseaux.)

STEICHEN (Edward), photographe américain (Luxembourg 1879 - West Redding, Connecticut, 1973). Avec Stieglitz, il fonda (1902) la « Photo Secession Gallery », qui devint la galerie « 291 » et fut avec la revue *Camera Work* à l'origine de la célébrité, en Amérique, des Rodin, Matisse, Picasso, Cézanne, etc. Il maîtrise le genre pictorialiste et réalise dans la mode, le nu, le portrait, des œuvres où la sobriété répond à la pureté des lignes. Il a dirigé (1947-1962) le département photographique du MOMA à New York, où il a organisé une exposition fameuse : *Family of Man* (1955).

STEIN (Johann Andreas), facteur allemand de pianos et d'orgues (Heidelsheim, Bade, 1728 - Augsbourg 1792). Il perfectionna la facture du piano-forte et produisit des instruments fort appréciés de Mozart. — Sa fille NANETTE (Augsbourg 1769 - Vienne 1833) fonda sa propre maison en 1802. Beethoven a été en relation avec elle.

STEIN (Karl, *baron* VOM UND ZUM), homme politique prussien (Nassau 1757 - Kappenberg, Westphalie, 1831). Admirateur du despotisme éclairé, il fut, comme ministre d'État à partir de 1804, le réorganisateur de l'État prussien lors de la domination napoléonienne. Ses réformes (abolition du servage en 1807, mise en place d'une administration moderne en 1808) suscitèrent l'inquiétude de Napoléon, qui obtint son renvoi (1808). En 1813, il poussa Frédéric-Guillaume III à accepter l'alliance russe et à s'engager dans la guerre contre Napoléon.

STEIN (*sir* Aurel), orientaliste et archéologue britannique (Budapest 1862 - Kaboul 1943). Au cours de ses expéditions (1900-1928) en Asie centrale, il découvrit Dunhuang et les ruines de l'ancienne Yotkan (près de Khotan), étudia la route de la soie et mit en évidence l'importance historique du Turkestan chinois.

STEIN (Gertrude), femme de lettres américaine (Allegheny, Pennsylvanie, 1874 - Neuilly-sur-Seine 1946). Établie en 1903 à Paris, elle fit de son salon le point de rencontre des expatriés américains et fut mêlée à l'avant-garde picturale. En 1909, elle publia *Trois Vies,* en 1925, *Américains d'Amérique* et connut la célébrité en 1933 avec *l'Autobiographie d'Alice B. Toklas.* Son œuvre a eu une influence sur celles de Sherwood Anderson, d'Hemingway et des romanciers de la « génération* perdue ».

STEIN (Edith), philosophe allemande (Breslau 1891 - Auschwitz 1942). Professeur à Münster, elle se convertit au catholicisme et devint religieuse, fut arrêtée au Carmel d'Echt, aux Pays-Bas, et déportée comme juive. Son œuvre, *Endliches und ewiges Sein* (paru en 1950), marque un des points de jonction les plus féconds entre phénoménologie et pensée chrétienne. Béatifiée en 1987.

STEIN (William Howard), biochimiste américain (New York 1911 - *id.* 1980). Il a déterminé, en collaboration avec Stanford Moore, la structure de la ribonucléase grâce à des procédés chromatographiques. (Prix Nobel de chimie pour 1972 avec S. Moore et C. B. Anfinsen.)

STEIN AM RHEIN, comm. de Suisse (cant. de Schaffhouse), sur le Rhin ; 2 800 hab. Bourg pittoresque, aux nombreuses maisons à façade peinte (XVIe-XVIIIe s.). Anc. couvent bénédictin : église romane, bâtiments des XIVe-XVIe s.

STEINBECK (John), écrivain américain (Salinas, Californie, 1902 - New York 1968). Écrivain réaliste et régionaliste, il a décrit les êtres simples et même primitifs de la Californie agricole (*la Coupe d'or,* 1929 ; *les Pâturages du ciel,* 1932 ; *Tortilla Flat,* 1935 ; *Des souris et des hommes,* 1937 ; *les Raisins* de la colère,* 1939) avant de pratiquer la fable psychologique ou politique (*En un combat douteux,* 1936 ; *À l'est d'Eden,* 1952) et de devenir le juge sentencieux de la crise du monde occidental (*Mon caniche, l'Amérique et moi,* 1962). [Prix Nobel 1962.]

STEINBERG (Saul), dessinateur et peintre roumain naturalisé américain (Rîmnicu Sarat 1914). Installé aux États-Unis en 1942, collaborateur, notamment, du *New Yorker* et auteur de nombreux albums (*The Passport,* 1954, *The Labyrinth,* 1959, etc.), il a renouvelé l'humour et la satire par la manipulation déconcertante et ludique des codes culturels, à travers de multiples variations techniques et stylistiques.

STEINBOCK [stɛnbɔk] n. m. (néerl. *steenbok,* bouquetin). Petite antilope d'Afrique australe armée de petites cornes droites et noires.

STEINER (Jakob), mathématicien suisse (Utzenstorf 1796 - Berne 1863). Autodidacte, il a promu le développement synthétique de la géométrie projective. Il a démontré de façon élégante que, de toutes les figures planes de périmètre donné, le cercle délimite la plus grande aire.

STEINER (Rudolf), philosophe et pédagogue autrichien (Kraljević, Croatie, 1861 - Dornach, près de Bâle, 1925). Entre 1902 et 1909, il définit sa doctrine, l'anthroposophie, dans ses ouvrages *Théosophie* (1904), *l'Initiation* (1904), *la Science occulte* (1909). En 1913, il se sépare des théosophes et fonde la Société anthroposophique ; il s'installe en Suisse, à Dornach, puis fonde à Stuttgart l'école Waldorf. Sa pédagogie est fondée sur des « périodes » de travail par thèmes, décloisonnant les matières traditionnelles, sur l'expérience et sur des activités artisanales et professionnelles étroitement intégrées à l'environnement. Si l'enfant est avant tout autonome, le maître constitue cependant la référence morale déterminante et l'autorité.

STEINERT (Otto), photographe allemand (Sarrebruck 1915 - Essen 1978). Il est l'un des adeptes de la « photographie subjective ». Les expositions qu'il a organisées en 1951, en 1954, en 1958 sont à l'origine de la notoriété de la photographie abstraite.

STEINHEIM AN DER MURR, localité d'Allemagne, à 20 km au N. de Stuttgart, sur les bords de la Murr. En 1933, on y découvrit un crâne humain fossile accompagné des restes d'animaux et âgé de plus de 300 000 ans.

STEINITZ (Wilhelm), joueur d'échecs autrichien (Prague 1836 - New York 1900). Il fut le grand créateur de la stratégie moderne des échecs et conserva le titre de champion du monde jusqu'en 1894, année où il fut vaincu par Emanuel Lasker.

STEINITZ (Ernst), mathématicien allemand (Laurahütte, auj. Siemianowice, Pologne, 1871 - Kiel 1928). Sa théorie algébrique des corps (1910) a ouvert la voie aux travaux de Artin, Hasse, E. Noether sur l'étude générale de l'algèbre abstraite.

STEINKERQUE, auj. **Steenkerque,** anc. comm. de Belgique (Hainaut), auj. intégrée à Braine-le-Comte, au N. de Soignies. À proximité, le 3 août 1692, le maréchal de Luxembourg défit Guillaume III d'Angleterre commandant les troupes anglaises, hollandaises et impériales.

STEINLEN (Théophile Alexandre), dessinateur, peintre et graveur suisse naturalisé français (Lausanne 1859 - Paris 1923). Installé à Paris en 1881, mêlé à la vie de Montmartre, il en a représenté les habitants avec un sentiment de fraternité et de révolte. Il a collaboré aux journaux satiriques, composé des affiches, illustré Bruant et Jehan Rictus. Ses esquisses sont parfois d'une grande qualité plastique.

STEINMETZ (Karl Friedrich VON), maréchal prussien (Eisenach 1796 - Bad Landeck, Silésie, 1877). Il commanda la Ire armée en France (1870). Vainqueur à Spicheren (6 août), il fut relevé de ses fonctions par Moltke pour insubordination devant Metz.

STEINTHAL (Hajim ou Heymann), linguiste allemand (Gröbzig, Anhalt, 1823 - Berlin 1899). Principal disciple de W. von Humboldt, il édita les œuvres linguistiques de celui-ci (*Sprachphilosophische Werke,* 1884). Il a dirigé de 1860 à 1890 la revue *Zeitschrift für Völkerpsychologie und Sprachwissenschaft.* Il est l'auteur de travaux sur la philosophie du langage.

Steinway, manufacture américaine de pianos, fondée en 1853 à New York par le facteur allemand Heinrich Engelhard STEINWEG (Wolfshagen 1797 - New York 1871). La société Steinway a été achetée en 1972 par la firme CBS.

STEKEL (Wilhelm), psychanalyste autrichien (Boian, Bucovine, 1868 - Londres 1940). Il fut le premier analysant de Freud à devenir psychanalyste. Il se sépara de Freud à partir de 1912 et contesta la théorie de la libido et la méthode freudiennes en préconisant une cure courte conduite par un thérapeute actif. Ses publications concernent surtout la sexologie.

STÈLE n. f. (lat. *stela,* du gr. *stêlê*). **1.** Pierre dressée, parfois revêtue d'inscriptions ou de reliefs. — **2.** Colonne brisée, cippe, plaque de pierre destinés à porter une inscription, le plus souvent funéraire. — **3.** Région différenciée des axes végétaux où sont rassemblés tous les organes conducteurs (vaisseaux du bois et tubes libériens), entourés d'un endoderme filtrant et sélectif. (Unique en général, la stèle est multiple chez les fougères [polystélie].)

STELLA (Jacques), peintre français (Lyon 1596 - Paris 1657). Il travailla à Florence puis, de 1623 à 1634, à Rome, où il se lia avec Poussin. Revenu en France, il fut retenu autoritairement à Paris par Richelieu et bientôt couvert d'honneurs. Ses œuvres, puissantes et sobrement élégantes, d'une exécution précise, se souviennent de l'art de Raphaël et de celui de Poussin (au Louvre : *Sainte Cécile, Minerve chez les Muses, le Christ recevant la Vierge*).

STELLA (Joseph), peintre italien naturalisé américain (Muro Lucano, prov. de Potenza, 1877 -

New York 1946). D'abord réaliste, influencé par le futurisme à partir de 1909, il s'orienta au lendemain de la guerre vers une peinture schématique, quasi abstraite (diverses versions du « Pont de Brooklyn »), puis de tendance symbolique et fantastique.

STELLA (Frank), peintre américain (Malden, Massachusetts, 1936). Caractérisée au début par la rigueur et l'économie des moyens, son œuvre s'est voulue exploration systématique du tableau en tant qu'objet pictural. À partir de 1960, le châssis est découpé selon une forme géométrique simple, en adéquation avec le motif (« shaped canvas »). À partir de 1967-1970 ont pris place des expérimentations d'une grande liberté portant sur les matériaux (dont le métal, polychrome ou non) et un relief de plus en plus accentué : série « Village polonais », 1970-1973 ; arabesques d'une extravagance baroque des « Oiseaux exotiques », 1976-1980 ; « Cônes et Piliers » des années 1984-1987 ; etc.

STELLAGE n. m. (all. *Stellage*, de *stellen*, placer). À la Bourse, opération à terme dans laquelle l'intervenant se réserve de n'indiquer qu'au moment de la liquidation s'il est acheteur ou vendeur des titres, dont la quantité et les cours sont fixés d'avance.

1. STELLAIRE n. f. (lat. sc. *stellaria*, du bas lat. *stellaris*, d'étoile). Petite herbe (caryophyllacée) aux fleurs blanches réunies en cymes dichotomes, dont une espèce est le mouron des oiseaux. (Syn. ALSINE.)

2. STELLAIRE adj. (bas lat. *stellaris*, du lat. class. *stella*, étoile). **1.** Relatif aux étoiles. — **2.** Qui est rayonné en étoile : *Disposition stellaire.* — **3.** *Ganglion stellaire*, ganglion sympathique cervical inférieur. ‖ *Infiltration stellaire*, infiltration du ganglion stellaire pratiquée dans divers syndromes douloureux.

STELLA-PLAGE → CUCQ.

STELLARATOR n. m. Machine conçue dans le cadre des recherches sur l'énergie thermonucléaire et destinée à réaliser le confinement du plasma.

STELLIONAT n. m. (lat. *stellionatus*, de *stellio, -onis*, petit lézard). Fait de vendre ou d'hypothéquer un immeuble dont on sait n'être pas propriétaire.

STELLIONATAIRE adj. et n. Coupable de stellionat.

STELLITE n. m. (n. déposé). Alliage de cobalt (de 50 à 65 %), de chrome (de 25 à 35 %), de tungstène (de 4 à 13 %), de carbone (de 1 à 2,5 %) et d'autres éléments (molybdène, nickel, fer, titane). [Les Stellites possèdent une grande résistance à l'usure, à la corrosion dans les milieux acides, à l'oxydation à chaud. Ils sont destinés au recouvrement ou au rechargement de pièces par soudage (stellitage).]

Stello ou *les Consultations du docteur Noir*, roman d'Alfred de Vigny (1832). C'est un entretien entre le poète Stello et le docteur Noir, qui lui enseigne que le poète est condamné par la société.

STELVIO *(col du)*, col des Alpes italiennes, près de la frontière suisse, à l'O. du massif de l'Ortler (alt. 2 757 m), sur la route de Milan à Innsbruck. Parc national.

STEM ou **STEMM** [stɛm] n. m. (norv. *stemm*). À ski, virage basé sur le transfert du poids du corps d'un ski sur l'autre.

STEMMATE n. m. (gr. *stemma, -atos*, couronne). Œil simple, pair, situé sur les côtés de la tête de certaines larves d'insectes.

STENAY (55700), ch.-l. de cant. de la Meuse, sur la Meuse ; 3 373 hab. *(Stenaisiens)*. Anc. place forte. Maisons des XVIIe et XVIIIe s. Musée. Métallurgie.

STENCIL [stɛnsil ou stɛ̃sil] n. m. (angl. *stencil-paper*, papier servant de pochoir). Support d'écriture constitué par un tissu fibreux ou un papier pelure, perméable à l'encre et non perforable, imprégné d'une matière de remplissage imperméable à l'encre et perforable, permettant la reproduction d'un grand nombre de copies à l'aide d'un duplicateur. (Le texte est établi au poinçon, à la machine à écrire sans ruban ou par un procédé automatique.)

STENDHAL (Henri BEYLE, dit), écrivain français (Grenoble 1783 - Paris 1842). Marqué par la mort de sa mère, puis par la tyrannie d'une famille bourgeoise bigote et réactionnaire, il compte sur les mathématiques pour le sortir d'une ville qu'il exècre. En 1799, il se présente à l'École polytechnique mais, arrivé à Paris, il oublie l'examen et devient le secrétaire de son cousin Daru (le futur ministre de Napoléon), qui l'emmène à Milan (1800). La découverte de l'Italie marquera profondément sa sensibilité. Revenu à Paris, il ne rêve plus que de poésie et d'art dramatique mais, entraîné par le tourbillon napoléonien, il part pour l'Allemagne et l'Autriche comme intendant militaire (1806-1808), puis pour la Russie comme auditeur au Conseil d'État (1812). À la chute de l'Empire, il va vivre à Milan (1814-1821) et commence à écrire des opuscules sur la peinture et la musique. Il fait paraître à Paris, sous le pseudonyme de Stendhal, un récit de voyage : *Rome, Naples et Florence* (1817). Stendhal revient en France en 1821 avec un livre, inspiré d'une de ses liaisons malheureuses, *De l'amour** (1822), et un essai sur le romantisme, *Racine* et*

Shakespeare (1823 et 1825). En 1827, il publie son premier roman, *Armance ;* en 1829, *les Promenades dans Rome,* et, en 1830, *le Rouge* et le Noir.* Envoyé par la monarchie de Juillet comme consul à Trieste puis, peu après, à Civitavecchia, il écrit alors infatigablement, se racontant dans les *Souvenirs d'égotisme* (1892) et la *Vie de Henry Brulard* (1890), qui, comme ses deux romans inachevés, *Lucien* Leuwen* (1855) et *Lamiel* (1889), ne paraîtront qu'après sa mort. Profitant d'un congé à Paris, il peut publier les *Mémoires d'un touriste* (1838), *la Chartreuse* de Parme* (1839) et les principales *Chroniques* italiennes,* dont *l'Abbesse de Castro* (1839). L'influence de Stendhal n'a été que très tardive. Avec lui, l'esthétisme prend toute sa dimension politique : refus des seules valeurs marchandes et de l'utile, recherche d'une liberté alors nécessairement sans autre contenu ni arme que littéraire.

STENDHALIEN, ENNE [stɛ̃daljɛ̃, -ɛn] adj. Propre à Stendhal, dans la manière de Stendhal.

STENKIL († v. 1066), roi de Suède (1060-v. 1066).

STENMARK (Ingmar), skieur suédois (Tärnaby 1956). Il a dominé le ski alpin entre 1975 et 1982 dans les slaloms, remportant trois coupes du monde consécutives (de 1976 à 1978), plusieurs titres de champion du monde, deux titres olympiques (les deux slaloms à Lake Placid en 1980).

STÉNO n. Abrév. de STÉNOGRAPHE.
◆ n. f. Abrév. de STÉNODACTYLOGRAPHIE et STÉNOGRAPHIE.

STÉNOBIOTE n. m. Organisme ne pouvant vivre que dans des conditions pratiquement invariantes du milieu extérieur. (Contr. EURYBIOTE.)

STÉNODACTYLO n. Dactylo plus particulièrement qualifié pour assurer l'enregistrement, par signes écrits, des éléments d'une dictée, d'un discours.

STÉNODACTYLOGRAPHIE n. f. Travail comprenant la prise du courrier ou d'autres textes en sténographie, puis la frappe à la machine à écrire d'après le texte sténographié. (Abrév. STÉNO.)

STÉNOÈCE adj. Se dit des organismes qui ne peuvent vivre que dans des conditions étroites de milieu. (Contr. EURYÈCE.)

STÉNOGRAMME n. m. Tracé en sténographie d'une syllabe ou d'un mot.

STÉNOGRAPHE n. Personne capable de prendre en dictée, à la vitesse de conversation, un texte quelconque à l'aide de signes sténographiques. (Abrév. STÉNO.)

STÉNOGRAPHIE n. f. Procédé d'écriture formé de signes abréviatifs et conventionnels, qui sert à transcrire la parole aussi rapidement qu'elle est prononcée. (Abrév. STÉNO.)

Signes utilisés en **sténographie**.

STÉNOGRAPHIER v. t. (conj. 9). Prendre en dictée à l'aide de la sténographie.

STÉNOGRAPHIQUE adj. Relatif à la sténographie.

STÉNOHALIN, E adj. Se dit des organismes qui ne vivent que dans des milieux de salinité constante. (Contr. EURYHALIN.)

STÉNOHALINITÉ n. f. Propriété des organismes aquatiques sténohalins.

STÉNO-IONIQUE adj. (pl. *sténo-ioniques*). Se dit des espèces animales et végétales qui ne peuvent vivre que dans un milieu (sol, eau...) présentant une réaction ionique (pH) bien déterminée. (Contr. EURYIONIQUE.)

STÉNON (Nicolas), en dan. **Niels Steensen,** en lat. **Nicolaus Steno,** anatomiste et géologue danois (Copenhague 1638 - Schwerin 1686). Il découvrit le canal excréteur de la glande parotide, qui porte son nom. Il a posé les bases de la stratigraphie, en observant les fossiles, ainsi que de la tectonique.

Sténon *(canal de),* canal excréteur des glandes salivaires parotides de l'homme et des mammifères, s'ouvrant au niveau des molaires supérieures.

STÉNOPÉ n. m. (du gr. *opê,* trou). Petit trou percé dans une plaque très mince, faisant office d'objectif photographique.

STÉNOSAGE n. m. Traitement des fibres cellulosiques pour les durcir.

STÉNOSE n. f. (gr. *stenôsis,* de *stenoûn,* rétrécir). Étroitesse congénitale ou rétrécissement acquis d'un conduit naturel, d'un viscère creux ou d'un ensemble anatomique (sténose de l'urètre, du cardia, du thorax, du pylore, du crâne par ex.).

STÉNOTHERME adj. Se dit d'un organisme qui ne peut vivre et se développer que sous une température à peu près constante. (Contr. EURYTHERME.)

STÉNOTHERMIE n. f. Caractère des organismes sténothermes.

STÉNOTYPE n. f. Machine pour transcrire, à la vitesse de la parole la plus rapide, des textes sous une forme phonétique simplifiée.

STÉNOTYPER v. t. (conj. 3). Sténographier à l'aide d'une sténotype.

STÉNOTYPIE n. f. Technique d'écriture de la parole à l'aide d'une sténotype.

STÉNOTYPISTE n. Employé capable de sténographier à l'aide d'une sténotype.

STENTINELLO, site de Sicile (prov. de Syracuse), qui a donné son nom à un faciès culturel néolithique (IVe millénaire) dont la céramique se situe dans le courant cardial.

STENTOR [stɑ̃tɔr] n. m. (de *Stentor,* n. pr.). 1. Protozoaire cilié hétérotriche des eaux douces, en forme de cornet ou de porte-voix. — 2. *Voix de stentor,* voix forte et retentissante.

STENTOR, héros mythologique grec qui prit part au siège de Troie et qui criait comme cinquante.

STENVALL (Aleksis) → KIVI.

STEPANAKERT, v. d'Azerbaïdjan, ch.-l. de la région du Haut-Karabakh ; 30 000 hab. Industrie de la soie. Tapis. Constructions électriques. Agroalimentaire.

STÉPHANIEN n. m. (de *Saint-Étienne,* n. pr.). Étage du système carbonifère.

STÉPHANITE n. f. (du n. de l'archiduc *Stephan* d'Autriche). Antimoniosulfure naturel d'argent, de formule Ag_5SbS_4, orthorhombique.

STEPHANITIS [-tis] n. m. Petite punaise (tingidé) qui, par ses piqûres répétées, amène le jaunissement et la chute des feuilles du poirier. (Nom usuel *tigre du poirier.*)

STÉPHANOIS, E adj. et n. (lat. *Stephanus,* Étienne). De Saint-Étienne.

STEPHENSON (George), ingénieur britannique (Wylam, près de Newcastle, 1781 - Tapton House, Chesterfield, 1848). Il est le créateur de la traction à vapeur sur voie ferrée. Il comprit le premier le principe de l'adhérence des roues lisses sur une surface lisse (1813), augmenta le tirage du foyer des locomotives en faisant déboucher le tuyau d'échappement de la vapeur dans la cheminée et utilisa pour la chaudière le chauffage tubulaire. Son œuvre capitale fut l'établissement du chemin de fer de Liverpool à Manchester (1826-1830). — Son fils, ROBERT (Willington Quay, Northumberland, 1803 - Londres 1859), prit part à ses travaux, établit de nombreuses voies ferrées et inventa les ponts tubulaires.

STEPPAGE n. m. Trouble de la marche dans lequel la paralysie des muscles de la loge antéro-externe des jambes, empêchant le pied de fléchir sur la jambe, oblige à relever le genou de façon exagérée.

STEPPE n. f. (russe *step*). Formation végétale constituée d'herbes xérophytes de petite taille en tapis discontinu et occupant d'immenses surfaces en Asie centrale et dans les zones méditerranéennes subarides. (Sous les tropiques, la dégradation de la forêt fait apparaître des *pseudo-steppes.*)

steppes *(art des),* expression désignant la production artistique, à partir de l'âge du bronze, des peuples nomades occupant le domaine des steppes eurasiennes, de la Mongolie à la Roumanie. La pratique intensive de la métallurgie du bronze et les échanges commerciaux qu'elle implique, ainsi qu'une certaine forme commune d'économie, dans laquelle le nomadisme prend de plus en plus d'importance, amènent une relative unité culturelle.

Aux confins orientaux de la steppe, le rayonnement de la Chine se décèle dans la qualité des bronzes, dans le répertoire décoratif des objets de la région de l'Ordos et dans celui de différentes cultures de Sibérie (Karassouk, Tagar, etc.).

Entre 1550 et 1200 av. J.-C., la région du Talych, autre centre du bronze, situé à la limite du monde transcaucasien et du monde oriental, joue également un rôle important. Dans la première moitié du Ier millénaire av. J.-C. s'épanouit en Ciscaucasie occidentale la culture « kobanienne » (du village de Koban, en Ossétie du Nord), dont les tombes possèdent un abondant matériel funéraire (bijoux, harnachement, etc.). Cette culture, qui était en étroit rapport avec le Talych et le Lorestān, essaime, au milieu du Ier millénaire, jusque sur la Volga, le Don et le Dniepr, influençant, dès le VIIe s. av. J.-C., l'art scythe*.

Entre le VIIIe et le IIIe s. av. J.-C., l'art des steppes, à son apogée, déploie un bestiaire où dynamisme exubérant et stylisation s'allient. Ce caractère marque aussi la civilisation de l'Altaï, florissante entre le VIe et le IVe s. av. J.-C. et à laquelle appartiennent les sépultures de Pazyryk. Cet esprit de stylisation, joint au goût des incrustations, marque, sur tout le domaine des steppes, le passage du style scythe au style sarmate. Dans cette immense zone, toutes ces populations, aux cultures différenciées mais qui toutes semblent accorder une importance majeure au rituel chamanique (dans lequel l'animal joue un rôle prépondérant), créent dans un souci d'efficacité magique un monde de créatures étranges, influencé tantôt par la Chine, tantôt par le Proche-Orient. Véritable trait d'union entre l'Extrême-Orient et le monde occidental, elles seront à l'origine du répertoire ornemental des Celtes*, des Vikings et de celui des Barbares du haut Moyen* Âge.

STEPPIQUE adj. Relatif à la steppe.

STÉRADIAN n. m. (gr. *stereos,* solide, et *radian*). Unité d'angle solide (symb. sr) équivalant à l'angle solide qui, ayant son sommet au centre d'une sphère, découpe sur la surface de cette sphère une aire équivalente à celle d'un carré dont le côté est égal au rayon de la sphère.

STÉRAGE n. m. Action de stérer du bois.

1. STERCORAIRE ou **STERCORAL, E, AUX** adj. **1.** Qui concerne les excréments. — **2.** Se dit de la fistule en communication avec l'intestin et qui donne passage aux matières fécales.

2. STERCORAIRE n. m. **1.** Syn. de LABBE. — **2.** Nom souvent donné à des insectes coléoptères qui vivent dans les bouses.

STERCULIA n. m. Arbre des régions chaudes, voisin du colatier et du cacaoyer. (Les sterculias proprement dits fournissent de nombreux bois commerciaux, des fruits comestibles rappelant les châtaignes, des gommes utilisées dans les cosmétiques.)

STERCULIACÉE n. f. Nom de famille (1 000 espèces) d'arbres et d'autres plantes tels que le cacaoyer (theobroma), la noix de cola, le sterculia, le dombeya, etc.

STÈRE n. m. (gr. *stereos,* solide, cubique). Quantité de bois (rondins ou quartiers) correspondant à un volume extérieur de 1 m^3.

STÉRÉO n. f. et adj. inv. Abrév. de STÉRÉOPHONIE et de STÉRÉOPHONIQUE.

STÉRÉOBATE n. m. (lat. *stereobata,* de *stéréo-* et gr. *batêr,* seuil). *Vx.* Soubassement, non mouluré, d'un édifice.

STÉRÉOCHIMIE n. f. Partie de la chimie qui étudie l'arrangement tridimensionnel des atomes dans les molécules.

ENCYCL. L'arrangement dans l'espace des atomes d'une molécule résulte de la superposition de l'organisation autour de chaque atome des substituants qui lui sont attachés, ou configuration*, et de l'organisation autour de chaque liaison des substituants attachés aux extrémités de ces liaisons, ou conformation*. Lorsque ces organisations comportent plusieurs arrangements possibles, les composés qui leur correspondent sont des stéréo-isomères.

Les trois cas les plus fréquents de stéréo-isomérie sont ceux des atomes à environnement tétraédrique, qui s'observent avec le carbone, l'azote, le soufre, le phosphore, à environnement carré et à environnement octaédrique, qui s'observent surtout avec les métaux de transition. La présence de plusieurs centres chiraux dans une molécule multiplie le nombre des stéréo-isomères.

STÉRÉOCHIMIQUE adj. Qui concerne la stéréochimie.

STÉRÉOCOMPARATEUR n. m. Instrument permettant de mesurer les coordonnées planes des points images situés sur les deux clichés photographiques d'un couple stéréoscopique.

STÉRÉOGNOSIE [-gnozi] n. f. Capacité de reconnaître par le tact les formes et les objets.

STÉRÉOGRAMME n. m. **1.** Couple stéréoscopique prêt à l'observation. — **2.** Représentation graphique de faits se rapportant à trois dimensions.

STÉRÉOGRAPHIQUE adj. *Projection stéréographique d'une sphère* S de E_3, application *f* de S – {N} dans H, où N est un point de S et H un plan de E_3 strictement parallèle au plan tangent à S en N,

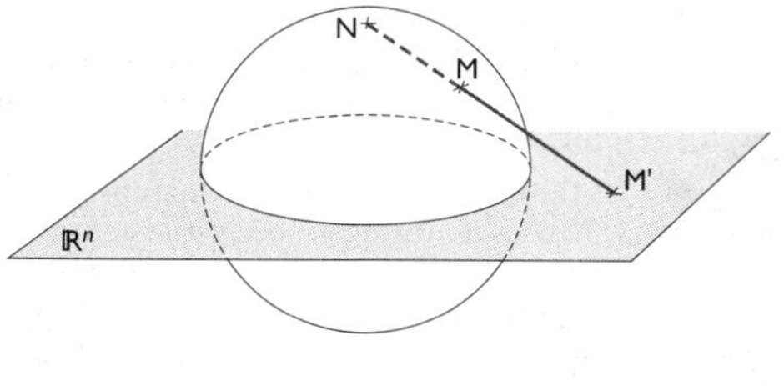

Projection **stéréographique** de pôle nord de S^n sur $\mathbb{R}^n$.

qui, à M, associe le point M′ tel que N, M et M′ sont alignés.

STÉRÉO-ISOMÈRE adj. et n. m. (pl. *stéréo-isomères*). Qui présente la stéréo-isomérie.

STÉRÉO-ISOMÉRIE n. f. (pl. *stéréo-isoméries*). Isomérie ayant son origine dans une différence de stéréochimie entre deux ou plusieurs molécules.

STÉRÉOMÈTRE n. m. Appareil qui, associé à un stéréoscope à miroirs et à un pantographe, permet d'effectuer, en photogrammétrie, la restitution d'un couple de clichés pris dans un même plan et de telle sorte que leurs axes soient perpendiculaires à ce plan. (Syn. BARRE DE PARALLAXE.)

STÉRÉOMÉTRIE n. f. **1.** Nom parfois donné à la géométrie de l'espace, par oppos. à la géométrie du plan. — **2.** Mesure des caractéristiques géométriques des solides.

STÉRÉOMÉTRIQUE adj. Qui appartient à la stéréométrie.

STÉRÉOPHONIE n. f. Technique de transmission ou d'enregistrement et de reproduction des sons permettant la reconstitution de la répartition spatiale des sources sonores. (Abrév. STÉRÉO.)

ENCYCL. En stéréophonie, la perception de la direction des sources sonores est due aux différences d'intensité et de phase des ondes sonores arrivant aux deux oreilles. La prise de son se fait à l'aide d'au moins deux microphones identiques écartés l'un de l'autre. La transmission ou l'enregistrement et la reproduction des signaux des microphones exigent deux voies identiques, dites « voie droite » et « voie gauche ». Les deux signaux sont transmis par fil ou radio par multiplexage des deux voies, puis, après séparation des deux voies, alimentent deux haut-parleurs. Le principe de la stéréophonie a été appliqué d'abord au cinéma (*Fantasia,* de Walt Disney, 1940), puis à la radio (J. W. Garret et J. Bernhardt, 1950).

STÉRÉOPHONIQUE adj. Qui concerne la stéréophonie.

STÉRÉOPHOTOGRAPHIE n. f. Photographie stéréoscopique.

STÉRÉOSCOPE n. m. Instrument permettant l'examen des couples stéréoscopiques en donnant une image en relief.

STÉRÉOSCOPIE n. f. **1.** Ensemble des principes qui régissent l'observation binoculaire et sa reproduction. — **2.** Vision du relief à l'aide de stéréoscopes.

STÉRÉOSCOPIQUE adj. **1.** Relatif à la stéréoscopie, à la perception du relief. — **2.** *Couple stéréoscopique,* ensemble de deux photographies d'un même sujet se prêtant à l'examen ou à la projection en relief.

STÉRÉOSÉLECTIF, IVE adj. Se dit d'une réaction chimique qui peut conduire à plusieurs stéréo-isomères, mais qui en fournit un de façon prépondérante.

STÉRÉOSPÉCIFIQUE adj. Se dit d'une réaction chimique qui peut conduire à plusieurs stéréo-isomères, mais qui n'en donne qu'un seul à cause du mécanisme.

STÉRÉOTAXIE n. f. Localisation d'une structure nerveuse cérébrale à l'aide de repères fixes, qu'il s'agisse de repères osseux ou de structures intracérébrales visualisables par radiographie.

STÉRÉOTAXIQUE adj. Qui se rapporte à la stéréotaxie.

STÉRÉOTOMIE n. f. Science traditionnelle de la coupe des matériaux employés dans la construction (taille des pierres ; art du trait en charpenterie).

STÉRÉOTOMIQUE adj. Qui a rapport à la stéréotomie.

STÉRÉOTYPE n. m. **1.** Cliché obtenu par stéréotypie. — **2.** Expression ou opinion toute faite, sans aucune originalité, cliché. — **3.** Caractérisation symbolique et schématique d'un groupe qui s'appuie sur des attentes et des jugements de routine.

STÉRÉOTYPER v. t. (conj. **3**). Répéter ses gestes, ses expressions sous une forme invariable, de façon quasi automatique : *Avocat qui stéréotype ses effets oratoires.*

◆ **être stéréotypé** v. pass. **1.** Apparaître sous une forme figée : *Sourire stéréotypé. Formule stéréotypée.* — **2.** En parlant d'un comportement animal, avoir une forme d'expression sans variation.

STÉRÉOTYPIE n. f. **1.** Branche de la clicherie qui permet la multiplication de formes de textes et de clichés typographiques. — **2.** Répétition indéfinie, automatique et inadaptée à la situation, de sons, de mots, de mouvements ou de gestes. (Les stéréotypies se rencontrent principalement dans les psychoses infantiles et dans la catatonie.)

STÉRÉOVISION n. f. Vision stéréoscopique du relief, notamment en télévision.

STÉRER v. t. (conj. **18**). **1.** Disposer du bois en stères. — **2.** Évaluer le volume d'une quantité de bois.

STEREUM [-reɔm] n. m. Champignon basidiomycète dont une espèce est l'agent de la « maladie du plomb » des arbres fruitiers.

STÉRIDE n. m. (de *stérol*). Lipide simple qui résulte de l'estérification d'un stérol par un acide gras.

STÉRILE adj. (lat. *sterilis*). **1.** Qui est inapte à la reproduction : *Le mulet est stérile.* – **2.** Se dit d'un sol impropre à la production agricole : *Les terres imprégnées de sel sont stériles.* – **3.** Se dit d'un végétal qui ne donne pas de fruits : *Des pommiers devenus stériles.* – **4.** Se dit d'un terrain non minéralisé ou non productif d'un gisement. – **5.** Se dit d'un intellectuel, d'un artiste qui manque d'invention et ne produit rien d'original, d'une collectivité ou d'une époque pauvre en créateurs. – **6.** Se dit de ce qui n'aboutit à rien de fructueux, de constructif : *Une hypothèse stérile. Efforts stériles.* – **7.** Qui ne contient aucun germe microbien ou produit toxique d'origine microbienne ou fongique.
◆ n. m. Roche ou terrain dont les concentrations éventuelles en substance utile sont jugées non valorisables. (Syn. ROCHER.)
◆ **stériles** n. m. pl. Morts-terrains extraits du sous-sol lors de l'exploitation d'un gisement minéral.

STÉRILEMENT adv. *Litt.* D'une manière stérile.

STÉRILET n. m. (de *stérile*). Dispositif contraceptif en matière plastique et/ou cuivre, placé dans la cavité utérine.

STÉRILISANT, E adj. **1.** Qui stérilise, détruit les toxines et les microbes. – **2.** *Litt.* Qui stérilise l'activité, dessèche le cœur ou appauvrit l'esprit : *Une peur stérilisante.*

STÉRILISATEUR, TRICE adj. Qui a pour objet de stériliser.
◆ **stérilisateur** n. m. **1.** Appareil que l'on emploie pour stériliser du matériel chirurgical, des pansements et des médicaments injectables. – **2.** Appareil permettant de stériliser par ébullition plusieurs biberons. – **3.** Appareil permettant la stérilisation des denrées alimentaires, en général par action de la chaleur.

STÉRILISATION n. f. **1.** Action de détruire les toxines et les microbes que contiennent une plaie, une substance, un instrument chirurgical ou de laboratoire, un matériel de pansement, etc. (→ *encycl.*) – **2.** Destruction de tous les micro-organismes dans un aliment, par la chaleur, addition d'antiseptiques ou irradiation, de façon à éviter la transmission de germes pathogènes et le développement d'altérations. – **3.** Intervention pratiquée sur l'homme ou sur la femme en vue de les rendre stériles. (La stérilisation consiste, chez la femme, en une section des deux trompes et, chez l'homme, en une section des deux canaux déférents [vasectomie], elle est irréversible.) – **4.** *Litt.* Action de stériliser les esprits, la créativité.
ENCYCL. **Bactériol.** La stérilisation peut être obtenue par les moyens physiques (asepsie) ou par les procédés chimiques (antisepsie). Les moyens physiques ont surtout recours à la chaleur sèche (flambage, étuve de Poupinel) ou humide (eau bouillante, autoclave). Parmi les méthodes physico-chimiques, on emploie les rayons ultraviolets et gamma. La stérilisation par agents chimiques (antisepsie) est moins efficace et s'utilise plus rarement.

STÉRILISER v. t. (conj. 3). **1.** Rendre un sol impropre à la production. – **2.** Rendre un être vivant impropre à la génération, à la reproduction. – **3.** Détruire les germes pathogènes par des moyens physiques ou chimiques : *Stériliser une plaie.* – **4.** Inhiber l'imagination créatrice de qqn, le développement d'une production : *Stériliser la création par de nombreuses contraintes.*
◆ **être stérilisé** v. pass. *Lait stérilisé,* lait dont toute la flore microbienne, pathogène et banale, est détruite par la chaleur.

STÉRILITÉ n. f. (lat. *sterilitas,* de *sterilis,* stérile). **1.** État, nature de ce qui est stérile : *La stérilité d'un sol.* – **2.** Impossibilité pour un être vivant de se reproduire, quelle qu'en soit la cause. (→ *encycl.*) – **3.** Infécondité intellectuelle : *La stérilité d'un romancier.* – **4.** *Litt.* Inefficacité : *La stérilité de tous ces efforts.* – **5.** État d'un milieu biologique, d'une substance ou d'un objet quelconques exempts de tout germe bactérien. • **Bot.** Chez les plantes, inaptitude à former des graines. (Elle est souvent compensée par une multiplication végétative permanente ; elle peut aussi résulter de l'hybridation ou d'une atteinte parasitaire.) – **Génét.** Toute impossibilité, totale ou partielle (semi-stérilité), de produire des gamètes fonctionnels ou des zygotes viables (stérilité gamétique ou zygotique). [Dans l'espèce humaine, les aberrations chromosomiques (translocations et autres remaniements équilibrés) peuvent être une cause de stérilité, surtout masculine.] ‖ *Stérilité interspécifique,* impossibilité de croisement entre deux espèces. ‖ *Stérilité d'origine chromosomique,* stérilité due au fait que les appareils chromosomiques peuvent différer par le nombre des génomes présents dans les noyaux de chaque espèce.
ENCYCL. **Pathol.** La *stérilité masculine* est mise en évidence par l'examen du sperme (spermocytogramme), qui montre soit une absence totale de spermatozoïdes, soit une diminution de leur nombre ou de leur vitalité, soit des anomalies morphologiques.
Les causes de la *stérilité féminine* sont plus nombreuses. Il peut s'agir d'une imperméabilité des trompes, résultant le plus souvent d'une infection pelvienne sexuellement transmissible ou d'une endométriose. La deuxième cause est une anomalie de l'ovulation, anovulation ou dysovulation. Les causes cervicales consistent en anomalies de la glaire ou en rétrécissements de

l'orifice externe et de l'isthme utérin. Enfin, des causes immunologiques commencent à être étudiées. La technique de la FIVETE* a permis des progrès spectaculaires dans le traitement de la stérilité (naissance de « bébés éprouvettes »). Ce traitement ne s'adresse toutefois qu'aux femmes stériles par imperméabilité des trompes.

STÉRIQUE adj. Qui est relatif à la géométrie d'une molécule.

STERKFONTEIN, grotte de la province du Gauteng (Afrique du Sud) qui a livré, à partir de 1936, de très nombreux restes d'australopithèques graciles, dont un crâne complet.

STERLET n. m. (russe *sterlet*). Esturgeon des cours d'eau d'Europe orientale et d'Asie occidentale.

STERLING [stɛrliɲ] n. m. (angl. *sterling,* du lat. médiév. *sterlingus*). **1.** En Angleterre, au commencement du règne d'Henri II, principale monnaie d'argent, qui servait d'étalon monétaire. (Le sterling [*esterlin*] disparut comme monnaie réelle au XVIe s. et devint une monnaie fictive.) — **2.** Livre* sterling.
◆ adj. inv. *Zone sterling,* zone monétaire liée à la livre sterling. (Née à la suite de la dévaluation de la monnaie anglaise en 1931, elle a cessé d'exister en 1979.)

STERLING (Charles), historien d'art français (Varsovie 1901 - Paris 1991). Il fut conservateur au département des peintures du Louvre jusqu'en 1955, professeur à New York de 1961 à 1972. Il est l'auteur de travaux sur les primitifs français (peintres des XIVe-XVe s. : deux ouvrages fondamentaux de 1938 et 1941), sur les primitifs d'autres écoles (flamands, allemands, portugais) et sur le XVIIe s. français (La Tour, Poussin...).

STERLITAMAK, v. de Russie, dans la Bachkirie ; 252 200 hab. Chimie. Mécanique. Peausserie. Chaussures. Confection.

STERN (Daniel) → AGOULT (Marie de Flavigny, comtesse d').

STERN (Otto), physicien allemand naturalisé américain (Sohrau, auj. Żory, 1888 - Berkeley 1969). Après des travaux théoriques de mécanique statistique, il mit au point la méthode des jets atomiques, qui lui permit, en 1921, avec W. Gerlach, de mettre en évidence la quantification spatiale du moment magnétique. Il vérifia aussi le concept, introduit par de Broglie, d'onde associée à une particule et mesura, en 1933, le moment magnétique du proton. (Prix Nobel de physique 1943.)

STERN (Philippe), historien d'art et muséologue français (Paris 1895 - *id.* 1979). Conservateur du musée Guimet (1930), il a jeté les bases d'une étude rationnelle des arts indiens fondée sur la recherche de leur évolution stylistique (*le Bayon d'Angkor et l'évolution de l'art khmer,* 1927 ; *Colonnes indiennes d'Ajantā et d'Ellorā,* 1972).

STERN (Isaac), violoniste d'origine russe naturalisé américain (Kremenets, Ternopol, 1920). Il a fondé en 1960 un trio avec Eugène Istomin et Leonard Rose pour défendre le répertoire romantique (Beethoven en particulier).

Stern *(groupe),* appellation donnée à une organisation terroriste sioniste révisionniste, dissidente de l'Irgoun, du nom de son chef, Abraham Stern (1942).

STERNAL, E, AUX adj. (de *sternum*). **1.** Qui a rapport au sternum. — **2.** *Côte sternale,* côte qui s'articule directement sur le sternum. (Syn. VRAIE CÔTE.)

STERNBACH (Leo), chimiste suisse (Abbazia, auj. Opatija, Croatie, 1908). Il découvrit le premier anxiolytique spécifique, une benzodiazépine, le Librium.

STERNBERG (Josef VON), cinéaste américain d'origine autrichienne (Vienne 1894 - Los Angeles 1969). Il débuta en 1923, à Hollywood, où il tourna *The Salvation Hunters* (1925), *les Nuits de Chicago* (1927), *les Damnés de l'océan* (*id.*). Rentré en Allemagne, il réalisa *l'Ange bleu* (1930) avec Marlene Dietrich. De nouveau à Hollywood, il signa *Cœurs brûlés* (*Morocco,* 1930), *Blonde Vénus* (1932), *Shanghai Express (id.), l'Impératrice rouge* (1934), *la Femme et le Pantin* (1935). Il a encore tourné *Shanghai Gesture* (1941) et *Fièvre sur Anatahan* (1953).

STERNBERGIE n. f. (de K. M. *Šternberk* [en all. *Sternberg*], n. pr.). Amaryllidacée bulbeuse aux fleurs jaunes, cultivée comme ornementale. (N. usuel *vendangeuse.*)

STERNBERGITE n. f. Syn. de ARGENTOPYRITE.

STERNE n. f. (lat. sc. *sterna*). Petit oiseau marin (laridé) à bec long et pointu, ailes longues et fines, queue profondément fourchue, effectuant de très longues migrations. (On rencontre en France la sterne naine, le hansel, le pierregarin, la sterne arctique et la sterne de Dougall.) [Syn. HIRONDELLE DE MER.)

STERNE (Laurence), écrivain britannique (Clonmel, Irlande, 1713 - Londres 1768). Pasteur de Sutton-on-the-Forest en 1759, il devint célèbre lors de la publication des deux premiers volumes de *la Vie et les opinions de Tristram Shandy, gentleman.* D'un séjour en France, il rapporta *le Voyage* sentimental* (1768), plein d'humour et de fantaisie. Après sa mort ont été publiées notamment les *Lettres de Yorick à Eliza* (1775). Il a exercé sur Diderot une influence notable.

STERNHEIM (Carl), écrivain allemand (Leipzig 1878 - Bruxelles 1942). Représentant de l'expressionnisme, il a fait dans ses comédies le procès de la bourgeoisie (*la Cassette,* 1912).

STERNITE n. m. Partie ventrale de chacun des anneaux de chitine des arthropodes.

STERNO-CLAVICULAIRE adj. (pl. *sterno-claviculaires*). Qui se rapporte au sternum et à la clavicule. (*L'articulation sterno-claviculaire* met en contact l'extrémité interne de la clavicule avec le manubrium sternal.)

STERNO-CLÉIDO-HYOÏDIEN, ENNE adj. et n. m. (pl. *sterno-cléido-hyoïdiens, ennes*). Se dit d'un muscle superficiel de la partie antérieure du cou.

STERNO-CLÉIDO-MASTOÏDIEN, ENNE adj. et n. m. (pl. *sterno-cléido-mastoïdiens, ennes*). Se dit d'un muscle situé dans la partie antérolatérale du cou. (Il fléchit la tête et lui imprime un mouvement de rotation).

STERNORHYNQUE n. m. Insecte homoptère, dont le rostre est ventral et dirigé vers l'arrière (aleurode, puceron, cochenille et formes voisines). [Contr. AUCHÉNORHYNQUE.]

STERNOTOMIE n. f. Section longitudinale du sternum en vue d'aborder les organes du thorax et, en particulier, le cœur.

STERNUM [-nɔm] n. m. (lat. *sternum,* du gr. *sternon*). **1.** Os plat qui occupe la partie antérieure de la poitrine et sur lequel s'articulent les cartilages costaux et les clavicules. (→ *encycl.*) — **2.** Pièce squelettique ventrale des vertébrés tétrapodes, sur laquelle s'appuient clavicules, coracoïdes et côtes. (Le sternum devient, chez les oiseaux carinates, un vaste bouclier osseux prolongé d'une carène médiane antérieure, le bréchet, pour l'insertion des muscles du vol ; chez les mammifères, le sternum est formé de segments ossifiés successifs.) — **3.** Région ventrale de la paroi de chaque segment des insectes.
ENCYCL. Le sternum est un os plat, allongé, impair et médian. Il est formé de trois parties : une partie supérieure, appelée « manubrium » ; une partie moyenne, ou corps ; une partie inférieure grêle et pointue, parfois bifide, l'appendice xiphoïde.

STERNUTATION n. f. (lat. *sternutare,* éternuer). Action d'éternuer, éternuement.

STERNUTATOIRE adj. (lat. *sternutatum,* de *sternutare,* éternuer). Se dit des médicaments qui provoquent l'éternuement.

STÉROÏDE adj. *Hormone stéroïde* ou *stéroïde* (n. m.), nom générique des hormones dérivées des stérols, sécrétées par les glandes endocrines (corticosurrénales, glandes génitales [testicules et ovaires], placenta). [On peut classer les hormones stéroïdes en 3 grands groupes en fonction des squelettes de base : 1° le groupe de l'œstrane, dont dérivent l'œstrone, ou folliculine, et les œstrogènes ; 2° le groupe de l'androstane, dont dérivent la testostérone et les androgènes ; 3° le groupe du prégnane, dont dérivent la progestérone, les progestatifs et les corticostéroïdes minéralocorticoïdes et glucocorticoïdes.]
◆ n. m. Nom générique des composés renfermant le squelette, plus ou moins altéré, des stérols. (Les stéroïdes jouent le rôle de vitamines, d'hormones, d'alcaloïdes et de toxines. Ils constituent l'un des groupes organiques les plus nombreux et les plus importants.)

STÉROÏDIEN, ENNE ou **STÉROÏDIQUE** adj. Relatif aux stéroïdes.

STÉROL n. m. (de *cholestérol*). Nom générique d'un groupe d'alcools polycycliques parmi lesquels on trouve le cholestérol, les acides biliaires, les vitamines D et les hormones stéroïdes.

STÉROLIQUE adj. Relatif aux stérols.

STERTOR n. m. (lat. *stertere,* ronfler). Respiration profonde et bruyante, accompagnée de ronflement.

STERTOREUX, EUSE adj. (lat. *stertere,* ronfler). Qui rappelle le ronflement.

STÉSICHORE, poète lyrique grec (v. 640 - v. 550 av. J.-C.). Son œuvre, dont il ne reste que d'infimes fragments, eut une grande influence sur le lyrisme choral en créant la triade (strophe, antistrophe, épode).

STÉTHOSCOPE n. m. (du gr. *stêthos,* poitrine). Instrument inventé par Laennec, permettant l'auscultation du thorax.
ENCYCL. Les appareils actuels, fondés sur le principe de la propagation des bruits dans un conducteur (en caoutchouc ou en plastique), sont le plus souvent biauriculaires. Certains appareils comportent un amplificateur électronique, qui permet une meilleure audition des bruits cardiaques ou pulmonaires anormaux et l'enregistrement de ces bruits.

STETSON [stɛtsɔn] n. m. (n. déposé, de J. *Stetson,* n. pr.). Chapeau à larges bords porté aux États-Unis.

STETTIN, nom all. de Szczecin.

STEVEDORE n. m. (angl. *stevedore,* de l'esp. *estibador,* emballeur). Syn. de ACONIER.

STEVENAGE, v. de Grande-Bretagne (Hertfordshire), au N. de Londres ; 74 000 hab. Première ville nouvelle d'Angleterre (1946).

STEVENS, famille d'industriels et d'inventeurs américains. — JOHN (New York 1749 - Hoboken, New Jersey, 1838) consacra toute son activité au développement de la navigation à vapeur et des chemins de fer aux États-Unis. Il fit breveter, en 1803, une chaudière multitubulaire, puis, en

1808, construisit un bateau à vapeur, le *Phœnix,* qui relia New York à Philadelphie. Il fut aussi le premier à obtenir des concessions ferroviaires aux États-Unis. — Ses fils, ROBERT LIVINGSTON (Hoboken 1787 - *id.* 1856) et EDWIN AUGUSTUS (Hoboken 1795 - Paris 1868), firent construire, en 1831, la célèbre locomotive *John Bull.* Robert doit être considéré comme l'inventeur du rail Vignole.

STEVENS (Alfred), peintre belge (Bruxelles 1823 - Paris 1906), frère de l'animalier Joseph Stevens (Bruxelles 1819 - *id.* 1892). Installé à Paris en 1855, lié avec Manet, il fut le peintre, plein de brio, de la Parisienne du second Empire (*Dame en rose,* 1866, Musées royaux de Bruxelles).

STEVENS (Siaka Probyn), homme d'État de Sierra Leone (Moyamba 1905 - Freetown 1988). Secrétaire du syndicat des mineurs, il devient Premier ministre en mars 1967. Immédiatement renversé par un coup d'État militaire, il retrouve son poste en 1968. Il a été président de la République de 1971 à 1985.

STEVENS (Stanley Smith), psychologue américain (Ogden 1906 - Vail, Colorado, 1973). Ses travaux ont permis de construire différentes échelles de tests en psychophysique (*Hearing* [...], 1938).

STEVENSON (Robert Louis BALFOUR), écrivain écossais (Édimbourg 1850 - Vailima, près d'Apia, îles Samoa, 1894). Remarqué dès ses premiers ouvrages (*Voyage avec un âne dans les Cévennes,* 1879 ; *les Nouvelles Mille et Une Nuits,* 1882), il obtint un énorme succès avec son roman d'aventures *l'Île au trésor* (1883) et son *Docteur* Jekyll et Mister Hyde* (1886). Sans cesser d'écrire pour les enfants (*le Jardin poétique des enfants,* 1885), il revint par la suite à son héritage écossais (*le Maître de Ballantrae,* 1889 ; *le Naufrageur,* 1892).

STEVIN (Simon), mathématicien et ingénieur flamand (Bruges 1548 - La Haye 1620). L'œuvre de Stevin occupe une place importante dans l'histoire de la pensée scientifique. En arithmétique, il reconnaît les irrationnels comme nombres à part entière et introduit les fractions décimales en Europe. On trouve dans *Tafelen van interest* (1582) les premières grandes tables d'intérêts publiées. En mécanique, il discute la théorie du levier et l'équilibre d'un corps sur un plan incliné. Il est également l'auteur de traités d'astronomie, de navigation, de génie militaire, de géographie, etc.

STEWARD [stiwart ou stjuward] n. m. (angl. *steward*). **1.** Serveur, maître d'hôtel à bord d'un paquebot. — **2.** Garçon qui, à bord d'un avion, assure le service auprès des passagers.

STEWART *(île),* île de la Nouvelle-Zélande, séparée de l'île du Sud par le détroit de Foveaux ; 1 735 km² ; 340 hab.

STEWART, orthographe correcte du nom de famille *Stuart** jusqu'au milieu du XVIe s.

STEWART (Robert), vicomte **Castlereagh** → CASTLEREAGH.

STEWART (Dugald) philosophe britannique (Edimbourg 1753 - *id.* 1828). Disciple de Reid, il a écrit *Éléments de la philosophie de l'esprit humain* (1792-1827).

STEWART (*sir* Donald Martin), maréchal britannique (Mount Pleasant, près de Forres, Grampian, 1824 - Alger 1900). Commandant les forces britanniques en Afghānistān en 1878, il dépêcha la colonne Roberts sur Kaboul et conduisit la campagne à sa fin victorieuse.

STEWART (James), acteur de théâtre et de cinéma américain (Indiana, Pennsylvanie, 1908). Il a été l'un des acteurs favoris de Frank Capra (*Vous ne l'emporterez pas avec vous,* 1938 ; *Mr. Smith au Sénat,* 1939). Il doit ses meilleurs rôles à partir de 1945 à des films dramatiques ou à des westerns : *la Corde* (1948), *Winchester 73* (1950), *Fenêtre sur cour* (1954), *Sueurs froides* (1958), *Autopsie d'un meurtre* (1959), *l'Homme qui tua Liberty Valance* (1962), *les Cheyennes* (1964).

STEWART (Jacques), pasteur français (Cannes 1936). Il a succédé à Jacques Maury à la présidence de la Fédération protestante de France en 1987.

STEWART (Jacky), coureur automobile britannique (Milton, Écosse, 1939). Vainqueur de 27 grands prix, il a été champion du monde des conducteurs en 1969, 1971 et 1973.

STEYR, v. d'Autriche (Haute-Autriche), au confluent de la *Steyr* et de l'Enns ; 40 000 hab. Église paroissiale gothique et baroque, hôtel de ville à façade rococo, autres monuments et maisons anciennes. Métallurgie. Construction automobile.

STIBIÉ, E adj. (lat. *stibium,* antimoine). Se dit d'un médicament ou d'une médication ayant pour base l'antimoine.

STIBINE n. f. (lat. *stibium,* antimoine). **1.** Nom générique des composés organiques de formule générale $SbH_{3-n}R_n$, dont les propriétés sont voisines de celles des arsines. — **2.** Sulfure naturel d'antimoine (dont il constitue le principal minerai), orthorhombique.

STIBITZ (George Robert), ingénieur américain (1905 - Hanover, New Jersey, 1995). Il conçut le premier circuit électronique binaire (1937) puis réalisa (1939-1945) des calculateurs électromécaniques de plus en plus perfectionnés. Ses travaux furent utilisés pour la mise au point du premier ordinateur électronique.

STICHOMYTHIE [-kɔ-] n. f. Dialogue tragique où les interlocuteurs se répondent vers pour vers.

STICH-RANDALL (Teresa), cantatrice américaine (West Hartford, Connecticut, 1927). Elle vint en Europe en 1951, où elle fut une interprète d'élection de Mozart.

STICK n. m. (angl. *stick,* bâton). **1.** Courte canne flexible portée par les cavaliers. — **2.** Conditionnement d'un produit solidifié sous forme de bâtonnet (rouge à lèvres, déodorant, colle, etc.). — **3.** Équipe élémentaire de parachutistes (8 à 15), largués du même avion et destinés à combattre ensemble au sol.

STICKER [stikœr] n. m. (mot angl.). Vignette autocollante portant une inscription, un dessin, une photo, etc.

STIEGLITZ (Alfred), photographe américain (Hoboken 1864 - New York 1946). Il créa la revue *Camera Work* (publiée de 1903 à 1917), l'organe du groupe Photo Secession, et la galerie du même nom, qui devint la galerie « 291 », et fut ainsi à l'origine de tous les échanges entre les avant-gardes artistiques européenne et américaine. Pictorialiste de talent, il devint un fervent défenseur d'un langage vérité et adopta une écriture dépouillée très nette, seulement exaltée par la lumière (série des *« Équivalents »,* 1922).

STIELTJES (Thomas), mathématicien néerlandais (Zwolle 1856 - Toulouse 1894). Dans *Recherches sur les fractions continues* (1894), il introduisit une nouvelle intégrale généralisant celle de Riemann-Darboux.

STIERNHIELM (Georg), savant et poète suédois (Vika, Dalécarlie, 1598 - Stockholm 1672). Poète favori de la cour de Christine, il donna une forme savante à la poésie suédoise, méritant le surnom de « Père de la poésie suédoise ».

STIF, anc. **Sétif,** v. d'Algérie, ch.-l. de wilaya, à 1 100 m d'alt., sur les Hautes Plaines constantinoises ; 185 786 hab. Centre commercial et industriel (montage automobile, pétrochimie, constructions électriques).

STIFTER (Adalbert), écrivain autrichien (Oberplan, auj. Horní Planá, Bohême, 1805 - Linz 1868). Chantre de la nature (*Études,* 1844-1850), il a écrit des romans et des nouvelles qui témoignent de son optimisme moral (*l'Été de la Saint-Martin,* 1857).

STIGLER (George), économiste américain (Renton, État de Washington, 1911 - Chicago 1991). Ses travaux sont fondés sur l'analyse microéconomique. On lui doit notamment une *Théorie des prix* (1972). [Prix Nobel d'économie 1982.]

STIGMA n. m. (gr. *stigma,* piqûre). Corpuscule imprégné de carotène situé à la base du flagelle chez certains protistes, probablement sensible à la lumière.

STIGMATE n. m. (lat. *stigmata,* marques faites au fer). **1.** Marque durable que laisse sur la peau une maladie, une plaie : *Les stigmates de la petite vérole.* — **2.** *Litt.* Toute marque, toute trace qui révèle une dégradation (surtout pl.) : *Les stigmates de la guerre.* — **3.** Chez les angiospermes, partie supérieure terminale du pistil, souvent élargie et visqueuse, sur laquelle les grains de pollen sont retenus et amenés à germer. — **4.** Orifice respiratoire des insectes, et autres arthropodes terrestres, constituant chacun l'extrémité d'une trachée plus ou moins ramifiée.

◆ **stigmates** n. m. pl. Marques des plaies de la Passion de Jésus apparaissant sur le corps de quelques extatiques et généralement accompagnées de souffrances physiques et morales rappelant celles endurées par Jésus. (Les plus célèbres stigmatisés sont saint François d'Assise [en 1224], Anna Katharina Emmerick [† 1824], Therese Neumann [† 1962]).

STIGMATIQUE adj. **1.** Qui appartient ou qui se rapporte au stigmate. — **2.** Se dit d'un système optique qui donne une image nette d'un point objet ; se dit des points pour lesquels un système optique est stigmatique.

STIGMATISATION n. f. *Litt.* Action de stigmatiser ; fait d'être stigmatisé.

STIGMATISÉ, E n. Personne marquée de stigmates semblables aux plaies de Jésus.

STIGMATISER v. t. (conj. 3). **1.** *Litt.* Imprimer sur le corps de qqn une marque indélébile à titre de châtiment : *Jadis, on stigmatisait au fer rouge les condamnés.* — **2.** Dénoncer, critiquer publiquement qqn ou un acte que l'on juge moralement condamnable ou répréhensible : *Stigmatiser les responsables de la mauvaise gestion économique.*

STIGMATISME n. m. Caractère d'un système optique qui est stigmatique.

STIGMOMÈTRE n. m. Dispositif de mise au point équipant certains viseurs d'appareils photographiques reflex.

Stijl *(De)* [« le Style »], groupe et revue artistiques créés à Leyde en 1917 sur les bases du néoplasticisme de Mondrian. Autour de Van Doesburg, principal animateur, et de Mondrian, principal théoricien, le groupe comprenait des peintres (Bart Van der Leck, le Belge Vantongerloo, le Hongrois Vilmos Huszár) et des architectes (Oud, Robert Van't Hoff, puis Rietveld). Leur recherche commune a été celle d'un langage plastique rigoureux et de nouveaux rapports entre l'art et son environnement (décoration, ameublement, typographie, etc.). Après des divergences et des départs (Van der Leck, Mondrian, etc.), De Stijl a évolué dans le sens des théories propres à Van Doesburg et a cessé d'exister en 1932.

STIKINE, fl. du Canada (Colombie britannique) et de l'Alaska, qui se jette dans le Pacifique à Wrangell ; 540 km.

STIL (André), écrivain français (Hergnies, Nord, 1921). Rédacteur en chef de *l'Humanité,* romancier engagé (*Premier Choc,* 1952 ; *Romansonge,* 1976), il a évolué vers une vision plus apaisée du monde (*Pêche à la plume,* 1985 ; *Gazelle,* 1991).

stil nuovo ou **dolce stil nuovo** (« le doux style nouveau »), école poétique italienne fondée par Guido Guinizelli (v. 1240-1276). Elle réunit autour de Dante et de Cavalcanti des poètes florentins et toscans qui célébraient les vertus rédemptrices de la femme aimée.

STILBÈNE n. m. (gr. *stilbein,* briller). Hydrocarbure éthylénique de formule $C_6H_5—CH{=}CH—C_6H_5$, cristallisant en plaquettes brillantes (d'où son nom) et utilisé comme intermédiaire dans la fabrication de colorants.

STILBITE n. f. (gr. *stilbein,* briller). Syn. de DESMINE.

STILBŒSTROL n. m. Œstrogène de synthèse, non stéroïdien, utilisé à l'état de diéthylstilbœstrol ou de diphosphate de stilbœstrol.

STILE n. m. (lat. *stilus*). Tige de fer pointue à une extrémité et spatulée à l'autre, employée dans l'Antiquité et au Moyen Âge pour tracer des caractères sur les tablettes de cire. (On écrit aussi STYLE.)

STILICON, en lat. **Flavius Stilicho,** général romain d'origine vandale (v. 360 - Ravenne 408). Gendre de Théodose, devenu maître de la milice (385) et régent d'Honorius en Occident, il défendit l'empire contre les Barbares (victoire sur Alaric à Pollenza [402] et sur les Ostrogoths à Fiesole [406]), mais ne put protéger la Gaule, qui subit en 407 le déferlement des Barbares. En 408, les troupes romaines révoltées obtinrent de l'empereur la tête de Stilicon.

STILLER (Mosche, dit **Mauritz**), cinéaste suédois (Helsinki 1883 - Stockholm 1928). Parmi ses principaux films, citons *Trésor d'Arne* (1919), *À travers les rapides* (1921), *les Émigrés* (1921), *le Vieux Manoir* (1923), *la Légende de Gösta Berling* (1924), qui rendit célèbre Greta Garbo.

STILLIGOUTTE n. m. (lat. *stillare,* tomber goutte à goutte, et *goutte*). Petit flacon dont le col et le bouchon sont conçus et disposés de manière à libérer par gouttes le liquide qu'il contient.

STILTON [stiltɔn] n. m. (de *Stilton,* n. pr.). Fromage anglais à pâte dure et à moisissures internes, fabriqué avec du lait de vache.

STILWELL (Joseph Warren), général américain (Palatka, Floride, 1883 - San Francisco 1946). Chef d'état-major de Jiang Jieshi de 1941 à 1945, il fut également adjoint de l'amiral Mountbatten et commandant en chef allié du théâtre d'opérations « Inde-Chine-Birmanie ». Pour maintenir la liaison entre Jiang Jieshi et l'Inde, il fit construire de nombreuses voies de communication, dont l'une, appelée *route Stilwell,* réunissait Ledo à la route de Birmanie. En 1945, il commanda la Xe armée, qui se distingua à Okinawa.

STIMULANT, E adj. **1.** Qui est propre à stimuler les fonctions organiques, à accroître l'activité physique ou intellectuelle : *Une boisson stimulante.* — **2.** Qui accroît l'ardeur de qqn, l'incite à poursuivre son action, son effort : *Des propos stimulants.*

◆ **stimulant** n. m. **1.** Médicament, substance qui a un effet favorable sur le fonctionnement de certains organes, qui active les fonctions psychiques : *Un stimulant des fonctions digestives.* — **2.** Ce qui est de nature à redonner de l'énergie, du courage à qqn, à soutenir sa volonté : *La compétition est un excellent stimulant.*

STIMULATEUR, TRICE adj. (bas lat. *stimulator*). Qui a un effet de stimulation sur l'organisme, sur les fonctions organiques : *Action stimulatrice sur le cœur.*

◆ **stimulateur** n. m. *Stimulateur électrique du cœur* ou *stimulateur cardiaque,* appareil électrique qui permet de provoquer la contraction cardiaque quand celle-ci ne s'effectue plus automatiquement. (Syn. CARDIOSTIMULATEUR, PACEMAKER.)

ENCYCL. **Méd.** Les *stimulateurs cardiaques* représentent le traitement de choix du syndrome d'Adams-Stokes en mettant le malade à l'abri de syncopes parfois mortelles. Deux techniques sont utilisées : 1° la stimulation endocavitaire, la plus courante, dans laquelle la sonde d'entraînement est placée dans le ventricule droit et le stimulateur proprement dit est fixé dans la région pectorale ; 2° la stimulation épicardique, dans laquelle les électrodes sont fixées après abord chirurgical sur la paroi du ventricule, le stimulateur étant placé dans la paroi abdominale. Les stimulateurs utilisent le plus souvent comme source d'énergie des piles au lithium dont la durée de vie est de 5 à 7 ans.

STIMULATION n. f. (lat. *stimulatio*). **1.** Action de stimuler, d'accroître l'activité de l'organisme : *Stimulation de l'appétit.* — **2.** Action, fait de stimuler l'ardeur de qqn : *Les encouragements sont des stimulations efficaces.* — **3.** Mise en jeu d'une structure nerveuse à l'aide d'une modification de son environnement externe ou interne. — **4.** En physiologie, syn. de EXCITATION. — **5.** Technique consistant à lutter contre le colmatage des pores de la roche d'un puits de pétrole en production par une injection d'acide en vue de rétablir l'écoulement normal.

STIMULER v. t. (lat. *stimulare*) [conj. 3]. **1.** Rendre un sentiment, une faculté, une activité, une fonction organique plus intenses, plus vifs : *Les difficultés stimulent l'imagination. La lumière stimule la croissance des plantes.* — **2.** Inciter qqn à agir, à poursuivre son action, son effort : *Ses succès l'ont stimulé.*

STIMULINE n. f. Nom générique de certaines hormones, en particulier des hormones hypophysaires, qui provoquent à distance la sécrétion d'autres hormones.

STIMULUS [stimylys] n. m. (pl. *stimulus* ou *stimuli*) [lat. *stimulus,* aiguillon]. **1.** Élément de l'environnement susceptible d'activer certains récepteurs sensoriels d'un individu et d'avoir un effet sur son comportement. — **2.** *Stimulus signal,* syn. de STIMULUS DÉCLENCHEUR.

STINNES (Hugo), industriel allemand (Mülheim an der Ruhr 1870 - Berlin 1924). Gros industriel de la Ruhr avant 1914, il assit la puissance de son groupe pendant la Première Guerre mondiale puis contribua à organiser l'industrie allemande. Député au Reichstag (1920-1924), il y défendit pied à pied les positions de l'Allemagne sur la question des réparations. En 1923, il précipita la chute du mark. Son empire industriel s'effondra après sa mort.

STIPA ou **STYPA** n. m. Nom générique de l'alfa et des graminées voisines, aux feuilles enroulées, aux glumelles vulnérantes pour le bétail.

STIPE n. m. (lat. *stipes,* tronc). **1.** Tronc des palmiers et des fougères arborescentes. (Les stipes ne sont généralement pas ramifiés et leur diamètre est parfois plus important au sommet qu'à la base.) — **2.** Autre nom du pied des champignons, de la pseudo-tige de certaines algues.

STIPENDIÉ, E adj. et n. Se dit de qqn qui est payé, corrompu ; mercenaire.

STIPENDIER v. t. (lat. *stipendiari,* être à la solde de qqn) [conj. 9]. *Litt.* Payer qqn pour accomplir une tâche méprisable ou criminelle, acheter sa complicité : *Stipendier des agents provocateurs.*

STIPENDIUM [-pɛ̃djɔm] n. m. (lat. *stipendium*). Impôt de répartition qui frappait les provinces romaines et dont le montant était fixé annuellement par Rome.

STIPULAIRE adj. Relatif aux stipules.

STIPULANT, E adj. et n. m. Se dit de qqn qui est partie dans une convention, un contrat.

STIPULATION n. f. (lat. *stipulatio*). **1.** Clause d'un contrat. — **2.** Action de faire savoir expressément, précision donnée. — **3.** *Stipulation pour autrui,* contrat par lequel le stipulant s'engage à ce que le promettant fasse bénéficier un tiers des effets du contrat (en matière d'assurance-décès par exemple).

STIPULE n. f. (lat. *stipula,* chaume). Chacune des deux petites expansions foliacées latérales de la feuille, situées vers son point d'attache ou adhérentes à son pétiole.

STIPULÉ, E adj. Muni de stipules.

STIPULER v. t. (lat. *stipulari,* exiger un engagement formel) [conj. 3]. **1.** Énoncer une clause, une condition dans un contrat. — **2.** Préciser expressément qqch ; spécifier : *La note reçue stipule que l'augmentation partira du 1er août.*

STIRING-WENDEL (57350), ch.-l. de cant. de la Moselle, à 3 km au N.-E. de Forbach ; 13 797 hab. *(Stiringeois).* Houille. Métallurgie.

STIRLING, v. de Grande-Bretagne, au N.-E. de Glasgow, sur le Forth ; 30 000 hab. Bourg royal en 1119, sa forteresse fut souvent disputée entre Écossais et Anglais au cours du XIVe s. Château des XIIe-XVIe s. Église paroissiale des XVe et XVIe s. Université.

STIRLING (James), architecte et théoricien britannique (Glasgow 1926 - Londres 1992). L'utilisation des matériaux industriels et un mélange d'imagination et de rigueur brutale caractérisent les travaux de sa maturité : école d'ingénieurs de l'université de Leicester (1959-1964, avec James Gowan), faculté d'histoire de Cambridge (1964-1968), bâtiments de la ville nouvelle de Runcorn, près de Liverpool (années 70). Mais une orientation historiciste apparaît dans la Nouvelle Galerie d'État de Stuttgart (1981-1984) et dans la Clore Gallery de Londres (1980-1986).

Stirling *(cycle de)* [du n. des deux frères Robert et James *Stirling*], cycle thermodynamique théorique d'une machine motrice ditherme réversible, formé de la succession de quatre phases d'évolution d'un gaz parfait entre deux sources de chaleur de température constante et uniforme séparées par un échangeur adiabatique et isochore. Utilisant n'importe quel combustible et produisant peu de gaz polluants, le moteur à cycle de Stirling connaît un regain d'intérêt malgré son coût de fabrication élevé.

STIRNER (Johann Kaspar SCHMIDT, dit **Max**), philosophe allemand (Bayreuth 1806 - Berlin 1856). D'abord collaborateur de Marx dans la *Rheinische Zeitung,* en 1842, il écrivit *l'Unique et sa propriété*

(1845), qui, par son anarchisme radical, marqua sa rupture avec les hégéliens.

S. T. O. (sigle de *Service du Travail Obligatoire*), service institué par une loi du gouvernement Laval (16 févr. 1943) pour fournir la main-d'œuvre imposée par le gauleiter Sauckel. Malgré les nombreux réfractaires qui gagnèrent les maquis, on estime que 875 000 requis français travaillèrent en Allemagne et 738 000 en France.

STOBÉE ou **JEAN STOBÈS,** en gr. **Iôannês Stobaios,** compilateur grec (Ve s. apr. J.-C.), auteur d'une *Anthologie* (4 vol.) rassemblant des citations d'auteurs grecs, d'Homère à Thémistios.

STOBI, site archéologique de Macédoine, à env. 80 km de Skopje. Ville importante de la Macédoine hellénistique et romaine, elle a été la capitale au Ve s. apr. J.-C. de la Macédoine Seconde. Remparts et quartiers du centre (églises des IVe-VIe s.) ; grandes maisons et vestiges d'une synagogue. La ville n'a été abandonnée qu'au XIVe s.

STOCHASTIQUE [-kas-] adj. (gr. *stokhastikos,* conjectural, de *stokhos,* but). **1.** Se dit de phénomènes qui, partiellement, relèvent du hasard et qui font l'objet d'une analyse statistique. — **2.** *Calculateur stochastique,* calculateur dans lequel l'information est codée par une probabilité. ‖ *Processus stochastique,* famille de variables aléatoires X_t, où les valeurs croissantes du temps t appartiennent à un ensemble $T \subset \mathbb{R}$ et où les X_t prennent leurs valeurs dans un ensemble E. ‖ *Variable stochastique,* syn. de VARIABLE ALÉATOIRE*.

STOCK n. m. (angl. *stock,* souche). **1.** Ensemble des marchandises disponibles sur un marché, dans un magasin, etc. — **2.** Ensemble des marchandises, des matières ou fournitures, des déchets, des produits semi-ouvrés, des produits finis, des produits ou travaux en cours et des emballages commerciaux qui sont la propriété de l'entreprise. — **3.** Grande quantité de choses recueillies et que l'on tient en réserve : *Avoir tout un stock de fiches.*

Stock, maison d'édition littéraire française dont les origines remontent à 1710. Elle fait partie du groupe Hachette.

STOCKAGE n. m. **1.** Action de stocker, de conserver un produit en attente, en vrac ou en charge unitaire ; fait d'être stocké. — **2.** Réservoir ou ensemble de réservoirs pour liquides ou gaz.

STOCK-CAR n. m. (pl. *stock-cars*) [angl. *stock-car,* voiture de série]. **1.** Voiture de série participant à des épreuves de vitesse où les carambolages constituent l'un des attraits du spectacle. — **2.** L'épreuve elle-même.

STOCKER v. t. (conj. 3). **1.** Mettre en stock ; faire des réserves de qqch. — **2.** Conserver un produit, une énergie en attente pour une utilisation ultérieure. — **3.** Recueillir des informations en les gardant pour soi ; emmagasiner.

STOCKEUR, EUSE adj. et n. Qui constitue des stocks.

STOCK-EXCHANGE [stɔkœksʃɑ̃ʒ] n. m. (pl. *stock-exchanges*) [mot angl., de *stock,* capital, et *exchange,* échange). Bourse des valeurs, à Londres et dans d'autres villes anglo-saxonnes.

STOCKFISCH [stɔkfiʃ] n. m. (moyen néerl. *stocvisch*). **1.** Morue séchée à l'air. — **2.** Poisson séché, en général.

STOCKHAUSEN (Karlheinz), compositeur allemand (Mödrath, près de Cologne, 1928). Après avoir découvert les compositeurs de l'école de Vienne et suivi l'enseignement de Messiaen, il écrit dans un style qui se réclame du dodécaphonisme (*Kontra-Punkte,* 1953). Il travaille ensuite au studio de musique électronique de Cologne (*Études électroniques I* et *II,* 1954), puis réalise une des premières utilisations simultanées de la bande magnétique et des instruments classiques (*Kontakte,* 1960). Le reste de sa production sera ensuite dominé par cette synthèse entre l'électro-acoustique et les sources sonores plus traditionnelles et connaîtra dans ce sens un point culminant avec *Hymnen* (1967). Stockhausen a gardé cependant d'autres préoccupations, notamment le goût de l'improvisation, qui le guidera vers la musique aléatoire (*Carré,* 1960) ou vers la méditation (*Fresco,* 1969). Il revient à une musique plus stricte avec *Sirius* (1977). Depuis, sa pensée s'oriente vers une conception plus subjective, voire liturgique de la musique. Il n'envisage plus qu'une seule immense œuvre, *Licht (Lumière),* dont l'exécution durera une semaine entière. Ont déjà été créés à la Scala de Milan : *Donnerstag (Jeudi)* [1981], *Samstag (Samedi)* [1984], *Montag (Lundi)* [1988] et *Dienstag (Mardi)* [1992]. La musique de Stockhausen s'est progressivement épanouie, sans rien perdre de son audace, pour s'inscrire dans le grand courant romantique.

STOCKHOLM, cap. de la Suède ; 674 452 hab. (1 410 000 hab. dans l'agglomération).
— **Géogr.** La ville est située au débouché du lac Mälaren, à l'extrémité de la dépression centrale, axe vital du pays. Elle s'est développée dès la fin du XIXe s., avec l'industrialisation, surtout vers l'O. et le S.-O., dans un paysage coupé de plans d'eau et de parcs. L'agglomération regroupe le sixième de la population du pays. Centre administratif, commercial et culturel, c'est aussi un pôle industriel diversifié (constructions mécaniques, électriques et électroniques, raffinerie de pétrole, alimentation, produits de luxe), un port notable.

— **Hist.** C'est vers 1252 que Birger Jarl, régent de Suède, fonda la cité de Stockholm, dont il fit sa capitale. En 1520, Christian II de Danemark s'empara de la ville et fit exécuter une centaine de nobles et de chevaliers (« bain de sang de Stockholm »). La ville ne prit vraiment son essor qu'au XVIIe s. et devint, au XVIIIe s., un important foyer culturel.

— **Bx-arts.** Église de Riddarholmen, remontant à la fin du XIIIe s. (tombeaux des rois) ; *Storkyrkan,* reconstruite du XVe au XVIIIe s. Beaux édifices civils élevés à partir du milieu du XVIIe s., dont le *Riddarhuset* (palais de la noblesse). Château royal reconstruit par N. Tessin le Jeune après 1697. Aux environs, châteaux royaux de Gripsholm et de Drottningholm. L'architecture moderne a notamment donné la bibliothèque municipale (1920-1928) et les chapelles d'un crématorium (1935-1940) par Gunnar Asplund, la ville satellite de Vällingby par Sven Markelius (années 50). Importants musées consacrés aux antiquités nationales, au folklore (Musée nordique, musée de plein air de Skansen*), aux arts suédois et européens (Musée national), à l'art moderne, au sculpteur Carl Milles, aux antiquités méditerranéennes, aux arts de l'Extrême-Orient.

Stockholm *(appel de),* appel contre l'utilisation de l'arme atomique, lancé en 1950 (guerre de Corée) par le Mouvement de la paix, organisation internationale créée en 1949, et qui recueillit des dizaines de millions de signatures.

STOCKISTE n. Commerçant ou artisan détenteur d'un stock de pièces détachées et d'organes destinés à la réparation d'un produit de marque déterminée.

STOCKMAN [-man] n. m. (mot angl.). En Australie, en Nouvelle-Zélande, en Nouvelle-Calédonie, homme qui garde le bétail à cheval.

STOCK-OUTIL n. m. (pl. *stock-outils*). Ensemble des stocks élémentaires correspondant à l'approvisionnement normal d'une entreprise.

STOCKPORT, v. de Grande-Bretagne, au S.-E. de Manchester ; 136 000 hab. Centre industriel.

STOCK-SHOT n. m. (amér. *stock shot,* de *stock,* réserve, et *shot,* prise de vues) [pl. *stock-shots*]. Syn. de PLAN D'ARCHIVES*.

STOCKTON, v. des États-Unis (Californie), sur le San Joaquin ; 210 943 hab. Port fluvial et maritime. Centre commercial.

STOCKTON-ON-TEES, port de Grande-Bretagne (Cleveland), sur l'estuaire de la Tees ; 155 000 hab.

STODOLA (Aurel), ingénieur suisse d'origine slovaque (Liptovský Mikuláš 1859 - Zurich 1942). Il contribua au développement des turbines à vapeur et à gaz.

STŒCHIOMÉTRIE [stekjɔ-] n. f. (gr. *stoikheion,* élément). Partie de la chimie qui étudie les proportions suivant lesquelles les corps réagissent.

STŒCHIOMÉTRIQUE [stekjɔ-] adj. **1.** Relatif à la stœchiométrie. — **2.** *Coefficient stœchiométrique,* facteur numérique indiquant, dans une équation chimique, le nombre de moles de chaque espèce.

STOETZEL (Jean), psychosociologue français (Saint-Dié 1910 - Paris 1987). Il a introduit les sondages en France en créant dès 1938 l'Institut français d'opinion publique (I.F.O.P.) et a contribué à l'étude scientifique de l'opinion (*Théorie des opinions,* 1943).

STOFFEL (Eugène, *baron*), officier français (Paris 1821 - *id.* 1907). Attaché militaire à Berlin (1866), il collecta de précieux renseignements sur les préparatifs de guerre prussiens, dont il ne fut pas tenu compte. La publication de ses *Rapports militaires écrits de Berlin, 1866-1870* (1871) entraîna sa mise à la retraite.

STOFFLET (Jean Nicolas), chef vendéen (Bathelémont, Meurthe-et-Moselle, 1753 - Angers 1796). Il participa à la prise de Cholet (mars 1793) et commanda en Anjou, où il succéda à La Rochejaquelein (1794). Il se soumit en 1795 et, en 1796, reprit les armes. Capturé, il fut exécuté.

STOÏCIEN, ENNE adj. et n. (lat. *stoïcus*).
◆ **1.** Qui se rapporte à l'école philosophique fondée par Zénon ; qui appartenait à cette école. (→ *encycl.*) — **2.** Qui témoigne d'une impassibilité courageuse devant le malheur, la douleur, etc. : *Une fermeté d'âme toute stoïcienne.*

ENCYCL. Les stoïciens ont fondé une logique propositionnelle, caractérisée par la recherche des antinomies, une sémantique analysant les relations signifiant/signifié et surtout une morale, fondée sur une certaine conception psychophysiologique de l'homme et de la nature. Pour eux, la notion de corps est indissociable de la notion d'effort (latin *conatus*) ou de force (latin *vis*) [selon les auteurs], et réciproquement. Il y a perception dès qu'il y a effort ; sinon, il y a passivité. L'expérience est à l'origine du savoir : mais le souverain bien réside dans l'effort déployé pour atteindre la vertu.

La vertu consiste donc à vivre selon la nature, c'est-à-dire à profiter de la vie comme elle est, ni pas assez ni trop. Une maxime de cette morale est : « supporte et abstiens-toi ». Les principaux stoïciens sont grecs et latins : Zénon de Cition, Panaitios, Posidonius, Sénèque, Épictète et Marc-Aurèle.

STOÏCISME n. m. (de *stoïque*). **1.** Philosophie des stoïciens. — **2.** *Litt.* Fermeté, impassibilité devant le malheur, la maladie, etc.

STOÏQUE adj. et n. (lat. *stoïcus,* du gr. *stôïkos,* de *stoa,* portique, parce que Zénon enseignait sous le portique du Pœcile). Qui montre les vertus du stoïcisme (fermeté et égalité d'âme, impassibilité volontaire, indifférence à la douleur) : *Soyez stoïque, prenez votre mal en patience.*
◆ adj. Se dit d'un comportement qui dénote une fermeté inébranlable, une grande impassibilité devant la douleur, le malheur, etc. : *Une acceptation stoïque de la maladie.*

STOÏQUEMENT adv. D'une manière stoïque.

STOJANOV (Zahari), écrivain bulgare (Medven 1850 ou 1851 - Paris 1889). Berger, autodidacte, on lui doit des biographies (*Hristo Botev,* 1888) et des Mémoires liés aux luttes de libération nationale, *Mémoires sur les insurrections bulgares* (3 vol., 1884-1892).

ŠTOKAVIEN n. m. Groupe de dialectes slaves qui a donné naissance, au début du XIXe s., à la langue littéraire des Serbes et des Croates.

STOKE-ON-TRENT, v. de Grande-Bretagne (Staffordshire), sur la Trent ; 252 000 hab. La fabrication des céramiques s'y est développée à partir du XIIIe s. Musées dans différentes fabriques.

STOKER [-kɛr ou -kœr] n. m. (angl. *stoker,* chauffeur). Dispositif d'alimentation mécanique du foyer d'une locomotive à vapeur chauffée au charbon.

STOKER (Abraham, dit **Bram**), écrivain anglais (Dublin 1847 - Londres 1912), auteur de *Dracula** (1897), porté au cinéma en 1931.

STOKES (*sir* George Gabriel), mathématicien et physicien irlandais (Skreen 1819 - Cambridge 1903). Il a donné la loi qui régit le mouvement des solides sphériques au sein des fluides, étudié la fluorescence et la diffraction lumineuse et démontré que les rayons X sont de même nature que la lumière.

STOKOWSKI (Leopold), chef d'orchestre britannique d'origine polonaise, naturalisé américain (Londres 1882 - Nether Wallop, Hampshire, 1977). Chef de l'Orchestre symphonique de Philadelphie (1912-1938), il révéla la musique contemporaine européenne aux États-Unis. Également chef à l'American Symphony Orchestra de New York (1961-1972), il a fait connaître l'œuvre de Charles Ives et défendu Rakhmaninov, Varèse, Henze, Panufnik.

STOL n. m. (abrév. de *Short Take-Off and Landing*). Avion à décollage et atterrissage courts. (En France, ces appareils sont désignés par l'abrév. A. D. A. C.)

STOLA n. f. (pl. *stolae*) [lat. *stola,* du gr. *stolê*]. Robe des dames romaines.

STOLBERG (Christian, *comte* ZU), poète allemand (Hambourg 1748 - château de Windebye, près d'Eckernförde, 1821), auteur avec son frère de *Poésies lyriques* (1779) et de *Drames avec chœurs* (1787), au mysticisme inspiré de Klopstock. — Son frère FRIEDRICH LEOPOLD (Bramstedt 1750 - château de Sondermühlen, près d'Osnabrück, 1819) inaugura avec lui et avec Goethe et Klinger la période littéraire du *Sturm* und Drang.*

STOLON n. m. (lat. *stolo, -onis,* rejeton). **1.** Longue tige rampante sans feuilles qui, chez diverses plantes (fraisier), s'enracine à son extrémité et forme ainsi un nouveau pied. (Syn. COULANT.) — **2.** Excroissance portée par de nombreux invertébrés aquatiques et qui bourgeonne des blastozoïdes, constituant ainsi une colonie.

STOLONIFÈRE adj. Se dit des plantes qui émettent des stolons.
◆ n. m. Nom d'un ordre de cnidaires octocoralliaires coloniaux.

Stolport, aéroport situé au centre de Londres, mis en service en 1987. Premier aéroport urbain du monde (London City Airport).

STOLYPINE (Petr Arkadievitch), homme politique russe (Dresde 1862 - Kiev 1911). Ministre de l'Intérieur (avr. 1906), président du Conseil en juillet, il institue les tribunaux d'exception qui jugent les révolutionnaires jusqu'au printemps de 1907. Il adopte des réformes agraires (oukases d'oct.-nov. 1906) donnant aux paysans le droit de sortir du mir. Il organise leur émigration, notamment en Sibérie. Il fait promulguer une loi électorale en juin 1907 et gouverne avec une troisième douma (1907-1912) de droite. Il est assassiné en sept. 1911.

STOLZ (Robert), chef d'orchestre et compositeur autrichien (Graz 1880 - Berlin 1975). Défenseur de J. Strauss et de l'opérette, à la tête de l'orchestre de Vienne (1907), où il créa *la Veuve joyeuse,* il a composé, outre une soixantaine d'opérettes *(Der Tanz ins Glück),* de nombreuses danses (valses) et la musique d'une centaine de films (*C'est arrivé demain,* de René Clair).

STOLZITE n. f. (de *Stolz,* n. pr.) Tungstate naturel de plomb, quadratique.

STOMACAL, E, AUX adj. (lat. *stomachus,* estomac). Qui concerne l'estomac.

STOMACHIQUE adj. et n. m. Se dit d'un médicament qui favorise le fonctionnement normal de l'estomac.

STOMATE n. m. **1.** Ensemble de deux cellules réniformes (« cellules de garde ») riches en chlorophylle, ménageant entre elles une petite ouverture *(ostiole)* par laquelle s'effectuent les échanges gazeux de la plante (respiration, transpiration, photosynthèse). (→ *encycl.*) — **2.** *Sto-*

mates aquifères, organes situés à l'extrémité des nervures des feuilles et assurant le rejet d'eau liquide (guttation).

ENCYCL. **Bot.** Les stomates des dicotylédones siègent surtout à la face inférieure des feuilles (jusqu'à 600 par mm²). Les parties immergées des plantes aquatiques n'en ont pas. Les stomates surmontent une chambre sous-stomatique reliée aux tissus lacuneux de la feuille. L'ostiole s'ouvre ou se ferme plus ou moins selon l'humidité ou l'éclairement.

STOMATIQUE adj. Relatif aux stomates.

STOMATITE n. f. Inflammation de la muqueuse de la bouche et des gencives.

STOMATOLOGIE n. f. Étude des maladies et des lésions bucco-dentaires, des malpositions dentaires et des malformations des maxillaires ; ensemble des soins médicaux, chirurgicaux, prothétiques et orthopédiques s'y rapportant.

STOMATOLOGIQUE adj. Qui concerne la stomatologie.

STOMATOLOGISTE ou **STOMATOLOGUE** n. Spécialiste de stomatologie.

STOMATOPLASTIE n. f. Restauration de la bouche, après l'ablation d'une tumeur par exemple.

STOMATOPODE n. m. Nom d'ordre de crustacés malacostracés marins tels que le squille.

STOMOCORDÉ n. m. Animal marin deutérostomien, à pharynx percé de fentes branchiales, au corps subdivisé en trois segments, au système nerveux dorsal, proche des procordés. (L'embranchement des *stomocordés* comprend trois classes : les entéropneustes, les ptérobranches et les graptolites fossiles.)

STOMOXE n. m. (du gr. *oksus,* pointu). Mouche piqueuse, dangereuse pour les animaux et l'homme par les germes infectieux qu'elle peut inoculer. (Autre nom *mouche des étables.*)

STONE (*sir* John Richard), économiste britannique (Londres 1913 - Cambridge 1991). Ses principaux travaux portent sur les origines de la croissance et sur les systèmes de comptabilité nationale. (Prix Nobel de sciences économiques 1984.)

STONEHENGE, site de Grande-Bretagne (Wiltshire), au N. de Salisbury. Principal ensemble de mégalithes des îles Britanniques, constitué de deux cercles de pierres dressées. Celles du cercle extérieur supportent à leur sommet des pierres transversales, ou trilithes. La construction s'est faite en trois étapes : à la fin du néolithique (v. 2400 av. J.-C.) puis au bronze ancien (v. 1900 et 1700 av. J.-C.). La fonction exacte de cet ensemble paraît en liaison avec l'observation des astres.

STONEY (George Johnstone), astronome et physicien irlandais (Oakley Park, King's County, 1826 - Londres 1911). Il évalua le nombre d'Avogadro et affirma que l'électricité était due à des corpuscules élémentaires, qu'il baptisa « électrons » (1891) et dont il tenta de calculer la charge.

STONNE (08390), comm. des Ardennes, à 31,5 km au S. de Sedan ; 41 hab. Quartier général de Napoléon III avant la bataille de Sedan (30 août 1870) et théâtre de violents combats en mai 1940.

STOP n. m. (angl. *stop,* de *to stop,* arrêter). **1.** Panneau de signalisation routière qui exige impérativement un arrêt. — **2.** Signal lumineux placé à l'arrière d'un véhicule. — **3.** *Fam.* Auto-stop (s'emploie qqf en apposition à un nom d'autre véhicule) : *Prendre quelqu'un en stop. Faire du bateau-stop.* — **4.** *Stop !,* ordre impératif d'arrêter, de cesser toute manœuvre. — **5.** Mot qqf employé dans les messages télégraphiés pour séparer les phrases. — **6.** Partie creuse de la face du chien, située entre le front et le museau.

STOP-AND-GO [stɔpɛ̃dgo] n. m. inv. (angl. *to stop,* arrêter, *and,* et, et *to go,* aller). Correction d'un dérèglement économique par un autre, en sens inverse, compensant le premier.

STOPH (Willi), homme d'État allemand (Berlin 1914). Membre du parti communiste allemand à partir de 1931, il devint secrétaire du comité central du parti socialiste unifié (SED) en 1950. À la tête du gouvernement de la R. D. A. de 1964 à 1973, puis président du Conseil d'État de 1973 à 1976, il retrouva la direction du gouvernement de 1976 à 1989.

1. STOPPAGE n. m. (de *stopper 1*). Action de stopper un tissu.

2. STOPPAGE n. m. (de *stopper 2*). *Stoppage à la source,* syn. de RETENUE* À LA SOURCE.

1. STOPPER v. t. (néerl. *stoppen,* boucher, repriser) [conj. 3]. Réparer une déchirure en reconstituant la trame et la chaîne de l'étoffe.

2. STOPPER v. i. (angl. *to stop,* arrêter) [conj. 3]. **1.** S'arrêter, en parlant d'un véhicule, d'une machine : *Le navire a stoppé à l'entrée du port.* — **2.** Cesser d'avancer, en parlant de qqn, d'un groupe : *Le cortège stoppa devant le cordon de police.*

◆ v. t. **1.** Arrêter la marche d'un véhicule, d'un groupe : *Stopper un train en actionnant le signal d'alarme.* — **2.** Arrêter brutalement le mouvement d'un objet : *Le gardien de but a stoppé la balle.* — **3.** Faire cesser une action, l'arrêter dans son cours : *Le médicament a stoppé la maladie.*

1. STOPPEUR n. m. (angl. *stopper,* de *to stop,* arrêter). Appareil servant à bloquer une chaîne d'ancre une fois que le mouillage est effectué. (Syn. ÉTRANGLOIR.)

2. STOPPEUR, EUSE n. (de *stopper 1*). **1.** Personne qui fait le stoppage à la main. — **2.** Syn. de RENTRAYEUR.

3. STOPPEUR, EUSE n. (de *stopper 2*). **1.** *Fam.* Auto-stoppeur. — **2.** Au football, joueur placé au centre de la défense, devant le libero.

STOP-PORTIER n. m. (pl. *stop-portiers*). Panneau publicitaire disposé à l'extérieur d'un point de vente et affectant souvent la forme d'un personnage.

STORE n. m. (ital. *stora,* natte, du lat. *storea*). **1.** Dispositif de protection contre la lumière, en tissu ou en matériau léger, fixé en haut d'une fenêtre (intérieur ou extérieur) et qui s'enroule et se déroule autour d'un rouleau horizontal. — **2.** *Store à l'italienne,* store extérieur se projetant obliquement entre deux bras métalliques. ‖ *Store vénitien,* store composé de lames horizontales inclinables en fonction du soleil.

STORM (Theodor), écrivain allemand (Husum 1817 - Hademarschen, Holstein, 1888). Si le poète célèbre le Schleswig (*Histoires et chants d'été,* 1851), le nouvelliste analyse la difficulté d'être (*Immensee,* 1850 ; *l'Homme au cheval blanc,* 1886-1888).

STORMONT, localité de la banlieue de Belfast, en Irlande du Nord, où s'élève le parlement d'Irlande du Nord. Celui-ci est souvent désigné par ce nom.

STORNELLO n. m. (ital. *stornello,* refrain). Refrain populaire de trois vers, le plus souvent sur un thème amoureux.

STORSTRØM, détroit danois entre Sjaelland et l'île Falster, franchi par un pont (3,2 km).

Storting, parlement norvégien, formé par le *Lagting* et l'*Odelsting.*

STORY-BOARD n. m. (pl. *story-boards*) [mot angl., de *story,* récit, et *board,* planche). Suite de dessins correspondant chacun à un plan et permettant (lors de la préparation d'un film) de visualiser le découpage. (Syn. SCÉNARIMAGE.)

STOSKOPFF ou **STOSSKOPF** (Sébastien), peintre alsacien (Strasbourg 1597 - Idstein, près de Wiesbaden, 1657). Il a surtout travaillé à Paris (1621-1641), puis à Strasbourg. Il est l'auteur de natures mortes dans lesquelles la recherche d'une composition rigoureuse n'exclut pas les effets poétiques (*Corbeille de verres,* musée des Beaux-Arts de Strasbourg).

STOSS (Veit), en polon. **Wit Stwosz,** sculpteur sans doute d'origine souabe (v. 1448 - Nuremberg 1533). Son chef-d'œuvre, dernière grande somme iconographique du Moyen Âge dédiée à la Vierge, est l'immense retable en bois polychrome de Notre-Dame de Cracovie (1477-1486) ; en son centre figure une *Dormition* aux figures en ronde bosse hautes de près de 3 m, chacune d'une rare intensité expressive. À partir de 1496, on trouve Stoss installé à Nuremberg, où ses œuvres sont d'un style plus doux (*Salutation angélique* de l'église St-Laurent [1517-18], etc.).

STOT [sto] n. m. (var. picarde de *estoc*). Volume de minerai laissé en place pour protéger une voie ou une installation du fond ou de la surface.

STOUPA → STŪPA.

STOUT [stawt] n. f. (angl. *stout beer,* bière forte). Bière anglaise noire, fortement houblonnée.

STOWE (Harriet BEECHER, Mrs.) → BEECHER-STOWE.

STRABIQUE adj. et n. Affecté de strabisme.

STRABISME n. m. (gr. *strabismos,* de *strabos,* qui louche). Déviation permanente résultant du défaut de parallélisme des axes visuels des deux yeux. (Dans le *strabisme convergent,* la déviation se fait en dedans, par oppos. au *strabisme divergent.*)

ENCYCL. Le strabisme apparaît presque toujours chez l'enfant avant 4 ans ; il s'agit alors d'un strabisme concomitant, contrairement au strabisme paralytique de l'adulte (paralysie d'un muscle oculomoteur).

STRABON, géographe grec (Amaseia, auj. Amasya, v. 58 av. J.-C. - entre 21 et 25 apr. J.-C.). Il visita une grande partie de l'Empire romain. Sa *Géographie*,* a largement puisé dans les ouvrages d'Ératosthène, d'Hipparque et plus encore des historiens Éphore, Polybe et Posidonios.

STRACCHINO [-kino] n. m. (pl. *stracchini*) [ital. *stracchino*]. Fromage fabriqué en Italie avec du lait de vache.

STRACHEY (Lytton), écrivain britannique (Londres 1880 - Ham Spray House, près de Hungerford, Berkshire, 1932). Il est l'auteur de biographies vivantes, raffinées et irrévérencieuses (*Victoriens éminents,* 1918 ; *la Reine Victoria,* 1921 ; *Élisabeth et le comte d'Essex,* 1928). Personnage central du groupe de Bloomsbury, il a échangé pendant vingt ans une correspondance avec Virginia Woolf.

STRADELLA (Alessandro), chanteur et compositeur italien (Rome 1644 - Gênes 1682). Noble dilettante, il vécut une vie sentimentale fertile en aventures, qu'il termina tragiquement, poignardé, à Gênes. Il a composé des oratorios, des opéras, des cantates, des symphonies, des concertos, des sonates qui le classent parmi les musiciens particulièrement novateurs de l'école italienne du XVIIe s.

STRADIOT ou **ESTRADIOT** n. m. (ital. *stradioto,* du gr. *stratiôtês,* soldat). Cavalier léger originaire de Grèce ou d'Albanie, employé dans les armées européennes comme éclaireur (XVe-XVIe s.).

STRADIVARI (Antonio), dit **Stradivarius,** luthier italien (Crémone ? 1644 - *id ?* 1737). Il fut formé par Nicola Amati, et son premier instrument date de 1666. Pendant sa première période d'activité, Stradivarius construisit des violons très inspirés des modèles de son maître. Des années 1690 datent ses modèles de violons appelés « longuets », où l'on discerne un affinement des lignes. Entre 1700 et 1720 (son âge d'or), ses instruments sont plus carrés, avec un dos en érable ondé. Stradivarius produisit plus de 1 000 instruments. Il en reste environ 650. Au XIXe s., en France, J.-B. Vuillaume en modernisa beaucoup, ce qui transforma leur esthétique sonore. Les luthiers ont trouvé une source d'inspiration constante chez ce maître.

STRADIVARIUS [-rjys] n. m. inv. Violon, violoncelle ou alto produits par Stradivarius.

STRADOGRAPHE n. m. (de l'ital. *strada,* voie). Appareil permettant de caractériser la rugosité d'une chaussée par la mesure des coefficients de frottement sous les pneumatiques.

STRAFFORD (Thomas WENTWORTH, *comte* DE) → WENTWORTH.

Straits Settlements → DÉTROITS *(Établissements des).*

STRALSUND, port d'Allemagne (Mecklembourg-Poméranie-Occidentale), sur la Baltique ; 72 000 hab. Églises et hôtel de ville gothiques imposants. Maisons anciennes. Pêche. Musée océanographique.
— **Hist.** Un traité (1370) mit fin à la suprématie danoise dans la mer du Nord et la Baltique. La ville devint suédoise en 1648 (paix de Westphalie) et Charles XII y soutint un siège célèbre (1715).

STRAMBOTTO n. m. (lat. pop. *strambus,* pour *strabus,* boiteux). Forme poétique populaire italienne, destinée au chant et d'argument amoureux. (La strophe se compose de huit, six ou quatre vers.)

STRAMOINE n. f. (lat. médiév. *stramonium*). Autre nom du *datura*.*

STRAND (Paul), photographe et cinéaste américain (New York 1890 - Orgeval, France, 1976). Son écriture photographique réaliste et massive, d'une précision extrême, confère à son œuvre un équilibre hiératique et monumental : *Un Paese* (1955), *The Mexican Portfolio* (1967).

STRANGULATION n. f. (lat. *strangulatio*). Action d'étrangler.

STRAPAROLA (Gian Francesco), écrivain italien (Caravaggio, Bergame, fin XVe s.-v. 1557). Ses 75 nouvelles, *Facétieuses Nuits* (2 vol., 1550-1553), eurent un grand succès en Italie et en France.

STRAPONTIN n. m. (ital. *strapuntino,* sorte de matelas). **1.** Dans une salle de spectacle, un véhicule, etc., siège d'appoint fixe à abattant. — **2.** Fonction, place de peu d'importance dans une assemblée, une organisation : *Un strapontin au conseil d'administration.*

STRAS → STRASS.

STRASBOURG, ch.-l. de la Région Alsace et du dép. du Bas-Rhin, sur l'Ill, à 457 km à l'E. de Paris ; 255 937 hab. *(Strasbourgeois).* [Env. 400 000 hab. dans l'agglomération.]
— **Géogr.** La ville est le siège d'un archevêché dépendant directement de Rome (régime concordataire), de plusieurs universités et d'une académie. Elle possède un aéroport international (Strasbourg-Entzheim), et est le siège du Conseil de l'Europe (depuis 1949) et du Parlement européen (depuis 1979). Le pont du Rhin est un des plus importants passages frontaliers en Europe. Strasbourg (bien desservie par le rail et la route qui la relient à Paris et à l'Allemagne voisine) est donc d'abord un centre tertiaire (commerce notamment, tourisme), un port fluvial notable. L'industrie est représentée notamment par l'agroalimentaire et la métallurgie de transformation (automobile).
— **Hist.** Ancien camp légionnaire *(Argentoratum)* devenu sous l'Empire romain un centre commercial important, la ville est dévastée par les Alamans en 352, puis occupée par les Huns (451). Elle renaît après les invasions sous le nom de *Strateburgum* (« ville des routes »). D'abord intégrée à la Lotharingie (843), puis attribuée à la Germanie (870), elle redevient un centre économique actif grâce à sa situation géographique. Ville libre en 1201, elle connaît des conflits entre échevins et évêque, qui cède (1262), puis entre patriciens et gens de métiers, qui l'emportent (1332). Son développement intellectuel (avec Eckart et Tauler ainsi que l'essor de l'imprimerie [Gutenberg réside à Strasbourg de 1434 à 1447]) favorise la diffusion précoce de la Réforme. La guerre de Trente Ans l'éprouve. En 1621 est créée une université. Les traités de Westphalie (1648) consacrent son indépendance. Elle est annexée par Louis XIV (1681) et fortifiée par Vauban. Au XVIIIe s., c'est un lieu d'échanges intellectuels entre la France et l'Allemagne. Elle accepte avec enthousiasme la Révolution à ses débuts (Rouget de Lisle y compose *la Marseillaise,* 1792), puis Napoléon Ier. Annexée par l'Allemagne après la défaite de 1870, elle est capitale du Reichsland d'Alsace-

Lorraine jusqu'en 1918. Réoccupée par les Allemands (1940-1944), elle est libérée par l'action de la 2e D.B. de Leclerc, complétée par l'intervention de De Lattre contre l'ultime menace de la poche allemande de Colmar (nov. 1944). — **Bx-arts.** Magnifique cathédrale en grès rose, reconstruite à partir du dernier quart du XIIe s. (chœur et transept) ; au style gothique rayonnant appartiennent la nef (XIIIe s.) ainsi que la façade, construite à partir de 1277 avec la participation d'Erwin de Steinbach et dotée d'une célèbre tour de 142 m (longtemps la plus haute d'Europe) ; sculptures du XIIIe s. (pilier des Anges, portails), vitraux des XIIe-XIVe s. et autres œuvres d'art. Importantes églises médiévales. Ensembles de maisons à hauts pignons et pans de bois sculptés, du XVe au XVIIe s. Hôtels du XVIIIe s. et, sur plans de R. de Cotte, palais Rohan, qui abrite le riche musée des Beaux-Arts, le Musée archéologique (âge du bronze, époque romaine...) et le musée des Arts décoratifs (faïences et porcelaines de Strasbourg, etc.). Musées alsacien, historique de la Ville, de l'Œuvre de la cathédrale et d'Art moderne (dans l'anc. Douane, remontant au XIVe s.).

Strasbourg *(Bibliothèque nationale et universitaire de).* Fondée en 1872, elle possède notamment un fonds de 5 000 manuscrits, près de 3 000 incunables et 5 000 papyrus.

Strasbourg *(faïences et porcelaines de).* Fondée en 1721 par Charles François Hannong, la faïencerie acquiert une grande renommée grâce à la compétence de son fils, Paul, qui la dirige de 1732 à 1760 et qui introduit la technique de grand feu (v. 1740), puis la technique de petit feu, qui permet la pose d'un plus grand nombre de couleurs. En outre, il fabrique la première porcelaine dure française (1751-1754). Bientôt apparaît le décor floral de petit feu qui va faire sa réputation. Autres réussites, les terrines en forme de légumes ou d'animaux, les assiettes en trompe-l'œil et les nombreuses statuettes. L'activité de la manufacture cesse en 1781, mais elle a longtemps influencé des faïenceries européennes. Marques aux initiales des Hannong : P H, J H.

Strasbourg *(serment de)* [842], serment prononcé à Strasbourg par Charles le Chauve et Louis le Germanique pour confirmer leur alliance en présence de leurs troupes. Les formules, en roman et en ancien haut allemand, sont les plus anciens témoins des langues française et allemande.

STRASBOURGEOIS, E adj. et n. De Strasbourg.

STRASS ou **STRAS** n. m. Sorte de verre riche en plomb et coloré à l'aide d'oxydes métalliques, fait pour imiter le diamant et diverses gemmes. (Mis au point v. 1730-1734, à Paris, par le joaillier alsacien Georges Frédéric Strass.)

STRASSER (Gregor), homme politique allemand (Geisenfeld 1892 - Berlin 1934). Chef de l'aile gauche du parti national-socialiste, il entra en conflit avec Hitler à la fin de 1932 et démissionna. Il fut assassiné en juin 1934.

STRATAGÈME n. m. (lat. *strategema,* du gr. *stratêgêma*). **1.** Ruse de guerre ayant pour objet de tromper l'ennemi. — **2.** Combinaison habile mise en œuvre pour obtenir un avantage : *User de stratagèmes pour se faire élire.*

STRATAMÈTRE n. m. Appareil utilisé dans les sondages pour mesurer l'inclinaison des couches.

STRATE n. f. (lat. *stratum,* couche). **1.** Couche de terrain sédimentaire différente des dépôts inférieur et supérieur. — **2.** Chacun des niveaux, des plans imaginaires qui, accumulés, superposés, sont constitutifs de qqch : *Les strates de la personnalité.* — **3.** Niveau atteint par le feuillage des végétaux. (Dans une forêt, on distingue, depuis le haut jusqu'au sol : la strate arborescente, la strate arbustive, la strate herbacée et la strate muscinale, qui est celle des mousses.) — **4.** Chacun des sous-ensembles en lesquels on divise une population à échantillonner.

STRATÈGE n. m. (lat. *strategus,* du gr. *stratêgos*). **1.** Spécialiste ou praticien de la stratégie militaire. — **2.** Personne qui conçoit avec compétence, habileté la manière de mener une action pour qu'elle porte au mieux ses fruits : *Un fin stratège politique.* — **3.** Principal magistrat d'Athènes, à partir du Ve s. av. J.-C. (Ils étaient dix, élus pour un an, et avaient la haute main sur l'armée, la marine et la diplomatie ; leurs pouvoirs diminuent à partir du IVe s. av. J.-C.) — **4.** Chef militaire et civil des ligues Achéenne et Étolienne ainsi que de nombreuses cités grecques. — **5.** Dans l'Empire byzantin, général, et, plus particulièrement, gouverneur d'un thème. — **6.** Chef de l'administration militaire et civile d'un nome d'Égypte sous les Ptolémées et les Romains.

STRATÉGIE n. f. (lat. *strategia,* du gr. *stratêgia*). **1.** Art de combiner l'action de forces militaires en vue d'atteindre un but de guerre déterminé par le pouvoir politique. — **2.** Art de coordonner l'action de forces militaires, politiques, économiques et morales impliquées dans la conduite d'une guerre ou la préparation de la défense d'une nation ou d'une coalition. (→ *encycl.*) — **3.** Art de coordonner des actions, de manœuvrer habilement pour atteindre un but : *La stratégie électorale.* — **4.** Dans la théorie des jeux, ensemble de décisions prises en fonction d'hypothèses de comportement des personnes intéressées dans une conjoncture déterminée. — **5.** *Jeu de stratégie,* jeu de simulation historique qui nécessite des joueurs l'établissement d'une vision stratégique du cours de la partie et des moyens de parvenir au but.

ENCYCL. **Mil.** Le terme de « stratégie » apparaît en France au XVIIIe s. et s'applique alors à la conduite des opérations militaires ; peu à peu, la politique, les ressources démographiques et économiques vont être considérées comme des éléments de la stratégie. Napoléon, après Machiavel, la nomme « art de la guerre », et l'école allemande, avec Clausewitz*, fait de la stratégie le moyen d'atteindre par la force l'objectif politique défini par l'État. Cette théorie, concrétisée par Moltke, fera la force de l'état-major allemand pendant près d'un siècle. En France, la pensée militaire, rénovée par Foch, ramène la stratégie à des données militaires (la victoire par la bataille). Avec le second conflit mondial, la guerre devient une véritable entreprise industrielle. Désormais, l'élaboration des plans stratégiques échappe à la compétence des seuls militaires.

En 1945, les explosions atomiques sur Hiroshima (6 août) et Nagasaki (9 août) ouvrent une ère nouvelle marquée par une autre forme de stratégie : la dissuasion nucléaire. Celle-ci met en jeu, pour l'essentiel, trois composantes. L'une, *psychologique,* destinée à persuader l'adversaire de l'éventuel emploi de l'arme atomique ; l'autre, *rationnelle,* qui formalise le concept en définissant toutes les applications possibles, avec les choix stratégiques correspondant ; la dernière, *matérielle,* devant se traduire sur le terrain. D'abord monopole américain, la stratégie de la dissuasion est reprise par les Soviétiques (1949-1953), aboutissant à un équilibre de la terreur marqué par une course aux armements, quantitative et qualitative. Cet équilibre, en écartant le risque d'un conflit entre les deux grandes puissances nucléaires, favorise les entreprises de la « stratégie indirecte », où États-Unis et U. R. S. S. s'affrontent par nations interposées. L'équilibre stratégique des années 60 impliquait un accord tacite entre Moscou et Washington pour éviter tout accident en période de crise et pour tenter de limiter le nombre des puissances nucléaires. De cette entente ont résulté des accords sur la limitation des armements (SALT et START), destinés à réajuster constamment l'équilibre stratégique menacé par les progrès de la technologie. Les stratégies nucléaires doivent aujourd'hui également composer avec l'importance des pressions économiques ; l'imbrication croissante des affrontements locaux dans la politique des grandes puissances et la vulnérabilité des opinions publiques pèsent également sur les choix stratégiques. Enfin, les bouleversements intervenus à partir de la fin des années 80 dans l'ordre mondial (avec, en particulier, la dissolution, en 1991, de l'U. R. S. S.) ont profondément modifié la donne en matière de stratégie.

STRATÉGIQUE adj. (gr. *stratêgikos*). **1.** Qui intéresse la stratégie militaire, par oppos. à tactique. — **2.** Qui concerne la guerre ou la politique de défense. — **3.** Qui est fait dans le cadre d'une stratégie, d'un plan bien déterminé : *Un repli stratégique.* — **4.** *Commandement aérien stratégique (Strategic Air Command,* ou *SAC),* grand commandement américain créé en 1947, installé à Omaha et chargé des bombardiers stratégiques et des missiles intercontinentaux à charge nucléaire. ‖ *Matières premières stratégiques,* celles qui servent à l'élaboration des matériaux indispensables à certaines technologies, produits par certains pays et utilisés par les pays développés.

STRATÉGIQUEMENT adv. Du point de vue de la stratégie.

STRATFORD (John DE), archevêque de Canterbury et chancelier d'Angleterre (Stratford on Avon - Mayfield, Sussex, 1348). Évêque de Winchester (v. 1325), chancelier du roi Édouard III (1330), il gouverna l'Angleterre pendant l'absence du roi, en guerre avec la France. En 1333, il devint archevêque de Canterbury.

STRATFORD ON AVON, v. de Grande-Bretagne (Warwickshire), sur l'*Avon,* au S.-E. de Birmingham ; 20 000 hab. Patrie de Shakespeare, dont la maison natale et le tombeau sont conservés. Le Shakespeare Memorial (1932) comprend un théâtre, une riche bibliothèque et une galerie de tableaux. Maisons à colombage.

STRATIFICATION n. f. (lat. *stratificatio*). **1.** Processus selon lequel les sédiments se déposent en strates ; disposition dans l'espace de ces strates. — **2.** *Litt.* Image de ce qui semble être constitué de niveaux successifs : *Stratification des souvenirs.* — **3.** Disposition, en couches successives, de certains éléments tissulaires et notamment des cellules de l'épithélium. — **4.** Opération statistique qui, dans un sondage, consiste à diviser une population en strates. — **5.** *Stratification sociale,* caractéristique d'une société connaissant une ou plusieurs hiérarchisations entre les individus et les groupes la composant.

STRATIFIÉ adj. et n. m. Se dit d'un matériau obtenu par agglomération, à l'aide d'un liant (résine thermodurcissable, silicone, polyamide), de plusieurs couches d'un support (tissu de verre, papier, bois, etc.). [On distingue les *stratifiés haute pression,* obtenus par imprégnation des strates avec un sirop (mélamine-formol) ou une solution de polymère (silicone) et pressage de l'ensemble à chaud, et les *stratifiés basse pression,* le plus souvent constitués de fibres de verre imprégnées de polyesters ou de résines époxydiques et moulés à la main, sous vide ou sous pression.]

STRATIFIER v. t. (lat. médiév. *stratificare*) [conj. 9]. Disposer qqch par couches superposées. ◆ **être stratifié** v. pass. **1.** Être disposé en strates. – **2.** *Échantillonnage stratifié,* échantillonnage consistant à tirer dans chaque strate un échantillon et à rassembler les échantillons ainsi obtenus pour former l'échantillon final. ‖ *Épithélium stratifié,* épithélium formé de plusieurs couches superposées.

STRATIGRAPHIE n. f. **1.** Description des strates, ou couches de terrain, qui constituent l'écorce terrestre dans le but de reconstituer l'histoire de celle-ci. (En s'appuyant sur les principes fondamentaux de continuité et de superposition, elle permet de reconstituer la chronologie relative des événements au cours des temps géologiques.) – **2.** Procédé de recherche archéologique qui consiste à décaper le terrain par strates pour distinguer les différentes couches d'un site, déterminer leur succession et, donc, leur chronologie.

STRATIGRAPHIQUE adj. Relatif à la stratigraphie.

STRATIOTE n. f. Plante aquatique (hydrocharidacée) des eaux paisibles, à grosse souche et à longues feuilles submergées.

STRATOCUMULUS [-lys] n. m. inv. Couche continue ou ensemble de bancs nuageux, généralement mince et d'épaisseur régulière.

STRATOFORTERESSE n. f. Nom donné aux bombardiers lourds B-52 et B-58 américains.

STRATON, surnommé **le Physicien,** philosophe grec (Lampsaque - 268 av. J.-C.). Il fut l'un des péripatéticiens qui dirigea le Lycée à Athènes de 288 à 268. Il orienta l'école vers la physique. Il niait l'existence de causes premières et finales.

STRATONICE († 254 av. J.-C.), fille de Démétrios Poliorcète et femme de Séleucos Nikatôr d'Asie (301). Elle inspira une violente passion à son beau-fils, Antiochos Ier Sôtêr. Séleucos, soucieux de préserver la vie de son unique héritier, permit à Stratonice d'épouser Antiochos.

STRATOPAUSE n. f. Zone de transition entre la stratosphère et la mésosphère.

STRATOSPHÈRE n. f. Zone de l'atmosphère d'une planète située au-dessus de la troposphère et caractérisée par une faible croissance de la température avec l'altitude. (La stratosphère terrestre s'étend, en moyenne, entre 12 et 50 km d'altitude. Elle doit son nom à l'existence de courants essentiellement horizontaux [disposition en strates]. Elle renferme la quasi-totalité de l'ozone atmosphérique.)

STRATOSPHÉRIQUE adj. Relatif à la stratosphère.

STRATOTYPE n. m. En géologie, affleurement local servant de référence à un étage.

STRATOVOLCAN n. m. Volcan formé de couches stratifiées de laves ou de laves et de cendres.

STRATUM [-tɔm] n. m. (lat. *stratum,* couche). *Stratum granulosum* et *stratum lucidum,* couches de cellules de l'épiderme, entre le réseau muqueux de Malpighi et la couche cornée de l'épiderme.

STRATUS [-tys] n. m. (lat. *stratus,* étendu). Couche nuageuse uniformément grise, analogue à un brouillard mais ne reposant pas sur le sol.

STRAUBING, v. d'Allemagne (Bavière) ; 43 000 hab. – La ville a donné son nom à une culture de l'âge du bronze ancien caractérisée par une métallurgie de qualité.

STRAUS (Oscar), compositeur et chef d'orchestre autrichien (Vienne 1870 - Bad Ischl 1954). Il connut le succès avec des opérettes comme *Rêve de valse* (1907) ou les *Trois Valses* (1935). Il a écrit la musique du film *la Ronde* (1950).

STRAUSS famille de compositeurs et violonistes autrichiens – JOHANN I (Vienne 1804 - *id.* 1849), directeur des bals de la Cour (1846), fit de la valse une danse de société indissociable de la bourgeoisie viennoise du XIXe s. Il a laissé 19 marches (dont la *Marche de Radetzky,* 1848), 14 polkas, 28 galops, 35 quadrilles et 146 valses dont il tire le rythme souple de la danse paysanne dite « ländler ». – Son fils JOHANN II (Vienne 1825 - *id.* 1899), d'abord concurrent de son père, lui succéda. Il est considéré comme le « roi de la valse » avec près de 200 compositions, dont *le Beau Danube bleu* (1867), *Vie d'artiste* (1867), *Aimer, boire et chanter* (1869), *Sang viennois* (1873), *Voix du printemps* (1883), *Valse de l'Empereur* (1889). Il laisse également quelque 32 mazurkas, 140 polkas, 80 quadrilles et 16 opérettes, dont *la Chauve-Souris* (1874) et *le Baron tzigane* (1885).

STRAUSS (David Friedrich), historien allemand (Ludwigsburg 1808 - *id.* 1874). L'idée centrale de sa *Vie de Jésus* (1835) est que les Évangiles sont des prédications et non des biographies. Ce refus, considéré longtemps comme scandaleux, de lire les Évangiles comme des sources historiques a, en fait, ouvert des voies nouvelles à l'exégèse, qui, désormais, tiendra davantage compte des genres littéraires.

STRAUSS (Richard), compositeur et chef d'orchestre allemand (Munich 1864 - Garmisch-Partenkirchen 1949). Il fut successivement chef d'orchestre de l'Opéra de Munich (1886), maître de chapelle adjoint de la cour de Weimar (1889), chef d'orchestre de l'Opéra de la cour de Berlin (1898), directeur général de la musique (1908) puis directeur de l'Opéra de Vienne avec Franz Schalk de 1919 à 1924. Son abondante production comporte des poèmes symphoniques, dont *Don Juan* (1889), *Mort et Transfiguration* (1890), *Till Eulenspiegel* (1895), *Ainsi parla Zarathoustra* (1896), *Don Quichotte* (1897), *la Vie d'un héros* (1899), des ouvrages lyriques, dont *Salomé* (1905), *Elektra* (1909), *le Chevalier à la rose* (1911), *Ariane à Naxos* (1912), *la Femme sans ombre* (1919), *Arabella* (1933), *Capriccio* (1942), de la musique de chambre, des concertos, des musiques de scène *(le Bourgeois gentilhomme)*, des ballets, des lieder (*Métamorphoses*, 1945).

STRAUSS (Leo), philosophe américain d'origine allemande (Kirchhain 1899 - Annapolis 1973). Il a opposé la pensée politique de l'Antiquité – et son aptitude à théoriser le lien du citoyen et de la cité – aux errements de la pensée politique moderne, condamnée par sa soumission à l'individualisme, à l'historicisme et au positivisme à faire le jeu des tyrannies (*Droit naturel et histoire*, 1950 ; *la Cité et l'homme*, 1964).

STRAUSS (Franz Josef), homme politique allemand (Munich 1915 - Ratisbonne 1988). Président de l'Union chrétienne-sociale (CSU) à partir de 1961, il fut ministre de la Défense (1956-1962), puis des Finances (1966-1969). Dans l'opposition à partir de 1969, il devint un des plus ardents adversaires de l'Ostpolitik de Willy Brandt. Président du gouvernement bavarois à partir de 1978, candidat à la chancellerie, il fut battu par Helmut Schmidt aux élections de 1980.

STRAUSS (Botho), écrivain allemand (Naumburg 1944). Son œuvre théâtrale (*Trilogie du revoir*, 1976 ; *Grand et Petit*, 1978 ; *le Parc*, 1983 ; *Visiteurs*, *la Chambre, le Temps*, 1988) et romanesque (*la Dédicace*, 1977 ; *Rumeur*, 1980 ; *le Jeune Homme*, 1984) met en scène, sous une forme fragmentaire, la tragédie de la solitude et de l'incommunicabilité modernes.

STRAVINSKI ou **STRAVINSKY** (Igor), compositeur russe, naturalisé français, puis américain (Oranienbaum, près de Saint-Pétersbourg, 1882 - New York 1971). Autodidacte, il prend néanmoins quelques leçons d'instrumentation auprès de Rimski-Korsakov et entre dans la célébrité avec trois ballets représentés à Paris par la compagnie de Serge de Diaghilev : *l'Oiseau* de feu* (1910), *Petrouchka** (1911) et *le Sacre du printemps* (1913). Debussy semble alors avoir aidé Stravinski à se dégager du pittoresque de l'école russe tout en subissant lui-même l'influence de ses audaces. De la même époque date notamment l'opéra *le Rossignol*. Stravinski écrit ensuite *Renard* (1916), *l'Histoire du soldat* (1918), sur un texte français de Ramuz, qui marque la rupture de Stravinski avec l'école orchestrale russe, et *Noces** (1917-1923), cantate dansée. Avec *Pulcinella*, d'après Pergolèse (1919), débute la période néoclassique marquée par les œuvres suivantes : *Concerto pour piano et orchestre d'harmonie* (1924), les ballets *Apollon Musagète* (1928), *le Baiser de la fée* (1928), *Jeu de cartes* (1936), l'opéra-oratorio *Œdipus Rex* (1928), la *Symphonie en « ut »* (1940), la *Symphonie de psaumes* (1930), *The Rake's Progress* (*le Libertin*, 1951). Vers 1950, face à l'impact grandissant de l'école de Vienne et de Varèse, il se tourne vers la musique sérielle : *Canticum sacrum* (1956) et ballet *Agon* (1957). Dans cette ultime période créatrice, l'inspiration religieuse occupe une place prépondérante avec, notamment, *Threni* (1958). Il a laissé comme écrits *Chroniques de ma vie* (1935) et *Poétique musicale* (1942).

STRAWSON (Peter Frederick), philosophe et logicien britannique (Londres 1919). Il a élaboré contre les thèses de Russell une logique de la présupposition et une théorie de la signification originales. Sa conception de la signification implique la conformité des énoncés plus à des règles formelles et des usages conventionnels qu'à une référence à la valeur de vérité. Il a écrit *les Individus* (1959), *Études de logique et de linguistique* (1971).

Strega *(prix)*, prix littéraire italien annuel, fondé en 1947 par Goffredo et Maria Bellonci et par Guido Alberti, attribué à des romans, des Mémoires, des biographies d'art et des journaux intimes.

STREHLER (Giorgio), acteur et metteur en scène de théâtre italien (Barcola, près de Trieste, 1921). Cofondateur (1947) avec Paolo Grassi, et directeur du Piccolo Teatro de Milan, directeur du Théâtre de l'Europe (Odéon) à Paris (1983-1990), il s'est attaché, à travers notamment Brecht, Goldoni, Shakespeare, à renouveler les formes du spectacle théâtral.

STRELITZIA n. m. Grande herbe vivace rhizomateuse (musacée), aux grandes fleurs très élégantes et colorées.

STRELTSY n. m. pl. (russe *streltsy*, de *strelets*, tireur). Corps de soldats russes armés principalement d'arquebuses ou de mousquets (milieu du XVIe s.-début du XVIIIe s.).

STREPSIPTÈRE n. m. (gr. *strepsis*, action de tourner, et *-ptère*). Nom d'ordre de minuscules insectes voisins des hyménoptères et tous parasites d'autres insectes. (La femelle n'a pas d'ailes, le mâle n'a que les ailes postérieures.)

STREPTOBACILLUS [-lys] n. m. Bacille qui, en milieu liquide, donne des aspects en chaînettes.

STREPTOCOCCIE [-kɔksi] n. f. Maladie due à une infection causée par le streptocoque.

STREPTOCOCCIQUE [-kɔksik] adj. Relatif au streptocoque.

STREPTOCOQUE n. m. Genre de cocci Gram positif, caractéristique par l'aspect des cellules bactériennes, souvent associées en chaînettes.
ENCYCL. De nombreux streptocoques sont pathogènes pour l'homme et les animaux. Chez l'homme, ce sont des agents fréquents d'angines (la scarlatine est due à la production d'une toxine par certains streptocoques) et d'autres infections suppuratives.

STREPTOKINASE n. f. Substance enzymatique extraite des filtrats de culture de streptocoque hémolytique A, ayant une activité fibrinolytique.

STREPTOLYSINE n. f. Substance hémolytique excrétée par les streptocoques pathogènes (dits bêta-hémolytiques). [La recherche et le dosage des anticorps *antistreptolysine O* sont un critère de diagnostic des complications postinfectieuses des streptococcies, notamment du rhumatisme articulaire aigu.]

STREPTOMYCINE n. f. Antibiotique élaboré par *Streptomyces griseus,* utilisé pour son action bactériostatique et bactéricide sur de nombreux germes, surtout Gram négatif, et sur les bacilles acido-alcoolo-résistants. (La streptomycine constitue le premier médicament efficace contre la tuberculose sous toutes ses formes. Son emploi est limité en raison de sa toxicité, surtout pour le nerf auditif.)

STRESA, v. d'Italie, dans le Piémont, sur la rive ouest du lac Majeur ; 6 400 hab. Centre de villégiature.

Stresa *(conférence de)* [11-14 avr. 1935], conférence internationale lors de laquelle la France, la Grande-Bretagne et l'Italie manifestèrent leur opposition au réarmement allemand, entrepris en violation du traité de Versailles.

STRESEMANN (Gustav), homme d'État allemand (Berlin 1878 - *id.* 1929). Député national-libéral au *Reichstag* (1907-1912 ; 1914-1918), il fut l'un des fondateurs du parti du peuple (1918), qu'il dirigea jusqu'à sa mort. Successeur de Cuno à la chancellerie (août-nov. 1923), puis ministre des Affaires étrangères jusqu'à sa mort, il rechercha un accord avec les Alliés, et particulièrement avec la France. Il obtint de notables succès avec l'élaboration du plan Dawes (1924), l'évacuation de la Ruhr (1925), les accords de Locarno (oct. 1925) et l'admission de l'Allemagne à la S. D. N. (Prix Nobel de la paix 1926).

STRESS [strɛs] n. m. (angl. *stress*). Agression de l'organisme dans sa totalité, pouvant menacer son existence, par des agents de toute nature (émotion, froid, maladie, intervention chirurgicale, choc traumatique) ; ensemble des réponses physiologiques, métaboliques et comportementales à cette agression.
ENCYCL. Au stress, l'organisme répond par des défenses spécifiques (par ex. immunitaires ou anti-infectieuses) et des réactions générales non spécifiques, qui représentent l'état de stress. Les physiologistes Cannon et Selye ont mis en évidence l'importance des réactions corticosurrénalienne (décharge d'adrénaline) et hypophysaire dans la réponse au stress.

STRESSANT, E adj. Qui est susceptible de provoquer le stress : *Situation stressante.*

STRESSER v. t. (conj. **4**). Provoquer le stress.

STRETCH n. m. et adj. inv. (nom déposé ; de l'angl. *to stretch,* étendre). Procédé de traitement des tissus les rendant élastiques dans le sens de la largeur ; tissu ainsi traité : *Éponge, velours Stretch.*

STRETCHING [strɛtʃiŋ] n. m. Mise en condition physique fondée sur le principe de la contraction (tension) puis du relâchement (détente) du muscle, précédant son étirement.

STRETTE n. f. (ital. *stretta,* étreinte, de *stretto,* étroit). Partie de la fugue où la réponse du sujet s'emboîte de plus en plus rapidement sur ou sous le sujet avant que l'exposition de celui-ci ne soit terminée.

STREUVELS (Frank LATEUR, dit **Stijn**), écrivain belge d'expression néerlandaise (Heule 1871 - Ingooigem 1969). Ses romans associent la vie des paysans flamands au rythme cosmique de la nature (*la Moisson,* 1900 ; *les Travailleurs,* 1927).

STRIAGE n. m. Action d'imprimer des stries sur des revêtements routiers en béton ou en asphalte.

STRIATION n. f. Action de strier ; ensemble de stries.

STRIATUM [-tɔm] n. m. (lat. *striatum,* strié). Ensemble constitué par les deux noyaux gris centraux, le noyau caudé et le putamen. (Il intervient dans la régulation motrice essentiellement pour le contrôle des mouvements lents.) [Syn. CORPS STRIÉ.]

STRICT, E adj. (lat. *strictus,* serré). **1.** Se dit d'une règle qui s'impose avec rigueur : *Obéir à une morale stricte.* — **2.** Qui est rigoureusement conforme à une règle : *C'est votre droit le plus strict.* — **3.** Qui est envisagé dans son aspect le plus étroit, dans son contenu minimal : *Se contenter du strict minimum.* — **4.** Se dit d'un vêtement très sobre, sans ornement ni fantaisie ;

se dit de qqn qui a une telle tenue : *Un complet veston très strict.* — 5. Qui est exigeant, qui n'admet aucun écart, aucune négligence : *Il a toujours été strict dans sa gestion.* — 6. *Au sens strict,* littéralement, stricto sensu. ‖ *Inclusion stricte,* inclusion d'un ensemble dans un autre, qui exclut l'égalité de ces deux ensembles. ‖ *Inégalité stricte,* inégalité qui exclut l'égalité.

STRICTEMENT adv. 1. D'une manière stricte, rigoureuse : *Observer strictement le Code de la route.* — 2. D'une manière totale, absolue : *Rapport strictement confidentiel.* — 3. *Strictement inclus,* inclus et non égal. ‖ *Strictement inférieur (supérieur),* inférieur (supérieur) et non égal.

STRICTION n. f. (bas lat. *strictio,* de *stringere,* resserrer). 1. Rétrécissement transversal d'une éprouvette métallique soumise à l'essai de traction simple et localisé sur une partie de sa longueur. (La striction caractérise la ductilité du métal.) — 2. Constriction, resserrement pathologique d'un organe. — 3. *Effet de striction,* phénomène de contraction de la section d'un fluide sous l'action du courant électrique qui la traverse. (Syn. EFFET DE PINCEMENT.)

STRICTO SENSU [striktosɛ̃sy] loc. adv. (mots lat.). Au sens littéral, au sens propre du mot ou de l'expression employés.

STRIDE [strajd] n. m. (angl. *stride,* enjambée). Style de piano issu du ragtime, caractérisé par l'alternance à la main gauche d'une note basse sur les temps forts et d'un accord plaqué sur les temps faibles.

STRIDENCE n. f. *Litt.* Caractère d'un son strident ; sonorité stridente.

STRIDENT, E adj. (lat. *stridens*). 1. Se dit d'un son perçant, suraigu et vibrant : *Coup de sifflet strident.* — 2. Se dit des phonèmes comme [s] et [f] dont le spectre est caractérisé par des fréquences aiguës et par une distribution irrégulière de l'intensité. (Contr. MAT.)

STRIDOR n. m. (lat. *stridor,* son aigu). *Stridor laryngé,* affection bénigne du nouveau-né, caractérisée par une inspiration bruyante, aiguë, ne s'accompagnant pas de cyanose ni de gêne respiratoire.

STRIDULANT, E adj. Qui fait entendre un bruit aigu.

STRIDULATION n. f. (lat. *stridulus,* strident). Bruit strident émis par certains insectes et quelques crustacés.

ENCYCL. Les insectes produisent leur stridulation soit en frottant l'une contre l'autre deux parties très finement cannelées, ou denticulées, ou rugueuses (criocère, grillon), soit par vibration des ailes (bourdonnement aigu des moustiques femelles), soit enfin par stimulation musculaire d'une membrane vibrante (cigale).

STRIDULATOIRE adj. Qui sert à la stridulation.

STRIDULER v. i. (lat. *stridulus,* strident) [conj. 3]. Émettre des signaux sonores par stridulation.

STRIDULEUX, EUSE adj. Se dit d'une respiration affectant les caractères du stridor.

STRIE n. f. (lat. *stria*). 1. Chacun des sillons peu profonds parallèles entre eux qui marquent une surface : *Les stries d'une coquille.* — 2. Chacune des lignes ou rayures parallèles qui se détachent sur un fond : *Les stries d'une étoffe.* — 3. Nom parfois donné aux listels ou filets séparant des cannelures. — 4. Ligne structurale pouvant exister sur un miroir de faille (miroir strié par oppos. à miroir poli) ou sur une surface de banc, à la suite du frottement entre les deux compartiments ou entre les deux couches.

STRIER v. t. (conj. 10). Marquer qqch de stries ou de raies plus ou moins parallèles : *Les glaciers, dans leur mouvement, strient les roches sous-jacentes.*

◆ **être strié** v. pass. 1. Présenter à sa surface des stries ou des raies plus ou moins parallèles : *Coquille striée.* — 2. En parlant d'organes ou de tissus, présenter une striation. — 3. *Corps strié,* syn. de STRIATUM. ‖ *Roche, galet striés,* roche, galet à la surface desquels s'observent des stries caractéristiques du modelé glaciaire.

STRIGE n. f. (lat. *strix, -igis,* vampire, du gr. *strigks, -iggos*). Esprit nocturne et malfaisant qui peut être la métamorphose d'un être humain vivant ou mort.

STRIGIDÉ [-ʒide] n. m. (gr. *strigks, -iggos,* vampire). Nom de famille de rapaces nocturnes tels que les hiboux et les chouettes.

STRIGIFORME n. m. Nom d'ordre des rapaces nocturnes tels que les chouettes, les hiboux et les effraies.

STRIGILE n. m. (lat. *strigilis,* étrille). 1. Racloir recourbé en forme de faucille, avec lequel les Romains se nettoyaient la peau après le bain de vapeur ou les exercices athlétiques. — 2. Cannelure sinueuse en forme d'S, très utilisée, dans l'Antiquité, pour la décoration des sarcophages.

STRINDBERG (August), écrivain suédois (Stockholm 1849 - *id.* 1912). Après une enfance difficile, décrite dans *le Fils de la servante* (1886-1909), il est tour à tour instituteur, acteur, puis journaliste avant d'opter définitivement pour le théâtre, influencé par Ibsen, Kierkegaard et Brandes. S'étant vu refuser ses pièces, telles que *Maître Olof* (1872), il accepte un poste à la Bibliothèque royale (1874-1882), qui le sauve de la misère. Célèbre dès la parution de *la Chambre rouge* (1879), premier roman naturaliste suédois, il publie des poèmes, des romans, un pamphlet (*le Nouveau Royaume,* 1882), écrit des pièces de théâtre (*le Voyage de Pierre l'Heureux,* 1882 ; *la Femme du chevalier Bengt,* 1882), des *Poèmes* (1883), d'une grande liberté de ton, et des nouvelles. Marié, il s'établit à Paris en 1883, y compose *Nuits d'un somnambule* (1884), puis gagne la Suisse. Son recueil de nouvelles, *Mariés* (1884-1886), lui vaut un procès qui aboutira à une méfiance maladive à l'égard des femmes, qu'il exprime dans *le Plaidoyer d'un fou* (1887-88). Excellent prosateur (*Gens de Hemsö,* 1887 ; *Gens de l'Archipel,* 1888), c'est pourtant dans son œuvre dramatique qu'il s'exprime le plus complètement : avec *Père* (1887) et *Mademoiselle* Julie* (1888), qui triompheront à Paris en 1893, il atteint le sommet du drame naturaliste. Divorcé puis remarié (1893), intéressé par la pensée nietzschéenne, par le catholicisme et enfin par les sciences occultes, Strindberg frôle la folie (*Inferno,* 1897), mais en sort, gagné à un mysticisme. Après la trilogie du *Chemin de Damas* (1898-1904) qui retrace son évolution spirituelle, il écrit en Suède des drames historiques (*Gustave Vasa,* 1899 ; *Eric XIV,* 1899), et dans la lignée naturaliste *la Danse de mort* (1901), tandis que *le Songe** (1902) marque l'entrée du symbolisme en Suède. Aux *Contes* (1903) succèdent les mélancoliques réflexions de *Seul* (1903) et le pamphlet *Drapeaux noirs* (1907). Au Théâtre-Intime, qu'il dirige, il fait jouer les « kammarspel », *la Sonate des spectres, le Pélican,* en même temps qu'il attaque la société bourgeoise dans son *Discours à la nation suédoise* (1910). L'œuvre de Strindberg est une des plus importantes de la littérature suédoise et du théâtre moderne. Sa technique et son style ont marqué les expressionnistes allemands.

STRING [striŋ] n. m. (angl. *string,* corde). Cache-sexe qui laisse les fesses nues.

STRIOSCOPIE n. f. Étude, par la méthode photographique, du sillage produit dans l'air par un projectile ou par un profil d'aile dans une soufflerie aérodynamique.

STRIOSCOPIQUE adj. Qui se rapporte à la strioscopie.

STRIPAGE n. m. Syn. de STRIPPING.

STRIPEUR adj. m. (angl. *to strip,* enlever). *Pont stripeur,* appareil de levage employé dans les laminoirs, qui permet d'extraire les lingots des lingotières.

STRIP-LINE [striplin] n. m. (pl. *strip-lines*) [angl. *strip-line,* lignes en bandes]. Dispositif hyperfréquence réalisé à l'aide de bandes métalliques déposées de part et d'autre d'un support isolant selon une technique analogue à celle des circuits imprimés.

STRIPPER [stripœr] n. m. (angl. *stripper,* de *to strip,* enlever). Instrument (tige métallique) utilisé dans la chirurgie des varices pour extirper tout le vaisseau par de minimes incisions cutanées. (Syn. TIRE-VEINE.)

STRIPPING [-piŋ] n. m. (angl. *stripping,* de *to strip,* enlever). **1.** Revaporisation à la vapeur d'eau des soutirages d'une unité de distillation, pour en réduire la teneur en produits trop volatils et en ajuster le point d'inflammabilité. (Syn. STRIPAGE.) — **2.** Syn. de ÉVEINAGE.

STRIP-POKER [-kɛr] n. m. (pl. *strip-pokers*) [de *strip-tease* et *poker*]. Jeu de poker dans lequel on mise un vêtement que l'on porte sur soi.

STRIP-TEASE [striptiz] n. m. inv. (angl. *to strip,* se déshabiller, et *to tease,* agacer). **1.** Numéro de déshabillage lent et suggestif, exécuté sur une musique de fond ou de danse. — **2.** Type de spectacle constitué de numéros de ce genre ; cabaret où a lieu ce spectacle. — **3.** Déballage complaisant, exhibitionniste, de sentiments intimes.

STRIP-TEASEUSE [striptizøz] n. f. (pl. *strip-teaseuses*). Artiste faisant du strip-tease.

STRIURE n. f. État de ce qui est strié ; manière dont qqch est strié.

STROBILATION n. f. (de *strobile*). Multiplication asexuée de certaines méduses dont la larve se découpe en une suite de petites méduses (éphyrules).

STROBILE n. m. (gr. *strobilos,* toupie). Inflorescence compacte ayant l'organisation d'un épi ou d'un cône, réunissant des fleurs accompagnées de bractées fortement développées, soit membraneuses (épi du houblon), soit épaisses et ligneuses (cône des conifères).

STROBOSCOPE n. m. Appareil permettant d'illuminer, par des éclairs brefs et périodiques, un phénomène rapide.

STROBOSCOPIE n. f. Observation d'un phénomène périodique rapide à l'aide d'un stroboscope. (Si la fréquence f' des éclairs est égale à celle, f, du phénomène, le mouvement est immobilisé ; si f' est légèrement inférieure à f, le mouvement se déroule lentement à la fréquence $f - f'$; si f' est légèrement supérieure à f, il paraît se dérouler à l'envers, avec la fréquence $f' - f$. La méthode permet de mesurer avec précision une vitesse de rotation.)

STROBOSCOPIQUE adj. Relatif à la stroboscopie.

STROESSNER (Alfredo), général et homme d'État paraguayen (Encarnación 1912). Chef des forces armées en 1951, il a pris le pouvoir en 1954 et s'y est maintenu pendant plus de trente ans en réprimant toute opposition. Il a été renversé en 1989.

STROGANOV, famille de marchands et d'industriels russes (fin du XVe s. - début du XXe). Ils organisèrent la campagne d'Iermak en Sibérie (1579 ou 1581), et développèrent la colonisation russe en Oural et en Sibérie. À la tête d'une immense fortune industrielle et terrienne, ils furent anoblis en 1722 et exercèrent aux XVIIIe-XIXe s. de hautes charges gouvernementales.

STROHEIM (Erich Oswald STROHEIM, dit **Erich von**), cinéaste et acteur américain d'origine autrichienne (Vienne 1885 - Maurepas 1957). Il émigre aux États-Unis en 1909 et est l'assistant et le conseiller artistique de Griffith pour *Naissance d'une nation, Intolérance, les Cœurs du monde, Maris aveugles.* Il réalise en 1919 *le Passe-Partout du diable* puis *Folies de femmes* (1921), *Merry-Go-Round,* qu'il n'achèvera pas lui-même (1923), *les Rapaces** (1923-1925), *la Veuve joyeuse* (1925), *la Symphonie nuptiale* (1927), *Queen Kelly,* inachevé, mais exploité en version tronquée (1928). Il se consacre dès lors à l'interprétation (*la Grande Illusion,* 1937 ; *les Disparus de Saint-Agil,* 1938 ; *Macao, l'enfer du jeu,* 1939 ; *Boulevard du Crépuscule,* 1950). Son œuvre de metteur en scène est d'une rare puissance. Stroheim repousse tout lyrisme, s'attache à reproduire la réalité en accusant ses traits et ses contrastes.

STROMA n. m. (bas lat. *stroma, -atis,* du gr. *strôma, -atos,* tapis). **1.** Trame conjonctivo-vasculaire d'un tissu organique. — **2.** Réseau de filaments, mycéliens ou autres.

STROMATOLITE n. m. Fossile du précambrien supérieur remontant à plus de 2,7 milliards d'années.

STROMBE n. m. (lat. *strombus,* du gr. *strombos,* ce qui tourne). Grand mollusque gastropode des mers chaudes et des récifs, à coquille épaisse, plus ou moins épineuse.

STROMBOLI, île de la mer Tyrrhénienne, la plus septentrionale du groupe italien des îles Éoliennes. Formée par un volcan en activité qui s'élève à 926 m d'alt., cette île a la forme d'un cône régulier émergeant de la mer (d'où son nom anc. *Strongyle*).

STROMBOLIEN, ENNE adj. (de *Stromboli,* n. pr.). Se dit des éruptions de type mixte avec projections et coulées constituant des édifices volcaniques aux flancs formés de scories et de laves.

STROMEYÉRITE n. f. (de *Stromeyer,* n. pr.). Sulfure naturel d'argent et de cuivre, orthorhombique, contenant ordinairement 50 à 55 % d'argent.

STRÖMGREN (Bengt), astronome suédois (Göteborg 1908 - Copenhague 1987). Spécialiste d'astrophysique stellaire, il a montré que, lorsqu'une étoile chaude est enveloppée de gaz, cette nébuleuse, ionisée par l'intense rayonnement ultraviolet de l'étoile, se trouve confinée dans une région sphérique *(sphère de Strömgren)* si le milieu est homogène.

STRØMØ, île danoise, la principale de l'archipel des Féroé ; 392 km² ; 18 000 hab. Centre principal *Thorshavn.*

STRONGBOW → CLARE (Richard de).

STRONGLE ou **STRONGYLE** n. m. (gr. *stroggulos,* arrondi). Nématode, parasite très commun, dangereux, du cheval. (La larve vit dans les artères abdominales, l'adulte dans le cæcum.)

STRONGYLOÏDÉ n. m. Ver du phylum des nématodes.

STRONGYLOÏDOSE n. f. Syn. de ANGUILLULOSE.

STRONGYLOSE n. f. Maladie parasitaire des animaux domestiques, provoquée par des nématodes appartenant à la famille des strongyloïdés et aux familles voisines (strongylose intestinale des équidés, strongylose gastro-intestinale des ruminants, strongylose broncho-pulmonaire des ruminants et du porc).

STRONTIANE [-sjan] n. f. Hydroxyde de strontium.

STRONTIANITE [-sjanit] n. f. Carbonate naturel de strontium, orthorhombique, se présentant sous forme de petits cristaux prismatiques, à éclat vitreux. (Elle a pour formule $SrCO_3$.)

STRONTIUM [-sjɔm] n. m. (angl. *strontium,* de *Strontian,* n. d'un village d'Écosse). Métal alcalinoterreux, présentant de grandes analogies avec le baryum. (Élément chimique de symbole Sr.)

ENCYCL. **Chim.** Présent dans le sol à l'état de carbonate et de sulfate, le strontium est un métal blanc qui se ternit au contact de l'air par oxydation. De numéro atomique 38 et de masse atomique 87,6, il a pour densité 2,5 et fond à 770 °C. Il décompose l'eau à froid et s'unit avec les acides de nombreux sels, dans lesquels il est divalent. Son nitrate est employé en pyrotechnie, et son hydroxyde, la strontiane, en sucrerie.
— **Écol.** Le strontium 90, produit de fission radioactif (de période 27,7 ans) présent dans les retombées des expérimentations nucléaires, est particulièrement dangereux car son métabolisme voisin de celui du calcium amène une fixation dans les os, ce qui peut provoquer, si sa teneur est importante, des cancers des os et des leucémies.
— **Géol.** La méthode de datation $^{87}Rb/^{87}Sr$ est l'une des méthodes radiochronologiques les plus

employées. Le rapport initial $^{87}Sr/^{86}Sr$ joue le rôle de traceur isotopique, permettant de déterminer la nature crustale ou mantellique des matériaux dont les roches proviennent par fusion.

STROPHANTINE n. f. ou **STROPHANTOSIDE** n. m. Hétéroside, cardiotonique et diurétique, extrait de divers strophantus.

STROPHANTUS [-tys] n. m. (lat. sc. *strophantus*). Arbre ou liane (apocynacée) de la zone intertropicale d'Afrique ou d'Asie, dont les fleurs ont des pétales prolongés en longues lanières, dont le fruit est un double follicule et qui fournit des hétérosides cardiotoniques (strophantine, ouabaïne).

STROPHE n. f. (lat. *stropha,* du gr. *strophê*). **1.** Groupe de vers formant une unité et s'ordonnant de manière à présenter une correspondance métrique avec un ou plusieurs groupes semblables. — **2.** Première des trois parties lyriques de la tragédie grecque chantées par le chœur.

STROPHIQUE adj. *Chanson strophique,* chanson à couplets, avec ou sans refrain.

STROPHULUS [-lys] n. m. (dimin. du lat. *strophus,* du gr. *strophos,* courroie). *Prurigo strophulus,* prurigo aigu, de type parfois bulleux, fréquent dans la première enfance.

ŠTROSMAJER ou **STROSSMAYER** (Josip Juraj), prélat croate (Osijek 1815 - Djakovo 1905). Évêque de Djakovo (1849), il fut le promoteur de l'idée yougoslave et l'un des pionniers du rapprochement des catholiques et des orthodoxes.

ŠTROUGAL (Lubomír), homme politique tchèque (Veselí nad Lužnicí 1924). Rallié à la « normalisation », après le printemps de Prague, il a dirigé le gouvernement tchécoslovaque de 1970 à 1988.

STROUGATSKI (Arkadi et Boris), écrivains russes, ARKADI NATANOVITCH (Batoumi 1925 - Moscou 1991), linguiste, et BORIS NATANOVITCH (Leningrad 1933), astronome, se sont consacrés avec succès à la science-fiction (*les Revenants des étoiles,* 1962) et ont écrit des romans satiriques relevant de l'utopie et du conte philosophique (*les Mutants du brouillard,* 1972 ; *Un milliard d'années avant la fin du monde,* 1983).

STROUMA → STRUMA.

STROUMILINE ou **STRUMILIN** (Stanislav Goustavovitch), économiste soviétique (Dachkovtsy, Ukraine, 1877 - Moscou 1974). Il émit des réserves quant aux réformes introduites dans l'économie soviétique, s'opposant notamment aux thèses de C. Liberman.

STROUVE (Petr Berngardovitch), philosophe et homme politique russe (Perm 1870 - Paris 1944). Après avoir appartenu au P. O. S. D. R. et défendu la thèse du passage au capitalisme, nécessaire à la Russie, il abandonna le marxisme pour les thèses libérales et devint un des leaders du parti constitutionnel-démocrate. Il émigre en 1920.

STROUVE → STRUVE.

STROZZI, famille florentine qui édifia sa fortune au XIIIe s. grâce à sa banque puissante, créancière des rois de France. Elle fut souvent en conflit avec les Médicis, qui la chassèrent de Florence. Ses principaux membres furent : PALLA DI NOFERI (Florence 1373 - Padoue 1462), humaniste, helléniste, qui dut s'exiler à Padoue (1434). — FILIPPO *il Vecchio* (Florence 1428 - *id.* 1491) fit édifier le palais Strozzi (1489). — FILIPPO (Florence 1489 - *id.* 1538) combattit vainement le pouvoir des Médicis et se suicida en prison. — Ses fils PIERO (Florence 1510 - Thionville 1558) et LEONE (Florence 1515 - Castiglione della Pescaia 1554) passèrent au service de la France. Piero fut maréchal de France (1556).

STROZZI (Bernardo), peintre et graveur italien (Gênes 1581 - Venise 1644). Capucin, il sortit de son couvent en 1610 pour se consacrer à la peinture, d'abord dans un style maniériste, puis sous l'influence des Flamands et de Rubens (*la Cuisinière,* palazzo Rosso, Gênes). En 1630, il se fixa à Venise et s'orienta vers une manière plus claire et plus brillante, d'esprit baroque (*Charité de saint Laurent,* S. Niccolo dei Tolentini ; *Allégorie de la Renommée,* National Gallery de Londres). Son œuvre est abondante et diverse (décors à fresque, portraits, etc.).

STRUCTURABLE adj. Qui peut être structuré.

STRUCTURAL, E, AUX adj. Qui concerne la ou les structures : *Analyse structurale. Changement structural.* • **Adhés.** Se dit d'un adhésif faisant partie intégrante d'une structure en permettant des assemblages dont la durabilité est au moins égale à celle de la structure elle-même. — **Géogr.** Qui se rapporte aux éléments du relief directement commandés par la structure géologique. ‖ *Surface structurale,* surface constituée par la partie supérieure d'une couche dure dégagée par l'érosion d'une couche tendre susjacente. — **Géol.** Se dit des composants d'une structure *(éléments structuraux),* de ses caractères *(types, styles, niveaux structuraux),* de sa localisation *(zone structurale).* — **Ling.** Qui appartient ou relève du structuralisme. ‖ Syn. de STRUCTUREL.

STRUCTURALEMENT adv. D'une manière structurale.

STRUCTURALISME n. m. (de *structural*). **1.** Courant de pensée des années 60, visant à privilégier d'une part la totalité par rapport à l'individu, d'autre part la synchronicité des faits plutôt que leur évolution, et enfin les relations qui unissent ces faits plutôt que les faits eux-mêmes dans leur caractère hétérogène et anecdotique. (Le structuralisme a connu sa forme la plus complète dans l'anthropologie sociale pratiquée par Lévi-Strauss.) – **2.** En linguistique, démarche théorique qui consiste à envisager la langue comme une structure, c'est-à-dire un ensemble d'éléments entretenant des relations formelles. (Syn. LINGUISTIQUE STRUCTURALE.) [→ *encycl.*]

ENCYCL. **Ling.** Le structuralisme tire ses origines du *Cours de linguistique générale* (1916) de F. de Saussure qui introduit les concepts fondamentaux : langue (produit social passivement enregistré) *vs* parole (somme d'actes concrets soumis aux variations individuelles), synchronie (état de la langue à un moment donné) *vs* diachronie (évolution de la langue), signifiant *vs* signifié. Cela conduit à envisager l'étude de la langue comme celle d'un système, d'une structure : chacun des éléments du système n'est définissable que par les relations d'équivalence ou d'opposition qu'il entretient avec les autres. Ce n'est ni l'élément ni le tout qui constitue la structure, mais cet ensemble de relations.

Le terme « structuralisme » s'applique à des écoles linguistiques qui ont toutes en commun cette vision globale de leur objet. En Europe, le structuralisme est représenté par les disciples directs de Saussure (Bally), par le cercle de Prague, par la glossématique de L. Hjelmslev, la psychosystématique de G. Guillaume, le fonctionnalisme d'A. Martinet, le binarisme de R. Jakobson. Aux États-Unis, il est né, avec F. Boas et E. Sapir, de l'étude des langues amérindiennes ; il s'est développé avec l'école de L. Bloomfield, conduisant au distributionnalisme de Z. Harris et à la grammaire générative de N. Chomsky.

STRUCTURALISTE adj. et n. Relatif au structuralisme ; partisan du structuralisme.

STRUCTURANT, E adj. Qui permet la structuration, qui la favorise, la détermine.

STRUCTURATION n. f. Action de doter d'une structure ou fait de l'acquérir ; fait d'être structuré.

STRUCTURE n. f. (lat. *structura,* de *struere,* construire). **1.** Manière dont les parties d'un tout sont arrangées entre elles : *La structure d'une plante. La structure d'un discours.* – **2.** Organisation des parties d'un système, qui lui donne sa cohérence et en est la caractéristique permanente : *Structure d'une entreprise.* – **3.** Organisation, système complexe considéré dans ses éléments fondamentaux : *Les structures administratives.* • **Anthropol.** Modèle abstrait élaboré à partir de la réalité empirique de la société, d'un groupe social, qui n'existe que dans les relations unissant les divers éléments composant cette société, ce groupe. (Cette conception est celle de Lévi-Strauss et du courant dit « structuraliste ».) ‖ *Structure sociale,* organisation d'un groupe, d'une société, supposant une hiérarchisation des pouvoirs et une répartition des tâches. – **Archit.** Constitution, disposition et assemblage des éléments d'un bâtiment, et plus spécialement des éléments actifs qui forment son ossature. ‖ *Structure spatiale,* se dit d'assemblages de composants modulaires, sous forme de nappes tridimensionnelles notamment, susceptibles de très grandes portées pour un poids réduit. (Le Ricolais, R. Buckminster Fuller, Du Chateau, etc.) – **Biol.** *Structures génétiques,* ensembles des fréquences soit des allèles dans un locus, soit des génotypes qui sont présents au sein d'une génération donnée dans une population donnée. – **Chim.** Disposition spatiale des atomes, des molécules ou des ions dans les espèces chimiques considérées dans leurs divers états physiques. (→ *encycl.*) – **Écon.** Ensemble des caractères relativement stables d'un système économique à un moment donné (par oppos. à *conjoncture*). – **Géogr.** *Structure agraire,* aménagement du terroir caractérisé par la forme, les dimensions, la disposition des parcelles constituant l'espace exploité par un groupe d'agriculteurs ; au sens large, ensemble des relations entre l'homme et la terre, qui se rapportent à l'exploitation du terroir, à la structure foncière, à la taille des exploitations agricoles, et qui se traduisent par des paysages ruraux caractéristiques. – **Géol.** et **Géogr.** Arrangement géométrique d'origine tectonique qui s'observe à l'échelle microscopique *(microstructure)* jusqu'à l'échelle régionale *(mégastructure),* par exemple du micropli au pli couché d'échelle kilométrique. (→ *encycl.*) ‖ Agencement, les uns par rapport aux autres, des minéraux constituant la roche. – **Ling.** Manière dont les unités linguistiques s'agencent entre elles en un système ordonné de règles qui décrivent à la fois les unités et les relations qu'elles entretiennent entre elles. – **Math.** Relation(s) dont est muni un ensemble. – **Mus.** Syn. de FORME. – **Pédol.** Caractéristique physique essentielle d'un sol, qui correspond au mode d'assemblage des particules constituant le squelette du sol, liées entre elles par les ciments, ou colloïdes organiques (matières humiques) et minéraux (hydroxydes et argiles). [→ *encycl.*] – **Pétr.** Ensemble géologique d'une forme déterminée, qui rend possible l'accumulation d'hydrocarbures. – **Psychan.** et **Psychol.** Ensemble d'unités psychiques liées par des relations. ‖ *Structure de la personnalité,* ensemble des éléments métapsychologiques profonds et fondamentaux de la personnalité fixés en un assemblage stable et définitif et qui constitue la base constante sur laquelle repose le fonctionnement mental d'un sujet. (→ *encycl.*) — **Techn.** Ensemble des pièces d'un ensemble supportant les efforts principaux et formant l'ossature sur laquelle sont fixés les autres éléments (carrosserie, fuselage, etc.).

ENCYCL. **Chim.** La structure intime de la matière est établie par l'étude des diagrammes de diffraction des rayons X, des électrons et des neutrons, et par les autres méthodes spectroscopiques* (infrarouge, Raman, ultraviolet, R. M. N., etc.). Ces méthodes permettent de mettre en évidence l'existence de certains groupements atomiques ou de fixer les positions mutuelles des différents atomes avec une très grande précision, de fournir les meilleures données concernant leurs dimensions et leurs masses, ainsi que leurs différents modes de liaison* (covalente, ionique, métallique, etc.).
— **Géol.** et **Géogr.** La *structure géologique* est susceptible de s'exprimer dans le relief soit directement, en déterminant la répartition des points hauts et des points bas par le jeu des déformations tectoniques, soit indirectement, en exposant à l'action de l'érosion différentielle des masses rocheuses de résistance contrastée. Lorsque le relief est le reflet direct de la tectonique, on se trouve en présence de formes structurales primitives. Beaucoup plus fréquemment, le relief dépend uniquement de la répartition des roches dures et des roches tendres : on parle alors de formes structurales dérivées, qui sont dites conformes ou inverses selon que la topographie coïncide ou non avec les déformations tectoniques.
— **Pédol.** On classe les structures suivant la forme, la taille et l'origine des éléments structuraux : *absence de structure* ou *structure particulaire,* les particules du sol minéral ne sont pas liées entre elles ; *structure massive,* le sol forme une masse plus ou moins indurée, sans fragmentation naturelle (croûte, carapace, alios) ; *structure en agrégats* plus ou moins arrondis, grenue (éléments subsphériques de 1 mm à 1 cm), grumeleuse (éléments irréguliers), nuciforme (éléments supérieurs à 1 cm) [toutes ces structures en agrégats sont construites par l'activité biologique].
— **Psychol.** La *structure de la personnalité,* organisation stable, s'élabore au cours de l'enfance du sujet. Trois structures sont habituellement retenues : la structure névrotique, la structure psychotique et la structure perverse. Ces structures sont repérables en dehors même de toute éclosion de manifestations psychopathologiques.

Structures élémentaires de la parenté *(les),* ouvrage de Claude Lévi-Strauss paru en 1949. L'auteur y décrit les systèmes de parenté dans le monde à partir d'une double problématique : la différence entre nature et culture et la prohibition de l'inceste.

STRUCTUREL, ELLE adj. **1.** Qui appartient aux structures, qui en relève : *Inflation structurelle.* — **2.** Qui concerne la structure des phrases ou de la langue. (Syn. STRUCTURAL.)

STRUCTURELLEMENT adv. De façon structurelle, du point de vue structurel.

STRUCTURER v. t. (conj. **3**). **1.** Pourvoir qqch d'une structure ou de structures : *Structurer un nouveau ministère.* — **2.** Organiser qqch selon un plan bien précis : *Une ébauche de scénario qu'il faudrait structurer.* — **3.** Agencer qqch de manière à lui donner un aspect très défini, géométrique, précis : *Surpiqûres et découpes qui structurent un vêtement.*

◆ **être structuré** v. pass. **1.** Se présenter comme une unité organisée dont les éléments entrent dans des relations spécifiques. — **2.** Être organisé selon un schéma, un dessin bien précis : *Coiffure structurée.*

STRUCTUROLOGIE n. f. Étude des éléments structuraux d'une roche ou d'un ensemble géologique.

STRUDEL [ʃtrudɛl] n. m. (all. *Apfelstrudel,* roulé aux pommes). Gâteau fait d'une abaisse de pâte garnie de morceaux de pommes, de raisins de Corinthe, et roulée sur elle-même. (Spécialité autrichienne.)

STRUENSEE (Johann Friedrich, *comte* DE), homme politique danois (Halle, Saxe prussienne, 1737 - Copenhague 1772). Médecin du roi Christian VII (1769), conseiller d'État, il devint l'amant de la reine Caroline-Mathilde. Il réalisa d'importantes réformes inspirées du despotisme éclairé. Inculpé de complot contre le roi, il fut décapité.

STRUG (Tadeusz GAŁECKI, dit **Andrzej**), écrivain polonais (Lublin 1871 - Varsovie 1937). Écrivain engagé, il a abordé le thème du mouvement révolutionnaire ouvrier (*les Gens de conspiration,* 1908). Ses nouvelles et ses romans évoquent les traditions patriotiques de la lutte, les légions de Piłsudski, la Première Guerre mondiale (*la Croix jaune,* 1933).

STRUMA (la), fl. de Bulgarie et de Grèce, qui se jette dans la mer Égée, à l'E. de la Chalcidique ; 430 km. C'est le *Strymon* des Anciens.

STRUMIPRIVE adj. (du lat. *struma,* scrofules). Se dit d'un trouble (la cachexie, par ex.) consécutif à l'ablation d'un goitre.

STRUTHIONIDÉ n. m. (lat. *struthio, -onis,* autruche). Nom de famille créé uniquement pour l'autruche *(Struthio camelus)* en raison de ses grandes différences avec les autres oiseaux ratites. (On élève même souvent ce groupe au rang d'un ordre sous le nom de *struthioniformes.*)

STRUTHOF, écart de la commune de Natzwiller (Bas-Rhin), à 8 km de Schirmeck. Un camp de concentration y fut ouvert en 1941, qui rassembla à partir de 1943 une majorité de NN (Nuit* et Brouillard), dont certains furent soumis à des « expériences médicales ». On estime que 20 000 déportés y moururent. Le camp a été conservé comme nécropole nationale des victimes du système concentrationnaire nazi.

STRUVE ou **STROUVE,** famille d'astronomes russes. — FRIEDRICH GEORG WILHELM **von Struve** (Altona, Holstein, 1793 - Saint-Pétersbourg 1864) se consacra surtout à l'étude des étoiles doubles et multiples, et supervisa la construction de l'observatoire de Poulkovo, près de Saint-Pétersbourg, avant d'en être le premier directeur (1839-1862). — Son fils OTTO **von Struve** (Dorpat 1819 - Karlsruhe 1905) lui succéda à la tête de l'observatoire de Poulkovo de 1862 à 1890 et découvrit ainsi un grand nombre d'étoiles doubles. — Le petit-fils de ce dernier, OTTO **Struve** (Kharkov 1897-Berkeley 1963), naturralisé américain, s'illustra par des travaux de spectroscopie et d'astrophysique stellaire.

STRYCHNINE [-knin] n. f. (de *strychnos*). Alcaloïde extrait de la noix vomique et doué d'une très grande toxicité.

ENCYCL. La strychnine existe dans beaucoup de loganiacées, seule ou mêlée à la brucine et à l'igasurine. On l'emploie généralement sous forme de sels (surtout sulfate), à la dose de 2 à 5 mg par jour. C'est le plus actif des médicaments tétanisants ; son action excitante sur la moelle, et surtout sur les nerfs moteurs, la fait employer dans certaines paralysies. La strychnine est toxique ; après l'ingestion d'une dose de quelques centigrammes, elle provoque le vertige, la raideur des muscles, le trismus, puis des secousses (véritables bonds), puis la mort ; l'intelligence reste intacte jusqu'à la fin.

STRYCHNOS [-knɔs] n. m. (lat. sc. *strychnus*). Arbre ou arbuste (loganiacée) souvent grimpant, toujours vert, des régions tropicales, dont de nombreuses espèces fournissent des alcaloïdes toxiques (strychnine et brucine, tétanisants ; curare). [Principale espèce : le vomiquier dont la graine est la noix vomique et l'écorce, la fausse angusture.]

STRYMON, anc. nom de l'actuelle Struma*.

STTAU MONTEIRO (Luís DE), écrivain portugais (Lisbonne 1926 - *id.* 1993). Si les préjugés et les contradictions de la bourgeoisie de Lisbonne forment le thème de ses premières œuvres (*Um Homem não Chora,* 1960), il dénonce au théâtre, dans un style réaliste, la violence et plaide pour le respect des droits de l'homme (*Sua Excelência,* 1971).

STUART, orthographe adoptée en 1542 pour désigner l'ancienne famille écossaise des **Stewart.** De celle-ci sont issus les rois d'Écosse depuis 1371, devenus également rois d'Angleterre de 1603 à 1714. D'origine bretonne, elle dérive de la branche écossaise de la famille Fitzalan, fondée par WALTER, ami de David Ier*, qui lui donna à titre héréditaire la dignité de sénéchal d'Écosse (XIIe s.). Le titre de sénéchal (*stewart* en anglais) devint finalement le patronyme de toute la famille. Du frère du 5e sénéchal, JOHN, qui eut sept fils, descendent un très grand nombre de branches dont plusieurs portèrent des titres de noblesse importants. Le 6e sénéchal, WALTER († 1326), épousa (1315) Marjorie, fille du roi Robert Ier Bruce. De cette union naquit un fils, ROBERT (1316), qui succéda en 1371, sous le nom de Robert II*, à son oncle David II, mort sans enfants. La lignée royale directe se termina avec Marie Stuart, fille de Jacques V, qui épousa Henry Stuart, lord Darnley, de la lignée des Stuarts de Lennox. De ce mariage naquit Jacques, roi d'Écosse (Jacques VI) et d'Angleterre (Jacques Ier).

STUART (Robert) [v. 1340-1420], duc **d'Albany** (1398), fils de Robert II. Grand chambellan d'Écosse, il devint en 1388 gouverneur d'Écosse jusqu'à l'avènement de son frère aîné Jean, roi sous le nom de Robert III. De nouveau gouverneur d'Écosse en 1402, il fut nommé régent à la mort de Robert III, en 1406.

STUART (Jean) [v. 1481-1536], duc **d'Albany,** régent d'Écosse. Proclamé régent en 1515, il renouvela l'alliance avec la France, puis mena une guerre malheureuse contre les Anglais (1522).

STUART (Jacques) → MORAY (comte de).

STUART (Henry), baron **Darnley** → DARNLEY.

STUART ou **STEWART** (James), comte **d'Arran,** homme politique écossais. Favori du roi Jacques VI d'Écosse, il reçut le comté d'Arran en 1581 et devint le vrai maître du royaume en 1584-85. Mais son despotisme ruina rapidement son pouvoir, et il fut exilé en 1586. Rentré en Écosse en 1592, il périt assassiné.

STUART (Jacques Édouard) → JACQUES ÉDOUARD STUART.

STUART (John), 3e comte **de Bute** → BUTE.

STUART (Charles Édouard) → CHARLES ÉDOUARD STUART.

STUART (Gilbert), peintre américain (Narragansett, Rhode Island, 1755 - Boston 1828). Élève, à Londres, de Reynolds et de B. West, il emprunte à l'école anglaise la fluidité de la touche et le sens de la couleur qui caractérisent ses portraits (*Washington,* 1796, musée des Beaux-Arts de Boston ; autres versions et répliques).

STUBAI, vallée du Tyrol (Autriche), qui a donné son nom aux *Alpes du Stubai,* culminant au Zuckerhütl (3 511 m). Sports d'hiver.

STUBBS (George), peintre britannique (Liverpool 1724 - Londres 1806). Animalier, il s'est surtout intéressé au cheval (*Lion attaquant un cheval,* diverses versions) et aux sports équestres. Son influence s'est exercée, par l'intermédiaire de la gravure, sur Géricault et Delacroix.

STUBS [stœbs] n. m. (n. déposé). Acier, à 1,1-1,2 % de carbone et 0,40-0,70 % de chrome, utilisé dans la fabrication d'outillages.

STUC n. m. (ital. *stucco*). Matériau imitant le marbre, composé ordinairement de chaux éteinte, de plâtre fin, d'une colle et de poussière de marbre ou de craie. (Très utilisé en décor et sculpture décorative chez les Romains, en Italie surtout à partir de la Renaissance, dans l'art baroque, le rococo allemand, etc.)

STUCAGE n. m. Application de stuc en enduit ; son résultat.

STUCATEUR n. m. (ital. *stuccatore*). **1.** Ouvrier qui procède à des revêtements décoratifs en stuc. – **2.** Sculpteur ornemaniste en stuc.

STUCKENBERG (Viggo), écrivain danois (Vridsłoselille, près de Copenhague, 1863 - Copenhague 1905), célèbre pour ses recueils poétiques (*l'Été qui s'envole,* 1898 ; *Neige,* 1901), reflets mélancoliques d'une union malheureuse.

STUD-BOOK [stœdbuk] n. m. (pl. *stud-books*) [mot angl., de *stud,* haras, et *book,* livre]. Livre généalogique pour l'espèce chevaline, dont il existe un par race reconnue en France.

Studenica *(monastère de),* le plus riche, artistiquement, des monastères anciens de Serbie, au N. de Novi Pazar. Église byzantino-romane de la Vierge, de la fin du XIIe s. (peintures murales, sculptures, trésor) et église royale, du XIVe s. (précieuses peintures).

STUDENT (Kurt), général allemand (Birkholz 1890 - Lemgo, Rhénanie, 1978). Il commanda une escadrille de chasse en 1915 et contribua, après 1918, à la résurrection de l'aviation allemande. Il se distingua pendant la Seconde Guerre mondiale à la tête des formations parachutistes et aéroportées, particulièrement en Hollande (1940), en Crète (1941) et près d'Arnhem.

Student *(loi de)* [du pseudonyme du statisticien britannique W. Gossett (1876-1937)] ou **loi de Student-Fisher,** loi de probabilité d'une variable aléatoire $t = Y/\sqrt{S}$, où Y est une variable aléatoire normale réduite et S le quotient par n d'une variable obéissant à la loi du chi-deux et ayant n degrés de liberté.

STUDETTE n. f. Petit studio d'habitation.

STUDIEUSEMENT adv. D'une manière appliquée, studieuse : *Il avait studieusement préparé son projet.*

STUDIEUX, EUSE adj. (lat. *studiosus*). **1.** Qui s'adonne avec application à l'étude, aux travaux intellectuels : *Un élève studieux.* – **2.** Se dit d'un temps consacré à l'étude : *Des soirées studieuses.*

STUDIO n. m. (angl. *studio,* de l'ital. *studio,* atelier d'artiste). **1.** Logement composé d'une pièce principale unique et de locaux accessoires (salle de bains, cuisine, etc.). – **2.** Salle, local d'enregistrement, de tournage (cinéma, radio, télévision, maison de disques, etc.) : *Disque enregistré en studio.* – **3.** Nom donné à certains cinémas ou théâtres, en partic. quand ils se consacrent à promouvoir ces activités. – **4.** Local, atelier réservé à la pratique d'un art, d'une technique considérée comme un art : *Studio d'art graphique, de photographie.* – **5.** Salle de cours, d'entraînement et de répétition de danse, qui sert pour les exercices à la barre. (Des panneaux de miroirs permettent l'autocorrection des mouvements exécutés au milieu.) – **6.** Groupe de bâtiments comprenant un ou plusieurs plateaux de tournage, ainsi que l'équipement nécessaire au tournage d'un film.

STUDIOLO n. m. (ital. *studiolo*). Petit cabinet de méditation et de travail, dans l'Italie de la Renaissance. (Célèbre pour sa décoration est, par ex., celui de F. da Montefeltro au palais d'Urbino.)

STUKA [ʃtuka] n. m. (all. *Stuka,* abrév. de *Sturz-kampfflugzeug,* avion d'attaque en piqué). Nom donné, pendant la Seconde Guerre mondiale, au Junkers 87, bombardier allemand d'attaque en piqué.

STÜLPNAGEL (Otto VON), général allemand (Berlin 1878 - Paris 1948). Il commanda les troupes d'occupation en France, de nov. 1940 à son départ définitif (févr. 1942). Arrêté en 1946, ramené à Paris pour y être jugé, il se pendit. – Son cousin KARL-HEINRICH, également général (Darmstadt 1886 - Berlin 1944), présida la commission d'armistice franco-allemande de Wiesbaden, commanda la XVIIe armée en Russie (1941) puis le remplaça à Paris (nov. 1942). Membre de la conjuration contre Hitler, il fit arrêter les SS de Paris le 20 juill. 1944. Après l'échec du putsch, il tenta de se suicider. Ramené aveugle à Berlin, il y fut pendu le 30 août 1944.

STUNT-MAN [stœntman] n. m. (pl. *stunt-men* [-mɛn]) [angl. *stuntman*]. Syn. de CASCADEUR.

STUP n. m. *Pop.* Stupéfiant.

STŪPA n. m. inv. ou **STOUPA** n. m. (sanskr. *stūpa,* amas, tertre, cime, sommet, notamment de la tête). Monument reliquaire ou commémoratif d'origine indienne, caractéristique du bouddhisme, dont il est l'édifice essentiel et que l'on retrouve dans le jaïnisme.

ENCYCL. Le stūpa est constitué d'un dôme en maçonnerie pleine *(anda)* édifié sur une base à gradins plus ou moins élevée. Une construction quadrangulaire le surmonte *(harmikā),* elle-même sommée par une hampe supportant un empilement de parasols de tailles décroissantes. À l'intérieur du dôme, dans une cavité murée, une succession de cassettes enferment reliques et dépôts de fondation. À quelque distance de l'édifice, une balustrade (*vedikā**) ou un mur, percé d'une ou de quatre portes (*torana**), délimite généralement l'aire réservée aux rites de circumambulation et d'offrandes. Balustrade, portes et base du stūpa sont ornées d'un décor modelé ou sculpté (Amarāvatī). Le monde sinisé a préféré la *tour-stūpa* constituée d'un étagement de pavillons, désignée généralement en français du nom de pagode*.

STUPÉFACTION n. f. (bas lat. *stupefactio*). État de qqn qui est stupéfait, profondément étonné.

STUPÉFAIRE v. t. (conj. **109** ; seulem. 3e pers. sing. ind. prés. et aux temps composés). Frapper qqn de stupeur : *Il a stupéfait tout le monde en réussissant.*

◆ **être stupéfait** v. pass. Être frappé d'étonnement : *Je suis stupéfait de te voir si calme.*

STUPÉFIANT, E adj. Qui cause une surprise considérable : *Un aplomb stupéfiant.*

◆ **stupéfiant** n. m. **1.** Substance exerçant un effet analgésique et euphorisant, dont l'usage peut provoquer une dépendance. (Les stupéfiants comprennent essentiellement les morphiniques et les autres dérivés opiacés, la cocaïne et, pour certains, le cannabis et le haschisch.) — **2.** *Brigade des stupéfiants et du proxénétisme,* brigade chargée des crimes et délits contre les mœurs et de la surveillance du trafic de drogue, ainsi que de certains lieux publics. (Anc. dénomination : *brigade mondaine* ou « la Mondaine ».) ‖ *Trafic de stupéfiants,* infraction à la réglementation sur les substances ou plantes vénéneuses, en particulier en les important, les produisant ou les exportant, et qui est lourdement réprimée.

STUPÉFIER v. t. (lat. *stupefieri,* être stupéfié) [conj. 9]. Remplir qqn d'un étonnement extrême, le laisser sans réaction, sans voix : *Ces révélations m'ont stupéfié.*

STUPEUR n. f. (lat. *stupor,* de *stupere,* demeurer immobile). **1.** Rareté des mouvements, mutisme, indifférence apparente aux stimulations s'accompagnant d'une baisse de la vigilance. — **2.** Extrême étonnement qui laisse sans réaction et comme paralysé : *Rester muet de stupeur.*

STUPIDE adj. (lat. *stupidus,* stupéfait). **1.** Qui manque d'intelligence, de jugement, de réflexion : *Il est stupide, il ne comprend rien.* — **2.** Qui agit sottement dans une circonstance donnée, qui dit ou qui fait qqch d'inadéquat : *J'ai été stupide d'accepter ce poste.* — **3.** Qui dénote l'inintelligence, la sottise, l'absence de réflexion : *Un visage stupide. Tenir des propos stupides.* — **4.** Se dit d'un événement dénué de sens, qui n'a aucune justification : *La guerre est stupide.*

STUPIDEMENT adv. De façon stupide.

STUPIDITÉ n. f. (lat. *stupiditas*). **1.** Caractère, nature de qqn, de qqch de stupide : *La stupidité d'une réponse.* — **2.** Parole, action stupide : *Ne dire que des stupidités.*

STUPOREUX, EUSE adj. (de *stupeur*). Qui se rapporte à la stupeur.

STUPRE n. m. (lat. *stuprum*). *Litt.* Débauche honteuse, luxure.

STUQUER v. t. (de *stuc*) [conj. 3]. Revêtir de stuc.

ŠTÚR (L'udovít), écrivain et homme politique slovaque (Uhrovec 1815 - Modrá 1856). Créateur de la langue littéraire slovaque à partir du dialecte de la Slovaquie centrale, il est l'auteur d'études (*Sur les chansons et les légendes des peuples slaves,* 1853).

STURDEE (*sir* Frederick Charles Doveton), amiral britannique (Charlton, Kent, 1859 - Camberley 1925). Il remporta la victoire aux îles Falkland (1914) puis commanda la IVe flotte à la bataille du Jutland (1916).

STURDZA ou **STOURDZA,** famille moldave connue depuis le XVe s., dont les principaux représentants sont : MIHAIL (1795 - Paris 1884), prince de Moldavie (1834-1849), DIMITRIE (Miclăuşeni 1833 - Bucarest 1914), président du parti libéral depuis 1892, et qui fut cinq fois président du Conseil (1895-1909).

STURE, nom de deux familles suédoises d'origine danoise qu'illustrèrent : STEN GUSTAFSSON, dit *l'Ancien* (1440 - Jönköping 1503), neveu du roi Charles VIII Knutsson. Régent à la mort de ce dernier (1470), il lutta victorieusement contre Christian Ier puis Jean Ier de Danemark. — STEN SVANTESSON, dit *le Jeune* (1493 ? - près de Stockholm 1520). Régent (1512), il combattit les Danois et les vainquit à Brännkyrka (1518).

STURGEON (Edward Hamilton WALDO, dit **Théodore**), écrivain américain (New York 1918 - Eugene, Oregon 1985), nouvelliste (*l'Homme qui a perdu la mer,* 1940-1960) et romancier (*le Cristal qui songe,* 1950 ; *Vénus plus X,* 1960) de science-fiction.

STURGES (Edmund P. BIDEN, dit **Preston**), auteur dramatique et cinéaste américain (Chicago 1898 - New York 1959). D'abord auteur et metteur en scène de théâtre, il devint scénariste et réalisa son premier film en 1940 : *Gouverneur malgré lui.* Il tourna ensuite *le Gros Lot* (1940), *les Voyages de Sullivan* (1941), *Miracle au village* (1944), *Infidèlement vôtre* (1948). Il vint ensuite en France et mit en scène *les Carnets du major Thompson* (1955). C'est un grand maître de la comédie américaine.

STURGES (John), cinéaste américain (Oak Park, Illinois, 1911). Maître du film d'action, en particulier des westerns, il a réalisé *Fort Bravo* (1953), *Un homme est passé* (1955), *Règlement de comptes à O. K. Corral* (1957), *le Dernier Train de Gun Hill* (1959), *les Sept Mercenaires* (1960), *la Grande Évasion* (1963).

STURM (Johannes), humaniste, pédagogue et réformateur allemand (Schleiden 1507 - Strasbourg 1589). Il dirigea, à partir de 1537, le gymnasium de Strasbourg qui devint une académie en 1566 et servit de modèle à de nombreuses écoles protestantes.

STURM (Charles), mathématicien français (Genève 1803 - Paris 1855). Outre ses travaux en optique, en mécanique et en géométrie plane, on lui doit un théorème qui permet de déterminer le nombre de racines d'une équation algébrique, ainsi qu'une théorie générale des oscillations où il étudie, avec Liouville, la résolution de l'équation différentielle générale du second ordre.

Sturm *(der),* revue fondée à Berlin en 1910 par H. Walden, autour de laquelle se groupèrent un certain nombre d'écrivains expressionnistes (A. Stramm, W. Klemm, A. Döblin). Walden ouvrit également une galerie d'art du même nom, où exposèrent cubistes, futuristes et surtout expressionnistes.

Sturm und Drang (*tempête et élan,* titre d'une tragédie de Klinger), mouvement littéraire qui exerça une puissante influence sur la littérature allemande entre 1770 et 1790 par réaction contre le rationalisme et le classicisme *(Aufklärung).* Il fut illustré par H. L. Wagner, Lenz, Schubart, Klinger, Herder, Goethe et Schiller à l'époque de leur jeunesse.

STURNIDÉ n. m. (lat. *sturnus,* étourneau). Nom de famille de passereaux de l'Ancien Monde, tels que l'étourneau sansonnet européen, le martin roselin, les mainates, les pique-bœufs et les spréos.

STURZO (Luigi), homme politique italien (Caltagirone 1871 - Rome 1959). Prêtre sicilien, secrétaire général de l'Action catholique (1915-1917), il fonda en 1919 le parti populaire italien, d'inspiration chrétienne et sociale, et qui se divisa face au fascisme. Sturzo choisit alors l'exil (1924-1946). De retour en Italie en 1946, il contribua à la création du parti de la Démocratie chrétienne.

STUTTGART, v. d'Allemagne, cap. du Land de Bade-Wurtemberg ; 594 406 hab. Métropole de l'Allemagne du Sud-Ouest, industrielle (automobile [Daimler-Benz, Porsche] et électrotechnique), tertiaire (commerces, banques, aéroport international) et culturelle (radio, télévision, opéra, théâtre, édition, université technique). Fondée entre 1250 et 1258, elle devint la capitale des comtes de Wurtemberg (1482). De Lattre et Patton firent leur liaison à Stuttgart, qui tomba le 22 avr. 1945.
— **Bx-arts.** Monuments anciens, très restaurés : Château Vieux, du XVIe s. (Musée régional) ; Nouveau Château, du XVIIIe ; collégiale gothique. Galerie d'État (peinture allemande et des écoles européennes ; art du XXe s.) et Galerie de la Ville (peinture allemande des XIXe et XXe s.).

STWOSZ (Wit) → STOSS (Veit).

STYGIEN, ENNE adj. Qui concerne le Styx.

STYLE n. m. (lat. *stilus,* stile, écrit *stylus* avec l'infl. du gr. *stulos,* colonne). **1.** Façon particulière dont chacun exprime sa pensée, ses émotions, ses sentiments : *Avoir un style simple.* — **2.** Forme de langage fonctionnel usitée dans une activité de type administratif, commercial, etc. : *Style administratif.* — **3.** Ensemble des caractères formels esthétiques de qqch : *Bouquet d'un style prétentieux.* — **4.** Ensemble des goûts, des manières d'être de qqn ; façon personnelle de s'habiller, de se coiffer, de se comporter, etc. : *Style sportif. Style de vie.* — **5.** Qualité de qqch ou de qqn qui présente des caractéristiques esthétiques, originales : *Maison qui a du style.* — **6.** Manière personnelle de pratiquer un sport, un art, définie par un ensemble de caractères : *Le style d'un nageur.* — **7.** *De style,* se dit de meubles, d'objets décoratifs fabriqués conformément à un style de décoration ancien. ‖ *De grand style,* qui met en œuvre des moyens puissants : *Une offensive de grand style.* ‖ *Être dans le style de qqn,* être dans ses goûts ou dans ses habitudes. • **Antiq.** Autre graphie de STILE. — **Astron.** Tige dont l'ombre marque l'heure sur un cadran solaire. — **Bot.** Région moyenne du pistil, comprise entre l'ovaire et le stigmate, et qui forme généralement une colonne cylindrique à l'intérieur de laquelle se développent les tubes polliniques après la pollinisation. (Le tissu interne du style, très lâche, est dit conducteur, car il favorise la croissance des tubes polliniques vers les ovules.) – **Bx-arts** et **Arts décor.** Ensemble des caractéristiques, résultant de l'application d'un certain système technique et esthétique, propres aux œuvres d'une époque (ex. les styles successifs de la peinture romaine pompéienne, les styles Louis XIII, Régence, Empire, Regency, etc., dans le mobilier), d'une école (ex. le style bolonais dans la peinture italienne du début du XVIIe s.), d'un artiste, etc. – **Chronol.** Manière de compter les années. ‖ *Nouveau style,* manière dont on compte les années depuis la réforme grégorienne (1582), par oppos. au *vieux style.* – **Métrol.** Petite tige dont l'extrémité pointue trace la courbe représentative d'une variation sur un enregistreur.

STYLER v. t. (de *style*) [conj. 3]. Rendre qqn stylé.
◆ **être stylé** v. pass. En parlant d'un employé de maison ou d'hôtel, exécuter son service dans les règles : *Un personnel stylé.*

STYLET n. m. (ital. *stiletto,* de *stilo,* poignard). **1.** Dague fine à lame triangulaire très effilée. – **2.** Instrument de chirurgie constitué d'une petite tige métallique fine, terminée à l'une de ses extrémités par un renflement olivaire, et dont l'autre est parfois creusée d'une rainure. (Le stylet sert à sonder les trajets fistuleux, les plaies, etc.) – **3.** Chez les insectes piqueurs-suceurs, comme les hémiptères, pièce buccale piqueuse en forme de soie rigide, allongée dans la cannelure du rostre.

STYLICIEN, ENNE n. Syn. de DESIGNER 2.

STYLIQUE n. f. Syn. de DESIGN.

STYLISATION n. f. Action de styliser ; fait d'être stylisé.

STYLISER v. t. (conj. 3). Interpréter une forme naturelle en la simplifiant ou en la modifiant à des fins esthétiques.
◆ **être stylisé** v. pass. Être représenté avec une simplification, un schématisme visant à un effet décoratif : *Papier peint avec des fleurs stylisées.*

STYLISME n. m. **1.** Soin extrême que l'on donne à son style. – **2.** Activité, profession de styliste.

STYLISTE n. **1.** Écrivain qui brille surtout par le style. – **2.** Personne qui détermine les produits d'une collection de couture et en supervise l'exécution. – **3.** Modéliste spécialisé dans tel ou tel domaine de création, comme le vêtement, la chaussure, la maroquinerie de luxe, etc.

STYLISTICIEN, ENNE n. Spécialiste de stylistique.

STYLISTIQUE n. f. (all. *Stilistik*). **1.** Étude scientifique des procédés de style. – **2.** Manuel où sont exposés les faits et les règles du style.
◆ adj. **1.** Relatif au style : *Étude stylistique.* – **2.** Relatif à la stylistique.

STYLITE n. m. Ascète oriental qui vivait, pour se consacrer à la méditation et s'isoler du monde, sur des portiques ou des colonnades en ruine.

STYLO n. m. (abrév. de *stylographe*). Instrument pour écrire, dont le corps contient une réserve d'encre.

STYLOBATE n. m. (lat. *stylobates,* du gr. *stylobatês,* base d'une colonne). Soubassement portant un rang de colonnes ou de pilastres. (Comme celui du piédestal isolé, le corps du stylobate repose en général sur une base moulurée, et est sommé d'une corniche ou d'une cimaise.)

STYLO-FEUTRE n. m. (pl. *stylos-feutres*). Feutre pour écrire utilisant une encre à l'eau.

STYLOGRAPHE n. m. Syn. anc. de STYLO.

STYLOÏDE adj. et n. f. (gr. *stuloeidês*). Se dit de plusieurs apophyses osseuses en forme de stylet.

STYLOLITHE ou **STYLOLITE** n. m. Dans les roches calcaires, figures en forme de pics soulignés par des traces d'oxydes, résultant d'une dissolution sous contrainte des carbonates.

STYLOPODE n. m. Premier segment des membres des vertébrés tétrapodes, dont l'os est l'humérus pour le membre antérieur, le fémur pour le membre postérieur.

STYMPHALE, anc. ville grecque (en gr. **Stumphalos**) du Péloponnèse, au N.-E. de l'Arcadie, auprès du *lac Stymphale.* Un des douze travaux d'Héraclès fut de tuer les oiseaux du lac, qui se nourrissaient de chair humaine.

STYPA → STIPA.

STYPTIQUE adj. (gr. *stuptikos*). Se dit d'un astringent puissant (alun, sels de plomb, de fer, etc.).

STYRAX n. m. (lat. *styrax, -acis*). Petit arbre ou arbuste des régions chaudes de l'Amérique et de l'Asie. (Certains styrax fournissent le benjoin ; *S. officinalis* donne le styrax solide.)

STYRÈNE ou **STYROLÈNE** n. m. (de *styrax*). Phényléthylène $C_6H_5-CH=CH_2$, qui se rencontre dans le styrax et les goudrons de houille. (Syn. VINYLBENZÈNE.)
ENCYCL. Le styrène, préparé par déshydrogénation catalytique de l'éthylbenzène vers 600 °C, sert à produire des polymères (polystyrène) et des copolymères.

STYRIE, en all. **Steiermark,** prov. d'Autriche ; 16 387 km² ; 1 184 593 hab. Ch.-l. *Graz.* La province est montagneuse (Niedere Tauern), ouverte vers les Balkans par les vallées de la Mur et de la Drave. Ses ressources sont agricoles (vallées et bassins), minières (fer, lignite, graphite) et industrielles (mécanique, électrotechnique, alimentation).

— **Hist.** Peuplée à l'origine de Celtes et d'Illyriens, puis partagée entre les provinces romaines de Norique et de Pannonie, la région fut peuplée par des Slaves (Slovènes) à partir de la fin du VIe s. Incorporée à la marche de Carinthie (788), elle devint en 1180 un duché que les Habsbourg acquirent en 1278. Très fortement germanisée, la Styrie s'ouvrit à la Réforme mais dut revenir au catholicisme au XVIIe s. En 1919, sa partie méridionale, composée de districts slovènes (basse Styrie), fut attribuée à la Yougoslavie.

STYRON (William), écrivain américain (Newport News, Virginie, 1925). Ses nouvelles et ses romans (*Un lit de ténèbres,* 1951 ; *les Confessions de Nat Turner,* 1967 ; *le Choix de Sophie,* 1979) s'attachent à la description d'un monde brutal et marquent un retour aux sources de la « génération perdue ». En 1990, il livre un texte autobiographique, *Face aux ténèbres,* chronique d'une dépression.

STYX, fleuve des Enfers. Cette rivière d'Arcadie, qui disparaissait sous terre, était réputée faire le tour des Enfers, en roulant des eaux qui avaient la propriété de rendre invulnérable et de garantir l'inviolabilité des serments.

1. SU → SAVOIR.

2. SU n. m. *Au vu et au su de* → VU.

S. U. A. D., abrév. de SERVICE D'UTILITÉ* AGRICOLE DE DÉVELOPPEMENT.

SUÆDA [sye-] n. m. Chénopodiacée des terrains salés de presque tout le globe. (Les feuilles, glauques ou rougeâtres, sont charnues. Les fleurs verdâtres sont très petites.)

1. SUAGE n. m. (de *suer*). Eau qui sort par les deux bouts d'une bûche exposée à la chaleur du feu.

2. SUAGE → SOUAGE.

SUAIRE n. m. (lat. *sudarium,* mouchoir, linceul, de *sudare,* transpirer). **1.** Dans l'Antiquité, espèce de voile dont on couvrait la tête et le visage des morts. — **2.** *Litt.* Linge dans lequel on ensevelit un mort ; linceul. — **3.** *Saint suaire,* linceul qui servit à ensevelir Jésus-Christ ; d'après une tradition tardive, linge qu'une femme, Véronique, aurait appliqué sur le visage de Jésus pour l'essuyer lorsqu'il marchait sur le chemin du Calvaire. (→ *encycl.*)

ENCYCL. **Relig.** Plusieurs lieux de la chrétienté ont cru posséder le linceul ayant servi à l'ensevelissement de Jésus, et improprement appelé « suaire ». Le plus célèbre est le saint suaire de Turin qui porte en négatif la double empreinte, face et dos, d'un homme nu, au visage barbu, cheveux longs et yeux clos. Considéré comme authentique par la piété populaire, mais non par l'Église, il a été daté du XIIIe s., à la suite d'analyses scientifiques, en 1988.

SUANT, E adj. **1.** *Fam.* Qui est en sueur. — **2.** *Pop.* Qui ennuie profondément.

SUARD (Jean-Baptiste Antoine), écrivain français (Besançon 1732 - Paris 1817). Protégé de Mme Geoffrin et de Mlle de Lespinasse, proscrit en 1797, il revint à Paris après le 18-Brumaire, où le Premier consul le nomma secrétaire perpétuel de la section littéraire. Il a laissé des *Mémoires* (1858). [Acad. fr., 1774.]

SUARÈS (Isaac Félix, dit **André**), écrivain français (Marseille 1868 - Saint-Maur-des-Fossés 1948). Son œuvre est une suite d'ardentes et curieuses méditations empreintes de mysticisme (*le Voyage du condottiere,* 1910-1932 ; *Voici l'homme,* 1948).

SUÁREZ (Francisco), théologien jésuite espagnol (Grenade 1548 - Lisbonne 1617). Son enseignement et son œuvre immense font de lui l'un des précurseurs de la théologie moderne. Sensible à la notion de liberté des nations, il se préoccupa de l'institution d'un droit des peuples.

SUÁREZ (Adolfo), homme politique espagnol (Cebreros, prov. d'Ávila, 1932). Président du gouvernement (1976-1981), appartenant au parti de l'Union du centre démocratique, il s'attache à assurer la transition du système franquiste à un régime démocratique. En 1982, il quitte l'Union du centre démocratique et fonde un nouveau parti, le Centre démocratique et social, qu'il dirige jusqu'en 1991.

SUÁREZ DE FIGUEROA (Cristóbal), écrivain espagnol (Valladolid 1571 - en Italie v. 1644), auteur de romans pastoraux (*la Constante Amarilis,* 1609) et d'un recueil de dialogues littéraires, philosophiques et moraux (*le Passager,* 1617).

SUAVE adj. (lat. *suavis*). Qui est d'une douceur délicieuse : *Voix suave.*

SUAVEMENT adv. *Litt.* D'une façon suave.

SUAVITÉ n. f. (lat. *suavitas*). *Litt.* Qualité de ce qui est suave, délicat : *La suavité d'une odeur.*

SUB-, préfixe, du lat. *sub-,* sous, exprimant la position inférieure dans l'espace *(subaérien)* ; la dépendance *(subalterne)* ; un degré moindre dans la qualité ou la quantité *(subsonique)* ; l'approximation *(subéquatorial).*

SUBAÉRIEN, ENNE adj. **1.** Qui est placé au contact direct de la couche inférieure de l'atmosphère. — **2.** Se dit d'un dépôt formé à l'air libre (dépôts éoliens, éboulis).

SUBAIGU, Ë adj. Se dit d'un état morbide moins accusé que l'état aigu.

SUBALPIN, E adj. **1.** Qui est situé au pied des Alpes. — **2.** *Étage subalpin,* zone où se localise le pin à crochets (de 1 800 à 2 400 m en France).

SUBALTERNE adj. (bas lat. *subalternus,* du lat. class. *sub,* sous, et *alternus,* qui se rapporte à l'un et à l'autre). **1.** Qui occupe une fonction subordonnée, de rang peu élevé dans la hiérarchie professionnelle : *Officier subalterne.* — **2.** Qui est inférieur ou qui n'a qu'une importance secondaire : *Il n'a jamais eu que des emplois subalternes.* — **3.** Dans la logique aristotélicienne, se dit globalement de deux propositions, l'une universelle et l'autre particulière, composées des mêmes termes. — **4.** *Officier subalterne,* premier échelon de la hiérarchie des officiers, comprenant les grades de sous-lieutenant à capitaine dans les armées de terre et de l'air, d'enseigne et de lieutenant de vaisseau dans la marine.
◆ n. Personne qui est subordonnée à une autre, soumise à son autorité.

SUBAQUATIQUE adj. Relatif à ce qui est sous la mer, sous l'eau.

SUBATOMIQUE adj. Se dit de tout quanton constitutif de l'atome.

SUBCARPATIQUE adj. Se dit d'une région des Carpates rattachée à l'Ukraine.

SUBCONSCIENCE n. f. Syn. anc. de SUBCONSCIENT.

SUBCONSCIENT, E adj. Se dit d'un état psychique dont le sujet n'a pas conscience, mais qui influe sur son comportement.
◆ **subconscient** n. m. **1.** Ensemble des états psychiques subconscients. (Ce concept a été utilisé par Freud à ses débuts et par Piaget.)

SUBCONTRAIRE adj. Dans la logique aristotélicienne, se dit de deux propositions composées des mêmes termes, et toutes deux particulières, dont l'une est affirmative, l'autre négative.

SUBCULTURE n. f. Culture particulière à un groupe et singulière par rapport à celle des autres groupes, tout à la fois aux yeux de ces derniers et à ses propres yeux.

SUBDÉLÉGATION n. f. **1.** Action de subdéléguer qqn ; fait d'être subdélégué. — **2.** En France, sous l'Ancien Régime, division territoriale d'une généralité administrée par un subdélégué ; fonction d'un subdélégué.

SUBDÉLÉGUÉ n. m. En France, sous l'Ancien Régime, auxiliaire de l'intendant.

SUBDÉLÉGUER v. t. (conj. **18**). Déléguer qqn dans une fonction ou une mission pour laquelle on a été soi-même délégué.

SUBDÉSERTIQUE adj. Relatif à une région dont les conditions climatiques et biologiques sont proches de celles des déserts. (Ce terme peut définir la zone semi-aride.)

SUBDIVISER v. t. (bas lat. *subdividere,* avec l'infl. de *diviser*) [conj. **3**]. Diviser en de nouvelles parties ce qui a été déjà divisé : *Subdiviser en trois parties chacune des parties d'un discours.*

SUBDIVISIBLE adj. Qui peut être subdivisé.

SUBDIVISION n. f. (bas lat. *subdivisio*). **1.** Action de subdiviser, de diviser ce qui était déjà divisé. — **2.** Partie obtenue en subdivisant : *Les cantons sont des subdivisions des arrondissements.* — **3.** Suite croissante finie (x_i), $0 \leqslant i \leqslant n$ d'éléments distincts d'un même intervalle $[a, b]$ vérifiant $x_0 = a$ et $x_n = b$. — **4.** Ancienne circonscription militaire territoriale correspondant au département et placée sous les ordres d'un officier général ou supérieur. (Elles ont été supprimées en 1966).

SUBDIVISIONNAIRE adj. Relatif à une subdivision.

SUBDUCTION n. f. (lat. *subductio,* action de tirer sur le rivage). Enfoncement d'une plaque lithos-

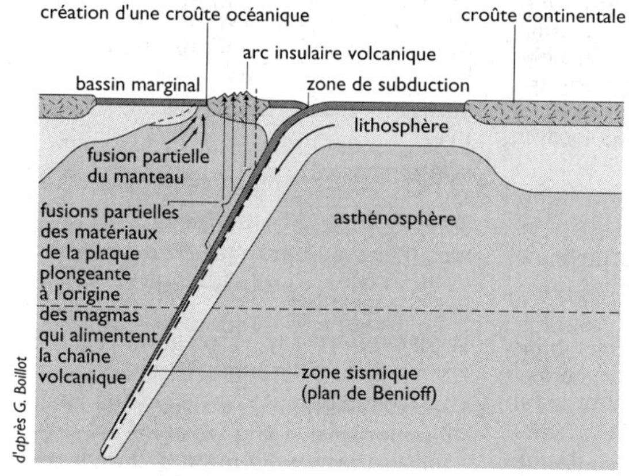

Schéma
de la **subduction**.

phérique de nature océanique sous une plaque adjacente, de nature continentale le plus souvent. (Le mécanisme conditionne la formation des fosses océaniques, du métamorphisme de haute pression et de basse température et la genèse de séismes dont les épicentres se distribuent le long du plan de Benioff.)

SUBÉQUATORIAL, E, AUX adj. Qui est très proche du climat équatorial.

SUBER [-bɛr] n. m. (lat. *suber,* liège). Syn. de LIÈGE.

SUBERAIE n. f. Forêt de chênes-lièges. (Syn. SUVIÈRE.)

SUBÉREUX, EUSE adj. (de *suber*). Constitué de liège.

SUBÉRICULTURE n. f. (de *suber*). Sylviculture du chêne-liège.

SUBÉRIFICATION n. f. Transformation en liège de certains tissus dont la membrane cellulosique s'imprègne de subérine.

SUBÉRIFIÉ, E adj. Se dit d'un tissu imprégné de subérine.

SUBÉRINE n. f. Substance lipidique, totalement hydrophobe, sécrétée par certaines cellules végétales et qui, se déposant sur les parois cellulosiques internes de celles-ci, amènent la formation du liège.

SUBFÉBRILE adj. Se dit d'une légère fièvre comprise entre 37,3 °C et 38 °C.

SUBFOSSILE adj. Se dit d'une espèce disparue à l'époque historique ou préhistorique et voisinant avec des espèces actuelles.

SUBIACO, comm. d'Italie, dans le Latium (prov. de Rome) ; 9 000 hab. Saint Benoît y fonda, à la fin du Ve s., 12 communautés dont l'une est à l'origine du monastère Ste-Scholastique (actuels bâtiments du Xe au XVIe s.). Le monastère St-Benoît a été construit, au XIIIe s., au-dessus de la grotte où vécut le saint *(Sacro Speco)* ; il comprend deux églises superposées, toutes les deux ornées de fresques (XIIIe-XVe s.). Ce monastère est, depuis 1872, la maison mère de la congrégation bénédictine de Subiaco, qui regroupe 65 abbayes ou prieurés.

SUBICTÈRE n. m. Ictère léger. (Il est visible surtout sur la conjonctive.)

SUBIMAGO [-go] n. f. Stade intermédiaire entre l'état nymphal et l'état adulte, propre aux insectes éphéméroptères.

SUBINTRANT, E adj. (bas lat. de *subintrare,* pénétrer subrepticement dans). Se dit d'un mal dont un accès nouveau commence avant la fin du précédent.

SUBIR v. t. (lat. *subire,* aller sous) [conj. **32**]. **1.** Supporter contre son gré une chose pénible, fâcheuse, désagréable : *Subir un affront.* — **2.** Avoir une attitude passive devant qqch, devant la vie : *Subir les événements plutôt que les prévenir.* — **3.** Se soumettre à une action, à une épreuve : *Subir une intervention chirurgicale.* — **4.** Éprouver l'effet de qqch : *Subir l'attrait de l'inconnu.* — **5.** *Fam.* Avoir à supporter l'autorité, la présence, le caractère de qqn : *Subir un chef de service irascible.* — **6.** Être l'objet de qqch : *Subir une modification.*

SUBIT, E [sybi, -it] adj. (lat. *subitus,* de *subire,* se présenter). Qui se produit, qui se présente inopinément : *Une mort subite. Une subite inspiration.*

SUBITEMENT adv. D'une façon subite.

SUBITO adv. (lat. *subito,* tout à coup). *Fam.* **1.** Subitement : *Partir subito.* — **2.** *Subito presto,* immédiatement, promptement.

SUBJACENT, E adj. (lat. *subjacens, -entis,* de *subjacere,* être placé dessous). Qui est placé au-dessous : *L'écorce du globe et les couches subjacentes.*

SUBJECTIF, IVE adj. (bas lat. *subjectivus,* du lat. class. *subjectus,* placé dessous). **1.** Qui relève du sujet défini comme être pensant, comme conscience individuelle, par oppos. à *objectif.* — **2.** Se dit de ce qui est individuel et susceptible de varier en fonction de la personnalité de chacun : *Une interprétation subjective d'un texte.* — **3.** Qui fait une part exagérée aux opinions personnelles ; partial : *Une critique subjective.* — **4.** Se dit du complément de nom (ou du génitif) qui représente le sujet de l'action exprimée par le nom (par ex. *l'amour des enfants* correspondant à « les enfants aiment »). — **5.** Se dit d'une manifestation morbide qui n'est perçue que par le malade (la douleur, par ex.).

SUBJECTILE n. m. (lat. *subjectum,* de *subjicere,* mettre dessous). Surface externe de tout matériau que le peintre doit revêtir d'enduit, de peinture, de vernis ou d'une préparation similaire. (Syn. FOND, SUPPORT.)

SUBJECTIVEMENT adv. D'une manière subjective.

SUBJECTIVISME n. m. (de *subjectif*). **1.** Doctrine selon laquelle tout ce qui existe n'a de réalité et/ou de valeur qu'en fonction d'un sujet pensant, d'une conscience qui les lui donne. — **2.** Attitude de qqn qui juge d'après ses seules opinions personnelles.

SUBJECTIVISTE adj. et n. Relatif au subjectivisme ; partisan du subjectivisme.

SUBJECTIVITÉ n. f. **1.** Caractère de ce qui est subjectif, par oppos. à *objectivité.* — **2.** État de qqn qui considère la réalité à travers ses seuls états de conscience.

SUBJONCTIF n. m. (bas lat. *subjunctivus,* du lat. class. *subjungere,* subordonner). Mode personnel du verbe employé soit dans des propositions subordonnées (le plus souvent en vertu de contraintes syntaxiques), soit dans des propositions non subordonnées pour exprimer ordinairement l'affectivité ou la subjectivité.

◆ **subjonctif, ive** adj. Qui relève du subjonctif : *Forme subjonctive.*

ENCYCL. Le subjonctif recouvre, en français, quatre séries de formes verbales introduites par la conjonction *que* : deux formes simples (présent et imparfait) et deux formes composées (passé et plus-que-parfait). Le subjonctif (à l'exclusion des cas où il complète le paradigme de l'impératif : *Qu'il*[*s*] *sorte*[*nt*] !) indique qu'une action est conçue comme subordonnée à une autre, ou comme incertaine, possible, hypothétique, ou exprimant la volonté : *Nous souhaitons un comédien qui sache danser. Penses-tu que Luc puisse mentir. Paul veut que sa fille fasse des études.*

SUBJUGUER v. t. (bas lat. *subjugare,* placer sous le joug, du lat. class. *sub,* sous, et *jugum,* joug) [conj. 3]. *Litt.* Exercer sur qqn un pouvoir puissant par une qualité, un comportement qui en impose : *L'orateur subjuguait l'auditoire.*

SUBKILOTONNIQUE adj. Se dit d'une charge nucléaire dont les effets sont comparables à ceux de l'explosion d'une charge de trinitrotoluène inférieure à 1 000 tonnes.

SUBLET n. m. Poisson (labridé) comestible de la Méditerranée, au museau pointu, à la robe multicolore.

SUBLEYRAS (Pierre), peintre et graveur français (Saint-Gilles-du-Gard 1699 - Rome 1749). Formé à Toulouse dans l'atelier des Rivalz, grand prix de l'Académie, à Paris, en 1727, il partit pour Rome et ne quitta plus cette ville, parvenant autour de 1740 à la plus haute consécration. Surtout peintre d'histoire, plein de force, de rigueur et d'une simplicité déjà néoclassique, coloriste raffiné, il est un des grands novateurs de son temps (*Saint Camille de Lellis conjurant l'inondation,* 1746, Museo di Roma).

Sublicius *(pont),* pont de bois jeté à Rome sur le Tibre par Ancus Martius, selon la tradition.

SUBLIGNY (Adrien Thomas PERDOU DE), écrivain français (1636 - 1696). Ami de Molière, il est l'auteur, entre autres, d'une gazette en vers, *la Muse dauphine* (1667), et d'une pièce de théâtre, *la Folle Querelle* (1668), où il critique l'*Andromaque* de Racine.

SUBLIMABLE adj. Qui peut être sublimé.

SUBLIMATION n. f. (bas lat. *sublimatio,* du lat. class. *sublimare,* élever). **1.** Passage d'un corps de l'état solide à l'état gazeux. — **2.** *Litt.* Transformation des pulsions internes en des sentiments élevés, en de hautes valeurs morales ou esthétiques : *Sublimation des instincts.* — **3.** Processus par lequel la pulsion sexuelle échange le but sexuel originaire par un autre, non-sexuel, qui lui est apparenté et change d'objets en faveur d'autres objets socialement plus valorisés.

SUBLIME adj. (lat. *sublimis,* haut). **1.** Qui est le plus élevé, en parlant de choses morales ou intellectuelles : *Sublime abnégation.* — **2.** Dont les sentiments et la conduite atteignent une grande élévation : *Il a été sublime dans cette circonstance.* — **3.** Qui est parfait en son genre : *Un tableau sublime.*

◆ n. m. Caractère de ce qui est sublime : *Une abnégation qui touche au sublime.*

sublime *(Sur le),* traité rhétorique attribué à tort à Longin. Composé sans doute au Iᵉʳ s. apr. J.-C., cet ouvrage s'élève contre les techniques stylistiques du classicisme littéraire et affirme que l'élévation des sentiments de l'auteur, et non le respect de règles formelles, permet d'atteindre le sublime. Privilégiant l'irrationnel, l'enthousiasme passionné, le traité inspira la réaction littéraire du IIᵉ s., appelée « seconde sophistique », et fut très apprécié par les écrivains de la Renaissance.

SUBLIMÉ n. m. **1.** Produit d'une sublimation. — **2.** *Sublimé corrosif,* chlorure mercurique H_gCl_2. (Malgré ses propriétés antiseptiques et insecticides puissantes, il n'est plus employé en nature à cause de sa toxicité et de sa causticité.)

SUBLIMEMENT adv. *Litt.* D'une façon sublime.

Sublime-Porte → PORTE.

SUBLIMER v. t. (lat. *sublimare*) [conj. 3]. **1.** Faire subir la sublimation. — **2.** *Litt.* Transposer en qqch de pur, d'idéal.

SUBLIMINAIRE ou **SUBLIMINAL, E, AUX** adj. (du lat. *limen, -inis,* seuil). **1.** Syn. de INFRALIMINAIRE. — **2.** *Publicité subliminale,* message publicitaire dont certains éléments, inférieurs au seuil perceptif, visent l'inconscient du consommateur.

SUBLIMITÉ n. f. (lat. *sublimitas*). *Litt.* Caractère de ce qui est sublime : *La sublimité du dévouement.*

SUBLINGUAL, E, AUX [-gwal, -o] adj. **1.** Situé sous la langue. — **2.** *Artère sublinguale,* une des deux branches terminales de l'artère linguale. ‖ *Glande sublinguale,* glande salivaire paire de petite dimension, située à la partie antérieure du plancher de la bouche.

SUBLUNAIRE adj. (bas lat. *sublunaris,* du lat. class. *luna,* lune). **1.** *Litt.* Qui est situé entre la Lune et la Terre. — **2.** Selon Aristote, se dit du monde soumis à la génération et à la corruption, et qui est situé au-dessous de la Lune, par oppos. au monde *céleste.*

SUBLUXATION n. f. Luxation incomplète.

SUBMATITÉ n. f. Diminution de la sonorité, matité incomplète obtenue par la percussion d'une partie du corps.

SUBMERGER v. t. (lat. *submergere*) [conj. **17**]. **1.** Recouvrir qqch entièrement, en parlant des eaux : *Très souvent, des raz de marée submergent et dévastent cette côte.* — **2.** En parlant d'un sentiment, d'une sensation, envahir qqn : *Cette joie qui le submergeait.* — **3.** Déborder, envahir qqn, un groupe, lui imposer la force supérieure du nombre : *Les manifestants avaient submergé le service d'ordre.* — **4.** Mettre qqn dans une situation où il ne peut plus faire face : *Se laisser submerger par le travail. Être submergé de réclamations.*

SUBMERSIBLE adj. (lat. *submersum,* submergé). **1.** Qui peut être submergé par les eaux. — **2.** *Machine submersible,* machine construite de façon à pouvoir fonctionner en permanence lorsqu'elle est immergée dans des conditions spécifiées.
◆ n. m. **1.** Sous-marin à propulsion classique et à taux de flottabilité élevé. — **2.** Véhicule autonome et habité destiné à l'observation des fonds marins. (Il s'oppose, par sa maniabilité, sa légèreté, sa mobilité, au bathyscaphe. Les principaux submersibles utilisés ont été : l'*Alvin* [1964] ; la *Cyana* [1970] ; le *Deep Quest* [1967 ; 9,20 m] ; le *Sea Cliff* et le *Sea Turtle* [1968 ; 7,60 m] et la série des *Pisces* [5,80 m] ; *le Nautile* [1985].)

SUBMERSION n. f. (bas lat. *submersio*). **1.** *Litt.* Action de submerger ; fait d'être submergé : *La submersion des rives par une crue.* — **2.** Technique d'irrigation qui consiste à recouvrir d'une nappe d'eau le terrain à irriguer. — **3.** Inondation ou invasion par la mer. — **4.** *Côte de submersion,* zone de modelé continental ennoyée et refaçonnée par les agents marins à la suite d'un mouvement positif du niveau de la mer, d'un affaissement tectonique ou d'un tassement sédimentaire.

SUBMILLIMÉTRIQUE adj. Se dit du rayonnement électromagnétique dont la longueur d'onde est comprise entre 0,1 et 1 mm et de la branche de l'astronomie qui étudie les sources célestes de ce rayonnement.

SUBMINIATURISATION n. f. Réalisation de composants électroniques ou de circuits intégrés de dimensions extrêmement faibles.

SUBODORER v. t. (du lat. *odorari,* sentir) [conj. 3]. *Fam.* Pressentir, se douter de qqch : *Subodorer des secrets.*

SUBONGULÉ n. m. Ancien nom donné aux rongeurs américains de grande taille (cabiai, agouti, paca), dont les griffes sont semblables à des petits sabots. (Ce groupe est auj. démembré.)

SUBORBITAL, E, AUX adj. **1.** Se dit de la vitesse d'un engin spatial lorsqu'elle reste inférieure à la vitesse minimale nécessaire pour que cet engin se maintienne sur une orbite stable autour de la Terre. (Syn. SOUS-ORBITAL.) — **2.** Se dit de l'engin qui possède une telle vitesse.

SUBORDINATIANISME [-sja-] n. m. Conception théologique liée à l'arianisme, qui suppose dans la Trinité une subordination ontologique du Fils et de l'Esprit par rapport au Père.

SUBORDINATION n. f. (lat. médiév. *subordinatio*). **1.** Situation de qqn qui dépend, dans ses fonctions, de l'autorité de qqn d'autre : *Il supporte mal sa subordination à un chef fantasque.* — **2.** Dépendance de qqch par rapport à qqch d'autre : *La subordination de l'armée au pouvoir civil.* — **3.** Relation de dépendance qui lie une proposition à une autre proposition qui lui sert de support syntaxique et sémantique. — **4.** Rapport grammatical existant entre un mot régissant (par ex. un nom) et un mot régi (par ex. un adjectif ou un complément déterminatif). — **5.** En logique, relation de l'espèce au genre.

SUBORDONNANT n. m. Mot ou locution qui instituent un rapport de subordination (conjonctions de subordination, relatifs, interrogatifs).

SUBORDONNÉ, E n. Personne qui est placée sous les ordres d'une autre, qui est dans une situation de dépendance hiérarchique.

SUBORDONNER v. t. (lat. médiév. *subordinare*) [conj. 3]. **1.** Mettre qqn dans une situation de dépendance hiérarchique par rapport à qqn d'autre : *L'organisation militaire subordonne le lieutenant au capitaine.* — **2.** Considérer qqch comme moins important que qqch d'autre : *Subordonner le dessin et la forme à la couleur.* — **3.** Faire dépendre qqch de la réalisation de qqch d'autre : *Subordonner un achat à l'obtention d'un crédit.*
◆ **être subordonné** v. pass. **1.** Dépendre de qqch : *Ses vacances sont subordonnées à la date de l'examen.* — **2.** *Proposition subordonnée* ou *subordonnée* (n. f.), dans une phrase complexe, proposition qui est liée à une autre par un rapport de subordination. (→ *encycl.*)
ENCYCL. **Ling.** On distingue traditionnellement cinq types de subordonnées : *a*) les *conjonctives,* qui englobent les complétives et les subordonnées exprimant la cause, la condition, la concession, le but, la conséquence, la comparaison, le temps ; *b*) les *interrogatives indirectes ; c*) les *relatives ; d*) les *participiales ; e*) les *infinitives.*

SUBORNATION n. f. *Subornation de témoins,* délit consistant à faire pression sur un témoin pour le déterminer à déposer en justice contrairement à la vérité.

SUBORNER v. t. (lat. *subornare,* équiper) [conj. 3]. **1.** Inciter des témoins à faire de faux témoignages. — **2.** *Litt.* Séduire une femme.

SUBORNEUR, EUSE adj. Litt. Qui trompe ; *Conseil suborneur.*

◆ **suborneur** n. m. *Litt.* Homme qui séduit une femme, abuse de sa naïveté.

SUBOTICA, v. du nord de la Yougoslavie (Vojvodine) ; 100 200 hab. Centre agricole de la Bačka. Agroalimentaire. Mécanique.

SUBRÉCARGUE n. m. (esp. *sobrecargo,* de *sobre,* sur, et *cargar,* charger). **1.** Officier d'une compagnie de navigation qui assure, sur un navire, l'exécution des obligations commerciales afin d'en décharger le capitaine ou qui, sur un navire de pêche, dirige les opérations de pêche. — **2.** Représentant des chargeurs, qui a pour mission de surveiller le capitaine et de défendre leurs intérêts.

SUBREPTICE adj. (lat. *subrepticius,* clandestin). **1.** *Litt.* Qui se fait furtivement et d'une façon déloyale, illicite : *Une manœuvre subreptice.* — **2.** *Actes subreptices,* actes diplomatiquement sincères, mais obtenus par fraude.

SUBREPTICEMENT adv. *Litt.* D'une façon subreptice, furtive et discrète.

SUBROGATIF, IVE adj. Qui exprime, qui constitue une subrogation.

SUBROGATION n. f. (bas lat. *subrogatio,* du lat. class. *subrogare*). Institution en vertu de laquelle une personne *(subrogation personnelle)* ou une chose *(subrogation réelle)* est substituée à une autre dans un rapport juridique.

SUBROGATOIRE adj. *Action subrogatoire,* action en justice fondée sur une subrogation.

SUBROGÉ, E n. **1.** Personne substituée à une autre pour succéder à ses droits ou pour agir à sa place. — **2.** *Subrogé tuteur, subrogée tutrice,* personne nommée par le conseil de famille, qui est chargée de surveiller la gestion du tuteur et de représenter le pupille dans les actes qui traduisent une opposition d'intérêts entre lui et le tuteur.

SUBROGEANT n. m. Personne qui se substitue à une autre personne dans un rapport juridique.

SUBROGER v. t. (lat. *subrogare,* de *rogare,* demander) [conj. 7]. Substituer une personne à une autre ou une chose à une autre en lui conférant le même régime juridique.

SUBSAHARIEN, ENNE adj. Relatif à l'Afrique située au sud du Sahara.

SUBSÉQUEMMENT [-ka-] adv. En conséquence, ensuite : *Confirmer subséquemment son premier dire.*

SUBSÉQUENT, E adj. (lat. *subsequens, -entis,* suivant de près). **1.** *Litt.* Qui vient à la suite dans l'ordre du temps, du rang. — **2.** Se dit des affluents des rivières conséquentes responsables du déblaiement des dépressions au pied des fronts de cuesta.

SUBSIDE n. m. (lat. *subsidium,* de *subsidere,* être placé en réserve). **1.** Somme d'argent quelconque versée à titre de secours, de subvention (surtout pl.) : *Vivre de subsides.* — **2.** *Action à fin de subsides,* action que peut intenter un enfant naturel dont la filiation n'a pas été établie contre tout père présumé, afin de réclamer une pension alimentaire.

SUBSIDENCE n. f. (lat. *subsidentia,* sédiment). **1.** Mouvement vertical de la lithosphère dirigé du haut vers le bas. (Elle peut être liée à une accumulation d'épaisses séries sédimentaires dans un bassin peu profond, ou à des causes tectoniques.) — **2.** Mouvement généralisé d'affaissement, qui affecte une masse d'air et qui se traduit par la compression et, par conséquent, le réchauffement adiabatique et le dessèchement de la masse.

SUBSIDIAIRE adj. (lat. *subsidiarius,* qui forme la réserve). **1.** Qui sert à renforcer qqch de principal : *Arguments subsidiaires.* — **2.** *Caution subsidiaire,* caution supplémentaire prise pour servir à défaut de la caution principale. ‖ *Question subsidiaire,* question complémentaire qui sert à départager des concurrents.

SUBSIDIAIREMENT adv. D'une façon subsidiaire ; en second lieu.

SUBSIDIARITÉ n. f. *Principe de subsidiarité,* en droit administratif, principe de délégation verticale des pouvoirs, notamm. dans les fédérations.

SUBSISTANCE n. f. (de *subsister*). Nourriture et entretien de qqn, satisfaction de ses besoins élémentaires : *Assurer sa subsistance.*

◆ **subsistances** n. f. pl. **1.** *Vx.* Ensemble de vivres nécessaires à la vie. — **2.** *Service des subsistances,* service qui, en temps de paix, assure aux forces terrestres la fourniture des vivres, du chauffage, de l'éclairage, de l'eau, des fourrages.

SUBSISTANT, E adj. (lat. *subsistens, -entis*). Qui subsiste, demeure après la disparition d'autres choses : *La partie subsistante d'un édifice ancien.*

SUBSISTER v. i. (lat. *subsistere,* s'arrêter) [conj. 3]. **1.** Continuer d'être, se maintenir, alors que d'autres choses ont disparu : *Il subsiste de nombreux points obscurs.* — **2.** Survivre grâce à qqch qui permet de subvenir aux besoins essentiels : *C'est cette activité qui lui permet de subsister.*

SUBSONIQUE adj. **1.** Dont la vitesse est inférieure à celle du son. — **2.** Relatif aux vitesses inférieures à celle du son.

SUBSPONTANÉ, E adj. Syn. de NATURALISÉ.

SUBSTANCE n. f. (lat. *substantia*). **1.** Toute matière dont une chose est formée : *Substance dure, molle, liquide.* — **2.** Essentiel du contenu de qqch (texte, discours, etc.) : *Rapporter la substance d'une conversation.* — **3.** Chez Aristote et dans la philosophie scolastique, ce qui existe en soi, indépendamment des accidents ou des attributs qui peuvent lui être adjoints. — **4.** Chez Spinoza, tout ce qui existe par soi-même et est concevable par soi-même. (La substance, chez Spinoza, se confond avec Dieu. Elle a une infinité d'attributs, dont l'homme ne perçoit que deux, l'étendue et la durée.) — **5.** *En substance,* en résumé, en se tenant à l'essentiel.

SUBSTANDARD adj. Se dit des films de largeur inférieure à celle (35 mm) du format standard.

SUBSTANTIALISME n. m. Doctrine qui admet la réalité d'une substance.

SUBSTANTIALISTE adj. et n. Relatif au substantialisme ; partisan du substantialisme.

SUBSTANTIALITÉ n. f. Qualité de ce qui est substantiel et existe par soi.

SUBSTANTIEL, ELLE adj. (bas lat. *substantialis,* du lat. class. *substantia,* substance). **1.** Se dit d'un repas, d'un aliment nourrissant : *Nourriture substantielle.* — **2.** Dont le contenu est riche, abondant : *Exposé très substantiel.* — **3.** Qui est important : *Obtenir des avantages substantiels.* — **4.** Relatif à la substance, par oppos. à *accidentel.*

SUBSTANTIELLEMENT adv. **1.** *Litt.* D'une manière substantielle, abondante. — **2.** D'une manière propre à la substance, qui la caractérise ou qui la spécifie.

SUBSTANTIF, IVE adj. (bas lat. *substantivus,* du lat. class. *substantia,* substance). *Colorant substantif,* colorant capable de teindre le coton non mordancé.

◆ **substantif** n. m. En grammaire traditionnelle, syn. de NOM.

SUBSTANTIFIQUE adj. (lat. *substantia,* substance). Litt. *La substantifique moelle,* ce qu'il y a d'essentiel dans un écrit.

SUBSTANTIVATION n. f. Emploi comme substantif d'un mot qui n'est pas classé originellement parmi les substantifs. (Ainsi, dans *le bleu du ciel,* on dira que *bleu* est substantivé.)

SUBSTANTIVEMENT adv. Avec la valeur d'un substantif, d'un nom.

SUBSTANTIVER v. t. (conj. 3). Soumettre un mot à la substantivation.

SUBSTITUABILITÉ n. f. **1.** Qualité de ce qui peut être l'objet d'une substitution. — **2.** Possibilité pour un terme dans une proposition d'être substitué à un autre. (La substituabilité est liée à la définition de l'identité selon les règles et les lois de la logique envisagée.)

SUBSTITUABLE adj. Qui peut être substitué.

SUBSTITUANT n. m. Atome qui se substitue à un autre dans une molécule.

SUBSTITUÉ n. m. Bien faisant l'objet d'une substitution.

SUBSTITUER v. t. (lat. *substituere*) [conj. **7**]. **1.** Mettre qqn, qqch en lieu et place de qqn, de qqch d'autre : *Substituer un enfant à un autre.* — **2.** Remplacer, dans un composé, un atome, une molécule par un autre atome, une autre molécule, sans modifier la structure globale. — **3.** Laisser un héritage à qqn et désigner un autre héritier pour succéder à défaut ou après le décès du premier ; appeler un héritier à succéder à défaut d'un autre héritier ou après le décès de celui-ci.

◆ **se substituer** v. pr. Prendre la place, la fonction de qqn, de qqch : *Cet hebdomadaire s'est substitué au quotidien du même nom.*

SUBSTITUT n. m. (lat. *substitus,* mis à la place). **1.** Personne chargée de remplir les fonctions de celui à qui elles sont dévolues, en cas d'absence ou d'empêchement de ce dernier. — **2.** Ce qui peut remplacer qqch en jouant le même rôle. — **3.** Magistrat du parquet chargé d'assister le procureur général de la cour d'appel *(substitut général)* et le procureur de la République. — **4.** *Substitut à l'emprisonnement,* syn. de PEINE DE SUBSTITUTION*.

SUBSTITUTIF, IVE adj. *Formation substitutive,* processus de formation des symptômes propres aux psychonévroses en tant qu'ils viennent à la place du procès pulsionnel par la voie du refoulement et du retour du refoulé.

SUBSTITUTION n. f. (bas lat. *substitutio*). Action de substituer, fait de se substituer : *Substitution de documents.* • **Biol.** Remplacement d'une espèce par un mutant. (Ce mode d'évolution, bien observé sur la phalène du bouleau, a lieu lorsqu'un changement du milieu favorise le mutant plus que la variété initiale.) — **Chim.** Réaction au cours de laquelle un atome, dans une molécule, échange contre un autre atome un atome auquel il est lié, sans changer sa coordinence. (Par ex., l'action du chlore sur le méthane se traduit par un échange d'atomes de chlore et d'hydrogène : $CH_4 + Cl_2 \rightarrow HCl + CH_3Cl$. À cette substitution de type *radicalaire* s'ajoutent les substitutions *nucléophiles, électrophiles* et *péricycliques*.) — **Dr.** Forme de tutelle administrative, consistant pour l'autorité de tutelle à pouvoir, exceptionnellement, agir « d'office » à la place de l'autorité sous tutelle. ‖ *Substitution d'enfant* (ou *de part*), infraction consistant à mettre un autre enfant à la place de celui dont une femme a accouché. ‖ *Peine de substitution,* peine que le tribunal peut prononcer à la place d'une peine d'emprisonnement (confiscation, travail d'intérêt général, jours-amende). — **Écon.** Introduction, dans les achats des consommateurs, de biens voisins et aux qualités similaires, qui remplacent d'autres biens qui se trouvaient antérieurement acquis. ‖ Action de substituer un facteur de production à un autre (substitution du capital au travail, par ex.). — **Géol.** *Gîte de substitution,* gisement métallifère qui s'est formé au sein de dépôts plus anciens en profitant des vides laissés par une dissolution préalable. — **Ling.** Élimination d'un mot par un autre au cours de l'évolution d'une langue. — **Math.** Syn. de PERMUTATION. — **Métall.** *Solution solide de substitution,* composé monophasé dans lequel les atomes dissous se substituent à ceux de la matrice en occupant les mêmes sites du réseau cristallin. — **Psychan.** Mise en place d'une formation substitutive.

SUBSTRAT n. m. (lat. *substratrum,* de *substernere,* subordonner). **1.** Ce qui existe dans un être, indépendamment de ses qualités, et en constitue la réalité profonde. — **2.** Ce qui sert d'infrastructure à qqch, ce sur quoi s'exerce une action : *Le substrat économique d'un développement culturel.* • **Chim.** Celui des deux partenaires d'une réaction chimique dont on examine les changements structuraux. — **Électron.** Cristal d'un métal semi-conducteur sur lequel un circuit intégré est fabriqué par dopage de certaines zones N ou P. ‖ Support en matière isolante destiné à recevoir l'impression d'un circuit électrique ou électronique et les divers composants de ce circuit pour constituer des circuits hybrides. — **Ling.** Première langue connue ayant existé dans un espace géographique déterminé, repérable par les traces qu'elle a laissées dans la langue parlée actuellement dans cet espace ; l'ensemble de ces traces.

SUBSTRATUM [-tɔm] n. m. (lat. *substratum,* de *substernere,* subordonner). Formation géologique sous-jacente à une unité charriée *(substratum d'une nappe)* ou à une couverture sédimentaire.

SUBSTRUCTURE ou **SUBSTRUCTION** n. f. Parties basses d'une construction ancienne, détruite, conservées dans les fondations d'une construction nouvelle ; toute infrastructure d'un bâtiment.

SUBSUMER v. t. (lat. *subsumere,* de *sumere,* prendre comme prémisses) [conj. 3]. **1.** Dans la philosophie scolastique, rapporter, référer un individu à une espèce ; rapporter, référer une espèce à un genre. — **2.** Chez Kant, appliquer un concept ou une catégorie générale de l'entendement à une intuition sensible particulière, de manière qu'il y ait connaissance ou jugement. — **3.** Chez Husserl, établir un rapport entre un individu et l'essence à laquelle il appartient.

SUBTERFUGE n. m. (bas lat. *subterfugium,* du lat. class. *subterfugere,* fuir secrètement). Moyen habile et détourné pour se tirer d'embarras : *User de subterfuges.*

SUBTIL, E adj. (lat. *subtilis*). **1.** Qui a une grande finesse d'esprit et de l'ingéniosité : *Un négociateur subtil. Intelligence subtile.* — **2.** Qui manifeste une habileté poussée parfois jusqu'à l'excès : *Recourir à de subtiles arguties.* — **3.** Qui est difficile à comprendre, à saisir, du fait de son caractère ténu, délicat : *Nuance de sens très subtile.* — **4.** *Litt.* Se dit d'une chose matérielle légère, qui s'insinue facilement : *Un parfum subtil.* — **5.** *Matière subtile,* chez les matérialistes latins et dans la philosophie scolastique, matière qui enveloppe les astres, la Lune, etc.

SUBTILEMENT adv. D'une manière adroite, délicate : *Se tirer subtilement d'une situation difficile.*

SUBTILISATION n. f. Action de subtiliser ; fait d'être subtilisé.

SUBTILISER v. t. (de *subtil*) [conj. 3]. *Fam.* Dérober qqch adroitement, sans se faire remarquer : *Subtiliser un document dans un dossier.* ◆ v. i. *Litt.* Penser, raisonner, s'exprimer avec une finesse excessive : *À force de subtiliser, on perd de vue l'essentiel.*

SUBTILITÉ n. f. (lat. *subtilitas*). **1.** Caractère de qqn, de qqch qui est subtil, pénétrant, ingénieux : *J'admire la subtilité de sa pensée.* — **2.** Finesse, raffinement excessif de la pensée, de l'expression, etc. : *Des subtilités de style.*

SUBTROPICAL, E, AUX adj. Qui est proche des tropiques.

SUBULÉ, E adj. (lat. *subula,* alène). Se dit d'un organe (antenne, feuille) qui se termine en une pointe très aiguë.

SUBURBAIN, E adj. (lat. *suburbanus,* de *urbs, urbis,* ville). Qui est à la périphérie immédiate d'une ville : *Population suburbaine.*

SUBURBICAIRE adj. (bas lat. *suburbicarius,* du lat. class. *urbs, urbis,* ville). Se dit des sept sièges épiscopaux contigus à Rome, dont les cardinaux-évêques sont titulaires.

SUBVENIR v. t. ind. (lat. *subvenire*) [conj. **40** ; auxil. *avoir*]. *Subvenir aux besoins de qqn,* y pourvoir, lui procurer ce qui est nécessaire.

SUBVENTION n. f. (bas lat. *subventio,* du lat. class. *subventum,* de *subvenire,* secourir). Aide financière versée par l'État ou une personne publique à une personne privée, physique ou morale, dans le but de favoriser l'activité d'intérêt général à laquelle elle se livre.

SUBVENTIONNER v. t. (conj. **3**). Aider qqn, une collectivité par une subvention : *Subventionner un théâtre.*

SUBVERSIF, IVE adj. (lat. *subversum,* de *subvertere,* renverser). **1.** Qui est de nature à troubler ou à renverser l'ordre social ou politique : *Propager des théories subversives.* – **2.** Qui soutient des idées menaçant l'ordre social : *C'est un esprit subversif.* – **3.** *Guerre subversive,* action concertée dirigée contre les autorités d'un pays par des organisations clandestines, disposant ou non de l'appui d'une partie de la population.

SUBVERSION n. f. (bas lat. *subversio*). Action visant à saper les valeurs et les institutions établies.

SUBVERSIVEMENT adv. *Litt.* D'une manière subversive.

SUBVERTIR v. t. (lat. *subvertere*) [conj. **32**]. *Litt.* Renverser un ordre, bouleverser un état de choses : *Subvertir l'État, les valeurs morales.*

SUC n. m. (lat. *sucus*). **1.** Liquide organique susceptible d'être extrait des tissus végétaux et animaux. – **2.** Liquide organique produit par sécrétion et contenant des enzymes. – **3.** *Litt.* Le meilleur de la substance de qqch.

SUCCÉDANÉ n. m. (lat. *succedaneus,* de *succedere,* remplacer). **1.** Produit de remplacement : *Un succédané de café.* – **2.** Chose ou personne moins valables que celles dont elles assurent le rôle, la fonction : *Un succédané de film à grand spectacle.*

SUCCÉDER v. t. ind. (lat. *succedere*) [conj. **18**]. **1.** Parvenir après qqn à une fonction, à un emploi, à une dignité : *Il m'a succédé à la direction du service.* – **2.** Venir après qqch, le suivre dans le temps ou dans l'espace : *La colère succéda à la peine. Les prairies succèdent aux champs cultivés.* – **3.** Obtenir par droit de succession, par héritage ; recueillir une succession.
◆ **se succéder** v. pr. **1.** Venir l'un après l'autre dans une charge, un emploi, une fonction : *Les Dupont se sont succédé à la tête de l'entreprise.* – **2.** Être à la suite l'un de l'autre : *Les hypothèses se succédaient dans sa tête.*

SUCCENTURIÉ, E [syksɑ̃-] adj. (lat. *succenturiatus,* de *succenturiare,* tenir en réserve). *Ventricule succenturié,* renflement de l'œsophage, chez les oiseaux, jouant le rôle d'estomac chimique en amont du gésier.

SUCCÈS n. m. (lat. *successus*). **1.** Résultat heureux obtenu dans une entreprise, un travail, une épreuve sportive, etc. : *Ses efforts ont été couronnés de succès.* – **2.** Faveur, audience accordée par le public : *Un chanteur qui a du succès.* – **3.** Fait de plaire à qqn, de le séduire : *Son charme lui a valu de nombreux succès.* – **4.** Fait d'être réussi et de plaire à qqn : *Son rôti a eu du succès auprès de ses invités.* – **5.** Œuvre littéraire, film, roman, etc., qui rencontre le faveur du public : *Écouter le dernier succès du chanteur.*

SUCCESSEUR n. m. (lat. *successor*). Personne qui succède à une autre dans un état, une fonction, une profession, ou dans ses droits ou obligations. • **Dr.** Personne appelée à recueillir tout ou partie d'une succession. ‖ *Successeur irrégulier,* successeur qui doit se faire envoyer en possession des biens qui ont fait l'objet de la succession. (L'État est un successeur irrégulier.) – **Math.** *Successeur d'un élément* x *d'un ensemble ordonné* E, plus petit élément, noté x^+, quand il existe, de l'ensemble des éléments de l'ensemble ordonné E strictement supérieurs à *x*. (Syn. ÉLÉMENT CONSÉCUTIF, SUIVANT.) ‖ *Successeur d'un entier* n, entier $p = n + 1$, parfois noté n'.

SUCCESSIBILITÉ n. f. **1.** Droit de succéder. – **2.** Ordre de succession ; manière dont a lieu la succession.

SUCCESSIBLE adj. **1.** Qui a droit à la succession. – **2.** Qui donne droit à la succession.
◆ n. Personne appelée à recueillir une succession.

SUCCESSIF, IVE adj. (bas lat. *successivus,* du lat. class. *succedere,* succéder). **1.** Se dit des choses qui se succèdent, des personnes qui viennent à la suite les unes des autres : *Des refus successifs ont fini par l'écœurer.* – **2.** *Contrat successif,* contrat qui comporte l'exécution d'obligations s'échelonnant dans le temps.

SUCCESSION n. f. (lat. *successio*). **1.** Série de personnes ou de choses qui se succèdent, qui se suivent sans interruption ou à peu d'intervalle : *Une succession d'hommes illustres, de découvertes.* – **2.** Fait de succéder à qqn, transmission d'un pouvoir, d'une responsabilité, d'une charge : *La succession de Martin à la direction de la société.* – **3.** Transmission du patrimoine d'une personne décédée *(de cujus)* à une ou plusieurs personnes vivantes. (En pratique, le mot n'est employé que pour les transmissions universelles.) [→ *encycl.*] – **4.** Ensemble des biens que laisse une personne au jour de son décès. – **5.** *Déclaration de succession,* document détaillant les biens d'une succession, établi par les héritiers et déposé au bureau d'enregistrement dans les six mois à compter du décès. ‖ *Droits de succession,* impôt frappant, en cas de mutation par décès, tous les biens situés en France, meubles et immeubles, qui étaient la propriété de la personne décédée. ‖ *Ordre de succession,* ordre prescrit par la loi pour le règlement des successions ab intestat suivant le degré de parenté des héritiers.

ENCYCL. **Dr.** Le Code distingue quatre types de successeurs : les héritiers légitimes (descendants ; ascendants ; conjoint survivant ; collatéraux, jusqu'au 6e degré inclus) ; un successeur irrégulier : l'État ; les successeurs anomaux ; les légataires.

• *Dévolution légale de la succession* (succession ab intestat). Le Code institue entre les héritiers une hiérarchie fondée sur les règles de l'ordre et du degré.

Le premier ordre (ou classe) est constitué par les descendants du de cujus ; le deuxième par les ascendants et les collatéraux privilégiés (père et mère d'une part ; frères et sœurs, neveux et nièces d'autre part) ; le troisième par les ascendants ordinaires ; le quatrième par les collatéraux ordinaires. Les héritiers du premier ordre priment ceux du deuxième et ainsi de suite.

Il faut noter qu'entre le troisième et le quatrième ordre s'insère le conjoint survivant qui prime les collatéraux ordinaires. À l'intérieur de chaque ordre, l'héritier du degré le plus proche élimine les autres. Les héritiers d'un même ordre et d'un même degré se répartissent la masse par égales proportions.

Il y a deux exceptions à ces deux règles : la représentation* et la fente*.

• *Les droits du conjoint survivant.* Si le de cujus ne laisse pas de parent au degré successible ou ne laisse que des collatéraux ordinaires, le conjoint survivant succède en *pleine propriété.* Mais ce droit est réduit de moitié au profit du ou des enfants adultérins du de cujus (conçu pendant le mariage du de cujus avec le conjoint survivant). Dans les autres cas, il succède en *usufruit.*

• *La réserve et la quotité disponible.* Certains des héritiers légitimes (descendants de tout degré et ascendants privilégiés) sont dits « réservataires ». Ils ne peuvent être exclus complètement de la succession, le de cujus ne pouvant, en leur présence, disposer valablement que d'une fraction de son patrimoine : la *quotité disponible,* dont le montant varie en fonction de la qualité et du nombre des héritiers réservataires. (Elle n'est cependant jamais inférieure au quart de la succession.)

L'enfant naturel dont la filiation est légalement établie a en général les mêmes droits qu'un enfant légitime. Toutefois, l'enfant dit *adultérin* ne peut en principe recueillir que la moitié de la part à laquelle il aurait eu droit s'il avait été légitimé.

Tous les héritiers disposent de la *saisine** et peuvent, sans formalité ni attente, appréhender les biens héréditaires, les administrer et en disposer librement. Mais ils restent toujours libres d'accepter *(acceptation pure et simple* ou *acceptation sous bénéfice d'inventaire)* ou de refuser la succession.

En ce qui concerne les légataires, on distingue le *légataire universel,* qui reçoit la totalité de la succession ; le *légataire à titre universel,* qui reçoit une quotité de la succession, et le *légataire à titre particulier,* qui reçoit un ou plusieurs biens déterminés.

Succession d'Autriche *(guerre de la),* conflit qui opposa la Prusse, la France, la Bavière, la Saxe et l'Espagne à l'Autriche et à l'Angleterre de 1740 à 1748, et qui eut pour principal enjeu les terres héréditaires des Habsbourg d'Autriche et la succession au trône impérial. Il se doubla d'une guerre maritime et coloniale qui se déroula au Canada et aux Indes. Malgré la pragmatique* sanction de 1713, qui assurait le trône à Marie-Thérèse, fille de l'empereur Charles VI, la succession d'Autriche est contestée à la mort de celui-ci (1740) par l'Électeur Charles-Albert de Bavière, Philippe V d'Espagne, Auguste III de Saxe et de Pologne et Frédéric II de Prusse. Le conflit commence par la conquête de la Silésie par ce dernier (1740-41), suivie de l'attaque de la Bohême par Charles-Albert, soutenu par la France et la Saxe (conquête de Prague en nov. 1741). Charles-Albert s'étant fait élire empereur du Saint Empire sous le nom de Charles VII (janv. 1742), l'Autriche réagit à la coalition formée contre elle en réunissant une « armée pragmatique » avec le concours de la Grande-Bretagne et des Pays-Bas. Après avoir abandonné la Silésie à Frédéric II (juill. 1742), Marie-Thérèse reconquiert la Bohême (déc. 1742) et occupe la Bavière en 1743. De son côté, George II, roi d'Angleterre, bat les Français sur le Main (Dettingen, juin 1743). Frédéric II reprend la guerre contre l'Autriche et envahit la Bohême en août 1744. Mais Marie-Thérèse, s'étant réconciliée avec le fils de son rival bavarois (mort en janv. 1745) à la paix de Füssen (22 avr. 1745), parvient à faire élire son mari, François de Lorraine, comme empereur (François Ier) et signe avec Frédéric II la paix de Dresde (25 déc. 1745), lui confirmant la possession de la Silésie. La guerre se prolonge néanmoins par la riposte des Français qui, vainqueurs à Fontenoy (mai 1745), s'emparent des Pays-Bas (1746) et envahissent les Provinces-Unies (1747-48). La paix d'Aix-la-Chapelle (18 oct. 1748) consacre le nouvel équilibre des forces et fait universellement reconnaître la pragmatique sanction de 1713.

Succession de Bavière *(guerre de la),* conflit qui opposa l'Autriche à la Prusse (1778-79). La branche bavaroise des Wittelsbach s'étant éteinte avec la mort de l'Électeur Maximilien III de Bavière (déc. 1777), l'empereur Joseph II entendait s'imposer à la succession. Frédéric II s'opposa à ce projet par une démonstration de force en Bohême (juill. 1778) et Marie-Thérèse dut conclure la paix de Teschen (mai 1779), garantie par la France et la Russie : l'Autriche renonçait à la succession de Bavière et recevait en contrepartie le territoire situé au N. de Salzbourg *(Innviertel)*.

Succession de Bretagne *(guerre de la)* → BRETAGNE *(guerre de la Succession de)*.

Succession d'Espagne *(guerre de la)*, conflit européen (1701-1714) provoqué par la mort sans descendance de Charles II de Habsbourg, roi d'Espagne. L'empereur Léopold Ier et Louis XIV, petits-fils de Philippe III d'Espagne et beaux-frères de Charles II, convoitent son héritage. Ce dernier est hostile au partage de l'empire espagnol et veut en préserver l'intégrité. En 1700, il désigne pour lui succéder le petit-fils de Louis XIV, Philippe, duc d'Anjou, qui va devenir le roi Philippe V. Le roi de France accepte le testament et fait occuper les places frontières des Pays-Bas. Une coalition européenne comprenant l'Angleterre, les Pays-Bas, l'Empire et divers princes allemands se constitue (7 sept. 1701) et déclare la guerre (15 mai 1702). La France doit supporter presque seule la lutte et soutenir l'Espagne. Après la victoire de Villars à Höchstädt (1703), arrivent les revers : Gibraltar (1704), Blenheim (1704), Barcelone (1705), où l'archiduc Charles se fait proclamer roi d'Espagne. Philippe V est chassé de Madrid. La victoire paraît acquise aux coalisés après les combats de Oudenaarde et de Lille (1708). Louis XIV engage des pourparlers de paix vite rompus devant l'exigence des coalisés. La demi-victoire de Malplaquet et celle, décisive, de Villaviciosa, en Espagne (1710), ébranlent les coalisés. Les Hollandais sont battus à Denain (1712), et les impériaux reculent. La frontière française est dégagée.
L'élection à l'Empire de Charles, fils de Léopold Ier, sous le nom de Charles VI (1711), incite également les puissances à souhaiter la paix, de peur de voir le nouvel empereur réunir à nouveau les vastes États de son aïeul Charles Quint. La paix est signée à Utrecht (11 avr. 1713), sauf par l'empereur qui signe à Rastatt (6 mars 1714). Philippe V est reconnu roi d'Espagne, mais il renonce à toute prétention à la couronne de France. Ses territoires européens extérieurs à l'Espagne sont partagés entre les vainqueurs : Autriche, Savoie et Angleterre (qui obtient Gibraltar et Minorque). La France garde ses frontières de 1700, mais renonce à l'Acadie et à Terre-Neuve. Elle accorde des avantages commerciaux à l'Angleterre, et, affaiblie, laisse désormais la prépondérance au grand État insulaire.

Succession de Pologne *(guerre de la)*, conflit qui opposa la France, alliée de l'Espagne, de la Sardaigne et de la Bavière, à la Russie et à l'Autriche (1733-1738). À la mort d'Auguste II, Électeur de Saxe et roi de Pologne, la Russie et l'Autriche soutinrent Auguste III, tandis que Stanislas Leszczyński était élu par la diète de Varsovie, avec l'appui de son gendre, Louis XV (sept. 1733). Auguste III chassa son rival, qui se réfugia à Dantzig. Dantzig capitula devant les Russes (9 juin 1734), et la Pologne passa sous l'autorité austro-russe. Parallèlement, les Français occupèrent la Lorraine. Au traité de Vienne (1738), Stanislas renonça à la couronne polonaise et obtint les duchés de Lorraine et de Bar. En Italie, don Carlos reçut Naples, la Sicile et les présides de Toscane, et François de Lorraine, la Toscane.

SUCCESSIVEMENT adv. L'un après l'autre ; l'un à la suite de l'autre : *Perdre successivement ses amis.*

SUCCESSORAL, E, AUX adj. Relatif aux successions.

SUCCIN [syksɛ̃] n. m. (lat. *succinum*). Syn. de AMBRE* JAUNE.

SUCCINCT, E [syksɛ̃, -ɛ̃t] adj. (lat. *succinctus,* de *succingere,* retrousser). **1.** Qui est énoncé en peu de mots : *Un rapport succinct.* — **2.** *Litt.* Qui s'exprime avec brièveté : *Un auteur succinct.* — **3.** Qui est peu abondant, peu fourni : *Un repas succinct.*

SUCCINCTEMENT [syksɛ̃-] adv. **1.** D'une manière succincte : *Résumer succinctement un long discours.* — **2.** De façon peu abondante : *Dîner succinctement.*

SUCCINE ou **SUCCINÉE** [syksi-] n. f. (lat. *succinum,* ambre jaune). Mollusque gastropode pulmoné à coquille longue et mince, vivant au bord des eaux douces, sur les plantes. (N. usuel *ambrette.*)

SUCCINIMIDE [syksi-] n. m. Imide de l'acide succinique, obtenu par action de l'ammoniac sur l'anhydride succinique. (Les succinimides forment un groupe d'antiépileptiques actifs sur les crises de type petit mal.)

SUCCINIQUE [syksi-] adj. (de *succin*). *Acide succinique,* acide $C_2H_4{-}(CO_2H)_2$, qui se rencontre dans tous les organismes vivants, où il intervient lors du métabolisme des lipides. (C'est un solide fondant à 185 °C, obtenu industriellement à partir de l'acétylène et du formaldéhyde.)

SUCCION [sysjɔ̃ ou syksjɔ̃] n. f. (lat. médiév. *suctio,* du lat. class. *suctus,* de *sugere,* sucer). **1.** Mode de préhension d'un liquide dans lequel la bouche est close et joue le rôle de pompe aspirante. — **2.** Aspiration par les racines des plantes de l'eau du sol, faiblement chargée en sels minéraux et qui donnera la sève brute.

SUCCOMBER v. i. et v. t. ind. (lat. *succumbere,* s'affaisser) [conj. **3**]. **1.** Mourir, être emporté par une cause quelconque : *Succomber à ses blessures.* — **2.** Cesser de résister à qqch qui est plus fort : *Succomber au sommeil. Succomber à la tentation.* — **3.** *Litt.* Céder aux instances amoureuses d'un homme, en parlant d'une femme. — **4.** Céder devant une force supérieure après avoir résisté un certain temps : *Nos troupes ont succombé sous le nombre.* — **5.** *Litt.* Être écrasé, accablé par qqch, être contraint à l'abandon : *Succomber sous les difficultés.*

SUCCUBE n. m. (bas lat. *succuba,* du lat. class. *cubare,* être couché). Démon qui revêt une apparence femelle, généralement humaine, afin d'entretenir des rapports sexuels avec un homme.

SUCCULENCE n. f. *Litt.* Qualité de ce qui est succulent : *La succulence d'un mets.*

SUCCULENT, E adj. (bas lat. *succulentus,* du lat. class. *succus,* suc). **1.** Qui a une saveur délicieuse, qui flatte tout particulièrement le goût : *Des mets succulents.* — **2.** Se dit d'organes végétaux charnus et riches en eau. (Les plantes qui ont de tels organes sont appelées plantes grasses*.)

SUCCURSALE n. f. (lat. ecclés. **succursalis,* église succursale, du lat. class. *succurrere,* porter secours à). **1.** Établissement qui dépend d'une maison mère : *Les succursales d'une banque.* — **2.** Église construite sur une paroisse pour suppléer à l'insuffisance de l'église paroissiale.

SUCCURSALISME n. m. Secteur de la distribution composé d'entreprises de vente au détail, gérant des succursales sous une enseigne commune.

SUCCURSALISTE adj. Relatif au succursalisme.
◆ n. Société succursaliste.

SUCCUSSION n. f. Temps essentiel de la dynamisation d'un remède homéopathique visant à assurer une dispersion homogène au sein du véhicule de la substance active, en imprimant à un flacon bouché qui les contient tous les deux une série d'au moins 100 secousses sèches et brèves.

SUCEAVA, v. du nord-est de la Roumanie ; 114 355 hab. Vestiges de la citadelle (XIVe-XVe s.). Église (XVIe s.) du couvent St-Georges, typique de l'art de la Bucovine ; aux environs, couvent de la Dragomirna, église peinte d'Arbore, etc.

SUCEMENT n. m. Action de sucer.

SUCE-PIERRE n. m. inv. (calque du lat. *lampetra,* lamproie). Un des noms usuels de la *lamproie.* (Syn. SUCET.)

SUCEPIN n. m. Nom usuel du *monotrope.*

SUCER v. t. (lat. pop. **suctiare,* du lat. class. *sugere*) [conj. **16**]. **1.** Aspirer à l'aide des lèvres le liquide ou la substance semi-liquide contenus dans qqch : *Sucer le jus d'un fruit.* — **2.** En parlant de certains animaux, aspirer avec un organe spécial le suc d'une plante, un liquide, etc. : *Les sangsues sucent le sang.* — **3.** Faire fondre qqch dans sa bouche en y appliquant la langue : *Sucer des pastilles de menthe.* — **4.** Porter, garder un objet à la bouche et y exercer une succion : *Réfléchir en suçant son crayon.* — **5.** *Avoir sucé qqch avec le lait,* avoir été initié à certaines idées, certains principes dès le plus jeune âge. ‖ *Sucer le sang de, à qqn,* l'exploiter, vivre à ses dépens, le dépouiller complètement.

SUCET n. m. Syn. de RÉMORA et de SUCE-PIERRE.

SUCETTE n. f. (de *sucer*). **1.** Friandise en sucre cuit aromatisé fixée à un bâtonnet. — **2.** Petite tétine de caoutchouc que l'on donne à sucer aux jeunes enfants.

SUCEUR, EUSE adj. Se dit de l'appareil buccal des papillons, dont l'organe principal est une spiritrompe, enroulée au repos.
◆ n. Litt. *Suceur de sang,* personne qui vit de l'exploitation des autres.
◆ **suceuse** n. f. Appareil de manutention pneumatique des grains.

SUCHET (Louis Gabriel), duc **d'Albufera,** maréchal de France (Lyon 1770 - château de Saint-Joseph, Marseille, 1826). Après avoir participé au siège de Toulon (1793), il combattit en Italie (1800), à Austerlitz, à Iéna et en Espagne où il fit tomber Tarragone (1811). Colonel général de la Garde impériale (nov. 1813), il assura le retour à Madrid de Ferdinand VII après le traité de Valençay. Il signa l'armistice avec Wellington (1814) puis se rallia à Napoléon pendant les Cent-Jours.

SÜCHOW → XUZHOU.

SUCKSDORFF (Arne), cinéaste suédois (Stockholm 1917). Grand documentariste, il est l'opérateur, le scénariste et le monteur de tous ses films, parmi lesquels : *le Vent d'ouest* (1942), *Rythmes de la ville* (1947), *le Vent et le Fleuve* (1951), *la Grande Aventure* (1953), *l'Arc et la Flûte* (1957).

SUÇOIR n. m. **1.** Trompe des insectes qui aspirent les liquides. — **2.** Organe des plantes parasites, né soit sur les racines (mélampyre), soit sur les tiges (cuscute), et qui s'enfonce dans les organes de la plante hôte.

SUÇON n. m. *Fam.* Marque que l'on fait sur la peau en la suçant fortement.

SUÇOTER v. t. (conj. 3). *Fam.* Sucer du bout des lèvres, négligemment.

SUCRAGE n. m. **1.** Action de sucrer. — **2.** Syn. de CHAPTALISATION.

SUCRANT, E adj. Qui a la propriété de donner un goût sucré : *Le pouvoir sucrant de la saccharine.*

SUCRASE n. f. Syn. de INVERTASE.

SUCRATE n. m. Syn. de SACCHARATE.

SUCRATERIE n. f. Usine extrayant le sucre des mélasses.

1. SUCRE n. m. (ital. *zucchero,* du sanskr. *śakarā,* grain). **1.** Produit alimentaire cristallisé, blanc ou roux, de saveur douce, qu'on extrait de la canne à sucre et de la betterave sucrière. — **2.** Morceau de cet aliment : *Mettre deux sucres dans son café.* — **3.** Corps ayant une constitution chimique voisine du saccharose. (Syn. GLUCIDE, HYDRATE DE CARBONE.) — **4.** Fam. *Casser du sucre sur qqn, sur sa tête, sur son dos,* le calomnier, dire du mal de lui en son absence. ‖ *Être tout sucre,* se montrer d'une amabilité doucereuse. ‖ *Sucre blanc,* sucre exempt d'impuretés. ‖ *Sucre d'érable,* sirop épais obtenu par concentration, par chauffage, de la sève de l'érable à sucre. ‖ *Sucre liquide,* sirop concentré de saccharose, peu ou partiellement inverti, utilisé par certaines industries (conserveries, fabriques de boissons) à la place du sucre cristallisé. ‖ *Sucre de maïs,* sirop préparé par hydrolyse de l'amidon contenu dans les grains de maïs. ‖ *Sucre de malt,* syn. de MALTOSE. ‖ *Sucre d'orge,* pâte dure vitreuse de forme cylindrique, aromatisée et acidulée, formée de saccharose et de glucose. ‖ *Sucre roux,* sucre constitué de cristaux enveloppés d'une légère pellicule de mélasse.

ENCYCL. Le sucre (saccharose) existe dans de nombreux végétaux : canne à sucre, betterave, sève de certains palmiers, d'érable, mais ce sont la canne et la betterave qui alimentent l'industrie sucrière. Le sucre de betterave est extrait par diffusion, dans un appareil travaillant en continu, de la racine découpée en cossettes. Le jus de diffusion est additionné de chaux qui précipite les impuretés, puis neutralisé par le gaz carbonique. Le jus épuré est concentré par évaporation donnant un sirop qui, soumis à une cristallisation méthodique avec concentration sous vide, fournit du sucre blanc et de la mélasse. L'extraction du sucre à partir de la canne se fait surtout par broyage-compression dans les moulins. Le jus, ou vesou, est traité à peu près comme pour la betterave.

— **Géogr.** La production mondiale de sucre, depuis la fin du XVIIIe s., est passée de quelques dizaines de milliers de tonnes à plus de 110 Mt aujourd'hui, provenant pour les deux tiers de la canne (l'Inde, le Brésil, la Chine et Cuba, pays, au moins partiellement, tropicaux, sont d'ailleurs les premiers producteurs mondiaux). La France demeure le premier producteur européen de sucre de betterave.

2. SUCRE n. m. Unité monétaire de l'Équateur (symb. SUC).

SUCRE, anc. **Chuquisaca** et **La Plata,** v. de Bolivie, cap. constitutionnelle de l'État et ch.-l. de dép., à plus de 2 700 m d'alt. ; 130 952 hab. Archevêché. Université fondée en 1624. Siège de la Cour suprême de la Bolivie. Cathédrale du XVIIe s. (trésor). Vieilles églises. Centre universitaire, administratif et industriel.

SUCRE (Antonio José DE), patriote vénézuélien (Cumaná 1795 - Berruecos, Colombie, 1830). Officier, il se rallia à Miranda et à Bolívar. Général (1819), il fut vainqueur à Pichincha (mai 1822) et à Ayacucho* (9 déc. 1824). Élu président de la Bolivie (oct. 1826), il abdiqua en sept. 1828. Élu président du « Congrès admirable » réuni en 1830 à Bogotá, il fut assassiné alors qu'il se rendait à Quito.

SUCRÉ, E n. *Faire le, la sucré(e),* prendre par affectation un air doucereux, mielleux.

◆ **sucré** n. m. Nourriture, boisson, substance contenant du sucre, ayant une saveur sucrée.

◆ adv. *Manger, boire sucré,* des aliments, des boissons avec du sucre.

SUCRER v. t. (conj. 3). **1.** Ajouter du sucre à un mets, à une boisson pour en adoucir la saveur : *Sucrer son café.* — **2.** Additionner un mets, une boisson d'une substance qui renferme du sucre ou qui en a le goût : *Sucrer son thé avec du miel.* — **3.** *Pop.* Supprimer qqch : *Sucrer une réplique dans une scène.*

◆ **être sucré** v. pass. **1.** Avoir été additionné de sucre, avoir le goût du sucre : *Des confitures trop sucrées.* — **2.** Être d'une douceur, d'une amabilité affectée, excessive : *Une voix sucrée.* — **3.** *Pâte sucrée,* syn. de PÂTE SABLÉE*.

◆ **se sucrer** v. pr. **1.** Mettre du sucre dans sa boisson. — **2.** *Fam.* Faire de gros profits dans une affaire, s'attribuer une part indue dans un partage.

SUCRERIE n. f. **1.** Usine où l'on fabrique le sucre. — **2.** Friandise préparée avec du sucre (surtout pl.).

SUCRETTE n. f. (n. déposé). Petit comprimé de sucre de synthèse.

SUCRIER, ÈRE adj. Relatif à la production du sucre : *Industrie sucrière.*

◆ n. Industriel fabriquant du sucre.

◆ **sucrier** n. m. Ustensile ménager destiné à contenir le sucre.

SUCRINE n. f. Variété de laitue, proche de la romaine.

SUCY-EN-BRIE (94370), ch.-l. de cant. du Val-de-Marne, banlieue S.-E. de Paris, au-dessus de la Marne ; 25 924 hab. Église en partie du XIIIe s. Château du XVIIe s. Flaconnage.

SUD n. m. inv. (anc. angl. *suth*). **1.** Un des quatre points cardinaux, celui qui est opposé au nord (abrév. S.). — **2.** Partie d'un pays, d'une région, d'une ville située à une latitude inférieure à celle du centre de ce pays, de cette région, de cette ville : *Le sud de l'Angleterre.* — **3.** Exposition vers le sud : *L'appartement est en plein sud.* — **4.** Pays situés dans l'hémisphère Sud (avec majusc.). — **5.** L'ensemble des pays en voie de développement, par oppos. aux pays industrialisés (le Nord). — **6.** *Au sud de,* en parlant d'un pays, d'une région, d'une ville, etc., être situés à une latitude inférieure par rapport à d'autres pays, région ou ville, fleuve ou montagne, etc. : *Milan est au sud des Alpes.*
◆ adj. inv. **1.** Situé au sud : *Partie sud de la France.* — **2.** Qui vient du sud : *Un vent sud.*

SUD *(mer du),* nom donné par les premiers découvreurs espagnols à l'océan Pacifique.

SUD-AFRICAIN, E adj. et n. (pl. *sud-africains, es*). D'Afrique du Sud.

SUD-AFRICAINE *(République),* anc. nom de l'Afrique du Sud.

SUD-AMÉRICAIN, E adj. et n. (pl. *sud-américains, es*). D'Amérique du Sud.

SUDAMINA n. m. pl. (lat. *sudare,* suer). Miliaire caractérisée par des vésicules fines et transparentes, apparaissant sur la peau après des transpirations abondantes, dans un grand nombre d'états fébriles et se localisant surtout aux cuisses et aux aisselles.

SUDAN-GRASS n. m. (angl. *Sudan,* Soudan, et *grass,* plante). Type de sorgho herbacé.

SUDARABIQUE n. m. Langue sémitique parlée dans le sud de l'Arabie (Oman et Hadramaout) par environ 50 000 locuteurs.

SUDATE [sudate] n. m. (mot jap.). Plantation côtière d'algues comestibles, en particulier de porphyra.

SUDATION n. f. (lat. *sudatio*). Syn. de TRANSPIRATION et de GUTTATION.

SUDATOIRE adj. (lat. *sudatorius*). Accompagné de sueur.

SUDATORIUM [-rjɔm] n. m. (lat. *sudatorium,* étuve). Partie des bains romains où l'on prenait des bains de vapeur.

SUDBURY, v. du Canada (Ontario), au N. de la baie Géorgienne ; 97 600 hab. Centre minier (nickel et cuivre).

SUD-CORÉEN, ENNE adj. et n. (pl. *sud-coréens, ennes).* De la Corée du Sud.

SUDEK (Josef), photographe tchèque (Kolín 1896 - Prague 1976). Chantre de la Prague littéraire et artistique des années 20, il évoque dans son œuvre un monde fascinant, inondé d'une lumière subtile.

SUDERMANN (Hermann), écrivain allemand (Matzicken, Prusse-Orientale, 1857 - Berlin 1928), auteur à succès de pièces (*le Pays natal,* 1893 ; *l'Honneur,* 1926) où les mœurs sont peintes avec vigueur et vérité.

SUD-EST [sydɛst] n. m. inv. **1.** Point de l'horizon situé entre le sud et l'est (abrév. S.-E.). — **2.** Pays, région situés dans cette direction par rapport au centre géographique, à un repère quelconque : *Le sud-est de la France.*
◆ adj. inv. Situé au sud-est ou qui en vient.

SUDESTADA n. m. (esp. *sudestada,* de *sudeste,* sud-est). Vent de la Pampa argentine, qui se manifeste en hiver. (Il vient du S.-E. et amène une masse d'air polaire maritime.)

SUDÈTE adj. (de *Sudètes,* n. pr.). Se dit de la phase du cycle hercynien, située dans le carbonifère, entre le viséen et le namurien, il y a environ 325 millions d'années.

SUDÈTES, en polon. et en tchèque **Sudety,** ensemble de massifs, aux confins de la Pologne et de la Rép. tchèque, formant, sur 300 km de long et 50 de large, la bordure nord-est du « quadrilatère de Bohême » et culminant à 1 602 m. Ses ressources minières sont importantes (or, nickel, arsenic, étain, lignite et surtout charbon). Tourisme.

SUDÈTES, terme qui désignait les Allemands de Bohême. Ceux-ci représentaient au début du XXe s. 36 % de la population totale de la Bohême. Ayant déjà demandé leur rattachement à l'Allemagne en 1919, après la formation de la Tchécoslovaquie, les Sudètes exprimèrent leur irrédentisme en 1933 avec la formation d'un « parti allemand des Sudètes », soutenu par Hitler. Ce parti, d'abord autonomiste, réclama avec l'appui des nazis le rattachement au Reich. Malgré les concessions de Prague, Hitler adressa un ultimatum à la Tchécoslovaquie le 26 sept. 1938, et imposa ses vues à la conférence européenne de Munich (29-30 sept.) en promettant un plébiscite. Mais l'occupation allemande commença le 1er oct. et amputa la Tchécoslovaquie de 30 000 km^2. En 1945, celle-ci recouvra le territoire des Sudètes, d'où la population allemande émigra massivement.

sud-européen *(oléoduc),* oléoduc transportant le pétrole brut importé sur le golfe de Fos vers plusieurs raffineries européennes (France, Allemagne et Suisse).

SUDISTE n. et adj. Citoyen, soldat ou partisan des États confédérés du Sud, dans la guerre de Sécession.

SU DONGPO → SU SHI.

SUDORAL, E, AUX adj. Relatif à la sueur.

SUDORIFIQUE adj. et n. m. Qui provoque la sudation.

SUDORIPARE ou **SUDORIFÈRE** adj. (du lat. *sudor, -oris,* sueur). **1.** Qui produit la sueur. — **2.** *Glandes sudoripares,* glandes sécrétant la sueur, situées dans la partie profonde de la peau.

SUD-OUEST [sydwɛst] n. m. inv. **1.** Point de l'horizon situé entre le sud et l'ouest (abrév. S.-O.). — **2.** Pays, région situés dans cette direction par rapport au centre géographique, à un repère quelconque : *Le sud-ouest de l'Australie.* ◆ adj. inv. Situé au sud-ouest ou qui en vient.

Sud-Ouest, quotidien régional français d'informations, fondé à Bordeaux, en 1944, par J. Lemoine.

SUD-OUEST AFRICAIN → NAMIBIE.

ŚŪDRA, mot sanskr. désignant la dernière des quatre castes *(varṇa)* hindoues. Dans les villages indiens, les śūdra, encore considérés comme « intouchables », sont souvent contraints de vivre des plus basses besognes et hors du village.

Sud-Radio, station de radiodiffusion périphérique, créée en 1961, vendue en 1987 par la Sofirad à un groupement d'intérêt économique du Sud-Ouest et dont l'émetteur est situé en Andorre.

ŚŪDRAKA, roi indien du IVe s. (?). On lui attribue la pièce *Mriccakaṭikam (le Chariot de terre cuite),* écrite en sanskrit.

SUDRE (Jean-Pierre), photographe français (Paris 1921). Il transforme, dans ses premières natures mortes figuratives, la réalité du quotidien. L'observation du règne végétal et celle du monde invisible des cristaux l'amènent à l'abstraction. (*50 Soleils matériographiques,* 1976.)

SUD-SUD-EST (S.-S.-E.), direction de la rose des vents, intermédiaire entre le sud et le sud-est.

SUD-SUD-OUEST (S.-S.-O.), direction de la rose des vents, intermédiaire entre le sud et le sud-ouest.

SUD-VIÊT-NAM, nom donné aux territoires administrés par la République du Viêt-nam, du partage de 1954 jusqu'à la réunification du Viêt-nam (1975).

SUE (Marie-Joseph, dit **Eugène**), romancier français (Paris 1804 - Annecy 1857). Ancien chirurgien militaire dans la marine, il exploite ses souvenirs et publie *Plik et Plok* (1831), *la Salamandre* (1832) puis se tourne vers le roman mondain (*Cécile,* 1834) ; mais, ayant perdu les sympathies du faubourg Saint-Germain à la suite de la publication de *Mathilde ou Mémoires d'une jeune femme* (1841), il s'engage dans la voie du roman-feuilleton et la description des bas-fonds parisiens. Le succès extraordinaire des *Mystères* de Paris* (1842-43), et du *Juif* errant* (1844-45), fait d'E. Sue une haute figure du socialisme français et lui vaut d'être élu député en 1848.

SUÈDE n. m. (de *Suède,* n. pr.). **1.** Peausserie (agneau, croûte de mouton) pour ganterie, très souple, dont le côté chair, qui constitue la face externe, a été rasé. — **2.** Cuir dont le côté chair utilisé à l'extérieur a été poncé de façon à prendre un aspect velouté.

SUÈDE, en suéd. **Sverige,** État de l'Europe septentrionale ; 450 000 km^2 ; 8 820 000 hab. *(Suédois).* CAP. *Stockholm.* LANGUE : *suédois.* MONNAIE : *couronne suédoise.*

Géographie.

• *Les conditions naturelles.* Les altitudes décroissent de la frontière norvégienne au golfe de Botnie, bordé de basses plaines littorales. De nombreux fleuves coulent vers la Baltique ; leurs hautes vallées, barrées par des moraines, ont formé des lacs, utilisés par l'hydroélectricité. Le Norrland occupe près de la moitié du pays ; presque vide, il a des ressources naturelles (bois, mines) et une vocation touristique. La Suède centrale correspond à une dépression traversée par la ligne de partage des eaux entre le Skagerrak et la Baltique. Dominée par les deux plus grandes villes, Göteborg et Stockholm, cette région a été le premier foyer industriel du pays et a également de bonnes capacités agricoles. La partie méridionale est bordée par les îles Gotland et Öland, les forêts y alternent avec les zones agricoles, et elle ouvre les communications, avec le Danemark, par Malmö et Hälsingborg et, avec l'Allemagne, par Trälleborg. La rigueur du climat est fonction de la latitude. Dans le nord, les températures moyennes de février varient entre − 6 °C et − 12,5 °C, tandis que, plus au sud, les perturbations venues de la mer de Norvège adoucissent le climat. Néanmoins, la majorité des précipitations tombent durant l'été. La forêt, de pins et de sapins (les feuillus ne poussant que dans le sud), couvre plus de 50 % du territoire.

• *La population et l'économie.* La population, urbanisée à 84 %, est concentrée dans le tiers sud du pays. Son accroissement naturel est infime et son vieillissement s'accentue. Dans des conditions naturelles difficiles, l'agriculture utilise environ 7 % de la superficie du pays, emploie 4 % de la population active et satisfait la plus grande partie des besoins du pays. L'élevage, bovin (surtout laitier) et porcin, repose en grande partie sur les céréales : orge, avoine et blé. La betterave à sucre, les oléagineux, les légumes sont les autres productions notables auxquelles s'ajoutent les revenus de la pêche. L'exploitation forestière, ancienne, a été restructurée. Les parts de l'hydroélectricité et du nucléaire sont prépondérantes dans la production électrique. La principale ressource minière est le fer, dont la production est en baisse.

Le secteur industriel emploie environ le tiers de la population active. Si certaines branches traditionnelles ont reculé (chantiers navals, acier, textiles), les secteurs à haute technologie se sont développés, en particulier l'électroménager, l'automobile, la robotique, l'électronique et les télécommunications.

L'importance du commerce extérieur (30 % de la production est exportée), équilibré et effectué en priorité avec les autres pays de l'Union européenne, tient à l'étroitesse du marché intérieur et à la traditionnelle vocation maritime. Elle lie largement la prospérité du pays aux fluctuations de l'économie mondiale.

Histoire.

• *Les origines.* Peuplée dès le néolithique, la Suède établit au IIe millénaire des relations avec les pays méditerranéens. Aux IXe et XIe s., tandis que les Danois et les Norvégiens écument l'Ouest européen, les Suédois, connus sous le nom de Varègues, commercent avec les pays de la mer Noire et de la Caspienne. La christianisation du pays progresse après le baptême du roi Olof Skötkonung (1008).

• *Formation de la nation suédoise.* L'extinction de la dynastie crée une anarchie politique qui dure jusqu'en 1222 et favorise l'émancipation de l'Église. Celle-ci, qui obtient d'importants privilèges, pousse Erik IX le Saint (1156-1160) à entreprendre une croisade contre les Finnois païens, prélude à la conquête de la Finlande (1157).

1164 : Création de l'archevêché d'Uppsala, qui devient la capitale religieuse de la Suède.

1250 : Birger Jarl fonde la dynastie des Folkung et établit sa capitale à Stockholm.

Les institutions féodales s'introduisent dans le pays. La monarchie s'affaiblit au profit de la noblesse, tandis que la Hanse, à partir de Visby, renforce son rôle commercial.

1319-1363 : La dynastie des Folkung unit la Suède et la Norvège.

Mais la peste de 1346, la sécession de la Norvège, la mainmise de Lübeck sur le commerce et les luttes dynastiques affaiblissent le pays, dont s'empare Marguerite, régente de Norvège et du Danemark, en 1389.

1397 : Par l'Union de Kalmar, son héritier, Erik de Poméranie, reçoit les trois Couronnes. L'opposition nationale suédoise crée une régence, confiée à partir de 1470 à la famille des Sture. En 1520, Christian II de Danemark triomphe de cette opposition, mais le « bain de sang de Stockholm » suscite un soulèvement général dirigé par Gustave Vasa.

• *L'époque de la Réforme.*

1523-1560 : Élu roi, Gustave Ier Vasa supprime les privilèges commerciaux de la Hanse et fait reconnaître l'hérédité de la Couronne (1544) ; le luthéranisme devient religion d'État.

Son successeur, Erik XIV, tente de contrôler le commerce russe, mais, battu au cours d'une guerre de sept ans (1563-1570), il est déposé par la noblesse au profit de son frère Jean III, qui continue une politique de conquête à l'est. Sigismond Vasa, roi de Pologne, qui veut rétablir le catholicisme, est évincé à son tour.

• *La période de grandeur.*

1611-1632 : Gustave II Adolphe pose les bases de la puissance suédoise.

Il réorganise les institutions et l'armée, développe l'économie (mines et métallurgie), poursuit la conquête de la côte baltique russe, puis occupe la Prusse polonaise et intervient victorieusement dans la guerre de Trente Ans. Le régent Oxenstierna, puis la reine Christine (1632-1654) poursuivent la même politique, et la Suède obtient le contrôle de la Baltique après les traités de Brömsebro (1645), Westphalie (1648) et Roskilde (1658).

1697-1718 : Charles XII gouverne en souverain absolu. Entraîné dans la guerre du Nord (1700-1721), le roi épuise son pays dans de coûteuses campagnes.

• *L'ère de la liberté et l'épopée gustavienne.* Au XVIIIe s., sous l'influence des idées nouvelles, l'économie se développe et la vie culturelle atteint son apogée avec Celsius, Linné, Swedenborg. Le Parlement *(Riksdag),* contrôlé par la noblesse, s'empare du pouvoir. La victoire du parti des Chapeaux, soutenu par la France, sur le parti pacifiste des Bonnets entraîne la Suède dans la guerre de Sept Ans et dans une guerre contre la Russie, qui lui fait perdre le sud-est de la Finlande.

1771-1792 : Gustave III restaure l'absolutisme.

1808 : Gustave IV Adolphe perd la Finlande et est renversé en 1809.

1809-1818 : Charles XIII poursuit la politique antifrançaise de Gustave IV et adopte (1810) comme successeur le maréchal français Bernadotte, qui s'allie (1812) avec l'Angleterre et la Russie contre Napoléon.

• *L'union avec la Norvège.*
1814 : Par le traité de Kiel, la Norvège est unie à la Suède.
1818-1844 : Roi sous le nom de Charles XIV, Bernadotte mène une politique absolutiste et doit accepter des réformes libérales en 1840. L'évolution libérale se poursuit pendant tout le XIXe s., en même temps que la modernisation économique du pays, accélérée par l'adoption du libre-échange (1888). Le développement de l'industrie, s'il favorise l'apparition du parti social-démocrate (1889), ne peut absorber l'excédent de population rurale, qui émigre vers les États-Unis.
1905 : La Norvège se sépare de la Suède.
• *La démocratie moderne.* Sous le règne de Gustave V (1907-1950), la Suède connaît une période de prospérité économique sans précédent et conserve sa neutralité durant les deux guerres mondiales.
Les progrès de la social-démocratie entraînent l'adoption du suffrage universel (1907) et des réformes sociales (assurance vieillesse, journée de huit heures, vote des femmes) qui s'amplifient à partir de 1920 (premier gouvernement social-démocrate, dirigé par Hjalmar Branting). Monarchie constitutionnelle, la Suède est, de 1932 à 1976, gouvernée sans interruption par le parti social-démocrate (« socialisme à la suédoise »).
1950-1973 : Règne de Gustave VI Adolphe.
1973 : Charles XVI Gustave devient roi de Suède.
1969-1976 : Le social-démocrate Olof Palme, Premier ministre, se heurte à une grave crise sociale et économique.
1976-1982 : Gouvernements conservateurs (centristes et libéraux).
1982 : Retour des sociaux-démocrates au pouvoir, avec O. Palme.
1986 : O. Palme est assassiné. Ingvar Carlsson lui succède.
1991 : Après l'échec des sociaux-démocrates aux élections, Carl Bildt, leader des conservateurs, devient Premier ministre.
1994 : Les sociaux-démocrates, toujours conduits par I. Carlsson, reviennent au pouvoir.
1995 : La Suède adhère à l'Union européenne.
1996 : I. Carlsson démissionne. Göran Persson lui succède à la tête du parti social-démocrate et du gouvernement.

Suède *(canard bleu de),* race de canards au plumage bleu acier, à la chair appréciée.

SUÉDÉ, E adj. Se dit d'un tissu ayant été traité aux apprêts pour lui donner l'aspect de la peau du suède.

SUÉDINE n. f. Tissu de coton ayant un aspect rappelant celui du suède.

SUÉDOIS, E adj. et n. De Suède.
◆ **suédois** n. m. Langue germanique du groupe nordique oriental parlée principalement en Suède.
ENCYCL. Langue nationale de la Suède, le suédois est encore aujourd'hui l'une des langues officielles de la Finlande. La première période de l'histoire du suédois (v. 1000-1225) est connue essentiellement par des inscriptions runiques. À partir du XVe s., on assiste à l'unification de la langue écrite sur le modèle des traductions de la Bible. La langue standard se constitue au XVIIe s. à partir des dialectes parlés dans la région de Stockholm. Le suédois moderne a fait de nombreux emprunts lexicaux à l'allemand et, plus récemment, au français et à l'anglais.

SUÉE n. f. **1.** *Fam.* Transpiration abondante à la suite d'un effort ou du fait de la température : *Cette ascension m'a donné une petite suée.* – **2.** *Pop.* Émotion forte, peur subite qui donne des sueurs froides : *Il m'a fichu une sacrée suée avec son histoire !*

SUENENS (Leo Jozef), prélat belge (Ixelles 1904 - Bruxelles 1996). Archevêque de Malines-Bruxelles et primat de Belgique (1961-1979), il a joué un rôle majeur au deuxième concile du Vatican (1962-1965).

SUER v. i. (lat. *sudare*) [conj. 7]. **1.** Éliminer par les pores de la peau un liquide appelé sueur, sous l'effet de la chaleur, d'un effort, de la fièvre, etc. : *Suer à grosses gouttes en grimpant une côte.* – **2.** *Fam.* Fournir un gros effort, se donner de la peine sur une tâche : *Ce que j'ai pu suer sur cet article !* – **3.** Émettre à sa surface de fines gouttes d'humidité : *Ce mur de cave sue par temps humide.* – **4.** *Faire suer un aliment,* lui faire rendre son jus à l'aide d'un corps gras en le chauffant dans un ustensile fermé. ‖ Fam. *Faire suer qqn,* l'ennuyer, l'impatienter, le fatiguer : *Il nous fait suer avec ses histoires.* ‖ Fam. *Se faire suer,* s'ennuyer.
◆ v. t. **1.** Éliminer un liquide organique par les pores de la peau : *Suer toute l'eau de son corps.* – **2.** Laisser suinter un liquide à sa surface : *Des parois rocheuses qui suent l'humidité.* – **3.** *Litt.* Produire telle impression : *Suer la tristesse.* – **4.** Fam. *Suer sang et eau,* faire de grands efforts, se donner beaucoup de peine.

SUESS (Eduard), géologue autrichien (Londres 1831 - Vienne 1914). Il a donné, sous le titre *la Face de la terre* (1885-1909), la première géologie générale du globe.

SUÉTONE, en lat. **Caius Suetonius Tranquillus,** historien latin (v. 69 - v. 126). Protégé par Pline le Jeune, il devint archiviste d'Hadrien. Disgracié en 122, il se consacra à ses *Vies des douze Césars,* bien informées mais marquées par un point de vue sénatorial.

SUETTE n. f. (de *suer*). Maladie caractérisée par l'abondance excessive des sueurs. (La *suette miliaire* ou *fièvre miliaire,* jadis décrite dans certaines régions rurales de France, est très probablement une infection d'origine virale.)

SUEUR n. f. (lat. *sudor, -oris*). **1.** Liquide aqueux, incolore, salé, d'une odeur particulière, qui suinte par les pores de la peau. (→ *encycl.*) — **2.** Symbole d'un effort intense, d'un travail pénible : *S'engraisser de la sueur des autres.* — **3.** Rejet en surface d'un des constituants d'une pièce métallique brute de coulée. (La sueur se produit en partic. dans les bronzes.) — **4.** *À la sueur de son front,* en se donnant beaucoup de peine, très durement. ‖ *Donner, avoir des sueurs froides,* inquiéter, s'inquiéter vivement, donner, avoir une peur intense.

ENCYCL. **Physiol.** La sueur, produite par les glandes sudoripares de la peau, n'existe que chez un petit nombre d'animaux supérieurs ; elle a un rôle important, comme moyen de protection, de réfrigération, d'élimination. Elle a une réaction alcaline mais peut devenir acide par suite de la présence accrue d'acides gras ; son odeur est due à des acides gras volatils. Elle renferme en moyenne, pour 1 000 g d'eau, 10 g de matières solides ; 6 g de sels minéraux (chlorures alcalins et traces de phosphates) et 4 g de matières organiques (urée, acides gras).

Sueur de sang, poème de Pierre Jean Jouve (1933 et 1935), en trois parties, qui tente, après une introduction en prose, se référant à Freud, de dépasser en l'homme ses tendances à la mort, à la pesanteur matérielle, à la déréliction.

SUÈVES, confédération de tribus de Germanie habitant entre la Baltique et le Danube. Ils se fixèrent surtout en Souabe (ou pays des Suèves). À l'époque des invasions (ve s.), ils fondèrent en Galice un État qui dura jusqu'en 585.

SUEZ, v. d'Égypte, ch.-l. de gouvernorat, sur la mer Rouge, au fond du *golfe de Suez,* au débouché sud du canal interocéanique ; 392 000 hab. Port. Centre industriel (raffinerie de pétrole, engrais, textile) relié au Caire par la route et par voie ferrée.

Suez *(canal de),* canal mettant en relation la Méditerranée orientale et la mer Rouge, à travers le territoire égyptien, réalisé, de 1859 à 1869, sous la direction du Français Ferdinand de Lesseps, et nationalisé par l'Égypte en 1956.
Le canal, qui ne compte pas d'écluses, a une longueur de 195 km, y compris les chenaux en mer Rouge et en Méditerranée. Large de 170 m, profond de 20 m, il est doublé sur 67 km. Le trafic est de l'ordre de 270 Mt par an (dont une part importante de produits pétroliers).
— **Hist.** Un canal entre le Nil, le lac Tīmsah et la mer Rouge, commencé par le pharaon Nechao (600 av. J.-C.), fut achevé par Ptolémée II, utilisé épisodiquement et remis en état sous l'empereur Trajan. Il s'ensabla définitivement au VIIIe s. L'expédition de Bonaparte fait renaître le projet, encouragé par les saint-simoniens, précisé par Lesseps, consul de France à Alexandrie. L'avènement du vice-roi Sa'īd (1854), dont Lesseps est l'ami, permet la création d'une compagnie, bénéficiaire d'une concession de 99 ans à dater de l'ouverture. Les travaux commencent en 1859 et sont retardés par des manœuvres de l'Angleterre, qui veut garder le contrôle de la route des Indes. Mais, après l'ouverture du canal (1869), l'Angleterre achète les titres du vice-roi Ismā'īl Pacha (1875), ce qui est à l'origine de l'installation des Britanniques en Égypte (1882). Un statut international est fixé par la convention de Constantinople du 29 oct. 1888 : le canal doit être accessible en tous temps à tous les navires. Son rôle, après des débuts difficiles, se révèle capital, en raccourcissant les trajets maritimes vers l'Asie. Le traité anglo-égyptien de 1936 assurant à la Grande-Bretagne le contrôle militaire du canal est révisé en 1954, à l'issue d'une guérilla dans la zone du canal (1951-1953). La nationalisation de la compagnie du canal par Nasser (juill. 1956) et la guerre menée en octobre-novembre conjointement par Israël, la France et la Grande-Bretagne se soldent, après l'intervention de l'U. R. S. S. et des États-Unis, par l'évacuation totale des forces britanniques. Le trafic est interrompu après la guerre « des six jours » (juin 1967) et ne reprend qu'en 1975 à l'issue de la guerre d'oct. 1973, qui permet à l'Égypte de retrouver la souveraineté sur les deux rives du canal. Le trafic israélien y est désormais autorisé.

SUEZ *(golfe de),* le plus occidental des deux golfes terminant au N. la mer Rouge ; il sépare l'Égypte « africaine » de la presqu'île du Sinaï. Le canal de Suez y débouche.

SUEZ *(isthme de),* bande de terre de l'Égypte reliant l'Afrique du Nord-Est à l'Asie occidentale. Une partie de l'isthme est recouverte par des lacs (grand lac Amer, petit lac Amer, lac Tīmsah). Depuis 1869, le canal de Suez établit la liaison maritime entre la Méditerranée et l'océan Indien.

SUFFECT adj. m. (lat. *suffectus,* de *sufficere,* mettre à la place de). *Consul suffect,* à Rome, sous la République, consul élu en remplacement d'un consul mort avant l'expiration de ses pouvoirs ; sous l'Empire, consul désigné à titre quasi honorifique pour une partie de l'année.

SUFFÈTE n. m. (lat. *suffes, -etis*). Magistrat suprême de Carthage. (Ils étaient au nombre de deux, élus pour un an.)

SUFFIRE v. t. ind. (anc. fr. *soufire,* du lat. *sufficere*) [conj. **100**]. **1.** Correspondre juste à ce qui est nécessaire pour satisfaire qqch, qqn : *Cette vie modeste qui suffit à son bonheur. Une petite voiture lui suffirait.* – **2.** Être capable de fournir ce qui est nécessaire à qqch : *J'avais peine à suffire à la tâche.* – **3.** *Il me (te, lui, etc.) suffit de,* la seule chose qui me (te, lui, etc.) soit nécessaire est de : *Il vous suffira de vous reposer quelques jours.*

◆ v. i. **1.** Être en quantité satisfaisante, être assez pour produire tel effet, satisfaire à qqch : *Un simple geste suffit. Il est intelligent, mais cela ne suffit pas.* – **2.** *Il suffit de, que,* il faut seulement, il est seulement nécessaire que : *Il suffisait de lui expliquer.* – **3.** Fam. *Ça suffit (comme ça) !, Suffit !,* expriment l'agacement, l'irritation ; en voilà assez.

◆ **se suffire** v. pr. **1.** Pourvoir seul à ses propres besoins : *Un pays qui commence à se suffire.* – **2.** *Se suffire à soi-même,* n'avoir besoin d'aucun complément, d'aucune amélioration : *Une définition qui se suffit à elle-même.*

SUFFISAMMENT adv. En quantité ou d'une manière suffisante : *Avoir suffisamment d'argent.*

SUFFISANCE n. f. **1.** Sentiment d'une très haute valeur de soi-même, de supériorité à l'égard d'autrui : *Un beau parleur plein de suffisance.* – **2.** *Litt.* Propriété de ce qui se suffit à soi-même : *L'électricité nucléaire doit garder le niveau de suffisance nécessaire.* – **3.** Litt. *En suffisance, à sa suffisance,* en quantité suffisante, sans avoir besoin de l'augmenter.

SUFFISANT, E adj. **1.** Qui correspond juste à ce qui est nécessaire : *Avoir des ressources suffisantes.* – **2.** Qui est de nature à produire un certain résultat, à entraîner une certaine conséquence : *Mesure suffisante pour enrayer l'inflation.* – **3.** Qui a une opinion avantageuse de lui-même et montre du dédain vis-à-vis d'autrui : *Un jeune homme suffisant et antipathique.* – **4.** *Grâce suffisante,* grâce actuelle adjuvante offerte au chrétien qui peut ou non lui prêter le concours de sa volonté.

SUFFIXAL, E, AUX adj. Qui concerne les suffixes, la suffixation.

SUFFIXATION n. f. Procédé consistant à ajouter un suffixe au radical d'un mot pour constituer un dérivé.

SUFFIXE n. m. (lat. *suffixus,* fixé dessus). **1.** Affixe qui s'ajoute à un mot base (racine ou radical) pour constituer un nouveau mot appelé dérivé. (Contrairement au préfixe, le suffixe modifie la catégorie grammaticale du mot base : *arroser* [verbe] → *arrosage* [nom], *gentil* [adjectif] → *gentiment* [adverbe], *gentillesse* [nom].) – **2.** *Suffixe flexionnel* ou *désinentiel,* syn. de DÉSINENCE.

SUFFIXER v. t. (conj. 3). Pourvoir un mot, un radical d'un suffixe.

SUFFOCANT, E adj. **1.** Qui gêne ou fait perdre la respiration : *Fumée suffocante.* – **2.** Qui saisit et stupéfie : *Révélations suffocantes.*

SUFFOCATION n. f. (lat. *suffocatio*). **1.** Sentiment d'oppression anxieuse, provoqué par la suspension ou la gêne de la respiration. – **2.** Asphyxie produite par la présence d'un obstacle dans les voies respiratoires.

SUFFOLK, comté du sud-est de la Grande-Bretagne (Angleterre), sur la mer du Nord ; 3 800 km² ; 629 900 hab. Ch.-l. *Ipswich.*

Suffolk *(race),* race anglaise de moutons, à la tête et aux extrémités noires, réputée pour la production de viande.

SUFFOQUER v. t. (lat. *suffocare*) [conj. 3]. **1.** Rendre la respiration difficile, en empêchant l'air de pénétrer normalement dans les voies respiratoires : *Les sanglots le suffoquaient.* – **2.** Causer à qqn une émotion ou une surprise très vive, stupéfier : *La colère le suffoquait.*

◆ v. i. **1.** Avoir du mal à respirer, étouffer : *Ouvrez les fenêtres, on suffoque ici.* – **2.** Avoir le souffle coupé sous l'effet d'une violente émotion : *Suffoquer d'indignation.*

SUFFRAGANT [-gɑ̃] adj. m. et n. m. (lat. ecclés. *suffraganeus,* du lat. class. *suffragari,* voter pour). Se dit d'un évêque diocésain dépendant d'un siège métropolitain.

SUFFRAGE n. m. (lat. *suffragium*). **1.** Vote par lequel on déclare ses opinions en matière d'élection ou de consultation : *Obtenir la majorité des suffrages exprimés.* – **2.** Système particulier de représentation, de vote : *Suffrage universel, direct.* (→ encycl.) – **3.** *Litt.* Adhésion, approbation apportée à qqn, à qqch : *Remporter tous les suffrages.* – **4.** *Suffrages exprimés,* suffrages exprimant un choix et conformes aux prescriptions de la loi électorale. (En France, le nombre de suffrages exprimés s'obtient en déduisant du nombre de votants le nombre de suffrage blancs ou nuls.) ‖ *Suffrage universel,* droit de vote pour tous les citoyens qui ont la capacité électorale.

ENCYCL. En France, le suffrage universel a été instauré définitivement le 5 mars 1848, mais il n'est devenu effectif que le 21 avr. 1944 (ordonnance reconnaissant le droit de vote aux femmes). Le suffrage peut être *restreint* à une catégorie d'individus. Il est *direct* lorsque les électeurs désignent eux-mêmes leurs représentants (élection des députés) et *indirect* lorsqu'ils désignent certains d'entre eux qui éliront les représentants (élection des sénateurs).

SUFFIXES

I Suffixes d'origine grecque

suffixes	*sens*	*exemples*
-algie	douleur	névralgie
-archie	commandement	hiérarchie
-arque	qui commande	monarque
-bare	pression	isobare
-blaste	germe	chondroblaste
-bole	qui lance	discobole
-carpe	fruit	péricarpe
-cène	récent	éocène
-céphale	tête	dolichocéphale
-coque	graine	gonocoque
-cosme	monde	macrocosme
-crate, -cratie	pouvoir, force	aristocrate ploutocratie
-cycle	roue	tricycle
-cyte	cellule	leucocyte
-dactyle	qui a des doigts	ptérodactyle
-doxe	opinion	paradoxe
-drome	course	hippodrome
-èdre	face, base	dodécaèdre
-émie	sang	urémie
-game	qui engendre	cryptogame
-gamie	mariage, union	polygamie
-gène	qui engendre	hydrogène ; pathogène
-gone	angle	polygone
-gramme	un écrit	télégramme
-graphe	qui écrit	dactylographe
-graphie	art d'écrire	sténographie
-gyne	femme	misogyne
-hydre	eau	anhydre
-iatre	qui soigne	pédiatre
-lâtrie	adoration	idolâtrie
-lithe, -lite	pierre	monolithe chrysolite
-logie	science, étude	psychologie
-logue	qui étudie, spécialiste	astrologue
-mancie	divination	cartomancie
-mane	qui a la passion, la manie de	kleptomane
-manie	passion, obsession	anglomanie
-mètre, -métrie	mesure	centimètre, audiométrie
-nome	qui règle ; loi	économe
-nomie	art de mesurer	astronomie
-oïde	qui a la forme	sinusoïde
-ome	maladie, tumeur	angiome ; fibrome
-onyme	qui porte le nom	patronyme
-pathe, -pathie	malade de ; maladie	névropathe ; myopathie
-pédie	éducation	encyclopédie
-phage, -phagie	manger	anthropophage : aérophagie
-phane	qui brille	diaphane
-phile, -philie	aimer	russophile : francophilie
-phobe, -phobie	craindre	anglophobe ; agoraphobie
-phone, -phonie	voix, son	microphone ; électrophone, radiophonie
-phore	qui porte	sémaphore
-pithèque	singe	anthropopithèque
-pode	pied	myriapode
-pole	ville	métropole
-pole	vendre	oligopole
-ptère	aile	hélicoptère
-saure	lézard	dinosaure
-scope, -scopie	voir ; vision	télescope ; radioscopie
-sphère	globe	stratosphère
-taphe	tombeau	cénotaphe
-technie	science, art	pyrotechnie
-thèque	armoire, boîte	bibliothèque
-thérapie	traitement médical	héliothérapie ; radiothérapie
-therme, -thermie	chaleur	isotherme ; géothermie
-tomie	action de couper	trachéotomie
-type, -typie	impression	linotype ; phototypie
-urie	urine	albuminurie

II Suffixes d'origine latine

suffixes	*sens*	*exemples*
-cide	qui tue	infanticide
-cole	relatif à la culture	vinicole ; viticole
-culteur, -culture	cultiver	agriculteur ; horticulture
-fère	qui porte	mammifère
-fique	qui produit	frigorifique
-forme	qui a la forme de	cunéiforme ; filiforme
-fuge	qui fuit ou fait fuir	transfuge ; vermifuge
-grade	qui marche	plantigrade
-lingue	langue	bilingue
-pare	qui enfante	ovipare
-pède	pied	bipède ; quadrupède
-vore	qui se nourrit	carnivore ; herbivore

III Dérivation suffixale en français

Suffixes servant à former des noms

suffixes	*sens*	*exemples*
-ace, -asse	péjoratif	populace, filasse
-ade	action, collectif	bravade, citronnade
-age	action, collectif	balayage, pelage
-aie	plantation de végétaux	pineraie, roseraie
-ail	instrument	éventail, soupirail
-aille	péjoratif collectif	ferraille, mangeaille
-ain, -aine	origine	romain, thébain
-aine	collectif	centaine, dizaine
-aire	agent	commissionnaire, incendiaire
-aison, -ion, -tion, -ation, -sion, -ison	action	livraison production augmentation, guérison
-ance	résultat de l'action	appartenance, croyance, espérance
-ard	péjoratif	chauffard, fuyard
-at	profession, état	internat, rectorat
-âtre	péjoratif	bellâtre, marâtre
-ature, -ure	action, instrument	armature, peinture
-aud	péjoratif	lourdaud, maraud
-cule, -ule	diminutif	animalcule, globule
-eau, -elle, -ille	diminutif	chevreau, radicelle, brindille
-ée	contenu	assiettée, maisonnée
-ement, -ment	action	renouvellement stationnement

suffixes	*sens*	*exemples*
-er, -ier, -ière	agent	boucher, épicier, pâtissier
-erie	local, qualité, etc.	charcuterie, épicerie, pruderie
-esse	défaut, qualité	maladresse, sagesse
-et, -ette	diminutif	garçonnet, fillette
-eté, -té, -ité	qualité	propreté, générosité, humanité
-eur, -ateur	agent	rôdeur, dessinateur
-ie	état	envie, jalousie
-ien, -en	profession, origine	chirurgien, parisien, lycéen
-is	résultat d'une action, état	fouillis, gâchis, hachis, taillis
-ise	défaut, qualité	gourmandise, franchise
-isme	doctrine, école	communisme, existentialisme
-iste	qui exerce un métier, adepte d'une doctrine	bouquiniste, dentiste, chauffagiste, calviniste, existentialiste, socialiste
-ite	état maladif	gastrite, méningite
-itude	qualité	exactitude, servitude
-oir, -oire	instrument	perchoir, baignoire
-ole	diminutif	bestiole, carriole
-on, -eron, -illon	diminutif	aiglon, chaton, moucheron, aiguillon
-ot	diminutif	chariot, îlot

Suffixes servant à former des adjectifs

suffixes	*sens*	*exemples*
-able, -ible, -uble	possibilité	aimable, audible, soluble
-ain, -ien	habitant	africain, indien
-ais, -ois	habitant	japonais, chinois
-al	qualité	glacial, vital
-an	origine	birman, persan
-ard	péjoratif	richard, vantard
-asse	péjoratif	blondasse, fadasse
-âtre	péjoratif	bleuâtre, douceâtre, rougeâtre
-aud	péjoratif	noiraud, rustaud
-é	état	bosselé, dentelé
-el	qui cause	accidentel, mortel

suffixes	*sens*	*exemples*
-esque	qualité	pédantesque, romanesque
-et, -elet	diminutif	propret, aigrelet
-eux	dérivé du nom	peureux, valeureux
-ier	qualité	altier, hospitalier
-if	qualité	maladif, oisif
-ile	capable d'être	fissile, rétractile
-in	diminutif ou péjoratif	blondin, libertin
-ique	qui a rapport à	chimique, ironique
-iste	qui se rapporte à	égoïste, réaliste
-ot	diminutif ou péjoratif	pâlot, vieillot
-u	qualité	barbu, charnu

Suffixes servant à former des verbes

suffixes	*sens*	*exemples*	*suffixes*	*sens*	*exemples*
-ailler	péjoratif	rimailler, tournailler	-ir	dérivé d'adjectif	grandir, noircir, rougir, verdir
-asser	péjoratif	rapetasser, rêvasser	-iser	qui rend	angliciser, ridiculiser
-eler	dérivé du nom	écarteler, renouveler	-ocher	péjoratif (surtout)	effilocher, rabibocher, amocher
-er	dérivé du nom	destiner, exploiter	-onner	diminutif, péjoratif	chantonner, mâchonner
-eter	diminutif	tacheter, voleter	-oter	péjoratif	vivoter
-ifier	qui rend, cause	bêtifier, pétrifier	-oyer	devenir	nettoyer, poudroyer
-iller	diminutif, péjoratif	fendiller, mordiller			
-iner	mouvement répété et rapide	piétiner, trottiner			

SUFFRAGETTE n. f. (angl. *suffragette,* de *suffrage,* suffrage). Nom sous lequel on a désigné, en Grande-Bretagne, les femmes qui réclamaient pour leur sexe le droit de voter. (Né au XIXe s., le mouvement prit une forme militante sous l'impulsion de Mrs. Pankhurst [1903]. Le bill de juill. 1928 accorda sans restriction le droit de vote aux femmes.)

SUFFREN DE SAINT-TROPEZ (Pierre André DE), dit **le bailli de Suffren,** marin français (château de Saint-Cannat, près d'Aix-en-Provence, 1729 - Paris 1788). Bailli dans l'ordre de Malte, capitaine de vaisseau dans la marine royale, il servit lors de la guerre d'Amérique puis combattit les Anglais au Cap-Vert et au large des Indes (victoires de Madras et Negatapam). Rentré en France à la paix de Versailles (1783), Suffren périt au cours d'un duel.

SUFFRUTESCENT, E adj. Se dit d'une espèce végétale qui a les caractères du sous-arbrisseau.

SUFFUSION n. f. (lat. *suffusio,* de *suffundere,* répandre sous). Épanchement d'un liquide hors des vaisseaux qui le contiennent ordinairement.

ṢŪFĪ, ṢŪFISME → SOUFI, SOUFISME.

ṢŪFĪ ('Abd al-Raḥmān **al-**) → 'ABD AL-RAḤMĀN AL-ṢŪFĪ.

SUGALIS → BANJARAS.

SUGAWARA NO MICHIZANE, homme politique japonais (845-903). Ministre en 897, il fut l'un des premiers Japonais à demander un retour à une culture purement nationale. Il a été divinisé sous le nom de **Tenjin Sama** et est devenu le kami de la Littérature et de la Calligraphie.

SUGER, moine français (Saint-Denis ou Argenteuil v. 1081 - Saint-Denis 1151). Moine, puis abbé (1122) de Saint-Denis, il fut le conseiller très influent de Louis VI, puis de Louis VII qui lui confia la régence du royaume pendant la 2e croisade (1147-1149). Il enrichit et embellit son abbaye (premier chef-d'œuvre de l'architecture gothique). Ses écrits en font un témoin utile de son temps *(Histoire de Louis le Gros).*

SUGGÉRER [sygʒere] v. t. (lat. *suggerere,* apporter) [conj. **18**]. **1.** Présenter, proposer à qqn une idée, lui inspirer un acte : *Suggérer une solution. Il suggère qu'on prenne l'autoroute.* — **2.** Évoquer qqch, faire naître une pensée, une image, une idée : *Cette phrase suggère une autre interprétation.*

SUGGESTIBILITÉ [sygʒɛs-] n. f. **1.** Caractère de qqn qui est suggestible. — **2.** Disposition psychique qui conduit un sujet à se soumettre facilement à toute suggestion et à y obéir.

SUGGESTIBLE [sygʒɛs-] adj. Qui reçoit facilement les suggestions.

SUGGESTIF, IVE [sygʒɛs-] adj. **1.** Qui est capable de suggérer des idées, des images : *Poésie suggestive. Un peintre très suggestif.* — **2.** Qui inspire des idées érotiques : *Des photographies suggestives.*

SUGGESTION [sygʒɛsjɔ̃] n. f. (lat. *suggestio*). **1.** Action de suggérer, d'inspirer une idée, une pensée : *Recourir à la suggestion plutôt qu'à l'explication.* — **2.** Ce qui est suggéré sans être imposé : *Ce que je vous dis est une simple suggestion.* — **3.** Technique psychique reposant sur la croyance qu'une personne peut influencer, par la parole, un état affectif ou une conduite d'une autre. (L'hypnose repose sur la suggestion et, utilisée dans un but à visée thérapeutique, elle attend de la suggestion qu'elle soit assez puissante pour entraver les manifestations du symptôme.)

SUGGESTIONNER [sygʒɛs-] v. t. (conj. **3**). Faire penser ou agir qqn par suggestion.

SUGGESTIVITÉ [sygʒɛs-] n. f. Qualité de ce qui est suggestif.

SUHARD (Emmanuel), prélat français (Brains-sur-les-Marches, Mayenne, 1874 - Paris 1949). Évêque de Bayeux (1928), archevêque de Reims (1930), cardinal (1935), archevêque de Paris (1940), sensible aux progrès de la déchristianisation, il prit des initiatives pastorales hardies : fondation de la Mission de France (1941), de la Mission de Paris (1944), encouragement aux prêtres-ouvriers.

SUHARTO, général et homme d'État indonésien (près de Jogjakarta 1921). Ministre de la Guerre et chef d'état-major (1965), il organise les massacres de communistes. Après avoir évincé Sukarno (1966-67), il est nommé président de la République en 1968 et régulièrement réélu depuis. Critiqué pour son népotisme, il s'appuie sur le libéralisme économique et sur une politique extérieure active, notamment au niveau régional, pour maintenir sa popularité.

SUHL, v. d'Allemagne (Thuringe), ch.-l. de district, dans le Thüringer Wald ; 51 000 hab. Centre industriel.

Suhrkamp Verlag, maison d'édition littéraire allemande, fondée en 1950 par Peter Suhrkamp, réunie depuis 1965 à la maison d'édition Insel Verlag, dont elle a acheté les parts (1963).

SUI ou **SOUEI,** dynastie qui régna sur la Chine de 581 à 618. Son fondateur restaura en 581 l'unité de l'empire morcelé depuis 220.

SUICIDAIRE adj. **1.** Qui mène ou tend au suicide. — **2.** Qui mène infailliblement à l'échec, à la ruine de celui qui agit ainsi.
◆ adj. et n. Sujet tenté par le suicide.

SUICIDANT, E n. Sujet à propos duquel il existe un haut risque de suicide ; personne qui a fait une ou plusieurs tentative(s) de suicide.

SUICIDE n. m. (lat. *sui,* de soi, et *caedere,* tuer). **1.** Action de se donner soi-même la mort. — **2.** Mort par suicide : *Le nombre des suicides est en constante augmentation.* — **3.** Action de détruire soi-même son autorité, son crédit, etc. : *Cette proposition de loi est un suicide politique.* — **4.** En apposition à un nom, indique une action dans laquelle l'exécutant sacrifie sa vie : *Opération suicide.*

ENCYCL. **Psychiatr.** Toutes les études sur le suicide se heurtent à la question des définitions des limites de celui-ci, si bien que l'on a élaboré la notion d'*équivalent suicide,* qui permet de tenir compte de certaines conduites autodestructrices (accidents mortels ou non, toxicomanies, alcoolisme, automutilations) et de leur accorder la même signification qu'au suicide. La société a eu tendance à occulter le suicide par des attitudes globalisantes : condamnation par l'Église et la société civile, relation faite systématiquement à une maladie mentale, corrélation entre le degré d'anomie et le taux de suicide dans une société donnée. La France est, avec les pays scandinaves, l'un des pays d'Europe où la mortalité par suicide est la plus importante (6 402 personnes en 1950 ; 7 223 en 1960 ; 7 774 en 1970 ; 10 405 en 1980 ; autour de 11 500 dans les années 1990, soit 2 % des décès). Les tranches d'âge les plus touchées sont les personnes âgées (et notamment les plus de 80 ans) et les jeunes, entre 15 et 34 ans. Dans l'ensemble, les hommes se suicident deux à trois fois plus que les femmes. Les risques sont particulièrement aigus chez les personnes souffrant de troubles psychiques (anxiété, dépression, psychose, névrose). On observe aussi que le taux de suicide est plus important chez les individus isolés, chez les inactifs - dont les chômeurs - et chez les membres des catégories sociales défavorisées ; il est plus élevé à la campagne qu'à la ville.

SUICIDÉ, E n. Personne qui s'est donné la mort.

SUICIDER (SE) v. pr. (de *suicide*) [conj. 3]. **1.** Se donner la mort ; se tuer, se supprimer : *Se suicider de désespoir.* — **2.** Causer soi-même la perte de son autorité, de son influence : *Ce parti politique se suicide par ses compromissions.*
◆ **suicider** v. t. *Fam.* **1.** Amener qqn à se suicider. — **2.** Maquiller un assassinat en suicide.

Suidas *(lexique de),* ouvrage grec de l'époque byzantine (xᵉ s. apr. J.-C.), qui contient des notices biographiques et des fragments d'ouvrages aujourd'hui perdus.

SUIDÉ n. m. (lat. *sus, suis,* porc). Mammifère artiodactyle non ruminant, à museau tronqué en groin (boutoir), aux canines allongées en défenses, notamment chez les mâles, au régime omnivore. (La famille des *suidés* comprend le sanglier, les porcs, le phacochère, le potamochère, l'hylochère et le babiroussa.)

SUIE n. f. (gaul. **sudia*). Matière noire que la fumée dépose à la surface des corps mis en contact avec elle.

SUIF n. m. (lat. *sebum*). **1.** Graisse des ruminants qu'on enlève des morceaux de boucherie. — **2.** *Cuir en suif,* cuir qui a été, en corroierie, imprégné de graisses chaudes (suif à l'origine). ‖ *Mise en suif,* imprégnation des cuirs de graisses chaudes pour leur donner une consistance souple et de l'imperméabilité.

SUIFFARD, E adj. et n. Se dit d'un animal possédant une forte proportion de suif.

SUIFFER v. t. (conj. 3). Enduire qqch de suif.

SUIFFEUX, EUSE adj. De la nature du suif.

SUIFORME n. m. (du lat. *sus, suis,* porc). Syn. de PORCIN.

SUI GENERIS [sɥiʒeneris] loc. adj. (lat. *sui generis,* de son espèce). Qui caractérise exclusivement qqch ou qqn : *Une odeur sui generis.*

SUIKO (v. 554-628), première impératrice régnante du Japon (593-628).

SUINING ou **SOUEI-NING,** v. de Chine (Sichuan), à l'E. de Chengdu ; 100 000 hab. Centre commercial. – À proximité, gisements de pétrole et salines.

SUINT ou **SUIN** n. m. (de *suer*). Matière grasse produite par le mouton en même temps que la laine, et qui se dépose sur celle-ci.

SUINTANT, E adj. Qui suinte : *Eczéma suintant.*

SUINTEMENT n. m. **1.** Fait de suinter : *Suintement d'une plaie.* – **2.** Légère et lente venue de pétrole à la surface d'un terrain.

SUINTER v. i. (de *suint*) [conj. 3]. **1.** En parlant d'un liquide, sortir, s'écouler d'une manière presque imperceptible à travers une matière, un corps poreux : *L'huile suinte à travers la faïence.* – **2.** Laisser s'écouler presque imperceptiblement un liquide : *Muraille qui suinte.* – **3.** *Litt.* Transparaître, se manifester : *L'ennui suinte dans ce bureau.*

◆ v. t. Laisser s'écouler un liquide imperceptiblement : *Suinter du sang.*

SUINTINE n. f. (de *suint*). Mélange de matières grasses obtenu par acidification des bains de lavage des toisons. (La suintine sert à préparer la lanoline et à chamoiser les peaux.)

SUIPPES (51600), ch.-l. de cant. de la Marne, en Champagne ; 5 043 hab. *(Suippas).* Camp militaire. Métallurgie.

Suippes *(camp de),* camp militaire national de 13 380 ha. Il s'étend, au N. de la Suippe, sur les régions dévastées de 1915 à 1918.

SUISSE adj et n. **1.** De Suisse. (Le fém. du n. est parfois SUISSESSE.) – **2.** *Troupes suisses,* unités de l'armée française composées de Suisses. (C'est à Louis XI, renouvelant en 1474 l'accord passé en 1453 par Charles VII, que l'on doit le recrutement de soldats suisses, qui a duré jusqu'en 1830.)

◆ n. m. **1.** Nom donné, à partir du XVIIe s., au bedeau chargé de la surveillance de l'église, du bon ordre des cérémonies, et habillé à la façon des gardes-suisses de la maison du roi. (Les suisses ont pratiquement disparu.) – **2.** Soldat de nationalité suisse servant dans les armées étrangères, et en particulier en France, sous l'Ancien Régime. – **3.** Soldat de la garde suisse, au Vatican. – **4.** Petit fromage frais cylindrique, à pâte non salée, préparé à partir de lait de vache préalablement enrichi en matière grasse. – **5.** Nom usuel du *pyrocoris.* – **6.** Au Canada, écureuil rayé. – **7.** Fam. *Manger, boire en suisse,* manger, boire tout seul, sans inviter personne.

SUISSE, en all. **Schweiz,** en ital. **Svizzera,** État fédéral d'Europe ; 41 293 km^2 ; 7 270 000 hab. *(Suisses).* CAP. *Berne.* Villes princ. *Zurich, Genève, Bâle* et *Lausanne.* LANGUES : *allemand, français, italien* et *romanche.* MONNAIE : *franc suisse.* La Suisse est formée de 23 cantons : Appenzell (constitué de deux demi-cantons : Rhodes-Extérieures et Rhodes-Intérieures), Argovie, Bâle (constitué de deux demi-cantons : Bâle-Ville et Bâle-Campagne), Berne, Fribourg, Genève, Glaris, Grisons, Jura, Lucerne, Neuchâtel, Saint-Gall, Schaffhouse, Schwyz, Soleure, Tessin, Thurgovie, Unterwald (constitué de deux demi-cantons : Obwald et Nidwald), Uri, Valais, Vaud, Zoug et Zurich.

DIVISIONS ADMINISTRATIVES DE LA SUISSE

Cantons	Superficie (en km^2)	Population	Chef-lieu
Appenzell*	415	66 099	
Argovie	1 404	507 508	Aarau
Bâle*	465	432 899	
Berne	6 050	958 192	Berne
Fribourg	1 671	218 700	Fribourg
Genève	282	379 190	Genève
Glaris	684	38 508	Glaris
Grisons	7 106	173 890	Coire
Jura	838	66 163	Delémont
Lucerne	1 492	326 268	Lucerne
Neuchâtel	797	163 985	Neuchâtel
Saint-Gall	2 014	427 501	Saint-Gall
Schaffhouse	298	72 160	Schaffhouse
Schwyz	908	111 964	Schwyz
Soleure	791	231 746	Soleure
Tessin	2 810	282 181	Bellinzona
Thurgovie	1 013	209 362	Frauenfeld
Unterwald*	767	62 069	
Uri	1 076	34 208	Altdorf
Valais	5 226	249 817	Sion
Vaud	3 219	601 816	Lausanne
Zoug	239	85 546	Zoug
Zurich	1 729	1 179 044	Zurich

* *Les cantons d'Appenzell, Bâle et Unterwald sont formés chacun de deux demi-cantons, respectivement :* Rhodes-Extérieures (*243 km^2 ; 52 229 hab. ; ch.-l.* Herisau) *et* Rhodes-Intérieures (*172 km^2 ; 13 870 hab. ; ch.-l.* Appenzell) ; Bâle-Ville (*37 km^2 ; 199 411 hab. ; ch.-l.* Bâle) *et* Bâle-Campagne (*428 km^2 ; 233 488 hab. ; ch.-l.* Liestal) ; Obwald (*491 km^2 ; 29 025 hab. ; ch.-l.* Sarnen) *et* Nidwald (*276 km^2 ; 33 044 hab. ; ch.-l.* Stans).

Géographie.

• *Les conditions naturelles.* Essentiellement montagneux, le pays se compose de trois ensembles orientés S.-O.-N.-E : le Jura, le Plateau suisse, ou Mittelland, et les Alpes. Celles-ci occupent environ 60 % du territoire. Leur partie ouest est divisée en deux ensembles par les hautes vallées du Rhône et du Rhin. Au sud de ce sillon, les Alpes Pennines dominent la plaine du Pô. Au nord, des massifs cristallins (Alpes de Glaris, massif de l'Aar-Gothard) précèdent des massifs sédimentaires. À l'est de la partie méridienne de la vallée du Rhin, les Alpes grisonnes prolongent les Alpes Pennines et sont bordées de massifs sédimentaires. Entre les Alpes et le Jura, le Plateau est plutôt un ensemble de collines et de vallées qui s'abaisse du sud (1 000 m) au nord (400 m). Zone agricole (céréales, betterave à sucre, vergers), la région concentre plus des deux tiers de la population et la plupart des grandes villes. Le nord du pays est occupé par les parties est et nord-est du Jura, région de forêts, d'élevage et d'artisanat, au climat froid et humide, qui se dépeuple.

• *La population.* La population se partage selon la langue : allemand (65 %), français (18 %, surtout à l'ouest), italien (10 %), romanche (1 %). Urbanisée à 60 %, son accroissement naturel annuel est très faible (0,2 %). En dehors des travailleurs frontaliers, la population active immigrée représente plus de 20 % de l'ensemble de la population active totale.

• *L'économie.* La vie économique a des caractéristiques spécifiques : taux relativement élevé d'actifs dans l'agriculture (largement soutenue par les pouvoirs publics), industrie à très fort taux de valeur ajoutée, secteur tertiaire dominé par les activités bancaires, par celles des nombreux sièges de sociétés transcontinentales et d'organismes internationaux et par celles du tourisme, d'été et d'hiver. En outre, au cœur de l'Europe, le pays joue le rôle de carrefour routier, ferroviaire et aérien. Le port de Bâle lui donne, par le Rhin, un accès à la mer. L'agriculture occupe moins de 10 % de la superficie du pays, et près de la moitié des agriculteurs ont une autre activité. Le blé, l'orge, la pomme de terre et la betterave à sucre viennent en tête des productions, suivies par les fruits et légumes, le tabac et la vigne. L'élevage bovin, de grande qualité, se maintient. La production d'électricité, d'origine hydraulique et nucléaire, est exportée partiellement. L'industrie importe des matières premières, des produits semi-finis, des hydrocarbures. Certaines branches traditionnelles ont perdu de leur importance, comme le textile, l'habillement et, surtout, l'horlogerie et la bijouterie, concurrencées par les productions asiatiques. Les trois secteurs dominants sont la mécanique (moteurs, matériel ferroviaire, machines-outils), la chimie (avec un important secteur pharmaceutique) et l'agroalimentaire. La Suisse, qui n'est pas membre de l'Union européenne, effectue avec celle-ci plus de la moitié de ses échanges mais paraît demeurer, avec des réserves de change élevées, une monnaie forte et un chômage encore réduit, à l'écart des turbulences politiques et économiques.

Histoire.

• *Les origines et la Confédération.* À l'âge du fer, les civilisations de Hallstatt et de La Tène se développent. Habité par des Celtes, les Helvètes, le pays est conquis par César (58 av. J.-C.) et romanisé.

Les invasions barbares du Vᵉ s. (Burgondes et Alamans) germanisent le Nord et le Centre en refoulant les parlers romans, qui se diversifient (français à l'O., italien au S. et romanche à l'E.).

888 : L'Helvétie entre dans le royaume de Bourgogne, puis est intégrée avec celui-ci dans le Saint Empire romain germanique (1032). Mais l'affaiblissement du pouvoir impérial facilite la naissance de principautés féodales comme celle des Zähringen, dont les possessions tombent, par héritage, après 1218, aux mains des Habsbourg. Ceux-ci étendent leur influence et menacent, par l'intermédiaire de leurs baillis, les libertés traditionnelles des communautés paysannes, en particulier lorsque Rodolphe de Habsbourg est élu en 1273 au trône impérial.

À la fin du XIIIᵉ s., dans des circonstances devenues légendaires (Guillaume Tell), les cantons défendent leurs libertés.

1291 : À la mort de Rodolphe, les trois cantons forestiers (Uri, Schwyz, Unterwald) se lient en un pacte perpétuel ; c'est l'acte de naissance de la Confédération suisse.

Leurs droits confirmés par l'empereur (1309), ils résistent aux Habsbourg, qu'ils défont à Morgarten (1315). D'autres cantons les rejoignent : Lucerne (1332), Zurich (1351), Glaris, Zoug (1352) et Berne (1353), dont l'indépendance est reconnue par les Habsbourg après de nouvelles défaites (Sempach, 1386 ; Näfels, 1388). En 1415, la Confédération annexe l'Argovie, et, en 1460, la Thurgovie.

1474 : Par la « paix perpétuelle », la Confédération est définitivement émancipée dans le cadre de l'Empire, dont elle ne s'affranchira qu'en 1499 après avoir battu Maximilien Iᵉʳ ; le Saint Empire n'exerce plus qu'une suzeraineté nominale.

L'atténuation de la menace autrichienne et l'affirmation de la valeur militaire des Suisses, après les victoires sur Charles le Téméraire (Grandson, Morat en 1476), laissent réapparaître des dissensions entre cantons ; un compromis permet le rattachement de Fribourg et Soleure (1481). Bâle et Schaffhouse (1501) puis Appenzell (1513) rejoignent la Confédération, dont les ambitions en Italie s'opposent à celles de François Ier. Battus par celui-ci à Marignan, les Suisses signent la paix de Fribourg (1516) qui, transformée ensuite en alliance, va permettre aux rois de France de lever des mercenaires en Suisse jusqu'à 1789.

XVIe s. : La Réforme se répand grâce aux humanistes bâlois, puis à l'action de Zwingli (qui est tué en 1531 après une défaite contre les cantons catholiques à Kappel) et enfin grâce à celle de Calvin, qui fait de Genève, en 1536, la « Rome du protestantisme ». Un équilibre s'établit entre les cantons : 7 sont catholiques, 4 réformés et 2 mixtes.

1648 : Les traités de Westphalie reconnaissent l'indépendance totale de la Suisse. L'immigration de protestants français stimule l'activité industrielle (textiles, horlogerie), tandis que le commerce et les activités bancaires se développent aux XVIIe et XVIIIe s. Cet essor économique profite aux classes privilégiées et accentue les tensions sociales.

• *L'époque contemporaine.* La France révolutionnaire annexe des territoires jurassiens puis, sous le Directoire, impose une République helvétique unitaire (1798). Devant la réaction fédéraliste, Bonaparte impose l'Acte de médiation (1803) qui lui laisse le contrôle du pays (jusqu'en 1813) tout en reconstituant l'organisation confédérale. Mais l'économie suisse souffre du Blocus continental.

1815 : Un nouveau pacte confédéral entre 22 cantons est ratifié par le congrès de Vienne, qui reconnaît la neutralité suisse. À partir de 1831, la bourgeoisie libérale impose des réformes à 12 cantons (suffrage universel), mais les cantons montagnards gardent des gouvernements conservateurs. L'essor du radicalisme anticlérical entraîne même les 7 cantons catholiques à signer un pacte, le Sonderbund, en 1845, mais ils sont vaincus deux ans après.

1848 : Une nouvelle Constitution instaure un État fédératif, doté d'un gouvernement central siégeant à Berne.

1874 : Le droit de référendum est introduit. L'expansion économique est favorisée à la fin du XIXe s. par le percement de tunnels (Saint-Gothard, Simplon) et l'essor industriel s'accompagne du renforcement de la social-démocratie qui prend après 1918 une orientation très modérée. Neutre durant les deux guerres mondiales, la Suisse est le siège de conférences pacifistes pendant la Première Guerre mondiale, et abrite, de 1920 à 1946, la Société des Nations.

1979 : Un nouveau canton de langue française, le Jura, est créé.

1992 : Les Suisses se prononcent, par référendum, pour l'adhésion de leur pays au F. M. I. et à la Banque mondiale (mai) et contre la ratification du traité qui prévoyait leur intégration dans l'Espace économique européen ou E. E. E. (déc.).

SUISSE NORMANDE, nom donné parfois à la bordure orientale du Bocage normand, entaillée par l'Orne y découpant des méandres encaissés.

SUISSE SAXONNE, en all. **Sächsische Schweiz** ou **Elbsandsteingebirge,** en tchèque **Děčinské stěny,** région forestière de l'Allemagne et de la Rép. tchèque, située de part et d'autre de l'Elbe.

SUISSESSE n. f. Fém. de SUISSE.

SUITA, v. du Japon, dans le sud de Honshū (préf. d'Ōsaka) ; 345 206 hab. Mécanique. Chimie. Alimentation.

SUITE n. f. (lat. pop. **sequita,* du lat. class. *sequi,* suivre). **1.** Ce qui vient après : *Attendons la suite des événements.* — **2.** Nouvel épisode de qqch qui n'est pas terminé : *Ce roman a une suite.* — **3.** Ensemble de personnes ou de choses qui se suivent ; succession : *La rue est bordée d'une suite de grands hôtels.* — **4.** Ensemble de personnes qui accompagnent un personnage important : *Accueillir un souverain étranger avec sa suite.* — **5.** Ce qui résulte de qqch, conséquence : *Cette démission est la suite logique de son échec.* — **6.** Liaison logique entre des choses, des actes : *Raisonnement qui manque de suite.* — **7.** Dans un hôtel de luxe, chambre jumelée avec un ou plusieurs salons à usage privé. — **8.** *À la suite de,* derrière, après, en suivant : *Il m'a entraîné à sa suite ;* en raison de, comme conséquence de : *Il est resté boiteux à la suite de cette chute.* ‖ *Avoir de la suite dans les idées,* savoir ce que l'on veut et s'y tenir. ‖ *De suite,* à la file et sans interruption : *Il est venu me voir plusieurs jours de suite ;* syn. fam. de TOUT DE SUITE : *J'arrive de suite.* ‖ *Des suites de,* indique la cause de tel état, ce qui a précédé et causé cet état : *Il est mort des suites d'une longue maladie.* ‖ *Donner suite à qqch,* en poursuivre la réalisation. ‖ *Esprit de suite,* disposition d'esprit qui porte à réaliser méthodiquement ce qui est entrepris. ‖ *Et ainsi de suite,* en continuant de la même manière. ‖ *Par la suite,* plus tard, ultérieurement. ‖ *Par suite,* en conséquence. ‖ *Par suite de,* en raison de. ‖ *Propos, mots sans suite,* incohérents, illogiques. ‖ *Suite à,* conséquence de, en réponse. ‖ *Tout de suite,* immédiatement, dans l'espace ou le temps : *Tout de suite après le carrefour. Viens ici tout de suite.*
• **Bx-arts** et **Arts décor.** Ensemble, série d'objets de même nature rangés dans un certain ordre (médailles, estampes, etc.). ‖ En tapisserie, série de répliques tissées d'après une tenture originale.

— **Comm.** *Sans suite,* se dit d'un article dont l'approvisionnement n'est plus renouvelé. — **Dr.** *Droit de suite,* droit qui permet au titulaire d'un droit réel de suivre la chose grevée dans les mains de tout détenteur et d'exercer sur elle les prérogatives de son droit ; droit pour un auteur (et, après sa mort, pour ses héritiers pendant 50 ans) d'œuvres graphiques ou plastiques de percevoir une partie du prix de toute vente de cette œuvre ; droit que s'arroge un belligérant de poursuivre un navire sorti d'un port déclaré bloqué et de le capturer jusqu'au port de sa destination ; droit de poursuivre une bête sur le terrain d'autrui lorsque celle-ci est blessée ou sur ses fins ou pour la ramasser quand elle vient y mourir. — **Hippol.** Poulain. — **Ling.** Succession quelconque d'éléments concaténés. — **Math.** *Suite d'éléments d'un ensemble* E, application d'une partie P de l'ensemble $\mathbb{N}$ des naturels dans E, l'image du naturel n étant généralement notée x_n, et la suite (x_n) $n \in P$. (Quand $E = \mathbb{R}$, la suite est dite numérique ; les cas particuliers importants sont les suites arithmétiques et géométriques.) — **Méd.** *Suites de couches,* période qui s'étend entre l'accouchement et le retour de la première menstruation. — **Mus.** Série de pièces instrumentales écrites dans le même ton et relevant de la danse. (→ *encycl.*) ‖ Réunion de fragments musicaux extraits d'une œuvre théâtrale, chorégraphique, lyrique.

ENCYCL. **Mus.** À l'origine (XVIe s.), la suite est un groupe de danses (pavane, gaillarde, saltarelle, branle) écrites sur le même thème. D'abord destiné au luth, le genre s'étend à d'autres instruments, au clavecin en particulier. De nouvelles danses entrent alors dans la composition. Sous l'influence italienne, la suite devient alors une pièce de concert. C'est ainsi que l'entendent les clavecinistes français (Danglebert, L. Couperin, Lebègue, Nivers) tandis qu'en Italie la suite évolue vers la sonate. Au XVIIIe s., la différence entre la suite de concert et la suite à danser s'accentue. La première, souvent appelée *partita* chez les Allemands, est nommée *ordre* par F. Couperin. La seconde est faite de danses plus modernes et intéresse Bach, Scarlatti, Händel, Telemann, Rameau. Aux XIXe et XXe s., la suite devient soit un hommage, soit un prétexte pour exercer sa science de l'écriture (Debussy, Ravel, Roussel, Bartók, Schönberg), ou enfin une forme très libre désignant toute série de pièces musicales extraites d'œuvres scéniques (Fauré, *Pelléas et Mélisande ;* Bizet, *l'Arlésienne ;* Ravel, *Daphnis et Chloé*).

SUITÉE adj. f. (de *suite*). Se dit d'une femelle suivie de son petit (jument suitée, brebis suitée, etc.).

1. SUIVANT, E adj. (part. prés. de *suivre*). **1.** Qui suit une autre chose ou une autre personne, qui vient immédiatement après (considéré comme un nom quand il est employé sans le substantif et avec l'article défini) : *Vous étudierez le chapitre cinq et le début du suivant. La cliente suivante.* — **2.** Qui va être cité, développé dans la suite d'un énoncé : *L'ordre du jour est le suivant...* — **3.** *Au suivant !,* formule pour appeler la personne ou le client suivants.

◆ **suivant** n. m. En algèbre, syn. de SUCCESSEUR.

◆ **suivante** n. f. Femme qui était au service d'une autre et qui l'accompagnait quand elle sortait.

2. SUIVANT prép. (de *suivant 1*). Indique : **1.** une direction, la conformité à une direction ; selon cette ligne : *Découpez suivant le pointillé.* — **2.** le rapport, la proportion, la correspondance ; en fonction de, selon : *Traiter les gens suivant leur mérite.* — **3.** Selon l'opinion, les propos de : *Suivant les journalistes, la crise va s'aggraver.* — **4.** *Suivant que,* selon que, dans la mesure où : *Suivant que l'année est bissextile ou non, elle a 366 ou 365 jours.*

SUIVEUR, EUSE adj. **1.** Se dit d'un véhicule qui accompagne une course sur route. — **2.** *Fiche suiveuse,* étiquette attachée à une pièce en cours d'usinage, indiquant ses références et son état d'avancement.

◆ **suiveur** n. m. **1.** Homme qui suit les femmes dans la rue en vue de les aborder. — **2.** Personne qui suit des coureurs sur route pour des raisons professionnelles. — **3.** Personne qui, sans esprit critique, suit l'exemple de qqn, la mode.

SUIVI n. m. **1.** Ensemble d'opérations consistant à suivre et à contrôler un processus pour parvenir dans les meilleures conditions au résultat recherché : *Le suivi d'une affaire, d'un produit.* — **2.** Contrôle permanent sur une période étendue d'une expérience, d'un traitement, etc. : *Le suivi médical des élèves.*

SUIVISME n. m. **1.** Tendance systématique à suivre les événements sans esprit critique ; opportunisme. — **2.** Attitude de celui qui s'aligne sur les positions d'un parti politique, d'un syndicat, etc.

SUIVISTE adj. et n. Qui fait preuve de suivisme : *Une attitude suiviste.*

SUIVRE v. t. (bas lat. *sequere,* du lat. class. *sequi*) [conj. **89**]. **1.** Être placé, venir après, derrière qqn, qqch dans l'espace, le temps ou un ensemble ordonné : *Un post-scriptum suit la signature.* — **2.** Rester derrière qqn, un groupe, un animal, en effectuant le même trajet : *Suivre une procession.* — **3.** Surveiller les allées et venues de qqn, le filer à son insu : *Un policier qui suit un gangster.* — **4.** Accompagner qqn dans ses déplacements : *Sa femme le suit dans ses voyages.* — **5.** Aller rejoindre qqn qqpart : *Il est parti en mars et sa famille l'a suivi deux mois après.* – **6.** Se déplacer selon un itinéraire ou selon une certaine direction : *Suivez l'avenue jusqu'au rond-point et tournez à droite.* – **7.** Avoir tel tracé, telle orientation, en parlant d'une voie, d'une ligne : *La route suit la voie ferrée.* – **8.** Choisir qqch, s'y donner : *Vous avez suivi une voie que je ne comprends pas.* – **9.** Conformer sa pensée, son comportement à qqch : *Suivre un plan. Suivre un conseil.* – **10.** Être conforme à qqch, s'y adapter : *Cela suit la règle générale.* – **11.** Avoir une évolution identique à qqch, être de même qualité, de même niveau : *Des tarifs qui suivent le taux d'inflation.* – **12.** Approuver et soutenir qqn dans son action, agir dans le même sens : *Votre projet n'est pas valable, personne ne suivra.* – **13.** Faire comme qqn, avoir un comportement identique : *Il choisit des hôtels trop chers, on ne peut pas le suivre.* – **14.** Prendre connaissance de qqch de façon attentive au fur et à mesure de son déroulement, de son évolution : *Suivre la conversation. Suivre un feuilleton à la télévision.* – **15.** Comprendre ce que qqn expose, explique : *Jusque-là je vous suis très bien.* – **16.** Assimiler un enseignement, être au niveau de la classe : *Élève qui ne suit pas en mathématiques.* – **17.** S'occuper de qqn sur une période relativement longue, en partic. sur le plan de la santé, de ses études, de son évolution : *Médecin qui suit ses malades.* – **18.** *Suivre un produit,* continuer de le fabriquer ou de se réapprovisionner régulièrement. – **19.** S'adonner à une activité, se soumettre à un enseignement, un traitement avec régularité, assiduité : *Suivre des cours d'art dramatique. Suivre une cure.* – **20.** *Suivre (des yeux, du regard),* ne pas quitter des yeux qqn, qqch qui se déplace. – **21.** Litt. *Il suit de là que, d'où il suit que,* il en découle comme conséquence, comme conclusion que : *Il suit de votre exposé que nos craintes étaient justifiées.* – **22.** *À suivre,* indique qu'un texte n'est pas terminé et que sa publication sera continuée dans les numéros suivants. ‖ *Suivre qqch de près, de loin,* s'y intéresser beaucoup ou peu, se tenir bien ou peu informé des détails de son évolution. ‖ *Suivre le mouvement,* calquer sa conduite sur celle du plus grand nombre. ‖ *Suivre le regard de qqn,* regarder dans la même direction que lui. ‖ *Suivre qqn par la (en) pensée,* penser à une personne absente, imaginer ce qu'elle fait.

◆ v. i. **1.** Tenir l'enjeu de ses adversaires afin de pouvoir participer au jeu. – **2.** *Faire suivre,* formule indiquant que l'objet doit être réexpédié à la nouvelle adresse du destinataire.

◆ **être suivi** v. pass. **1.** Être régulier, constant : *Entretenir avec quelqu'un des relations suivies.* – **2.** En parlant d'un enseignement, d'une émission, etc., avoir un auditoire, un public nombreux : *Ses cours étaient très suivis.* – **3.** Constituer un ensemble cohérent, dont les différentes parties présentent un enchaînement logique : *Un raisonnement suivi.* – **4.** *Être suivi de,* comporter telle chose comme suite : *Menaces suivies d'effet.*

◆ **se suivre** v. pr. **1.** Aller, avancer les uns derrière les autres : *Les voitures se suivaient à vive allure.* – **2.** Se succéder dans le temps : *Des catastrophes qui se suivent.* – **3.** En parlant de choses, être placées dans l'ordre adéquat : *Des mots qui se suivent dans l'ordre alphabétique.* – **4.** Présenter de la cohérence, un ordre, un enchaînement satisfaisant : *Un récit bien mené, où tout se suit.*

SUI YANGDI → YANG GUANG.

1. SUJET, ETTE adj. (lat. *subjectus,* de *subjicere,* soumettre). [*Être*] *sujet à,* être exposé, par sa constitution, à certaines affections, à éprouver certains états : *Elle est sujette au vertige ;* être naturellement porté, enclin à qqch, à faire ou à subir qqch : *Il est sujet à perdre son sang-froid.*

◆ n. **1.** Membre d'un État soumis à l'autorité d'un souverain : *Les sujets de Sa Gracieuse Majesté.* – **2.** Ressortissant d'un pays : *Un sujet américain.*

2. SUJET n. m. (lat. *subjectum,* ce qui est subordonné). **1.** Ce qui fournit matière à qqch : *Sujet de discorde.* – **2.** Ce sur quoi on parle, on écrit, ce dont il s'agit : *Quel est le sujet du film ?* – **3.** Question posée à un examen, un concours : *J'ai pris le troisième sujet au bac.* – **4.** Motif ornemental avec figures : *Une tapisserie avec des sujets mythologiques.* – **5.** Figurine, statuette. – **6.** Personne pourvue de qualités ou de talents appropriés à une situation : *Ce candidat est un brillant sujet.* – **7.** Être vivant soumis à l'observation. – **8.** *Au sujet de,* relativement à qqch, à propos de qqn : *Demander des renseignements au sujet d'un candidat.* ‖ *Avoir, donner sujet de,* avoir, donner un motif, une raison légitime de faire qqch. ‖ *Bon, mauvais sujet,* personne, en partic. enfant, dont la conduite est digne d'éloges ou, au contraire, répréhensible. • **Arbor.** Syn. de PORTE-GREFFE. – **Chorégr.** Troisième échelon dans la hiérarchie des danseurs et danseuses du corps de ballet de l'Opéra de Paris. – **Dr.** *Sujet de droit,* titulaire d'un droit. – **Ling.** Fonction exercée dans la phrase par un terme obligatoire appartenant à la catégorie du nom ou à des catégories équivalentes (pronom, forme nominale du verbe [infinitif], proposition conjonctive), qui confère au verbe ses catégories de personne et de nombre. ‖ *Sujet parlant,* être humain capable de langage et possédant une compétence linguistique qui est la grammaire de sa langue. – **Log.** Dans la logique traditionnelle, ce à quoi est rapporté un prédicat ou un attribut. – **Mus.** Élément principal de la fugue ou d'une œuvre d'écriture contrapuntique, jouant le rôle de thème. – **Philos.** Être individuel et réel, supposé à la base de toute pensée (analogue à la conscience), face auquel le contenu de sa pensée, le monde extérieur constituent un objet. — **Psychan.** L'être humain, en tant qu'il est soumis à la loi symbolique et contraint de passer par la parole pour établir sa vérité.

SUJÉTION n. f. (lat. *subjectio,* de *subjicere,* mettre sous, soumettre). **1.** *Litt.* État de qqn, d'un groupe soumis à un pouvoir, à une autorité arbitraire et contraignante : *S'affranchir de la sujétion.* — **2.** Assujettissement à quelque contrainte ou nécessité : *Certaines habitudes deviennent vite des sujétions.* — **3.** Servitudes auxquelles est sujet qqch : *Immeuble qui n'est grevé d'aucune sujétion.*

SUK (Josef), violoniste et compositeur tchèque (Křečovice 1874 - Benešov 1935). Il étudia la composition avec Dvořák, dont il devint le gendre. Fondateur du *Quatuor tchèque,* il fut, avec son ami Vitěslav Novák, le véritable fondateur de l'école tchèque moderne. — Son petit-fils JOSEF (Prague 1929) a fait une carrière internationale de violoniste, au cours de laquelle il a été premier violon du Trio Suk (1958-1981).

SUKABUMI ou **SOEKABOEMI,** v. d'Indonésie, dans l'ouest de Java ; 119 981 hab.

SUKARNO ou **SOEKARNO,** homme d'État indonésien (Surabaya, Java, 1901 - Jakarta 1970). Ingénieur, fondateur du parti national indonésien (1927), il est emprisonné par les Hollandais (1929-1932), puis exilé à Flores (1933). Libéré par les Japonais (1942), il proclame la République indonésienne et s'en fait président (1945). Après 1948, il impose progressivement une forme de gouvernement dictatorial, fait ajourner les élections prévues pour 1959 et cherche à devenir le chef de file de l'Asie du Sud-Est révolutionnaire. Il obtient des Pays-Bas la Nouvelle-Guinée occidentale et combat la formation de la Malaysia (1963). Populaire, élu président à vie (1963), il s'appuie sur le parti communiste. Mis en échec par l'armée, il est peu à peu dépossédé de ses fonctions et titres au profit de Suharto (1966-67).

SUKARNOPURA → JAYAPURA.

SUKHOTHAI, v. de Thaïlande, ch.-l. de prov. sur le Yom ; 15 500 hab. Lieu, dans la première moitié du XIIIe s., de la proclamation de l'indépendance des Syām (Thaïs descendus dans ce bassin), elle devint la cap. du royaume de Sukhothai (v. 1250-1438). Centrés sur le Wat Mahathat, de nombreux vestiges d'édifices religieux témoignent d'un art original ; images du Bouddha d'une haute spiritualité. Musée.

SUKIYAKI [sukijaki] n. m. (mot jap.). Plat composé de lamelles de bœuf et de légumes, que chacun fait cuire sur un réchaud en les plongeant dans un bouillon. (Cuisine japonaise.)

SUKKUR, v. du Pākistān, dans le Sind, sur l'Indus ; 190 551 hab. Centre commercial et industriel. Barrage pour l'irrigation (plus de 2 millions d'ha).

SULA ou **SOELA** *(archipel),* groupe d'îles des Moluques (Indonésie), à l'E. de Célèbes ; 4 850 km² env. Production de bois. Cultures.

SULAIMĀNIYA, v. de l'Iraq, ch.-l. de prov., dans le Kurdistān ; 279 424 hab. Centre commercial. Université kurde.

SULAWESI → CÉLÈBES.

SULAYMĀN *(monts),* massif du Pākistān dominant les plaines de l'Indus, au N.-E. des monts Kīrthar et au S. du Safid Kuh.

SULAYMĀN IBN KUTULMICH, fondateur de la dynastie des Seldjoukides de Rūm (1077-1086). Cousin du grand Seldjoukide Malik Chāh, il occupa l'Asie Mineure en son nom, mais se rendit indépendant de lui.

SULCIS, petite île au large de la Sardaigne, qui fut un grand centre punique, fondé au VIIIe ou au VIIe s. av. J.-C. Auj. *Sant'Antioco.*

SÜLEYMAN, forme turque de SULAYMĀN.

SÜLEYMAN Ier KANUNÎ → SOLIMAN Ier. — **Süleyman II** (Istanbul 1642 - Andrinople 1691), 20e sultan ottoman (1687-1691).

Süleymaniye *(mosquée),* mosquée construite à Istanbul par Sinan, de 1550 à 1557, pour Soliman le Magnifique. Réussite de l'art ottoman classique, elle est entourée d'un complexe architectural (musée des Arts turcs et musulmans, riche bibliothèque).

SÜLEYMAN PAŞA, général turc (Istanbul 1838 - Bagdad 1892). Il participa à la déposition d'Abdülaziz (1876). N'ayant pu arrêter l'invasion russe après la chute de Plevna, il fut condamné pour trahison puis gracié.

SULFACHRYSOÏDINE [-kri-] n. f. Substance colorante azoïque active sur les streptocoques, qui a été le premier antibiotique chimique (sulfamide) utilisé en thérapeutique. (Elle est due aux travaux de Gerhard Domagk [1935].)

SULFACIDE n. m. Composé dérivant d'un oxacide par substitution partielle ou totale du soufre à l'oxygène.

SULFADIAZINE n. f. Sulfamide d'action polyvalente et d'élimination lente.

SULFAGUANIDINE n. f. Sulfamide anti-infectieux, utilisé pour son action bactériostatique au niveau de l'intestin.

SULFAMÉRAZINE n. f. Dérivé méthylé de la sulfadiazine, ayant les mêmes effets sur le méningocoque et le pneumocoque.

SULFAMIDE n. m. **1.** Dérivé azoté $H_2N—SO_2—NH_2$ de l'acide sulfurique, solide peu soluble dans l'eau et fondant à 91 °C. – **2.** Dénomination courante des sulfonamides. – **3.** Médicament chimique dérivé de la sulfanilamide, qui exerce une action bactériostatique sur la plupart des germes Gram positif et Gram négatif et, à concentration élevée, une action bactéricide, d'où son appellation d'« antibiotique chimique ». (→ *encycl.*)

ENCYCL. **Pharm.** Mis au point par Domagk en 1935, les sulfamides constituèrent les premiers médicaments chimiques efficaces contre les infections bactériennes.

• *Sulfamides antibactériens.* On distingue, selon la durée de leur action, les *sulfamides à élimination rapide* (8 heures), les *sulfamides semi-retard* (9 à 24 heures) et les *sulfamides retard* (de 24 à 65 heures). Les *sulfamides intestinaux* deviennent actifs après avoir subi une hydrolyse par la flore intestinale.

• *Sulfamides hypoglycémiants.* Ce sont des substances dont l'action hypoglycémiante, découverte en 1942, est due à leur action sur le pancréas et sur le foie. Ils stimulent les cellules bêta des îlots de Langerhans, freinent les cellules alpha qui sécrètent le glucagon et augmentent la fixation du glycogène par le foie. Leur emploi est limité à certaines formes de diabète.

SULFAMIDÉ, E adj. Se dit d'un médicament (en partic. un diurétique) qui dérive des sulfamides.

SULFAMIDORÉSISTANCE n. f. Propriété acquise par certaines souches bactériennes de devenir résistantes aux sulfamides.

SULFAMIDOTHÉRAPIE n. f. Emploi des sulfamides en thérapeutique.

SULFAMINIQUE ou **SULFAMIQUE** adj. Se dit de l'acide $NH_2—SO_3H$, cristallisé, peu soluble dans l'eau, fondant à 205 °C, qui se forme par action du gaz ammoniac sur l'anhydride sulfurique.

SULFANILAMIDE n. m. Dénomination courante du para-aminobenzène-sulfonamide, qui est l'amide de l'acide sulfanilique et qui a été le premier sulfamide antibactérien.

SULFANILIQUE adj. *Acide sulfanilique,* dénomination courante de l'acide para-aminobenzène-sulfonique, de formule $H_2N—C_6H_4—SO_3H$, employé dans la fabrication des colorants azoïques et des sulfamides antibactériens.

SULFATAGE n. m. Pulvérisation de sulfates de cuivre ou de fer sur les parties aériennes des plantes cultivées dans le but de prévenir ou de guérir des maladies cryptogamiques. (On pratique le sulfatage surtout sur la vigne pour prévenir le mildiou.)

SULFATATION n. f. (de *sulfater*). Production d'une couche de sulfate de plomb sur les plaques d'un accumulateur au plomb, augmentant sa résistance et diminuant ses performances.

SULFATE n. m. Sel ou ester de l'acide sulfurique.

ENCYCL. **Chim.** On distingue les sulfates neutres M_2SO_4 et les hydrogénosulfates $MHSO_4$ dérivant de l'acide sulfurique H_2SO_4. Il existe également des sulfates basiques, surtout avec les métaux de transition. Les sulfates métalliques sont des solides, en général cristallisés, souvent hydratés ; à l'exception de ceux de baryum et de plomb, ils sont solubles dans l'eau. Beaucoup de sulfates ont des applications : les alcalins, en verrerie ; le sel de calcium conduit au plâtre ; celui de baryum est le blanc fixe des peintres ; ceux de cuivre, de zinc sont des désinfectants ; ceux de cuivre, de nickel servent en galvanoplastie.

SULFATER v. t. (conj. 3). **1.** Pratiquer le sulfatage. — **2.** Produire la sulfatation.

◆ **être sulfaté** v. pass. Renfermer un sulfate : *Eaux sulfatées.*

SULFATEUSE n. f. **1.** Appareil asperseur porté sur le dos et servant au sulfatage. — **2.** *Pop.* Mitraillette.

SULFHYDRIQUE adj. Se dit de l'acide H_2S. (Syn. HYDROGÈNE SULFURÉ, SULFURE D'HYDROGÈNE.)

ENCYCL. Découvert en 1773 par Rouelle, l'acide sulfhydrique est un gaz incolore, d'odeur fétide, de densité 1,2, se liquéfiant à - 60,7 °C. Il est extrêmement toxique (empoisonnement par l'atmosphère des fosses d'aisances). Peu stable, il se décompose par chauffage, est détruit par les halogènes et agit à chaud sur les métaux. C'est un diacide faible, donnant avec les alcalis les hydrogénosulfures, comme NaHS, et les sulfures proprement dits, comme Na_2S. Il se dégage librement des fumerolles volcaniques et de quelques sources minérales et est produit dans la putréfaction des matières animales (fèces, œufs, viandes, etc.).

SULFHYDRISME n. m. Intoxication par l'hydrogène sulfuré.

SULFHYDRYLE n. m. Radical monovalent —SH, analogue à l'hydroxyle —OH, que l'on trouve dans les thiols.

SULFIDOSEUR n. m. Appareil permettant d'introduire dans un moût ou dans un vin des quantités de gaz sulfureux mesurées. (Syn. SULFITOMÈTRE.)

SULFINIQUE adj. *Acide sulfinique,* acide organique de formule générale $R—SO_2H$, obtenu par action du dioxyde de soufre SO_2 sur les composés organomagnésiens ou sur les arènes.

SULFINISATION n. f. Cémentation de pièces en alliages ferreux par diffusion superficielle de soufre en vue d'améliorer leur tenue à l'usure.

SULFINONE n. f. Syn. vieilli de SULFOXYDE.

SULFINUSATION ou **SULFINUZATION** n. f. Traitement superficiel des pièces en acier ou en fonte dans un bain de sels fondus de marque *Sulfinuz* en vue d'améliorer la dureté et la résistance à l'usure.

SULFITAGE n. m. Addition d'anhydride sulfureux aux moûts de raisin, de pomme ou de poire soit comme désinfectant et antiseptique, soit comme antioxydant ou comme décolorant.

SULFITATION n. f. Dans l'industrie sucrière, épuration des sirops par l'anhydride sulfureux.

SULFITE n. m. Sel de l'acide sulfureux.
ENCYCL. Il existe deux séries de sels : par ex. *hydrogénosulfite,* ou *bisulfite,* $NaHSO_3$, et sulfite, Na_2SO_3. On connaît également des sels de l'acide disulfureux $H_2S_2O_5$, comme le sel de sodium $Na_2S_2O_5$, appelé dans le commerce *métabisulfite.* Les principaux sont les sulfites alcalins, qui sont solubles dans l'eau. On les utilise dans l'industrie du blanchiment, dans la préparation de la pâte à papier, dans les bains photographiques, etc.

SULFITER v. t. (conj. 3). Pratiquer le sulfitage d'un moût, d'un vin, d'un tonneau. (Syn. SOUFRER.)

SULFITEUR n. m. Appareil permettant le sulfitage d'un moût.

SULFITOMÈTRE n. m. Syn. de SULFIDOSEUR.

SULFOBACTÉRIE n. f. Syn. de THIOBACTÉRIALE.

SULFOCARBONATE n. m., **SULFOCARBONIQUE** adj. Syn. vieillis de THIOCARBONATE, THIOCARBONIQUE.

SULFOCARBONISME n. m. Intoxication (professionnelle) par le sulfure de carbone, caractérisée par des troubles digestifs, nerveux (polynévrites) ou même psychiques.

SULFOCHLORURE [-klɔ-] n. m. Composé contenant du soufre, du chlore et un autre élément.

SULFOCHROMIQUE [-krɔ-] adj. Se dit du mélange d'acide sulfurique et d'acide chromique (ou de bichromate de potassium), fréquemment employé comme oxydant.

SULFOCYANATE n. m., **SULFOCYANIQUE** adj. Syn. vieillis de THIOCYANATE, THIOCYANIQUE.

SULFOMANGANIQUE adj. Se dit d'un mélange d'acide sulfurique et de permanganate de potassium, employé comme oxydant.

SULFONAMIDE n. m. Nom générique des amides des acides sulfoniques, de formule générale $RSO_2—NR'R''$.

SULFONATION n. f. Réaction chimique par laquelle on substitue à un atome d'hydrogène un groupe SO_3H. (Elle se fait sur les alcanes par action du chlore et du dioxyde de soufre en présence de lumière, sur les arènes par action de l'acide sulfurique concentré et sur les composés aromatiques par adjonction de trioxyde de soufre.)

SULFONE n. f. (de l'all.). Nom générique des composés de formule générale $R—SO_2—R'$, qui se forment par l'oxydation des thioéthers et des sulfoxydes. (Certains de ces composés sont employés dans le traitement de la lèpre.)

SULFONER v. t. (conj. 3). Soumettre à la sulfonation. (Les composés organiques sulfonés, de formule générale $R—SO_3H$, sont employés dans l'industrie des colorants, des médicaments et des détergents.)

SULFONIQUE adj. *Acide sulfonique,* nom générique des acides de formule générale $R—SO_3H$.

SULFONITRIQUE adj. Se dit d'un mélange d'acide sulfurique et d'acide nitrique concentrés, utilisé pour la nitration.

SULFONIUM [-njɔm] n. m. Nom générique des cations de formule générale RR'SR''. (Les sels de sulfonium ont un rôle biologique important.)

SULFONYLE n. m. **1.** Radical divalent SO_2 dérivant de l'acide sulfurique par suppression des hydroxyles. (Le chlorure de sulfonyle SO_2Cl_2 est le chlorure de l'acide sulfurique.) [Syn. SULFURYLE.] — **2.** Radical monovalent $R—SO_2—$.

SULFOXYDE n. m. Nom générique des composés organiques de formule générale R—SO—R', obtenus par oxydation ménagée des thioéthers RSR'. [Syn. vieilli SULFINONE.]

SULFURAGE n. m. Opération qui consiste à introduire dans le sol du sulfure de carbone pour y détruire les larves et les insectes nuisibles.

SULFURATION n. f. Action de sulfurer ; état d'un corps sulfuré.

SULFURE n. m. (lat. *sulfur,* soufre). **1.** Corps résultant de l'union du soufre avec un autre corps. (→ *encycl.*) — **2.** Sel de l'acide sulfhydrique. — **3.** Camée en céramique noyé dans du cristal fondu, où il prend un aspect argenté. (Bohême, France, Angleterre, depuis le XVIIIe s. : décor de vases, de flacons ; médaillons, presse-papiers.) — **4.** *Sulfure d'hydrogène,* syn. de ACIDE SULFHYDRIQUE.
ENCYCL. **Chim.** Les sulfures formés avec les *non-métaux* (phosphore, carbone, bore) ont en général une composition analogue à celle des composés oxygénés correspondants. Le sulfure de carbone CS_2, par exemple, est comparable à CO_2.

Les principaux *sulfures métalliques* sont les sels de l'acide sulfhydrique H_2S, tel Na_2S. Ils sont en général cristallisés, opaques, colorés, doués d'un éclat métallique, facilement fusibles ; seuls les sulfures alcalins et alcalinoterreux sont solubles dans l'eau. Les sulfures non alcalins s'oxydent à chaud en donnant, à température modérée, des sulfates et, à température élevée, du gaz sulfureux et des oxydes métalliques. Le grillage métallurgique utilise souvent ces réactions pour transformer les sulfures naturels en oxydes plus faciles à traiter. Beaucoup de sulfures métalliques existent dans la nature et constituent d'importants minerais : pyrite, galène, chalcopyrite. Les *sulfures organiques* sont des esters alcooliques ou phénoliques. Les sulfures acides sont les « thiols », ou « mercaptans ».

SULFURER v. t. (lat. *sulfuratus,* soufré, de *sulfur,* soufre) [conj. 3]. **1.** Combiner un corps avec le soufre. — **2.** Pratiquer le sulfurage.

◆ **être sulfuré** v. pass. **1.** Être à l'état de sulfure. — **2.** Être combiné avec le soufre. — **3.** *Hydrogène sulfuré,* syn. de ACIDE SULFHYDRIQUE*.

SULFUREUX, EUSE adj. (lat. *sulfurosus*). **1.** Qui est de la nature du soufre : *Vapeurs sulfureuses.* — **2.** Qui contient de l'hydrogène sulfuré : *Source sulfureuse.* — **3.** *Fam.* Qui sent le soufre, l'enfer : *Discours sulfureux.* — **4.** *Acide sulfureux,* acide H_2SO_3, non isolé mais existant en solution. ‖ *Anhydride* ou *gaz sulfureux,* dioxyde de soufre SO_2. (→ *encycl.*)

ENCYCL. **Chim.** L'*anhydride sulfureux* est un gaz incolore, d'odeur suffocante et de saveur acide, qui bout à - 5 °C et dont la liquéfaction est réalisée industriellement par compression à 3 atmosphères. Il est difficile à réduire et n'entretient pas les combustions, d'où son emploi pour l'extinction des feux de cheminée. Il s'oxyde aisément, surtout en solution, pour donner l'acide sulfurique H_2SO_4. Il est donc, en même temps que sa solution, un réducteur énergique, employé (de même que les sulfites) comme agent de blanchiment. Cette solution aqueuse a aussi les propriétés de l'*acide sulfureux* H_2SO_3, donnant avec les bases des hydrogénosulfites ou bisulfites, comme $NaHSO_3$, ou des sulfites, tel Na_2SO_3. La majeure partie du gaz sulfureux préparé dans l'industrie (par combustion du soufre ou grillage des pyrites) est transformée en acide sulfurique. Outre son pouvoir décolorant, il est utilisé comme antiseptique.

— **Écol.** L'anhydride sulfureux est un des principaux polluants atmosphériques. Issu principalement de la combustion des impuretés soufrées contenues dans le charbon et le pétrole, et pour une moindre part des éruptions volcaniques, s'oxydant aisément en acide sulfurique (brouillards acides), l'anhydride sulfureux quitte l'atmosphère par dépôt, lessivage ou sulfatation. Nuisible à l'homme (bronchites chroniques, emphysème), il provoque chez les végétaux des nécroses foliaires graves. Il est ainsi responsable des « pluies acides » qui ravagent les forêts de conifères de l'Europe de l'Ouest.

SULFURIQUE adj. (lat. *sulfur,* soufre). Se dit de l'anhydride SO_3 et des acides correspondants, dont le principal est H_2SO_4.

ENCYCL. **Chim.** L'*anhydride sulfurique* se présente en cristaux transparents fondant à 17 °C et bouillant à 45 °C. Il est très avide d'eau, avec laquelle il donne de l'acide sulfurique. On le prépare dans l'industrie par oxydation catalytique du gaz sulfureux, en vue de le transformer en oléum.

L'*acide sulfurique* H_2SO_4 a été produit industriellement dès 1746 ; sa fabrication par le procédé des chambres de plomb se développa surtout à partir de 1837, et le procédé de contact fut découvert par Winkler en 1901.

• *Propriétés.* L'acide pur est un liquide épais, incolore, qui se solidifie à 10 °C et bout à 290 °C en se dissociant et en formant un mélange azéotrope, bouillant à 320 °C, qui contient environ 98 % d'acide pur. C'est ce mélange qui constitue l'acide concentré du commerce ; de densité 1,84, il marque 66 °B. Il est soluble dans l'eau, avec un grand dégagement de chaleur ; aussi faut-il, pour éviter des projections dangereuses, verser toujours l'acide dans l'eau. Cette affinité pour l'eau le fait employer à la dessiccation des gaz.

L'acide sulfurique peut dissoudre de l'anhydride SO_3 et donner des liquides huileux, nommés *oléums,* qui laissent souvent déposer des cristaux d'*acide pyrosulfurique* ou *disulfurique* $H_2S_2O_7$. Décomposé à haute température en gaz sulfureux, oxygène et eau, il peut être réduit par le carbone, le soufre et le cuivre. C'est un diacide fort donnant avec la soude un hydrogénosulfate $NaHSO_4$ et un sulfate Na_2SO_4. Il agit sur la plupart des sels et attaque à froid les métaux, donnant un dégagement d'hydrogène. Sur les glucides, il agit comme déshydratant ; sur les bases organiques et les alcools, il agit en acide ; avec les carbures benzéniques et leurs dérivés, il produit des réactions de sulfonation.

• *Préparation.* Dans le procédé des chambres de plomb, ou procédé aux oxydes d'azote, le gaz sulfureux est oxydé par l'air, en présence d'eau, avec catalyse par les oxydes de l'azote :

$$SO_2 + \frac{1}{2}\,O_2 + H_2O \rightarrow H_2SO_4.$$

Le mélange gazeux est envoyé d'abord dans la tour de Glover, en haut de laquelle ruisselle un acide sulfurique contenant des produits nitreux et provenant de la tour de Gay-Lussac. L'acide s'y concentre, les gaz se refroidissent et s'emparent des oxydes de l'azote, qu'ils entraînent. Ces gaz passent ensuite dans de vastes chambres en feuilles de plomb, dans lesquelles on envoie aussi de l'eau chaude pulvérisée et où se forme et se condense un acide dilué. L'anhydride sulfureux est ainsi entièrement transformé. Les oxydes de l'azote sont récupérés pour être recyclés dans la tour de Glover. Avec le procédé aux oxydes, on ne peut obtenir d'acide dépassant la concentration du mélange azéotropique.

Le procédé de contact permet la préparation d'acides plus concentrés, les oléums, par oxydation de l'anhydride sulfureux en phase gazeuse à température modérée (400 à 450 °C), en présence d'un catalyseur, l'anhydride vanadique. Les vapeurs d'anhydride sulfurique produites sont absorbées par de l'acide sulfurique à 66 °B, qu'elles transforment en oléums.

• *Utilisations.* L'acide sulfurique est un produit industriel fondamental. Il sert à préparer la plupart des autres acides (chlorhydrique, nitrique, etc.), de nombreux sulfates et les superphosphates, de multiples produits organiques nécessaires à la fabrication des colorants, des plastiques, des explosifs, des parfums, des médicaments, des fibres artificielles. Il est aussi utilisé pour le raffinage des essences, la fabrication du glucose et le décapage des métaux.

SULFURISER v. t. (conj. 3). Soumettre à l'action de l'acide sulfurique.

◆ **être sulfurisé** v. pass. 1. Avoir subi l'action de l'acide sulfurique. — 2. *Papier sulfurisé,* papier modifié par l'action de l'acide sulfurique en vue de lui conférer une résistance élevée à la pénétration des graisses et à la désagrégation par l'eau. (Syn. PARCHEMIN VÉGÉTAL.)

SULFURYLE n. m. Syn. de SULFONYLE.

SULIDÉ n. m. Nom de famille d'oiseaux marins pélécaniformes tels que les fous.

SULKY [sylki] n. m. (angl. *sulky*). Voiture légère, sans caisse, utilisée dans les courses de trot attelé.

SULLA ou **SYLLA** (Lucius Cornelius), général et homme politique romain (138 av. J.-C. - Cumes 78 av. J.-C.). D'origine patricienne, il est élu questeur en 106. Rejoignant Marius en Afrique, il se fait livrer Jugurtha par le roi de Mauritanie Bocchus (105). Légat de Marius (104 et 103), préteur puis propréteur en Cilicie, il lutte contre les pirates. Il devient consul (88), joue un rôle décisif lors de la « guerre sociale », puis obtient le commandement dans la guerre contre Mithridate (88). Dépossédé illégalement de son commandement par Marius, il s'empare de Rome à la tête de son armée de Campanie, tandis que Marius, mis hors la loi par le sénat, s'enfuit.

Sulla gagne la Grèce, prend Athènes (86) et bat les armées de Mithridate. En 83, il revient en Italie pour reprendre Rome aux partisans de Marius, qui ont réoccupé la ville. Il s'assure le contrôle de la capitale à la bataille de la porte Colline (82).

Maître incontesté de Rome, il se fait attribuer une dictature « à pouvoir législatif et constituant » (82). Il proscrit les partisans de Marius (automne 82-juin 81). Ses confiscations enrichissent ses amis et ses vétérans. Dix mille esclaves sont affranchis. Sulla affaiblit l'ordre équestre, limite le pouvoir des tribuns et leur interdit l'accès aux magistratures. Le sénat, décimé par les proscriptions et les guerres, voit ses effectifs doubler de 300 à 600 membres, dont 500 désignés par Sulla. Sulla achève d'enlever la réalité du pouvoir à l'aristocratie. Le gouvernement des provinces et le commandement des armées sont retirés aux préteurs et aux consuls en exercice pour être confiés aux propréteurs et aux proconsuls.

Annonciateur de l'Empire, Sulla fait frapper des monnaies d'or à son effigie, se proclame *Felix* (« Heureux », c'est-à-dire favorisé par les dieux). Il restaure la religion traditionnelle et précise le droit pénal en aggravant les peines. Il établit 120 000 vétérans dans les colonies militaires du Latium, de Campanie, d'Étrurie, etc. Mais l'aristocratie sénatoriale supporte mal ce nouveau maître, et le sénat décerne les honneurs du triomphe à Pompée, qui prend la tête de l'opposition. Sentant le pouvoir lui échapper, Sulla abdique brusquement en 79.

SULLANA, v. du nord du Pérou ; 150 100 hab. Centre d'une région cotonnière.

SULLIVAN (Louis Henry), architecte et théoricien américain (Boston 1856 - Chicago 1924). Associé à Chicago, en 1881, avec l'ingénieur Dankmar Adler (1844-1900), il construisit notamment le vaste Auditorium de la ville (1886) et, à Saint Louis, le Wainwright Building (1890), qui apportait la solution type des problèmes du gratte-ciel. Seul, il donna les magasins Carson, Pirie, Scott and Co. (1899), un des chefs-d'œuvre de l'école de Chicago*. Il associe souvent au fonctionnalisme un décor fouillé, localisé dans des zones précises.

Sullom Voe, terminal pétrolier de l'archipel des Shetland, sur l'île Mainland.

SULLY (Maurice, dit DE), évêque de Paris (Sully-sur-Loire v. 1120 - Paris 1196). Évêque de Paris en 1160, il décida la construction de la cathédrale Notre-Dame, dont la première pierre aurait été posée en 1163 en présence d'Alexandre III.

SULLY (Maximilien DE BÉTHUNE, *baron,* puis *marquis* [1601] DE ROSNY, *duc* DE), homme d'État français (Rosny-sur-Seine 1559 - Villebon, Eure-et-Loir, 1641). De noblesse flamande ancienne et peu fortunée, protestant, il s'enrôle dans l'armée d'Henri de Navarre (1576). Devenu roi, Henri IV, qui a fait de lui son conseiller préféré, lui confie dès 1596 les finances du royaume et le nomme surintendant des Finances en 1598 avec rang de principal ministre, responsable de toute l'administration du royaume. Par son activité méthodique, sa probité et sa collaboration étroite et confiante avec le roi, il eut une influence déterminante sur la politique de la France. Financier, il assainit les comptes, lutte contre les abus et les prodigalités, assure des recettes accrues (création de la paulette en 1604) tout en rendant la charge fiscale plus équitable. Il favorise l'agriculture (assèchement de terres, promotion du ver à soie) et le développement des manufactures et du commerce, facilite la circulation des marchandises par l'extension des routes et la construction de ponts (le Pont-Neuf, à Paris) et de canaux (canal de Briare, 1604). Il embellit les villes (place Royale [auj. des Vosges], place Dauphine, à Paris) et aménage les résidences royales (Louvre, Tuileries, Fontainebleau). Grand maître de l'artillerie et surintendant des Fortifications (1599), il stimule l'édification des fortifications urbaines et la constitution d'un arsenal. Serviteur dévoué du roi, il participe aux projets de campagnes militaires aussi bien qu'à la diplomatie (traité de Lyon avec l'Italie, en 1601 ; alliance avec l'Angleterre, où il est ambassadeur extraordinaire en 1603). Créé duc et pair de Sully (1606), il se retire dans ses terres après la mort du roi et n'intervient que très épisodiquement (1615) dans les affaires publiques. En 1634, il reçoit le bâton de maréchal de France. Il écrit ses Mémoires (*Économies royales,* 1638).

Sully *(hôtel de),* à Paris, dans le Marais, rue Saint-Antoine. Bâti pour un financier sans doute sur les plans de Jean Ier Androuet Du Cerceau (1624), il fut acquis par Sully, qui lui adjoignit un autre hôtel (« Petit Sully ») donnant sur la place Royale. Restauré, l'ensemble abrite aujourd'hui la Caisse nationale des monuments historiques.

SULLY PRUDHOMME (René François Armand PRUDHOMME, dit), poète français (Paris 1839 - Châtenay-Malabry 1907). Collaborateur au *Parnasse* contemporain,* il chercha, après ses premiers recueils (*Stances et poèmes,* 1865 ; *Solitudes,* 1869), à dépasser l'idéal plastique des parnassiens pour exprimer son message philosophique (*la Justice,* 1878 ; *le Bonheur,* 1888). [Acad. fr., 1881 ; prix Nobel 1901.]

SULLY-SUR-LOIRE (45600), ch.-l. de cant. du Loiret, dans le *Val de Loire ;* 5 833 hab. *(Sullylois).* Château des XIVe et XVIe s., entouré de douves, que Maximilien de Béthune (Sully) acheta en 1602. Église gothique St-Ythier (deux vitraux de la fin du XVIe s.). Constructions mécaniques.

SULPICE le Pieux *(saint),* évêque de Bourges († 647). Clotaire II le prit pour aumônier et le fit évêque de Bourges en 624.

SULPICE SÉVÈRE, en lat. **Sulpicius Severus,** écrivain chrétien d'expression latine (en Aquitaine v. 360 - v. 420). Auteur d'une *Chronique universelle* assez brève (v. 403), il est surtout connu par une *Vie de saint Martin* qui a beaucoup influencé la spiritualité monastique en Gaule.

SULPICIEN, ENNE adj. et n. m. **1.** Relatif à la Compagnie des prêtres de Saint-Sulpice ; membre de la Compagnie des prêtres de Saint-Sulpice. — **2.** Se dit des objets du culte, des tableaux, des statues représentant des sujets religieux qui se caractérisent par un aspect conventionnel et fade.

SULPICIUS QUIRINIUS (Publius), consul romain († Lanuvium 21 apr. J.-C.). Consul en 12 av. J.-C. Gouverneur de Syrie, il procéda au dénombrement des Juifs à l'époque de la naissance de Jésus-Christ (Luc II, 2). La Vulgate l'appelle CYRINUS.

SULTAN n. m. (ar. *sulṭān,* souveraineté). **1.** Titre de souverains musulmans donné à partir des Seldjoukides (XIe s.) par le calife à ceux à qui il délégait le pouvoir effectif. — **2.** Titre des souverains de divers États musulmans.

SULTANAT n. m. **1.** Dignité de sultan. — **2.** Règne d'un sultan. — **3.** État sur lequel règne un sultan.

SULTANE n. f. **1.** Épouse ou favorite du sultan ottoman. — **2.** Lit de repos à deux ou trois dossiers droits de même hauteur, apparu vers 1770.

SULTAN GALIEV (Mir Sayid), homme politique tatar (Krimsakaly, gouvern. d'Oufa, 1880 - 1939 ?), chef de file du mouvement communiste national musulman en U. R. S. S. Principal adjoint de Staline aux Affaires musulmanes, il chercha à adapter la doctrine marxiste au milieu musulman. Arrêté en 1923, il fut exclu du parti pour « déviation nationaliste ». Libéré en 1924, il fut condamné en 1928 à 10 ans de travaux forcés.

SULTANINE n. f. Cépage très cultivé dans plusieurs régions du monde, fournissant des raisins secs, des raisins de table ou du vin. (Il s'appelle thomson seedless aux États-Unis, kichmich au Moyen-Orient et sultana en Australie.)

SULU ou **SOLO** *(archipel de),* îles dépendant des Philippines, entre Bornéo et Mindanao et séparant la *mer de Sulu* de celle de Célèbes. Ch.-l. *Jolo,* dans l'île du même nom, la principale de l'archipel.

SULVINITE n. f. (de *sulfate*). Gaz de combat à base de chlorosulfate de méthyle, employé pendant la Première Guerre mondiale.

Sulzer, groupe industriel suisse, spécialisé dans la construction mécanique (moteurs, machines textiles, matériels de conditionnement d'air).

SUMAC [symak] n. m. (ar. *summāq*). Arbre ou arbrisseau (anacardiacée) dont quelques espèces sont cultivées. (Nom générique *rhus.*) [La corroyère fournit un extrait tannant, le fustet un colorant jaune, le sumac vénéneux un médicament homéopathique ; le *sumac de Sicile,* qui renferme de 25 à 30 % de tanin, est très utilisé pour le tannage des peaux de chèvre et de mouton destinées à la maroquinerie.]

ŠUMADIJA, région de Yougoslavie (Serbie occidentale), entre le Danube, la Save, la Kolubara et la Morava occidentale.

SUMAK → SOUMAK.

SUMATRA, la plus occidentale des grandes îles d'Indonésie ; 473 600 km² ; 36 505 703 hab. (avec les petits archipels voisins). V. princ. *Medan* et *Palembang.*
— **Géogr.** L'île, au climat équatorial (de 2 à 4 m de pluies par an), est allongée sur 1 650 km du N.-O. au S.-E. Sa côte ouest est bordée de volcans actifs culminant à 3 801 m (mont Kerinci). Des collines font la transition avec la plaine alluviale, souvent inondée, qui occupe la côte orientale. Loin derrière Java pour la densité de population, l'île est inégalement peuplée. Ce sont les zones montagneuses qui sont les plus occupées (fait exceptionnel en Asie du Sud-Est), en particulier le pays Batak, près du lac Toba. Le riz, principale culture vivrière, est complété par des cultures commerciales : cocotiers, épices, café, hévéas, palmier à huile. Les gisements de charbon fournissent la moitié de la production indonésienne, mais c'est le pétrole (raffiné sur place) et le gaz naturel (exporté liquéfié) qui constituent les principales ressources.
— **Hist.** Habitée depuis le mésolithique, l'île est fréquentée très tôt par les Indiens et les Chinois, qui y recherchent l'or, les bois précieux et le poivre. Dans les premiers siècles de l'ère chrétienne naissent des royaumes malais indianisés, marqués par l'hindouisme et le bouddhisme. L'un d'eux, Śrīvijaya, construit dès le VIIe s. une thalassocratie reposant sur le contrôle des détroits de Malacca et de la Sonde. Ce royaume, riche d'une culture florissante, mais peut-être victime de l'envasement des estuaires, est harcelé par les Indiens Cola, les Thaïs et les Javanais et disparaît à la fin du XIIIe s. L'islām, propagé par des marchands de l'Inde, se répand le long des côtes. Dominée par le royaume javanais de Majapahit (XIIIe-XVIe s.), Sumatra se divise en petits sultanats (Jambi, Palembang et Aceh) confrontés à la politique d'expansion des Portugais, des Britanniques et surtout des Néerlandais. Ceux-ci ne parviennent à contrôler toute l'île qu'à la fin du XIXe s. Ils la mettent en valeur avec des colons javanais (pétrole, plantations). Après l'occupation japonaise (avr. 1942-août 1945), l'île est agitée jusqu'en 1958 par des mouvements séparatistes et autonomistes.

ŠUMAVA ou **BÖHMERWALD,** massif montagneux et boisé de la Rép. tchèque et d'Allemagne, constituant la partie sud-ouest du quadrilatère de Bohême.

SUMBA, île d'Indonésie, dans le groupe des petites îles de la Sonde, dans l'océan Indien, au S.-O. de Flores ; 11 153 km². V. princ. *Waingapu.* Culture du maïs et élevage (bovins et chevaux).

SUMBAWA, SUMBAVA ou **SOEMBAVA,** île d'Indonésie, dans le groupe des petites îles de la Sonde, à l'E. de Lombok ; 15 448 km². V. princ. *Raba.* L'île, montagneuse et volcanique, tire ses ressources de l'agriculture et de l'élevage.

ŠUMEN, anc. **Kolarovgrad,** v. de Bulgarie, dans la région limitrophe de la Dobroudja ; 112 091 hab. Filiale de l'université de Sofia. Capitale de la communauté turque de Bulgarie (mosquée du XVIIe s.). Centre agricole et industriel.

SUMÈNE (30440), ch.-l. de cant. du Gard, en bordure des Cévennes ; 1 435 hab. *(Suménois).*

SUMER, nom d'origine inconnue, désignant la partie méridionale de la Mésopotamie antique, souvent opposée à la partie centrale, ou pays d'Akkad.
— **Hist.** → MÉSOPOTAMIE.

SUMÉRIEN, ENNE adj. et n. Qui appartient à Sumer.
◆ **sumérien** n. m. La plus ancienne langue écrite, qui fut parlée dans le sud de la Mésopotamie pendant le IIIe millénaire. (Il s'écrivait en caractères cunéiformes. C'est une langue isolée sans parenté connue.)

SUMÉRO-AKKADIEN, ENNE adj. Relatif à Sumer et à Akkad.

SUMI-E, mot jap. désignant les estampes en feuilles séparées, à l'encre de Chine, tirées au moyen du seul bois de trait par les premiers maîtres de l'*ukiyo-e.*

Sumitomo, groupe japonais dont les origines remontent au XVIIe s. Le groupe comprend aujourd'hui une quarantaine de sociétés, produisant notamment de l'acier, de l'aluminium, des produits chimiques, des pneumatiques, des navires, etc.

SUMMUM [sɔmɔm] n. m. (lat. *summum,* le sommet). 1. Le plus haut degré dans un domaine : *Le summum de la puissance. Être au summum de la gloire.* — 2. Fam. *C'est le summum,* on ne peut faire mieux ou on ne peut faire pire.

SUMO [sumo] n. m. (jap. *sumō,* lutte). Variété de lutte pratiquée au Japon.

SUMOTORI n. m. inv. Lutteur de sumo.

Sun *(The),* quotidien populaire conservateur britannique. Issu du Daily Herald en 1966, il a le plus fort tirage des quotidiens britanniques.

SUNCHON ou **SUN-Č'ŎN,** v. de la Corée du Sud, au S.-O. de Kwangju ; 174 224 hab.

SUNCREST [sœnkrɛst] n. f. Variété semi-tardive de pêches à chair jaune.

SUND → ØRESUND.

SUNDARBANS (les), région marécageuse de l'Inde et du Bangladesh, formant la frange littorale du Gange sur le golfe du Bengale ; env. 30 000 km². La population y est très clairsemée.

Sunday Times, journal d'information britannique du dimanche, créé en 1822 par H. White. Il est l'un des plus importants journaux d'Europe par son tirage.

SUNDERLAND, port de Grande-Bretagne, en Angleterre, à l'embouchure de la Wear ; 196 000 hab. Centre industriel (métallurgie, verrerie, textile).

SUNDERLAND (*comtes* DE) → SPENCER (Charles et Robert).

SUNDGAU, petite région du sud de l'Alsace (Haut-Rhin), au S. de Mulhouse, formée de collines calcaires et argileuses. Élevage bovin. Céréales (au N.-E.). V. princ. *Altkirch.* — **Hist.** « Sundgau » désignait à l'époque carolingienne la partie sud d'un comté *(Gau),* et particulièrement la Haute-Alsace. Il fut longtemps possession des Habsbourg avant sa cession à la France (traité de Münster, 1648).

SUNDMAN (Per Olof), écrivain suédois (Vaxholm, près de Stockholm, 1922), auteur de romans documentaires à caractère psychologique (*l'Enquête,* 1958 ; *l'Expédition,* 1962 ; *Ce pays est une grande île,* 1977 ; *Mer de glace,* 1982).

SUNDSVALL, port de Suède (Västernorrland), sur le golfe de Botnie ; 94 000 hab. Aluminium. Traitement et exportation du bois.

SUNLIGHT [sœnlajt] n. m. (angl. *sunlight,* lumière solaire). Puissant projecteur pour prises de vues cinématographiques.

SUNNA [suna] n. f. (ar. *sunna,* précepte). 1. Ensemble des paroles du Prophète, de ses actions et de ses jugements, tels qu'ils sont fixés dans les ḥadīth. — 2. Théorie et pratique religieuses des musulmans réputés orthodoxes, ou sunnites.

SUNNISME n. m. Courant majoritaire de l'islām, qui s'appuie sur la sunna et le consensus communautaire qu'elle suscite.

SUNNITE adj. et n. (ar. *sunnī,* qui suit les principes de la sunna et fait partie de la communauté). Musulman orthodoxe.

ENCYCL. L'islām sunnite considère les quatre premiers califes comme les successeurs du Prophète et se présente comme le continuateur de leur action. Les sunnites s'opposèrent aux chī'ites, fidèles aux descendants de 'Alī († 661). Ils se divisent en quatre rites, ou écoles juridiques : les ḥanafites, les chāfi'ites, les malékites et les ḥanbalites.

SUNNYVALE, v. des États-Unis (Californie), sur la baie de San Francisco, dans la Silicon Valley ; 106 600 hab. Conserves de fruits. Aéronautique. Électronique.

SUN RA (Herman Sonny BLOUNT, dit), pianiste, organiste, compositeur, arrangeur et chef d'orchestre de jazz américain (Birmingham ?, Alabama, entre 1910 et 1916 -Birmingham 1993). Il a inventé un monde sonore insolite, doublé d'un univers visuel qui ressemble à la célébration d'un rituel mystique. Il fut le premier musicien de jazz à manipuler les claviers électroniques et le synthétiseur Moog.

SUNWUI → JIANGMEN.

SUN YAT-SEN ou **SUN ZHONGSHAN** ou **SOUEN TCHONG-CHAN,** surnommé **Sunwen** ou **Souen wen,** homme d'État chinois (Xiangshan, Guangdong, 1866 - Pékin 1925). Après des études à Honolulu, où il se convertit au protestantisme, il fonde en 1894 la Société pour la régénération de la Chine, puis en 1905 la Ligue jurée (Tongmenghui), dont le programme politique sera repris par le Guomindang (indépendance, souveraineté, bien-être), créé en 1912. Lors de la révolution de 1911, Sun est élu président de la République à Nankin, mais doit s'effacer devant Yuan Shikai (1912). Il se réfugie au Japon. De retour à Canton en 1917, grâce à son alliance avec un seigneur de guerre, il se fait élire en 1921 président de la République, mais ne s'imposera à Pékin qu'en 1925. Il meurt peu après, laissant un testament recommandant l'achèvement de son œuvre en trois étapes : conquête militaire, dictature du Guomindang, réorganisé selon le modèle léniniste, et rédaction d'une Constitution, programme qui sera repris puis déformé par son beau-frère, Jiang Jieshi.

Sunzi ou **Souen-tseu** *(le),* le plus ancien des traités militaires en chinois, dû à Sun Zi, officier au service de l'État de Wu au VIᵉ s. av. J.-C.

SUOCHE → YARKAND.

SUOMI n. m. Syn. de FINNOIS.

SUOMI, nom finnois de la Finlande.

SUP adj. inv. *Fam.* 1. Supplémentaire : *Heures sup.* — 2. Supérieur : *Math sup.*

SUPER-, préfixe du lat. *super,* au-dessus de, exprimant une supériorité dans la qualité ou le degré (*supercarburant, superprofit*), une supériorité hiérarchique (*superpréfet*) ; *fam.,* indique que qqn, qqch est exceptionnel, supérieur, extraordinaire (*une supervoiture*).

1. SUPER adj. inv. *Fam.* Extraordinaire, formidable : *Un film super. Un type super.*

2. SUPER n. m. inv. Abrév. de SUPERCARBURANT.

SUPERAÉRODYNAMIQUE n. f. Discipline qui a pour objet l'étude des écoulements de gaz très raréfiés, tels que l'on en rencontre à très haute altitude.

SUPERALLIAGE n. m. Nom générique d'alliages complexes présentant une très bonne résistance, à haute température et haute pression, à l'oxydation, à la corrosion, au fluage et à des contraintes cycliques (mécaniques ou thermiques). [Généralement élaborés par métallurgie des poudres, les superalliages sont destinés à l'aéronautique, aux réacteurs chimiques, à la cryogénie et aux centrales thermiques.]

SUPERAMAS [-ma] n. m. 1. Amas d'amas de galaxies. — 2. *Superamas local,* superamas dont fait partie la Galaxie. (C'est un vaste système légèrement aplati, centré sur l'amas de la Vierge et contenant une cinquantaine de groupes de galaxies. Son diamètre est de 40 millions de parsecs.) [Syn. SUPERGALAXIE.]

SUPERBAGNÈRES (31110 Bagnères de Luchon), centre touristique des Pyrénées (Haute-Garonne, comm. de Bagnères-de-Luchon). Station climatique. Sports d'hiver à 630 - 2 260 m d'altitude.

SUPERBARÈGES, station de sports d'hiver des Hautes-Pyrénées (comm. de *Barèges*), près du Tourmalet.

1. SUPERBE adj. (lat. *superbus,* orgueilleux). 1. Qui produit une forte impression par sa beauté, sa grandeur, son éclat, ses hautes qualités : *Ce cheval est un superbe animal. Une ville superbe.* — 2. Se dit de conditions météorologiques particulièrement agréables : *Une superbe matinée de printemps.* — 3. Qui atteint un haut degré de perfection, est excellent dans son genre ou dans une qualité particulière : *Elle a été superbe de sang-froid.*

2. SUPERBE n. f. (lat. *superbia*). *Litt.* Assurance orgueilleuse hautaine : *Il n'avait rien perdu de sa superbe.*

SUPERBEMENT adv. Magnifiquement, splendidement : *Un appartement superbement meublé.*

SUPERBÉNÉFICE n. m. Bénéfice net d'un exercice, après qu'ait été attribué l'intérêt statutaire au capital social.

SUPERBESSE, station de sports d'hiver du Puy-de-Dôme, sur les pentes du Sancy, à 1 350-1 850 m d'altitude, au-dessus de Besse-et-Saint-Anastaise.

SUPERBOMBE n. f. Bombe de très grande puissance.

SUPERCARBURANT n. m. Essence de qualité supérieure pour automobile (indice d'octane voisin de 100). [Abrév. SUPER.]

SUPERCAVITANT, E adj. Se dit d'une hélice à grande vitesse de rotation où le phénomène de cavitation est accepté ou domestiqué grâce au profil des pales.

SUPERCHAMPION, ONNE n. Champion exceptionnellement brillant.

SUPERCHERIE n. f. (ital. *soperchieria,* excès, du lat. pop. **superculus,* excessif). Tromperie, fraude faite avec une certaine finesse et constituant souvent une substitution du faux au vrai : *User de supercherie.*

SUPER-COQ n. m. 1. Boxeur pesant entre 53,524 et 55,338 kg chez les professionnels. — 2. Catégorie (non reconnue chez les amateurs) dans laquelle opèrent ces boxeurs.

SUPERCRITIQUE adj. 1. Se dit de la pression ou de la température d'un fluide lorsque sa valeur est supérieure à celle qui correspond au point critique ; se dit du fluide lui-même. — 2. Se dit d'un profil d'aile présentant un extrados très plat et un bord de fuite légèrement incurvé vers le bas, conçu pour améliorer les performances des avions subsoniques en réduisant la traînée aux vitesses voisines de celle du son.

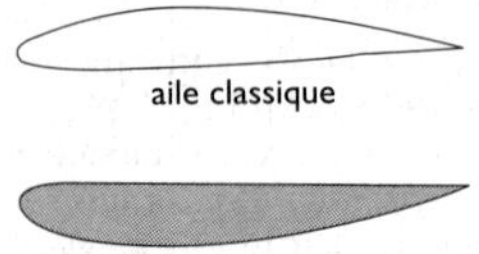

Différence entre une aile classique et une aile **supercritique**.

SUPERDÉVOLUY (05250 St-Étienne-en-Dévoluy), station estivale et de sports d'hiver des Hautes-Alpes (comm. de Saint-Étienne-en-Dévoluy), à 1 455-2 510 m d'altitude, dans le *Dévoluy,* à 32 km au N.-N.-E. de Veynes.

SUPÈRE adj. (lat. *superus*). Se dit de l'ovaire lorsqu'il est situé au-dessus du point d'insertion des étamines et des pièces florales. (Syn. LIBRE ; contr. INFÈRE.)

SUPÉRETTE n. f. (amér. *superette*). Magasin d'alimentation appliquant les méthodes du supermarché, mais de dimensions moindres (de 120 à 400 m^2).

SUPERFAMILLE n. f. **1.** Unité taxinomique rassemblant quelques familles zoologiques ou botaniques voisines. (La super-famille est inférieure au sous-ordre.) — **2.** Syn. de PHYLUM.

SUPERFÉCONDATION n. f. Syn. de POLYSPERMIE.

SUPERFÉTATION n. f. (moyen fr. *superfœter*, du lat. *superfetare*, concevoir de nouveau). **1.** Fécondation se produisant chez une femelle déjà porteuse d'un embryon. (Les deux embryons qui coexistent proviennent alors de deux cycles ovulatoires différents.) — **2.** *Litt.* Ajout, répétition inutile.

SUPERFÉTATOIRE adj. *Litt.* Qui s'ajoute inutilement à qqch : *Une explication superfétatoire.*

SUPERFICIALITÉ n. f. *Litt.* Caractère de ce qui est superficiel.

SUPERFICIE n. f. (lat. *superficies*, surface). **1.** Étendue, mesure de surface d'un corps, d'un terrain, d'une zone déterminée : *La superficie d'un champ, d'un appartement.* — **2.** *Litt.* Aspect extérieur, superficiel, apparent de qqch : *S'arrêter à la superficie des choses.* — **3.** Ensemble des arbres sur pied dans une forêt. — **4.** *Droit de superficie*, droit de propriété sur les bâtiments ou plantations existant sur un terrain appartenant à une autre personne. ‖ *Superficie agricole utile* ou *utilisée (S. A. U.)*, superficie totale d'une exploitation moins les bois et les terrains non agricoles.

SUPERFICIEL, ELLE adj. (bas lat. *superficialis*, du lat. class. *superficies*, surface). **1.** Qui est limité à la surface, qui n'affecte que la partie extérieure des corps : *Une humidité superficielle. Des plaies superficielles.* — **2.** Qui ne traduit pas les sentiments profonds, qui n'est qu'apparent : *Une gaieté superficielle* — **3.** Se dit d'une pensée qui reste à la surface des choses, qui manque de profondeur : *Une analyse superficielle de la situation.* — **4.** Se dit d'un travail vite fait : *Faire un ménage très superficiel.* — **5.** Qui est incapable de s'intéresser aux réalités profondes : *C'est un garçon charmant, mais superficiel.* — **6.** *Structure superficielle*, syn. de *structure de surface.* ‖ *Tension superficielle*, force qu'il faut supposer appliquée à l'unité de longueur du bord de la surface libre d'un liquide pour provoquer l'extension de cette surface. (Syn. CONSTANTE CAPILLAIRE.)

SUPERFICIELLEMENT adv. **1.** D'une manière qui n'atteint que la surface : *Le sol est gelé superficiellement.* — **2.** Sans approfondir : *Sujet superficiellement traité.*

SUPERFIN, E adj. Qui est de la meilleure qualité : *Huile superfine.*

SUPERFINITION n. f. Action de faire disparaître, sur une surface métallique rectifiée par l'action de pierres abrasives, la couche superficielle de métal décarburé par l'action de l'outil.

SUPERFLU, E adj. (bas lat. *superfluus*, excessif, du lat. class. *superfluere*, déborder). **1.** Qui n'est pas absolument nécessaire à la satisfaction des besoins matériels essentiels : *Des dépenses superflues.* — **2.** Qui n'est pas indispensable : *Il me semble superflu de continuer cette discussion.* — **3.** Fam. *Poils, kilos superflus*, considérés comme étant de trop et qu'on cherche à faire disparaître.

◆ **superflu** n. m. Tout ce qui ne concerne pas la stricte satisfaction des besoins considérés comme fondamentaux : *Se passer du superflu.*

SUPERFLUIDE adj. Qui est doué de superfluidité.

SUPERFLUIDITÉ n. f. Propriété de l'hélium II de s'écouler sans viscosité apparente dans des canaux capillaires ou au travers de fissures.

ENCYCL. La superfluidité, observable sur l'isotope 4 de l'hélium (^{4}He) en dessous de 2,17 K et sur l'isotope 3 (^{3}He) en dessous de 2 mK, est la manifestation de phénomènes quantiques que l'on retrouve en supraconductivité. L'agitation quantique, particulièrement importante du fait de la faible masse des atomes d'hélium, est responsable d'un abaissement considérable de la viscosité du fluide, qui est capable de s'écouler sans frottement dans des structures capillaires qu'un liquide ordinaire obstruerait, et de former un film grimpant le long des parois des récipients (« effet fontaine »). Les atomes de ^{4}He sont des bosons* qui, à basse température, ont un comportement collectif cohérent et se déplacent sans frottement. Les atomes de ^{3}He, quant à eux, sont des fermions*, mais ils s'associent deux à deux, donnant des bosons. Ils ont donc aussi un comportement superfluide.

SUPERFLUITÉ n. f. (bas lat. *superfluitas*, de *superfluus*, superflu). *Litt.* **1.** Caractère de ce qui est superflu, inutile ; futilité : *La superfluité de ses propos.* — **2.** Chose superflue ; bagatelle.

SUPERFORME n. f. *Fam.* Excellente condition physique et morale.

SUPERFORTERESSE n. f. (angl. *superfortress*). Nom donné aux bombardiers lourds américains B-29 et B-36.

SUPERGALAXIE n. f. Syn. de SUPERAMAS LOCAL.

SUPER-GÉANT ou **SUPER-G** n. m. Épreuve de ski alpin intermédiaire entre le slalom géant et la descente.

SUPERGÉANTE n. f. Étoile très lumineuse, de grand rayon et de très faible densité. (Par ex. Bételgeuse et Rigel.)

SUPERGRAND n. m. *Fam.* Une des superpuissances.

SUPERGRANULE n. f. Formation caractéristique de la surface solaire, d'environ 30 000 km de diamètre, engendrée par des mouvements de gaz divergents, en étoile, dans les régions calmes de la photosphère.

SUPERHÉTÉRODYNE n. f. Récepteur radioélectrique dans lequel les signaux reçus de l'antenne sont combinés dans un changeur de fréquence à une oscillation sinusoïdale fournie par une hétérodyne réglable, de manière à transposer les composantes du signal dans une bande de fréquence fixe. (La plupart des récepteurs radioélectriques actuels sont de ce type.) [On dit aussi RÉCEPTEUR À CHANGEMENT DE FRÉQUENCE.]

SUPER-HUIT n. m. inv. Format de film amateur qui a succédé au 8 millimètres. (On écrit aussi SUPER-8.)

SUPÉRIEUR, E adj. (lat. *superior*). **1.** Qui se trouve dans la partie haute d'un ensemble, est situé au-dessus du reste : *Partie supérieure du corps. La tranche supérieure de l'impôt.* — **2.** Qui, dans une classification, a un rang considéré comme très élevé : *Un article de qualité supérieure. Un cadre supérieur.* — **3.** Qui, du point de vue quantitatif, est plus grand que qqch d'autre : *Toutes ses notes sont supérieures à la moyenne.* — **4.** Qui, par ses qualités, sa valeur, etc., se situe à un niveau plus élevé qu'un autre, que d'autres : *Son dernier roman est supérieur aux précédents.*— **5.** Qui témoigne, chez son auteur, de condescendance ou d'arrogance à l'égard d'autrui : *Prendre des airs supérieurs.* • **Anat.** *Membre supérieur,* chacun des membres thoraciques, chez l'homme. — **Astron.** *Planète supérieure,* planète qui est plus éloignée du Soleil que la Terre. — **Bot.** *Champignon supérieur,* ascomycète ou basidiomycète. ‖ *Plante supérieure,* syn. de SPERMAPHYTE. — **Enseign.** Enseignement supérieur ou *supérieur* (n. m.), enseignement accueillant les élèves diplômés à l'issue de l'enseignement du second degré pour leur donner, au sein des universités et des écoles spécialisées, une formation approfondie ou une qualification professionnelle poussée. — **Géogr.** Se dit d'un point qui est plus rapproché de la source du cours d'eau ; se dit de la section amont d'un cours d'eau. — **Math.** *Élément* x *supérieur à un élément* y, élément x d'un ensemble ordonné $(E, <)$ tel que $y<x$. (Dans $\mathbb{R}$, x est supérieur à y si et seulement si $x-y \in \mathbb{R}^{+}$.) — **Mil.** *Officier supérieur,* deuxième échelon de la hiérarchie des officiers, comprenant les grades de commandant, de lieutenant-colonel et de colonel dans les armées de terre et de l'air, et ceux de capitaine de corvette, capitaine de frégate et capitaine de vaisseau dans la marine. — **Zool.** *Animaux supérieurs,* espèces animales évoluées et complexes, souvent terrestres, en tout cas triploblastiques et cœlomates et ayant un appareil circulatoire.
◆ n. **1.** Personne dont d'autres dépendent hiérarchiquement : *Obéir à ses supérieurs.* — **2.** Celui ou celle qui est légitimement placé à la tête d'une communauté, d'une province ou d'un institut religieux.

SUPÉRIEUR *(lac),* le plus étendu (82 700 km²) et le plus profond (406 m) des Grands Lacs américains. Il communique avec les lacs Huron et Michigan par le détroit de Sault-Sainte-Marie (dénivellation de 6 m). Le lac Supérieur gèle tous les hivers et est sujet à des tempêtes. Les principaux ports sont ceux de Duluth-Superior et de Two Harbors, aux États-Unis, de Thunder Bay (Fort William et Port Arthur), au Canada.

SUPÉRIEUREMENT adv. **1.** À un très haut degré : *Être supérieurement doué.* — **2.** D'une manière excellente, parfaite : *Chanter supérieurement.*

SUPERINTENDANT n. m. Syn. de SURINTENDANT.

SUPÉRIORITÉ n. f. (lat. médiév. *superioritas,* du lat. class. *superior,* supérieur). **1.** Caractère de ce qui est supérieur en rang, en valeur, etc. : *La supériorité des produits de cette marque.* — **2.** Situation avantageuse, dominante créée par une puissance, une qualité plus grande : *La supériorité que donne la fortune.* — **3.** Attitude de qqn qui se croit supérieur aux autres : *Prendre un air de supériorité.*

SUPERISOLATION n. f. Isolation caractérisée par une très faible conductivité thermique et principalement utilisée en cryotechnique.

SUPERLATIF, IVE adj. (bas lat. *superlativus,* de *superferre,* porter au-dessus). *Litt.* Se dit de propos qui revêtent un caractère excessif : *Des éloges superlatifs.*
◆ **superlatif** n. m. **1.** Degré de comparaison de l'adjectif ou de l'adverbe exprimant la qualité ou la modalité à un degré très élevé, supérieure ou inférieure à d'autres *(superlatif relatif),* ou indépendamment de toute référence *(superlatif absolu).* [→ encycl.] — **2.** Terme de sens trop fort, exagéré : *Abuser des superlatifs.*
ENCYCL. **Ling.** En français, le superlatif relatif est constitué du déterminant *(le, la, les)* et de la forme du comparatif (*plus* + adj. ou adv.) : *Il est le plus (le moins) heureux des hommes.* Le superlatif absolu est formé à l'aide d'adverbes de quantité ou de manière (*très, fort, tout à fait, extrêmement,* etc.) antéposés à l'adjectif et à l'adverbe.

SUPERLATIVEMENT adv. *Fam.* et *vx.* Au plus haut point.

SUPER-LÉGER n. m. **1.** Boxeur pesant entre 60 et 63,500 kg chez les amateurs et entre 61,235 et 63,503 kg chez les professionnels. — **2.** Catégorie dans laquelle opèrent ces boxeurs. (Syn. MI-WELTER.)

SUPERLIORAN → LIORAN (le).

SUPER-LOURD n. m. **1.** Boxeur pesant plus de 91 kg chez les amateurs. — **2.** Catégorie (non reconnue chez les professionnels) dans laquelle opèrent ces boxeurs.

SUPERMAN [-man] n. m. (pl. *supermen*) [angl. *Superman,* n. d'un héros de bande dessinée]. *Fam.* Homme doté de pouvoirs extraordinaires.

Superman, héros de bande dessinée, créé aux États-Unis en 1938 par le dessinateur Joe Shuster (1914-1992) et le scénariste Jerry Siegel (1914-1996), à partir d'une nouvelle de science-fiction. Il a été adapté au cinéma.

SUPERMARCHÉ n. m. (calque de l'amér. *supermarket*). Magasin de grande surface (400 à 2 500 m^2) offrant un large assortiment de tous les produits à prédominance alimentaire et qui les vend en libre-service.

SUPER-MI-MOYEN → SUPER-WELTER.

SUPERMINISTÈRE n. m. Regroupement, en une seule structure ministérielle correspondant à une mission globale de l'État, de plusieurs départements ministériels jusque-là autonomes.

SUPER-MOUCHE n. m. **1.** Boxeur pesant entre 50,802 et 52,163 kg chez les professionnels. — **2.** Catégorie (non reconnue chez les amateurs) dans laquelle opèrent ces boxeurs.

SUPER-MOYEN n. m. **1.** Boxeur pesant entre 72,575 et 76,204 kg chez les professionnels. — **2.** Catégorie (non reconnue chez les amateurs) dans laquelle opèrent ces boxeurs.

SUPERNATURALISME → SUPRANATURALISME.

SUPERNOVA n. f. (pl. *supernovae*). **1.** Étoile massive ayant atteint un stade avancé de son évolution, qui explose et se manifeste temporairement par un éclat considérablement plus élevé. — **2.** Ce phénomène lui-même.
ENCYCL. Dans la Galaxie, les trois principales supernovae observées au cours de ce millénaire l'ont été en 1054 dans la constellation du Taureau, en 1572 dans Cassiopée et en 1604 dans Ophiucus. On observe beaucoup plus fréquemment des supernovae dans les galaxies extérieures ; la première visible à l'œil nu a été observée en 1987 dans le Grand Nuage de Magellan. À son maximum d'éclat, une supernova peut devenir aussi lumineuse que la galaxie qui l'abrite, de l'ordre de 10 milliards de fois la luminosité du Soleil. La plus grande partie de la masse de l'étoile est éjectée au cours de l'explosion et constitue ensuite un reste de supernova observé sous la forme d'une nébuleuse* en expansion, également source de rayonnements radio et X produits par émission synchrotron*. La fraction de masse non éjectée constitue un résidu très compact sous la forme d'une étoile à neutrons*, décelable en tant que pulsar*.

SUPERORDINATEUR n. m. Ordinateur de grande puissance destiné au calcul scientifique.

SUPERORDONNÉ n. m. Syn. de HYPERONYME.

SUPERORDRE n. m. Division de la systématique qui vient immédiatement au-dessous de la classe (ou de la sous-classe) et qui groupe plusieurs ordres voisins.

SUPEROVARIÉ, E adj. Se dit des espèces végétales dont l'ovaire est supère.

SUPEROVULATION n. f. Accroissement anormal du nombre des ovules simultanément émis par la femelle. (On provoque la superovulation chez la vache, par traitements hormonaux, afin d'obtenir plusieurs embryons d'une femelle dont on cherche à reproduire les qualités par la méthode de transplantation embryonnaire chez des vaches receveuses.)

SUPERPARAMAGNÉTISME n. m. Propriété de corps analogues aux substances paramagnétiques, mais possédant un moment magnétique plusieurs milliers de fois plus grand.

SUPERPÉTROLIER → SUPERTANKER.

Super-Phénix, centrale électronucléaire à neutrons rapides implantée à Creys-Malville*, ainsi appelée du fait que sa puissance (1 200 MW) est notablement supérieure à celle de la centrale Phénix (250 MW), du même type, en fonctionnement à Marcoule. Construite de 1975 à 1984, elle a été couplée au réseau électrique au début de 1986. Mais la succession de défaillances et d'incidents techniques qui ont émaillé son fonctionnement a conduit les pouvoirs publics à modifier en 1994 sa mission initiale : désormais, elle n'est plus considérée comme une unité de production mais seulement comme un outil de recherche (devant notamment contribuer à résoudre les problèmes liés au recyclage du plutonium et à l'élimination des déchets radioactifs à haute activité).

SUPERPHOSPHATE n. m. Engrais minéral simple phosphaté obtenu à partir de phosphate.

SUPERPLASTICITÉ n. f. Phénomène de plasticité exceptionnelle que présentent certains matériaux à des températures et pour des vitesses de déformation bien définies. (La superplasticité permet de faciliter le formage de certains alliages.)

SUPERPLASTIQUE adj. Se dit d'un matériau qui présente le phénomène de superplasticité.

SUPER-PLUME n. m. **1.** Boxeur pesant entre 57,153 et 58,967 kg chez les professionnels. – **2.** Catégorie (non reconnue chez les amateurs) dans laquelle opèrent ces boxeurs.

SUPERPOSABLE adj. **1.** Qui peut être superposé à qqch d'autre. – **2.** Se dit de deux figures que l'on peut faire coïncider point par point.

SUPERPOSER v. t. (lat. *superponere,* d'apr. *poser*) [conj. 3]. **1.** Poser des choses, les entasser directement l'une sur l'autre : *Superposer des caisses.* – **2.** Appliquer deux figures l'une sur l'autre de façon à les faire coïncider : *Deux triangles que l'on ne peut superposer.* – **3.** Mettre en plus, ajouter, cumuler : *Des bureaux qui superposent les tracasseries aux tracasseries.*

◆ **être superposé** v. pass. *Lits superposés,* ensemble composé de deux lits d'une personne placés l'un au-dessus de l'autre. ‖ *Structure superposée,* structure primaire de la tige, dans laquelle les faisceaux de bois et de liber sont situés l'un par-dessus l'autre sur un même rayon. (Contr. STRUCTURE ALTERNE.)

◆ **se superposer** v. pr., **être superposé** v. pass. **1.** Être disposé sur l'autre ou au-dessus de l'autre : *Des couches sédimentaires superposées.* – **2.** Venir s'ajouter à qqch : *Des souvenirs qui se superposent.*

SUPERPOSITION n. f. **1.** Action de superposer, de mettre les choses les unes au-dessus des autres ; fait d'être superposé : *La superposition des images.* – **2.** *Principe de superposition,* principe selon lequel toute couche sédimentaire (non bouleversée par la tectonique) doit être considérée comme plus récente que celle qu'elle recouvre.

SUPERPRÉDATEUR, TRICE adj. et n. Se dit d'une espèce animale (rapaces, cachalot, homme) qui se nourrit en tout ou partie d'animaux prédateurs et n'est elle-même la proie d'aucune autre espèce.

SUPERPRIVILÈGE n. m. Garantie dont bénéficient les salariés d'une entreprise en redressement ou en liquidation judiciaires d'être rémunérés en priorité sur tout autre créancier.

SUPERPRODUCTION n. f. Film réalisé avec des moyens financiers et matériels particulièrement importants.

SUPERPROFIT n. m. Profit considérable, au-dessus des profits habituels.

SUPERPUISSANCE n. f. L'une des deux grandes puissances mondiales, les États-Unis ou, jusqu'en 1991, l'U. R. S. S.

SUPERSONIQUE adj. **1.** Dont la vitesse est supérieure à celle du son. – **2.** Relatif aux vitesses supérieures à celle du son.

SUPERSTAR n. f. (amér. *superstar*). *Fam.* Vedette très célèbre.

SUPERSTITIEUSEMENT adv. *Litt.* Avec superstition.

SUPERSTITIEUX, EUSE adj. et n. (lat. *superstitiosus*). Qui croit à des influences surnaturelles, occultes, irrationnelles et en redoute les effets : *Se défendre d'être superstitieux.*

◆ adj. Qui est marqué par la superstition : *Des craintes superstitieuses.*

SUPERSTITION n. f. (lat. *superstitio*). **1.** Forme élémentaire et particulière des sentiments religieux consistant dans la croyance à des présages tirés d'événements matériels fortuits (salière renversée, nombre treize, etc.). – **2.** Préjugé et pratique des gens superstitieux. – **3.** Attachement exclusif, exagéré ou non justifié, à qqch : *Avoir la superstition du passé.*

SUPERSTRAT [-stra] n. m. Traces laissées dans une langue occupant un certain espace géographique par une autre langue ayant occupé, à un certain moment de l'histoire, une position dominante dans cet espace. (C'est, par ex., le cas du français dans l'histoire de l'anglais.)

SUPERSTRUCTURE n. f. **1.** Dans l'analyse marxiste, ensemble, formé par le système politique (appareil d'État) et le système idéologique (juridique, scolaire, culturel, religieux), qui repose sur une base économique donnée, ou *infrastructure.* – **2.** Partie de construction élevée au-dessus de la construction principale. – **3.** Partie d'un bâtiment située au-dessus du sol, par oppos. à une partie enterrée (infrastructure, substructure). – **4.** Ensemble des installations à caractère spécifiquement ferroviaire (voie et appareils de voie, installations de traction électrique s'il y a lieu, installations de signalisation, bâtiments des gares, etc.). – **5.** Construction placée sur le pont supérieur d'un navire, faisant corps avec la coque et s'étendant sur toute la largeur, par ex. le château, le gaillard, la dunette.

SUPERTANKER [-tɑ̃kœr] ou **SUPERPÉTROLIER** n. m. (amér. *supertanker*). Navire pétrolier de très grande capacité.

SUPERVIELLE (Jules), écrivain français (Montevideo, Uruguay, 1884 - Paris 1960). Poète original, influencé par Laforgue et Valery Larbaud (*Débarcadères,* 1922 ; *Gravitations,* 1925), il est d'abord le chantre de la transparence et de l'équilibre de l'écriture avant d'évoluer vers une expression plus sensible (*Naissances,* 1951 ; *le Corps tragique,* 1959). Son théâtre (*la Belle au bois,* 1932) et ses nouvelles (*l'Homme de la pampa,*

1923 ; *le Jeune Homme du dimanche et des autres jours,* 1955) révèlent une fantaisie ironique et illustrent le thème des métamorphoses.

SUPERVISER v. t. (angl. *to supervise,* du lat. *videre,* voir) [conj. 3]. Contrôler la réalisation d'un travail accompli par d'autres : *Superviser un film.*

SUPERVISEUR n. m. (angl. *supervisor*). **1.** Personne qui supervise. — **2.** Programme, appartenant au système d'exploitation d'un ordinateur, qui gère, contrôle et ordonnance l'exécution des autres programmes traités par la machine.

SUPERVISION n. f. (angl. *supervision*). Contrôle exercé par celui qui supervise.

SUPER-WELTER ou **SUPER-MI-MOYEN** n. m. **1.** Boxeur pesant entre 66,678 et 69,853 kg chez les professionnels, entre 67 et 71 kg chez les amateurs. — **2.** Catégorie dans laquelle opèrent ces boxeurs.

SUPIN n. m. (bas lat. *supinum,* du lat. class. *supinus,* renversé en arrière). Forme nominale du verbe latin, constituée des suffixes *-tum, -tui, -tu* ajoutés à la racine, jouant le rôle d'un accusatif, d'un datif et d'un ablatif.

SUPINATEUR, TRICE adj. et n. m. (lat. *supinatum,* de *supinare,* renverser en arrière). **1.** Qui produit la supination. — **2.** Se dit de deux muscles (le *long supinateur* et le *court supinateur*) du membre supérieur.

SUPINATION n. f. (bas lat. *supinatio*). **1.** Mouvement de rotation de l'avant-bras qui amène la paume de la main en avant et le pouce en dehors. — **2.** Position de la main quand ce mouvement est effectué, par oppos. à *pronation.*

SUPION n. m. (lat. *sepia,* seiche). Petite seiche.

SUPPÉ (Franz VON), compositeur autrichien d'origine belge (Split 1819 - Vienne 1895). Il composa une trentaine d'opérettes, près de 200 vaudevilles, des ouvertures, parmi lesquelles celles de *Poète et Paysan* et de *Cavalerie légère.*

SUPPLANTER v. t. (lat. *supplantare,* renverser par un croc-en-jambe, de *sub,* sous, et *planta,* plante du pied) [conj. 3]. **1.** Écarter qqn de la place qu'il occupe pour se substituer à lui : *Son adjoint a fini par le supplanter.* — **2.** Remplacer qqch d'autre dans ses usages : *L'automobile n'a pas supplanté le train.*

SUPPLÉANCE n. f. **1.** Fait de suppléer qqn dans ses fonctions, son emploi. — **2.** Fonction de suppléant.

SUPPLÉANT, E adj. et n. **1.** Qui supplée qqn d'autre dans ses fonctions : *Un professeur suppléant.* — **2.** Personne élue en même temps qu'un parlementaire, dans le cadre du scrutin majoritaire, et appelée à le remplacer dans certains cas.

SUPPLÉER v. t. (lat. *supplere,* compléter) [conj. 15]. **1.** *Litt.* Apporter ce qui manque à qqch pour être complet : *Suppléer la main-d'œuvre par des machines.* — **2.** *Litt.* Remplacer qqch qui fait défaut : *Suppléer l'incompétence par la bonne volonté.* — **3.** Remplacer qqn de façon temporaire ou définitive dans ses fonctions : *Suppléer un professeur absent.*

◆ v. t. ind. **1.** Remédier à l'insuffisance ou à l'absence de qqch par qqch d'autre qui remplit un office équivalent : *Il suppléait à son manque de facilité par le travail.* — **2.** Remplir le rôle, la fonction de qqch, s'y substituer : *La qualité supplée à la quantité.*

SUPPLÉMENT n. m. (lat. *supplementum*). **1.** Ce qu'on ajoute à qqch déjà considéré comme complet : *Un supplément de crédits.* — **2.** Somme payée en plus de ce qui était compris dans le prix initial : *Ce plat est au menu, mais avec supplément.* — **3.** Ce qu'on ajoute à un livre, à une publication pour les compléter : *Un dictionnaire en dix volumes et deux suppléments.* — **4.** *En supplément,* en plus, en sus de ce qui est normal, indiqué. • **Ch. de f.** Taxe perçue en plus du prix du billet pour une prestation supplémentaire (supplément couchette, supplément voiture-lits, etc.), pour l'emprunt de certains trains rapides. — **Dr.** *Supplément de revenu familial,* allocation dont bénéficient les personnes sans ressources ayant au moins trois enfants à charge. — **Math.** Saillant supplémentaire d'un saillant donné. ‖ Angle d'une rotation supplémentaire de celui d'une autre.

SUPPLÉMENTAIRE adj. **1.** Qui constitue un supplément, s'ajoute à ce qui est normal, à ce qui a été décidé : *Demander un délai supplémentaire.* — **2.** Qui apparaît comme un surcroît de désagrément : *Une fatigue supplémentaire.* • **Ch. de f.** *Train supplémentaire,* train doublant (triplant, etc.) un autre train sur tout ou partie de son parcours, en suivant la même marche avec un décalage de quelques minutes. — **Math.** Se dit d'un saillant S pour un saillant S' si la somme de leurs mesures est égale à celle d'un angle plat. ‖ Se dit de l'angle d'une première rotation pour celui d'une deuxième lorsque la somme de leurs mesures est égale à π. ‖ *Sous-espaces supplémentaires d'un espace vectoriel* E, sous-espaces vectoriels G et H de E, tels que E = G + H et vérifiant l'une des deux conditions équivalentes : 1) tout élément x de E peut s'écrire d'une seule façon comme somme $x_1 + x_2$, $x_1 \in G$ et $x_2 \in H$; 2) $G \cap H = \{0\}$.

SUPPLÉMENTER v. t. (conj. 3). Charger d'un supplément à payer.

SUPPLÉTIF, IVE adj. (lat. *suppletum,* de *supplere,* suppléer). Se dit d'une unité formée de supplétifs et servant de complément aux unités régulières.

◆ **supplétif** n. m. **1.** Militaire autochtone engagé temporairement. – **2.** Syn. de PARTISAN.

SUPPLÉTOIRE adj. (lat. *suppletum*, de *supplere*, suppléer). *Serment supplétoire*, serment déféré d'office par le juge à l'un des plaideurs en vue de compléter une preuve qui lui paraît insuffisante.

SUPPLIANT, E adj. Qui exprime la prière, la supplication : *Voix suppliante.*
◆ n. Personne représentée dans l'attitude de la supplication.

Suppliantes *(les)*, tragédie d'Eschyle (v. 490 av. J.-C.), la seule qui nous soit parvenue d'une trilogie qui comptait aussi *les Égyptiens* et *les Danaïdes.* Elle a pour sujet la protection accordée par Argos aux cinquante filles de Danaos.

Suppliantes *(les)*, tragédie d'Euripide (v. 422 av. J.-C.). Les corps des sept chefs argiens tombés devant Thèbes seront rendus à leurs mères grâce à Thésée.

SUPPLICATION n. f. (lat. *supplicatio*). *Litt.* Prière faite avec insistance et soumission.

SUPPLICE n. m. (lat. *supplicium*). **1.** Peine corporelle, entraînant ou non la mort, ordonnée par arrêt de justice. – **2.** *Litt.* Sévices corporels graves : *Les supplices n'ont pu le faire avouer.* – **3.** Peine de mort (on dit aussi *le dernier supplice*). – **4.** Violente douleur physique : *Ce mal de dents est un supplice.* – **5.** Chose extrêmement pénible : *Conversation qui devient un supplice.* – **6.** *Être au supplice*, souffrir de façon intolérable ; être dans une grande inquiétude. ‖ *Supplice de Tantale*, souffrance de qqn qui ne peut satisfaire ses désirs, alors que leur objet est à sa portée.

SUPPLICIÉ, E n. Personne qui a subi la peine de mort ou qui a été torturée.

SUPPLICIER v. t. (de *supplice*) [conj. **9**]. *Litt.* **1.** Faire subir la torture à qqn ou l'exécuter : *Supplicier un condamné.* – **2.** Faire subir à qqn une grande souffrance morale : *Le remords le suppliciait.*

SUPPLIER v. t. (lat. *supplicare*) [conj. **10**]. **1.** Prier très instamment et avec humilité qqn de faire qqch : *Je vous supplie de me croire.* – **2.** Demander avec insistance : *Je vous supplie de vous taire.*

SUPPLIQUE n. f. (lat. *supplicare*, supplier, d'apr. *réplique*). Demande adressée à l'autorité compétente en vue d'obtenir un avantage.

SUPPORT n. m. (de *supporter*). **1.** Pièce, élément qui soutient un objet posé dessus : *Poser une statuette sur son support.* – **2.** Tout élément matériel, tout média, tout moyen commercial susceptible de véhiculer un message, une information, etc. : *Les supports publicitaires.* • **Hérald.** Ornement extérieur de l'écu, qui semble le soutenir. ‖ Animal employé pour soutenir l'écu. – **Impr.** *Support d'impression*, matériau sur lequel on imprime. – **Inform.** *Support d'information*, tout élément sur lequel sont enregistrées des données (carte ou bande perforée, bande ou disque magnétique, etc.). – **Mil.** *Support actif*, syn. de NOYAU ACTIF. – **Peint.** Syn. de SUBJECTILE. – **Phot.** Plaque, film ou papier recevant l'émulsion photosensible. – **Techn.** Matériau sur lequel sont répartis, puis ancrés, les grains d'abrasif.

SUPPORTABLE adj. **1.** Que l'on peut supporter physiquement : *Un froid vif, mais supportable.* – **2.** Que l'on peut admettre, tolérer : *Un procédé peu supportable.* – **3.** *N'être pas supportable*, devenir d'une fréquentation difficile, impossible.

SUPPORT-CHAUSSETTE n. m. (pl. *supports-chaussettes*). Syn. de FIXE-CHAUSSETTE.

1. SUPPORTER v. t. (lat. *supportare*) [conj. **3**]. **1.** Soutenir qqch, lui servir d'appui, d'assise : *Des piliers qui supportent une voûte.* – **2.** Assumer une charge, une obligation : *Supporter les conséquences de ses actes.* – **3.** Être soumis à redevance : *Ce genre d'articles supporte des taxes élevées.* – **4.** Résister à l'effet de qqch, ne pas en être endommagé : *Le bateau a bien supporté la tempête.* – **5.** Subir qqch en y résistant, en faisant face : *Supporter son sort avec courage.* – **6.** Ne pas être gêné par qqch, n'en éprouver aucun inconvénient : *Il ne supporte pas le bruit.* – **7.** Tolérer, accepter qqch : *Il ne supporte pas qu'on le contredise.* – **8.** Accepter la présence de qqn, tolérer ses manières, même si l'on en souffre : *Personne ne peut plus le supporter.* – **9.** Résister à une épreuve : *Ce livre ne supporte pas l'examen.*

2. SUPPORTER [sypɔrtœr ou -tɛr] n. m. ou **SUPPORTEUR, TRICE** n. (angl. *supporter*, de *to support*, soutenir). Personne qui encourage une équipe, un concurrent.

3. SUPPORTER v. t. (de *supporter 2*) [conj. **3**]. *Fam.* Apporter ses encouragements à un concurrent, à une équipe.

Support/Surface ou **Supports/Surfaces,** nom adopté en 1970 par un groupe de jeunes artistes français dont l'action organisée couvre surtout les années 1969-1971. Ces artistes (dont les peintres L. Cane, Daniel Dezeuze, Claude Viallat, le sculpteur Toni Grand), s'inspirant notamment du Matisse des gouaches découpées, de la nouvelle abstraction américaine des années 60, de Hantaï, etc., ont développé, sur un fond d'engagement politique, des expériences et théories relatives à la matérialité de l'art.

SUPPOSABLE adj. *Litt.* Qui peut être supposé ; imaginable.

SUPPOSÉ prép., **SUPPOSÉ QUE** conj. *Litt.* En supposant, en admettant (que) : *Supposé qu'il vienne demain.*

SUPPOSER v. t. (lat. *supponere,* mettre sous, d'apr. *poser*) [conj. 3]. **1.** Admettre qqch comme hypothèse, comme prémisse d'un raisonnement, d'une démonstration : *Supposons un changement de situation.* — **2.** Croire, juger probable, vraisemblable que : *Je suppose que tout va bien.* — **3.** Croire qqn, qqch, les estimer tels ou les donner comme tels : *Vous supposez le problème résolu.* — **4.** Avoir qqch pour corollaire, l'impliquer nécessairement comme condition : *Ces droits supposent des devoirs.* — **5.** *À supposer que,* en admettant que, si tant est que.

◆ **être supposé** v. pass. **1.** *Vx.* Être donné pour vrai, authentique, quoique faux : *Un testament supposé.* — **2.** Être présumé tel : *L'auteur supposé d'un tract.*

SUPPOSITION n. f. (lat. *suppositio*). **1.** Action de supposer, d'admettre qqch par hypothèse ; l'hypothèse, la conjecture elle-même : *Faire une supposition.* — **2.** *Supposition d'enfant* (ou *de part*), infraction consistant à attribuer un enfant à une femme qui n'est pas sa mère.

SUPPOSITOIRE n. m. (bas lat. *suppositorium,* du lat. class. *suppositum,* placé dessous). Forme médicamenteuse destinée à être introduite par la voie rectale.

SUPPÔT n. m. (lat. *suppositus,* placé au-dessous). *Litt.* **1.** Complice des mauvais desseins de qqn ; serviteur d'une mauvaise cause : *Les suppôts d'un dictateur.* — **2.** *Suppôt de Satan, du diable,* personne nuisible, méchante.

SUPPRESSEUR, EUSE ou **SUPPRESSIF, IVE** adj. (lat. *suppressum,* de *supprimere,* supprimer). Se dit d'une variété de lymphocytes T (lymphocytes T8) ayant la propriété de régulariser les réactions immunitaires.

◆ **suppresseur** n. m. Gène dont la mutation secondaire restaure en totalité ou en partie une fonction perdue du fait d'une mutation génique primaire, les deux mutations affectant des gènes différents.

SUPPRESSION n. f. (lat. *suppressio*). **1.** Action de supprimer qqch : *Suppression d'emploi.* — **2.** Action de supprimer, d'effacer un mot, un texte ; ce qui est retranché, supprimé : *Rétablir une suppression.* — **3.** Disparition, cessation d'un état : *Suppression de la douleur.* — **4.** Action de supprimer qqn, de le tuer. — **5.** *Suppression d'enfant* (ou *de part*), infraction qui consiste à faire disparaître la preuve de l'existence d'un enfant, sans nécessairement attenter à sa vie. ‖ *Suppression d'état,* crime consistant à rendre impossible la preuve de l'état civil d'une personne.

SUPPRIMABLE adj. Qui peut être supprimé ou qui mérite de l'être.

SUPPRIMER v. t. (lat. *supprimere*) [conj. 3]. **1.** Faire cesser une institution, une loi, mettre fin à leurs effets : *Un régime qui a supprimé les libertés essentielles.* — **2.** Faire disparaître, faire cesser qqch, enlever : *Un médicament qui supprime la douleur.* — **3.** Se débarrasser de qqn en le tuant : *Supprimer un témoin gênant.*

◆ **se supprimer** v. pr. Se donner la mort, se suicider.

SUPPURANT, E adj. Qui suppure.

SUPPURATIF, IVE adj. Qui provoque la suppuration.

SUPPURATION n. f. (lat. *suppuratio*). Production ou écoulement de pus.

SUPPURER v. i. (lat. *suppurare*) [conj. 3]. Laisser écouler du pus.

SUPPUTATION n. f. (lat. *supputatio*). Évaluation plus ou moins exacte.

SUPPUTER v. t. (lat. *supputare*) [conj. 3]. **1.** Évaluer une quantité, une valeur de façon approximative : *Supputer le coût d'une réparation.* — **2.** Essayer, d'après certaines données, de prévoir l'évolution d'une situation, la probabilité d'un événement : *Supputer les possibilités d'aboutir à un accord.*

SUPRA adv. (lat. *supra,* ci-dessus). S'emploie dans un texte pour renvoyer plus haut. (Contr. INFRA.)

SUPRACONDUCTEUR, TRICE adj. Relatif à la supraconduction.

◆ **supraconducteur** n. m. Matériau qui présente le phénomène de supraconduction.

ENCYCL. Les matériaux les plus couramment utilisés sont, d'une part, des alliages ductiles comme l'alliage NbZr et surtout NbTi, d'autre part des composés intermétalliques tels que Nb_3Sn, qui ont de meilleures caractéristiques supraconductrices mais présentent l'inconvénient d'être cassants.

Les premiers matériaux supraconducteurs à haute température critique (35 K), des oxydes de cuivre et de terres rares, n'ont été découverts qu'en 1986. Les auteurs de cette découverte, J. G. Bednorz et K. A. Müller, ont reçu dès 1987 le prix Nobel de physique. Peu après, plusieurs équipes ont découvert de nombreux composés analogues, de température critique souvent plus élevée encore. En 1993, deux équipes françaises ont élaboré des matériaux présentant certains des critères de supraconductivité à des températures proches des températures ambiantes ; l'une, à l'École supérieure de physique et de chimie industrielles de la Ville de Paris (E. S. P. C. I.), a obtenu une température critique (résistance nulle) de – 23 °C ; l'autre, au

C. N. R. S., à Grenoble, a observé du diamagnétisme à des températures variant de – 63 °C à + 7 °C.

• *Applications.* Les supraconducteurs à champ magnétique élevé sont principalement utilisés en physique des hautes énergies, notamment pour les accélérateurs de particules, les anneaux de stockage, le confinement magnétique des plasmas pour la fusion nucléaire (installations de type tokamak). En électrotechnique, divers prototypes ont été étudiés pour le transport et la production d'énergie électrique : lignes, transformateurs, moteurs et générateurs. Comme on obtient aisément, de façon industrielle, une température de 77 K grâce à l'azote liquide, l'obstacle des basses températures, soumis à l'utilisation de l'hélium liquide, a disparu pour les applications à grande échelle de la supraconductivité. Cependant, la recherche et le développement nécessaires sont en cours et les domaines qui déboucheront sur des applications sont difficiles à déterminer. On cite l'obtention de champs magnétiques intenses (de plusieurs centaines de teslas) utilisables dans les transports, par exemple avec les projets de *trains à sustentation magnétique*. Des connexions sans pertes dans les ordinateurs sont aussi envisagées. Ces applications supposent d'abord que ces composés, obtenus sous forme de grains, puissent être transformés en fils ou déposés en couche mince, technique qui en est encore à ses débuts.

SUPRACONDUCTION ou **SUPRACONDUCTIVITÉ** n. f. Phénomène présenté par certains métaux, alliages ou céramiques dont la résistivité électrique devient pratiquement nulle au-dessous d'une certaine température (appelée *température critique*).

ENCYCL. Découverte en 1911 par le physicien néerlandais H. Kamerlingh Onnes, la supraconductivité a d'abord été observée dans certains métaux ou alliages refroidis à très basse température : 7,2 K (– 266 °C) pour le plomb et 1,17 K (– 272 °C) pour l'aluminium. Depuis 1986 on a découvert des matériaux supraconducteurs à des températures sensiblement plus élevées.

La compréhension du phénomène fait appel aux connaissances de la physique quantique. La répulsion électrostatique entre les électrons de conduction d'un matériau conducteur peut, dans certaines conditions, être supplantée par une interaction attractive indirecte via les ions du réseau cristallin : les électrons peuvent alors s'associer par paires (paires de Cooper). Ces paires, constituées de deux fermions, sont des bosons qui ont alors un comportement superfluide et peuvent se déplacer collectivement de manière cohérente : la résistivité électrique du matériau disparaît ; une fois établi, un courant électrique persiste quasi indéfiniment dans un circuit supraconducteur fermé.

SUPRAHUMAIN, E adj. Qui dépasse les possibilités humaines.

SUPRANATIONAL, E, AUX adj. Se dit d'une autorité placée au-dessus des gouvernements de chaque pays ou au-dessus d'un groupe de pays.

SUPRANATIONALISME n. m. Évolution ou mouvement de pensée favorable à la supranationalité.

SUPRANATIONALISTE adj. et n. Favorable à la supranationalité.

SUPRANATIONALITÉ n. f. Qualité d'organisations superétatiques pourvues de pouvoirs de décisions à l'égard des États membres et de leurs ressortissants.

SUPRASEGMENTAL, E, AUX adj. Se dit des éléments prosodiques, comme l'accent, l'intonation et le rythme, qui affectent des unités plus longues que le phonème.

SUPRASENSIBLE adj. Qui est au-dessus des sens, de la sensation.

◆ n. m. Domaine des idées qui dépendent du beau, du bien, de la liberté, etc., considérés en soi et qui n'ont de réalité que pratique.

SUPRATERRESTRE adj. Relatif à l'au-delà.

SUPRÉMATIE [-si] n. f. (angl. *supremacy,* de *supreme,* suprême). **1.** Situation dominante conférant une autorité incontestée : *Avoir la suprématie militaire.* — **2.** Supériorité, prééminence de qqn, de qqch sur les autres : *Exercer une suprématie intellectuelle.* — **3.** *Acte de suprématie,* loi que fit voter Henri VIII en 1534, faisant du roi le chef suprême de l'Église d'Angleterre. (Cette loi ayant été abolie par Marie Ire Tudor, Élisabeth Ire fit voter, en 1559, une loi analogue.)

SUPRÉMATISME n. m. Théorie et pratique du peintre Malevitch (à partir de 1913) et de ses disciples, tels Lissitzky, Klioune, Olga Rozanova.

SUPRÊME adj. (lat. *supremus*). **1.** Qui est au-dessus de tous et de tout dans une hiérarchie : *Chef suprême de l'État.* — **2.** Qui ne saurait être dépassé : *Bonheur suprême.* — **3.** Qui est le dernier, qui vient après tout le reste et met un point final : *Un espoir suprême subsiste.* — **4.** *Au suprême degré,* au plus haut point. ‖ *Cour suprême,* juridiction qui tranche en dernier ressort. ‖ *Honneurs suprêmes,* funérailles. ‖ *Instant, moment, heure suprême,* heure de la mort. ‖ *L'Être suprême, le Suprême Architecte,* Dieu. ‖ *Sauce suprême,* velouté de volaille ou de veau, additionné de crème fraîche.

◆ n. m. **1.** Préparation de charcuterie à base de foie gras. — **2.** Blancs de volaille pochés, servis nappés d'une sauce blanche ou brune.

SUPRÊMEMENT adv. Au plus haut degré, parfaitement.

SUPREMUM [-mɔm] n. m. En algèbre, syn. de BORNE* SUPÉRIEURE.

ṢUQUṬRĀ → SOCOTORA.

SUR-, préfixe indiquant une supériorité dans l'espace, le temps, la hiérarchie, le degré ou la qualité.

1. SUR prép. (lat. *super*). Marque : **1.** la position supérieure, avec ou sans contact ; la situation à la surface de qqch : *Monter sur le toit. Montrer une ville sur la carte.* — **2.** le point d'application ou de destination ; la localisation : *La foudre est tombée sur le clocher. Instituer un impôt sur le capital.* — **3.** la direction ; vers : *Les troupes marchaient sur la capitale.* — **4.** l'ensemble d'où on prélève qqch, par rapport auquel on évalue : *Cette somme est retenue sur le salaire. Cette copie a obtenu un 15 sur 20.* — **5.** la deuxième dimension : *Une pièce de 6 mètres sur 4.* — **6.** la supériorité : *L'emporter sur tous les concurrents.* — **7.** l'élément de référence ; d'après : *Ne le jugez pas sur les apparences.* — **8.** le point considéré, la question examinée ; au sujet de : *Se prononcer sur un projet.* — **9.** l'instrument, le moyen utilisé : *Jouer sur un clavecin. Compter sur ses doigts.* — **10.** la manière d'être ou d'agir : *Être sur la défensive.* — **11.** la proximité dans le temps : *Sur le soir, un orage éclata.* — **12.** la répétition, l'accumulation : *Il commet gaffe sur gaffe.*

Sur la route, roman de Jack Kerouac (1957). Les mythes de l'Amérique, l'espace, la traversée du continent et l'attrait pour l'errance définissent ce livre, emblème de la beat generation.

2. SUR, E adj. (frq. **sûr*). Qui a une saveur légèrement aigre ou acide.

SÛR, E adj. (lat. *securus,* exempt de souci). **1.** Où il n'y a aucun danger, pour les biens ou les personnes : *Cette cachette est sûre. La nuit, ces rues ne sont pas sûres.* — **2.** Qui remplit bien son office, qui est fiable : *Investir dans des placements sûrs.* — **3.** En qui on peut avoir confiance, sur qui on peut compter : *Un ami sûr.* — **4.** Se dit d'aptitudes, de qualités qui se distinguent par leur exactitude, leur constance : *Un chirurgien qui a la main sûre.* — **5.** Qui ne peut être mis en doute, qui est vrai, certain : *Il est sûr que je refuserai.* — **6.** Qui se produira immanquablement : *Le succès est sûr.* — **7.** Se dit de qqn qui sait qqch avec certitude, qui est convaincu de la vérité, de l'exactitude, de la réalisation de qqch : *Êtes-vous sûr de son accord ?* — **8.** Qui a une confiance absolue en qqn : *Un chef militaire qui est sûr de ses hommes.* — **9.** *Être sûr de soi, de ses possibilités,* ne pas douter de soi, de ses capacités, pouvoir répondre de son comportement, de ses réactions dans une situation donnée. — **10.** *Le plus sûr est de,* le meilleur est de. ‖ *Le temps n'est pas sûr,* il risque de se gâter.
◆ **sûr** adv. *Bien sûr* ou, fam., *pour sûr,* certainement, évidemment : *Viendras-tu, dimanche ? — Bien sûr !* ‖ *Bien sûr que* ou, fam., *sûr que,* servent à appuyer une réponse.

SURABAYA ou **SOERABAYA,** port d'Indonésie, dans l'île de Java, sur le *détroit de Surabaya,* qui sépare Madura de Java ; 2 421 000 hab. Principal port de Java et métropole de la partie orientale de l'île, base navale et centre industriel diversifié.

SURABONDAMMENT adv. D'une manière plus que suffisante.

SURABONDANCE n. f. Grande abondance, excès : *Surabondance de blé.*

SURABONDANT, E adj. Qui est en quantité plus qu'abondante : *Détails surabondants.*

SURABONDER v. i. (conj. 3). Exister en quantité très ou trop abondante : *Les preuves de sa mauvaise foi surabondent.*
◆ v. t. ind. *Vx.* Avoir qqch en quantité très importante : *Il surabondait d'énergie.*

SURACTIVER v. t. (conj. 3). Accroître l'activité, l'intensité, la puissance de qqch.

SURACTIVITÉ n. f. Activité supérieure à la normale.

SURAH n. m. (de *Sūrat,* n. d'un port de l'Inde). Étoffe de soie croisée, douce et légère, primitivement originaire de l'Inde.

SURAIGU, Ë adj. **1.** Se dit d'une voix, d'un son très aigus : *Une note suraiguë.* — **2.** Qui a un degré d'acuité supérieur à la normale : *Une douleur suraiguë.*

SURAJOUTER v. t. (conj. 3). Ajouter qqch à ce qui forme déjà un ensemble complet, en partic., de façon inopportune : *Surajouter des détails superflus.*

SURAKARTA ou **SOERAKARTA,** anc. **Solo,** v. de l'Indonésie, au centre de Java ; 504 176 hab. Nœud ferroviaire, centre commercial et universitaire avec quelques industries.

SURAL, E, AUX adj. (anc. fr. *zure,* du lat. *sura,* mollet). **1.** Qui appartient au mollet. — **2.** *Triceps sural,* muscle de la face postérieure de la jambe, constitué par les muscles jumeaux et soléaire et qui se termine par le tendon d'Achille.

SURALCOOLISATION n. f. Processus d'enrichissement d'un vin au-delà du taux normal d'alcool.

SURALIMENTATION n. f. **1.** Ingestion régulière d'une quantité de nourriture supérieure à la ration d'entretien. — **2.** Méthode thérapeutique qui consistait à augmenter anormalement la quantité de nourriture absorbée par un malade.

— **3.** Alimentation d'un moteur à combustion interne avec de l'air à une pression supérieure à la pression atmosphérique. (La suralimentation permet d'augmenter la quantité d'air comburant, donc la quantité de combustible et la puissance du moteur.)

SURALIMENTER v. t. (conj. **3**). Procéder à la suralimentation de qqn, d'un animal.

SURANDOUILLER n. m. Andouiller situé sur le merrain des bois du cerf au-dessus de l'andouiller de massacre.

SURANNÉ, E adj. *Litt.* **1.** Qui appartient à une époque révolue : *S'habiller d'une manière surannée.* — **2.** Qui, par son mode de vie et ses opinions, semble se rattacher à un lointain passé : *Un écrivain suranné.*

SURARBITRE n. m. Arbitre désigné, pour les départager, par les arbitres déjà nommés par les parties en présence, en cas d'arbitrage international. (Syn. TIERS ARBITRE.)

SURARMEMENT n. m. Armement excédant les besoins de la défense d'un État.

SURARMER v. t. (conj. **3**). Procéder à un surarmement.

SŪRAT, port de l'Inde (Gujerat), sur le golfe de Cambay ; 1 517 076 hab. Mosquées des XVIe et XVIIe s., remparts du XVIe s. et citadelle. Musée. Textile. Artisanat.

SURATE ou **SOURATE** n. f. (ar. *sūrat,* chapitre). Nom donné aux divisions du Coran, qui sont rangées non dans l'ordre chronologique mais d'après leur longueur.

SURBAISSEMENT n. m. Quantité dont un arc ou une voûte est surbaissé(e).

SURBAISSER v. t. (conj. **4**). Réduire au minimum la hauteur de qqch.

◆ **être surbaissé** v. pass. **1.** Être très abaissé, bas : *Voiture à carrosserie surbaissée.* — **2.** *Arc surbaissé, voûte surbaissée,* dont la flèche (montée) est inférieure à la moitié de l'ouverture (portée).

SURBAU n. m. Élément de structure verticale d'un navire, encadrant une écoutille ou une ouverture de pont.

SURBILLE n. f. Partie du fût de l'arbre située au-dessus des premières grosses branches, qui ne donne que des produits secondaires.

SURBOOKING [-bukiŋ] n. m. (angl. *overbooking,* de *to overbook,* louer trop de places). Action de réserver des places, des chambres en nombre plus important que celui des places ou des chambres disponibles, en prévision de défaillances éventuelles. (Syn. SURRÉSERVATION.)

SURBOUM n. f. *Fam.* et *vx.* Syn. de BOUM.

SURBRILLANCE n. f. Marque indiquant, par son intensité lumineuse, qu'un texte affiché sur l'écran d'un ordinateur est sélectionné par l'utilisateur et sera affecté par l'action suivante.

SURCAPACITÉ n. f. Capacité de production excédentaire par rapport aux besoins.

SURCAPITALISATION n. f. Action d'attribuer à une entreprise une valeur de capital supérieure à sa valeur réelle ; différence entre ces deux valeurs.

SURCHARGE n. f. (de *surcharger*). **1.** Charge qui excède la normale : *Payer une taxe pour une surcharge de bagages.* — **2.** Surcroît de peines, de dépenses, d'obligations : *S'imposer une surcharge de travail.* — **3.** Mot écrit sur un autre mot raturé : *Les actes publics doivent être écrits sans rature ni surcharge.* — **4.** Inscription imprimée après coup sur une autre pour en modifier ou en annuler la valeur. — **5.** *En surcharge,* en plus de la charge normale. • **Bât.** Charge supplémentaire que peut avoir à supporter une construction et qu'il faut envisager dans le calcul pour la détermination des éléments et matériaux à mettre en œuvre. ‖ Excès d'épaisseur d'un enduit. — **Électr.** Excédent de la charge réelle sur la charge nominale d'un dispositif. — **Impr.** Ce qui, dans une composition, sort des conditions ordinaires (tableaux, graphiques, etc.) et dont l'exécution entraîne une augmentation du prix de base. — **Méd.** *Surcharge pondérale,* excès de poids corporel. (Syn. SURPOIDS.) — **Post.** Surimpression réalisée par l'administration postale au recto de certains timbres-poste pour ajouter une surtaxe, modifier la valeur d'affranchissement, etc. — **Turf.** Poids supplémentaire porté par les chevaux dans certaines courses.

SURCHARGER v. t. (conj. **17**). **1.** Faire supporter un poids trop lourd : *Surcharger des porteurs.* — **2.** Imposer une tâche trop pénible, une charge ou une obligation trop dure : *Il surcharge de travail ses collaborateurs.* — **3.** Alourdir par des éléments inutiles, surabondants : *Une décoration que l'artiste a surchargée.* — **4.** Porter une inscription en surcharge sur un texte, un timbre : *On surcharge les timbres-poste pour en changer la valeur.*

◆ **être surchargé** v. pass. **1.** Supporter un poids excessif : *Une barque surchargée.* — **2.** Avoir trop de travail, des occupations trop nombreuses. — **3.** Porter une inscription qui en recouvre une autre. — **4.** Être bondé : *Autobus surchargés.*

SURCHAUFFAGE n. m. Action de surchauffer ; fait d'être surchauffé.

SURCHAUFFE n. f. **1.** État d'un appareil, d'un moteur qui chauffe au-delà de la normale. — **2.** Augmentation de la demande solvable de biens de consommation plus rapide que l'accroissement du produit national brut, pouvant entraîner l'inflation. — **3.** Chauffage à une température trop élevée et/ou pendant un temps trop long d'un métal ou d'un alliage, qui entraîne une dégradation des propriétés mécaniques. – **4.** État d'une vapeur dont la température est supérieure à la température d'ébullition correspondant à sa pression ; opération portant la vapeur à cet état. – **5.** État métastable d'un corps dans un état physique qui n'est pas stable à la température où il se trouve mais qui le serait à une température plus basse.

SURCHAUFFER v. t. (conj. 3). **1.** Chauffer de manière excessive. – **2.** Porter un corps dans un état de surchauffe.

◆ **être surchauffé** v. pass. **1.** Être à une température trop élevée, incommodante : *Vivre dans un appartement surchauffé.*

◆ – **2.** Être surexcité, dans un état d'exaltation extrême : *Des esprits surchauffés.*

◆ – **3.** *Eau surchauffée,* eau portée à une température supérieure à 100 °C grâce à un maintien sous pression. ‖ *Vapeur surchauffée,* vapeur ayant subi l'opération de surchauffe.

SURCHAUFFEUR n. m. Appareil permettant la surchauffe de la vapeur.

SURCHOIX n. m. Premier choix, première qualité d'une marchandise.

SURCLASSER v. t. (conj. 3). **1.** Montrer une incontestable supériorité sur qqn d'autre : *Il a surclassé tous ses concurrents dans le marathon.* – **2.** Être supérieur à qqch d'autre : *Cette voiture surclasse toutes les autres pour la consommation.*

SURCOLLAGE n. m. Trouble provoqué par un excès de colle organique lors du collage d'un vin.

SURCOMPENSATION n. f. **1.** Compensation entre des organismes nationaux qui ont déjà effectué une compensation entre les caisses qu'ils fédèrent. – **2.** Chez Adler, recherche d'une revanche dans le domaine même où une infériorité est ressentie.

SURCOMPOSÉ, E adj. Se dit des formes verbales du français où l'auxiliaire « avoir » est lui-même à un temps composé (par ex. *Quand il aura eu fini...*).

SURCOMPRESSION n. f. Augmentation de la compression d'un fluide, obtenue par réduction de son volume ou par accroissement de sa pression.

SURCOMPRIMER v. t. (conj. 3). Soumettre un fluide à la surcompression.

◆ **être surcomprimé** v. pass. *Moteur surcomprimé,* moteur dans lequel le taux de compression du mélange détonant est porté au maximum.

SURCONSOMMATION n. f. Consommation excessive.

SURCONTRE n. m. Action de surcontrer.

SURCONTRER v. i. et v. t. (conj. 3). Aux jeux de cartes de levées, confirmer une annonce contrée par un adversaire.

SURCOT [-ko] n. m. (de *sur-* et *cotte*). Vêtement de dessus, en usage du XIIe à la fin du XVe s. et porté par les deux sexes.

SURCOTER v. t. (conj. 3). Donner une cote, un prix supérieur à la valeur réelle d'un objet, d'une valeur, de qqn.

SURCOUF (Robert), marin français (Saint-Malo 1773 - *id.* 1827). Après avoir fait la traite des Noirs, il mena, dans l'océan Indien, de 1795 à 1801, puis de 1807 à 1809, une redoutable guerre de course contre le commerce anglais. De retour à Saint-Malo, il se consacra exclusivement à ses affaires commerciales.

SURCOUPE n. f. Action de surcouper ; son résultat.

SURCOUPER v. t. (conj. 3). Aux cartes, mettre un atout supérieur sur celui qui a servi à couper une carte.

SURCOÛT n. m. Somme qui vient en excédent du coût normal de qqch.

SURCREUSEMENT n. m. Phénomène caractérisant certaines excavations du lit des glaciers, notamment le creusement des ombilics au-dessous des verrous (création de lacs).

SURCROÎT n. m. (moyen fr. *surcroître*). **1.** Ce qui s'ajoute à qqch en en augmentant l'importance, la quantité, le nombre : *Un surcroît de travail.* – **2.** *Par surcroît, de surcroît,* en plus, en outre. ‖ *Pour surcroît de qqch,* pour y mettre le comble.

SURDÉTERMINANT, E adj. Qui produit une surdétermination.

SURDÉTERMINATION n. f. **1.** Processus de détermination multiple selon un certain nombre de facteurs ayant entre eux des liens structurels. – **2.** Aspect de toute formation de l'inconscient qui est d'avoir une multiplicité, éventuellement contradictoire, de causes.

SURDÉTERMINER v. t. (conj. 3. Créer une surdétermination chez qqn, sur son comportement : *Surdéterminer les comportements sociaux.*

SURDÉVELOPPEMENT n. m. Développement qui dépasse la moyenne générale.

SURDÉVELOPPER v. t. (conj. 3). Développer qqch de façon excessive : *Un pays où l'on a surdéveloppé l'industrie.*

SURDI-MUTITÉ n. f. (pl. *surdi-mutités*). État d'un sourd-muet.

SURDITÉ n. f. (lat. *surditas*). Privation ou affaiblissement considérable du sens de l'ouïe.
ENCYCL. On distingue les *surdités de transmission,* dues à des malformations de l'oreille externe

et/ou de l'oreille moyenne, à des otites, à l'otospongiose ou à un traumatisme, et les *surdités de perception,* dues à des malformations de l'oreille interne, à des atteintes cochléaires vasculaires, à des traumatismes acoustiques, à la sénescence des cellules ciliées ou à des atteintes du nerf auditif. La *surdité corticale* est déterminée par la destruction bilatérale des zones du cortex cérébral spécialisées dans la réception des messages auditifs sans atteinte des organes périphériques.

SURDOS [-do] n. m. Pièce de harnachement du cheval qui sert à supporter les traits et le reculement.

SURDOSAGE n. m. **1.** Dose ou dosage excessif de qqch. — **2.** Administration d'un médicament à une dose excessive.

SURDOSE n. f. Syn. de OVERDOSE.

SURDOUÉ, E adj. et n. Dont les capacités intellectuelles sont très supérieures à la moyenne.

SÛRE, en all. **Sauer**, riv. de l'Europe du Nord-Ouest, affl. de la Moselle (r. g.) ; 170 km. Issue des Hautes Fagnes (Luxembourg belge), elle finit en amont de Trèves.

SUREAU n. m. (anc. fr. *seur,* altér. de *seu,* du bas lat. *sabucus*). Arbre ou arbuste (caprifoliacée) à croissance rapide et dont les tiges ont une moelle importante.

SUREFFECTIF n. m. Effectif considéré comme trop important.

SURÉLÉVATION n. f. ou **SURÉLÈVEMENT** n. m. Action de surélever une construction.

SURÉLEVER v. t. (conj. **9**). **1.** Accroître la hauteur d'une constrution par une partie surajoutée : *Surélever un immeuble de deux étages.* — **2.** Placer qqch à un niveau plus haut que son niveau habituel ou que l'espace environnant : *Surélever la scène d'un théâtre.*

SÛREMENT adv. **1.** D'une manière certaine, évidente. — **2.** Renforce une réponse affirmative : *Viendrez-vous ? — Oui, sûrement.*

SURÉMINENT, E adj. *Litt.* Qui est éminent au suprême degré.

SURÉMISSION n. f. Émission exagérée de billets de banque.

SUREMPLOI n. m. Pénurie de main-d'œuvre.

SURENA, titre du général parthe qui battit Crassus à Carres (53 av. J.-C.).

SURENCHÈRE n. f. **1.** Acte par lequel une personne forme une nouvelle enchère dans les 10 jours suivant la première adjudication. — **2.** Action d'aller encore plus loin que ce que l'on a fait auparavant : *Surenchère électorale.*

SURENCHÉRIR v. i. (conj. **32**). **1.** Effectuer une surenchère. — **2.** Promettre, faire plus qu'un rival : *Surenchérir de cynisme sur un concurrent.*

SURENCHÉRISSEMENT n. m. Nouvel enchérissement.

SURENCHÉRISSEUR, EUSE n. Personne qui fait une surenchère.

SURENCOMBRÉ, E adj. Qui est encombré de manière excessive.

SURENCOMBREMENT n. m. Fait d'être surencombré.

SURENDETTEMENT n. m. État de qqn, d'un pays qui est surendetté. (En France, la loi du 31 décembre 1989, dite loi Neiertz, a créé des mécanismes de prévention et de traitement du surendettement des particuliers.)

SURENDETTER v. t. (conj. **4**). Faire contracter des dettes excessives.

SU RENSHAN ou **SOU JEN-CHAN,** peintre chinois (Xingtan, Guangdong, 1814-v. 1849). Mandarin cantonais en rébellion contre les Mandchous, il mourut jeune en prison, laissant une œuvre considérable et originale où le graphisme se substitue aux valeurs tonales du lavis (selon des techniques de gravure).

SURENTRAÎNEMENT n. m. Action de surentraîner qqn, un cheval.

SURENTRAÎNER v. t. (conj. **4**). Entraîner un sportif, un joueur, un cheval de course, etc., de manière excessive.

SURÉPAISSEUR n. f. Surcroît d'épaisseur.

SURÉQUIPEMENT n. m. Action de suréquiper ; fait d'être suréquipé ; équipement qui est en excès.

SURÉQUIPER v. t. (conj. **3**). Équiper au-delà de ses besoins.

SURÉROGATOIRE adj. (lat. *supererogatorius*). *Litt.* Qui s'ajoute à qqch sans nécessité ; superflu, superfétatoire : *Précautions surérogatoires.*

SURESNES (92150), ch.-l. de cant. des Hauts-de-Seine, banlieue ouest de Paris, sur la Seine ; 36 950 hab. *(Suresnois).* Fort du mont Valérien*. Cimetière américain de la Première Guerre mondiale. École « de plein air » (1935) par Beaudouin et Lods. Musée historique municipal. Constructions mécaniques et électriques (aéronautique, automobile, etc.).

SURESTARIE n. f. (esp. *sobrestaria,* de *sobre,* sur, et *estar,* se tenir) [surtout pl.]. **1.** Délai de dépassement des jours de planches, ou staries. — **2.** Somme payée par le chargeur ou le réceptionnaire en compensation du temps pendant lequel il immobilise le bâtiment de navigation.

SURESTIMATION n. f. Action de surestimer, fait d'être surestimé.

SURESTIMER v. t. (conj. 3). **1.** Estimer un objet à un prix supérieur à son prix réel, à sa valeur vénale. — **2.** Attribuer à qqch, qqn une valeur, une importance, des qualités qu'ils n'ont pas réellement : *Surestimer ses forces, son adversaire.*

SURET, ETTE adj. Qui est un peu sur, un peu acide : *Vin suret.*

SÛRETÉ n. f. (de *sûr,* d'apr. lat. *securitas*). **1.** *Litt.* État de qqn ou de qqch qui est à l'abri, n'a rien à craindre : *Prendre des précautions pour sa sûreté.* — **2.** Caractère précis, efficace de qqn ou de qqch, sur lequel on peut compter d'une façon certaine : *Mémoire d'une sûreté absolue.* — **3.** Dispositif de protection : *Il a mis deux sûretés à sa porte, un verrou et une chaîne.* — **4.** *De sûreté,* se dit d'un objet muni d'un dispositif propre à assurer une protection : *Épingle de sûreté.* ‖ *En sûreté,* à l'abri de toute atteinte, de tout péril. • **Allum.** *Allumette de sûreté,* allumette qui ne s'enflamme que frottée sur une surface portant un produit spécial. — **Arm.** Agencement d'une arme en vue d'un fonctionnement sans incident. — **Dr.** Garantie fournie par l'engagement d'une caution *(sûreté personnelle)* ou par un bien du débiteur *(sûreté réelle)* pour l'exécution d'une obligation. ‖ *Mesure de sûreté,* mesure individuelle coercitive imposée à un individu dangereux pour l'ordre social afin de prévenir les infractions que son état rend probables (rééducation, probation, contrôle judiciaire, etc.). ‖ *Période de sûreté,* période pendant laquelle certains condamnés ne peuvent bénéficier de la suspension ou du fractionnement de la peine, du placement à l'extérieur, des permissions de sortir, de la semi-liberté et de la libération conditionnelle. ‖ *Sûreté individuelle,* élément de la liberté individuelle consistant en une garantie contre les arrestations, détentions et pénalités arbitraires. — **Hist.** *Place de sûreté,* place de guerre donnée ou retenue pour garantir l'exécution d'un traité ; nom spécialement donné aux places de guerre où les protestants, aux termes de l'édit de Nantes, avaient le droit de tenir garnison.

SÛRETÉ NUCLÉAIRE
Échelle internationale des événements nucléaires

niveau	*désignation*	*critères* (1)	*exemples*
[7]	accident majeur	Rejet de radioactivité important ayant des conséquences étendues sur la santé des personnes et sur l'environnement.	Tchernobyl, U.R.S.S., 1986
[6]	accident sérieux	Rejet nécessitant la mise en œuvre complète des plans de protection locaux.	
[5]	accident entraînant des risques à l'extérieur du site	Rejet conduisant à prendre certaines dispositions locales de protection.	Windscale, Grande-Bretagne, 1957 Three Mile Island, États-Unis, 1979
[4]	accident concernant principalement l'installation elle-même	Rejet se traduisant par une irradiation de l'ordre de grandeur de la limite annuelle autorisée pour la population (2).	Saint-Laurent-des-Eaux, France, 1980
[3]	incident sérieux	Rejet entraînant une irradiation d'un ordre de grandeur inférieur à celle correspondant à l'accident de niveau 4.	Bugey, France, 1984 Narora, Inde, 1993 Tomsk, Russie, 1993
[2]	incident	Pas de rejet (incident technique).	
[1]		Pas de rejet (anomalie de fonctionnement ou opérationnelle).	

(1) L'échelle est fondée essentiellement sur l'importance des rejets radioactifs hors du site de l'installation mais elle tient compte également de l'impact de l'événement sur le personnel de l'installation et sur l'installation elle-même. Pour simplifier la présentation, seule l'incidence des rejets a été mentionnée ici.
(2) Cette limite annuelle est actuellement fixée à 5 millisieverts (mSv).

— **Mil.** Ensemble des mesures actives et passives permettant à une force militaire d'éviter la surprise. ‖ *Sûreté éloignée,* celle qui est fondée sur le renseignement qui intéresse le commandement des grandes unités. ‖ *Sûreté immédiate,* ensemble des mesures prises à l'intérieur des petites unités en vue de leur propre défense. ‖ *Sûreté rapprochée,* ensemble des mesures permettant à une force militaire de prendre, en temps utile, ses dispositions de combat et de manœuvre. — **Nucl.** *Sûreté nucléaire,* protection des personnes et de l'environnement naturel contre les risques présentés, du fait des rayonnements ionisants, par les installations où sont produites, transformées, mises en œuvre ou stockées des substances radioactives ; ensemble des dispositions qui permettent d'assurer cette protection. (→ *encycl.*) — **Pyrotechn.** *Explosif de sûreté,* explosif qui ne peut exploser en masse soit dans l'incendie, soit sous l'effet des chocs les plus intenses qui puissent se produire au cours de son transport. — **Serrur.** Plus ou moins grande aptitude d'une serrure à résister aux tentatives d'ouverture par un moyen autre que sa clef.

ENCYCL. **Nucl.** La première étape dans la réalisation de la *sûreté nucléaire* consiste à fixer les limites admissibles aux équivalents de dose* des rayonnements ionisants. Celles-ci constituent les normes de base de la radioprotection. Elles sont différentes suivant qu'elles s'appliquent aux personnels directement affectés à des travaux sous rayonnements et qui travaillent dans une zone de l'installation dont l'accès est contrôlé (zone contrôlée), aux personnels non directement affectés à des travaux sous rayonnements et qui travaillent en dehors des zones contrôlées ou aux personnes du public. Les limites sont également différentes pour l'organisme entier et pour diverses parties du corps. En ce qui concerne l'organisme entier, les limites annuelles d'équivalents de dose sont les suivantes : personnels de l'installation, en zone contrôlée, 0,05 sievert ; en zone non contrôlée, 0,015 sievert ; personnes du public, 0,005 sievert.

Ces limites admissibles ont été fixées à la suite des recommandations formulées par la Commission internationale de protection radiologique (C. I. P. R.) et sont à la base de toutes les réglementations nationales.

L'étape suivante dans la réalisation de la sûreté est la détermination des risques attachés à chaque installation nucléaire et la mise en œuvre des moyens de protection qui permettent d'assurer le respect des normes applicables aux travailleurs et au public et l'intégrité de l'environnement animal et végétal. Dans le cas d'une centrale nucléaire, les sources de rayonnement de beaucoup les plus intenses sont les réactions nucléaires dans le cœur du réacteur et les produits radioactifs présents dans le combustible et le fluide de refroidissement. Les matériaux qui entourent le cœur arrêtent le rayonnement direct de celui-ci, et un système de barrières de confinement s'oppose à la dissémination des produits radioactifs. Le fonctionnement d'une installation nucléaire entraîne la production de déchets radioactifs, qui sont évacués soit sous forme d'effluents gazeux et liquides, soit sous forme de déchets solides en conditionnement étanche. Les activités maximales des rejets sont fixées par la réglementation. Des contrôles systématiques sont effectués. Les moyens de protection sont organisés en plusieurs échelons, conçus pour faire face, le cas échéant, à des conditions de fonctionnement de plus en plus perturbées. Le premier échelon a pour objectif de maintenir l'installation dans l'état de fonctionnement normal en limitant et éliminant les perturbations d'origine intérieure ou extérieure. Si ce résultat ne peut être obtenu, le deuxième échelon met en œuvre des actions correctrices destinées à éviter les dommages, en particulier aux barrières de confinement. Dans une centrale nucléaire, ces actions comprennent toujours l'arrêt d'urgence du réacteur par insertion rapide des barres de sécurité dans le cœur. Si les dommages à l'installation ne peuvent être évités, un troisième échelon d'actions de sauvegarde intervient pour que les rejets radioactifs dans l'environnement n'entraînent pas, pour la population, un dépassement des doses admissibles.

Le développement du parc électronucléaire mondial, qui comptait, au 1er janv. 1996, 437 unités représentant au total une puissance de 344 gigawatts, a été marqué par deux accidents d'inégale gravité. Le premier, le 28 mars 1979, dans la centrale de Three Mile Island, en Pennsylvanie (É.-U.), n'a pas fait de victime et n'a eu, sur l'environnement, que des conséquences négligeables. Le second, le 26 avr. 1986, a affecté la 4e tranche de la centrale de Tchernobyl*, en Ukraine (U. R. S. S.), où les réacteurs ne comportent pas d'enceinte de confinement étanche. Il a fait de nombreuses victimes, et la contamination due au rejet de substances radioactives s'est étendue au-delà des frontières de l'U. R. S. S. Une terminologie précise est particulièrement nécessaire en ce qui concerne les incidents et accidents nucléaires afin d'éviter toute interprétation inexacte. C'est pourquoi, en 1988, le gouvernement français a adopté, sous la forme d'une échelle de gravité, un système simple de classification de l'importance des incidents et accidents dans les installations nucléaires. Cette échelle, réexaminée par un groupe d'experts internationaux réunis par l'A. I. E. A. et l'Agence pour l'énergie nucléaire de l'O. C. D. E., a été complétée et publiée en 1990 sous le titre d'*Échelle internationale des événements nucléaires.*

sûreté générale *(Comité de)* → COMITÉ DE SÛRETÉ GÉNÉRALE.

Sûreté générale *(loi de),* loi du 19 févr. 1858, promulguée après l'attentat d'Orsini. Elle permit au général Espinasse de faire arrêter les suspects et de poursuivre ceux qui avaient participé à la révolution de 1848 ou aux journées de juin 1849 ou de déc. 1851. Son application fut rapidement suspendue. Elle fut abrogée en 1870.

SURÉVALUATION n. f. Action de surévaluer, fait d'être surévalué.

SURÉVALUER v. t. (conj. 7). **1.** Attribuer à qqch une valeur supérieure à celle qu'il a réellement : *Surévaluer un immeuble dans un patrimoine.* – **2.** Accorder à qqch, qqn une importance, un mérite excessifs : *Surévaluer un événement politique.*

SUREXCITABLE adj. Qui peut être surexcité.

SUREXCITANT, E adj. Qui provoque une surexcitation.

SUREXCITATION n. f. Très vive excitation nerveuse ou affective.

SUREXCITER v. t. (conj. 3). **1.** Mettre qqn dans un état anormal d'excitation, d'exaltation, qui peut le pousser à des actions irréfléchies, dangereuses : *Les préparatifs avaient surexcité l'enfant.* – **2.** Porter une faculté, un sentiment à un degré extrême d'activité, d'intensité : *Des lectures propres à surexciter l'imagination.*

◆ **être surexcité** v. pass. Être en proie à une agitation, une exaltation, une ardeur poussées à l'extrême.

SUREXPLOITATION n. f. Exploitation excessive.

SUREXPLOITER v. t. (conj. 3). **1.** Soumettre qqch à une exploitation excessive et souvent dommageable : *Surexploiter une terre.* – **2.** Faire travailler qqn pour une rémunération très insuffisante : *Un pays où l'on surexploite la main-d'œuvre.*

SUREXPOSER v. t. (conj. 3). Soumettre une émulsion à une exposition trop longue à la lumière : *Photo surexposée.*

SUREXPOSITION n. f. Action de surexposer ; fait d'être surexposé.

SURF [sœrf] n. m. (abrév. de l'angl. *surf-riding,* de *surf,* ressac, et *to ride,* chevaucher). **1.** Sport consistant à se maintenir en équilibre sur une planche portée par une vague déferlante. – **2.** La planche elle-même.

SURFAÇAGE n. m. Opération destinée à assurer la planéité ou la régularité de forme d'une surface.

SURFACE n. f. (de *sur* et *face,* d'apr. lat. *superficies*). **1.** Étendue plane, mesure de cette étendue : *Calculer la surface d'un salon.* – **2.** Partie, face extérieure d'un corps, d'un liquide : *Surface raboteuse d'une planche. Sous-marin qui remonte à la surface.* – **3.** Niveau du sol ferme de la terre, par oppos. au *sous-sol : Spéléologues qui remontent à la surface.* – **4.** Extérieur, apparence des choses : *Ne considérer que la surface des événements.* – **5.** *Fam.* Position sociale reconnue ; crédit : *Avoir de la surface.* – **6.** *Faire surface,* émerger, en parlant d'un sous-marin ; remonter à l'air libre pour respirer. ‖ Fam. *Refaire surface, revenir à la surface,* revenir à soi après un évanouissement, une anesthésie ; reprendre contact avec le réel après une période de dépression ; réapparaître après avoir disparu un certain temps de son milieu. • **Chim.** *Agent de surface,* composé chimique dont la molécule comporte un groupement capable d'assurer la solubilisation dans l'eau et un radical ayant peu d'affinité pour l'eau. (On distingue les agents de surface anioniques, cationiques, ampholytes et non ioniques, selon la nature de leur ionisation en présence d'eau.) – **Comm.** *Grande surface,* magasin exploité en libre service et présentant une superficie consacrée à la vente supérieure à 400 m^2. – **Comptab.** Ensemble des fonds propres d'une entreprise. – **Dr.** *Surface corrigée,* principal élément du calcul du prix du loyer d'un local d'habitation soumis à la loi du 1er sept. 1948. – **Ling.** *Structure de surface,* en grammaire générative, organisation syntaxique de la phrase réalisée, produite par application des transformations à la structure profonde. (Syn. STRUCTURE SUPERFICIELLE.) – **Math.** Ensemble de points, limite ou frontière d'une portion d'espace. ‖ Image, dans un espace affine E de dimension supérieure ou égale à trois, d'une partie A de $\mathbb{R}^2$ par *g,* application de A dans E, telle que (A, *g*) est une surface paramétrée. – **Phot.** *Surface sensible,* nom générique désignant une émulsion photographique, plaque, film ou papier. – **Phys.** *Science des surfaces,* étude des phénomènes affectant l'interface entre un solide et un autre milieu (solide, liquide ou gazeux) [ex. : frottement, adhérence, corrosion, catalyse]. ‖ *Surface d'onde,* ensemble des points où une composante spécifiée d'une onde périodique a la même phase au même instant. (La normale à la surface d'onde en un point est la direction de propagation.) – **Techn.** *État de surface,* nature et rugosité de la surface d'un corps. – **Usin.** *Surface de référence,* surface usinée par rapport à laquelle sont effectués les usinages ultérieurs et les contrôles.

SURFACER v. t. (conj. **16**). Assurer la réalisation de surfaces régulières par l'emploi de machines ou d'appareils spéciaux.

SURFACEUSE n. f. Machine à surfacer.

SURFACIQUE adj. **1.** Qui se rapporte à une surface. – **2.** Se dit d'une grandeur rapportée à l'unité de surface. – **3.** Qui est situé en surface.

SURFACTANT n. m. (de *surface* et *tensioactif*). **1.** Molécule amphiphile qui, placée en solution diluée dans l'eau, abaisse sa tension superficielle. (Syn. TENSIOACTIF.) – **2.** Substance complexe tapissant les sacs alvéolaires pulmonaires, dont le déficit congénital est à l'origine de la maladie des membranes hyalines du nouveau-né.

SURFACTIF n. m. (de *surface* et *tensioactif*). Produit dont la solution aqueuse présente une concentration plus forte aux interfaces que dans la masse. (Les surfactifs sont des tensioactifs surtout utilisés dans le nettoiement.)

SURFACTURATION n. f. Facturation d'un bien ou d'un service plus élevée que son coût réel, généralement effectuée dans une intention frauduleuse.

SURFAIRE v. t. (conj. **109**). *Litt.* Accorder à qqch, qqn une valeur, une importance imméritée, surestimer.
◆ **être surfait** v. pass. **1.** Ne pas avoir toute l'importance, toutes les qualités que l'on est censé posséder : *Une réputation surfaite.* – **2.** Être excessif, en parlant d'un prix ; être estimé au-delà de sa vraie valeur, en parlant d'un objet.

SURFAIX n. m. (de *sur-* et *faix*). **1.** Bande de cuir ou d'étoffe qui sert à maintenir une couverture sur le dos d'un cheval. – **2.** Corde ou sangle qui assujettit la charge d'une bête de somme.

SURF-CASTING [sœrfkastiŋ] n. m. (pl. *surf-castings*) [mot angl., de *surf,* ressac, et *casting,* lancer]. Pêche en mer, dans la vague, à l'aide d'une canne à lancer.

SURFER [sœrfe] v. i. (conj. **4**). **1.** Pratiquer le surf. – **2.** *Fam.* Dominer de très haut une question, une difficulté.
◆ v. tr. ind. **(sur)**. Se laisser porter par une conjoncture favorable ; adapter son comportement aux circonstances : *Surfer sur les sondages, sur la mode.*

SURFEUR, EUSE [sœrfœr, øz] n. Personne qui pratique le surf.

SURFIL n. m. Surjet lâche, exécuté sur le bord d'un tissu pour éviter qu'il ne s'effiloche.

SURFILAGE n. m. **1.** Action de surfiler. – **2.** Fil plus fin que la grosseur des fibres ne le permet normalement.

SURFILER v. t. (conj. **3**). **1.** Exécuter un surfil. – **2.** Filer plus fin que la grosseur des fibres ne le permet.

SURFIN, E adj. De qualité supérieure : *Des chocolats surfins.*

SURFONDU, E adj. Se dit d'un corps en état de surfusion.

SURFORAGE n. m. Procédé de repêchage des tiges coincées dans un puits au moyen d'une couronne de diamants qui les dégage en forant autour d'elles.

SURFRAPPE n. f. Nouvelle frappe d'une monnaie qui portait déjà un type.

SURFUSIBLE adj. Se dit d'un corps qui peut entrer en surfusion.

SURFUSION n. f. Phénomène par lequel un corps reste liquide à une température inférieure à son point de fusion. (L'eau peut ainsi rester liquide à - 10 °C, mais la moindre perturbation du milieu réactionnel [choc, contact avec une parcelle de glace] détruit l'équilibre métastable et provoque la solidification [phénomène du verglas].)

SURGÉLATEUR n. m. Appareil destiné à surgeler une denrée alimentaire.

SURGÉLATION n. f. Opération consistant à surgeler un produit alimentaire.

SURGELÉ adj. et n. m. Se dit d'un produit alimentaire ayant subi la surgélation.

SURGELER v. t. (conj. **25**). Congeler très rapidement à basse température un produit alimentaire de façon que l'eau qu'il contient se transforme en petits cristaux de glace, que sa structure soit aussi peu modifiée que possible et que ses protéines ne soient pas dénaturées. (Les produits à surgeler doivent être très frais. Ils sont soumis à un abaissement rapide de température entre 0 et - 5 °C, puis jusqu'à - 18 °C ; ils doivent être conservés à une température de - 18 à - 20 °C.)

SURGÉNÉRATEUR ou **SURRÉGÉNÉRATEUR, TRICE** adj. et n. m. *Réacteur surgénérateur* ou *surrégénérateur,* réacteur nucléaire dans lequel le taux de régénération est supérieur à 1, c'est-à-dire dans lequel il est produit plus de substance fissile qu'il n'en est consommé. (Syn. BREADER.)
ENCYCL. **Nucl.** Dans tous les réacteurs* nucléaires, le processus de régénération de la matière fissile à partir d'une substance fertile comprend une série de réactions nucléaires. Quand la substance fertile est l'uranium 238, ce qui est le cas général, il se forme du plutonium 239 fissile, ce qui contribue à maintenir la réaction en chaîne. Dans les réacteurs à neutrons rapides, les deux ou trois neutrons produits par noyau fissionné, outre l'entretien de la réaction en

chaîne, provoquent en moyenne, par capture dans l'uranium 238, la création de plus d'un noyau de plutonium 239 : c'est la surgénération.

Les réacteurs à neutrons rapides actuels utilisent le plutonium 239 comme matière fissile principale et l'uranium 238 comme matière fertile. En pratique, leur combustible est un oxyde mixte d'uranium naturel ou appauvri (qui contient donc plus de 99 % d'uranium 238) et de plutonium. Il est très riche en matière fissile (on atteint et dépasse un enrichissement de 15 % alors que des enrichissements de quelques pourcents sont pratiqués dans les réacteurs à neutrons lents).

Dans les réacteurs à neutrons rapides, la puissance thermique produite par litre de cœur est élevée (elle est de l'ordre de 300 kW/l en moyenne), car l'extraction de la chaleur est favorisée par le fait que le combustible est très divisé (il est placé dans un très grand nombre d'aiguilles d'acier inoxydable de petit diamètre) et par l'emploi d'un fluide de refroidissement très bon conducteur de la chaleur : le sodium, liquide entre 98 et 880 °C.

Pour éviter les réactions du sodium avec l'oxygène de l'air ou avec l'eau, il est nécessaire de prévoir une couche de gaz inerte, habituellement de l'argon, au-dessus de chaque surface libre du sodium liquide et de placer un circuit de sodium intermédiaire entre le circuit de refroidissement du cœur du réacteur et le générateur de vapeur afin d'empêcher toute répercussion sur le cœur d'une éventuelle réaction sodium-eau. Le schéma général du refroidissement d'une centrale électronucléaire équipée d'un réacteur à neutrons rapides comprend donc un circuit de refroidissement du réacteur, dit circuit primaire, un circuit de sodium intermédiaire, dit circuit secondaire, et un circuit eau-vapeur habituel.

L'utilisation de l'acier inoxydable pour gainer le combustible et du sodium pour extraire la chaleur du cœur permet de produire de la vapeur à température élevée (487 °C dans Super-Phénix) et d'obtenir ainsi des rendements voisins de 40 % pour la production d'électricité.

La filière des réacteurs à neutrons rapides a suscité un grand intérêt dans de nombreux pays (Allemagne, États-Unis, France, Grande-Bretagne, Inde, Japon, ex-U. R. S. S.) en raison de la possibilité qu'elle offre, par la surgénération, de multiplier par un facteur considérable, de l'ordre de 80, les ressources mondiales de combustible nucléaire en transformant progressivement l'uranium 238, qui constitue plus de 99 % de l'uranium naturel, en plutonium 239 fissile. Dans cette filière, ce sont les États-Unis qui ont ouvert la voie et c'est un réacteur à neutrons rapides américain, EBR I, qui, le 20 déc. 1951, a permis, pour la première fois au monde, d'obtenir de l'énergie électrique à partir de l'énergie nucléaire. La France a assuré la réalisation de la centrale Phénix (250 MW) et contribué pour 51 % à celle de la centrale Super-Phénix (1 200 MW) ; elle a également participé à l'élaboration du projet de la centrale européenne de 1 500 MW appelée EFR *(European Fast Reactor)*. Cependant, l'éloignement de la crise pétrolière et les nombreux incidents techniques qui ont émaillé le fonctionnement de Super-Phénix, rendant son exploitation très coûteuse, ont émoussé l'intérêt pour ce type de réacteur.

SURGÉNÉRATION ou **SURRÉGÉNÉRATION** n. f. Processus par lequel certains réacteurs nucléaires produisent, à partir d'une substance fertile, plus de substance fissile qu'ils n'en consomment.

SURGEON n. m. (anc. fr. *sourgon,* source, de *sourdre,* avec l'infl. du lat. *surgere,* surgir). Rejeton qui sort au pied d'un arbre ou d'un arbuste.

SURGÈRES (17700), ch.-l. de cant. de la Charente-Maritime, au N.-E. de Rochefort ; 6 337 hab. *(Surgériens).* Vaste enceinte de l'ancien château ; église romane à façade richement décorée. Musée d'Histoire naturelle. École nationale d'industrie laitière. Produits laitiers. Constructions mécaniques.

SURGIR v. i. (lat. *surgere,* se lever) [conj. **32**]. **1.** *Litt.* Naître, se former brusquement en sortant d'un lieu, en s'élevant : *Une source qui surgit du sol.* — **2.** Venir, apparaître brusquement dans le champ visuel : *Un passant surgit de l'ombre.* — **3.** Se manifester de façon imprévue, subite : *Un nouveau conflit a surgi.*

SURGISSEMENT n. m. *Litt.* Fait de surgir, d'apparaître brusquement.

SURGLACÉ, E adj. *Papier surglacé,* papier fortement calandré, ayant un taux de charge élevé.

SURGREFFAGE n. m. Opération qui consiste à greffer une deuxième fois le même sujet pour changer de variété.

SURGREFFER v. t. (conj. **4**). Pratiquer le surgreffage.

SURHAUSSEMENT n. m. **1.** Action de surhausser ; résultat de cette action. — **2.** Quantité dont un arc ou une voûte est surhaussé(e).

SURHAUSSER v. t. (conj. **3**). Accroître qqch en hauteur : *Surhausser un bâtiment.*

◆ **être surhaussé** v. pass. *Arc surhaussé, voûte surhaussée,* dont la flèche est supérieure à la moitié de l'ouverture.

SURHOMME n. m. **1.** Être humain pourvu de dons intellectuels ou physiques exceptionnels. — **2.** Selon Nietzsche, type humain supérieur dont l'avènement est inscrit dans les possibilités de l'humanité. (Le surhomme n'est possible selon Nietzsche que si Dieu est effectivement mort, c'est-à-dire quand la faillite des idéaux transcendantaux sera évidente pour tous.)

SURHUMAIN, E adj. Qui apparaît comme au-dessus des forces, des qualités humaines, qui dépasse les moyens normaux : *Force surhumaine.*

SURICATE n. m. Petite mangouste omnivore des zones semi-arides d'Afrique australe.

SURIMI n. m. (mot jap.). Pâte constituée de chair de poisson aromatisée au crabe et vendue en général sous forme de petits bâtonnets.

SURIMONO n. m. (jap. *surimono,* chose imprimée). Estampe à tirage limité agrémentée d'un court poème, commandée par des particuliers comme carte de vœux, faire-part, etc. (Apparu vers la fin du XVIIIe s., il resta en usage jusqu'aux alentours de 1840.)

SURIMPOSER v. t. (conj. 3). Frapper d'un surcroît d'impôt ou d'un impôt trop lourd.

SURIMPOSITION n. f. **1.** Surcroît d'impôt, de taxe. — **2.** Encaissement sur place d'un cours d'eau dans des structures géologiques différentes des conditions de surface. (Syn. ÉPIGÉNIE.)

SURIMPRESSION n. f. **1.** Impression de deux ou de plusieurs sujets sur une même émulsion. — **2.** *En surimpression,* se dit d'une image, réelle ou mentale, que l'on voit se superposer à une autre.

1. SURIN n. m. (de *sur 2*). Jeune pommier non encore greffé.

2. SURIN n. m. (romani *chouri*). *Pop.* et *vx.* Couteau servant à poignarder.

SURINAM ou **SURINAME** (le), fl. du *Surinam,* tributaire de l'Atlantique, près de Paramaribo (500 km env.). Hydroélectricité.

SURINAM ou **SURINAME,** anc. **Guyane hollandaise,** État du nord de l'Amérique du Sud, entre la Guyane française et le Guyana, limité au S. par le Brésil ; 163 265 km² ; 430 000 hab. *(Surinamiens).* CAP. *Paramaribo.* LANGUE : *néerlandais.* MONNAIE : *florin de Surinam.*

Géographie. Une plaine côtière, large de 20 à 90 km, précède une pénéplaine et des hauteurs formées par le bouclier des Guyanes. Le climat est équatorial, chaud (26 °C en moyenne), avec des pluies abondantes qui alimentent notamment la Courantyne, le Surinam et le Maroni et expliquent la présence de la forêt (95 % du territoire). Les Indiens (35 %), les créoles (30 %) et les Indonésiens sont les groupes les plus importants de populations variées, qui ont toutes une croissance démographique élevée. Par ailleurs, l'émigration vers les Pays-Bas et la Guyane française a été accrue par la guerre civile. L'agriculture est localisée sur la côte. Le riz, la canne à sucre, les bananes et les fruits tropicaux sont les principales productions, partiellement exportées, ainsi que les crevettes. La ressource essentielle est la bauxite. Elle est en partie traitée sur place, grâce à l'hydroélectricité, et exportée sous forme d'alumine ou d'aluminium.

Histoire.

1667 : Occupée par les Anglais, la région est cédée aux Hollandais, qui y cultivent la canne à sucre.

1796-1802 ; 1804-1816 : Le pays est de nouveau occupé par les Britanniques.

Après l'abolition de l'esclavage (1863), la région se peuple d'Indiens et d'Indonésiens.

1948 : Le pays prend le nom de Surinam.

1975 : Il accède à l'indépendance.

Il est d'abord gouverné par le Premier ministre Henck Arron.

À partir de 1980, à la faveur de plusieurs coups d'État militaires, le lieutenant-colonel Desi Bouterse s'impose comme l'homme fort du pays. Mais la stabilité du régime est ébranlée par une grave crise sociale et par une guérilla qui se développe dans le sud et l'est du pays.

1987-88 : Un processus de démocratisation est engagé.

1991 : Ronald Venetiaan, candidat d'une coalition multiethnique hostile aux militaires, est élu à la présidence de la République.

1992 : Un accord de paix est signé entre le gouvernement et la guérilla.

1996 : Jules Wijdenbosch, du parti de Desi Bouterse, est élu président de la République.

SURINDUSTRIALISATION n. f. Excédent de l'équipement industriel d'une économie par rapport aux capacités d'absorption de son marché ou déséquilibre entre le secteur de l'industrie et les autres secteurs (agriculture, services, etc.).

SURINDUSTRIALISER v. t. (conj. 3). Équiper d'industries en trop grand nombre.

SURINER v. t. (de *surin 2*) [conj. 3]. *Pop.* et *vx.* Frapper, tuer qqn avec un surin, un couteau.

SURINEUR n. m. *Pop.* et *vx.* Homme qui se sert d'un surin.

SURINFECTION n. f. **1.** Infection survenant chez un sujet déjà atteint d'une maladie infectieuse spécifique. — **2.** Infection survenant secondairement sur une plaie.

SURINFORMATION n. f. Action de surinformer, fait d'être surinformé.

SURINFORMER v. t. (conj. 3). Donner trop d'informations à qqn, au public.

SURINTENDANCE n. f. **1.** Charge, fonction de surintendant. — **2.** Demeure, bureaux du surintendant.

SURINTENDANT, E n. (moyen fr. *superintendant,* du lat. médiév. *superintendens, -entis*). Assistant(e) social(e) spécialisé(e) chargé(e) d'une fonction de service social dans certaines entreprises.

◆ **surintendant** n. m. **1.** Celui qui dirigeait en chef un service, un secteur. (Syn. SUPERINTENDANT.) — **2.** Dans les Églises de la confession d'Augsbourg, pasteur qui, dans une circonscription ecclésiastique, exerce une autorité présidentielle. (Syn. INSPECTEUR ECCLÉSIASTIQUE.) — **3.** *Surintendant général des bâtiments du roi,* administrateur en chef des résidences royales en France de 1529 à la fin de l'Ancien Régime. ‖ *Surintendant général des finances,* chef de l'administration financière en France du XVe s. à 1661. (Les plus connus sont Sully et Fouquet. La charge disparut avec la disgrâce de Fouquet.)

◆ **surintendante** n. f. **1.** Épouse du surintendant. — **2.** Dame qui avait la première charge dans la maison de la reine. — **3.** Titre porté par la directrice des maisons d'éducation établies pour les filles des membres de la Légion d'honneur.

SURINTENSITÉ n. f. Dans un dispositif électrique, courant dont la valeur dépasse la plus grande valeur assignée.

SURINVESTISSEMENT n. m. **1.** Investissement exagéré, dépassant les besoins de l'économie. — **2.** Ajout d'une quantité d'énergie pulsionnelle supplémentaire à une représentation psychique déjà investie.

SURIR v. i. (de *sur 2*) [conj. **32** ; auxil. *avoir* ou *être*]. Devenir sur, acide.

SURJALÉE adj. f. Se dit d'une ancre sur le jas de laquelle la chaîne s'engage pendant le mouillage.

SURJECTIF, IVE adj. *Application surjective d'un ensemble* A *sur un ensemble* B, application f de domaine A tel que tout élément y de B est l'image par f d'au moins un élément x de A. (Syn. SURJECTION.)

SURJECTION n. f. Syn. de APPLICATION SURJECTIVE.

SURJET n. m. (de *surjeter*). Point exécuté à cheval sur les deux bords de tissu à assembler.

SURJETER v. t. (anc. fr. *sourgeter,* jeter par-dessus) [conj. **27**]. Coudre en surjet.

SURJETEUSE n. f. Machine qui exécute les surjets.

SURJEU n. m. Syn. de PLAY-BACK.

SUR-LE-CHAMP loc. adv. Immédiatement, sans délai.

SURLENDEMAIN n. m. Jour qui suit le lendemain.

SURLET DE CHOKIER (Érasme, *baron*), homme politique belge (Liège 1769 - château de Gingelom, près de Saint-Trond, 1839). Catholique libéral, il présida le Congrès national (1830) puis exerça la Régence et dirigea en même temps le gouvernement (1831).

SURLIER v. t. (conj. **9**). Entourer l'extrémité d'un cordage avec un filin pour l'empêcher de se décommettre.

SURLIGNER v. t. (conj. **3**). Recouvrir un mot, une phrase à l'aide d'un surligneur.

SURLIGNEUR n. m. Feutre servant à mettre en valeur une partie d'un texte à l'aide d'une encre transparente très lumineuse.

SURLIURE n. f. Action de surlier un cordage.

SURLONGE n. f. Morceau de bœuf situé au niveau des trois premières vertèbres dorsales.

SURLOUER v. t. (conj. **6**). Prendre ou donner en location au-dessus de la valeur réelle.

SURLOYER n. m. Somme venant en plus du montant fixé par le contrat de location.

SURMATURATION n. f. Phénomène biologique qui succède à la maturation de grains de semence non récoltés et au cours duquel s'élimine l'eau qu'ils contiennent en excès.

SURMATURITÉ n. f. État d'une plante, d'une semence, d'un fruit ayant subi la surmaturation.

SURMÉDICALISATION n. f. **1.** Médicalisation excessive d'un phénomène social. — **2.** Usage excessif des techniques médicales.

SURMÉDICALISER v. t. (conj. **3**). Médicaliser à l'excès.

SURMENAGE n. m. Ensemble des troubles consécutifs à une activité physique ou intellectuelle exercée au-delà du seuil de la fatigue.

SURMENÉ, E adj. et n. Se dit de qqn qui présente des troubles consécutifs à un surmenage.

SURMENER v. t. (conj. **19**). **1.** Fatiguer à l'excès un cheval, une bête de somme en les menant trop vite ou trop longtemps. — **2.** Imposer à qqn, à son organisme un effort physique ou intellectuel excessif : *Surmener des étudiants par des programmes trop chargés.*

SURMOI n. m. inv. (calque de l'all. *Überich*). Instance de la seconde topique de Freud ayant une fonction de conscience morale.
ENCYCL. **Psychan.** Selon S. Freud, le surmoi naîtrait au déclin du complexe d'Œdipe d'un renoncement à la satisfaction des désirs œdipiens par la voie d'une identification aux parents, d'une reprise à son compte de l'interdit de l'inceste. Le surmoi s'enrichirait alors de toutes les exigences que nous impose la civilisation (éducation, religion, moralité), s'instaurant en juge et dominateur du monde pulsionnel du ça.

SURMONTABLE adj. Qu'on peut surmonter.

SURMONTER v. t. (conj. 3). **1.** Être placé au-dessus de qqch d'autre : *Une grande rosace surmonte l'entrée de la cathédrale.* – **2.** Vaincre ce qui constitue un obstacle à l'action : *Surmonter sa fatigue, sa peur.*

SURMONTOIR n. m. Élément de publicité que l'on place au-dessus d'un exemplaire du produit à vendre dans un lieu de vente.

SURMORTALITÉ n. f. Excès d'une mortalité sur une autre, prise comme terme de comparaison.

SURMOULAGE n. m. **1.** Moulage pris sur une pièce déjà coulée pour éviter les frais de modèle. – **2.** En sculpture, moulage à bon creux fait sur nature ou sur une épreuve de série.

SURMOULE n. m. Moule confectionné à partir d'un objet moulé.

SURMOULÉ n. m. Objet coulé dans un moule obtenu par surmoulage.

SURMOULER v. t. (conj. 3). Couler dans un moule obtenu par surmoulage.

SURMULET n. m. (anc. fr. *sormulet,* de *sor,* jaune-brun, et *mulet,* avec l'infl. de *sur-*). Autre nom du rouget* barbet de roche.

SURMULOT n. m. (de *mulot*). Autre nom du rat d'égout (rat gris, rat de Norvège), qui a remplacé le rat noir d'Europe occidentale, dangereux par sa morsure, et qui peut transmettre diverses maladies.

SURMULTIPLICATION n. f. Dispositif d'un changement de vitesse permettant d'obtenir une vitesse surmultipliée.

SURMULTIPLIÉ, E adj. Se dit du rapport d'une boîte de vitesses tel que la vitesse de rotation de l'arbre de transmission est supérieure à celle de l'arbre moteur ; se dit de la vitesse obtenue avec ce rapport.
◆ **surmultipliée** n. f. Vitesse surmultipliée.

SURNAGER v. i. (conj. 17). **1.** Flotter, se maintenir à la surface d'un liquide : *Quelques croûtons surnageaient à la surface de la soupe.* – **2.** Subsister au milieu de choses qui tombent dans l'oubli : *De toute son œuvre, un seul livre surnage.*

SUR-NAPPE n. f. (pl. *sur-nappes*). Petite nappe que l'on pose sur une nappe à bord tombant.

SURNATALITÉ n. f. Taux de natalité excessif, dépassant l'accroissement de la production des biens de consommation.

SURNATUREL, ELLE adj. **1.** Qu'on juge ne pas appartenir au monde naturel, qui semble en dehors du domaine de l'expérience et échapper aux lois de la nature : *Croire aux phénomènes surnaturels.* – **2.** Qui est révélé, produit, accordé par la grâce de Dieu : *La vie surnaturelle.* – **3.** *Litt.* Qui est trop extraordinaire pour être simplement naturel : *Une beauté surnaturelle.*
◆ **surnaturel** n. m. Ce qui ne relève pas de l'ordre naturel des choses.

SURNATURELLEMENT adv. *Litt.* De façon surnaturelle.

SURNOM n. m. **1.** Nom ajouté au nom ou au prénom de qqn : *Louis le Gros.* (Les Romains ajoutaient un ou plusieurs surnoms [*cognomina*], tirés souvent de particularités physiques ou morales comme *Brutus* [stupide], d'une action ou d'une distinction personnelle comme le nom d'*Africanus* [Africain] pris par Scipion.) – **2.** Désignation substituée au nom véritable de qqn : *Son surnom de « Boule de billard » était dû à sa calvitie.*

SURNOMBRE n. m. **1.** Nombre supérieur au nombre prévu et permis. – **2.** *En surnombre,* en excédent, en trop.

SURNOMMER v. t. (conj. 3). Appeler qqn par un surnom ; lui donner un surnom : *Les historiens ont surnommé Louis XIV « le Grand ».*

SURNUMÉRAIRE adj. (bas lat. *supernumerarius,* de *super* et lat. class. *numerus,* nombre). Qui est en surnombre : *Employé surnuméraire.*

SUROFFRE n. f. **1.** Offre plus avantageuse qu'une offre déjà faite. – **2.** Offre dépassant les capacités de la demande.

SUROÎT [syrwa] n. m. (altér. de *sud-ouest*). **1.** Vent pluvieux du sud-ouest, sur les côtes françaises de l'Atlantique et de la Manche. – **2.** Chapeau imperméable en toile huilée dont l'arrière descend sur la nuque.

SUROS [-ro] n. m. (de *sur-* et *os*). Exostose qui se développe sur le canon du cheval et qui provoque une boiterie.

SUROXYDATION n. f. **1.** Transformation d'un oxyde en peroxyde. – **2.** Action d'amener à une valence supérieure un corps déjà oxydé.

SUROXYDER v. t. (conj. 3). Effectuer une suroxydation.

SUROXYGÉNER v. t. (conj. 18). Accroître la teneur d'un composé chimique en oxygène.

SURPALITE n. f. Chloroformiate de trichlorométhyle, de formule $ClCO_2CCl_3$, utilisé par les Allemands comme gaz de combat au cours de la Première Guerre mondiale. (Syn. DIPHOSGÈNE.)

SURPASSEMENT n. m. Action de surpasser, de se surpasser.

SURPASSER v. t. (conj. 3). **1.** Faire mieux que qqn, l'emporter sur lui dans un domaine : *Il a surpassé tous ses concurrents.* – **2.** Excéder qqch par ses dimensions : *Un immeuble qui surpasse les bâtiments voisins.* – **3.** Aller au-delà de qqch, être plus important : *C'est un désordre qui surpasse tout ce qu'on peut imaginer.*

◆ **se surpasser** v. pr. Faire mieux qu'à l'ordinaire : *Cet acteur s'est surpassé.*

SURPÂTURAGE n. m. Exploitation excessive de la végétation d'une surface fourragère par le bétail.

SURPAYE ou **SURPAIE** n. f. Action de surpayer.

SURPAYER v. t. (conj. 11). **1.** Payer qqn, son travail au-delà de ce qui est habituel, légal ou au-dessus de ce qu'il mérite. — **2.** Payer une marchandise trop cher.

SURPÊCHE n. f. Exploitation d'une pêcherie au-delà de ses possibilités. (Syn. OVERFISHING.)

SURPEINT n. m. Syn. de REPEINT.

SURPEUPLÉ, E adj. **1.** Où la population est trop nombreuse. — **2.** Se dit d'un local où les occupants sont trop nombreux.

SURPEUPLEMENT n. m. **1.** État d'un territoire où la population est jugée trop nombreuse eu égard aux conditions physiques d'accueil. — **2.** Situation d'un milieu dont la population totale excède les disponibilités en nourriture ou en oxygène.

SURPIQUER v. t. (conj. 3). Faire une surpiqûre.
◆ **être surpiqué** v. pass. En parlant d'un tissu, être orné de surpiqûres.

SURPIQÛRE n. f. Piqûre apparente exécutée sur un tissu en guise d'ornement.

SURPLACE n. m. *Faire du surplace,* en cyclisme sur piste, dans l'épreuve de vitesse, rester immobile, en équilibre, pour contrôler la course ; ne pas avancer dans un bouchon de la circulation ; ne pas évoluer.

SURPLIS n. m. (lat. médiév. *superpellicium,* de *pellicius,* fourrure). Vêtement liturgique de toile fine, blanche, à manches larges, qui descend jusqu'aux genoux et se porte par-dessus la soutane.

SURPLOMB [syrplɔ̃] n. m. (de *surplomber*). Position de qqch, en partic. d'une partie de construction (encorbellement, porte-à-faux), qui fait saillie, qui avance dans le vide : *Terrasse en surplomb.*

SURPLOMBANT, E adj. Qui surplombe.

SURPLOMBEMENT n. m. Fait de se trouver en surplomb.

SURPLOMBER v. t. (de *à plomb*) [conj. 3]. Dominer qqch en faisant saillie, en en dépassant l'aplomb : *La falaise surplombe la mer.*

SURPLUS [-ply] n. m. (de *sur-* et *plus*). **1.** Ce qui est en plus de la quantité, du prix voulus : *Payer le surplus.* — **2.** Quantité d'un bien produite au-delà de la demande solvable et qui risquerait de faire effondrer les cours si elle était mise sur le marché. — **3.** Boutique qui vend des vêtements d'importation américaine (jeans, chemises, vestes, etc.). — **4.** *Au surplus,* d'ailleurs, en outre. ‖ *Comptes de surplus,* instrument d'analyse des performances d'une entreprise.
◆ n. m. pl. *Surplus américains,* matériel militaire restant en excédent à l'issue des deux guerres mondiales, notamment dans le domaine de l'habillement.

SURPOIDS n. m. Syn. de SURCHARGE PONDÉRALE.

SURPOPULATION n. f. **1.** Population excessive par rapport aux ressources. — **2.** Situation d'une espèce animale dans un territoire donné lorsque le nombre des individus de cette espèce excède les ressources en oxygène, en nourriture, en espace, etc. (La surpopulation peut être un effet du confinement.)

SURPRENANT, E adj. **1.** Qui étonne, surprend par son caractère imprévu, inattendu : *Son échec est surprenant.* — **2.** Qui est remarquable, exceptionnel : *Vous verrez, c'est un orateur surprenant.*

SURPRENDRE v. t. (conj. 79). **1.** Prendre qqn sur le fait, le voir dans une situation particulière : *On l'a surpris à falsifier la comptabilité.* — **2.** Découvrir ce qu'on n'aurait pas voulu qu'on voie, qu'on connaisse : *Je réussirai à surprendre leur secret.* — **3.** Rendre visite à qqn, arriver chez lui à l'improviste : *Nous l'avons surpris au saut du lit.* — **4.** Attaquer qqn alors qu'il ne s'y attend pas : *Surprendre un adversaire.* — **5.** Frapper qqn, le toucher de façon inopinée : *La mort l'a surpris dans son sommeil.* — **6.** Déconcerter qqn, l'étonner par un côté inattendu : *Sa brusque volte-face a surpris ses amis.* — **7.** *Surprendre la bonne foi, la confiance de qqn,* en profiter indûment, en abuser.
◆ **être surpris** v. pass. **1.** Être étonné de qqch, déconcerté : *Je suis surpris de son silence, qu'il se soit tu.* — **2.** Marquer l'étonnement, en parlant d'un regard, d'un air, etc. — **3.** *Être le premier surpris,* ignorer complètement ce qu'on vient d'apprendre.
◆ **se surprendre** v. pr. Se rendre compte qu'on accomplit qqch inconsciemment : *Il se surprit à parler tout seul.*

SURPRESSEUR n. m. Compresseur ou pompe utilisés pour augmenter la pression d'un fluide.

SURPRESSION n. f. Pression dont la valeur dépasse la pression normalement admise ou une pression de référence.

SURPRIME n. f. Ce qu'on paie en plus de la prime normale dans les assurances pour se garantir contre certains risques.

SURPRISE n. f. (de *surprendre*). **1.** État de qqn qui est frappé par qqch d'inattendu : *Cette révélation causa une surprise générale.* — **2.** Événement inattendu : *Tout s'est déroulé sans surprise.*

– **3.** Cadeau ou plaisir inattendu fait à qqn : *Faire une surprise à un enfant.* – **4.** En apposition, indique qu'une action se fait de manière inattendue : *Une attaque surprise ;* ou qu'un objet contient qqch d'inattendu : *Un cadeau surprise.* – **5.** Engagement inopiné d'une troupe *(surprise tactique)* ou d'une armée entière *(surprise stratégique).* – **6.** *Divine surprise,* événement d'autant plus heureux qu'il est plus inattendu. ‖ *Par surprise,* à l'improviste, en prenant au dépourvu.

Surprise de l'amour *(la),* comédie de Marivaux (1722), suivie de *la Seconde Surprise de l'amour* (1727). L'intrigue est analogue : une marquise veuve et un chevalier délaissé, tous deux inconsolables, sont amenés à l'amitié, puis au mariage.

SURPRISE-PARTIE n. f. (pl. *surprises-parties*) [améric. *surprise-party*]. Réunion où l'on danse, surtout chez les adolescents.

SURPRODUCTEUR, TRICE adj. Qui est responsable d'une surproduction.

SURPRODUCTION n. f. Production excessive d'un produit ou d'une série de produits par rapport aux besoins.

SURPRODUIRE v. t. (conj. **98**). Produire au-delà des possibilités de la demande.

SURPROFIT n. m. Profit qui s'ajoute à un profit déjà réalisé.

SURPROTECTION n. f. Action de surprotéger qqn.

SURPROTÉGER v. t. (conj. **22**). Protéger qqn à l'excès (sur le plan psychologique).

SURPUISSANT, E adj. Extrêmement puissant.

SURRÉALISANT, E adj. Qui s'inspire, se rapproche du surréalisme.

SURRÉALISME n. m. Mouvement poétique, littéraire, philosophique et artistique, né en France, qui a connu son apogée dans l'entre-deux-guerres sous l'impulsion d'André Breton.

ENCYCL. Proclamant la toute-puissance du rêve, de l'instinct, du désir et de la révolte, le surréalisme se dresse contre toutes les formes d'ordre, logique, moral, social. Se réclamant de la psychanalyse et de philosophes comme Hegel, voyant des précurseurs en Baudelaire, Lautréamont, Rimbaud, Jarry, il procède du mouvement dada de Tristan Tzara. Annoncé par Apollinaire (*l'Esprit nouveau,* 1917), défini par Breton (*Manifeste du surréalisme,* 1924), le mouvement, qui a pour organes d'expression les revues *Littérature* puis *la Révolution surréaliste,* se signale par des manifestations retentissantes (le pamphlet intitulé « Un cadavre » à la mort d'Anatole France) et par des prises de position politiques (contre la guerre du Rif, l'Exposition coloniale, le fascisme). Le groupe surréaliste évolue ensuite au gré des engagements (adhésion au parti communiste d'Aragon, de Breton, d'Eluard et de Péret), des querelles et des anathèmes (retrait de Desnos, de Leiris, de Prévert et de Queneau en 1929 ; affaire Aragon en 1931-32). Exclu du parti communiste en 1935, Breton se déclare désormais en faveur d'un art qui porte en lui-même sa propre force révolutionnaire. La Seconde Guerre mondiale met un terme provisoire à l'activité surréaliste, que Breton s'efforce de renouveler par la fondation de nouvelles revues (*la Brèche,* 1961) et l'organisation d'expositions (galerie Cordier, 1956 ; galerie de l'Œil, 1965). S'il a échoué dans sa tentative de résoudre l'antinomie poésie/action, le surréalisme a fait sentir son influence sur toutes les formes artistiques, et même sur le décor de la vie quotidienne (affiches, vitrines, etc.).

– **Art contemp.** Si le surréalisme n'a pas défini une esthétique, les surréalistes ont pratiqué les arts plastiques comme moyens d'exprimer « le fonctionnement réel de la pensée ». Les sources sont multiples : visions symbolistes (G. Moreau), étrangeté « métaphysique » (De Chirico), radicalité dadaïste (Duchamp), remise en question cubiste (Picasso), spontanéité lyrique de l'abstraction (Kandinsky), créativité primitive ou irrationnelle (art océanien, art naïf, art des aliénés mentaux), où les surréalistes ont trouvé, à des degrés divers, la manifestation d'un « modèle intérieur », selon l'expression de Breton dans *le Surréalisme et la peinture* (1928). Ce sont en effet la libération des richesses de l'inconscient et la quête d'une connaissance du plus profond de l'homme que vont poursuivre, notamment par le moyen de l'automatisme*, plusieurs générations d'artistes, très différents quant au style, mais portés par la même ferveur poétique. Ils ont en commun une étrangeté, parfois un humour ou un délire qui rompent avec les conventions. Cet état d'esprit se vérifie chez les premiers grands peintres surréalistes (Ernst, Masson, Miró, Arp, Tanguy, Magritte) comme chez ceux qui apparaissent dans une seconde période, marquée notamment par la pratique de l'assemblage (« objets surréalistes ») – Dalí, Giacometti (qui réalise plusieurs sculptures surréalistes), Bellmer, Brauner, Matta, Oscar Dominguez (1906-1957) –, puis chez ceux (Lam, Gorky) qui les rejoignent durant la Seconde Guerre mondiale. Après celle-ci, des ruptures se produisent, mais de nouveaux adeptes prennent la relève (Max Walter Svanberg [né en 1912], Agustín Cárdenas [1927], Jorge Camacho [1934], Jean-Claude Silbermann [1935], pour se limiter à des artistes du milieu parisien ou proche de celui-ci). La mort d'André Breton (1966) a entraîné assez vite la fin du surréalisme en tant que mouvement organisé (dissolution du groupe français en 1969).

SURRÉALISTE adj. **1.** Relatif au surréalisme. – **2.** Qui évoque le surréalisme par son caractère bizarre, grotesque : *Une situation surréaliste.*
◆ adj. et n. Membre du mouvement surréaliste.

SURRÉALITÉ n. f. Ce qui dépasse la réalité courante, normale.

SURRECTION n. f. (bas lat. *surrectio,* du lat. class. *surrectum,* de *surgere,* se lever). Mouvement ascendant d'une portion de la lithosphère, pouvant conduire à la genèse des reliefs.

SURRÈDE n. m. (occitan *surré,* chêne-liège). Dans le Midi, syn. de SUBERAIE.

SURRÉEL, ELLE adj. et n. m. Qui dépasse le réel.

SURRÉGÉNÉRATEUR, SURRÉGÉNÉRATION → SURGÉNÉRATEUR, SURGÉNÉRATION.

SURREMISE n. f. Pourcentage qu'un éditeur consent aux libraires, en plus de la remise habituelle, lors d'un achat en quantités importantes.

SURRÉNAL, E, AUX adj. **1.** Situé au-dessus du rein. – **2.** *Glande* ou *capsule surrénale* ou *surrénale* (n. f.), glande endocrine coiffant les reins, formée chez les mammifères d'un cortex d'origine somatopleurale et d'une médullaire d'origine nerveuse. (→ *encycl.*)
ENCYCL. Chez l'homme, les surrénales pèsent chacune de 5 à 7 g. Elles sont situées dans la loge rénale, mais séparées du rein par un petit feuillet fibreux.

Elles sont constituées de deux substances : l'une, périphérique, la substance corticale ; l'autre, centrale, la substance médullaire. La substance corticale, ou *corticosurrénale,* élabore plusieurs hormones du groupe chimique des stéroïdes, appelées corticoïdes ou corticostéroïdes. La substance médullaire, ou *médullosurrénale,* sécrète l'adrénaline.

SURRÉNALECTOMIE n. f. Ablation d'une capsule surrénale.

SURREPRÉSENTATION n. f. Fait, pour un groupe, d'être surreprésenté.

SURREPRÉSENTER v. t. (conj. 3). Accorder à un groupe, au sein d'une assemblée, une représentation plus nombreuse que celle qui est normalement attendue.

SURRÉSERVATION n. f. Syn. de SURBOOKING.

SURREY, comté de Grande-Bretagne, au S.-O. de Londres ; 997 000 hab. Ch.-l. *Kingston-upon-Thames.*

SURREY, v. du Canada (Colombie britannique), banlieue de Vancouver ; 189 384 hab. Centre résidentiel et industriel.

SURREY (Henry HOWARD, comte DE), homme politique et poète anglais (v. 1518 - Londres 1547). Fils du duc de Norfolk, il aida son père dans ses tentatives de restauration du catholicisme. Accusé de haute trahison, il fut condamné à mort et exécuté. Surrey a laissé des poésies, *Songs and Sonnets...,* publiées en 1557. Il est un des meilleurs poètes amoristes et l'un des créateurs de la poésie anglaise moderne.

SURRIER n. m. (occitan *surré*). Dans le Midi, chêne-liège.

SURSALAIRE n. m. Salaire supérieur au salaire normal, rémunérant des travailleurs particulièrement demandés.

SURSALÉ, E adj. Se dit des eaux dont la salure dépasse celle de l'eau océanique (ex. la mer Morte, le Kara-Bogaz. Dans ces eaux ne vivent que certaines espèces : épinoche, muge et surtout petits crustacés tels que daphnie, cyclope, orchestie, branchipus et *Artemia salina*). [Syn. SAUMÂTRE.]

SURSALURE n. f. Concentration anormale des sels dans l'eau de mer.

SURSATURANT, E adj. Se dit d'une vapeur, en état d'équilibre métastable, dont la pression est supérieure à celle de la vapeur saturante à la même température.

SURSATURATION n. f. **1.** État de ce qui est sursaturé. – **2.** Action de sursaturer un liquide ; état d'un liquide sursaturé. (La solubilité d'un corps dans un solvant étant en général une fonction croissante de la température, on peut obtenir la sursaturation par refroidissement et addition d'une petite quantité de soluté. L'état obtenu est métastable.)

SURSATURER v. t. (conj. 3). **1.** Dépasser les besoins d'un marché. – **2.** Dépasser la concentration correspondant à la saturation.
◆ **être sursaturé** v. pass. **1.** *Fam.* Être excédé, dégoûté de qqch dont on est plus que rassasié. – **2.** En parlant d'une roche magmatique, contenir du quartz en abondance.

SURSAUT n. m. (de *sur* et *saut*). **1.** Mouvement brusque involontaire par lequel qqn, un animal se redresse brusquement : *Avoir un sursaut de peur.* – **2.** Fait de reprendre courage soudainement après une période de fléchissement : *Il eut un sursaut d'énergie.* – **3.** Accroissement brusque et transitoire du rayonnement d'un astre, en particulier du Soleil. – **4.** *Étoile à sursauts,* type d'étoile variable qui se caractérise par de nombreux sursauts d'éclat. (Syn. ÉTOILE À FLARES.) ‖ *Réveiller qqn, se réveiller en sursaut,* brusquement.

SURSAUTER v. i. (conj. 3). Avoir un sursaut sous l'effet d'une sensation, d'une émotion, d'une surprise, etc. : *Cette remarque le fit sursauter.*

SURSEMER v. t. (conj. 19). Semer dans une terre qui a déjà été ensemencée.

SURSEOIR v. t. ind. (de *sur* et *seoir*) [conj. **66**]. **1.** Différer une action, une décision : *Surseoir à la publication d'une information.* — **2.** *Surseoir à statuer,* différer le moment de rendre une décision de justice.

SURSIMULATION n. f. Majoration d'un état pathologique préexistant, généralement dans un but utilitaire.

SURSIS [-si] n. m. (de *surseoir*). **1.** Remise de qqch à une date ultérieure, délai d'exécution : *Avoir un sursis pour payer ses dettes.* — **2.** *Sursis (à l'exécution des peines),* dispense conditionnelle, totale ou partielle, de l'exécution d'une peine, instituée par la loi du 26 mars 1891, dite « loi Béranger ». (→ *encycl.*) — **3.** *Sursis (d'incorporation),* possibilité qui était accordée à certains jeunes gens de reculer la date de leur incorporation. (Le Code du service national de 1971-72 l'a remplacé par le *report* d'incorporation.*) — **4.** *En sursis,* qui bénéficie d'un répit avant un événement inéluctable : *Un mort en sursis.* ‖ *Sursis à statuer,* décision du juge suspendant le cours de l'instance en raison d'un événement nouveau et qui diffère le moment où sera rendue sa décision de justice.

ENCYCL. **Dr.** On distingue le *sursis simple,* qui dispense le condamné d'exécuter la peine prononcée, et le *sursis avec mise à l'épreuve,* qui dispense le condamné d'exécuter la peine prononcée en le soumettant à certaines obligations (régime d'assistance et de surveillance sous le contrôle du juge de l'application des peines).

SURSITAIRE n. Personne qui bénéficie d'un sursis, en partic. d'un sursis d'incorporation.

SURTAILLER v. t. (conj. 3). Recouper le bord qui dépasse d'une pièce de sellerie ou de maroquinerie en l'alignant sur une autre, à laquellle elle est assemblée. (Syn. ROGNER.)

SURTAUX n. m. Taux excessif.

SURTAXE n. f. **1.** Taxe supplémentaire, ajoutée à d'autres. — **2.** Addition, à la valeur faciale d'un timbre-poste, d'un supplément, sans pouvoir d'affranchissement, dont le produit est attribué à la Croix-Rouge française.

SURTAXER v. t. (conj. 3). Charger d'une surtaxe.

SURTEINTURE n. f. Teinture en nuance foncée, souvent noire, effectuée sur un tissu déjà teint ou imprimé pour masquer un mauvais unisson ou un défaut d'impression accidentel.

SURTENSIOMÈTRE n. m. Syn. de Q-MÈTRE.

SURTENSION n. f. **1.** Dans un dispositif électrique, tension dont la valeur dépasse la plus grande valeur assignée. (Syn. fam. SURVOLTAGE.) — **2.** *Facteur de surtension,* rapport de la puissance réactive existant, à une fréquence donnée, dans une réactance, à la puissance active que représentent les pertes dans cette réactance. (Syn. FACTEUR DE QUALITÉ.) [Il est égal au rapport des tensions aux bornes en quadrature et en phase avec le courant.]

SURTITRE n. m. Titre placé au-dessus du titre principal d'un article de journal.

SURTITRER v. t. (conj. 3). **1.** Mettre un surtitre à un article. — **2.** Afficher la traduction simultanée des paroles à l'Opéra, au théâtre.

SURTORS [-tɔr] n. m. Excès de torsion donné à des fils.

1. SURTOUT adv. (de *sur 1* et *tout*). **1.** *Litt.* Plus que toute autre chose : *Aimer surtout la poésie.* — **2.** Sert à mettre en évidence un conseil, un ordre : *N'y allez surtout pas !* — **3.** Privilégie un élément, une circonstance, une condition parmi d'autres : *Il y avait surtout des jeunes au concert.* — **4.** Fam. *Surtout que,* d'autant plus que : *Tu aurais pu venir, surtout que tes amis t'attendaient.*

2. SURTOUT n. m. (de *sur 1* et *tout*). **1.** *Vx.* Vêtement ample que l'on mettait par-dessus tous les autres. — **2.** Pièce de vaisselle occupant le centre d'une table, ordinairement de métal et en forme de plateau, sur laquelle on place des décors divers, des fleurs, des lumières. — **3.** Paillasson conique dont on couvre une ruche. — **4.** *Surtout fibreux,* expansions aponévrotiques qui recouvrent certaines articulations.

SURTRAVAIL n. m. (pl. *surtravaux*). Dans la théorie marxiste, ensemble des heures de travail que fournit l'ouvrier après avoir produit pour l'entreprise la valeur de sa force de travail. (Ce surtravail, non payé, serait à la base de la plus-value.)

SURTSEY (de *Surt,* géant du feu dans la mythologie scandinave), îlot volcanique surgi de la mer en nov. 1963, à une trentaine de kilomètres au S.-O. de l'Islande. L'activité volcanique y a été à peu près continuelle jusqu'en juin 1967.

SURUGA, baie du Japon, sur le Pacifique, au S.-O. de Tōkyō.

SURVAGE (Léopold STURZWAGE, dit), peintre russe naturalisé français (Moscou 1879 - Paris 1968). Fixé à Paris en 1908, influencé par le cubisme, il s'orienta vers une schématisation du motif fondée sur la composition rythmique de plans fragmentés de couleur (*Villefranche-sur-Mer,* 1915, M. N. A. M., Paris). À partir de 1920, son art s'est fait plus classique, voire d'esprit décoratif.

SURVALEUR n. f. **1.** Excès de valeur. — **2.** Syn. de PLUS-VALUE.

SURVALOIR n. m. Syn. de GOODWILL.

SURVEILLANCE n. f. **1.** Action de surveiller, de contrôler qqch, qqn : *Surveillance des travaux.* — **2.** Contrôle suivi auquel on est soumis ; observation : *Malade en surveillance à l'hôpital.*

— **3.** *Conseil de surveillance,* organe d'une société anonyme à directoire, composé d'actionnaires élus par l'assemblée générale et chargé de nommer le directoire et de contrôler la gestion de la société ; organe qui assure la surveillance de la gérance dans une société en commandite par actions et dans certaines sociétés coopératives constituées en S. A. R. L. ‖ *Sous la surveillance de qqn,* surveillé par lui.

SURVEILLANT, E n. **1.** Personne chargée de la surveillance d'un lieu, d'un service, d'un groupe de personnes. — **2.** Personne chargée de la discipline dans un établissement d'enseignement.

SURVEILLER v. t. (de *sur* et *veiller*) [conj. **4**]. **1.** Observer attentivement qqn, qqch pour les contrôler : *Surveiller les faits et gestes d'un suspect. Surveiller les études de ses enfants.* — **2.** Observer un lieu, regarder avec attention ce qui s'y passe : *Surveiller la mer.* — **3.** Veiller sur qqn, qqch dont on a la garde, la responsabilité : *Surveiller des enfants dans la cour. Surveiller les travaux.* — **4.** Être attentif à qqch, en prendre soin : *Il devrait surveiller sa santé.*

◆ **être surveillé** v. pass. *Enfant surveillé,* enfant confié à un particulier ou à un établissement et soumis à la surveillance de l'Aide sociale à l'enfance.

◆ **se surveiller** v. pr. **1.** Être attentif à ses paroles, à sa tenue : *Un milieu où il faut sans cesse se surveiller.* — **2.** Être attentif à sa santé, à sa ligne : *Vous avez grossi, il faut vous surveiller.*

SURVENANCE n. f. **1.** *Litt.* Fait de survenir. — **2.** En droit, événement qui se produit après coup.

SURVENDRE v. t. (conj. **73**). Vendre au-dessus du prix normal.

SURVENIR v. i. (de *sur* et *venir*) [conj. **40** ; auxil. *être*]. **1.** *Litt.* Arriver, se présenter à l'improviste : *Si quelqu'un survenait, avertissez-nous.* — **2.** Se produire de façon plus ou moins inattendue : *S'il survient des complications, appelez le médecin.*

1. SURVENTE n. f. (de *surventer*). Augmentation de la force du vent.

2. SURVENTE n. f. (de *vente*). Vente à un prix trop élevé ; au-delà du prix normal.

SURVENTER v. i. (de *venter*) [conj. **3**]. Augmenter de force, en parlant d'un vent déjà violent.

SURVENUE n. f. (de *survenir*). **1.** Arrivée accidentelle et inopinée. — **2.** Fait pour qqch de se produire : *La survenue d'une complication.*

SURVERSE n. f. **1.** Produit fin d'une classification hydraulique. — **2.** Partie de l'appareil de classification par laquelle s'écoule ce produit.

SURVÊTEMENT n. m. Vêtement composé d'un pantalon et d'un blouson portés par-dessus une tenue de sport ou utilisés comme vêtement de détente. (Syn. TRAINING ; abrév. fam. SURVÊT.)

Surveyor, famille de sondes automatiques américaines, utilisées de 1966 à 1968 pour étudier le sol lunaire et préparer les missions habitées du programme Apollo*. (Sur 7 lancées, 5 fonctionnèrent.)

SURVIE n. f. **1.** Fait de survivre, de continuer à vivre : *Un malade en survie.* — **2.** Prolongement de l'existence au-delà de la mort. — **3.** Prolongation d'une activité au-delà du moment où elle semblait menacée de disparition : *La survie d'une entreprise.* — **4.** *Gains* ou *droits de survie,* avantages que, dans un acte juridique, les contractants stipulent au profit du survivant. ‖ *Tables de survie,* tables qui indiquent, pour chaque année d'âge, la proportion de vivants sur cent personnes nées la même année.

SURVILLIERS (95470), comm. du Val-d'Oise, au S.-S.-O. de Senlis ; 3 665 hab. Église des XVe-XVIe s. Armement.

SURVIRAGE n. m. Action de survirer.

SURVIRER v. i. (conj. **3**). En parlant d'une automobile, avoir le train arrière qui, lors d'un virage, tend à glisser latéralement vers l'extérieur de la courbe.

SURVIREUR, EUSE adj. Qui a tendance à survirer.

SURVITESSE n. f. Vitesse supérieure à la vitesse normale.

SURVITRAGE n. m. Vitrage supplémentaire qui se pose sur le châssis de la fenêtre à des fins d'isolation.

SURVIVANCE n. f. **1.** Ce qui subsiste d'un ancien état, de qqch de disparu : *Ces fêtes sont une survivance du paganisme antique.* — **2.** *Litt.* Survie de qqn, de qqch : *Survivance de l'âme.* — **3.** En France, sous l'Ancien Régime, droit concédé par le roi, moyennant finances, au titulaire d'une charge non vénale et intransmissible de désigner son successeur.

SURVIVANT, E adj. et n. **1.** Qui survit à qqn : *L'héritage va au conjoint survivant.* — **2.** Qui est resté en vie après un événement ayant fait des victimes. — **3.** Qui survit à une époque révolue en restant attaché à ses conceptions : *Un survivant du surréalisme.*

SURVIVRE v. t. ind. (conj. **90**). **1.** Vivre après la mort de qqn d'autre : *Elle a survécu dix ans à son mari.* — **2.** Continuer à vivre, à exister après un événement, la fin d'une époque, la disparition de qqn : *Cette association n'a pas survécu à son créateur.* — **3.** Rester en vie après qqch (accident, catastrophe) susceptible d'entraîner la mort : *Survivre à un bombardement. Survivre à de terribles blessures.* — **4.** Subsister en dépit d'une atteinte grave : *La démocratie n'a pas survécu à ce coup de force.* — **5.** Être une survivance du passé : *Des coutumes qui survivent en quelques régions.*

◆ **se survivre** v. pr. *Litt.* **1.** Laisser après soi qqch, qqn qui perpétue le souvenir de ce qu'on a été, de ce qu'on a fait : *Se survivre dans son œuvre.* — **2.** Avoir perdu ses qualités essentielles, ses aptitudes, sa position, etc. : *Un politicien qui se survit.*

SURVOL n. m. **1.** Action de survoler un lieu. — **2.** Examen rapide et superficiel.

SURVOLER v. t. (conj. 3). **1.** Voler au-dessus d'un lieu : *Nous survolons actuellement la Méditerranée.* — **2.** Lire un texte de façon rapide et superficielle : *Survoler un article de journal.* — **3.** Traiter un sujet très rapidement de manière superficielle.

SURVOLTAGE n. m. Syn. fam. de SURTENSION.

SURVOLTER v. t. (conj. 3). **1.** Augmenter la tension au-delà de la valeur assignée dans une installation électrique ou un appareil donné. — **2.** Mettre qqn, un groupe au paroxysme de l'excitation : *Un discours qui a survolté la foule.*

◆ **être survolté** v. pass. **1.** Être au paroxysme de l'excitation. — **2.** *Lampe survoltée,* lampe fonctionnant à une tension supérieure à sa tension normale.

SURVOLTEUR n. m. Machine ou transformateur inséré dans un circuit de façon à ajouter une tension à celle fournie par une autre source.

SURVOLTEUR-DÉVOLTEUR n. m. (pl. *survolteurs-dévolteurs*). Machine ou transformateur pouvant fonctionner soit en survolteur, soit en dévolteur.

SŪRYA, nom du dieu-soleil de l'hindouisme.

SUS-, préfixe, du lat. *sus,* au-dessus, plus haut ; joint à un participe, il renvoie à ce dont il a été question précédemment *(susdit).*

SUS [sys ou sy] adv. (lat. *susum,* var. de *sursum,* vers le haut). Litt. *Courir sus à qqn,* le poursuivre avec des intentions hostiles. ‖ Vx. *En sus (de qqch),* en plus, en outre : *Toucher une prime en sus de son traitement.*

SUSANOO ou **SUSANOWO** (jap. *Mâle impétueux*), dans la mythologie japonaise, personnification de l'orage, fils d'Izanagi et frère de la déesse du Soleil, Amaterasu.

SUSBANDE [sy-] n. f. Pièce métallique placée au-dessus de la sous-bande et recouvrant le tourillon d'un canon pour le maintenir sur l'affût.

SUSCEPTANCE n. f. (lat. *susceptum,* de *suscipere,* soulever). En électricité, partie imaginaire d'une admittance complexe.

SUSCEPTIBILITÉ n. f. **1.** Disposition à se sentir offensé par la moindre atteinte à l'amour-propre : *Sa susceptibilité exige des précautions.* — **2.** *Susceptibilité magnétique,* grandeur scalaire ou tensorielle dont le produit par le champ magnétique est égal à l'aimantation.

SUSCEPTIBLE adj. (lat. *susceptibilis,* de *suscipere,* soulever). **1.** Qui s'offense, se vexe facilement : *Ne l'agace pas, il est très susceptible.* — **2.** Qui admet qu'on lui applique telle action : *Un projet susceptible d'être amélioré.* — **3.** Qui est en mesure de faire telle chose, qui peut la faire : *Votre proposition est susceptible de m'intéresser.*

SUSCITER v. t. (lat. *suscitare*) [conj. 3]. **1.** Faire naître, déclencher, être la cause directe de qqch : *Une mesure qui suscite un tollé général. Susciter des ennuis.* — **2.** Faire naître des comportements hostiles, agressifs à l'égard de qqn : *Sa réussite lui a suscité bien des envieux.*

SUS-CLAVICULAIRE adj. **1.** Au-dessus de la clavicule. — **2.** *Creux sus-claviculaire,* partie latérale de la base du cou, située derrière la clavicule. (Syn. fam. SALIÈRE.)

SUSCRIPTION n. f. (bas lat. *superscriptio,* inscription, du lat. class. *super,* par-dessus, et *scribere,* écrire). **1.** Adresse écrite sur l'extérieur ou l'enveloppe d'une lettre. — **2.** Dans le protocole des actes diplomatiques, énoncé des noms, titres et qualités de l'auteur de l'acte. — **3.** *Acte de suscription,* mentions portées par un notaire sur un testament mystique ou son enveloppe (nom, adresse, date, etc.).

SUSCRIRE v. t. (de *suscription*) [conj. **99**]. Mettre le nom et l'adresse du correspondant sur l'enveloppe d'une lettre.

◆ **être suscrit** v. pass. *Lettre suscrite,* lettre écrite au-dessus d'une autre par abréviation.

SUSDÉNOMMÉ, E [sys-] adj. et n. En style administratif, se dit de qqn qui a été nommé précédemment dans le texte.

SUSDIT, E [sys-] adj. et n. En style administratif, qui a été nommé, indiqué plus haut dans le texte.

SUS-DOMINANTE [sys-] n. f. Dans un système modal ou tonal, nom donné au 6ᵉ degré de la gamme.

SUSE, site archéologique d'Iran, près de Dezful, à 240 km environ au nord du golfe. Ancienne ville élamite, fondée au cours du IVᵉ millénaire, Suse, devenue capitale de l'Élam, fut détruite (v. 646) par Assurbanipal*. Elle retrouva son importance à la fin du VIᵉ s. av. J.-C., quand Darios Iᵉʳ en fit la capitale de l'Empire achéménide. Alexandre prit la ville en 331 av. J.-C. Elle devint alors un centre d'hellénisme, puis une ville parthe et enfin sassanide, définitivement désertée au XIIIᵉ s. de notre ère, à la suite de l'invasion mongole. Identifiée en 1851, cette grande métropole (123 ha) est depuis 1884 l'objet de fouilles françaises, dont les découvertes ont enrichi le musée du Louvre. Constitué de plusieurs collines, le site fut occupé dès le néolithique et a donné son nom à un style de céramique au décor schématique. Plusieurs des trophées de guerre des Élamites ont été recueillis au cœur de ses ruines (stèle de Narām-Sin, code d'Hammourabi, etc.). La période achéménide laisse d'impressionnants vestiges (remarquables éléments décoratifs : frises des archers, chapiteaux aux protomés de taureau).

SUSE, en ital. **Susa,** v. d'Italie, dans le Piémont, dans la haute vallée de la Doire Ripaire ; 7 800 hab. La ville est située au carrefour des routes du Mont-Cenis et de Montgenèvre. Arc d'Auguste (9 av. J.-C.). Cathédrale du XIe s.

SUSE *(pas de),* col des Alpes, dont *Suse* commande l'entrée du côté italien ; alt. 500 m. En 1629, l'armée de Louis XIII força le passage en bousculant les Suisses et les Impériaux.

SUS-ÉPINEUX, EUSE [syze-] adj. 1. Placé au-dessus de l'épine de l'omoplate. — 2. *Fosse sus-épineuse,* dépression située à la face postérieure de l'omoplate et limitée en bas par la saillie de l'épine. ‖ *Muscle sus-épineux* ou *sus-épineux* (n. m.), muscle inséré aux deux tiers internes de la fosse sus-épineuse.

SUS-HÉPATIQUE [syze-] adj. 1. Au-dessus du foie. — 2. *Veines sus-hépatiques,* veines qui conduisent dans la veine cave inférieure tout le sang qu'amènent au foie l'artère hépatique et la veine porte.

SUSHI ou **SHUSHI** n. m. (mot jap.). Boulette de riz vinaigré couronnée de lamelles de poisson cru, etc., ou enroulée dans une feuille d'algue. (Cuis. japonaise.)

SU SHI ou **SOU CHE,** dit aussi **Su Dongpo** ou **Sou Tong-p'o,** écrivain et peintre chinois (Meishan, Sichuan, 1036 - Changzhou 1101). Le plus grand poète de la dynastie des Song, il simplifia la langue et exprima ses idées philosophiques et sociales *(la Falaise rouge).* Il énonça les principes de la peinture de lettré et affranchit l'art pictural de la figuration formelle pour en faire l'expression spontanée de l'élan intérieur du peintre. Ses calligraphies permettent d'apprécier la liberté de son graphisme.

SUSIANE, auj. **Khuzestān,** nom grec de la satrapie perse, puis séleucide, qui avait Suse pour capitale. Sa partie essentielle est la riche cuvette arrosée par le Karkheh et le Kārun. (→ ÉLAM, IRAN.)

SUS-JACENT, E adj. Se dit d'une couche de terrain qui s'étend au-dessus d'une autre.

SUS-MAXILLAIRE [sys-] adj. Situé à la mâchoire supérieure ou en rapport avec elle.

SUSMENTIONNÉ, E [sys-] adj. En style administratif, se dit de qqch qui a été mentionné précédemment dans le texte.

SUSNOMMÉ, E [sys-] adj. et n. En style administratif, se dit de qqch qui a été nommé précédemment.

SUSO (*bienheureux* Heinrich SEUSE, dit **Heinrich**), théologien mystique allemand, disciple de Maître Eckart (Constance ou Überlingen v. 1295 - Ulm 1366). Poète autant que théologien, il est le chantre de l'abandon à la volonté divine. Il a écrit le *Livre de vérité* (v. 1326-27) et le *Livre de la sagesse éternelle* (v. 1328).

SUSPECT, E [syspɛ(kt)] adj. (lat. *suspectus,* de *suspicere,* regarder de bas en haut). 1. Qui éveille des soupçons, de la défiance, qui ne semble pas régulier : *Cette mort est suspecte.* — 2. Se dit d'un aliment, d'un produit qui semble altéré, de qualité douteuse. — 3. Qu'on soupçonne d'avoir tel comportement ou d'être entaché de tel défaut : *Son attitude est suspecte de partialité.*
◆ adj. et n. 1. Qui est tenu pour un opposant par le pouvoir en place. — 2. Que la police considère comme l'auteur possible d'une infraction : *Interroger un suspect.* — 3. À partir d'août 1792, adversaire de la Révolution (partisan du fédéralisme, ennemi de la liberté, ci-devant noble, parent d'émigré, etc.). [La *loi des suspects,* votée par la Convention le 17 sept. 1793, abrogée en oct. 1795, fut à l'origine de la Terreur.]

SUSPECTER v. t. (lat. *suspectare,* regarder en haut) [conj. 4]. 1. Avoir des raisons de croire qqn coupable d'un acte condamnable : *On le suspectait d'avoir commis des indélicatesses.* — 2. Mettre en doute l'authenticité, la réalité de qqch : *Suspecter l'honnêteté d'un partenaire.* — 3. Présumer fortement : *Je suspecte quelque machination là-dedans.*

SUSPENDRE v. t. (lat. *suspendere*) [conj. 73]. 1. Accrocher qqch par une de ses parties à qqch de relativement haut, en le laissant pendre : *Suspendre sa veste à une patère.* — 2. Interrompre momentanément le cours d'une action, de qqch : *Suspendre les hostilités. Suspendre la séance.* — 3. Remettre à une date indéterminée ce qui était prévu : *Suspendre l'application d'une mesure.* — 4. Interdire la diffusion d'une émission, d'une publication. — 5. Interdire à qqn d'exercer provisoirement ses fonctions : *Suspendre un fonctionnaire.* — 6. *Suspendre son jugement,* attendre, pour se décider, de s'être formé une opinion.
◆ **être suspendu** v. pass. 1. Être maintenu par le haut, la partie basse restant libre : *Une lampe suspendue au plafond.* — 2. Être comme accroché sur une pente, une hauteur : *Chalet suspendu au-dessus de la vallée.* — 3. Dépendre directement de qqch : *L'avenir de l'entreprise est suspendu à sa*

décision. — **4.** En parlant d'un véhicule, d'un moteur, avoir son poids transmis aux essieux par l'intermédiaire de ressorts. — **5.** *Escalier suspendu,* escalier à marches pleines encastrées dans la cage et se soutenant les unes les autres sans limon. (S'il y a limon, on parle plutôt d'*escalier à jour.*) ‖ *Être suspendu aux lèvres de qqn,* écouter ses paroles avec une attention soutenue. ‖ *Être suspendu sur (au-dessus de) la tête de qqn,* laisser planer une menace.

1. SUSPENS [syspɑ̃] adj. (lat. *suspensus,* de *suspendere,* suspendre). Se dit d'un clerc frappé de suspense.

2. SUSPENS (EN) [-pɑ̃] adv. (lat. *in suspenso,* en suspens). Dans un état d'interruption momentanée : *Affaire en suspens.*

1. SUSPENSE [syspɑ̃s] n. f. (de *suspens 1*). **1.** Peine ecclésiastique privant un clerc, pour un temps ou pour toujours, de l'exercice du ministère ou de l'office confié. — **2.** État d'un ecclésiastique frappé par cette censure. — **3.** *Suspense « a divinis »,* mesure pénale prise par l'autorité ecclésiale et qui interdit à un clerc l'exercice des ordres sacrés reçus.

2. SUSPENSE [syspɛns ou, fam., syspɑ̃s] n. m. (angl. *suspense,* du fr. *suspens 1*). **1.** Moment d'un film, d'une œuvre littéraire où l'action tient le spectateur, l'auditeur ou le lecteur dans l'attente angoissée de ce qui va se produire. — **2.** Situation ou événement dont on attend la suite avec une inquiétude très vive.

SUSPENSEUR adj. m. **1.** Qui soutient un organe : *Ligament suspenseur de l'ovaire, de la verge, du clitoris.* — **2.** *Ligament suspenseur du foie,* syn. de LIGAMENT FALCIFORME*.

◆ **suspenseur** n. m. Annexe embryonnaire des plantes angiospermes, qui fait descendre l'embryon dans le sac embryonnaire, au sein de l'albumen.

SUSPENSIF, IVE adj. (lat. médiév. *suspensivus*). **1.** Se dit d'une mesure qui suspend l'application d'un texte. — **2.** Se dit des voies de recours dont le délai d'exercice ou l'exercice par une partie empêche l'autre de poursuivre l'exécution forcée du jugement. (L'appel a un *effet suspensif.*)

SUSPENSION n. f. (lat. *suspensio*). **1.** Action, manière de suspendre, d'être suspendu : *La suspension d'un balancier.* — **2.** Cessation momentanée, arrêt : *Suspension de séance.* • **Biol.** Position de l'animal momentanément accroché à un support placé au-dessus de lui (araignées, chenilles suspendues à un fil de soie, limaces à un fil de mucus, chauves-souris accrochées au plafond des grottes, etc.). — **Chim.** Système formé de particules solides qui flottent dans un fluide. — **Dr.** Interdiction temporaire, par mesure disciplinaire, d'exercer une activité ou une profession. ‖ *Suspension d'audience,* interruption de l'audience pendant une durée fixée par le président du tribunal. ‖ *Suspension d'instance,* arrêt temporaire d'une instance, sur accord des parties ou sur décision du juge. ‖ *Suspension de peine,* mesure différant l'exécution d'une peine pour motif grave d'ordre médical, familial, professionnel ou social. — **Éclair.** Nom générique des luminaires qui sont conçus pour être suspendus au plafond. — **Hydrol.** Mode de transport du matériel détritique dans la masse d'un fluide (air, eau), où il se maintient sous l'influence de la force ascensionnelle des tourbillons. (La suspension n'affecte que les particules les plus fines [sables et limons pour les rivières, limons seulement pour le vent].) — **Ling.** *Points de suspension,* signe de ponctuation (...) indiquant que l'énoncé est interrompu pour une raison sentimentale ou autre (convenance, émotion, réticence, etc.). — **Min.** *Suspension dense,* pulpe obtenue en mélangeant à un liquide un solide dense finement broyé et dont on peut ajuster la densité en faisant varier la proportion de solide. (Syn. LIQUEUR DENSE.) — **Techn.** Ensemble des organes qui assurent la liaison entre un véhicule et ses roues, transmettent aux essieux le poids du véhicule et servent à amortir les chocs dus aux inégalités de la surface de roulement. (→ *encycl.*)

ENCYCL. **Autom.** La suspension d'une automobile comporte en série les pneumatiques et des ressorts. Après les ressorts à lames, dont les extrémités sont reliées, directement ou non, au châssis, on utilise de plus en plus les ressorts en hélice, dont on amortit les oscillations au moyen d'amortisseurs hydrauliques. Dans certains véhicules, le deuxième étage de suspension est également pneumatique. Pour les véhicules industriels, on se sert d'un fluide sous pression fourni par un compresseur et, sur certaines voitures de tourisme, d'un système oléopneumatique. Enfin, on a largement utilisé les propriétés élastiques d'une barre encastrée travaillant en torsion. Ces barres de torsion demeurent d'un emploi étendu. Pour la suspension avant à roues indépendantes, la tendance actuelle est de se tourner vers la suspension dite *à jambes élastiques McPherson.*

— **Ch. de f.** La suspension la plus simple est celle des wagons à essieux, qui utilise uniquement des ressorts à lames. Les wagons lourds sont montés sur bogies de construction simple, permettant d'augmenter le nombre des essieux (donc la masse totale du véhicule) et facilitant l'inscription en courbe. Les voitures à voyageurs sont équipées de bogies à deux étages de suspension assurés par des ressorts en hélice, souvent doublés d'amortisseurs, et parfois par des barres de

torsion. La suspension pneumatique est également utilisée pour certains véhicules ferroviaires.
— Cycl. Les motocyclettes sont généralement dotées, à l'avant, d'une fourche télescopique munie d'amortisseurs hydrauliques, et, à l'arrière, d'un bras oscillant articulé à la base du cadre.

SUSPENSOIR n. m. (lat. médiév. *suspensorium,* du lat. class. *suspendere,* suspendre). Bandage destiné à soutenir un organe, en partic. les bourses.

SUSPENTE n. f. (de *soupente,* avec l'infl. de *suspendre*). **1.** Cordage amarré à un mât et qui soutient une vergue en son milieu. — **2.** Chacun des câbles qui relient le harnais d'un parachute à la voilure. — **3.** Chacune des cordes rattachant la nacelle au filet d'un ballon. — **4.** Pièce verticale permettant le soutien du tablier d'un pont suspendu par les câbles. — **5.** Syn. de AIGUILLE.

SUSPICIEUX, EUSE adj. (lat. *suspiciosus*). Qui manifeste de la suspicion ; soupçonneux : *Un regard suspicieux.*

SUSPICION n. f. (lat. *suspicio*). **1.** Fait de supposer, à partir de quelques indices, l'existence d'un délit : *Suspicion de fraude.* — **2.** Opinion défavorable sur la conduite ou les intentions de qqn. — **3.** *Suspicion légitime,* motif sérieux de craindre qu'une juridiction ne soit pas impartiale à son égard, sur lequel se fonde un plaideur pour demander le renvoi de son affaire devant une autre juridiction.

SUSQUEHANNA, fl. des États-Unis (New York et Pennsylvanie), tributaire de l'océan Atlantique (baie de Chesapeake) ; 715 km.

SUSSEX, royaume saxon fondé au vᵉ s., vassal du Wessex au IXᵉ s.

SUSSEX, région du sud de la Grande-Bretagne, sur la Manche, divisée en deux comtés *(East Sussex* et *West Sussex).*

Sussex *(poule),* race de poules d'origine anglaise de grand format, bonne pondeuse et donnant une viande de bonne qualité.

SUSSEX-SPANIEL [sœsɛksspanjəl] n. m. (angl. *sussex-spanill,* épagneul du Sussex). Race de chiens d'arrêt d'origine anglaise, de petite taille, de couleur marron foncé.

SUSTEN *(col du),* col routier des Alpes, en Suisse, reliant la vallée de l'Aar à celle de la Reuss ; 2 224 m.

SUSTENTACULUM TALI [systɑ̃takylɔm tali] n. m. (lat. *sustentaculum,* soutien, et *talus,* cheville). Apophyse de la face interne du calcanéum, qui entre dans la constitution de la voûte plantaire.

SUSTENTATEUR, TRICE adj. (bas lat. *sustentator,* du lat. class. *sustentare,* soutenir). Qui assure la sustentation.

SUSTENTATION n. f. (bas lat. *sustentatio,* du lat. class. *sustentare,* soutenir). **1.** État d'un corps maintenu à faible distance au-dessus d'une surface, sans contact avec elle, par une force verticale dirigée de bas en haut et équilibrant le poids du corps. (→ *encycl.*) — **2.** Composante verticale de la résultante des forces aérodynamiques s'exerçant sur un avion ou un hélicoptère et grâce à laquelle l'appareil se maintient en l'air. — **3.** *Polygone de sustentation,* le plus petit polygone convexe reliant ou renfermant l'ensemble des points par lesquels un corps repose sur un plan horizontal.
ENCYCL. La sustentation est mise en œuvre dans des véhicules se déplaçant sans contact avec le sol ; elle est réalisée par coussin d'air (Aérotrain*, aéroglisseur*) ou magnétiquement. La sustentation magnétique fait appel soit à l'attraction qui s'exerce entre une structure ferromagnétique et un électroaimant parcouru par un courant continu, soit à la répulsion entre un bobinage alimenté en courant continu qui se déplace devant une plaque conductrice, ce qui développe dans celle-ci des courants de sens contraire à ceux de la bobine. Un moteur linéaire assure la propulsion.

SUSTENTER v. t. (lat. *sustentare*) [conj. 3]. **1.** *Vx.* Soutenir qqn en le nourrissant. — **2.** *Vx.* Fournir à qqn ce qui peut nourrir son esprit. — **3.** Maintenir en l'air un aéronef.
◆ **se sustenter** v. pr. *Fam.* Se nourrir, manger.

SUSTERMANS ou **SUTTERMANS** (Justus ou Joost), peintre flamand (Anvers 1597 - Florence 1681). Élève de F. Pourbus le Jeune, influencé par le milieu italien ainsi que par Rubens et Van Dyck, il travailla à Florence à partir de 1620 et fut le peintre des Médicis (belle série de portraits au palais Pitti).

SUS-TONIQUE [sys-] n. f. Dans un système modal ou tonal, nom donné au 2ᵉ degré de la gamme.

SUSURRANT, E adj. *Litt.* Qui susurre : *Voix susurrante.*

SUSURREMENT n. m. *Litt.* Fait de susurrer ; bruit fait en susurrant.

SUSURRER v. t. (lat. *susurrare*) [conj. 3]. Dire qqch à qqn à voix basse, dans un murmure, un chuchotement.

SUSVISÉ, E adj. Qui est indiqué ci-dessus. (Dans un acte juridique ou judiciaire.)

SUTHERLAND (Graham), peintre et graveur britannique (Londres 1903 - *id.* 1980). Il débuta comme graveur et ne se consacra à la peinture à l'huile qu'après 1935. L'influence de Blake et de

S. Palmer se reflète dans ses paysages, à la fois surréalisants et néoromantiques. Artiste officiel à partir de la Seconde Guerre mondiale, il a donné v. 1954 le carton de l'immense tapisserie (tissée à Aubusson) du *Christ en gloire* pour la cathédrale de Coventry.

SUTHERLAND (Earl Wilbur), biochimiste américain (Burlingame, Kansas, 1915-Miami 1974). Ses recherches de biologie moléculaire sur le mécanisme d'action des hormones lui ont valu le prix Nobel pour 1971.

SUTHERLAND (Joan), soprano australienne (Sydney 1926). Sa carrière internationale prit son essor en 1959 grâce à son interprétation du rôle principal de *Lucia di Lammermoor.*

SUTLEJ ou **SATLEJ** (la), riv. de l'Inde et du Pākistān, la plus méridionale et la plus longue des cinq rivières du Pendjab ; 1 600 km. Issue du plateau tibétain, elle franchit le Grand Himālaya puis les Siwālik, coule à travers le Pendjab et conflue avec la Chenāb (en territoire pakistanais), formant la Panjnad. Ses eaux sont utilisées pour l'irrigation.

SŪTRA [sutra] n. m. inv. ou **SOUTRA** n. m. (sanskr. *sūtra,* fil). En sanskrit, précepte de style aphoristique.

SUTTERMANS (Justus ou Joost) → SUSTERMANS.

SUTURAL, E, AUX adj. Relatif à une suture.

SUTURE n. f. (lat. *sutura*). **1.** Couture faite pour raccorder des tissus séparés par accident ou par une intervention chirurgicale. — **2.** Ligne de jonction de deux pièces libres ou soudées (par ex. la suture des os du crâne, des carpelles du fruit, des élytres d'un coléoptère, des segments d'un arthropode, etc.). — **3.** Ligne d'insertion de chacune des cloisons internes des nautiles, ammonites, etc., sur la coquille spirale. — **4.** En géologie, syn. de CICATRICE (surtout dans le domaine océanique). — **5.** *Suture osseuse,* réunion, par du tissu fibreux, de certaines surfaces articulaires (synarthroses) se rencontrant essentiellement au niveau de la voûte du crâne.

SUTURER v. t. (conj. 3). Faire une suture chirurgicale.

SUTZKEVER (Abraham ou Avrom), écrivain israélien d'expression yiddish (Smorgon, Biélorussie, 1913). L'un des principaux représentants à Vilna du groupe « Jeune Vilna », il est l'auteur de poèmes qui expriment l'horreur (*Du ghetto de Vilna,* 1946) et ses rêves de paix dans un souci constant de recherche formelle (*le Char de feu,* 1952 ; *Visages éphémères,* 1970) ; *Où gîtent les étoiles,* 1979 ; *Frère jumeau,* 1986). Il vit en Israël depuis 1947.

SUVA, cap. et principal port des îles Fidji, sur Viti Levu ; 71 000 hab. Université du « Pacifique-Sud ».

SUVE n. m. (lat. *suber,* liège). En Provence, chêne-liège.

SUVERAIE n. f. Syn. de SUBERAIE.

SUWA, lac du Japon (préf. de Nagano), dans l'île de Honshū. Station thermale et de sports d'hiver.

SUWON ou **SU-WŎN,** v. de la Corée du Sud, au S. de Séoul ; 635 000 hab. Chimie.

SUZANNE (hébr. *shushān,* lis), femme juive d'une grande beauté, dont l'histoire est racontée dans le livre de Daniel. Convoitée par deux anciens du peuple, puis accusée par eux d'adultère, elle fut sauvée par Daniel, qui fit la preuve de la forfaiture des accusateurs, dont le châtiment ne tarda pas. L'histoire biblique de Suzanne a inspiré de nombreux artistes.

SUZERAIN, E n. et adj. (de *sus,* sur le modèle de *souverain*). Seigneur qui avait concédé un fief à un vassal. (Le suzerain devait protection et justice à ses vassaux. Le vassal lui rendait foi et hommage et était soumis à diverses obligations.)
◆ adj. Qui appartenait au suzerain.

SUZERAINETÉ n. f. **1.** Qualité de suzerain. — **2.** Droit du suzerain. — **3.** Circonscription dans laquelle il s'exerçait.

SUZE-SUR-SARTHE (La) [72210], ch.-l. de cant. de la Sarthe, à 20 km au S.-O. du Mans ; 3 629 hab. Industrie automobile.

SUZHOU ou **SOU-TCHEOU,** dite aussi **Soochow** ou **Suchow,** v. de Chine (Jiangsu), sur le Grand Canal, à l'O. de Shanghai ; 740 000 hab. Centre industriel sur un bassin houiller.
— **Bx-arts.** Fondée au VIe s. av. J.-C., la ville, qui fut, à partir de l'époque Song et jusqu'au XIXe s., un centre de lettrés et d'artistes, demeure un centre touristique grâce à ses canaux, ses pittoresques ponts et surtout ses jardins dessinés sous les Song et en partie restaurés.

SUZUKA, v. du Japon (Honshū), sur la baie d'Ise ; 174 105 hab. Textile. Constructions mécaniques et électriques. Circuit automobile.

SUZURIBAKO n. m. (mot jap.). Écritoire japonaise, en bois ou en laque, souvent décorée avec recherche.

Sv, symbole du *sievert.*

SVALBARD, archipel norvégien de l'océan Arctique, entre la Norvège et le Groenland, comprenant l'île du Spitzberg, Nordaustlandet (Terre du Nord-Est), l'île de Barents, l'île du Prince-Charles, l'île du Roi-Charles, Kvitøya et l'île aux Ours ; 62 700 km^2 ; 2 977 hab. (dont 2 400 Russes au Spitzberg*).

SVASTIKA ou **SWASTIKA** n. m. (sanskr. *svastika,* de bon augure). Symbole auspicieux de l'Inde, en forme de croix gammée.

SVATOPLUK (v. 830-894), roi de Grande-Moravie (v. 870-894).

SVEALAND, partie centrale de la Suède comprenant la Dalécarlie et les plaines de la Suède moyenne autour du lac Mälaren et, au N., des lacs Vänern et Vättern. C'est dans cette région que se trouve Stockholm.

SVEDBERG (Theodor), chimiste suédois (Valbo 1884 - Kopparberg 1971). Ses travaux portent sur les colloïdes, les solutions de masses moléculaires élevées et la structure de la matière. (Prix Nobel de chimie 1926.)

Švejk (Josef), personnage littéraire créé par l'écrivain tchèque Jaroslav Hašek, notamment dans son roman *les Aventures du brave soldat Švejk* (1921-1923). C'est un type populaire universel : l'antihéros.

SVELTE adj. (ital. *svelto,* de *svellere,* arracher, du lat pop. **exvellere,* arracher). Qui est mince et élancé.

SVELTESSE n. f. (ital. *sveltezza*). *Litt.* Qualité de qqn qui est svelte.

SVEN Ier Tveskägg ou **SVEND Ier Tveskaeg** (« Barbe fourchue ») [v. 960 - Gainsborough 1014], roi de Danemark (986-1014). Il s'empara de toute l'Angleterre (1013). — **Sven II** *Estridsson* ou **Svend II** *Estridsen* (v. 1018-1074), roi de Danemark (1047-1074). Il tenta de reconquérir l'Angleterre. Son règne fut marqué par l'organisation de l'Église et la frappe de la monnaie. — **Sven III** *Grade* ou **Svend III** *Grathe* (v. 1125 - près de Viborg 1157), roi de Danemark (1146-1157).

SVENDSEN (Johan Severin), compositeur et chef d'orchestre norvégien (Christiania 1840 - Copenhague 1911). Directeur de l'orchestre du Théâtre royal de Copenhague (1883-1908), il fut avec E. Grieg un des pionniers de l'école norvégienne. Il a composé 2 symphonies, un poème symphonique, un concerto pour violon (1870), un pour violoncelle (1870), de la musique de chambre et des mélodies.

SVERDLOV (Iakov Mikhaïlovitch), révolutionnaire et homme politique russe (Nijni Novgorod 1885 - Moscou 1919). Membre du P. O. S. D. R. à partir de 1901, il devint président du Comité exécutif central des soviets (Tsik) en nov. 1917 et secrétaire du comité central du parti.

SVERDLOVSK → IEKATERINBOURG.

SVERDRUP *(îles),* partie de l'archipel arctique canadien, dont les îles principales sont Axel Heiberg, Ellef Ringnes et Amund Ringnes.

SVERDRUP (Otto), marin et explorateur norvégien (Bindal, Helgoland, 1854-Oslo 1930). Collaborateur de Nansen, il a effectué les premières reconnaissances complètes de la partie septentrionale de l'archipel arctique.

SVERDRUP (Harald Ulrik), géophysicien norvégien (Sogndal 1888 - Oslo 1957). Directeur de la Scripps puis du Norsk Polar Institutet (1948), il est l'auteur, en collaboration avec M. W. Johnson et R. H. Fleming, d'un traité d'océanographie (*The Oceans,* 1942) qui fit autorité. On lui doit également des travaux de climatologie et de météorologie.

SVERKER Ier l'Ancien († Alvastra 1156), roi de Suède (v. 1130-1156). Il fonda une dynastie qui se prolongea jusqu'à l'avènement des Folkung (1250) et favorisa l'implantation des moines cisterciens. — **Sverker II** *le Jeune* († Gestilren 1210), roi de Suède (1196-1208), octroya à l'Église, en 1200, une charte de privilèges.

SVERRE Sigurdsson (1151 - Bergen 1202), roi de Norvège (1180-1202). Il réorganisa l'administration locale et fit rédiger les sagas royales, mais se heurta à l'opposition de l'épiscopat.

SVEVO (Ettore SCHMITZ, dit **Italo**), écrivain italien (Trieste 1861 - Motta di Livenza, Trévise, 1928). Après l'insuccès de ses deux romans naturalistes (*Une vie,* 1892 ; *Senilità,* 1898), il publia en 1923, encouragé par Joyce, *la Conscience de Zéno,* qui l'imposa comme un maître du roman introspectif et intimiste.

SVIATOSLAV († 972 ou 973), grand-prince de Kiev (v. 945-972 ou 973). Il détruisit l'Empire khazar (969), conquit en 967 la Bulgarie et s'établit sur le Danube, mais fut repoussé par Jean Ier Tzimiskès en 970-971.

SVINHUFVUD (Pehr Evind), juriste et homme d'État finlandais (Sääksmäki 1861T-TLuumäki 1944). Président du Parlement (1913), puis président du Sénat (1917), il proclama l'indépendance de la Finlande (déc. 1917) et assura la régence de mai à oct. 1918. Premier ministre en 1930, il fut président de la République de 1931 à 1937.

SVOBODA (Ludvík), général et homme d'État tchécoslovaque (Hroznatín, Moravie, 1895 - Prague 1979). Il organisa en U. R. S. S. les brigades tchécoslovaques, actives à partir de 1943. Ministre de la Défense (1945-1950), il adhéra au parti communiste en 1948 puis tomba en disgrâce à partir de 1951. Président de la République (1968-1975), il exigea la présence de Dubček aux négociations menées avec les Soviétiques au lendemain de l'invasion (août 1968), puis accepta la « normalisation ».

S. V. P., abrév. de S'IL VOUS PLAÎT.

SWADESH (Morris), linguiste américain (Holyoke, Massachusetts, 1909 - Mexico 1967). Il est l'un des créateurs de la glottochronologie.

SWAEN (Michiel DE) → DE SWAEN.

SWAHILI, E ou **SOUAHÉLI** adj. et n. Qui appartient aux Swahilis.

◆ adj. Relatif au swahili.

◆ **swahili** ou **souahéli** n. m. Langue bantoue parlée dans l'est de l'Afrique. (Le swahili est utilisé comme langue de relation sur une aire très vaste comprenant le Kenya, la Tanzanie, l'Ouganda et le Zaïre. Il a statut de langue officielle au Kenya et en Tanzanie. Le lexique a fait de nombreux emprunts à l'arabe.)

SWAHILIS ou **SOUAHÉLIS,** peuple islamisé de langue bantoue, établi au Kenya, en Tanzanie et dans le nord du Mozambique. Il s'est constitué à partir du Xe s. env. par métissage entre Bantous, Arabes et Persans. Il est doté d'une riche littérature écrite en caractères arabes.

SWAKARA n. m. Appellation commerciale de l'astrakan originaire d'Afrique du Sud.

SWAMI n. (mot sanskr. signif. *maître*). Titre donné parfois aux moines hindous, à des femmes renonçantes.

SWAMMERDAM (Jan), naturaliste hollandais (Amsterdam 1637 - *id.* 1680). Partisan convaincu de l'ovisme et de la préformation, ou emboîtement, des germes, il tenta néanmoins d'expliquer d'une manière rationnelle les métamorphoses des insectes et fit beaucoup progresser la connaissance de ceux-ci.

SWAN (*sir* Joseph Wilson), chimiste britannique (Sunderland 1828 - Warlingham 1914). Dès 1845, il eut l'idée de l'ampoule électrique à incandescence, mais la difficulté d'obtenir un vide suffisant ne lui permit de la réaliser qu'en 1878, un an avant Edison. Il s'associa avec celui-ci par la suite et, en 1888, imagina la lampe à filament de tantale.

SWAN ISLANDS, îles *(Greater Swan* et *Lesser Swan)* de la mer des Antilles, dépendances du Honduras.

SWANSCOMBE, localité du comté de Kent où furent découverts, entre 1935 et 1955, des fragments d'une calotte crânienne humaine accompagnée d'un outillage lithique acheuléen et d'ossements d'animaux fossiles. Vieille de plus de 250 000 ans, cette calotte crânienne est sans doute celle d'un prénéandertalien.

SWANSEA, en gallois **Abertawe,** port de Grande-Bretagne, dans le sud du pays de Galles, sur la *baie de Swansea ;* 168 000 hab. Métallurgie. Mécanique.

SWANSON (Gloria SWENSON, dite **Gloria**), actrice américaine (Chicago 1897 - New York 1983). Star incontestée de la Paramount pendant les années 20, elle apparut notamment dans l'*Admirable Crichton* (1919), *Sadie Thompson* (1928) et *Queen Kelly* (id.). Sa carrière s'interrompit au début du parlant mais on la revit sur les écrans en 1950 dans *Boulevard du Crépuscule.*

SWAP n. m. (angl. *swap,* de *to swap,* troquer). Syn. de CRÉDIT* CROISÉ.

SWAPO, sigle de SOUTH* WEST AFRICA PEOPLE'S ORGANIZATION.

SWART (Charles Robberts), homme d'État sud-africain (Winburg, Orange, 1894-Bloemfontein 1982). Il fut le premier président de la République d'Afrique du Sud (1961-1967).

SWARTE (Joost), dessinateur et scénariste néerlandais de bandes dessinées (Heemstede 1947). Chef de file de la bande dessinée néerlandaise, il adopte un graphisme épuré marqué par l'influence d'Hergé.

SWASTIKA → SVASTIKA.

SWATOW → SHANTOU.

SWAZILAND, État de l'Afrique australe, entre l'Afrique du Sud et le Mozambique ; 17 363 km² ; 880 000 hab. *(Swazis).* CAP. *Mbabane.* LANGUE : *anglais.* MONNAIE : *lilangeni.*

Géographie. Quatre régions s'étendent d'ouest en est : le Highveld (1 300 m d'alt. environ) ; le Middleveld, qui, vers 700 m, regroupe près de la moitié de la population ; le Lowveld (200 m d'altitude moyenne), longtemps insalubre ; le mont Lebombo (600 m). La population, composée à plus de 90 % de Swazis, s'accroît de plus de 3 % par an. Une partie travaille en Afrique du Sud. Des plantations forestières (pins et eucalyptus) s'ajoutent à l'élevage (700 000 bovins, 335 000 caprins) et aux cultures (canne à sucre, maïs, coton, riz, agrumes). L'amiante, le charbon et les diamants sont les principales ressources minières. L'essentiel des échanges se fait avec l'Afrique du Sud.

Histoire. Le groupe bantou des Amangwanes, proche des Zoulous, installé entre Natal et Mozambique, prend au XVIe s. le nom de son roi, Mswazi. Contrôlé par les Zoulous à partir de 1820, le roi Sobhuza Ier (1815-1836) est remplacé par Mswazi II, qui accorde de nombreuses concessions aux Blancs. Sous le protectorat du Transvaal, le pays passe sous celui de la Grande-Bretagne après la guerre des Boers (1899-1902). Sobhuza II, devenu roi en 1921 et officiellement reconnu par la Grande-Bretagne en 1967, proclame l'indépendance en 1968. Ses successeurs, la reine Ntombi (1983-1986) puis Mswati III, maintiennent la politique de bon voisinage avec l'Afrique du Sud.

SWAZIS, population bantoue d'Afrique du Sud, comptant environ 700 000 individus.

SWEATER [swɛtœr] n. m. (angl. *sweater,* de *to sweat,* transpirer). Gilet en maille, à manches longues, boutonné devant.

SWEATING-SYSTEM [swɛtiɲsistɛm] n. m. (pl. *sweating-systems*) [mot angl., de *to sweat,* faire suer, et *system,* système). Exploitation des ouvriers par leurs employeurs se manifestant par une durée du travail excessive, de bas salaires, des ateliers insalubres, etc. (L'expression a été surtout utilisée au temps de la première révolution industrielle.)

SWEAT-SHIRT [swɛtʃœrt] n. m. (pl. *sweat-shirts*) [mot angl., de *to sweat,* transpirer, et *shirt,* chemise]. Pull-over ou polo en coton molletonné ou en tissu-éponge.

SWEDENBORG (Emanuel), théosophe suédois (Stockholm 1688 - Londres 1772). Docteur en philosophie, devenu visionnaire, il enseigna une doctrine, dite « de la Nouvelle Jérusalem », selon laquelle tout a un sens spirituel, caché en Dieu, en particulier le Dieu de la Genèse, auteur de la régénération de l'homme. Swedenborg était aussi convaincu que le monde invisible des anges et des démons influence le monde visible. De nombreuses communautés de la Nouvelle Église de Swedenborg se sont formées à partir de 1782.

SWEELINCK (Jan Pieterszoon), compositeur et organiste néerlandais (Deventer 1562 - Amsterdam 1621). Son génie se manifeste surtout dans ses pièces d'orgue, qui apportent la synthèse des conquêtes de ses prédécesseurs italiens et anglais. Il laisse aussi des *ricercari,* des *toccate,* des séries de variations qui ouvrent sur l'avenir des perspectives qui aboutiront à Bach. Il composa également des chansons, des madrigaux, quelques psaumes dans le plus pur style polyphonique.

SWEEPSTAKE [swipstɛk] n. m. (mot angl., de *to sweep,* enlever, et *stake,* enjeu). Loterie consistant à tirer au sort les chevaux engagés dans une course dont le résultat détermine les gagnants. (Il est uniquement fondé sur des épreuves hippiques très importantes.)

SWEERTS (Michiel), peintre et graveur flamand (Bruxelles 1624 - Goa 1664). Il travailla à Rome (1646-1654), sous l'influence des peintres de bambochades, puis à Bruxelles. Une gravité empreinte de tristesse, une grande qualité technique et chromatique caractérisent ses œuvres (*Mendiant* et *Fileuse,* galerie Capitoline, Rome ; *Femme épouillant un enfant* et *les Baigneurs,* Strasbourg).

SWEYNHEIM (Konrad), imprimeur allemand († Rome 1477). Installé à Rome vers 1467, il fut le premier à utiliser un caractère arrondi, désigné par la suite sous le nom de « caractère romain ».

ŚWIĘTOCHOWSKI (Aleksander), écrivain polonais (Stoczek 1849 - Gołotczyzna 1938). Dramaturge, nouvelliste et romancier réaliste (les *Nałęcze,* 1928), essayiste (*Histoire des paysans polonais,* 1924-1938), il a été à travers sa revue *Prawda* (« la Vérité ») l'initiateur et le chef du mouvement positiviste.

ŚWIĘTOKRZYSKIE GÓRY → GÓRY ŚWIĘTOKRZYSKIE.

SWIFT (Jonathan), écrivain irlandais (Dublin 1667 - *id.* 1745). Secrétaire de sir William Temple, qu'il quitte temporairement pour entrer dans le clergé anglican, il écrit après la mort de ce dernier *la Bataille des livres* (1704), qui épouse le parti des Anciens contre les Modernes, tandis que le *Conte du tonneau* (1704) plaide pour la réconciliation des Églises. Précepteur d'Esther Johnson, qu'il épousera sans doute en secret sans partager sa vie, il lui adresse les lettres du *Journal à Stella* (1766-1768). Ambitieux, il se mêle aux luttes politiques, quitte les whigs pour les tories, écrit des pamphlets (les *Lettres de M. B., drapier,* 1724). Doyen de St Patrick à Dublin, mais déçu par sa carrière ecclésiastique, il publie une satire dirigée contre la société anglaise et la civilisation de son époque : *les Voyages de Gulliver** (1726).

Swift *(pigeon),* race de pigeons messagers, originaire d'Égypte. (On dit aussi PIGEON DU CAIRE.)

SWIN n. m. (mot angl.). Sport proche du golf, pratiqué sur un parcours réduit avec un seul club à trois faces.

SWINBURNE (Algernon Charles), poète britannique (Londres 1837 - *id.* 1909). Poète érudit et fécond, influencé à la fois par la culture française et le préraphaélisme, il connaît le succès avec la tragédie *Atalante en Calydon* (1865). Mais sa sensibilité passionnée fait scandale (*Poésies et Ballades,* 1866, 1878, 1899). Il tente d'échapper à ses thèmes érotiques et morbides en célébrant la cause de la révolution et de l'indépendance de l'Italie (*Chants d'avant l'aube,* 1871). Il s'est montré un critique littéraire pénétrant (Shakespeare, Jonson, Chapman, Hugo, C. Brontë et Blake) et un poète subtil.

SWINDON, v. de Grande-Bretagne (Wiltshire) ; 91 000 hab. Centre ferroviaire. Matériel ferroviaire. Mécanique. Chimie. Tabac. Confection.

SWINEMÜNDE → ŚWINOUJŚCIE.

SWING [swiɲ] n. m. (angl. *swing,* de *to swing,* se balancer). **1.** Qualité rythmique caractéristique de la musique sud-américaine, essentielle pour qu'une œuvre appartienne au monde du jazz. — **2.** Phénomène apparu aux États-Unis dans le milieu des années 30 et caractérisé par la vogue des grands orchestres de jazz (Benny Goodman, Lionel Hampton, Count Basie, Duke Ellington et Jimmie Lunceford). — **3.** En boxe, coup porté latéralement par un balancement horizontal du bras. — **4.** Au golf, mouvement du joueur pour frapper sa balle.

SWINGANT, E [swiŋgɑ̃, ɑ̃t] adj. Qui dégage beaucoup de swing.

SWINGS (Polydore, dit **Pol**), astrophysicien belge (Ransart 1906 - Esneux 1983). Il a contribué à préciser, par des études spectroscopiques, la composition chimique d'une grande variété d'objets célestes, en particulier des comètes.

SWINGUER [swiŋge] v. i. (conj. 3). Chanter ou jouer avec swing, avoir le swing.

ŚWINOUJŚCIE, v. de la Pologne (en all. *Swinemünde*) ; 46 000 hab. Avant-port de Szczecin, port de passagers (notamm. vers la Suède), port charbonnier et de marchandises en vrac, base pour la pêche hauturière (conserveries). Station de cure et de repos (parc national littoral).

Swissair, société suisse de transports aériens, fondée en 1931.

SYAGRIUS (Afranius), chef gallo-romain (v. 430-486). Fils d'Egidius, il fut, de 464 à 486, le maître de la région comprise entre Somme et Loire. Vaincu par Clovis à Soissons (486), il se réfugia auprès d'Alaric II, qui le livra à son vainqueur.

SYAIR n. m. Genre littéraire malais, consistant en un long poème narratif constitué de quatrains à rime unique. (Le syair peut être épique, historique ou religieux.)

SYBARIS, ville grecque de l'Italie péninsulaire, à l'embouchure du *Sybaris* (auj. Coscile), dans le golfe de Tarente. Fondée en 720 av. J.-C., elle fut l'une des plus riches cités de la Grande-Grèce. Ses habitants *(Sybarites)* étaient réputés proverbialement vivre dans le luxe et le raffinement. Sa rivale Crotone la détruisit en 510 av. J.-C. En 444, des colons athéniens relevèrent la cité sous le nom de *Thourioi.* À 4,50 m sous la mer, la ville antique, grâce à des fouilles subaquatiques, a livré un riche matériel.

SYBARITE adj. et n. (lat. *Sybarita,* du gr. *Subaris*). **1.** De Sybaris. — **2.** *Litt.* Qui recherche les plaisirs raffinés d'une existence passée dans le luxe.

SYBARITIQUE adj. *Litt.* Qui est propre aux sybarites.

SYBARITISME n. m. *Litt.* Raffinement dans la manière de vivre.

SYCOMORE n. m. (lat. *sycomorus,* du gr. *sukomoros*). Nom commun au figuier des pharaons et à l'érable blanc, ou « faux platane ».

SYCONE n. m. Fruit charnu, dont la figue est le type, résultant de l'évolution d'un réceptacle creux, charnu à l'intérieur, sur lequel sont insérées des fleurs, ordinairement nombreuses et très petites.

SYCOPHANTE n. m. (lat. *sycophanta,* du gr. *sukophantês,* celui qui dénonce l'exportation de figues). **1.** À Athènes et dans quelques autres cités, dénonciateur professionnel. — **2.** *Litt.* Calomniateur, délateur, mouchard.

SYCOSE n. f. En homéopathie, l'une des trois diathèses fondamentales mises en évidence par S. Hahnemann, aujourd'hui décrite comme le résultat de toute toxine d'action lente et progressive, de fautes d'hygiène et de diététique, de stress ou de l'introduction brutale dans l'organisme de substances à visée thérapeutique ou préventive. (Le sycotique est sujet aux écoulements muqueux, ses fonctions d'élimination sont ralenties. Il a une tendance aux insuffisances endocriniennes et aux troubles psychiques, principalement dans leur expression dépressive.)

SYCOSIS [-zis] n. m. (lat. *sycosis,* du gr. *sukôsis,* tumeur en forme de figue). Folliculite suppurée des poils de la barbe et de la moustache, d'origine bactérienne ou mycosique.

SYCOTIQUE adj. et n. Sujet dont la diathèse est la sycose.

SYDENHAM (Thomas), médecin anglais (Wynford Eagle, Dorset, 1624 - Londres 1689). Il est connu pour sa description de la chorée infantile (chorée de Sydenham).

Sydenham *(chorée de),* chorée aiguë de nature rhumatismale et streptococcique.

SYDNEY, principale ville d'Australie, cap. de la Nouvelle-Galles du Sud ; 3 714 000 hab. Elle a pour origine un camp de bagnards établi en 1788. Le port, complété par celui de Botany Bay, reste le premier d'Australie pour la valeur des marchandises exportées (laine, viande, blé ; importations de produits manufacturés et de pétrole). Le trafic total avoisine 35 Mt (dont la moitié de produits pétroliers). Les industries, très variées, se localisent surtout au sud (vers l'aéroport) et à l'ouest (Parramatta). Galerie d'art de la Nouvelle-Galles du Sud.

SYDNEY, port du Canada, dans l'île du Cap-Breton (Nouvelle-Écosse) ; 30 600 hab. Centre industriel.

SYÈNE → ASSOUAN.

SYÉNITE n. f. (lat. *syenites,* de *Syene,* Syène, anc. n. d'Assouan). Roche plutonique riche en feldspaths alcalins, pouvant contenir un peu de quartz ou de feldspathoïde ainsi que des minéraux ferromagnésiens alcalins tels que le pyroxène sodique, l'amphibole alcaline, la biotite.

SYÉNITIQUE adj. Qui se trouve dans une syénite ou qui en possède les caractères.

Sykes-Picot *(accord)* [16 mai 1916], accord secret franco-britannique relatif au démembrement et au partage entre les Alliés des provinces non turques de l'Empire ottoman (Mésopotamie, Palestine, Jordanie et Syrie).

SYKTYVKAR, v. de Russie, cap. de la république des Komis, au N. de Viatka ; 233 000 hab. Traitement du bois. Papeterie. Constructions navales. Alimentation. Confection. Travail du cuir.

SYLHET, v. du Bangladesh, au N.-E. de Dacca ; 167 000 hab. Centre commercial et industriel.

SYLLA (Lucius Cornelius) → SULLA.

SYLLABAIRE n. m. (de *syllabe*). **1.** Livre élémentaire où les mots sont décomposés en syllabes et dans lequel on apprend à lire aux enfants. — **2.** Ensemble de signes d'écriture dans lequel chaque symbole représente non un phonème mais une syllabe.

SYLLABATION n. f. Opération qui consiste à décomposer en syllabes une séquence de la chaîne parlée.

SYLLABE n. f. (lat. *syllaba,* du gr. *sullabê,* de *sullambanein,* réunir). **1.** Unité linguistique intermédiaire entre le phonème et le mot, caractérisée par la fusion des unités phoniques qui la constituent. (On distingue la syllabe ouverte, se terminant par une voyelle prononcée, et la syllabe fermée ou entravée, terminée par une ou plusieurs consonnes prononcées.) — **2.** Parole, mot quelconque considérés comme des énoncés minimaux : *Il n'a pas prononcé une syllabe.* — **3.** *Syllabe muette* ou *féminine,* syllabe terminée par un *e* muet.

SYLLABIQUE adj. (bas lat. *syllabicus,* du gr. *sullabikos*). **1.** Qui a trait à la syllabe. — **2.** *Écriture syllabique,* système d'écriture dans lequel chaque graphème représente une syllabe. ‖ *Vers syllabique,* vers où la mesure est déterminée par le nombre et non par la valeur des syllabes.

SYLLABISME n. m. Système d'écriture syllabique.

SYLLABUS [-bys] n. m. (lat. ecclés. *syllabus,* sommaire). **1.** Énumération sommaire des questions tranchées par l'autorité ecclésiastique. — **2.** En Belgique, texte polycopié, photocopié ou imprimé reprenant l'essentiel d'un cours d'université.

Syllabus (le), document publié, par ordre du pape Pie IX, à la suite de l'encyclique *Quanta cura,* le 8 déc. 1864, et qui contient ce que le pape considère comme les principales erreurs des temps modernes : panthéisme, naturalisme, rationalisme, socialisme, gallicanisme, libéralisme... Le Syllabus fut très discuté, les uns le présentant comme la synthèse parfaite de l'enseignement séculaire de l'Église catholique, les autres comme l'expression moderne de l'obscurantisme romain.

SYLLEPSE n. f. (bas lat. *syllepsis,* du gr. *sullêpsis,* action de prendre ensemble). **1.** Dans une phrase, accord des mots en genre et en nombre non d'après les règles de la grammaire, mais d'après le sens. (Par ex. *La noblesse de Rennes et de Vitré l'ont élu malgré lui* [Sévigné]. — **2.** Figure de rhétorique qui consiste à employer un mot à la fois dans son sens propre et dans son sens figuré. (Par ex. *Vêtu de probité candide et de lin blanc* [Hugo].)

SYLLOGISME n. m. (lat. *syllogismus,* du gr. *sullogismos*). **1.** Raisonnement qui a la forme d'une implication dont l'antécédent est la conjonction de deux propositions appelées prémisses, par exemple : « Si tout B est A et si tout C est B, alors tout C est A. » — **2.** Raisonnement très rigoureux.

SYLLOGISTIQUE n. f. (lat. *syllogisticus,* du gr. *sullogistikos,* qui concerne le raisonnement). Étude systématique des syllogismes.
◆ adj. Relatif au syllogisme.

SYLPHE n. m. (lat. *sylphus,* génie). Être surnaturel mâle, qui, selon la croyance des Celtes et des Germains, occupait, dans le monde invisible, un rang intermédiaire entre le lutin et la fée.

SYLPHIDE n. f. (de *sylphe*). **1.** Sylphe femelle. — **2.** *Litt.* Femme gracieuse et légère.

Sylphide *(la),* ballet en 2 actes, livret d'Adolphe Nourrit, d'après une nouvelle de Charles Nodier. Mus. de J. Schneitzhoeffer ; chorégr. de Filippo Taglioni. Création à l'Académie royale de musique de Paris en 1832 avec Marie Taglioni dans le rôle-titre. C'est le premier des *ballets blancs* (danseuses portant le tutu mi-long de mousseline blanche) qui consacra l'utilisation des pointes. La version qui nous est parvenue est celle qu'August Bournonville réalisa pour le Théâtre royal de Copenhague (1836) sur la partition de Herman Severin Løvenskjold. Marius Petipa donna sa propre version pour le théâtre Mariinski (1892).

Sylphides *(les),* ballet en 1 acte sur une mus. de Chopin, chorégr. de Michel Fokine. Création mondiale au théâtre du Châtelet, à Paris, en 1909, par les Ballets russes.

SYLT, île allemande de la mer du Nord, en bordure de la côte du Schleswig-Holstein, reliée à la terre ferme par une digue ; 99 km². Tourisme balnéaire.

SYLVA (Berthe FAQUET, dite **Berthe**), chanteuse française (Lambézellec, Finistère, 1885 - Marseille 1941). Elle connut la célébrité avec des rengaines souvent mélodramatiques comme *On n'a pas tous les jours vingt ans* et, surtout, *les Roses blanches*.

SYLVAIN n. m. (de *Sylvain,* n. pr.). **1.** Nom usuel de trois papillons nymphalidés (grand sylvain, sylvain azuré, petit sylvain) et d'un papillon hespéridé. — **2.** Petit oiseau scolopacidé (chevalier), nichant en Europe du Nord, de passage en France au cours de ses migrations.

SYLVAIN ou **SILVAIN,** dieu romain des Bois. Il fut rapidement identifié à Pan. Son culte était celui des lares.

SYLVANER [-nɛr] n. m. **1.** Cépage blanc, cultivé en Alsace, produisant des vins blancs. — **2.** Vin produit par ce cépage.

SYLVANITE n. f. (de *Transylvanie*). Tellurure naturel d'or et d'argent, monoclinique.

SYLVE n. f. (lat. *silva*). Forêt dense tropicale humide.

SYLVESTER (James Joseph), mathématicien britannique (Londres 1814 - *id.* 1897). Il fonda avec A. Cayley la théorie des invariants algébriques et celle des déterminants. Il découvrit une méthode d'élimination d'une inconnue entre deux équations.

SYLVESTRE adj. (lat. *sylvestris*). *Litt.* Relatif aux forêts.

SYLVESTRE Ier *(saint)* [Rome IIIe s. - *id.* 335], pape de 314 à 335. Il transforma la Rome païenne en Rome chrétienne, faisant construire de grandes basiliques.

SYLVESTRE II (GERBERT d'Aurillac) [en Auvergne v. 938 - Rome 1003], pape de 999 à 1003. Célèbre pour son érudition, conseiller et soutien des Capétiens, il devint, en 991, archevêque de Reims, en 998 archevêque de Ravenne. Élu pape (999), il poursuivit à Rome sa lutte contre la simonie et les vices des ecclésiastiques.

SYLVESTRE III (JEAN) [Rome v. 1000 - apr. 1046], pape durant quelques semaines en 1045.

SYLVICOLE adj. Relatif à la sylviculture, à la forêt.

SYLVICULTEUR, TRICE n. Personne pratiquant la sylviculture.

SYLVICULTURE n. f. Ensemble des techniques permettant la création et l'exploitation rationnelle des forêts tout en assurant leur conservation et leur régénération.
ENCYCL. Les règles de la sylviculture concernent le choix d'un régime (futaie, taillis ou taillis sous futaie), la nature et la succession des coupes (ensemencement, éclaircies), l'aménagement et le règlement d'exploitation. La sylviculture moderne utilise les procédés de l'agriculture intensive et de l'arboriculture : récolte de graines sélectionnées pour le reboisement, choix des provenances, multiplication végétative, préparation du sol, utilisation des engrais en pépinière et à la plantation, plantation à grands écartements, protection phytosanitaire, exploitation mécanisée.

SYLVIE n. f. Anémone des bois.

Sylvie, récit de Gérard de Nerval, publié dans *la Revue des Deux Mondes* (1853), puis dans *les Filles du feu* (1854). La recherche dans le Valois des amours d'adolescence et l'épanchement du rêve dans la réalité à travers trois figures de femmes.

SYLVIEN, ENNE adj. (de *Sylvius,* n. pr.). **1.** Relatif à la scissure de Sylvius. — **2.** *Syndrome sylvien,* ensemble des signes consécutifs aux lésions du territoire cérébral vascularisé par l'artère sylvienne (ramollissements sylviens).

SYLVIIDÉ n. m. Nom de famille de petits passereaux tels que fauvettes, rousserolles, bouscarles, pouillots.

SYLVINITE n. f. (de *Sylvius,* n. pr.). Chlorure double de sodium et de potassium, employé comme engrais.

SYLVITE n. f. (lat. *sal Sylvii,* sel de Sylvius). Chlorure naturel de potassium, cubique, de formule KCl, utilisé comme minerai de potasse.

Sylvius *(aqueduc de)* ⟶ AQUEDUC.

Sylvius *(scissure de),* scissure de la face externe du cerveau, séparant les lobes frontal et pariétal du lobe temporal et dans laquelle chemine l'artère cérébrale moyenne, ou sylvienne.

SYMBIOSE n. f. (gr. *sumbiôsis,* de *sumbioûn,* vivre ensemble). **1.** Association constante, obligatoire et spécifique entre deux organismes ne pouvant vivre l'un sans l'autre, chacun d'eux tirant un bénéfice de cette association. (La symbiose est fréquente entre les micro-organismes [symbiotes] et des plantes ou des animaux.) [⟶ *encycl.*] — **2.** Relation marquée par une union très étroite et très harmonieuse : *Cet enfant vit en symbiose avec sa mère.*
ENCYCL. **Biol.** La place de la symbiose dans la nature apparaît de plus en plus grande au fil des découvertes scientifiques. L'un des deux symbiotes est généralement chlorophyllien et fournit des glucides à l'autre, souvent bactérie ou champignon, qui, en retour, lui procure l'humidité (lichens), les aliments azotés (rhizobium des légumineuses), etc. Ce sont des symbiotes intestinaux qui permettent la digestion du bois (termites) ou de la cellulose (ruminants).

SYMBIOTE n. m. (gr. *sumbiôtês,* qui vit avec). Organisme vivant en symbiose avec un autre d'une espèce différente.

SYMBIOTIQUE adj. (gr. *sumbiôtikos*). Qui participe à une symbiose ou qui la constitue.

SYMBOLE n. m. (lat. *symbolum*, du gr. *sumbolon*, signe). **1.** Signe figuratif, être animé ou chose, qui représente un concept, qui en est l'image, l'attribut, l'emblème : *Le drapeau, symbole de la patrie.* — **2.** Personne qui incarne de façon exemplaire une idée, un sentiment, etc. : *Il est le symbole de la générosité.* • **Chim.** Lettre ou groupe de lettres servant à désigner les éléments. — **Inform.** Signe de base de l'alphabet d'un langage de programmation. ‖ Identificateur d'une variable ou d'une adresse dans un langage d'assemblage. — **Log.** Élément constitutif d'une théorie mathématique formalisée. (On distingue les symboles logiques, communs à toutes les théories, comme &, ∀, etc., et les symboles non logiques, comme +, ×, etc., propres à la théorie considérée.) — **Monn.** Signe distinctif gravé sur une monnaie et indiquant sa provenance. — **Rhét.** Figure de rhétorique par laquelle on substitue au nom d'une chose le nom d'un signe que l'usage a choisi pour la désigner. (La « robe » pour la magistrature, l'« épée » pour l'état militaire.) — **Techn.** Figure conventionnelle qui représente une machine, un appareil, etc., ou qui apporte une précision relative à son procédé de fabrication, d'assemblage, etc. — **Théol.** Formulaire abrégé de la foi chrétienne. (→ *encycl.*)

ENCYCL. **Théol.** Trois symboles sont entrés dans la liturgie catholique.

Le *symbole des Apôtres,* ou le *Je crois en Dieu,* qu'on trouve avec de multiples variantes depuis le IIe s. Son texte a été fixé en 1566. Le *symbole de Nicée* (325) - *Constantinople* (381), établi par le concile œcuménique de Nicée comme règle de foi contre les ariens, développé dans sa troisième partie (le Saint-Esprit) par le concile œcuménique de Constantinople. Le *symbole de saint Athanase,* attribué à saint Athanase d'Alexandrie, mais dont l'auteur est inconnu : ce texte insiste sur le dogme de la Trinité. Les principaux symboles dans les Églises protestantes sont, pour les luthériens, la *Confession d'Augsbourg** (1530), les *Articles de Smalkalde** et la *Formule de Concorde* (*Concordiae Formula,* 1580) ; pour les calvinistes, les *Confessions* helvétiques* (1536 et 1566), le *Catéchisme* de Calvin (1536 et 1542) ; pour les confessions anglicanes, le *Bill des Trente-Neuf Articles* (1563).

SYMBOLICITÉ n. f. Caractère symbolique de qqch (langue soutenue).

SYMBOLIQUE adj. (bas lat. *symbolicus,* du gr. *sumbolikos*). **1.** Qui a le caractère d'un symbole, qui recourt à des symboles : *Figure symbolique.* — **2.** Qui n'est pas réel, qui n'a pas de valeur en soi, mais qui est significatif d'une intention : *Un geste symbolique qui ne coûte rien.* — **3.** Relatif aux langages évolués de programmation, utilisant des mots et des caractères alphanumériques. — **4.** *Logique symbolique,* syn. de LOGIQUE FORMELLE*.

◆ n. m. **1.** Le domaine des symboles, des signes culturels. — **2.** Catégorie introduite par J. Lacan (1953) dans un ensemble (symbolique-imaginaire-réel) qui permet de définir l'activité propre à l'être humain en tant qu'il est soumis à l'activité du langage et qu'il est de fait pris dans un système d'échanges définissant aussi bien la culture que l'inconscient.

◆ n. f. **1.** Ensemble systématique de symboles relatif à un domaine, à une période : *La symbolique médiévale.* — **2.** Système d'interprétation des mythes polythéistes, qui les considère comme des symboles des faits naturels ou historiques et des principes moraux. — **3.** Science de la genèse et du sens des symboles ou professions de foi des diverses Églises. — **4.** *Symbolique militaire,* art de représenter par des symboles la personnalité et la tradition des unités des trois armées. (Des bureaux de la symbolique au sein des trois services historiques des armées [terre, air, mer] homologuent fanions, flammes, etc.)

SYMBOLIQUEMENT adv. D'une manière symbolique.

SYMBOLISATION n. f. Action de symboliser qqch.

SYMBOLISER v. t. (lat. médiév. *symbolizare,* concorder) [conj. 3]. **1.** Exprimer qqch par un symbole, le représenter par une image symbolique : *On symbolise la victoire par la palme et le laurier.* — **2.** Être le symbole de qqch : *L'olivier symbolise la paix.*

SYMBOLISME n. m. **1.** Système de symboles destinés à interpréter des faits ou à exprimer des croyances. — **2.** Système de signes écrits dont l'agencement répond à des règles, et qui traduit visuellement la formalisation d'un raisonnement. — **3.** Mode d'expression littéraire ou artistique faisant appel au symbole. — **4.** Courant poétique, littéraire et artistique de la fin du XIXe s. et du début du XXe s. (→ *encycl.*)

ENCYCL. **Bx-arts.** Le terme de *symbolisme* désigne les tendances idéalistes qui se développent dans l'art de la seconde moitié du XIXe s., en opposition au positivisme scientifique et aux excès du réalisme, et qui renouent avec certaines aspirations du romantisme (notamment allemand et anglais). La quête de l'indicible et de l'invisible, la prédilection pour le rêve et les fantasmes se mêlent au goût, déjà affirmé par les préraphaélites*, pour une histoire mythique et légendaire. La primauté proclamée de l'idée sur la forme explique la diversité stylistique des peintures symbolistes. Ainsi, la fidélité académique, posée en principe par Puvis de Chavannes, domine, avec ce que l'exactitude peut dégager de mystère, l'art des Belges Khnopff et Jean Delville (1867-1953) ou du Français Lucien Lévy-Dhurmer (1865-1953), tandis que, dans un courant baroque dont la poésie étrange doit beaucoup à G. Moreau, on peut regrouper Redon, le Suisse Böcklin, l'Allemand Klinger ou le Russe Vroubel, mais aussi des peintres comme Segantini, attirés par la technique néo-impressionniste. Plus novateur du point de vue stylistique, un autre courant puise dans le synthétisme de Gauguin et des nabis (ainsi le Néerlandais Johan Thorn Prikker [1868-1932]) et manifeste d'évidentes convergences avec l'Art* nouveau (le Néerlandais J. Toorop, Beardsley, Klimt). Des aspects particulièrement intéressants du symbolisme sont à chercher aux frontières de l'expressionnisme, où se tiennent le Belge Spilliaert comme le Norvégien Munch, ainsi que dans les préfigurations du surréalisme que recèlent les dessins et les gravures de l'Italien Alberto Martini (1876-1954), les toiles du Belge William Degouve de Nuncques (1867-1935). Ainsi apparaissent, dans leur diversité et leur richesse, des formes de sensibilité qui vont se répercuter sur le futurisme, le surréalisme, voire l'abstraction (Kandinsky).

— **Littér.** Si les racines du symbolisme plongent dans le romantisme allemand, dans la philosophie de Hegel et de Schopenhauer, dans le préraphaélisme anglais et l'œuvre de Swinburne, sa naissance en tant que mouvement spécifique est bien française. Contrairement au positivisme et à la littérature naturaliste, le symbolisme cherche à donner des « équivalents plastiques » de la nature. Il bannit l'art du Parnasse pour découvrir derrière les choses le mystère que traduit un vers souple, musical « porteur de significations indéfinies ». Si Baudelaire en est l'initiateur et s'il a trouvé ses maîtres en Verlaine et Mallarmé, le mouvement, tel que le définit J. Moréas dans son manifeste du *Figaro* (1886), groupe surtout des poètes idéalistes (Viélé-Griffin, H. de Régnier), auxquels s'opposent les décadents. Le symbolisme, qui n'atteindra le grand public que par le théâtre, tel celui de Maeterlinck, devient universel avec les poètes belges (Rodenbach, Verhaeren), anglais (O. Wilde, A. Symons), allemands (S. George), russes (Balmont), espagnols (R. Darío), hongrois (E. Ady), danois (G. Brandes). La mort de Mallarmé (1898) marque le déclin du symbolisme, mais son influence se fera sentir sur toutes les recherches artistiques du XXᵉ s.

SYMBOLISTE adj. **1.** Qui tend à s'exprimer par l'intermédiaire de symboles. — **2.** Qui appartient au symbolisme, en art, en littératuire.

◆ adj. et n. Adepte du symbolisme.

SYMÉTRIE n. f. (lat. *symmetria,* du gr. *summetria,* de *sun,* avec, et *metron,* mesure). **1.** Correspondance de position de deux ou de plusieurs éléments par rapport à un point, à un plan médian : *Vérifier la parfaite symétrie des fenêtres sur une façade.* — **2.** Aspect harmonieux résultant de la disposition régulière, équilibrée des éléments d'un ensemble : *Un visage qui manque de symétrie.* — **3.** Répétition des organes ou des segments ou articles du corps par rapport à une ligne ou à un plan. (→ *encycl.* Biol.) — **4.** Transformation affine qui, à un point M, associe un point M', tel que le milieu de [MM'] est soit un point fixe (symétrie centrale), soit un point d'une droite ou d'un plan H_1, (MM') étant alors parallèle à une droite ou à un plan H_2 sécant avec H_1. (→ *encycl.* Math.) — **5.** Invariance d'une figure par une symétrie orthogonale. (On dit aussi autosymétrie). — **6.** *Plan de symétrie,* syn. de PLAN SAGITTAL. ‖ *Principes de symétrie,* principes selon lesquels certains groupes de transformations laissent invariantes les lois de la physique. (→ *encycl.* Phys.) ‖ *Symétrie* (ou *autosymétrie*) *d'ordre* n, invariance d'une figure par une répétition d'ordre *n.* ‖ *Symétrie* (ou *auto-symétrie*) *de révolution,* invariance d'une figure par des rotations d'angle arbitraire.

ENCYCL. **Biol.** On rencontre souvent une symétrie extérieure parfaite chez des êtres dont les organes internes ont une distribution dissymétrique (chez l'homme, pancréas à gauche, foie à droite, etc.). Cette symétrie externe est liée au mode de locomotion chez les animaux terrestres et aquatiques. Les animaux qui se déplacent selon une ligne horizontale ont

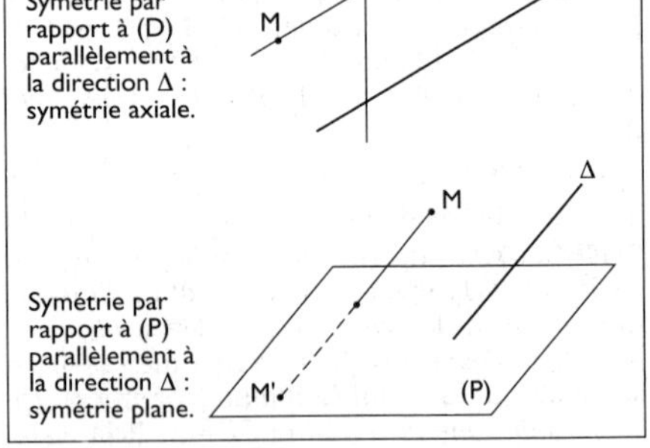

une symétrie *bilatérale* par rapport à un plan vertical et des organes pairs nombreux (deux yeux, deux bras, etc.). Les animaux marins fixés ou peu mobiles ont souvent au contraire une symétrie *axiale* (de type 4 ou 6 chez les cnidaires, 5 chez les échinodermes), symétrie que l'on retrouve dans certains organes des plantes terrestres, les fleurs par exemple (type 3 pour les monocotylédones, souvent 5 chez les dicotylédones). L'axe est alors ordinairement vertical. Rares sont les êtres n'ayant aucune symétrie, moins rares ceux qui ont superposé à leur ancienne symétrie une nouvelle symétrie, qu'elle soit bilatérale (oursins « irréguliers », fleurs zygomorphes), transversale (coquille Saint-Jacques) ou spirale (gastropodes, plantes volubiles). Dans ce dernier cas, le sens de l'enroulement est constant dans une espèce donnée (presque tous les gastropodes ont un enroulement dextre).

— **Math.** Une symétrie est une transformation involutive. Dans le cas des symétries par rapport à une droite ou à un plan H_1 parallèlement à une droite ou à un plan H_2, H_1 est invariant point par point et H_2 globalement invariant. Quand H_1 et H_2 sont orthogonaux, la symétrie est dite orthogonale (c'est alors une isométrie) ; dans les autres cas, elle est oblique.

— **Phys.** La notion de symétrie, dans son acception courante, est associée aux objets qui présentent des apparences identiques lorsqu'on les considère de divers points de vue. Ainsi, un cube parfait semble identique à lui-même quelle que soit celle de ses 6 faces que l'on envisage. La théorie physique étend ces considérations des objets aux lois physiques. Si un changement de référentiel (de point de vue) ne modifie pas l'expression d'une loi physique, la loi est dite *invariante* par rapport à la transformation considérée et cette transformation est une symétrie de la loi. L'ensemble des transformations qui laissent invariante une loi physique possède une structure mathématique de *groupe,* et l'existence de la propriété d'invariance entraîne la conservation d'une grandeur physique donnée au cours de l'évolution du système. Ainsi, au groupe des symétries spatio-temporelles sont associées les grandes lois de conservation :

symétrie	*grandeur conservée*
translation de temps	énergie
translations d'espace	quantité de mouvement
rotations d'espace	moment angulaire

Dans le cadre de la théorie quantique, on considère des transformations qui, au lieu de dépendre continûment de certains paramètres, comme les symétries spatio-temporelles, sont discrètes. On distingue la réflexion d'espace, ou « parité », qui transforme un système en son image spéculaire (une main gauche en main droite, par ex.), le renversement du temps (comme dans un film passé à l'envers) et la conjugaison de charge, qui change le signe des charges (électrique, baryonique, etc.) d'un système. La combinaison de ces 3 symétries est elle aussi une symétrie, fondant l'existence des antiparticules. D'autres symétries, dites « internes », interviennent dans le cadre des théories de grande unification*.

SYMÉTRIQUE adj. **1.** Qui est caractérisé par la symétrie, organisé selon une symétrie des éléments : *Une façade symétrique.* — **2.** Se dit de l'un de ces éléments par rapport à l'autre : *Les deux parties du visage ne sont pas absolument symétriques.* — **3.** Se dit de choses abstraites qui s'opposent, se différencient ou se correspondent point par point tout en étant distinctes : *Ils ont deux théories symétriques.* — **4.** Se dit de deux points ou de deux figures images l'un de l'autre dans une symétrie. ‖ Se dit d'une figure invariante par une symétrie. — **5.** *Application* ou *fonction symétrique,* application f de l'ensemble E^n ($n \in \mathbb{N}^*$) dans l'ensemble F telle que la valeur de la fonction ne change pas si on permute les variables $x_1, x_2, ..., x_n$. ‖ *Éléments symétriques d'un ensemble* E *muni d'une opération interne * possédant un élément neutre* e, éléments x et y de E tels que $x * y = y * x = e$. ‖ *Forme bilinéaire symétrique sur un espace vectoriel* E *sur un corps commutatif,* forme bilinéaire f sur E telle que $\forall\ (x, y) \in E \times E,\ f(x, y) = f(y, x)$. ‖ *Matrice symétrique,* matrice égale à sa transposée. ‖ *Relation symétrique,* relation binaire qui, si elle est vérifiée pour le couple (a, b), l'est aussi pour le couple (b, a).

◆ n. m. ou f. Point ou figure symétrique d'un ou d'une autre.

◆ n. m. *Symétrique à droite* (resp. *à gauche*) *d'un élément* x *d'un ensemble* E *muni d'une opération interne * possédant un élément neutre* e, élément y de E tel que

$$x * y = e \text{ (resp. } y * x = e).$$

[Si $x * y = y * x = e$, y est un symétrique de x.]

SYMÉTRIQUEMENT adv. Avec symétrie.

SÝMI ou **SÍMI,** île de Grèce, dans le Dodécanèse, près de la Turquie ; 58 km² ; 2 500 hab. Ch.-l. *Sými.*

SYMMACHIE [-ki] n. f. (gr. *summakhia,* de *sun,* avec, et *makhê,* combat). Alliance, en principe défensive, entre cités grecques.

SYMMAQUE, en lat. **Quintus Aurelius Symmachus,** orateur et homme d'État romain (Rome v. 340-v. 410). Aristocrate, il se mit à la tête de la réaction païenne. Un conflit célèbre l'opposa à saint Ambroise, qui obtint le retrait de l'autel de la Victoire érigé dans la salle du sénat. Il fut proconsul d'Afrique, préfet de Rome (384) et enfin consul (391). On a de lui des rapports, des lettres et des fragments de discours.

SYMMAQUE *(saint)* [v. 450 - Rome 514], pape de 498 à 514.

SYMMORIE n. f. (gr. *summoria,* de *summoros,* associé). À Athènes, au IVe s. av. J.-C., groupe des citoyens imposables qui devaient supporter certaines liturgies et charges fiscales.

SYMONS (Arthur), poète et critique littéraire britannique (Milford Haven, Dyfed, 1865 - Wittersham, Kent, 1945). Directeur de revues, traducteur de Baudelaire et de D'Annunzio, il introduisit le symbolisme en Angleterre par ses poèmes (*Jours et nuits,* 1889) et ses essais.

SYMPA adj. inv. *Fam.* Sympathique.

SYMPATHECTOMIE n. f. Résection d'un nerf, d'un ganglion ou d'une chaîne sympathique, qui peut être pratiquée sur les régions cervicale, dorsale ou lombaire dans le but de provoquer une vasodilatation localisée ou étendue.

SYMPATHICOLYTIQUE adj. et n. m. Syn. de ADRÉNOLYTIQUE.

SYMPATHICOTONIE n. f. Dystonie neurovégétative dont les manifestations prédominent au niveau du système sympathique. (Elle se manifeste par une tachycardie, un éréthisme cardiaque et une sécheresse de la peau.)

SYMPATHIE n. f. (lat. *sympathia,* du gr. *sumpatheia,* compassion). **1.** Penchant naturel, spontané et chaleureux de qqn vers une autre personne : *Ressentir une vive sympathie pour quelqu'un.* — **2.** Participation à la joie, à la peine d'autrui : *Recevoir des témoignages de sympathie à l'occasion d'un décès.* — **3.** Bienveillance, disposition favorable envers qqch : *On voit très bien où vont ses sympathies.*

SYMPATHIQUE adj. **1.** Qui inspire un sentiment de sympathie, d'amitié : *Un homme sympathique. Une figure sympathique.* — **2.** Qui dénote, manifeste de la sympathie : *Parler d'un collègue en termes sympathiques.* — **3.** Qui est très agréable : *Une réunion sympathique.* — **4.** *Encre sympathique,* liquide incolore servant à écrire un texte secret et n'apparaissant que sous l'action de la chaleur ou d'un réactif. ‖ *Ganglion sympathique,* un des deux types de ganglions végétatifs. ‖ *Système nerveux sympathique* ou *sympathique* (n. m.), partie du système nerveux végétatif dont les effets s'opposent à ceux du système parasympathique dans la régulation de la vie végétative. (Syn. SYSTÈME NERVEUX ORTHOSYMPATHIQUE.) [→ *encycl.*]

ENCYCL. **Neurol.** Les ganglions sympathiques, proches de la colonne vertébrale, reçoivent une fibre viscéromotrice en provenance de la moelle épinière et dont le médiateur est l'acétylcholine. Cette fibre va stimuler un neurone dont le corps cellulaire se trouve dans le ganglion sympathique. Ce neurone, dit postganglionnaire, qui a la noradrénaline pour médiateur chimique, va commander directement les viscères.

L'ensemble des effets du système sympathique correspond à une réduction du fonctionnement digestif et à une préparation à l'exercice ou à la réponse au stress (bronchodilatation, accélération du cœur, hyperglycémie).

SYMPATHIQUEMENT adv. D'une manière sympathique ; avec sympathie.

SYMPATHISANT, E adj. et n. Qui approuve les idées d'un parti ou d'une organisation mais sans en être membre.

SYMPATHISER v. t. ind. (conj. 3). **1.** S'entendre spontanément avec qqn et entretenir avec lui des relations fondées sur une communauté de pensées, de sentiments, de goûts : *Sympathiser avec un collègue de bureau.* — **2.** Partager moralement la peine, les ennuis de qqn : *Sympathiser avec les familles éprouvées.* — **3.** Avoir une affinité, une inclination pour un parti, pour ce qu'il représente : *Il sympathise avec les socialistes et leurs idées.*

SYMPATHOLYTIQUE adj. et n. m. Syn. de ADRÉNOLYTIQUE.

SYMPATHOMIMÉTIQUE ou **SYMPATHICOMIMÉTIQUE** adj. et n. m. Se dit d'une substance chimique capable d'augmenter les effets du système nerveux sympathique.

SYMPATRIQUE adj. (de *patrie*). Se dit d'espèces voisines vivant dans la même région mais ne s'hybridant pas, généralement pour des motifs génétiques. (Contr. ALLOPATRIQUE.)

SYMPHILIE n. f. Forme de symbiose présentée par les fourmis et les termites lorsque ces insectes prodiguent à l'animal hébergé de véritables soins.

SYMPHONIE n. f. (lat. *symphonia,* du gr. *sumphônia,* accord de sons). **1.** Sonate pour orchestre caractérisée par la multiplicité des exécutants pour chaque partie instrumentale et par la diversité des timbres. (→ *encycl.*) — **2.** *Litt.* Ensemble harmonieux de choses qui vont parfaitement ensemble : *Une symphonie de couleurs.* — **3.** *Symphonie concertante,* composition orchestrale où fusionnent le genre de la symphonie et celui du concerto. (Cette symphonie avec solistes a été en vogue dans la seconde moitié du XVIIIe s.)

ENCYCL. **Mus.** Le mouvement d'élaboration de la symphonie est parti d'Italie, les compositeurs appelant *sinfonia* les ouvertures ou les ritournelles instrumentales placées dans les opéras. Parallèlement, en France, Delalande nomme « Symphonies pour les soupers du Roi » l'équivalent de suites instrumentales. Autour des années 1750 naît la véritable symphonie, qui retient des formes anciennes l'alternance des mouvements lents et vifs. À Paris (avec Gossec ou Saint-Georges), à Mannheim (avec Stamitz) apparaissent les premières nouveautés dans le domaine de la forme et de l'instrumentation ; à Vienne, Haydn organise la symphonie classique en quatre mouvements et marque le point culminant de cette forme que reprend Mozart pour y ajouter vigueur rythmique et sens dramatique. Beethoven donne le départ de la symphonie romantique en élargissant les dimensions des mouvements, en changeant leur ordre, en introduisant des chœurs. Avec Berlioz ou Liszt, la symphonie s'oriente vers le poème symphonique conçu à partir d'un programme littéraire. Les symphonies néoclassiques de Brahms, Tchaïkovski, Mahler n'apportent pas d'éléments vraiment nouveaux, sauf leurs dimensions imposantes, l'abondance de leurs thèmes, le gigantisme de leur effectif. Les œuvres de Roussel, Messiaen, Jolivet, Dutilleux continuent ce mouvement, qui coexiste cependant avec un retour vers la simplicité, voire le pastiche (Prokofiev, Britten) et conduit, à l'aube du XXe s., à l'écriture de symphonies de chambre (Schönberg, Webern, Stravinski).

Symphonie, programme expérimental franco-allemand de satellites de télécommunication géostationnaires, décidé en 1967 et achevé en 1984. Deux satellites ont été lancés en 1974 et 1975 par des fusées américaines.

Symphonie fantastique, œuvre pour orchestre de Berlioz, écrite en 1830. Véritable autobiographie, comme l'indique le sous-titre (« Épisodes de la vie d'un artiste »), ses cinq mouvements *(Rêveries, passions, Un bal, Scène aux champs, Marche au supplice, Songe d'une nuit de sabbat)* en font la partition orchestrale capitale du romantisme français.

Symphonie héroïque ou *Sinfonia eroica,* troisième symphonie de Beethoven, en *mi* bémol (1803 ; 1re audition, 1805). Lors de la proclamation de l'Empire, le musicien supprima la dédicace de cette symphonie, primitivement destinée à glorifier Bonaparte.

Symphonie pour un homme seul, œuvre de Pierre Schaeffer et Pierre Henry, écrite en 1950. C'est la première œuvre de musique concrète. Sur cette œuvre, Maurice Béjart a composé un ballet, créé à Paris en 1955.

SYMPHONIQUE adj. **1.** Relatif à la symphonie. — **2.** *Orchestre symphonique,* formation à grand effectif dans laquelle figurent toutes les catégories d'instruments.

SYMPHONISTE n. **1.** Musicien qui compose des symphonies. — **2.** Musicien qui joue dans un orchestre symphonique.

SYMPHORINE n. f. Arbuste (caprifoliacée) aux petites fleurs blanches et dont les baies blanches ont la taille d'une cerise.

SYMPHYLE n. m. (gr. *sumphulos,* de même race). Myriapode nuisible qui ronge les racines des plantes. (Les symphyles ressemblent beaucoup aux insectes aptérygotes les plus primitifs.)

SYMPHYSE n. f. (gr. *sumphusis,* union). **1.** Type d'articulation fixe ou peu mobile unissant deux os par l'intermédiaire d'un fibrocartilage. — **2.** Accolement pathologique des deux feuillets d'une séreuse. — **3.** *Symphyse cardiaque,* soudure anormale des deux feuillets du péricarde par suite d'inflammation. ‖ *Symphyse mentonnière,* crête verticale que présente le corps du maxillaire inférieur. ‖ *Symphyse pleurale,* accolement d'origine inflammatoire, sur une grande surface, des deux feuillets de la plèvre. ‖ *Symphyse pubienne,* amphiarthrose qui unit en avant les deux os iliaques.

SYMPHYSODON n. m. (gr. *sumphusis,* union). Poisson fluvial (cichlidé) comprimé, hôte fréquent des aquariums du fait de ses couleurs chatoyantes.

SYMPHYTE n. m. (gr. *sumphutos,* de même nature). Nom de sous-ordre d'hyménoptères à l'abdomen largement uni au thorax, tels que les tenthrèdes et les sirex. (Les larves, à l'allure de chenilles, sont très nuisibles aux cultures.)

SYMPODE n. m. (gr. *sumpous, -odos,* qui a les pieds joints). Tronc ou rhizome à croissance définie, qui s'allonge par développement de bourgeons latéraux.

SYMPODIAL, E, AUX ou **SYMPODIQUE** adj. Se dit de la croissance d'un végétal dont la tige principale est un sympode.

SYMPOSION [-zjɔn] n. m. (lat. *symposium,* du gr. *sumposion,* de *sumpinein,* boire ensemble). Chez les Grecs, seconde partie d'un banquet ou d'un festin, consacrée à la boisson, aux jeux, chansons, danses et intermèdes divers.

SYMPOSIUM [-zjɔm] n. m. (lat. *symposium,* banquet, du gr. *sumposion*). Réunion ou congrès de spécialistes, consacré à un thème scientifique particulier.

SYMPTOMATIQUE adj. **1.** Relatif à un symptôme. – **2.** Qui est le signe extérieur d'un état de choses, d'une évolution : *Un événement symptomatique.* – **3.** Se dit des affections dont la constatation conduit à penser qu'elles sont provoquées par une autre maladie. – **4.** *Traitement symptomatique,* celui qui consiste à combattre les symptômes d'une maladie sans s'attaquer à ses causes (par oppos. au *traitement étiologique*).

SYMPTOMATIQUEMENT adv. De façon symptomatique.

SYMPTOMATOLOGIE n. f. Étude des phénomènes morbides subjectifs (symptômes) et objectifs (signes) qui caractérisent une maladie.

SYMPTOMATOLOGIQUE adj. Relatif à la symptomatologie.

SYMPTÔME n. m. (bas lat. *symptoma,* du gr. *sumptôma,* de *sumpiptein,* tomber ensemble). **1.** Phénomène subjectif qui traduit les états morbides et qui est lié aux troubles fonctionnels ou lésionnels qui le déterminent. (Il s'agit surtout de douleurs, de troubles de la sensibilité ou de troubles sensoriels.) [Syn. SIGNE FONCTIONNEL.] – **2.** Ce qui permet de deviner un état de fait à venir ou mal connu : *Le symptôme d'une grave crise internationale.*

SYN adj. inv. En chimie, syn. de CIS.

SYNAGOGAL, E, AUX adj. Relatif à la synagogue, au culte qui y est célébré.

SYNAGOGUE n. f. (lat. ecclés. *synagoga,* du gr. *sunagôgê,* assemblée). Édifice où est célébré le culte israélite.

ENCYCL. C'est vraisemblablement durant la Captivité de Babylone (587-538 av. J.-C.) qu'apparaissent, chez les Juifs exilés privés du culte du Temple, détruit, les premières synagogues. Cette institution se maintient et se développe dans les communautés de Palestine et de la Diaspora après le retour d'exil (538) et la reconstruction du Temple (520-515). Ces anciennes synagogues étaient administrées par un notable, l'*archisunagogos,* ou par un conseil de trois notables. De nos jours, le service synagogal est présidé par le rabbin ; le ḥazzan* chante et dirige l'office religieux. La synagogue est généralement orientée vers Jérusalem. Dans une armoire, ou arche sainte, sont déposés les rouleaux de la Loi *(Torah)* ; une lampe, toujours allumée, rappelle la « lumière perpétuelle » qui brillait dans le sanctuaire biblique du Dieu d'Israël. Un candélabre évoque le chandelier à sept branches du Temple de Jérusalem *(menora*)*.

SYNALÈPHE n. f. (bas lat. *synalœphe,* du gr. *sunaloiphê*). Fusion de deux ou plusieurs voyelles en une seule (élision, contraction ou synérèse).

SYNALLAGMATIQUE adj. (gr. *sunallagma, -atos,* échange de relations, de *sunallattein,* unir). Se dit d'un contrat dans lequel les parties s'obligent les unes envers les autres et où la prestation de l'une est la cause de la contre-prestation de l'autre (ex. : vente, échange, etc.). [Syn. BILATÉRAL.]

SYNANCÉE n. f. (gr. *sunagkeia,* embranchement). Poisson verruqueux d'aspect hideux, aux épines venimeuses, des régions littorales de l'Indo-Pacifique.

SYNANTHÉRALE n. f. Nom d'ordre donné aux composées et aux plantes voisines en raison de leurs anthères soudées en manchon aurtour du style.

SYNANTHÉRÉ, E adj. **1.** Se dit des étamines qui sont soudées par leurs anthères et forment un tube où passe le style. – **2.** Se dit des plantes qui les portent.

SYNAPSE n. f. (gr. *sunapsis,* union). **1.** Différenciation morphologique et fonctionnelle des cellules nerveuses assurant la communication d'informations entre les neurones. (→ *encycl.*) – **2.** Communication très fine entre protoplasmes de deux cellules voisines à travers de fins canalicules de la membrane.

ENCYCL. **Neurol.** Il existe deux sortes de synapses.

1° Les *synapses électriques.* Les membranes des deux neurones restent à distance, mais sont unies par un certain nombre de ponts intercellulaires qui permettent le passage de potentiels électriques d'un neurone à l'autre. Ce type de synapse se rencontre surtout chez les vertébrés supérieurs.

2° Les *synapses chimiques.* On distingue un élément présynaptique (bouton terminal) qui contient de nombreuses vésicules où sont stockés les neuromédiateurs. Ces vésicules, proches de la membrane cellulaire, libèrent les neuromédiateurs dans la fente synaptique (espace entre la membrane du neurone présynaptique et celle du neurone postsynaptique). Ces neuromédiateurs, captés par le neurone postsynaptique, y assurent la transmission de l'influx nerveux. Ces synapses existent entre un axone et un autre axone, entre un axone et un corps cellulaire de neurone, un axone et un dendrite, un dendrite et un autre dendrite, un dendrite et un corps cellulaire. Suivant leur effet, on distingue les synapses excitatrices ou inhibitrices.

SYNAPSIDE n. m. (gr. *sunapsis,* union). Nom de sous-classe donné à des reptiles fossiles pourvus d'une seule fosse temporale et qui semblent être les ancêtres directs des mammifères.

SYNAPSIE n. f. (gr. *sunapsis,* union). Unité sémantique composée de plusieurs morphèmes lexicaux (par ex. *pomme de terre, pince à linge, chemin de fer*).

SYNAPSIS [-psis] n. f. Syn. de STADE ZYGOTÈNE*.

SYNAPTIQUE adj. (de *synapse*). Relatif à la synapse.

SYNARCHIE n. f. (gr. *sunarkhia,* pouvoir partagé, de *sunarkhos,* qui participe au pouvoir). **1.** Gouvernement collégial. — **2.** Gouvernement de techniciens et d'hommes d'affaires, tel que le régime de Vichy voulut en fournir l'illustration.

SYNARCHIQUE adj. Qui a les caractères de la synarchie.

SYNARTHROSE n. f. (gr. *sunarthrôsis,* emboîtement). Articulation immobile par essence, telle que celle des os du crâne.

SYNAXE n. f. (lat. ecclés. *sunaxis,* réunion, du gr. *sunaksis*). Assemblée chrétienne dans l'Église des premiers siècles ou dans l'Église grecque actuelle.

SYNCARPE n. m. Fruit composé de plusieurs petites drupes succulentes, groupées en une masse unique, tel que la mûre et la framboise.

SYNCATÉGORÈME n. m. (bas lat. *syncategorema*). En logique, terme privé de signification lorsqu'il est pris isolément et qui sert à déterminer d'autres termes ou propositions (exemple : « quelque », « et »).

SYNCHEILIE [-kɛili] n. f. Soudure cicatricielle des lèvres.

SYNCHISIS ou **SYNCHYSIS** [-kizis] n. m. (gr. *sugkhusis,* confusion). Lésion du globe oculaire, consistant en un ramollissement du corps vitré avec opacités flottant à l'intérieur.

SYNCHROCYCLOTRON [-kro-] n. m. Accélérateur de particules permettant d'atteindre des énergies de l'ordre du GeV pour les protons. (La fréquence d'oscillation du champ électrique est synchronisée avec la fréquence de rotation des ions de façon à tenir compte de l'augmentation relativiste de la masse des ions.)

SYNCHROMACHINE [-kro-] n. f. Petite machine synchrone qui, associée à une machine semblable, permet la téléindication ou la détection angulaire.

SYNCHRONE [-kron] adj. (bas lat. *synchronus,* du gr. *sugkhronos*). Se dit des mouvements qui se font dans un même temps. • **Électr.** *Machine synchrone,* machine à courant alternatif dans laquelle la fréquence des forces électromotrices ou contre-électromotrices et la vitesse sont dans un rapport constant. (La machine peut fonctionner en *moteur* synchrone* ou en *alternateur**.) — **Inform.** et **Télécomm.** Se dit de phénomènes, de machines, de tâches, de signaux ou d'informations dont les rythmes propres sont égaux, multiples ou sous-multiples. ‖ *Calculateur synchrone,* calculateur numérique dont le fonctionnement est rythmé par une horloge. — **Phys.** *Pendule simple synchrone,* pendule simple ayant même période qu'un pendule pesant donné.

SYNCHRONICITÉ n. f. Caractère de ce qui est synchronique.

SYNCHRONIE [-krɔni] n. f. (de *synchrone*). **1.** État de langue considéré à un point donné du temps en fonction de sa structure propre et sans référence à l'évolution qui a pu amener à cet état. — **2.** Simultanéité d'événements, de faits.

SYNCHRONIQUE [-krɔ-] adj. **1.** Qui se passe dans le même temps, synchrone. — **2.** Qui représente ou étudie des faits arrivés en même temps. — **3.** Se dit d'une étude linguistique qui porte sur un état de langue précisément délimité dans le temps, par oppos. à *diachronique.*

SYNCHRONIQUEMENT [-krɔ-] adv. D'une manière synchronique ; dans le même temps.

SYNCHRONISATION [-krɔ-] n. f. **1.** Action de synchroniser, fait d'être synchronisé. — **2.** Action de rendre solidaires et simultanés les mouvements de deux appareils. — **3.** Opération, ou suite d'opérations, par laquelle une machine synchrone est mise en synchronisme avec une autre machine synchrone ou un réseau. — **4.** Action de rendre simultanées la projection de l'image et l'émission du son d'un film, de diapositives et de leur commentaire. — **5.** *Synchronisation du flash,* réglage qui permet de fermer le circuit électrique d'un flash au moment où l'obturateur de l'appareil photographique est ouvert afin que l'éclair qui se produit alors puisse exposer la surface sensible.

SYNCHRONISER [-krɔ-] v. t. (conj. 3). **1.** Faire se produire deux ou plusieurs choses dans le même temps ou dans une succession précise, les coordonner : *Danseurs qui essaient de synchroniser leurs mouvements.* — **2.** Rendre des choses synchrones (mouvements de deux appareils, image et son d'un film).

◆ **être synchronisé** v. pass. **1.** Être exécutés en même temps ou dans un ordre extrêmement précis. — **2.** *Réseau synchronisé,* ensemble d'émetteurs de radiodiffusion dont les fréquences porteuses sont identiques à une fraction de hertz près et qui diffusent le même programme.

SYNCHRONISEUR [-krɔ-] n. m. **1.** Dispositif permettant de réaliser le couplage de deux alternateurs. — **2.** Dans une boîte de vitesses, dispositif servant à amener à la même vitesse deux pignons d'engrenage avant de les faire engrener. — **3.** Disposition réalisant la synchronisation de l'image et du son. — **4.** Facteur du milieu extérieur dont les variations périodiques constituent pour une espèce donnée un repère d'ajustement de ses rythmes biologiques. (Grâce aux synchroniseurs, les rythmes biologiques présentent dans la nature des périodes dont la précision est de l'ordre de quelques minutes.)

SYNCHRONISME [-krɔ-] n. m. (gr. *sugkhronismos,* de *sugkhronidzein,* être contemporain de). **1.** État de ce qui est synchrone ; identité de fréquence entre deux phénomènes périodiques : *Le synchronisme des oscillations d'un pendule.* – **2.** Coïncidence de dates, identité d'époques ; fait que des événements soient simultanés, synchronisés : *Le synchronisme des préparatifs militaires était étonnant.*

SYNCHROTRON [-kro-] n. m. (de *synchro-* et *cyclotron*). **1.** Accélérateur de particules dans lequel le champ magnétique, créé par une suite circulaire d'aimants, augmente durant le cycle d'accélération de telle façon que les particules circulent sur une orbite de rayon fixé. – **2.** *Rayonnement synchrotron,* rayonnement électromagnétique émis par des électrons en mouvement dans un champ magnétique. (→ *encycl.*)

ENCYCL. Croissant avec l'énergie des électrons, le rayonnement synchrotron va de l'infrarouge aux rayons γ. Responsable d'importantes pertes de puissance dans les accélérateurs circulaires, il s'est révélé particulièrement bien adapté à diverses applications scientifiques : métallurgie, étude de la catalyse et des structures biologiques. Le rayonnement synchroton est à l'origine de l'émission radioélectrique du Soleil* lors de certains grands sursauts accompagnant les éruptions chromosphériques ; des restes de supernovae* ; des pulsars* ; des radiogalaxies et des quasars*.

SYNCHYSIS → SYNCHISIS.

SYNCHYTRIUM [-kitrijɔm] n. m. Champignon inférieur, agent de la galle verruqueuse de la pomme de terre.

SYNCINÉSIE n. f. Mouvement involontaire survenant dans un groupe de muscles à l'occasion d'un mouvement volontaire ou réflexe d'une autre partie du corps.

SYNCLINAL, E, AUX adj. (angl. *synclinal*). Relatif à un synclinal.

◆ **synclinal** n. m. **1.** Synforme affectant des couches en série normale. – **2.** *Synclinal perché,* forme d'inversion du relief où l'altitude du fond du synclinal est devenue supérieure à celle des sommets des anticlinaux voisins, dont les couches supérieures ont été érodées.

SYNCLINORIUM [-rjɔm] n. m. (de *synclinal*). Association de plis, presque parallèles entre eux, dont l'ensemble a une allure synclinale.

Syncom, famille de satellites américains de télécommunication, géostationnaires et expérimentaux. Syncom 3, lancé le 19 août 1964, fut le premier satellite de télécommunication géostationnaire à fonctionner.

SYNCOPAL, E, AUX adj. Qui a rapport à la syncope.

SYNCOPE n. f. (bas lat. *syncopa,* du gr. *sugkopê,* de *sugkoptein,* briser). **1.** Perte de connaissance transitoire due à une diminution du débit sanguin cérébral, souvent liée elle-même à un arrêt ou un ralentissement extrême du cœur. – **2.** Disparition d'un ou plusieurs phonèmes à l'intérieur d'un mot (par ex. le passage du latin *eremitum* au français *ermite*). – **3.** Procédé rythmique qui consiste à déplacer, en le prolongeant, un temps faible sur un temps fort ou sur la partie forte d'un temps.

SYNCOPÉ, E adj. Se dit d'un rythme écrit en syncope.

SYNCRÉTIQUE adj. Relatif au syncrétisme.

SYNCRÉTISME n. m. (gr. *sugkrêtismos,* union des Crétois). **1.** Système philosophique ou religieux qui tend à faire fusionner plusieurs doctrines différentes. – **2.** Synthèse de deux ou plusieurs traits culturels d'origine différente, donnant lieu à des formes culturelles nouvelles. – **3.** Système archaïque de pensée et de perception, consistant

RAYONNEMENT SYNCHROTRON

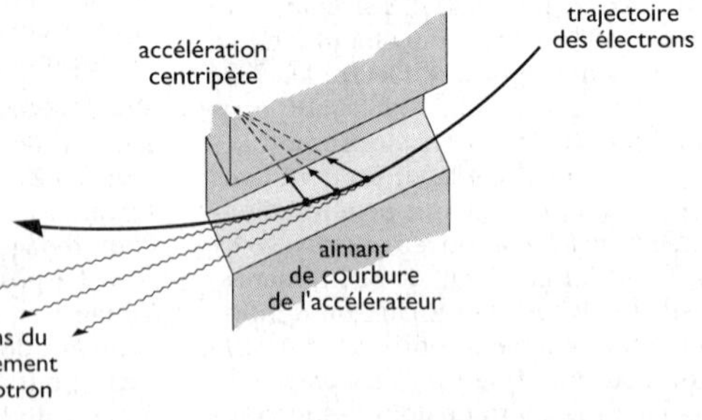

en une perception globale et confuse de différents éléments.

SYNCRÉTISTE adj. et n. Partisan du syncrétisme philosophique ou religieux.

SYNCYTIUM [sɛ̃sitjɔm] n. m. (lat. sc. *syncytium*). Syn. de PLASMODE.

SYNDACTYLE adj. Atteint de syndactylie.

SYNDACTYLIE n. f. Absence congénitale de séparation des doigts ou des orteils.

SYNDERME n. m. Substitut du cuir naturel, obtenu par agglomération de fibres de cuir au moyen de latex ou d'élastomère de synthèse.

SYNDESMIE n. f. Mollusque bivalve commun dans les vases littorales. (Syn. ABRA.)

SYNDESMOPHYTE n. m. Ossification entre deux corps vertébraux, souvent signe de la spondylarthrite ankylosante.

SYNDIC n. m. (bas lat. *syndicus,* du gr. *sundikos,* défenseur). **1.** Mandataire du syndicat de copropriétaires d'un immeuble chargé d'exécuter ses décisions, de le représenter dans tous les actes de la vie civile et d'administrer l'immeuble. – **2.** Président de la chambre syndicale des agents de change. – **3.** Anc. administrateur provisoire d'une entreprise en état de cessation de paiements. (→ ADMINISTRATEUR* JUDICIAIRE.) – **4.** Sous l'Ancien Régime, personne élue par une communauté villageoise pour défendre ses intérêts. (Syn. PROCUREUR.) – **5.** Titre porté par le président d'une commune dans les cantons de Vaud et de Fribourg.

SYNDICAL, E, AUX adj. (de *syndic*). **1.** Relatif à un syndicat : *Conseil syndical.* – **2.** Relatif au syndicalisme : *Revendications syndicales.* – **3.** *Droit syndical,* droit reconnu aux membres d'une même profession de constituer un syndicat ; ensemble des dispositions législatives et réglementaires relatives aux syndicats.

SYNDICALISATION n. f. Action de syndicaliser ; fait d'être syndicalisé.

SYNDICALISER v. t. (conj. 3). **1.** Faire entrer dans une organisation syndicale. – **2.** Organiser les syndicats dans un secteur professionnel.

SYNDICALISME n. m. **1.** Mouvement qui a pour objectif de grouper des personnes exerçant une même profession en vue de la défense de leurs intérêts communs. – **2.** Ensemble des syndicats. – **3.** Action des syndicats, de leurs membres. – **4.** Doctrine visant à faire jouer un rôle aux syndicats dans la vie de la nation.

SYNDICALISTE adj. Relatif au syndicat, au syndicalisme.
◆ n. Militant d'un syndicat.

SYNDICAT n. m. (de *syndic*). **1.** Groupement constitué pour la défense d'intérêts professionnels communs à ses adhérents. (→ *encycl.*) – **2.** *Syndicat d'initiative,* organisme à but non lucratif dont l'objet est de favoriser le tourisme dans une localité ou une région. • **Banq.** *Syndicat d'émission,* groupement de banquiers chargés de placer dans le public les titres émis par les sociétés. (Le *syndicat de placement* sert uniquement d'intermédiaire, le *syndicat de garantie* s'engage à souscrire pour son compte les titres qu'il n'a pu placer.) ‖ *Syndicat financier,* groupement ayant pour objet l'étude ou la réalisation d'une opération financière. – **Dr.** *Syndicat de communes* ou *syndicat intercommunal à vocation unique ou multiple,* établissement public créé par deux ou plusieurs communes en vue de la gestion d'un (ou de plusieurs) service(s) public(s) commun(s). ‖ *Syndicat de copropriétaires,* organisme regroupant tous les copropriétaires d'un immeuble, ayant la personnalité juridique, et qui a pour objet la conservation de l'immeuble et l'administration des parties communes. ‖ *Syndicat interdépartemental,* établissement public créé par deux ou plusieurs départements pour la gestion d'un (ou de plusieurs) service(s) public(s) commun(s). – **Mar.** Circonscription de base de l'administration des Affaires maritimes groupant en général plusieurs communes.

ENCYCL. La loi Le Chapelier (1791) interdit toutes les associations professionnelles. À partir de 1848 sont acquises la liberté d'association puis la suppression du délit de coalition (1864). La loi du 21 mars 1884 (loi Waldeck-Rousseau) reconnaît la liberté syndicale, qui sera affirmée dans le préambule de la Constitution de 1946. La loi du 27 déc. 1968 autorise la création de sections syndicales d'entreprise, dont les moyens sont renforcés par la loi du 28 oct. 1982.

• *Organisation et fonctionnement.* Un syndicat a toute liberté pour se constituer après avoir satisfait à la formalité du dépôt des statuts avec liste nominative de ses administrateurs à la mairie. C'est un groupement de droit privé qui possède la personnalité juridique. Les centrales syndicales sont représentées à divers échelons au niveau local et, depuis 1968, au niveau de l'entreprise.

L'adhésion est libre et facultative. Certaines clauses restrictives d'embauchage *(closed* shop, union* shop),* pratiquées par les syndicats dans les pays anglo-saxons et en Belgique, sont interdites en France. De même, les clauses obligeant l'employeur à n'embaucher ou ne conserver que les adhérents d'un syndicat déterminé sont illicites. Les adhérents, qui paient une cotisation annuelle, doivent exercer des professions similaires ou connexes. La loi de 1920 a admis la licéité des syndicats pour certaines professions (médecins, avocats, architectes, etc.). Dans la fonction publique, les statuts de 1946 et 1959 ont reconnu le droit syndical des fonctionnaires. S'il est interdit aux militaires de constituer des syndicats, les magistrats en ont le droit, reconnu en Conseil d'État.

Le syndicat a exclusivement pour objet l'étude et la défense des droits ainsi que des intérêts matériels et moraux, tant collectifs qu'individuels, des personnes visées par ses statuts. Ses actions s'exercent dans le cadre professionnel, interprofessionnel, au niveau de l'entreprise (→ SECTION* SYNDICALE) ainsi qu'au niveau international.

Les *syndicats représentatifs* sont habilités à signer en matière de négociation collective ou de participation et d'intéressement, à constituer des sections syndicales... Outre ces attributions privilégiant les plus représentatifs, les syndicats ont des représentants dans divers organismes (Commission nationale des conventions collectives, Conseil économique et social, etc.), ainsi qu'au comité d'entreprise, et des délégués syndicaux au niveau de l'entreprise.

SYNDICATAIRE adj. Relatif à un syndicat financier.
◆ n. Membre d'un syndicat financier.

SYNDICATE [-ket] n. m. (amér. *syndicate*). Agence spécialisée dans la vente de séries de bandes dessinées aux journaux du monde entier.

SYNDICATION n. f. Regroupement de banques pour la réalisation d'une ou plusieurs opérations financières.

SYNDIQUÉ, E n. Membre d'un syndicat.

SYNDIQUER v. t. (conj. 3). Organiser des personnes en syndicat.
◆ **se syndiquer** v. pr., **être syndiqué** v. pass. **1.** S'affilier, adhérer à un syndicat. — **2.** Se dit d'un prêt, d'un crédit octroyé en commun par plusieurs établissements de crédit.

SYNDROME n. m. (gr. *sundromê,* concours). **1.** Ensemble de plusieurs symptômes ou signes en rapport avec un état pathologique donné et permettant, par leur groupement, d'orienter le diagnostic. — **2.** *Fig.* Ensemble de comportements particuliers à un groupe humain ayant subi une même situation traumatisante : *Le syndrome du Viêt-nam. Le syndrome de la ville.* — **3.** *Syndrome biologique,* ensemble des modifications biochimiques, physiques, sérologiques, bactériologiques caractérisant un état pathologique donné. ‖ *Syndrome malin,* manifestation de gravité particulière d'une maladie infectieuse, en rapport avec un fléchissement des mécanismes de défense ou en rapport avec un pouvoir pathogène et une virulence particulièrement grands du germe en cause.

SYNECDOQUE n. f. (lat. *synecdoche,* du gr. *sunekdokhê*). Variété de métonymie qui consiste à élargir ou à restreindre le contenu sémantique d'un mot (par ex. *Voir au loin une voile* [= un navire]).

SYNÉCHIE [-ʃi] n. f. (gr. *sunekheia,* épaisseur, de *sunekhein,* tenir attaché). **1.** Adhérences anormales d'organes ou de portions d'organe qui surviennent à la suite d'inflammations ou de traumatismes. — **2.** *Synéchie utérine,* adhérence des parois antérieure et postérieure de l'utérus, qui en obstrue partiellement la cavité et peut empêcher la nidation de l'œuf.

SYNÉCLISE n. f. Unité régionale correspondant à une plate-forme dont le soubassement au centre affaissé est recouvert de sédiments épais. (Contr. ANTÉCLISE.)

SYNÉCOLOGIE n. f. Partie de l'écologie qui étudie les relations des espèces vivantes entre elles, par oppos. à l'*autoécologie.*

SYNECTIQUE n. f. (gr. *sunektikos,* qui comprend en soi). Méthode d'associations libres à partir d'un thème-problème.

SYNÉRÈSE n. f. (lat. *syneresis,* du gr. *sunairesis,* de *sunaireîn,* rassembler). **1.** Fusion de deux voyelles contiguës en une seule syllabe, la première devenant une semi-voyelle (par ex. *souhait* [suɛ] prononcé [swɛ]). [Contr. DIÉRÈSE.] — **2.** Transformation progressive d'un gel gonflé après un changement de conditions physiques qui le pousse à expulser son solvant.

SYNERGIDE n. f. Chacune des cellules situées de part et d'autre de l'oosphère, dans le sac embryonnaire des angiospermes. (Chez le mimosa, les synergides sont fécondées et donnent des embryons surnuméraires.)

SYNERGIE n. f. (gr. *sunergia,* coopération). **1.** Association de plusieurs organes pour l'accomplissement d'une fonction physiologique. — **2.** Mise en commun de plusieurs actions concourant à un effet unique et aboutissant à une économie de moyens : *Profiter des synergies entre deux entreprises.* — **3.** Association de plusieurs médicaments dont les modes d'action différents se renforcent.

SYNERGIQUE adj. Relatif à la synergie, qui résulte d'une synergie.

SYNESTHÉSIE n. f. (gr. *sunaisthêsis,* perception simultanée). Expérience subjective dans laquelle des perceptions relevant d'une modalité sensorielle sont régulièrement accompagnées de sensations relevant d'une autre modalité, en l'absence de stimulation de cette dernière (par ex. audition colorée).

SYNFORME n. f. Pli des couches géologiques dessinant une courbure concave vers le haut.

SYNGAME n. m. (gr. *suggamos,* uni par mariage). Nématode parasite de la trachée des oiseaux, très nuisible aux volailles. (Le mâle et la femelle sont soudés l'un à l'autre en permanence par leur partie génitale.) [Nom usuel *ver fourchu.*]

SYNGAMÉON n. m. (gr. *suggamos,* uni par mariage). Population animale ou végétale dont les membres peuvent se croiser entre eux et échanger des gènes. (Syn. ESPÈCE SYNGAMIQUE.)

SYNGAMIQUE adj. *Espèce syngamique,* syn. de SYNGAMÉON. ‖ *Théorie syngamique de la détermination du sexe,* théorie, largement vérifiée, admettant que le sexe de l'individu est fixé par la fécondation.

SYNGAMOSE n. f. (de *syngame*). Maladie parasitaire des voies respiratoires des oiseaux, provoquée par des syngames.

SYNGE (John Millington), écrivain irlandais (Rathfarnham, près de Dublin, 1871-Dublin 1909). Le réalisme et la poésie de son théâtre, où il mêla dans la plus pure langue anglaise les thèmes folkloriques irlandais et l'observation de la vie quotidienne de province, firent scandale (*la Chevauchée vers la mer,* 1904 ; *la Fontaine aux saints,* 1905 ; *le Baladin du monde occidental,* 1907 ; *Deirdre des douleurs,* 1910).

SYNGE (Richard Laurence Millington), chimiste britannique (Liverpool 1914 - Norwich 1994). Il créa, en 1944, en collaboration avec A. J. P. Martin, l'analyse chromatographique sur papier. Tous deux reçurent, en 1952, le prix Nobel de chimie.

SYNGNATHE [sɛ̃gnat] n. m. Poisson marin cosmopolite des algues de rivages, au corps filiforme et cuirassé de plaques osseuses, au long museau s'ouvrant par une bouche étroite. (Les mâles incubent les œufs fécondés dans un repli ventral.)

SYNGNATHIDÉ [-gna-] n. m. Nom de famille de poissons tels que les syngnathes et les hippocampes.

SYNGNATHIFORME [-gna-] n. m. Nom d'ordre du groupe des syngnathes. (Syn. anc. LOPHOBRANCHE.)

SYNODAL, E, AUX adj. (bas lat. *synodalis*). Relatif à un synode.

SYNODE n. m. (lat. *synodus,* du gr. *sunodos,* réunion). **1.** Assemblée réunie pour l'examen des problèmes de la vie ecclésiale à tous les niveaux. (Dans les Églises orientales, le synode est appelé saint-synode*.) — **2.** À l'époque hellénistique, assemblée fédérale des ligues Achéenne et Étolienne. — **3.** *Synode diocésain,* assemblée consultative et représentative du clergé et des fidèles d'un diocèse que l'évêque réunit pour délibérer sur la vie d'une Église locale. ‖ *Synode épiscopal,* assemblée consultative, créée en 1967, composée d'évêques convoqués par le pape tous les deux ou trois ans pour l'étude de problèmes généraux de l'Église catholique. ‖ *Synodes protestants,* assemblées délibérantes représentatives des Églises réformées à l'échelon régional ou national.

1. SYNODIQUE adj. (bas lat. *synodicus,* du gr. *sunodikos*). Qui émane d'un synode.
◆ n. m. Recueil des décisions des synodes.

2. SYNODIQUE adj. (de *synodique 1*). [*Période de*] révolution synodique, intervalle de temps compris entre deux retours d'une planète à la même position par rapport au Soleil et à la Terre (conjonction, opposition, etc.).

SYNŒCISME [-ne-] n. m. (gr. *sunoikismos,* cohabitation). Réunion de plusieurs villages en une cité. (Les synœcismes ont été fréquents dans la Grèce antique.)

SYNONYME adj. (bas lat. *synonymos,* du gr. *sunônumos*). Se dit de termes que l'on peut substituer l'un à l'autre dans un énoncé sans changer le sens de celui-ci.
◆ n. m. Mot, expression synonyme. (Contr. ANTONYME.)

SYNONYMIE n. f. (lat. *synonymia,* du gr. *sunônumia*). Relation qu'entretiennent entre eux divers termes ou expressions ayant le même sens ou un sens voisin.
ENCYCL. **Ling.** La synonymie absolue (substitution possible dans tous les contextes) n'existe pas dans la langue : il y a toujours entre deux synonymes des nuances de sens ou des nuances stylistiques (registres d'emploi, niveaux de langue). D'autre part, un terme synonyme dans un contexte peut ne pas l'être dans un autre : *interdire* est synonyme de *défendre* dans *je te défends de sortir,* mais non dans *je défends mon frère.*

SYNONYMIQUE adj. Qui concerne les synonymes, la synonymie.

SYNOPSE n. f. (bas lat. *synopsis,* du gr. *sunopsis,* vue d'ensemble). Ouvrage disposant en colonnes parallèles le texte original grec des trois premiers Évangiles (Matthieu, Marc, Luc).

SYNOPSIS [-psis] n. f. (gr. *sunopsis,* vue d'ensemble). **1.** Bref aperçu sur l'ensemble d'une science, d'un objet d'enseignement. — **2.** Tableau synoptique embrassant toutes les parties d'une science.
◆ n. m. Bref exposé écrit d'un sujet de film, constituant l'ébauche d'un scénario.

SYNOPTIQUE adj. (gr. *sunoptikos*). **1.** Qui offre une vue générale d'un ensemble : *Tableau synoptique des genres du règne animal.* — **2.** *Évangiles synoptiques* ou *Synoptiques* (n. m. pl.), nom donné aux trois premiers Évangiles (Matthieu,

Marc, Luc) à cause de leur trame commune. ‖ *Météorologie synoptique,* branche de la météorologie qui représente et analyse les mouvements d'ensemble de l'atmosphère à une échelle donnée.

SYNOSTOSE n. f. (du gr. *osteon,* os). Soudure totale de deux os voisins par oblitération des sutures, souvent observée entre certains os du crâne.

SYNOVECTOMIE n. f. Ablation de la membrane synoviale d'une articulation.

SYNOVIAL, E, AUX adj. **1.** Relatif à la synovie. – **2.** *Gaine synoviale,* fourreau séreux qui entoure les tendons des muscles fléchisseurs et extenseurs des doigts et des orteils. ‖ *Membrane synoviale* ou *synoviale* (n. f.), tissu mince, transparent, qui double la face interne de la capsule articulaire, tapisse toute la cavité articulaire, sauf les surfaces articulaires elles-mêmes, et sécrète la synovie.

SYNOVIE n. f. (lat. sc. *synovia*). Liquide incolore, visqueux, filant, qui lubrifie les surfaces articulaires en facilitant leur glissement. (L'augmentation du liquide synovial constitue l'hydarthrose, appelée couramment *épanchement de synovie.*)

SYNOVIORTHÈSE n. f. Traitement de certaines affections articulaires fondé sur la destruction de la synoviale pathologique.

SYNOVITE n. f. Inflammation d'une membrane synoviale.

SYNTACTICIEN, ENNE n. Linguiste spécialisé dans l'étude de la syntaxe.

SYNTACTIQUE adj. (gr. *suntaktikos,* qui met en ordre). **1.** Syn. rare de SYNTAXIQUE. – **2.** Se dit d'une mousse obtenue en introduisant des cellules préformées (par ex. billes de verre creuses) dans un liant polymère.

SYNTAGMATIQUE adj. (de *syntagme*). **1.** Relatif à un syntagme. – **2.** Se dit des relations existant entre des unités linguistiques qui apparaissent effectivement dans la chaîne parlée. – **3.** *Axe syntagmatique,* axe sur lequel se combinent les unités linguistiques (les phonèmes pour constituer les morphèmes, les morphèmes pour constituer les syntagmes, les syntagmes pour constituer les phrases).

◆ n. f. Étude des unités linguistiques du point de vue de leur succession dans la chaîne parlée.

SYNTAGME n. m. (gr. *suntagma,* combinaison). **1.** Chez Saussure, toute combinaison, dans la chaîne parlée, de deux ou plusieurs unités consécutives (par ex. *relire ; contre tous ; la vie humaine*). – **2.** En linguistique structurale, groupe d'éléments formant une unité dans une organisation hiérarchisée. (On distingue le *syntagme nominal,* le *syntagme verbal,* le *syntagme prépositionnel,* le *syntagme adjectival.*)

SYNTAN n. m. (abrév. de l'angl. *synthetic tannin*). Nom générique des produits aromatiques ou aliphatiques doués de pouvoir tannant vis-à-vis de la peau.

SYNTAXE n. f. (bas lat. *syntaxis,* du gr. *suntaksis,* ordre). **1.** Partie de la grammaire qui décrit les règles par lesquelles les unités linguistiques se combinent en phrases. – **2.** Ensemble de ces règles qui sont caractéristiques de telle ou telle langue. – **3.** En logique, étude des relations formelles entre expressions d'un langage. (La donnée du vocabulaire, des règles de formation et des axiomes et règles d'inférence d'un système est appelée *syntaxe de ce système.*) – **4.** Ensemble des règles d'écriture d'un programme informatique permises dans un langage de programmation et formant la grammaire de ce langage.

SYNTAXIQUE adj. **1.** Relatif à la syntaxe, aux règles qui régissent l'agencement des mots et la construction des phrases. – **2.** Relatif à la syntaxe d'un programme ou d'un langage de programmation. – **3.** *Logique syntaxique,* aspect de la logique qui traite des manipulations combinatoires effectuées sur les systèmes formels, par oppos. à la *logique sémantique.* ‖ *Système syntaxique,* système de lois permettant d'étudier un langage sous son aspect purement formel, sans référence à la signification ou à l'usage qui est fait de ce langage.

SYNTHÉ n. m. *Fam.* Synthétiseur d'un orchestre de variétés.

SYNTHÈSE n. f. (lat. *synthesis,* du gr. *sunthesis*). **1.** Opération intellectuelle par laquelle on réunit en un tout cohérent, structuré et homogène divers éléments de connaissance concernant un domaine particulier. – **2.** Exposé oral ou écrit réunissant ces divers éléments de connaissance : *Écrire une synthèse sur l'histoire de la IVe République.* – **3.** *Litt.* Être ou chose qui rassemble, réunit en soi des éléments d'origines diverses : *Elle est la synthèse parfaite des qualités de son père et de sa mère.* • **Biol.** Opération chimique par laquelle les cellules vivantes fabriquent les diverses substances plastiques, énergétiques ou fonctionnelles dont l'organisme a besoin pour subsister, croître et se multiplier. (→ *encycl.*) – **Chim.** Préparation d'un composé chimique à partir des éléments constitutifs. (→ *encycl.*) – **Chir.** Réunion des parties d'une plaie, des fragments d'un os brisé. – **Opt.** *Synthèse de lumières complémentaires,* superposition de lumières colorées donnant une sensation de lumière blanche. – **Philos.** Chez Descartes, opération qui, par l'examen des causes par leurs effets, démontre ce qui est contenu dans les conclusions (c'est le complément de l'analyse) ; chez Kant, acte constitutif de la connaissance par lequel le sujet établit des liaisons entre ses diverses représentations ; dans la terminologie hégélienne et marxiste, troisième terme d'une contradiction de type dialectique.

ENCYCL. **Biol.** On distingue, du point de vue des aptitudes à la synthèse, trois grands types d'êtres vivants : les *phototrophes* (plantes vertes), qui utilisent l'énergie solaire pour élaborer, à partir de l'eau, du gaz carbonique et des sels minéraux, les glucides, lipides, protides et autres corps organiques complexes ; les *chimiotrophes* (quelques bactéries), qui utilisent pour les mêmes synthèses l'énergie d'oxydation du fer, du soufre, etc. ; les *hétérotrophes* (animaux, champignons), qui doivent ingérer des matières organiques, l'énergie de combustion des unes soldant la dépense de remaniement des autres. Il faut mettre à part les bactéries *prototrophes,* seules capables d'incorporer l'azote de l'air à leurs synthèses.

— **Chim.** La synthèse d'un composé à partir des corps simples constitutifs (synthèse totale : $2H_2 + O_2 \mapsto 2H_2O$) est rarement possible. En procédant par une suite de synthèses partielles, on peut reproduire de nombreuses molécules existant dans les êtres vivants, comme certaines protéines, ou comme la vitamine B12.

SYNTHÉTIQUE adj. (gr. *sunthetikos*). **1.** Qui se rapporte à la synthèse, qui en a les caractères, qui en résulte, par oppos. à *analytique : Raisonnement synthétique.* — **2.** Qui est produit par synthèse : *Fibre synthétique.* — **3.** Qui présente une synthèse, considère les choses dans leur ensemble, leur totalité : *Avoir une vue synthétique de la situation.* — **4.** *Esprit synthétique,* esprit particulièrement apte à la synthèse. • **Biol.** *Théorie synthétique de l'évolution,* doctrine due à l'Américain G. G. Simpson, qui considère l'évolution comme une interaction entre la constitution génétique et la sélection naturelle. — **Ling.** Se dit d'une langue qui tend à réunir en un seul mot plusieurs morphèmes. (Les langues flexionnelles et les langues agglutinantes sont synthétiques.) — **Philos.** *Jugement synthétique,* chez Kant, jugement dont le prédicat n'est pas a priori impliqué dans le sujet.

SYNTHÉTIQUEMENT adv. D'une manière synthétique.

SYNTHÉTISER v. t. (conj. 3). **1.** Préparer un composé chimique par synthèse. — **2.** Contenir en soi une synthèse, être la synthèse de différents éléments : *Tableau qui synthétise des résultats.*

SYNTHÉTISEUR n. m. **1.** Ensemble d'appareillages életroniques, modulaires ou intégrés, conçu pour élaborer des sons. (→ *encycl.*) — **2.** Appareil ou système permettant de réaliser la synthèse de la parole. — **3.** *Synthétiseur d'images,* générateur électronique d'images de télévision, muni d'une mémoire et d'un programme de traitement.

ENCYCL. **Mus.** Chaque paramètre du son (timbre, hauteur, durée, intensité) est contrôlé avec précision à l'aide d'un clavier de type piano et/ou des potentiomètres de réglage. Le synthétiseur est ainsi une machine à fabriquer des sons à partir de signaux électriques, analogiques au début et aujourd'hui numériques. Les performances ont été améliorées par l'emploi de séquenceurs (mémoires linéaires permettant de composer, enregistrer et lire des séquences de notes ou d'accords en temps réel ou non), de mémoires (magnétiques, par microprocesseurs, numériques) et de périphériques. Les instruments récents peuvent être couplés à d'autres instruments électroacoustiques et surtout à des ordinateurs.

SYNTHÉTISME n. m. Technique et esthétique picturales françaises de la fin des années 1880, fondées sur l'usage d'aplats de couleur vigoureusement cernés. (Opposé à l'impressionnisme et dérivant du cloisonnisme d'Anquetin, le synthétisme fut élaboré à Pont-Aven* par É. Bernard et Gauguin ; il influença Sérusier, les nabis et divers artistes symbolistes.)

SYNTHÉTISTE adj. et n. Qui se rapporte au synthétisme ; adepte du synthétisme.

SYNTONE adj. (gr. *suntonos,* qui est d'accord avec). Se dit d'un sujet qui a tendance à vibrer en harmonie avec le milieu dans lequel il se trouve.

SYNTONIE n. f. (gr. *suntonia,* accord de sons). **1.** Caractéristique d'un sujet syntone. — **2.** État résultant de l'accord ou de l'égalité des fréquences de plusieurs appareils ou phénomènes.

SYNTONISATION n. f. Réalisation d'une syntonie.

SYNTONISER v. t. (conj. 3). Réaliser une syntonie.

SYNTONISEUR n. m. Syn. de TUNER.

SYPHAX, roi des Masaesyles de Numidie occidentale († Rome 203 ou 202 av. J.-C.). Il fut d'abord l'allié des Romains contre Carthage, puis son épouse Sophonisbe le fit changer de camp. Il fut battu et fait prisonnier par Scipion.

SYPHILIDE n. f. (de *syphilis*). **1.** Toute lésion cutanée ou muqueuse de la syphilis secondaire ou tertiaire. — **2.** *Syphilide végétante hypertrophique,* syn. de CONDYLOME SYPHILITIQUE.

SYPHILIGRAPHE n. Médecin spécialiste de la syphilis.

SYPHILIGRAPHIE n. f. Étude de la syphilis.

SYPHILIS [-lis] n. f (lat. de la Renaissance *syphilis*). Maladie infectieuse et contagieuse chronique, due à *Treponema pallidum,* intéressant les téguments, les viscères, plus particulièrement le système cardio-vasculaire, et le système nerveux. (Syn. pop. VÉROLE.)

ENCYCL. La syphilis se contracte le plus souvent au cours d'un rapport sexuel. Mais d'autres contaminations sont possibles : syphilis professionnelles (médecins, sages-femmes, infirmières), transfusionnelles ou accidentelles de toutes sortes. C'est une maladie cyclique qui, en l'absence de traitement, passe par trois stades.

1° La période primaire, survenant un mois après la contamination, représentée par le chancre* et durant de quatre à six semaines.

2° La période secondaire, d'une durée de un à deux ans, marquée par des éruptions cutanées et muqueuses (roséole, plaques muqueuses, syphilides, condylomes syphilitiques) et par des troubles divers.

3° La période tertiaire, qui s'étale sur des années, voire des dizaines d'années et qui, dans 25 % des cas, se manifeste, en l'absence de traitement, par des accidents cutanés (gommes, glossites, etc.), ou viscéraux du système cardio-vasculaire (insuffisance aortique et anévrysme de la crosse de l'aorte) et du système nerveux (tabès et paralysie générale, névrite optique pouvant entraîner la cécité). Les accidents tertiaires de la syphilis sont devenus très rares depuis l'emploi de la pénicilline.

La syphilis n'est pas transmissible héréditairement, mais une mère syphilitique non traitée peut contaminer le fœtus pendant sa grossesse. Il s'agit donc d'une *syphilis congénitale.*

La recherche du tréponème se fait à la période primaire directement au niveau du chancre. Depuis la réaction de Bordet-Wassermann (B. W.), de nombreuses réactions sérologiques, non spécifiques (avec antigènes lipidiques) ou immunologiques spécifiques (avec le tréponème comme antigène), ont été mises au point.

À tous les stades et dans toutes les formes, la pénicilline constitue le traitement de la syphilis.

SYPHILITIQUE adj. et n. Relatif à la syphilis ; atteint de la syphilis.

SYPHILOPHOBIE n. f. Crainte morbide de contracter la syphilis.

SYRA → SÝROS.

SYRACUSE, en ital. **Siracusa,** v. d'Italie, sur la côte orientale de la Sicile ; 126 136 hab. *(Syracusains).* Archevêché. Centre commercial et industriel (raffinerie de pétrole et pétrochimie, cimenterie, chantiers navals).

— **Hist.** Syracuse est fondée dans l'îlot d'Ortygie par les Corinthiens, en 734 av. J.-C. Puis la ville s'étend, et est reliée par un pont à la terre à la fin du IIIe s. Elle fonde ses propres colonies en Sicile. En 485, s'installe la tyrannie de Gélon, qui accroît Syracuse des habitants de Gela, de Camarine et de Mégare Hyblaia. En 480 av. J.-C., Gélon bat les Carthaginois à Himère. Son frère, Hiéron Ier (478-466 av. J.-C.), vainqueur des Étrusques à Cumes (474), continue son œuvre. Syracuse redevient une démocratie en 466. Elle doit lutter contre les Sicules révoltés (450) et résister à une expédition athénienne qui s'achève par un désastre pour celle-ci (414-413). Denys* l'Ancien (405-367 av. J.-C.) sauve Syracuse des Carthaginois, et établit une tyrannie militaire. En fait, il partage l'île avec Carthage. Son fils Denys le Jeune est chassé deux fois : par Dion (356 av. J.-C.), puis par Timoléon (344 av. J.-C.), restaurateur des institutions démocratiques. En 317 av. J.-C., Agathocle se déclare roi de Sicile et lutte contre les Carthaginois. Son successeur Hiéron II (265-215 av. J.-C.) rétablit la paix et s'allie aux Romains. Mais Hiéronymos (215 av. J.-C.) s'allie aux Carthaginois. Le consul Marcellus s'empare alors de la ville, à la défense de laquelle participe Archimède, après un des plus grands sièges (213-212 av. J.-C.) de l'Antiquité.

— **Bx-arts.** Vestiges antiques grandioses : temples doriques d'Apollon (début du VIe s. av. J.-C.) et d'Athéna (Ve s.) transformé en cathédrale (VIIe-XVIIIe s.), fontaine Aréthuse ; théâtre du Ve s., remanié au IIIe s. av. J.-C., amphithéâtre, « autel d'Hiéron » et latomies (anciennes carrières actives dès le VIe s. av. J.-C.) ; fortifications, dites Château de l'Euryale, remontant à Denys l'Ancien. Églises et palais du Moyen Âge. Monuments baroques, surtout du XVIIIe s. Moderne Musée archéologique ; Musée régional dans le palais Bellomo, des XIIIe-XVe s.

— **Mil.** C'est près de Syracuse que fut signée, le 3 sept. 1943, la convention d'armistice entre l'Italie et les Alliés.

SYRACUSE, v. des États-Unis (New York) ; 170 100 hab. Université. Centre commercial et industriel.

SYRAH n. f. Cépage rouge, cultivé sur les côtes du Rhône, donnant des vins colorés et corsés. (Syn. MARSANNE NOIRE.)

SYR-DARIA, anc. **Iaxarte**, le plus long fleuve de l'Asie centrale ; 3 019 km avec le Naryn (bassin de 219 000 km^2). Il est issu des Tian Shan et se termine en delta dans la mer d'Aral. Alimenté par la fonte des neiges et des glaciers, il est surtout utilisé pour l'irrigation.

SYRIAM, port de Birmanie, sur la rivière de Rangoon. Fondé au VIe s. av. J.-C., Syriam fut longtemps le principal port de Birmanie. Annexe industrielle de la capitale (raffinerie de pétrole).

SYRIAQUE n. m. (lat. *syriacus,* de Syrie). Langue sémitique ancienne appartenant à l'araméen oriental.
◆ adj. Relatif au syriaque.
ENCYCL. Le syriaque, dialecte d'Édesse, acquiert toute son importance à partir du IIe s. apr. J.-C., quand cette ville devient l'un des centres du christianisme oriental. Plus tard, il sera, après le grec, la langue la plus importante de l'Empire romain d'Orient et verra s'épanouir, du IIIe au VIIIe s., une immense littérature, surtout religieuse.

SYRIE, région historique de l'Orient comprise entre la Méditerranée, l'Euphrate l'Amanos et le Sinaï. Cet ensemble est, de nos jours, partagé entre la Turquie, la Syrie, le Liban, la Jordanie et Israël ; il constitue, sur 700 km du nord au sud, une bande habitée de 80 à 200 km de largeur entre la mer et la steppe désertique. Zone de passage entre l'Égypte, la Mésopotamie et l'Anatolie, pourvue d'une côte riche en escales, couverte autrefois d'épaisses forêts sur le Liban et l'Anti-Liban, la Syrie fut toujours un lieu de rencontre des cultures.

la Syrie antique

• *Premiers empires ; les Cananéens.* Les rois d'Ebla constituent le premier empire connu (v. 2350-2220), qui s'étend de l'Euphrate à l'Anatolie. Il s'y développe une culture écrite de langue sémitique, où les apports sumériens sont assimilés. Pendant trois à quatre siècles, la Syrie est troublée par les migrations de nouveaux peuples sémitiques. Narām-Sin, roi d'Akkad, détruit Ebla (v. 2200). Amorrites en Mésopotamie et en Syrie, Hourrites dans la boucle de l'Euphrate bouleversent les cités syriennes. Finalement, tout l'ouest de la Syrie voit se développer une culture originale, dite cananéenne, dont le premier grand centre est Byblos.
• *Cités syriennes et grands empires (XXe-XIIIe s. av. J.-C.).* La Syrie établit des liens qui ne cesseront plus avec le monde égéen, Chypre et l'Égypte. Cités et royaumes mésopotamiens envoient leurs marchands dans les cités cananéennes. Politiquement, la Syrie demeure éclatée entre de petits royaumes ; l'akkadien demeure la langue de communication internationale.
À partir du XVIIe s., les grands empires se disputent l'hégémonie : Hittites d'Anatolie, Mitanniens de haute Mésopotamie, Égyptiens du Nouvel Empire dont les souverains multiplient les campagnes. Les souverains hittites et égyptiens se partagent la Syrie au XIIIe s. av. J.-C. après plusieurs siècles de conflits (bataille de Qadesh, 1299). En dépit de ces guerres, les cités syriennes de la côte connaissent leur âge d'or, d'Ougarit au nord (où une culture cosmopolite s'élabore, et où le premier alphabet a été mis au point), aux cités cananéennes de Palestine, au sud : mondes mycénien, mésopotamien et égyptien y mêlent leurs apports.
• *Un siècle de désastres (XIIIe-XIIe s. av. J.-C.).* De tous côtés, le monde syrien est assailli. De la steppe orientale sortent de nouveaux envahisseurs sémites, les Araméens ; du nord, arrivent des bandes que les textes égyptiens ont appelées « Peuples de la Mer ». L'Empire hittite s'effondre ; Ougarit disparaît vers 1190 ; sur le moyen Euphrate, Emar est ruinée en 1187 ; dans le sud, les Israélites conquièrent les cités cananéennes. Quand un équilibre se restaure, quatre ensembles émergent : les cités cananéennes de la côte, que les Grecs vont appeler phéniciennes, les petits royaumes du Nord (néohittites) et de l'Est (araméens), et la Palestine, longtemps partagée entre les Israélites et les cités cananéennes.
• *Les nouveaux maîtres (IXe s. av. J.-C.-VIIe s. apr. J.-C.).* Les grands empires, assyrien et néobabylonien, détruisent un à un les royaumes indépendants ; après 743, Damas et Israël disparaissent ; en 587, c'est le tour de Jérusalem, en 573, celui de Tyr. Les Araméens imposent peu à peu leur langue et leur culture. L'Empire perse, qui doit régulièrement ramener les villes phéniciennes à l'obéissance, favorise ce nivellement.
Conquise par Alexandre, la Syrie est un champ de bataille entre Lagides et Séleucides. Les fondations de cités, la politique d'hellénisation modifient profondément les données culturelles, même si les Juifs refusent le mode de vie hellénique et forment un royaume indépendant à la fin du IIe s. av. J.-C. Les Romains annexent la Syrie en 64 av. J.-C. Ils répriment deux révoltes juives (66-70 apr. J.-C. et 132-135), achevant la dispersion des Juifs de Judée. Dans le monde gréco-romain, le culte des divinités cananéennes et araméennes, plus ou moins heureusement assimilées aux dieux occidentaux, connaît une large extension. Inversement, la culture hellénique pénètre profondément les peuples de Syrie, comme en témoigne l'art nabatéen et l'art palmyrénien.
La Syrie est un enjeu entre le monde romain et le monde parthe, puis entre l'Empire d'Orient et l'Empire sassanide. En 262 apr. J.-C., les princes de Palmyre ont arrêté les Perses et Zénobie a fondé pour 10 ans un royaume indépendant. La région souffre quand le Sassanide Khosrô Ier mène une guerre offensive : Antioche est prise en 540 et sa population déportée. Les Sassanides reprennent encore Antioche (611), puis Jérusalem (614). L'empereur Héraclius reconquiert, après 622, la Syrie qui redevient byzantine ; enfin viendront les invasions arabes.

Cependant, dans l'Empire d'Orient ou byzantin, la Syrie demeure une province riche et active. La population, de culture mêlée, parle araméen (syriaque dans le Nord) et grec. Antioche est le siège d'un patriarcat ; la Syrie elle-même est un des foyers intellectuels du christianisme, où se développent plusieurs courants de pensée hérétiques : arianisme, nestorianisme, monophysisme ; leurs adeptes peuvent confondre lutte religieuse et lutte autonomiste contre l'autorité de Constantinople, gardienne de l'orthodoxie. Vaincus sur le Yarmouk (636), les Byzantins capitulent en 640 dans Césarée.

la Syrie arabe

Le gouverneur musulman Mu'āwiya se fait reconnaître calife en 661 et fonde la dynastie omeyyade. Damas remplace Médine comme capitale du monde musulman et le demeure jusqu'en 750. Les villes et l'architecture musulmane arabe se développent. L'usage de la langue arabe se répand et les lettrés chrétiens autochtones jouent un rôle essentiel dans l'administration et la culture. Après l'avènement du califat 'abbāsside (750), Bagdad devient la capitale de l'Empire musulman. Le morcellement de celui-ci entraîne la formation de plusieurs principautés autonomes autour de Damas et de la Palestine, liées à l'Égypte sous les Ṭūlūnides (879-905), les Ikhchīdides (935-969) et les Fāṭimides (969, 970-1076), ainsi qu'autour d'Alep, dont celle des Ḥamdānides (944-1003) qui sont aux prises avec les Byzantins. Les mouvements chī'ites des xe, xie et xiie s. touchent la Syrie par l'une des branches des Qarmates, par les Druzes (issus des Ismaéliens fāṭimides d'Égypte), par les « Assassins » (Ismaéliens nizārites) et par la dissidence proprement syrienne des 'Alawītes (ou Nuṣayrīs), dont les communautés persistent de nos jours. Les Turcs seldjoukides opèrent une restauration sunnite de 1060 à 1092, juste avant l'arrivée des croisés et la fondation des États latins sur le littoral syrien (1098-1109). Sous les assauts des Zangīdes (1127-1176), des Ayyūbides (Saladin et ses descendants, 1176-1260), puis des Mamelouks d'Égypte et de Syrie (1260-1516), ces États s'amenuisent et le dernier d'entre eux tombe en 1291. Les Mamelouks s'illustrent surtout de 1260 à 1300 dans la résistance victorieuse aux invasions mongoles qui ont submergé l'Iran et l'Iraq.

la Syrie ottomane (1517-1918) puis française

Les Ottomans s'imposent en Syrie et en Égypte (1516-17) contre les Mamelouks et perfectionnent leur administration par la décentralisation. Ainsi le Mont-Liban jouit-il de plus en plus d'une autonomie druze et maronite ; les pachas de Syrie deviennent au xviiie s. presque indépendants de la Porte. Au xixe s., Méhémet-Ali, pacha d'Égypte, et son fils Ibrahim s'imposent en Syrie (1831-1841) en s'appuyant notamment sur les maronites. Cela provoquera ultérieurement les graves conflits confessionnels antimaronites de 1858-1860 et l'intervention militaire française. Un sentiment national arabe naît à Damas, à Beyrouth et en Palestine dans les années 1910 et s'incarne dans la « révolte arabe » contre les Turcs de 1916-1918 aux côtés des Britanniques, et dans les Congrès nationaux arabes de Damas (1919 ; 1920). Mais Fayṣāl, roi des Arabes, est chassé de Damas par les Français en juill. 1920. À cette date, le mandat confié par la S. D. N. à la France transforme le sandjak autonome du Mont-Liban en République du Grand-Liban, à majorité maronite. La Syrie française, amputée du Grand-Liban et de la Palestine, confiée aux Anglais, est elle-même divisée en plusieurs États : ceux d'Alep, de Damas (qui seront par la suite fédérés sous le nom de Syrie), l'État des Alaouites, le gouvernement autonome de la montagne druze, la province d'Alexandrette (qui sera cédée aux Turcs en 1939). La résistance nationale s'oppose à l'administration française et au morcellement du pays et anime les campagnes de 1920 (contre l'occupation française), de 1925-1927 (dans le djebel Druze) et l'agitation nationaliste de 1936. La Syrie est occupée en juin 1941 par des troupes britanniques appuyées par des forces de la France libre commandées par Catroux. Dès la fin de 1943, la suppression du mandat est prévue. En 1945 se développe à Damas un mouvement en faveur de la restauration de la Grande Syrie, favorisé par les Britanniques. Puis l'évacuation des troupes franco-britanniques en 1946 permet l'accession du pays à l'indépendance dans ses frontières actuelles.

SYRIE, en ar. **Sūriya,** État de l'Asie occidentale, sur la Méditerranée ; 185 000 km² ; 15 170 000 hab. *(Syriens).* CAP. *Damas.* LANGUE : *arabe.* MONNAIE : *livre syrienne.*

Géographie. La Syrie est une voie de passage traditionnelle entre l'Orient et l'Occident. En dehors des ports (Lattaquié, Bāniyās, Tartous), les grandes villes (Alep, Ḥamā, Homs, Damas) sont situées dans des bassins en limite des régions steppiques et du désert qui occupe l'est du pays. Au nord-ouest, le djebel Anṣariyya isole une plaine côtière chaude et humide, domaine de la polyculture méditerranéenne. Vers l'est, la zone du « Croissant fertile » reçoit entre 200 et 400 mm de pluies. Steppe herbeuse à l'état naturel, elle est localement irriguée et produit des céréales, du coton et des fruits. La vallée de l'Euphrate fait l'objet de grands travaux d'irrigation, à partir du barrage de Ṭabqa. La population a un fort taux d'accroissement. Concentrée dans l'ouest du pays, elle est aujourd'hui en majeure partie urbanisée. Le secteur agricole emploie environ le quart de la population active. Les cultures (blé, orge, coton, fruits et légumes, tabac) sont complétées par l'élevage ovin. Puis ce sont les ressources du sous-sol, pétrole et gaz

essentiellement, qui constituent les principales ressources finançant l'industrie (sidérurgie, coton, engrais).
Les tensions internationales et régionales ont un fort impact sur la vie économique du pays et les dépenses militaires pèsent fortement sur le budget.

Histoire.
1941 : Le général Catroux, au nom de la France libre, proclame l'indépendance du pays.
1943-44 : Le mandat français sur la Syrie prend fin.
1946 : Les dernières troupes françaises et britanniques quittent le pays.
1948 : La Syrie participe à la première guerre israélo-arabe.
1949-1956 : Des putschs portent au pouvoir des chefs d'État favorables ou hostiles aux Hāchémites.
1958-1961 : L'Égypte et la Syrie forment la République arabe unie.
1963 : Le parti Baath, nationaliste et révolutionnaire, prend le pouvoir.
1967 : La troisième guerre israélo-arabe s'achève par l'occupation du Golan par Israël.
1970 : Ḥāfiẓ al-Asad accède au pouvoir.
1973 : La Syrie s'engage dans la quatrième guerre israélo-arabe.
À partir de 1976, elle intervient militairement au Liban et renforce, en 1985, son contrôle sur le pays, consacré en 1991 par un traité de fraternité syro-libanais.
1991 : Lors de la guerre du Golfe, la Syrie participe à la force multinationale engagée contre l'Iraq. Depuis 1994, des négociations se déroulent entre la Syrie et Israël sur la restitution du Golan et sur la normalisation des relations entre les deux pays.

SYRIE *(désert de),* région aride de l'Asie occidentale, aux confins de la Syrie, de l'Iraq et de la Jordanie.

SYRIEN, ENNE adj. et n. **1.** De Syrie. — **2.** Se dit des chrétiens du Malabār (Kerala, Inde), région où l'apôtre Thomas serait venu prêcher l'Évangile. — **3.** *Déesse syrienne,* nom donné à Ashtart dans le monde hellénistique et romain. ‖ *Église syrienne,* Église orientale de rite syrien ou chaldéen, employant la langue syriaque dans la liturgie. ‖ *Rite syrien,* rite des patriarcats d'Antioche et de Jérusalem commun aux monophysites et aux catholiques.
◆ **syrien** n. m. Dialecte arabe parlé en Syrie.

SYRINGA n. m. (lat. sc. *syringa*). Nom générique du lilas.

SYRINGOMYÉLIE n. f. Malformation congénitale caractérisée par la présence dans la moelle épinière cervicale d'une fente située dans la substance grise en arrière de l'épendyme et s'étendant sur plusieurs segments médullaires. (Son principal effet est de détruire les fibres commissurales qui véhiculent les sensibilités thermique ou douloureuse.)

SYRINX n. f. (lat. *syrinx, -ingis,* du gr. *surigks, -iggos*). **1.** Nom donné par les Grecs anciens à la flûte de Pan. — **2.** Organe du chant des oiseaux, situé à la bifurcation de la trachée ou sur la trachée elle-même.

SYRINX, nymphe d'Arcadie, qui, poursuivie par Pan, fut changée en roseaux, avec lesquels Pan construisit la flûte champêtre (*syrinx,* ou *flûte de Pan*).

SYRO-CHALDÉEN, ENNE [-kal-] adj. (pl. *syro-chaldéens, ennes*). **1.** Se disait de l'Église de Perse, ou Église assyrienne. — **2.** Se dit des Églises nestoriennes, dont la langue liturgique est le syriaque et qui sont de rite chaldéen.

SYRO-MALABARE ou **SYRO-MALABRE** adj. (pl. *syro-malabares, -malabres*). Se dit des malabares monophysites de rite syrien (et improprement des malabares catholiques de rite chaldéen, dont le syriaque est la langue liturgique).

SÝROS ou **SYRA,** île grecque de l'archipel des Cyclades ; 86 km^2. Ch.-l. *Ermoúpolis.* Vergers et vignobles.

SYROVÝ (Jan), général tchécoslovaque (Třebíč, Moravie, 1888 - ? 1971). Il commanda en 1918-19 les armées tchèques engagées en Sibérie contre l'Armée rouge. Chef du gouvernement en 1938, il fit accepter par le pays les accords de Munich. Condamné à vingt ans de réclusion en 1947, il fut amnistié en 1960.

SYRPHE n. m. (lat. sc. *syrphus,* p.-ê. du gr. *surphaks,* tas d'immondices). Mouche (syrphidé) dont la larve se nourrit de pucerons.

SYRPHIDÉ n. m. Famille de mouches orthoraphes telles que syrphe, volucelle, éristale et genres voisins.

SYRRHAPTE n. m. (gr. *surrhaptein,* coudre ensemble). Gros oiseau des régions désertiques ou steppiques d'Asie, insectivore et granivore, voisin des gangas.

SYRTE *(golfe de),* échancrure du littoral libyen de la Méditerranée entre Benghazi et Misourata. Il a porté autrefois le nom de la *Grande Syrte,* par opposition au golfe de la *Petite Syrte,* l'actuel golfe de Gabès.

SYSTÉMATICIEN, ENNE n. Biologiste spécialiste de systématique.

SYSTÉMATIQUE adj. (bas lat. *systematicus,* du gr. *sustêmatikos*). **1.** Qui est fait avec méthode, procède d'un ordre déterminé à l'avance : *Un classement systématique.* — **2.** Qui pense et agit selon un système, d'une manière absolue, sans jamais se démentir : *Une opposition systématique.* — **3.** Qui juge de façon péremptoire selon son propre système de valeurs. — **4.** Qui se fait de manière invariable : *Dès que je dis blanc, il dit noir, c'est systématique.* — **5.** Relatif à un système, à une systématique. — **6.** *Échantillonnage systématique,* méthode d'échantillonnage qui permet d'extraire un échantillon représentatif d'une population lorsque celle-ci a été ordonnée suivant un système.

◆ n. f. **1.** Ensemble de faits, de données, de méthodes érigés en système ou relevant d'un système. — **2.** Partie de la biologie qui traite de la classification hiérarchisée des êtres vivants.

SYSTÉMATIQUEMENT adv. **1.** D'une manière systématique, d'après des règles préconçues et coordonnées : *Des faits systématiquement groupés.* — **2.** D'une manière constante, suivie : *S'abstenir systématiquement.*

SYSTÉMATISATION n. f. Action de systématiser ; fait d'être systématisé.

SYSTÉMATISER v. t. (conj. **3**). Réduire qqch en système, l'organiser en un système : *Systématiser des données empiriques.*

◆ **être systématisé** v. pass. *Délire systématisé,* délire dans lequel les idées délirantes sont organisées progressivement et donnent une impression de cohérence et de logique.

SYSTÉMATISME n. m. Caractère systématique.

SYSTÈME n. m. (bas lat. *systema,* du gr. *sustêma,* composition). **1.** Ensemble organisé de principes coordonnés de façon à former un tout scientifique ou un corps de doctrine : *Système philosophique.* — **2.** Ensemble d'éléments considérés dans leurs relations à l'intérieur d'un tout fonctionnant de manière unitaire : *Le système nerveux. Les différents systèmes politiques.* — **3.** Ensemble de procédés, de pratiques organisées, destinés à assurer une fonction définie : *Système d'éducation.* — **4.** Moyen, plan employé pour obtenir un résultat : *Le système de défense de l'accusé. Un bon système pour faire fortune.* — **5.** Appareillage, dispositif formé de divers éléments et assurant une fonction déterminée : *Un système de fermeture. Système optique.* — **6.** Société considérée comme un ensemble structuré et rigide : *Entrer dans le système.* — **7.** Tendance à penser et à agir selon un ensemble de valeurs rigide et dogmatique : *Il y a une part de système dans sa défense.* — **8.** *Arg.* À Saint-Cyr, élève de la promotion des anciens chargé de la formation des jeunes aux traditions de l'école. — **9.** *Par système,* systématiquement, de parti pris. ‖ Fam. *Taper, courir, porter sur le système à qqn,* l'exaspérer. • **Agric.** *Système de production,* combinaison des productions végétales et animales, des facteurs de production (consommations intermédiaires) et de moyens de production (terres, machines, main-d'œuvre) dans une exploitation agricole. — **Anat.** Appareil organique caractérisé par un tissu dominant et par une répartition étendue à toutes les parties du corps (système nerveux, musculaire, osseux, pileux, etc.). — **Arm.** *Système d'artillerie,* ensemble de canons de divers calibres construits à la même époque suivant les mêmes principes et possédant des caractéristiques voisines (le *système de Bange,* le *système Gribeauval*). — **Bât.** *Système constructif,* ensemble cohérent de composants industrialisés. — **Écon.** *Analyse de système,* technique destinée à saisir et à traiter les problèmes économiques dans leur complexité. (Syn. SYSTÉMIQUE.) ‖ *Système économique,* corps de doctrine économique (le *système libéral,* le *système socialiste*) ; ensemble économique plus ou moins vaste désignant une économie dans son ensemble (le *système soviétique,* le *système américain*) ; partie de cette économie formant un tout plus ou moins cohérent (le *système français des prix agricoles*). ‖ *Système économique mondial (S. E. M.),* concept employé par les économistes, notamment du développement et de l'échange international, et qui éclaire l'interpénétration de l'économie mondiale, dès le milieu du XIXe s., en un tout unifié à l'échelle planétaire. ‖ *Système monétaire européen* → MONÉTAIRE. — **Géol.** Unité stratigraphique de rang supérieur, subdivisée en séries dont l'équivalent géochronologique est la période d'une durée moyenne de 50 à 60 millions d'années. ‖ *Système orogénique,* ensemble des massifs montagneux appartenant au même cycle orogénique (par ex., le système alpin). — **Inform.** *Ingénieur système,* ingénieur chargé de la définition et de la mise au point des systèmes d'exploitation des ordinateurs. ‖ *Système d'exploitation,* logiciel assurant la gestion du fonctionnement d'un ordinateur. (→ *encycl.*) ‖ *Système informatique,* ensemble de moyens d'acquisition, de traitement, de stockage et de restitution de données, et de moyens de télécommunication mis en œuvre pour une application ou un ensemble d'applications spécifiés. — **Log.** *Système formel,* ensemble exhaustif des formules qui peuvent être obtenues par l'application de règles. — **Math.** *Système d'équations* (respectivement *d'inéquations*), ensemble d'équations (respectivement d'inéquations) qui doivent être satisfaites simultanément. — **Méd.** *Système ABO* → ABO. ‖ *Système HLA* → HLA. — **Météo.** *Système nuageux,* ensemble des différents types de nuages qui accompagnent une perturbation complète. — **Philos.** Ensemble de propositions, de thèses concernant la nature de l'homme, sa finalité, l'histoire du monde, etc., présenté de façon cohérente, logique et accessible. — **Psychan.** Syn. rare de INSTANCE. — **Sociol.** *Système social,* modèle théorique qui décrit et analyse l'interaction sociale humaine. — **Sports.** Ensemble formé par la dame de nage et l'axe, fixé à l'extrémité du portant et dans lequel prend appui l'aviron. — **Télév.** Ensemble de spécifications qui définissent les caractéristiques permanentes d'un signal de télévision de façon à permettre la synthèse de l'image. (Syn. NORMES [DE TÉLÉVISION], STANDARD [DE TÉLÉVISION].)

ENCYCL. **Inform.** Dans un ordinateur, le *système d'exploitation* gère tous les transferts d'informations, établit les communications avec l'extérieur, constitue des files d'attente de travaux et de résultats, assure l'enchaînement automatique des travaux, optimise la gestion des ressources, respecte les priorités relatives demandées entre tâches, analyse son propre fonctionnement pour son optimisation et son dépannage. Il doit être adapté à la configuration particulière du système informatique.

SYSTÈME(-)EXPERT n. m. (pl. *systèmes*[-] *experts*). Ensemble de logiciels dont les capacités de résolution de problèmes nouveaux dans un domaine donné sont assimilables à celle d'un expert humain spécialiste de ce domaine.

SYSTÉMICIEN, ENNE n. Spécialiste de systémique.

SYSTÉMIQUE adj. **1.** Se dit d'une approche scientifique des systèmes politiques, économiques, sociaux, etc., qui s'oppose à la démarche rationaliste en abordant tout problème comme un ensemble d'éléments en relations mutuelles. (Cette approche s'appuie sur les découvertes réalisées dans les autres disciplines : cybernétique et théorie de l'information, biologie, linguistique, anthropologie.) — **2.** Se dit des produits phytosanitaires véhiculés par la sève, ce qui leur permet d'agir au niveau de tous les organes de la plante. — **3.** Se dit d'une affection qui atteint électivement les tissus d'un système anatomique donné (osseux, nerveux, conjonctif, etc.) dans leurs diverses localisations.
◆ n. f. **1.** Syn. de ANALYSE DE SYSTÈME*. — **2.** Théorie qui considère que tous les savoirs organisés, notamment en sciences humaines, sont susceptibles d'être reliés entre eux de telle sorte qu'ils constitueraient un ensemble cohérent.

SYSTOLE n. f. (lat. *systole,* du gr. *sustolê,* contraction). Période de contraction du muscle cardiaque, qui se fait séparément pour chacune des cavités du cœur, mais de manière que les deux systoles ventriculaires soient isochrones, de même que les deux systoles auriculaires. (Contr. DIASTOLE).

SYSTOLIQUE adj. Relatif à la systole.

SYZRAN, v. de Russie, près de Samara, sur la Volga ; 179 000 hab. Centre industriel d'un bassin producteur de pétrole et de gaz naturel.

SYZYGIE n. f. (bas lat. *syzygia,* du gr. *sudzugia,* union). Nouvelle lune ou pleine lune.

SZABÓ (Dezsö), écrivain hongrois (Kolozsvár 1879 - Budapest 1945). Son roman *le Village dans la débâcle* (1919), description de la vie hongroise marquée d'un pessimisme amer et violent, le rendit célèbre.

SZABÓ (Lörinc), poète hongrois (Miskolc 1900 - Budapest 1957). D'expressionniste et révoltée (*Chefs-d'œuvre de Satan,* 1926), sa poésie est devenue élégiaque et amère (*Paix séparée,* 1936).

SZÁLASI (Ferenc), homme politique hongrois (Kassa 1897 - Budapest 1946). Fondateur et chef des Croix fléchées, qui prirent le pouvoir en Hongrie en oct. 1944, il fut exécuté comme criminel de guerre.

SZAMOS → SOMEŞ.

SZASZ (Thomas Stephen), psychiatre et psychanalyste américain d'origine hongroise (Budapest 1920). Son œuvre est une critique des institutions psychiatriques conduite à partir d'une conception humaniste et individualiste du sujet libre (*Fabriquer la folie,* 1970).

SZCZECIN, port de Pologne, au débouché de l'Odra, ch.-l. de voïévodie ; 414 200 hab. Ancienne résidence des ducs de Poméranie, c'est aujourd'hui la plus grande ville de la Poméranie (Pomorze) occidentale, le deuxième port du pays (15 Mt avec l'avant-port de Świnoujście, dont une partie en transit vers la Rép. tchèque), un nœud important de communications et un centre industriel (chantiers navals, conserveries, engrais et fibres synthétiques, fonderies, papeteries, confection). [En all. *Stettin.*]

SZEGED, v. de Hongrie, district urbain (113 km^2) au confluent de la Tisza et du Maros ; 176 000 hab. Université. Ville administrative et industrielle.

SZÉKESFEHÉRVÁR, anc. **Albe Royale,** v. de Hongrie, au S.-O. de Budapest ; 108 000 hab. Fondée par Étienne Ier, elle fut la ville du couronnement des Árpád. Ville baroque (XVIIIe s.) et néoclassique, avec une église gothique du XVe s. Musée lapidaire (vestiges romains, romans, etc.). Pinacothèque. Centre administratif et industriel.

SZEKLERS ou **SICULES** (en hongr. **Székelyek**), groupe ethnique hongrois de Transylvanie. Probablement d'origine turque, les Szeklers étaient chargés de la défense de la frontière du Sud-Est.

SZENT-GYÖRGYI (Albert), biochimiste américain d'origine hongroise (Budapest 1893 - Woods Hole, Massachusetts, 1986). On lui doit la découverte de la vitamine C, ou acide ascorbique, qui lui valut le prix Nobel de médecine en 1937.

SZERYNG (Henryk), violoniste polonais naturalisé mexicain (Żelazowa Wola 1918 - Kassel 1988). Virtuose international, il a fait connaître des œuvres contemporaines écrites pour lui.

SZEWINSKA (Irena), née **Kirzenstein,** athlète polonaise (Varsovie 1946). Elle a détenu les records du monde des 100, 200 et 400 m, été championne d'Europe (200 m, saut en longueur et 4 × 100 m en 1966 ; 100 et 200 m en 1974) et olympique (4 × 100 m en 1964 ; 200 m en 1968 ; 400 m en 1976).

SZIGLIGETI (József SZATHMÁRY, dit **Ede**), acteur et auteur dramatique hongrois (Váradolaszi 1814 - Budapest 1878), créateur du drame populaire en Hongrie (*le Déserteur,* 1843 ; *le Prétendant,* 1868).

SZILARD (Leo), physicien américain d'origine hongroise (Budapest 1898 - La Jolla, près de San Diego, Californie, 1964). Collaborateur de Fermi, il a réalisé la réaction des rayons γ sur le béryllium, souvent employée depuis pour la production de neutrons.

SZLACHTA [slaʃta] n. f. (polon. *szlachta*). L'ancienne noblesse polonaise.

SZOLNOK, v. de Hongrie, ch.-l. du *département de Szolnok,* sur la Tisza ; 75 700 hab. Marché. Triage ferroviaire. Université technique. Industries agroalimentaires et mécaniques, chimiques.

SZOMBATHELY, v. de Hongrie, ch.-l. du dép. de Vas, près de la frontière autrichienne ; 81 400 hab. C'est l'antique *Savaria* (importants vestiges romains). Monuments gothiques et baroques. Musée archéologique. Industries alimentaires (sucreries). Chaussure. Textile.

SZTÁLINVÁROS → DUNAÚJVÁROS.

SZYMANOWSKI (Karol), compositeur polonais (Tymoszówka, Ukraine, 1882 - Lausanne 1937). Après avoir participé (1905) à la fondation du groupe Jeune-Pologne avec Szeluto, Karlowicz, Różycki et Fitelberg, il entreprend de multiples voyages et se passionne pour la musique arabe et la culture musulmane ; leur influence transparaît dans des œuvres comme les *Chants d'amour de Hafiz* (cycle de mélodies sur des poèmes persans du XIVe s., 1914), ainsi que dans sa 3e symphonie *(Chant de la nuit).* En 1919, son intérêt se tourne vers un folklore transcendé. Il a aussi composé *Mythes* pour violon et piano (1915), 4 symphonies (entre 1906 et 1932), et pour la scène : deux opéras (*Hagith,* 1913 ; *le Roi Roger,* 1924), une opérette, des ballets, un *Stabat Mater,* des *Litanies de la Vierge Marie.*

SZYMONOWIC (Szymon), en lat. **Simonides,** poète polonais (Lwów 1558 - Czernięcin 1629). Cofondateur d'une académie d'humanistes (1601), adepte de Pindare, il annonça l'art baroque. « Poète lauréat », il est l'auteur d'*Idylles* (1614), qui demeurent un des chefs-d'œuvre de la poésie polonaise.

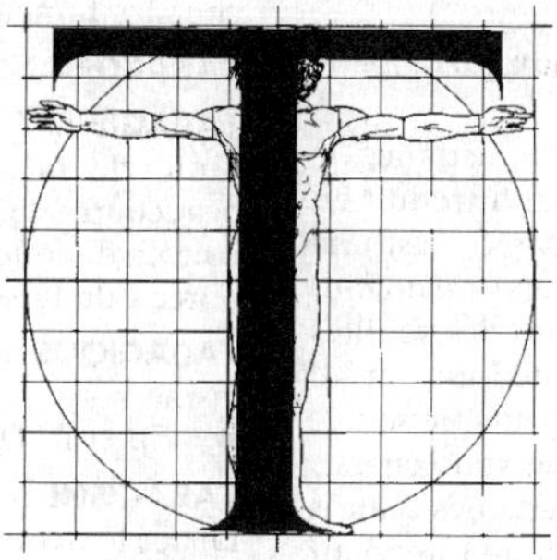

T n. m. **1.** Vingtième lettre de l'alphabet français. (Le *t* dit *euphonique* se place, encadré de deux traits d'union, entre certaines formes verbales de la 3ᵉ personne du singulier et les pronoms *il, ils, elle, elles, on : a-t-on, va-t-elle, mangera-t-il.*) — **2.** Consonne occlusive apicoalvéolaire sourde. — **3.** *En T,* en forme de T. ‖ *T* ou *té d'atterrissage,* dispositif en forme de T placé au sol et dont la plus grande branche indique la direction d'atterrissage.

t abrév. **Métrol.** Symbole de la *tonne,* unité de mesure de masse. — **Stat.** Variable ayant pour loi de probabilité la loi de Student-Fisher. ‖ *Loi de* t, syn. de LOI DE STUDENT-FISHER. ‖ *Test* t, test où la fonction des observations utilisée suit une loi de *t,* lorsque l'hypothèse nulle est vraie.

T Chim. Symbole chimique du *tritium.* — **Méd.** *Lymphocyte T,* lymphocyte dérivant du thymus qui participe aux réactions immunitaires dites à « médiation cellulaire ». (→ *encycl.*) ‖ *Neurone en T,* syn. de NEURONE UNIPOLAIRE*. — **Métrol.** Symbole du préfixe *téra.* ‖ Symbole du *tesla,* unité de mesure d'induction magnétique. — **Thermodyn.** Désigne la température thermodynamique.

ENCYCL. **Méd.** Les *lymphocytes T* ont pour origine embryologique, comme les lymphocytes B, des cellules-souches produites dans la moelle osseuse, qui subissent ensuite une étape de différenciation dans le thymus. Ils constituent la majorité des lymphocytes circulant dans le sang et la lymphe. Ils interviennent dans les mécanismes de l'immunité : effet helper, reconnaissance et destruction de certains antigènes (lymphocytes T_4 dont le taux est effondré dans le sida) ; effet suppresseur de certaines réactions immunitaires et cytotoxique direct contre les cellules portant certains antigènes (lymphocytes T_8).

T', forme élidée de *te* ou, pop., de *tu* devant une voyelle ou un *h* muet.

TA → TON.

Ta, symbole chimique du *tantale.*

TAAFFE (Eduard, *comte* VON), homme politique autrichien (Vienne 1833 - Ellischau, auj. Nalžovské Hory, Bohême, 1895). Président du Conseil (1868-1870 et 1879-1893), il mena une politique fédéraliste en s'appuyant sur l'aristocratie des minorités nationales.

TAB n. m. (angl. *tab,* attache). Syn. de COMPENSATEUR.

T. A. B. n. m. Vaccin contre la fièvre typhoïde. (Il imunise contre les fièvres dues à *Salmonella typhi* et à *S. paratyphi A et B.*)

1. TABAC [-ba] n. m. (rad. onomat. *tabl-,* évoquant des coups violents). Fam. *Coup de tabac,* tempête violente mais brève. ‖ Pop. *Faire un tabac,* avoir un grand succès. ‖ Fam. *Passer qqn à tabac,* le frapper, le rouer de coups.

2. TABAC [-ba] n. m. (esp. *tabaco,* de l'arawak *tobaco*). **1.** Plante herbacée (solanacée) dont plusieurs espèces sont cultivées comme ornementales et l'espèce principale pour ses feuilles riches en nicotine et constituant le tabac au sens 2. — **2.** Ces feuilles, séchées et préparées pour fumer, priser, chiquer ou pour fabriquer des cigares, des cigarettes : *Fumer du tabac brun.* — **3.** Débit de tabac. — **4.** En apposition à *bar, café,* désigne un débit de boissons qui fait en même temps bureau de tabac. — **5.** Fam. *Le même tabac,* la même chose. ‖ *Tabac d'Espagne,* nom usuel de l'argynne, papillon nymphalidé. ‖ *Virus de la mosaïque du tabac,* virus à A. R. N., en forme de bâtonnet, pathogène pour les plants de tabac, découvert par W. M. Stanley et qui a été un modèle essentiel d'étude de la structure physique des virus.

◆ adj. inv. D'une couleur brun roux qui rappelle celle du tabac séché.

ENCYCL. • *Culture.* Originaire d'Australie, le tabac a été propagé en Amérique et introduit en Europe, puis en Asie à partir du XVIe s. C'est une plante annuelle herbacée *(Nicotiana tabaccum)* atteignant de 1,50 à 2 m de haut. Ses feuilles entières peuvent mesurer 80 cm de long sur 40 de large. La graine, très petite, ne peut être semée directement. Le semis est effectué sous châssis vers la fin mars. Les plants sont repiqués 2 mois plus tard en pleine terre. La cueillette intervient environ 3 mois plus tard. Le tabac récolté en France pour fournir le tabac brun est aussitôt disposé dans un séchoir spécial, où les feuilles doivent perdre lentement leur eau. Les feuilles séchées sont triées, classées par dimension et qualité, mises en paquets appelés « manoques », puis réunies en balles livrées à l'usine.

• *Transformation.* Les feuilles de tabac sont soumises au battage, qui sépare les nervures des morceaux de parenchymes (strips). Les tabacs sont réchauffés et assouplis par de la vapeur, puis mélangés et mouillés avant d'être hachés. Après hachage, le tabac blond est séché, puis saucé, ce qui le rend plus doux. Le tabac brun est torréfié et acquiert ainsi son goût définitif. La confection des cigarettes est effectuée par des machines atteignant une cadence de 7 000 cigarettes par minute.

La production de cigarettes, dont la croissance a été de 50 % en 20 ans, est estimée à 5 500 milliards d'unités. La France, avec 54 milliards d'unités, se situe autour de la quinzième place des producteurs mondiaux.

• *Économie.* La production mondiale de tabac avoisine 8 Mt. La Chine est, de loin, le premier producteur (3 Mt) devant les États-Unis (750 000 t), le Brésil (600 000 t), l'Inde (550 000 t) et la Turquie (320 000 t). La production française avoisine 30 000 t.

— **Physiol.** L'action physiologique du tabac est due pour la plus grande part à la nicotine. L'intoxication chronique par le tabac est provoquée par l'effet combiné de l'oxyde de carbone, des produits irritants (acroléine), des amines à effet pharmacologique (nicotine), des goudrons contenant des produits cancérogènes. Le tabagisme est la cause essentielle des cancers du poumon et contribue à l'apparition des cancers de l'hypopharynx. Il existe également une relation entre le tabac et les cancers de la vessie, les substances cancérogènes contenues dans le tabac étant éliminées par les urines. La fréquence des maladies artérielles (coronarites, artérites des membres inférieurs) est deux fois plus élevée chez les fumeurs que chez les non-fumeurs.

TABACOMANIE n. f. Usage excessif du tabac.

TABAGIE n. f. (algonquin *tabaguia,* festin, avec l'infl. de *tabac*). **1.** Endroit où l'on a fumé beaucoup, qui est rempli de fumée ou qui conserve l'odeur du tabac. — **2.** Au Canada, bureau de tabac.

TABAGIQUE adj. Qui est provoqué par le tabagisme.

◆ adj. et n. Qui abuse du tabac.

TABAGISME n. m. Intoxication chronique par le tabac ; toxicomanie provoquée par le tabac. (Syn. NICOTINISME.)

TABAGO → TOBAGO.

TABANIDÉ n. m. (lat. *tabanus,* sorte de taon). Nom de famille attribué aux taons.

TABARD n. m. (moyen fr. *tamparion*). Manteau porté sur l'armure, au Moyen Âge.

TABARĪ (Muḥammad ibn Djarīr **al-**), historien et juriste musulman (Amol, Māzandarān, v. 839 - Bagdad 923), auteur d'un commentaire *(Tafsīr)* du Coran et des *Chroniques des prophètes et des rois.*

TABARIN (Antoine GIRARD, dit), bateleur forain français et auteur de farces (Paris 1584 - *id.* 1633). Il popularisa sa faconde sur le Pont-Neuf à Paris auprès de son compère et frère MAÎTRE MONDOR, vendeur de baumes et d'élixirs.

TABARKA ou **TABARCA,** port et station touristique de la Tunisie, près de la frontière algérienne ; 5 000 hab. Pêche. Festival estival.

TABARLY (Éric), navigateur français (Nantes 1931). Officier de marine, il s'est surtout distingué dans les courses en solitaire, remportant ainsi la Transatlantique (1964 et 1976) et la Transpacifique (1969).

TABASCO, État du Mexique, entre le Guatemala et le golfe du Mexique ; 24 661 km² ; 1 335 000 hab. Cap. *Villahermosa.*

TABASSER v. t. (de *passer à tabac*) [conj. 3]. *Pop.* Rouer qqn de coups, le passer à tabac.

TABATIÈRE n. f. **1.** Petite boîte pour le tabac à priser. — **2.** Châssis vitré ouvrant qui a la même inclinaison que le versant de toit sur lequel on l'adapte. (Syn. CHÂSSIS OU FENÊTRE À TABATIÈRE.) — **3.** Accessoire de fermeture d'un sac, avec ou sans clé, en forme de boîtier. — **4.** *Tabatière anatomique,* fossette formée par les tendons du long et du court extenseur du pouce, quand ces muscles se contractent.

TABELLAIRE adj. (lat. *tabella,* tablette). Se dit de l'impression qu'on faisait avec des planches gravées sur bois de fil (xylographie).

TABELLE n. f. (lat. *tabella,* tablette). En Suisse, tableau, liste.

TABELLION n. m. (bas lat. *tabellio,* notaire, du lat. class. *tabella,* tablette). **1.** À Rome, juriste chargé de rédiger les actes et les contrats. (Les tabellions, sortes d'écrivains publics à l'origine, étaient devenus des personnages officiels au début du IIIe s. apr. J.-C.) — **2.** Archiviste, à l'époque féodale. — **3.** À partir du XVIe s., syn. de NOTAIRE.

TABERNACLE n. m. (lat. *tabernaculum,* tente, dimin. de *taberna,* cabane). **1.** Sanctuaire itinérant, centre du culte des Hébreux avant la construction du Temple de Salomon, demeure de l'arche d'alliance où étaient déposées les Tables de la loi. — **2.** Petite armoire, fixée au milieu de l'autel ou dans un autre endroit d'une église, destinée à recevoir le ciboire contenant la réserve eucharistique. — **3.** Espace libre, maçonné, qu'on ménage autour d'un robinet enterré, afin de pouvoir le manœuvrer. — **4.** *Fête des Tabernacles* ou *des Tentes* (hébr. *soukkot*), fête d'automne du calendrier liturgique juif, qui commémore la pérégrination des Hébreux dans le désert. (Elle est marquée par la constitution de huttes de branchages.)

TABÈS [-bɛs] n. m. (lat. *tabes,* corruption). Affection d'origine syphilitique, caractérisée par une atrophie des cordons postérieurs et des racines postérieures de la moelle épinière. (Elle se manifeste par une abolition des réflexes ostéotendineux et des troubles de la sensibilité avec douleurs fulgurantes.)

TABÉTIQUE adj. et n. Relatif au tabès ; atteint de tabès.

TABIDZE (Galaktion Vassilievitch), poète géorgien (Tchkviissi, près de Koutaïssi, 1892 - Tbilissi 1959). Symboliste, il fut après 1917 l'un des premiers chantres de la transformation sociale et marqua durablement la poésie d'U. R. S. S. (*la Géorgie révolutionnaire,* 1931).

ṬABL n. m. inv. Tambour cylindrique islamique à deux peaux.

TABLĀ n. m. inv. (hindī *tablā*). Instrument de musique à percussion indien composé d'un tambour à une peau et d'une petite timbale.

TABLAR n. m. En Suisse, étagère.

TABLATURE n. f. (lat. *tabula,* table). **1.** Partition instrumentale dont le procédé d'écriture permet d'utiliser les instruments sans savoir lire les notes. (Le principe en repose sur l'utilisation de chiffres et de lettres indiquant l'emplacement des doigts sur l'instrument et le rythme.) — **2.** Litt. *Donner de la tablature à qqn,* lui donner des soucis, lui causer des ennuis.

TABLE n. f. (lat. *tabula*). **1.** Meuble composé d'un plateau horizontal reposant sur un ou plusieurs pieds ou supports. — **2.** Meuble sur pieds construit pour servir les repas : *Desservir la table.* — **3.** Plateau posé sur un support, des tréteaux et destiné à des activités, jeux ou techniques : *Table de ping-pong. Table d'architecte.* — **4.** Meuble sur pieds offrant une surface plane destiné à un usage déterminé : *Table à langer.* — **5.** Table dressée pour le repas, en partic. dans un restaurant : *Retenir une table de quatre couverts.* — **6.** Groupe des personnes qui prennent leur repas ensemble à la même table : *Présider la table.* — **7.** Repas, nourriture servie ; qualité de cette nourriture : *Aimer la table.* — **8.** Ensemble de données numériques présentées de façon à pouvoir être aisément consultées : *Table de logarithmes.* — **9.** Tableau dans lequel certaines matières sont présentées méthodiquement : *Table généalogique, chronologique.* — **10.** *À table,* pendant le repas : *Se tenir bien à table.* ‖ *À table !,* invitation à se mettre à table. ‖ *De table,* se dit de certains objets qui servent au repas, de certains produits que l'on sert pour les repas habituels : *Service de table. Vin de table.* ‖ *Faire table rase (de qqch),* détruire, rejeter ce qui a été dit, écrit ou fait antérieurement. ‖ *Heure de table,* temps consacré au repas par les employés d'une entreprise. ‖ *Les plaisirs de la table,* la bonne chère. ‖ Fam. *Rouler sous la table,* s'enivrer au point de rouler à terre. ‖ *Se mettre à table,* s'asseoir autour d'une table pour prendre son repas ; ou, *pop.*, avouer, au terme d'un interrogatoire de police, dénoncer ses complices. ‖ Fam. *Sous la table,* secrètement, pour frauder. ‖ *Table d'hôte,* table d'un restaurant, d'une auberge, où l'on sert, à heure fixe et pour un prix fixe, un repas pris en commun par des habitués. ‖ *Table ronde,* réunion tenue par plusieurs personnes pour régler, sur un pied d'égalité, des questions qui touchent à leurs intérêts respectifs. ‖ *Tenir table ouverte,* recevoir à manger même des convives qui n'ont pas été invités. • **Anat.** Chacune des deux lames de tissu compact qui constituent les faces des os plats de la voûte du crâne. (Ces deux tables limitent une couche spongieuse, appelée « diploé ».) — **Antiq.** Plaques de pierre ou de métal sur lesquelles étaient gravés les textes officiels ou d'importance politique et administrative. (Ex. la table de Lyon, ou claudienne*, la loi dite des Douze* Tables.) — **Archit.** Surface rectangulaire, en général saillante, sur le parement d'un mur. ‖ *Table d'attente,* table sur laquelle il est prévu de sculpter un décor, de graver une inscription. — **Astronaut.** *Table de lancement,* dispositif qui supporte un véhicule spatial et qui le maintient jusqu'à son lancement. — **Balist.** *Tables de tir,* recueils de renseignements destinés à faire connaître les éléments principaux des trajectoires des roquettes et autres projectiles pouvant être tirés par une bouche à feu déterminée. (Aujourd'hui les calculateurs de tir tendent à se substituer aux tables de tir.) — **Banq.** *Tour de table,* ensemble d'actionnaires qui se répartissent le capital d'une société lors de sa création ou de sa réorganisation. — **Bât.** Grande plaque de revêtement en plomb, zinc, etc. — **Bijout.** Facette horizontale formant la partie supérieure d'une pierre taillée. — **Ch. de f.** *Tables de roulement,* parties du rail et du bandage de roue qui sont en contact entre elles pendant le roulement. — **Chir.** *Table d'opération,* table articulée sur laquelle est étendu le patient et qui permet d'opérer le malade dans la position voulue, grâce à un jeu de commandes. — **Électroacoust.** *Table de lecture,* syn. de PLATINE* TOURNE-DISQUE. — **Impr.** Planche qui sert à l'impression en taille-douce. ‖ *Table de montage,* sur laquelle le monteur hélio ou offset groupe les films pour l'établissement des formes imprimantes. — **Liturg.** *Table d'autel,* partie supérieure d'un autel, de surface horizontale, portant gravées les cinq croix de consécration. ‖ *Table de communion* ou *sainte table,* balustrade ou grille basse, parfois ornée d'une nappe, devant laquelle, avant les réformes liturgiques de Vatican II, les fidèles s'agenouillaient pour recevoir la communion. — **Log.** *Table de vérité,* tableau indiquant en abscisses les propositions (par ex., P et Q) et l'opérateur choisi (par ex., la conjonction $P \wedge Q$), et en ordonnées les valeurs vraies (V) ou fausses (F) des propositions. (À chaque valeur de P et de Q correspond une valeur de la conjonction $P \wedge Q$.) — **Matér.** *Table vibrante,* machine servant surtout en préfabrication pour la mise en place du béton dans les moules qui sont fixés à une table comportant des vibrateurs. — **Ménag.** *Table à repasser,* planche à repasser posée sur des pieds. ‖ *Table de cuisson,* dessus d'une cuisinière ou plaque encastrable qui supporte les foyers de cuisson. — **Min.** *Table de concentration,* appareil de concentration gravimétrique, constitué de plateaux sur lesquels les grains des minéraux à trier se répartissent, dans un courant d'eau ou d'air, en fonction de leurs densités et de leurs formes. (Le fonctionnement peut être continu [tables à secousses, tables pneumatiques] ou discontinu [tables basculantes ou dormantes].) — **Mobil.** *Table de nuit* ou *table de chevet,* petit meuble à compartiments et tiroirs qui se place à la tête du lit. ‖ *Table roulante,* petite table à plusieurs plateaux montée sur roulettes. — **Mus.** *Table d'harmonie,* surface en bois ou en peau, de fine épaisseur, sur laquelle passent les cordes des instruments. — **Papet.** Partie horizontale de la machine à papier, dite table plate, sur laquelle est déposée la suspension fibreuse pour former la bande de papier. — **Parapsy.** *Table tournante,* table qui, dans certaines conditions, est animée de mouvements considérés comme des réponses codées et que les spirites utilisent comme méthode pour interroger les esprits. — **Relig.** *Tables de la Loi,* les deux tables de pierre que Moïse, d'après la Bible, reçut de Dieu sur le Sinaï, et où étaient gravés les dix préceptes de la loi. — **Sal.** Dans les salins et marais salants, bassin sur le fond duquel les eaux saturées déposent leur sel. — **Sports.** *Table internationale,* système de cotation, attribuant un nombre déterminé de points aux performances réalisées dans les différentes épreuves d'athlétisme, utilisée pour le décathlon et l'heptathlon. — **Text.** *Table de coupe,* table de grandes dimensions sur laquelle sont étalés et superposés des plis d'étoffe, dans lesquels seront découpés les éléments des articles à confectionner. ‖ *Table de visite,* machine destinée au contrôle des étoffes. — **Usin.** Partie d'une machine-outil destinée à recevoir la pièce à travailler soit directement, soit par l'intermédiaire d'un montage d'usinage.

Table ronde *(Chevaliers de la)* → ARTHUR.

Table verte *(la),* ballet expressionniste en 8 scènes, livret et chorégr. de Kurt Jooss ; musique de Fritz Cohen. Création mondiale à Paris (1932) par la Folkwang Tanzbühne.

TABLE (en lat. *Mensa, -ae*), petite constellation voisine du pôle céleste austral, introduite par La Caille au XVIIIe s.

TABLE *(baie de la),* en angl. **Table Bay,** baie de la côte occidentale d'Afrique du Sud (Cap-Ouest) dominée par la *montagne de la Table,* au sommet plat (1 087 m). La ville du Cap s'étend sur la partie méridionale de son pourtour.

TABLEAU n. m. (de *table*). **1.** Support mural d'écriture, sur la surface duquel on écrit avec un morceau de craie ou un feutre. (On dit aussi TABLEAU NOIR.) — **2.** Support mural destiné à recevoir divers objets : *Accrocher sa clé au tableau.* — **3.** Panneau destiné à recevoir des inscriptions, des renseignements : *Tableau des horaires de trains.* — **4.** Œuvre picturale exécutée sur un support préparé à cet effet (panneau de bois ou d'autre matériau ou toile tendue sur un châssis), en général présentée dans un cadre. — **5.** Ce qui s'offre à la vue et qui est susceptible de provoquer certaines impressions : *La mère avec son enfant forment un tableau touchant.* — **6.** Description orale ou écrite évoquant une situation : *Il a fait un tableau pessimiste de la situation internationale.* — **7.** Disposition graphique permettant l'inscription de données ; les données elles-mêmes : *Remplir un tableau. Tableau des temps de pose pour la photographie.* — **8.** *Jouer, miser sur les deux tableaux, sur tous les tableaux,* ménager les intérêts de deux parties adverses pour être sûr d'obtenir des avantages quel que soit le vainqueur. ‖ *Pour achever le tableau,* pour comble. ‖ *Tableau de chasse,* présentation sur le sol, après une chasse, de toutes les pièces de gibier abattues, rangées par catégories ; ensemble des avions ennemis abattus par un pilote de chasse ; ensemble des conquêtes amoureuses de qqn (fam.). ‖ *Tableau d'honneur,* récompense donnée chaque trimestre aux meilleurs élèves d'une classe ; classement parmi les éléments les plus méritants, les plus performants d'un groupe. ‖ Fam. *Vieux tableau,* personne âgée, en partic. femme âgée et exagérément fardée. ‖ Fam. *Vous voyez (d'ici) le tableau !,* vous vous représentez la scène. • **Aéron.** *Tableau de bord,* syn. de PLANCHE DE BORD. — **Autom.** *Tableau de bord,* élément de la planche de bord se trouvant devant le conducteur et portant les appareils de contrôle ; ensemble de ces appareils. — **Bât.** Chacun des deux côtés verticaux d'une embrasure, et spécialement de la partie de cette embrasure comprise entre le dispositif de fermeture de la baie et le nu extérieur du mur. (On dit aussi TABLEAU D'EMBRASURE.) — **Ch. de f.** *Tableau horaire,* dans l'indicateur des trains, ensemble des renseignements horaires concernant une relation donnée. — **Comptab.** *Tableau économique d'ensemble (T. E. E.),* tableau synthétique des comptes de la nation qui retrace, pour une année donnée, les opérations effectuées par les différents agents. ‖ *Tableau entrées-sorties (T. E. S.),* nouvelle dénomination, dans la comptabilité nationale française, des *tableaux d'échanges interindustriels (T. E. I.),* retraçant les flux d'achats-ventes entre branches d'activité économique pour une année donnée. ‖ *Tableau des opérations financières (T. O. F.),* tableau réunissant l'ensemble des données statistiques disponibles concernant les créances et les dettes des agents économiques. — **Dr.** Liste des membres d'un ordre professionnel. — **Écon.** *Tableau de bord,* ensemble des statistiques, graphiques et renseignements de tout genre permettant dans une entreprise de vérifier la bonne marche des différents services. — **Électr.** Ensemble comprenant l'appareillage destiné à commander des dispositifs électriques ou à en contrôler l'état. (On distingue les *tableaux de contrôle,* placés chez les abonnés et les *tableaux de distribution* disposés dans les centrales et les sous-stations.) — **Impr.** Composition, encadrée ou non, comportant des chiffres et/ou des textes et divisée en colonnes. — **Inform.** Ensemble structuré d'informations organisées séquentiellement dans la mémoire d'un ordinateur, chaque élément étant repérable par son numéro d'ordre ou indice. — **Jeux.** Division d'une table de jeu sur laquelle les joueurs déposent leurs enjeux. — **Mar.** Partie plane et quasi verticale qui forme l'arrière des canots et de certains petits voiliers. ‖ Dans la marine ancienne, partie supérieure, plane, de l'arrière des navires. — **Math.** Ensemble d'éléments disposés selon des lignes et des colonnes ou, de façon équivalente, dans les cases d'un rectangle quadrillé. — **Méd.** *Tableau clinique,* ensemble des signes et symptômes observés sur un malade. — **Pharm.** *Tableau A, tableau B, tableau C,* listes officielles des substances vénéneuses comprenant les substances, préparations et médicaments destinés à la médecine humaine ou vétérinaire et qui ne peuvent être délivrés que sur ordonnance. (→ *encycl.*) — **Théâtr.** Subdivision d'un acte, marqué par un changement de décor. ‖ *Tableau vivant,* disposition de personnages immobiles sur une scène évoquant une peinture ou une sculpture.

ENCYCL. **Pharm.** Le *tableau A* comprend les produits toxiques, tels que la digitaline ; l'ordonnance n'est pas renouvelable. Au *tableau B* figurent les stupéfiants, tels que l'opium, la morphine et ses sels ; l'ordonnance, qui doit être établie sur un carnet à souches délivré par l'ordre des médecins, est soumise à des limitations de durée et n'est pas renouvelable. Le *tableau C* regroupe les substances dangereuses, telles que les barbituriques et les sulfamides ; l'ordonnance est éventuellement renouvelable.

Tableau économique, ouvrage de F. Quesnay (1758), première tentative pour donner une description chiffrée de l'activité économique d'un pays.

Tableaux d'une exposition, suite pour piano de Moussorgski (1874) ; cette suite a été orchestrée par Maurice Ravel en 1922.

TABLEAUTIN n. m. Petit tableau (peinture).

TABLÉE n. f. Ensemble des personnes qui sont assises à une même table, en partic. pour prendre un repas.

TABLER v. t. ind. (conj. 3). Compter, se fonder sur qqch ou qqn que l'on estime sûr : *Tabler sur un ami pour vous aider.*

TABLETIER, ÈRE n. (de *tablette*). Fabricant de tabletterie ; ouvrier en tabletterie.

TABLETTE n. f. (de *table*). **1.** Petite planche ou plaque horizontale destinée à recevoir divers objets. — **2.** Présentation sous forme de petite plaque d'une substance alimentaire : *Tablette de chewing-gum, de chocolat.* • **Bât.** Plaque de marbre, de pierre, de bois, etc., posée à plat sur le linteau d'une cheminée, sur l'appui d'une fenêtre ou d'une balustrade. ‖ Dessus d'une marche. (Syn. SEMELLE.) — **Inform.** *Tablette graphique,* organe d'entrée d'un ordinateur, où les coordonnées successives de la position d'un stylo, manipulé pour suivre un tracé, sont fournies à l'ordinateur. — **Mar.** Dans la construction métallique, pièce triangulaire de l'extrême avant, qui sert de renfort à l'étrave. (Syn. GUIRLANDE.) — **Pharm.** Médicament à base de sucre, de liant et de produit actif, principalement destiné à agir sur les muqueuses buccale ou stomacale.

◆ **tablettes** n. f. pl. **1.** Petites plaquettes, à l'origine en argile (Mésopotamie), puis de bois ou de métal, couvertes de cire, sur lesquelles on écrivait à l'aide d'un poinçon, dans l'Antiquité et au Moyen Âge. — **2.** *Inscrire, écrire, noter qqch sur ses tablettes,* le noter pour s'en souvenir. ‖ *Rayer qqch, qqn de ses tablettes,* ne plus compter sur eux ; en effacer volontairement le souvenir.

TABLETTERIE n. f. **1.** Fabrication de petits objets soignés, par découpage, assemblage, formage, moulage, marqueterie, incrustation, sculpture. (On y emploie certains bois durs, l'ivoire ou ses imitations, l'os, la nacre, les plastiques, etc.) — **2.** Objets ainsi fabriqués (échiquiers et damiers, dés, jeux ; coffrets, étuis ; articles pour fumeurs ; etc.). — **3.** Métier, commerce du tabletier.

TABLEUR n. m. Programme informatique de création et de manipulation interactives de tableaux numériques visualisés.

TABLIER n. m. (de *table*). **1.** Vêtement que l'on place sur le devant du corps pour préserver les vêtements. — **2.** Blouse enveloppante. — **3.** Fam. *Rendre son tablier,* se démettre de ses fonctions. • **Autom.** Cloison qui séparait le compartiment avant du véhicule de la partie de la carrosserie où se tenait le conducteur. — **Chauff.** Syn. de TRAPPE. — **Ch. de f.** Sur une locomotive, ensemble de passerelles et de plates-formes permettant de circuler autour de la chaudière ou des groupes-moteurs. — **Cuis.** *Tablier de sapeur,* morceaux de panse de bœuf panés et servis avec une sauce relevée. (Cuisine lyonnaise.) — **Fr.-maçonn.** Morceau de peau d'agneau blanche, en forme de tablier, symbole du travail. — **Mil.** Partie d'un pont-levis qui s'abaisse pour recouvrir le fossé. ‖ *Tablier de sapeur,* grand tablier de cuir qui faisait autref. partie de l'équipement des sapeurs. — **Trav. publ.** Partie d'un pont comprenant la couverture, qui porte la voie routière ou ferrée, et l'ensemble des structures porteuses de la couverture (entretoises, longerons, etc.) situées au-dessous de celle-ci et à peu près à son niveau.

TABLINUM [-nɔm] n. m. (lat. *tablinum,* galerie). Salle de la maison romaine qui séparait le péristyle de l'atrium.

TABLOÏD adj. et n. m. (amér. *tabloïd*). Se dit d'une publication dont le format est la moitié du format habituel des journaux.

TABOR n. m. (ar. du Maroc). Corps de troupes marocain, formé de plusieurs goums et équivalant à un bataillon d'infanterie.

TABOR *(mont)* → THABOR.

TABORA, v. de Tanzanie, sur les hauts plateaux ; 67 400 hab. Centre commercial et nœud ferroviaire. Archevêché.

TABORITES n. m. pl. Hussites radicaux groupés autour de Jan Žižka, qui se retranchèrent en 1420 à Tábor (Bohême-Méridionale). [Opposés aux calixtins (modérés), ils condamnaient la tradition, les cérémonies liturgiques, l'invocation des saints, les reliques et images, etc. En 1434, ils furent vaincus à Lipany.]

TABOU n. m. (angl. *taboo,* du polynésien *tabu,* sacré). **1.** Dans certaines sociétés, caractère d'un objet, d'une personne ou d'un comportement, qui les désigne comme interdits ou dangereux aux membres de la communauté. (→ *encycl.*) — **2.** Interdiction d'employer un mot due à des contraintes sociales, religieuses ou culturelles.

◆ **tabou, e** adj. **1.** Qui est l'objet d'un tabou, d'une interdiction religieuse : *Pratique taboue.* — **2.** Qu'il serait malséant d'évoquer, en vertu des convenances sociales ou morales : *Un sujet tabou.* — **3.** *Fam.* Auquel on ne peut toucher, qu'on ne peut critiquer, mettre en cause : *Une institution vénérable et taboue.*

ENCYCL. **Anthropol.** Le concept polynésien de tabou a été étendu à des phénomènes très divers, comme la prohibition de l'inceste. C'est pourquoi on préfère spécifier aujourd'hui le tabou selon la nature de ce à quoi il s'applique : dans la sphère polynésienne, il s'agit de notions telles que le sacré, les ancêtres, les femmes avec lesquelles les relations sexuelles sont permises, voire la notion même de chef. Ailleurs, on préfère parler d'interdit ou de prohibition.

TABOUISER [-buize] v. t. (conj. **3**). Donner à qqch un caractère de tabou.

TABOULÉ n. m. (ar. *tabbūla*). Mélange de blé concassé et d'un fin hachis de tomates, de persil, d'oignons et de feuilles de menthe, arrosé d'huile d'olive et de jus de citron. (Cuisine libanaise.)

TABOURET n. m. (anc. fr. *tabour,* tambour). **1.** Siège à piètement, sans bras ni dossier. — **2.** *Tabouret de bar,* haut tabouret qui permet d'être assis au niveau du comptoir d'un bar. ‖ *Tabouret de piano,* tabouret dont la hauteur peut se régler, de façon que les bras du musicien se trouvent à l'exact niveau souhaité par rapport au clavier. ‖ *Tabouret de pieds,* petit meuble sur lequel, assis sur un autre siège, on pose seulement les pieds.

TABOUROT (Jehan), écrivain français (Dijon 1519 ou 1520 - Langres 1595 ou 1596). Chanoine de Langres (1574), il publia en 1588, sous le nom de **Thoinot Arbeau** (anagramme de son nom), un ouvrage sur la notation chorégraphique *(Orchésographie).*

TABOUROT (Étienne), dit **le sieur des Accords,** écrivain français (Dijon 1549-*id.* 1590). Auteur de *Bigarrures* (1583) et de *Touches* (1585) : recueils de rébus, de coq-à-l'âne, d'équivoques, d'acrostiches, d'anagrammes et de contes facétieux.

ṬABQA (al-), site d'un barrage hydroélectrique sur l'Euphrate, en Syrie, en amont de Raqqa. Le lac Asad, ainsi créé, doit permettre d'irriguer plus de 600 000 ha. Une ville, al-Thawra, a été créée à son extrémité orientale.

TABRIZ, v. d'Iran, ch.-l. de l'Azerbaïdjan oriental, à 1 350 m d'altitude ; 600 000 hab. Capitale de l'Iran sous les Mongols (XIIIe s.) et au début de l'époque séfévide (XVIe s.), grand centre économique et commercial de l'Iran jusqu'à la Première Guerre mondiale, Tabriz n'a plus aujourd'hui qu'une fonction régionale.
— **Bx-arts.** Vestiges de la mosquée Bleue (1465) et de son décor de céramiques émaillées ; citadelle du XVIe s. La ville a abrité une célèbre école de miniature, dont fit partie Behzād*.

TABUAERAN, anc. **Fanning,** l'une des Line* Islands, dans le Pacifique, dépendance de Kiribati ; 430 hab.

TABULAIRE adj. (lat. *tabula,* table). **1.** Qui est en forme de table. — **2.** Se dit d'une structure géologique à laquelle correspond une topographie plane (plateau, haute plaine), limitée par des abrupts. — **3.** Se dit d'une roche dont les cristaux ont la forme d'une tablette. — **4.** Se dit de la différence entre deux valeurs successives d'une table numérique.

TABULATEUR n. m. (lat. *tabula,* table). **1.** Dispositif d'une machine à écrire permettant de retrouver automatiquement les mêmes zones d'arrêt à chaque ligne. — **2.** *Tabulateur décimal,* dispositif d'une machine de bureau facilitant l'alignement des chiffres en colonnes verticales.

TABULATION n. f. (de *tabuler*). **1.** Ensemble des taquets d'une machine à écrire servant à l'arrêter en début de paragraphe ou de colonne. — **2.** Position prédéfinie dans une ligne où peut venir se placer la tête d'écriture d'une imprimante, ou un curseur sur un écran de visualisation.

TABULATRICE n. f. Machine qui servait à exploiter les cartes perforées.

TABULÉ n. m. (lat. *tabula,* table). Polypier anthozoaire fossile de l'ère primaire.

TABULER v. i. (de *tabulateur*) [conj. 3]. Commander un espacement automatique sur une machine à écrire.

TABUN n. m. Dérivé de l'acide cyanophosphonique, qui a été préconisé comme gaz de combat.

TAC ! interj. **1.** Indique un bruit sec. — **2.** *Et tac !,* souligne une remarque désagréable mais justifiée.
◆ n. m. *Du tac au tac,* en répondant immédiatement à une attaque : *Riposter, répondre du tac au tac.*

TACAMAQUE n. f. Résine fournie par diverses espèces de protium. (Burséracée.)

TACAN n. m. (angl. *tactical air navigation*). Système de radionavigation aérienne fonctionnant dans la gamme des ondes décimétriques.

TACANAS, groupes d'Indiens Arawaks d'Amérique du Sud, principalement localisés sur les territoires de l'Ouest bolivien et au Pérou.

TACAUD n. m. (breton *takohed*). Poisson (gadidé) des mers tempérées froides, voisin de la morue, mais plus petit. (On en distingue trois espèces dont l'une est le petit *capelan.*)

TACCA n. m. Herbe monocotylédone de Malaisie et d'Océanie, aux fleurs curieuses, et dont, à Tahiti, on extrait un arrow-root.

TACCA (Pietro), sculpteur italien (Carrare 1577 - Florence 1640). Élève et collaborateur de Giambologna, il fit à Florence les bas-reliefs de la statue équestre de Cosme Ier ainsi que la fontaine de la place de l'Annunziata ; à Madrid, la statue équestre de Philippe IV.

TACET [-sɛt] n. m. (lat. *tacet,* il se tait). Silence prolongé dans une des parties d'une composition vocale ou instrumentale.

TACFARINAS, chef de la révolte des Numides d'Afrique, sous Tibère (en Numidie-Auzia, auj. Sour El-Ghozlan, 24 apr. J.-C.). Déserteur de l'armée romaine, il lutta pendant huit ans pour l'indépendance.

TACHANT, E adj. Qui tache, salit : *Un produit tachant.*

TACHE n. f. (lat. pop. **tacca,* du gotiq. *taikko,* du germ. **taikns,* signe). **1.** Marque laissée par une substance salissante : *Une tache de graisse.* — **2.** Partie colorée, de grandeur variable, sur un fond de couleur différente : *Le soleil fait des taches de lumière sur le sol.* — **3.** Marque colorée naturelle sur la peau, le pelage, les plumes des animaux : *Les taches d'une panthère.* — **4.** Opacité localisée anormale d'un organe, visible sur une radiographie. — **5.** Changement de coloration de la peau, sans élevure ni dépression. – **6.** Altération colorée à la surface d'un végétal : *Des fruits sans tache.* – **7.** Acte qui constitue une faute, un manquement, ou défaut qui dépare la beauté, l'unité de qqch : *Une vie sans tache.* – **8.** *Faire tache,* produire un contraste déplaisant ou faire une impression fâcheuse. ‖ *Faire tache d'huile,* s'étendre, se propager en gagnant de proche en proche. • **Anat.** *Tache jaune,* syn. de MACULA. ‖ *Tache de Mariotte,* syn. de PUNCTUM CAECUM. – **Astron.** Structure temporaire sombre, évolutive, de forme approximativement circulaire et de diamètre variable, sur la photosphère du Soleil. (→ *encycl.*) – **Méd.** *Tache ardoisée* ou *tache bleue,* tache bleuâtre causée par *Phtirius inguinalis* dans la région du pubis. ‖ *Taches lenticulaires,* taches rosées apparaissant au début de la fièvre typhoïde. ‖ *Tache de rousseur,* syn. de ÉPHÉLIDE. ‖ *Tache de vin,* nom usuel de l'angiome plan.

ENCYCL. **Astron.** Les *taches solaires* apparaissent isolément ou en groupes. Leur superficie peut atteindre plusieurs centaines de millions de km^2. Les plus grandes sont perceptibles à l'œil nu. Ce sont des régions de forts champs magnétiques dont l'origine se situe dans la photosphère profonde. Elles sont à l'origine d'un très grand nombre d'éruptions* solaires et constituent un indice de l'activité* solaire.

TÂCHE n. f. (lat. médiév. *taxa,* du lat. class. *taxare,* estimer). **1.** Travail, ouvrage à faire dans un temps déterminé et à certaines conditions : *Achever la tâche de la journée.* – **2.** Conduite dont on se fait une obligation : *La tâche du scientifique dans le monde moderne.* – **3.** Élément de la décomposition d'un problème, susceptible d'être représenté par un programme informatique. – **4.** *À la tâche,* en étant payé selon le travail rendu, l'ouvrage exécuté : *Travailler à la tâche.* ‖ *Analyse des tâches,* méthode de décomposition et d'évaluation du travail technique et administratif.

TACHELHIT n. m. Syn. de CHLEUH.

TACHÉOMÈTRE [-keo-] n. m. **1.** Instrument de topométrie destiné au levé des plans et à la détermination des altitudes à partir de mesures de distances et d'angles. – **2.** *Tachéomètre électronique,* instrument comportant un géodimètre, une alidade munie d'une lunette et des cercles gradués, qui permet la mesure et l'enregistrement de la distance, de l'angle horizontal et de l'angle vertical.

TACHÉOMÉTRIE [-keo-] n. f. Technique du levé des plans avec le tachéomètre.

TACHÉOMÉTRIQUE [-keo-] adj. Qui se rapporte à la tachéométrie.

TACHER v. t. (de *tache*) [conj. 3]. **1.** Salir qqch en y faisant une ou plusieurs taches : *Il a taché le tapis.* – **2.** *Litt.* Marquer, ternir d'une souillure la vie, la réputation de qqn : *Il a taché le nom de sa famille.*
◆ v. i. Être susceptible de laisser des marques, des taches difficiles à faire disparaître : *Le jus de fruits, ça tache.*
◆ **être taché** v. pass. **1.** Être marqué de taches, de meurtrissures : *Les fruits sont tachés.* – **2.** Comporter des taches de telle ou telle couleur : *Pelage fauve taché de noir.*
◆ **se tacher** v. pr., **être taché** v. pass. **1.** Faire des taches sur soi, sur ses vêtements : *Avoir les vêtements tachés de cambouis.* – **2.** Recevoir des taches, se salir : *Les tissus clairs se tachent vite.*

TÂCHER v. t. (de *tâche*) [conj. 3]. Faire des efforts pour parvenir à qqch : *Tâchez de venir vers 6 heures.*

TÂCHERON n. m. (de *tâche*). **1.** Petit entrepreneur qui, surtout au XIXe s., travaillait le plus souvent à la tâche. – **2.** *Fam.* Personne qui travaille beaucoup, à des tâches sans prestige, exigeant surtout de la régularité et de l'application.

TACHETER v. t. (conj. 27). Marquer qqch de petites taches nombreuses : *L'humidité a tacheté les murs de moisissures verdâtres.*
◆ **être tacheté** v. pass. Présenter de nombreuses petites taches ou un semis de points colorés : *La truite a une peau tachetée de points sombres.*

TACHETURE n. f. **1.** *Litt.* Petite tache sur une surface. – **2.** *Interférométrie des tachetures,* syn. de INTERFÉROMÉTRIE DES TAVELURES*.

TACHI n. m. (jap. *tachi*). Sabre japonais de l'époque féodale.

TACHIKAWA, v. du Japon, banlieue ouest de Tōkyō ; 143 000 hab.

TACHING → DAQING.

TACHINIDÉ [-ki-] n. m. ou **TACHINAIRE** [-ki-] n. f. (lat. sc. *tachina,* rapide). Mouche couverte de fortes soies et dont la larve est endoparasite des insectes les plus divers.

TACHISME n. m. **1.** Technique picturale caractérisée par des touches à l'aspect de taches, comme parfois chez les macchiaioli. – **2.** Tendance de la peinture abstraite et informelle dans les années 1950, caractérisée par la projection de taches et de coulures (Wols, Mathieu, Degottex, etc.).

TACHISTE adj. et n. Qui relève du tachisme ; qui pratique le tachisme.

TACHISTOSCOPE [-kis-] n. m. (gr. *takhistos,* très rapide). Appareil permettant la présentation pendant un temps très court d'un stimulus visuel destiné à apprécier le temps de réaction du sujet et le temps qu'il met à identifier l'objet présenté.

TACHISTOSCOPIQUE [-kis-] adj. Qui concerne ou utilise un tachistoscope.

TACHKENT, cap. de l'Ouzbékistan, près de la frontière avec le Kazakhstan ; 2 113 000 hab.
— **Géogr.** Tachkent est le grand centre économique, politique et culturel de l'Asie moyenne. À l'extrémité N.-O. du Tian Shan, l'oasis de Tachkent, sur le Tchirtchik, occupe une position de passage commandant l'accès à des voies d'importance stratégique et commerciale. Principal nœud ferroviaire de l'Asie moyenne, c'est un centre administratif, culturel, scientifique et industriel (mécanique, textile, chimie, alimentation).
— **Hist.** Tachkent est l'une des plus anciennes cités d'Asie centrale, mentionnée par les chroniques chinoises du IIe s. av. J.-C. Occupée en 1865 par les Russes, elle fut jusqu'en 1918 le siège du gouvernement général du Turkestan. Elle devint la capitale de l'Ouzbékistan en 1930.

TACHYARYTHMIE [takja-] n. f. Rythme cardiaque à la fois irrégulier et anormalement rapide. (La tachyarythmie s'observe au cours de la fibrillation auriculaire.)

TACHYCARDIE [-ki-] n. f. **1.** Accélération du rythme cardiaque au-delà de la valeur maximale normale de 90 pulsations par minute, physiologique (effort, émotion) ou traduisant une insuffisance cardiaque. — **2.** *Tachycardie paroxystique supraventriculaire,* tachycardie fonctionnelle due à un rythme réciproque créant un circuit de rentrée. (Syn. MALADIE DE BOUVERET.)

TACHYCARDIQUE [-ki-] adj. Relatif à la tachycardie.

TACHYGENÈSE [-ki-] n. f. Développement direct de l'embryon, sans organes transitoires ni formes larvaires.

TACHYGRAPHE [-ki-] n. m. Appareil enregistreur de vitesse.

TACHYMÈTRE [-ki-] n. m. Appareil indiquant en continu la vitesse angulaire de rotation d'une machine.

TACHYON [takjɔ̃] n. m. Particule hypothétique possédant une vitesse supérieure à la vitesse de la lumière dans le vide.

TACHYPHAGIE [-ki-] n. f. Action de manger trop rapidement.

TACHYPHÉMIE [-ki-] n. f. Accélération du débit verbal, que l'on rencontre dans certains états maniaques ou anxieux.

TACHYPNÉE [-ki-] n. f. Accélération de la respiration que l'on observe dans un grand nombre d'affections pulmonaires, cardiaques ou nerveuses.

TACHYPSYCHIE [-ki-] n. f. Enchaînement anormalement rapide des idées, caractéristique des états maniaques.

TACHYSYSTOLIE [-ki-] n. f. Accélération anormale du rythme de contraction des oreillettes entre 150 et 250 contractions par minute.

TACITE adj. (lat. *tacitus,* de *tacere,* se taire). Qui est considéré comme implicitement admis : *Consentement tacite.*

TACITE, en lat. **Publius** (ou **Caius**) **Cornelius Tacitus,** historien latin (v. 55 - v. 120 apr. J.-C.). Il fut questeur, préteur (88), consul suffect (97) et proconsul d'Asie (v. 110-113). Bon orateur, il écrivit vers 102 un *Dialogue des orateurs.* La *Vie d'Agricola* est l'éloge historique de son beau-père et le récit de ses opérations militaires en Bretagne. *La Germanie* (v. 98) est un remarquable ouvrage ethnographique. Les *Histoires,* de la chute de Néron à l'avènement de Nerva, ne sont conservées que pour les années 69 et 70. Les *Annales,* composées tardivement (v. 115-117), vont de la mort d'Auguste à la chute de Néron. Remarquable écrivain, historien bien documenté, Tacite est un membre de la classe sénatoriale nostalgique de la République. Sa sévérité pour Tibère est la manifestation de son opposition à la tyrannie impériale dont Domitien fut l'incarnation.

TACITE, en lat. **Marcus Claudius Tacitus** (Amiternum v. 200 - Tyane 276), empereur romain (275-276). Il fut désigné par le sénat et assassiné par les soldats.

TACITEMENT adv. De façon tacite.

TACITURNE adj. et n. (lat. *taciturnus*). Qui reste volontiers silencieux, renfermé ; qui n'est pas d'humeur à faire la conversation : *Vous êtes bien taciturne ce soir.*

TACITURNITÉ n. f. (lat. *taciturnitas*). *Litt.* Caractère, état de qqn qui est taciturne.

TACKLE [takl] n. m. (angl. *tackle,* palan). Agencement du bas d'une ligne de pêche.

TACLE n. m. (angl. *tackle,* de *to tackle,* empoigner). Au football, action de bloquer, avec le pied, l'action de l'adversaire et, plus spécialement, glissade *(tacle glissé),* un ou deux pieds en avant, destinée à le déposséder du ballon.

TACLER v. i. (conj. 3). Faire un tacle.

TACNA, v. du Pérou, au pied de la Cordillère occidentale ; 67 000 hab. Centre commercial et touristique. — À proximité, mines de plomb et de zinc.

TACOMA, port des États-Unis (Washington), sur le Puget Sound ; 158 500 hab. Nœud ferroviaire et centre industriel. Université.

1. TACON n. m. (bas lat. *tecco,* du gaul.). Jeune saumon de moins de trois ans, n'ayant pas commencé son avalaison.

2. TACON n. m. (lat. médiév. *taco,* morceau de cuir). En Suisse, pièce servant à raccommoder un vêtement.

TACONEOS [takɔneɔs] n. m. pl. (esp. *taconeos,* de *taconear,* frapper du talon). Dans la danse flamenca, rythmes donnés par le martèlement des talons.

TACONIQUE adj. Se dit de la phase tectonique du cycle calédonien, définie dans les monts Taconic (États-Unis), et située entre les systèmes ordovicien et silurien.

TACONNET n. m. (de *Taconnet,* n. pr.). Coiffure rigide portée par les troupes d'Afrique au XIXe s.

TACORA, volcan des Andes, aux confins du Pérou et du Chili ; 5 988 m.

TACOT n. m. (rad. onomat. *takk-,* évoquant un bruit sec). *Fam.* Vieille voiture, d'un fonctionnement défectueux.

TACT [takt] n. m. (lat. *tactus,* de *tangere,* toucher). 1. Domaine de la sensibilité cutanée qui est impliqué dans la perception consciente des stimulations mécaniques d'intensité modérée au niveau du revêtement cutané et muqueux. (Syn. SENSIBILITÉ TACTILE, TOUCHER.) [→ *encycl.*] – 2. Sentiment délicat de la mesure, des nuances, des convenances dans les relations avec autrui : *Avoir le tact de ne pas relever une erreur.*

ENCYCL. **Neurol.** La discrimination spatiale fine des stimulus est assurée par la somatropie* du système nerveux. Des récepteurs toniques et phasiques renseignent respectivement sur la permanence ou sur le début et la fin d'un stimulus. Enfin, l'intensité d'un stimulus est déterminée grâce à une grande variété de récepteurs, les uns très sensibles (liés aux poils ou aux papilles), les autres moins sensibles. Les principaux récepteurs sont les *corpuscules du tact :* corpuscules de Pacini*, Meissner*, Golgi-Muzzoni*, Krause* et Ruffini*, et les *corpuscules* ou *disques de Merkel.*

TACTIC-CLUB n. m. (pl. *tactic-clubs*). Dans les écoles militaires, salle d'instruction équipée de moyens perfectionnés qui permettent de former les cadres en les habituant à donner des ordres dans une ambiance de combat.

TACTICIEN, ENNE n. 1. Spécialiste ou théoricien de la tactique militaire. – 2. Personne qui use de moyens habiles pour obtenir le résultat voulu.

TACTILE adj. (lat. *tactilis*). 1. Relatif au tact. – 2. Se dit d'un écran de visualisation qui réagit au simple contact du doigt et autorise ainsi un dialogue direct avec l'ordinateur auquel il est connecté. – 3. *Poils tactiles,* sur les pattes et les antennes des insectes (mouches, papillons, criquets, etc.), organes sensoriels très grêles, stimulés par les mouvements de l'air ou par le contact avec des supports solides, ou même liquides. ‖ *Sensibilité tactile,* syn. de TACT.

TACTIQUE n. f. (gr. *taktikê takhné,* art de ranger). 1. Art de diriger une bataille, en combinant par la manœuvre l'action des différents moyens de combat et les effets des armes, afin d'obtenir un résultat déterminé ; cette manière de combattre elle-même pendant la bataille. (→ *encycl.*) – 2. Moyens habiles employés pour obtenir le résultat voulu : *Tactique parlementaire.*

◆ adj. Relatif à la tactique.

ENCYCL. **Mil.** Directement ordonnée au combat, la tactique est fonction de l'état des armées, de leur mode de recrutement, de l'armement dont elles disposent, du terrain et du milieu dans lequel elles agissent, ainsi que des caractéristiques de l'adversaire. La tactique est donc en continuelle évolution. C'est pourquoi il y a un grand nombre de tactiques : tactique aérienne, tactique navale, tactique d'infanterie, de blindés, etc. Avec les armes nucléaires dites de « théâtre » s'est ouvert le débat sur l'existence d'une tactique nucléaire à un niveau où la menace de destruction massive est tellement contradictoire avec le principe de concentration du fort au faible qu'elle rend de plus en plus malaisée la distinction entre stratégie et tactique. L'appellation d'« armement pré-stratégique » adoptée par la France pour désigner l'armement nucléaire tactique témoigne de cette redoutable imbrication.

TACTIQUEMENT adv. Conformément à la tactique.

TACTISME n. m. Attraction ou répulsion provoquée par certains facteurs de l'environnement, entraînant une prise d'orientation et une réaction locomotrice chez les espèces animales.

TACUL *(mont Blanc du),* sommet du massif du Mont-Blanc, au N.-E. du sommet du mont Blanc proprement dit ; 4 248 m. La première ascension fut réalisée par la cordée Hudson-Kennedy (en 1855).

TADEMAÏT *(plateau du),* région du Sahara algérien, au S. du Grand Erg occidental et au N. d'In Salah.

TADJIK adj. et n. Du Tadjikistan.

◆ n. m. Forme du persan parlée surtout au Tadjikistan par env. 11 millions de locuteurs. (Il s'écrit depuis 1933 en caractères cyrilliques.)

TADJIKISTAN, État de l'Asie centrale, à la frontière de la Chine et de l'Afghānistān ; 143 000 km^2 ; 6 270 000 hab. *(Tadjiks).* CAP. *Douchanbe.* LANGUE : *tadjik.* MONNAIE : *rouble.*

Géographie. C'est un pays de hautes montagnes (particulièrement dans l'Est), où vivent principalement des Tadjiks et une notable minorité d'Ouzbeks, qui se caractérisent par une forte croissance démographique. L'élevage transhumant, les cultures dans les bassins et les vallées (coton) sont les activités principales. En dehors de Douchanbe et de petits centres urbains, le seul site industriel notable est la centrale de Nourek (aluminium).

Histoire. Formé d'une région de l'Asie centrale conquise par les Russes à partir de 1865 et d'une partie de l'ancien khanat de Boukhara, le Tadjikistan devient en 1929 une république fédérée de l'U. R. S. S.
1991 : Il accède à l'indépendance.
1992 : Une guerre civile oppose islamistes et démocrates aux procommunistes qui se maintiennent au pouvoir.

TADJIKS, peuple musulman iranophone habitant la partie sud-est de l'Asie centrale et l'Afghānistān septentrional et central. Les Tadjiks sont environ 11 millions, dont 5 860 000 au Tadjikistan et 1 million en Ouzbékistan, et env. 4 millions en Afghānistān.

Tādj Maḥall, mausolée érigé (1631-1641) à Āgrā, dans l'Inde gangétique, par l'empereur moghol Chāh Djahān pour son épouse favorite Mumtāz Maḥall. Édifié dans un jardin, ce monument en marbre blanc incrusté de pierres de couleur témoigne tout à la fois de l'empreinte de l'Iran (façade rythmée d'arcs polylobés, dome bulbeux, etc.) et de l'aboutissement de l'architecture moghole.

TADJOURA *(golfe de),* golfe de Djibouti, au S. du détroit de Bāb al-Mandab. — Le port de *Tadjoura* a perdu de son importance depuis le développement de la ville de Djibouti.

TADJRICH, v. d'Iran, banlieue nord de Téhéran ; 157 000 hab.

TADLA, plaine du Maroc occidental, traversée par le cours moyen de l'Oum er-Rebia, bordée au S.-E. par le Moyen Atlas. Élevage ovin. Culture irriguée du coton.

TADMOR, nom araméen de Palmyre.

TADORNE n. m. (lat. *anas tadorna*). Canard à tête noire et bec rouge, des estuaires et des eaux marines littorales, sédentaire en France. (Le casarca est une espèce voisine, plus terrestre.)

TAEGU ou **TÄ-GU,** v. de Corée du Sud, au N.-N.-O. de Pusan, sur le Naktong ; 1 607 000 hab. Centre commercial d'une région agricole et industrielle (tungstène, textile).

TAEJON ou **TÄ-ČŎN,** v. de Corée du Sud, au S.-E. de Séoul ; 651 600 hab. Carrefour ferroviaire et centre industriel diversifié.

TAEKWONDO n. m. (mot coréen). Art martial d'origine coréenne.

TAËL ou **TAEL** [taɛl] n. m. **1.** Ancienne unité de poids en Extrême-Orient. — **2.** Ancienne monnaie chinoise.

TÆNIA, TÆNIASIS → TÉNIA, TÉNIASIS.

TAFARI MAKONNEN → HAILÉ SÉLASSIÉ.

TAFFETAS [tafta] n. m. (pers. *tāfta,* tissé). **1.** Tissu d'armure, toile en soie ou matière synthétique. — **2.** *Taffetas gommé,* papier ou tissu souple et imperméable servant à isoler les pansements humides.

TAFFETATIER, ÈRE n. Ouvrier(ère) qui fabrique le taffetas.

TAFIA n. m. (mot créole, abrév. de *ratafia*). *Vx.* Rhum que l'on consommait sans le laisser vieillir et qui n'était pas de la meilleure qualité.

TAFILALET, TĀFILĀLT ou **TAFILELT,** région saharienne du Maroc méridional, au S. du Haut Atlas. Le Tafilalet s'étend sur une cuvette évidée par les oueds Ziz et Rheris. Les principales oasis sont Erfoud, Rissani et Alnif. Le barrage d'Hasan al-Dākhil permet l'irrigation. Tafilalet fut du VIIIe au XIVe s. le centre d'un royaume berbère, dont la capitale était Sidjilmāsa.

TAFNA (la), fl. de l'Algérie occidentale, né dans le Causse oranais. — La Tafna a donné son nom au traité du 30 mai 1837, conclu entre Bugeaud et Abd el-Kader.

TAFRAOUTE, village du Maroc (prov. d'Agadir), dans une vallée de l'Anti-Atlas, à l'E. de Tiznit ; 1 000 hab. Tourisme.

TAFT (William Howard), homme d'État américain (Cincinnati 1857 - Washington 1930), qui, républicain, mena comme président des États-Unis (1909-1913) une politique conservatrice. — Son fils, ROBERT ALFONSO (Cincinnati 1889 - New York 1953), fut l'instigateur de la *loi Taft-Hartley* limitant le droit de grève.

TAG n. m. (mot amér.). Graffiti tracé ou peint, caractérisé par un graphisme proche de l'écriture et constituant un signe de reconnaissance.

TAGALOG ou **TAGAL** n. m. (malais *taga,* indigène). Langue indonésienne parlée aux Philippines, où elle a statut de langue officielle. (Syn. PILIPINO.)

TAGALOGS, peuple prédominant de l'île de Luçon (Philippines), d'origine malaise.

TAGANROG, port de Russie, sur la mer d'Azov ; 289 000 hab. Centre industriel diversifié.

TAGASTE ou **THAGASTE,** municipe de l'Afrique romaine en Numidie, patrie de saint Augustin. C'est l'actuelle *Souq Ahras.*

TAGE, en esp. **Tajo,** en port. **Tejo,** le plus long fleuve de la péninsule Ibérique qu'il traverse d'E. en O. ; 1 120 km, dont 275 au Portugal (bassin de 80 947 km^2). Il passe à Tolède et Lisbonne avant de se jeter dans l'Atlantique. Son principal affluent est le Zêzere et ses hautes eaux se situent en hiver. Importants aménagements hydrauliques (électricité et irrigation).

TAGÈS, génie étrusque. Suivant la légende, il apprit aux Étrusques la divination et la science des haruspices.

TAGESGRADE [-gɛsgrad] n. m. (all. *Tag,* jour, et lat. *gradus,* degré). Nombre de jours nécessaires à l'incubation d'œufs de poisson à une température donnée.

TAGETES [-ʒetɛs] n. m. (lat. sc. *tagetes*). Composée ornementale très ramifiée, à fleurs en capitules (jaunes, orange, teintés parfois de brun), à odeur forte, telle que la rose d'Inde, l'œillet d'Inde.

TAGINE ou **TAJINE** [-ʒin ou -dʒin] n. m. (mot ar.). **1.** Morceaux de viande ou légumes cuits à l'étouffée avec oignons, poivrons, pruneaux, etc. (Cuisine marocaine.) — **2.** Récipient en terre dans lequel est cuit le mets du même nom.

Tagliacozzo *(bataille de)* [23 août 1268], victoire remportée en Italie par Charles Ier d'Anjou, roi de Sicile, à Tagliacozzo, dans les Abruzzes, sur son compétiteur Conrad V (Conradin).

TAGLIAMENTO (le), fl. d'Italie, tributaire de l'Adriatique, qui traverse la Vénétie Julienne ; 172 km. Victoires de Bonaparte en 1797 et de Masséna en 1805.

TAGLIATELLE [taljatɛl] n. f. (pl. inv. ou *tagliatelles*) [ital. *tagliatelle,* de *tagliare,* découper]. Pâte alimentaire d'origine italienne, en forme de lanières plus ou moins larges.

TAGLIONI (les), famille de danseurs et de chorégraphes italiens des XVIIIe et XIXe s. — SALVATORE (Palerme 1789 - Naples 1868) fonda avec le Français Louis Henry (1766-1836), en 1812, l'École royale de ballet de Naples. — Son frère FILIPPO (Milan 1777 - Côme 1871) fut premier danseur au Théâtre royal de Stockholm. Marié à une Suédoise, il eut deux enfants : PAUL ou PAOLO, dit *Paul le Grand* (Vienne 1808 - Berlin 1884), et surtout MARIA (Stockholm 1804 - Marseille 1884). Filippo, s'il fut un excellent danseur, est surtout réputé pour les ballets qu'il a composés pour sa fille Maria, une des plus grandes danseuses de l'époque romantique. Leurs noms restent liés à la création, à l'Opéra de Paris, de *la Sylphide* (1832).

TAGORE (Rabindranāth), en bengali **Rabindranāth Thākur,** écrivain indien (Calcutta 1861 - Śāntiniketan, Bengale-Occidental, 1941). En 1878, il se rend en Angleterre, où il s'initie à la littérature et à la musique européennes. En 1881 paraissent les souvenirs de ce voyage *(Lettres d'un voyageur en Europe)* que suivent des drames musicaux, ses poèmes *les Chants du crépuscule* (1882), *les Chants de l'aurore* (1883) et un roman historique. Il se marie, voyage à travers le Bengale, en Angleterre (1890), donne les recueils *Citra* (1896), *Éphémère* (1900), et le drame *Kacha et Devayani* (1894). Idéaliste, rêvant de liberté intellectuelle et de formation harmonieuse des êtres, Tagore inaugure l'école de Śāntiniketan ; indépendantiste, il publie en 1910 un roman *(Gorā),* et, en 1912, son *Gītāñjalī* traduit en français par A. Gide (*l'Offrande lyrique,* 1913), reçoit le prix Nobel en 1913, va donner des conférences en Angleterre et aux États-Unis (*Sādhānā,* 1912 ; *la Religion de l'homme,* 1930). En 1921, il crée à Śāntiniketan l'université internationale Visva Bhāratī. Poursuivant ses voyages à travers le monde, il a encore publié des romans, des drames (*le Cycle du printemps,* 1916 ; *la Machine,* 1922) et des poèmes (*la Fugitive,* 1918).

TAHAA, île de la Polynésie française (archipel de la Société), à l'O.-N.-O. de Tahiti ; 3 751 hab.

TAHARKA, pharaon égyptien de la XXVe dynastie (koushite) [689 - 663 av. J.-C.]. Fils du conquérant Piankhi, il se heurta aux Assyriens, qui envahirent l'Égypte à plusieurs reprises : Sennachérib d'abord, puis Assarhaddon, Assurbanipal enfin.

TAHAT (le), point culminant du Hoggar, au N. de Tamanrasset ; 2 918 m.

TĀHERT, anc. capitale des Rustémides, fondée en 761 ; elle fut détruite par les Fāṭimides (909). Ruines à proximité de l'actuelle *Tihert*.*

TAHITI, île principale du territoire d'outremer de la Polynésie française et de l'archipel de la Société, dans le Pacifique, par 17° de latitude sud ; 1 042 km^2 ; 131 309 hab. *(Tahitiens).* Ville principale *Papeete.*

— **Géogr.** L'île, volcanique et montagneuse, frangée d'un récif-barrière corallien, a un climat chaud et humide (relativement sec de juillet à septembre), favorable aux cocoteraies sur les plaines littorales. Mais l'urbanisation est envahissante (Papeete avec ses banlieues regroupe plus des deux tiers de la population), liée au développement du tourisme (aéroport de Faaa) et à la présence (depuis 1964) du Centre d'expérimentation du Pacifique.

— **Hist.** Découverte par S. Wallis en 1767, dirigée par la dynastie des Pomaré au début du XIXe siècle, l'île devint protectorat français en 1843, puis colonie française en 1880. En 1959, elle a été intégrée au territoire d'outre-mer de la Polynésie française.

TAHITIEN, ENNE [-sjɛ̃, ɛn] adj. et n. De Tahiti. ◆ **tahitien** n. m. Langue polynésienne parlée à Tahiti, et servant de lingua franca dans toute la Polynésie française.

ṬAHMĀSP Ier (1514-1576), souverain de Perse de la dynastie séfévide (1524-1576), fils de Chāh Ismā'īl.

TAÏAUT ou **TAYAUT !** interj. Cri employé par les veneurs à la chasse du cerf, du chevreuil ou du daim, pour avertir que l'on vient de voir l'animal. (Pour le sanglier, on crie : « Vloo ! »)

TAÏBA, localité du Sénégal, au N. de Thiès. Phosphate.

TAIBEI ou **T'AI-PEI,** cap. de Taiwan ; 2 706 000 hab. (6 130 000 hab. dans l'agglomération). L'industrie est notable (chimie, édition, électronique surtout), mais plus des deux tiers des actifs relèvent du secteur tertiaire. Riche musée national d'art.

T'AI-CHAN → TAI SHAN.

TAI-CHI-CHUAN ou **TAI-CHI** [tajtʃitʃwan] n. m. (mot chin.). Gymnastique chinoise, constituée par un enchaînement lent de mouvements, selon des schémas précis. (Son origine, très ancienne, est liée au taoïsme.)

Taichung → TAIZHONG.

TAIE n. f. (lat. *theca,* étui, du gr. *thêkê,* étui). **1.** Enveloppe de tissu dans laquelle on glisse un oreiller ou un traversin. — **2.** Tache permanente de la cornée, due à des traumatismes ou à des ulcérations.

TAÏEB (Maurice), paléontologiste et géologue français (Bizerte 1935). Spécialiste du rif est-africain, il a découvert de très anciens hominidés fossiles, notamment « Lucy* », dans le site d'Hadar.

ṬĀ'IF, v. d'Arabie Saoudite, dans le Hedjaz, à l'E. de La Mecque ; 205 000 hab. Capitale d'été du Hedjaz sur un plateau à 1 630 m d'altitude.

TAIFAS *(les royaumes de),* royaumes de l'Espagne musulmane issus de la décomposition de la monarchie omeyyade et du califat de Cordoue au XIe s.

TAÏGA [taiga] n. f. (mot russe). Formation végétale constituée de conifères, qui longe, en une ceinture forestière presque ininterrompue, le nord de l'Eurasie et du Nouveau Monde, au S. de la toundra. (Vers le S., la taïga s'efface devant la forêt tempérée à larges feuilles caduques.)

ENCYCL. La taïga est formée d'épicéas, de sapins et de mélèzes de Sibérie, auxquels se mêlent parfois des bouleaux et des peupliers. Un sol trop imperméable, pauvre en éléments nutritifs, gelé une partie de l'année, la brièveté de l'été font d'elle une formation discontinue (clairières) et au sous-bois pauvre (mousses, airelles).

Taiheiki *(Chronique de la grande paix),* récit épique qui relate les cinquante années de troubles et de guerre civile que connut le Japon de 1318 à 1367.

TAIHU ou **T'AI-HOU,** lac de Chine, près du bas Yangzi Jiang ; 2 200 km².

Taika, réforme réalisée à partir de 645 dans l'administration du Japon ancien qui affecta la propriété de la terre, le système des communications, le rencensement de la population, le système des impôts ; elle fit pénétrer le Japon dans l'orbite culturelle de la Chine des Tang.

TAILHADE (Laurent), écrivain français (Tarbes 1854 - Combs-la-Ville 1919). Satiriste en vers et en prose (*Au pays du mufle,* 1891 ; *Imbéciles et Gredins,* 1900), collaborateur du *Libertaire* et de l'*Aurore,* il fut blessé lors de l'attentat anarchiste du restaurant Foyot (1894), un an après avoir soutenu l'anarchiste Vaillant, qui avait lancé une bombe dans la Chambre des députés.

TAILLABLE adj. **1.** Sujet à l'impôt de la taille. — **2.** *Être taillable et corvéable à merci,* être soumis à des travaux pénibles et divers, à des taxations multiples.

TAILLADE n. f. (ital. *tagliata,* de *tagliare,* tailler). **1.** Entaille dans les chairs provoquée par un instrument tranchant. — **2.** *Vx.* Coupure en long faite dans un vêtement pour laisser voir la chemise ou une doublure.

TAILLADER v. t. (de *taillade*) [conj. 3]. Entailler qqch avec un instrument tranchant ; faire une ou des incisions profondes dans les chairs de qqn : *Taillader une table avec un couteau. Il s'est tailladé la joue.*

TAILLAGE n. m. Opération d'usinage qui a pour objet d'enlever de la matière par l'emploi d'un outil coupant. (L'application essentielle est le taillage des engrenages.)

TAILLANDERIE n. f. (de *taillandier*). **1.** Fabrication, commerce des outils propres à tailler, couper, etc. (cisailles, sécateurs, etc.). — **2.** Ces outils eux-mêmes.

TAILLANDIER n. m. (de *tailler*). Fabricant d'articles de taillanderie.

TAILLAN-MÉDOC (Le) [33320], comm. de la Gironde, à 11 km au N.-O. de Bordeaux ; 6 823 hab.

TAILLANT n. m. (de *tailler*). **1.** Tranchant d'une lame. — **2.** Arête tranchante de l'extrémité d'un fleuret ou d'une mèche de perforatrice.

TAILLE n. f. (de *tailler*). **1.** Action ou manière de tailler : *La taille des pierres, des rosiers.* — **2.** Forme donnée à qqch en le taillant. — **3.** Dimension en hauteur du corps humain : *Un homme de grande taille.* — **4.** Ensemble des dimensions des différentes parties du corps servant de modèle pour réaliser des vêtements : *Cette veste est à votre taille.* — **5.** Dimension coordonnée d'un objet d'habillement (chapeau, chaussure, gant). [La taille de chaussure est la POINTURE.] — **6.** Partie rétrécie du corps humain, située entre les hanches et le bas des côtes : *Elle a la taille mince.* — **7.** Partie rétrécie du vêtement qui dessine la taille de la personne : *Reprendre une robe à la taille.* — **8.** Dimensions habituellement atteintes par une espèce animale ou végétale. — **9.** Dimension, grandeur de qqch : *Un plat de grande taille.* — **10.** Importance de qqch : *Une erreur de cette taille n'est pas pardonnable.* — **11.** *À la taille de,* au niveau de, proportionné à : *Ses moyens ne sont pas à la taille de ses ambitions.* ‖ *De taille,* d'importance : *Sottise de taille.* ‖ *Être de taille à,* être assez fort pour, être capable de. ‖ *Tour de taille,* circonférence du corps humain mesurée à la ceinture. • **Arbor.** Action de couper méthodiquement une partie des branches, des pousses d'un arbre, d'un arbrisseau, d'un cep de vigne, afin de lui imposer une forme déterminée, de contrôler la fructification. (→ *encycl.* Vitic.) — **Arm.** Tranchant, partie coupante d'une arme blanche, servant à tailler. — **Bât.** et **Carr.** Manière de découper les pierres destinées à la construction appareillée. ‖ Résultat du façonnage d'une pierre, au moyen d'outils tranchants ou d'abrasifs, donnant à ses différentes faces tel ou tel aspect souhaité. — **Bijout.** Façonnage à facettes des pierres fines ou précieuses. — **Chir.** Syn. anc. de CYSTOTOMIE. — **Cout.** *Taille basse, taille haute,* effet obtenu en positionnant la couture de taille d'un vêtement au-dessous ou au-dessus de la taille. — **Grav.** Incision pratiquée par le graveur dans la planche (de métal, de bois ou de toute autre matière). [*Tailles croisées,* ensemble de tailles et de contre-tailles ; *taille libre,* en tous sens ; *taille rangée,* en hachures parallèles ; etc.] — **Hist.** Impôt qui était levé sur les roturiers, sous l'Ancien Régime. (→ *encycl.*) — **Inform.** *Taille mémoire,* syn. de CAPACITÉ* MÉMOIRE. — **Min.** Chantier d'exploitation ayant un front d'une longueur notable, qui est déplacé parallèlement à lui-même au cours de l'exploitation. — **Mus.** Tessiture vocale ou instrumentale située dans le registre du ténor ; chanteur qui possède cette voix (vx). — **Outill.** Opération de façonnage d'une lime, consistant à lui donner ses aspérités. — **Sculpt.** et **Monn.** *Taille directe,* technique suivant laquelle un sculpteur ou un graveur taille directement son œuvre, à sa dimension, dans la matière définitive ; œuvre obtenue par cette technique. (Ainsi, le sculpteur peut tailler la pierre, le bois, etc., en s'aidant de dessins, de gabarits ou de panneaux, d'une esquisse modelée [à l'exclusion d'un modèle à grandeur] ; le graveur en médailles peut tailler directement dans l'acier soit le coin, soit le poinçon de la médaille.)

ENCYCL. **Hist.** La taille, originellement due par le serf au seigneur en échange de sa protection, n'est plus, à partir du XVe s., qu'un droit fixe. La taille royale apparaît au XIVe s. comme équivalent pécuniaire du service militaire. Elle devient permanente au XVe s. et subsiste jusqu'à la Révolution. Elle pèse essentiellement sur les paysans. La *taille personnelle,* portant sur la fortune présumée, concerne la majeure partie de la France. En sont exempts nobles, clergé, titulaires d'offices, certaines villes dans leur ensemble. La *taille réelle,* propre au Midi, porte sur les biens fonciers. Dans les pays d'états, la taille est votée et répartie par les états provinciaux. Dans les pays d'élection, l'impôt, réparti par des fonctionnaires royaux, les élus, est plus lourd. — **Vitic.** Les systèmes de taille de la vigne peuvent être rapportés à trois types principaux. La *taille courte* laisse, en plus de l'œil de la base du sarment, appelé « bourrillon », deux ou trois bourgeons seulement aux sarments conservés, appelés « coursons ». La *taille longue* maintient plus de trois ou quatre bourgeons par rameau ou long bois. Dans la *taille mixte,* on trouve sur les ceps à la fois des longs bois et des coursons. Les formes données à la vigne par la taille sont variées : vignes basses (cep court et bras près de terre), vignes moyennes (cep de 40 à 50 cm au-dessus du sol) et vignes hautes (rameaux fructifiés à 1 m de hauteur env.).

TAILLÉ n. m. (de *tailler*). Partition divisant l'écu en deux parties égales par une diagonale, de l'angle senestre du chef vers l'angle dextre de la pointe.

Taillebourg *(bataille de)* [21 juill. 1242], victoire de Saint Louis sur Henri III d'Angleterre à Taillebourg (Charente-Maritime).

TAILLE-CRAYON n. m. (pl. *taille-crayon[s]*). Petit instrument muni d'une lame tranchante, qui sert à tailler les crayons.

TAILLE-DOUCE n. f. (pl. *tailles-douces*). **1.** Ensemble des procédés de gravure en creux sur métal (burin, eau-forte, pointe sèche, etc.), par oppos. à la *taille en relief* ou *taille d'épargne**. — **2.** Estampe* obtenue par un de ces procédés.

TAILLEFER, massif cristallin des Alpes (Isère), au S. de la Romanche ; 2 857 m.

TAILLEFERRE (Germaine), compositrice française (Saint-Maur-des-Fossés 1892 - Paris 1983). Membre du groupe des Six, elle collabora aux *Mariés de la tour Eiffel* (Cocteau, 1921) et écrivit de nombreuses pages instrumentales, l'opéra-comique *Il était un petit navire* (1951), le ballet *Marchand d'oiseaux* (1923), *la Cantate du Narcisse* (P. Valéry, 1937), et *Concerto de la fidélité* pour voix élevée et orchestre (1981).

TAILLE-HAIE n. m. (pl. *taille-haies*[*s*]). Appareil porté à bras, muni d'un petit moteur électrique actionnant deux lames superposées pour couper les rameaux des arbres et arbustes constituant les haies.

TAILLE-MER n. m. inv. (ital. *tagliamare,* de *tagliare,* tailler, et *mare,* mer). Partie avant de la guibre des anciens navires en bois.

TAILLER v. t. (lat. pop. **taliare,* du lat. class. *talea,* bouture) [conj. 3]. **1.** Donner une forme déterminée à qqch en enlevant certaines parties avec un instrument tranchant : *Tailler un diamant. Tailler sa barbe en pointe. Tailler des sculptures.* — **2.** Couper dans un tissu les pièces nécessaires à la confection d'un vêtement : *Tailler une jupe dans un beau velours.* — **3.** Pratiquer la taille d'un arbre, d'un arbrisseau, d'un cep de vigne. — **4.** Réaliser la denture d'un élément d'engrenage ou d'un outil (fraise, alésoir, etc.). — **5.** *Machine à tailler,* syn. de TAILLEUSE.
◆ v. i. Faire une coupure, une incision dans qqch : *Tailler dans les chairs avec un scalpel.*
◆ **être taillé** v. pass. **1.** Avoir telle ou telle carrure, être bâti de telle façon : *C'est un gaillard taillé en hercule.* — **2.** Avoir les aptitudes pour faire qqch : *Vous n'êtes pas taillé pour ce conflit.* — **3.** En parlant de l'écu, être divisé par un taillé.
◆ **se tailler** v. pr. **1.** *Pop.* S'en aller, s'enfuir. — **2.** Gagner qqch, l'obtenir par son action : *Se tailler un empire.* — **3.** *Se tailler un (beau) succès,* être bien accueilli, très applaudi par le public.

TAILLERIE n. f. **1.** Art de tailler, de façonner les gemmes, pierres dures ou cristaux. — **2.** Atelier où s'effectue cette taille.

TAILLEUR n. m. (de *tailler*). **1.** Artisan qui fait des vêtements sur mesure. — **2.** Spécialisation du métier de la couture ayant trait à la réalisation de vêtements en tissu lourd. — **3.** Ouvrier spécialisé dans la taille de certains matériaux : *Tailleur de marbre.* — **4.** Tenue féminine composée d'une jupe et d'une veste tailleur. — **5.** *Col tailleur,* col à revers dont la pliure haute dans le dos s'abaisse vers le devant, où le col se présente à plat. ‖ *En tailleur,* position assise, jambes repliées, à plat sur le sol et genoux écartés. ‖ *Tailleur d'images,* nom du sculpteur au Moyen Âge, encore dit *imagier.* ‖ *Tailleur de pierre,* ouvrier qui procède à la taille et au ravalement des blocs de pierre à bâtir. ‖ *Veste tailleur,* veste à col tailleur dont la coupe est inspirée par celle du veston. (Syn. JAQUETTE.)

TAILLEUR-PANTALON n. m. (pl. *tailleurs-pantalons*). Costume féminin composé d'un pantalon et d'une veste assortie.

TAILLEUSE n. f. **1.** Machine permettant de diviser une argile humide en menus copeaux. — **2.** Dispositif donnant aux carreaux céramiques leur format définitif. — **3.** Machine-outil conçue pour le taillage des engrenages. (Syn. MACHINE À TAILLER.)

TAILLEVANT ou **TAILLEVENT** (Guillaume TIREL, dit), cuisinier français (Pont-Audemer v. 1310 - ? v. 1395). Il a notamment travaillé pour Philippe VI de Valois et est l'auteur d'un des plus anciens traités de cuisine : *le Viandier.*

TAILLE-VENT n. m. inv. Grand-voile, prévue pour la brise, des embarcations gréant des voiles au tiers.

TAILLIBERT (Roger René), architecte français (Châtres-sur-Cher 1926). Il s'est consacré, notamment, à la réalisation de complexes sportifs d'une technique audacieuse (piscine de Deauville, 1965-66 ; Parc des Princes, à Paris, 1967-1972 ; Centre olympique de Montréal, 1972-1976 ; etc.).

TAILLIS [taji] n. m. **1.** Régénération naturelle d'une forêt par rejets de souche obtenue en recépant les arbres selon une périodicité (révolution) variable avec les espèces. — **2.** Bois ou forêts exploités selon ce mode de traitement. (La périodicité du recépage varie de 4 à 8 ans pour les essences à croissance rapide [eucalyptus], de 20 à 30 ans pour les autres [châtaignier].) — **3.** *Taillis sous futaie,* taillis où sont maintenus des brins issus de semence et qui donneront des arbres de grande dimension.

TAILLOIR n. m. Couronnement mouluré du corps de certains chapiteaux, les corinthiens notamment.

TAILLOLE n. f. (anc. provenç. *talhola,* de *talhar,* tailler). En Provence, large pièce de tissu de laine qui servait autrefois de ceinture aux hommes ou qui maintenait la taille serrée.

TAÏMYR *(presqu'île de),* région de Russie, sur la côte nord de la Sibérie centrale, entre la dépression de la Khatanga et l'archipel de la Severnaïa Zemlia (« Terre du Nord ») ; 400 000 km^2.

TAIN n. m. (altér. de *étain*). **1.** Amalgame d'étain qui sert à l'étamage des glaces. — **2.** Couche de métal déposée à la surface de la glace pour en faire un miroir.

TAINAN ou **T'AI-NAN,** port de Taiwan, dans le S.-O. de l'île, dont il est l'ancienne capitale ; 692 000 hab. Centre commercial et industriel.

TAINE (Hippolyte Adolphe), philosophe et historien français (Vouziers 1828 - Paris 1893). Collaborateur de diverses revues, il s'intéressa aux domaines les plus variés : récits de voyage (*Voyage aux Pyrénées,* 1855) ; critique littéraire (*Essais de critique et d'histoire,* 1858 ; *Histoire de la littérature anglaise,* 1864-1872) ; philosophie (*De l'intelligence,* 1870), histoire (*Origine de la France contemporaine,* 1875-1894), esthétique (*Philosophie de l'art,* 1882). Il enseigna à l'école des Beaux-Arts de Paris (à partir de 1864). Son esthétique, s'inspirant du positivisme et des méthodes de la biologie, est déterministe : l'œuvre d'art dérive de trois facteurs, la race (facteur individuel), le milieu (facteur géographique), le moment (facteur historique). [Acad. fr., 1878.]

TAIN-L'HERMITAGE (26600), ch.-l. de cant. de la Drôme, sur le Rhône, en face de Tournon ; 5 220 hab. *(Tinois).* Vignoble de l'Hermitage (côtes du Rhône). Industrie alimentaire.

TAINOS, Indiens Arawaks qui, entre le XIIe et le XVIe s., occupaient les territoires de l'actuelle République Dominicaine, Haïti, Porto Rico, l'est de Cuba et une partie de la Jamaïque. Agriculteurs, ils vivaient en villages. Ils excellaient dans le travail de la pierre (idoles, jougs, mortiers) et du bois (idoles et sièges cérémoniels).

T'AI-PEI → TAIBEI.

Taiping ou **T'ai-p'ing** (« Grande Paix »), mouvement politique et religieux qui agita la Chine de 1851 à 1864. Son fondateur, Hong Xiuquan, voulait sauver la Chine, alors en pleine décadence. Il souleva les mécontents et reçut l'appui de sociétés secrètes opposées à la dynastie mandchoue. En 1851, il annonça la fondation de l'empire céleste de la Grande Paix (Taiping tian guo) et se donna le titre d'empereur. Il conquit la basse vallée du Yangzi Jiang (fin 1852-début 1853) et installa sa capitale à Nankin (1853). Le mouvement rencontra l'hostilité des missionnaires catholiques, puis des commerçants français et anglais, qui préféraient appuyer la dynastie mandchoue. En 1862 commença l'offensive générale contre les Taiping, qui menaçaient Shanghai. Nankin tomba le 19 juill. 1864.

TAIRA, famille militaire japonaise de descendance impériale, qui fut très puissante aux XIe et XIIe s., et lutta contre la famille des Minamoto, partic. de 1156 à 1185.

TAIRE v. t. (anc. fr. *taisir,* du lat. pop. **tacire,* du lat. class. *tacere*) [conj. **111**]. **1.** Ne pas dire qqch, le passer sous silence : *Je tairai le nom de cette personne.* — **2.** *Litt.* Ne pas laisser apparaître un sentiment, le cacher : *Taire son chagrin.*
◆ **se taire** v. pr. **1.** S'abstenir ou cesser de parler : *Il aurait mieux fait de se taire.* — **2.** Cesser de s'exprimer, de manifester ses opinions : *L'opposition s'est définitivement tue.* — **3.** Cesser de faire du bruit, ne produire aucun son : *Les oiseaux se taisent.* — **4.** *Faire taire qqn,* lui demander ou lui imposer le silence. ‖ *Faire taire qqch,* l'empêcher de se manifester : *Il a dû faire taire son amour-propre.*

TAIRONAS, tribu indienne précolombienne, ayant donné son nom à une culture qui s'est développée à l'époque classique dans la sierra Nevada, au N.-E. de la Colombie. Les Taironas vivaient dans des villages ou des villes formant une confédération. Céramiques (urnes funéraires) et objets de parure en pierre et en or confirment leur maîtrise technique et leur sens artistique.

TAIROV (Aleksandr Iakovlevitch KORNBLIT, dit), acteur et metteur en scène russe (Romny, Poltava, 1885 - Moscou 1950). Fondateur du « Théâtre de chambre », inspiré du Kammerspiel* allemand, il associa à l'art dramatique les autres modes d'expression : danse, musique, cinéma.

TAISEUX, EUSE adj. et n. (de *se taire*). En Belgique, se dit de qqn qui parle peu.

TAI SHAN ou **T'AI-CHAN,** massif ancien de Chine, dans la péninsule du Shandong, culminant à plus de 1 500 m. Vénéré en tant que « pic sacré de l'Est », il est l'objet d'un culte singulier pratiqué dans tout le pays, et de nombreux temples ont été édifiés sur ses flancs.

TAISHŌ [taiʃo] n. m. inv. (jap. *taishō*). Au Japon, commandant en chef d'une armée.

TAISHŌ TENNŌ, nom posthume de **Yoshihito** (Tōkyō, 1879 - Hayama 1926), empereur du Japon (1912-1926).

T'AI-TCHONG → TAIZHONG.

TAIWAN, *anc.* **Formose,** État insulaire de l'Asie orientale, séparé de la Chine continentale par le *détroit de Taiwan* ; 36 000 km^2 ; 20 900 000 hab. *(Taiwanais).* CAP. *Taibei.* LANGUE : *chinois.* MONNAIE : *dollar de Taiwan.*

Géographie. L'île est dominée à l'E. par un ensemble de montagnes dont les plus élevées approchent 4 000 m. Des collines séparent cet ensemble de la plaine alluviale de l'O. Le climat est tropical, chaud et arrosé, mais les précipitations varient en fonction du relief et de l'exposition, passant de 1 500-2 000 mm dans la plaine à 6 m sur la côte orientale, hauteur qui explique la présence de la forêt sur plus de la moitié de l'île. La population, constituée essentiellement de Chinois, s'accroît de 1 % par an environ. Elle est concentrée sur le tiers ouest de l'île, où les densités sont très élevées. L'agriculture prospère : canne à sucre, riz, légumes et fruits (bananes, ananas), thé. Un peu de houille et de gaz sont les seules ressources notables du sous-sol. L'électricité est fournie pour un tiers environ par les centrales nucléaires. Le secteur industriel, fondement de la puissance économique, importe ses matières premières et produits de base, et exporte des produits élaborés. Dominé autrefois par les industries de main-d'œuvre (délocalisées, en Chine populaire notamm.), il concerne maintenant de plus en plus les secteurs de la technologie de pointe. Aux exportations, les matériels électriques et électroniques précèdent les textiles synthétiques, les jouets et objets de plastique. Les investissements à l'étranger sont notables, vers la Thaïlande, l'Indonésie, les Philippines et la Malaysia, mais aussi vers la Chine, l'Europe et les États-Unis. Ces derniers et le Japon sont les premiers partenaires commerciaux de Taiwan.

Histoire. Fréquentée depuis des siècles par des pirates et des marchands chinois, l'île est massivement peuplée par des immigrants chinois au XVIIe s. À la même époque, Hollandais et Espagnols s'établissent dans l'île.

1683 : Elle passe sous le contrôle des empereurs Qing.

1895 : L'île est cédée au Japon au traité de Shimonoseki, qui met fin à la guerre sino-japonaise.

1945 : Elle est restituée à la Chine.

1949 : Après la victoire des communistes sur le continent, l'île sert de refuge au gouvernement nationaliste du Guomindang. Dirigée par Jiang Jieshi (Tchang Kaï-chek), Taiwan représente la Chine au Conseil de sécurité de l'O. N. U. jusqu'à l'admission de la Chine populaire à cette organisation en 1971.

1975 : Jiang Jingguo succède à son père. Depuis, Taiwan refuse l'« intégration pacifique » que lui propose la Chine.

1979 : Les États-Unis reconnaissent officiellement la Chine populaire et mettent fin à leurs relations diplomatiques avec Taiwan.

1988 : Mort de Jiang Jingguo. Lee Tenghui lui succède à la tête de l'État.

1991 : L'état de guerre avec la Chine est levé.

1995 : La Chine accentue très fortement sa pression sur Taiwan.

TAIWANAIS, E adj. et n. De Taiwan.

TAIYUAN ou **T'AI-YUAN,** v. de Chine, cap. du Shanxi, dans un bassin de la rivière Fen He ; 1 053 000 hab. Archevêché. Sidérurgie. Chimie. Centre de recherche en technologie.

Taizé *(Communauté de),* communauté fondée en 1940 à Taizé (Saône-et-Loire) par frère Roger, comprenant des frères catholiques et protestants d'une vingtaine de pays. Foyer d'œcuménisme, elle accueille des jeunes du monde entier et anime des rencontres périodiques sur tous les continents.

TAIZHONG ou **T'AI-TCHONG,** ou **TAICHUNG,** v. de l'ouest de Taiwan ; 570 700 hab. Centre administratif et commercial. Zone franche industrielle.

TA'IZZ, v. du Yémen, dans le sud du pays ; 86 900 hab. Capitale du Yémen au XIVe s. Centre commercial et industriel.

TAJÍN (El), anc. centre cérémoniel du Mexique (État de Veracruz), marqué par les influences de plusieurs cultures (de Teotihuacán, totonaque et probablement toltèque). Parmi de nombreux monticules encore non dégagés, le bâtiment le plus célèbre est la pyramide des Niches (époque classique 250-950 apr. J.-C.), formée de sept degrés et ornée de 365 niches.

TAJINE → TAGINE.

TAJUMULCO, volcan du Guatemala, 4 210 m. Point culminant de l'Amérique centrale.

TAKA n. m. Unité monétaire du Bangladesh.

TAKADIASTASE n. f. Ribonucléase, dite T_1, qui rompt spécifiquement l'A.R.N. au niveau d'une liaison où intervient la guanine.

TAKAMATSU, v. du Japon (Shikoku), sur la mer Intérieure ; 299 000 hab. Centre touristique, administratif et commercial.

TAKAMATSU-ZUKA, site archéologique du Japon, au S. de Nara, abritant, sous un imposant tumulus, une sépulture (fin du VIIe ou VIIIe s.) du type des kofun, présentant un intérêt majeur pour la datation des kofun et pour l'étude des influences (Tang, archaïsme des Six Dynasties, coréenne) que subit la peinture japonaise à cette époque.

TAKANOBU FUJIWARA → FUJIWARA.

TAKAOKA, v. du Japon, au centre de Honshū ; 175 000 hab. Centre industriel. Artisanat.

TAKAOUT [-kaut] n. m. (mot berbère). Galle des fleurs de tamaris, utilisée au Maroc pour sa richesse en tanin (40 %).

TAKARAZUKA, v. du Japon, près d'Ōsaka ; 183 600 hab. Station thermale, (parcs de loisirs).

TAKASAKI, v. du Japon, au centre de Honshū ; 221 400 hab. Nœud ferroviaire. Alimentation. Chimie. Mécanique.

TAKATSUKI, v. du Japon, au N.-E. d'Ōsaka ; 340 700 hab. Centre industriel (matériel électrique, chimie). Universités.

TAKAUJI ASHIKAGA → ASHIKAGA.

Takayashu *(maladie de)* [de *Takayashu* Migito (1860-1938) qui l'a décrite en 1908], maladie caractérisée par un processus inflammatoire d'étiologie inconnue, touchant de façon segmentaire l'aorte et l'origine de ses principales branches. Elle atteint électivement la femme jeune (85 % des cas). Sa manifestation principale est la diminution d'amplitude d'un ou plusieurs pouls périphériques.

TAKAZZÉ, riv. de l'Afrique du Nord-Est (Éthiopie, Soudan), affl. de l'Atbara (r. dr.) ; 800 km env. Elle finit son cours sous le nom de *Setit.*

TAKDIR ALISJAHBANA (Sutan), écrivain indonésien (Natal, Sumatra-Nord, 1908). Créateur de la revue *Poedjangga Baroe* (1933), c'est un poète, un romancier préoccupé par le sort de son pays (*Défaite et Victoire,* 1978) et un linguiste.

TAKEDA IZUMO, homme de théâtre japonais (Edo 1691 - Ōsaka 1756). Ayant hérité de son père la direction du Takemoto-za, il écrivit des pièces pour le théâtre de marionnettes (*le Trésor des vassaux fidèles,* 1748), très populaires encore aujourd'hui.

TAKEMITSU TŌRU, compositeur japonais (Tōkyō 1930 - *id.* 1996). Il s'est forgé un style éclectique et souple au confluent des cultures occidentale et japonaise. Après avoir utilisé les techniques modernes de composition, dont l'électronique, il est revenu aux instruments traditionnels. Ses œuvres maîtresses restent son *Requiem* pour cordes (1957), la pièce symphonique *Textures* (1964), *November Steps II* (1967). Il a aussi écrit des musiques de film (*Ran,* 1985).

TAKEMOTO GIDAYŪ, récitant japonais de théâtre de marionnettes (Ōsaka 1651 - *id.* 1714). Il ouvrit en 1684 une salle, le Takemoto-za, et travailla en collaboration avec le dramaturge Chikamatsu Monzaemon, fondant ainsi le *ningyōjōruri**.

TAKE-OFF [tɛkɔf] n. m. inv. (angl. *take-off*). En économie, syn. de DÉCOLLAGE.

TAKESHITA NOBORU, homme politique japonais (Kakeya, préfecture de Shimane, 1924). Élu à la présidence du parti libéral-démocrate, il devient Premier ministre en 1987. Mais, impliqué dans un scandale financier, il doit démissionner en 1989.

Taketori monogatari *(le Dit du coupeur de bambous),* œuvre japonaise (fin du IXe s. ou début du Xe s.), constituée de sept contes narrant l'aventure sur Terre de Kaguya-hime, princesse de la Lune.

TAKIS (Panayiótis VASSILÁKIS, dit), artiste grec (Athènes 1925). Installé en France en 1955, il s'est orienté vers une poétique d'inspiration technologique. « Sculptures électromagnétiques » (à partir de 1958), « Télélumières » (à partir de 1963), « Sculptures musicales » (à partir de 1965 et surtout des années 70), etc., toutes composées d'appareillages industriels (électroaimants, lampes à vapeur de mercure...), mettent en évidence des énergies et leurs effets (lumière, mouvement, son), mais aussi leur impact émotionnel.

TAKIZAWA KAI → BAKIN.

TAKLA-MAKAN ou **TAKLIMAKAN** *(désert de),* désert de Chine (Xinjiang), dans le bassin du Tarim ; il couvre environ 400 000 km².

TAKORADI, port du Ghana, près de Sekondi ; 250 000 hab. (avec Sekondi). Centre industriel et port d'exportation (cacao, bois, manganèse).

1. TALA → THALA.

2. TALA n. m. Unité monétaire des Samoa.

TALABOT (Paulin), ingénieur français (Limoges 1799 - Paris 1885). Constructeur des premières lignes de chemin de fer du sud-est de la France, il établit la ligne Alès-Beaucaire (1837-1840), avant de devenir, en 1862, directeur général du P. L. M.

TALALGIE n. f. (du lat. *talus,* talon). Douleur au niveau du talon, gênant la marche.

TALAMANCA *(sierra de),* chaîne montagneuse du Costa Rica, culminant au *Chirripó Grande* (3 820 m).

TALANGE (57525), comm. de la Moselle, sur la Moselle, à 11 km au N. de Metz ; 8 113 hab. *(Talangeois).*

TALANT (21240), comm. de la Côte-d'Or, banlieue N.-O. de Dijon ; 12 901 hab.

TALAPOIN n. m. (port. *tala pão,* de l'anc. birman *tala poi,* monseigneur). **1.** Nom donné aux moines bouddhistes de la Birmanie et de la Thaïlande par les Européens, au XVIIe et au XVIIIe s. — **2.** Petit cercopithèque d'Afrique occidentale, aux poils du front relevés en houppe courte.

TALARA, port du Pérou (dép. de Piura), sur le Pacifique ; 61 500 hab. Extraction et raffinage du pétrole. Chimie.

TALAT PAŞA (Mehmed), homme politique ottoman (Edirne 1874 - Berlin 1921). Membre du comité Union et Progrès, grand vizir de févr. 1917 à oct. 1918, il forma avec Enver et Djamāl le triumvirat qui présida alors aux destinées de l'Empire ottoman. Il fut assassiné par un Arménien en 1921.

TALAUDIÈRE (La) [42350], comm. de la Loire, en bordure des monts du Lyonnais ; 5 975 hab. *(Talaudois).* Constructions mécaniques. Industries alimentaires.

TALAVERA DE LA REINA, v. d'Espagne, sur le Tage ; 64 800 hab. Restes de fortifications. Églises des XIIe-XVe s. Centre de fabrication, dès le XVIe s., d'*azulejos* et de faïences. Centre commercial et industriel. Victoire de Wellington sur les Français (1809).

TALBOT (John), 1er comte **de Shrewsbury,** chef militaire anglais (v. 1384 - Castillon 1453). Brillant capitaine, il sauva en 1434-1436 la Normandie, ce qui lui valut les titres de capitaine de Rouen et de maréchal de France. Il s'empara de Bordeaux (1452), mais périt devant Castillon.

TALBOT (Charles), 12e comte et 1er duc **de Shrewsbury,** gentilhomme anglais (1660-Isleworth, Middlesex, 1718). Il participa à la révolution de 1688 et fut l'un des secrétaires d'État de Guillaume III (1689-90, 1694-1698). Il contribua ensuite à assurer la succession hanovrienne.

TALBOT (William Henry Fox), physicien britannique (Lacock Abbey, près de Chippenham, 1800 - *id.* 1877). Le premier, il mit au point, de 1835 à 1841, la photographie avec négatif et sur papier *(calotype* ou *talbotypie),* alors que Daguerre n'obtenait qu'un positif unique sur plaque métallique.

TALC n. m. (ar. *ṭalq*). **1.** Silicate hydraté naturel de magnésium, orthorhombique, très tendre (dureté de 1 à 1,5) que l'on trouve dans les roches métamorphiques et qui donne une poudre blanche, onctueuse. (La poudre de talc est utilisée en dermatologie et en hygiène infantile pour son action isolante et absorbante.) — **2.** *Talc de Venise,* poudre de talc très fine, employée par les teinturiers pour enlever les taches de graisse.

TALCA, v. du Chili central, ch.-l. de région ; 127 000 hab. Centre commercial.

TALCAHUANO, port du Chili central, au N. de Concepción ; 205 300 hab. Pêche et traitement du poisson. Chantiers navals. Pétrochimie. Université.

TAL-COAT (Pierre JACOB, dit **Pierre**), peintre français (Clohars-Carnoët, Finistère, 1905 - Saint-Pierre-de-Bailleul, Eure, 1985). Autodidacte, il a exécuté à partir de 1925 des peintures d'un caractère populaire et expressionniste (série des « Massacres », 1936). Après la guerre, influencé par l'Extrême-Orient, il s'est tourné vers une sorte de paysagisme abstrait, donnant des toiles d'une palette économe et subtile, animées de formes à peine ébauchées.

TALCSCHISTE [talkʃist] n. m. Schiste riche en talc, soyeux au toucher.

TALÉ → TALER.

TALENCE (33400), ch.-l. de cant. de la Gironde, banlieue S.-O. de Bordeaux ; 36 172 hab. *(Talençais).* Industries alimentaires, mécaniques et chimiques. Centre universitaire.

1. TALENT [-lɑ̃] n. m. (lat. *talentum,* du gr. *talanton*). **1.** Dans la Grèce ancienne, unité de poids très variable. — **2.** Monnaie de compte qui valait, à Athènes, 6 000 drachmes.

2. TALENT n. m. **1.** Aptitude particulière à faire qqch : *Avoir un réel talent pédagogique.* — **2.** Capacité, don remarquable dans le domaine artistique, littéraire : *Ce jeune peintre a beaucoup de talent.* — **3.** Personne douée en telle activité : *Encourager les jeunes talents.*

TALENTUEUSEMENT adv. Avec talent.

TALENTUEUX, EUSE adj. Qui a du talent.

TALER v. t. (germ. **talôn,* arracher) [conj. **3**]. Faire des meurtrissures sur des fruits en les heurtant, en les malmenant.
◆ **être talé** v. pass. Être marqué de meurtrissures, en parlant d'un fruit.

TALET, TALLET [talɛt], **TALIT** ou **TALLIT** [talit] n. m. (mot hébr.). Châle rituel de la liturgie juive, en laine ou en soie.

TA-LIEN → DALIAN.

TALION n. m. (lat. *talio,* de *talis,* tel). **1.** Punition identique à l'offense, qui inspira la législation hébraïque exprimée par la formule célèbre : *Œil pour œil, dent pour dent* (Lévitique, XXIV, 17-23.) — **2.** *Loi du talion,* loi qui exige de punir l'offense par une peine du même ordre que celle-ci ; fait de se venger avec cruauté.

TALISMAN n. m. (ar. *ṭilasm,* du bas gr. *telesma,* rite religieux). **1.** Objet, image, préparé rituellement pour lui conférer une action magique ou protectrice. — **2.** *Litt.* Ce qu'on croit doué d'un pouvoir magique, qui est censé porter bonheur.

TALISMANIQUE adj. Relatif aux talismans.

TALITRE n. m. (lat. sc. *talytrus,* du lat. class. *talitrum,* chiquenaude). Petit crustacé amphipode des laisses de goémon, au saut puissant. (N. usuel *puce de mer.*)

TALKIE-WALKIE [tokiwoki] n. m. (pl. *talkies-walkies*) [mot angl., de *to talk,* parler, et *to walk,* marcher]. Radio-téléphone portatif. (Syn. WALKIE-TALKIE.)

TALK-SHOW [tokʃo] n. m. (angl. *to talk*, parler, et *show,* spectacle). Émission de télévision consistant en une conversation entre un animateur et un ou plusieurs invités sur un thème déterminé.

TALLAGE n. m. (de *talle*). **1.** Formation de talles situées à un même niveau de la tige, à la base de la plante, et constituant une touffe herbacée, caractéristique des graminées. — **2.** Période pendant laquelle ces pousses apparaissent.

TALLAHASSEE, v. des États-Unis, cap. de la Floride ; 81 500 hab. Université. Centre commercial.

Tallandier *(Éditions),* maison d'édition française fondée en 1865 par Georges Decaux, associé avec Jules Tallandier, devenu seul propriétaire en 1900. Elle fait aujourd'hui partie du groupe Hachette.

TALLARD (05130), ch.-l. de cant. des Hautes-Alpes, dominant la Durance ; 1 236 hab. Château des XIVe-XVIe s., église des XIIe et XVIe s. Vins blancs.

TALLARD (Camille D'HOSTUN, *duc* DE), maréchal de France (Lyon 1652 - Paris 1728). Il fut vaincu à Höchstädt (13 août 1704) par le Prince Eugène et Marlborough. Il fut membre du Conseil de régence (1717) et ministre d'État (1726).

TALLCHIEF (Maria), danseuse américaine (Fairfax, Oklahoma, 1925). D'origine indienne, elle s'affirme une très grande danseuse classique. Elle a créé de nombreux ballets de George Balanchine (qu'elle épousa [1946-1952]), comme *la Somnambule, Sérénade.* Une des étoiles du New York City Ballet (1948-1960), elle y créa, entre autres, *Bird of Fire, Orpheus,* avant de poursuivre une carrière internationale. — Sa sœur MARJORIE (Fairfax 1927), étoile à l'Original Ballet russe, puis au Grand Ballet du marquis de Cuevas (1947-1956), épousa le danseur et chorégraphe George Skibine (1947), de qui elle créa *Annabel Lee* et *le Prisonnier du Caucase* en 1951, *l'Ange gris* (1953), *Idylle* (1954), *Roméo et Juliette* (1955). Elle fut étoile à l'Opéra de Paris (1957-1962).

TALLE n. f. (lat. *thallus,* du gr. *thallos,* rameau). Pousse formée à partir d'un bourgeon proche de la base d'une plante.

TALLEMANT DES RÉAUX (Gédéon), écrivain français (La Rochelle 1619 - Paris 1692). Son recueil de portraits et d'anecdotes, *les Historiettes** (1834-35), recueillies à partir de 1657, compose un tableau précieux et pittoresque de la société de son temps.

TALLER v. i. (conj. 3). Croître en donnant naissance à des talles.

TALLEYRAND-PÉRIGORD (Charles Maurice DE), homme politique français (Paris 1754 - *id.* 1838). Destiné, sans vocation, à une carrière ecclésiastique, il devient évêque d'Autun (1788). Député du clergé aux États généraux, il fait voter la mise à disposition de la nation des biens du clergé (2 nov. 1789). Il célèbre au Champ de Mars la messe de la Fédération (14 juill. 1790). Ayant sacré les premiers évêques constitutionnels, il est condamné par le pape et rompt avec l'Église. Il devient en 1797 ministre des Relations extérieures et participe au complot du 18-Brumaire. Il négocie les traités de Lunéville, Amiens, Presbourg et Tilsit et reçoit les plus hautes dignités (grand chambellan, 1804 ; prince de Bénévent, 1806 ; vice-Grand Électeur, 1807). Mais, cherchant à freiner les ambitions impériales, il perd son ministère (1807). À Erfurt (1808), il pousse le tsar à tenir tête à Napoléon et est disgracié (janv. 1809). En avr. 1814, il forme un gouvernement provisoire, fait voter par le Sénat la déchéance de Napoléon et la proclamation de Louis XVIII. Ministre des Affaires étrangères de la Restauration, il représente la France au congrès de Vienne et parvient à diviser les Alliés. Après les Cent-Jours, il joue un rôle effacé et devient ambassadeur à Londres (1830-1835), où il négocie le rapprochement franco-anglais et le règlement de la question belge.

TALLIEN (Jean-Lambert), homme politique français (Paris 1767 - *id.* 1820). Député montagnard à la Convention, représentant en mission à Bordeaux (sept. 1793), il y fit régner la Terreur mais s'adoucit sous l'influence de Thérésa Cabarrus, qu'il épousa (v. art. suiv.). Rappelé à Paris, menacé par Robespierre, il fut un des instigateurs du 9-Thermidor. Il présida à la répression le 1er prairial an III. Membre des Cinq-Cents, il accompagna Bonaparte en Égypte.

TALLIEN (Thérésa CABARRUS, Mme), marquise **de Fontenay** (Carabanchel Alto, près de Madrid, 1773 - Chimay 1835). Fille d'un financier espagnol, mariée au marquis de Fontenay (1789), elle divorça (avr. 1793). Arrêtée à Bordeaux, elle fut libérée par Tallien, dont elle devint la maîtresse avant de l'épouser (déc. 1794). Elle fut la plus célèbre des merveilleuses. Divorcée d'avec Tallien (1802), elle se remaria en 1805 avec le comte de Caraman, futur prince de Chimay.

TALLINN, anc. **Reval** ou **Revel,** cap. de l'Estonie, à l'entrée sud du golfe de Finlande ; 502 400 hab. Citadelle (église et château remontant aux XIIIe-XIVe s.). Vieille ville basse, ceinte de remparts, avec églises, hôtel de ville et maisons gothiques. Palais Kadriorg, baroque (1725). Port et centre industriel (métallurgie, bois, constructions mécaniques, électriques et électroniques, chimie, textile, cuir).

TALLIS (Thomas), compositeur anglais (v. 1505 - Greenwich 1585). Organiste de la chapelle royale, il composa de la musique sacrée pour le culte anglican et catholique. Avec Byrd, il publia en 1575 un recueil de *cantiones sacrae.*

TALLOIRES (74290), comm. de la Haute-Savoie, sur le lac d'Annecy ; 1 292 hab. Station estivale. Anc. abbaye, auj. hôtel. Vignoble.

TALLÖL [taløl] n. m. Résine liquide obtenue comme sous-produit dans la fabrication des pâtes à papier à partir du bois de pin.

TALLON (Roger), designer français (Paris 1929). Ses recherches concernent l'essentiel des domaines de la production industrielle : matériel électroménager et ménager, mobilier (système modulaire « Cryptogamme », 1967), mobilier urbain, machines-outils, matériel de transport (rames du métro de Mexico [1969], voitures S. N. C. F. « Corail » [1975], T. G. V. Atlantique [1986-1988]).

TALMA (François Joseph), tragédien français (Paris 1763 - *id.* 1826). Il joua à la Comédie-Française de 1787 à 1791 et de 1799 à 1824. Acteur favori de Napoléon Ier, il apporta à ses créations le souci de la vérité historique et du réalisme ; il repensa la diction pour la rendre moins déclamatoire. Il fit paraître un livre de *Réflexions sur Lekain et l'art théâtral.*

TALMONT (Louis II DE LA TRÉMOILLE, *prince* DE) → LA TRÉMOILLE.

TALMONT-SAINT HILAIRE (85440), ch.-l. de cant. de la Vendée, près de l'Océan ; 4 458 hab. Ruines d'un château fort. Musée de l'Automobile.

TALMOUSE n. f. Tartelette feuilletée ou en pâte à choux garnie d'une béchamel au fromage.

Talmud (mot hébr. signif. *étude*), livre le plus important du judaïsme postbiblique et considéré comme l'interprétation authentique de la Torah ou Loi écrite.

Le Talmud est une vaste compilation de commentaires sur la loi mosaïque, reflétant l'enseignement des grandes écoles rabbiniques des premiers siècles de notre ère. Il comprend la *Mishna** et la *Gemara**, élaborée par les écoles juives de Palestine (IVe s.) et par celles de Babylonie (VIe-VIIe s.). Cette double rédaction de la Gemara amena la formation de deux Talmud, ayant chacun la Mishna pour base : le *Talmud palestinien* (improprement dit *Talmud de Jérusalem*) et le *Talmud babylonien* ou *de Babylone,* plus important, plus approfondi, plus largement diffusé, à l'origine d'une riche littérature de recherches et de commentaires. (→ JUDAÏSME.)

TALMUDIQUE adj. Qui appartient ou se rattache au Talmud.

TALMUDISTE n. m. **1.** Maître à penser du judaïsme, dont l'enseignement a été recueilli dans le Talmud. – **2.** Savant juif versé dans l'étude du Talmud.

1. TALOCHE n. f. (de *taler*). *Fam.* Coup donné sur la tête ou la figure avec la main.

2. TALOCHE n. f. (anc. fr. *talevaz,* bouclier, du bas lat. **talapacium*). Planche rectangulaire utilisée par les maçons et les plâtriers pour étendre les enduits.

1. TALOCHER v. t. (de *taloche 1*) [conj. **3**]. *Fam.* et *vx.* Appliquer une taloche à qqn.

2. TALOCHER v. t. (de *taloche 2*) [conj. **3**]. Étendre ou lisser un enduit, un ciment à la taloche.

TALON n. m. (lat. pop. *talo, -onis,* du lat. class. *talus*). **1.** Partie postérieure et inférieure du pied de l'homme, dont le squelette est le calcanéum. – **2.** Support placé sous l'emboîtage pour donner à une chaussure son aplomb : *Chaussures à talons hauts.* – **3.** Partie d'un bas, d'un collant, d'une chaussette qui correspond au talon : *Bas à talons renforcés.* – **4.** Extrémité inférieure ou postérieure de certains objets : *Le talon d'un ski.* – **5.** Extrémité d'un aliment qu'on débite en tranches : *Talon de jambon.* – **6.** Partie non détachable d'une feuille de carnet à souches, d'un chéquier. – **7.** *Être, marcher sur les talons de qqn,* le suivre de très près ; l'imiter. ‖ *Le talon d'Achille,* la seule partie vulnérable de son corps ; le point faible de qqn. ‖ *Tourner, montrer les talons,* s'enfuir. • **Agric.** Partie terminale amovible du sep d'une charrue, qui frotte sur le fond de la raie. – **Anat.** *Talon antérieur,* ensemble des têtes des métatarsiens, qui servent d'appui antérieur au pied. – **Arbor.** Empattement qui unit un rameau à la tige. ‖ Partie supérieure d'une bouture. – **Archit.** et **Arts décor.** Moulure composée dont le profil dessine un S aux extrémités tendant vers la verticale (lorsque cette moulure est horizontale). – **Bât.** En couverture métallique, about de couvre-joint. (Syn. TÊTE.) – **Ch. de f.** Extrémité d'une lame d'aiguille, opposée à la partie effilée (pointe). ‖ Extrémité d'un branchement côté talon des aiguilles. – **Coutell.** Partie inférieure d'une lame, voisine du manche ou encastrée dans celui-ci. – **Jeux.** Cartes qui restent après la distribution. ‖ Dominos qui restent après que chaque joueur a pris les siens. (Syn. RÉSERVE, PIOCHE, POT.) – **Mar.** Extrémité postérieure de la quille d'un navire sur laquelle repose l'étambot. – **Pêch.** Partie postérieure de la canne à pêche. – **Préhist.** Base non taillée d'un outil de silex permettant la préhension. ‖ Partie d'une hache en bronze par laquelle elle est emmanchée. – **Serrur.** Extrémité d'un pêne de serrure, qui est près du ressort. – **Techn.** Partie postérieure d'un certain nombre d'objets. ‖ En soudage, syn. de MÉPLAT. – **Transp.** Chacun des deux éléments rigides situés aux extrémités intérieures d'un pneumatique, et s'adaptant à la jante de la roue. – **Zootechn.** Partie postérieure de la paroi du pied des ongulés.

TALON (Omer), magistrat français (Paris 1595 - *id.* 1652). Avocat général au parlement de Paris (1631), il défendit les prérogatives des parlementaires, mais ne rompit pas avec la Cour pendant la Fronde.

TALON (Jean), administrateur français (Châlons-sur-Marne 1625-1694). Nommé par Colbert intendant de Nouvelle-France, il y mena, au cours de deux séjours (1665-1668, 1670-1672), une politique de colonisation et de développement économique.

TALONNADE n. f. **1.** Traumatisme (osseux ou tendineux) du talon occasionné par une mauvaise réception au sol. — **2.** Au football, action (généralement une passe) de frapper le ballon avec le talon.

TALONNAGE n. m. Action de talonner le ballon ; fait pour un navire de talonner.

TALONNEMENT n. m. Action de talonner sa monture, des concurrents.

TALONNER v. t. (conj. 3). **1.** Presser sa monture du talon ou de l'éperon pour la stimuler. — **2.** Suivre qqn de très près dans une course, une concurrence : *Le peloton talonne le leader.* — **3.** Harceler, tourmenter qqn : *Des malheureux que la faim talonne.* — **4.** Au rugby, faire sortir le ballon de la mêlée, en le poussant du talon ou de la face interne du pied, pour le mettre à la portée du demi de mêlée.
◆ v. i. **1.** En parlant d'un navire, toucher le fond, de l'extrémité arrière de la quille. — **2.** Toucher en un endroit qui normalement ne devrait pas être en contact.

TALONNETTE n. f. **1.** Partie de l'arrière de la tige de la chaussure entourant le talon du pied. — **2.** Plaque de liège, mise à l'intérieur de la chaussure à l'endroit du talon, dans un but orthopédique ou esthétique. — **3.** Morceau d'extrafort cousu intérieurement au bas d'un pantalon pour en éviter l'usure. — **4.** *Talonnette de propreté,* pièce placée à l'intérieur de la chaussure à l'emplacement du talon.

TALONNEUR, EUSE n. m. Au rugby, joueur placé, en mêlée, entre les deux piliers, et qui doit talonner le ballon.

TALONNIER, ÈRE n. Personne qui confectionne des talons.
◆ **talonnière** n. f. **1.** Chacune des ailes que le dieu Hermès, ou Mercure, portait aux talons. — **2.** Petite cale qu'on peut placer sous l'un des pieds d'un modèle vivant pour une séance de pose.

TALOSE n. m. Aldohexose, $HOCH_2—(CHOH)_4—CHO$, épimère du galactose.

TALOT n. m. Boucharde dont les têtes ont de 4 à 16 dents.

TALOTÉ, E adj. *Taille talotée,* aspect d'une pierre résultant de la percussion au talot.

TALPACHE n. m. (mot magyar). Soldat d'une troupe légère d'infanterie hongroise, aux XVIIe et XVIIIe s.

TALPACK n. m. (mot turc). Coiffure des janissaires (XIVe s.), puis des chasseurs à cheval français de 1854 à 1870.

TALPIDÉ n. m. (lat. *talpa,* taupe). Nom de famille des taupes et des desmans.

TALQUER v. t. (de *talc*) [conj. 3]. Enduire, saupoudrer qqn, qqch de talc : *Talquer les fesses d'un bébé.*

TALQUEUX, EUSE adj. Qui est formé de talc, qui est de la nature du talc.

TALURE n. f. (de *taler*). Meutrissure sur un fruit, une branche d'arbre.

1. TALUS [-ly] n. m. (gaul. **talūtum,* pente, de *talo,* front). **1.** Surface de terrain en pente, créée par des travaux de terrassement latéralement à une plate-forme (de route, de voie ferrée, etc.) ou résultant de l'équilibre naturel d'une zone déclive. — **2.** Terrain, partie du sol en forte pente. — **3.** Face d'un mur à fruit accentué. — **4.** *Talus d'éboulis,* accumulation d'éboulis au pied d'une corniche. ‖ *Talus d'une lettre,* partie non imprimante située en pied et en tête d'un caractère typographique. ‖ *Talus de rempart,* plan incliné qui détermine le profil du rempart d'un ouvrage fortifié.

2. TALUS [-lys] n. m. (lat. *talus,* talon). En anatomie, syn. rare de TALON.
◆ adj. inv. *Pied talus,* attitude anormale du pied, qui forme avec la jambe un angle aigu et qu'on ne peut ramener à angle droit.

TALUTÉ (ÊTRE) v. pass. (de *talus*). En parlant d'un mur, présenter un fruit accentué.

TALWEG ou, vx, **THALWEG** [talvɛg] n. m. (all. *Talweg,* de *Tal,* vallée, et *Weg,* chemin). **1.** Ligne joignant les points les plus bas d'une vallée. — **2.** Creux barométrique entre deux zones de hautes pressions.

TALYCH (le), ensemble de montagnes de l'Azerbaïdjan, qui dominent la Caspienne le long de la frontière de l'Iran ; 2 477 m.

TAMACHEQ n. m. Nom que les Touareg donnent à leur langue.

TAMALE, v. du Ghana, ch.-l. de la région du Nord ; 120 000 hab. Centre commercial. Traitement du coton.

TAMAN *(presqu'île de),* presqu'île de Russie, limitant au S.-E. la mer d'Azov, face à la presqu'île de Kertch et prolongeant le Grand Caucase occidental.

TAMANDUA n. m. (lat. sc. *tamendoa,* du tupi *tamandoa*). Animal voisin du tamanoir mais plus petit et à queue nue.

TAMANGS, peuple tibéto-birman du Népal, établi dans les montagnes de la région de Katmandou, comprenant environ 600 000 membres.

TAMANOIR n. m. (caraïbe *tamanoa,* var. du tupi *tamandoa*). Grand fourmillier des forêts et savanes d'Amérique tropicale, à longue queue velue, se nourrissant de fourmis et surtout de termites.

TAMANRASSET → TAMENGHEST.

TAMARICACÉE n. f. (lat. *tamarix, -icis,* tamaris). Nom de famille d'arbres ou d'arbustes au fruit en capsule et dont la graine porte une aigrette, tels que le tamaris.

1. TAMARIN n. m. (d'une langue indienne d'Amazonie). **1.** Petit singe primitif (callithricidé) d'Amérique, à longue queue non préhensile. (Syn. SAGOUIN.) — **2.** *Tamarin doré,* autre nom de la rosalie.

2. TAMARIN n. m. (ar. *tamr hindī,* datte indienne). **1.** Fruit laxatif du tamarinier. — **2.** Cet arbre lui-même.

TAMARINIER n. m. Grand arbre de l'Inde (césalpiniacée), décoratif dont les feuilles, fourragères, fournissent une infusion vermifuge et les fruits des confitures et des boissons. (Syn. TAMARIN.)

TAMARIS [-ris] ou **TAMARIX** n. m. (lat. *tamarix, -icis*). Petit arbre ou buisson décoratif des terrains sableux et littoraux à petites feuilles, à très petites fleurs blanches ou roses, réunies en longues grappes.

TAMARIS, station balnéaire et climatique du Var (comm. de La Seyne-sur-Mer). Institut de biologie marine.

TAMATAVE → TOAMASINA.

TAMAULIPAS, État du Mexique septentrional, entre le golfe du Mexique et la sierra Madre orientale ; 79 829 km^2 ; 2 114 000 hab. Cap. *Ciudad Victoria.*

TAMAYO (Rufino), peintre mexicain (Oaxaca 1899 - Mexico 1991). Partant, comme les représentants du muralisme, des traditions populaires mexicaines, il a réussi, surtout à partir des années 40 (en contact avec les écoles de New York et de Paris), à en tirer un art de résonance universelle, d'une riche invention symbolique et chromatique (toiles et grandes compositions, comme le *Prométhée* de l'Unesco à Paris [1958]).

TAMAZIGHT ou **TAMAZIRT** [-zirt] n. m. Dialecte berbère parlé au Maroc dans le Haut Atlas, le Moyen Atlas et le Rif.

TAMBACOUNDA, v. du Sénégal, ch.-l. de la région du Sénégal-Oriental, sur le Dakar-Niger ; 25 000 hab.

TAMBORA, volcan actif de l'île de Sumbawa (Indonésie) ; 2 851 m.

TAMBOUILLE n. f. (ital. *tampone,* bombance). *Pop.* **1.** Cuisine de qualité médiocre. — **2.** *Faire la tambouille,* faire la cuisine.

TAMBOUR n. m. (anc. fr. *tabour,* du pers. *tabir*). **1.** Instrument composé d'une cavité ouverte ou fermée, amplifiant des sons donnés par la mise en vibration de la cavité elle-même, ou d'une ou deux peaux tendues ; dans la musique occidentale, instrument composé d'un fût cylindrique en bois ou en métal aux extrémités duquel sont tendues deux peaux, dont une est frappée avec des baguettes. — **2.** Homme qui bat du tambour. — **3.** *Au son du tambour,* bruyamment. ‖ Fam. *Sans tambour ni trompette,* sans bruit, en secret. • **Archit.** et **Bât.** Chacun des éléments du fût d'une colonne, s'agissant de cylindres de pierre posés sur leur lit et dont le diamètre est supérieur à la hauteur (caractères inverses de ceux du *tronçon*). ‖ Construction de plan circulaire, elliptique, polygonal, etc., exhaussant une coupole. ‖ Sorte de sas, enceinte de menuiserie à plusieurs portes disposée à l'entrée d'un bâtiment pour réduire l'admission d'air extérieur, de vent. (La *porte à tambour* est un tambour circulaire à l'intérieur duquel tourne, autour d'un axe vertical, un assemblage de vantaux dessinant une croix grecque en plan.) — **Arm.** *Tambour de hausse* ou *de dérive,* organe des appareils de pointage des bouches à feu, qui permet le pointage en hauteur ou en direction. — **Autom.** *Frein à tambour,* frein dans lequel un tambour solidaire d'une roue peut être ralenti ou immobilisé par l'expansion interne sur la couronne périphérique, de mâchoires garnies de matériau de frottement. ‖ *Tambour de frein,* pièce circulaire, solidaire du moyeu de la roue et sur laquelle s'exerce le frottement d'un segment de frein. — **Brod.** Petit métier formé de deux cercles de bois s'emboîtant l'un dans l'autre et entre lesquels on tend le tissu à broder. — **Électr.** *Enroulement en tambour,* enroulement formé de bobines disposées sur la surface cylindrique du rotor ou du stator d'une machine électrique. — **Fortif.** Petit retranchement couvrant une porte de ville ou d'ouvrage fortifié. — **Inform.** *Tambour magnétique,* mémoire formée par un cylindre métallique dont la surface est recouverte d'une couche sensible qui permet d'y enregistrer des informations sous forme de polarisations magnétiques. — **Manut.** Appareil sur lequel s'enroule le câble d'un treuil. — **Mécan.** Pièce cylindrique de révolution, servant de support *(tambour d'enroulement),* de liaison *(tambour à cames)* ou d'indication *(tambour gradué).* — **Ménag.** Cylindre rotatif en acier perforé, logé dans la cuve d'un lave-linge ou d'un sèche-linge.

— **Métrol.** Cylindre de gros diamètre, portant à sa périphérie une graduation permettant de mesurer des rotations par lecture en face d'un index. — **Mus.** *Tambour de basque* ou *tambour sur cadre,* petit cerceau de bois muni d'une peau tendue et entouré de grelots ou de petites cymbales de cuivre. (Syn. TAMBOURIN.) — **Pêch.** *Tambour fixe,* moulinet à bobine fixe, dont le dévidage se fait en bout. — **Text.** Grand cylindre de différentes machines textiles (carde, ourdissoir sectionnel, séchoir, etc.). — **Zootechn.** *Pigeon tambour,* type de pigeon dont la modulation du roucoulement imite le son du tambour.

Tambour *(le),* roman de Günter Grass (1959). L'hitlérisme et la guerre à Dantzig, vus par un nain qui, sous les apparences de l'enfance, possède la maturité de l'adulte et qui fait de son témoignage quotidien une épopée picaresque.

TAMBOURIN n. m. **1.** Tambour provençal à deux peaux, à fût long et étroit. (On le frappe avec une seule baguette. Il accompagne le galoubet, joué par le même exécutant.) — **2.** Syn. de TAMBOUR DE BASQUE. — **3.** Danse et air de danse, de rythme vif à deux temps dont on marque la mesure sur le tambourin, la basse refrappant constamment la même note ; danse provençale avec accompagnement de tambourin, exécutée en deux rondes concentriques.

TAMBOURINAGE ou **TAMBOURINEMENT** n. m. Action de tambouriner sur une surface ; bruit fait en tambourinant.

TAMBOURINAIRE n. (provenç. *tambourinaire,* de *tambouriná,* jouer du tambour). Joueur(euse) de tambourin.

TAMBOURINER v. i. (de *tambourin*) [conj. 3]. Jouer du tambour, du tambourin.

◆ v. t. **1.** *Vx.* Exécuter un air sur un tambour ou un tambourin. — **2.** Annoncer qqch bruyamment : *Tambouriner la nouvelle.*

◆ v. t. ind. **1.** Frapper à coups rapprochés sur une surface en produisant un bruit rythmé ou un bruit de roulement : *Des grêlons tambourinent contre les vitres.* — **2.** Frapper à coups redoublés à la porte de qqn pour se faire ouvrir.

TAMBOURINEUR, EUSE n. Joueur(euse) de tambourin ou de tambour.

TAMBOUR-MAJOR n. m. (pl. *tambours-majors*). Sous-officier instructeur et chef des tambours et clairons d'un corps de troupes.

TAMBOV, v. de Russie ; 290 000 hab. Centre industriel (métallurgie, mécanique, constructions électriques, chimie).

TAMENGHEST, anc. **Tamanrasset,** v. du Sahara algérien, ch.-l. de wilaya, dans le Hoggar ; 23 250 hab. Centre administratif et militaire. Musée de préhistoire et de géologie. Le P. de Foucauld s'y établit en 1905 et y fut assassiné en 1916.

TAMERLAN → TĪMŪR LANG.

TAMIER n. m. (lat. *thamnus,* du gr. *thamnos,* buisson). Herbe volubile (dioscoréacée) à longues tiges, aux fruits en baies rouges, autref. utilisés comme résolutifs. (Nom usuel *herbe aux femmes battues.*)

TAMIL → TAMOUL.

TAMIL NADU, anc. **État de Madras,** État de l'Inde, dans le sud-est du Deccan, bordé par le golfe du Bengale et l'océan Indien ; 130 000 km^2 ; 55 638 318 hab. Cap. *Madras.* Les plateaux tombent par l'escarpement des Ghāts sur la plaine littorale où se succèdent plusieurs deltas. Les précipitations tombent d'octobre à décembre. Des plantations (canne à sucre, coton, tabac, café et thé) s'ajoutent au riz et aux légumineuses). Les mines (bauxite), l'artisanat, quelques industries (textile, cuir, constructions mécaniques et électriques, chimie, cinéma) complètent les ressources de l'État, jalonné de grands centres urbains : Madras, Madurai, Coimbatore, Salem, Tiruchirapalli. À la population tamoule autochtone sont venus s'ajouter, depuis 1983, plus de 100 000 réfugiés de Sri Lanka.

TAMIS [-mi] n. m. (gaul. **tamisium,* de l'anc. celt. **tamesion*). **1.** Cadre sur lequel est tendu un réseau plus ou moins serré de métal, de textile, de crin, de vannerie, pour passer des matières en grains, pulvérulentes ou liquides. — **2.** Surface de cordage d'une raquette de tennis.

TAMISAGE n. m. Action de tamiser qqch.

TAMISE (la), en angl. **Thames,** principal fleuve anglais ; 338 km. La Tamise draine une partie du bassin de Londres, passe à Reading, Windsor, et s'élargit à Londres en un grand estuaire remonté par la marée. Un barrage mobile construit à l'est de Londres protège la basse vallée contre d'éventuelles inondations d'origine marine.

TAMISER v. t. (conj. 3). **1.** Passer une substance au tamis pour en séparer certains éléments : *Tamiser de la farine.* — **2.** Laisser passer la lumière en diminuant son intensité : *Des globes de verre dépoli tamisent la lumière.*

◆ **être tamisé** v. pass. **1.** Être passé au tamis : *Farine tamisée.* — **2.** *Lumière tamisée,* atténuée par un milieu qui la diffuse.

TAMISEUSE n. f. Appareil de génie chimique assurant l'agitation d'un groupe de tamis empilés.

TAMISIER, ÈRE n. Personne spécialisée dans la confection des tamis.

TAMM (Igor Ievguenievitch), physicien soviétique (Vladivostok 1895 - Moscou 1971). En collaboration avec Frank, il a élaboré en 1937 la théorie de l'effet Tcherenkov*, et étudié le mouvement et l'arrêt des particules fortement chargées dans la matière. Tous trois ont reçu le prix Nobel de physique pour 1958. Tamm a aussi été à l'origine des travaux soviétiques sur la fusion thermonucléaire.

TAMMERFORS, nom suédois de la ville finlandaise de Tampere.

TAMOUL, E adj. et n. Qui appartient aux Tamouls.
◆ **tamoul** ou **tamil** n. m. Langue dravidienne parlée par environ 40 millions de locuteurs en Inde (État du Tamil Nadu), 3 millions à Sri Lanka, ainsi que par des communautés plus ou moins importantes d'émigrés (Asie du Sud-Est, Afrique du Sud, océan Indien et Antilles).

TAMOULS ou **TAMILS,** populations dravidiennes de l'Inde et de Sri Lanka, soit plus de 40 millions de membres, de religion hindouiste. À Sri Lanka, la minorité tamoule est engagée, depuis 1983, dans une guerre civile contre la majorité cinghalaise.

TAMOURÉ n. m. (polynésien *tamuré*). Danse polynésienne à deux temps, que l'on exécute face à face, sur des airs hawaiiens.

TAMPA, port des États-Unis (Floride), au fond de la *baie de Tampa* (golfe du Mexique) ; 271 500 hab. Exportation de phosphate.

TAMPERE, en suéd. **Tammerfors,** v. de Finlande (prov. de Häme), sur un isthme entre les lacs Näsijärvi et Pyhäjärvi ; 166 200 hab. Évêché luthérien. Centre industriel diversifié ; ville culturelle et artistique (musées).
— **Hist.** Lors de la guerre d'indépendance finlandaise, Mannerheim y remporta une victoire décisive sur les Russes (avr. 1918).

TAMPICO n. m. (de *Tampico,* n. pr.). Fibre végétale, tirée des feuilles d'un agave du Mexique, employée en matelasserie et en brosserie.

TAMPICO, port du Mexique (État de Tamaulipas), sur l'Atlantique ; 268 000 hab. Traitement et exportation de pétrole. Constructions navales. Confection. Alimentation.

TAMPON n. m. (anc. fr. *tapon,* du frq. **tapo,* cheville). **1.** Gros bouchon de matière quelconque, servant à obturer une ouverture : *Tampon de papier.* — **2.** Petite masse souple faite de tissu roulé ou pressé, morceau de coton roulé en boule, etc., servant à frotter ou à imprégner. — **3.** Sorte de plateau métallique appuyé sur des ressorts et placé, par paire, à l'extrémité des châssis de voitures et des wagons, pour amortir les chocs et donner à l'ensemble du train une certaine flexibilité. (On dit aussi TAMPON DE CHOC.) — **4.** En apposition, désigne ce qui se trouve entre deux forces hostiles et sert à atténuer le choc : *État tampon.* — **5.** Plaque de métal ou d'élastomère gravée, qui, appliquée sur un coussin imprégné d'encre (dit *tampon encreur*), permet d'imprimer le timbre d'une société, d'une administration, etc. — **6.** Timbre, oblitération, cachet imprimé avec cet instrument : *Le tampon de la poste fera foi.* — **7.** Fam. *Coup de tampon,* heurt entre deux groupes de personnes ; épreuve physique ou morale. ‖ *Servir de tampon,* amortir les heurts, aplanir les différends entre deux personnes ou deux groupes. • **Bât.** Dalle ou plaque fermant l'ouverture d'un égout, d'un puisard. ‖ Sorte de cheville, notamment en bois, pour la fixation de vis ou de clous dans un mur.
— **Chim.** Mélange de solutions dont le pH ne varie pas au cours d'une dilution. ‖ *Solution tampon,* dans une réaction d'oxydoréduction, solution qui a un potentiel constant. ‖ *Substance tampon,* substance qui, lorsqu'elle est présente dans une solution, maintient un pH relativement constant, quand un acide ou une base y est brusquement ajouté. ‖ *Système tampon,* ensemble des substances tampons capables de maintenir constant l'équilibre acidobasique d'un milieu.
— **Grav.** Petit sac de taffetas rempli de coton dont l'aquafortiste se sert pour étendre le vernis sur la planche. (Syn. TAPETTE.) ‖ Masse de tissu enroulé servant à encrer ou retrousser une planche gravée en taille douce. — **Inform.** Circuit, système, mémoire, élément de programme, etc., s'insérant entre deux unités et assurant l'adaptation des niveaux électriques ou des vitesses d'échange entre elles. — **Mécan.** Calibre cylindrique lisse ou fileté, utilisé pour la vérification des dimensions d'un trou à paroi lisse (alésage) ou filetée (taraudage). — **Méd.** Cylindre de coton comprimé qu'on introduit à l'intérieur de la cavité vaginale pendant les règles. (On dit aussi TAMPON PÉRIODIQUE.) — **Ménag.** *Tampon à récurer,* éponge de fibres métalliques ou synthétiques utilisée pour nettoyer les plats de cuisson. — **Mil.** Casquette plate portée jusqu'au XIXe s. par les soldats ordonnances en civil. ‖ Le soldat ordonnance lui-même. — **Techn.** En apposition, indique un dispositif de stockage (réservoir, magasin de pièces, etc.) qui permet de satisfaire en aval des besoins momentanément plus importants que les possibilités d'alimentation continue en amont.

TAMPON (Le) [97430], comm. du sud de la Réunion ; 48 436 hab. École militaire préparatoire.

TAMPON-BUVARD n. m. (pl. *tampons-buvards*). Support courbe recouvert d'une feuille de buvard.

TAMPONNADE n. f. *Tamponnade de cœur,* accident aigu de compression du cœur, survenant lors d'épanchements intrapéricardiques d'installation brutale.

TAMPONNAGE n. m. **1.** Action de tamponner qqch. — **2.** Action de passer sur une partie du corps un tampon imprégné d'un liquide approprié.

TAMPONNEMENT n. m. **1.** Action de tamponner. — **2.** Rencontre brutale de deux véhicules, de deux convois. — **3.** Hémostase pratiquée à l'aide de tampons d'ouate, de mèches de gaze introduits dans une plaie ou dans une cavité naturelle.

TAMPONNER v. t. (de *tampon*) [conj. 3]. **1.** Frotter qqch, une surface avec un tampon imprégné d'une substance liquide : *Tamponner un meuble avec une teinture.* — **2.** Essuyer, sécher qqch au moyen d'un tampon : *Tamponner son front avec un mouchoir.* — **3.** Apposer une marque sur un document à l'aide d'un cachet, d'un timbre, d'un tampon : *Tamponner un passeport.* — **4.** Heurter accidentellement un véhicule, un obstacle avec violence. — **5.** Préparer dans un mur le logement d'une cheville, et y introduire celle-ci. — **6.** Dissoudre dans un liquide les corps nécessaires pour le transformer en une solution tampon. — **7.** Pratiquer le tamponnement d'une plaie. ◆ **se tamponner** v. pr. **1.** En parlant de véhicules, entrer en collision. — **2.** Pop. *S'en tamponner (l'œil, le coquillard),* se moquer totalement de qqch.

TAMPONNEUR, EUSE adj. **1.** Se dit d'un véhicule qui en tamponne un autre. — **2.** *Auto tamponneuse* → AUTO-TAMPONNEUSE.

TAMPONNOIR n. m. Mèche d'acier servant à faire, dans la maçonnerie, des trous destinés à recevoir tampons et chevilles.

TAM-TAM [tamtam] n. m. (pl. *tam-tams*) [onomat.]. **1.** Tambour de bois africain servant à la transmission des messages ou à l'accompagnement des danses. — **2.** Sorte de gong chinois en bronze martelé, aux bords légèrement relevés. — **3.** *Fam.* Publicité tapageuse.

tan, symbole de la *fonction tangente.*

TAN [tɑ̃] n. m. (rad. gaul. **tann,* chêne). **1.** Écorce de chêne moulue, utilisée dans l'application des méthodes anciennes de tannage végétal. — **2.** Bois des arbres, décomposé et réduit en poussière pour le même usage.

TANA (la) ou **TENO** (le), fl. de l'Europe du Nord, tributaire de l'océan Arctique, séparant la Finlande de la Norvège ; 310 km.

TANA (le), fl. du Kenya, tributaire de l'océan Indien ; 708 km (bassin de 62 210 km²). Hydroélectricité.

TANA *(lac),* le plus grand lac d'Éthiopie, (3 000 km², à 1 860 m d'alt.) traversé par le cours supérieur du Nil Bleu.

TANAGRA n. m. ou f. (de *Tanagra,* n. pr.). Dans la Grèce antique, figurine polychrome de terre cuite aux formes élégantes.

TANAGRA, village de Grèce (Béotie), sur les ruines de l'Asópos, à 18 km à l'E. de Thèbes. Les Spartiates y battirent les Athéniens en 457 av. J.-C. Centre céramique en activité dès l'époque archaïque, il doit sa célébrité aux nombreuses figurines funéraires, inspirées par la vie quotidienne ou la grande statuaire, recueillies dans sa nécropole. À partir de 350 av. J.-C., celles-ci furent exportées ou imitées dans tout le monde grec, en particulier à Myrina puis à Alexandrie, qui prit la relève au IIe s. av. J.-C.

TANAGRIDÉ n. m. (lat. sc. *tanagra,* tangara). Nom de famille de petits passereaux américains aux vives couleurs, vivant dans les forêts, tels que les tangaras.

TANAÏS, nom antique du Don. — Ville grecque située à l'embouchure du Don (IIIe s. av. J.-C.-Ve s. apr. J.-C.).

TANAISIE n. f. (bas lat. *tanacita*). Composée très odorante, aux feuilles très découpées, aux petits capitules jaunes serrés.

TANAKA KAKUEI, homme politique japonais (Futada, auj. Nishiyama, préf. de Niigata, 1918 - Tōkyō 1993). Député libéral-démocrate (1947-1990), Premier ministre et président du parti libéral-démocrate (1972-1974), il préside à la réconciliation avec la Chine populaire (1972), à la coopération avec l'U. R. S. S. (1973) et au renforcement de l'alliance avec les États-Unis (1974). Des accusations de concussion ébranlent sa popularité et il doit démissionner en 1974.

Tanaka *(plan),* plan de domination mondiale rédigé par le général japonais Tanaka (1863-1929), et partiellement réalisé pendant la Seconde Guerre mondiale.

TANANARIVE → ANTANANARIVO.

TANAQUIL, femme de Tarquin l'Ancien, roi de Rome. Elle avait le don de prophétie. Son ambition favorisa la fortune de son époux. Après la mort de ce dernier, elle fit accepter au peuple Servius Tullius.

TANARGUE, massif granitique du Vivarais (Ardèche), à l'O. d'Aubenas ; 1 448 m.

TANARO, riv. d'Italie, dans le Piémont, affl. du Pô (r. dr.) ; 276 km. Irrigation. Hydroélectricité.

Tancarville *(canal de)*, canal latéral à l'estuaire de la Seine, sur la rive nord ; 26 km.

Tancarville *(pont de)*, pont établi à la tête de l'estuaire de la Seine (1959), comprenant un pont suspendu à trois travées, de 176 m, 608 m et 176 m et un viaduc d'accès à travées en béton précontraint.

TANCER v. t. (lat. pop. **tentiare*, du lat. class. *tendere*, tendre contre) [conj. **16**]. *Litt.* Réprimander sévèrement qqn.

TANCHE n. f. (bas lat. *tinca*). Poisson des eaux douces d'Europe, au corps trapu, qui se plaît dans les eaux lentes et tièdes et les zones sableuses ou herbeuses. (On l'élève en étang pour sa chair savoureuse.)

TANCRÈDE († 1194), roi de Sicile (1189-1194), fils naturel de Roger, duc de Pouille, il fut couronné roi à l'instigation des nobles locaux et reconnu par le pape et l'empereur d'Orient contre l'empereur germanique Henri VI, qui revendiquait la couronne pour sa femme Constance qui fut captive de Tancrède en 1191-92.

TANCRÈDE DE HAUTEVILLE († Antioche 1112), prince de Galilée (1099/1100-1112), prince d'Antioche (1111-12), petit-fils de Robert Guiscard, il accompagna son oncle Bohémond Ier à la première croisade. Il reçut en fief la principauté de Galilée. Il administra la principauté d'Antioche en l'absence de Bohémond Ier (à partir de 1101), et lui succéda en 1111. Le Tasse a fait de lui le modèle du chevalier dans *la Jérusalem délivrée.*

Tancrède, personnage de preux, dans *la Jérusalem délivrée* du Tasse.

TĀṆḌAVA, mot sanskr. désignant la danse cosmique de Śiva par laquelle il crée et détruit l'univers.

TANDEM [-dɛm] n. m. (angl. *tandem,* du lat. *tandem,* à la longue). **1.** Bicyclette conçue pour être actionnée par deux personnes placées l'une derrière l'autre. — **2.** Association de deux personnes, de deux groupements liés dans une action : *Le tandem du président et du vice-président.* — **3.** Cabriolet découvert attelé de deux chevaux.

TANDÉMISTE n. Cycliste qui roule en tandem.

TANDIS QUE [tɑ̃di- ou tɑ̃dis-] loc. conj. (lat. *tamdiu,* aussi longtemps). Marque : **1.** la simultanéité de deux actions ; pendant que : *Je suis arrivé tandis qu'il déjeunait.* — **2.** l'opposition d'une action à une autre, le contraste ; alors que : *Vous reculez, tandis qu'il faudrait avancer.*

TANDJUNGPRIOK → TANJUNGPRIOK.

TANDOOR [tɑ̃dur] n. m. (mot hindī). Four de terre utilisé en Inde pour cuire le pain, les aliments.

TANDOORI [tɑ̃duri] adj. inv. Morceaux de viande, en partic. de poulet, marinés, épicés et cuits au tandoor. (Cuisine indienne.)

TANEGASHIMA, île du Japon, au S. de Kyūshū. Au sud-est, base de lancement d'engins spatiaux.

TANEÏEV (Sergueï Ivanovitch), compositeur et pédagogue russe (Vladimir 1856 - Dioudkovo, près Moscou 1915). Il étudia les traditions populaires russes et caucasiennes. Son œuvre comporte 4 symphonies, une *Ouverture sur des thèmes russes,* une *Suite de concert* pour violon et orchestre, des cantates, un opéra, *l'Orestie* (1885).

TANEZROUFT (en berbère « Pays de la soif »), grande plaine (reg), du Sahara algérien particulièrement aride et désertique située à l'O. du Hoggar.

TANG ou **T'ANG,** dynastie chinoise qui régna sur la Chine de 618 à 907. Fondée par Tang Gaozu (618-626), cette dynastie étendit le territoire chinois en Asie centrale (notamment sous Tang Taizong [627-649] et Tang Gaozong [650-683]), au Viêt-nam, en Mandchourie méridionale et en Mongolie. L'empire connut alors une apothéose dans beaucoup de domaines. Les Tang comptent aussi deux figures féminines hors du commun : Wu Zetian, l'ancienne concubine impériale qui se fit introniser impératrice (690-705), et la belle Yang Guifei, maîtresse de l'empereur Tang Xuanzong (712-756), qu'elle détourna des affaires de l'État à un point tel que cet âge d'or aboutit à la révolte d'An Lushan (755-763). L'empire se rétablit, mais les transformations de la société et l'évolution politique menèrent inéluctablement à l'émiettement de la puissance des Tang.

TANGA, port de Tanzanie, ch.-l. de province, sur l'océan Indien ; 103 400 hab. Terminus ferroviaire. Centre industriel.

TANGAGE n. m. **1.** Mouvement d'oscillation d'un navire dans le sens de sa longueur. — **2.** Mouvement d'oscillation d'un aéronef autour d'un axe parallèle à l'envergure des ailes et passant par le centre de gravité. — **3.** Mouvement de bascule d'un véhicule ferroviaire pendant sa circulation, autour d'un axe perpendiculaire à son plan de symétrie.

TANGANYIKA *(lac)* lac d'Afrique orientale, le deuxième du continent par sa superficie (32 000 km²), qui s'étend sur 650 km entre le Burundi, la Tanzanie, la Zambie et le Zaïre. A 774 m d'altitude, il a une profondeur maximale de 1 470 m. Alimenté par plusieurs rivières, dont la Ruzizi (déversoir du lac Kivu), il s'écoule dans le bassin du Zaïre par la Lukuga. Bujumbura, Kigoma et Kalémié sont les principaux ports de ses rives.

TANGANYIKA, nom que prit la partie de l'anc. Afrique-Orientale allemande, confiée par la S. D. N. à la Grande-Bretagne en 1920. (→ TANZANIE.)

TANGARA n. m. (tupi *tangara*). Oiseau de la famille des tanagridés, souvent élevé en cage en Amérique.

TANGE KENZŌ, architecte et urbaniste japonais (Imabari 1913). Collaborateur de Maekawa (lui-même disciple de Le Corbusier) aux alentours de 1940, il a su tirer du béton armé les utilisations tant plastiques que techniques les plus inattendues, tout en s'appuyant parfois sur des rappels de la tradition japonaise : Centre de la Paix à Hiroshima (1946-1956) ; préfecture de Kagawa (1955-1958) ; stade et piscine olympiques de Tōkyō, aux spectaculaires couvertures suspendues (1960-1964) ; centre de presse et de radio Shizuoka à Tōkyō, fondé sur un principe de structures additives (1966-67) ; place centrale de l'Exposition d'Ōsaka (1970) ; etc. Il a donné des projets d'urbanisme (Tōkyō, 1960) et a travaillé pour divers pays étrangers.

TANGELO n. m. (de *tangerine* et *pomelo*). **1.** Agrume résultant de l'hybridation entre le pomelo et le mandarinier. – **2.** Fruit de cet arbre.

TANGENCE n. f. **1.** État ou propriété de ce qui est tangent. – **2.** *Point de tangence,* point de contact d'ordre supérieur ou égal à 2.

TANGENT, E adj. (lat. *tangens, -entis,* de *tangere,* toucher). **1.** Se dit dune courbe vis-à-vis d'une autre courbe, ou d'une surface vis-à-vis d'une autre surface ou d'une courbe, quand leur contact est d'ordre supérieur ou égal à 2. (→ *encycl.*) – **2.** *Fam.* Qui est à la limite, très près du niveau nécessaire pour que qqch se fasse : *Il a été reçu, mais c'était tangent.* – **3.** *Vecteur tangent à une courbe,* pointeur dont l'origine est le point de contact de la tangente avec la courbe considérée, et le vecteur, un vecteur directeur de cette tangente.

TANGENTE

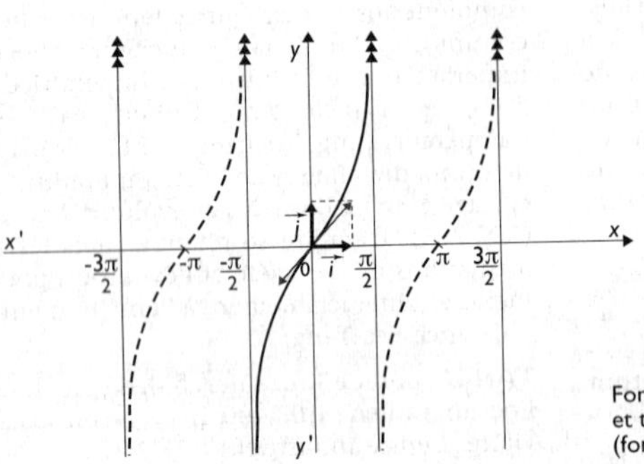

x	0	$\frac{\pi}{2}$
$(\text{tg } x)'$	1	+
$\text{tg } x$	0 →	$+\infty$

Fonction tangente : représentation graphique et tableau de variation de $x \mapsto \text{tg } x$ (fonction impaire et périodique de période π).

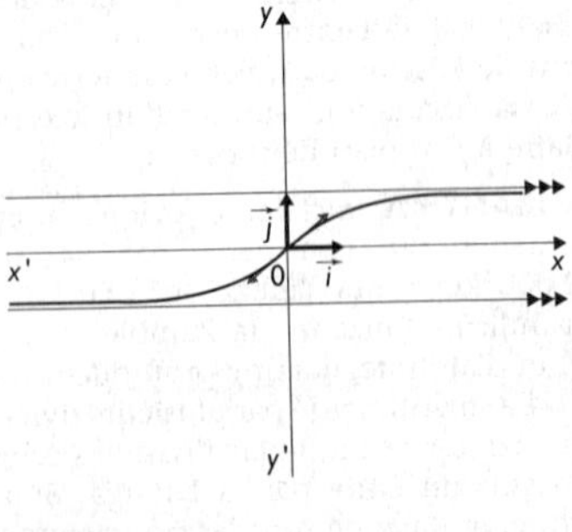

x	0	$+\infty$
$(\text{th } x)'$		+
$\text{th } x$	0 →	1

Fonction tangente hyperbolique : représentation graphique et tableau de variation de $x \mapsto \text{th } x$ (fonction impaire).

◆ **tangente** n. f. 1. Droite tangente. – 2. *Arg.* À l'École polytechnique, épée d'uniforme, ainsi nommée parce qu'elle se porte *tangente* à la cuisse. – 3. *Arg.* Appariteur de faculté ; surveillant d'examen. – 4. Fam. et vx. *Prendre la tangente,* s'esquiver ; dégager habilement sa responsabilité. ‖ *Fonction tangente,* fonction $x \mapsto \sin x/\cos x$, définie pour tout réel x différent de $(\pi/2) + k\pi$ $(k \in \mathbb{Z})$ et notée tg ou tan. (Elle a pour fonction dérivée $x \mapsto 1 + \text{tg}^2\, x$). ‖ *Fonction tangente hyperbolique,* fonction $x \mapsto \text{sh}x/\text{ch}x$, définie sur $\mathbb{R}$ et notée th. (Elle a pour fonction dérivée $x \mapsto 1 - \text{th}^2\, x$.)

ENCYCL. La tangente en $M_0(t_0)$ à la courbe image d'un arc paramétré $(I \,.\, f)$ est la droite passant par M_0 et de vecteur directeur $f'(t_0)$; elle n'existe que si $f'(t_0) \neq \vec{O}$. On peut alors la considérer comme « position limite », quant t tend vers t_0, des droites $(M_0M\,(t))$.

Dans l'espace, le plan tangent à une surface S en un de ses points M_0 contient, quand il existe, les tangentes en M_0 à tous les arcs réguliers dont les images sont contenues dans S et passent par M_0.

TANGENTIEL, ELLE [-sjɛl] adj. 1. Relatif à la tangence, à la tangente ; qui s'effectue selon une tangente, un plan tangent. – 2. *Accélération tangentielle,* projection orthogonale du vecteur accélération sur le vecteur vitesse.

TANGENTIELLEMENT [-sjɛl-] adv. De façon tangentielle.

TANGER, en ar. **Ṭandja,** v. du Maroc, ch.-l. de prov., au débouché du détroit de Gibraltar ; 187 900 hab. Archevêché. Centre touristique. Port et centre industriel.

– **Hist.** Comptoir punique *(Tingi),* colonie romaine *(Tingis),* la ville devint la capitale de la Mauritanie Tingitane. Elle fut occupée par les Vandales (v. 429). Elle tomba au pouvoir des musulmans à la fin du VIIe s. En 1471, les Portugais s'en emparèrent, mais, lors du mariage de Catherine de Bragance et de Charles II, Tanger passa en 1662 à l'Angleterre, qui la restitua au Maroc en 1684. Devenue avec ses environs une zone internationale, Tanger fut occupée par les Espagnols (1940-1945). Le régime international a été aboli en 1956.

TANGERINE n. f. (angl. *tangerine,* de Tanger). Nom générique des variétés de mandarines à épiderme rouge.

TANG GAOZONG ou **T'ANG KAO-TSONG** nom posthume de **Li Zhi,** troisième empereur Tang (650-683). Il poursuivit la grande expansion chinoise en Asie centrale et y créa des protectorats militaires. Il fit de Wu Zetian une épouse de rang impérial.

TANG GAOZU ou **T'ANG KAO-TSOU** nom posthume du général **Li Yuan,** premier empereur Tang (618-626). Chargé de la défense de l'empire des Sui contre les nomades du Nord, il se révolta en 618 et fonda la dynastie des Tang.

TANGIBILITÉ n. f. Caractère ou état de ce qui est tangible.

TANGIBLE adj. (bas lat. *tangibilis,* du lat. class. *tangere,* toucher). 1. Qu'on connaît par le toucher ; matériel, sensible : *La réalité tangible.* – 2. Que chacun peut constater, qui ne saurait être mis en doute : *Donner des preuves tangibles.*

TANGIBLEMENT adv. De façon tangible.

TANGO n. m. (hispano-amér. *tango*). Danse de salon originaire d'Argentine, de rythme lent, à deux temps, proche de la habanera ; composition instrumentale ou vocale correspondant à cette danse.

◆ adj. inv. D'un orange vif et foncé.

TANGON n. m. (moyen néerl. *tange,* tenailles). 1. Espar horizontal placé en dehors du bâtiment, perpendiculairement à la coque, et servant à amarrer les embarcations. – 2. Espar fixé sur chaque bord des navires pêchant le thon aux lignes, ou monté sur certains chalutiers et servant à traîner deux chaluts à la fois. – 3. *Tangon de spinnaker,* long espar servant à amurer le spinnaker d'un voilier.

TANGSHAN ou **T'ANG-CHAN,** v. de Chine (Hebei), au N.-E. de Tianjin ; 400 000 hab. Centre industriel détruit par un tremblement de terre en 1976 et en cours de reconstruction. Charbon. Aciérie.

TANG TAIZONG ou **T'ANG T'AI-TSONG,** nom posthume de **Li Shimin,** second empereur Tang (627-649). Il se battit contre les Turcs en Asie centrale et y étendit considérablement l'empire chinois.

TANGUAIE n. f. Fond marin couvert de tangue.

TANGUE n. f. (anc. scand. *tang*). Sédiment littoral actuel, grisâtre, composé d'éléments détritiques très fins, employé comme amendement calcaire après dessalage.

TANGUER v. i. (anc. scand. *tangi*) [conj. 3]. 1. Être soumis au tangage, en parlant d'un bateau, d'un aéronef, etc. – 2. *Fam.* Tituber, osciller dans sa marche : *Un ivrogne qui va en tanguant par les rues.* – 3. *Fam.* Vaciller, chanceler : *Il se sentait partir, tout tanguait autour de lui.*

TANGUIÈRE n. f. Endroit où l'on recueille la tangue.

TANGUY (Yves), peintre français naturalisé américain (Paris 1900 - Woodbury, Connecticut, 1955). Autodidacte, l'un des plus purs « rêveurs » du surréalisme, il s'est laissé guider par l'automatisme, passant d'ectoplasmes en lévitation à des « plages » où se profilent, en trompe-l'œil, des objets jamais vus (*Jours de lenteur,* 1937, M. N. A. M., Paris). Dans son œuvre américaine (à partir de 1939), les éléments prolifèrent jusqu'à envahir complètement l'espace imaginaire du tableau.

TANG XUANZONG ou **T'ANG HIUAN-TSONG,** nom posthume de **Li Longji,** empereur Tang (712-756). Il entreprit une remise en ordre générale de l'empire, qu'il porta à son apogée. Mais progressivement il ne se consacra plus qu'à sa concubine Yang Guifei. Il abdiqua en 756 au cours de la révolte d'An Lushan.

TANG YIN ou **T'ANG YIN,** peintre chinois (Suzhou 1470-1523). Il développa, à partir des maîtres Yuan de l'école de Wu et de certains critères académiques, une manière très personnelle et qui, d'un pinceau rapide, par le jeu des vides et des pleins, exprime la fluidité de la lumière.

TANIÈRE n. f. (anc. fr. *tainiere,* du lat. pop. *taxonaria,* du gaul. *taxo,* blaireau). **1.** Abri souterrain de certains mammifères sauvages, naturel ou quelque peu aménagé, mais non entièrement creusé, par oppos. au *terrier.* – **2.** *Litt.* Habitation sombre et misérable. — **3.** *Litt.* Lieu où qqn vit retiré : *Rentrer dans sa tanière.*

TANIMBAR ou **TENIMBAR** *(îles),* anc. **Timorlaoet** ou **Timorlaut,** groupe d'îles indonésiennes de la mer de Banda ; 5 625 km^2 ; 50 000 hab.

TANIN ou **TANNIN** n. m. (de *tan*). **1.** Substance amorphe très répandue dans le bois, l'écorce, les feuilles et/ou les racines de nombreux végétaux, apte à transformer la peau en cuir. – **2.** Ce produit contenu dans le vin, provenant des pépins, des pellicules et des rafles du raisin.
ENCYCL. Les tanins sont capables de se combiner avec le collagène de la peau, rendant celle-ci imputrescible. On les obtient par épuisement à l'eau de matières tannantes végétales. Ils sont aussi employés dans la fabrication d'encres d'imprimerie.

TANINGES (74440), ch.-l. de cant. de la Haute-Savoie, dans le Faucigny ; 2 806 hab. Salaisons – Aux environs, anc. chartreuse de Mélan (cloître du XVIe s.).

TANIS, transcription grecque de **Djâni,** ville d'Égypte, sur une branche E. du Nil. Elle fut florissante sous les Hyksos, dont elle fut peut-être la capitale. Capitale peut-être aussi de Ramsès II, elle le fut sûrement des rois des XXIe et XXIIIe dynasties. Vaste nécropole ayant livré, entre autres, le somptueux mobilier funéraire d'or et d'argent de Psousennès Ier.

TANISAGE ou **TANNISAGE** n. m. Action de taniser un vin ou un moût.

TANISER ou **TANNISER** v. t. (de *tan*) [conj. 3]. **1.** Ajouter du tan à une poudre ou à un liquide. — **2.** Ajouter du tanin à un vin ou à un moût pour permettre une mise en bouteille précoce ou faciliter le collage avec une matière protéique.

TANIT, dénomination punique de la déesse Ashtart. Elle fut la principale divinité de Carthage, qui en a fait une déesse lunaire. Déesse de la Fécondité, elle a été identifiée à l'époque romaine à *Juno Caelestis.*

TANIZAKI JUNICHIRŌ, écrivain japonais (Tōkyō 1886 - Yugarawa 1965). Influencé par la culture occidentale, notamment par Baudelaire et O. Wilde, il se révèle au grand public comme rédacteur de la revue *Shinchō (Pensée nouvelle).* Se dégageant peu à peu du réalisme européen, il retrouve les formes d'expression traditionnelle dans des romans où il peint les conflits du monde moderne et de la civilisation japonaise ancestrale (*les Quatre Sœurs,* 1943-1948 ; *la Confession impudique,* 1956).

TANJORE → THANJĀVŪR.

TANJUNG KARANG, v. d'Indonésie, dans l'île de Sumatra, qui forme une agglomération avec Teluk Betung ; 284 000 hab.

TANJUNGPRIOK, TANDJUNGPRIOK ou **TANDJOENGPRIOK,** v. d'Indonésie, port de Jakarta (Java).

1. TANK [tɑ̃k] n. m. (angl. *tank*). **1.** Syn. de CITERNE. — **2.** *Tank à lait,* réservoir calorifugé et généralement réfrigéré utilisé pour stocker le lait à la ferme.

2. TANK n. m. (de *tank 1,* par analogie de forme). **1.** Char de combat. – **2.** *Fam.* Très grosse automobile.

1. TANKA ou **THANKA** n. m. inv. (tibétain *thang-ka,* objet plat). Image religieuse bouddhique (surtout au Népal et au Tibet), le plus souvent exécutée sur une bannière textile. (Suspendu dans le temple, ou emporté par le moine voyageur, le tanka peut avoir une fonction didactique [le style est alors figuratif] ou être destiné à la méditation et représenter un mandala.)

2. TANKA n. m. inv. (jap. *tanka,* court poème). Forme poétique japonaise classique de 31 syllabes soumises à l'alternance 5-7-5/7-7.

TANK-DESTROYER [tɑ̃kdɛstrɔjœr] n. m. (pl. *tanks-destroyers*). Engin blindé américain, employé comme chasseur de chars dans les armées alliées en 1942-1945.

TANKER [-kœr] n. m. (angl. *tanker,* de *tank,* citerne). Navire conçu pour le transport en vrac des combustibles liquides.

TANKISTE n. m. Servant d'un char de combat.

TANLAY (89430), comm. de l'Yonne, sur l'Armançon ; 1 121 hab. Important château des XVIe et XVIIe s.

TANNA *(île),* île de la partie sud de l'archipel de Vanuatu ; 549 km² ; 10 500 hab.

TANNAGE n. m. **1.** Action de tanner les peaux. — **2.** Ensemble des opérations que l'on fait subir à la peau épilée pour la transformer en peau tannée.

ENCYCL. Le tannage proprement dit est précédé d'un « travail de rivière » au cours duquel les peaux sont trempées dans l'eau, pelanées*, puis écharnées* et déchaulées*. Le *tannage végétal,* surtout appliqué aux cuirs de gros bovins, s'effectue en trois phases, dans des bains de tan de concentrations croissantes. Plus rapide, le *tannage au chrome* s'applique surtout aux petites peaux et s'effectue par traitement au sulfate chromique basique. Le *tannage à l'alun* donne des peaux destinées à la ganterie et le *tannage aux huiles,* ou chamoisage*, des peaux pour l'orthopédie et l'usage domestique.

TANNANT, E adj. **1.** Propre au tannage des cuirs. — **2.** *Fam.* Qui fatigue, irrite en revenant sans cesse sur les mêmes choses. — **3.** *Extraits tannants,* produits obtenus grâce à la concentration des liqueurs d'épuisement par l'eau des matières tannantes végétales.

TANNAT n. m. Cépage noir, vigoureux et productif, produisant un vin rouge tannique (madiran, irouléguy) et des rosés.

TANNE n. f. (de *tanner*). Kyste sébacé, coloré en noir par les poussières, siégeant habituellement à la face (ailes du nez, joues, front), sur peau grasse.

TANNÉE n. f. **1.** Écorce de chêne moulue, ou tan, dont le tanin résiduel a été extrait à l'eau froide. — **2.** *Pop.* Volée de coups, raclée. — **3.** *Fam.* Défaite humiliante.

Tannenberg *(bataille de)* [1410] → GRUNWALD *(bataille de).*

Tannenberg *(bataille de)* [26-29 août 1914], victoire décisive des Allemands de Hindenburg sur la IIe armée russe de Samsonov, qui se suicida.

TANNER v. t. (de *tan*) [conj. 3]. **1.** Préparer les peaux avec du tan ou diverses substances tannantes pour les rendre imputrescibles et en faire du cuir. — **2.** Donner un aspect brun hâlé à la peau : *Le soleil et l'air marin lui ont tanné le visage.* — **3.** *Fam.* Harceler qqn de demandes : *Son fils le tanne pour avoir une moto.* — **4.** Fam. *Tanner le cuir à qqn,* le rosser, le battre.
◆ **être tanné** v. pass. **1.** Avoir subi l'opération du tannage. — **2.** Être hâlé, basané.

TANNER (Väinö), homme politique finlandais (Helsinki 1881 - *id.* 1966). Chef du parti social-démocrate (1919), il présida le premier gouvernement socialiste finlandais (1926-27). Ministre des Finances (1937-1939), il refusa de céder aux exigences soviétiques lors des négociations de Moscou (nov. 1939). Ministre des Affaires étrangères (1939-40), ministre de l'Industrie et du Commerce (1941-42), puis des Finances (1942-1944), il fut condamné par le tribunal des crimes de guerre en 1946, puis amnistié en 1948.

TANNER (Alain), cinéaste suisse (Genève 1929). Après avoir débuté dans le court métrage en Grande-Bretagne et travaillé à la BBC, il fonde en 1962 l'Association suisse des réalisateurs. En 1969, *Charles mort ou vif* marque le point de départ du nouveau cinéma suisse. *La Salamandre* (1971) confirme son talent. Il réalise ensuite *le Retour d'Afrique* (1973), *le Milieu du monde* (1974), *Jonas qui aura 25 ans en l'an 2000* (1976), *Messidor* (1978), *les Années-Lumière* (1981), *Dans la ville blanche* (1983), *No Man's Land* (1985), *la Vallée fantôme* (1987), *la Femme de Rose Hill* (1989, *le Journal de Lady M.* (1994).

TANNERIE n. f. **1.** Établissement où l'on tanne les cuirs. — **2.** Industrie du tannage. — **3.** Ensemble des opérations de tannage des cuirs.

TANNERON, massif de Provence (Var et Alpes-Maritimes), au N.-E. de l'Esterel ; 519 m.

TANNERY (Jules), mathématicien français (Mantes 1848 - Paris 1910). Il s'intéressa à la théorie des fonctions de variables réelles et à la théorie des ensembles. (Acad. des sciences, 1907.)

TANNEUR n. m. Celui qui tanne les cuirs, qui vend les cuirs tannés.

TANNHÄUSER, poète allemand (Tannhausen, près de Neumarkt, ? - v. 1268). Chanteur errant, auteur de poésies lyriques, de chansons et de proverbes pleins d'humour, il est devenu le héros légendaire de récits populaires dont le thème fut repris par Heine et Wagner.

Tannhäuser und der Sängerkrieg auf Wartburg *(Tannhäuser et le Tournoi des chanteurs sur la Wartbourg),* opéra en 3 actes de Richard Wagner sur un livret du compositeur (Dresde, 1845 ; remanié pour l'Opéra de Paris en 1861 et pour l'Opéra de Vienne en 1875). Les pages les plus célèbres de la partition sont l'ouverture, qui résume l'opéra, et le chœur des pèlerins.

TANNIN → TANIN.

TANNIQUE adj. Qui contient du tanin.

TANNISAGE, TANNISER → TANISAGE, TANISER.

TANNOU-OLA (les « monts du Palais »), chaîne de montagnes de Russie, dans la République des Touvas. Elle s'étend sur 300 km à une altitude moyenne variant de 2 500 à 2 700 m, et culmine à 3 061 m.

TANOUTAMON, pharaon égyptien de la XXVe dynastie, d'origine soudanaise (663-656 av. J.-C. env.), neveu de Taharka, auquel il succéda. Il fut vaincu par l'armée d'Assurbanipal. C'est à ce moment que la « dynastie éthiopienne » s'installa définitivement au Soudan, dans la région de Napata-Méroé*.

TANREC → TENREC.

TANRET (Charles Joseph), pharmacien français (Joinville, Haute-Marne, 1847 - Paris 1917). En 1872, il donna la formule du réactif à l'iodomercurate de potassium, qui porte son nom. Ses travaux sur l'ergot de seigle lui firent découvrir, à partir de 1876, plusieurs alcaloïdes. De l'écorce du grenadier, il tira, en 1878-79, la pelletiérine et l'isopelletiérine.

TAN-SAD [tɑ̃sad] n. m. (pl. *tan-sads*) [angl. *tandem* et *saddle,* selle]. Siège auxiliaire d'une motocyclette, qui est placé derrière la selle.

TANSMAN (Alexandre), compositeur polonais naturalisé français (Łódź 1897 - Paris 1986). Influencé par la musique française de l'entre-deux-guerres, il a abordé tous les genres en témoignant également de ses origines hébraïques et polonaises. Il a composé des opéras (*la Nuit kurde* 1925), des œuvres symphoniques (*Concerto pour orchestre,* 1954, *Hommage à Érasme,* 1969, *Élégie,* 1976), des ballets (*Psaumes,* 1962).

TAN SON HUT, localité du Viêt-nam. Aéroport de Hô Chi Minh-Ville.

TANT adv. (lat. *tantum*). **1.** Avec un verbe ou un nom compl., indique une grande importance, intensité, quantité : *Tant de naïveté me désarme !* — **2.** En phrase négative ou interrogative, indique une égalité en quantité, intensité, importance avec qqch, qqn qui sert de référence dans une comparaison : *Cela ne m'inquiète pas tant que le reste.* — **3.** Exprime une quantité indéterminée à titre d'exemple : *Supposons un ouvrier qui gagne tant par mois.* — **4.** *En tant que,* dans la mesure où, pour autant que : *Je m'intéresse à cette question en tant qu'elle me concerne ;* en qualité de, comme : *En tant que chef de l'expédition...* ‖ *Si tant est que,* à supposer que, dans la mesure où. ‖ *Tant bien que mal,* péniblement, avec difficulté ; avec un résultat médiocre. ‖ *Tant et plus,* énormément, abondamment. ‖ *Tant mieux,* exprime la satisfaction devant un événement heureux. ‖ *Tant pis,* exprime la résignation ou l'indifférence devant un événement contraire. ‖ *Tant... que...,* indique une répartition : *Ils étaient cinquante, tant hommes que femmes.*

◆ **tant que** conj. **1.** Exprime une relation de temps ; aussi longtemps que : *Tant qu'on ne m'aura pas fourni de preuves, je resterai sceptique ;* pendant que : *Dépêchons-nous d'en profiter tant qu'il fait beau.* — **2.** Annonce ce qui est préférable ; s'il faut... : *Tant qu'à m'expatrier, j'aime mieux l'Italie.* — **3.** *Tant qu'à faire,* au point ou on en est : *Tant qu'à faire, on pourrait finir le travail ce soir.* ‖ Fam. *Tant qu'on y est,* incite à poursuivre une action entamée. ‖ *(Un) tant soit peu (de),* si peu que ce soit, légèrement ; un tout petit peu (de).

TANTAH ou **ṬANṬĀ,** v. d'Égypte, en Basse-Égypte, entre Le Caire et Alexandrie ; 285 000 hab. Importantes foires. Tombeau d'Ahmad al-Badawī. Carrefour routier et ferroviaire. Raffinerie de pétrole.

TANTALATE n. m. Sel de l'acide tantalique.

1. TANTALE n. m. (lat. sc. *tantalus,* du gr. *Tantalos,* Tantale). Grande cigogne à plumage blanc et rose, des régions tropicales.

2. TANTALE n. m. (lat. sc. *tantalum,* du gr. *Tantalos,* Tantale). Métal analogue au niobium, qu'il accompagne dans ses minerais. (Élément chimique de symbole Ta.)

ENCYCL. Élément de numéro atomique 73 et de masse atomique 180,95, le tantale a été découvert en 1802. C'est un solide blanc d'argent, de densité 16,6, qui fond à 2 985 °C. Il est inaltérable à froid. Ses principaux composés sont le fluorure TaF_5 et l'oxyde Ta_2O_5, qui, avec les alcalis, conduit à des tantalates. On l'extraie surtout de la tantalite et on l'utilise dans certains alliages de grande dureté, ainsi qu'en chirurgie.

TANTALE, roi légendaire de Lydie. Pour avoir offensé les dieux en leur servant son fils Pélops* dans un festin, il fut précipité dans le Tartare, où il fut condamné, dans un environnement riche en fruits et en eau, à ne pouvoir assouvir ni sa faim ni sa soif. De là l'expression *le supplice de Tantale.*

TANTALIQUE adj. **1.** Qui appartient au tantale. — **2.** Se dit des composés du tantale pentavalent.

TANTE n. f. (de *ta* et anc. fr. *ante,* du lat. *amita,* tante). **1.** Sœur du père ou de la mère : *Tante maternelle.* — **2.** Femme de l'oncle. — **3.** *Pop.* Pédéraste. — **4.** Fam. *Ma tante,* le mont-de-piété, auj. le Crédit municipal.

TANTIÈME [-tjɛm] adj. (de *tant*). *Vx.* Indique un pourcentage donné, mais non précisé, d'un tout : *La tantième partie des bénéfices.*

◆ n. m. Part proportionnelle d'une quantité déterminée.

TANTINE n. f. *Fam.* Tante.

TANTINET n. m. (de *tant*). Fam. *Un tantinet,* un peu.

TANTÔT adv. (de *tant* et *tôt*). **1.** *Tantôt... tantôt* marque l'alternance, la succession : *Tantôt il rit, tantôt il pleure.* – **2.** *Fam.* Peu après dans la journée (se dit surtout de l'après-midi par rapport au matin) : *Je reviendrai tantôt. À tantôt.* – **3.** Peu auparavant dans la journée (par rapport au soir) : *Je suis venu tantôt.*

TANTOUZE n. f. *Pop.* Pédéraste.

TANTRA n. m. pl. (sanskr. *tantra,* doctrine). Ensemble de textes et de pratiques cultuelles, qui constituent le tantrisme.

TANTRIQUE adj. Relatif aux tantra, au tantrisme.

TANTRISME n. m. (de *tantra*). Religion synthétique issue de l'hindouisme, du jaïnisme et du bouddhisme tardif.
ENCYCL. Le tantrisme est une manière de penser et d'agir qui a pénétré la totalité de l'hindouisme et certaines écoles bouddhistes et jaina, dans les domaines de la pensée, de la pratique et de l'art. Le tantrisme cherche à réaliser l'identité du monde phénoménal et de celui de l'absolu au moyen de pratiques physiques et psychologiques souvent exprimées à travers un langage ésotérique et érotique. Ces pratiques physiques et psychiques, qui font appel à des diagrammes (yantra), des figures (mandala) ou des formules (mantra), apparaissent souvent en relation avec celles du yoga, ou bien s'en inspirent.

Tantum ergo, chant latin eucharistique, composé des deux dernières strophes de l'hymne de saint Thomas d'Aquin *Pange lingua.*

TANUCCI (Bernardo, *marquis*), homme politique napolitain (Stia, Toscane, 1698 - Naples 1783). Principal ministre à Naples de Charles de Bourbon, puis de Ferdinand IV (1754-1777), partisan du despotisme éclairé, il mena une politique de réformes économiques et de grands travaux, d'une part, et réduisit les privilèges des nobles et de l'Église d'autre part. Il fit expulser les jésuites (1773).

TANWON → KIM HONG-DO.

Tanzam (abrév. de *Tanzanie-Zambie*), chemin de fer africain long de 1 860 km, reliant Dar es-Salaam à Kapiri Mposhi (en Zambie).

TANZANIE, État de l'Afrique orientale ; 940 000 km² ; 30 540 hab. *(Tanzaniens).* CAP. *Dar es-Salaam.* CAP. DÉSIGNÉE *Dodoma.* LANGUES : *swahili* et *anglais.* MONNAIE : *shilling tanzanien.*

Géographie. La majeure partie du pays est constituée par un plateau s'abaissant au N. vers le lac Victoria. Il est bordé à l'O. par la Rift Valley, où se logent les tacs Tanganyika, Rukwa et Malawi, et à l'E. par la Rift Valley orientale, occupée par les lacs Natron, Manyara et Eyasi. Le Kilimandjaro (5 895 m) et le mont Meru les dominent vers le N.-E. Cet ensemble est bordé au S. et à l'E. par des monts et des hauts plateaux qui surplombent les basses terres du littoral de l'océan Indien. Le climat est chaud, aride dans le nord-est du pays (steppe masai), plus humide ailleurs (côtes, îles) selon l'exposition et l'altitude. La population, en majorité bantoue, est répartie très inégalement ; les rives du lac Victoria, les basses pentes du Kilimandjaro, la partie nord du littoral sont les zones les plus peuplées. La majorité de la population est rurale, regroupée dans des villages communautaires. Le manioc, le maïs, la patate douce et le mil sont les principales cultures vivrières, tandis que le café, le coton, le sisal, le thé, les noix de cajou et les clous de girofle (Zanzibar et Pemba) fournissent, avec le bois, l'essentiel des exportations. Les ressources minières (diamants, or, étain, phosphates, charbon, fer) sont très inégalement exploitées. Le secteur industriel reste très modeste. En dehors de la voie ferrée et de la route reliant la Zambie à Dar es-Salaam, les voies de communication sont insuffisantes. Le pays reste dépendant de l'aide internationale.

Histoire. Peuplé de Bantous, le pays est très tôt intégré au commerce arabe. Installés sur le littoral sans doute à partir du IXe s., des Arabes d'Oman et du golfe Persique et des Persans s'unissent aux Bantous pour former le peuple et la civilisation swahili.
XIIe s. : Les ports de Kilwa et de Zanzibar prospèrent grâce au commerce de l'or, de l'ivoire et des esclaves.
1498 : Vasco de Gama atteint le pays.
1652 : Les Arabes chassent les Portugais de Zanzibar.
Au XIXe s., le sultanat d'Oman contrôle l'île et le littoral jusqu'aux années 1880, où Britanniques et Allemands se disputent la région.
1891 : Les Allemands imposent leur protectorat sur le pays, appelé Afrique-Orientale allemande.
1920 : Amputée de la région nord-ouest, l'ancienne colonie allemande, rebaptisée territoire du Tanganyika, est confiée par la S. D. N. à la Grande-Bretagne.
1961 : Proclamation de l'indépendance du Tanganyika.
Le leader nationaliste Julius Nyerere en est le président.
1964 : Zanzibar s'unit au Tanganyika pour former la Tanzanie.
Le nouvel État s'oriente vers un socialisme africain.
1985 : J. Nyerere abandonne le pouvoir. Ali Hassan Mwinyi, élu président de la République, lui succède.
1992 : A. H. Mwinyi restaure le multipartisme et engage le pays sur la voie du libéralisme économique.

1995 : Benjamin Mkapa est élu à la présidence de la République.

TANZANIEN, ENNE adj. et n. De Tanzanie.

Tanzimat (le), période de l'histoire de l'Empire ottoman, caractérisée par un ensemble de réformes qui modernisèrent ses lois et ses mœurs (1839-1876).

TAO ou **DAO** n. m. (chin. *dao,* la voie). Dans l'ancienne philosophie chinoise, principe d'ordre qui fait l'unité de l'univers.

TAOÏQUE adj. Syn. de TAOÏSTE.

TAOÏSME n. m. (de *tao*). Religion chinoise populaire fondée par Laozi au VIe s. av. J.-C.

ENCYCL. Les principaux textes du taoïsme sont le *Tao-tö-king (Daodejing)* attribué à Laozi, le *Zhuangzi* (Livre du maître Zhuang) et le *Liezi* (Livre du maître Lie). C'est à la fois une religion et une mystique. Son but est de montrer la voie correcte qui mène au tao (dao) absolu. En tant que système religieux, il a établi un corps de prêtres et possède une très riche liturgie.

Au cours de son histoire, le taoïsme a connu de nombreux changements. Son grand rival fut le bouddhisme ; leurs luttes donnèrent lieu à des destructions et à des changements mutuels. À l'époque moderne, le taoïsme a beaucoup souffert de la révolution communiste et de la Révolution culturelle. Il est aujourd'hui florissant à Taiwan.

Religion purement chinoise, le taoïsme partage avec le confucianisme de nombreuses idées provenant d'une source commune, mais il s'en distingue par ses pratiques cultuelles, ses attitudes métaphysiques et personnelles envers la nature. Le concept philosophique du tao (dao), la voie à suivre, code de conduite et doctrine, enseigne une complète solidarité entre l'homme et la nature.

Parallèlement, il a toujours existé une sorte de « taoïsme populaire » comportant des superstitions et des pratiques occultes destinées à conférer le bonheur ou engendrer des calamités.

TAOÏSTE adj. et n. Relatif au taoïsme ; adepte du taoïsme.

TAON [tɑ̃] n. m. (bas lat. *tabo, -onis,* du lat. class. *tabanus*). Grosse mouche piqueuse (tabanidé) des pays chauds et tempérés, dont la femelle pique, en été, le bétail et l'homme. (Certaines espèces tropicales sont vectrices de graves maladies.)

TAO QIAN ou **T'AO TS'IEN,** dit aussi **Tao Yuanming** ou **T'ao Yuan-ming,** poète chinois (au Jiangxi v. 365 - *id.* 427). Poète de la nature, il est un des écrivains les plus aimés de toute la littérature chinoise.

TAORMINA, station touristique d'Italie, en Sicile (prov. de Messine), au pied de l'Etna et sur la mer Ionienne ; 10 800 hab. Théâtre grec et romain dominant la baie, château et palais médiévaux, cathédrale des XIIIe-XVIIe s.

TAOS, Indiens Pueblos du Nouveau-Mexique, principalement établis sur les rives du Rio Grande.

TAOTIE ou **T'AO-TIE,** mot chin. désignant un masque d'animal fantastique, thème très fréquent du répertoire ornemental archaïque chinois.

Tao-tö-king ou **Daodejing** *(le Livre de la Voie et de la Vertu),* ouvrage chinois attribué à Laozi, principal texte du taoïsme. Le texte actuel est sans doute peu antérieur au IIIe s. av. J.-C.

TAO-TSI → SHI TAO.

TAOYUAN ou **T'AO-UYAN,** v. de Taiwan, au S.-O. de Taibei ; 179 200 hab. Aéroport international.

TAO YUANMING → TAO QIAN.

TAPA n. m. (mot polynésien). En Océanie, étoffe fabriquée à partir de l'écorce interne de l'arbre à pain ou de diverses espèces de ficus, qui est martelée à l'aide d'un battoir spécial, encollée et peinte.

TA-PA-CHAN → DABASHAN.

TAPAGE n. m. (de *taper*). **1.** Bruit confus accompagné généralement de criailleries, de querelles : *Tapage nocturne.* – **2.** Grand bruit fait autour de qqch, publicité tapageuse, scandale.

TAPAGEUR, EUSE adj. **1.** Qui fait du tapage : *De joyeux garçons un peu tapageurs.* – **2.** Qui cherche à attirer l'attention par tous les moyens : *Une publicité tapageuse.* – **3.** Qui a un grand retentissement dans le public, s'accompagne de scandale : *Une liaison tapageuse.*

TAPAGEUSEMENT adv. De façon tapageuse, scandaleuse.

TAPAJÓS *(rio),* riv. du Brésil, affl. de l'Amazone (r. dr.), formée par le Juruena et le Teles Pires ; 1 992 km avec le Teles Pires.

TAPANT, E adj. Se dit d'une heure au moment où elle sonne : *Midi tapant.*

TAPAS n. m. pl. En Espagne, sorte d'amuse-gueule que l'on prend avec l'apéritif.

1. TAPE n. f. (de *taper 1*). Coup donné avec la main.

2. TAPE n. f. (moyen fr., *taper,* boucher, du got. **tappôn*). Panneau en tôle ou en pièce de bois qui, sur un bateau, sert à obturer une ouverture.

TAPE-À-L'ŒIL adj. inv. *Fam.* Qui est très voyant, destiné à éblouir : *Une décoration tape-à-l'œil.*

◆ n. m. inv. *Fam.* Apparence éblouissante mais trompeuse : *Tout cela, c'est du tape-à-l'œil, c'est pour la galerie.*

TAPECUL ou **TAPE-CUL** [tapky] n. m. (pl. *tape-culs*) [de *taper* et *cul*]. *Fam.* **1.** Petit tilbury à deux places. — **2.** Voiture mal suspendue où l'on est durement secoué. — **3.** Balançoire constituée d'une longue planche de bois basculant de part et d'autre de son point d'appui central. — **4.** Brimade, consistant à taper le derrière de qqn par terre en le tenant par les bras et les jambes. — **5.** Exercice d'équitation consistant à monter sans étriers pour acquérir une bonne assiette. — **6.** Nom donné au trot assis lorsqu'il n'est pas correctement effectué. — **7.** Porte à bascule qu'on adaptait surtout aux poternes du Moyen Âge. — **8.** Mât établi tout à l'arrière de certains voiliers, en particulier les ketchs et les yawls ; petite voile aurique de ce mât.

TAPÉE n. f. *Fam.* Grande quantité.

TAPEMENT n. m. **1.** Action de taper. — **2.** Bruit produit par un coup.

TAPENADE n. f. (mot provenç., de *tapeno,* câpre). Préparation à base d'olives broyées avec des câpres et des aromates. (Spécialité provençale.)

TAPER v. t. (radical onomat. *tapp-,* évoquant un bruit sourd) [conj. 3]. **1.** Donner volontairement un ou des coups à qqn, un animal, le battre : *Vous n'allez pas taper cet enfant ?* — **2.** Heurter qqch, le frapper de la main, du pied, avec un instrument : *Taper la table avec ses poings.* — **3.** Choquer, cogner qqch sur, contre qqch d'autre : *Taper sa pipe contre sa semelle pour la vider.* — **4.** Reproduire un texte à la machine à écrire ; dactylographier. — **5.** *Fam.* Chercher à obtenir de qqn un prêt d'argent, un don : *Il tape souvent ses amis en fin de mois.*

◆ v. t. ind. **1.** Donner un ou des coups plus ou moins forts avec la main, le pied, un objet quelconque sur, contre, dans, etc., qqch : *Taper du pied sur le sol.* — **2.** Frapper à la porte, à la fenêtre, etc., pour se faire ouvrir, faire du bruit en frappant. — **3.** Venir heurter qqch, en partic. dans un battement : *Un volet qui tape contre le mur.* — **4.** Battre qqn, lui donner des coups : *Il tape sur ses enfants.* — **5.** *Fam.* Puiser largement dans qqch : *Taper dans les réserves.* — **6.** Fam. *Taper dans l'œil,* se faire favorablement remarquer, susciter soudain l'intérêt, plaire vivement. ‖ *Taper dans ses mains,* les frapper l'une contre l'autre.

◆ v. i. **1.** Dactylographier : *Un dactylo qui tape très vite.* — **2.** Fam. *Le soleil tape (dur), ça tape,* le soleil est très chaud. ‖ Fam. *Taper à côté,* se tromper, manquer son coup, échouer. ‖ *Taper des pieds, des mains,* frapper bruyamment le sol avec ses pieds, battre des mains. ‖ *Taper du pied,* manifester son impatience, son irritation en frappant le sol du pied.

◆ **être tapé** v. pass. **1.** Être blet, taché par endroits : *Des pommes tapées.* — **2.** *Fam.* Être exprimé avec justesse et vigoureusement : *Une réplique bien tapée.* — **3.** *Fam.* Avoir l'esprit dérangé, être fou. — **4.** *Fam.* Avoir le visage marqué par l'âge.

◆ **se taper** v. pr. **1.** *Fam.* S'offrir une chose agréable, s'en donner le plaisir : *On s'est tapé un bon repas.* — **2.** *Pop.* Faire qqch, supporter qqn malgré soi : *Elle s'est tapé la vaisselle.* — **3.** Fam. *À se taper la tête contre les murs,* se dit d'une situation inextricable, à laquelle on ne voit pas d'issue. ‖ Pop. *S'en taper,* se moquer de qqch, n'en faire aucun cas. ‖ Pop. *Se taper sur le ventre,* avoir de bonnes relations avec qqn. ‖ Pop. *Tu peux te taper,* inutile d'espérer quoi que ce soit, tu n'auras rien.

TAPES [-pɛs] n. m. (gr. *tapês,* tapis). Nom générique de la palourde.

TAPETTE n. f. (de *taper*). **1.** Petite tape. — **2.** Type de piège à souris. — **3.** *Fam.* Langue : *Avoir une sacrée tapette.* — **4.** *Fam.* Personne bavarde. — **5.** *Pop.* Pédéraste. — **6.** Ustensile plat à manche en osier tressé, servant à battre les tapis, les tentures, etc. — **7.** Tampon de graveur.

TAPEUR, EUSE n. *Fam.* Personne qui emprunte souvent de l'argent.

TAPHRINA n. m. (gr. *taphros,* fossé). Champignon ascomycète (exoascale) tel que l'agent de la cloque du pêcher et de nombreuses espèces parasites des plantes ligneuses.

TAPI (ÊTRE) → TAPIR (SE).

TÀPIES (Antoni), peintre espagnol (Barcelone 1923). Attiré dès ses début (1945-1947) par les matériaux bruts, le collage et le grattage, il en a fait les éléments de son langage à partir de 1953, après une période surréaliste au sein du groupe « Dau al Set » (1948-1951). Son œuvre oscille entre une sorte de métaphysique du vide (la nudité du mur) et la paraphrase ironique du réel (objets banals piégés dans l'épaisseur de la matière), en passant par l'intensité vitale des lacérations ou des graffitis. Il a publié plusieurs essais sur l'art.

TAPIN n. m. (de *taper*). **1.** *Arg. mil.* Tambour (l'instrument et le batteur). — **2.** *Pop.* Racolage d'une prostituée sur la voie publique ; la prostituée elle-même.

TAPINER v. i. (conj. 3). *Pop.* Faire le tapin.

TAPINEUSE n. f. *Pop.* Prostituée exerçant sur la voie publique.

TAPINOIS (EN) loc. adv. (anc. fr. *a tapin,* en secret, de *se tapir*). En cachette ; sournoisement.

TAPINOME n. m. (gr. *tapeinos,* peu élevé). Petite fourmi très nuisible aux cultures, formant des nids très populeux (jusqu'à 200 reines).

TAPIOCA n. m. (port. *tapioca,* du tupi). **1.** Aliment obtenu par cuisson de la fécule verte humide de manioc, puis par séchage et granulation. — **2.** Potage au tapioca.

TAPIOLITE n. f. (de *Tapio,* n. pr.). Niobotantalate naturel de fer et de manganèse, quadratique comme le rutile.

TAPIR n. m. (tupi *tapira*). **1.** Mammifère périssodactyle, strictement herbivore, au corps massif, au museau allongé en une courte trompe mobile, possédant 4 doigts à la main, 3 au pied. (Une espèce vit en Asie du Sud-Est [tapir à chabraque, en voie de disparition], les trois autres en Amérique tropicale.) — **2.** *Arg. scol.* Élève à qui l'on donne des leçons particulières.

TAPIR (SE) v. pr., **ÊTRE TAPI** v. pass. (frq. **tappjan,* fermer) [conj. **32**]. **1.** Se cacher, se dissimuler en un endroit propice, en ramassant son corps : *Le chat s'était tapi sous un meuble.* — **2.** Se retirer en un lieu pour fuir la société : *Se tapir à la campagne.* — **3.** *Litt.* Être comme caché : *Un petit village, tapi dans la vallée.*

TAPIS n. m. (gr. *tapêtion,* dimin. de *tapês, -êtos*). **1.** Ouvrage textile tissé, noué ou brodé, destiné à être posé soit sur le sol *(tapis de pied),* soit sur une table *(tapis de table).* [→ *encycl.*] — **2.** Par oppos. à *moquette,* pièce de tissu décorative, amovible, en général à face veloutée, que l'on dispose sur le sol. — **3.** Pièce de tissu ou d'une autre matière, de forme variable, qui sert à divers usages : *Tapis de chaise.* — **4.** *Litt.* Ce qui recouvre entièrement une surface et rappelle un tapis : *Un tapis de neige.* — **5.** Fam. *Aller au tapis, envoyer qqn au tapis,* aller au sol (en boxe, en partic.), être vaincu ; vaincre un adversaire. ‖ *Amuser le tapis,* jouer petit jeu en attendant la partie sérieuse ; distraire la compagnie, lui faire passer le temps. ‖ *Dérouler le tapis rouge,* recevoir qqn avec tous les honneurs. ‖ Fam. et péjor. *Marchand de tapis,* personne qui marchande mesquinement. ‖ Fam. *Se prendre les pieds dans le tapis,* agir avec maladresse, s'embrouiller dans ses explications. ‖ *Sur le tapis,* comme objet de discussion. ‖ *Tapis vert,* table de conférence ou table de jeu. ‖ *Tapis de sol,* revêtement imperméable pour isoler l'intérieur d'une tente de l'humidité du sol. • **Bourrell.** *Tapis de selle,* couverture placée sous la selle, pour éviter au cheval tout échauffement. — **Géogr.** *Tapis végétal,* formation herbacée fermée, couvrant le sol. — **Jeux.** Pièce d'étoffe qui recouvre les tables de jeu et les tables de billard. — **Manut.** *Tapis transporteur* ou *tapis roulant,* dispositif à mouvement continu, qui transporte soit du vrac, soit des charges unitaires. — **Relig.** *Tapis de prière,* petit tapis individuel, sur lequel est représenté un mihrāb, utilisé par les musulmans pour prier. — **Sports.** Revêtement du sol, textile ou plastique, d'épaisseur variable, recouvrant l'aire de jeu ou d'exercice (gymnastique, boxe, judo, etc.). — **Trav. publ.** Revêtement routier de faible épaisseur. — **Turf.** *Tapis de plomb,* étoffe munie de poches destinées à enfermer les plaques de plomb pour parfaire le poids indiqué sur le programme. — **Zool.** Zone rétinienne profonde ou choroïdienne, qui réfléchit la lumière à l'aide de ses cellules emplies de cristaux de guanine. (Il existe chez de nombreux poissons, les crocodiles, et un certain nombre de mammifères dont les yeux brillent dans l'obscurité, comme ceux du chat ou de la vache.)

ENCYCL. Parmi des découvertes faites dans les steppes, à Pazyryk*, se trouve le plus ancien tapis connu de nos jours. Sa similitude avec certaines étoffes décoratives achéménides permet de supposer une origine iranienne. Chez les Grecs et les autres peuples du bassin méditerranéen, le tapis était considéré comme un objet du plus haut luxe. Milet en fut, pendant des siècles, le centre de fabrication le plus apprécié. Peu répandu à Byzance, l'usage des tapis ne gagna l'Europe qu'à l'époque des croisades.

• *Les tapis d'Orient.* À côté du kilim et du sumak, tapis tissés des peuples nomades, s'est développé le tapis de haute laine, noué, fabriqué soit en serrant le nœud autour de chacun des fils de la chaîne (nœuds gördes ou ghiordès, du monde turc), soit sur l'un des deux (nœud senneh, du monde iranien). Tous les motifs décoratifs, qui ne sont jamais d'une symétrie absolue, sont emblématiques, mais, comme pour les couleurs, leur signification n'est pas partout analogue, seule celle du vert, couleur du Prophète, est universelle. Les décors géométriques ont pour origine l'art des nomades de l'Asie centrale ; ceux qui privilégient les motifs floraux, fréquents en Iran, sont un lointain souvenir de la tradition hellénistique, alors que les décors à personnages sont d'influence chinoise.

• *Le tapis en Occident.* La mode des tapis d'Orient remonte, en Europe, aux croisades ; on en importa d'Espagne, où les Arabes avaient installé des métiers. Dès le XVe s., en Italie, divers centres travaillèrent à l'imitation des ateliers du Levant. En France, la Savonnerie*, fondée sous Henri IV, acquit dès le règne de Louis XIII une parfaite maîtrise technique et stylistique ; à sa production s'ajoutèrent, au XVIIIe s., celles d'Aubusson et de Beauvais. Parmi d'autres centres, citons Tournai, Barcelone, Deventer.

• *Les tapis mécaniques* (production industrialisée d'aujourd'hui) comprennent : les tapis velours à poils coupés, à bouclette (tapis tuftés) ou points noués ; les tapis plats produits sur métiers à tisser ordinaires ; les tapis tricotés, réalisés sur machine de bonneterie ; les tapis non tissés aiguilletés ; les tapis nappés obtenus en plissant une nappe de fibres ; les tapis floqués réalisés par implantation verticale de fibres.

TAPIS-BROSSE n. m. (pl. *tapis-brosses*). Tapis de fibres végétales, destiné à s'essuyer les pieds lorsqu'on vient de l'extérieur. (Syn. PAILLASSON.)

TAPISSANT, E adj. Se dit d'une plante qui s'étale en tapis sur le sol.

TAPISSER v. t. (de *tapis*) [conj. 3]. **1.** Recouvrir un mur de tissu, de papier, de tenture : *Tapisser sa chambre de papier peint.* — **2.** Recouvrir un siège de tapisserie ou de tissu. — **3.** Revêtir une surface d'une couche continue, épaisse et moelleuse : *Un sol que tapissent les feuilles mortes.* — **4.** Garnir un moule, un plat de certains éléments pour décorer l'extérieur d'une préparation culinaire après démoulage.

TAPISSERIE n. f. (de *tapis*) **1.** Ouvrage textile exécuté à l'aiguille sur un canevas à points comptés et suivant le tracé d'un dessin. (Appelé également *tapisserie à l'aiguille* ou *au petit point.*) — **2.** Ouvrage textile tissé manuellement sur un métier de haute ou de basse lisse, dont le décor est produit par les jeux d'une trame de fils colorés couvrant entièrement la chaîne, et le plus souvent destiné à être tendu sur un mur. (→ *encycl.*) — **3.** Tout ouvrage textile destiné au décor mural, quelle que soit sa technique (tissage, broderie, application, etc.). — **4.** Papier peint ou tissu tendu sur les murs. — **5.** Art du lissier, ou de la personne qui travaille sur canevas. — **6.** Métier du tapissier. — **7.** *Faire tapisserie,* ne pas être invité(e) à danser ; rester à sa place en étant réduit(e) à un rôle décoratif.

ENCYCL. En Occident, la tapisserie est d'abord, surtout, un art de la France et des Pays-Bas méridionaux, dont les débuts se situeraient au haut Moyen Âge dans les ateliers monastiques. L'une des plus anciennes *tentures* conservées, et la plus spectaculaire, est l'*Apocalypse** d'Angers (par un atelier parisien, apr. 1375), modèle des tapisseries à *histoires,* que le Moyen Âge oppose aux *verdures*. Souvent difficile, le problème d'attribution des œuvres aux différentes villes productrices se complique du fait de l'existence d'ateliers ambulants : on ne sait s'il faut attribuer à ceux-ci ou à Arras (prépondérante au XVe s.), à Tournai ou à Bruxelles les *millefleurs,* ces pièces d'inspiration française de la fin du XVe s. (*la Chasse à la licorne,* New York) et du début du XVIe où les figures se détachent sur un champ floral continu.

Au cours du XVIe s., l'influence de la Renaissance italienne va bouleverser les règles qui faisaient précédemment l'originalité esthétique de la tapisserie, la subordonnant à la peinture, que, dès lors, elle interprétera souvent trop étroitement — au prix d'un rapetissement du point et d'une multiplication des nuances de couleurs. Le chef-d'œuvre initial de cette époque est la tenture des *Actes des Apôtres* d'après Raphaël, commandée à Bruxelles, en 1515, par le pape Léon X (Vatican). Au XVIIe s. renaît la tapisserie parisienne, notamment avec la création des Gobelins*. Pour les besoins des particuliers et de l'exportation, Colbert favorise la fondation, en 1664, de la manufacture de Beauvais, dont la production s'ajoute à celle, considérable, mais moins raffinée, de la Marche (Aubusson et Felletin : verdures, transpositions des pièces de Beauvais et des Gobelins). Le peintre Oudry exerce une grande influence au XVIIIe s. (Beauvais : tapisseries de sièges et tentures assorties). Les Gobelins servent de modèle à diverses manufactures étrangères, en général éphémères, sauf celle de Santa Bárbara en Espagne, qui tissera les admirables cartons de Goya. Le XIXe s. connaît une production surtout académique, mais un mouvement de rénovation se dessine aux Gobelins vers la fin du siècle, qui se précise, à la veille de la Seconde Guerre mondiale, grâce aux commandes passées à des artistes comme Dufy, Gromaire, Lurçat. Ce dernier devient l'artisan de la renaissance qui touche bientôt une partie des ateliers de la Marche. Sur des bases techniques assainies, la tapisserie, d'inspiration figurative ou abstraite, connaît après la guerre un large essor à travers l'Europe. À partir des années 60 apparaissent et se multiplient (notamment dans certains pays de l'Europe de l'Est) des modes d'élaboration libérés du métier traditionnel, aboutissant à des « objets textiles » souvent à trois dimensions, non plus conçus par un peintre-cartonnier et réalisés par un artisan lissier, mais œuvres d'un seul et même artiste (M. Abakanowicz, J. Buic, J. Grau-Garriga, etc.).

TAPISSIER, ÈRE n. **1.** Personne qui fournit des tissus d'ameublement, qui recouvre des sièges, etc. — **2.** Personne qui pose des tentures et des papiers peints. — **3.** Personne qui exécute manuellement des tapisseries ou des tapis. — **4.** *Abeille tapissière,* autre nom de l'osmie du pavot, qui habille l'intérieur de son nid avec des pétales de coquelicot.

TAPON n. m. (frq. **tappo*). *Fam.* et *vx.* Linge ou pièce de vêtement chiffonnée formant une sorte de bouchon.

TAPOTEMENT ou **TAPOTAGE** n. m. **1.** Action de tapoter ; bruit fait en tapotant. — **2.** Massage exécuté à petits coups pressés, avec le bord cubital de la main.

TAPOTER v. t. (de *taper*) [conj. 3]. **1.** Donner de petites tapes légères à qqch, ou frapper à petits coups répétés, avec les doigts ou avec quelque objet : *Sourire à un enfant en lui tapotant la joue.* — **2.** Exécuter négligemment ou maladroitement un air sur un piano.
◆ v. t. ind. **1.** Frapper à petits coups répétés sur qqch : *Il écoutait en tapotant sur la table avec un crayon.* — **2.** Jouer médiocrement du piano.

TAPPING [-piɲ] n. m. (mot angl. de *to tap*, tapoter). Vitesse avec laquelle un sujet peut faire osciller son bras ou sa main, sans tenir compte de la précision de la visée. (Le test de tapping est utilisé pour mesurer la motricité élémentaire.)

TAPS n. m. Rideau de ton neutre servant soit de second rideau d'avant-scène, soit de fond pour une scène.

TĀPTI, fl. de l'Inde ; env. 700 km (bassin de 65 300 km²), tributaire de la mer d'Oman.

TAPURE n. f. (de *taper*, frapper). Fissure dans une pièce métallique, provoquée par un refroidissement rapide.

TAPUSCRIT n. m. (de *taper* et *manuscrit*). Texte dactylographié servant de copie pour la composition.

TAQUAGE n. m. Action de constituer des piles de papier homogènes avant les opérations d'impression, de coupe ou de pliure.

TAQUE n. f. (bas lat. *tak*). **1.** Syn. de CONTRECŒUR. — **2.** Plaque de fonte dressée formant table, fixée sur le sol et utilisée dans certaines machines-outils (tours en l'air, aléseuses, etc.).

TAQUER v. t. (rad. onomat. *takk-*, exprimant un bruit sec) [conj. 3]. **1.** Niveler tous les éléments imprimants d'une forme typographique à l'aide d'un taquoir. — **2.** Procéder au taquage des feuilles de papier.

TAQUET n. m. (moyen fr. *taque*, de l'anc. fr. *estake*, poteau, du frq. **stakka*). **1.** Pièce de métal servant de butée ou de verrou. — **2.** Petit coin en bois fixé dans un mur pour recevoir une vis. — **3.** Élément de quincaillerie d'ameublement destiné à supporter une tablette. — **4.** Petit piquet enfoncé dans le sol pour marquer un alignement. — **5.** Petite pièce qui tourne autour d'un axe, servant à maintenir une porte fermée. — **6.** Marche ou support horizontal qui peut se fixer temporairement sur les barreaux d'une échelle. — **7.** Sur les presses à imprimer, chacune des butées assurant la rectification des feuilles avant la prise de pinces. — **8.** Pièce de bois ou de métal servant à amarrer les cordages et les manœuvres. — **9.** Petite pièce en forme de parallélépipède, en cuir ou en matériau synthétique, fixée à l'extrémité du sabre du métier à tisser et servant à transmettre à la navette la percussion produite par le mouvement du sabre.

TAQUEUSE n. f. Machine servant à taquer.

1. TAQUIN, E adj. et n. (anc. fr. *taquehain*, du moyen néerl. **takehan*). Qui, par jeu et sans méchanceté, se plaît à agacer autrui.
◆ adj. Qui manifeste une tendance à la taquinerie : *Un air taquin.*

2. TAQUIN n. m. (de *taquin 1*). Jeu composé d'un plateau sur lequel on fait glisser des cubes ou des jetons carrés, afin de les disposer dans un certain ordre.

TAQUINER v. t. (conj. 3). **1.** S'amuser, sans méchanceté, à contrarier, faire enrager qqn : *Cesse de taquiner ta sœur, tu vas la faire pleurer.* — **2.** Causer un désagrément physique ou être source d'inquiétude sans gravité : *Son rhumatisme le taquine.*

TAQUINERIE n. f. **1.** Caractère de qqn de taquin. — **2.** Action de taquiner ; agacerie.

TAQUOIR n. m. (de *taquer*). Morceau de bois utilisé pour niveler les caractères d'une forme typographique.

TARA, village d'Irlande (comté de Meath), grand centre politique et religieux de l'Irlande préchrétienne, résidence des rois de Meath, lieu de grandes assemblées panirlandaises et d'écoles célèbres.

TĀRĀ, déesse du bouddhisme tantrique tibétain, symbolisant la pureté et associée à son époux Avalokiteśvara.

TARABISCOT n. m. (p.-ê. de *tarer*, percer, et provenç. *bisco*, moulure). Rainure carrée ou arrondie, destinée, sur un profil, à dégager une moulure.

TARABISCOTAGE n. m. *Fam.* Action de tarabiscoter ; fait d'être tarabiscoté.

TARABISCOTER v. t. (conj. 3). **1.** Séparer les moulures par des tarabiscots. — **2.** *Fam.* Charger qqch d'ornements trop recherchés et d'un goût discutable.
◆ **être tarabiscoté** v. pass. *Fam.* Être exagérément orné, recherché, empreint de maniérisme : *Un style tarabiscoté.*

TARABUSTER v. t. (dialect. *tara*, agacer, et **buster*, frapper) [conj. 3]. *Fam.* **1.** Traiter qqn assez durement, le harceler, lui faire des reproches : *Tarabuster ses enfants.* — **2.** Être pour qqn un sujet de préoccupation, de tourment ; tracasser : *Ce projet le tarabustait quelque peu.*

ṬARAFA ('Amr ibn al-'Abd al-Bakrī), poète antéislamique (VIᵉ s. apr. J.-C.), auteur d'une des sept *Mu'allaqāt.*

TARAGE n. m. Action de tarer qqch.

TARAHUMARAS, Indiens uto-aztèques de la région nord du Mexique.

TARAKAN, île d'Indonésie, dans la mer de Célèbes, à l'Est de Bornéo ; 303 km² ; 28 400 hab. Gisement de pétrole.

TARAMA n. m. (gr. mod. *taramás,* œufs de poisson salés). Pâte onctueuse, à base d'œufs de cabillaud pilés avec de l'huile d'olive. (Spécialité grecque.)

TARANTASS n. m. (russe *tarantas*). Anc. carriole paysanne russe à quatre roues.

TARANTULIDÉ n. m. Arachnide, de l'ordre des amblypyges, caractérisé par ses pattes-mâchoires, terminées par une forte griffe.

TARARE n. m. (rad. expressif *tar-,* évoquant un bruit fort et prolongé). Appareil servant à nettoyer les grains après le battage, grâce à un système de ventilation commandé manuellement ou par un moteur. (La moissonneuse-batteuse a éliminé l'usage des tarares.) [Syn. VANNEUSE.]

TARARE (69170), ch.-l. de cant. du Rhône, dans les monts du Beaujolais ; 10 846 hab. *(Katariens).* Site pittoresque. Centre textile.

TARAS (John), danseur et chorégraphe américain d'origine russe (New York 1919). Danseur de tradition classique russe, il devient chorégraphe pour le Grand Ballet du marquis de Cuevas (1948-1959), où il donne *Piège de lumière* (1952). Assistant de Balanchine au New York City Ballet (1959-1969) il signe *Ebony Concerto* (1960), *Fantasy* (1963). Depuis 1972, il est un des maîtres de ballet au New York City Ballet.

TARASCON (13150), ch.-l. de cant. des Bouches-du-Rhône, sur le Rhône, en face de Beaucaire ; 11 158 hab. *(Tarasconnais).* Selon la légende, la région a été évangélisée par sainte Marthe, qui débarrassa le pays de la tarasque. Centre commercial. Pâte à papier. Tissus.
— **Bx-arts.** Anc. château des comtes de Provence, reconstruit pour l'essentiel par le roi René dans la 1re moitié du XVe s. Église Ste-Marthe, des XIIe-XIVe s.

TARASCON-SUR-ARIÈGE (09400), ch.-l. de cant. de l'Ariège ; 3 584 hab. *(Tarasconnais).* Plâtrerie. Constructions mécaniques.

TARASQUE n. f. (prov. *tarasco ;* de Tarascon). Monstre légendaire mis à mort par sainte Marthe, et dont la représentation fait partie du folklore des fêtes provençales.

TARASQUES ou **TARASCOS,** Indiens du plateau central du Mexique, qui vivaient autour du lac Pátzcuaro. Vers 1500, ils dominaient un immense territoire (État actuel du Michoacán et une partie des États voisins). Jamais les Aztèques ne parvinrent à les conquérir. Leur déclin commença avec la reddition (1522) aux Espagnols de leur dernier roi. Très développé, leur artisanat comportait la métallurgie, la poterie, le tissage et le travail de la plume.

Tarass Boulba, récit de Gogol (1835). Le vieux chef cosaque Tarass Boulba tue son fils Andreï, qui, par amour pour une Polonaise, a trahi son pays et les siens.

TARATATA ! interj. (onomat.). *Fam.* **1.** Exprime la négation, l'incrédulité, le doute. — **2.** Imite le son du clairon.

TARAUD n. m. (anc. fr. **tareau,* var. de *tarel,* tarière). Outil à main ou à machine, servant à effectuer des filetages à l'intérieur des trous de faible diamètre destinés à recevoir des vis.

TARAUDAGE n. m. **1.** Action de tarauder. — **2.** Trou taraudé.

TARAUDER v. t. (conj. 3). **1.** Exécuter un filetage à l'intérieur d'un trou à l'aide d'un taraud. — **2.** En parlant de certains animaux, percer qqch, y creuser des galeries : *Combattre les vers qui taraudent les charpentes.* — **3.** Constituer pour qqn une cause de souffrance morale, le tourmenter, l'obséder : *Le souvenir de sa faute le taraudait depuis des années.*

TARAUDEUSE n. f. Machine-outil permettant d'effectuer les taraudages.

TARAWA, atoll de l'archipel de Kiribati, dans le Pacifique occidental ; 22 100 hab. Chef-lieu et principal port de l'archipel. Exportation de coprah.

TARAZONA, v. d'Espagne, en Aragon (prov. de Saragosse) ; 11 700 hab. Cathédrale des XIIe-XVIe s., en brique, avec cloître gothico-mudéjar, et autres monuments.

TARBAGATAÏ *(chaîne),* montagne située à la frontière du Kazakhstan et de la Chine, dominant au N. la porte de Dzoungarie ; 2 992 m.

TARBELA, site de l'Indus, au Pākistān, au N.-O. de Rāwalpindī. Barrage (irrigation et électricité).

TARBES (65000), ch.-l. du dép. des Hautes-Pyrénées, cap. de la Bigorre, sur l'Adour, à 771 km au S.-S.-O. de Paris ; 50 228 hab. *(Tarbais)* [plus de 80 000 hab. avec les banlieues]. Cathédrale d'origine romane et beau jardin Massey. Centre tertiaire (administration, commerce, garnison) et industriel (constructions mécaniques et électriques), nœud ferroviaire et routier, desservi par l'aéroport d'Ossun. Tarbes regroupe plus du tiers de la population départementale.

TARBOUCH ou **TARBOUCHE** n. m. (ar. *tarbūch*). Bonnet rouge, garni d'un gland de soie, faisant partie du costume traditionnel turc et égyptien.

TARD adv. (lat. *tarde*). **1.** À un moment avancé de la journée, de la nuit, d'une période quelconque : *Il est rentré se coucher fort tard.* — **2.** Relativement longtemps après le temps normal, attendu : *Nous avons dîné tard hier.* — **3.** *Au plus tard,* dans l'hypothèse de temps la plus éloignée, la plus défavorable : *La lettre vous parviendra au plus tard demain soir.*
◆ n. m. *Sur le tard,* à la nuit, à une heure avancée de la soirée ; relativement tard dans sa vie : *Se marier sur le tard.*

TARDE (Gabriel DE), sociologue français (Sarlat 1843 - Paris 1904). Ses travaux ont porté sur la psychologie sociale et la criminologie *(les Lois de l'imitation,* 1890).

TARDENOIS, région de l'Est du Bassin parisien entre la Vesle et la Marne, à l'O. de Reims.

TARDENOISIEN n. m. Faciès culturel et industriel du paléolithique supérieur, reconnu, en 1855, dans le Tardenois et caractérisé par une industrie de microlithes.

TARDER v. i. (lat. *tardare*) [conj. 3]. **1.** Être lent à faire qqch : *Vous avez trop tardé.* — **2.** Être long à venir, à se produire : *La réponse tardait à venir.* — **3.** *Ne pas tarder (à),* être sur le point de faire qqch, de se produire : *Nous n'allons pas tarder à partir.* ‖ *Sans (plus) tarder,* sans attendre davantage, tout de suite.
◆ v. t. ind. *Il me tarde* ou, litt., *le temps me tarde,* je suis impatient : *Il lui tarde que ce procès se termine.*

TARDI (Pierre), géodésien et astronome français (Bastia 1897 - Paris 1972). L'un des promoteurs de l'Année géophysique internationale (1957-58), il contribua au raccordement des triangulations et des nivellements du continent européen, ainsi qu'à la réalisation d'un réseau gravimétrique homogène mondial. (Acad. des sc., 1956.)

TARDI (Jacques), dessinateur et scénariste français de bandes dessinées (Valence 1946). Inspiré par les ambiances du début du XXe s. et la banlieue parisienne, il crée notamment *Adèle Blanc-Sec* (1976) et adapte *Nestor Burma* (d'après Léo Malet, à partir de 1981). En 1988, il illustre *Voyage au bout de la nuit* de Céline.

TARDIEU (André), homme politique français (Paris 1876 - Menton 1945). Après avoir été le collaborateur de Clemenceau lors des négociations du traité de Versailles, il fut plusieurs fois ministre de 1926 à 1932, notamment des Travaux publics et de l'Agriculture. Président du Conseil (1929-30 et 1932), ce représentant de la droite a mené une politique réformiste, fondée sur le progrès économique et social.

TARDIEU (Jean), écrivain français (Saint-Germain-de-Joux, Ain, 1903 - Créteil 1995). On lui doit des recueils de poèmes (*Monsieur Monsieur,* 1951 ; *Formeries,* 1976 ; *Margeries,* 1986) et des pièces de théâtre réunies en trois volumes (1955-1960 et 1975), où sont pesés et traduits tout le cocasse et tout le vide du monde.

TARDIF, IVE adj. (bas lat. *tardivus,* du lat. class. *tardus,* qui tarde). **1.** Qui arrive tard, après le temps normal ou prévu : *Ses regrets sont trop tardifs pour être sincères.* — **2.** Qui se situe à un moment avancé de la journée, de la soirée : *Se coucher à une heure tardive.* — **3.** Se dit d'une plante dont le développement est lent, par rapport à d'autres au développement plus rapide, ou dont le développement est ralenti par des conditions climatiques adverses.

TARDIGLACIAIRE adj. Se dit de la dernière partie de la glaciation würmienne, entre - 15 000 et - 10 000 ans environ.

TARDIGRADE n. m. **1.** Nom de famille donné au mégathérium et aux genres voisins, tous fossiles. — **2.** Animal microscopique, assez proche des arthropodes, à corps annelé mais non segmenté, portant quatre paires de courtes pattes munies de griffes. (Les tardigrades vivent dans la mer, l'eau douce, ou dans les mousses ; dans ces deux derniers milieux, ils présentent la propriété d'anhydrobiose*.)

TARDILLON, ONNE n. (de *tard*). *Fam.* Enfant dernier-né, venu longtemps après les autres.

TARDIVEMENT adv. **1.** De façon tardive. — **2.** À une heure tardive.

TARDIVETÉ ou **TARDIVITÉ** n. f. Qualité d'un végétal tardif.

1. TARE n. f. (ar. *ṭarḥ,* déduction). **1.** Grandeur de compensation (masse non marquée, dans le cas d'une balance) qui sert à amener un instrument de mesure à un équilibre déterminé et dont la valeur s'élimine dans la mesure elle-même. — **2.** Poids à vide, que l'on doit déduire du poids brut pour connaître le poids de la marchandise contenue dans un récipient, un emballage, un véhicule. — **3.** Réduction du prix accordée au titre de l'emballage.

2. TARE n. f. (de *tare 1*). **1.** Défectuosité physique ou psychique, le plus souvent héréditaire, présentée par un être humain, un animal. — **2.** Tout état ou maladie qui diminue la résistance de l'organisme à une infection. — **3.** *Litt.* Grave défaut qui porte préjudice à un groupe, une institution : *L'argent, cette tare du monde contemporain.* — **4.** Perte de valeur d'une marchandise par suite d'une diminution de quantité ou d'une avarie. — **5.** Tumeur d'origine traumatique, mécanique ou congénitale, qui affecte un cheval. (On distingue les *tares dures* ou exostoses, et les *tares molles* [bursites, synovites articulaires ou tendineuses].)

1. TARÉ → TARER.

2. TARÉ, E adj. et n. (de *tare 2*). Se dit de qqn qui est porteur d'une tare physique ou morale. — 2. *Pop.* Imbécile.

TARENTAISE, région des Alpes (Savoie), correspondant à la vallée supérieure de l'Isère (en amont d'Albertville), menant au col routier du Petit-Saint-Bernard. Élevage bovin. Aménagements hydroélectriques. Tourisme en amont (vers la Plagne, les Arcs, Tignes, Val-d'Isère).

Tarentaise *(race bovine de la),* race française de bovins, qui a pour berceau d'origine la Tarentaise, de format moyen, rustique, bonne laitière. (Syn. RACE TARINE.)

TARENTE, en ital. **Taranto,** v. d'Italie, dans la Pouille, ch.-l. de prov. sur le *golfe de Tarente ;* 244 000 hab. *(Tarentins).* Archevêché. Cathédrale des XIe-XVIIIe s. Château des XVe-XVIe s. Riche musée national (archéologie de la Grande-Grèce). Centre industriel (sidérurgie, alimentation, raffinerie de pétrole, cimenterie). Arsenal. Pêche.
— **Hist.** Bourgade messapienne, Tarente devient colonie grecque grâce aux Parthéniens chassés de Sparte (v. 708 av. J.-C.). C'est la première cité de la Grande-Grèce, après Sybaris. Au IVe s. av. J.-C., les pythagoriciens, avec Archytas, gouvernent la cité. Menacée par l'avancée des peuples italiques et par les progrès de Rome, elle fait appel à divers souverains grecs, dont Pyrrhos. Elle tombe aux mains de Rome en 272 av. J.-C. En 212, elle se livre à Hannibal, mais est reprise et ravagée par Fabius Maximus. Reconstruite, elle subit la concurrence de Brindes (Brindisi). Elle est occupée par Totila (549 apr. J.-C.), par les Lombards, les Byzantins (803) et, épisodiquement par les Arabes entre 839 et 927.
Après l'ouverture du canal de Suez, la ville reprit de l'importance comme port militaire. En nov. 1940, la flotte italienne au mouillage y fut bombardée par des avions britanniques.

TARENTE *(golfe de),* golfe formé par la mer Ionienne dans l'Italie péninsulaire.

TARENTELLE n. f. (ital. *tarentella,* de *Tarento,* Tarente). Danse populaire de l'Italie méridionale, qui se dansait accompagnée du tambour ou des castagnettes, parfois même de chants, à la fin du XVIIIe s et au commencement du XIXe s.

TARENTIN, E adj. et n. De Tarente.

TARENTULE n. f. (ital. *tarentola,* de *Tarento,* Tarente). Nom usuel d'une grosse araignée (lycose) répandue dans l'Europe méridionale.

TARER v. t. (de *tare 1*) [conj. 3]. 1. Peser le contenant d'une marchandise emballée et en défalquer le poids du poids total pour obtenir le poids net. — 2. Ajuster la tare pour amener à l'équilibre une balance, un instrument de mesure. — 3. Donner une position déterminée à un élément réglable (ressort, contrepoids, soupape, etc.).

◆ **être taré** v. pass. 1. Être gâté par une défectuosité : *Pêches tarées.* — 2. Être fondamentalement vicié, corrompu : *Politicien taré.*

TARET n. m. (de *tarière*). Mollusque bivalve marin (térédinidé) qui perfore les bois immergés. (Seule la région postérieure du corps est recouverte d'une coquille. On protège les bois immergés en les injectant de créosote.)

TARGE n. f. (frq. **targa*). Petit bouclier en usage pendant le Moyen Âge.

TARGETTE n. f. (de *targe*). Fermeture sommaire, composée d'un pêne commandé par un bouton, et venant s'engager dans une gâche fixée sur le dormant de la porte.

TARGEUR n. m. (de *targe*). Poisson plat, reposant sur le côté droit, commun sur les côtes atlantiques. (N. usuel *sole de roche.*)

TARGON (33760), ch.-l. de cant. de la Gironde, dans l'Entre-deux-Mers ; 1 615 hab.

TÂRGOVIŞTE → TÎRGOVIŞTE.

TARGUER (SE) v. pr. (ital. *si targuar,* se vanter) [conj. 3]. Se prévaloir de qqch avec ostentation : *Il se targue d'être le meilleur dans ce domaine.*

TARGUI, E adj. et n. (mot berbère). Forme du sing. de TOUAREG.

TARGUM [-gum] n. m. (pl. *targums*) [mot hébr. signif. *traduction*]. Traduction araméenne de livres bibliques, faite pour le service synagogal, dans la période qui suivit la captivité de Babylone (587-538 av. J.-C.).

TARGUMIQUE adj. Relatif aux targums.

TARGUMISTE n. m. Savant juif versé dans l'étude des targums.

TÂRGU MUREŞ → TÎRGU MUREŞ.

TARIER n. m. (rad. expressif, *tar-,* évoquant un bruit fort). Petit passereau (muscicapidé) voisin du traquet, nichant dans toute la France.

TARIÈRE n. f. (bas lat. *taratrum,* du gaul.). 1. Outil de charpentier, de charron, de menuisier, présentant à l'une de ses extrémités un taillant en cuillère ou en forme de mèche, et utilisé pour percer des trous. — 2. Outil de l'agronome et du pédologue, présentant à l'une de ses extrémités un taillant hélicoïdal ou cylindrique pour prélever des échantillons de terre (carottes). — 3. Appareil saillant à l'extrémité de l'abdomen des femelles de certains insectes (sauterelles, ichneumons, etc.), qui leur sert à enfouir leurs œufs dans le sol, dans le corps d'un hôte, etc. (Syn. OVIPOSITEUR, OVISCAPTE.)

TARIF n. m. (ital. *tariffa,* de l'ar. *ta'rifa,* notification). **1.** Tableau du prix des produits ou des services, du montant des taxes et impôts. — **2.** Montant du droit d'entrées dans une salle de spectacles, dans un moyen de transport public, etc. — **3.** *Fam.* Sanction, peine, punition correspondant à un acte répréhensible : *Le tarif, c'est deux mois de prison.* — **4.** Tableau des émoluments que des officiers publics ou ministériels sont admis à réclamer pour les divers actes de leurs fonctions. — **5.** *Tarif douanier,* nomenclature des produits et marchandises soumis à taxation et des droits de douane. ‖ *Tarif de l'impôt,* ensemble des règles présidant aux opérations effectuées sur la valeur de la matière imposable pour déterminer le montant de l'impôt. ‖ *Tarif horaire, tarif saisonnier,* tarif comportant des prix variables avec le moment de la fourniture (heure, jour, saison).

TARIFAIRE adj. Relatif à un tarif.

TARIFER v. t. (conj. 3) ou **TARIFIER** v. t. (conj. 9). Soumettre qqch à un tarif, en fixer le prix, le montant.

TARIFICATION n. f. Action de tarifier ; fait d'être tarifié.

TARIM, fl. de Chine, dans le Xinjiang, originaire du Karakorum ; 2 179 km (bassin de 350 000 km²). Le Tarim s'affaiblit en raison des infiltrations, des évaporations, et se perd dans la cuvette du Lob Nor.

1. TARIN n. m. (rad. expressif *tar-,* évoquant un bruit fort). Petit passereau (fringillidé), granivore, au plumage vert-jaune marqué de noir.

2. TARIN n. m. (p.-ê. de *tarin 1,* par comparaison avec le bec de l'oiseau). *Pop.* Nez.

TARINE adj. f. *Race tarine,* syn. de RACE BOVINE DE LA TARENTAISE*.

TARIQA n. f. inv. (mot ar. signif. *voie menant à Dieu*). Communauté ou confrérie musulmanes : société initiatique soufie dont les membres participent, sous le contrôle d'un maître, à un rituel de prières et d'invocations d'Allāh *(dhikr).*

ṬĀRIQ IBN ZIYĀD, chef berbère. Il débarqua en 711 à Gibraltar (djabal al-Ṭāriq), battit le roi Rodrigue près de Cadix, prit Tolède, León et Astorga et commença ainsi la conquête arabe de la péninsule Ibérique.

TARIR v. t. (frq. **tharrjan,* sécher) [conj. 32]. **1.** Épuiser, mettre à sec une réserve d'eau, de liquide : *La sécheresse a tari les puits.* — **2.** Épuiser ce qui constitue la source de qqch : *L'âge et la maladie ont tari ses forces créatrices.* — **3.** *Tarir une femelle,* lui imposer l'arrêt de la sécrétion lactée.
◆ v. t. ind. **1.** *Ne pas tarir sur qqch, qqn,* avoir toujours matière à en parler, être inépuisable à leur sujet. — **2.** *Ne pas tarir d'éloges, de compliments, etc., au sujet de, sur qqn, qqch,* en dire beaucoup.
◆ v. i. ou **se tarif** v. pr., **être tari** v. pass. **1.** En parlant d'une réserve d'eau, de liquide, être mise à sec : *Un puits de pétrole tari.* — **2.** En parlant des larmes, s'arrêter de couler. — **3.** *Litt.* S'épuiser progressivement : *Son imagination s'est tarie.*

TARISSABLE adj. Qui peut se tarir.

TARISSEMENT n. m. **1.** Fait de tarir ; état de ce qui est tari : *Le tarissement d'un puits, d'un gisement.* — **2.** Diminution progressive, épuisement : *Le tarissement de ses ressources.* — **3.** Arrêt de la sécrétion laitière d'une femelle.

TARKOVSKI (Andreï), cinéaste soviétique (Moscou 1932 - Paris 1986). Fils du poète Arseni Tarkovski, il tourne *l'Enfance d'Ivan* (1962), qui reçoit le Lion d'or au festival de Venise. Son film suivant, *Andreï Roublev* (1965-66), lui attire quelques difficultés avec la censure, mais le rend célèbre dans le monde entier. En 1972, il aborde la science-fiction avec *Solaris* et réalise, en 1974, *le Miroir,* en 1979 *Stalker,* en 1983 *Nostalgie* (tourné en Italie), et en 1985 *le Sacrifice* (tourné en Suède).

TARLAC, v. des Philippines, au N.-O. de Manille ; 121 400 hab.

TARLATANE n. f. (port. *tarlatana,* altér. de *tirtiana,* tirelaine). Mousseline fine et apprêtée, servant à faire des patrons et des garnitures de patrons.

TARMAC n. m. (de *tarmacadam*). Partie d'un aérodrome réservée au trafic et au stationnement des avions.

TARMACADAM [-dam] n. m. (mot angl., de *tar,* goudron, et *macadam*). Matériau enrobé de goudron, utilisé en couche de surface des chaussées.

TARN (le), riv. du Massif central et du Bassin aquitain ; 375 km (bassin de plus de 12 000 km²). Né au S. du mont Lozère, il s'encaisse entre le causse de Sauveterre et le causse Méjean en formant des gorges pittoresques entre Sainte-Enimie et Peyreleau. Il passe ensuite à Millau, Albi et Gaillac, reçoit l'Agout, traverse à Montauban, le Tarn reçoit l'Aveyron et se jette dans la Garonne (r. dr.).

TARN (81), dép. de la Région Midi-Pyrénées ; ch.-l. de dép. *Albi ;* ch.-l. d'arrond. *Castres ;* 2 arrond. ; 43 cant. ; 324 comm. ; 5 758 km² ; 342 723 hab. *(Tarnais).* Le dép. appartient à

l'académie et à la cour d'appel de Toulouse, à la région militaire Atlantique.
Le département s'étend au nord-est et à l'est sur les confins du Massif central : Ségala, transformé en terre à blé par le chaulage ; monts de Lacaune, où s'est développé l'élevage des brebis ; hauteurs du Sidobre et de la Montagne Noire, souvent forestières, séparées par la vallée du Thoré. Le centre et l'ouest appartiennent au bassin d'Aquitaine (Lauragais et surtout Albigeois). Plateaux et collines sont le domaine de la polyculture à base céréalière (à laquelle est fréquemment associé l'élevage des brebis) et sont entaillés par les vallées du Tarn et de l'Agout, qui portent des cultures maraîchères et, localement, des vignobles (Gaillac). L'industrie est représentée surtout par les constructions mécaniques, la chimie, la verrerie, nées de l'extraction houillère (région d'Albi et de Carmaux). Ses activités traditionnelles, telles que le textile (Castres), le délainage des peaux (Mazamet) et la mégisserie (Graulhet), ont reculé.

TARN-ET-GARONNE (82), dép. de la Région Midi-Pyrénées ; ch.-l. de dép. *Montauban ;* ch.-l. d'arrond. *Castelsarrasin ;* 2 arrond. ; 30 cant. ; 195 comm. ; 3 718 km^2 ; 200 220 hab. *(Tarn-et-Garonnais).* Le dép. appartient à l'académie et à la cour d'appel de Toulouse, à la région militaire Atlantique.
Entre le bas Quercy, domaine de la polyculture et de l'élevage, et la Lomagne, surtout consacrée au blé, la vaste plaine alluviale construite au confluent de la Garonne et du Tarn constitue la partie vitale du département. Elle porte des cultures céréalières (blé, maïs), fruitières (prunes, chasselas, pêches), maraîchères (oignons, artichauts, etc.), des prairies (dans les vallées). L'industrie est représentée par l'agroalimentaire, les constructions électriques et mécaniques, et la centrale nucléaire de Golfech.

TARNIER (Étienne, dit **Stéphane**), chirurgien français (Aiserey, Côte-d'Or, 1828 - Paris, 1897). Il appliqua à l'obstétrique les idées de Pasteur et de Lister sur l'asepsie, et inventa un forceps à tracteur.

TARNOBRZEG, v. du sud-est de la Pologne, ch.-l. de voïévodie, sur la Vistule ; 38 500 hab. Gisement de soufre (industries chimiques).

TARNOS (40220), comm. des Landes, au N. de Bayonne ; 9 162 hab. Industrie aéronautique. Engrais. Carburants de substitution.

TĂRNOVO → VELIKO TĂRNOVO.

TARNÓW, v. du sud-est de la Pologne, ch.-l. de voïévodie, à l'E. de Cracovie ; 111 000 hab. Hôtel de ville des XIVe et XVIe s. (musée) ; cathédrale du XVIe s. Centre industriel (chimie, mécanique, confection, alimentation). Nœud ferroviaire.

TARO n. m. (mot polynésien). Nom commun à diverses aracées tropicales à tubercule alimentaire *(colocasia, alocasia amorphophallus, xanthosoma).*

TAROT n. m. ou **TAROTS** n. m. pl. (ital. *tarocco,* p.-ê. de *tara,* déduction). **1.** Jeu de 78 cartes (appelées lames), servant au jeu ou à la divination. — **2.** Jeu qu'on joue avec ces cartes.

TAROTÉ, E adj. *Carte tarotée,* carte dont le verso est orné de grisaille en compartiments, comme les tarots.

TAROUDANNT ou **TAROUDANT,** v. du Maroc méridional (prov. d'Agadir), dans la plaine du Sous ; 22 300 hab. Centre commercial et touristique. Artisanat (bijoux, armes, dinanderie).

TARPAN n. m. (mot kirghiz). Race de chevaux considérés comme sauvages ou errants, en Europe orientale (steppes ukrainiennes).

TARPEIA, jeune vestale romaine qui, selon la légende, aurait livré le Capitole aux Sabins. Ceux-ci ensuite la tuèrent.

Tarpéienne *(roche),* en lat. *arx Tarpeia,* extrémité sud-ouest du Capitole, d'où l'on précipita jusqu'au Ier s. apr. J.-C. certains condamnés à mort.

TARPON n. m. (angl. *tarpon*). Grand poisson osseux primitif des eaux côtières et saumâtres de l'Atlantique tropical, réputé pour sa pêche sportive (taille 2,50 m pour 150 kg).

TARQUIN l'Ancien, en lat. **Lucius Tarquinius Priscus,** cinquième roi de Rome († 579 av. J.-C.), selon la tradition semi-légendaire. Fils du Corinthien Démarate, qui s'était établi à Tarquinia et avait épousé une Étrusque, il fut roi à la mort d'Ancus Marcius (616 av. J.-C.) et il aurait mené de grands travaux (Cloaca maxima). [→ TANAQUIL.]

TARQUIN le Superbe (« l'Orgueilleux »), en lat. **Lucius Tarquinius Superbus,** septième et dernier roi de Rome (v. 534-v. 509 av. J.-C.), selon la tradition. Gendre de Servius Tullius, il était le fils ou le neveu de Tarquin l'Ancien. Ce fut un tyran de type grec : grâce à la corvée, il fit achever les travaux entrepris par Tarquin l'Ancien. Il fut chassé par les Romains lorsque son fils Sextus violenta Lucrèce.

TARQUINIA, en fr. **Tarquinies,** comm. d'Italie, dans le Latium (prov. de Viterbe), sur un éperon, dans la vallée de la Marta ; 13 100 hab. C'est l'une des plus anciennes cités étrusques qui fut, très tôt, en rapport avec les Grecs (vestiges à Graviscae — le port de Tarquinia — d'un sanctuaire grec de la fin du VIIe s. av. J.-C.). Ruines d'un grand temple et d'une enceinte du IVe s. av. J.-C. ; vastes nécropoles, aux modes de sépulture variés et aux chambres souterraines ornées de peintures murales qui permettent de suivre l'évolution de l'art pictural depuis la période orientalisante, VIe s. av. J.-C., jusqu'à la phase classique, IVe s. Dévastée par les Lombards au IIIe s. apr. J.-C., puis par les Sarrasins (VIIIe-IXe s.), la ville fut désertée et remplacée par la bourgade voisine de Corneto. Corneto reprit en 1922 le nom de Tarquinia. (Musée national dans un palais du XVe s.)

TARRACONAISE, en lat. **Hispania Tarraconensis,** province romaine de la péninsule Ibérique, anc. *Espagne Citérieure* (Espagne septentrionale).

TARRAGONE, en esp. **Tarragona,** port d'Espagne, en Catalogne, ch.-l. de prov., sur la Méditerranée ; 112 000 hab. Archevêché. Centre universitaire, touristique et industriel (tabac, raffinerie de pétrole, pétrochimie, pneumatiques).
— **Archéol.** et **Bx-arts.** Vestiges romains : fortifications, restes de l'amphithéâtre et du cirque, prétoire dit « palais d'Auguste », forum. Nécropole paléochrétienne. Magnifique cathédrale, surtout romane (fin XIIe-XIIIe s. ; œuvres d'art), comme le cloître attenant. Musée archéologique.
— Aux environs, aqueduc romain et mausolée de Centcelles (IVe s., mosaïques à thèmes bibliques à la voûte).

TARRASA ou **TERRASSA,** v. d'Espagne, en Catalogne (prov. de Barcelone) ; 155 000 hab. Textile. Constructions électriques et mécaniques.
— **Bx-arts.** Tarrasa est l'ancienne *Egara* romaine. Siège épiscopal au Ve s. Églises S. María, S. Pedro et S. Miguel, de cette époque, restaurées ou reconstruites aux IXe et XIIe s. S. María est auj. musée de peinture (L. Borrassá, J. Huguet...). Musée du Textile.

TARRIETIA n. m. Grand arbre (sterculiacée) des régions tropicales de l'Ancien Monde, qui produit un excellent bois, appelé *niangon.*

TARSAL, E, AUX adj. Relatif au tarse des vertébrés tétrapodes, des insectes.

TARSALGIE n. f. Douleur au niveau du tarse.

TARSE n. m. (gr. *tarsos,* claie). **1.** Massif osseux occupant la moitié postérieure du pied, et se composant de sept os courts. (Les os du tarse sont disposés en deux rangées : une postérieure, constituée par l'astragale et le calcanéum ; une antérieure, composée par le cuboïde, le scaphoïde et les trois cunéiformes.) — **2.** Cartilage de la paupière. (On dit aussi CARTILAGE TARSE ou TARSE PALPÉBRAL.) — **3.** Portion du squelette des membres des vertébrés tétrapodes correspondant à la cheville et souvent formée d'os courts. — **4.** Chez les insectes, cinquième partie de la patte. (Le tarse est formé de deux à cinq articles, dont le dernier porte les ongles ou les griffes.)

TARSE, en gr. **Tarsos,** ville antique de l'Asie Mineure, en Cilicie, sur le Cydnos. Fondée peut-être par les Argiens (XIIe s. av. J.-C.), elle fut la patrie de saint Paul ; elle tenta, sous l'Empire, de rivaliser avec Alexandrie et Athènes par ses écoles de philosophie et de rhétorique. C'est l'actuelle *Tarsus.*

TARSECTOMIE n. f. Résection d'une partie des os du tarse, pour redresser un pied déformé.

TARSIEN, ENNE adj. Relatif au tarse du pied ou au tarse palpébral de l'homme.
◆ **tarsien** n. m. Mammifère primate prosimien tel que le tarsier, intermédiaire entre lémuriens et simiens.

TARSIER n. m. (de *tarse*). Mammifère prosimien nocturne. (Les tarsiers sont de petits primates, arboricoles, à face aplatie, gros yeux antérieurs, oreilles mobiles. La fourrure est épaisse, la queue longue.)

TARSKI (Alfred), logicien et mathématicien américain d'origine polonaise (Varsovie 1902 - Berkeley 1983). Il s'est installé aux États-Unis à partir de 1939. Il est à l'origine de la sémantique moderne, et a contribué à répandre les idées du cercle de Vienne* (*le Concept de vérité dans les langages des sciences déductives,* 1933).

TARSO-MÉTATARSIEN, ENNE adj. (pl. *tarso-métatarsiens, ennes*). **1.** Relatif au tarse et au métatarse. — **2.** *Articulation tarso-métatarsienne,* celle qui réunit les os de la partie antérieure du tarse (les cunéiformes et le cuboïde) avec les cinq métatarsiens.

TARSUS, v. de Turquie, à l'O. d'Adana ; 121 000 hab. Vestiges de l'antique *Tarse*.* Centre commercial. Mécanique. Coton.

TARTAGLIA (Niccolo FONTANA, dit), mathématicien italien (Brescia 1499 - Venise 1557). Quelques jours avant la clôture d'un tournoi mathématique sur la résolution de l'équation du 3e degré $x^3 + mx^2 = n$, il trouva une solution qu'il étendit à l'équation $x^3 + px = q$. Il communiqua sa solution, sous le sceau du secret, à Cardan, qui s'empressa de l'inclure dans son *Ars magna,* ce qui provoqua la colère de Tartaglia. Il a traité également de la balistique, du levé de plans et des règles d'arithmétique commerciale.

1. TARTAN n. m. (angl. *tartan,* p.-ê. du fr. *tiretaine*). **1.** Étoffe de laine légère dont les couleurs vives, disposées en carreaux, sont caractéristiques des divers clans de l'Écosse. — **2.** Vêtement, châle de cette étoffe.

2. TARTAN n. m. (n. déposé). Aggloméré d'amiante, de matières plastiques et de caoutchouc, utilisé comme revêtement de pistes d'athlétisme.

TARTANE n. f. (provenç. *tartano,* de l'anc. provenç. *tartana,* buse). Petit bâtiment de la Méditerranée, portant un grand mât avec voile sur antenne et un beaupré.

TARTARE adj. et n. (lat. médiév. *Tartarus,* du russe *Tatary,* Tatars). **1.** Qui appartenait à la Tartarie. — **2.** Syn. vieilli de TATAR.

◆ adj. *Sauce tartare,* mayonnaise à la moutarde relevée d'un hachis de cornichons, de câpres et de fines herbes. ‖ *Steak tartare* ou *tartare* (n. m.), steak haché mélangé avec un jaune d'œuf, assaisonné avec des câpres, du poivre, etc., et servi cru.

TARTARE (le), prison infernale des dieux vaincus et des héros qui avaient offensé Zeus ; à l'époque classique grecque, lieu où les hommes coupables devaient subir leur châtiment ; à l'époque romaine, les Enfers.

TARTARIE, terme vague désignant jadis la majeure partie de l'Asie des nomades et, plus spécialement, le Turkestan.

TARTARIE *(détroit de* ou *manche de),* bras de mer, dit aussi **détroit de La Pérouse,** formé par l'océan Pacifique et unissant les mers du Japon et d'Okhotsk entre la côte russe de l'Asie (Sibérie) et l'île Sakhaline.

TARTARIN n. m. (de *Tartarin,* n. pr.). *Fam.* Fanfaron, vantard.

Tartarin de Tarascon *(les Aventures prodigieuses de),* roman d'A. Daudet (1872). C'est une satire des mœurs de la petite bourgeoisie provençale dont le héros, pour mériter la réputation que lui valent d'illusoires récits de chasse, part en Algérie, où il finit par tuer un lion. Ses aventures se continuent dans *Tartarin sur les Alpes* (1885) et *Port-Tarascon* (1890).

TARTAS (40400), ch.-l. de cant. des Landes, sur la Midouze ; 2 809 hab. *(Tarusates).* Foies gras. Papeterie.

TARTE n. f. (var. de *tourte,* p.-ê. sous l'infl. du lat. médiév. *tartarum,* crème de tartre). **1.** Préparation faite d'une abaisse de pâte garnie d'un appareil salé ou sucré et cuite dans un moule. — **2.** *Pop.* Coup de poing, gifle. — **3.** Pop. *C'est pas de la tarte,* c'est particulièrement difficile ou pénible. ‖ Fam. *Tarte à la crème,* moyen ou réponse stéréotypés, sans originalité, qui se présentent tout de suite à l'esprit.

◆ adj. *Fam.* Qui est insignifiant, stupide : *Un film tarte.*

TARTELETTE n. f. Petite tarte.

TARTEMPION, nom propre de fantaisie désignant fam. qqn dont on ne connaît pas ou dont on ne se rappelle plus le nom.

TARTESSOS, ville très ancienne de Bétique, située près de l'embouchure du Bétis (l'actuel Guadalquivir). L'Andalousie était le pays de Tartessos ou Tarsis. C'était le relais des navigateurs (phéniciens, phocéens et carthaginois) sur la route occidentale de l'étain. Elle fut détruite par Carthage vers 500 av. J.-C.

TARTIGNOLE ou **TARTIGNOLLE** adj. (de *tarte* adj.). *Pop.* Qui est laid, minable.

TARTINABILITÉ n. f. Aptitude d'un beurre, d'un pâté à l'étalement.

TARTINE n. f. (de *tarte*). **1.** Tranche de pain recouverte de beurre, de confiture ou d'une substance alimentaire facile à étaler : *Tartine de pâté.* — **2.** *Fam.* Long développement oral ou écrit.

TARTINER v. t. (de *tartine*) [conj. 3]. **1.** Recouvrir du pain, une biscotte d'une couche mince d'un aliment mou : *Tartiner des toasts.* — **2.** *Fam.* Écrire beaucoup sur qqch, faire de longs développements.

TARTINI (Giuseppe), violoniste, compositeur et théoricien italien (Pirano, Istrie, 1692 - Padoue 1770). Premier violon et chef d'orchestre de la basilique S. Antonio de Padoue, il créa une école de violon (1728). Son œuvre est considérable : 125 concertos pour violon, 20 concertos grossos, 60 sonates pour violon (dont celle du célèbre *Trillo del diavolo*), 50 trios, des quatuors, des quintettes, de la musique vocale. Sa technique eut une profonde influence sur ses contemporains.

TARTOU ou **TARTU,** anc. **Dorpat,** v. d'Estonie, à l'E. du lac des Tchoudes ; 104 000 hab. Centre industriel. Université.
— **Hist.** Fondée en 1030, la ville devint allemande en 1224, sous le nom de « Dorpat ». Elle fut annexée par la Russie en 1704.

TARTOUS, en ar. **Ṭarṭūs,** en fr. **Tortose,** port de Syrie sur la Méditerranée ; 75 000 hab. Anc. cathédrale (XIIe et XIIIe s.) et vestiges de la forteresse des Templiers (XIIe s.). Marché agricole et centre industriel. Exportation du pétrole irakien et syrien. Terminus ferroviaire. Station balnéaire.

TARTRATE n. m. Sel ou ester de l'acide tartrique.

TARTRE n. m. (lat. médiév. *tartarum*). **1.** Dépôt dur, très adhérent, qui se forme sur les dents à partir de la plaque dentaire et peut provoquer des gingivites et des parodontoses. — **2.** Dépôt composé de tartrate acide de potassium (60 à 80 %) et de tartrate de calcium (3 à 6 %), qui se forme dans le vin et s'attache aux parois des récipients. — **3.** Syn. de INCRUSTATION.

ENCYCL. **Chim.** Le tartre, ou bitartrate de potassium $C_4H_5O_6K$, est un sel blanc, à saveur acide.

Il existe, mélangé à des impuretés, dans tous les vins et les lies. Le bitartrate de potassium pur, appelé *crème de tartre* ou *tartre blanc,* sert à la préparation de l'acide tartrique.

TARTRÉ, E adj. Additionné de tartre.

TARTREUX, EUSE adj. Qui est de la nature du tartre.

TARTRICAGE n. m. Action d'ajouter de l'acide tartrique au vin pour l'acidifier.

TARTRIFUGE adj. et n. m. Se dit d'une substance empêchant la formation de tartre sur les parois d'une chaudière.

TARTRIQUE adj. (de *tartre*). *Acide tartrique,* acide $CO_2H{-}(CHOH)_2{-}CO_2H$, découvert en 1769 par Scheele dans le tartre.

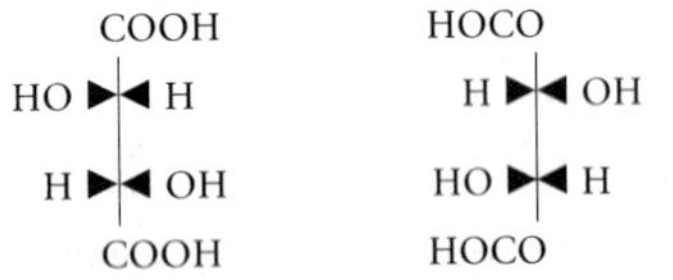

acide tartrique dextrogyre — acide tartrique lévogyre

ENCYCL. **Chim.** L'acide tartrique comporte deux atomes de carbone asymétriques qui ont le même environnement. L'acide tartrique dextrogyre est celui dont le sel monopotassique est le tartre naturel ; on l'emploie comme rongeant en teinturerie. L'acide racémique, ou paratartrique, est le mélange équimoléculaire des deux énantiomères, dextrogyre et lévogyre ; on le rencontre parfois au cours de la vinification, mais c'est très probablement un artefact. L'acide mésotartrique, qui possède un plan de symétrie, ne peut être résolu en énantiomères.

TARTU → TARTOU.

TARTUFE ou **TARTUFFE** n. m. (ital. *Tartufo,* n. d'un personnage d'hypocrite dans la comédie ital.). **1.** *Litt.* Faux dévot. – **2.** Personne fourbe, hypocrite.

TARTUFERIE ou **TARTUFFERIE** n. f. *Litt.* Caractère, manière d'agir d'un tartufe.

Tartuffe *(le),* ou **Tartufe,** comédie de Molière, en 5 actes et en vers. Interdite une première fois en 1664, après la représentation donnée aux fêtes de l'Île enchantée, puis en 1667, la pièce ne fut autorisée qu'en 1669. Tartuffe a surpris la confiance d'Orgon et, se faisant passer pour dévot, il obtient tout de son protecteur, y compris la promesse d'épouser sa fille. Elmire, femme d'Orgon, réussit enfin à démontrer à son mari que Tartuffe la convoite elle-même. Mais l'hypocrite, démasqué, a machiné la perte de son bienfaiteur, et Orgon serait chassé de sa propre maison si la justice du roi ne mettait fin à l'aventure.

ṬARṬŪS → TARTOUS.

TARVIS *(col de),* passage des Alpes orientales, (812 m), qui relie l'Italie (Frioul) à l'Autriche (Carinthie).

Tarzan, héros de E. R. Burroughs, créé en 1914. Les aventures du roi de la jungle ont été reprises dans de nombreuses bandes dessinées ainsi qu'au cinéma.

TAS [ta] n. m. (frq. **tas*). **1.** Accumulation, amoncellement de choses, matériau ramassé sur lui-même : *Un tas de sable.* – **2.** *Un tas de,* une grande quantité : *Un tas de gens.* – **3.** Fam. *Dans le tas,* dans un groupe, parmi tous les gens le composant. ‖ *Sur le tas,* sur le lieu même du travail : *Grève sur le tas.* ‖ Fam. *Tirer, taper dans le tas,* au hasard, sans viser qqn en particulier. • **Bât.** Masse de l'ouvrage déjà exécuté. ‖ *Tas de charge,* ensemble de voussoirs d'arc ou de voûte placés en encorbellement, dont les lits sont horizontaux et qui ne poussent pas au vide. – **Métall.** Syn. de ENCLUMETTE. ‖ Petite enclume portative. (Syn. TASSEAU.) ‖ Petite enclume de chaudronnier pour la mise en forme des feuilles métalliques.

TASCHER, famille de l'Orléanais, dont la branche aînée, dite **de La Pagerie,** s'établit vers 1726 à la Martinique. C'est là que naquit en 1763 la future impératrice Joséphine*.

TASCHEREAU (Elzéar Alexandre), prélat canadien (Sainte-Marie 1820 - Québec 1898). Recteur de l'université Laval (1860), archevêque de Québec (1871), il fut le premier cardinal canadien (1886).

TASCHEREAU (Louis Alexandre), avocat et homme politique canadien (Québec 1867 - *id.* 1952). Libéral, il fut premier ministre de la province de Québec de 1920 à 1936.

TASK FORCE [taskfɔrs] n. f. (angl. *task force,* détachement spécial). Pendant la Seconde Guerre mondiale, groupement temporaire de navires de guerre (ou de troupes d'armes différentes), chargé d'une mission déterminée.

TASKIN, famille liégeoise puis française de facteurs de clavecins de la fin du XVIIIe s. et du XIXe s. – PASCAL-JOSEPH Ier (Theux, Liège, 1723 - Paris 1793), facteur de clavecins du roi (1774), est aussi resté célèbre pour plusieurs innovations concernant le clavecin. Son atelier fut l'un des plus productifs, d'autant qu'il s'y fit aider par ses neveux PASCAL-JOSEPH (1750-1829) pour son travail à la cour et HENRI-JOSEPH (1779-1852), dans son atelier parisien, ainsi que par son beau-fils Armand François Nicolas Blanchet.

TASMAN (Abel Janszoon), navigateur néerlandais (Lutjegast, Groningue, 1603 - Batavia 1659). Il découvrit le littoral sud de la « terre de Van Diemen » (auj. Tasmanie), ainsi qu'une partie des côtes ouest de la Nouvelle-Zélande et les îles Fidji (1642-43).

TASMAN *(mer de),* mer marginale du Pacifique du Sud-Ouest, entre l'Australie, la mer de Corail, le seuil (ou dorsale) de Lord Howe, la Nouvelle-Zélande, la chaîne Macquarie et le plateau de *Tasman* (au S.-E. de la Tasmanie).

TASMANIE, en angl. **Tasmania,** île située au S. de l'Australie et constituant un État du Commonwealth australien ; 67 800 km² ; 452 847 hab. Cap. *Hobart.*
— **Géogr.** Des massifs forestiers, à l'O., très arrosés, encadrent un plateau central (pâturages d'été) et un couloir de plaines où les cultures (fourrage, pommes de terre, vergers) s'ajoutent à l'élevage. Les ressources minières (cuivre, zinc, plomb, tungstène) et l'hydroélectricité ont permis l'implantation de la métallurgie et de la chimie. La pêche est active.
— **Hist.** Peuplée de Mélanésiens, cette île est abordée en 1642 par le Néerlandais Abel Tasman, puis occupée par les Anglais au début du XIXe s. Le territoire devient une colonie pénitentiaire et une terre d'élevage de moutons. Devenue la Tasmanie en 1853, l'île forme, depuis 1901, un des États du Commonwealth australien.

TASMANIEN, ENNE adj. et n. De Tasmanie.

Tass (initiales des mots russes *Telegrafnoïe Aguentstvo Sovietskogo Soïouza*), agence de presse soviétique, organisée en 1925. Elle a fusionné, en 1992, avec l'agence russe RIA-Novosti pour former l'Agence d'information télégraphique de Russie (ITAR-Tass). C'est l'une des plus grandes agences mondiales. Son siège est à Moscou.

TASSAERT (Octave), peintre et lithographe français (Paris 1800 - *id.* 1874). Romantique, d'abord illustrateur, il peignit le plaisir (*Jeune Femme au verre de vin,* musée Fabre, Montpellier), mais plus souvent la désespérance (*Une famille malheureuse,* 1849, Poitiers).

TASSE n. f. (ar. *ṭassa,* écuelle). **1.** Petit récipient de forme ovoïde, cylindrique ou demi-sphérique, généralement muni d'une anse, et qui sert à boire. — **2.** Contenu de ce récipient. — **3.** *Boire la (une) tasse,* avaler involontairement de l'eau au cours d'une baignade ; faire de grosses pertes d'argent ; sombrer.

TASSE (Torquato TASSO, en fr. **le**), écrivain italien (Sorrente 1544 - Rome 1595). Avec sa longue suite d'errances et d'internements (1577 et 1579-1586), la folie du Tasse est aussi célèbre que son poème épique, *la Jérusalem* délivrée,* qu'il désavoua à peine accompli (dès 1575) et dont il s'opposa à la publication jusqu'en 1581, puis passa le reste de sa vie à le censurer et à le mutiler : ce fut la *Jérusalem conquise* (1592-93). Tout en composant la *Jérusalem,* entreprise en 1559, il écrit un poème chevaleresque, *Rinaldo* (1562), et connaît le succès avec une fable pastorale, *Aminta** (1573). Enfermé à l'asile de Sainte-Anne de Ferrare (1579), le Tasse compose la chanson *Aux princesses* de Ferrare. Libéré en 1586, il reprend une vie vagabonde et meurt au moment où le pape va faire de lui son poète lauréat. Il a composé, en outre, une tragédie *Torrismondo* (1587), des *Discours sur l'art poétique,* 26 *Dialogues,* traduits en 1632 sous le titre *les Morales du Tasse,* et des *Lettres,* document capital sur l'esprit du temps et sur ses crises de conscience.

TASSEAU n. m. (lat. pop. **tassellus,* du lat. class. *taxillus*). **1.** Pièce de bois de petite section, servant à soutenir, à maintenir une autre pièce (tablette, tiroir, lattis, etc.). — **2.** Dans une couverture métallique, tringle de bois de section trapézoïdale séparant les travées *(tasseau de couvre-joint)* ou placée sur les lignes de faîtage et d'arêtier. — **3.** Petit outil de chaudronnier, tôlier, carrossier ; syn. de TAS.

TASSEL (Jean), peintre français (Langres v. 1608 - *id.* 1667), fils du maniériste RICHARD **Tassel** (Langres v. 1582 - *id.* 1660). À Rome en 1634, il y pratiqua le genre de la bambochade. De retour en France au plus tard en 1647, il travailla pour les églises et les amateurs de Dijon et de Langres. Son style est rude, non sans maladresse, mais savoureux (*Concert dans une osteria romaine,* musée de Kassel ; *le Jugement de Salomon,* Sarasota, É.-U.).

TASSEMENT n. m. **1.** Action de tasser ; fait de se tasser : *Le tassement d'un remblai.* — **2.** Baisse lente, perte de vitesse d'un mouvement : *Le tassement des cours à la Bourse.* — **3.** Effet que produit la poussée verticale des matériaux dans un bâtiment. (Dangereux lorsque inégalement réparti.) — **4.** *Tassement de vertèbres,* diminution de l'espace articulaire normal intervertébral.

TASSER v. t. (de *tas*) [conj. 3]. **1.** Presser, comprimer qqch pour en diminuer au maximum le volume : *Tasser la terre au pied d'un arbre.* — **2.** Mettre un maximum de choses dans un espace donné : *Tasser les bagages dans le coffre.* — **3.** Faire paraître le corps (de qqn) plus petit, plus ramassé : *L'âge l'avait tassé.*
◆ **être tassé** v. pass. *Bien tassé,* très fort, en parlant d'un alcool ; bien servie, en parlant d'une boisson : *Une bière bien tassée ;* atteint et sûrement dépassé, en parlant d'une quantité, d'un

âge : *Elle a quarante ans bien tassés ;* bien envoyé, féroce (fam.) : *Des reproches bien tassés.*

◆ **se tasser** v. pr., **être tassé** v. pass. **1.** S'affaisser : *L'édifice a tendance à se tasser.* — **2.** Se voûter ou être recroquevillé : *Il commence à se tasser avec l'âge.* — **3.** Se serrer les uns contre les autres : *Essayez de vous tasser dans la voiture.*

◆ **se tasser** v. pr. **1.** Cesser de progresser, de croître : *Les ventes se tassent un peu en fin de trimestre.* — **2.** *Fam.* S'arranger, revenir à la normale : *Les choses commencent à se tasser.*

TASSETTE n. f. (anc. fr. *tasse,* poche). Pièce de l'armure qui protégeait le devant des cuisses.

TASSILI n. m. (berbère *tassili,* plateau). Au Sahara, plateau gréseux profondément disséqué par le réseau hydrographique et limité par des escarpements abrupts.

TASSILON III (v. 741 - apr. 794), duc de Bavière (748-788). Dernier prince bavarois de la famille des Agilolfinges, il chercha à s'affranchir de la tutelle franque. Il fut déposé en 788, et Charlemagne le relégua dans un monastère.

TASSIN-LA-DEMI-LUNE (69160), ch.-l. de cant. du Rhône, banlieue ouest de Lyon ; 15 496 hab. *(Tassilunois).*

TASSONI (Alessandro), écrivain italien (Modène 1565 - *id.* 1635). Il est l'auteur d'écrits polémiques, ayant pour cible les idées littéraires consacrées (*Considerazioni sopra le rime del Petrarca,* 1609). Son chef-d'œuvre est le poème héroï-comique *le Seau enlevé* (1622), évocation grotesque d'une guerre entre Bologne et Modène au XIIIe s.

TASTE-VIN [tastəvɛ̃] ou **TÂTE-VIN** n. m. inv. (de *tâter,* goûter, et *vin*). **1.** Tube en verre dont on se sert pour aspirer et goûter le vin d'un tonneau qui n'est pas en perce. — **2.** Petite tasse plate dans laquelle on examine le vin qu'on va goûter.

Tastevin *(Confrérie des chevaliers du),* société bachique, fondée en Bourgogne en 1934, qui magnifie le vin sous sa forme la plus noble et dont les festivités appelées « chapitres » sont célébrées au château du Clos-Vougeot.

TAT (abrév. de *Thematic Apperception Test*), test projectif élaboré par Morgan et Murray, destiné aux enfants et aux adultes, et qui consiste à faire raconter au sujet une histoire à partir d'une série de planches représentant chacune une situation ambiguë. C'est un des tests les plus utilisés avec le test de Rorschach pour explorer la personnalité du sujet.

TATA n. f. **1.** *Fam.* Tante, dans le langage enfantin. — **2.** *Pop.* Pédéraste, tante.

TATA (Jamsetji Nasarwanji), industriel indien (Navsāri, Gujerat, 1839 - Bad Nauheim 1904). Il fonda un ensemble de très grandes entreprises, contribua au développement de l'industrie indienne et embellit Bombay.

TATABÁNYA, v. de Hongrie, ch.-l. du dép. de Komárom ; 78 000 hab. Ville industrielle sur un gisement de lignite.

TATAMI n. m. (jap. *tatami*). Tapis épais fait de nattes en paille de riz tressée, servant en partic. à la pratique des arts martiaux.

TATANE n. f. (var. de *titine,* bottine). *Pop.* Chaussure, godasse.

TATAR, E adj. et n. Qui appartient aux Tatars. (Syn. anc. TURCO-TATAR.)

◆ **tatar** n. m. Nom donné à plusieurs langues du groupe turc parlées par les Tatars. (La plus importante est celle parlée par les Tatars de Kazan, appelée souvent tatar sans spécification.)

TATARS, tribu mongole qui fournit une partie importante des combattants de l'armée que Bātū, le petit-fils de Gengis Khān, conduisit, au XIIIe s., contre l'Europe. En Occident, on utilisait au Moyen Âge le mot « Tartares » par référence au Tartare, c'est-à-dire aux Enfers. Les Russes appelèrent « Tatars » toutes les tribus mongoles et turques du domaine de Bātū, puis toutes les tribus musulmanes de langue turque de la Horde d'Or (XIVe-XVe s.), et enfin celles de la Russie d'Europe et de la Sibérie. Le terme « tatar » ou « turco-tatar » a donc été appliqué à des populations différentes par leur langue, leur histoire et leur composition ethnique. Depuis la révolution de 1917, on appelle officiellement « Tatars » plusieurs groupes ethniques dont les Tatars de Crimée et les Tatars de Kazan (ou de la Volga).

TATARS DE CRIMÉE, peuple turc musulman habitant avant 1944 la presqu'île de Crimée, dont les ancêtres fondèrent au XVe s. le khānat de Crimée. Accusés, pendant la Seconde Guerre mondiale, de « trahison collective », les Tatars de Crimée furent déportés en Sibérie et au Kazakhstan, et leur République, créée en 1921, fut supprimée en 1945. Lavés de ces accusations en 1967, ils ne furent cependant pas autorisés à réintégrer la Crimée. On estime qu'ils sont actuellement 400 000, dispersés en Asie centrale.

TATARS DE KAZAN ou **TATARS DE LA VOLGA,** peuple turc musulman descendant des anciens Bulgares de la Volga et de la Kama, mêlés à diverses tribus nomades turques et mongoles. Après la dislocation de la Horde d'Or, les Tatars de la Volga fondèrent le khānat de Kazan, conquis par les Russes en 1552. 6 320 000 Tatars ont été recensés en U. R. S. S. en 1979, dont un peu plus du quart habite la République du Tatarstan.

TATARSTAN ou **TATARIE** *(République de),* République de la Fédération de Russie ;

68 000 km² ; 3 640 000 hab. Cap. *Kazan.* Peuplée de Tatars (47 %) et de Russes (44 %), la République est centrée sur la vallée moyenne de la Volga. Elle connaît un essor économique fondé sur ses ressources agricoles (céréales et élevage), énergétiques (pétrole [principale zone du Second-Bakou] et hydroélectricité) et industrielles.

Tate Gallery, musée national de Londres, ouvert en 1897. Elle est aujourd'hui musée de l'art britannique et musée d'art moderne et contemporain de tous les pays. Les collections de l'école anglaise, à partir du XVIe s., forment un panorama complet, avec pour points forts Blake, Constable, les préraphaélites ; ensemble du legs Turner à la Clore Gallery, contiguë.

TÂTEMENT n. m. Action de tâter.

TÂTER v. t. (lat. pop. **taxitare,* du lat. class. *taxare,* toucher) [conj. 3]. **1.** Toucher qqch, l'explorer avec la main : *Tâter des fruits pour apprécier leur maturité.* — **2.** Mettre la main, le pied au contact de qqch pour en éprouver la chaleur, la consistance, etc. : *Tâter l'eau du pied pour voir si elle est froide.* — **3.** Chercher à savoir de façon discrète ce que qqn, un groupe pensent : *Tâter l'opinion par une enquête du marché.* — **4.** *Tâter le terrain,* s'informer, avant d'entreprendre qqch, de l'état des esprits et des possibilités d'action.

◆ v. t. ind. *Fam.* Faire l'expérience de qqch, en avoir une première pratique : *Tâter du journalisme.*

◆ **se tâter** v. pr. *Fam.* Être indécis, s'interroger sur la conduite à tenir.

TÂTEUR n. m. **1.** Sur un métier à tisser, capteur de présence de trame entraînant l'arrêt de la machine en cas d'absence. — **2.** Organe de contrôle mécanique de certaines machines agricoles (décolleteuse de betteraves, planteuse de pommes de terre) qui permet de reconnaître la présence de la plante ou du tubercule.

TÂTE-VIN → TASTE-VIN.

TATI (Jacques TATISCHEFF, dit **Jacques**), cinéaste français (Le Pecq 1907 - Paris 1982). Acteur de music-hall, il réalise en 1946 *l'École des facteurs,* ébauche de son premier long métrage, *Jour de fête* (1948), dont *les Vacances de monsieur Hulot* (1953) confirment le succès. Il réalise ensuite *Mon oncle* (1958), *Playtime* (1968), *Trafic* (1971), *Parade* (1974).

TATIEN, apologiste syrien (en Syrie v. 120 - apr. 173). Son *Discours aux Grecs* est une apologie du christianisme inspirée par saint Justin. Il a également fusionné les Évangiles en un seul texte, le *Diatessaron.*

TATILLON, ONNE adj. et n. (de *tâter*). Qui fait preuve d'une minutie excessive, qui s'arrête aux moindres détails : *Un esprit tatillon.*

TATIUS (Titus), roi des Sabins, qui, selon la légende, prit les armes pour venger l'enlèvement des Sabines par Romulus, avec qui il aurait régné ensuite sur Rome.

Tatler *(The)* [*le Babillard*], périodique anglais, fondé en 1709 par Steele sous le pseudonyme d'« Isaac Bickerstaff » et auquel collabora Addison. Il parut jusqu'en janv. 1711, date à laquelle le triomphe du parti tory obligea Steele à en suspendre la publication. Steele et Addison lancèrent alors *The Spectator**.

TATLINE (Vladimir Ievgrafovitch), peintre, architecte, sculpteur et théoricien russe (Moscou 1885 - *id.* 1953). Après un voyage à Paris (1913), il donne ses « contre-reliefs », tableaux-sculptures faits de matériaux divers non orthodoxes, qui marquent la naissance du constructivisme. Au lendemain de la révolution de 1917, il dirige des ateliers expérimentaux à Moscou, puis à Pétrograd, où, en 1919-20, est construite la maquette d'un *Monument à la troisième Internationale,* tour spiralée aux volumes rotatifs qui aurait été plus haute que la tour Eiffel. Il s'intéresse ensuite au théâtre, à l'artisanat (céramique), à un projet de machine volante, jusqu'à ce que le triomphe du « réalisme soviétique », en 1932, le fasse entrer dans l'ombre.

TA-T'ONG → DATONG.

TÂTONNANT, E adj. Qui tâtonne, hésite, va à tâtons : *Des gestes tâtonnants.*

TÂTONNEMENT n. m. **1.** Fait de tâtonner, de chercher à tâtons : *Les tâtonnements d'un aveugle.* — **2.** Mode de recherche qui procède empiriquement par essais renouvelés, ces essais eux-mêmes : *Trouver la solution par tâtonnement.*

TÂTONNER v. i. (conj. 3). **1.** Chercher à se diriger ou à trouver qqch sans voir, en tâtant pour reconnaître l'environnement : *Avancer dans le noir en tâtonnant.* — **2.** Procéder empiriquement, par essais successifs, pour obtenir le résultat voulu.

TÂTONS (À) loc. adv. **1.** En tâtonnant dans l'obscurité : *Avancer à tâtons dans le noir.* — **2.** Sans vraie méthode, par des moyens empiriques incertains : *C'est un domaine peu connu où il faut avancer à tâtons.*

TATOU n. m. (tupi *tatú*). Mammifère édenté, omnivore, d'Amérique tropicale, couvert d'une carapace osseuse doublée d'un épiderme corné, et capable de se rouler en boule.
ENCYCL. Les tatous constituent, avec les fourmilliers et les paresseux, l'ordre des xénarthres. Les pattes, massives, portent de fortes griffes

servant à creuser des terriers ou à déterrer racines et tubercules. La reproduction est marquée de polyembryonie (4 à 12 fœtus jumeaux pour un seul œuf).

TATOUAGE n. m. (de *tatouer*). **1.** Introduction par scarification jusqu'au niveau du derme d'un ou de plusieurs colorants formant un dessin bien déterminé. — **2.** Marque, inscription, dessin indélébiles pratiqués sur la peau à l'aide de piqûres, de colorants.

TATOUER v. t. (angl. *to tattoo,* du polynésien *tatau*) [conj. **6**]. Pratiquer un tatouage sur qqn, un animal.

TATOUEUR n. m. Personne dont le métier est le tatouage.

TATRAS ou **TATRY,** partie des Carpates internes, en Pologne et en Slovaquie, comportant les plus hauts sommets de la chaîne (en Pologne, Rysy, 2 499 m ; en Slovaquie, Gerlachovka, 2 655 m). Cet ensemble, au caractère alpin, est protégé par un parc national.

TA-TSOU → DAZU.

TATUM (Edward), biologiste américain (Boulder, Colorado, 1909 - New York 1975). Il a partagé en 1958 le prix Nobel de médecine avec G. W. Beadle et J. Lederberg pour ses travaux sur les gènes et leur rôle dans l'hérédité.

TATUM (Arthur, dit **Art**), pianiste de jazz américain (Toledo 1910 - Los Angeles 1956). Pratiquement aveugle depuis sa naissance, il débuta en 1932. Doté d'une invention harmonique inépuisable, Art Tatum est l'un des plus brillants virtuoses de l'histoire du piano jazz. Il a notamment enregistré : *Tiger Rag* (1933), *Flying Home* (1944), *Tea for Two* (1952).

TAU n. m. **1.** Dix-neuvième lettre de l'alphabet grec (τ, T), notant une occlusive dentale sourde, analogue au *t* français. — **2.** Syn. de CROIX* DE SAINT-ANTOINE.

TAUBATÉ, v. du Brésil (État de São Paulo), entre Rio de Janeiro et São Paulo ; 172 000 hab. Centre industriel. Université.

TAUBE (Henry), chimiste américain d'origine canadienne (Neudorf, Saskatchewan, 1915). Il a étudié les réactions de transfert d'électrons dans les complexes métalliques. (Prix Nobel de chimie 1983.)

TAUCHNITZ (Carl Christoph), imprimeur et libraire allemand (Grossbardau 1761 - Leipzig 1836). Il fonda à Leipzig en 1796 une imprimerie et en 1798 une librairie. Il publia surtout des éditions stéréotypes d'auteurs latins et grecs. — Son neveu, CHRISTIAN BERNHARD (Schleinitz 1816 - Trattlau 1895), fonda à Leipzig en 1837 les « Éditions Bernhard Tauchnitz », qui publient la *Collection of British and American Authors.*

TAUD n. m. (mot dialect., de l'anc. scand. *tjald,* tente). Abri en grosse toile, en forme de toit, installé au-dessus d'un pont de navire en cas de pluie.

TAUDIS n. m. (moyen fr. *se tauder,* se mettre à l'abri). Logement misérable, sale ou mal tenu.

TAUERN (les), chaîne cristalline des Alpes orientales (Autriche), s'étendant du col du Brenner, à l'O., jusqu'à la vallée de la Mur aux environs de Leoben, à l'E. Plus élevée à l'O. *(Hohe Tauern),* qu'à l'E. *(Niedere Tauern),* la chaîne est difficile à traverser. Des glaciers alimentent les bassins de l'Inn, de la Salzach et de la Drave. L'hydroélectricité et surtout le tourisme sont les principales ressources.

TAULARD ou **TÔLARD, E** n. *Pop.* Personne détenue dans une prison.

TAULE ou **TÔLE** n. f. *Pop.* **1.** Chambre, lieu où l'on demeure. — **2.** Prison : *Faire six mois de taule.*

TAULÉ (29670), ch.-l. de cant. du Finistère, dans le Léon ; 2 808 hab. *(Taulésiens).* Aliments du bétail.

TAULER (Jean), religieux dominicain et théologien mystique (Strasbourg v. 1300 - *id.* 1361). Disciple de Maître Eckart, il est considéré comme un des maîtres de la spiritualité chrétienne.

TAULIER ou **TÔLIER, ÈRE** n. (de *taule*). *Pop.* **1.** Propriétaire ou gérant d'un hôtel, d'un restaurant. — **2.** Patron en général.

TAUNAY (Nicolas Antoine), peintre français (Paris 1755 - *id.* 1830). Comme d'autres peintres de genre de son époque en France (Jean-Louis Demarne, Jacques François Swebach, Boilly, etc.), il se signale par ses affinités avec les petits maîtres hollandais (*Scène de naufrage,* musée Magnin, Dijon ; *les Français en Italie,* Versailles et Louvre). — Son frère AUGUSTE (Paris 1769 - Rio de Janeiro 1824) fut sculpteur.

TAUNTON, v. de Grande-Bretagne, ch.-l. du Somerset ; 37 500 hab. Château en partie du XIIe s. Église gothique.

TAUNUS, région d'Allemagne, partie sud-est du Massif schisteux rhénan (880 m au Feldberg). Tourisme.

TAUPE n. f. (lat. *talpa*). **1.** Mammifère insectivore, aux pattes antérieures puissantes, presque aveugle, de mœurs fouisseuses. (Les taupes édifient des terriers complexes et rejettent la terre à l'extérieur par endroits (taupinières). Grands consommateurs d'insectes, ces animaux sont plus utiles que nuisibles.) — **2.** Peau ou fourrure de cet animal, utilisée en pelleterie. — **3.** *Arg. scol.* Classe de mathématiques spéciales.

— **4.** *Fam.* Agent secret, espion, etc., dissimulé à l'intérieur d'un organisme, d'une institution. — **5.** *Arg. mil.* Soldat du génie. — **6.** Nom usuel des requins de la famille des lamnidés. — **7.** *Myope comme une taupe,* très myope.

TAUPÉ n. m. (de *taupe*). Variété de feutre utilisant des poils de lièvre et de lapin.

TAUPE-GRILLON n. m. (pl. *taupes-grillons*). Nom usuel de la *courtilière.*

TAUPIER n. m. (de *taupe*). *Vx.* Personne chargée de détruire les taupes.

TAUPIÈRE n. f. Piège à taupe.

TAUPIN n. m. (de *taupe*). **1.** Insecte (élatéridé) qui saute en se détendant comme un ressort quand on le place sur le dos. — **2.** *Arg. scol.* Élève de taupe.

TAUPINIÈRE n. f. (de *taupe*). **1.** Monticule de déblais que fait la taupe à la surface du sol en creusant son terrier d'habitation. — **2.** Ensemble des galeries et chambres constituant l'habitation de la taupe.

TAUPO *(lac),* lac le plus vaste de la Nouvelle-Zélande, au centre de l'île du Nord (606 km²).

TAURE n. f. (lat. *taura,* fém. de *taurus,* taureau). Autre nom de la génisse.

TAUREAU n. m. (anc. fr. *tor,* du lat. *taurus*). **1.** Mâle reproducteur de l'espèce bovine. — **2.** Homme très vigoureux. — **3.** *Cou de taureau,* cou très fort, très puissant. ‖ *Prendre le taureau par les cornes,* affronter résolument une difficulté.

TAUREAU (en lat. *Taurus, -i),* constellation zodiacale, entre le Bélier et les Gémeaux. Son étoile la plus brillante est Aldébaran*. Elle abrite deux amas stellaires ouverts perceptibles à l'œil nu, les Hyades* et les Pléiades*, ainsi que la nébuleuse du Crabe*.
— **Astrol.** Deuxième signe du zodiaque, que le Soleil traverse du 20 avril au 20 mai.

TAURELIÈRE n. f. (anc. fr. *torel,* taureau). Vache constamment en chaleur.

TAURIAC (33710), comm. de la Gironde, dans le Bourgeais ; 1 262 hab. Église en partie romane. Aux environs, grotte de Pair-non-Pair*.

TAURIDE, autre nom de la Chersonèse Taurique des Grecs.

TAURIDES, essaim de météroïdes ou métérores associés, observables en novembre, dont le radiant se trouve dans la constellation du Taureau.

TAURILLON n. m. (anc. fr. *tor,* taureau). **1.** Jeune taureau. — **2.** Jeune mâle de l'espèce bovine élevé et nourri intensivement pour la production de viande, abattu au poids d'environ 600 kg.

TAURIN, E adj. (lat. *taurinus,* de *taurus,* taureau). Relatif aux taureaux ou aux courses de taureaux.

TAURION, riv. du Limousin, affl. de la Vienne (r. dr.) ; 125 km.

TAUROBOLE n. m. (bas lat. *taurobolium,* du gr. *taurobolos,* de *tauros,* taureau, et *ballein,* frapper). Sacrifice dans lequel le prêtre ou le fidèle se faisait arroser du sang d'un taureau dans le cadre du culte de Cybèle et de Mithra.

TAUROBOLIQUE adj. (bas lat. *taurobolicus*). Qui a rapport au taurobole.

TAUROCHOLATE [-ko-] n. m. Sel ou ester de l'acide taurocholique. (Le taurocholate de sodium et le glycocholate de sodium sont les principaux sels biliaires. Ils ont une action cholagogue.)

TAUROCHOLIQUE [-ko-] adj. (du gr. *tauros,* taureau). *Acide taurocholique,* acide extrait de la bile de bœuf.

TAUROMACHIE [-maʃi] n. f. (gr. *tauros,* taureau). Art de combattre les taureaux de race sauvage dans un affrontement dont la forme la plus répandue est la corrida.
ENCYCL. D'origine espagnole, la corrida est également pratiquée en Amérique latine (Mexique), au Portugal et dans le sud de la France. Belmonte y García, Joselito et Manolete ont été ses plus illustres représentants au XXᵉ s. Après le paseo des cuadrillas, le matador le plus ancien (dit « d'alternative ») affronte le premier taureau, les autres toreros se produisant ensuite selon ce critère d'ancienneté professionnelle. Recevant le taureau avec la cape, le matador dessine à l'aide de celle-ci des figures dont les principales sont la véronique, la chicuelina, la rebolera. La fougue du taureau légèrement tempérée, le picador intervient et réduit un peu la force de l'animal. La pose des banderilles permet au matador de voir comment vient l'animal sur un homme démuni de leurre. Dans la séquence de muleta, le matador enchaîne une multitude de passes dont les principales sont la naturelle, le derechazo, le pecho, les firmas et banderas, les passes changées. Quand le taureau ne se prête plus à l'exécution d'autres passes, vient la mise à mort, le matador portant le coup d'épée, l'estocade.

TAUROMACHIQUE adj. Relatif à la tauromachie.

TAURUS, en turc **Toros,** système montagneux de la Turquie méridionale, séparant les plateaux de l'Anatolie centrale et de l'Arménie, de la Méditerranée et de la plate-forme syrienne. On y distingue, d'O. en E., les massifs du Taurus lycien (plus de 3 000 m d'alt.), l'arc du Taurus central, dont la partie est, le Taurus cilicien, la plus élevée (Aladağ, 3 734 m) est bordée par l'Anti-Taurus, le

Taurus oriental qui domine le désert syrien. Fortement arrosé, le Taurus est encore très boisé.

TAUSSIG (Helen Brooke), chirurgienne américaine (Cambridge, Massachusetts, 1898 - West Chester, Pennsylvanie, 1986). Elle est, avec Blalock, l'initiatrice du traitement chirurgical des cardiopathies congénitales.

TAUSUGS, SULUKS ou **TAU SULUKS,** ethnie proto-malaise de l'archipel de Sulu (Philippines), rassemblant env. 500 000 individus de langue indonésienne, habitant plus particulièrement l'île de Jolo, ainsi que la partie nord de Bornéo.

TAUTAVEL (66720), comm. des Pyrénées-Orientales ; 743 hab. On y a trouvé en 1971 une partie de crâne humain fossile, dans un niveau daté de plus de 300 000 ans. Très robuste, encore très proche par sa morphologie des *Homo erectus,* l'homme de Tautavel pourrait cependant se trouver à l'origine de la lignée qui aboutit à l'homme de Neandertal.

TAUTOLOGIE n. f. (bas lat. *tautologia,* du gr. *tautologia*). **1.** Négligence de style ou procédé rhétorique consistant à répéter la même idée en termes différents (par ex. *J'en porte la responsabilité pleine et entière*). — **2.** Formule logique universelle valide, selon laquelle $A \lor A \rightarrow A$ (tautologie du calcul des propositions) et

$$\forall x\, P(x) \rightarrow \exists x\, P(x)$$

(tautologie du calcul des prédicats). [Syn. PROPOSITION IDENTIQUE.]

TAUTOLOGIQUE adj. Relatif à la tautologie, qui a le caractère d'une tautologie.

TAUTOMÈRE adj. Se dit de deux composés chimiques isomères, qui sont en équilibre par l'intermédiaire d'un ion commun. — **2.** Se dit d'une structure anatomique située entièrement d'un des côtés du corps.
◆ n. m. Composé tautomère.

TAUTOMÉRIE n. f. **1.** Caractère des composés tautomères. — **2.** Équilibre chimique mettant en jeu des composés tautomères. (De nombreuses réactions biochimiques, en partic. le mode d'action de certaines vitamines, font intervenir des tautoméries.) [Syn. DESMOTROPIE.]

TAUVES (63690), ch.-l. de cant. du Puy-de-Dôme, à l'O. des monts Dore ; 1 015 hab. *(Tauvois).* Église des XIIe et XIVe s.

TAUX n. m. (anc. fr. *tauxer,* taxer). **1.** Prix fixé, réglé par une convention, par la loi ou par l'usage : *Taux de change.* — **2.** Grandeur exprimée en pourcentage : *Taux d'inflation.* — **3.** *Taux d'accroissement,* pour une fonction f définie sur un intervalle $]a, b[$ de $\mathbb{R}$, en un de ses points x_o,

$$\text{fonction } h \mapsto [f(x_o + h) - f(x_o)]/h,$$

où $x_o + h \in]a, b[$; image de cette fonction en un point. ‖ *Taux de base bancaire (T. B. B.),* taux servant à déterminer les conditions appliquées par les banques françaises à leurs clients. (Il est calculé à partir du coût moyen de leurs ressources.) ‖ *Taux de compression,* syn. de RAPPORT VOLUMÉTRIQUE*. ‖ *Taux d'escompte,* taux auquel la Banque centrale accepte d'escompter les effets qui lui sont présentés. ‖ *Taux horaire,* valeur des dépenses entraînées par le fonctionnement d'une machine ou le travail d'une section de production pendant une heure. ‖ *Taux d'intérêt,* intérêt produit par une somme de 100 F placée pendant 1 an. ‖ *Taux d'intérêt réel,* taux d'intérêt, déduction faite du taux de l'inflation. ‖ *Taux d'intervention,* taux auquel la Banque de France intervient sur le marché monétaire.

TAUZIN n. m. Nom usuel d'un chêne des côtes d'Aquitaine.

TAVAN (Alphonse), poète français d'expression occitane (Châteauneuf-de-Gadagne 1833 - *id.* 1905), l'un des fondateurs du félibrige.

TAVANNES (Gaspard de Saulx, *comte* de), maréchal de France (Dijon 1509 - Sully, Saône-et-Loire, 1573). Compagnon d'armes de François Ier et d'Henri II, maréchal de France (1570), amiral des mers du Levant (1572), il fut un des inspirateurs du massacre de la Saint-Barthélemy.

TAVANT (37220), comm. d'Indre-et-Loire, sur la Vienne ; 232 hab. Église romane décorée de peintures murales, dont les petites figures des voûtes de la crypte, d'ascendance carolingienne (fin du XIe s. ?).

TAVASTSTJERNA (Karl August), écrivain finlandais de langue suédoise (Mikkeli 1860 - Pori 1898). Poète (*Poèmes en attente,* 1890) et romancier, parfois polémiste, il est l'interprète d'une époque de ruptures. Ses romans réalistes reflètent le déracinement et s'inspirent de sa vie cosmopolite (*Temps durs,* 1891).

TAVAUX (39500), comm. du Jura, à 9 km au S.-O. de Dole ; 4 415 hab. Industries chimiques.

TAVEL n. m. Vin rosé récolté aux environs de Tavel (Gard).

TAVEL (30126), comm. du Gard, à 16 km au N.-O. d'Avignon ; 1 449 hab. Vins.

TAVELER v. t. (anc. fr. *taveler,* parsemer de taches, du lat. *tabella,* planchette) [conj. **24**]. Marquer un fruit, une surface de petites taches.

TAVELLAGE n. m. Action ou manière de taveller la soie.

TAVELLE n. f. (lat. *tabella,* planchette). Accessoire du dévidage recevant les flottes de soie ; petite tringle de bois qui frappe la soie dans certains métiers.

TAVELLER v. t. (conj. **4**). Dévider la soie sur la tavelle.

TAVELLETTE n. f. Guindre léger que l'on emploie dans le tirage de la soie grège.

TAVELURE n. f. **1.** *Litt.* État d'une surface tavelée ; chacune de ces mouchetures : *Murs couverts de tavelures dues à l'humidité.* — **2.** Maladie des arbres fruitiers provoquée par des champignons, et caractérisée par des taches sur les feuilles, les rameaux et les fruits. — **3.** *Interférométrie des tavelures,* technique d'interférométrie stellaire optique qui tire parti de la turbulence atmosphérique pour augmenter la résolution des images fournies par un télescope. (Chaque cliché présente un aspect tavelé.) [Syn. INTERFÉROMÉTRIE SPECKLE, INTERFÉROMÉTRIE DES TACHETURES.]

TAVERNE n. f. (lat. *taberna*). **1.** *Vx.* Cabaret, lieu où l'on servait à boire. — **2.** Café ou petit restaurant assez populaire dans certains pays (Grèce, Allemagne, Belgique, etc.). — **3.** Restaurant de style rustique.

TAVERNIER, ÈRE n. Personne qui tenait une taverne.

TAVERNIER (Jean-Baptiste), négociant et voyageur français (Paris 1605 - Smolensk ? 1689). Il visita, au cours de plusieurs voyages, entre 1630 et 1668, le Proche-Orient, la Perse, l'Inde et l'Insulinde, et s'enrichit par le commerce des pierres précieuses. Il a laissé des récits de ses périples.

TAVERNIER (Bertrand), cinéaste français (Lyon 1941). Fils de l'écrivain René Tavernier (1915-1989), il a notamment réalisé *l'Horloger de Saint-Paul* (1974), *Que la fête commence* (1975), *le Juge et l'Assassin* (1976), *la Mort en direct* (1980), *Coup de torchon* (1981), *Un dimanche à la campagne* (1984), *Autour de minuit* (1986), *la Passion Béatrice* (1987), *la Vie et rien d'autre* (1989), *Daddy Nostalgie* (1990), *l'Appât* (1995), *Capitaine Conan* (1996).

TAVERNY (95150), ch.-l. de cant. du Val-d'Oise, en bordure de la forêt de Montmorency ; 25 191 hab. *(Tabernaciens).* Église gothique (belles sculptures). Centre de commandement de la défense aérienne et des forces aériennes stratégiques.

TAVIANI (Paolo et Vittorio), cinéastes italiens (San Miniato 1931 et 1929). S'intéressant aux problèmes sociaux de l'Italie du Sud, ils ont notamment réalisé *Sous le signe du scorpion* (1969), *Saint Michel avait un coq* (1972), *Allonsanfan* (1974), *Padre padrone* (1977), *la Nuit de San Lorenzo* (1982), *Kaos* (1984), *Good Morning Babilonia* (1987), *le Soleil même la nuit* (1990), *Fiorile* (1993) et *les Affinités électives* (1996).

TAVILLON n. m. (du lat. *tabella*). En Suisse, syn. de BARDEAU.

TAVOLIERE, principale plaine d'Italie, après celle du Pô. Dans la Pouille, entre l'Apennin et le massif du Gargano, très sèche l'été, c'était jusqu'au siècle dernier une région d'élevage transhumant et de latifundia. Les bonifications l'ont transformée en zone de cultures. V. princ. *Foggia.*

TAVOY, port de Birmanie, ch.-l. de prov., sur la Tavoy, à 50 km de la mer d'Andaman ; 101 500 hab. Port de pêche et de commerce. Soierie. Dans la région, mines d'étain et de tungstène.

Tawara *(nœud de)* [du nom du physiologiste jap. *Tawara* Sunao (1873-1952)], formation appartenant au tissu nodal située dans la cloison interauriculaire du cœur, à la jonction entre oreillettes et ventricules, et se prolongeant par le faisceau de His. Il joue un rôle fondamental dans le fonctionnement cardiaque.

TAWFĪQ (Muḥammad) [Le Caire 1852 - Hélouân 1892], khédive d'Égypte (1879-1892). Il céda en 1881 au mouvement nationaliste de 'Urābī Pacha, qu'il nomma ministre de la Guerre, ce qui provoqua l'intervention militaire anglaise et la défaite de 'Urābī Pacha (1882).

TAXABLE adj. Qui peut être taxé.

TAXACÉE n. f. (lat. *taxus,* if). Nom de famille de plantes gymnospermes telles que l'if et les podocarpus. (Les taxacées, arbres souvent dioïques, n'ont pas de cônes femelles, mais des arilles charnus laissant voir la graine ou des drupes.)

TAXATEUR, TRICE n. **1.** Personne qui taxe, fixe la taxe. — **2.** *Juge taxateur,* juge qui taxe les dépens.

TAXATION n. f. (lat. *taxatio*). **1.** Action de taxer ; fait d'être taxé. — **2.** Fixation par les pouvoirs publics d'un maximum au prix de certains produits ou services, ou institution d'un prélèvement sur ceux-ci.

TAXCO DE ALARCÓN, v. du Mexique, au S.-O. de Mexico ; 27 000 hab. Ville pittoresque, anc. centre minier. Église S. Prisca, chef-d'œuvre du baroque (milieu XVIIIe s.).

TAXE n. f. (de *taxer*). **1.** Prélèvement à caractère fiscal, destiné à alimenter la trésorerie de l'État, d'une collectivité locale ou d'un établissement public administratif en contrepartie d'un service rendu aux administrés. — **2.** *Hors taxes,* sans compter les taxes ; non soumis aux taxes : *Prix hors taxes.* ‖ *Ordonnance de taxe,* ordonnance du magistrat fixant le montant des dépens en cas de contestation. ‖ *Taxe additionnelle au prix des places* ou *taxe spéciale additionnelle,* taxe parafiscale prélevée en France sur les sommes versées par les spectateurs aux guichets des salles. ‖ *Taxe sur la valeur ajoutée (T. V. A.),* taxe payée par les

entreprises industrielles ou commerciales en fonction de la valeur qu'elles confèrent à chaque stade de la production d'un bien ou d'un service. (→ *encycl.*) ‖ *Toutes taxes comprises (T. T. C.),* se dit d'un prix de vente net de toute taxe ou impôt.
ENCYCL. **Dr.** *Taxe sur la valeur ajoutée.* Les produits donnent lieu à une taxation à chaque transaction, mais chaque intermédiaire, redevable de la taxe qu'il doit acquitter sur le chiffre de ses ventes, déduit le montant des taxes qui ont grevé ses achats pour ne régler que le solde. Ainsi, la taxe, qui n'est pas cumulative, ne frappe, au contraire, que la valeur ajoutée à chaque stade du circuit économique. Chaque produit donne lieu à la perception d'une taxe unique (dont le taux peut être élevé et modulé), sans que cette taxation finale ait la moindre interférence avec les circuits de fabrication. Après la généralisation de la T. V. A. en France par la loi du 24 janv. 1966, le Danemark (1967), l'Allemagne fédérale (1968), les Pays-Bas (1969), le Luxembourg (1970), la Belgique (1971), l'Irlande (1972), l'Italie (1973) et la Grande-Bretagne (1973) ont fait de la T. V. A. généralisée leur principale taxe sur le chiffre d'affaires.

TAXER v. t. (lat. *taxare*) [conj. 3]. **1.** Soumettre qqch à un impôt, à une taxe, à une taxation. — **2.** Accuser, qualifier qqn de qqch : *Taxer un employé de malhonnêteté.* — **3.** Évaluer les dépens dans un procès. — **4.** *Pop.* Soutirer qqch à qqn ou le lui extorquer par l'intimidation ou la violence : *Il l'a taxé de cent balles.*

TAXI n. m. (abrév. de *taximètre*). **1.** Automobile de location munie d'un taximètre. — **2.** *Fam.* Chauffeur de taxi. — **3.** En apposition, désigne un véhicule que l'on peut louer : *Avion-taxi.* — **4.** *Fam.* Société fictive destinée à fournir de fausses factures à des entreprises qui veulent frauder le fisc. — **5.** *Les taxis de la Marne,* les taxis parisiens réquisitionnés par Gallieni en sept. 1914 pour acheminer rapidement des renforts sur le front.

TAXIARQUE n. m. (gr. *taksiarkhos*). L'un des dix chefs directs des fantassins athéniens, élus annuellement par l'ecclésia à raison de un par tribu.

TAXIDERMIE n. f. Art de préparer, d'empailler et de monter les animaux vertébrés. (Syn. NATURALISATION.)

TAXIDERMISTE n. Personne qui empaille les animaux morts pour les rendre propres à être conservés avec l'apparence de la vie. (Syn. EMPAILLEUR, NATURALISTE.)

TAXIE n. f. Syn. de TROPISME.

TAXI-GIRL [-gœrl] n. f. (pl. *taxi-girls*) [amér. *taxi-girl,* jeune femme attachée à un dancing]. Entraîneuse de cabaret.

TAXILA, site archéologique du Pākistān, au N.-O. de Rāwalpindī.
— **Archéol.** Capitale du Gāndhāra oriental, Taxila est l'une des principales cités de l'Inde ancienne. Ses plus anciens vestiges appartiennent au VIe s. av. J.-C. Du IIe s. av. J.-C. au IIe s. apr., elle subit l'influence hellénistique et eut des contacts commerciaux notamment avec les Parthes. Les fondations bouddhiques y sont nombreuses.

TAXILÈS, nom donné par les Grecs aux souverains hindous, maîtres du pays entre l'Indus et l'Hydaspe (Ihelum), et qui résidaient à Taxila.

TAXIMÈTRE n. m. (du gr. *taksis,* taxe). **1.** Compteur équipant les taxis et indiquant la somme à régler en fonction du kilométrage parcouru. — **2.** Appareil composé d'un cercle gradué de 0 à 360° et muni d'une alidade, pour la prise des relèvements.

TAXINOMIE ou **TAXONOMIE** n. f. **1.** Science des lois de la classification. — **2.** Classification, suite d'éléments formant des listes qui concernent un domaine, une science.

TAXINOMIQUE ou **TAXONOMIQUE** adj. Relatif à la taxinomie.

TAXINOMISTE ou **TAXONOMISTE** n. Personne qui s'occupe de taxinomie.

TAXIPHONE n. m. (marque déposée). Poste téléphonique avec lequel on obtient et on paie les communications en introduisant des pièces de monnaie ou des jetons.

TAXIS [-ksis] n. m. Manœuvre opératoire destinée à faire rentrer un organe dans la cavité qu'il doit occuper.

TAXIWAY [taksiwɛ] n. m. (mot angl. de *to taxi,* rouler au sol, et *way,* chemin). Syn. de CHEMIN* DE ROULEMENT.

TAXODIUM [-djɔm] n. m. (lat. sc. *taxodium,* du lat. class. *taxus,* if). Conifère américain, tel le cyprès chauve, ou cyprès de la Louisiane, aux feuilles caduques et aux pneumatophores lui permettant de respirer en pleine eau.

TAXODONTE n. m. Mollusque bivalve ayant une charnière dont les dents, parfois très nombreuses, sont identiques. (Les taxodontes ne constituent plus un groupe.)

TAXON n. m. En biologie, syn. de GROUPE.

TAXONOMIE, TAXONOMIQUE, TAXONOMISTE → TAXINOMIE, TAXINOMIQUE, TAXINOMISTE.

TAY, fl. de Grande-Bretagne, en Écosse ; 193 km (bassin de 6 216 km²). Il passe à Perth, et rejoint la mer du Nord par un long estuaire le *firth du Tay,* sur lequel est établie Dundee.

TAYAC, écart de la comm. des Eyzies-de-Tayac-Sireuil (Dordogne), sur la rive gauche de la

Vézère. Gisement qui a donné son nom au tayacien.

TAYACIEN n. m. Faciès industriel du paléolithique inférieur, industrie essentiellement sur éclat ou débitage très faiblement Levallois, qui fut reconnu dans plusieurs des niveaux du gisement de la Micoque. (Le tayacien décrit dans le sud-est de France n'a que de très faibles ressemblances avec les industries de la Micoque.)

TAYAMA KATAI, écrivain japonais (Tatebayashi 1871 - Tōkyō 1930). Influencé par le naturalisme occidental, il a créé le *Watakushi-shōsetsu,* ou « roman à la première personne » (*Futon,* 1907).

TAYAUT ⟶ TAÏAUT.

TAYGÈTE, en gr. **Taúghetos,** massif montagneux de Grèce, dans le sud du Péloponnèse, qui porte le point culminant du Péloponnèse (2 404 m).

TAYLOR (Brook), mathématicien anglais (Edmonton 1685 - Londres 1731). C'est un des fondateurs du calcul des différences finies, qu'il utilise dans l'interpolation et la sommation des séries. Il aborda la détermination des solutions singulières des équations différentielles, le problème du changement de variable, la détermination des centres d'oscillation, de percussion et de courbure, et le problème des cordes vibrantes. Son nom est resté attaché à un développement d'une fonction en série, faisant intervenir les dérivées successives de la fonction.

Taylor *(formule de),* relation de la forme

$$f(a+h) = f(a) + \frac{h}{1\,!}\cdot f'(a) + \frac{h^2}{2\,!}\cdot f''(a) + \ldots + \frac{h^n}{n\,!}\cdot f^{(n)}(a) + R_n(a),$$

où $R_n(a)$, appelé reste, peut prendre diverses formes, dont les plus usitées sont celles de Lagrange et de Young.

TAYLOR (Zachary), homme politique américain (Montebello, Orange Country, Virginie, 1784 - Washington 1850). Général, vainqueur de Santa Anna à Buena Vista (févr. 1847), il fut élu président des États-Unis en 1848.

TAYLOR (Isidore Justin Séverin, *baron*), écrivain d'art et administrateur français (Bruxelles 1789 - Paris 1879). Il est surtout connu par la publication des *Voyages pittoresques et romantiques de l'ancienne France* (1820-1863), ensemble illustré de lithographies par ou d'après H. Vernet, Géricault, J.-B. Isabey, Viollet-le-Duc, Dauzats, L. Daguerre, P. Ciceri, etc.

TAYLOR (Frederick Winslow), ingénieur américain (Philadelphie 1856 - *id.* 1915). Il mit au point un système de chronométrage du travail, dont il fit un instrument éducatif pour l'exécutant. Il détermina un système de rémunération récompensant l'ouvrier de son effort et l'incitant à le poursuivre. Ses recherches aboutirent à un ensemble de principes et de procédés appelé « taylorisme* ». On lui doit aussi la découverte des aciers à coupe rapide.

TAYLOR (Maxwell Davenport), général américain (Keytesville, Missouri, 1901 - Washington 1987). Nommé président du Comité des chefs d'état-major par Kennedy (1962), il fut l'inspirateur de la doctrine de la riposte graduée *(flexible response).*

TAYLOR (Spangler ARLINGTON BROUGH, dit **Robert**), acteur de cinéma américain (Filley, Nebraska, 1911 - Los Angeles 1969). Il débuta à l'écran en 1934 et devint l'un des jeunes premiers les plus séduisants de son époque, apparaissant notamment dans *le Roman de Marguerite Gautier* (1937), *Trois Camarades* (1938), *la Valse dans l'ombre* (1940), *la Dernière Chasse* (1956), *Traquenard* (1958).

TAYLOR (Paul), danseur et chorégraphe américain (Allegheny, Pennsylvanie, 1930). Attaché dès 1955 à la compagnie de Martha Graham, il se révèle un chorégraphe inspiré. Il utilise un langage anticonventionnel — où le mouvement continu a une grande importance — et des accompagnements musicaux originaux. Parmi ses premières œuvres, on retiendra surtout *Piece Pierod* et *Aureole,* créées en 1962. Fin 1962, il fonde sa propre troupe, la Paul Taylor Dance Company. On lui doit encore *Private Domain* et *Churchyard* (1969), *Big Bertha* (1971), *Noah's Minstrels* (1973), *Runs* (1975), *Airs* (1978), *Arden Court* (1981), *Mercuric Tidings* (1982), *Offrande musicale* (1986).

TAYLOR (Elizabeth), actrice de cinéma américaine d'origine britannique (Londres 1932). Elle débute à dix ans au cinéma dans *la Fidèle Lassie.* Elle interprète plus tard *Géant* (1956), *la Chatte sur un toit brûlant* (1958), *Soudain l'été dernier* (1959), *Cléopâtre* (1963), et devient une star internationale. Elle obtient en 1967 l'Oscar de la meilleure actrice pour son rôle dans *Qui a peur de Virginia Woolf?* (1966). Elle apparaît ensuite dans *la Mégère apprivoisée* (1967), *Reflets dans un œil d'or* (1967), *Cérémonie secrète* (1968).

TAYLOR (Cecil Percival), pianiste de jazz américain (Long Island, New York, 1933). Toujours à la pointe de l'avant-garde, il a créé un monde sonore torrentiel et tournoyant. Parmi ses meilleurs enregistrements, on peut citer : *Indent* (1972), *Air above Mountains* (1976), *Dark to Themselves* (1976).

TAYLOR (Joseph), astrophysicien américain (Philadelphie 1941). Avec son élève R. Huise, il a découvert le premier pulsar binaire (1974) puis, en l'étudiant, a pu établir indirectement l'existence des ondes gravitationnelles. (Prix Nobel de physique 1993.)

TAYLORISATION n. f. Action de tayloriser, application du taylorisme.

TAYLORISER v. t. (conj. 3). Organiser le travail, la production par le taylorisme.

TAYLORISME n. m. (amér. *taylorism*). Système d'organisation scientifique du travail et du contrôle des temps d'exécution établi par Taylor. ENCYCL. Mis en œuvre dès la fin du XIXe s., les principes d'organisation scientifique du travail (O. S. T.) selon Taylor s'ordonnent autour de trois idées majeures : l'importance essentielle de la préparation du travail (et son corollaire, la distinction radicale entre conception et exécution) ; la recherche systématique des économies de gestes et de mouvements ; l'utilisation maximale de la machine.

TAYMŪR (Muḥammad), écrivain égyptien (1891-1921). Il est l'un des fondateurs de la nouvelle arabe avec le recueil *Ce que voient les yeux* (1917). Influencé par le réalisme français, il est l'un des pionniers du théâtre arabe. — Son frère MAḤMŪD (né en 1894) a écrit des nouvelles d'inspiration sociale qui allient le dialecte à la langue classique (*le Cheikh Djumʿā,* 1925).

Tay-Sachs *(maladie de),* maladie héréditaire déterminée par la possession à double dose (génotype homozygote) d'un allèle responsable d'une déficience en l'enzyme hexosaminidase A, et se manifestant par une régression intellectuelle, et une cécité. Elle entraîne la mort vers l'âge de 2 ans.

TAYSIDE, région d'Écosse, sur la mer du Nord, dans le bassin de la Tay, correspondant aux trois anciens comtés d'Angus, Dundee et Perth and Kinross ; 7 501 km^2 ; 395 000 hab. V. princ. *Dundee* et *Perth.*

TAZ, fl. côtier de Russie, en Sibérie occidentale, tributaire de la mer de Kara ; 1 401 km.

TAZA, v. du Maroc, ch.-l. de prov., située dans le *couloir de Taza,* entre le Rif et le Moyen Atlas ; 55 100 hab. La ville garde le seul passage facile entre le Maroc occidental et le Maroc oriental. Centre commercial.

TAZIEFF (Haroun), géologue français (Varsovie 1914). Il s'est consacré à l'étude des volcans à partir de 1948 et se trouve à l'origine de l'Institut international de recherches volcanologiques, dont le siège est à Catane. Outre des travaux de recherche, en particulier sur les mécanismes des éruptions et sur les gaz volcaniques, on lui doit des ouvrages de vulgarisation et des films documentaires.

TAZOULT, anc. **Lambèse,** v. d'Algérie (wilaya de Batna) ; 9 000 hab. D'abord camp de la IIIe légion Augusta, installé sous Vespasien, résidence du légat de Numidie, la ville se développa avant de disparaître presque complètement à l'époque byzantine. Vestiges d'un camp romain (prétoire, casernement, thermes, etc.), de la ville antique (temple d'Esculape, Capitole, thermes...) et de plusieurs villas ornées de mosaïques.

Tb, symbole chimique du *terbium.*

TBESSA, anc. **Tébessa,** v. d'Algérie, ch.-l. de wilaya, au nord des *monts de Tbessa ;* 67 200 hab. Centre commercial et agricole. Chaussures. Artisanat de tapis. Importante ville romaine entre Carthage et Lambèse *(Tazoult),* l'ancienne Théveste a laissé un temple transformé en musée, de beaux vestiges romains, une enceinte byzantine et une basilique paléochrétienne.

TBESSA *(monts de),* montagnes d'Algérie et de Tunisie, entre les monts des Nemencha, au S.-O., et la dorsale tunisienne, au N.-E. Gisements de phosphates.

TBILISSI, anc. **Tiflis,** cap. de la Géorgie ; 1 279 000 hab. Sur les rives de la haute Koura (citadelle), centre administratif, culturel et scientifique, principal pôle industriel de la Géorgie (machines-outils, textiles, alimentation). Cathédrale de Sion et basilique d'Antchiskhati remontant au VIe s., reconstruites ou restaurées. Ensemble fortifié de Métékhi avec chapelle du XIIIe s. Riches musées.
— **Hist.** L'origine de la ville remonte au IVe s. apr. J.-C. Capitale du royaume de Géorgie réunifié à partir de 1122, elle connut une période de développement économique et culturel aux XIIe et XIIIe s., avant d'être détruite à plusieurs reprises lors des guerres turco-persanes du XIVe au XVIIIe s. Annexée par la Russie, en 1801, elle devint le siège de la vice-royauté du Caucase en 1845. Capitale de la Géorgie indépendante (mai 1918-févr. 1921), Tiflis demeura jusqu'en 1936 le centre administratif de la Transcaucasie.

Tc, symbole chimique du *technétium.*

TCHAADAÏEV (Petr Iakovlevitch), penseur russe (Moscou 1794 - *id.* 1856). Ami de Pouchkine, il soutint la thèse selon laquelle la Russie accéderait à la civilisation occidentale grâce à l'union des Églises orthodoxe et catholique ; cette théorie fit scandale et l'obligea à émigrer.

TCHAD *(lac),* étendue d'eau douce partagée entre le Niger, le Nigeria, le Cameroun et le Tchad. Sa superficie varie de 13 000 à 26 000 km^2 selon les années et le débit du Chari (hautes eaux en décembre-janvier, basses eaux en juillet). La rive E. est la plus peuplée. Les paysans pratiquent, en étroite association avec l'élevage des bovins, la culture du mil, du blé et du maïs. Mais le lac est surtout un domaine de pêche.

TCHAD, État d'Afrique centrale, à l'est du *lac Tchad* ; 1 284 000 km² ; 6 540 000 hab. *(Tchadiens)*. CAP. *N'Djamena*. LANGUES : *français* et *arabe*. MONNAIE : *franc C. F. A.*

Géographie. Une partie de la cuvette tchadienne occupe le centre-ouest du pays. Elle est entourée de massifs anciens à l'E. et au N., où le Tibesti culmine à 3 415 m. Dans le Sud s'étendent les plaines drainées par le Chari et le Logone. Le climat est chaud et les pluies passent de 1 200 mm au S. à 50 mm au N., tandis qu'à la forêt claire se substituent les savanes et les steppes de plus en plus clairsemées. Les populations du Sud sont animistes ou christianisées, celles du Nord, islamisées. Près de la moitié de la population est installée à l'ouest du Chari, principale région de cultures, vivrières et commerciales (mils, manioc, sorgho, arachide, riz, coton [principale exportation], canne à sucre). La zone sahélienne est le domaine de l'élevage transhumant (bovin, ovin et caprin), qui permet des exportations. La pêche (lac Tchad surtout) fournit environ 100 000 t par an. On extrait du sel (natron) près du lac Tchad, mais les autres ressources minières ne sont pas exploitées. Le secteur industriel très modeste (alimentation, traitement du coton) a été en grande partie désorganisée. La guerre, l'insuffisance des moyens de communication, la sécheresse des années 70 et 80 expliquent la stagnation économique du pays. Celui-ci, dont la France reste le premier partenaire pour les importations, demeure tributaire de l'aide internationale.

Histoire. Pendant la préhistoire, la région est peuplée par des chasseurs et des éleveurs, qui ont laissé des gravures rupestres. Ils en sont chassés après 7000 av. J.-C. par l'assèchement du climat. Le royaume du Kanem, fondé au nord-est du lac Tchad à la fin du IXe s., est islamisé. Il tire sa richesse du commerce transsaharien. Après un premier apogée au XIIIe s., il renaît au XVIe s. avec pour centre le Bornou. À l'est du lac Tchad se consolide le royaume musulman du Baguirmi.
Au XIXe s., le lac Tchad est le point de convergence des explorateurs européens. Les frontières du Tchad sont fixées par les puissances européennes entre 1884 et 1899. Les Français parviennent à soumettre Rabah (1900), qui a cherché à créer un vaste empire autour du lac Tchad.
1920 : Le Tchad devient colonie française. Le Nord reste fidèle à l'islam tandis que le Sud est christianisé et scolarisé.
1940 : Sous la direction de son gouverneur, le Noir Félix Éboué, le Tchad se rallie à la France libre.
1960 : L'indépendance est proclamée.
1962 : François Tombalbaye, qui représente les intérêts du Sud, devient président de la République.
1968 : Le Nord islamisé fait sécession.
La France apporte son aide au gouvernement tchadien contre la rébellion soutenue par la Libye. Le pays connaît alors une forte instabilité politique, accentuée par les rivalités entre les chefs rebelles Hissène Habré et Goukouni Oueddeï, aidé par la Libye.
1982 : H. Habré impose son autorité sur le pays.
1983 : La France reporte son aide sur H. Habré.
1984 : Les forces françaises se retirent en vertu d'un accord franco-libyen, que la Libye ne respecte pas.
1986 : La France met en place un dispositif de protection militaire au nord du pays.
1987 : H. Habré reconquiert le nord du Tchad.
1988 : Le Tchad et la Libye rétablissent leurs relations diplomatiques.
1991 : H. Habré est renversé par Idriss Déby.
1994 : Un jugement de la Cour internationale de justice de La Haye réaffirme la souveraineté du Tchad sur la bande d'Aozou, occupée par la Libye depuis 1973.
1996 : I. Déby est confirmé à la tête de l'État par une élection présidentielle.

TCHADIEN, ENNE adj. et n. Du Tchad.
◆ **tchadien** n. m. Groupe de langues chamito-sémitiques parlées dans le nord du Nigeria, le sud du Niger, le nord du Cameroun et le sud du Tchad. (On a dénombré plus de 100 langues, dont la plus importante, le haoussa, regroupe à elle seule plus des quatre cinquièmes des locuteurs de ce groupe.)

TCHADOR n. m. (mot persan). Grand voile porté par les femmes iraniennes.

TCHAGAÏ ou **CHAGAÏ** *(monts)*, chaîne de montagnes formant, sur 150 km, la frontière entre l'Afghānistān et le Baloutchistan pakistanais ; 2 462 m au *Malek Naro*.

TCHAGATAY → DJAGHATAÏ.

TCHAÏKOVSKI (Petr Ilitch), compositeur russe (Votkinsk 1840 - Saint-Pétersbourg 1893). Il se tourne vers la musique après avoir commencé une carrière juridique et produit ses premières œuvres dès sa nomination comme professeur d'harmonie au conservatoire de Moscou (1866). À partir de 1878, il se consacre à la composition de ses plus grandes œuvres, puis commence à se produire comme chef d'orchestre en 1886. Il mourra du choléra. Tchaïkovski a composé des pièces pour piano, quelques pages de musique de chambre, six symphonies (dont la *Pathétique,*

1893), des fantaisies-ouvertures (*Roméo et Juliette,* 1870), des ballets (*le Lac des cygnes,* 1876 ; *la Belle au bois dormant,* 1890 ; *Casse-Noisette,* 1892), trois concertos pour piano (n° 1, 1875), un concerto pour violon (1877) et des *Variations sur un thème rococo* pour violoncelle et orchestre (1876). Outre des mélodies, son œuvre vocale compte dix opéras, dont *Eugène Onéguine* (1879) et *la Dame de pique* (1890), tous deux d'après Pouchkine. Nourri d'art vocal italien, de Mozart, Beethoven, Schumann et Liszt, Tchaïkovski se situe en marge du nationalisme russe incarné par le groupe des Cinq.

TCH'AN → CHAN.

TCH'ANG-CHA → CHANGSHA.

TCHANG KAÏ-CHEK → JIANG JIESHI.

TCHANG-KIA-K'EOU → KALGAN.

TCH'ANG-NGAN, anc. nom de la ville de Xi'an.

TCHANG SIUAN → ZHANG XUAN.

TCH'ANG-TCHEOU → CHANGZHOU.

TCH'ANG-TCH'OUEN → CHANGCHUN.

TCHANG TSO-LIN → ZHANG ZUOLIN.

TCHAN-KIANG → ZHANJIANG.

TCHANY *(lac),* lac de Russie, en Sibérie occidentale ; env. 2 000 km².

TCHAO → CIAO.

TCHAO MONG-FOU → ZHAO MENGFU.

TCH'AO-NGAN → CHAO'AN.

TCHAPALO n. m. En Afrique, bière de petit mil ou de sorgho.

TCHARCHAF n. m. (turc *çarşaf*). Voile noir dont les femmes turques se cachent le visage.

TCHARDJOOU, v. du Turkménistan, sur l'Amou-Daria ; 140 000 hab. Centre industriel (coton et soie, superphosphates).

TCHATCHE n. f. (de l'esp. *chacharear,* bavarder). *Pop.* Bagout volubile.

TCHATCHER v. i. (conj. 3). Fam. Parler d'abondance ; bavarder.

TCHEBOKSARY, v. de Russie, cap. de la République des Tchouvaches, sur la Volga ; 436 000 hab. Port fluvial et nœud routier. Constructions mécaniques et électriques. Céramique. Alimentation.

TCHEBYCHEV (Pafnouti Lvovitch), mathématicien russe (Okatovo, gouvern. de Kalouga, 1821 - Saint-Pétersbourg 1894). Fondateur d'une importante école mathématique, il rechercha des solutions opératoires et des algorithmes fournissant une solution numérique exacte ou, à défaut, une approximation utilisable dans la résolution de problèmes pratiques. En théorie des nombres, il étudia les propriétés de la fonction π telle que $\pi(x)$ est égale au nombre de nombres premiers inférieurs à x.

TCHÉCOSLOVAQUE adj. et n. De Tchécoslovaquie.

TCHÉCOSLOVAQUIE, en tchèque **Československo,** anc. État d'Europe centrale, formé de l'union de la Bohême, de la Moravie (qui constituent la République tchèque) et de la Slovaquie. CAP. *Prague.*

1918 : La République de Tchécoslovaquie, réunissant les Tchèques et les Slovaques de l'ancienne Autriche-Hongrie, est créée.

1919-20 : L'Ukraine subcarpatique lui est rattachée ; les traités de Saint-Germain et de Trianon fixent les frontières de l'État tchécoslovaque. Celui-ci est présidé de 1918 à 1935 par T. Masaryk, puis de 1935 à 1938 par E. Beneš. La Constitution de 1920 établit un régime parlementaire, qui n'est pas modifié jusqu'en 1938, à la différence de ceux de tous les États voisins.

1938 : Le pays doit accepter les décisions de la conférence de Munich et céder les Sudètes à l'Allemagne.

1939 : L'Allemagne occupe la Bohême-Moravie et y instaure son protectorat ; la Slovaquie forme un État séparé.

1940 : Beneš constitue à Londres un gouvernement en exil.

1945 : Prague est libérée par l'armée soviétique. L'U. R. S. S. se fait céder l'Ukraine subcarpatique.

1947 : Elle oblige la Tchécoslovaquie à renoncer au plan Marshall.

févr. 1948 : Les communistes s'emparent du pouvoir (« coup de Prague »).

1948-1953 : Le communiste Klement Gottwald préside à l'alignement sur l'U. R. S. S.

La fronde des intellectuels et le mécontentement slovaque se développent à partir de 1962-63.

1968 : Lors du printemps de Prague, le parti, dirigé par Dubček, tente de s'orienter vers un « socialisme à visage humain ». L'intervention soviétique, en août, met un terme au cours novateur.

1969 : La Tchécoslovaquie devient un État fédéral formé des Républiques tchèque et slovaque. G. Husák remplace Dubček à la tête du parti. C'est le début de la « normalisation ».

1989 : D'importantes manifestations (nov.) contre le régime entraînent la démission des principaux dirigeants (Husák), l'abolition du rôle dirigeant du parti et la formation d'un gouvernement d'entente nationale, où les communistes sont minoritaires. Le dissident Václav Havel est élu à la présidence de la République. Le rideau de fer entre la Tchécoslovaquie et l'Autriche est démantelé.

1990 : Les premières élections libres sont remportées par les mouvements démocratiques.
1991 : Les troupes soviétiques achèvent leur retrait du pays.
Les revendications slovaques amènent les autorités fédérales à engager en 1992 un processus devant aboutir à la partition.
1er janv. 1993 : Partition de la Tchécoslovaquie en deux États, la République tchèque et la Slovaquie.

TCHE-FOU → YANTAI.

Tchéka (abrév. de *Tchrezvytchaïnaïa Komissia,* « Commission extraordinaire »), police chargée de combattre la contre-révolution et le sabotage en Russie soviétique (1917-1922). En 1922, la Tchéka fut remplacée par l'administration politique d'État, ou Guépéou*.

TCHEKHOV (Anton Pavlovitch), écrivain russe (Taganrog 1860 - Badenweiler, Allemagne, 1904). Petit-fils d'un serf libéré, il connaît la misère et publie, pour subsister, quelques contes dans un journal, *la Cigale,* tout en poursuivant ses études de médecine. Une pièce de théâtre, *Ivanov* (1887), et une nouvelle, *la Steppe* (1888), lui assurent la gloire. Tchekhov se consacre dès lors à l'écriture, malgré la tuberculose qui l'oblige à de fréquents séjours à l'étranger et en Crimée. Après *l'Île de Sakhaline* (1893-94), récit sur les conditions des détenus au bagne, il voyage en Autriche, en Italie et en France et publie quelques-unes de ses meilleures nouvelles, *la Salle no 6* (1892), *le Moine noir* (1894), *la Maison à mezzanine* (1896) ; mais, en 1896, sa pièce *la Mouette** connaît un échec retentissant. Après de nouveaux voyages (Nice, Italie, Allemagne), dus à l'aggravation de son mal, il se fixe à Yalta (1899), où il renoue avec le genre de la nouvelle et donne quelques-uns de ses chefs-d'œuvre (*Groseilles à maquereaux,* 1898 ; *la Dame au petit chien,* 1899 ; *la Fiancée,* 1903), reçoit l'élite intellectuelle de son temps (Bounine, Korolenko, Kouprine, Stanislavski) et s'intéresse à Gorki. C'est dans les dernières années de sa vie qu'il écrit ses trois grandes pièces, *Oncle* Vania* (1897), *les Trois* Sœurs* (1901), *la Cerisaie** (1904). Grisaille, routine, incommunicabilité, destins inachevés, élans impuissants : il y a peu d'œuvres aussi désespérées que celle de Tchekhov. Avec une connaissance intime du cœur humain et la froideur d'un homme de science, il serre de près la vérité de la vie dans son essence tragique, et son art, qui par son caractère suggestif tient de l'impressionnisme, sécrète une émotion, une angoisse qui font la modernité de ses nouvelles et de son théâtre.

TCHE-KIANG → ZHEJIANG.

TCHÉKISTE n. Hist. Agent de la Tchéka.

TCHELIABINSK, v. de Russie, sur le versant de l'Oural méridional ; 1 086 000 hab. La proximité de gisements de minerai de fer a permis le développement de la métallurgie, de la mécanique (tracteurs, machines-outils) et de la chimie.

TCHELIOUSKINE *(cap),* promontoire le plus septentrional (77° 43') de l'Eurasie, à l'extrême nord de la presqu'île de Taïmyr. (Il porte le nom de l'officier russe qui le reconnut en 1742.)

TCHENG-TCHEOU → ZHENGZHOU.

TCH'ENG-TOU → CHENGDU.

TCH'EN TOU-SIEOU → CHEN DUXIU.

TCH'EN YUN → CHEN YUN.

TCHEOU → ZHOU.

TCHEOU-CHAN → ZHOUSHAN.

TCHEOU-K'EOU-TIEN → ZHOUKOUDIAN.

TCHEOU NGEN-LAI → ZHOU ENLAI.

TCHEOU TCH'EN → ZHOU CHEN.

TCHEOU WEN-KIU → ZHOU WENJU.

TCHÈQUE adj. et n. (tchèque *český*). De la région formée par la Bohême, la Moravie et une partie de la Silésie.
◆ n. m. Langue slave occidentale parlée par environ 10 millions de locuteurs dans la République tchèque (Bohême, Moravie), où elle est langue officielle.
ENCYCL. Le tchèque s'écrit grâce à l'alphabet latin complété par des signes diacritiques placés au-dessus de certaines lettres. Il fut fixé en tant que langue littéraire par Jan Hus (*De orthographia bohemica,* v. 1410) et les Frères moraves. Après la défaite de la Montagne Blanche (1620), il recule devant l'allemand ; sa renaissance date de la fin du XVIIIe s. avec le réveil du sentiment national.
— **Littér.** La destruction de la Grande-Moravie (Xe s.) aboutit à la séparation de la Slovaquie et des pays tchèques. Les premiers documents au Xe s. et au XIe s. sont des cantiques, des légendes en vers, suivis de la fondamentale *Cronica Boëmorum* de Kosmas. Le tchèque n'apparaît véritablement comme langue littéraire qu'au XIIIe s. Au XIVe s. paraissent des œuvres originales comme la patriotique *Chronique de Dalimil,* des poèmes satiriques, allégoriques, didactiques, tel *le Tisserand,* chef-d'œuvre de la prose écrite en vieux tchèque, ou les œuvres morales et théologiques de T. de Štítné et de P. Chelčiký, que domine Jan Hus dont les ouvrages en latin et en tchèque préparent la Réforme en Bohême. La Renaissance est représentée par de nombreux poètes érudits, tel J. Blahoslav, inspirateur de la célèbre *Bible de Kralice* (1579-1593), qui restera pour longtemps la norme linguistique. Outre des récits de voyages et des divertissements, on citera les *Mémoires* de Karel de Žerotín.

La défaite de la Montagne Blanche (1620) et la Contre-Réforme entraînent l'exil de nombreux écrivains, comme l'humaniste J. A. Comenius. Avec la germanisation de la Bohême, la production littéraire se réduit à des œuvres religieuses ou de colportage et à des chansons populaires, avant de renaître, vers la fin du XVIIIe s., grâce aux lexicologues J. Dobrovský et J. Jungmann. Le sentiment national s'exprime en poésie avec J. Kollár (*la Fille de Sláva,* 1824), F. L. Čelakovský, K. J. Erben, K. H. Mácha (*Mai,* 1836) et, en prose, avec le satiriste K. Havlíček-Borovský et les écrivains J. K. Tyl, Božena Němcová.

Après *l'Histoire de la nation tchèque* de F. Palacký, qui reste un modèle de style, la période 1860-1880 est dominée par la personnalité de J. Neruda et marquée par l'apparition de la science-fiction tchèque (J. Arbes). La génération suivante se partage entre les nationalistes (S. Čech, A. Jirásek) et les « cosmopolites » (J. V. Sládek, J. Zeyer, J. Vrchlický).

À la fin du XIXe et au début du XXe s., les lettres tchèques sont illustrées par le philosophe T. G. Masaryk, le critique F. X. Salda, les poètes J. S. Machar, P. Bezruč, O. Březina, A. Sova, J. Deml, K. Toman, V. Dyk, S. K. Neumann et F. Šrámek, également romancier et dramaturge. Les romanciers sont réalistes (J. Holeček) ou naturalistes (K. J. Čapek-Chod). Consacrée aux « témoignages » sur la Première Guerre mondiale (V. Vančura, J. Hašek, créateur de *Švejk*), la littérature connaît entre les deux guerres un essor impressionnant qu'illustrent l'avant-gardisme de K. Teige, le « structuralisme littéraire » de J. Mukařovský, la poésie prolétarienne de J. Wolker et le « poétisme » de J. Seifert (prix Nobel 1984) et V. Nezval, que ce dernier orientera vers le surréalisme. Parmi les écrivains marquants de la même période, mais qui ne se recommandent d'aucune école particulière, citons les poètes J. Hora, F. Halas, V. Holan, F. Hrubín, les prosateurs K. Čapek et son frère, également peintre, le styliste J. Durych, les adeptes du roman psychologique I. Olbracht, J. Glazarová et E. Hostovský et du roman social M. Majerová et K. Poláček. Le théâtre a pour représentants K. et J. Čapek ainsi que le célèbre tandem d'auteurs-acteurs, J. Voskovec et J. Werich. Un grand nombre d'entre eux seront exécutés ou exilés durant la Seconde Guerre mondiale. Si l'Occupation et la Résistance constituent les thèmes principaux des écrivains d'après 1945, l'arrivée au pouvoir des communistes (1948) instaure le « réalisme socialiste », aux dépens de tous les genres existants, provoquant ainsi la fuite vers l'Occident de certains écrivains (Hostovský, F. Peroutka, J. M. Kolár, I. Blatný), l'emprisonnement ou la censure (Durych, Langer, Holan, Kolář, J. Zahradníček, Teige). La littérature officielle est alors représentée par Nezval, Majerová, Glazarová, J. Drda, et des « jeunes engagés » comme P. Kohout. Le « dégel » s'annonce avec des poètes tel J. Šotola, le dramaturge V. Havel et des romanciers comme J. Škvorecký ou M. Kundera. Durant les années 60, les écrivains analysent les événements contemporains en privilégiant l'individu et ses conflits intérieurs. Le dégel, qui s'accompagne d'une période de réhabilitation, se poursuit avec B. Hrabal et L. Vaculík. Après le « printemps de Prague » (1968), cette libéralisation est enrayée par l'invasion et l'occupation soviétiques, suivies d'une stricte « normalisation », entraînant le retour au réalisme socialiste qui débouche sur une nouvelle scission entre les écrivains officiels (V. Závada, J. Kozák, I. Skála), tolérés (Sotola), peu conformistes (V. Páral, Hrabal). Tandis que Holan retourne au silence, Seifert publie dans la clandestinité, suivi en cela par les « interdits » (A. Hoffmeister, J. Kostohryz, O. Mikulášek, Z. Rotrekl, J. Procházka, Vaculík, J. Hiršal, J. Skácel, K. Šiktanc, I. Klíma, A. Kliment, J. Trefulka, les auteurs dramatiques Pavliček, Topol et Havel, les critiques et théoriciens littéraires V. Effenberger, V. Černaý, M. Červenka). Quant à la littérature d'exil, elle est représentée par J. Kolář, Kundera, Kohout, V. Fisch, I. Jelínek, Škvorecký, I. Diviš, A. Lustg, J. Beneš, I. Fleischmann, P. Král, J. Vladislav, O. Filip, J. Gruša et A. J. Liehm.

TCHÈQUE *(République),* en tchèque **Ceská republika,** État de l'Europe centrale ; 79 000 km² ; 10 300 000 hab. *(Tchèques).* CAP. *Prague.* LANGUE : *tchèque.* MONNAIE : *koruna (couronne tchèque).*

Géographie. Le pays est formé de la Bohême (quadrilatère de hautes terres entourant la plaine du Polabí ouvert par l'Elbe [Labe] et de la Moravie, couloir de terres drainées par la Morava et l'Oder supérieur (au N. dans la Silésie tchèque). Prague, Brno et Ostrava (en Moravie) sont les principales villes. La population est dense. L'industrialisation est ancienne (verrerie, brasserie, textile, sidérurgie liée en partie à la richesse en charbon, chimie), mais la productivité est souvent médiocre. Le passage à l'économie de marché est largement dépendant des investissements étrangers.

Histoire. Les Tchèques, après avoir créé des États, la Bohême et la Moravie, sont dominés par les Habsbourg d'Autriche. En 1918, ils forment avec les Slovaques la République de Tchécoslovaquie.

1969 : Après l'entrée en vigueur du statut fédéral de la Tchécoslovaquie, la République tchèque est dotée de ses institutions propres.

1993 : Après la partition de la Tchécoslovaquie (1er janv.), Václav Havel est élu à la présidence de la République tchèque.
1996 : La République tchèque dépose une demande d'adhésion à l'Union européenne.

TCHÉRÉMISSES → MARIS.

TCHEREMKHOVO, centre houiller de Russie, sur le Transsibérien, au N.-O. d'Irkoutsk ; 99 000 hab. Centre industriel.

TCHERENKOV (Pavel Alekseïevitch), physicien soviétique (Tchigla, région de Voronej, 1904 - Moscou 1990). Il a découvert, en 1934, l'effet qui porte son nom, relatif à l'émission de lumière par des particules chargées se déplaçant dans un milieu à une vitesse supérieure à celle qu'aurait la lumière dans ce même milieu. (Prix Nobel de physique 1958.)

TCHEREPNINE (Nikolaï Nikolaïevitch), compositeur et chef d'orchestre russe (Saint-Pétersbourg 1873 - Issy-les-Moulineaux 1945). Il a écrit 2 opéras, des ballets, un oratorio, de la musique de chambre, des mélodies, des cantates, des œuvres symphoniques. Il termina *la Foire de Sorotchinski,* opéra de Moussorgski. — Son fils ALEKSANDR NIKOLAÏEVITCH (Saint-Pétersbourg 1899 - Paris 1977), excellent pianiste, a aussi composé des opéras, des ballets, des symphonies, de la musique de chambre, des pièces pour piano.

TCHEREPOVETS, v. de Russie, à l'O. de Vologda ; 295 000 hab. Sidérurgie. Chimie. Meubles. Chantier naval.

TCHERKASSOV (Nikolaï), acteur de théâtre et de cinéma soviétique (Saint-Pétersbourg 1903 - *id.* 1966). Au cinéma, il se révéla comme l'acteur soviétique le plus marquant de sa génération dans *le Député de la Baltique* (1937), *Pierre Ier* (1937-1939), *Alexandre Nevski* (1938), *Lénine en 1918* (1939), et surtout dans *Ivan le Terrible* (1943-1946).

TCHERKASSY, v. d'Ukraine, sur le Dniepr ; 267 000 hab. Machines-outils. Textiles. Matériel de télécommunication. Briqueterie. Engrais.

TCHERKESSE adj. et n. Qui appartient aux Tcherkesses.
◆ **tcherkesse** n. m. Groupe de langues caucasiennes du Nord-Ouest.

TCHERKESSES ou **CIRCASSIENS,** peuple caucasien musulman habitant la partie occidentale et centrale du Caucase du Nord, divisé en plusieurs groupes isolés les uns des autres par des colonies russes : les Adyguéens ou Tcherkesses occidentaux (125 000) ; les Tcherkesses proprement dits (env. 55 000) ; les Kabardes* ou Tcherkesses orientaux. Les Tcherkesses ont pris une part active à la guerre sainte menée par Chāmil contre les Russes (1834-1859) et, après la défaite, la majeure partie d'entre eux ont émigré vers l'Empire ottoman.

TCHERNENKO (Konstantine Oustinovitch), homme d'État soviétique (Bolchaïa Tes, gouvern. de l'Ienisseï, 1911 - Moscou 1985). Il fut secrétaire général du P. C. U. S. et président du praesidium du Soviet suprême (chef de l'État) en 1984-85.

TCHERNIAKHOVSKI (Ivan Danilovitch), maréchal soviétique (Ouman, région de Tcherkassy, 1906 - Königsberg 1945). Commandant le troisième front de Russie Blanche en 1944, il enleva Vitebsk et Vilnius (juin) et pénétra le premier en Prusse-Orientale, où il trouva la mort à Königsberg.

TCHERNIGOV, v. d'Ukraine, au N. de Kiev ; 270 000 hab. Nœud ferroviaire. Industrie textile. Alimentation. Équipements pour l'automobile. Raffinerie de pétrole.
— **Bx-arts.** Une école autonome d'architecture s'est formée à partir du XIe s. : cathédrale du Sauveur, bâtie v. 1030 en style byzantin ; cathédrale du monastère Ieletski (XIIe s.) ; cathédrale de l'Annonciation (XIIe s., pavement de mosaïque) ; église Piatniskaïa, en forme de tour (XIIe-XIIIe s.).

TCHERNIKHOVSKY (Saül), poète d'origine russe et d'expression hébraïque (Mikhaïlovka, Crimée occidentale, 1875 - Jérusalem 1943). Son œuvre lyrique allie l'héritage culturel juif aux principes esthétiques de la culture occidentale (*Visions et Mélodies,* 1898 ; *Livre des Idylles,* 1922).

TCHERNOBYL, localité d'Ukraine, sur le Pripiat, à son entrée dans la retenue de Kiev. Centrale nucléaire : en 1986, l'explosion d'un réacteur a provoqué la mort d'une trentaine de personnes, l'irradiation de plusieurs milliers d'autres, la pollution radioactive de l'environnement et l'évacuation de plus de 130 000 habitants de la région.

TCHERNOVTSY, en all. **Czernowitz,** anc. en roum. **Cernăuţi,** v. d'Ukraine, sur le Prout ; 218 000 hab. Nœud ferroviaire. Mécanique. Textile et confection. Bois. Alimentation.

TCHERNOZEM [tʃɛrnozɛm], **TCHERNOZIOM** [tʃɛrnozjɔm] ou **CHERNOZEM** n. m. (russe *tchernozem,* terre noire). Sol type des steppes continentales froides et sèches de l'Est européen (Ukraine) et que l'on retrouve dans certaines zones du centre du Canada. (Il est caractérisé par une matière organique profondément incorporée au sol minéral, pour former un complexe argilo-humique, très fertile.) [Syn. TERRE NOIRE.]

TCHERNYCHEVSKI (Nikolaï Gavrilovitch), philosophe, savant et critique russe (Saratov 1828 - *id.* 1889). Il posa les bases d'une littérature utilitariste et combattit les réformes politiques d'Alexandre II, qu'il jugeait insuffisantes. Emprisonné, il composa son roman *Que* faire ?* (1863), qui allait être la bible de la jeunesse révolutionnaire. Déporté en Sibérie (1864), puis assigné à résidence à Astrakhan (1883), il fut gracié en 1889.

TCHERRAPOUNDJI → CHERRAPUNJI.

TCHERSKI *(monts),* chaîne de montagnes de Russie, en Sibérie orientale, entre la chaîne de Verkhoïansk et la vallée de la Kolyma ; 3 147 m au *pic Pobeda* (« Victoire »).

TCHÉTCHÈNES, peuple caucasien musulman habitant la partie centrale du Caucase du Nord (env. 900 000). À la suite de leur insurrection de 1941-1943, leur république fut supprimée et toute la population tchétchène et ingouche fut déportée en Sibérie et au Kazakhstan. Lavés de l'accusation de « trahison » collective, ils purent regagner après 1957 la *République autonome des Tchétchènes-Ingouches.* En rébellion contre le pouvoir central, ils proclament en 1991 une république indépendante de Tchétchénie. Ils opposent une forte résistance à l'armée russe, qui intervient, à partir de décembre 1994, pour réintégrer la Tchétchénie dans la Fédération de Russie.

TCHÉTCHÉNIE, République de Russie, en bordure du Caucase ; 980 000 hab. Cap. *Groznyï.*

Tchetniks, en serbo-croate *Četnici* (« Partisans »), nom donné aux patriotes des Balkans qui résistaient aux Turcs, puis, au temps du royaume yougoslave, aux membres d'une organisation nationaliste officielle, enfin aux partisans yougoslaves qui luttèrent de 1941 à 1945 sous les ordres de Mihajlović.

TCHIATOURA, centre minier de Géorgie ; 25 000 hab. Extraction du manganèse.

TCHIBANGA, v. du Gabon, ch.-l. de la région de la Nyanga, sur la Nyanga ; 21 000 hab.

TCHICAYA U TAM'SI (Gérald), écrivain congolais (Mpili 1931 - Bazancourt, Oise, 1988). Poète (*le Mauvais Sang,* 1955 ; *Feu de brousse,* 1957 ; *Épitomé,* 1962) et dramaturge (*le Destin glorieux du maréchal Nnikon Nniku Prince qu'on sort,* 1979), il a renouvelé l'écriture romanesque dans ses romans (*les Cancrelats,* 1980 ; *Ces fruits si doux de l'arbre à pain,* 1987) et ses nouvelles (*les Méduses ou les Orties de mer,* 1982 ; *les Phalènes,* 1984).

TCHICHTI (Khwādja Mu'in al-Din Ḥasan), mystique musulman (dans le Sistān 1141 - Ajmer 1236), fondateur de la confrérie (ṭarīqa) Tchichtiyya.

TCHIMKENT, en kazakh **Chymkent,** v. du Kazakhstan, au pied de l'Alataou de Talass ; 438 800 hab. Centre industriel (fonderies de métaux non ferreux, mécanique).

TCHIN ! interj. (pidgin *tsing-tsing,* salut). *Fam.* Formule utilisée pour porter un toast, pour trinquer (souvent redoublé).

TCHINE n. m. (mot russe). Rang des militaires et des fonctionnaires civils, défini par la *Table des rangs* de Pierre le Grand (1722) et aboli en nov.-déc. 1917.

TCHIRTCHIK, riv. de l'Ouzbékistan, affl. du Syr-Daria (r. dr.), qui arrose l'oasis de Tachkent ; 155 km. — La ville de *Tchirtchik* (Ouzbékistan), en amont de Tachkent, a 150 000 hab. Électrochimie. Métallurgie.

TCHISTIAKOVO → TOREZ.

TCHITA, v. de Russie, à l'E. du lac Baïkal ; 331 000 hab. Extraction du charbon. Constructions automobiles et ferroviaires. Travail du bois, du cuir et des fourrures. Centre de recherches géologiques.

TCHITCHERINE (Boris Nikolaïevitch), philosophe et sociologue russe (Tambov 1828 - Karaoul, gouvern. de Tambov, 1904). De tradition hégélienne, ses principaux travaux sont : *la Philosophie du droit, la Religion et la Science* (1879), *la Réalité et la Conscience, l'Espace et le Temps, la Sociologie* (1896). D'abord partisan de l'autocratie, il évolue en faveur d'un système prônant la liberté et la démocratie.

TCHITCHERINE (Gueorgui Vassilievitch), diplomate et homme politique soviétique (Karaoul, gouvern. de Tambov, 1872 - Moscou 1936). Membre du P. O. S. D. R. à partir de 1905, menchevik, il regagna la Russie en 1918 et adhéra au parti communiste. Commissaire du peuple aux Affaires étrangères (mai 1918-1930), il défendit avec habileté les intérêts de l'État soviétique. En marge de la conférence de Gênes (1922), il signa avec l'Allemagne le traité de Rapallo.

TCHKALOV → ORENBOURG.

TCHOGA ZANBIL, ville élamite, située à 40 km au S.-E. de Suse. Importante ziggourat (105 m de côté) du roi Ountashi-Napirisha (XIIIe s. av. J.-C.). Vestiges de temple.

TCHOIBALSAN, anc. **Baian-Toumen** ou **Bayan Tümen,** v. de Mongolie, sur le Keroulen, près de la frontière chinoise ; 22 500 hab.

TCHOIBALSAN (Khorloguine), maréchal et homme politique mongol (Tsetsenkhanski, auj. Vostotchni, 1895 - Moscou 1952). Commandant en chef de l'armée populaire (1924-1928), il fut Premier ministre et secrétaire du parti communiste mongol (1939-1952) et instaura en Mongolie un régime de type stalinien.

TCHÖ-KIANG → ZHEJIANG.

TCHOKWÉS, peuple bantou de l'Angola, du Zaïre et de Zambie, comptant environ un million d'individus.

TCHÖ-LING → ZHELING.

TCH'ONG-K'ING → CHONGQING.

TCHOU (le), fl. du Kazakhstan ; 1 069 km. Né en Kirghizie, il se perd dans une dépression lagunaire.

TCHOUANG-TSEU → ZHUANGZI.

TCHOUDES, nom donné par les Russes du Moyen Âge aux tribus finnoises, et spécialement à celles qui étaient voisines de la Baltique et de la mer Blanche.

TCHOUDES *(lac des)* ou **LAC PEÏPOUS,** lac d'Estonie et de Russie ; 2 670 km². Il est alimenté par la Velikaïa et se déverse dans la Narva, qui rejoint le golfe de Finlande.

TCHOU EN-LAI → ZHOU ENLAI.

Tch'ouen ts'ieou → PRINTEMPS ET AUTOMNES.

TCHOU HI → ZHU XI.

TCHOUÏKOV (Vassili Ivanovitch), maréchal soviétique (Serebrianyie Proudy, près de Toula, 1900 - Moscou 1982). Il participa, en 1942, à la défense du front de Stalingrad, libéra Marioupol et Nikopol (1943), puis Odessa (1944) et conduisit ses troupes à l'assaut de Berlin. Il fut commandant en chef des forces terrestres (1960-1964).

TCHOUKHRAÏ (Grigori), cinéaste ukrainien (Melitopol 1921). Son premier film, *le Quarante et Unième* (1956), poème d'amour et de mort, le place parmi les cinéastes soviétiques les plus prometteurs. *La Ballade du soldat* (1959), *Ciel pur* (1961) sont à la fois réalistes et poétiques. Il met en scène le documentaire *la Mémoire* (1970) et tourne *La vie est belle* (1980).

TCHOUKTCHE n. m. Groupe de langues paléosibériennes.

TCHOUKTCHES, peuple de Russie, à l'extrême nord oriental de la Sibérie, occupant les immenses territoires qui s'étendent de la Lena au détroit de Béring, au nombre d'env. 15 000.

TCHOUKTCHES *(arrondissement autonome des),* région de Russie, à l'extrémité N.-E. de l'Asie ; 737 700 km² ; 149 000 hab. Ch.-l. *Anadyr.* Ressources minérales (charbon, gaz naturel, mercure).

TCHOUKTCHES *(mer des)* [en russe *Tchoukotskoïe more*], mer épicontinentale de l'océan Arctique, entre l'île Wrangel et le méridien de Point Barrow (157° O.), et communiquant avec le Pacifique par le détroit de Béring ; 582 000 km².

TCHOUSAN → ZHOUSHAN.

TCHOUSSOVAÏA, riv. de Russie, affl. de la Kama (r. g.) ; 592 km.

TCHOU TA → BADA SHANREN.

TCHOU TÖ → ZHU DE.

TCHOUVACHES, peuple turc (env. 1,9 million) dont la moitié vit dans la République autonome des Tchouvaches, ou Tchouvachie.

TCHOUVACHES *(République des),* ou Tchouvachie, république de la Fédération de Russie, située sur les bords de la moyenne Volga ; 18 300 km² ; 1 336 000 hab. Cap. *Tcheboksary.*

T. D. n. m. pl. Abrév. de TRAVAUX DIRIGÉS.

TDF, satellites français de télédiffusion directe, lancés le 28 oct. 1988 (TDF 1) et le 24 juill. 1990 (TDF 2) par une fusée Ariane et placés sur l'orbite des satellites géostationnaires.

T. D. F., sigle de TÉLÉDIFFUSION* DE FRANCE.

TE pron. pers. (accus. lat. *te* en position atone). **1.** Forme atone de *toi* (objet direct) ou *à toi* (objet indirect) : *Je te remercie. Je crois que cela te plaira.* — **2.** S'emploie comme objet indirect fictif pour intéresser ou concerner davantage le lecteur ou l'auditeur à l'action racontée : *Et ces chenapans te le mettent en pièces en moins de deux.*

Te, symbole chimique du *tellure.*

TÉ n. m. (de la lettre *T*). **1.** Instrument de dessinateur, composé de deux branches assemblées à angle droit, formant un T. — **2.** Pièce de raccordement en forme de T, permettant de connecter trois canalisations. — **3.** *Fer en té, fer à double té,* profilé présentant une section en T, ou en double T (celui-ci dit plus souvent : *fer en I*).

TEASER [tizœr] n. m. (angl. *teaser,* problème). Phase initiale d'une campagne publicitaire se présentant sous forme d'énigme, destinée à inciter et à maintenir l'attention du public. (Syn. AGUICHE.)

TEASING [tiziŋ] n. m. [angl. *teasing*). Procédé publicitaire qui utilise le teaser. (Syn. AGUICHAGE.)

TÉBESSA → TBESSA.

TÉBOURSOUK, comm. de la Tunisie septentrionale, au pied des *monts de Téboursouk ;* 8 000 hab. Marché agricole. — À 6 km au S.-O., vestiges de la ville romaine de Thugga (auj. Dougga). Vieille citadelle byzantine.

TEC n. f. inv. (abrév. de *Tonne Équivalent Charbon*). Unité employée, de même que la tep, pour comparer les quantités d'énergie provenant du charbon, du pétrole, du gaz naturel, de l'électricité.

T. E. C. n. m. Syn. de FET.

TECH (le), fl. côtier des Pyrénées-Orientales, tributaire de la Méditerranée, qui passe à Prats-de-Mollo et à Amélie-les-Bains ; 82 km. Sa vallée supérieure porte le nom de Vallespir.

TECHNÉTIUM [tɛknesjɔm] n. m. (gr. *tekhnêtos,* artificiel). Élément chimique de numéro atomique 43, de masse atomique 98,90, isolé parmi les produits de fission de l'uranium. (C'est un très bon inhibiteur de corrosion pour l'acier.) [Élément chimique de symbole Tc.]
ENCYCL. **Méd.** Le *technétium 99* est très utilisé en médecine nucléaire pour réaliser des scintigraphies de la thyroïde, du foie, du poumon, d'os.

TECHNICIEN, ENNE [tɛk-] n. **1.** Personne qui connaît et pratique une technique : *Ce pianiste est un bon technicien.* — **2.** Professionnel qualifié d'une technique. — **3.** Personne qui travaille sous les ordres d'un ingénieur, d'un directeur de laboratoire, en partic. au C. N. R. S. — **4.** *Technicien de surface,* employé d'une entreprise de nettoyage, chargé de faire le ménage dans des bureaux, des lieux publics.
◆ adj. Qui relève de la technicité.

TECHNICISATION [tɛk-] n. f. Action de techniciser ; fait d'être technicisé.

TECHNICISER [tɛk-] v. t. (conj. 3). Doter de moyens, de structures techniques.

TECHNICISTE [tɛk-] adj. Relatif à la technicité.

TECHNICITÉ [tɛk-] n. f. **1.** Caractère technique d'une expression, d'un texte : *La technicité d'un article de revue.* — **2.** Caractère, avance technologique de qqch : *Matériel d'une haute technicité.* — **3.** Habileté, savoir-faire d'un technicien, d'une entreprise : *Ingénieur qui met sa technicité au service de l'entreprise.*

TECHNICO-COMMERCIAL, E, AUX [tɛk-] adj. Se dit d'un agent d'un service de vente possédant des connaissances techniques sur ce qu'il vend, lui permettant de discuter avec des techniciens.

TECHNICOLOR [tɛk-] n. m. (n. déposé). Procédé de cinéma en couleurs, apparu en 1928 en version bichrome, en 1934 en version trichrome et abandonné à la fin des années 60.

TECHNIQUE [tɛk-] adj. (gr. *tekhnikos,* de *tekhnê,* art). **1.** Qui se rapporte au côté pratique d'une activité, à l'exercice de celle-ci ou au savoir-faire exigé : *Les difficultés techniques du violon.* — **2.** Qui est relatif au fonctionnement du matériel, d'un appareil, d'une installation : *Incident technique.* — **3.** Qui a trait aux applications de la connaissance scientifique : *Les progrès techniques dans l'informatique.* — **4.** Qui appartient en propre à une activité ou à une discipline et suppose des connaissances particulières : *Un ouvrage technique.* — **5.** *Enseignement technique,* ou *technique* (n. m.), nom couramment donné à l'enseignement technologique. ‖ *Escale technique,* escale destinée à permettre à un avion ou à un navire de procéder au ravitaillement ou aux réparations nécessaires pour la poursuite du voyage.
◆ n. f. **1.** Ensemble de procédés et de moyens pratiques propres à une activité : *La technique de l'aquarelle.* — **2.** Savoir-faire, habileté de qqn dans la pratique d'une activité : *Musicien qui a une très bonne technique.* — **3.** Manière de faire pour obtenir un résultat : *Dérouter son interlocuteur par des questions, c'est sa technique.* — **4.** Ensemble de procédés reposant sur des connaissances scientifiques et destinés à la production : *La technique des centrales nucléaires.* — **5.** Ensemble des applications de la science dans le domaine de la production : *L'évolution de la science et de la technique.* — **6.** Fam. *Avoir la technique,* savoir s'y prendre.

techniques avancées *(École nationale supérieure de)* **[E. N. S. T. A.],** établissement d'enseignement supérieur, dépendant de la Délégation générale pour l'armement, destiné à former, en trois ans, des ingénieurs de l'armement et des ingénieurs civils.

TECHNIQUEMENT [tɛk-] adv. De façon technique ; sous le rapport de la technique.

TECHNO adj. et n. f. Se dit d'un style de musique et d'un mouvement socioculturel apparus aux États-Unis dans les années 1980 et utilisant les nouvelles technologies pour créer des morceaux au son saturé, au tempo très rapide et au rythme répétitif.

TECHNOBUREAUCRATIE [tɛk-] n. f. Système qui relève en même temps de la technocratie et de la bureaucratie.

TECHNOBUREAUCRATIQUE [tɛk-] adj. Propre à la technobureaucratie.

TECHNOCRATE [tɛk-] n. **1.** Homme, femme politique ou haut fonctionnaire qui fait prévaloir les données techniques ou économiques sur les facteurs humains. — **2.** Partisan de la technocratie.

TECHNOCRATIE [tɛk-] n. f. Système politique ou économique dans lequel les experts, techniciens et fonctionnaires supplantent, en fait ou en droit, les responsables politiques dans la prise des décisions (souvent péjor.).

TECHNOCRATIQUE [tɛk-] adj. Propre à la technocratie, aux technocrates, ou qui leur est favorable (souvent péjor.).

TECHNOCRATISATION [tɛk-] n. f. Action de technocratiser.

TECHNOCRATISER [tɛk-] v. t. (conj. 3). Donner un caractère technocratique.

TECHNOCRATISME [tɛk-] n. m. **1.** Comportement technocratique. – **2.** Pouvoir des technocrates.

TECHNOLOGIE [tɛk-] n. f. (gr. *tekhnologia*). **1.** Étude des outils, des machines, des procédés et des méthodes employés dans les diverses branches de l'industrie. – **2.** Ensemble des outils et des matériels utilisés dans l'artisanat et dans l'industrie. – **3.** Ensemble cohérent de savoirs et de pratiques dans un certain domaine technique, fondé sur des principes scientifiques. – **4.** Théorie générale des techniques.

TECHNOLOGIQUE [tɛk-] adj. **1.** Relatif à la technologie. – **2.** *Art technologique,* nom parfois donné à des démarches artistiques, variées, prenant pour matériaux des dispositifs empruntés aux sciences appliquées et aux techniques modernes. (Depuis Moholy-Nagy : artistes de l'art cinétique, Schöffer, les Allemands du groupe Zero, Kowalski, Takis, Rauschenberg, etc. ; certaines utilisations de l'informatique, de la vidéo, du laser.) ‖ *Enseignement technologique,* ensemble des moyens destinés à assurer la formation professionnelle aux métiers de l'industrie et du commerce. (Syn. ENSEIGNEMENT TECHNIQUE.)

TECHNOLOGUE ou **TECHNOLOGISTE** [tɛk-] n. Spécialiste de technologie.

TECHNOPOLE n. f. Grand centre urbain disposant d'un fort potentiel d'enseignement et de recherche, favorable au développement d'industries de pointe.

TECHNOPÔLE n. m. Site spécialement aménagé pour accueillir les entreprises de haute technologie ou en favoriser la création.

TECHNOSTRUCTURE [tɛk-] n. f. Groupe des techniciens qui, dans la société contemporaine, exercent le pouvoir au sein des grandes administrations ou des grandes firmes.

TECHNOTYPOLOGIE [tɛk-] n. f. Typologie du matériel archéologique fondée sur sa classification technique.

TECK ou **TEK** n. m. (port. *teca,* du tamoul *tēkku*). Grand arbre originaire de l'Asie du Sud-Est (verbénacée), où il couvre une aire étendue à basse et moyenne altitude, et dont le bois est apprécié pour de nombreux usages. (Les oléorésines qu'il contient le rendent imputrescible et résistant aux insectes ; c'est le meilleur bois de construction navale.)

TECKEL ou **TEKEL** n. m. (all. *Teckel*). Race allemande de chiens bassets, de petite taille, à poil dur ou long et dont les aptitudes à la chasse sont multiples.

TECNETRON n. m. (n. déposé). Dispositif à semi-conducteur, qui s'apparente au transistor à effet de champ.

TECTIBRANCHE n. m. Ancien ordre de mollusques gastropodes opisthobranches, aux branchies couvertes, par oppos. aux *nudibranches.*

TECTITE n. f. (gr. *têktos,* fondu). Fragment de roche vitreuse en forme de goutte ou de larme. (La tectite résulte de la fusion de roches terrestres sous l'effet de l'impact d'une grosse météorite et de la projection du liquide ainsi formé.)

TECTOGENÈSE n. f. Élaboration des structures géologiques d'origine tectonique.

TECTONIQUE n. f. (all. *Tektonik,* du gr. *tektonikê,* art du charpentier). **1.** Déformation des roches, de l'échelle de la lame mince (microtectonique) jusqu'aux chaînes de montagnes et au globe tout entier (géotectonique). [→ *encycl.*] – **2.** Partie de la géologie qui étudie cette déformation. – **3.** *Tectonique globale,* syn. de GÉOTECTONIQUE. ◆ adj. Relatif à la tectonique.

ENCYCL. Selon le niveau structural considéré, superficiel ou profond, cette tectonique peut être une tectonique cassante (failles) ou une tectonique souple lorsque le comportement de la roche est ductile (plis). Les déformations intéressent plus spécialement la couverture *(tectonique de couverture)* ou le socle *(tectonique de socle).* Les mécanismes de la déformation permettent de définir divers types de tectonique : *tectonique en coulissement* (quand interviennent des processus de décrochement), par *gravité* (glissement), etc.

TECTONISATION n. f. Processus d'évolution tectonique.

TECTONISÉ, E adj. Qui a subi les effets de la tectonique.

TECTONITE n. f. Roche ayant subi une déformation d'origine tectonique.

TECTONOPHYSIQUE n. f. Discipline qui étudie les structures tectoniques avec les méthodes de la physique.

TECTOSAGES, peuplade volce de la Gaule (Narbonnaise Ire) ; peuplade galate d'Asie Mineure.

TECTRICE n. f. (lat. *tectus,* de *tegere,* couvrir). Plume de contour qui couvre les ailes des oiseaux.

TECUMSEH, chef indien de la tribu des Shawnees (Old Piqua, Ohio, 1768 - région du lac Érié, Ontorio, 1813). En 1812, il soutint les Anglais contre les Américains.

TEDAS ou **TOUBOUS,** population du Tchad, de langue kanouri, groupant environ 20 000 individus disséminés dans le Tibesti et le Fezzan.

TEDDER (Arthur), maréchal britannique (Glenguin, Central, Écosse, 1890 - Banstead, près de Londres, 1967). Il commanda en 1943 les forces aériennes alliées engagées en Tunisie, en Sicile et en Italie, puis devint l'adjoint d'Eisenhower dans le commandement suprême des forces alliées de libération.

TEDDY-BEAR [tɛdibɛr] n. m. (pl. *teddy-bears*) [mot angl. de *Teddy,* dimin. de *Theodore Roosevelt,* qui était un grand chasseur, et *bear,* ours]. Peluche de laine ou de fibres synthétiques imitant un peu la fourrure.

TE DEUM [tedeɔm] n. m. inv. (premiers mots d'un cantique lat. *Te Deum laudamus,* Nous te louons, Dieu). **1.** Hymne latine en prose de 30 versets inégaux datant du IVe s. — **2.** Composition musicale pour les versets de cette hymne. — **3.** Cérémonie religieuse où l'on chante cette hymne.

TEE [ti] n. m. (angl. *tee*). Au golf, petite cheville sur laquelle on pose la balle au départ d'un trou.

T. E. E., abrév. de TRANS-EUROP-EXPRESS.

TEEN-AGER [tinedʒœr] n. (pl. *teen-agers*) [angl. *teen-ager,* de *-teen,* suffixe employé dans les chiffres allant de 13 à 19, et de *age,* âge]. *Fam.* Adolescent(e).

TEES, fl. de Grande-Bretagne, qui rejoint la mer du Nord *(baie de la Tees)* ; 110 km. Son cours inférieur et les rives de la baie constituent une région industrialisée *(Teesside).*

TEE-SHIRT ou **T-SHIRT** [tiʃœrt] n. m. (pl. *tee-shirts*) [angl. *tee,* prononciation de T, et *shirt,* chemise). Maillot en coton, à manches courtes.

TEFILLIN ou **TEPHILLIN** [-filin] n. m. pl. (mot hébreu). Syn. de PHYLACTÈRE.

TÉFLON n. m. (n. déposé). Nom commercial d'un polytétrafluoroéthylène.

TEFNOUT, déesse égyptienne à tête de lionne, parèdre du dieu Chou, son frère jumeau.

T. E. G. n. m. Abrév. de THROMBOÉLASTOGRAMME.

TEGAL, v. d'Indonésie, sur la côte nord de Java ; 105 800 hab.

TÉGÉE, en gr. **Tegea,** anc. cité grecque d'Arcadie, près de l'Argolide. Elle fut longtemps adversaire de Sparte mais se soumit vers 550 av. J.-C. Vestiges du temple d'Athéna Aléa, construit (IVe s. av. J.-C.) et décoré par Scopas (blocs architectoniques et sculptures au musée de Tégée et au Musée national d'Athènes).

TÉGÉNAIRE n. f. (lat. sc. *tegenarius,* du lat. class. *teges, -etis,* couverture). Grande araignée à longues pattes, qui tend ses vastes toiles dans les angles des greniers, des caves.

TEGETTHOFF (Wilhelm, *baron* VON), amiral autrichien (Maribor 1827 - Vienne 1871). Vainqueur de la flotte italienne à Lissa (20 juill. 1866), il fut nommé, en 1868, commandant en chef de la marine.

TÉGLATH-PHALASAR ou **TOUKOULTĪAPIL-ESHARRA,** nom de trois rois d'Assyrie : **Téglath-Phalasar Ier,** roi de 1116 à 1077 av. J.-C. Il mena de nombreuses campagnes contre les Araméens de la vallée de l'Euphrate, mais il fut finalement vaincu ; — **Téglath-Phalasar II,** roi de 967 à 934 av. J.-C. ; — **Téglath-Phalasar III,** roi de 745 à 727 av. J.-C. Il étendit considérablement l'Empire aux dépens des États de Syrie. Il se fit roi de Babylone (728) sous le nom de *Poulou.*

TEGMEN [tɛgmɛn] n. m. (pl. *tegmina*) [lat. *tegmen, -inis,* cuirasse]. Aile antérieure épaissie des orthoptères et de certains homoptères, participant activement au vol.

TEGNÉR (Esaias), poète suédois (Kyrkerud 1782 - près de Växjö 1846). Professeur de grec, puis évêque (1824), poète d'abord inspiré par les légendes scandinaves, il exalte après la guerre de Finlande (1808-09) le nationalisme suédois (*Svea,* 1811), puis il compose son chef-d'œuvre, *la Saga de Frithiof* (1820-1825), long poème à la gloire de l'Antiquité scandinave, des poèmes épiques (*Axel,* 1822) et intimistes (*Hypocondrie,* 1826). Père du scandinavisme, il se situe à la charnière du classicisme et du romantisme.

TEGUCIGALPA, cap. du Honduras ; 508 000 hab. Enclavée dans un bassin intérieur vers 1 000 m d'altitude, c'est un centre commercial, administratif et culturel.

TÉGUMENT n. m. (lat. *tegumentum,* enveloppe). **1.** Ensemble des tissus qui recouvrent le corps des animaux (peau, phanères, cuticule, coquille, carapace, et souvent derme, test des échinodermes, écailles des poissons, etc.). — **2.** La peau (souvent pl.). — **3.** Enveloppe entourant l'ovule, puis la graine. (On distingue généralement la primine, externe, persistante, et la secondine, interne, très mince et fugace.)

TÉGUMENTAIRE adj. Relatif aux téguments, qui sert de tégument.

TÉHÉRAN, en pers. **Tehrān,** cap. de l'Iran, sur le glacis de piedmont au S. de la chaîne de l'Elbourz, à 1 100 m d'alt. ; 5 734 000 hab. Palais du Golestān ; mosquées du XIXe s. Nombreux musées, notamment Archéologique, des Beaux-Arts, des Arts décoratifs, d'Art contemporain. Elle devint capitale en 1788. Elle s'étend aujourd'hui vers le nord, englobant les anciens villages d'été au pied de l'Elbourz, et vers le sud, désertique. Centre politique, administratif et résidentiel. Une zone industrielle s'est développée à l'ouest.

Téhéran *(conférence de)* [28 nov.-2 déc. 1943], conférence qui réunit Roosevelt, Churchill et Staline qui se rallia au plan américain de débarquement en Provence. L'occupation de l'Allemagne fut étudiée ainsi que la question polonaise.

TEHUACÁN, v. du Mexique (État de Puebla), au S.-E. de Mexico ; 47 500 hab. De nombreux sites archéologiques de la vallée voisine ont permis, grâce à une occupation continue depuis environ 9000 av. J.-C., de suivre l'accession de chasseurs-collecteurs à une économie productive (néolithique).

TEHUANTEPEC *(isthme de),* isthme mexicain de l'Amérique centrale, qui sépare le golfe du Mexique du *golfe de Tehuantepec,* large échancrure formée par le Pacifique (largeur minimale 210 km).

TEHUELCHES, ancien peuple de l'Amérique australe ; autrefois désignés sous le nom de Patagons.

Teichmann *(cristaux de),* cristaux d'hémine (dérivés de l'hémoglobine) qui servent à mettre en évidence le sang au niveau de taches suspectes.

TEICHOMYZA [tɛjko-] n. f. (du gr. *teikhos,* mur). Mouche (éphydridé) aux ailes brunes, dont la larve et l'adulte vivent sur les déjections. (La larve peut causer à l'homme une myiase intestinale grave.)

TEIDE *(pic de),* point culminant de Tenerife ; 3 718 m.

TEIGE (Karel), théoricien de littérature et d'art tchèque (Prague 1900 - *id.* 1951). Il participa à « l'art prolétarien » (Devětsil) et anima surtout l'avant-garde « poétiste » (*le Monde qui rit,* 1928) et par la suite surréaliste (*le Surréalisme à contre-courant,* 1938). Il a également donné des dessins et des collages. Il se suicida.

TEIGNE n. f. (lat. *tinea*). **1.** Papillon dont la chenille est très nuisible aux tissus et aux vêtements. (→ *encycl.* Zool.) — **2.** Infestation du cuir chevelu par des champignons dermatophytes. (→ *encycl.* Méd.) — **3.** *Fam.* Personne méchante, hargneuse, rancunière. — **4.** Nom usuel de la *bardane.*

ENCYCL. **Méd.** Les teignes se présentent sous trois formes : les teignes tondantes, les teignes suppuratives ou kérion de Celse, le favus. Les teignes tondantes ne s'observent pratiquement que chez l'enfant et tendent à guérir spontanément à la puberté. Suivant le dermatophyte responsable, elles réalisent soit la *teigne tondante microsporique* ou microsporie, soit la *teigne tondante trichophytique.* Le traitement des teignes tondantes fait appel à la griséofulvine.

— **Zool.** Les vraies teignes sont les mites*, dont les chenilles blanchâtres dévorent les étoffes de laine, les fourrures, les plumes, etc. D'autres espèces, improprement appelées aussi teignes, vivent en mineuses* sur les feuilles des arbres fruitiers ou de plantes basses.

TEIGNEUX, EUSE adj. Relatif à la teigne.
◆ adj. et n. **1.** Qui a la teigne. — **2.** *Fam.* Personne hargneuse, tenace dans sa méchanceté.

TEIL (Le) [07400], comm. de l'Ardèche, sur le Rhône, en face de Montélimar ; 8 074 hab. Église de Mélas, des Xe(?) - XIIe s. Au sud, carrières de pierre à chaux et industrie du ciment.

TEILHARD DE CHARDIN (Pierre), jésuite et paléontologiste français (Sarcenat, Puy-de-Dôme, 1881 - New York 1955). Son œuvre scientifique se situe principalement en Asie : découverte de la civilisation des Ordos (1923), découverte du sinanthrope (1929), etc. Ses écrits théologiques et philosophiques, interdits par l'Église de son vivant, ont été diffusés après sa mort *(le Phénomène humain).*

TEILLAGE ou **TILLAGE** n. m. Opération mécanique conduite sur des fibres libériennes en vue de séparer du bois l'ensemble des cellules textiles structurées en faisceaux.

TEILLE ou **TILLE** n. f. (lat. *tilia*). Écorce de la tige du chanvre.

TEILLER, TILLER ou **TILLOTTER** v. t. (de *teille*) [conj. **4** et **3**]. Battre ou broyer la tige des plantes textiles pour en briser les parties ligneuses.

TEILLEUL (Le) [50640], ch.-l. de cant. de la Manche, dans le Bocage normand ; 1 442 hab.

TEILLEUR ou **TILLEUR, EUSE** n. Personne chargée de l'opération du teillage.
◆ **teilleuse, tilleuse** ou **tillotte** n. f. Machine qui extrait les fibres des plantes (tiges de lin, de chanvre et de jute, feuilles de sisal).

TEINDRE v. t. (lat. *tingere*) [conj. **81**]. **1.** Soumettre qqch à l'action d'une substance qui lui fait prendre une couleur déterminée : *Teindre un habit en noir. Le brou de noix teint le bois.* — **2.** *Litt.* Imprégner qqch de telle couleur, le colorer : *La lumière du soleil teignait la mer en vert émeraude.* — **3.** Effectuer une coloration permanente des cheveux.
◆ **être teint** v. pass. Avoir reçu une teinture.
◆ **se teindre** v. pr., **être teint** v. pass. **1.** Donner une couleur artificielle à une partie du corps, en partic. aux cheveux : *Avoir les ongles teints. Pour paraître jeune, il se teint.* — **2.** *Litt.* Prendre telle teinte ou coloration nouvelle : *Les bois se teignent de roux.* — **3.** *Litt.* Se nuancer d'un certain caractère : *Sa courtoisie se teignait d'un peu de condescendance.*

1. TEINT → TEINDRE.

2. TEINT n. m. (lat. *tinctum,* de *tingere,* teindre). **1.** Coloration, nuance et éclat du visage : *Un teint clair.* — **2.** Couleur donnée à une étoffe par la teinture. — **3.** *Bon teint,* se dit d'une doctrine qui est d'une orthodoxie sûre, sans déviation de celui qui la soutient : *Un socialisme bon teint.* ‖ *Grand teint* ou *bon teint,* teint d'une étoffe solide à l'usage.

TEINTE n. f. (de *teint 2*). **1.** Nuance d'une couleur, qui dépend soit du pigment employé, soit du mélange de la couleur de base avec une certaine proportion d'une autre couleur. — **2.** Nuance légère, petite dose de qqch : *Dans sa réponse, il y a une teinte d'ironie.* — **3.** Couleur et nuance que prennent au cours du chauffage les pièces d'acier. — **4.** *Bois de teinte,* gravure sur bois de bout interprétant toutes les nuances du lavis préparatoire.

TEINTER v. t. (de *teinte*) [conj. 3]. **1.** Donner à qqch une teinte différente de sa couleur naturelle : *Teinter du bois blanc en acajou.* — **2.** *Litt.* Donner à qqch une coloration, légère ou accentuée : *Le soleil couchant teinte le lac de rose.*

◆ **être teinté** v. pass. Avoir été teint, coloré en une autre couleur que sa couleur naturelle : *Bois teinté. Verre teinté.*

TEINTURE n. f. (lat. *tinctura,* de *tingere,* teindre). **1.** Préparation liquide de matières colorantes propres à teindre les tissus. — **2.** Procédé consistant à fixer un colorant sur un support à structure fibreuse (textile, cuir, bois, etc.) d'une manière durable. (→ *encycl.*) — **3.** Produit à base de colorants d'oxydation utilisé pour modifier la couleur des cheveux, de la barbe ; coloration permanente. — **4.** Médicament liquide résultant de l'action de l'alcool éthylique sur des drogues végétales ou animales, desséchées dans la plupart des cas. — **5.** Connaissance superficielle : *Avoir une teinture d'histoire.*

ENCYCL. **Text.** La teinture des textiles consiste à imprégner le matériau avec une solution ou une dispersion d'un ou de plusieurs colorants et à fixer solidement ces derniers dans la texture des fibres par un traitement approprié. Du point de vue physico-chimique, la teinture résulte d'un mécanisme complexe d'adsorption qui régit le transfert des molécules de colorants en solution jusqu'à l'intérieur du réseau poreux développé par gonflement dans la texture de la fibre, où elles se fixent.

La teinture se pratique à tous les stades d'élaboration des textiles : fibres en bourre et en rubans, fils en bobines, écheveaux ou ensouples, tissus ou tricots, articles de confection. Suivant la présentation de la matière et les quantités ou « passes » à teindre, on opère : soit par contact intime du textile et du bain de teinture pendant toute la durée de la « montée » du colorant ; soit par imprégnation du tissu au foulard (pad-dyeing) ou plus rarement par pulvérisation (spray-dyeing) du bain sur ce dernier, avec fixation ultérieure à la vapeur.

Après teinture, les étoffes reçoivent un apprêt pour leur conférer de la tenue et des qualités particulières.

TEINTURERIE n. f. **1.** Industrie de la teinture. — **2.** Établissement ou boutique qui reçoit les vêtements, les tissus à nettoyer ou à teindre.

TEINTURIER, ÈRE n. **1.** Professionnel dont le métier est de teindre, de nettoyer, d'apprêter les étoffes. — **2.** Personne qui tient une teinturerie. — **3.** *Teinturier en fourrure,* syn. de LUSTREUR.

◆ **teinturier** n. m. Cépage rouge dont la pulpe des baies est fortement colorée par des anthocyanes.

TEIRLINCK (Herman), écrivain belge d'expression néerlandaise (Sint Jans Molenbeek 1879 - Beersel 1967). Romancier (*Maria Speermalie,* 1940 ; *le Combat de l'ange,* 1952), essayiste (*Essai sur la dramaturgie,* 1959), il a employé dans son théâtre des procédés expressionnistes (*le Pré sur la potence,* 1937).

TEISSERENC DE BORT (Léon), météorologiste français (Paris 1855 - Cannes 1913). Fondateur de l'observatoire météorologique de Trappes, il développa les observations par ballons-sondes, grâce auxquelles fut découverte la stratosphère (1899).

TEIXEIRA DE PASCOAES (Joaquim PEREIRA TEIXEIRA DE VASCONCELOS, dit **Joaquim**), écrivain portugais (Amarante, Gatão, 1877 - San João de Gatão 1952), initiateur du mouvement « saudosiste » *(Nostalgisme)* et poète pour qui le monde de l'imaginaire est le seul réel (*le Fou et la Mort,* 1912 ; *Élégie d'amour,* 1924).

TÉJU n. m. Grand lézard (téjidé) des Antilles et d'Amérique du Sud équatoriale, à allure de lézard ocellé, carnassier.

TEK → TECK.

TEKAKWITHA (Catherine), jeune indienne du Canada (1656 - Montréal 1680). Elle se convertit au christianisme à 20 ans. Elle a été béatifiée en 1980.

TE KANAWA (Kiri), cantatrice néo-zélandaise (Gisborne, Auckland, 1944). Elle doit son immense réputation à Mozart, à Puccini et à Verdi, ainsi qu'à sa participation au film de J. Losey *Don Giovanni* (Donna Elvire).

TEKEL → TECKEL.

TÉKÉS ou **BATÉKÉS,** populations bantoues du Congo.

TEKKE n. m. (mot turc). Bâtiment où se réunissent les derviches d'un ordre.

TEL, TELLE adj. indéf. (lat. *talis*). **1.** Après *un, une, de,* exprime la similitude ; pareil, semblable : *Avec de tels hommes, tout est possible.* — **2.** Suivi de *que* et d'un compl. ou d'une subordonnée de comparaison à l'ind., indique une similitude ou introduit un exemple ; comme (accord avec le nom qui précède) : *Je l'ai retrouvé tel que je l'avais laissé. Les arbustes tels que le lilas, le troène.* — **3.** Suivi d'un nom, indique une comparaison (accord avec le terme de comparaison) : *Elle a filé tel l'éclair.* — **4.** Attribut en tête de phrase, a une valeur démonstrative et renvoie à ce qui a été dit précédemment : *Tel n'est pas mon avis.* — **5.** Devant un nom sans article, indique une personne, une chose, sans les définir précisément : *On a fait telle chose, tel jour à tel endroit.* — **6.** Avec une subordonnée de conséquence à l'ind. ou, négative, au subj., exprime l'intensité, l'importance : *Il a fait un tel bruit qu'il a réveillé tout le monde.* — **7.** *De telle façon (manière, sorte) que,* introduit une subordonnée de conséquence ou de but : *Il s'est conduit de telle façon qu'on a dû l'expulser.* — **8.** *Comme tel, en tant que tel,* à ce titre, en cette qualité. ‖ *Tel quel* ou, fam., *tel que,* sans changement ni arrangement, dans l'état où est qqn, qqch : *Une voiture d'occasion vendue telle quelle.* ◆ pron. indéf. **1.** *Litt.* Comme antécédent d'un relatif, quelqu'un, celui : *Tel est pris qui croyait prendre.* — **2.** *Litt.* L'un..., l'autre, qu'il est inutile de nommer : *Tel voulait sa perte, tel œuvrait pour sa réussite.* — **3.** *Un tel, une telle,* remplace avec une valeur vague un nom propre (parfois avec majusc.) : *Le docteur un tel.*

Tel Quel, revue littéraire fondée en 1960, autour de laquelle s'est rassemblé un groupe d'écrivains, animé par Philippe Sollers. Le dernier numéro est paru en nov. 1982.

TÉLAMON n. m. (lat. *telamon,* du gr. *talân,* supporter). Syn. de ATLANTE.

TÉLAMON, en gr. **Telamôn,** ville ancienne et cap de l'Italie (Étrurie), sur la mer Tyrrhénienne. C'est l'actuelle *Talamone.* Victoire des Romains sur les Gaulois en 225 av. J.-C.

TÉLAMON, héros grec, généralement considéré comme fils d'Éaque, roi d'Égine, et compagnon d'Héraclès. Il eut pour fils Ajax.

TÉLANGIECTASIE n. f. Modification du réseau capillaire associant multiplication, anomalie de structure et dilatation.

TEL-AVIV-JAFFA, principale ville d'Israël, sur la côte méditerranéenne ; 1 735 000 hab. dans l'agglomération (339 000 dans les limites de la municipalité). D'abord quartier résidentiel juif près de la ville de Jaffa, puis ville juive sous le mandat britannique, elle a ensuite absorbé Jaffa que la population arabe avait fuie pendant la guerre. Dès lors sa croissance a été très rapide. Bien que la capitale ait été officiellement transférée à Jérusalem (Tel-Aviv a été la capitale de l'État d'Israël jusqu'en 1980), la ville, qui a conservé la majorité des ambassades, est un grand centre culturel (université, musée) et industriel, concentrant plus de la moitié de l'industrie israélienne.

TÉLÉ n. f. *Fam.* Télévision.

TÉLÉACHAT n. m. Achat d'objets qui sont présentés à la clientèle lors d'une émission de télévision.

TÉLÉACHETEUR, EUSE n. Téléspectateur, téléspectatrice qui effectue un, des téléachats.

TÉLÉAFFICHAGE n. m. Affichage, commandé à distance, d'informations dans les villes, les gares, les aéroports, etc., par projection d'images ou de caractères lumineux, ou par volets mobiles.

TÉLÉALARME n. f. Avertissement d'un danger ou d'un événement indésirable transmis par télécommunication à un central d'alarme.

TÉLÉASTE n. Créateur d'émissions télévisées.

TÉLÉBASE n. f. Nœud de télécommunications au service des entreprises.

TÉLÉBENNE n. f. Système de transport de personnes en position debout à l'aide de bennes suspendues à un câble à mouvement continu.

TÉLÉCABINE n. f. Système de transport de personnes à l'aide de cabines envoyées à intervalles réguliers le long d'un câble à mouvement continu.

TÉLÉCARTE n. f. (nom déposé). Carte magnétique permettant de téléphoner dans les Publiphones.

TÉLÉCHARGEMENT n. m. Chargement du système d'exploitation d'un ordinateur sur les ordres d'un terminal ou d'un autre ordinateur distant.

TÉLÉCINÉMA n. m. Appareil permettant de transformer en signaux électriques de télévision les images et les sons enregistrés sur film cinématographique.

TÉLÉCLINOMÈTRE n. m. Appareil servant à mesurer l'inclinaison d'un sondage.

Télécom, programme français de satellites de télécommunications géostationnaires. (3 satellites Télécom 1 ont été lancés depuis 1984 et 3 Télécom 2 depuis 1991.)

TÉLÉCOMS n. f. pl. Abrév. courante de télécommunications.

TÉLÉCOMMANDE n. f. **1.** Transmission de signaux destinés à mettre en marche, modifier ou arrêter à distance le fonctionnement d'une installation ou d'un véhicule. — **2.** Système permettant de réaliser une manœuvre à distance.

TÉLÉCOMMANDER v. t. (conj. 3). **1.** Commander ou conduire à distance grâce à une télécommande. — **2.** Ordonner un acte et le diriger de loin, sans que cela apparaisse : *Cette intervention avait été télécommandée de l'étranger.*

TÉLÉCOMMUNICATION n. f. Transmission, émission ou réception d'informations par fil, radioélectricité, optique, ou d'autres systèmes électromagnétiques.

◆ **télécommunications** ou, fam., **télécoms** n. f. pl. Ensemble des systèmes assurant ce transfert d'informations (télégraphe, téléphone, télévision, etc.).

ENCYCL. En moins d'un siècle, les moyens de télécommunication se sont beaucoup diversifiés. Suivant le type d'information transmise, on peut distinguer les procédés de télécommunication du *son* (téléphone, radiodiffusion sonore), de l'*image* (vidéographie), du *son* et de l'*image* (télévision), des *textes* (télégraphe, télex, télécopie, télétexte), des *données informatiques* (téléinformatique), etc. Selon le mode de mise à disposition des utilisateurs, on peut distinguer les moyens de télécommunication fonctionnant toujours à sens unique, d'un émetteur vers un récepteur (radiodiffusion, télévision, radiomessagerie...), et ceux qui permettent d'instaurer un dialogue entre deux personnes ou deux groupes (téléphone) ou bien entre, d'un côté, une personne ou un groupe et, de l'autre, une machine offrant une batterie de services (vidéotex).

L'acheminement des informations s'effectue grâce à des réseaux de télécommunications. Ceux-ci peuvent faire appel à différents supports physiques en fonction de la teneur des informations à transporter, de la rapidité de la transmission souhaitée et de la distance à parcourir. Le réseau téléphonique, par exemple, met en œuvre à la fois des câbles, des fibres optiques, des faisceaux hertziens et, pour les communications intercontinentales, des satellites. Avec l'interconnexion des télécommunications et de l'informatique et les techniques de numérisation des signaux se développent des réseaux multimédias qui permettent d'acheminer les sons, les images, les textes et les données informatiques à des cadences extrêmement rapides.

— **Déf.** Pour la conduite des opérations divers réseaux d'infrastructure couvrent le territoire national ; ces réseaux sont analogues au réseau public et sont complétés par des réseaux de transmission de données. Au niveau tactique, des réseaux mobiles comme le *Réseau intégré de transmissions automatiques (R. I. T. A.)* sont capables de s'adapter à toutes les situations opérationnelles.

Les militaires sont les seuls à utiliser les ondes à très basses fréquences ou VLF (very low frequency) car elles pénètrent sous l'eau et peuvent être reçues par les sous-marins. Enfin, les satellites permettent les communications avec les théâtres d'opérations lointains.

— **Dr.** Aux termes de la loi du 2 juill. 1990, l'exploitation et le développement des réseaux publics de télécommunications en France — jusqu'alors confiés à la Direction générale des télécommunications (D. G. T.) — relèvent depuis le 1er janvier 1991 de France Télécom, opérateur public placé, comme La Poste, sous la tutelle du ministère chargé de la Poste et des Télécommunications. France Télécom possède le monopole national des transmissions télégraphiques et téléphoniques. Des autorisations peuvent toutefois être accordées à certains particuliers pour l'établissement et l'usage de lignes, mais seule France Télécom possède le privilège d'implanter ses lignes sur le sol d'autrui et d'occuper temporairement les propriétés privées pour y effectuer ses travaux.

En matière de « communication audiovisuelle », l'établissement et l'emploi des installations de télécommunication, l'exploitation et l'utilisation de leurs services sont libres. Cette liberté peut être limitée en raison de certains impératifs (défense nationale, service public, ordre public, etc.).

télécommunications *(Centre national d'études des)* **[C. N. E. T.],** organisme de recherches et d'études dépendant de France Télécom et implanté à Paris (Issy-les-Moulineaux), Lannion, Rennes, Grenoble.

télécommunications *(École nationale supérieure des)* **[E. N. S. T.],** établissement d'enseignement supérieur technique créé en 1942, à Paris, placé sous la tutelle du ministère des P. T. T. et qui a pour objet la formation des cadres supérieurs des secteurs public et privé dans les domaines des télécommunications, de l'électronique, de l'informatique, etc.

télécommunications *(Union internationale des)* **[U. I. T.],** institution spécialisée de l'O. N. U. (depuis 1947) créée, à Madrid, en 1932 et chargée d'établir la réglementation internationale dans le domaine des télécommunications. Son secrétariat est à Genève.

TÉLÉCONDUITE n. f. Conduite à distance d'une installation (par ex. réseau de distribution d'électricité) à partir d'un poste central recevant les télémesures et envoyant les télécommandes.

TÉLÉCONFÉRENCE n. f. Conférence dans laquelle plus de deux interlocuteurs sont répartis dans deux lieux ou plus reliés entre eux par des moyens de télécommunication. (On distingue l'audioconférence et la visioconférence.)

TÉLÉCONTRÔLE n. m. Contrôle à distance d'une machine ou d'une installation.

TÉLÉCOPIE n. f. Procédé de télécommunication, associant la téléphonie et la numérisation d'image, qui permet de transmettre un document graphique en fac-similé.

TÉLÉCOPIER v. t. (conj. 9). Reproduire un document à distance par télécopie.

TÉLÉCOPIEUR n. m. Appareil qui permet de télécopier un document graphique.

TÉLÉCRAN n. m. Écran de télévision, spécialement pour une grande salle.

TÉLÉDÉTECTION n. f. Technique d'acquisition à distance d'informations sur la surface terrestre, principalement fondée sur l'analyse d'images obtenues dans différentes gammes de longueurs d'onde à partir d'aéronefs ou de satellites.

ENCYCL. Les satellites de télédétection (Landsat, Spot, Cosmos-1870, etc.) gravitent à une altitude d'environ 900 km, sur une orbite quasi polaire inclinée d'un angle voisin de 98° sur l'équateur (orbite héliosynchrone), qui leur vaut de survoler un point donné de la Terre toujours à la même heure locale.

La principale technique utilisée en télédétection spatiale est la photographie multispectrale. L'analyse de la « signature spectrale » des différents points d'un cliché permet ensuite de déterminer la nature des roches ou de la végétation, le degré de turbidité d'une surface aquatique, etc. On emploie en général des caméras « à balayage », qui n'utilisent pas une pellicule, mais des détecteurs électroniques. La résolution varie selon les techniques de 10 m à 80 m. Une image standard a 100 à 150 km environ de large, et la totalité de la surface terrestre est couverte en 2 à 3 semaines.

Les principaux domaines d'activité intéressés par la télédétection spatiale sont la cartographie, l'agriculture, la sylviculture, l'hydrologie, l'aménagement du territoire, l'exploration minière et pétrolière et l'océanographie.

TÉLÉDIAGNOSTIC n. m. Diagnostic effectué à distance grâce à la transmission de paramètres quantifiables.

TÉLÉDIFFUSER v. t. (conj. 3). Procéder à la télédiffusion de programmes.

TÉLÉDIFFUSION n. f. **1.** Télécommunication unilatérale à l'intention d'un grand nombre de destinataires, effectuée par des moyens radioélectriques ou par des réseaux de câbles. — **2.** *Télédiffusion directe,* télédiffusion assurée par un satellite dont les émissions sont reçues directement par les installations des usagers.

TéléDiffusion de France (T. D. F.), société dont la création remonte à 1974, qui assure la diffusion et la transmission des programmes des sociétés nationales de radiodiffusion et de télévision et qui peut également offrir ses services au secteur privé audiovisuel.

TÉLÉDISTRIBUTION n. f. Transmission de programmes visuels ou sonores vers certains usagers par des réseaux de câbles. (Syn. CÂBLODISTRIBUTION, TÉLÉVISION PAR CÂBLES.)

TÉLÉ-ÉCRITURE n. f. (pl. *télé-écritures*). Transmission d'informations graphiques au fur et à mesure de leur tracé manuscrit et reproduction du tracé sur un écran ou un autre support.

TÉLÉ-ENSEIGNEMENT n. m. (pl. *télé-enseignements*). Enseignement à distance (par correspondance, radio, télévision, Minitel, etc.).

TÉLÉFILM n. m. Film réalisé spécialement pour la télévision.

TÉLÉGA ou **TÉLÈGUE** n. f. (russe *telega,* du turc). Voiture hippomobile à quatre roues, utilisée en Russie pour le transport des marchandises.

TÉLÉGÉNIE n. f. Qualité de qqn de télégénique.

TÉLÉGÉNIQUE adj. (d'après *photogénique*). Qui passe bien, qui produit un effet agréable à la télévision.

TÉLÉGESTION n. f. Gestion à distance d'une installation.

TÉLÉGRAMME n. m. Écrit destiné à être transmis par un service télégraphique et remis à un destinataire désigné.

TÉLÉGRAPHE n. m. **1.** Appareil, installation ou organisme de télégraphie. (L'usage du mot est limité aux anciens procédés : *télégraphe Chappe, télégraphe Morse.*) — **2.** *Vx.* Administration dont dépendait ce dispositif.

TÉLÉGRAPHIE n. f. **1.** Forme de télécommunication dans laquelle les informations transmises sont destinées à être enregistrées à l'arrivée sous forme d'un document graphique. — **2.** *Télégraphie sans fil,* ou *T. S. F.,* premier nom qui fut donné à la radio. ‖ *Télégraphie à impression,* télégraphie dans laquelle les signaux sont traduits automatiquement sous forme de caractères imprimés. ‖ *Télégraphie militaire,* nom donné en 1900 au service des transmissions.

ENCYCL. Le premier télégraphe utilisable fut celui de Chappe, inauguré entre Paris et Lille en 1794, qui employait des bras mobiles observés à la lunette à chaque station relais. L'Américain Morse* fit en 1837 la démonstration du premier télégraphe électrique pratique, dont l'emploi, après divers perfectionnements, se répandit très rapidement aux États-Unis, puis en Europe. Après 1850 apparut le télégraphe à impression, plus rapide et plus sûr. Pour permettre le maniement des appareils par des personnes non entraînées, comme des dactylographes, il fallait que l'émetteur possède un clavier alphabétique et que les touches puissent être frappées à une cadence quelconque. Ainsi naquit la télégraphie arythmique, employant des appareils imprimants dits téléimprimeurs.

TÉLÉGRAPHIER v. t. (conj. 9). Faire parvenir des informations par télégraphie.

TÉLÉGRAPHIQUE adj. **1.** Relatif à la télégraphie. – **2.** Envoyé par télégraphie : *Avis télégraphique.* – **3.** *Langage, style télégraphique,* réduit à des mots sans liaison, abrégé au minimum.

TÉLÉGRAPHIQUEMENT adv. Par le moyen de la télégraphie.

TÉLÉGRAPHISTE n. **1.** Technicien de la télégraphie. – **2.** Opérateur chargé de l'exploitation des appareils télégraphiques. – **3.** Préposé chargé de la remise des télégrammes à domicile.

TÉLÉGUIDAGE n. m. Guidage à distance d'un véhicule tel qu'un navire, un avion, un missile, etc., au moyen de signaux transmis par lignes électriques ou par voie hertzienne.

TÉLÉGUIDER v. t. (conj. 3). **1.** Conduire ou piloter à distance. – **2.** Inspirer une action, qqn, les conduire par une influence occulte, lointaine.

TELEILET EL-GHASSOUL → GHASSOUL.

TÉLÉIMPRESSION n. f. Impression à distance de messages transmis sous forme numérisée par des systèmes télématiques.

TÉLÉIMPRIMEUR n. m. Appareil de télégraphie à impression, comprenant un clavier alphanumérique, un émetteur de signaux électriques commandé par les barres du clavier, un traducteur des signaux reçus et un dispositif d'impression sur page ou sur bande.

TÉLÉINFORMATIQUE n. f. Association de techniques des télécommunications et de l'informatique en vue de réaliser, à distance, l'échange de données et la commande des traitements automatiques.
◆ adj. Qui concerne la téléinformatique.

TÉLÉJOURNAL n. m. Journal donnant les programmes de télévision.

TELEKI (*comte* Pál), homme d'État hongrois (Budapest 1879 - *id.* 1941). Ministre des Affaires étrangères (1920), il participa aux négociations de Trianon ; président du Conseil (juill. 1920), il se retira après la tentative de restauration du roi Charles IV (mars 1921). Premier ministre (févr. 1939-avr. 1941), il adhéra au pacte antikomintern mais voulut s'en tenir à une position neutre. Ayant signé un pacte d'amitié avec la Yougoslavie (déc. 1940), il se suicida lorsque les Allemands traversèrent la Hongrie pour attaquer ce pays.

TÉLÉKINÉSIE n. f. Syn. de PSYCHOKINÉSIE.

TÉLÉMAINTENANCE n. f. Technique de maintenance d'un système informatique par un centre de maintenance auquel il est relié par un réseau de télécommunication.

TÉLÉMANIPULATEUR n. m. Appareil de manipulation à distance, portant généralement sur des matières dangereuses (substances radioactives, explosifs) ou des milieux inaccessibles à l'homme (vide spatial, grandes profondeurs marines).

TÉLÉMANIPULATION n. f. Manipulation à distance à l'aide d'un télémanipulateur.

TELEMANN (Georg Philipp), compositeur allemand (Magdeburg 1681 - Hambourg 1767). Fils de pasteur, il apprend la musique en partie en autodidacte. En 1704, il accepte le poste d'organiste et de directeur de la musique de l'Église-Neuve de Leipzig et commence une carrière mouvementée au cours de laquelle il sera, notamment de 1722 à 1738, directeur de l'Opéra de Hambourg. Il fait plusieurs séjours à Berlin et se rend à Paris en 1737. De son vivant, il eut une renommée plus grande que celle de ses amis J. S. Bach et Händel. Telemann a écrit quarante opéras, douze séries de cantates pour tous les dimanches et fêtes de l'année, quarante-six passions, six cents ouvertures à la française, de nombreux oratorios, quantité d'œuvres de circonstance et de musique de chambre.

TÉLÉMAQUE, héros du cycle troyen, fils d'Ulysse et de Pénélope. Son éducation, durant l'absence de son père, fut assurée par Mentor. Il aida Ulysse à reconquérir le trône d'Ithaque.

Télémaque *(les Aventures de),* ouvrage de Fénelon, composé pour l'éducation du duc de Bourgogne et qui parut en 1699 sans le nom de l'auteur et sans son autorisation. Dans cette épopée romanesque en prose, dont le sujet est emprunté à *l'Odyssée,* on voit Mentor former l'esprit de Télémaque par les critiques qu'il fait de la politique du roi de Salente, Idoménée. Louis XIV crut y voir une satire de son règne et exila l'auteur dans son diocèse de Cambrai.

TÉLÉMAQUE (Hervé), peintre haïtien (Port-au-Prince 1937). Installé à Paris en 1961, il est passé de l'influence de l'expressionnisme abstrait à celle du surréalisme pour s'engager dans l'élaboration d'une imagerie proche du pop art et de la nouvelle figuration, mais donnant du réel une vision complexe et métaphorique : peintures, peintures avec intégration d'objets (1966), collages (1973), collages-assemblages à partir de papiers de couleurs (1978), etc.

TÉLÉMARK n. m. (de *Telemark,* n. pr.). *Vx.* Virage à ski exécuté sur les pentes à faible déclivité, en position fendue.

TÉLÉMARKETING n. m. Utilisation des moyens de télécommunication au service du marketing. Recomm. off. : *télémercatique*.

TÉLÉMATIQUE n. f. (de *télécommunications* et *informatique*). Ensemble des techniques et des services qui associent les télécommunications et l'informatique.
◆ adj. Qui relève de la télématique.

TÉLÉMATISATION n. f. Action de télématiser.

TÉLÉMATISER v. t. (conj. 3). Doter de moyens télématiques.

TÉLÉMÉCANICIEN n. m. Ancienne appellation d'un spécialiste des télécommunications de l'armée de l'air.

TÉLÉMÉCANIQUE n. f. Télécommande des mécanismes et des machines.

TÉLÉMESSAGERIE n. f. Syn. de MESSAGERIE ÉLECTRONIQUE.

TÉLÉMESURE n. f. Mesure de grandeurs en un point éloigné et transmission des résultats par télécommunication.

TÉLÉMÈTRE n. m. **1.** Instrument d'optique servant à mesurer la distance qui sépare un observateur d'un point éloigné. — **2.** *Télémètre laser,* appareil électronique permettant de mesurer la distance le séparant d'un objet visé.

TÉLÉMÉTREUR n. m. Technicien qui effectue des mesures grâce au télémètre.

TÉLÉMÉTRIE n. f. Mesure de distance obtenue par des procédés acoustiques, optiques ou radioélectriques.

TÉLÉMÉTRIQUE adj. Relatif au télémètre ou à la télémétrie.

Télé-Monte-Carlo → MONTE-CARLO.

TÉLÉMOTEUR n. m. Appareil hydraulique de commande à distance d'un servomoteur d'appareil à gouverner.

TÉLENCÉPHALE n. m. Partie de l'encéphale qui dérive de la vésicule cérébrale terminale de l'embryon. (Il constitue, chez l'adulte, les hémisphères cérébraux.)

TÉLENCÉPHALIQUE adj. Qui concerne le télencéphale.

TÉLÉOBJECTIF n. m. Objectif photographique de longue focale comportant un élément divergent permettant de diminuer son tirage.

TÉLÉOLOGIE n. f. **1.** Étude des fins, de la finalité. — **2.** Doctrine philosophique qui repose sur l'idée de finalité.

TÉLÉOLOGIQUE adj. Relatif à la téléologie.

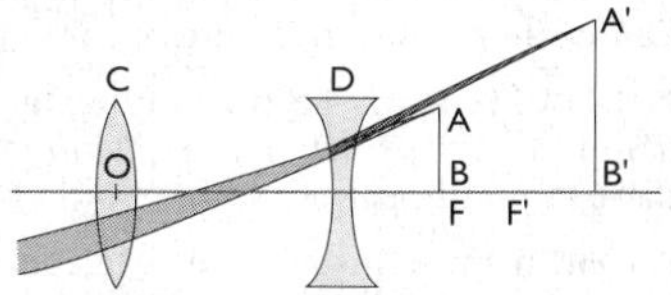

Principe du **téléobjectif** : l'élément convergent C donne l'image AB à son foyer F ; on interpose l'élément divergent D de façon que AB se trouve entre cet élément D et son foyer F' ; l'image AB est éloignée et grossie en A'B'.

TÉLÉOPÉRATION n. f. Opération pratiquée à l'aide d'une télécommande.

TÉLÉOSTÉEN n. m. Poisson osseux actinoptérygien dont le squelette est totalement ossifié.
ENCYCL. Les téléostéens, représentant la quasi-totalité des poissons osseux, avec 20 000 espèces décrites, sont divisés en une trentaine d'ordres, et plus de 400 familles. Ils possèdent une caudale homocerque, des écailles plates, des opercules couvrant les ouïes, etc. Ils forment un superordre.

TÉLÉPAIEMENT n. m. Syn. de PAIEMENT* ÉLECTRONIQUE.

TÉLÉPANCARTAGE n. m. Système de téléaffichage à volets mobiles.

TÉLÉPATHE adj. et n. Sujet qui pratique la télépathie.

TÉLÉPATHIE n. f. (angl. *telepathy*). Transmission de pensées ou d'impressions quelconques d'une personne à une autre en dehors de toute communication par les voies sensorielles connues.

TÉLÉPATHIQUE adj. Relatif à la télépathie.

TÉLÉPÉAGE n. m. Système de péage autoroutier automatique par repérage à distance d'un badge électronique.

TÉLÈPHE, roi légendaire de Mysie, fils d'Héraclès et d'Augé. Exposé après sa naissance, il fut nourri par une biche. Blessé par Achille, il guérit grâce à la rouille provenant du fer de la lance d'Achille.

TÉLÉPHÉRIQUE n. m. Moyen de transport constitué par un ou plusieurs câbles porteurs sur lesquels se déplace le chariot supportant la cabine des voyageurs ou la benne de matériaux.
ENCYCL. Dans les téléphériques à câbles porteurs et tracteurs distincts, les bennes ou cabines tractées par un ou plusieurs câbles roulent le long d'un câble porteur par l'intermédiaire d'un train de galets à gorge. Dans les téléphériques à câble unique, celui-ci est à la fois porteur et tracteur,

et les bennes sont soutenues par des suspentes fixées au câble par des mâchoires.

TÉLÉPHONAGE n. m. Lecture du texte d'un télégramme à son destinataire, par téléphone, en attendant sa remise par écrit.

TÉLÉPHONE n. m. **1.** Installation de téléphonie ; réseau téléphonique. — **2.** Appareillage téléphonique. — **3.** Syn. courant de TÉLÉPHONIE. — **4.** *Coup de téléphone,* appel, communication téléphonique. ‖ Fam. *Téléphone arabe,* transmission rapide d'une information de bouche à oreille. ‖ Fam. *Téléphone rouge,* liaison directe, par télex, établie entre la Maison-Blanche et le Kremlin.

ENCYCL. La voix est de l'énergie acoustique, mais celle-ci ne se prête pas à la transmission à distance : les vibrations de l'air s'affaiblissent rapidement. Pour la véhiculer, il faut donc la transformer en énergie électrique, à l'aide d'un microphone. À la réception, un écouteur (ou récepteur) réalise l'opération inverse : un bobinage, placé sur une palette de fer doux, fait varier l'intensité du champ magnétique d'un aimant permanent lorsqu'il est parcouru par le courant né dans le microphone (courant de conversation). Vibrant à ce rythme, la palette retransmet son mouvement à un diaphragme acoustique en l'amplifiant.

L'établissement d'une communication entre deux abonnés d'un réseau téléphonique s'opère grâce à des moyens de commutation, mis en œuvre dans les centres téléphoniques, et à des lignes de transmission utilisant des techniques variées (câbles, faisceaux hertziens, fibres optiques, satellites). Au fur et à mesure de la transformation des autocommutateurs pour admettre les signaux de numérotation à fréquences vocales, les cadrans émetteurs d'impulsions ont été remplacés par des claviers à touches. Enfin, des dispositifs dits « de péritéléphonie » peuvent être associés à des postes d'abonnés, permettant à l'usager de bénéficier de services supplémentaires offerts par le réseau téléphonique public, comme les services de télématique (Minitel), le transfert d'appel, la télécopie, etc.

• *Le téléphone mobile.* De nouveaux services de téléphonie, concernant les communications mobiles, connaissent un développement rapide : le radiotéléphone de voiture et le téléphone de poche. Ce sont des systèmes de *radiotéléphonie cellulaire :* l'ensemble du territoire qu'ils permettent de couvrir est divisé en cellules adjacentes, de quelques centaines de mètres à une trentaine de kilomètres de rayon selon l'intensité du trafic, comportant chacune un ou plusieurs émetteurs-récepteurs qui établissent les communications et qui sont reliés à des centres de commutation qui assurent l'interfonctionnement du réseau de radiotéléphonie avec les réseaux nationaux (réseau téléphonique commuté et réseau national à intégration de services). Dans les premiers systèmes de radiotéléphone, mis en service dans les années 80, la transmission s'effectue sous forme de signaux analogiques. En 1992 a été adoptée en Europe une norme unique de radiotéléphonie numérique : le GSM (Global System for Mobile communications). La numérisation des signaux assure une meilleure qualité sonore des conversations, permet de garantir la confidentialité des communications (par un système de cryptage) et donnera progressivement accès à des services complémentaires : renvoi d'appel, télécopie, transmission de données, messagerie, etc. Le module d'identification de l'utilisateur est une carte à mémoire qui contient le numéro de l'abonné et les caractéristiques de son abonnement. En l'introduisant dans le terminal, l'utilisateur « active » son poste téléphonique. Grâce à cette carte, l'abonné peut utiliser n'importe quel terminal à sa disposition. Plusieurs réseaux mondiaux de téléphonie par satellites, mettant en œuvre des constellations de satellites en orbite basse ou moyenne autour de la Terre, doivent entrer en service d'ici à l'an 2000.

TÉLÉPHONER v. i. (conj. 3). Se servir du téléphone pour communiquer, transmettre un message.

◆ v. t. ind. Se mettre en communication par le téléphone avec qqn.

◆ v. t. Dire, communiquer qqch, faire part de ou que (à qqn), par le téléphone : *Nous lui avons téléphoné les résultats.*

◆ **être téléphoné** v. pass. **1.** Être transmis par téléphone : *Message téléphoné.* — **2.** En parlant d'un tir, d'une passe, d'un coup, être trop prévisibles ou exécutés trop lentement pour surprendre l'adversaire ; en parlant d'une action, d'un mot d'esprit, ne pas créer l'effet de surprise attendu.

TÉLÉPHONIE n. f. Forme de télécommunication essentiellement destinée à l'échange d'informations sous forme de parole. (Abrév. PHONIE.)

TÉLÉPHONIQUE adj. Qui appartient, se rapporte au téléphone, qui se fait par téléphone : *Réseau, appel téléphonique.*

TÉLÉPHONIQUEMENT adv. Par le moyen du téléphone.

TÉLÉPHONISTE n. **1.** Personne chargée d'assurer les liaisons téléphoniques. — **2.** Industriel fabriquant du matériel téléphonique.

TÉLÉPHOTOGRAPHIE n. f. Technique de la photographie des sujets éloignés.

TÉLÉPHOTOGRAPHIQUE adj. Relatif à la téléphotographie.

TÉLÉPOINTAGE n. m. Dispositif qui, sur les navires, permettait le pointage à distance des pièces d'artillerie à partir d'un poste central de tir. (Ce système est auj. abandonné au profit de la télécommande.)

TÉLÉPOINTEUR n. m. Marin spécialiste du télépointage.

TÉLÉPORT n. m. Ensemble structuré d'équipements en télécommunication mis à la disposition des entreprises qui viennent s'installer sur un site.

TÉLÉPROJECTEUR n. m. Appareil qui permet d'agrandir l'image fournie par un récepteur de télévision et de la projeter sur un écran indépendant.

TÉLÉPROJECTION n. f. Action de projeter sur un écran indépendant l'image fournie par un récepteur de télévision grâce à un téléprojecteur.

TÉLÉPROMPTEUR ou **TÉLÉSOUFFLEUR** n. m. Appareil permettant de lire un texte face à la caméra de télévision. (Syn. PROMPTEUR.)

TÉLÉRADIOGRAPHIE ou **TÉLÉRADIO** n. f. Radiographie pratiquée en plaçant l'ampoule à rayons X loin du sujet (de 2 à 3 m), ce qui supprime la déformation conique de l'image.

TÉLÉRADIOTHÉRAPIE n. f. Radiothérapie dans laquelle la source des rayons X est éloignée de la région irradiée. (En pratique, la téléradiothérapie concerne l'irradiation de la totalité du corps du sujet par un tube à rayons X éloigné de 3 m au minimum.)

TÉLÉREPORTAGE n. m. Reportage télévisé.

TÉLÉREPORTER [-tɛr] n. Reporter de télévision.

TÉLÉROMAN n. m. Feuilleton télévisé au Canada.

TÉLÉRUPTEUR n. m. Appareil commandé à distance par des impulsions électriques.

TÉLESCOPAGE n. m. **1.** Action, fait de télescoper, de se tamponner : *Le télescopage de deux trains.* – **2.** Fait de se confondre, de se produire en même temps : *Télescopage de souvenirs.* – **3.** Forme issue de la réunion en un seul mot de deux mots contigus ou de la contamination d'un terme par un autre. (Par ex. *tripatouiller* issu de *tripoter* et de *patouiller.*)

TÉLESCOPE n. m. (lat. sc. *telescopium*). Instrument d'observation astronomique dont l'objectif est un miroir. (Syn. RÉFLECTEUR.)

ENCYCL. Le télescope diffère de la lunette par le fait que l'objectif en est un miroir concave et non une lentille (ou une combinaison de lentilles). Le premier télescope semble avoir été réalisé par Newton (1671). Dans les télescopes du type de celui de Newton, un miroir secondaire plan, incliné à 45°, renvoie l'image latéralement. Dans le *télescope de Cassegrain,* le miroir principal est percé au centre et l'image est renvoyée dans cette ouverture par un petit miroir convexe. Dans le *télescope coudé,* le faisceau lumineux recueilli par l'objectif est ramené par un jeu de miroirs le long de l'axe polaire, ce qui permet d'observer l'image à poste fixe et dans un laboratoire séparé (spectrographie). Les grands télescopes peuvent être en général utilisés suivant ces diverses combinaisons. Dans le *télescope de Schmidt* (ou chambre de Schmidt), le miroir est sphérique, et l'aberration de sphéricité est corrigée par une lame à profil exactement calculé. On peut ainsi photographier des champs très étendus. En combinant les configurations de Schmidt et de Cassegrain, on réalise des *télescopes Schmidt-Cassegrain,* très compacts et aisément transportables, dont l'emploi s'est beaucoup répandu parmi les astronomes amateurs (voir dessin p. 7134).

Les caractéristiques principales d'un télescope sont : son *ouverture,* c'est-à-dire le diamètre D de l'objectif (le télescope permet d'atteindre des astres d'éclat d'autant plus faible que D est plus grand) et son *ouverture relative* égale au rapport de la distance focale F de l'objectif à son diamètre D.

Les plus grands télescopes du monde, Keck 1 et Keck 2, sont installés sur le Mauna Kea, à Hawaii. Mis en service respectivement en 1993 et 1996, ils possèdent un miroir primaire segmenté en une mosaïque d'éléments et qui est équivalent à un miroir d'un seul tenant dont le diamètre serait de 10 m.

La présence de l'atmosphère terrestre constitue pour les observations astronomiques un important handicap, dont on parvient désormais à s'affranchir à l'aide de télescopes opérant dans l'espace, en orbite autour de la Terre, grâce à la technique de l'optique adaptative.

TÉLESCOPE (en lat. *Telescopium, -ii*), petite constellation australe, au S. du Sagittaire, introduite par La Caille au XVIIIe s.

TÉLESCOPER v. t. (angl. *to telescope*) [conj. 3]. En parlant d'un véhicule en mouvement, heurter avec violence un autre véhicule : *Un train a télescopé un autorail à l'arrêt.*

◆ **se télescoper** v. pr. **1.** Entrer en collision. – **2.** *Litt.* S'interpénétrer.

TÉLESCOPEUR, EUSE adj. Qui entre en collision.

TÉLESCOPIQUE adj. **1.** Se dit d'une observation effectuée à l'aide d'un télescope. – **2.** Se dit d'un

TÉLESCOPES

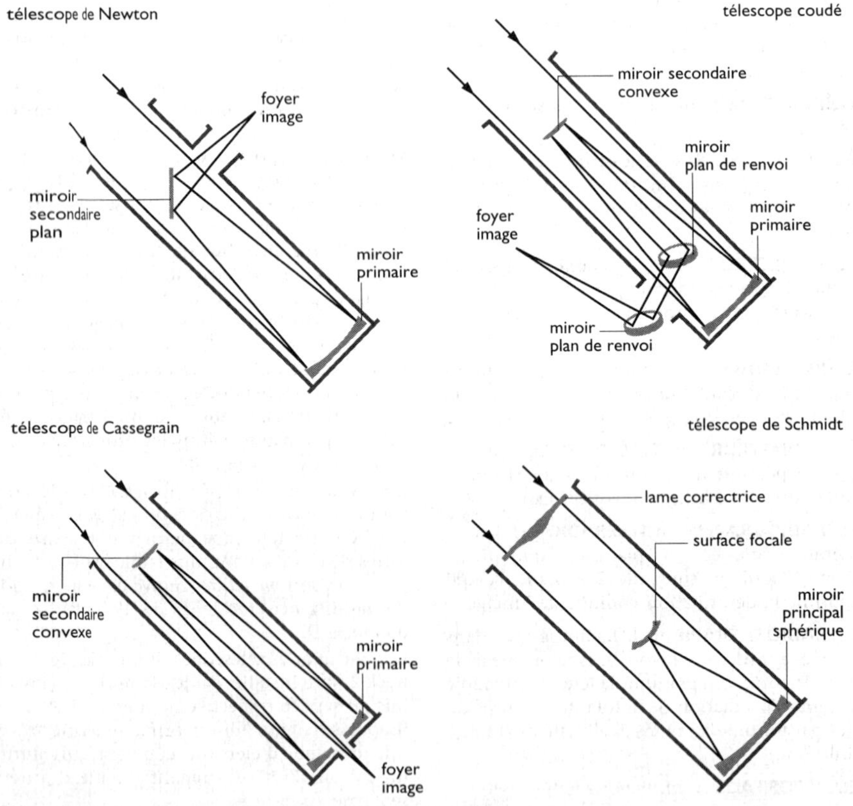

astre d'éclat trop faible et qui ne peut être observé qu'à l'aide de télescopes. – 3. (par l'angl. *telescopic*). Dont les éléments s'emboîtent et coulissent les uns dans les autres : *Pied télescopique.*

TÉLÉSCRIPTEUR n. m. Appareil permettant d'écrire à distance par un procédé quelconque.

TÉLÉSIÈGE n. m. Mode de transport de skieurs ou de piétons en position assise, à l'aide de sièges suspendus à un câble à mouvement continu.

TÉLÉSIGNALISATION n. f. 1. Signalisation à distance. – 2. Transmission de signaux par câble électrique ou optique, ou par voie hertzienne.

TÉLÉSKI n. m. Appareil à câble permettant de tracter des skieurs glissant sur leurs propres skis, pour remonter une pente. (Syn. REMONTE-PENTE.)

TÉLÉSOUFFLEUR → TÉLÉPROMPTEUR.

TÉLÉSPECTATEUR, TRICE n. Personne qui regarde et écoute la télévision.

TÉLESPHORE *(saint)* [† Rome 136], pape de 125 à 136. Grec d'origine, il fut probablement martyrisé.

Telestêrion, l'un des édifices du sanctuaire d'Éleusis*, réservé à l'initiation au culte de Déméter.

TÉLESTO, satellite de Saturne, découvert en 1980 par les Américains B. Smith, H. Reitsema, S. Larson et J. Fountain sur des photographies prises par la sonde Voyager 1. Il décrit la même orbite que Téthys*, dont il reste constamment écarté de 60° (satellite lagrangien*) et, pour cette raison, il est appelé aussi *Téthys B.* Dimensions : 34 × 28 × 26 km.

TÉLÉSURVEILLANCE n. f. Surveillance à distance de locaux, d'installations, de processus industriels, d'individus, ou de phénomènes naturels.

TÉLÉTEX n. m. (de *télex,* d'apr. *texte*). *Service télétex,* service télématique pour la transmission de textes, offrant des possibilités supplémentaires par rapport au service télex, en particulier des possibilités de traitement de textes à distance.

TÉLÉTEXTE n. m. Procédé de télécommunication qui permet l'affichage de textes ou de graphismes sur l'écran d'un téléviseur à partir d'un signal de télévision ou d'une ligne téléphonique.

TÉLÉTHÈQUE n. f. Lieu où sont conservés et classés des documents d'archives de télévision ; la collection ainsi constituée.

TÉLÉTRAITEMENT n. m. Traitement automatique de données, dans lequel les fonctions de traitement et d'entrée-sortie sont accomplies en partie au moins par des moyens situés dans des lieux différents et reliés par télécommunication.

TÉLÉTRANSMISSION n. f. Action de transmettre à distance un signal, une information.

TÉLÉTRAVAIL n. m. Travail qui peut être effectué à distance de l'employeur grâce à l'utilisation de la télématique.

TÉLÉTYPE n. m. (angl. *teletype,* abrév. de *teletypewriter*). Marque déposée de téléimprimeurs.

TÉLÉTYPESETTER [-setœr] n. m. (de *Télétype* et angl. *setter,* compositeur) [n. déposé]. Machine qui permet de composer un texte à distance.

TÉLEUTOSPORE n. f. Spore d'automne de la rouille du blé, qui germera au printemps en donnant une baside.

TÉLÉVENDEUR, EUSE n. Professionnel de la télévente.

TÉLÉVENTE n. f. Vente, sur commande passée par téléphone ou par Minitel, d'articles présentés pendant une émission de télévision.

TÉLÉVISER v. t. (conj. 3). Transmettre par télévision.

TÉLÉVISEUR n. m. Récepteur de télévision.

TÉLÉVISION n. f. (angl. *television*). **1.** Transmission, par câble ou par ondes radioélectriques, d'images pouvant être reproduites sur un écran au fur et à mesure de leur réception, ou éventuellement enregistrées en vue d'une reproduction ultérieure. — **2.** Application de ce procédé pour la transmission au grand public de programmes visuels, avec les sons associés, ou dans le domaine industriel, scientifique, médical. (→ *encycl.*) — **3.** Ensemble des services assurant la transmission d'émissions, de reportages par télévision. (Abrév. T. V.) — **4.** *Fam.* Récepteur de télévision. — **5.** *Fam.* Émission de télévision. — **6.** *Télévision par câbles,* syn. de TÉLÉDISTRIBUTION.

ENCYCL. Après l'invention de la triode par L. De Forest (1906), du tube cathodique avec dispositif de balayage du faisceau par K. L. Braun (1897-1905) et du tube analyseur d'images par V. K. Zworykin (1923), les premières démonstrations de télévision ont été effectuées par J. L. Baird en 1926, puis des émissions publiques ont été réalisées en Angleterre et en Allemagne en 1929, et en France en 1931.

• *Télévision en noir et blanc.* La caméra de prise de vues convertit en signaux électriques l'image formée par l'objectif sur une surface photosensible placée dans un tube à vide (tube analyseur). « L'image » est un ensemble de points lumineux *(pixels)* disposés en lignes successives. À la réception, les lignes qui composent l'image sont balayées par un faisceau d'électrons émis par le tube récepteur, en synchronisme avec celui de la caméra. Le faisceau parcourt la totalité de l'image en deux fois (sur les lignes impaires, puis sur les lignes paires), mais en un temps donné (1/25 ou 1/30 de seconde) et à une fréquence de répétition suffisante pour que le spectateur, grâce à la persistance rétinienne, puisse reconstituer l'image en continu. Un système de télévision en noir et blanc se définit donc par le nombre de lignes qui composent l'image (525 ou 625) et par la fréquence de balayage (25 ou 30 images par seconde).

• *Télévision en couleurs.* Le faisceau lumineux provenant de l'objectif de la caméra est décomposé en trois faisceaux colorés (vert, rouge et bleu) à l'aide de prismes et de filtres. Chaque faisceau est dirigé sur un tube analyseur, qui fournit un signal représentant l'une des trois composantes de l'image : une composante de luminance (image en noir et blanc) et deux composantes de chrominance (coloration de l'image). Dans le récepteur, les trois signaux sont appliqués à un tube à masque qui reconstitue l'image en couleurs.

Les techniques utilisées pour assurer le codage et la transmission des informations en couleurs varient. Elles ont engendré l'utilisation de trois normes (ou standards) différentes :

— NTSC (National Television System Committee, États-Unis), du nom de la commission gouvernementale qui le définit en 1953. Il fonctionne en 525 lignes et 30 images/seconde (60 Hz). — Adopté par les États-Unis en 1953, par le Canada en 1956 et par le Japon en 1960.

— PAL (Phase Alternative Line, R. F. A.), mis au point par Walter Bruch (Telefunken) en 1963. Il fonctionne en 625 lignes et 25 images/seconde (50 Hz). — Adopté par la R. F. A. et la Grande-Bretagne en 1967, la Suisse en 1968, l'Italie en 1976, la Chine en 1979, le Brésil et l'Inde.

— SECAM (Système séquentiel à mémoire, France), mis au point par Henri de France

(Compagnie française de télévision) en 1956. Il fonctionne en 625 lignes et 25 images/seconde (50 Hz). — Il a été adopté par la France et par l'U. R. S. S. en 1966.

• *Télévision numérique.* Les systèmes de télévision classiques sont des systèmes analogiques, où la modulation du signal vidéo est proportionnelle à celle des intensités lumineuses balayées par le faisceau d'électrons. L'évolution technologique en cours conduit au développement de la télévision numérique, fondée sur le principe non pas de la variation continue de l'intensité lumineuse des lignes mais de la mesure de l'intensité de chaque point. La valeur du signal est découpée, échantillonnée en une succession d'impulsions, exprimées en nombres binaires et qui restent identiques quelles que soient les variations intervenues dans le signal premier. Le système numérique permet l'obtention d'un signal très stable, facilite le transcodage, offre de multiples possibilités de composition, dont les images de synthèse.

• *Télévision à haute définition (T. V. H. D.).* Les recherches en vue d'améliorer la qualité des images, notamment sur les écrans de grandes dimensions, ont conduit à la télévision à haute définition (T. V. H. D.), dont les images comptent plus de 1 000 lignes, chacune de celles-ci comportant plus de 1 000 points, et ont un format parfaitement adapté à la diffusion de films cinématographiques (rapport largeur/hauteur de 16/9), contrairement à celles des systèmes classiques (rapport largeur/hauteur de 4/3).

Un système de télévision à haute définition de 1 125 lignes est opérationnel au Japon depuis 1991 (système Muse [*Multiple Sub-Nyquist Encoding,* Codage sub-Nyquist multiple]) mais il exige une technologie de diffusion et des téléviseurs spécifiques. Le système élaboré en Europe, au contraire, est compatible avec les équipements existants. Il distingue une norme de production à 1 250 lignes et une norme de transmission fondée sur le système Mac *(Multiplexage analogique des composantes)* à 625 lignes entrelacées, mais seul le son est numérique. Les Américains, enfin, travaillent sur un projet de T. V. H. D. entièrement numérique (son et image) compatible avec le système NTSC.

— **Presse** et **Sociol.** En 1936 sont diffusés par voie hertzienne les premiers journaux télévisés, depuis Londres et depuis Paris. En 1941 apparaissent les premiers récepteurs de télévision dans les foyers américains. En France, le nouveau moyen de communication ne s'implante vraiment qu'après 1952 (retransmission du couronnement de la reine Élisabeth).

En France, le monopole de l'État sur les ondes a été institué dès 1927 pour la radiodiffusion, au nom de l'objectivité et de l'intérêt général.

Les réformes du statut de la radiotélévision française se sont succédé, au rythme des changements politiques les plus importants : remplacement de la Radio-Télévision française, en 1964, par l'Office de la radiodiffusion-télévision française (O. R. T. F.) ; assouplissement de la tutelle du ministère de l'Information en 1968 ; création de rédactions autonomes pour chacune des deux chaînes en 1969 ; fin de l'O. R. T. F. et institution de sept sociétés distinctes en 1974 ; suppression formelle, enfin, du monopole de programmation et création d'une Haute Autorité en 1982.

La loi du 30 sept. 1986 sur l'audiovisuel supprime la Régie française de publicité, met en concurrence T. D. F., l'I. N. A. et la S. F. P. avec le secteur privé et remplace la Haute Autorité par la Commission nationale de la communication* et des libertés (C. N. C. L.). Celle-ci délivre les autorisations des sociétés privées de télévision et nomme les P.-D. G. des chaînes publiques. La loi du 27 nov. 1986 vise notamment à limiter la participation d'une même personne dans une société de télévision hertzienne et réglemente le cumul d'autorisations concernant la radiodiffusion, l'exploitation des réseaux câblés, la télévision par satellite et par voie hertzienne. Elle limite également la concentration dans les médias (télévision, radiodiffusion, câble, presse) au niveau national et régional. En 1989, le Conseil supérieur de l'audiovisuel* (C. S. A.) remplace la C. N. C. L.

La télévision comporte aujourd'hui deux chaînes publiques à diffusion nationale, *France 2* et *France 3, Télévision Française (TF1)* ayant été privatisée en 1987. *Canal Plus,* mis en service en 1984, est la première chaîne privée par abonnement et avec décodeur. Une autre chaîne privée non cryptée, *M6,* diffuse sur le territoire national. *Arte* et *La Cinquième* sont plus spécifiquement des chaînes à vocation culturelle.

Télévision française 1 (TF1), chaîne de télévision française. Héritière de la première chaîne, constituée en société nationale de programmes (1974), elle a été privatisée en 1987.

TÉLÉVISUEL, ELLE adj. Relatif à la télévision considérée comme moyen d'expression.

TÉLEX n. m. (amér. *telex*). Service télégraphique permettant à ses abonnés de correspondre directement entre eux au moyen de téléimprimeurs et de circuits du réseau télégraphique public.

TÉLEXER v. t. (conj. 4). Transmettre un message par télex.

TÉLEXISTE n. Personne chargée d'assurer les liaisons par télex.

TELFORD, anc. **Dawley,** v. de Grande-Bretagne, près de Birmingham ; 80 000 hab. Musée d'archéologie industrielle.

TELFORD (Thomas), ingénieur britannique (près de Westerkirk, Dumfries and Galloway, 1757 - Londres 1834). Il est surtout connu pour avoir élevé de 1818 à 1828 les ponts suspendus du détroit de Menai et de la Conway.

TELL n. m. inv. (ar. *tall,* colline). Au Proche-Orient, colline artificielle formée par les ruines superposées d'une agglomération ancienne.

TELL, région d'Afrique du Nord, où la culture non irriguée des céréales est possible. Le Tell borde sur une largeur variable la côte méditerranéenne, limité au S. par les steppes des plateaux ou des hautes plaines.

TELL (haut), région montagneuse de la Tunisie septentrionale, entre la vallée de la Medjerda, au N., et la Dorsale tunisienne. Gisements de phosphates.

TELL (Guillaume) → GUILLAUME TELL.

TELLEMENT adv. (de *tel*). 1. Marque l'intensité : *Cette maison est tellement grande qu'on a du mal à la chauffer.* — 2. *Pas tellement,* assez peu, modérément : *Il n'a pas tellement d'argent.*

TÉLLEZ GIRÓN Y GUZMÁN (Pedro DE ALCÁNTARA), duc **d'Osuna,** dit **El Grande,** homme politique espagnol (Osuna 1574 -Madrid 1624). Vice-roi de Sicile (1611-1616) et de Naples (1616-1620). Suspect d'aspirer à la royauté, il fut destitué, et jeté dans une prison où il mourut.

TELLIEN, ENNE adj. Relatif au Tell.

TELLIER (Charles), ingénieur français (Amiens 1828 - Paris 1913). Pionnier de l'utilisation du froid industriel, il réussit à transporter vers l'Europe, en 1876, sur un navire frigorifique, de la viande en provenance d'Argentine.

TELLIÈRE adj. (du n. du chancelier M. *Le Tellier*). *Papier tellière* ou *tellière* (n. m.), ancien format de papier 34 × 44 cm, de bonne qualité. (Syn. PAPIER MINISTRE.)

TELLINE n. f. Mollusque bivalve des sables, fouisseur, dont les bords du manteau sont garnis de tentacules.

TELLO, nom actuel des ruines de la ville sumérienne de Girsou*.

TELLURE n. m. (lat. sc. *tellurium,* du lat. class. *tellus, -uris,* sol). Non-métal de la famille du soufre. (Élément chimique de symbole Te.)
ENCYCL. De numéro atomique 52 et de masse atomique 127,61, le tellure est un solide blanc, d'aspect métallique. De densité 6,2, fondant à 450 °C, il conduit la chaleur et l'électricité. Chimiquement, il donne des composés isomorphes de ceux du soufre (hydrogène telluré H_2Te, anhydride tellureux TeO_2, anhydride tellurique TeO_3, etc.). Il est employé en céramique, en métallurgie comme élément d'addition au cuivre et au plomb. On le trouve allié au bismuth dans certains semi-conducteurs.

TELLURÉ, E adj. 1. Qui contient du tellure. — 2. *Hydrogène telluré,* syn. de ACIDE TELLURHYDRIQUE*.

TELLUREUX adj. m. (de *tellure*). Se dit de l'anhydride TeO_2 et de l'acide correspondant H_2TeO_3.

TELLURHYDRIQUE adj. *Acide tellurhydrique,* acide gazeux, très toxique, qui résulte de l'union du tellure avec l'hydrogène. (Syn. HYDROGÈNE TELLURÉ.)

TELLURIEN, ENNE adj. (lat. *tellus, -uris,* terre). Qui provient de la terre.

1. TELLURIQUE adj. (lat. *tellus, -uris,* terre). 1. Qui concerne la Terre. — 2. Se dit d'une infection ayant pour origine des microbes qui se trouvent dans le sol (charbon bactérien, charbon bactéridien, tétanos). — 3. *Courants telluriques,* courants électriques circulant dans le sol, dont les variations sont liées aux variations « externes » du magnétisme terrestre et à la conductivité du sous-sol. ‖ *Planète tellurique,* planète du type de la Terre, de forte densité moyenne, mais de dimensions relativement modestes. ‖ *Prospection tellurique,* méthode de prospection consistant à mesurer à la surface du sol la résistivité des terrains sédimentaires superficiels au moyen des courants telluriques qui les parcourent. ‖ *Secousse tellurique,* syn. de SÉISME.

2. TELLURIQUE adj. (de *tellure*). Se dit de l'anhydride TeO_3 et de l'acide correspondant H_2TeO_4.

TELLUROMÈTRE n. m. (de *tellurique 1*). Appareil comportant deux postes émetteurs-récepteurs qui permet de déterminer la distance entre deux repères géodésiques mutuellement visibles par la mesure du temps qu'il faut à une onde radioélectrique pour parcourir cette distance.

TELLURURE n. m. 1. Combinaison du tellure avec un autre élément. — 2. Sel de l'acide tellurhydrique.

TELMESSOS, ville anc. de Lycie. Restes d'un beau théâtre antique.

TÉLOLÉCITHE adj. Se dit de l'œuf ayant un vitellus très volumineux et un embryon superficiel (céphalopodes, poissons, reptiles, oiseaux).

TÉLOMÈRE n. m. Extrémité des bras d'un chromosome.

TÉLOPHASE n. f. Phase terminale de la mitose. (Elle consiste en la formation d'une membrane séparant les deux lots chromosomiques tandis que les noyaux-fils s'individualisent et que la masse cytoplasmique se coupe en deux [cytodiérèse ou plasmodiérèse].)

TELSON [tɛlsɔ̃] n. m. (gr. *telson,* extrémité). Syn. de PYGIDIUM.

Telstar 1, premier satellite de télécommunications. Lancé le 10 juill. 1962 du cap Canaveral, il gravitait entre 950 et 5 600 km d'altitude et permit les premières transmissions directes de télévision au-dessus de l'Atlantique.

TELUGU ou **TELOUGOU** n. m. Langue dravidienne parlée par plus de 40 millions de locuteurs dans l'État d'Andhra Pradesh, dont c'est la langue officielle.

TELUKBETUNG, port d'Indonésie, dans le sud de Sumatra ; 199 000 hab.

TEMA, port du Ghana (Région-Orientale) ; 14 900 hab. Centre industriel (aciérie, aluminium, matériel frigorifique, travail du bois, raffinerie de pétrole).

TEMENOS [-nɔs] n. m. (gr. *temenos*). Dans la Grèce antique, aire sacrée d'un sanctuaire, délimitée par le péribole.

TÉMÉRAIRE adj. (lat. *temerarius,* de *temere,* à la légère). **1.** Qui est hardi au point d'accomplir des actions dangereuses : *Un garçon téméraire.* – **2.** Qui est inspiré par une audace extrême : *Une entreprise téméraire.* – **3.** *Jugement téméraire,* porté à la légère et sans preuves suffisantes.

TÉMÉRAIREMENT adv. *Litt.* Avec témérité ; à la légère.

TÉMÉRITÉ n. f. (lat. *temeritas*). Hardiesse inconsidérée qui conduit à commettre des actes aux conséquences graves.

TEMESVÁR → TIMIŞOARA.

TEMIN (Howard Martin), virologiste américain (Philadelphie 1934 - Madison, Wisconsin, 1994). Ses travaux ont porté d'abord sur le virus du sarcome de Rous. En 1970, il a découvert avec Mizutani et D. Baltimore la transcriptase inverse, l'enzyme qui explique la cancérisation des cellules par les rétrovirus (virus à A. R. N.) et leur mode d'action dans le sida. Il a partagé avec D. Baltimore et R. Dulbecco le prix Nobel de médecine et de physiologie pour 1975.

TEMIRTAOU, v. du Kazakhstan, dans le bassin de Karanganda ; 213 000 hab. Minerai de fer. Métallurgie. Caoutchouc synthétique.

TEMIS → TIMIŞ.

TÉMISCAMINGUE ou **TIMISKAMING** *(lac),* lac du Canada (Québec et Ontario), expansion de l'Outaouais ; 310 km^2.

TEMNÉS ou **TIMNÉS,** population de Sierra Leone appartenant au groupe atlantique occidental, groupant environ 650 000 personnes.

TEMNOSPONDYLE n. m. (du gr. *temnein,* couper). Amphibien fossile labyrinthodonte (du dévonien au trias) encore aquatique, avec une nageoire caudale et une respiration branchiale. (On subdivise l'ordre des temnospondyles en quatre sous-ordres : ichtyostégaliens, rachitomes, trématosauriens et stéréospondyles.)

TÉMOIGNAGE n. m. **1.** Action de témoigner, de rapporter ce qu'on a vu, entendu, ce qu'on sait : *Le témoignage des journalistes.* – **2.** Déclaration, déposition d'un témoin en justice : *Les témoignages sont accablants pour l'accusé.* – **3.** Déclaration orale ou écrite attestant les qualités de qqn : *J'ai besoin d'un témoignage de bonne conduite.* – **4.** Acte qui témoigne d'un sentiment, d'une qualité, etc. : *Recevoir des témoignages de sympathie.* – **5.** Texte, propos racontant des faits vécus : *Ce livre est un excellent témoignage sur notre époque.* – **6.** *Faux témoignage,* témoignage inexact et mensonger fait sciemment sous la foi du serment. ‖ *Porter, rendre témoignage de qqch,* déclarer qu'une chose est telle, en témoigner. ‖ *Rendre témoignage à qqn,* témoigner publiquement en sa faveur. ‖ *Témoignage de satisfaction,* récompense accordée à un militaire pour sa manière de servir.

Témoignage chrétien, hebdomadaire catholique, publié à Paris depuis août 1944. Il exprime une sensibilité catholique non conformiste et de gauche.

TÉMOIGNER v. i. (de *témoin*) [conj. 3]. Déposer en justice en tant que témoin sur un fait précis : *Témoigner en faveur d'un accusé.*

◆ v. t. **1.** Déclarer qqch, l'assurer comme réel (notamment devant la justice), pour en avoir été le témoin, l'observateur : *Je peux témoigner qu'il n'a pas quitté son domicile.* – **2.** Faire connaître par ses actes ou ses paroles les sentiments qu'on nourrit à l'égard de qqn, de qqch : *Nous leur avons témoigné de l'intérêt.* – **3.** *Litt.* Être la marque, la preuve de qqch : *Son expression témoignait la surprise.*

◆ v. t. ind. **1.** Se porter garant de qqch, être en mesure de l'affirmer : *Je suis prêt à témoigner de sa probité.* – **2.** Être la preuve, la confirmation de qqch d'autre : *Ses réponses témoignaient de sa parfaite connaissance du sujet.*

TÉMOIN n. m. (lat. *testimonium,* témoignage, de *testis,* témoin). **1.** Personne qui a vu ou entendu qqch, et qui peut éventuellement le certifier, le rapporter : *Je peux le prouver, j'ai des témoins.*

– 2. Personne appelée à témoigner sous serment en justice pour rapporter ce qu'elle a entendu, vu ou ce qu'elle sait. – 3. Personne qui assiste à l'accomplissement d'un acte officiel pour attester son exactitude : *La loi requiert deux témoins pour un mariage.* – 4. Personne chargée de régler les conditions d'un duel. – 5. Personne qui assiste à un événement, qui voit ou entend qqch sans être appelée à l'attester ou sans intervenir dans l'action : *J'ai été témoin de leur scène de ménage.* – 6. Œuvre ou artiste exprimant tel ou tel trait caractéristique d'une époque : *Les écrivains témoins de leur temps.* – 7. Personne, animal, chose, pris comme référence pour apprécier les effets d'un traitement, d'une action appliqués à d'autres. – 8. En apposition à un nom, indique que qqch sert de repère, de référence : *Appartement témoin.* – 9. *Témoin + n.,* à preuve, comme le prouve(nt)... (*témoin* reste inv.). – 10. *Dieu* ou *le ciel m'est témoin que...* ou *m'en est témoin,* je déclare au nom de Dieu (que)... ‖ *Faux témoin,* celui qui porte un faux témoignage. ‖ *Prendre qqn à témoin,* invoquer son témoignage. • **Bât.** Petite tablette, en général de plâtre, que l'on place en travers d'une fissure pour en surveiller l'évolution. – **Dr.** *Témoin de moralité,* témoin qui ne dépose pas sur un fait précis, mais sur le caractère et les mœurs d'une personne qu'il connaît. – **Grav.** Syn. de COUP DE PLANCHE*. – **Sports.** Petit bâton que se passent les coureurs d'une même équipe dans une course de relais. – **Trav. publ.** Butte qu'on laisse dans un terrain déblayé, pour évaluer la quantité de matériaux enlevés. (Syn. TAQUET.)

Témoins de Jéhovah → JÉHOVAH *(Témoins de).*

1. TEMPE n. f. (lat. pop. **tempula,* du lat. class. *tempora,* les tempes). Région latérale de la tête comprise entre le front, l'œil, la joue, l'oreille et l'occiput.

2. TEMPE n. f. (lat. *templum,* espace circonscrit). Morceau de bois servant à maintenir ouverte la cavité abdominale d'un animal abattu.

TEMPÉ *(vallée de),* vallée inférieure du Pénée entre les monts Olympe et Ossa. Elle a joué un grand rôle comme voie de passage entre la Grèce et la Macédoine.

TEMPELHOF, district de Berlin (dans le sud de la ville) ; 162 500 hab. Aéroport.

TEMPERA n. f. (ital. *tempera*). Détrempe dont le liant est une émulsion à base d'œuf (peinture médiévale, notamm.).

TEMPÉRAMENT n. m. (lat. *temperamentum,* juste proportion, de *temperare,* disposer convenablement). 1. Disposition générale de l'humeur et de la sensibilité d'un sujet dans sa relation avec lui-même et le milieu extérieur. – 2. Ensemble des dispositions de qqn ; nature, caractère : *Un tempérament romantique.* – 3. Ensemble de traits psychologiques définissant une réelle aptitude : *Avoir un tempérament d'artiste.* – 4. Qualité de qqn qui a de l'entrain, du dynamisme, de la volonté. – 5. *Fam.* Sensualité : *Avoir du tempérament.* – 6. *Fam.* Personne qui a une forte personnalité. • **Comm.** *Vente à tempérament,* vente dans laquelle le client dispose immédiatement de l'objet acheté contre paiement échelonné du prix. – **Homéopath.** Totalité des réactions personnelles d'un individu, qui le différencient des autres sujets appartenant à une même constitution et regroupés dans une même diathèse. – **Mus.** Légère altération des intervalles musicaux naturellement donnés par la résonance d'un son. (Dans la pratique, le tempérament sert à accorder les instruments à sons fixes : clavecin, piano.)

TEMPÉRANCE n. f. (lat. *temperantia*). 1. Une des quatre vertus morales, dites vertus cardinales, qui discipline les désirs et les passions humaines. – 2. Sobriété dans l'usage des aliments et surtout des boissons alcoolisées.

TEMPÉRANT, E adj. (lat. *temperans, -antis*). *Litt.* Qui fait un usage modéré des aliments et des boissons alcoolisées.

TEMPÉRATURE n. f. (lat. *temperatura*). 1. Ensemble des conditions atmosphériques, variables, traduites subjectivement en sensations relatives de chaud et de froid, et dont l'appréciation exacte est fournie par l'observation du thermomètre. (→ *encycl.* Climatol.) – 2. Degré de chaleur d'un lieu, d'une substance, d'un corps : *La température d'un four.* – 3. Degré de chaleur interne du corps humain ou animal : *Prendre sa température.* (→ encycl. Pathol. et Physiol.) – 4. *Avoir* ou, fam., *faire de la température,* avoir de la fièvre. ‖ *Prendre la température d'un groupe,* sonder son état d'esprit, ses dispositions. • **Méd.** *Méthode de la température,* méthode de contraception fondée sur la prise de la température matinale, pour déterminer le moment de l'ovulation et la période d'infécondité. – **Opt.** et **Phot.** *Température de couleur,* valeur définissant la distribution spectrale de l'énergie de rayonnement du corps noir, et, par comparaison, la composition spectrale de la lumière émise par certaines sources. (La lumière d'une bougie correspond à 1 920 K, celle du Soleil à 6 000 K et celle d'un bleu très pur à 12 000 K.) – **Thermodyn.** Grandeur empirique caractéristique d'un système, qui permet une description quantitative des phénomènes liés à la sensation de chaud ou de froid ressentie à son contact et qui est d'autant plus élevée que le système est chaud. ‖ *Température thermodynamique,* grandeur mesurable notée T, définie par la relation de Carnot $\Delta W/Q = \Delta T/T$ existant entre le travail ΔW produit par un système fonctionnant selon un cycle réversible de Carnot, entre deux sources aux températures T et T + ΔT, et la quantité de chaleur Q qui passe de la source chaude à la source froide, et par la convention de faire correspondre la valeur T = 273,16 au point triple de l'eau (équilibre solide-liquide-vapeur).[L'unité SI de température est le kelvin, symb. K.] (→ *encycl.*)

ENCYCL. **Climatol.** À la surface de la Terre, à petite échelle, les températures se déterminent d'abord en fonction de la latitude et de l'altitude. Les températures varient en sens inverse de la latitude, mais les plus grandes chaleurs dans l'hémisphère Nord se situent au N. de l'équateur, parfois même au-delà du tropique, situation liée à la sécheresse de l'air et à la faible nébulosité. À Assouan ou Gafsa le thermomètre a déjà dépassé 50 °C, jamais à Kisangani. À des latitudes voisines, la situation par rapport à un océan joue un rôle notable : à Verkhoïansk, le thermomètre peut descendre au-dessous de – 60 °C de décembre à mars ; à Arkhangelsk, le minimum enregistré est de – 41 °C « seulement ».

L'altitude abaisse les températures d'environ 0,6 °C pour 100 m de dénivellation. Elle modère parfois les effets de la latitude. Elle explique les températures tempérées de Nairobi (entre 16 et 23 °C de moyennes mensuelles), presque sous l'équateur, mais à plus de 1 800 m d'altitude. La combinaison des deux facteurs explique plus généralement l'étagement de la végétation des Andes ou du Massif éthiopien par exemple, les variations du niveau des neiges éternelles, au zéro marin aux hautes latitudes, s'établissant vers 5 000 m dans les régions équatoriales.

— **Pathol.** La température de l'homme est maintenue constante par l'intervention d'un appareil diencéphalique de thermorégulation, appareil qui peut être déséquilibré par des poisons introduits ou formés dans l'organisme. Ce déséquilibre a lieu dans les deux sens. Il produit tantôt un abaissement anormal de la température (hypothermie), qui peut descendre à 33 °C dans le choléra ; tantôt une élévation anormale de la température (hyperthermie), qui correspond à la fièvre* et qui peut atteindre 42 °C et même 43 °C.

— **Physiol.** On distingue les animaux à température constante, ou homéothermes (oiseaux, mammifères), et les animaux à température variable, hétérothermes ou poïkilothermes (vertébrés à « sang froid », invertébrés), qui suivent les variations de la température ambiante. Les animaux hibernants* (marmotte, chauve-souris...) sont homéothermes pendant la belle saison et deviennent hétérothermes pendant leur « sommeil » hivernal.

— **Thermodyn.** La température est une grandeur intensive* (identique pour des corps en équilibre thermique), qui peut être définie de deux façons différentes : par l'intermédiaire de la mécanique statistique*, elle est liée à l'énergie cinétique moyenne des constituants de la matière à l'échelle atomique ; au niveau macroscopique, certaines propriétés des corps dépendant de la température (volume massique, résistivité électrique, etc.) peuvent être choisies pour construire des échelles empiriques de température. La plus ancienne est l'échelle centésimale (1742), attribuant arbitrairement les valeurs 0 et 100 degrés à la glace fondante et à l'eau bouillante, sous la pression atmosphérique normale. La température ainsi définie dépendant du phénomène choisi (la dilatation d'un fluide) pour constituer le thermomètre étalon, on utilise de préférence l'échelle Celsius, définie à partir de l'échelle Kelvin par :

T (Celsius) = T (Kelvin) – 273,15.

Cette dernière échelle, qui est celle du SI, ne dépend d'aucun phénomène particulier et définit donc des « températures absolues », identiques à celles définies par la mécanique statistique. Le zéro absolu (– 273,15 °C) a pu être approché à quelques millionièmes de degré près et les phénomènes physiques qui se manifestent dans son voisinage ont d'ores et déjà d'importantes applications (→ SUPRACONDUCTIVITÉ). Dans le domaine des hautes températures, les torches à plasma* permettent d'atteindre 50 000 K et les lasers de grande puissance utilisés pour les recherches sur la fusion nucléaire contrôlée permettent d'obtenir, pendant des temps très brefs, des températures dépassant cent millions de degrés.

• *Échelle Fahrenheit* → FAHRENHEIT (échelle de température de).

TEMPÉRER v. t. (lat. *temperare*) [conj. **18**]. *Litt.* **1.** Adoucir, modérer une température atmosphérique excessive : *Les arbres tempèrent l'ardeur du soleil.* — **2.** Atténuer qqch, en affaiblir la violence, l'intensité : *Tempérez votre enthousiasme.*

◆ **être tempéré** v. pass. **1.** En parlant d'un climat, être caractérisé par une amplitude thermique annuelle de l'ordre de 10 à 30 °C. (→ *encycl.*) — **2.** En parlant d'un intervalle musical, être légèrement diminué. — **3.** *Gamme tempérée,* gamme dans laquelle tous les tons et demi-tons sont parfaitement égaux. ‖ *Monarchie tempérée,* celle où une constitution limite les pouvoirs du souverain.

ENCYCL. **Climatol.** Le tableau montre la diversité des situations regroupées sous cette expression, au-delà du contraste thermique saisonnier, caractéristique générale. L'hiver peut être doux

CLIMAT TEMPÉRÉ								
		PRÉCIPITATIONS (en mm)			TEMPÉRATURES		
type de climat	*exemple*	*mois le plus sec*	*mois le plus humide*	*total annuel*	*mois le plus froid*	*mois le plus chaud*	*moyenne annuelle*
Zone méditerranéenne	Alger	juill. : 2	nov. : 117	765	janvier : + 11,9 °C	août : + 25,3 °C	+ 18,3 °C
Zone océanique	Brest	juin : 56	déc. : 150	1 129	février : + 6,1 °C	juillet : + 16 °C	+ 10,8 °C
Zone tempérée froide	Trondheim	avril : 56	oct. : déc. : 109	907	février : − 2,9 °C	juillet : + 14 °C	+ 4,7 °C
Zone continentale	Barnaoul	févr. : 6	juill. : 45	257	janvier : − 19 °C	juillet : + 19,5 °C	+ 0,4 °C
Bordure orientale des continents	Pékin	déc. : 2	juill. : 213	624	janvier : − 4,7 °C	juillet : + 26 °C	+ 11,7 °C

(Alger), frais (Trondheim ou Pékin) ou très rigoureux (Barnaoul), l'été peut être frais (Brest ou Trondheim) ou franchement chaud (Alger ou Pékin). L'été est sec à Alger, c'est la saison la plus arrosée à Pékin, les précipitations se répartissent assez également dans l'année à Brest ou Trondheim. En fait, l'expression est trop générale pour individualiser un véritable type climatique ; elle s'identifie plutôt au vaste domaine des latitudes moyennes entre les régions polaires et le monde tropical.

TEMPERLEY n. m. Appareil de déchargement comportant une poutre inclinée avec un chariot monorail, et dans lequel le levage de la charge ainsi que le déplacement du chariot s'effectuent avec le même câble.

TEMPÊTE n. f. (lat. pop. **tempesta,* temps bon ou mauvais). **1.** Violente tourmente atmosphérique, en partic. sur mer. – **2.** Explosion subite et violente de qqch, bruit violent : *Une tempête d'injures.* – **3.** Violente agitation psychologique, politique, etc. : *Un homme en proie à une tempête intérieure.* – **4.** Litt. *Une tempête dans un verre d'eau,* une grande agitation pour une cause insignifiante. ‖ *Tempête magnétique,* syn. de ORAGE* GÉOMAGNÉTIQUE.

Tempête *(la),* comédie-féerie en vers mêlés de prose de Shakespeare (1611-12). Prospero, duc de Milan, évincé par son frère, a maîtrisé les esprits de l'île déserte où il aborde : Ariel, esprit des airs, et Caliban, fils d'une sorcière. Grâce à ses sortilèges, Prospero marie sa fille au duc de Naples et rentre en possession de son duché.

TEMPÊTER v. i. (conj. **4**). Manifester avec éclat sa colère, son mécontentement, se répandre en invectives à l'égard de qqn, qqch : *Tempêter contre les lenteurs de l'Administration.*

TEMPÊTES *(cap des),* nom donné initialement au cap de Bonne-Espérance.

TEMPÉTUEUX, EUSE adj. (bas lat. *tempestuosus,* orageux). *Litt.* **1.** Se dit des lieux qui sont le théâtre de tempêtes fréquentes : *Côte tempétueuse.* – **2.** Qui est caractérisé par de l'agitation, des péripéties nombreuses : *Une liaison tempétueuse.* – **3.** Qui est sujet à des colères, des éclats.

TEMPLE n. m. (lat. *templum*). **1.** Édifice élevé en l'honneur d'une divinité ; lieu où l'on s'assemble pour l'exercice d'un culte. (→ *encycl.*) – **2.** Édifice dans lequel les protestants célèbrent leur culte. – **3.** Lieu privilégié que fréquentent les connaisseurs, les amateurs d'un art, d'un sport : *Le temple de la gastronomie.* • **Antiq.** Région du ciel ou du sol consacrée par les augures qui y faisaient leurs observations. ‖ *Le Temple,* édifice cultuel élevé à Jérusalem et dédié à Yahvé, dieu d'Israël. (La tradition historique distingue le *Premier Temple,* bâti par Salomon et détruit en 587 av. J.-C., et le *Second Temple,* reconstruit au retour de l'Exil, v. 520-515 av. J.-C., embelli par Hérode le Grand, détruit en 70 apr. J.-C.) – **Fr.-maçonn.** Syn. de LOGE. – **Hist.** *Chevalerie du Temple,* ordre des Templiers. ‖ *Maison du Temple,* ou *Temple,* lieu de réunion ou habitation des templiers dans les différentes villes de France.

ENCYCL. • *Proche-Orient.* Le temple oriental n'est pas le lieu de réunion des fidèles, mais la demeure divine, qui parfois dans les hautes époques (VIe-IVe millénaire) se différencie mal de la résidence d'apparat (succession de « temples » à Eridou). En revanche, dès la première moitié du IIIe millénaire, la Mésopotamie connaît des édifices religieux destinés au culte. Les temples de type sumérien, à cella barlongue, possèdent un accès sur le côté, ceux de type babylonien une entrée axiale (temple du dieu-soleil à Larsa).

Les architectes mésopotamiens construisent, à partir de l'extrême fin du IIIe millénaire, un type de bâtiment particulier, la ziggourat, ou tour à étages, dont les exemples les plus connus se dressent encore à Our, Ourouk, Nippour ou Tchoga Zanbil, en Susiane.

Le temple hittite était construit au milieu d'une grande cour entourée de magasins ; la cella s'ouvrait par un portique à piliers sur la cour intérieure du temple lui-même, et prenait jour sur l'extérieur par quatre fenêtres (Boğazköy).

Dans le domaine syrien, des temples aux salles de plan allongé à accès axial, de la première moitié du IIIe millénaire, se retrouvent durant le IIe millénaire (Ebla, Emar). C'est sans doute cette formule de la Syrie intérieure qui est à l'origine du plan du Temple de Jérusalem construit au Ier millénaire par des artisans phéniciens pour le roi Salomon.

• *Égypte.* Le temple égyptien abrite le principe divin, l'énergie créatrice. Interdit au profane, l'espace sacré est protégé par une enceinte. À toute époque, la structure du temple est un axe qui part de l'extérieur pour aboutir au cœur du sanctuaire, siège de la présence divine. Montée progressive du sol et abaissement du plafond symbolisent l'élévation de la terre vers le divin. Le plan type du temple divin comprend : une façade (un pylône au Nouvel Empire), une cour à ciel ouvert, une ou plusieurs salles hypostyles, un pronaos, un naos entouré de chapelles. Autour du bâtiment principal, on trouve d'autres éléments, tels le lac sacré, le *mammisi,* des ateliers, des entrepôts, des logements pour les prêtres, etc.

Parmi les principaux temples divins, citons l'ensemble de Karnak, Louqsor, Abydos, Abou-Simbel, les grands édifices ptolémaïques comme Dendérah ou Edfou.

Destiné à commémorer le règne d'un roi, le temple funéraire, où éternellement vit l'âme du pharaon, s'identifie au temple divin par l'association du culte du pharaon-individu à celui des dieux et à celui du pharaon divinisé (Deir el-Bahari pour la reine Hatshepsout, Ramesseum pour Ramsès II, Médinet Habou pour Ramsès III).

• *Grèce.* Le temple succède aux chapelles palatiales des princes crétois et achéens ; c'est le lieu de culte des nouvelles cellules de la société grecque archaïque (familles, fratries, cités, koinè, etc.).

Sanctuaire d'acropole (Athènes) ou édifice plus proche de la cité (Héphaistéion d'Athènes) ou encore temple à l'écart des grands centres tels les temples d'Égine, de Bassæ, du Sounion, l'Héraïon d'Argos, ceux de Samos, Didymes, Dodone, ou sanctuaire panhellénique (Olympie, Épidaure, Delphes), tous comportent une enceinte sacrée *(temenos)* où se dresse un autel, en plein air, de constitution très variée : simple motte de gazon ou construction monumentale (grand autel de Pergame). C'est sur l'autel que sont offerts au dieu des sacrifices divers. Face à l'autel, les grands sanctuaires abritent l'image du dieu dans un bâtiment spécial de plan oblong, couvert du toit à double pente, et qui abrite l'image divine. Il s'ouvre à l'E. par une porte sur un vestibule, ou *pronaos ;* ce vestibule tend à se répéter, pour la symétrie, à l'arrière du naos, avec laquelle il ne communique pas : c'est l'*opisthodome.* Ce rectangle intérieur est d'abord précédé d'une colonnade, dont les six colonnes soutiennent un entablement et un fronton où s'introduit la décoration sculptée ; bientôt la colonnade entourera le naos sur les quatre côtés ; une colonnade intérieure, sur deux ou trois côtés, peut agrandir la cella. Sur une fondation massive terminée par une assise de réglage s'élève une *krêpis* de trois marches dans l'ordre dorique, plus haute dans les grands temples ioniques. Outre la modénature muette (chapiteaux, assises moulurées), on voit fleurir à l'entablement une décoration sculptée (frise) qui s'épanouit dans les frontons ornés de statues polychromes (Olympie, Égine, Parthénon d'Athènes, etc.).

• *Rome.* Dès l'époque républicaine, l'architecture sacrée romaine, tout en subissant les influences étrusque, puis très vite grecque, se caractérise par un certain nombre d'originalités ; ainsi, dans les temples pseudopériptères, les colonnes de la cella sont englobées dans le mur de celle-ci, de même dans les temples à plan barlong (temples de la Concorde au Forum et de Véiovis sur le Capitole) et dans les temples ronds. Le règne d'Auguste est marqué par les nombreuses reconstructions de temples anciens, et par la naissance de l'ordre corinthien romain dont la Maison carrée de Nîmes est un bel exemple. Lorsque Hadrien reconstruit le Panthéon (bâti par Agrippa sur plan barlong), il lui donne une cella ronde couverte d'une ample coupole. Le Panthéon est l'ancêtre de tous les édifices à coupoles et à dôme.

• *Inde et contrées indianisées.* Aux alentours de l'ère chrétienne, l'essor du culte des idoles amène la construction de sanctuaires, demeures des dieux auxquels ils sont identifiés. Après une cella modeste, l'édifice est de plus en plus évocateur du mont Meru, l'axe du monde et le séjour des divinités brahmaniques. Les plus anciens sanctuaires jaina sont rupestres et imitent des constructions en matériaux périssables : cela demeure la règle pour les temples rupestres du IIe s. av. J.-C. au VIIIe s. apr. Le jaïnisme et surtout le bouddhisme développeront résidence des religieux (*vihāra,* réunion de cellules autour d'un espace libre) et lieu de culte (*caityagriha* de plan absidal, voûté en berceau), ainsi à Bhāyā, Kārli, Ajaṇṭā, etc. Les deux religions, et un peu plus tard le brahmanisme, réaliseront ainsi des temples de plus en plus complexes, associant édifices excavés et monolithes (Kailāsa d'Ellora), vers le moment où la construction en matériaux durables s'impose définitivement. Au cours de la période médiévale, alors que décline le bouddhisme, deux conceptions de l'architecture du temple brahmanique s'affrontent : sanctuaire imposé à tous les regards dont la similitude avec la montagne demeure du dieu est accusée (types curvilignes, dits *śikhara** : Bhubaneswar ; types pyramidaux, dits *vimāna :* Thanjāvūr). L'autre, attestée surtout dans le Sud, le soustrait à la vue en lui donnant une taille réduite et en l'enfermant à l'intérieur d'enceintes avec *gopura* dont les dimensions croissent vers la périphérie (Śrīraṅgam).

Hors de l'Inde règne la diversité locale surtout dans les contrées où le bouddhisme conservait la primauté (Sri Lanka, Birmanie, Thaïlande). Élévation d'étages autour d'un noyau central en Birmanie (Pagan, XIe s. et suiv.) ; mandala architectural en Indonésie (Bārābudur) ; pyramides à gradins dites temple-montagne au Cambodge (Bakong, Angkor Vat), formule qui se retrouve de façon plus modeste au Népal (Bhādgāun).

• *Chine.* Édifiés dans les plus beaux sites, les temples comprennent plusieurs bâtiments disposés selon un axe à l'intérieur d'une enceinte. Surtout construits en bois, ils sont couverts d'une toiture débordante à pente incurvée reposant sur des colonnes et recouverte de tuiles vernissées dont la couleur s'harmonise avec le rouge vif des colonnes. Ces temples sont souvent précédés de portiques en pierre ou en bois. Ce type s'est transmis au Viêt-nam et au Japon.

Temple (le), quartier de Paris (IIIe arrond.), qui doit son nom à l'enclos fortifié qu'occupèrent les templiers depuis le milieu du XIIIe s. jusqu'à la suppression de l'ordre en 1312, et auxquels succédèrent les hospitaliers de Saint-Jean de Jérusalem. L'ensemble, qui comprenait le palais du Grand-Prieur, une église, un donjon, ainsi qu'un marché, fut transformé au XVIIe s. C'est dans le donjon (« la tour du Temple ») que furent incarcérés Louis XVI et sa famille en août 1792. La tour fut démolie en 1808.

TEMPLE (*sir* William), diplomate et écrivain anglais (Londres 1628 - près de Farnham, Surrey, 1699). Ambassadeur à La Haye (1668-1671 et 1674-1679), il négocia la paix de Westminster (1674), puis fit conclure le mariage de la princesse Marie Stuart et de Guillaume de Nassau (1677) ; il représenta l'Angleterre aux congrès d'Aix-la-Chapelle (1668) et de Nimègue (1676-1679).

TEMPLE *(comte)* → GRENVILLE (Richard).

TEMPLE (Henry), 3e vicomte **Palmerston** → PALMERSTON.

TEMPLET n. m. (lat. *templum,* solive). **1.** Appareil destiné à maintenir tendu un tissu dans le sens de sa largeur au fur et à mesure de sa fabrication. — **2.** Instrument de relieur constitué par une baguette mobile comblant la rainure du cousoir.

TEMPLEUVE (59242), comm. du Nord, à 21 km au S.-E. de Lille ; 5 379 hab. Textile.

TEMPLEWOOD *(vicomte)* → HOARE.

TEMPLIER n. m. Chevalier de l'ordre du Temple.
ENCYCL. Fondé en 1119, à Jérusalem, par Hugues de Payns, sous le nom de *Pauvres Chevaliers du Christ,* l'ordre militaire du Temple, dont les membres — chevaliers, prêtres ou frères laïcs — s'appellent très vite templiers, se voue essentiellement à la protection des pèlerins de la Terre sainte et participe à toutes les grandes batailles livrées par les croisés en Palestine et en Espagne. La chute de Saint-Jean-d'Acre (1291) l'oblige à se fixer en Europe occidentale, en France notamment. Très riches, possédant d'immenses domaines, les templiers sont devenus très tôt les banquiers du pape et des souverains ; cette situation contribue à affaiblir spirituellement l'ordre et à alimenter des convoitises. Celles de Philippe IV le Bel s'affichent ouvertement à partir de 1307. Désirant s'emparer des biens des templiers, le roi de France recourt à la torture pour faire avouer à 138 chevaliers des forfaits — la sodomie et la sorcellerie notamment — qui sont à l'origine d'un long procès que le pape Clément V finit par abandonner aux agents du roi : ceux-ci font périr nombre de chevaliers comme hérétiques ou relaps (1307-1310). En 1312, au concile de Vienne, Clément V décide la suppression de l'ordre, ce qui n'empêche pas le Conseil royal de faire brûler, en 1314, le grand maître Jacques de Molay et plusieurs de ses compagnons. Les biens des templiers sont dévolus aux hospitaliers.

TEMPLION n. m. Ornement architectural ayant la forme d'un petit temple.

TEMPO [tɛm- ou tɛ̃-] n. m. (pl. *tempos* ou *tempi*) [ital. *tempo,* temps]. **1.** Vitesse d'exécution d'une œuvre. (Syn. MOUVEMENT.) — **2.** Notation des différents mouvements dans lesquels un morceau est écrit ou exécuté. — **3.** *Litt.* Rythme de déroulement d'une action quelconque : *L'action de ce film commence sur un tempo lent.*

TEMPORAIRE adj. (lat. *temporarius,* de *tempus, -oris,* temps). **1.** Qui ne dure qu'un temps limité : *Il a été nommé à titre temporaire.* — **2.** Qui exerce une activité pour un temps limité : *Employer un personnel temporaire.* — **3.** Se dit d'une forme de travail selon laquelle une entreprise (la *société de travail temporaire*) met, pour une durée déterminée, des travailleurs à la disposition de firmes ayant besoin de personnel, mais ne désirant pas procéder à des embauches à titre définitif. (Le contrat de travail temporaire nécessite un écrit.) [Syn. INTÉRIMAIRE.]

TEMPORAIREMENT adv. Pour quelque temps.

1. TEMPORAL, E, AUX adj. (bas lat. *temporalis*). **1.** Qui se rapporte à la tempe ou au lobe temporal. — **2.** *Lobe temporal,* lobe du cerveau situé sous la scissure de Sylvius. (→ *encycl.* Neurol.) ‖ *Os temporal* ou *temporal* (n. m.), os de forme très complexe, situé à la partie inférieure et latérale du crâne, en arrière du sphénoïde, sous le pariétal, en avant de l'occipital. (→ *encycl.* Anat.)

ENCYCL. **Anat.** L'*os temporal* comprend l'écaille, dont la face externe est traversée par l'apophyse zygomatique ; la partie mastoïdienne, située en arrière du conduit auditif externe ; le rocher, qui contient l'appareil auditif (oreille moyenne, oreille interne) et est traversé par l'artère carotide interne et le nerf facial.

— **Neurol.** *Lobe temporal.* Sur la face externe d'un hémisphère cérébral ne sont visibles que les deux premières circonvolutions temporales ; sur sa face inféro-interne se trouvent les trois autres circonvolutions. Seule la première circonvolution temporale, ou gyrus de Heschl, est bien connue : c'est le cortex auditif. L'hippocampe constitue la cinquième circonvolution temporale. Les lésions du lobe temporal se manifestent essentiellement par une aphasie, des troubles auditifs, olfactifs et gustatifs.

2. TEMPORAL n. m. (lat. *temporalis,* qui ne dure qu'un temps). Partie des livres liturgiques (missel, bréviaire, etc.) qui contient les messes et les offices des dimanches et des fêtes mobiles de l'année.

TEMPORALITÉ n. f. (lat. *temporalitas*). **1.** Caractère de ce qui se déroule dans le temps. — **2.** Juridiction du domaine temporel d'un évêché, d'un chapitre, d'une abbaye, etc. ; puissance temporelle.

TEMPOREL, ELLE adj. (lat. *temporalis,* de *tempus, -oris,* temps). **1.** Qui se rapporte, se situe dans le temps, est lié au temps (surtout par oppos. à *spatial*) : *Étudier un événement dans son déroulement temporel.* — **2.** Qui, étant situé dans le temps, a une durée limitée (par oppos. à *éternel*) : *L'existence temporelle de l'homme.* — **3.** Qui fait partie des choses matérielles, concerne les intérêts d'ici-bas, la vie terrestre (par oppos. à *spirituel*) : *Les biens temporels.* — **4.** Qui concerne la catégorie du temps ; qui est relatif au temps du verbe. — **5.** Se dit d'une conjonction ou d'une locution conjonctive introduisant une proposition de temps (*quand, lorsque, après que, depuis que,* etc.). — **6.** *Pouvoir temporel, puissance temporelle,* pouvoir des papes en tant que souverains territoriaux. ‖ *Proposition temporelle* ou *temporelle* (n. f.), syn. de PROPOSITION SUBORDONNÉE DE TEMPS*.
• **Télécomm.** *Commutation temporelle,* commutation électronique utilisant des voies de transmission numériques partagées dans le temps entre plusieurs communications simultanées.
◆ **temporel** n. m. **1.** Pouvoir temporel. — **2.** Revenu attaché à un bénéfice ecclésiastique.

TEMPORELLEMENT adv. **1.** Relativement au temps. — **2.** Dans l'ordre temporel, par oppos. à *spirituellement.*

TEMPORISATEUR, TRICE adj. et n. Qui, par tactique, par habitude, attend pour agir.
◆ adj. Qui vise à différer le moment d'agir ou de s'engager : *Politique temporisatrice.*
◆ **temporisateur** n. m. Appareil réalisant une temporisation.

TEMPORISATION n. f. **1.** Retard voulu apporté à une décision, une action. — **2.** Production d'un signal de sortie séparé d'un signal d'entrée par un intervalle de temps déterminé. — **3.** Un des temps caractérisant une fonction considérée d'un relais électrique à temps spécifié.

TEMPORISER v. i. (lat. médiév. *temporizare,* passer le temps) [conj. 3]. Différer, remettre à plus tard une décision, une action, généralement dans l'attente d'un moment plus favorable.

TEMPORISEUR adj. et n. m. *Litt.* Qui a l'habitude de temporiser.

TEMPORO-MAXILLAIRE adj. (pl. *temporo-maxillaires*). **1.** Qui se rapporte au temporal et au maxillaire inférieur. — **2.** Se dit de l'articulation qui unit le condyle du maxillaire inférieur au condyle et à la cavité glénoïde de l'os temporal.

TEMPS n. m. (lat. *tempus*). **1.** Notion fondamentale conçue comme un milieu infini dans lequel se succèdent les événements : *Situer une histoire dans le temps.* — **2.** Mouvement ininterrompu par lequel le présent devient le passé, considéré souvent comme une force agissant sur le monde, sur les êtres : *Vous oublierez avec le temps.* — **3.** Durée considérée comme une quantité mesurable : *Ce procédé nous fera gagner du temps.* — **4.** Partie limitée de cette durée occupée par un événement, une action : *Le temps de la traversée lui a paru interminable.* — **5.** Durée plus ou moins définie, dont qqn dispose : *Bien employer son temps. Elle est avare de son temps.* — **6.** Chacune des phases successives d'une opération, d'une action : *Un programme de travaux réalisé en deux temps.* — **7.** Moment, époque occupant une place déterminée dans la suite des événements ou caractérisée par qqch : *En ce temps-là, j'habitais Paris. En temps de paix.* — **8.** Moment, période, saison marqués par un genre de production, par tel caractère, etc. : *Le temps des semailles.* — **9.** État de l'atmosphère, en un lieu donné, à un moment donné : *Temps chaud et sec.* — **10.** *À temps,* au moment approprié, pas trop tard. ‖ *Avant le temps,* prématurément. ‖ *Avoir fait son temps,* être arrivé au terme fixé pour une fonction ou, pour un condamné, à l'expiration de sa peine ; avoir accompli son service militaire ; être hors d'usage ou ne plus être d'actualité, être périmé. ‖ *Avoir le temps de,* avoir le temps nécessaire pour faire qqch. ‖ *Dans le temps, au temps jadis,* autrefois. ‖ *Depuis le temps,* depuis cette époque éloignée, cela fait longtemps. ‖ *De temps en temps, de temps à autre,* à des moments plus ou moins éloignés, par intervalles, sans régularité. ‖ *En même temps,* dans le même instant, simultanément ; à la fois. ‖ *En son temps,* au moment prévu ou le plus opportun. ‖ *En temps et lieu,* au moment et à l'endroit convenables. ‖ *En temps voulu, en temps utile,* au moment opportun. ‖ *Être de son temps,* penser, vivre, agir en conformité avec les idées couramment admises de son époque. ‖ *Il est temps de,* le moment est venu de faire telle chose, cela devient urgent. ‖ *Il était temps !,* il s'en est fallu de peu. ‖ *Il n'est que temps,* il faut se hâter d'agir. ‖ *Le bon vieux temps,* passé lointain et indéterminé qui apparaît comme un âge d'or. ‖ *N'avoir, ne durer qu'un temps,* être de courte durée. ‖ *Passer le temps,* s'occuper à n'importe quoi en attendant l'heure fixée pour qqch. ‖ *Prendre, s'offrir, se payer du bon temps,* se divertir, profiter de la vie. ‖ *Prendre (tout) son temps,* faire qqch sans se presser. ‖ Fam. *Temps de chien, de cochon, sale temps,* très mauvais temps. ‖ *Temps fort,* moment le plus important, point culminant de qqch. ‖ *Temps mort,* moment d'inactivité dans un travail, pause ; moment où il ne se passe rien. ‖ *Tout le temps,* toujours, sans arrêt. ‖ *Travailler à temps partiel,* être employé dans une entreprise pendant un nombre d'heures inférieur à la durée hebdomadaire légale du temps de travail (par oppos. à *plein temps*). • **Astron.** *Temps atomique (TA),* échelle de temps déduite des indications d'une horloge atomique. ‖ *Temps atomique international (TAI),* échelle de temps établie par le Bureau international des poids et mesures sur la base des données fournies par un ensemble d'horloges atomiques. (→ *encycl.*) ‖ *Temps des éphémérides (TE),* échelle de temps déduite de résultats fournis par la mécanique céleste, notamment de l'étude du mouvement de la Lune. ‖ *Temps sidéral,* échelle de temps fondée sur l'angle horaire du point vernal. (→ *encycl.*) ‖ *Temps solaire,* échelle de temps fondée sur l'angle horaire du centre du Soleil. (→ *encycl.*) ‖ *Temps universel (UT),* temps civil de Greenwich. (→ *encycl.*) ‖ *Temps universel coordonné (UTC),* échelle de temps diffusée par les signaux horaires, selon des règles admises internationalement. (→ *encycl.*) — **Chorégr.** Moment d'élévation. ‖ Une des phases de la décomposition d'un pas. ‖ Pas se décomposant en plusieurs mouvements. — **Chronol.** *Temps légal,* échelle de temps prescrite par la loi dans un pays ou dans une région et correspondant au temps civil d'un méridien donné. (Syn. HEURE LÉGALE.) — **Cybern.** *Temps mort,* pour un élément d'une chaîne de commande, temps qui s'écoule entre l'application d'un signal d'entrée et le début du signal de sortie correspondant. — **Équit.** Chacun des gestes ou ensemble de gestes qui composent une foulée complète d'un cheval dans une allure donnée. — **Gramm.** *Complément de temps, subordonnée de temps,* complément ou subordonnée exprimant, par rapport au verbe principal, un moment, une époque, une durée, etc. — **Horlog.** *Étalon de temps,* dispositif définissant un temps très précis devant servir de base de référence. — **Ling.** Catégorie grammaticale de la localisation dans le temps, qui s'exprime, en particulier, par la modification des formes verbales. ‖ Chacune des séries verbales personnelles de la conjugaison (présent, imparfait, etc.). — **Mar.** *Coup de temps,* syn. de COUP DE VENT*. — **Mécan.** Chacune des phases d'un cycle d'un moteur à combustion interne. — **Météo.** *Type de temps,* ensemble de conditions de température et d'humidité atmosphériques momentanément stables et revenant à des intervalles relativement fréquents, sinon réguliers. — **Mus.** Division de la mesure. (Suivant que la mesure admet 2, 3, 4, 5 subdivisions ou plus, on dit qu'elle est à 2, 3, 4, 5 temps. Chaque temps est lui-même divisible en 2 ou 3 unités de temps.) — **Phys.** Paramètre permettant de repérer les événements dans leur succession. ‖ Durée d'un phénomène mesurée par la différence entre les valeurs finale et initiale du paramètre précédent. — **Presse.** *Temps d'antenne,* durée déterminée d'émissions de radio ou de télévision diffusées dans le cadre de la programmation. — **Sociol.** *Temps choisi,* travail à horaire variable (temps partiel, horaires à la carte...). – **Sports.** Durée chronométrée d'une épreuve, en partic. d'une course, d'un match, etc. ‖ *Temps mort,* au basket-ball et au volley-ball, minute de repos accordée à la demande d'une équipe.

◆ n. m. pl. **1.** Période, moment de la chronologie, de l'histoire, désignés de façon indéterminée, sans précision de durée ni de date : *Les temps modernes.* – **2.** Époque contemporaine, celle dans laquelle on vit : *Se plaindre de la dureté des temps.* – **3.** *Dans la suite des temps,* dans l'avenir et jusqu'à une date fort éloignée. ‖ *Être dans les temps,* respecter les délais prévus, ne pas prendre de retard.

ENCYCL. **Astron.** et **Chronol.** L'établissement d'une chronologie exige de définir au préalable un instant origine et une unité de mesure du temps constante. On réalise ainsi une échelle de temps.

• *Temps sidéral.* La rotation de la Terre sur elle-même donne une première mesure du temps, la durée d'une rotation constituant un *jour* sidéral.* Mais on sait à présent que la vitesse de rotation de la Terre subit des fluctuations diverses, dont certaines sont imprévisibles.

• *Temps solaire.* La vie quotidienne impose de prendre en compte un temps solaire. Celui-ci est, en fait, calculé d'après la position instantanée du Soleil par rapport au point vernal γ. Mais le Soleil ayant un mouvement sur l'écliptique irrégulier, on définit un *Soleil moyen,* décrivant l'équateur (et non plus l'écliptique) d'un mouvement uniforme. L'écart entre les heures de passage au méridien du Soleil vrai et à celui du Soleil moyen s'appelle l'*équation* du temps.* Il varie entre + et – 15 min. env.

• *Temps universel.* On a choisi un méridien origine qui coïncide pratiquement avec celui de l'ancien observatoire de Greenwich. Puis on a divisé la Terre en 24 fuseaux*, correspondant à des décalages d'une heure. Chaque pays a décidé de se rattacher (suivant son étendue) à un ou plusieurs de ces fuseaux internationaux. Certains pays changent de fuseau selon la saison (heure d'été, heure d'hiver). Le temps ainsi défini est dit *temps légal.* La connaissance du numéro du fuseau auquel on est rattaché permet de repérer l'instant d'un phénomène quelconque par rapport à un système international qui porte le nom de temps universel (UT).

• *Temps atomique international.* Cette échelle de temps, établie sur la base d'indications fournies par des horloges atomiques, formée d'une succession ininterrompue de secondes internationales (SI), constitue la base mondiale du temps pour les usages scientifiques et civils.

• *Temps universel coordonné.* Le retour du Soleil au même méridien sous l'effet conjugué de la rotation de la Terre et du mouvement du Soleil parmi les étoiles est la base de l'échelle de temps universel. Celle-ci ne coïncide pas avec l'échelle TAI, aussi les signaux horaires et les horloges parlantes diffusent-ils le *temps universel coordonné* (UTC), défini depuis 1972, qui est, comme le TAI, une succession de secondes internationales mais numérotées de telle sorte que l'échelle ainsi constituée coïncide avec le temps universel à moins de 0,9 seconde près. Quand les échelles TAI et UT ont trop divergé, on effectue un saut dans la numérotation de secondes de l'échelle UTC, en général à la fin de juin et à la fin de décembre. Depuis 1978, le temps légal en France est le temps universel coordonné auquel on ajoute une ou deux heures suivant la saison.

Temps *(le),* quotidien du soir, fondé en 1861 à Paris par A. Nefftzer, ancien rédacteur en chef de *la Presse,* à qui succéda son neveu, Adrien Hébrard. Il a joué un rôle essentiel dans la vie politique de la IIIe République. Il cessa de paraître en 1942. Sa formule fut reprise par *le Monde*.*

Temps modernes *(les),* film de Charlie Chaplin (1936), réalisé aux États-Unis, satire du monde moderne et de ses automatismes, et le premier film où l'on entend la voix du réalisateur.

Temps modernes *(les),* revue mensuelle philosophique, politique et littéraire, fondée en 1945 par Jean-Paul Sartre avec la collaboration notamment de R. Aron, S. de Beauvoir, M. Leiris, M. Merleau-Ponty, A. Ollivier, J. Paulhan, Etiemble.

TEMPURA n. m. inv. (mot jap.). Friture de légumes ou de poissons, à pâte très légère. (Cuisine japonaise.)

TEMSE, comm. de Belgique (Flandre-Orientale), sur l'Escaut ; 23 600 hab.

TEMUCO, v. du Chili méridional, ch.-l. de la prov. du Cautin ; 186 500 hab. Aéroport. Musée Araucan.

TEN, abrév. de *tenuto.*

TENABLE adj. **1.** Où l'on peut demeurer : *On étouffe ici, ce n'est plus tenable.* – **2.** Qu'on peut faire tenir en place, rester tranquille : *Les élèves ne sont pas tenables.*

TENACE adj. (lat. *tenax, -acis,* de *tenere,* tenir). **1.** Qui adhère fortement à qqch ; qui est difficile à enlever : *Les taches de goudron sont tenaces.* – **2.** Se dit d'une odeur qui ne se dissipe pas facilement : *Un parfum tenace.* – **3.** Qui se maintient, persiste en dépit du temps ou des efforts pour le combattre : *Un ressentiment tenace.* – **4.** Qui est très attaché à ses idées, qui poursuit avec opiniâtreté ses desseins : *Un adversaire tenace.* – **5.** Se dit d'un matériau doué de ténacité.

TENACEMENT adv. *Litt.* De façon tenace.

TÉNACITÉ n. f. (lat. *tenacitas,* de *tenere,* tenir). **1.** Qualité de ce qui adhère fortement, qui persiste longtemps : *La ténacité de la rouille.* — **2.** Persistance d'un état d'esprit, d'une opinion, dont on ne peut se défaire : *La ténacité d'un souvenir.* — **3.** Caractère tenace de qqn. — **4.** Propriété d'un matériau possédant à la fois une forte résistance à la rupture et une faible aptitude à la propagation des fissures.

TENAILLANT, E adj. *Litt.* Qui tenaille : *Une faim tenaillante.*

TENAILLE n. f. ou **TENAILLES** n. f. pl. (lat. pop. *tenacula,* du bas lat. *tenaculum,* du lat. class. *tenere,* tenir). **1.** Outil formé de deux branches croisées et articulées autour d'un axe, terminées par des mors qu'on peut rapprocher pour saisir, serrer ou couper certains objets. — **2.** Élément extérieur de la fortification bastionnée, couvrant la courtine. — **3.** *Prendre qqn en tenaille(s),* le serrer, le prendre entre deux forces qui l'écrasent, l'étreignent.

TENAILLEMENT n. m. *Litt.* Action de tenailler, de torturer.

TENAILLER v. t. (conj. 3). **1.** *Litt.* Soumettre qqn au supplice qui consistait à déchirer les chairs avec des tenailles, le plus souvent rougies au feu. — **2.** Faire subir à qqn une souffrance particulièrement vive : *Un coupable que les remords tenaillent.*

TÉNALGIE n. f. Douleur au niveau d'un tendon.

TENANCIER, ÈRE n. (anc. fr. *tenance,* propriété). **1.** *Vx.* Personne qui dirigeait un établissement soumis à la surveillance des pouvoirs publics, et dont l'ouverture était soumise à autorisation. — **2.** Personne qui tenait une terre à cens ou à bail.

TENANT, E adj. **1.** Qui tient en permanence à autre chose : *Chemise à col tenant.* — **2.** *Séance tenante,* immédiatement, sur-le-champ.

◆ **tenant** n. m. **1.** Personne qui soutient, défend activement qqn, une idée, une doctrine : *C'est un tenant du libéralisme.* — **2.** Dans un sport ou un jeu, équipe ou concurrent qui détient un titre, par oppos. au *challenger* ou à plusieurs équipes ou concurrents qui essaient de le lui ravir. (On dit aussi TENANT DU TITRE.) — **3.** Motif décoratif figurant un personnage soutenant un ornement. — **4.** En héraldique, être humain employé comme support de l'écu. — **5.** *D'un seul tenant,* qui se présente d'un seul morceau, sans division.

TÉNARE, en gr. **Tainaron,** cap et ville de Grèce, dans la partie méridionale du Péloponnèse. Le cap Ténare est auj. le cap *Matapan*.*

TENASSERIM, prov. du sud de la Birmanie ; 43 328 km² ; 918 000 hab. Ch.-l. *Tavoy.* Région montagneuse, au climat équatorial. Extraction minière (étain et tungstène), sylviculture (teck), plantations (hévéas), riziculture et pêche.

TENCE (43190), ch. l. de cant. de la Haute-Loire, dans le Velay ; 2 824 hab. *(Tençois).* Église en partie du XVᵉ s.

TENCHI TENNŌ (626-671), empereur du Japon (662-671), fils de l'empereur Jomei. Il participa à la réforme de Taika. Après une cuisante défaite navale, il évacua le Mimana (sud de la Corée).

TENCIN (Pierre GUÉRIN DE), prélat français (Grenoble 1679 - Lyon 1758). Archevêque d'Embrun (1724) puis de Lyon (1740), cardinal (1739), ministre d'État (1742-1751), il lutta contre les jansénistes.

TENCIN (Claudine Alexandrine GUÉRIN DE), femme de lettres française (Grenoble 1682 - Paris 1749), sœur du précédent. Religieuse relevée de ses vœux (1712), elle s'installa à Paris où elle se fit remarquer par ses liaisons illustres (elle donna le jour à d'Alembert) et ouvrit un salon fréquenté par Fontenelle, Marivaux et Duclos.

Tendai, importante secte bouddhiste japonaise. Elle doit son origine à Saichō (connu après sa mort sous le nom de Dengyō Daishi) qui l'amena de Chine en 806. Son enseignement, basé sur le Sūtra du lotus, tente d'harmoniser tous les enseignements du bouddhisme. Son centre est le Enryaku-ji, sur le mont Hiei près de Kyōto, fondé par Saichō lui-même.

TENDANCE n. f. (de *tendre*). **1.** Disposition particulière qui incline qqn à avoir tel type de comportement : *Il a une certaine tendance à exagérer.* — **2.** Orientation, direction de l'évolution de qqch : *Les tendances de la musique contemporaine.* — **3.** Fraction d'un parti politique, d'un syndicat fondée sur des idées divergentes de celles de la majorité. — **4.** *Avoir tendance à,* être porté, enclin à. ‖ *Procès de tendance,* accusation portée contre qqn uniquement en raison des intentions qu'on lui suppose. ‖ *Tendance générale,* mouvement de longue durée, à la hausse ou à la baisse, qui représente l'évolution fondamentale d'un phénomène. (Il s'agit du « trend » anglo-saxon.)

TENDANCIEL, ELLE adj. Qui marque une tendance dans une évolution.

TENDANCIELLEMENT adv. De façon tendancielle.

TENDANCIEUSEMENT adv. De façon tendancieuse.

TENDANCIEUX, EUSE adj. Qui n'est pas objectif, qui manifeste une tendance idéologique, des idées qui déforment : *Article tendancieux. Un critique tendancieux.*

TENDE (06430), ch.-l. de cant. des Alpes-Maritimes, dans la vallée de la Roya, au S.-S.-E. du *col de Tende ;* 2 123 hab. *(Tendasques).* Église des XVe-XVIe s. Centre de séjour.
– **Hist.** Le comté de Tende échut en 1501 à la famille de Savoie, et fut réuni à la France de 1796 à 1814. La ville est devenue française en 1947, à la suite d'un référendum qui suivit le traité de Paris.

TENDE *(col de),* col des Alpes-Maritimes, à la frontière franco-italienne ; 1 871 m. Tunnel routier (1 279 m d'altitude) mettant Nice en relation avec Cuneo.

TENDE-DE-TRANCHE n. m. (pl. *tendes-de-tranches*). Morceau de la cuisse du bœuf, débité en rôtis. (Syn. TRANCHE.)

TENDELET n. m. Accessoire de protection amovible des places extérieures d'un coupé ou d'un cabriolet.

TENDELLE n. f. (de *tendre 1*). Piège à grives.

TENDER [tɑ̃dɛr] n. m. (angl. *tender,* de *to tend,* prendre soin de). **1.** Véhicule qui, placé immédiatement après une locomotive à vapeur, porte le combustible (charbon ou fuel) et l'eau nécessaires à l'alimentation de la machine. – **2.** Bateau de service dans les forages sous-marins.

TENDEUR, EUSE n. Personne qui tend, dresse qqch : *Un tendeur de pièges.*
◆ **tendeur** n. m. **1.** Organe qui assure la tension d'un câble, d'un fil, d'une courroie. – **2.** *Tendeur d'attelage,* organe d'accouplement entre deux véhicules ferroviaires.

TENDINEUX, EUSE adj. (bas lat. *tendo, -inis,* tendon). **1.** Qui se rapporte à un tendon. – **2.** Se dit d'une viande qui contient des parties coriaces.

TENDINITE n. f. Inflammation d'un tendon.

TENDON n. m. (bas lat. *tendo, -inis*). Cordon ou faisceau fibreux, situé à l'extrémité des muscles, et servant à les relier aux os, aux aponévroses, à la peau.

1. TENDRE v. t. (lat. *tendere*) [conj. 73]. **1.** Soumettre qqch à une traction, le tirer de telle sorte qu'il devienne droit, qu'il s'allonge au maximum, qu'il occupe un plus grand espace : *Tendre une corde.* – **2.** Revêtir un mur de tissu, de papier : *Tendre une chambre de papier japonais.* – **3.** Allonger une partie du corps au maximum : *Elle tendit les bras vers moi.* – **4.** Présenter un objet à qqn pour qu'il le prenne avec la main : *Tendre le plat à un invité.* – **5.** Présenter une partie du corps à qqn, l'offrir : *Serrer la main qu'on vous tend.* – **6.** Rassembler ses ressources pour les appliquer à qqch : *Tendre toute son énergie pour réussir.* – **7.** Produire un état de tension, d'hostilité, de conflit entre des personnes : *La discussion avait tendu l'atmosphère.* – **8.** *Appareil à tendre,* syn. de APPAREIL À TENSIONNER. ‖ Syn. de TENSIONNER. – **9.** *Tendre le dos, l'échine,* s'apprêter à recevoir des coups ou à essuyer des reproches, des critiques. ‖ *Tendre la main,* demander l'aumône ; demander servilement quelque faveur ; offrir son aide, son alliance. ‖ *Tendre un piège, des lignes, etc.,* les disposer pour prendre du gibier, du poisson. ‖ *Tendre un piège, des embûches,* préparer contre qqn une tromperie, une machination.
◆ v. t. ind. **1.** Aspirer à, viser à : *Des mesures qui tendent à réduire l'inflation.* – **2.** Évoluer vers telle fin, tel état : *La situation tend à se normaliser.* – **3.** Se rapprocher d'une valeur limite sans l'atteindre : *Tendre vers un maximum.*
◆ **être tendu** v. pass. **1.** Être dans un état de grande tension psychique : *Avoir les nerfs tendus.* – **2.** Etre tapissé de revêtement : *Une chambre tendue de papier peint.* – **3.** En parlant d'un style, être nerveux, suggérer un dynamisme contenu. – **4.** En parlant d'un phonème, être émis avec une forte tension articulatoire, par oppos. à *relâché.*
◆ **se tendre** v. pr., **être tendu** v. pass. En parlant de rapports, se détériorer : *La situation politique est très tendue.*

2. TENDRE adj. (lat. *tener, -eri*). **1.** Qui se laisse facilement entamer, qui offre peu de résistance à un objet dur : *Du bois tendre.* – **2.** Se dit des aliments faciles à couper, à mâcher : *Un bifteck tendre.* – **3.** *Litt.* Se dit d'un végétal nouveau, délicat, fragile : *Se coucher dans l'herbe tendre.* – **4.** Se dit d'une couleur peu marquée, de teinte délicate : *Un rose tendre.* – **5.** Qui est affectueux, qui manifeste l'affection, l'amour : *Une mère tendre. De tendres caresses. Dire des mots tendres.* – **6.** Se dit du bois des résineux, par oppos. aux bois des feuillus, dits *bois durs.* – **7.** *Avoir la bouche tendre,* en parlant d'un cheval, être très sensible au mors. ‖ *N'être pas tendre,* se montrer sévère et dur. ‖ *Pierre tendre* ou *très tendre,* calcaire de faible densité (1 400 à 1 850 kg/m^3) et de faible résistance à la compression (jusqu'à 12 MPa). ‖ *Tendre enfance,* petite enfance, première jeunesse.
◆ n. Personne facile à émouvoir, accessible à l'émotion, à l'amour, à la pitié.

Tendre *(Carte du)* → CARTE DU TENDRE.

TENDREMENT adv. D'une façon tendre.

TENDRESSE n. f. Sentiment tendre d'amitié, d'affection, d'amour qui se manifeste par des paroles, des gestes doux et des attentions délicates.
◆ **tendresses** n. f. pl. Témoignages d'affection.

TENDRETÉ n. f. Qualité de ce qui est tendre, notamment des viandes.

TENDRON n. m. (anc. fr. *tendrum,* cartilage, du lat. pop. **tenerumen,* du lat. class. *tener, -eri,* tendre). **1.** Morceau du bœuf et du veau découpé dans la cage thoracique, au niveau des côtes flottantes. – **2.** *Fam.* et *vx.* Très jeune fille.

TENDU → TENDRE 1.

TÈNE (La), village de Suisse, sur la rive nord du lac de Neuchâtel, qui a donné son nom au deuxième âge du fer*. L'ensemble des découvertes (commencées en 1858) a fourni les éléments caractéristiques de cette civilisation celtique : habitat rustique, nécropole aux modes de sépulture divers (incinération ou inhumation en fosse) avec mobilier abondant et importations italo-grecques dans les sépultures de chefs, dites « tombes à char », le défunt y reposant dans son char de combat à deux roues. La civilisation du deuxième âge du fer, qui débute v. 450 av. J.-C., a été divisée en trois phases chronologiques, dite « La Tène I » (v. 475-300 av. J.-C.), « La Tène II » (v. 300-v. 120 av. J.-C.) et « La Tène III », qui s'étend jusqu'aux alentours de la conquête romaine, mais qui persiste en Grande-Bretagne sous une forme tardive jusqu'au Ier s. apr. J.-C. Armes, bijoux et monnayage révèlent l'originalité du répertoire décoratif celte, où schématisation, foisonnement d'entrelacs, de volutes et de triskèles donnent naissance à un monde fantastique.

TÉNÈBRES n. f. pl. (lat. *tenebrae*). *Litt.* **1.** Obscurité profonde, sinistre, qui peut provoquer la peur, l'angoisse : *La panne a plongé la ville dans les ténèbres.* – **2.** Domaine de ce qui est obscur, inconnu, difficile à comprendre : *Les ténèbres de la personnalité humaine.* – **3.** Office de nuit du jeudi et du vendredi saints. – **4.** Litt. *L'ange, le prince, l'esprit des ténèbres,* le démon. ‖ Litt. *Les ténèbres extérieures,* l'enfer des damnés. ‖ Litt. *Les ténèbres de la mort,* l'obscurité dans laquelle le mourant a la sensation d'être plongé.

TÉNÉBRESCENCE n. f. (de *ténèbres,* sur *luminescence*). Perte de luminosité, de coloration de certaines substances (scotophores) lorsqu'elles sont soumises à certaines radiations (rayons cathodiques ou infrarouges).

TÉNÉBRESCENT, E adj. Qui présente le phénomène de ténébrescence.

TÉNÉBREUSEMENT adv. *Litt.* De façon ténébreuse, obscure.

TÉNÉBREUX, EUSE adj. (lat. *tenebrosus*). *Litt.* **1.** Se dit d'un lieu plongé dans les ténèbres, dans une obscurité profonde : *Un gouffre ténébreux.* – **2.** Qui se fait secrètement, dans l'ombre et avec une intention malveillante : *Prêter à quelqu'un de ténébreux projets.* – **3.** Qui reste obscur, mal connu, mystérieux ; secret : *Une affaire ténébreuse.*

◆ adj. et n. *Litt.* Qui est d'humeur sombre, mélancolique, qui s'entoure de mystère.

TÉNÉBRION n. m. (lat. *tenebrio,* ami des ténèbres). Nom scientifique du ver de farine et des insectes voisins, vivant dans le terreau des vieux arbres, où se développent leurs larves, dans les maisons et les boulangeries, où leurs larves vivent dans la farine.

TÉNÉBRIONIDÉ n. m. Nom de famille des blaps, pimélies, ténébrions et autres coléoptères des lieux obscurs.

TÉNÉBRISME n. m. Courant du caravagisme se signalant par des scènes à ambiance sombre et éclairage artificiel.

TÉNÉBRISTE adj. et n. (ital. *tenebroso*). Qui se rapporte, se rattache au ténébrisme.

TÉNÉDOS, en turc **Bozcaada,** île turque de la mer Égée, entre Lemnos et l'Anatolie ; 40 km². Vignobles.

TÉNÉRÉ ou **TÉNÉRÉ DU TAFASSASSET,** plaine sableuse (Sahara du Niger), entre l'Aïr et les hauts plateaux du Nord-Est nigérien.

TENERIFE ou **TÉNÉRIFFE** *(île de),* la plus vaste et la plus peuplée des îles Canaries ; 1 919 km² ; 500 400 hab. Ch.-l. *Santa Cruz de Tenerife.* Volcanique, très accidentée (3 718 m au pic de Teide), l'île porte des cultures (fruits, vigne, céréales) parfois irriguées. Raffinage du pétrole. Tourisme. Observatoire astronomique.

Tenerife ou **Ténériffe** *(chien),* variété de chien bichon à poil frisé.

Tenerife ou **Ténériffe** *(dentelle de),* dentelle à aiguille originaire de l'île de Tenerife où elle est encore fabriquée et appelée également *nansouty.* Elle est exécutée sur une sorte de moule dont le bord cranté permet la création d'un réseau en toile d'araignée.

TÉNESME [-nɛm] n. m. (lat. *tenesmus,* du gr. *tênesmos,* de *teinein,* tendre). Tension douloureuse et brûlure produites par l'irritation et la contraction spasmodique des sphincters.

1. TENEUR n. f. (lat. *tenor,* du lat. class. *tenire,* tenir). **1.** Contenu essentiel d'un propos, d'un texte, d'un acte juridique : *Quel est exactement la teneur de cet article ?* – **2.** Ce qu'un corps contient d'une matière déterminée (mesurée en %) : *La teneur en fer d'un minerai.* – **3.** *Teneur isotopique,* dans un mélange d'isotopes d'un même élément, rapport du nombre des atomes d'un isotope donné au nombre total des atomes de cet élément.

2. TENEUR, EUSE n. (de *tenir*). *Teneur, teneuse de livres,* personne chargée de tenir des livres de comptabilité.

TENGGER, massif volcanique de l'est de Java (Indonésie), comprenant le Semeru, point culminant de l'île (3 676 m).

TENGRI NOR, nom mongol du Nam Co.

TENG SIAO-P'ING → DENG XIAOPING.

TÉNIA ou **TÆNIA** n. m. (lat. *tœnia,* du gr. *tainia,* bandeau). Ver plat (classe des cestodes) parasite des mammifères, tel que *Tænia saginata* et *T. solium,* parasites à l'état adulte de l'intestin de l'homme. (Syn. courant VER SOLITAIRE.)

ENCYCL. *Tænia saginata* est un parasite de l'intestin grêle de l'homme ; il mesure plusieurs mètres et est fait de 1 000 à 2 000 anneaux plats. La tête ou scolex, minuscule, se fixe au moyen de quatre ventouses dépourvues de crochets (ténia « inerme »). À partir des anneaux évacués dans les selles, sont libérés les œufs ou embryophores qui souillent le sol ; les bovins se contaminent en broutant des herbages et c'est la consommation de viande crue ou insuffisamment cuite qui réinfecte l'homme.

Tænia solium est devenu rare en Europe occidentale ; le ver mesure de 2 à 8 m. L'homme est son seul hôte définitif, tandis que le porc est l'hôte intermédiaire ; les ventouses du scolex sont armées de crochets (ténia « armé ») et le cycle évolutif est très voisin de celui du *T. saginata.*

TÉNIASE n. f., **TÉNIASIS** ou **TÆNIASIS** n. m. **1.** Parasitose de l'homme ou de certains mammifères, due à un ténia adulte. — **2.** *Téniasis du mouton,* syn. de MONIÉZIOSE.

TÉNICIDE adj. et n. m. Se dit d'un médicament qui tue les ténias.

TENIENTE (El), localité du Chili central, au N.-E. de Rancagua ; 11 000 hab. Extraction du cuivre.

TENIERS (David II), personnalité la plus importante d'une famille de peintres flamands (Anvers 1610 - Bruxelles 1690). Reçu maître à Anvers en 1632, nommé en 1647 peintre de cour et conservateur des collections de l'archiduc Léopold-Guillaume, il s'installa à Bruxelles en 1651. Son œuvre est abondante et diverse. Marquée à partir de 1635 par l'influence de Brouwer (scènes de cabaret), elle culmine vers 1640-1650 sous celle de Rubens (kermesses villageoises, paysages animés). Alors souple, fine, argentée, la manière de Teniers s'alourdit vers la fin de sa vie.

TÉNIFUGE adj. et n. m. Se dit d'un médicament entraînant l'expulsion des ténias.

TENIMBAR → TANIMBAR.

TENIR v. t. (lat. pop. **tenire,* du lat. class. *tenere*) [conj. **40**]. **1.** Avoir qqch avec soi, à la main, le serrer sur soi, contre soi pour qu'il ne s'échappe pas : *Tenir un paquet sous le bras.* — **2.** Saisir qqn, un animal et le maintenir, le maîtriser, guider ou entraver son mouvement : *Tenir un cheval par la bride.* — **3.** Saisir qqch, le serrer, s'y agripper pour ne pas tomber : *Tenir la rampe.* — **4.** Retenir, maintenir en place qqch d'autre : *L'amarre qui tenait le bateau s'est rompue.* — **5.** Se saisir de qqn, d'un animal, s'en rendre maître : *La police tient les coupables.* — **6.** Profiter de la présence de qqn, ne pas le laisser partir : *Puisque je vous tiens, je vais vous demander un service.* — **7.** Saisir qqch de telle manière, le placer, le garder dans telle position : *Apprendre à bien tenir son archet.* — **8.** Avoir, garder, maintenir telle attitude, tel état : *Tenir les yeux baissés. Tenir son sérieux.* — **9.** Garder tel qqn ou qqch : *Tenir un plat au chaud.* — **10.** *Tenir une maison,* s'occuper de son entretien. — **11.** Avoir qqn, un groupe sous son autorité et s'en faire obéir : *Professeur qui ne sait pas tenir sa classe.* — **12.** Gérer, diriger un établissement, avoir la charge d'une fonction : *Tenir un hôtel. Tenir une rubrique dans un journal.* — **13.** *Tenir des comptes, un registre,* en être chargé, s'en occuper. — **14.** *Tenir un temps, une quantité, un espace,* occuper, remplir ce temps, cet espace, contenir cette quantité. — **15.** Occuper qqn tout le temps : *Les préparatifs du départ l'ont tenu.* — **16.** Avoir prise sur qqn, en parlant d'un sentiment, d'un mal : *Quand la colère le tient, il est dangereux.* — **17.** En parlant de qqch, garder la forme donnée : *Cette étoffe ne tient pas le pli.* — **18.** *Tenir une promesse, un engagement, etc.,* faire ce que l'on a promis, ne pas se dédire : *Il a tenu (sa) parole.* — **19.** Avoir qqch en sa possession, le détenir, le posséder, en partic. après l'avoir cherché : *Nous tenons la preuve de son innocence.* — **20.** Avoir reçu ou obtenu qqch de qqn : *De qui tenez-vous ce renseignement ?* — **21.** *Faire tenir qqch à qqn,* le lui communiquer : *Faites-moi tenir un duplicata de ce document.* — **22.** *Fam.* Être atteint, affecté d'un mal : *Il tient une bonne cuite.* — **23.** Prononcer tel genre de parole, soutenir le point de vue : *Il tient des raisonnements absurdes.* — **24.** Estimer, considérer qqn, qqch comme : *On peut tenir cette quantité pour négligeable.* — **25.** *Tenir une réunion, une assemblée, etc.,* les faire : *Tenir une conférence de presse.* — **26.** Correspond à *avoir* avec certains noms et l'article : *Tenir un rôle, une place importante.* — **27.** Forme des locutions verbales avec des noms sans article ou avec des compléments introduits par *en : Tenir compagnie. Tenir compte. Tenir en haleine.* — **28.** Fam. *En tenir pour,* être épris de qqn, être fort attaché à qqch. ‖ Fam. *Tenir le coup, le choc,* supporter vaillamment les épreuves, les difficultés ; résister aux causes de destruction, de dégradation. ‖ *Tenir sa droite,* circuler en maintenant son véhicule dans la moitié droite de la chaussée. ‖ *Tenir son rang,* occuper avec dignité la place qui vous revient dans la société. ‖ *Tenir la route,* en parlant d'une voiture, bien adhérer au sol, ne pas se déporter dans les virages ou aux grandes vitesses ; être capable de faire face, être à la hauteur (fam.). ‖ *Tenir le vin, l'alcool,* être capable de boire beaucoup sans perdre le contrôle de soi. • **Bours.** *Tenir un marché,* surveiller le marché des titres d'une société, se charger des transactions sur ceux-ci. — **Équit.** *Tenir un cheval,* lui faire garder l'allure que l'on veut. — **Mar.** *Tenir la cape, tenir le plus près,* se maintenir à ces allures. ‖ *Tenir la mer,* pour un navire, montrer des qualités de navigabilité par gros temps. — **Mil.** Défendre une position, occuper un territoire, les contrôler. — **Mus.** *Tenir l'accord,* rester accordé. — **Théâtr.** *Tenir un rôle,* jouer ce rôle.

◆ v. t. ind. **1.** Adhérer à qqch, y être attaché ou y être contigu : *La résine des pins tient à la peau.* — **2.** Provenir de qqch, en être le résultat, l'avoir pour cause : *Son pessimisme tient à son état de santé.* — **3.** Avoir un attachement d'ordre affectif pour qqn, qqch : *Tenir à son indépendance.* — **4.** Avoir la ferme volonté de faire qqch, que qqch soit fait : *Je tiens à être présent.* — **5.** Avoir des points communs avec qqn, qqch : *Elle tient de sa mère. Un tel résultat tient du miracle.* — **6.** *Avoir de qui tenir,* se dit à ou de qqn dont les qualités ou les défauts sont à l'évidence ceux de ses parents. ‖ *Il ne tient qu'à qqn de,* il dépend uniquement de lui de. ‖ *Qu'à cela ne tienne,* cela n'a pas d'importance, que ce ne soit pas un empêchement.

◆ v. i. **1.** Se maintenir, rester dans une position donnée : *Il essaie de tenir le plus longtemps possible sur un pied.* — **2.** Être solide et ne pas céder, ne pas se rompre ou ne pas se défaire : *N'accrochez rien à ce clou, il ne tient pas.* — **3.** Conserver sa forme, sa couleur, son odeur, ne pas s'altérer, ne pas disparaître : *Le beau temps devrait tenir jusqu'à lundi.* — **4.** Résister à tout effet, toute agression, au temps : *Notre rendez-vous tient-il toujours ?* — **5.** Être cohérent, bien pensé, supporter l'analyse, la critique : *Ce raisonnement ne tient pas.* — **6.** *Tenir (bon),* résister à une situation difficile, la supporter sans faiblir : *Il peut tenir plusieurs jours sans manger.* — **7.** Pouvoir être contenu dans un espace, un temps, ne pas excéder certaines limites : *Nous ne tiendrons pas tous dans cette salle.* — **8.** Engager un enjeu égal à celui qui a été proposé par un autre joueur. — **9.** *Il n'y a pas de qqch qui tienne,* il ne saurait être question de cela. ‖ *N'y plus tenir,* ne plus pouvoir supporter une situation, ou ne plus pouvoir contenir sa colère, son indignation, etc. ‖ *Tiens ! tenez !,* s'emploient avec une valeur d'interjection pour attirer l'attention, pour marquer la surprise, l'ironie, pour souligner une évidence.

◆ **être tenu** v. pass. **1.** Être maintenu dans tel ou tel état d'entretien, de propreté : *Une maison mal tenue.* — **2.** Être soumis à une surveillance efficace, une discipline stricte : *Les enfants ne sont pas assez tenus chez eux.* — **3.** *Être tenu de,* être légalement ou moralement obligé de : *Vous êtes tenu de passer par la voie hiérarchique.* — **4.** Être ferme dans les cours, en parlant d'une valeur mobilière. — **5.** En parlant d'une note, avoir sa valeur prolongée au-delà d'un temps ou d'une mesure. — **6.** En parlant d'un son, avoir une émission prolongée durant laquelle le locuteur s'efforce de maintenir constante l'articulation.

◆ **se tenir** v. pr. **1.** Porter la main à une partie du corps, en partic. pour manifester une sensation, un sentiment : *Il se tenait le ventre de douleur.* — **2.** Saisir qqch avec la ou les mains, pour garder son équilibre : *Se tenir à la rampe.* — **3.** En parlant de personnes, s'être saisies l'une l'autre par la main, par le bras : *Les enfants se tenaient par la main.* — **4.** Être lié, dépendre l'un de l'autre : *Toutes ces décisions se tiennent.* — **5.** Présenter une certaine cohérence : *La défense de l'accusé se tient.* — **6.** Être très proche du point de vue de la valeur, du rang : *Deux candidats qui se tiennent de près.* — **7.** Être, se trouver à telle place, avoir lieu à tel endroit, à tel moment : *Se tenir près de la fenêtre. La réunion se tiendra à 6 heures.* — **8.** Prendre et garder telle position, avec telle attitude du corps : *Tiens-toi droit.* — **9.** Avoir un comportement conforme à la bienséance, aux règles de bonne conduite sociale : *Savoir se tenir en société.* — **10.** Équivaut à *être* (avec un aspect de vigilance, de décision, de volonté) : *Se tenir prêt à toute éventualité. Se tenir sur ses gardes.* — **11.** Se considérer comme : *Nos adversaires ne se tiennent pas pour battus.* — **12.** *Savoir à quoi s'en tenir,* être tout à fait renseigné sur la conduite de qqn, sur l'état d'une situation. ‖ *S'en tenir à qqch,* ne rien faire de plus, ne pas aller au-delà.

TENJIN-SAMA → SUGAWARA NO MICHIZANE.

TENNANTITE n. f. (de S. *Tennant,* n. pr.). Arséniosulfure naturel de cuivre et de fer, ou cuivre gris arsenical, cubique.

TENNESSEE, riv. des États-Unis, affl. de l'Ohio (r. g.) ; 1 600 km. Son aménagement a été réalisé au temps du New Deal par la *Tennessee Valley Authority (TVA)* : centrales hydroélectriques et amélioration de la navigation conduisant à l'industrialisation (électrométallurgie et électrochimie) de la vallée.

TENNESSEE, État du centre-est des États-Unis ; 109 152 km² ; 4 877 185 hab. Cap. *Nashville.* De

la vallée du Mississippi aux Appalaches, c'est un État du Sud par le climat (subtropical), les cultures de plantations (coton, tabac). L'industrie est liée aux productions agricoles et à l'aménagement de la rivière Tennessee. Memphis, Nashville, Knoxville et Chattanooga sont les villes principales.
— **Hist.** La région fut explorée par Hernando de Soto (1540) puis par Marquette et Jolliet (1673). La Salle construisit Fort-Prud'homme en 1682. Peuplée de colons anglais au XVIIIe s., elle devint un État de l'Union en 1796.

TENNESSEE WILLIAMS → WILLIAMS.

TENNIS [tenis] n. m. (angl. *tennis,* du moyen angl. *tenetz,* jeu de paume, du fr. *tenez,* terme que le serveur employait quand il lançait la balle). **1.** Sport consistant pour deux (simple) ou quatre (double) joueurs, munis d'une raquette, à envoyer la balle au-dessus d'un filet dans les limites du court. (→ *encycl.*) — **2.** Court de tennis. — **3.** Sorte de sandale à tige de toile et à semelle souple et adhérente, adaptée à la pratique du tennis. (S'emploie aussi au fém.) — **4.** Flanelle de coton légère. — **5.** *Tennis de table,* sport voisin du tennis dans son principe (nécessitant raquette, filet) et où le court est remplacé par une table. (Syn. PING-PONG.)
ENCYCL. Le tennis est joué en plein air ou en salle et sur des revêtements variés : terre battue (comme à Roland-Garros), gazon (Wimbledon), synthétique (Flushing Meadow). Les balles, en caoutchouc recouvert de drap, ont un diamètre compris entre 6,35 et 6,67 cm, et un poids compris entre 56,70 et 58,47 g. La balle doit passer au-dessus du filet et toucher le sol dans le carré de service ou sur l'une des lignes qui le délimitent. Lorsqu'un joueur a gagné son premier point, on annonce 15 en sa faveur ; au second point gagné, on appelle 30 ; au troisième, 40 ; au quatrième, jeu. Cependant, si chacun des joueurs a marqué trois points, on annonce « égalité », le premier point fait ensuite est annoncé « avantage » en faveur de celui qui l'a gagné. Lorsque le même joueur gagne le point suivant, il gagne le jeu ; si, au contraire, il le perd, on annonce « égalité » , et le jeu se poursuit jusqu'à ce qu'un des joueurs ait fait deux points consécutifs. Le joueur qui, le premier, a gagné six jeux gagne le set ; si les adversaires ont marqué chacun cinq jeux, il faut pour gagner le set que l'un fasse deux jeux de plus que son adversaire ou remporte le jeu décisif (ou tie-break, disputé à égalité de 6 jeux).
Le classement des joueurs est tenu à jour par l'A. T. P. (Association des tennismen professionnels). Les premiers de ce classement se rencontrent annuellement dans le tournoi des Masters (le *Masters,* ou Championnat de l'A. T. P. Tour). Les autres grands tournois sont les Internationaux de France (Roland-Garros), de Grande-Bretagne (Wimbledon), des États-Unis (Flushing Meadow) et d'Australie. La Coupe Davis* demeure la grande épreuve par équipes nationales. Le tennis qui avait déjà figuré aux Jeux de 1896 à 1924, est redevenu un sport olympique en 1988.

TENNIS-ELBOW [tenisɛlbo] n. m. (pl. *tennis-elbows*) [mot angl., de *tennis,* tennis, et *elbow,* coude]. Syn. de ÉPICONDYLITE.

TENNISMAN [tenisman] n. m. (pl. *tennismen*) [faux anglicisme, de *tennis* et angl. *man,* homme]. Joueur de tennis.

TENNISTIQUE adj. Relatif au tennis.

TENNŌ, mot jap. signif. *seigneur du Ciel* et titre, emprunté au chinois, qui, joint au nom de l'ère pendant laquelle un empereur a exercé ses fonctions, constitue depuis le VIIe s. le nom posthume de cet empereur.

TENNYSON (Alfred, *lord*), écrivain britannique (Somersby, Lincolnshire, 1809 - Aldworth, Surrey, 1892). Il débute avec un de ses frères (*Poems by Two Brothers,* 1827), mais doit interrompre ses études (1831) malgré la célébrité de ses *Poèmes surtout lyriques* (1830) et des *Poèmes* (1833). Il mêle, dans ses *Poèmes* (1842), la poétisation de l'actualité immédiate au romanesque « éternel », multipliant les allusions au « mal de vivre ». Après la publication de *la Princesse* (1847) et de *In memoriam* (1850), il succède à Wordsworth comme poète lauréat grâce à Gladstone. Ses poèmes (*Maud,* 1855 ; *les Idylles* du roi,* 1859, *Enoch* Arden,* 1864) et ses drames (*la Reine Marie,* 1875) font de lui le chantre aristocratique et national de l'ère victorienne.

TENO → TANA.

TENOCHTITLÁN, nom de l'anc. cap. des Aztèques, sur l'emplacement de l'actuelle Mexico.

TENON n. m. (de *tenir*). **1.** Extrémité d'une pièce de bois qu'on a façonnée pour la faire entrer dans une mortaise, pratiquée dans une autre pièce destinée à être assemblée à la première. — **2.** Partie d'une pièce métallique faisant saillie et s'emboîtant généralement dans un retrait correspondant, cran ou mortaise, d'une autre pièce. — **3.** Élément servant à étayer une partie fortement détachée et fragile d'une statue, jambe ou bras levés p. ex. (Souvent traité de façon décorative, en tronc d'arbre, rocher, draperie...) — **4.** *Dent à tenon,* prothèse fixe reposant sur une racine au moyen d'une tige cylindrique placée à l'intérieur du canal radiculaire. (Syn. DENT À PIVOT.) ‖ *Tenon anglais,* syn. de QUEUE* DROITE.

Tenon *(capsule de),* membrane fibreuse qui recouvre toute la portion scléroticale du globe oculaire.

TENONNAGE n. m. Façonnage d'un tenon.

TENONNER v. t. (conj. 3). Pratiquer des tenons sur une pièce de charpente, de menuiserie.

TENONNEUSE n. f. Machine-outil utilisée, dans les ateliers travaillant le bois, pour l'exécution des tenons.

TÉNOR n. m. (ital. *tenore,* du lat. *tenor, -oris,* de *tenere,* tenir). **1.** Voix masculine aiguë ; chanteur possédant cette voix. — **2.** Instrument dont l'étendue correspond à celle de la voix de ténor. — **3.** *Fam.* Personne qui tient un rôle de premier plan, qui est l'animateur d'un parti, d'un mouvement.

TÉNORINO n. m. (ital. *tenorino,* petit ténor). Ténor léger, de voix faible.

TÉNORISER v. i. (conj. 3). En chant, prendre des inflexions de ténor.

TÊNOS, autre graphie de Tínos, île des Cyclades.

TÉNOSYNOVITE n. f. **1.** Inflammation simultanée d'un tendon et de sa gaine synoviale. — **2.** *Ténosynovite sèche aiguë,* syn. de SYNOVITE* CRÉPITANTE.

TÉNOTOMIE n. f. Section d'un tendon.

TENREC ou, vx, **TANREC** n. m. (malgache *tandraka*). Mammifère insectivore de Madagascar et des Comores, couvert de piquants, nocturne, prédateur, hivernant dans un terrier pendant la saison sèche.

TENRI, v. du Japon, dans l'île de Honshū (préf. de Nara), à l'E. d'Ōsaka ; 65 000 hab. Centre de la secte shintoïste du même nom. Musée d'archéologie et d'ethnologie.

1. TENSEUR adj. m. et n. m. Se dit d'un muscle qui provoque la tension de tendons ou d'aponévroses pendant le mouvement.

2. TENSEUR n. m. (angl. *tensor*). Grandeur mathématique ayant plusieurs composantes et qui possède certaines propriétés d'invariance formelle dans un changement de base des espaces vectoriels sous-jacents. (Introduit en 1900 par C. G. Ricci et T. Levi-Civita, le calcul tensoriel est très utilisé en analyse et en mécanique classique ; il est indispensable en mécanique relativiste.)

TENSHŌ SHŪBUN, peintre japonais (Kyōto deuxième quart du XVᵉ s.). Moine, peintre professionnel et maître de l'Académie shogunale, influencée par le zen, il s'est fait l'initiateur de la peinture moderne nippone en développant le paysage à l'encre monochrome, que Sesshū immortalisera.

TENSIFT *(oued),* fl. du Maroc occidental, né dans le Haut Atlas sous le nom de oued Rdat et qui se jette dans l'Atlantique ; 260 km. Aménagements hydrauliques.

TENSIOACTIF, IVE adj. Doué de tensioactivité. ◆ **tensioactif** n. m. Syn. de SURFACTANT.

TENSIOACTIVITÉ n. f. Aptitude des corps mis en solution à modifier la tension superficielle du solvant.

TENSIOMÈTRE n. m. **1.** Appareil servant à mesurer la tension superficielle d'un liquide. — **2.** Syn. de SPHYGMOMANOMÈTRE. — **3.** Appareil servant à mesurer la déformation d'un solide soumis à des contraintes mécaniques. — **4.** Appareil ou dispositif permettant de mesurer et/ou d'enregistrer la force de tension qui s'exerce sur un filament, fil ou filé, au cours du tricotage, du tissage, etc.

TENSIOMÉTRIE n. f. Détermination des tensions superficielles dans les liquides.

TENSION n. f. (lat. *tensio,* de *tendere,* tendre). **1.** État d'un tissu, d'une substance souple, élastique qui est tendu : *Régler la tension d'une courroie.* — **2.** État de qqn qui est tendu, contracté, nerveux. (On dit aussi TENSION NERVEUSE.) — **3.** Situation tendue entre deux groupes, deux personnes, deux États : *Tension diplomatique.* — **4.** Fam. *Avoir, faire de la tension,* être hypertendu. ‖ *Tension d'esprit,* effort intense et soutenu de l'esprit. • **Biol.** *Tension cavitaire,* pression exercée par les parois élastiques d'un organe creux (aorte, vessie) sur le liquide qui remplit cet organe (et vice versa) lorsque ce liquide dilate les parois et en étire les fibres. (→ *encycl.*) — **Bx-arts.** Dynamisme contenu. — **Chim.** *Tension de décomposition,* différence de potentiel minimale nécessaire pour que les ions se déchargent sur les électrodes d'un électrolyseur. ‖ *Tension d'une électrode,* différence de potentiel électrique entre cette électrode et l'électrolyte adjacent. — **Électr.** Grandeur scalaire égale à la circulation d'un champ électrique $\vec{E}$ d'un point A à un point B, le long d'un parcours donné. (Syn. DIFFÉRENCE DE POTENTIEL.) ‖ *Creux de tension,* baisse brutale et temporaire de la tension en un point du réseau. — **Électron.** *Tension de chauffage,* tension appliquée aux bornes du filament de chauffage d'une cathode. ‖ *Tension de commande,* tension aux bornes de l'enroulement de commande d'un transducteur. ‖ *Tension de coupure,* dans un tube électronique, tension d'une électrode pour laquelle une grandeur qui en dépend, généralement un courant, atteint une valeur spécifiée pratiquement négligeable. ‖ *Tension de grille,* tension entre la grille et un point spécifié de la cathode. — **Matér.** État d'un élément sollicité à la traction dans une structure. ‖ État des contraintes dans un corps sollicité, et plus particulièrement composante normale de celles-ci. — **Mécan.** Force exercée pour tendre un fil. — **Méd.** *Tension artérielle* ou *vasculaire,* ensemble des forces de contrainte internes auxquelles sont soumises les parois des artères et des vaisseaux sous l'influence de la pression des liquides qu'ils contiennent. (La tension artérielle équilibre rigoureusement la pression du sang dans les artères.) ‖ *Tension oculaire,* syn. de PRESSION OCULAIRE. — **Métall.** *Tension interne,* syn. de CONTRAINTE LATENTE. — **Météo.** *Tension de vapeur d'eau,* pression partielle de vapeur contenue dans l'air. — **Phon.** Phase initiale de l'articulation d'un phonème, pendant laquelle les organes articulateurs prennent la position requise pour son émission. — **Physiol.** État musculaire de préparation à une action, dans lequel un certain nombre de muscles spécifiques sont légèrement contractés. ‖ Cet état musculaire généralisé ou ses conséquences observables dans le comportement d'un individu. — **Thermodyn.** *Tension de vapeur,* pression de vapeur saturante*.

ENCYCL. **Biol.** La *tension cavitaire* est proportionnelle au degré de distension de l'organe, mais aussi au « tonus visqueux » des fibres de la paroi, dont l'élasticité peut être modifiée par action du système nerveux, qui les « durcit » ou les « ramollit ». La tension cavitaire joue un rôle capital dans le maintien et l'équilibre des animaux et des plantes, le réglage de la tension artérielle, etc.

TENSIONNAGE n. m. Opération qui a pour but de donner à la denture d'une scie une contrainte de traction pour la rigidifier.

TENSIONNER v. t. (conj. 3). **1.** Donner la tension interne convenable à une lame de scie à ruban ou de scie circulaire. (Syn. TENDRE.) — **2.** *Appareil à tensionner,* petit laminoir utilisé dans les ateliers d'affûtage en scierie. (Syn. APPAREIL À TENDRE.)

TENSON n. f. (lat. pop. **tensio,* querelle, du lat. class. *tendere,* tendre). Genre poétique médiéval qui se caractérise par un échange d'arguments entre deux troubadours sur un thème donné.

TENSORIEL, ELLE adj. *Calcul tensoriel,* calcul relatif aux tenseurs.

TENTACULAIRE adj. Qui tend à se développer dans toutes les directions : *Des villes tentaculaires.*

TENTACULE n. m. (lat. *tentare,* tâter). Expansion musculeuse, servant à la capture des proies, parfois à la locomotion ou à la respiration, présente en plusieurs exemplaires disposés en couronne dans un certain nombre de groupes animaux (cnidaires, ectoproctes, annélides, polychètes, céphalopodes). [Les tentacules sont des organes musculeux allongés, turgescents et riches en terminaisons sensorielles variées, tactiles notamment.]

TENTANT, E adj. Qui tente, suscite le désir, l'intérêt : *Une proposition tentante.*

TENTATEUR, TRICE adj. et n. (lat. *temptator,* de *temptare,* tenter). Qui tente, cherche à séduire.

TENTATION n. f. (lat. ecclés. *temptatio*). **1.** Attrait vers qqch de défendu par une loi morale ou religieuse ; incitation au péché ou à la révolte contre les lois divines. — **2.** Tout ce qui tente, attire, incite à qqch, crée le désir, l'envie : *Résister à la tentation de fumer.*

Tentation de saint Antoine *(la),* de Gustave Flaubert (1874). Dans cette œuvre inclassable, les fantasmes, les espoirs déçus, la philosophie de l'auteur sont exprimés, en une langue intensément poétique, par l'ermite Antoine, qui voit défiler dans ses songes hallucinatoires les fascinantes représentations de la chair et de l'esprit.

TENTATIVE n. f. (lat. scolast. *tentativa,* du lat. class. *tentare,* tenter). **1.** Action, démarche par laquelle on tente de faire réussir qqch : *Faire une dernière tentative.* — **2.** Commencement d'exécution d'une infraction qui n'a manqué son effet que par des circonstances extérieures à la volonté de son auteur. (La loi assimile la tentative d'un crime au crime.)

TENTE n. f. (lat. pop. **tenta,* fém. du lat. class. *tentum,* de *tendere,* tendre). **1.** Abri portatif démontable et imperméable que l'on dresse en plein air. — **2.** *Tente à oxygène,* dispositif composé de tissu étanche ou de matière plastique, destiné à isoler les sujets de l'atmosphère pour les soumettre à l'action de l'oxygène pur. ‖ *Tente du cervelet,* expansion de la dure-mère qui sépare le lobe occipital du cervelet. (Elle sépare la cavité crânienne en deux étages : sus-tentoriel et sous-tentoriel.) ‖ *Se retirer sous sa tente,* se tenir à l'écart, abandonner par dépit un parti, une cause (allusion à la colère d'Achille contre Agamemnon dans *l'Iliade*).

TENTE-ABRI n. f. (pl. *tentes-abris*). Tente très légère.

TENTER v. t. (lat. *tentare*) [conj. 3]. **1.** Entreprendre, avec l'intention de la mener à bien, une action dont l'issue est incertaine : *On a tout tenté pour le sauver. Tenter de battre un record.* — **2.** Inciter qqn à faire le mal, en éveillant son désir, son envie : *Le diable tenta Ève.* — **3.** Provoquer chez qqn le désir, l'envie d'agir dans le sens voulu : *Votre description du voyage est idyllique, vous me tentez.* — **4.** Exciter le désir de qqn, son intérêt, lui plaire extrêmement : *Cette promenade ne vous tente pas ?* — **5.** *Se laisser tenter,* céder à la tentation, à un désir. ‖ *Tenter le diable,* se mettre dans une situation où l'on court des risques considérables. ‖ Litt. *Tenter Dieu,* entreprendre qqch au-dessus des forces humaines. ‖ *Tenter la* ou *sa chance, le sort,* s'engager dans une entreprise dont le succès est improbable.

TENTHRÈDE n. f. Insecte hyménoptère symphyte muni d'une tarière en forme de scie, dont la larve ressemble à une chenille et se rend très nuisible aux arbres. (N. usuel *mouche à scie.*)

TENTORIEL, ELLE adj. Relatif à la tente du cervelet.

TENTURE n. f. (de *tendre 1,* avec l'infl. de *tente*). **1.** Ensemble de pièces de tissu décorant une pièce d'habitation (murs, rideaux). – **2.** Ensemble de tapisseries illustrant différents aspects d'un même thème, différents épisodes d'un cycle, et tissées par le même atelier. – **3.** Étoffe noire dont on tend une maison, une église, pour une cérémonie funèbre.

1. TENU → TENIR.

2. TENU n. m. Au rugby à XIII, action dans laquelle le joueur plaqué se relève et joue la balle au pied.

TÉNU, E adj. (lat. *tenuis*). **1.** Qui est très mince, très fin : *Un fil ténu.* – **2.** Qui est à peine perceptible : *Une distinction ténue.*

TENUE n. f. (de *tenir*). **1.** Action de tenir une assemblée, ou fait de se réunir, de siéger : *Interdire la tenue d'une réunion.* – **2.** Action, manière de diriger, d'administrer, d'entretenir une maison, un établissement, une collectivité, de tenir des livres de compte, etc. : *Un intérieur dont la tenue laisse à désirer.* – **3.** Manière dont qqn se tient physiquement : *Cet élève a une mauvaise tenue quand il écrit.* – **4.** Manière de se comporter au regard des convenances, de la bienséance : *La mauvaise tenue d'un enfant à table.* – **5.** Manière dont qqn se présente, est habillé : *Une tenue négligée.* – **6.** Ensemble de vêtements propres à une profession, à une activité, à une circonstance : *Tenue de soirée.* – **7.** Ensemble de vêtements et d'accessoires, pouvant comprendre des armes, qui équipent un militaire. – **8.** Qualité de ce qui obéit à un souci de rigueur dans le domaine intellectuel, esthétique, moral : *Un roman d'une haute tenue.* – **9.** Qualité d'un tissu qui a de l'aplomb, qui ne se déforme pas. – **10.** Fermeté dans la valeur des titres. – **11.** Seconde phase de l'articulation d'un phonème, pendant laquelle les organes articulateurs conservent la position atteinte au terme de la tension. – **12.** Prolongation, d'une durée variable, de la valeur des notes ou d'accords semblables. (Elles s'obtient par une liaison.) – **13.** Repaire du poisson ; son poste de chasse. – **14.** Fam. *Petite tenue, tenue légère,* mise de qqn de peu vêtu. ‖ *Tenue de route,* qualité d'un véhicule automobile qui possède une stabilité de trajectoire dans toutes les conditions de circulation.

TÉNUIROSTRE adj. (du lat. *tenuis,* grêle). Se dit d'un oiseau qui a le bec grêle.

TÉNUITÉ n. f. (lat. *tenuitas*). *Litt.* Qualité de ce qui est ténu : *Fil d'une extrême ténuité.*

TENURE n. f. (de *tenir*). **1.** Mouvance, dépendance, en régime féodal. – **2.** Terre concédée à un vassal ou un tenancier non noble par un seigneur à titre de seule jouissance (en principe précaire mais, en fait, héréditaire).

TENUTO [tenu-] adv. (ital. *tenuto,* de *tenere,* tenir). Expression qui indique que les sons doivent être tenus exactement selon leur durée. (Abrév. TEN.)

TENZIN GYATSO → DALAÏ-LAMA.

TENZING NORGAY, alpiniste népalais (Solokhumba, Népal, 1914 - Darjeeling 1986). Sherpa qui a atteint le sommet de l'Everest en compagnie de E. Hillary (1953).

TEOCALLI n. m. (mot nahuatl signif. *maison du Dieu*). Chez les Aztèques, temple, centre cérémoniel.

TÉORBE → THÉORBE.

TÉOS, en gr. **Teôs,** cité grecque d'Asie Mineure (Ionie), sur la côte de la presqu'île de Clazomènes. Elle devint le siège de la Confédération ionienne.

TEÔS, en égyptien **Djed-Hor,** deuxième pharaon (361-359 av. J.-C.) de la XXXe dynastie égyptienne, fils et successeur de Nectanebo Ier.

TÉOSINTE n. m. Graminée voisine du maïs, cultivée au Guatemala et au Mexique comme fourragère et très nutritive.

TEOTIHUACÁN, métropole précolombienne, à 40 km au N.-E. de l'actuelle ville de Mexico, qui s'étend sur 20 km² et comprend une zone religieuse, ordonnée le long de l'avenue des Morts, avec plusieurs temples et pyramides, dont celle du Soleil (63 m de haut), ainsi qu'un quartier de résidences palatiales, ornées de nombreuses peintures murales et de bas-reliefs figurant des scènes mythologiques. Masques, figurines en pierres dures et céramiques polychromes sur fond de stuc témoignent du développement de l'artisanat. Fondée sur une théocratie pacifique, Teotihuacán connaît une très vaste aire de dispersion, depuis El Tajín* jusqu'à Tikal* et Kaminaljuyú*, et domine le haut plateau du Mexique entre le IIIe et le VIe s.

TEP n. f. inv. (abrév. de *Tonne Équivalent Pétrole*). Unité servant, dans les bilans énergétiques, à comparer les sources d'énergie au pétrole brut, pris comme référence. (Selon les estimations, une tonne de pétrole équivaut à env. 1,3 à 1,4 t de charbon, 4 à 5 t de lignite, 1 000 m³ de gaz naturel et 11 250 kWh ; pour tenir compte du rendement des centrales thermiques, on écrit généralement 1 tep = 1,5 tec = 4 500 kWh.)

TÉPALE n. m. (de *sépale*). Pièce florale qui n'est ni sépale ni pétale. (Les tépales constituent le périanthe de nombreuses monocotylédones [liliacées et familles voisines].)

TEPEE → TIPI.

TEPHILLIN → TEFILLIN.

TÉPHRITE n. f. (gr. *tephra,* cendre). Roche volcanique, souvent microlitique et porphyrique, riche en feldspathoïde.

TÉPHROÏTE n. f. Silicate naturel de manganèse, orthorhombique, du groupe de l'olivine.

TEPIC, v. du Mexique, cap. de l'État de Nayarit ; 120 300 hab. Université.

TEPIDARIUM [-rjɔm] n. m. (lat. *tepidarium,* de *tepidus,* tiède). Partie des thermes romains dont l'atmosphère était tiède.

TEPLICE, v. de la République tchèque (région de Bohême-Septentrionale) ; 53 800 hab. Station thermale. Industries mécaniques. Verrerie.

TEQUILA n. f. (de *Tequila,* n. pr.). Eau-de-vie préparée au Mexique par distillation du fruit de l'agave.

TER [tɛr] adv. (lat. *ter,* trois fois). **1.** Désigne, après *bis,* dans une numérotation, le troisième élément d'une suite portant le même numéro. — **2.** Indique qu'on doit dire, jouer, chanter trois fois un passage, un refrain, un vers.

TÉRA-, du gr. *teras,* monstre, préfixe SI (symb. T) qui multiplie par 10^{12} l'unité devant laquelle il est placé.

TERAI [teraj] n. m. Jungle marécageuse et malarienne de l'Inde gangétique et du Népal méridional, au pied des Siwālik.

TERAMO, v. d'Italie, dans les Abruzzes, ch.-l. de prov., au pied du Gran Sasso ; 52 000 hab. Vestiges romains. Cathédrale des XIIᵉ et XIVᵉ s.

TÉRATOGÈNE adj. Se dit d'un agent mécanique, chimique, physique ou microbien qui, appliqué à l'œuf ou à l'embryon en cours de développement, détermine des formes monstrueuses.

TÉRATOGENÈSE n. f. **1.** Branche de la tératologie qui a pour objet la recherche de la cause des malformations. — **2.** Production expérimentale d'anomalies du développement biologique.

TÉRATOGÉNIE n. f. Étude de l'évolution embryologique des êtres malformés.

TÉRATOÏDE adj. Qui présente un caractère de monstruosité.

TÉRATOLOGIE n. f. Science des monstres.

TÉRATOLOGIQUE adj. Qui relève de la tératologie.

TÉRATOME n. m. Tumeur, bénigne ou maligne, constituée de tissus dont l'aspect rappelle les différents stades du développement embryonnaire.

TÉRATOPAGE n. m. (du gr. *pageis,* de *pêgnunai,* fixer). Monstre formé par deux individus (tels que les « frères siamois ») accolés et soudés entre eux sur une plus ou moins grande hauteur.

TERAUCHI HISAICHI *(comte),* maréchal japonais (Tōkyō 1879 - Saigon 1946). Ministre de la Guerre en 1936, il dirigea les forces japonaises dans le nord de la Chine (1938) puis dans le Pacifique ouest (1942). Replié à Saigon en déc. 1944, il capitula en août 1945.

TERBINE n. f. Hydroxyde de terbium $Tb(OH)_3$.

TERBIQUE adj. **1.** Qui renferme du terbium. — **2.** Se dit de l'oxyde Tb_2O_3.

TERBIUM [-bjɔm] n. m. (de *Ytterby,* n. d'une localité suéd.). Métal très rare du groupe des lanthanides. (Élément de symbole chimique Tb.) [Découvert par Mosander en 1843, le terbium a pour numéro atomique 65 et pour masse atomique 158,93.]

TERBORCH ou **TER BORCH** (Gerard), peintre néerlandais (Zwolle 1617 - Deventer 1681). Il voyagea beaucoup en Europe jusqu'en 1648, peignant à partir de 1640 des portraits qui sont parmi ses chefs-d'œuvre. Dans les années 50 se définissent les éléments essentiels du style de sa maturité. Appliqué à des scènes d'intimité bourgeoise, celui-ci unit, à travers un métier raffiné (clair-obscur, coloris), une poésie de l'espace et des choses à la délicatesse psychologique (*les Soins maternels,* Mauritshuis, La Haye).

TERBRUGGHEN ou **TER BRUGGHEN** (Hendrik), peintre néerlandais (Deventer 1588 - Utrecht 1629). Travaillant en Italie de 1604 à 1614, il assimila la leçon du Caravage, d'O. Gentileschi, etc. À Utrecht, sa production se répartit entre sujets religieux, sujets populaires et surtout « moments musicaux » pleins d'autorité et de fantaisie rêveuse, d'un luminisme clair, d'un coloris à la fois franc et subtil, dont l'écho se retrouvera chez Vermeer (*le Duo,* Louvre).

TERCEIRA, île volcanique de la partie centrale des Açores ; 400 km² ; 120 400 hab. Ch.-l. *Angra do Heroísmo.*

TERCEIRA (António José DE SOUSA, 7ᵉ *comte* **de Vila Flor,** 1ᵉʳ *duc* DE), homme d'État portugais (Lisbonne 1792 - *id.* 1860). Il combattit victorieusement les partisans de don Miguel (1834), ce qui lui valut son titre ducal. Il fut Premier ministre en 1836.

TERCET n. m. (ital. *terzetto,* de *terzo,* troisième). Groupe de trois vers unis par le sens et certaines combinaisons de rimes.

Tercio *(le),* troupe d'élite espagnole. À la fin du XVe s., on donna le nom de « Tercio » aux premiers corps d'infanterie de l'armée permanente espagnole. Depuis 1920, le terme désigne la « Légion étrangère », créée à cette date en Espagne.

TÉRÉBELLE n. f. (lat. sc. *terebella,* du lat. class. *terebra,* tarière). Annélide polychète sédentaire vivant dans un tube d'où dépassent tentacules et branchies.

TÉRÉBENTHINE [-bɑ̃-] n. f. (lat. *terebinthina resina,* résine de térébinthe). **1.** Oléorésine qu'on tire par incision de certains arbres (conifères, térébinthacées). — **2.** *Essence de térébenthine,* partie volatile d'une térébenthine, utilisée pour dissoudre les corps gras, pour fabriquer les vernis, les peintures.

TÉRÉBINTHACÉE n. f. Famille d'arbres ou arbustes à feuilles alternes, à fleurs généralement unisexuées, au fruit drupacé, tels que le pistachier et l'anacardier. (Ordre des rutales.) [Syn. ANACARDIACÉE.]

TÉRÉBINTHE n. m. (lat. *terebinthus,* du gr. *terebinthos*). Autre nom du *pistachier.*

TÉRÉBRANT, E adj. (lat. *terebrare,* percer avec une tarière). **1.** Se dit d'un animal qui creuse des trous, des galeries dans un corps dur, notamment d'un insecte muni d'une tarière. — **2.** Se dit d'une douleur profonde donnant l'impression d'un clou que l'on enfonce dans les tissus. — **3.** Se dit d'une lésion (ulcère, cancer, en partic.) qui ronge les tissus, creuse en profondeur.

◆ **térébrant** n. m. Insecte hyménoptère tel que les ichneumons, les cynips et les chalcidiens dont la femelle n'a pas d'aiguillon venimeux, mais une tarière qui lui sert à percer les tissus végétaux ou animaux pour y déposer ses œufs. (S'oppose à ACULÉATE.)

TÉRÉBRATULE n. f. (lat. *terebra,* tarière). Brachiopode des mers polaires ou des grandes profondeurs, survivant actuel d'espèces qui peuplaient les mers primaires et secondaires.

TERECHKOVA (Valentina Vladimirovna), cosmonaute russe (Maslennikovo, près de Iaroslavl 1937). Première femme lancée dans l'espace, elle a effectué 48 révolutions autour de la Terre, à bord du vaisseau Vostok* 6, lors d'un vol de 70 h 41 min, du 16 au 19 juin 1963.

TEREK (le), fl. de Russie, qui naît en Géorgie, traverse le Caucase et se termine par un delta dans la Caspienne ; 623 km (bassin de 43 200 km^2).

TERENAS ou **GUANÁS,** Indiens Arawaks de l'est du Chaco paraguayen et du sud du Mato Grosso brésilien, au nombre de 6 000.

TÉRENCE, en lat. **Publius Terentius Afer,** poète comique latin (Carthage v. 185-159 av. J.-C.). Esclave d'origine africaine, affranchi par son maître Terentius Lucanus, il fréquenta les cercles cultivés des Scipions et des Aemilii et fit représenter de 166 à 160 six comédies *(l'Andrienne, l'Eunuque*, l'Heautontimoroumenos*, Phormion*, l'Hécyre, les Adelphes).* Ses pièces, imitées de Ménandre, présentent un théâtre de la mesure et de l'équilibre où l'analyse psychologique et le problème moral l'emportent sur les péripéties dramatiques et les rebondissements comiques. Peu goûté du public romain qui préférait les effets purement comiques et la fantaisie de Plaute, il devint un modèle pour les classiques français, notamment pour Molière.

TERENTIA (née v. 98 av. J.-C.), femme que Cicéron épousa vers 77 av. J.-C. et qu'il répudia en 46.

TÉRÉPHTALATE n. m. Sel ou ester de l'acide téréphtalique.

TÉRÉPHTALIQUE adj. (de *térébenthine* et *phtalique*). *Acide téréphtalique,* acide $C_8H_6O_4$, isomère de l'acide phtalique et employé pour la fabrication de polyesters utilisés comme fibres textiles.

TERESA (Agnes Gonxha BAJAXHIU, en relig. **Mère**), religieuse indienne d'origine albanaise (Üsküp, auj. Skopje, 1910). Entrée, en 1928, chez les sœurs irlandaises de Lorette, à Calcutta, elle s'est mise au service des Indiens les plus déshérités. Elle a fondé les Missionnaires de la charité. (Prix Nobel de la paix 1979.)

TERESINA, anc. **Therezina,** v. du Brésil, cap. de l'État de Piauí ; 470 000 hab. Archevêché. Centre commercial. Industries alimentaires.

TEREZÍN, v. de la République tchèque (région de la Bohême-Septentrionale), sur le Labe, au débouché de l'Ohře ; 10 000 hab. De 1941 à 1945, les Allemands y rassemblèrent dans un ghetto notamment des Juifs de plus de soixante-cinq ans et des notables juifs ; périodiquement, des convois en partaient pour Auschwitz.

TERFÈS ou **TERFÈZE** n. f. Champignon souterrain voisin de la truffe, riche en protéines, abondant dans le désert après les pluies, et dont la culture a été tentée.

TERGAL n. m. Nom déposé de fibres textiles à base de poly(téréphtalate de glycol).

TERGITE n. m. (lat. *tergum,* dos). Partie dorsale des segments chez les arthropodes.

TERGIVERSATION n. f. (lat. *tergiversatio*). Action de faire traîner les choses en longueur pour éviter une décision.

TERGIVERSER v. i. (lat. *tergiversari,* tourner le dos, de *tergum,* dos, et *vertere,* tourner) [conj. **3**]. User de détours, de faux-fuyants, pour éviter de dire nettement qqch, pour retarder une décision : *Répondez-moi sans tergiverser.*

TERGNIER (02700), ch.-l. de cant. de l'Aisne, dans la vallée de l'Oise ; 11 798 hab. Métallurgie. Textile. Nœud ferroviaire.

TERMAILLAGE n. m. (de *terme*). Modification des termes de paiement des transactions commerciales extérieures, dans le but d'effectuer une opération avantageuse sur le marché des changes.

Terman-Merrill *(échelle de),* batterie de tests établie par les psychologues américains Terman et Merrill à partir de l'échelle de Binet-Simon*, et destinée à mesurer le développement intellectuel des enfants de l'âge de 3 ans jusqu'à l'âge adulte.

TERME n. m. (lat. *terminus,* borne). **1.** Lieu, point où se termine un déplacement dans l'espace ; moment où prend fin dans le temps une action, un état : *Notre voyage touche à son terme. Arriver au terme de sa vie.* – **2.** Date, délai limité : *Passé ce terme, vous devrez payer des intérêts de retard.* – **3.** Date à laquelle doit être acquitté un loyer ; la période elle-même : *Payer à terme échu.* – **4.** Montant de ce loyer : *Payer son terme.* – **5.** Date présumée de la fin d'une grossesse et à laquelle doit avoir lieu l'accouchement : *Accoucher avant terme.* – **6.** Élément entrant en relation avec d'autres : *Analyser les termes d'une proposition.* – **7.** Mot considéré dans sa valeur de désignation, en partic. dans un vocabulaire spécialisé : *Terme de chimie.* – **8.** *À court, à long, à moyen terme,* dans la perspective d'une échéance rapprochée, éloignée, moyennement rapprochée. ‖ *À terme,* à la fin d'une période dont on ne peut prévoir la durée, mais à coup sûr. ‖ *Mener, conduire qqch à (son) terme,* le mener à bonne fin, en achever la réalisation. ‖ *Mettre un terme à qqch,* cesser ou faire cesser qqch. • **Antiq.** Statue du dieu Terme, sans bras ni jambes, dont le corps se termine en gaine. (Motif de l'Antiquité romaine repris à la Renaissance. Le terme *marin* a une queue de poisson sinueuse au lieu de gaine ; le terme *en console* a le buste en avancée pour soutenir une charge.) [Syn. HERMÈS.] – **Banq.** et **Bours.** Date fixée pour la livraison des titres et le paiement du prix. ‖ *Compte à terme,* compte, rémunéré par un intérêt, dont le titulaire ne peut disposer avant l'expiration d'un délai fixé au moment du dépôt (1 mois à 5 ans). ‖ *Opération à terme,* opération en Bourse conclue dans l'immédiat, mais qui ne se dénouera (livraison et règlement des titres) qu'à une date ultérieure (la liquidation). ‖ *Règlements à terme,* règlements au moyen d'effets de commerce, payables le jour de l'échéance. – **Dr.** Modalité ayant pour effet de retarder l'exécution d'une obligation *(terme suspensif)* ou d'en fixer l'extinction à une date déterminée ou à un événement futur certain *(terme extinctif).* ‖ *Vente à terme,* vente dont le paiement est acquitté à une date fixée. – **Log.** Dans la logique aristotélicienne, sujet ou prédicat dans une prémisse d'un syllogisme. ‖ Suite de symboles d'un langage formel, soumis aux règles usuelles de formation. – **Math.** Nom donné à chacun des éléments d'une suite, d'une série, d'une somme, d'un polynôme.

◆ **termes** n. m. pl. **1.** Ensemble de mots employés pour exprimer sa pensée : *S'exprimer en termes clairs.* – **2.** *Aux termes d'une loi, d'une convention,* selon ce qui est stipulé par qqch, au sens exact du texte. ‖ *Être en bons termes avec qqn,* entretenir de bonnes relations avec lui. ‖ *Termes de l'échange,* indicateur permettant d'apprécier la situation du commerce extérieur d'un pays par rapport à ses partenaires.

TERME, dieu romain des bornes et des limites des champs.

TERMIER (Pierre), géologue français (Lyon 1859 - Grenoble 1930). Très vite rallié à la théorie, alors nouvelle, des nappes de charriage, il montra le premier que l'érosion y découpait parfois des fenêtres par où se voit leur substratum. Il a publié *À la gloire de la Terre* (1922).

TERMINAISON n. f. (lat. *terminatio*). **1.** *Litt.* Action de se terminer, de finir : *La terminaison de négociations difficiles.* – **2.** Partie finale d'un mot considérée sous son aspect graphique, phonique ou morphologique. – **3.** *Terminaison libre,* récepteur sensoriel situé dans le derme et constitué par l'extrémité encapsulée d'un axone. ‖ *Terminaison nerveuse,* partie la plus distale d'un nerf.

1. TERMINAL, E, AUX adj. (bas lat. *terminalis*). **1.** Qui forme l'extrémité : *Bourgeon terminal.* – **2.** Qui constitue le dernier élément de qqch, qui en marque la fin, final : *La phase terminale des négociations.* – **3.** Qui précède la mort. – **4.** Se dit d'un groupe fonctionnel fixé à l'extrémité d'une chaîne hydrocarbonée ou d'une chaîne peptidique. – **5.** *Classe terminale* ou *terminale* (n. f.), classe qui se situe à la fin de l'enseignement du second degré et où l'on prépare le baccalauréat ; ensemble des élèves de cette classe.

2. TERMINAL n. m. (angl. *terminal*). **1.** Gare, aérogare urbaine servant de point de départ et d'arrivée des passagers. – **2.** Organe d'accès à un ordinateur distant permettant soit l'envoi d'informations ou de demandes à l'ordinateur, soit la réception de réponses ou de messages. — **3.** Ensemble de réservoirs de stockage utilisé pour la réception ou l'expédition d'hydrocarbures à terre ou en mer. — **4.** *Terminal point de vente (T. P. V.),* terminal informatique utilisé dans des centres commerciaux, faisant fonction de caisse enregistreuse et assurant la communication d'informations de gestion à un système informatique centralisé.

TERMINALIA n. m. Arbre des pays tropicaux (combrétacée) tel que le badamier, aux fruits comestibles, et dont diverses espèces fournissent des bois utiles ou des fruits tannifères (myrobalans).

TERMINATEUR n. m. Ligne de séparation entre la partie d'un astre du système solaire éclairée par un autre et sa partie obscure.

TERMINATIF, IVE adj. et n. m. (de *terminer*). Se dit de l'aspect verbal selon lequel l'action est envisagée dans son achèvement, son aboutissement.

TERMINER v. t. (lat. *terminare,* de *terminus,* borne) [conj. 3]. **1.** Mener qqch à son terme, le finir, l'achever : *Terminer un tableau. J'ai terminé la lecture de votre rapport.* — **2.** Achever qqch en plaçant à la fin tel élément, lui donner telle fin, s'occuper en dernier de qqch, de qqn : *Terminer son repas sur un sorbet.* — **3.** Arriver au terme d'une période, finir d'être dans tel état : *Prisonnier qui termine sa détention.* — **4.** Consommer qqch jusqu'au bout : *L'ivrogne terminait toutes les bouteilles.* — **5.** Constituer la fin, la dernière partie, le dernier épisode de qqch : *Le volume qui termine cette série comporte un index.*

◆ **se terminer** v. pr., **être terminé** v. pass. **1.** Prendre fin : *La saison théâtrale se termine.* — **2.** Avoir pour extrémité : *Cet organe se termine par un appendice.*

◆ **se terminer** v. pr. Prendre fin à tel endroit, à tel moment, de telle façon : *C'est ici que le sentier se termine. Un fait divers qui se termine en tragédie.*

TERMINI IMERESE, port d'Italie, en Sicile (prov. de Palerme) ; 25 500 hab. Station balnéaire et thermale.

TERMINISME n. m. Nominalisme de Guillaume d'Occam.

TERMINOLOGIE n. f. (du lat. médiév. *terminus,* mot). **1.** Ensemble des termes, rigoureusement définis, qui sont spécifiques d'une science, d'une technique, d'un domaine particulier de l'activité humaine. — **2.** Discipline qui a pour objet l'étude théorique des dénominations des objets ou des concepts utilisés par tel ou tel domaine du savoir, le fonctionnement dans la langue des unités terminologiques, ainsi que les problèmes de traduction, de classement et de documentation qui se posent à leur sujet.

TERMINOLOGIQUE adj. Qui concerne la terminologie ou une terminologie particulière.

TERMINOLOGUE n. Spécialiste de terminologie, chargé de pourvoir aux besoins en unités terminologiques de telle branche d'activité.

TERMINUS [-nys] n. m. (angl. *terminus,* gare d'arrivée, du lat. *terminus,* borne). Dernière station d'une ligne de chemin de fer, d'autobus, etc. ; dernière station du parcours d'un train, d'un autobus, etc.

TERMITE n. m. (bas lat. *termes, -itis*). Insecte social blattoptéroïde, xylophage, aux pièces buccales broyeuses, à deux paires d'ailes égales pouvant se détacher par autotomie, abondant dans les régions tropicales. (Les termites forment l'ordre des isoptères.)

ENCYCL. Les termites peuvent être un véritable fléau détruisant vivres, vêtements, ouvrages en bois (charpentes, coques de navires), papiers. On rencontre en France le termite à cou jaune des souches de vigne et, surtout en Saintonge, le termite lucifuge, des souches de pin et des bois ouvrés.

Les sociétés de termites comportent des castes formées par des individus neutres et par des sexués. Les premiers n'ont pas d'ailes ; ils ont une tête très développée chez certains (« soldats ») dont le rôle paraît être de défendre la colonie, une tête moins grande chez les « ouvriers », chargés des travaux d'aménagement du nid et de l'approvisionnement. Les sexués ont des ailes, qu'ils perdent après l'essaimage. Chez la femelle fécondée, l'abdomen rempli d'œufs devient énorme : une reine de *bellicositermes* peut pondre plus de 10 000 œufs en un jour.

Les termites se nourrissent surtout de bois, mais certaines espèces cultivent des champignons. L'intestin héberge des symbiotes (flagellés, bactéries) sans lesquels le bois ne pourrait être digéré. Ce sont les larves qui élaborent les aliments dont se nourrissent les neutres. Les constructions des termites (termitières*) peuvent être immenses.

TERMITIDÉ n. m. Nom de famille donné aux termites au sens restreint du terme.

TERMITIÈRE n. f. Nid des termites, parfois remarquable par ses grandes dimensions.

ENCYCL. Les termitières épigées, faites de terre durcie, peuvent mesurer jusqu'à 5 à 6 m de hauteur et 25 à 30 m de diamètre à la base. Elles communiquent avec une demeure souterraine aussi vaste. Les termitières hypogées s'enfoncent à plusieurs mètres sous terre ; elles comprennent de grandes chambres, remplies souvent de meules à champignons, et des loges où se tiennent le couple royal et le couvain. Les termites d'Europe méridionale établissent leurs colonies dans le bois vermoulu, les souches et les racines des arbres.

TERMITOPHAGE adj. Se dit de tous les animaux mangeurs de termites, de certaines fourmis qui se nourrissent des larves de termites en s'introduisant dans leurs nids.

TERMITOPHILE n. m. Insecte vivant en intrus dans les termitières.

TERMONDE → DENDERMONDE.

TERNAIRE adj. (lat. *ternarius,* de *ter,* trois). **1.** Composé de trois éléments. — **2.** Se dit d'un engrais qui renferme trois éléments fertilisants. — **3.** Se dit du rythme d'un vers quand celui-ci peut se couper en trois parties. — **4.** *Axe ternaire,* axe de symétrie d'un cristal, tel que, par une rotation de 120° autour de cet axe, le cristal se superpose à lui-même. ‖ *Numération ternaire,* numération dont le nombre trois est la base. ‖ *Relation ternaire sur un ensemble* E, toute partie du produit cartésien E × E × E. ‖ *Mesure ternaire,* syn. de MESURE COMPOSÉE.

TERNATE, île volcanique d'Indonésie, dans l'archipel des Moluques ; 106 km² ; 36 000 hab. Ancienne capitale d'un sultanat musulman, l'une des plus célèbres îles à épices.

TERNAUX (*baron* Guillaume Louis), manufacturier français (Sedan 1763 - Saint-Ouen 1833). Il fonda d'importantes entreprises textiles en France et des comptoirs à l'étranger. Il créa un genre de châles connus sous le nom de « cachemires de Ternaux ».

1. TERNE n. m. (lat. *ternas,* accus. fém. de *terni,* par trois). **1.** Aux dés, coup où l'on amène les deux trois. — **2.** Ensemble des trois câbles de transport d'une ligne aérienne triphasée. (Les lignes à très haute tension sont à deux ou à quatre ternes.)

2. TERNE adj. (de *ternir*). **1.** Qui est sans éclat, sans luminosité : *Des couleurs ternes.* — **2.** Qui manque de vivacité, de relief, d'originalité : *Une vie terne. Un élève terne.* — **3.** Se dit d'un regard sans expression : *Œil terne.*

TERNEUZEN, port des Pays-Bas (Zélande), situé à l'entrée du *canal de Gand à Terneuzen ;* 33 700 hab. Constructions électriques. Chimie.

TERNI, v. d'Italie, en Ombrie, ch.-l. de prov., sur la Nera ; 111 400 hab. Évêché. Métallurgie.

TERNIR v. t. (anc. haut all. *tarnjan,* obscurcir) [conj. 32]. **1.** Rendre terne qqch : *L'oxydation ternit l'argenterie.* — **2.** Déprécier qqch, dans l'esprit d'autrui : *Ternir la mémoire d'un disparu.* ◆ v. i. ou **se ternir** v. pr., **être terni** v. pass. **1.** Perdre son brillant, son éclat : *Les objets d'étain ternissent rapidement.* — **2.** Perdre de sa valeur : *Son prestige sort terni de cette affaire.*

TERNISSEMENT n. m. *Litt.* Action de ternir ; fait d'être terni.

TERNISSURE n. f. État de ce qui est terni.

TERNOPOL, v. d'Ukraine, à l'E. de Lvov ; 218 000 hab. Industries alimentaires. Machines agricoles. Électronique.

TERNSTRŒMIACÉE n. f. Nom de famille d'arbres ou arbrisseaux d'Amérique et d'Asie tropicale, tels que le thé, le camellia des jardins.

TERPANDRE, citharède grec (Antissa, Lesbos, v. 710 av. J.-C.). Il fonda à Sparte l'école de chant accompagné à la cithare et inventa entre autres la lyre à 7 cordes, les nomes accompagnés à la cithare et les *scolies* (chansons de table).

TERPÈNE n. m. (all. *Terpene,* de *Terpentin,* térébenthine). **1.** Syn. de MONOTERPÈNE. — **2.** Nom générique d'une importante classe de composés organiques naturels, de formule générale $(C_5H_8)_n$ et de leurs dérivés, qui résultent formellement de la condensation de plusieurs molécules d'isoprène.

ENCYCL. On distingue les monoterpènes, dérivés d'un prototype $C_{10}H_{16}$, les sesquiterpènes, dérivés de $C_{15}H_{24}$, les diterpènes, dérivés de $C_{20}H_{32}$, les triterpènes, dérivés de $C_{30}H_{48}$, les tétraterpènes, dérivés de $C_{40}H_{64}$, etc. Le caoutchouc et la gutta-percha sont des polyterpènes $(C_5H_8)_n$ dans lesquels *n* est très grand. Les usages des terpènes sont très nombreux : parfums, médicaments, colorants, hormones, etc.

TERPÉNIQUE adj. **1.** Relatif aux terpènes. — **2.** Se dit d'une résine synthétique obtenue par polymérisation ou polycondensation des terpènes ou de leurs dérivés.

TERPINE n. f. Dialcool monoterpénique obtenu par hydratation acide de l'essence de térébenthine et employé comme médicament expectorant.

TERPINÉOL n. m. Alcool monoterpénique obtenu par déshydratation partielle de la terpine.

TERPSICHORE, muse de la Danse, ainsi que des Chœurs dramatiques et de la Poésie lyrique. Elle a pour attribut la lyre.

TERRA AMATA, gisement préhistorique au pied du mont Boron, à Nice. 26 niveaux successifs d'habitat acheuléen superposés ont été fouillés à partir de 1950. On y a mis au jour un campement à huttes ovales de chasseurs saisonniers. Les habitats les plus récents possèdent, en leur centre, un foyer protégé par une murette de pierres ; ces foyers sont les plus anciens connus en France. L'industrie lithique : choppers, pics, évolue pour aboutir à une industrie sur éclats à

« talon » lisse où la technique de débitage Levallois est ignorée. L'ensemble, qui remonte aux alentours de 380 000 ans, a été protégé et transformé en musée.

TERRACINA, port et station balnéaire d'Italie, dans le Latium ; 3 700 hab.
— **Hist.** Sous le nom d'*Anxur,* elle fut la capitale des Volsques avant de devenir romaine en 406 av. J.-C.

TERRAGE n. m. (de *terre*). **1.** Épandage de terre sur une parcelle pour en accroître la fertilité ou augmenter l'épaisseur de terre arable. — **2.** Profondeur du labour. — **3.** Addition de terre à une huile, pour la décolorer. — **4.** Droit pour le seigneur de prélever du blé ou des légumes sur les produits des tenures rurales.

TERRAILLER v. t. (conj. 3). Syn. de TERRER.

TERRAIN n. m. (lat. pop. **terranum,* du lat. class. *terrenum,* de *terra,* terre). **1.** Espace de terre, considéré du point de vue de sa nature, de sa forme, de son état : *Un terrain fertile.* — **2.** Étendue de terre, considérée du point de vue de sa surface, de sa propriété et de son affectation : *Le terrain coûte cher à Paris.* — **3.** Espace, emplacement, aménagé en vue de certaines activités : *Un terrain de camping.* — **4.** Lieu où se déroulent un duel, des opérations militaires. — **5.** État des choses ou des esprits, considéré du point de vue d'une action à venir, de leur réceptivité à une influence : *Sonder le terrain. Trouver un terrain favorable à ses idées.* — **6.** Domaine où s'exerce une activité : *Situer une discussion sur un terrain juridique.* — **7.** Lieu où un scientifique exerce sa recherche dont il étudiera les résultats en laboratoire. — **8.** *Céder du terrain,* se replier sur ses positions, faire des concessions. ‖ *Être sur son terrain,* être dans un domaine qu'on connaît bien. ‖ *Gagner du terrain,* dans une compétition, prendre progressivement l'avantage sur un adversaire, le distancer ; progresser, en parlant de qqch. ‖ *Homme de terrain,* personne en contact direct avec les gens, les circonstances. ‖ *Se placer sur un bon terrain,* se mettre dans une situation avantageuse. ‖ *Terrain d'entente,* ensemble de propositions, de conditions qui servent de base à deux adversaires dans une discussion. ‖ *Tout terrain,* se dit d'un véhicule capable de circuler sur route et en terrain varié. • **Aéron.** *Terrain (d'aviation),* espace découvert réservé à l'atterrissage, au décollage et au stationnement des appareils. ‖ *Prise de terrain,* ensemble des manœuvres à effectuer par un avion avant de se poser sur un aérodrome. — **Dr.** *Terrain à bâtir,* terrain destiné à recevoir une construction. (Cette qualification résulte normalement des plans d'urbanisme, notamment du P. O. S. Elle est cependant strictement définie en cas d'évaluation de l'indemnité d'expropriation pour cause d'utilité publique.) — **Géol.** Ensemble de roches de même nature *(terrain calcaire),* de même origine *(terrain alluvial)* ou de même âge *(terrain crétacé).* — **Homéopath.** Somme des particularités, héréditaires ou acquises, qui assurent l'identité d'un individu à un moment donné. (Il dépend étroitement de la diathèse, de la constitution du tempérament et également de l'environnement. Il détermine le choix des remèdes de fond.) — **Méd.** Ensemble des facteurs génétiques, physiologiques, tissulaires, endocriniens qui favorisent l'apparition de certaines affections ou aggravent leur pronostic (maladies infectieuses notamment) chez un individu. — **Mil.** *Organisation du terrain,* son aménagement en vue du combat, surtout défensif.
— **Urban.** *Terrain d'aventure,* en milieu urbain, espace où les enfants, à qui l'on fournit des matériaux, peuvent donner libre cours à leur imagination en jouant, construisant, démolissant, jardinant, etc.

TERRA INCOGNITA [tɛrainkɔɲita] n. f. (mots lat. signif. *terre inconnue*). *Litt.* Domaine d'activité jusqu'alors inexploré.

TERRAMARE adj. et n. f. (ital. dialect. *terramara,* altér. de *terra,* terre, et *marna,* marne). Nom donné aux palafittes de l'Italie du Nord et du midi de la France.

TERRAPLANE n. m. (n. déposé). Véhicule à coussin d'air, à jupes souples, construit selon la technique de l'ingénieur Jean Bertin, pour des utilisations terrestres.

TERRARIUM [-rjɔm] n. m. (de *terre,* sur *aquarium*). Installation destinée à l'élevage et l'entretien d'une collection vivante de reptiles, araignées, insectes ou autres petits animaux terrestres.

TERRA-ROSSA n. f. (ital. *terra rossa,* terre rouge). Argile rouge résultant de la dissolution du calcaire et concentrée dans des cavités d'origine karstique.

TERRASSA → TARRASA.

TERRASSANT, E adj. Qui terrasse, abat physiquement ou moralement : *Une nouvelle terrassante.*

TERRASSE n. f. (de *terre*). **1.** Terre-plein d'une levée de terre réalisée pour mettre de niveau (horizontal) un terrain en pente, généralement maintenue par un mur de soutènement et bordée par un garde-corps. — **2.** Dans les immeubles présentant des décrochements en hauteur, toute surface à l'air libre aménagée devant un appartement ou autre local, au-dessus d'un local inférieur. — **3.** Partie du trottoir longeant un café, et où sont disposés des tables et des sièges pour les consommateurs. • **Bât.** Syn. de TOITURE-TERRASSE. (On dit aussi *terrasse de couverture.*)

— **Carr.** Veine plus tendre ou remplie de glaise dans une pierre, un marbre. — **Géogr.** *Cultures en terrasses,* champs aménagés sur des versants découpés en paliers au moyen de murettes de pierres sèches ou maçonnées. (Les terrasses résultent de la succession de phases de creusement et de remblaiement d'un cours d'eau.) — **Orfèvr.** Socle plat de certaines pièces d'orfèvrerie. — **Sculpt.** Partie supérieure de la base d'une ronde-bosse, notamment lorsqu'elle imite un sol (roche, herbe, dallage, etc.).

TERRASSEMENT n. m. (de *terrasser*). Action de remuer, d'excaver, d'amonceler des terres.

TERRASSER v. t. (de *terre*) [conj. **3**]. **1.** Renverser qqn, un animal, le jeter à terre avec violence au cours d'un corps à corps : *Le lutteur terrassa son adversaire.* — **2.** Abattre qqn physiquement ou moralement, le priver de toutes ses forces : *La maladie l'a terrassé en pleine activité.* — **3.** Dresser, régler, piocher, remuer la terre.

TERRASSIER n. m. **1.** Ouvrier employé aux travaux de terrassement. — **2.** Entrepreneur de travaux de terrassement.

TERRASSON n. m. **1.** Petite terrasse. — **2.** Partie supérieure, à pente faible, d'un versant de toit brisé.

TERRASSON-LA-VILLEDIEU (24120), ch.-l. de cant. de la Dordogne, sur la Vézère ; 6 051 hab. *(Terrassonnais).* Monuments du Moyen Âge. Marché agricole (noix). Constructions mécaniques. Caoutchouc.

TERRAY (Joseph Marie), ecclésiastique et homme d'État français (Boën 1715 - Paris 1778). Contrôleur général des Finances (1769), ministre d'État (1770), il forma, après la disgrâce de Choiseul (1770), un triumvirat avec le duc d'Aiguillon et Maupeou. Il réduisit le déficit au moyen d'expédients, et réglementa vigoureusement le commerce des grains. Très impopulaire, il fut disgracié par Louis XVI en 1774 et remplacé par Turgot.

TERRE n. f. (lat. *terra*). **1.** Planète du système solaire habitée par l'homme (avec une majusc.). — **2.** Surface de cette planète ; ensemble des lieux habités, le monde : *Parcourir la terre.* — **3.** Ensemble des hommes, de l'humanité : *Des conflits qui bouleversent la terre entière.* — **4.** Lieu où l'homme passe sa vie, par oppos. à l'au-delà, au ciel ou à la mort : *Ne pas croire au bonheur sur cette terre.* — **5.** Partie solide et émergée du globe, par oppos. à la mer, aux eaux, à l'air : *Être en vue de la terre.* (On dit aussi TERRE FERME.) — **6.** La surface solide où l'homme marche, se déplace, vit, construit, etc. : *Tomber la face contre terre.* — **7.** Étendue de la surface solide du globe, considérée d'un point de vue géographique, national, régional, etc. : *Les terres arctiques.* — **8.** Étendue de terrain qui est la propriété de qqn, d'une commune, etc. : *Un propriétaire vivant sur ses terres.* — **9.** Matière constituant la couche superficielle du globe où croissent les végétaux : *Creuser la terre.* — **10.** Sol cultivable : *Une terre à blé.* — **11.** Sol considéré comme l'élément de base de la vie et des activités rurales ; ces activités elles-mêmes (au sing.) : *Les produits de la terre.* — **12.** *À l'intérieur des terres,* dans l'arrière-pays ou assez loin de la côte, par oppos. au bord de mer. ‖ *À terre,* sur le sol ; sur la terre ferme. ‖ *Mettre qqn en terre,* l'enterrer, lui donner une sépulture. ‖ *Mettre qqn plus bas que terre,* le considérer, le traiter avec le plus grand mépris, tenir sur lui des propos très durs. ‖ *Par terre,* sur le sol ; anéanti, ruiné. ‖ *Politique de la terre brûlée,* destruction systématique des récoltes et des biens par une armée ou une population qui se retire devant l'envahisseur ; fait de ne rien laisser à un successeur éventuel. ‖ *Revenir, redescendre sur terre,* sortir d'un moment de rêverie. ‖ *Sous terre,* au-dessous du niveau du sol. • **Agric.** *En pleine terre,* dans le sol même et en plein air (par oppos. à *sous abri, sous châssis, en serre*). ‖ *Terre noire,* syn. de TCHERNOZEM. — **Céram.** *Terre cuite,* argile façonnée, cuite à basse température et n'ayant reçu aucune glaçure ; l'objet lui-même obtenu de cette façon. (→ *encycl.*) ‖ *Terre de pipe,* argile fine et blanche, contenant de la chaux, utilisée au XVIIIe s. pour la confection des pipes et pour celle d'objets et de statuettes, eux-mêmes appelés *terre de pipe.* — **Chim.** *Terres rares,* dénomination habituelle des lanthanides et de leurs oxydes. (→ *encycl.*) — **Chorégr.** *À terre,* terme d'école utilisé pour indiquer qu'un mouvement déterminé s'exécute sans quitter le sol. — **Corps gras.** *Terre décolorante,* produit utilisé en huilerie pour décolorer les huiles brutes. (Ce sont des silices ou des silicates naturels activés par traitement acide.) — **Dess.** et **Géom.** *Ligne de terre,* ligne horizontale résultant de l'intersection du plan figuratif et du plan géométral. — **Électr.** Masse conductrice de la terre, dont le potentiel électrique en chaque point est pris, par convention, égal à zéro. ‖ Conducteur de faible impédance relié à la terre. (On dit aussi CONDUCTEUR DE TERRE.) ‖ Connexion accidentelle d'un conducteur avec la terre. (On dit aussi CONTACT AVEC LA TERRE.) ‖ *Circuit de terre,* ensemble des conducteurs réunissant entre eux et aux prises de terre les points qui doivent être normalement au potentiel du sol. ‖ *Prise de terre,* conducteur ou ensemble de conducteurs enterrés, servant à établir une liaison avec la terre. — **Géogr.** et **Géol.** *Sciences de la Terre,* ensemble des sciences étudiant la nature et l'histoire du globe terrestre (géologie, géomorphologie, climatologie). [Syn. GÉOSCIENCES.]

CARACTÉRISTIQUES PHYSIQUES	
diamètre équatorial	12 756 km
diamètre polaire	12 713 km
aplatissement	0,003 4
masse	$5{,}98 \cdot 10^{24}$ kg
densité moyenne	5,52
période de rotation sidérale	23 h 56 min 04 s
inclinaison de l'équateur sur l'orbite	23° 26′
albédo	0,39

CARACTÉRISTIQUES ORBITALES	
demi-grand axe de l'orbite	149 897 570 km, soit 1 ua (unité astronomique)
distance maximale au Soleil	152 100 000 km
distance minimale au Soleil	147 100 000 km
excentricité	0,016 7
inclinaison sur l'écliptique	0 par définition
période de révolution sidérale	365 j 6 h 9 min 9,5 s
vitesse orbitale moyenne	29,79 km/s

— **Hist.** *Terre sainte,* lieux sanctifiés par la naissance, la vie et la mort de Jésus-Christ. — **Mar.** *Terre !,* cri poussé par la vigie qui aperçoit la terre. — **Minér.** et **Chim.** Nom donné aux oxydes métalliques que l'on regardait autrefois comme des corps simples ayant pour caractères principaux d'être secs, fixes, inodores, insipides, insolubles dans l'eau, comme l'yttria, l'alumine, la silice. ‖ *Terre d'ombre* ou *terre de Nocera,* variété naturelle d'oxyde ferrique hydraté provenant d'Ombrie, d'où son nom. (C'est un ocre brun rougeâtre, employé en peinture.) [Syn. OMBRE.] ‖ *Terre rouge,* argile rouge résultant de l'altération superficielle des sols calcaires. ‖ *Terre de Sienne,* argile renfermant des oxydes de fer et de manganèse qui lui donnent une coloration ocre brun. (Elle est utilisée en peinture.) ‖ *Terres vertes,* composés provenant de la décomposition de pyroxènes et de certaines argiles. (Elles fixent les colorants basiques et sont employées en peinture.) — **Peint.** Nom générique de pigments minéraux naturels, constitués, pour le plus grand nombre, par des oxydes de fer fixés sur des minéraux voisins des argiles. (Les principales terres utilisées dans l'industrie sont : la *terre de Cassel,* de ton brun-noir ; la *terre d'ombre* ou *ombre ;* la *terre de Sienne ;* les *terres vertes.*) — **Sculpt.** Pâte argilo-sableuse utilisée, crue ou demi-cuite, pour façonner par modelage ou moulage des œuvres sculptées.

ENCYCL. **Astron.** et **Géol.** Prototype des planètes telluriques, la Terre décrit une orbite elliptique de faible excentricité à une distance moyenne du Soleil voisine de 149,6 millions de kilomètres. Le plan de cette orbite est l'*écliptique.* La Terre tourne aussi autour d'un axe passant par son centre de gravité (axe des pôles). La révolution autour du Soleil détermine la durée de l'année* et la rotation autour de l'axe des pôles celle du jour*, avec ses variations suivant les saisons*. Comme les autres planètes du système solaire, la Terre se serait formée au sein d'une masse gazeuse, avec condensation et décantation progressives, sous les effets combinés des forces de gravité et des divers processus de transformation énergétique. Son âge est évalué, par les méthodes radiochronologiques, à environ 4,6 milliards d'années. L'interprétation des mesures géophysiques a permis de montrer que la Terre s'organise en zones concentriques, séparées par des discontinuités. Leur composition chimique est le résultat d'un processus de différenciation à l'échelle planétaire qui a commencé avec le départ de la protoplanète Terre de certains éléments légers comme l'hydrogène et l'hélium qui échappèrent à l'attraction terrestre. Au centre de la Terre se situe le *noyau,* limité par la discontinuité de Gutenberg, et constitué essentiellement de fer et de nickel. Il est lui-même subdivisé en noyau interne et noyau externe qui serait à l'état liquide. Très conducteur, il serait le siège de propriétés électriques et magnétiques responsables notamment de l'aimantation de la Terre. Le *manteau* est limité par la discontinuité de Mohorovičić. Il est vraisemblablement constitué d'oxydes à sa base (manteau inférieur) et de silicates au sommet (manteau supérieur). Il est caractérisé par la présence d'une zone, vers 100 km de profondeur, où la vitesse des ondes sismiques diminue, l'*asthénosphère.* La *croûte* est beaucoup plus hétérogène. On distingue la croûte océanique, de densité 3,3, constituée de roches basiques (ancien sima, de silice et magnésium), d'épaisseur relativement faible (5 à 10 km), et la croûte continentale, de densité 2,7, de composition plutôt acide (ancien sial, de silice et alumine), d'épaisseur moyenne 30 km, mais pouvant atteindre 70 km sous les chaînes de montagne. L'équilibre hydrostatique de la croûte est expliqué par la théorie de l'isostasie. La croûte est enveloppée par l'*hydrosphère,* discontinue (océans, lacs, cours d'eau) et par l'*atmosphère.* Selon la théorie des *plaques,* la partie externe de la Terre s'organise en grandes plaques de *lithosphère,* rigides, d'environ 100 km d'épaisseur, qui se déplacent sur l'asthénosphère, plastique. Les mouvements relatifs de ces plaques sont à l'origine des grands phénomènes géologiques (création de croûte océanique aux zones d'expansion, formation des chaînes de montagne, séismes, activité magmatique, etc.).

— **Céram.** *Terre cuite.* La terre cuite est l'élément de base de la poterie, apparue au néolithique. Dès l'Antiquité, elle joue un rôle important : décors architectoniques, statuettes (Tanagra), statuaire étrusque, vases. Au Moyen Âge puis à partir de la Renaissance c'est un matériau privilégié du sculpteur et du portraitiste (G. Pilon, Coyzevox, Clodison, Houdon, Carpeaux, etc.).

— **Chim.** On désigne sous le nom de « métaux des terres rares » quinze éléments de la classification, allant du numéro 57 au numéro 71. Ce sont le lanthane, le cérium, le praséodyme, le néodyme, le prométhéum, le samarium, l'europium, le gadolinium, le terbium, le dysprosium, l'holmium, l'erbium, le thulium, l'ytterbium et le lutétium. À ce groupe on adjoint fréquemment le scandium et l'yttrium, de propriétés très voisines. Leur élaboration est très difficile car ils sont très réducteurs et ont des points de fusion élevés. Les principaux domaines d'emploi sont l'industrie du verre et des céramiques, l'industrie de l'éclairage (projecteur à arc électrique, mais aussi écrans de télévision en couleurs et lasers), la catalyse et la métallurgie (fabrication du mischmétal, pour la purification des aciers, et d'alliages magnétiques utilisés en informatique pour la fabrication de mémoires à bulles).

Terre *(la),* roman d'Émile Zola (1887), quinzième tome des *Rougon-Macquart** : histoire d'une famille de paysans de la Beauce. Son lyrisme de la sordidité heurta l'opinion et suscita le « manifeste des Cinq ».

Terre et Liberté, en russe *Zemlia i Volia,* organisation populiste russe (1876-1879) qui fédéra un certain nombre de groupes locaux populistes et dirigea son action essentiellement vers le monde paysan. Lors de la scission de 1879, les partisans de l'action politique et terroriste fondèrent « Liberté du peuple ».

Terre Gaste *(la),* poème de T. S. Eliot (1922) : l'évocation de la sécheresse spirituelle de la cité contemporaine.

TERRE À TERRE adj. inv. **1.** Qui est très proche des préoccupations de la vie courante : *Un esprit terre à terre.* — **2.** Se dit d'un style de danse où l'importance est donnée aux pas de virtuosité exécutés au ras du sol (petite batterie) ou sur pointes.

TERREAU n. m. (de *terre*). **1.** Mélange de terre et de matières organiques, utilisé pour les cultures potagères et florales. — **2.** *Fig.* Milieu favorable : *Le terreau de la délinquance.*

TERREAUTAGE n. m. Action de terreauter.

TERREAUTER v. t. (conj. **3**). Recouvrir un semis ou entourer une plante de terreau.

TERREBONNE, v. du Canada (Québec), banlieue nord de Montréal ; 44 425 hab. *(Terrebonniens).*

TERRE-DE-BAS (97136), île de l'archipel des Saintes (Antilles françaises), au S. de la Guadeloupe ; 1 515 hab. Ch.-l. *Le Bourg.*

TERRE DE FEU, archipel montagneux (terminaison des Andes), formant l'extrémité méridionale de l'Amérique du Sud, au-delà du détroit de Magellan, entre 53° et 56° de latit. S. Découvert par Magellan (1520), colonisé depuis le XIXᵉ s., il est partagé entre le Chili et l'Argentine et donne son nom à une province de chaque pays. (On restreint parfois le nom de Terre de Feu à l'Isla Grande de Tierra del Fuego.) V. princ. *Ushuaia* (Argentine).

TERRE-DE-HAUT (97137), île de l'archipel des Saintes (Antilles françaises) ; 1 474 hab.

TERREFORT n. m. (de *terre* et *fort*). Dans le sud-ouest de la France, sol argilo-calcaire fertile, assez difficile à travailler.

TERRE-NEUVAS n. m. inv., **TERRE-NEUVIEN** ou **TERRE-NEUVIER** n. m. (plur. *terre-neuviens, terre-neuviers*) (de *Terre-Neuve*). **1.** Bateau équipé pour aller pêcher la morue sur le banc de Terre-Neuve. — **2.** Pêcheur sur ce bateau.

TERRE-NEUVE n. m. inv. (de *Terre Neuve,* n. pr.). **1.** Chien de sauvetage en mer, de forte taille, au poil long, noir, donnant l'impression d'être huilé. — **2.** Personne dévouée, toujours prête à aider son prochain.

TERRE-NEUVE, en angl. **Newfoundland,** prov. de l'est du Canada, formée de l'*île de Terre-Neuve* (112 299 km² avec les îlots voisins) et de l'est de la péninsule du Labrador ; 406 000 km² ; 568 474 hab. Cap. *Saint John's (Saint-Jean).*

— **Géogr.** L'île (qui regroupe plus de 90 % de la population provinciale) est un plateau basculé vers le N.-E. (l'altitude s'abaisse de 700-800 m à l'O. à 100 m). Le climat est froid et neigeux en hiver, mais sans été réel, souvent embrumé. La pêche demeure importante (morue surtout, homard). L'agriculture, peu favorisée par le climat, n'occupe que 20 000 ha (élevage bovin laitier et cultures fruitières et légumières près des villes). La forêt couvre plus de 3 Mha (exploitation pour la fabrication de papier).

— **Hist.** Sans doute touchée très tôt par les Scandinaves, l'île de Terre-Neuve est redécouverte par Jean et Sébastien Cabot en 1497. Fréquentée au XVIe s. par des pêcheurs anglais, espagnols et français, l'île est disputée entre colons français et anglais jusqu'au traité d'Utrecht (1713), qui cède l'île aux Anglais, laissant à la France le monopole de la pêche sur la côte nord. L'île reçoit des institutions représentatives (1832) et responsables (1855). Des difficultés continuelles opposent les pêcheurs français aux Anglais jusqu'à ce que, en 1904, soit établie la stricte égalité entre tous les pêcheurs. Terre-Neuve reçoit le statut de dominion (1917), puis se voit rattacher la côte nord-est du Labrador (1927). En 1948, un référendum décide de son rattachement au Canada, dont elle devient la dixième province (1949).

TERRE-NEUVE *(bancs de),* hauts-fonds occupant la plate-forme continentale au S.-E. et au S. de Terre-Neuve. Le voisinage du front hydrologique polaire et le contact avec le Gulf Stream permettent l'entretien d'abondants bancs de poissons (sole, flétan, plie, turbot, morue, etc.) et la persistance d'une pêche active.

TERRE-NEUVIEN, ENNE adj. et n. (pl. *terre-neuviens, ennes*). De Terre-Neuve.

TERRE-PLEIN n. m. (pl. *terre-pleins*) [ital. *terrapieno*]. **1.** Terrain rapporté, plan, souvent soutenu par des murs. — **2.** Sol intérieur d'un ouvrage de fortification. — **3.** *Terre-plein central,* bande de terrain séparant deux chaussées de sens opposé.

TERRER v. t. (conj. **4**). **1.** Épandre de la terre sur une parcelle. (Syn. TERRAILLER.) — **2.** Entourer de terre le pied d'une plante.

◆ **se terrer** v. pr., **être terré** v. pass. **1.** En parlant d'un animal, s'abriter dans un terrier. — **2.** Se cacher à l'abri du danger ou vivre hors du contact avec autrui : *Il vit terré à la campagne.*

TERRES FROIDES, plateaux du bas Dauphiné (Isère), recouverts de sols ingrats, humides et argileux.

TERRESTRE adj. (lat. *terrestris*). **1.** Qui appartient à notre planète, la Terre : *L'attraction terrestre.* — **2.** Qui a lieu, qui se passe sur la terre, par oppos. au ciel : *Notre vie terrestre.* — **3.** Qui vit ou croît sur la partie solide du globe (par oppos. à *aquatique, marin,* etc.) : *Animaux terrestres. Plantes terrestres.* — **4.** Qui est établi au sol, par oppos. à l'air ou à la mer : *Les transports terrestres.* — **5.** *Litt.* Qui est matériel, temporel (par oppos. à *spirituel*).

TERREUR n. f. (lat. *terror,* de *terrere,* effrayer). **1.** Peur violente qui paralyse : *Un cataclysme qui provoque la terreur de la population.* — **2.** Pratique systématique de violences, de crimes en vue d'imposer un pouvoir : *Un dictateur qui ne se maintient que par la terreur.* — **3.** Personne ou chose qui inspire une grande peur, qui effraie : *Ce garçon est la terreur du quartier.* — **4.** *Terreurs nocturnes,* état de panique survenant au cours du sommeil, fréquent chez l'enfant entre deux et six ans.

Terreur *(première),* période de la Révolution française (10 août-20 sept. 1792), correspondant à la période de prépondérance de la commune insurrectionnelle de Paris qui, inspirée par Robespierre, tendit à supplanter les autorités régulières et décida des arrestations et des mesures anticléricales et pratiqua une justice expéditive. La peur de l'invasion prussienne et du « complot aristocratique » provoquèrent les massacres de septembre*.

Terreur *(deuxième),* période de la Révolution française (sept. 1793-27 juill. 1794). Après la chute des Girondins, sous la domination des Montagnards, la Terreur vise à assurer la défense de la nation contre les ennemis de l'extérieur (première coalition) et intérieurs (Vendée, insurrections fédéralistes et royalistes). Les suspects sont traqués, les condamnations se multiplient, Marie-Antoinette, Philippe-Égalité et de nombreux Girondins sont exécutés. Avec Robespierre, au début de 1794, la Terreur, étendue à toute la France par les représentants en mission, s'accompagne de strictes mesures de contrôle économique et d'une déchristianisation générale. Les biens séquestrés des suspects doivent être distribués aux indigents (décrets de ventôse, février-mars 1794). Les hébertistes et les Indulgents sont éliminés. La période de *la Grande Terreur,* qui commence avec la loi du 22 prairial (10 juin 1794), supprimant les garanties judiciaires aux accusés, s'achève au 9-Thermidor*. Le bilan de la Terreur est estimé à 500 000 incarcérations et 42 000 exécutions.

Terreur blanche, nom donné aux mouvements contre-révolutionnaires dirigés par les royalistes contre leurs adversaires.

• La *première Terreur blanche* (mai - juin 1795) consista en représailles sanglantes contre ceux qui avaient soutenu la dictature de Robespierre. Elle fut l'œuvre d'aventuriers se recommandant du royalisme plus que des autorités constituées. La violence sévit dans le Sud-Est (86 personnes furent massacrées dans les prisons de Lyon) ainsi que dans le Midi.

• La *seconde Terreur blanche,* en été 1815, après Waterloo, s'exerça contre les bonapartistes et les anciens révolutionnaires, voire les protestants, souvent favorables à la Révolution et à l'Empire. Des exécutions sommaires eurent lieu à Marseille, Avignon, Toulouse et Nîmes. Après l'élection de la Chambre introuvable (août 1815), la terreur prit une forme légale : institution de cours prévôtales, exécution de militaires ralliés aux Cent-Jours (Ney), déportations. Le roi mit fin à ces excès en dissolvant la Chambre introuvable.

TERREUX, EUSE adj. (lat. *terrosus*). **1.** Qui est propre à la terre, à sa nature : *Goût terreux.* – **2.** Qui contient de la terre, qui est souillé de terre : *Chaussures terreuses.* – **3.** Se dit d'une couleur terne, gris-brun jaunâtre : *Teint terreux.*

TERRIBLE adj. (lat. *terribilis,* de *terrere,* effrayer). **1.** Qui inspire de la terreur, de la crainte, qui a des effets funestes, tragiques : *Une terrible catastrophe.* – **2.** Qui atteint une violence, une force considérables : *Il s'est produit une terrible secousse.* – **3.** Qui est très désagréable : *Il a un caractère terrible.* – **4.** Indique un haut degré, une grande quantité : *J'ai un travail terrible à faire.* – **5.** *Fam.* Qui sort de l'ordinaire, qui suscite l'admiration, l'étonnement : *Il est arrivé avec une fille terrible.* – **6.** *Enfant terrible,* enfant turbulent, insupportable, mal élevé ; personne qui, au sein d'un groupe, se fait remarquer par ses incartades.

TERRIBLEMENT adv. Indique une très grande intensité, un haut degré : *Un été terriblement sec.*

TERRICOLE adj. Se dit d'une espèce animale vivant dans la terre.

TERRIEN, ENNE adj. **1.** Qui relève de la vie rurale, du travail de la terre : *Des origines terriennes.* – **2.** *Propriétaire terrien,* personne qui possède des terres dont il tire des revenus.

◆ n. **1.** Être humain habitant la Terre, par oppos. aux habitants supposés des autres mondes (avec une majusc.). – **2.** Tout individu qui n'est pas marin, qui n'est pas concerné dans sa vie par la mer. – **3.** Personne qui vit à la campagne, qui a les habitudes de la vie rurale.

TERRIER n. m. (de *terre*). **1.** Abri souterrain creusé par un animal dans la terre pour lui servir de gîte ou d'abri. – **2.** Chien dressé pour la chasse des animaux habitant des terriers (renards, blaireaux, lapins). [→ *encycl.*] – **3.** Syn. de CENSIER.

◆ **terrier, ère** adj. *Plan terrier,* plan où sont indiqués les terrains qui doivent être occupés pour l'exécution de travaux publics.

ENCYCL. **Zootechn.** Il existe un grand nombre de races de terriers, dont beaucoup sont d'origine britannique : *airedale-terrier, fox-terrier, irish-terrier, welsh-terrier, bull-terrier, bedlington-terrier, kerry-blue-terrier ;* parmi les terriers de petite taille, encore appelés parfois « bassets anglais » : *scottish-terrier, skye-terrier, norfolk-terrier, norwich-terrier.*

TERRIFIANT, E adj. **1.** Qui terrifie : *Une histoire terrifiante.* – **2.** Indique un très haut degré : *Il a un appétit terrifiant.*

TERRIFIER v. t. (lat. *terrificare*) [conj. **9**]. Frapper qqn de terreur : *La pensée de la mort le terrifiait.*

TERRIGÈNE adj. (lat. *terrigena,* né de la terre). Se dit des éléments d'origine continentale intervenant dans la sédimentation marine, quelle que soit leur granulométrie.

TERRIL [teri ou teril] n. m. Entassement des stériles au jour. (Syn. CRASSIER.)

TERRINE n. f. (anc. fr. *terrin,* pot de terre). **1.** Récipient à hauts bords en terre vernissée ou en porcelaine à feu, utilisé pour la cuisson des viandes et des pâtés. – **2.** Apprêt de viande, de poisson, de légumes, moulé et consommé froid. – **3.** Large vase de terre cuite, perforé, servant à faire les semis de plantes délicates.

TERRITOIRE n. m. (lat. *territorium*). **1.** Étendue de pays qui ressortit à une autorité, à une juridiction quelconque. (Le territoire d'un État est l'espace terrestre, maritime et aérien sur lequel les organes de gouvernement peuvent exercer leur pouvoir.) – **2.** Étendue dont un individu ou une famille d'animaux se réserve l'usage. (→ *encycl.*) – **3.** Espace relativement bien délimité que qqn s'attribue et sur lequel il veut garder toute son autorité : *Sa chambre, c'est son territoire.* – **4.** Ensemble des organes, des muscles et des portions cutanées auxquels se distribuent un vaisseau ou un nerf. – **5.** *Territoire d'outre-mer (T. O. M.),* collectivité territoriale de la République française, créée en 1946. (Les quatre T. O. M. sont : Wallis-et-Futuna, la Polynésie française, la Nouvelle-Calédonie, les Terres australes et antarctiques.)

ENCYCL. **Zool.** L'existence d'un territoire a pu être mise en évidence chez pratiquement tous les groupes d'animaux. Le territoire est lié ou non à la reproduction. Son étendue est fonction des activités de l'individu, de sa taille, de son régime alimentaire. Un territoire à fonction alimentaire présente une surface minimale incompressible. De ce fait, le biotope correspondant ne peut héberger qu'un nombre limité d'individus ou de couples reproducteurs. Il en résulte une régulation de la démographie de l'espèce et le maintien de l'équilibre écologique. Le territoire comporte des emplacements dévolus à des activités spécifiques (repos, défécation, bain, refuge, etc.). Sa frontière, plus ou moins large, est surveillée par le titulaire, qui la matérialise par un marquage (chant des passereaux, exhibition de parties corporelles colorées, substances d'excrétion des mammifères).

territoire *(Direction de la surveillance du)* **[D. S. T.],** service de la Police nationale, qui a pour mission de rechercher et prévenir sur le territoire français les activités inspirées, engagées ou soutenues par des puissances étrangères et de nature à menacer la sécurité du pays.

TERRITORIAL, E, AUX adj. (bas lat. *territorialis*). **1.** Propre au territoire, qui relève du territoire : *Intégrité territoriale.* — **2.** *Armée territoriale* ou *territoriale* (n. f.), jusqu'en 1914, fraction des réserves de l'armée de terre qui était composée par les classes les plus anciennes. ‖ *Organisation territoriale de la défense,* organisation dans laquelle les circonscriptions militaires sont calquées sur les circonscriptions civiles. ‖ *Unité territoriale (U. T.),* unité militaire constituée en Algérie de 1955 à 1960, avec des réservistes, pour participer à la sécurité du territoire où ils étaient recrutés. (Les unités territoriales furent dissoutes en raison de leur participation à l'insurrection du 24 janv. 1960 à Alger.)

◆ **territorial** n. m. Militaire de l'armée territoriale.

TERRITORIALEMENT adv. Au point de vue du territoire.

TERRITORIALITÉ n. f. **1.** Ce qui fait proprement partie du territoire d'un État. — **2.** Principe selon lequel un avocat ne peut représenter son client que devant le tribunal de grande instance dont il dépend (sauf pour les avocats de l'agglomération parisienne qui peuvent intervenir à Bobigny, Créteil, Nanterre et Paris). — **3.** *Territorialité des lois,* doctrine en vertu de laquelle une loi s'applique à tous ceux qui sont sur le territoire, quelle que soit leur origine. (S'oppose au système de la *personnalité des lois.*)

TERROIR n. m. (lat. pop. **terratorium,* du lat. class. *territorium*). **1.** Ensemble des terres exploitées par les habitants d'un village. — **2.** Ensemble des terres d'une région, considérées du point de vue de leurs aptitudes agricoles et fournissant un ou plusieurs produits caractéristiques, par exemple un vin. — **3.** Province, campagne considérées comme le refuge d'habitudes, de goûts typiquement ruraux ou régionaux : *Un écrivain du terroir.* — **4.** *Avoir un goût de terroir, sentir le terroir,* avoir un caractère particulier tenant aux origines, au pays qu'on habite.

TERRORISANT, E adj. Qui terrorise.

TERRORISER v. t. (de *terreur*) [conj. 3]. **1.** User de terreur auprès de qqn, d'un groupe, pour obtenir qqch : *Les racketteurs terrorisaient les commerçants du quartier.* — **2.** Frapper de terreur, de crainte qqn, un groupe : *Ces cauchemars me terrorisaient.*

TERRORISME n. m. Action politique violente d'individus ou de groupes, menée contre des personnes, des biens ou des institutions ; ensemble de ces actes de violence (assassinat, prise d'otages, pose d'explosifs, etc.).

ENCYCL. La loi du 9 sept. 1986 a créé au tribunal de grande instance de Paris une section chargée de la lutte antiterroriste. Pour juger les crimes terroristes, la cour d'assises est composée de 7 magistrats, sans jury.

TERRORISTE adj. et n. Relatif au terrorisme ; qui participe à des actions de terrorisme.

TERSCHELLING, île néerlandaise de la mer du Nord (Hollande-Septentrionale), dans l'archipel de la Frise occidentale ; 108 km² ; 4 500 hab.

TERSKEÏ-ALATAOU ou **ALATAOU DE TERSKI,** une des chaînes du Tian Shan kirghize, dominant le lac Issyk-Koul et le séparant de la dépression de Naryn ; 5 216 m.

TERTÉRIDES, dynastie qui régna sur la Bulgarie de 1280 à 1323, et fut vassale des Tatars jusqu'au règne de Théodore Svetoslav (1300-1321).

TERTIAIRE adj. (lat. *tertiarius,* de *tertius,* troisième). **1.** Se dit de la période qui suit les stades primaire et secondaire d'une maladie à caractère cyclique (syphilis, en partic.). — **2.** Se dit d'un alcool, d'un composé dérivé ou d'un radical dans lequel le groupe OH (ou X) est attaché à un atome de carbone portant lui-même trois atomes de carbone. — **3.** Se dit d'une amine ou d'un amide dans lesquels l'atome d'azote est lié à trois atomes de carbone. — **4.** *Ère tertiaire* ou *tertiaire* (n. m.), ère regroupant les systèmes paléogène et néogène, que l'on considère aujourd'hui comme un supersystème inclus dans le cénozoïque. ‖ *Secteur tertiaire* ou *tertiaire* (n. m.), secteur des activités économiques comprenant notamment le commerce, les transports, les services, etc.

◆ n. Membre d'un tiers ordre.

TERTIAIRISATION ou **TERTIARISATION** n. f. Développement du secteur tertiaire dans une économie.

TERTIO [tɛrsjo] adv. (lat. *tertio,* de *tertius,* troisième). Troisièmement, en troisième lieu (s'écrit souvent 3º).

TERTIOBUTYLE n. m. Radical monovalent $(CH_3)_3C$—.

TERTRE n. m. (lat. pop. **termes, -itis,* du lat. class. *termen, -inis,* borne). **1.** Petite élévation de terre à sommet plat, et isolée. — **2.** Éminence de terre recouvrant une sépulture. (On dit aussi TERTRE FUNÉRAIRE.)

TERTRY (80200), comm. de la Somme, à l'E. d'Amiens ; 187 hab. C'est l'ancien *Testriacum.* Pépin de Herstal, maire du palais d'Austrasie, y battit le roi Thierry III et assujettit la Neustrie (v. 687).

TERTULLIEN, en lat. **Quintus Septimius Florens Tertullianus,** premier des écrivains chrétiens de langue latine (Carthage v. 155 - *id.* v. 222). Païen converti au christianisme, il exerça en Afrique du Nord un véritable magistère doctrinal, caractérisé par un rigorisme de plus en plus intransigeant. À la fois apologiste et polémiste (ses chefs-d'œuvre sont *Contre Marcio,* 207-212, et *Apologétique,* 197), Tertullien a fortement contribué à la formation du latin chrétien et d'une langue théologique nouvelle.

TERUEL, v. d'Espagne, en Aragon, ch.-l. de prov. ; 25 900 hab.
— **Hist.** Pendant la guerre civile (1936-1939), Teruel, disputée entre républicains et nationalistes, fut en grande partie détruite.
— **Bx-arts.** La ville a été un centre remarquable de l'art mudéjar tant qu'a duré une certaine tolérance de la part des catholiques : de la fin du XIIe s. à la fin du XVe (tours de brique à décors incrustés des églises ; cathédrale à plafond de bois sculpté et peint [*artesonado*]).

TERVILLE (57180), comm. de la Moselle, banlieue de Thionville ; 6 313 hab. *(Tervillois).*

TERVUREN, comm. de Belgique (Brabant flamand), à l'E. de Bruxelles, en bordure de la forêt de Soignes ; 19 000 hab. Église St-Jean, des XIVe-XVe s. Musée royal de l'Afrique centrale en bordure du parc de l'anc. domaine des ducs de Brabant.

TERYLÈNE n. m. Marque commerciale de fibre et de fil synthétiques de polyester, fabriqués en Grande-Bretagne.

TERZA RIMA [tɛrdzarima] n. f. (ital. *terza rima,* rime tiercée). 1. Dans la versification italienne, rimes ordonnées par groupes de trois vers, de telle sorte que chaque groupe comprenne deux vers rimant ensemble, qui embrassent un troisième du groupe suivant. — 2. Poème composé de tercets dont la forme fut empruntée à l'Italie par la Pléiade et qui reparut au XIXe s. chez Vigny, Gautier, Leconte de Lisle, Heredia.

TERZETTO [tɛrdzɛto] n. m. (ital. *terzetto,* de *terzo,* troisième). Petite composition pour trois voix ou trois instruments.

TES → TON.

TESCHEN → CIESZYN.

Teschen *(traité de)* [13 mai 1779], traité signé entre la Prusse et l'Autriche, sous la garantie de la France et de la Russie, et qui termina la guerre de la Succession de Bavière.

TESHIGAHARA HIROSHI, cinéaste et sculpteur japonais (Tōkyō 1927). Il étudie la peinture, puis après son premier film, *le Traquenard* (1962), il participe aux activités du groupe surréaliste Seiki no kai, et devient le scénariste attitré de l'écrivain Abe Kōbō (*la Femme des sables,* 1964 ; *le Visage d'un autre,* 1966 ; *la Carte brûlée,* 1968). En 1972, il réalise *Summer Soldiers.*

TESHOUB, dieu de l'Orage, divinité principale du panthéon hourrite.

TESLA n. m. (de N. *Tesla,* n. pr.). Unité SI d'induction magnétique (symb. T), équivalant à l'induction magnétique uniforme qui, répartie normalement sur une surface de 1 mètre carré, produit à travers cette surface un flux magnétique total de 1 weber.

TESLA (Nikola), ingénieur électricien et inventeur américain d'origine croate (Smiljan, Croatie, 1856 - New York 1943). Fixé à New York, il fut vers 1887-1889 le créateur de la technique des courants polyphasés et notamment des moteurs à champ tournant.

TESNIÈRE (Lucien), linguiste français (Mont-Saint-Aignan 1893 - Montpellier 1954). Dans son ouvrage posthume *Éléments de syntaxe structurale* (1959), il propose un modèle formalisé des structures de la phrase dans un but à la fois pédagogique (représentation de l'« architecture » des phrases sous forme de schémas arborescents) et théorique, nécessitant la constitution d'une terminologie grammaticale entièrement nouvelle.

TESOS ou **BATESOS,** population du groupe karamojong, située au nord-ouest du Kenya et en Ouganda (900 000 membres).

Tess d'Urberville, roman de Thomas Hardy (1891) : le destin tragique de Tess, séduite par Alec d'Urberville, un hobereau dont elle sera la meurtrière par amour.

TESSAI, peintre et lettré japonais (Kyōto 1837 - *id.* 1924). Sa peinture à l'encre, fidèle aux thèmes de la peinture des lettrés *(nanga),* manifeste verve caricaturale et liberté de touche et de coloris.

TESSELLE n. f. (lat. *tessella*). Petit morceau de marbre, de pierre, de pâte de verre ou de céramique, matériau de base d'une mosaïque murale ou de pavement.

TESSELLÉ, E adj. Disposé en damier.

TESSENDERLO, comm. de Belgique (Limbourg), dans la Campine ; 13 800 hab. Industrie chimique. Métallurgie.

TESSÈRE n. f. (lat. *tessera,* du gr. *tessares,* quatre, certains jetons étant à quatre côtés). Dans l'Antiquité romaine, jeton de métal ou d'ivoire. (Les tessères servaient de billets d'entrée, de bons, de bulletins, etc.)

TESSIER (Alexandre Henri), agronome français (Angerville 1741 - Paris 1837). Il s'occupa de l'acclimatation des moutons mérinos. Il a écrit le *Dictionnaire d'agriculture et d'économie rurale* (1787-1816). [Acad. des sc., 1795.]

TESSIER (Gaston), syndicaliste français (Paris 1887 - *id.* 1960). Il a été secrétaire général de la Confédération française des travailleurs chrétiens (C. F. T. C.) de 1919 à 1948, puis président de 1948 à 1953.

TESSIN, en ital. **Ticino,** riv. de Suisse et d'Italie, affl. du Pô (r. g.) rejoint en aval de Pavie ; 248 km. Aménagements pour l'hydroélectricité, en amont du lac Majeur (val Leventina), pour l'irrigation sur le cours inférieur.
— **Hist.** Hannibal battit sur ses rives le consul romain P. Cornelius Scipion (218 av. J.-C.).

TESSIN *(canton du),* en ital. **Ticino,** cant. de la Confédération suisse, sur le versant méridional des Alpes ; 2 810 km^2 ; 282 181 hab. (presque tous catholiques et de langue italienne). Ch.-l. *Bellinzona.* Il se compose au N. d'une partie proprement alpestre (Vals Leventina, Blenio, Maggia, ouverts par le Tessin et ses affluents) et au S. d'une région plus basse, au climat d'abri, autour de Lugano, avec un tourisme très actif.
— **Hist.** Région sujette de la Confédération depuis la fin du XVe s., elle devint un canton suisse en 1803.

TESSIN l'Aîné ou **l'Ancien** (Nicodemus), architecte suédois (Stralsund 1615 - Stockholm 1681). Au service de la cour de Suède, il a donné son chef-d'œuvre avec le château de Drottningholm, de tendance baroque (entrepris en 1662, achevé par son fils v. 1700). — NICODEMUS **Tessin** *le Jeune* (Nyköping 1654 - Stockholm 1728), fils du précédent, fut influencé par les Mansart et par Bernin. Son œuvre capitale est le palais royal de Stockholm, ensemble somptueux commencé en 1697. Conseiller royal, il fut mêlé à la politique et aux affaires publiques.

TESSIN (Carl Gustav, *comte*), homme d'État et collectionneur suédois (Stockholm 1695 - Åherö 1770), fils de Tessin le Jeune. Ambassadeur à Vienne (1725-1734), il devint l'un des chefs de la faction des Chapeaux et renversa celle des Bonnets (1738). Censeur royal et chef de la chancellerie (1747-1752), il fut ensuite chargé de l'éducation du futur Gustave III. Tessin, qui, de 1728 à 1741, avait dirigé l'achèvement du palais royal de Stockholm (décoré en style rococo français), fut un remarquable collectionneur par ses commandes à Chardin ou à Boucher et par ses achats de dessins.

TESSITURE n. f. (ital. *tessitura,* trame). **1.** Ensemble des sons de l'échelle musicale qui convient le mieux à une voix déterminée. — **2.** Ensemble des sons qui reviennent le plus souvent dans un morceau et qui constituent une sorte de moyenne du registre dans lequel il est écrit.

TESSON n. m. (anc. fr. *test,* du lat. *testum,* var. de *testu,* vase d'argile). **1.** Débris d'un objet en verre, en céramique. — **2.** Corps d'une céramique cuite, considéré isolément de sa glaçure ou de sa couverte.

TESSY-SUR-VIRE (50420), ch.-l. de cant. de la Manche, au S. de Saint-Lô ; 1 476 hab.

1. TEST n. m. (lat. *testum,* var. de *testu,* vase d'argile). Enveloppe dure qui protège divers êtres vivants (plaques dermiques de l'oursin, frustule des diatomées, coquille des mollusques, carapace des crustacés).

2. TEST n. m. (angl. *test,* épreuve, du fr. *têt*). **1.** Épreuve psychologique impliquant une tâche à remplir identique pour tous les sujets, des conditions d'application rigoureuses et une technique précise pour l'appréciation du succès ou de l'échec. (Il existe des tests de niveau* et des tests projectifs.) — **2.** Essai d'un produit, d'un appareil pour vérifier son action, son fonctionnement. — **3.** Toute circonstance qui permet d'éprouver, de mesurer qqch : *Ce sera un test de bonne volonté.* — **4.** Manœuvre, épreuve, réaction biologique, sérologique ou chimique pratiquée à des fins diagnostiques. — **5.** Essai de production effectué en cours de forage au moyen d'un tester. — **6.** Syn. de TEST-MATCH. — **7.** *Test statistique* ou *test d'hypothèse,* méthode permettant, à partir des observations d'un ou de plusieurs échantillons d'une population d'accepter ou de rejeter, avec un certain risque d'erreur, une hypothèse portant sur la population ou sur la loi de probabilité choisie pour représenter celle-ci.

Test Act, loi votée par le Parlement anglais en 1673, imposant à tout candidat à un office public la réception de la communion anglicane et un serment de répudiation des dogmes catholiques. Cette loi, dite aussi bill du Test, fut abrogée en 1828-29.

TESTA (Pietro), peintre et graveur italien (Lucques 1611 - Rome 1650). Influencée par le Dominiquin, Pierre de Cortone, Poussin, mais aussi par le Caravage, son œuvre est partagée entre une volonté classique et les violences, les étrangetés que lui dicte un tempérament mélancolique (*le Massacre des Innocents,* galerie Spada, Rome).

TESTABLE adj. (de *tester 2*). Qui peut être testé, contrôlé, soumis à un test.

TESTACÉ, E adj. (lat. *testaceus,* de *testa,* coquille). 1. Se dit d'un animal muni d'une coquille.

— **2.** Se dit de la livrée de certains insectes, qui a la couleur et l'aspect d'une coquille de bivalve.

TESTACELLE n. f. (lat. *testa,* coquille). Petite limace munie d'un reste de coquille à l'arrière du corps, et se nourrissant de lombrics.

TESTAGE n. m. (de *test 2*). Contrôle de descendance (progeny-test), méthode de sélection des animaux domestiques appliquée aux reproducteurs mâles.

TESTAMENT n. m. (lat. *testamentum*). **1.** Acte juridique par lequel une personne déclare ses dernières volontés et dispose de ses biens pour le temps qui suivra sa mort. (→ *encycl.*) — **2.** Message ultime qu'un écrivain, un homme politique, un savant, un artiste, dans une œuvre, tient à transmettre à la postérité. — **3.** *Ancien Testament,* ensemble des livres de la Bible* qui se rapportent à l'histoire de l'Alliance de Dieu avec le peuple juif. ‖ *Nouveau Testament,* recueil des écrits bibliques qui concernent la Nouvelle Alliance établie par Jésus-Christ.

ENCYCL. **Dr.** Tout le monde peut faire son testament, à l'exception de ceux qui ne sont pas sains d'esprit, des individus condamnés à une peine afflictive et infamante perpétuelle, des mineurs de moins de seize ans. Le testament *public* ou *authentique* est reçu par deux notaires, ou par un notaire en présence de deux témoins ; il est signé par le testateur, le(s) notaire(s) et les témoins. Le testament peut être également olographe* ou mystique*.

Le testateur est libre de disposer librement de ses biens, dans la mesure où il n'a pas d'héritiers réservataires. Un testament peut être révoqué, par un testament postérieur contenant une déclaration expresse de révocation, ou par de nouvelles dispositions si celles-ci sont incompatibles ou contraires aux précédentes.

Le testament public est exécutoire par lui-même et sans l'accomplissement d'aucune formalité préliminaire. Pour obtenir l'exécution d'un testament olographe ou mystique, le légataire doit le déposer entre les mains d'un notaire.

Testament *(le),* poème de 2 023 vers de François Villon (1461). Dans ce poème, écrit en huitains et entrecoupé de ballades *(Ballades des dames du temps jadis, Ballade à sa mère pour prier Notre-Dame)* et de rondeaux, l'auteur, après avoir déploré le triomphe inéluctable de la mort, procède à une série de legs burlesques et règle l'ordonnance de ses funérailles.

TESTAMENTAIRE adj. (lat. *testamentarius*). **1.** Relatif au testament. — **2.** *Clause pénale testamentaire,* exhérédation stipulée par un testateur contre l'héritier ou le légataire qui n'accomplirait pas telle condition du testament.

TESTATEUR, TRICE n. (lat. *testator*). Personne qui fait ou qui a fait son testament.

TESTE (La) [33260], ch.-l. de cant. de la Gironde, sur le bassin d'Arcachon ; 21 244 hab. *(Testerins).* Station balnéaire. Ostréiculture. Bateaux de plaisance.

1. TESTER v. i. (lat. *testari*) [conj. 3]. Faire son testament ; disposer de tout ou partie de ses biens par testament.

2. TESTER v. t. (de *test 2*) [conj. 3]. **1.** Soumettre qqn, un produit, un appareil, etc., à un test. — **2.** Soumettre à une épreuve quelconque ; éprouver, expérimenter : *Tester la fidélité d'un ami.* — **3.** Soumettre un reproducteur au testage.

3. TESTER [-tœr] n. m. (angl. *tester*). Appareil permettant d'effectuer un essai de production pétrolière.

TESTEUR n. m. **1.** Personne qui fait passer un test psychologique. — **2.** Personne qui soumet un appareil, un produit à un test. — **3.** Appareil servant à tester les composants électroniques, les microprocesseurs, etc.

TESTICULAIRE adj. Qui appartient aux testicules.

TESTICULE n. m. (lat. *testiculus*). Glande génitale (ou gonade) mâle qui produit des spermatozoïdes et l'hormone mâle (testostérone).

ENCYCL. Les testicules, au nombre de deux, sont entourés d'une gaine séreuse, la vaginale, et d'une membrane résistante, l'albuginée. Ils sont logés dans un sac, le scrotum. Primitivement dans la cavité abdominale, ils descendent peu avant la naissance dans les bourses à travers le canal inguinal. Le testicule est composé de lobules contenant les canalicules séminifères qui convergent en un réseau au bord supérieur de la glande (rete testis). De là partent les cônes (ou canaux) efférents qui débouchent dans le canal épididymaire, dont le pelotonnement forme l'épididyme.

TESTIMONIAL, E, AUX adj. (lat. *testimonialis,* du lat. class. *testimonium*). **1.** Qui résulte d'un témoignage. — **2.** Qui sert de témoignage, d'attestation.

TEST-MATCH n. m. (pl. *test-matchs* ou *-matches*) [angl. *test match,* match international]. Au rugby, match opposant deux équipes nationales, dont l'une effectue une tournée dans le pays de l'autre où elle rencontre également des sélections régionales. (On dit aussi TEST.)

TESTON n. m. (ital. *testone,* de *testa,* tête). Nom de plusieurs monnaies d'argent de la Renaissance à l'effigie (tête) du souverain. (Milan : XVe s. ; France, à la suite des guerres d'Italie : XVIe s.)

TESTOSTÉRONE n. f. (de *testicule, stérol* et *hormone*). Principale hormone androgène sécrétée principalement par le tissu interstitiel testiculaire de l'homme (cellule de Leydig) sous l'influence d'une stimuline hypophysaire (la LH), et en quantité négligeable par l'ovaire et la surrénale. (La testostérone contrôle la formation du sperme, le développement des organes génitaux, des caractères sexuels secondaires. Du point de vue métabolique, elle stimule l'anabolisme protéique, en particulier dans le tissu osseux et dans le tissu musculaire.)

TESTUDINIDÉ n. m. (lat. *testudo, -onis,* tortue). Tortue terrestre à carapace complète et bombée dorsalement, à cou se repliant verticalement telle que la tortue grecque de France et les tortues géantes ou éléphantines des Galápagos et des Seychelles.

TÊT [tɛ] n. m. (lat. *testum,* vase d'argile). **1.** Coupelle en terre réfractaire utilisée dans les laboratoires pour oxyder des métaux, calciner des solides infusibles. — **2.** Partie de l'os frontal, sur laquelle prend naissance la ramure d'un cerf.

Têt (abrév. du vietnamien *Têt Nguyên Dau,* fête [du premier de l'an]). Au Viêt-nam, célébration du premier jour de l'année du calendrier lunaire d'origine chinoise, qui débute entre le 20 janvier et le 19 février du calendrier grégorien.

TÊT (la), fl. des Pyrénées-Orientales, tributaire de la Méditerranée, qui traverse le lac des Bouillouses, passe à Mont-Louis, puis coule dans des gorges (région du Conflent) ; 120 km. La Têt passe à Prades et Perpignan.

TÉTANIE n. f. (de *tétanos*). **1.** Hyperexcitabilité neuro-musculaire caractérisée par la survenue d'accès de contracture symétriques des extrémités avec crampes et paresthésies. (La tétanie peut être consécutive à une hypocalcémie, ou une alcalose, mais fréquemment aucune cause organique n'est mise en évidence.) — **2.** *Tétanie d'herbage,* maladie nutritionnelle de la vache pouvant entraîner rapidement la mort, caractérisée par un état convulsif associé à une carence en magnésie, se manifestant dans les quelques jours qui suivent la mise au pâturage. (L'excès d'azote de l'herbe est considéré comme la cause des troubles.)

TÉTANIFORME adj. Qui a l'apparence du tétanos.

TÉTANIQUE adj. et n. (gr. *tetanikos*). **1.** Relatif au tétanos ; atteint de tétanos. — **2.** *Bacille tétanique,* syn. de BACILLE DE NICOLAIER*.

TÉTANISATION n. f. Action de tétaniser.

TÉTANISER v. t. (conj. 3). **1.** Provoquer des contractures tétaniques. — **2.** Rendre qqn, un groupe abasourdi, figé, sans réaction sous l'effet de l'étonnement, de l'indignation, etc.

TÉTANOS n. m. (gr. *tetanos,* tension). Toxi-infection due au bacille du Nicolaier et caractérisée par la contracture des muscles.

ENCYCL. Le tétanos est dû à la souillure de plaies par le bacille de Nicolaier, qui se développe au niveau du point d'inoculation (grandes plaies, mais aussi petites piqûres septiques, par clous, épines de fleurs, griffures). Ses toxines se répandent dans tout l'organisme et déterminent le tableau clinique de la maladie le plus souvent inauguré par l'apparition du trismus*. L'évolution spontanée aboutissait à des crises paroxystiques sur fond de contractures douloureuses permanentes, puis à la mort. Le traitement symptomatique en milieu de réanimation permet d'éviter contractures et crises paroxystiques, mais la mortalité reste encore non négligeable. Le seul traitement efficace est donc préventif (sérothérapie et vaccination).

TÉTANOTOXINE n. f. Toxine sécrétée par le bacille de Nicolaier responsable des spasmes mortels du tétanos. (Sa transformation en *anatoxine* permet d'obtenir un excellent vaccin.)

TÊTARD n. m. (de *tête*). **1.** Larve à grosse tête des amphibiens (anoures et urodèles) et des ascidies. (→ *encycl.*) — **2.** Arbre étêté à une certaine hauteur pour l'exploitation des brins qui se développent sur la section (saules, ormes, mûriers).

ENCYCL. Le têtard des grenouilles et des crapauds est un animal aquatique, pourvu d'une queue aplatie verticalement et servant de nageoire ; la respiration est branchiale. Les étapes de la métamorphose sont le recouvrement des houppes branchiales par un repli de peau, l'apparition des pattes postérieures, la formation des poumons, la régression de la queue et du tube digestif. Ces transformations sont rapides et souvent meurtrières.

TÊTE n. f. (lat. *testa,* pot en terre cuite). **1.** Extrémité supérieure du corps de l'homme et extrémité antérieure du corps de nombreux animaux contenant la bouche, le cerveau et les principaux organes sensoriels : *Avoir une grosse tête.* (→ encycl.) — **2.** Boîte crânienne de l'homme, en partic. le cerveau ; crâne : *Avoir mal à la tête.* — **3.** Partie supérieure du crâne où poussent les cheveux : *Sortir la tête nue.* — **4.** Visage, expression dont les traits traduisent les sentiments, les tendances, l'état, etc. : *Avoir une bonne tête. Tu en fais une tête !* — **5.** Ensemble des facultés mentales : *Chercher un souvenir dans sa tête.* — **6.** Jugement, perspicacité, présence d'esprit, sang-froid : *Garder la tête froide. Avoir de la tête.* — **7.** Tempérament volontaire, obstiné de qqn : *Avoir la tête dure.* — **8.** Personne, individu : *Ça coûte 150 francs par tête.* — **9.** Animal appartenant à un troupeau : *Cinquante têtes de bétail.*

– **10.** Vie de qqn : *Réclamer la tête d'un condamné.* – **11.** Personne ou groupe qui conçoit, qui dirige intellectuellement : *La tête pensante du mouvement.* – **12.** Personne ou groupe qui commande un groupe, qui dirige un organisme : *Frapper une révolte à la tête.* – **13.** Extrémité renflée d'un objet : *Tête d'un clou.* – **14.** Partie supérieure de qqch : *L'hélicoptère rase la tête des arbres.* – **15.** Hauteur de la tête, prise comme unité de mesure pour les personnes : *Elle a une tête de plus que moi.* – **16.** Longueur de la tête, prise comme unité de distance séparant des chevaux de course à l'arrivée : *Gagner d'une tête.* – **17.** Partie antérieure ou initiale de qqch, notamment dans une chose orientée ou en mouvement : *La tête du train. Mot placé en tête de phrase.* – **18.** Premier rang, première place d'un classement : *Homme politique en tête des sondages.* – **19.** *À la tête de qqch,* à la place de celui qui dirige, commande : *Être à la tête d'une grosse fortune ;* au premier rang d'un groupe : *Se trouver à la tête du cortège ;* à la première place, comme leader, directeur, etc. : *Être à la tête d'un groupe commercial.* ‖ *Avoir en tête de,* projeter, avoir l'intention de faire telle chose. ‖ Fam. *Avoir, attraper la grosse tête,* se croire plus important que ce qu'on est ; avoir des prétentions sans rapport avec sa valeur réelle. ‖ *Avoir (toute) sa tête,* jouir de toutes ses facultés intellectuelles, être lucide. ‖ Fam. *Avoir ses têtes,* montrer du parti pris dans ses sympathies ou ses antipathies à l'égard des autres. ‖ *Avoir une idée derrière la tête,* avoir une intention, un projet qu'on ne dévoile pas ouvertement. ‖ *Avoir une tête à,* avoir une physionomie qui porte à croire que l'on est destiné à se comporter de telle ou telle façon. ‖ *Bal, dîner de têtes,* réunion où les participants se sont déguisés pour ressembler à tel ou tel personnage. ‖ *Coup de tête,* action décidée brusquement, sans réfléchir. ‖ *De la tête aux pieds,* de haut en bas, sur tout le corps. ‖ *De tête,* mentalement, sans faire usage de l'écriture. ‖ Fam. *En avoir par-dessus la tête de qqch, de qqn,* en être excédé, ne plus pouvoir le supporter. ‖ *Enfoncer, mettre qqch dans la tête de qqn,* l'en persuader. ‖ Fam. *Faire la tête,* bouder, être de mauvaise humeur. ‖ Fam. *Une grosse tête,* personne très savante, très cultivée. ‖ *Homme, femme de tête,* personne intelligente et décidée. ‖ *La tête la première,* la tête en bas, dans une chute ; avec témérité, sans précaution. ‖ *Lever, redresser la tête,* prendre, reprendre de l'assurance, de la confiance en soi, agir de nouveau avec le sentiment de sa force. ‖ *Monter à la tête (à qqn),* (l')étourdir, (le) griser ; (lui) troubler la raison. ‖ *Monter la tête à qqn,* l'exciter, lui inspirer des sentiments d'hostilité contre qqn. ‖ *N'en faire qu'à sa tête,* agir à sa guise. ‖ *Ne pas avoir de tête,* être très étourdi, oublier tout. ‖ *Par tête* ou, fam., *par tête de pipe,* par personne. ‖ *Perdre la tête,* perdre son sang-froid, s'affoler. ‖ *Se mettre dans la tête, en tête de, que,* prendre la résolution de faire qqch et s'y tenir obstinément, se persuader, se convaincre que. ‖ *Se taper la tête contre les murs,* s'efforcer désespérément de sortir d'une situation sans issue. ‖ *Tenir tête à qqn,* s'opposer à ses volontés, lui résister. ‖ *Tête à tête, en tête à tête,* seul avec son interlocuteur, seul à seul. ‖ Fam. *Tête blonde,* enfant. ‖ Fam. ou pop. *Tête de + n.,* forme des expressions plus ou moins désobligeantes ou injurieuses appliquées à qqn. ‖ *Tête de mort,* squelette d'une tête humaine ; emblème représentant un crâne humain. ‖ Fam. *Tête d'œuf,* intellectuel. ‖ *Tête de Turc,* personne que l'on prend pour cible de ses plaisanteries, de ses railleries. ‖ *Tête en l'air,* étourdi. ‖ *Tête sans cervelle, tête de linotte, tête d'oiseau,* esprit léger, irréfléchi, inconséquent. ‖ *Tourner la tête à qqn,* lui faire perdre le sens des réalités ; le rendre amoureux. • **Anat.** Partie renflée de certains organes. ‖ Extrémité de certains os. – **Astron.** Ensemble formé par le noyau et la chevelure d'une comète. – **Bât.** Pan d'une pierre, d'une brique, qui reste apparent après sa pose dans un mur. (La partie prise dans la construction est la QUEUE.) ‖ Syn. de TALON. – **Bur.** *Tête d'impression,* sur certaines machines à écrire, sphère métallisée portant en relief les caractères nécessaires à la frappe. – **Cuis.** Tête d'un animal (veau, porc) désossée et diversement apprêtée. – **Déf.** *Tête nucléaire,* syn. de OGIVE NUCLÉAIRE. – **Écon.** Implantation à l'étranger d'une entreprise, d'une institution en vue d'un développement ultérieur de son activité. – **Électroacoust.** *Tête de lecture,* syn. de CELLULE* PHONOCAPTRICE. ‖ *Tête magnétique,* transducteur électromagnétique destiné à assurer une fonction d'enregistrement, de lecture ou d'effacement. – **For.** *Tête de puits,* ensemble des dispositifs installés à l'entrée d'un puits. (Pour les puits en production, on dit aussi TÊTE DE PRODUCTION et, dans le cas de puits éruptifs, ARBRE DE NOËL.) – **Hist.** *Têtes rondes,* surnom donné, lors de la révolution anglaise de 1642, aux partisans puritains du Parlement, qui portaient les cheveux coupés court, alors que la mode était aux longues boucles. – **Inform.** *Tête de lecture* ou *d'écriture,* dispositif électronique de lecture et d'écriture sur un support magnétique (bande ou disque). – **Mécan.** Partie d'une machine-outil recevant les mécanismes de commande directe des outils. (Par ex. *fraiseuse à tête inclinable.*) ‖ *Tête de bielle,* extrémité de la bielle qui s'articule sur un maneton du vilebrequin. ‖ *Tête d'usinage,* unité permettant de mettre en rotation une broche, et de lui donner son mouvement d'avance (tête de perçage, d'alésage, de taraudage, etc.). ‖ *À* ou *avec soupapes en tête,* se dit de la disposition des soupapes inversées placées dans la culasse amovible constituant la « tête » des cylindres. – **Météo.** Partie antérieure d'un système nuageux. – **Mil.** Élément le plus avancé d'une troupe. ‖ *Tête de pont,* zone occupée par une force militaire en territoire ennemi, au-delà d'un fleuve ou de la mer, en vue d'un franchissement ou d'un débarquement ultérieur du gros des forces. – **Mobil.** *Tête de lit,* chevet, dosseret. – **Mus.** Extrémité du manche des instruments à cordes (guitare, violons et violes, par ex.). ‖ *Voix de tête,* registre aigu de la voix humaine utilisant les cavités supérieures de l'appareil vocal pour faire résonner les sons. – **Outill.** Partie du corps d'un marteau opposée à la panne. – **Pétr.** Fraction la plus légère, ou la plus volatile, d'un mélange d'hydrocarbures, obtenue en premier par distillation fractionnée. (Contr. QUEUE.) – **Rel.** *Tranche de tête,* tranche du haut d'un livre. – **Sports.** Au football, action de frapper une balle aérienne avec le front pour dévier sa trajectoire. ‖ *Tête de série,* concurrent (ou équipe) que ses performances antérieures désignent pour rencontrer un adversaire présumé plus faible lors des premières rencontres d'une épreuve éliminatoire. – **Techn.** Partie d'une machine qui porte les outils. – **Télécomm.** *Tête de réseau,* installation qui permet, dans un réseau câblé, de recevoir les programmes de télévision extérieurs et d'émettre les programmes produits localement.– **Transp.** *Tête de ligne,* endroit d'où part une ligne de transport. – **Véner.** Ensemble des bois du cerf, du daim, du chevreuil. ‖ *Faire tête,* se retourner contre les chiens et se défendre en parlant du cerf et du sanglier.

ENCYCL. **Zool.** La tête n'existe que chez les animaux mobiles à symétrie bilatérale, et se situe dans la partie antérieure du corps pendant la locomotion. On y trouve des organes sensoriels et des cellules nerveuses, formant un « cerveau ». La bouche y est généralement située. La tête des arthropodes, en outre, porte souvent des antennes (deux paires chez les crustacés, une seule chez les mille-pattes et insectes). La tête des vertébrés comprend le crâne abritant l'encéphale, une région faciale avec des cavités renfermant les organes des sens (vue, odorat, ouïe et goût).

Tête d'or, drame en 3 actes de P. Claudel (1890 ; version définitive 1901) qui illustre à la fois le désespoir, le désir et l'échec de l'homme sans Dieu, ainsi que la résistance et l'abandon de Claudel à la grâce divine.

TETE, v. du Mozambique, ch.-l. du distr. homonyme, sur le Zambèze ; 53 000 hab.

TÊTE-À-QUEUE n. m. inv. Demi-tour complet que fait un véhicule à la suite d'un dérapage.

TÊTE-À-TÊTE n. m. inv. **1.** Situation ou entretien de deux personnes qui se trouvent seule à seule. – **2.** Service à café, à déjeuner ou à thé pour deux personnes seulement.

TÊTE-BÊCHE adv. (de *tête* et *bêche,* abrév. du moyen fr. *à beschevet,* la tête de l'un aux pieds de l'autre). Se dit de la position de deux personnes ou de deux objets, placés parallèlement, mais en sens inverse.

◆ n. m. inv. Paire de timbres-poste dont l'un est renversé à 180° par rapport à l'autre à la suite d'une erreur de fabrication.

TÊTE-DE-CLOU n. f. (pl. *têtes-de-clou*). Sorte de pointe-de-diamant. (Décor d'architecture romane.)

TÊTE-DE-LOUP n. f. (pl. *têtes-de-loup*). Balai à très long manche et à brosse ronde, permettant de nettoyer les plafonds.

TÊTE-DE-MAURE ou **TÊTE-DE-MORE** n. f. (pl. *têtes-de-Maure*). **1.** Fromage de Hollande, de forme sphérique, enrobé de paraffine rouge. – **2.** Couvercle de la chaudière de certains alambics.

TÊTE-DE-MORT n. f. (pl. *têtes-de-mort*). Papillon du groupe des sphinx, qui doit son nom à l'ornement dorsal de son abdomen.

TÊTE-DE-NÈGRE n. f. (pl. *têtes-de-nègre*). Autre nom du bolet bronzé.

◆ adj. inv. et n. m. inv. Couleur marron foncé.

TÉTÉE n. f. (de *téter*). **1.** Action de téter le sein, la mamelle pour boire le lait. – **2.** Repas du nourrisson ou de l'animal bébé : *Six tétées par jour.*

TÉTEGHEM (59229), comm. du Nord, banlieue sud-est de Dunkerque ; 5 861 hab.

TETELAS ou **BATETELAS,** population bantoue du Zaïre, groupant environ 500 000 membres.

TÉTER v. t. (de *tette*) [conj. **18**]. **1.** Aspirer le lait de la mamelle ou d'un biberon par un mouvement de succion. – **2.** Sucer un objet : *Téter son pouce, son crayon.*

TÉTERELLE n. f. (de *téter*). Petit appareil en verre qui se place sur le bout du sein d'une nourrice, et avec lequel on aspire le lait.

TÉTHYS, autre nom de la Mésogée.

TÉTHYS, la plus jeune des Titanides, fille d'Ouranos et de Gaia, qui personnifiait la fécondité de la mer.

TÉTHYS, troisième satellite de Saturne, découvert en 1684. Diamètre : 1 060 km. Densité moyenne : 1,2. Demi-grand axe de son orbite : 294 670 km. Période de révolution sidérale :

1 j 21 h 19 min. Sa surface, révélée en 1980 et 1981 par les sondes Voyager, semble constituée principalement de glace. Elle est criblée de cratères météoritiques.

TETI, premier pharaon de la VIe dynastie égyptienne (v. 2423 av. J.-C.). Sa pyramide est à Saqqarah.

TÊTIÈRE n. f. (de *tête*). **1.** Pièce du filet ou de la bride qui passe derrière les oreilles du cheval et supporte les montants. — **2.** Partie renforcée au point de drisse d'une grand-voile d'un voilier à gréement bermudien. — **3.** Morceau de tissu ou petite housse dont on protège le dossier d'un fauteuil à l'endroit de la tête. — **4.** Platine d'une serrure portant la ou les ouvertures de forme pour le passage et le guidage du ou des pênes. (Syn. REBORD.)

TÉTIN n. m. (de *tette*). *Vx.* Mamelon.

TÉTINE n. f. (de *tette*). **1.** Mamelle d'un mammifère. — **2.** Pièce de caoutchouc percée d'une fente, qu'on adapte à un biberon, pour faire téter un nourrisson. — **3.** Morceau de triperie provenant de la mamelle.

TETLEY (Glen), danseur et chorégraphe américain (Cleveland, Ohio, 1926). Il s'est affirmé comme chorégraphe dans des ballets de caractère dramatique ou psychologique : *Birds of Sorrow* (1962), *Pierrot lunaire* (1962), *la Leçon d'anatomie* (1964), *The Game of Noah* (1965), *Ricercare* (1966). On lui doit encore une version du *Sacre du printemps* (1975), *Sphinx* (1980).

TETMAJER PRZERWA (Kazimierz), écrivain polonais (Ludźmierz, Galicie, 1865 - Varsovie 1940). Ses *Poésies* (1894-1910) le situent parmi les premiers représentants du mouvement de la Jeune-Pologne.

TÉTON n. m. (de *tette*). **1.** *Fam.* Sein. — **2.** Sur une pièce mécanique, petite saillie circulaire destinée à porter un point de centre ou à servir elle-même de centrage.

TETONS ou **TETONS-DAKOTAS,** Indiens Sioux des plaines d'Amérique du Nord, qui subsistent encore dans les réserves du Dakota (Nord et Sud), ainsi qu'au Canada.

TÉTOUAN, en ar. **Tiṭwān,** v. du Maroc, ch.-l. de prov., anc. cap. de la zone espagnole (en esp. *Tetuán*) ; 139 100 hab. Centre commercial. Musée archéologique national.

TÉTOUAN (*duc* DE) → O'DONNELL (Leopoldo).

TÉTRABORATE n. m. Sel de l'acide $H_2B_4O_7$, dont le borax (tétraborate de sodium) est le type.

TÉTRABRANCHE n. m. Nom de sous-classe attribué aux nautiles.

TÉTRABROMURE n. m. Composé contenant quatre atomes de brome.

TÉTRACAÏNE n. f. Substance anesthésique utilisée à l'état de chlorhydrate pour l'anesthésie locale.

TÉTRACÉMATE n. m. *Tétracémate disodique,* sel disodique de l'acide édétique (E. D. T. A.), agent chélateur, employé dans la lutte contre certaines intoxications. (Il est surtout utilisé sous forme de *calcitétracémate disodique* dans l'intoxication par le plomb.)

TÉTRACÈRE n. m. Petite antilope à deux paires de cornes, des plaines de l'Inde.

TÉTRACHLORÉTHYLÈNE [-klɔ-] n. m. Composé $Cl_2C{=}CCl_2$, liquide ininflammable, bouillant à 121 °C, très utilisé comme solvant pour le nettoyage à sec et le dégraissage des pièces métalliques.

TÉTRACHLOROMÉTHANE [-klɔ-] n. m. Composé CCl_4. (C'est un liquide ininflammable, bouillant à 79 °C, dont la toxicité limite l'emploi comme extincteur et comme solvant.) [Syn. TÉTRACHLORURE DE CARBONE.]

TÉTRACHLORURE [-klɔ-] n. m. **1.** Composé contenant quatre atomes de chlore. — **2.** *Tétrachlorure de carbone,* syn. de TÉTRACHLOROMÉTHANE.

TÉTRACORDE n. m. (lat. *tetrachordon,* du gr. *tethrakhordos,* à quatre cordes). Dans la musique grecque antique, système de quatre sons basé sur la consonance de quarte.

TÉTRACYCLINE n. f. Nom d'une famille d'antibiotiques dont la molécule comporte un noyau naphtacène, absorbés par la muqueuse digestive et possédant un large spectre d'action sur les germes Gram positif et Gram négatif, les spirochètes, les rickettsies, les chlamydiæ et les mycoplasmes. (L'emploi est à éviter chez la femme enceinte et les jeunes enfants car il peut entraîner la coloration en jaune des dents.)

TÉTRADACTYLE adj. Se dit d'une patte à quatre doigts.

TÉTRADE n. f. (gr. *tetras, -ados,* groupe de quatre). **1.** Ensemble formé par les quatre grains de pollen issus d'une même cellule mère et restés collés entre eux. — **2.** Ensemble des quatre cellules issues de la méiose, dans la lignée germinale des deux sexes et des deux règnes.

TÉTRADRACHME [-drakm] n. m. (gr. *tetradrakhmon*). Monnaie d'argent du monde antique grec et hellénistique, qui valait quatre drachmes et servait à la plupart des échanges internationaux. (Poids variable selon les systèmes monétaires, types divers selon les cités et royaumes.)

TÉTRADYMITE n. f. Sulfotellurure naturel de bismuth Bi_2Te_2S, hexagonal.

TÉTRADYNAME adj. Se dit des étamines au nombre de six, dont quatre sont plus longues, comme chez les crucifères.

TÉTRAÈDRE n. m. (gr. *tetraedron*). **1.** Polyèdre convexe qui a quatre faces. (Il a six côtés et quatre sommets.) — **2.** *Tétraèdre régulier,* tétraèdre dont toutes les faces sont des triangles équilatéraux isométriques. (Si *a* est la longueur de l'arête, son volume est égal à $a^3\sqrt{2}/12$.)

TÉTRAÉDRIQUE adj. **1.** Qui a la forme d'un tétraèdre. — **2.** Relatif au tétraèdre.

TÉTRAÉDRITE n. f. (gr. *tetraedron*, pyramide). Antimoniosulfure naturel de cuivre, cubique, exploité comme minerai de cuivre. (Syn. PANABASE.)

TÉTRAGONE n. f. (lat. sc. *tetragonia,* de *tetragonus,* carré). Nom générique de l'épinard d'été de la Nouvelle-Zélande (aizoacée).

TÉTRAGRAMME n. m. Groupe des quatre lettres hébraïques (Y. H. W. H.) qui composent le nom du Dieu d'Israël, révélé à Moïse sur le mont Sinaï.

TÉTRAHYDROCANNABINOL n. m. Composé $C_{21}H_{30}O_2$. (Il y a deux isomères, qui sont les constituants actifs du haschisch.)

TÉTRAHYDROFURANNE n. m. Dérivé hydrogéné C_4H_8O du furanne, liquide bouillant à 66 °C, très employé comme solvant.

TÉTRAKÈNE n. m. Groupe de quatre akènes (labiées et borraginacées).

TÉTRALCOOL → TÉTROL.

TÉTRALINE n. f. Hydrocarbure $C_{10}H_{12}$, obtenu par hydrogénation catalytique ménagée du naphtalène. (C'est un solvant et un carburant pour moteurs à injection.)

TÉTRALOGIE n. f. (gr. *tetralogia*). **1.** Ensemble de quatre pièces (trois tragédies et un drame satyrique) présenté par les auteurs grecs aux concours dramatiques. — **2.** Ensemble de quatre œuvres, littéraires ou musicales, liées par une même inspiration, un thème commun.

Tétralogie *(la),* titre donné en France au cycle de quatre opéras de Richard Wagner sur des poèmes du compositeur, réunis sous le nom d'*Anneau du Nibelung, l'Or du Rhin* servant de prologue à trois « journées » : *la Walkyrie, Siegfried* et *le Crépuscule des dieux.* Ce cycle fut créé dans son intégralité en 1876 à Bayreuth, pour l'inauguration du théâtre bâti par et pour Wagner.

TÉTRAMÈRE adj. (gr. *tetramerês*). Se dit d'un organe qui est divisé en quatre parties, soit consécutives, soit rayonnantes, ou qui présente quatre divisions.

TÉTRAMÈTRE adj. et n. m. (du gr. *tetrametros*). Se dit d'un vers grec composé de quatre éléments rythmiques.

TÉTRAODONTIFORME n. m. Nom d'ordre attribué aux poissons à squelette peu ossifié, aux nageoires à rayons mous, au corps couvert d'épines ou de plaques osseuses, qui s'enflent en avalant de l'air ou de l'eau pour dissuader leurs agresseurs (arbalétrier, poisson-globe, poisson-lune).

TÉTRAONIDÉ n. m. (gr. *tetraôn, -onos,* faisan). Nom de famille d'oiseaux galliformes des zones tempérées et froides de l'hémisphère Nord, aux tarses emplumés, aux doigts bordés d'écailles assurant un bon appui. (Ex. tétras, lagopèdes et gélinotte.)

TÉTRAPHONIE n. f. Enregistrement et reproduction musicale de quatre informations spatialement réparties visant à recréer pour l'auditeur l'ambiance sonore réelle. (Syn. QUADRIPHONIE.)

TÉTRAPLÉGIE n. f. Paralysie des quatre membres. (Syn. QUADRIPLÉGIE.)

TÉTRAPLÉGIQUE adj. et n. Atteint de tétraplégie. (Syn. QUADRIPLÉGIQUE.)

TÉTRAPLOÏDE adj. et n. (gr. *tetraploos,* quadruple). Se dit d'un individu ayant 4N chromosomes, alors que le nombre diploïde 2N est le nombre normal.

TÉTRAPLOÏDIE n. f. État d'un organisme ou d'une cellule tétraploïde.

ENCYCL. La tétraploïdie est largement répandue dans le monde végétal (fraise, tomate, rose, trèfle) ; elle est beaucoup plus rare chez les animaux (*artemia,* crustacé phyllopode ; *solenobia,* papillon ; *saga,* orthoptère ; etc.).

Dans l'espèce humaine, la tétraploïdie est responsable d'avortements spontanés du 1er trimestre. Elle est dans certains cas considérée comme le stade ultime de l'évolution chromosomique des cellules cancéreuses.

TÉTRAPNEUMONE adj. Se dit des mygales, araignées primitives sans trachées, à deux paires de poumons.

TÉTRAPODE n. m. Vertébré appartenant à l'une des classes dont les représentants ont ordinairement deux paires de pattes adaptées à la locomotion terrestre (amphibiens, reptiles, oiseaux et mammifères). Chez les serpents, les pattes ont disparu par évolution régressive, chez les cétacés, elles sont conformées en nageoires.

TÉTRAPTÈRE adj. (gr. *tetrapteros*). Se dit des insectes ayant deux paires d'ailes, par oppos. aux insectes *aptères* ou *diptères.*

TÉTRAPYLE n. m. Monument carré dont chaque face a l'aspect d'un arc de triomphe à baie unique, qui était souvent placé au carrefour central dans les villes romaines.

TÉTRAPYRROLE n. m. Syn. de PORPHINE.

TÉTRARCHAT [-ka] n. m. Dignité, fonction de tétrarque.

TÉTRARCHIE [-ʃi] n. f. (lat. *tetrarchia,* du gr. *tetrarkhia*). **1.** Dans l'Antiquité, corps de cavalerie grec composé de quatre escadrons. – **2.** Titre donné par les Romains à une subdivision administrative trop exiguë pour porter le nom de royaume. — **3.** Système institutionnel instauré par Dioclétien, comprenant deux Augustes et deux Césars. (Mis en place à partir de 286, il disparut peu après la mort de Dioclétien.)

TÉTRARQUE n. m. (lat. *tetrarches,* du gr. *tetrarkhês*). **1.** Celui qui était à la tête d'une tétrarchie. – **2.** À l'époque hellénistique et romaine, titre donné au souverain d'un petit territoire vassal. (Hérode Antipas fut ainsi tétrarque de Galilée et de Pérée.)

TÉTRAS [-tra] n. m. (bas lat. *tetrax,* coq de bruyère, du gr. *tetraks,* faisan). Autre nom usuel du coq de bruyère. (Le *grand tétras,* ou coq de bruyère, de la taille du dindon, est un hôte des forêts de conifères des Pyrénées, des Alpes et du Jura. Le *tétras-lyre* ou coq des bouleaux est présent dans les Alpes et les Ardennes.)

TÉTRASOMIE n. f. État d'un organisme ou d'une cellule caractérisé par le fait qu'un chromosome donné se trouve en quatre exemplaires au lieu de deux normalement. (La tétrasomie d'origine mitotique est le propre des cellules cancéreuses.)

TÉTRASPORANGE n. m. Sporange dans lequel les spores se forment par groupes de quatre.

TÉTRASPORE n. f. Chacune des quatre spores identiques issues de la réduction chromatique ou méiose, et dont la germination donnera un gamétophyte (prothalle) unisexué ou bisexué.

TÉTRASTYLE adj. et n. m. (lat. *tetrastylus,* du gr. *tetrastulos*). Se dit d'un édifice qui présente quatre colonnes de front.

TÉTRASUBSTITUÉ, E adj. Se dit d'un composé ayant subi une substitution quatre fois répétée.

TÉTRASULFURE n. m. Sulfure dont la molécule contient quatre atomes de soufre.

TÉTRASYLLABE adj. et n. m. (lat. *tetrasyllabus,* du gr. *tetrasullabos*). Se dit d'un vers de quatre syllabes.

TÉTRASYLLABIQUE adj. Qui a quatre syllabes.

TÉTRATERPÈNE n. m. **1.** Nom générique des hydrocarbures $C_{40}H_{64}$, contenant huit fois le motif C_5H_8 présent dans l'isoprène*. – **2.** Composé dérivé de ces hydrocarbures, par réduction, oxydation ou cyclisation. (Les plus importants sont les caroténoïdes, pigments naturels très répandus.)

TÉTRATOMIQUE adj. Se dit des corps dont la molécule est formée de quatre atomes.

TÉTRAVALENCE n. f. Caractère de ce qui est tétravalent. (Syn. QUADRIVALENCE.)

TÉTRAVALENT, E adj. Qui a pour valence 4. (Syn. QUADRIVALENT.)

TÉTRAZINE n. f. Composé hétérocyclique $C_2H_2N_4$, résultant du remplacement de quatre groupes CH du benzène par des atomes d'azote.

TÉTRAZOLE n. m. Composé hétérocyclique CH_2N_4, formé par l'action de l'acide cyanhydrique sur l'acide azothydrique, dont certains dérivés sont employés comme médicaments ou comme colorants.

TETRICUS (Caius Pius Esuvius) [† v. 275], empereur romain des Gaules (270-273 ou 274). Il succéda à Victorinus puis se fit battre à Châlons-sur-Marne par Aurélien (273 ou 274).

TÉTRODE n. f. (de *électrode*). Tube électronique à quatre électrodes (une cathode, deux grilles et une anode).

TÉTRODON n. m. Poisson-globe (tétraodontidé) couvert d'écailles épineuses et pouvant se gonfler fortement.

TÉTROL ou **TÉTRALCOOL** n. m. (de *tétra* et *alcool*). Nom générique des composés renfermant quatre fois le groupe fonctionnel OH des alcools.

TETTE n. f. (germ. *titta*). Bout de la mamelle, chez les animaux.

TETTIGIE n. f. (gr. *tettiks, -igos,* cigale). Cigale dite « du frêne » mais qui vit surtout sur le pin.

TETTIGONIE n. f. (gr. *tettigonia*). Grande sauterelle verte, insectivore et végétarienne, aux antennes plus longues que le corps, très commune en France. (Le mâle a un appareil musical, la femelle une longue tarière. Elle peut être nuisible aux cultures potagères et aux arbres fruitiers.)

TÊTU, E adj. (de *tête*). **1.** Qui montre un attachement obstiné à ses opinions, à ses décisions : *Enfant têtu.* — **2.** Qui dénote un entêtement excessif : *Un air têtu.* – **3.** Se dit d'un animal qui refuse d'obéir.

◆ **têtu** n. m. Lourd marteau de carrier pour le dégrossissage des surfaces.

TETZEL (Johannes), dominicain allemand (Pirna v. 1465 - Leipzig 1519). Il fut chargé en 1515-16 par l'archevêque Albert de Brandebourg de prêcher l'indulgence à ceux qui participaient par des offrandes à la reconstruction de la basilique de St-Pierre de Rome, ce qui provoqua l'indignation de Luther*, dont les 95 thèses (1517) allaient préluder à la Réforme.

Teubner *(B. G.),* maison d'édition allemande, fondée en 1824, par Benedictus Gotthelf *Teubner* (1784-1856). Elle publie des ouvrages scientifiques et d'érudition.

TEUF-TEUF n. m. (pl. *teufs-teufs*) [onomat.]. *Fam.* Train ou vieille voiture, dans le langage des enfants.

TEULADA *(cap),* cap formant l'extrémité méridionale de la Sardaigne. Victoire de l'escadre anglaise (Somerville) qui mit en fuite l'escadre italienne de Naples (27 nov. 1940).

TEUTATÈS, TOUTATIS, dieu celte de la tribu, qu'il protégeait contre la guerre, et dieu de la Guerre elle-même.

TEUTON, ONNE adj. et n. (lat. *Teutonus,* Teuton). **1.** De l'ancienne Germanie. – **2.** *Péjor.* et *vx.* Allemand.

TEUTONIQUE adj. (lat. *teutonicus*). Relatif aux teutons.

Teutonique *(ordre),* ordre militaire et religieux en Terre sainte. Formé comme ordre hospitalier par des marchands de Brême et de Lübeck lors du siège d'Acre en 1190, il devint un ordre militaire en 1198, obéissant à une règle analogue à celle des Templiers et recrutant uniquement parmi la noblesse allemande. À sa tête se trouvait un grand maître nommé à vie et sujet de l'empereur germanique. Sous le grand maître Hermann de Salza (1209-1239), l'ordre prit pied en Prusse à l'appel du duc polonais Conrad de Mazovie. Combinant la croisade contre les païens et l'établissement de colons allemands, l'ordre se rendit maître du pays de Chełmno (Culm) v. 1230 puis des possessions livoniennes des chevaliers Porte-Glaive (qu'il absorba en 1237), et réussit à constituer un vaste État au XIVe s., au détriment de la Pologne et de la Lituanie. Sa capitale était Marienburg (auj. Malbork). L'ordre, qui avait fondé 93 villes avant 1490, jouissait d'une grande prospérité reposant sur la mise en valeur des terres par les colons allemands, l'asservissement des autochtones et le commerce des céréales transitant sur la Baltique par des villes-comptoirs comme Königsberg. Mais les sujets allemands contestèrent son autorité à la fin du XIVe s. Battus par les Polonais en 1410 à Grunwald (Tannenberg), les chevaliers Teutoniques virent leur puissance décliner, et, après de nouvelles défaites contre la Pologne et leurs propres sujets, ils ne conservèrent plus à la paix de Toruń (1466) que la Prusse-Orientale. Sécularisé en 1525, l'ordre survécut formellement jusqu'en 1809.

TEUTONS, peuple de Germanie établi au IIe s. av. J.-C. au Jylland. À partir de 113 av. J.-C., les Teutons envahirent, avec les Cimbres, la Gaule et le nord de l'Italie. Ils furent exterminés, en 102 av. J.-C., par Marius, à Aix-en-Provence.

Tevāram, le plus célèbre des textes śivaïtes et le plus chanté du pays tamoul (VIIe-Xe s.).

TEVFIK FIKRET, poète turc (Istanbul 1867 - *id.* 1915). Directeur du mouvement « Littérature nouvelle », il introduisit dans la poésie turque les formes de la poésie française, dont le sonnet (*le Saz brisé,* 1900).

TEWKESBURY, v. de Grande-Bretagne (Gloucestershire) ; 8 700 hab. Belle église romane et gothique, anc. abbatiale. – Dans le voisinage *(Bloody Meadow),* victoire d'Édouard IV d'York sur le parti lancastrien, le 3 mai 1471.

TEX n. m. (de *textile*). Unité de masse linéique employée dans le commerce des fibres textiles, égale à 1 g/km.

Texaco Inc., firme pétrolière américaine fondée en août 1926, qui prit en 1959 sa raison sociale actuelle. Le groupe a notamment des intérêts dans la recherche du pétrole, le gaz naturel, la pétrochimie, la distribution des produits pétroliers, l'électronique, l'informatique, les télécommunications, la biotechnologie.

TEXAN, E adj. et n. Du Texas.

TEXAS, État du sud des États-Unis ; 690 000 km^2 ; 16 986 510 hab. Cap. *Austin.*
– **Géogr.** C'est le plus grand des États de l'Union (Alaska exclu). L'Ouest, aride, appartient aux Grandes Plaines, formées ici de plateaux étagés (Llano Estacado, plateau d'Edwards, plateau Comanche). L'Est, humide, comprend une partie de la plaine côtière. Des deltas forment une plaine marécageuse bordée de lagunes fermées par des cordons littoraux.
La population a plus que triplé depuis 1920 (croît naturel, immigration d'autres États de l'Union et du Mexique), progression liée à l'essor économique. À l'agriculture (céréales, coton, fruits), parfois irriguée, et surtout à l'élevage (bovins) et à l'exploitation du sous-sol (le tiers du pétrole et la moitié du gaz naturel du pays) se sont ajoutées les branches de transformation (chimie, agroalimentaire), des industries de pointe (aéronautique, électronique), implantées notamment dans les deux métropoles majeures, Dallas et Houston.
– **Hist.** Découvert par les Espagnols au XVIe s., le territoire releva de la vice-royauté de la Nouvelle-Espagne jusqu'en 1821, puis devint un État de la République fédérale mexicaine. Le Texas connut alors une forte colonisation américaine, et s'opposa à la dictature du général Santa Anna. République indépendante en 1836, le Texas fut incorporé aux États-unis en 1845.

TEXEL, île néerlandaise de la mer du Nord, (Hollande-Septentrionale), séparée du Helder par un bras de mer large de 3 km ; 183,5 km^2 ; 12 800 hab. V. princ. *Den Burg.*

– **Hist.** En 1795, les troupes de Pichegru s'emparèrent des vaisseaux de guerre néerlandais immobilisés par les glaces.

Texel *(race de),* race néerlandaise de moutons.

TEXTE n. m. (lat. *textus,* de *texere,* tisser). **1.** Ensemble des termes, des phrases constituant un écrit, une œuvre écrite : *Respecter scrupuleusement le texte original.* – **2.** Œuvre ou partie d'œuvre littéraire : *Choix de textes du XVIIe siècle.* – **3.** Tout écrit considéré dans son aspect de rédaction : *Prévoir un court texte d'introduction.* – **4.** Partie de la page où les mots sont imprimés, par oppos. à la marge ou aux illustrations : *Il y a trop de texte, il faut plus de dessins.* – **5.** Sujet d'un devoir : *Je vais vous lire le texte de la dissertation.* – **6.** Teneur exacte d'une loi ; la loi elle-même. – **7.** Œuvre littéraire considérée dans son organisation et dans l'ensemble de ses déterminations biographiques, imaginaires, sociologiques, etc. – **8.** *Dans le texte,* dans la langue d'origine, par oppos. à la traduction. ‖ *Texte libre,* rédaction sans longueur imposée et sans sujet nécessaire demandée aux élèves de l'enseignement primaire et dans les classes de français du premier cycle du secondaire.

TEXTILE adj. (lat. *textilis,* tissé). **1.** Qui est constitué de ou peut être divisé en fibres propres à faire des étoffes. – **2.** Relatif à la fabrication des étoffes. – **3.** *Verre textile,* fibre de verre continue utilisée pour la fabrication de tissus de verre.
◆ n. m. **1.** Matière textile ; étoffe. – **2.** Ensemble des industries textiles.

ENCYCL. Les textiles sont utilisés pour l'habillement, l'ameublement et les loisirs. En outre, certains textiles, du fait de leurs grandes performances mécaniques et thermiques, associées à une faible masse surfacique, sont utilisés comme matériaux de construction et concurrencent les autres produits traditionnels (par ex. géotextiles dans le génie civil, agrotextiles en agriculture, biotextiles dans le domaine médical, fibres de verre, de carbone, fibres céramiques, dans les matériaux composites). Les fibres après avoir été produites (filage) et/ou mises en œuvre sont d'abord transformées en fils et filés (filature), puis en étoffes par tissage, tricotage et autres voies (non-tissés). Enfin, l'ennoblissement confère aux textiles les propriétés désirées (couleur, impression, apprêts, etc.).

Les matières premières textiles sont classées en fibres naturelles et fibres chimiques.

Les *fibres naturelles* peuvent être d'origine animale, comme les fibres protéiniques kératinisées (laine et poils) et non kératinisées (soies d'insectes), ou végétale, comme les fibres séminales (coton, kapok), libériennes (lin, chanvre, jute, ramie) et les fibres de feuilles ou de tronc (sisal, coco). L'amiante (chrysotile) est également une matière première textile naturelle dont l'origine est minérale.

Les *fibres chimiques* regroupent les fibres artificielles et les fibres synthétiques. Pour leur fabrication, on peut partir soit de hauts polymères naturels comme la cellulose (fibres artificielles), soit de matériaux polymériques de synthèse (fibres synthétiques).

Les propriétés des fibres sont d'abord celles des polymères qui les constituent, mais dépendent aussi des traitements après filage (étirage, traitements thermiques). Les principales *fibres artificielles* travaillées dans l'industrie textile sont d'origine cellulosique. Le procédé viscose, découvert en 1900 par Beadle, Cross et Bevan, a donné naissance à plusieurs générations de fibres cellulosiques régénérées, appelées viscose rayonne (filaments continus), viscose fibranne (fibres coupées).

Les principales familles de *fibres synthétiques* sont filées à partir des polymères suivants : polyamide (Nylon) ; polyester (Tergal, Dacron, etc.) ; polyacrylonitrile (Crylor, Courtelle, Dralon, Orlon, etc.) ; polypropylène (Méraklon) ; poly(chlorure de vinyle) et poly(chlorure de vinylidène) [Rhovyl, Thermovyl] ; polyuréthanne (Lycra).

Les fibres synthétiques se distinguent par leur grande ténacité, une certaine thermoplasticité, qualité exploitée pour la fabrication de fils texturés et pour la réalisation d'étoffes à plis permanents. Une nouvelle famille de fibres synthétiques, dénommée Aramide, est apparue avec le filage de polymères thermostables : Kevlar*, Nomex, Kermel.

– **Géogr.** L'industrie textile comprend traditionnellement la filature, le tissage, le tricotage et la fabrication de non-tissés, ainsi que leur teinture. Il faut y ajouter la production des fibres chimiques (artificielles et surtout synthétiques), approximativement égale aujourd'hui à celle du coton brut. Au total, l'ensemble laine, coton et fibres chimiques dépasse 40 Mt aujourd'hui. On pourrait y ajouter environ 3 Mt de fibres de jute, 600 000 tonnes de lin et une quantité infime (100 000 tonnes) de soie naturelle.

L'industrie cotonnière utilise naturellement le coton brut, mais aussi plus de 5 Mt de fibres chimiques. Celles-ci entrent aussi pour une part importante dans l'industrie lainière (pour 75 % aux États-Unis). Viennent en tête des producteurs de coton et de fibres chimiques les États-Unis et la Russie, précédant la Chine, Taiwan, la Corée du Sud et le Japon (les trois derniers producteurs exclusifs de matières premières chimiques, celle-là moins avancée technologiquement et utilisant surtout le coton brut dont elle est le premier producteur mondial). Loin derrière arrivent les pays d'Europe, occidentale et

orientale (où l'utilisation des fibres chimiques s'est substituée aux importations de coton et de laine) et les producteurs lainiers de l'hémisphère austral.
Mais l'industrie textile n'est pas liée étroitement à la géographie de la production des matières premières. Celles-ci se transportent et le coût du déplacement peut être largement compensé par l'avantage d'utiliser une main-d'œuvre bon marché et aux horaires « souples ». Ainsi s'expliquent la montée de l'Asie, l'accélération du déclin européen.

TEXTO adv. *Fam.* Textuellement.

TEXTOLOGIE n. f. Étude scientifique du texte littéraire.

TEXTUEL, ELLE adj. (lat. médiév. *textualis*). **1.** Qui est exactement conforme au texte, mot à mot : *Traduction textuelle.* — **2.** Qui est exactement conforme à ce qui a été dit : *Voici la réponse textuelle qui m'a été faite.* — **3.** Relatif au texte littéraire, à l'analyse de son contenu.

TEXTUELLEMENT adv. De façon textuelle.

TEXTURAL, E, AUX adj. Relatif à la texture d'une roche.

TEXTURATION ou **TEXTURISATION** n. f. Opération ayant pour objet de modifier les propriétés physiques des fils de filaments continus synthétiques, et notamment de leur conférer une frisure permanente permettant d'accroître leur volume.

TEXTURE n. f. (lat. *textura*). **1.** Mode d'entrecroisement des fils de tissage. — **2.** État d'une étoffe ou d'un matériau qui est tissé. — **3.** Constitution générale d'un matériau solide. — **4.** *Litt.* Arrangement, disposition des parties d'un ouvrage : *La texture d'une pièce de théâtre.* • **Géol.** Ensemble des caractères définissant l'agencement et les relations volumiques et spatiales des minéraux d'une roche. — **Histol.** Entrelacement des fibres qui composent une partie du corps (par ex. la texture de la peau). — **Métall.** *Texture cristallographique,* constitution d'un agrégat polycristallin dont les cristaux (ou grains) constitutifs ne sont pas orientés aléatoirement dans l'espace. — **Pédol.** Nature et agencement des particules élémentaires d'un sol, définies par leurs dimensions (argiles, limons, sables et graviers), qui commandent l'ensemble de ses propriétés physiques.

TEXTURÉ, E adj. Se dit d'un fil ayant subi une opération de texturation.

TEYJAT (24300), comm. de la Dordogne, au N.-O. de Nontron ; 310 hab. Gisement préhistorique : remarquables gravures pariétales du magdalénien final dans la grotte de la Mairie.

TEYSSÈDRE (Bernard), philosophe et historien de l'art français (Decazeville 1930). Il a mis l'accent sur une esthétique conçue au sens d'iconologie généralisée, non limitée aux images comme c'est encore le cas chez Panofsky, et a appliqué cette archéologie du visible aux principaux thèmes de l'imaginaire chrétien. Il a notamment publié : *l'Art au siècle de Louis XIV* (1967) ; *Naissance du diable* (1984).

TEZCATLIPOCA, dieu de la Guerre et de la Nuit, d'origine toltèque. Vénéré partout, on lui rendait un culte à Texcoco surtout.

TÉZIGUE ou **TÉZIG** pron. pers. (de *tes* et [*mé*]*zigue*). *Arg.* Toi.

TF1, abrév. de TÉLÉVISION FRANÇAISE 1.

tg, symbole de la fonction *tangente.* (On utilise aussi TAN.)

T-GROUP [tegrup] n. m. Abrév. de TRAINING* GROUP.

T. G. V., abrév. de TRAIN À GRANDE VITESSE.
ENCYCL. Après la première ligne à grande vitesse française reliant Paris à Lyon, dite *T. G. V. Paris Sud-Est,* mise en service en deux temps en 1981 (partie sud) et 1983 (partie nord), la S. N. C. F. a entrepris en 1984 la réalisation du *T. G. V. Atlantique,* ligne en Y dont les deux branches relient Paris au Mans (branche ouverte en 1989) et à Tours (branche ouverte en 1990). En 1993 a été inauguré le *T. G. V. Nord* vers Lille, Calais et le tunnel sous la Manche (et, depuis 1996, vers Bruxelles), l'interconnexion est de Paris desservant au passage l'aéroport de Roissy-Charles-de-Gaulle et le parc Euro Disney, et en 1994 est entré en service le prolongement du T. G. V. Sud-Est jusqu'à Valence en contournant Lyon et en desservant au passage l'aéroport de Satolas. Les études préalables ont été entreprises pour la continuation du T. G. V. Sud-Est de Valence à Marseille, pour le *T. G. V. Est* de Paris à Strasbourg (et l'Allemagne) et le *T. G. V. Languedoc-Roussillon.* En 1996, le réseau T. G. V. compte 1 300 km. D'après un schéma directeur national arrêté en 1992, 3 500 km de lignes nouvelles devraient être construites d'ici à 2015/2025. Les difficultés économiques conduiront vraisemblablement à rééchelonner dans le temps certaines réalisations. Cet ensemble s'inscrit lui-même dans le cadre d'un réseau européen à grande vitesse d'environ 30 000 km, dont 19 000 km de lignes nouvelles ou aménagées parcourues à plus de 250 km/h, prévu à l'horizon 2015. En mai 1990, une rame T. G. V. a battu le record du monde de vitesse sur rail en atteignant 515,3 km/h.

th, symbole de la fonction *tangente hyperbolique.* • **Métrol.** Symbole de la *thermie.*

Th, symbole chimique du *thorium*.

T. H., abrév. de TITRE HYDROTIMÉTRIQUE*.

THĀBIT IBN QURRA, savant arabe (Harran, Turquie, 836 - Bagdad 901). Réformateur du système de Ptolémée, dans ses écrits mathématiques, il anticipe des théorèmes généraux de géométrie analytique, de trigonométrie sphérique, de théorie des nombres, et prépare l'extension aux réels positifs du concept de nombre.

THABOR ou **TABOR** *(mont),* en ar. **Djabal Tūr,** montagne calcaire de l'État d'Israël, dominant le plateau de Galilée, à l'O. du Jourdain et du lac de Tibériade ; 588 m.

THABOR *(mont),* sommet des Alpes, aux confins du Briançonnais (Hautes-Alpes) et de la Maurienne (Savoie) ; 3 181 m. Il a été rattaché à la France en 1947.

THACKERAY (William Makepeace), écrivain britannique (Calcutta 1811 - Londres 1863). Caricaturiste et journaliste, auteur du *Livre des snobs* (1846-47) et de *la Foire aux vanités* (1847-48), il poursuivit dans ses romans (*l'Histoire de Pendennis,* 1848-1850 ; *les Newcomes,* 1853-1855), ses récits historiques (*l'Histoire d'Henry Esmond,* 1852) et ses essais sur *les Humoristes anglais du* XVIII*e s.* (1853) la critique des travers de la société anglaise.

THADÉE *(saint),* autre nom de saint Jude.

THAÏ, E adj. et n. Relatif aux Thaïs.
◆ **thaï** n. m. **1.** Groupe de langues parlées en Thaïlande, au Laos, en Birmanie, en Assam, dans le nord du Viêt-nam et dans le sud de la Chine. — **2.** La plus importante des langues thaïes, parlée par environ 18 millions de locuteurs, en Thaïlande, où elle est langue officielle. (Syn. SIAMOIS.)

THAÏLANDAIS, E adj. et n. De Thaïlande.

THAÏLANDE, en thaï **Muang Thaï,** anc. **Siam,** État de l'Asie du Sud-Est, 514 000 km^2 ; 59 410 000 hab. *(Thaïlandais).* CAP. *Bangkok.* LANGUE : *thaï.* MONNAIE : *baht.*

Géographie. Occupant l'ouest de la péninsule indochinoise, la Thaïlande à une superficie et une population comparables à celles de la France. Mais la répartition spatiale de cette population est très inégale. La partie vitale, peuplée par les Thaïs (80 % des Thaïlandais), est la plaine centrale, drainée par le Ménam (ou Chao Phraya). Sous un climat chaud, arrosée par la mousson d'été, cette région est le domaine de la culture intensive : riz, base vivrière devant le manioc, canne à sucre, maïs, etc. Les régions périphériques, où vivent les minorités, sont souvent montagneuses, notamment au N. et à l'O. (abondamment arrosés et forestiers [exploitation du teck], peuplés surtout de Karens) ; sur le plateau de Korat, à l'E., les Laos associent cultures (riz) et élevage bovin. Au S. de l'isthme de Kra, le climat devient presque équatorial, la forêt est trouée de plantations d'hévéas, cependant que le sous-sol fournit de l'étain et du tungstène. La population augmente d'un peu plus de 1 % par an. Elle demeure en majeure partie rurale (malgré la croissance démesurée de Bangkok), situation liée à la prépondérance de l'agriculture, qui emploie encore les deux tiers des actifs. La pêche est aujourd'hui très active. L'industrie s'est développée (pétrochimie, textile, électronique, bijouterie) et a bénéficié d'investissements étrangers. Le tourisme procure également des revenus appréciables et la croissance est soutenue (avec une balance commerciale déficitaire). Le Japon est le premier fournisseur de la Thaïlande, tandis que les États-Unis sont le premier client, suivis par la C. E.

Histoire.

● *Des royaumes thaïs à la monarchie Chakri.* À la suite d'une longue infiltration parmi les Môns, peuple qui a adopté la culture bouddhique, et parmi les Khmers qui ont conquis la région, aux XIe-XIIe s., les Thaïs fondent les royaumes de Sukhothai et de Lan Na (cap. Chiangmai). Les Thaïs sont également connus sous le nom de Syam (Siamois).

Vers 1350 : Ils créent le royaume d'Ayuthia.

1592 : Le pays qu'avaient occupé les Birmans est libéré. Aux XVIe-XVIIe s., le Siam entretient des relations avec l'Occident, notamment avec la France de Louis XIV.

1782 : Rama Ier est couronné à Bangkok, la nouvelle capitale, et fonde la dynastie Chakri. De 1782 à 1851, Rama Ier, Rama II, Rama III dominent en partie le Cambodge, le Laos et la Malaysia. À la fin du XIXe s. et au début du XXe s., la Thaïlande parvient à rester indépendante, mais elle recule ses frontières en faveur de l'Indochine française et des possessions britanniques de Malaysia.

● *La Thaïlande contemporaine.*

1938 : Le maréchal Pibul Songgram prend le pouvoir.

1941-1944 : Il s'allie au Japon.

1948 : Il revient au pouvoir.

1950 : Bhumibol Adulyadej est couronné roi sous le nom de Rama IX.

1957 : Pibul Songgram est renversé. Le pouvoir demeure dominé par les militaires de 1957 à 1973 puis de 1976 à 1980. La guérilla communiste se développe à partir de 1962. Le pays sert de refuge aux réfugiés khmers après l'invasion du Cambodge par le Viêt Nam (1979), à laquelle est opposée la Thaïlande.

1980-1991 : Le Général Prem Tinsulanond, Premier ministre, parvient à maintenir un régime civil. Son successeur (1988), Chatichai Choonhavan, chef du parti Chart Thaï, est renversé en 1991 par un coup d'État militaire.
1992 : Après des manifestations violemment réprimées, des élections sont remportées par l'opposition démocratique, et un gouvernement civil est constitué.
1995 : Le Chart Thaï remporte les élections ; son leader, Banharn Silpa-Archa, devient Premier ministre.

THAÏLANDE *(golfe de),* anc. **golfe de** (ou **du**) **Siam,** golfe de l'Asie du Sud-Est, formé par la mer de Chine méridionale, entre la Malaisie à l'O., la *Thaïlande* au N., le Cambodge et le Viêt-nam à l'E.

THAÏS [tais] n. f. Élégant papillon aux ailes festonnées, jaune, noir et rouge, de la région méditerranéenne. (Syn. DIANE, ZERYNTHIA.)

THAÏS ou **TAÏS,** population majoritaire de Thaïlande, de Birmanie du Nord (Chans), du Laos (Laos) et de Chine méridionale, évaluée à 60 millions de membres.

THAÏS, danseuse et hétaïre, à Athènes, au IVe s. av. J.-C. Ménandre l'aima. Elle séduisit Alexandre, qui l'emmena en Asie. Alexandre mort, Ptolémée le remplaça.

THAÏS *(sainte),* pénitente (IVe s. apr. J.-C.), elle aurait été courtisane égyptienne, convertie par un anachorète.

THALA ou **TALA** adj. et n. (birman *talapoi,* monseigneur). *Arg. scol.* Catholique.

THALAMIFLORE n. f. Plante dicotylédone aux fleurs munies d'un réceptacle bombé sur lequel les pièces florales s'insèrent séparément, telles que les ranales. (Ce sont les plus primitives des dicotylédones.)

THALAMIQUE adj. Relatif au thalamus.

THALAMUS [-mys] n. m. (lat. sc. *thalamus,* du gr. *thalamos,* lit nuptial). Structure nerveuse de substance grise située dans la profondeur des hémisphères cérébraux qui forme les parois latérales du IIIe ventricule. (Syn. VX COUCHES OPTIQUES.)

ENCYCL. Le thalamus est le lieu de terminaison des voies sensitives dans ses noyaux latéraux. Par ailleurs, les voies optiques font relais dans les corps genouillés externes, qui sont de petites saillies situées sur la partie postérieure du thalamus, alors que les voies acoustiques et vestibulaires se terminent dans les corps genouillés internes situés au-dedans des précédents. De nombreuses fibres afférentes et efférentes unissent le thalamus et le cortex cérébral, si bien que le thalamus peut être considéré comme une sorte d'activateur du cortex cérébral. Les lésions du thalamus (syndrome thalamique) sont caractérisées par des douleurs vives à localisations multiples et par des troubles des sensibilités superficielle et profonde.

THALASSA, satellite de Neptune, découvert en 1989 par la sonde américaine Voyager 2. Demi-grand axe de son orbite : 50 000 km. Période de révolution sidérale : 7 h 26 min. Diamètre : 80 km.

THALASSÉMIE n. f. **1.** Hémoglobinopathie caractérisée par une anémie hypochrome hypersidérémique due à une diminution de synthèse d'une des chaînes polypeptidiques normales de la globine. — **2.** *Thalassémie majeure,* syn. de MALADIE DE COOLEY.

ENCYCL. La transmission génétique de la maladie est autosomique et récessive, les sujets pouvant être homozygotes (thalassémie majeure, rapidement mortelle), ou hétérozygotes (thalassémie mineure, thalassémie minime, toutes deux parfaitement tolérées). La maladie affecte principalement les sujets originaires du pourtour méditerranéen.

THALASSOCRATIE n. f. (gr. *thalassokratia*). État dont la puissance réside dans la suprématie qu'il possède sur les mers.

THALASSOTHÉRAPIE n. f. Application à des fins thérapeutiques des propriétés de l'eau de mer ainsi que des boues et algues marines, associées à l'action du climat océanique.

THALASSOTOQUE adj. (gr. *thalassotokos,* né dans la mer). Syn. de CATADROME.

THALER [-lɛr] n. m. (all. *Taler*). Monnaie d'argent au poids de 29 g env., frappée d'abord en Bohême en 1525, unité monétaire des pays germaniques du XVIe au XIXe s.

THALÈS, astronome, philosophe et mathématicien grec (Milet, v. 625 av. J.-C. - v. 547 av. J.-C.). Grand voyageur, il aurait rapporté de Babylone et d'Égypte les éléments d'algèbre et de géométrie. On lui attribue certaines connaissances sur les rapports des angles avec les triangles auxquels ils appartiennent. Il aurait déterminé la hauteur d'un objet au moyen de son ombre. Il dut sa célébrité à la prédiction d'une éclipse du Soleil, vraisemblablement celle de 585. Il fut l'un des premiers à observer l'attraction exercée sur le fer par certains minerais de fer de la région de Lydie. Sa doctrine philosophique, dans laquelle l'élément premier est l'eau, qui donne naissance aux autres éléments, constitue l'ébauche d'une science de la nature systématisée.

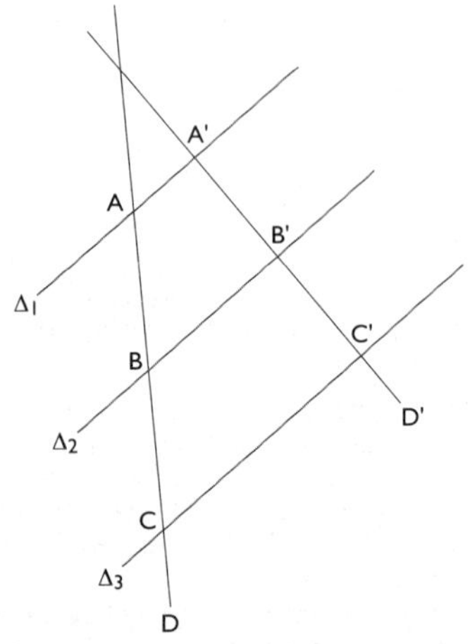

Thalès (théorème de)

Thalès *(théorème de),* théorème selon lequel, étant donné trois droites parallèles Δ_1, Δ_2 et Δ_3, et deux droites graduées D et D′ qui leur sont sécantes respectivement en A, B, C et A′, B′, C′, on a la relation :

$$\frac{\overline{A'B'}}{\overline{AB}} = \frac{\overline{B'C'}}{\overline{BC}}.$$

Sa réciproque est vraie.

THALIACÉ n. m. (gr. *thalia,* jeune pousse). Tunicier pélagique dont le cycle évolutif comporte une alternance de générations sexuées et asexuées. (La classe des *thaliacés* comprend les salpes, les dolioles et les pyrosomes.)

THALIDOMIDE n. f. Substance pharmaceutique dont l'usage comme hypnotique fut interdit en 1961 en raison de ses graves effets tératogènes sur les fœtus. (Son emploi est réservé au traitement de la lèpre.)

THALIE, muse d'origine champêtre, qui présidait à la poésie légère et à la comédie.

THALLE n. m. (gr. *thallos,* pousse). Appareil végétatif d'une plante, dépourvu de vaisseaux conducteurs et ne formant, de ce fait, ni racines, ni tiges, ni feuilles au sens strict de ces mots. (Bien que sans vaisseaux, l'appareil végétatif des mousses et celui des hépatiques supérieures dites « à feuilles » ne sont pas tenus pour un thalle.)

THALLIUM [-ljɔm] n. m. (angl. *thallium,* du gr. *thallos,* jeune pousse, parce que le thallium donne, dans le spectre, une raie verte). Métal qui se trouve dans certaines pyrites. (Élément chimique de symbole Tl.)

ENCYCL. **Chim.** De numéro atomique 81 et de masse atomique 204,3, le thallium est un métal dense (11,85), ayant la couleur et la malléabilité du plomb, mais ressemblant chimiquement aux métaux alcalins. Il est monovalent dans les composés *thalleux* et trivalent dans les composés *thalliques.* Le sulfure est employé dans la fabrication de cellules photoélectriques pour radiations infrarouges. Les halogénures sont transparents à l'infrarouge.
— **Méd.** Les sels de thallium provoquent une polynévrite, des troubles graves du comportement (encéphalopathie), et une alopécie secondaire.

THALLOPHYTE n. f. Végétal pluricellulaire dont le corps végétatif est un thalle. (L'embranchement des *thallophytes,* très hétérogène, comprend les algues, pourvues de chlorophylle, les champignons, qui n'en ont pas, et les lichens, qui sont une symbiose entre algues et champignons.)

THÄLMANN (Ernst), homme politique allemand (Hambourg 1886 - Buchenwald 1944). Membre de l'aile gauche du parti social-démocrate indépendant d'Allemagne (USPD), qui s'unit en déc. 1920 au parti communiste allemand (KPD), il devint un des trois vice-présidents de l'Internationale communiste (1924) et le président du KPD (1925). Arrêté en 1933, il mourut en déportation.

THALWEG → TALWEG.

THALWIL, comm. de Suisse (cant. de Zurich), sur le lac de Zurich ; 15 400 hab. Textile.

THAMES, nom anglais de la Tamise.

THAMES, riv. du Canada (Ontario), tributaire du lac Saint-Clair ; 250 km environ.

THĀNA, v. de l'Inde (Mahārāstra), au N.-E. de Bombay ; 389 000 hab.

THANATOLOGIE n. f. Étude des signes, des conditions, des causes et de la nature de la mort.

THANATOLOGIQUE adj. Relatif à la thanatologie.

THANATOPRAXIE n. f. Méthode permettant de retarder le plus longtemps possible la décomposition des cadavres par des techniques d'embaumement.

THANATOS [-tɔs] n. m. (de *Thanatos,* n. myth.). Syn. de PULSION DE MORT*.

THANÉTIEN [-sjɛ̃] n. m. Étage de la série paléocène.

THANH HOA, v. du Viêt-nam, ch.-l. de prov., au S. de Hanoï ; 31 200 hab. Occupée dès le néolithique, sa région fut l'un des foyers de la culture de Dông Son pendant l'âge du bronze. Remarquable production (XIe-XIIe s.) de céramique.

THĀNĪ' (Khalīfa ibn Aḥmad al-) → KHALĪFA.

THANJĀVŪR ou **TANJORE,** v. de l'Inde (Tamil Nadu) ; 140 500 hab. Dernière capitale de la dynastie des Cola, elle appartint au XVIe s. à l'empire de Vijayanagar. Grand temple de Śiva Brihadīśvara (v. 1000), belles sculptures, fresques, palais de style indo-musulman (XVIIe-XVIIIe s.).

THANKA → TANKA 1.

Thanksgiving Day (« Jour des actions de grâce »), fête célébrée aux États-Unis, le quatrième jeudi de novembre. Elle fut instituée en 1621 par la colonie de Plymouth, en remerciement de sa première récolte.

THANN (68800), ch.-l. d'arrond. du Haut-Rhin, au pied des Vosges, sur la Thur ; 7 783 hab. *(Thannois).* Belle collégiale St-Thiébaut, des XIVe-XVIe s. (portail sculpté, vitraux). Musée dans l'anc. halle aux blés.

THANT (Sithu *U*), homme politique birman (Pantanaw 1909 - New York 1974). Secrétaire général de l'O. N. U. (1961-1971), il s'efforça de jouer un rôle modérateur dans les conflits de cette époque.

THAON DI REVEL (Paolo), amiral italien (Turin 1859 - Rome 1948). Commandant les forces navales alliées de l'Adriatique (1917-18), il fut ministre de la Marine de Mussolini.

THAON-LES-VOSGES (88150), comm. des Vosges, près d'Épinal et de la Moselle ; 7 667 hab. *(Thaonnais).* Textile. Constructions mécaniques.

THAPSUS, ville romaine d'Afrique proconsulaire, sur la côte orientale de la Tunisie. César y remporta (46 av. J.-C.) une victoire décisive sur le parti de Pompée.

THAR *(désert de),* région aride de l'Inde (État du Rājasthān) et du Pākistān, couvrant environ 250 000 km², limitée par l'Indus à l'O., les monts Arāvalli à l'E., les marais du Kutch au S. et la haute plaine du Pendjab au N. Barrière historique, qui a détourné vers la bordure de l'Himālaya la voie de passage entre l'Inde et l'Iran, le désert de Thar est très peu peuplé (élevage nomade), parsemé toutefois de périmètres irrigués (coton).

THARAUD (Ernest, dit **Jérôme,** et Charles, dit **Jean**), écrivains français (JÉRÔME [Saint-Junien 1874 - Varengeville-sur-Mer 1953] ; JEAN [Saint-Junien 1877 - Paris 1952]). Ils donnèrent aux *Cahiers de la quinzaine* de Péguy plusieurs de leurs ouvrages, dont *Dingley, l'illustre écrivain* (1902). On leur doit, outre des recueils de souvenirs et des romans, des livres sur les milieux juifs (*À l'ombre de la Croix,* 1917) et sur le monde musulman (*Marrakech ou les Seigneurs de l'Atlas,* 1920). Tous deux ont été élus à l'Académie française, Jérôme en 1938 et Jean en 1946.

THARP (Twyla), danseuse et chorégraphe américaine (Portland, Indiana, 1942). Après avoir débuté dans la troupe de Paul Taylor, elle est devenue une des meilleures représentantes de la « post modern dance ». Elle compose ses spectacles, qui ne sont que le témoignage d'un instant éphémère, en fonction du lieu, de l'espace, de l'environnement et aussi de son public. Elle est l'auteur, entre autres, de *Deuce Coupe* (1973), de *Push Comes to Shove* (1976, créé par M. Barychnikov), et de *Philip Glass Piece* (1986).

THARUS, peuple du Terai et de l'Uttar Pradesh (Inde), au nombre d'un demi-million.

THÁSSOS ou **THASOS,** île grecque du nord de la mer Égée (nome de Kavála), séparée du continent par le *détroit de Thássos ;* 378 km² ; 13 300 hab. Ch.-l. *Thássos.*

— **Hist.** Des mines d'or et d'argent y étaient exploitées dans l'Antiquité. L'île fit partie de la confédération athénienne.

— **Archéol.** Nombreux vestiges antiques : fragments des portes et de l'enceinte du IVe s. av. J.-C., imposant complexe de l'agora, bordé de plusieurs sanctuaires et autels ; théâtre. Musée.

THATCHER (Margaret), femme politique britannique (Grantham 1925). Député conservateur (1959), elle succède à Edward Heath à la tête de son parti en 1975. En mai 1979, les conservateurs remportent les élections et M. Thatcher devient la première femme Premier ministre de la Grande-Bretagne. Elle met en œuvre une vigoureuse politique de lutte contre l'inflation et s'oppose, avec succès, à la tentative d'occupation des îles Malouines* par les Argentins. Reconduite dans ses fonctions après les élections de juin 1983, elle doit faire face, à partir de 1984, à une situation économique et sociale difficile. Après la nouvelle victoire des conservateurs aux élections de juin 1987, elle est investie d'un troisième mandat. Mais, confrontée au retour des difficultés économiques et de la contestation sociale, elle démissionne en nov. 1990 (abandonnant, en même temps que les fonctions de Premier ministre, le leadership du parti conservateur).

THATON, v. de Birmanie, au N.-O. de Moulmein, sur l'emplacement de Sudhamma, l'anc. cap. des Môns en partie détruite par les Birmans en 1057. Vestiges des remparts, de palais et de pagodes.

THAU *(étang de),* étang du bas Languedoc (Hérault) ; 7 400 ha. Le canal du Midi y aboutit et se poursuit, au-delà, par le canal des Étangs. Pêche (en recul), ostréiculture et mytiliculture, salines. La ville de Sète s'est développée entre l'étang et la Méditerranée, reliés ici par un canal.

THAUMATURGE n. (gr. *thaumatourgos,* de *thauma, -atos,* prodige, et *ergein,* faire). **1.** Personnage, parfois mythique, dont les actions sont considérées comme miraculeuses. – **2.** *Litt.* Faiseur de miracles ; magicien.

THAUMATURGIE n. f. (gr. *thaumatourgia*). Pouvoir de thaumaturge ; action de thaumaturge.

THAUMÉTOPÉE n. f. Nom scientifique de la chenille processionnaire, très nuisible, dont le papillon ne peut pas s'alimenter et ne vit que quelques jours.

THAZARD n. m. Poisson (scombridé) de l'Atlantique tropical, présent en Méditerranée, bon nageur, prédateur, recherché pour sa pêche sportive.

THÉ n. m. (malais *tēh* ou chin. *chā,* p.-ê. par l'intermédiaire du néerl.). **1.** Feuilles de théier préparées pour faire une infusion. – **2.** Syn. de THÉIER. – **3.** Infusion préparée à partir des feuilles du théier. – **4.** Repas léger où l'on sert du thé et des pâtisseries l'après-midi. – **5.** *Cérémonie du thé* (en jap. *chanoyu*), culte esthétique pratiqué au Japon par les milieux cultivés depuis le XIIIe s., et lié, à partir du XVe s., au développement du bouddhisme zen. (Elle suscite un art très raffiné : pavillon de thé, bol, boîte à thé, etc.). ‖ *Fleurs de thé,* boutons floraux séchés, donnant une infusion moins excitante que celle des feuilles de thé. ‖ *Thé impérial,* thé de la première récolte, très estimé. ‖ *Thé des jésuites* ou *du Paraguay,* syn. de MATÉ. ‖ *Thé noir,* thé obtenu par flétrissage, fermentation et séchage des feuilles de théier. ‖ *Thé vert,* thé préparé à partir de feuilles fraîchement cueillies, par torréfaction et sans fermentation.

◆ adj. inv. D'un beige doré.

ENCYCL. L'Inde (plus de 700 000 t), la Chine (650 000 t) et Sri Lanka (250 000 t) fournissent la majeure partie de la production mondiale de thé, qui dépasse 2,5 Mt. Le Kenya, le Japon, la Turquie et l'Indonésie sont les autres producteurs notables. Londres est le principal marché mondial, et la consommation britannique demeure la plus importante.

Théagène et Chariclée ou les Éthiopiques, roman grec en dix livres par Héliodore d'Émèse (IIIe s. apr. J.-C.) : les aventures de deux fiancés, le Thessalien Théagène et Chariclée, princesse éthiopienne, qui, après de multiples péripéties, se retrouvent.

THÉATIN n. m. (lat. *Teatinus,* habitant de Téate, v. d'Apulie). Membre d'une congrégation de clercs réguliers fondée en 1524, à Rome, par Gian Pietro Carafa, futur Paul IV, évêque de Chieti (en lat. *Teatinus*), et saint Gaétan de Thienne.

THÉÂTRAL, E, AUX adj. (lat. *theatralis*). **1.** Relatif au théâtre : *Représentation théâtrale.* – **2.** Adapté aux exigences spécifiques du théâtre : *Une écriture théâtrale.* – **3.** Se dit d'un comportement emphatique, artificiel, outré : *Saluer d'un geste théâtral.* – **4.** *La saison théâtrale,* la période de l'année où les théâtres fonctionnent.

THÉÂTRALEMENT adv. *Litt.* De façon théâtrale, affectée.

THÉÂTRALISER v. t. (conj. 3). Donner un caractère théâtral, affecté, artificiel à une attitude : *Un orateur qui théâtralise ses gestes.*

THÉÂTRALISME n. m. Syn. de HISTRIONISME.

THÉÂTRALITÉ n. f. Conformité d'une œuvre aux exigences du théâtre considéré dans son essence et sa spécificité.

THÉÂTRE n. m. (lat. *theatrum,* du gr. *theatron*). **1.** Édifice destiné à la représentation de pièces, de spectacles dramatiques ; le spectacle lui-même. – **2.** Entreprise de spectacles dramatiques (souvent avec majusc.) : *Le Théâtre-Français.* – **3.** L'art dramatique, considéré comme un genre artistique et littéraire : *Faire du théâtre.* – **4.** Ensemble des œuvres dramatiques d'un auteur ou d'une époque : *Le théâtre de Molière.* – **5.** Attitude artificielle, outrée. – **6.** Lieu où se produisent certains événements importants : *Cette région a été le théâtre de nombreux combats.* – **7.** *Armes de théâtre,* armes nucléaires affectées à un théâtre d'opérations, particulièrement au théâtre européen. ‖ *Coup de théâtre,* événement inattendu qui modifie radicalement la situation dans une pièce dramatique ou dans la vie ordinaire. ‖ *Théâtre de chambre,* pièces avec peu d'acteurs, destinées à être jouées dans des petites salles. ‖ *Théâtre d'eau,* dans un jardin, ensemble de plusieurs « allées d'eau », avec jets, cascades, statues, etc. ‖ *Théâtre musical,* genre artistique qui mêle des éléments musicaux, littéraires et gestuels. (→ *encycl.*) ‖ *Théâtre national,* théâtre dont la gestion est contrôlée par l'État. ‖ *Théâtre d'opérations (T. O.),* zone géographique nécessaire à l'accomplissement d'une mission stratégique donnée ; échelon correspondant dans l'organisation des forces. ‖ *Théâtre d'opérations extérieur (T. O. E.),* théâtre d'opérations situé en dehors de la France. ‖ *Théâtre en rond,* salle de théâtre où les spectateurs sont placés en cercle. ‖ *Théâtre de rue,* genre théâtral à l'esthétique prévue pour des lieux extérieurs aux bâtiments théâtraux traditionnels. ‖ *Théâtre dans le théâtre,* pièce qui contient en elle-même la représentation d'une pièce de théâtre, parfois une réflexion sur l'illusion théâtrale. ‖ *Théâtre total,* représentation qui fait appel à tous les langages artistiques (musique, chant, danse, etc.).

ENCYCL. *Évolution de l'architecture théâtrale.* Le théâtre grec, situé dans un sanctuaire, est un bâtiment à caractère religieux. Les premiers théâtres de pierre, très simples, apparaissent au IVᵉ s. av. J.-C. Généralement adossé à une pente de colline creusée en hémicycle, tourné vers un horizon de montagnes, le théâtre comprend trois parties : l'enceinte réservée aux spectateurs *(kôilon),* dont les gradins, disposés en étages séparés par des promenoirs circulaires, sont coupés, en hauteur, par des escaliers ; l'*orkhêstra,* espace circulaire, avec en son centre l'autel de Dionysos, autour duquel évolue le chœur ; la scène, plate-forme de 1 ou 2 m, soutenue du côté des spectateurs par un mur ornementé où se tenaient les acteurs. Les plus beaux exemples de théâtres grecs sont ceux d'Athènes (théâtre de Dionysos, 17 000 places), d'Épidaure (20 000 places), de Delphes ; en Sicile, il faut citer ceux de Syracuse et de Ségeste ; en Asie Mineure, ceux d'Éphèse, de Pergame et de Priène. À Rome, Pompée construit en 55 av. J.-C. le premier théâtre permanent. Situé près du Forum, le théâtre se caractérise par des gradins portés par un système de galeries rayonnantes superposées. Il n'y a pas d'*orchestra* proprement dite (l'emplacement en est occupé par des sièges affectés aux sénateurs et aux magistrats). Les gradins, dont l'ensemble forme la *cavea,* sont divisés en sections concentriques par des murs et des paliers. L'enceinte des spectateurs est en demi-cercle.

Au Moyen Âge et au XVIᵉ s., il n'existe pas de théâtre permanent. L'intérieur de l'église sert de cadre au drame liturgique et les mystères sont représentés sur le parvis. Au XVIᵉ s., les architectes italiens, s'inspirant des théoriciens antiques (Vitruve) et des recherches sur la perspective, créent le principe de la salle « à l'italienne ». En France, c'est sous Henri III que s'ouvrent les premières salles de représentations régulières (l'hôtel de Bourgogne, 1548). En Angleterre, les créations du théâtre élisabéthain coïncident avec la construction de théâtres permanents (théâtre du Globe, 1599). Aux XVIIᵉ et XVIIIᵉ s., les décors simultanés font place aux décorations successives ou au décor unique de la tragédie classique. Les spectateurs sont groupés au parterre, où ils se tiennent debout. Mais, vers 1650, l'usage s'établit de placer un certain nombre de fauteuils sur scène, destinés aux personnages de qualité. Des galeries, puis des loges permettent aux spectatrices d'être assises. En 1759, le duc de Lauraguais rachète aux Comédiens-Français le droit de réserver une partie de la scène à des spectateurs, dont la présence est gênante. On commence alors à installer des sièges au parterre.

Parmi les théâtres les plus célèbres construits au XVIIIᵉ s., et qui subsistent encore aujourd'hui, on distingue, en Italie le Teatro Farnese (Parme), la Fenice (Venise), la Scala (Milan), et, en France, l'Opéra de Versailles, le Grand Théâtre de Bordeaux, la Comédie-Française.

La plupart des innovations architecturales contemporaines s'inscrivent par rapport à une fascination ou un rejet pour la salle à l'italienne. Architectes et créateurs contemporains ont exploité ce modèle de base en allant au bout de l'illusion, ou l'ont observé en supprimant le cadre de scène, en abolissant la rampe, en construisant des avant-scènes latérales ou des praticables en éperon pénétrant dans la salle. Il arrive alors que la vision axiale traditionnelle devienne une vision panoramique ou frontale. Mais ce rapport traditionnel scène/salle fait profondément partie de la conception occidentale du théâtre.

• *Tendances du théâtre moderne.* Héritier d'un courant de pensée qui va de Kleist à Artaud, en passant par Jarry et Pirandello, le théâtre aujourd'hui semble partagé entre deux tendances : d'une part, un art engagé et militant qui trouve ses modèles dans l'œuvre de Brecht ; d'autre part par une esthétique du refus qui rejette la progression dramatique, exploite jusqu'à l'absurde une situation donnée et désintègre le langage.

Le théâtre s'affirme ainsi comme un moyen de connaissance, proposant des situations exemplaires, dans la lignée de metteurs en scène qui ont porté leur réflexion sur l'expression théâtrale elle-même (Stanislavski, Meyerhold, Piscator). Au centre de ces recherches se place la notion des rapports entre le public et le spectacle, mais, si la scène à l'italienne est apparue comme un obstacle à un théâtre de participation réfléchie et si des directeurs de théâtre et des metteurs en scène ont essayé d'innover en matière scénographique (théâtre en rond, exploitation du décor naturel), il n'en demeure pas moins que ce théâtre critique considère toujours la scène comme un lieu privilégié où le langage et les situations traduisent une vérité supérieure.

En revanche, un nouveau courant prend pour objet le langage et les situations mêmes qui « sécrètent » les personnages : théâtre de dérision ou de l'absurde, avec Beckett, Pinter, Ionesco, Arrabal, et dont la forme extrême aboutit à proclamer non seulement l'absurdité du langage dramatique, mais celle même de la représentation théâtrale. À l'antithéâtre succède alors l'a-théâtre, communion rituelle entre comédiens et public (Grotowski, Living Theatre) ou action improvisée et égalitaire où « spectateurs » et « acteurs » mêlés atteignent un moment d'entière liberté et de création artistique spontanée (le happening).

— **Mus.** *Le théâtre musical* fait son apparition au cours des années 60, plus particulièrement dans le cadre du festival d'Avignon, où auront lieu la plupart des créations. N'obéissant à aucune règle, caractérisé par sa liberté d'expression, il traite de nombreux sujets à partir de faits divers, romans, légendes exotiques, drames, mythologie, etc. Toutes les techniques d'écriture, tous les effets scéniques y sont admis. Les œuvres les plus significatives de ce genre sont : *la Passion selon Sade* de S. Bussotti, 1965 ; *Laborintus* de L. Berio, 1965 ; *Orden* de G. Arrigo, 1969 ; *Votre Faust* de H. Pousseur et M. Butor, 1969 ; *Staats theater* de M. Kagel, 1971 ; *les Liaisons dangereuses* de C. Prey, 1973 ; *Pandaemonium* de G. Aperghis, 1973 ; *le Pavillon au bord de la rivière* de B. Jolas, 1975 ; *Procès du jeune chien* de H. Pousseur, 1978.

Théâtre de l'Est parisien (T. E. P.), première maison de la culture, fondée à Paris (1963) à partir de la compagnie dramatique de la Guilde, créée en 1950 par Guy Rétoré, devenue centre dramatique national (1966), puis théâtre national (1972-1987). Ensuite, le T. E. P. redevient une compagnie indépendante.

Théâtre-Français → COMÉDIE-FRANÇAISE.

Théâtre-Libre, théâtre créé en 1887, par André Antoine, afin de rénover le spectacle par une mise en scène réaliste et par l'interprétation de jeunes auteurs naturalistes (Zola, Curel, Brieux) et étrangers (Ibsen, Strindberg). En 1897, il prit le nom de *Théâtre-Antoine.*

Théâtre national de Chaillot, théâtre créé en 1975, installé au palais de Chaillot. Il a pour mission de renouveler les formes et les conditions de la création théâtrale.

Théâtre national de la Colline, théâtre créé en 1987 et ouvert en janv. 1988 dans un édifice aménagé sur l'ancien terrain du Théâtre de l'Est parisien. Il est essentiellement consacré à la mise en scène d'œuvres du XXe s.

Théâtre national populaire (T. N. P.), théâtre subventionné, fondé par l'État en 1920, à l'instigation de Firmin Gémier, qui en fut le premier directeur. Il a pour objet d'offrir au public populaire des spectacles de haute qualité artistique. Installé au Trocadéro, puis au palais de Chaillot (1937), il connut une large audience sous la direction de Jean Vilar (1951-1963) à qui succéda Georges Wilson (1963-1972). Depuis 1972, son siège est à Villeurbanne.

Théâtre et son double *(le),* essai d'Antonin Artaud (1938), comprenant les deux manifestes sur *le Théâtre de la cruauté.* Artaud y développe la nécessité de retrouver la dimension métaphysique qui était celle des mystères du Moyen Âge ou de l'art d'Extrême-Orient.

Théâtre de la Ville, nom pris en 1968 par l'ancien théâtre Sarah-Bernhardt, créé en 1898, qui lui-même succédait au Théâtre des Nations, fondé en 1874.

THÉÂTREUX, EUSE n. *Fam.* 1. Acteur, actrice sans talent. — 2. Amateur de théâtre.

THÉBAÏDE n. f. (lat. *Thebais, -idis,* Thébaïde*, en Égypte, région de déserts où se retirèrent nombre d'ascètes chrétiens). *Litt.* Lieu isolé, propre à la méditation.

THÉBAÏDE, en gr. **Thêbais,** partie méridionale de l'ancienne Égypte, qui avait Thèbes pour capitale. C'est dans les déserts situés à l'E. et à l'O. de la ville que se réfugièrent les chrétiens qui voulaient fuir les persécutions et se livrer à la vie ascétique.

Thébaïde *(la) ou les Frères ennemis,* première tragédie de Racine (1664). Étéocle et Polynice se combattent jusqu'à la mort, malgré les supplications de leur mère Jocaste et de leur sœur Antigone et le dévouement de leurs deux cousins.

THÉBAIN, E adj. et n. (lat. *Thebanus*). De Thèbes en Égypte, ou de Thèbes en Béotie.

THÉBAÏNE n. f. (de *Thèbes,* n. pr.). Alcaloïde toxique extrait de l'opium.

THÉBÉ, satellite de Jupiter, découvert en 1979 par l'Américain S. P. Synnot sur des photographies prises par la sonde américaine Voyager 1. Demi-grand axe de son orbite : 221 000 km. Période de révolution sidérale : 0,675 j. Diamètre : 80 km.

THÈBES, ville de la Haute-Égypte, à 714 km au S. de l'actuelle ville du Caire, sur le Nil.
— **Hist.** L'avènement au trône d'Égypte des princes thébains de la XIe dynastie, les Montouhotep, fit la fortune des divinités locales, parmi lesquelles Montou et Amon. Les Aménophis et les Thoutmosis firent de Thèbes leur capitale ; sur la rive droite du Nil, les palais royaux avoisinaient les temples et les bâtiments des diverses administrations. L'« ouest de la ville », sur la rive gauche, groupait tous ceux qui avaient affaire avec les tombes royales ou civiles et le culte funéraire des défunts. Aménophis IV (Akhenaton) porta, le premier, atteinte à Amon et à son puissant clergé. Les rois de la XIXe dynastie allèrent résider dans le Delta, entraînant le déclin de Thèbes. Les grands prêtres d'Amon se proclamèrent pourtant rois d'Égypte (XXIe dynastie), mais Thèbes ne conserva que son prestige de métropole religieuse.
— **Archéol.** Actuellement, le grand temple de Louqsor*, les temples d'Amon, de Mout, de Khonsou et d'Opet, à Karnak*, marquent l'emplacement de la cité. Médinet Habou, les colosses

de Memnon, Gournah et Deir el-Bahari, la Vallée des Rois, celle des Reines sont les vestiges grandioses de ce qui fut l'« ouest de la ville ».

THÈBES, en gr. **Thêbai** ou **Thívai,** v. de Grèce, en Béotie ; 16 000 hab. Musée archéologique.
– **Hist.** Thèbes a été fondée, d'après la tradition, par le Phénicien Cadmos. Son passé touche à la légende, avec Laïos, Œdipe, Étéocle et Polynice. Thèbes a été l'objet de l'expédition malheureuse des Sept Chefs argiens. À dater du VIIe s. av. J.-C., elle domina une confédération des cités de Béotie. Durant les guerres médiques, les Thébains s'allièrent aux Perses. Au début du IVe s., ils subirent le joug des Spartiates. Épaminondas lui assura une hégémonie passagère avec sa victoire sur l'armée spartiate à Leuctres (371 av. J.-C.). Alexandre le Grand détruisit la ville (336 av. J.-C.) à la suite d'une révolte.

Thèbes *(roman de),* adaptation anonyme, en langue d'oïl, de la *Thébaïde* de Stace, vers 1150. Ce premier roman français mêle l'héritage épique de l'Antiquité aux obsessions du monde féodal.

THÉCAMŒBIEN n. m. Nom d'ordre des amibes testacées des eaux douces, sols humides, tourbières et mousses, pouvant s'enkyster en cas de sécheresse. (Très voraces, ils sont parfois cannibales.)

THECLA n. m. Papillon (lycénidé) brun dont la chenille vit, selon l'espèce, sur l'orme, le chêne ou le prunellier.

THÉCODONTE n. m. Ordre de reptiles fossiles dans le permien et le trias, ressemblant à des crocodiles mais qui sont probablement les ancêtres des oiseaux et des dinosaures.

THÉCOSTOMATE adj. Syn. anc. de CALYPTÉRÉ.

THÉERIE n. f. 1. Terrain consacré à la culture du théier. – 2. Établissement où l'on traite les feuilles de théier pour produire le thé.

Théétète, dialogue de Platon sur la science.

1. THÉIER n. m. Arbuste d'Asie (ternstrœmiacée) aux feuilles aromatiques que l'on traite pour en tirer le thé. (Syn. THÉ.)
ENCYCL. On distingue deux grands types de théiers *(Camellia sinensis) :* Chine et Assam, avec un très grand nombre de formes hybrides. Le théier, à l'état libre, est un arbre pyramidal de 5 m de haut pour les « Chine » et de 20 m pour les « Assam ». En plantation, des tailles très sévères lui donnent l'aspect d'un buisson dense très bas ne dépassant pas 1 m à 1,50 m de hauteur. Les feuilles, au pétiole court, sont alternes, lancéolées et denticulées sur tout le pourtour. Le théier exige un climat humide avec une pluviosité moyenne supérieure à 1 500 mm bien distribuée. La cueillette demande une main-d'œuvre nombreuse et habile. Les rendements de thé sec peuvent atteindre 2,5 à 3 t/ha.

2. THÉIER, ÈRE adj. Relatif au thé.

THÉIÈRE n. f. Récipient à couvercle, muni d'une anse et d'un bec verseur, que l'on utilise pour faire infuser le thé et pour le servir.

THEIL (Le) [61260], ch.-l. de cant. du sud-est de l'Orne, dans le Perche ; 1 847 hab. Papiers spéciaux. Pièces automobiles.

THEILER (Max), médecin sud-africain (Pretoria 1899 - New Haven, Connecticut, 1972). Il a reçu le prix Nobel de physiologie et de médecine en 1951 pour sa mise au point d'un vaccin contre la fièvre jaune.

THEILÉRIOSE n. f. (de *Theiler,* n. pr.). Maladie infectieuse des ruminants, transmise par les tiques, due à des sporozoaires parasites des globules rouges.

THÉINE n. f. (de *thé*). Principal alcaloïde de la feuille de thé, identique à la caféine.

1. THÉISME n. m. (angl. *theism*). Doctrine qui affirme l'existence d'un Dieu personnel, cause du monde.

2. THÉISME n. m. (de *thé*). Habitude de boire des quantités excessives de thé.

THEISS, nom all. de la Tisza.

THÉISTE adj. et n. (de *théisme 1*). Relatif au théisme ; qui professe le théisme.

Thélème *(abbaye de),* communauté laïque imaginée par Rabelais dans *Gargantua,* contre-pied exact de l'institution monacale et dont la seule règle tient dans la prescription « Fais ce que voudras ».

THELLE *(pays de),* région du sud de l'Oise, entre le Vexin français et le pays de Bray.

THÉLYPHONIDE n. m. Nom de famille d'arachnides des régions tropicales non africaines, aux pinces robustes.

THÉLYTOQUE adj. (gr. *thêlutokos,* qui enfante une femelle). Se dit d'un type de parthénogenèse ne produisant que des femelles et créant ainsi des populations aux mâles rares (spanandrie).

THÉLYTOQUIE n. f. (gr. *thêlutokia,* enfantement d'une femelle). Parthénogenèse thélytoque. (La thélytoquie se rencontre chez divers nématodes, chez quelques hyménoptères et chez les thrips.) [S'oppose à ARRHÉNOTOQUIE.]

THÉMATIQUE adj. (gr. *thematikos*). 1. Qui s'organise autour de thèmes : *Encyclopédie thématique.* – 2. Relatif aux thèmes musicaux. – 3. Se dit d'une voyelle qui s'adjoint au radical d'un mot pour former le thème ; se dit d'une forme constituée avec une voyelle thématique. – 4. *Carte thématique,* carte représentant, sur un

fond repère topographique, hydrographique ou chorographique, des phénomènes localisables de toute nature, qualitatifs ou quantitatifs.
◆ n. f. 1. Ensemble organisé des thèmes conscients ou inconscients développés par un artiste, un écrivain, une école, etc. — 2. Ensemble des thèmes constituant le matériau de base de la construction d'un morceau de musique.

1. THÈME n. m. (lat. *thema,* du gr. *thema,* ce qui est proposé). 1. Sujet, idée sur lesquels portent une réflexion, un discours, une œuvre, autour desquels s'organise une action : *Le thème d'un débat.* — 2. Exercice scolaire consistant à traduire un texte de sa langue dans la langue qu'on étudie ; le texte ainsi traduit : *Épreuve de thème latin à un examen.* — 3. Idée musicale mélodique, rythmique ou harmonique sur laquelle est construite une composition. — 4. En astrologie, aspect du ciel lors du début d'un processus autonome quelconque, en partic. lors de la naissance d'un individu. — 5. En linguistique indo-européenne, forme fondamentale (radical et voyelle thématique), qui sert de base à la déclinaison *(thème nominal)* ou à la conjugaison *(thème verbal).* — 6. Dans une phrase assertive, syntagme nominal au sujet duquel on dit quelque chose.

2. THÈME n. m. (gr. byz. *thema*). Division militaire et administrative de l'Empire romain d'Orient.

THÉMINES (Pons DE LAUZIÈRES, *marquis* DE), maréchal de France (v. 1552 - Auray 1627). Il fut créé maréchal après avoir arrêté Condé au Louvre (1616). Il combattit les protestants (Montauban, 1621 ; Tonneins, 1622 ; La Rochelle, 1627).

THÉMIS, Titanide, fille d'Ouranos et de Gaia, déesse du Droit et de la Justice.

THÉMISTIOS, rhéteur grec (en Paphlagonie 317 - Constantinople v. 388). Il fut précepteur du futur empereur Arcadius. Il est l'auteur de *Paraphrases sur Aristote* et de trente-cinq *Discours.*

THÉMISTOCLE, homme d'État athénien (Athènes v. 528 - Magnésie du Méandre v. 462 av. J.-C.). Archonte en 493 av. J.-C., il prit une part brillante à la bataille de Marathon (490 av. J.-C.). Il fit aménager le port du Pirée, et construire deux cents trières (483 av. J.-C.). En 480 av. J.-C., lors de l'invasion de Xerxès, il unit presque tous les Hellènes. Après l'échec des Thermopyles, son action fut décisive pour la lutte et la victoire de Salamine (480 av. J.-C.). Il releva ensuite Athènes de ses ruines, fit reconstruire les murs et fortifier Le Pirée. Ostracisé à cause de son faste et de ses exactions (472-471), il se fixa à Argos, puis se réfugia auprès d'Artaxerxès Ier.

THÉNAR adj. (gr. *thenar,* paume). *Éminence thénar,* saillie située à la partie externe de la paume de la main et formée par les muscles courts et opposant du pouce.

THENARD (Louis Jacques, *baron*), chimiste français (La Louptière, près de Nogent-sur-Seine, 1777 - Paris 1857). Député, pair de France et chancelier de l'Université, Thenard est l'auteur d'une classification pratique des métaux, fondée sur leur résistance à l'action de l'eau et de l'oxygène. Il découvrit l'eau oxygénée en 1818 et, avec Gay-Lussac, le bore. (Acad. des sc., 1810.)

THÉNARDITE n. f. (de L. J. *Thenard,* n. pr.). Sulfate naturel de sodium Na_2SO_4, orthorhombique.

THÉNEZAY (79390), ch.-l. de cant. des Deux-Sèvres, à l'E.-N.-E. de Parthenay ; 1 520 hab.

THENIA, anc. **Ménerville,** v. d'Algérie (wilaya d'Alger), entre la Mitidja et la vallée de l'Isser ; 35 000 hab. Miroiterie.

THENON (24210), ch.-l. de cant. de la Dordogne, dans l'est du Périgord ; 1 345 hab. *(Thénonais).*

THEOBROMA n. m. (lat. sc. *theobroma,* nourriture des dieux). Nom générique du cacaoyer.

THÉOBROMINE n. f. (de *theobroma*). Médicament chimique du groupe des xanthines, existant dans les semences de cacao ainsi que dans le thé, le café, la noix de kola, actuellement préparé par synthèse et utilisé pour son action diurétique. (Syn. DIMÉTHYLXANTHINE.)

THÉOCENTRISME n. m. Disposition d'esprit ou attitude consistant à placer Dieu et ceux qui sont investis de l'autorité religieuse au centre de toute vision du monde et de toute interprétation de l'histoire.

THÉOCRATIE n. f. (gr. *theokratia*). Société où l'autorité politique a une assise d'ordre divin et où le détenteur du pouvoir est soit l'incarnation d'un dieu (dalaï-lama), soit son descendant (Inca), soit encore son ministre (grand prêtre chez les Hébreux). [Dans un État théocratique pur, la loi civile et la loi religieuse se confondent.]

THÉOCRATIQUE adj. Relatif à la théocratie.

THÉOCRATIQUEMENT adv. De façon théocratique.

THÉOCRITE, poète grec (Syracuse v. 300 - v. 250 av. J.-C.). Ses *Idylles** groupent des poèmes d'inspiration et de forme assez variées (mimes dramatiques ou lyriques, des récits légendaires, des poèmes d'amour, des épigrammes). Il est le meilleur représentant de la poésie alexandrine ; familier et lyrique, chantre de la campagne, observateur des mœurs de son époque, mythologue habile.

THÉODAT ou **THÉODAHAT** († Ravenne 536), roi des Ostrogoths (534-536), neveu de Théodoric le Grand.

THÉODEBALD ou **THIBAUD** († 555), roi franc d'Austrasie (547/548-555). Il laissa son royaume à Clotaire Ier.

THÉODEBERT Ier et **II** → THIBERT Ier et II.

THEODHORÁKIS (Míkis) ou **THEODORAKIS** (Mikis), compositeur grec (Chio 1925). Il a composé des œuvres instrumentales (ballets, oratorios), dont certaines de caractère engagé. Il a écrit aussi des mélodies sur des poèmes d'Eluard et de Lorca, des chants pour le front populaire, des musiques de scène et de film.

THÉODICÉE n. f. (du gr. *dikê*, règle). Théologie en tant qu'elle est développée à l'aide des seuls moyens des lumières de la raison. (Syn. THÉOLOGIE NATURELLE.)

théodicée *(Essais de) concernant la bonté de Dieu, la liberté de l'homme et l'origine du mal,* ouvrage écrit en français par Leibniz (1710), résumant sa philosophie morale.

THÉODOLITE n. m. (lat. sc. *theodolitus*). Instrument portatif d'astronomie et de topographie, servant à mesurer des angles horizontaux et verticaux, en particulier les azimuts et les hauteurs.

ENCYCL. Le théodolite comprend un bâti fixe, sur lequel repose un limbe horizontal et une alidade mobile autour d'un axe vertical. L'alidade porte la lunette de visée (mobile autour de l'axe des tourillons de l'alidade) et les appareils de lecture du limbe (verniers, microscopes à micromètres ou déviateurs à lame à faces parallèles). On utilise aussi en topographie des théodolites à laser, qui permettent des opérations d'alignement.

THÉODORA (Constantinople début VIe s. - *id.* 548), impératrice byzantine (527-548). Fille d'un gardien de l'hippodrome, elle devint la maîtresse de Justinien et s'en fit épouser avant son avènement. En 532, elle sauva l'Empire, en décidant Justinien à rester à Constantinople et à briser la sédition Nika*. Son influence politique fut considérable et elle inspira une partie de la législation. Elle a beaucoup contribué à la grandeur du règne de Justinien, auquel elle est toujours associée (mosaïques de St-Vital de Ravenne).

THÉODORA († 867), impératrice régente de Byzance (842-856) pendant la minorité de son fils Michel III. Elle convoqua un concile, qui rétablit le culte des images (févr. 843). Elle ne sut sauver la Sicile (842-847) de la conquête musulmane.

THÉODORA (995 ?-1056), impératrice de Byzance (1028 et 1042-1056), fille de l'empereur Constantin VIII. Associée à sa sœur Zoé à la mort de leur père (1028), elle n'exerça en fait aucune responsabilité durant le règne de Constantin IX Monomaque, troisième époux de Zoé (1042-janv. 1055). Après la mort de celui-ci, elle dirigea l'Empire seule, avec énergie.

THEODORAKIS (Mikis) → THEODHORÁKIS.

THÉODORE Ier (Jérusalem - Rome 649), pape de 642 à 649.

THÉODORE II († Rome 897), pape en 897.

THÉODORE Ier LASCARIS († 1222), premier empereur byzantin de Nicée (1204, en fait 1208-1222). À la prise de Constantinople (avr. 1204), il s'installa à Nicée et s'y fit couronner empereur (avr. 1208). Il battit les Turcs près d'Antioche du Méandre (1210). Il tenta en vain de reprendre Constantinople par la diplomatie, puis fit la paix avec l'empereur Robert de Courtenay (1222). — **Théodore II Doukas Lascaris** (1222-1258), empereur byzantin de Nicée (1254-1258), fils de Jean III Doukas Vatatzès. Il se concilia les masses en n'augmentant que modérément les impôts. Il réussit cependant à combattre à la fois les Bulgares, le despotat d'Épire et les Turcs (1255-56). En 1257, il donna en mariage sa fille Irène au nouveau tsar de Bulgarie Constantin Asen Tech, et sa fille Marie au fils du despote d'Épire Michel II.

THÉODORE ANGE DOUKAS COMNÈNE († apr. 1252), despote d'Épire (v. 1215-1230), empereur byzantin de Thessalonique (1224-1230), frère de Michel Ier Ange. Maître de l'Épire, de la Thessalie et d'une grande partie de la Macédoine, il enleva aux Vénitiens Corfou et Durazzo et aux Byzantins de Nicée la ville d'Andrinople. Vaincu et aveuglé par les Bulgares, il mena une politique compliquée avec Jean III Doukas Vatatzès, qui le fit finalement prisonnier et le laissa mourir en prison.

THÉODORE SVETOSLAV († 1322), tsar de Bulgarie (1300-1321). Il libéra le pays de la tutelle tatare.

THÉODORE de Mopsueste, théologien grec (Antioche v. 350 - Mopsueste 428). Évêque de Mopsueste en Cilicie (392 ou 393), représentant majeur de l'école théologique d'Antioche, il lutta contre l'allégorisme de l'école d'Alexandrie au profit de l'expression littérale du texte biblique.

THÉODORE Ier, roi de Corse → NEUHOF.

THÉODORET de Cyr, théologien grec (Antioche v. 393 - Cyr, près d'Antioche, v. 466). Évêque de Cyr en Syrie (423), il a laissé une œuvre théologique, exégétique et historique immense, très marquée par la querelle nestorienne.

THÉODORIC Ier († 451), roi des Wisigoths (418-451). Il participa à la coalition dirigée contre Attila et mourut au combat des champs Catalauniques. — Son fils **Théodoric II** († 466), roi des Wisigoths (453-466), vainqueur des Suèves, maître de la Gaule et de l'Espagne, fut assassiné par son frère Euric.

THÉODORIC Ier l'Amale, dit **le Jeune** ou **le Grand** (en Pannonie v. 454 - Ravenne 526), roi des Ostrogoths (493-526). Otage à Constantinople (461-471), il participe à l'exode de son peuple et succède à son père (v. 474). Il est adopté par l'empereur Zénon, qui le fait maître de la milice et patrice. Son peuple enfin installé en Mésie et en Dacie (484), il va arracher l'Italie à Odoacre (battu sur l'Adda, assiégé à Ravenne, puis assassiné, 493), Zénon lui en confiant le gouvernement. Il obtient de l'empereur Anastase la confirmation de son pouvoir. Il se consacre alors à l'organisation d'un État ostrogoth et romain. Son peuple est installé au N. du Pô et n'a aucun rapport avec les Romains, qui gardent leurs institutions. Le sénat romain se rallie dès 490. Théodoric réside le plus souvent à Ravenne, qu'il embellit de monuments. Arien, mais tolérant, il se pose en protecteur de l'Église romaine. Il enlève la Provence aux Francs (508-509), puis la région entre la Durance et la Drôme (523) aux Burgondes. Son œuvre ne lui survivra guère.

THÉODORIC Ier, II et **III,** rois francs → THIERRY Ier, II et III.

THÉODOROS ou **THÉODORE II** (Sarge, Kouara, 1818 - Magdala 1868), empereur d'Éthiopie (1855-1868). Après sa victoire sur le ras de l'Amhara et sur celui du Tigré (v. 1850-1855), il unifia presque tout le pays et le modernisa. Il affronta les Anglais à partir de 1863. Battu au siège de Magdala, il se suicida.

THÉODOSE l'Ancien, en lat. **Flavius Theodosius** (en Galice - Carthage 376), général romain. Il vainquit les Barbares en Bretagne (368-369) et sur le Rhin (369-373) et réprima la révolte de Firmus dans les Mauritanies (373-375). Il fut exécuté sur l'ordre de Gratien.

THÉODOSE Ier, en lat. **Flavius Theodosius,** dit **le Grand** (Cauca, en Galice, v. 347 - Milan 395), empereur romain (379-395), fils du précédent. *Magister militum,* puis Auguste (janv. 379), il reçoit le gouvernement de l'Orient. Il installe les Goths (382) comme fédérés en Mésie inférieure et les introduit en grand nombre dans l'armée et leur confie la majorité des commandements. Partisan de la foi de Nicée (édit du 28 févr. 380), il combat les ariens et les manichéens et convoque à Constantinople le 2e concile œcuménique, qui achève d'insérer la hiérarchie ecclésiastique dans les cadres civils (381). Il interdit les sacrifices païens, les oracles et la visite des temples. Il proclame Auguste son fils aîné Arcadius (383), puis reconnaît l'usurpateur Maxime, qui a provoqué la mort de Gratien (383) puis le combat et l'élimine (388). Ayant envoyé Valentinien II en Gaule, il se réserve le gouvernement de l'Italie et séjourne à Milan. Il est excommunié par saint Ambroise pour avoir fait massacrer les habitants de Thessalonique, à la suite d'une émeute (390). Après la mort de Valentinien II (392), Théodose donne la dignité d'Auguste à son deuxième fils, Honorius. Il doit ensuite éliminer un nouvel usurpateur, Eugène (394). Il laisse à sa mort l'Empire partagé entre ses deux fils, Honorius et Arcadius. — **Théodose II** (401-450), empereur d'Orient (408-450), fils et successeur d'Arcadius. Il fit construire à Constantinople une enceinte fortifiée, rédiger le Code théodosien (435-438) et réunir le concile d'Éphèse où Nestorius fut condamné et déposé (431). Il écarta le danger perse par une campagne victorieuse (421) mais dut verser un tribut à Attila pour lui faire évacuer l'Empire. — **Théodose III** († Éphèse 722), empereur byzantin (715-717). Usurpateur, il fut lui-même détrôné par Léon l'Isaurien.

THEODOSIA → FEODOSSIA.

THÉODOSIEN, ENNE adj. **1.** Qui appartient à Théodose le Grand ou à Théodose II. — **2.** *Code théodosien,* code rédigé par ordre de Théodose II de 435 à 438. (Il réunit les constitutions impériales promulguées depuis Constantin.)

THÉODULF ou **THÉODULFE,** évêque d'Orléans (en Catalogne v. 750 - Angers ? 821). Abbé de Fleury (Saint-Benoît-sur-Loire) et évêque d'Orléans, il fut l'un des plus brillants représentants de la Renaissance carolingienne. On lui doit surtout l'hymne *Gloria, laus et honor,* qui passa dans la liturgie des Rameaux.

THÉOGNIS de Mégare, poète grec (VIe s. av. J.-C.). Il nous reste de lui 1 400 vers, dont des *Élégies,* où les formules proverbiales font de lui l'un des meilleurs exemples de poète gnomique.

THÉOGONIE n. f. (gr. *theogonia,* généalogie des dieux). **1.** Ensemble de divinités formant la mythologie d'un peuple et se caractérisant par une origine analogue. — **2.** Doctrine relative à l'origine des dieux.

Théogonie ou *Généalogie des dieux,* poème mythologique d'Hésiode (VIIIe s. av. J.-C.). C'est le récit de la création du monde et de la filiation des dieux, ainsi qu'une justification par le fait de la volonté divine des malheurs et des injustices.

THÉOGONIQUE adj. Relatif à une théogonie.

THÉOLOGAL, E, AUX adj. (de *théologie*). **1.** Qui a Dieu pour objet. — **2.** *Vertus théologales,* la foi, l'espérance et la charité.

◆ **théologal** n. m. Chanoine d'un chapitre cathédral, particulièrement chargé des questions théologiques.

THÉOLOGIE n. f. (lat. ecclés. *theologia,* du gr. *theologia*). **1.** Étude concernant la divinité et plus généralement la religion. — **2.** Dans un sens chrétien, étude portant sur Dieu et les choses divines à la lumière de la Révélation. — **3.** Doctrine religieuse d'un auteur ou d'une école. — **4.** *Théologie naturelle,* syn. de THÉODICÉE. ‖ *Théologie négative,* syn. de THÉOLOGIE APOPHATIQUE.
ENCYCL. • *Théologie catholique.* « Discours sur Dieu », la théologie est née au sein des traditions philosophiques et scientifiques de l'Antiquité gréco-latine. Elle se développe dès les origines du christianisme, les penseurs chrétiens amalgamant l'héritage païen avec les intuitions des prophètes hébreux et l'enseignement de la loi contenus dans la Bible. Grâce à l'effort des Pères de l'Église — notamment Origène, Augustin, Athanase, Cyrille d'Alexandrie, Basile — se dégage une théologie chrétienne : c'est celle d'une communauté croyante qui médite les écrits de l'un et l'autre Testament, rejette tout dualisme métaphysique ou antijudaïque et toute gnose, et respecte le principe d'une créature humaine capable de faire librement son salut en ce monde. Après la rupture entre Rome et Constantinople (1054), la théologie catholique occidentale est fortement influencée par la scolastique (XIIe-XIIIe s.), qui, avec saint Thomas d'Aquin surtout, joint une confiance renouvelée envers la légitimité souveraine de la raison dans un ordre de vérité au respect intact envers les Écritures sacrées et leurs commentateurs les plus autorisés. Quand éclate la Réforme protestante (XVIe s.), qui oppose à la raison formelle et déductive des théologiens de l'école médiévale une perception plus intuitive de la réalité humaine, la Réforme catholique ou Contre-Réforme, qui s'exprime par les Pères du concile de Trente (1545-1563), tend à donner à la théologie catholique des traits « confessionnels », marqués par la polémique ; jusqu'au premier concile du Vatican* (1869), la foi catholique se définit de plus en plus en vertu de la raison considérée formellement à la manière des théologiens scolastiques et non en vertu de l'expérience historique et scientifique de l'humanité contemporaine. Ces excès sont à l'origine de la crise moderniste (→ MODERNISME) qui, au début du XXe s., remet en question les fondements mêmes de la théologie catholique. La réaction antimoderniste qui suit, caractérisée par un thomisme rationalisé à l'excès, retarde un renouveau théologique qui, cependant, avec Henri de Lubac, Karl Rahner, Marie-Dominique Chenu, Yves Congar..., finit par s'exprimer après la Seconde Guerre mondiale, faisant une place de plus en plus large aux sciences humaines, à l'exégèse critique, à l'ecclésiologie, etc., et sachant dialoguer, pour s'enrichir, avec les théologies des autres Églises chrétiennes. Le concile Vatican II (1962-1965) consacre le renouveau théologique. Cependant, le développement des sciences humaines entraîne des spécialisations de plus en plus contraignantes. D'autre part, la théologie catholique est confrontée aux problèmes de l'inculturation du message évangélique dans les civilisations d'Asie, d'Afrique et d'Amérique latine (théologies de la libération).
• *Théologie orthodoxe.* Après avoir été longtemps marquée par les controverses christologiques (Ve-IXe s.), puis par les discussions relatives à la manifestation du Saint-Esprit et aux questions d'ecclésiologie (IXe-XIIe s.), la théologie orthodoxe, qui s'est exprimée d'abord dans le cadre de l'Empire byzantin, finit par s'épanouir dans une théologie spirituelle très riche. Elle est caractérisée notamment par une ecclésiologie de communion. Le théologien le plus marquant reste Grégoire Palamas* (1296-1359), qui assure un fondement doctrinal aux expériences mystiques des hésychastes. Après la chute de Constantinople (1453), la théologie orthodoxe est influencée par le protestantisme, mais, grâce notamment aux moines du mont Athos et au rayonnement de leur grande compilation mystique, la *Philocalie,* traduite en slavon en 1793, le renouveau vient, au XIXe s., de la Russie. (→ ÉGLISES ORIENTALES, ORTHODOXIE.)
• *Théologie protestante.* Elle est fondée sur la volonté d'une exclusive référence à l'Écriture sainte, considérée comme seul témoignage authentique. C'est une théologie laïque, du peuple de Dieu, où chacun est responsable de l'interprétation de l'Écriture et de son intervention critique à tous les niveaux de la vie ecclésiale. Dans la crise contemporaine, alors que la vie de la foi et la communication de l'Évangile se heurtent avec les grandes options économiques, sociales et politiques, la théologie protestante est axée sur la responsabilité prophétique des chrétiens. Cette orientation décisive est due notamment à l'influence du plus grand théologien protestant contemporain, Karl Barth* (1886-1968), dont l'œuvre est poursuivie notamment par Paul Tillich, Dietrich Bonheoffer, Rudolph Bultmann. L'exégèse, au service de l'intelligence de l'Écriture en fonction du message actualisé de l'Église, est une des fonctions essentielles à la vie des Églises protestantes.

THÉOLOGIEN, ENNE n. Spécialiste de la théologie.

THÉOLOGIQUE adj. (lat. ecclés. *theologicus,* du gr. *theologikos*). **1.** Relatif à la théologie. — **2.** *État théologique,* premier des trois états qui marquent, selon Auguste Comte, l'évolution de l'humanité.

THÉOLOGIQUEMENT adv. Selon les principes de la théologie.

THÉON d'Alexandrie, en gr. **Theôn,** astronome et mathématicien grec du IVe s. Avec sa fille, la célèbre Hypatie, il commenta l'*Almageste* de Ptolémée et donna une refonte des *Éléments* et de l'*Optique* d'Euclide, une *Catoptrique,* inspirée d'Archimède et de Héron.

THÉOPHANIE n. f. (gr. *theophania*). **1.** Apparition, révélation d'une divinité. — **2.** Dans la patrologie grecque, naissance du Christ. (Avec une majusc.)

THÉOPHANO ou **THÉOPHANIE,** impératrice byzantine (Xe s.). Épouse (956) de Romain II, régente à sa mort (963), elle épousa Nicéphore II Phokas puis prit un amant, Jean Tzimiskès, qu'elle aida à assassiner Nicéphore (969).

THÉOPHILANTHROPE n. Partisan de la théophilanthropie.

THÉOPHILANTHROPIE n. f. Mouvement déiste, fondé sur l'amour de Dieu et des hommes, qui eut quelque succès à Paris entre 1797 et 1801. (Il était inspiré de la philosophie du XVIIIe s. Certains, idéalistes ou jacobins, y virent un concurrent possible du christianisme et lui permirent d'utiliser les édifices religieux publics.)

THÉOPHILE d'Adana *(saint)* ou **le Pénitent,** clerc († v. 538). Il avait vendu son âme au diable, mais, pris de remords, il obtint de la Vierge Marie que le pacte fût résilié. C'est le thème du *Miracle de Théophile* de Rutebeuf.

THÉOPHILE († 842), empereur byzantin (829-842). Il pratiqua une politique iconoclaste intolérante (édit de 832).

THÉOPHILE (Theophilus, dit en fr.), moine allemand de la fin du XIe s. et du début du XIIe s. Il est l'auteur d'un *Traité des divers arts (Diversarum artium schedula),* document capital pour son époque, qui traite de la fabrication des couleurs, des genres de peinture, du verre et des vitraux, de l'orfèvrerie.

THÉOPHORE adj. (gr. *theophoros*). Se dit d'un nom dans lequel entre en composition un nom de divinité (par ex. *Isidore,* don d'Isis).

THÉOPHRASTE, philosophe grec (Érésos, dans l'île de Lesbos, v. 372 - Athènes 287 av. J.-C.). Élève de Platon puis d'Aristote, il succéda à ce dernier en 322, puis dut s'exiler en 318. Parmi ses nombreux écrits, perdus pour la plupart, on relève *les Caractères,* dont La Bruyère a emprunté le titre et le style.

Théophraste-Renaudot *(prix)* → RENAUDOT (prix *Théophraste-*).

THÉOPHYLLINE n. f. (de *thé* et gr. *phullon,* feuille). Alcaloïde de la feuille du théier, isomère de la théobromine, utilisé pour son action diurétique et vasodilatatrice des artères coronaires et des bronches (dyspnées, asthme, syndromes cardiaques douloureux, œdèmes cardio-rénaux).

THÉOPOMPE, historien grec (Chio v. 378 - en Égypte apr. 323 av. J.-C.). Dans ses *Histoires helléniques,* il continua le récit de Thucydide jusqu'à la bataille de Cnide (409-394).

THÉORBE ou **TÉORBE** n. m. (ital. *tiorba*). Instrument de musique de la famille du luth.

THÉORÉMATIQUE adj. (gr. *theôrêmatikos*). Relatif à un théorème.

THÉORÈME n. m. (bas lat. *theorema,* du gr. *theôrêma,* de *theôreîn,* examiner). **1.** Proposition scientifique qui peut être démontrée. — **2.** Expression d'un système formel démontrable à l'intérieur de ce système.

THÉORÉTIQUE adj. (all. *theoretisch,* du gr. *theôrêtikos,* spéculatif). Qui est envisagé du point de vue théorique, spéculatif.
◆ n. f. Étude spéculative de la connaissance philosophique.

THÉORICIEN, ENNE n. **1.** Personne qui étudie la théorie, les idées, les concepts dans le domaine dont il s'occupe, par oppos. à *praticien.* — **2.** Personne qui étudie, enrichit et défend les principes d'une doctrine philosophique, politique, etc. : *Un théoricien du libéralisme.*

THÉORICON [-kɔn] n. m. (gr. *theôrikon,* de *theôrikos,* qui concerne les places de théâtre). À Athènes, caisse des spectacles et fonds qui l'alimentaient.

1. THÉORIE n. f. (gr. *theôria,* procession). **1.** En Grèce, ambassade sacrée. — **2.** *Litt.* Long défilé de personnes ou de véhicules qui avancent : *La longue théorie des fidèles.*

2. THÉORIE n. f. (bas lat. *theoria,* du gr. *theôria,* observation). **1.** Ensemble organisé de principes, de règles, de lois scientifiques visant à décrire et à expliquer un ensemble de faits : *La théorie de la relativité.* — **2.** Ensemble relativement organisé d'idées, de concepts se rapportant à un domaine déterminé : *Une théorie littéraire.* — **3.** Système d'hypothèses sous-tendant les interprétations des événements : *C'est votre théorie,* *mais ce n'est pas sûr.* — **4.** Connaissance purement spéculative : *Il y a loin de la théorie à la pratique.* – **5.** Donnée d'un langage formel, d'un ensemble d'axiomes et d'un ensemble fini de règles de déduction. — **6.** *En théorie,* en faisant abstraction de la réalité.

Théorie générale de l'emploi, de l'intérêt et de la monnaie, ouvrage de J. M. Keynes, publié en 1936. L'auteur y introduit l'idée d'un chômage involontaire permanent et insiste sur la responsabilité de l'État, qui est seul capable d'élever la demande effective au niveau requis pour la réalisation du plein emploi. L'ouvrage eut une immense influence.

THÉORIQUE adj. (bas lat. *theoricus,* du gr. *theôrikos*). **1.** Relatif à la théorie, à l'élaboration des théories, à leur contenu, par oppos. à *pratique* ou à *appliqué : Connaissances théoriques.* – **2.** Qui procède d'une hypothèse ou d'une théorie initiales : *Nous connaissons l'heure théorique de son arrivée.* — **3.** Qui est conçu et considéré de manière abstraite, par oppos. à ce qui est réel, tangible : *Une égalité toute théorique.*

THÉORIQUEMENT adv. **1.** D'un point de vue théorique, spéculatif : *Principe théoriquement acceptable.* — **2.** Selon une hypothèse, des principes (par oppos. à *pratiquement*) : *Théoriquement, il devrait arriver à 21 heures.*

THÉORISATION n. f. Action de théoriser ; fait d'être théorisé.

THÉORISER v. t. (conj. 3). Interpréter des données particulières ou partielles de façon à les intégrer dans une théorie de valeur générale : *Théoriser des observations.*
◆ v. i. Élaborer, faire des théories : *Se défendre de théoriser à propos de tout.*

THÉOSOPHE n. (lat. médiév. *theosophus,* du gr. *theosophos*). Adepte de la théosophie.

THÉOSOPHIE n. f. (gr. *theosophia*). Doctrine fondée sur la théorie de la sagesse divine omniprésente dans le monde manifesté et notamment dans l'homme.

THÉOSOPHIQUE adj. Relatif à la théosophie.

THEOTOKÓPOULOS (Dhomínikos) → GRECO *(El).*

THÉOULE-SUR-MER (06590), comm. des Alpes-Maritimes, au pied de l'Esterel ; 1 219 hab. *(Théouliens).* Station balnéaire.

1. THÈQUE n. f. (gr. *thêkê*). Test de certains animaux.

2. THÈQUE n. f. (de *thèque 1,* d'apr. *bibliothèque*). Dans une entreprise et, en partic., dans une station de radiotélévision, service qui est chargé de centraliser et de classer divers documents nécessaires au fonctionnement de l'entreprise (livres, disques, bandes magnétiques, films, etc.).

THÊRA, île de Grèce → SANTORIN.

THÉRALITE n. f. (de *Théra,* n. pr.). Roche plutonique mésocrate, à plagioclase abondant, feldspathoïde et feldspath alcalin, augite, amphibole et biotite avec parfois de l'olivine.

THÉRAMÈNE, homme d'État athénien (Céos av. 450 - Athènes 404 av. J.-C.). Élève de Socrate, il fut un des acteurs de la révolution de 411 et appartint aux Quatre-Cents. Après Aigos-Potamos, il fut l'un des chefs des Trente. Accusé de trahison par Critias, il fut condamné à mort.

Théramène, gouverneur et ami d'Hippolyte dans *Phèdre* de Racine, il fait à Thésée le récit de la mort du prince.

THÉRAPEUTE n. (gr. *therapeutês*). **1.** Médecin qui étudie spécialement la thérapeutique. — **2.** *Litt.* Médecin en général. — **3.** *Fam.* Psychothérapeute.

THÉRAPEUTIQUE adj. (gr. *therapeutikos,* de *therapeuein,* soigner). Relatif au traitement des maladies.
◆ n. f. **1.** Partie de la médecine qui a pour objet le traitement des maladies. (Syn. THÉRAPIE.) — **2.** Manière choisie de traiter une maladie ; traitement, thérapie.

THÉRAPHOSE n. f. (gr. *aphosioûn,* sacrifier). Grande araignée de la Guyane (plus de 9 cm de long), du groupe des mygales.

THÉRAPIE n. f. (gr. *therapeia,* soin). **1.** Syn. de THÉRAPEUTIQUE. — **2.** Traitement médical en général et, en partic, psychothérapie. – **3.** *Thérapie corporelle,* psychothérapie qui, à travers une modification de la conscience du corps, tend vers une modification des rapports du sujet avec lui-même et avec autrui (relaxation, massages, rééducation psychomotrice, etc.). ‖ *Thérapie familiale,* traitement collectif des conflits relationnels entre les membres d'une même famille, fondé sur l'hypothèse que celle-ci joue un rôle fondamental dans l'éclosion des symptômes psychiques de chacun de ses membres.

THÉRAPSIDE n. m. Nom d'un superordre de reptiles synapsides fossiles dans le permotrias et dont l'évolution annonce les premiers mammifères.

THERAVĀDA, mot sanskr. signif. *opinion des anciens* et désignant l'une des principales formes du bouddhisme, conforme au canon pāli.

THÉRÈSE d'Ávila *(sainte)* [Teresa DE CEPEDA Y AHUMADA], religieuse et mystique espagnole, réformatrice de l'ordre des Carmélites* et docteur de l'Église (Ávila 1515 - Alba de Tormes 1582). Entrée au carmel d'Ávila (1536), elle entreprit, à partir de 1554 et avec l'aide de saint Jean de la

Croix, la réforme de son ordre dans le sens d'un retour à la règle primitive. Cette réforme, approuvée par Rome en 1562, fut adoptée par une quinzaine de monastères avant de former l'importante branche des Carmélites déchaussées. Mystique autant que femme d'action, Thérèse est un des grands maîtres de la spiritualité chrétienne et de la littérature castillane. Outre son autobiographie, *le Livre de la vie* (écrit en 1562-1565), ses grandes œuvres sont le *Chemin de la perfection* (en 1562-1564), *le Livre des fondations* (commencé en 1573 et publié en 1610) et surtout le *Livre des demeures* ou *Château intérieur* (1577, publié en 1588). Canonisée en 1622, proclamée docteur de l'Église en 1970.
— **Iconogr.** Un célèbre groupe de Bernin* est consacré à *l'Extase de sainte Thérèse.*

THÉRÈSE de l'Enfant Jésus *(sainte)* [Thérèse MARTIN], religieuse française (Alençon 1873 - Lisieux 1897). L'essentiel de sa courte vie se passa au carmel de Lisieux, où elle entra en 1888. Son *Histoire d'une âme* (1897), composée sur l'ordre de sa supérieure, révèle un mode simple, mais héroïque, de sanctification. Lisieux devint, grâce à elle, un grand lieu de pèlerinage catholique. Canonisée en 1925.

THÉRÈSE DE CASTILLE (v. 1080 - en Galice 1130), comtesse régente de Portugal (1114-1128). Fille bâtarde d'Alphonse VI de Castille, elle épousa Henri de Bourgogne (v. 1092-1095), à qui elle apporta en dot le comté de Portugal (1097). Après la mort de son mari (1114), elle poursuivit la politique d'émancipation du Portugal au nom de leur fils mineur, Alphonse Henriques, lequel s'empara du pouvoir en 1128.

Thérèse Desqueyroux, roman de François Mauriac (1927). Acquittée après une tentative ratée d'empoisonner son mari, une femme échappe à son milieu provincial.

Thérèse Raquin, roman d'Émile Zola (1867). Camille Raquin est noyé par sa femme Thérèse et son amant. Hantés par l'accusation muette de la mère paralytique de la victime, les amants s'empoisonnent. Le roman, dont Zola tira une pièce (1873), contient en germe le meilleur du naturalisme. J. Feyder (1928) et M. Carné (1953) le portèrent à l'écran.

THERESIENSTADT → TEREZÍN.

THÉRIAQUE n. f. (lat. *theriaca,* du gr. *thêriakê*). Médicament utilisé autrefois par voie buccale et en applications cutanées comme antidote des poisons les plus divers (morsures venimeuses).

THÉRIAULT (Yves), écrivain québécois (Québec 1915 - Montréal 1983). Après des contes et des récits qui rappellent la première manière de Giono (*Contes pour un homme seul,* 1944 ; *la Fille laide,* 1950), il a consacré ses romans à la peinture des minorités ethniques (*Agaguk,* 1958 ; *Ashini,* 1960).

THÉRIDION n. m. (gr. *thêridion*). Araignée à couleurs vives, constituant des toiles irrégulières sur les buissons, les rochers.

THÉRIODONTE n. m. Nom d'un ordre de petits reptiles du permien et du trias, carnivores, tels que les cynodontes, aux caractères mammaliens bien marqués.

THÉRIVE (Roger PUTHOSTE, dit **André**), écrivain français (Limoges 1891 - Paris 1967), auteur d'essais sur la correction du style et de romans populistes (*Noir et Or,* 1930 ; *Procès de langage,* 1962 ; *le Baron de paille,* 1965).

THERMAÏQUE *(golfe)* ou **THESSALONIQUE** *(golfe de),* golfe de la mer Égée, entre la Chalcidique, à l'E., et la côte dominée par l'Olympe.

THERMAL, E, AUX adj. (de *thermes*). **1.** Se dit des eaux minérales chaudes. — **2.** Se dit des stations et des établissements où sont mises à profit les propriétés thérapeutiques des eaux de source. — **3.** Se dit des cures et traitements qui y sont pratiqués. — **4.** *Fenêtre thermale,* fenêtre en demi-cercle divisée par deux meneaux. (Grandes baies des thermes romains ; reprises par Palladio et les néoclassiques.)

THERMALISME n. m. (de *thermal*). Ensemble des moyens médicaux, hygiéniques, hôteliers, hospitaliers et sociaux mis en œuvre pour l'utilisation thérapeutique des eaux de source.

THERMALITÉ n. f. Nature, qualité, température des eaux thermales.

THERMES n. m. pl. (lat. *thermae,* du gr. *thermos,* chaud). **1.** Établissement de bains caractéristique de la civilisation impériale romaine. (→ *encycl.*) — **2.** Nom de certains établissements où l'on fait une cure thermale : *Les thermes de Luchon.*
ENCYCL. **Antiq.** Les thermes comprennent une palestre pour les exercices physiques, un *laconicum* pour la sudation sèche, un *caldarium* pour le bain chaud, des *tepidaria* de température moyenne et enfin une grande piscine froide, le *frigidarium.* L'air chaud provenant de fours (hypocauste) circulait sous des sols surélevés ou à l'intérieur de doubles parois. Les salles pouvaient être disposées selon divers plans ; le plus majestueux est celui des thermes impériaux, qu'on retrouve à Paris aux thermes de Cluny et dont l'exemple le plus parfait nous est fourni à Rome par les thermes de Caracalla (206-217 apr. J.-C.). Lieu d'une vie intense et de loisir par excellence, les thermes sont pour la population la promenade favorite. Une seule ville pouvait compter de nombreux thermes (12 à Timgad pour

15 000 hab.). Toutes les villas ainsi que les camps militaires en possédaient.

Thermes *(musée des),* musée national italien, situé à Rome à l'emplacement des thermes de Dioclétien. Ces bâtiments abritent depuis 1894 une remarquable collection d'antiques : « trône Ludovisi » (Ve s. av. J.-C.) ; *Vénus de Cyrène ;* des mosaïques et des peintures murales.

THERMICIEN, ENNE n. Spécialiste de thermique.

THERMICITÉ n. f. (de *thermique*). Action, pour un système subissant une transformation physicochimique, d'échanger de la chaleur avec le milieu extérieur. (La thermicité est positive, négative ou nulle suivant que la réaction est exothermique, endothermique ou athermique.)

THERMIDOR n. m. (gr. *thermê,* chaleur, et *dôron,* don). Onzième mois du calendrier républicain (du 19 ou 20 juillet au 17 ou 18 août).

thermidor an II *(journées des 9* et *10)* [27-28 juill. 1794], journées révolutionnaires qui entraînèrent la chute de Robespierre et mirent fin à la Convention montagnarde et à la Terreur. Elles sont le résultat de la lassitude devant les excès de la Terreur et la menace de Robespierre à l'encontre de ses adversaires. Ceux-ci, terroristes et modérés, se concertent. Le 9, Robespierre, Saint-Just et leurs amis sont arrêtés lors de la séance de la Convention. La Commune de Paris les fait délivrer et ils se réfugient à l'Hôtel de Ville, où ils sont repris. Le 10, Robespierre et 21 robespierristes sont guillotinés sur la place de la Révolution. La Convention entre alors dans une période de réaction, dite « thermidorienne ».

THERMIDORIEN, ENNE adj. et n. Se dit des Conventionnels qui, autour de Barras, Tallien, Fouché, contribuèrent à la chute de Robespierre, le 9 thermidor an II.
◆ adj. Relatif aux journées de thermidor.

THERMIE n. f. Unité de mesure de quantité de chaleur (symb. th) valant 10^6 calories. (Cette unité n'est plus légale en France.)

THERMIONIQUE adj. *Convertisseur thermionique,* convertisseur direct d'énergie électrique utilisant l'émission d'électrons à partir d'une cathode chauffée.

THERMIQUE adj. Relatif à la chaleur, à la température. • **Chim.** *Analyse thermique,* étude du refroidissement ou de l'échauffement des substances, mettant en évidence leurs modifications chimiques. ‖ *Papier thermique,* papier couché, utilisé notamm. pour la télécopie, et portant sur une face un réactif qui devient bleu ou noir sous l'effet de la chaleur (entre 90 et 110 °C). — **Électr.** Se dit d'un appareil de mesure dont l'indication est commandée par la variation de température due au passage d'un courant. ‖ *Centrale thermique,* centrale dans laquelle l'énergie électrique est produite à partir d'énergie thermique. — **Mil.** Se dit du rayonnement infrarouge émis par un corps chaud (moteur notamment) et d'une lunette permettant de le détecter. ‖ *Signature thermique,* ensemble des points lumineux émis par un char en fonction de son rayonnement thermique et permettant de l'identifier. — **Neurol.** *Sensibilité thermique,* domaine de la sensibilité qui concerne la perception de variations de température du revêtement cutané et de l'intérieur du corps. — **Nucl.** *Neutron thermique,* neutron en équilibre thermique avec les atomes du milieu où il se trouve. (À la température ordinaire, l'énergie des neutrons thermiques est voisine de 0,025 eV.) ‖ *Réacteur thermique,* réacteur nucléaire dans lequel la plupart des fissions sont provoquées par des neutrons thermiques. — **Thermodyn.** *Équilibre thermique,* situation dans laquelle des corps en contact thermique n'échangent pas de chaleur. ‖ *Machine thermique,* machine servant à convertir de la chaleur en travail (moteur) ou à transférer de la chaleur d'une source à une certaine température à une autre source à une autre température en utilisant un moteur (machine frigorifique, pompe à chaleur).
◆ n. m. Courant vertical déclenché par la thermoconvection.
◆ n. f. Partie de la physique et de la technique qui traite de la production, de la transmission et de l'utilisation de la chaleur.

THERMISTANCE n. f. (de *résistance*). Résistance dont la valeur varie fortement et non linéairement en fonction de la température. (Syn. RÉSISTANCE CTN [à coefficient de température négatif].)
ENCYCL. Constituées par des semi-conducteurs à base d'oxydes métalliques, les thermistances sont utilisées comme thermomètres et bolomètres ou dans des systèmes de stabilisation électronique.

THERMITE n. f. Mélange d'oxydes métalliques avec une poudre d'aluminium en fines particules, dont la combustion, très exothermique, est utilisée en soudage aluminothermique.

THERMOCAUTÈRE n. m. Cautère de platine, maintenu incandescent par un courant d'air carburé.

THERMOCHIMIE n. f. Partie de la chimie qui étudie les phénomènes thermiques accompagnant les réactions.
ENCYCL. Fondée par M. Berthelot, la thermochimie détermine, par des procédés calorimétriques, certaines chaleurs de réaction. Celles qui ne sont pas mesurables peuvent être calculées en appliquant les lois de la thermodynamique.

THERMOCHIMIQUE adj. Relatif à la thermochimie.

THERMOCHROMIE [-kro-] n. f. Propriété qu'ont certains corps solides d'avoir une couleur plus foncée à chaud et plus claire à froid. (Ex. : le soufre, le phosphore.)

THERMOCLASTIE n. f. Fragmentation mécanique d'une roche cohérente sous l'effet des changements de température.

THERMOCLIMATIQUE adj. Se dit d'un traitement qui associe l'action favorable d'un climat à celui des eaux thermales.

THERMOCLINE n. f. Couche d'eau marine ou lacustre à fort gradient thermique vertical. (Syn. MÉTALIMNION.)

THERMOCOLLAGE n.m. Procédé d'assemblage sous l'action de la chaleur.

THERMOCOLLANT, E adj. et n. m. Se dit d'un tissu spécialement encollé, d'un matériau dont les propriétés adhésives se développent par chauffage et que l'on peut faire adhérer à un autre par thermocollage.

THERMOCOLORIMÈTRE n. m. Syn. de KELVINOMÈTRE.

THERMOCOMPRESSEUR n. m. Appareil utilisant l'énergie d'une vapeur à haute pression pour comprimer, au moyen de tuyères, de la vapeur à basse pression.

THERMOCONVECTION n. f. Ensemble des mouvements verticaux déterminés par les gradients thermiques de l'air.

THERMOCOPIE n. f. Procédé de reprographie fondé sur l'aptitude des substances de couleur sombre à absorber plus facilement la chaleur que celles de couleur claire.

THERMOCOUPLE n. m. Couple thermoélectrique.

THERMODURCISSABLE adj. ou n. m. Se dit d'un polymère dont les macromolécules s'unissent, sous l'action de la chaleur, par liaison chimique. (Un tel matériau devient alors infusible et insoluble. La plupart des phénoplastes et des aminoplastes sont des thermodurcissables.)

THERMODYNAMICIEN, ENNE n. Spécialiste de thermodynamique.

THERMODYNAMIQUE n. f. Branche de la physique qui étudie les propriétés des systèmes où interviennent les notions de température et de chaleur.

◆ adj. Relatif à la thermodynamique.

ENCYCL. La thermodynamique est essentiellement issue des travaux de S. Carnot, qui énonça le « second principe » en 1824, de Joule, qui énonça le « premier principe » en 1840, et de Clausius (1850). La description des systèmes thermodynamiques est liée à la notion de *système* et d'*état* de ce système. Les équations d'état précisent les relations existant entre les diverses variables d'un système donné. Ainsi, les variables intensives (qui ne dépendent pas de la taille du système) d'un gaz parfait, pression p et température T, sont liées aux variables extensives (qui dépendent de sa taille), volume V et nombre de molécules N, par l'équation $pV = NRT$, où R est la constante des gaz parfaits. Les changements d'état d'un système, qui peuvent être dus à un échange de travail et/ou de chaleur avec le milieu extérieur, aboutissent en général à un état d'équilibre, caractérisé par des variables constantes dans le temps. Lorsqu'un système ne peut échanger ni matière, ni travail, ni chaleur avec l'extérieur, il est dit « isolé ».

Les principes de la thermodynamique permettent de prévoir l'évolution macroscopique des systèmes et leurs états d'équilibre.

• *Principe zéro.* « Deux corps en équilibre thermique avec un même troisième sont en équilibre thermique entre eux. »

• *Premier principe.* Il existe une fonction U (l'énergie interne) dont la variation au cours d'une transformation dépend uniquement de l'état initial et de l'état final. Pour un système fermé, cette variation s'écrit

$$\Delta U = W + Q,$$

où W est le travail et Q la quantité de chaleur reçus par le système. Les quantités W et Q sont algébriques. Pour la physique statistique, l'énergie interne est définie comme la somme des énergies cinétiques et d'interaction de ses constituants microscopiques ; le premier principe énonce alors tout simplement la conservation de l'énergie.

• *Deuxième principe* (ou *principe de Carnot*). Il exprime l'irréversibilité des processus macroscopiques spontanés. Il existe de nombreux énoncés, tous équivalents, du deuxième principe :

– *énoncé de Clausius :* il n'existe pas de processus dont le seul effet serait de faire passer de la chaleur d'une source froide à une source chaude ;

– *énoncé de Kelvin :* il n'existe pas de moteur thermique qui puisse fournir du travail à partir d'une seule source de chaleur ;

– *formulation à l'aide de l'entropie :* au cours d'une transformation, la variation d'entropie ΔS ne dépend que de l'état initial et de l'état final et vérifie la relation :

$$\Delta S = S_2 - S_1 \geqslant \int_1^2 \delta Q/T,$$

où δQ est la quantité de chaleur reçue par le système lorsque sa température est T. Cette relation devient une égalité lorsque la transformation est réversible*.

L'évolution spontanée d'un système isolé se traduit donc toujours par une augmentation de son entropie, puisque la quantité de chaleur qu'il reçoit est nulle. L'état d'équilibre thermodynamique d'un système est l'état compatible avec les contraintes extérieures pour lequel l'entropie prend la valeur maximale.

• *Troisième principe.* À la température 0 K, l'entropie de tous les systèmes est nulle.

Les deux premiers principes s'expriment sous forme mathématique en écrivant que la fonction d'état caractéristique du système est une différentielle. Les fonctions d'état les plus utilisées sont l'énergie interne U et l'enthalpie* H. Les relations obtenues permettent de prévoir le comportement des systèmes thermodynamiques.

THERMOÉLASTIQUE adj. Qui concerne la compressibilité et la dilatation des corps.

THERMOÉLECTRICITÉ n. f. **1.** Interaction d'un phénomène thermique et d'un phénomène électrique. — **2.** Électricité produite à partir d'énergie thermique.

THERMOÉLECTRIQUE adj. **1.** Relatif à la thermoélectricité. — **2.** *Convertisseur* ou *pile thermoélectrique,* convertisseur direct d'énergie électrique utilisant l'effet Seebeck. (Syn. THERMOPILE.) ‖ *Module thermoélectrique,* appareil de production du froid par effet Peltier, de petites dimensions et de faible puissance.

THERMOÉLECTRONIQUE → THERMOÏONIQUE.

THERMOÉMISSION n. f. Émission thermoïonique.

THERMOFIXAGE n. m. ou **THERMOFIXATION** n. f. Traitement thermique provoquant un retrait et une stabilisation dimensionnelle définitive des tissus.

THERMOFORMAGE n. m Mise en forme d'une feuille ou d'une plaquette de matière plastique chauffée et plaquée sur un moule sous l'effet du vide.

THERMOFORME n. m. Appareil qui permet le thermoformage.

THERMOFORMER v. t. (conj. 3). Envelopper qqch d'un film plastique par le procédé de thermoformage.

THERMOGÈNE adj. Qui engendre la chaleur.

THERMOGENÈSE n. f. Production de chaleur par les êtres vivants.

ENCYCL. Tout être animal ou végétal en état de vie active produit nécessairement de la chaleur. Elle est produite de façon très inégale selon les espèces et les circonstances. Chez les animaux homéothermes, elle est l'objet d'une thermorégulation.

La thermogenèse est nécessaire pour maintenir une température interne plus élevée que celle de l'environnement et pour compenser la thermolyse. Elle est produite essentiellement par l'activité métabolique de l'organisme (digestion, consommation de glucose par les cellules). La régulation de la thermogenèse, comme celle de la thermolyse, est contrôlée par l'hypothalamus. Cette régulation fait intervenir des variations de la circulation superficielle, l'augmentation de la sudation et du rythme respiratoire.

THERMOGRAMME n. m. **1.** Courbe enregistrée à l'aide d'un thermographe. — **2.** Image cartographique obtenue au moyen de la thermographie.

THERMOGRAPHE n. m. Thermomètre comportant un dispositif d'enregistrement chronologique de la température.

THERMOGRAPHIE n. f. **1.** Ensemble des procédés donnant une image caractérisant l'émissivité des corps dans l'infrarouge. La thermographie est utilisée dans le diagnostic précoce des tumeurs du sein, mais son intérêt est très discuté dans la pathologie des tissus mous.) — **2.** Procédé qui permet d'obtenir des impressions en relief en déposant sur l'encre fraîchement imprimée une résine cuite ensuite au four.

THERMOGRAVIMÉTRIE n. f. Analyse physicochimique qui permet d'étudier le gain ou la perte de masse d'une substance chauffée ou refroidie d'une manière continue en fonction de la température ou du temps.

THERMOÏONIQUE ou **THERMOÉLECTRONIQUE** adj. *Effet thermoïonique* ou *thermoélectronique,* émission d'électrons par un conducteur électrique chauffé.

THERMOLABILE adj. Se dit d'une substance (enzyme par ex.) qui est détruite ou qui perd ses propriétés à une température peu élevée.

THERMOLUMINESCENCE n. f. Luminescence produite par élévation régulière de la température (au-dessus de la température d'incandescence) de certaines substances préalablement excitées par irradiation.

THERMOLUMINESCENT, E adj. Doué de thermoluminescence.

THERMOLYSE n. f. **1.** Transfert de chaleur entre l'organisme et l'environnement, essentiellement par convection, radiation et évaporation. — **2.** Décomposition d'un corps sous l'action d'une variation de température. — **3.** Syn. de PYROLYSE.

THERMOMAGNÉTIQUE adj. Qui appartient au thermomagnétisme.

THERMOMAGNÉTISME n. m. Magnétisme développé par la chaleur.

THERMOMANOMÈTRE n. m. Thermomètre utilisant la variation de la pression de vapeur saturante d'un liquide en fonction de la température.

THERMOMÉCANIQUE adj. **1.** Qui met en jeu simultanément des phénomènes thermiques et mécaniques. — **2.** *Pâte thermomécanique,* pâte à papier de copeaux désintégrés, obtenue sous pression et à 120-130 °C dans des raffineurs à disques.

THERMOMÈTRE n. m. **1.** Appareil destiné à la mesure des températures. (→ *encycl.*) — **2.** Ce qui permet d'évaluer les fluctuations, les variations de qqch : *La Bourse est le thermomètre des milieux d'affaires.*

ENCYCL. Les thermomètres les plus courants sont les *thermomètres à liquide,* dont le premier a été construit par Galilée en 1597. Ils sont constitués d'un réservoir surmonté d'un fin tube de verre, le tout partiellement rempli par du mercure ou de l'alcool. Les *thermomètres à maximum et à minimum* sont constitués d'un réservoir et d'une colonne emplis d'alcool, dont la dilatation pousse une colonne de mercure dans un tube « en U ». Des index métalliques, reposant sur chacune des surfaces du mercure, à l'intérieur du tube, marquent l'amplitude de la variation de température. Les *thermomètres enregistreurs* sont du type thermomanomètre* ou bilame*. La température légale étant définie par les variations de pression, à volume constant, d'un gaz parfait, les instruments de base de la thermométrie sont les *thermomètres à gaz* (hydrogène, hélium ou azote). Ils comportent un réservoir métallique, contenant le gaz, relié à un manomètre à mercure. En portant le réservoir à la température du point triple de l'eau (273,16 K par définition), puis à la température à mesurer, on obtient deux pressions dont le rapport est égal à celui des deux températures. Ces appareils ont permis l'étalonnage des *thermomètres pratiques de précision :* le *thermomètre à résistance de platine* est utilisable entre — 180 et 600 °C ; le *thermocouple platine-platine rhodié,* entre 600 et 1 100 °C ; le *pyromètre* optique monochromatique* permet d'atteindre des températures supérieures. Divers phénomènes physiques permettent de mesurer les très basses températures : pression de vapeur saturante de l'hélium liquide, susceptibilité magnétique de substances paramagnétiques, résonance magnétique nucléaire, etc.

THERMOMÉTRIE n. f. Mesure de la température.

THERMOMÉTRIQUE adj. Relatif au thermomètre ou à la thermométrie.

THERMONASTIE n. f. Mouvement d'un organe végétal sous l'action d'une variation de température. (On l'observe chez la tulipe.)

THERMONUCLÉAIRE adj. **1.** Se dit de l'énergie libérée par la réaction thermonucléaire. (→ *encycl.*) — **2.** *Arme thermonucléaire,* bombe nucléaire mettant en jeu l'énergie thermonucléaire. (La puissance des armes thermonucléaires s'exprime en mégatonnes.) [On dit aussi ARME À HYDROGÈNE OU ARME H.] ‖ *Réaction thermonucléaire,* réaction nucléaire de fusion de noyaux d'atomes légers portés à très haute température.

ENCYCL. **Nucl.** La fusion de deux noyaux légers (par ex. d'hydrogène) est, avec la fission d'un noyau lourd, l'un des deux types de réactions nucléaires qui peuvent être exploitées pour produire de l'énergie. Elle est mise en œuvre dans les bombes à hydrogène (ou bombes H), mais n'a encore donné lieu à aucune application industrielle, bien qu'un important effort de recherche, commencé vers 1950, se poursuive aux États-Unis, au Japon, en Russie, en Europe, etc. Parmi les procédés qui ont été imaginés, seuls semblent avoir quelque chance de succès ceux qui s'inspirent des processus de libération d'énergie dans les étoiles. En effet, pour assurer la fusion de deux noyaux d'atomes, tous deux chargés positivement, il faut surmonter la répulsion électrostatique entre charges de même signe en projetant les noyaux l'un sur l'autre avec une vitesse suffisamment élevée. Cette condition peut être réalisée par une augmentation de la température, qui fait croître l'agitation thermique des noyaux, donc leur énergie cinétique.

C'est la réaction deutérium-tritium que, au moins dans une première étape, on envisage d'utiliser dans les futurs réacteurs nucléaires de fusion :

$$D + T \rightarrow {}^{4}_{2}He + n + 17{,}7\ MeV.$$

Le deutérium est très répandu dans la nature, puisqu'il existe dans l'eau, dont il constitue environ la 7 000ᵉ partie. On peut l'extraire par séparation isotopique. Le tritium peut être produit par bombardement neutronique du lithium naturel, abondant dans l'écorce terrestre. On peut donc imaginer qu'un réacteur à fusion dans lequel les neutrons de la réaction D + T seraient utilisés pour produire le tritium nécessaire pourrait fournir de l'énergie en ne consommant que du deutérium et du lithium.

Aux températures qui sont nécessaires pour réaliser la fusion (de l'ordre de 100 millions de degrés Celsius), les atomes sont complètement ionisés. Les charges positives et négatives s'équilibrent sensiblement. On donne à un tel milieu le nom de plasma*. Pour que l'énergie libérée par les réactions nucléaires soit supérieure à l'énergie consommée pour échauffer et ioniser les atomes et compenser les pertes, il faut soit obtenir une durée de réaction relativement longue dans un plasma peu dense (fusion *lente* ou *par confine-*

ment magnétique), soit réaliser une réaction très brève dans un plasma très dense (fusion *rapide* ou *par confinement inertiel*).

Le problème essentiel de la *fusion lente* est d'obtenir, de chauffer et de contenir (confiner) un plasma suffisamment dense pendant un temps de l'ordre de la seconde. Parmi les machines qui ont été conçues et réalisées pour le résoudre, celles du type tokamak* semblent s'être maintenant imposées. Cinq grands appareils de ce type sont en service : JET* et Tore* supra en Europe, TFTR (Tokamak Fusion Test Reactor) à Princeton, aux États-Unis, JT-60 au Japon et T-15 en Russie.

La méthode généralement utilisée pour étudier la *fusion rapide* consiste à bombarder de très petites sphères d'un mélange de deutérium et de tritium avec les photons produits par des lasers. On cherche à obtenir que chaque sphère se comporte comme une bombe à hydrogène en miniature. La réaction de fusion démarre au centre et se propage vers l'extérieur de la sphère. Dans l'avenir, les sources d'énergie utilisées pour réaliser la fusion rapide ne seront plus forcément des lasers, mais éventuellement des accélérateurs de particules chargées, électrons ou ions.

THERMOPAUSE n. f. Limite supérieure de la thermosphère d'une planète, où la température cesse de croître avec l'altitude.

THERMOPÉRIODISME n. m. Sensibilité des plantes aux variations périodiques de la température.

THERMOPHILE adj. Se dit des micro-organismes capables de vivre à une température élevée (50-70 °C). [On a découvert dans les abysses océaniques des thiobactériales capables de se multiplier activement à une température de 250 °C sous une très forte pression (265 atmosphères).]

THERMOPILE n. f. Syn. de CONVERTISSEUR THERMOÉLECTRIQUE*.

THERMOPLASTE n. m. Nom d'usage des matériaux thermoplastiques.

THERMOPLASTIQUE adj. et n. m. Se dit d'un polymère qui, sous l'action de la chaleur, fond ou se ramollit suffisamment pour pouvoir être mis en forme.

THERMOPLONGEUR n. m. Appareil portatif assurant le chauffage de l'eau grâce à un corps de chauffe électrique.

THERMOPOMPE n. f. Syn. de POMPE* À CHALEUR.

THERMOPROPULSÉ, E adj. Propulsé d'après le principe de la thermopropulsion.

THERMOPROPULSIF, IVE adj. Qui assure la propulsion par énergie thermique.

THERMOPROPULSION n. f. Principe de propulsion fondé sur une production de chaleur.

THERMOPYLES (les), en gr. **Thermopýlai** (les « Portes chaudes »), défilé de la Grèce continentale, en Phtiotide, sur la côte sud du golfe de Lamía. Un combat fameux y opposa Grecs et Perses en 480 av. J.-C. Le roi de Sparte, Léonidas, s'y retrancha avec 300 hoplites lacédémoniens, qui se firent massacrer jusqu'au dernier tandis que les Perses contournaient le défilé, guidés par le traître Éphialtès.

THERMORÉCEPTEUR n. m. Récepteur sensoriel détectant les variations de température du corps. (L'évaluation de la température cutanée et de l'intérieur du corps est assurée par des terminaisons libres [thermorécepteurs périphériques]. Des thermorécepteurs centraux sont présents dans l'hypothalamus et sont prédominants dans la thermorégulation.)

THERMORÉGULATEUR, TRICE adj. Qui assure la thermorégulation.

THERMORÉGULATION n. f. **1.** Fonction biologique de l'organisme assurant la constance de la température interne du corps (homéothermie) et consistant à équilibrer la thermogenèse et la thermolyse. (Syn. RÉGULATION THERMIQUE.) — **2.** Réglage automatique de la température d'une ambiance, d'un milieu.

THERMORÉSISTANT, E adj. Se dit d'une substance qui résiste à la chaleur.

THERMOS [tɛrmos] n. f. (n. déposé). Marque commerciale d'une bouteille* isolante.

THERMOS, cité grecque d'Étolie, dont le temple d'Apollon était le centre de la ligue Étolienne.

THERMOSCELLAGE n. m. Scellage d'un contenant par un film de matériau plastique soudé au contenant par la chaleur.

THERMOSCOPE n. m. Thermomètre rudimentaire servant à montrer l'existence d'une différence ou d'une variation de température mais n'en donnant pas la valeur.

THERMOSCOPIQUE adj. *Œil thermoscopique,* organe de divers serpents capable de repérer les proies à sang chaud (oiseaux, mammifères) en détectant leur rayonnement thermique.

THERMOSIPHON n. m. Phénomène de circulation d'un fluide lié aux différences de densité dues à des différences de température dans un circuit.

THERMOSPHÈRE n. f. Zone de l'atmosphère d'une planète située au-dessus de la mésosphère et caractérisée par une forte croissance de la température avec l'altitude. (La thermosphère terrestre est située entre 85 et 600 km d'altitude.)

THERMOSTABILE adj. Se dit d'une substance douée de thermostabilité. (Syn. THERMOSTABLE.)

THERMOSTABILITÉ n. f. État d'une substance qui conserve toutes ses propriétés lorsqu'on la porte à une température donnée.

THERMOSTABLE adj. **1.** Syn. de THERMOSTABILE. – **2.** Se dit d'un matériau macromoléculaire très stable à la chaleur.

THERMOSTAT n. m. **1.** Dispositif régulateur permettant de maintenir, dans une enceinte fermée, la température entre deux valeurs prescrites. (Un thermostat comprend un organe détecteur des écarts de température [bilame, thermomètre] et un actionneur agissant sur le débit de chaleur.) – **2.** En thermodynamique, système dont la température reste constante quelles que soient les quantités de chaleur qu'il fournit ou reçoit.

THERMOSTATIQUE adj. Qui sert à maintenir la température dans une enceinte entre des valeurs prescrites.

THERMOTACTISME n. m. Déplacement d'un organisme entier sous l'action de la chaleur.

THERMOTROPIQUE adj. Relatif au thermotropisme.

THERMOTROPISME n. m. Réaction locomotrice orientée consistant pour un animal à se placer dans la zone du champ thermique où la température lui est le plus favorable.

THERMOVINIFICATION n. f. Technique de vinification rapide consistant à chauffer le raisin foulé vers 60-80 °C pendant une vingtaine de minutes, ce qui permet d'obtenir très rapidement l'extraction des colorants et des constituants sapides du raisin.

THÉROIGNE DE MÉRICOURT (Anne Josèphe TERWAGNE, dite) [Marcourt, Belgique, 1762 - Paris 1817]. Chanteuse, aventurière, surnommée pendant la Révolution l'« Amazone de la liberté », elle ouvrit son salon aux Cordeliers et aux Girondins. Le 31 mai 1793, elle fut fouettée publiquement par des femmes du peuple. Devenue folle, elle mourut à la Salpêtrière.

THÉROMORPHE n. m. Nom d'un ordre de reptiles fossiles synapsides du permien, ancêtres des thérapsides, tels que le dimetrodonte. (Syn. PÉLYCOSAURIEN.)

THÉRON, tyran d'Agrigente († 472 av. J.-C.). Beau-père de Gélon, il battit avec son aide les Carthaginois à Himère (480).

THÉROPODE n. m. Reptile fossile dinosaurien (saurischien) aux membres antérieurs faibles mais pourvus de fortes griffes, aux membres postérieurs adaptés à la course bipède, tels les cælurosauriens.

THÉROPSIDÉ n. m. Classe de vertébrés tétrapodes comprenant les mammifères et les reptiles mammaliens (thérapsides).

THÉROUANNE (62129), comm. du Pas-de-Calais, sur la Lys ; 976 hab. *(Thérouannais).* – La ville fut détruite par Charles Quint (1553).

THERSITE, héros de *l'Iliade.* D'origine non noble, il tint des propos défaitistes et fut tué par Achille.

THÉSARD n. m. *Fam.* Personne qui prépare une thèse de doctorat.

THÉSAURISATION n. f. Action de thésauriser, d'amasser des richesses.

THÉSAURISER v. t. (bas lat. *thesaurizare,* du lat. class. *thesaurus,* trésor) [conj. **3**]. Mettre de l'argent de côté sans le dépenser ni le faire fructifier.

THÉSAURISEUR, EUSE n. Personne qui thésaurise, qui amasse de l'argent.

THESAURUS [-rys] n. m. (lat. *thesaurus,* trésor, du gr. *thesauros*). **1.** Nom donné à des lexiques de philologie ou d'archéologie, notamment à des dictionnaires exhaustifs, comprenant le vocabulaire complet d'une langue. – **2.** Liste alphabétique de mots standards utilisés pour le classement de la documentation.

THÈSE n. f. (lat. *thesis,* du gr. *thesis,* action de poser). **1.** Proposition théorique, opinion, position sur qqch dont on s'attache à démontrer la véracité : *Soutenir une thèse. Quelle est la thèse de la police sur cette affaire ?* – **2.** Ensemble des travaux présentés, sous forme d'ouvrage, en vue de l'obtention du grade de docteur ; exposé public de cet ouvrage. – **3.** Idée, proposition qui forme le premier terme d'une antinomie (dans les philosophies rationalistes de type kantien) ou d'une contradiction de type dialectique (dans les philosophies hégélienne et marxiste). – **4.** *Pièce, roman, film à thèse,* qui illustre une thèse politique, morale ou philosophique.

THÉSÉE, roi légendaire d'Athènes. Son personnage, qui emprunte à Héraclès bien des traits, apparaît dans de nombreuses légendes : celles de Médée, du Minotaure, de Phèdre, d'Égée, des Argonautes, des Amazones. On lui attribua le synœcisme athénien et la constitution aristocratique. Il aurait instauré les Panathénées. Exilé à Skyros, Thésée aurait été tué par le roi Lycomédès.
– **Littér.** Le personnage de Thésée, qui emprunte à Héraclès bien des traits, apparaît dans des légendes comme celles du Minotaure ou de Phèdre, ainsi que dans un très grand nombre d'œuvres (Euripide, Sophocle, Boccace, Chaucer, Garnier, Corneille, Racine, D'Annunzio, Gide).

Théséion ou **Thêseion** (le) [ou *Temple de Thésée*], sanctuaire athénien consacré à Thésée, pour recevoir ses restes. Le temple proche de l'agora qui porte ce nom et qui date de la fin du Ve s. av. J.-C. est en réalité un sanctuaire d'Hephaïstos.

THESIUM [tezjɔm] n. m. (gr. *thêseion,* fleur de Thésée). Herbe (santalacée) dont certaines espèces vivent en semi-parasites sur les racines des plantes voisines.

THESMOPHORIES n. f. pl. (gr. *thesmophoria*). Fêtes grecques automnales en l'honneur de Déméter et de Korê, marquant les semailles d'hiver.

Thesmophories *(les)* [« les Femmes célébrant la fête des thesmophories »], comédie d'Aristophane (411 av. J.-C.). Satire littéraire dirigée contre Euripide.

THESMOTHÈTE n. m. (gr. *thesmothetês*). **1.** Dans une cité grecque, législateur chargé de rédiger une constitution (ainsi Dracon). — **2.** Un des six magistrats athéniens chargés depuis le VIIe s. av. J.-C. de rédiger, garder, interpréter la loi écrite.

THESPIES, en gr. **Thespiai** ou **Thespia,** ville ancienne de Béotie, au pied de l'Hélicon. Elle était consacrée aux Muses.

THESPIS, poète tragique grec (près de Marathon VIe s. av. J.-C.). Il est le créateur présumé de la tragédie et de l'acteur masqué interprétant successivement plusieurs personnages.

THESSALIE, en gr. **Thessalía,** région de la Grèce continentale, entre les massifs de l'Olympe et du Pinde, au N. et à l'O., et les monts Othrys, au S. Elle comprend aujourd'hui les nomes de Kardhítsa, de Lárissa, de Tríkala et de Magnésie ; 13 929 km^2 ; 659 900 hab.

— **Hist.** La Thessalie, habitée primitivement par les Pélasges, fut envahie par les Achéens puis par les Doriens, qui réduisirent en servage les anciens habitants. Au VIe s. av. J.-C., le pays fut divisé en quatre tétrarchies, confédérées, dotées d'un chef militaire unique et épisodique, le *tagos.* Au début du IVe s. av. J.-C., les tyrans de Phères (Jason et Alexandre) tentèrent de faire l'unité de la Thessalie à leur profit. Philippe de Macédoine annexa le pays, affaibli. La Thessalie antique était réputée pour ses élevages de chevaux et pour la valeur de sa cavalerie.

THESSALIEN, ENNE adj. et n. De Thessalie.

Thessaloniciens *(Épîtres aux),* nom de deux lettres adressées par Paul aux fidèles de Thessalonique durant son séjour à Corinthe, dans l'hiver 50-51.

THESSALONIQUE ou **SALONIQUE,** en gr. **Thessaloníki,** port de Grèce du Nord, ch.-l. de *nome,* au fond du *golfe de Thessalonique,* débouché des vallées macédoniennes de l'Aliákmon et du Vardar (Axios). Second port et seconde agglomération urbaine (600 000 hab.) et industrielle (chimie, métallurgie de transformation, agroalimentaire) de Grèce, centre universitaire et commercial (foire internationale).

— **Hist.** Fondée en 316 av. J.-C. par Cassandre, la ville fut prospère jusqu'au IVe s. apr. J.-C. Sa population, insurgée, fut massacrée sur l'ordre de Théodose Ier (390). Capitale d'un royaume latin (1204-1224), puis du despotat d'Épire (1224-1246), réoccupée par les Byzantins (1246), la ville appartint aux Ottomans de 1430 à 1913 et fut appelée « Salonique ». Pendant la Première Guerre mondiale, le port servit de base aux forces alliées opérant en Macédoine pour soutenir la Serbie. Salonique est de nouveau appelée « Thessalonique » après la Seconde Guerre mondiale.

— **Archéol.** et **Bx-arts.** Remparts du IIIe s. remaniés par les Byzantins et les Ottomans. Arc de Galère et mausolée impérial, devenu l'église St-Georges (mosaïques du Ve s.), actuellement transformée en musée. Remarquables édifices byzantins : basilique St-Démétrios (mosaïques à fond or Ve-IXe s.), église Ste-Sophie (VIIIe s.), église de la Panaghía Khalkéon (XIe s.), église des Sts-Apôtres (XIVe s.). Musée archéologique dans la tour Blanche (XVe s.).

THESSALONIQUE *(golfe de)* → THERMAÏQUE (golfe).

THESSALONIQUE *(royaume de),* État latin créé au lendemain de la quatrième croisade et s'étendant sur une partie de la Thrace et de la Macédoine et sur la Thessalie (1204-1224). Constitué en faveur de Boniface de Montferrat, il passa à son fils Démétrios, mais le despote d'Épire Théodore Ange Doukas Comnène s'empara en 1224 de Thessalonique, ce qui mit fin au royaume latin.

THÊTA n. m. Huitième lettre de l'alphabet grec, qui notait une occlusive dentale sourde aspirée.

THÊTE n. m. (gr. *thês, thêtos*). À Athènes, à dater de Solon, citoyen de la quatrième classe, libre mais non propriétaire, ou propriétaire d'un fonds peu productif.

THETFORD MINES, v. du Canada (Québec), au S. de Québec ; 20 000 hab. Mines d'amiante. Sidérurgie.

THÉTIQUE adj. (lat. *theticus,* du gr. *thetikos*). **1.** Se dit de ce qui affirme une thèse. — **2.** Chez les phénoménologues, se dit de ce qui pose l'existence de la conscience, de ce qui l'affirme comme telle.

THÉTIS, divinité marine fille de Nérée et mère d'Achille.

THÉURGIE n. f. (bas lat. *theurgia,* du gr. *theourgia,* opération magique). Pratique occultiste visant à commercer avec les bons esprits pour atteindre Dieu.

THÉURGIQUE adj. (bas lat. *theurgicus,* du gr. *theourgikos*). Relatif à la théurgie.

THEURIET (André), écrivain français (Marly-le-Roi 1833 - Bourg-la-Reine 1907). Ses romans décrivent en demi-teintes la vie familiale en province (*la Maison des deux Barbeaux,* 1879). [Acad. fr., 1896.]

THEUX DE MEYLANDT (Barthélemy, *comte* DE), homme politique belge (château de Schabroek 1794 - Heusden 1874). Chef du parti catholique unioniste, nommé à la tête du gouvernement (août 1834 - mars 1840), il fit fortifier la frontière hollandaise (1835) et signa le traité de cession aux Pays-Bas d'une partie du Limbourg et du Luxembourg (1839).

THÉVENET (Bernard), cycliste français (Saint-Julien-de-Civry, Saône-et-Loire, 1948), vainqueur du Tour de France en 1975 et 1977.

THÉVENOT (Jean DE), voyageur français (Paris 1633 - Miāna, Perse, 1667). De ses voyages au Levant (1656), en Afrique et en Inde (1666), il aurait rapporté en France l'usage du café.

THEVETIA n. m. (de A. *Thevet,* n. pr.). Petit arbre ornemental (apocynacée), originaire des régions chaudes d'Amérique, dont le fruit est vénéneux, de même que l'écorce (poison de flèche).

THÉVÉTINE n. f. Hétéroside extrait des amandes du thevetia et possédant une action tonicardiaque.

THIAIS (94230), ch.-l. de cant. du Val-de-Marne, banlieue sud de Paris ; 27 933 hab. Grand cimetière parisien. Centre commercial (Belle-Épine). Matériel informatique.

THIAL → THIOALDÉHYDE.

THIAMINE n. f. **1.** Syn. de VITAMINE B1. — **2.** *Pyrophosphate de thiamine,* coenzyme (cocarboxylase) jouant un rôle essentiel dans la transformation de l'acide pyruvique en acide acétique lors de la transformation des glucides en lipides.

THIARD (Pontus DE) → TYARD.

THIASE n. m. (lat. *thiasus,* du gr. *thiasos*). **1.** Cortège de Dionysos ou de quelque autre divinité grecque. — **2.** Dans l'Antiquité, association populaire à caractère religieux se réunissant dans des cérémonies secrètes.

THIAUCOURT-REGNIÉVILLE (54470), ch.-l. de cant. de Meurthe-et-Moselle, en bordure de la Woëvre ; 1 061 hab. Cimetière américain.

THIAZINE n. f. **1.** Composé hétérocyclique $C_4H_4NS^+Cl^-$. — **2.** Nom générique de colorants contenant cet hétérocycle (notamment du bleu de méthylène).

THIAZINIQUE adj. Relatif aux thiazines.

THIAZOLE n. m. **1.** Composé hétérocyclique C_3H_3NS. — **2.** Nom générique des dérivés de ce composé.

THIBAUD, roi franc d'Austrasie → THÉODEBALD.

THIBAUD Ier le Tricheur (v. 908 - v. 976), comte de Blois, Chartres et Tours. Redouté pour sa fourberie, il passa sa vie à lutter contre ses voisins, le roi de France et le duc de Normandie. — **Thibaud III** (v. 1010 - Épernay v. 1089), comte de Blois, Tours et Chartres (1037-1089) et, sous le nom de **Thibaud Ier,** comte de Troyes et de Meaux (1063 - v. 1089). Protecteur des abbayes, il favorisa la réforme monastique. — **Thibaud IV** *le Grand* (1093 - Lagny 1152), comte de Blois et Chartres (1102-1152) et, sous le nom de **Thibaud II,** comte de Meaux (1102-1152) et de Troyes (Champagne) [1125-1152]. Il s'allia avec Henri Ier d'Angleterre et soutint les seigneurs rebelles contre le roi Louis VI. Après l'échec de cette coalition (défaite de Janville, 1112), il devint le protecteur des mystiques (Abélard, saint Norbert, saint Bernard).

THIBAUD Ier → THIBAUD III, comte de Blois. — **Thibaud II** → THIBAUD IV, comte de Blois. — **Thibaud III** (Troyes 1179 - *id.* 1201), comte de Troyes et Meaux (Champagne) [1197-1201]. — **Thibaud IV** *le Chansonnier* (Troyes 1201 - Pampelune 1253), comte de Troyes et de Meaux (Champagne et Brie) [1201-1253], roi de Navarre (Thibaud Ier) [1234-1253]. Fils posthume de Thibaud III de Troyes, il célébra Blanche de Castille dans ses chansons, caractéristiques de la poésie courtoise. Il participa à la croisade contre les albigeois et mena une croisade en Terre sainte. Il suivit l'exemple de la royauté en améliorant l'administration de son fief.

THIBAUD (Jacques), violoniste français (Bordeaux 1880 - dans un accident d'avion près de Barcelonnette 1953). Son style et sa technique lui valurent une renommée mondiale. Il forma (1905) avec Cortot et Casals un trio célèbre. Il est un des fondateurs du concours Marguerite Long - Jacques Thibaud.

THIBAUDE n. f. (de *Thibaud,* nom donné aux bergers dans les anc. pastorales). Tissu grossier, de poil de vache, de chanvre ou de jute, servant à doubler les tapis et moquettes fixés à demeure.

THIBAUDET (Albert), critique littéraire français (Tournus 1874 - Genève 1936). Sous l'influence du bergsonisme, rejetant tout dogmatisme, il a donné *la Poésie de Stéphane Mallarmé* (1912), *Physiologie de la critique* (1930), *l'Histoire de la littérature française de 1789 à nos jours* (1936).

Thibault *(les),* cycle romanesque de R. Martin du Gard (1922-1940). L'ouvrage dépeint la vie d'une famille française au début du XXe s.

THIBAUT, comtes de Blois, de Chartres, de Meaux et de Troyes → THIBAUD.

THIBERT ou **THÉODEBERT Ier** (504-547 ou 548), roi d'Austrasie (534-547 ou 548), petit-fils de Clovis et fils de Thierry Ier. Il prit part à un partage de la Bourgogne avec Childebert et Clotaire et fit une brillante campagne en Italie (539). — **Thibert** ou **Théodebert II** (586-612), roi d'Austrasie (595-612). Fils et successeur de Childebert II, il fut renversé et mis à mort par son frère, Thierry II.

THIBERVILLE (27230), ch.-l. de cant. de l'Eure, aux confins du Lieuvin et du pays d'Auge ; 1 641 hab.

THIÈLE, en all. **Zihl,** riv. de Suisse, affl. de l'Aar (r. g.), formée par l'Orbe après son confluent avec le Talent.

THIEME (Ulrich), historien d'art allemand (Leipzig 1865 - *id.* 1922). Il fut l'initiateur, avec Felix Becker, de l'*Allgemeines Lexikon der bildenden Künstler,* continué par Hans Vollmer (37 vol., 1907-1950). Ce « Thieme-Becker » est le plus important des dictionnaires d'artistes jamais publiés.

Thieme et Cie, maison d'édition néerlandaise, fondée en 1795.

THIÉRACHE, région du nord de la France, occupant principalement le nord-est de l'Aisne, débordant sur les départements du Nord et des Ardennes. Élevage bovin laitier favorisé par la présence d'argiles et une humidité assez forte. Métallurgie de transformation et textile (souvent en difficulté). V. princ. Hirson, Fourmies.

THIERRY ou **THIERRI Ier** († 533 ou 534), roi de Reims (511 - v. 534), fils aîné de Clovis. Il ajouta à son domaine l'Albigeois, le Rouergue et l'Auvergne (507-508). Avec Clotaire Ier, il soumit la Thuringe (530-531).

THIERRY ou **THIERRI II** (587 - Metz 613), roi de Bourgogne (fin 595 ou début 596-613) et d'Austrasie (612-613), fils et successeur de Childebert II. Avec son frère Thibert II, il lutta contre Clotaire II puis se retourna contre Thibert, le battit et le captura. Il devint roi de fait de l'Austrasie.

THIERRY ou **THIERRI III** († 690 ou 691), roi de Neustrie et de Bourgogne (673 et 675-690 ou 691), frère et successeur de Clotaire III. Imposé par Ébroïn, un moment évincé du pouvoir par Childéric II, il gouverna sous la tutelle d'Ébroïn jusqu'en 683. Il fut battu à Tertry (v. 687) par Pépin de Herstal, qui le reconnut cependant comme seul souverain du *regnum Francorum.*

THIERRY ou **THIERRI IV** († 737), roi franc (721-737), fils de Dagobert III. Charles Martel gouverna en son nom.

THIERRY (les), famille de facteurs d'orgues parisiens des XVIIe et XVIIIe s. — Le chef-d'œuvre de PIERRE (Paris 1604 - *id.* 1665) fut l'orgue de St-Germain-des-Prés (1661). — Son fils ALEXANDRE (Paris 1646 - *id.* 1699) construisit l'orgue de St-Eustache (1681). — FRANÇOIS (Paris 1677 - *id.* 1749), neveu d'Alexandre, est l'auteur de l'orgue de Notre-Dame (1730-1733).

THIERRY (Augustin), historien français (Blois 1795 - Paris 1856). Secrétaire de Saint-Simon, il se consacra à l'histoire, publiant l'*Histoire de la conquête de l'Angleterre par les Normands* (4 vol., 1825), exposé vivant et d'inspiration romantique. Devenu aveugle, il poursuivit son activité avec des secrétaires, dont le premier fut Armand Carrel. Les *Récits* des temps mérovingiens* (2 vol., 1835-1840) lui valurent la place de bibliothécaire du duc d'Orléans. Ses recherches sur l'ascension de la bourgeoisie ont inspiré son *Essai sur la formation et les progrès de l'histoire du tiers état* (1850). Il demeure l'un des créateurs de l'histoire moderne.

THIERRY D'ARGENLIEU (Georges) → ARGENLIEU (Georges Thierry d').

THIERS (63300), ch.-l. d'arrond. du Puy-de-Dôme, au-dessus de la Durolle ; 15 407 hab. *(Thiernois).* Son site et de nombreuses maisons anciennes font le charme de la ville. Églises St-Genès et du Moutier, d'origines préromane et romane. Principal centre français de la coutellerie (à laquelle un musée est consacré). Constructions mécaniques.

THIERS (Adolphe), homme politique, journaliste et historien français (Marseille 1797 - Saint-Germain-en-Laye 1877). Avocat à Aix, puis à Paris, il se fait vite connaître comme journaliste et historien (*Histoire de la Révolution,* 1823-1827). Il joue un rôle décisif dans le déclenchement de la révolution de 1830 (fondation du journal *le National,* protestation contre les ordonnances, appel au duc d'Orléans). Ministre de l'Intérieur (oct. 1832 - nov. 1834), il réprime le complot légitimiste de la duchesse de Berry et les insurrections républicaines de Lyon et de Paris (avr. 1834). Il est à la tête du gouvernement en 1836 et en 1840, mais son désaccord avec le roi sur la politique extérieure lui fait céder sa place à Guizot. Il écrit alors l'*Histoire du Consulat et de l'Empire* (1845-1862). Il est rappelé au pouvoir en févr. 1848. Il est député et chef du parti de l'Ordre sous la IIe République. Il soutient d'abord Louis Napoléon mais, hostile au rétablissement de l'Empire, il est proscrit après le 2-Décembre et exilé. Il rentre en France dès 1852. En 1863, il est élu député de Paris et stigmatise la politique impériale. En 1870, il s'oppose en vain au vote des crédits militaires et à la déclaration de guerre. Après Sedan, il fait sans succès le tour des capitales dans l'espoir d'une médiation. L'Assemblée nationale le désigne comme chef du pouvoir exécutif (févr. 1871) : il fait alors ratifier les préliminaires de paix et écrase l'insurrection de la Commune. Devenu président de la République (août 1871), il accélère la libération du territoire (achevée en 1873), fait voter des lois fiscales et réformer le service militaire. Mais, converti à une république conservatrice, il s'aliène la majorité monarchiste de l'assemblée et doit démissionner (1873). Il devient le chef du parti républicain et lutte contre la politique de Mac-Mahon. (Acad. fr., 1833.)

Thiers *(fondation),* organisme institué en 1891 par Mlle Dosne selon le vœu de sa sœur, veuve de l'homme d'État. La fondation, administrée par l'Institut de France, permet à des jeunes gens pourvus du doctorat en droit ou en médecine, ou d'une agrégation littéraire ou scientifique, de se livrer, pendant trois ans, à des travaux personnels de recherche.

THIÈS, v. du Sénégal, ch.-l. de région, sur le Dakar-Niger ; 117 300 hab. Centre commercial. Métallurgie. Textile. — À proximité, mines de phosphates.

THIGMONASTIE n. f. (du gr. *thigganein,* toucher). Mouvement d'un organe végétal en réponse à un choc, à un contact ou à un ébranlement occasionné par un objet solide.

THIGMOTROPISME n. m. Syn. de HAPTOTROPISME.

THILL (Georges), ténor français (Paris 1897 - Lorgues 1984). Il débuta à l'Opéra de Paris en 1924 et, dès 1928, réalisa une carrière internationale. Également à l'aise dans le répertoire wagnérien, les opéras de Verdi ou l'opéra-comique français, il tourna plusieurs films, dont une version de *Louise* avec Abel Gance.

THILLOT (Le) [88160], ch.-l. de cant. des Vosges, sur la Moselle ; 4 269 hab. Industries textiles et mécaniques.

THIMBU ou **THIMPHU,** cap. du Bhoutan ; 60 000 hab.

THIMERAIS → THYMERAIS.

THIMONNIER (Barthélemy), inventeur français (L'Arbresle 1793 - Amplepuis 1857). En 1830, il prit un brevet pour une machine à coudre qui, n'exécutant que le point de chaînette, ne conduisit pas à un développement industriel étendu.

THIMPHU → THIMBU.

THINIS → THIS.

THINITE adj. (de *Thinis,* n. pr.). Se dit de la période de l'histoire de l'Égypte ancienne correspondant aux règnes des souverains des deux premières dynasties (3200-2780 av. J.-C. env.), dont la capitale était This.

THIO, comm. de la côte est de la Nouvelle-Calédonie ; 2 894 hab. Mine de nickel.

THIOACÉTAL n. m. Syn. de MERCAPTAL.

THIOACIDE n. m. Nom générique des acides de formule générale RCOSH, où R est un radical carboné.

THIOALDÉHYDE ou **THIAL** n. m. Nom générique des composés de formule générale R—CH=S.

THIOBACTÉRIALE ou **THIOBACTÉRIE** n. f. Bactérie chimiotrophe qui utilise les composés du soufre. (On les trouve notamment dans les abysses océaniques.) [Syn. SULFOBACTÉRIE.]

THIOCARBAMIDE → THIO-URÉE.

THIOCARBONATE n. m. Sel ou ester de l'acide thiocarbonique. (Syn. SULFOCARBONATE.)

THIOCARBONIQUE adj. *Acide thiocarbonique,* acide $S{=}C(OH)_2$, inconnu à l'état libre, dont les esters peuvent être préparés. (Syn. ACIDE SULFOCARBONIQUE.)

THIOCÉTONE ou **THIONE** n. f. Nom générique des composés de formule générale $R_2C{=}S$.

THIOCYANATE n. m. Sel ou ester de l'acide thiocyanique. (Syn. anc. SULFOCYANATE.)

THIOCYANIQUE adj. *Acide thiocyanique,* acide possédant deux formes tautomères, $H{-}S{-}C{\equiv}N$ et $S{=}C{=}N{-}H$. (Syn. ACIDE SULFOCYANIQUE.)

THIOÉTHER [-tɛr] n. m. Nom générique des composés de formule générale R—S—R′, analogues soufrés des éthers ROR′. (On les emploie en synthèse organique et pour odoriser le gaz naturel.)

THIOFÈNE ou **THIOPHÈNE** n. m. **1.** Composé hétérocyclique C_4H_4S. — **2.** Nom générique des dérivés de ce composé. (Le thiofène accompagne le benzène dans les goudrons de houille. C'est un liquide bouillant à 83 °C, qui présente les réactions chimiques d'un composé aromatique.)

THIOFÉNIQUE ou **THIOPHÉNIQUE** adj. Relatif au thiofène.

THIOGLYCOLIQUE adj. *Acide thioglycolique,* acide $HS{-}CH_2{-}CO_2H$. (Ses sels sont utilisés pour les permanentes à froid et comme agent épilatoire.)

THIO-INDIGO n. m. (pl. *thio-indigos*). Colorant rouge, analogue soufré de l'indigo.

THIOL n. m. Syn. de MERCAPTAN.

THIONATE n. m. Sel d'un acide de la série thionique.

THIONE → THIOCÉTONE.

THIONINE n. f. Colorant thiazinique bleu. (On la retrouve dans le violet de Lauth et le bleu de méthylène.)

THIONIQUE adj. Se dit des acides de formule générale $S_nO_6H_2$ avec *n* compris entre 2 et 6.

THIONVILLE (57100), ch.-l. d'arrond. de la Moselle, sur la Moselle ; 40 835 hab. *(Thionvillois).* Monuments anciens, dont la tour aux Puces, reste du château des comtes de Luxembourg (XIIe s., musée historique). Nœud ferroviaire et routier du nord de la Lorraine, port fluvial, la ville est l'élément principal d'une agglomération d'env. 140 000 hab., où la métallurgie lourde a subi une crise sévère.

THIOPENTAL n. m., dérivé soufré d'un acide barbiturique employé par voie intraveineuse comme anesthésique de courte durée. (Syn. PENTHIOBARBITAL.)

THIOSALICYLIQUE adj. *Acide thiosalicylique,* acide-thiol, analogue soufré de l'acide salicylique, qui sert de matière première pour la préparation du thio-indigo.

THIOSULFATE n. m. Nom générique des sels et esters de formule $M_2S_2O_3$, où M est un métal monovalent. (Syn. HYPOSULFITE.)
ENCYCL. Les oxydants tels que le chlore les transforment en sulfates, d'où l'emploi du thiosulfate de sodium comme antichlore dans le blanchiment. L'iode donne une oxydation moins poussée, qui fournit du tétrathionate, et cette réaction est employée en iodométrie. Le thiosulfate de sodium dissout les halogénures d'argent, d'où son rôle comme fixateur des images photographiques.

THIOSULFURIQUE adj. *Acide thiosulfurique,* acide $H_2S_2O_3$, connu uniquement en solution. (Syn. ACIDE HYPOSULFUREUX.)

THIO-URÉE n. f. ou **THIOCARBAMIDE** n. m. (pl. *thio-urées*). Dérivé de l'acide thiocarbonique, de formule $H_2N—CS—NH_2$, obtenu par chauffage du thiocyanate d'ammonium. (Les substances chimiques du groupe de la thio-urée ont la propriété d'empêcher la synthèse de l'hormone thyroïdienne.)

THÍRA, île de Grèce → SANTORIN.

THÍRA, v. de Grèce, ch.-l. de Santorin, sur la côte ouest ; 1 500 hab. Musée archéologique.

THIRAME n. m. Fongicide de toxicité moyenne, utilisé pour lutter contre de nombreuses maladies des plantes.

THIRON-GARDAIS (28480), anc. **Thiron,** ch.-l. de cant. d'Eure-et-Loir, dans le Perche ; 1 178 hab. *(Thironais).*

THIRY (Marcel), écrivain belge de langue française (Charleroi 1897 - Fraiture-en-Condroz 1977). Associant les grands thèmes traditionnels de la poésie lyrique à une dissonance rythmique (*Toi qui pâlis au nom de Vancouver,* 1924 ; *le Festin d'attente,* 1963 ; *l'Encore,* 1975), il parvient, à travers ses nouvelles et ses romans, aux limites de l'insolite (*Échec au temps,* 1945 ; *Simul et autre cas,* 1963).

THIS ou **THINIS,** ville ancienne de Haute-Égypte, non loin de l'antique Abydos, capitale des pharaons des deux premières dynasties égyptiennes.

THISBÉ → PYRAME.

THIVERVAL-GRIGNON (78850), comm. des Yvelines ; 974 hab. Institut national agronomique Paris-Grignon.

THIVIERS (24800), ch.-l. de cant. du nord de la Dordogne ; 3 823 hab. *(Thibériens).* Église en partie romane. Marché (volailles, truffes). Papeterie.

THIXOTROPE adj. Se dit d'un gel ou d'un sédiment susceptible de thixotropie.

THIXOTROPIE n. f. (dugr. *thiksis,* action de toucher). **1.** Phénomène par lequel certains mélanges passent de l'état de gel à celui de liquide par une légère agitation. — **2.** Propriété d'un sédiment meuble et gorgé d'eau de devenir brusquement liquide sous l'effet d'un ébranlement mécanique qui remet les particules en suspension dans l'eau. (C'est le phénomène qui provoque l'enlisement dans les sables mouvants.)

THIZY (69240), ch.-l. de cant. du Rhône, dans les monts du Beaujolais ; 3 059 hab. Textile.

THLASPI n. m. (gr. *thlaspis,* plante). **1.** Herbe (crucifère) aux feuilles en rosette. — **2.** Nom donné en horticulture à la corbeille d'argent et à la julienne, plantes très voisines, du genre *iberis.*

THOBY-MARCELIN (Philippe), écrivain haïtien (Port-au-Prince 1904 - Syracuse, État de New York, 1975). En collaboration avec son frère, Pierre Marcelin, il a écrit quatre romans de la vie rurale (*Canapé vert,* 1944).

THOIRY (78770), comm. des Yvelines, à 16 km au S.-S.-E. de Mantes-la-Jolie ; 840 hab. Château des XVIe et XVIIe s. ; jardins et parc zoologique exotique.

THOISSEY (01140), ch.-l. de cant. de l'Ain, dans la Bresse ; 1 312 hab.

THÖKÖLY (Imre), comte **de Késmárk,** homme de guerre hongrois (Késmárk, auj. Kežmarok, 1657 - Izmit, Turquie, 1705). Noble protestant, il mena à partir de la Transylvanie la résistance à la politique impériale de Réforme catholique. Il devint en 1677 le commandant en chef des insurgés *kuruc.* Il se rendit maître de la haute Hongrie, prit le titre de prince et fit restaurer les libertés hongroises (1681). Allié aux Ottomans, il participa au siège de Vienne (1683). Après la paix de Karlowitz (1699), il dut se réfugier en Turquie.

THOLÉITE ou **THOLÉIITE** n. f. (de *tholéitique*). **1.** Basalte sursaturé en silice que l'on trouve dans les grands épanchements des rapps ou dans les arcs insulaires et dont la différenciation conduit à des termes riches en silice. — **2.** *Tholéite océanique,* basalte de composition très homogène, à phénocristaux d'olivine et plagioclase, généré dans les dorsales et qui constitue l'essentiel des planchers océaniques.

THOLÉITIQUE ou **THOLÉIITIQUE** adj. (lat. *tholus,* voûte, du gr. *tholos*). Se dit d'une association magmatique dérivée d'un magma à composition de tholéite.

THOLOS [-lɔs] n. f. (gr. *tholos*). **1.** Sépulture préhistorique de plan circulaire et voûtée en encorbellement. — **2.** Dans la Grèce antique, édifice monoptère à destination cultuelle, funéraire ou parfois profane. (Ex. Delphes, IVe s. av. J.-C.)

THOM (René), mathématicien français (Montbéliard 1923). Étudiant la topologie différentielle, il s'est fait largement connaître par sa théorie des catastrophes*. (Médaille Fields, 1958 ; Acad. des sc., 1976.)

THOMAS *(saint),* surnommé **Didyme,** apôtre de Jésus (Ier s.). Il est célèbre dans la tradition populaire comme étant celui qui ne croit que ce qu'il voit (Jean, XX, 24-29). Il aurait évangélisé les Mèdes, les Perses et les Parthes et aurait même atteint l'Inde. Il serait à l'origine des chrétiens du Malabār.

THOMAS d'Aquin *(saint),* théologien italien et docteur de l'Église (château de Roccasecca, Aquino, prov. de Frosinone, 1225 - abbaye de Fossanova 1274). Entré chez les Frères prêcheurs, il a pour maître, à Paris, Albert le Grand, qu'il suit à Cologne. Lui-même, de 1252 à 1274, enseigne à Paris — par deux fois — et dans plusieurs villes italiennes, Naples notamment. Son enseignement, qui reprend le projet d'Albert le Grand, se fixe pour enjeu la conciliation de la raison et de la foi, de la philosophie et de la théologie. De l'œuvre philosophique, scripturaire et théologique, immense et capitale, de Thomas d'Aquin, il faut retenir deux ouvrages marquants : la *Somme contre les gentils* (1258-1264), présentation d'ensemble de la foi chrétienne contre les philosophies païennes, et surtout la *Somme théologique* (v. 1266 - v. 1273), monumental et magistral exposé de la foi. Thomas d'Aquin, canonisé en 1323, fut proclamé docteur de l'Église en 1567.

THOMAS BECKET ou **BECKETT** *(saint),* prélat anglais (Londres 1118 - Canterbury 1170). Chancelier du royaume (1155), ami intime d'Henri II Plantagenêt, il devient archevêque de Canterbury (1162). Il se fait alors, contre le roi, le défenseur des intérêts et de la liberté de l'Église, ce qui lui vaut d'être persécuté et exilé. Rentré en Angleterre en 1170, il est assassiné dans sa cathédrale par des chevaliers d'Henri II. Canonisé dès 1173.

THOMAS MORE ou **MORUS** *(saint),* chancelier d'Angleterre (Londres 1478 - *id.* 1535). Humaniste et juriste, il est fait chancelier du royaume par Henri VIII (1529). Ayant désavoué le roi lors de son divorce, il doit démissionner (1532). Emprisonné (1535), il est exécuté. Il laisse un ouvrage capital, *Utopie* (1516), qui, sous le voile de la fiction, est l'exposé hardi d'un système idéal de gouvernement. Canonisé en 1935.

THOMAS A KEMPIS (Thomas HEMERKEN, dit), écrivain mystique allemand (Kempen, Rhénanie, 1379 ou 1380 - monastère de Sint Agnietenberg, près de Zwolle, 1471). Il est l'auteur d'une quarantaine d'écrits qui font de lui un représentant de la Devotio* moderna. On lui attribue généralement l'*Imitation de Jésus-Christ.*

THOMAS d'Angleterre, trouvère anglo-normand du XIIe s., dont le *Tristan,* écrit en français, contient le récit de la mort du héros.

THOMAS (Ambroise), compositeur français (Metz 1811 - Paris 1896). Directeur du Conservatoire de Paris (1871), il a fait représenter vingt-trois œuvres, parmi lesquelles *Mignon* (1866) et *Hamlet* (opéra, 1868), ses deux plus grands succès. Il est en outre l'auteur de messes, d'un *Requiem,* de romances, de pièces pour piano, etc.

THOMAS (Sidney Gilchrist), inventeur britannique (Londres 1850 - Paris 1885). Il découvrit en 1875 la possibilité d'utiliser pour produire l'acier la fonte obtenue à partir des minerais phosphoreux.

Thomas *(procédé),* procédé de conversion de la fonte obtenue à partir de minerais phosphoreux dans un convertisseur à revêtement en briques basiques, par soufflage, par le fond, d'air éventuellement enrichi en oxygène. (Il a été abandonné au profit des procédés de conversion à l'oxygène pur.)

THOMAS (Albert), homme politique français (Champigny-sur-Marne 1878 - Paris 1932). Député socialiste (1910-1919 et 1919-1921), ministre de l'Armement (déc. 1916 - sept. 1917), il présida (1920-1932) le Bureau international du travail.

THOMAS (Dylan Marlais), poète britannique (Swansea 1914 - New York 1953). Poète soucieux de recherches verbales et syntaxiques (*18 Poèmes,*

1934 ; *25 Poèmes,* 1936 ; *la Carte du Tendre,* 1939 ; *Morts et initiations,* 1946), auteur d'essais, de nouvelles et d'un drame radiophonique (*Au bois lacté,* 1953), il a évoqué ses expériences littéraires, ainsi que Freud, Hopkins et Joyce, dans son *Portrait de l'artiste en jeune chien* (1940).

THOMASSIN, famille de graveurs français des XVIIe et XVIIIe s. — PHILIPPE (Troyes 1562 - Rome 1622), fixé à Rome en 1585, y dirigea un atelier très fréquenté, où Callot vint travailler. — SIMON, son petit-neveu (Troyes 1655 - Paris 1733), est l'auteur de beaux portraits gravés. — HENRI SIMON, fils et élève du précédent (Paris 1687 - *id.* 1741), collabora au « Recueil Crozat » et au « Recueil Jullienne ».

THOMERY (77810), comm. de Seine-et-Marne, sur la Seine, à l'E. de Fontainebleau ; 3 029 hab. Raisins de table appelés « chasselas de Fontainebleau ». Mécanique de précision.

THOMIRE (Pierre Philippe), fondeur et ciseleur français (Paris 1751 - *id.* 1843). Élève des sculpteurs Pajou et Houdon ainsi que du ciseleur Gouthière, il s'établit à son compte en 1776. Sous l'Empire, il donna un essor industriel à la production de bronzes d'ameublement d'une haute qualité (berceau du roi de Rome, 1811, Louvre).

THOMISE n. m. (gr. *thômigks,* câble). Araignée trapue vivement colorée, qui vit sur les fleurs ou les plantes basses et se déplace à la façon des crabes.

THOMISME n. m. **1.** Doctrine philosophique et théologique de saint Thomas d'Aquin. — **2.** Courant de pensée inspiré de saint Thomas d'Aquin. ENCYCL. Le thomisme connut son âge d'or aux XVIe et XVIIe s., notamment avec le cardinal Cajetan (1468-1534) et Melchior Cano (1509-1560). Par la suite, l'augustinisme reprit le dessus. C'est l'encyclique de Léon XIII *Aeterni Patris* (1879) qui lança le néothomisme, représenté notamment par Jacques Maritain et Étienne Gilson. Avec des théologiens dominicains comme Yves Congar et Marie-Dominique Chenu, ce thomisme moderne, menacé à son tour par le dessèchement spéculatif, a contribué fortement au renouveau théologique et ecclésiastique contemporain.

THOMISTE adj. et n. Relatif au thomisme ; adepte du thomisme.

THOMON (Jean François THOMAS, dit DE), architecte français (Paris 1759 - Saint-Pétersbourg 1813). Frappé par la vision des temples de Paestum, néoclassique, il devint vers 1800 architecte de la cour de Saint-Pétersbourg et construisit dans cette ville la Bourse maritime, périptère dorique.

THOMOND, en gaél. **Tuaidh-Muin,** anc. royaume irlandais issu de la division du Munster, gouverné par les descendants de Brian Boru jusqu'au XVIe s.

THOMPSON, v. du Canada (Manitoba), au N. du lac Winnipeg ; 14 300 hab. Extraction et raffinage du nickel.

THOMPSON (sir John Eric Sidney), archéologue britannique (Londres 1898 - Cambridge 1975). Ses travaux sur le calendrier sont à l'origine des premiers déchiffrements de la chronologie et de la langue mayas.

THOMPSON (John G.), mathématicien britannique (né en 1932). Il a résolu avec Feit une conjecture posée au début de la théorie des groupes. (Médaille Fields, 1970.)

THOMPSON (Daley), décathlonien britannique (Londres 1958), champion olympique en 1980 et 1984.

THOMSON (James), poète écossais (Ednam, Borders, 1700 - Richmond 1748). Il contribua à la renaissance de la poésie européenne avec ses fameuses *Saisons* (1726-1730), célébra la paresse dans des stances spensériennes (*le Château d'Indolence,* 1748) et composa le *Rule Britannia,* qui devint un hymne célèbre.

THOMSON (*sir* William), lord **Kelvin,** physicien britannique (Belfast 1824 - Netherhall, Strathclyde, 1907). Il a découvert, en 1852, le refroidissement provoqué par la détente des gaz *(effet Joule-Thomson).* Ses travaux de thermodynamique ont permis l'introduction de la température thermodynamique (ou absolue). En électrostatique, il a imaginé le galvanomètre à aimant mobile et donné la théorie des circuits oscillants ; en géophysique, ses études sur les marées terrestres sont restées fondamentales. En 1876, il a inventé le premier dispositif d'intégration permettant d'arriver à une solution mécanique des équations différentielles.

Thomson *(effet),* effet thermoélectrique qui, dans un conducteur homogène parcouru par un courant et soumis à un gradient de température, provoque un transfert de chaleur.

THOMSON (James), poète écossais (Port Glasgow, Strathclyde, 1834 - Londres 1882). Journaliste engagé et en même temps disciple de Shelley et de Novalis, il a réservé à sa poésie son désespoir (*la Cité de la nuit mortelle,* 1880 ; *Insomnie,* 1882).

THOMSON (*sir* Joseph John), physicien britannique (Cheetham Hill, près de Manchester, 1856 - Cambridge 1940). Élève de Maxwell, il détermina dans une expérience célèbre, en 1897, le quotient *e*/*m* de la charge par la masse de l'électron et, l'année suivante, la valeur de cette charge. Il inventa le spectrographe de masse, qui permet de mesurer la masse des atomes et devait servir à la découverte des isotopes. (Prix Nobel de physique 1906.) — Son fils, sir GEORGE PAGET **Thomson,** physicien anglais (Cambridge 1892 - *id.* 1975), a découvert en 1927 la diffraction des électrons rapides dans les cristaux, confirmant ainsi le principe fondamental de la mécanique ondulatoire. (Prix Nobel de physique, avec Davisson, 1937.)

THOMSON (Roy Herbert), 1er baron **Thomson of Fleet,** homme d'affaires canadien, naturalisé britannique en 1963 (Toronto 1894 - Londres 1976). Il a constitué la Thomson Organization, qui, outre de nombreux journaux américains et canadiens, comprenait jusqu'en 1981 le *Times* et le *Sunday Times.* — Son fils KENNETH ROY, 2e baron *Thomson of Fleet* (Toronto 1923), lui a succédé.

Thomson S. A., société française dont les origines remontent à la fondation, en 1893 à Paris, de la Compagnie française Thomson-Houston. Le groupe Thomson est spécialisé dans l'électronique grand public et professionnelle, l'électroménager, l'équipement médical, les composants, les systèmes de détection, de guidage et de transmission pour l'aéronautique et l'armement.

THOMSONITE n. f. (de T. *Thomson,* n. pr.). Aluminosilicate naturel hydraté de calcium et de sodium de la famille des zéolites.

THOMYRIS → TOMYRIS.

THON n. m. (lat. *thynnus,* du gr. *thunnos*). Grand poisson pélagique (scombridé), comestible, des eaux chaudes et tempérées, caractérisé par sa caudale falciforme portée par un pédoncule étroit et par ses pinnules dorsales et ventrales. ENCYCL. Les thons sont des poissons migrateurs, se reproduisant en des lieux bien précis où on les pêche à la madrague. On récolte aussi ces poissons à la ligne, à la traîne, au vif ou à la mouche. On trouve sur les côtes françaises le thon rouge (taille 3 m pour 700 kg), le thon blanc, ou germon, et le thon obèse, ou patudo.

THONAIRE n. m. (provenç. *tonaire,* de *ton,* thon). Dans la Méditerranée, grand filet pour pêcher le thon.

THONBURI, v. de Thaïlande, en face de Bangkok ; 695 200 hab. Université. Anc. cap. du pays (1767-1782). Nombreux et remarquables temples bouddhiques édifiés entre le XVIIe et la 1re moitié du XIXe s. (Wat Arun, temple de l'Aurore, agrandi après 1820) ; importante école de peinture murale.

THÔNES (74230), ch.-l. de cant. de la Haute-Savoie, au pied des Aravis, sur le Fier ; 4 987 hab. *(Thônains).* Station estivale. Mobilier. Fromagerie.

THONET (Michael), concepteur et industriel du meuble allemand (Boppard, près de Coblence, 1796 - Vienne 1871). Il étudia le courbage du bois à la vapeur et appliqua cette vieille technique alpine à la fabrication de chaises, de fauteuils, etc., en éléments vissés ou collés. Établi à Vienne, il parvint dans les années 1860 à une réalisation en série et à bon marché, largement exportée et imitée (chaise du style dit auj. « bistro »).

THONGAS → TSONGAS.

THONIER n. m. **1.** Bateau équipé pour la pêche au thon, soit à l'aide de lignes *(thoniers canneurs, thoniers ligneurs),* soit à l'aide d'une senne tournante *(thoniers senneurs).* — **2.** Pêcheur se livrant à cette pêche.

THONINE n. f. (de *thon*). Poisson (scombridé) voisin du thon.

THONON-LES-BAINS (74200), ch.-l. d'arrond. de la Haute-Savoie, au-dessus du lac Léman ; 30 667 hab. *(Thononais).* Ancienne capitale du Chablais, station estivale et thermale (maladies métaboliques et de l'appareil urinaire). Église St-Hippolyte, où prêcha François de Sales (riches décors du XVIIe s.). Vins rouges. Industries variées. Lycée hôtelier. — Aux environs, châteaux de Ripaille (agrandi au début du XVe s. par Amédée VIII de Savoie) et des Allinges (XIe-XIVe s.).

THOR (Le) [84250], comm. de Vaucluse, dans le Comtat ; 5 973 hab. *(Thorois).* Église de la fin du XIIe s., bel exemple du roman provençal tardif.

THOR ou **TOR,** dieu scandinave, fils d'Odin et de Iord. Dieu du Tonnerre, des Éclairs et des Pluies bienfaisantes.

Thor, missile américain à moyenne portée, développé à la fin des années 50 et devenu, par adjonction d'étages supérieurs, l'un des principaux lanceurs spatiaux des États-Unis. (Fusée Thor-Delta.)

Thora → TORAH.

THORACENTÈSE ou **THORACOCENTÈSE** [-sɛ̃-] n. f. Ponction de la cavité pleurale à travers la paroi thoracique, appelée couramment *ponction pleurale.*

THORACIQUE adj. (gr. *thôrakikos*). **1.** Qui se rapporte, qui appartient au thorax. — **2.** *Canal thoracique,* tronc lymphatique formé par la réunion de tous les lymphatiques des membres inférieurs et de la partie sous-diaphragmatique du tronc. (Il prend naissance dans la citerne de Pecquet et se termine dans la veine sous-clavière gauche.) ‖ *Membres thoraciques,* les deux membres supérieurs.

THORACO-ABDOMINAL, E, AUX adj. Qui se rapporte au thorax et à l'abdomen.

THORACOPLASTIE n. f. Résection d'un certain nombre de côtes pour obtenir l'affaissement d'une caverne pulmonaire sous-jacente. (Jadis utilisée pour le traitement de la tuberculose pulmonaire, cette intervention n'a plus que des indications exceptionnelles.)

THORACOTOMIE n. f. Ouverture chirurgicale du thorax.

THORAX n. m. (lat. *thorax,* du gr. *thôraks*). **1.** Chez l'homme et chez les vertébrés, cavité protégée par des parois osseuses, contenant les principaux organes de la circulation et de la respiration, et située au-dessus de l'abdomen, dont elle est nettement séparée, chez les mammifères, les crocodiles et les oiseaux, par le diaphragme. (→ *encycl.* Anat.) — **2.** Partie du corps de l'insecte située entre la tête et l'abdomen et portant les appendices locomoteurs, pattes et ailes. (→ *encycl.* Zool.)

ENCYCL. **Anat.** Le thorax, chez l'homme, est une cavité conoïde à base inférieure. Elle est circonscrite en arrière par les vertèbres, latéralement par les douze paires de côtes (qui délimitent les espaces intercostaux), en avant par le sternum. Le thorax est séparé, en bas, de l'abdomen par le diaphragme ; il se continue en haut par le cou. — **Zool.** Le thorax des arthropodes, souvent soudé dorsalement à la tête (*céphalothorax* des arachnides et des crustacés), est formé de segments en nombre variable, portant des paires d'appendices locomoteurs : 4 chez les myriapodes, 8 chez les crustacés, 3 chez les insectes, d'avant en arrière, s'insérant sur le *prothorax,* le *mésothorax* et le *métathorax*. Les ailes, lorsqu'il y en a, sont portées les unes par le mésothorax, les autres par le métathorax (les diptères n'ont que les ailes antérieures), jamais par le prothorax.

THORBECKE (Johan Rudolf), homme politique néerlandais (Zwolle 1798 - La Haye 1872). Député libéral (1840), principal rédacteur de la loi constitutionnelle (1848), il fut plusieurs fois chef du gouvernement (1849-1853, 1862-1866 et 1871-72) et se montra partisan du libre-échange.

THÓRDARSON (Thórbergur), écrivain islandais (Sudursveit 1889 - Reykjavík 1974). Attiré par le spiritisme, il évolua vers le socialisme et publia des poèmes satiriques (*Corbeaux blancs,* 1922) puis, en prose, une critique mordante du capitalisme islandais (*Lettre à Laure,* 1924), qui le rendit célèbre. Ses autobiographies *Noblesse islandaise* (1938) et *l'Homme à part* (1940), ainsi que la *Vie d'Arni Thórarinsson* (6 vol., 1945-1950), reflètent les changements culturels en Islande.

THOREAU (Henry David), écrivain américain (Concord, Massachusetts, 1817 - *id.* 1862). Disciple d'Emerson, influencé par les philosophes hindous et les idéalistes allemands, ses œuvres, *Walden ou la Vie dans les bois* (1854), récit de son existence isolée (1845-1847), puis ses livres posthumes (*Excursions,* 1863 ; *Un Yankee au Canada,* 1865) et ses *Journaux* (1905) attestent, avec la saveur du langage populaire, un non-conformisme constant et un individualisme caractéristique de l'idéologie américaine.

THORÉ-BÜRGER (Théophile THORÉ, dit **William Bürger** ou), écrivain d'art français (La Flèche 1807 - Paris 1869). Zélateur de la peinture des anciens Pays-Bas, il révéla l'étonnante personnalité de Vermeer. Ses *Notices sur Van der Meer de Delft* (1866) sont toujours consultées.

THORENS-GLIÈRES (74570), ch.-l. de cant. de la Haute-Savoie, dans les Bornes ; 2 095 hab. Château surtout des XVe et XVIe s.

THOREZ → TOREZ.

THOREZ (Maurice), homme politique français (Noyelles-Godault, Pas-de-Calais, 1900 - en mer Noire 1964). Membre du parti socialiste S. F. I. O. en 1919, il choisit le parti communiste après le Congrès de Tours (1920). Entré au comité central du P. C. en 1924, puis au bureau politique (1925), il devient secrétaire général du parti en 1930. Élu député d'Ivry en 1932, il joue dès 1934 un rôle important dans la formation du Front* populaire. Mobilisé en sept. 1939, il quitte son régiment en octobre et gagne l'U. R. S. S., où il séjournera jusqu'en 1944. Il est condamné pour désertion (1939) et déchu de la nationalité française (1940). Amnistié, il devient ministre dans le gouvernement du général de Gaulle (1945-46), puis vice-président du Conseil jusqu'à l'expulsion des ministres communistes, en 1947. Frappé d'une congestion cérébrale en oct. 1950, il part se faire soigner en U. R. S. S. Il est de nouveau secrétaire général du P. C. F. de 1953 à 1964. Il a signé son autobiographie, *Fils du peuple* (1re éd., 1937).

THORIANITE n. f. (de *thorium*). Oxyde naturel d'uranium et de thorium, de formule $(Th,U)O_2$, de couleur noir de jais, cubique.

THORICOS, en gr. **Thorikos,** très ancienne bourgade de la côte orientale de l'Attique, près du Laurion. Vestiges antiques : théâtre et surtout quartier industriel du IVe s. av. J.-C.

THORIGNY-SUR-MARNE (77400), comm. de Seine-et-Marne, en face de Lagny ; 8 380 hab. *(Taurignaciens).* Constructions mécaniques.

THORINE n. f. Oxyde de thorium ThO_2.

THORITE n. f. Silicate naturel de thorium, de formule $ThSiO_4$, quadratique. (Syn. ORANGITE.)

THORIUM [-rjɔm] n. m. (lat. sc. *thorium,* de *Thor,* dieu du Tonnerre, en Scandinavie). Métal du groupe des actinides, qui accompagne souvent les terres rares dans leurs minerais. (Élément chimique de symbole Th.)

Numéro atomique : 90
Masse atomique : 232,038
Masse volumique : 11,7 g/cm^3
Point de fusion : 1 750 °C

ENCYCL. Découvert en 1828 par Berzelius, le thorium est un métal blanc, assez ductile, qui s'oxyde au rouge avec incandescence, s'unit à chaud à l'hydrogène, aux halogènes, au soufre et à l'azote. Ses principaux composés, dans lesquels il est tétravalent, sont l'oxyde ou thorine ThO_2, poudre blanche très difficilement fusible, le chlorure $ThCl_4$ et le sulfate $Th(SO_4)_2$. La thorine entre dans la fabrication des manchons pour l'éclairage par incandescence au gaz. Le thorium, au pouvoir émissif très élevé, est utilisé pour le revêtement des cathodes en tungstène de certains tubes à vide.
L'isotope de nombre de masse 232 existe dans la nature. Sa période radioactive est $1{,}39.10^{10}$ ans. Il peut être utilisé comme substance fertile* dans les réacteurs nucléaires.
— **Géol.** Au cours de la cristallisation magmatique, le thorium se concentre dans le liquide résiduel et est donc particulièrement abondant dans les roches différenciées comme les granites, où il peut atteindre une teneur de $50 \cdot 10^{-6}$. La méthode radiochronologique $^{230}Th/^{238}U$ permet de dater des phénomènes ne dépassant pas 300 000 ans environ. (→ GÉOCHRONOLOGIE.)

Thorn *(test de)* [de G. W. *Thorn,* n. pr.], épreuve physiologique permettant d'apprécier la réponse du cortex surrénal à la corticostimuline hypophysaire, ou A. C. T. H.*.

THORN (Gaston), homme politique luxembourgeois (Luxembourg 1928). Président du parti démocrate luxembourgeois en 1961, membre du Parlement européen, du Conseil de l'Europe, il a été président du Conseil (1974-1979) puis président de la Commission européenne (1981-1985). Il est devenu en 1987 président de la Compagnie luxembourgeoise de télédiffusion (C. L. T.).

THORNDIKE (Edward Lee), psychologue américain (Williamsburg, Massachusetts, 1874 - Montrose, New York, 1949). Ses travaux dans le domaine du comportement (*Animal Intelligence,* 1898-1901) et de l'apprentissage ont beaucoup contribué au développement de la psychologie expérimentale.

THORNHILL (*sir* James), peintre anglais (Melcombe Regis, Dorset, 1675 - Thornhill, Dorset, 1734). Le premier, en Angleterre, à se consacrer à la décoration monumentale, il excella, en adepte du baroque italien, dans les effets de perspective architecturale (peintures de l'hôpital de Greenwich, 1708-1727 ; coupole de la cathédrale St Paul de Londres, 1715-1719).

THORNTHWAITE (Charles Warren), climatologue américain (Bay City 1899 - Bridgeton, New Jersey, 1963). Spécialiste de la classification des climats, il s'est surtout intéressé, pour les différencier, aux problèmes d'apports en eau au sol et de pertes par évaporation et transpiration des plantes (évapotranspiration).

THORON n. m. Émanation du thorium, isotope du radon.

THORONET (Le) [83340], comm. du Var, au S.-O. de Draguignan ; 1 164 hab. Anc. abbaye cistercienne, d'une perfection austère (église et cloître : 1160-1180).

THORSHAVN, cap. des Féroé, sur la côte sud-est de l'île de Strømø ; 11 000 hab. Port de pêche. Musée national.

THORVALDSEN (Bertel), sculpteur danois (Copenhague 1770 - *id.* 1844). La plus grande partie de sa carrière se déroula à Rome, où, adepte d'un idéal de beauté antique quelque peu abstrait, proche de celui de Winckelmann, il devint l'un des chefs du néoclassicisme (*Jason,* 1801, musée Thorvaldsen, Copenhague ; *Christ* et apôtres de la cathédrale, *ibid.,* à partir de 1821).

THOT, divinité égyptienne représentée comme un homme à tête d'ibis ou un cynocéphale. C'était l'inventeur de l'écriture, un juge peseur des âmes et un magicien. Il fut identifié à Hermès par les Grecs (Hermès Trismégiste).

THOU (Jacques Auguste DE), historien et magistrat français (Paris 1553 - *id.* 1617). Conseiller d'État (1588), il collabora à la rédaction de l'édit de Nantes. — Son fils FRANÇOIS AUGUSTE, magistrat français (Paris 1607 - Lyon 1642), conseiller au parlement de Paris (1626), fut décapité à Lyon (12 sept. 1642) avec son ami Cinq-Mars, dont il n'avait pas révélé la conspiration.

THOUARCÉ (49380), ch.-l. de cant. de Maine-et-Loire, près du Layon ; 1 558 hab. *(Thouarcéens).* Vins mousseux.

THOUARS (79100), ch.-l. de cant. des Deux-Sèvres, au-dessus du Thouet ; 11 338 hab. *(Thouarsais).* Fortifications des XIIe-XIVe s. Deux églises des XIIe-XVe s. Château d'époque Louis XIII (chapelle du début du XVIe s.). Musée. Marché agricole. Industries alimentaires et mécaniques.

THOUET (le), riv. de l'ouest de la France, affl. de la Loire (r. g.), rejointe à Saumur ; 140 km. Il passe à Parthenay et à Thouars.

THOUNE ou **THUN** *(lac de),* lac glaciaire de Suisse, formé par la vallée de l'Aar dans les Préalpes ; 48 km^2 ; 217 m de profondeur.

THOUNE, en all. **Thun,** v. de Suisse (cant. de Berne), sur l'Aar, à sa sortie du *lac de Thoune ;* 36 900 hab. Château en partie du XIIe s. (musée historique), église gothique et baroque. Industries alimentaires.

THOURIOI, en lat. **Thurium** ou **Thurii,** ville lucanienne de l'Italie péninsulaire, près des ruines de Sybaris. Fondée à l'initiative de Périclès, qui voulait en faire une cité panhellénique (443 av. J.-C.), la ville, très florissante à ses débuts, tomba au pouvoir de Rome en 282 av. J.-C.

THOUROTTE (60150), comm. de l'Oise, sur l'Oise ; 5 350 hab. Verrerie. Encres.

THOUTMOSIS ou **THOUTMÈS** (transcription grecque du nom égyptien *Djehoutimes,* « le dieu Thot l'a mis au monde »), nom de quatre pharaons de la XVIIIe dynastie égyptienne. — **Thoutmosis Ier** (1530-1520 av. J.-C.), le premier pharaon qui fit aménager sa tombe dans la vallée des Rois, comme son fils **Thoutmosis II** (1520-1505) sont assez mal connus. — **Thoutmosis III** (1505/1484-1450 av. J.-C.) ne régna effectivement qu'après la mort d'Hatshepsout* (1484). Il conquit la Palestine, la Phénicie et la Syrie. L'Égypte jouit alors d'un immense prestige et d'une grande prospérité. — **Thoutmosis IV** (1425-1408 av. J.-C.), petit-fils du précédent et fils d'Aménophis II, créa une véritable diplomatie. Il dégagea du sable le sphinx de Gizeh.

THOUVENIN (Joseph), dit **Thouvenin l'Aîné,** relieur français (Paris 1790 - *id.* 1834). De son atelier sont sortis des reliures de style Restauration, « à la cathédrale », et des pastiches ou copies de dorures anciennes.

THRACE adj. et n. (gr. *Thraks, -akos*). Qui appartient à la Thrace.
◆ n. m. **1.** Langue indo-européenne ancienne parlée par les Thraces. — **2.** Gladiateur cuirassé armé d'un petit bouclier rond (parma) et d'un cimeterre, qui était souvent opposé au mirmillon.

THRACE, en gr. **Thráki,** en turc **Trakya,** région de l'Europe sud-orientale, occupant l'extrémité nord-est de la Grèce, depuis le Néstos, le sud de la Bulgarie et la Turquie d'Europe. — La **Thrace grecque** comprend les nomes du Rhodope, de Xánthi et d'Évros ; 8 578 km^2 ; 329 600 hab. — La **Thrace turque** englobe les provinces de Çanakhale, Edirne, Istanbul, Kırklareli et Tekirdağ; 23 764 km^2 ; 4 412 700 hab.
— **Hist.** Population indo-européenne installée, au IIe millénaire av. J.-C., entre le Danube, la mer Noire et la mer Égée, les Thraces restent longtemps au stade tribal et fournissent à la Grèce des esclaves ou des mercenaires. La richesse de leur pays (bois, or, argent et terres arables) attire les Grecs, qui, à partir du VIIe s. av. J.-C., colonisent le littoral de l'Égée. La Thrace passe au Ve s. sous le contrôle économique des Athéniens. Le peuple des Odryses se constitue un royaume puissant au IVe s. Philippe II de Macédoine unifie la Thrace à son profit. Des colonies macédoniennes, Philippes, Philippopolis, introduisent la vie urbaine.
Rome impose son protectorat au pays odryse après Pydna (168) et défend son domaine contre les Scordisques ou les Thraces. La menace dace sur le Danube amène Rome à annexer le nord du pays, qui forme la province de Mésie (v. 6 apr. J.-C.). En 46, Rome constitue une province de Thrace, incorporée par Dioclétien dans un « diocèse de Thrace ». À partir du IVe s., la Thrace est ravagée par les invasions barbares, puis repeuplée par des Slaves (VIIIe s.), qui s'hellénisent lentement. Les Ottomans en font la province de Roumélie. Depuis le conflit balkanique de 1912-13, on appelle Thrace la région voisine de l'Égée dont la Grèce, la Bulgarie et la Turquie se sont disputé la possession jusqu'en 1945.
— **Archéol.** L'activité artistique et religieuse est attestée dès le néolithique (culture de Karanovo ; trésor de Varna, fin IVe millénaire). Avec le bronze récent apparaît une civilisation proprement thrace. Durant la période dite des rois légendaires (1600-1200 av. J.-C.), les idoles féminines sont présentes de même que la céramique et les armes en bronze ornées de gravures. L'influence de l'Asie Mineure reste dominante pendant le premier âge du fer, qui a laissé de nombreuses sépultures mégalithiques sous tumulus et des hypogées rupestres. Avec le deuxième âge du fer, dit « époque des grands royaumes (525-280) », cette civilisation des tumulus atteint son apogée. Les échanges économiques entre ces riches cités-États et les Grecs sont constants et l'interpénétration des influences est enrichissante : trésors de Douvanli (près de Plovdiv, au sud de la Bulgarie) pour les VIe et Ve s. av. J.-C. ; trésors de Vratza, Panagjurište pour les IVe et IIIe s. av. J.-C., où l'influence hellénistique est de plus en plus marquée. Aux migrations celtiques succède la romanisation, qui transmet sa mythologie et surtout son urbanisation. C'est à nouveau l'orfèvrerie qui reste dépositaire du génie thrace.

THRASYBULE, général et homme d'État athénien (v. 445 - Aspendos 388 av. J.-C.). À Samos, l'armée révoltée contre les Quatre-Cents l'élut stratège et il seconda Alcibiade (411). Il combattit aux Arginuses (406). Proscrit par les Trente, il réunit un groupe de bannis, s'empara du Pirée, puis d'Athènes, où il restaura la démocratie. Il entreprit ensuite de reconstituer la confédération athénienne.

Three Miles Island, centrale nucléaire des États-Unis (Pennsylvanie), près de Harrisburg. Un accident (mars 1979) a gravement endommagé le 2e réacteur sans faire de victimes ni causer d'atteinte importante à l'environnement.

THRÈNE n. m. (gr. *thrênos*). Lamentation funèbre, chantée lors des funérailles, particulièrement à l'époque archaïque grecque.

THRÉONINE n. f. Aminoacide dont l'isomère lévogyre est un constituant essentiel des protéines.

THRIDACE n. f. (gr. *thridax,* laitue). Extrait de suc de tiges fraîches de laitue, possédant des propriétés calmantes et hypnotiques.

THRILL [sril ou tril] n. m. (angl. *thrill*). Frémissement particulier que l'on constate dans certains vaisseaux artériels soit au niveau d'un anévrysme, soit au niveau du cou.

THRILLER [trilœr ou srilœr] n. m. (angl. *thriller,* de *to thrill,* faire tressaillir). Film ou roman (policier ou d'épouvante) à suspense, qui procure des sensations fortes.

THRIPS [trips] n. m. (gr. *thrips,* ver qui ronge le bois). Petit insecte thysanoptère, à l'abdomen pointu, qui abonde sur diverses plantes (lin, céréales, pois, tabac, glaïeul) dont il épuise les feuilles par ses piqûres.

THROMBASTHÉNIE n. f. Thrombopathie avec modification qualitative et fonctionnelle des plaquettes.

THROMBECTOMIE n. f. Incision chirurgicale d'un vaisseau pour enlever le caillot qui l'oblitère.

THROMBINE n. f. (de *thrombus*). Enzyme protéolytique qui intervient dans la transformation du fibrinogène en fibrine au cours de la coagulation du sang.

THROMBOCYTE n. m. Syn. de PLAQUETTE.

THROMBOCYTOPÉNIE ou **THROMBOPÉNIE** n. f. Abaissement du nombre des plaquettes, au-dessous de 150 000 par millimètre cube de sang.

THROMBOÉLASTOGRAMME n. m. Tracé obtenu par la thromboélastographie et qui renseigne sur le temps de coagulation et sur l'élasticité du caillot. (Abrév. T. E. G.)

THROMBOÉLASTOGRAPHIE ou **THROMBÉLASTOGRAPHIE** n. f. Méthode d'exploration globale de la coagulation, permettant d'enregistrer sur un graphique la formation du caillot à partir du sang ou du plasma citraté et recalcifié.

THROMBOEMBOLIQUE adj. Se dit d'un processus au cours duquel se forment des caillots intravasculaires susceptibles de migrer et de provoquer des embolies.

THROMBOKINASE ou **THROMBOPLASTINE** n. f. Enzyme protéolytique intervenant au cours de la coagulation pour former la thrombine à partir de la prothrombine. (Syn. PROTHROMBINASE.)

THROMBOLYSE n. f. **1.** Dissolution d'un caillot de sang. — **2.** Méthode permettant de dissoudre un thrombus dans un vaisseau sanguin grâce à des perfusions de streptokinase ou d'urokinase.

THROMBOPATHIE n. f. Toute affection liée à un trouble de la qualité des plaquettes.

THROMBOPÉNIE → THROMBOCYTOPÉNIE.

THROMBOPHLÉBITE n. f. Phlébite produite par une thrombose et qui peut s'observer au niveau de toutes les veines.

THROMBOSE n. f. (gr. *thrombôsis,* de *thromboûn,* faire coaguler). Formation d'un ou plusieurs caillots dans le système circulatoire.

ENCYCL. Les thromboses affectent parfois les cavités cardiaques au cours de certaines maladies valvulaires, mais le plus souvent les veines. La thrombose veineuse se traduit par une phlébite variable dans sa localisation. Deux complications sont à redouter : l'embolie pulmonaire, pouvant entraîner la mort, et la maladie post-phlébitique, qui peut laisser persister de lourdes séquelles fonctionnelles.

THROMBOTEST n. m. *Thrombotest d'Owren,* méthode permettant d'évaluer le taux plasmatique des quatre facteurs de la coagulation dépendant de la vitamine K. (Ce dosage est utilisé au cours des traitements par les anticoagulants.)

THROMBOTIQUE adj. et n. m. Se dit d'une substance qui provoque la thrombose.

THROMBUS [-bys] n. m. (gr. *thrombos,* caillot). **1.** Masse sanguine coagulée dans un vaisseau, dont la présence constitue la thrombose si cette production est née sur place, l'embolie si elle y est parvenue par le courant circulatoire. — **2.** *Thrombus blanc,* syn. de CLOU HÉMOSTATIQUE.

THUCYDIDE, historien grec (Athènes v. 460 - apr. 395 av. J.-C.). Stratège en 424, il ne put empêcher le Spartiate Brasidas de s'emparer d'Amphipolis et fut condamné à l'exil. Son œuvre (inachevée) est l'histoire de la guerre du Péloponnèse. C'est une profonde réflexion politique sur la nature de la puissance, l'historien cherchant, au-delà des faits, les causes profondes des événements. Son art doit beaucoup à l'enseignement des sophistes.

THUEYTS (07330), ch.-l. de cant. de l'Ardèche, dans la haute vallée de l'Ardèche ; 950 hab. Vergers.

THUFUR n. m. (mot islandais). Syn. de BUTTE* GAZONNÉE.

THUG [tyg] n. m. Membre d'une confrérie religieuse de l'Inde, qui, en l'honneur de la déesse Kāli, se livrait au meurtre rituel par strangulation (XIIe-XIXe s.).

THUIN, v. de Belgique, ch.-l. d'arrond. du Hainaut, sur la Sambre ; 13 900 hab. Centre touristique. Restes d'enceinte médiévale ; beffroi du XVIIe s.

THUIR (66300), ch.-l. de cant. des Pyrénées-Orientales ; 6 661 hab. *(Thuirinois).* Apéritifs.

THULÉ, nom ancien d'une île de l'océan Atlantique, située au N. des îles Britanniques. Il s'agit, plutôt que de l'Islande, d'une des îles Féroé.

THULÉ, base polaire fondée au Groenland, en 1910, par Knud Rasmussen, dans le nord de la baie de Baffin, sur la rive sud du Wolstenholme Fjord ; env. 10 000 hab. Base aérienne stratégique américaine (1951), Thulé est devenu depuis 1960 un des trois sites du système de détection et d'alerte avancée des missiles balistiques stratégiques.

THULIN (Ingrid), actrice de cinéma et de théâtre suédoise (Sollefteå 1929). Elle acquiert la renommée dans les films d'Ingmar Bergman (*les Fraises sauvages,* 1957 ; *Au seuil de la vie* et *le Visage,* 1958) et poursuit depuis une carrière internationale (*la Guerre est finie,* 1966 ; *les Damnés,* 1969 ; *Cris et chuchotements,* 1972).

THULIUM [-ljɔm] n. m. (lat. sc. *thulium,* du lat. class. *Thule,* n. d'une île). Métal du groupe des lanthanides. (Le thulium est l'élément chimique de numéro atomique 69 et de masse atomique 168,93. Il a été découvert par Cleve, en 1879, dans l'yttria.) [Élément chimique de symbole Tm.]

THUN, nom allemand de Thoune.

THUNBERGIA n. m. (de *Thunberg,* n. pr.). Plante (acanthacée) ornementale volubile ou dressée, souvent cultivée.

THUNDER BAY, port du Canada (Ontario), sur le lac Supérieur, formé par la fusion (en 1970) de Fort William et de Port Arthur ; 111 500 hab. Nœud de communications. Entrepôts de céréales.

THUNE ou **TUNE** n. f. *Arg.* **1.** Au XVIIe s., aumône. — **2.** Au XIXe s., pièce de cinq francs.

THUREAU-DANGIN (François), assyriologue français (Paris 1872 - *id.* 1944). Il est l'auteur de nombreux ouvrages sur le déchiffrement des signes cunéiformes et sur les textes sumériens.

THURET (Gustave Adolphe), botaniste français (Paris 1817 - Nice 1875). Il a découvert chez le fucus (algue brune) une fécondation semblable à celle des animaux et a constitué un bel arboretum à Antibes.

THURGOVIE, en all. **Thurgau,** cant. de la Suisse, sur le lac de Constance ; 1 013 km^2 ; 209 362 hab. Ch.-l. *Frauenfeld.* Il occupe l'extrémité orientale du Mittelland suisse et juxtapose cultures (fruits et légumes, céréales et betterave), élevage bovin, industries variées (à Arbon, Frauenfeld, Kreuzlingen, etc.) et tourisme.
— **Hist.** Conquise sur les Habsbourg par les confédérés suisses en 1460, la Thurgovie devint un canton de la Confédération en 1803.

THURIFÉRAIRE n. m. (lat. médiév. *thuriferarius,* du lat. class. *thus, thuris,* encens). **1.** Ministre servant, clerc ou laïque, qui porte l'encens et l'encensoir dans la liturgie romaine. — **2.** *Litt.* Personne qui loue, vante qqn, qqch avec excès : *Les thuriféraires du pouvoir.*

THURINGE, en all. **Thüringen,** Land d'Allemagne ; 16 251 km^2 ; 2 683 877 hab. Cap. *Erfurt.* Il est constitué de deux unités naturelles : le *bassin de Thuringe,* région sédimentaire portant des gisements de sel et de potasse, et le *Thüringerwald* (« forêt de Thuringe »), massif boisé où se juxtaposent tourisme, sylviculture et industries traditionnelles (porcelaine, verrerie, jouets, armes). — Incorporée à la Germanie à la fin de l'époque carolingienne, la Thuringe fut dirigée par des landgraves à partir de 1130. Son histoire se confondit longtemps avec celle de la Saxe. L'État de Thuringe fut reconstitué en 1920. Son territoire fit partie de la R. D. A. de 1949 à 1990.

THURINGE *(bassin de),* région sédimentaire d'Allemagne, entre les monts Métallifères (Erzgebirge), le Harz et le Thüringer Wald (« Forêt de Thuringe »). Gisements de sel et de potasse. V. princ. *Erfurt* et *Iéna.*

THÜRINGER WALD (« Forêt de Thuringe »), massif boisé de l'Allemagne, entre les bassins de Thuringe et de Souabe-Franconie. Il associe tourisme, sylviculture et industries traditionnelles (porcelaine et verrerie, jouets, armes).

THURINGIEN n. m. Étage du système permien.

THURIUM ou **THURII** → THOURIOI.

THURROCK, v. de Grande-Bretagne (Essex), sur l'estuaire de la Tamise ; 126 000 hab. Centre industriel de la banlieue est de Londres.

THURSTONE (Louis Leon), psychologue américain (Chicago 1887 - Chapel Hill, Caroline du Nord, 1955). Pour expliquer la structure des aptitudes, Thurstone fait appel à une série de facteurs rendant compte des corrélations entre des groupes d'épreuves relativement proches les unes des autres et relativement indépendantes d'autres groupes (*The Vectors of Mind,* 1935).

THURY-HARCOURT (14220), ch.-l. de cant. du Calvados, sur l'Orne ; 1 818 hab. Ruines du château du XVIIe s. (beau parc).

THUYA [tyja] n. m. (gr. *thuia*). Conifère ornemental voisin du cyprès, aux rameaux aplatis, couverts d'écailles foliaires, et aux très petits cônes.
ENCYCL. Le thuya occidental est utilisé dans les jardins. Le thuya géant d'Amérique du Nord atteint 50 m. Il fournit un bois très durable. C'est un très bel arbre d'ornement.

THUYONE n. f. (de *thuya*). Cétone $C_{10}H_{16}O$, que l'on extrait du thuya ou de la tanaisie et qui serait responsable de la toxicité de certaines liqueurs comme l'absinthe.

THYESTE, héros de la mythologie grecque, fils de Pélops et d'Hippodamie, jumeau d'Atrée, dont il séduisit l'épouse. Atrée, pour se venger, fit massacrer les fils de Thyeste et les fit servir à leur père dans un festin.

THYIADE n. f. (gr. *thuias, -ados*). Nom donné aux femmes d'Athènes et de Delphes qui célébraient le culte de Dionysos.

THYLACINE n. m. (lat. sc. *thylacinus,* du gr. *thulakos,* sac). Marsupial carnassier (dasyuridé) de Tasmanie, ayant l'aspect d'un loup.

THYLLE [tij] n. f. (gr. *thulas,* sac). Vésicule qui, à l'automne, obstrue le pétiole des feuilles des arbres et provoque leur mort.

THYM [tɛ̃] n. m. (lat. *thymus,* du gr. *thumos*). Plante vivace (labiée) ligneuse, rampante, à très petites feuilles très parfumées, utilisée comme condiment et en pharmacie.

THYMECTOMIE n. f. Ablation du thymus.

THYMERAIS ou **THIMERAIS,** pays de l'ancienne province du Perche, occupant la majeure partie du nord de l'Eure-et-Loir.

THYMIE n. f. (gr. *thumos,* principe des passions). En psychologie, syn. de HUMEUR.

THYMINE n. f. Base pyrimidique $C_5H_6N_2O_2$, qui est un des constituants des acides désoxyribonucléiques.

THYMIQUE adj. Relatif au thymus ou à la thymie.

THYMOANALEPTIQUE adj. et n. m. Syn. de ANTIDÉPRESSEUR.

THYMODÉPENDANT, E adj. Qui dépend du thymus ou des lymphocytes T qui en dérivent.

THYMOL n. m. Monophénol isomère du carvacrol, existant dans de nombreuses labiées (thym, serpolet, etc.) [Le thymol est un antiseptique buccal ; il entre dans la composition des pâtes dentifrices.]

THYMUS [-mys] n. m. (gr. *thumos,* excroissance charnue). Organe glandulaire situé dans le médiastin antérieur, en arrière du sternum.
ENCYCL. Chez l'homme, le thymus, volumineux à la naissance, s'atrophie à partir de la puberté pour ne plus être qu'un reliquat chez l'adulte. L'ablation du thymus à la naissance, ou son absence congénitale, provoque un état de grave déficit immunitaire altérant les réactions d'immunité à médiation cellulaire.
Le thymus du veau et de l'agneau est consommé sous le nom de *ris.*

THYRA, reine de Danemark (IXe-Xe s.), femme de Gorm l'Ancien.

THYRATRON n. m. (gr. *thura,* porte, et *électron*). Tube à gaz employé comme redresseur, régulateur ou générateur d'oscillations de relaxation.

THYRÉOPRIVE adj. Qui est en rapport avec l'absence anatomique ou la suppression fonctionnelle de la glande thyroïde.

THYRÉOSTIMULINE, THYRÉOTROPHINE ou **THYRÉOTROPINE** n. f. Hormone hypophysaire qui régularise les sécrétions et le fonctionnement de la glande thyroïde. (Son dosage permet le dépistage précoce du myxœdème.) [Abrév. TSH, de l'angl. *thyroid stimulating hormone.*] (Syn. HORMONE THYRÉOTROPE.)

THYRÉOTOXICOSE n. f. Ensemble des troubles provoqués par une sécrétion excessive d'hormones thyroïdiennes au cours des formes graves de la maladie de Basedow.

THYRÉOTROPE adj. *Hormone thyréotrope,* syn. de THYRÉOSTIMULINE.

THYRISTOR n. m. (de *thyratron* et *transistor*). Élément à conduction unidirectionnelle comportant trois jonctions semi-conductrices et une électrode de commande permettant de déclencher le passage du courant.

THYROGLOBULINE ou **THYRÉOGLOBULINE** n. f. Protéine iodée présente dans les vésicules thyroïdiennes et qui constitue la forme de stockage de l'iode thyroïdien.

THYROÏDE adj. (gr. *thuroeidês, de thureos,* bouclier, et *eidos,* forme). *Cartilage thyroïde,* cartilage du larynx formant chez l'homme la pomme d'Adam. ‖ *Glande* ou *corps thyroïde* ou *thyroïde* (n. f.), glande endocrine située à la partie inférieure et antérieure du cou, devant les premiers anneaux de la trachée, contre le larynx.
ENCYCL. La glande thyroïde est une glande exclusivement endocrine. Elle a, physiologiquement, une importance très grande sur le développement des os, la croissance de l'individu, l'évolution des organes génitaux, le comportement du revêtement cutané et des poils et sur le métabolisme général. Son activité dépend de la

thyréostimuline hypophysaire. La glande peut secréter trop (hyperthyroïdie), pas assez ou mal (hypothyroïdie). Elle peut être tuméfiée par hyperplasie, sans troubles endocriniens (goitre simple), et altérée par lésions inflammatoires (thyroïdite). Elle peut être aussi le siège d'un kyste, d'un adénome ou d'un cancer.

THYROÏDECTOMIE n. f. Ablation du corps thyroïde.

THYROÏDIEN, ENNE adj. **1.** Relatif à la glande thyroïde. — **2.** *Hormones thyroïdiennes,* hormones, au nombre de quatre, synthétisées par la thyroïde à partir de deux acides aminés iodés, la mono- et la di-iodotyrosine.

THYROÏDITE n. f. Inflammation du corps thyroïde caractérisée par la douleur, une tuméfaction et de la fièvre. (Il en existe plusieurs formes, dont la *thyroïdite subaiguë de De Quervain,* d'origine virale, et la *maladie de Hashimoto,* thyroïdite chronique d'origine auto-immune.)

THYRONINE n. f. Acide aminé dont le squelette se retrouve dans celui des hormones thyroïdiennes.

THYROXINE n. f. La première des hormones thyroïdiennes, qui est la tétra-iodothyronine. (Elle a été découverte en 1915 par Kendall.)

THYRSE n. m. (lat. *thyrsus,* du gr. *thursos*). **1.** Attribut de Dionysos et de sa suite, constitué par une tige souple surmontée d'une pomme de pin, d'un bouquet de feuilles de vigne ou d'une touffe de lierre. — **2.** Motif imité de cet attribut et caractéristique du style Louis XVI. — **3.** Grappe telle que celle du lilas, ayant sa plus grande largeur à mi-hauteur.

THYS (Philippe), coureur cycliste belge (Anderlecht 1890 - Bruxelles 1971), premier triple vainqueur du Tour de France (1913, 1914 et 1920).

THYSANOPTÈRE ou **THYSANOPTÉROÏDE** n. m. Nom d'ordre de minuscules insectes suceurs des feuillages, nuisibles aux cultures ou s'attaquant aux pucerons, caractérisés par des ailes étroites et ciliées.

THYSANOURE n. m. (lat. sc. *thysanuros*). Nom d'ordre d'insectes sans métamorphoses et sans ailes, tels que les lépismes et les machiles. (Les thysanoures ont des yeux composés, des tarses articulés, trois cerques, douze segments abdominaux et un revêtement écailleux.)

THYSDRUS → DJEM (el-).

THYSSEN (August), industriel allemand (Eschweiler 1842 - château de Landsberg, auj. dans Essen, 1926). Il fonda une entreprise de métallurgie à Duisburg (1867) et constitua (1871) la Thyssen Co. KG à Mülheim (Ruhr), point de départ d'un puissant konzern.

Thyssen AG, société industrielle allemande dont les origines procèdent de l'entreprise de laminage fondée par August Thyssen en 1867. L'activité du groupe s'exerce dans tous les secteurs de l'industrie sidérurgique ainsi que dans l'industrie du ciment et dans la commercialisation du charbon et des hydrocarbures.

Thyssen-Bornemisza *(collection),* collection de peinture occidentale (du XIVe au XXe s.) constituée par le baron Heinrich Thyssen-Bornemisza (1875-1947, fils d'August Thyssen), et par son fils Hans Heinrich. Longtemps installée à Castagnola, près de Lugano, dans la villa Favorita, elle a été transférée en 1992, pour l'essentiel, en Espagne. Environ 800 œuvres sont présentées à Madrid, dans le palais de Villahermosa, 80 à Barcelone dans le monastère-musée de Pedralbes.

Ti, symbole chimique du *titane.*

TIAHUANACO, centre cérémoniel de Bolivie, au S. du lac Titicaca, à 3 900 m d'alt. Il est constitué de quatre ensembles construits en blocs mégalithiques : porte du Soleil, statues monolithiques. Céramique, métallurgie et tissage de qualité. Née durant la première période intermédiaire (200 av. J.-C. - 600 apr. J.-C.), la culture de Tiahuanaco connut son apogée pendant l'horizon moyen (600-1000) et se diffusa vers les Andes du Sud, probablement à partir de Huari, qui subit fortement son influence.

TIAN n. m. **1.** Grand plat de terre large et peu profond utilisé en Provence. — **2.** Préparation à base de légumes ou de poisson que l'on fait dans ce plat. (Cuis. provençale.)

Tian'anmen ou **T'ien-ngan-men,** nom de la grande place publique de Pékin. Elle fut le théâtre, au printemps 1989, d'importantes manifestations d'étudiants réclamant la libéralisation du régime, qui se soldèrent par l'intervention massive de l'armée (3-4 juin) et une répression sanglante.

TIAN-CHAN → TIAN SHAN.

TIANJIN ou **T'IEN-TSIN,** v. de Chine, principal port de la Chine du Nord, à l'embouchure du Hai He, à 120 km de Pékin ; 4 575 000 hab. Elle constitue une « région municipale » (11 300 km^2 ; 8 800 000 hab.) qui dépend directement du gouvernement central. Les traités de 1858 ouvrirent Tianjin aux Occidentaux. La résistance locale n'empêcha pas la mise en place de concessions et de missions étrangères. La vieille ville s'est alors vu adjoindre une ville moderne ouverte aux étrangers, qui devint un grand centre commercial et industriel (constructions mécaniques, textile, chimie, agroalimentaire).

Tianjin ou **Tien-tsin** *(traité de)* [9 juin 1885], traité conclu entre la France et la Chine, qui reconnut le protectorat français sur l'Annam et le Tonkin.

TIAN SHAN ou **T'IEN-CHAN,** en russe **Tian-Chan,** hautes montagnes de l'Asie centrale, s'étendant d'E. en O., au N. du Xinjiang, sur env. 3 000 km et dont une notable partie se développe sur le territoire du Kirghizistan (7 439 m au pic Pobedy).

TIARE n. f. (lat. *tiara,* du gr. *tiara*). **1.** Coiffure d'apparat qui était le symbole de la souveraineté dans l'Orient ancien et à Byzance. — **2.** Coiffure d'apparat portée par le pape jusqu'à Paul VI (qui y renonça). — **3.** Dignité papale.

TIARÉ n. m. (mot polynésien). Malvacée de Polynésie, à grandes fleurs parfumées, servant à former des colliers ornementaux et dont l'essence, mêlée à l'huile de coco, constitue le monoï.

TIARET → TIHERT.

TIBALDI (Pellegrino), dit **Pellegrino de' Pellegrini,** architecte, peintre et sculpteur italien (Puria in Valsolda 1527 - Milan 1596). Maniériste, émule de Michel-Ange, il travailla notamment à Rome, à Bologne (fresques de l'*Histoire d'Ulysse* au palais Poggi, v. 1555), à Milan et en Lombardie, à Madrid, à l'Escorial.

TIBÈRE, en lat. **Tiberius Julius Caesar** (Rome v. 42 av. J.-C. - Misène 37 apr. J.-C.), empereur romain (14 - 37 apr. J.-C.). Il est le fils de T. Claudius Nero et de Livie. Sa mère se remarie avec Octave (38 av. J.-C.). Auguste lui confie des tâches diplomatiques et militaires, puis le contraint, en prélude à son adoption, de répudier sa femme, Vipsania Agrippina, pour épouser Julie, fille d'Auguste (11 av. J.-C.). En 6 av. J.-C., jaloux de Caius et de Lucius Caesar, petits-fils de l'empereur, Tibère se retire à Rhodes. Après la disparition des deux jeunes princes, Auguste l'adopte en 4 et l'oblige à adopter son neveu, Germanicus. Il mène des campagnes victorieuses en Pannonie et en Germanie. Il succède à Auguste en 14. Il transforme alors la magistrature extraordinaire de son beau-père en institution permanente. Il accorde au sénat un plus grand rôle législatif et judiciaire. Seules s'agitent la Gaule (insurrection de Florus et de Sacrovir, 21) et la Numidie (guerre de Tacfarinas, 17-24). La politique extérieure est prudente : l'armée romaine est ramenée au Rhin (17). En Orient, Germanicus intervient en Arménie (18), annexe la Cappadoce et la Commagène. Mais l'hostilité croît entre l'empereur et la classe dirigeante. Tibère est accusé d'avoir empoisonné Germanicus (19). Méfiant et misanthrope, il se retire à Capri (27) et abandonne une grande part des affaires à Séjan*, qui projette de le renverser. Séjan, démasqué, est mis à mort (31). Tibère multiplie déportations et exécutions de sénateurs et de membres de la famille impériale.

TIBÈRE II († Constantinople 582), empereur byzantin (578-582). Il fut choisi par l'impératrice Sophie pour assumer le pouvoir lorsque Justin II devint fou ; proclamé césar en 574, il accéda à l'Empire en 578. Il allégea la charge fiscale de ses sujets et mena des campagnes victorieuses contre les Perses.

TIBÉRIADE ou **GÉNÉSARETH** *(lac de)* ou **MER DE GALILÉE,** lac de Palestine (Israël) traversé par le Jourdain. Long de 20 km et large de 10 km, il occupe la partie la plus profonde du fossé du Ghor, à 212 m au-dessous du niveau de la mer.

TIBÉRIADE, v. d'Israël, sur la rive ouest du lac du même nom ; 27 500 hab. Sources d'eaux chaudes radioactives.
— **Hist.** Fondée vers 18 apr. J.-C. par le tétrarque Hérode Antipas, la ville devint après la ruine du Temple et de Jérusalem (70) un des principaux foyers de la vie religieuse et intellectuelle de la nation juive. L'actuelle ville israélienne est située au nord de la ville antique.

TIBESTI, massif volcanique du Sahara (Tchad) ; 3 415 m à l'*Emi Koussi.* Le Tibesti est le pays de pasteurs, les Tedas. Les oasis sont au nord et au centre du massif, la principale est Bardaï.

TIBET, en chin. **Xizang** ou **Si-tsang,** une des cinq régions autonomes de la Chine ; 1 221 000 km² ; 2 220 000 hab. *(Tibétains).* CAP. *Lhassa.*

Géographie. Aux trois quarts situé à plus de 3 500 m d'altitude, le Tibet est entouré de hautes chaînes (Kunlun, Alpes du Sichuan, Pamir, Karakorum et surtout Himālaya). Le climat y est souvent rude, adouci seulement dans les hautes vallées orientales (Salouen, Mékong et Yangzi Jiang) et dans le Sud (la haute vallée du Brahmapoutre, où, à proximité, Lhassa a une moyenne de janvier proche de 0 °C). Dans les vallées se concentrent les hommes et les cultures, le haut Tibet étant le domaine de l'élevage transhumant (mouton, yack, chèvre). Longtemps isolé, le Tibet est aujourd'hui relié par la route au Sichuan, au Qinghai et au Xinjiang.

Histoire. Le Tibet constitue un État unifié à partir du VIIe siècle. Le roi Srong-btsan Sgam-po lui donne une organisation centralisée et fonde Lhassa. Des sectes lamaïques y sont créées après l'arrivée à Lhassa (1042) du bouddhiste indien Atīśa. En 1207, le pays se soumet aux Mongols. Aux XVe-XVIe siècles, l'Église tibétaine est organisée sous l'autorité du dalaï-lama et du panchen-lama, supérieur du monastère de Tashilhunpo et seconde autorité religieuse du Tibet. En 1642, le dalaï-lama recouvre le pouvoir temporel et instaure un régime théocratique. Mais, en 1751, les empereurs Qing établissent la domination de la Chine sur le pays. Les Tibétains chassent les Chinois en 1912 avec l'aide des Britanniques, mais le Tibet est occupé par la République populaire de Chine en 1950 et le dalaï-lama doit partir en exil en 1959. L'installation de nombreux colons chinois réduit les Tibétains à n'être plus qu'une minorité dans leur propre pays, qui reçoit en 1965 le statut de région autonome. Mais la résistance tibétaine reste vive (jacquerie en 1970, émeutes en 1987 et en 1989).

TIBÉTAIN, E adj. et n. Du Tibet.

◆ **tibétain** n. m. Langue tibéto-birmane parlée par les Tibétains.

ENCYCL. Le tibétain s'écrit, depuis le VIIe s. apr. J.-C., avec un alphabet d'origine indienne. La langue littéraire écrite est restée d'une stabilité remarquable, tandis que la langue parlée, très diversifiée en dialectes, s'en écarte considérablement. Le tibétain a servi de véhicule au bouddhisme, introduit au Tibet à cette époque. Il est parlé dans la région autonome du Tibet, en Chine, dans le Qinghai et le Sichuan et par des populations tibétaines installées au Ladakh, au Népal (Sherpas, Bhotias, etc.), au Sikkim et au Bhoutan.

TIBÉTO-BIRMAN n. m. Branche sud de la famille sino-tibétaine, composée du tibétain et du birman.

TIBIA n. m. (lat. *tibia,* flûte). **1.** Os long qui forme la partie interne de la jambe. (→ *encycl.*) – **2.** Article de la patte marcheuse des arthropodes, de forme allongée, situé près du milieu de la longueur de ce membre.

ENCYCL. L'extrémité supérieure du tibia est constituée par deux tubérosités, qui supportent une face supérieure plane, le plateau tibial ; ce dernier s'articule avec le fémur. L'extrémité inférieure du tibia s'articule avec la tête de l'astragale, en bas, et avec le péroné, en dehors ; elle se prolonge, vers le bas, par la malléole interne.

TIBIAL, E, AUX adj. (lat. *tibialis*). Relatif au tibia.

TIBIO-TARSIEN, ENNE adj. (pl. *tibio-tarsiens, ennes*). **1.** Qui appartient au tibia et au tarse. – **2.** *Articulation tibio-tarsienne* ou *tibio-tarsienne* (n. f.), articulation qui réunit la jambe au pied.

TIBRE, en ital. **Tevere,** fl. d'Italie, tributaire de la mer Tyrrhénienne ; 396 km (bassin de 17 160 km^2). Il traverse la Toscane, l'Ombrie, le Latium et Rome (débit moyen de 288 m^3/s) et atteint la mer à Ostie.

TIBULLE, en lat. **Albius Tibullus,** poète élégiaque latin (v. 50 - 19 ou 18 av. J.-C.). De famille aisée, il accompagna M. Valerius Messala dans ses expéditions en Orient. Les trois femmes qu'il aima, Délie, Glycéra et Némésis, lui inspirèrent ses *Élégies,* nostalgiques ou sensuelles, célébrant aussi la nature et la vie rurale.

TIBUR, anc. ville d'Italie (Latium). D'origine très ancienne, elle fut prise par les Romains en 338 av. J.-C. et devint un lieu de villégiature. C'est l'actuelle *Tivoli**.

TIC n. m. (rad. onomat. *tikk-,* évoquant un mouvement brusque). **1.** Mouvement anormal brusque, rapide, répété, impérieux, affectant la face, le cou, les membres, la respiration ou la déglutition. (→ *encycl.*) – **2.** Habitude inconsciente, manie dans le langage, les gestes : *Il avait le tic de se passer la main dans la barbe.* – **3.** Répétition de stéréotypes dans la manière de s'exprimer, allant jusqu'au ridicule : *Des tics de style.* – **4.** Habitude vicieuse du cheval. (Le plus fréquent se traduit par des mouvements sans objet de la tête et de l'encolure.)

ENCYCL. Les tics augmentent dans les moments de tension psychologique et peuvent être contrôlés par la volonté, ce qui les distingue des mouvements anormaux en rapport avec une lésion nerveuse. Ils intéressent surtout les groupes musculaires ayant un rôle dans la communication sociale. Par leur caractère compulsif et conjuratoire, ils sont souvent en rapport avec une idée obsédante.

TICAGE n. m. État du cheval ayant un tic.

TICHODROME [-ko-] n. m. (du gr. *teikhos,* muraille). Petit passereau au plumage gris cendré, au bec long et fin, insectivore, se nourrissant de proies capturées sur les parois rocheuses abruptes. (N. usuels *échelette, grimpereau des murailles.*)

1. TICKET n. m. (angl. *ticket,* du fr. *étiquette*). Billet donnant droit à l'admission dans un véhicule de transport public, à l'entrée dans un établissement, etc.

2. TICKET [tikɛt] n. m. (amér. *ticket,* liste). **1.** Aux États-Unis, couple formé par les candidats de chacun des deux partis à la présidence et à la vice-présidence. – **2.** *Fam.* Association de deux personnalités en vue d'une action commune.

TICKET-RESTAURANT n. m. (pl. *Tickets-Restaurant*). Nom déposé d'un titre-restaurant.

TICK-FEVER [tikfevər] n. f. (mot angl.). Syn. de FIÈVRE RÉCURRENTE* À TIQUES.

TIC-TAC ou **TICTAC** n. m. inv. (onomat.). Bruit sec et uniforme résultant d'un mouvement régulier, en partic. d'horlogerie.

TIDIKELT, région du Sahara algérien, au S. du Tademaït ; 25 000 hab. Centre princ. *In Salah.*

TIE-BREAK [tajbrɛk] n. m. (pl. *tie-breaks*) [amér. *tie-break,* de *tie,* match nul, et *break,* arrêt]. Syn. de jeu* décisif.

TIECK (Ludwig), écrivain allemand (Berlin 1773 - *id.* 1853). Membre, avec ses amis les frères Schlegel et Novalis, des « romantiques d'Iéna », il a orienté le romantisme allemand vers le fantastique dans ses contes dramatiques, réunis dans *Phantasus* (1812-1816). Si ses drames (*Fortunat,* 1815-16) contiennent la somme des innovations romantiques dans l'art théâtral, ses nouvelles (*le Jeune Maître ébéniste,* 1836) s'inscrivent dans le ton du « réalisme poétique ». W. Scott et Manzoni influencèrent ses dernières œuvres (*Vittoria Accorombona,* 1840).

TIÉDASSE adj. Désagréablement tiède.

TIÈDE adj. (lat. *tepidus*). **1.** Qui est à une température entre le chaud et le froid : *Une poudre à délayer dans l'eau tiède.* — **2.** Qui fait preuve d'un manque d'enthousiasme, de ferveur : *Votre accueil est un peu tiède.*
◆ n. Personne qui manque d'ardeur, de conviction dans ses engagements.
◆ adv. *Boire, manger tiède,* prendre une boisson, un aliment tièdes.

TIÈDEMENT adv. *Litt.* Avec tiédeur ; sans entrain.

TIÉDEUR n. f. **1.** État de ce qui est tiède : *La tiédeur de l'air.* — **2.** Manque d'ardeur, d'enthousiasme : *Tiédeur d'un engagement.*

TIÉDIR v. i. (conj. 32). **1.** Devenir tiède : *Le lait tiédit.* — **2.** *Litt.* Perdre de son ardeur : *Son amitié tiédit de jour en jour.*
◆ v. t. Rendre tiède, réchauffer légèrement : *Tiédir de l'eau.*

TIÉDISSEMENT n. m. Fait de tiédir.

TIEFFENBRUCKER ou **DUYFFOPRUGCAR** (Kaspar) **le Vieux,** luthier d'origine bavaroise (Tiefenbruck 1514 - Lyon ? 1571). Formé vraisemblablement en Allemagne, il travailla à Lyon dès 1553 et se fit naturaliser français en 1558. On a conservé plusieurs de ses basses de viole d'une grande qualité de facture.

TIELT, v. de Belgique, ch.-l. d'arrond. de la Flandre-Occidentale, au S.-O. de Gand ; 19 100 hab. Marché agricole. Textile. Métallurgie. Industries alimentaires.

TIEN, TIENNE adj. poss. (anc. fr. *tuen,* tien). Comme épithète, ne subsiste que dans des formules littéraires au sens de « de toi » : *Un tien ami.*
◆ pron. poss. **1.** S'emploie avec *le, la, les* pour marquer la relation avec la deuxième personne par rapport aux autres : *Laisse ma bicyclette et prends la tienne ;* sans art. et comme attribut : *Tu as fait tienne cette idée.* — **2.** *À la (bonne) tienne !* souhait de santé à l'occasion d'un toast ; indique *fam.* à qqn qu'on lui souhaite bien du courage pour accomplir ce qu'il se propose de faire. ‖ *Des tiennes,* des bêtises, des fredaines : *Tu as encore fait des tiennes.* ‖ *Les tiens,* ta famille, tes proches, tes amis.

T'IEN-CHAN → Tian Shan.

TIENTO [tjɛnto] n. m. Prélude instrumental de la musique espagnole des XVIe et XVIIe s., correspondant au *ricercare* italien.

T'IEN-TSIN → Tianjin.

TIEPOLO (Giovanni Battista ou Giambattista), peintre et graveur italien (Venise 1696 - Madrid 1770). D'abord influencé par Piazzetta, il revient bientôt à la peinture claire de Véronèse. Fresquiste virtuose, aimant le mouvement et le faste, doué d'un sens raffiné de la couleur, il est le dernier des grands décorateurs baroques italiens. Il travaille à Udine (archevêché, 1727), à Milan, à Venise (église des Gesuati, 1737 ; palais Labia, 1747 : *Histoire d'Antoine et Cléopâtre,* aux architectures en trompe-l'œil composées par un collaborateur spécialisé), à Würzburg (« Kaisersaal » et escalier de la Résidence, v. 1751), en Vénétie (villas patriciennes) et à Madrid, où il part avec ses deux fils, en 1762, pour décorer le palais royal ; dans cette dernière phase, son style, moins éclatant, témoigne d'une inquiétude spirituelle. Il est également peintre de chevalet, portraitiste et aquafortiste (suites des *Caprici* et des *Scherzi di fantasia,* d'une poétique légèreté). — Son fils aîné, Giandomenico (Venise 1727 - *id.* 1804), a été très tôt son collaborateur. Dans ses toiles, il se montre un observateur sensible et ironique de la vie vénitienne (*l'Arracheur de dents, le Menuet,* Louvre).

TIERÇAGE n. m. Action de tiercer.

1. TIERCE → tiers.

2. TIERCE n. f. (de *tierce 1*). **1.** Réunion de trois cartes d'une même couleur qui se suivent. (La *tierce majeure* réunit les trois plus fortes cartes d'une couleur.) — **2.** Petite heure de l'office divin qui se dit de la 3e heure du jour (9 heures du matin). — **3.** Intervalle de trois degrés dans l'échelle diatonique. (La tierce *majeure* comprend 2 tons, la tierce *mineure* 1 ton et 1 demi-ton diatonique ; elle peut, en outre, être *diminuée* ou *augmentée.*) — **4.** Pièce héraldique constituée par trois burelles. — **5.** Épreuve qui sert à vérifier si les corrections indiquées sur le bon à tirer ont bien été exécutées.

1. TIERCÉ → tiercer.

2. TIERCÉ n. m. (de *tiercer*). **1.** Pari mutuel où l'on doit désigner les trois chevaux arrivant les premiers soit dans l'ordre, soit dans un ordre différent. — **2.** Somme que rapporte ce pari : *Toucher un gros tiercé.*

TIERCÉ (49125), ch.-l. de cant. de Maine-et-Loire, en Anjou, sur la Sarthe ; 3 058 hab.

TIERCEFEUILLE n. f. Fleur stylisée formée par trois pétales posés autour d'un centre ajouré.

TIERCÉISTE n. Personne qui joue au tiercé.

TIERCELET n. m. (dimin. de l'anc. fr. *tercuel,* du lat. pop. **tertiolus,* troisième tiers). Nom d'un mâle des oiseaux de proie (faucon, autour).

TIERCER v. t. (conj. **16**). Diviser un réparton en morceaux ayant l'épaisseur de quatre ardoises. ◆ **être tiercé** v. pass. En parlant de l'écu, être divisé en trois parties d'émaux différents.

TIERCERON n. m. (de *tiers*). Dans une voûte de style gothique flamboyant, chacune des nervures qui relient les liernes aux points d'appui de cette voûte.

TIERCEUR n. m. Correcteur qui vérifie les tierces.

1. TIERS, TIERCE adj. (lat. *tertius,* troisième). **1.** En mathématiques, se dit d'une lettre portant en haut et à droite trois petits accents (‴). – **2.** *Assurance tierce collision,* assurance des véhicules terrestres qui assure les accidents dus à certaines collisions (avec un autre véhicule, un piéton, etc.). [Syn. ASSURANCE AU TIERS.] ‖ *Tiers état,* sous l'Ancien Régime, ensemble des personnes qui n'appartenaient ni au clergé ni à la noblesse et qui formaient le troisième ordre du royaume. (→ *encycl.*) ‖ *Tiers ordre,* association pieuse affiliée à un ordre religieux, formée de fidèles, hommes ou femmes, vivant dans le monde ou de réguliers menant la vie commune selon la règle de l'ordre (franciscains, dominicains, Carmes) dont ils dépendent. ‖ *Tierce personne,* personne étrangère à un groupe de deux personnes ou plus de deux. ENCYCL. **Hist.** Le *tiers état* ne possédait aucun privilège particulier. Classes populaires et notables s'y opposent, ces derniers assurant seuls la représentation au sein des états provinciaux et généraux. Le pouvoir royal s'appuya sur le tiers pour briser les résistances de la noblesse et du clergé aux XVIIe et XVIIIe s. Aux États généraux de 1789, les députés du tiers, souvent gens de loi, seront porteurs des idées nouvelles qui inspirèrent l'Assemblée constituante.

2. TIERS n. m. (de *tiers 1*). **1.** Chaque partie d'un tout divisé en trois parties égales : *Cinq est le tiers de quinze.* – **2.** Personne étrangère au groupe considéré : *Je n'ai pas voulu le critiquer devant des tiers.* – **3.** Se *moquer du tiers comme du quart,* être indifférent à tout et à tous. • **Dr.** Toute personne qui n'est pas partie à un acte juridique, à un jugement et à qui l'on ne peut, par conséquent, les opposer. ‖ *Assurance au tiers,* syn. de ASSURANCE TIERCE* COLLISION. ‖ *Tiers payant,* modalité permettant à l'assuré social de ne pas faire l'avance des frais médicaux, pharmaceutiques ou d'hospitalisation et de ne payer, le cas échéant, que le ticket modérateur. ‖ *Tiers porteur,* personne à qui est transmis un effet de commerce à la suite d'un endossement. ‖ *Tiers provisionnel,* acompte que doit verser, aux mois de février et de mai, tout assujetti à l'impôt sur le revenu des personnes physiques (n'ayant pas opté pour le prélèvement bancaire mensuel), et qui est égal au tiers de l'imposition de l'année précédente. ‖ *Tiers responsable,* toute personne responsable du préjudice subi par un assuré social et causé par un accident du travail ou par un accident de droit commun. – **Hist.** *Le tiers,* le tiers état. – **Log.** *Principe du tiers exclu,* principe qui s'énonce : « De deux propositions contradictoires, l'une est vraie, l'autre est fausse » (il n'y a pas de moyen terme, de troisième hypothèse). – **Mar.** *Voile au tiers,* voile carrée soutenue par une vergue sur laquelle le point de drisse est placé au tiers de la longueur à partir de l'avant. (Syn. VOILE À BOURCET.)

TIERS-AN n. m. (pl. *tiers-ans*). Sanglier de trois ans.

TIERS(-)MONDE n. m. Ensemble des pays en voie de développement, généralement issus de la décolonisation, qui représentent les deux tiers de la population mondiale.

TIERS-MONDISME n. m. Idéologie mettant l'accent sur les potentialités révolutionnaires des pays d'Asie, d'Afrique, d'Amérique latine et d'Océanie et sur le rôle qu'ils jouent sur la scène internationale.

TIERS-MONDISTE n. (pl. *tiers-mondistes*). **1.** Spécialiste du tiers(-)monde. – **2.** Partisan du tiers-mondisme.
◆ adj. Relatif au tiers(-)monde ou au tiers-mondisme.

TIERS-POINT n. m. (pl. *tiers-points*). **1.** Lime à section triangulaire, à angles vifs ou arrondis, servant en particulier à l'affûtage des lames de scie à bois. – **2.** *Arc en tiers-point,* arc brisé construit autour d'un triangle équilatéral. (Se dit aussi parfois d'un arc brisé dont les centres partagent la corde en trois parties égales.)

TIERS-SECTEUR n. m. (pl. *tiers-secteurs*). Ensemble des activités économiques qui, à l'intersection du secteur privé et du secteur public, se développent selon la logique propre de l'économie sociale (régime associatif, coopératif et mutualiste).

TIETÊ, riv. du Brésil, née dans la serra do Mar, qui traverse São Paulo et rejoint le Paraná (r. g.) ; 1 120 km (bassin de 70 999 km^2).

TIF n. m. *Pop.* Cheveu.

TIFFANY (Charles Lewis), orfèvre américain (Killingly, Connecticut, 1812 - New York 1902). Il fonda, en 1837, à New York, une maison qui devint célèbre dans le monde entier pour l'argenterie et les articles de fantaisie. — Son fils LOUIS COMFORT (New York 1848 - *id.* 1933), d'abord peintre, fonda en 1878 une firme d'arts décoratifs et de verrerie. À partir de 1890, il exerça une influence sur l'Art nouveau européen par ses vitraux et surtout par des vases en verre soufflé d'inspiration végétale, aux coloris et aux irisations variés.

TIFINAGH n. m. Alphabet utilisé par les Touareg pour transcrire leur langue.

TIFLIS → TBILISSI.

TIFOSI n. m. pl. (mot ital.). En Italie, supporters, fans (pour le football, le cyclisme, en partic.).

T. I. G. n. m. Abrév. de TRAVAIL* D'INTÉRÊT GÉNÉRAL.

TIG, abrév. de *Tungsten Inert Gaz,* méthode de soudage à l'arc sous protection gazeuse avec électrode réfractaire.

TIGE n. f. (lat. *tibia,* flûte). **1.** Axe principal de la partie aérienne (ou aquatique) des plantes à racines. — **2.** Objet ou partie d'objet mince, droit et allongé : *Une tige de fer.* • **Arbor.** Arbre d'un seul jet. ‖ *Basse tige, haute tige,* arbre dont on empêche la tige de s'élever ou qu'on laisse s'élever. — **Autom.** *Tige de culbuteur,* pièce commandant une soupape, interposée entre le poussoir et le culbuteur. — **Chauss.** Partie supérieure de la chaussure, destinée à habiller et à protéger le dessus du pied et éventuellement la jambe. — **For.** Tube d'acier d'env. 9 m de long qui, vissé avec d'autres (train de tiges), constitue l'organe de transmission au trépan du mouvement de rotation de la table. — **Métall.** Corps d'un clou, partie comprise entre la tête et la pointe. — **Orfèvr.** Partie linéaire verticale d'un calice, d'un candélabre, d'une crosse épiscopale, etc., souvent interrompue par un nœud destiné à faciliter la prise. — **Pêch.** Syn. de HAMPE.

ENCYCL. **Bot.** Issue de la tigelle de l'embryon, la tige, guidée par divers tropismes, croît vers le haut, ce qui la conduit à l'air libre, et parfois vers l'humidité. Elle possède de de la chlorophylle et présente des nœuds, au niveau desquels se forment une feuille et, à l'aisselle de celle-ci, un bourgeon axillaire qui donnera un rameau. Les fleurs sont portées par l'extrémité de la tige et/ou des rameaux. Vaisseaux du bois et tubes libériens de la tige sont assemblés en faisceaux mixtes (libéro-ligneux). Tous ces caractères opposent la tige à la racine. Mais, chez les plantes vivaces, tige et racine se lignifient, acquièrent les mêmes formations secondaires et finissent par se ressembler beaucoup. Divers caractères sont propres à la tige des arbres, ou tronc*. Chez les plantes supérieures, à côté des tiges dressées aériennes, les plus fréquentes, il existe des tiges rampantes — aériennes : stolons (fraisier), ou souterraines : rhizome (iris) —, des tiges grimpantes, les unes sarmenteuses (lierre), les autres s'enroulant à droite (houblon, chèvrefeuille) ou à gauche (liseron, haricot), ainsi que des lianes*, parfois très longues. Certaines tiges souterraines se renflent considérablement, servant comme organes de réserve : rhizomes (iris), tubercules (pomme de terre), bulbes (tulipe). La tige peut être très réduite (primevère) ou, sous les climats secs, devenir charnue et côtelée (cierge) ou aplatie (opuntia). Un rameau peut être conformé en vrille (vigne), en épine ou même en fausse feuille (cladode du petit houx).

TIGELLE n. f. (de *tige*). Partie supérieure de l'axe de l'embryon, qui doit, en se développant, donner naissance à la tige. (Presque toute la partie aérienne de la plante provient de l'axe épicotylé [au-dessus des cotylédons], l'axe hypocotylé restant nul ou ne croissant que pour porter les cotylédons hors de terre.)

TIGELLIN, en lat. **Ofonius** ou **Sofonius Tigellinus,** favori de Néron (Agrigente-Sinuessa 69 apr. J.-C.). Il devint préfet du prétoire en 62. En 68, il abandonna Néron et entraîna les prétoriens à la défection. Othon lui donna l'ordre de se suicider.

TIGETTE n. f. Tige, pied des caulicoles du chapiteau corinthien.

TIGHENNIF, anc. **Palikao,** v. d'Algérie (wilaya de Mouaskar), au pied des Beni Chougran ; 37 000 hab.

TIGHINA, v. de Moldavie, sur le Dniestr, 101 000 hab. Forteresse du XVe s. Industries alimentaires. Textile. Charles XII s'y réfugia après la défaite de Poltava (1709) et y demeura jusqu'en 1713.

TIGLON → TIGRON.

TIGNASSE n. f. (de *teigne*). *Fam.* Chevelure abondante et mal peignée.

TIGNES (73320), comm. de la Savoie, en Tarentaise, sur la haute Isère ; 2 006 hab. *(Tignards).* À 2 100 m d'alt., c'est un centre touristique et de sports d'hiver (ski jusqu'à 3 500 m). — Au N.-E., le barrage de Tignes a créé le lac du Chevril, qui alimente les centrales des Brévières et de Malgovert.

TIGRANE II le Grand (v. 121 - v. 54 av. J.-C.), roi arsacide d'Arménie (95 - 54 av. J.-C.). Il conquit un vaste royaume et se bâtit une capitale, Tigranocerta. Allié de Mithridate, battu par Licinius Lucullus (69 et 68) et Pompée (66), il devint vassal de Rome.

TIGRE n. m. (gr. *tigris*). **1.** Gros félin d'Asie, à la robe fauve marquée de stries verticales sombres. (→ *encycl.*) — **2.** *Litt.* Homme très cruel, sanguinaire. — **3.** *Le Tigre,* surnom donné à G. Clemenceau. — **4.** *Tigre de papier,* adversaire dont la puissance apparente dissimule une faiblesse qui le fait juger en réalité peu dangereux. (D'abord dans la phraséologie maoïste.) ‖ *Tigre du poirier,* syn. de STEPHANITIS.

ENCYCL. Le tigre est le plus gros des félins (atteignant 300 kg dans la variété de Mandchourie). Originaire de Sibérie, il a gagné les régions plus méridionales et s'y est adapté. Il se nourrit de cerfs, d'antilopes et de buffles, chassant à l'affût. Il lui arrive d'attaquer l'homme, mais c'est un prédateur utile, évitant un surpeuplement de cerfs.

TIGRE, en ar. **Didjla,** fl. de l'Asie occidentale, né dans le Taurus, qui draine les confins sud-orientaux de la Turquie, pays qu'il sépare sur quelques kilomètres de la Syrie avant de traverser l'Iraq et d'aboutir au Chaṭṭ al-'Arab, embouchure commune avec l'Euphrate dans le golfe Persique ; 1 950 km. Le Tigre passe à Mossoul, Sāmarrā, Bagdad et 'Amāra. Ses principaux affluents, tous de rive droite (issus du Kurdistān et du Zagros), sont le Grand et Petit Zāb, la Diyālā. De régime irrégulier, avec des hautes eaux de printemps et une charge importante ayant provoqué des inondations et des changements de cours catastrophiques, le Tigre joue cependant, depuis longtemps, un rôle majeur dans la mise en valeur de la Djézireh et, avec l'Euphrate, de la Mésopotamie. Les barrages de Sāmarrā et de Kūt ont permis la mise en culture de un million d'hectares.

1. TIGRÉ, E adj. (de *tigre*). **1.** Se dit d'un pelage marqué de taches, de bandes plus foncées : *Un petit chat tigré.* — **2.** Qui est moucheté, marqué, zébré de bandes foncées : *Bananes tigrées.*

2. TIGRÉ n. m. (de *Tigré,* n. pr.). Langue sémitique du groupe nord-éthiopien.

TIGRÉ, prov. du nord de l'Éthiopie ; 65 900 km^2 ; 2 701 000 hab. Ch.-l. *Maqalié.*
— **Archéol.** La province est connue pour ses ensembles monastiques (Debra Damo, fondé v. 500 ; Debra Seyon, avec une église ornée de peintures du XIVe s.) et sa centaine d'églises rupestres de Korkor, dont l'église de la Vierge (Enda Mārryām Weqro), des VIIe-XIIe s.

TIGRÉENS, TIGRÉ ou **TIGRINYA,** peuple vivant au nord de l'Éthiopie et en Érythrée, christianisé et de langue sémitique.

TIGRESSE n. f. **1.** Tigre femelle. — **2.** *Litt.* Femme agressive, d'une extrême jalousie.

TIGRIDIA n. m. Iridacée bulbeuse, ornementale, originaire d'Amérique latine.

TIGRIGNA n. m. Langue sémitique du groupe éthiopien, parlée principalement en Érythrée, où elle a le statut de langue officielle. (C'est le descendant direct de l'ancien guèze ; il est proche du tigré.)

TIGRON ou **TIGLON** n. m. (de *tigre* et *lion*). Hybride stérile du tigre et de la lionne, ou du lion et de la tigresse.

TIGRURE n. f. Tacheture, marque de ce qui est tigré.

TIHĀMA (la), plaine désertique de l'Arabie (Arabie Saoudite et Yémen), sur la mer Rouge, au pied des montagnes de l'Asīr.

TIHANGE, anc. comm. de Belgique, auj. intégrée à Huy. Centrale nucléaire.

TIHANY, station touristique de Hongrie, sur le lac Balaton. Ancienne abbaye bénédictine. Instituts de recherches biologiques et géophysiques.

TIHERT, anc. **Tiaret,** v. d'Algérie, ch.-l. de wilaya, au pied de l'Ouarsenis ; 62 900 hab. Site d'un ancien poste romain *(Tingartia),* elle fut la capitale du royaume rustémide de *Ṭāhert* (761-909). La ville moderne, fondée en 1863, est le centre du Sersou (céréales et élevage de chevaux).

TIJUANA, v. du nord-ouest du Mexique (Basse-Californie du Nord), à proximité des États-Unis ; 411 600 hab. Centre touristique et industriel.

TIKAL, anc. ville maya du Guatemala (Petén). Occupée dès 600 av. J.-C., elle connut son apogée entre 480 et 830, durant la période classique. C'était la plus grande métropole maya (de 50 000 à 80 000 hab.), dont les vestiges comprennent six temples pyramides, huit jeux de balle, d'autres temples sur l'acropole nord, plusieurs palais, des plates-formes d'habitation et des citernes. Nombreuses stèles gravées, dont l'une, datée de 292, constitue la plus ancienne date retrouvée de l'histoire maya.

TIKHON (Vassili Ivanovitch BELAVINE, en religion), prélat russe (Toropets, gouvern. de Pskov, 1865 - Moscou 1925). Métropolite de Moscou en 1917 et patriarche de Russie, il s'insurgea contre la séparation de l'Église et de l'État, proclamée en janv. 1918, et lança l'anathème contre les communistes. Condamné en 1922, il annonça sa soumission au nouveau régime en 1923. Il a été canonisé par l'Église orthodoxe en 1989.

TIKHONOV (Nikolaï Semenovitch), poète soviétique (Saint-Pétersbourg 1896 - Moscou 1979). Après avoir exalté romantiquement la révolution (*la Horde,* 1922 ; *la Quête d'un héros,* 1927), il s'est fait le chantre de Leningrad assiégée (*Kirov est avec nous,* 1941) avant de se livrer à une méditation humaniste (*Printemps géorgien,* 1948 ; *les Six Colonnes,* 1968).

TIKHONOV (Nikolaï Aleksandrovitch), homme politique soviétique (Kharkov 1905), président du Conseil des ministres (1980-1985).

TIKI n. m. Statue représentant la déesse Tiki.
ENCYCL. Objet prophylactique, le tiki a la forme d'un corps humain trapu et schématique. La tête, massive, porte d'énormes yeux et une bouche entrouverte. Les plus beaux pendentifs en jade proviennent des îles Marquises, où ils symbolisent l'ancêtre.

TIKI, divinité océanienne de la Virilité et de la Fécondité, représentée fréquemment sous la forme humaine.

TIKKANEN (Henrik), écrivain finlandais de langue suédoise (Helsinki 1924 - Espoo 1984). Dessinateur et journaliste réputé, il cultive la satire dans ses romans et ses récits de guerre (*la Guerre de 30 ans,* 1977). — Sa femme MÄRTA (Helsinki 1935) est le chef de file du mouvement féministe en Scandinavie (*Les hommes ne peuvent être violés,* 1975).

TILAK n. m. (mot sanskr. signif. *grain de sésame*). Marque que certains Indiens se dessinent sur le front. (Le point rouge, pour les femmes, indique qu'elles sont mariées.)

TILAPIE n. m. Poisson végétarien (cichlidé) des eaux douces tropicales, souvent élevé en étangs pour l'alimentation humaine.

TIL BARSIP, anc. cap. d'un État araméen, retrouvée sur le site de tell Ahmar, en haute Syrie, sur la rive gauche de l'Euphrate, au S. de Karkemish. Vestiges d'un palais assyrien qui a livré des peintures murales.

TILBURG, v. des Pays-Bas (Brabant-Septentrional) ; 153 700 hab. Constructions mécaniques et électriques.

TILBURY [tilbyri] n. m. (angl. *tilbury,* de *Tilbury,* n.). Véhicule hippomobile léger à deux roues, sans capote ni emplacement pour bagages.

TILBURY, v. de Grande-Bretagne (Essex), à l'E. de Londres, dont elle constitue, sur la Tamise, une annexe portuaire.

TILDE n. m. (esp. *tilde,* du lat. *titulus,* inscription). **1.** En espagnol, signe écrit au-dessus de la lettre *n* pour noter la palatalisation (par ex. *año* [aɲo], « année »). — **2.** Signe placé au-dessus d'un symbole phonétique pour indiquer une prononciation nasale (par ex. *chanson* [ʃɑ̃sɔ̃]). — **3.** Signe abréviatif placé au Moyen Âge au-dessus d'un mot.

TILDÉ, E adj. Se dit d'une lettre surmontée d'un tilde.

TILDEN (William Tatem), joueur américain de tennis (Philadelphie 1893 - Hollywood 1953). Il a remporté trois titres en simple à Wimbledon (1920, 1921, 1930), aux Internationaux des États-Unis (1920, 1925, 1929) et contribué aux victoires américaines en coupe Davis de 1920 à 1926.

TILHO (Jean), général français (Domme, Dordogne, 1875 - Paris 1956). Il explora la région du Tchad (1907) puis, avec Largeau, celle du Tibesti et de l'Ennedi (1913). Il a laissé de nombreux travaux scientifiques. (Acad. des sc., 1932.)

TILIACÉE n. f. (bas lat. *tiliaceus,* du lat. class. *tilia,* tilleul). Nom de famille donné au tilleul et aux arbres voisins.

TILIMSEN *(monts de),* anc. **monts de Tlemcen,** région montagneuse de l'Algérie occidentale, au S. de la plaine de Tilimsen. Gisements de plomb et de fer.

TILIMSEN, anc. **Tlemcen,** v. de l'Algérie occidentale, ch.-l. de wilaya ; 109 400 hab. Bourgade romaine, agrandie au XIe s., elle fut, du XIIIe au XVIe s., la capitale du Maghreb central. Elle a gardé son caractère musulman et s'apparente aux cités marocaines et andalouses. Grande mosquée des Almoravides (décor andalou du XIe s.), mosquées des XIIIe et XIVe s., dont celle de Sīdī Bel Ḥasan, transformée en musée. Au S.-O., ruines de l'anc. Mansoura. Centre artisanal (tapis) et industriel (textiles synthétiques, matériel téléphonique, industries alimentaires).

TILL n. m. (angl. *till*). Dépôt morainique non consolidé.

TILLAC [tijak] n. m. (anc. scand. *tilja,* planche). 1. Autref., pont supérieur d'un navire. — 2. Plancher d'une embarcation.

TILLAGE → TEILLAGE.

TILLANDSIA [tijɑ̃-] n. m. (lat. sc. *tillandsia,* de Elias *Tillandz,* n. pr.). Broméliacée épiphyte des forêts d'Amérique tropicale, formant sur les branches d'arbres des touffes pendantes.

TILLE → TEILLE.

TILLÉ (60000), comm. de l'Oise, banlieue de Beauvais ; 1 132 hab. — Au S., aéroport de Beauvais.

1. TILLER → TEILLER.

2. TILLER n. m. (angl. *tiller,* de *to till,* labourer). Instrument de travail du sol destiné aux façons superficielles, à dents articulées.

TILLETIA [tijetja] n. m. (de M. *Tillet,* n. pr.). Champignon basidiomycète, agent de la carie du blé.

TILLEUL [tijœl] n. m. (lat. pop. *tiliolus,* dimin. de **tilius,* tilleul). **1.** Arbre (tiliacée) des régions tempérées de l'hémisphère Nord, utilisé pour son bois et pour ses fleurs, dont on fait des tisanes. — **2.** Infusion de fleurs de tilleul séchées. ◆ adj. inv. Se dit d'une couleur d'un vert très pâle, tirant sur le jaune.

Till Eulenspiegel → UILENSPIEGEL.

Till Eulenspiegel (« les Joyeux Tours de Till l'espiègle »), poème symphonique de Richard Strauss (1895).

TILLEUR → TEILLEUR.

TILLICH (Paul), théologien protestant américain d'origine allemande (Starzeddel, Prusse, 1886 - Chicago 1965). Professeur de théologie dans diverses universités allemandes, destitué par les nazis en 1933, il s'exila aux États-Unis. Dans son enseignement et son œuvre — dominée par les trois volumes de *Théologie systématique* (1951-1966) —, il vise à établir un dialogue entre la foi et la culture contemporaine.

TILLIER (Claude), écrivain français (Clamecy 1801 - Nevers 1844), auteur d'un roman de mœurs, *Mon oncle Benjamin* (1841).

TILLITE [tilit] n. f. Conglomérat d'origine glaciaire, constitué d'éléments mal classés, emballés dans une matrice argilo-sableuse, signalant une période de glaciation.

TILLON (Charles), homme politique français (Rennes 1897 - Marseille 1993). Un des dirigeants de la mutinerie de la mer Noire en avr. 1919, il adhère au P. C. F., dont il devient membre du comité central. Membre du secrétariat clandestin du P. C. F. durant l'Occupation, il commande en chef les Francs-tireurs et Partisans français, ou F. T. P. F. Membre du bureau politique du P. C. F. (1945-1952), il est écarté de la direction du P. C. F. en 1952 (« affaire Marty-Tillon »), réintégré en 1957, mais exclu en 1970.

TILLOTTE, TILLOTTER → TEILLEUSE, TEILLER.

TILLY (Jean T'SERCLAES, *comte* DE), général wallon au service du Saint Empire (château de Tilly, Brabant, 1559 - Ingolstadt 1632). Pendant la guerre de Trente Ans, il commanda les armées de la Ligue catholique, remporta la victoire de la Montagne Blanche (1620) et battit les Danois à Lutter (1626). Succédant à Wallenstein à la tête des forces impériales (1630), il fut vaincu par Gustave-Adolphe à Breitenfeld (1631) et mourut en défendant le passage du Lech (avr. 1632).

TILLY-SUR-SEULLES (14250), ch.-l. de cant. du Calvados, à 12 km au S.-S.-E. de Bayeux ; 1 259 hab.

TILMOUN → DILMOUN.

Tilsit *(traités de)*, traités signés à Tilsit (auj. *Sovietsk,* dans l'anc. Prusse-Orientale) entre la France et la Russie le 7 juill. 1807 et entre la France et la Prusse le 9 juillet. Mettant fin à la quatrième coalition*, ils consacraient la défaite de la Prusse et créaient une alliance secrète de la France et de la Russie contre l'Angleterre.

TILT n. m. (angl. *tilt,* coup). **1.** Au billard électrique, déclic qui marque l'interruption d'une partie lorsqu'un joueur a manœuvré trop violemment l'appareil. — **2.** Fam. *Faire tilt,* déclencher soudainement dans l'esprit les mécanismes de compréhension, de mémoire, d'inspiration.

TIMALIIDÉ n. m. Petit passereau, insectivore, des régions boisées d'Asie tropicale, piètre voilier, vivant en groupes, tel que la mésange à moustache, le rossignol du Japon. (Syn. ARADOXORNITHIDÉ.)

TIMAN *(collines de),* hauteurs de la Russie septentrionale, qui, sur 900 km environ, séparent le bassin de la Petchora des bassins de la Vytchegda et de la Mezen.

TIMAR n. m. (mot turc). Dans l'Empire ottoman, fief militaire d'importance secondaire.

TIMARCHE n. f. Chrysomèle qui exsude, lorsqu'on la saisit, un liquide rouge. (N. usuel *crache-sang.*)

TIMBALE n. f. (ar. d'Espagne *ṭabál,* avec l'infl. de *tambour* et de *cymbale*). **1.** Gobelet en métal. — **2.** Instrument de musique, utilisé par paire, constitué d'un bassin en bois, en métal ou en poterie sur lequel est tendue une peau accordable par variation de tension. — **3.** Moule en métal de forme circulaire et haute ; préparation à base d'une croûte de pâte à foncer cuite dans ce moule et garnie d'un apprêt à base de légumes, de viande, de poisson, etc.

TIMBALIER n. m. Musicien qui joue des timbales.

TIMBRAGE n. m. **1.** Action de timbrer un document, un timbre-poste. — **2.** Procédé d'impression en taille-douce, comportant un relief donné par estampage (timbrage à sec) ou par l'épaisseur de l'encre déposée sur le support.

TIMBRE n. m. (gr. byz. *timbanon,* du gr. class. *tumpanon,* tambour). **1.** Qualité particulière du son, indépendante de sa hauteur ou de son intensité mais spécifique de l'instrument, de la voix qui l'émet : *Voix au timbre chaud.* (Il est lié aux intensités relatives des harmoniques qui composent le son.) — **2.** Sonnerie ou sonnette : *Timbre de bicyclette.* — **3.** Abrév. courante de TIMBRE-POSTE, TIMBRE-QUITTANCE, TIMBRE-RISTOURNE. — **4.** Vignette de la taille et de la forme d'un timbre-poste, vendue au profit d'une œuvre ou attestant le paiement d'une cotisation. — **5.** Instrument qui sert à imprimer une marque, un cachet sur un document. • **Arm.** Partie du casque d'armure qui recouvrait le crâne. — **Dr.** Marque imprimée ou vignette qui, apposée sur les papiers destinés à la rédaction de certains actes juridiques, représente le paiement de la taxe perçue au profit du Trésor (d'où le nom de *timbre fiscal*). ‖ Bureau où l'on timbre le papier. — **Écon.** Marque d'une maison de commerce, d'une administration imprimée sur un document. — **Hérald.** Nom générique des ornements surmontant l'écu (casque, cimier, couronne, etc.). — **Méd.** *Timbre tuberculinique,* pastille adhésive sur laquelle est placée une goutte de tuberculine et qui sert pour la recherche de l'allergie tuberculeuse. — **Mus.** Petite cloche métallique, demi-sphérique frappée par un marteau. — **Post.** *Timbre à date,* instrument servant à imprimer la date, l'heure et le lieu d'origine auxquels les objets de correspondance ont été pris en charge par l'Administration des postes. — **Therm.** Plaque indiquant la pression maximale admissible dans une machine à vapeur ; pression limite indiquée par la plaque.

TIMBRÉ, E adj. et n. *Fam.* Se dit de qqn qui est un peu fou.

TIMBRE-AMENDE n. m. (pl. *timbres-amendes*). Timbre destiné au paiement de l'amende forfaitaire pour contravention à la réglementation de la circulation routière.

TIMBRE-POSTE n. m. (pl. *timbres-poste*). Vignette de valeur conventionnelle émise par une administration postale et destinée à affranchir les envois confiés à la poste. (Le timbre-poste fut adopté en France en 1848, à l'instigation d'Arago, directeur général des postes.)

ENCYCL. Les premiers timbres ont emprunté leurs motifs aux monnaies : effigies du souverain *(reine Victoria, Napoléon III)* et de la République (sous les traits de *Cérès,* 1849, premier timbre français). Puis l'allégorie est apparue, en France, avec les dessins de J.-A. Sage (1876), Mouchon, Blanc et L. O. Merson, avec la reprise de la *Semeuse,* type monétaire de Roty (1903), avec la *Paix* de Louis Muller (avant la Seconde Guerre mondiale), le *Coq gaulois* de Decaris, les diverses *Marianne* (celle de Pierre Gandon en 1945).

Aujourd'hui, une quarantaine de timbres, de thèmes variés (portraits, sites, monuments, manifestations culturelles ou sportives, reproductions de tableaux, etc.), sont émis chaque année en France. Pour la réalisation de chacun d'entre eux, La Poste (qui détient le monopole d'émission) choisit un artiste, spécialisé ou non, qui présente plusieurs projets sous forme de maquette agrandie. La maquette choisie, le timbre est soit imprimé directement par héliogravure (offset aujourd'hui), soit, plus souvent, gravé en taille-douce en exemplaires répétés pour être imprimé par planches sur rotative. Depuis 1970, les timbres-poste sont imprimés à Périgueux.

TIMBRE-PRIME ou **TIMBRE-RISTOURNE** n. m. (pl. *timbres-primes, timbres-ristournes*). Vignette délivrée lors de la vente de certains produits et qui, collectionnée par les consommateurs, peut être échangée contre des marchandises ou de l'argent.

TIMBRE-QUITTANCE n. m. (pl. *timbres-quittances*). Droit dont la perception est constatée par un timbre, fixe ou mobile, et auquel est soumis tout écrit constatant le paiement de sommes ou la remise de valeurs ou d'objets. (Le timbre-quittance constitue la preuve de la libération du débiteur.)

TIMBRER v. t. (conj. 3). **1.** Apposer sur une lettre ou un envoi postal un timbre ou une marque postale représentant le prix du port. — **2.** Coller un timbre fiscal sur un acte juridique, une affiche, etc.

◆ **être timbré** v. pass. **1.** En parlant d'un son, d'une voix, être pourvus d'une couleur très personnelle. — **2.** *Fam.* Être un peu fou. — **3.** *Papier timbré,* papier sur lequel est apposé un timbre fiscal.

Time, hebdomadaire d'information américain créé en 1923 par Henry R. Luce et Briton Hadden. Sa formule a influencé tous les *newsmagazines.*

Time Warner Inc., groupe de communication américain, né en 1989 du rachat de Warner Communications par Time Inc. En 1996, sa fusion avec Turner Broadcasting System le conforte au premier rang mondial dans son secteur.

TIME-CHARTER [tajmʃartər] n. m. (pl. *time-charters*) [angl. *time charter,* affrètement à temps]. Charte-partie à temps.

Timée, dialogue de Platon, exposant la science sous forme d'encyclopédie thématique.

TIMÉE, historien grec († Syracuse, milieu du IIIe s. av. J.-C.). Il vécut surtout à Athènes, où il termina vers 264 av. J.-C. une *Histoire de Sicile et de Grande-Grèce,* dont on possède des fragments.

TIME-OUT (tajma1t] n. m. inv. (mot angl.). Chacun des jours de repos que peuvent prendre les adversaires au cours d'un championnat d'échecs.

TIME-SHARING [tajmʃɛriŋ] n. m. (pl. *time-sharings*) [amér. *time sharing,* de *time,* temps, et *sharing,* partage]. Syn. de PARTAGE* DE TEMPS.

Times *(The),* quotidien britannique fondé par John Walter en 1785. Racheté en 1981 par R. Murdoch, le journal défend une position conservatrice modérée.

TIMGAD, comm. d'Algérie (wilaya de Batna), dans l'Aurès, à 1 072 m d'altitude ; 9 800 hab. Située sur une voie romaine qui reliait Lambèse

(Tazoult) à Theveste (Tbessa), Timgad (Thamugadi) devint sous Trajan (100 apr. J.-C.) colonie romaine. Le plan est strictement géométrique, les voies principales sont bordées de portiques. Nombreux édifices publics (capitole, temple, forum, trois thermes) et riches quartiers d'habitation. Mosaïques.

TIMIDE adj. et n. (lat. *timidus,* de *timere,* craindre). Qui manque d'assurance ou de hardiesse dans ses actes, ses décisions, ses opinions ; timoré.
◆ adj. **1.** Qui manifeste un manque d'assurance : *Sourire timide.* — **2.** Qui se fait sans grand éclat, qui va de l'avant par petites étapes : *De timides tentatives.*

TIMIDEMENT adv. De façon timide.

TIMIDITÉ n. f. (lat. *timiditas*). **1.** Manque d'assurance, de hardiesse dans ses rapports avec autrui : *Surmonter sa timidité.* — **2.** Manque d'audace dans une action, une réalisation : *Architecture d'une grande timidité.*

TIMIMOUNE, oasis du Sahara algérien (wilaya d'Adrar), dans le Gourara ; 20 500 hab. Centre touristique.

TIMING [tajmiɲ] n. m. (angl. *timing,* de *to time,* régler, mesurer [le temps]). Constatation, fixation ou prévision des temps correspondant aux diverses phases d'exécution d'une tâche, d'une action.

TIMIŞ ou **TEMIŞ** (le), riv. de Roumanie et de Yougoslavie, affl. du Danube (r. dr.), née dans le Banat ; 340 km.

TIMIŞOARA, v. de l'ouest de la Roumanie, ch.-l. du district du Timiș, dans le Banat ; 289 000 hab. (en hongr. *Temesvár*). Château conservant des parties du XIVe s. (musée du Banat). Églises du XVIIIe s. Université. Centre industriel dominé par la construction de machines et la chimie.

TIMMERMANS (Felix), écrivain belge d'expression néerlandaise (Lier 1886 - *id.* 1947). Salué comme le « prince des conteurs flamands » pour son roman *Pallieter* (1916) et ses récits d'inspiration médiévale (*le Petit Jésus en Flandre,* 1917 ; *Psaume paysan,* 1935).

TIMMINS, v. du Canada (Ontario), sur la Matagami ; 44 700 hab. Centre minier (fer, cuivre, nickel, zinc, or).

TIMOCHENKO (Semen Konstantinovitch), maréchal soviétique (Fourmanka, Bessarabie, 1895 - Moscou 1970). Compagnon d'armes de Staline et de Vorochilov contre les troupes de Wrangel (1919), il dirigea en 1939 l'occupation de la Pologne orientale. Commissaire à la Défense en 1940, il coordonna en 1943-44 la reconquête de l'Ukraine et entra en Roumanie et en Hongrie. De 1945 à 1947, il se consacra à la réorganisation des troupes de Mao Zedong.

TIMOK, riv. de Yougoslavie, affl. du Danube (r. dr.), dont le cours supérieur forme la frontière bulgaro-yougoslave ; 183 km.

TIMOLÉON, homme d'État grec (Corinthe v. 410 - Syracuse v. 336 av. J.-C.). Envoyé au secours de Syracuse, il contraignit Denys le Jeune à abdiquer (344). Il écrasa les Carthaginois à la bataille du Crimisos, en 341 ou 339 av. J.-C. Il organisa à Syracuse une démocratie modérée, puis abdiqua (337-336).

TIMON n. m. (lat. pop. *timo, -onis,* du lat. class. *temo*). **1.** Longue pièce de bois ou de métal, fixée au train avant d'une voiture, d'un instrument agricole, de chaque côté de laquelle on attelle un animal de trait. — **2.** Pièce métallique axiale, fixée à l'avant d'une remorque et munie d'un anneau dans lequel s'engage le crochet d'attelage. — **3.** Barre de gouvernail ; le gouvernail lui-même.

Timon d'Athènes, tragédie en vers et en prose de Shakespeare (1607-1608). Riche, gaspilleur puis ruiné, Timon vire à la mi-santhropie.

TIMONERIE n. f. **1.** Abri qui protège l'appareil à gouverner et l'homme de barre sur les bateaux de petit tonnage. (Sur les grands navires, on dit *passerelle.*) — **2.** Ensemble des timoniers d'un navire ; service dont ils sont chargés. — **3.** Ensemble des éléments entrant dans la commande des freins ou de la direction d'une automobile.

TIMONIER n. m. (de *timon*). **1.** À bord des navires de guerre, matelot breveté chargé de la surveillance de la route, des signaux, de la transmission des ordres et de la veille sur les passerelles. — **2.** Dans la marine marchande, marin chargé de la barre. — **3.** Chacun des chevaux attelés de chaque côté d'un timon. — **4.** *Le grand timonier,* surnom donné à Mao Zedong ; désignation ironique d'un chef suprême et omniscient.

TIMOR, île d'Indonésie, dans l'archipel de la Sonde, à l'E. de Flores et de Sumba ; 30 000 km^2 ; 1 600 000 hab. Ch.-l. *Kupang.* — **Géogr.** C'est une île montagneuse (culminant à 2 920 m) au climat tropical relativement sec, régulièrement dévastée par les typhons. La population, concentrée sur les plaines insalubres de la côte sud, est exclusivement agricole (taro, maïs, riz, sorgho). — **Hist.** L'île fut découverte par les Portugais (1520), qui se replièrent sur la partie orientale lorsque les Néerlandais conquirent la partie occidentale (1613-1618). Timor fut occupée par les Japonais en 1942. La République indépendante d'Indonésie engloba la partie néerlandaise en 1950, puis occupa en 1975 la partie portugaise et l'annexa (1976). Depuis, le Fretilin (Front révolutionnaire pour l'indépendance de Timor oriental) s'oppose à cette annexion et les pourparlers entre le Portugal et l'Indonésie sur le statut du Timor oriental se poursuivent.

TIMOR *(mer de)*, partie de l'océan Indien, entre l'île de Timor et la côte d'Australie.

TIMORÉ, E adj. et n. (lat. ecclés. *timoratus,* qui craint Dieu, du lat. class. *timor, -oris,* peur). Qui est d'une prudence excessive.

TIMORLAUT → TANIMBAR.

TIMOTHÉE, stratège athénien († Chalcis 354 av. J.-C.). Fils de Conon, il fut un des restaurateurs de la confédération maritime athénienne. Condamné après son échec devant Chio (356), il s'exila.

TIMOTHÉE *(saint),* disciple de saint Paul (Ier s.), qu'il accompagna dans son deuxième et son troisième voyage missionnaire.

Timothée *(Épîtres à),* nom de deux épîtres attribuées à saint Paul et adressées à Timothée.

TIMSAH, lac d'Égypte (15 km^2), dans l'isthme de Suez, traversé par le canal de Suez ; sur sa rive nord s'élève la ville d'Ismaïlia.

TĪMŪRIDES, dynastie turque qui a régné sur le Khorāsān et la Transoxiane de 1405 à 1507. Tīmūr Lang avait partagé son empire entre ses nombreux descendants, et le pouvoir suprême revint à Chāh Rokh (1405-1447). Alors que les princes tīmūrides étaient chassés de Mésopotamie, puis d'Anatolie et d'Azerbaïdjan, Chāh Rokh et ses successeurs accomplirent au Khorāsān et en Asie centrale une brillante œuvre culturelle. La dynastie tīmūride disparut sous les coups des Ouzbeks (1500-1507). Bāber*, chassé de Samarkand, fonda en Inde l'empire des Grands Moghols (1526).

TĪMŪR LANG (« le Seigneur de fer boiteux »), en fr. **Tamerlan** (Kech, près de Samarkand, Ouzbékistan, 1336 - Otrar, sur le Syr-Daria, 1405), émir de Transoxiane (1370-1405). Se déclarant l'héritier et le continuateur de Gengis Khān, il instaura un immense et éphémère Empire turc (Transoxiane, Khārezm, Iran, Iraq et Pendjab), fondé sur la force militaire, sur la terreur et sur un système juridico-religieux alliant loi mongole et charī'a islamique. Il abattit en Inde le sultanat musulman de Delhi (1398-99), dévasta Alep, Damas et Bagdad au cours de la campagne de 1400-1401 et vainquit Bayezid Ier, sultan ottoman, près d'Ankara (1402). Il fit de Samarkand un grand centre intellectuel et artistique.

TIN [tɛ̃] n. m. Pièce de bois soutenant la quille d'un navire dans une cale sèche.

TINAMOU n. m. (caraïbe *tinamu*). Oiseau terrestre d'Amérique tropicale, ressemblant à une perdrix, volant très mal et recherché comme gibier.

TINBERGEN (Jan), économiste néerlandais (La Haye 1903 - *id.* 1994). Spécialiste de la statistique et de l'économétrie, il a reçu, en 1969, avec Ragnar Frisch, le prix Nobel des sciences économiques.

TINBERGEN (Nikolaas), éthologiste britannique d'origine néerlandaise (La Haye 1907 - Oxford 1988). Observateur du comportement de l'animal dans son milieu, il a étudié les mécanismes qui sous-tendent l'activité motrice. Il a élaboré, dans ce sens, une théorie hiérarchique de l'instinct. Il fut, avec K. Lorenz, l'un des leaders de l'école d'éthologie objectiviste. Il reçut en 1973 le prix Nobel de physiologie (avec K. Lorenz et K. von Frisch). Parmi ses écrits, il faut citer *Étude de l'instinct* (1951), *la Vie sociale des animaux* (1953).

TINCAL n. m. (pl. *tincals*) [port. *tincal,* de l'ar.]. Borate hydraté naturel de sodium.

TINCHEBRAY (61800), ch.-l. de cant. de l'Orne, dans le Bocage normand ; 3 228 hab. *(Tinchebrayens).* Église en partie du XIIe s., fortifiée. Petit musée. Quincaillerie. Constructions mécaniques. Chocolaterie.

TINCTORIAL, E, AUX adj. (lat. *tinctorius,* qui sert à teindre). **1.** Relatif à la teinture. — **2.** Qui sert à teindre : *Bois tinctorial.*

TINCTORIS (Johannes), théoricien et compositeur brabançon (près de Nivelles v. 1435-1511). Il rédigea douze traités qui constituent une somme des connaissances musicales de son temps. Il est aussi l'auteur de chansons et de messes.

TINDEMANS (Léo), homme politique belge (Zwijndrecht 1922). Secrétaire national du parti social-chrétien (1958-1966), plusieurs fois ministre de 1968 à 1973, il est Premier ministre de 1974 à 1978. Président du parti social chrétien flamand de 1979 à 1981, il est ministre des Affaires étrangères de 1981 à 1989. Il est député au Parlement européen depuis 1989.

TINDOUF, oasis du Sahara algérien, près de la frontière marocaine ; 6 500 hab.

TINE n. f. (lat. *tina,* sorte de carafe). **1.** Boîte parallélépipédique destinée à loger des produits alimentaires fragiles et craignant l'humidité (biscuits, gâteaux secs, etc.). — **2.** Récipient ouvert servant au transport des matières en cours de fabrication dans les poudreries.

TINEA FLAVA n. f. inv. (lat. *tinea,* teigne, et *flavus,* jaune). Mycose cutanée achromique du visage et du cou, observée au Japon et à Madagascar. (Syn. HODI-POSTY.)

TINEA NIGRA n. f. inv. (lat. *tinea,* teigne, et *niger,* noir). Syn. de CLADOSPORIOSE CUTANÉE.

TINÉIDÉ n. m. Nom de famille attribué aux teignes.

TINERHIR, v. du Maroc, au pied méridional du Haut Atlas ; 3 000 hab. Centre d'excursion vers le Tafilalet et la vallée du Dra.

TINET n. m. (de *tine*). Pièce de bois que l'on introduit à la corde du jarret des animaux abattus et servant à les suspendre.

TINETTE n. f. (de *tine*). **1.** Récipient servant au transport des matières fécales et employé comme fosse d'aisances mobile. – **2.** *Fam.* Lieux d'aisances.

TING (Samuel Chao Chung), physicien américain d'origine chinoise (Ann Arbor, Michigan, 1936). Sa découverte, en 1974, de la particule « J/ψ », état lié d'un couple quark-antiquark charmés, est la première mise en évidence expérimentale de la notion de charme. (Prix Nobel de physique, avec B. Richter, 1976.)

TINGIDÉ n. m. (lat. sc. *tingis,* punaise). Nom de famille de punaises terrestres remarquables par leurs expansions latérales, telles que le tigre du poirier.

TINGITANE → MAURITANIE.

TINGUELY (Jean), sculpteur suisse (Fribourg 1925 - Berne 1991). D'abord peintre abstrait, il fabrique à Paris, en 1953-54, la série de ses reliefs « métamécaniques », animés par un moteur, et ses premiers robots à dessiner « Metamatics ». Suivent de cocasses machines dansantes faites d'objets de rebut, d'un esprit dadaïste inventif. En 1960, il présente son *Hommage à New York,* « machine-happening autodestructrice », et participe à la fondation du Nouveau réalisme. Puis commence la série des grandes machines peintes de noir s'évertuant, avec bruit et hoquets, pour la pure dérision (« Rotozazas », 1967-1969). Une mythologie funèbre imprègne la production des années 80 (crânes d'animaux). À signaler tout au long de cette œuvre divers environnements, souvent en collaboration avec Niki de Saint Phalle.

TINIA, grand dieu céleste des Étrusques, analogue à Jupiter.

TINNE n. f. Machine servant à broyer l'argile, dans la fabrication des briques moulées.

TINNEVELLY → TIRUNELVELI.

TINO DI CAMAINO, sculpteur italien (Sienne v. 1280 - Naples 1337), disciple de Giovanni Pisano, mais d'un style généralement apaisé (grands tombeaux pariétaux à Pise, Sienne, Florence, Naples).

TÍNOS, île grecque de la partie septentrionale de l'archipel des Cyclades ; 195 km² ; 10 000 hab. Ch.-l. *Tínos,* sur la côte sud. Extraction de marbre. L'île fit partie de la Confédération athénienne. Vestiges antiques.

TINQUEUX (51430), comm. de la Marne, banlieue ouest de Reims ; 10 183 hab.

TINTAMARRE n. m. (de *tinter*). Bruit assourdissant fait de sons discordants.

TINTEMENT n. m. **1.** Bruit que fait une cloche, une clochette qui tinte. – **2.** Succession de sons légers et clairs : *Le tintement des verres qui s'entrechoquent.* – **3.** *Tintement d'oreilles,* bourdonnement que l'on entend parfois dans l'oreille.

TINTÉNIAC (35190), ch.-l. de cant. d'Ille-et-Vilaine, sur le canal d'Ille-et-Rance ; 2 453 hab. Industrie alimentaire.

TINTER v. i. (bas lat. *tinnitare,* du lat. class. *tinnire,* tinter) [conj. 3]. Produire un tintement, un son métallique, vibrant, généralement aigu. ◆ v. t. *Litt.* Faire tinter une cloche.

TINTIN ! interj. *Fam.* **1.** Vous pouvez toujours attendre ! ; n'y comptez pas ! – **2.** *Faire tintin,* être privé de qqch.

Tintin, célèbre héros de bandes dessinées créé par Hergé en 1929 : les aventures d'un jeune reporter, entouré de comparses hauts en couleur (son chien Milou, le capitaine Haddock, le professeur Tournesol, les deux Dupond[t]).

TINTINNABULER [tɛ̃tina-] v. i. (lat. *tintinnabulum,* grelot) [conj. 3]. *Litt.* Produire une série de sons aigus et légers.

TINTO *(río),* fl. côtier d'Espagne, en Andalousie, tributaire de l'Atlantique ; 80 km. Il naît au milieu du district minier cuprifère auquel il a donné son nom.

TINTORET (Iacopo ROBUSTI, dit **il Tintoretto,** en fr. **le**), peintre italien (Venise 1518 - *id.* 1594). Son œuvre, abondante, fut entièrement réalisée à Venise, ponctuée notamment par les quatre tableaux des *Miracles de saint Marc* (1548 et 1562-1566, Accademia et pinacothèque de Brera, Milan), par le cycle monumental de la Scuola di S. Rocco (en trois campagnes, entamées en 1564, en 1576 et en 1583) et par des décors pour le palais des Doges (que couronne l'immense *Paradis* de 1588, réalisé avec des aides). Élève, entre autres maîtres, de Titien, admirateur de Michel-Ange, le Tintoret était doué d'une étonnante virtuosité, usant de raccourcis audacieux, faisant jouer dramatiquement l'ombre et la lumière, dans une palette grave, pour créer une vision impétueuse et poétique proche du maniérisme et annonciatrice du baroque. — Son fils DOMENICO (Venise 1560 - *id.* 1635) fut également peintre et son collaborateur.

TINTOUIN n. m. (de *tinter*). *Fam.* **1.** Inquiétude, embarras, souci que cause qqn ou qqch : *Cette affaire lui a causé du tintouin.* — **2.** Vacarme assourdissant.

TIOUMEN, v. de Russie, en Sibérie occidentale, fondée en 1586 ; 359 000 hab. Constructions mécaniques.

TIOURATAM, v. du Kazakhstan, à l'E. de la mer d'Aral, sur le Syr-Daria. — À proximité, cosmodrome désigné officiellement sous le nom de Baïkonour jusqu'en juillet 1992.

TIOUTTCHEV (Fedor Ivanovitch), poète et diplomate russe (Ovstoug, près de Briansk, 1803 - Tsarskoïe-Selo 1873). Diplomate à Munich puis à Turin, il publie *la Russie et la Révolution* (1849), qui témoigne d'un panslavisme violent. Remarqué par Pouchkine, admiré par Tourgueniev, il fut révélé au public vers 1850 par Nekrassov. Ses *Poésies* (1854) l'ont fait considérer par les symbolistes comme leur précurseur.

TIPASA ou **TIPAZA,** v. d'Algérie (wilaya d'El-Boulaïda), sur le littoral ; 18 100 hab.
— **Archéol.** Imposantes ruines romaines (enceinte, forum, basilique, temple, etc.) et vestiges d'églises paléochrétiennes. Non loin, grand mausolée dit « le tombeau de la Chrétienne ». Riche musée.

TIPI ou **TEPEE** [tipi] n. m. (amér. *tepee,* d'un mot sioux). Habitation traditionnelle des Indiens des plaines en Amérique du Nord, constituée par une hutte conique à un ou plusieurs mâts sur lesquels sont tendues des peaux d'animaux cousues.

TIPPERARY, en gaél. **Tiobraid Árann,** v. de la République d'Irlande (prov. de Munster), au cœur de la *plaine de Tipperary* (le *Golden Vale*) ; 5 000 hab. Marché.

TIPPETT (*sir* Michael), compositeur britannique (Londres 1905). Il se fait connaître avec l'oratorio antinazi *A Child of Our Time* (1941). Il développe ensuite un style plus dynamique, toujours d'une grande complexité rythmique (opéra *King Priam,* 1962 ; cantate *The Vision of St Augustine,* 1965) et couronne sa carrière avec *The Mask of Time,* d'après Milton et Shelley (1983). Il a écrit également des sonates pour piano, des concertos et des symphonies, qui font de lui l'un des plus grands compositeurs de sa génération.

TIPPOO SAHIB ou **TĪPŪ SĀHIB,** sultan du Mysore (Devanhalli v. 1749 - Seringapatam 1799). Allié de la France, il chassa les Britanniques du Mysore (1784). Mais, ayant dû abandonner la moitié de ses États (1792), il ne reçut pas de Bonaparte les secours escomptés (1798) et fut tué en défendant Seringapatam.

TIPPOO-TIP ou **TIPPU-TIP** (Mohammed ben Hamed, dit), chef africain (Zanzibar v. 1830 - *id.* 1905). Métis d'Arabe, grand commerçant, il se constitua dans les années 1870 un État dans les régions orientale et centrale de l'actuel Zaïre. Il accompagna Stanley à Stanley Falls (1877). Il se retira à Zanzibar v. 1890.

TIPULE n. f. (lat. *tippula,* araignée d'eau). Moustique aux très longues pattes grêles et fragiles. (La tipule de Chine atteint 10 cm d'envergure.)

TIQUE n. f. (moyen angl. *tike*). Acarien hématophage qui se fixe par la tête dans la peau des animaux (chien, chat) et parfois de l'homme et qui peut transmettre des maladies. (Syn. IXODE, RICIN.)

TIQUER v. i. (de *tic*) [conj. 3]. **1.** *Fam.* Marquer par un jeu de physionomie le mécontentement, le dépit, l'étonnement : *Le prix l'a fait tiquer.* — **2.** En parlant du cheval, avoir un tic.

TIQUET n. m. (de *tique*). Nom usuel des altises et de divers autres petits insectes vivant sur les végétaux.

TIQUETÉ (ÊTRE) v. pass. (mot picard, de *tiket,* du néerl. *tik,* légère piqûre). Être marqué de points et de taches colorés.

TIQUETURE n. f. *Litt.* État de ce qui est tiqueté : *Les tiquetures d'un œillet.*

TIQUEUR, EUSE adj. et n. Se dit d'un cheval ayant un tic.

TIR n. m. (de *tirer*). **1.** Action, manière de lancer, à l'aide d'une arme, un projectile sur un but appelé objectif. — **2.** Ensemble de projectiles envoyés par une ou plusieurs armes. — **3.** Action de lancer une balle, un ballon, une boule vers un but. — **4.** Local ou lieu spécialement aménagé pour l'exercice au tir. — **5.** Fam. *Rectifier le tir,* corriger une erreur d'appréciation d'une situation donnée en prenant des mesures adaptées à cette situation. • **Astronaut.** Syn. de LANCEMENT. — **Balist.** *Angle de tir,* syn. de ANGLE AU NIVEAU. ‖ *Ligne de tir,* prolongement de l'axe du canon d'une arme au moment du départ du coup. ‖ *Plan de tir,* plan vertical passant par l'objectif et l'axe du canon. (Il doit être distingué du plan de pointage.) ‖ *Tir direct,* tir exécuté en pointant l'arme sur l'objectif lui-même pendant le tir. ‖ *Tir fichant,* tir dont la trajectoire ne peut atteindre un objectif de hauteur donnée qu'au voisinage de son point d'impact. ‖ *Tir indirect,* tir exécuté en pointant l'arme en direction, sur un point distinct de l'objectif et en hauteur par rapport à l'horizontale. ‖ *Tir au poser,* tir exécuté en prenant la position la plus favorable et en visant avec soin. ‖ *Tir précis* ou *tir groupé,* tir dont les impacts sont groupés même si leur point moyen est éloigné du point visé. ‖ *Tir tendu,* tir exécuté à grande vitesse initiale et en utilisant la portion initiale de la trajectoire voisine d'une droite. — **Déf.** Ensemble des phases de vol d'un missile (mise à feu, départ et trajectoire du missile jusqu'à la cible). — **Min.** et **Trav. publ.** Mise à feu ou allumage d'une ou de plusieurs charges explosives. — **Sports.** Sport pratiqué avec une arme à feu. ‖ Au football, coup de pied expédiant le ballon vers le but. (Syn. SHOOT.) ‖ *Tir au but,* au football, sorte de penalty tiré après la fin d'un match pour départager deux équipes à égalité. ‖ *Tir aux pigeons,* tir pratiqué avec une arme à feu initialement sur des pigeons vivants et, auj. sur des pigeons (ou plateaux) d'argile ; sport ainsi pratiqué.

T. I. R. (abrév. de *Transit International par la Route*), convention signée à Genève en 1959 et renouvelée en 1975, ratifiée aujourd'hui par une soixantaine de pays. Le régime T. I. R. permet de réaliser des transports internationaux de marchandises à travers plusieurs pays, sans rupture de charge.

TIRADE n. f. (de *tirer*). **1.** Suite continue, ininterrompue de paroles, de phrases, plus ou moins emphatiques : *Une longue tirade d'injures.* — **2.** Au théâtre, ce qu'un personnage récite d'un trait sans être interrompu.

TIRAGE n. m. **1.** Action de tirer, de mouvoir dans tel ou tel sens : *Le tirage d'un bateau.* — **2.** Action de prélever au hasard un élément dans un ensemble et, en partic., action de tirer les billets, les numéros d'une loterie : *Le tirage d'une tombola.* — **3.** Fam. *Il y a du tirage,* il y a une difficulté à surmonter, une résistance à vaincre. • **Banq.** Action d'émettre une lettre de change, un chèque. ‖ *Tirage en blanc,* création d'un effet de complaisance. — **Cin.** Établissement d'une copie ou d'un contretype d'un film. — **Écon.** *Droits de tirage spéciaux (D. T. S.),* crédits distribués aux États, en fonction de leurs quotas auprès du Fonds monétaire international, en vue du règlement du déficit de leurs balances de paiements. (→ *encycl.*) — **Électroacoust.** Ensemble des copies d'un disque enregistré, obtenues à partir d'un même original. — **Électron.** Opération qui permet d'obtenir un monocristal à partir d'un germe cristallin. — **Grav.** Impression d'une gravure. — **Impr.** Action d'imprimer sur la presse, après la mise en train. ‖ Ensemble des exemplaires d'une publication. — **Métall.** Mise en forme d'un métal par étirement à travers une filière. ‖ Méthode d'élaboration de monocristaux métalliques. — **Mil.** *Tirage au sort,* procédé utilisé avant 1905 pour désigner les hommes du contingent astreints au service militaire. — **Mobil.** *Cordon de tirage,* cordon permettant d'ouvrir ou de fermer un rideau monté sur un certain type de tringle. — **Orfèvr.** Action de faire passer un métal précieux par la filière. — **Pathol.** Dépression des parties molles du thorax (régions sus- et sous-sternales, espaces intercostaux) observée lorsque l'inspiration pulmonaire est gênée par un obstacle bronchique (dans le croup, en partic.). — **Phot.** Opération ayant pour objet de fournir la copie d'un phototype ; phototype obtenu par copie. ‖ Distance dont l'objectif ou le corps arrière d'un appareil de prise de vue ou de reproduction peut être déplacé sur l'axe optique. ‖ Distance qui, sur un appareil de prise de vue, sépare la surface sensible du centre optique de l'objectif. — **Rel.** Procédé de décoration des couvertures de livres, à l'aide d'un fer à dorer fixé sur une presse. — **Sculpt.** Reproduction d'un modèle par moulage ou par fonte ; ensemble des œuvres obtenues d'après ce modèle au cours d'une même campagne de reproduction. (*Tirages de série,* en nombre limité, pour le compte du sculpteur ; *tirages d'édition,* plus importants, pour un éditeur qui a acquis les droits de l'œuvre.) — **Text.** Action de dévider le cocon de soie. — **Therm.** Dépression à l'entrée d'une cheminée par rapport à l'atmosphère au même niveau. ‖ *Tirage forcé, tirage aspiré,* tirage dû à l'action d'un ventilateur ou à l'entraînement par un jet de gaz ou de vapeur. ‖ *Tirage naturel,* tirage dû à la différence de densité entre les gaz chauds circulant dans la cheminée et l'air extérieur.

ENCYCL. Les *droits de tirage spéciaux* sont alloués sans contrepartie et ne sont remboursables qu'à concurrence de 30 %, le solde constituant un accroissement permanent des liquidités des pays. La valeur des D.T.S. est définie par un panier des monnaies les plus importantes dans le commerce international. À la suite de la démonétisation de l'or en 1976, les D. T. S. sont devenus le principal instrument de réserve des institutions officielles.

TIRAILLAGE n. m. Action de tirailler, de tirer des coups de feu de-ci, de-là.

TIRAILLEMENT n. m. **1.** Action de tirailler : *La corde, soumise à des tiraillements répétés, céda.* — **2.** Contracture ou sensation douloureuse d'étirement : *Les tiraillements d'une plaie qui cicatrise.* — **3.** Difficulté, tension nées d'opinions ou de désirs, de volontés contradictoires : *Des tiraillements dans la majorité.*

TIRAILLER v. t. (de *tirer*) [conj. 3]. **1.** Tirer sur qqch à diverses reprises, en partic. par nervosité, impatience : *Tirailler sa moustache.* — **2.** Faire naître chez qqn des sensations de tiraillements, de légères contractures, de petites crampes : *La faim me tiraille l'estomac.* — **3.** Solliciter qqn dans des directions différentes ou opposées : *On le tiraille à droite, à gauche : il ne sait plus que penser.*

◆ v. i. Tirer fréquemment des coups de feu, sans ordre et dans des directions diverses.

TIRAILLERIE n. f. *Fam.* Tiraillement (surtout pl.).

TIRAILLEUR n. m. (de *tirailler*). **1.** Soldat détaché en avant comme éclaireur. – **2.** Soldat appartenant, au XIXe s., à certains corps d'infanterie français. (L'appellation s'est maintenue pour tous ceux qui étaient recrutés parmi les autochtones des anciens territoires d'outre-mer : Algérie, Tunisie, Maroc, Sénégal, etc.) – **3.** Personne qui agit isolément, à part et en avant des autres. – **4.** *En tirailleur(s),* en ordre dispersé : *Progresser en tirailleurs.*

TIRAN *(détroit de),* détroit qui contrôle l'accès méridional du golfe d''Aqaba, à partir de la mer Rouge. Sa fermeture aux navires israéliens par les forces égyptiennes au lendemain de l'évacuation par les troupes de l'O. N. U. de la base de Charm el-Cheikh (mai 1967) est à l'origine de la troisième guerre israélo-arabe (juin 1967).

TIRANA, cap. de l'Albanie ; 238 000 hab. Capitale depuis 1920, dans une position centrale, bien reliée aux principales villes du pays, c'est une cité administrative, commerciale et universitaire qui s'est industrialisée (biens de consommation surtout). Musée d'archéologie et d'ethnographie. Galerie des Beaux-Arts.

TIRANT n. m. (de *tirer*). **1.** Cordon pour ouvrir ou fermer une bourse. – **2.** Pièce fixée en arrière de la tige d'une chaussure ou d'une botte et facilitant l'introduction du pied. • **Bât.** Syn. de ENTRAIT. ‖ Fer plat qui, portant à une extrémité un œil dans lequel passe une ancre et fixé par l'autre extrémité à la charpente ou aux solives d'un plancher, s'oppose à l'écartement des murs. ‖ Barre métallique fixée selon la corde d'un arc pour renforcer celui-ci. – **Mar.** *Tirant d'eau,* volume d'eau dans lequel un navire s'enfonce verticalement ; distance verticale entre la ligne de flottaison et la quille. (Syn. CALAISON.) – **Min.** et **Trav. publ.** Syn. de BOULON. – **Navig.** *Tirant d'air,* plus grand encombrement en hauteur d'un bâtiment. – **Therm.** Traverse boulonnée sur deux parois opposées d'une chaudière et résistant à la force de pression qui tend à écarter ces parois. – **Trav. publ.** Tige ou câble d'acier introduit dans un forage et scellé par injection sur une partie de sa longueur en fond de trou. ‖ *Tirant d'air,* hauteur libre sous un pont.

TIRASPOL, v. de Moldavie, sur le Dniestr ; 186 000 hab. Centre commercial et industriel.

TIRASSE n. f. Pédale d'un orgue permettant de faire jouer l'un des claviers manuels par les touches du pédalier ou bien d'accoupler les claviers entre eux.

TIRE n. f. (de *tirer*). **1.** *Vol à la tire,* vol réalisé en extrayant des objets en douce hors des poches, du sac de qqn. – **2.** *Pop.* Voiture automobile. – **3.** Au Canada, friandise au sucre d'érable ; sirop d'érable épais.

1. TIRÉ → TIRER.

2. TIRÉ n. m. **1.** Personne désignée comme devant payer à l'échéance une lettre de change, un chèque. – **2.** Territoire spécialement aménagé pour la chasse à tir. – **3.** Bande de taillis maintenue à hauteur d'homme pour faciliter la chasse au fusil. – **4.** *Tiré à part,* tirage supplémentaire d'un article de revue ou d'une partie d'un ouvrage, exécuté hors du tirage normal.

TIRE-AU-FLANC ou **TIRE-AU-CUL** n. m. inv. *Fam.* ou *pop.* Personne qui cherche à échapper à ses obligations, à son travail, à une corvée.

TIRE-BONDE n. m. (pl. *tire-bondes*). Sorte de tire-bouchon pour ôter la bonde d'un tonneau.

TIRE-BOTTE n. m. (pl. *tire-bottes*). **1.** Crochet de fer que l'on passe dans le tirant d'une botte pour aider à l'enfiler. – **2.** Planchette dotée d'une entaille dans laquelle on coince une botte pour aider à l'enlever.

TIRE-BOUCHON n. m. (pl. *tire-bouchons*). **1.** Instrument en forme de vis servant à retirer le bouchon d'une bouteille. – **2.** Mèche de cheveux frisée en spirale. – **3.** *En tire-bouchon,* tordu plusieurs fois sur soi-même, en plusieurs spirales.

TIRE-BOUCHONNER v. t. (conj. 3). Tortiller, enrouler en forme de spirale : *Tire-bouchonner un fil de fer.*

◆ v. i. ou **se tire-bouchonner** v. pr., **être tire-bouchonné** v. pass. Prendre un aspect de spirale, être tortillé : *Pantalon tout tire-bouchonné.*

TIRE-BOURRE n. m. inv. Syn. de DÉBOURROIR.

TIRE-BOUTON n. m. (pl. *tire-boutons*). Crochet servant à faire entrer les boutons dans les boutonnières d'une chaussure. (Syn. CROCHET À BOUTONS.)

TIRE-BRAISE n. m. inv. Ringard à l'extrémité aplatie et recourbée, dont les boulangers se servent pour retirer la braise du four.

TIRE-CARTOUCHE n. m. (pl. *tire-cartouches*). Instrument servant à retirer du canon d'un fusil les débris de cartouche.

TIRE-CLOU n. m. (pl. *tire-clous*). Outil de couvreur pour arracher les clous.

TIRE-D'AILE (À) loc. adv. *Litt.* **1.** Avec des coups d'aile rapides et ininterrompus : *Voler à tire-d'aile.* – **2.** *S'enfuir à tire-d'aile,* le plus vite possible.

TIRE-DOUILLE n. m. (pl. *tire-douilles*). Instrument servant à extraire de la chambre d'une arme à feu une douille qui n'a pas été éjectée après le départ du coup.

TIRÉE n. f. (de *tirer*). *Pop.* Longue et pénible distance à parcourir.

TIRE-FESSES n. m. inv. *Fam.* Téléski, remonte-pente.

TIRE-FEU n. m. inv. Instrument pour mettre le feu à la charge d'un canon par inflammation d'une étoupille.

TIREFOND n. m., ou **TIRE-FOND** n. m. inv. **1.** Longue vis, dont la tête est un anneau, pour suspendre les lustres aux plafonds. — **2.** Grosse vis à bois à tête carrée ou polygonale. — **3.** Grosse vis à tête carrée, utilisée pour fixer un rail de chemin de fer sur la traverse, directement ou par l'intermédiaire d'un coussinet.

TIREFONNER v. t. (conj. 3). Fixer par un tirefond.

TIREFONNEUSE n. f. Machine utilisée par les poseurs de voie pour visser et dévisser les tirefonds.

TIRE-JOINT n. m. (pl. *tire-joints*). Outil utilisé pour lisser les joints de maçonnerie.

TIRE-JUS n. m. inv. *Pop.* Mouchoir.

TIRE-LAINE n. m. inv. *Litt.* Voleur qui attaquait les gens dans des lieux isolés, malandrin.

TIRE-LAIT n. m. inv. Appareil constitué d'une téterelle et d'un dispositif électrique permettant d'aspirer et de recueillir le lait maternel dans un récipient de verre.

TIRE-LARIGOT (À) loc. adv. (de *tire* et *larigot,* mot d'un anc. refrain de chanson). *Fam.* Beaucoup, en grande quantité : *Boire à tire-larigot.*

TIRE-LIGNE n. m. (pl. *tire-lignes*). Petit instrument de dessinateur permettant de tracer des lignes d'épaisseur variable.

TIRELIRE n. f. (p.-ê. de *tire-lire,* cri de l'alouette). **1.** Boîte, objet creux muni d'une fente par laquelle on glisse des pièces de monnaie pour les mettre de côté. — **2.** *Fam.* Tête, visage. — **3.** *Pop.* Estomac, ventre.

TIRELLE n. f. (de *tirer*). Petit métrage de tissu exécuté à titre d'échantillon.

TIRE-NERF n. m. (pl. *tire-nerfs*). Broche calibrée destinée à extirper, dans le canal radiculaire d'une dent, la pulpe radiculaire.

TIRE-PIED n. m. (pl. *tire-pieds*). Lanière en cuir dont les cordonniers et les bourreliers se servent pour assujettir l'ouvrage sur leur genou.

TIRER v. t. (p.-ê. de *tire,* rangée, du frq. **têri*) [conj. 3]. **1.** Exercer une force, un effort sur qqch de manière à l'allonger, à augmenter sa surface : *Bien tirer la couverture.* — **2.** Ramener, attirer qqch, qqn vers soi : *Tirez la porte. Tirer le frein à main.* — **3.** Tendre qqch dans telle direction : *Tirer ses cheveux en arrière.* — **4.** Faire mal à qqn, à un animal en exerçant une traction sur une partie de son corps : *Tirer la queue d'un chat.* — **5.** Causer à qqn, à une partie du corps une sensation de tiraillement : *Le froid me tire la peau.* — **6.** Déplacer qqch en l'entraînant derrière soi : *Cette voiture est assez puissante pour tirer une caravane.* — **7.** Tracer un trait, une ligne sur le papier, sur le sol, etc. : *Tirer des traits à la règle.* — **8.** *Fam.* Vivre une période ressentie comme pénible : *Plus qu'une semaine à tirer avant les vacances.* — **9.** Retirer qqch, qqn de qqpart, le sortir de l'endroit où il est : *Tirer un blessé de la voiture accidentée.* — **10.** Aspirer avec une certaine force : *Tirer une bouffée de sa cigarette.* — **11.** Extraire qqch de qqch par une technique appropriée : *Les sous-produits qu'on tire du pétrole.* — **12.** *Obtenir un son, le faire, le rendre avec un instrument.* — **13.** Obtenir un mot, une action de qqn, le faire parler ou lui faire faire telle action : *Je n'ai pas pu lui tirer un mot, un sourire.* — **14.** Obtenir qqch, le recueillir de qqch, de qqn : *Tirer ses revenus d'un commerce.* — **15.** Forme avec un nom complément sans article une loc. verbale équivalant à *avoir : Tirer profit.* — **16.** Déduire logiquement qqch de qqch : *Tirer la leçon d'une expérience.* — **17.** Tenir qqch de qqch, l'emprunter à qqch : *C'est de ce village que cette famille a tiré son nom.* — **18.** Faire sortir qqn, qqch d'un état : *La sonnerie du téléphone le tira de sa rêverie.* — **19.** Prendre au hasard dans un ensemble un billet, un numéro, etc. : *Tirer une carte dans un jeu.* — **20.** Lancer un projectile au moyen d'une arme, faire partir le coup d'une arme à feu : *Tirer un coup de feu.* — **21.** Faire partir une pièce d'artillerie, mettre à feu une pièce d'artifice : *Tirer une fusée.* — **22.** Atteindre qqn, un animal, l'abattre avec un projectile, une arme à feu : *Tirer un lièvre.* — **23.** Effectuer le tirage d'un chèque, d'un film ou d'une photo, d'un disque, d'une gravure, d'un livre ou d'une publication, etc. — **24.** *Pouvoir tirer quelque chose de qqch, de qqn,* obtenir quelque amélioration, quelque avantage, pouvoir en faire quelque chose. ‖ *Tirer l'horoscope de qqn,* l'établir selon les méthodes de l'astrologie. ‖ *Tirer la jambe* ou, fam., *la patte,* marcher avec difficulté du fait de la fatigue, d'une blessure, d'une infirmité ; aller lentement pour faire opposition. ‖ *Tirer de largeur, tirer d'épaisseur,* mettre à dimension une pièce de bois, notamment par corroyage, rabotage ou délignage mécanique. ‖ *Tirer n mètres,* en parlant d'un navire, avoir un tirant d'eau de *n* mètres. ‖ *Tirer les rois, la galette des Rois,* à l'Épiphanie, partager une galette dont l'une des parts contient la fève ou la figurine qui fait roi (ou reine) le convive qui l'obtient. ‖ *Tirer à soi un texte, un auteur,* l'interpréter dans un sens favorable à ce qu'on veut prouver.

◆ v. t. ind. **1.** Soumettre qqch à un effort pour l'amener vers soi, pour le tendre, pour l'allonger : *Tirer sur une courroie pour la serrer.* – **2.** Aspirer par la bouche avec une force relative : *Tirer sur sa pipe.* – **3.** Lancer un projectile sur qqn, qqch, essayer de l'atteindre avec une arme à feu. – **4.** En parlant d'une couleur, d'une teinte, se rapprocher d'une autre : *Des cheveux d'un blond tirant sur le roux.* – **5.** Être près d'atteindre un âge déterminé : *Il tire sur la quarantaine.* – **6.** Fam. *(Trop) tirer sur la ficelle, sur la corde,* profiter sans mesure d'une situation, d'un avantage, des bonnes dispositions de qqn.

◆ v. i. **1.** Avoir un bon tirage, une circulation d'air qui active la combustion : *La cheminée tire mal.* – **2.** Fam. *Tirer dur,* en parlant d'une côte, être en pente raide, difficile à gravir. – **3.** En parlant d'une publication, être imprimée, reproduite à tant d'exemplaires : *Cette revue tire à trois mille exemplaires.* – **4.** Faire usage d'une arme de trait ou d'une arme à feu : *Tirer à l'arc. Tirer à blanc.* – **5.** Lancer un projectile en parlant d'une arme : *Une arme qui tire juste.* – **6.** Demander ou prendre une troisième carte au baccara. – **7.** Aux boules, lancer directement sa boule sur une autre pour la déplacer. – **8.** En escrime et dans les sports de combat, disputer un assaut. – **9.** *Tirer (au but),* au football, effectuer un tir. – **10.** Pop. *Tirer au flanc, au cul,* chercher à se soustraire aux corvées, aux obligations dans l'armée ; esquiver le travail. ‖ *Tirer à la main,* en parlant d'un cheval, résister à la bride.

◆ **être tiré** v. pass. **1.** Être ramassés en arrière et tendus, en parlant des cheveux. – **2.** *Avoir les traits tirés,* avoir un visage creusé, marqué par la fatigue ou la maladie.

◆ **se tirer** v. pr. **1.** *Pop.* S'en aller, partir. – **2.** Se sortir d'une situation délicate ou dangereuse : *Il est gravement blessé, mais il s'en tirera.* – **3.** *Fam.* Être sur le point de prendre fin, en parlant d'une période.

TIRE-SÈVE n. m. inv. Pousse conservée en bout d'une tige lors d'une taille afin de maintenir la circulation de la sève.

TIRÉSIAS, devin aveugle de Thèbes, qui joue un rôle dans les légendes du cycle thébain. Son tombeau fut le siège d'un oracle fréquenté.

TIRET n. m. (de *tirer*) **1.** Trait (–) qu'on place au commencement ou dans le corps d'un alinéa soit pour indiquer un changement d'interlocuteur, soit pour tenir lieu d'un crochet ou d'une parenthèse ou pour séparer les phrases. (Les typographes l'appellent MOINS.) – **2.** Nom parfois donné au petit trait placé en fin de ligne, appelé DIVISION par les typographes.

TIRETAINE n. f. (anc. fr. *tire,* de *tire,* étoffe de soie). Nom de plusieurs étoffes anciennes en laine pure ou mélangée.

TIRETÉ n. m. Trait d'épaisseur moyenne, interrompu à intervalles réguliers, utilisé notamment pour représenter les contours cachés dans une vue ou une coupe.

TIRETTE n. f. **1.** Dispositif de commande par traction d'un appareil mécanique ou électrique. – **2.** *Vx.* Cordon pour tirer ou suspendre qqch. – **3.** Petite tablette à glissière pouvant coulisser à l'extérieur d'un meuble.

TIREUR, EUSE n. **1.** Personne qui tire avec une arme à feu : *Un mauvais tireur.* – **2.** Personne qui émet une lettre de change, un chèque. – **3.** Personne qui tire des photographies, des films. – **4.** Aux boules, celui qui tire. – **5.** En escrime, celui qui dispute un combat. – **6.** Au football, joueur qui expédie le ballon vers le but adverse. – **7.** *Tireur(euse) de cartes,* personne qui tire les cartes et prédit l'avenir d'après leurs combinaisons. ‖ *Tireur d'or,* celui qui réduit l'or en fils.

◆ **tireuse** n. f. **1.** Appareil destiné au tirage des films ou des phototypes. – **2.** Appareil servant à remplir des bouteilles.

TIRE-VEILLE n. m. inv. Cordelette à nœuds utilisée en planche à voile pour tirer la voile hors de l'eau.

TIRE-VEINE n. m. (pl. *tire-veines*). Syn. de STRIPPER.

TÎRGOVIŞTE, v. de Roumanie, en Munténie, ch.-l. du distr. de la Dîmboviţa ; 75 500 hab. Capitale de la Valachie aux XVe-XVIIe s., la ville conserve des églises typiques, dont l'église princière (XVIe-XVIIe s.). Musées archéologique et de l'Imprimerie. Centre industriel (constructions mécaniques et électriques, raffinerie de pétrole).

TÎRGU JIU, v. de Roumanie, en Valachie (Olténie), ch.-l. de distr. ; 72 700 hab. Travail du cuir et du bois. Manufacture de tabac. Œuvres monumentales de Brancusi.

TÎRGU MUREŞ, v. de Roumanie, en Transylvanie, ch.-l. du distr. du Mureş, sur le Mureş ; 134 000 hab. (en hongr. *Marosvásárhely*). Centre culturel (institut, bibliothèques, théâtres) et industriel. Édifices baroques du XVIIIe s.

TIRICH MIR, massif de l'Hindū Kūch, dans le nord du Pākistān (Chitrāl), près de la frontière afghane, culminant à 7 708 m. (Première ascension par le Norvégien P. Kvernberg ; 1950.)

TIRIDATE Ier, roi d'Arménie (seconde moitié du Ier s. apr. J.-C.). D'origine parthe, il fut porté au pouvoir (54) par un soulèvement national. Un moment détrôné au profit de Tigrane par V. Domitius Corbulo (58-59), il fut restauré par Néron en 66. – **Tiridate II** (ou **III**), roi d'Arménie

(v. 287-v. 330). Il reprit l'Arménie aux Sassanides v. 287. Converti, il adopta le christianisme comme religion officielle de l'Arménie (301).

TIRLEMONT, en néerl. **Tienen,** v. de Belgique (Brabant flamand), à l'E. de Louvain ; 32 500 hab. Églises médiévales. Centre commercial, touristique et industriel (raffinerie de sucre, chimie, constructions mécaniques, textile).

TIRNOVO → VELIKO TĂRNOVO.

TIRO (Marcus **Tullius**) → TULLIUS TIRO.

TIROIR n. m. (de *tirer*). **1.** Compartiment sans couvercle emboîté dans un meuble et qu'on peut tirer à volonté. — **2.** Organe mécanique animé d'un mouvement de translation et assurant la distribution d'un fluide suivant une loi déterminée. — **3.** Voie ferrée, généralement en cul-de-sac, pouvant accueillir une rame ou une locomotive lors d'une manœuvre destinée à les faire changer de direction *(manœuvre de tiroir)*. [On dit aussi VOIE DE TIROIR.] — **4.** *À tiroirs,* se dit d'une histoire donnant lieu à des épisodes multiples ayant chacun une certaine autonomie à l'intérieur d'une intrigue lâche. ‖ *Arme à tiroir,* arme à feu dans laquelle la culasse s'ouvre en glissant le long d'un axe transversal à celui du canon. ‖ *Fonds de tiroir,* chose de peu de valeur qui n'a pas été utilisée ; dernières ressources disponibles.

TIROIR-CAISSE n. m. (pl. *tiroirs-caisses*). Tiroir contenant la caisse d'un commerçant et dont l'ouverture, dans les caisses enregistreuses, est automatique.

TIROL, nom allemand du Tyrol.

TIRON → TULLIUS TIRO (Marcus).

TIRONIEN, ENNE adj. (bas lat. *tironianus*). *Notes tironiennes* ou *signes tironiens,* système sténographique créé par Tullius* Tiro, employé jusqu'au XIe s.

Tiros (abrév. de *Television and Infra Red Observation Satellite,* satellite d'observation par télévision et [dans l']infrarouge), famille de satellites météorologiques américains. Tiros 1, lancé le 1er avr. 1960, fut le premier satellite météorologique.

TIRPITZ (Alfred VON), amiral allemand (Küstrin 1849 - Ebenhausen, Bavière, 1930). Ministre de la Marine, il fut le créateur de la flotte de haute mer allemande. Lorsque Guillaume II refusa son plan de guerre sous-marine, il démissionna (1916). Élu au Reichstag (1924), il décida Hindenburg à briguer la présidence (1925).

TIRSO DE MOLINA (*Fray* Gabriel TÉLLEZ, dit), auteur dramatique espagnol (Madrid v. 1583 - Soria 1648). Entré dès 1601 dans l'ordre de la Merci, il se mêla aux polémiques littéraires de son temps, combattit le gongorisme et créa le théâtre de mœurs espagnol. Parmi ses quelque trois cents pièces, publiées entre 1621 et 1635, s'inscrivent des comédies d'intrigue *(Don Gil aux chausses vertes),* des drames historiques *(la Sagesse d'une femme),* romanesques (*les Amants de Teruel* et surtout *le Trompeur de Séville,* v. 1625-1630, qui lui conféra la célébrité) et religieux *(le Damné par manque de foi).* Tirso écrivit aussi des contes à la manière italienne (*les Jardins de Tolède,* 1621) et des contes édifiants (*Amuser et être utile,* 1635).

TĪRTHAṄKARA n. (mot sanskr. signif. *celui qui franchit le passage à gué*). Dans le jaïnisme, celui qui est parvenu à traverser l'océan des renaissances.

TIRUANANTAPURAM → TRIVANDRUM.

TIRUCHIRAPALLI ou **TIRUCHCHIRĀPPALLI,** anc. **Trichinopoly,** v. de l'Inde (Tamil Nadu), à la tête du delta de la Kāviri ; 711 120 hab. Carrefour ferroviaire et routier, centre industriel (constructions ferroviaires et électriques), artisanal et universitaire. — Dans les env. complexe religieux de Srirangam*.

TIRUNELVELI, anc. **Tinnevelly,** v. de l'Inde (Tamil Nadu) ; 365 932 hab. Manufacture de cigares. Bijouterie. Constructions électriques.

TIRUPATI, v. de l'Inde (Āndhra Pradesh), au N.-O. de Madras ; 65 800 hab. Célèbre lieu de pèlerinage. Université.

TIRUPPUR, v. de l'Inde (Tamil Nadu), à l'E.-N.-E. de Coimbatore ; 305 546 hab. Centre commercial.

TIRYNTHE, en gr. **Tiruns,** anc. cité de Grèce, en Argolide, près de l'actuelle Nauplie. Dès le IIIe millénaire, la colline est occupée et au sommet s'élève un palais circulaire. Les grandes murailles cyclopéennes datent du début de la période mycénienne, où Tyrinthe connaît son apogée. Auj. réduit à ses fondations, le palais était centré sur un mégaron où ont été recueillis des fragments de fresque fortement marqués par l'art minoen.

TISA, nom tchèque de la Tisza.

TISANE n. f. (lat. *tisana,* var. de *ptisana,* du gr. *ptisanê*). Boisson aqueuse contenant une faible proportion d'une substance végétale peu chargée en principes médicamenteux.

TISANIÈRE n. f. Récipient servant à faire infuser une tisane.

TISCHBEIN, famille de peintres allemands des XVIIIe et XIXe s., dont le plus connu est WILHELM (Haina, Hesse, 1751 - Eutin, Holstein, 1829). Auteur de portraits, de paysages, de tableaux d'histoire, il est célèbre pour son *Goethe dans la campagne romaine* (1786-87, institut Städel, Francfort).

TISELIUS (Arne Wilhelm Kaurin), biochimiste suédois (Stockholm 1902 - Uppsala 1971). Il isola et identifia par électrophorèse plusieurs protéines du sang et du lait et obtint par adsorption la séparation de divers acides aminés. (Prix Nobel de chimie 1948.)

TISO (Jozef), ecclésiastique et homme politique slovaque (Velká Bytča 1887 - Bratislava 1947). Chef du gouvernement autonome slovaque (1938) puis chef de l'État slovaque indépendant (1939-1945), il fut condamné à mort et exécuté en 1947.

TISON n. m. (lat. *titio, -onis*). **1.** Morceau de bois brûlé en partie et encore en ignition. — **2.** Sorte d'allumette dont l'ignition résiste au vent.

TISONNEMENT n. m. Action de tisonner.

TISONNER v. t. (conj. 3). Remuer les tisons d'un feu, d'un foyer.

◆ **être tisonné** v. pass. Se dit d'une robe claire d'un cheval parsemée de taches noires irrégulières.

TISONNIER n. m. **1.** Tige métallique servant à attiser le feu, à faire tomber les cendres, etc. (Syn. PIQUE-FEU.) — **2.** Syn. de ATTISOIR.

TISSAGE n. m. **1.** Fabrication des différents tissus. — **2.** Établissement où se fait cette fabrication. — **3.** Manière dont les fils sont tissés : *Un tissage serré, lâche.* — **4.** Confection d'un objet avec des moelles de rotin entrecroisées.

ENCYCL. L'opération de tissage est précédée par la préparation de la chaîne, ou ourdissage, qui consiste à enrouler les fils de chaîne parallèlement sur une ensouple. Selon la nature du fil, la chaîne peut être ou non encollée. Pour les métiers à navette, la trame doit subir également une préparation qui consiste à l'enrouler sur une canette, support que contiendra la navette du métier. Pour les métiers sans navette, la trame ne subit aucune préparation particulière.

Le tissage proprement dit se fait sur métier à tisser. Les fils de chaîne sont passés dans les maillons des lisses et celles-ci sont installées sur des lames. Selon la complexité de l'armure, le nombre de lames varie et elles sont mises en mouvement soit par des excentriques, soit par une mécanique d'armure permettant plus de combinaisons. La mécanique Jacquard permet la commande individuelle de chaque fil de chaîne. La trame est de moins en moins souvent entraînée par une navette. Sur les métiers modernes, son insertion dans la foule se fait à l'aide de projectiles ou de lances, de jets d'air ou de jets d'eau.

TISSANDIER (Gaston), savant et aéronaute français (Paris 1843 - *id.* 1899). Il effectua plusieurs ascensions en ballon au-delà de 5 000 m d'altitude pour étudier l'atmosphère. Le 15 avr. 1875, accompagné de Joseph Eustache Crocé-Spinelli et d'Henri Sivel, il atteignit l'altitude de 8 600 m à bord du *Zénith,* mais ses deux compagnons succombèrent, victimes du manque d'oxygène. En 1883, avec son frère Albert, il appliqua pour la première fois l'électricité à la navigation aérienne en expérimentant avec succès un dirigeable muni d'une hélice entraînée par un moteur électrique.

TISSAPHERNE († Colosses 395 av. J.-C.), satrape perse de Sardes. À partir de 412, il aida les Spartiates contre les Athéniens. Sous Artaxerxès II, il déjoua les intrigues de Cyrus le Jeune mais fut exécuté à la suite de ses échecs contre les Spartiates.

TISSE (Edouard Lettonie), chef-opérateur de cinéma soviétique (Liepaïa, Lettonie, 1897 - Moscou 1961). Opérateur d'actualités pendant la Première Guerre mondiale, il devint le collaborateur d'Eisenstein, dont il marqua les œuvres de son style efficace et réaliste *(la Grève, le Cuirassé « Potemkine », Octobre),* de sa science des cadrages et de sa composition plastique *(Que viva Mexico, Alexandre Nevski).*

TISSER v. t. (anc. fr. *tistre,* du lat. *texere*) [conj. 3]. **1.** Entrelacer régulièrement les fils, la trame et la chaîne d'une matière textile : *Tisser du lin, de la laine, du coton.* — **2.** Fabriquer un tissu par l'opération du tissage : *Tisser un plaid.* — **3.** Construire qqch en formant un réseau de fils, de fibres, de brins : *L'araignée tisse sa toile.* — **4.** Élaborer qqch, l'agencer habilement en ordonnant divers éléments : *L'auteur a subtilement tissé son intrigue.* — **5.** *Tisser des liens,* les créer : *L'habitude tisse des liens.*

TISSERAND, E n. **1.** Ouvrier (ère) qui tisse. — **2.** Créateur d'œuvres textiles tissées, qui en assure lui-même le tissage.

Tisserands *(les),* drame naturaliste de G. Hauptmann (1892), inspiré d'un fait réel : l'exécution par la troupe, en 1844, des tisserands silésiens révoltés.

TISSERAND (Eugène), agronome français (Flavigny-sur-Moselle 1830 - Paris 1925). Il a réorganisé le service des recherches scientifiques et développé l'enseignement agricole. Il est l'auteur d'ouvrages d'économie rurale. (Acad. des sc., 1911.)

TISSERAND (Félix), astronome français (Nuits-Saint-Georges 1845 - Paris 1896). Ses principaux travaux concernent la théorie de la Lune, la théorie des perturbations planétaires, etc. Directeur de l'Observatoire de Paris (1892), il poursuivit l'exécution du catalogue photographique de la *Carte du ciel* et acheva la révision du *Catalogue stellaire* de Lalande. Il a laissé un *Traité de mécanique céleste* (1889-1896) qui constitue une mise à jour de l'œuvre de Laplace en ce domaine. (Acad. des sc., 1878.)

TISSERIN n. m. (de *tisser*). Petit passereau (plocéidé) granivore des régions tropicales d'Afrique (au sud du Sahara) et d'Indo-Malaisie, au plumage brillant chez les mâles, qui édifie des nids suspendus, finement tissés en forme de bourses. (Syn. EUPLECTE.)

TISSEUR, EUSE n. **1.** Personne qui fait du tissage. — **2.** Industriel assurant l'exploitation d'une entreprise de tissage.

TISSOT (James), peintre et graveur français (Nantes 1836 - Buillon, Doubs, 1902). Ami de Degas, tour à tour épris de reconstitutions historiques, peintre de la vie contemporaine et pleinairiste, puis illustrateur de la Bible, il vécut à Londres de 1871 à 1882.

TISSU n. m. (anc. fr. *tissu,* de *tistre,* tisser, du lat. *texere*). **1.** Surface obtenue par l'assemblage régulier de fils ou de fibres, disposées en deux séries croisées à angle droit. (→ *encycl.* Text.) — **2.** Texture, manière dont les fils d'une étoffe sont assemblés : *Étoffe d'un tissu lâche.* — **3.** Nom couramment donné à toute étoffe, qu'il s'agisse de maille, de non-tissé ou de tissu proprement dit. — **4.** Ensemble homogène de cellules vivantes ou de fibres, nettement délimité, exerçant une fonction définie et souvent étendu en nappes. (→ *encycl.* Bot. et Histol.) — **5.** Combinaison, ensemble d'éléments sociaux, politiques, économiques, etc., considérés comme une structure homogène : *Tissu culturel.* — **6.** Ensemble plus ou moins lié de choses : *Votre histoire est un tissu de contradictions.* — **7.** *Tissu urbain,* répartition des villes sur un territoire donné ; ville considérée comme un ensemble d'îlots délimités par des voies de communication entrecroisées.

ENCYCL. **Bot.** Tous les tissus végétaux sont issus de petits groupes de cellules juvéniles, les méristèmes, se divisant activement et localisés en des lieux déterminés de la plante. Les tissus peu différenciés sont les parenchymes, chlorophylliens ou non. Les tissus protecteurs sont l'épiderme et le liège, percés de stomates ou de lenticelles pour les échanges gazeux. Vaisseaux, fibres ligneuses et cellules-compagnes constituent le bois*, conducteur de la sève brute, tandis que les tubes du liber* conduisent la sève élaborée. Outre le bois, les tissus de soutien sont le collenchyme, cellulosique, et le sclérenchyme, ligneux. Il existe aussi des tissus sécréteurs, fournissant latex, résines et tanins.

— **Histol.** Parmi les tissus normaux, on distingue le *tissu épithélial,* le *tissu conjonctif* (dont dérivent le *tissu musculaire,* le *tissu osseux,* le *tissu cartilagineux*), le *tissu nerveux* et le *tissu lymphoïde.* Chacun d'eux a une origine embryologique différente.

— **Text.** Le tissu est constitué de deux éléments : la chaîne (l'ossature), dont les fils ont la longueur de la pièce, et la trame, dont les fils viennent croiser régulièrement les fils de la chaîne, suivant l'armure désirée, en un mouvement de va-et-vient. Du nombre des fils de chaîne et de trame employés au centimètre ainsi que de la qualité des matériaux dépend la contexture d'un tissu. C'est ainsi que sont obtenus une grande variété de tissus : taffetas, toile, sergé, satin, damas, brocarts, lampas, velours, etc.

L'Italie joue un rôle prépondérant dans la transmission des connaissances entre l'Orient et l'Occident, dont toutes les soieries, jusqu'au XIIe s., sont importées. C'est par les Arabes, présents en Sicile, que formules et décors orientaux parviennent en Italie ; des ateliers (Lucques, Venise, Florence, Sienne, etc.) sont ouverts dès la fin du XIIIe s. et créent bientôt leur propre style. En France, l'industrie soyeuse est implantée par Louis XI, mais ne connaît un certain succès à Lyon qu'à partir de François Ier et surtout de Colbert, qui organise les manufactures. À Saint-Maur, près de Paris, Marcellin Charlier tisse brocarts et velours pour Louis XIV. Les soieries, ou velours, sont alors caractérisées par un motif floral stylisé. Sous Louis XVI, Ph. de La Salle* réalise de superbes tentures, et J. Pillement (1728-1808) fournit de nombreux dessins où les chinoiseries se mêlent aux fleurs fantastiques. J.-F. Bony*, fournisseur de l'Empereur, travaille pour les palais impériaux et attache son nom à l'art de la broderie. À cette même époque, Jacquard* expose sa première mécanique. Un renouvellement de la création est dû aux mouvements Art nouveau et Art déco (Mucha, Iribe pour la première période, É. Bénédictus, Süe et Mare, R. Bonfils pour la seconde). S. Delaunay et R. Dufy, attirés par la technique de l'impression, créent pour la mode et l'ameublement.

Rivale de la soierie depuis la fin du XVIIe s., la toile imprimée importée des Indes (indienne* et perse*), suscite l'engouement général. L'interdiction d'importer puis d'imprimer en France dura jusqu'en 1759, date à laquelle Ch. Ph. Oberkampf* s'installa à Jouy-en-Josas et s'entoura des meilleurs dessinateurs, dont J.-B. Huet. À la même époque, d'autres manufactures s'installèrent à Nantes, Rouen, Bolbec,

Mulhouse, etc. Les toiles imprimées d'Alsace perpétuent, de nos jours, cette technique.

TISSU-ÉPONGE n. m. (pl. *tissus-éponges*). Tissu de coton, généralement bouclé sur les deux faces, utilisé pour la confection d'articles de toilette (serviettes, peignoirs, tapis de bain). [Syn. ÉPONGE.]

TISSULAIRE adj. **1.** Qui a rapport aux tissus organiques. – **2.** *Groupe tissulaire,* syn. de SYSTÈME HLA*.

TISSURE n. f. (anc. fr. *tistre,* tisser, avec l'infl. de *tissu*). **1.** Entrecroisement de fils tissés. – **2.** Liaison entre les fils de chaîne et les fils de trame résultant de l'opération du tissage.

TISSUTERIE n. f. Art du passementier et du rubanier.

TISSUTIER, ÈRE n. Ouvrier (ère) qui fait des tissus pour la passementerie et la rubanerie.

TĪSTA (la), riv. de l'Inde et du Bangladesh, affl. du Brahmapoutre (r. g.) ; 400 km env.

TISZA, en tchèque **Tisa,** en all. **Theiss,** riv. d'Europe centrale, affluent du Danube (r. g.), longue de 966 km et drainant un bassin de 150 000 km² sur cinq États (Ukraine, Roumanie, Slovaquie, Hongrie et Yougoslavie). Ses principaux affluents sont le Someș, les Criș et le Mureș. Ses eaux sont utilisées (surtout en Hongrie) pour l'irrigation.

TISZA (Kálmán), homme politique hongrois (Geszt 1830 - Budapest 1902). Président du Conseil de 1875 à 1890, il renforça la position de la Hongrie au sein du dualisme. – Son fils, le comte ISTVÁN **Tisza** (Budapest 1861 - *id.* 1918), fut président du Conseil de 1903 à 1905, puis de 1913 à 1917. Il fut assassiné par des soldats révolutionnaires.

TISZALÖK, v. de Hongrie, sur la Tisza ; 6 100 hab. Barrage irriguant 120 000 ha dans la région de l'Hortobágy.

TITAN n. m. (gr. *Titan,* n. myth.). *Litt.* **1.** Personne qui dépasse les proportions en taille et en force habituelles chez l'homme. – **2.** Syn. de GRUE-MARTEAU. – **3.** Très grand capricorne vivant dans les vieux arbres en Guyane. – **4.** *De titan,* gigantesque, titanesque : *Travail de titan.*

TITAN, sixième satellite de Saturne, le plus gros des satellites de Saturne et le premier qui ait été découvert (par Huygens en 1655). Demi-grand axe de son orbite : 1 222 000 km. Période de révolution sidérale : 15,945 j. Diamètre : 5 150 km. L'essentiel de ce que l'on en sait provient de la sonde américaine Voyager 1, qui, le 12 nov. 1980, est passée à moins de 5 000 km de sa surface. Son atmosphère est constituée principalement d'azote et de méthane. Ces composants étant ceux-là mêmes qui, sur la Terre, ont vraisemblablement permis l'apparition de la vie, Titan offre un intérêt particulier du point de vue de l'exobiologie. La photodissociation du méthane par le rayonnement ultraviolet solaire engendre divers hydrocarbures (éthane, éthylène, acétylène...). Les molécules ainsi produites forment une couche de brume qui voile entièrement la surface. La température au sol est de – 178 °C. Elle implique que la surface est, au moins partiellement, recouverte d'un océan de méthane et d'éthane.

Titan, famille de lanceurs spatiaux américains dérivés d'un missile balistique sol-sol stratégique à très longue portée. Le plus récent, le Titan IV, mis en service en 1989, est utilisé pour mettre en orbite de nombreux satellites militaires (reconnaissance, surveillance océanique, télécommunications...) Dans sa version la plus performante, il peut placer plus de 20 t en orbite basse autour de la Terre.

TITANATE n. m. Sel de l'acide titanique.

TITANE n. m. (lat. sc. *titanium,* du gr. *titanos,* chaux). Métal habituellement tétravalent, dont les propriétés rappellent celles du silicium et de l'étain. (Élément chimique de symbole Ti.)

Numéro atomique : 22
Masse atomique : 47,90
Point de fusion : 1 660 °C
Masse volumique : 4,54 g/cm³

ENCYCL. À l'état compact, le titane est un métal blanc brillant, très dur, qui s'oxyde superficiellement à froid, se combine à chaud aux halogènes et à l'azote, et est attaqué par les acides chlorhydrique et nitrique. Son oxyde TiO_2, *l'anhydride titanique,* est employé, sous le nom de « blanc de titane », comme pigment et comme revêtement d'électrodes de soudage, constituant de céramiques réfractaires, revêtement de sols. On extrait le titane de *l'ilménite* $FeTiO_3$ et du *rutile* TiO_2. Dans le procédé Kroll, on fait passer un courant de chlore sur le minerai chauffé en présence de carbone. Le tétrachlorure de titane ainsi obtenu est alors réduit par du magnésium fondu, sous vide ou sous gaz inerte. Le métal obtenu se présente sous forme d'éponge et doit être refondu au four électrique.

Le titane est devenu un matériau de plus en plus utilisé dans l'industrie grâce à la combinaison de trois propriétés intéressantes : faible masse volumique, excellente résistance à la corrosion et caractéristiques mécaniques élevées des alliages. Les industries qui ont le plus bénéficié de ce développement concernent le domaine aérospatial (50 % du tonnage consommé en Europe :

organes de réacteurs, réservoirs cryogéniques, capsules spatiales) et celui des industries chimiques (anodes pour l'électrolyse, échangeurs thermiques, etc.). Le titane intervient aussi comme élément d'addition dans des alliages. Le carbure de titane constitue l'élément actif de divers alliages réfractaires pour ailettes de turbines ou outils de coupe.

TITANÉ, E adj. Qui contient du titane.

TITANESQUE ou **TITANIQUE** adj. *Litt.* Relatif aux Titans ; gigantesque : *Ouvrage titanesque.*

TITANIA, satellite d'Uranus découvert en 1787. Demi-grand axe de son orbite : 438 000 km. Période de révolution sidérale : 8 j 16 h 56 min. Diamètre : 1 600 km. Densité : 1,3 env. Sa surface, révélée en 1986 par Voyager 2, est saturée de cratères d'impacts mais présente aussi des failles témoignant d'une activité tectonique.

Titania, reine des fées, épouse d'Obéron et personnage du *Songe d'une nuit d'été* de Shakespeare.

Titanic, paquebot transatlantique britannique, remarquable par ses dimensions (long. 271 m, déplacement 60 000 t) et par le luxe de son installation. Lors de son premier voyage, dans la nuit du 14 au 15 avr. 1912, il heurta un iceberg au S. de Terre-Neuve et coula. Plus de 1 500 personnes périrent dans ce naufrage. Localisée en 1985 par 4 000 m de fond, son épave a été visitée à plusieurs reprises depuis 1986 ; ces expéditions ont permis de remonter à la surface une importante collection d'objets.

TITANIFÈRE adj. Qui contient du titane.

TITANIQUE adj. (de *titane*). Se dit de l'anhydride TiO_2 et des acides correspondants.

TITANISATION n. f. (de *titane*). Dépôt d'une mince couche d'oxyde de titane à la surface d'un objet en verre, afin d'augmenter sa résistance mécanique.

TITANITE n. f. Syn. de SPHÈNE.

TITANS, divinités primitives nées d'Ouranos et de Gaia, qui gouvernaient le monde avant Zeus et les dieux olympiens, par qui ils furent vaincus.

TITE *(saint),* disciple de saint Paul, qu'il accompagna dans ses voyages missionnaires (Ier s.).

Tite *(Épître à),* épître pastorale, qui aurait été adressée par saint Paul à Tite.

Tite et Bérénice, comédie héroïque de Corneille (1670), jouée par la troupe de Molière sept jours après la *Bérénice* de Racine.

TITE-LIVE, historien romain (Padoue 59 av. J.-C. - Rome 17 apr. J.-C.). Familier de la cour d'Auguste, il se consacra dès 27 av. J.-C. à son *Histoire de Rome,* en 142 livres. Inachevée, elle s'arrête en 9 av. J.-C. et nous n'en possédons que 35 livres. Exaltant la Rome primitive, il compila souvent et exploita les archives des vieilles familles. Son style est très vivant, mais se ressent de sa formation rhétorique.

TITELOUZE (Jehan), compositeur et organiste français (Saint-Omer 1563 ? - Rouen 1633). Organiste et chanoine du chapitre (1610) à la cathédrale de Rouen, il s'occupa de facture d'orgues, s'intéressa à la théorie musicale et écrivit des pièces avec lesquelles il créa l'école d'orgue française.

TITHYMALE n. m. (lat. *tithymalus,* du gr. *tithumalos*). Nom usuel de certaines espèces d'euphorbes.

1. TITI n. m. (mot pop. de formation enfantine). *Fam.* Gamin de Paris, effronté et gouailleur ; gavroche.

2. TITI n. m. (de *ouistiti*). Syn. de CALLICÈBE.

TITICACA *(lac),* grand lac des Andes (8 340 km² à 3 812 m d'alt.), à la frontière du Pérou et de la Bolivie. Lieu de vieilles civilisations (Tiahuanaco) et berceau légendaire des Incas. Les Urus de ses îles aux maisons et bateaux de jonc se veulent le plus vieux peuple de l'Amérique du Sud. Sur ses rives, la densité est forte, les champs très morcelés (pomme de terre, orge, quinoa), la pêche, importante. Le tourisme est actif, attiré par les paysages, les églises coloniales, un artisanat très riche.

TITIEN (Tiziano VECELLIO, dit en fr.), peintre italien (Pieve di Cadore 1488/89 - Venise 1576). Il appartient à l'école vénitienne, mais sa carrière est européenne, comme son influence, fondamentale pour l'évolution de l'art occidental (elle s'exercera, par ex., sur Velázquez, Rubens, Van Dyck, Watteau, Renoir...). Arrivé très jeune à Venise, passé par l'atelier des Bellini, Titien est surtout le disciple de Giorgione, dont il se distingue vite par sa fougue et sa robustesse. *L'Amour* sacré et l'Amour profane* (v. 1515-16) représente parfaitement l'idéal de beauté sereine de la Renaissance classique. Une impétueuse unité liant les parties, un coloris sonore imposant la densité des formes caractérisent par contre *l'Assomption* de l'église des Frari (1518). À la même époque commence la carrière de cour de Titien (toiles pour Alphonse Ier d'Este : *Bacchus et Ariane,* 1523, National Gallery, Londres), qui devient internationale vers 1530, en même temps que la manière de l'artiste évolue par une libération de la touche, une atténuation des contours, la réalisation d'une ambiance tonale plus subtile (nombreux portraits, dont celui de *Charles Quint,* Prado ; *la Vénus d'Urbino,* 1538, Offices). Vers 1540-1545 se situe un épisode maniériste (scènes bibliques où prime la tension graphique), suivi du retour à de petits tableaux où l'interprétation humaniste de la culture païenne se pare d'un coloris raffiné (*Danaé*, 1554, Prado). Ni la fécondité ni la faculté de renouvellement ne s'atténuent dans la vieillesse du peintre, époque où la forme se dilue dans une pâte lentement travaillée, où les tons rompus, chauds et changeants, sont traversés d'étincelles de lumière, dans une ambiance quasi spectrale (*Autoportrait*, v. 1569, Prado ; *Pietà*, achevée par Palma le Jeune, Accademia de Venise).

TITILLATION [-ja-ou -lasjɔ̃] n. f. (lat. *titillatio*). *Litt.* Léger chatouillement agréable.

TITILLER [-je ou -le] v. t. (lat. *titillare*) [conj. 3]. **1.** Chatouiller légèrement et agréablement une partie du corps : *Ce vin titille agréablement le palais.* – **2.** Exciter agréablement qqn ou l'énerver.

TITISEE, lac d'Allemagne, dans la Forêt-Noire ; 1,3 km². Important centre touristique.

TITISME n. m. Forme de socialisme pratiquée dans la Yougoslavie dirigée par Tito.

TITISTE adj. et n. Relatif au titisme ; partisan du titisme.

Titius-Bode *(loi de)*, relation empirique donnant de façon approchée les distances relatives moyennes au Soleil des planètes principales du système solaire. Découverte en 1741 par l'astronome allemand Wolf, retrouvée en 1766 par D. Titius, elle est surtout connue grâce à Bode qui la publia en 1772. En prenant pour unité la valeur de cette distance correspondant à la Terre, les autres s'obtiennent en considérant la série 0 3 6 12 24 48 96..., où chaque nombre, à partir du troisième, est le double du précédent ; en ajoutant 4 à chacun des termes ; enfin, en divisant par 10 chacun des nombres ainsi obtenus.

TITLIS, sommet de la Suisse centrale, au S. du lac des Quatre-Cantons ; 3 239 m.

TITO (Josip Broz, dit), homme d'État yougoslave (Kumrovec, Croatie, 1892 - Ljubljana 1980). Prisonnier de guerre puis combattant en Russie (1915-1920), il adhère en 1920 au parti communiste yougoslave et en devient le secrétaire général en 1936. Durant la Seconde Guerre mondiale, il constitue un comité de libération à Užice et organise une armée de libération populaire forte de près d'un million d'hommes. Soutenu par les Alliés dès 1943, il prend la direction du Comité national, véritable gouvernement provisoire et est nommé maréchal. Il fait proclamer la déchéance de la monarchie et la création de la République fédérative populaire de Yougoslavie (nov. 1945). Il est, avec Staline, l'un des promoteurs du Kominform (1947), mais il entre en conflit avec lui en voulant créer une grande fédération balkanique. Tito oppose une réaction violente et ne cède pas aux pressions de Staline qui le fait exclure du Kominform (1948). Il se rapproche à partir de 1950 des puissances occidentales et des États-Unis, prône le non-alignement et devient l'un des principaux leaders du mouvement des non-alignés. Président de la République élu en 1953, constamment réélu depuis et nommé président à vie en 1974, il a aussi été secrétaire général du parti communiste yougoslave (1953-1966), puis président de la Ligue des communistes de Yougoslavie (1966-1980).

TITOGRAD → Podgorica.

TITOVA MITROVICA, anc. **Kosovska Mitrovica,** v. de Yougoslavie (Kosovo) ; 53 000 hab. Métallurgie du plomb et du zinc.

TITRAGE n. m. **1.** Action de titrer un film, un article, un ouvrage. – **2.** Opération qui consiste à verser un volume ou une masse déterminés de réactif titré dans un volume connu de la solution à doser, correspondant à l'achèvement d'une réaction caractéristique. (Ex. titrage acido-basique, titrage d'oxydoréduction.) – **3.** Opération qui a pour objet d'indiquer la grosseur d'un fil en donnant sa masse pour une longueur donnée (unité : tex).

TITRE n. m. (lat. *titulus*). **1.** Dénomination d'une dignité, d'une charge ou d'une fonction (souvent élevée) : *Le titre d'empereur. Titre de noblesse.* – **2.** Appellation particulière pour s'adresser à qqn, et qui correspond à son rang : *On donne aux ambassadeurs le titre d'« Excellence ».* – **3.** Nom, appellation ou qualité correspondant à un grade, un diplôme, une qualification, une fonction, un statut, etc. : *Décliner ses titres universitaires.* – **4.** Qualité de vainqueur, de champion dans une compétition sportive : *Le titre de champion du monde.* – **5.** Mot, expression, phrase servant à désigner un écrit, une de ses parties, une œuvre littéraire ou artistique, une émission, etc. : *Le titre d'un film.* – **6.** Dans la presse, texte en gros caractères qui coiffe un article et en annonce le sujet : *Parcourir les titres des journaux du matin.* – **7.** Subdivision du livre employée dans les recueils de lois, les ouvrages juridiques : *Le titre des successions dans le Code civil.* – **8.** *À ce titre, à divers titres, etc.*, pour cette raison, pour plusieurs raisons, à de nombreux égards. ‖ *À juste titre*, avec un motif légitime. ‖ *À titre + adj.*, équivaut à *en qualité de* et un nom : *À titre amical ;* selon telles conditions ou modalités, dans telle circonstance : *Une décoration décernée à titre posthume.* ‖ *À titre de + n.*, en qualité de, comme ; en tant que, en manière de : *Je cite ce cas à titre d'exemple.* ‖ *Au même titre (que)*, pour les mêmes raisons, aussi légitimement (que). ‖ *En titre,* comme titulaire (par oppos. à *auxiliaire, suppléant)* ; reconnu comme tel (par oppos. à *occasionnel, temporaire*). • **Banq.** Valeur mobilière. ‖ *Avance sur titres,* prêt d'argent consenti moyennant la remise en gage de valeurs mobilières. ‖ *Titre universel de paiement (T. U. P.),* moyen de règlement mis en place, depuis 1977, par les banques et le service des chèques postaux. (Le T. U. P. est un ordre de paiement par lequel le client débiteur peut régler son créancier.) — **Dr.** Cause ou fondement juridique d'un droit. ‖ Écrit constatant cette cause ou ce fondement (ex. : titre de propriété, créance...). ‖ *Juste titre,* titre translatif de propriété dont le titulaire ignore les vices. — **Fin.** *Titre (budgétaire)*, élément essentiel de présentation des dépenses publiques dans le cadre de la loi de finances. — **Hist.** *Titre de noblesse* ou *titre nobiliaire,* qualification honorifique d'un noble. (Attachés à une terre, les titres de noblesse, en France, sous l'Ancien Régime, étaient dans l'ordre croissant : baron, vicomte, comte, marquis, duc ; liés à de hautes fonctions publiques et concédés par Napoléon Ier à de bons serviteurs de l'État, les titres de l'Empire étaient : chevalier, baron, comte, duc, prince) ; acte ou pièce authentifiant la noblesse d'une famille. — **Impr.** *Titre* ou *page de titre,* page où figurent le nom du ou des auteurs(s), de l'illustrateur, le titre de l'ouvrage, le nom de l'éditeur, la date et le lieu de parution. ‖ *Titre courant,* rappel du titre de l'ouvrage qui se répète à chacune des pages d'un livre. — **Métrol.** *Titre, en un corps donné, d'un échantillon homogène,* rapport de la mesure, relative à ce corps, d'une grandeur déterminée (masse, volume, quantité de matière) et de la mesure, relative à la totalité de l'échantillon, de la même grandeur. — **Monn.** et **Orfèvr.** Proportion de métal précieux contenu dans un alliage. — **Rel.** Indication extérieure du contenu d'un ouvrage. (Le titre est placé au dos du livre.) — **Relig.** *Titre cardinalice,* église dont un cardinal est titulaire. — **Text.** Valeur indiquant la grosseur d'un fil, d'un ruban ou d'une mèche. — **Transp.** *Titre de transport,* toute pièce donnant droit à utiliser un moyen de transport régulier de voyageurs.

TITRER v. t. (conj. **3**). **1.** Donner un titre à un article, un ouvrage, un film. — **2.** Conférer un titre de noblesse à qqn. — **3.** Effectuer le titrage d'une solution.

◆ **être titré** v. pass. **1.** Posséder un titre de noblesse ou un titre honorifique. — **2.** En parlant d'une solution, avoir un titre ou, plus commodément, une normalité connus.

TITRE-RESTAURANT n. m. (pl. *titres-restaurants*). Titre vendu aux salariés d'une entreprise, leur permettant d'accéder à certains restaurants en bénéficiant de conditions favorables.

TITREUSE n. f. Machine utilisée spécialement pour la composition des titres.

TITRIMÉTRIE n. f. Mesure du titre ou de la normalité de solutions chimiques.

TITRISATION n. f. Opération par laquelle les établissements bancaires cèdent leurs créances à des organismes dits *fonds communs de créances,* qui émettent des titres négociables sur le marché ; transformation, par cette opération, de créances bancaires en titres.

TITUBANT, E adj. Qui titube, chancelle : *Démarche titubante.*

TITUBER v. i. (lat. *titubare*) [conj. **3**]. Chanceler, vaciller sur ses jambes : *Un ivrogne qui titube.*

TITULAIRE adj. et n. (lat. *titulus,* titre). **1.** Qui occupe une charge, remplit une fonction pour laquelle il a été personnellement nommé, en vertu d'un titre : *Professeur titulaire.* — **2.** Qui possède juridiquement qqch : *Titulaire du permis de conduire.* — **3.** *Titulaire d'une église, d'un autel,* personne divine, mystère ou saint dont l'église ou l'autel porte le nom.

TITULARISATION n. f. Action de rendre titulaire ; fait d'être titularisé.

TITULARISER v. t. (conj. **3**). Rendre qqn titulaire d'une charge, d'une fonction.

TITULATURE n. f. (lat. *titulus,* titre). Ensemble des titres que porte une personne ou une maison.

TITULESCU (Nicolae), homme politique roumain (Craiova 1882 - Cannes 1941). Ministre des Affaires étrangères (1927-28 ; 1932-1936), il voulut consolider la Petite-Entente et soutint l'Entente balkanique.

TITUS (Titus Flavius Vespasianus) [Rome 39 apr. J.-C. - Aquae Cutiliae, Sabine, 81], empereur romain (79-81). Fils de Vespasien, il s'empara de Jérusalem (70). Il partagea le pouvoir avec son père et lui succéda en 79. L'opinion lui reprocha sa cruauté ainsi que sa liaison avec la reine Bérénice. En fait, il se montra libéral et renonça à condamner à mort. C'est sous son règne qu'une éruption du Vésuve détruisit Pompéi et Herculanum (79).

Titus *(coiffure à la),* coiffure à cheveux courts, de même longueur devant et derrière, comme celle portée par l'empereur Titus sur les statues antiques.

TITUS-CARMEL (Gérard), dessinateur français (Paris 1942). Artiste aux techniques multiples (crayons, encres, collage, aquarelle, pastel, etc.), il a longtemps fondé son œuvre sur un rapport troublant entre l'imaginaire et la précision illusionniste (*20 Variations sur l'idée de détérioration,*

1971), avant d'accéder à une plus grande liberté plastique (série « Éclats », 1982 ; *Suite Chancay,* 1985).

TITUSVILLE, v. des États-Unis (Pennsylvanie) ; 6 900 hab. Près de là, Drake fora le premier puits de pétrole (1859).

TIVOLI, v. d'Italie, dans le Latium, sur le versant des monts Prenestini, au-dessus de la campagne romaine ; 51 000 hab. Ancienne *Tibur,* la ville conserve deux petits temples de la fin de la République, dits « de Vesta » (circulaire) et « de la Sibylle ». Église romane S. Silvestro ; cathédrale ; villa d'Este*, aux célèbres jardins aménagés à partir de 1550. Dans la plaine, en contrebas, sont les ruines de la villa Hadriana*.

TIVS, population bantoïde du Nigeria central, comptant environ 1 million de membres.

TIY, nom de deux reines d'Égypte. La première fut l'épouse du roi Aménophis III (1408-1372 av. J.-C.) et la régente du jeune Aménophis IV. — La seconde fut l'épouse du roi Aï, qui régna après Toutankhamon.

TIZI OUZOU, v. d'Algérie, ch.-l. de wilaya, en Grande Kabylie ; 73 100 hab. Centre commercial et industriel.

TJÄLE [tjɛlə] n. m. (suéd. *tjäle,* sol gelé en profondeur). Partie du sol et du sous-sol gelée en hiver. (Syn. MERZLOTA.)

T. J. B. n. m. Abrév. de TONNEAU* DE JAUGE BRUTE.

TJIREBON → CIREBON.

Tl, symbole chimique du *thallium.*

TLALOC, dieu de la Pluie et de la Végétation du Mexique précolombien qui, sous sa forme jaguar, devient dieu de la Guerre. Divinité très ancienne connue chez les Mayas sous le nom de Chac, elle a été très vénérée par les Aztèques.

TLATELOLCO, ville jumelle de Tenochtitlán*, la capitale religieuse des Aztèques. C'était un grand centre commercial.

Tlatelolco ou **Tlatelulco** *(traité de)* [14 févr. 1967], traité visant à l'interdiction des armes nucléaires en Amérique latine. Signé et ratifié par l'ensemble des États de l'Amérique latine, il a été ratifié ultérieurement par des puissances nucléaires telles que la Grande-Bretagne, les États-Unis et la France.

TLEMCEN → TILIMSEN.

TLINGITS, Indiens de la côte nord du Pacifique, principalement établis sur les îles de la Reine-Charlotte (Canada).

Tm, symbole chimique du *thulium.*

TMÈSE n. f. (bas lat. *tmesis,* du gr. *tmêsis,* coupure). Séparation de deux éléments d'un mot, habituellement liés, par l'intercalation d'un ou de plusieurs autres mots.

T. N. P., sigle de THÉÂTRE* NATIONAL POPULAIRE.

T. N. T. n. m. Abrév. de TRINITROTOLUÈNE.

TOAMASINA, anc. **Tamatave,** port de Madagascar, ch.-l. de prov., sur la côte est ; 83 000 hab. Centre commercial d'une région produisant bananes et café. Raffinerie de pétrole. Exportation de chromite.

TOARCIEN n. m. (de *Toarcium,* n. lat. de *Thouars*). Étage du système jurassique.

TOAST [tost] n. m. (angl. *toast,* de l'anc. fr. *tostee,* tranche de pain rôtie). **1.** Proposition de boire à la santé de qqn, au succès d'une entreprise, souvent accompagnée d'un petit discours : *Porter un toast.* — **2.** Petit discours prononcé à la fin d'un banquet. — **3.** Tranche de pain grillée.

TOASTER ou **TOASTEUR** [tostœr] n. m. (angl. *toaster* ou fr. *toast*). Grille-pain.

TOBA *(lac),* lac d'Indonésie, dans le N.-O. de l'île de Sumatra ; 1 240 km². Il englobe l'île de Samosir (760 km²).

TOBAGO ou **TABAGO,** île des Petites Antilles, dépendance de la Trinité, au N.-E. de la Trinité ; 301 km² ; 46 400 hab. Ch.-l. *Scarborough.* (→ TRINITÉ ET TOBAGO.)
— **Hist.** Découverte par Colomb (1498), colonisée successivement par les Anglais et les Français, l'île fut cédée à la Grande-Bretagne en 1814. Rattachée à la Trinité en 1899, elle forme avec celle-ci un État membre du Commonwealth depuis 1962.

TOBAS, Indiens Guaycurus du Chaco argentin, bolivien et paraguayen, principalement établis dans le nord-est de l'Argentine.

To be or not to be, that is the question *(Être ou ne pas être, voilà la question),* premier vers du monologue de Hamlet, un des héros de Shakespeare (*Hamlet* III, I).

TOBEY (Mark), peintre américain (Centerville, Wisconsin, 1890 - Bâle 1976). Après s'être initié à la calligraphie en Chine et au Japon (1934), il créa ses « écritures blanches », évocatrices de la vie urbaine nocturne. Devenue entièrement non figurative au cours des années 50, son œuvre, caractérisée par un fourmillement de signes, demeure une émanation du monde extérieur, ressenti à travers les disciplines orientales de concentration.

TOBIAS (Phillip Vallentine), paléontologue sud-africain (Durban 1925). À partir de ses études sur les australopithèques, il défend l'idée d'une origine africaine de l'homme.

TOBIE et **TOBIT,** personnages du livre de Tobie : Tobit, père de Tobie, est un Juif déporté en Assyrie (fin du VIIIe s. av. J.-C.).

Tobie *(livre de),* livre deutérocanonique de l'Ancien Testament. C'est un récit d'édification, un petit roman qui exploite les grands thèmes religieux de l'Ancien Testament. Il a été probablement composé en araméen, v. 200 av. J.-C.

TOBIN (James), économiste américain (Champaign, Illinois, 1918). Ses travaux renouvellent la théorie monétaire. On lui doit notamment une théorie générale de l'équilibre pour les avoirs financiers et réels. (Prix Nobel 1981.)

TOBOGGAN n. m. (angl. *toboggan,* de l'algonquin *otaban*). **1.** Piste, glissière, munie d'une échelle d'accès et du haut de laquelle les enfants se laissent glisser. — **2.** Luge en acier sur laquelle le pratiquant se tient à plat ventre, tête en avant. — **3.** Ensemble des tissus qui constituent, noyés dans du caoutchouc, l'armature de l'enveloppe de certains pneumatiques. — **4.** Dispositif descendeur constitué par un couloir où glissent des produits ou des objets. — **5.** (n. déposé). Courte voie routière en forme de viaduc, permettant de franchir un carrefour.

TOBOL (le), riv. du Kazakhstan et de Russie, née au Kazakhstan, affl. de l'Irtych (r. g.) à *Tobolsk ;* 1 591 km (bassin de 426 000 km²).

TOBOLSK, ville de Russie, en Sibérie, au confluent de l'Irtych et du Tobol, fondée en 1587 ; 66 000 hab.

TOBROUK, en ar. **Ṭubruq,** port de Libye, en Cyrénaïque ; 16 000 hab. Dessalement de l'eau de mer. Raffinerie de pétrole. Au cours de la campagne de Libye, Tobrouk fut le théâtre de combats entre les Britanniques et les forces de l'Axe ; la ville fut libérée par Montgomery le 13 nov. 1942.

1. TOC ! interj. (onomat.). **1.** Exprime un choc, un bruit sec, en partic. un coup frappé à une porte (souvent répété). — **2.** Fam. *Et toc !,* souligne une répartie mordante, un argument qui porte ; et vlan !

2. TOC n. m. (de *toc 1*). *Fam.* **1.** Imitation sans valeur d'un matériau : *Des bijoux en toc.* — **2.** Ce qui est faux, superficiel, ce qui manque de fond : *Sa culture, c'est du toc.*

◆ adj. inv. *Fam.* Prétentieux, tape-à-l'œil et sans intérêt ; tocard : *J'ai trouvé son chapeau un peu toc.*

3. TOC n. m. (de *toc 1*). Accessoire de tour, servant, dans l'usinage entre pointes, à réaliser l'entraînement de la pièce.

TOCADE → TOQUADE.

TOCANTE ou **TOQUANTE** n. f. *Pop.* Montre.

TOCANTINS (le), fl. du Brésil, qui naît sur les plateaux au nord de Goiânia et se jette dans l'estuaire de l'Amazone ; 2 700 km.

TOCANTINS, État du centre du Brésil (créé en 1988 [détaché de l'État de Goiás]) ; 277 000 km² ; 920 133 hab. CAP. *Miracema do Tocantins.*

1. TOCARD ou **TOQUARD, E** adj. (de *toc 2*). *Pop.* Qui est sans valeur et sans goût : *Quelques tableaux tocards.*

2. TOCARD ou **TOQUARD** n. m. (norm. *toquart,* têtu). *Pop.* **1.** Cheval de course qui semble n'avoir aucune chance de gagner. — **2.** Personne sans capacités ni compétence. — **3.** Fauve dangereux dont on ne peut prévoir les réactions.

TOCCATA n. f. (ital. *toccata,* de *toccare,* toucher) [pl. *toccatas* ou *toccate*]. Pièce instrumentale généralement destinée aux claviers. (D'abord liée au prélude, elle s'est rapprochée de la sonate ou de la rhapsodie avec J.-S. Bach notamment, qui fit la synthèse de tous ces éléments. Au piano, Mendelssohn, Schumann, Debussy, Ravel reprirent sa conception.)

TOCOGRAPHIE n. f. Enregistrement graphique des contractions utérines permettant le monitorage fœtal [cardiotocographie fœtale].

TOCOPHÉROL ou **TOCOFÉROL** n. m. Nom générique des antioxydants naturels, dont le principal est la vitamine E.

TOCQUÉ (Louis), peintre français (Paris 1696 -*id.* 1772). Portraitiste, élève de Nattier, il se signale par un art sensible et attentif, fondé sur des harmonies assourdies. Il a travaillé à Saint-Pétersbourg et à Copenhague.

TOCQUEVILLE (Charles Alexis Henri CLÉREL DE), homme politique et historien français (Paris 1805 - Cannes 1859). Juge à Versailles (1827), chargé en 1831 d'une étude sur le *Système pénitentiaire aux États-Unis* (1832), il élargit son enquête à toutes les institutions libérales américaines et rédige *De la démocratie* en Amérique* (1835-1840), qui le rend célèbre et le fait comparer à Montesquieu. Député en 1839, il s'oppose à Guizot. Sous la IIe République, il est ministre des Affaires étrangères (1849). Il se consacre ensuite à son ouvrage *l'Ancien Régime et la Révolution* (1856), où il souligne les continuités administratives entre les deux périodes. Il est un précurseur de l'histoire des mentalités. (Acad. fr., 1841.)

TOCSIN n. m. (anc. provenç. *tocassen,* de *tocar,* sonner, et *senh,* cloche). **1.** Bruit d'une cloche que l'on sonne à coups répétés et de manière prolongée pour donner l'alarme. — **2.** Cloche destinée à sonner le tocsin.

Tōdai-ji, temple du Grand Bouddha de Nara, fondé en 743 par l'empereur japonais Shōmu et plusieurs fois restauré. Le Nandaimon (Grande Porte du Sud, 1195), qui a gardé ses dimensions originelles, abrite deux gardiens sculptés par Unkei* et Kaikei. Grand Bouddha (25 m) de bronze. Le Tōdai-ji comprend le fameux Shōsōin*.

TODD (*sir* Alexander Robertus), chimiste britannique (Glasgow 1907). Il a réalisé la synthèse des vitamines E et B1 et, en 1955, élucidé la constitution de la vitamine B12. (Prix Nobel de chimie 1957.)

TODDY n. m. (angl. *toddy*, de l'hindī *tādi*). Boisson fermentée obtenue en Inde de la sève de divers palmiers.

TÖDI, sommet des Alpes suisses, au N.-E. du massif de l'Aar-Gothard ; 3 620 m.

TODIER n. m. (lat. *todus*). Petit oiseau insectivore des Antilles, au plumage vert, au bec long et plat, nichant dans une galerie souterraine.

TODLEBEN (Edouard) → TOTLEBEN.

TODT (Fritz), ministre allemand (Pforzheim 1891 - Rastenburg 1942). Chargé par Hitler de la construction des autoroutes (1933-1938), puis de l'édification de la ligne Siegfried (1938-1940), il fut ministre de l'Armement et des Munitions (1940).

Todt *(organisation)*, formation paramilitaire de l'Allemagne national-socialiste. Créée en 1938, elle fut chargée de l'exécution, dans le Reich et les territoires occupés, des travaux d'équipement et de fortification (autoroutes, ligne Siegfried, mur de l'Atlantique), pour lesquels elle reçut l'appoint forcé de travailleurs étrangers.

TOEPFFER (Wolfgang Adam), peintre et dessinateur suisse (Genève 1766 - Morillon, près de Genève, 1847). Paysagiste sensible, il a dépeint avec verve les scènes campagnardes et les mœurs du pays genevois.

TOEPFFER (Rodolphe), dessinateur et écrivain suisse de langue française (Genève 1799 - *id.* 1846), fils du précédent. Ayant dû renoncer à la peinture à cause d'une maladie des yeux, il se voua à l'enseignement et à l'écriture. La célébrité lui vint des récits illustrés qu'il fit de ses randonnées avec ses élèves dans les montagnes suisses (*Voyages en zigzag*, 1825-1843), de ses albums comiques (*Histoire de M. Jabot*, 1833, etc.) et de ses contes fantaisistes (*le Presbytère*, 1839-1846 ; *Nouvelles genevoises*, 1841).

TOFU [tɔfu] n. m. (mot jap.). Nom japonais du fromage de soja*.

TOGATA adj. f. et n. f. (lat. *togatus*, vêtu de la toge) [pl. *togatae*]. Se disait, à Rome, de comédies à personnages romains vêtus de la toge, par opposition aux comédies à personnages grecs, dites *palliatae*.

TOGE n. f. (lat. *toga*). **1.** Pièce de laine blanchâtre ample et longue qui formait le vêtement drapé national des Romains. (D'origine probablement étrusque, elle était réservée aux citoyens. Les candidats aux élections la portaient blanchie à la craie, les enfants et les magistrats bordée de pourpre [*toge prétexte*].) — **2.** Robe de magistrat, d'avocat, de professeur de droit, etc.

TOGGENBURG, région de Suisse, formée par la vallée supérieure de la Thur, dans le canton de Saint-Gall. Élevage.

Toggenburg *(race du)*, race suisse de chèvres, sans cornes, à longs poils, exploitée dans de nombreux pays.

TOGHRUL BEG ou **TUĞRUL BEY** (993-1063), premier souverain seldjoukide (1038-1063). Il occupa l'Iran (1038-1051). Il prit la défense du sunnisme et, maître de Bagdad en 1055, il mit fin à la domination des chī'ites buwayhides. Le calife 'abbāsside lui conféra le titre de sultan.

TOGLIATTI, v. de Russie → TOLIATTI.

TOGLIATTI (Palmiro), homme politique italien (Gênes 1893 - Yalta 1964). Rédacteur en chef du journal *Avanti !* (1919), il est l'un des fondateurs du parti communiste italien (1921). Après l'interdiction du parti en Italie (1926), il devient son secrétaire général en France (1927). Établi le plus souvent à Moscou à partir de 1928, il y reste jusqu'à la chute de Mussolini. De retour en Italie (1944), il participe aux premiers gouvernements jusqu'en 1946. Blessé dans un grave attentat en 1948, il reprend ses activités au sein du parti. Il a exercé une grande influence dans le mouvement communiste international et engagé son parti dans la déstalinisation.

TOGNAZZI (Ugo), acteur et cinéaste italien (Crémone 1922 - Rome 1990). D'abord meneur de revues comiques, il est devenu l'une des figures les plus populaires du cinéma international (*le Lit conjugal*, 1963 ; *les Monstres*, 1963 ; *Porcherie*, 1970 ; *la Grande Bouffe*, 1973 ; *Mes chers amis*, 1975 ; *la Tragédie d'un homme ridicule*, 1981).

TOGO *(lac)*, lagune de la côte du Togo. Phosphates.

TOGO, État de l'Afrique occidentale, sur le golfe de Guinée ; 56 600 km^2 ; 4 400 000 hab. *(Togolais)*. CAP. *Lomé*. LANGUE : *français*. MONNAIE : *franc C.F.A.*

Géographie. Étiré sur 600 km du N. au S., large seulement d'une centaine de kilomètres, le Togo demeure un pays rural, employant plus des trois quarts des actifs dans l'agriculture, régionalement conditionnée par les nuances du climat toujours chaud, mais plus humide au S. (proche de l'équateur), avec une saison sèche bien marquée au N. Le manioc, le maïs et le mil sont les bases vivrières ; le café, le cacao, le coton, le palmiste, les cultures commerciales, les bases des exportations, loin toutefois derrière les phosphates, ressources exclusives du sous-sol. L'élevage et surtout la pêche demeurent modestes, et l'industrie est inexistante. La population s'accroît d'environ 3 % par an. Lomé, la seule ville importante, a ouvert une zone franche industrielle. La balance commerciale est traditionnellement et lourdement déficitaire. Celle des services est un peu allégée par le tourisme, mais la dette extérieure a conduit le F. M. I. à faire appliquer une politique budgétaire rigoureuse.

Histoire. La région, dont le peuplement reste très mêlé, est découverte et exploitée par les Portugais et les Danois aux XVe et XVIe s. Au commerce des esclaves succède, au début du XIXe s., celui de l'huile de palme.

1884 : L'Allemagne impose son protectorat sur la région, qui reçoit le nom de Togo.

1914 : Britanniques et Français conquièrent le pays, qu'ils se partagent.

1922 : La S. D. N. leur octroie un mandat sur le Togo.

1956 : Le nord du Togo britannique est rattaché à la Côte-de-l'Or, qui devient l'État indépendant du Ghana.

1960 : Le reste du pays obtient son indépendance.

1967 : Le général Eyadéma s'empare du pouvoir.

1991 : Sous la pression de l'opposition, le président Eyadéma doit restaurer le multipartisme, mais la démocratisation du régime reste limitée.

1994 : L'opposition au président Eyadéma remporte les élections législatives.

TŌGŌ HEIHACHIRO, amiral japonais (Kagoshima, Kyūshū, 1847 - Tōkyō 1934). En 1894, il commandait un croiseur avec lequel il ouvrit les hostilités contre la Chine. Pendant la guerre russo-japonaise, il commanda l'escadre qui bloqua Port-Arthur et anéantit l'escadre russe près de Tsushima (1905).

TOGOLAIS, E adj. et n. Du Togo.

TŌHOKU, nom donné par les Japonais à la partie septentrionale de l'île de Honshū.

TOHU-BOHU n. m. inv. (loc. biblique qui signif. *solitude* et *désert,* et exprime le chaos). *Fam.* Désordre et confusion.

TÔ HUU (Nguyên Kim Thanh, dit), poète vietnamien (Huê 1920). Poète officiel du gouvernement marxiste du Viêt-nam, il est l'auteur de poèmes qui reflètent la poussée révolutionnaire (*En route vers le front,* 1972).

TOI pron. pers. accentué de la 2e pers. du sing. (lat. *te*). **1.** S'emploie dans toutes les fonctions et positions des pronoms personnels toniques (apposition à *tu,* sujet d'infinitif ou de participe, après une préposition, après *c'est,* dans les phrases sans verbe, comme compl. postposé d'un impératif) : *Je n'irai pas sans toi. Regarde-toi.* — **2.** Peut être renforcé par *même,* auquel il est lié par un trait d'union : *Par toi-même.* — **3.** *À toi,* équivaut dans certaines constructions à un possessif : *C'est un ami à toi ?*

TOILAGE n. m. Fond sur lequel se détache le dessin d'une dentelle.

TOILE n. f. (lat. *tela*). **1.** Tissu réalisé suivant l'armure portant ce nom. — **2.** Tissu sec et serré, valant par sa résistance, quels que soient son armure et son usage. — **3.** Toile dont un côté est enduit d'une préparation et poncé et qui, clouée sur un châssis, est utilisée comme support par les artistes peintres (son usage s'est répandu aux XVe-XVIe s.) ; tableau peint sur toile. — **4.** Réseau de fils de soie, secs ou gluants, que l'araignée extrait de ses filières abdominales et dispose en un filet pour la capture de ses proies, ou comme habitation pour elle-même. (Les toiles sont individuelles, sauf chez les ulobores. Celle des épeires est un piège d'une remarquable perfection, d'autres espèces ne tissent que des réseaux grossiers.) — **5.** *Toile de fond,* grande toile peinte garnissant le fond de la scène d'un théâtre ; cadre, contexte dans lequel se déroule une action. ‖ *Village de toile,* village de vacances composés de tentes. • **Autom.** Ensemble des tissus noyés dans du caoutchouc qui constituent l'enveloppe de certains pneumatiques. — **Ch. de f.** *Toile de roue,* partie mince qui, dans les roues pleines, relie le moyeu à la jante. — **Cout.** *Toile à patron,* toile fine de coton utilisée pour la mise au point d'un modèle. ‖ *Toile tailleur,* toile de coton utilisée pour l'entoilage d'un vêtement. — **Littér.** *Chanson de toile,* au Moyen Âge, chanson évoquant une jeune femme assise à son ouvrage et parlant de celui qu'elle aime. (Syn. CHANSON D'HISTOIRE.) — **Mar.** Ensemble des voiles d'un navire. ‖ *Bien porter la toile,* en parlant d'un navire, pouvoir établir beaucoup de voiles hautes sans prendre une gîte sensible. ‖ *Être à sec de toile,* avoir toutes ses voiles serrées par mauvais temps. — **Papet.** Partie de l'habillage d'une machine à papier ou à carton, qui reçoit la suspension aqueuse de fibres. — **Text.** *Armure toile,* armure obtenue en divisant l'ensemble des fils de chaîne en deux nappes (fils de rang impair et fils de rang pair), qu'on lève et baisse alternativement pour l'insertion des duites successives. (On dit aussi ARMURE UNIE OU LISSE, ARMURE TAFFETAS.) ‖ *Toile anglaise,* toile de lin écru, employée en reliure.

— **Théâtr.** Grand rideau peint qui séparait la scène de la salle.

TOILERIE n. f. Atelier où l'on fabrique des toiles, magasin où l'on en vend.

TOILETTAGE n. m. **1.** Action de toiletter un chien, un chat ; son résultat. — **2.** Action de modifier légèrement qqch, de lui apporter quelques petites retouches : *Procéder au toilettage d'un texte.*

TOILETTE n. f. (dimin. de *toile*). **1.** *Vx.* Action de s'apprêter en s'habillant, en se coiffant, en se maquillant : *Être à sa toilette.* — **2.** Action d'apprêter qqn : *La toilette des condamnés à mort.* — **3.** Ensemble des vêtements et des accessoires portés par qqn : *Changer de toilette.* — **4.** Ensemble des soins de propreté du corps : *Faire une toilette rapide.* — **5.** Action d'un animal qui se nettoie ou nettoie son petit : *Un chat qui fait sa toilette.* — **6.** Action de nettoyer, de remettre qqch en état : *Faire la toilette d'une maison.* — **7.** *De toilette,* se dit de produits, d'objets destinés aux soins de propreté ou de beauté du corps. ‖ *Faire un brin de toilette,* faire une toilette sommaire. ‖ *Nécessaire* ou *garniture de toilette,* ensemble d'accessoires de toilette, assortis entre eux. • **Bouch.** Épiploon du veau. — **Mobil.** Meuble garni des divers objets servant à la toilette et à la parure. — **Techn.** Morceau de toile, de tissu, dont les marchands d'étoffes enveloppent leurs marchandises, les tailleurs et les couturières, les ouvrages qu'ils vont livrer à leurs clients, et certains artisans, leur ouvrage et leurs outils.

◆ **toilettes** n. f. pl. Lieux d'aisances, en partic. dans un endroit public.

TOILETTER v. t. (conj. **4**). **1.** Apporter les soins nécessaires à l'entretien du pelage des animaux familiers (chien, chat). — **2.** Panser un cheval avec un soin tout particulier. — **3.** *Fam.* Modifier légèrement qqch pour l'adapter : *Toiletter un texte de loi.*

TOILETTEUR, EUSE n. Professionnel qui effectue le toilettage des animaux familiers (chien, en partic.).

TOIRAS (Jean DU CAYLAR DE SAINT-BONNET, *marquis* DE), maréchal de France (Saint-Jean-du-Gard 1585 - Fontanella, près de Bergame, 1636). Il défendit victorieusement Ré (1627) contre Buckingham, puis participa au siège de La Rochelle (1627-28). Maréchal de France (1630), disgracié en 1633 à l'instigation de Richelieu, il passa au service de Victor-Amédée Ier de Savoie (1636).

TOISE n. f. (lat. pop. *tensa,* du lat. class. *tensus,* de *tendere,* tendre). **1.** Anc. mesure française de longueur, valant 1,949 m. — **2.** Règle verticale graduée, le long de laquelle glisse un curseur pour mesurer la taille des hommes et des animaux.

TOISÉ n. m. **1.** Syn. anc. de MÉTRÉ. — **2.** *Édit du toisé,* édit publié en 1644, frappant d'une amende les propriétaires parisiens de maisons construites dans des zones interdites par une ordonnance de 1548 tombée en désuétude.

TOISER v. t. (de *toise*) [conj. 3]. **1.** Syn. anc. de MÉTRER. — **2.** Regarder qqn de haut, avec dédain, condescendance.

TOISON n. f. (lat. *tonsio, -onis,* action de tondre). **1.** Poil, lainage des moutons et de certains autres animaux au poil laineux ou bouclé. — **2.** *Fam.* Chevelure épaisse, abondante. — **3.** *Fam.* Poils abondants couvrant une partie du corps.

Toison d'or, toison merveilleuse d'un bélier ailé, gardée par un dragon en Colchide. Sa conquête fut à l'origine de l'expédition de Jason et des Argonautes.

Toison d'or *(ordre de la),* ordre chevaleresque et nobiliaire créé à Bruges en 1429 par Philippe le Bon et destiné à propager la foi catholique. L'ordre passa à la maison de Habsbourg, à la suite du mariage de Marie de Bourgogne avec l'archiduc Maximilien d'Autriche (1477), puis à l'Espagne sous Philippe II (1527-1598). Charles VI revendiqua l'ordre pour les Habsbourg, tandis que Philippe V, premier roi Bourbon d'Espagne s'y opposa, mais en vain. Il y eut dès lors deux ordres de la Toison d'or : l'un appartenant à l'Autriche et conservant son caractère religieux et nobiliaire, l'autre à l'Espagne. En 1847, l'ordre de la maison d'Espagne est devenu un ordre civil qui est conféré à des souverains et des chefs d'États non catholiques ainsi qu'à des personnalités n'appartenant pas à la noblesse.

TOIT n. m. (lat. *tectum*). **1.** Couverture, ouvrage isolant un bâtiment par le haut, notamment fait d'un ou plusieurs versants pentus soutenus par une charpente : *Toit de chaume, de tuiles, d'ardoises.* — **2.** Partie supérieure d'une voiture, d'un train : *Voiture à toit ouvrant.* — **3.** Lieu où on habite : *Chercher un toit.* — **4.** Abri provisoire servant de refuge : *Un toit de feuillage.* — **5.** Paroi supérieure d'une galerie de mine, d'une caverne, etc. — **6.** Dans une mine, éponte située au-dessus du minerai. — **7.** *Faux toit,* partie du toit d'une mine directement au contact du minerai et qui a une mauvaise tenue. ‖ *Le toit du monde,* l'Himālaya, et, en partic., l'Everest. ‖ *Sous les toits,* au dernier étage, dans les combles.

TOITURE n. f. (de *toit*). **1.** Ensemble des toits ou autres éléments de couverture d'un bâtiment, d'un édifice. — **2.** *Toiture à redents* ou *à redans,* syn. de SHED.

TOITURE-TERRASSE n. f. ou **TOIT-TERRASSE** n. m. (pl. *toitures-terrasses, toits-terrasses*). Couverture offrant un taux de pente inférieur à 8 %. (Syn. TERRASSE, COUVERTURE EN TERRASSE.) [Traditionnel dans les climats secs, ce type de couverture s'est répandu ailleurs, surtout au XXe s., grâce à l'usage de produits et de dispositifs nouveaux d'étanchéité.]

TŌJŌ HIDEKI, général japonais (Tōkyō 1884 - *id.* 1948). Chef du gouvernement de 1941 à 1944, il décida l'attaque de Pearl Harbor (7 déc. 1941). Il fut exécuté comme criminel de guerre par les Américains.

TOJOLABALS, Indiens du groupe maya, au nombre d'environ 40 000, répartis en différentes localités de l'État de Chiapas (Mexique).

TŌKAI, région du Japon, riveraine du Pacifique, entre Tōkyō et la baie d'Ise.

Tōkaidō, anc. route féodale donnant son nom à la voie ferrée du Japon unissant Tōkyō et Ōsaka par Kyōto et Nagoya.

TOKAJ [tokaj] n. m. (de *Tokaj,* n. pr.). Vin de liqueur jaune doré, récolté en Hongrie.

TOKAJ, v. de Hongrie, sur la Tisza ; 5 000 hab. Vins blancs. Musée.

TOKAMAK n. m. (russe TO*roidalnaïa* KA*mera s* MAG*nitnym polem,* chambre toroïdale à champ magnétique). Type de machine utilisé dans les recherches sur l'énergie thermonucléaire et qui a été conçu par des physiciens soviétiques dans les années 60.

ENCYCL. Ces machines ont été construites et expérimentées dans différents pays à partir de 1968. Leurs éléments essentiels sont : une chambre à vide torique dans laquelle on introduit de l'hydrogène ; un circuit magnétique qui permet d'envoyer dans l'hydrogène une forte décharge électrique, ce qui ionise et chauffe le gaz ; un champ magnétique en hélice qui assure le confinement et la stabilité du plasma ainsi obtenu. Les cinq plus grands tokamaks en fonctionnement sont : JET*, en Grande-Bretagne ; Tore* supra, en France ; TFTR, aux États-Unis ; JT-60, au Japon ; T-15, en Russie.

TOKAT, v. de Turquie, ch.-l. de prov., au S. de Samsun ; 60 400 hab. Monuments anciens dont : la Gök, medersa (XIIIe s.) transformée en musée. Tannerie. Sucrerie.

TOKAY [tɔkɛ] n. m. (de *tokaj*). *Tokay d'Alsace,* nom donné au pinot gris dans cette région, ainsi qu'au vin qu'il produit.

TOKHARIEN, ENNE adj. et n. (gr. *Tokharoi*). Qui appartient à un peuple d'origine indo-européenne établi en Asie centrale jusqu'au Ve s. apr. J.-C.

◆ **tokharien** n. m. Langue indo-européenne parlée dans le nord du Turkestan chinois entre le Ve et le Xe s. (Malgré sa situation géographique, le tokharien n'a pas de parenté privilégiée avec l'indo-aryen ou l'iranien ; il est au contraire plus proche du hittite et des langues occidentales [grec, italique, celtique].)

TOKIMUNE (1251-1284), le sixième *shikken* (« régent ») Hōjō de Kamakura (1256-1284). Il repoussa deux tentatives d'invasion du Japon par les Mongols (1274 ; 1281).

TOKOROZAWA, v. du Japon (Honshū), banlieue O.-N.-O. de Tōkyō ; 236 500 hab.

TOKUDA SHŪSEI, écrivain japonais (Kanazawa 1871 - Tōkyō 1943). Disciple d'Ozaki Kōyō, il fut un des auteurs les plus représentatifs du mouvement naturaliste japonais (*le Jeune Ménage,* 1908). Auteur de romans populaires, il évolua vers une expression intimiste (*les Masques,* 1935-1938).

TOKUGAWA, clan aristocratique japonais issu des Minamoto. Il fournit la troisième et la plus importante dynastie shōgunale (1603-1867). Il y eut 15 shōgun Tokugawa : Ieyasu (1603-1605) ; Hidetada (1605-1623) ; Iemitsu (1623-1651) ; Ietsuna (1651-1680) ; Tsunayoshi (1680-1709) ; Ienobu (1709-1712) ; Ietsugu (1712-1716) ; Yoshimune (1716-1745) ; Ieshige (1745-1760) ; Ieharu (1760-1786) ; Ienari (1786-1837) ; Ieyoshi (1837-1853) ; Iesada (1853-1858) ; Iemochi (1858-1866) ; Yoshinobu (1866-67). Ce dernier remit ses pouvoirs à l'empereur Mutsuhito en 1867. — **Tokugawa Ieyasu** (1542-1616), fondateur de la dynastie shōgunale des Tokugawa (1603-1605). Il l'emporta sur les fidèles de Toyotomi Hideyoshi (bataille de Sekigahara, 21 oct. 1600) et se proclama lui-même shōgun héréditaire (1603). Il démantela la puissance des daimyō, réalisa l'unité administrative du Japon et mit sur pied une organisation sociale subordonnant tout au shōgunat. Il inaugura la politique d'isolement du Japon, qui fut suivie jusqu'en 1867. — **Tokugawa Iemitsu** (1604-1651), 3e shōgun Tokugawa (1623-1651). Il réprima l'insurrection des chrétiens de Shimabara (1637-38), et favorisa le bouddhisme et le confucianisme. — **Tokugawa Iesada** (1824-1858), 13e shōgun Tokugawa (1853-1858). Il dut, sous la pression des Occidentaux et devant la menace d'une intervention armée des États-Unis, signer, en dépit du désaccord de la cour impériale, un traité ouvrant une dizaine de ports au commerce américain (1858). — **Tokugawa Yoshinobu** (1837 - Tōkyō 1913), 15e shōgun Tokugawa et dernier shōgun du Japon (1866-67).

TOKUSHIMA, port du Japon, dans l'île de Shikoku, ch.-l. de préf. ; 249 300 hab. Anc. cité féodale : ruines du château (XVIᵉ s.) et jardin paysagé. Centre industriel : chimie, textile (coton), industries alimentaires, travail du bois.

TOKUYAMA, port du Japon, dans l'île de Honshū, sur la mer Intérieure ; 111 500 hab. Centre industriel.

TŌKYŌ (« Capitale de l'Est »), cap. du Japon, dans l'île de Honshū, sur l'océan Pacifique, au N.-O. de la baie de Tōkyō. Les 23 arrondissements du centre couvrent 577 km^2 et comptent 8 361 000 hab. Le District métropolitain porte ces chiffres à 2 156 km^2 et 11 728 000 hab. Enfin, la Région métropolitaine de Tōkyō, qui lui adjoint les trois préfectures voisines de Saitama, Kanagawa (Yokohama) et Chiba, élève ces totaux à 13 495 km^2 et environ 30 millions de personnes. Un Japonais sur quatre habite dans l'orbite de sa capitale, peut-être l'agglomération urbaine la plus vaste et la plus peuplée du monde (avec Mexico).
— **Géogr.** et **Hist.** Tōkyō, à mi-chemin des extrémités septentrionale et occidentale de l'archipel, ne commence à se développer qu'après que les shōgun Tokugawa y eurent installé le centre de leur administration. Mentionnée pour la première fois à la fin du XIIᵉ s. sous le nom d'Edo (« Porte de l'estuaire »), elle reçoit en 1457 un château. En 1868, la révolution de Meiji chasse les Tokugawa, et l'empereur, quittant Kyōto, vient résider au château d'Edo, rebaptisée Tōkyō. La ville est ravagée par le grand séisme de 1923, qui détruit 500 000 maisons, reconstruite, puis en grande partie détruite par les bombardements de 1944-45, qui font passer la population de 11 à 5 millions d'habitants et détruisent 700 000 maisons. Mais, dès 1956, la ville recouvre sa population d'avant-guerre et son essor exprime, depuis, celui du pays tout entier. Il ne reste du passé que quelques jardins féodaux, une poignée de temples et, surtout, l'énorme masse du château dont les murs et les douves entourent, au centre exact de l'agglomération, quelque 2 km^2 de bois et de jardins abritant le palais du souverain (reconstruit après 1945). La ville est l'incontestable métropole japonaise, pour l'administration, l'enseignement (le tiers des universités et grandes écoles), le commerce (30 % des ventes intérieures, un trafic maritime proche de 300 Mt avec les annexes portuaires de Chiba et Kawasaki), un notable centre industriel où toutes les branches sont représentées. Tōkyō est enfin une plaque tournante autoroutière et ferroviaire, aérienne (aéroports d'Haneda et de Narita). Ce poids n'est pas sans contreparties : difficultés de circulation et de logement, pollution, etc.
— **Bx-arts.** Avec le shōgun Tokugawa Ieyasu, les premiers temples s'installent, tel le Zōjō-ji (1596) ; fondé en 1626, le Tōsho gū a été remanié au XVIIᵉ s. Entre 1592 et 1614, à l'emplacement de l'actuel palais impérial, est élevé l'énorme palais shōgunal, reconstruit sur les mêmes plans au XIXᵉ s. et de nouveau après 1945. Au XVIIᵉ s., les peintres de l'école Kanō s'installent à Edo, bientôt suivis par les créateurs de l'*ukiyo-e* (→ ESTAMPE). À côté d'anciennes maisons traditionnelles de bois, des grands immeubles en dur font de Tōkyō une ville de contrastes (bâtiments olympiques et cathédrale de l'architecte Tange Kenzō). Nombreux musées dont le prestigieux Musée national ; remarquables jardins.

Tokyo *(palais de),* palais construit en 1937, à Paris, à l'occasion de l'Exposition internationale des arts et techniques, entre l'avenue du Président-Wilson et la Seine (XVIᵉ arrond.). Il abrite le musée d'Art moderne de la Ville de Paris, le Centre national de la photographie, la Fondation européenne des métiers de l'image et du son (F. E. M. I. S.) et la Cinémathèque française. Il devient en 1988 le Palais de l'image et du son.

Tōkyō Round, négociation commerciale multilatérale menée au sein du GATT*, entre 1973 et 1979, pour poursuivre l'abaissement des tarifs douaniers et s'attaquer aux obstacles non tarifaires.

TOLAIN (Henri Louis), syndicaliste et homme politique français (Paris 1828 - *id.* 1897). Ouvrier ciseleur et mutuelliste proudhonien, il figura parmi les fondateurs de la section française de l'A. I. T. en 1865. Élu député de la Seine en févr. 1871, il fut hostile à la Commune de Paris. De 1876 à sa mort, il siégea au Sénat.

TOLAND (John), philosophe irlandais de langue anglaise (Redcastle, près de Londonderry, 1670 - Putney 1722). Il est l'auteur d'un système, qu'il appelle « panthéiste », et qui, marqué par Spinoza, aura une grande influence sur les philosophes des Lumières, notamment Diderot.

TÔLARD → TAULARD.

TOLBIAC, bourg de la Gaule situé sur le cours moyen du Rhin (auj. Zülpich) et où les Francs du Rhin vainquirent les Alamans en 496.

TOLBOUKHINE → TOLBUHIN.

TOLBOUKHINE (Fedor Ivanovitch), maréchal soviétique (Androniki, près de Iaroslavl, 1894 - Moscou 1949). Commandant le troisième front d'Ukraine en 1942, il se distingua à Stalingrad puis mena une audacieuse attaque sur les arrières allemands en direction de Stalino (sept. 1943), contraignant la Wehrmacht à la retraite générale sur le Dniepr. Il entra à Bucarest (août 1944), à Sofia (sept.), libéra Belgrade (oct.) avant de faire, en avr. 1945, sa jonction en Autriche avec les troupes américaines.

TOLBUHIN ou **TOLBOUKHINE,** anc. **Dobrič,** v. de Bulgarie, ch.-l. de distr., en Dobroudja ; 86 000 hab. Centre industriel (minoteries, laine, coton, métallurgie).

TOLBUTAMIDE ou **TOLGLYBUTAMIDE** n. m. Dénomination courante d'un sulfamide hypoglycémiant.

1. TÔLE n. f. (forme dialect. de *table*). **1.** Produit sidérurgique plat, laminé soit à chaud, soit à froid, à surface généralement lisse ou présentant parfois des saillies. (→ *encycl.*) — **2.** *Fam.* Mauvais revêtement d'une route lorsqu'il présente de légères ondulations. — **3.** *Fam.* Neige tôlée : *Skier sur de la tôle.* — **4.** *Tôle magnétique,* tôle utilisée dans les transformateurs statiques et les machines tournantes. (Les *tôles magnétiques* doivent présenter de faibles pertes magnétiques et des perméabilités élevées. Elles sont constituées par un alliage fer-silicium renfermant jusqu'à 4,5 % de silicium.)

ENCYCL. **Métall.** Les tôles sont classées en *tôles minces,* d'épaisseur inférieure à 2 mm ; *tôles moyennes,* d'épaisseur comprise entre 2 mm inclus et 5 mm exclus ; *tôles fortes,* d'épaisseur égale ou supérieure à 5 mm.

2. TÔLE → TAULE.

TÔLÉ, E adj. **1.** Se dit d'un véhicule dont la caisse et, en particulier, les panneaux latéraux sont recouverts de tôle. — **2.** *Neige tôlée,* neige fondue et reglacée, dangereuse pour les skieurs.

TOLEARA ou **TOLIARA,** anc. **Tuléar,** port de Madagascar, ch.-l. de prov., sur le canal de Mozambique ; 49 000 hab.

TOLÈDE, en esp. **Toledo,** v. d'Espagne, cap. de Castille-La Manche et ch.-l. de prov., sur le Tage ; 54 300 hab. Archevêché dont le titulaire est primat d'Espagne ; académie d'infanterie. Armes blanches renommées. Centre touristique.
— **Hist.** Bourg fortifié indigène, pris par les Romains en 192 av. J.-C., Tolède devint vers 554 une capitale wisigothe. Elle allait être le siège de 18 conciles. La conquête arabe (711) contribua à l'épanouissement de la ville. Elle tomba aux mains d'Alphonse VI de León et Castille en 1085. Sa qualité de foyer culturel, point de rencontre de savants chrétiens, juifs et arabes, se confirma. Son école de traducteurs fit connaître à l'Europe des œuvres scientifiques arabes et des écrits philosophiques grecs. Capitale de la Castille jusqu'en 1561, Tolède fut renommée pour ses aciers et ses cuirs. La défense de l'alcazar de Tolède (22 juill.-28 sept. 1936) a été un des épisodes marquants de la guerre civile espagnole.
— **Bx-arts.** Fortifications musulmanes et chrétiennes, avec parties wisigothiques. Église du Cristo de la Luz, ancienne mosquée construite en 980. Nombreuses églises de style mudéjar, aux appareils de brique ornementaux, aux plafonds de bois *artesonados* (dont deux anc. synagogues : S. María la Blanca, remontant au XIIIe s., et le *Tránsito,* du XIVe). Cathédrale gothique entreprise vers 1225, enrichie d'une foule d'œuvres d'art (jusqu'à cette apothéose du baroque qu'est le *Transparente* [1721] de N. Tomé). Église et cloître de S. Juan de los Reyes, par J. Guas, chefs-d'œuvre du gothique tardif. La Renaissance apparaît avec E. Egas, auteur de l'hôpital de la S. Cruz (auj. Musée provincial). Hôpital de S. Juan Bautista ou de Tavera, de la Renaissance classique (musée). Etc. La carrière du Greco* marque l'apogée de la spiritualité tolédane.

TOLÈDE *(monts de),* chaînons montagneux de l'Espagne centrale, dominant (au S.) la moyenne vallée du Tage.

TOLÈDE ou **TOLEDO** (Fernando ÁLVAREZ DE), duc **d'Albe** → ALBE.

TOLEDO, port des États-Unis (Ohio), à l'extrémité S.-O. du lac Érié ; 354 600 hab. Centre industriel (verrerie, constructions mécaniques et automobiles, plastiques, raffinerie de pétrole) et culturel (université, musée).

TOLEDO (Juan Bautista DE), architecte et sculpteur espagnol († Madrid ? 1567). Formé à Rome, il travailla à Naples, puis, rappelé en Espagne par Philippe II (1559), dressa les premiers plans et entreprit la construction de l'Escorial (cour des Évangélistes, inspirée du palais Farnèse de Sangallo).

Tolentino *(traité de)* [19 févr. 1797], traité signé par Bonaparte et le représentant du pape Pie VI. La France obtenait Bologne, Ferrare et la Romagne, occupait Ancône jusqu'à la paix générale et recevait une indemnité et des œuvres d'art.

TOLÉRABLE adj. (lat. *tolerabilis*). Qu'on peut tolérer, supporter : *Une douleur à peine tolérable.*

TOLÉRANCE n. f. (lat. *tolerantia*). **1.** Attitude de qqn qui admet chez les autres des manières de penser et de vivre différentes des siennes propres. — **2.** Latitude laissée à qqn d'aller dans certains cas contre une loi, un règlement : *Une tolérance orthographique.* — **3.** Attitude de qqn qui fait preuve d'indulgence à l'égard de ceux à qui il a affaire. — **4.** Aptitude de qqn à supporter les effets d'un agent extérieur, en partic. agressif ou nuisible : *Nous n'avons pas le même niveau de tolérance au bruit.* • **Méd.** Absence de réaction immunitaire à certains antigènes, résultant d'un état de paralysie immunitaire constitutif ou induit par un premier contact avec l'antigène. ‖ Propriété que possède l'organisme de supporter des doses d'une substance donnée sans manifester de signes d'intoxication. — **Monn.** Écart maximal admis entre les poids et titres réels et les poids et titres légaux. — **Relig.** Respect de la liberté de conscience et ouverture d'esprit à l'égard de ceux qui professent une religion ou des doctrines religieuses différentes. — **Techn.** Intervalle défini par rapport à une dimension théorique, à l'intérieur duquel doit se trouver la valeur mesurée pour que cette dernière puisse être considérée comme correcte. (→ *encycl.*)

ENCYCL. **Mécan.** L'assemblage de deux pièces de même cote nominale constitue un ajustement. Suivant la position respective des tolérances de ces cotes, l'ajustement peut être avec jeu, avec serrage, ou incertain, c'est-à-dire pouvant comporter tantôt un jeu, tantôt un serrage.

TOLÉRANCER v. i. (conj. **16**). Affecter une tolérance à une cote, ou des tolérances à une pièce.

TOLÉRANT, E adj. (lat. *tolerans, -antis*). **1.** Qui fait preuve de tolérance en matière de religion, d'opinion. — **2.** Qui fait preuve d'indulgence, de compréhension.

TOLÉRANTISME n. m. Attitude systématique de tolérance.

TOLÉRER v. t. (lat. *tolerare*) [conj. **18**]. **1.** Permettre qqch bien que ce ne soit pas conforme au règlement, au statut, à la loi, etc. : *Tolérer le stationnement.* — **2.** Considérer avec indulgence qqch, un comportement, ne pas le punir, le laisser passer : *Je ne tolérerai pas qu'on me parle sur ce ton.* — **3.** Supporter qqn, qqch, accepter leur présence. — **4.** En parlant de l'organisme, bien supporter une substance, un traitement, ne pas avoir de réaction contre : *Son foie ne tolère plus l'alcool.*

TÔLERIE n. f. **1.** Technique de mise en œuvre des tôles. — **2.** Atelier où l'on met en œuvre les tôles. — **3.** Fabrique de tôle. — **4.** Articles en tôle ; partie en tôle de qqch.

TOLET n. m. (anc. scand. *tollr,* poutre). Tige en bois ou en métal, fixée dans le plat-bord d'une barque, servant à recevoir l'erseau d'un aviron, et remplaçant une dame.

TOLGLYBUTAMIDE → TOLBUTAMIDE.

TOLIATTI ou **TOGLIATTI,** anc. **Stavropol,** v. de Russie, sur la Volga ; 666 000 hab. Construction automobile.

1. TÔLIER n. m. Ouvrier qui effectue des travaux de tôlerie.

2. TÔLIER → TAULIER.

TOLIMA *(Nevado del),* volcan des Andes de Colombie ; 5 215 m. Parc national.

TOLITE n. f. (de *toluène*). Dérivé nitré du toluène, employé comme explosif.

TOLKIEN (John Ronald Reuel), écrivain britannique (Bloemfontein, Afrique du Sud, 1892 - Bournemouth 1973). Spécialiste de littérature médiévale, il participa à la renaissance de l'allégorie avec deux succès mondiaux *Bilbo le Hobbit* (1937) et *le Seigneur des anneaux* (1954-55).

TOLLAN → TULA.

TOLLÉ n. m. (lat. *tolle,* enlève !). Cri d'indignation, réclamation pleine de colère : *Cette proposition souleva un tollé général.*

TOLLER (Ernst), auteur dramatique allemand (Samotschin, auj. Szamocin, Posnanie, 1893 - New York 1939). Ses drames expressionnistes reflètent ses convictions politiques et sociales (*Hop là, nous vivons,* 1927). Exilé à New York (1933), il se suicida, laissant une autobiographie, *J'étais un Allemand* (1934).

TOLLY (*prince* Mikhaïl Bogdanovitch BARCLAY DE) → BARCLAY DE TOLLY.

TOLMAN (Edward Chace), psychologue américain (West Newton, Massachusetts, 1886 - Berkeley 1959). Son principal ouvrage, *Purposive Behavior in Animals and Men* (1932), développe l'idée que l'on ne peut, pas plus chez l'homme que chez l'animal, se passer de la notion de but.

TOLSTOÏ (Alekseï Konstantinovitch, *comte*), écrivain russe (Saint-Pétersbourg 1817 - domaine de Krasnyï Rog, Briansk, 1875). Auteur d'une trilogie dramatique (*la Mort d'Ivan le Terrible,* 1866 ; *le Tsar Fedor Ivanovitch,* 1868 ; *le Tsar Boris,* 1870) et de poésies lyriques et satiriques.

TOLSTOÏ (Lev [en fr. **Léon**] Nikolaïevitch, *comte*), écrivain russe (Iasnaïa Poliana, gouvern. de Toula, 1828 - Astapovo, gouvern. de Riazan, 1910). Fils d'un riche propriétaire terrien, menant une vie désordonnée en même temps qu'il cherche à s'établir une « règle de vie », il s'engage dans l'armée, participe à la bataille de Sébastopol et, à son retour, publie avec succès ses souvenirs réunis dans *Étapes d'une vie* (1856). Ces premiers succès le poussent à se consacrer à la littérature. De retour en Russie, après un voyage en Suisse, en France et en Allemagne (1857), il fonde une école modèle pour les paysans lors de leur émancipation par le tsar et assume les fonctions de juge arbitre du district. Il épouse Sofia Andreïevna Bers (1862) et son bonheur lui inspire *les Cosaques* (1863), *les Récits de Sébastopol* (1868) et son premier chef-d'œuvre : *Guerre* et Paix* (1865-1869).

Une crise de conscience, débouchant sur une angoisse qui ne le quittera plus, met fin à cette sérénité. Tolstoï dénonce le mensonge social et l'illusion de l'amour dans *Anna* Karénine* (1875 - 1877), l'activité artistique lui apparaît comme un dérivatif coupable qui l'écarte de ses devoirs sociaux. Après une nouvelle crise, relatée plus tard dans *Confession* (1882), il se retire dans

un monastère, mais rompt brutalement avec l'Église, travaille et s'habille comme un paysan tandis que sa femme gère leurs biens (1891). L'œuvre romanesque s'assombrit (*la Mort d'Ivan Ilitch,* 1886 ; *la Sonate* à Kreutzer,* 1890 ; *Maître et Serviteur,* 1895 ; *Résurrection,* 1899). Il écrit aussi des drames (*la Puissance des ténèbres,* 1886), des essais (*Quelle est ma foi ?,* 1884 ; *Le royaume de Dieu est en nous,* 1893 ; *Qu'est-ce que l'art ?,* 1898). Excommunié par le Saint-Synode, Tolstoï incarne les aspirations de la jeunesse russe et son domaine devient un lieu de pèlerinage. Lassé des honneurs, avide de solitude et de pauvreté, il quitte secrètement ses domaines (10 nov. 1910) mais meurt à la gare d'Astapovo.
L'œuvre de Tolstoï est plus un exercice de conscience que de style ; autoexploration commencée dès la jeunesse et qui répond à un désir impérieux d'analyse et de perfectionnement moral, mais l'artiste est resté le plus fort tant dans la description des petits détails que dans l'animation des grandes fresques historiques ou sociales.

TOLSTOÏ (Alekseï Nikolaïevitch), écrivain soviétique (Nikolaïevsk 1883 - Moscou 1945). Poète, auteur de comédies et de nouvelles satiriques, il émigre en 1919 et entreprend une autobiographie (*l'Enfance de Nikita,* 1922). Rallié au régime, il publie des nouvelles fantastiques (*Aelita,* 1923), décrit la difficile condition des *Émigrés* (1931-1940), retrace dans la trilogie *le Chemin des tourments* (1920-1941) l'itinéraire des intellectuels de sa génération et magnifie dans des romans historiques Staline (*le Pain,* 1937), mais aussi les tsars (*Pierre Ier,* 1929-1945 ; *Ivan le Terrible,* 1942-43).

TÖLT n. m. Allure à quatre temps confortable et rapide où le cheval pose ses membres avec le même entre-temps (allure caractéristique du poney islandais).

TOLTÈQUES, tribu mexicaine de la famille uto-aztèque, qui s'installa à la période postclassique (950-1500 apr. J.-C.) au nord de la ville actuelle de Mexico. Au xe s. de notre ère, Topiltzin Quetzalcóatl, roi des Toltèques, installa sa capitale à Tula*, puis fut vaincu et exilé vers l'est par les prêtres de Tezcatlipoca. Sous l'égide de ce dieu, l'Empire toltèque allait dominer tout le Mexique central, de l'Atlantique au Pacifique. On note une conception architecturale nouvelle du temple : agrandi, le sanctuaire accueille désormais les guerriers. Austère et rigide, la statuaire aussi glorifie le guerrier alors que l'aigle et le jaguar — comme plus tard chez les Aztèques — symbolisent les ordres militaires et sont les composantes du répertoire décoratif que l'on retrouve en partie à Chichén Itzá.

Tolu *(baume de)* → BAUME.

TOLUCA ou **TOLUCA DE LERDO,** v. du Mexique, cap. de l'État de Mexico, au pied du *Nevado de Toluca ;* 147 600 hab. Centre commercial, artisanal et industriel. Musée archéologique.

TOLUÈNE n. m. (de *Tolu*). Dénomination courante du méthylbenzène $C_6H_5{-}CH_3$. (Liquide bouillant à 111 °C et fondant à - 95 °C, le toluène est obtenu par reformage catalytique du pétrole. On l'emploie comme solvant, comme carburant à haut indice d'octane, et pour la préparation de nombreux composés [dont le T. N. T.].)

TOLUIDINE n. f. Amine aromatique $CH_3{-}C_6H_4{-}NH_2$. (Il existe trois isomères, utilisés pour la préparation de colorants.)

TOLUIQUE adj. *Acide toluique,* nom générique de trois acides aromatiques $CH_3{-}C_6H_4{-}CO_2H$, dont la décarboxylation donne le toluène.

TOLUOL n. m. Désignation commerciale du toluène impur.

TOLYLE n. m. Radical monovalent $CH_3{-}C_6H_4{-}$.

T. O. M., abrév. de TERRITOIRE* D'OUTRE-MER.

TOM, riv. de Russie, en Sibérie, qui naît dans l'Altaï et traverse le Kouzbass, puis rejoint l'Ob (r. dr.) ; 827 km (bassin de 62 000 km²).

TOMACHEVSKI (Boris Viktorovitch), critique littéraire soviétique (Saint-Pétersbourg 1890 - au large de Yalta 1957). Lié à l'école formaliste (Opoïaz), il est l'auteur de travaux sur la *Théorie de la littérature* (1925), la métrique (*le Vers,* 1929) et la textologie (*l'Écrivain et le livre,* 1928), dont ses études sur *Pouchkine* (1956-1961) sont une illustration.

TOMAHAWK → TOMAWAK.

TOMAISON n. f. Division d'un ouvrage par tomes.

TOMAKOMAI, port du Japon (Hokkaidō), sur le Pacifique ; 152 000 hab. Papeterie, industries du bois, aluminium.

TOMAN n. m. Monnaie d'or frappée en Iran à partir du XVIe s.

TOMAR, v. du Portugal, en Estrémadure (distr. de Santarém) ; 12 400 hab. Anc. couvent du Christ : église avec rotonde des Templiers (fin du XIIe s.) et chœur du début du XVIe s., chef-d'œuvre manuélin par D. de Arruda ; cloîtres, dont le principal, à deux étages, de style palladien, par Diogo de Torralva (autour de 1560).

TOMAS ou **LOMAS,** peuple de Guinée et du Liberia, comprenant env. 300 000 membres.

TOMASI DI LAMPEDUSA (Giuseppe), écrivain italien (Palerme 1896 - Rome 1957). Célèbre pour son roman *le Guépard** (1958), mêlant réalisme et esthétisme décadent, adapté au cinéma par L. Visconti (1963), il a aussi publié des nouvelles et des essais.

TOMATE n. f. (esp. *tomate,* de l'aztèque *tomatl*). **1.** Plante herbacée annuelle (solanacée), dont la culture est très répandue et dont le fruit charnu est consommé sous des formes très variées. (→ *encycl.*) – **2.** Fruit de cette plante, de couleur rouge à jaune selon la variété. – **3.** *Fam.* Pastis additionné de sirop de grenadine. – **4.** *Tomate en arbre,* nom usuel du *cyphomandra.*

ENCYCL. La tomate *(Lycopersicum esculentum),* originaire des Andes et d'Amérique centrale, est devenue un des légumes les plus importants dans le monde. Il en existe de très nombreuses variétés, plus ou moins précoces, qui diffèrent par la taille (tomate cerise, tomate prune ; gros fruit type Marmande), la forme (sphérique, aplatie, cylindrique, lisse ou côtelée), la couleur (rouge, jaune, rose), la texture, plus ou moins charnue et juteuse, et la fermeté. Une part importante de la production est réalisée sous serre.

TOMAWAK [tɔmawak] ou **TOMAHAWK** [tɔmaok] n. m. (angl. *tomahawk,* de l'algonquin *tamahacan*). Hache de guerre des Indiens d'Amérique du Nord.

TOMBA (Alberto), skieur italien (Lazzaro di Savenna, prov. de Bologne, 1966). Athlète aux moyens physiques impressionnants, champion olympique de slalom spécial en 1988 et de slalom géant en 1988 et 1992, il a remporté neuf Coupes du monde entre 1988 et 1995 (une du classement général en 1995, quatre de slalom spécial et quatre de slalom géant).

TOMBAC n. m. (thaï *tambac*). Laiton contenant de 80 à 83 % de cuivre et de 20 à 17 % de zinc, couramment utilisé en bijouterie.

TOMBAL, E, ALS ou **AUX** adj. **1.** Relatif à la tombe, qui figure sur une tombe : *Inscription tombale.* – **2.** *Pierre tombale,* dalle recouvrant le caveau d'une tombe.

TOMBALBAYE (François Ngarta), homme d'État tchadien (Bessaba 1918 - N'Djamena 1975). Président du Conseil des ministres (1959), il devint le premier président de la République du Tchad, indépendant en 1960. Investi des pleins pouvoirs en 1969, il tenta de rassembler les Tchadiens contre les rebelles du Nord et de l'Est. Il fut tué lors du coup d'État militaire du général Malloum (avr. 1975).

TOMBANT, E adj. (de *tomber 1*). **1.** Dont la forme affecte un mouvement vers le bas : *Moustaches tombantes.* – **2.** Se dit des parties du corps qui s'affaissent : *Poitrine tombante.* – **3.** *À la nuit tombante,* à la fin du jour, au commencement de la nuit. ‖ *Cheveux tombants,* cheveux longs qu'on laisse pendre sans les attacher.

◆ **tombant** n. m. Qualité d'un tissu qui forme naturellement un drapé esthétique.

TOMBE n. f. (bas lat. *tumba,* du gr. *tumbos*). **1.** Fosse où on enterre un mort ; monument funéraire qui recouvre la fosse : *Aller se recueillir sur la tombe de quelqu'un.* – **2.** *Être muet comme une tombe,* garder strictement les secrets, les confidences. ‖ Fam. *Se retourner dans sa tombe,* se dit d'un mort qu'on imagine bouleversé, ému par ce qui vient d'être dit ou fait.

ENCYCL. **Archéol.** et **Bx-arts.** Les modes de sépulture sont un fidèle reflet de la société qui les emploie, et, à ce titre, un informateur de premier plan sur les sociétés anciennes.

• *Proche-Orient.* Les premiers cimetières apparaissent en Mésopotamie à la fin de l'époque chalcolithique (cimetière d'Eridou, époque d'El-Obeid, fin du Ve millénaire). À partir du début du IIIe millénaire, la société mésopotamienne se hiérarchise et les différences sociales transparaissent avec la diversité et l'abondance d'offrandes plus ou moins riches (Our, milieu du IIIe millénaire). À la fin du IIIe millénaire, les rois d'Our se font enterrer dans des hypogées recouverts d'un mausolée.

Aux époques plus récentes, de telles dépenses funéraires ne sont pas l'apanage des rois : Ougarit (XIVe-XIIIe s. av. J.-C.) avec ses beaux caveaux maçonnés à voûte en encorbellement, accessibles par un couloir à escalier, ou *dromos,* d'inspiration mycénienne. Les rois achéménides utilisent des chambres funéraires rupestres ornées d'une façade sculptée de reliefs à la gloire du défunt.

• *Égypte.* La tombe est une composante essentielle de l'architecture égyptienne. Ce n'est pas un lieu de mort, mais la demeure d'éternité de la momie, comportant une partie ouverte aux vivants et où sont célébrés les rites, et une partie secrète séjour du défunt. De la pyramide*, tombe des pharaons de l'Ancien Empire, aux profonds hypogées* de la Vallée des Rois*, contenant les dépouilles des pharaons du Nouvel Empire, la tombe égyptienne change de forme, mais non de sens ni de fonction. Aux pyramides, abritant le caveau, étaient associés des temples funéraires correspondant aux chapelles. Aux tombes fermées de la Vallée des Rois étaient adjoints des temples, comme Médinet* Habou ou Deir* el-Bahari. Les tombes dites privées sont très nombreuses : mastabas à Gizeh, à Saqqarah, hypogées à Beni-Hassan et à Thèbes. Par leurs peintures murales d'une exceptionnelle richesse, c'est toute la civilisation égyptienne qui nous reste perceptible.

• *Grèce.* C'est à partir de l'âge du bronze que les rites funéraires sont à peu près bien connus. La cité minoenne juxtapose les charniers populaires (Malia) aux grandes tombes princières (sépultures de Khrysólakkos à Malia, de Cnossos, tombes à tholos de la vallée de la Messará). Mycènes est célèbre pour ses deux cercles de tombes et ses tholoi dites « d'Atrée » et « d'Agamemnon ». La révolution qui met fin au monde mycénien voit le développement de la crémation, qui ne supplante jamais complètement l'inhumation. Aux premiers siècles de l'époque archaïque, les tombes sont mêlées aux habitations : ultérieurement, à partir du VIIe s. av. J.-C., on a tendance à séparer la cité des vivants de celle des morts : Céramique* à Athènes, où les tombes sont marquées d'une stèle.
En Macédoine, la société aristocratique se construit, à partir du IVe s. av. J.-C., de grandes tombes où la chambre funéraire est précédée d'une façade élevée comme celle d'un temple : tombe de Philippe II, découverte à Aigai*. En Asie Mineure, les princes hellénisés, vassaux des rois achéménides, commandent à des artistes grecs des monuments funéraires : sarcophages (dit « d'Alexandre » provenant de Sidon, au musée d'Istanbul) ou mausolées (Halicarnasse).
• *Civilisation villanovienne.* Elle connaît d'abord l'incinération (IXe-VIIIe s. av. J.-C.) : urne cinéraire biconique ou en forme de cabane, placée dans un puits. Aux environs de 750 av. J.-C. apparaît l'inhumation en fosse.
• *Civilisation étrusque.* Elle voit triompher le type caractéristique de la tombe à chambre, souvent recouverte d'un tumulus qui comprend un couloir d'accès, ou *dromos,* menant à une ou à plusieurs chambres ornées de sculptures ou de peintures murales. Les nécropoles sont souvent organisées comme de véritables villes (Cerveteri*, Tarquinia*, Veies*, Vulci*).
• *Rome.* Du IXe au VIe s. av. J.-C., les tombes du Palatin et du Forum, à incinération, contiennent des urnes en forme de cabanes et du matériel varié. Pendant la République, les grandes familles déposent leurs morts dans des hypogées monumentaux, incinérés ou exceptionnellement inhumés en sarcophage ; la majorité des citoyens se contentent de sépultures à incinération très modestes (columbarium). À la fin de la République, les grands personnages se font construire des mausolées monumentaux (Auguste, Cecilia Metella) avec des urnes richement ornées qui contiennent les cendres. Les notables municipaux les imitent (mausolée des Julii, à Saint-Rémy-de-Provence, v. 30 av. J.-C.). Au début du IIe s. apr. J.-C., sous l'influence des religions de salut, l'incinération recule de plus en plus devant l'inhumation en sarcophages, qui sont décorés de guirlandes, de thèmes mythologiques.
• *Europe médiévale et moderne.* Certains des divers types de sépulture en usage dans l'Antiquité subsistent en Occident jusqu'au début du Moyen Âge (sarcophages mérovingiens ; mausolées romans, détruits pour la plupart). Apparaissent successivement aux époques romane et gothique la plaque tombale (ou *plate-tombe*) et le *gisant* (nécropoles de Saint-Denis et de Westminster, etc.). Vers la fin du XIIIe s., alors que s'édifient de grands mausolées pariétaux (tombeau de Dagobert à Saint-Denis, en *enfeu*), commence à se répandre le type du *priant* (qui triomphera en France dans la seconde moitié du XVIe s.), puis, dans les années 1390, celui du cadavre sculpté *(transi).* L'idée vint à la Renaissance de réunir les images du gisant et du priant, auxquelles on ajouta des statues de vertus, ainsi aux monuments de Louis XII*, de François Ier* et d'Henri II* (Saint-Denis), conçus à l'italienne comme de riches édicules autonomes. Simplicité et réalisme définissent la sculpture funéraire de la première moitié du XVIIe s. en France. Mais, déjà, le tombeau tend à s'animer, revêt bientôt un caractère scénique. Dès 1650, de grandes compositions monumentales s'érigent à la gloire du défunt, celui-ci représenté assis, priant ou couché, assisté de figures allégoriques, selon une formule en faveur dans l'Italie baroque (Bernin). Le goût du tragique s'exacerbe au XVIIIe s., donnant naissance aux œuvres mouvementées de M. A. Slodtz, Pigalle, Roubiliac, jusqu'à ce que le retour à l'antique conduise à plus de sobriété (Houdon).

TOMBÉ n. m. **1.** Pas qui s'achève sur l'une des deux jambes fléchies (chassé, sauté). [On dit aussi PAS TOMBÉ.] — **2.** À la lutte, contact des épaules avec le sol.

TOMBEAU n. m. (de *tombe*). **1.** Monument funéraire élevé sur la tombe d'un mort. — **2.** *Litt.* Symbole de la mort : *Descendre au tombeau.* — **3.** *Litt.* Lieu ou circonstance où qqn, qqch a péri, disparu : *Ces événements furent le tombeau de la dictature.* — **4.** *À tombeau ouvert,* à une vitesse si rapide qu'elle risque de causer un accident mortel. ‖ *Suivre qqn au tombeau,* mourir peu de temps après lui. • **Iconogr.** *Mise au tombeau,* scène de l'ensevelissement du Christ. (S'agissant d'un groupe sculpté, syn. SÉPULCRE.) — **Mobil.** *Commode en tombeau,* type de commode massive apparue vers 1720, à trois tiroirs et pieds courts. — **Mus.** Pièce musicale vocale ou instrumentale écrite à la mémoire de personnages illustres (*le Tombeau de Couperin,* par M. Ravel).

TOMBÉE n. f. **1.** *Litt.* Chute, mouvement de qqch qui tombe. — **2.** Manière dont qqch tombe, pend vers le sol : *La tombée d'une jupe.* – **3.** *Tombée du jour, de la nuit,* crépuscule. (Syn. litt. TOMBER.)

TOMBELAINE, îlot rocheux, près du Mont-Saint-Michel.

TOMBELLE n. f. Petit monticule ou éminence factice servant de tombeau.

1. TOMBER v. i. (rad. onomat. *tumb-*, qui évoque une chute ou un saut brusque) [conj. 3 ; auxil. *être*]. **1.** Perdre l'équilibre et faire une chute, s'affaisser au sol ; s'abattre, crouler, s'écrouler : *Se casser une jambe en tombant. Faire tomber une cloison.* – **2.** Être entraîné, précipité, par son propre poids, d'un lieu haut vers un lieu bas : *Tomber d'une échelle. Il a laissé tomber sa montre.* – **3.** Descendre vers le sol, en parlant des précipitations atmosphériques : *Il est tombé des grêlons énormes.* – **4.** Se détacher de l'organe qui les porte, en parlant de feuilles, de cheveux, etc. : *Toutes ses dents de lait sont tombées.* – **5.** Partir, se défaire : *Les lunettes me tombent du nez.* – **6.** Apparaître comme dirigé de haut en bas, en parlant de phénomènes : *Se guider grâce à la clarté qui tombe de la lune.* – **7.** *Litt.* Être prononcé avec un aspect net, sec : *La sentence est tombée.* – **8.** Être édité, imprimé ; paraître : *La dernière édition vient de tomber.* – **9.** Être attaché, fixé par une extrémité et pendre librement : *Une abondante chevelure tombe sur ses épaules.* – **10.** Descendre selon une certaine inclinaison : *Des toits qui tombent en pente raide.* – **11.** Être affaissé, en parlant de parties du corps : *Poitrine qui tombe.* – **12.** Être tué, dans un combat, une guerre : *Ceux qui sont tombés au champ d'honneur.* – **13.** Perdre le pouvoir, être renversé, etc. : *Le dictateur est enfin tombé.* – **14.** *Pop.* Être arrêté par la police, en parlant d'un malfaiteur. – **15.** Se rendre, capituler, en parlant d'une position militaire : *La ville est tombée après des combats acharnés.* – **16.** Être écarté, éliminé, disparaître : *Cette objection tombe d'elle-même.* – **17.** Perdre de sa force, de son intensité : *Le vent est tombé.* – **18.** Ne pas avoir de succès : *Cette pièce tombera rapidement.* – **19.** S'abaisser ou être très déprimé : *Il est tombé bien bas.* – **20.** Aboutir, déboucher à tel endroit : *Suivez cette avenue, vous allez tomber sur la place.* – **21.** Survenir à telle date, coïncider avec tel jour, etc. : *Cette année, le 1er novembre tombe un lundi.* – **22.** Arriver qqpart à l'improviste, et plus ou moins bien à propos : *Vous risquez de tomber au milieu de la manifestation.* – **23.** Passer d'un état neutre ou valorisant à un état dévalorisant, affligeant, etc. : *Une œuvre qui tombe dans l'oubli.* – **24.** *Tomber dans qqch,* suivre la pente qui y mène : *Publication qui tombe dans la vulgarité.* – **25.** *Tomber en,* indique le passage (assez brusque) d'un état à un autre : *Mot tombé en désuétude. Des édifices qui tombent en ruine.* – **26.** Suivi d'un attribut, équivaut à *devenir* : *Tomber amoureux.* – **27.** *Tomber de,* être atteint de qqch : *Tomber de sommeil.* – **28.** *Tomber sur,* rencontrer qqn à l'improviste, trouver, découvrir qqch fortuitement : *Tomber sur un document capital ;* être orienté, porter sur qqn, qqch : *Le sort est tombé sur le plus naïf ;* avoir qqch par le sort, le hasard : *Si je savais sur quel sujet je vais tomber ;* attaquer qqn par surprise ou le critiquer violemment : *Si nous publions cet article, tout le monde va nous tomber dessus.* – **29.** *Tomber sous qqch, la main, les yeux, etc.*, venir par hasard à portée de qqn, d'un animal, pouvoir être saisi, appréhendé. – **30.** *Laisse tomber,* se dit pour inviter qqn à ne pas insister, à ne pas se mêler de qqch, etc. ‖ *Laisser tomber qqn, qqch,* ne plus s'y intéresser. ‖ *Le jour, le soir, la nuit tombe,* le jour baisse, il va bientôt faire nuit. ‖ *Tomber à point,* ou, fam., *à pic,* arriver, survenir à un moment opportun. ‖ *Tomber aux pieds, aux genoux de qqn,* se jeter à ses pieds dans une attitude de respect, de vénération, d'humilité, de supplication, etc. ‖ *Tomber bien,* pour un vêtement, avoir une bonne coupe ; être favorisé par le hasard, les circonstances : *Vous tombez bien, je suis libre ;* arriver ou se produire à propos : *Cet héritage ne pouvait mieux tomber.* ‖ *Tomber des mains,* en parlant d'un livre, être d'une lecture fastidieuse, être inintéressant. ‖ *Tomber juste,* en parlant d'un calcul, être exact. ‖ *Tomber pile,* arriver, survenir à propos ; deviner juste. ‖ *Tomber sous le coup de la loi,* être passible de poursuites judiciaires. • **Chorégr.** Prendre appui sur une jambe demi-pliée. – **Jeux.** *Faire tomber une carte,* jouer de manière à obliger le joueur qui possède cette carte à la mettre sur le tapis. – **Mar.** *Tomber sous le vent,* en parlant d'un navire, s'éloigner du lit du vent.

◆ v. t. (auxil. *avoir*). **1.** Vaincre qqn à la lutte, en le renversant et en lui maintenant les deux épaules au sol. – **2.** *Fam.* Séduire qqn, faire sa conquête. – **3.** Fam. *Tomber la veste,* la retirer.

2. TOMBER n. m. (de *tomber 1*). Syn. litt. de TOMBÉE.

TOMBEREAU n. m. (de *tomber 1*). **1.** Syn. de DUMPER. – **2.** Syn. de WAGON-TOMBEREAU.

TOMBEUR n. m. *Fam.* **1.** Lutteur qui terrasse ses adversaires. – **2.** Celui qui l'emporte sur un adversaire, lui faire perdre sa place, son titre. – **3.** Séducteur, don Juan.

TOMBIGBEE, riv. des États-Unis (Mississippi et Alabama). Elle conflue avec l'Alabama pour former le Mobile ; 618 km (bassin de 50 500 km²).

TOMBLAINE (54510), ch.-l. de cant. de Meurthe-et-Moselle, banlieue est de Nancy, sur la Meurthe ; 8 369 hab. *(Tomblainois)*. Matériel agricole et motoculteurs.

TOMBOLA n. f. (ital. *tombola,* de *tombolare,* faire la culbute). Loterie où chaque gagnant reçoit un lot en nature.

TOMBOLO n. m. (ital. *tombolo,* du lat. *tumulus,* éminence). Flèche littorale simple, double ou triple, formant un isthme à l'intérieur duquel subsistent des lagunes.

TOMBOUCTOU, v. du Mali, ch.-l. de région, près du Niger ; 31 962 hab. Mosquée Djinguereber (XIVe s.). Du Moyen Âge au XIXe s., elle fut une grande place commerçante où l'on échangeait les produits de la Méditerranée contre l'or et les esclaves du Soudan.
— **Hist.** La ville aurait été fondée vers 1100 par des Touareg. Elle dut son essor à sa situation sur le Niger, à la jonction de la principale route transsaharienne. Devenue aux XVe-XVIe s. un des grands centres religieux et intellectuel de toute la zone soudanienne, la ville fut occupée par les Marocains en 1591. René Caillié y séjourna en 1828. Tombouctou fut prise par les Français en 1894.

1. TOME n. m. (bas lat. *tomus,* morceau, du gr. *tomos*). Division d'un ouvrage, qui forme le plus souvent un volume entier.

2. TOME → TOMME.

TOMÉ (Narciso), sculpteur et architecte espagnol († 1742), fils et frère de sculpteurs. Il a élevé le *Transparente* de la cathédrale de Tolède (1721-1732), composition de marbres, de bronzes et de peinture d'une exubérance baroque extrême, qui devait fournir un éclairage quasi surnaturel à une chapelle du Saint-Sacrement.

TOMENTEUX, EUSE adj. (lat. *tomentum,* bourre). **1.** Qui a l'aspect du duvet. — **2.** Syn. de VILLEUX.

TOMIS ou **TOMES,** en lat. **Tomi,** anc. ville antique de la Mésie inférieure, sur le Pont-Euxin. Ce fut le lieu d'exil d'Ovide. C'est l'actuelle *Constanța* (Roumanie).

TOMISLAV († 928), duc (910-v. 925), puis roi (925-928) de Croatie. Il réunit sous son autorité les Croaties dalmate et pannonienne.

Tom Jones, enfant trouvé, roman de H. Fielding (1749) : variation sur les thèmes de la bâtardise et de la noblesse du cœur menée dans un climat d'humour paillard et d'allégresse virile. Adaptation filmée de Tony Richardson (1963).

TOMMASEO (Niccolo), écrivain italien (Šibenik, Dalmatie, 1802 - Florence 1874). Romancier populiste, poète, son *Dictionnaire des synonymes* (1830) et son *Dictionnaire de la langue italienne* (1858-1879) sont des monuments de la lexicographie italienne.

TOMMASO da Modena, peintre et miniaturiste italien (Modène v. 1325 - *id.* v. 1379). Il allie à l'élégance des formes un réalisme puissant (*Portraits de dominicains célèbres,* fresques du couvent S. Niccolo de Trévise, v. 1352 ; triptyque avec *la Vierge entre deux saints,* château de Karlštejn [Bohême], v. 1360).

TOMME ou **TOME** n. f. (anc. dauphinois *toma*). **1.** Caillé obtenu dans la fabrication du cantal, après avoir soutiré le sérum. — **2.** *Tomme de Savoie,* fromage cylindrique à caillé découpé, brassé et pressé, et à croûte moisie, fabriqué en Savoie avec du lait de vache. ‖ *Tomme de Romans,* fromage à pâte molle, de forme cylindrique, fabriqué au lait de chèvre, et/ou de vache, dans la région de Romans.

TOMMETTE ou **TOMETTE** n. f. (dauphinois *toumeto,* de *toma,* tomme). Petit carreau de terre cuite, de teinte rouge vif, de forme souvent hexagonale.

TOMMY n. m. (pl. *tommies*) [angl. *tommy,* abrév. de *Thomas*]. Surnom familier donné au soldat anglais, depuis la Première Guerre mondiale.

TOMODENSITOMÈTRE n. m. Syn. de SCANOGRAPHE.

TOMODENSITOMÉTRIE n. f. Syn. de SCANOGRAPHIE.

TOMOGRAPHIE n. f. **1.** Technique radiologique permettant d'obtenir artificiellement l'image radiographique nette d'un plan de coupe d'organe ou d'organisme, les autres couches étant estompées. — **2.** La radiographie ainsi obtenue. — **3.** *Tomographie informatisée* ou *computérisée,* syn. de SCANOGRAPHIE.
ENCYCL. La tomographie est obtenue en faisant subir au tube générateur de rayons X et au film sensible des mouvements de déplacement, par rapport à l'organe à radiographier, tels que les images contenues dans un plan privilégié, où se situe l'axe de ce déplacement, demeurent seules lisibles. Elle donne des images d'une tranche mince de 1 à 2 cm d'épaisseur d'un organe (par ex. le poumon) qui peut être exploré par tranches successives dans les plans frontal, sagittal et horizontal. Elle permet ainsi de mettre en évidence des lésions qui n'apparaissent pas sur une radiographie normale.

TOMOGRAPHIQUE adj. Relatif à la tomographie.

TOMONAGA SHINICHIRŌ, physicien japonais (Kyōto 1906 - Tōkyō 1979). Il a proposé, en 1945, une formulation relativiste de la théorie des champs, qu'ont utilisée les Américains Feynman et Schwinger pour l'étude des interactions du champ électromagnétique avec le photon. (Prix Nobel de physique, avec ces derniers, 1965.)

TOMPION (Thomas), horloger anglais (Northhill, Bedfordshire, v. 1639 - Londres 1713). Considéré comme le « père de l'horlogerie anglaise », l'un des premiers, il adapta des ressorts spiraux aux échappements des montres. Son neveu, George Graham*, lui succéda.

TOM-POUCE [tɔm-] n. m. inv. (calque de l'angl. *Tom Thumb,* surnom d'un nain célèbre du cirque Barnum). **1.** *Fam.* et *vx.* Personne de très petite taille. — **2.** Parapluie de femme, à manche très court.

TOMSK, v. de Russie, en Sibérie occidentale, sur le *Tom,* en amont de son confluent avec l'Ob ; 505 000 hab. Centre commercial et culturel (université). Pétrochimie.

TOMSKI (Mikhaïl Pavlovitch Iefremov, dit), homme politique et syndicaliste soviétique (Saint-Pétersbourg 1880-? 1936). Ouvrier, il adhéra à un cercle social-démocrate en 1904. Président du Conseil central des syndicats de 1918 à 1929, il défendit avec Boukharine et Rykov la poursuite de la NEP et fut éliminé par Staline en 1929. Il se suicida en 1936.

TOMYRIS, reine des Massagètes qui aurait battu et tué Cyrus.

1. TON, TA, TES adj. poss. de la 2ᵉ pers. du sing. (lat. *tuus*). [Au lieu de *ta,* on emploie *ton* devant un nom ou un adj. fém. commençant par une voyelle ou un *h* muet : *Ton âme, ton habitation.*] Qui est à toi, qui vient de toi, qui te concerne, qui t'est propre ou qui est tel par rapport à toi : *Ta maison. C'est ton village.*

2. TON n. m. (lat. *tonus,* du gr. *tonos,* tension). **1.** Qualité sonore d'une voix liée à sa hauteur, à son timbre, à son intensité, etc. : *Dire un texte sur un ton monocorde.* — **2.** Manière de parler significative d'un état d'esprit, d'un sentiment ou adaptée à une situation : *Répliquer d'un ton sec. Sur le ton de la plaisanterie.* — **3.** Manière d'écrire, de composer significative d'un état d'esprit, d'un sentiment : *Le ton badin d'une lettre.* — **4.** Atmosphère générale qui se dégage d'une expression orale, écrite, artistique : *Dès les premières images, le ton du film est évident.* — **5.** Manière de s'exprimer, de se tenir, de se comporter propre à un milieu, à un groupe social : *Un ton provincial.* — **6.** Couleur, du point de vue de sa valeur sensorielle, de son intensité : *Différents tons de jaune, de vert.* — **7.** *Baisser le ton,* parler plus bas ; être plus modeste. ‖ *Baisser d'un ton,* parler avec moins d'arrogance. ‖ *De bon ton,* en accord avec les goûts, les habitudes d'un milieu jugé éclairé. ‖ *Dire, répéter qqch sur tous les tons,* le dire à plusieurs reprises et en usant des méthodes les plus diverses. ‖ *Donner le ton,* indiquer ce que va être qqch sur le plan du contenu et de son atmosphère générale ; servir de modèle pour les manières, le langage, la façon de voir et de penser d'un groupe social. ‖ *Être, se mettre dans le ton,* avoir, adopter les manières, le comportement attendus dans un certain milieu. ‖ *Le prendre sur un certain ton, sur ce ton,* adopter un ton vif, arrogant, tranchant, qui n'est pas de mise. ‖ *Se mettre au ton de qqn,* suivre ses goûts, ses idées, se conformer à sa façon de faire, l'imiter.
• **Bx-arts.** Couleur considérée du point de vue de son degré de saturation et de son degré de clarté. (Dans leurs rapports entre eux, les tons déterminent des *valeurs.*) ‖ *Ton chaud,* proche de l'orangé dans le spectre de la lumière. ‖ *Ton froid,* proche du bleu. ‖ *Ton local,* couleur propre d'un objet qu'un peintre représente. ‖ *Ton sur ton,* se dit d'objets de même couleur, mais de valeur différente. • **Mar.** Partie haute d'un mât, entre le capelage et l'extrémité supérieure. — **Mus.** Détermination de la hauteur absolue de la gamme par l'énoncé de sa tonique ; syn. de tonalité. ‖ Rapport des hauteurs entre deux notes conjointes correspondant à l'intervalle de seconde majeure. (Il se compose de deux demi-tons, l'un diatonique et l'autre chromatique.) — **Phon.** Niveau de hauteur ou variation mélodique propre à une syllabe, et constituant des unités prosodiques qui assument dans certaines langues (chinois, vietnamien, suédois, serbo-croate, etc.) une fonction distinctive analogue à celle du phonème.

3. TON [tœn] n. f. (angl. *ton,* tonne). **1.** Unité anglo-saxonne de masse valant environ 1 016 kg. (On l'appelle aussi ton anglaise et, aux États-Unis, long ton.) — **2.** *Ton américaine,* autre nom de la short ton.

Tonacatecuhtli et Tonacacihuatl, dans le panthéon précolombien, couple primordial qui a engendré les autres dieux.

TONADILLA n. f. (mot esp. dimin. de *tonada,* chanson). Anciennement en Espagne, petite pièce comique agrémentée d'airs et de chansons.

TONAL, E, ALS adj. **1.** Qui a trait au ton, à la tonalité. — **2.** *Musique tonale,* ensemble de toute la technique musicale dont la dialectique se réclame des principes de la tonalité. (S'oppose à modal.)

TONALITE n. f. Diorite quartzique à biotite et amphibole.

TONALITÉ n. f. **1.** Ensemble des relations entre les degrés hiérarchisés d'une échelle de sons ou d'une gamme, par rapport à la tonique. (Syn. ton.) — **2.** Impression d'ensemble qui se dégage de qqch, considérée sur le plan subjectif, affectif : *Le film a une tonalité tragique.* — **3.** Couleur dominante, ambiance colorée d'une peinture, d'un tableau. — **4.** Zone de fréquence, qui peut être renforcée ou diminuée par des réglages appropriés, sur les appareils qui reçoivent un signal électrique représentant un signal sonore. — **5.** Signal audible transmis par un réseau téléphonique pour indiquer l'état des opérations de commutation et en partic. que l'abonné est invité à composer le numéro du correspondant qu'il désire. — **6.** *Tonalité chromatique,* attribut de la sensation visuelle responsable de la distinction des diverses couleurs.

Ton cups, en voile, ensemble des compétitions dérivées de la *One ton cup* et ouvertes à des voiliers au rating allant de 16,5 pieds *(Mini ton cup)* à 32 pieds *(Two tons cup).*

TONDAGE n. m. Action de tondre qqch, un animal.

TONDAISON n. f. Syn. de TONTE.

TONDANT, E adj. (de *tondre*). Qui fait tomber les cheveux de l'homme (teigne tondante, par ex.) ou les poils d'un animal.

TONDEUR, EUSE n. Personne spécialisée dans la tonte des animaux.

◆ **tondeuse** n. f. **1.** Appareil servant à la coupe mécanique du gazon. — **2.** Appareil servant à effectuer la tonte des animaux. — **3.** Instrument à main permettant de couper ras les cheveux. — **4.** Machine servant à tondre les étoffes de laine et parfois les tissus de coton.

TONDO n. m. (ital. *tondo,* abrév. de *rotondo,* rond). Tableau de forme circulaire. (Peinture de la Renaissance italienne.)

TONDRE v. t. (lat. *tondere*) [conj. **75**]. **1.** Couper à ras la laine ou le poil d'un animal : *Tondre les moutons.* — **2.** Couper les cheveux de qqn à ras avec une tondeuse : *Tondre les cheveux aux prisonniers.* — **3.** *Fam.* Dépouiller qqn de son argent, l'exploiter : *Se faire tondre au poker.* — **4.** Couper l'herbe très près du sol : *Tondre le gazon.* — **5.** Tailler une haie pour en égaliser la surface. — **6.** Couper ras les poils d'une étoffe pour la rendre lisse et unie. — **7.** Fam. *Il tondrait un œuf,* il est d'une avarice sordide.

◆ **être tondu** v. pass. **1.** Avoir les cheveux, les poils coupés à ras : *Les crânes tondus des prêtres bouddhistes.* — **2.** Être coupé à ras, en parlant de l'herbe : *Un gazon fraîchement tondu.*

TONDU, E n. **1.** Personne qui a les cheveux coupés ras. — **2.** *Le Petit Tondu,* surnom fam. donné par ses soldats à Napoléon Ier.

TONE (Theobald Wolfe), patriote irlandais (Dublin 1763 - *id.* 1798). Pour réconcilier les Irlandais des diverses confessions, il fonda la société des Irlandais-Unis (1791). Il obtint de la France l'envoi en Irlande de l'expédition de Hoche, qui échoua (1796). Capturé après le soulèvement de 1798, il se suicida.

TONÈME n. m. (de *ton 2,* d'après *phonème*). Unité prosodique constituant une classe de tons et permettant d'opposer deux unités significatives.

TONG [tɔ̃g] n. f. Chaussure de plage en matériau plastique léger, composée d'une semelle et d'une bride en V.

TONG → DONG.

TONGA, anc. **îles des Amis,** en angl. **Friendly Islands,** État insulaire du Pacifique sud, constitué de plus de 150 îles et îlots, alignés du N.-N.-E. au S.-S.-O., entre 15 et 23° de latitude S. et couvrant au total environ 700 km² ; 110 000 hab. CAP. *Nukualofa,* sur la principale île, Tongatapu. LANGUES : *anglais* et *tongan.* MONNAIE : *pa'anga.*
— **Géogr.** L'archipel, d'origine volcanique ou corallienne, est localement surpeuplé. La population, polynésienne, protestante, s'accroît rapidement. La patate douce, le manioc et le coprah sont les principales ressources avec le tourisme naissant et les envois des émigrés.
— **Hist.** Gouverné depuis le Xe s. par la dynastie des Tupou, l'archipel fut découvert par les Hollandais en 1616. En 1826, le roi Georges Tupou Ier, converti par les méthodistes, établit une véritable monarchie constitutionnelle (1862). Protectorat britannique (1900), les Tonga sont devenues un royaume indépendant dans le cadre du Commonwealth en 1970.

TONGA-KERMADEC *(arc des),* dans le Pacifique sud-occidental, ensemble de deux arcs insulaires et sous-marins alignés sur plus de 2 400 km entre l'archipel des Samoa et la Nouvelle-Zélande.

TONGA-KERMADEC *(fosse des),* ensemble de deux fosses océaniques du Pacifique sud, parmi les plus profondes du monde (Tonga 10 882 m ; Kermadec 10 047 m).

TONGANS, population des îles Tonga, originaire des îles Samoa.

TONGATAPU, archipel des Tonga dont l'île principale, de même nom (260 km² ; 47 000 hab.), porte la capitale Nukualofa.

TONGHAK n. m. Religion coréenne syncrétiste, fondée en 1859 par Ch'oe Che-u. (Près de 2 millions de fidèles).

TONGHUA ou **T'ONG-HOUA,** v. de la Chine du Nord-Est, à l'E. de Jilin ; 158 000 hab. Sidérurgie. Papier. Constructions électriques.

TONG K'I-TCH'ANG → DONG QICHANG.

TONGRES, en néerl. **Tongeren,** v. de Belgique (Limbourg), ch.-l. d'arrond., en Campine ; 29 800 hab. *(Tongriens).* Sous les Romains, Tongres fut un important relais routier entre Bavay et Cologne. Restes de fortifications. Basilique Notre-Dame, reconstruite au XIIIe-XVe s. ; cloître roman du XIIe s. ; riche trésor. Musée provincial gallo-romain et Musée communal. Marché agricole. Constructions électriques et mécaniques. Confection. Chaussures.

TONG-T'ING → DONGTING.

TONG YUAN → DONG YUAN.

TONIC n. m. (abrév. de l'angl. *tonic water,* eau tonique). Soda à base d'essences d'oranges amères et d'extraits de quinquina.

TONICARDIAQUE adj. et n. m. Syn. de CARDIOTONIQUE.

TONICITÉ n. f. **1.** Caractère d'un climat tonique : *La tonicité de l'air marin.* — **2.** Caractère des muscles d'être dotés de tonus.

TONIE n. f. Hauteur d'un son.

TONIFIANT, E adj. Qui tonifie : *Une lecture tonifiante.*

TONIFICATION n. f. Action de tonifier.

TONIFIER v. t. (gr. *tonos,* énergie) [conj. 9]. **1.** Redonner du tonus aux muscles, de la fermeté à la peau : *Les bains froids tonifient la peau.* — **2.** Redonner de la vigueur physique ou morale : *Le grand air tonifie.*

TONINÁ, site archéologique maya de la vallée d'Ocosingo (Mexique). Occupé à partir du classique ancien (250-260 apr. J.-C.), son apogée se situe au classique récent (650-950). Vestiges du centre cérémoniel sur l'acropole.

1. TONIQUE adj. (gr. *tonikos,* qui se tend). **1.** Qui donne de l'énergie physique, qui stimule l'activité de l'organisme : *Climat tonique.* — **2.** Qui a du tonus, de la vigueur, de l'énergie : *Un enfant très tonique.* — **3.** Qui stimule psychologiquement : *Une lecture tonique.* — **4.** Se dit d'un médicament qui reconstitue les forces vitales de l'organisme ou d'une fonction. — **5.** Relatif au tonus musculaire. — **6.** Se dit d'une structure anatomique dont l'activité se maintient de façon régulière pendant toute la durée de la stimulation qui lui est appliquée. — **7.** *Lotion tonique* ou *tonique* (n. m.) lotion légèrement astringente utilisée pour raffermir la peau du visage.
◆ n. m. Médicament tonique.

2. TONIQUE adj. (de *ton 2*). **1.** Se dit de certaines formes de pronoms comme *moi, toi, soi, lui,* qui s'opposent à des formes dites atones *(me, te, se, le).* — **2.** Se dit de la voyelle, de la syllabe qui porte l'accent. — **3.** *Accent tonique,* expression désignant aussi bien l'accent de hauteur que l'accent d'intensité, ou accent dynamique.
◆ n. f. Dans un système musical modal ou tonal, note la plus importante de la gamme diatonique ou chromatique à laquelle elle donne son nom. (Dans la tonalité classique, la tonique est toujours le premier degré.)

TONITRUANT, E adj. (bas lat. *tonitruans,* du lat. class. *tonitrus,* tonnerre). Retentissant comme le tonnerre : *Une voix tonitruante.*

TONITRUER v. i. (de *tonitruant*) [conj. 3]. S'exprimer d'une voix retentissante.

TONKA n. f. Graine aromatique, à odeur de vanille ou de foin coupé, utilisée en parfumerie. (On dit aussi FÈVE TONKA.)

TONKIN ou **BAC BÔ,** région du nord du Viêt-nam. Le Tonkin correspond à la plaine du Sông Koi (fleuve Rouge) et aux montagnes qui l'entourent. Ses limites sont celles du rayonnement historique des Vietnamiens à partir du delta du fleuve Rouge.
— **Géogr.** La partie vitale est le delta, très densément peuplé et intensément mis en valeur, grâce à des travaux d'endiguement (depuis le Xe s.), d'irrigation (développée par la France). Le riz occupe les deux tiers des surfaces cultivées de la plaine. Les montagnes périphériques, copieusement arrosées, souvent forestières, sont le domaine de peuples non vietnamiens (Mans, Miaos).
— **Hist.** La région est occupée dès la fin du paléolithique. Le peuple vietnamien se constitue peu à peu dans le delta, consacré à la riziculture, laissant les hauteurs aux Thaïs, Mans et Miaos. Le général chinois Zhao Tuo (en viet. Triêu Da) fonde v. 208 av. J.-C. le royaume de Nam Viêt comprenant le Guanxi, le Guandong, le delta du fleuve Rouge et le Nord-Annam. La région est conquise par la Chine (111 av. J.-C.), qui introduit sa civilisation. Devenu indépendant (939), le pays, appelé Dai Co Viêt (968), plus tard Dai Viêt (1054), formé du Tonkin et du Nord-Annam, entreprend de s'étendre vers le sud aux dépens du Champa. Il sera jusqu'à la naissance du Viêt-nam (1802) le centre de gravité politique du pays.
Dès le XVIIe s., le Tonkin est fréquenté par des marchands portugais, néerlandais et anglais. Il est évangélisé par les jésuites, comme Alexandre de Rhodes (1624-1645), puis par des Pères des Missions étrangères. Malgré les persécutions, de solides communautés chrétiennes se forment.
Au XIXe s., la région est troublée par l'agitation des partisans de la dynastie des Lê, des chrétiens, par les interventions des irréguliers chinois, Pavillons-Noirs ou Pavillons-Jaunes, ainsi que par les initiatives des mandarins peu soumis aux ordres de Huê. Les démêlés entre le trafiquant d'armes Jean Dupuis, ravitaillant l'armée chinoise du Yunnan, et les autorités provoquent l'intervention de Francis Garnier, qui prend Hanoi, mais est tué par les Pavillons-Noirs (1873). Le traité de 1874 ouvrant Hanoi, Haiphong et Qui Nhon aux Français n'est pas

respecté. Le capitaine de vaisseau Rivière occupe Hanoi (avr. 1882), puis périt à son tour (mai 1883). La France impose son protectorat au Viêt-nam avec des résidents au Tonkin. Mais le corps expéditionnaire se heurte aux soldats et aux irréguliers chinois. Après les deux traités de Tianjin (11 mai 1884 et 9 juin 1885) et malgré son succès de Lang Son, la Chine reconnaît le protectorat. Il faut de longues années pour pacifier le pays. Doumer établit l'administration directe en 1897. Le régime colonial développe les rizières et l'industrie, construit la voie ferrée du Yunnan, exploite les mines de charbon de Hon Gai. Le Tonkin, très peuplé, aux conditions de vie difficiles, connaît une agitation révolutionnaire (soulèvement de Yên Bai, 1930) sévèrement réprimée. Les Japonais s'y font céder des bases dès 1940 et rattachent le pays au Viêt-nam indépendant en mars 1945. Occupé par les Chinois (sept. 1945-avr. 1946), libéré par le général Leclerc, il devient de déc. 1946 à juill. 1954 le terrain principal de la lutte entre la France et le Viêt-minh, puis le centre de la République démocratique du Viêt-nam.

TONKIN *(golfe du),* golfe de la mer de Chine méridionale, entre les côtes du Tonkin et de l'Annam (Viêt-nam), la presqu'île de Leizhou et l'île de Hainan (Chine). Principaux ports : *Haiphong* (Viêt-nam) et *Beihai* (Chine).

TONKINOIS, E adj. et n. Du Tonkin.

TONLÉ SAP (mot khmer signif. « grand lac »), lac du Cambodge, dans la cuvette comprise entre les monts Dangrêk au N. et les monts des Cardamomes au S. ; de 2 700 (à la saison sèche, nov. à juin) à 10 000 km² (à la saison des pluies en été). Le lac s'écoule vers le Mékong par un émissaire appelé aussi *Tonlé Sap,* mais en reçoit une partie des eaux quand celui-ci est en crue. La pêche est alors très active.

TONLIEU n. m. (bas lat. *teloneum,* du gr. *telônia,* ferme des impôts, de *telos,* impôt). Droit de péage et de marché, au Moyen Âge.

TONNAGE n. m. (de *tonne*). **1.** Quantité de marchandises exprimée en tonnes. — **2.** Syn. de JAUGE.

TONNANT, E adj. *Litt.* **1.** Se dit de la divinité qui tonne, qui lance la foudre : *Jupiter tonnant.* — **2.** Se dit d'une voix retentissante : *Des colères tonnantes.*

TONNAY-BOUTONNE (17380), ch.-l. de cant. de la Charente-Maritime, sur la *Boutonne ;* 1 093 hab. *(Boutonnais).* Porte fortifiée du XIVe s.

TONNAY-CHARENTE (17430), ch.-l. de cant. de la Charente-Maritime, sur la *Charente ;* 6 941 hab. *(Tonnacquois).* Petit port. Église des XIIe et XVIe s. Engrais.

TONNE n. f. (bas lat. *tonna,* du gaul. *tunna,* tonneau). **1.** Unité de mesure de masse (symb. t), équivalant à 1 000 kg. (On dit aussi TONNE MÉTRIQUE.) — **2.** *Fam.* Très grande quantité de qqch : *J'ai des tonnes de choses à te raconter.* — **3.** Réservoir monté sur roues servant à transporter de l'eau, du purin, du lisier. — **4.** Tonneau de très grandes dimensions ; son contenu. — **5.** *Tonne américaine,* autre nom de la short ton. *Tonne équivalent charbon* → TEC. ‖ *Tonne équivalent pétrole* → TEP. ‖ *Tonne fret,* unité de taxe indiquée sur les connaissements*, qui sert de base au calcul du fret, soit par tonne, soit par mètre cube.

TONNEAU n. m. (de *tonne*). **1.** Récipient de bois formé de douves assemblées retenues par des cercles, et ayant deux fonds plats ; son contenu. — **2.** Accident d'une voiture qui fait un tour complet sur elle-même. — **3.** Figure d'acrobatie aérienne, au cours de laquelle l'avion effectue une rotation de 360° autour de son axe longitudinal. — **4.** Coffre dont la partie supérieure est percée de trous dans lesquels il s'agit de lancer des palets de métal ; le jeu pratiqué avec cet appareil. — **5.** Appareil rotatif dans lequel on place des pièces brutes de fonderie ou d'usinage pour les débarrasser de leur sable, les ébarber ou les polir. — **6.** Fam. *Du même tonneau,* de même valeur, de même acabit. ‖ *Tonneau d'affrètement,* quantité (masse ou volume) d'une marchandise déterminée, qui, multipliée par le taux du fret pour le pays de destination, donne le prix du transport de cette quantité de marchandise pour le pays considéré. (→ *encycl.*) ‖ *Le tonneau des Danaïdes,* dépense sans fin, personne très dépensière ou travail interminable, toujours à recommencer. ‖ *Tonneau de jauge,* anc. unité internationale de volume pour le jaugeage des navires, équivalant à 100 pieds cubes, soit 2,83 m³.

ENCYCL. **Mar.** En France, pour les marchandises lourdes, c.-à-d. pesant 1 000 kg ou plus sous le volume de 1,44 m³, le tonneau d'affrètement est calculé en tonnes métriques ; pour les autres marchandises, il est la masse de marchandise contenue dans 1,44 m³.

TONNEINS (47400), ch.-l. de cant. de Lot-et-Garonne, sur une terrasse de la Garonne ; 9 643 hab. *(Tonneinquais).* Manufacture de tabac. Chaussures. Industries alimentaires. Marché agricole.

TONNE-KILOMÈTRE n. f. (pl. *tonnes-kilomètre*). Unité de mesure de prestation d'exploitation qui correspond au déplacement d'une tonne de marchandises sur une distance d'un kilomètre. (On dit aussi TONNE-KILOMÈTRE NETTE.)

TONNELAGE n. m. (anc. fr. *tonnel,* tonneau). 1. Ce qui concerne la tonnellerie. – 2. *Marchandises de tonnelage,* marchandises qu'on met en tonneaux.

TONNELET n. m. (dimin. de l'anc. fr. *tonnel,* tonneau). 1. Petit tonneau. – 2. Récipient pour liquides ou poudres, d'allure cylindrique, contenant entre 30 et 100 l.

TONNELIER n. m. (anc. fr. *tonnel,* tonneau). Personne qui fabrique ou répare des tonneaux, des futailles.

TONNELLE n. f. (dimin. de *tonne*). 1. Petite construction de treillage, berceau couvert de végétation et formant abri. – 2. Partie de l'armure du cheval qui couvrait la croupe.

TONNELLERIE n. f. (de *tonnelier*). 1. Ensemble des activités relatives à la fabrication et à la réparation des futailles. – 2. Atelier ou usine où l'on fabrique des futailles. – 3. Marchandises du tonnelier, futailles.

TONNER v. i. (lat. *tonare*) [conj. 3]. 1. *Il tonne,* le tonnerre gronde. – 2. Produire un grondement sourd analogue au tonnerre : *On entendait l'artillerie tonner au loin.*
◆ v. t. ind. Protester, s'emporter violemment contre qqch, qqn : *Un orateur qui tonne contre un projet de loi.*

TONNERRE n. m. (lat. *tonitrus*). 1. Bruit de la foudre, c'est-à-dire de la décharge électrique dont l'éclair est la manifestation lumineuse. (→ *encycl.*) – 2. *Litt.* La foudre elle-même. – 3. Manifestation bruyante, grand bruit, grondement qui éclate d'un coup : *Un tonnerre d'applaudissements.* – 4. Partie de l'âme d'une arme à feu située en avant de la chambre et dans laquelle se développent les pressions maximales. – 5. *Coup de tonnerre,* bruit causé par la foudre ; événement imprévu et brutal. ‖ Fam. *Du tonnerre (de Dieu),* formidable, extraordinaire. ‖ *Tonnerre !, Tonnerre de Dieu !, Mille tonnerres !, Tonnerre de Brest !,* jurons qui expriment la fureur, la menace.
ENCYCL. **Météo.** L'éclair se propageant à la vitesse de la lumière (300 000 km/s) et le tonnerre à celle, bien moins rapide, du son (340 m/s), le nombre de secondes, n, qui sépare la perception visuelle de la perception sonore indique la distance $d = 340 \times n$ en mètres qui sépare l'observateur de la décharge orageuse.

TONNERRE (89700), ch.-l. de cant. de l'Yonne, au-dessus de l'Armançon ; 6 257 hab. *(Tonnerrois).* Grande salle des malades de l'anc. hôpital (fin du XIIIe s.) ; dans des chapelles annexes, tombeau de Louvois par Girardon et saint-sépulcre de 1453, œuvre exemplaire de la statuaire bourguignonne. Églises Notre-Dame (XIIIe-XVIe s.) et St-Pierre (XIVe et XVIe s.). Curieuse source vauclusienne (la Fosse Dionne). Carrières de calcaire. Confection. Électronique. Matériel agricole pour l'irrigation.

TONNERROIS, région de plateaux encadrant l'Armançon, autour de Tonnerre, aux confins des dép. de l'Yonne et de l'Aube.

TÖNNIES (Ferdinand), sociologue allemand (Riep, auj. dans Oldenswort, Schleswig, 1855 - Kiel 1936). Il explique l'existence de groupements humains par une *volonté* d'être ensemble, qui est à la base des règles et de l'action organisatrice qui lient les hommes entre eux (*Communauté et Société,* 1887). Ces schémas « idéaux » ont influencé l'œuvre de Weber.

TONOFIBRILLE n. f. Très fine fibrille cytoplasmique entrant dans la composition de certaines jonctions cellulaires.

TONOGRAPHE n. m. Appareil permettant de mesurer et d'enregistrer la pression intraoculaire.

TONOGRAPHIE n. f. Enregistrement de la pression intraoculaire au moyen d'un tonographe.

TONOMÈTRE n.m. Appareil permettant de mesurer la pression intraoculaire.

TONOMÉTRIE n. f. Étude des solutions par la mesure de leur pression de vapeur saturante. (La masse molaire du soluté peut en partic. être évaluée, la pression de vapeur saturante étant reliée à la masse molaire par la loi de Raoult.)

TONOMÉTRIQUE adj. Relatif à la tonométrie.

TONOPLASTE n. m. Paroi cytoplasmique très fine, limitant la vacuole dans la cellule vivante. (Syn. MEMBRANE VACUOLAIRE.)

TONSILLAIRE adj. (lat. *tonsillae,* amygdales). Relatif aux amygdales.

TONSILLITE n. f. Syn. de AMYGDALITE.

TONSTEIN [tonʃtajn] n. m. (all. *Tonstein,* de *Ton,* argile, et *Stein,* pierre). Roche sédimentaire argileuse indurée, déposée en milieu lacustre et formant des niveaux repères dans les séries houillères.

TONSURE n. f. (lat. *tonsura,* de *tondere,* tondre). 1. Espace rasé circulaire au sommet du crâne, marquant (avant Vatican II) l'appartenance d'un homme à la cléricature. – 2. Cérémonie liturgique, qui marquait l'entrée d'un laïque dans la cléricature.

TONSURÉ n. m. Clerc qui a reçu la tonsure.

TONSURER v. t. (conj. 3). Conférer la tonsure.

TONTE n. f. (de *tondre*). 1. Action de couper à ras la toison de certains animaux, en particulier des moutons. – 2. Laine qu'on retire par la tonte. – 3. Époque où l'on a coutume de tondre les troupeaux. (Syn. TONDAISON.) — **4.** Action de couper à ras un gazon, de couper le bout des rameaux des arbres.

1. TONTINE n. f. (de L. *Tonti*). **1.** Opération par laquelle plusieurs personnes constituent par le paiement de cotisations un fonds commun, qui sera capitalisé et versé à l'échéance convenue aux survivants. — **2.** Convention conclue entre plusieurs personnes lors de l'acquisition d'un bien et en vertu de laquelle chacun en aura la jouissance et seul le survivant en sera le propriétaire. — **3.** Procédé d'emprunt par lequel l'État, sous l'Ancien Régime, constituait sur la tête de chaque souscripteur une rente viagère qui, à sa mort, était reversée sur l'ensemble des souscripteurs survivants. (Développée en Italie en particulier par le banquier Lorenzo Tonti et introduite en France en 1653, la tontine royale fut supprimée en 1763, mais la formule fut encore utilisée par les particuliers au XIXe s. [tontine Lafarge].)

2. TONTINE n. f. (de *tontine 1*). Paillon ou filet en plastique destiné à maintenir la terre autour des racines d'un arbre qu'on transplante.

TONTISSE n. f. (de *tondre*). Panneau fait de particules de laines de couleur, hachées, fixées par un mordant sur une toile suivant un dessin déterminé (début du XVIIIe s.).

TONTON n. m. **1.** *Fam.* Oncle, dans le langage enfantin. — **2.** *Tonton macoute,* membre de la milice haïtienne sous le régime Duvalier.

1. TONTURE n. f. (de *tondre*). **1.** Action de tondre les draps. — **2.** Poil que l'on tond sur les draps.

2. TONTURE n. f. (de *tonture 1*). Courbure longitudinale donnée, entre l'étrave et l'étambot, au pont d'un navire.

TONUS [-nys] n. m. (lat. *tonus,* du gr. *tonos,* tension). **1.** Tension à laquelle se trouve soumis tout muscle squelettique à l'état de repos. (Elle dépend de l'activité de contraction permanente de certaines fibres musculaires sous la dépendance de motoneurones dont l'activité est tonique.) — **2.** Dynamisme, vigueur, énergie, ressort : *Manquer de tonus.*

TOOKE (John HORNE), homme politique et philologue britannique (Londres 1736 -Wimbledon 1812). Il a soutenu la cause des colonies américaines, ce qui lui valut un an de prison en 1778. En tant que philologue, il considère le langage comme le produit du développement historique.

TOOROP (Johannes Theodoor, dit **Jan**), peintre et dessinateur néerlandais (Poerworedjo, Java, 1858 - La Haye 1928). Arrivé en Hollande en 1874, il étudia à Amsterdam, puis à Bruxelles. Après avoir pratiqué le néo-impressionnisme (1886), il se rallia au symbolisme, qu'il interpréta avec la linéarité fébrile du modern style (*les Trois Épouses,* pastel, 1893, musée Kröller-Müller, Otterloo). — Sa fille CHARLEY (Katwijk 1891 - Bergen 1955), également peintre, adopta vers 1930 un style qui, proche de la Neue Sachlichkeit allemande, unit vigueur monumentale et précision réaliste (*le Repas des amis,* 1933, musée Boymans, Rotterdam).

TOOWOOMBA, v. d'Australie (Queensland) ; 64 000 hab. Centre commercial et touristique.

TOP n. m. (onomat.) Signal sonore bref pour indiquer le moment précis de qqch ou pour donner le signal de qqch.

1. TOPAZE n. f. (gr. *topadzos*). Gemme dure, de couleur mordorée, qui est un silicate d'aluminium fluoré, de formule $Al_2SiO_4F_2$, appartenant au système orthorhombique. (Les topazes du Brésil sont les plus estimées dans le commerce.)

2. TOPAZE n. m. (de *topaze 1*). Nom donné à certains colibris des forêts amazoniennes pour les reflets cuivrés de leur plumage.

TOPAZOLITE n. f. Variété jaune pâle ou vert de grenat andradite.

TOPEKA, v. des États-Unis, cap. du Kansas, sur le Kansas ; 115 300 hab. Centre administratif, commercial et industriel.

TOPELIUS (Zacharias), écrivain finlandais de langue suédoise (Kuddnäs 1818 - Sipoo 1898). Célèbre poète lyrique (*Fleurs de la lande,* 3 vol., 1845, 1850, 1853), il est l'auteur de contes (*Lectures pour les enfants,* 8 vol., 1865-1896), du livre de lecture favori des écoliers finlandais (*Notre pays,* 1875) et des romanesques *Récits du chirurgien militaire* (4 vol., 1853-1867).

TOPER v. i. (rad. onomat. *topp-,* évoquant qqch de brusque) [conj. 3]. Exprimer son accord à qqn, en partic. en tapant dans sa main tendue : *Tope ! Topons là.*

TOPETTE n. f. (mot picard, du frq. **toppin,* pot). *Vx.* Petite bouteille longue et étroite.

TOPHACÉ, E adj. (lat. *tofaceus,* de *tofus,* tuf). Relatif au tophus.

TOPHET n. m. Sanctuaire phénicien où l'on pratiquait des sacrifices humains. (Le plus connu est celui de Carthage où, entre le VIIIe s. et 146 av. J.-C., se sont accumulés des ossements calcinés d'enfants.)

TOPHUS [-fys] n. m. (pl. *tophi*) [lat. *tofus,* du gr. *tophos,* tuf]. Concrétion uratique siégeant aux oreilles, coudes, pieds, mains chez les goutteux.

TOPIAIRE adj. (lat. *topiarius,* de *topia,* jardins de fantaisie). Se dit de l'art de tailler les arbres et les arbustes pour obtenir des formes variées, géométriques ou autres.

TOPILTZIN QUETZALCÓATL, roi-prêtre de Tula né en 947, fils de Mixcoatl, le chef des Toltèques. Vaincu par Tezcatlipoca et exilé au Yucatán, il est à la fois à l'origine de la renaissance de la civilisation maya-toltèque ainsi que du mythe du retour du héros civilisateur qui facilita la victoire espagnole.

TOPINAMBOUR n. m. (de *Tupinamba,* n. d'un peuple indien du Brésil). Composée vivace dont les tubercules sont comestibles et fournissent par fermentation un alcool. (La plante entière est fourragère.)

TOPINO (Charles), ébéniste français (Arras v. 1730 - ? apr. 1789). À Paris dès 1741, maître en 1773, il se spécialisa dans la fabrication de petites tables, de bonheurs-du-jour toujours légers et élégants.

TOPIQUE adj. (gr. *topikos*). Qui se rapporte directement au sujet dont on parle.
◆ n. m. **1.** Partie de l'énoncé qui est ce dont on dit qqch, ce qui est donné comme thème, par oppos. au *commentaire.* – **2.** Médicament destiné à l'usage externe.
◆ n. f. Mode théorique de représentation du fonctionnement psychique comme un appareil ayant une disposition spatiale. (→ *encycl.*)
ENCYCL. **Psychan.** S. Freud proposa en 1900 une première topique dans laquelle il distinguait trois systèmes : inconscient, préconscient, conscient et qui permet de définir entre quels systèmes peut se situer un acte psychique quelconque. Plus tard (1920), dans une deuxième topique, il introduisit le ça, le surmoi, le moi et la réalité. Ces deux représentations de l'appareil psychique ne se recouvrent pas.

Topkapı, palais des sultans ottomans à Istanbul (XVe s.-XIXe s.), dont le harem constitue l'une des parties les plus précieuses. C'est un des plus grands musées d'art islamique du monde.

TOPLESS adj. (amér. *topless,* dépourvu de sommet). Qui a les seins nus.
◆ n. m. Pratique consistant à ne porter que le slip du maillot de bain, en parlant d'une femme.

TOP MODEL ou **TOP-MODÈLE** n. m. (pl. *top models, top-modèles).* Mannequin de haute couture de renommée internationale.

TOP NIVEAU n. m. inv. (angl. *top,* le plus élevé, et *niveau*). *Fam.* Niveau le plus élevé, sommet : *Il est au top niveau de sa carrière.*

TOPO n. m. (abrév. de *croquis topographique*). *Fam.* **1.** *Vx.* Plan, croquis. – **2.** Discours, exposé. – **3.** *C'est toujours le même topo,* c'est toujours la même chose, le même refrain.

TOPOGRAPHE n. Spécialiste de topographie.

TOPOGRAPHIE n. f. (bas lat. *topographia,* du gr. *topographia,* description d'un lieu). **1.** Technique de représentation sur un plan des formes du terrain, avec les détails des éléments naturels ou artificiels qu'il porte. – **2.** Disposition, relief d'un lieu : *Une topographie montagneuse.* – **3.** *Topographie historique,* ensemble de méthodes (topographie, toponymie, archéologie, histoire et littérature) utilisées de façon convergente pour identifier les sites antiques, reconstituer leur évolution.

TOPOGRAPHIQUE adj. Relatif à la topographie.

TOPOGRAPHIQUEMENT adv. Du point de vue de la topographie.

TOPO-GUIDE n. m. (pl. *topo-guides*). Guide topographique à l'intention des randonneurs.

TOPOLOGIE n. f. **1.** Branche des mathématiques, appelée initialement *analysis situs* (analyse de situation), devenue ensuite tout à fait autonome, et où, selon Riemann, on étudie les propriétés invariantes sous l'effet de transformations biunivoques continues. – **2.** Ensemble $\mathcal{T}$ de parties – appelées ouverts de $\mathcal{T}$ – d'un ensemble E, possédant les trois propriétés suivantes : 1° $\emptyset \in \mathcal{T}$ et $E \in \mathcal{T}$; 2° l'intersection d'un nombre fini d'éléments de $\mathcal{T}$ est un élément de $\mathcal{T}$; 3° la réunion d'un nombre quelconque d'éléments de $\mathcal{T}$ est un élément de $\mathcal{T}$.
ENCYCL. Donner un fondement mathématique précis à la notion, a priori intuitive, de voisinage et aux notions de limite et de continuité est l'objectif de la *topologie générale.* Ces notions furent utilisées sans être conceptualisées jusqu'à ce qu'au début du XIXe s. Abel, Cauchy et Bolzano prennent conscience de la nécessité de définir la limite d'une suite et la continuité d'une fonction. Au milieu du XIXe s., B. Riemann entrevoit la possibilité de considérer les ensembles de fonctions comme des espaces au même titre que l'ensemble des points d'un espace euclidien ; cette idée connaît un début de réalisation après l'étude (par G. Cantor) des propriétés des sous-ensembles de la droite réelle (puis, plus tard, du plan et de l'espace). Maurice Fréchet, réfléchissant sur la notion de distance, introduit les espaces métriques*. De son côté, Félix Hausdorff (1914) définit les espaces topologiques par des axiomes qui sont à peu près identiques à ceux utilisés aujourd'hui. L'objectif de la topologie générale sera dès lors de définir les notions fondamentales d'ouvert, de fermé, de compact, etc., et d'étudier les liens entre espaces topologiques, espaces métrisables, etc. Les prolongements principaux actuels de la topologie sont la topologie algébrique ou combinatoire (aux applications nombreuses dans la théorie des équations) et la topologie différentielle.

TOPOLOGIQUE adj. **1.** Relatif à la topologie ou à une topologie. — **2.** Se dit d'un espace sur lequel on a défini une topologie.

TOPOMÉTRIE n. f. Ensemble des opérations effectuées, principalement sur le terrain, pour la détermination métrique des éléments d'une carte. (Les mesures directes de distance utilisent le décamètre, le géodimètre ou le telluromètre.) Les mesures indirectes sont faites au télémètre ou à partir des éléments d'un triangle. Les mesures des angles horizontaux ou verticaux sont effectuées sur un tachéomètre ou un théodolite. Les principaux procédés topométriques utilisés en sont l'intersection, le relèvement, le rayonnement et le cheminement.

TOPOMÉTRIQUE adj. Relatif à la topométrie.

TOPOMÉTRIQUEMENT adv. Du point de vue de la topométrie.

TOPONYME n. m. Nom de lieu.

TOPONYMIE n. f. **1.** Partie de l'onomastique qui étudie les noms de lieux, leur origine, leurs rapports avec la langue parlée actuellement ou avec des langues disparues. — **2.** Ensemble des noms de lieux d'une région, d'une langue.

TOPONYMIQUE adj. Qui concerne la toponymie.

TOPONYMISTE n. Linguiste spécialiste de toponymie.

TOPOR (Roland), dessinateur et écrivain français d'origine polonaise (Paris 1938). Fondateur du groupe Panique en 1962, il développe un humour noir fondé sur le fantasme et le « nonsense » dans une œuvre dont les aspects littéraires et graphiques s'interpénètrent : romans et pièces de théâtre, albums et textes illustrés (*Panic,* 1965 ; *Toporland,* 1977 ; etc.).

TOPOZERO *(lac),* lac de Russie, en Carélie, se déversant dans la baie d'Onega (mer Blanche) par la Pongoma ; 986 km².

TOPPING [-piŋ] n. m. (angl. *topping,* de *top,* tête). Distillation qui a pour objet d'enlever les fractions de tête d'un produit chimique.

TOP SECRET [tɔpsəkrɛ] adj. (angl. *top secret,* de *top,* sommet, et *secret,* secret). *Fam.* Qui doit faire l'objet d'un secret absolu.

TOP-WEIGHT [tɔpwejt] n. m. (pl. *top-weights*) [mot angl. de *top,* haut, et *weight,* poids]. Cheval qui porte le poids le plus élevé de la course (par oppos. au *bottom-weight*).

TOQUADE ou **TOCADE** n. f. (de *se toquer*). *Fam.* Caprice vif, engouement imprévu, souvent bizarre et passager : *C'est sa dernière toquade.*

TOQUANTE → TOCANTE.

TOQUARD → TOCARD.

TOQUE n. f. (esp. *toca*). **1.** Coiffure sans bords de forme cylindrique. — **2.** Casquette de jockey hémisphérique à visière. — **3.** Coiffure haute et cylindrique en toile blanche empesée portée par les cuisiniers.

TOQUÉ, E adj. et n. *Fam.* Se dit de qqn qui est bizarre, un peu fou.

1. TOQUER v. t. ind. (rad. onomat. *tokk-,* évoquant un choc) [conj. 3]. *Fam et vx.* Frapper à qqch : *Toquer à la porte.*

2. TOQUER (SE) v. pr., **ÊTRE TOQUÉ** v. pass. (de *toquer 1*) [conj. 3]. Avoir brusquement un vif engouement pour qqn ou qqch.

TOR → THOR.

Torah ou **Tora** (la) [hébr. *tora,* loi], les cinq premiers livres de la Bible hébraïque, parce qu'ils contiennent l'essentiel de la Loi mosaïque. La version des Septante et les traductions chrétiennes nomment ces cinq livres le Pentateuque*.

TORAJAS ou **TORADJAS,** population indonésienne, de la région centrale de Célèbes.

TORANA n. m. inv. (sanskr. *toraṇa,* voûte). En Inde, portique précédant le stūpa, ou porche voûté surmonté d'un décor polylobé.

TORBAY, centre touristique de Grande-Bretagne (Devon), sur la Manche, formé des localités jointives de Torquay, Paighton et Brixham ; 116 000 hab.

TORBERNITE n. f. (de *Torbern,* n. pr.). Syn. de CHALCOLITE.

TORCEL n. m. Nom usuel de la larve de la dermatobie.

TORCELLO, petite île de la lagune de Venise. Cathédrale fondée au VIIᵉ s. et transformée au début du XIᵉ, chef-d'œuvre de l'art vénéto-byzantin (mosaïque du *Jugement dernier,* XIIᵉ s.) ; église octogonale S. Fosca, du XIᵉ s.

TORCHAGE n. m. (de *torcher*). Opération consistant à brûler à la torche un gaz combustible excédentaire associé au pétrole, et qui se dégage dans l'atmosphère.

TORCHE n. f. (lat. pop. **torca,* du lat. class. *torques,* de *torquere,* tordre). **1.** Flambeau formé d'une corde tordue enduite de cire ou de résine, ou d'un bâton résineux enduit de cire. — **2.** *Torche (électrique),* lampe de poche cylindrique, de forte puissance. — **3.** *Torche vivante,* personne en train de brûler vive, dont les vêtements brûlent. • **Aéron.** *Parachute en torche,* parachute dont la voilure ne s'est pas déployée complètement et ne peut, de ce fait, ralentir la chute. — **Pétr.** Installation de brûlage à l'atmosphère de sous-produits gazeux. (Syn. TORCHÈRE.) — **Soud.** *Torche de soudage,* outil équipé d'une électrode et d'une buse assurant la liaison électrique avec le circuit de soudage, ainsi que l'amenée et l'écoulement du gaz de protection. — **Trad. pop.** Coussinet circulaire, pour porter un fardeau sur la tête. (Syn. TORTILLON.) — **Vann.** Double ou triple tour d'osier, fait sur un ouvrage de vannerie pour le renforcer.

TORCHE-CUL n. m. inv. *Pop.* Journal méprisable ; texte sale et sans valeur.

TORCHE-POT n. m. (pl. *torche-pots*). Autre nom de la sittelle commune.

TORCHER v. t. (de *torche*) [conj. 3] **1.** *Fam.* Essuyer qqch pour le nettoyer : *Torcher son assiette.* — **2.** *Pop.* Essuyer le derrière d'un enfant, s'occuper de lui dans les domaines les plus prosaïques : *Elle avait choisi de torcher ses mômes et de ne plus travailler.* — **3.** *Fam.* Exécuter un travail sans soin, à la hâte. — **4.** Réaliser un mur avec du torchis. — **5.** Effectuer le torchage. — **6.** Faire la torche d'un ouvrage de vannerie.

◆ **être torché** v. pass. Pop. *Être (bien) torché,* être bien fait, avec soin.

◆ **se torcher** v. pr. *Pop.* **1.** S'essuyer le derrière. — **2.** Ne faire aucun cas de qqch, le considérer comme négligeable.

TORCHÈRE n. f. (de *torche*). **1.** Sorte de guéridon porte-lumière, de grand candélabre partant du sol. — **2.** Syn. de TORCHE.

TORCHIS [-ʃi] n. m. (de *torche*). Mortier composé de terre grasse et de paille hachée, servant au remplissage des pans de bois. (Syn. BAUGE.)

TORCHON n. m. (de *torche 2*). **1.** Rectangle de toile qu'on utilise pour essuyer la vaisselle. — **2.** *Fam.* Écrit, texte sans soin, mal présenté. — **3.** *Fam.* Journal méprisable. — **4.** Fam. *Coup de torchon,* bagarre, épuration radicale, coup de balai.

TORCHONNER v. t. (conj. 3). *Fam.* Exécuter en hâte et sans soin : *Torchonner un travail.*

TORCOL n. m. (de *tordre* et *col,* cou). Petit oiseau voisin du pic, au plumage cryptique et qui fait aisément pivoter sa tête.

TORCY (77200), ch.-l. de cant. de Seine-et-Marne, partie de la ville nouvelle de Marne-la-Vallée, au S. de la Marne ; 18 704 hab.

TORCY (Jean-Baptiste COLBERT, *marquis* DE), homme d'État et diplomate français (Paris 1665 - *id.* 1746). Neveu de Jean-Baptiste Colbert, il succéda à son père Charles Colbert de Croissy comme secrétaire d'État aux Affaires étrangères (1696) et dirigea la diplomatie comme ministre d'État à partir de 1699. Il poussa Louis XIV à accepter le testament de Charles II d'Espagne (1700) et mena les négociations qui aboutirent aux traités d'Utrecht et de Rastatt (1713-14).

TORDA n. m. Nom spécifique du petit pingouin, le seul qui niche en France.

TORDAGE n. m. Action de tordre en corde.

TORDANT, E adj. *Fam.* Qui est très amusant.

TORD-BOYAUX n. m. inv. *Fam.* Eau-de-vie très forte ou de mauvaise qualité.

TORDESILLAS, v. d'Espagne, en Castille-León (prov. de Valladolid), au-dessus du Douro ; 6 800 hab. Anc. palais mudéjar d'Alphonse XI (milieu du XIVe s.), devenu couvent de S. Clara. — **Hist.** Un traité signé le 7 juin 1494, entre les Rois Catholiques et Jean de Portugal, situa à 370 lieues à l'O. des îles du Cap-Vert le méridien séparant les possessions coloniales des deux pays.

TORDEUR, EUSE n. Ouvrier(ère) qui tord la laine, la soie ou une autre matière textile.

◆ **tordeur** n. m. Dispositif donnant une torsion au fil qui le traverse.

◆ **tordeuse** n. f. Petit papillon dont la chenille roule les feuilles en cornet en les liant avec des fils de soie, pour y vivre et s'y nourrir. (Généralement nuisibles aux conifères forestiers, aux arbres fruitiers, à la vigne, les tordeuses forment la famille des *tortricidés.* Plus de 500 espèces en France.)

TORD-NEZ n. m. inv. Instrument de contention avec lequel on saisit le nez du cheval lors de soins douloureux.

TORDOIR n. m. Bâton ou garrot avec lequel on tord, on serre une corde.

TORDON n. m. (de *tordre*). Dans les câbles électriques, ensemble de brins disposés en hélice dans le même sens.

TORD-OREILLE n. m. (pl. *tord-oreilles*). Instrument de contention, placé à l'oreille de l'animal qu'on veut contenir.

TORDRE v. t. (lat. pop. **torcere,* du lat. class. *torquere*) [conj. 76]. **1.** Déformer qqch en le pliant, en le courbant, en le tournant sur lui-même : *Tordre une barre de fer. Tordre du linge pour l'égoutter.* — **2.** Tourner plus ou moins violemment un membre, une partie du corps : *Tordre le bras à son agresseur.* — **3.** Déformer les traits de qqn, faire naître une expression mauvaise : *La colère lui tordait la bouche.* — **4.** Donner à qqn la sensation d'une crispation, d'une torsion au niveau d'un organe : *Des brûlures qui tordent l'estomac.* — **5.** Donner une torsion, par exemple à un filé ; enrouler des écheveaux l'un à l'autre par un effort de torsion.

◆ **être tordu** v. pass. **1.** Avoir le corps, les membres déformés : *Avoir les jambes tordues.* — **2.** *Fam.* Être spécieux, vicieux, en parlant d'une manière de penser : *Un raisonnement tordu.*

— 3. *Pop.* Être fou. — 4. Fam. *Coup tordu,* acte malveillant.

◆ **se tordre** v. pr., **être tordu** v. pass. 1. Se gauchir, se déformer : *Le parechocs s'est tordu.* — 2. Se courber, se plier : *Les arbres sont tordus sous le vent.*

◆ **se tordre** v. pr. 1. Imprimer à son corps des mouvements de contorsion sous l'effet de la douleur : *Un malade qui se tord sur son lit.* — 2. Faire un faux mouvement qui plie violemment une articulation : *Se tordre la cheville.* — 3. *Se tordre les mains, les bras,* les crisper, les agiter convulsivement en signe de désespoir. — 4. Fam. *Se tordre (de rire),* être en proie à un rire bruyant, irrépressible : *Un spectacle à se tordre.*

TORDU, E n. *Fam.* Personne qui a l'esprit mal tourné, des idées bizarres.

TORE n. m. (lat. *torus,* coussin). 1. Surface engendrée par la révolution d'un cercle autour d'une droite, non diamétrale, de son plan. — 2. Solide limité par la surface précédente. (→ *encycl.*) — 3. Grosse moulure pleine de profil curviligne. (Syn. BOUDIN.) — 4. *Tore magnétique,* petit anneau de ferrite dont la propriété essentielle est d'avoir deux états stables de magnétisation et qui était utilisé dans les ordinateurs avant l'adoption des mémoires à semi-conducteurs.

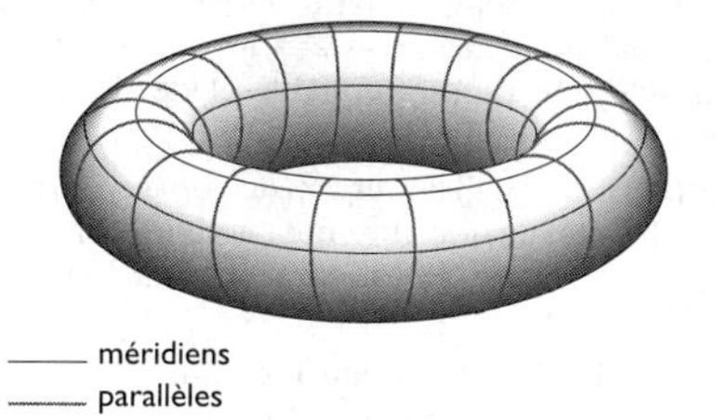

Représentation spatiale d'un tore à gorge.

TORES

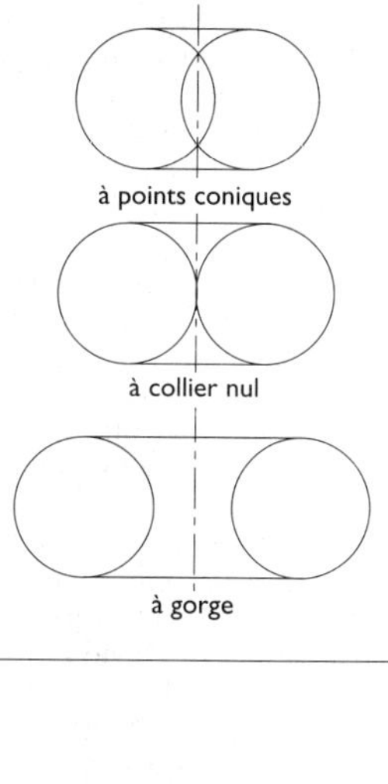

ENCYCL. **Math.** Le tore possède un plan de symétrie orthogonal à l'axe de révolution appelé plan équatorial du tore. Quand la droite et le cercle sont sécants, on obtient un tore à points coniques, quand ils sont tangents, un tore à collier nul, quand ils n'ont aucune intersection, un tore à gorge.

TORÉER v. i. (esp. *torear,* de *toro,* taureau) [conj. 15]. Pratiquer la tauromachie, exercer le métier de torero.

TORELLI (Giuseppe), compositeur et violoniste italien (Vérone 1658 - Bologne 1709). Violoniste à San Petronio de Bologne, chef de l'école bolonaise, il innova dans le domaine de la sonate et du concerto grosso (*Sonate a tre,* 1686 ; *Concerti musicali,* 1698).

TORERO ou, vx, **TORÉADOR** n. m. (mots esp., de *toro,* taureau, ou de *torear,* toréer). Nom donné à tous ceux qui combattent les taureaux dans l'arène, parfois réservé, à tort, au seul matador.

Tore supra, machine de recherche sur la fusion thermonucléaire par confinement magnétique, du type tokamak*, construite au Centre d'études nucléaires de Cadarache. Elle utilise des bobines supraconductrices pour créer le champ magnétique intense qui confine un plasma très chaud d'ions hydrogène et d'électrons.

TOREUTIQUE n. f. (gr. *toreutikê,* de *toreuein,* ciseler). Art du ciselage et de la sculpture en métal, ou de la sculpture chryséléphantine.

TOREZ ou **THOREZ,** anc. **Tchistiakovo,** v. d'Ukraine, dans le Donbass ; 116 000 hab. Centre houiller et industriel.

TORGAU, port d'Allemagne, dans le Land de Saxe, sur l'Elbe ; 22 000 hab. Centre industriel. Château de Hartenfels (Xᵉ s., avec parties de la Renaissance). — Point de jonction entre les armées américaines et les troupes soviétiques (25 avr. 1945).

TORGNOLE n. f. (anc. fr. *tourniole,* de *tourner*). *Pop.* Gifle violente.

TORHOUT, v. de Belgique (Flandre-Occidentale), au S.-O. de Bruges ; 17 300 hab. Centre industriel.

TORIGNI-SUR-VIRE (50160), ch.-l. de cant. de la Manche, dans le Bocage normand ; 2 735 hab. Laiterie.

TORII n. m. inv. (mot jap.). Portique de pierre ou de bois, quelquefois de bronze, précédant, au Japon, l'entrée des temples shintoïstes.

TORII, atelier de peintres d'estampes de Edo (Tōkyō), spécialisé, au XVIIIe s., dans les affiches de théâtre et les portraits d'acteurs, actif jusqu'au XXe s., fondé par **Torii Kiyonobu** (Ōsaka 1664 - Edo 1729) qui créa le style familial, et dont le plus brillant représentant fut **Torii Kiyonaga** (Edo 1752-1815), qui fixa pour l'*ukiyo-e* un nouvel idéal de beauté avec ses portraits de jeunes femmes, dont la grandeur sereine et l'équilibre touchent au classicisme et portent l'estampe à son apogée.

TORIL [tɔril] n. m. (esp. *toril*). Local attenant à l'arène où l'on tient les taureaux enfermés.

TORINO, nom italien de Turin.

TORIQUE adj. **1.** Qui a la forme d'un tore. — **2.** Se dit d'une lentille de contact ou d'un verre de lunette dont l'une des surfaces présente une forme de tore, et qui permet une bonne correction de l'astigmatisme.

TORMES (le), riv. d'Espagne, affl. du Douro (r. g.), qui traverse Salamanque ; 284 km.

TORNADA n. f. Nom donné, dans la chanson provençale, aux derniers vers, où le poète adresse son œuvre à son protecteur ou à sa dame.

TORNADE n. f. (esp. *tornado,* de *tornar,* tourner). Phénomène orageux plus ou moins violent, consistant en un mouvement tourbillonnaire d'une centaine de mètres, accompagné d'une violente rotation des nuages, qui peuvent aller jusqu'au sol, entraînant des dégâts importants (branches arrachées, arbres déracinés, maisons détruites). [Les tornades sont alors de véritables trombes qui se forment à la base de gros cumulo-nimbus.]

Tornado, catamaran à deux équipiers, extrêmement rapide, retenu parmi l'une des cinq séries inscrites au programme de régate des jeux Olympiques.

TORNE, en finnois **Tornionjoki,** fl. de Laponie, émissaire du *Torne träsk,* lac du nord de la Suède ; 510 km. Bassin de 40 200 km². Son cours inférieur sert de frontière entre la Suède et la Finlande.

TORNIO, en suéd. **Torneå,** v. de Finlande (prov. de Laponie) ; 21 000 hab. Aciérie. Église de bois (1684). Musée.

TORO (Bernard TURREAU, dit **Bernard**), sculpteur sur bois français (Toulon 1672 - *id.* 1731). Il travailla à Aix-en-Provence et, pour la marine, à Toulon. On connaît surtout ses gravures et ses dessins, dont la fantaisie et le mouvement préludent à l'art rocaille.

TOROÏDAL, E, AUX adj. **1.** En forme de tore. — **2.** *Machine toroïdale,* machine d'étude de la fusion thermonucléaire par confinement magnétique, dans laquelle le plasma est contenu dans une chambre dont la forme est voisine de celle d'un tore.

TORON n. m. (mot dialect., du lat. *torus,* bourrelet). Ensemble d'éléments unitaires textiles ou métalliques (fils ou duites) retordus ensemble pour former une corde, un câble, etc.

TORONNER v. t. (conj. 3). Assembler en toron. (Syn. anc. COMMETTRE.)

TORONNEUSE n. f. Machine pour tordre les torons d'un câble.

TORONTO, cap. de l'Ontario et principale agglomération du Canada ; 600 000 hab. Trois millions dans l'agglomération. Établie dans une plaine entre le lac Ontario et des collines, nœud de communication au contact d'une région américaine active, la ville a doublé de population entre 1950 et 1970. C'est un centre administratif, commercial (sièges sociaux), financier et culturel (université, musées) en même temps que le principal centre industriel (constructions mécaniques et électriques, automobile, aéronautique, alimentation, bois, textile) de la province.

TORPÉDO n. f. (angl. *torpedo,* du lat. *torpedo,* torpille). **1.** Sur les automobiles anciennes, partie de carrosserie reliant le capot au corps principal de la caisse. — **2.** Carrosserie ouverte munie d'une capote repliable et de rideaux de côté.

TORPEUR n. f. (lat. *torpor,* de *torpere,* être engourdi). État de qqn chez qui l'activité psychique et physique, la sensibilité sont réduites : *Tirer qqn de sa torpeur.*

TORPIDE adj. (lat. *torpidus*). **1.** *Litt.* Qui provoque la torpeur ou qui en a les caractères. — **2.** Se dit d'une lésion ou d'une affection n'ayant aucune tendance spontanée soit à s'aggraver, soit à s'améliorer.

TORPILLAGE n. m. **1.** Action de torpiller ; fait d'être torpillé. — **2.** Manœuvres provoquant l'échec, la ruine d'une institution, d'une entreprise. — **3.** Opération destinée à augmenter la productivité d'un puits, et qui consiste à faire éclater une charge de dynamite au droit de la couche productrice.

1. TORPILLE n. f. (moyen fr. *torpin,* du lat. *torpedo, -inis,* engourdissement, de *torpere,* être engourdi). Poisson sélacien vivipare, voisin des raies mais de forme plus arrondie, et dont les organes électriques dorsaux donnent des décharges qui paralysent ses proies. (Une espèce atteint 1,8 m.)

2. TORPILLE n. f. (angl. *torpedo*). **1.** Engin automoteur sous-marin chargé d'explosif, utilisé contre les objectifs maritimes par des navires, des sous-marins ou des avions. (→ *encycl.*)

— **2.** Bombe aérienne de forme analogue utilisée pendant la Première Guerre mondiale.

ENCYCL. En 1867 fut mis au point un engin sous-marin propulsé par un moteur à air comprimé (10 km/h). Portant une dizaine de kilogrammes de dynamite, la torpille était destinée à exploser au contact des bâtiments, au-dessous de leur ligne de flottaison. Sa vitesse et son autonomie augmentèrent puis, par une trajectoire sinueuse, elle compliqua les manœuvres de dérobement du but ; la propulsion électrique accrut sa discrétion. Pendant la Seconde Guerre mondiale se développèrent les torpilles acoustiques, les torpilles à « tête chercheuse » guidées par sonar* et les torpilles à mise à feu magnétique. Armes essentielles des sous-marins allemands, elles causèrent respectivement 30 et 60 % des pertes alliées en navires de guerre et de commerce. La torpille reste l'instrument privilégié de la lutte anti-sous-marine et équipe tous les types de sous-marins. (S. N. L. E. et S. N. A.)

TORPILLER v. t. (de *torpille 2*) [conj. 3]. **1.** Attaquer, détruire un objectif au moyen de torpilles. — **2.** Faire échouer qqch, le détruire par des manœuvres appropriées : *Torpiller les négociations de paix.*

TORPILLERIE n. f. **1.** Salle ou atelier affectés, sur un navire ou dans une base, au service des torpilles. (Syn. ATELIER OU SOUTE À TORPILLES.) — **2.** Compartiment de lancement des torpilles.

TORPILLEUR n. m. **1.** Bâtiment rapide, de petit tonnage, dont l'arme principale était la torpille. (Actuellement seules les vedettes lance-torpilles conservent la torpille pour arme principale.) — **2.** Marin spécialisé dans le service des torpilles.

TORQUATUS (Titus MANLIUS) → MANLIUS TORQUATUS.

TORQUE n. m. (lat. *torques,* de *torquere,* tordre). **1.** Collier porté par les Celtes fait d'une tige de métal (bronze ou or), dont les extrémités avaient la forme de tampons sphériques. — **2.** Collier rigide en métal, près du cou.

TORQUEMADA (Tomás DE), dominicain et inquisiteur espagnol (Valladolid 1420 - Ávila 1498). Inquisiteur général pour l'ensemble de la péninsule Ibérique (1483), il publia une *Instruction* (1484) qui servit de base au droit propre à l'Inquisition. Son nom est devenu synonyme d'intolérance.

TORQUETTE n. f. (abrév. de *torque,* var. dialect. de *torche*). Panier d'osier servant au transport du poisson de mer.

TORR n. m. (de *Torricelli,* n. pr.). Pression correspondant à une hauteur de 1 mm de mercure normal.

TORRALVA (Diogo DE), architecte portugais d'origine espagnole, actif de 1529 à 1566. Ses chefs-d'œuvre, le cloître dos Felipes (1557) et l'église S. Maria da Conceição à Tomar, sont des interprétations de la Renaissance italienne classique.

TORRANCE, v. des États-Unis (Californie), banlieue sud de Los Angeles ; 131 500 hab. Raffinerie de pétrole. Aciérie.

TORRE *(Della)* → DELLA TORRE.

TORRE ANNUNZIATA, v. d'Italie, au pied du Vésuve, sur le golfe de Naples ; 61 000 hab. Centre ferroviaire. Station balnéaire et thermale. Aux env. Oplontis*.

TORRE DEL GRECO, v. d'Italie, au pied du Vésuve, sur le golfe de Naples ; 104 000 hab. Travail du corail, de la nacre et de l'émail.

TORRÉFACTEUR n. m. **1.** Appareil servant à la torréfaction. — **2.** Commerçant qui torréfie le café et le vend au détail.

TORRÉFACTION n. f. (lat. *torrefacere,* torréfier). Opération qui consiste à traiter par la chaleur, au contact de l'air, certains produits alimentaires (café, cacao), le tabac, pour les déshydrater, développer certaines qualités aromatiques et faire apparaître la couleur brune.

TORRÉFIER v. t. (lat. *torrefacere,* de *torrere,* sécher, et *facere,* faire) [conj. 9]. Réaliser la torréfaction d'un produit.

TORRELAVEGA, v. d'Espagne, au S.-O. de Santander ; 56 000 hab. Marché agricole et centre industriel.

TORREMOLINOS, station balnéaire d'Espagne, sur la Costa del Sol, au S.-O. de Málaga ; 5 000 hab.

TORRE NILSSON (Leopoldo), cinéaste argentin (Buenos Aires 1924 - *id.* 1978). Il décrit les passions secrètes et les obsessions d'une riche bourgeoisie qui vit repliée sur elle-même : *la Maison de l'ange* (1957), *la Chute* (1959), *Fin de fiesta* (1960), *la Main dans le piège* (1961), *Piedra libre* (1976).

TORRENS *(lac),* nappe salée d'Australie (Australie-Méridionale), au pied ouest des monts Flinders.

TORRENT n. m. (lat. *torrens, -entis*). **1.** Cours d'eau de montagne, rapide et irrégulier, de faible longueur, plus ou moins à sec entre des crues violentes et brusques. (→ *encycl.*) — **2.** Liquide qui coule en abondance : *Des torrents de larmes.* — **3.** Abondance de qqch qui semble se répandre : *Un torrent de lumière. Un torrent d'injures.* — **4.** *Il pleut à torrents, la pluie tombe à torrents,* à verse, en grande abondance.

ENCYCL. Un torrent présente de l'amont vers l'aval : un bassin de réception, en forme d'entonnoir, qui concentre le ruissellement des averses exceptionnelles ; un chenal d'écoulement, où les eaux concentrées, souvent chargées de boue, entaillent profondément le versant ; un cône de déjection, au débouché, où est abandonnée la charge (grossière, en raison de la densité de la lave torrentielle).

TORRENTICOLE adj. Se dit des espèces qui vivent dans les torrents.

TORRENTIEL, ELLE adj. **1.** Qui appartient aux torrents : *Eaux torrentielles.* – **2.** *Pluie torrentielle,* extrêmement abondante.

TORRENTIELLEMENT adv. *Litt.* D'une manière torrentielle.

TORRENTUEUX, EUSE adj. *Litt.* Qui a l'impétuosité d'un torrent.

TORREÓN, v. du Mexique (État de Coahuila) ; 364 000 hab. Centre ferroviaire. Textile. Chimie. Métallurgie. Alimentation.

TORRES *(détroit de),* passe faisant communiquer l'océan Indien (mer d'Arafura) avec l'océan Pacifique (mer de Corail), entre l'Australie, au S., et la Nouvelle-Guinée, au N.

TORRES *(îles),* archipel de la partie nord de Vanuatu.

TORRES (Luis VÁEZ DE), navigateur portugais au service de l'Espagne au XVIIe s. Parti de Callao en 1605, il découvrit en 1606 le détroit qui porte son nom, entre la Nouvelle-Guinée et l'Australie.

TORRES BODET (Jaime), écrivain et homme politique mexicain (Mexico 1902 - *id.* 1974). Professeur, diplomate, il a publié des recueils de *Poèmes* (1926), des romans (*Naissance de Vénus, et autres récits,* 1941), des essais, des études (Proust, 1967), et des Mémoires (1969-1972).

TORRES QUEVEDO (Leonardo), ingénieur et mathématicien espagnol (Santa Cruz, près de Santander, 1852 - Madrid 1936). Véritable précurseur du calcul automatique, il créa des machines capables de résoudre des équations algébriques et réalisa un automate joueur d'échecs. L'un des premiers, il utilisa les ondes hertziennes pour la télécommande. Il construisit un téléphérique surplombant les chutes du Niagara.

TORRES RESTREPO (Camilo), prêtre et révolutionnaire colombien (Bogotá 1929 - région de San Vincente de Chucuri, dép. de Santander, 1966). Convaincu de la nécessité de réformes sociales radicales, il rompit avec la hiérarchie catholique et la lutte légale. Ayant rejoint la guérilla (1965), il fut tué dans un accrochage avec l'armée.

TORRES VEDRAS, v. du Portugal (distr. de Lisbonne) ; 14 800 hab. Le système de fortification des trois *lignes de Torres Vedras* fut construit par Wellington entre le Tage et l'Océan, pour couvrir Lisbonne (1810).

Torrey Canyon, pétrolier naviguant sous pavillon libérien, qui s'échoua le 18 mars 1967 au large des îles Scilly avec une cargaison de 120 000 t de pétrole brut ; 250 km de côte britannique et 100 km de côte française furent pollués.

TORRICELLI (Evangelista), physicien et mathématicien italien (Faenza 1608 - Florence 1647). Ses études sur le mouvement des corps pesants l'amenèrent à énoncer implicitement, en 1641, le principe de conservation de l'énergie. En 1643, il mit en évidence la pression atmosphérique, au moyen d'un tube à mercure, puis il énonça la loi qui porte son nom sur l'écoulement des liquides. En mathématiques, il calcula l'aire de la cycloïde.

TORRIDE adj. (lat. *torridus*). Où il fait très chaud, brûlant : *Ville torride en été.*

TORRIGIANI (Pietro), sculpteur italien (Florence 1472 - Séville 1528). Il a surtout travaillé en Angleterre (v. 1511-1520 : tombeau d'Henri VII et d'Élisabeth d'York à Westminster) et en Espagne, où il influença l'école sévillane.

TORRIJOS (Omar), homme d'État panaméen (Santiago de Veraguas 1929 - région de Panamá 1981). Colonel de la garde nationale, il accéda au pouvoir (1968-1979) après un coup d'État militaire. Nationaliste, il négocia un nouveau traité avec les États-Unis, signé en oct. 1977, qui mettra fin à la souveraineté américaine sur la zone du canal en 1999.

TORRINGTON (George Byng, *vicomte*) → BYNG.

TORRION n. m. (de *tour*). Grosse tour à canons ou cavalier de la fortification du XVIe s., qui devint plus tard le bastion.

TORRITI (Iacopo), peintre et mosaïste romain de la fin du XIIIe s. Il est, avec Cavallini, à l'origine d'une grande école de décor mural dont l'exemple fut décisif pour la formation de Giotto (mosaïque du *Couronnement de la Vierge* à Ste-Marie-Majeure, 1295).

TORROJA (Eduardo), ingénieur constructeur espagnol (Madrid 1899 - *id.* 1961). Il a créé, en laissant la primauté à l'imaginaire des formes, quelques-unes des plus importantes réalisations en béton armé et en béton précontraint de la première moitié du siècle (coque du marché couvert d'Algésiras, 1933 ; tribunes en porte-à-faux de l'hippodrome de la Zarzuela à Madrid, 1935 ; formes organiques du Táchira Club de Caracas, 1957 ; etc.).

TORS, E adj. (anc. part. passé de *tordre*). **1.** Se dit d'un fil, d'un filin tordu. — **2.** Qui est tordu, arqué, difforme : *Des jambes torses.* — **3.** Se dit du fil du bois qui, au lieu d'être rectiligne, est vissé. — **4.** *Colonne torse,* dont le fût est tourné en vis. ◆ **tors** n. m. **1.** Action de tordre des fils. — **2.** La torsion elle-même. — **3.** Gros cordon de soie employé en tapisserie.

TORSADE n. f. (de *tors*). **1.** Frange de passementerie dont les fils de jupe sont tordus en hélice. — **2.** Forme obtenue en tournant sur eux-mêmes, l'un autour de l'autre, deux ou plusieurs éléments : *Une torsade de cheveux.* — **3.** Motif ornemental imitant un câble tordu. — **4.** Point de tricot dont le motif en torsade est obtenu par le croisement de groupes de mailles. — **5.** Joint de plusieurs fils métalliques dont les extrémités sont tordues l'une sur l'autre. — **6.** *Torsades de pointe,* forme de tachycardie ventriculaire observée au cours des hypokaliémies, des surcharges en quinidine et dans certaines maladies congénitales, responsable de syncope pouvant aboutir à un fibrillation ventriculaire mortelle. ‖ *Torsade d'épaulette,* chaque brin de passementerie formant les franges des épaulettes.

TORSADER v. t. (conj. 3). Rouler, mettre qqch en torsade.

TORSE n. m. (ital. *torso,* du lat. *thyrsus,* tige des plantes). **1.** Ensemble constitué par les épaules, le thorax et la partie supérieure de l'abdomen. — **2.** En sculpture, figure humaine sans tête ni membres. — **3.** *Torse nu,* sans rien sur le haut du corps.

TORSEUR n. m. **Phys.** *Torseur d'un ensemble de forces,* couple $(\vec{R}, \vec{M}_p)$ où $\vec{R}$ est la résultante des forces et $\vec{M}_p$ la somme des moments des forces par rapport à un point P. (Deux ensembles de forces auxquels correspondent les mêmes vecteurs $(\vec{R}, \vec{M}_p)$ sont équivalents : leur effets mécaniques sur le même solide sont identiques.)

TORSINAGE n. m. Opération consistant à imprimer un mouvement de torsion à une partie de la paraison d'une pièce de verrerie.

TORSINER v. t. (de *tors*) [conj. 3]. Soumettre au torsinage.

TORSIOMÈTRE n. m. Appareil utilisé dans les laboratoires d'essais mécaniques pour étudier les déformations en torsion des différents métaux.

TORSION n. f. (lat. *torsio,* de *torquere,* tordre). **1.** Déformation donnée à un corps allongé par une rotation dans le sens transversal : *La torsion d'un cordage.* — **2.** Mouvement tournant imposé au corps humain, à une partie du corps : *Torsion accidentelle d'un membre.* • **Matér.** Composante, suivant la normale à la section droite d'une poutre, du couple du torseur relatif à cette section. — **Math.** Inverse du rayon de torsion. ‖ *Rayon de torsion au point* $s \in I$, réel τ tel que $\overrightarrow{db}/ds = \vec{n}/\tau$, dans le trièdre de Frénet* $(\vec{t}, \vec{n}, \vec{b})$, au point $m = f(s)$ de l'arc paramétré (I, f), défini par sa représentation normale. — **Phys.** *Balance de torsion,* appareil servant à mesurer de très petites forces, par la torsion qu'elles font subir à un fil. — **Text.** Nombre de tours au mètre appliqués au fil sur la machine à filer ou à retordre.

TORSTENSSON (Lennart), comte **d'Ortala,** maréchal suédois (château de Torstena 1603 - Stockholm 1651). Feld-maréchal, il fut vainqueur à Breitenfeld (1642), entra en Moravie et parvint sur le Danube à Krems. Chargé (1643) de la lutte contre le Danemark, il occupa le Holstein et le Jylland. Opérant à nouveau en Allemagne, il écrasa les impériaux à Jankowitz (6 mars 1645).

TORT n. m. (lat. pop. **tortum,* du lat. class. *tortus,* qui est tordu). **1.** Responsabilité d'un acte blâmable, critiquable, d'un acte, d'un comportement qui entraîne une situation fâcheuse, nuisible : *Dans cette affaire, il n'a aucun tort.* — **2.** Préjudice matériel ou moral dont qqn est responsable à l'égard d'autrui : *Je ne vous ai jamais fait le moindre tort.* — **3.** *À tort,* pour de mauvaises raisons, injustement ou faussement. ‖ *À tort et à travers,* sans réflexion, mal, n'importe comment. ‖ *À tort ou à raison,* que ce soit justifié ou non. ‖ *Avoir tort,* ne pas avoir pour soi le droit, la raison, la vérité, faire une erreur en agissant de telle façon. ‖ *Dans son tort, en tort,* dans la situation de qqn qui a commis une infraction, une faute, une erreur. ‖ *Donner tort à qqn,* déclarer qu'il se trompe, qu'il a mal agi, le désapprouver ; prouver, confirmer que qqn n'avait pas raison : *Les derniers événements lui ont donné tort.*

TORTELLINI n. m. pl. (ital. *tortellini*). Pâtes alimentaires farcies d'un hachis d'herbes ou de viande et façonnées en petites couronnes.

TORTICOLIS [-li] n. m. (lat. *tortus,* tordu, et *collum,* cou). **1.** Toute position vicieuse de la tête fixée par hypertonie musculaire et quelle qu'en soit la cause. — **2.** Douleur qui en résulte. (→ *encycl.*)

ENCYCL. Le *torticolis aigu,* le plus fréquent, est dû à la rétraction du muscle sterno-cléido-mastoïdien résultant d'un coup de froid ou d'un rhumatisme (arthrose). Le *torticolis congénital,* permanent, est dû à une lésion (brièveté anormale, par ex.) d'un muscle sterno-cléido-mastoïdien.

TORTIL [-til] n. m. (anc. fr. *tort,* tordu). Couronne de baron formée d'un cercle d'or entortillé ou surmonté de perles.

TORTILLA [tɔrtilja] n. f. (esp. *tortilla*). En Amérique espagnole, petite crêpe de maïs.

TORTILLAGE n. m. Action de tortiller ; fait de se tortiller.

TORTILLARD, E adj. Se dit du bois d'un arbre qui se tord en se développant.
◆ **tortillard** n. m. *Fam.* Train d'intérêt local, au trajet tortueux, desservant de nombreuses localités.

TORTILLE ou **TORTILLÈRE** n. f. (de *tortiller*). Allée étroite et tortueuse dans un parc, un jardin.

TORTILLEMENT n. m. Action de tortiller ; fait de se tortiller.

TORTILLER v. t. (de *entortiller*) [conj. 3]. **1.** Tordre qqch plusieurs fois sur lui-même : *Tortiller son mouchoir par nervosité.* – **2.** Tourner, agiter vivement une partie du corps : *Cheval qui tortille sa croupe.* – **3.** Syn. de OURDIR.
◆ v. i. **1.** *Tortiller des hanches, des fesses,* leur imprimer un mouvement exagéré en marchant. – **2.** Fam. *Il n'y a pas à tortiller,* il n'y a pas à chercher des complications, à hésiter.
◆ **se tortiller** v. pr. **1.** S'agiter en se remuant en tous sens : *Se tortiller sur sa chaise.* – **2.** Être disposé en spirale, en vrille : *Le chèvrefeuille se tortille autour des branches.*

TORTILLON n. m. **1.** Objet qu'on a tortillé ou qui a cette forme. – **2.** Estompe en papier enroulé. – **3.** Syn. de TORCHE.

TORTIONNAIRE n. (lat. médiév. *tortionarius,* de *tortio,* torture). Personne qui torture pour arracher des aveux ou par pur sadisme.
◆ n. m. Juge qui ordonnait et bourreau qui appliquait la torture.

TORTOLA, île britannique des Petites Antilles (Leeward Islands), la plus importante de l'archipel des îles Vierges (Virgin Islands) ; 54 km^2 ; 9 300 hab. L'île possède la cap. des îles Vierges, *Road Town.*

TORTONIEN n. m. (de *Tortona,* n. pr.). Étage du système néogène.

TORTORER v. t. (de *tortiller,* avec l'infl. de *picorer*) [conj. 3]. *Pop.* Manger.

TORTOSA, v. d'Espagne, en Catalogne (prov. de Tarragone), sur l'Èbre, en amont du delta ; 31 500 hab. Cathédrale gothique entreprise en 1347, et autres monuments.

TORTOSA *(cap de),* cap de la côte d'Espagne, en Catalogne, marquant la limite nord du golfe de Valence.

TORTRICIDÉ n. m. (lat. sc. *tortrix, -icis,* tordeuse). Nom de famille attribué aux tordeuses.

TORTU, E adj. (anc. fr. *tort,* tordu). *Litt.* **1.** Qui n'est pas droit ; difforme : *Des jambes tortues.* – **2.** Qui est retors, sans franchise : *Un esprit tortu.*

TORTUE n. f. (anc. provenç. *tartuga,* du bas lat. *tartaruca,* bête du Tartare, avec l'infl. de *tordre*). **1.** Reptile de forme ovale, entouré d'une double carapace osseuse et écailleuse, dont sortent une tête munie d'un bec corné, deux paires de courtes pattes et de nageoires, une très courte queue. (Les tortues constituent l'ordre des chéloniens.) [→ *encycl.*] – **2.** *Fam.* Personne très lente. – **3.** Abri que formaient les soldats romains en joignant leurs boucliers au-dessus de leurs têtes pour se garantir des projectiles.

ENCYCL. Les tortues sont des reptiles primitifs connus dès le permien et qui dérivent probablement des cotylosauriens. La carapace comporte un bouclier dorsal et un plastron ventral, donnant passage au cou, aux membres horizontaux et à la queue. Chez les tortues marines, les membres se transforment en palettes natatoires, et les griffes régressent. Les tortues terrestres sont surtout herbivores, les espèces aquatiques carnivores. Toutes sont ovipares, et les espèces marines reviennent sur les rivages pour pondre.

TORTUE *(île de la),* île dépendant de la République d'Haïti ; 13 700 hab. Plantations de bananiers. Principale base des boucaniers dans les Antilles, l'île fut française de 1665 à 1804.

TORTUEUSEMENT adv. De façon tortueuse.

TORTUEUX, EUSE adj. (lat. *tortuosus,* de *tortus,* tordu). **1.** Qui fait des tours et des détours : *Les rues tortueuses de la vieille ville.* – **2.** Qui emploie des procédés détournés, manquant de franchise : *Raisonnement tortueux.*

TORTURANT, E adj. Qui torture, tourmente : *Une attente torturante.*

TORTURE n. f. (bas lat. *tortura,* torsion, du lat. class. *torquere,* torturer). **1.** Souffrance physique infligée à qqn pour l'obliger à dire ce qu'il refuse de révéler : *Des aveux arrachés sous la torture.* – **2.** Souffrance physique ou morale extrême : *Cette longue attente était une torture.* – **3.** *Être à la torture, mettre qqn à la torture,* éprouver, faire éprouver à qqn une vive souffrance morale.

TORTURER v. t. (conj. 3). **1.** Soumettre qqn à des tortures : *Torturer des prisonniers.* – **2.** Faire souffrir cruellement un animal. – **3.** Causer une souffrance physique ou morale à qqn : *Cette pensée me torturait.* – **4.** Altérer profondément la forme ou forcer le sens d'un texte.
◆ **se torturer** v. pr. *Se torturer (l'esprit),* chercher péniblement une solution à qqch.

TORULOSE n. f. Syn. de CRYPTOCOCCOSE.

TORUŃ, v. de Pologne, ch.-l. de voïévodie, sur la Vistule ; 202 000 hab. Centre industriel (textile, chimie, mécanique et alimentation). Port fluvial et nœud ferroviaire.

— **Hist.** Fondée en 1233 par les chevaliers Teutoniques, Toruń appartint dès 1280 à la Ligue hanséatique. Polonaise à partir de 1454, elle appartint à la Prusse de 1793 à 1920.
— **Bx-arts.** Restes d'enceinte (XIIIe-XVe s.) et monuments surtout gothiques, dont l'hôtel de ville (Musée poméranien) et plusieurs églises (fresques gothiques, œuvres d'art). Maison natale de Copernic.

TORUN (Vivianna BÜLOW-HÜBE, dite), orfèvre suédoise (Malmö 1927). Elle a rejeté l'or et les facettes trop riches des pierres précieuses au profit de l'argent, de l'acier, du vermeil et de la pierre polie travaillés dans des formes d'un grand dépouillement. Ce style a exercé une forte influence en Europe dès les années 50 et 60.

TORVE adj. (lat. *torvus*). Se dit des yeux, des regards qui sont de travers, farouches et menaçants.

TORY n. m. (pl. *tories*) [angl. *tory*]. **1.** Membre du parti tory. — **2.** En Grande-Bretagne, nom donné aux conservateurs.
◆ adj. *Parti tory,* parti qui défendit, en Angleterre, la tradition monarchique et anglicane (XVIIe-XIXe s.).
ENCYCL. Lors de la querelle pour ou contre le bill d'exclusion de 1679, les partisans de l'exclusion de Jacques d'York appliquèrent ce terme à leurs adversaires. Défenseur de la prérogative royale et des privilèges de l'Église anglicane, le parti tory, accusé de jacobitisme après la succession hanovrienne (1714), se trouva écarté du pouvoir pendant presque tout le XVIIIe s. Un nouveau torysme apparut à la fin du XVIIIe s., devant la poussée radicale et les progrès de la Révolution française, et dont Pitt et Burke furent les premiers représentants. Au pouvoir de 1807 à 1832, les tories pratiquèrent une politique conservatrice et protectionniste. À partir de 1822, sous l'influence de Canning et de Peel, plus réceptifs aux idées et aux intérêts de la bourgeoisie commerçante et industrielle, un certain nombre de réformes furent mises en œuvre. Après la réforme électorale de 1832, qui donna le pouvoir aux whigs, le terme « conservateur* » se substitua à celui de « tory » (qui demeure d'un usage courant).

TORY (Geoffroy), typographe, graveur et écrivain français (Bourges v. 1480 - Paris apr. 1533). Imprimeur du roi dès 1530, il s'attacha à réformer l'art typographique et la langue et dessina de nombreux caractères pour Simon de Colines et Robert Estienne.

TORYSME n. m. (angl. *toryism*). Doctrine du parti tory.

TOSA, nom d'une lignée de peintres japonais, chefs des ateliers impériaux (XVe-XVIe s.), qui étaient attachés à la tradition picturale nippone dite Yamato-e et dont le fondateur, **Tosa Mitsunobu** (v. 1430-1522), se distingue par un style dégagé de l'influence chinoise et par des coloris vifs associés aux jeux d'encre.

Tosca *(la),* drame de V. Sardou (1887). À Rome, en 1800, le peintre Mario Cavaradossi, amant de la Tosca, célèbre cantatrice, est arrêté pour avoir caché un proscrit et condamné à mort. Scarpia, préfet de police, promet à la Tosca d'épargner Mario si elle se livre à lui. Elle feint d'accepter, mais poignarde Scarpia. Mario est fusillé, et, de désespoir, la Tosca se précipite dans le Tibre. Écrit pour Sarah Bernhardt, ce drame eut un grand succès.

Tosca, opéra en 3 actes de Puccini, sur un livret de Giacosa et Illica, d'après la pièce de V. Sardou (Rome, 1900).

TOSCAN, E adj. et n. **1.** De Toscane. — **2.** *Ordre toscan,* ordre d'origine romaine, caractérisé par sa simplicité (frise de l'entablement nue ; colonne nue ; base et chapiteau à mouluration encore plus simple que dans le dorique romain).
◆ **toscan** n. m. Dialecte italien parlé en Toscane et qui est à la base de la langue littéraire et donc de l'italien standard.

TOSCANE, en ital. **Toscana,** région de l'Italie centrale ; 22 992 km^2 ; 3 510 114 hab. Cap. *Florence.* Elle est divisée en neuf provinces (Arezzo, Florence, Grosseto, Livourne, Lucques, Massa e Carrara, Pise, Pistoia, Sienne).
— **Géogr.** La Toscane, avec des paysages variés de montagnes (Apennin, Alpes apuanes) et de collines (zone du Chianti), est une région de transition entre le nord et le sud de l'Italie. L'agriculture se spécialise (vin, légumes, fleurs) et l'industrie est très diversifiée. Les entreprises, souvent de taille moyenne, sont installées autant dans les petits centres que dans les grandes villes : Florence (mécanique), Pise (verre), Piombino (métallurgie), Livourne, Prato. Le commerce et le tourisme (balnéaire et culturel) sont très actifs.
— **Hist.** La Toscane correspond à l'antique Étrurie. Conquise par les Lombards au VIe s., elle passe sous la domination carolingienne (774), qui crée un comté de Lucques, érigé ensuite en marquisat de Toscane (IXe s.). La dernière héritière, la comtesse Mathilde, lègue ses domaines à la papauté (1115). Les empereurs germaniques contestent son testament, entrent en conflit avec les papes, et les cités toscanes (Sienne, Pise, Florence, Lucques) en profitent pour s'émanciper (XIIe-XIVe s.). Avec l'arrivée au pouvoir des Médicis à Florence (1434), la région retrouve une certaine cohésion politique qui en fait un véritable État. Cosme Ier obtient du pape Pie V le titre de grand-duc de Toscane en 1569. Sous cette

domination, Florence perd sa prééminence économique. Les grands-ducs diversifient en effet les activités : les mines sont exploitées, les terres bonifiées et l'industrie de la soie encouragée. Le port de Livourne est créé. Après l'extinction de la dynastie (1737), la Toscane passe à François de Lorraine (François II de Toscane) qui, comme ses successeurs, gouverne en despote éclairé. Après l'intermède napoléonien (occupation française en 1799 et 1800, constitution d'un royaume d'Étrurie au profit de Louis Bonaparte, duc de Parme [1801], annexion à la France en 1807), la dynastie recouvre la Toscane (1814), agrandie des présides (1815), et y conserve une part d'institutions françaises. Une éphémère république gouverne en 1849 (avec Guerrazzi et Montanelli). Le grand-duc Léopold II, un moment refugié à Gaète, recouvre vite le pouvoir. L'insurrection de 1859 aboutit à l'annexion de la Toscane par le Piémont, après référendum (1860).

TOSCANINI (Arturo), chef d'orchestre italien (Parme 1867 - New York 1957). Directeur de la Scala de Milan (1898-1903), il prit la tête du Metropolitan Opera de New York (1908-1913), mais retourna en Italie à la Scala de Milan (1920-1929) et fut nommé directeur de l'Orchestre symphonique de New York (1929-1936). Il dirigea à Bayreuth à partir de 1929, mais New York resta le centre d'activité des 25 dernières années de sa carrière consacrée à l'art lyrique.

TŌSHŪSAI SHARAKU, maître japonais de l'estampe (actif à Edo, auj. Tōkyō, en 1794-95). Il a laissé environ 150 estampes polychromes, portraits d'acteurs, surtout de kabuki, au graphisme acéré, remarquables par leur vérité psychologique.

TOSSER v. i. (conj. 3). En parlant d'un navire, frapper, sous l'effet de la houle, contre le quai auquel il est amarré.

TÔT adv. (lat. pop. **tostum,* du lat. class. *tostus,* brûlé). **1.** À un moment situé relativement près du début de la journée, de la nuit, de la vie, d'une période quelconque : *Se lever tôt. Il a su lire très tôt.* – **2.** Relativement longtemps avant le moment, le temps normal, attendu : *Il est trop tôt ; rien n'est prêt.* – **3.** Dans un délai très rapproché : *Le plus tôt sera le mieux.* – **4.** *Au plus tôt,* le plus rapidement possible : *Partez au plus tôt ;* sûrement pas avant telle date, peut-être après : *Je ne viendrai que lundi au plus tôt.* ‖ *Avoir tôt fait de,* ne pas mettre longtemps à faire. ‖ *Pas de si tôt,* pas avant longtemps, peut-être jamais. ‖ *Tôt ou tard,* à un moment qu'on ne peut fixer, mais qui arrivera.

TOTAL, E, AUX adj. (lat. pop. **totalis,* du lat. class. *totus,* tout entier). **1.** Qui est absolument tel ; entier, parfait : *Une totale liberté.* – **2.** Qui affecte tous les éléments de qqch ; complet : *Destruction totale de la ville.* – **3.** Qui est considéré dans son entier, comme la somme de toutes les parties : *Calculer la hauteur totale.* – **4.** Se dit d'un spectacle, d'une œuvre, qui comporte des genres multiples différents : *Spectacle total.* – **5.** Se dit d'une éclipse de Soleil durant laquelle le disque solaire est complètement occulté par la Lune, en un point au moins de la surface terrestre. – **6.** *Ordre total sur un ensemble* E, relation d'ordre sur cet ensemble pour laquelle tous les éléments de E sont comparables.
◆ **total** n. m. **1.** Somme, réunion de toutes les parties : *Le total des recettes.* – **2.** *Au total,* tout bien pesé, considéré ; en fin de compte : *Au total, ce n'est pas une mauvaise affaire.*
◆ adv. *Fam.* En tête de proposition, annonce une conclusion, un résultat : *Tu n'as pas écouté : total, tu dois recommencer.*
◆ **totale** n. f. *Fam.* Hystérectomie complète.

Total, société française dont les origines remontent à la création, en 1924, de la Compagnie française des pétroles (C. F. P., dont Total était la marque de distribution depuis 1954). Un des principaux groupes pétroliers et gaziers mondiaux, Total a des activités qui couvrent tous les secteurs de cette industrie (exploration, transport, commercialisation, raffinage, distribution) et s'étendent également à la chimie.

TOTALEMENT adv. Entièrement, complètement : *Être totalement ruiné.*

TOTALISANT, E adj. Se dit d'une conception, d'une idéologie, etc., qui veut intégrer le plus d'éléments possible.

TOTALISATEUR, TRICE adj. Qui totalise.
◆ **totalisateur** ou **totaliseur** n. m. **1.** Appareil qui donne le total d'une série d'opérations. – **2.** Ensemble d'appareils indiquant constamment au public le nombre de paris engagés sur chaque cheval.

TOTALISATION n. f. Action de totaliser.

TOTALISER v. t. (conj. 3). **1.** Faire le total de qqch (pl. ou collectif) : *Totaliser les recettes du jour.* – **2.** Avoir tant au total, atteindre ce total : *Coureur qui totalise un grand nombre de victoires.*

TOTALISEUR → TOTALISATEUR.

TOTALITAIRE adj. (de *totalité*). Se dit d'un régime politique, d'un État appliquant le totalitarisme.

TOTALITARISME n. m. Système politique dans lequel l'État, au nom d'une idéologie, exerce une mainmise sur la totalité des activités individuelles.

TOTALITÉ n. f. (de *total*). **1.** Réunion de toutes les parties constitutives de qqch : *Dépenser la* *totalité de son salaire.* — 2. *En totalité,* totalement, intégralement.

TOTEM [-tɛm] n. m. (angl. *totem,* de l'algonquin *ototeman*). 1. Animal ou végétal considéré comme l'ancêtre et/ou le protecteur d'une collectivité ou d'un individu. (Le totémisme a reçu une définition variée suivant les auteurs : aussi, de nos jours, c'est plutôt la nature du totem, les relations, de type symbolique, qu'il entretient avec le groupe qui font l'objet des travaux des anthropologues, notamment après les positions prises par Lévi-Strauss dans le *Totémisme aujourd'hui* [1962], qui marque une date dans l'histoire du concept.) — 2. Représentation de cet animal.

TOTÉMIQUE adj. 1. Qui concerne le totem, le totémisme. — 2. *Mât* ou *poteau totémique,* poteau de bois de cèdre sculpté et peint érigé par les Indiens de la côte N.-O. du Pacifique, de Vancouver à l'Alaska.

TOTÉMISME n. m. Dans certaines sociétés, ensemble de croyances et de pratiques symboliques, impliquant une relation entre l'individu ou un groupe d'individus, d'une part, un animal, un objet ou un ensemble d'êtres vivants ou de phénomènes, d'autre part.

TOTÉMISTE adj. et n. Relaltif au totémisme ; qui pratique le totémisme.

TÔTES (76890), ch.-l. de c. de la Seine-Maritime ; 1 062 h.

TOTH (Árpád), poète hongrois (Arad 1886 - Budapest 1928). Traducteur de Baudelaire, de Wilde, collaborateur de la revue *Nuygat (Occident),* il a joué un rôle important dans le renouveau de la poésie hongroise.

TOTILA ou **BADUILA** (« l'Immortel ») [† Caprara 552], roi des Ostrogoths (541-552). Il s'opposa vivement aux Byzantins, s'empara de Rome et reconquit l'Italie. Il fut battu par Narsès à Tadinae, près d'Urbino (552).

TOTIPOTENCE n. f. Caractère des cellules totipotentes.

TOTIPOTENT, E adj. (lat. *totus,* tout entier, sur *omnipotent*). Se dit des cellules embryonnaires non encore différenciées et dont chacune, isolée, est capable de se développer en un organisme entier.

TOTIUS (Jacob Daniël Du Toit, dit), poète sud-africain d'expression afrikaans (Paarl 1877 - Pretoria 1953). Fils du pasteur S. J. Du Toit, qui avait mené une ardente campagne en faveur de l'adoption de l'afrikaans comme langue officielle et littéraire, il a joué un rôle important dans la vie religieuse, politique et littéraire du pays.

TOTLEBEN ou **TODLEBEN** (Edouard Ivanovitch), général russe (Mitau, auj. Ielgava, 1818 - Bad Soden 1884). Célèbre pour sa défense des fortifications de Sébastopol (1855), il obtint la capitulation de Plevna (Pleven) après 3 mois de siège, lors de la guerre russo-turque (1877).

TOTO n. m. (rad. onomat. *to-,* évoquant qqch de très petit). *Pop.* Pou.

TOTO (Antonio de Curtis Gagliardi Ducas Comneno di Bisanzio, dit), acteur de cinéma, de théâtre et de music-hall italien (Naples 1898 - Rome 1967). Comique burlesque, très populaire, il a joué dans *Gendarmes et Voleurs* (1951), *Où est la liberté ?* (1952), *l'Or de Naples* (1954), *le Pigeon* (1958), *Des oiseaux petits et gros* (1966).

TOTON n. m. (lat. *totum,* tout). Petite toupie que l'on fait tourner avec le pouce et l'index.

TOTONACS ou **TOTONAQUES,** peuple indien anciennement établi dans la région du golfe du Mexique, actuellement localisé dans celle d'Oaxaca, dans les États de Veracruz et de Puebla (Mexique). Les Totonacs, auxquels on attribue le centre cérémoniel d'El Tajín*, subirent l'hégémonie de l'Empire aztèque, contre lequel ils s'allièrent victorieusement aux colons espagnols.

TOTTORI, port du Japon (Honshū), ch.-l. de préf., 122 300 hab. Musée d'art populaire. Centre agricole et industriel.

TOUAGE n. m. (de *touer*). 1. Remorquage, à l'aide d'un toueur, de bâtiments sur les voies de navigation intérieure. — 2. Système de traction des instruments agricoles, l'appareil de traction *(tracteur toueur)* se halant sur une chaîne ou un câble fixé aux extrémités du champ.

TOUAREG adj. et n. (mot berbère). Qui appartient aux Touareg. (Forme parfois réservée pour le pluriel, le singulier étant alors *targui.*)
◆ adj. Relatif aux Touareg.
◆ n. m. Langue berbère parlée par les Touareg. (Il s'écrit grâce à l'alphabet arabe ou à un alphabet particulier, le tifinagh.)

TOUAREG, peuple berbère vivant au Niger, au Mali, au Burkina, en Algérie et en Libye (plus de 2 millions). Pasteurs nomades, ils occupent les zones désertiques du Sahara et semi-désertiques du Sahel. Constitués au fil du temps par une superposition de populations berbères ayant migré du nord vers le sud, organisés en tribus, ils se divisent en plusieurs grands ensembles (principalement Kel Ahaggar, Kel Aijer, Kel Ayr, Kel Tademakket, Tagaragarayt). Ils sont célèbres pour le port masculin du voile d'indigo *(tagelmust)* qui les a fait surnommer « hommes bleus ». Victimes de la sécheresse et d'un contexte politique qui tend à les marginaliser, ils cherchent au

Mali et au Niger à imposer leur autonomie, voire leur indépendance. Leur soulèvement armé récent (1990) a entraîné une violente répression. Ils sont musulmans sunnites, parlent le *tamacheq*, de la famille berbère, et utilisent un alphabet propre, le *tifinagh*.

TOUAT, groupe d'oasis du Sahara algérien (wilaya d'Adrar), à l'O. du Tademaït ; v. princ. et ch.-l. de wilaya *Adrar*.

TOUBAB n. m. En Afrique noire, nom donné aux Européens, aux Blancs ; Africain ayant adopté le mode de vie européen.

TOUBIB n. (ar. maghrébin *ṭbīb,* de l'ar. class. *ṭabīb,* médecin). *Fam.* Médecin.

TOUBKAL *(djebel),* sommet du Haut Atlas occidental marocain ; 4 165 m. Point culminant de l'Afrique du Nord. Parc national.

TOUBOUS → TEDAS.

TOUCAN n. m. (tupi *tucano*). Assez petit oiseau (rhamphastidé) des forêts d'Amérique tropicale, à bec énorme mais léger, vivement coloré.

TOUCAN (en lat. *Tucana, -ae*), petite constellation australe proche du pôle céleste austral, introduite en 1603 par J. Bayer. Elle renferme, au sud, le Petit Nuage de Magellan*.

TOUCHABLE adj. Qu'on peut percevoir, recouvrer : *Chèque touchable.*

1. TOUCHANT, E adj. Qui touche la sensibilité, attendrit, émeut : *Un geste touchant.*

2. TOUCHANT prép. Au sujet de, relativement à : *On ne connaît pas la vérité touchant le Masque de fer.*

TOUCHAU, TOUCHAUD ou **TOUCHEAU** n. m. (de *toucher*). Étoile d'or ou d'argent dont chaque branche est à un titre différent et qui sert aux essais de ces métaux.

TOUCHE n. f. (de *toucher 1*). **1.** Organe d'une machine, d'un appareil, sur lequel on agit par pression ou par contact avec un seul doigt pour commander une action, un réglage, une sélection, etc. – **2.** Manière qu'a un peintre de poser la peinture sur le support avec le pinceau, la brosse ; résultat du coup de pinceau. – **3.** *Litt.* Manière personnelle d'un écrivain, d'un créateur, d'un artiste : *Reconnaître immédiatement la touche d'un auteur.* – **4.** Petit détail qui, dans un ensemble, apporte une note particulière : *Une touche d'archaïsme dans un roman.* – **5.** *Fam.* Allure, genre de qqn : *Quelle drôle de touche elle a !* – **6.** Fam. *Avoir la touche avec qqn, faire une touche,* être remarqué par qqn à qui l'on plaît physiquement. ‖ Fam. *Rester sur la touche,* ne pas participer à un match ; être tenu à l'écart d'une activité, d'une entreprise. • **Magnét.** Opération consistant à aimanter un barreau de fer doux, par frottement dans le sens de la longueur contre un aimant puissant. – **Mus.** Partie du manche des instruments à cordes où l'instrumentiste pose les doigts. (Selon les instruments, elle peut être munie de frettes.) ‖ Sur les instruments à clavier, levier basculant sous la pression des doigts et actionnant la mécanique. – **Orfèvr.** Essai de l'or ou de l'argent au moyen de la pierre de touche ou du touchau. – **Parfum.** Syn. de MOUILLETTE. – **Pêch.** Action du poisson dont la bouche entre en contact avec une esche ou un leurre, qu'il avale ou non. – **Sports.** En escrime, fait d'atteindre son adversaire suivant les règles ; point ainsi marqué. ‖ Manière de frapper un ballon, une balle. (Syn. TOUCHER DE BALLE.) ‖ Dans divers sports d'équipe, ligne qui, sur les côtés, délimite la largeur du terrain ; remise en jeu d'un ballon qui a dépassé la ligne de touche.

TOUCHE-À-TOUT n. et adj. inv. *Fam.* **1.** Qui a l'habitude de toucher à tout. – **2.** Qui s'occupe de tout, aborde tous les domaines, mais superficiellement.

1. TOUCHER v. t. (lat. pop. **toccare,* du rad. onomat. *tokk-*) [conj. 3]. **1.** Mettre sa main, ses doigts au contact de qqch, de qqn, en partic. pour apprécier, par les sensations tactiles, son état, sa consistance, sa chaleur, etc. : *Touche ce tissu et vois comme il est doux.* – **2.** Être, entrer en contact physique avec qqch, qqn : *L'ancre toucha le fond. Son visage touchait le mien.* – **3.** Être contigu, attenant à qqch : *Ma maison touche la sienne.* – **4.** Atteindre qqn, un animal, qqch par un coup porté, ou par un projectile : *Toucher la cible en plein centre.* – **5.** Arriver en un lieu, l'atteindre, l'aborder : *Nous avons touché terre à cinq heures.* – **6.** Contacter qqn, entrer en rapport avec lui : *Je le toucherai demain par téléphone.* – **7.** Atteindre, concerner qqn, un groupe : *Le chômage touche surtout les jeunes.* – **8.** Émouvoir qqn, faire impression sur sa sensibilité : *Votre geste m'a beaucoup touché.* – **9.** Recevoir une somme : *Toucher son salaire.* – **10.** Gagner le tiercé, un gros lot, etc. – **11.** Examiner au moyen du toucher vaginal ou rectal. – **12.** *Vx.* Jouer d'un instrument à clavier *(toucher un orgue).* – **13.** Fam. *Toucher un mot (deux), quelques mots de qqch à qqn,* lui en parler brièvement ou incidemment. ‖ Fam. *Toucher de près qqn,* être de sa parenté, de ses proches. • **Pêch.** S'emparer de l'hameçon, effleurer l'esche, en parlant du poisson. (Syn. PIQUER.)

◆ v. t. ind. **1.** Porter la main sur qqch : *Ne touchez pas au plat, il est brûlant.* – **2.** Prendre qqch, en prélever une partie : *Toucher à son capital.* – **3.** Consommer une petite quantité d'un aliment, d'une boisson : *Il a à peine touché à son repas.* – **4.** Se servir de qqch, pratiquer une activité : *Il n'avait jamais touché à une raquette de* *tennis.* — **5.** Apporter des modifications à qqch : *Ton dessin est parfait, n'y touche plus.* — **6.** Maltraiter qqn physiquement : *Si l'on touche à ses enfants, il devient féroce.* — **7.** Concerner qqch, qqn, leur être relatif : *Des secrets qui touchent à la défense nationale.* — **8.** Aborder une question, un sujet, en venir à l'examiner : *Vous touchez là à un point crucial.* — **9.** *Litt.* Aborder un lieu, y arriver : *Toucher au port.* — **10.** Être en contact avec qqch : *Leur propriété touche à la forêt domaniale.* — **11.** *Litt.* Se rapprocher, être proche de qqch : *Toucher à la maturité. Une prudence qui touche à la lâcheté.* — **12.** Fam. *Ne pas toucher une balle,* jouer très mal ; rater son coup. ‖ Fam. *Ne pas avoir l'air d'y toucher, sans avoir l'air d'y toucher,* dissimuler par un air innocent des actions malveillantes ou perverses ; cacher son jeu. ‖ *Toucher à sa fin, à son terme, à sa conclusion,* être près de se terminer, de trouver une conclusion. ‖ *Toucher juste,* deviner la raison profonde de qqch. ‖ *Toucher au bois,* syn. de FRAYER.

◆ **être touché** v. pass. **1.** Être ému. — **2.** Être atteint.

◆ **se toucher** v. pr. Être en contact ou très près l'un de l'autre : *Leurs immeubles se touchent.*

2. TOUCHER n. m. (de *toucher 1*). **1.** Le sens du tact ; usage de ce sens : *Reconnaître un objet au toucher.* — **2.** *Litt.* Impression produite par un corps que l'on touche : *Un toucher doux.* — **3.** Mode d'examen pratiqué dans ou à travers une cavité naturelle *(toucher vaginal, toucher rectal, toucher buccal)* au moyen d'un ou de plusieurs doigts, revêtus d'un doigtier, que l'on y introduit. — **3.** Caractère du jeu d'un musicien. — **4.** Manière de frapper un clavier. — **5.** *Toucher de balle,* syn. de TOUCHE.

TOUCHET (Marie), dame **de Belleville,** favorite de Charles IX (Orléans 1549 - Paris 1613). Elle eut sur le roi une grande influence, et lui donna deux fils, dont Charles de Valois, duc d'Angoulême. Mariée en 1578 avec François de Balzac, seigneur d'Entragues, elle fut la mère d'Henriette d'Entragues.

TOUCHE-TOUCHE (À) loc. adv. *Fam.* Très près les uns des autres jusqu'à se toucher, en parlant de personnes, de véhicules.

TOUCHEUR n. m. **1.** *Vx.* Personne qui conduisait les bœufs de boucherie au cours de leurs déplacements. — **2.** Marchand ayant coutume de juger l'état d'engraissement des animaux en les palpant. — **3.** Rouleau du système d'encrage, en contact avec la forme imprimante. (Syn. ENCREUR.)

TOUCOULEURS, peuple du Sénégal. Islamisés depuis le XIe s., les Toucouleurs ont perdu leur spécificité.

— **Hist.** Cette population du Fouta-Toro (Tekrour) semble s'y être formée par métissage des Peuls avec les Noirs Sérères et Ouolofs. Ils sont nombreux au Boundou ; beaucoup se sont fixés à Dakar ou ont immigré en France.

TOUCY (89130), ch.-l. de cant. de l'ouest de l'Yonne ; 2 734 hab. *(Toucyquois).* Constructions mécaniques.

TOUÉE n. f. (de **touer*). **1.** Longueur de la remorque qui sert à haler un navire pour le déplacer dans un port, sur un cours d'eau. — **2.** Longueur de la chaîne filée pour mouiller une ancre.

TOUEN-HOUANG → DUNHUANG.

TOUER v. t. (frq. *togôn,* tirer) [conj. 6]. Remorquer un bâtiment de navigation par touage.

TOUEUR n. m. (de *touer*). Remorqueur se déplaçant par traction sur une chaîne ou un câble reposant librement sur le fond du chenal et s'enroulant sur le tambour d'un treuil porté par le remorqueur.

1. TOUFFE n. f. (anc. alémanique *topf*). **1.** Ensemble de brins, de petits végétaux, de poils, etc., naturellement disposés très près les uns des autres : *Une touffe d'herbes.* — **2.** Groupe d'arbres, d'arbustes, de fleurs, etc., serrés les uns contre les autres : *Planter des fleurs par touffes.*

2. TOUFFE n. f. (provenç. *toufo,* de l'anc. provenç. *estofar,* étouffer). État atmosphérique particulier (chaleur élevée, air immobile, pression basse), provoquant des troubles respiratoires chez les vers à soie.

TOUFFEUR n. f. (mot dialect., de *touffer,* étouffer). *Litt.* Atmosphère chaude, lourde, étouffante.

TOUFFU, E adj. (de *touffe 1*). **1.** Qui est épais, dense, formé de nombreux végétaux, brins, poils, fils, plus ou moins emmêlés : *Bois touffu. Barbe touffue.* — **2.** Qui est chargé à l'excès de détails : *Roman trop touffu.*

TOU FOU → DU FU.

TOUGGOURT, oasis du Sahara algérien (wilaya de Wargla) ; 75 500 hab. Centre commercial et touristique. Conditionnement des dattes.

TOUILLAGE n. m. *Fam.* Action de touiller une sauce, un liquide, etc.

TOUILLE n. f. Syn. de LAMIE.

TOUILLER v. t. (lat. *tudiculare,* de *tudicula,* moulin pour broyer) [conj. 3]. *Fam.* Agiter, remuer, afin de bien mêler ou de délayer : *Touiller la salade, de la peinture.*

TOUJOURS adv. (de *tout* et *jour*). Exprime : **1.** la permanence dans la totalité du temps ou d'une période déterminée : *Ces abus ont toujours existé.*

— **2.** la répétition constante d'un fait, d'une situation : *Quand il vient à Paris, il passe toujours me voir.* — **3.** la continuation, la persistance d'un état du passé jusqu'au moment présent ou au moment considéré (la négation *pas* se place après l'adverbe) : *Je ne suis toujours pas satisfait.* — **4.** une possibilité souvent très incertaine dans l'avenir (surtout après *pouvoir* ou après un impératif) : *Viens toujours, on verra bien.* — **5.** S'emploie comme intensif : *C'est toujours mieux que rien.* — **6.** Fam. *C'est toujours ça de pris, de gagné,* faute de mieux, il faut se contenter de cela. ‖ Fam. *Depuis toujours,* depuis fort longtemps. ‖ *Pour toujours,* définitivement, à jamais. ‖ *Toujours est-il que,* quoi qu'il en soit, néanmoins, en tout cas.

TOU-K'EOU → DUKOU.

TOUKHATCHEVSKI (Mikhaïl Nikolaïevitch), maréchal soviétique (Aleksandrovskoïe, gouvern. de Smolensk, 1893 - Moscou 1937). Officier de la Garde impériale, rallié à la Révolution, il combattit Koltchak et Denikine avant de commander le front ouest pendant la guerre polono-soviétique (1920). Chef d'état-major de l'armée, puis adjoint au commissaire du peuple à la Défense, il fut le véritable organisateur de l'Armée rouge. Accusé de trahison dans des circonstances demeurées obscures, il fut la principale victime de l'épuration ordonnée par Staline en 1937. Sa réhabilitation juridique et politique, décidée en 1957 et révélée par Khrouchtchev en 1961, a été confirmée en 1988.

T'OU-KIUE → TUJUE.

TOUKOULTĪ-NINOURTA, nom de deux rois assyriens. **Toukoultī-Ninourta Ier** (1245-1208 av. J.-C.). Il fut le premier roi assyrien qui s'empara de Babylone, qu'il détruisit après une rébellion. — **Toukoultī-Ninourta II** (889-883 av. J.-C.) est célèbre pour le récit de sa campagne de 884 où il rançonna les cités araméennes.

TOUL (54200), ch.-l. d'arrond. de Meurthe-et-Moselle, sur la Moselle ; 17 702 hab. *(Toulois).* Constructions mécaniques. Pneumatiques. Mobilier. Confection.
— **Hist.** Cité gallo-romaine, Toul devint un évêché au IVe s. Au Moyen Âge, le pouvoir appartint à des comtes (VIIIe-IXe s.) puis aux évêques (XIe-XIIIe s.), et enfin à une commune autonome. La ville fut occupée par Henri II en 1552, et annexée, associée à Metz et à Verdun (les Trois-Évêchés), à la France aux traités de Westphalie (1648).
— **Bx-arts.** Fortifications du XVIIe s. Anc. cathédrale des XIIIe-XVe s. (cloître du XIVe s. ; chapelles de la Renaissance) et église St-Gengoult, contemporaine (cloître flamboyant du XVIe s.). Musée du Toulois.

TOULA, v. de Russie, au S. de Moscou ; 529 000 hab. Métallurgie. Machines-outils. Textiles. Meubles. Alimentation. Motocycles. Engrais.

TOULET (Paul-Jean), écrivain français (Pau 1867 - Guéthary 1920). Ses recherches de style et de versification ont profondément influencé les poètes du début du XXe s. (*Contrerimes,* 1921).

TOULON, ch.-l. du dép. du Var, sur la rade de Toulon ; 170 167 hab. *(Toulonnais).* Église Ste-Marie-Majeure, anc. cathédrale (XVIIe s., avec parties du XIIe). Musée du Vieux-Toulon, musée d'Art et Musée naval. L'agglomération, de Bandol, à l'O., à Hyères, à l'E., regroupe plus de 400 000 hab. La ville est un centre tertiaire (administration, commerce, tourisme), mais peu industrialisé, excepté l'Arsenal, lié à la fonction de port de guerre, toujours essentielle.
— **Hist.** Toulon joua un rôle modeste jusqu'au XVIe s. Henri IV y édifia un arsenal. Les travaux de Vauban (1679-1701) en firent un grand port de guerre. Un bagne exista de 1748 à 1873. La municipalité contre-révolutionnaire livra la ville aux Anglais (27 août 1793), mais les canons de Bonaparte les en chassèrent (17 déc.). Au cours de la Seconde Guerre mondiale, les Allemands ayant décidé de s'emparer de vive force des bâtiments français (220 000 t), ceux-ci se sabordèrent pour ne pas tomber aux mains de l'ennemi (27 nov. 1942). Toulon fut libéré par l'armée de Lattre le 27 août 1944.

TOULON *(baie de),* baie de la côte de Provence (Var), entre la presqu'île de Saint-Mandrier et le cap de Carqueiranne. Elle est formée de la *petite rade,* au fond de laquelle se trouvent la ville et le port, et de la *grande rade,* plus au large.

TOULONNAIS adj. et n. De Toulon.

TOULON-SUR-ARROUX (71320), ch.-l. de cant. de Saône-et-Loire, en bordure du Morvan ; 1 877 hab. *(Toulonnais).* Marché (ovins et veaux).

TOULOUGES (66350), ch.-l. de cant. des Pyrénées-Orientales, banlieue S.-O. de Perpignan ; 4 970 hab.

TOULOUPE n. f. (russe *tulup*). Pelisse en peau de mouton que portent les paysans russes.

TOULOUSAIN, E adj. et n. De Toulouse.

TOULOUSE, ch.-l. de la Région Midi-Pyrénées et du dép. de la Haute-Garonne, sur la Garonne, à 679 km au S. de Paris et à 250 km au S.-E. de Bordeaux ; 365 933 hab. *(Toulousains).*
— **Géogr.** Siège d'académie et d'universités, d'une cour d'appel, d'un archevêché, surtout centre administratif (régional et départemental), commercial, avec une notable fonction militaire,

Toulouse est le noyau d'une agglomération avoisinant 550 000 habitants. C'est, avec Bordeaux, la métropole du Sud-Ouest, industrialisée surtout après la Première Guerre mondiale (aéronautique et chimie, branches toujours dominantes, devant les constructions électriques et l'agroalimentaire) et bien desservie aujourd'hui par le rail, la route (sur l'autoroute des Deux-Mers) et l'avion (aéroport de Blagnac). (Écoles aéronautiques ; base aérienne.)

— **Hist.** Toulouse fut incorporée au monde romain entre 120 et 100 av. J.-C. Elle devint la capitale du royaume wisigothique, puis du royaume d'Aquitaine. Après un long déclin, elle se développa au XIe s., et ses « capitouls », magistrats municipaux (1152), assurèrent son émancipation vis-à-vis des comtes. La croisade albigeoise mit fin à cette autonomie. Dotée d'une université (1229) pour combattre l'hérésie, d'une académie des jeux Floraux (1324) et d'un parlement (1420), la ville fut très prospère grâce au commerce du pastel aux XVe-XVIe s. Elle connut une nouvelle phase d'expansion au XIXe s.

— **Bx-arts.** Basilique St-Sernin, exemplaire des grandes églises romanes de pèlerinage (chœur à absidioles rayonnantes, consacré en 1096 ; nef à voûte en berceau et tribunes du XIIe s. ; original clocher des XIIe et XIIIe s. sur la croisée du transept), riche de sculptures (chapiteaux ; porte Miègeville), de vestiges de fresques et d'objets précieux (cryptes). Cathédrale gothique hétérogène (XIIe-XVe s.). Remarquable église des Jacobins, en brique, à deux vaisseaux (XIIIe-XIVe s. ; cloître et dépendances). Diverses églises de type gothique méridional, à nef unique et chapelles entre contreforts, dont l'église du Taur, au caractéristique clocher-mur de façade (XIVe-XVe s.). Hôtels de la Renaissance (de Bagis, par N. Bachelier ; d'Assézat, de style classique, v. 1555) ainsi que des XVIIe et XVIIIe s. Décors du peintre J.-B. Despax dans l'ancienne chapelle des Carmélites. Capitole (mairie et théâtre) élevé vers 1750 par Guillaume Cammas, avec cour intérieure en partie du XVIe s. et importants décors peints du XIXe s.

Musées : Saint-Raymond (archéologie gauloise et romaine) ; Paul-Dupuy (arts décoratifs) ; Georges-Labit (arts de l'Extrême-Orient) ; du Vieux Toulouse ; des Augustins, riche musée des beaux-arts dans un anc. couvent (sculpture languedocienne romane et gothique, peintures des écoles française et européenne ; peintres de l'école toulousaine, tels que Tournier, les Rivalz, Subleyras ; Fondation Bemberg dans l'hôtel d'Assézat (collection de tableaux, de sculptures et d'objets d'art réunis par Georges Bemberg) ; muséum d'Histoire naturelle.

TOULOUSE *(comté de)*, ancienne principauté française. Raimond Ier (852-864) est le fondateur de la maison comtale de Toulouse. D'abord limité à la marche de Toulouse, le comté s'étend au Xe s. à tout le Bas-Languedoc (marquisat de Gothie), au XIe s. au Rouergue et au Gévaudan, au XIIe s. au marquisat de Provence (terres entre Isère et Durance). Il est pratiquement indépendant envers le lointain suzerain capétien. Les comtes de Toulouse tiennent tête à Henri Plantagenêt, époux d'Aliénor. Mais ils sont affaiblis par les usurpations de leurs vassaux, l'émancipation des princes ecclésiastiques, les longues absences dues aux croisades, les ambitions des comtes de Barcelone. Au XIIe s., les comtes organisent leur État et s'appuient sur la bourgeoisie urbaine et l'Église mais la crise albigeoise met fin à l'indépendance du comté. Après l'intervention de Louis VIII (1226), le comté est amputé de sa façade méridionale, et le traité de Meaux-Paris (1229) prépare son rattachement au domaine royal par le mariage de Jeanne, fille unique de Raimond VII (1222-1249) avec Alphonse de Poitiers, frère de Saint Louis. Ceux-ci étant morts sans descendance, l'annexion devient effective en août 1271.

TOULOUSE (Louis Alexandre DE BOURBON, *comte* DE), prince français (Versailles 1678 - Rambouillet 1737). Troisième fils légitimé de Louis XIV et de Mme de Montespan, amiral de la France (1683), il fut chef du conseil de la Marine pendant la Régence, puis tint une petite cour à Rambouillet.

TOULOUSE-LAUTREC (Henri DE), peintre et lithographe français (Albi 1864 - château de Malromé, Gironde, 1901). Une maladie osseuse et deux chutes suivies de fractures le laissent infirme à quatorze ans. Venu à Paris en 1881, il reçoit l'enseignement traditionnel de l'E. N. S. B. A., mais c'est dans les cabarets et les bals de Montmartre, dans les maisons closes, au cirque ou aux courses qu'il prend ses modèles (*Au Moulin-Rouge,* 1892, Institut d'Art de Chicago ; *Au salon de la rue des Moulins,* 1894, musée d'Albi). Les influences de Degas, des estampes japonaises, de l'impressionnisme sont sensibles dans son œuvre, unique toutefois par la qualité d'un dessin aussi sobre qu'incisif et fulgurant. Rénovateur de l'art de la lithographie, Lautrec a aussi été un des pères de l'affiche moderne (*la Goulve au Moulin-Rouge,* 1891).

TOUMANOVA (Tamara), danseuse d'origine russe (dans un train, près de Shanghai, 1919 - Santa Monica 1996). Après avoir débuté à l'Opéra de Paris dans *l'Éventail de Jeanne* (1929) de Balanchine, elle fut une des « baby-ballerinas » du Ballet russe de Monte-Carlo (1932), et une remarquable interprète de *Giselle,* du *Lac des cygnes* ainsi que de *Don Quichotte* et de *Phèdre* (de S. Lifar, 1950).

TOUNDRA n. f. (russe *toundra*). Formation végétale des régions subpolaires.

ENCYCL. La toundra couvre la façade maritime septentrionale de la Russie, à l'E. de l'embouchure de la Petchora, l'extrême nord de la Scandinavie, le nord du Canada (Barren Grounds) et, dans l'hémisphère Sud, la Terre de Feu. C'est une formation végétale discontinue, constituée essentiellement de mousses et de lichens, accessoirement de carex, d'airelles et de bouleaux nains. La végétation rencontre en effet des conditions très défavorables : manque d'eau à cause du gel permanent du sol profond (permafrost), brièveté de la période de moindre froid (2 à 3 mois), manque d'azote faute d'activité bactérienne, enfin action mécanique des mouvements du sol (solifluxion).

Toung *(huile de),* huile siccative extraite de la graine d'aleurite, utilisée dans la préparation des peintures et vernis et dans l'industrie de la fonderie. (Syn. HUILE D'ABRASIN.)

TOUNGOUSE [tunguz] n. m. Groupe de langues de la famille altaïque parlées par les Toungouses. (Le sous-groupe septentrional est constitué par l'evenki et le lamoute, le sous-groupe méridional par le mandchou et le nanaï.)

TOUNGOUSES, peuple d'Asie orientale représentant un ensemble de populations établies en Sibérie orientale (Russie) et en Chine. Parmi les Toungouses, on compte notamment les Mandchous, les Lamoutes, les Neguidals, les Oudegueïs, etc.

Toungouska *(cataclysme de la),* cataclysme survenu le 30 juin 1908 dans la région de la Toungouska Pierreuse, en Sibérie centrale, à 800 km au nord-ouest du lac Baïkal. Il semble avoir été provoqué par l'explosion dans la haute atmosphère d'un fragment de noyau cométaire.

TOUNGOUSKA INFÉRIEURE, en russe **Nijniaïa Toungouska,** riv. de Russie, affl. de l'Ienisseï (r. dr.) ; 2 989 km (bassin de 473 000 km^2).

TOUNGOUSKA MOYENNE ou **TOUNGOUSKA PIERREUSE,** en russe **Sredniaïa Toungouska** ou **Podkamennaïa Toungouska,** riv. de Russie, affl. de l'Ienisseï (r. dr.) ; 1 865 km (bassin de 240 000 km^2).

TOUNGOUSKA SUPÉRIEURE, en russe **Verkhniaïa Toungouska,** anc. nom du bas Angara.

TOUPET n. m. (anc. fr. *top,* du frq. **top,* pointe). 1. Touffe de cheveux sur le sommet du front. – 2. Touffe de crins située à l'extrémité supérieure de la crinière du cheval et retombant sur le front. – 3. *Fam.* Audace, effronterie : *Avoir du toupet.*

TOUPIE n. f. (angl. *top,* du frq. **top,* pointe). 1. Jouet en forme de poire qu'on fait tourner à l'aide d'une ficelle ou d'un ressort. – 2. Machine pour le travail du bois, avec laquelle on exécute les moulures et les entailles. – 3. Outil de plombier qui sert à évaser les tuyaux pour réaliser une emboîture. – 4. Fam. *Vieille toupie,* vieille femme au caractère désagréable.

TOUPILLAGE n. m. Action de toupiller.

TOUPILLER v. t. (anc. fr. *toupier,* de *toupie*) [conj. 3]. 1. Travailler du bois à la toupie. – 2. Abattre les angles et creuser les blancs dans un cliché en relief.

TOUPILLEUR n. m. Ouvrier du bois travaillant à la toupie.

TOUPILLON n. m. (anc. fr. *top,* du frq. **top,* pointe). 1. *Vx.* Petite touffe de poils, de plumes, etc. ; petit toupet. – 2. Bouquet de branches. – 3. Extrémité de la queue, chez les bovins et les porcs, présentant une touffe de longs crins.

TOUPOLEV (Andreï Nikolaïevitch) → TUPOLEV.

TOUPTALO (Daniil Savvitch) → DIMITRI de Rostov.

TOUQUE n. f. (prélatin **tūkka,* courge). Récipient de fer-blanc, de moyenne contenance, permettant le transport de divers produits.

TOUQUES (la), fl. côtier de Normandie, qui passe à Lisieux et à Pont-l'Évêque, et finit entre Trouville et Deauville ; 108 km.

TOUQUET-PARIS-PLAGE (Le) [62520], comm. du Pas-de-Calais, à l'embouchure de la Canche et sur la Manche ; 5 863 hab. *(Touquettois).* Station balnéaire. Casino. Centre de congrès. Institut de thalassothérapie. Aérodrome.

1. TOUR n. m. (lat. *tornus,* instrument de tourneur, du gr. *tornos*). 1. Machine-outil utilisée pour usiner, par enlèvement de matière, une pièce généralement en rotation autour d'un axe, au moyen d'un outil coupant que l'on déplace dans un plan passant par cet axe. (→ *encycl.*) – 2. Dispositif actionné au pied, comportant un plateau rotatif horizontal sur lequel le potier dispose la pièce d'argile à tourner. – 3. Autrefois, dans les monastères, armoire cylindrique et tournante, posée dans l'épaisseur d'un mur, pour recevoir ce qu'on y déposait du dehors. – 4. Fam. et vx. *Fait au tour,* bien proportionné. ‖ *Tour à copier,* tour dans lequel l'un des chariots suit un gabarit présentant le profil à copier. ‖ *Tour en l'air,* tour sans banc, conçu pour l'exécution de pièces plates de grand diamètre. ‖ *Tour parallèle,* tour utilisé pour usiner des surfaces de révolution, des surfaces planes et des filetages. (→ *encycl.*) ‖ *Tour vertical,* tour servant à usiner des pièces lourdes et de grand diamètre, placées sur un plateau horizontal circulaire tournant.

ENCYCL. **Usin.** Le *tour parallèle* comprend un banc supportant une poupée fixe et deux glissières longitudinales. Dans la poupée fixe tourne la broche, qui reçoit le mandrin, la pointe, la griffe à trois pointes, dite « papillon » (tournage du bois) ou le plateau, qui entraîne en rotation la pièce à usiner. Un moteur électrique commande la broche, par l'intermédiaire d'une boîte de vitesses, échelonnées de quelques dizaines à plusieurs milliers de tours par minute. Sur les glissières coulisse la poupée mobile, qui peut recevoir une contre-pointe ou un outil (foret, mèche ou alésoir). Entre les poupées se déplace, sur les glissières, un chariot, ou traînard, mis en mouvement à la main ou mécaniquement. Sur le traînard se déplace, perpendiculairement à l'axe du tour, un chariot transversal lui-même porteur de glissières longitudinales recevant le chariot porte-outil, qui supporte le plus souvent une tourelle carrée sur les côtés de laquelle on fixe les outils.

2. TOUR n. m. (de *tourner*). **1.** Dimension de la ligne fermée qui constitue la limite extérieure de qqch, notamment certaines parties du corps : *Une colonne de trois mètres de tour. Prendre le tour de taille d'une cliente.* — **2.** Pourtour, partie périphérique, bord de qqch, d'un lieu : *Le tour du lac est planté d'arbres.* — **3.** Action de passer un lien autour de qqch ; portion d'un lien passé autour d'un objet : *Mettre plusieurs tours de corde à un paquet.* — **4.** Action de tourner un objet sur lui-même : *Deux tours de clé.* — **5.** Mouvement de rotation d'un corps autour de son axe, qui le ramène à sa position première : *La Terre accomplit un tour complet en vingt-quatre heures.* — **6.** Action de se déplacer en suivant le pourtour de qqch, et en revenant à son point de départ : *Faire le tour du lac. Un tour de piste.* — **7.** Examen d'une question dans tous ses points : *Faire le tour d'un problème.* — **8.** Voyage, périple qui conduit dans les principaux lieux d'une région, d'un pays, d'un continent, etc. : *Faire un tour d'Europe.* — **9.** Déplacement, voyage rapide qqpart ; promenade à l'extérieur, en partic. pour s'aérer, se détendre : *Faire un petit tour après le repas.* — **10.** Numéro exigeant des qualités particulières d'adresse et que l'on exécute pour divertir le public : *Un tour de prestidigitation. Un tour de cartes.* — **11.** Action pleine d'habileté, plaisante ou perfide, destinée à attraper, à mystifier ou à tromper qqn : *Jouer un tour à l'adversaire.* — **12.** Manière dont qqch évolue : *Donnons un tour nouveau à nos relations.* — **13.** Construction particulière d'un ensemble de termes, propre à un écrivain, à une discipline, à une époque, etc. : *Ce tour appartient au français classique.* — **14.** Moment pour qqn, qqch de faire ou de subir qqch lorsque plusieurs personnes ou plusieurs choses doivent, dans un certain ordre, faire ou subir qqch de similaire : *Attends ton tour. Au tour du salon, maintenant, il faut tout ranger.* — **15.** Chacune des consultations dans un vote, qui peut en comporter plusieurs : *Le second tour de l'élection présidentielle.* — **16.** *À double tour,* en faisant accomplir deux tours complets à la clef d'une serrure ; hermétiquement. ‖ Fam. *Avoir fait le tour de qqn, de qqch,* les connaître parfaitement. ‖ Fam. *Avoir plus d'un tour dans son sac,* être très rusé. ‖ *Cela vous jouera un (mauvais) tour,* se dit à qqn qui use d'un moyen dangereux, d'une arme à double tranchant, qui a une conduite trop hardie. ‖ *En un tour de main* (vieilli, *en un tournemain*), très rapidement et avec la plus grande aisance. ‖ *Faire le tour de qqch,* en occuper la périphérie : *Cette corniche fait le tour du temple ;* en parlant d'une nouvelle, se répandre : *L'anecdote a fait le tour des salles de rédaction.* ‖ *Faire un tour d'horizon,* soumettre successivement à la discussion tous les aspects d'un sujet, d'une question. ‖ *Le tour est joué,* se dit quand une ruse, une mystification a réussi. ‖ *Tour à tour,* l'un après l'autre, successivement ; une chose puis une autre, alternativement. ‖ *Tour de chant,* interprétation par un artiste, sur la scène, d'une suite de chansons. ‖ *Tour de cou,* collier porté à la base du cou ; petite cravate nouée autour du cou. ‖ *Tour d'esprit,* manière propre à qqn de comprendre et d'exprimer les choses. ‖ *Tour de force,* action difficile remarquablement réussie ; exercice relevant d'une disposition physique particulièrement extraordinaire. ‖ *Tour de main,* habileté manuelle, savoir-faire de qqn qui est passé maître dans sa spécialité. ‖ *Tour de reins,* nom familier du lumbago aigu. ‖ *Tour de table,* fait de donner la parole successivement à tous ceux qui sont réunis autour d'une table, pour leur permettre d'exprimer leur avis ; groupe d'opérateurs réunis pour mener à bonne fin une opération financière. • **Chorégr.** Mouvement sur lui-même que le danseur (ou la danseuse) effectue sur ses deux pieds. ‖ *Tour en l'air,* saut au cours duquel le danseur effectue un ou deux tours complets (rarement trois) sur lui-même et retombe sur les deux pieds ou sur un seul et un genou. ‖ *Tours chaînés,* syn. de DÉBOULÉS. — **Cout.** Rang de mailles à tricoter. — **Métrol.** Unité d'angle (symb. tr), équivalant à 2π radians. ‖ *Tour par minute,* unité de vitesse angulaire (symb. tr/min) valant 2π/60 radian par seconde. ‖ *Tour par seconde,* unité de vitesse angulaire (symb. tr/s) valant 2π radians par seconde. — **Trad. pop.** *Tour de France,* voyage que les compagnons effectuent traditionnellement dans différentes régions de France pour mieux apprendre leur métier.

Tour de France, course cycliste annuelle par étapes, créée en 1903 par Henri Desgrange, qui suivait approximativement, initialement, le contour de la France. Depuis 1983, les amateurs peuvent participer à l'épreuve. Un *Tour de France féminin* (plus court) a été institué en 1984. Le premier au classement général porte un maillot jaune. Supprimé pendant les deux guerres mondiales, le Tour de France reprit en 1919 et en 1947. Il demeure la plus grande compétition cycliste du monde.

Tour du monde en 80 jours *(le),* roman de Jules Verne (1873). Les aventures et mésaventures du riche Anglais Phileas Fogg qui a parié avec ses compagnons du Reform Club qu'il accomplirait en 80 jours le tour du monde, et qui y parvient.

3. TOUR n. f. (lat. *turris*). **1.** Corps de bâtiment ou bâtiment (dans œuvre, hors œuvre, demi-hors œuvre, ou indépendant) de plan massé et nettement plus haut que large : *La tour maîtresse*

LE PALMARÈS DU TOUR DE FRANCE

1903	M. Garin (Fr.)	1956	R. Walkowiak (Fr.)
1904	H. Cornet (Fr.)	1957	J. Anquetil (Fr.)
1905	L. Trousselier (Fr.)	1958	Ch. Gaul (Lux.)
1906	R. Pottier (Fr.)	1959	F. Bahamontes (Esp.)
1907	L. Petit-Breton (Fr.)	1960	G. Nencini (It.)
1908	L. Petit-Breton (Fr.)	1961	J. Anquetil (Fr.)
1909	F. Faber (Lux.)	1962	J. Anquetil (Fr.)
1910	O. Lapize (Fr.)	1963	J. Anquetil (Fr.)
1911	G. Garrigou (Fr.)	1964	J. Anquetil (Fr.)
1912	O. Defraye (Belg.)	1965	F. Gimondi (It.)
1913	Ph. Thys (Belg.)	1966	L. Aimar (Fr.)
1914	Ph. Thys (Belg.)	1967	R. Pingeon (Fr.)
1919	F. Lambot (Belg.)	1968	J. Janssen (P.-B.)
1920	Ph. Thys (Belg.)	1969	E. Merckx (Belg.)
1921	L. Scieur (Belg.)	1970	E. Merckx (Belg.)
1922	F. Lambot (Belg.)	1971	E. Merckx (Belg.)
1923	H. Pélissier (Fr.)	1972	E. Merckx (Belg.)
1924	O. Bottecchia (It.)	1973	L. Ocaña (Esp.)
1925	O. Bottecchia (It.)	1974	E. Merckx (Belg.)
1926	L. Buysse (Belg.)	1975	B. Thévenet (Fr.)
1927	N. Frantz (Lux.)	1976	L. Van Impe (Belg.)
1928	N. Frantz (Lux.)	1977	B. Thévenet (Fr.)
1929	M. De Waele (Belg.)	1978	B. Hinault (Fr.)
1930	A. Leducq (Fr.)	1979	B. Hinault (Fr.)
1931	A. Magne (Fr.)	1980	J. Zoetemelk (P.-B.)
1932	A. Leducq (Fr.)	1981	B. Hinault (Fr.)
1933	G. Speicher (Fr.)	1982	B. Hinault (Fr.)
1934	A. Magne (Fr.)	1983	L. Fignon (Fr.)
1935	R. Maes (Belg.)	1984	L. Fignon (Fr.)
1936	S. Maes (Belg.)	1985	B. Hinault (Fr.)
1937	R. Lapébie (Fr.)	1986	G. LeMond (É.-U.)
1938	G. Bartali (It.)	1987	S. Roche (Irl.)
1939	S. Maes (Belg.)	1988	P. Delgado (Esp.)
1947	J. Robic (Fr.)	1989	G. LeMond (É.-U.)
1948	G. Bartali (It.)	1990	G. LeMond (É.-U.)
1949	F. Coppi (It.)	1991	M. Induráin (Esp.)
1950	F. Kubler (S.)	1992	M. Induráin (Esp.)
1951	H. Koblet (S.)	1993	M. Induráin (Esp.)
1952	F. Coppi (It.)	1994	M. Induráin (Esp.)
1953	L. Bobet (Fr.)	1995	M. Induráin (Esp.)
1954	L. Bobet (Fr.)	1996	B. Riis (Dan.)
1955	L. Bobet (Fr.)		

du château. Tour de bureaux. — **2.** Toute construction en hauteur : *La tour Eiffel.* — **3.** Pièce du jeu d'échecs dont la marche est parallèle aux bords de l'échiquier. — **4.** *Fam.* Personne grande et corpulente. — **5.** *Tour de contrôle,* édifice dans lequel est situé le service chargé, sur chaque aérodrome, du contrôle local de la circulation aérienne. ‖ *Tour d'ivoire,* retraite hautaine de qqn. • **Archéol.** *Tour à étages,* syn. de ZIGGOURAT. — **Bât.** *Tour d'incendie,* escalier construit en matériaux incombustibles dans une gaine isolante continue, à l'usage des sapeurs-pompiers en cas d'incendie. — **Chim.** Appareil de traitement industriel (distillation, absorption, catalyse, etc.) vertical et de forme cylindrique. ‖ *Tour de Gay-Lussac,* dans les fabriques d'acide sulfurique, appareil pour récupérer les vapeurs nitreuses. ‖ *Tour de Glover,* dans les fabriques d'acide sulfurique, appareil pour concentrer l'acide et mettre en réaction les oxydes de l'azote. — **For.** *Tour de forage,* chevalement en charpente métallique, qui permet les opérations de levage et de manœuvre du train de tiges et des outils de forage. — **Frigor.** *Tour de refroidissement,* syn. de AÉRORÉFRIGÉRANT. — **Liturg.** *Tour eucharistique,* tabernacle en forme d'édicule indépendant.

Tour de Nesle *(la),* drame en prose d'A. Dumas père et de F. Gaillardet (1832). Par leur faute, mais par ignorance de leur identité, Marguerite de Bourgogne et son amant causent la mort de leurs propres fils.

TOUR *(aiguille du),* sommet du massif du Mont-Blanc, à la frontière suisse, au-dessus de l'Arve ; 3 544 m. Elle domine *le glacier du Tour* et *le hameau du Tour* (centre touristique à 1 450 m d'alt., section de la comm. de Chamonix-Mont-Blanc).

TOURACO n. m. Oiseau (musophage) des forêts tropicales et des savanes africaines, à plumage vivement coloré, à la tête ornée d'une huppe, aux ailes rondes, à la queue longue, au bec fort et courbe, frugivore.

TOURAILLAGE n. m. Opération qui consiste à sécher et à aromatiser par l'air chaud le malt vert provenant de la germination.

TOURAILLE n. f. (mot picard, du lat. *torrere,* dessécher). **1.** Bâtiment en forme de tour dans lequel se fait le touraillage. — **2.** Grains traités par le touraillage.

TOURAILLON n. m. (de *touraille*). Germe d'orge séché à la touraille, employé comme engrais et pour l'alimentation du bétail.

TOURAINE, ancienne province de France, axée sur la Loire, entre l'Anjou, le Maine, l'Orléanais, le Berry et le Poitou, correspondant à peu près au dép. d'Indre-et-Loire et couvrant environ 6 500 km². (Hab. *Tourangeaux.*) Cap. *Tours.* — **Hist.** Pays des *Turons,* intégré à la Lyonnaise IIIe par les Romains, comté sous les Mérovingiens (devenu héréditaire au Xe s.), la Touraine passa au XIe s. à la maison d'Anjou. Philippe Auguste la prit à Jean sans Terre en 1202-1205. Elle fut donnée en apanage à plusieurs princes de sang, au futur Jean II le Bon, à Philippe le Hardi, au futur Charles VII. Les rois de France résidèrent souvent en Touraine aux XVe et XVIe s. Après la mort du dernier duc, François d'Alençon, frère d'Henri III (1584), elle fut réunie à la Couronne.

Touraine *(oie de),* race d'oies, de format moyen et très rustique.

Touraine *(syndrome de),* syn. de ÉLASTORRHEXIE.

Touraine *(vins de),* appellation donnée aux vins rouges (bourgueil, chinon) et blancs (vouvray) récoltés en Indre-et-Loire.

TOURAINE (Alain), sociologue français (Hermanville-sur-Mer 1925). Seuls le mouvement ouvrier et l'intervention connue de l'État dans les activités économiques ont permis, selon lui, l'avènement et le développement de la sociologie industrielle. Son attention se concentre principalement sur l'histoire en train de se faire, d'où son intérêt pour les mouvements sociaux : *Sociologie de l'action* (1965), *la Conscience ouvrière* (1966), *la Société postindustrielle* (1969), *Production de la société* (1973), *les Sociétés dépendantes : essais sur l'Amérique latine* (1976), *la Parole et le Sang. Politique et société en Amérique latine* (1988).

TOURAN ou **TURĀN,** terme employé par les écrivains persans pour désigner les pays peuplés de Turcs qui s'étendaient au N. de l'Iran.

TOURANE → DA NANG.

TOURANGEAU, ELLE adj. et n. De Touraine ou de Tours.

TOURANIEN, ENNE adj. et n. (de *Touran,* n. pr.). Qui appartient à un groupe de peuples de la Russie méridionale et du Turkestan, de couleur blanche, mais ayant subi l'empreinte des Mongols.

◆ **touranien** n. m. Nom donné autrefois à l'ensemble ouralo-altaïque.

TOURANIENNE *(dépression),* nom donné en Ouzbékistan à la plaine comprise entre la mer d'Aral, la mer Caspienne et les montagnes de la haute Asie.

1. TOURBE n. f. (lat. *turba*). *Litt.* et *péjor.* Foule considérée comme une masse désordonnée ; multitude.

2. TOURBE n. f. (frq. **turba*). Sol hydromorphe à nappe phréatique permanente, à accumulation de matière organique incomplètement décomposée, provenant des débris végétaux et racines des plantes hygrophiles (surtout les sphaignes). [Fossile ou actuelle, la tourbe fournit, après séchage, un combustible médiocre.]

TOURBEUX, EUSE adj. (de *tourbe 2*). Qui contient de la tourbe.

TOURBIER, ÈRE adj. (de *tourbe 2*). Relatif à la tourbe, à l'extraction de la tourbe.
◆ **tourbière** n. f. **1.** Sorte de marais au fond duquel se forme la tourbe et où on l'extrait. (→ *encycl.* Pédol.) – **2.** Endroit où l'on stocke la tourbe extraite. – **3.** *Homme des tourbières,* nom donné aux restes humains trouvés dans les tourbières d'Europe du Nord-Ouest. (→ *encycl.* Préhist.)
ENCYCL. **Pédol.** Sur sol calcaire, il s'agit de *tourbières basses,* aux eaux non acides, se développant des bords vers le centre, et dont la tourbe donne un humus fertile. Sur sol non calcaire, sous climat pluvieux, il s'agit de *hautes tourbières,* bombées, aux eaux acides se développant du centre vers les bords et dont la tourbe, stérile, peut servir de combustible.
– **Préhist.** Quelque sept cents corps ont été retrouvés dans les tourbières, surtout du Danemark et de l'Allemagne du Nord. Les corps datent de l'âge du bronze et de l'âge du fer. Les plus célèbres découvertes (Tollund et Grauballe dans le Jylland) ont permis de conclure à des sacrifices humains, pratiqués au printemps en l'honneur de la terre mère.

TOURBILLON n. m. (anc. fr. *torbeil,* du lat. pop. **turbiculum,* du lat. class. *turbo, -inis*). **1.** Mouvement rapide de rotation de l'air. – **2.** Masse d'air, de gaz, etc., qui se déplace en tournoyant : *Des tourbillons de fumée, de feuilles.* – **3.** Mouvement rapide et circulaire : *Les tourbillons de la valse.* – **4.** *Litt.* Ce qui emporte, entraîne dans un mouvement rapide, irrésistible, grisant : *Le tourbillon des affaires.* – **5.** Mouvement circulaire ou hélicoïdal des molécules d'eau dans un cours d'eau. (Les tourbillons caractérisent la turbulence.) – **6.** Type d'écoulement d'un fluide caractérisé par un mouvement de rotation des particules autour d'un axe, avec une vitesse inversement proportionnelle à la distance de l'axe.

TOURBILLONNAIRE adj. **1.** Se dit d'un écoulement fluide qui présente les caractéristiques d'un tourbillon. – **2.** Se dit des filets de fluide ou des régions affectés par des tourbillons.

TOURBILLONNANT, E adj. **1.** Qui tourbillonne : *Un vent tourbillonnant.* – **2.** *Litt.* Qui entraîne impétueusement : *Une existence tourbillonnante.*

TOURBILLONNEMENT n. m. **1.** Mouvement de ce qui tourbillonne. – **2.** *Litt.* Action vive, impétueuse, entraînante.

TOURBILLONNER v. i. (de *tourbillon*) [conj. 3]. **1.** Être animé d'un mouvement rapide et circulaire : *La neige tourbillonnait autour d'eux.* – **2.** *Litt.* Donner l'impression de mouvements tournants, confus ou vertigineux : *Les idées tourbillonnaient dans sa tête.*

TOURCOING (59200), ch.-l. de cant. du Nord, au N. de Lille et de Roubaix, villes auxquelles il est relié en une vaste conurbation ; 94 425 hab. *(Tourquennois).* Centre textile. Musée municipal. – **Hist.** Spécialisée dès le XVe s. dans le travail de la laine peignée, Tourcoing fut longtemps la rivale de Lille. Au XIXe s., elle devint, avec Roubaix, une métropole de la laine et un centre cotonnier.

TOUR D'AUVERGNE (La) → LA TOUR D'AUVERGNE.

TOURDE ou **TOURDELLE** n. f. (anc. provenç. *tort,* grive, du lat. *turdus*). Autres noms de la grive, surtout de la draine.

TOUR-DE-SALVIGNY (La) [69890], comm. du Rhône, à 15 km à l'O.-N.-O. de Lyon ; 3 230 hab. Station thermale. Casino.

TOURDILLE adj. Se dit d'un cheval de couleur gris-jaune.

TOUR-DU-PIN (La) [38110], ch.-l. d'arrond. de l'Isère, dans le bas Dauphiné, sur la Bourbre ; 6 926 hab. *(Turripinois).* Chaussures de sport. Jouets. Textile.

TOUR DU PIN (La) → LA TOUR DU PIN.

TOURÉ (Samory) → SAMORY.

TOURÉ (Sékou), homme d'État guinéen (Faranah 1922 - Cleveland, Ohio, 1984). Secrétaire général de la C. G. T. en Afrique noire, et du parti démocratique de Guinée, section locale du Rassemblement démocratique africain (1952), il devint en 1956 président de la Confédération générale des travailleurs d'Afrique noire. Lors du référendum de 1958, il appela à voter non, ce qui entraîna la sortie de la Guinée de l'Union française. Élu en 1958, il demeura chef de l'État et du gouvernement jusqu'en 1984. D'abord proche du bloc soviétique, il chercha à partir de 1962 à se rapprocher de la France. Son régime devint dictatorial et il laissa à sa mort un pays ruiné.

TOURELLE n. f. (de *tour 3*). **1.** Tour peu développée en plan et rattachée à un édifice, pouvant soit monter de fond, soit être bâtie en surplomb. – **2.** Abri orientable, généralement blindé, dans lequel sont disposées les armes d'un aéronef de combat, d'un navire de guerre, d'un char, d'un ouvrage fortifié. – **3.** Sur un tour, bloc porte-outils qui peut amener successivement tous les outils en position de travail.

TOURELLEAU n. m. Petite tourelle montée sur la tourelle principale d'un engin blindé, et dont le mouvement peut être rendu indépendant de celui de la tourelle.

TOURER v. t. (de *tour 1*) [conj. 3]. Pratiquer le pliage d'une pâte feuilletée à l'aide d'un rouleau pour obtenir l'abaisse finale.

1. TOURET n. m. (de *tour 2*). **1.** Coiffure de femme, en forme de toque, à la mode au XIIIe s. — **2.** Bandeau de lingerie, porté horizontalement sur le front par les femmes, au XVe s.

2. TOURET n. m. (de *tour 1*). **1.** Machine-outil de petites dimensions à axe horizontal supporté par deux paliers et qui porte à ses deux extrémités des meules (touret à meuler) ou des disques en feutre, en coton, etc. (touret à polir). — **2.** Petit tour de graveur en pierres fines. — **3.** Petit dévidoir sur lequel sont bobinés du fil, de la ficelle, du ruban, etc. — **4.** Appareil destiné à l'enroulement, au transport et à la pose des câbles, conducteurs, tuyaux, etc. — **5.** Dévidoir ou rouet à l'usage des cordiers. — **6.** Rouet à filer. — **7.** Grosse bobine à dévider la soie.

TOURFAN, en chin. **Turpan,** v. de Chine (Xinjiang), au S.-E. d'Ouroumtsi, à 165 m sous le niveau de la mer. Centre d'une oasis sur la branche nord de la route de la soie.
— **Bx-arts.** Mosquée (XVIIIe s.). Dans les environs, vestiges de l'antique Yar (Jiahoe), citadelle très ancienne, devenue une capitale des Han, et l'antique Kotcho (Gaochang), capitale des Ouïgours au IXe s. Non loin, grottes « des Mille Bouddhas », ensemble monastique (VIe-fin Xe s.).

TOURGAÏ *(plateau de),* région qui occupe la zone de transition entre l'Oural méridional et le Kazakhstan.

TOURGUENIEV ou **TOURGUENEV** (Ivan Sergueïevitch), écrivain russe (Orel 1818 - Bougival 1883). Fils de propriétaires terriens, il termine ses études à Berlin, où il découvre la pensée hégélienne. À son retour, il publie ses premières nouvelles (*Andreï Kolossov,* 1844), mais, follement épris de la cantatrice Pauline Viardot, il quitte son poste de fonctionnaire civil pour vivre dans le sillage de l'artiste. En 1852, la publication, au thème révolutionnaire, des *Récits* d'un chasseur* le place parmi les premiers écrivains de son temps mais lui vaut l'exil dans ses terres sous le prétexte d'un article consacré à Gogol (1852). Après quelques nouvelles (*Deux Amis,* 1853) paraît son premier roman, *Roudine* (1856). Ayant quitté la Russie, où il ne fera plus que de brefs séjours, Tourgueniev vivra en France et en Allemagne. Il crée, avec Bazarov (*Pères et fils,* 1862), le premier héros nihiliste. Mais, critiqué par ses compatriotes pour ses préoccupations sociales et politiques exprimées dans *Fumée* (1867) et *Terres vierges* (1877), il revient à la littérature, avec ses nouvelles *les Eaux printanières* (1872), ses *Poèmes en prose,* et sa pièce *Un mois à la campagne* (1879), qui connaît un triomphe. Taxé de mièvrerie par certains, Tourgueniev n'en demeure pas moins un classique par sa langue et la finesse de ses analyses de l'amour.

TOURIE n. f. (p.-ê. lat. *torus,* couche de paille). Récipient de moyenne contenance, exclusivement fabriqué en grès.

TOURIER, ÈRE adj. et n. (de *tour 1*). **1.** Autref., préposé au tour, dans un couvent. **2.** *Sœur tourière* ou *tourière* (n. f.), religieuse non cloîtrée chargée des relations du monastère avec l'extérieur.

TOURILLON n. m. (de *tour 1*). **1.** Partie cylindrique autour de laquelle une pièce reçoit un mouvement de rotation. — **2.** Syn. de PORTÉE. — **3.** Chacun des pivots situés de part et d'autre du tube d'un canon, grâce auxquels ce dernier repose sur l'affût et peut se déplacer dans un plan vertical. — **4.** Goujon en bois servant à assembler des pièces ou des panneaux de bois.

TOURILLONNER v. t. (conj. 3). Usiner un tourillon sur une pièce.
◆ v. i. Tourner autour d'un axe par l'intermédiaire de deux tourillons tournant dans des paliers.

TOURILLONNEUSE n. f. **1.** Machine-outil de tournage dans laquelle les outils de coupe sont disposés à l'intérieur d'un grand plateau annulaire appelé « couronne » et animé d'un mouvement de rotation autour de son axe. — **2.** Machine à fabriquer des tourillons ou à en réaliser l'assemblage.

TOURIN n. m. (mot béarnais). Soupe à l'oignon, au saindoux ou à la graisse d'oie, ou soupe à l'ail, liée aux jaunes d'œufs. (Spécialité du Sud-Ouest.)

TOURISME n. m. (angl. *tourism*). **1.** Action de voyager, de visiter un site pour son plaisir. — **2.** Ensemble des activités, des techniques mises en œuvre pour les voyages et les séjours d'agrément. (→ *encycl.*) — **3.** *Avion, voiture de tourisme,* avion, voiture à usage privé. ‖ *Grand tourisme (GT),* modèle d'automobile à tendance sportive dont le moteur est particulièrement performant.

ENCYCL. Apanage des classes privilégiées jusqu'au début du XXe s., le tourisme a subi depuis une évolution radicale dans les pays développés. Celle-ci est due à la fois à l'avènement des moyens de transports modernes (chemins de fer et avions) et à l'évolution sociale (réduction du temps de travail et élévation générale du niveau de vie). Cependant, même dans ces pays, le taux de départs en vacances varie selon les classes sociales. En France, par exemple, il concerne de 80 à 85 % des cadres et professions libérales, mais seulement un peu plus de la moitié des ouvriers et une part encore nettement moindre des exploitants et salariés agricoles.

Le tourisme est néanmoins devenu une pratique de masse : dans les années 90, plus de 350 millions de personnes dans le monde se sont déplacées (annuellement) pour des vacances, dont 95 % originaires de sociétés à haut niveau de vie. Il a suscité la création d'organismes spécialisés nationaux et internationaux, telle l'O. M. T. (Organisation mondiale du tourisme) qui dépend de l'O. N. U. Son impact sur les sociétés (pays de départ ou pays d'accueil) et sur l'environnement naturel en a fait un enjeu économique important. Il est caractérisé par le déplacement et le mode de transport, par la durée (au moins 24 heures dans sa définition économique en France), par l'objectif qui le motive (agrément, santé, affaires, manifestation culturelle, sportive, religieuse, etc.) et par l'ensemble des activités de production et de consommation qu'il induit.

Peu d'espaces échappent à l'extension du phénomène et les fabricants de « produits touristiques », entreprises privées (l'une des premières fut l'agence Cook au XIXe s.) ou organismes d'État (pays socialistes), mettent en vente, directement ou par l'intermédiaire d'agences de voyage, un éventail toujours plus large de séjours ou circuits touristiques.

À l'échelle mondiale, l'Europe occidentale occupe la première place pour les flux touristiques (plus des deux tiers des mouvements touristiques mondiaux). L'Amérique du Nord constitue le second grand carrefour. La France, pour sa part, reçoit annuellement plus de 60 M de touristes étrangers.

À côté de ces flux majeurs, les principaux flux mineurs sont orientés vers les pays de la Méditerranée méridionale (Égypte, Tunisie, Maroc), l'Inde et Sri Lanka, les pays d'Asie tropicale et le Japon, l'Afrique noire et l'Amérique du Sud.

TOURISTE n. (angl. *tourist*). **1.** Personne qui pratique le tourisme. — **2.** *Classe touriste,* nom donné à la deuxième classe sur les services de transports aériens internationaux.

TOURISTIQUE adj. **1.** Relatif au tourisme : *Guide touristique.* — **2.** Qui attire les touristes, qui est fréquenté par eux.

TOUR(-)LANTERNE n. f. (pl. *tours*[-]*lanternes*). Tour percée de fenêtres, qui éclaire l'espace intérieur du bâtiment sur lequel elle s'élève (croisée* du transept de certaines églises romanes et gothiques, etc.).

TOURLAVILLE (50110), ch.-l. de cant. de la Manche, banlieue est de Cherbourg ; 17 733 hab. Château du XVIe s.

TOURLOUROU n. m. Syn. de COMIQUE TROUPIER*.

TOURMALET *(col du),* col routier des Pyrénées, au S. du pic du Midi de Bigorre, reliant Bagnères-de-Bigorre à Luz-Saint-Sauveur ; 2 115 m.

TOURMALINE n. f. (cinghalais *tōramalli*). Borosilicate d'aluminium contenant du fluor et d'autres éléments (fer, manganèse, magnésium, lithium) et qui cristallise dans le système rhomboédrique. (La tourmaline de couleur brune, jaune, rose, rouge ou noire, selon la composition, fait partie des pierres fines. Uniaxe, elle peut servir de polariseur ou d'analyseur.)

TOURMENT n. m. (lat. *tormentum*). **1.** *Vx.* Supplice infligé à qqn pour obtenir des aveux : *Mourir dans les tourments.* — **2.** Vive douleur physique : *Les tourments de la soif.* — **3.** Vive souffrance morale : *Les tourments de la jalousie.*

TOURMENTE n. f. (bas lat. *tormenta,* du lat. class. *tormentum,* torture). *Litt.* **1.** Tempête violente mais courte : *Une tourmente de neige.* — **2.** Violents troubles sociaux ou politiques : *La tourmente révolutionnaire.*

TOURMENTER v. t. (conj. 3). **1.** Infliger à qqn, un animal une souffrance physique : *Cessez de tourmenter cette pauvre bête ! Ses rhumatismes le tourmentent.* — **2.** Causer à qqn une souffrance morale : *Un homme que le remords tourmente.*
◆ **être tourmenté** v. pass. **1.** Être toujours inquiet, prédisposé à l'angoisse : *Une conscience tourmentée.* — **2.** Être marqué par l'inquiétude, les soucis moraux, les passions violentes : *Un artiste au visage tourmenté.* — **3.** Être marqué par des perturbations, des troubles, des événements graves : *L'époque tourmentée de la Révolution.* — **4.** En parlant des phénomènes naturels, présenter des irrégularités nombreuses, des contrastes violents : *Un ciel tourmenté.* — **5.** Présenter un aspect compliqué, trahissant la recherche, la difficulté : *Un style tourmenté.* — **6.** *Mer tourmentée,* mer agitée, tumultueuse.
◆ **se tourmenter** v. pr. Se faire du souci, de l'inquiétude.

TOURMENTEUR, EUSE adj. et n. *Litt.* Qui donne du tourment.

TOURMENTIN n. m. (de *tourmenter*). **1.** Petit foc très résistant, employé par gros temps et vent violent. — **2.** Syn. de CABAN.

TOURNAGE n. m. **1.** Action de réaliser des prises de vues cinématographiques. — **2.** Action d'usiner une pièce sur un tour ; fait d'être usiné. (→ *encycl.*) — **3.** Emprunts faits par une banque sur le marché monétaire pour prêter les disponibilités ainsi recueillies. — **4.** Procédé de façonnage à la main et au tour d'une pâte plastique, pour obtenir des céramiques de formes hautes. — **5.** *Centre de tournage,* installation industrielle automatisée constituée d'un tour à commande numérique équipé de dispositifs assurant la surveillance de la fabrication, l'échange des outils, la manipulation des pièces, etc.

ENCYCL. **Usin.** Le tournage est une des opérations les plus courantes dans l'usinage des pièces. Il comporte : le chariotage, extérieur ou intérieur, dans lequel l'outil agit parallèlement à l'axe ; le dressage, dans lequel l'outil agit perpendiculairement à l'axe ; le perçage ; le filetage, obtenu par déplacement de l'outil synchronisé par la vis mère avec la rotation de la pièce.

La pièce peut être montée entre pointes ou en l'air, serrée par les mors d'un mandrin, bridée sur un plateau ou tenue par une pince, fixés sur le nez de la broche. Lorsque la pièce à usiner est longue et peu rigide, on la soutient en outre dans sa partie centrale par une lunette. La plupart des opérations de tournage s'effectuent à l'aide d'outils coupants.

TOURNAI, en néerl. **Doornik,** v. de Belgique, ch.-l. d'arrond. du Hainaut, sur l'Escaut ; 67 600 hab. *(Tournaisiens).* Centre industriel.
— **Hist.** Capitale des Nerviens, la ville devient au Vᵉ s. la première capitale des rois mérovingiens. Son évêché, créé au VIᵉ s., est rattaché à celui de Noyon. Enrichie par le commerce et l'industrie du drap, elle devient autonome et est placée sous la souveraineté directe du royaume de France (1187). Demeurée fidèle au roi Charles VII après le traité de Troyes (1420), Tournai connaît une grande prospérité durant tout le XVᵉ s. grâce à la tapisserie de haute lisse. Cédée à Charles Quint par François Iᵉʳ, par le traité de Madrid (1526), la ville est reprise par Louis XIV en 1667. Par les traités d'Utrecht et de Rastatt (1713-14), Tournai est incorporée aux Pays-Bas autrichiens. Occupée par les Français à la Révolution (1792 et 1794), la ville fait partie du royaume des Pays-Bas (1815) puis de celui de Belgique (1830).
— **Bx-arts.** Imposante cathédrale romane (nef du XIIᵉ s., à quatre étages, voûtée au XVIIIᵉ s. ; transept à hémicyles, hérissé de cinq puissantes tours) et gothique (chœur du milieu du XIIIᵉ s.) ; jubé Renaissance ; riche trésor. Églises et maisons médiévales ; beffroi remontant à la fin du XIIᵉ s. ; hôtel de ville dans des bâtiments abbatiaux du XVIIIᵉ s. ; etc. Des écoles de sculpture (XIIᵉ s.) et de peinture (XVᵉ s.), une importante production de tapisseries (surtout au XVᵉ s.) et de porcelaines (2ᵉ moitié du XVIIIᵉ s.) complètent l'activité architecturale. Riche musée des Beaux-Arts (de Van der Weyden et de son milieu à la peinture du XXᵉ s., en passant par les impressionnistes) ; musée d'Archéologie, d'Histoire et d'Arts décoratifs.

Tournai *(porcelaine de),* manufacture de porcelaine tendre, créée à Tournai en 1750 et active jusqu'en 1891, qui réalisa de luxueux services décorés de fleurs ou d'oiseaux, des paysages en camaïeu pourpre, de nombreux groupes et figurines ainsi qu'une vaisselle plus courante, délicatement décorée en bleu. Marque : à la tour en couleur ou d'or, puis aux épées croisées.

TOURNAILLER v. i. (conj. 3). *Fam.* Tourner sans but précis autour de qqn ou de qqch.

TOURNAISIEN n. m. (de *Tournai,* n. pr.). Étage du système carbonifère.

TOURNAISIS, anc. région de Belgique formant le *pays de Tournai,* aux confins des provinces du Hainaut et de la Flandre-Occidentale.

TOURNAN-EN-BRIE (77220), ch.-l. de cant. de Seine-et-Marne, à l'E. de la forêt d'Armainvilliers ; 5 592 hab. *(Tournanais).*

TOURNANT, E adj. **1.** Qui est conçu pour pivoter sur soi-même : *Fauteuil tournant.* — **2.** Qui suit une direction courbe, sinueuse, ou qui revient sur soi-même : *Une rue tournante. Un escalier tournant.* — **3.** Qui contourne, prend à revers : *Une manœuvre tournante.* • **Bât.** *Escalier tournant,* escalier dont le départ et l'arrivée se superposent, qu'il soit à marches rayonnantes (escalier en vis) ou parallèles, réunies par des repos ou des quartiers tournants (escalier à volées droites). — **Électr.** *Champ (sinusoïdal) tournant,* champ magnétique représenté, en valeur instantanée, par une fonction sinusoïdale unique de l'espace et du temps. — **Pêch.** *Filets tournants,* filets mobiles à l'aide desquels on encercle des bancs de poissons. ‖ *Leurre tournant,* engin métallique pour la pêche au lancer des carnassiers, conçu pour tourner rapidement sous la pression de l'eau.

◆ **tournant** n. m. **1.** Endroit où une voie tourne, prend une autre direction : *Les tournants d'une route.* — **2.** Moment ou événement qui marque une orientation nouvelle, un changement important : *Un grand tournant de notre histoire.* — **3.** Obturateur percé transversalement d'orifices et qui, en tournant dans le corps d'un robinet (boisseau), permet le passage ou l'arrêt d'un fluide. (Syn. CLEF.) — **4.** Fam. *Attendre, rattraper qqn au tournant,* prendre sur lui sa revanche quand l'occasion se présente.

◆ **tournante** n. f. Passementerie circulaire de l'épaulette, sur laquelle les franges semblent être attachées.

TOURNASSAGE ou **TOURNASAGE** n. m. Opération qui consiste à amincir les parois, les pieds et les bords d'une poterie ébauchée au moyen de tournassins.

TOURNASSER ou **TOURNASER** v. t. (de *tourner*) [conj. 3]. Façonner sur le tour les poteries préalablement ébauchées.

TOURNASSEUR n. m. Ouvrier spécialisé dans le tournassage.

TOURNASSIN n. m. Outil dont le manche est prolongé par une tige métallique à laquelle est fixée une lame, et qui est utilisé pour le tournassage.

TOURNAY (65190), ch.-l. de cant. des Hautes-Pyrénées, sur l'Arros ; 1 130 hab. *(Tournayais).*

TOURNE n. f. (de *tourner*). **1.** Altération du lait qui tourne. — **2.** Action de peser, diviser et façonner la pâte à pain pour la mettre dans les bannetons. — **3.** Maladie du vin produite par certaines bactéries, qui entraîne une odeur de piqué et un goût fade. — **4.** Suite d'un article de journal renvoyé d'une page à une page suivante.

TOURNÉ → TOURNER.

TOURNE-À-GAUCHE n. m. inv. **1.** Porte-outil permettant d'assurer la rotation manuelle d'un outil de coupe tournant (alésoir, taraud). — **2.** Outil manuel avec lequel on donne de la voie aux scies. (Le tourne-à-gauche de charpentier est la rainette.)

TOURNEBOULER v. t. (anc. fr. *torneboele,* culbute) [conj. 3]. *Fam.* et *vx.* Provoquer chez qqn un grand trouble dans les idées ou les sentiments.

TOURNEBROCHE n. m. **1.** Appareil servant à faire tourner une broche à rôtir d'un mouvement régulier. — **2.** *Vx.* Marmiton qui tournait une broche.

TOURNE-DISQUE n. m. (pl. *tourne-disques*). Syn. de PLATINE.

TOURNEDOS n. m. (de *tourner* et *dos*). Tranche de filet de bœuf assez épaisse, généralement entourée d'une barde de lard.

TOURNÉE n. f. (de *tourner*). **1.** Voyage, déplacement de caractère professionnel, effectué par un fonctionnaire, un commerçant, un représentant, etc., selon un itinéraire déterminé : *La tournée du facteur. Une tournée électorale.* — **2.** Tour où l'on visite des lieux de même espèce : *Faire la tournée des cafés.* — **3.** Voyage d'un chanteur, d'une troupe d'artistes, d'une équipe sportive, qui donnent une série de spectacles, de concerts, etc. : *Tournée d'été d'un chanteur.* — **4.** Consommations offertes et payées par qqn : *C'est ma tournée.* — **5.** *Pop.* Volée de coups, raclée. — **6.** Opération de contrôle et de mise à jour effectuée par le contrôleur des contributions directes, en vue de fixer l'assiette des impôts fonciers, des taxes professionnelles et des taxes assimilées.

TOURNEFEUILLE (31170), comm. de la Haute-Garonne, banlieue ouest de Toulouse ; 16 696 hab.

TOURNEFORT (Joseph PITTON DE), botaniste français (Aix-en-Provence 1656 - Paris 1708). Professeur de botanique du Jardin des Plantes, à Paris, en 1688, il fit paraître des *Éléments de botanique ou Méthode pour connaître les plantes.* (Acad. des sc., 1691.)

TOURNEMAIN n. m. (de *tourner* et *main*). Vx. *En un tournemain,* en un tour* de main.

TOURNEMINE (René Joseph DE), religieux français (Rennes 1661 - Paris 1739). Jésuite, il enseigna à Rouen, puis prit la direction des *Mémoires de Trévoux* (1701-1718), où il révéla sa grande érudition.

TOURNEMIRE (Charles), compositeur et organiste français (Bordeaux 1870 - Arcachon 1939). Organiste de Ste-Clotilde, il fut nommé professeur de musique d'ensemble au Conservatoire de Paris (1919). Il est l'auteur d'œuvres dramatiques, de psaumes et oratorios, de huit symphonies (1900-1921). Son nom reste surtout attaché au répertoire de l'orgue avec le recueil de *l'Orgue mystique,* comprenant des pièces pour les 51 offices de l'année liturgique.

TOURNE-PIERRE n. m. (pl. *tourne-pierres*). Petit oiseau (charadriidé) des rivages marins, commun en France lors des passages, et qui doit son nom à son habitude de retourner les objets sur la grève.

TOURNER v. t. (lat. *tornare*) [conj. 3]. **1.** Imprimer à qqch un mouvement de rotation autour de son axe : *Tourner la clef dans la serrure.* — **2.** Remuer en rond une matière, un liquide pour obtenir un mélange : *Tourner la salade.* — **3.** Changer qqch d'orientation par un déplacement circulaire : *Tourner son fauteuil vers la cheminée. Tournez vos regards de ce côté.* — **4.** Mettre qqch à l'envers, le retourner : *Tourner et retourner un papier dans ses mains.* — **5.** Faire porter son action, son attention, sur qqn, qqch : *Il tourna sa colère contre ses voisins.* — **6.** Passer du recto au verso d'une page pour suivre la lecture ou l'écriture : *Il tournait les pages de la partition.* — **7.** Examiner une question, une idée sous tous les angles, y réfléchir longuement : *Tourner et retourner une idée dans sa tête.* — **8.** Éviter un obstacle par un mouvement qui permet de le contourner, de le prendre à revers, etc. : *Tourner les positions adverses.* — **9.** Éluder une difficulté, une loi, s'y soustraire habilement : *Tourner un règlement.* — **10.** Formuler un énoncé de telle façon : *Bien tourner ses phrases.* — **11.** Faire apparaître qqch sous un aspect qui en modifie la nature, le caractère : *Il a tendance à tout tourner au tragique.* — **12.** Façonner à la main, sur un tour, un vase, une poterie. — **13.** Procéder aux prises de vues d'un film, ou participer au tournage, en parlant d'un acteur. — **14.** Usiner un objet au tour. — **15.** *Tourner la tête (à qqn),* l'étourdir, l'enivrer, lui faire perdre le sens des réalités, de la mesure ; lui inspirer une passion violente.

◆ v. i. **1.** Être animé d'un mouvement de rotation ou exécuter un mouvement en rond sur soi-même : *Faire tourner une broche avec un moteur. Le danseur tournait sur lui-même.* — **2.** Se déplacer circulairement autour de qqch, de qqn pris pour centre : *La Terre tourne autour du Soleil.* — **3.** En parlant d'un mécanisme, marcher, être en fonctionnement : *Ce moteur tourne régulièrement.* — **4.** En parlant d'un organisme, être en activité : *L'usine tourne au ralenti.* — **5.** Aller et venir, marcher, dans un espace restreint : *Tourner comme un ours en cage.* — **6.** Se succéder à tour de rôle pour assurer un service ; effectuer une tournée de spectacles ; être en tournée, visiter la clientèle : *Un représentant qui tourne dans cette région.* — **7.** Changer de direction, prendre une nouvelle orientation : *Le sentier tourne à gauche.* — **8.** Avoir qqch, qqn pour centre d'intérêt, pour objet, s'y rapporter : *Leur différend tourne autour du contrat.* — **9.** Évoluer vers tel état, de telle façon : *Le temps tourne à la pluie.* — **10.** En parlant du lait, cailler spontanément par suite du développement de bactéries lactiques acidifiantes. — **11.** En parlant d'une sauce, d'un liquide, se décomposer, fermenter. — **12.** Former sa pomme, pommer, en parlant d'une laitue, d'un chou, etc. — **13.** Fam. *Tourner autour de qqn,* lui manifester de l'intérêt, de l'empressement, chercher à le séduire. ‖ *Faire tourner les tables,* se livrer à des expériences de spiritisme. ‖ *L'heure tourne,* le temps passe. ‖ *La tête lui tourne,* il est étourdi, il a le vertige ; il est dépassé par son succès, il perd la juste notion des choses. ‖ *Le vent tourne,* la situation évolue, les conditions ne sont plus les mêmes. ‖ Fam. *Tourner de l'œil,* être pris de malaise, s'évanouir.

◆ **être tourné** v. pass. **1.** Être façonné au tour : *De petits objets en bois tourné.* — **2.** Être devenu aigre, avoir suri : *Du lait tourné.* — **3.** *Être bien tourné,* être bien fait, élégant : *Une jeune fille à la taille bien tournée ;* être exprimé avec élégance et esprit : *Une lettre bien tournée.* — **4.** *Avoir l'esprit mal tourné,* être porté aux interprétations malveillantes ou grivoises.

◆ **se tourner** v. pr. **1.** Changer de position pour se présenter face à qqn ou à qqch ; en parlant des regards, s'orienter dans telle direction : *Se tourner à droite.* — **2.** Faire appel à qqn, recourir à son aide : *Se tourner vers un ami.* — **3.** Porter son attention sur qqch, s'y consacrer : *Il s'est tourné vers des études scientifiques.*

TOURNERIE n. f. **1.** Atelier de tournage. — **2.** Activité industrielle consacrée à la fabrication d'objets tournés en bois.

TOURNESOL n. m. (ital. *tornasole,* de *tornare,* tourner, et *sole,* soleil). **1.** Plante annuelle (composée) de grande taille, à grosse inflorescence jaune qui se tourne vers le soleil, cultivée pour ses graines qui fournissent une huile alimentaire de qualité et un tourteau riche en protéines, servant à l'alimentation du bétail. (Syn. SOLEIL.) — **2.** Mélange de colorants employé comme indicateur coloré, bleu en milieu basique (pH = 8,3), rouge en milieu acide (pH = 4,5). — **3.** Matière colorante bleue tirée de la maurelle, ou croton des teinturiers.

TOURNETTE n. f. **1.** Plateau, sur une scène de théâtre, qu'un mécanisme fait tourner. (Quand ce plateau est encastré dans le plancher de la scène, on l'appelle *scène tournante.*) — **2.** Petit plateau tournant permettant de peindre des filets de décor sur un objet en verre.

TOURNEUR, EUSE n. (bas lat. *tornator,* du lat. class. *tornare,* tourner). **1.** Ouvrier(ère) qui travaille sur un tour. — **2.** Ouvrier(ère) qui dévide de la soie.

◆ adj. *Derviche tourneur,* qui tourne sur lui-même en dansant.

TOURNEUR (Cyril), écrivain anglais (v. 1575 - Kinsale, Irlande, 1626). Ses célèbres *Tragédie du vengeur* (1607) et *Tragédies de l'athée* (1602 ou 1603) sont des méditations baroques sur la mort et l'autodestruction.

TOURNE-VENT n. m. inv. Syn. de GUEULE-DE-LOUP.

TOURNEVIS [-vis] n. m. (de *tourner* et *vis*). Outil emmanché comportant une tige cylindrique en acier dont l'extrémité est adaptée pour visser ou dévisser des vis.

TOURNICOTER v. i. (conj. 3). *Fam.* Tourner dans tous les sens dans un lieu, autour de qqn.

TOURNIER (Nicolas), peintre français (Montbéliard 1590 - Toulouse 1638/39). Après un séjour en Italie (v. 1619-1626), où il travailla dans une manière proche de celles de Manfredi et de Valentin, il s'installa à Carcassonne (1627), puis à Toulouse (1632), évoluant vers un style apaisé, d'un classicisme austère (*Bataille des Roches-Rouges,* musée des Augustins ; *Crucifixion,* Louvre).

TOURNIER (Michel), écrivain français (Paris 1924). Le mythe, la gémellité, la pureté, la signification qui est connaissance du signe, le bouleversement de l'ordre des choses forment les thèmes principaux de ses romans (*Vendredi ou* *les Limbes du Pacifique,* 1967 ; *le Roi des aulnes,* 1970 ; *les Météores,* 1975 ; *Gaspard, Melchior et Balthazar,* 1980 ; *Gilles et Jeanne,* 1983 ; *la Goutte d'or,* 1986 ; *Éléazar ou la Source et le buisson,* 1996) et de ses nouvelles (*le Coq de bruyère,* 1978 ; *le Médianoche amoureux,* 1989). Outre son autobiographie (*le Vent Paraclet,* 1977), il a donné des récits pour enfants.

TOURNIOLE n. f. (anc. fr. *tourneier,* tournoyer). Panaris sous-épidermique, qui se développe près de l'ongle dont il fait le tour.

TOURNIQUER v. i. (de *tourner*) [conj. 3]. *Fam.* Tourner vaguement, aller et venir dans tous les sens ; tournicoter.

TOURNIQUET n. m. (de *tourner*). **1.** Appareil pivotant, fixe ou mobile, placé et installé pour ne laisser passer que des piétons, ou pour ne laisser entrer qu'une personne à la fois. — **2.** Dispositif d'arrosage pivotant en son centre, mis en mouvement par l'écoulement de l'eau en sens opposé dans les ajutages dont il est muni. — **3.** Petite lame métallique tournant autour d'un pivot scellé dans un mur et qui sert à maintenir ouverts une persienne, un volet. — **4.** Petit meuble rotatif à plusieurs faces, utilisé dans les magasins pour la présentation de certains articles. — **5.** Instrument pour comprimer les artères et arrêter les hémorragies. — **6.** Rouleau mobile sur lequel on fait glisser les cordages lorsqu'on veut garantir certains objets des effets du frottement. — **7.** Accessoire de fermeture comprenant un œillet et un anneau pivotant. — **8.** *Passer au tourniquet,* comparaître devant un tribunal militaire.

TOURNIS [-ni] n. m. (de *tourner*). **1.** Syn. de CŒNUROSE. — **2.** Fam. *Avoir le tournis,* avoir la tête qui tourne. ‖ *Donner le tournis à qqn,* lui donner le vertige.

TOURNISSE n. f. (moyen fr. *tournis,* tournant). Poteau qui, dans un pan de bois, est assemblé à une sablière et à une décharge.

TOURNOI n. m. (de *tournoyer*). **1.** Fête guerrière où l'on combattait à armes courtoises et à cheval, soit un contre un, soit par troupes. — **2.** Compétition à laquelle participe un nombre souvent important de concurrents ou d'équipes : *Le tournoi de tennis de Wimbledon.* — **3.** Compétition amicale, sans enjeu important et ne donnant pas lieu à l'attribution d'un titre : *Tournoi de bridge.* — **4.** *Litt.* Concours, lutte où l'on rivalise de talent avec d'autres dans un domaine quelconque : *Tournoi oratoire.* — **5.** *Tournoi des Cinq Nations,* en rugby, compétition annuelle (sans matches retour) opposant les équipes nationales de France, d'Angleterre, d'Écosse, du pays de Galles et d'Irlande.

TOURNOIEMENT n. m. *Litt.* Action de tournoyer ; mouvement de ce qui tournoie.

TOURNOIS adj. inv. (lat. *turonensis,* de Tours). **1.** Se dit de la monnaie frappée jadis à Tours (*denier tournois,* IXe-XIIIe s. ; *gros tournois,* à partir du XIIIe s.). — **2.** Se dit de certaines monnaies royales frappées ailleurs qu'à Tours. — **3.** Se dit d'une monnaie de compte de l'ancienne France.
ENCYCL. À l'origine, la monnaie tournois était frappée par l'abbaye de St-Martin de Tours. Après l'annexion de la Touraine par Philippe Auguste, elle devint progressivement l'étalon de tout le royaume, l'emportant sur la monnaie *parisis**. Le système de compte dans lequel une livre tournois valait 20 sous et un sou 12 deniers resta en usage jusqu'à la fin du XVIIe s.

TOURNON (François DE), prélat et homme d'État français (Tournon 1489 - Paris 1562). Archevêque d'Embrun (1517), de Bourges (1525), d'Auch (1537), de Lyon (1551), cardinal (1530), il joua un rôle important dans la diplomatie de François Ier. Il fit négocier le traité de Madrid (1526) et prit part à la défense de la Provence contre Charles Quint (1536). Il paraît avoir été un instigateur de la persécution des vaudois, vers 1545. Humaniste, il fonda le collège de Tournon (1536).

TOURNON-SAINT-MARTIN (36220), ch.-l. de cant. de l'Indre, sur la Creuse ; 1 387 hab. *(Tournonnais).* Textile.

TOURNON-SUR-RHÔNE (07300), ch.-l. d'arrond. de l'Ardèche, sur le Rhône, en face de Tain-l'Hermitage ; 10 165 hab. *(Tournonais).* Château et église remontant au XVe s. Le lycée occupe les locaux d'un célèbre collège fondé en 1536 et reconstruit au XVIIIe s. Constructions mécaniques et électriques. Textile. Chaussures.

TOURNOYANT, E adj. Qui tournoie, tourbillonne : *Une valse tournoyante.*

TOURNOYER v. i. (de *tourner*). [conj. 13]. *Litt.* Tourner irrégulièrement plusieurs fois sur soi-même ou en spirale : *Les feuilles mortes tournoient au vent.*

TOURNURE n. f. (bas lat. *tornatura,* du lat. class. *tornare,* tourner). **1.** *Litt.* Aspect général de qqn, manière dont il se présente : *Avoir une tournure un peu gauche.* — **2.** Orientation, caractère que prend une situation à un moment donné : *Nous agirons selon la tournure des événements.* — **3.** Aspect, apparence sous lesquels se présente ou est présenté qqch : *Donner une tournure dramatique à un récit.* — **4.** Manière dont les mots sont agencés dans un énoncé : *Cette tournure appartient au français classique.* — **5.** Jupon dont l'ampleur, rejetée en arrière par une armature métallique, donnait à la jupe une forme proéminente (1870-1875.) [Syn. FAUX CUL.] — **6.** Ensemble de déchets métalliques détachés d'une pièce pendant le tournage. — **7.** *Prendre tournure,* parvenir à un degré d'élaboration qui laisse entrevoir le résultat définitif. ‖ *Tournure d'esprit,* manière propre à qqn de présenter les choses, d'accueillir les événements, d'y réagir.

TOURNUS (71700), ch.-l. de cant. de Saône-et-Loire, sur la Saône ; 7 036 hab. *(Tournusiens).* Centre industriel (articles de ménage, carrosserie industrielle, travail des plastiques, etc.).
— **Bx-arts.** Importante église St-Philibert, anc. abbatiale appartenant au premier art roman par sa crypte, son narthex à étage (début du XIe s.) et sa nef (vaisseau central couvert de berceaux transversaux vers 1070) ; transept, chœur et clochers sans doute du début du XIIe s. Vestiges de l'abbaye (Musée bourguignon) et autres monuments. Musée municipal « Greuze ».

TOURNY (Louis Urbain Aubert, *marquis* DE), administrateur français (Paris 1695 - *id.* 1760). Intendant de Limoges (1730), puis de Bordeaux (1743-1757), il accomplit, surtout à Bordeaux, une œuvre remarquable d'urbanisme.

TOURON [turɔ̃ ou turɔn] n. m. (esp. *turrón*). Friandise d'origine espagnole, faite de pâte d'amande, diversement parfumée et garnie de pistaches ou d'avelines.

TOUR-OPÉRATEUR ou **TOUR-OPERATOR** n. m. (pl. *tour-opérateurs, -operators*) [angl. *tour operator,* de *tour,* voyage, et *operator,* organisateur]. Syn. de VOYAGISTE.

TOUROUVRE (61190), ch.-l. de cant. de l'Orne, dans le Perche ; 1 643 hab. *(Tourouvrains).*

TOURS, ch.-l. du dép. d'Indre-et-Loire, à 225 km au S.-O. de Paris ; 133 403 hab. *(Tourangeaux).* L'agglomération compte plus de 260 000 hab. (plus de la moitié de la population départementale).
— **Géogr.** Dans la plaine de confluence de la Loire et du Cher, Tours est un important nœud de communication (croisée des routes Paris-Bordeaux et Lyon-Nantes, gare de triage de Saint-Pierre-des-Corps et T. G. V.). Centre tertiaire (université, archevêché), elle s'est industrialisée (constructions mécaniques et électriques surtout), grâce à une décentralisation stimulée par la relative proximité de Paris. Base aérienne.
— **Hist.** Capitale des Turons, la ville, évêché au IIIe s., devint un grand centre religieux grâce à ses évêques saint Martin (371-397) et saint Grégoire de Tours (573-594), et fut érigée en archevêché au IXe s. Elle fut une résidence de Charles VI, Charles VII, puis Louis XI. La Réforme la toucha au XVIe s. Très prospère au XVIIe s., grâce à la soierie, elle déclina après la révocation de l'édit de Nantes. La délégation du gouvernement de la Défense nationale siégea à Tours du 12 sept. au 9 déc. 1870.
— **Bx-arts.** Église St-Julien, anc. abbatiale, du XIIIe s., avec clocher-porche roman du XIIe. Cathédrale des XIIIe-XVIe s. (vitraux). Maisons médiévales, maisons et hôtels de la Renaissance, dont l'hôtel Gouin (Musée archéologique). Riche musée des Beaux-Arts dans l'anc. archevêché. Musées du Compagnonnage et des Vins de Touraine dans l'anc. abbaye St-Julien. La ville a été un centre de la peinture et de la sculpture aux XVe-XVIe s. (Fouquet, M. Colombe et Guillaume Regnault, les Juste).

Tours *(congrès de)* [25-30 déc. 1920], XVIIIe Congrès national du parti socialiste S. F. I. O., au cours duquel fut votée l'adhésion à l'Internationale communiste (IIIe Internationale) née à Moscou en 1919. Une large majorité ayant adopté la motion Cachin-Frossard, favorable à l'adhésion, le parti devint la Section française de l'Internationale communiste (parti socialiste S. F. I. C.) qui prit le nom de parti communiste en 1922. Dès le 30 déc., les minoritaires (L. Blum, M. Sembat) quittèrent le parti, et décidèrent de reprendre l'appellation de parti socialiste S. F. I. O.

TOURS MIRANDES (les), site archéologique près de Vendeuvre-du-Poitou. C'est, avec Sanxay, le plus important des conciliabula du Poitou. Énorme forum comportant en son centre un monument funéraire, probable tombe du fondateur (première moitié du IIe s.).

TOURTE n. f. (bas lat. *torta,* pain rond, du lat. class. *tortus,* tordu). **1.** Tarte ronde, garnie de fruits, de légumes, de viande, et recouverte d'une abaisse. — **2.** Pain de forme ronde. — **3.** *Fam.* et *vx.* Personne balourde, sotte. — **4.** En métallurgie, syn. de FROMAGE.

1. TOURTEAU n. m. (de *tourte*). **1.** Résidu solide riche en protéines, obtenu lors du traitement des graines et des fruits oléagineux en vue de l'extraction d'huile, très utilisé dans l'alimentation du bétail. (→ *encycl.*) — **2.** Gros pain bis de forme ronde. — **3.** En héraldique, petit meuble de forme circulaire et toujours de couleur. (Le même, mais de métal, porte le nom de BESANT.) — **4.** En chimie, syn. de GÂTEAU. — **5.** *Tourteau fromagé,* gâteau à base de fromage de chèvre cuit dans de la pâte. (Spécialité du Poitou.)

ENCYCL. **Zootechn.** Les tourteaux sont surtout appréciés pour leur haute teneur en matières protéiques. Ils jouent un rôle très important dans la composition des aliments concentrés et des rations d'animaux domestiques. Ce sont des compléments des céréales et des fourrages. En France, on utilise surtout les tourteaux de soja, d'arachide, de tournesol et de colza mais aussi ceux de germe de maïs, de lin, de palmiste, de coton, de coprah. Les plus riches en matières azotées sont ceux d'arachide et de soja (40 à 50 %).

2. TOURTEAU n. m. (anc. fr. *tort,* tordu). Crabe rouge-brun, plus large que long, très commun sur les côtes atlantiques, comestible apprécié. (Genre *cancer.*)

TOURTEREAU n. m. (de *tourterelle*). Jeune tourterelle qui n'a pas encore quitté le nid.
◆ **tourtereaux** n. m. pl. *Fam.* Jeunes gens qui s'aiment tendrement.

TOURTERELLE n. f. (lat. pop. **turturella,* du lat. class. *turturilla,* dimin. de *turtur,* tourterelle). Petit pigeon au plumage varié de gris, de brun et de roux. (La variété domestique dérive de la « tourterelle à collier » africaine.)

TOURTIÈRE n. f. (de *tourte*). **1.** Moule rond dans lequel on fait cuire tourtes et tartes. — **2.** Au Canada, tarte ou gros pâté.

TOURVILLE (Anne Hilarion DE COTENTIN, *chevalier,* puis *comte* DE), maréchal de France (château de Tourville, Manche, 1642 - Paris 1701). Il combattit les Barbaresques au service de l'ordre de Malte, puis, adjoint de Duquesne, s'illustra sur les côtes d'Afrique (1683-1688). Vainqueur des Anglo-Hollandais à Bévéziers (1690), il résista ensuite à l'escadre anglaise au large de Barfleur (1692) mais ne put donner suite au projet de débarquement en Irlande et en Angleterre. Il fut créé maréchal de France en 1693.

TOUS → TOUT.

TOUSHRATTA, roi du Mitanni (v. 1385-1360 av. J.-C.). Aménophis III épousa sa sœur puis sa fille. Battu par le Hittite Souppilouliouma (v. 1365), il finit assassiné par un de ses fils.

TOUSSAINES *(signal de),* en breton *Tuchenn Gador* (« colline de la Chaise »), hauteur de Bretagne (Finistère), point culminant (avec le roc Trévezel) des monts d'Arrée et de la Bretagne ; 384 m.

TOUSSAINT n. f. (anc. fr. *feste Toz Sainz,* fête de tous les saints). Fête catholique, instituée au VIIIe s., qui se célèbre le 1er novembre en l'honneur de tous les saints et qui anticipe en fait sur le jour des morts, célébré officiellement le 2 novembre. (Elle est en France, depuis 1801, l'une des quatre fêtes religieuses chômées.)

TOUSSAINT (Jean Joseph Henry), vétérinaire français (Rouvres-la-Chétive, Vosges, 1847 - Toulouse 1890). Il étudia la transmission du charbon et mit au point la vaccination contre cette maladie à partir de l'inoculation de culture atténuée.

TOUSSAINT LOUVERTURE, homme politique haïtien (Saint-Domingue 1743 - fort de Joux, près de Pontarlier, 1803). Esclave affranchi, il se joignit au soulèvement des Noirs en 1791 puis se rallia au gouvernement révolutionnaire qui venait d'abolir l'esclavage (1794). De 1795 à 1798, il combattit contre les occupants anglais et espagnols. Maître de l'île en 1801, il capitula devant l'expédition de Leclerc, envoyée par Bonaparte (1802). Il fut ensuite interné en France.

TOUSSER v. i. (anc. fr. *toussir,* du lat. *tussire*) [conj. 3]. **1.** Avoir un accès de toux ; chasser l'air des poumons involontairement, et avec bruit, par une ou plusieurs secousses expiratoires : *La fumée fait tousser.* — **2.** Imiter ce bruit pour avertir. — **3.** En parlant d'un moteur, faire entendre quelques explosions à un essai de démarrage.

TOUSSEUL (Olivier DEGÉE, dit **Jean**), écrivain belge de langue française (Landenne-sur-Meuse 1890 - Seilles 1944). Autodidacte, il a donné des romans villageois (*la Maison perdue,* 1925) et autobiographiques (*Jean Clarembaux,* 1927-1936).

TOUSSEUR, EUSE adj. et n. *Fam.* Qui tousse fréquemment.

TOUSSOTEMENT n. m. Action de toussoter ; bruit émis en toussotant.

TOUSSOTER v. i. (conj. 3). **1.** Tousser souvent, mais faiblement. — **2.** Faire entendre une petite toux.

TOUSSUIRE (La) [73300 St Jean de Maurienne], station de sports d'hiver (alt. 1 700 - 2 235 m) de la Savoie (comm. de Fontcouverte-la-Toussuire).

TOUSSUS-LE-NOBLE (78117), comm. des Yvelines, à 9 km au S. de Versailles ; 928 hab. Aéroport international de tourisme.

TOUT [tu ; tut devant une voyelle ou un *h* muet], fém. **TOUTE,** pl. **TOUS** [tu ; tuz devant une voyelle], fém. **TOUTES** adj. indéf. (bas lat. *tottus,* du lat. class. *totus*). **1.** Au sing., devant un n., et comme seul déterminant, indique la considération de chaque élément d'un ensemble indifféremment ; n'importe quel, chaque : *Toute vérité n'est pas bonne à dire ;* exprime l'intensité (surtout avec *de, à, en*) : *S'exprimer en toute liberté ;* exprime la restriction, l'unicité (avec *pour*) : *Pour toute réponse, il se mit à rire.* — **2.** Au sing., devant un déterminant, exprime l'intégralité, la totalité : *Il a plu toute la journée ;* exprime l'intensité : *Il est tout le portrait de son père ;* exprime la grandeur ; considérable : *C'est toute une affaire.* — **3.** Au sing., devant le seul art. déf., exprime l'exclusivité, l'unicité : *C'est tout l'effet que cela vous fait ?* — **4.** Au pl., suivi d'un déterminant, exprime l'ensemble, la totalité sans distinction : *Il en vient de tous les côtés* (ou *de tous côtés*). – **5.** Au pl., devant un art déf. et un n. de temps ou de distance, exprime la périodicité, l'intervalle : *Je le vois à peu près tous les huit jours.* – **6.** *Litt.* Au pl., sans autre déterminant, souligne une apposition récapitulative : *Il fait preuve de patience, de ténacité, de courtoisie, toutes qualités nécessaires à un diplomate.* – **7.** Devant un nom (en général au pl.), sans autre déterminant, indique que l'ensemble des cas de figure est considéré (le plus souvent en apposition) : *Émission tous publics. Véhicule tout terrain.* – **8.** *Tous (les) deux, trois, quatre, tous les cinq, etc.*, souligne l'association de deux, trois, etc., personnes : *Leurs enfants étaient là tous les cinq.* – **9.** *Tout atout,* à la belote, enchère donnant à toutes les cartes les valeurs d'atout.

◆ adj. qualificatif. Entier : *Elle était toute à ses pensées.*

◆ **tout** pron. indéf. **1.** L'ensemble des choses : *Tout est prêt.* – **2.** N'importe quoi : *Tout peut arriver.* – **3.** *À tout faire,* qui peut servir en toutes circonstances. ‖ Fam. *À tout va,* n'importe où, n'importe comment. ‖ *Avoir réponse à tout,* n'être embarrassé par rien. ‖ Fam. *Avoir tout de,* avoir tout ce qui entre de désavantageux dans le caractère de tel ou de tel être : *Il a tout du singe.* ‖ *Ce n'est pas tout,* cela ne suffit pas ; il y a encore autre chose. ‖ *C'est tout,* il n'y a rien d'autre (fin d'une énumération ou affirmation catégorique). ‖ *En tout,* à tous égards, complètement : *La réalisation est en tout conforme au plan ;* en comprenant l'ensemble, sans rien exclure ; au total : *Cela fait dix mille francs en tout.* ‖ *En tout et pour tout,* sans rien de plus. ‖ *Tout compris,* sans rien ajouter ; en partic., sans dépense supplémentaire. ‖ *Être tout pour qqn,* être pour lui d'une extrême importance. ‖ *Tout (bien) compté, considéré, pesé,* en tenant compte de toutes les choses, après mûr examen. ‖ *Tout ou partie,* la totalité ou une partie seulement. ‖ *Tout ou rien,* indique l'absence de compromis possible : *La politique du tout ou rien.* ‖ *Tout va,* terme employé dans les casinos pour indiquer que le montant de la mise n'est pas limité ; déclaration d'un banquier, d'un croupier ou d'un ponte indiquant que tout l'argent laissé sur le tapis participe au coup qui va être joué.

◆ **tous, toutes** pron. indéf. pl. **1.** Se référant à un n. exprimé, la totalité des êtres ou des choses (peut être considéré comme un adj. indéf. sans nom exprimé) : *J'ai écrit à plusieurs personnes : toutes ont répondu.* – **2.** La totalité des humains : *Ce livre n'est pas accessible à tous.* – **3.** *Tous autant que nous sommes, vous êtes, ils sont,* nous tous, vous tous, eux tous.

◆ **tout** adv. **1.** Marque l'intensité ou le degré absolu devant un adj. ou un part. passé, ou un adv. ; tout à fait, complètement, entièrement ; absolument (inv. sauf devant un adj. ou un participe fém. commençant par une consonne ou un *h* aspiré) : *Elle est tout étonnée. Ils sont tout surpris. Elles sont toutes surprises. Cela s'est passé tout autrement.* – **2.** Devant un adj. ou un nom, indique l'exclusivité d'emploi d'un matériau, d'une énergie, etc. : *Un tissu tout coton.* – **3.** Devant un gérondif, exprime la simultanéité ou l'opposition : *Il sifflotait tout en marchant.* – **4.** Litt. *Tout ... que,* marque le degré absolu dans une subordination concessive : *Tout malin qu'il est, il s'est trompé.* – **5.** *C'est tout un,* il n'y a aucune différence. ‖ *Être tout yeux, tout ouïe, tout oreilles,* être très attentif. ‖ *Tout à vous,* à votre disposition (formule de fin de lettre).

◆ **tout** n. m. **1.** Ensemble, objet divisible pris en son entier : *Le rapport entre le tout et les parties.* – **2.** *Le Tout + n. propre,* l'ensemble des personnalités d'un lieu, d'un groupe : *Le Tout-Montparnasse était là.* – **3.** Suivi d'un adj. ou d'un n. apposé, indique l'emploi exclusif de qqch, en partic. d'une énergie (souvent avec un trait d'union) : *Le tout électrique. Le tout-nucléaire.* – **4.** *Mon tout,* mot complet à chercher dans une charade. – **5.** *Du tout,* renforce une négation : *Je n'aime pas du tout ce livre ;* dans une réponse : *Je vous dérange ? – Du tout.* – **6.** *Ce n'est pas le tout,* il y a, outre cela, autre chose à dire ou à faire : *Ce n'est pas le tout, il me faut de l'argent.* ‖ *Du tout au tout,* complètement, entièrement : *Changer du tout au tout.* ‖ *Le tout,* l'essentiel, l'important, le principal : *Le tout est de réussir.*

Toute la Flandre, œuvre poétique d'É. Verhaeren, comprenant cinq recueils : *les Tendresses premières* (1904), *la Guirlande des dunes* (1907), *les Héros* (1908), *les Villes à pignons* (1909), *les Plaines* (1911). Le poète y évoque tous les aspects du pays flamand et exalte les qualités d'énergie qui ont fait la grandeur de sa Flandre natale.

TOUT À FAIT adv. (de *tout* et anc. fr. *à fait,* à mesure que). Complètement, entièrement : *C'est tout à fait ça.*

TOUT-À-L'ÉGOUT n. m. inv. Système permettant d'envoyer dans les égouts les eaux-vannes et les eaux usées des habitations.

TOUTANKHAMON, prince égyptien de la famille amarnienne, pharaon de la XVIIIe dynastie (v. 1354 - v. 1346 av. J.-C.), second gendre d'Aménophis IV-Akhenaton. Il vécut à Amarna, et rendit au clergé d'Amon sa puissance. La sépulture de Toutankhamon, découverte, dans la vallée des rois, en 1922 par lord Carnarvon et H. Carter, renfermait des richesses extraordinaires, qui sont au musée du Caire.

TOUTATIS → TEUTATÈS.

TOUTE-BONNE n. f. (pl. *toutes-bonnes*). Autre nom de l'épinard sauvage et de l'orvale.

TOUTE-ÉPICE n. f. (pl. *toutes-épices*). Condiment constitué de graines moulues de nigelle.

TOUTEFOIS adv. (de *toutes* et *fois*). Néanmoins, cependant, pourtant : *Je lui parlerai, si toutefois il veut m'entendre.*

TOUTE-PUISSANCE n. f. **1.** Pouvoir, puissance sans bornes, autorité absolue de qqn ou de qqch : *La toute-puissance de l'argent.* — **2.** Puissance infinie de Dieu. — **3.** Syn. de OMNIPOTENCE.

TOUTIM(E) n. m. (de *tout* et suff. superl. lat. *-issimus*). *Pop.* Tout le reste.

TOUTOU n. m. (onomat.). *Fam.* **1.** Chien, dans le langage enfantin. — **2.** Personne très docile : *Filer comme un toutou.*

TOUT-PARIS n. m. Ensemble des personnalités littéraires, artistiques, financières, politiques, etc., que leur notoriété appelle à figurer dans les manifestations mondaines de la capitale.

TOUT-PETIT n. m. (pl. *tout-petits*). Très jeune enfant ; bébé.

TOUT-PUISSANT, TOUTE-PUISSANTE adj. et n. (pl. *tout-puissants, toutes-puissantes*). Qui jouit d'une puissance absolue ou très grande.
◆ adj. Qui exerce une influence sans bornes : *L'argent est tout-puissant dans ce monde.*
◆ **Tout-Puissant** n. m. *Le Tout-Puissant,* Dieu considéré dans sa puissance infinie.

TOUT(-)TERRAIN n. et adj. (pl. *tous*[-]*terrains*). Véhicule conçu spécialement pour circuler hors des chaussées aménagées.

TOUT-VENANT n. m. inv. **1.** Matériau extrait d'une mine ou d'une carrière, avant tout traitement. (Pour la mine, on dit aussi MINERAI BRUT.) — **2.** Ensemble de choses ou de personnes banales, courantes : *Ces vêtements sont du tout-venant.*

TOUVA, république de la Fédération de Russie, en Sibérie orientale, dans le bassin supérieur de l'Ienisseï ; 170 500 km² ; 309 000 hab. CAP. *Kyzyl.*

TOUVET (Le) [38660], ch.-l. de cant. de l'Isère, dans le Grésivaudan, au pied de la Chartreuse ; 2 238 hab.

TOUX n. f. (lat. *tussis*). Expiration forcée et bruyante succédant à une inspiration brève.

TOWNES (Charles Hard), physicien américain (Greenville, Caroline du Sud, 1915). Après des recherches en spectroscopie, il a réalisé la première émission maser* (1954) en utilisant des molécules de gaz ammoniac. (Prix Nobel de phys., avec Bassov et Prokhorov, 1964).

TOWNSHEND (Charles, 2e *vicomte*), homme politique anglais (Raynham, Norfolk, 1674 - *id.* 1738). Whig, secrétaire d'État du Nord (1714-1717), il écrasa le soulèvement jacobite (1715) et participa au rapprochement avec l'Empire et avec la France. Secrétaire aux Affaires étrangères (1721-1730), il signa le traité de Hanovre avec la France et avec la Prusse (1725) contre l'Espagne et l'Autriche.

TOWNSHIP n. f. (angl. *township,* municipalité). Faubourg indigène des villes d'Afrique du Sud.

TOWNSVILLE, port d'Australie (Queensland), sur la baie de Cleveland ; 79 000 hab. Métallurgie. Pétrochimie.

Towton *(bataille de)* [29 mars 1467], bataille de la guerre des Deux-Roses, livrée au S.-O. d'York, qui vit la victoire décisive du parti yorkiste.

TOXÉMIE n. f. **1.** Ensemble des accidents déterminés par l'accumulation dans l'organisme des poisons métabolites endogènes ou de poisons exogènes. — **2.** *Toxémie gravidique,* syn. de NÉPHROPATHIE* GRAVIDIQUE.

TOXICITÉ n. f. Caractère de ce qui est toxique.

TOXICOLOGIE n. f. Science qui s'occupe des poisons, de leurs effets sur l'organisme et de leur identification.

TOXICOLOGIQUE adj. Relatif à la toxicologie.

TOXICOLOGUE n. Spécialiste en toxicologie.

TOXICOMANE adj. et n. Qui souffre de toxicomanie.

TOXICOMANIAQUE adj. Relatif à la toxicomanie.

TOXICOMANIE n. f. Habitude de consommer un ou plusieurs produits psychotropes (drogues) susceptibles d'engendrer un état de dépendance physique et/ou psychique.

ENCYCL. La toxicomanie se caractérise par le besoin impérieux et répétitif d'utiliser une ou plusieurs drogues, avec une tendance à augmenter les doses pour produire le même effet (état de dépendance). Certaines substances (drogues « dures ») engendrent un syndrome de sevrage en cas d'interruption soudaine de leur consommation (dépendance physique).

La toxicomanie est devenue un fléau social à partir des années 1970, époque où, faisant irruption dans la jeunesse, elle est devenue un phénomène de masse qui n'épargne aucune classe sociale. Elle diffère beaucoup de la toxicomanie de la fin du XIXe s. et du début du XXe s., toxicomanie discrète et solitaire qui restait cantonnée dans les milieux artistiques ou médicaux. La toxicomanie actuelle recouvre en fait des situations très diverses : du fumeur occasionnel de haschisch au toxicomane qui s'injecte dans les veines des drogues dures. Du point de vue psychiatrique, la toxicomanie est un symptôme qui peut être mis en œuvre par n'importe quelle structure de la personnalité. Cependant, il est certain que l'effraction de l'enveloppe corporelle par les injections intraveineuses a une signification psychologique péjorative, à laquelle s'ajoutent des risques infectieux. De plus, le prix élevé de la drogue conduit souvent les jeunes toxicomanes à des actes de délinquance de droit commun pour continuer à se la procurer, le plus fréquent étant la vente même de drogue (« dealer »).

La répression n'a qu'une efficacité partielle. Elle est articulée avec le traitement dans certains pays. En France, la justice peut arrêter les poursuites si l'intéressé accepte une orientation vers le secteur soin, mais le médecin ne participe jamais à la répression.

Le sevrage, dans les cas les plus sérieux, se fait en milieu spécialisé, hôpital ou autre, avec un traitement soulageant les symptômes. Parfois, on utilise des produits de remplacement (méthadone pour l'héroïne), dont certains nécessitent une législation spéciale et soulèvent des polémiques. Souvent, les médecins ou les différents personnels spécialisés ne sont que des intervenants secondaires, au moins dans le long terme. Le problème est surtout d'éviter les rechutes, ce qui suppose l'existence d'un projet de vie, familial, social, professionnel.

TOXICOMANOGÈNE adj. et n. m. Susceptible d'engendrer une toxicomanie.

TOXICOSE n. f. Syndrome très grave du nourrisson, de causes multiples, caractérisé par la prédominance des troubles digestifs et de la déshydratation.

TOXICOVIGILANCE n. f. Ensemble des moyens mis en œuvre pour rassembler et centraliser les informations sur les effets nocifs des substances toxiques. (Des *centres de toxicovigilance* existent dans les régions de Paris, Lyon et Marseille.)

TOXIDERMIE n. f. Dermatose artificielle provoquée par l'administration d'une substance médicamenteuse (beaucoup plus rarement, par l'ingestion d'un corps chimique contenu dans les aliments).

TOXI-INFECTIEUX, EUSE adj. Relatif à une toxi-infection.

TOXI-INFECTION n. f. (pl. *toxi-infections*). Infection dans laquelle les germes pathogènes agissent surtout par les toxines qu'ils sécrètent.

TOXINE n. f. (de *toxique*). **1.** Poison rencontré chez certains organismes vivants. — **2.** Substance soluble toxique élaborée par les bactéries. (→ *encycl.*)

ENCYCL. On distingue les *endotoxines,* constituants de la cellule bactérienne des bactéries Gram négatif, qui ne sont libérées que par la lyse et la mort des bactéries, et les *exotoxines,* beaucoup plus toxiques, qui sont des poisons excrétés par les bactéries dans le milieu in vivo ou in vitro. Les exotoxines sont vaccinantes et peuvent, par addition de formol, être transformées en *anatoxines.*

TOXIQUE adj. et n. m. (gr. *toksikos,* qui convient pour les flèches). Se dit d'une substance nocive pour les organismes vivants.

TOXOCAROSE n. f. Parasitose digestive commune du chien et du chat, responsable de larva migrans viscérale chez l'homme.

TOXOPLASME n. m. Parasite intracellulaire retrouvé chez différents animaux et dont la forme *Toxoplasma gondii* est l'agent de la toxoplasmose humaine.

TOXOPLASMOSE n. f. Maladie parasitaire provoquée par le toxoplasme.

ENCYCL. La *toxoplasmose congénitale* survient lorsqu'une femme enceinte non immunisée contracte la maladie. Toute la gravité de l'infection concerne le fœtus, qui peut présenter de lourdes séquelles à la naissance et plus spécialement une *toxoplasmose oculaire* (rétinochoroïdite). La *toxoplasmose de l'immunodéprimé* se traduit essentiellement par des atteintes méningo-encéphalitiques sévères et s'observe particulièrement dans les cas de sida.

TOXOPNEUSTES [-tœs] n. m. Oursin venimeux des mers chaudes, paralysant, dangereux pour l'homme.

TOXOTES n. m. (gr. *toksotês,* archer). Poisson perciforme des eaux douces et saumâtres de la zone indo-australienne, qui capture les insectes volant au-dessus de l'eau en projetant sur eux des gouttes d'eau qui les font tomber.

TOYAMA, v. du Japon (Honshū), ch.-l. de préf., près de la *baie de Toyama* (mer du Japon) ; 307 000 hab. Carrefour ferroviaire. Centre commercial. Métallurgie.

TOYNBEE (Arnold), historien britannique (Londres 1889 - York 1975). Directeur des études au Royal Institute for International Affairs (1925-1955), il s'orienta vers la philosophie de l'histoire. Intéressé surtout par l'évolution des civilisations, il en établit une théorie cyclique. Son maître ouvrage reste *Study of History* (12 vol., 1934-1961).

TOYODA SOEMU, amiral japonais (distr. de Ōita 1885 - Tōkyō 1957). Il commanda la flotte de combat en 1944, puis l'ensemble des forces navales en 1945. Il fut emprisonné comme criminel de guerre de 1945 à 1949.

TOYOHARU → UTAGAWA TOYOHARU.

TOYOHASHI, v. du Japon (Honshū), sur la baie d'Atsumi ; 312 000 hab. Textile. Sidérurgie.

TOYOKAWA, v. du Japon (Honshū), au N. de Toyohashi ; 103 100 hab. Centre industriel.

TOYOKUNI → UTAGAWA TOYOKUNI.

TOYONAKA, v. du Japon, banlieue d'Ōsaka ; 396 000 hab. Centre résidentiel et industriel.

TOYOTA, v. du Japon, près de Nagoya ; 289 000 hab. Construction automobile.

Toyota Motor Company Limited, firme de construction automobile japonaise, fondée en 1937. Elle figure parmi les principaux constructeurs mondiaux.

TOYOTOMI HIDEYOSHI, général et homme d'État japonais (Nakamura 1536 - Fushimi 1598). D'extraction paysanne, il succéda à Oda Nobunaga (1582), puis conquit les provinces occidentales. Devenu Premier ministre, charge jusque-là réservée aux aristocrates, il pacifia et unifia le pays et édifia un magnifique château à Ōsaka. Malgré des expéditions malheureuses en Corée (1592 et 1597), Hideyoshi, qui rétablit l'ordre dans un pays ruiné, est demeuré l'une des grandes figures du Japon.

TOY-TERRIER [tɔjtɛrje] n. m. (pl. *toy-terriers*) [mot angl. de *toy,* jouet]. Chien terrier d'agrément de très petite taille au poil noir et feu.

TOZEUR, v. de la Tunisie méridionale, principale oasis du Djérid ; 15 000 hab. Palmiers-dattiers. Tourisme.

TOZZI (Federigo), écrivain italien (Sienne 1883 - Rome 1920). Il doit sa notoriété posthume à ses deux chefs-d'œuvre romanesques *Tre croci* (1920) et *Il Podere* (1921), d'inspiration vériste et dostoïevskienne, et à ses nouvelles (*Nuovi racconti,* 1960).

T. P. V. n. m. Abrév. de TERMINAL* POINT DE VENTE.

tr, symbole du *tour,* unité d'angle. ‖ *tr/min,* symbole du *tour par minute.* ‖ *tr/s,* symbole du *tour par seconde.*

TRABE n. f. (lat. *trabs,* poutre). Hampe d'un drapeau.

TRABÉCULE n. f. (lat. *trabecula,* petite poutre). Fin prolongement qui se détache d'une paroi d'un tissu anatomique et fait saillie dans une cavité.

TRABÉCULUM [-lɔm] n. m. (lat. *trabecula,* petite poutre). *Trabéculum cornéo-scléral,* zone profonde de la jonction (ou limbe) entre la cornée et la sclérotique. (L'altération du trabéculum est souvent à l'origine des glaucomes.)

TRABOULE n. f. (mot lyonnais). *Région.* À Lyon, passage étroit qui fait communiquer deux rues en traversant un pâté de maisons.

TRABZON → TRÉBIZONDE.

1. TRAC n. m. (rad. expressif *trak-* évoquant qqch de brusque). *Fam.* Peur ou angoisse irraisonnée que qqn éprouve au moment de paraître en public, de subir une épreuve, d'exécuter un exercice dangereux, etc.

2. TRAC (TOUT À) loc. adv. (de *trac 1*). *Vx.* Soudainement, sans réfléchir.

TRAÇAGE n. m. **1.** Action de tracer. (Syn. TRACEMENT.) — **2.** Dans une mine, opération de creusement d'une voie horizontale ou faiblement inclinée ; cette voie elle-même. — **3.** Opération consistant à dessiner sur une pièce brute les éléments (traits d'axe, contours) permettant de l'usiner (conformément au plan).

TRACANAGE n. m. Action de tracaner.

TRACANER v. t. (ital. *tracannare,* avaler) [conj. 3]. Dévider la soie.

TRACANOIR n. m. Dévidoir au moyen duquel on tracane la soie.

TRAÇANT, E adj. **1.** Se dit des racines ou des tiges qui s'étendent horizontalement sous la terre à une très faible profondeur, et des plantes qui ont des racines de ce genre. (S'oppose à PIVOTANT.) — **2.** *Balle, obus traçants,* projectiles dont le culot contient une composition traceuse et une composition d'allumage qui s'enflamment au départ du coup et jalonnent la trajectoire du projectile. (Syn. BALLE TRACEUSE.) ‖ *Table traçante,* unité de sortie d'un ordinateur, donnant directement un tracé graphique calculé par cet ordinateur. (Syn. TRACEUR DE COURBES.)

TRACAS n. m. (de *tracasser*). Souci, inquiétude momentanée, dus surtout à des ennuis matériels (surtout pl.).

TRACASSANT, E adj. Qui tracasse : *Affaires tracassantes.*

TRACASSER v. t. (de *traquer*) [conj. 3]. Inquiéter qqn, lui causer du souci : *La santé de son fils le tracasse.*

◆ **se tracasser** v. pr. Se faire du tracas.

TRACASSERIE n. f. Ennui ou difficulté dus à des choses peu importantes : *Tracasseries administratives.*

TRACASSIER, ÈRE adj. et n. Qui suscite des difficultés, pour des riens.

TRACASSIN n. m. (de *tracasser*). *Fam.* et *vx.* Agitation inquiète et chagrine de qqn qui semble en proie à des tracas.

TRACE n. f. (de *tracer*). **1.** Suite d'empreintes laissées sur le sol par le passage de qqn, d'un animal, d'un véhicule : *Relever des traces de pas dans une allée.* — **2.** Marque laissée par une action quelconque : *La porte garde des traces d'effraction.* — **3.** Très faible quantité d'une substance : *Déceler des traces d'albumine dans les urines.* — **4.** *Litt.* Ce qui subsiste de qqch du passé sous la forme de débris, de vestiges, etc. : *Des traces d'une civilisation très ancienne.* — **5.** Marque physique ou morale faite par un événement, une situation, une maladie, un coup : *Cette aventure a laissé des traces profondes en lui.* — **6.** *Être sur la trace de qqn, de qqch,* être en voie de le découvrir. ‖ *Il n'y a pas trace de qqn, de qqch,* il n'y a rien qui atteste la présence de qqn, l'action de qqch. ‖ *Suivre la trace, les traces de, marcher sur les traces de qqn,* suivre l'exemple de qqn. ‖ *Suivre à la trace,* suivre, en partic. en se guidant d'après les traces laissées. • **Électroacoust.** *Trace acoustique,* empreinte photographique produite sur une piste sonore par l'enregistrement d'un signal acoustique. — **Géol.** *Élément trace,* élément chimique dont la concentration dans les échantillons analysés n'excède pas quelques centaines de parties par million (quelque 0,01 %). [Obéissant à certaines lois simples de thermodynamique, ils sont utilisés pour retracer certains événements géologiques (fusion des roches, cristallisation des magmas, altération des roches, etc.).] — **Math.** En géométrie descriptive, intersection d'une droite ou d'un plan avec l'un des plans de projection. ‖ *Trace d'une matrice carrée,* somme des éléments de la diagonale principale. — **Psychol.** Ce qui subsiste dans la mémoire d'un événement passé.

TRACÉ n. m. **1.** Représentation par des lignes d'un dessin, d'un plan : *Le tracé d'un boulevard.* — **2.** Ligne continue formant le contour naturel d'une côte, d'une voie, etc. • **Bât.** et **Techn.** *Tracé des épures,* dessin, en grandeur d'exécution, des diverses parties d'une construction. — **Brod.** Points à l'aiguille pour marquer les contours des motifs à broder. — **Trav. publ.** Jalonnement sur le sol des lignes caractéristiques d'un ouvrage (tracé d'une route, d'une voie de chemin de fer, d'une fortification).

TRACEMENT n. m. Action de tracer : *Le tracement d'une route.* (Syn. TRAÇAGE.)

TRACER v. t. (lat. pop. **tractiare,* du lat. class. *tractus,* de *trahere,* tirer) [conj. **16**]. **1.** Représenter une ligne, un dessin par des traits sur une surface : *Tracer une circonférence à l'aide du compas.* — **2.** Former au moyen de l'écriture un signe, des lettres, des motifs, etc. : *Tracer une inscription sur un mur.* — **3.** Marquer l'emplacement d'un ouvrage sur le terrain en vue de le réaliser : *Tracer une route à travers la brousse.* — **4.** Faire la description, la relation de qqch, en donner un aperçu : *Cette lettre nous trace la conduite à suivre.* — **5.** *Tracer le chemin, la voie à qqn,* lui indiquer la conduite à suivre pour atteindre ses objectifs ; constituer pour lui un exemple. • **Brod.** Jalonner avec des points d'aiguille le dessin, le contour. — **Cout.** Dessiner les contours d'un patron. — **Mar.** *Salle à tracer,* dans les chantiers de construction de navires de petit ou de moyen tonnage, salle au parquet parfaitement lisse sur lequel sont dessinées en vraie grandeur les différentes pièces de construction d'une coque. — **Min.** Creuser des galeries pour reconnaître ou découper un gisement, en vue de son exploitation. — **Usin.** Effectuer un traçage.

TRACERET ou **TRACELET** n. m. (de *tracer*). Pointe à tracer d'ajusteur, de charpentier, de menuisier. (Syn. TRAÇOIR.)

TRACEUR, EUSE adj. **1.** Qui laisse une trace, une traînée. — **2.** *Balle traceuse,* syn. de BALLE TRAÇANTE*.

◆ n. **1.** Ouvrier(ère) chargé(e) du traçage et du marquage des pièces de mécanique ou de chaudronnerie. — **2.** *Traceur de charpente en bois,* charpentier hautement qualifié, qui trace les épures sur le sol, puis contrôle le montage sur épures.

◆ **traceur** n. m. **1.** Caractère distinctif associé naturellement ou artificiellement à certains éléments d'un ensemble et dont la détection permet d'étudier le comportement de cet ensemble. (La radioactivité d'une substance est un traceur.) — **2.** Élément possédant un tel caractère distinctif (colorant, isotope, etc.). [Dans le cas d'un isotope, on dit aussi MARQUEUR, RADIOTRACEUR ou RADIO-INDICATEUR.] (→ *encycl.*) — **3.** Dispositif dont sont pourvus les semoirs pour marquer sur le sol la trace qu'il faut suivre avec la roue avant du tracteur pour assurer le parallélisme des passages contigus. — **4.** Appareil de dessin automatique. — **5.** Organe d'un appareil enregistreur, qui trace sur le papier les indications fournies par l'appareil. — **6.** *Traceur de courbes,* syn. de TABLE TRAÇANTE*.

ENCYCL. **Nucl.** La technique des *traceurs radioactifs* a reçu de nombreuses applications en raison de la facilité et de la grande sensibilité de la détection du rayonnement émis par l'isotope, qui peut être ainsi employé en quantité assez faible pour ne pas perturber le milieu étudié. Les traceurs radioactifs sont notamment utilisés : en biologie (biologie végétale, biochimie, physiologie, pharmacocinétique) ; en médecine (diagnostic in vivo des processus pathologiques) ; en hydrologie (étude des cours d'eau et eaux souterraines) ; dans l'industrie (mesure des débits, recherche des fuites, étude de l'usure des pièces).

TRACHÉAL, E, AUX [-keal, -o] adj. Relatif à la trachée.

TRACHÉE [traʃe] n. f. (bas lat. *trachia*). **1.** Canal qui fait communiquer le larynx avec les bronches, et qui sert au passage de l'air pendant la respiration. (Syn. TRACHÉE-ARTÈRE.) [→ *encycl.*] — **2.** Chez les arthropodes, tube membraneux élastique, renforcé par une paroi chitineuse épaissie, servant à la respiration. (Les trachées s'ouvrent à l'extérieur par des stigmates ; elles se renflent par places pour constituer des sacs aériens ; elles se ramifient à travers les organes et les appendices du corps, les branches les plus fines, appelées *trachéoles,* pénétrant jusque dans les cellules.) — **3.** Nom parfois donné aux vaisseaux parfaits des plantes vasculaires, par opposition aux TRACHÉIDES, ou vaisseaux imparfaits.
ENCYCL. **Anat.** La trachée est un tube presque rectiligne, long de 12 cm environ. Du larynx, elle descend dans le cou, puis dans le thorax, en avant de l'œsophage. Elle se termine en donnant les deux bronches souches droite et gauche. Elle est constituée par une série d'arcs cartilagineux en forme de fer à cheval, au nombre de quinze à vingt.

TRACHÉE-ARTÈRE n. f. (pl. *trachées-artères*) [gr. *trakheîa artêria,* artère raboteuse]. Syn. vieilli de TRACHÉE.

TRACHÉEN, ENNE adj. Relatif à la trachée.

TRACHÉIDE [-keid] n. f. Vaisseau imparfait des plantes gymnospermes, dont les éléments sont séparés par des cloisons obliques non perforées, ce qui entraîne le passage de la sève brute par un tissu de transfusion.

TRACHÉITE [-keit] n. f. Inflammation de la trachée.

TRACHELIUM [-keljɔm] n. m. Campanulacée vivace cultivée dans les jardins pour ses fleurs d'un bleu violacé et métallique, groupées en cymes terminales.

TRACHÉO-BRONCHIQUE [-keo-] adj. (pl. *trachéo-bronchiques*). **1.** Qui concerne la trachée et les bronches. — **2.** *Ganglions trachéo-bronchiques,* groupes de ganglions lymphatiques situés de chaque côté de la trachée, près de sa bifurcation.

TRACHÉO-BRONCHITE [-keo-] n. f. (pl. *trachéo-bronchites*). Inflammation simultanée de la trachée et des bronches.

TRACHÉOLE [-keɔl] n. f. (dimin. de *trachée*). Ramification du tube capillaire faisant suite à une trachée d'arthropode. (C'est au niveau des trachéoles que l'oxygène est absorbé par les cellules.)

TRACHÉOMALACIE [-keo-] n. f. Ramollissement général de la trachée, dû à une dégénérescence graisseuse des cartilages.

TRACHÉOMYCOSE [-keo-] n. f. Maladie des plantes, rapidement mortelle, caractérisée par l'invasion des vaisseaux par le mycélium d'un champignon parasite.

TRACHÉOPHYTE [-keo-] n. f. Syn. de PLANTE* VASCULAIRE.

TRACHÉOSCOPIE [-keo-] n. f. Examen endoscopique de la trachée.

TRACHÉOSTÉNOSE [-keo-] n. f. Rétrécissement de la trachée.

TRACHÉOTOMIE [-keo-] n. f. Opération consistant à ouvrir la trachée afin de court-circuiter les voies aériennes supérieures.
ENCYCL. La trachéotomie est indiquée lorsqu'il existe un obstacle siégeant sur les voies aériennes supérieures (cancer du larynx, œdème de la glotte). L'ouverture de la trachée est maintenue par une canule par l'intermédiaire de laquelle il est possible de raccorder le malade à un respirateur artificiel.

Trachiniennes *(les),* tragédie de Sophocle (v. 445 av. J.-C.). Déjanire, épouse d'Héraclès, lui envoie, pour retrouver son amour, une tunique enduite du sang du centaure Nessos mais le vêtement conduira Héraclès à la mort par le feu.

TRACHOMATEUX, EUSE [-ko-] adj. et n. Relatif au trachome ; atteint de trachome.

TRACHOME [-kom] n. m. (gr. *trakhôma, -atos,* de *trakhus,* rude). Maladie infectieuse de l'appareil oculaire, due à un germe du genre *chlamydia.* (Syn. CONJONCTIVITE GRANULEUSE.)
ENCYCL. Le trachome est une maladie atteignant la conjonctive, la cornée et les paupières, à évolution généralement chronique, caractérisée par la formation de follicules, un pannus cornéen, et entraînant des lésions cicatricielles typiques. Maladie de la misère et de la promiscuité, et aussi de l'enfance, le trachome est la plus grande cause de cécité dans le monde. Les principaux centres d'endémie sont en Afrique et en Asie.

TRACHYCARPUS [-kikarpys] n. m. Palmier ornemental de l'Himālaya, de la Chine et du Japon. (*Trachycarpus excelsa* est largement cultivé dans le monde.)

TRACHYMÉDUSE [-ki-] n. f. Sous-ordre de cnidaires, dont la gastrula se transforme en une petite méduse sans passer par un stade polype.

TRACHYPTÈRE [-ki-] n. m. Autre nom de l'*argentin.*

TRACHYPTÉRIDÉ [-ki-] n. m. Nom de famille de poissons au corps long et rubané, aux larves très différentes de l'adulte, tels que le régalec et l'argentin.

TRACHYTE [-kit] n. m. (gr. *trakhutês,* rudesse, dureté). Roche volcanique intermédiaire, riche en feldspaths alcalins, et pouvant contenir un peu de quartz ou de feldspathoïde.

TRACKING n. m. (angl. *to track,* suivre la trace de). Réglage, sur un magnétoscope, du mouvement de la bande magnétique, de telle sorte que la tête de lecture suive bien les pistes.

TRAÇOIR n. m. Syn. de TRACERET.

TRACT n. m. (angl. *tract,* abrév. de *tractate,* traité). Petite feuille de papier imprimée qu'on distribue gratuitement ou qu'on colle aux murs, à des fins de propagande.

TRACTABLE adj. Qu'on peut tracter.

TRACTATION n. f. (lat. *tractatio,* de *tractate,* traité). Négociations ou marchandages plus ou moins occultes, en général laborieux (surtout pl.).

Tractatus logico-philosophicus, œuvre de Ludwig Wittgenstein, publiée en 1921. L'auteur s'intéresse aux conditions qui devraient être remplies par un langage logiquement parfait.

Tractatus politicus *(Traité politique),* œuvre de Spinoza, publiée en 1677, dans laquelle l'auteur expose les arguments en faveur de la démocratie.

Tractatus theologico-politicus *(Traité théologico-politique),* œuvre de Spinoza, publiée en 1670. La première partie de cette œuvre constitue le premier essai de critique exégétique des textes bibliques ; la deuxième distingue la théologie, fondée sur la révélation, de la philosophie, fondée sur la raison, et qui, toutes deux, mènent à Dieu. Enfin, l'auteur y affirme que seule la forme démocratique de l'État permet la liberté religieuse. Cette œuvre valut à Spinoza maintes critiques qui le rendirent prudent au point qu'il renonça à publier tout nouveau texte de son vivant.

TRACTER v. t. (de *tracteur*) [conj. 3]. Tirer au moyen d'un véhicule ou d'un procédé mécanique : *Le camion tracte une remorque.*
◆ **être tracté** v. pass. Être attelé à un tracteur, remorqué par tracteur mécanique.

TRACTEUR, TRICE adj. (lat. *tractum,* de *trahere,* tirer). **1.** Qui tracte, qui est capable de tracter. — **2.** Se dit de la force d'un courant, qui lui permet d'attaquer le fond et les berges et de transporter des matériaux solides.
◆ **tracteur** n. m. Véhicule motorisé destiné à la traction de véhicules sans moteur. — **2.** *Tracteur agricole,* engin automoteur tout-terrain entraînant les machines agricoles dans son déplacement et actionnant éventuellement les mécanismes de ces machines. (→ *encycl.*)

ENCYCL. **Agric.** Les *tracteurs agricoles,* munis généralement d'un moteur Diesel assez lent (2 000 à 2 500 tr/min), sont équipés de roues pneumatiques ou, plus rarement, de chenilles. Ils disposent d'un système d'attelage trois points pour les outils portés ou semi-portés, de crochets et de barres d'attelage pour les outils traînés et les remorques. Les tracteurs comportent toujours un circuit hydraulique permettant le relevage des outils, le contrôle de leur travail, et l'entraînement de vérins extérieurs actionnant divers mécanismes.

TRACTIF, IVE adj. Qui exerce une traction.

TRACTION n. f. (lat. *tractum,* de *trahere,* tirer). **1.** Mode d'action d'une force motrice dont le point d'application est situé devant celui de la force résistante. — **2.** Action d'une force agissant sur un corps suivant son axe et tendant à l'allonger. — **3.** Mouvement de gymnastique consistant à soulever avec les bras le corps suspendu à une barre ou à des anneaux, ou allongé sur le sol. — **4.** Dans une administration ferroviaire, service chargé de la gestion, de l'entretien courant et de la conduite des engins moteurs (locomotives, automotrices). — **5.** *Traction avant,* disposition technique selon laquelle, sur un véhicule automobile, le couple moteur est transmis aux roues avant. ‖ *Traction en unité multiple,* en traction électrique ou diesel-électrique, système de commande de deux ou de plusieurs engins moteurs d'un même train par le seul conducteur placé dans le poste de conduite situé en tête du train. ‖ *Traction vertébrale,* traction exercée sur le rachis visant à écarter légèrement et progressivement les plateaux vertébraux, indiquée dans certaines lombalgies, sciatiques ou certains torticolis.

TRACTIONNAIRE n. m. Cheminot du service de la traction.

TRACTOCHARGEUR n. m. **1.** Véhicule automobile qui traîne une remorque et est équipé d'un appareil de levage lui permettant de décharger sa propre charge et celle de sa remorque. — **2.** Syn. de CHARGEUR-TRANSPORTEUR.

TRACTOPELLE n. f. Syn. de CHARGEUSE-PELLETEUSE.

TRACTORISTE n. Conducteur ou conductrice de tracteur.

TRACTUS [-tys] n. m. (lat. *tractus,* action de tirer). **1.** Formation, généralement d'origine conjonctive, que l'on observe à la surface ou dans l'épaisseur des organes. — **2.** *Tractus gastro-intestinal,* ensemble des organes qui constituent l'appareil digestif. ‖ *Tractus génital,* ensemble des organes qui constituent l'appareil génital. ‖ *Tractus vocal,* syn. de CONDUIT VOCAL.

TRADESCANTIA [tradɛskɑ̃sja] n. m. (de J. *Tradescant,* n. pr.). Herbe vivace (commélinacée) à croissance rapide, à feuillage coloré, originaire de l'Amérique, cultivée en appartement. (N. usuel *misère.*)

Trades Union Congress (TUC), confédération syndicale britannique, créée en 1868 au congrès de Manchester, réunissant diverses associations dont des Bourses du travail, des fédérations syndicales et des mutuelles.

TRADE-UNION [trɛdynjɔn] n. m. (pl. *trade-unions*) [mot angl., de *trade,* métier, et *union,* association]. En Grande-Bretagne, syndicat ouvrier.

TRADE-UNIONISME [trɛdynjɔnism] n. m. (angl. *trade-unionism*). Mouvement par lequel les ouvriers britanniques se regroupent par profession dans un même syndicat. (Le trade-unionisme a précédé le syndicalisme des autres pays et a conservé certaines traditions spécifiques.)

TRADE-UNIONISTE [trɛdynjɔnist] adj. et n. (angl. *trade-unionist*). [pl. *trade-unionistes*]. Relatif au trade-unionisme ; partisan du trade-unionisme.

TRADITEUR n. m. (lat. *traditor,* traître, de *tradere,* remettre). Nom donné aux chrétiens qui, en Afrique, durant les persécutions de Dioclétien, avaient livré aux autorités les livres et les objets sacrés pour échapper à la mort.

TRADITION n. f. (lat. *traditio,* action de transmettre). **1.** Ensemble de légendes, de faits, de doctrines, d'opinions, de coutumes, d'usages, etc., transmis oralement sur un long espace de temps : *La tradition veut que cette bataille ait eu lieu ici.* — **2.** Manière d'agir ou de penser transmise depuis des générations à l'intérieur d'un groupe : *Cette fête est une tradition régionale.* — **3.** Transfert juridique de la possession d'une chose faisant l'objet d'un contrat. — **4.** Transmission du contenu de la vérité révélée à partir de l'Écriture, par les écrits des Pères de l'Église, les conciles, les écrits des docteurs de l'Église, la liturgie et les documents pontificaux, dans la fidélité à l'action du Saint-Esprit. (Avec une majusc.) [Les protestants, au contraire des catholiques, rejettent l'autorité de la Tradition comme magistère doctrinal : seule la Bible est pour eux source de foi.]

TRADITIONALISME n. m. **1.** Système de croyances fondé sur la tradition. — **2.** Attachement aux coutumes et aux croyances transmises par la tradition. — **3.** Doctrine catholique du XIXe s., considérant que les connaissances d'ordre métaphysique et religieux ne sont pas accessibles à la raison.

TRADITIONALISTE adj. et n. Relatif au traditionalisme ; partisan du traditionalisme.

TRADITIONNEL, ELLE adj. (de *tradition*). **1.** Qui est fondé sur la tradition, sur un long usage : *Croyances traditionnelles.* — **2.** Qui est passé dans les habitudes, dans l'usage.

TRADITIONNELLEMENT adv. **1.** Conformément à la tradition. — **2.** D'une manière habituelle : *Secteur industriel traditionnellement déficitaire.*

TRADUCTEUR, TRICE n. (lat. *traductor*). Personne qui traduit, transpose un texte, un discours d'une langue dans une autre.

◆ **traducteur** n. m. **1.** Élément qui reçoit un signal d'entrée sous la forme d'une première grandeur physique et qui émet un signal de sortie sous la forme d'une autre grandeur physique dite *grandeur traduite.* (Syn. TRANSDUCTEUR.) — **2.** Programme informatique traduisant un programme écrit dans un langage en un programme écrit dans un autre langage.

◆ **traductrice** n. f. Machine électronique qui fournit la traduction de mots d'une langue dans une autre.

TRADUCTION n. f. (lat. *traductio*). **1.** Action de traduire, de transposer dans une autre langue : *La traduction d'un livre.* — **2.** Ouvrage, texte qui en reproduit un autre dans une langue différente : *Acheter une traduction d'une pièce de Shakespeare.* — **3.** *Litt.* Manière d'exprimer, de manifester qqch : *La traduction musicale d'un sentiment.* — **4.** Énonciation dans une autre langue (ou langue cible) de ce qui a été énoncé dans une langue (la langue source), en conservant les équivalences sémantiques et stylistiques. (→ *encycl.*) — **5.** *Traduction automatique (T. A.), traduction assistée par ordinateur (T. A. O.),* opération visant à assurer la traduction de textes par des moyens informatiques.

ENCYCL. **Ling.** La traduction est une activité humaine universelle rendue nécessaire à toutes les époques par les contacts entre communautés de langues différentes. Ses sources historiques remontent en premier lieu aux textes sacrés (traduction en grec, puis en latin de l'Ancien Testament, etc.) puis aux textes littéraires antiques. On trouve souvent la traduction à l'origine des littératures, voire des langues nationales européennes : l'allemand moderne est, pour l'essentiel, celui de la traduction de la Bible par Luther.

Le développement accéléré des besoins en textes traduits a conduit à envisager le recours à la traduction automatique (T. A.), qui a fait l'objet de nombreuses recherches ; on parle aujourd'hui de traduction assistée par ordinateur (T. A. O.) : l'opération comprend une étape de « postédition » par un correcteur-traducteur humain qui rectifie les erreurs de la machine, ou bien une étape de « préédition » qui ne met en machine que des énoncés standards.

TRADUIRE v. t. (lat. *traducere,* faire passer d'un point à un autre) [conj. **98**]. **1.** Transposer un discours, un texte, l'exprimer dans une langue différente : *Traduire du français en allemand.* – 2. Exprimer un sentiment, une pensée, les rendre sensibles : *Le ton de sa voix traduisait son anxiété.* – 3. *Traduire qqn en justice,* le citer, l'appeler à comparaître devant un tribunal.

◆ **se traduire** v. pr. 1. Être exprimé, manifesté : *La joie se traduisait sur son visage.* – 2. Avoir pour résultat, se manifester par qqch : *La sécheresse s'est traduite par une hausse des prix.*

TRADUISIBLE adj. Qui peut être traduit.

TRAFALGAR *(cap),* cap de la côte d'Espagne, en Andalousie, entre Cadix et Tarifa.

Trafalgar *(bataille de)* [21 oct. 1805], bataille navale remportée par la flotte anglaise de Nelson (27 vaisseaux de ligne et 4 frégates) sur la flotte franco-espagnole de Villeneuve (33 vaisseaux de ligne, dont 15 espagnols, et 7 frégates). Nelson succomba à bord du *Victory* et Villeneuve fut pris sur le *Bucentaure.* La défaite de Trafalgar, en anéantissant la force navale de Napoléon, devait le décider au blocus continental.

Trafalgar Square, place du centre de Londres, entre Charing Cross et l'édifice de la National Gallery. Monument à Nelson, colonne corinthienne de 44 m que surmonte la statue de l'amiral.

1. TRAFIC n. m. (ital. *traffico*). 1. Commerce illicite, honteux et clandestin : *Trafic d'armes.* – 2. *Fam.* Ensemble d'activités plus ou moins mystérieuses, compliquées : *Qu'est-ce c'est que tout ce trafic ?*

2. TRAFIC n. m. (angl. *traffic*). Ensemble des transports de marchandises ou de voyageurs, ou des circulations de véhicules ou de bâtiments, qui s'effectuent, pendant une durée définie (jour, mois, année), sur une voie de communication ou sur l'ensemble des voies d'un territoire : *Trafic portuaire, ferroviaire.*

TRAFICOTAGE n. m. *Fam.* Action de traficoter.

TRAFICOTER v. i. (de *trafiquer*) [conj. 3]. *Fam.* Se livrer à de petits trafics.

◆ v. t. *Fam.* Faire qqch en se cachant : *Qu'est-ce qu'il traficote dans son coin ?*

TRAFICOTEUR, EUSE adj. et n. *Fam.* Qui traficote.

TRAFIQUANT, E n. (de *trafiquer*). Personne qui se livre à un commerce frauduleux.

TRAFIQUER v. i. (ital. *trafficare*) [conj. 3]. Se livrer à une autre activité commerciale illicite ou peu honnête : *Il a acquis sa fortune en trafiquant.*

◆ v. t. ind. *Vx.* Tirer un profit illicite de qqch : *Trafiquer de ses relations.*

◆ v. t. *Fam.* 1. Soumettre un produit, un objet à des manipulations de caractère frauduleux ou irrégulier : *Des vins trafiqués.* – 2. Fabriquer, manigancer qqch : *Je me demande ce qu'ils peuvent bien trafiquer.*

TRAGÉDIE n. f. (lat. *trageodia,* du gr. *tragôdia*). 1. Pièce de théâtre dont le sujet est le plus souvent emprunté à un mythe ou à l'histoire, mettant en scène des personnages illustres et représentant une action destinée à provoquer la pitié ou la terreur, par le spectacle des passions humaines et des catastrophes qui en sont la fatale conséquence. (→ *encycl.*) – 2. Genre dramatique auquel appartient ce type de pièce. – 3. Événement funeste, terrible : *Une émeute qui tourne à la tragédie.*

ENCYCL. Née dans la Grèce antique, la tragédie est sortie du culte de Dionysos et du dithyrambe. On dit que l'Athénien Thespis créa la tragédie (VIIe s. av. J.-C.) en remplaçant le choryphée par un acteur qui jouait, en face du chœur, un ou même plusieurs rôles. Par la suite, la tragédie trouva sa structure et son sens historique grâce à Eschyle, Sophocle et Euripide. La tragédie attique se caractérise par une structure forte, composée de passages dialogués et de passages chantés. Un *prologue* précède l'entrée du chœur (la *parodos*). L'action se développe ensuite en trois épisodes entre lesquels le chœur chante les *stasima* et se termine par l'*exodos* (exode). Le texte est réparti entre le chœur, placé dans l'*orkhêstra,* qui commente l'action et se plaint, et les acteurs qui agissent sur scène.

La décadence de la tragédie s'amorce dès le début du IVe s. av. J.-C. Influencé par le genre attique et ses structures, le théâtre latin se dégage progressivement de son modèle et notamment du caractère populaire grec. Ses plus illustres représentants sont Ovide et Sénèque.

C'est à la fois des Grecs et des Latins que s'inspire le théâtre des pays d'Europe sous la Renaissance. En Italie, dès 1515, Trissino compose *Sophonisbe,* première tragédie moderne en Europe, conforme aux règles des Anciens, que suivront, du XVIe au XVIIIe s., un grand nombre de tragédies. Mais c'est l'œuvre d'Alfieri qui donne à la tragédie italienne son originalité.

Au XVIe et au XVIIe s., les auteurs français (Jodelle, Th. de Bèze) essaient de donner à la tragédie une forme qui s'adapte au goût français, luttant aussi contre le genre tragi-comique très en faveur. La *Sophonisbe* de Mairet, au XVIIe s., marque la victoire d'un genre tragique régulier qui connaîtra son avènement avec Corneille et Racine.

Plus tardive en Allemagne, la tragédie passe, au XVIIe, par des traductions de Sénèque et de Sophocle. En Angleterre et en Espagne, l'évolution de la tragédie est différente : Shakespeare, Calderón et Lope de Vega se démarquent des

exemples antiques et deviennent les modèles de formes tragiques différentes, parfois plus proches du drame.
Les recherches en vue d'une « tragédie moderne » n'ont abouti qu'à des drames de formes très différentes.

TRAGÉDIEN, ENNE n. Acteur, actrice qui interprète une tragédie.

TRAGI-COMÉDIE n. f. (pl. *tragi-comédies*) [lat. *tragicomoedia*]. **1.** Œuvre dramatique qui tient de la tragédie et de la comédie. — **2.** En France, au XVIIe s., tragédie dont le dénouement est heureux. — **3.** Événement où alternent des événements graves et des événements drôles, heureux.
ENCYCL. Née peu après la tragédie française, la tragi-comédie connut un réel engouement en France, particulièrement au XVIIe s. Empruntant ses sujets au fonds romanesque ou chevaleresque, elle dépeint la passion amoureuse et surtout la galanterie. Elle fut innovée par Garnier (*Bradamante,* 1582), et brillamment illustrée par Du Ryer, Mairet, Rotrou, Boisrobert, Desmarets, Scudéry, Corneille (*Clitandre,* 1630 ; *le Cid,* 1637). Mais ce genre théâtral hybride déclina pendant le classicisme en dépit des œuvres de Quinault et de Thomas Corneille.

TRAGI-COMIQUE adj. (pl. *tragi-comiques*). **1.** Qui relève du genre de la tragi-comédie. — **2.** Qui présente un aspect à la fois tragique et comique. ◆ n. m. Genre de la tragi-comédie.

TRAGIEN, ENNE adj. Relatif au tragus.

TRAGIQUE adj. (lat. *tragicus,* du gr. *tragikos*). **1.** Qui est propre à la tragédie : *Genre tragique.* — **2.** Qui suscite une émotion violente, terrible : *Sort tragique.* — **3.** Qui exprime l'angoisse, la terreur, une émotion violente : *Voix tragique.* — **4.** Fam. *Ce n'est pas tragique,* c'est anodin. ◆ n. m. **1.** Le genre tragique, la tragédie. — **2.** Auteur de tragédies. — **3.** *Litt.* Caractère de ce qui est tragique, terrible : *Le tragique de certaines situations.* — **4.** *Prendre qqch au tragique,* le considérer d'une façon trop alarmiste.

Tragiques *(les),* poème épique en 7 livres d'Agrippa d'Aubigné (1616). Il fut conçu dès 1577, après le combat de Casteljaloux, où l'auteur avait été grièvement blessé. Chaque livre *(Misères, Princes, la Chambre dorée, les Feux, les Fers, Vengeances, Jugement)* déroule une suite de tableaux dramatiques puissamment animés par l'action de la Providence divine en faveur du petit peuple des élus de Dieu.

TRAGIQUEMENT adv. De façon tragique.

TRAGOPAN n. m. (gr. *tragopan,* pan-bouc, oiseau fabuleux d'Éthiopie). Petit faisan, à queue courte, des forêts de l'Himālaya, dont les mâles ont sur la tête et sous la gorge d'importants organes érectiles, qu'ils gonflent lors des parades nuptiales.

TRAGOPOGON n. m. (gr. *tragopôgôn, -ônos,* salsifis). Nom générique des salsifis.

TRAGULIDÉ n. m. Nom de famille de mammifères ruminants sans cornes, mais dont le mâle possède des canines supérieures allongées en défenses (chevrotain).

TRAGUS [-gys] n. m. (gr. *tragos,* bouc). Saillie aplatie, triangulaire, située en avant et en dehors de l'orifice du conduit auditif externe.

TRAHIR v. t. (lat. pop. **tradire,* du lat. class. *tradere,* livrer) [conj. **32**]. **1.** Faire cause commune avec l'ennemi, avec un pays étranger : *Il a trahi pendant la dernière guerre.* — **2.** Cesser d'être fidèle à qqn, à un groupe, un parti, une cause, les abandonner. — **3.** Ne pas respecter l'engagement pris : *Vous avez trahi notre confiance.* — **4.** Dénaturer, altérer la pensée de qqn, par un compte rendu incomplet ou infidèle, par une interprétation fausse, etc. : *Cette traduction trahit l'original.* — **5.** Être la cause qui révèle la présence, l'identité, un aspect caché de qqn : *L'embarras du témoin l'a trahi.* — **6.** En parlant d'une faculté, manquer, faire défaut brusquement à qqn : *Ma mémoire me trahit.* — **7.** Être très en deçà, très différent de ce qui était attendu : *Les résultats ont trahi nos espoirs.* — **8.** Laisser apparaître involontairement ce qu'on voulait tenir caché : *Un léger tremblement trahissait son impatience.* — **9.** *Trahir un secret,* le révéler.
◆ **se trahir** v. pr. **1.** Laisser voir un état, un sentiment que l'on désirait cacher : *Il s'est trahi par son hésitation soudaine.* — **2.** Se révéler à de légers indices : *Son émotion se trahissait dans sa voix.*

TRAHISON n. f. **1.** Action de trahir son pays, sa patrie, une cause. — **2.** Manquement à la parole donnée, à un engagement, à un devoir de solidarité. — **3.** Acte criminel contre la sécurité de l'État. — **4.** *Haute trahison,* crime politique commis par un président de la République manquant gravement aux devoirs de sa charge et jugé par la Haute Cour de justice sur accusation des deux Chambres délibérantes.

TRAIL, v. du Canada (Colombie britannique) ; 10 000 hab. Traitement du plomb et du zinc.

TRAILLE n. f. (lat. *tragula*). **1.** Câble tendu en travers d'un cours d'eau, et qui permet à un bac, frappé obliquement par le courant, d'être porté alternativement d'une rive à l'autre. — **2.** Bac relié à une traille par une poulie et un câble. (Syn. PONT VOLANT.) — **3.** Syn. de CHALUT.

TRAIN n. m. (de *traîner*). **1.** Convoi de chemin de fer en ordre de marche constitué par un ou plusieurs engins moteurs (locomotives, automotrices, etc.), remorquant ou non un ou plusieurs véhicules ; moyen de transport ferroviaire. — **2.** Ensemble de véhicules avançant à la suite, remorqués ou motorisés, et constituant une unité de transport : *Un train de péniches.* — **3.** Ensemble de dispositions législatives ou administratives concernant un même objet : *Un train de mesures économiques.* — **4.** Allure plus ou moins rapide de qqn, d'une bête de trait, d'un véhicule : *Accélérer le train.* — **5.** Cours, enchaînement des faits, succession d'événements : *Être pris dans le train de la vie quotidienne.* — **6.** *Train de devant, de derrière,* partie antérieure, postérieure du corps des quadrupèdes. — **7.** Fam. *Train (arrière),* postérieur, derrière, fesses d'une personne. — **8.** Fam. *(Aller) à fond de train, à un train d'enfer,* à toute vitesse, à une allure endiablée. ‖ *Aller bon train,* avoir un rythme très rapide. ‖ *Aller son petit train,* progresser à une allure modeste et régulière ; agir posément, sans se presser. ‖ *Aller son train,* continuer à la même allure, au même rythme. ‖ *Au train où vont les choses,* si la situation continue d'évoluer de la même façon. ‖ *(Être) en train,* être de bonne humeur, plein d'allant ; être en forme ; être en voie d'exécution : *Faites terminer les commandes en train.* ‖ *(Être) en train de,* exprime que l'action est en cours : *Il était en train de dormir.* ‖ *Mener bon train qqch,* le conduire avec détermination, en hâter l'issue. ‖ *Mener grand train,* avoir un genre de vie coûteux, luxueux. ‖ *Mettre en train,* mettre qqn dans de bonnes dispositions pour agir, se divertir ; préparer ou commencer la mise en œuvre de qqch. ‖ *Mise en train,* ensemble des préparatifs préliminaires à la mise en marche de qqch ; exercices d'échauffement ; ensemble des opérations qui précèdent le tirage, en impression typographique. ‖ Fam. *Prendre (monter dans) le train en marche,* se joindre à une entreprise, à une action lancée par d'autres et déjà en cours. ‖ *Train de maison,* personnel destiné au service domestique. ‖ *Train de sénateur,* démarche lente, empreinte de gravité. ‖ *Train de vie,* manière de vivre de qqn, d'une famille, considérée par rapport à leurs revenus ; signes extérieurs de richesse, énumérés par la loi fiscale, qui entraînent la possibilité de taxer forfaitairement un contribuable. • **Astronaut.** *Train spatial,* ensemble de plusieurs vaisseaux spatiaux amarrés avec leurs axes longitudinaux confondus. — **Autom.** *Train avant, train arrière,* ensemble des éléments remplaçant l'essieu classique. ‖ *Train de pneus,* ensemble des pneus équipant un véhicule. ‖ *Train routier,* ensemble de véhicules routiers composé d'un tracteur et d'une remorque. — **Bouch.** *Train de côtes,* morceau de boucherie correspondant à la partie supérieure de la région du dos. — **Ch. de f.** Syn. de CONVOI. ‖ *Train automoteur,* train constitué par un groupe de véhicules automoteurs (automotrices électriques, autorails) et de remorques, par un ou plusieurs éléments automoteurs ou même simplement par une seule automotrice électrique ou un seul autorail. — **For.** *Train de sonde* ou *train de forage,* ensemble des tiges du forage et du trépan. — **Horlog.** *Train d'engrenages,* syn. de ROUAGE. — **Mar.** *Train d'escadre,* ensemble des bâtiments spécialisés servant au soutien logistique d'une force navale. — **Mécan.** Ensemble d'organes semblables accouplés pour permettre un résultat déterminé. ‖ *Train d'engrenages,* ensemble des éléments d'un engrenage qui, par les mouvements de rotation qu'ils transmettent ou reçoivent, concourent à son fonctionnement. — **Métall.** *Train de laminoirs,* ensemble de laminoirs disposés en vue de l'élaboration en grande production d'un produit déterminé. — **Mil.** Arme chargée de la circulation et des transports routiers dans l'armée de terre. (→ *encycl.*) ‖ *Train sanitaire,* train ferroviaire spécialement constitué pour le transport des blessés. ‖ *Trains de combat (T. C.),* ensemble des moyens d'un corps destinés à l'entretien immédiat et permanent du combat. ‖ *Trains régimentaires,* ensemble des moyens d'un corps dont la présence à proximité des unités permet l'action tactique. — **Phys.** *Train d'ondes,* ensemble d'ondes qui se propagent simultanément sans déformation dans la même direction. — **Sports.** *Gagner au train,* gagner en ayant imprimé une allure régulière et soutenue à la course. — **Sylvic.** *Train de bois,* assemblage d'arbres abattus et élagués, constitué pour le transport du bois par flottage. (Syn. RADEAU.) — **Turf.** Vitesse plus ou moins grande à laquelle est courue une épreuve.

ENCYCL. **Mil.** Jusqu'au début du XIXe s., les transports nécessaires à la vie des armées sont confiés à des entreprises civiles. Pour remédier à cet inconvénient, Napoléon crée en 1807 le *train des équipages,* qui prend progressivement à son compte toutes les missions de ravitaillement, de transport des troupes et d'évacuation des blessés. Le « train », dont l'appellation remonte à 1928, ne devient pleinement autonome qu'au cours de la Seconde Guerre mondiale, avec l'importance accrue de la logistique*. Responsable de l'exécution des mouvements et transports routiers, il est présent dans les opérations aéroportées et amphibies, et assure, en outre, des missions de quartier général.

TRAÎNAGE n. m. Transport au moyen de traîneaux.

TRAÎNAILLER v. i. (conj. 3). *Fam.* Traînasser.

TRAÎNANT, E adj. **1.** Se dit d'une élocution très lente : *Une voix traînante.* — **2.** Qui ennuie par ses longueurs : *Un récit traînant.* – **3.** Qui traîne à terre : *Robe traînante.*

TRAÎNARD, E n. **1.** Personne qui reste en arrière des autres au cours d'une marche : *Les traînards d'une armée.* – **2.** Personne qui est lente dans son travail.

◆ **traînard** n. m. Sur un tour, ensemble mécanique coulissant sur la glissière du banc et portant les organes destinés à maintenir les outils et à commander leurs avances.

TRAÎNASSE n. f. Nom usuel de l'*agrostis.*

TRAÎNASSER v. i. (conj. 3). *Fam.* **1.** Se promener paresseusement, errer longuement : *Traînasser dans les rues.* – **2.** Être à la traîne dans son travail. – **3.** Avoir des inflexions de voix lentes.

TRAIN-AUTO n. m. (pl. *trains-autos*). Syn. de TRAIN AUTO-COUCHETTE*.

TRAÎNE n. f. (de *traîner*). **1.** Partie d'un vêtement qui en prolonge le dos de façon à traîner à terre. – **2.** *Être, rester à la traîne,* en retard, ne pas pouvoir suivre le rythme, le progrès : *Élève à la traîne de sa classe ;* être abandonné sans être fait, rangé, etc. • **Chass.** Syn. de TRAÎNEAU. – **Mar.** Tout objet qu'on file à l'arrière d'un navire, au bout d'un filin. – **Météo.** Partie postérieure du système nuageux, située en arrière du corps, et correspondant au secteur froid postérieur du cyclone norvégien. (Elle donne souvent un temps instable alternant averses et éclaircies.) – **Pêch.** Sorte de senne. (Syn. TRAÎNEAU.) ‖ *Pêche à la traîne,* méthode de pêche qui consiste à remorquer une ligne armée d'un leurre ou d'un ou de plusieurs hameçons.

TRAÎNEAU n. m. (de *traîner*). Véhicule bas muni de patins à la place de roues, servant à se déplacer sur la neige ou sur la glace. • **Arm.** Bloc en acier qui porte le canon dans certains matériels d'artillerie et qui participe au recul du canon sur l'affût. – **Charronn.** Véhicule de traînage, composé de deux parties réunies par des traverses sur lesquelles est montée une armature pour le fixage de la charge. ‖ Sorte de voiture sans roues, servant au transport de fardeaux pesants. – **Chass.** Filet que les braconniers employaient la nuit pour capturer le gibier à plume. (Syn. TRAÎNE, TRAÎNÉE.) – **Pêch.** Syn. de TRAÎNE.

TRAÎNÉE n. f. (de *traîner*). **1.** Trace allongée laissée par un objet qu'on traîne, qui glisse, par une substance qui s'est répandue : *Une traînée de sable.* – **2.** Longue trace laissée sur une surface ou dans l'espace par qqch en mouvement : *Une traînée rouge dans le ciel.* – **3.** *Pop.* Femme de mauvaise vie (terme d'injure). • **Aéron.** *Traînée de condensation,* trace blanchâtre laissée dans le ciel par l'échappement des gaz des moteurs d'avion, dans certaines conditions de température et d'humidité à très haute altitude. – **Chass.** Syn. de TRAÎNEAU. – **Mécan.** Composante de la résultante des forces aérodynamiques s'exerçant sur un corps en déplacement dans l'air, parallèle à la vitesse et de sens opposé.

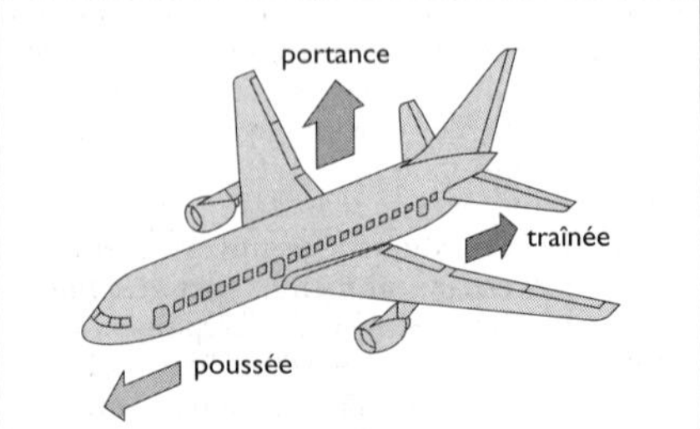

traînée

TRAÎNEMENT n. m. *Litt.* Action de traîner, bruit fait en traînant : *Traînement de pieds.*

TRAÎNER v. t. (lat. pop. **traginare,* de *tragere,* du lat. class. *trahere,* tirer) [conj. 4]. **1.** Déplacer qqch en le tirant après soi ou vers soi : *Traîner une table près de la fenêtre.* – **2.** *Fam.* Emporter qqch ou emmener qqn avec soi en tout lieu : *J'ai traîné ce parapluie avec moi toute la journée. Son mari la traîne à des réceptions ennuyeuses.* – **3.** Ne pas parvenir à se débarrasser d'une maladie : *Traîner un rhume.* – **4.** *Litt.* Ne jamais se séparer de sentiments douloureux : *Traîner sa mélancolie.* – **5.** Supporter longtemps les conséquences d'un acte qui entache la réputation : *Il a traîné des années durant ses erreurs de jeunesse.* – **6.** *Traîner la jambe* ou (fam.) *la patte,* marcher difficilement, du fait d'une infirmité, d'une blessure, de la fatigue. ‖ *Traîner la voix,* parler avec une lenteur caractéristique. ‖ *Traîner les pieds,* marcher sans lever suffisamment les pieds ; agir, obéir sans empressement (fam.). ‖ Fam. *Traîner ses guêtres, ses bottes qqpart,* flâner ; s'aventurer en un lieu où l'on risque des désagréments.

◆ v. i. **1.** Pendre jusqu'à terre, au point de balayer le sol : *Ces rideaux traînent, il faut les raccourcir.* – **2.** Pendre pêle-mêle, sans ordre : *Ses cheveux traînent sur son cou.* – **3.** *Litt.* Être disposé comme une traînée : *Des bancs de brume traînent dans la vallée.* – **4.** Ne pas être rangé : *Ne laissez pas traîner ces documents.* – **5.** Être répandu partout, bien connu de tous : *Une anecdote qui traîne partout.* – **6.** Se maintenir : *Des pratiques superstitieuses traînent encore dans nos sociétés.* – **7.** Flâner, aller sans but : *Des jeunes désœuvrés qui traînent dans les rues.* – **8.** S'attarder inutilement, perdre son temps : *Ne traînez pas, vous allez manquer votre train.* – **9.** Prononcer avec une lenteur exagérée telles parties du discours : *Sa voix traînait de façon déplaisante.*

— **10.** Former, à l'aide d'un calibre, une moulure de plâtre ou de ciment sur un mur. — **11.** Fam. *Ça ne va pas traîner (ça n'a pas traîné),* la question sera vite réglée. ‖ *Faire traîner les choses,* user de manœuvres dilatoires pour retarder la solution de qqch.

◆ v. i. ou **se traîner** v. pr. Se prolonger inutilement, sans aboutir : *Les pourparlers entre les deux pays traînent.*

◆ **se traîner** v. pr. **1.** Avancer en rampant ou à genoux sur le sol : *Un jeune enfant qui se traîne sur le tapis.* — **2.** Se mouvoir, se déplacer avec une extrême difficulté : *Il pouvait à peine se traîner.* — **3.** *Fam.* En parlant d'un véhicule, de ses occupants, avancer avec lenteur.

TRAÎNE-SAVATES n. inv. *Fam.* Personne qui vit dans l'oisiveté et dans la misère.

TRAÎNEUR, EUSE n. **1.** *Litt.* Personne qui s'attarde dans un lieu, qui va sans but bien défini. — **2.** Fam. et vx. *Traîneur de sabre,* militaire qui affecte des airs fanfarons ; militaire de carrière, officier.

TRAIN-FERRY n. m. (pl. *trains-ferries*). Navire spécialement équipé pour le transport de trains de voyageurs. (Syn. TRANSBORDEUR.)

TRAINGLOT ou **TRINGLOT** n. m. *Arg. mil.* Militaire du train.

TRAINING [treniɲ] n. m. (angl. *training,* entraînement). **1.** *Vx.* Entraînement sportif. — **2.** Chaussure de sport, possédant généralement une tige basse de textile ou de cuir et une semelle cuvette en caoutchouc. — **3.** Syn. de SURVÊTEMENT. — **4.** *Training autogène,* méthode de relaxation mise au point par J. H. Schultz, ayant pour but d'obtenir une détente générale de l'organisme au moyen d'une décontraction musculaire progressive et d'une concentration de la pensée sur certaines sensations cénesthésiques comme la pesanteur, la chaleur, etc. ‖ *Training group* ou *T-group,* situation de groupe restreint, visant à l'acquisition pour les participants de comportements nouveaux grâce aux processus observés, expérimentés et analysés dans le groupe dont ils font partie. (Syn. GROUPE DE BASE, GROUPE DE FORMATION, GROUPE DE SENSIBILISATION.)

TRAIN-PARC n. m. (pl. *trains-parcs*). Train aménagé pour recevoir et loger du personnel travaillant sur la voie, et pour abriter son outillage, ses approvisionnements, etc.

TRAIN-POSTE n. m. (pl. *trains-poste*). Train comportant des voitures-poste et éventuellement quelques voitures à voyageurs en nombre réduit.

TRAIN-TRAIN ou **TRAINTRAIN** n. m. inv. (moyen fr. *trantran,* son du cor, avec l'infl. de *train*). *Fam.* Marche régulière et monotone des occupations habituelles : *Le train-train familial.*

TRAIRE v. t. (lat. pop. **tragere,* tirer, du lat. class. *trahere*) [conj. **112**]. **1.** Tirer le lait de la mamelle d'un mammifère domestique. — **2.** *Machine à traire,* appareil, fixe ou déplaçable, fonctionnant par succion, destiné à soutirer le lait des vaches, des chèvres, des brebis. (Syn. TRAYEUSE.)

TRAIT n. m. (lat. *tractus,* de *trahere,* tirer). **1.** Ligne, marque allongée tracée sur le papier ou sur une surface quelconque : *Trait de crayon.* — **2.** Ligne qui délimite les contours d'un dessin, ou lignes qui le constituent : *Le trait incisif d'une caricature.* — **3.** Ce qui constitue un élément caractéristique, une marque distinctive : *Ils présentent quelques traits communs.* — **4.** Indice d'une qualité, d'un sentiment, signe d'un caractère : *Un trait de générosité.* — **5.** *Litt.* Manière d'exprimer, de décrire qqch : *Parler de l'amour en traits touchants.* — **6.** *Litt.* Projectile, tel que flèche, javelot, etc., lancé avec un arc, une arbalète ou à la main : *Tirer un trait.* — **7.** *Litt.* Propos blessant, parole mordante dirigés contre qqn, qqch. — **8.** *Litt.* Lanière ou corde à l'aide de laquelle un animal attelé tire sa charge : *Un trait de l'attelage s'était rompu.* — **9.** *À grands traits,* rapidement, en se limitant à l'essentiel. ‖ *Animal de trait,* celui qu'on attelle, par opposition à celui qu'on réserve pour le service de la selle ou du bât. ‖ *Avoir trait à qqch, à qqn,* s'y rapporter, les concerner. ‖ *Boire à longs traits,* à grandes gorgées, abondamment. ‖ *D'un (seul) trait,* en une fois, sans s'arrêter ni se reprendre. ‖ *D'un trait de plume,* de façon expéditive, avec désinvolture. ‖ *Tirer un trait sur qqch,* y renoncer définitivement. ‖ *Trait d'esprit,* expression, remarque pleine de vivacité, de finesse, d'à-propos. ‖ *Trait de génie,* idée, inspiration particulièrement heureuse. ‖ *Trait de lumière,* révélation soudaine d'une vérité. ‖ *Trait pour trait,* avec une exactitude, une fidélité parfaites. • **Bois.** *Trait de scie,* passage que fait la scie dans du bois. — **Bx-arts.** *Dessin au trait, gravure au trait,* qui n'indiquent que le contour des formes, sans ombres ni modelé. — **Charp.** Ensemble des opérations qui aboutissent à la mise en œuvre des charpentes traditionnelles (tracé des épures, traçage ou lignage des bois, piquage des assemblages). [On dit aussi TRAIT DE CHARPENTE ou ART DU TRAIT.] — **Cuis.** Petite quantité d'alcool ou de liqueur entrant dans un cocktail. — **Impr.** *Cliché* ou *film de trait,* cliché obtenu à partir d'un document ne comportant que des blancs et des noirs purs (par oppos. à *similigravure*). — **Jeux.** Droit et obligation de jouer en premier aux échecs (pièces blanches) et aux dames (pions noirs). — **Ling.** Propriété minimale pertinente qui permet de distinguer deux unités d'une langue donnée sur le plan phonologique, syntaxique et/ou sémantique. — **Liturg.** et **Mus.** Psaume chanté à la place de l'*alléluia* pendant le carême. (Il contient beaucoup de vocalises.) – **Menuis.** *Trait d'ombre,* ombre portée d'un fil tendu au-dessus de la table d'une déligneuse, pour faciliter la mise à largeur de planches à déligner. (Le laser d'alignement peut le remplacer.) – **Mus.** Passage vocal ou instrumental contenant des éléments de virtuosité. – **Phon.** Composante phonique du phonème, réalisée par un ensemble d'indices articulatoires, acoustiques et perceptifs. (→ *encycl.*) – **Techn.** Fil d'argent ou d'or passé par les vingt-cinq diamètres de la filière. (On dit aussi ARGENT TRAIT, OR TRAIT.) – **Véner.** Lanière qui sert à tenir en laisse le limier.

◆ **traits** n. m. pl. **1.** Lignes caractéristiques du visage : *Un visage aux traits fins.* – **2.** Aspect sous lequel se présente ou est présentée telle personne.

ENCYCL. **Phon.** Le phonème ne peut être décomposé en unités distinctives successives mais en unités distinctives simultanées : ces composantes phoniques minimales sont qualifiées de *traits distinctifs* ou de traits pertinents. Le phonème est donc un faisceau de traits distinctifs qui constituent les unités de base de la phonologie. Ces traits sont valables pour la description des unités phoniques de n'importe quelle langue ; ils appartiennent au domaine des universaux phonologiques du langage.

TRAIT (Le) [76580], comm. de la Seine-Maritime, sur la Seine, en aval de Rouen ; 5 501 hab. *(Traitons).* Métallurgie. Centre du parc naturel régional de la forêt de Brotonne.

TRAITABLE adj. (lat. *tractabilis,* avec l'infl. de *traiter*). **1.** Qu'on peut exposer, traiter, développer. – **2.** *Litt.* Qu'on peut influencer, manipuler ; accommodant.

TRAITANT, E adj. **1.** Se dit d'un produit capillaire ayant certaines actions sur les cheveux : *Shampooing traitant.* – **2.** Se dit d'un fonctionnaire des services secrets qui est en contact avec un agent secret, un espion. – **3.** *Médecin traitant,* médecin qui suit l'évolution d'une maladie après en avoir précisé le diagnostic et prescrit le traitement.

◆ **traitant** n. m. Syn. de PARTISAN.

TRAIT D'UNION n. m. (pl. *traits d'union*) ; **1.** Signe graphique en forme de petit tiret, que l'on met notamment entre les éléments de certains mots composés ou entre le verbe et un pronom postposé. – **2.** Ce qui a un rôle de conciliation, d'intermédiaire ou de liaison entre des personnes ou des choses. – **3.** Syn. de DIVISION.

TRAITE n. f. (de *traire*). **1.** *Vx.* Fait d'effectuer un parcours ininterrompu : *Faire une longue traite.* – **2.** *Tout d'une (seule) traite,* sans s'arrêter en chemin, sans interruption. • **Dr.** Syn. de LETTRE* DE CHANGE. ‖ *Traite des êtres humains,* infraction commise par l'individu qui, pour satisfaire les passions d'autrui, engage ou détourne, en vue de la débauche, des femmes ou des enfants. (On emploie surtout les expressions de *traite des femmes* ou de *traite des Blanches.*) – **Fin.** *Traite du Trésor,* mode de paiement utilisé par les collectivités publiques, qui consiste à payer leurs créanciers au moyen de traites ou d'effets négociables sur le Trésor. – **Hist.** Droit de douane levé sur les marchandises qui entraient ou sortaient du royaume ou de certaines provinces. ‖ Forme élémentaire de commerce qui consistait à échanger des marchandises manufacturées de faible valeur contre des produits locaux. ‖ *Traite des nègres* ou *traite des Noirs,* trafic d'esclaves noirs. (→ *encycl.*) – **Zootechn.** Action de traire une femelle de mammifère. ‖ *Poste de traite,* élément d'une installation de traite mécanique constitué de l'équipement nécessaire à la traite d'un animal. ‖ *Salle de traite,* local aménagé pour la traite des vaches, des chèvres, des brebis, comprenant des stalles pour immobiliser les animaux, un équipement de traite et, facultativement, des distributeurs d'aliments. ‖ *Traite mécanique,* traite effectuée à l'aide d'une machine à traire.

ENCYCL. **Hist.** Dès l'Antiquité, les Arabes recherchèrent dans la vallée du Haut-Nil autour du lac Tchad, et plus tard au Katanga, des Noirs pouvant servir de main-d'œuvre agricole, de soldats ou d'eunuques en Asie. Après la découverte de l'Amérique, tous les pays européens possédant une flotte se livrèrent au « commerce triangulaire », reliant les ports européens, la côte africaine et l'Amérique, dont l'apogée se situa entre 1760 et 1830 quand l'économie de plantation se développa. La traite fut supprimée en 1807 dans l'Empire britannique. Devenue illégale, elle exportait v. 1830 plus d'esclaves qu'un siècle auparavant. Elle disparut progressivement à la suite de la guerre de Sécession et de l'abolition de l'esclavage au Brésil (1888). Environ 12 millions d'esclaves avaient quitté l'Afrique (20 millions si l'on tient compte de la traite orientale).

1. TRAITÉ n. m. (lat. *tractatus,* de *tractare,* manier). Ouvrage didactique où l'on traite d'une manière systématique d'un sujet : *Traité de philosophie.*

2. TRAITÉ n. m. (de *traiter*). Accord entre deux ou plusieurs sujets du droit international (États, organisations internationales), conclu par écrit et régi par le droit international.

ENCYCL. Le droit des traités est régi par la convention de Vienne (1969).

• *Élaboration et conclusion des traités.* La négociation aboutit à la rédaction d'un instrument écrit. L'authentification du texte définitif s'opère par le paraphe ou la signature des plénipotentiaires.
La signature d'un traité peut avoir valeur du consentement de l'État signataire à être lié. Mais, en principe, c'est la ratification qui oblige l'État lié à exécuter le traité. En France, c'est le président de la République qui ratifie les traités après y avoir été autorisé par le Parlement. L'entrée en vigueur résulte de l'échange ou du dépôt des instruments de ratification. Les traités sont déposés auprès du secrétaire général des Nations unies. Des États tiers peuvent être admis à ratifier les traités multilatéraux dits « traités ouverts ».
Les traités ont des effets obligatoires à l'égard des seuls États parties, sauf rares exceptions : changement de frontières, neutralisation, traités bénéficiant à des tiers en application d'une clause de la nation la plus favorisée incluse dans un traité antérieur. Les dispositions finales prévoient le plus souvent les causes de modification et d'extinction des traités.
En droit français, le traité a valeur supérieure à la loi et équivalente à la Constitution, sous réserve de son application par l'autre partie.

TRAITEMENT n. m. (de *traiter*). **1.** Manière d'agir, de se comporter envers qqn, à l'égard d'un animal : *Un traitement odieux.* — **2.** Action de traiter, d'examiner, d'exposer méthodiquement : *Le traitement d'une question.* — **3.** Action de régler un problème en prenant diverses mesures : *Le traitement social du chômage.* — **4.** Part de la rémunération des fonctionnaires compte non tenu des indemnités diverses. — **5.** Ensemble des opérations que l'on fait subir à des matières premières, à des substances ou à des matériaux pour les transformer. — **6.** Ensemble des mesures thérapeutiques et des règles d'hygiène destinées à guérir une maladie ou une blessure. (Syn. THÉRAPEUTIQUE, THÉRAPIE.) — **7.** *Mauvais traitements,* coups, voies de fait, sévices. • **Agric.** Pulvérisation d'un liquide ou application d'un produit quelconque en vue de lutter contre les ennemis des cultures ou des élevages. — **Cin.** Développement d'un synopsis. — **Inform.** *Traitement de texte(s),* technique de saisie, de stockage sur support magnétique et de visualisation pour la correction, la mise à jour ou la disposition de textes dactylographiques ; logiciel permettant d'effectuer ces opérations. (La compatibilité des systèmes de traitement de texte avec certains matériels de photocomposition tend à se généraliser.) ‖ *Traitement d'images,* ensemble des techniques d'imagerie électronique permettant la saisie, la transformation, la transmission et l'affichage d'images. (→ *encycl.*) ‖ *Traitement des données* ou *de l'information,* ensemble des opérations concernant la collecte, l'enregistrement, l'élaboration, la modification, la conservation, la destruction, l'édition de données, ainsi que leur exploitation. — **Métall.** *Traitement de surface,* traitement que l'on applique à la surface d'une pièce métallique pour en modifier les propriétés ou pour la revêtir d'une couche protectrice. (→ *encycl.*) ‖ *Traitement thermique,* opération thermique que l'on effectue sur un métal ou un alliage à l'état solide afin de modifier sa structure. (→ *encycl.*) ‖ *Traitement thermochimique,* opération d'addition ou de soustraction d'un élément chimique à la surface d'une pièce mécanique. (Par ex. cémentation, calorisation, etc.) ‖ *Traitement thermomécanique,* traitement combiné de déformation mécanique effectuée au cours du cycle de traitement thermique. — **Opt.** *Traitement d'un objectif* ou *traitement antireflet,* dépôt d'une ou de plusieurs couches antireflet à la surface de l'objectif d'une lunette ou d'un appareil photographique. — **Pétr.** Procédé de raffinage à l'aide d'un réactif, d'un solvant. — **Phot.** Ensemble des opérations faisant apparaître l'image latente d'une surface sensible exposée et permettant d'assurer sa conservation. — **Sylvic.** Ensemble des opérations culturales appliquées à un peuplement forestier, en vue d'en obtenir le meilleur rendement. — **Text.** Ensemble des opérations mécaniques, chimiques et thermiques qui, dans l'industrie du blanchiment, de la teinture, de l'impression et de l'apprêt, concourent à l'ennoblissement d'une étoffe. — **Trav. publ.** *Traitement superficiel,* épandage sur la surface d'une chaussée d'un liant liquide, suivi d'un gravillonnage.

ENCYCL. **Inform.** Le *traitement d'images* a de nombreuses applications, par ex. dans le domaine culturel (création de films et de dessins animés, création artistique) ; dans l'industrie (reconnaissance automatique des formes) ; en médecine (scanographie) ; pour l'interprétation des photographies prises par satellites à des fins scientifiques (astronomie, météorologie, télédétection des ressources terrestres) ou militaires (mise en évidence de mouvements de troupes, détection de matériels).
— **Métall.** La plupart des *traitements de surface* ont pour objet d'améliorer la tenue des pièces à la corrosion en les recouvrant d'un revêtement métallique ou de produits non métalliques isolant la pièce du milieu ambiant. Les *traitements thermiques* ont pour objet d'homogénéiser la structure ou de modifier les caractéristiques mécaniques (dureté, résistance à la traction). On distingue, dans ces traitements, ceux qui recherchent l'état d'équilibre de l'alliage (recuit, mal-

léabilisation), ceux qui permettent d'obtenir un état hors d'équilibre instable (trempe), et ceux qui stabilisent un état d'équilibre déterminé (revenu, durcissement structural ou vieillissement). Des *traitements au froid,* par gaz liquéfiés, sont aussi appliqués pour parfaire la trempe de certains matériaux.

TRAITER v. t. (lat. *tractare,* manier, traiter) [conj. 4]. **1.** Agir, se comporter à l'égard de qqn de telle manière : *Traiter un visiteur avec égard.* – **2.** Convier, recevoir qqn à sa table : *Traiter magnifiquement ses invités.* – **3.** Soigner un malade, une maladie : *Traiter une affection par les antibiotiques.* – **4.** Donner à qqn un qualificatif péjoratif : *On l'a traité d'incapable.* – **5.** Soumettre des choses à un traitement, à des opérations qui ont pour but d'en modifier l'état : *On traite le lait par la pasteurisation.* – **6.** S'occuper d'une affaire, d'une opération, en négocier les modalités : *Un homme qui traite de grosses affaires.* – **7.** Exposer un sujet, une question, en examiner tous les aspects : *C'est un problème qu'il faudra traiter un jour ou l'autre.* – **8.** Représenter un sujet dans une œuvre artistique. – **9.** Effectuer le traitement d'une pièce métallique, d'un phototype, d'une matière textile, etc.

◆ v. t. ind. **1.** Négocier, conclure avec qqn un accord : *Ils ont traité avec un de nos concurrents.* – **2.** Prendre qqch pour objet d'étude, de développement : *Le conférencier a traité de la conquête spatiale.* – **3.** Avoir tel sujet ; se rapporter à : *Cet ouvrage traite de problèmes économiques.*

◆ **être traité** v. pass. Avoir été soumis à un traitement, en partic. de conservation : *Citrons traités.*

TRAITEUR n. m. Professionnel qui prépare des plats à emporter ou qui les livre à domicile.

TRAITOIR n. m. (lat. *tractorius,* qui sert à tirer). En tonnellerie, syn. de CHIEN.

TRAÎTRE, ESSE n. (lat. *traditor, -oris,* de *tradere,* transmettre, avec l'infl. de *trahir*). **1.** Personne qui se rend coupable d'une trahison. – **2.** *Litt.* Personne qui agit avec perfidie : *Ah ! la traîtresse ! elle cachait bien son jeu !* – **3.** *En traître,* d'une façon perfide.

◆ adj. **1.** Qui trahit qqn, une cause, etc. (inv. en genre) : *Un espion traître à sa patrie.* – **2.** Qui est capable de faire du mal quand on ne s'y attend pas (la forme du féminin est litt.) : *Ce petit vin est traître.* – **3.** *Pas un traître mot,* pas un seul mot.

TRAÎTREUSEMENT adv. En traître ; perfidement, sournoisement.

TRAÎTRISE n. f. **1.** Comportement perfide. – **2.** *Litt.* Acte de trahison.

TRAJAN, en lat. **Marcus Ulpius Traianus** (Italica 53 - Sélinonte de Cilicie 117), empereur romain (98-117). Légat de Germanie supérieure, il est adopté par Nerva et associé à son pouvoir (97), puis lui succède en 98. Il ménage le sénat et dispose toujours de son appui, développe les institutions alimentaires *(alimenta),* et engage de grands travaux (forum de Trajan, colonne Trajane, marché, basilique, deux bibliothèques, thermes de l'Esquilin). Mais Trajan est avant tout un soldat, et il mène une politique de conquêtes, les dernières de l'Empire romain : conquête de la Dacie (101-102 et 105-107), dont l'or lui permet de faire face aux dépenses qui l'avaient obligé à vendre une partie du domaine impérial et à abaisser l'aloi de la monnaie ; guerre contre les Parthes (114-116), qui lui permet de créer les provinces d'Arménie, d'Assyrie et de Mésopotamie. Il meurt à son retour d'Orient.

TRAJECTOGRAPHIE n. f. **1.** Ensemble des méthodes de calcul et des techniques permettant de prévoir et de déterminer la trajectoire d'un engin spatial, d'un missile. – **2.** Opération consistant à tracer ou à reconstituer cette trajectoire.

TRAJECTOGRAPHIQUE adj. Relatif à la trajectographie.

TRAJECTOIRE n. f. (lat. *trajectum,* de *trajicere,* traverser). **1.** Ligne décrite dans l'air ou dans l'espace par un corps en mouvement et notamment par le centre de gravité d'un projectile. (→ *encycl.*) – **2.** Courbe décrite par un point en mouvement, par rapport à un repère donné. – **3.** Ensemble de la carrière d'une personnalité.

ENCYCL. **Balist.** L'étude des trajectoires, indispensable à celle du tir, est différente selon qu'il s'agit de projectiles classiques (obus) ou de projectiles autopropulsés (roquettes, missiles, satellites).

La *trajectoire d'un obus* est fonction d'un certain nombre de données angulaires et peut être modifiée en agissant soit sur l'angle au niveau, soit sur la vitesse initiale, ou sur ces deux facteurs simultanément.

La *trajectoire des roquettes* comporte une phase de propulsion très sensible aux effets du vent au sol et une phase balistique comparable à la trajectoire d'un obus.

Les *trajectoires des missiles* sont de plusieurs types. Les missiles stratégiques tels que le MSBS et le SSBS sont caractérisés par leur *trajectoire balistique**, qui est une ellipse dont un des deux foyers est situé au centre de la Terre. Les missiles tactiques ont des trajectoires variées qui dépendent de leur mode de guidage, de propulsion (moteurs-fusées, statoréacteur, turboréacteur) et de la mission qui leur est impartie (missile sol-air, air-air, air-sol, etc.).

Les *trajectoires des satellites artificiels* sont des coniques (ellipses, cercle, parabole, hyperbole), car ces satellites, comme les planètes, possèdent des mouvements qui obéissent aux lois de Kepler.

TRAJET n. m. (ital. *tragetto,* du lat. *trajectum,* de *trajicere,* traverser). **1.** Fait de parcourir un espace d'un point à un autre. — **2.** Chemin à parcourir entre deux points déterminés : *Étudier le trajet de Lyon à Nice.* — **3.** Parcours d'une formation normale ou pathologique.

TRAKEHNER n. m. Race de chevaux de selle élevée en Allemagne et originaire de Pologne appréciée dans toutes les disciplines équestres.

TRA KIÊU, village du Viêt-nam (prov. de Quang Nam-Da Nang), site archéologique de l'ancien Champa, abandonné vers l'an 1000. On y a recueilli des sculptures parmi les plus belles de tout l'art cham, notamment du xᵉ s. (musée de Da Nang).

TRAKL (Georg), poète autrichien (Salzbourg 1887 - Cracovie 1914). Admirateur d'Hölderlin, de Baudelaire et de Rimbaud, il attendit de la poésie qu'elle le délivrât de son angoisse de la mort, qui finit par le submerger (*Poèmes,* 1919).

TRALALA n. m. (onomat.). *Fam.* **1.** Luxe voyant dans la tenue, le cérémonial. — **2.** *En grand tralala,* d'une façon luxueuse, avec tout un cérémonial : *Se marier en grand tralala.* ‖ *Et tout le tralala,* et tout ce qui s'ensuit.

TRALLES, anc. ville d'Asie Mineure, près de l'actuelle ville d'Aydın. Elle fit partie (188-133 av. J.-C.) du royaume de Pergame. Détruite en 27 av. J.-C. par un tremblement de terre, elle fut restaurée par Auguste. Grand centre d'art à l'époque hellénistique qui a livré quantité d'inscriptions et plusieurs statues antiques. Ruines.

TRAM [tram] n. m. *Fam.* Tramway.

TRAMA n. m. (lat. *trama,* tissu). Puceron qui vit sur les racines des pissenlits, laitues, artichauts, etc., et cause souvent des dégâts.

TRAMAGE n. m. Succession des trames dans un tissu, différant par la matière ou le coloris.

TRAMAIL ou **TRÉMAIL** n. m. (bas lat. *tremaculum,* du lat. class. *tres,* trois, et *macula,* maille). Filet lesté fait d'une triple nappe de rets, pouvant former une poche où viennent se prendre les poissons.

TRAME n. f. (lat. *trama*). **1.** Ensemble des fils tendus sur le métier à tisser et passant transversalement entre les fils de la chaîne, pour constituer un tissu. — **2.** Fil fabriqué pour cet usage, généralement moins tordu que le fil de chaîne. — **3.** *Litt.* Ce qui constitue le fond sur lequel se détachent des événements marquants : *La trame d'un récit.* • **Archit.** Maillage, quadrillage d'un plan d'architecture ou d'urbanisme. — **Histol.** Éléments qui constituent la charpente ou la partie résistante d'un tissu. — **Impr.** et **Phot.** Écran constitué d'un support transparent (verre ou fil) quadrillé ou réticulé. (→ *encycl.*) ‖ *Impression à trame de soie,* syn. de SÉRIGRAPHIE. — **Télév.** Ensemble des lignes horizontales explorées au cours d'un balayage vertical unique d'une image de télévision. (Dans les systèmes actuels, pour éviter le papillotement, chaque image comprend deux trames, l'une pour les lignes paires, l'autre pour les lignes impaires.)

ENCYCL. **Impr.** L'emploi de la trame a pour objet d'interpréter le modèle continu d'un original (dessin, aquarelle, photographie, etc.) en une série de petits points, de surface variable, dont l'ensemble permettra la reproduction de l'image en similigravure, puis l'établissement des formes imprimantes en typographie, en offset ou en héliogravure. Aux trames quadrillées sur verre sont venues s'adjoindre les trames dégradées, ou trames de contact, établies sur film souple et que l'on emploie en contact direct avec les supports photographiques. Les scanners utilisés en photogravure sont équipés d'un système qui génère électroniquement les points de trame.

TRAMER v. t. (lat. pop. **tramare,* du lat. class. *trama,* trame) [conj. 3]. **1.** Disposer, entrelacer les fils de la trame avec ceux de la chaîne tendus sur le métier à tisser. — **2.** Recouvrir d'une trame. — **3.** Préparer une mauvaise action : *Tramer une conspiration.* — **4.** Tirer ou agrandir un phototype avec une trame.

◆ **être tramé** v. pass. En parlant de l'aspect d'un phototype, être obtenu avec une trame.

◆ **se tramer** v. pr. Être préparé en secret en vue de nuire, en parlant d'une intrigue, d'une conspiration, d'un mauvais coup.

TRAMÈTE n. m. Champignon (polypore) coriace sur les souches et les troncs.

TRAMINER [-nɛr] n. m. (all. *Traminer*). Cépage d'Alsace, donnant un vin blanc parfumé.

TRAMINOT n. m. (de *tram,* avec l'infl. de *cheminot*). Employé de tramway.

TRAMONTANE n. f. (ital. *tramontana,* [vent ou étoile] du Nord, du lat. *transmontana,* au-delà des monts). Sur le bas Languedoc, vent du nord-ouest qui présente les mêmes caractères que le mistral.

TRAMP [trɑ̃mp] n. m. (angl. *tramp,* vagabond). Navire de charge qui n'est pas affecté à une ligne régulière et qui navigue au hasard des affrètements.

TRAMPING [-piɲ] n. m. (angl. *tramping,* de *tramp*). Navigation à la demande, sans itinéraire fixe.

TRAMPOLINE [trɑ̃pɔlin] n. m. (angl. *trampoline*). Toile tendue sur des ressorts d'acier, sur laquelle on effectue des figures en sautant et en rebondissant ; sport ainsi pratiqué.

TRAMPOLINISTE n. Sportif pratiquant le trampoline.

TRAMWAY [tramwɛ] n. m. (mot angl. de *tram,* rail, et *way,* voie). **1.** Autref., chemin de fer établi sur la chaussée d'une route ou d'une rue au moyen de rails sans saillie (rails à ornière) ; voie ferrée d'intérêt local établie en totalité ou en partie sur la voie publique ou en accotement de route. – **2.** Auj., chemin de fer électrique destiné au transport urbain et suburbain des voyageurs et implanté en totalité ou en partie sur la chaussée des rues empruntées. – **3.** Véhicule qui circule sur ces voies. (Abrév. TRAM.)
ENCYCL. Les premières lignes de tramways, à traction animale, sont installées aux États-Unis (New York, 1832, La Nouvelle-Orléans, 1834), en France (entre Montrond et Montbrison, 1838). La première ligne de tramways urbains à voie encastrée dans la chaussée est installée en 1855 entre Paris et Boulogne. Rapidement, on s'oriente vers la traction mécanique : traction par câble *(cable-cars)* en 1873 à San Francisco, locomotives à vapeur en 1875 à Paris. Ces systèmes sont ensuite supplantés par la traction électrique. Le premier tramway électrique exploité commercialement est mis en service à Lichterfelde, près de Berlin, le 16 mai 1881. En 1888, Frank J. Sprague met en service à Richmond (Virginie) un tramway électrique avec prise de courant par perche à roulette sur fil aérien, moteurs suspendus par le nez, freinage rhéostatique, etc. Le premier tramway électrique français circule à Clermont-Ferrand le 7 janv. 1890.
Dans les années 20, le tramway électrique a le quasi-monopole des transports urbains des grandes agglomérations, mais dix ans plus tard le développement de l'autobus et du métro et le début de l'automobile individuelle rendent plus apparente son inadaptation aux nouvelles conditions de circulation. Cependant, on assiste, à présent, à un renouveau du tramway – sous la forme de métro léger – motivé par l'engorgement excessif des villes par la voiture particulière et la nécessité de préserver l'accessibilité de leur centre.

TRÂN, dynastie qui régna au Viêt-nam de 1225 à 1413, avec une interruption de 1400 à 1407.

TRANCANAGE n. m. Transformation des grosses bobines de soie en bobines de moindre volume, ou bien des écheveaux en bobines.

TRANCHAGE n. m. **1.** Mode de débit d'une bille de bois en feuilles minces successives à l'aide d'une trancheuse. (Il fournit les feuilles de placage nécessaires à l'ébénisterie ou au revêtement des panneaux décoratifs.) – **2.** Industrie débitant le bois par cette méthode. – **3.** Débitage de la pierre ou du marbre en tranches. – **4.** Vieillissement artificiel des liqueurs, obtenu en les portant à une température de 70 à 90 °C dans un vase clos.

TRANCHANT, E adj. **1.** Qui est effilé, qui tranche, qui coupe net : *Couteau tranchant.* – **2.** Qui décide de manière péremptoire, d'un ton net : *Un patron dynamique et tranchant.* – **3.** Se dit de couleurs qui contrastent violemment, qui sont vives.

◆ **tranchant** n. m. **1.** Côté affilé d'un instrument coupant : *Le tranchant d'une lame.* – **2.** Instrument dont se sert l'apiculteur pour détacher les rayons des parois de la ruche. – **3.** Couteau souple à deux manches, qui sert à écharner les peaux. – **4.** *À double tranchant,* qui peut avoir deux effets opposés : *Cette accusation est à double tranchant.*

TRANCHE n. f. (de *trancher*). **1.** Morceau d'une matière comestible, coupé assez mince, dans le sens de la largeur, avec un instrument tranchant : *Une tranche de jambon.* – **2.** Bord mince d'un objet de faible épaisseur : *La tranche d'une planche.* – **3.** Chacune des parties successives d'une opération de longue durée : *La première tranche d'un programme de constructions.* – **4.** Chacune des durées, des plages de temps successives dans un ensemble donné : *Répartir les enfants par tranches d'âges.* – **5.** Chacune des parties successives d'une émission financière, d'une loterie. – **6.** Fam. *S'en payer une tranche,* s'amuser beaucoup. ‖ *Tranche de vie,* description réaliste de la vie quotidienne à un moment donné. • **Bouch.** Syn. de TENDE-DE-TRANCHE. ‖ *Tranche grasse,* morceau de boucherie formé par les muscles cruraux antérieurs, débité en grillades ou rôtis. – **Carr.** Ligne de saignée dans un banc de pierre. ‖ Bloc mince de pierre ou de marbre. – **Ch. de f.** Groupe de voitures ou de wagons entrant dans la composition d'un train et ayant la même destination. – **Dr.** Chacune des différentes strates du revenu des personnes physiques, soumises à des taux d'imposition différents, sur la base de la progressivité (tranches de 5 à 65 %). – **Électr.** Unité de production d'énergie électrique. (Une centrale est constituée d'une ou de plusieurs tranches.) – **Math.** Ensemble de chiffres consécutifs dans l'écriture d'un nombre. – **Météo.** Couche d'eau liquide précipitée sur le sol dont on mesure l'épaisseur à l'aide d'un pluviomètre. – **Min.** Portion de gisement constituant une unité d'exploitation intermédiaire entre la volée et le panneau. – **Monn.** Surface que présente, sur son pourtour, l'épaisseur d'une pièce de monnaie. – **Outill.** Outil de tailleur de pierre, de forgeron, de serrurier, présentant une arête tranchante en forme de coin et parallèle au manche. — **Rel.** Chacune des trois surfaces visibles correspondant à l'épaisseur des cahiers d'un livre, entre les plats. — **Télécomm.** Subdivision d'un programme de radio ou de télévision.

1. TRANCHÉ → TRANCHER.

2. TRANCHÉ n. m. En héraldique, partition divisant l'écu en deux parties égales par une diagonale de l'angle dextre du chef vers l'angle senestre de la pointe.

TRANCHÉE n. f. (de *trancher*). **1.** Excavation longitudinale pratiquée à ciel ouvert dans le sol. — **2.** Fossé permettant au combat la circulation et le tir à couvert. (En cas de guerre de position, les tranchées sont équipées de postes d'observation et de commandement, d'abris et de boyaux les reliant à l'arrière ; elles deviennent alors de véritables positions fortifiées.) — **3.** Chemin ouvert en ligne droite à travers une forêt et pouvant servir de pare-feu. — **4.** Fouille faite en terre pour y établir les fondations d'un mur. — **5.** *Guerre de tranchées,* guerre dans laquelle le front tenu par les deux adversaires est jalonné par une ligne de tranchées continues. ‖ *Tranchée couverte,* procédé utilisé pour réaliser des tunnels peu profonds à partir de la surface ; ouvrage définitif réalisé par cette méthode.
◆ **tranchées** n. f. pl. **1.** Coliques violentes dues à des contractions de la musculature intestinale. — **2.** *Tranchées utérines,* contractions douloureuses, survenant sur l'utérus vide, après l'accouchement.

Tranchée des baïonnettes *(la),* élément d'une tranchée, au N.-O. de Douaumont, où seules émergèrent, après un bombardement (11 juin 1916), les baïonnettes de ses 57 défenseurs.

TRANCHÉE-ABRI n. f. (pl. *tranchées-abris*). Abri en forme de tranchée, utilisé pour la défense antiaérienne.

TRANCHEFIL n. m. (de *trancher* et *fil*). Outil qui sert à former le velouté des tapis.

TRANCHEFILE n. f. (de *trancher* et *filer*). Broderie en fils de soie de couleurs vives, placée en haut et en bas du dos d'un livre relié.

TRANCHEFILER v. t. (conj. 3). Broder ou poser les tranchefiles sur une reliure.

TRANCHE-GAZON n. m. inv. Outil muni d'un fer tranchant et courbe, servant à détacher des bandes de gazon.

TRANCHE-MONTAGNE n. m. (pl. *tranche-montagnes*). *Vx.* Matamore qui se dit prêt à tout pourfendre.

TRANCHER v. t. (lat. pop. **trinicare,* couper en trois, du lat. class. *trini,* trois) [conj. 3]. **1.** Séparer qqch en deux ou le détacher d'un tout d'un seul coup, avec un instrument : *Trancher un cordage d'un coup de hache.* — **2.** *Litt.* Interrompre brutalement le cours, la continuité de qqch : *Trancher toute attache avec sa famille.* — **3.** Résoudre une question, régler une difficulté, etc., par une décision énergique et définitive : *Trancher un différend entre deux personnes.* — **4.** *Trancher la tête, le cou à qqn,* le faire périr, notamment en exécution d'une condamnation à mort.
◆ v. i. **1.** Être coupant, affilé : *Cette lame tranche comme un rasoir.* — **2.** Prendre une décision de caractère définitif : *La justice a tranché.*
◆ v. t. ind. **1.** Former un contraste très net avec qqch d'autre : *Sa gaieté tranchait sur l'apathie générale. Une initiative qui tranche avec la routine habituelle.* — **2.** Décider de façon catégorique au sujet de qqch : *Trancher sur une question délicate.*
◆ **être tranché** v. pass. **1.** En parlant de couleurs, être franches, nettes. — **2.** Présenter des caractères permettant une distinction sans équivoque : *Des espèces minérales bien tranchées.* — **3.** Avoir un caractère absolu, sans nuances : *Des positions doctrinales tranchées.* • **Hérald.** En parlant de l'écu, être divisé par un tranché.

TRANCHE-SUR-MER (La) [85360], comm. de la Vendée, sur l'Atlantique ; 2 079 hab. Station balnéaire.

TRANCHET n. m. (de *trancher*). Outil à main, destiné à couper le cuir ou la peausserie (tranchet de coupeur, tranchet à parer).

TRANCHEUR n. m. **1.** Chef d'entreprise d'une usine de tranchage du bois. — **2.** Ouvrier qui procède au débitage du bois à la trancheuse.

TRANCHEUSE n. f. **1.** Machine à bois servant à produire des feuilles de placage, à partir d'une pièce de bois en mouvement de va-et-vient relatif par rapport au tranchant d'un couteau. — **2.** Machine servant à couper le jambon. — **3.** Engin automoteur sur chenilles destiné à creuser les fossés, généralement au moyen d'une chaîne à godets.

TRANCHIS [-ʃi] n. m. Coupe biaise d'une ardoise, d'une tuile au droit d'un arêtier ou d'une noue.

TRANCHOIR n. m. Planche à découper.

TRANG TRINH → NGUYÊN BINH KHIÊM.

TRANI, port et station balnéaire d'Italie, dans la Pouille, sur l'Adriatique ; 45 000 hab. Archevêché. Cathédrale romane (fin XIe-milieu XIIIe s. ; porte de bronze de 1175) et autres monuments.

TRÂN KHANH DU → KHAI HUNG.

TRANQUILLE adj. (lat. *tranquillus*). **1.** Se dit d'un élément relativement immobile, d'un milieu naturel qui dégage une impression générale de paix : *Les eaux tranquilles de l'étang.* – **2.** Se dit d'un lieu sans agitation, sans bruit : *Habiter une rue tranquille.* – **3.** Qui est marqué par un rythme lent d'activité : *Je vous recevrai à une heure plus tranquille.* – **4.** Que rien ne vient troubler : *Aspirer à une vie tranquille.* – **5.** Qui a un comportement paisible, qui ne trouble pas le repos des autres : *Nous avons des voisins tranquilles.* – **6.** Qui est exempt d'inquiétude, qui se sent en sécurité : *Vous pouvez être tranquille, les précautions ont été prises.* – **7.** En parlant d'un vin, syn. de NATURE. – **8.** *Avoir la conscience* (ou *l'esprit*) *tranquille,* ne rien avoir à se reprocher. ‖ *Laisser tranquille,* s'abstenir ou cesser de toucher à qqch ; éviter de s'occuper d'une affaire, de s'en mêler ; cesser d'importuner qqn, de le taquiner, etc.

TRANQUILLEMENT adv. **1.** D'une façon tranquille, calme : *Vivre tranquillement à la campagne.* – **2.** D'une façon sereine, avec la maîtrise de soi : *Répondre tranquillement à un interlocuteur agressif.*

TRANQUILLISANT, E adj. Qui tranquillise, calme : *Nouvelles tranquillisantes.*

◆ **tranquillisant** n. m. Syn. de ANXIOLYTIQUE (tranquillisant mineur) et de NEUROLEPTIQUE (tranquillisant majeur).

TRANQUILLISER v. t. (conj. 3). Délivrer qqn d'une inquiétude, d'un souci.

◆ **se tranquilliser** v. pr., **être tranquillisé** v. pass. Cesser de s'inquiéter : *Tranquillisez-vous, tout se passera bien.*

TRANQUILLITÉ n. f. (lat. *tranquillitas*). **1.** État de ce qui est tranquille, sans agitation : *La tranquillité de l'air.* – **2.** État de qqn qui est sans inquiétude, qui n'est pas dérangé : *Troubler la tranquillité de ses voisins.*

TRANS-, préfixe, du lat. *trans,* au-delà, exprimant l'idée de changement, de traversée.

TRANS [trɑ̃s] adj. inv. **1.** Se dit d'un isomère géométrique ou d'un diastéréo-isomère, dans lequel deux substituants semblables sont éloignés l'un de l'autre. – **2.** Se dit d'une réaction au cours de laquelle les deux fragments, qui se fixent sur la molécule de substrat, arrivent de deux côtés opposés.

TRANSACTINIDE n. m. Nom générique des éléments qui suivent les actinides dans la classification périodique.

TRANSACTION n. f. (bas lat. *transactio,* du lat. class. *transactum,* de *transigere,* arranger). **1.** Opération commerciale ou boursière. – **2.** Contrat par lequel les parties terminent une contestation ou en préviennent une autre, moyennant un prix ou des concessions réciproques. – **3.** Accord entre le fisc et le contribuable en cas de fraude fiscale, qui empêche ou interrompt toute procédure contentieuse. – **4.** En informatique, opération élémentaire de saisie ou de consultation d'une information.

◆ **transactions** n. f. pl. Accords, arrangements entre personnes dans le domaine de la vie privée.

TRANSACTIONNEL, ELLE adj. **1.** Relatif aux transactions, qui a le caractère d'une transaction. – **2.** *Analyse transactionnelle,* méthode psychothérapique de groupe, qui se propose de comprendre pour mieux les maîtriser les mécanismes des interactions du sujet avec les autres. (Cette méthode a été fondée par le psychanalyste américain E. Berne en 1962.)

TRANSALAÏ, massif de la partie nord du Pamir, culminant au pic du Communisme : 7 495 m (Tadjikistan).

Transalaska, oléoduc de pétrole brut (1 280 km), traversant du N. au S. l'Alaska, de Prudhoe Bay à Valdez.

TRANSALPIN, E adj. (lat. *transalpinus*). **1.** Au-delà des Alpes. – **2.** *Gaule transalpine* ou *la Transalpine,* nom donné par les Romains à la Gaule proprement dite, située pour eux au-delà des Alpes, par oppos. à la *Gaule cisalpine.*

Transamazoniennes *(les),* routes construites dans la partie amazonienne du Brésil, depuis 1970, dans le cadre du plan d'intégration nationale. La Transamazonienne proprement dite part de Porto Franco (Maranhão) et atteint la frontière péruvienne près de Cruzeiro do Sul. La route du Nord (perimetral norte) relie Macapá à Boa Vista et doit rejoindre Cruzeiro do Sul par l'ouest. Une route relie en outre Porto Velho à Manaus et Boa Vista et une piste joint Cuiabá (Mato Grosso) à Santarém.

TRANSAMINASE n. f. Enzyme qui catalyse spécifiquement la réaction de transamination.

ENCYCL. En analyse médicale, on dose la *transaminase glutamino-oxaloacétique (T. G. O.* ou *G. O. T.)* dont le taux sanguin s'élève après un infarctus du myocarde, et la *transaminase glutaminopyruvique, (T. G. P.* ou *G. P. T.)* dont l'élévation traduit une atteinte hépatique.

TRANSAMINATION n. f. Transfert d'un groupement aminé d'un acide aminé sur un acide cétonique pour former un nouvel acide aminé et un nouvel acide cétonique.

Transandin, nom donné à la voie ferrée reliant Valparaíso (Chili) à Mendoza (Argentine), franchissant les Andes au col de la Cumbre. Se prolongeant jusqu'à Buenos Aires, le Transandin permet une liaison entre les deux océans (1 424 km de long).

1. TRANSAT [-zat] n. f. *Fam.* Course transatlantique.

2. TRANSAT [-zat] n. m. (de *transatlantique* n. m.). *Fam.* Chaise longue pliante recouverte de toile.

TRANSATLANTIQUE adj. 1. Qui fait la traversée de l'Atlantique. — 2. *Course transatlantique, transat,* course de voiliers reliant les ports européens aux ports nord-américains (ou antillais), dont la plus célèbre est la course *transatlantique en solitaire,* entre Plymouth et Newport, disputée tous les 4 ans depuis 1960.
◆ n. m. Paquebot affecté à des traversées de l'océan Atlantique.

transatlantique *(Compagnie générale)* **[C. G. T.],** compagnie maritime française, fondée en 1855 par les frères Pereire et des armateurs normands. Cette société, dans laquelle l'État détenait une participation majoritaire, a fusionné en 1977 avec la compagnie des Messageries maritimes pour donner naissance à la Compagnie générale maritime.

transaustralien *(Chemin de fer)* ou **Transaustralien** *(le),* voie ferrée joignant, depuis 1917, Port Augusta à Kalgoorlie et constituant la partie centrale du transcontinental australien.

TRANS-AVANT-GARDE n. f. (pl. *trans-avant-gardes*). Tendance picturale néofigurative (fin des années 70, années 80) caractérisée par un éclectisme (emprunts et citations multiples) et une exubérance formelle et chromatique qui se veulent à l'antipode de la rigueur des avant-gardes des années 70. (À cette notion essentiellement italienne correspondent en France la *figuration* libre,* en Allemagne les *nouveaux fauves,* ou *nouveaux expressionnistes,* etc.)

TRANSBAHUTER v. t. (de *bahut*) [conj. 3]. *Fam.* Transporter qqch, qqn d'un lieu dans un autre avec plus ou moins de délicatesse, de soins, de facilité : *Transbahuter un lit d'une pièce à l'autre.*

TRANSBAÏKALIE, en russe **Zabaïkalie,** région formée des plateaux et des rides montagneuses situés entre le lac Baïkal et le moyen Amour.

TRANSBORDEMENT n. m. 1. Action de transborder. — 2. Transfert de la cargaison d'un navire à un autre bâtiment.

TRANSBORDER v. t. (de *bord*) [conj. 3]. Faire passer d'un véhicule, d'un bateau, d'un train dans un autre : *Transborder des voyageurs.*

TRANSBORDEUR, EUSE adj. (de *transborder*). 1. Se dit d'un appareil ou d'une installation qui servent à transporter d'un point à un autre. — 2. *Chariot transbordeur,* appareil utilisé pour faire passer wagons et locomotives d'une voie à l'autre et perpendiculairement à celles-ci. ‖ *Navire transbordeur* ou *transbordeur* (n. m.), syn. de CAR-FERRY, de FERRY-BOAT et de TRAIN-FERRY. ‖ *Pont transbordeur,* ouvrage comportant deux pylônes auxquels est suspendue une travée dégageant une passe navigable et sur laquelle se déplace un chariot qui porte, accrochée à des câbles, une nacelle transbordeuse allant d'une rive à l'autre.

TRANSCANADIEN, ENNE adj. Qui traverse le Canada d'est en ouest.

TRANSCAUCASIE, terme géographique désignant les régions situées au sud de la chaîne du Grand Caucase et constituant les trois Républiques fédérées de Géorgie, d'Arménie et d'Azerbaïdjan ; 186 000 km^2 ; 16 700 000 hab.
À l'abri du Grand Caucase se succèdent une dépression, drainée par le Rioni vers la mer Noire et par la Koura vers la Caspienne, et les chaînes du Petit Caucase. Vers l'ouest (Colchide), le climat est humide, plus aride dans l'Est (dépression de la Koura). Les aménagements hydrauliques ont permis de développer l'irrigation et les cultures (vergers, vignes, légumes, coton). La production pétrolière de Bakou est en diminution. Des minerais (manganèse, cuivre, molybdène) alimentent la métallurgie. Les villes regroupent plus de la moitié de la population. Les petits centres ont des industries traditionnelles (vin, textile, alimentation) et les trois capitales, Bakou, Erevan, Tbilissi, des industries de biens d'équipement.

TRANSCAUCASIEN, ENNE adj. 1. Qui est audelà du Caucase. — 2. Relatif à la Transcaucasie.

TRANSCENDANCE [-sɑ̃-] n. f. (de *transcendant*). 1. Existence des fins du sujet en dehors du sujet lui-même ; caractère d'une cause qui agit sur qqch qui est différent d'elle, qui lui est supérieur. (Contr. IMMANENCE.) — 2. Caractère de ce qui est transcendant, de qualité supérieure. — 3. Propriété d'un nombre transcendant.

TRANSCENDANT, E [-sɑ̃-] adj. (lat. *transcendens, -entis,* de *transcendere,* surpasser). 1. Qui dépasse le monde sensible, par oppos. à *immanent.* — 2. Qui s'élève au-dessus des autres : *Un esprit transcendant.* — 3. *Nombre transcendant,* nombre complexe non algébrique sur $\mathbb{Q}$. (e et π sont des nombres transcendants.)

TRANSCENDANTAL, E, AUX [-sɑ̃-] adj. Se dit d'un objet de connaissance dans la mesure où il obéit aux exigences qui font de lui une représentation.

TRANSCENDANTALISME [-sɑ̃-] n. m. 1. École philosophique américaine, qui se caractérise par un certain mysticisme moral et par la tendance à unir l'individuel et l'universel (Emerson, Thoreau, etc.). — 2. Ensemble des doctrines philosophiques qui se fondent sur la doctrine de la transcendance.

TRANSCENDER [-sɑ̃-] v. t. (lat. *transcendere,* surpasser) [conj. 3]. 1. Dépasser le domaine de la connaissance rationnelle. — **2.** *Litt.* Être supérieur à qqn, qqch.

TRANSCODAGE n. m. Transformation de la représentation d'informations suivant un certain code en une autre représentation selon un code différent.

TRANSCODER v. t. (conj. 3). Effectuer un transcodage.

TRANSCODEUR n. m. Appareil qui permet d'effectuer un transcodage.

TRANSCONTENEUR n. m. Conteneur conçu pour le transport international.

TRANSCONTINENTAL, E, AUX adj. Qui traverse un continent.

TRANSCRIPTASE n. f. **1.** Enzyme qui catalyse la synthèse d'un acide ribonucléique (A. R. N.) en transcrivant le message inscrit dans l'acide désoxyribonucléique (A. D. N.) correspondant, qui sert ainsi de matrice (A. R. N. polymérase-A. D. N. dépendante). — **2.** *Transcriptase reverse* ou *inverse,* transcriptase qui permet de reproduire un acide désoxyribonucléique à partir de l'acide ribonucléique correspondant (par ex. A. D. N. polymérase-A. R. N. dépendante, qui explique l'action des rétrovirus, en particulier dans le sida).

TRANSCRIPTEUR n. m. Personne, appareil qui transcrit.

TRANSCRIPTION n. f. (bas lat. *transcriptio,* de *transcribere,* transcrire). **1.** Action de transcrire un texte, de le recopier. — **2.** Action de noter les mots d'une langue en une écriture différente. — **3.** Copie d'un acte sur un registre officiel, pour en assurer la publicité à l'égard des tiers (ex. : transcription des actes de l'état civil). — **4.** Partition adaptée à un instrument, à une voix ou à un groupe d'instruments autre(s) que celui ou ceux d'origine. — **5.** Notation des unités phoniques du langage au moyen de symboles et de signes graphiques conventionnels. — **6.** *Droit de transcription,* droit auquel sont soumis les actes comportant mutation de propriété immobilière et les actes assujettis à la formalité de la transcription. ‖ *Transcription génétique,* synthèse d'A. R. N. (A. R. N. messager, A. R. N. ribosomique, A. R. N. de transfert) à partir d'un modèle d'A. D. N.

TRANSCRIRE v. t. (lat. *transcribere,* avec l'infl. de *écrire*) [conj. **99**]. **1.** Copier, reporter un texte par l'écriture : *Transcrire un rapport dans un registre.* — **2.** Reproduire un mot, un texte à l'aide d'un système d'écriture différent : *Faire transcrire en clair un message codé. Transcrire un mot chinois en caractères latins.* — **3.** *Litt.* Mettre très exactement par écrit des paroles, des idées, etc., telles qu'elles ont été conservées par la mémoire : *Transcrire après coup une conversation.* — **4.** Changer l'instrument, la voix ou le groupe d'instruments pour lequel une œuvre a été écrite.

TRANSCULTURATION n. f. Processus par lequel un phénomène passe d'une culture à une autre.

TRANSCULTUREL, ELLE adj. **1.** Se dit d'un phénomène social qui concerne plusieurs cultures, plusieurs civilisations différentes. — **2.** *Psychiatrie transculturelle,* syn. de ETHNOPSYCHIATRIE.

TRANSCUTANÉ, E adj. Se dit d'une substance pouvant pénétrer la barrière cutanée. (Syn. TRANSDERMIQUE.)

TRANSDANUBIE, partie occidentale de la Hongrie ; 38 000 km². Un ensemble de hauteurs, orientées S.-O.-N.-E., sépare une plaine agricole au N.-O. des collines et des massifs du S.-E. Tourisme dans la région du lac Balaton.

TRANSDERMIQUE adj. Transcutané.

TRANSDISCIPLINAIRE adj. Qui dépasse les cloisonnements entre les disciplines.

TRANSDUCTEUR n. m. (de *conducteur*). **1.** Dispositif assurant une conversion ou un transfert de signaux et dans lequel un signal au moins est de nature électrique. — **2.** Syn. de TRADUCTEUR. — **3.** Élément d'un instrument de mesure qui transforme une grandeur physique en une autre grandeur physique, fonction de la précédente.

TRANSDUCTION n. f. (du lat. *ductio,* de *ducere,* conduire). Échange génétique d'une cellule à une autre, réalisé par l'intermédiaire d'un virus ou d'un vecteur ayant des caractères externes semblables à ceux d'un virus (pseudovirion), ou, dans le cas des bactéries, par l'intermédiaire d'un bactériophage.

TRANSE [trɑ̃s] n. f. (de *transir*). *Litt.* **1.** Inquiétude très vive, peur accompagnée d'angoisse à l'idée d'un danger proche : *Être dans des transes épouvantables.* — **2.** État d'exaltation de qqn qui est transporté hors de lui-même et hors du monde réel ; convulsions, manifestations extérieures marquant cet état : *Être pris de transes au cours d'une cérémonie vaudoue.* — **3.** État modifié de conscience dans lequel entrent les médiums quand ils communiquent avec les esprits.

TRANSEPT [-sɛpt] n. m. (angl. *transept,* du lat. *septum,* clôture). Dans une église en croix latine, vaisseau transversal qui sépare le chœur de la nef et forme les bras de la croix.

TRANSESTÉRIFICATION n. f. Modification, par l'action d'un catalyseur alcalin, de la structure des glycérides constituant les corps gras, par échange des molécules d'acides gras d'une molécule à une autre.

Trans-Europ-Express (T. E. E.), train rapide de 1re classe composé d'un matériel très confortable, circulant de jour à vitesse élevée et offrant des liaisons intéressant plusieurs réseaux européens.

Trans-Europ-Express-Marchandises (T. E. E. M.), relations ferroviaires constituant, en trafic marchandises, un réseau comparable à celui des Trans-Europ-Express en trafic voyageurs.

TRANSFÉRABILITÉ n. f. **1.** Qualité d'une monnaie qui peut être convertie en certaines autres monnaies. — **2.** *Transférabilité des indices,* opération consistant à raccorder les variations d'indices d'une époque aux variations d'indices d'une autre époque.

TRANSFÉRABLE adj. Qui peut être transféré.

TRANSFÉRASE n. f. Enzyme qui catalyse spécifiquement le transfert de radicaux ou de fonctions chimiques d'un donneur vers un accepteur.

TRANSFÈREMENT n. m. Action de transférer qqn ou qqch.

TRANSFÉRENTIEL, ELLE adj. Relatif au transfert psychanalytique.

TRANSFÉRER v. t. (lat. *transferre*) [conj. **18**]. **1.** Faire passer qqn, qqch d'un lieu dans un autre : *Transférer un prisonnier à la Santé.* — **2.** Faire passer des capitaux, des fonds, d'un compte à un autre au moyen d'une écriture de virement. — **3.** Transmettre qqch à qqn en observant les formalités requises : *Transférer ses pouvoirs à son remplaçant.* — **4.** Porter un état affectif de l'objet qui l'a provoqué à un autre objet.

TRANSFERT n. m. Action de transférer, de déplacer qqch ou qqn : *Transfert de marchandises. Fonctionnaire qui demande son transfert.* • **Bours.** Mode de transmission des titres nominatifs. — **Cybern.** *Fonction de transfert,* rapport complexe d'une grandeur sinusoïdale à la sortie d'un biporte à la grandeur sinusoïdale qui lui correspond à l'entrée. (Syn. TRANSMITTANCE.) — **Dr.** Acte par lequel une personne acquiert un droit d'une autre qui le lui transmet (transfert de propriété par ex.). ‖ Substitution du nom d'un nouveau contribuable sur le rôle des contributions directes, à la suite d'un changement de propriété. ‖ *Transfert en douane,* déclaration, faite par le propriétaire d'une marchandise, généralement en entrepôt de douane, de sa cession à une autre personne, qui se substitue à lui pour le paiement des droits. ‖ *Transfert d'entreprise,* modification dans la situation juridique de l'entreprise (vente, fusion, etc.), qui laisse subsister tous les contrats de travail entre le nouvel employeur et le personnel de l'entreprise. — **Écon.** *Transfert de technologie,* opération consistant, pour les pays développés, à exporter technique et savoir dans les pays en voie d'industrialisation. — **Fin.** *Dépenses de transfert,* dépenses traduisant l'intervention de l'État, dans un but économique ou social (par le biais de subventions, de crédits d'assistance ou de solidarité, de participations au financement des régimes sociaux, etc.). — **Inform.** Déplacement d'une information entre deux emplacements physiques de mémorisation. — **Phot.** Ensemble des procédés photographiques consistant à mettre en contact un support comportant une couche sensible, dans laquelle a été formée une image, avec un support récepteur, afin d'obtenir sur ce dernier un phototype par report mécanique, thermique ou chimique des substances formant l'image. — **Psychan.** Substitution d'une personne à une autre, plus ancienne et plus fondamentale, dans le changement des attachements amoureux ou affectifs du sujet. (→ *encycl.*) — **Psychol.** Phénomène par lequel une activité intellectuelle ou manuelle modifie une autre activité qui la suit, soit en la rendant plus facile *(transfert positif),* soit en la troublant *(transfert négatif).* — **Sports.** Changement de club d'un joueur professionnel. — **Télécom.** *Transfert d'appel,* service permettant de renvoyer les appels téléphoniques parvenant à un poste d'abonné sur un autre poste.

ENCYCL. **Psychan.** La notion de transfert rend compte des sentiments amoureux ou de haine que l'analysant peut manifester hors de propos à l'endroit de l'analyste, dans la situation analytique. Le transfert permet à l'analyste de repérer la répétition de situations infantiles déjà vécues dans l'action du patient et autorise à les lui interpréter pour lui permettre de se défaire de liens affectifs obsolètes mais qui cependant subsistent.

TRANSFERT-PAIEMENT n. m. (pl. *transferts-paiements*). Opération par laquelle une caisse d'épargne annule le compte d'un déposant et le transmet à une autre caisse.

TRANSFERT-RECETTE n. m. (pl. *transferts-recettes*). Opération par laquelle une caisse d'épargne charge ses livres d'un compte de déposant qui lui est transmis par une autre caisse.

TRANSFIGURATION n. f. (lat. *transfiguratio*). **1.** *Litt.* Changement d'une figure, d'une forme, d'un aspect en un autre : *Cette réussite a opéré chez lui une véritable transfiguration.* — **2.** *Transfiguration de Jésus-Christ,* épisode symbolique de la vie de Jésus, où le Christ apparaît à trois de ses apôtres, Pierre, Jacques et Jean, dans l'éclat de sa divinité. (Une tradition ancienne place cette scène sur le mont Thabor*.) [Avec une majusc.] ; fête célébrée le 6 août ; représentation de cet épisode.

TRANSFIGURER v. t. (lat. *transfigurare,* transformer) [conj. **3**]. *Litt.* **1.** Changer l'aspect de qqch, sa nature, en lui donnant un caractère éclatant, magnifique : *La lumière de l'aube transfigurait le paysage.* — **2.** Donner un éclat inaccoutumé au visage de qqn.

TRANSFILAGE n. m. Action de transfiler.

TRANSFILER v. t. (var. de *tranchefiler*) [conj. 3]. **1.** En marine à voiles, rapprocher deux morceaux de toile bord à bord, au moyen d'un bout de ligne. — **2.** Fixer une voile sur un espar par un laçage passant alternativement dans les œillets de la voile et autour de l'espar. (Syn. LACER.)

TRANSFINI, E adj. Se dit du cardinal d'un ensemble infini.

TRANSFIXIANT, E adj. (lat. *transfixum,* de *transfigere,* percer). **Méd.** *Douleur transfixiante,* qui traverse de part en part.

TRANSFLUENCE n. f. (lat. *transfluere,* couler au travers). **1.** Débordement d'une langue glaciaire qui passe d'une vallée à une autre. — **2.** Changement de tracé d'un cours d'eau qui en rejoint un autre.

TRANSFO n. m. *Fam.* Transformateur électrique.

TRANSFORMABLE adj. Qui peut être transformé ; modifiable.

TRANSFORMANTE adj. f. *Faille transformante,* syn. de FAILLE* DE TRANSFORMATION.

TRANSFORMATEUR, TRICE adj. Qui transforme, est propre à transformer.
◆ n. Technicien chargé de la transformation des matières plastiques.
◆ **transformateur** n. m. **1.** Appareil statique à induction électromagnétique, à deux enroulements ou plus, destiné à transformer un système de tensions et courants alternatifs en un autre système de tensions et courants, de même fréquence mais généralement de valeurs différentes, dans le but de transmettre une énergie électrique. (Abrév. fam. TRANSFO.) [→ *encycl.*] — **2.** *Transformateur à colonnes,* transformateur dont le circuit magnétique comporte deux ou plusieurs noyaux en forme de colonnes. ‖ *Transformateur suceur,* transformateur dont les enroulements primaire et secondaire sont respectivement connectés en série entre le conducteur isolé et avec le conducteur de retour à la terre d'une ligne de traction, afin de diminuer la dispersion à travers le sol. ‖ *Transformateur survolteur* ou *dévolteur,* transformateur dont la tension secondaire se compose avec la tension fournie par une autre source. ‖ *Transformateur de traversée,* appareil comportant un circuit magnétique supportant un enroulement et que l'on monte sur une traversée isolée pour constituer un transformateur de courant. (Syn. BUSHING.) ‖ *Transformateur de vapeur,* appareil producteur de vapeur, auquel la chaleur est fournie par une vapeur à température plus élevée, échauffant le liquide à travers une surface de chauffe.

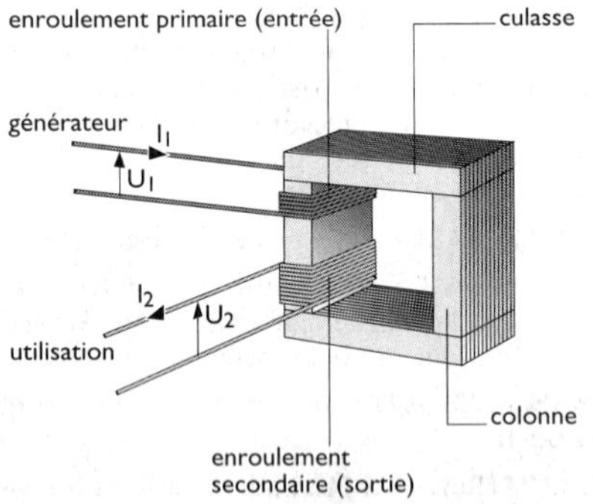

Constitution d'un **transformateur** monophasé. (Le rapport $m = n_2/n_1$ des nombres de spires au secondaire et au primaire est à peu près égal au rapport U_2/U_1 des tensions secondaire et primaire, ainsi qu'à I_1/I_2 [courants primaire et secondaire]).

ENCYCL. **Électr.** Un transformateur monophasé comporte autour d'un circuit magnétique constitué par un empilement de tôles deux enroulements électriquement indépendants : un primaire, alimenté par une source de tension alternative ; un secondaire, alimentant un récepteur.
Les transformateurs triphasés sont soit à flux libres (constitués de trois transformateurs monophasés), soit à flux forcés (à circuit magnétique à trois noyaux). Les plus grosses unités ont des puissances apparentes qui atteignent 1 500 MVA avec des rendements de 99 %.

TRANSFORMATION n. f. (bas lat. *transformatio*). **1.** Action de transformer : *La transformation des matières premières.* — **2.** Passage d'une forme à une autre : *La transformation de la chrysalide en papillon.* — **3.** Modification, changement : *Faire des transformations dans une maison.* • **Bactériol.** *Transformation bactérienne,* transfert de caractères génétiques de bactéries donatrices à des bactéries réceptrices par intégration chez celles-ci de gènes des bactéries donatrices. — **Banq.** Opération effectuée par les banques, consistant à affecter leurs ressources à court terme à des emplois à long et moyen terme. — **Électr.** *Rapport de transformation,* rapport des nombres de spires des deux enroulements secondaire et primaire d'un transformateur. — **Ling.** En grammaire générative, opération entrant dans le processus de conversion des structures profondes en structures de surface. — **Math.** Application bijective d'un espace affine dans lui-même. ‖ *Groupe de* *transformations,* sous-groupe de l'ensemble des transformations muni de la loi de composition, appelé groupe symétrique. — **Polym.** Ensemble des opérations permettant de mettre une matière plastique sous la forme d'un objet fini ou semi-fini. — **Sports.** Au rugby, après un essai, envoi du ballon d'un coup de pied au-dessus de la barre transversale et entre les poteaux de but (2 points de plus). — **Thermodyn.** Modification que subit un système du fait de ses échanges d'énergie avec le milieu extérieur.

TRANSFORMATIONNEL, ELLE adj. **1.** Qui concerne les transformations en linguistique. — **2.** *Composante transformationnelle,* dans une grammaire générative, partie de la syntaxe qui permet de passer de la structure profonde à la structure de surface. ‖ *Grammaire transformationnelle,* grammaire qui comprend une composante transformationnelle.

TRANSFORMÉ n. m. En mathématiques, image d'un point, d'un segment, etc., dans une transformation.

TRANSFORMÉE n. f. Image d'une figure, d'une droite, etc., dans une transformation.

TRANSFORMER v. t. (lat. *transformare*) [conj. 3]. **1.** Rendre qqch différent, le faire changer de forme, modifier ses caractères généraux : *Il a transformé son appartement en abattant une cloison.* — **2.** Modifier de façon spectaculaire l'état physique, moral, psychologique de qqn : *Cette cure vous transformera.* — **3.** *Litt.* Faire d'un être un être différent : *Artémis transforma Actéon en cerf.* — **4.** *Transformer un essai,* au rugby, réussir la transformation de l'essai ; réussir complètement ce qui n'était qu'une tentative.

◆ **se transformer** v. pr. **1.** Changer de forme, d'aspect, de caractère : *Ce quartier s'est beaucoup transformé.* — **2.** Changer de nature, passer à un nouvel état : *Chauffé, le sucre se transforme en caramel.*

TRANSFORMISME n. m. **1.** Doctrine suivant laquelle les diverses formes animales et végétales dérivent les unes des autres par voie de filiation. (Pour certains auteurs, il est syn. de ÉVOLUTIONNISME ; pour d'autres, l'évolutionnisme se borne à constater le fait de l'évolution des espèces et ses lois, le transformisme y ajoute une théorie de ses causes.) [→ *encycl.*] — **2.** *Transformisme brutal,* nom donné aux idées préscientifiques sur les métamorphoses et sur la génération spontanée, selon lesquelles un être animé ou inanimé pouvait brusquement en devenir un autre, même très différent.

ENCYCL. C'est devant l'impossibilité absolue d'expliquer autrement les changements de faune et de flore au cours des âges que les biologistes ont été conduits, en dépit de grandes difficultés, à faire résulter ces changements de ceux des lignées, de sorte que le transformisme est maintenant le seul évolutionnisme* scientifique acceptable.

TRANSFORMISTE adj. et n. Qui appartient au transformisme ; partisan du transformisme.

TRANSFRONTALIER, ÈRE adj. Qui concerne le franchissement d'une frontière, les relations entre pays de part et d'autre d'une frontière : *Transports transfrontaliers.*

TRANSFUGE n. m. (lat. *transfuga,* de *fugere,* fuir). **1.** Soldat qui déserte et passe à l'ennemi. — **2.** Personne qui abandonne un parti, une doctrine pour se rallier à un, une autre.

TRANSFUSÉ, E adj. et n. Se dit de qqn qui reçoit ou a reçu une transfusion de sang.

TRANSFUSER v. t. (lat. *transfusus,* de *transfundere,* transvaser) [conj. 3]. **1.** Faire à qqn une transfusion sanguine : *On lui a transfusé plusieurs litres de sang.* — **2.** *Litt.* Communiquer un sentiment.

TRANSFUSION n. f. (lat. *transfusio*). Acte apportant à un malade du sang ou un ou plusieurs des composants sanguins qui lui manquent à la suite d'une hémorragie ou d'une maladie.

ENCYCL. Grâce à la découverte du système ABO par Landsteiner en 1900 et au développement de l'immuno-hématologie, on a pu définir les règles de compatibilités dont l'application stricte garantit la sécurité et l'efficacité transfusionnelle. La transfusion est devenue sélective. On peut ainsi compenser, sous un volume réduit, un malade, uniquement dans le ou les éléments sanguins ou plasmatiques qui lui manquent. En effet, il est désormais possible de séparer par centrifugation les différents composants du sang total (globules rouges, plaquettes, plasma, etc.) et de fractionner, par les techniques physico-chimiques, le plasma lui-même en ses principaux constituants (albumine, facteur antihémophilique A lyophilisé, P. P. S. B., immunoglobulines notamment). D'autre part, des machines dites « séparateurs » permettent de prélever de façon sélective chez un donneur un volume relativement important de plasma ou une grande quantité de globules blancs ou de plaquettes (cytaphérèses) et de traiter des leucémies aiguës. Le sang total (de prescription de plus en plus rare) et les concentrés érythrocytaires ont pour but de compenser les déficits de l'oxygénation et sont donc indiqués dans toutes les anémies, notamment hémorragiques.

TRANSFUSIONNEL, ELLE adj. Relatif à la transfusion sanguine.

Transgabonais *(le),* voie ferrée du Gabon reliant l'agglomération de Libreville (Owendo) à Franceville.

TRANSGÉNIQUE adj. Se dit d'un être vivant (bactérie, plante ou animal) chez lequel on a introduit du matériel génétique supplémentaire pour provoquer l'apparition de caractères nouveaux.

TRANSGRESSER v. t. (lat. *transgressum,* de *transgredi,* aller au-delà) [conj. **4**]. Ne pas obéir à un ordre, une loi, ne pas les respecter ; enfreindre, violer.

TRANSGRESSEUR n. m. *Litt.* Personne qui transgresse une loi.

TRANSGRESSIF, IVE adj. Relatif à la transgression.

TRANSGRESSION n. f. (lat. *transgressio*). **1.** Action de transgresser une loi, un ordre, un interdit. – **2.** Avancée lente et relative de la mer due à une remontée du niveau marin, à l'érosion rapide du rivage ou à un affaissement tectonique.

TRANSHIMĀLAYA, en chin. **Gangdisi** ou **Kang-ti-sseu,** système montagneux du Tibet (Chine), vers le N., bordant l'Himālaya et culminant à 7 225 m. Il domine la vallée fertile et abritée du haut Brahmapoutre (Tsangpo).

TRANSHORIZON adj. inv. Se dit d'un matériel radioélectrique (radar notamment) dont la portée n'est pas limitée par l'horizon.

TRANSHUMANCE [-zy-] n. f. (de *transhumer*). **1.** Déplacement saisonnier d'un troupeau en vue de rejoindre une zone où il pourra se nourrir, ou déplacement du même troupeau vers le lieu d'où il était parti. – **2.** Déplacement des ruches d'un lieu à l'autre pour suivre la floraison.

TRANSHUMANT, E [-zy-] adj. Qui effectue une transhumance.

TRANSHUMER [-zy-] v. t. et v. int. (esp. *transhumar,* du lat. *humus,* terre) [conj. **3**]. Effectuer la transhumance.

1. TRANSI → TRANSIR.

2. TRANSI n. m. Dans la sculpture du Moyen Âge et de la Renaissance, effigie d'un mort à l'état de cadavre nu et décomposé.

TRANSIGER v. t. ind. (lat. *transigere,* mener à bonne fin) [conj. **17**]. **1.** Conclure avec qqn un arrangement par des concessions réciproques. – **2.** Abandonner sur un point une partie de ses exigences, de sa rigueur : *Ne pas transiger sur l'exactitude.* – **3.** *Transiger avec son devoir,* manquer d'exigence morale.

TRANSIR v. t. (lat. *transire,* aller au-delà) [conj. **32**]. *Litt.* **1.** Pénétrer et engourdir, en parlant du froid. – **2.** Faire frissonner, frémir, sous l'effet d'un sentiment vif.

◆ **être transi** v. pass. **1.** Être pénétré, comme transpercé par une sensation de froid : *Nous sommes revenus transis de notre promenade.* – **2.** Être paralysé par un sentiment violent : *Être transi d'horreur.* – **3.** Fam. *Amoureux transi,* amoureux tremblant et timide.

transiranien *(Chemin de fer)* ou **Transiranien** *(le),* chemin de fer long de 1 400 km, qui traverse l'Iran, du golfe Persique à la mer Caspienne ; il franchit le Zagros et l'Elbourz.

TRANSISTOR n. m. (angl. *transistor,* de *transfer resistor,* résistance de transfert). **1.** Dispositif à semi-conducteur, qui, comme un tube électronique, peut amplifier des courants électriques, engendrer des oscillations électriques et assumer les fonctions de modulation et de détection. – **2.** Récepteur de radiodiffusion portatif équipé de transistors.

ENCYCL. Les premiers transistors (1948), *à pointes,* étaient constitués d'un cristal de germanium sur lequel étaient appuyées deux pointes métalliques. À ce modèle primitif, manquant de stabilité et d'une puissance très faible, ont succédé le *transistor à jonctions,* puis le *transistor à effet de champ.*

Si dans un semi-conducteur on forme deux jonctions successives de sens opposé, P-N-P ou N-P-N, on obtient un transistor. La région médiane porte le nom de « base », les régions extrêmes étant, selon leurs fonctions, appelées « émetteur » ou « collecteur ». Si l'on établit un courant à travers la jonction émetteur-base, on ouvre en même temps le chemin au courant émetteur-collecteur. De faibles variations de courant entre l'émetteur et la base entraînent de fortes variations du courant entre l'émetteur et le collecteur, ce qui explique le pouvoir amplificateur du transistor.

Le transistor à effet de champ fonctionne sur un principe différent. Il utilise le fait qu'une tension inverse appliquée à une jonction crée une barrière isolante dont la largeur augmente avec la tension appliquée. Alors que la commande du transistor à jonctions se fait à fort courant et à tension très faible, celle du transistor à effet de champ se fait à forte tension mais à débit de courant pratiquement nul. Le transistor a remplacé dans la plupart des cas le tube électronique. En effet, d'un volume et d'un poids beaucoup plus réduits, il nécessite une faible puissance d'alimentation et des tensions ne dépassant pas une dizaine de volts. Son rendement énergétique est élevé. À l'exception des modèles destinés à l'amplification de puissance, il ne dégage pratiquement pas de chaleur et peut être utilisé dans les montages très compacts. Il résiste bien aux chocs et aux vibrations. Enfin, sa durée de vie dépasse 100 000 heures, alors que l'efficacité d'un tube décroît après 2 000 heures de fonctionnement. Mais son rendement décroît lorsque la température augmente.

TRANSISTORISATION n. f. Action de transistoriser ; état d'un appareil transistorisé.

TRANSISTORISER v. t. (conj. 3). Équiper un appareil de transistors.

TRANSIT [-zit] n. m. (ital. *transito,* passage, du lat. *transitus,* de *transire,* passer de l'autre côté). **1.** Régime de franchise des droits de douane pour les marchandises qui traversent le territoire national à destination d'un pays étranger sans s'y arrêter. — **2.** Situation d'un voyageur qui, lors d'une escale aérienne, demeure dans l'enceinte de l'aéroport. — **3.** *Transit intestinal,* déplacement du contenu du tube digestif depuis le pylore jusqu'au rectum, sous l'influence des contractions péristaltiques de l'intestin.

Transit, système de navigation par satellites américain inauguré en 1959 et qui a été remplacé par le système GPS.

TRANSITAIRE [-zi-] adj. (de *transit*). **1.** Relatif au transit, qui se fait par transit : *Commerce transitaire.* — **2.** Par où passent des denrées en transit. ◆ n. m. Professionnel mandaté par l'expéditeur ou le destinataire d'une marchandise, qui s'occupe des formalités et de la liaison entre les différents transporteurs.

TRANSITER [-zi-] v. t. (de *transit*) [conj. 3]. Faire passer en transit : *Transiter des marchandises.* ◆ v. i. En parlant d'un voyageur, de marchandises, être en transit dans un lieu : *Transiter par la France.*

TRANSITIF, IVE adj. (bas lat. *transitivus,* du lat. class. *transitum,* de *transire,* aller au-delà). **1.** Se dit d'un verbe qui est construit avec un complément d'objet direct (*transitif direct :* « il mange une pomme ») ou un complément d'objet indirect (*transitif indirect :* « il obéit à ses instincts »). — **2.** Se dit d'une forme, d'un emploi, d'une construction caractéristiques d'un verbe transitif. — **3.** Se dit d'une action dont la cause est extérieure à l'agent. — **4.** *Cause transitive,* selon Spinoza, cause qui agit hors d'elle-même, par oppos. à la *cause immanente.* ‖ *Relation transitive,* relation binaire qui, si elle est vérifiée pour les éléments *a* et *b,* ainsi que pour *b* et *c,* l'est aussi pour *a* et *c.*
◆ **transitif** n. m. Verbe transitif.

TRANSITION [-zi-] n. f. (lat. *transitio*). **1.** *Litt.* Passage d'un état à un autre : *Une brusque transition du chaud au froid.* — **2.** État, degré intermédiaire, passage progressif entre deux états, deux situations : *Passer sans transition de l'enthousiasme à la fureur.* — **3.** Passage graduel d'une idée ou d'un développement à un autre : *Cette remarque me servira de transition.* — **4.** *De transition,* qui est envisagé comme un simple intermédiaire entre deux états. ● **Bx-arts.** *Style de transition,* style intermédiaire, qui ne comporte pas encore tous les caractères du style qu'il annonce. (Ex. : le « style transition » du mobilier dans les années 1760, intermédiaire entre le « Louis XV » et le « Louis XVI ».) — **Chim.** *Éléments* ou *métaux de transition,* éléments répartis du groupe III A au groupe I B dans les quatrième, cinquième, sixième et septième périodes du tableau périodique des éléments. (Les atomes des métaux de transition possèdent des couches électroniques partiellement remplies et présentent presque tous les degrés d'oxydation. Ils se dissolvent facilement dans les acides dilués et donnent généralement des composés paramagnétiques.) — **Mécan.** *Point de transition,* point où, sur un profil, l'écoulement de l'air cesse d'être laminaire pour devenir turbulent. — **Phys.** Changement d'état d'un système quantique (atome ou molécule). [Les *transitions radiatives,* stimulées ou spontanées, s'accompagnent de l'émission ou de l'absorption de photons, et correspondent donc à des raies du spectre d'émission ou d'absorption du système considéré.] — **Thermodyn.** *Transition de phase,* changement de l'état physique d'un système. (→ *encycl.*) — **Verr.** *Transition vitreuse,* passage du verre de l'état liquide à l'état solide ou plus exactement à l'état liquide surfondu figé.

ENCYCL. **Thermodyn.** On distingue les transitions de phase du premier ordre, nécessitant une chaleur latente et au cours desquelles le volume et l'entropie du système subissent une discontinuité, des transitions du deuxième ordre, au cours desquelles le volume et l'entropie varient de façon continue ; dans ce dernier cas, c'est une autre grandeur physique, souvent une chaleur spécifique, qui subit une discontinuité. La disparition de l'aimantation d'un matériau ferromagnétique au-delà d'une certaine température (« température de Curie ») en est un exemple.

Les changements d'état des corps purs sont des transitions de phase (v. ill. à ce mot) du premier ordre. Un corps pur solide chauffé à pression constante voit sa température s'élever jusqu'à la température de fusion, à laquelle commence à apparaître du liquide. Sa température reste dès lors constante jusqu'à la fusion totale. Ensuite, elle s'élève à nouveau jusqu'à la température de vaporisation, à laquelle la vapeur commence à apparaître et reste constante tant qu'il reste du liquide. Lorsqu'il n'y a plus de liquide, la température de la vapeur s'élève à nouveau. Pour certaines valeurs de la pression, on observe la transition directe solide-gaz, appelée sublimation. Pour chaque valeur de la pression, on observe les mêmes phénomènes, mais les températures de fusion et de vaporisation sont différentes. La courbe de changement d'état s'obtient en représentant la pression à laquelle a lieu la transition en fonction de la température de transition. Pour une température et une pression correspondant à un point d'une courbe, les deux phases sont stables et peuvent coexister à l'équilibre. Pour des valeurs de la température et de la pression correspondant à un point situé hors des courbes, une seule phase est stable. On appelle point triple les valeurs de la température et de la pression telles que les trois phases, solide, liquide et gaz, sont stables. La courbe de vaporisation s'arrête en un point appelé point critique. Pour des températures ou des pressions supérieures aux valeurs critiques, il n'est pas possible de distinguer entre un gaz et un liquide. Les changements d'état des mélanges sont aussi des transitions du premier ordre. La vaporisation d'un mélange liquide ne se produit cependant pas (hormis le cas des azéotropes*) à température constante ; il en est de même pour la solidification d'un tel mélange (hormis le cas des eutectiques*).

• *Changements d'état des solutions* → CRYOSCOPIE, ÉBULLIOSCOPIE.

TRANSITIONNEL, ELLE adj. **1.** Qui forme transition, a le caractère d'une transition. — **2.** *Objet transitionnel,* selon Winnicott, premier objet matériel possédé en propre par le nourrisson, que celui-ci ne reconnaît pourtant pas comme appartenant à la réalité extérieure bien qu'il ne fasse pas partie de son corps propre. (L'objet transitionnel a la valeur d'un substitut maternel sédatif et appartient à la période de l'illusion.)

TRANSITIVEMENT adv. Comme un verbe transitif ; avec un complément d'objet.

TRANSITIVITÉ n. f. **1.** Caractère des verbes transitifs. — **2.** Caractère d'une relation binaire transitive.

TRANSITOIRE adj. (lat. *transitorius,* de *transire,* traverser). **1.** Qui ne dure pas : *Situation transitoire.* — **2.** Qui sert de transition d'un état de choses à un autre : *Régime transitoire.*

◆ n. m. Phénomène physique intervenant entre deux régimes établis ; grandeur caractéristique de ce phénomène.

TRANSITOIREMENT adv. *Litt.* De façon transitoire.

TRANSJORDANIE, anc. État du Proche-Orient, devenu en 1949 la Jordanie. La Transjordanie est occupée en 1917 par les Britanniques, qui la confient à l'administration d'un Hāchémite, l'émir Abdullah (mars 1921). L'émirat est officiellement placé sous mandat britannique par la S. D. N. en sept. 1922. Agrandi du port de 'Aqaba (1925), il est fermé aux établissements sionistes. Disposant de la Légion arabe, commandée par Glubb Pacha (1939-1956), la Transjordanie s'érige en royaume indépendant (1946). Membre fondateur de la Ligue arabe (1945), celui-ci participe à la guerre israélo-arabe de 1948. Il intègre la Cisjordanie, après l'afflux massif des réfugiés palestiniens, et devient alors le royaume de Jordanie* (janv. 1949), dont la Cisjordanie sera de nouveau détachée en 1988.

TRANSKEI (le), anc. bantoustan d'Afrique du Sud (supprimé en 1994). Érigé en État « indépendant » en 1976, il couvrait 45 010 km^2 et comptait 1 900 000 hab. CAP. *Umtata.*

TRANSLABORATION n. f. Syn. de PERLABORATION.

TRANSLATIF, IVE adj. (lat. *translativus,* de *translatum,* de *transferre*). Qui opère le transfert d'une chose, d'un droit.

TRANSLATION n. f. (lat. *translatio*). *Litt.* Action par laquelle on fait passer qqch d'un lieu dans un autre : *La translation des cendres de Napoléon Ier aux Invalides.* • **Dr.** Action par laquelle on déplace un dignitaire, une juridiction d'un lieu dans un autre. — **Liturg.** *Translation d'une fête,* report d'une fête d'une date à l'autre. ‖ *Translation des reliques,* déposition des reliques d'un saint dans une église, le jour de la dédicace de celle-ci ; fête qui rappelle chaque année cette translation. — **Math.** *Translation de vecteur* $\vec{u}$, dans un espace affine E, application transformant M en M', telle que $\overrightarrow{MM'} = \vec{u}$, où $\vec{u}$ est un vecteur fixé de l'espace vectoriel $\vec{E}$ associé à E. (→ *encycl.*) ; dans un espace vectoriel E, application qui à tout vecteur $\vec{x}$ associe le vecteur $\vec{x} + \vec{u}$. — **Phys.** *Mouvement de translation,* mouvement d'un corps solide dans lequel tout bipoint de l'espace mobile lié au solide reste équipollent à un bipoint fixe. — **Télécomm.** *Appareil de translation,* dispositif destiné à assurer le raccordement de deux voies de transmission.

ENCYCL. Une translation affine est une isométrie positive, ou déplacement, dont l'endomorphisme associé est l'identité. L'ensemble des translations muni de la loi de composition des applications est un sous-groupe commutatif du groupe des isométries. L'image d'une droite D par une translation est une droite parallèle à D, celle d'un plan P, un plan parallèle à P.

TRANSLEITHANIE, nom donné de 1867 à 1918 à la partie de l'Autriche-Hongrie située à l'est de la *Leitha* (par opposition à la *Cisleithanie*), et qui comprenait la Hongrie, la Transylvanie et la Croatie-Slavonie.

TRANSLITTÉRATION n. f. (de *transcription,* et lat. *littera,* lettre). Opération qui consiste à transcrire, lettre à lettre, chaque graphème d'un système d'écriture correspondant à un graphème d'un autre système, sans qu'on se préoccupe de la prononciation.

TRANSLITTÉRER v. t. (conj. **18**). Effectuer une translittération.

TRANSLOCATION n. f. (angl. *translocation,* déplacement, du lat. *locatio,* disposition). Remaniement de structure chromosomique entraînant le changement de position de segments de chromosomes ainsi que des séquences des gènes qu'ils contiennent à l'intérieur du lot chromosomique d'une cellule ou d'un individu. (Les translocations sont responsables de maladies congénitales [trisomie 21, par ex.], de cancers et de leucémies [chromosome Philadelphie de la leucémie myéloïde chronique, par ex.].)

TRANSLUCIDE adj. (lat. *translucidus,* clair). Se dit d'un corps transmettant la lumière de manière diffuse et au travers duquel les objets apparaissent flous.

TRANSLUCIDITÉ n. f. Caractère des corps translucides.

TRANSLUMINAL, E, AUX adj. *Angioplastie transluminale,* technique non chirurgicale de dilatation des sténoses artérielles athéromateuses, au moyen d'une sonde à ballonnet gonflable introduite par voie percutanée.

TRANSMANCHE adj. inv. Se dit de toute liaison entre la France et l'Angleterre à travers la Manche (paquebots, hydroglisseurs, transbordeurs, etc.).

TRANSMEMBRANAIRE adj. Qui passe à travers une membrane cellulaire.

TRANSMETTEUR n. m. **1.** Militaire de l'armée des transmissions. — **2.** Syn. rare de ÉMETTEUR TÉLÉGRAPHIQUE.

TRANSMETTRE v. t. (lat. *transmittere*) [conj. **84**]. **1.** Faire passer qqch de qqn à qqn d'autre par une voie légale : *Transmettre une propriété au nouvel acquéreur.* — **2.** Déléguer un pouvoir, le passer à un successeur en cessant soi-même une fonction. — **3.** Faire passer un objet à qqn, lui faire une passe : *Ailier qui transmet le ballon à l'avant-centre.* — **4.** Faire passer qqch à ceux qui viennent ensuite, à ses descendants, à la postérité : *Transmettre un usage à ses enfants.* — **5.** Communiquer qqch à qqn après l'avoir reçu : *J'ai un message à transmettre.* — **6.** Faire parvenir un phénomène d'un lieu à un autre : *L'air transmet les sons.* — **7.** Faire passer une maladie d'un organisme dans un autre.

◆ **se transmettre** v. pr. **1.** En parlant d'une énergie, d'une vibration, etc., se propager ; passer d'un endroit à un autre. — **2.** En parlant d'une maladie, être communiquée d'un sujet à un autre.

TRANSMIGRATION n. f. (bas lat. *transmigratio*). **1.** *Litt.* Action de transmigrer. — **2.** Forme de métempsycose et de réincarnation.

TRANSMIGRER v. i. (lat. *transmigrare,* changer de demeure) [conj. **3**]. *Litt.* **1.** Abandonner un pays pour aller vivre dans un autre. — **2.** Passer d'un corps dans un autre, en parlant des âmes.

TRANSMISSIBILITÉ n. f. Qualité, caractère de ce qui est transmissible.

TRANSMISSIBLE adj. (lat. *transmissum*). Qui peut être transmis.

TRANSMISSION n. f. (lat. *transmissio,* de *transmittere,* transporter). Action de transmettre qqch. • **Dr.** *Transmission des pouvoirs,* opération par laquelle les pouvoirs d'une personne exerçant une autorité sont transférés à son successeur. — **Mécan.** Communication du mouvement d'un organe à un autre au moyen d'engrenages, de câbles, de courroies, de chaînes, de systèmes articulés, etc. ; organe ou ensemble d'organes servant à transmettre le mouvement. (→ *encycl.*) ‖ *Transmission hydrostatique,* mécanisme de transmission hydraulique, à vitesse réglable, comportant une pompe à cylindrée variable associée à un moteur. — **Opt.** Passage d'un rayonnement à travers un milieu, sans changement de fréquence des radiations qui le composent. — **Parapsy.** *Transmission de pensée,* syn. de TÉLÉPATHIE. — **Phys.** Propriété d'un milieu de faire passer d'un point à un autre des ondes, de l'énergie. — **Télécomm.** Transfert d'informations d'un point à un ou plusieurs autres à l'aide de signaux. (→ *encycl.*) — **Therm.** *Coefficient de transmission,* coefficient caractérisant le transfert de chaleur entre un solide (ou un fluide) à une certaine température et un solide (ou un fluide) à une autre température.

◆ **transmissions** n. f. pl. **1.** Dans les armées, organisation chargée d'assurer les liaisons et communications nécessaires à l'exercice du commandement et à la mise en œuvre des moyens militaires. (→ *encycl.*) — **2.** *Centre de transmissions,* ensemble des moyens de transmission desservant une ou plusieurs autorités, sous les ordres d'un même chef technique.

ENCYCL. **Mécan.** Sur un véhicule automobile, la transmission comprend : l'embrayage, assurant la liaison entre le moteur et le changement de vitesse ; la boîte de vitesses, qui permet au moteur et aux roues motrices de tourner à des vitesses s'accordant aux circonstances de la circulation ; le couple conique, qui renvoie le mouvement aux arbres de roue ; et le différentiel, grâce auquel les roues peuvent tourner à des vitesses différentes l'une de l'autre dans les virages. Dans la disposition classique à roues arrière motrices, embrayage et changement de vitesse sont à l'avant : un arbre de transmission transmet le mouvement de la sortie du changement de vitesse au pont arrière. Le reste de la transmission est groupé aux roues arrière.

Dans la traction par les roues avant, celles-ci sont entraînées par l'intermédiaire d'un pont avant, qui transmet le mouvement du moteur aux arbres des roues par l'intermédiaire de joints de Cardan, et de joints homocinétiques. La *transmission par les quatre roues,* d'abord réservée aux véhicules tous-terrains et aux voitures de rallye, gagne les voitures particulières ; elle utilise un différentiel central qui répartit le couple moteur entre les essieux avant et arrière. La *transmission automatique* est constituée d'un convertisseur hydraulique de couple, associé à un changement de vitesse à trains planétaires. Utilisée sur certains véhicules, la *transmission continue* permet de faire varier continûment le rapport de démultiplication, sans avoir recours à une boîte de vitesses.

— **Mil.** Les premiers moyens de transmission électriques apparaissent à la fin du XIXᵉ s. L'exploitation de ces moyens, adaptés au plan militaire, est confiée à des unités spécialisées du génie : les sapeurs-télégraphistes. La Première Guerre mondiale voit, grâce au télégraphe, au téléphone et à la T. S. F., se développer les fronts continus. Pendant la Seconde Guerre mondiale, face à la généralisation de la guerre mécanisée dans les trois dimensions, le commandement crée en 1942 une arme distincte : les transmissions. D'abord chargée des liaisons opérationnelles aux niveaux interarmes (division, corps d'armée, armée) et des liaisons d'infrastructure, l'arme étend son champ d'action à la sécurité des communications (chiffre), à la guerre électronique et à l'informatique. Pour remplir leurs missions, les armées disposent aujourd'hui de moyens de transmission mettant en œuvre des chaînes hertziennes fixes et mobiles, des équipements de commutation téléphoniques et télégraphiques, des émetteurs-récepteurs, ainsi que des machines à chiffrer, des calculateurs et des radars.

— **Télécomm.** La transmission et la communication sont les deux techniques essentielles que l'on distingue dans la conception et le fonctionnement des réseaux de télécommunication. Les signaux peuvent être transmis sous forme analogique ou numérique. La transmission numérique, qui s'adapte à tous les types de supports de transmission (câbles*, ondes radioélectriques, fibres* optiques), doit se généraliser rapidement au fur et à mesure de l'adaptation et de l'augmentation de capacité des supports.

TRANSMITTANCE n. f. (angl. *transmittance*). Syn. de FONCTION DE TRANSFERT*.

TRANSMODULATION n. f. Modulation d'un signal utile par un autre signal, due au passage simultané des deux signaux dans un circuit ou un milieu non linéaire.

TRANSMUABLE ou **TRANSMUTABLE** adj. Qui peut être transmué.

TRANSMUER ou **TRANSMUTER** v. t. (lat. *transmutare,* de *mutare,* changer) [conj. **7**]. Effectuer une transmutation.

TRANSMUTABILITÉ n. f. *Litt.* Propriété de ce qui est transmuable.

TRANSMUTATION n. f. (lat. *transmutatio*). **1.** Changement des métaux vulgaires en métaux nobles par les procédés de l'alchimie. — **2.** *Litt.* Changement, transformation totale d'une chose en une autre : *La transmutation du réel par l'écriture.* — **3.** Transformation d'un noyau atomique en un autre.

TRANSNATIONAL, E, AUX adj. Qui regroupe plusieurs nations ; qui appartient à plusieurs nations.

TRANSNISTRIE, région de la République de Moldavie située sur la rive gauche du Dniestr. Elle est peuplée majoritairement de russophones.

Transnonain *(émeute et massacre de la rue)* [13 avr. 1834], soulèvement populaire, consécutif à l'insurrection de Lyon (9 avr.), déclenché à Paris à la suite des mesures antirépublicaines prises par Thiers. Tous les habitants d'une maison de la rue Transnonain (auj. Beaubourg) furent massacrés. L'événement inspira à Daumier une lithographie célèbre.

TRANSOCÉANIQUE ou **TRANSOCÉANIEN, ENNE** adj. **1.** Qui est situé au-delà de l'océan. — **2.** Qui va d'un côté à l'autre de l'océan : *Navigation transocéanique.*

TRANSOXIANE, nom ancien de la région située au nord-est de l'Oxus (Amou-Daria), et dont la ville principale fut Samarkand.

Transpac, réseau public français de transmission de données par paquets.

TRANSPADANE *(région),* nom porté au Iᵉʳ s. av. J.-C. par la partie de la Gaule Cisalpine au nord du Pô.

TRANSPALETTE n. m. (de *transport* et *palette*). Petit chariot de manutention, qu'on introduit sous une charge ou une palette pour les soulever légèrement et les déplacer sur de faibles distances.

TRANSPARAÎTRE v. i. (de *transparent,* avec l'infl. de *paraître*) [conj. **91**]. **1.** Paraître, se montrer à travers qqch : *La lune transparaît derrière la brume.* — **2.** Apparaître, se manifester à travers qqch que l'on cache ou au milieu d'éléments : *L'indifférence transparaît derrière sa politesse.*

TRANSPARENCE n. f. **1.** Propriété de ce qui est transparent : *La transparence de l'eau.* — **2.** Propriété de ce qui est translucide : *La transparence d'un papier.* — **3.** *Fig.* Parfaite accessibilité de l'information dans les domaines qui regardent l'opinion publique : *Réclamer la transparence du financement des partis politiques.* — **4.** Propriété d'un milieu de laisser passer plus ou moins le flux lumineux qu'il reçoit. — **5.** Truquage où les personnages sont filmés, en studio, devant un écran en verre dépoli sur lequel le décor est projeté par transparence. — **6.** *Transparence fiscale,* cas dans lequel une personne morale ne fait pas écran entre le fisc et ses membres, les associés ou actionnaires étant soumis à l'impôt sur le revenu pour la part de leurs revenus ayant transité par la personne morale, cette dernière étant exonérée de l'impôt sur les sociétés (ex. : les G. I. E., les sociétés d'investissement...).

TRANSPARENT, E adj. (lat. médiév. *transparens, -entis,* du lat. class. *trans,* à travers, et *parere,* paraître). **1.** Se dit d'un corps transmettant la lumière par réfraction et au travers duquel les objets sont visibles avec netteté. — **2.** Se dit d'un matériau qui laisse relativement passer la lumière : *Une porcelaine transparente.* — **3.** Se dit d'un tissu, d'un papier, d'une peau assez fine pour qu'on voie à travers. — **4.** Dont les raisons ou le sens sont faciles à deviner : *Une allusion transparente.* — **5.** Qui a un fonctionnement clair, que l'on ne cherche pas à dissimuler à l'opinion : *Des affaires publiques transparentes.*
◆ **transparent** n. m. **1.** Feuille où sont tracées des lignes noires et qui, mise sous le papier sur lequel on écrit, permet d'écrire droit. — **2.** Document monté sur support translucide en vue de se prêter à des projections. — **3.** *Vx.* Support de papier, de tissu sur lequel figuraient des motifs décoratifs, ou élément d'architecture sculpté à jour, destiné à être vu en transparence grâce à une source lumineuse située derrière.

TRANSPERCEMENT n. m. *Litt.* Action de transpercer ; état de ce qui est transpercé.

TRANSPERCER v. t. (conj. **16**). **1.** Percer de part en part qqch ou qqn : *Transpercer son adversaire d'un coup d'épée.* — **2.** Être très vif et atteindre profondément qqn, en parlant d'une sensation, d'un sentiment : *Cette joie qui nous transperçait.*

TRANSPHRASTIQUE adj. Se dit du niveau d'analyse linguistique et/ou sémiotique s'appliquant à l'énoncé, au texte (constitué d'une suite de phrases).

TRANSPIRANT, E adj. Qui transpire.

TRANSPIRATION n. f. (de *transpirer*). **1.** Élimination de la sueur par les pores de la peau. (Syn. SUDATION.) — **2.** La sueur elle-même. — **3.** Rejet de vapeur d'eau par une plante, favorisant l'ascension de la sève brute. (Syn. ÉVAPORATION.) [→ *encycl.*]

ENCYCL. **Bot.** La transpiration des végétaux s'effectue surtout au niveau des stomates, dont le degré d'ouverture contrôle l'intensité de l'évaporation. Celle-ci, en rapport avec le milieu habituel de l'espèce, permet de classer les végétaux en hygrophytes (10 g d'eau par dm^2 et par heure), mésophytes (1 g) et xérophytes (0,1 g). Cette intense circulation d'eau est indispensable à la croissance, car il faut 300 g d'eau pour la formation de 1 g de matière sèche. En atmosphère saturée (brouillard), il y a parfois rejet d'eau liquide (sudation).

TRANSPIRER v. i. (lat. médiév. *transpirare,* de *spirare,* souffler) [conj. **3**]. **1.** Exhaler de la sueur par les pores de la peau : *Transpirer des mains.* — **2.** *Litt.* Être divulgué, commencer à être connu : *La nouvelle a transpiré.*

TRANSPLACENTAIRE adj. Qui se fait à travers le placenta ou qui le traverse.

TRANSPLANT n. m. Organe qui doit être ou vient d'être transplanté en vue de remplacer un organe déficient.

TRANSPLANTABLE adj. Qui peut être transplanté.

TRANSPLANTATION n. f. **1.** Action d'enlever un végétal d'un endroit pour le placer dans un autre. — **2.** Action d'établir qqn, une famille, ou de s'établir dans un lieu différent de son lieu d'origine. — **3.** Transfert d'un organe entier fonctionnel (transplant) d'un individu à un autre avec rétablissement de la continuité des gros vaisseaux. (→ *encycl.*) — **4.** Réimplantation d'une dent ou d'un germe dentaire dans une alvéole autre que celle dont ils proviennent. — **5.** *Transplantation embryonnaire,* méthode de reproduction artificielle qui consiste à prélever, après fécondation, l'embryon dans l'appareil génital d'une femelle (donneuse) pour le transplanter dans l'appareil génital d'une autre femelle (receveuse), où l'embryon va se développer jusqu'à la naissance.

ENCYCL. **Chir.** Les transplantations d'organes posent des problèmes purement techniques, en grande partie résolus, et d'autres immunologiques, beaucoup plus importants vis-à-vis du pronostic : receveur et donneur doivent présenter des caractéristiques très voisines sur le plan immunologique pour éviter les phénomènes de rejet*, dus à un conflit entre les antigènes élaborés par le système lymphocytaire du receveur et le greffon, qui se comporte comme un anticorps. Une recherche préalable très poussée des compatibilités des groupes érythrocytaires et leucocytaires (système H. L. A.) est donc nécessaire. Pour diminuer les réactions de rejet, on dispose de médicaments immunosuppresseurs tels que la ciclosporine. Ces problèmes immunologiques limitent les indications des transplantations d'organes, dont la réalisation pose, en outre, des problèmes médico-légaux liés au prélèvement du transplant.

• Les premières *transplantations rénales* ont été faites en 1959 simultanément à Boston par J. P. Merril et à Paris par J. Hamburger. Les résultats en sont très satisfaisants (près de 50 % des greffons sont encore en activité après dix années). La *transplantation cardiaque* chez l'homme a été inaugurée en 1967, au Cap, par Ch. Barnard. Elle compte de nombreux succès. Plus de 500 *transplantations hépatiques* ont été réalisées à ce jour dans le monde, avec des succès divers. Les travaux de J. M. Dubernard (de Lyon) ont fait faire de grands progrès à la *transplantation pancréatique.* Les *transplantations pulmonaires* et *spléniques* en sont encore au stade expérimental.

TRANSPLANTÉ, E adj. et n. Se dit d'un malade sur lequel on a pratiqué une transplantation.

TRANSPLANTER v. t. (bas lat. *transplantare*) [conj. 3]. **1.** Enlever un végétal d'un lieu pour le mettre dans un autre. — **2.** Transférer un organe d'un individu à un autre. — **3.** Établir qqn, un groupe dans un lieu différent de leur lieu d'origine.

TRANSPLANTOIR n. m. Outil muni d'un fer allongé servant à extraire les plants de terre pour les transplanter.

TRANSPOLAIRE adj. Se dit d'une ligne aérienne qui survole le pôle.

TRANSPONDEUR n. m. (de *transmetteur* et *répondeur*). Récepteur-émetteur radioélectrique répondant automatiquement à un signal extérieur en provenance d'un radar, d'un système de localisation, etc.

TRANSPORT n. m. (de *transporter*). **1.** Action ou manière de transporter, de porter d'un lieu dans un autre : *Le transport des marchandises.* — **2.** *Litt.* Émotion vive : *Des transports de joie.* — **3.** Vx. *Transport au cerveau,* congestion cérébrale. • **Dr.** *Contrat de transport (terrestre, maritime, aérien),* convention par laquelle le transporteur s'engage, moyennant un prix convenu et suivant un mode déterminé, à déplacer une marchandise qui lui est confiée pour la remettre, dans un autre lieu, à un destinataire, ou à faire parcourir à une personne un itinéraire donné. ‖ *Prime de transport,* remboursement mensuel de 50 % du titre de transport utilisé par un salarié de la région parisienne. (Créée en 1948, elle était forfaitaire jusqu'en 1982.) ‖ *Transport de créance,* cession de créance. ‖ *Transport sur les lieux,* déplacement du juge d'instruction en vue d'effectuer toutes constatations utiles, une reconstitution des faits, ou encore une perquisition. (En cas d'infraction flagrante, l'officier de police judiciaire qui se transporte sur les lieux doit saisir le procureur de la République, qui doit également se transporter sur les lieux.) — **Frigor.** *Transport frigorifique,* transport de denrées maintenues à une température assurant leur bonne conservation. (On distingue les engins de transport isothermes, seulement équipés d'une isolation thermique, et les engins réfrigérants, dotés d'une source de froid.) — **Mar.** Navire propre à transporter des troupes ou du matériel. — **Mil.** *Régiment de transport,* unité du train créée en 1977 (trois par corps d'armée) chargée, au sein de la brigade logistique, des ravitaillements et de la mise en œuvre de groupements de soutien. ‖ *Transport de troupes,* paquebot réquisitionné pour le transport des forces militaires.

◆ **transports** n. m. pl. Ensemble des divers modes d'acheminement des marchandises ou des personnes. (→ *encycl.*) • **Dr.** *Transports privés,* services des entreprises qui assurent pour leur propre compte le transport de leurs propres marchandises ou de leur personnel. ‖ *Transports publics,* ensemble des entreprises privées ou publiques qui assurent un transport pour le public. — **Hydrol.** Tous les matériaux solides qu'un cours d'eau peut déplacer. (→ *encycl.*) — **Mil.** *Direction des transports,* organisme technique chargé, dans une grande unité ou une région militaire, des questions relatives aux transports routiers ou ferroviaires. ‖ *Transports militaires,* déplacements de personnels, de matériels ou de matériaux effectués dans une zone et à un moment donné et nécessaires à l'exécution d'une mission. (Les transports militaires s'inscrivent dans le cadre de la logistique ; à cet effet, l'armée de terre dispose d'une arme spécialisée, le train*.) — **Pathol.** *Mal des transports,* ensemble des troubles en rapport avec les déplacements en mer, chemin de fer, par route, dans les airs.

ENCYCL. Les transports s'effectuent par voie terrestre : transports routiers, ferroviaires, navigation intérieure, conduites diverses (oléoducs, lignes électriques), par voie maritime et par voie aérienne (avions, télécommunications). On distingue traditionnellement transport des personnes et transport des marchandises. L'un comme l'autre utilisent souvent les mêmes infrastructures (routes, voies ferrées, aéroports) et subissent de fortes variations saisonnières. Selon les déplacements, on utilise des moyens de transport fonctionnant à des échelles différentes : urbaine, nationale, continentale, intercontinentale. Souvent, pour un seul voyage, une personne ou une marchandise emprunte successivement plusieurs moyens de transport. La combinaison et l'articulation des différents moyens de transport nécessitent donc des infrastructures particulières et mettent en jeu l'aménagement du territoire.

L'évolution récente des transports a été marquée par des progrès dans les techniques (développement du transport des marchandises en conteneurs), dans la rapidité et la sécurité pour les voyageurs.

En ce qui concerne les transports aériens, le réseau continue à se diversifier. Celui de l'Atlantique nord est le plus fréquenté, et le réseau africain reste le moins dense. Par ailleurs, les pays d'Asie et du Pacifique, qui n'assuraient que 12 % du trafic aérien international en 1970, en assurent maintenant environ 25 %. Le fret représente environ le quart de l'activité des compagnies aériennes mais n'intervient que pour 10 % dans leurs recettes.

Le pétrole et les produits pétroliers demeurent le premier produit transporté par voie maritime, soit 30 % environ du total, le fer et le charbon venant loin derrière. Le trafic maritime, qui avait baissé à partir de 1979, a connu une reprise au milieu des années 80, confirmée au début des années 1990. En outre, les transports maritimes traditionnels ont été bouleversés par l'introduction de lignes « tour du monde », sur lesquelles se greffent des lignes « navettes ». Cela accentue la concentration du trafic dans les grands ports. — **Hydrol.** Les courants fluviaux peuvent transporter, dans les parties basses des sections mouillées, des matériaux du lit généralement assez grossiers (sables, cailloux, blocs dans les régions montagneuses), puis, en suspension jusqu'à la surface, des éléments ténus (sables fins et surtout troubles : boues argileuses, limons, lœss). En outre, les rivières véhiculent des substances dissoutes par érosion chimique.

Les transports de fond atteindraient quelques centaines de tonnes par kilomètre carré et par an dans certains bassins alpestres. On compte moins d'une tonne pour la majeure partie des rivières de plaine. Les transports en suspension affectent en priorité les régions de matériaux tendres et dépourvues de couverture végétale : ils représentent par exemple plus de 2 000 t par km^2 et par an pour le Huang He, au bassin développé en zone semi-aride. Les transports en dissolution, enfin, dépendent largement de la nature géologique du bassin. Très faibles dans les régions cristallines ou schisteuses, ils peuvent atteindre 400 à 600 g/m^3 dans les calcaires.

TRANSPORTABLE adj. Qui peut être transporté.

TRANSPORTATION n. f. Système pénal impliquant le transport des condamnés dans un lieu lointain, peu peuplé et souvent insalubre, en vue soit d'y subir leur peine, soit d'y résider. (En France, la transportation des condamnés aux travaux forcés s'est d'abord effectuée en Nouvelle-Calédonie, puis en Guyane ; elle a été abandonnée en 1942.)

TRANSPORTÉ n. m. Condamné à la transportation.

TRANSPORTER v. t. (lat. *transportare,* de *trans,* au-delà de, et *portare,* porter) [conj. **3**]. **1.** Faire passer, amener qqn ou qqch d'un lieu à un autre : *Transporter des voyageurs. Un fleuve qui transporte des alluvions.* — **2.** Placer, situer un fait, un texte dans d'autres conditions de lieu ou de temps, dans un genre différent, etc. : *Transporter un roman à l'écran.* — **3.** Permettre à qqn de se retrouver, en imagination, dans tel lieu, telle époque passée ou à venir : *Un film de science-fiction qui transporte le spectateur au XXIe siècle.* — **4.** *Litt.* Susciter chez qqn un sentiment très vif : *La nouvelle le transporta de joie.* — **5.** Procéder à la transportation d'un condamné. — **6.** Effectuer le transfert d'une somme d'un compte à un autre au moyen d'un virement par écritures.

◆ **être transporté** v. pass. Être sous le coup d'une vive émotion, d'un sentiment violent : *Être transporté d'enthousiasme.*

◆ **se transporter** v. pr. **1.** Se déplacer qqpart (surtout en parlant de la magistrature) : *Le parquet s'est transporté au domicile de la victime.* — **2.** Imaginer que l'on est dans tel lieu, dans tel temps : *Transportez-vous au début du siècle.*

TRANSPORTEUR, EUSE adj. Qui transporte qqch sur une certaine distance : *Benne transporteuse.*

◆ **transporteur** n. m. **1.** Personne qui s'engage à assurer le déplacement d'une personne ou d'une marchandise, en vertu d'un contrat de transport terrestre, maritime ou aérien. — **2.** *Transporteur aérien* ou *transporteur à câbles,* installation comportant un ou deux câbles auxquels sont suspendues les bennes de transport des matériaux sur de grandes distances. ‖ *Transporteur à bande,* syn. de CONVOYEUR* À BANDE. ‖ *Transporteur élévateur mobile,* syn. de SAUTERELLE. ‖ *Transporteur de gaz,* navire de charge destiné au transport de gaz liquéfiés. (Selon le gaz transporté, il s'agit de butanier, de méthanier, d'éthylénier.) ‖ *Transporteurs d'hydrogène,* série de corps capables de passer facilement de leurs formes oxydées à leurs formes réduites et inversement, jouant ainsi un rôle essentiel dans la respiration cellulaire. ‖ *Transporteur pneumatique,* tuyau à l'intérieur duquel de petits colis ou des matières pulvérulentes sont entraînés au moyen d'air comprimé. ‖ *Transporteur à raclettes,* transporteur constitué par une ou plusieurs chaînes (ou câbles) sans fin, actionnées par une roue motrice et sur lesquelles sont montées des plaques métalliques épousant la section d'une gouttière ou d'un couloir fixe à l'intérieur desquels elles entraînent la marchandise. (Syn. ENTRAÎNEUR.) ‖ *Transporteur à rouleaux,* appareil constitué par des cylindres horizontaux, mobiles autour de leur axe, et montés sur une ossature métallique de façon à constituer un chemin de roulement. ‖ *Transporteur à tablier,* transporteur constitué par une ou plusieurs chaînes (ou câbles) sans fin, sur lesquelles sont fixées des lattes de bois ou de métal espacées. ‖ *Transporteur de vrac,* navire de charge destiné au transport de marchandises sèches en vrac. (Syn. VRAQUIER.)

TRANSPOSABLE adj. Qui peut être transposé.

TRANSPOSÉE n. f. *Transposée d'une matrice* M (α_{ij}) *de type* (n, p), matrice, notée ^{t}M, égale à (β_{ij}) de type *(p, n),* telle que $\beta_{ij} = \alpha_{ji}$.

TRANSPOSER v. t. (lat. *transponere,* avec l'infl. de *poser*) [conj. 3]. **1.** Placer des choses en en intervertissant l'ordre : *Transposer les termes d'une proposition.* — **2.** Placer réellement ou par l'imagination qqch dans d'autres conditions, dans un autre contexte : *Transposer un sujet antique à l'époque moderne.* — **3.** Effectuer une transposition musicale.

TRANSPOSITEUR adj. m. *Instrument transpositeur,* instrument à air construit de telle sorte que sa note fondamentale n'est pas un *ut.*

TRANSPOSITION n. f. **1.** Action de transposer, d'intervertir les places : *Une transposition de mots dans une phrase.* — **2.** Action de faire passer qqch, fait d'être transposé dans un autre domaine en l'adaptant à des conditions nouvelles, à un contexte différent. • **Bx-arts.** Technique de restauration, consistant à remplacer le support original, détérioré, d'une peinture par un support neuf. — **Chim.** Syn. de RÉARRANGEMENT. — **Électr.** Mode de pose des câbles unipolaires de transport d'énergie, effectué en permutant les positions de chaque phase. ‖ Permutation des conducteurs d'une même bobine de machine électrique. — **Impr.** Interversion, dans un texte composé, de deux signes, lettres, lignes, paquets, pages, etc. — **Math.** Permutation d'un ensemble fini, qui laisse invariants tous les éléments sauf deux qu'elle intervertit. — **Mus.** Transport des notes d'un morceau ou d'un fragment musical d'une hauteur à une autre, sans changer les intervalles entre les notes ni la valeur des notes. (La transposition se fait par écrit ou à vue en lisant les notes dans une clé différente.) — **Pathol.** Déplacement de certains organes, et particulièrement des viscères, tel que l'organe considéré se trouve du côté opposé à celui qu'il occupe normalement. — **Psychol.** Phénomène d'apprentissage ou de perception qui comporte la conservation d'un rapport.

TRANSPOSON n. m. Élément génétique formé d'A. D. N., pouvant se déplacer à l'intérieur des chromosomes.

TRANSPYRÉNÉEN, ENNE adj. **1.** Qui est au-delà des Pyrénées. — **2.** Qui franchit les Pyrénées.

TRANSSAHARIEN, ENNE adj. Qui traverse le Sahara.

transsaharienne *(Route)* ou **Transsaharienne** *(la),* route qui traverse le Sahara algérien et se prolonge (piste) au-delà de Tamenghest vers Arlit au Niger.

TRANSSEXUALISME n. m. Conviction qu'a un sujet d'appartenir à l'autre sexe, qui le conduit à tout mettre en œuvre pour que son anatomie et son mode de vie soient le plus possible conformes à sa conviction.

TRANSSEXUEL, ELLE adj. et n. Se dit d'un sujet qui présente un transsexualisme.

TRANSSIBÉRIEN, ENNE adj. Qui traverse la Sibérie.

transsibérien *(Chemin de fer)* ou **Transsibérien** *(le),* chemin de fer transcontinental long de 9 297 km, reliant Moscou à Omsk, en passant par Iekaterinbourg et par Tcheliabinsk, une ligne plus méridionale *(Ioujsib)* relie Magnitogorsk à Taïchet, en Sibérie orientale, par le nord du Kazakhstan, Barnaoul et Abakan. Après avoir contourné le lac Baïkal et franchi les montagnes de Transbaïkalie, le Transsibérien suit un tracé parallèle à la frontière sino-russe, le long de l'Amour et de l'Oussouri. Une nouvelle magistrale (le B.-A. M.*), reliant Oust-Kout sur la Lena à Komsomolsk-sur-l'Amour, a été mise en service. Le Transsibérien a joué un rôle déterminant dans le peuplement et la mise en valeur de la Sibérie méridionale. Il supporte l'essentiel des flux de transit entre l'Europe et l'Asie centrale (produits énergétiques et matières premières dans le sens est-ouest, équipements, machines et produits manufacturés en sens inverse) et assure l'intercommunication des régions sibériennes. Au croisement avec les grandes voies navigables méridiennes, les nœuds de communication majeurs établissent l'interconnexion (Omsk, Novossibirsk, Krasnoïarsk, Khabarovsk).

TRANSSONIQUE adj. Se dit des vitesses voisines de celle du son.

TRANSSTOCKEUR n. m. Portique roulant vertical, muni d'un chariot mobile et utilisé dans la manutention de charges isolées à l'intérieur de magasins.

TRANSSUBSTANTIATION n. f. (lat. médiév. *transsubstantiatio,* de *substantia,* substance). Changement de la substance du pain et du vin opéré au cours de la messe, à l'eucharistie, par la consécration en la substance du corps et du sang de Jésus-Christ (ne subsistent du pain et du vin que les apparences).

TRANSSUDAT [-da] n. m. (du lat. *sudare,* suer). Liquide hydrominéral suintant au niveau d'une surface (peau, muqueuse, séreuse) non enflammée, par oppos. à *exsudat.*

TRANSSUDATION n. f. Action de transsuder.

TRANSSUDER v. i. (du lat. *sudare,* suer) [conj. 3]. Passer à travers la paroi du récipient qui le contient, en parlant d'un liquide.

TRANSTARSE n. m. Syn. de DACTYLOPODITE.

TRANSTÉVÉRIN adj. Situé au-delà du Tibre par rapport au centre de Rome.

TRANSTISZA, en hongr. **Tiszántúl,** région de la Hongrie située entre la Tisza et la frontière roumaine. C'est essentiellement une riche zone agricole.

TRANSURANIEN, ENNE adj. et n. m. (de *uranium*). Se dit des éléments chimiques qui, dans la classification périodique, se placent après l'uranium.

ENCYCL. Tous instables et radioactifs, les transuraniens ont des vies moyennes courtes par rapport aux âges géologiques. Aussi n'existent-ils pratiquement pas dans la nature et furent-ils obtenus artificiellement en soumettant des noyaux à des flux neutroniques intenses (produits dans les réacteurs ou les explosions nucléaires) ou en les bombardant à l'aide de particules chargées. Parmi les transuraniens, on distingue les actinides et les transactinides.

TRANSVAAL, anc. prov. d'Afrique du Sud, partie nord-est du pays (v. princ. *Johannesburg* et *Pretoria*), ayant formé en 1994 les provinces du Nord, de Mpumalanga et de Gauteng, et une partie de la province du Nord-Ouest. — Le Transvaal, où les Boers s'installent lors du Grand Trek (1834-1839), obtient son indépendance, reconnue par les Britanniques en 1852. Un État afrikaner, appelé « République d'Afrique du Sud », y est organisé en 1857. Annexée temporairement par les Britanniques (1877-1881), cette république conserve son indépendance jusqu'à la victoire anglaise dans la guerre des Boers (1902). Devenu alors une colonie britannique, le Transvaal adhère à l'Union sud-africaine en 1910.

TRANSVASEMENT n. m. **1.** Action de transvaser. — **2.** Action de transporter les abeilles d'une ruche dans une autre.

TRANSVASER v. t. (de *vase*) [conj. 3]. Verser un liquide d'un récipient dans un autre.

TRANSVERSAIRE adj. et n. m. (lat. *transversarius,* placé en travers). **1.** Qui appartient aux apophyses transverses des vertèbres. — **2.** Se dit de différents muscles *(transversaire du cou, transversaire épineux).*

TRANSVERSAL, E, AUX adj. (lat. médiév. *transversalis,* du lat. class. *transversus*). **1.** Qui est disposé en travers de qqch, perpendiculairement à sa largeur ou à sa hauteur. — **2.** Se dit d'une voie qui coupe à angle droit une autre voie plus importante. — **3.** Se dit d'une ligne ferroviaire qui ne rayonne pas autour de Paris. — **4.** *Fig.* Qui recoupe plusieurs disciplines ou secteurs.

◆ **transversale** n. f. **1.** Itinéraire routier ou voie ferrée qui joint directement deux villes, deux régions, sans passer par le centre du réseau. — **2.** Droite coupant une courbe en deux points. — **3.** Raidisseur primaire destiné à raidir un couple, sur un pétrolier. — **4.** Au football, barre horizontale reliant les sommets des deux montants du but : *Tirer sur la transversale.*

TRANSVERSALEMENT adv. Selon une direction transversale.

TRANSVERSALITÉ n. f. Caractère de ce qui est transversal.

TRANSVERSE adj. (lat. *transversus,* oblique). **1.** Se dit d'un certain nombre d'organes, en raison de leur direction transversale. — **2.** *Apophyse transverse,* éminence osseuse située de chaque côté des vertèbres. ‖ *Muscle transverse de l'abdomen,* muscle large et plat, constituant le plan profond de la paroi antérolatérale de l'abdomen. ‖ *Circonvolution transverse* ou *gyrus temporal transverse,* syn. de CIRCONVOLUTION DE HESCHL*.

TRANSVÉSICAL, E, AUX adj. Qui traverse la vessie.

TRANSVESTISME → TRAVESTISME.

TRANSVIDER v. t. (conj. 3). Verser une substance d'un récipient dans un autre.

Trans World Air Lines (TWA), compagnie américaine de transports aériens, créée en 1929. Au cours des années qui suivirent sa fondation, la TWA établit le premier service transaméricain de passagers (New York-Los Angeles) puis conçut et fit construire — avec Douglas et Lockheed — de nombreux appareils de transport aérien. Elle dessert aujourd'hui les États-Unis, l'Europe et le Moyen-Orient.

TRANSYLVAIN ou **TRANSYLVANIEN, E** adj. et n. De Transylvanie.

TRANSYLVANIE, en roum. **Transilvania** ou parfois **Ardeal,** en hongr. **Erdély,** en all. **Siebenbürgen,** région historique et géographique de la Roumanie. Cap. *Cluj-Napoca.*

— **Géogr.** La Transylvanie, entourée par les Carpates, est une région de plateaux, de collines et de vallées, peuplée de Roumains, de Hongrois et d'Allemands. C'est une vieille région agricole (céréales, vigne, élevage) avec plusieurs centres industriels (Brașov, Hunedoara, Sibiu).
— **Hist.** Pour les historiens roumains, les populations romanisées de Dacie sont demeurées sur place après son évacuation par les Romains (v. 275) en dépit des invasions successives (Goths, Vandales, Avars, Slaves, Hongrois). Pour les historiens magyars au contraire, le départ des éléments romains ou romanisés a été total et les Roumains, venant du sud, ne seraient apparus en Transylvanie qu'au XIIIe s., tandis qu'une tribu magyare avait occupé le pays depuis le Xe s. Ce qui est attesté, c'est la mainmise d'Étienne Ier, roi de Hongrie, sur la région. Aux XIIe-XIIIe s., elle est colonisée grâce à l'établissement de colons allemands, les Saxons, et grâce à la défense de la frontière méridionale par les Szeklers (ou Sicules). Marche orientale du royaume de Hongrie, dotée d'une large autonomie, la Transylvanie devient une principauté jouant un rôle politique important depuis l'occupation de la plaine hongroise par les Ottomans (1540) jusqu'à son annexion par la maison d'Autriche en 1691. Vassale de la Porte, mais jouissant de toutes les prérogatives souveraines, à l'exception de la politique extérieure, la Transylvanie est gouvernée par Jean Zápolya (1526-1540), son fils Jean Sigismond (1540-1571), Étienne Ier Báthory (1571-1576), Gabriel (Gabor) Bethlen (1613-1629), Georges Ier Rákóczi (1630-1648), Georges II Rákóczi (1648-1660) et Michel Ier Apafi (1661-1690). Les Habsbourg lui laissent ses propres institutions. Les Roumains constituent jusqu'en 1848 une masse servile alors que les Hongrois, les Saxons et les Sicules forment trois « nations » privilégiées. La Transylvanie n'est incorporée au royaume de Hongrie qu'à partir du compromis de 1867. L'irrédentisme roumain se développe et la Transylvanie est rattachée au royaume de Roumanie (assemblée d'Alba Iulia, 1er déc. 1918). L'arbitrage de Vienne (30 août 1940) restitue à la Hongrie la partie nord de la Transylvanie ; elle sera rendue à la Roumanie en 1945.

TRANSYLVANIE *(Alpes de),* nom donné avant 1940 à la partie centrale des Carpates méridionales, en Roumanie. Elles comprenaient de part et d'autre de la vallée de l'Olt : à l'E. les monts Făgăras (les plus hautes altitudes du pays : 2 543 m) et à l'O. le massif du Parîng, qui domine au N. les monts du Sebeș.

TRAORÉ (Moussa), général et homme d'État malien (Kayes 1936). Arrivé au pouvoir à la faveur du coup d'État (1968) qui élimina Modibo Keita, il est renversé par une junte militaire en 1991, puis jugé et condamné à mort en 1993.

TRAPANI, port d'Italie, en Sicile, ch.-l. de prov. ; 71 400 hab. C'est l'antique *Drepanum**. Églises et cathédrales allant du XIVe au XVIIIe s. Musée. Ville commerçante et tête de pont vers l'Afrique. Pêche (thon) et conserverie. Exportation de vin et de sel.

TRAPASSI (Pietro) → MÉTASTASE (Pierre).

TRAPÈZE n. m. (bas lat. *trapezium,* du gr. *trapedzion*). **1.** Quadrilatère, le plus souvent convexe, tel que deux côtés opposés (appelés bases) ont leurs supports parallèles. — **2.** Agrès formé d'une barre cylindrique horizontale, soutenue à ses extrémités par deux cordes verticales. — **3.** Système de sangles qui maintient le corps d'un équipier de yacht de régate en surplomb à l'extérieur du bordé dans la position de rappel, pour équilibrer la gîte provoquée par le vent. — **4.** *Muscle trapèze* ou *trapèze,* muscle large, aplati, superficiel, situé à la partie postérieure du cou et du dos. (Il s'étend de la colonne cervicodorsale à l'épaule.) ‖ *Os trapèze,* le plus externe des os de la deuxième rangée du carpe. ‖ *Trapèze volant,* exercice d'un voltigeur qui s'élance depuis une plate-forme pour rejoindre les mains d'un porteur ou un second trapèze.

TRAPÉZISTE n. Acrobate spécialisé dans les exercices au trapèze.

TRAPÉZOÏDAL, E, AUX adj. En forme de trapèze.

TRAPÉZOÏDE adj. (gr. *trapedzoeidês,* en forme de table). *Os trapézoïde* ou *trapézoïde* (n. m.), os de la deuxième rangée du carpe, situé entre le trapèze et le grand os.

TRAPPAGE n. m. Syn. de PIÉGEAGE.

1. TRAPPE n. f. (bas lat. *trappa,* du frq. **trappa*). **1.** Panneau qui ferme une ouverture pratiquée au niveau du sol ou d'un plancher et qui se lève ou se baisse à volonté ; l'ouverture elle-même.— **2.** Porte ou fenêtre qui se lève ou se baisse dans une coulisse : *La trappe d'un colombier.* — **3.** Piège qui fonctionne quand l'animal met le pied dessus. — **4.** Plaque métallique servant à intercepter l'air froid qui descend d'une cheminée. — **5.** Porte en tôle d'une cheminée. (Syn. RIDEAU, TABLIER.) — **6.** Fam. *Passer à la trappe,* être escamoté, disparaître sans laisser de traces. ‖ *Trappe de visite,* plaque amovible située dans le corps d'un appareil ménager, permettant l'accès au mécanisme.

2. TRAPPE n. f. (de la *Trappe,* n. pr.). Maison de trappistes.

Trappe (la), ordre des Trappistes. En 1140, est fondée, à Soligny, dans le Perche, l'abbaye bénédictine de *Notre-Dame de la Trappe ;* devenue cistercienne, elle connaît la décadence au XVIe s.

En 1664, l'abbé de Rancé y établit une règle extrêmement austère, caractérisée notamment par le silence perpétuel. La Révolution supprime l'abbaye et les moines se réfugient à La Valsainte, qui est érigée en abbaye chef de congrégation (1794). La Trappe de Soligny rouvre en 1815. Actuellement, les trappistes ou cisterciens réformés de la stricte observance — dont la règle a été adoucie en 1967 — forment un ordre dirigé par un abbé général élu à vie ; cependant les abbayes gardent une grande autonomie.

TRAPPER v. t. et i. (de *trappeur*) [conj. 3]. Au Québec, syn. de CHASSER.

TRAPPES (78190), ch.-l. de cant. des Yvelines, à 6 km au S.-O. de Versailles ; 30 938 hab. *(Trappistes).* Gare de triage. Constructions mécaniques et électriques. Centre technique de la météorologie nationale.

TRAPPEUR n. m. (angl. *trapper,* de *to trapp,* prendre à la trappe). Chasseur de l'Amérique du Nord, qui chasse les animaux à fourrure et vend leurs peaux.

TRAPPILLON n. m. (de *trappe 1*). Ouvertures dans le plancher de la scène donnant passage aux décors (les « fermes ») qui montent des dessous.

TRAPPISTE n. m. (de *trappe 2*). Religieux de l'ordre des cisterciens réformés de la stricte observance (O. C. S. O.) dont l'origine est *la Trappe,* près de Mortagne.

TRAPPISTINE n. f. (de *trappiste*). **1.** Religieuse de l'ordre de la Trappe. (Les *religieuses trappistines* ou *cisterciennes de la stricte observance,* fondées en 1125, acceptèrent la réforme de Rancé en 1664. L'ordre dépend de l'abbé général des trappistes.) — **2.** Liqueur fabriquée par les trappistes.

TRAPU, E adj. (anc. fr. *trape*). **1.** Qui est court et large et donne une impression de force : *Un petit homme trapu.* — **2.** *Litt.* Qui est peu élevé et a une base large : *Une maison trapue.* — **3.** *Fam.* Qui a de solides connaissances : *Être trapu en latin.* — **4.** *Fam.* Se dit d'une question difficile : *Un problème de maths trapu.*

TRAQUE n. f. (de *traquer*). **1.** Syn. de BATTUE. — **2.** *Fam.* Action de poursuivre, de traquer qqn.

TRAQUENARD n. m. (languedocien *tracanart,* trot défectueux du cheval, du rad. onomat. *trak-* évoquant qqch de brusque). **1.** Piège dont on se servait pour prendre les animaux nuisibles. — **2.** Piège ou machination tendus à qqn pour l'arrêter, le faire échouer : *Tomber dans un traquenard.* — **3.** Difficulté cachée : *Dictée pleine de traquenards.* — **4.** En équitation, trot défectueux dans lequel les battues diagonales sont dissociées ; cheval qui a cette allure.

TRAQUER v. t. (rad. onomat. *trak-* évoquant qqch de brusque) [conj. 3]. **1.** Poursuivre sans relâche qqn qui est en fuite pour l'arrêter : *La police traque la bande.* — **2.** Poursuivre qqn de ses importunités : *Les journalistes le traquaient jusque dans sa vie privée.* — **3.** *Litt.* Pourchasser qqch pour le supprimer : *Traquer l'injustice.* — **4.** Pratiquer une battue de manière à pousser le gibier vers la ou les lignes de tir.

TRAQUET n. m. (rad. onomat. *trak-*). Petit passereau (muscicapidé) insectivore au plumage gris ou brun, au croupion blanc, nichant au sol. (En France le *traquet pâtre* ou *saxicole* et le *traquet rieur,* du Midi, sont sédentaires ; le *traquet tarier,* le *traquet motteux,* le stapazin hivernent en Afrique.)

TRAQUEUR, EUSE n. (de *traquer*). Syn. de RABATTEUR.

TRARIEUX (Ludovic), homme politique français (Aubeterre-sur-Dronne 1840 - Paris 1904). Ministre de la Justice (1895) puis avocat à la cour d'appel de Paris, il milita pour la révision du procès de Dreyfus et fut le premier président de la Ligue des droits de l'homme (1898).

TRASIMÈNE *(lac),* en ital. **Trasimeno,** lac d'Italie, en Ombrie ; 128 km^2. Pêche. Stations balnéaires. — **Hist.** Hannibal remporta près du lac *(Trasimenus lacus)* une victoire sur les Romains en 217 av. J.-C.

TRÁS-OS-MONTES, anc. prov. du Portugal septentrional, comprenant essentiellement le district de Bragance. C'est le prolongement de la Galice intérieure. Le climat est rude ; des landes occupent les hauts reliefs et une polyculture intensive les bassins.

TRASTAMARE, famille castillane qui régna en Castille de 1369 à 1504. Henri II, fondateur de la dynastie, était comte de Trastamare.

TRASTEVERE, en fr. **Transtévère,** quartier historique et populaire de Rome, sur la rive droite du Tibre.

TRATTEGIO [tratɛdʒjo] n. m. (ital. *trattegio*). Dans la restauration des peintures, type de réintégration des lacunes destinée à rester visible en vision rapprochée.

TRATTORIA n. f. (ital. *trattoria*). En Italie, petit restaurant simple et bon marché.

TRAUMA n. m. (gr. *trauma,* blessure). Abrév. de TRAUMATISME.

TRAUMATIQUE adj. (bas lat. *traumaticus,* du gr. *traumatikos*). **1.** Relatif à un traumatisme. — **2.** *Névrose traumatique,* névrose associée à un choc émotionnel récent ou passé par lequel le sujet s'est senti en danger. (Syn. NÉVROSE D'EFFROI.)

TRAUMATISANT, E adj. Qui provoque un traumatisme.

TRAUMATISÉ, E adj. et n. Se dit de qqn qui a subi un traumatisme.

TRAUMATISER v. t. (de *traumatique*) [conj. 3]. **1.** Provoquer un traumatisme physique ou psychique. – **2.** Frapper qqn d'un choc émotionnel violent : *Cette nouvelle l'a traumatisé.*

TRAUMATISME n. m. (gr. *traumatismos*). **1.** Ensemble des lésions locales intéressant les tissus et les organes provoquées par un agent extérieur ; troubles généraux qui en résultent. (Abrév. TRAUMA.) [→ *encycl.*] – **2.** Action violente provoquant ces lésions locales. – **3.** Événement qui, pour un sujet, a une forte portée émotionnelle et qui entraîne chez lui des symptômes psychopathologiques ou des somatisations par suite de son incapacité à y répondre adéquatement sur le champ.

ENCYCL. **Méd.** Les signes locaux des traumatismes, conséquence directe de l'agression, présentent plusieurs degrés, de la contusion simple à l'écrasement, en passant par les plaies, les fractures, les hémorragies externe et interne. Les signes généraux sont consécutifs à la réaction de tout l'organisme, qui peut évoluer vers l'apparition d'un état de choc et de signes d'infection. Les *traumatismes multiples* sont de plus en plus fréquents, du fait de l'augmentation des accidents de la voie publique.

TRAUMATOLOGIE n. f. Partie de la médecine et de la chirurgie consacrée à l'étude et au traitement des traumatismes physiques.

TRAUMATOLOGIQUE adj. Relatif à la traumatologie.

TRAUMATOLOGISTE n. Médecin spécialiste de traumatologie.

TRAUN (la), riv. d'Autriche, affl. du Danube (r. dr.) ; 180 km. Hydroélectricité. La vallée est un couloir industriel.

TRAUNER (Alexandre), décorateur de cinéma et de théâtre français d'origine hongroise (Budapest 1906 - Omonville-la-Petite, Manche, 1993). Il a créé les décors de nombreux classiques du cinéma : *le Quai des brumes, les Enfants du paradis, Irma la Douce, Monsieur Klein.*

TRAUNSEE, lac d'Autriche (Haute-Autriche), formé par la Traun à sa sortie des Alpes ; 24 km^2. Tourisme.

1. TRAVAIL n. m. (pl. *travails*) [bas lat. *trepalium*, instrument de torture, du lat. class. *tres,* trois, et *palus,* pieu). Sorte de cage dans laquelle on place les grands animaux pour les immobiliser afin de pouvoir les opérer.

2. TRAVAIL n. m. (pl. *travaux*) [de *travailler*]. **1.** Activité de l'homme appliquée à la production, à la création, à l'entretien de qqch : *Travail manuel, intellectuel.* – **2.** Activité professionnelle régulière et rémunérée : *Vivre de son travail.* – **3.** Exercice d'une activité professionnelle ; lieu où elle s'exerce : *Le travail en usine.* – **4.** Ensemble des opérations que l'on doit accomplir pour élaborer qqch : *Cette réparation demandera deux jours de travail.* – **5.** Toute occupation, toute activité considérée comme une charge : *Les enfants, ça donne bien du travail.* – **6.** Ouvrage réalisé ou à réaliser, manuel, artistique, intellectuel : *Il a publié un travail sur la littérature provençale.* – **7.** Manière dont un ouvrage ou une œuvre ont été exécutés : *Le fin travail d'une miniature.* – **8.** Technique permettant de travailler une matière, d'utiliser un outil ou un instrument : *Apprendre le travail du bois.* – **9.** Exercices accomplis pour acquérir la maîtrise d'une activité : *Le travail d'un gymnaste aux anneaux.* – **10.** Activité laborieuse de l'homme considérée comme un facteur essentiel de la production et de l'activité économique : *Le capital et le travail.* – **11.** Effet, résultat utile produit par le fonctionnement de qqch : *Évaluer le travail d'une machine.* – **12.** Action continue produite par un élément ou un phénomène naturel ; modification subie par un milieu, une matière qui en est l'objet : *Le gauchissement d'une poutre dû au travail du bois.* – **13.** Modification, évolution lente due à une cause extérieure : *Laisser faire le travail du temps.* – **14.** *De travail,* utilisé pour travailler : *Vêtement de travail.* ‖ *Travail de Romain, d'Hercule,* œuvre exigeant une force extraordinaire, des efforts exceptionnels. ‖ *Travail de forçat, de bagnard, de cheval,* labeur pénible, épuisant. • **Dr.** *Centre d'aide par le travail (C. A. T.),* institution médico-sociale destinée aux personnes handicapées et qui leur propose une activité productive réelle ainsi qu'un soutien dans leurs activités professionnelles et extraprofessionnelles. ‖ *Code du travail,* codification de l'ensemble des textes législatifs et réglementaires intéressant le droit du travail. (Au code de 1910 a succédé celui de 1973.) ‖ *Droit du travail,* ensemble des règles juridiques applicables aux relations individuelles et collectives entre les travailleurs salariés et leurs employeurs. (→ *encycl.*) ‖ *Travail différencié,* travail temporaire, à temps partiel ou contrats de travail à durée déterminée. ‖ *Travail intermittent,* contrat à durée indéterminée concernant les emplois qui comportent par nature une alternance de périodes travaillées et non travaillées. ‖ *Travail d'intérêt général (T. I. G.),* temps de travail non rémunéré imposé à un délinquant à titre de peine de substitution à l'emprisonnement, d'obligation assortissant un sursis ou à titre de peine complémentaire. (Cette peine a été instituée en 1983.) ‖ *Travail à domicile,* travail fourni par un donneur d'ouvrage, effectué par le travailleur à son domicile et rémunéré forfaitairement. (Les travailleurs à domicile bénéficient de l'extension de la législation sociale, de la garantie d'un salaire minimum et des conventions collectives.) — **Méd.** Ensemble des phénomènes dynamiques et mécaniques qui conduisent à l'accouchement. — **Phys.** Quantité d'énergie reçue par un système matériel se déplaçant sous l'effet d'une force, et égale au produit scalaire de la force par le vecteur déplacement. — **Psychan.** *Travail de deuil,* effet des processus psychiques mis en jeu à la suite de la perte d'un objet d'amour externe. ‖ *Travail du rêve,* transformation des matériaux du rêve (restes diurnes et pensées latentes) aboutissant au contenu manifeste du rêve. — **Psychol.** *Psychologie du travail,* branche de la psychologie qui étudie les comportements de l'homme au travail et le retentissement des conditions de travail sur ces comportements. — **Sociol.** *Sociologie du travail,* étude systématique du travail industriel, sur le plan des exécutants et sur le plan de l'organisation. (Syn. SOCIOLOGIE INDUSTRIELLE.)

◆ **travaux** n. m. pl. **1.** Ensemble d'opérations propres à un domaine particulier d'activité : *Les travaux agricoles.* — **2.** Ensemble des opérations de construction, d'aménagement ou de remise en état d'édifices, de voies, de terrains, etc. : *Faire des travaux dans son appartement.* — **3.** Ensemble des recherches entreprises dans un domaine de la connaissance : *Se livrer à des travaux scientifiques.* — **4.** Discussions, débats d'une assemblée ou d'un groupe de personnes organisé : *L'Assemblée nationale a repris ses travaux.* — **5.** *Grands travaux,* travaux d'intérêt public. ‖ *Travaux d'aiguille,* travaux de couture, de tricot, de crochet, de dentelle, etc., faits à la main. • **Dr.** *Travaux forcés,* peine criminelle de droit commun, temporaire ou perpétuelle, qui était subie dans les bagnes de Guyane (Cayenne) ou de Nouvelle-Calédonie jusqu'en 1938. (Elle a été remplacée en 1960 par la réclusion criminelle à temps ou à perpétuité.) ‖ *Travaux préparatoires,* documents (exposé des motifs, rapports, comptes-rendus des débats) qui précédent l'établissement de la loi et permettent de découvrir l'intention du législateur. ‖ *Travaux publics,* travaux immobiliers (construction, réparation, entretien...) effectués dans un but d'intérêt général, soit pour le compte de l'Administration, soit pour une personne privée mais par une personne publique, dans le cadre d'une mission de service public. ‖ *Travaux d'utilité collective (T. U. C.),* activité ouverte à tout jeune sans emploi de 16 à 25 ans, susceptible de contribuer à l'amélioration de la vie sociale, organisée par une collectivité territoriale, une association, un établissement public..., et rémunérée par l'État. (À partir de 1990, les T. U. C. sont progressivement remplacés par les contrats emploi-solidarité*.) — **Enseign.** *Travaux dirigés (T. D.),* applications concrètes des cours magistraux réalisées en groupes restreints sous forme d'exercices écrits ou d'exposés. ‖ *Travaux pratiques (T. P.),* applications des enseignements théoriques exécutées en petits groupes au moyen d'appareils expérimentaux. — **Impr.** *Travaux de ville,* syn. de BILBOQUET. — **Mil.** *Service des travaux du génie,* service chargé de la construction, de l'entretien et de la gestion domaniale des bâtiments militaires.

ENCYCL. **Biol.** et **Physiol.** Parmi les formes d'énergie que produisent les êtres vivants à partir de l'énergie chimique contenue dans leurs aliments, l'énergie mécanique occupe une place essentielle. En cas de saut, de grimper, de natation, de trituration d'un aliment dur, de soulèvement d'un poids, la dépense d'énergie se traduit par un travail au sens physique du terme. Le maintien de l'équilibre hors de l'eau, la locomotion à vitesse constante sur un plan horizontal et bien d'autres occasions de contraction des muscles striés, sans être un « travail » au sens strict, entraînent pourtant dépense d'énergie et fatigue.

Le rendement du travail est remarquable dans les muscles lisses, notamment chez les mollusques (adducteurs des valves) et souvent chez les insectes (vol des mouches, saut des puces) ; il est médiocre chez les vertébrés (env. 12 %).

— **Dr.** Ce n'est qu'en 1841 qu'une loi, la première en France du droit du travail moderne, est venue réglementer le travail des enfants. Le second Empire légalise le droit de grève en 1864, mais le droit du travail naît véritablement sous la IIIe République.

Avant 1936, une série de lois interviennent : création de l'administration du travail, notamment du corps des inspecteurs du travail (loi du 18 mai 1874) ; lois autorisant la représentation et l'action collectives des salariés (loi du 21 mars 1884 sur la liberté syndicale) ; lois de 1892 sur le travail des femmes et des enfants ; loi du 13 juill. 1906 sur le repos hebdomadaire ; lois réglementant les conditions de travail en général (loi du 23 avr. 1919 limitant la journée du travail à 8 heures). Le Front populaire en 1936 instaure une série de réformes capitales faisant suite aux accords Matignon* : les 40 heures de travail hebdomadaire (loi du 21 juin 1936) ; congés payés (loi du 20 juin 1936) ; réglementation des conventions collectives, création des délégués du personnel et procédures de conciliation et d'arbitrage (loi du 24 juin 1936). Une ordonnance du 22 févr. 1945 donne naissance aux comités d'entreprise. La loi du 11 févr. 1950

rétablit la liberté des salaires, institue le salaire minimum interprofessionnel garanti (S. M I. G.) et complète la législation des conventions collectives.
Dès lors le législateur est amené de plus en plus à intervenir pour compléter la législation existante ou la modifier : comités d'entreprise (1966), S. M. I. C. (1970), formation professionnelle (1971, 1978, 1984), licenciements (1973, 1975, 1986), indemnisation du chômage (1967), droit syndical dans l'entreprise (1968), participation (1959, 1967, 1986), abaissement de la durée hebdomadaire du travail à 39 h et 5e semaine de congés payés (1982), lois Auroux*, aménagement du temps de travail (1986, 1987), etc.
— **Sociol.** La *sociologie du travail* s'est constituée au XXe s. Mais ses débuts remontent au XIXe s., notamment avec l'enquête de Villermé, le *Rapport sur l'état physique et moral des ouvriers* en 1840, puis trois penseurs fournissent à la sociologie du travail ses modèles de base : Karl Marx, Max Weber et Émile Durkheim. Trois principales tendances se font jour peu après : 1o l'école de l'organisation scientifique du travail (O. S. T.), représentée par F. W. Taylor et Henri Fayol ; 2o l'école des relations humaines, représentée par Elton Mayo (*The Human Problems of an Industrial Civilisation,*1933), F. J. Roethlisberger et W. Dickson (*Management and the Worker,* 1939) ; 3o la sociologie des organisations, représentée par Robert K. Merton (*Social Theory and Social Structure,* 1949), A. Gouldner (*Patterns of Industrial Bureaucracy,* 1954), Ph. Selznick (*Leadership in Administration,* 1957). En France, les travaux les plus marquants sont ceux de G. Friedman, P. Naville et A. Touraine.

travail *(Bureau international du)* **[B. I. T.],** secrétariat permanent de l'Organisation internationale du travail, dont le siège est à Genève, créé en 1919, en même temps que l'O. I. T. Le B. I. T. publie notamment la *Revue internationale du travail.*

travail *(Chevaliers du)* [*Knights of Labor*], organisation américaine du travail qui, fondée en 1869, resta clandestine jusqu'en 1879. Réclamant la journée de huit heures et l'établissement de coopératives, elle déclina brutalement après 1886. De l'échec des Chevaliers du travail naquit l'*American Federation of Labor.*

Travail *(médaille d'honneur du),* décoration française créée en 1948 pour récompenser l'ancienneté et la qualité des services effectués chez un ou plusieurs employeurs par une personne salariée ou assimilée.

Travail *(ministère du),* ministère dont la création remonte à 1906, confié à Viviani par Clemenceau et dont l'appellation a souvent varié (ministère du Travail et des Affaires sociales depuis 1995).

travail *(Organisation internationale du)* **[O. I. T.]** → ORGANISATION.

Travaux et les Jours *(les),* poème didactique d'Hésiode (VIIIe s. av. J.-C.), composé pour montrer à son frère Persée les vertus du travail et de la justice.

travaux publics *(École supérieure des),* l'un des quatre établissements privés d'enseignement supérieur technique constituant l'École spéciale des travaux* publics, du bâtiment et de l'industrie, formant des ingénieurs des travaux publics en 3 ans.

travaux publics, du bâtiment et de l'industrie *(École spéciale des),* établissement privé d'enseignement supérieur technique, comprenant quatre écoles distinctes : l'*École supérieure des travaux* publics,* l'*École supérieure de mécanique-électricité**, l'*École supérieure du bâtiment** et l'*École supérieure de topographie**.

TRAVAILLANT, E adj. Se dit des parties des instruments agricoles entrant directement en contact avec le sol lors de la réalisation des façons culturales.

TRAVAILLER v. i. (lat. pop. **trepaliare,* torturer, du bas lat. *trepalium,* instrument de torture) [conj. 3]. **1.** Faire un effort soutenu pour obtenir un résultat : *Travailler jour et nuit.* — **2.** Réaliser une production, produire : *Entreprise qui travaille à perte.* — **3.** Avoir une profession, exercer un métier : *Travailler dans les assurances.* — **4.** Étudier : *Arrête de jouer, va travailler dans ta chambre.* — **5.** Servir, desservir qqn, qqch : *Le temps travaille pour nous.* — **6.** Effectuer un exercice : *L'acrobate travaille sans filet.* — **7.** Fonctionner activement : *Dans ce sport, tous les muscles travaillent.* — **8.** Déployer une grande activité : *Son imagination travaille sur ce projet.* — **9.** Se déformer sous l'action de l'humidité, de la chaleur, du temps : *Meuble qui a travaillé.* — **10.** En parlant d'une maçonnerie ou d'une charpente, se déformer sous l'effet des charges, poussées ou tractions subies. — **11.** Subir l'effet de la fermentation : *Vin qui travaille.* — **12.** Produire un revenu : *Faire travailler son argent.* — **13.** *Travailler comme un cheval, comme un forçat,* travailler beaucoup, durement.
◆ v. t. **1.** Soumettre qqch à une action, le façonner : *Travailler le bois.* — **2.** Chercher à donner à son style, à un texte des qualités esthétiques. — **3.** *Pop.* Malmener qqn, le battre : *Boxeur qui travaille au corps son adversaire.* — **4.** Chercher à approfondir la connaissance ou la maîtrise d'une discipline par l'étude, l'exercice : *Cet enfant devra travailler les mathématiques.*

— **5.** Soumettre un geste, une aptitude à un entraînement afin de les développer : *Joueur de tennis qui travaille son revers.* — **6.** S'efforcer d'influencer qqn, de l'amener à agir comme on le désire : *Travailler les délégués afin de les convaincre.* — **7.** Préoccuper ou faire souffrir qqn : *Ce problème me travaille depuis longtemps.* • **Cuis.** *Travailler un appareil, une sauce,* y incorporer les substances qui doivent les composer, jusqu'à ce qu'elles soient bien amalgamées. — **Équit.** *Travailler un cheval,* l'exercer afin de le dresser ou de l'entraîner. — **Pêch.** *Travailler un poisson,* le fatiguer quand il est au bout de la ligne. — **Sports.** *Travailler une balle,* lui donner beaucoup d'effet.

◆ v. t. ind. **1.** Consacrer son activité, ses soins à qqch : *Travailler à moderniser une entreprise.* — **2.** Faire tous ses efforts pour obtenir qqch : *Travailler à la perte de quelqu'un.*

◆ **être travaillé** v. pass. Être élaboré longuement et avec soin : *Un style très travaillé.*

TRAVAILLEUR, EUSE adj. et n. Qui aime travailler : *Un travailleur acharné.*

◆ adj. *Litt.* Qui appartient au monde du travail, des travailleurs : *Masses travailleuses.*

◆ n. **1.** Personne qui se livre à un travail rémunéré, salarié, en partic. dans l'industrie. — **2.** *Jeune travailleur,* travailleur âgé de 16 à 25 ans dont le travail est soumis à une réglementation particulière (mesures d'aide et de protection). ‖ *Travailleur étranger,* travailleur qui n'est pas français et qui bénéficie d'un statut particulier. (→ *encycl.*) ‖ *Travailleur social,* personne dont la fonction consiste à apporter une aide, à rendre service aux membres d'une collectivité, d'un établissement (assistante maternelle, assistante sociale, éducateur spécialisé, etc.). ‖ *Travailleuse familiale,* personne dépendant des caisses d'allocations familiales et qui assure à domicile une aide aux mères de famille momentanément en difficultés familiales, financières. (Syn. AIDE FAMILIALE.)

◆ **travailleuse** n. f. Petit meuble à compartiments pour accessoires de couture.

ENCYCL. **Dr.** La loi du 1er juill. 1972 contre le racisme condamne toute pratique de discrimination à l'embauchage. Les *travailleurs étrangers* doivent être titulaires d'un titre de séjour et de travail conformément à la loi. Ils ont le libre exercice du droit de grève. Ils sont électeurs et éligibles dans le cadre des institutions représentatives du personnel de l'entreprise, dans les mêmes conditions que les travailleurs français (lois de 1972 et 1975). Ils peuvent être délégués syndicaux et, sous certaines conditions, accéder aux fonctions d'administration ou de direction d'un syndicat.

travailleurs *(révolte des),* soulèvement populaire qui eut lieu en Angleterre en 1381. Après la peste noire (1348-49 et en 1361-62), suivie d'un durcissement du régime domanial, la levée d'un nouvel impôt au printemps 1381 entraîne la révolte des milieux populaires, influencés par le lollardisme. Des bandes de paysans et d'artisans brûlent les châteaux dans l'Essex et le Kent, et s'attaquent aux juges royaux. Conduits par Wat Tyler, les rebelles pénètrent dans Londres, s'attaquent aux hôtels seigneuriaux, et massacrent le chancelier et le trésorier du royaume. Après la mort de Tyler, le roi Richard II recourt à la force. À la fin juin, la révolte est pratiquement terminée.

Travailleurs de la mer *(les),* roman de V. Hugo (1866). Pour l'amour de Déruchette, Gilliatt le solitaire affronte la mer, la tempête, une pieuvre géante afin de réparer la machine du bateau de son oncle. Ayant réussi, il choisit la mort, après avoir réuni Déruchette et son amoureux.

TRAVAILLISME n. m. Doctrine du parti travailliste.

TRAVAILLISTE adj. et n. Relatif au parti travailliste ; membre du parti travailliste.

travailliste *(parti)* [*Labour Party*], parti socialiste britannique. C'est dans les vingt dernières années du XIXe s. que la rencontre de plusieurs courants ouvriers et socialistes aboutit en Angleterre à la formation d'un nouveau parti politique. Depuis 1869, les syndicats britanniques s'efforcent de faire élire des députés ouvriers, qui se joignent au parti libéral. Pour satisfaire le souhait grandissant d'une représentation ouvrière indépendante est fondé en 1893 l'*Independant Labour Party.* En 1900 est créé le *Labour Representation Committee* (Comité pour la représentation du travail) qui prend en 1906 le nom de « parti travailliste ». Sa position d'arbitre entre les partis traditionnels (libéral et conservateur) lui donne une influence croissante. En 1918, il est réorganisé et devance par ses suffrages le parti libéral. Sous la direction de son leader, J. Ramsay MacDonald, il est au pouvoir en 1924, puis de 1929 à 1931. À partir de 1935, inquiet de la politique des gouvernements totalitaires de Mussolini et d'Hitler, il soutient les efforts de l'État en faveur du réarmement. En 1940, il occupe des postes importants dans le gouvernement Churchill, et contribue avec énergie à la victoire commune. Au pouvoir de 1945 à 1951 sous la direction d'Attlee, il réalise un vaste programme de réformes économiques et sociales, jetant les bases de l'« État providence ». Dirigé par Gaitskell de 1955 à 1963, le parti est de nouveau au pouvoir de 1964 à 1970 et à partir de 1974 avec Harold Wilson, puis de 1976 à 1979 avec James Callaghan. En 1980, Michael Foot succède à ce dernier à la tête du parti. En 1981, une partie des travaillistes modérés fondent le parti social-démocrate (SDP), bientôt allié au parti libéral. Sous la direction de Neil Kinnock, qui succède en 1983 à M. Foot, le parti s'oriente vers une politique plus réaliste et connaît un certain redressement, qui se concrétise lors des élections européennes de juin 1984, plus modestement lors des élections législatives de juin 1987, et très nettement lors des élections européennes de juin 1989 (où les travaillistes devancent les conservateurs). Lors des élections législatives d'avril 1992, les travaillistes subissent à nouveau un grave échec. En juillet, John Smith succède à N. Kinnock. Sous sa conduite, le parti travailliste connaît un redressement notable. Mais J. Smith meurt en mai 1994, peu avant la très large victoire des travaillistes aux élections européennes de juin. Son successeur, Tony Blair, est élu en juillet.

travailliste israélien *(parti)* ou **Mapai,** formation politique israélienne de gauche, née en Palestine (1930) et inspirée par Ben Gourion. Au pouvoir jusqu'en 1977, elle constitue la principale force opposée au Likoud, avec lequel elle a partagé le pouvoir de 1984 à 1990 au sein de gouvernements d'union nationale. Passé dans l'opposition après la constitution d'un gouvernement de droite (1990), le parti travailliste revient au pouvoir de 1992 à 1996.

TRAVAILLOTER v. i. (conj. 3). *Fam.* Travailler peu, sans se fatiguer.

TRAVANCORE, région historique de l'Inde, formant la partie sud de l'État du Kerala*.

TRAVÉE n. f. (anc. fr. *trev,* du lat. *trabs, trabis,* poutre). **1.** Rangée de bancs, de sièges, de tables alignés les uns derrière les autres : *Les travées d'un amphithéâtre.* — **2.** Espace compris entre deux points d'appui principaux d'une construction ; portion de voûte comprise entre deux arcs-doubleaux ; solivage placé entre deux maîtresses poutres ; partie de pont comprise entre deux appuis successifs.

TRAVELAGE n. m. (de *travée*). **1.** Ensemble des traverses d'une voie ferrée. — **2.** Nombre de traverses placées dans un kilomètre de voie (1 700 et plus pour les grandes lignes).

TRAVELLER'S CHEQUE ou **TRAVELLER'S CHECK** [travlœrstʃɛk] n. m. (pl. *traveller's cheques* ou *-checks*) [angl. *traveller's cheque,* amér. *traveler's check,* de *traveller,* voyageur, et *check,* chèque]. Syn. de CHÈQUE* DE VOYAGE.

TRAVELLING [travliŋ] n. m. (angl. *travelling,* de *to travel,* voyager). **1.** Mouvement d'une caméra qui se déplace dans l'espace. — **2.** Appareil utilisé pour effectuer ce mouvement. — **3.** *Travelling optique,* effet de prise de vue où le champ embrassé est progressivement réduit ou agrandi grâce à un objectif à focale variable.

TRAVELO n. m. *Pop.* Travesti.

1. TRAVERS n. m. (lat. *traversus,* var. de *transversus,* placé en travers). **1.** *À travers (qqch),* en traversant qqch dans son étendue ou son épaisseur : *Marcher à travers la campagne. Voir à travers la vitre.* ‖ Fam. *Passer à travers (qqch), passer au travers,* éviter de subir qqch de fâcheux, de pénible : *Passer au travers d'une corvée.* ‖ *Voir, juger à travers qqch,* se former une opinion en se référant strictement à une doctrine, à la pensée de qqn. — **2.** *Au travers (de qqch),* en traversant qqch de part en part : *Il est passé au travers des dangers ;* par l'intermédiaire de qqch : *Au travers de cette allégorie, on perçoit la leçon de morale.* — **3.** *De travers,* de façon oblique, irrégulière : *Un clou planté de travers ;* de façon fausse, inexacte, dans de mauvaises dispositions : *Mes propos ont été interprétés de travers.* ‖ *Aller de travers,* ne pas se passer comme il faut. ‖ *Avaler de travers,* laisser pénétrer dans la trachée un peu de nourriture ou de boisson par suite d'un faux mouvement de la déglutition. ‖ *Prendre qqch de travers,* s'en irriter, s'en choquer. ‖ *Regarder qqn de travers,* manifester à son égard de l'antipathie. — **4.** *En travers (de qqch),* dans une position transversale par rapport à l'axe de qqch, à la direction d'un mouvement ; se dit de la position d'un bâtiment dont la direction de la quille est perpendiculaire à celle du vent, du courant ou d'un objet donné. ‖ *Se mettre en travers de qqch, en travers de la route de qqn,* s'y opposer, y faire obstacle.

2. TRAVERS n. m. (de *travers 1*). **1.** Bizarrerie de l'esprit ou du caractère ; petit défaut. — **2.** Maniement du bœuf pratiqué en plaçant le pouce dans le creux du flanc et en posant à plat les autres doigts sur la région du rein. — **3.** Bande de 4 à 5 cm de large détachée sur le bord de la longe de porc. — **4.** Dans un produit métallurgique, sens perpendiculaire à celui de la déformation mécanique par travail à chaud ou à froid. — **5.** Côté d'un navire. — **6.** *Par le travers,* dans une direction perpendiculaire à l'axe longitudinal d'un navire. ‖ *Vent de travers,* vent soufflant perpendiculairement à la route suivie.

TRAVERS *(val de),* vallée de Suisse, dans le Jura, drainée par l'Areuse. Horlogerie.

TRAVERSABLE adj. Qui peut être traversé.

TRAVERS-BANC n. m. (pl. *travers-bancs*). **1.** Galerie de mine horizontale recoupant les différentes formations géologiques. — **2.** Galerie de mine principale dans le stérile partant d'une recette. (Noms régionaux BOUVEAU, BOVETTE.)

TRAVERSE n. f. (de *travers 1*). **1.** Chemin étroit, plus direct que la route ; dans une ville, passage étroit reliant deux rues. (On dit aussi CHEMIN DE TRAVERSE.) — **2.** *Litt.* Difficulté ou danger qui vient faire obstacle aux projets de qqn. • **Bât.** Pièce horizontale faisant partie d'un châssis de charpente ou de menuiserie, et qui est assemblée dans les montants. ‖ Élément horizontal d'un remplage de fenêtre. (Syn. CROISILLON.) ‖ En métallerie, syn. de SOMMIER. — **Ch. de f.** Chacune des pièces de bois, de métal ou de béton placées sur le sol perpendiculairement à la voie courante, et sur lesquelles les rails sont assujettis. ‖ Poutrelle portant des isolateurs, sur les poteaux télégraphiques. — **Fortif.** Massif de terre établi sur le terre-plein d'un ouvrage fortifié, perpendiculairement au parapet. — **Techn.** Pièce de bois ou de métal perpendiculaire aux éléments principaux d'une structure, et destinée à maintenir l'écartement de ces éléments.

TRAVERSÉE n. f. **1.** Action de traverser un espace, un lieu de bout en bout : *Éviter la traversée de l'agglomération.* — **2.** Action de traverser la mer, un fleuve : *La traversée de Calais à Douvres.* — **3.** Course en montagne, combinant l'ascension d'un sommet par un itinéraire et la descente par un autre itinéraire. — **4.** Appareil de voie dans lequel une voie en croise une autre et qui permet le passage sans arrêt des circulations sur l'une ou l'autre voie.

TRAVERSÉE-JONCTION n. f. (pl. *traversées-jonctions*). Traversée oblique dans laquelle les deux voies qui se croisent sont, de plus, reliées soit d'un seul côté, soit des deux côtés, permettant ainsi le passage des trains d'une voie sur l'autre.

TRAVERSER v. t. (lat. pop. **traversare,* du lat. class. *transversare,* remuer en travers) [conj. 3]. **1.** Aller d'un bord, d'une extrémité à l'autre d'un espace : *Traverser la Manche. Traverser la rue. Une ride traverse son front.* — **2.** Pénétrer un corps, un milieu de part en part : *La pluie a traversé la toile de tente.* — **3.** Se trouver, vivre dans une période, une situation qui durent : *Nous traversons une crise économique.* — **4.** Se présenter à l'esprit d'une manière inopinée ou fugitive : *Un souvenir m'a traversé l'esprit.* — **5.** *Litt.* Subsister par-delà les siècles : *Son nom a traversé l'histoire.*

TRAVERSIER, ÈRE adj. (lat. *traversarius,* de *transversarius,* placé en travers, transversal). **1.** *Litt.* Qui constitue une traverse : *Route traversière.* — **2.** Se dit d'une barque qui fait le va-et-vient entre deux points éloignés.

◆ **traversier** n. m. Au Canada, bac, ferry-boat.

TRAVERSIN n. m. (de *travers 1*). **1.** Coussin long placé à la tête du lit, et qui occupe toute la largeur de celui-ci. — **2.** Syn. de FONÇAILLE.

TRAVERSINE n. f. (de *travers 1*). Traverse d'une clôture.

TRAVERTIN n. m. (ital. *travertino,* altér. de *tivertino,* pierre de Tivoli). Roche sédimentaire calcaire d'origine biochimique, blanchâtre à jaunâtre, concrétionnée et vacuolaire, qui se forme par précipitation de carbonate de calcium, à l'émergence de sources calcaires. (Le travertin renferme souvent des empreintes de feuilles. Très décoratif, susceptible d'un beau poli, il est utilisé en construction.)

TRAVESTI n. m. **1.** Vêtement qui permet de se déguiser en un personnage. — **2.** Personne qui a revêtu le déguisement d'un personnage. — **3.** Homosexuel travesti en femme. (Abrév. pop. TRAVELO.) — **4.** *Danser un travesti,* pour une danseuse, interpréter un rôle masculin.

TRAVESTIR v. t. (ital. *travestire,* de *vestire,* vêtir) [conj. 32]. **1.** Déguiser qqn en lui faisant prendre les vêtements d'un autre sexe, d'une autre condition : *Travestir un homme en femme.* — **2.** Fausser qqch en lui donnant un caractère qu'il n'a pas : *Travestir la pensée de quelqu'un.*

◆ **se travestir** v. pr., **être travesti** v. pass. **1.** Revêtir un déguisement en vue d'un divertissement : *Se travestir en Pierrot.* — **2.** Adopter des habitudes vestimentaires et sociales du sexe opposé. — **3.** *Bal, fête travesti(e),* où les participants sont déguisés. ‖ *Rôle travesti,* rôle joué par un acteur travesti.

TRAVESTISME ou **TRANSVESTISME** n. m. Adoption par certains sujets des vêtements et des habitudes sociales du sexe opposé. (Syn. ÉONISME.)

TRAVESTISSEMENT n. m. **1.** Action ou manière de travestir ou fait de se travestir : *Cette pièce de théâtre repose sur des travestissements.* — **2.** Action de transformer, d'altérer la nature de qqch ; déformation, parodie : *Le travestissement de la vérité.*

Traviata *(la),* opéra en 3 actes de Giuseppe Verdi, sur un livret de F. M. Piave tiré de *la Dame* aux camélias* d'Alexandre Dumas (Fenice de Venise, 1853).

TRAVIÈS (Charles Joseph TRAVIÈS DE VILLERS, dit), peintre et caricaturiste français (Wülflingen, près de Winterthur, 1804 - Paris 1959). Collaborateur à *la Caricature* et au *Charivari,* il a créé le type de Mayeux, bossu vaniteux, cynique et paillard.

TRAVIOLE (DE) loc. adv. *Pop.* De travers.

TRAVOIS n. m. (p.-ê. mot dialect., de l'anc. fr. *trev,* poutre). Système de traction élémentaire, constitué de deux perches attachées par une extrémité à un animal, l'autre traînant sur le sol.

TRAVOUL ou **TRAVOUIL** n. m. (lat. pop. **traduculus,* dévidoir). Morceau de bois plat et denté, petit cadre en bois, sur lequel on plie les lignes de pêche.

TRAVURE n. f. (anc. fr. *trev,* poutre). Ensemble des éléments porteurs d'une travée, dans un plancher ou dans un pont.

TRAYEUR, EUSE [trɛjœr, -øz] n. Personne effectuant la traite des vaches, des brebis.
◆ adj. Se dit de ce qui sert à traire.
◆ **trayeuse** n. f. Syn. de MACHINE À TRAIRE*.

TRAYON [trɛjɔ̃] n. m. Extrémité de la mamelle des femelles laitières, de forme cylindrique ou tronconique, permettant au lait de sortir soit à l'occasion de la tétée, soit par la traite.

TRAZ (Robert DE), écrivain suisse de langue française (Paris 1884 - Nice 1951). Directeur de la *Revue de Genève,* il a mis en scène dans ses romans et essais (*la Puritaine et l'Amour,* 1917 ; *l'Esprit de Genève,* 1929) la société genevoise.

TRÉAZ ou **TREZ** n. m. (mot breton). En Bretagne, nom de la tangue.

TRÈBES (11800), comm. de l'Aude, à l'E. de Carcassonne ; 5 683 hab. Bijouterie. Capteurs solaires.

TRÉBEURDEN (22560), comm. des Côtes-d'Armor, au N.-O. de Lannion ; 3 134 hab. Station balnéaire.

TRÉBIE, en ital. **Trebbia,** riv. d'Italie, en Émilie, affl. du Pô (r. dr.) ; 115 km. Victoire d'Hannibal sur les Romains (218 av. J.-C.). En 1799, Souvorov y vainquit Macdonald.

TRÉBIZONDE, en turc **Trabzon,** port de Turquie, ch.-l. de prov., sur la mer Noire ; 108 000 hab. Centre commercial. Université.
— **Bx-arts.** Monastères et églises datant des Comnènes, transformées en mosquées à l'époque ottomane : Panaghia Chrysocéphale, l'anc. cathédrale, du XIIIe s. ; l'église St-Eugène, 1291 ; le monastère rupestre de St-Sabas et surtout l'église Ste-Sophie, 1238-1263, qui a conservé en partie son remarquable décor de peintures murales.

Trébizonde *(empire grec de),* empire fondé en 1204 par Alexis et David Comnène, petits-fils de l'empereur Andronic renversé à Constantinople en 1185. Cet empire dut lutter contre les Latins, l'empire de Nicée et les Seldjoukides. À partir de 1258, la destruction de Bagdad détourna le commerce des Indes de la mer Rouge vers Trébizonde, devenue l'aboutissement de la route de terre ; l'empire de Trébizonde parvint à se maintenir durant deux siècles. Après la chute de Constantinople en 1453, Trébizonde fut l'un des refuges des Grecs. Mais il s'effondra devant les Turcs en 1461.

Treblinka, camp d'extermination allemand construit en juin 1942, à environ 80 km à l'E. de Varsovie. Près de 750 000 déportés juifs y périrent.

TREBONIUS (Caius), homme politique romain († Smyrne v. 43 av. J.-C.). Tribun en 55, il fit adopter la *lex Trebonia,* qui attribuait des gouvernements provinciaux aux triumvirs. Lieutenant de César en Gaule, il participa à son assassinat.

TRÉBUCHAGE n. m. Vérification du poids des monnaies au moyen du trébuchet.

TRÉBUCHANT, E adj. **1.** Qui hésite, est irrégulier : *Une démarche trébuchante.* — **2.** Se disait autref. d'une monnaie ayant le bon poids.

TRÉBUCHEMENT n. m. *Litt.* Fait de trébucher ; faux pas.

TRÉBUCHER v. i. (lat. *trans,* au-delà, et anc. fr. *buc,* tronc humain, du frq. **buk*) [conj. 3]. **1.** Perdre l'équilibre en butant sur un objet ou en posant mal son pied : *Trébucher contre un caillou.* — **2.** En parlant de la balance, pencher du côté de la charge que l'on vérifie.
◆ v. t. ind. Hésiter, être arrêté par une difficulté ; buter sur : *Trébucher sur les noms des acteurs.*

TRÉBUCHET n. m. (de *trébucher*). **1.** Piège à planchette basculante pour prendre des oiseaux. — **2.** Petite balance à plateaux qu'ont longtemps utilisée orfèvres, lapidaires, changeurs, pharmaciens.

TRECULIA n. m. (de *Trécul,* n. pr.). Arbre à pain (moracée) africain et malgache, aux énormes inflorescences farineuses.

TREFFORT-CUISIAT (01370), ch.-l. de cant. de l'Ain ; 1 789 hab. Grottes préhistoriques. Château remontant au XIIIe s.

TRÉFILAGE n. m. Opération destinée à diminuer le diamètre d'un fil métallique par traction à travers une filière.
ENCYCL. **Métall.** Le tréfilage opère à partir du fil machine (diamètre entre 5 et 15 mm) et aboutit à des fils de diamètre compris entre 0,1 et 5 mm. À chaque passe le fil subit un écrouissage et doit être soumis à un traitement de recuit pour retrouver sa ductilité. Avant utilisation ou mise en forme ultérieure, le fil subit un traitement thermique de normalisation et est parfois revêtu d'un film métallique.

TRÉFILER v. t. (de *tréfilerie*) [conj. 3]. Réduire la section d'un fil par tréfilage.

TRÉFILERIE n. f. (anc. fr. *tréfilier,* tréfileur, du lat. *trans,* à travers, et *fil*). Atelier de fabrication de fil, dans lequel s'effectue le tréfilage.

TRÉFILEUR, EUSE n. Ouvrier(ère) qui tréfile ; industriel qui exploite une tréfilerie.

◆ adj. Qui sert au tréfilage.
◆ **tréfileuse** n. f. Machine constituée d'un dévidoir et d'un ou plusieurs ensembles cabestan-porte-filière, imposant à un fil une ou plusieurs passes successives de tréfilage.

TRÈFLE n. m. (gr. *triphullon,* de *triphullos,* à trois feuilles). **1.** Herbe annuelle ou vivace (papilionacée) des régions tempérées de l'hémisphère Nord, caractérisée par ses feuilles à trois folioles égales. (Plusieurs espèces sont cultivées comme fourragères, quelques-unes comme plantes d'ornement.) — **2.** Objet, motif ayant cette forme : *Un trèfle en or.* — **3.** *Arg.* Argent. — **4.** Motif ornemental formé au moyen de trois cercles sécants, centrés sur chacun des sommets d'un triangle équilatéral. (Époque gothique notamment.) [Syn. TRILOBE.] — **5.** Une des quatre couleurs du jeu de cartes. — **6.** Épaulette des tambours-majors et des militaires de la gendarmerie. — **7.** *Échangeur en trèfle,* croisement de routes à des niveaux différents, affectant la forme d'un trèfle à quatre feuilles. ‖ *Trèfle cornu,* autre nom du lotier corniculé. ‖ *Trèfle d'eau* ou *des marais,* nom usuel du *menyanthes.*

TRÉFLÉ, E adj. **1.** Qui a la forme d'un trèfle. — **2.** Se dit du plan du chœur d'une église présentant trois absides arrondies. (Syn. TRICONQUE.)

TRÉFLIÈRE n. f. Champ de trèfle.

TRÉFONCIER, ÈRE adj. **1.** Qui se rapporte au tréfonds d'un sol. — **2.** *Redevance tréfoncière,* redevance due au propriétaire du sol par l'exploitant de la mine.
◆ n. Propriétaire du fonds et du tréfonds.

TRÉFONDS n. m. (lat. *trans,* au-delà, et *fonds*). **1.** *Litt.* Ce qu'il y a de plus secret, de plus intime : *Ces mots retentirent jusqu'au tréfonds de son être.* — **2.** Sous-sol (minéralisé) d'un fonds terrien. (Pour les substances concessibles, la propriété de la surface du sol ne s'étend pas au tréfonds.)

TRÉFOUËL (Jacques), chimiste et bactériologiste français (Le Raincy 1897 - Paris 1977). Directeur de l'Institut Pasteur (1940-1964), il a étudié le mécanisme d'action des sulfamides et permis la découverte de nombreux bactériostatiques. (Acad. des sc., 1947.)

TRÉGASTEL (22730), comm. des Côtes-d'Armor, à 10 km au N. de Lannion ; 2 236 hab. *(Trégastellois).* Église du XVIᵉ s. ; ossuaire du XVIIᵉ. — Au N., station balnéaire de *Trégastel-Plage,* avec chaos de granite rose.

TRÉGOROIS ou **TRÉGORROIS, E** adj. et n. De Tréguier ou du Trégor.

TRÉGORROIS ou **TRÉGOR,** région de Bretagne, comprise, autour de Tréguier, entre la baie de Saint-Brieuc, à l'E., et la baie de Morlaix, à l'O. La côte est précédée d'îlots ou groupes d'îles (Bréhat, Sept-Îles). Les plateaux portent des cultures (céréales, primeurs, pommes de terre). Le littoral est surtout animé par le tourisme (estival), notamment vers Perros-Guirec. Les principales villes sont Lannion (avec, à proximité, le centre de Pleumeur-Bodou*) et Paimpol.

TRÉGUEUX (22950), comm. des Côtes-d'Armor, banlieue sud-est de Saint-Brieuc ; 7 019 hab.

TRÉGUIER (22220), ch.-l. de cant. des Côtes-d'Armor, sur la *rivière de Tréguier ;* 2 961 hab. *(Trégorois).* Anc. cathédrale, bel édifice de style gothique rayonnant (XIVᵉ-XVᵉ s.), avec cloître du XVᵉ s. Petit musée Renan. Électronique. Aquaculture.

TRÉGUNC (29910), comm. du Finistère, au S.-E. de Concarneau ; 6 238 hab. *(Trégunccois).*

TREICHVILLE, faubourg portuaire et industriel d'Abidjan (Côte-d'Ivoire).

TREIGNAC (19260), ch.-l. de cant. de la Corrèze ; 1 587 hab. *(Treignacois).* Bourg pittoresque avec un vieux pont et une église du XVᵉ s. Barrage et centrale sur la Vézère.

TREILHARD (Jean-Baptiste, *comte*), homme politique français (Brive-la-Gaillarde 1742 - Paris 1810). Avocat, député à la Constituante et à la Convention, membre du Comité de salut public, puis des Cinq-Cents, directeur (1798-99), conseiller d'État sous le Consulat, il participa à la rédaction des différents codes.

TREILLAGE n. m. (de *treille*). **1.** Assemblage de lattes ou d'échalas posés parallèlement ou croisés en divers sens, pour former des berceaux, des palissades ou des espaliers dans les jardins, etc. — **2.** Fils de fer tendus, qui servent de supports à la vigne et à ses pousses.

TREILLAGER v. t. (conj. **17**). Garnir de treillage.

TREILLAGEUR n. m. Personne qui fabrique ou vend des treillages ou des treillis.

TREILLE [trɛj] n. f. (lat. *trichila,* tonnelle). **1.** Ceps de vigne qui s'élèvent contre un mur, un treillage, un arbre. — **2.** Berceau formé par des ceps de vigne que soutient un treillage. — **3.** Berceaux de treillage soutenant des plantes grimpantes, décorant des jardins. — **4.** Chaque maille du tulle. — **5.** Litt. *Le jus de la treille,* le vin.

1. TREILLIS n. m. (de *treille*). **1.** Ouvrage de métal, de bois, etc., qui imite les mailles d'un filet et qui sert de clôture, sans intercepter l'air ni la vue. — **2.** Ouvrage de charpente, en bois ou en métal, fait de barres, de poutrelles entrecroisées. — **3.** Ensemble ordonné dans lequel tout couple d'éléments possède toujours une borne supérieure et une borne inférieure. (Syn. ENSEMBLE

RÉTICULÉ.) – **4.** *Poutre à* (ou *en*) *treillis,* poutre à âme triangulée.

2. TREILLIS n. m. (lat. pop. **trilicius,* du lat. class. *trilix, -icis,* tissé de trois fils, de *tres,* trois, et *licium,* lisse). **1.** Toile écrue, autrefois en chanvre, très grosse et très forte, qui sert à faire des sacs, des vêtements de fatigue, à tendre les murs, etc. – **2.** Vêtement grossier de travail ou d'exercice ; vêtement porté par les militaires pour les corvées, ou tenue de combat.

TREILLISSÉ adj. et n. m. Se dit d'un décor ajouré en forme de treillage ornant le bord de certaines pièces céramiques (assiettes, corbeilles, etc.).

TREILLISSER v. t. (de *treillis 1*) [conj. 3]. Garnir d'un treillis (bois ou métal).

TREIZE adj. num. card. inv. (lat. *tredecim*). **1.** Dix et trois. – **2.** S'emploie au sens de « treizième » pour indiquer une numérotation, un rang : *Page treize. Louis XIII.* – **3.** *Être treize à table,* circonstance qui passe pour porter malheur.

◆ n. m. inv. **1.** Nombre 13 (désigne aussi, selon les cas, le jour, le numéro d'une maison, d'un cheval qui court, etc.) : *Le treize du mois.* – **2.** *Treize à la douzaine,* action de donner treize objets pour douze achetés effectivement. ‖ *Vendredi treize,* jour qui a la réputation de porter malheur.

TREIZIÈME adj. num. ord. (de *treize*). **1.** Qui occupe un rang marqué par le nombre 13 : *Qui est le treizième sur la liste ?* – **2.** Qui est contenu treize fois dans un tout : *La treizième partie de 91 est 7.*

◆ n. m. Partie contenue treize fois dans un tout.

TREIZIÈMEMENT adv. En treizième lieu.

TREIZISTE n. m. Joueur de rugby à treize.

Trek (le **Grand**) [mot néerl. signif. *migration*], migration (1834-1839) des Boers établis dans la colonie du Cap qui gagnèrent les côtes du Natal, puis l'intérieur, repoussant les tribus bantoues et constituant les États de Natal, d'Orange et du Transvaal.

1. TREKKER n. m. (mot angl.). Pratiquant du trekking.

2. TREKKER v. i. (conj. 3). Faire un trekking.

TREKKING [trɛkiɲ] ou **TREK** n. m. (angl. *trekking,* de *to trek,* du néerl. *trekken*). Randonnée pédestre, à mi-chemin entre le tourisme et l'alpinisme, dans des pays de forte altitude.

TRÉLAZÉ (49800), comm. de Maine-et-Loire, banlieue S.-E. d'Angers ; 10 607 hab. *(Trélazéens).* Ardoisières.

TRÉLISSAC (24750), comm. de la Dordogne, banlieue est de Périgueux ; 6 807 hab.

TRÉLON (59132), ch.-l. de cant. du Nord, dans le Hainaut, au S. de la *forêt de Trélon ;* 2 975 hab. *(Trélonais).* Verrerie.

TRÉMA n. m. (gr. *trêma, -atos,* point sur un dé). Signe orthographique constitué de deux points juxtaposés que l'on place sur les voyelles *e* et *i* (ainsi que *o* et *u* dans quelques mots étrangers) pour indiquer que la voyelle qui précède a une prononciation indépendante (*naïf* [naif], *coïncidence* [kɔɛ̃sidɑ̃s], *aiguë* [egy]).

TRÉMAIL → TRAMAIL.

TRÉMATAGE n. m. (de *trémater*). Action de trémater.

TRÉMATER v. t. (p.-ê. bas lat. *trema,* sentier) [conj. 3]. Dépasser un automoteur ou un convoi de navigation fluviale.

TRÉMATODE n. m. (gr. *trêmatôdês,* troué). Classe de vers plathelminthes parasites portant des ventouses et/ou des crochets de fixation, possédant un appareil digestif complet, et dont le type est la douve du foie. (On subdivise les trématodes en aspidogastres, parasites de poissons, et en digènes. Les trématodes occasionnent des maladies parasitaires redoutables pour l'homme : dismatoses hépatique ou pulmonaire, bilharzioses hépatique, vésicale ou intestinale.)

TREMBECKI (Stanisław), poète polonais (près de Cracovie v. 1739 - Tulczyn 1812). Considéré comme le plus remarquable styliste polonais du XVIIIe s., il a composé des *Fables* et des poèmes dont *Polanka ou le Poème champêtre* (1779) et *Zofiówka* (1806).

TREMBLADE (La) [17390], ch.-l. de cant. de la Charente-Maritime, près de l'embouchure de la Seudre ; 4 645 hab. *(Trembladais).* Centre de commerce des huîtres « de Marennes ». Plages de Ronce.

TREMBLAIE n. f. Terrain planté de trembles.

TREMBLANT, E adj. **1.** Qui tremble : *Personne tremblante de peur. Répondre d'une voix tremblante d'émotion.* – **2.** Qui est agité d'un tremblement : *La flamme tremblante d'une bougie.*

◆ **tremblante** n. f. Encéphalopathie spongiforme ovine. (Maladie infectieuse et contagieuse du mouton, de forme convulsive ou prurigineuse, et se terminant par la mort.)

Tremblant (*parc provincial du* **Mont-**), parc naturel du Canada (Québec), au N.-N.-O. de Montréal ; 3 200 km^2.

Tremblay (le), parc de loisirs du Val-de-Marne (comm. de Champigny-sur-Marne), sur l'emplacement d'un ancien hippodrome.

TREMBLAY (François Joseph LE CLERC DU), dit **le Père Joseph** → JOSEPH.

TREMBLAY (Michel), écrivain québécois (Montréal 1942). Inaugurant avec *les Belles-Sœurs* (1968) un théâtre contestataire qui adopte le « joual », il est revenu au français dans ses romans (*la Cité dans l'œuf,* 1985). On lui doit également *le Cœur découvert* (1987).

TREMBLAY-EN-FRANCE (93290) anc. **Tremblay-lès-Gonesse,** ch.-l. de cant. de la Seine-Saint-Denis, au S. de l'aéroport de Roissy-en-France ; 31 432 hab. *(Tremblaysiens).* Église du XVIe s. Circuit pour motos.

TREMBLE n. m. (lat. *tremulus,* de *tremere,* trembler). Peuplier de l'Europe occidentale, aux feuilles agitées par le moindre vent. (Son bois est utilisé en menuiserie et pour faire des allumettes ou de la pâte à papier.)

TREMBLEMENT n. m. **1.** Ensemble des secousses répétées qui agitent, font vibrer qqch. – **2.** Agitation du corps par petites secousses involontaires : *Souffrir d'un tremblement de la main.* (→ encycl.) – **3.** Agitation de ce qui tremble : *Le tremblement des feuilles sous un vent léger.* – **4.** Vibration de la voix : *Il parla avec un tremblement dans la voix.* – **5.** Fam. *Et tout le tremblement,* et tout le reste. ‖ *Tremblement de terre,* syn. de SÉISME.
ENCYCL. **Neurol.** On distingue le *tremblement de repos* qui survient lors du relâchement musculaire et dont le rythme est lent et régulier (il est caractéristique du syndrome parkinsonien) ; le *tremblement d'attitude* qui apparaît lors du maintien d'une posture est rapide (8 à 12 cycles par seconde), s'observe surtout à l'âge adulte et chez le sujet âgé et présente volontiers un caractère familial ; le *tremblement d'action* qui survient lors du mouvement volontaire et est caractéristique des lésions cérébelleuses.

TREMBLER v. i. (lat. pop. *tremulare, du lat. class. *tremulus,* de *tremere,* trembler) [conj. 3]. **1.** Avoir le corps agité de petits mouvements musculaires, vifs et involontaires : *Trembler de peur. Ses mains tremblent.* – **2.** Bouger, être agité de mouvements répétés de faible amplitude : *Les feuilles des arbres tremblent.* – **3.** Être l'objet d'un séisme : *La terre a encore tremblé en Italie.* – **4.** Varier d'intensité, selon de menues oscillations, en parlant d'un phénomène, de la voix : *L'image de la télévision tremble. Un vieillard dont la voix tremble.* – **5.** Éprouver une grande crainte, une vive émotion : *Il tremblait d'apprendre la vérité.* – **6.** *Trembler comme une feuille,* être agité d'un violent tremblement.

◆ **être tremblé** v. pass. Être exécuté d'une main qui tremble : *Écriture tremblée.*

TREMBLEUR, EUSE n. *Litt.* Personne qui éprouve sans cesse de grandes craintes.

◆ **trembleur** n. m. Appareil qui communique aux cocons contenus dans la bassine un sautillement continuel, favorable à leur dévidage.

◆ **trembleuse** n. f. Tasse qu'une saillie circulaire appropriée à sa soucoupe empêche de glisser.

TREMBLOTANT, E adj. Qui tremblote, qui vacille.

TREMBLOTE n. f. Fam. *Avoir la tremblote,* trembler de froid, de peur ou sous l'effet de l'âge, d'une maladie.

TREMBLOTEMENT n. m. Fait de trembloter.

TREMBLOTER v. i. (conj. 3). Trembler légèrement : *Sa voix tremblote d'émotion.*

TRÉMELLALE n. f. (de *trémelle*). Champignon primitif (protobasidiomycète) aux basides cloisonnées en long, tel que les trémelles.

TRÉMELLE n. f. (lat. sc. *tremella,* du lat. class. *tremulus,* tremblant). Champignon protobasidiomycète gélatineux, jaune d'or, poussant sur les branches mortes.

TRÉMERY (57300), comm. de la Moselle, à 18 km au N. de Metz ; 818 hab. Industrie automobile.

TRÉMET n. m. Plate-forme en bordure des marais salants, où l'on amasse le sel récolté.

TREMEX n. m. Grand insecte hyménoptère symphyte, dont la larve creuse des galeries dans le tronc des hêtres et des peupliers.

TRÉMIE n. f. (lat. *trimodia,* vase qui contient trois boisseaux). **1.** Sorte de réservoir en forme de pyramide tronquée renversée, à base carrée. – **2.** Espace réservé dans un plancher, par le moyen d'une enchevêtrure, pour installer l'âtre d'une cheminée ; espace réservé dans un plancher pour une circulation verticale (gaine, cage d'escalier, etc.). – **3.** Pyramide creuse constituée par des petits cristaux cubiques, que l'on obtient quand on laisse se cristalliser lentement le sel d'une saumure. – **4.** Tranchée d'accès à un passage inférieur ou à un tunnel.

TRÉMIÈRE adj. f. (altér. de *rose d'outre-mer*). *Rose trémière* → ROSE.

TRÉMOLITE n. f. (du n. du val *Tremola,* n. pr.). Variété d'amphibole, contenant du magnésium et du calcium. (L'asbeste, l'amiante sont des variétés fibreuses de trémolite.)

TRÉMOLO n. m. (ital. *tremolo,* tremblement de la voix). **1.** Répétition très rapide d'un même son avec un instrument à cordes frottées. – **2.** Tremblement de la voix indiquant une forte émotion, souvent feinte ou exagérée.

TRÉMOUSSEMENT n. m. Action de se trémousser.

TRÉMOUSSER (SE) v. pr. (du lat. *trans,* au-delà, et *mousse,* écume) [conj. 3]. Bouger son corps en tous sens, balancer les hanches, les épaules : *Les couples dansaient en se trémoussant.*

TREMPABILITÉ n. f. (de *tremper*). Aptitude d'un alliage à bénéficier des effets de la trempe. (Dans un acier ordinaire, ces effets ne sont sensibles que jusqu'à un centimètre sous la surface de la pièce ; la trempabilité dépend de la grosseur du grain de l'acier et de la qualité de son élaboration.)

TREMPAGE n. m. **1.** Action de tremper qqch dans un liquide ; fait de tremper : *Le trempage des cuirs.* — **2.** Première phase du maltage, consistant à humidifier le grain d'orge pour favoriser la germination. — **3.** Pose des glaçures d'une céramique, par immersion de l'objet, cuit en dégourdi, dans l'émail liquide. — **4.** Dans certains types d'impression, action d'humecter au préalable le papier. — **5.** *Moulage par trempage,* moulage dans lequel le moule est trempé dans la matière à mettre en forme et se recouvre d'une couche de polymère.

TREMPANT adj. m. (de *tremper*). *Acier trempant,* acier apte à recevoir la trempe, et caractérisé par sa trempabilité.

TREMPE n. f. (de *tremper*). **1.** Traitement thermique qui consiste, grâce au refroidissement rapide d'un produit métallurgique, à obtenir à température ambiante une structure stable à chaud, ou une structure dérivée de cette dernière. (La trempe entraîne une variation des propriétés, telle qu'un durcissement pour les aciers.) [→ *encycl.*] — **2.** Fermeté morale, intellectuelle, énergie en face des épreuves. — **3.** Nature, caractère, envergure propre à qqn : *Avoir la trempe d'un homme d'État.* — **4.** *Pop.* Vigoureuse correction, volée de coups. — **5.** Traitement thermique (brusque refroidissement) ou chimique (immersion dans un bain de sel fondu) du verre, qui met en compression sa surface et accroît de ce fait sa résistance mécanique. — **6.** En reliure, opération qui consiste à appliquer une couche de colle sur la peau, la toile ou les papiers employés.

ENCYCL. **Métall.** La trempe se réalise par refroidissement brutal dans un milieu approprié (eau, pétrole, saumure, etc.). Parfois, il n'est pas possible, aussi rapide que puisse être le refroidissement, de maintenir la structure stable à chaud, et l'on obtient une structure intermédiaire ou métastable : c'est le cas des aciers. C'est la dureté que l'on cherche le plus couramment à améliorer par la trempe, mais on observe une diminution de la dureté pour certains alliages cuivreux et certains alliages légers. On distingue la *trempe ordinaire,* pour laquelle la pièce, chauffée au préalable, est portée rapidement dans le bac de trempe ; la *trempe isotherme* (ou *étagée*), qui se pratique en deux étages (refroidissement et maintien à une température comprise entre 200 °C et 700 °C, puis refroidissement final à l'eau et à l'air) et permet d'améliorer la dureté et de diminuer la fragilité ; la *trempe au chalumeau,* qui consiste à appliquer la flamme d'un chalumeau à la partie de la pièce à traiter, puis à refroidir brutalement par aspersion d'eau ; la *trempe superficielle,* réservée aux petites pièces, qui associe un chauffage par induction à un système d'aspersion d'eau intégré à l'inducteur. Dans la majorité des cas, les tensions internes dues à la trempe sont éliminées par un traitement de revenu*.

TREMPÉ n. m. Méthode d'application des peintures, vernis, etc., consistant à plonger l'objet à revêtir dans un bain contenant le produit à appliquer.

TREMPER v. t. (altér. de l'anc. fr. *temprer,* du lat. *temperare,* tempérer) [conj. 3]. **1.** Plonger qqch dans un liquide : *Tremper sa tartine dans son café.* — **2.** Asperger, recouvrir, imbiber qqn, qqch d'un liquide : *Regarde, tu as trempé la nappe en renversant la bouteille.* — **3.** Imbiber, mouiller qqch, qqn abondamment en parlant d'un liquide : *La pluie a trempé ses vêtements.* — **4.** *Litt.* Aguerrir, endurcir qqn, lui donner un caractère fort. — **5.** Imbiber un gâteau d'un alcool, d'un sirop, etc. — **6.** Faire séjourner du linge ou de la vaisselle sale avant lavage dans de l'eau additionnée d'un produit détersif. — **7.** Pratiquer l'opération de trempe d'un métal ou d'un verre. — **8.** *Tremper ses lèvres dans une boisson,* y goûter. ‖ Vx. *Tremper la soupe,* verser le bouillon sur le pain.

◆ v. i. **1.** Être plongé dans un liquide un certain temps : *Faire tremper les haricots secs.* — **2.** Participer à une affaire louche, malhonnête : *Avoir trempé dans une affaire de drogue.* — **3.** Effectuer la trempe d'une reliure.

◆ **être trempé** v. pass. **1.** Être abondamment mouillé, imbibé ou recouvert d'eau : *Le front trempé de sueur.* — **2.** En parlant d'un métal ou d'un alliage, d'un verre, avoir subi l'opération de trempe. — **3.** *Bien trempé,* qui a de la trempe.

TREMPETTE n. f. Fam. *Faire trempette,* se baigner pendant peu de temps ou dans une eau peu profonde.

TREMPEUR n. m. Ouvrier qui procède à la trempe du métal ou du verre.

TREMPLIN n. m. (ital. *trampolino*). **1.** Planche inclinée ou très élastique permettant aux plongeurs d'augmenter la hauteur ou la longueur du saut. — **2.** Plan incliné recouvert de neige, qui donne l'élan nécessaire pour le saut à skis. — **3.** Plan incliné pour le saut à ski nautique. — **4.** Planche semi-élastique, facilitant les impulsions d'un gymnaste (saut de cheval, entrées aux barres et à la poutre). — **5.** Ce qui donne un élan pour atteindre un objectif : *Les médias lui ont servi de tremplin pour sa carrière politique.*

TRÉMULANT, E adj. *Litt.* Qui est agité d'un tremblement.
◆ adj. et n. Qui présente des trémulations.

TRÉMULATION n. f. (de *trémuler*). Tremblement de faible amplitude qui s'observe dans le delirium tremens.

TRÉMULER v. i. (lat. *tremulus,* agité, de *tremere,* trembler) [conj. 3]. *Litt.* Être agité d'un tremblement.

TRENCH-COAT [trɛnʃkot] ou **TRENCH** n. m. (pl. *trench-coats, trenchs*) [mot angl., de *trench,* tranchée, et *coat,* manteau]. Imperméable croisé, ceinturé, avec col à revers et bavolets de dos et de poitrine.

TRENČÍN, v. de Slovaquie (région de Slovaquie-Occidentale) ; 48 100 hab. Château royal (XIIIe s.). Carrefour routier et ferroviaire. Constructions mécaniques.

TREND [trɛnd] n. m. (angl. *trend,* tendance). Mouvement économique de longue durée.

TRENET (Charles), auteur, compositeur et chanteur français (Narbonne 1913). Par son humour, sa sentimentalité tendre, la qualité des textes et le rythme musical de ses œuvres (qui lui valurent le surnom de « fou chantant »), il fut un véritable rénovateur de la chanson *(Y a de la joie, la Polka du roi, Fleur bleue, l'Âme des poètes, Douce France, la Mer).*

TRENT (la), riv. de Grande-Bretagne ; 270 km (bassin de 10 000 km²). Issue des Pennines, elle draine les Midlands, traverse Nottingham et s'achève dans l'estuaire du Humber.

TRENTAIN n. m. (de *trente*). *Trentain grégorien,* série de trente messes célébrées durant trente jours consécutifs pour un défunt.

TRENTAINE n. f. **1.** Nombre exact ou approximatif de trente. — **2.** Âge approximatif de trente ans : *Avoir passé la trentaine.*

TRENTE adj. num. card. inv. (lat. pop. **trinta,* du lat. class. *triginta*). **1.** Trois fois dix : *Un mois de trente jours.* — **2.** S'emploie au sens de « trentième » dans l'indication d'une numérotation, d'un rang : *Page trente.*
◆ n. m. inv. **1.** Nombre 30 (désigne aussi, selon les cas, le jour, le numéro d'une maison, d'une chambre, etc.) : *Le trente du mois d'avril.* — **2.** Au tennis, deuxième point d'un jeu.

Trente (les), nom donné aux trente magistrats qui gouvernèrent Athènes pendant huit mois en 404 av. J.-C. Élus par un groupe restreint de citoyens sous la pression des Spartiates, ils formèrent un conseil oligarchique qui détruisit la démocratie. Les plus actifs furent Théramène et Critias. Ils pratiquèrent un régime de terreur et furent chassés par Thrasybule.

Trente *(combat des),* combat livré près de Ploërmel (27 mars 1351), pendant la guerre de la Succession de Bretagne, à la suite d'un défi lancé par le capitaine Jean de Beaumanoir. Trente Français l'emportèrent sur trente Anglais à l'issue d'une journée de lutte.

Trente Ans *(guerre de),* conflit qui ravagea l'Europe, particulièrement le Saint Empire, de 1618 à 1648, et qui se prolongea entre la France et l'Espagne jusqu'en 1659. L'instabilité politique et religieuse du Saint Empire est à l'origine du conflit : pour résister aux progrès de la Réforme catholique, les princes protestants, dont certains ont adhéré au calvinisme, confession non reconnue par la paix d'Augsbourg (1555), se regroupent en une « Union évangélique » (1608). Les princes catholiques leur opposent la « Sainte Ligue allemande » (1609), dirigée par le duc Maximilien Ier de Bavière. Les protestants de Bohême se rebellent contre l'autorité des Habsbourg en 1618 (défenestration* de Prague, qui déclenche la guerre de Trente Ans). Après avoir déposé (août 1619) le Habsbourg Ferdinand de Styrie (qui devient empereur le même mois sous le nom de Ferdinand II), les Tchèques donnent la couronne de Bohême à l'Électeur palatin Frédéric V, mais ils sont défaits à la Montagne Blanche (nov. 1620) par les troupes de la Ligue dirigées par Tilly. L'empereur Ferdinand II mène alors une dure répression en Bohême et la Ligue occupe le Palatinat qui perd l'électorat au profit de la Bavière (1623). Christian IV, roi de Danemark, intervient alors en Basse-Saxe, avec l'appui des princes protestants du Nord. Mais Wallenstein bat les protestants près de Dessau (avr. 1626), et Tilly défait Christian IV à Lutter (août). Le Danemark doit conclure la paix de Lübeck (mai 1629). Ferdinand II, devenu maître de l'Allemagne du Nord, promulgue un édit de Restitution des biens sécularisés (mars 1629). Richelieu, qui a déjà occupé la Valteline (1625) pour prévenir une jonction des Habsbourg d'Espagne et d'Autriche, réussit par ses intrigues à la diète de Ratisbonne (1630) à empêcher le fils de Ferdinand II d'être élu roi des Romains. Les princes catholiques de la Ligue, se méfiant de la puissance de l'empereur, contraignent celui-ci à congédier Wallenstein. Richelieu suscite l'intervention en Allemagne de Gustave II Adolphe, roi de Suède et protestant. La victoire de ce dernier sur Tilly à Breitenfeld (sept. 1631) ouvre aux Suédois la route de l'Allemagne du Sud. Rappelé par l'empereur, Wallenstein ne peut les contenir et est défait à Lützen (nov. 1632), bataille où

Gustave Adolphe trouve la mort. L'armée suédoise est désormais conduite par Bernard de Saxe-Weimar et G. Horn. Wallenstein, ayant pactisé avec l'ennemi, est assassiné en févr. 1634 sur l'ordre de l'empereur. Après la victoire remportée par les troupes impériales, espagnoles et bavaroises à Nördlingen (sept. 1634), les Suédois se retirent au nord du Main et la Saxe signe le traité de Prague (1635). La désunion des protestants et les négociations de paix amènent Richelieu à intervenir directement contre les Espagnols et les impériaux. D'abord menacée sur la Somme en 1636, la France se reprend : occupation de l'Alsace (1639), prise d'Arras (1640), de Perpignan (1642), victoire de Condé à Rocroi (1643). Les Suédois réussissent une nouvelle campagne en Bohême et en Moravie et menacent Vienne en 1645. Turenne contraint la Bavière à solliciter la paix (1647). L'épuisement général et l'impossibilité pour chacun d'obtenir un avantage décisif conduisent à des négociations qui aboutissent en 1648 aux traités de Westphalie*. Le conflit se prolongera néanmoins encore dix années entre la France et l'Espagne, qui devra accepter le traité des Pyrénées (1659). Mais la guerre aura précipité la ruine — encore incomplète, mais désormais irréversible — du Saint Empire. Quant à l'Allemagne, presque totalement ravagée, elle a perdu 40 % de sa population.

TRENTE, en ital. **Trento,** v. d'Italie, dans le Trentin, ch.-l. de prov., sur l'Adige ; 100 000 hab. *(Trentins, Tridentins).* Archevêché. Cathédrale romano-gothique des XIIIe-XVIe s. et autres églises anciennes. Musée diocésain dans un palais du XIIIe s. Demeures et palais de la Renaissance. Château du Buonconsiglio, ensemble des XIIIe-XVIIe s. abritant le musée national du Trentin. Centre industriel.

Trente *(concile de),* concile œcuménique qui se tint, en 25 sessions, de 1545 à 1549, en 1551-52 et en 1562-63 à Trente.

Ce concile, convoqué par Paul III et clôturé par Pie IV, fut la pièce maîtresse et le moteur de la Réforme catholique, ou Contre-Réforme, par laquelle l'Église romaine opposa à la Réforme protestante une révision complète de sa discipline — notamment au niveau des clercs, désormais formés dans des séminaires et contrôlés de près par les évêques — et une réaffirmation solennelle des points dogmatiques — sources de la foi, péché originel, justification, sacrements... — à l'encontre des affirmations protestantes.

Les papes Pie IV (1559-1565), Pie V (1566-1572), Grégoire XIII (1572-1585) s'employèrent à faire entrer les décisions conciliaires dans les structures ecclésiales par une série de mesures, notamment par : la promulgation du catéchisme romain dit du concile de Trente (1566), l'édition de la Vulgate et la réforme du bréviaire (1568) et du missel (1570), la refonte du calendrier et du martyrologe (1582)...

Trente Glorieuses *ou la Révolution invisible de 1949 à 1975,* ouvrage de J. Fourastié (1979), mettant en lumière la très importante croissance économique de la France de 1949 à 1975.

TRENTE-ET-QUARANTE n. m. inv. Jeu de cartes et de casino dans lequel le banquier aligne des cartes dont le total des points doit se situer entre 30 et 40.

TRENTE-ET-UN n. m. (de *trente et un,* total gagnant au jeu de cartes de ce nom). Fam. *Être, se mettre sur son trente-et-un,* être particulièrement bien habillé, coiffé, mis.

TRENTENAIRE adj. (de *trente,* d'apr. *centenaire*). Qui dure trente ans, qui existe depuis trente ans : *Un arbre trentenaire.*

TRENTE-SIX adj. num. card. et n. m. inv. *Fam.* **1.** Indique une grande quantité : *Il fait toujours trente-six choses à la fois.* — **2.** *Tous les trente-six du mois,* très rarement sinon jamais.

TRENTIÈME adj. num. ord. **1.** Qui occupe un rang marqué par le nombre trente : *Il est trentième au classement.* — **2.** Qui est contenu trente fois dans un tout : *La trentième partie de 120 est 4.* ◆ n. m. Partie contenue trente fois dans un tout.

TRENTIÈMEMENT adv. En trentième lieu.

TRENTIN, en ital. **Trentino,** région de l'Italie continentale correspondant à l'actuelle province de Trente et formant, avec le Haut-Adige, la région historique de la *Vénétie Tridentine.* Cet ensemble constitue aujourd'hui la région du Trentin-Haut-Adige.

TRENTIN-HAUT-ADIGE, en ital. **Trentino-Alto Adige,** petite région du nord de l'Italie, comprenant les provinces de Trente et de Bolzano ; 13 613 km^2 ; 886 914 hab. Entièrement alpine, de climat rude, la région a des massifs élevés (plus de 3 000 m), coupés de vallées glaciaires (Adige). Les activités agricoles sont secondaires face à l'industrie (hydroélectricité, métallurgie, chimie, alimentation), aux fonctions de commerce et de passage vers l'Autriche (col du Brenner), et au tourisme d'été et d'hiver.

— **Hist.** Agrégés au royaume d'Italie en 1809, annexés au Tyrol en 1816, Trente et le Trentin étaient considérés par les Italiens comme des provinces irrédentistes. C'est pour les récupérer que l'Italie entra en guerre aux côtés des Alliés (1915). Le traité de Saint-Germain (1919) lui en assura la possession.

TRENTON, v. des États-Unis, cap. du New Jersey, sur la Delaware ; 92 100 hab. Centre commercial et industriel.

TRÉPAN n. m. (lat. médiév. *trepanum,* du gr. *trupanon*). 1. Instrument permettant de perforer les os. — 2. Outil qui, dans un sondage, attaque le terrain afin d'y creuser un trou de section circulaire. — 3. Outil de foration, vissé à l'extrémité du train de tiges, dont le bord d'attaque est découpé en lame, en pics ou en dentelures. — 4. Perçoir, notamment à archet, utilisé autrefois pour percer les matériaux durs.

TRÉPANATION n. f. Opération qui consiste à pratiquer une ouverture dans un os, notamment dans la boîte crânienne, à l'aide du trépan ou de tout autre instrument.

TRÉPANÉ, E adj. et n. Se dit de qqn qui a subi une trépanation de la boîte crânienne.

TRÉPANER v. t. (de *trépan*) [conj. 3]. Pratiquer une trépanation.

TRÉPANG ou **TRIPANG** [-pɑ̃] n. m. (mot malais). Nom usuel et commercial des grosses holothuries comestibles des mers du Sud. (Syn. BÊCHE-DE-MER.)

TRÉPAS n. m. (de *trépasser*). *Litt.* 1. Mort, en parlant de l'homme. — 2. *Passer de vie à trépas,* mourir.

TRÉPASSÉ, E n. 1. *Litt.* Personne décédée. — 2. *Le jour, la fête des Trépassés,* le 2 novembre, le jour des Morts.

TRÉPASSER v. i. (de *passer*) [conj. 3]. *Litt.* Mourir, décéder.

TRÉPASSÉS *(baie des),* baie des côtes de Bretagne (Finistère), entre la pointe du Raz et la pointe du Van.

TRÉPIDANT, E adj. 1. Qui est agité de trépidations : *Une voiture trépidante.* — 2. Se dit d'un mouvement vif et saccadé : *Danse trépidante.* — 3. *Vie trépidante,* pleine d'activité, d'agitation, d'animation.

TRÉPIDATION n. f. (lat. *trepidatio,* désordre). 1. Tremblement continu et saccadé. — 2. Vive agitation, forte animation : *La trépidation de la vie parisienne.*

TRÉPIDER v. i. (lat. *trepidare,* s'agiter) [conj. 3]. *Litt.* Être agité de petites secousses rapides : *Le sol trépide au passage des camions.*

TRÉPIED n. m. (lat. *tripes, -edis*). 1. Support à trois pieds : *Lampe à trépied.* — 2. Meuble à trois pieds, souvent en métal, à usage de table à ouvrage, de jardinière ou de toilette (fin du règne de Louis XVI et style Empire). — 3. *Trépied d'Apollon,* trépied sur lequel se plaçait la Pythie pour rendre ses oracles.

TRÉPIGNEMENT n. m. Action de trépigner.

TRÉPIGNER v. i. (anc. fr. *treper,* frapper du pied, du frq. **trippon,* sautiller) [conj. 3]. Frapper vivement et nerveusement des pieds contre terre pour marquer une vive émotion : *Il trépignait de rage.*

TRÉPOINTE n. f. (du lat. *trans* et *pointe*). Bande de cuir souple, fixée tout autour d'une chaussure, et qui sert à faire la liaison entre la première et la tige d'une part, et le semelage d'autre part.

TRÉPONÉMATOSE ou **TRÉPONÉMOSE** n. f. Maladie causée par un tréponème.

TRÉPONÈME n. m. (gr. *trepein,* tourner, et *nêma,* fil). Genre bactérien composé de bactéries spiralées (classe des spirochètes), dont trois espèces sont responsables de maladies (syphilis, pian et carate).

ENCYCL. Le *tréponème pâle (Treponema pallidum),* agent de la syphilis, a été découvert en 1905 par Schaudinn dans le chancre syphilitique. C'est un spirochète, décrivant environ dix spires régulières et mesurant de 6 à 12 μm de long pour 0,25 μm de diamètre ; il est terminé à ses extrémités par des flagelles très fins. Le *Treponema pertenue,* agent du pian, et le *T. carateum,* agent du carate, ont une morphologie très voisine. Les tréponèmes ne se voient pas au microscope ordinaire et doivent être observés à l'ultramicroscope ou être rendus visibles par une coloration argentique.

TRÉPONÉMICIDE adj. et n. m. Se dit d'un médicament capable de détruire les tréponèmes (par ex. la pénicilline).

TRÉPORT (Le) [76470], comm. de la Seine-Maritime, à l'embouchure de la Bresle ; 6 287 hab. *(Tréportais).* Port de pêche et station balnéaire. Vieille ville pittoresque, avec l'église St-Jacques, des XIVe-XVIe s.

TRÈS adv. (lat. *trans,* au-delà, par-dessus). Indique un superlatif absolu, un degré élevé devant un adj., un adv., une locution, un participe passé, un adj. verbal et dans certaines loc. verbales : *C'est très simple. Cela se produit très souvent. Il est très en colère. Il fait très froid. J'ai très faim.*

TRÉSAILLE n. f. (anc. fr. *teseiller,* de *teser,* tendre, du lat. pop. **tensare*). Pièce horizontale de bois, qui maintient les ridelles d'une charrette.

TRESCHEUR n. m. (de *tresser*). Pièce constituée par un orle double, orné de fleurs de lis dirigées alternativement vers les bords et vers le cœur de l'écu.

TRES DE FEBRERO ou **CASEROS,** banlieue de Buenos Aires ; 345 000 hab.

TRES MARÍAS *(las),* petit archipel mexicain du Pacifique.

TRÉSOR n. m. (lat. *thesaurus,* du gr. *thêsauros*). 1. Amas d'objets précieux mis en réserve, souvent cachés : *Découvrir un trésor en pièces d'or.*

— **2.** Chose jugée très précieuse : *La santé est un trésor.* — **3.** Ensemble de biens, de produits, d'objets considérés comme des richesses que qqch recèle, contient ou produit (surtout pl.) : *Les trésors de l'océan.* — **4.** *Fam.* Personne particulièrement gentille, agréable : *Merci, vous êtes un trésor.* — **5.** *Fam.* Terme d'affection à l'adresse de qqn : *Reste auprès de moi, mon trésor.* — **6.** Grande quantité de manifestations d'une qualité, d'un bon sentiment : *Des trésors de patience.* — **7.** Nom donné à certains grands ouvrages, certaines grandes collections : *Trésor de la langue française.* • **Archéol.** Dans les grands sanctuaires grecs, petit édifice dédié par une cité ou un tyran et qui abritait des offrandes, des ex-voto. (Trésor des Athéniens à Delphes, terrasse des Trésors à Olympie.) — **Dr.** Toute chose précieuse (monnaies, bijoux, pierreries, médailles, statues, vases, objets d'art) qui, après avoir été cachée, est ensuite découverte fortuitement, sans que personne puisse prouver qu'il en est le propriétaire. — **Fin.** *Trésor (public),* ensemble des services financiers de l'État, régis par la règle de l'unité de caisse, c'est-à-dire l'État dans l'exercice de ses compétences financières. ‖ *Agent judiciaire du Trésor,* fonctionnaire qui est chargé du recouvrement des créances de l'État étrangères à l'impôt, en matière contentieuse. — **Hist.** *Trésor royal,* caisse centrale de l'État en France au Moyen Âge et sous l'Ancien Régime. (De 1523 à 1664, il a porté le nom de *Trésor de l'épargne.*) — **Hist.** et **Arts décor.** Lieu où l'on gardait les archives ou les objets précieux d'une seigneurie, d'une communauté, et où l'on garde encore ceux d'une église ; ces objets précieux eux-mêmes. — **Mil.** *Trésor de guerre,* argent monnayé et conservé par un État pour faire face à une guerre.

Trésor de la langue française, dictionnaire entrepris en 1960 à l'initiative du C. N. R. S. et publié de 1971 à 1994 sous la direction de Paul Imbs, puis de Bernard Quémada (16 volumes). Il se donne pour fin une description quasi exhaustive du vocabulaire français à partir de dépouillements très nombreux, principalement d'œuvres d'écrivains.

TRÉSORERIE n. f. **1.** Administration du Trésor public. — **2.** Mode de conservation et de mouvement des fonds qui appartiennent à l'État ou à une personne publique. — **3.** Ensemble des actifs liquides d'une entreprise, d'une association. — **4.** Bureau, fonction d'un trésorier-payeur général. — **5.** Ministère des Finances en Grande-Bretagne. — **6.** Budget, somme d'argent dont qqn dispose par rapport à sa gestion. — **7.** *Billet de trésorerie,* titre de créance d'une durée de 10 jours à 180 jours et d'un montant minimum de 5 MF, négociable sur le marché monétaire. ‖ *Position de trésorerie,* solde, positif ou négatif, exprimant la différence entre les actifs liquides et les dettes échues figurant au bilan d'une entreprise. ‖ *Service de la trésorerie aux armées,* service chargé, en campagne, des paiements budgétaires, de la réception des fonds administratifs sans emploi et des opérations de change.

TRÉSORIER, ÈRE n. **1.** Personne chargée de détenir, de comptabiliser et parfois de gérer les deniers d'un État, d'une communauté, d'une société, etc. — **2.** Officier chargé de solder les dépenses et d'encaisser les recettes d'un corps de troupes, dont il détient, en outre, les archives administratives.

TRÉSORIER-PAYEUR n. m. (pl. *trésoriers-payeurs*). *Trésorier-payeur général (T. P. G.),* comptable supérieur chargé d'assurer, dans le ressort d'une Région ou d'un département, les services extérieurs du Trésor. (Les T. P. G., créés en 1865, sont à la fois receveurs et payeurs depuis 1926. À Paris, les fonctions de T. P. G. sont assurées par le receveur général des Finances et le payeur général.)

TRESSAGE n. m. Action de tresser ; manière dont un objet est tressé.

TRESSAILLANT, E adj. *Litt.* Qui tressaille.

TRESSAILLEMENT n. m. Brusque secousse de tout le corps, à la suite d'une émotion vive : *Un tressaillement de joie.*

TRESSAILLIR v. i. (du lat. *trans* et *saillir*) [conj. **47**]. Sursauter, avoir un brusque mouvement involontaire du corps, en partic. sous le coup de quelque émotion.

TRESSAN (Louis Élisabeth DE LA VERGNE, *comte* DE), écrivain français (Le Mans 1705 - Paris 1783). Ses adaptations de romans médiévaux (*le Roman de la Rose,* 1779 ; *Jehan de Saintré,* 1780) favorisèrent le retour à la littérature du Moyen Âge. (Acad. fr., 1780.)

TRESSAUTEMENT n. m. *Litt.* Fait de tressauter.

TRESSAUTER v. i. (du lat. *trans,* et *sauter*) [conj. **3**]. *Litt.* **1.** Tressaillir vivement : *Tressauter à l'appel de son nom.* — **2.** Être agité de secousses : *Ses coups sur la table faisaient tressauter les verres.*

TRESSE n. f. (lat. pop. **trichia*). **1.** Forme obtenue par entrelacement de brins, de fils, de rubans, etc. : *Faire une tresse avec du fil plastique.* — **2.** Natte de cheveux. — **3.** Ornement architectural figurant des rubans ou bandelettes entrelacés. — **4.** Enveloppe de fils textiles ou métalliques entrecroisés, utilisée comme séparateur ou comme revêtement des câbles électriques. — **5.** Cordage plat, tressé à la main. — **6.** Galon placé sur le bandeau du képi pour indiquer le grade. — **7.** Type de ruban où les fils de chaîne sont entrecroisés et où il n'y a pas de fils de trame.

TRESSÉ n. m. Matériau fait de lanières intercalées, utilisé pour confectionner la tige d'une chaussure.
◆ **tressés** n. m. pl. Chaussures dont la tige est faite d'un matériau tressé.

TRESSER v. t. (de *tresse*) [conj. 4]. **1.** Entrelacer des brins, des fils, des cheveux, etc., pour en faire une tresse. — **2.** Entrelacer certains brins d'une matière flexible pour fabriquer un objet : *Tresser de l'osier.* — **3.** Fabriquer un objet en tressant : *Tresser un panier.* — **4.** *Tresser des couronnes à qqn,* faire son éloge.

TRES ZAPOTES, site archéologique du sud de l'État de Veracruz (Mexique). Important centre cérémoniel olmèque qui a livré plusieurs têtes colossales et des stèles gravées, dont l'une datée de 31 av. J.-C.

TRÉTEAU n. m. (lat. *transtellum,* var. de *transtillum,* dimin. de *transtrum,* traverse). Dispositif formé d'un élément long et étroit porté à chaque extrémité par deux pieds obliques et servant (par paire ou davantage) à soutenir une table, un plancher, une estrade, etc.
◆ **tréteaux** n. m. pl. **1.** Théâtre d'opérateur ambulant, de saltimbanque, de farceur : *Les tréteaux de Tabarin.* — **2.** Vx. *Monter sur les tréteaux,* se faire comédien.

Tretiakov *(galerie),* musée fondé vers 1856, à Moscou, par l'industriel Pavel Mikhaïlovitch Tretiakov, très augmenté depuis : panorama de l'art russe depuis le XIe s., en une cinquantaine de salles.

TRETS (13530), ch.-l. de cant. des Bouches-du-Rhône, près de l'Arc ; 7 913 hab. *(Tretsois).* Restes de fortifications. Église en partie romane. Marché.

TREUIL [trœj] n. m. (lat. *torculum,* pressoir). Appareil destiné à tirer ou à lever des charges, par l'intermédiaire d'un cordage, d'un câble ou d'une chaîne qui s'enroule autour d'un cylindre horizontal (appelé « tambour ») ou d'une noix, actionnés avec ou sans démultiplication par une manivelle ou par un moteur.

TREUILLAGE n. m. **1.** Opération permettant de monter ou de descendre des charges à l'aide d'un filin actionné par un treuil. — **2.** Lancement d'un planeur avec un treuil.

TREUILLE DE BEAULIEU (Antoine, *baron*), général français (Lunéville 1809 - Paris 1886), l'un des inventeurs du canon rayé se chargeant par la culasse (1857).

TREUILLER v. t. (de *treuil*) [conj. 5]. Pratiquer le treuillage de qqch, de qqn.

Treuttel et Wurtz, maison d'édition française fondée en 1770 à Strasbourg par J. G. Treuttel (1744-1826) auquel se joignit J. G. Wurtz (1768-1841). Elle a publié les ouvrages de Sismondi, une collection d'auteurs latins, les œuvres de Louis XIV, de Saint-Simon, de Frédéric le Grand.

TRÉVARESSE (la), chaînon calcaire des Bouches-du-Rhône, dominant la vallée de la Durance, au N.-O. d'Aix-en-Provence.

TRÊVE n. f. (anc. fr. *trive,* du frq. **treuwa,* pacte). **1.** Cessation temporaire de tout acte d'hostilité : *Violer une trêve.* — **2.** Suspension d'attaques quelconques : *Mettez une trêve à vos disputes.* — **3.** Temps d'arrêt dans qqch de difficile, de pénible : *Ses affaires ne lui laissaient aucune trêve.* — **4.** *Trêve de,* assez de, cessons cela : *Trêve de plaisanteries, il est temps d'agir.* ‖ *Trêve de Dieu,* aux Xe et XIe s., suspension des guerres féodales prescrite par l'Église pendant certains jours de la semaine et certaines périodes de l'année.

TREVELYAN (George Macaulay), historien britannique (Stratford-on-Avon 1876 - Cambridge 1962). Professeur d'histoire moderne à Cambridge (1927-1940), il a publié notamment : *British History in the Nineteenth Century* (1922), *History of England* (1926).

TRÈVES, en all. **Trier,** v. d'Allemagne (Rhénanie-Palatinat), sur la Moselle ; 95 500 hab. Carrefour routier, centre administratif, commercial, industriel et touristique. Université.
— **Hist.** D'abord sanctuaire gaulois des Trévires, Trèves est fondée par Auguste sous le nom d'*Augusta Treverorum* (v. 15 av. J.-C.). La ville devient un centre stratégique et économique important, très romanisé. Menacée par les invasions du IIIe s., elle est la capitale de l'« Empire gaulois » (258-273), puis la résidence des empereurs romains. Ruinée par l'invasion barbare de 406, brûlée par les Francs (v. 413), elle perd son rôle de capitale politique. Siège archiépiscopal au VIIe s., elle est intégrée au Saint Empire au Xe s. Les archevêques de Trèves deviennent princes électeurs en 1257. Les bourgeois de la cité s'enrichissent grâce au commerce sur le Rhin. La ville décline au cours du XVIIIe s. et est annexée à la Prusse en 1815. Son archevêché devient un évêché suffragant de Cologne en 1821. La ville a été gravement endommagée pendant la Seconde Guerre mondiale.
— **Bx-arts.** Remarquables vestiges romains (Porta nigra ; thermes impériaux ; basilique civile du IVe s., transformée au XVIIe s. ; etc.). Cathédrale avec parties des IVe, XIe et XIIe s. (trésor). Autres édifices, surtout religieux, romans, gothiques ou baroques. Musées.

Treves, maison d'édition italienne fondée à Milan en 1861 par Emilio *Treves* (Trieste 1834 - Milan 1916).

TRÉVEZEL *(roc),* hauteur des monts d'Arrée (Finistère), constituant (avec le signal de Toussaines) le point culminant de la Bretagne ; 384 m.

TRÉVIRE n. f. (de *trévirer*). Cordage frappé en double au sommet d'un plan incliné, pour la manutention de charges cylindriques.

TRÉVIRER v. t. (anc. préf. *tré*[*s*]-, au-delà, [du lat. *trans*] et *virer*) [conj. **3**]. Hisser ou déposer une charge à l'aide de trévires.

TRÉVIRES ou **TREVERES,** peuple de la Gaule, établi dans la vallée inférieure de la Moselle.

TREVISANI (Francesco), peintre italien (Capodistria 1656 - Rome 1746). Il s'installa vers 1678 à Rome, où, infléchissant l'art sévère de Maratta, il devint, à côté du Florentin Benedetto Luti (1666-1724), le peintre le plus en vue de sa génération et le maître de la tendance rococo.

TRÉVISE n. f. (de *Trévise,* n. pr.). Chicorée rouge, d'origine italienne, à feuilles allongées, consommée comme salade.

TRÉVISE, en ital. **Treviso,** v. d'Italie, en Vénétie, ch.-l. de prov., sur le Sile ; 86 000 hab. *(Trévisans).* Enceinte bastionnée des XVe-XVIe s. Églises et palais gothiques. Cathédrale reconstruite du XVe au XVIIIe s. Musée communal (peintures surtout de l'école vénitienne ; etc.). Nœud de communications. Centre agricole et industriel.

TREVITHICK (Richard), ingénieur et inventeur britannique (Illogan, Cornwall, 1771 - Dartford, Kent, 1833). Il fut le pionnier de l'emploi de la haute pression dans les machines à vapeur. Il construisit et fit fonctionner, en 1803, la première locomotive digne de ce nom.

TREVOR-ROPER (Hugh Redwald), baron **Dacre de Glanton,** historien britannique (Glanton, Northumberland, 1914). Il a consacré d'importants travaux à l'histoire de l'Angleterre moderne et est considéré comme un spécialiste de l'histoire du nazisme (*les Derniers Jours de Hitler,* 1947, et *Hitler's War Directives,* 1964).

TRÉVOUX (01600), ch.-l. de cant. de l'Ain, sur la Saône ; 6 207 hab. *(Trévoltiens).* Ruines médiévales. Anc. hôtel du parlement, du XVIIe s. Filières en diamants. Électronique. Matériel frigorifique. Pompes à chaleur.
– **Hist.** Ce fut la capitale de la principauté de la Dombes (1424-1762), célèbre par son imprimerie, qui publia le *Journal* de Trévoux* et le *Dictionnaire* de Trévoux.*

TREZ → TRÉAZ.

TRÉZÈNE, en gr. **Troizên,** anc. ville de la Grèce, située près de la côte nord-est de l'Argolide, dans le Péloponnèse. (Auj. *Damalá.*)

TRI-, préfixe, du lat. ou du gr. *tri-,* trois.

TRI n. m. (de *trier*). **1.** Action, manière de trier, de classer : *Le tri de fiches en ordre alphabétique.* – **2.** Travail postal consistant à répartir les objets de correspondance selon leur nature et leur direction ; ensemble des employés qui assurent ce service.

TRIABLE adj. Qui peut être trié.

TRIAC n. m. (angl. *triac,* de *alternative current*). Composant électronique bidirectionnel à une seule électrode de commande.

TRIACIDE n. m. Corps qui possède trois fonctions acide.

TRIADE n. f. (bas lat. *trias, -adis,* du gr. *trias, -ados*). **1.** Groupe de trois personnes ou choses étroitement associées. – **2.** Dans la poésie chorale grecque, groupe de trois couplets, la strophe, l'antistrophe et l'épode. – **3.** Groupe de trois divinités, associées dans le même culte. (En Égypte ancienne, la triade comprenait un dieu-père, une déesse-mère, et un dieu-fils. À Rome, la *triade capitoline,* formée de Jupiter, Junon et Minerve, avait au Capitole un temple unique à trois nefs.) – **4.** En Chine, société secrète, sorte de mafia.

TRIADIQUE adj. (gr. *triadikos*). Qui appartient à une triade.

TRIAGE n. m. **1.** Action de trier, de répartir en choisissant. – **2.** Gare spécialisée chargée de recevoir les trains de marchandises provenant de diverses directions, de trier les wagons par direction de destination, de former de nouveaux trains et de les expédier. (On dit aussi GARE DE TRIAGE.) – **3.** Fractionnement d'un matériau morcelé en plusieurs parties par identification qualitative ou quantitative de certaines caractéristiques physiques. (L'opération peut être manuelle [scheidage] ou mécanisée, et plus ou moins élaborée : du simple épierrage à l'enrichissement.) – **4.** Syn. de GARDERIE.

TRIAL [trijal] n. m. (pl. *trials*) [angl. *trial*]. Épreuve sportive fondée sur la maniabilité d'une motocyclette et sur les qualités d'adresse et d'équilibre du pilote.
◆ n. f. Moto utilisée pour cette épreuve.

TRIAL (Antoine), acteur et chanteur français (Avignon 1737 - Paris 1795). Son nom est resté lié à un emploi de théâtre correspondant aux rôles de composition de ténor léger.

TRIALCOOL ou **TRIOL** n. m. Composé renfermant trois fonctions alcool.

TRIAMCINOLONE n. f. Dérivé fluoré de la prednisolone, doué d'une activité anti-inflammatoire six fois supérieure à celle de la cortisone.

TRIANGLE n. m. (lat. *triangulum*). **1.** Polygone qui a trois côtés ; intérieur de ce polygone. (→ *encycl.*) – **2.** Ce qui a la forme d'un triangle : *Un triangle de tissu souple sur les cheveux.* – **3.** Région anatomique de forme triangulaire (triangle de Scarpa, par ex.). – **4.** Pavillon triangulaire employé pour les signaux. – **5.** Sur un voilier de plaisance, partie de la voilure située à l'avant ou à l'arrière du bateau. – **6.** Instrument de musique qui se compose d'une tige d'acier repliée en triangle suspendue à une cordelette et frappée au moyen d'une baguette d'acier. – **7.** Symbole de la Trinité chez les francs-maçons. – **8.** Dans les pièces de boulevard, le mari, la femme et l'amant (ou la maîtresse). – **9.** *Dispositif (connecté) en triangle,* dispositif triphasé connecté en polygone. ‖ *Triangle curviligne,* figure incluse dans une surface et formée de trois arcs de courbe ayant deux à deux une extrémité commune. ‖ *Triangle de sécurité,* dispositif formé d'un triangle métallique à côtés réfléchissants, utilisé pour le balisage de détresse.

TRIANGLE

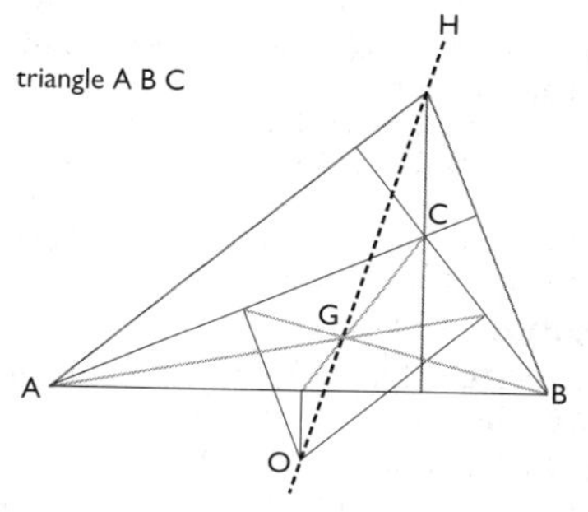

O : point d'intersection des médiatrices
G : point d'intersection des médianes (centre de gravité)
H : point d'intersection des hauteurs (orthocentre)
---- O, G et H sont alignés sur la droite d'Euler

ENCYCL. **Géom.** Le triangle a fait l'objet de recherches innombrables. Parmi les propriétés les plus fréquemment utilisées, citons : la somme des 3 angles $[\widehat{BAC}]$, $[\widehat{ABC}]$ et $[\widehat{ACB}]$ est égale à 180 degrés, les 3 médiatrices sont concourantes en O, centre du cercle circonscrit, les 3 médianes en G, centre de gravité, les 3 hauteurs en H, orthocentre, les 3 bissectrices intérieures au centre du cercle inscrit. L'aire du triangle est égale au demi-produit de la mesure d'un côté par celle de la hauteur correspondante. Le triangle ayant, au cours des siècles, énormément intéressé les mathématiciens, on connaît à son sujet de nombreuses propriétés. Citons celle du cercle des neuf points ou cercle d'Euler*, dont le centre Ω est le milieu de [OH], et qui est tangent aux quatre cercles inscrits et exinscrits.

TRIANGLE (en lat. *Triangulum, -i*), petite constellation boréale, entre le Bélier et Andromède, qui doit son nom à la figure dessinée par ses trois étoiles principales.

TRIANGLE AUSTRAL (en lat. *Triangulum Australe*), petite constellation australe, introduite en 1603 par Bayer. Ses trois principales étoiles dessinent un triangle à peu près équilatéral.

TRIANGLE D'OR, nom souvent donné à la région de l'Asie du Sud-Est aux confins de la Birmanie, de la Thaïlande et du Laos, grande productrice d'opium.

TRIANGULAIRE adj. (bas lat. *triangularis*). **1.** Qui a la forme d'un triangle ; se dit d'un prisme, d'une pyramide dont la base ou la section est un triangle. – **2.** Qui se fait entre trois personnes, trois groupes, qui met en jeu trois éléments : *Élection triangulaire.* – **3.** *Commerce, trafic triangulaire,* forme particulière de la traite des Noirs (fin XVe-XIXe s.), qui consistait à aller échanger sur les côtes africaines des produits européens contre des esclaves, à transporter et à vendre ceux-ci en Amérique, pour rapporter en Europe les produits tropicaux. ‖ *Inégalité triangulaire,* relation $AC \leqslant AB + BC$ qui lie les mesures des côtés d'un triangle ABC ; relation $d(x, y) \leqslant d(x, z) + d(z, y)$, vérifiée pour tout triplet (x, y, z) d'élements d'un ensemble E sur lequel est définie une distance d.

TRIANGULATION n. f. (bas lat. *triangulatio,* mise en triangle). **1.** Procédé géodésique ou topographique dans lequel on mesure les angles d'un ensemble de triangles. (→ *encycl.*) – **2.** Mode de composition consistant à établir géométriquement la hauteur d'un tableau, d'une façade d'édifice, par rapport à sa base, à l'aide d'un système de triangles. (On dit aussi *composition ad triangulum.*)

ENCYCL. **Géod.** et **Topogr.** Inventée par Tycho Brahe à la fin du XVIe s., appliquée par Snellius au début du XVIIe s., la triangulation repose sur le principe suivant : si, dans un triangle ABC, on connaît le côté AB et les angles $\widehat{A}$ et $\widehat{B}$, les côtés BC et AC se calculent de manière très simple par la relation des sinus :

$$\frac{BC}{\sin \widehat{A}} = \frac{AC}{\sin \widehat{B}} = \frac{AB}{\sin \widehat{C}}.$$

Les côtés BC et AC peuvent dès lors servir de côtés connus et ainsi de suite. Les points C, I, J, K, L,

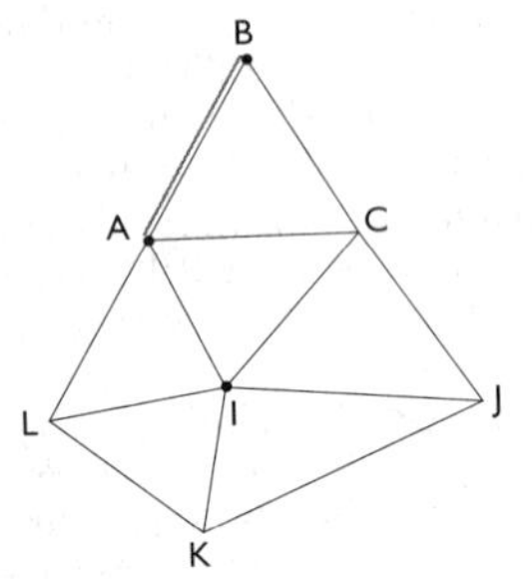

Principe de la **triangulation**.

étant déterminés de proche en proche, peuvent servir de canevas d'ensemble. Le côté connu AB, mesuré directement, s'appelle la « base ». Pratiquement, le réseau de triangulation d'un grand pays comprend :
1° un point astronomique fondamental, qui sert d'origine des coordonnées géographiques et dont la position est déterminée par voie astronomique. Un azimut astronomique y fixe également la direction du côté de départ ;
2° un réseau de premier ordre, constitué par des triangles de forme régulière, dont les sommets sont distants de 30 à 40 km ; il comprend un cadre de chaînes méridiennes et parallèles enserrant dans leurs mailles le réseau de premier ordre complémentaire ;
3° un réseau de deuxième ordre (côtés de l'ordre de 15 à 20 km), s'appuyant sur le réseau primordial qui lui sert de cadre indéformable ;
4° un réseau de détail (3ᵉ et 4ᵉ ordre) de points distants de 5 à 6 km, sur lequel s'appuie le réseau de 5ᵉ ordre (densité : un point par kilomètre carré).

Les phases essentielles de l'élaboration d'une triangulation sont la reconnaissance, l'équipement, les observations et les calculs.

Les calculs de triangulation ont pour but de fixer les coordonnées géographiques (géodésiques) et rectangulaires des points observés. Les observations font l'objet d'un traitement d'ensemble (compensation), à l'issue duquel on obtient les positions géométriques précises du réseau triangulé.

TRIANGULER v. t. (de *triangulation*) [conj. 3]. Effectuer une triangulation.

TRIANNUEL → TRISANNUEL.

TRIANON n. m. (de *Trianon,* n. pr.). Pavillon construit dans un parc à l'imitation des Trianons de Versailles.

Trianon, nom de deux châteaux bâtis dans le parc de Versailles. À l'emplacement d'un hameau appelé Trianon, Louis XIV fit construire en 1670 par Le Vau un pavillon « à la chinoise », revêtu de céramique et dit « Trianon de porcelaine » ; en 1687, il le fit remplacer par le Grand Trianon, ou « Trianon de marbre » (deux corps de logis sans étage réunis par un péristyle), dû à J. H.-Mansart. Le Petit Trianon (1762 et suiv.) est l'œuvre de J. A. Gabriel ; Mᵐᵉ du Barry l'occupa, puis Marie-Antoinette, qui y ajouta un jardin anglais où se trouvent le pavillon de Musique, le temple de l'Amour, le Hameau (œuvres de R. Mique).

Trianon *(traité de)* [4 juin 1920], traité ratifié le 13 nov., qui régla le sort de la Hongrie au lendemain de la Première Guerre mondiale. La Hongrie se trouvait réduite au centre de la plaine pannonienne.

TRIARII n. m. pl. (lat. *triarii,* de *tres,* trois). Soldats de la troisième ligne de manipules de la légion romaine.

TRIAS [trijas] n. m. (all. *Trias,* du bas lat. *trias,* groupe de trois). Système du mésozoïque supérieur, d'une durée de 30 à 40 millions d'années, caractérisé par trois phases successives de sédimentation.
ENCYCL. On distingue le trias germanique, à dominante détritique et continentale, et le trias alpin, à dominante marine, aux épaisses formations calcaires. Le trias est marqué par l'éclatement du Gondwana, accompagné d'un intense volcanisme fissural, d'un réchauffement général et d'une dilatation des zones évaporitiques.

TRIASIQUE adj. Relatif au trias.

TRIATHLÈTE n. Athlète spécialiste du triathlon, qui participe à un triathlon.

TRIATHLON n. m. (de *tri-,* d'apr. *pentathlon*). Compétition d'endurance comportant trois épreuves enchaînées sans repos (natation, course cycliste sur route, course à pied).

TRIATOME n. m. Punaise américaine (réduviidé), dont la piqûre est redoutable pour l'homme. (*Triatoma megista,* du Brésil, transmet la *maladie de Chagas.*)

TRIATOMIQUE adj. Se dit des molécules qui sont formées de trois atomes.

TRIAUCOURT-EN-ARGONNE, anc. ch.-l. de cant. de la Meuse, à 21 km au S.-E. de Sainte-Menehould, intégré en 1972 au nouveau ch.-l. de cant. de Seuil-d'Argonne. *(Triaucourtois)*. Combats menés du 8 au 13 sept. 1914 dans le cadre de la bataille de la Marne* *(bataille de Triaucourt).*

TRIAZÈNE n. m. Composé comportant une chaîne de trois atomes d'azote, de formule R—N=N—NR'R". (Les triazènes s'isomérisent en milieu acide pour donner les aminoazoïques, employés comme colorants.) [Syn. DIAZOAMINE.]

TRIBADE n. f. (lat. *tribas, -adis,* du gr. *tribas, -ados,* de *tribein,* frotter). *Litt.* Femme homosexuelle.

TRIBADISME n. m. *Litt.* Homosexualité féminine.

TRIBAL, E, ALS adj. Relatif à la tribu, à ceux qui vivent dans une tribu.

TRIBALISME n. m. Organisation sociale fondée sur la tribu.

TRIBALISTE adj. Relatif au tribalisme.

TRIBALLE n. f. (de *triballer*). Tringlette de fer ou de bois, avec laquelle les fourreurs battent les peaux.

TRIBALLER v. t. (anc. fr. *triboler,* tourmenter, avec l'infl. de l'anc. fr. *baller,* danser) [conj. 3]. Passer les peaux à la triballe.

TRIBART n. m. (p.-ê. anc. fr. *tribler,* tourmenter, du lat. *tribulare*). Entrave que l'on attache au cou des animaux pour réduire leur mobilité.

TRIBASIQUE adj. Se dit des corps qui possèdent trois fonctions base.

TRIBHUVANA (Bir Bikram) [Katmandou 1906 - Zurich 1955], roi du Népal (1911-1955).

TRIBOÉLECTRICITÉ n. f. Électricité produite par le frottement de deux corps tels que l'un se charge positivement, l'autre négativement.

TRIBOÉLECTRIQUE adj. Relatif à la triboélectricité.

TRIBOLIUM [-ljɔm] n. m. (gr. *tribolos,* à trois pointes). Ténébrion cosmopolite, ravageur des grains et farines, véritable fléau dans les régions tropicales.

TRIBOLO (Niccolo PERICOLI, dit **il**), sculpteur et architecte italien (Florence 1500 - *id.* 1550). Cosme Ier le chargea de la création de plusieurs parcs et jardins, avec leurs fontaines monumentales, jeux d'eau et grottes (villa de Castello, v. 1540 ; plan des jardins Boboli, 1550).

TRIBOLOGIE n. f. Science et technologie des surfaces en contact animées d'un mouvement relatif.

TRIBOLUMINESCENCE n. f. Luminescence provoquée par un choc, un frottement, une rupture.

TRIBOMÉTRIE n. f. Mesure des forces de frottement.

TRIBONIEN, jurisconsulte et homme d'État byzantin (Pamphylie - v. 545). Il présida les commissions qui rédigèrent le *Code Justinien,* le *Digeste,* les *Institutes.*

TRIBORD n. m. (moyen néerl. *stierboord,* bord du gouvernail). Partie droite d'un navire quand on regarde vers l'avant. (Contr. BÂBORD.)

TRIBORDAIS n. m. Homme de l'équipage faisant partie du quart de tribord.

TRIBOULET n. m. (anc. fr. *triboler,* du lat. *tribulare,* tourmenter). **1.** Cylindre en bois dont se sert l'orfèvre pour arrondir certaines pièces. — **2.** Cône gradué qui sert, en bijouterie, à mesurer le diamètre des bagues.

TRIBOULET (FERRIAL ou LE FEVRIAL, dit), bouffon de la cour de France (Blois v. 1498 - v. 1536). Il fut le fou en titre de Louis XII, puis de François Ier.

TRIBRAQUE n. m. (lat. *tribrachys,* du gr. *tribrakhus*). Pied de trois brèves, employé comme substitut de l'iambe et du trochée.

TRIBU n. f. (lat. *tribus*). **1.** Agglomération de familles vivant dans la même région, ou se déplaçant ensemble, ayant un système politique commun, des croyances religieuses et une langue communes, et tirant primitivement leur origine d'une même souche. — **2.** Division de la population, chez certains peuples, notamment dans l'Antiquité. (À Rome, comme à Athènes, les tribus ont constitué un cadre politique et militaire. Les douze tribus d'Israël, issues, selon la tradition, des douze fils de Jacob, ont formé une fédération dont la composition a varié.) — **3.** *Fam.* Groupe assez nombreux et, en partic., famille dont les membres se tiennent de près, suivent des règles communes : *Il s'est installé chez nous avec toute sa tribu.* — **4.** Niveau de la classification inférieur à la famille, supérieur au genre, inférieur ou égal à la sous-famille selon les groupes.

TRIBULATIONS n. f. pl. (bas lat. *tribulatio,* tourment). Suite d'aventures plus ou moins désagréables, de revers, d'obstacles surmontés : *Vous n'êtes pas au bout de vos tribulations.*

TRIBULUM [-lɔm] n. m. (lat. *tribulum*). Ancien instrument de dépiquage utilisé dans le bassin méditerranéen, et constitué par une planche garnie de silex sur sa face inférieure et tirée par un animal.

TRIBULUS [-lys] n. m. (lat. *tribulus,* du gr. *tribolos,* à trois pointes). Herbe (zygophyllacée) velue, des sables du Midi, très résistante au piétinement.

TRIBUN n. m. (lat. *tribunus*). **1.** Magistrat romain chargé, à l'origine, de l'administration d'une tribu. — **2.** Orateur populaire, à l'éloquence puissante et directe. — **3.** Membre du Tribunat. — **4.** *Tribun de la plèbe,* magistrat romain chargé de défendre les intérêts de la plèbe. (→ *encycl.*) ‖ *Tribun des soldats,* officier supérieur de l'armée romaine.

ENCYCL. **Hist.** Le tribunat de la plèbe fut créé à la suite de la sécession de la plèbe (493 av. J.-C.) : les tribuns (deux ou cinq) défendirent les plébéiens auprès d'un gouvernement uniquement patricien. Ils furent dix à partir de 471 av. J.-C., et bénéficièrent d'un privilège d'inviolabilité, du droit de veto, qui leur permit d'accroître la place de la plèbe dans la cité. Ils étaient élus pour un an par les comices tributes. Ils acquirent peu à peu les mêmes droits que les autres magistrats et furent admis de droit au sénat (149 av. J.-C. ?).

TRIBUNAL n. m. (lat. *tribunal,* tribune). **1.** Juridiction formée d'un ou de plusieurs magistrats qui jugent ensemble. — **2.** Ensemble des magistrats qui composent le tribunal. — **3.** Lieu où siègent les magistrats. — **4.** *Litt.* Ce que l'on considère comme jouant le rôle d'un juge : *Le tribunal de l'histoire.* ● **Dr.** *Tribunal administratif,* juridiction administrative de droit commun chargée d'examiner toutes les affaires contentieuses en matière administrative, sauf celles que la loi attribue expressément à une autre juridiction. (→ *encycl.*) ‖ *Tribunal des affaires de sécurité sociale,* juridiction d'exception qui juge les litiges soulevés par l'application du droit de la sécurité sociale. (Le tribunal est présidé par un juge du tribunal de grande instance, assisté de deux assesseurs : l'un représentant des salariés et l'autre des non-salariés. L'appel est porté devant la cour d'appel.) ‖ *Tribunal de commerce,* juridiction d'exception chargée de résoudre les litiges relatifs aux commerçants, aux actes de commerce et du redressement et de la liquidation judiciaires des commerçants et artisans. ‖ *Tribunal des conflits,* juridiction de 9 membres composée paritairement de conseillers à la Cour de cassation et de conseillers d'État, présidée par le garde des Sceaux et chargée de régler les conflits de compétence entre les juridictions administratives et judiciaires. ‖ *Tribunal pour enfants,* tribunal présidé par le juge des enfants, assisté de deux assesseurs désignés, pour 4 ans, par le ministre de la Justice en raison de leur intérêt pour les questions de l'enfance. (Il connaît des crimes commis par les mineurs de moins de 16 ans et des délits et contraventions commis par les mineurs qui lui sont renvoyés par le juge des enfants ou le juge d'instruction.) ‖ *Tribunal de grande instance (T. G. I.),* juridiction de droit commun du premier degré, implantée dans chaque département et qui connaît des affaires civiles d'un montant supérieur à 30 000 F dont la loi ne confie pas l'examen à un tribunal d'exception et exclusivement de certaines matières (état civil, famille, immeubles...). ‖ *Tribunal d'instance (T. I.),* juridiction d'exception qui statue à juge unique, implantée en principe dans chaque arrondissement et qui connaît des affaires civiles dont le taux est inférieur à 30 000 F pour lesquelles la loi leur donne expressément compétence. (→ *encycl.*) ‖ *Tribunal de paix* ou *justice de paix,* dénomination, avant 1959, du tribunal d'instance. ‖ *Tribunal paritaire des baux ruraux,* juridiction d'exception qui juge les litiges entre bailleurs et preneurs de baux ruraux. ‖ *Tribunal de police,* dénomination du tribunal d'instance statuant au pénal pour la répression des contraventions. (Les fonctions du ministère public y sont assurées par le commissaire de police du lieu.) — **Hist.** *Tribunaux révolutionnaires,* tribunaux d'exception créés à Paris et dans certains départements (par les représentants en mission) de 1792 à 1795. — **Mil.** *Haut tribunal militaire,* juridiction exceptionnelle créée en 1961 à Paris, par de Gaulle, pour juger les principaux chefs militaires impliqués dans le putsch algérien dit « des généraux ». (Ce tribunal a été remplacé en 1962 par la Cour militaire de justice.) ‖ *Tribunal militaire,* toute juridiction d'exception appelée à juger les militaires ou assimilés, ainsi que, dans certains cas, les civils (crimes et délits contre la sûreté de l'État). — **Relig.** *Tribunal ecclésiastique,* tribunal institué par l'Église pour connaître des causes ecclésiastiques. ‖ *Tribunal de la pénitence,* confessionnal ; la confession elle-même.

ENCYCL. **Dr.** *Tribunal administratif.* Les 35 tribunaux administratifs (27 en France métropolitaine) sont interdépartementaux sauf le tribunal administratif de Paris. Leurs jugements relèvent du Conseil d'État en appel et en cassation. Certains jugements relèvent en appel des *cours administratives d'appel* créées en 1987 et entrées en activité en 1989. Les juges (« conseillers »), qui sont recrutés en principe par la voie de l'E. N. A., ont vu leur inamovibilité consacrée par la loi du 6 janv. 1986, qui a créé à cet effet le Conseil supérieur des tribunaux administratifs.

● *Tribunal de commerce.* Il comprend au moins 1 président, 2 juges titulaires et 2 juges suppléants. Il existe en principe un tribunal par arrondissement. Les juges sont élus par les délégués consulaires, eux-même élus notamment par les commerçants et les représentants des sociétés immatriculées, pour 2 ans (le président pour 3 ans) et rééligibles. L'appel est soumis au droit commun.

● *Tribunal de grande instance.* Il y a 181 tribunaux de grande instance, dont 175 en France métropolitaine, à raison d'un tribunal au moins par département et un tribunal de première instance à Saint-Pierre-et-Miquelon. Composés d'un président, de juges et éventuellement d'un ou de plusieurs vice-présidents, ils sont divisés en chambres ; un tribunal est dit « hors classe » lorsqu'il comporte au moins trois chambres (le

tribunal de Paris en compte plus de 30). L'un des juges du tribunal, au moins, est désigné comme juge d'instruction.
La formation de jugement est en principe collégiale, mais un nombre grandissant d'affaires relève d'un juge unique spécialement désigné pour en connaître : juge des référés, juge aux affaires matrimoniales, juge des enfants, etc. Le T. G. I. prend pour statuer au pénal la dénomination de *tribunal correctionnel.* L'appel est porté devant la cour d'appel.
• *Tribunal d'instance.* Il y a 473 tribunaux d'instance en métropole (un, en principe, par arrondissement), 10 dans les D. O. M. et 1 à Saint-Pierre-et-Miquelon. Le juge d'instance juge seul et sans assesseur, soit à charge d'appel, soit en premier et dernier ressort les affaires civiles dont de nombreux textes spéciaux lui ont donné à connaître. Le ministère d'un avocat au tribunal d'instance n'est pas obligatoire. L'appel est porté devant la cour d'appel.

Tribunal révolutionnaire de Paris, tribunal d'exception, créé le 10 mars 1793 et qui siégea à Paris jusqu'au 31 mai 1795. Lié à la Terreur, il jugeait les actions contre la révolution et contre la sûreté de l'État. Il comportait un accusateur public (Fouquier-Tinville), nommé par la Convention. Le 16 avr. 1794, son ressort fut étendu à toute la France. La loi du 22 prairial an II (10 juin 1794) supprima les garanties judiciaires : les exécutions se multiplièrent. Mais bientôt, la Convention thermidorienne abolit cette loi, réorganisa le tribunal, puis, le 31 mai 1795, le supprima.

TRIBUNAT n. m. (lat. *tribunatus,* de *tribunus,* tribun). Charge de tribun de la plèbe, à Rome ; exercice de cette charge.

Tribunat, assemblée délibérante et permanente instituée par la Constitution de l'an VIII (1er janv. 1800-19 août 1807).
Formé de 100 membres de plus de 25 ans, nommés par le Sénat, renouvelables par cinquième tous les ans, le Tribunat discutait les projets de loi soumis par le Premier consul après avis du Conseil d'État. Il transmettait des vœux au Corps législatif qui votait sans discuter. Bonaparte, en 1802, élimina la fraction la plus oppositionnelle et fit délibérer à huis clos, puis abaissa de 100 à 50 le nombre des tribuns. Désormais docile, le Tribunat émit en 1804 le vœu que le Premier consul devienne empereur héréditaire. L'institution fut néanmoins supprimée en 1807.

TRIBUNE n. f. (lat. médiév. *tribuna*). **1.** Emplacement surélevé, estrade d'où un orateur s'adresse à une assemblée : *Le député monte à la tribune.* — **2.** Espace muni de gradins, le plus souvent couvert, d'où l'on regarde une course de chevaux, une manifestation sportive, etc. — **3.** Galerie surélevée réservée à certaines personnes dans les grandes salles d'assemblée. — **4.** Galerie ou plate-forme élevée, à usage varié, dans un lieu public, une grande salle, un édifice cultuel. (Une tribune ajourée court, dans certaines églises romanes et du début du gothique, au-dessus des collatéraux de la nef et du chœur ; d'autres tribunes servent ou servaient aux orgues, aux chanteurs.) — **5.** Émission, page de journal, etc., offerts par un média à qqn, à un groupe pour qu'il exprime publiquement ses idées, une doctrine, etc. : *Ce journal lui a offert une tribune.* — **6.** Entre dans le titre de certains journaux. — **7.** *Tribune libre,* article émanant d'une personnalité extérieure à la rédaction d'un journal et qui n'engage pas l'opinion de ce dernier.

Tribune de Genève *(la),* quotidien d'informations suisse fondé en 1879.

TRIBUNITIEN, ENNE adj. (lat. class. *tribunicius*). **1.** Relatif aux tribuns de la plèbe. — **2.** Se dit des pouvoirs et des prérogatives des tribuns de la plèbe, que César et les empereurs s'arrogèrent.

TRIBUT n. m. (lat. *tributum,* impôt). **1.** Ce qu'un peuple, un État était obligé de fournir à un autre dont il était dépendant. — **2.** *Litt.* Dommage, sacrifice, perte subis du fait de qqch ou pour qqch : *Payer un lourd tribut à la guerre.* — **3.** Impôt direct et personnel des citoyens romains, à l'époque républicaine ; impôt direct sur le revenu, auquel étaient soumises les provinces impériales. — **4.** Contribution *(phoros)* frappant les membres de la première Confédération athénienne.

TRIBUTAIRE adj. (lat. *tributarius,* de *tributum,* tribut). Qui dépend de qqn, de qqch d'autre : *Une économie tributaire de l'étranger.*
◆ adj. et n. Qui paie tribut.
◆ adj. et n. m. **1.** Cours d'eau qui se jette dans un lac. — **2.** Syn. de AFFLUENT.

TRIBUTE adj. (lat. *tributus,* de *tribus,* tribu). *Comices tributes,* comices issues des assemblées de la plèbe (ve s. av. J.-C.) où les citoyens romains délibéraient par tribus pour élire les tribuns, voter les plébiscites. (Peu à peu, les comices tributes devinrent une assemblée souveraine et assurèrent de plus en plus d'élections aux magistratures.)

TRIBUTYLPHOSPHATE n. m. Triester butylique de l'acide orthophosphorique, employé comme solvant dans l'extraction sélective de divers composés métalliques.

TRIC n. m. Au jeu, syn. de LEVÉE.

TRICALCIQUE adj. Se dit du phosphate $Ca_3(PO_4)_2$.

TRICASTIN, anc. pays du bas Dauphiné, dans la vallée du Rhône, partagé entre les départements de la Drôme (cant. de Saint-Paul-Trois-Châteaux, Pierrelatte) et de Vaucluse (cant. de Bollène).

TRICASTIN (le), site de l'usine d'enrichissement de l'uranium implantée près de Pierrelatte (Drôme) et appartenant à la société Eurodif*.

TRICENNAL, E, AUX adj. (bas lat. *tricennalis*). Qui dure trente ans.

TRICENTENAIRE n. m. Troisième centenaire.
◆ adj. Qui a trois cents ans.

TRICÉPHALE adj. (gr. *trikephalos*). À trois têtes, à trois instances dirigeantes.
◆ n. m. Monstre à trois têtes.

TRICEPS [-sɛps] adj. et n. m. (lat. *triceps,* triple). Se dit d'un muscle dont l'une des insertions se fait par trois faisceaux, ou chefs.
ENCYCL. Le *triceps brachial* occupe la région postérieure du bras. Il est extenseur de l'avant-bras sur le bras. Le *triceps sural,* situé à la face postérieure du mollet, est composé du soléaire et des jumeaux interne et externe, tous trois s'unissant en bas en un tendon commun, le tendon d'Achille.

TRICÉRATOPS [triseratɔps] n. m. Reptile dinosaurien fossile ressemblant à un rhinocéros, de 6 à 8 m de long, avec une courte corne nasale, deux longues cornes postfrontales et un bouclier nucal. (Type du sous-ordre des cératopsiens.)

TRICHE n. f. *Fam.* Fait de tricher : *Le roi de la triche.*

TRICHER v. i. (lat. pop. **triccare,* du lat. class. *tricari,* chicaner) [conj. 3]. **1.** Au jeu, enfreindre les règles pour gagner : *Tricher aux cartes.* — **2.** Enfreindre certaines règles, certaines conventions explicites ou d'usage en affectant de les respecter : *Tricher en affaires.*
◆ v. t. ind. **1.** Tromper, mentir sur la valeur, la quantité de qqch : *Tricher sur le poids. Tricher sur son âge.* — **2.** Dissimuler un défaut par un artifice ou par un procédé de métier : *Tricher un peu sur les raccords.* — **3.** Mentir, user d'artifices, de moyens détournés à l'égard de qqn, qqch : *On ne triche pas avec cette maladie.*

TRICHERIE n. f. **1.** Action de tricher au jeu. — **2.** Tromperie, abus de confiance.

TRICHEUR, EUSE adj. et n. **1.** Qui triche au jeu. — **2.** Qui trompe les autres en ne respectant pas les règles établies.

TRICHIASIS [-kjazis] n. m. (bas lat. *trichiasis,* du gr. *trikhiasis*). Déviation de l'implantation des cils, qui poussent en dedans du côté du globe oculaire, qu'ils irritent.

TRICHINE [-ʃin ou -kin] n. f. (lat. sc. *trichina*). Ver nématode parasite des mammifères, qui vit adulte dans l'intestin de son hôte et à l'état larvaire dans l'épaisseur des muscles.

TRICHINÉ, E [-ʃi- ou -ki-] adj. Se dit d'un organe envahi par les larves de trichine.

TRICHINEUX, EUSE [-ʃi- ou -ki-] adj. Se dit d'un individu ou d'un animal atteint de trichinose.

TRICHINOPOLY → TIRUCHIRAPALLI.

TRICHINOSE [-ʃi- ou -ki-] n. f. Parasitose de l'homme et de nombreux carnivores envahis par des trichines.
ENCYCL. L'homme s'infecte en consommant de la viande mal cuite de porc, de sanglier, de cheval. L'incubation silencieuse dure quelques jours. Aux symptômes toxi-infectieux souvent très marqués succède la dissémination des larves, caractérisée par une importante détérioration de l'état général et par de nombreuses manifestations allergiques (œdèmes et myalgies), qui peuvent persister plusieurs mois.

TRICHITE [-kit] n. f. Fibre minérale monocristalline possédant des propriétés mécaniques exceptionnelles. (Syn. WHISKER.)

TRICHIURE [-kjyr] n. m. **1.** Poisson au corps rubané, à la chair estimée, presque sans caudale, porteur d'épines dorsales vulnérantes. — **2.** Papillon (lasiocampidé) dont la chenille vit sur le prunellier, l'aubépine et d'autres arbres.

TRICHLORACÉTIQUE [-klɔ-] adj. *Acide trichloracétique,* acide $Cl_3C—COOH$, employé comme réactif désalbuminant et déféquant.

TRICHLORÉTHANAL [-klɔ-] n. m. Syn. de CHLORAL.

TRICHLORÉTHYLÈNE [-klɔ-] n. m. Dérivé trois fois chloré de l'éthylène, de formule $Cl_2C{=}CHCl$, liquide ininflammable, employé comme solvant des corps gras, du caoutchouc et des résines. (L'inhalation de vapeurs de trichloréthylène, solvant industriel très répandu, provoque une somnolence, parfois un coma.)

TRICHLOROMÉTHANE n. m. Syn. de CHLOROFORME.

TRICHLORURE [-klɔ-] n. m. Composé dont la molécule contient trois atomes de chlore.

TRICHOBÉZOARD [-ko-] n. m. Tumeur qui se forme dans l'estomac de personnes qui ont la manie de manger leurs cheveux.

TRICHOCÉPHALE [-ko-] n. m. Ver nématode parasite, en forme de cône à pointe antérieure, cosmopolite, fréquent dans l'intestin grêle de l'homme.

TRICHOCÉPHALOSE [-ko-] n. f. Parasitose par les trichocéphales, de transmission fécale, le plus souvent bénigne mais contribuant à la morbidité au cours des polyparasitismes en milieu tropical.

TRICHOGRAMME [-ko-] n. m. **1.** Insecte hyménoptère à tarière, largement utilisé dans la lutte biologique, car il pond son œuf dans celui d'insectes phytophages. — **2.** Examen dermatologique du cuir chevelu.

TRICHOLOGIE [-ko-] n. f. Étude des cheveux et des poils.

TRICHOLOME [-ko-] n. m. Champignon basidiomycète, dont de nombreuses espèces sont comestibles (*tricholome de la Saint-Georges* ou mousseron, *tricholome nu* ou pied-bleu, *tricholome équestre* des bois de pins) et une gravement vénéneuse (*tricholome tigré,* des forêts de conifères des montagnes).

TRICHOMA ou **TRICHOME** [-ko-] n. m. (gr. *trikhôma,* chevelure). Accumulation de poussières, de matières sébacées, de croûtes et de parasites sur les cheveux, formant une calotte nauséabonde.

TRICHOMONADALE [-ko-] n. f. Syn. de POLYMASTIGINE.

TRICHOMONAS [-komonas] n. m. Protozoaire flagellé, type de l'ordre des *trichomonadales* ou *polymastigines. (Trichomonas intestinalis* vit dans le gros intestin et peut provoquer une irritation de la muqueuse intestinale. *Trichomonas vaginalis* est un agent fréquemment retrouvé dans les maladies sexuellement transmissibles chez la femme et chez l'homme.)

TRICHOMONASE [-ko-] n. f. **1.** Affection parasitaire due à la présence de trichomonas. — **2.** *Trichomonase aviaire,* entérohépatite ulcéreuse des oiseaux, due à des protozoaires, entraînant une forte mortalité. ‖ *Trichomonase bovine,* maladie génitale transmise lors de l'accouplement et provoquée par *T. fœtus.*

TRICHONYMPHINE [-ko-] n. f. Protozoaire flagellé de la panse rectale des termites qui, en association avec des bactéries, se nourrit du bois ingéré par l'insecte, qui à son tour digère une proportion bien contrôlée de la population de flagellés. (Syn. HYPERMASTIGINE.)

TRICHOPHYTIE [-ko-] n. f. Toute maladie de la peau (mycose) ou du cuir chevelu (teigne) déterminée par le développement d'un trichophyton.

TRICHOPHYTIQUE [-ko-] adj. Relatif à la trichophytie.

TRICHOPHYTON [-ko-] n. m. Champignon dermatophyte qui vit en parasite, causant des teignes sur la peau des animaux et provoquant chez l'homme de nombreuses mycoses cutanées et des teignes du cuir chevelu.

TRICHOPTÈRE [-ko-] n. m. Nom d'un ordre d'insectes comprenant les phryganes et animaux voisins. (La larve vit dans les cours d'eau, abritée dans un fourreau.)

TRICHOTILLOMANIE [-ko-] n. f. Tic qui consiste à s'arracher les cheveux.

TRICHROMATIQUE [-kro-] adj. Qui concerne les quantités relatives des radiations primaires (bleu, vert et rouge) nécessaires pour reconstituer l'impression d'une couleur quelconque.

TRICHROME [-krom] adj. (gr. *trikhrômos,* de trois couleurs). Se dit d'une image photographique obtenue par trichromie.

TRICHROMIE [-kro-] n. f. **1.** Ensemble des techniques permettant de reproduire toutes les sensations colorées par la combinaison des trois couleurs primaires. (La trichromie fut définie pour la première fois par Thomas Young [1801].) — **2.** Impression réalisée à partir de trois formes imprimantes qui reçoivent respectivement un encrage avec les encres jaune, magenta et cyan. — **3.** Technique de teinture ou d'impression utilisant un mélange pondéré de trois colorants (ex. rouge, jaune, bleu) pour reproduire une nuance déterminée.

TRICHŪR, v. de l'Inde (Kerala), au pied des Ghāts occidentaux ; 170 000 hab. Sanctuaire de Vaṭakkunātha fondé au XIIe s., imposants gopura ; pèlerinage śivaïte. Centre industriel.

TRICK n. m. (mot angl.). Au bridge, syn. de LEVÉE.

TRICKSTER [trikstɛr] n. m. (angl. *trickster,* filou). Personnage qui, dans des mythologies très différentes, joue un rôle consistant à dérégler le jeu normal des événements, à plaisanter sur les dieux, etc. (C'est le corbeau ou le coyote qui jouent ce rôle dans les mythes amérindiens ; Renart, Till Eulenspiegel dans les contes d'Europe.)

TRICLADE n. m. Nom d'ordre attribué aux planaires.

TRICLINIQUE adj. **1.** Se dit des cristaux qui ne possèdent aucun axe de symétrie ni aucun plan de symétrie. — **2.** *Système triclinique,* l'un des sept systèmes cristallins, dans lequel la maille primitive est un parallélépipède à base losange.

TRICLINIUM [-njɔm] n. m. (lat. *triclinium,* du gr. *triklinion,* de *treis,* trois, et *klinê,* lit). **1.** Lit à trois places sur lequel les Romains s'étendaient pour manger. — **2.** Salle à manger de la maison romaine comportant généralement trois lits.

TRICOISES n. f. pl. (de *tenailles turcoises,* tenailles turques). **1.** Clé utilisée par les pompiers pour compléter le serrage des raccords, ouvrir les couvercles de bouches d'incendie, manœuvrer certains robinets (barrages de gaz notamment), etc. — **2.** Tenailles de maréchal-ferrant. — **3.** Machine de guerre qui servait à démanteler les remparts des places assiégées.

TRICOLORE adj. (bas lat. *tricolor*). **1.** Qui a trois couleurs, qui est fait de trois couleurs : *Drapeau tricolore français, italien.* – **2.** Se dit des trois couleurs bleu, blanc et rouge, emblème de la nation française, d'une fonction officielle : *Écharpe tricolore.*

◆ adj. et n. Qui porte les couleurs de la France : *Les tricolores ont gagné le match.*

ENCYCL. **Mil.** L'ensemble des trois couleurs françaises (blanc, couleur nationale ; bleu et rouge, couleurs de Paris) fut adopté pour la première fois pour la cocarde de la Garde nationale de Paris, sur la proposition de La Fayette (17 juillet 1789). Louis XVI décida ensuite que les tabliers des drapeaux seraient tricolores ; mais l'ordre des couleurs (bleu, blanc, rouge) n'a pris sa disposition définitive qu'à partir de 1812 pour les drapeaux et 1830 pour les cocardes.

TRICÔNE n. m. (de *cône*). Outil de foration, vissé à l'extrémité du train de tiges, constitué par un ensemble de trois molettes dentées pouvant transmettre une forte pression pour assurer la désagrégation de la roche.

TRICONQUE adj. Syn. de TRÉFLÉ.

TRICONTINENTAL, E, AUX adj. Qui concerne les trois continents (Afrique, Asie, Amérique du Sud) caractérisés par le sous-développement.

tricontinentale *(Conférence)* ou **conférence de La Havane** (3-15 janv. 1966), conférence tenue à La Havane à l'initiative de Fidel Castro, pour permettre le développement de la solidarité entre les organisations révolutionnaires de l'Ancien et du Nouveau Monde.

TRICORNE n. m. (lat. *tricornis*). **1.** Chapeau en feutre à trois cornes porté dans l'armée française au XVIIIe s. – **2.** Chapeau à bord replié en trois cornes.

Tricorne *(le)*, ballet en 1 acte et 2 tableaux, livr. de Martínez Sierra, d'après une nouvelle d'Alarcón y Ariza ; mus. de Manuel de Falla ; chorégr. de Léonide Massine ; déc. et cost. de P. Picasso. Création mondiale à Londres (1919) par les Ballets russes.

TRICORPS adj. Se dit d'une carrosserie de voiture comportant trois volumes (moteur, habitacle, coffre arrière).

TRICOT n. m. (de *tricoter*). **1.** Étoffe à mailles tricotées. – **2.** Article vestimentaire fait avec cette étoffe. – **3.** Vêtement de matelot en étoffe tricotée, à rayures horizontales blanches et bleues, et qui se porte sous la chemise. – **4.** Action de tricoter ; ouvrage ainsi réalisé : *Faire du tricot.* – **5.** *Tricot de corps, de peau,* maillot porté à même la peau.

TRICOTAGE n. m. **1.** Action de tricoter ; travail de qqn qui tricote. – **2.** Dans l'industrie de la bonneterie, atelier où s'effectue le tricotage.

TRICOTER v. t. (moyen fr. *tricoter,* sauter, de *tricot,* gourdin, dimin. de *trique*) [conj. 3]. **1.** Exécuter un tissu à mailles entrelacées, avec des aiguilles spéciales : *Tricoter la laine.* – **2.** Réaliser un vêtement par ce travail : *Tricoter un pull.*

◆ v. i. **1.** Réaliser des ouvrages au tricot : *Tricoter à la machine. Aiguilles à tricoter.* – **2.** *Fam.* Remuer vivement les jambes pour courir, danser, pédaler, etc. – **3.** *Machine à tricoter,* machine permettant d'exécuter un tricot. (Syn. TRICOTEUSE.)

TRICOTERIE n. f. Fabrique de tricots.

TRICOTEUR, EUSE n. Personne qui tricote.

◆ **tricoteur** n. m. Ouvrier employé au tricotage. (Syn. BONNETIER.)

◆ **tricoteuse** n. f. **1.** Syn. de MACHINE À TRICOTER*. – **2.** Nom donné, pendant la Révolution, aux femmes du peuple qui assistaient en tricotant aux séances de la Convention et des clubs. – **3.** Type particulier de table à ouvrage.

TRICOURANT adj. inv. Qui est susceptible de fonctionner avec trois courants électriques de nature, de fréquence et de tension différentes.

TRICRÉSYLPHOSPHATE n. m. (de *tri-, crésyl* et *phosphate*). Liquide incolore, utilisé comme plastifiant pour les laques cellulosiques et les plastiques.

TRICTRAC n. m. (onomat.). **1.** Jeu de dés, ancêtre du jacquet. – **2.** La table sur laquelle on joue.

TRICUSPIDE adj. (lat. *tricuspis*). **1.** Se dit d'un organe présentant trois pointes. – **2.** *Valvule tricuspide,* valvule annexée à l'orifice auriculo-ventriculaire droit du cœur. (Elle empêche le reflux du sang du ventricule droit dans l'oreillette lors de la systole.)

TRICYCLE n. m. Petit vélo d'enfant à trois roues, dont deux à l'arrière.

◆ adj. Se dit d'un train d'atterrissage dont les éléments principaux sont situés en arrière du centre de gravité, l'équilibre au sol étant assuré par un élément avant, doté d'une ou de deux roues orientables.

TRICYCLIQUE adj. Se dit d'un composé dont la formule renferme trois chaînes fermées.

TRIDACNE n. m. (lat. *tridacna,* du gr. *tridaknos,* dont on ne peut faire moins de trois bouchées). Très grand mollusque bivalve des mers chaudes. (N. usuel *bénitier.*)

TRIDACTYLE adj. (gr. *tridaktulos*). Se dit d'une patte à trois doigts.

TRIDE adj. (esp. *trido*). Vif, prompt, en parlant d'un mouvement exécuté par un cheval.

TRIDENT n. m. (lat. *tridens, -entis*). **1.** Fourche à trois pointes servant à harponner les poissons. (Ce fut l'attribut de nombreuses divinités marines.) — **2.** Bêche ou fourche à trois dents.

Trident, missile mer-sol balistique stratégique américain embarqué à bord des sous-marins nucléaires de la classe Ohio et La Fayette. D'une portée de 7 800 km, les missiles Trident emportent 8 têtes MIRV* de 100 kT pour un poids de 33 t.

TRIDENTÉ, E adj. Qui présente trois dents, trois pointes.

TRIDI n. m. (de *tri-* et lat. *dies,* jour). Le troisième jour de la décade du calendrier républicain.

TRIDIMENSIONNEL, ELLE adj. **1.** Qui comporte trois dimensions, qui se fait sur trois dimensions. — **2.** Se dit d'une structure dont les éléments, travaillant dans les trois directions de l'espace (structure spatiale, en résille), ne sont pas réductibles à un système de forces inscrites dans un plan vertical, au contraire des structures en portique ou en arc.

TRIDYMITE n. f. Silice cristallisée dans le système orthorhombique, pseudohexagonale, que l'on trouve dans certaines roches volcaniques.

TRIÈDRE adj. Qui a trois faces.
◆ n. m. Secteur polyèdre qui a trois faces.

TRIEL n. m. (de *tri-,* d'apr. *duel 2*). Dans certaines langues, nombre grammatical exprimant le concept de « trois », distinct du singulier, du pluriel et du duel.

TRIEL-SUR-SEINE (78510), ch.-l. de cant. des Yvelines, au pied des hauteurs de l'Hautil ; 9 633 hab. *(Triellois).* Église gothique et Renaissance (beaux vitraux du XVIe s.). Matériaux de construction. Cultures fruitières.

TRIENNAL, E, AUX adj. (bas lat. *triennalis*). **1.** Qui a lieu tous les trois ans : *Exposition triennale.* — **2.** Qui dure trois ans : *Plan triennal.*

TRIER v. t. (bas lat. *tritare,* broyer) [conj. **10**]. **1.** Classer, répartir les différents éléments d'un ensemble en groupes selon quelque critère : *Trier le courrier.* — **2.** Sélectionner des choses, des êtres, les retenir parmi tous les autres ; choisir : *Trier les meilleures photos pour un album.*
◆ **être trié** v. pass. Ne comporter que des éléments sélectionnés : *Société triée.*

TRIER, nom allemand de Trèves.

TRIÉRARCHIE n. f. (gr. *triêrarkhia*). Charge de triérarque. (C'était la plus lourde des liturgies athéniennes.)

TRIÉRARQUE n. m. (gr. *triêrarkhos,* de *triêrês,* trière, et *arkhein,* commander). **1.** Commandant d'une trière. — **2.** À Athènes, citoyen tenu d'équiper à ses frais une trière.

TRIÈRE n. f. (gr. *triêrês*). Vaisseau de guerre de la Grèce antique à trois rangs de rameurs superposés, armé d'éperons pour éventrer les navires ennemis.

TRIESTE, v. d'Italie, cap. de la région Frioul-Vénétie Julienne et ch.-l. de prov. ; 244 000 hab. Vestiges romains. Cathédrale composite (XIe et XIVe s.). Château reconstruit du XVe au XVIIe s. Musées. Au fond de l'Adriatique, bloquée contre la retombée du plateau du Karst et la frontière yougoslave, Trieste retrouve difficilement sa prospérité d'antan. C'est un centre industriel (raffinerie de pétrole, construction navale, mécanique, papeterie, huilerie) et un port (26 Mt) de transit international (hydrocarbures).
— **Hist.** Colonie romaine *(Tergeste)* du temps d'Auguste, la ville fut dominée par Venise aux XIIIe-XIVe s., puis elle passa sous la domination des Habsbourg et devint port franc en 1719. Après l'occupation napoléonienne, Trieste revint à l'Autriche (1815), mais en raison de l'irrédentisme italien, elle fut cédée à l'Italie en 1919. Revendiquée également par la Yougoslavie, elle devint capitale d'un éphémère territoire libre (1947-1954) institué par le traité de Paris. La ville et sa banlieue furent finalement rattachés à l'Italie en 1954.

TRIESTE *(golfe de),* golfe formé par l'Adriatique, entre la lagune de Grado et le cap Salvore.

TRIESTER [-tɛr] n. m. Corps possédant trois fois la fonction ester.

TRIE-SUR-BAÏSE (65220), ch.-l. de cant. des Hautes-Pyrénées, au N. du plateau de Lannemezan ; 1 015 hab. *(Triais).* Bastide du XIIIe s. (église du XVe s.). Marché (porcs).

TRIEUR, EUSE n. Personne qui trie.
◆ **trieur** n. m. **1.** Appareil utilisé pour le nettoyage et le triage des produits agricoles. — **2.** Appareil mécanique de triage du minerai (trieur magnétique).
◆ **trieuse** n. f. Machine électromécanique permettant le classement ou la sélection de cartes perforées suivant une référence donnée.

TRIEUR-CALIBREUR n. m. (pl. *trieurs-calibreurs*). Appareil utilisé pour trier les fruits et les pommes de terre selon leur forme, les œufs selon leur poids.

TRIFIDE adj. (lat. *trifidus,* fendu en trois). Se dit des organes qui sont partagés en trois par des divisions profondes.

TRIFLÈCHE adj. Se dit de l'affût d'un canon constitué de trois flèches qui, ouvertes à 120° en position de batterie, permettent au canon de tirer tous azimuts.

TRIFOLIÉE ou **TRIFOLIOLÉE** adj. Se dit d'une feuille composée de trois folioles, comme celle du trèfle.

TRIFONCTIONNEL, ELLE adj. Relatif à la trilogie des dieux indo-européens. (Selon G. Dumézil, ces trois dieux, Jupiter, Mars et Quirinus, symbolisent respectivement la fonction sacerdotale, la fonction guerrière et la fonction productive.)

TRIFONOV (Iouri Valentinovitch), écrivain soviétique (Moscou 1925 - *id.* 1981). Révélé par le roman *les Étudiants* (1950) et le récit *la Soif étanchée* (1963), auteur d'œuvres historiques, il s'est fait le peintre lucide de l'intelligentsia urbaine (*l'Échange,* 1969 ; *la Maison du quai,* 1976).

TRIFORIUM [-rjɔm] n. m. (angl. *triforium,* de l'anc. fr. *trifoire,* ciselure). Claire-voie de la galerie étroite ménagée autour du vaisseau central d'une église médiévale, au-dessus des tribunes ou des grandes arcades, pour desservir les combles latéraux ; la galerie elle-même. *(Voir ill. tribune.)*

TRIFOUILLAGE n. m. *Fam.* Action de trifouiller.

TRIFOUILLER v. t. (de *tripoter* et *fouiller*) [conj. 3]. *Fam.* Remuer qqch en tous sens, le mettre en désordre ; tripoter : *On a trifouillé tous mes papiers.*
◆ v. t. ind. *Fam.* **1.** Chercher en déplaçant des choses de façon désordonnée : *Qui a trifouillé dans mon tiroir ?* — **2.** Opérer dans qqch des manipulations diverses et apparemment désordonnées : *Trifouiller dans un téléviseur pour le réparer.*

TRIGÉMELLAIRE adj. Se dit d'une grossesse qui comporte trois embryons.

TRIGLAV (« les Trois Têtes »), point culminant de la Slovénie, dans les Alpes Juliennes (2 863 m).

TRIGLE n. m. (gr. *trigla,* rouget). Syn. de GRONDIN.

TRIGLYCÉRIDE n. m. Triester du glycérol. (Les triglycérides sont des lipides présents dans la cellule adipeuse et au niveau sanguin ; ils sont liés aux protéines sous forme de lipoprotéines.)

1. TRIGLYPHE n. m. (lat. *triglyphus,* du gr. *trigluphos*). Élément légèrement saillant de la frise dorique, rectangle allongé en hauteur et creusé verticalement de deux glyphes et de deux demi-glyphes. (Les triglyphes alternent avec les métopes.)

2. TRIGLYPHE adj. (gr. *trigluphos,* à trois pointes). Se dit d'un cristal ayant la forme d'un cube chargé de stries (dues à la présence de macles), dont les directions sont perpendiculaires entre elles sur les trois faces contiguës à un même sommet.

TRIGNAC (44570), comm. de la Loire-Atlantique, à l'extrémité méridionale de la Brière ; 7 065 hab. Caravanes.

TRIGONE adj. (lat. *trigonus,* du gr. *trigônos,* à trois angles). Se dit d'une tige à section triangulaire (carex), d'une coquille à peu près triangulaire (astarte), etc.
◆ n. m. **1.** Espace triangulaire de la face interne de la vessie, limité par les deux orifices urétéraux et le col vésical. — **2.** Configuration astrologique présentée par deux astres dont l'écart angulaire dans le ciel est de 120°.

TRIGONELLE n. f. (lat. sc. *trigonella*). Nom commun au fenugrec et aux espèces voisines.

TRIGONIE n. f. Mollusque bivalve à caractères archaïques, très répandu à l'état fossile dans l'ère secondaire, mais fort rare aujourd'hui.

TRIGONOCÉPHALE n. m. Autre nom du *bothrops.*

TRIGONOMÉTRIE n. f. (lat. sc. *trigonometria,* du gr. *trigônon,* triangle). Branche des mathématiques, issue de l'astronomie, qui, en liaison avec la géométrie euclidienne, permet de calculer les mesures des côtés d'un triangle ou de ses angles, à partir de certaines d'entre elles. (On y utilise et étudie en particulier les fonctions circulaires et leurs réciproques.)
ENCYCL. Dans un triangle ABC rectangle en A on a les relations suivantes :

$$\sin \widehat{B} = \frac{AC}{BC} ; \quad \cos \widehat{B} = \frac{BA}{BC} ; \quad \mathrm{tg}\, \widehat{B} = \frac{AC}{AB} ;$$

$$\mathrm{cotg}\, \widehat{B} = \frac{AB}{AC}$$

Les formules qui suivent sont parmi les plus importantes de la trigonométrie :

$\sin (a + b) = \sin a \cdot \cos b + \sin b \cdot \cos a$;
$\cos (a + b) = \cos a \cdot \cos b - \sin a \cdot \sin b$;

$$\mathrm{tg}\,(a + b) = \frac{\mathrm{tg}\, a + \mathrm{tg}\, b}{1 - \mathrm{tg}\, a \cdot \mathrm{tg}\, b}.$$

$\sin 2t = 2 \sin t \cdot \cos t$;

$$\cos 2t = 2 \cos^2 t - 1 ; \; \mathrm{tg}\, 2t = \frac{2\, \mathrm{tg}\, t}{1 - \mathrm{tg}^2 t}.$$

TRIGONOMÉTRIQUE adj. **1.** Relatif à la trigonométrie. — **2.** Se dit d'une fonction circulaire ou d'une fonction circulaire réciproque. — **3.** Se dit d'une série dont le terme général est de la forme $u_n (x) = a_n \cos nx + b_n \sin nx$, où a_n et b_n sont deux nombres réels (ou complexes). — **4.** *Cercle trigonométrique,* cercle de centre O de rayon 1 du plan affine rapporté à un repère d'origine O.

TRIGONOMÉTRIQUEMENT adv. Suivant les procédés de la trigonométrie.

TRIGRAMME n. m. (gr. *trigrammos*). **1.** Mot de trois lettres. — **2.** Sigle constitué de trois caractères réunis. — **3.** Figure formée par la superposition de trois lignes, utilisée dans la divination chinoise.

TRIHOLOSIDE n. m. Nom générique d'holosides fournissant trois oses par hydrolyse totale.

TRIJUMEAU, ELLE adj. et n. Se dit de chacun des trois enfants nés d'une grossesse trigémellaire. ◆ **trijumeau** adj. m. et n. m. **1.** Se dit de la cinquième paire de nerfs crâniens. (Le trijumeau se divise en trois branches principales : le nerf ophtalmique, le nerf maxillaire supérieur et le nerf maxillaire inférieur. Il assure la sensibilité de toute la face sauf de l'angle de la mâchoire et innerve les muscles masticateurs.) — **2.** *Névralgie du trijumeau,* syndrome douloureux pouvant affecter le nerf trijumeau dans son ensemble ou en partie. (Syn. NÉVRALGIE FACIALE.)

TRÍKALA ou **TRÍKKALA,** v. de Grèce, en Thessalie ; 45 000 hab. Centre commercial.

TRIKÓUPIS (Kharílaos), homme politique grec (Nauplie 1832 - Cannes 1896). Ministre des Affaires étrangères (1866 et 1877-78), président du Conseil (1875, 1882-1885, 1886-1890, 1892-93, 1893-1895), il se consacra à l'équipement économique du pays (canal de Corinthe) et fut confronté aux problèmes du déficit budgétaire, qu'avait aggravé la politique de Dhilighiánnis.

TRILATÉRAL, E, AUX adj. **1.** Qui a trois côtés. — **2.** *Commission trilatérale,* société internationale de discussion et d'échange de vues fondée par D. Rockefeller en 1973, réunissant des dirigeants économiques, des universitaires, des hommes politiques européens, japonais, américains.

TRILATÉRATION n. f. (bas lat. *trilaterus,* qui a trois côtés). Procédé géodésique ou topographique dans lequel on détermine les coordonnées des sommets de l'ensemble de triangles constituant le réseau à partir de la mesure des longueurs des côtés et de l'orientation d'un côté de départ.

TRILINGUE adj. (lat. *trilinguis*). **1.** Qui est en trois langues : *Inscription trilingue.* — **2.** Qui use de trois langues différentes.

TRILITÈRE adj. (de *tri-* et lat. *littera,* lettre). **1.** Se dit d'un mot composé de trois lettres. — **2.** Se dit d'une racine sémitique constituée de trois consonnes servant de support aux voyelles.

TRILITHE n. m. Monument mégalithique composé d'un linteau de pierre posé sur deux supports. (Ceux de Stonehenge comptent parmi les plus célèbres.)

TRILLE [trij] n. m. (ital. *trillo,* tremblement). **1.** Ornement vocal ou instrumental qui consiste à répéter rapidement et alternativement deux notes conjointes. (Il est indiqué par le signe *tr* suivi ou non d'une ligne ondulée.) — **2.** *Litt.* Chant, émission sonore faits d'un battement continu et très rapide sur deux tons très voisins : *Les trilles d'un oiseau.*

TRILLER v. i. (conj. 3). **1.** Exécuter un trille. — **2.** *Litt.* Faire des trilles.

TRILLION [triljɔ̃] n. m. (de *tri-,* d'apr. *million*). Un million de billions, soit 10^{18}.

TRILOBE n. m. Syn. de TRÈFLE.

TRILOBÉ, E adj. **1.** À trois lobes ou en forme de trèfle. — **2.** Divisé en trois lobes.

TRILOBITE n. m. (lat. sc. *trilobites,* du lat. class. *lobus,* lobe). Classe de grands proarthropodes marins munis d'antennes, fossiles dans les terrains primaires.

ENCYCL. Le corps des trilobites comporte trois parties : tête, thorax et pygidium. Généralement, seule la carapace dorsale, plus résistante, est conservée. La tête cuirassée portait de gros yeux composés et souvent des pointes défensives, dites pointes génales. Thorax et pygidium sont segmentés. Chaque anneau portait une paire de pattes nageuses. L'animal s'enroulait en cas de danger. On dénombre 150 familles de trilobites.

TRILOCULAIRE adj. (du lat. *loculus,* petit endroit). Se dit d'un organe qui se partage intérieurement en trois loges.

TRILOGIE n. f. (gr. *trilogia,* de *logos,* discours). **1.** Dans la Grèce antique, série de trois œuvres théâtrales, dont les sujets font suite les uns aux autres. (À l'origine, les trois pièces étaient reliées chronologiquement et logiquement : c'est la *trilogie liée.* Puis, à partir de Sophocle, chacune des pièces acquit son autonomie : c'est la *trilogie libre.*) — **2.** Ouvrage partagé en trois parties distinctes, mais se faisant suite : *La trilogie de Dante.* — **3.** Série de trois œuvres dont les sujets sont liés. — **4.** Ensemble de trois choses qui vont ensemble, qui constituent un tout.

TRILON n. m. Composé organophosphoré neurotoxique, utilisé comme agent chimique. (La famille des trilons comprend le sarin, le soman et le tabun.)

TRIMARAN n. m. (de *catamaran*). Embarcation constituée par trois coques parallèles, allongées, réunies par une armature rigide, utilisée en course-croisière.

TRIMARD n. m. (de *trimer*). *Pop.* et *vx.* Route, chemin.

TRIMARDER v. i. (de *trimard*) [conj. 3]. *Pop.* et *vx.* Vagabonder, aller de région en région.

TRIMARDEUR n. m. *Pop.* et *vx.* Vagabond, en partic. ouvrier allant de ville en ville pour chercher du travail.

TRIMBALAGE, TRIMBALEMENT ou **TRIMBALLAGE, TRIMBALLEMENT** n. m. *Fam.* Action de trimbaler.

TRIMBALER ou **TRIMBALLER** v. t. (anc. fr. *tribaler,* remuer de tous les côtés) [conj. 3]. **1.** *Fam.* Porter qqch, le traîner partout avec soi : *J'en ai assez de trimbaler cette valise.* — **2.** *Pop.* Emmener qqn avec soi plus ou moins péniblement, ou le promener d'un endroit à un autre : *Trimbaler ses enfants dans les magasins.* — **3.** Pop. *Qu'est-ce qu'il trimbale !,* il est très bête.
◆ **se trimbaler** v. pr. *Fam.* Se déplacer, aller et venir.

1. TRIMER v. i. (p.-ê. de *tramer,* faire la navette, ou anc. fr. *trumel,* mollet) [conj. 3]. *Fam.* Travailler dur, peiner, se fatiguer.

2. TRIMER → TRIMMER.

TRIMÈRE adj. (gr. *trimerês,* formé de trois parties). **1.** Se dit d'un organe qui est composé de trois éléments semblables, disposés soit en métamères (insecte au tarse trimère), soit en antimères (fleur au périanthe trimère). — **2.** Se dit d'un composé dont la formule renferme trois fois celle du monomère.
◆ n. m. Composé trimère.

TRIMESTRE n. m. (lat. *trimestris*). **1.** Espace de trois mois : *Être payé au trimestre.* — **2.** Somme payée ou reçue à la fin de cette période : *Toucher son trimestre de pension.* — **3.** Chacune des trois divisions de l'année scolaire française (de sept. à juill.) équivalant approximativement à trois mois et séparée par des vacances.

TRIMESTRIALITÉ n. f. Caractère de ce qui est trimestriel.

TRIMESTRIEL, ELLE adj. Qui revient, paraît tous les trois mois, qui est relatif à un trimestre.

TRIMESTRIELLEMENT adv. Par trimestre ; tous les trois mois.

TRIMÉTAL n. m. Ensemble métallique monobloc formé de trois métaux ou alliages différents adhérant l'un à l'autre.

TRIMÉTHYLAMINE n. f. Amine $(CH_3)_3N$, gaz à l'odeur de poisson avarié, liquéfiable à 4 °C et très soluble dans l'eau.

TRIMÉTHYLBENZÈNE n. m. Dérivé trois fois méthylé du benzène.

TRIMÉTHYLÈNE n. m. Radical divalent $-(CH_2)_3-$.

TRIMÈTRE n. m. (lat. *trimetrus,* du gr. *trimetron*). **1.** Vers grec ou latin composé de trois mètres. — **2.** Vers français marqué de trois accents principaux.

TRIMMER ou **TRIMER** [trimœr] n. m. (angl. *trimmer*). **1.** Engin de pêche pour le brochet, pêchant seul, constitué d'une sorte de disque flottant dont la périphérie est creusée d'une gorge contenant une longue ligne. — **2.** Correcteur de fréquence des montres à quartz. — **3.** Condensateur d'appoint ajustable servant à parfaire l'accord d'un circuit.

TRIMOTEUR adj. et n. m. Se dit d'un appareil, en partic. d'un avion, muni de trois moteurs.

TRIMOUILLE (La) [86290], ch.-l. de cant. de l'est de la Vienne ; 1 141 hab. *(Trimouillais).*

TRIMŪRTI n. m. (mot sanskr. signif. *les trois formes*). Dans l'hindouisme, triple manifestation de l'Être suprême représenté par Brahmā, Viṣṇu et Śiva.

TRINCOMALEE ou **TRINCOMALI,** port et station balnéaire de Sri Lanka, sur la côte N.-E. de l'île ; 45 000 hab. Centre de peuplement tamoul. Pèlerinage hindou.

TRINGLE n. f. (moyen néer. *tingel,* latte plate). **1.** Tige de bois ou de métal de type et d'usage variés. — **2.** Pièce garnie de crochets ou de chevilles, utilisée pour suspendre des marchandises. — **3.** Barre métallique ou de bois destinée à suspendre un rideau, une draperie, etc. — **4.** Barre métallique servant à suspendre des vêtements. — **5.** Pièce métallique assurant le verrouillage d'une crémone lorsqu'une de ses extrémités s'engage dans la gâche correspondante. — **6.** Tube de métal supportant l'ensemble des branches du parapluie. — **7.** *Tringle chemin de fer,* barre métallique de section rectangulaire, à l'intérieur de laquelle des galets font coulisser les crochets d'un rideau par l'intermédiaire d'un cordon de tirage.

TRINGLOT → TRAINGLOT.

TRINIDAD, nom angl. et esp. de l'île de la Trinité.

TRINIDAD *(sierra de)* ou **SIERRA DEL ESCAMBRAY,** chaînon montagneux de Cuba, au-dessus du littoral caraïbe, entre la ville côtière de *Trinidad* et Santa Clara.

TRINIDADIEN, ENNE adj. et n. De l'île de la Trinité (en angl. et en esp. *Trinidad*).

TRINIL, localité de l'est de Java (Indonésie), en bordure de la rivière Solo. On y a découvert en 1891 la première calotte crânienne de pithécanthrope, puis un niveau daté de - 900 000 ans a fourni beaucoup d'autres restes de cette espèce.

TRINITAIRE adj. Qui concerne le dogme de la Trinité.
◆ n. Membre d'un ordre religieux, voué à la Trinité, fondé par Jean de Matha et Félix de Valois en 1198 pour racheter les chrétiens capturés par les infidèles. (En France, on les appelait aussi MATHURINS, de leur église St-Mathurin, à

Paris. De nos jours, les trinitaires s'occupent des prisonniers.)

TRINITÉ n. f. (lat. ecclés. *trinitas*). **1.** Dans la théologie chrétienne, désignation de Dieu en trois personnes (Père, Fils et Saint-Esprit) distinctes, égales et consubstantielles en une seule et indivisible nature. (Dans ce sens, prend une majusc.) [La formulation du dogme trinitaire a donné lieu, dans les premiers siècles de l'Église, à de longs débats centrés sur l'arianisme.] – **2.** Fête commémorant ce mystère, célébrée le premier dimanche qui suit la Pentecôte. – **3.** Dans d'autres religions, groupe de trois dieux. – **4.** *Litt.* Réunion de trois principes, trois institutions, trois symboles considérés comme formant un tout : *L'armée, la magistrature et l'administration, cette trinité gouvernementale.* – **5.** *À Pâques ou à la Trinité,* à une époque incertaine, sur laquelle on ne saurait compter.

TRINITÉ (La) [06340], comm. des Alpes-Maritimes, banlieue N.-E. de Nice, sur le Paillon ; 10 226 hab. *(Trinitaires).* Curieuse « procession aux limaces » le jeudi suivant la Fête-Dieu. Bateaux de plaisance.

TRINITÉ (La) [97220], ch.-l. d'arrond. de la Martinique, sur la côte est ; 11 392 hab.

TRINITÉ *(baie de la),* baie du Canada, dans le sud-est de l'île de Terre-Neuve.

TRINITÉ-ET-TOBAGO, en angl. **Trinidad and Tobago,** État des Antilles, à proximité du Venezuela ; 5 128 km² ; 1 320 000 hab. CAP. *Port of Spain.* LANGUE : *anglais.* MONNAIE : *dollar de la Trinité.*

Géographie. L'État est composé de deux îles, la Trinité (4 827 km² et 96 % de la population totale) et Tobago. Sous un climat tropical humide, plus arrosé à l'est qu'à l'ouest, la Trinité a un relief plat en dehors d'une chaîne montagneuse au nord. La population est très variée, les Noirs et les Indiens constituant les groupes les plus nombreux. La vie économique est dominée par l'extraction du pétrole et du gaz naturel, le raffinage (concernant aussi du pétrole importé) et la pétrochimie. Des industries (cimenterie, mécanique, électroménager, alimentation) et le tourisme complètent ces activités, tandis que l'agriculture (canne à sucre, cacao, café, agrumes) a reculé. Le Venezuela est le principal partenaire commercial du pays.

Histoire. Découverte par Christophe Colomb en 1498, la Trinité fut disputée par les grandes puissances avant d'être cédée à la Grande-Bretagne en 1802. Depuis 1962, elle constitue avec Tobago un État indépendant, membre du Commonwealth.

TRINITÉ-PORHOËT (La) [56710], ch.-l. de cant. du Morbihan, au S.-E. de Loudéac ; 905 hab. Église des XIIe, XIVe et XVIe s.

TRINITÉ-SUR-MER (La) [56470], comm. du Morbihan, sur la baie de Quiberon ; 1 446 hab. *(Trinitains).* Pêche. Port de plaisance et station balnéaire.

TRINITRÉ, E adj. Se dit d'un composé trois fois nitré.

TRINITRINE n. f. Nom de la nitroglycérine lorsqu'elle est utilisée comme médicament de la crise d'angine de poitrine.

TRINITROBENZÈNE [-bɛ̃zɛn] n. m. Un des trois dérivés trinitrés du benzène, $C_6H_3(NO_2)_3$, dont l'isomère symétrique est un explosif.

TRINITRONAPHTALÈNE n. m. Dérivé trinitré du naphtalène, $C_{10}H_5(NO_2)_3$, doué de propriétés explosives.

TRINITROPHÉNOL n. m. Dérivé trinitré d'un phénol.

TRINITROTOLUÈNE n. m. Dérivé trois fois nitré du toluène, $C_6H_2(NO_2)_3CH_3$. (L'isomère appelé tolite ou T. N. T. est un solide jaune, fondant à 81 °C, employé comme explosif brisant.)

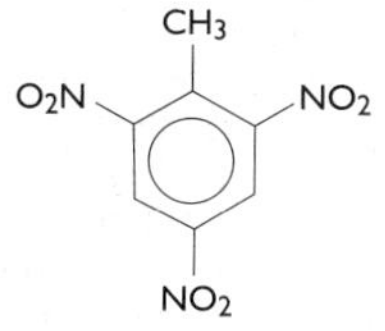

trinitrotoluène

TRINÔME n. m. (de *tri-,* sur *binôme*). Polynôme composé de trois termes.

TRINQUEBALLE → TRIQUEBALLE.

TRINQUER v. t. ind. (all. *trinken,* boire) [conj. **3**]. Choquer légèrement son verre contre celui de qqn avant de boire à la santé de qqn, au succès de qqch, etc.
◆ v. i. *Fam.* Subir les conséquences fâcheuses d'un acte blâmable, néfaste, etc. : *Il a trinqué pour les autres.*

1. TRINQUET n. m. (ital. *trinchetto,* voile triangulaire). Mât de misaine des bâtiments gréés en voiles latines.

2. TRINQUET n. m. (mot dialect. du Sud-Ouest). **1.** Salle quadrangulaire aménagée pour des parties de pelote basque. – **2.** Sport ainsi pratiqué.

TRINQUETTE n. f. (de *trinquet 1*). Foc le plus rapproché du grand mât ou du mât de misaine.

TRINTIGNANT (Jean-Louis), acteur de cinéma français (Piolenc, Vaucluse, 1930). Révélé dans *Et Dieu créa la femme* (1956), il s'impose ensuite dans de nombreux films, notamment *Un homme et une femme* (1966), *Ma nuit chez Maud* (1969), *le Conformiste* (1970), *la Banquière* (1980), *Vivement dimanche* (1983), *Trois Couleurs : Rouge* (1994). Il a également réalisé plusieurs films.

TRIO n. m. (ital. *trio*). **1.** Composition musicale écrite pour trois parties vocales ou instrumentales. — **2.** Formation comprenant trois musiciens. — **3.** Deuxième partie d'une danse, écrite sur un thème différent de la première partie. — **4.** Groupe de trois personnes qui vivent, s'amusent ou agissent ensemble, etc. : *Un sacré trio.* — **5.** Laminoir non réversible, à trois cylindres.

TRIODE n. f. (de *tri-* et *électrode*). Tube électronique inventé en 1906 par L. De Forest, qui comporte trois électrodes (une cathode émettrice d'électrons, une grille qui règle l'intensité du flux électronique et une anode, portée à un potentiel élevé, qui attire les électrons émis par la cathode).

TRIOL → TRIALCOOL.

TRIOLÉINE n. f. Triester du glycérol et de l'acide oléique. [Syn. OLÉINE.]

TRIOLET n. m. (de *trio*). **1.** Groupe de trois notes valant deux notes de la même figure rythmique. (Le triolet est donc la division ternaire d'une figure de note simple. Ce groupement est surmonté du chiffre 3.) — **2.** Poème à forme fixe de huit vers composé sur deux rimes et dont trois vers (le premier, le quatrième et le septième) sont les mêmes.

TRIOLET (Elsa), écrivain français d'origine russe (Moscou 1896 - Saint-Arnoult-en-Yvelines 1970). Belle-sœur de Maïakovski et femme d'Aragon, elle est l'auteur de romans (*Bonsoir Thérèse,* 1938 ; *l'Âge de Nylon,* 1959-1963 ; *Le rossignol se tait à l'aube,* 1970) et de nouvelles *(Le premier accroc coûte deux cents francs).*

TRIOLISME n. m. Pratique sexuelle impliquant trois partenaires.

TRIOMPHAL, E, AUX adj. (lat. *triumphalis*). **1.** Qui constitue un triomphe : *Une victoire triomphale.* — **2.** Qui s'accompagne de manifestations, d'acclamations propres à marquer un triomphe : *On lui a réservé un accueil triomphal.* — **3.** Qui est empreint de triomphalisme : *Un geste triomphal.* — **4.** Relatif au triomphe du général romain. — **5.** *Arc triomphal,* grande arcade à l'entrée de l'abside ou du transept des anciennes basiliques chrétiennes (ces arcs sont souvent décorés de mosaïques) ; syn. de ARC* DE TRIOMPHE.

TRIOMPHALEMENT adv. **1.** Avec les honneurs, les acclamations qui marquent un triomphe. — **2.** Sur un air triomphant : *Il nous a annoncé triomphalement son succès.*

TRIOMPHALISME n. m. Attitude de qqn qui a une confiance absolue ou excessive en sa réussite, qui est persuadé d'avoir raison.

TRIOMPHALISTE adj. et n. Qui fait preuve de triomphalisme.

TRIOMPHANT, E adj. **1.** Qui a remporté le succès, la victoire : *Sortir triomphant d'une épreuve.* — **2.** Qui marque l'exultation, la fierté du succès : *Un air triomphant.*

TRIOMPHATEUR, TRICE n. (lat. *triumphator*). Personne, groupe qui a remporté une victoire totale.

◆ adj. *Litt.* **1.** Se dit d'un pays, d'un groupe victorieux : *Nation triomphatrice.* — **2.** Qui manifeste une fierté de vainqueur.

◆ **triomphateur** n. m. Général qui entrait en triomphe dans Rome après une victoire.

TRIOMPHE n. m. (lat. *triumphus*). **1.** Victoire éclatante de qqn, d'un groupe : *Son élection a été un triomphe.* — **2.** Succès décisif ou éclatant de qqch : *Lutter pour le triomphe d'une cause.* — **3.** Joie extrême, exaltation de qqn qui est sûr de l'avoir emporté : *Un petit air de triomphe.* — **4.** Entrée solennelle d'un général romain qui avait remporté une grande victoire. (Monté sur un char, le général victorieux, l'*imperator,* partait du champ de Mars, vêtu d'une toge de pourpre, la tête couronnée de lauriers d'or, précédé des sénateurs, des dépouilles des vaincus, du butin prélevé à l'ennemi, des prisonniers. Il gagnait le Capitole ; là, il offrait le sacrifice d'un taureau et dédiait sa couronne à Jupiter. Ce type de réjouissance fut repris dans les fêtes italiennes de la Renaissance, les entrées* royales françaises.) — **5.** Fête de la promotion venant d'achever sa première année d'études à l'École spéciale militaire de Saint-Cyr. — **6.** *Porter qqn en triomphe,* le porter à plusieurs en le hissant au-dessus de la foule pour l'acclamer.

Triomphe de l'Amour *(le),* ballet en 20 petites entrées, vers de Quinault et Benserade, mus. de Lully, chorégr. de Pécourt et Beauchamp, déc. et cost. de Jean Berain, créé en 1681 au château de Saint-Germain-en-Laye. C'est le premier ballet, en France, où des danseuses furent admises à danser à l'Opéra.

Triomphes *(les),* poème de Pétrarque, entrepris en 1354 (inachevé) et publié avec le *Canzoniere* en 1470. C'est une œuvre symbolique où triomphent successivement le Désir, la Chasteté, la Mort, la Gloire, le Temps et l'Éternité.

TRIOMPHER v. i. (lat. *triumphare*) [conj. 3]. **1.** Remporter une victoire éclatante : *Notre équipe a triomphé.* — **2.** S'établir, s'imposer définitivement : *Ses thèses ont fini par triompher.* — **3.** Remporter un très grand succès, un triomphe : *Artiste qui triomphe dans le tour de chant.* — **4.** Manifester une joie rayonnante pour un succès, une victoire, une supériorité quelconque, en tirer vanité : *Il triomphe de le voir si malheureux.* ◆ v. t. ind. Remporter sur qqn, qqch un succès total : *Notre cause triomphera de tous les obstacles.*

Trionfi *(I)*, triptyque de Carl Orff sur des thèmes antiques et moyenâgeux : *Carmina Burana* (1937), *Catulli Carmina* (1943), *Trionfo di Afrodite* (1953). L'ensemble des compositions de Fernand Nault (*Carmina Burana,* 1962), de John Butler (*Catulli Carmina,* 1964) et de Norman Walker (*Trionfo di Afrodite,* 1965), inscrit au répertoire des Grands Ballets canadiens depuis 1969, est un des chefs-d'œuvre du ballet contemporain.

TRIONGULIN n. m. (du lat. *ungulus,* ongle). Syn. de MÉLOÏDÉ.

TRIONYX n. m. Assez grande tortue carnassière des eaux douces d'Amérique du Nord, d'Afrique et d'Asie du Sud-Est, nageant activement et s'enfonçant dans la vase en cas de sécheresse.

TRIOSE n. m. Nom générique des oses dérivant du propane, de formule $C_3H_6O_3$.

TRIOXANNE n. m. Composé hétérocyclique $C_3H_6O_3$, obtenu par polymérisation spontanée du formaldéhyde. (C'est un solide incolore, fondant à 64 °C, qui est employé comme désinfectant.) [Syn. PARAFORMALDÉHYDE.]

TRIOXYDE n. m. Composé dont la molécule contient trois atomes d'oxygène.

TRIP n. m. (angl. *trip,* voyage). *Pop.* **1.** Dans le langage des toxicomanes, état hallucinatoire dû à la prise d'une drogue, en partic. de L. S. D. — **2.** *Ce n'est pas mon trip,* cela ne me plaît pas.

TRIPAILLE n. f. Amas de tripes, d'intestins.

TRIPALE adj. Se dit d'une hélice ou d'un rotor à trois pales.

TRIPANG → TRÉPANG.

TRIPARTI, E ou **TRIPARTITE** adj. (lat. *tripartitus*). **1.** Divisé en trois parties : *Corolle tripartie.* — **2.** Qui concerne trois parties, qui associe trois États, trois partis politiques : *Commission tripartie.*

TRIPARTISME n. m. Système dans lequel trois formations politiques se partagent l'essentiel des suffrages et des sièges au Parlement. (Le terme fut notamment employé en France de janv. 1946 à mai 1947 lors du gouvernement formé par le parti communiste, la S. F. I. O. et le M. R. P.)

tripartite *(pacte)* [27 sept. 1940], pacte signé à Berlin. Il assurait à l'Allemagne et à l'Italie la possibilité de réaliser en Europe un ordre nouveau et au Japon d'en réaliser un autre en Extrême-Orient. La Hongrie, la Roumanie et la Slovaquie adhérèrent au pacte en novembre, la Bulgarie en mars 1941.

TRIPARTITION n. f. (bas lat. *tripartitio*). Action de diviser une quantité en trois parties.

TRIPATOUILLAGE n. m. *Fam.* Action de tripatouiller.

TRIPATOUILLER v. t. (de *tripoter* et *patouiller*) [conj. 3]. *Fam.* Manipuler qqch en tous sens, le modifier malhonnêtement, le mettre en désordre : *Tripatouiller un texte.*
◆ v. t. ind. Apporter à qqch des changements, en partic. de manière illicite ou à l'insu de tous : *Tripatouiller dans les comptes.*

TRIPATOUILLEUR, EUSE n. *Fam.* Personne qui tripatouille.

TRIPE n. f. (ital. *trippa,* intestins). **1.** Boyau d'un animal (surtout pl.). — **2.** Mets constitué par l'estomac et les entrailles d'animaux de boucherie, diversement accommodés (surtout pl.). — **3.** *Fam.* Intestin humain : *Avoir la tripe malade.* — **4.** *Fam.* Le plus profond de soi, ce qu'on a de plus authentique en soi (dans le domaine des sentiments) [souvent au pl.] : *Se battre avec ses tripes. Avoir la tripe républicaine.* — **5.** Partie intérieure d'un cigare. — **6.** *Peau en tripe,* peau préparée pour le tannage par le travail de rivière. ‖ *Tripes à la mode de Caen,* tripes de bœuf préparées au cidre ou au calvados.

TRIPEPTIDE n. m. Polypeptide donnant par hydrolyse trois acides aminés.

TRIPERIE n. f. **1.** Lieu où l'on vend des tripes, des abats. — **2.** Commerce du marchand de tripes et d'abats. — **3.** Abats, tripes vendus par le tripier.

TRIPETTE n. f. Fam. *Ça ne vaut pas tripette,* ça ne vaut rien.

TRIPHASÉ, E adj. **1.** Se dit d'un système de tensions ou de courants polyphasés constitué par trois grandeurs monophasées décalées l'une par rapport à l'autre de 1/3 de période. — **2.** Se dit d'un système thermodynamique comportant trois phases.

TRIPHÉNYLCARBINOL ou **TRIPHÉNYLMÉTHANOL** n. m. Alcool $(C_6H_5)_3C—OH$ qui fournit, par action des acides, le cation triphénylméthyle.

TRIPHÉNYLMÉTHANE n. m. Hydrocarbure $(C_6H_5)_3CH$, dont le squelette se retrouve dans un grand nombre de colorants. (Syn. TRITANE.)

TRIPHÉNYLMÉTHYLE n. m. Radical monovalent $(C_6H_5)_3C—$. (De nombreux colorants [phtaléine, rhodamine] sont des dérivés du cation triphénylméthyle $(C_6H_5)_3C^+$.) [Syn. TRITYLE.]

TRIPHTONGUE n. f. (de *tri-*, d'apr. *diphtongue*). Voyelle complexe dont le timbre se modifie deux fois au cours de son émission. (Par ex. l'anglais *fire*.)

TRIPIER, ÈRE n. Commerçant qui vend des tripes, des abats.

TRIPLACE adj. Qui comporte trois places.
◆ n. m. Avion comportant trois places.

TRIPLAN n. m. (de *plan*). Avion à trois ailes superposées.

TRIPLE adj. (lat. *triplus,* de *tres,* trois). **1.** Qui comporte trois éléments identiques ou analogues : *Une triple collision.* – **2.** Qui est répété trois fois : *Reproduire un texte en triple exemplaire.* – **3.** Trois fois plus grand que qqch d'autre : *Sa maison est triple de la mienne.* – **4.** *Fam.* Indique un degré élevé : *Triple idiot !* – **5.** *Point triple,* point qui, sur un diagramme de phases, représente l'équilibre de trois phases d'un même corps. ‖ *Triple liaison,* liaison chimique (notée ≡) entre deux atomes assurée par 3 paires d'électrons. ‖ *Triple saut,* épreuve d'athlétisme consistant en un enchaînement de trois sauts en longueur.
◆ adv. En quantité, en nombre triple.
◆ n. m. **1.** Valeur, quantité triple : *Neuf est le triple de trois.* – **2.** *En triple,* en trois unités identiques.

TRIPLÉ n. m. **1.** Triple succès remporté par un concurrent, une équipe, dans une compétition ou une saison. – **2.** Pour un club, une nation, fait d'occuper les trois premières places d'une épreuve.

1. TRIPLEMENT n. m. Action, fait de tripler.

2. TRIPLEMENT adv. De façon triple ; sous trois rapports.

TRIPLER v. t. (conj. 3). **1.** Rendre triple ; multiplier par trois : *Tripler les équipes pour finir les commandes.* – **2.** Suivre une classe pour la troisième fois.
◆ v. i. Devenir triple : *La population a triplé.*

TRIPLÉS, ÉES n. pl. Groupe de trois enfants nés d'une même grossesse.

TRIPLET n. m. **1.** Élément (x, y, z) du produit $E \times F \times G$ de trois ensembles E, F et G. – **2.** Ensemble de trois baies groupées. – **3.** Ensemble de trois raies voisines dans un spectre. (Ces raies correspondent à 3 états quantiques différents.)

TRIPLETER v. t. (conj. 27). Mettre en triple (du fil).

TRIPLETTE n. f. **1.** Bicyclette à trois places. – **2.** Équipe de 3 joueurs à la pétanque.

1. TRIPLEX adj. et n. m. Se dit d'un papier ou d'un carton constitué de trois couches fibreuses.

2. TRIPLEX n. m. Appartement conçu sur trois niveaux.

3. TRIPLEX n. m. Marque déposée d'un vitrage feuilleté de sécurité, constitué par deux ou plusieurs feuilles de glace ou de verre assemblées.

TRIPLICATA n. m. (pl. *triplicatas* ou *triplicata*) [lat. *triplicatus,* de *triplicare,* tripler]. Deuxième copie d'un acte.

Triplice → ALLIANCE (Triple-).

TRIPLICITÉ n. f. (bas lat. *triplicitas*). Groupement de trois signes du Zodiaque disposés en trigone.

TRIPLITE n. m. Phosphate naturel de manganèse et de fer fluoré, monoclinique.

TRIPLOBLASTIQUE adj. Se dit d'un animal dont les divers organes s'édifient à partir de trois feuillets embryonnaires (l'ectoderme, l'endoderme et le mésoderme). [C'est le cas de la grande majorité des espèces animales.]

TRIPLOÏDE adj. et n. (du gr. *triploûs,* triple). Se dit d'un individu possédant dans ses cellules 3N chromosomes, alors que le nombre diploïde 2N est le nombre normal.

TRIPLOÏDIE n. f. État des individus triploïdes.
ENCYCL. La triploïdie peut être un phénomène normal dans le règne végétal. Dans le règne animal, la triploïdie est presque toujours un phénomène anormal et le plus souvent létal. Elle est responsable d'avortements spontanés du 1er trimestre.

TRIPLURE n. f. (de *tripler*). Toile de coton et de lin très apprêtée que l'on met entre le tissu du vêtement et sa doublure pour lui donner de la tenue.

TRIPODE adj. et n. m. (gr. *tripous, -odos,* à trois pieds). Se dit d'un objet (vase, par ex.) reposant sur trois pieds.
◆ n. m. Tourniquet à trois branches réglant l'entrée dans le métro ou sur le quai des gares.

TRIPODIE n. f. (gr. *tripodia*). Vers grec ou latin composé de trois pieds.

TRIPOLI n. m. (de *Tripoli,* v. du Liban). Variété de farine fossile siliceuse, utilisée comme poudre abrasive.

TRIPOLI, en ar. **Ṭarābulus,** port du Liban, près de la Méditerranée ; 240 000 hab. *(Tripolitains).* Centre commercial et industriel.
– **Hist.** Ancienne cité phénicienne, importante au IVe s. av. J.-C., elle fut florissante sous les Arabes jusqu'à sa conquête par les croisés en 1109. Le comté de Tripoli, allié aux Mongols au XIIIe s., fut pris et détruit par les Mamelouks (1268-1289). La ville fut un centre administratif de l'Empire ottoman à partir du XVIe s. Incorporée

à la République du Grand-Liban en 1920, elle constitue le principal centre de l'islām sunnite libanais.

TRIPOLI *(comté de),* un des États latins du Levant. La conquête de la côte libanaise, entreprise en 1102 par Raimond de Saint-Gilles, comte de Toulouse, fut achevée en 1109 par son fils Bertrand, qui prit Tripoli et forma, de la côte au haut Oronte, le comté, tenu en fief de l'Empire byzantin, puis du roi de Jérusalem. Contre les incursions musulmanes furent constitués, à partir de 1137, des domaines au profit des Hospitaliers (autour du krak des Chevaliers) et des Templiers. Il s'implanta une féodalité languedocienne et provençale. Le comté fut reconquis par les musulmans de 1268 à 1289.

TRIPOLI, en ar. **Ṭarābulus al-Rharb,** anc. **Tripoli de Barbarie,** cap. de la Libye, sur la côte de Tripolitaine ; environ 980 000 hab. Site portuaire exceptionnel sur cette côte. Principal centre économique de la Libye. Industries légères.
— **Hist.** Le comptoir phénicien, puis carthaginois et romain d'Oea devint la ville la plus importante de la Tripolitaine après la conquête arabe (643). Florissante à l'époque des Ḥafṣides, Tripoli fut occupée par les Espagnols (1510), qui la cédèrent aux chevaliers de Malte (1530). Conquise par les Ottomans en 1551, elle devint le centre d'une de leurs « régences barbaresques ». Occupée par les Italiens en 1911, prise en 1943 par les Britanniques de Montgomery, rejoints par les Français de Leclerc, elle a été choisie en 1951 comme capitale de la Libye indépendante.

TRIPOLIE, site préhistorique d'Ukraine, près de Kiev. Il donne son nom à un faciès culturel du néolithique et du chalcolithique apparenté à celui de Cucuteni et développé dans la zone lœssique comprise entre la basse vallée du Danube et le Dniepr (3000-1700 av. J.-C.).

TRÍPOLIS, v. de Grèce, dans le centre du Péloponnèse, ch.-l. du nome d'Arcadie ; 20 200 hab. Carrefour routier.

TRIPOLITAINE, partie N.-O. de la Libye, groupant environ les deux tiers de la population du pays. Des oasis longent la côte de Zuwara à Misourata. En arrière, la plaine de Djeffara, mise en valeur depuis la colonisation italienne, est dominée par le djebel Nefousa (arboriculture et élevage), limité au S. et à l'E. par un plateau calcaire désertique.
— **Hist.** Les comptoirs phéniciens de Sabratha, d'Oea (auj. Tripoli) et de Leptis Magna passèrent sous la domination de Carthage (Ve s. av. J.-C.). Puis la Tripolitaine fut occupée par les Romains (106 av. J.-C.). Après la conquête arabe de 643, elle fut gouvernée par les Arhlabides (IXe s.), les Fāṭimides (Xe s.), les Almohades (XIIe-XIIIe s.), les Ḥafṣides (XIIIe s.) et les Banū ʿAmmār (XIVe s.), qui eurent à combattre des révoltes politico-religieuses khāridjites (ibāḍites). Prise par les Espagnols (1510), qui la cédèrent aux chevaliers de Malte (1530), elle devint ottomane en 1551. La régence de Tripoli fut pratiquement indépendante de la Porte sous les Karamanlı de 1714 à 1835. Les Italiens y débarquèrent en 1911 ; mais ils durent l'évacuer pendant la Première Guerre mondiale. Elle fut réoccupée par les Italiens et intégrée à la colonie de Libye (1934). Défendue par les troupes germano-italiennes de Rommel, elle fut occupée par les forces franco-britanniques en 1943. Administrée par les Britanniques, elle fut réunie à la Cyrénaïque et au Fezzan, avec lesquels elle forma le royaume de Libye, indépendant en 1951.

TRIPORTEUR n. m. (abrév. de *tricycle porteur*). Cycle à trois roues dont la partie avant est constituée par une caisse portée par deux roues et pouvant recevoir des marchandises.

TRIPOT n. m. (anc. fr. *triper,* sauter, du germ. **trippōn*). **1.** Maison de jeu, cabaret où l'on joue. — **2.** Endroit malfamé, mal fréquenté.

TRIPOTAGE n. m. *Fam.* **1.** Action de tripoter, de toucher sans cesse. — **2.** Opération plus ou moins louche, voire malhonnête : *Des tripotages politiques.*

TRIPOTÉE n. f. (de *tripoter*). **1.** Volée de coups ; défaite humiliante. — **2.** *Une tripotée de,* une grande quantité : *Toute une tripotée de cousins.*

TRIPOTER v. t. (de *tripot*) [conj. 3]. **1.** *Fam.* Toucher sans cesse, plus ou moins machinalement, sans délicatesse. — **2.** *Pop.* Faire des attouchements à qqn.
◆ v. i. *Fam.* **1.** Remuer, manipuler sans soin diverses choses : *Tripoter dans un tiroir.* — **2.** Faire des opérations plus ou moins propres : *Des hommes d'affaires qui tripotent dans les coulisses.*

TRIPOTEUR, EUSE n. *Fam.* Personne qui se livre à des opérations financières plus ou moins honnêtes.
◆ adj. *Pop.* Qui tripote : *Mains tripoteuses.*

TRIPOUX n. m. pl. (de *tripe*). Préparation culinaire à base de tripes et de pieds de mouton.

TRIPTOLÈME, roi mythique d'Éleusis, à qui Déméter avait appris la culture des céréales et qui devint un juge des Enfers.

TRIPTYQUE n. m. (gr. *triptukhos,* triple). **1.** Œuvre peinte et/ou sculptée, principalement faite de trois panneaux jointifs latéralement. (Les panneaux latéraux constituent, lorsqu'ils sont montés sur charnières, des volets qui peuvent se refermer sur la partie centrale.) [→ *encycl.*] — **2.** Œuvre littéraire ou artistique composée de trois parties offrant une certaine symétrie.

— **3.** Plan, projet, programme qui comporte trois parties.
ENCYCL. **Bx-arts.** De petite dimension et exécuté en ivoire, en orfèvrerie ou en émail à Byzance puis dans l'Occident chrétien, le triptyque se transforme et se développe de la fin du XIVe au XVIe s. : retable* de grande taille, il est souvent complété d'une prédelle et d'un couronnement, tandis que la face extérieure des volets peut être peinte en grisaille (trompe-l'œil sculptural).

TRIPURA, État de l'Inde, montagneux et boisé, entre le Bangladesh et l'Assam ; 10 500 km^2 ; 2 744 827 hab. Cap. *Agartala.*

TRIQUE n. f. (mot dialect., var. de *estrique,* bâton, du frq. **strîkan,* frotter). **1.** Gros bâton ou bâton grossier utilisé pour frapper : *Donner des coups de trique.* — **2.** Symbole de l'autorité brutale. — **3.** *À la trique,* en exerçant brutalement son autorité : *Mener quelqu'un à la trique.*

TRIQUEBALLE ou **TRINQUEBALLE** n. m. (p.-ê. néerl. *trukken,* tirer, et *ballen,* fardeau). Fardier utilisé pour le transport de fardeaux longs, en partic. de fûts d'arbre, comportant deux roues, un essieu, au-dessous duquel est suspendue la charge, et un timon ou une flèche. (Syn. DIABLE.)

TRIQUET n. m. (de *trique*). Sorte d'échafaudage, de chevalet servant aux couvreurs.

TRIQUÈTRE n. f. (lat. *triquetrus,* triangulaire). Syn. de TRISKÈLE.

TRIRECTANGLE adj. **1.** Qui a trois angles droits. — **2.** *Trièdre trirectangle,* trièdre dont les arêtes sont perpendiculaires deux à deux.

TRIRÈME n. f. (lat. *triremis,* de *tres,* trois, et *remus,* rame). Navire de guerre antique à trois rangs de rames superposés.

TRISAÏEUL, E n. (de *tri-,* d'apr. *bisaïeul*). Père, mère du bisaïeul ou de la bisaïeule.

TRISANNUEL ou **TRIANNUEL, ELLE** adj. **1.** Qui a lieu tous les trois ans : *Fête trisannuelle.* — **2.** Qui dure trois ans.

TRISECTEUR, TRICE adj. Se dit d'une demi-droite ou d'un demi-plan qui permet de résoudre le problème de la trisection.

TRISECTION n. f. **1.** Division d'un ensemble, d'une grandeur en trois parties égales. **2.** Détermination d'un secteur angulaire dont la mesure est le tiers de celle d'un secteur angulaire donné. (La résolution de ce problème uniquement à l'aide de la règle et du compas est généralement impossible.)

TRISETUM [-tɔm] n. m. (du lat. *seta,* soie). Graminée des montagnes d'Europe, voisine des avoines, qui donne un excellent fourrage.

TRISKÈLE n. m. (gr. *triskelês,* à trois jambes). **1.** Type monétaire antique fait de trois jambes fléchies rayonnant autour d'un centre. (Syn. TRIQUÈTRE.) — **2.** Motif décoratif celtique dérivé par extrême schématisation du type monétaire antique. (Ce motif évoquait le mouvement perpétuel.)

TRISMÉGISTE adj. (gr. *trismegistos,* de *tris,* trois fois, et *megistos,* très grand). **1.** Nom donné par les Grecs au dieu Thot des Égyptiens, inventeur des arts. — **2.** Surnom d'Hermès chez les Grecs, de Mercure chez les Romains.

TRISMUS [-mys] n. m. (gr *trismos,* petit bruit aigu, de *tridzein,* grincer). Contracture des muscles masséters entraînant une gêne plus ou moins prononcée à l'ouverture de la mâchoire. (Le trismus est très souvent le premier signe du tétanos.)

TRISOC n. m. Charrue à trois socs.

TRISOMIE [trizomi] n. f. **1.** Présence en triple exemplaire, dans une cellule ou un organisme diploïde, d'un chromosome entier ou d'un segment de chromosome. — **2.** *Trisomie 21,* maladie congénitale due à la présence d'un chromosome 21 surnuméraire. (Syn. MONGOLISME.) [→ *encycl.*]
ENCYCL. **Pathol.** L'existence d'un chromosome 21 surnuméraire, mise en évidence en 1959 par J. Lejeune, M. Gautier et R. Turpin, associe une arriération mentale à des anomalies somatiques. Elle se traduit par une petite taille, une face arrondie et aplatie, des yeux bridés, écartés plus que normalement et bordés en dedans par un repli cutané (épicanthus). La langue, épaisse et rugueuse, pend parfois entre les lèvres entrouvertes. Les trisomiques 21 sont relativement fragiles et sujets aux infections. Ils ont souvent aussi une malformation cardiaque congénitale. L'âge mental ne dépasse pas 6-7 ans. L'enfant parle tard, vers 3-5 ans ; les progrès sont lents. Toutefois, le rôle de l'éducation est extrêmement important : dans les bons cas, le trisomique peut apprendre à lire, voire à écrire. Les seules empreintes dermatoglyphiques permettent de faire le diagnostic de trisomie 21 dans près de 80 % des cas.

TRISOMIQUE adj. et n. **1.** Qui se rapporte à la trisomie ; atteint de trisomie. — **2.** *Trisomique 21,* syn. de MONGOLIEN.

1. TRISSER v. i. (bas lat. *trissare*) [conj. 3]. Crier, en parlant de l'hirondelle.

2. TRISSER v. t. (de *tri-,* d'apr. *bisser*) [conj. 3]. **1.** Faire reprendre une troisième fois une partie du spectacle, rappeler une troisième fois un artiste en applaudissant. — **2.** Répéter qqch une troisième fois : *Trisser une tirade.*

3. TRISSER v. i., ou **SE TRISSER** v. pr. (p.-ê. de *trisser 1,* ou all. *stritzen,* jaillir) [conj. 3]. *Pop.* S'enfuir, se sauver.

TRISSINO (Gian Giorgio), en fr. **le Trissin,** écrivain italien (Vicence 1478 - Rome 1550). Auteur de travaux linguistiques (*Il Castellano,* 1529), poète et dramaturge (*Sofonisba,* 1524), il obéit dans son œuvre aux règles poétiques d'Aristote.

Trissotin, personnage des *Femmes savantes* de Molière. Bel esprit pédant, vaniteux et intéressé, il fit rire aux dépens de l'abbé Cotin, qu'on reconnut en lui.

TRISSYLLABE, TRISSYLLABIQUE → TRISYLLABE, TRISYLLABIQUE.

TRISTAN (Flore Célestine TRISTAN-MOSCOSO, dite **Flora**), féministe et socialiste française (Paris 1803 - Bordeaux 1844). Elle commença v. 1835 une carrière d'écrivain puis se fit l'apôtre du féminisme dans *Pérégrinations d'une paria* (1838) et, sous l'influence de Fourier et de Saint-Simon, tenta en vain de réaliser une « union des travailleurs » après la publication, en 1843, de *l'Union ouvrière.* Elle fut la grand-mère de Gauguin.

TRISTAN (Jean-Paul BARON, dit **Frédérick**), écrivain français (Sedan 1931), auteur de romans imprégnés de spiritualité (*le Dieu des mouches,* 1959 ; *les Égarés,* 1983 ; *le Fils de Babel,* 1986).

TRISTAN DA CUNHA, archipel britannique de l'océan Atlantique méridional, à 2 850 km du cap de Bonne-Espérance et à 4 000 km du Río de la Plata. Il a été découvert en 1506 par le Portugais Tristan da Cunha. L'île principale de cet archipel montagneux et volcanique donne son nom au groupe. Culture de pommes de terre ; pêche de la langouste.

TRISTAN DA CUNHA → CUNHA (Tristão ou Tristan DA).

TRISTAN L'HERMITE ou **L'ERMITE,** homme politique français → LHERMITE.

TRISTAN L'HERMITE (François, dit), écrivain français (château de Soliers, Marche, v. 1601 - Paris 1655). Poète de l'amour, de la nuit et de la nature (*les Amours,* 1638), il s'illustra au théâtre avec des tragédies (*Marianne,* 1636 ; *Panthée,* 1637) et une comédie (*le Parasite,* 1654) et composa une amusante autobiographie romanesque (*le Page disgracié,* 1643). [Acad. fr., 1649.]

Tristan et Iseut, légende du Moyen Âge, connue par de nombreuses versions, en vers ou en prose, aux XIIe et XIIIe s. D'inspiration celtique, elle fut développée par les poètes Béroul et Thomas, de la fin du XIIe s. Tristan de Léonois est élevé par son oncle Marc, roi de Cornouailles, qui l'envoie en Irlande demander pour lui la main d'Iseut la Blonde. Par une erreur fatale, il boit avec elle un philtre magique qui a la propriété de provoquer un amour irrésistible et éternel. Tous deux trompent le roi Marc, qu'ils ne cessent pourtant de vénérer, et Tristan s'enfuit en Petite Bretagne, où il épouse Iseut aux blanches mains. Cependant, atteint d'une grave blessure, il envoie chercher Iseut la Blonde, que le messager ramène dans une nef à voile blanche. L'autre Iseut lui annonce que la voile est noire, signal convenu en cas de mission manquée. Tristan expire. Iseut débarque et les deux amants sont réunis dans la mort. Tristan et Iseut forment le couple légendaire le plus célèbre en Occident, leur histoire illustrant la force irrésistible de la passion amoureuse.

Tristan et Ysolde, drame lyrique (« action musicale ») en 3 actes de Richard Wagner, sur un livret du compositeur, d'après les légendes celtiques (Munich, 1865). Les pages les plus célèbres sont le prélude initial et la mort d'Ysolde.

TRISTÃO ou **TRISTAM** (Nuno), navigateur portugais du XVe s. († au Río de Oro 1447). Il atteignit le cap Blanc en 1441, puis l'embouchure du Sénégal en 1444.

TRISTE adj. (lat. *tristis*). **1.** Qui éprouve du chagrin : *Il était triste à l'idée de nous quitter. Un air triste.* — **2.** Qui fait naître le chagrin, la mélancolie, la peine : *Un film triste.* — **3.** Qui est sombre, maussade, sans vivacité, sans éclat : *Un temps triste.* — **4.** Qui est grave, austère, qui n'est jamais porté à rire : *Elle est entourée de gens tristes.* — **5.** Qui inspire la commisération, qui est pénible : *Il a eu une triste fin.* — **6.** Qui est méprisable, peu estimable : *C'est un triste personnage.* — **7.** Fam. *Pas triste,* très amusant ou très étonnant.

Tristes *(les),* recueil de cinq livres d'élégies composées par Ovide pendant son exil à Tomes.

TRISTEMENT adv. **1.** Avec tristesse : *Regarder quelqu'un tristement.* — **2.** De façon triste, terne, lugubre : *S'habiller tristement.* — **3.** Pour des raisons qu'on regrette : *Un exploit tristement célèbre.*

TRISTESSE n. f. **1.** État de qqn qui éprouve du chagrin, de la mélancolie ; affliction. — **2.** Air triste de qqn : *Sourire avec tristesse.* — **3.** Impression pénible ou mélancolique produite par les choses qui manquent d'animation, de vie : *La tristesse d'un paysage.* — **4.** Caractère de ce qui est affligeant, déplorable : *Quelle tristesse de voir ça !*

TRISTEZA n. f. Redoutable maladie à virus des agrumes, dont on se protège par l'utilisation de porte-greffes résistants et de greffons sains.

TRISTOUNET, ETTE adj. *Fam.* Qui est un peu triste.

Tristram Shandy *(la Vie et les Opinions de),* roman de L. Sterne (1759-1767), suite de digressions et de tableaux humoristiques, où la parodie est envisagée comme philosophie de l'écriture et de la vie.

TRISUBSTITUÉ, E adj. Se dit d'un composé chimique ayant subi une substitution trois fois répétée.

TRISUL, sommet de l'Himālaya, dans le groupe de la Nanda Devi, en Inde ; 7 127 m. Premier sommet himālayen important à avoir été gravi : A. et H. Brocherel (Italie), T. G. Longstaff (Grande-Bretagne) et K. Burathoki (Inde), en 1907.

TRISULFURE n. m. Sulfure contenant trois atomes de soufre.

TRISYLLABE ou **TRISSYLLABE** adj. et n. m. (lat. *trisyllabus,* du gr. *trisullabos*). Se dit d'un mot, d'un vers composé de trois syllabes.

TRISYLLABIQUE ou **TRISSYLLABIQUE** adj. Qui a trois syllabes.

TRITANE n. m. Syn. de TRIPHÉNYLMÉTHANE.

TRITERPÈNE n. m. **1.** Nom générique des hydrocarbures $C_{30}H_{48}$, dérivant de l'isoprène. – **2.** Nom générique des composés dérivant de ces hydrocarbures par hydratation, oxydation, cyclisation.

TRITHÉRAPIE n. f. Emploi simultané de trois traitements ou techniques thérapeutiques. *Spécial.* Traitement curatif des personnes atteintes du sida (ou préventif pour les séropositifs sans sida déclaré), utilisant en combinaison trois médicaments antiviraux (par exemple AZT + DDI + antiprotéase), et dont l'efficacité est très supérieure à celle de chaque médicament pris isolément.

TRITH-SAINT-LÉGER (59125), comm. du Nord, banlieue S.-O. de Valenciennes ; 6 277 hab. Métallurgie. Industrie automobile.

TRITICALE n. m. (lat. *triticum,* blé, et *secale,* seigle). Céréale rustique et vigoureuse, créée par l'homme à partir de croisements entre différentes espèces de blé et le seigle.

TRITIÉ, E adj. Se dit d'une substance marquée au tritium.

TRITIUM [-tjɔm] n. m. (gr. *tritos,* troisième). Isotope radioactif de l'hydrogène ($^{3}_{1}H$) dont le noyau est formé d'un proton et de deux neutrons. (Élément chimique de symbole T.) [Mis en évidence par Rutherford en 1934, le tritium est couramment préparé dans les réacteurs nucléaires ; il est utilisé pour la fusion thermonucléaire* et, comme traceur, en biologie.]

1. TRITON n. m. (lat. médiév. *tritonum,* du gr. *tritonon*). Intervalle composé de trois tons entiers. (Syn. QUARTE AUGMENTÉE.)

2. TRITON n. m. (de *tritium*). Noyau de tritium, isotope lourd de l'hydrogène.

3. TRITON n. m. (gr. *Tritôn,* n. du fils de Poséidon). **1.** Petit amphibien urodèle des eaux douces. (Les tritons ne sortent guère des mares ou des étangs. Ils hibernent enfouis ou cachés. Le mâle arbore de belles parures nuptiales, passagères.) – **2.** Grand mollusque gastropode (cymatiidé) marin à large pied et à longs tentacules cylindriques et dont la coquille, solide, ovalaire, oblongue, a souvent été utilisée comme trompette par les peuples du littoral méditerranéen (conque marine).

TRITON, dieu marin, fils de Poséidon et d'Amphitrite. Son attribut principal était une conque marine. – À côté de lui, on admit, à partir du IVe s. av. J.-C., l'existence de nombreux *Tritons,* ses descendants.

TRITON, satellite de Neptune, découvert en 1846. Demi-grand axe de son orbite 355 000 km. Période de révolution 5 j 21 h. Diamètre 2 720 km. Il est le seul gros satellite du système solaire à tourner dans le sens rétrograde. Sa surface gelée a été photographiée en 1989 par la sonde Voyager 2. Elle semble abriter des volcans dont les éruptions saisonnières libèrent de l'azote liquide et des composés organiques.

TRITONALIA n. m. (de *triton 3*). Autre nom de l'*océnèbre.*

TRITTYE n. f. (gr. *trittus,* tiers d'une tribu). Sous-partie de la tribu, en Attique, après la réforme de Clisthène.

TRITURANT, E adj. *Face triturante,* surface d'une dent assurant la fonction de mastication.

TRITURATEUR n. m. Appareil pour triturer la pâte à papier.

TRITURATION n. f. (bas lat. *trituratio*). **1.** Action de triturer ; fait d'être trituré. – **2.** Préparation d'une suspension de fibres dans un liquide par désintégration des pâtes à papier, des papiers ou cartons. – **3.** Dispersion d'un principe actif, réduit en poudre, dans l'excipient, qui est lui-même pulvérulent ; poudre résultant de cette opération. – **4.** *Bois de trituration,* rondin ou déchet de scierie destiné à être converti en fibres et particules pour la fabrication de panneaux ou défibré pour la production de pâte à papier. (Syn. anc. BOIS D'INDUSTRIE.)

TRITURER v. t. (bas lat. *triturare,* du lat. class. *tritura,* battage du blé) [conj. 3]. **1.** Réduire une substance en poudre ou en pâte par écrasement : *Les dents triturent les aliments.* – **2.** Tordre qqch, le tirer, le malaxer en tous sens dans ses mains, avec nervosité, vigueur ou sans précaution : *Triturer son mouchoir.*

◆ **se triturer** v. pr. Fam. *Se triturer la cervelle, les méninges,* faire de gros efforts intellectuels pour résoudre un problème.

TRITYLE n. m. Syn. de TRIPHÉNYLMÉTHYLE.

TRIUMVIR [trijɔmvir] n. m. (lat. *triumvir,* de *tres,* trois, et *vir,* homme). Membre d'un collège de trois magistrats, à Rome.

TRIUMVIRAL, E, AUX [trijɔm-] adj. (lat. *triumviralis*). Relatif aux triumvirs.

TRIUMVIRAT [trijɔmvira] n. m. (lat. *triumviratus*). **1.** Fonction de triumvir ; durée de cette fonction ; groupe constitué par les triumvirs pour exercer le pouvoir. (Deux triumvirats se partagèrent le pouvoir à la fin de la République romaine : le premier [60 av. J.-C.] avec César, Pompée et Crassus, le second [43 av. J.-C.] avec Octavien, Antoine et Lepidus.) — **2.** *Litt.* Groupe de trois personnes assurant en commun la direction d'un État, d'une organisation, etc.

TRIVALENCE n. f. Caractère des corps chimiques trivalents.

TRIVALENT, E adj. **1.** Dont la valence est égale à trois. — **2.** *Logique trivalente,* type particulier de logique multivalente, utilisant trois valeurs de vérité.

TRIVANDRUM ou **TIRUANANTAPURAM,** v. de l'Inde, cap. du Kerala, sur la mer d'Oman, à 80 km au N.-O. du cap Comorin ; 499 000 hab. Centre artisanal (sculpture sur bois et sur ivoire) et industriel. Université. Temple de Viṣṇu (XVIIIe s.).

TRIVIAL, E, AUX adj. (lat. *trivialis,* vulgaire, de *trivium,* carrefour). **1.** Qui est d'une crudité choquante, malséante ; grossier, vulgaire : *Plaisanteries triviales.* — **2.** *Litt.* Qui est banal, commun, qui relève du simple bon sens, de la réalité la plus évidente : *Une solution tout à fait triviale.*

TRIVIALEMENT adv. De façon triviale.

TRIVIALITÉ n. f. **1.** Caractère de ce qui est grossier, vulgaire, malséant ; pensée ou expression triviale : *Évitez les trivialités.* — **2.** *Litt.* Caractère de ce qui est banal, plat ; chose banale.

TRIVIUM [-vjɔm] n. m. (lat. *trivium,* endroit où aboutissent trois chemins). Dans l'université du Moyen Âge, groupe des trois arts libéraux (grammaire, rhétorique, dialectique), dont l'étude précédait le quadrivium.

TRIVOITURETTE n. f. Petite voiture automobile, au châssis monté sur trois roues.

TRIVULCE (Giangiacomo), marquis **de Vigevano,** maréchal de France (Milan 1448 - Arpajon 1518). Condottiere au service des Sforza, de Ferdinand II le Catholique et enfin de Charles VIII, il fut nommé maréchal de France (1499) et gouverneur du Milanais. Il captura Ludovic le More (1500), se distingua à Agnadel (1509) et Marignan (1515).

TRJAVNA, v. de Bulgarie, sur le flanc nord de la Stara Planina ; 9 000 hab. École artistique célèbre (icônes et sculpture sur bois). Maisons anciennes.

TRNAVA, v. de Slovaquie (région de Slovaquie-Occidentale), au N.-E. de Bratislava ; 68 000 hab. Centre culturel historique. Églises du XIVe s. et autres monuments anciens.

TRNKA (Jiří), cinéaste d'animation et dessinateur tchécoslovaque (Plzeň 1912 - Prague 1969). Il fonda, en 1936, un théâtre consacré aux marionnettes puis, en 1945, se consacra au cinéma et prit la direction de studios d'animation. Son œuvre se partage entre le dessin animé pur et le film de marionnettes. Parmi ses nombreux films, il faut citer *le Rossignol de l'empereur de Chine* (1948), *Vieilles Légendes tchèques* (1952), *le Brave Soldat Švejk* (1955), *le Songe d'une nuit d'été* (1959), *la Main* (1965).

TROADE, en gr. **Troas,** nom antique du nord-ouest de l'Asie Mineure, entre la Propontide, l'Hellespont, la mer Égée et le mont Ida. Cap. *Troie.*

TROARN (14670), ch.-l. de cant. du Calvados, près de la Dives ; 3 177 hab. Violents combats en 1944.

TROBRIAND *(îles),* archipel corallien du Pacifique, à l'E. de la Papouasie-Nouvelle-Guinée, dont il dépend ; 440 km² ; 12 700 hab. Les îles Trobriand sont célèbres par les études de l'anthropologue britannique Malinowski sur leurs habitants.

TROC n. m. (de *troquer*). **1.** Échange d'un objet contre un ou plusieurs autres. — **2.** *Économie de troc,* système dans lequel les marchandises s'échangent contre d'autres marchandises et non contre de la monnaie.

TROCADERO, bourg d'Espagne, à 6 km au S.-E. de Cadix. Il ferme avec cette ville l'entrée de la baie de Cadix, dont les forts Luis et de Matagorda furent enlevés par les troupes françaises du duc d'Angoulême en août 1823.

Trocadéro *(palais du),* à Paris, édifice construit sur la colline de Chaillot, par Davioud et Bourdais, pour l'Exposition universelle de 1878. Il a fait place, en 1937, au palais de Chaillot*.

TROCART n. m. (altér. de *trois carres*). Instrument chirurgical en forme de poinçoin cylindrique monté sur un manche et contenu dans une canule, qui sert à faire des ponctions ou à introduire des instruments d'endoscopie dans certaines cavités (plèvre, péritoine).

TROCHAÏQUE [-kaik] adj. (lat. *trochaicus,* du gr. *trokhaikos*). **1.** Se dit d'un rythme, d'un vers où le pied fondamental est le trochée. — **2.** Se dit d'une coupe de l'hexamètre placée au troisième dactyle, après les deux premières syllabes de ce pied, qui forment un trochée.

TROCHANTER [-kɑ̃tɛr] n. m. (gr. *trokhantêr*). 1. Chacune des deux tubérosités arrondies que présente le fémur à l'union du col avec le corps, le *grand trochanter* et le *petit trochanter,* ou *trochantin.* — 2. Deuxième article de la patte des insectes, situé entre la hanche et le fémur.

TROCHANTIN [-kɑ̃-] n. m. Syn. de PETIT TROCHANTER.

1. TROCHÉE [trɔʃe] n. m. (lat. *trochaeus,* du gr. *trokhaîos,* de *trekhein,* courir, parce qu'il communique au vers une allure rapide). Pied composé de deux syllabes, une longue et une brève, le temps marqué portant sur la longue.

2. TROCHÉE n. f. (de *troches*). Syn. de CÉPÉE.

TROCHES n. f. pl. (lat. pop. **traduca,* du lat. *tradux,* sarment). Excréments à demi formés des cerfs.

TROCHILIDÉ [-ki-] n. m. Nom de famille des colibris (oiseaux-mouches).

TROCHILIUM [-kiljɔm] n. m. Papillon (sésiidé) remarquable par sa ressemblance avec les guêpes et dont la chenille creuse la base du tronc et les racines des peupliers et des saules.

TROCHIN [trɔʃɛ̃] n. m. (gr. *trokhos,* roue). Petite tubérosité de l'extrémité supérieure de l'humérus.

TROCHITER [-kitɛr] n. m. (var. de *trochanter*). Grosse tubérosité de l'extrémité supérieure de l'humérus.

TROCHLÉE [-kle] n. f. (lat. *trochlea,* du gr. *trokhilia,* poulie). 1. Nom donné à certaines structures anatomiques dont la forme ressemble à une poulie. (Ex. trochlées fémorale, humérale.) — 2. Petite formation fibrocartilagineuse qui sert de poulie de réflexion au muscle grand oblique de l'œil.

TROCHLÉEN, ENNE [-kle-] adj. Se dit d'une articulation dans laquelle l'une des surfaces a la forme d'une poulie.

TROCHOÏDE [-ko-] n. f. Syn. de CYCLOÏDE.

TROCHOPHORE ou **TROCHOSPHÈRE** [-ko-] adj. et n. f. Se dit de la larve nageuse des annélides, en forme de toupie, pourvue d'un tube digestif, de deux couronnes ciliées locomotrices et d'un pinceau apical.

TROCHU (Louis Jules), général français (Le Palais, Belle-Île, 1815 - Tours 1896). Gouverneur de Paris (août 1870), président du gouvernement de la Défense nationale (sept. 1870), il commanda sans énergie les troupes chargées de la défense de la capitale (nov. 1870). Très critiqué, il abandonna ses fonctions à Vinoy (22 janv. 1871). Élu député (févr. 1871 - juill. 1872), il siégea avec les orléanistes. Il rédigea deux études sur l'armée française (1867 et 1879) et des Mémoires (1896).

TROCHURE [trɔʃyr] n. f. (anc. fr. *troches,* grappe, du lat. pop. **traduca,* sarment). Quatrième andouiller des bois du cerf, situé avant l'empaumure.

TROÈNE n. m. (frq. **trugil,* avec l'infl. de *frêne*). Arbuste (oléacée) aux feuilles serrées, aux petites fleurs blanches, très odorantes, utilisé pour former des haies.

TROGIR, v. de Croatie, sur l'Adriatique, à l'O. de Split ; 6 000 hab. Ville pittoresque, qui fut possession vénitienne de 1420 à la fin du XVIIIe s. Intéressants monuments du Xe au XVIIe s.

TROGLOBIE adj. et n. m. Se dit des animaux qui vivent en permanence dans les milieux souterrains (grottes, cavernes).

TROGLODYTE n. m. (lat. *troglodyta,* du gr. *Trôglodutês*). 1. Personne qui habite une grotte ou une demeure creusée dans la roche. — 2. Très petit passereau au plumage brun, à la queue dressée, au bec fin et pointu, insectivore. (Le troglodyte d'Europe est sédentaire en France, recherchant sous-bois, haies et jardins.)

◆ adj. Relatif aux troglodytes. (Syn. TROGLODYTIQUE.)

TROGLODYTES, peuple ancien qui aurait été établi au S.-E. de l'Égypte, près de la mer Rouge.

TROGLODYTIQUE adj. (lat. *troglodyticus*). Syn. de TROGLODYTE.

TROGNE n. f. (gaul. **trugna,* museau). *Fam.* 1. Visage rougeaud et épanoui de qqn qui a fait bonne chère, qui a bu. — 2. Tête, physionomie considérée d'un point de vue affectif : *Une bonne trogne.*

TROGNON n. m. (anc. fr. *estroigner,* élaguer, altér. de *estronchier,* du lat. *truncare,* tronquer). 1. Ce qui reste d'un fruit, d'un légume dépouillé de la partie comestible : *Un trognon de pomme, de chou.* — 2. Fam. *Jusqu'au trognon,* complètement, jusqu'au bout ; jusqu'à l'os.

◆ adj. *Fam.* Qui est gentil, mignon, joli.

TROGONIDÉ n. m. Nom d'une famille d'oiseaux arboricoles aux vives couleurs tels que le quetzal et les couroucous.

TROGOSITE n. m. (gr. *trôgein,* ronger, et *sitos,* froment). Insecte coléoptère qui se rend utile dans les maisons et les greniers en y dévorant des larves nuisibles.

TROGUE POMPÉE, historien latin d'origine gauloise (Ier s. apr. J.-C.). Ses *Histoires philippiques* étaient une histoire universelle centrée sur celle de la Macédoine. On n'en possède que l'abrégé par Justin.

TROIE, en gr. **Troia** ou **Ilion,** cité de l'époque homérique, que Schliemann a retrouvée dans ses fouilles (1870-71) sur la colline d'Hisarlık, près des Dardanelles. Les recherches, continuées par Dörpfeld et Blegen, ont permis de distinguer neuf niveaux archéologiques, qui vont de 3 000 av. J.-C. à l'époque romaine. Le trésor dit « de Priam » date de la fin du IIIe mill. av. J.-C. (Troie II). La ville correspondant à l'époque homérique serait celle du niveau VII b.

Troie *(guerre de),* guerre qui mit aux prises les Achéens et les habitants de la ville de Troie. Elle a été racontée, sous une forme légendaire et poétique, principalement dans *l'Iliade.* Provoquée par Pâris, fils du roi troyen Priam, qui avait enlevé Hélène, épouse de Ménélas, la guerre dura dix ans. Sous le commandement d'Agamemnon, les chefs les plus fameux étaient Ajax, Achille, Diomède, Ulysse, Nestor, Philoctète. Les principaux guerriers troyens étaient Hector et Énée. Pour mettre fin au siège, Ulysse persuada les Grecs de construire un colossal cheval de bois et de cacher des guerriers dans ses flancs. Les Troyens introduisirent le cheval dans la ville ; la nuit venue, les Grecs sortirent du cheval, ouvrirent les portes de la ville à leurs concitoyens. Énée put s'enfuir avec quelques survivants. Les retours des guerriers grecs dans leur pays furent l'objet de récits épiques, dont *l'Odyssée.* La découverte des ruines a fait sortir ces événements de la légende et a permis de les situer à la fin du XIIIe ou au début du XIIe s. av. J.-C.

Troie *(Roman de),* œuvre en vers de Benoît de Sainte-Maure (1160). Ce poème, inspiré par l'épopée antique, développe de longs épisodes amoureux.

TROÏKA n. f. (russe *troïka*). **1.** En Russie, véhicule (traîneau, landau, etc.) traîné par trois chevaux attelés de front. — **2.** Groupe de trois personnes assumant conjointement la direction d'un État, d'une entreprise.

TROÏLITE n. f. Sulfure naturel de fer FeS, hexagonal, présent dans les météorites.

Troilus et Cressida, tragédie en 5 actes de W. Shakespeare (v. 1601). Sous les murailles de Troie, les héros grecs et troyens, dépourvus de noblesse, mènent une guerre inutile qui rend impossible l'amour de Troilus et Cressida.

TROIS adj. num. card. (lat. *tres*). **1.** Deux plus un : *Il a trois ans.* — **2.** S'emploie au sens de « troisième » dans une numérotation, l'expression d'un rang, etc. : *Chapitre trois. Pie III.* — **3.** Faible quantité, sans précision : *Il n'a pas dit trois mots de la soirée.* — **4.** Fam. *Trois francs six sous,* très peu d'argent ; presque rien.
◆ n. m. **1.** Chiffre 3 (désigne, selon les cas, le jour, un pourcentage, le numéro d'une maison, etc.) : *Un trois qui ressemble à un huit.* — **2.** Carte portant trois marques. — **3.** Côté du dé, du domino marqué de trois points. — **4.** *Règle de trois,* mécanisme autrefois enseigné pour trouver la quatrième « proportionnelle » ; actuellement, recherche d'un coefficient linéaire *a* d'une application linéaire, puis calcul de l'image par cette application du troisième nombre donné.

Trois Aveugles de Compiègne *(les),* fabliau du XIIIe s. attribué à Cortebarbe ; il illustre le triomphe du trompeur et le rire cruel — très différent de la sensibilité moderne — que provoquent ses tours peu recommandables.

Trois Contes, recueil de Flaubert (1877), qui en a fait un résumé des différents aspects de son art. Dans ces trois récits : *la Légende de saint Julien l'Hospitalier, Un cœur simple* et *Hérodias,* le merveilleux côtoie le quotidien, comme l'histoire la légende.

trois morts et trois vifs, personnages d'une légende abondamment illustrée (elle se rattache à la danse macabre) et fournissant le thème de plusieurs *dits* entre le XIIIe et le XVe s. La fonction de ces dits dialogués est d'enseigner la leçon chrétienne de la mort en faisant découvrir à trois jeunes gens l'horreur du cadavre.

Trois Mousquetaires *(les),* roman d'A. Dumas père (1844). Les mousquetaires Athos, Porthos et Aramis, à qui se joint un cadet de Gascogne, d'Artagnan, se dévouent à la cause de la reine Anne d'Autriche, que Richelieu veut compromettre. Ce roman a pour suite *Vingt Ans après* et *le Vicomte de Bragelonne.*

Trois Royaumes, période de l'histoire de Chine (220-280) durant laquelle l'ancien empire des Han était divisé en trois : le Wei au nord, le Shu Han au Sichuan, et le Wu dans la basse vallée du Yangzi.

Trois Sœurs *(les),* drame d'Anton Tchekhov (1901). Dans une petite ville de province, la vie monotone de trois sœurs qui rêvent de Moscou.

3 Suisses, entreprise de vente par correspondance, créée à Roubaix en 1932, la deuxième en France dans son secteur.

TROIS-BASSINS (Les) [97426], comm. de l'ouest de la Réunion ; 5 769 hab.

TROISDORF, v. d'Allemagne, en Rhénanie-du-Nord-Westphalie ; 57 000 hab. Sidérurgie. Chimie.

TROIS-ÉPIS (les) [68910 Labaroche], écart de la comm. de Turckheim (Haut-Rhin), dans les

Vosges, à l'O. de Colmar. Centre de séjour. Pèlerinage.

TROIS-ÉVÊCHÉS (les), ensemble des villes épiscopales de Metz, Toul et Verdun, restées indépendantes de la France jusqu'en 1552. Villes d'Empire, convoitées pour leur position stratégique, elles se mirent plusieurs fois, aux XIVe-XVe s., sous la protection française. Henri II les occupa, après accord avec les princes protestants allemands (traité de Chambord, 15 janv. 1552). Leur possession par la France fut reconnue par le traité de Münster (1648), après la guerre de Trente Ans.

TROIS-FRÈRES (les), site de la comm. de Montesquieu-Avantès (Ariège), au N.-E. de Saint-Girons. Importante caverne à gravures et peintures préhistoriques du magdalénien moyen (célèbre représentation d'un homme coiffé d'une ramure de renne, dite « le sorcier »).

TROISGROS (Jean) [Chalon-sur-Saône 1926 - Vittel 1983] et son frère PIERRE (Chalon-sur-Saône 1928), cuisiniers français. Formés chez *Point,* à Vienne, et dans de grands restaurants parisiens, ils font de l'hôtel familial, à Roanne, qu'ils reprennent en 1954, un haut lieu gastronomique inspiré par la grande tradition.

TROIS-HUIT n. m. pl. **1.** Revendication de la journée de travail de 8 heures (8 heures de travail, 8 heures de loisirs, 8 heures de sommeil). — **2.** *Faire les trois-huit,* travailler par rotation pendant chacune des trois périodes d'env. huit heures qui constituent la journée de travail.

TROISIÈME adj. num. ord. (de *trois*). **1.** Qui occupe un rang marqué par le chiffre trois : *Qui est (le) troisième sur la liste ?* — **2.** Qui est contenu trois fois dans un tout : *La troisième partie de 21 est 7.* — **3.** *Troisième niveau,* se dit des compagnies aériennes qui, assurant des liaisons régionales, ne représentent qu'une part minimale du trafic intérieur total. (Ces compagnies sont généralement privées, en France notamment.)
◆ n. f. **1.** Classe constituant la quatrième et dernière année du 1er cycle de l'enseignement du second degré ; ensemble des élèves de cette classe. — **2.** Troisième vitesse d'un véhicule automobile.

TROISIÈMEMENT adv. En troisième lieu.

TROIS-ÎLETS (Les) [97229], comm. de la Martinique, sur la baie de Fort-de-France ; 4 492 hab. Centre touristique.

TROIS-MÂTS n. m. inv. Navire à voiles à trois mâts (de l'avant vers l'arrière : misaine, grand mât et artimon ; on ne compte jamais le beaupré).

TROIS-PIÈCES n. m. inv. Costume d'homme constitué du pantalon, de la veste et d'un gilet assorti.

TROIS-POINTS adj. inv. Fam. *Frère trois-points,* franc-maçon, à cause des trois points disposés en triangle qui sont l'un des symboles de la franc-maçonnerie.

TROIS-PONTS n. m. inv. Navire à trois batteries couvertes superposées, dans l'ancienne marine de guerre.

TROIS-QUARTS n. m. inv. **1.** Petit violon d'enfant. — **2.** Manteau court s'arrêtant à mi-cuisses. — **3.** Au rugby, chacun des quatre joueurs qui se tiennent en ligne derrière le demi d'ouverture, prêts à recevoir le ballon pour courir à l'essai ou prêts à arrêter l'attaque adverse. — **4.** *Manche trois-quarts,* manche s'arrêtant au-dessus du poignet.

TROIS-QUATRE n. m. inv. Mesure à trois temps qui a la noire pour unité de temps. (On le marque par la fraction 3/4.)

TROIS-RIVIÈRES [97114], comm. de la Guadeloupe, près de la côte sud-est de la Basse-Terre ; 8 574 hab.

TROIS-RIVIÈRES, v. du Canada (Québec), au confluent du Saint-Laurent et du Saint-Maurice ; 50 500 hab. (plus de 100 000 dans l'agglomération) [*Trifluviens*]. Centre commercial et industriel (papier journal).

TROIS-SIX [-sis] n. m. *Vx.* Eau-de-vie du Midi à très forte teneur en alcool (80°).

TROIS-VALLÉES (les), appellation touristique donnée à l'ensemble régional formé, en Tarentaise (Savoie), par les vallées du Doron de Belleville (les Menuires), du Doron des Allues (Méribel-les-Allues) et des torrents de Saint-Bon (Courchevel), reliées entre elles.

TRÔLE n. f. (lat. pop. **tragulare,* du lat. class. *trahere,* tirer). *Filet à la trôle,* filet en forme de chalut, que l'on traîne en mer dans différentes directions et au hasard.

TROLL n. m. (suéd. *troll*). Esprit malveillant du folklore scandinave, habitant les montagnes ou les forêts.

TROLL (Carl), géographe allemand (Gabersee, Bavière, 1899 - Bonn 1975). Il s'est affirmé comme un des maîtres de la géographie botanique, de l'écologie et de la géographie physique au cours de voyages en Amérique du Sud (1925-1929), en Afrique orientale et méridionale (1933-34) et dans l'Himālaya (1937).

1. TROLLE n. m. (all. *Trolle*). Renonculacée des prés humides aux belles fleurs globuleuses, parfois cultivée comme ornementale.

2. TROLLE ou **TROLE** n. f. (lat. pop. **tragulare,* du lat. class. *trahere,* tirer). Manière de chasser au hasard du lancer le chevreuil et le lièvre.

TROLLEY [trɔlɛ] n. m. (angl. *trolley,* de *to troll,* rouler). **1.** Petit chariot roulant le long d'un câble. — **2.** Organe de prise de courant sur fil aérien constitué par une tige orientable munie d'une roulette à gorge ou d'un contact glissant (frotteur) et utilisé par les trolleybus ou sur certains réseaux de tramways ou de chemins de fer. (Syn. PERCHE.) — **3.** Abrév. fam. de TROLLEYBUS.

TROLLEYBUS [trɔlɛbys] n. m. (de *trolley,* d'apr. *autobus*). Véhicule électrique utilisant les voies publiques, roulant sur pneumatiques, alimenté par une ligne aérienne bifilaire. (Abrév. fam. TROLLEY.)

ENCYCL. Le trolleybus moderne s'est développé à partir des années 30, se substituant souvent aux tramways. Son usage a régressé à partir de la fin des années 50 pour connaître un regain de faveur à la fin des années 70. Au début des années 80 sont apparus des trolleybus circulant sous ligne aérienne sur les parcours urbains et en autonomie (batterie, diesel) sur les antennes périphériques.

TROLLIET (Gilbert), poète suisse de langue française (Chiètres 1905 - Chalon-sur-Saône 1980). Directeur de la revue *Présence,* sa poésie (*Cadran,* 1927 ; *Laconiques,* 1966) est d'un lyrisme méditatif.

TROLLING [-liŋ] n. m. (angl. *trolling,* de *to troll,* flâner). Pêche à la traîne, au raligner.

TROLLOPE (Anthony), écrivain britannique (Londres 1815 - *id.* 1882). Ses romans peignent avec humour la province imaginaire du Barsetshire (*les Tours de Barchester,* 1857 ; *la Dernière Chronique de Barset,* 1867).

TROMBE n. f. (ital. *tromba,* trompe, du frq. **trumba,* trompette). **1.** Masse nuageuse ou liquide de très petit diamètre (20 m env.) soulevée en colonne et animée d'un mouvement rapide de rotation. (Les trombes naissent sous des nuages orageux et s'accompagnent d'orages, de grêle, de vents violents et causent d'importants dégâts.) — **2.** *Trombe d'eau,* averse particulièrement brutale, pouvant provoquer crue et débordement des rivières. — **3.** *En trombe,* dans un mouvement très rapide et assez bruyant.

TROMBE (Félix), ingénieur français (Nogent-sur-Marne 1906-Ganties, Haute-Garonne, 1985). L'un des pionniers des recherches concernant les utilisations de l'énergie solaire, il a beaucoup contribué au développement des maisons et des fours solaires.

TROMBETAS, riv. du Brésil, affl. de l'Amazone (r. g.) ; 641 km.

TROMBICULIDÉ n. m. Nom d'une famille d'acariens actinotriches du sous-ordre des actinédides, dont les larves sont parasites, parfois vectrices d'agents pathogènes et s'attaquent de préférence aux mammifères. (L'aoûtat est un trombiculidé.)

TROMBIDIDÉ n. m. (lat. sc. *trombidium*). Nom d'une famille d'acariens actinotriches dont la larve est parasite d'arthropodes.

TROMBIDION n. m. Autre nom de l'*aoûtat.*

TROMBIDIOSE n. f. Accidents érythémateux provoqués chez les animaux par les larves de trombidions, dits *aoûtats* ou *rougets.* (Chez l'homme, les aoûtats provoquent une rougeur, des démangeaisons et une sensation de brûlure.)

TROMBINE n. f. (p.-ê. ital. **trombina,* dimin. de *tromba,* trompette). *Pop.* Tête, physionomie.

TROMBINOSCOPE n. m. *Fam.* Document contenant le portrait des membres d'une assemblée.

TROMBLON n. m. (ital. *trombone,* trompette). **1.** Sorte d'espingole ou de fusil à canon évasé utilisés au XVIIIe s. — **2.** Cylindre creux qui s'adapte au bout du canon du fusil et permet le lancement de grenades ou de fusées.

TROMBONE n. m. (ital. *trombone,* trompette). **1.** Instrument à air et à embouchure, muni d'une coulisse avec laquelle l'exécutant allonge ou raccourcit la colonne d'air en vibration pour modifier la hauteur des sons. — **2.** Syn. de TROMBONISTE. — **3.** Attache pour papiers, formée d'un fil métallique replié sur lui-même. — **4.** *Trombone à pistons,* trombone dans lequel des pistons remplacent le jeu de la coulisse.

TROMBONISTE n. Musicien qui joue du trombone. (Syn. TROMBONE.)

TROMMEL n. m. (all. *Trommel*). Tambour rotatif utilisé pour cribler, débourber toutes sortes de matériaux ainsi que pour leur bouletage.

TROMP (Maarten Harpertszoon), amiral hollandais (Brielle 1598 - Ter Heijde 1653). Lieutenant amiral (1637), il écrasa la flotte espagnole au large des Dunes (21 oct. 1639). Lors du conflit avec l'Angleterre, il força le passage de la Tamise (nov. 1652). — Son fils CORNELIS (Rotterdam 1629 - Amsterdam 1691), lieutenant général (1665), tenta vainement de débarquer en France (1674). Envoyé en renfort de la flotte danoise, il gagna la bataille d'Öland (juin 1676) et fut nommé lieutenant général amiral.

TROMPE n. f. (frq. **trumba,* trompette). **1.** Instrument de musique à air et à embouchure, composé d'un long tube conique (4 à 7 m de long) enroulé sur lui-même et terminé par un pavillon. — **2.** Appareil avertisseur des automobiles anciennes. — **3.** Nom donné à diverses expansions impaires tubulaires, généralement voisines de la bouche, telles que le long nez préhensile des éléphants. (→ *encycl.* Zool.) — **4.** Nom donné à des conduits anatomiques recourbés et évasés. — **5.** Petite voûte en encorbellement, d'appareillage varié, permettant un changement de plan entre la partie inférieure d'une construction et la partie supérieure, qu'elle supporte. (Quatre trompes d'angle, notamm., permettent de passer du plan carré à l'octogone pour asseoir une coupole.) — **6.** Vx. *À son de trompe,* à grand bruit, en attirant bruyamment l'attention. ‖ *Ligature des trompes,* intervention destinée à assurer la stérilité d'une femme et consistant à placer une ou deux ligatures sur chacune des deux trompes utérines et à pratiquer également, le plus souvent, une résection tubaire. (La stérilité est habituellement définitive.) ‖ *Trompe de chasse,* nom donné au cor de chasse. ‖ *Trompe d'Eustache,* canal allant de l'oreille moyenne au pharynx. ‖ *Trompe utérine* ou *trompe de Fallope,* chacun des deux conduits s'étendant de chaque angle latéral de l'utérus à l'ovaire correspondant. (→ *encycl.*) ‖ *Trompe à vide,* machine dans laquelle la circulation d'eau sous pression ou de gouttes de mercure sert à créer un vide dans une enceinte par entraînement du gaz qu'elle contient.

ENCYCL. **Anat.** La *trompe de Fallope* est un conduit, long de 10 à 14 cm, dont le pavillon forme un large entonnoir s'étalant sur la face interne de l'ovaire. La trompe soulève un repli du péritoine appelé « ligament large ». Elle porte l'ovule de l'ovaire à la cavité utérine. L'imperméabilité des deux trompes est une des plus fréquentes causes de stérilité chez la femme.
— **Zool.** La trompe des éléphants est un nez allongé et musculeux, terminé à son extrémité par un « doigt » (éléphant d'Asie) ou deux lobes (éléphant d'Afrique). Elle permet à l'animal de boire par aspiration, de respirer et surtout de manipuler les objets avec précision. Les organes piqueurs ou suceurs de la bouche de divers insectes (papillons, diptères, punaises) et autres animaux sont souvent appelés « trompes » ou « rostres ».

TROMPE-LA-MORT n. inv. *Fam.* et *vx.* Personne qui revient d'une maladie désespérée, de grands dangers ou qui, malgré sa vieillesse, semble résister à la mort.

TROMPE-L'ŒIL n. m. inv. **1.** Peinture qui donne à distance l'illusion de la réalité (relief, impressions tactile, spatiale...) ; art d'exécuter ce genre d'œuvres. (Appliqué aux sculptures et aux architectures feintes comme au rendu des objets, cet art est pratiqué depuis l'Antiquité.) — **2.** Apparence flatteuse mais trompeuse.

TROMPER v. t. (anc. fr. *se tromper de,* se moquer de, de *trompe*) [conj. 3]. **1.** Abuser de la confiance de qqn, se jouer de lui en usant de mensonges, de dissimulation : *On veut vous tromper, ne les croyez pas.* — **2.** Être infidèle à qqn, avoir une aventure amoureuse, sexuelle avec un(e) autre : *Elle le trompait avec son meilleur ami.* — **3.** Induire qqn en erreur, lui faire prendre qqch, qqn pour ce qu'ils ne sont pas : *On m'a trompé sur la marchandise.* — **4.** Faire faire à qqn une erreur de jugement, d'appréciation : *Ma mémoire peut me tromper.* — **5.** Échapper à qqn, à sa vigilance, son attention, les déjouer par ruse, feinte : *Tromper la vigilance de ses gardiens.* — **6.** Décevoir, ne pas répondre à un sentiment, un espoir : *Il a trompé mon attente.* — **7.** Détourner, par une diversion, l'attention d'un désir, un état pénible : *Un livre pour tromper son ennui.* — **8.** *Tromper son monde,* faire illusion auprès des autres sur ses capacités.
◆ **être trompé** v. pass. **1.** Être déçu, trahi, en parlant d'un sentiment : *Amour trompé.* — **2.** Être celui à qui on est infidèle, être cocu.
◆ **se tromper** v. pr. **1.** Commettre une erreur : *Vous vous êtes trompé dans vos calculs.* — **2.** Faire une erreur de jugement sur qqn, à son sujet : *Je me suis trompé sur lui.* — **3.** *Se tromper de,* prendre une chose ou une personne pour une autre : *Se tromper d'interlocuteur.* — **4.** *C'est à s'y tromper,* la ressemblance est telle qu'on s'y laisserait prendre. ‖ *Ou je me trompe fort, ou...,* indique la quasi-certitude qu'on a de quelque chose. ‖ *Si je ne me trompe,* sauf erreur de ma part.

TROMPERIE n. f. **1.** Ce qui trompe ou vise à tromper. — **2.** Délit consistant à induire une personne en erreur sur les marchandises qu'on lui livre ou la prestation de services qu'on effectue.

TROMPETER v. i. (de *trompette*) [conj. 27]. Crier, en parlant de l'aigle.
◆ v. t. *Vx.* Répandre partout à grand bruit.

TROMPETTE n. f. (dimin. de *trompe*). **1.** Instrument de musique à air et à embouchure, composé d'un tube de perce cylindrique replié sur lui-même et terminé par un pavillon. (L'instrument devint définitivement chromatique en 1830 après l'adoption des pistons, inventés par Blühmel et Stölzel.) — **2.** Chacune des parties évasées du pont arrière d'un véhicule à essieux rigides, situées de part et d'autre du différentiel et renfermant les arbres de roues. (Syn. TUBE DE PONT.) — **3.** *Nez en trompette,* nez relevé. ‖ *Trompette de mer,* syn. de BÉCASSE DE MER.
◆ n. m. **1.** Syn de TROMPETTISTE. — **2.** Militaire qui a la charge de sonner de la trompette.

TROMPETTE-DE-LA-MORT ou **TROMPETTE-DES-MORTS** n. f. (pl. *trompettes-de-la-mort, trompettes-des-morts*). Nom usuel de la *craterelle.*

TROMPETTE-MAJOR n. m. (pl. *trompettes-majors*). Chef des trompettes dans les corps anciennement montés (fonction correspondant à celle de *tambour-major* des armes à pied).

TROMPETTISTE n. Musicien qui joue de la trompette. (Syn. TROMPETTE.)

TROMPEUR, EUSE adj. Qui trompe, induit en erreur, fait illusion : *Les apparences sont souvent trompeuses.*
◆ adj. et n. *Litt.* Qui aime ou cherche à tromper, à duper.

TROMPEUSEMENT adv. *Litt.* De façon trompeuse.

TROMPILLON n. m. (dimin. de *trompe*). **1.** Voussoir formant le pôle inférieur de certaines trompes. — **2.** Petite trompe faite d'un seul bloc de pierre. — **3.** Pièce semi-circulaire à la partie inférieure d'une imposte cintrée de menuiserie, dans laquelle s'insèrent les petits bois, disposés comme des rayons.

TROMSØ, port de Norvège septentrionale, dans une île du *fjord de Tromsø ;* 47 000 hab. Observatoire. Musée polaire. Institut de recherche agricole. Pêche et conserveries. Constructions navales. Université.

TRONA n. m. (altér. de l'ar. *naṭrūn,* sel). Carbonate hydraté naturel de sodium, monoclinique, que l'on trouve en Afrique.

TRONC [trɔ̃, même devant une voyelle] n. m. (lat. *truncus*). **1.** Tige principale d'un arbre, depuis les racines jusqu'à la naissance des grosses branches. (→ *encycl.*) — **2.** Partie du corps humain considéré sans la tête ni les membres. — **3.** Boîte fermée et fixe, munie d'une fente pour recevoir les offrandes des fidèles dans les églises. — **4.** *Pop.* Tête : *Il ne s'est pas cassé le tronc.* — **5.** Origine commune à partir de laquelle se font des différenciations ; souche d'une famille.
• **Anat.** Nom donné à certains vaisseaux et nerfs qui, après un court trajet, se divisent en plusieurs branches terminales. — **Enseign.** *Tronc commun,* cycle d'études parcouru par tous les élèves avant leur répartition en diverses sections. — **Math.** *Tronc de cône, tronc de pyramide,* intersection d'un cône C (solide), d'une pyramide P (solide) et d'un demi-espace ne contenant pas le sommet de C ou de P, dont la frontière est parallèle au plan de la base de C ou de P. ‖ *Tronc de cylindre,* intersection d'un cylindre (solide) et d'un demi-espace dont le plan frontière est sécant à tous les segments de droite inclus dans sa surface latérale mais n'est pas parallèle aux plans des bases. ‖ *Tronc de prisme,* intersection d'un prisme (solide) et d'un demi-espace dont le plan frontière est sécant à toutes les arêtes latérales mais n'est pas parallèle aux plans des bases. — **Neurol.** *Tronc cérébral,* partie du cerveau qui unit la moelleépinière aux hémisphères cérébraux et par où transitent toutes les grandes voies sensitives et motrices. (Il est formé de bas en haut par le bulbe rachidien, la protubérance annulaire et les pédoncules. À son niveau sont situés les noyaux des nerfs crâniens, la réticulée ainsi que le locus niger et le locus caeruleus.) — **Polym.** Chaîne principale d'un copolymère greffé. — **Zool.** Partie du corps des animaux (surtout des vertébrés) située entre la tête et la queue.

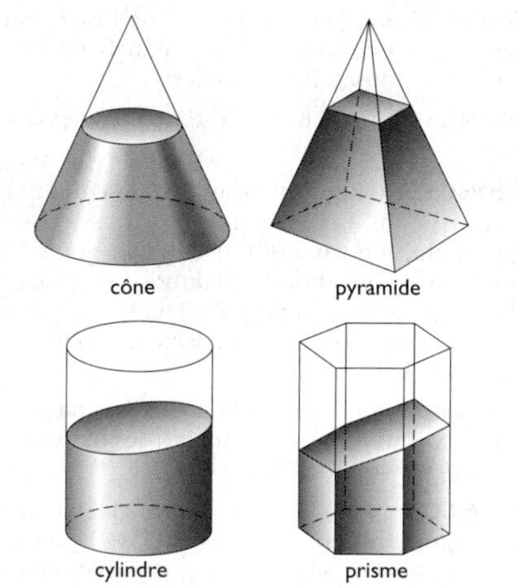

troncs de différents solides géométriques

ENCYCL. **Bot.** Le tronc est la tige, généralement verticale et nue, des arbres gymnospermes ou dicotylédones. Par l'activité des assises génératrices, il s'accroît en diamètre, selon un rythme lié aux saisons. Sa masse principale est constituée par du bois, souvent sombre et dur au centre (cœur), plus clair et plus tendre à la périphérie (aubier). Il est recouvert d'une écorce, qui parfois se fissure ou s'exfolie. L'organe homologue des arbres monocotylédones (palmier) est de préférence appelé *stipe* par les botanistes.

Tronçais *(forêt de),* forêt domaniale de 10 400 ha de chênes, dans le département de l'Allier, traitée en fûtaie régulière à la révolution de 225 ans.

TRONCAL, E, AUX adj. Qui concerne le tronc des animaux.

TRONCATION n. f. (bas lat. *truncatio,* du lat. class. *truncare,* tronquer). Procédé d'abrègement consistant à supprimer une ou plusieurs syllabes à l'initiale ou, plus souvent, à la finale d'un mot. (Par ex. *pitaine* pour « capitaine », *prolo* pour « prolétaire ».)

TRONCATURE n. f. (de *tronquer*). **1.** Partie tronquée de qqch. — **2.** Remplacement d'une arête ou d'un sommet d'un cristal par une facette. — **3.** Biseautage d'une roche. — **4.** *Erreur de troncature,* syn. de ERREUR D'ARRONDI*.

TRONCHE n. f. (fém. de *tronc*). **1.** Grosse souche de bois qu'on met encore au feu, dans l'est de la France (Jura, Franche-Comté), la veille de Noël. — **2.** Bille de bois. — **3.** *Pop.* Tête humaine ; physionomie.

TRONCHE (La) [38700], comm. de l'Isère, banlieue nord de Grenoble ; 6 670 hab. Matériel électrique. Musée Ernest-Hébert.

TRONCHET n. m. Billot de tonnelier servant à doler.

TRONCHET (François Denis), homme politique français (Paris 1726 - *id.* 1806). Avocat célèbre, député du tiers en 1789, il défendit Louis XVI devant la Convention. Membre des Anciens (1795), premier président du Tribunal de cassation, sénateur (1801), il participa à la rédaction du Code civil.

Tronchin *(table à la),* table à écrire à plusieurs plateaux ou pupitres pouvant se hausser et s'incliner à volonté (1777).

TRONÇON n. m. (anc. fr. *truns,* du lat. pop. **trunceus,* tronqué, du lat. class. *truncus*). **1.** Morceau d'un objet, allongé et plus ou moins cylindrique : *Couper la barre en tronçons de quatre centimètres.* — **2.** Billot scié dans un tronc d'arbre. — **3.** Segment, partie d'une ligne, d'une voie : *Un nouveau tronçon d'autoroute.* — **4.** Partie d'une suite de personnes, de véhicules, d'une suite de mots, d'idées, etc. : *La manifestation s'est divisée en tronçons.* — **5.** Chacun des éléments du fût d'une colonne, s'agissant de cylindres de pierre plus hauts que larges et posés en délit (caractères inverses de ceux du *tambour*).

TRONCONIQUE adj. En forme de tronc de cône.

TRONÇONNAGE ou **TRONÇONNEMENT** n. m. Action de tronçonner.

TRONÇONNER v. t. (conj. 3). Couper, découper, diviser en tronçons : *Tronçonner un arbre.*

TRONÇONNEUR, EUSE n. Ouvrier(ère) chargé(e) de la conduite d'une tronçonneuse.

◆ **tronçonneuse** n. f. **1.** Machine servant au tronçonnage des grumes ou des pièces de bois. (Syn. ÉBOUTEUSE.) — **2.** Scie portative à moteur servant principalement à l'abattage, à l'ébranchage et au tronçonnage des arbres. — **3.** Machine-outil destinée au tronçonnage.

TRONCULAIRE adj. (lat. *trunculus,* petit tronc). **1.** Relatif à un tronc nerveux ou à un tronc vasculaire. — **2.** *Anesthésie tronculaire* ou *tronculaire* (n. f.), anesthésie réalisée par injection d'un anesthésique au niveau d'un tronc nerveux.

TRONDHEIM, anc. **Nidaros,** port de Norvège, ch.-l. du Sør-Trøndelag, sur le *fjord de Trondheim ;* 135 000 hab. Centre intellectuel (université) et industriel (métallurgie). Importante cathédrale gothique des XIIe-XIVe s. Musées.
— **Hist.** Fondée (997) par Olav Ier Tryggvesson, *Nidaros* fut la capitale de la Norvège jusqu'au XIVe s. et devint archevêché (1152). Après la Réforme, la ville prit le nom de Trondheim. Acquise par la Suède à la paix de Roskilde (1658), elle fut rendue au Danemark par le traité de Copenhague (1660), puis reprise par Charles XII de Suède (1718). Occupé par les Allemands en 1940, le port fut l'enjeu de vaines tentatives menées par les Alliés (avr.).

TRÔNE n. m. (lat. *thronus,* du gr. *thronos,* siège). **1.** Siège élevé sur lequel un souverain s'assied, dans l'exercice solennel de ses fonctions. — **2.** Pouvoir souverain, autorité suprême : *Le prétendant au trône.* — **3.** *Fam.* Siège des W.-C. — **4.** *Discours du trône,* discours prononcé par le souverain à l'ouverture d'une session législative. ‖ *Trône épiscopal,* siège propre à l'évêque diocésain, surmonté d'un baldaquin, édifié dans le chœur de l'église cathédrale au-dessus de trois degrés.

◆ **trônes** n. m. pl. L'un des neuf chœurs des anges.

Trône *(place du),* à Paris, nom ancien de la place de la Nation*.

TRÔNER v. i. (de *trône*) [conj. 3]. **1.** Occuper la place d'honneur avec une certaine solennité : *Le maître de maison trônait dans son fauteuil.* — **2.** Être particulièrement mis en valeur : *Bouquet qui trône sur une cheminée.*

TRONQUER v. t. (lat. *truncare,* de *truncus,* coupé) [conj. 3]. **1.** *Vx.* Retrancher l'extrémité de qqch, le raccourcir : *Tronquer une statue.* — **2.** Altérer un texte, un récit, etc., par des suppressions : *Tronquer un compte rendu.*

◆ **être tronqué** v. pass. **1.** Ne pas être entier, fidèle à l'original : *Citations tronquées.* — **2.** En parlant d'une arête ou d'un sommet d'un cristal, être remplacé par une troncature. — **3.** *Colonne tronquée,* colonne sans chapiteau et au fût brisé vers le haut. (D'usage symbolique dans l'art funéraire.)

TRONVILLE-EN-BARROIS (55310), comm. de la Meuse, sur l'Ornain ; 2 123 hab. Textiles synthétiques. Tréfilerie.

TRÓODHOS ou **OLYMPE,** massif montagneux de la partie méridionale de l'île de Chypre ; 1 953 m. Viticulture. Ressources minérales (chrome et asbeste).

TROOST (Cornelis), peintre néerlandais (Amsterdam 1697 - *id.* 1750). Il est réputé pour ses portraits ainsi que pour ses peintures et ses pastels représentant des scènes de théâtre (*la Dispute des astronomes,* Mauritshuis, La Haye).

TROOSTITE n. f. (de L. J. *Troost,* n. pr.). Constituant micrographique de trempe douce des aciers, agrégat de cémentite et de ferrite.

TROP [tro devant une consonne, trɔp devant une voyelle ou un *h* muet] adv. (bas lat. *troppus,* troupeau, du frq. **thorp,* village). **1.** Indique un excès, une limite dépassée : *C'est trop loin.* — **2.** *Trop de,* indique une quantité excessive de qqch, un nombre excessif de personnes ou de choses : *Il y a trop de bruit. Trop de gens ignorent cela.* — **3.** Devant un adj., exprime un degré élevé : *Vous êtes trop aimable.* — **4.** *C'en est trop !,* c'est aller trop loin, c'est intolérable. ‖ *De trop, en trop,* en excédent, plus qu'il ne faut. ‖ *Être, se sentir de trop,* être, se sentir en surnombre, importun. ‖ *Ne... que trop,* bien assez, plus qu'il n'en faudrait : *Je ne le sais que trop.* ‖ Litt. *Par trop,* indique un très haut degré : *L'aventure est par trop étonnante.*

TROPE n. m. (lat. *tropus,* du gr. *tropos,* manière). **1.** Dans la musique médiévale, composition obtenue par l'intercalation de paroles et de notes supplémentaires sur un fragment d'œuvre liturgique existante, sur une vocalise par exemple. — **2.** Emploi d'un mot ou d'une expression dans un sens figuré. (Ex. *voiles* pour *bateaux.*)

TROPHALLAXIE n. f. (du gr. *allassein,* échanger). Échange mutuel de nourriture entre membres d'une même colonie chez les insectes sociaux.

TROPHÉE n. m. (bas lat. *trophaeum,* du gr. *tropaion,* monument de victoire, de *tropê,* déroute). **1.** Armure d'un ennemi vaincu que l'on dressait dans l'Antiquité contre un tronc d'arbre. — **2.** Monument commémoratif d'une victoire, où figuraient les dépouilles de l'ennemi. (Parmi les plus célèbres de ces monuments turriformes, citons celui de La Turbie.) — **3.** Motif de décoration, formé d'armes groupées en panoplie autour d'une cuirasse et d'un casque. — **4.** Partie d'un animal tué à la chasse (corne, défense, tête entière naturalisée). — **5.** Objet, marque qui témoigne d'une victoire au cours d'une épreuve, surtout sportive.

Trophées *(les),* par José Maria de Heredia (1893). « Légende des siècles » en miniature, le recueil, qui illustre l'esthétique parnassienne, résume en sonnets l'histoire de l'humanité.

TROPHIQUE adj. (gr. *trophê,* nourriture). **1.** Propre à l'alimentation ou qui concerne celle-ci. — **2.** *Troubles trophiques,* troubles qui résultent de modifications locales ou générales de la nutrition des tissus ou organes.

TROPHOBLASTE n. m. Couche à fonction nourricière qui constituera ultérieurement l'un des éléments du placenta.

TROPHOBLASTIQUE adj. Relatif au trophoblaste.

TROPHOTROPISME n. m. Réaction physique entraînant les poissons vers une nourriture plus abondante.

TROPICAL, E, AUX adj. **1.** Qui est propre aux tropiques, aux régions entre les tropiques : *Forêt tropicale.* — **2.** Se dit des régions situées approximativement entre les tropiques. (Les limites réelles du monde tropical ne correspondent pas exactement à celles de l'aire déterminée par les mesures astronomiques.) [Syn. INTERTROPICAL.] — **3.** Se dit d'une température, d'une chaleur très élevées. — **4.** *Climat tropical,* type de climat zonal marqué par la permanence de la chaleur et l'opposition entre une saison humide et une saison sèche. (→ *encycl.*) ‖ *Médecine tropicale,* branche de la médecine qui étudie les maladies caractéristiques des régions tropicales. (La pathologie infectieuse et parasitaire de ces régions frappe des populations dont les défenses immunitaires sont amoindries et qui présentent une grande réceptivité aux maladies endémiques, d'où l'importance de la médecine préventive.)
ENCYCL. **Climatol.** Si l'on se réfère à l'extension en latitude que suppose l'expression, il y a en fait plusieurs types de climats tropicaux. Aux très basses latitudes, il s'agit de climat équatorial, avec chaleur et humidité en permanence. Aux latitudes des tropiques, on se trouve en face d'un climat désertique (Assouan et le Tanezrouft [le « pays de la soif »] sont pratiquement sur le tropique du Cancer). Entre les deux s'étend le véritable climat tropical, d'extension donc restreinte, caractérisé par une faible amplitude thermique annuelle et surtout par un contraste saisonnier tenant à une concentration des pluies pendant l'été de l'hémisphère Nord à une sécheresse totale ou presque pendant l'hiver. La saison sèche s'allonge naturellement vers le tropique. On passe alors du climat tropical humide au climat tropical sec (Sahel).

TROPICALISATION n. f. **1.** Étude ou préparation d'un matériau ou d'un matériel pour les rendre peu sensibles à l'action d'un environnement de type tropical. — **2.** Traitement de passivation pour pièces en acier préalablement zinguées ou cadmiées. (Syn. CLIMATISATION.) — **3.** Évolution biologique des eaux courantes réchauffées par les rejets industriels d'eau chaude.

TROPICALISER v. t. (conj. 3). Pratiquer une tropicalisation.

TROPICALISME n. m. Au Brésil, mouvement folklorique et musical d'inspiration populaire.

TROPINE n. f. Composé obtenu par hydrolyse de l'atropine et de la hyoscyamine.

1. TROPIQUE adj. (bas lat. *tropicus,* du gr. *tropikos,* de *tropos,* tour). *Année tropique,* intervalle de temps qui s'écoule entre deux passages du Soleil au point vernal.
◆ n. m. **1.** Chacun des deux parallèles de la sphère céleste, de déclinaisons (légèrement variables) + et – 23° 26′, passant par les points solsticiaux. — **2.** Chacun des deux parallèles terrestres de latitudes + et – 23° 26′, qui délimitent la zone dans laquelle il arrive que le Soleil passe au zénith au cours de l'année. — **3.** *Tropique du Cancer,* celui des deux tropiques situé dans l'hémisphère Nord, par oppos. à *tropique du Capricorne,* situé dans l'hémisphère Sud.
◆ **tropiques** n. m. pl. *Les tropiques,* la région intertropicale.

2. TROPIQUE adj. (de *trope*). Qui concerne les tropes.

TROPISME n. m. (gr. *tropos,* direction). **1.** Orientation de croissance présentée par les organes végétaux en réponse à diverses stimulations unilatérales, physiques (lumière, pesanteur) ou chimiques (humidité, présence de certains ions, etc.). [→ *encycl.*] — **2.** Réaction d'orientation avec déplacement provoquée et dirigée par un stimulus externe de nature physique ou chimique. (Syn. TAXIE.) — **3.** *Fig.* Force obscure qui pousse un groupe, un phénomène, à prendre une certaine orientation.
ENCYCL. **Biol.** Le *phototropisme** s'observe sur la tige des plantes terrestres, en cas d'éclairement unilatéral, et dirige l'extrémité de l'axe vers la source lumineuse. Le *géotropisme** est la réaction des axes végétaux à la pensateur. L'*hydrotropisme* et l'*hygrotropisme* (recherche de l'eau, de l'humidité) sont pratiquement le fait de toutes les racines. Le *chimiotropisme* s'observe chez les racines, qui peuvent fuir certains ions (Cu) ou, au contraire, être attirées par d'autres (K). L'*haptotropisme,* ou *thigmotropisme,* est la réaction d'enroulement autour des corps solides réalisée par les racines en général et par les tiges des plantes volubiles.

TROPOPAUSE n. f. Zone atmosphérique de transition entre la troposphère et la stratosphère. (L'altitude moyenne de la tropopause terrestre est de 6 km aux pôles et de 17 km à l'équateur.)

TROPOSPHÈRE n. f. Zone la plus basse de l'atmosphère des planètes telluriques, qui s'étend de la surface du globe à la tropopause.
ENCYCL. La troposphère terrestre présente trois caractères essentiels qui la distinguent des autres régions de l'atmosphère : 1° c'est la couche la plus troublée (d'où son nom) ; 2° le brassage assure une constance relative de la composition sur toute l'épaisseur (on y trouve les trois quarts de la masse atmosphérique, pratiquement tous les corps solides en suspension et toute l'eau sous ses trois états) ; 3° la température décroît rapidement, de 0,6 °C par 100 m, en moyenne, avec l'altitude.

TROPOSPHÉRIQUE adj. Relatif à la troposphère.

Troppau *(congrès de)* [20 oct. - 30 déc. 1820], congrès européen qui se réunit à Troppau (auj. Opava). Metternich, inquiet de l'agitation révolutionnaire en Italie, y fit admettre, malgré l'opposition britannique et française, le principe d'une action collective de la Sainte-Alliance contre les révolutions.

TROP-PERÇU n. m. (pl. *trop-perçus*). **1.** Somme perçue en trop ou sans cause. — **2.** Bénéfice réalisé par une société coopérative de consommation, qu'elle utilise pour ses œuvres sociales ou ristourne aux associés au prorata de leurs achats. — **3.** Perception excessive d'impôts directs, à la suite de faux emploi ou de double emploi. (Le trop-perçu est ristourné même en l'absence de réclamation du contribuable.)

TROP-PLEIN n. m. (pl. *trop-pleins*). **1.** Quantité de matière ou de liquide qui excède la contenance d'un récipient et se déverse au-dehors : *Le trop-plein d'un bassin.* — **2.** Dispositif destiné à évacuer le liquide excédentaire d'un réservoir lorsqu'un niveau déterminé a été atteint : *Chauffage central muni d'un trop-plein.* — **3.** Sentiment, faculté, force en très grande abondance, qui ne demandent qu'à être employés : *Un trop-plein de vie.*

TROQUE n. m. (lat. sc. *trochus,* du gr. *trokhos,* roue). Mollusque gastropode des mers chaudes (océan Indien, Océanie), à coquille conique à spire élevée et au test épais, nacré seulement à l'intérieur, tel que le calliostoma.

TROQUER v. t. (rad. expressif *trokk-*) [conj. 3]. **1.** Donner un bien en échange, en paiement d'un ou de plusieurs autres : *Troquer des armes contre des peaux.* — **2.** Échanger qqch pour (contre) autre chose : *Je troquerais bien ma situation pour la sienne.*

TROQUET n. m. (de *mastroquet*). *Fam.* Petit café ; bistrot.

TROSSACHS (les), région touristique d'Écosse, dans les Highlands, au N. de Glasgow, autour du loch Katrine.

TROT [tro] n. m. (de *trotter*). **1.** Allure du cheval, et de certains autres quadrupèdes, intermédiaire entre le pas et le galop et caractérisée par des battues également espacées, exécutées successivement par chaque bipède diagonal. — **2.** Fam.

Au trot, au grand trot, vivement, rondement : *Mener une affaire au trot.* ‖ *Course au* (ou *de*) *trot,* course hippique dans laquelle les chevaux (attelés à un sulky ou montés) doivent donner leur plus grande vitesse sans galoper.

ENCYCL. **Équit.** Le trot est l'allure la plus propre aux parcours rapides et étendus. Pour partir au trot, le cheval lance en avant un bipède diagonal, le gauche par exemple, puis le droit, avant que le bipède gauche ait touché terre (phase de projection). Le trot ne doit laisser entendre que deux battues également espacées, et les membres postérieurs doivent couvrir les foulées des membres antérieurs. Dans le cas contraire, le trot est dit *décousu.* On distingue le trot *assis* (le cavalier reste assis constamment sur la selle) et le trot *enlevé* (le cavalier se soulève légèrement durant une battue sur deux).

TROTSKI (Lev Davidovitch BRONSTEIN, dit), homme politique soviétique (Ianovka, prov. de Kherson, 1879 - Coyoacán, Mexique, 1940). Fils d'un paysan aisé, il fait ses études à Odessa, où il s'initie au marxisme et fait des conférences en milieu ouvrier. Arrêté (1898), il est déporté en Sibérie (1900) et s'évade en 1902. Il part pour l'Autriche puis pour Londres, où il fait la connaissance de Lénine. Il collabore à l'Iskra puis, en 1903, au IIe congrès du P. O. S. D. R., il opte pour les mencheviks ; il s'en sépare dès 1904, mais il est trop indépendant pour rejoindre les bolcheviks. Il participe à la révolution de 1905 et consacre toutes ses forces à la réunion des deux fractions du P. O. S. D. R. Après la conférence de Zimmerwald, il rentre en France d'où il est expulsé. Il se rend alors aux États-Unis (fin 1916). Il ne réussit à rejoindre la Russie qu'en mai 1917. Avec Lénine, il prépare la prise du pouvoir et, lors de la révolution d'Octobre, s'empare des centres de décision de Petrograd (il a été élu au comité central des soviets de la ville, après avoir rejoint les bolcheviks en juillet). En novembre, il devient commissaire du peuple aux Affaires étrangères.

Partisan d'une politique de temporisation devant les exigences allemandes, il s'oppose à Lénine sur le problème de la paix. Il démissionne et devient président du Conseil militaire révolutionnaire. Il crée l'Armée rouge, lutte contre les Blancs, dirigés par Denikine, et écrase la révolte des marins de Kronchtadt (mars 1921). Il se heurte encore à Lénine sur la question de la militarisation des syndicats, dont il est partisan, et sur la question de la planification face à la NEP. Ces divergences n'empêchent pas que, au même titre que Lénine, Trotski soit considéré alors comme fondateur de l'Union soviétique.

Staline l'écarte aussitôt après la mort de Lénine : il est relevé de ses fonctions au Conseil révolutionnaire de la guerre (janv. 1925), exclu du bureau politique (oct. 1926), du comité central (oct. 1927) et enfin du parti lui-même (nov. 1927). Commence alors sa vie d'errance : exil à Alma-Ata ; bannissement en France (1933-1935), d'où il est expulsé vers la Norvège, puis au Mexique (1936), où il séjourne jusqu'à sa mort. Il est assassiné par un agent stalinien, Ramón Mercader. En 1938, il avait fondé la IVe Internationale.

Trotski a notamment écrit *Nos tâches politiques* (1904), *1905* (1909), *Terrorisme et Communisme* (1920), *Entre l'impérialisme et la révolution* (1922), *le Cours nouveau* (1923), *Lénine* (1924), *la Révolution défigurée* (1927), *Révolution permanente* (1930), *Ma vie* (1929), *Histoire de la révolution russe* (1931-32).

TROTSKISME n. m. Ensemble des idées et des conceptions de Trotski, puis de ses partisans, membres ou non de la IVe Internationale.

TROTSKISTE adj. et n. Relatif à Trotski, au trotskisme ; partisan du trotskisme.

TROTTE n. f. (de *trotter*). *Fam.* Distance assez longue à parcourir ou parcourue à pied : *D'ici la ville, il y a une bonne trotte.*

TROTTE-MENU adj. inv. (de *trotter* et *menu*). Litt. *La gent trotte-menu,* nom donné par La Fontaine aux souris.

TROTTER v. i. (frq. **trottôn*) [conj. 3]. **1.** Aller au trot : *Cheval qui trotte bien.* — **2.** Marcher à petits pas : *Un enfant qui trotte auprès de sa mère.* — **3.** *Fam.* Marcher beaucoup, passer rapidement d'un lieu à un autre : *J'ai trotté en ville toute la journée.* — **4.** *Trotter dans la tête de qqn,* être sans cesse présent à l'esprit.

◆ **se trotter** v. pr. *Fam.* S'enfuir.

TROTTEUR, EUSE adj. Se dit d'une race de chevaux sélectionnés pour leur aptitude à la vitesse à l'allure du trot.

◆ **trotteur** n. m. **1.** Cheval trotteur. — **2.** Chaussure de femme, de type sport léger, en général à fermeture à lacets et à talon bottier. — **3.** *Trotteur de Norfolk,* autre nom du hackney. ‖ *Trotteur américain,* cheval de course proche du pur-sang, qui participe le plus souvent à des courses d'ambleurs. ‖ *Trotteur français,* race française de chevaux de sang. (La réussite de cette race sur les hippodromes a provoqué un important développement de l'élevage concentré en Basse-Normandie.)

◆ **trotteuse** n. f. **1.** Aiguille des secondes, dans une montre, une pendule. — **2.** *Petite trotteuse,* syn. de PETITE SECONDE. ‖ *Trotteuse centrale,* syn. de SECONDE CENTRALE.

TROTTIN n. m. (de *trotter*). *Vx.* Jeune ouvrière employée aux courses, aux rassortiments.

TROTTINEMENT n. m. Action de trottiner.

TROTTINER v. i. (de *trotter*) [conj. 3]. Marcher à petits pas pressés : *Son fils trottinait à ses côtés.*

TROTTINETTE n. f. (de *trottiner*). **1.** Syn. vieilli de PATINETTE. — **2.** *Fam.* Petite automobile.

TROTTING [-tiŋ] n. m. (angl. *trotting*). Exercice du cheval au trot.

TROTTOIR n. m. (de *trotter*). **1.** Partie latérale d'une rue, surélevée par rapport à la chaussée et réservée à la circulation des piétons. — **2.** Pop. *Faire le trottoir,* se livrer à la prostitution dans la rue.

TROTZIG (Birgitta), écrivain suédois (Göteborg 1929). La souffrance humaine et l'incommunicabilité des êtres animent ses romans (*l'Accusation,* 1966 ; *la Maladie,* 1972 ; *la Fille du roi crapaud,* 1985), ses nouvelles (*la Reine,* précédée de *Barbara* et de *les Vivants et les Morts,* 1964) et ses poèmes en prose (*Anima,* 1984).

TROU n. m. (bas lat. *traugum,* du lat. pop. **traucum*). **1.** Enfoncement, dépression, cavité, creux dans une surface : *La route est pleine de trous.* — **2.** Vide, perforation qui traverse qqch de part en part : *Le trou d'une aiguille.* — **3.** Accroc, déchirure, endroit détruit ou usé, faisant un vide dans une étoffe, un cuir, un papier, etc. : *Avoir des trous à ses bas.* — **4.** Ouverture ou creux, cavité anatomique : *Trou de l'oreille.* — **5.** Plaie, déchirure d'un organe, de la peau : *Un trou dans la tête.* — **6.** Espace libre, vide dans qqch : *Un trou dans les nuages.* — **7.** Moment inoccupé dans une période d'activité : *J'ai un trou dans mon emploi du temps.* — **8.** Somme en moins ou qui manque : *Ces vacances ont fait un trou dans mon budget.* — **9.** Vide, lacune, ce qui manque : *Il y a des trous dans son œuvre.* — **10.** *Trou (de mémoire),* brusque défaillance de la mémoire, portant sur un point relativement précis : *Acteur qui a un trou.* — **11.** *Fam.* La tombe : *Un pied dans le trou.* — **12.** *Pop.* Prison : *Mettre quelqu'un au trou.* — **13.** *Fam.* Localité isolée des centres animés : *Un trou perdu de province.* — **14.** Fam. *Boire comme un trou,* boire excessivement. ‖ *Faire son trou,* se créer une situation sociale, réussir dans la vie. ‖ Fam. *Sortir par les trous de nez,* provoquer le dégoût, répugner. ‖ Fam. *Trou de balle,* anus. ‖ Pop. *Trou du cul,* anus ; personne stupide (terme d'injures) [parfois abrégé en *trouduc*]. ‖ Fam. *Trou de nez,* narine. ‖ *Trou normand,* verre de calvados ou d'un autre alcool que l'on boit au milieu d'un repas copieux pour activer la digestion. ‖ Fam. *Trou de souris,* endroit très exigu. • **Aéron.** *Trou d'air,* zone atmosphérique affectée par des courants descendants. (Un aéronef paraît y tomber comme dans un trou sans air, d'où l'expression.) — **Agroalim.** Syn. de OUVERTURE. — **Anat.** Nom donné à certains orifices (trou obturateur, trou ovale, trou de Botal, trou de conjugaison, par ex.). ‖ *Trous de la base du crâne,* orifices de cette région, traversés par les vaisseaux et les nerfs qui vont à l'intérieur de la cavité crânienne ou qui en sortent. — **Astron.** *Trou coronal,* région étendue de l'atmosphère du Soleil, généralement située au voisinage des pôles solaires, qui émet peu de rayonnement X et ultraviolet et par où s'échappe le vent solaire. ‖ *Trou noir,* région de l'espace dotée d'un champ gravitationnel si intense qu'aucun rayonnement n'en peut sortir. (→ *encycl.*) — **Électron.** Emplacement laissé vacant dans un réseau cristallin par un électron se déplaçant à l'intérieur du réseau. (Il équivaut à une charge positive, égale en valeur absolue à celle de l'électron.) [Syn. LACUNE.] — **Mécan.** *Trou de vidange,* orifice fermé par un bouchon, ménagé à la partie inférieure d'un carter en vue d'évacuer l'huile qu'il contient. — **Métall.** *Trou de coulée,* orifice garni de réfractaire par lequel s'effectue la coulée d'un métal en fusion. — **Mil.** *Trou individuel,* élément de tranchée pour un seul homme. — **Min.** *Trou de mine,* trou foré en vue d'y placer de l'explosif. ‖ *Trou de sonde,* syn. SONDAGE. — **Sports.** Au golf, petite cavité située sur le green et dans laquelle le joueur doit envoyer sa balle. ‖ Parcours entre deux trous. — **Techn.** *Trou d'homme,* ouverture de visite ménagée dans un réservoir, une chaudière et fermée par un tampon.

ENCYCL. **Astron.** Bien que non décelable par son rayonnement, un *trou noir* peut être détecté indirectement par ses effets gravitationnels sur des astres voisins. La théorie prévoit l'existence de trous noirs stellaires, représentant l'ultime stade d'évolution des étoiles massives. Certains semblent avoir été mis en évidence dans des systèmes binaires. Le cas le plus convaincant est celui de la source X appelée « Cygnus X-1 », dans la constellation du Cygne. L'accrétion de matière par des trous noirs « supermassifs » (ayant plusieurs millions de fois la masse du Soleil) pourrait être à l'origine de la fantastique énergie mise en jeu dans les radiogalaxies*, les quasars* et les galaxies actives.

TROUBADOUR n. m. (anc. provenç. *trobador,* de *trobar,* faire des vers). **1.** Poète lyrique des XIIe et XIIIe s., qui composait des œuvres dans une des langues d'oc. (→ *encycl.*) — **2.** En apposition, indique une mode caractérisée par le goût du Moyen Âge romanesque et par une imitation superficielle des formes gothiques, qui s'est amorcée, en France, dans la 2e moitié du XVIIIe s. et s'est épanouie à l'époque romantique. (En peinture, Brenet, Durameau, Pierre Révoil [1776-1842], Fleury-Richard [1777-1852], etc.)

ENCYCL. **Littér.** De toutes origines sociales, mais assimilés à la noblesse par l'exercice de leur talent, les troubadours ont été les instruments culturels et sociaux d'une nouvelle civilisation, fondée sur l'amour courtois. Le type de composition adopté, en général, est la monodie, soutenue par un instrument. La *canso,* suivie du *sirventès,* est la plus fréquente, mais on trouve aussi le *partimen,* la *tenson,* le *descort,* l'*estampida,* la *dansa,* le *bal,* le *plang,* etc. Peu nombreuses sont les chansons notées (262 sur plus de 2 650) ; elles sont conservées dans des manuscrits du XIIIe ou du début du XIVe s. Des traités du XIIIe s. et les *leys d'amors* (arts poétiques) du début du XIVe s. nous ont transmis quelques règles de construction littéraire de ces différentes formes. Chantant l'amour de leur dame ou les croisades, se livrant à la satire, à l'élégie ou à l'éloge de la Vierge, les troubadours se distinguent en trois styles : le *trobar clus* (hermétisme), le *trobar ric* (le style « artiste ») ou le *trobar plan* (style simple).

TROUBETSKOÏ ou **TROUBETZKOÏ,** famille princière russe issue du grand-duc de Lituanie Gédymin, qui entra définitivement au service de la Moscovie en 1557. — SERGUEÏ PETROVITCH (Nijni Novgorod 1790-Moscou 1860), colonel de la Garde qui fut choisi comme « dictateur » lors de la préparation du complot décabriste, n'apparut pas sur la place du Sénat lors du soulèvement (14 déc. 1825). Envoyé au bagne, il fut amnistié en 1856.

TROUBETSKOÏ (Nikolaï Sergueïevitch), linguiste russe (Moscou 1890 - Vienne 1938). Professeur à Moscou (1915), il émigra à Vienne, où il devint en 1922 professeur de linguistique slave. En relation avec R. Jakobson, il participa à la fondation et aux travaux du cercle linguistique de Prague. Influencé par J. Baudouin de Courtenay et par F. de Saussure, il définit rigoureusement la notion de phonème et établit la distinction entre phonétique et phonologie. Son ouvrage posthume *Grundzüge der Phonologie* (*Principes de phonologie,* 1939) a eu une grande influence sur le structuralisme.

TROUBLANT, E adj. **1.** Qui cause du trouble, qui rend perplexe : *Des faits troublants.* — **2.** Qui provoque le désir sexuel : *Une femme troublante.*

1. TROUBLE adj. (lat. pop. **turbulus,* du lat. class. *turbidus,* agité). **1.** Se dit d'un liquide qui n'est pas limpide par suite de la présence de petites particules en suspension : *Eau trouble.* — **2.** Se dit d'une image qui n'est pas nette. — **3.** Qui est mal défini, peu clair, peu net : *Une affaire trouble.* — **4.** *Œil, regard trouble,* œil terne qui manque d'éclat ; regard vague, peu expressif. ‖ *Vue trouble,* vue brouillée, confuse.

◆ adv. *Voir trouble,* d'une manière indistincte.

2. TROUBLE n. m. (de *troubler*). **1.** État d'agitation, d'inquiétude, de confusion ou d'émotion dans lequel se trouve qqn : *Son trouble était visible, il était tout rouge.* — **2.** *Litt.* Émotion de l'amour. — **3.** Perturbation dans l'accomplissement d'une fonction physique ou psychique, pouvant se manifester au niveau d'un appareil, d'un organe, d'un tissu : *Troubles respiratoires. Troubles de la personnalité.* — **4.** Altération des rapports entre les personnes ; état d'agitation, de désarroi : *Cela jeta le trouble dans la famille.* — **5.** Action d'inquiéter un possesseur dans la jouissance d'un bien, par un acte matériel *(trouble de fait)* ou par la revendication juridique d'un droit *(trouble de droit).* — **6.** *Point de trouble,* température d'une huile de pétrole, refroidie dans des conditions normalisées, à laquelle les cires, paraffines ou autres matières commencent à se solidifier ou à se séparer de la solution.

◆ **troubles** n. m. pl. **1.** Agitation sociale grave, actes séditieux : *Réprimer les troubles.* — **2.** Matériaux fins transportés en suspension par un cours d'eau. — **3.** *Temps des troubles* (en russe *smoutnoïe vremia*), période de l'histoire russe qui débute à la mort de Fédor Ier (1598) ou à celle de Boris Godounov (1605) et qui s'achève à l'avènement de Michel Fedorovitch (1613). [→ *encycl.*]

ENCYCL. **Hist.** Le *temps des troubles* fut marqué par les récoltes catastrophiques de 1601, 1602, 1603, les révoltes sociales, l'apparition de deux imposteurs, les « Faux Dimitri » (→ DIMITRI), le règne contesté de Vassili Chouïski (1606-1610), la proclamation de Ladislas IV Vasa tsar de Russie (1610), puis par l'intervention armée de la Pologne et de la Suède (1610-1612). Après la libération de Moscou par les milices (1612), Michel Fedorovitch Romanov fut élu tsar en 1613.

3. TROUBLE → TRUBLE.

TROUBLEAU → TRUBLEAU.

TROUBLE-FÊTE n. inv. Personne importune qui vient troubler la joie d'une réunion, qui détruit la satisfaction générale : *Jouer les trouble-fête.*

TROUBLER v. t. (lat. pop. **turbulare,* agiter) [conj. 3]. **1.** Altérer la limpidité, la transparence de qqch : *Troubler l'eau en remuant la vase.* — **2.** Altérer la qualité, l'acuité d'une fonction, d'une faculté : *L'alcool trouble la raison.* — **3.** Déranger le cours d'un état, d'une activité, les perturber : *Troubler l'ordre public.* — **4.** Créer chez qqn un état d'interrogation, de vague inquiétude : *Cette histoire me trouble un peu.* — **5.** Faire perdre à qqn le fil de ses idées, l'intimider : *Vous le troublez avec vos questions abruptes.* — **6.** Éveiller le désir, la sensualité de qqn : *Son charme le troublait profondément.*

◆ **être troublé** v. pass. **1.** Éprouver un trouble, être ému, embarrassé : *Il me regardait l'air troublé.*

— **2.** Être perturbé, agité par des troubles : *Une période troublée.*

◆ **se troubler** v. pr. **1.** Devenir trouble, perdre de sa clarté. — **2.** Devenir agité, inquiet, perdre contenance.

Troud *(le Travail),* quotidien soviétique fondé à Moscou en 1921, il fut l'organe officiel de l'Union des syndicats.

TROUÉE n. f. (de *trouer*). **1.** Ouverture naturelle ou artificielle dans un bois, une haie, une palissade, etc. — **2.** Interruption dans un relief, seuil qui constitue une voie de passage naturelle : *Trouée de Belfort.* — **3.** Échappée, espace entre des nuages laissant apparaître le bleu du ciel. — **4.** Syn. de PERCÉE.

TROUER v. t. (de *trou*) [conj. 3]. **1.** Faire un trou dans qqch, le percer de part et d'autre : *Le projectile a troué la tôle.* — **2.** Faire un accroc à qqch, un trou, en partic. par usure, frottement : *Trouer ses chaussettes.* — **3.** *Litt.* Faire une trouée dans qqch de dense, une zone claire dans qqch d'obscur, etc. : *La lumière des phares trouait la nuit.*

◆ **être troué** v. pass. Être percé de trous : *Troué comme du gruyère.*

TROUFION n. m. (altér. de *troupier*). *Pop.* Simple soldat.

TROUILLARD, E adj. et n. *Pop.* Qui a la trouille, qui est peureux.

TROUILLE n. f. (p.-ê. mot dialect., de l'anc. fr. *troiller,* broyer). *Pop.* Peur intense : *Avoir la trouille.*

TROUILLE (Clovis), peintre français (La Fère, Aisne, 1889 - Neuilly-sur-Marne 1975). Dessinateur de mode, puis maquilleur-retoucheur de mannequins de cire, il a développé à partir de 1930 une œuvre picturale haute en couleur, volontiers scandaleuse, qui mêle érotisme, humour macabre et anticléricalisme (*Mes funérailles,* 1940-1947).

TROUILLEBERT (Paul Désiré), peintre français (Paris 1829 - *id.* 1900), auteur, surtout, de paysages traités dans la manière vaporeuse de Corot.

TROUILLOMÈTRE n. m. Pop. *Avoir le trouillomètre à zéro,* avoir très peur.

TROU-MADAME n. m. (pl. *trous-madame*). **1.** Ancien jeu (XVIIe s.) consistant à faire passer des boules sous des arcades numérotées. — **2.** La table sur laquelle on joue.

TROUMOUSE *(cirque de),* le plus vaste cirque des Pyrénées (Hautes-Pyrénées), à l'amont du gave de Héas et à l'E. du Marboré.

TROUPE n. f. (bas lat. *truppus,* troupeau, du frq. **throp,* village). **1.** Toute réunion de militaires composée ou non d'éléments organisés ; les soldats (par oppos. aux officiers). — **2.** Groupe de personnes se déplaçant ensemble ou se livrant à une même activité : *Une troupe de touristes débarqua du car.* — **3.** Groupe d'animaux sauvages vivant ensemble : *Une troupe d'éléphants.* — **4.** Groupe de comédiens, d'artistes qui se produisent ensemble : *La troupe des Folies-Bergère.* — **5.** Ensemble de plusieurs patrouilles de scouts. — **6.** *Homme de troupe,* syn. anc. de HOMME DU RANG. ‖ *Servir dans la troupe,* servir dans une unité (par oppos. à servir dans les bureaux ou les états-majors).

◆ **troupes** n. f. pl. **1.** Forces armées. — **2.** Ensemble des membres d'une organisation, des militants, des partisans actifs d'une doctrine, etc.

TROUPEAU n. m. (anc. fr. *tropel,* du frq. **throp,* village). **1.** Ensemble d'animaux d'une même espèce domestique ou de ruminants sauvages vivant ensemble. — **2.** Ensemble d'animaux d'une espèce domestique présent sur une exploitation agricole. — **3.** Ensemble d'animaux d'une espèce domestique dont la garde est confiée à une ou à plusieurs personnes. — **4.** *Litt.* Ensemble de personnes placées sous la direction d'un pasteur spirituel. — **5.** Multitude, foule, considérée dans son comportement collectif, impersonnel, passif.

TROUPIALE n. m. (p.-ê. de *troupe*). Passereau jaune (ictéridé) des régions chaudes d'Amérique, au bec long et pointu, grégaire, fréquentant bosquets et jardins.

TROUPIER n. m. (de *troupe*). Militaire, soldat, homme de troupe.

◆ adj. m. *Comique troupier,* chanteur de café-concert et de music-hall interprétant en tenue de soldat un répertoire souvent semé de sous-entendus grivois (syn. TOURLOUROU) ; genre comique qui s'y rattache.

TROUSSAGE n. m. **1.** Action de trousser une volaille. — **2.** Opération qui a pour objet de réaliser, en fonderie, un moule en sable par la méthode du trousseau.

TROUSSE n. f. (de *trousser*). Boîte, étui, pochette de petites dimensions, groupant divers objets correspondant à un usage spécialisé : *Trousse de toilette.* • **Arm.** Carquois de l'arbalétrier. — **Cirq.** Culotte rembourrée portée par les acrobates sous leur maillot ; vêtement souvent pailleté qui la recouvre. — **Mil.** Empaquetage réglementaire contenant un nombre déterminé de paquets de cartouches. — **Min.** Anneau spécial de cuvelage, en fonte, de faible hauteur mais de grande largeur, prenant appui dans le terrain et que l'on pose à la base de chaque retraite de cuvelage. (On dit aussi TROUSSE DE CUVELAGE.) ‖ *Trousse coupante,* anneau ou sabot terminé en biseau, que l'on place à l'extrémité d'un tube pour le faire pénétrer dans les terrains. — **Trav. publ.** Outil de sondage destiné à user la roche à traverser en la frottant avec de la grenaille ou un abrasif approprié.

◆ **trousses** n. f. pl. **1.** Chausses bouffantes des pages. — **2.** *Aux trousses de qqn,* à sa poursuite : *Il a la police à ses trousses.*

TROUSSEAU n. m. (de *trousse*). **1.** Linge, lingerie, vêtements qu'on donne à une fille qui se marie ou qui entre en religion. — **2.** Ensemble des affaires qu'un enfant emporte en internat, en colonie de vacances, etc. — **3.** *Trousseau de clefs,* ensemble de clefs réunies par un anneau. • **Métall.** Méthode utilisée en fonderie pour exécuter des moules ou des noyaux de pièces de révolution. ‖ Appareil permettant d'utiliser ce mode de moulage. — **Monn.** Dans la frappe des monnaies au marteau, coin mobile qui frappait l'empreinte opposée au coin de pile, ou d'enclume. — **Vitic.** Variété de cépage rouge cultivée dans le département du Jura.

TROUSSEAU (Armand), médecin français (Tours 1801 - Paris 1867). Élève de Bretonneau, il a publié trois volumes de *Clinique médicale de l'Hôtel-Dieu.*

TROUSSE-PIED n. m. (pl. *trousse-pied*[*s*]). Lanière qui tient plié le pied d'un animal domestique lorsqu'on l'opère.

TROUSSE-QUEUE n. m. (pl. *trousse-queue*[*s*]). Gaine de cuir entourant le haut de la queue d'un cheval, permettant d'éviter le frottement des crins contre une paroi.

TROUSSEQUIN n. m. (de *trousse* et suff. dimin. néerl. *-kijn*). Partie postérieure d'une selle, plus relevée que les autres parties.

TROUSSER v. t. (lat. pop. **torsare,* du bas lat. *torsum,* du lat. class. *torquere,* tordre) [conj. 3]. **1.** *Vx.* Relever un vêtement du bas, le retrousser. — **2.** *Pop.* et *vx.* Posséder une femme, une fille. — **3.** *Litt.* Composer rapidement, avec brio un article, un compliment, un discours, etc. — **4.** Relever et attacher les branches qui croissent trop bas. — **5.** Préparer une volaille en ficelant au corps les membres et le cou. — **6.** Nouer la queue du cheval ou faire usage du trousse-queue. — **7.** En moulage de fonderie, réaliser un moule ou un noyau par troussage.

◆ **se trousser** v. pr. *Vx.* Relever ses jupes.

TROUSSEUR n. m. Vx. *Trousseur de jupes, de jupons,* homme qui court les filles.

TROU-TROU n. m. (pl. *trou-trous*). Ornement de lingerie composé d'une série de petits jours où l'on passe un ruban.

TROUVABLE adj. Qui peut être trouvé.

TROUVAILLE n. f. **1.** Fait de trouver, en général fortuitement, qqch d'extraordinaire, de bien adapté, d'heureux, etc. : *Faire une trouvaille.* — **2.** Chose heureusement trouvée : *Ce mot est une trouvaille.*

TROUVER v. t. (lat. pop. **tropare,* inventer, du lat. class. *tropus,* trope) [conj. 3]. **1.** Rencontrer, découvrir par hasard et prendre qqch, qqn, un animal qui sont ou semblent perdus : *Il a trouvé un billet de cent francs par terre. Trouver un chien perdu.* — **2.** Découvrir l'être ou la chose que l'on cherchait : *Il a trouvé un emploi.* — **3.** Rencontrer qqch sur son chemin au cours d'une action : *Trouver une erreur dans un texte.* — **4.** Pouvoir se procurer qqch, rencontrer, voir qqn, constater la présence de qqch : *Des imbéciles, on en trouve partout. Vous trouverez mon nom dans l'annuaire.* — **5.** Voir qqn, qqch dans tel état en arrivant qqpart : *Trouver la maison vide en rentrant du travail. Nous l'avons trouvé gisant par terre.* — **6.** Pouvoir disposer de qqch pour l'utiliser : *Trouver un moment de libre. Trouver la force de faire un travail.* — **7.** Rencontrer qqn, qqch, les avoir, en bénéficier : *J'ai trouvé un allié en lui.* — **8.** Parvenir à avoir : *Cette voiture trouvera un acquéreur. Trouver enfin la paix de l'esprit.* — **9.** Avec un compl., forme des locutions verbales équivalentes à un verbe simple : *Trouver refuge* (= se réfugier). *Trouver la mort* (= mourir). — **10.** Inventer qqch, le créer : *Trouver une musique pour un film.* — **11.** Aboutir à une solution, une idée, une conclusion, etc. : *Nous avons trouvé qui est l'assassin.* — **12.** Découvrir qqch par un examen : *Trouver trop de globules blancs.* — **13.** Penser, croire : *Vraiment, je trouve que tu exagères.* — **14.** Penser, juger que qqch, qqn ont telle caractéristique, leur attribuer telle qualité ou tel défaut : *Je lui trouve mauvaise mine. J'ai trouvé l'orateur très ennuyeux.* — **15.** Avoir l'occasion de : *Il a trouvé à vendre sa vieille voiture.* — **16.** *Aller trouver qqn,* se rendre auprès de lui pour lui parler. ‖ Fam. *La trouver mauvaise, saumâtre,* juger mauvaise une attitude à son égard. ‖ *Quand on me cherche, on me trouve,* on ne m'ennuiera pas sans que je riposte. ‖ *Qu'est-ce que vous lui trouvez ?,* qu'a-t-il de bien à vos yeux (que je n'ai pas remarqué) ? ‖ *Trouver à qui parler,* se trouver en présence de qqn qui ne se laissera pas faire. ‖ *Trouver du plaisir, de l'agrément, etc., à faire qqch,* l'éprouver.

◆ **être trouvé** v. pass. **1.** *Bien trouvé,* qui est neuf, original, heureusement imaginé : *Voilà un mot bien trouvé.* — **2.** *Enfant trouvé,* enfant abandonné, né de parents inconnus. ‖ *Objet trouvé,* objet qui a été perdu et rapporté à un service de dépôt. ‖ *Tout trouvé,* qui s'offre naturellement à l'esprit : *Le moyen est tout trouvé.*

◆ **se trouver** v. pr. **1.** Savoir qui l'on est profondément, ce que l'on aime vraiment : *Écrivain qui ne s'est pas encore trouvé.* — **2.** Exister, être disponible qqpart, pouvoir être déniché, découvert : *Un appartement, cela se trouve.* — **3.** *Il se trouve,* il y a, il existe : *Il se trouvera bien des gens pour l'aider.* — **4.** Être à tel endroit : *L'Etna se trouve en Sicile.* — **5.** Indique le lieu, l'état, la situation où l'on est : *Si vous vous trouvez libre demain, prévenez-moi.* — **6.** Être dans tel cas : *Il se trouve être le premier à avoir répondu.* — **7.** *Il se trouve que,* indique une coïncidence, précise une circonstance, il s'avère que, il se fait que : *Il se trouve que j'avais lu ce livre.* — **8.** Estimer qu'on est tel, se juger tel : *Elle se trouve mieux avec les cheveux courts.* — **9.** *Se trouver bien, mal de qqch,* en être satisfait ou mécontent, en recueillir des avantages ou des inconvénients. — **10.** *Se trouver mal,* s'évanouir.

TROUVÈRE n. m. (bas lat. **tropare,* composer un poème). Poète lyrique de langue d'oïl aux XIIe et XIIIe s.

ENCYCL. **Littér.** Les trouvères, apparus vers 1150 à la cour de Champagne (Chrétien de Troyes), imitent les troubadours (thème de *fine amor*). Leur répertoire se diversifie avec des chansons de croisade, des satires, débats, pastourelles, motets, ballades et rondeaux, des chansons de toile. Ils sont à la fois compositeurs de mélodie et rimeurs : Conon de Béthune, Thibaud de Champagne, Gautier de Coincy, Colin Muset et Adam de la Halle, qui fait évoluer la musique de la chanson vers la polyphonie.

Trouvère *(le),* opéra en 4 actes de Verdi sur un livret de S. Cammarano, terminé par L. E. Bardare, d'après le drame d'A. García Gutiérrez (Rome, 1853). Le *miserere* de l'acte IV est resté célèbre.

TROUVEUR, EUSE n. *Litt.* Personne qui trouve : *Un trouveur de bons mots.*

TROUVILLE-SUR-MER (14360), ch.-l. de cant. du Calvados, à l'embouchure de la Touques, en face de Deauville ; 5 645 hab. *(Trouvillais).* Station balnéaire. Casino. Thalassothérapie.

TROY [trɔj] ou **TROY-WEIGHT** [trɔjwajt] n. m. Système de poids anglais, employé pour les métaux précieux et les pierreries, dans lequel la *pound-troy* (373 g) vaut 12 *ounces,* et l'*ounce* 480 *grains.*

TROYAT (Lev TARASSOV, dit **Henri**), écrivain français d'origine russe (Moscou 1911). Il est l'auteur de grands cycles romanesques qui évoquent la Russie et la France contemporaines (*Tant que la terre durera,* 1947-1950 ; *les Semailles et les Moissons,* 1953-1956 ; *la Lumière des justes,* 1959-1962 ; *les Eygletière,* 1965-1967). On lui doit aussi des biographies (*Ivan le Terrible,* 1982 ; *Tourgueniev,* 1985 ; *Gorki,* 1986 ; *Flaubert,* 1988 ; *Maupassant,* 1989 ; *Alexandre II,* 1990 ; *Zola,* 1992 ; *Verlaine,* 1993 ; *Balzac,* 1995). [Acad. fr., 1959.]

TROYEN, ENNE adj. et n. 1. De Troie ou de Troyes. — **2.** *(Astéroïdes) troyens* ou *(planètes) troyennes,* petites planètes (dont les noms sont ceux de héros de la guerre de Troie) qui, sous l'effet de l'attraction conjuguée de Jupiter et du Soleil, se maintiennent au voisinage de l'orbite de Jupiter, à 60° en avant ou en arrière de la planète. (Le premier a été découvert en 1906.)

Troyens *(les),* tragédie lyrique en deux parties d'Hector Berlioz, composée en 1855-1858 d'après *l'Énéide* de Virgile, sur un livret du compositeur : *la Prise de Troie* (3 tableaux) et *les Troyens à Carthage* (4 actes et 5 tableaux).

TROYES (10000), ch.-l. du dép. de l'Aube, dans la Champagne, sur la Seine, à 158 km à l'E.-S.-E. de Paris ; 60 755 hab. *(Troyens).* Centre administratif, commercial, religieux (évêché) et industriel (surtout bonneterie [en difficulté], constructions mécaniques, caoutchouc). La ville est le noyau d'une agglomération de plus de 125 000 hab.

— **Hist.** Capitale des Tricasses, romaine sous le nom d'*Augustobona,* Troyes devint au Xe s. la capitale des comtes de Troyes, plus tard comtes de Champagne. Du XIIe au XIVe s., elle fut très prospère grâce à ses foires, qui favorisèrent l'industrie textile. Dépossédé par le traité de Troyes (1420), Charles VII prit la ville en 1429. Au XVIe s., beaucoup d'artisans adhérèrent à la Réforme, et la ville fut éprouvée par la révocation de l'édit de Nantes (1685).

— **Bx-arts.** Église Ste-Madeleine (XIIe-XVIe s. ; jubé sculpté du début du XVIe), cathédrale (chœur de la 1re moitié du XIIIe s., étape importante dans la genèse du gothique rayonnant ; façade des Chambiges, 1506-1544), église St-Urbain (entreprise en 1262, avec chœur à deux étages entièrement vitré, d'une pureté de style qui annonce le gothique français du XIVe s.), diverses églises du XVIe s., tous édifices qui sont autant de musées de la sculpture (l'Italien D. Del Barbiere, etc.) et du vitrail troyens (verrières à scènes juxtaposées). Maisons à colombages. Musée des Beaux-Arts et d'Archéologie dans l'anc. abbaye St-Loup. Musée historique dans l'hôtel de Vauluisant. Trésor de la cathédrale. Musée d'Art moderne dans l'anc. évêché. Maison de l'Outil et de la Pensée ouvrière.

Troyes *(traité de)* [21 mai 1420], traité conclu entre les rois de France et d'Angleterre, Charles VI et Henri V. Le Dauphin, futur Charles VII, y était déshérité au profit du roi d'Angleterre, tandis que Henri V épousait Catherine, fille de Charles VI. Le Dauphin déclara nul ce traité, qui fut aboli en fait par le sacre de Charles VII à Reims en 1429 et par le traité franco-bourguignon d'Arras (1435).

TROYON (Constant), peintre français (Sèvres 1810 - Paris 1865). Paysagiste, ami des peintres de Barbizon, il fit un voyage en Hollande (1847) et introduisit, à l'exemple de Cuyp et de Potter, des animaux dans ses vues champêtres (*le Retour à la ferme,* Salon de 1859, Louvre).

TRUAND, E n. (gaul. **trugant*). Autref., vagabond, mendiant.

◆ **truand** n. m. Malfaiteur qui fait partie du milieu (gangster, souteneur, etc.).

TRUANDAGE n. m. *Fam.* Fait de truander.

TRUANDER v. i. (de *truand*) [conj. 3]. *Fam.* Tricher, ne pas respecter les conventions établies, les règles.

◆ v. t. *Fam.* Voler qqn, l'escroquer ou abuser de sa confiance.

TRUANDERIE n. f. *Litt.* Ensemble des truands, de la pègre.

TRUBLE ou **TROUBLE** n. f. (lat. *trublium,* écuelle, avec l'infl. du lat. *trulla,* truelle). Petit filet, emmanché ou non, en forme de poche. (Syn. BIGNON.)

TRUBLEAU ou **TROUBLEAU** n. m. Petite truble.

TRUBLION n. m. (lat. *trublium,* écuelle, avec l'infl. de *troubler*). Individu qui sème délibérément le trouble, le désordre.

TRUC n. m. (anc. provenç. *truc,* choc, de *trucar,* battre, du lat. pop. **trudicare*). *Fam.* **1.** Moyen adroit, procédé ingénieux pour réussir : *Les trucs du métier.* – **2.** Mot par lequel on désigne qqch ou, avec une majusc., qqn dont on ne sait pas ou plus le nom : *Tu devrais t'acheter un truc pour nettoyer les disques. J'ai dit à Truc de venir.* – **3.** Terme dépréciatif pour qqch dont on se méfie : *C'est un sale truc sa maladie.* – **4.** Désigne un fait quelconque : *Je sais des trucs sur lui.* – **5.** Dispositif secret ou astuce permettant de réussir un tour. – **6.** Au théâtre, syn. de TRUCAGE. – **7.** Fam. *Ce n'est pas mon truc,* c'est une activité dans laquelle je ne me sens pas à l'aise.

TRUCAGE ou **TRUQUAGE** n. m. (de *truc*). **1.** Mécanisme ou procédé pour mouvoir certains décors, exécuter des changements à vue et, en général, produire des effets insolites de mise en scène. (Syn. TRUC.) – **2.** Procédé ou ensemble de procédés servant, en matière d'arts décoratifs et de beaux-arts, à confectionner des faux, des contrefaçons d'ancien. – **3.** Emploi de moyens adroits et peu délicats pour arriver à ses fins, et particulièrement pour tromper le public : *Le trucage des élections.* – **4.** Au cinéma, syn. de EFFET SPÉCIAL.

TRUCHEMENT n. m. (ar. *turdjumān,* interprète). **1.** Fait de servir d'intermédiaire entre deux ou plusieurs interlocuteurs : *Recourir au truchement d'un agent secret.* – **2.** *Par le truchement de,* par l'intermédiaire de.

TRUCHTERSHEIM (67370), ch.-l. de cant. du Bas-Rhin, à 16 km au N.-O. de Strasbourg ; 2 032 hab.

TRUCIAL STATES → ÉMIRATS ARABES UNIS (fédération des).

TRUCIDER v. t. (lat. *trucidare*) [conj. 3]. *Fam.* Faire périr de mort violente, assassiner.

TRUCK [trœk] n. m. (angl. *truck,* camion). Petit wagon plate-forme sur lequel on effectue le transport des madriers, troncs d'arbre et autres objets encombrants sur un chemin de fer forestier ou industriel.

TRUCMUCHE n. *Fam.* Truc, machin, en partic. pour désigner qqn (avec majusc.).

TRUCULENCE n. f. (lat. *truculentia*). Caractère truculent de qqn, de son comportement : *La truculence de son langage.*

TRUCULENT, E adj. (lat. *truculentus,* farouche). Qui est haut en couleur, plein de pittoresque et de vigueur : *Personnages truculents.*

TRUDAINE (Daniel Charles), administrateur français (Paris 1703 - *id.* 1769). Intendant à Riom (1730), appelé à la direction des Ponts et Chaussées (1743), il créa l'École spécialisée (1747) et le corps d'ingénieurs des Ponts et Chaussées (1750). [Acad. des sc., 1743.]

TRUDEAU (Pierre Elliott), homme politique canadien (Montréal 1919). Député libéral aux Communes d'Ottawa (1965), il devient chef du parti libéral et Premier ministre en 1968. Très hostile à l'indépendantisme québécois, il est cependant partisan d'une complète égalité entre les deux communautés linguistiques. Il gouverne de 1972 à mai 1974 avec une coalition puis de juill. 1974 à 1979 et de 1980 à 1984 avec une majorité libérale. Son action a été marquée par le renforcement de l'exécutif et de la souveraineté canadienne.

TRUELLE n. f. (bas lat. *truella,* du lat. class. *trulla*). **1.** Nom de plusieurs sortes d'outils de maçon, de couvreur et de plâtrier, constitués en général d'une lame d'acier large reliée à un manche par une partie contre-coudée. – **2.** Spatule de métal pour servir le poisson.

TRUELLÉE n. f. Quantité de ciment ou de plâtre qui peut tenir sur une truelle.

TRUFFADE n. f. Plat de pommes de terre poêlées avec des lardons, mêlées à des lamelles de tomme. (Spécialité du Cantal.)

TRUFFAGE n. m. Action de truffer une volaille, un gibier.

TRUFFAUT (François), cinéaste français (Paris 1932 - Neuilly-sur-Seine 1984). Il débute en 1951 comme critique de cinéma et remporte en 1959 un grand succès avec *les Quatre Cents Coups,* œuvre qui participe à la renommée de la « nouvelle vague ». Il est l'auteur de nombreux films, parmi lesquels *Jules et Jim* (1962), *Fahrenheit 451* (1966), *Baisers volés* (1968), *l'Enfant sauvage* (1970), *Domicile conjugal* (1970), *la Nuit américaine* (1973), *l'Histoire d'Adèle H* (1975), *la Chambre verte* (1978), *l'Amour en fuite* (1979), *le Dernier Métro* (1980), *la Femme d'à côté* (1981), *Vivement dimanche* (1983).

TRUFFE n. f. (anc. provenç. *trufa,* du bas lat. **tufera,* du lat. class. *tuber,* excroissance). **1.** Champignon ascomycète mycorhizien en forme de tubercule souterrain apprécié pour son parfum, qu'il communique aux préparations culinaires, et dont la plante hôte est généralement le chêne. — **2.** Nez du chien et du chat. — **3.** *Fam.* Nez gros et rond. — **4.** *Pop.* Personne stupide. — **5.** Friandise à base de chocolat saupoudrée de poudre de cacao.

TRUFFER v. t. (conj. 3). **1.** Garnir un mets de truffes : *Truffer une dinde.* — **2.** Remplir qqch de choses en de nombreux endroits : *Truffer un terrain de mines.*

◆ **être truffé** v. pass. **1.** Être garni de truffes : *Foie gras truffé.* — **2.** Comporter qqch en très grand nombre et de manière disséminée : *Un devoir truffé de fautes.*

TRUFFICOLE adj. Favorable à la culture de la truffe.

TRUFFICULTEUR, TRICE n. Personne qui se consacre à la culture de la truffe.

TRUFFICULTURE n. f. Culture de la truffe. (L'association symbiotique entre l'arbre, généralement un chêne, et le champignon se fait en pépinière. Après la plantation de l'arbre mycorhizé, la fructification se produit au bout de 7 à 10 ans. La récolte de la truffe se fait à l'aide d'un chien.)

TRUFFIER, ÈRE adj. **1.** Relatif à la truffe. — **2.** Favorable au développement ou à la découverte des truffes : *Chien truffier.*

◆ **truffière** n. f. **1.** Emplacement marqué par la croissance et le développement de la truffe. — **2.** Parcelle plantée en arbres hôtes associés à la truffe.

TRUIE n. f. (bas lat. *troja,* abrév. de *porcus Trojanus,* porc troyen, c.-à-d. « farci », par allus. au cheval de Troie rempli de soldats grecs). **1.** Femelle reproductrice de l'espèce porcine. (→ *encycl.*) — **2.** Machine de guerre romaine lançant de gros boulets pour ébranler les murailles.

ENCYCL. La gestation dure en moyenne 115 jours. La taille de la portée est de 10 à 12 porcelets pour les races européennes, nettement plus pour les races d'origine chinoise. Le nombre de porcelets produits par truie et par an est voisin de 20 dans les élevages modernes.

TRUISME n. m. (angl. *truism,* de *true,* vrai). Vérité banale, si évidente qu'elle ne mériterait pas d'être énoncée.

TRUITE n. f. (anc. fr. *troite,* du bas lat. *tructa,* p.-ê. du gr. *trôktês,* vorace). Poisson salmonidé, carnassier, proche du saumon, à la chair fine et estimée.

ENCYCL. La truite de mer descend temporairement en mer pour s'y nourrir ; la truite de rivière a des migrations réduites ou nulles ; la truite de lac se reconnaît à sa livrée plus claire (truite argentée). La truite arc-en-ciel, importée d'Amérique du Nord en 1880, est utilisée en pisciculture.

La truite vit dans les eaux généralement peu profondes et est très difficile à pêcher. On la pêche à la ligne, aux insectes naturels et aux vers. Les pêches dites « sportives » sont les pêches au lancer. La pêche à la mouche utilise une artificielle que l'on fait dériver sur l'eau (mouche sèche) ou que l'on maintient immergée plus ou moins profondément (mouche noyée). La truite se trouve non seulement dans des rivières aux eaux vives, mais encore dans des petits étangs spécialisés.

TRUITÉ, E adj. (de *truite*). **1.** Marqué de petites taches brunes ou noires. — **2.** Se dit d'une céramique dont la glaçure ou la couverte est fendillée par un réseau de craquelures imitant les écailles de poisson (fréquente en Chine à partir du XVIIIe s.).

TRUITELLE n. f. Jeune truite.

TRUJILLO, v. du Pérou septentrional ; 240 300 hab. Cathédrale remontant au milieu du XVIIe s., églises baroques du XVIIIe. — À proximité, ruines de Chanchán*. Centre commercial, industriel, touristique, universitaire et religieux.

TRUJILLO Y MOLINA (Rafael Leónidas), homme d'État dominicain (San Cristóbal 1891 - Ciudad Trujillo, auj. Santo Domingo, 1961). Colonel de la police dominicaine (1926), général (1927), il devint président en 1930. Constamment réélu jusqu'en 1952, il tint le pays par la terreur jusqu'à son assassinat (mai 1961).

TRUK *(îles),* archipel du Pacifique, l'un des États fédérés de Micronésie ; 101 km^2 ; 37 700 hab. Exportation de coprah.

TRULLO [trulo] n. m. (pl. *trulli*) [ital. *trullo*]. Construction rurale ronde, à toit conique, typique de la Pouille, au S.-E. de Bari, autour d'Alberobello et de Putignano.

TRUMAN (Harry S.), homme d'État américain (Lamar, Missouri, 1884 - Kansas City 1972). Sénateur démocrate (1935), élu vice-président de Roosevelt, il lui succède à sa mort (avr. 1945). Il met fin à la guerre en faisant lancer deux bombes atomiques sur le Japon (août 1945). Réélu à la présidence en 1948, il poursuit la politique sociale de Roosevelt. À l'extérieur, la prépondérance des États-Unis est assurée par la conférence de Bogotá (1948), où est créée l'Organisation des États américains (O. E. A.). Pour contrer l'expansion du communisme, il crée la CIA, met en œuvre le plan Marshall (1947), l'organisation de l'O. T. A. N. (1949), intervient en Corée (1950-1953), et signe le traité d'assistance de l'ANZUS avec l'Australie et la Nouvelle-Zélande (1952).

TRUMEAU n. m. (p.-ê. frq. **thrum,* tronçon). **1.** Pan de mur entre deux baies rapprochées. (Syn. ENTREFENÊTRE.) — **2.** Panneau de lambris, de peinture décorative ou de glace, plus haut que large, occupant l'espace entre deux fenêtres, le dessus d'une cheminée, etc. — **3.** Pilier central séparant les baies d'un portail et soulageant le linteau.

TRUN (61160), ch.-l. de cant. de l'Orne, sur la Dives ; 1 282 hab. *(Trunois).*

TRUNG, nom de famille de deux héroïnes de l'indépendance du Viêt-nam ancien. Entre 40 et 44 apr. J.-C., deux sœurs, Trung Trac et Trung Nghi, soulevèrent plusieurs provinces du Tonkin. Vaincues par le général chinois Ma Yuan, elles se suicidèrent.

TRUONG CHINH (Dang Xuan Khu, dit), homme d'État vietnamien (Nam Dinh 1909 - Hanoi 1988). Membre, dès 1928, de la première organisation marxiste fondée par Hô Chi Minh, il devint en 1945 secrétaire général du parti des travailleurs *(Lao Dông).* Président de l'Assemblée nationale (1960-1981), puis président du Conseil d'État (1981-1987), il a été secrétaire général du parti communiste vietnamien (juill.-déc. 1986).

TRUONG VINH KY, dit **Petrus Ky,** écrivain vietnamien (prov. de Vinh Long 1837-Saigon 1898). Créateur du journalisme au Viêt-nam, il est également l'auteur de nombreux ouvrages historiques, didactiques, linguistiques et de traductions des classiques chinois.

TRUQUAGE → TRUCAGE.

TRUQUER v. t. (de *truc*) [conj. 3]. **1.** Modifier qqch de manière relativement invisible pour tricher à un jeu ou faire un tour d'illusionniste : *Truquer des dés.* — **2.** Modifier de manière occulte et frauduleuse certains éléments d'une opération pour obtenir à coup sûr le résultat recherché : *Truquer des élections.*

TRUQUEUR, EUSE n. Personne qui use de procédés indélicats pour tromper.

TRUSQUIN n. m. (mot wallon, altér. du flam. *kruisken,* petite croix). **1.** Instrument servant à tracer sur une pièce de bois ou de métal des traits parallèles à une surface plane. — **2.** *Trusquin de largeur,* syn. de ÉQUARRISSOIR.

TRUSQUINER v. t. (conj. 3). Tracer au trusquin des lignes parallèles.

TRUST [trœst] n. m. (angl. *trust,* de *to trust,* avoir confiance). **1.** Groupement d'entreprises qui, quoique conservant leur autonomie juridique, sont contrôlées par une société mère. — **2.** Entreprise très puissante exerçant son influence sur tout un secteur de l'économie (souvent péjor.).

ENCYCL. **Écon.** On distingue trois types de trusts : le groupement volontaire d'entreprises juridiquement distinctes en vue d'une entente, notamment sur les prix (on emploie plutôt la dénomination de cartel ou de pool) ; l'entreprise unique qui résulte de la fusion de plusieurs entreprises ; le holding, société financière, sans activité productrice propre, qui, par un ensemble de participations, contrôle ou dirige différentes entreprises conservant chacune leur personnalité juridique.

Le trust se propose plusieurs objectifs : créer à son profit un monopole sur le marché pour être maître soit des quantités produites et écoulées, soit des prix ; rationaliser la production et abaisser le prix de revient ; constituer des ensembles aux productions diversifiées (conglomérats). Dans tous les pays, des lois antitrusts s'efforcent de limiter les effets néfastes qui peuvent résulter de la trop grande puissance de certains de ces groupes. Dès 1890, aux États-Unis, le *Sherman Act* agit en ce sens.

TRUSTE ou **TRUSTIS** n. f. (lat. médiév. *trustis,* de l'anc. haut all. *Trost,* fidélité). Aux temps mérovingiens, troupe d'hommes, dénommés antrustions, qui étaient liés au roi par un serment de « truste et fidélité ».

TRUSTEE [trœsti] n. m. (angl. *trustee*). **1.** Mandataire qui, ayant reçu des instruments de paiement, reçoit en même temps l'instruction de les délivrer à leur bénéficiaire dans des conditions définies. — **2.** Administrateur qui, aux termes d'un accord entre créanciers et débiteurs, assure la gestion d'un emprunt.

TRUSTER [trœste] v. t. (conj. 3). **1.** Accaparer par un trust. — **2.** *Fam.* Accaparer, recevoir des avantages en nombre important : *Truster des décorations.*

TRUSTEUR [trœs-] n. m. Personne qui organise un trust.

Trust House Forte, groupe hôtelier britannique, fondé par sir Charles *Forte* (né en 1908), considéré comme l'une des plus grandes chaînes hôtelières du monde.

TRUTTICULTURE n. f. Élevage de truites.

TRUYÈRE (la), riv. du Massif central, affl. du Lot (r. dr.) ; 160 km. Issue de la Margeride et séparant l'Aubrac du massif du Cantal, coupée par les barrages-réservoirs de Grandval, de Sarrans et de Couesque, la Truyère est utilisée par plusieurs centrales.

TRYPANOCIDE ou **TRYPANOMICIDE** adj. et n. m. Se dit d'un médicament actif contre les trypanosomes.

TRYPANOSOME n. m. Parasite flagellé sanguicole agent des trypanosomiases. (Les trypanosomes, à l'aspect fusiforme, ont de 10 à 60 μm de longueur et de 2 à 3 μm de largeur. Ils contiennent un noyau et un blépharoblaste, d'où part le flagelle.)

TRYPANOSOMIASE ou **TRYPANOSOMOSE** n. f. Parasitose due à un trypanosome (trypanosomiase américaine, ou maladie de Chagas ; trypanosomiases africaines, ou maladie du sommeil ; trypanosomiases animales [nagana, surra]).
ENCYCL. • *Trypanosomiases africaines.* Les trypanosomes sont inoculés par les glossines (mouches tsé-tsé) du groupe *palpalis* et *tachinoïdes* en Afrique centrale et de l'Ouest, du groupe *morsitans* en Afrique de l'Est. La *maladie du sommeil* est, dans ses deux formes, une maladie très grave, souvent mortelle en quelques mois à un an en Afrique de l'Est, en quelques années dans l'autre cas.
On distingue une phase initiale d'envahissement et une phase dominée par des lésions cérébrales entraînant des troubles du sommeil, de la sensibilité profonde et des fonctions motrices qui, en l'absence de traitement, évoluent vers la mort.
• *Trypanosomiases animales.* Le nagana, dû à *T. brucei brucei,* atteint le bétail en Afrique ; le surra, dû à *T. evansi,* infecte les bovidés en Inde et dans les pays de l'océan Indien.

TRYPSINE n. f. (gr. *tripsis,* friction, d'apr. *pepsine*). Enzyme protéolytique sécrétée par le pancréas sous forme de son précurseur inactif, le trypsinogène, et activée par une peptidase intestinale, l'entérokinase. (Elle hydrolyse les polypeptides.)

TRYPSINOGÈNE n. f. Proenzyme inactive de la trypsine.

TRYPTOPHANE n. m. Aminoacide dont l'antipode lévogyre, le S- ou L-tryptophane, est un constituant essentiel des protéines. (C'est un précurseur de la sérotonine et du nicotinamide [vitamine PP].)

TSACONIEN n. m. Dialecte du grec moderne parlé sur la côte orientale du Péloponnèse et remontant à un dialecte dorien du grec ancien.

Tsahal (mot hébr. signif. *force de défense d'Israël*), appellation donnée à l'armée israélienne.

TSAIDAM *(bassin du),* en chin. **Qaidam Pendi,** dépression topographique de Chine (Qinghai), entre les monts Nan Shan et la partie orientale des monts Kunlun. Pétrole.

TSAMPA n. f. Farine d'orge grillé, mélangée à du thé salé, qui constitue la nourriture de base des paysans tibétains.

TSANGPO, en chin. **Yarlung Zangbo Jiang,** nom tibétain du haut Brahmapoutre. La large dépression dans laquelle coule le fleuve est la seule région du Tibet où le climat permet une activité humaine normale.

TSANKOV → CANKOV.

TSAR, TZAR ou, vx, **CZAR** n. m. (slave *tsar,* du lat. *caesar*). Titre porté par les souverains de Bulgarie (919-1018 ; 1187-1393 ; 1908-1946) et de Russie (1547-1917). [Bien qu'officiellement remplacé par *imperator* (empereur) en 1721, le titre de tsar demeura dans l'usage courant en Russie jusqu'en 1917.]

TSARATANANA *(massif de),* massif du nord de Madagascar, portant le point culminant de l'île (2 876 m). Réserve naturelle.

TSARÉVITCH ou **TZARÉVITCH** n. m. (russe *tsarevitch*). Fils de tsar.

TSARINE ou **TZARINE** n. f. (de *tsar*). **1.** Femme d'un tsar. — **2.** Impératrice de Russie.

TSARISME n. m. (de *tsar*). Régime politique autocratique de la Russie et de l'Empire russe jusqu'en 1917.

TSARISTE adj. et n. Propre au tsarisme ; partisan du tsarisme.

TSARITSYNE → VOLGOGRAD.

TSARSKOÏE SELO, anc. nom de **Pouchkine,** dans la région de Saint-Pétersbourg, ancienne résidence suburbaine de la famille impériale de Russie depuis la seconde moitié du XVIIIe s. (palais et parcs auxquels ont travaillé Rastrelli, Quarenghi, etc.).

TSCHOMBÉ (Moïse), homme politique du Congo-Kinshasa, auj. Zaïre (près d'Élisabethville, auj. Lubumbashi, 1919 - Alger 1969). Il dirigea la sécession du Katanga (1960-1963) et, après son échec, il s'exila puis fut rappelé par Kasavubu pour former le gouvernement (1964-65). Condamné à mort, il s'installa en Europe, mais fut enlevé au cours d'un voyage en avion (1967) et conduit en Algérie.

TSCHUDI (Aegidius ou Gilg), homme politique et historien suisse (Glaris 1505 - *id.* 1572), auteur d'une *Helvetische Cronik* publiée en 1574, dans laquelle il reprend la légende de Guillaume Tell.

TSELINOGRAD → AKMOLA.

T'SERSTEVENS (Albert), écrivain français d'origine belge (Uccle, Belgique, 1885-Neuilly-sur-Seine 1974). Grand voyageur, il puisa sans ses aventures et ses souvenirs la matière de ses romans (*le Vagabond sentimental,* 1923 ; *les Corsaires du roi,* 1930 ; *Mexique, pays à trois étages,* 1956).

TSÉ-TSÉ n. f. inv. Nom indigène des mouches africaines du genre *glossine.* (On dit aussi MOUCHE TSÉ-TSÉ.)

ENCYCL. La tsé-tsé de la région guinéenne *(Glossina palpalis)* est une grande mouche, à trompe solide dirigée en avant de la tête. Elle fréquente les bords ombragés des cours d'eau, où elle crible de ses piqûres bêtes et gens, risquant ainsi de transmettre la maladie du sommeil. La tsé-tsé proprement dite *(G. morsitans)* transmet à l'homme une autre forme de la maladie du sommeil et aux animaux domestiques la maladie appelée « nagana ».

TS'EU-HI → CIXI.

TSEU-KONG → ZIGONG.

TSEU-PO → ZIBO.

T. S. F. n. f. Abrév. de TÉLÉGRAPHIE (ou TÉLÉPHONIE) SANS FIL.

TSHIKAPA, v. du Zaïre ; 39 000 hab. Grand centre d'exploitation de diamants.

T-SHIRT → TEE-SHIRT.

TSHUNGU *(chutes),* anc. **Stanley Falls,** rapides du Zaïre, en amont de Kisangani, découverts par Stanley en 1877.

TSIANG KING-KUO → JIANG JINGGUO.

TS'IEN SINAN → QIAN XUAN.

TSIGANE ou **TZIGANE** adj. et n. (hongr. *Czigany,* p.-ê. du gr. byz. *Athsinganos,* qui ne touche pas). **1.** Qui appartient aux Tsiganes. — **2.** Se dit de la musique traditionnelle interprétée par les Tsiganes.

◆ n. m. Langue indo-aryenne parlée par les Tsiganes. (Syn. ROMANI.)

ENCYCL. **Ling.** Le tsigane a pour origine la langue des tribus nomades banjarās originaires de l'Inde du Nord-Ouest. Sa phonologie reste proche du sanskrit, avec de nombreuses variétés, résultant des contacts avec les langues environnantes. Bien que sans tradition écrite, le tsigane est resté très vivant, sans doute à cause de son utilisation comme langue secrète ; il a également imprégné de nombreux argots dans divers pays européens. — **Mus.** Les principaux caractères de cette musique sont la modalité, la virtuosité extraordinaire et l'emploi d'instruments à cordes frottées et frappées (violon, cymbalum). Elle est née soit de traditions autochtones, comme l'art du flamenco des Gitans d'Europe occidentale, soit de fonds musicaux spécifiques, tel celui de la musique balkanique, diffusé par les groupes d'Europe centrale. Son répertoire se compose d'airs sur paroles improvisées ou d'airs à danser, de chants polyphoniques sur mélodies très ornées, accompagnés à la guitare ou à l'accordéon. La musique tsigane, de sources et de contenu divers, trouve son unité dans la manière dont elle est interprétée.

TSIGANES ou **TZIGANES,** ensemble de peuples présents dans le monde entier, particulièrement en Europe (où ils sont env. 8 millions, dont env. 2 millions dans l'Union européenne). Ils ont migré depuis l'Inde par vagues successives à partir du IXᵉ siècle, se différenciant en plusieurs groupes : les *Rom,* ou *Roma,* les *Manuš,* ou *Sinti* (Manouches), les *Kalé* (Gitans). Certains se reconnaissent simplement sous le nom de *Voyageur.* Nomades, semi-nomades ou sédentarisés, ils partagent une identité marquée par les persécutions (depuis l'exigence d'assimilation jusqu'au génocide perpétré par les nazis). Ils se sont dotés d'organisations représentatives pour la défense de leurs droits et de leur culture. Ils sont chrétiens (avec progression du pentecôtisme) et de langue indo-aryenne.

TSIMIHETYS, peuple malgache des terres intérieures du nord de Madagascar, estimé à 450 000 membres.

TSIMLIANSK, v. de Russie. Barrage sur le Don, formant le lac-réservoir de 2 700 km² où débouche le canal Volga-Don. Centre industriel.

TSIN → JIN.

TS'IN → QIN.

TSI-NAN → JINAN.

TS'IN CHE-HOUANG-TI → QIN SHI HUANGDI.

TS'ING → QING.

TS'ING-HAI → QINGHAI.

TS'ING-KIANG → QINGJIANG.

TS'ING-TAO → QINGDAO.

TS'IN-HOUANG-TAO → QINHUANGDAO.

TSI-NING → JINING.

TS'IN-LING → QINLING.

TSIN-SI → JINGXI.

TSIOLKOVSKI (Konstantine Edouardovitch), savant russe (Ijevskoïe 1857 - Kalouga 1935), l'un des principaux précurseurs et théoriciens de l'astronautique. Dès 1883, il exprime la conviction que seule la propulsion par réaction permettra de réaliser des vols dans le cosmos. En 1903, il publie son ouvrage majeur, *Exploration des espaces cosmiques par des engins à réaction,* où se trouvent énoncées pour la première fois les lois du mouvement d'une fusée. On lui doit aussi l'idée du moteur-fusée à hydrogène et oxygène liquides, les concepts de fusées à étages, de stations orbitales, de colonies spatiales, etc.

TS'I PAI-CHE → QI BAISHI.

TSIRANANA (Philibert), homme d'État malgache (Anahidrano 1912 - Antananarivo 1978). Désigné en 1959 par le Parlement comme président de la République malgache, dont l'indépendance fut proclamée en juin 1960, il fut élu en 1965. L'agitation provoquée par son anticommunisme, ainsi que par sa politique de coopération avec la France et de rapprochement avec l'Afrique du Sud, l'obligea à abandonner le pouvoir en 1972.

TSITSIHAR, en chin. **Qiqihar,** anc. **Longjiang,** v. de Chine (Heilongjiang), au pied du Grand Khingan ; 1 200 000 hab. Carrefour ferroviaire et grand centre industriel (aciérie, matériel ferroviaire et minier, alimentation, papier).

TSITSIT n. m. pl. (mot hébr. signif. *frange*). Dans la liturgie juive, franges rituelles de laine de couleur blanche attachées aux quatre coins du châle de prière *(talet)* et que tout juif doit porter conformément à la Loi.

TS'IUAN-TCHEOU → QUANZHOU.

TSKHINVALI, de 1934 à 1961 **Staliniri,** v. de Géorgie, cap. de la république d'Ossétie du Sud ; 33 000 hab.

TSOIN-TSOIN interj. *Fam.* Onomatopée comique à la fin d'un couplet, d'un refrain très connu.

TSONGAS ou **THONGAS,** population bantoue du Mozambique, comptant environ 1,5 million de membres.

TSONG-KHA-PA (1357-1419), fondateur de la secte bouddhiste tibétaine des « vertueux » *(Dge-lugs-pa).* Les moines de cette secte portent un bonnet jaune qui sert souvent à les désigner pour les distinguer des « bonnets rouges ».

TSOUEN-YI → ZUNYI.

TSU, v. du Japon (Honshū), ch.-l. de préf., sur la baie d'Ise ; 145 000 hab. Chantiers navals. Constructions électriques. Université.

TSUBA n. m. (mot jap.). Garde du sabre japonais, dont l'usage remonte au VIIIe s. (À partir du XIVe s., les tsubas ont été ornés, ciselés, devenant des objets d'art.)

TSUBOUCHI SHŌYŌ, écrivain japonais (Ōta 1859 - Atami 1935). Théoricien d'une nouvelle littérature, cherchant sa voie dans une synthèse de la tradition et de l'apport occidental, il publia le manifeste *la Moelle du roman* (1885). Traducteur de Shakespeare, il est également à l'origine d'un théâtre japonais moderne.

TSUCHIURA, v. du Japon (Honshū), sur le lac Kasumiga ; 112 500 hab. Centre administratif, commercial et culturel.

TSUEN WAN, v. de la colonie britannique de Hongkong, dans les New Territories, au N.-O. de Kowloon ; 680 000 hab.

TSUGA n. m. Grand conifère aux cônes pendants, au port d'épicéa, d'usage ornemental et qui fournit une écorce tannante (hemlock).

TSUGARU *(détroit de),* bras de mer qui sépare les îles de Hokkaidō et de Honshū et relie la mer du Japon et l'océan Pacifique. Tunnel ferroviaire sous-marin du Seikan.

TSUKUBA, montagne du Japon, à 60 km au N.-E. de Tōkyō ; 876 m. Célèbre sanctuaire shintoïste. Centre universitaire et de recherche interdisciplinaire.

TSUMEB, v. de Namibie, au N.-O. de Grootfontein, terminus du chemin de fer de Walvis Bay ; 7 800 hab. Mines et fonderies de cuivre et autres métaux.

TSUNAMI [tsunami] n. m. (jap. *tsunami,* raz de marée). Onde océanique superficielle engendrée par un choc tellurique, comme un séisme, une éruption sous-marine, un glissement. (Syn. RAZ DE MARÉE.) [Se propageant très rapidement (800 km/h) avec une faible amplitude (1 m), il n'est pas ressenti par les bateaux. En abordant les côtes, la vitesse diminue et la hauteur augmente (parfois jusqu'à 20 m).]

TSUNYI → ZUNYI.

Tsurezuregusa *(les Heures oisives),* recueil écrit entre 1324 et 1331 par Kenkō Hōshi, l'une des œuvres les plus représentatives du genre du *zuihitsu,* ou « écrits au fil du pinceau ».

TSUSHIMA, archipel du Japon composé de cinq îles situées entre la Corée et le Japon, délimitant les détroits de Corée, au N., et de Tsushima, au S. ; 709 km^2 ; 58 700 hab. Pêche.

TSUSHIMA *(détroit de),* bras de mer qui met en relation la mer du Japon, au N., et la mer de Chine, au S., entre l'archipel de Tsushima et la côte nord-ouest de Kyūshū ; largeur 130 km.

Tsushima *(bataille de)* [27-28 mai 1905], victoire navale remportée par l'escadre japonaise de l'amiral Tōgō sur la flotte russe de l'amiral Rojdestvenski. (→ *guerre* RUSSO-JAPONAISE.)

TSWANAS, peuple du Botswana et de l'Afrique du Sud, de langue bantoue.

T. T. C., abrév. de TOUTES TAXES* COMPRISES.

TTL (abrév. de l'angl. *transistor-transistor logic*). Famille de circuits intégrés logiques du type saturé à base de transistors bipolaires.

TU pron. pers. (lat. *tu*). **1.** Forme atone du pronom personnel sujet du verbe à la deuxième personne du singulier, désignant la personne à qui l'on parle, sans distinction de sexe : *Tu viens.* – **2.** *Dire tu à qqn,* le tutoyer. ‖ Fam. *Être à tu et à toi avec qqn,* être avec lui dans des termes d'une extrême familiarité.

TUABLE adj. Qui peut être tué.

TUAMOTU *(îles),* archipel du Pacifique sud, entre 15 et 22° de latit. S., partie du territoire d'outre-mer de la Polynésie française ; 880 km² ; 11 211 hab. (Polynésiens appelés Paumotus). Découvert en 1606 par l'Espagnol P. Fernández de Quirós, placé sous protectorat français en 1842 et annexé en 1880, l'archipel est constitué de 76 atolls (une quarantaine sont habités) alignés du N.-O. au S.-E. sur 1 500 km et prolongés par les îles Gambier.
Les plus vastes anneaux de corail sont ceux de Rangiroa et de Fakarava. Le coprah est la principale ressource (10 000 t). Le ramassage des huîtres perlières et nacrières s'effectue dans certains lagons (Hao) ; la pêche s'est développée. Quelques îles ont de petits aérodromes, en relation avec Papeete. Les atolls de Mururoa et de Fangataufa ont été les sites des expériences atomiques françaises.

TUANT, E adj. *Fam.* **1.** Qui fatigue à l'excès, qui épuise les forces : *Quel métier tuant !* – **2.** Qui excède, assomme : *Une soirée tuante, mortelle.*

TUB [tœb] n. m. (angl. *tub*). Large cuvette où peuvent se faire les ablutions à grande eau.

TUBA n. m. (ital. *tuba,* trompette, du lat. *tuba*). **1.** Instrument de musique à air en cuivre, à perce conique, et muni de pistons. – **2.** Tube respiratoire permettant de nager en conservant la tête sous l'eau.

TUBAGE n. m. **1.** Introduction d'un tube dans un orifice ou dans un canal naturel soit pour lutter contre son rétrécissement (tubage du larynx), soit pour prélever des sécrétions, évacuer des toxiques ingérés, déposer des médicaments (tubages gastrique, gastro-duodénal). – **2.** Opération qui consiste à revêtir de tubes un sondage, un puits afin d'en maintenir les parois. – **3.** Syn. de CUVELAGE.

TUBAIRE adj. (lat. *tuba,* trompe). Qui relève de la trompe d'Eustache ou de la trompe utérine.

TUBARÃO, port du Brésil (Espirito Santo), près de Vitória. Exportation de minerai de fer. Sidérurgie.

TUBARD, E adj. et n. *Pop.* Tuberculeux.

TUBE n. m. (lat. *tubus*). **1.** Conduit pour fluides, généralement cylindrique, aux parois constituées d'un matériau homogène (verre, métal). [→ *encycl.* Métall.] – **2.** Conditionnement cylindrique, rigide pour contenir des poudres ou des substances solides : *Tube de cachets d'aspirine.* – **3.** Emballage allongé, malléable pour contenir une substance pâteuse que l'on fait sortir par pression des doigts : *Un tube de pâte dentifrice.* – **4.** *Fam.* Chanson, disque à grand succès. – **5.** *Fam.* et *vx.* Chapeau haut de forme. – **6.** *Pop.* Métro. – **7.** *Pop.* Téléphone. – **8.** Fam. *(À) plein(s) tube(s),* au plus fort de sa puissance sonore. • **Aéron.** *Tube à choc,* installation d'essais aérodynamiques constituée par un tube dans lequel se déplace une onde de choc à une vitesse hypersonique. – **Anat.** Canal ou conduit naturel. – **Arm.** La bouche à feu proprement dite. – **Autom.** *Tube de direction,* enveloppe cylindrique rigide contenant la colonne de direction. ‖ *Tube de pont,* syn. de TROMPETTE. – **Biol.** Nom de divers organes creux cylindriques tels que la base de certaines corolles gamopétales, les organes sporifères des bolets, les podia des oursins, etc. – **Chim.** Appareil de chimie, en verre, à allure cylindrique allongée, dans lequel on place ou on fait circuler des fluides. – **Électron.** Enceinte en verre, en céramique ou en acier, à vide poussé ou contenant un gaz sous faible pression, qui comporte plusieurs électrodes entre lesquelles circulent des charges électriques, et destinée à engendrer, amplifier, moduler ou démoduler des signaux électriques. (→ *encycl.*) ‖ *Tube à gaz,* ampoule remplie d'un gaz à faible pression tel que néon ou vapeur de mercure, contenant plusieurs électrodes et servant principalement au redressement des courants alternatifs. ‖ *Tube à vide,* ampoule vidée d'air et comprenant au moins deux électrodes entre lesquelles s'établit, dans certaines conditions, un courant d'électrons. – **Histol.** *Tube contourné du rein,* chacun des tubes qui font suite à la capsule de Bowman et dont l'ensemble constitue le tubule rénal. – **Pétr.** *Tube prolongateur,* conduite verticale reliant la tête de puits sous-marine à la plateforme de forage et dont la principale fonction est la remontée de la boue de forage. (Syn. RISER.) – **Phys.** *Tube de champ,* surface formée par les lignes du champ qui s'appuient sur un contour fermé. ‖ *Tube à rayons X,* appareil produisant des rayons X. (Il comprend une cathode émettant des électrons qui, accélérés par un champ électrique, viennent frapper une anticathode métallique qui émet des rayons X.) ‖ *Tube de Pitot,* instrument servant à mesurer la vitesse d'écoulement d'un fluide. — **Télév.** *Tube analyseur,* tube à vide comprenant une cible photosensible sur laquelle un objectif projette une image et qui, par balayage de cette image, représente par un signal électrique les caractéristiques lumineuses de ses différents points. ‖ *Tube image* ou *tube synthétiseur,* tube employé en télévision pour assurer la synthèse d'une image. ‖ *Tube à masque,* tube image permettant la synthèse d'une image en couleurs grâce à un écran porteur de luminophores des trois couleurs (rouge, vert, bleu) et à une plaque percée de milliers de petits trous dont chacun ne laisse passer que le faisceau d'électrons correspondant au luminophore d'une couleur déterminée. — **Therm.** *Tube à ailettes,* tube muni de lamelles longitudinales ou transversales destinées à augmenter la transmission de chaleur d'un échangeur. ‖ *Tube d'eau,* chacun des tubes dans lesquels circulent les gaz chauds dans une chaudière.

ENCYCL. **Électron.** Le tube le plus simple, la diode, ne comporte que deux électrodes : la cathode et l'anode. Interposant une électrode en forme de grille entre la cathode et l'anode, Lee De Forest inventa en 1906 la triode, dans laquelle on peut commander l'intensité du courant anodique. La tétrode comporte une deuxième grille à mailles serrées, appelée grille-écran, portée à un potentiel positif élevé. Enfin, dans la pentode, on place, entre la grille-écran et l'anode, une troisième grille (dite « de suppression »), portée au potentiel de la cathode, qui élimine l'émission secondaire* d'électrons.

— **Métall.** La fabrication des tubes fait appel à divers procédés. Les *tubes à bords rapprochés* sont obtenus en courbant progressivement dans le sens travers une tôle de grande longueur. À partir d'un tel produit, par brasage au four ou soudage en continu, on peut fabriquer un *tube à bords soudés.* Par forgeage automatique ou par laminage à froid, on peut aussi fabriquer un *tube sans soudure.* L'ébauche du tube peut être obtenue par électrolyse sur un mandrin formant cathode ; par coulée verticale du métal liquide dans un moule de forme appropriée ; par coulée centrifuge du métal liquide dans un moule cylindrique tournant horizontalement autour de son axe ; par filage à la presse utilisant une filière munie d'un mandrin ; par laminage spécial à chaud de barre, qui permet d'obtenir des tubes épais. La barre est engagée entre deux cylindres à axes non parallèles où le métal se déchire, puis un mandrin en forme de poire évase et calibre le diamètre intérieur.

TUBELESS adj. inv. (angl. *tubeless,* sans chambre à air). *Pneu tubeless,* pneu dans lequel la chambre à air est remplacée par une couche synthétique étendue à l'intérieur de l'enveloppe.

TUBER v. t. (conj. 3). **1.** Garnir de tubes un sondage, un puits de forage. — **2.** Syn. de CUVELER.

TUBÉRACÉE n. f. (lat. *tuber, -eris,* champignon). Champignon ascomycète entièrement souterrain tel que la truffe.

TUBERCULE n. m. (lat. *tuberculum,* de *tuber,* tumeur). **1.** Renflement des axes végétaux, surtout souterrains (racine, rhizome), riches en substances de réserve. (Organes pérennants, ils assurent en outre souvent la multiplication de l'espèce. Ils jouent un rôle important dans l'alimentation humaine : betteraves, carottes, manioc, pommes de terre, igname, ail, etc.) — **2.** Surface arrondie des molaires broyeuses. — **3.** Éminence anatomique peu développée ; protubérance globuleuse qui fait saillie à la surface d'un organe ou d'un organisme. — **4.** Infiltrat profond et circonscrit du derme formant sur la peau des nodules saillants à évolution lente et destructrice. (Il s'observe, en partic., dans la syphilis tertiaire.) — **5.** Lésion élémentaire de la tuberculose.

TUBERCULÉ, E adj. Garni de tubercules.

TUBERCULEUX, EUSE adj. et n. **1.** Relatif à la tuberculose ; atteint de tuberculose. — **2.** Syn. de TUBÉREUX.

TUBERCULIDE n. f. Lésion cutanée coïncidant en général avec un foyer tuberculeux à distance et guérissant par un traitement spécifique.

TUBERCULINATION ou **TUBERCULINISATION** n. f. Action d'injecter de la tuberculine diluée aux animaux pour le diagnostic de la tuberculose.

TUBERCULINE n. f. Substance complexe isolée de la paroi de diverses mycobactéries et utilisée par injection intradermique, scarification ou application percutanée pour déceler une hypersensibilité de type retardé soit chez un sujet malade ou convalescent de tuberculose, soit chez un sujet vacciné par le B. C. G.

TUBERCULINER ou **TUBERCULINISER** v. t. (conj. 3). Pratiquer la tuberculination sur un animal.

TUBERCULINIQUE adj. Relatif à la tuberculine.

TUBERCULISATION n. f. Envahissement d'un organisme par le bacille tuberculeux.

TUBERCULOSE n. f. (de *tubercule*). **1.** Maladie infectieuse et contagieuse, commune à l'homme et aux animaux, due au bacille de Koch. — **2.** *Tuberculose miliaire,* syn. de GRANULIE.

ENCYCL. La tuberculose est caractérisée par la présence dans les lésions et leurs exsudats (pus, crachats) du bacille de Koch, ou B. K.; par une réaction inflammatoire aboutissant souvent, mais non constamment, à la formation de lésions spécifiques, dites « tubercules » ; par une tendance à la localisation (formes les plus communes : tuberculoses pulmonaire, osseuse, intestinale, rénale, etc.) ou à la généralisation rapide (granulie). La tuberculose a été isolée des autres maladies pulmonaires et décrite par Laennec en 1819. Sa contagiosité a été démontrée par Villemin en 1865 et son agent causal découvert par Robert Koch en 1882. Elle se transmet par contact direct interhumain, généralement par les gouttes de salive du tousseur.

Le stigmate biologique de la primo-infection tuberculeuse est, en l'absence de vaccination antérieure par le B. C. G., la positivité des réactions cutanées tuberculiniques.

La prémunition de la tuberculose par le vaccin B. C. G. a été rendue obligatoire en France par la loi du 5 janv. 1950. Ce vaccin a considérablement réduit le nombre et la gravité des cas de tuberculose, la localisation pulmonaire restant la plus fréquente. Le pronostic, grave autrefois, est devenu, depuis la découverte des médications spécifiques, très favorable et la maladie est curable dans l'immense majorité des cas.

TUBERCULOSTATIQUE adj. et n. m. Se dit d'un médicament capable d'arrêter la multiplication des bacilles tuberculeux sans les détruire.

TUBÉREUX, EUSE adj. (lat. *tuberosus,* plein de bosses). Qui forme ou constitue un ou plusieurs tubercules. (Syn. TUBERCULEUX.)

◆ **tubéreuse** n. f. Nom usuel de deux plantes liliiflores ornementales, le *polianthes* du Mexique, magnifique plante aux fleurs blanches et odorantes, cultivée pour la parfumerie, et l'*agapanthe,* aux grandes fleurs réunies en ombelle.

TUBÉRIFORME adj. Se dit d'un organe vivant ayant la forme d'une truffe.

TUBÉRISATION n. f. (lat. *tuber, -eris,* excroissance). Transformation de certaines parties de végétaux (racines, tiges ou feuilles [plantes grasses]) en organes de réserve (saccharose de la betterave, amidon de la pomme de terre, etc.), permettant la survie de la plante pendant la mauvaise saison.

TUBÉRISÉ ou **TUBÉRIFIÉ, E** adj. Qui constitue un tubercule.

TUBÉROSITAIRE adj. Relatif à la tubérosité, et, en partic., à la grosse tubérosité de l'estomac.

TUBÉROSITÉ n. f. (de *tubéreux*). **1.** Renflement que présentent certains os, donnant attache à des muscles ou à des ligaments. — **2.** *Tubérosités de l'estomac,* portions renflées que présente l'estomac à ses deux extrémités (*grosse tubérosité* en haut, *petite tubérosité* en bas).

Tubeuf *(hôtel),* à Paris, rue Vivienne (IIe arrond.). C'est l'un des hôtels ayant appartenu à Mazarin qui ont été intégrés à la Bibliothèque nationale au XIXe s. Galeries superposées dites « Mansart » et « Mazarine », décorées notamment par G. F. Romanelli.

TUBI ou **TUBY** (Jean-Baptiste), dit **le Romain,** sculpteur français d'origine italienne (Rome v. 1635 - Paris 1700). Il travailla aux Gobelins sous la direction de Le Brun avant de devenir l'une des grandes figures de l'art versaillais (groupe d'*Apollon sur son char,* en place dès 1670 dans le bassin d'Apollon). Il a collaboré avec Coyzevox, notamment pour le tombeau de Mazarin.

TUBIANA (Maurice), médecin radiothérapeute français (Constantine 1920). Directeur de l'Institut Gustave-Roussy de Villejuif de 1982 à 1988, il est l'un des précurseurs de l'utilisation de la radioactivité artificielle pour l'exploration et le traitement des maladies. (Acad. des sc., 1988.).

TUBICOLE adj. (du lat. *tubus,* tuyau). Se dit d'un animal qui vit dans un tube qu'il a édifié.

TUBIFEX n. m. (lat. *tubus,* tuyau, et *facere,* faire). Annélide oligochète tubicole des eaux douces, utilisée comme appât (ver de vase) en pêche à la ligne.

TÜBINGEN, v. d'Allemagne (Bade-Wurtemberg), sur le Neckar ; 83 553 hab. Ancienne capitale du Wurtemberg-Hohenzollern. Université (fondée en 1477). Château des XIe-XVIe s. Église et hôtel de ville du XVe s. Maisons à colombages. Centre administratif. L'édition et l'imprimerie devancent les autres activités.

TUBIPORE n. m. (du lat. *tubus,* tube). Cnidaire octocoralliaire colonial des mers tropicales, qui vit dans les récifs coralliens où il forme des masses de tubes calcaires verticaux parallèles, de couleur rouge vif, reliés de place en place par des lames horizontales de même couleur. (Syn. ORGUE DE MER.)

TUBITÈLE adj. (lat. *tubus,* tube, et *tela,* toile). Se dit d'une araignée qui construit une toile munie d'un tube.

TUBIZE, en néerl. **Tubeke,** comm. de Belgique (Brabant wallon), sur la Senne ; 20 100 hab. Centre agricole et industriel. Église gothique. Musée.

TUBMAN (William Vacanarat Shadrach), homme d'État libérien (Harper 1895 - Londres 1971). Il fut président de la République, constamment réélu, de 1944 à 1971.

TUBUAÏ, une des îles Australes (Polynésie française) ; 124 km^2 ; 1 741 hab. On donne parfois son nom à l'archipel entier.

TUBULAIRE adj. **1.** Qui a la forme d'un tube. — **2.** Relatif au tubule rénal. — **3.** Se dit d'une chaudière dans laquelle la circulation du fluide chaud s'effectue dans des tubes qui offrent une grande surface aux échanges de chaleur. — **4.** *Échafaudage tubulaire,* échafaudage fait d'un assemblage de tubes métalliques. ‖ *Fonction tubulaire,* fonction spécifique du tubule rénal. ‖ *Pont tubulaire,* pont métallique formé d'éléments composant une poutre creuse de section rectangulaire.

TUBULE n. m. (lat. *tubulus*). **1.** Nom donné à tous les tubes de faible diamètre de l'organisme, sauf les capillaires sanguins ou lymphatiques et les bronchioles pulmonaires. — **2.** *Tubule rénal,* formation canaliculaire du néphron, longue de 50 à 55 mm, faisant suite au glomérule, composée de plusieurs segments successifs (le tube contourné proximal, l'anse de Henle, le tube contourné distal, le tube collecteur).

TUBULÉ, E adj. *Fleur tubulée,* fleur gamopétale à corolle en tube.

TUBULEUX, EUSE adj. **1.** Qui est en forme de tube. — **2.** *Glande tubuleuse,* glande de forme cylindrique, rectiligne ou non, ne se terminant pas par un acinus. (Ex. : glandes sudoripares de la peau des mammifères, la plupart des glandes du tractus digestif.)

TUBULIDENTÉ n. m. Nom d'ordre de mammifères comprenant pour seule espèce l'oryctérope.

TUBULIFLORE adj. Se dit d'un capitule de fleur composée lorsque toutes les fleurs sont tubulées (bleuet).

TUBULONÉPHRITE n. f. Néphropathie généralement aiguë touchant électivement les tubules rénaux, respectant les glomérules.

TUBULOPATHIE n. f. Affection rénale souvent congénitale se traduisant par des modifications biochimiques de l'urine, due à un défaut des systèmes de transport du tubule rénal.

TUBULURE n. f. **1.** Sur une enceinte ou un récipient, ouverture en forme de court cylindre sur lequel on peut raccorder un conduit. — **2.** Ensemble des tubes d'une installation ; chacun de ces tubes. — **3.** Syn. de PIÉTEMENT. — **4.** *Tubulure d'admission,* tuyauterie amenant le mélange gazeux du carburateur aux cylindres. ‖ *Tubulure d'échappement,* tuyauterie acheminant les gaz brûlés sortant, de la culasse vers l'atmosphère, par l'intermédiaire du pot de détente.

T. U. C. n. m. pl. Abrév. de TRAVAUX* D'UTILITÉ COLLECTIVE.

TUCANOS, Indiens de Colombie orientale occupant les régions de forêts amazoniennes.

TUCCI (Giuseppe), orientaliste italien (Macerata 1894 - San Polo dei Cavalieri 1984). Il conduisit des expéditions au Tibet, au Népal, dans la province de Swāt, etc. Spécialiste des religions de l'Inde, en particulier du bouddhisme tantrique, il a écrit, entre autres, *Tibetan Painted Scrolls* (1949).

TUC-D'AUDOUBERT (le), site de la comm. de Montesquieu-Avantès (Ariège), au N.-E. de Saint-Girons. Caverne découverte en 1912, et qui contenait des gravures, sur les parois, et deux bisons modelés dans l'argile remontant au magdalénien (auj. au musée de Saint-Germain-en-Laye).

TUCHENN GADOR → TOUSSAINES *(signal de).*

TUCHINAT n. m. Révolte des tuchins.

TUCHINS n. m. pl. (de *touche*). Miséreux de l'Auvergne et du Languedoc qui, victimes de la guerre et de la fiscalité, se révoltèrent contre les nobles, les clercs et les riches et subirent une répression impitoyable (vers 1360-1382).

TUCHOLSKY (Kurt), écrivain allemand (Berlin 1890 - Hindås, Suède, 1935), dénonciateur mordant des passions et des faiblesses de l'Allemagne (*le Sourire de Mona Lisa,* 1929 ; *l'Allemagne par-dessus tout,* 1929). Hostile au nazisme, il se suicida.

TUCISTE n. Jeune travaillant dans le cadre d'un T. U. C.

TUCOTUCO n. m. Syn. de RAT* À PEIGNE.

TUCSON, v. des États-Unis (Arizona) ; 330 000 hab. Université. Marché agricole (élevage, agriculture irriguée). Centre touristique et industriel. — À proximité, base militaire aérienne.

TUCUMÁN ou **SAN MIGUEL DE TUCUMÁN,** v. d'Argentine, ch.-l. de prov., au pied des Andes ; 393 000 hab. Archevêché. Université. Mécanique, raffinerie de sucre. Tourisme.

TUCUNAS, TICUNAS ou **TUKÚNAS,** Indiens des territoires brésiliens, péruviens et colombiens, occupant plus particulièrement les régions de l'Amazonie.

Tudeh, parti populaire iranien fondé en 1941, héritier du parti communiste iranien (créé en 1920). Ses activités furent durement réprimées par le régime de Rezā Pahlavi. Le parti fut interdit en 1983.

TUDESQUE adj. (frq. **theudisk,* teuton). *Vx.* Qui se rapporte aux Allemands.

TUDIEU ! interj. (abrév. du juron *par la vertu de Dieu*). Ancien juron familier.

TUDJMAN (Franjo), homme politique croate (Veliko Trgovišće, nord de la Croatie, 1922).

Leader de la Communauté démocratique croate, à la tête de la République depuis 1990, il est le premier président de la Croatie indépendante, élu au suffrage universel en 1992. En 1995, il cosigne l'accord de paix sur la Bosnie-Herzégovine.

TUDOR, famille anglo-galloise d'où sortit la dynastie qui régna sur l'Angleterre de 1485 (avènement d'Henri VII) à 1603 (mort d'Élisabeth Ire). Un de ses ancêtres, OWEN **Tudor** († Hereford 1461), écuyer à la cour d'Henri V, fut l'amant et probablement l'époux de la reine mère Catherine de France (v. 1428-29). Son fils aîné, EDMOND **de Hadham** (v. 1430-1456), comte de Richmond en 1453, épousa (1455) MARGUERITE, fille de Jean de Beaufort, duc de Somerset. Leur fils unique, HENRI **de Richmond** (1457-1509), devint donc, par les droits de sa mère, l'héritier de la famille de Lancastre* après l'extermination de celle-ci ; ainsi put-il réaliser la révolution de 1485 qui fit de lui le roi Henri VII (1485-1509). Son fils HENRI VIII (1509-1547) et ses petits-enfants ÉDOUARD VI (1547-1553), MARIE Ire (1553-1558) et ÉLISABETH Ire (1558-1603) régnèrent successivement sur l'Angleterre.

TUDOR (William COOK, dit **Antony**), danseur et chorégraphe britannique (Londres 1909 - New York 1987). Créateur très actif, il travaille d'abord à Londres (Ballet Club) avant de fonder sa propre compagnie, le London Ballet. Auteur de *Jardin aux lilas* (1936), *Dark Elegies* (1937), *Gala Performance* (1938), il collabore avec le Ballet Theatre où il donne son œuvre maîtresse, *Pillar of Fire* (1942). Il remporte de nouveaux succès avec *l'Écho des trompettes* (1963) et *Shadowplay* (1967). À partir de 1974, il est directeur associé de l'American Ballet Theatre.

TU DUC (Hoang Nham, dit) [1830-1883], empereur du Viêt-nam (1848-1883). Affaibli par une révolte, au Tonkin, il céda à la France la Cochinchine orientale (1862), tenta en vain de négocier sa restitution, puis perdit la Cochinchine occidentale (1867). Après la mort de F. Garnier (1873), il obtint l'évacuation du Tonkin par les Français, se rapprocha de la Chine mais dut accepter le protectorat de la France (1883) peu de temps avant de mourir.

TUÉ, E n. Personne tuée, décédée de mort violente.

TUE-CHIEN n. m. inv. Nom usuel du *colchique d'automne.*

TUE-DIABLE n. m. inv. Leurre pour poissons carnassiers de rivière.

TUE-MOUCHES adj. inv. *Amanite tue-mouches,* nom usuel de l'amanite *fausse oronge.* ‖ *Papier tue-mouches,* papier imprégné de colle et d'une substance empoisonnée qui attire et détruit les mouches.

TUER v. t. (lat. *tutare,* var. de *tutari,* protéger) [conj. 7]. **1.** Causer la mort de qqn de manière violente : *Les gangsters ont tué le gardien de deux coups de revolver.* — **2.** Faire mourir un animal volontairement, en partic. à la chasse : *Tuer un lièvre.* — **3.** Être la cause de la mort de qqn : *Une telle dose de calmant pouvait le tuer.* — **4.** *Fam.* Épuiser qqn physiquement ou moralement : *Ces enfants nous tuent avec leurs cris.* — **5.** Faire cesser, disparaître qqch, causer sa ruine : *L'égoïsme finit par tuer l'amour.* — **6.** Faire perdre son éclat à une couleur, son intérêt à un effet, son goût à un aliment : *Ce jaune tue ce vert.* — **7.** Fam. *Être à tuer,* être assommant, insupportable. ‖ *Tuer le temps,* faire n'importe quoi pour éviter de s'ennuyer en attendant que le temps passe.
◆ v. i. Ôter volontairement et violemment la vie à des êtres vivants : *Tuer pour de l'argent.*
◆ **se tuer** v. pr. **1.** Se donner volontairement la mort. — **2.** Périr dans un accident : *Il s'est tué en mer.* — **3.** *Se tuer à,* s'épuiser de fatigue ; s'évertuer à : *Se tuer au travail. Je me tue à vous le répéter.*

TUERIE n. f. **1.** Action de tuer en masse ; carnage. — **2.** Action de tuer les animaux de boucherie. — **3.** Lieu où sont abattus les animaux de boucherie.

TUE-TÊTE (À) loc. adv. De toute la puissance de la voix : *Crier à tue-tête.*

TUEUR, EUSE n. **1.** Personne qui tue, qui commet un meurtre. — **2.** Chasseur qui tue pour le seul plaisir de tuer. — **3.** Homme de main chargé d'exécuter un crime pour le compte d'autrui. — **4.** Personne qui tue les animaux de boucherie.

TUF n. m. (ital. *tufo,* du lat. *tofus*). *Tuf calcaire,* travertin très léger dû à l'encroûtement de mousses et d'herbes par du calcaire à l'émergence de certaines sources. ‖ *Tuf volcanique,* accumulation de projections volcaniques de taille variée (de la cendre au bloc), consolidée ultérieurement par les eaux d'infiltration.

TUFFÉ (72160), ch.-l. de cant. de la Sarthe ; 1 342 hab. *(Tufféens).*

TUFFEAU ou **TUFEAU** n. m. (de *tuf*). Variété de calcaire crayeux, blanc jaunâtre, tendre et poreux, renfermant de nombreux éléments détritiques (micas, quartz) et des débris coquilliers. (Cette roche est utilisée pour la construction [*tuffeau de Touraine*].)

TUFTÉ, E adj. Se dit d'un tapis, d'une moquette dont les fils de velours sont piqués à travers un support textile, puis ancrés par une enduction sur l'envers du revêtement.

Tugendbund (mot all. signif. *ligue de la Vertu*), association fondée à Königsberg (avr. 1808) en vue de l'exaltation des vertus civiques et de la libération de la Prusse. Dissoute sur l'ordre de Napoléon (déc. 1809), elle influença le mouvement libéral naissant.

TUGRIK n. m. Unité monétaire de la Mongolie, divisée en 100 möngö.

TUILE n. f. (lat. *tegula*, de *tegere*, couvrir). **1.** Plaquette de terre cuite (parfois d'un autre matériau) dont on se sert pour couvrir les bâtiments. (→ *encycl.*) — **2.** *Fam.* Événement imprévu et désagréable. — **3.** Petit four sec aux amandes en forme de tuile. — **4.** Pièce de jeu de mah-jong.
ENCYCL. **Bât.** Les tuiles sont fabriquées à partir d'argiles qu'on transforme en une pâte de consistance et de finesse régulières, qui est humidifiée avant mise en forme, puis séchée longuement et cuite au four. On distingue : 1° les tuiles *canal* (ou tuiles *creuses, rondes, romaines* ou *tiges de botte*), dont l'élément unique, alternativement posé dans un sens et dans l'autre, a une forme de gouttière tronconique ; 2° les tuiles *plates,* constituées d'une galette de forme rectangulaire parfois arrondie en écaille ou taillée en fer de lance ; 3° les tuiles *à emboîtement* ou *à glissement* (ou *tuiles mécaniques*) de formes très diverses, possédant des rainures et des nervures distribuées au pourtour des tuiles et qui s'emboîtent les unes dans les autres pour assurer l'étanchéité de la couverture.

TUILEAU n. m. Élément mince (de l'épaisseur d'une tuile) dont la tranche est utilisée pour le revêtement d'un âtre.

TUILER v. t. (conj. 3). Recouvrir de tuiles.
◆ **être tuilé** v. pass. **1.** En parlant d'un vin, prendre une couleur orangée en vieillissant en milieu oxydant. — **2.** *Cartes tuilées,* cartes légèrement cintrées qu'un tricheur place de façon à faire couper où il le désire.

TUILERIE n. f. **1.** Industrie de la fabrication des tuiles. — **2.** Fabrique de tuiles.

Tuileries *(les),* à Paris, nom d'un palais bâti à partir de 1564 pour Catherine de Médicis sur la rive droite de la Seine, à l'O. du Louvre, en un lieu où se trouvaient des fours à tuiles. Dessiné par Delorme, l'édifice fut successivement modifié et agrandi par Bullant, Jacques II Androuet Du Cerceau et Le Vau (pavillons de Flore et de Marsan, soudés aux ailes du Louvre). Siège de la Convention à la Révolution (1793), habité par les souverains depuis l'Empire, le palais, remanié par Percier et Fontaine après 1800, et par Lefuel pour Napoléon III, fut incendié sous la Commune (mars 1871) puis démoli en 1882. Le jardin (qui subsiste), conçu à l'italienne par Delorme, fut aménagé à la française par Le Nôtre à partir de 1661, avec terrasses et bassins. De nombreuses statues en ornent parterres et quinconces. L'Orangerie et le Jeu de Paume datent du second Empire.

TUILIER, ÈRE adj. Relatif à la fabrication des tuiles.
◆ **tuilier** n. m. Ouvrier travaillant dans une tuilerie ; dirigeant d'une tuilerie.

TUJUE ou **T'OU-KIUE,** confédération de tribus d'origine proto-turque, qui se révoltèrent contre les Ruanruan, dans l'Altaï, en 552, et dirigèrent un immense territoire s'étendant de la Grande Muraille jusqu'au nord de la mer Noire et à l'Iran. Les Tujue furent battus par les Ouigours en 745.

TUKĀRĀM, écrivain indien de langue marāṭhī (Dehu, près de Poona, 1608 - v. 1649). Ce pèlerin d'humble origine (caste *śūdra*), qui est l'un des premiers écrivains marāṭhī, est l'auteur de « chants de pèlerinage » *(abhaṇga)* composés dans un style direct et vigoureux qui emprunte ses images à la vie quotidienne.

TULA, site archéologique du Mexique, à proximité de Tula de Allende (État d'Hidalgo) et à l'emplacement de Tollan, l'anc. cap. du royaume toltèque. Pyramide Tlahuizcalpantecuhtli au sommet de laquelle se dressent des atlantes en basalte qui supportaient la toiture ; au pied, vastes salles hypostyles. Parmi les œuvres sculptées citons le célèbre Chac-Mool.

TULARÉMIE n. f. (du lat. sc. *tularensis,* bactérie de Tulare). Maladie infectieuse et contagieuse des rongeurs, due à un bacille Gram négatif, *Francisella tularensis,* transmissible à l'homme, aux mammifères et aux oiseaux.

TULASNE (Jean), officier aviateur français (Nancy 1912 - région d'Orel 1943). Engagé dans les Forces aériennes françaises libres (1940), il se distingua pendant les campagnes de Libye (1941) et d'Égypte (1942). Commandant du groupe de chasse « Normandie » (1942), il fut abattu au cours d'un combat aérien.

TULCEA, v. de Roumanie, à la tête du delta du Danube ; 77 000 hab. Port de pêche, de voyageurs et de marchandises.

TULÉAR → TOLEARA.

TULIPE n. f. (lat. sc. *tulipa,* du turc *tülbent,* turban). **1.** Liliacée bulbeuse à grande et belle fleur solitaire en forme de vase, cultivée industriellement. (La fleur montre six grandes pièces pétaloïdes ou *tépales,* de couleur très diverse selon la variété culturale.) — **2.** Objet ou ornement en forme de tulipe. — **3.** Abat-jour en pâte de verre qui a la forme d'une tulipe. — **4.** Surnom donné sous l'Ancien Régime aux soldats insouciants et gais (avec majusc.).

TULIPIER n. m. Bel arbre des parcs (magnoliacée), aux grandes feuilles tronquées à leur extrémité, aux fleurs de la forme et de la taille d'une tulipe, panachées de vert, de jaune et d'orange.

TULIPIÈRE n. f. Vase de forme variée, muni d'une ou de plusieurs tubulures et destiné à contenir des tulipes. (Les plus célèbres ont été créés par les faïenciers de Delft.)

TULLE n. m. (de *Tulle,* n. pr.). Tissu mince, léger et transparent, de fils fins de coton, de soie, etc., formant un réseau à mailles rondes ou polygonales.

TULLE (19000), ch.-l. du dép. de la Corrèze, à 463 km au S. de Paris, dans le sud-ouest du Limousin, sur la Corrèze ; 18 685 hab. *(Tullistes).* Évêché. Centre d'instruction des gendarmes auxiliaires. Cathédrale, mutilée, des XIIe-XIVe s. ; musée dans le cloître et ses dépendances. Vieilles demeures. Manufacture nationale d'armes. Mobilier. Fabrication d'accordéons.
— **Hist.** Centre drapier médiéval, Tulle fut prise par les Anglais en 1346, 1369 et 1373. La manufacture d'armes assura sa prospérité au XVIIIe s. Le 9 juin 1944, les Allemands exécutèrent par pendaison 99 otages pris parmi la population de la ville.

TULLERIE n. f. Commerce ou fabrique de tulle.

Tullianum, prison de la Rome antique appelée aussi *prison Mamertine**. Jugurtha et Vercingétorix y furent exécutés.

TULLIER, ÈRE adj. Relatif au tulle.

TULLINS (38210), ch.-l. de cant. de l'Isère, dans la vallée de l'Isère ; 6 368 hab. Papier. Machines.

TULLISTE n. **1.** Ouvrier(ère) en tulle. — **2.** Personne qui fabrique ou qui vend du tulle.

TULLIUS TIRO (Marcus), écrivain latin (v. 104 - v. 4 av. J.-C.). Affranchi et secrétaire de Cicéron dont il publia les discours et la correspondance, il inventa une méthode de sténotypie, les notes tironiennes.

TULLUS HOSTILIUS, 3e roi des Romains. Il aurait régné vers 673-640 av. J.-C. environ. On lui attribue l'organisation militaire de Rome. Il conquit Albe après le combat victorieux des Horaces contre les Curiaces. Il édifia la Curie *(Curia Hostilia).*

TULSA, v. des États-Unis (Oklahoma), sur l'Arkansas ; 361 000 hab. Extraction et raffinage pétroliers. Place financière, commerciale, industrielle et universitaire.

TULSĪ DĀS, écrivain indien de langue hindī (Rajpur 1re moitié du XVIe s. ?-v. 1623 ?), auteur d'une épopée mystique, le *Rāmcaritmānas* basé sur le *Rāmāyaṇa* de Vālmīki, restée, comme ses autres œuvres, très populaire.

TULUM, anc. cité maya, du Mexique (État de Quintana Roo), fondée au cours du postclassique récent (1250-1500 apr. J.-C.). Parmi les édifices cérémoniels citons : le Castillo, couronné par un temple à colonnes de style toltèque, et le Temple des fresques, à deux étages.

ṬŪLŪNIDES, dynastie de gouverneurs autonomes de l'Égypte et de la Syrie (868-905), fondée par Aḥmad ibn Ṭūlūn, officier du gouverneur ʿabbāsside d'Égypte.

TUMACO, port de Colombie, sur le Pacifique ; 95 700 hab. Point d'arrivée du pipeline d'Orito.

TUMBA n. f. (mot bantou). Tambour africain à une seule peau.

TUMBAGA n. m. Alliage titrant 30 % d'or et 70 % de cuivre, utilisé par les civilisations précolombiennes de l'aire andine.

TUMÉFACTION n. f. (lat. mod. *tumefactio*). **1.** Augmentation de volume d'une partie du corps, sans préjuger de sa cause (en clinique). — **2.** Augmentation de volume due à un processus inflammatoire, par opposition à celle qui est due à un processus tumoral vrai (tumeur). — **3.** Partie tuméfiée.

TUMÉFIER v. t. (lat. *tumefacere*) [conj. **9**]. Causer une tuméfaction.
◆ **se tuméfier** v. pr., **être tuméfié** v. pass. Présenter un état de tuméfaction.

TUMEN (le), fl. de la Corée du Nord ; 518 km (bassin de 10 500 km^2). Il sert de frontière entre la Corée et la Chine, puis entre la Corée et la Russie avant de se jeter dans la mer du Japon.

TUMESCENCE [-mɛsɑ̃s] n. f. (de *tumescent*). **1.** Gonflement d'un organe. — **2.** Turgescence des organes érectiles et spécialement de la verge, dénotant un état d'excitation sexuelle.

TUMESCENT, E adj. (lat. *tumescens, -entis,* de *tumescere,* s'enfler). Qui est en état de tumescence.

TUMEUR n. f. (lat. *tumor*). **1.** Processus pathologique où la prolifération exagérée des cellules aboutit à une surproduction tissulaire qui persiste et a tendance à s'accroître. (Syn. NÉOPLASIE, NÉOPLASME.) — **2.** *Tumeur blanche,* dénomination conservée par l'usage à certaines affections articulaires d'origine tuberculeuse.
ENCYCL. Le processus tumoral peut reproduire plus ou moins fidèlement tout tissu existant normalement dans l'organisme.
• *Tumeur bénigne.* Elle se développe sur place et n'envahit pas les tissus voisins. Elle ne donne pas de métastases. Elle ne récidive pas après destruction complète. Elle est formée d'un tissu qui reproduit de très près l'aspect du tissu normal.
• *Tumeur maligne* ou *cancer**. Pas ou mal limitée, elle envahit les tissus voisins. Elle donne des métastases par voie sanguine ou lymphatique et récidive souvent après ablation ou destruction.

Le tissu qui la constitue est, en règle générale, une caricature de tissu normal, ou un tissu tellement indifférencié qu'il est difficile de le rattacher à un tissu matriciel.
• *Cadre intermédiaire.* Il comprend : les tumeurs à malignité potentielle (état pré-cancéreux) ; les tumeurs à malignité locale, qui récidivent mais ne donnent pas de métastases ; les tumeurs à malignité atténuée à évolution spontanée lente.
— **Bot.** De nombreux parasites des végétaux provoquent la formation de tumeurs bénignes, tandis que le crown-gall, d'origine bactérienne, est pourtant un vrai cancer végétal avec instrument chromosomique.

TUMORAL, E, AUX adj. Qui concerne une tumeur.

TUMULAIRE adj. (lat. *tumulus,* tombeau). *Litt.* Relatif aux tombeaux.

TUMULTE n. m. (lat. *tumultus*). **1.** Grand mouvement accompagné de bruits et de désordre : *Le tumulte d'une fête foraine.* — **2.** Grande agitation désordonnée : *Le tumulte des affaires. Le tumulte des passions.* — **3.** *Litt.* Bouillonnement, agitation violente, bruyante : *Le tumulte des flots.*

TUMULTUEUSEMENT adv. *Litt.* Dans une grande agitation et un grand trouble.

TUMULTUEUX, EUSE adj. (lat. *tumultuosus*). *Litt.* **1.** Qui est marqué par le tumulte, l'agitation : *Une salle tumultueuse.* — **2.** Qui est marqué par l'impétuosité, le bouillonnement : *Les flots tumultueux.* — **3.** Qui est marqué par les passions, les désordres : *Une vie tumultueuse.*

TUMULUS [-lys] n. m. (pl. *tumulus* ou *tumuli*) [lat. *tumulus,* tertre]. Grand amas artificiel de terre ou de pierres que l'on élevait au-dessus d'une sépulture, parfois surmonté d'un monument ou d'un trophée.
ENCYCL. Le tumulus recouvre une ou plusieurs tombes aménagées dans une fosse ou dans une chambre construite et peut atteindre de grandes dimensions. En Europe occidentale, les tumulus ont été utilisés du néolithique aux âges du fer, alternant, selon les périodes, avec les tombeaux plats.

TUNAGE n. m. ou **TUNE** n. f. (néerl. *tuin,* clayonnage). Dispositif constitué d'un clayonnage chargé de gravier pour garantir un terrain contre l'action des eaux.

TUNC (André), juriste français (Meaux 1917). Ses travaux portent notamment sur la responsabilité : *Traité théorique et pratique de la responsabilité civile contractuelle et délictuelle* (en collab. avec H. et L. Mazeaud, 1957-1966) ; *la Responsabilité civile* (1981).

TUNDŽA, riv. de Bulgarie, affl. de la Marica (r. g.) ; 330 km. Hydroélectricité.

TUNE → THUNE et TUNAGE.

TUNER [tynɛr ou tjunœr] n. m. (angl. *tuner,* de *to tune,* accorder). Récepteur de radio dépourvu d'amplificateur de puissance, destiné à être associé à l'amplificateur et aux haut-parleurs d'un électrophone ou d'une autre chaîne électroacoustique. (Syn. SYNTONISEUR.)

TUNGSTATE n. m. Sel d'un acide tungstique. (Syn. WOLFRAMATE.)

TUNGSTÈNE [tœ̃kstɛn] n. m. (suéd. *tungsten*). Métal lourd, analogue au molybdène. (Élément chimique de symbole W.) [Syn. WOLFRAM.]

Numéro atomique	74
Masse atomique	183,35
Masse volumique	19,3 g/cm³
Température de fusion	3 410 °C

ENCYCL. Découvert par Scheele en 1781, le tungstène est un métal blanc très réfractaire. On l'obtient à partir de la wolframite, par réduction (par l'hydrogène ou le charbon de bois) aux environs de 1 300 °C. La poudre obtenue peut être utilisée directement ou comprimée et frittée. Par étirage, on peut fabriquer des fils pour lampes à incandescence, des résistances chauffantes, des contacts électriques, etc. À l'état allié, le tungstène trouve son application principale dans les aciers et alliages pour outils de coupe rapide, en raison de la haute dureté du *carbure de tungstène,* généralement élaboré par frittage. Toujours employé sous la forme d'une plaquette rapportée et brasée sur un corps d'outil en acier ordinaire, il est aussi utilisé pour la fabrication de filières, de matrices, de marteaux pneumatiques, etc.
• *Production mondiale.* Elle dépasse 30 000 t (en métal contenu), provenant surtout de Chine (au moins la moitié du total).

TUNGSTIQUE [tœ̃kstik] adj. Se dit de l'oxyde WO_3 et des acides correspondants.

TUNGWA ou **TUNGHWA** → TONGHUA.

TUNICIER n. m. (lat. *tunica,* tunique). Animal marin, fixé ou pélagique, dont la larve est pourvue d'une queue comportant une corde dorsale typique, et dont l'adulte est enveloppé d'une tunique épaisse. (Les *tuniciers* forment un embranchement.) [Syn. UROCORDÉ.]
ENCYCL. L'adulte possède un pharynx volumineux, percé de fentes branchiales paires servant à l'alimentation microphage et à la respiration. On subdivise l'embranchement des tuniciers en 3 classes. Les appendiculaires* conservent leurs caractères larvaires toute leur vie. Les thaliacés* sont des colonies nageuses telles que les salpes, les dolioles et les pyrosomes. Les ascidies*, de

beaucoup les plus nombreuses, sont des tuniciers fixés et sacciformes à l'état adulte, solitaires ou coloniaux.

TUNICINE n. f. (lat. *tunica,* tunique). Substance voisine de la cellulose, dont est constituée l'enveloppe des tuniciers.

TUNIQUE n. f. (lat. *tunica*). **1.** Dans l'Antiquité, vêtement cousu, dont la forme générale était celle d'une chemise un peu longue et très souvent sans manches. — **2.** Vêtement souple, sans manches, à jupette, en partic. pour la danse rythmique. — **3.** Vêtement féminin droit, porté sur une jupe ou un pantalon. — **4.** Longue vareuse d'uniforme, ajustée, sans poche et à col droit. — **5.** Membrane fibreuse qui enveloppe certains organes. — **6.** Enveloppe foliaire des bulbes et des oignons, d'un seul tenant et quasi sphérique ; enveloppe végétale en général. — **7.** *Tunique vasculaire,* chacune des couches superposées (élastique, musculaire, endothéliale) qui constituent les parois propres des vaisseaux.

TUNIQUÉ, E adj. Enveloppé d'une ou plusieurs tuniques, comme certains bulbes tels que l'oignon.

TUNIS, en ar. **Tūnus,** cap. de la Tunisie ; 1 100 000 hab. *(Tunisois)* dans l'agglomération.
— **Géogr.** Établie à l'origine sur des collines en bordure d'un lac séparé de la mer par un cordon littoral, la ville s'est développée vers le lac (quartier des affaires) et vers l'est (port), et s'est entourée de banlieues. Centre politique, commercial, culturel et industriel de la Tunisie, la capitale concentre plus de 15 % de la population du pays.
— **Hist.** Place forte de l'antique Carthage, Tunis devint la capitale économique de l'Ifrīqiya arabo-musulmane (fin du VIIe s.) puis sa capitale religieuse après le ravage de Kairouan (milieu du XIe s.). Elle fut le lieu de résidence des Ḥafṣides (1229-1574). Important centre artisanal et commercial, siège de *fondouks* fortifiés des différentes nations chrétiennes, dont le premier fut établi par Venise en 1231, la ville fut assiégée en vain par Louis IX (1270). Âprement disputée entre les corsaires turcs et les Espagnols de 1534 à 1574, elle demeura la capitale de la Tunisie sous les dominations ottomane (1574-1881) puis française et après l'indépendance (1956).
— **Bx-arts.** La Grande Mosquée, al-Zaytūna ou Zitouna (fondée en 732), est le plus grand et le plus beau sanctuaire de la ville. Mosquées du Ksar (XIIe s.), de la casbah (XIIIe s.), divers mausolées et medersa. Musées, dont le musée du Bardo, célèbre pour ses collections d'antiques.

TUNISIE, en ar. **al-Djumhūriyya al-Tūnisiyya,** État de l'Afrique du Nord, sur la Méditerranée ; 164 000 km² ; 9 060 000 hab. *(Tunisiens).* CAP. *Tunis.* LANGUE : *arabe.* MONNAIE : *dinar tunisien.*

Géographie. Le plus oriental des trois États du Maghreb, la Tunisie en est le pays le moins étendu et le moins peuplé. Au N., des massifs forestiers, orientés S.-O.-N.-E., prolongent de part et d'autre de la Medjerda les hauteurs du Tell et de l'Atlas. Au-delà de cet ensemble, les plaines et les plateaux, qui couvrent les trois quarts du pays, reçoivent de moins en moins de pluies vers le sud, saharien (oasis). La majorité de la population se concentre dans la zone côtière, entre Bizerte et Sfax. Très homogène, pratiquant l'islam sunnite, elle est urbaine à plus de 50 %, autant par tradition que du fait d'un fort exode rural. L'accroissement démographique reste élevé. Le secteur agricole, emploie 30 % des actifs, mais contribue au P.I.B. pour seulement 18 %. L'agriculture juxtapose un secteur moderne, en partie irrigué (blé, betterave à sucre, fourrage, agrumes, primeurs, élevage bovin), et un secteur traditionnnel (céréales, arbres fruitiers, élevage ovin et caprin). La Tunisie, parmi les premiers producteurs mondiaux de dattes et d'huile d'olive, ne satisfait pas ses besoins alimentaires et doit recourir aux importations. Le pétrole et les phosphates constituent les principales exportations. Les industries sont localisées pour plus de la moitié dans la région de Tunis avec en tête l'alimentation et les textiles, suivis par la construction, la mécanique (assemblage automobile) et les constructions électriques. S'y ajoutent la chimie, le bois et le papier, les peintures, le cuir. Les envois des travailleurs émigrés et les revenus du tourisme complètent les ressources. Le déficit de la balance commerciale, une dette extérieure importante, un sous-emploi élevé traduisent les difficultés économiques. Les principaux partenaires commerciaux sont la France, l'Italie et l'Allemagne.

Histoire.

• *La Tunisie antique.*

Vers 814 av. J.-C. : Les Phéniciens fondent Utique et Carthage.

146 av. J.-C. : Carthage est détruite et la province romaine d'Afrique, organisée.

L'Afrique romaine connaît une grande prospérité sous le règne des Sévères (193-235 apr. J.-C.) ; le christianisme est florissant aux IIIe-IVe s.

429-533 : Les Vandales occupent le pays.

533 : Les Byzantins rétablissent leur domination sur la région de Carthage.

• *La Tunisie musulmane.*

669-705 : Les Arabes conquièrent le pays. Ils fondent Kairouan, où résident les gouverneurs des Omeyyades de Damas puis des ʻAbbāssides de

Bagdad. Ces derniers font de nouveau de l'Ifrīqiya (Tunisie et est de l'Algérie actuels) une province prospère.
909 : Les Fāṭimides (dysnastie chī'ite) instaurent leur pouvoir.
969 : Ils conquièrent l'Égypte et laissent l'Ifriqīya à leurs vassaux *zīrides* (dynastie berbère). Dans la seconde moitié du XIe s., les invasions des Banū Hilāl ruinent le pays.
1160-1229 : Règne des Almohades.
1229-1574 : Règne des Ḥafṣides.
Tunis se développe grâce au commerce et aux établissements qu'y fondent diverses nations chrétiennes. Conquise par Charles Quint en 1535, elle est reprise en 1556-1558 par les corsaires turcs.
1574 : La Tunisie est intégrée à l'Empire ottoman. Elle constitue la régence de Tunis, gouvernée par un dey, puis, à partir du XVIIIe s., par un bey.
1869 : L'endettement conduisant à la banqueroute, une commission financière anglo-franco-italienne est créée.

• *Le protectorat français.*

1881 : Le traité du Bardo établit le protectorat français.
1920 : Le Destour, parti nationaliste, est créé.
1934 : Le Néo-Destour de Habib Bourguiba s'en sépare.
Nov. 1942-mai 1943 : Le pays est occupé par les Allemands.

• *La Tunisie indépendante.*

1956 : La Tunisie accède à l'indépendance. Bourguiba promulgue le Code du statut personnel, moderniste et laïque.
1957 : Il proclame la république et en devient le président, régulièrement réélu.
1963 : La France évacue Bizerte.
1964 : Le Néo-Destour prend le nom de Parti socialiste destourien. Dans les années 1970, l'opposition syndicale et étudiante au régime de parti unique de Bourguiba, président à vie depuis 1975, se développe.
1979 : Tunis devient (jusqu'en 1990) le siège de la Ligue arabe.
1982 : La Tunisie accueille (jusqu'en 1994) les organes directeurs de l'O.L.P.
1983 : Le multipartisme est instauré officiellement.
1987 : Le gouvernement doit faire face à la montée de l'islamisme. Bourguiba est destitué par son Premier ministre, Zine el-Abidine Ben Ali, qui le remplace à la tête de l'État.
1988 : Le Parti socialiste destourien devient le Rassemblement constitutionnel démocratique (R.C.D.).
1989 : Ben Ali est élu à la présidence de la République. Le gouvernement renforce sa politique répressive à l'égard des islamistes.
1994 : Ben Ali est plébiscité à la tête de l'État et les élections législatives confirment la position de quasi-monopole du R.C.D.

Tunisie *(campagne de),* opérations au cours desquelles les forces germano-italiennes furent, en 1943, chassées de Tunisie et d'Afrique du Nord par les troupes françaises, anglaises et américaines. Au lendemain des débarquements alliés au Maroc et en Algérie (8 nov. 1942), les Allemands, commandés par le général von Arnim, débarquent sur l'aérodrome de Tunis-El-Aouïna et obligent les Français à se replier sur Medjez el-Bab (19 nov.). À partir de janv. 1943, von Arnim, au nord, et Rommel, au sud, prennent l'initiative. Rommel s'empare de Gafsa et du col de Kasserine, mais il est bloqué sur la dorsale tunisienne, tandis que Montgomery atteint au sud le front Tataouine-Médenine-Ben Gardane. Rommel est rappelé en Europe, et les Alliés, commandés par Alexander, prennent à leur tour l'initiative. La ligne Mareth* est tournée, Gafsa reprise, et les troupes de l'Axe doivent se replier dans la presqu'île du cap Bon où elles sont contraintes de capituler (12 mai 1943) ; les troupes françaises d'Afrique du Nord ont rejoint les F. F. L. au combat.

TUNISIEN, ENNE adj. et n. De Tunisie.
◆ **tunisien** n. m. Dialecte arabe maghrébin parlé en Tunisie.

TUNISOIS, E adj. et n. De Tunis.

TUNJA, v. de Colombie, à 2 800 m d'alt., dans la Sierra orientale ; 66 000 hab. Églises de style espagnol. Musée.

TUNNEL n. m. (angl. *tunnel,* du fr. *tonnelle*). **1.** Galerie souterraine pratiquée pour donner passage à une voie de communication. (→ *encycl.*) — **2.** Longue période de difficulté : *Voir la sortie du tunnel.* • **Cirq.** Couloir grillagé reliant la cage des fauves à l'arène montée sur la piste. ‖ Tube, tonneaux, voire cerceaux, au travers desquels certains acrobates exécutent un saut plané. — **Électron.** *Diode tunnel,* diode à semi-conducteur dont le fonctionnement repose sur l'effet tunnel, utilisée comme amplificateur et comme oscillateur jusqu'à des fréquences de plusieurs gigahertz ou pour réaliser des éléments bistables à réponse extrêmement rapide. — **Hortic.** Abri en matière plastique ayant une forme proche d'un demi-cylindre, utilisé dans l'horticulture intensive. — **Mécan.** *Tunnel aérodynamique,* syn. de SOUFFLERIE. — **Phys.** *Effet tunnel,* phénomène par lequel aucune barrière énergétique n'est infranchissable à un quanton. (Par effet tunnel, les électrons peuvent par exemple traverser une couche isolante. La mesure du courant passant entre une microélectrode et la surface d'un solide permet de visualiser cette dernière avec une excellente résolution [microscope à effet tunnel].) — **Trav. publ.** *Tunnel immergé,* tunnel assurant une traversée sous-fluviale ou sous-marine, construit par caissons préfabriqués, amenés par flottaison, mis en place dans une souille et posés sur des appuis intermédiaires.

ENCYCL. **Trav. publ.** L'exécution d'un tunnel comporte les opérations d'abattage, de marinage, de soutènement provisoire et de revêtement définitif. Pour des raisons économiques, on cherche à creuser avec la plus grande section possible (creusement à pleine section, creusement au bouclier*, creusement au tunnelier*). En cas de terrain difficile, on creuse par abattages sucessifs à partir d'un premier tunnel de petites dimensions.

Les tunnels routiers comportent souvent des équipements d'éclairage, de ventilation, de signalisation et de contrôle selon l'importance du trafic. Le plus long tunnel routier du monde est celui du Saint-Gothard, en Suisse, avec 16,3 km. Viennent ensuite ceux de l'Arlberg en Autriche (14 km), de Fréjus, entre la France et l'Italie (12,8 km), du Mont-Blanc (11,6 km).

Avec le tunnel du Seikan* (53,85 km dont 23,3 sous la mer), mis en service en 1988, le Japon possède le plus long tunnel ferroviaire du monde. Mais c'est le tunnel sous la Manche, mis en service en 1994, qui, avec 50,3 km de long, dont 37,3 sous la mer, constitue le plus long tunnel sous-marin du monde.

TUNNELIER n. m. Machine foreuse rotative conçue pour creuser en pleine section circulaire un tunnel, une galerie ou un puits.

TÚPAC AMARU Ier, dernier souverain inca (v. 1540 - Cuzco, Pérou, 1572) dont le règne commence v. 1570, et qui fut exécuté à Cuzco en 1572, l'année de la conquête du vice-roi espagnol du Pérou.

TÚPAC AMARU II (José Gabriel CONDORCANQUI, dit), noble péruvien (Tungasuca, Pérou, v. 1740 - Cuzco 1781). Descendant direct de l'Inca Túpac Amaru, puissant cacique, il souleva les Indiens contre l'administration coloniale (1780-81) et fut exécuté.

TUPAIIFORME n. m. (malais *tupaia*). Nom de sous-ordre donné aux mammifères primates prosimiens, tels que le toupaye *(tupaia),* intermédiaires entre des insectivores et des lémuriens.

Tupamaros (de *Túpac Amaru II*), membres du mouvement révolutionnaire uruguayen fondé en 1962, qui pratiqua la guérilla urbaine et fut détruit par les militaires entre 1973 et 1976.

TUPHOS [-fɔs] n. m. (gr. *tuphos,* torpeur). État de stupeur, d'indifférence, que l'on observe dans certaines infections graves (fièvre typhoïde, typhus).

TUPI n. m. Langue indienne, proche du guarani, parlée au Brésil.

TUPI-GUARANI n. m. Famille de langues indiennes d'Amérique du Sud réunissant le tupi et le guarani.

TUPINAMBAS, Indiens d'Amérique du Sud, d'origine tupi, qui migrèrent vers le rivage atlantique du Brésil lors de l'arrivée des Européens.

TUPINAMBIS n. m. Nom générique du lézard *téju.*

TUPIS, groupe ethnolinguistique de l'Amazonie brésilienne, dont le foyer initial de dispersion se situe au sud du cours inférieur de l'Amazone, pour s'étendre vers le littoral atlantique — aire culturelle des Tupinambas et Tupis-Guaranis — et les régions du Chaco (Sirionos de Bolivie, Guayakis du Paraguay).

TUPIS-GUARANIS, groupe ethnolinguistique dont l'aire culturelle de répartition se situe au sud de celle des Tupis, allant jusqu'aux régions du bassin du Río de la Plata ainsi que dans le Chaco.

TUPOLEV ou **TOUPOLEV** (Andreï Nikolaïevitch), constructeur d'avions soviétique (Poustomazovo, région de Tver, 1888 - Moscou 1972). Plus de 120 types d'avions civils et militaires ont été conçus et réalisés sous sa direction, notamment le bombardier supersonique TU-22 Blinder et le TU-104, apparu en 1955, premier avion de transport civil à réaction.

TUPUNGATO *(cerro),* sommet des Andes, à la frontière de l'Argentine et du Chili, à l'E. de Santiago ; 6 800 m. Première ascension par S. Vines et M. Zurbriggen, en 1897.

TUQUE n. f. (mot canadien, var. du fr. *toque*). Au Canada, bonnet de laine orné d'un pompon.

Tu quoque, fili !, mots lat. signif. *Toi aussi, mon fils !,* cri de douleur attribué à César lorsqu'il aperçut, au nombre de ses assassins, Brutus, dont il avait aimé la mère, Servilia.

TURA (Cosme ou Cosimo), peintre italien (Ferrare v. 1430 - *id.* 1495). Chef de l'école ferraraise, influencé par Mantegna, Donatello et, sans doute, Van der Weyden, il a développé un style caractérisé à la fois par l'acuité graphique et la densité des volumes, aboutissant à une tension capricieuse et pathétique (*Polyptyque Roverella,* v. 1474 : lunette avec une *Pietà* au Louvre, partie centrale avec la *Vierge à l'Enfant entourée d'anges musiciens* à la National Gallery de Londres).

TURĀN → TOURAN.

Turandot, opéra en 3 actes et 5 tableaux de Puccini, livret d'Adami et Simoni d'après Gozzi et Pétis de la Croix, terminé par F. Alfano, après la mort de Puccini (Scala de Milan, 1926).

TURANG TEPE, site archéologique d'Iran, situé au S.-E. de la mer Caspienne, aux confins de la steppe turkmène. L'occupation s'y est poursuivie depuis le VIe millénaire jusqu'à l'époque mongole. En plus de l'évolution de diverses céramiques du néolithique, on y observe, vers 2500 av. J.-C., des changements profonds (murs de risé remplaçant ceux de briques crues, formes de foyers et coutumes funéraires différentes) probablement dus à l'arrivée d'une population indo-européenne.

TURATI (Filippo), homme politique italien (Canzo 1857 - Paris 1932). Socialiste, devenu marxiste, il fonda la *Critica sociale* en 1891. Il s'opposa à l'adhésion du parti socialiste italien à l'Internationale communiste en 1919-1921, fut exclu, s'opposa à Mussolini et s'exila (1926).

TURBALLE (La) [44420], comm. de la Loire-Atlantique, sur la rade du Croisic ; 3 601 hab. Pêche (sardines). Conserveries. Station balnéaire.

TURBAN n. m. (turc *tülbent,* du pers. *dulband*). **1.** Coiffure orientale faite d'une longue pièce d'étoffe, enroulée autour de la tête recouverte préalablement d'une calotte de drap. — **2.** Coiffure de femme en tissu souple et drapé dans le style des turbans orientaux. — **3.** *En turban,* syn. de EN COURONNE.

TÜRBE [tyrbe] n. m. (mot turc, de l'ar. *ṭarba,* tombe). Mausolée islamique indépendant, fréquent en Anatolie et en Arménie, et ayant la forme d'une haute tour à la toiture conique.

TURBELLARIÉ n. m. (lat. *turbella,* de *turba,* agitation). Ver plathelminthe aquatique non parasite, tel que les planaires. (Les *turbellariés,* qui forment une classe, doivent leur nom aux tourbillons qu'ils créent en nageant.)

TURBIDE adj. (lat. *turbidus*). *Litt.* En proie à une violente agitation, à un grand trouble.

TURBIDIMÈTRE n. m. Appareil pour mesurer la turbidité. (Il s'agit généralement d'un récepteur photoélectrique mesurant la lumière diffusée par le liquide.)

TURBIDIMÉTRIE n. f. Mesure de la turbidité d'un liquide.

TURBIDITE n. f. Matériel sédimentaire détritique (quartzeux, plus rarement calcaire) abandonné par les courants de turbidité.

TURBIDITÉ n. f. (de *turbide*). **1.** Caractère plus ou moins trouble d'un liquide ; grandeur mesurant ce caractère. — **2.** Teneur en matériaux légers (troubles, boues, etc.) en suspension d'un cours d'eau. — **3.** *Courant de turbidité,* courant sous-marin charriant à forte vitesse des particules en suspension (argile, limon et sable mêlés) et s'écoulant sur le lit des canyons en traversant des couches de densité moindre.

TURBIE (La) [06320], comm. des Alpes-Maritimes, sur la Côte d'Azur, au-dessus de Monaco ; 2 617 hab. Un trophée y fut élevé en l'honneur de l'empereur Auguste, vers 6 av. J.-C., pour commémorer la soumission des peuplades ligures.

TURBIGO, v. d'Italie, en Lombardie (prov. de Milan), sur le Tessin ; 7 000 hab.
— **Hist.** Victoire de Bonaparte sur les Autrichiens du général Melas en 1800. — Victoire remportée le 3 juin 1859 par Mac-Mahon sur les Autrichiens du général Clam-Gallas.

TURBIN n. m. (de *turbiner*). *Pop.* Travail rémunéré.

TURBINABLE adj. *Débit maximal turbinable,* dans une centrale hydraulique, débit maximal que cette centrale peut absorber.

TURBINAGE n. m. Action de turbiner.

TURBINE n. f. (lat. *turbo, -inis,* tourbillon). **1.** Turbomachine dans laquelle l'énergie d'un fluide moteur (eau, vapeur, gaz, etc.) fait tourner une roue mobile sur laquelle on recueille un travail. (→ *encycl.*) — **2.** Essoreuse centrifuge servant à séparer le sucre du sirop. — **3.** *Turbine à teille,* machine composée de tambours rotatifs garnis d'ailettes mécaniques qui frappent violemment le lin roui pour le teiller.

ENCYCL. Une turbine est composée de deux organes essentiels : un distributeur fixe dont le rôle principal est de donner une orientation convenable aux filets fluides qui pénètrent dans la roue ; une roue mobile munie d'ailettes ou d'augets et dont le rôle est de transformer l'énergie du fluide en énergie mécanique. Certaines turbines sont équipées d'un troisième organe appelé diffuseur, destiné à récupérer, sous forme d'énergie de pression, l'énergie cinétique résiduelle du fluide à la sortie de la roue.

• *Dans les turbines hydrauliques,* dont le rendement peut atteindre 90 %, l'eau agit par son poids et sa vitesse sur toute la surface d'une roue. Dans les turbines à action, les pressions d'entrée et de sortie sont les mêmes ; dans les turbines à réaction, la pression de sortie est inférieure à la pression d'entrée. La *turbine Pelton* est une turbine à action employée pour les hautes chutes et les faibles débits. Les augets de la roue mobile sont en forme de ω et le système de distribution est actionné par des servomoteurs. La *turbine Francis,* à réaction, est utilisée pour les moyennes et les basses chutes. Le distributeur est formé de deux flasques plans et parallèles entre lesquels se trouvent les aubes directrices mobiles permettant d'ajuster le débit. La *turbine hélice* et la *turbine Kaplan* sont employées pour les basses chutes (5 à 15 m) et sont dotées d'une roue en forme d'hélice dans laquelle l'eau s'écoule parallèlement à l'axe. Dans la turbine Kaplan, les pales de l'hélice sont orientables.

• Dans les *turbines à vapeur,* la vapeur peut agir par son énergie cinétique (turbine à action) ou, de plus, par détente dans les aubes de la roue mobile (turbine à réaction). Parmi les turbines à action, on distingue la *turbine de Laval,* dans laquelle la vapeur se détend avant de venir en contact avec les aubes, la *turbine Curtis,* à plusieurs étages de pression et à détentes multiples, et la *turbine Rateau,* multicellulaire, dont les aubes sont fixées à la périphérie de disques calés sur l'arbre. La *turbine Parsons* est une turbine à réaction comportant plusieurs étages de pression ; elle comprend une succession de couronnes fixes munies d'aubages directeurs alternant avec des couronnes mobiles à aubes. Le rendement de ces turbines peut être amélioré en effectuant, au fur et à mesure de la détente, des soutirages de vapeur pour réchauffer l'eau d'alimentation.

• Dans la *turbine à gaz,* le fluide moteur est le plus souvent le gaz de combustion obtenu en brûlant, à pression constante et de façon continue dans une chambre de combustion, une certaine quantité de combustible solide, liquide ou gazeux, dans un flux d'air comprimé. Cette machine entraîne d'une part un compresseur, qui fournit l'air comburant comprimé, d'autre part la machine réceptrice, qui ne reçoit, en définitive, que l'excès de la puissance fournie pour la turbine sur celle qui est consommée par le compresseur.

Les turbines destinées aux réacteurs nucléaires fonctionnent en circuit fermé, le fluide actif recevant sa chaleur d'une source extérieure, se détendant dans la turbine, puis, après refroidissement, étant renvoyé pour un nouveau cycle.

TURBINÉ, E adj. (lat. *turbinatus*). Qui a la forme d'une toupie, d'un cône.

1. TURBINER v. i. (altér. de *tourpiner,* tournailler, mot dialect.) [conj. 3]. *Pop.* Travailler dur.

2. TURBINER v. t. (de *turbine*) [conj. 3]. **1.** Utiliser l'eau d'un cours d'eau, d'un barrage ou de la mer pour actionner une turbine entraînant un générateur électrique. — **2.** Purifier le sucre par l'action de la turbine.

TURBITH n. m. (ar. *turbidh*). *Turbith blanc,* arbrisseau (globulariacée) méditerranéen dont la feuille, en infusion, est purgative. ‖ *Turbith minéral,* sulfate mercurique basique utilisé en pommade contre la pelade et le psoriasis. ‖ *Turbith végétal,* plante (convolvulacée) cultivée à Sri Lanka dont la racine et le rhizome sont utilisés pour leur action purgative.

1. TURBO n. m. (lat. *turbo*). Gros mollusque gastropode prosobranche des mers chaudes, très riche en nacre, et autrefois utilisé pour la fabrication d'objets décoratifs appelés à tort « nautiles ».

2. TURBO n. m. Abrév. de TURBOCOMPRESSEUR DE SURALIMENTATION.

◆ adj. Se dit d'un moteur suralimenté par un turbocompresseur et d'un véhicule équipé d'un tel moteur.

◆ n. f. Voiture munie d'un moteur turbo.

TURBOALTERNATEUR n. m. Alternateur entraîné par une turbine à vapeur ou à gaz.

TURBOCOMPRESSÉ, E adj. Se dit d'un moteur équipé d'un turbocompresseur.

TURBOCOMPRESSEUR n. m. **1.** Turbomachine dans laquelle on communique au gaz, au moyen d'une roue, de l'énergie cinétique transformée ensuite en pression dans un ensemble de conduites fixes entourant cette roue. (Ce sont souvent des machines multicellulaires dont on groupe les étages en corps séparés : basse, moyenne et haute pression.) — **2.** *Turbocompresseur de suralimentation,* organe annexe d'un moteur thermique, destiné à augmenter la pression du mélange ou de l'air à l'admission. (L'alimentation forcée s'effectue grâce à la pression dynamique créée par une turbine entraînée par une autre turbine motrice mise en mouvement par l'énergie des gaz d'échappement. L'avantage du turbo, essence et Diesel, est de relever sensiblement la puissance d'un moteur sans trop grever son poids.) [Abrév. fam. TURBO.]

TURBOFAN n. m. Turboréacteur à double-flux doté d'un taux de dilution élevé et dont le flux secondaire est mis en mouvement par une soufflante de grand diamètre.

TURBOFORAGE n. m. Procédé de forage dans lequel l'entraînement du trépan se fait par une turbine placée au-dessus et actionnée par la circulation des boues, le train de tiges restant fixe.

TURBOMACHINE n. f. Nom générique des appareils dans lesquels a lieu un échange d'énergie entre un rotor tournant autour d'un axe à vitesse constante et un fluide en écoulement permanent.

TURBOMOTEUR n. m. **1.** Turbine à gaz sur l'arbre de laquelle on recueille un effort moteur à des fins de propulsion aéronautique, de traction ferroviaire. — **2.** Turbine à action dans laquelle de l'air comprimé se détend dans une tuyère convergente-divergente et fait tourner une roue à aubages.

ENCYCL. Les turbomoteurs sont utilisés sur les hélicoptères, les turbotrains*, certains navires légers et rapides, sur des chars de combat, ainsi que pour la production d'énergie électrique (centrales fonctionnant aux heures de pointe).

TURBOPAUSE n. f. Limite, dans une atmosphère planétaire, entre la zone en équilibre de mélange, ou homosphère, et la zone en équilibre de diffusion, ou hétérosphère. (La turbopause terrestre est située à 100 km environ de la surface du globe.)

TURBOPOMPE n. f. **1.** Turbomachine hydraulique réceptrice servant à élever la pression du liquide qui la traverse. – **2.** Pompe centrifuge accouplée à une turbine.

TURBOPROPULSEUR n. m. Propulseur composé d'une turbine à gaz entraînant une ou plusieurs hélices par l'intermédiaire d'un réducteur.

ENCYCL. Un turbopropulseur comprend les mêmes éléments qu'un turboréacteur*, et l'air y subit sensiblement le même cycle thermodynamique à l'intérieur du moteur. Mais les gaz brûlés sortant des chambres de combustion se détendent au maximum sur les aubes de la turbine, qui sert à entraîner à la fois le compresseur et l'hélice (ou deux hélices coaxiales). Dans la tuyère d'éjection, une dernière détente des gaz fournit, par réaction directe, un appoint de propulsion de 10 à 15 % de la poussée totale. Le turbopropulseur convient particulièrement aux avions volant à des vitesses inférieures à 750 km/h.

TURBORÉACTEUR n. m. Turbine à gaz fournissant directement, par éjection à grande vitesse de gaz chauds, la poussée nécessaire à la propulsion.

ENCYCL. Un ou plusieurs compresseurs élèvent la pression de l'air qui pénètre dans le turboréacteur. Cet air passe dans une ou plusieurs chambres de combustion dans lesquelles arrive du carburant. Celui-ci est brûlé par l'air et élève sa température. Les gaz brûlés rencontrent les aubes d'une ou plusieurs turbines sur lesquelles ils perdent une partie de leur énergie, celle-ci étant utilisée pour entraîner le compresseur. La détente des gaz se produit ensuite dans la tuyère terminale. On peut augmenter le rendement en envoyant dans la tuyère terminale de l'air ayant simplement subi une compression (turboréacteur à double-flux) ou par une nouvelle combustion dans la tuyère terminale (postcombustion). Le régime ordinaire d'utilisation du turboréacteur se situe entre mach 0,5 et mach 3.

TURBOSOUFFLANTE n. f. Soufflante à grande vitesse de rotation, entraînée par turbine à vapeur, moteur électrique ou turbine à gaz, et destinée à l'alimentation en air comprimé d'un haut-fourneau ou d'un convertisseur.

TURBOSTATORÉACTEUR ou **TURBOSTATO** n. m. Dispositif de propulsion pour avions qui résulte de la combinaison d'un turboréacteur et d'un statoréacteur. (Il associe la poussée élevée du statoréacteur aux grandes vitesses et la poussée au point fixe du turboréacteur.)

TURBOT n. m. (anc. scand. *thornbutr,* de *thorn,* à piquants, et *butr,* barbue). Grand poisson plat, de l'Atlantique nord et de Méditerranée, qui vit couché sur le flanc droit. (Sa chair est très estimée.)

TURBOTIÈRE n. f. Récipient métallique destiné à faire cuire les turbots.

TURBOTIN n. m. Petit turbot de 1 à 1,5 kg.

TURBOTRAIN n. m. Élément automoteur dont l'énergie est fournie par une ou plusieurs turbines à gaz.

TURBULENCE n. f. (bas lat. *turbulentia*). **1.** Caractère, défaut de qqn qui est turbulent, agité : *La turbulence d'un enfant.* – **2.** *Litt.* Agitation bruyante et désordonnée : *La turbulence des fêtes.* – **3.** (Surtout au pl.). Troubles qui perturbent un secteur d'activité, un domaine : *Turbulences monétaires.* – **4.** Agitation d'un fluide qui s'écoule en tourbillons. (→ *encycl.*)

ENCYCL. **Hydrol.** Variant avec la profondeur, la pente et la rugosité du lit, les obstacles (piles de pont), la turbulence accroît la puissance de transport et d'érosion des cours d'eau.

– **Météo.** La turbulence est due au frottement du relief terrestre, à la convection thermique, aux perturbations cycloniques. Des tourbillons de toutes dimensions agitent sans cesse la troposphère. Ils contribuent à égaliser les propriétés thermiques et hygrométriques de toute la masse d'air.

TURBULENT, E adj. (lat. *turbulentus*). **1.** Qui s'agite, ne reste pas en place, cause du trouble, du désordre : *Des élèves turbulents.* – **2.** Se dit d'un écoulement dans lequel les filets fluides, au lieu de conserver leur individualité comme dans l'écoulement laminaire, échangent entre eux des particules fluides. (→ *encycl.*)

◆ **turbulent** n. m. Appareil utilisé en mégisserie pour le foulage des peaux.

ENCYCL. **Phys.** La plupart des écoulements dans les conduites industrielles, canaux, rivières, etc., sont de caractère turbulent. Le passage de l'écoulement laminaire à l'écoulement turbulent a été étudié pour la première fois par Osborne Reynolds, qui a montré le rôle déterminant joué par le *nombre de Reynolds**. L'écoulement dans un tube est laminaire si ce nombre est inférieur à 2 000 environ, et turbulent s'il est supérieur.

L'écoulement turbulent peut être considéré comme la superposition d'un mouvement moyen, dont la vitesse est constante dans le temps, et d'un mouvement de fluctuation caractérisé par une vitesse additionnelle instantanée, dont les composantes varient sans cesse et irrégulièrement en grandeur et direction, mais dont la valeur moyenne est nulle dans le temps.

TURC, TURQUE adj. et n. (gr. byz. *tourkos,* du pers. *türk*). **1.** Qui appartient aux Turcs, à la Turquie. — **2.** *Fort comme un Turc,* très fort. ‖ *Le Grand Turc,* titre que les chrétiens donnaient aux sultans ottomans. ‖ *Langues turques,* groupe de langues, subdivision de la famille altaïque. (→ *encycl.*)

◆ **turc** n. m. **1.** Principal membre du groupe des langues turques, parlé principalement en Turquie. — **2.** Nom usuel de la larve de hanneton.

◆ **turque** n. f. *À la turque,* se dit de W.-C. ne comportant pas de cuvette ; se disait d'objets, tapis notamment, réalisés à la manière, réelle ou supposée, des productions turques.

ENCYCL. **Ling.** Les langues turques sont parlées sur une aire géographique très étendue qui comprend la Turquie (le turc proprement dit), la république d'Azerbaïdjan et l'Azerbaïdjan iranien (azéri), le Turkestan (turkmène, ouzbek, kazakh, kirghiz), la moyenne Volga et les monts Oural (tatar de Kazan, tchouvache), la Sibérie moyenne (parlers tatars), méridionale (parlers de l'Altaï) et du Nord-Est (iakoute), le Xinjiang (ouïgour).

Le turc de Turquie, langue officielle de la République turque, est la forme moderne de l'osmanlı, dialecte qui a prévalu à la cour des Ottomans en tant que langue littéraire unifiée. Le turc est une langue agglutinante. Sa morphologie est fondée sur un jeu de suffixes qui expriment les catégories et les fonctions grammaticales. Le turc a abandonné en 1928 l'alphabet arabe au profit de l'alphabet latin, mieux adapté à sa structure. Cette réforme de l'écriture s'est accompagnée d'un mouvement de rénovation linguistique (élimination des emprunts faits à l'arabe et au persan).

Turcaret *ou le Financier,* comédie en prose de Lesage (1709) : l'ascension sociale d'un valet cynique, Frontin, qui berne un financier odieux, Turcaret, lui-même ancien domestique.

TURCIE n. f. (mot d'orig. celt.). Autref., levée de terre faite au bord de la Loire pour empêcher les inondations.

TURCIQUE adj. (lat. sc. *turcicus,* turc). *Selle turcique,* fosse osseuse creusée dans la face supérieure du corps du sphénoïde, dans laquelle est logée l'hypophyse.

TURCKHEIM (68230), comm. du Haut-Rhin, sur la Fecht ; 3 583 hab. Restes d'enceinte (porte de France, 1313). Papeterie. Vignobles.
— **Hist.** Turckheim devint ville libre impériale en 1312. Turenne y battit les impériaux en 1675, et Louis XIV en fit raser les remparts.

TURCO n. m. (de *turc*). Nom donné au tirailleur algérien après la campagne de Crimée (1854).

TURCOLOGUE n. Spécialiste de l'histoire, de la civilisation et des langues des peuples turcs.

TURCOMAN adj. et n. Syn. anc. de TURKMÈNE.

TURCOPHONE adj. et n. Qui parle une langue turque.

TURCO-TATAR, E adj. (pl. *turco-tatars, es*). Se disait autrefois de l'ensemble des langues turques.

TURCS ou **TURKS,** ensemble de populations comprenant de multiples groupes, presque tous islamiques, et comptant environ 100 millions d'individus. Sortis sans doute de l'Altaï, les Turcs ont occupé dans un premier temps les forêts sibériennes et les steppes mongoles et eurasiatiques (de l'Ob à la Caspienne). Ils dominent aujourd'hui dans la république de Turquie ainsi que dans les républiques d'Azerbaïdjan, du Turkménistan, d'Ouzbékistan et du Kirghizistan ; ils forment des minorités plus ou moins importantes au Kazakhstan et dans le Tadjikistan, en Chine (Xinjiang), en Iran (Azerbaïdjan) et même en Europe (Turcs des Balkans). De religion chamaniste à l'origine, ils ont été touchés par le bouddhisme et le christianisme nestorien, mais sont aujourd'hui musulmans.

On emploie en général le terme de « ProtoTurcs » pour désigner plusieurs confédérations nomades qui se sont formées en haute Asie (Xiongnu, Tabghatchs ou Tuoba) avant la formation de l'empire des Tujue (VIe-VIIIe s.). Cet empire immense, qui s'étendait jusqu'aux frontières de la Perse sassanide, est divisé entre les Tujue occidentaux et les Tujue orientaux. Ces derniers sont éliminés par les Ouïgours, alliés à la Chine des Tang. À cette époque, divers peuples turcs gagnent le Sud-Est européen : les Bulgares, les Khazars, les Petchenègues, les Coumans, ou Kiptchaks. La conquête arabe porte l'islām jusqu'en Asie centrale et jusqu'au Fergana, après la victoire du Talas (751). Les ʿAbbāssides font des achats massifs d'esclaves et de mercenaires turcs *(mamelouks),* qui joueront un rôle de plus en plus important dans le monde musulman (dynasties des Ṭūlūnides et des Mamelouks en Égypte, des Rhaznévides en Afghānistān et en Inde). L'émirat sāmānide contient, au Xe s., la poussée des Turcs de la steppe — qui adoptent l'islām à son contact —, avant d'être anéanti par les Karakhānides (v. 960-v. 1140) et les Rhaznévides. Les Seldjoukides déferlent au XIe s. sur l'Iran, la Mésopotamie, la Syrie et l'Anatolie, suivis par une masse de tribus turques, qui feront de l'Asie Mineure et de l'Azerbaïdjan des terres turques. La conquête mongole (XIIIe s.) a solidement établi la langue et la culture turques dans les vastes domaines de la Horde d'Or (Crimée, région de la Volga, Sibérie) et du khānat de Djaghataï (futurs Turkestans russe et chinois). À l'ouest, les Ottomans ont étendu leur domination jusqu'aux portes de Vienne et aux rivages de l'Afrique du Nord (XVIe s.), avant de se replier, au XXe s., sur la seule Turquie.

TURDA, v. de Roumanie, en Transylvanie ; 57 900 hab. Centre touristique et industriel.

TURDIDÉ n. m. (lat. *turdus,* grive). Nom donné à une section de la famille des muscicapidés, comprenant de petits passereaux de l'Ancien Monde, aux pattes robustes, tels que la grive, le rouge-gorge, le rossignol, etc.

TURENNE (Henri DE LA TOUR D'AUVERGNE, *vicomte* DE), maréchal de France (Sedan 1611 - Sasbach 1675), second fils d'Henri, duc de Bouillon, et petit-fils par sa mère de Guillaume le Taciturne. Élevé dans le protestantisme, il est formé au métier des armes par ses oncles Nassau et se révèle vite un grand stratège. Entré au service de la France (1630), il se distingue dans la guerre de Trente Ans, sur le Rhin, en Flandre, en Italie, est fait maréchal (1643), et hâte par ses victoires la conclusion des traités de Westphalie (1648). Il se jette dans la Fronde, entraîné par sa passion pour la duchesse de Longueville, et combat aux côtés des Espagnols, mais il est battu à Rethel (1650) et se réconcilie avec Anne d'Autriche et Mazarin (1651). Il devient alors le premier adversaire des frondeurs, battant Condé (à Bléneau, et au faubourg Saint-Antoine, 1652), puis il décide par sa victoire des Dunes (1658) de la signature de la paix des Pyrénées (1659). Maréchal général des camps et armées du roi (1660), il assure la victoire dans les guerres de Dévolution et de Hollande (invasion des Provinces-Unies, audacieuse stratégie en Alsace, victoire de Turckheim, 1675), mais il est tué par un boulet à la bataille de Sasbach (27 juill. 1675), lors d'une dernière victoire sur les impériaux. Ayant longtemps refusé d'abjurer sa foi, il est converti tardivement au catholicisme par Bossuet (1668).

TURF [tœrf ou tyrf] n. m. (angl. *turf,* pelouse). **1.** *Vx.* Terrain sur lequel se font les courses de chevaux. — **2.** Ensemble des activités qui se rapportent aux courses de chevaux (élevage, entraînement, paris, etc.). — **3.** *Pop.* Lieu de travail ; le travail lui-même ; boulot.

TURFISTE [tœr-ou tyr-] n. (de *turf*). **1.** Personne qui s'intéresse aux courses de chevaux, en particulier pour parier sur leur résultat. — **2.** Habitué des hippodromes.

TURGESCENCE [-ʒɛsɑ̃s] n. f. (lat. médiév. *turgescentia*). **1.** Gonflement d'une cellule, par pénétration d'eau à l'intérieur, lorsqu'elle est plongée dans un milieu moins concentré (hypotonique). [→ *encycl.*] — **2.** Augmentation de volume d'un tissu ou d'un organe (veines par ex.) par rétention du sang veineux.

ENCYCL. **Bot.** C'est une légère turgescence naturelle qui maintient étalés ou dressés les organes végétaux non ligneux : feuilles, jeunes tiges. La perte de la turgescence provoque la fanaison et la mort de l'organe végétal.

TURGESCENT, E adj. (lat. *turgescens, -entis,* de *turgescere,* s'enfler). En état de turgescence.

TURGIDE adj. (lat. *turgidus*). *Litt.* Se dit d'une partie du corps enflée, gonflée.

TURGOT (Anne Robert Jacques), baron **de Laulne,** homme d'État français (Paris 1727 - *id.* 1781). Destiné à l'état ecclésiastique, il soutient une thèse *Sur les progrès de l'esprit humain* (1749). Ayant renoncé au sacerdoce, il se tourne vers la magistrature, fréquente les salons littéraires, les philosophes et les physiocrates, collabore à l'*Encyclopédie,* combat le fanatisme religieux (*Lettres sur la tolérance,* 1753-54), et réclame la liberté du travail et du commerce. Intendant de la généralité de Limoges (1761-1774), il fait progresser la région par ses mesures fiscales et son appui à l'industrie, à l'agriculture et les améliorations apportées à la voirie. Il expose ses idées, très nouvelles, dans ses *Réflexions sur la formation et la distribution des richesses* (1766). Louis XVI l'appelle au secrétariat d'État à la Marine, puis au contrôle général des Finances (1774). Il parvient à atténuer le déficit par une remise en ordre financière et de strictes économies. Il cherche à relancer l'agriculture et l'industrie par des mesures libérales, veut alourdir la participation fiscale des privilégiés et créer un équitable impôt foncier unique. Il est d'abord vainqueur de l'opposition suscitée par son édit sur la liberté du commerce des grains (1774), que les monopoleurs rendaient responsable d'une disette, due en fait à une mauvaise récolte (soulèvement populaire dit *guerre des Farines,* 1775). En 1776, il supprime les corvées et les maîtrises et jurandes et crée une contribution unique sur tous les biens. Devant l'opposition du parlement, auquel se joignent tous ceux qui sont lésés par sa politique, Louis XVI disgracie Turgot, et tous ses édits sont alors abrogés (mai-oct. 1776).

TURIA *(río),* autre nom du Guadalaviar*, en aval de Teruel.

TURIN, en ital. **Torino,** v. d'Italie, cap. du Piémont et ch.-l. de prov. ; 1 045 000 hab. *(Turinois)* [env. 2 millions dans l'agglomération].

— **Géogr.** Au confluent du Pô et de la Doire Ripaire qui ouvre sur les voies alpines, la ville a eu longtemps des fonctions politiques et militaires. Depuis la création de la Fiat (1899), elle est devenue un grand centre industriel (automobile, matériel ferroviaire, aéronautique, carrosserie, constructions électriques, pneumatiques, plastique, peinture, confection, alimentation, imprimerie) en même temps qu'un centre administratif, financier, culturel (université) et touristique.

— **Hist.** Colonie romaine sous Auguste *(Augusta Taurinorum),* siège d'un duché lombard, d'un comté carolingien (VIIIe-IXe s.), et le chef-lieu d'une marche (Xe s.), Turin passe ensuite sous l'autorité de la maison de Savoie à partir du XIe s., avec une part d'autonomie citadine. Elle devient au XIVe s. la capitale d'un comté constitué en faveur d'une branche cadette de la maison de Savoie, et elle le reste jusqu'en 1418-19, date à laquelle elle revient sous l'autorité de la branche aînée. Elle est à partir de 1562 la capitale des États savoyards, à la suite de l'occupation française de 1536-1562. La ville s'embellit et s'agrandit (près de 100 000 habitants à la fin du XVIIIe s.) et devient au XIXe s. un grand foyer du Risorgimento. Elle est capitale de l'Italie de 1861 à 1864. Après l'unification de la péninsule, son rôle politique s'éclipse, mais elle conserve un rôle économique.

— **Bx-arts.** La ville prend son essor à la fin du XVIe s. et à l'époque baroque : ample plan d'urbanisme en damier amorcé par Ascanio Vittozzi (1539-1615), auteur de plusieurs églises ; palais Ducal, puis Royal, d'Amedeo di Castellamonte (1610-1683) ; chefs-d'œuvre mouvementés de Guarini (telle la chapelle du Saint-Suaire ajoutée à la cathédrale, de la fin du XVe s.), plus sobres de Juvarra (façade du palazzo Madama, ensemble composite avec parties romaines et médiévales fortifiées). Au XIXe s. appartient notamment la vertigineuse « Mole Antonelliana », d'Alessandro Antonelli (1798-1888). Nombreux musées : des Antiquités, Égyptien et de la galerie Sabauda (collections de la maison de Savoie, etc.) dans le palais de l'Académie des sciences, construit par Guarini ; municipal d'Art ancien au palazzo Madama ; d'Art moderne ; du Cinéma ; etc.

Turin *(papyrus royal de),* papyrus conservé au musée de Turin, rédigé sous Ramsès II (v. 1290 av. J.-C.), liste de tous les souverains ayant régné sur l'Égypte.

Turin *(traité de)* [26-28 janv. 1859], traité d'alliance signé par Napoléon III et Victor-Emmanuel II, à la suite de l'entrevue de Plombières* (21 juill. 1858). Il promettait au Piémont l'aide de la France en cas d'agression autrichienne, en échange de la cession de Nice et de la Savoie.

Turin *(traité de)* [24 mars 1860], traité franco-italien par lequel Victor-Emmanuel II renonçait à ses droits au profit de la France, sur la Savoie et le comté de Nice, à condition que les populations expriment leur consentement par un plébiscite.

TURING (Alan Mathison), mathématicien britannique (Londres 1912 - Wilmslow, Cheshire, 1954). Auteur de travaux de logique mathématique, il a élaboré, en 1936-1938, le concept théorique d'une machine à calculer « universelle » *(machine de Turing)* qui simule les procédures de traitement de l'information à leur niveau le plus analytique. À partir de 1950, il s'intéressa à l'intelligence artificielle.

Turing *(machine de),* machine à calculer fictive, imaginée par Turing, capable d'exécuter des programmes finis de longueur arbitraire et d'effectuer des calculs finis de longueur arbitraire.

TURION n. m. (lat. *turio*). Jeune pousse souterraine issue d'un rhizome et d'une souche.

TURISTA n. f. (mot esp. du Mexique, de *turista,* touriste). *Fam.* Gastro-entérite bénigne se traduisant par des diarrhées, qui affecte les étrangers arrivant dans un pays tropical.

TURKANA *(lac),* anc. **lac Rodolphe,** grand lac de l'Afrique orientale, dans le nord du Kenya ; 8 500 km². Sa partie orientale abrite un important gisement paléontologique. (→ OMO.)

TURKANAS, peuple du Kenya, comprenant plus de 200 000 personnes.

TURKESTAN, dénomination historique des territoires d'Asie* centrale peuplés de Turcs. Sa partie occidentale correspond à l'ensemble formé par le sud du Kazakhstan, le Kirghizistan, l'Ouzbékistan, le Tadjikistan et le Turkménistan (ancien *Turkestan russe*). Sa partie orientale correspond à l'actuel Xinjiang (ancien *Turkestan chinois*).

TURKMÈNE adj. et n. Qui appartient au Turkménistan ou aux Turkmènes. (Syn. anc. TURCOMAN.)

◆ n. m. Langue turque parlée principalement au Turkménistan. (Il s'écrit depuis 1940 grâce à l'alphabet cyrillique.)

TURKMÈNES, peuple vivant principalement au Turkménistan, en Afghānistān, en Iran, en Iraq et en Turquie (env. 6 millions). Ils se sont constitués comme groupe autonome au temps de la confédération oghouze (Xe siècle) et de l'expansion des Seldjoukides (X-XIe siècle). Habitant (au Turkménistan) autour du désert du Karakoum, ils se répartissent en grandes tribus.

Traditionnellement pasteurs semi-nomades (pratiquant aussi l'agriculture et le commerce), célèbres pour leurs tapis, leurs bijoux et la beauté de leurs chevaux, ils sont musulmans, majoritairement sunnites, et parlent le *turkmène,* du groupe oghouz, ou occidental, des langues turques.

TURKMÉNISTAN, État d'Asie, sur la Caspienne ; 488 100 km^2 ; 4 200 000 hab. *(Turkmènes).* CAP. *Achkhabad* (ou *Achgabat*). LANGUE : *turkmène.* MONNAIE : *manat.*

Géographie. Le désert ou semi-désert de la dépression aralo-caspienne couvre 90 % du territoire. La population (72 % de Turkmènes) se concentre dans le piémont du Kopet-Dag, dans les oasis du Tedjen, de la Mourgab et de l'Amou-Daria. Le canal du Karakoum (815 km) a permis l'extension de l'irrigation. Le coton occupe plus de la moitié des superficies cultivées, l'élevage ovin fournissant par ailleurs laine et peaux (astrakan). Le sous-sol fournit du pétrole et du gaz naturel. Le chemin de fer transcaspien, qui relie le port de Krasnovodsk à l'Amou-Daria, dessert notamment la capitale.

Histoire. Formé de territoires conquis par les Russes de 1863 à 1885, le Turkménistan devient en 1924 une république fédérée de l'U. R. S. S. **1991 :** Il accède à l'indépendance.

TURKS *(îles),* archipel situé à l'extrémité sud-est des Bahamas ; deux îles seulement sont habitées : Salt Cay (10 km^2) et Grand Turk (24 km^2).

TURKS ET CAICOS *(îles),* colonie britannique des Antilles, au S.-E. des Bahamas ; 430 km^2 ; 7 400 hab. Ch.-l. *Cockburn Town* (sur Grand Turk).

Turksib (abrév. de *chemin de fer Turkestan-Sibérie*), voie ferrée de l'Asie moyenne soviétique, unissant les grands réseaux soviétiques du continent asiatique : celui de la Sibérie, au N., et celui du Turkestan, au S. ; 1452 km de Tachkent à Semipalatinsk.

TURKU, en suéd. **Åbo,** port de Finlande, ch.-l. de la prov. de *Turku-et-Pori ;* 164 000 hab. Université finnoise et suédoise. Capitale de la Finlande jusqu'en 1812. Château médiéval et classique. Cathédrale romane et gothique (XIIIe-XVe s.). Urbanisme des XIXe et XXe s. Centre culturel et industriel.

TURLUPIN (Henri LE GRAND, dit **Belleville,** et plus souvent), acteur comique français (Paris 1587 - *id.* 1637). Il connut la popularité sur les tréteaux du Pont-Neuf à Paris grâce à ses farces assez lourdes et grossières puis entra dans la troupe de l'Hôtel de Bourgogne en 1615.

TURLUPINADE n. f. (de *Turlupin,* n. pr.). *Vx.* Plaisanterie de mauvais goût.

TURLUPINER v. t. (de *Turlupin,* n. pr.) [conj. **3**]. *Fam.* Tracasser qqn, le tourmenter : *Cette idée me turlupine.*

TURLURETTE ou **TURLUTAINE** n. f. (anc. fr. *tureluret,* cornemuse). *Vx.* Refrain de chanson.

TURLUTTE ou **TURLOTTE** n. f. Sorte de grappin pour attraper le poisson et certains céphalopodes.

TURLUTUTU n. m. (onomat.). **1.** *Fam.* et *vx.* Flûte, fifre ou mirliton. — **2.** *Turlututu !,* s'emploie pour refuser, pour se moquer, pour interrompre un bavard, etc.

TURNE n. f. (alsacien *türn,* prison). **1.** *Arg. scol.* Chambre meublée ; chambre d'étudiant. — **2.** *Pop.* Maison mal tenue.

TURNÈBE (Adrien TOURNEBOUS, dit), humaniste français (Les Andelys 1512 - Paris 1565). Professeur au Collège royal, il dirigea, de 1552 à 1556, l'impression des livres grecs à l'Imprimerie royale. — ODET, son fils (Paris 1552-1581), est l'auteur d'une comédie sur les mœurs de l'époque, *les Contents* (v. 1581).

TURNER (Joseph Mallord William), peintre britannique (Londres 1775 - *id.* 1851). Tourné très tôt vers le paysage et l'aquarelle qu'il pratique à l'école de J. R. Cozens, il débute, aux côtés de Girtin, par de nombreuses études de la campagne anglaise. Il aborde l'huile en 1796, prenant pour modèles les paysagistes classiques, Claude Lorrain notamment, qu'il cherche bientôt à surpasser dans les effets de lumière (*la Traversée du ruisseau,* 1815, Tate Gallery). Un premier voyage en Italie (1819-20) accentue cette tendance, qui se manifestera par une dématérialisation progressive du sujet *(Intérieur à Petworth,* 1837, *ibid.)* pour aboutir à une abolition presque totale des formes et à l'adoption d'une palette audacieusement lumineuse dont se souviendront les impressionnistes (*Pluie, vapeur, vitesse,* 1844, National Gallery).

Turner *(syndrome de),* syndrome dû à une aberration chromosomique et caractérisé par : un phénotype féminin, un nanisme, un infantilisme génital, une dysgénésie gonadique (ovaires réduits à des bandelettes fibreuses), des malformations diverses. Le caryotype est 45,X dans 60 % des cas.

TURNHOUT, v. de Belgique, ch.-l. d'arrond. de la prov. d'Anvers, dans la Campine ; 37 600 hab. Monuments anciens. Musée de la Campine. Petit centre industriel.

TURNOVER [tœrnɔvœr] n. m. (angl. *turnover,* roulement). Rotation du personnel dans une entreprise.

TURNU SEVERIN → DROBETA-TURNU SEVERIN.

TURONIEN n. m. (lat. *Turones,* les Turons). Étage du système crétacé.

TURPIN (Eugène), chimiste et inventeur français (Paris 1848 - Pontoise 1927). Après s'être fait connaître par sa découverte des couleurs inoffensives (1877), il étudia les explosifs et fit breveter l'emploi de l'acide picrique pour le chargement des obus (1885).

TURPITUDE n. f. (lat. *turpitudo*). *Litt.* **1.** Laideur morale, ignominie qui résulte d'un comportement honteux. — **2.** Action, parole, pensée honteuse, infamie.

TURQUE → TURC.

TURQUERIE n. f. Tableau, œuvre représentant ou évoquant des Turcs, des scènes turques ou d'inspiration orientale.

TURQUETTE n. f. Nom usuel de la *herniaire glabre.*

TURQUIE, en turc **Türkiye,** État de l'Asie occidentale (englobant l'extrémité sud-est de la péninsule balkanique) ; 780 000 km² ; 63 120 000 hab. *(Turcs).* CAP. *Ankara.* V. princ. *Istanbul* et *Izmir.* LANGUE : *turc.* MONNAIE : *livre turque.*

Géographie.

• *Les conditions naturelles.* Bordé au nord par les chaînes pontiques, difficilement franchissables, et au sud par les chaînes du Taurus et de l'Anti-Taurus (chaînes tauriques), le plateau anatolien occupe la majeure partie de la Turquie. D'une altitude moyenne de 1 132 m, accidenté, coupé de bassins parfois occupés par des lacs (lac de Van), le plateau est basculé de l'est, où il culmine au mont Ararat, vers l'ouest, où il plonge dans la mer Égée.

L'été est très chaud dans tout le pays, mais le régime des pluies est varié. Les côtes de la mer Noire sont arrosées en toutes saisons, tandis que les bordures égéenne et méditerranéenne reçoivent leurs pluies, abondantes, en hiver. Vers l'est, les nuances continentales s'accentuent. Les pluies de printemps et d'été diminuent sur le plateau intérieur, qui reçoit le plus souvent moins de 400 mm, en même temps que les hivers deviennent froids. La végétation arbustive méditerranéenne et les forêts des chaînes pontiques et tauriques s'opposent à l'aridité des hautes terres de l'Anatolie intérieure.

• *La population.* Les nomades turcs venus d'Asie centrale ont submergé les populations sédentaires grecques, arméniennes et kurdes. Depuis le massacre des Arméniens en 1915, les Kurdes constituent la seule minorité importante (12 millions de personnes environ, semi-nomades). La population, islamisée, vit surtout dans l'Ouest et est urbanisée pour moitié environ, du fait d'un fort exode rural depuis les années 1950. Son accroissement naturel demeure élevé, voisin de 2 % par an.

• *L'économie.* L'agriculture emploie 50 % des actifs, essentiellement dans de petites exploitations familiales. Les céréales (orge, blé) occupent environ la moitié des terres cultivées ; celles-ci se localisent surtout sur le plateau anatolien, où elles sont juxtaposées à l'élevage des moutons et des chèvres. Les rivages de la mer de Marmara et de la mer Noire sont le domaine des arbres fruitiers, du tabac et de la betterave à sucre, auxquels s'ajoutent vers l'E. les théiers et les noisetiers. Sur les côtes méditerranéennes se cultivent le coton, les agrumes, les bananiers, le raisin et le riz. Le pays est autosuffisant et exportateur. Mais la part relative des produits agricoles dans le total des exportations a baissé et se situe actuellement autour de 20 %. Les ressources minières sont variées : houille et lignite, fer, cuivre, bauxite, chrome, manganèse, pétrole. La production d'électricité est assurée à 40 % par l'hydroélectricité, qui devrait progresser avec les barrages sur l'Euphrate. Le secteur industriel est tourné en partie vers l'exportation. Le textile et la confection viennent en tête avec le tiers de la main-d'œuvre industrielle, suivis par l'alimentation, la construction automobile, les travaux publics, la métallurgie, les constructions électriques, la chimie, le tabac et le cuir. Le tourisme, les envois des travailleurs émigrés complètent les ressources de la Turquie, qui occupe une situation de carrefour entre l'Europe, le Moyen-Orient et l'Asie centrale. Le chômage, l'endettement extérieur, une forte inflation, des tensions sociales et politiques, le déséquilibre entre l'Ouest et l'Est fragilisent le pays, toujours candidat à l'entrée dans l'Union européenne.

Histoire. Après la défaite de l'Empire ottoman (1918), qui est occupé par les Alliés, Mustafa Kemal entreprend de construire un État national turc à partir de l'Anatolie.

1920 : La Grande Assemblée nationale d'Ankara l'élit président (avril). Les Grecs, soutenus par la Grande-Bretagne, débarquent en Asie Mineure (juin). Le sultan Mehmed VI signe le traité de Sèvres (août).

1922 : Les Grecs, battus, signent l'armistice de Mudanya. Mustafa Kemal abolit le sultanat.

1923 : Le traité de Lausanne fixe les frontières de la Turquie.

Arméniens et Kurdes sont abandonnés par les Alliés, qui les soutenaient. La république est instaurée : Mustafa Kemal en devient le président. Il entreprend la révolution nationale afin de faire de la Turquie un État laïc, moderne et occidentalisé.

1924 : Le califat est aboli
1938 : À la mort de Mustafa Kemal, dit *Atatürk,* Ismet Inönü devient président de la République. Restée neutre pendant la Seconde Guerre mondiale, la Turquie bénéficie du plan Marshall à partir de 1947.
1950 : Adnan Menderes accède au pouvoir. Il rompt avec le dirigisme étatique et tolère le retour aux traditions islamiques.
1952 : La Turquie devient membre de l'O. T. A. N.
1960 : Le général Gürsel prend le pouvoir et demeure à la présidence de la République de 1961 à 1966.
1961-1971 : Des gouvernements de coalition sont formés par Inönü (1961-1965), puis par S. Demirel (1965-1971).
1970-1972 : Des troubles graves éclatent ; l'ordre est restauré par l'armée.
1974 : B. Ecevit, Premier ministre, fait débarquer les forces turques à Chypre.
Demirel et Ecevit alternent au pouvoir de 1975 à 1980. L'aggravation des troubles causés par l'agitation des marxistes et des intégristes musulmans ainsi que par les séparatistes kurdes provoque un coup d'État militaire (1980).
1983 : Les partis politiques sont à nouveau autorisés et un gouvernement civil est formé par Turgut Özal.
1991 : Demirel est à nouveau Premier ministre Les Kurdes accentuent leurs revendications.
1993 : Après la mort de Turgut Özal, Demirel est élu président de la République. Mme Tansu Çiller est nommée à la tête du gouvernement ; elle met en œuvre une politique de fermeté face à la radicalisation de la rébellion kurde.
1995 : Les islamistes, qui avaient déjà réussi une percée lors des élections locales de 1994, arrivent en tête aux élections législatives
1996 : L'union douanière conclue entre la Turquie et l'Union européenne entre en vigueur. Les islamistes accèdent au pouvoir après l'éclatement d'un gouvernement d'union entre les partis traditionnels.

TURQUIE D'ASIE, partie de l'Empire ottoman qui était située à l'E. de la Méditerranée, de la mer Égée et des Détroits. Elle comprenait, avant la Première Guerre mondiale, l'Anatolie (dite également *Turquie d'Asie*), l'Arménie orientale, le Kurdistān occidental, la Syrie, la Palestine, la Mésopotamie et enfin l'Arabie ottomane.

TURQUIE D'EUROPE, partie de l'Empire ottoman qui était située en Europe et qui a beaucoup varié avec les époques. Elle a compris toute la péninsule des Balkans, la Hongrie, la Transylvanie, la Valachie, la Moldavie et une partie de l'Ukraine à la fin du XVIIe s. Aujourd'hui, la Turquie ne conserve plus en Europe que la Thrace orientale.

TURQUIN adj. m. (ital. *turchino,* de *turco,* turc). **1.** Se dit d'un marbre italien bleu, veiné de blanc. — **2.** *Bleu turquin,* bleu foncé.

TURQUINO *(pic* ou *pico),* point culminant de Cuba, dans la sierra Maestra ; 1 994 m.

TURQUISATION ou **TURQUIFICATION** n. f. Action de turquiser ; fait d'être turquisé.

TURQUISER ou **TURQUIFIER** v. t. (conj. **3**). Marquer des caractères propres à la civilisation turque.

TURQUISME n. m. Tendance à rassembler tous les Turcs en une nation unifiée.

TURQUOISE n. f. (anc. fr. *turcois,* turc, parce que cette pierre, provenant de Perse, transitait par la Turquie). **1.** Pierre fine de couleur bleu ciel à bleu-vert, opaque, qui est un phosphate hydraté naturel d'aluminium et de cuivre. (La turquoise se rencontre en masses, formant parfois de petits filons engagés dans leur gangue, ou libres et en petits rognons. Les lapidaires distinguent les turquoises en *orientales* et en *occidentales.*) — **2.** Lit de repos à deux dossiers de même hauteur, apparu vers 1767.
◆ adj. inv. et n. m. Se dit d'une couleur d'un bleu analogue à celui de la turquoise.

TURRICULÉ, E adj. (lat. *turricula,* de *turris,* tour). Se dit des coquilles dont la spire présente l'aspect d'une petite tour.

TURRIFORME adj. En forme de tour.

TURRITELLE n. f. (lat. sc. *turritella,* du lat. class. *turritus,* en forme de tour). Mollusque gastropode prosobranche à coquille très allongée, pointue, formée de nombreux tours ornés de côtes spirales.

TURSAC (24620), comm. de la Dordogne, sur la Vézère ; 316 hab. Château du XVe s. Sur les bords de la Vézère, abri de la Madeleine* et abri du Facteur, d'où provient une statuette, dite « Vénus de Tursac » (musée des Antiquités nationales, Saint-Germain-en-Laye).

TURSAN n. m. Vin produit sur les coteaux de Tursan (Landes).

TUSCULUM, ville antique de l'Italie péninsulaire (Latium), près de Frascati, sur les monts Albains. Elle comptait de nombreuses villas romaines. Cicéron y écrivit *les Tusculanes.*

TUSSIGÈNE ou **TUSSIPARE** adj. (du lat. *tussis,* toux). **1.** Qui provoque la toux. — **2.** *Zones tussigènes,* zones spécialisées de la muqueuse respiratoire, dont l'irritation provoque la toux.

TUSSILAGE n. m. (lat. *tussilago*). Composée vivace à grandes feuilles, cordiformes, à contour anguleux en rosette, à fleurs jaunes réunies à l'extrémité d'une hampe florale recouverte d'écailles rougeâtres. (N. usuel *pas-d'âne.*)

TUSSOR, TUSSAH ou **TUSSAU** n. m. (angl. *tussore,* de l'hindoustānī *tasar*). Sorte de foulard que l'on fabrique dans l'Inde avec une soie fournie par le ver à soie sauvage (larve d'un papillon du chêne, l'*anthérée*) puis avec des bourres de soie.

TUTÉLAIRE adj. (bas lat. *tutelaris*). **1.** Qui concerne la tutelle. — **2.** *Litt.* Se dit d'une divinité, d'un rôle protecteurs : *Ange tutélaire.*

TUTELLE n. f. (lat. *tutela,* de *tueri,* veiller à). **1.** Régime de protection de la personne et des biens des mineurs et des incapables majeurs, qu'il importe de représenter dans les actes de la vie civile. (→ *encycl.*) — **2.** Protection exercée à l'égard de qqn : *Se placer sous la tutelle des lois.* — **3.** État d'étroite dépendance par rapport à qqn : *Secouer la tutelle de ses parents.* — **4.** *Juge des tutelles,* juge du tribunal d'instance chargé d'exercer une surveillance générale sur les administrations légales et sur les tutelles dans le ressort du tribunal. ‖ *Régime de tutelle,* régime qui a pour but de confier un territoire à l'administration d'un État, sous le contrôle de l'O. N. U., afin de lui donner les moyens d'assurer son développement et de le faire évoluer vers l'autonomie interne ou l'indépendance. ‖ *Tutelle administrative,* contrôle exercé par une autorité administrative *(l'autorité de tutelle)* sur une collectivité publique *(l'autorité sous tutelle),* en vue de maintenir celle-ci dans le respect de la loi et de faire prévaloir un intérêt public supérieur. ‖ *Tutelle d'État* ou *tutelle légale,* tutelle déférée à l'État par le juge des tutelles en cas d'impossibilité de désigner un tuteur. ‖ *Tutelle aux prestations sociales,* mesure qui permet de verser les prestations familiales à une personne physique ou morale (tuteur aux prestations sociales) désignée par le juge des enfants, autre que l'attributaire, afin que ces prestations soient utilisées à leur destination.

ENCYCL. **Dr.** Le régime de la tutelle s'ouvre lorsque les père et mère d'un enfant mineur sont tous deux décédés ou déchus de l'autorité parentale ou lorsqu'un enfant naturel n'a été volontairement reconnu ni par son père ni par sa mère. La tutelle peut également être ouverte, à la demande du juge des tutelles (soit d'office, soit à la requête des parents ou alliés ou du ministère public), dans certains cas d'administration légale sous contrôle judiciaire et même, pour cause grave, d'administration légale pure et simple.

Les organes de la tutelle sont le juge des tutelles, le tuteur, le subrogé tuteur et le conseil de famille. Le conseil de famille règle les conditions générales de l'entretien et de l'éducation de l'enfant. Le tuteur prend soin de la personne de l'enfant et le représente dans tous les actes civils, sauf ceux dans lesquels la loi ou l'usage autorise les mineurs à agir par eux-mêmes. Il administre les biens du mineur en bon père de famille et accomplit seul tous les actes d'administration ; il ne peut accomplir d'acte de disposition au nom du mineur qu'avec l'autorisation du conseil de famille. Il est responsable de sa gestion et remet chaque année au subrogé tuteur un compte de gestion. Le subrogé tuteur représente le pupille dans les actes qui traduisent une opposition d'intérêts entre lui et le tuteur.

Les *incapables majeurs en tutelle* sont soumis soit à la tutelle des mineurs, sauf sur certains points : l'époux est de droit tuteur de son conjoint vivant avec lui ; à défaut, le conseil de famille choisit librement le tuteur qui peut être une personne morale ; soit à la tutelle simplifiée : administration légale sous contrôle judiciaire confiée à un proche ou tutelle en gérance (le juge nomme, à défaut d'un proche, un gérant de tutelle).

TUTEUR, TRICE n. (lat. *tutor, -trix*). **1.** Personne chargée d'une tutelle, en partic. de la tutelle d'un mineur. — **2.** *Litt.* Personne ou chose qui servent d'appui, de soutien, de protection.

◆ **tuteur** n. m. **1.** Syn. de ÉCHALAS. — **2.** *Corset tuteur,* enveloppe en bois ou en fer placée autour d'un jeune arbre pour le protéger.

TUTEURAGE n. m. Action de tuteurer une plante, un jeune arbre.

TUTEURER v. t. (conj. 5). Munir d'un tuteur un jeune arbre, une plante.

TUTHIE ou **TUTIE** n. f. (ar. *tuthia*). Oxyde de zinc impur, qui apparaît dans le travail de certains minerais de plomb.

TUTICORIN, en tamoul **Tuttukudi,** port de l'Inde (Tamil Nadu), à l'extrémité sud du Deccan ; 251 000 hab. Université.

TUTOIEMENT n. m. Action, habitude de tutoyer.

TUTORAT n. m. Fonction de tuteur.

TUTORIAL n. m. Logiciel contenant un programme d'apprentissage pour une discipline ou pour un autre logiciel.

TUTOYER v. t. (de *tu* et *toi*) [conj. **13**]. User de la deuxième personne du singulier pour s'adresser à qqn, par oppos. à *vouvoyer.*

TUTOYEUR, EUSE n. *Litt.* Personne qui a l'habitude de tutoyer.

TUTSIS, peuple du Burundi et du Ruanda.

TUTTI [tu-] n. m. inv. (ital. *tutti,* tous, pl. de *tutto,* tout). Passage joué par toutes les parties d'un orchestre.

TUTTI FRUTTI [tutifruti] loc. adj. inv. (ital. *tutti frutti,* tous fruits). Se dit d'une glace à la vanille chemisée de glace à la fraise et garnie de fruits confits.

TUTTI QUANTI [tutikwɑ̃ti] loc. adv. (mots ital. *tutti quanti*). *Et tutti quanti,* et tous les gens ou toutes les choses de même espèce (à la fin d'une énumération).

TUTTUKUDI → TUTICORIN.

TUTU n. m. (altér. de *cucu,* petit cul). Costume de scène de la danseuse classique porté depuis la période romantique, et constitué par une superposition de jupons de tulle ou de tarlatane ajustés à un maillot (corselet réuni à une trousse).
ENCYCL. Le *tutu long* (arrivant au-dessus de la cheville), ou *tutu romantique,* semblerait être antérieur à celui que portait Maria Taglioni dans *la Sylphide* (1832). Avec l'évolution de la technique, il devint très court *(tutu à l'italienne)* avec la jupe maintenue à l'horizontale.

TUTU (Desmond), évêque noir sud-africain (Klerksdorp 1931). Secrétaire général du Conseil sud-africain des Églises (1978-1984), évêque anglican de Johannesburg (1984-1986), puis archevêque du Cap et chef de l'Église anglicane d'Afrique australe (1986-1996), il lutta pacifiquement mais activement contre l'apartheid. (Prix Nobel de la paix 1984.)

TUTUILA, île de Polynésie, dans les Samoa orientales ; 135 km² ; 30 000 hab. Base américaine de Pagopago.

TUTUOLA (Amos), écrivain nigérian (Abeokuta 1920), auteur d'un récit insolite, *The Palm-Wine Drinkard* (*l'Ivrogne dans la brousse,* 1952).

TUVALU, anc. **Ellice,** État insulaire de Micronésie (24 km² ; 10 000 hab.), au nord des Fidji, indépendant depuis 1978. CAP. *Funafuti.* LANGUES : *anglais* et *tuvaluan.* MONNAIE : *dollar australien.* Les ressources limitées de cet archipel, très petit (9 atolls) et très pauvre, l'ont poussé à rechercher l'aide internationale.

ṬUWAYQ *(djabal),* ligne de relief de l'Arabie, qui se dresse sur 800 km au-dessus des plateaux du Nadjd.

TUWIM (Julian), poète polonais (Łódź 1894 - Zakopane 1953). Membre du groupe « Skamander », sa poésie, quasi révolutionnaire (*Septième Automne,* 1922), devint plus classique (*le Sujet brûlant,* 1936) et lyrique (*les Fleurs polonaises,* 1949).

TUXTLA GUTIÉRREZ, v. du Mexique, cap. de l'État de Chiapas, au N. de la sierra Madre du Sud ; 166 000 hab.

TUY, fleuve du Venezuela, tributaire de la mer des Antilles ; 200 km env. La vallée est devenue une annexe industrielle et résidentielle de Caracas.

TUYAU n. m. (frq. **thuta*). **1.** Élément à section constante d'un conduit, utilisé pour la circulation d'un fluide ou d'un produit pulvérulent. — **2.** Tige creuse du blé ou de certaines plantes. — **3.** *Fam.* Renseignement donné confidentiellement à qqn. — **4.** Pli cylindrique que l'on fait à du linge empesé. — **5.** Fam. *Dire qqch dans le tuyau de l'oreille,* le dire à voix basse et en secret. ‖ *Tuyau de descente,* canalisation verticale servant à l'évacuation des eaux usées ou pluviales. (Syn. DESCENTE.) ‖ Fam. *Tuyau de poêle,* chapeau haut de forme. ‖ *Tuyau sonore,* tube, de métal ou de bois, de section carrée, conique ou cylindrique, dont l'air intérieur peut vibrer en rendant un son (→ *encycl.*)
ENCYCL. **Mus.** La majorité des instruments de musique à air mettent en jeu les vibrations d'une colonne d'air contenue dans un tuyau. Cette mise en vibration est obtenue en dirigeant un jet d'air, insufflé de façon continue ou discontinue, ventilé à partir d'un réservoir, sur un biseau, sur une anche libre ou battante (simple ou double), dans une embouchure. Les possibilités d'un tuyau sont liées à sa forme et se révèlent relativement limitées. Un tuyau émet toujours sa note la plus grave (son fondamental) ainsi que la série des sons harmoniques du son fondamental. Le nombre de ces derniers dépend des dimensions du tuyau et de son profil intérieur. Plusieurs procédés permettent d'élargir les possibilités d'un tuyau sonore : trous percés dans le corps de l'instrument, coulisse, pistons.

TUYAUTAGE n. m. **1.** Action de tuyauter. — **2.** *Fam.* Action de renseigner confidentiellement ; fait d'être renseigné. — **3.** Ensemble de tuyauteries. — **4.** Technique d'installation des tuyauteries.

TUYAUTÉ n. m. Série de tuyaux faits au fer* à tuyauter.

TUYAUTER v. t. (conj. 3). **1.** Repasser du linge et le plisser en forme de tuyaux. — **2.** *Fam.* Donner des tuyaux, des renseignements confidentiels à qqn : *Tuyauter un ami sur les cours de la Bourse.*

TUYAUTERIE n. f. **1.** Ensemble de canalisations, de conduites assurant la circulation d'un fluide ou d'un produit pulvérulent. — **2.** Ensemble des tuyaux d'un orgue.

TUYAUTEUR n. m. Ouvrier qui pose les tuyaux des installations industrielles.

TUYÊN QUANG, port fluvial du Viêt-nam sur la rivière Claire. En 1884-85, la garnison française y soutint contre les Chinois un siège de trois mois où s'illustrèrent le commandant Dominé et le sergent Bobillot. De 1946 à 1954, Tuyên Quang fut une importante base du Viêt-minh.

TUYÈRE [tɥijɛr] n. f. (de *tuyau*). **1.** Élément de canalisation profilé, destiné à imposer à un fluide en écoulement une augmentation de vitesse. (Les tuyères constituent, en particulier, l'élément des moteurs-fusées à ergols chimiques par lequel sont éjectés les gaz de combustion.) — **2.** Conduit terminal d'une turbine à gaz, dans lequel se produit la détente fournissant l'énergie de propulsion. — **3.** Orifice réglable pratiqué dans la coupole d'un parachute pour lui donner une plus grande maniabilité. — **4.** Pièce tubulaire refroidie permettant de souffler de l'air dans un cubilot, du vent chaud dans un haut-fourneau, de l'oxygène dans un convertisseur à soufflage par le fond. — **5.** *Tuyère thermopropulsive,* syn. de STATORÉACTEUR.

TUZ GÖLÜ *(bassin du),* bassin fermé, d'origine tectonique, de la Turquie centrale, au N.-E. de Konya ; 40 000 km². Le fond en est occupé par un lac, soumis à d'importantes variations saisonnières.

TUZLA, v. de Bosnie-Herzégovine, dans la vallée de la Spreča ; 54 000 hab.

T. V. n. f. Abrév. de TÉLÉVISION.

T. V. A. n. f. Abrév. de TAXE* SUR LA VALEUR AJOUTÉE.

TVA, sigle de TENNESSEE VALLEY AUTHORITY.

TVARDOVSKI (Aleksandr Trifonovitch), poète soviétique (Zagorie, région de Smolensk, 1910 - près de Moscou 1971). Son œuvre, d'inspiration tragique, fit l'éloge du système kolkhozien (*le Pays de cocagne,* 1936) et de l'héroïsme du soldat soviétique (*le Livre du combattant,* 1941-1945), avant de témoigner des années sombres du siècle (*Terkine dans l'autre monde,* 1963). Il fut rédacteur général du *Novyï Mir.*

TVER, de 1933 à 1990 **Kalinine,** v. de Russie, sur la Volga, au N.-O. de Moscou ; 433 000 hab. Port fluvial. Centre industriel (textile, mécanique, centrale nucléaire). La ville fut le centre de la *principauté de Tver.*

TVER *(principauté de),* principauté russe (XIIIe-XVe s.) située sur le cours supérieur de la Volga et ayant eu pour centre Tver.

T. V. H. D. n. f. Abrév. de TÉLÉVISION À HAUTE DÉFINITION.

TVRTKO Ier (v. 1338-1391), bán (1353-1377), puis roi de Bosnie (1377-1391).

TV-SAT, satellites de télédiffusion directe appartenant à la République fédérale d'Allemagne et réalisés dans le cadre du programme TV-SAT/TDF 1 associant l'Allemagne et la France. TV-SAT 1, lancé le 21 novembre 1987 par une fusée Ariane, géostationnaire par 19° de longitude ouest, n'a pu être mis en service, l'un de ses panneaux solaires ne s'étant pas déployé. TV-SAT 2 a été lancé avec succès le 8 août 1989 pour remplacer TV-SAT 1.

T. W. A., sigle de TRANS* WORLD AIRLINES.

TWAIN (Samuel Langhorne CLEMENS, dit **Mark**), écrivain américain (Florida, Missouri, 1835 - Redding, Connecticut, 1910). Apprenti imprimeur, pilote sur le Mississippi, soldat, mineur, prospecteur et journaliste, il commence à écrire en adoptant le surnom de Mark Twain (« Marque deux sondes », terme technique des pilotes). Il voyage en Europe et publie ses trois chefs-d'œuvre, *les Aventures de Tom Sawyer* (1876), *les Aventures d'Huckleberry Finn* (1884), *Vie sur le Mississippi* (1883). Le mythe du continent poussé vers l'ouest, où l'immoralité devient morale, est nourri d'une verve langagière qui fait de Mark Twain le premier et authentique transcripteur de la langue américaine. La suite de l'œuvre est le plus souvent pessimiste (*What Is Man,* 1906 ; *The Mysterious Stranger,* 1916).

TWAS → PYGMÉES.

TWEED [twid] n. m. (angl. *tweed,* altér. de *tweel,* de *to tweel,* var. de *to twill,* croiser). Tissu de laine cardée, d'armure toile ou sergé, généralement établi en deux couleurs, et utilisé pour la confection de manteaux et de costumes tailleur, genre sport.

TWEED (la), riv. de Grande-Bretagne, tributaire de la mer du Nord ; 156 km. Son cours inférieur sépare l'Écosse et l'Angleterre.

TWEETER [twitœr] n. m. (angl. *tweeter,* de *to tweet,* pépier). Dans une enceinte acoustique, haut-parleur diffusant les sons aigus. (Syn. HAUT-PARLEUR D'AIGUS.)

TWENTE, région des Pays-Bas, dans le sud-est de la province de l'Overijssel.

Twentieth Century Fox → FOX.

TWI n. m. Syn. de AKAN.

TWICKENHAM, quartier résidentiel du sud-ouest de Londres, sur la Tamise (r. g.). Stade de rugby.

TWILL [twil] n. m. (angl. *twill,* de *to twill,* croiser). **1.** Tissu en armure sergée ; nom de cette armure. — **2.** Tissu très souple en soie, rayonne, etc.

TWIN-SET [twinsɛt] n. m. (pl. *twin-sets*) [mots angl., de *twin,* jumeau, et *set,* ensemble]. Ensemble de tricot comportant le pull-over et le cardigan assortis.

TWIST n. m. (angl. *to twist,* tordre). Danse d'origine américaine sur une musique de rock and roll et caractérisée par une rotation des jambes et du bassin.

TWISTER v. i. (conj. 3). Danser le twist.

TXILLARDEGI (José Luis ÁLVAREZ ENPARANTZA, dit), écrivain espagnol de langue basque (Saint-Sébastien 1929). Membre fondateur de l'E. T. A., il doit s'exiler. Romancier, essayiste, grammairien, il témoigne de la modernité.

TYANE, en gr. **Tuana,** ville ancienne d'Asie Mineure, en Cappadoce. Ville hittite, puis phrygienne, enfin colonie romaine sous Caracalla. Patrie d'Apollonios de Tyane.

TYARD ou **THIARD** (Pontus DE), poète français (château de Bissy, Mâconnais, 1521 - Bragny-sur-Saône, Saône-et-Loire, 1605). Évêque de Chalon-sur-Saône, il fut chassé de son évêché par les ligueurs et résigna sa charge. Philosophe (*Discours philosophiques,* 1587) et poète (*Erreurs amoureuses,* 1549-1555 ; *Livre des vers lyriques,* 1555), il s'inscrit, malgré son attachement à la Pléiade où il fut admis par Ronsard en 1553, dans l'héritage de l'école lyonnaise.

TYCHÉ, divinité grecque de la Fortune, bonne ou mauvaise.

TYCHY, v. de Pologne, en haute Silésie, dans la conurbation de Katowice ; 178 000 hab. Centre industriel (brasserie, cellulose, mécanique, électronique) et résidentiel.

TYLENCHIDÉ [tilɛ̃kide] n. m. (gr. *tulos,* bosse, et *egkhelus,* anguille). Ver nématode de petite taille, à stylet buccal, dont les diverses espèces sont libres et saprophages ou parasites d'insectes ou de végétaux, comme l'anguillule de la nielle, vivant dans le sol et les épis de blé, et capable de reviviscence après des années de dessiccation. (Les *tylenchidés* forment une famille.)

TYLENCHUS [tilɛ̃kys] n. m. Nématode du groupe des anguillules, dont plusieurs espèces, comme l'agent de la nielle des blés, sont gravement nuisibles aux cultures.

TYLER (Wat ou Walter), leader populaire anglais († 1381). Chef des insurgés du Kent lors de la révolte des Travailleurs*. Les insurgés ayant pénétré dans Londres, Richard II conféra avec Wat Tyler (14 juin 1381), accordant l'affranchissement des serfs et la révision des salaires. Mais les insurgés ayant commis pillages et meurtres, Wat Tyler fut assassiné par le maire de Londres à l'issue d'un second entretien avec Richard II (15 juin).

TYLER (John), homme d'État américain (Charles City County, Virginie, 1790 - Richmond 1862). Sénateur démocrate (1827-1836), il passa aux républicains. Élu vice-président des États-Unis (1840), il accéda à la présidence de l'Union à la mort de Harrison (1841). Il signa le traité étendant jusqu'au Pacifique le territoire fédéral et fit voter la réunion du Texas au territoire américain (1845).

TYLOR (*sir* Edward Burnett), anthropologue britannique (Camberwell, Londres, 1832 - Wellington, Somerset, 1917). Il a exposé une théorie de l'évolutionnisme et regardé l'animisme comme le phénomène religieux fondamental (*la Civilisation primitive,* 1871).

TYMPAN n. m. (lat. *tympanum,* du gr. *tumpanon,* tambourin). **1.** Cavité de l'oreille moyenne, que l'on a comparée à un tambour. (On dit aussi CAISSE DU TYMPAN.) — **2.** Membrane mince tendue qui limite l'oreille moyenne en dehors et la sépare du conduit auditif externe. (On dit aussi MEMBRANE DU TYMPAN.) [La membrane du tympan peut être le siège de lésions très diverses, notamment de perforations produites par une otite moyenne ou de ruptures traumatiques.] — **3.** Surface, pleine ou ajourée, comprise entre le linteau et les deux rampants d'un fronton ; paroi pleine ou ajourée diminuant par le haut l'ouverture d'une baie. (Les tympans pleins des portails d'églises ont été, au Moyen Âge, un champ privilégié de la sculpture monumentale.) — **4.** Chacun des murs formant les façades d'un pont en maçonnerie. — **5.** Dans la presse typographique à bras, cadre sur lequel on place chacune des feuilles à imprimer. — **6.** *Briser, casser, crever le tympan à qqn,* lui parler trop fort.

TYMPANAL, E, AUX adj. *Cercle, cadre, os tympanal,* ou *tympanal* (n. m.), os en forme d'anneau, sur lequel est tendue la membrane du tympan.

TYMPANIQUE adj. Relatif au tympan.

TYMPANISER v. t. (bas lat. *tympanizare,* du gr. *tumpanidzein,* battre du tambour) [conj. 3]. *Vx.* Critiquer, ridiculiser auprès du public.

TYMPANISME n. m. (de *tympanite*). Augmentation de la sonorité de l'abdomen ou du thorax, décelée à la percussion.

TYMPANITE n. f. Inflammation de la caisse du tympan, otite moyenne.

TYMPANON n. m. Syn. de CYMBALUM.

TYMPANOPLASTIE n. f. Réparation chirurgicale d'un ou plusieurs éléments du système tympano-ossiculaire.

TYMPANOSCLÉROSE n. f. Durcissement de la membrane tympanique et de la chaîne des osselets, faisant suite à une otite chronique et entraînant une surdité.

TYMPE n. f. Pièce tubulaire refroidie, assurant une liaison étanche entre le blindage et les tuyères d'un haut-fourneau.

TYNDALE (William), réformateur gallois (pays de Galles v. 1494 - Vilvorde 1536). Ses écrits luthériens contribuèrent au progrès de la Réforme en Angleterre. Il fut supplicié.

TYNDALL (John), physicien irlandais (Leighlin Bridge, comté de Carlow, 1820 - Hindhead, Surrey, 1893). Il a découvert le phénomène de regel de la glace (1871), grâce auquel il a expliqué la marche des glaciers, ainsi que l'effet qui porte son nom, dû à la diffusion de la lumière par les particules colloïdales.

TYNDALLISATION [tẽda-] n. f. (de *Tyndall,* n. pr.). Procédé de stérilisation de substances pharmaceutiques, mis au point par Tyndall en 1882, consistant en chauffages successifs (entre 60 et 70 °C).

TYNDARE, roi légendaire de Sparte, époux de Léda, qui fut aimée de Zeus.

TYNE (la), riv. de Grande-Bretagne, tributaire de la mer du Nord ; 100 km. Son estuaire forme une conurbation industrielle importante.

TYNE AND WEAR, comté de Grande-Bretagne, en majeure partie urbanisé ; 540 km² ; 1 145 000 hab. V. princ. *New-castle upon Tyne* (ch.-l. de comté) et *Sunderland.*

TYNEMOUTH, v. de Grande-Bretagne (Tyne and Wear), au débouché de l'estuaire de la Tyne ; 60 000 hab. Vestiges des XIVe et XVe s. d'un prieuré fondé vers 625. Station balnéaire.

TYPE n. m. (lat. *typus,* du gr. *tupos*). **1.** Modèle idéal, défini par un ensemble de traits, de caractères essentiels : *Définir le type de la beauté grecque.* — **2.** Ensemble de traits correspondant à une sorte de modèle générique : *Le type de l'avare.* — **3.** Ensemble de caractères physiques qui distinguent des groupes humains : *Avoir le type slave.* — **4.** Catégorie formée par un ensemble de propriétés, de traits généraux : *Distinguer trois types de phrases. Je n'aime pas ce type d'homme.* — **5.** Personne ou chose qui réunit en elle toutes les caractéristiques d'une catégorie : *Il est le type même de l'intellectuel.* — **6.** En apposition à un nom, indique qu'il s'agit d'un modèle : *Un contrat type ;* de qqch de représentatif de son genre : *C'est l'erreur type à ne pas faire.* — **7.** Modèle d'une série d'objets identiques, qui la définit : *Locomotive du type 241.* — **8.** *Fam.* Individu quelconque de sexe masculin : *Il y a là un type qui te demande. Un chic type.* — **9.** *Être le type de qqn,* être, physiquement, le genre de personne qui attire qqn. ‖ Fam. *Pauvre type,* homme, garçon jugé peu intelligent, peu intéressant. • **Biol.** Matériel original (spécimen, dessin ou parfois description) sur lequel est fondée la définition d'une unité de classification (espèce, genre, etc.), et auquel on fait référence sur le plan international. — **Bot.** *Type biologique,* ensemble des caractères qui permettent de classer les plantes d'après leur mode de survie pendant les saisons défavorables. (La notion de type biologique est due à Christen Raunkiaer.) ‖ *Type floral,* plan d'organisation générale des fleurs, en relation avec le nombre des antimères. (Les fleurs des monocotylédones sont généralement, du type trois [trois sépales, trois pétales, trois ou six étamines, trois carpelles].) — **Chapell.** Syn. de FORME. — **Impr.** Caractère d'imprimerie. — **Log.** Selon Russell, domaine de signification. ‖ *Théories des types,* théories élaborées, indépendamment par Russell et Zermelo pour éliminer les antinomies apparues dans le développement de la théorie naïve des ensembles de Cantor. — **Numism.** Motif principal de l'empreinte sur le droit ou le revers d'une monnaie, d'une médaille. — **Psychol.** Constellation de traits somatiques et/ou psychologiques présentant entre eux une certaine cohésion. (Ses corrélations sont établies à partir des typologies.) — **Sociol.** *Type idéal,* modèle destiné à décrire un phénomène social à partir de certains traits qu'il contient. (C'est Max Weber qui est à l'origine de ce concept.)

TYPER v. t. (de *type*) [conj. 3]. Donner les traits caractéristiques de qqch ou de qqn : *Une page qui type le Français moyen.*

◆ **être typé** v. pass. **1.** Présenter nettement les caractères de son type : *Une femme brune très typée.* — **2.** Être nettement caractéristique d'un genre de personnage : *Personnages très typés d'un roman.*

TYPESSE n. f. *Pop.* et *péjor.* Femme, fille.

TYPHACÉE n. f. (gr. *tuphê, varech*). Plante monocotylédone du bord des eaux, telle que le roseau-massue (ou massette). [Les *typhacées* forment une famille.].

TYPHIQUE adj. et n. **1.** Relatif au typhus ou à la fièvre typhoïde ; atteint du typhus ou de la fièvre typhoïde. — **2.** *Bacille typhique,* syn. de BACILLE D'EBERTH.

TYPHLOPIDÉ n. m. Petit reptile ophidien primitif, inoffensif, fouisseur, à écailles lisses et yeux rudimentaires. (Syn. SERPENT MINUTE.)

TYPHOBACILLOSE n. f. Tuberculose aiguë, à laquelle les symptômes généraux donnent une apparence voisine de celle de la fièvre typhoïde.

TYPHOÏDE adj. *Fièvre typhoïde,* ou *typhoïde* (n. f.), maladie infectieuse provoquée par *Salmonella typhi* (bacille d'Eberth) ou par *S. paratyphi* (bacille paratyphique). [Syn. anc. DOTHIÉNENTÉRIE.]
ENCYCL. La contamination se fait le plus souvent par ingestion d'eau souillée ou d'aliments pollués : crudités, lait et crèmes, coquillages. Les endotoxines libérées par la lyse des germes sont responsables des signes observés. Après une incubation de 10 à 15 jours, la période d'invasion est insidieuse : céphalées, insomnies, vertiges, épistaxis, troubles digestifs, fièvre progressivement croissante. À ce stade, l'hémoculture permet d'isoler le germe du genre *salmonella* et de préciser l'espèce en cause, *Salmonella typhi* ou *S. paratyphi.* La période d'état, à partir du 8e jour,

se traduit par des signes caractéristiques : fièvre à 40°, tuphos, splénomégalie, taches rosées abdominales, diarrhée.
Le traitement fait appel aux antibiotiques. Des complications peuvent se voir même sous traitement : hémorragies et perforations intestinales, cholécystites, myopéricardites, encéphalites. La vaccination par le vaccin T. A. B. est d'une efficacité modérée. La prévention de la typhoïde, par l'amélioration des conditions d'hygiène, est de première importance.

TYPHOÏDIQUE adj. Relatif à la fièvre typhoïde.

TYPHON n. m. (lat. *typhon,* du gr. *tuphôn*). Cyclone tropical du Pacifique occidental et de la mer de Chine.

TYPHON, monstre, fils de Gaia et du Tartare, dernier adversaire de Zeus.

TYPHOSE n. f. (de *typhoïde*). *Typhose aviaire,* maladie infectieuse et contagieuse des volailles due à une bactérie.

TYPHUS [tifys] n. m. (lat. mod. *typhus,* du gr. *tuphos,* torpeur). **1.** Maladie infectieuse (rickettsiose) dont il existe deux formes : le typhus exanthématique, dû à *Rickettsia prowazecki,* et le typhus murin, dû à *R. mooseri.* (→ encycl.) – **2.** *Typhus du chat,* gastro-entérite infectieuse ou leucopénie infectieuse du chat. ‖ *Typhus du chien,* gastro-entérite hémorragique du chien.
ENCYCL. Le *typhus exanthématique* sévit encore dans quelques régions du monde (Éthiopie, Burundi, ex-U. R. S. S., Amérique du Sud, Amérique centrale). L'agent pathogène est transmis par les déjections du pou. Le *typhus murin* sévit partout, avec une prédilection pour les régions subtropicales. Le réservoir de virus est le rat et la transmission se fait par les déjections de la puce. Les typhus figurent dans la liste des maladies à déclaration obligatoire.

TYPIQUE adj. (bas lat. *typicus,* du gr. *tupikos*). **1.** Qui caractérise exactement qqch : *Un cas typique d'obsession.* – **2.** Qui constitue un exemple caractéristique : *C'est un cas typique.* – **3.** Qui est fortement original : *Balzac a créé plusieurs personnages typiques.* – **4.** Se dit d'un caractère propre à un seul groupe animal ou végétal et d'un individu ou d'un groupe qui présente nettement ce caractère. – **5.** Se dit d'une musique de caractère sud-américain.

TYPIQUEMENT adv. De façon typique.

1. TYPO n. f. *Fam.* Typographie.

2. TYPO, OTE n. *Fam.* Typographe.

TYPOGRAPHE n. Ouvrier(ère) capable de composer, à l'aide de caractères mobiles, les textes destinés à l'impression et d'effectuer la mise en pages. (Abrév. fam. TYPO.)

TYPOGRAPHIE n. f. **1.** Procédé de composition et d'impression sur formes en relief (caractères mobiles, gravures, clichés). – **2.** Quel que soit le procédé d'impression, conception graphique d'un ouvrage en choisissant les caractères, en déterminant la dimension des illustrations et leur situation dans le texte.
ENCYCL. Les éléments des formes d'impression typographique représentent du texte ou des illustrations. On obtient le texte par composition manuelle ou mécanique, les illustrations par les procédés de la photogravure. Les pages elles-mêmes sont assemblées dans un châssis suivant les règles de l'imposition. On imprime directement sur la composition et sur les clichés du photograveur. La forme imposée est calée sur le marbre de la presse. Les opérations de mise en train qui peuvent être effectuées avant le calage de la forme sur la machine font l'objet d'une prémise. Après réglage de l'encrage et passage de quelques feuilles, le tirage ou roulage commence. (→ PRESSE.)
Malgré la concurrence de l'offset, la plupart des travaux de ville restent du domaine de la typographie, ainsi que la composition et l'impression des ouvrages de bibliophilie.

TYPOGRAPHIQUE adj. Relatif à la typographie, aux typographes.

TYPOLOGIE n. f. **1.** Système de classification des individus en types physiques et/ou psychologiques où, le plus souvent, des correspondances sont établies entre des types physiques et des types psychologiques, les premiers étant supposés prédéterminer les seconds. (→ *encycl.*) – **2.** Classification des langues qui s'appuie sur la comparaison de leurs caractéristiques internes que l'analyse synchronique permet de dégager. (Elle s'oppose à la classification génétique [familles de langues] ou à des classifications qui font appel à des critères extralinguistiques, comme la proximité géographique [langues amérindiennes, par ex.] ou le degré d'évolution des sociétés.) – **3.** Système de classification d'un ensemble de données empiriques concernant un phénomène social en types distincts.
ENCYCL. **Psychol.** Les typologies les plus employées aujourd'hui sont celle de E. Kretschmer et celle de G. Heymans et E. Wiersma (1909), popularisée en France par R. Le Senne (1945). Selon Kretschmer, on distingue les types physiques suivants : athlétique*, pycnique*, leptosome* et dysplastique*. Certaines corrélations existeraient entre les types physiques et certaines tendances au dysfonctionnement psychique, telles que la schizophrénie, la cyclothymie, par exemple. Aujourd'hui, ces typologies sont employées comme repères pour les classements humains généraux et non comme autant de

réalités autonomes scientifiquement établies dont chaque être humain pourrait potentiellement relever.

TYPOLOGIQUE adj. Relatif à une typologie, fondé sur une typologie.

TYPOMÈTRE n. m. Règle plate à deux graduations à l'usage des typographes, l'une portant les divisions décimales du système métrique et l'autre les divisions duodécimales du système typographique.

TYPOMINERVISTE n. Typographe exerçant une activité de compositeur et d'imprimeur.

TYPON n. m. (de *Typon,* n. de la firme suisse qui fabriqua la première un film au gélatino-bromure approprié aux industries graphiques). Désignation courante d'un film destiné à la reproduction en offset.

TYPTOLOGIE n. f. (gr *tuptein,* frapper). Communication apparente des esprits au moyen de coups frappés par les tables tournantes, par les objets ou dans les murs.

TYR, auj. **Sour** (Liban), anc. capitale d'un royaume cananéen, puis phénicien, édifiée sur un îlot à 600 m du rivage. Rivale de Sidon, elle fut sujette de l'Égypte du XVe au XIIIe s. av. J.-C. Du règne de Hiram Ier (v. 969-v. 935 av. J.-C.) date l'essor de la cité. Elle fut le foyer d'expansion des Phéniciens et fonda Carthage (814, selon la tradition). Elle résista aux Assyriens, mais Nabuchodonosor II s'en empara (572) après un siège de 13 ans. Alexandre prit la ville, en 332, et la dévasta. Dépendant des Lagides (à partir de 287 av. J.-C.), puis des Séleucides (apr. 200), elle fut incorporée à la province romaine créée en Syrie en 64 av. J.-C. Elle fut occupée par les Arabes en 638 apr. J.-C. Les croisés, de 1124 à 1291, lui rendirent sa prospérité.

TYR, dieu de la Guerre, dans la mythologie scandinave.

TYRAN n. m. (lat. *tyrannus,* du gr. *turannos*). **1.** Celui qui, dans le monde grec, avait un pouvoir absolu après s'en être emparé par la force. (→ *encycl.*) — **2.** Souverain despotique, injuste, cruel. — **3.** *Litt.* Personne excessivement autoritaire qui abuse de son pouvoir. — **4.** Petit passereau d'Amérique, insectivore, capturant ses proies en plein vol. (N. usuel *gobe-mouches d'Amérique.*)

ENCYCL. **Antiq.** Les tyrans ont généralement modifié les institutions de la cité (les Cypsélides à Corinthe, Clisthène à Sicyone) ou parfois ont contrôlé leur fonctionnement (Pisistrate d'Athènes). Ils se sont souvent appuyés sur les classes populaires et ont stimulé l'activité économique. À l'époque grecque classique, puis hellénistique, les tyrans sont des autocrates profitant des tensions politiques pour asseoir une autorité de fait (Denys en Sicile).

TYRANNEAU n. m. Tyran de petite envergure.

1. TYRANNICIDE n. (lat. *tyrannicida*). Meurtrier(ère) d'un tyran.

2. TYRANNICIDE n. m. (lat. *tyrannicidium*). Meurtre d'un tyran.

TYRANNIE n. f. (de *tyran*). **1.** Pouvoir absolu exercé par un tyran. — **2.** *Litt.* Gouvernement despotique et cruel. — **3.** *Litt.* Autorité oppressive et violente : *Exercer sa tyrannie sur ses enfants.* — **4.** *Litt.* Contrainte violente, pouvoir irrésistible de qqch : *La tyrannie des passions.*

TYRANNIQUE adj. (lat. *tyrannicus*). **1.** Qui tient de la tyrannie : *Pouvoir tyrannique.* — **2.** Qui agit en tyran, d'une manière oppressive : *Père de famille tyrannique.* — **3.** Qui exerce une influence, un pouvoir très contraignant : *La mode est tyrannique.*

TYRANNIQUEMENT adv. *Litt.* De façon tyrannique.

TYRANNISER v. t. (conj. 3). **1.** Abuser de son pouvoir, de son autorité, de manière oppressive : *Tyranniser son personnel.* — **2.** Exercer une influence, une contrainte impérieuse : *Mode qui tyrannise les jeunes.*

TYRANNOSAURE n. m. Reptile dinosaurien théropode, du crétacé d'Amérique du Nord (le plus grand carnassier terrestre de tous les temps : 15 m de long et 6 m de haut).

TYROGLYPHE n. m. Ancien nom de la mite du fromage, ou ciron.

TYROL, en all. **Tirol,** ancienne province de l'Empire autrichien, partagée en 1919 par le traité de Saint-Germain-en-Laye entre l'Autriche, d'une part, qui garda la partie drainée par l'Inn (Tyrol proprement dit) et une fraction de la partie arrosée par la Drave (Tyrol oriental), et l'Italie, d'autre part, qui obtint la partie drainée par l'Adige. Le Tyrol autrichien forme une province.

— **Hist.** Habitée par les Illyriens puis par les Celtes, la région est conquise en 15 av. J.-C. par les Romains qui la partagent entre les provinces de Rhétie et de Norique. Le Tyrol passe au VIe s. sous la domination des Bavarois. Acquis par les Habsbourg au cours du XIVe s., il est gravement secoué par la guerre des Paysans (1525), mais reste attaché au catholicisme. Napoléon l'attribue à la Bavière en 1805, ce qui provoque un soulèvement populaire dirigé par A. Hofer (1809). L'Autriche le récupère en 1814, mais doit abandonner sa partie méridionale (Haut-Adige) à l'Italie en 1919. Les accords austro-italiens de sept. 1946 (complétés en 1969) assurent une large autonomie au Sud-Tyrol ainsi que l'égalité des droits entre les communautés allemande et italienne.

TYROL, prov. d'Autriche ; 12 647 km² ; 630 358 hab. Ch.-l. *Innsbruck*.
La vallée de l'Inn est le cœur de la région, séparant les massifs alpins cristallins au sud des Préalpes calcaires et schisteuses au nord. Le tourisme d'été et d'hiver est l'activité principale, loin devant l'industrie (constructions mécaniques et électriques) et l'agriculture.

TYROL *(Alpes du),* massifs des Alpes orientales, s'étendant sur le territoire du Tyrol autrichien.

TYROLIEN, ENNE adj. et n. **1.** Du Tyrol. – **2.** *Crépi tyrolien,* syn. de MOUCHETIS.
◆ **tyrolienne** n. f. Air populaire des Alpes du Tyrol, dans lequel la voix passe rapidement de la voix de tête à la voix de poitrine avec de grands intervalles.

TYROSINASE n. f. Enzyme qui oxyde la tyrosine en mélanine. (L'albinisme est dû à un déficit héréditaire en tyrosinase.)

TYROSINE n. f. Aminoacide (symb. Tyr.) dont l'antipode lévogyre, la S ou L-tyrosine, est un constituant essentiel des protéines, qui intervient dans la mélanogenèse et dans la biogenèse de l'adrénaline et des hormones iodées thyroïdiennes.

TYROTHRICINE n. f. Antibiotique isolé à partir de cultures de *Bacillus brevis* réservé à l'usage externe et à la désinfection pharyngée.

TYRRELL (George), ecclésiastique irlandais (Dublin 1861 - Storrington, Sussex, 1909). Son enseignement, qui subordonnait la Révélation aux émotions de la piété, fut condamné par Rome (1907).

TYRRHÉNIEN n. m. (lat. *Tyrrhenia,* Étrurie). Division stratigraphique du quaternaire récent (entre 300 000 et 30 000 ans avant l'actuel).

TYRRHÉNIENNE *(mer),* partie de la Méditerranée occidentale, comprise entre la Corse, la Sardaigne, la Sicile et la péninsule italienne. Elle communique avec la mer Ligure par le « canal de Corse », avec la mer Ionienne par le détroit de Messine, avec le bassin algéro-provençal par le « détroit siculo-sarde » (largeur 300 km ; profondeur maximale 2 000 m).

TYRTÉE, poète lyrique grec, né en Attique (VIIe s. av. J.-C.). D'après une légende, les Athéniens auraient envoyé par dérision ce maître d'école boiteux aux Spartiates qui leur demandaient un général. Mais le poète, par ses chants de guerre, ranima le courage des Spartiates et les conduisit à la victoire.

TYSON (Mike), boxeur américain (New York 1966). Frappeur redoutable, il est devenu en 1986 le plus jeune champion du monde de la catégorie des poids lourds. Il est resté invaincu durant 37 combats, jusqu'à la perte de son titre mondial, en 1990, face à Mike Douglas. Emprisonné pendant 3 ans, il est revenu sur les rings en 1995.

TYTGAT (Edgard), peintre et graveur belge (Bruxelles 1879 - Woluwe-Saint-Lambert 1957). Il est passé de l'impressionnisme à un expressionnisme marqué, comme toute son œuvre, d'une poésie naïve (*Dimanche après-midi,* 1927, musées de Bruxelles). Il a illustré Ramuz, Giraudoux, Supervielle, ainsi que ses propres contes (*Huit Dames et leur monastère,* 1947).

TZAR, TZARINE, TZARÉVITCH → TSAR, TSARINE, TSARÉVITCH.

TZARA (Tristan), écrivain français d'origine roumaine (Moinești, Roumanie, 1896 - Paris 1963). Il fonde à Zurich, en 1916, le mouvement dada et sert de pôle d'attraction à l'avant-garde internationale. Il proclame sa volonté de détruire la société et le langage (*le Cœur à gaz,* 1921 ; *l'Antitête,* 1923 ; *l'Homme approximatif,* 1931). La suite de son œuvre est animée de préoccupations sociales et témoigne de son souci de défendre l'homme contre les puissances de l'asservissement (*la Fuite,* 1947 ; *le Fruit permis,* 1956 ; *la Rose et le Chien,* 1958).

TZEKUNG → ZIGONG.

TZELTALES ou **TZELTALS,** Indiens Mayas, localisés dans la partie centrale de l'État de Chiapas (Mexique).

TZIGANE → TSIGANE.

TZIMISKÈS (Jean) → JEAN Ier TZIMISKÈS.

TZINTZUNTZAN, v. du Mexique (État de Michoacán), à 1 500 m d'alt. ; 10 000 hab. Anc. cap. des Tarasques*. Vestiges : pyramides, palais et quartiers d'habitations.

TZOTZILES ou **TZOTZILS,** Indiens Mayas des zones de montagnes de l'État de Chiapas (région de Larrainzar), ainsi que des terres proches du Huitiupan (Mexique).

U n. m. **1.** Vingt et unième lettre de l'alphabet français. — **2.** Voyelle orale antérieure arrondie, très fermée. (La lettre *u* sert à noter, dans la plupart des cas, la voyelle [y] de *bu, unique,* et, plus rarement, quand elle est suivie d'une voyelle, la semi-voyelle [ɥ], comme dans *Suisse* [sɥis], *tuer* [sɥe], *nuage* [nɥa=].) — **3.** *En U,* en forme de U.

U, abrév. Symbole chimique de l'*uranium.*
• **Méd.** *Antigène U,* antigène érythrocytaire présent chez tous les individus de race blanche et chez moins de 1 % des Noirs des États-Unis, en relation avec le système MNSs.

u, symbole de l'*unité de masse atomique,* égale à 1/12 de la masse de l'atome du carbone 12.

ua, symbole de l'*unité astronomique**.

U2, avion américain construit par Lockheed, spécialisé dans la reconnaissance à haute altitude et longue distance (plafond 25 000 m, rayon d'action 5 600 km, vitesse 600 km/h).

U. A. I., sigle de UNION ASTRONOMIQUE* INTERNATIONALE.

U. A. P., sigle de UNION* des ASSURANCES DE PARIS.

UAUPÉS → VAUPÉS.

UAXACTÚN, anc. ville maya du Guatemala (Petén), non loin de Tikal. Déjà habitée vers 600 av. J.-C., la cité atteint son apogée au cours du classique (250-950 apr. J.-C.). Pyramide E VII, aux escaliers décorés de masques, l'une des premières dans l'aire maya. Belles peintures sur les murs de certains temples, et, à partir du classique ancien (250-600 apr. J.-C.), stèles datées.

UBAC n. m. (anc. provenç. *ubac,* du lat. *opacus,* sombre). Dans les Alpes, versant le moins ensoleillé d'une vallée (généralement exposé au N.), souvent forestier. (Syn. ENVERS, OMBRÉE ; contr. ADRET.)

UBAC (Raoul), peintre et sculpteur belge (Malmédy 1910 - près de Beauvais 1985). Influencé dans les années 30, à Paris, par les surréalistes et par M. Ray, il a expérimenté divers procédés photographiques, puis, après la guerre, est revenu à la peinture. Nourrie de formes naturelles, son abstraction se caractérise par une austérité du coloris et des structures rythmiques que l'on retrouve dans ses ardoises sculptées et dans ses « Stèles » des années 70.

'UBAYD (Al-) → OBEÏD (El-).

'UBAYD ALLĀH AL-MAHDĪ (Salamiyya v. 862-934), fondateur de la dynastie des Fāṭimides. Il fut proclamé à Kairouan en 909-910 le descendant du septième imām et instaura en Ifrīqiya le chī'isme ismaélien.

UBAYE, riv. des Alpes du Sud, affl. de la Durance (r. g.) ; 80 km. Elle passe à Barcelonnette et rejoint le lac de Serre-Ponçon.

UBE, port du Japon, sur la mer Intérieure ; 169 000 hab.

ÚBEDA, v. d'Espagne, en Andalousie ; 30 000 hab. Monuments gothiques et Renaissance (notamm. par A. de Vandelvira).

UBERABA, v. du Brésil (Minas Gerais) ; 108 600 hab. Archevêché. Centre commercial et industriel.

UBÉRALE adj. f. (lat. *uber,* sein). *Fontaine ubérale,* fontaine ornée de statues de femmes lançant des jets d'eau par la pointe de leurs seins. (Ce motif fut très goûté à la Renaissance, surtout en Allemagne.)

UBERLÂNDIA, v. du Brésil (Minas Gerais) ; 125 000 hab. Centre commercial et industriel.

UBERTI (Farinata DEGLI), homme d'État florentin († Florence 1264). Chef des gibelins florentins (1239), réfugié à Sienne (1258), il vainquit la ligue guelfe à Montaperti (1260).

UBIQUINONE [-kɥi] n. f. (lat. *ubique,* partout). Syn. de COENZYME Q.

UBIQUISME [-kɥism] n. m. (lat. *ubique,* partout). Doctrine transitoire de Luther pour expliquer la présence réelle du Christ dans l'eucharistie par une participation de sa nature humaine à l'omniprésence de Dieu.

UBIQUISTE [-kɥist] adj. **1.** *Litt.* Qui a le don d'ubiquité. — **2.** Se dit des espèces animales et végétales que l'on rencontre dans des milieux écologiques très différents. — **3.** Syn. de COSMOPOLITE.

UBIQUITAIRE [-kɥi-] adj. Se dit de substances, en partic. d'antigènes, présentes dans différents milieux organiques.

UBIQUITÉ [-kɥite] n. f. (lat. *ubique,* partout). **1.** *Litt.* Fait d'être présent partout à la fois ou en plusieurs lieux en même temps. — **2.** *Avoir le don d'ubiquité,* se dit de qqn qui semble être partout à la fois.

Ubu, personnage né de l'imagination de quelques étudiants rennais parmi lesquels Alfred Jarry, qui en fit le héros d'*Ubu roi.* Farce extravagante et choquante, mais non dénuée de bon sens, la pièce, d'abord animée par des marionnettes (1888), fut créée à Paris au théâtre de l'Œuvre en 1896. Le père Ubu demeure le symbole de la bêtise alliée au totalitarisme.

UBUESQUE adj. Digne du personnage grotesque créé par A. Jarry, le « père Ubu ».

UCA n. m. Petit crabe de la mangrove. (Syn. CRABE VIOLONISTE.)

UCAYALI, riv. du Pérou, formée par l'Apurimac et l'Urubamba, l'une des branches mères de l'Amazone ; 1 600 km.

UCCELLO (Paolo DI DONO, dit **Paolo**), peintre italien (Pratovecchio, Toscane, ou Florence 1397 - Florence 1475). Ce qui reste de l'œuvre de cet élève de Ghiberti, assez hétérogène, a pour dénominateur commun un traitement de la figuration et de la perspective dont le caractère de jeu intellectuel aigu, alambiqué, a particulièrement retenu l'attention des commentateurs du XXe s. : fresque du *Monument équestre de John Hawkwood,* à la cathédrale de Florence, 1436 ; cartons de vitraux pour le même édifice, 1443-1445 ; deux scènes de la *Vie de Noé* au cloître Vert de S. Maria Novella de Florence, d'un style monumental et sculptural ; trois panneaux de la *Bataille de San Romano* (v. 1456 ?, Offices, Louvre, National Gallery. de Londres), où les formes s'emboîtent dans un espace privé d'air ; *Saint Georges et le dragon* (Paris, musée Jacquemart-André, et National Gallery) ; la *Chasse* d'Oxford, panneau de coffre qui renoue avec le charme du gothique « courtois » ; le *Miracle de la profanation de l'hostie,* prédelle (v. 1467, Urbino).

UCCLE, en néerl. **Ukkel,** comm. de Belgique, dans la banlieue de Bruxelles ; 75 500 hab. Centre résidentiel et industriel.

UCKANGE (57270), comm. de la Moselle, sur la Moselle, au S. de Thionville ; 9 239 hab. *(Uckangeois).* Métallurgie.

U. C. P. A., sigle de UNION* NATIONALE DES CENTRES SPORTIFS DE PLEIN AIR.

'ŪD [ud] ou **OUD** n. m. inv. (mot ar.). Instrument à cordes pincées le plus représentatif des musiques arabo-islamiques savantes et populaires. (En usage au Maghreb, il est l'ancêtre du luth occidental.)

U. D. A. sigle de UNION* DES ANNONCEURS.

UDAIPUR, v. de l'Inde (Rājasthān), au N.-E. d'Ahmadābād ; 230 000 hab. Centre artisanal, industriel et touristique. Séduisant palais qui illustre le syncrétisme (hindou et musulman) des souverains et qui est très représentatif de l'art des Rājputs (belles peintures murales).

UDALL (Nicholas), auteur dramatique anglais (Southampton v. 1505 - Londres 1556), auteur de la première comédie anglaise en vers, *Ralph Roister Doister* (v. 1553).

UDAYAGIRI (« mont de l'Orient »), collines de l'Inde connues pour leurs sites archéologiques. La première, près de Bhopāl et Sāñcī (Madhya Pradesh), compte quelque 20 sanctuaires excavés du début du Ve s., jaina et brahmaniques ; la seconde, près de Bhubaneswar (Orissa), compte 19 caves *(gumpha)* jaina aux sculptures originales (IIe s. av. J.-C.-IIe s. apr. J.-C.).

UDET (Ernst), général allemand (Francfort-sur-le-Main 1896 - Berlin 1941). Second as de la chasse allemande en 1914-1918, directeur des constructions aéronautiques (1939), il inventa le stuka. Évincé par Milch, il se suicida ; suicide camouflé en accident aérien par la propagande nazie.

U. D. F., sigle de UNION* POUR LA DÉMOCRATIE FRANÇAISE.

UDINE, v. d'Italie, dans le Frioul, ch.-l. de prov. ; 101 000 hab. Archevêché. Centre industriel (sidérurgie, cuir, textile, alimentation). Château reconstruit au début du XVIe s. (musée municipal et pinacothèque). Cathédrale des XIVe-XVIIIe s. et autres monuments ; fresques de G.B. Tiepolo (1727-28) dans le palais archiépiscopal.

UDMH, abrév. de l'expression anglaise UNSYMMETRICAL DIMETHYLHYDRAZINE (diméthylhydrazine* dissymétrique).

UDON ou **UDONTHANI** ou **UDORN,** v. du nord-est de la Thaïlande ; 81 000 hab.

U. D. R., sigle de UNION POUR LA DÉFENSE DE LA RÉPUBLIQUE (de 1968 à 1971), puis de UNION* DES DÉMOCRATES POUR LA RÉPUBLIQUE (de 1971 à 1976).

U. E., sigle de Union* européenne.

UEDA AKINARI → AKINARI.

UEDA SHOJI, photographe japonais (Sakaiminato, district de Tottori, 1913), l'un des principaux adeptes de la photographie subjective, marquée par une monumentale sérénité.

U. E. F. A., sigle de UNION* EUROPÉENNE DE FOOTBALL ASSOCIATION.

UEGITGLANIS n. m. Poisson (clariidé) de Somalie, amphibie, aveugle et dépigmenté, et qui vit dans les nappes phréatiques.

UÉLÉ ou **OUELLÉ,** riv. du Zaïre, formant, avec le M'Bomou, l'Oubangui ; 1 300 km.

U. E. M., sigle de l'Union* économique et monétaire.

U. E. R. n. f. Abrév. de UNITÉ* D'ENSEIGNEMENT ET DE RECHERCHE.

UEXKÜLL (Jakob VON), psychophysiologiste allemand (Gut Keblas, Estonie, 1864 - Capri 1944). Il est l'un des précurseurs de l'éthologie moderne. Parmi les premiers, il a considéré comme fondamentales dans le déroulement des comportements les relations entre l'organisme et le milieu.

UFA *(Universum Film Aktiengesellschaft),* société allemande de production et de distribution de films, constituée en 1917 sous le patronage d'Hindenburg et de Ludendorff.

UFO n. m. (abrév. de *Unidentified Flying Object*). Syn. de OVNI.

UFOLOGIE n. f. (de *ufo*). Étude des objets volants et phénomènes aérospatiaux non identifiés.

UFOLOGUE n. Spécialiste d'ufologie.

U. F. R. n. f. Abrév. de UNITÉ* DE FORMATION ET DE RECHERCHE.

UGARIT → OUGARIT.

U. G. C. (sigle de *Union Générale Cinématographique*), firme cinématographique française, initialement société d'État (société privée depuis 1971) regroupant les entreprises cinématographiques placées sous séquestre à la Libération.

UGINE (73400), ch.-l. de cant. de la Savoie ; 7 490 hab. *(Uginois).* Électrométallurgie. Centrale hydroélectrique.

UGNI [ygni] n. m. *Ugni blanc,* cépage blanc vigoureux originaire d'Italie, répandu dans la moitié sud de la France. (C'est le premier cépage blanc du pays.)

UGOLIN (Ugolino DELLA GHERARDESCA, dit) → GHERARDESCA.

UHF, abrév. de l'angl. *Ultra High Frequencies,* parfois utilisée pour désigner les fréquences comprises entre 300 et 3 000 MHz et correspondant aux ondes décimétriques.

UHLAN [ylɑ̃] n. m. (turc *oğlan,* garçon). Nom donné, dans plusieurs armées européennes, à des cavaliers armés de la lance.

UHLAND (Ludwig), poète allemand (Tübingen 1787 - *id.* 1862). Auteur de travaux sur la chanson populaire (*Études sur l'histoire de la poésie et de la légende,* 1865-1873), il adopta dans ses poésies le ton du lied et des légendes souabes (*le Château au bord de la mer,* 1805 ; *la Malédiction du chanteur,* 1814). Il est l'auteur du poème célèbre *J'avais un camarade.*

UHLENBECK (George Eugene), physicien américain d'origine néerlandaise (Batavia, auj. Jakarta, 1900 - Boulder, Colorado, 1988). Il a créé, avec Goudsmit, la théorie du spin de l'électron (1925).

UHRICH (Jean), général français (Phalsbourg 1802 - Paris 1886). Il prit part aux campagnes de Crimée (1854) et d'Italie (1859) avant de défendre Strasbourg, assiégée par les Prussiens. Il y résista 50 jours avant de capituler (28 sept. 1870).

U. H. T. (abrév. de *Ultra-Haute Température*). Lait stérilisé U. H. T., lait porté à 140-150 °C pendant une seconde environ, au moyen d'une injection de vapeur, puis refroidi immédiatement sous vide.

UHURU → KILIMANDJARO.

U. I. C., sigle de UNION* INTERNATIONALE DES CHEMINS DE FER.

UIGHURS ou **UYGURS** → OUÏGOURS.

Uilenspiegel ou **Uylenspiegel,** puis **Eulenspiegel** (Till) [textuellement *Miroir aux chouettes*], personnage légendaire d'origine allemande, célèbre pour ses facéties. C'est un paysan, qui exécute à la lettre les ordres qu'on lui donne, sans chercher à en comprendre l'intention. La première rédaction imprimée (1515) de ses aventures a connu un grand succès dans toute l'Europe. Charles de Coster, dans *la Légende d'Uilenspiegel et de Lamme Goedzak* (1867), en a fait le symbole de la résistance du peuple des Pays-Bas contre la domination espagnole.

UINTA, massif des États-Unis, dans le nord-est de l'Utah ; 4 123 m.

UIST, îles (North Uist et South Uist) de l'archipel écossais des Hébrides occidentales ; 5 100 hab. Pêche et élevage.

U. I. T., sigle de UNION INTERNATIONALE DES TÉLÉCOMMUNICATIONS*.

UITLANDERS n. m. pl. (néerl. *uit,* hors de, et *land,* terre). Nom donné par les Boers aux immigrants attirés par les gisements d'or et de diamant du Transvaal et de l'Orange.

UJI, v. du Japon (Honshū) ; 153 000 hab. Monuments dont le Hōjō-in, fondé au IVe s., et le célèbre temple du Byōdō-in*.

UJJAIN, v. de l'Inde, dans l'ouest du Madhya Pradesh ; 282 000 hab. Université.
– **Archéol.** et **Hist.** Ujjain est l'une des sept villes saintes de l'Inde. Anc. cap. du royaume d'Avantī (VIIe s. av. J.-C.), siège d'une satrapie au IIe s. apr. J.-C., puis annexée à l'Empire gupta, elle fut rattachée en 1305 au sultanat de Delhi. Temple médiéval de Mahākāl reconstruit au XVIIIe s. ; mosquée (XVe s.) et observatoire construit v. 1730.

UJONG SALANG → PHUKET.

UJUNGPANDANG, anc. **Macassar** ou **Makasar,** port d'Indonésie, dans l'île de Célèbes ; 709 000 hab. Exportation du café, du coprah et du rotin.

UK, abrév. de UNITED KINGDOM (Royaume-Uni).

UKASE → OUKASE.

UKIYO-E [ukijoe], mot jap. signif. *peinture du monde qui passe, image du monde flottant,* et qui désigne une école picturale et graphique.

UKRAINE, État de l'Europe orientale, bordé au sud par la mer Noire et la mer d'Azov ; 604 000 km² ; 51 300 000 hab. *(Ukrainiens).* CAP *Kiev.* LANGUE. : *ukrainien.* MONNAIE : *hrivna.*

Géographie. Plus vaste que la France et presque aussi peuplée, comptant une dizaine de villes dépassant 500 000 hab., l'Ukraine avait un poids économique important dans l'Union soviétique. Sous un climat continental modéré, à tendance aride vers le sud, les sols noirs fertiles portent des cultures variées (maïs, blé, betterave à sucre, tournesol, lin, houblon, pomme de terre, fruits et légumes). L'élevage bovin et porcin est développé. Le secteur est complété par une puissante industrie agroalimentaire. Le fer (Krivoï-Rog et presqu'île de Kertch) et le charbon (Donbass) ont permis le développement de l'industrie lourde. Ses deux pôles principaux sont le Donbass et l'axe du Dniepr, de Dniepropetrovsk à Krivoï-Rog. Le littoral de la mer Noire est le site de grands ports (Sébastopol, Odessa) et de stations balnéaires (Yalta). Le passage à l'économie de marché, le desserrement des liens (échanges commerciaux notamm.) avec les autres anciennes républiques soviétiques, la présence d'une importante minorité russe (plus de 10 millions de personnes, notamm. en Crimée) sont les principaux problèmes du nouvel État, au potentiel économique, tant agricole qu'industriel, indéniable.

Histoire.

IXe-XIIe s. : L'État de Kiev, premier État russe, se développe.
1238-1240 : La conquête mongole ruine la région de Kiev.
À partir des XIIIe-XIVe s. se forme une nationalité ukrainienne qui se différencie des autres Slaves de l'Est (Russes et Biélorusses) dans des territoires qu'annexent la Lituanie et la Pologne, à l'exception de la Ruthénie subcarpatique (sous domination hongroise depuis le XIe s.). Des communautés cosaques s'organisent sur le Don et le Dniepr aux XVe- XVIe s.
1654 : L'hetman (chef) des Cosaques, Bogdan Khmelnitski, se place sous la protection de la Moscovie.
1667 : L'Ukraine est partagée entre la Pologne et la Russie.
1709 : Pierre le Grand écrase à Poltava l'hetman Mazeppa, qui avait tenté de constituer une Ukraine réunifiée et indépendante.
À la suite des partages de la Pologne (1793-1795), toute l'Ukraine se trouve sous la domination des Empires russe et autrichien. L'Ukraine devient au XIXe s. la région industrielle la plus riche de l'Empire russe. Les communautés juives, qui représentent 30 % de la population des villes et des bourgs, sont victimes de nombreux pogroms de 1881 à 1921.
Fin de 1917-début de 1918 : Une république soviétique est créée à Kharkov par les bolcheviks, et une république indépendante est proclamée à Kiev par les nationalistes.
1919-20 : Les armées russes blanches puis les Polonais interviennent en Ukraine.
1922 : La république soviétique d'Ukraine adhère à l'Union soviétique.
1932-33 : Une grave famine fait plusieurs millions de victimes.
1939-40 : L'U. R. S. S. annexe les territoires polonais peuplés d'Ukrainiens et la Bucovine du Nord, qui sont réunis à l'Ukraine, ainsi qu'une partie de la Bessarabie.
1941-1944 : Un régime d'occupation très rigoureux est imposé par les nazis.
1945 : L'Ukraine s'agrandit de la Ruthénie subcarpatique.
1954 : La Crimée lui est rattachée.

1991 : L'Ukraine accède à l'indépendance et adhère à la C. E. I. Le communiste Leonid Kravtchouk est élu à la présidence de la République. Des conflits d'intérêts opposent l'Ukraine et la Russie, notamment sur le statut de la Crimée et sur le contrôle de la flotte de la mer Noire.
1994 : Leonid Koutchma est élu président de la République.

UKRAINE SUBCARPATIQUE ou **RUTHÉNIE SUBCARPATIQUE,** région d'Ukraine.
— **Hist.** Carrefour de peuples, la Ruthénie subcarpatique semble avoir été habitée par des Slaves dès le IXe s. Elle est annexée au début du XIe s. par le roi de Hongrie Étienne Ier. La Transcarpatie est soumise, après 1867, à une politique de magyarisation. La pauvreté des paysans provoque à partir des années 1880 une forte émigration vers les États-Unis. Après l'effondrement de l'Empire austro-hongrois à la fin de 1918, les Ruthènes se prononcent pour l'intégration à la Tchécoslovaquie en mai 1919. Après le démembrement de la Tchécoslovaquie (sept. 1938), l'indépendance de la Ruthénie est proclamée en mars 1939, mais les Hongrois aussitôt envahissent le pays. La Ruthénie subcarpatique est cédée à l'U. R. S. S. en juin 1945.

UKRAINIEN, ENNE adj. et n. D'Ukraine.
◆ **ukrainien** n. m. Langue du groupe slave oriental, parlée principalement en Ukraine. (Syn. anc. PETIT-RUSSE, RUTHÈNE.)

UKULÉLÉ n. m. (mot polynésien). Petite guitare hawaiienne, apparue au XIXe s., d'après un modèle de guitare portugaise.

ULÁSZLÓ Ier → LADISLAS III JAGELLON.

ULÁSZLÓ II → VLADISLAV II JAGELLON.

ULBRICHT (Walter), homme d'État est-allemand (Leipzig 1893 - Berlin 1973). Membre du parti social-démocrate (1912), il est en 1919 l'un des fondateurs du parti communiste allemand. Député au Reichstag (1928), il émigre (1933) en U. R. S. S., où il organise en 1943 le mouvement de l'« Allemagne libre » et rentre à Berlin en 1945. Il est vice-président, puis premier secrétaire (1950-1971) du parti et préside le Conseil d'État de la R. D. A. de 1960 à 1973.

ULCÉRATIF, IVE adj. Qui produit une ulcération.

ULCÉRATION n. f. (lat. *ulceratio,* de *ulcerare,* ulcérer). Perte de substance au niveau d'un revêtement cutané ou muqueux.

ULCÈRE n. m. (lat. *ulcus, -eris*). **1.** Ulcération cutanée ou muqueuse (estomac, duodénum) accompagnée d'une réaction conjonctive importante, ayant une évolution chronique. (→ *encycl.*) — **2.** *Ulcère de décubitus,* ulcère qui se produit aux points de contact du corps avec le plan d'appui, en cas de décubitus prolongé. ‖ *Ulcère de jambe* ou *ulcère variqueux,* ulcère des membres inférieurs, plus fréquent chez les femmes. ‖ *Ulcère peptique,* ulcère apparaissant dans un estomac ayant déjà subi une intervention chirurgicale pour une première lésion.
ENCYCL. L'*ulcère de l'estomac* est favorisé par des facteurs psychiques (anxiété, surmenage) ; il peut être dû à certains médicaments (aspirine, anti-inflammatoires). Il se traduit par des douleurs survenant 2 à 3 heures après les repas pendant des périodes de une à plusieurs semaines. Entre les crises la douleur disparaît totalement. Les complications sont les hémorragies, la perforation et la cancérisation. L'*ulcère du duodénum,* plus fréquent que celui de l'estomac, ne dégénère jamais en cancer. La douleur apparaît 5 à 6 heures après les repas. Elle est calmée par l'ingestion d'aliments, réalisant la « faim douloureuse ».

ULCÉRER v. t. (lat. *ulcerare*) [conj. **18**]. **1.** Provoquer un ulcère. — **2.** Causer une profonde blessure à l'amour-propre de qqn, à sa sensibilité : *Être ulcéré devant tant d'ingratitude.*

ULCÉREUX, EUSE adj. De la nature de l'ulcère ; couvert d'ulcères.

ULCUS [ylkys] n. m. (lat. *ulcus*). **1.** Nom donné parfois à l'ulcère gastro-duodénal. — **2.** *Ulcus rodens,* forme ulcéreuse de l'épithélioma basocellulaire atteignant surtout la face chez les sujets âgés.

ULEÅBORG → OULU.

ULÉMA ou **OULÉMA** n. m. (ar. *'ulamā',* pl. de *'ālim,* érudit). Docteur de la loi et théologien musulman.

ULFILAS ou **ULFILA** ou **WULFILA,** apôtre et évêque des Goths (v. 311 - Constantinople 383). Il traduisit en langue gotique le Nouveau Testament et prêcha aux Goths un christianisme à tendance arienne.

ULHASNAGAR, v. de l'Inde, dans le Mahārāshtra ; 648 000 hab.

ULIS (Les) [91940], ch.-l. de cant. de l'Essonne, au S.-O. d'Orsay ; 27 207 hab. *(Ulissiens).*

ULLMANN (Liv), actrice de cinéma et de théâtre norvégienne (Tōkyō 1938). Elle est remarquée par Ingmar Bergman, qui lui donne son premier rôle à l'écran dans *Persona* en 1965 et l'impose ensuite notamment dans *la Honte* (1968), *Une passion* (1969), *Cris et chuchotements* (1972), *Scènes de la vie conjugale* (1973) et *Sonate d'automne* (1977). On la voit dans de nombreux autres films (*les Émigrants,* 1969 ; *le Nouveau Monde,* 1972).

ULLOA (Antonio DE), marin espagnol (Séville 1716 - île de León, près de Cadix, 1795). Il accompagna La Condamine à Quito pour mesurer un arc de méridien (1735). Il découvrit le platine en Amérique. Il fut capitaine général de la flotte espagnole (1780).

Ullstein, maison d'édition allemande, fondée à Berlin en 1877 par Leopold Ullstein (1826-1899), possédant une importante collection de livres de poche et de nombreux périodiques.

ULLUQUE n. m. (du quechua). Plante (chénopodiacée) des Andes, à tubercules comestibles.

U. L. M. [ylɛm] n. m. (abrév. de *ultra léger motorisé*). Petit avion de conception simplifiée, monoplace ou biplace, pesant à vide moins de 170 kg, et doté d'un moteur d'une puissance pouvant atteindre quelques dizaines de chevaux.
ENCYCL. On distingue les U. L. M. dérivés des ailes libres et conservant le pilotage par action directe sur l'aile (système pendulaire), et les U. L. M. de formule aérodynamique plus classique, avec aile et empennages, et pilotage par gouvernes sur deux ou trois axes. Les U. L. M. peuvent être monoplaces ou biplaces.

ULM, v. d'Allemagne (Bade-Wurtemberg), sur le Danube ; 114 839 hab. Centre industriel (constructions mécaniques, électriques et automobiles, textile).
– **Hist.** Annexée à la Bavière (1803), elle fut enlevée par Napoléon à Mack, qui y capitula le 20 oct. 1805, puis passa au Wurtemberg en 1810.
– **Bx-arts.** Cathédrale gothique entreprise à la fin du XIVe s., à la tour colossale (œuvres d'art, dont les stalles sculptées par Jörg Syrlin l'Ancien [v. 1470]). Musées (œuvres des maîtres de l'école d'Ulm, dont H. Multscher, J. Syrlin, Martin Schaffner).

ULMACÉE n. f. (lat. *ulmus,* orme). Nom d'une famille d'arbres aux feuilles caduques, tels que l'orme, le micocoulier, le zelkova.

ULMAIRE n. f. (lat. sc. *ulmaria,* du lat. class. *ulmus,* orme). Spirée décorative des prairies humides et du bord des rivières.

ULMISTE n. Pilote ou passager d'un U. L. M.

ULNAIRE ou **ULNARIEN, ENNE** adj. (lat. *ulna,* avant-bras). Qui concerne l'os cubital.

ULOTHRIX n. m. (gr. *oulothriks,* aux cheveux bouclés). Algue filamenteuse verte qui croît à un niveau défini de la zone intertidale.

ULOTRICHALE [-kal] n. f. (gr. *oulothriks, -trikhos,* aux cheveux bouclés). Algue verte chlorophycée à thalle simple, filamenteux ou laminaire, telle que l'ulve, l'ulothrix et l'entéromorphe. (Les ulotrichales sont très tolérantes au sel, à la température, aux nitrates. C'est pourquoi leur abondance excessive conduit à soupçonner des pollutions, surtout en mer et dans les lagunes.)

ULOTRICHE adj. (gr. *oulothriks*). Se dit de qqn qui a les cheveux crépus.

ULPIEN, en lat. **Domitius Ulpianus,** jurisconsulte romain (Tyr - Rome 228). Préfet du prétoire sous Sévère Alexandre, il fut massacré par les prétoriens. Les extraits de ses écrits tiennent une bonne place dans les compilations juridiques du temps de Justinien.

ULRICH VON LICHTENSTEIN, poète allemand (Lichtenstein, Styrie, v. 1200 - v. 1276), connu par son roman en vers *le Service des dames* (1255) et par *le Livre des dames* (1257).

ULRICH VON ZATZIKHOVEN, minnesänger allemand (fin du XIIe s.), auteur d'un *Lancelot* adapté d'un modèle français.

ULRIQUE ÉLÉONORE (Stockholm 1688-*id.* 1741), reine de Suède (1718-1720), fille cadette du roi Charles XI. Elle épousa en 1715 Frédéric de Hesse. À la mort de son frère Charles XII, elle dut renoncer à ses prétentions à des droits héréditaires sur la couronne pour se faire élire reine par le Riksdag, et accepter une Constitution accordant de larges pouvoirs à la Diète. Par la suite, Frédéric de Hesse fut proclamé roi et Ulrique Éléonore dut abdiquer (1720).

ULSAN, port de Corée du Sud, au N.-E. de Pusan ; 418 000 hab. Centre industriel (pétrochimie, construction automobile, chantiers navals, aluminium).

ULSTER, région nord de l'Irlande, entre la baie de Donegal et la mer d'Irlande. Elle est partagée entre l'Irlande* du Nord britannique et la *province d'Ulster* (8 011 km^2, 230 000 hab.) de la République d'Irlande.
– **Hist.** L'Ulster est le plus puissant royaume de l'île au début de notre ère mais il perdit son unité au Ve s. Sous la domination des O'Neill, il résista efficacement aux invasions scandinaves des IXe-Xe s. Après la conquête de l'Irlande par les Anglo-Normands, l'Ulster demeura cependant la plus gaélique des provinces de l'île. Mais en 1603 commença la colonisation massive par des Anglais et des Écossais, qui firent de la région une puissante enclave protestante. Cette forte minorité ulstérienne se dressa au début du XXe s. et obtint, lors du règlement anglo-irlandais de 1920-1922, que 6 des 9 comtés ulstériens soient détachés du nouvel État libre d'Irlande et maintenus unis à la Grande-Bretagne.

ULSTÉRIEN, ENNE adj. et n. D'Ulster.
◆ **ulstériens** n. m. pl. Protestants unionistes groupés en Ulster.

ULTÉRIEUR, E adj. (lat. *ulterior,* qui est au-delà). **1.** Qui intervient après qqch d'autre dans le temps : *Nous nous verrons à une date ultérieure.*

— **2.** Se disait d'une région au-delà d'une autre (par oppos. à *citérieur*).

ULTÉRIEUREMENT adv. Plus tard, par la suite, après.

ULTÉRIORITÉ n. f. *Litt.* Caractère de ce qui est ultérieur.

ULTIMATUM [-tɔm] n. m. (lat. médiév. *ultimatus,* du lat. class. *ultimus,* du dernier degré). **1.** Note par laquelle un État somme un autre État de donner satisfaction à un certain nombre d'exigences dans un délai limité, et de façon péremptoire, faute de quoi l'état de guerre naît automatiquement à l'expiration du délai. (L'ultimatum précède la déclaration de guerre.) — **2.** Injonction pressante par laquelle un État présente à un autre État certaines revendications au cours de négociations. — **3.** Proposition précise qui n'admet aucune contestation : *Se trouver placé devant un ultimatum.*

ULTIME adj. (lat. *ultimus*). Qui vient en dernier lieu dans le temps : *Ultime décision.*

ULTIMO adv. (lat. *ultimo,* à la fin). En dernier lieu, finalement (s'emploie dans une suite commençant par *primo, secundo,* etc.).

ULTIMOGÉNITURE n. f. Régime des sociétés dans lesquelles le dernier-né a droit à l'héritage familial.

ULTRA-, préfixe, du lat. *ultra,* au-delà, indiquant un dépassement, un degré extrême ou excessif.

ULTRA n. **1.** Sous la Restauration, par abrév. de ULTRAROYALISTE, partisan intransigeant de l'Ancien Régime, adversaire de la Charte. (Ils furent majoritaires en 1815 [Chambre introuvable] et en 1824 [Chambre retrouvée].) — **2.** Personne qui pousse à l'excès ses opinions : *Les ultras d'un parti.*

ULTRABASIQUE adj. Se dit d'une roche magmatique, mélanocrate à holomélanocrate, pauvre en silice ($SiO_2 < 45$ %) et riche en calcium, fer et magnésium, constituée essentiellement d'un ou plusieurs minéraux ferromagnésiens (péridot, pyroxène, amphibole).

ULTRACENTRIFUGATION n. f. **1.** Centrifugation à grande vitesse (25 000 à 100 000 tr/min), permettant de séparer des macromolécules biologiques ou synthétiques selon leurs masses moléculaires. — **2.** Centrifugation à grande vitesse, utilisée pour séparer les différents isotopes d'un élément et notamment les isotopes 235 et 238 de l'uranium naturel.

ULTRACENTRIFUGER v. t. (conj. **17**). Pratiquer l'ultracentrifugation.

ULTRACENTRIFUGEUSE n. f. Appareil servant à l'ultracentrifugation et qui comprend une chambre de rotation mise sous vide, dans laquelle tourne un rotor contenant l'échantillon.

ULTRACOURT, E adj. *Onde ultracourte,* syn. ancien de ONDE CENTIMÉTRIQUE.

ULTRAFILTRATION n. f. (all. *Ultrafiltration*). Procédé de séparation en phase liquide par perméation à travers des membranes semi-perméables (permsélectives) sous l'action d'un gradient de pression.

ULTRAFILTRE n. m. Filtre constitué par une membrane semi-perméable destinée à effectuer une ultrafiltration.

ULTRA-GAUCHE n. f. (pl. *ultra-gauches*). Mouvement révolutionnaire dont la doctrine se situe au-delà de la gauche.

ULTRALÉGER, ÈRE adj. Se dit d'un alliage à base de magnésium dont la masse volumique est comprise entre 1,75 et 1,87 g/cm^3.

ULTRAMICROSCOPE n. m. Microscope utilisant un mode d'éclairage particulier, permettant de voir des objets de dimensions inférieures à celles qui peuvent être observées sous le plus fort grossissement du microscope ordinaire, ainsi que les déplacements de ces objets. (Les particules très petites sont vues sur un fond sombre, grâce à la diffraction de la lumière émise par une source disposée de façon qu'aucun rayon lumineux direct ne parvienne à l'objectif.)

ULTRAMICROSCOPIE n. f. Ensemble des procédés et recherches utilisant l'ultramicroscope.

ULTRAMICROSCOPIQUE adj. Relatif à l'ultramicroscopie.

ULTRAMODERNE adj. Extrêmement moderne.

ULTRAMONTAIN, E adj. (bas lat. *ultramontanus,* du lat. class. *mons, montis,* montagne). *Litt.* Qui est situé, qui est en usage au-delà des monts, en partic. des Alpes.
◆ adj. et n. Partisan de l'ultramontanisme.

ULTRAMONTANISME n. m. Ensemble des doctrines théologiques favorables au Saint-Siège, par opposition aux opinions *gallicanes.* (L'utramontanisme triompha en France, à partir de 1830, grâce à Félicité de La Mennais et à ses disciples.)

ultra petita, express. lat. signif. *au-delà des choses demandées* et qui s'emploie lorsqu'un juge accorde plus qu'il n'a été demandé ou statue sur une chose qui ne lui a pas été demandée.

ULTRAPLAT, E adj. Dont l'épaisseur est très faible : *Montre ultraplate.*

ULTRAPRESSION n. f. Pression très élevée, de l'ordre de 10^3 à 10^5 atmosphères.

ULTRAROYALISME n. m. Doctrine des ultras.

ULTRAROYALISTE n. Syn. de ULTRA.

ULTRASENSIBLE adj. Extrêmement sensible.

ULTRASON n. m. **1.** Vibration de même nature que le son, mais de fréquence supérieure à la plus haute fréquence audible. (→ *encycl.*) — **2.** *Usinage par ultrasons,* procédé dans lequel on interpose un abrasif entre la pièce à usiner et un outil de forme, animé de vibrations élastiques longitudinales, de fréquence de l'ordre de 20 kHz, et d'amplitude de quelques centièmes de millimètre.

ENCYCL. **Acoust.** Les ultrasons sont des vibrations de fréquence comprise de 15 à 20 kHz et plusieurs milliers de kilohertz. Pour les produire ou les détecter on utilise les phénomènes de piézoélectricité ou de magnétostriction. Les applications des ultrasons sont nombreuses : détection sous-marine ; sonar * ; échographie* ; usinage de pièces, exploration de la surface d'un matériau ; localisation des défauts à l'intérieur d'une pièce ; mesure de l'épaisseur des matériaux.

Par leurs actions mécanique et thermique, les ultrasons trouvent aussi des applications en chimie et en biologie, par ex. : réalisation d'émulsions stables, de mélanges, coagulation de particules, nettoyage de pièces placées dans un liquide. Leurs propriétés de propagation quasi optiques sont utilisées dans le microscope* acoustique ou pour produire des hologrammes.
— **Méd.** Les ultrasons sont utilisés pour l'échographie* et pour la mesure (par effet Doppler-Fizeau) de la vitesse du sang dans les vaisseaux, ainsi qu'en thérapeutique *(ultrasonothérapie).*

ULTRASONIQUE adj. Relatif aux ultrasons.

ULTRASONORE adj. (de *ultrason,* d'apr. *sonore*). Se dit des vibrations dont les fréquences sont comprises entre 15 à 20 kHz environ et plusieurs milliers de kilohertz.

ULTRASONOTHÉRAPIE n. f. Utilisation thérapeutique des ultrasons.

ENCYCL. Les ultrasons sont utilisés dans l'asthme, dans les affections artérielles spasmodiques, dans les fibroses tissulaires et surtout dans le traitement de diverses affections ostéoarticulaires, notamment les entorses, les lombalgies, les épicondylites, les périarthrites de l'épaule.

ULTRASTRUCTURE n. f. Structure cellulaire décelée par l'examen au microscope électronique. (Il s'agit de la structure interne des divers organites cellulaires : chromosomes, mitochondries, plastes, cytoplasme, membrane, etc.)

ULTRAVIDE n. m. Vide particulièrement poussé (inférieur à 10^{-5} Pa).

ULTRAVIOLET, ETTE adj. et n. m. Se dit des radiations du spectre électomagnétique placées au-delà du violet, et dont la longueur d'onde est comprise entre 4 000 Å et 200 Å (environ). [Abrév. U. V.]

ENCYCL. **Méd.** Les *rayons ultraviolets,* au pouvoir bactéricide considérable, sont utilisés dans la stérilisation des eaux. On les utilise aussi en thérapeutique pour pratiquer une héliothérapie* artificielle ou une photochimiothérapie de certaines dermatoses. Cette thérapeutique peut cependant favoriser le développement des cancers de la peau.
— **Phys.** Les *radiations ultraviolettes* sont émises par de nombreuses sources naturelles (Soleil, étoiles) ou artificielles, par transitions des électrons situés sur les couches externes des atomes. Les sources artificielles sont des lampes à vapeur de mercure, des lampes à décharge et le rayonnement synchrotron* fourni par les accélérateurs de particules. La détection de l'ultraviolet est facilitée par sa grande activité photochimique et photoélectrique. Ses principales applications sont l'éclairagisme, la reprographie, la microscopie et diverses techniques de spectrométrie.

ULTRAVIRUS [-rys] n. m. Syn. anc. de VIRUS.

ULÚA *(río),* fl. de l'ouest du Honduras ; 320 km env.

ULU DAĞ, montagne de Turquie, au S. de Brousse, l'un des *Olympes* de l'Antiquité ; 2 543 m.

ULUĞ BEG ou **ULU BEG** (Muhammed Turgay) [Soltaniyyè 1394 - Samarkand 1449], souverain tīmūride de Transoxiane (1447-1449), petit-fils de Tīmūr et fils de Chāh Rokh. Théologien, historien, mathématicien, il est surtout connu comme un grand astronome.

ULULATION ou **HULULATION** n. f. ou **ULULEMENT** ou **HULULEMENT** n. m. (bas lat. *ululatio*). **1.** Cri des rapaces nocturnes, notamment des hiboux. — **2.** *Litt.* Hurlement sinistre.

ULULER ou **HULULER** v. i. et v. t. (lat. *ululare,* hurler) [conj. 3] **1.** Crier, en parlant des rapaces nocturnes. — **2.** *Litt.* Pousser un long gémissement.

ULUS n. m. (mot mongol signif. *territoire*). Khānat.

ULVE n. f. (lat. *ulva*). Algue verte (ulotrichale) à thalle en forme de lame, habitant surtout les eaux confinées, lagunes ou fonds de baies. (N. usuel *laitue de mer.*)

ULYSSE, en gr. **Odusseus.** Héros grec, roi légendaire d'Ithaque. Fils de Laërte, roi d'Ithaque, époux de Pénélope et père de Télémaque, il apparaît dans *l'Iliade* comme un diplomate avisé et un guerrier lucide, aux mille ruses : en particulier, il est l'auteur du stratagème du cheval de bois, qui permet aux Grecs d'entrer dans

Troie. Après la victoire des Grecs, il veut revenir à Ithaque, mais il erre de rivage en rivage, connaissant mille aventures qui font le sujet de *l'Odyssée.* Revenu au bout de dix ans, il retrouve Pénélope et massacre les prétendants. La personnalité complexe d'Ulysse a inspiré une énorme littérature qui va des poèmes homériques à Giraudoux.

Ulysse, roman de J. Joyce (1922). C'est le récit d'une journée, le 16 juin 1904, du courtier de Dublin, Léopold Bloom, dont les parcours croisent ceux de sa femme, Molly, et du jeune Stephen Dedalus. Participant de la légende, de l'histoire, du reportage, de la farce, du drame, de la symphonie, du traité scolastique, cette œuvre, version moderne et parodie de *l'Odyssée,* riche de symbolismes et de correspondances, tente d'unifier tous les procédés de style en un langage total.

'UMĀN → OMAN.

'UMAR Ier (Abū Ḥafṣa ibn al-Khaṭṭāb) [La Mecque v. 581 - Médine 644], deuxième calife des musulmans (634-644). Il s'opposa d'abord à Mahomet à La Mecque puis devint un converti très actif. Il favorisa en 632 la désignation du premier calife, Abū Bakr, et lui succéda pour poursuivre l'expansion musulmane aux dépens de l'Empire byzantin et de la Perse en Syrie-Palestine, en Égypte et en Mésopotamie.

'UMAR IBN ABĪ RABĪ'A, écrivain arabe (La Mecque ? - v. 719), un des meilleurs représentants de la poésie « citadine » érotique de la littérature omeyyade.

UMAYADO → SHŌTOKU TAISHI.

UMAYYADES → OMEYYADES.

UMBO [ɔ̃bo] ou **OMBO** n. m. (lat. *umbo,* bouclier). Partie hémisphérique, le plus souvent bombée, du centre d'un bouclier, destinée à protéger la main et à écarter les traits. (Syn. OMBON, OMBILIC.)

UMBONIE n. f. Insecte homoptère (membracidé) d'Amérique centrale dont la femelle, posée sur une branche de rosier, ressemble à une épine.

UMBRIEL, satellite d'Uranus, découvert en 1851. Demi-grand axe de son orbite 266 000 km. Période de révolution sidérale 4 j 3 h 28 min. Diamètre 1 190 km. Sa surface a été photographiée par la sonde Voyager 2 en 1986. Criblée de grands cratères d'impacts de météorites, elle apparaît nettement plus sombre que celle des autres principaux satellites d'Uranus.

UMEÅ, v. de Suède, ch.-l. de la prov. *(län)* de Västerbotten ; 82 100 hab. Centre commercial, industriel et universitaire.

UME ÄLV, fl. de Suède, tributaire du golfe de Botnie ; 460 km. Hydroélectricité.

UMLAUT [umlaut] n. m. (all. *Umlaut*). **1.** Syn. de INFLEXION. — **2.** En grammaire allemande, signe placé sur certaines voyelles *(ä, ö, ü),* et indiquant l'inflexion.

UMMA n. f. (mot ar.). La communauté des musulmans, l'ensemble des musulmans du monde.

UMM AL-QAYWAYN, l'un des Émirats arabes unis, au N.-E. de Dubayy ; 14 000 hab. Cap. *Umm al-Qaywayn.*

UMM DURMĀN → OMDURMAN.

UMM KULTHŪM (Fāṭima IBRAHIM, dite) en fr. **Oum Kalsoum,** chanteuse égyptienne (Tamāy al-Zahīra, prov. de Dakahlièh, 1898 - Le Caire 1975). En 1922, elle se produisit pour la première fois au Caire et obtint un triomphe. De nombreux poètes ont écrit pour elle des chansons très populaires. Sa renommée s'étendait à l'ensemble du monde arabe. Elle a également interprété plusieurs rôles au cinéma.

UMM SA'ĪD, port pétrolier du Qaṭar, relié à Dukhān par pipeline. Raffinerie de pétrole et pétrochimie. Liquéfaction du gaz naturel.

UMTALI → MUTARE.

UMTATA, v. d'Afrique australe, anc. cap. du Transkei ; 50 000 hab. Travail du bois.

1. UN, UNE adj. num. card. (lat. *unus*). **1.** Le premier des nombres entiers, pris comme base de tout calcul : *Un franc. Un mètre.* — **2.** S'emploie au sens de « premier » dans une numérotation, dans l'expression d'un rang : *Article un.* — **3.** Fam. *Ne faire ni une ni deux,* agir sans hésiter. ‖ *Ne faire qu'un,* être parfaitement uni avec qqch, qqn ou tout à fait semblable. ‖ *Plus d'un,* beaucoup. ‖ *Un à un, un par un,* pas plus d'un à la fois ; une personne ou une chose succédant à une autre.

◆ adj. **1.** Qui ne peut être divisé : *La vérité est une.* — **2.** *C'est tout un,* c'est la même chose, cela revient au même.

◆ **un** n. m. inv. **1.** Chiffre 1 (désigne aussi selon les cas le numéro d'une chambre, d'un immeuble, un pourcentage, etc.) : *Le un est effacé. Le un est encore sorti au loto.* — **2.** L'as, qui, dans certains jeux de cartes, vaut un point. — **3.** *L'Un,* l'être en tant qu'il désigne tout ce qui est et n'exclut rien. — **4.** *Un par mètre,* unité SI de vergence, égale à la vergence d'un système optique dont la distance focale est de 1 m dans un milieu dont l'indice de réfraction est 1. (Syn. DIOPTRIE.)

◆ **une** n. f. Première page d'un journal.

2. UN, UNE art. indéf. sing. (de *un 1*) [pl. *des*]. Déterminant indéfini d'un groupe nominal dont il indique le genre et le nombre : *Un homme passe dans la rue.*

◆ **un, une, uns, unes** pron. indéf. **1.** *(L')un de,* une personne, une chose parmi d'autres : *L'un des directeurs est absent.* — **2.** *C'est tout l'un ou tout l'autre,* on va d'un excès à l'excès opposé, il n'y a pas de milieu. ‖ *Un qui, que,* quelqu'un qui, que : *Une dont je me méfie, c'est Marie.* ‖ *L'un dans l'autre,* en moyenne, ceci compensant cela : *Cela rapporte l'un dans l'autre 10 % par an.* ‖ *L'un..., l'autre, les uns..., les autres,* expriment la diversité : *Ils habitent les uns à la ville, les autres à la campagne.* ‖ *L'un l'autre, l'un à l'autre,* expriment la réciprocité ou la succession : *Ils s'accusent les uns les autres.*

UNAIRE adj. (de *un 1,* d'apr. *binaire*). **1.** Se dit d'un élément logique qui ne dispose que d'une place possible, qui ne peut avoir qu'un seul argument. — **2.** Syn. de MONADIQUE.

UNAMUNO Y JUGO (Miguel DE), écrivain espagnol (Bilbao 1864 - Salamanque 1936). Philologue, poète (*Poesías,* 1907), romancier (*De mi país,* 1903), il est surtout un philosophe (*le Sentiment tragique de la vie,* 1912 ; *l'Agonie du christianisme,* 1924) et un essayiste passionné des problèmes de son temps. Recteur de l'université de Salamanque, il fut destitué en 1924, déporté aux Canaries, puis exilé en France où il écrivit *le Romancero de l'exil* (1928). Rentré en Espagne, il prit une part active à la révolution qui instaura la république et mourut au début de la guerre civile.

UNANIME adj. (lat. *unanimus,* de *unus,* un seul, et *animus,* esprit). **1.** Se dit de personnes qui sont du même avis (au pl.) : *Ils ont été unanimes à protester.* — **2.** Qui exprime un avis commun à tous : *Vote unanime.*

UNANIMEMENT adv. De façon unanime.

UNANIMISME n. m. **1.** Sentiment unanime, accord complet, consensus. — **2.** Doctrine littéraire selon laquelle l'écrivain doit exprimer la vie unanime et collective, l'âme des groupes humains, et ne peindre l'individu que pris dans les rapports sociaux. (Cette esthétique fut particulièrement illustrée par Jules Romains.)

UNANIMISTE adj. et n. Relatif à l'unanimisme ; partisan de l'unanimisme.

UNANIMITÉ n. f. (lat. *unanimitas*). Accord complet des opinions, des intentions : *Cette proposition a été votée à l'unanimité.*

UNAU [yno] n. m. (mot tupi). Mammifère édenté des forêts d'Amérique tropicale, encore appelé *paresseux à deux doigts. (L'unau se déplace avec lenteur dans les branches, tête en bas, accroché par les fortes griffes de ses membres.)*

UNCIFORME [ɔ̃si-] adj. (du lat. *uncus,* crochet). En forme de crochet.

UNCINÉ, E [ɔ̃si-] adj. (lat. *uncinatus,* crochu). 1. **Bot.** Pourvu d'un crochet. — **2. Pathol.** *Crise uncinée,* variété d'épilepsie consécutive à une lésion de l'uncus de l'hippocampe. (Elle associe des phénomènes hallucinatoires, des sentiments de déjà-vu, ces impressions étant vécues comme dans un rêve.)

UNCINULA [ɔ̃si-] n. m. Champignon ascomycète, agent de l'oïdium de la vigne.

UNCUS [ɔ̃kys] n. m. (lat. *uncus,* crochet). Apophyse du corps des vertèbres cervicales.

UNDÉCYLÉNIQUE adj. *Acide undécylénique,* acide éthylénique à 11 atomes de carbone, utilisé dans le traitement des mycoses cutanées.

UNDERGROUND [œndœrgrawnd] adj. (amér. *underground,* souterrain). Se dit de spectacles, de films, d'œuvres littéraires, de revues d'avant-garde, réalisés en dehors des circuits commerciaux ordinaires.

◆ n. m. Le monde de la contre-culture.

UNDSET (Sigrid), romancière norvégienne (Kalundborg, Danemark, 1882 - Lillehammer 1949). Fille d'archéologue, passionnée par le passé de son pays qu'elle fait revivre dans *Kristin* Lavransdatter* (1920-1922) et *Olav Audunssøn* (1925-1927), elle s'est intéressée dans ses romans au sort des femmes (*Jenny,* 1911). Convertie au catholicisme (1925), elle retraça son itinéraire religieux (*le Buisson ardent,* 1930) avant de dénoncer le nazisme (*Jours heureux en Norvège,* 1943). [Prix Nobel 1928.]

UNE-DEUX n. m. inv. Au football, échange de passes entre deux partenaires.

U. N. E. D. I. C. (sigle de *Union Nationale interprofessionnelle pour l'Emploi Dans l'Industrie et le Commerce*), organisme institué en 1958 et qui coiffe l'ensemble des A. S. S. E. D. I. C.*

U. N. E. F., sigle de UNION* NATIONALE DES ÉTUDIANTS DE FRANCE.

Unesco (sigle de *United Nations Educational, Scientific and Cultural Organization,* Organisation des Nations unies pour l'éducation, la science et la culture), institution spécialiée de l'O. N. U., créée en 1946 dans le but, notamment, de contribuer au maintien de la paix et de la sécurité internationales en resserrant par l'éducation, la science, la culture et la communication la collaboration entre nations afin d'assurer le respect des droits de l'homme et des libertés fondamentales. Les États-Unis se sont retirés de l'Unesco en 1984, la Grande-Bretagne et Singapour en 1985.

Unesco *(maison de l'),* à Paris, ensemble de cinq bâtiments construits entre 1955 et 1970 par B. Zehrfuss (en collab. avec M. Breuer et P. L. Nervi pour les deux premiers), pour le siège de l'Unesco. À leur décoration ont participé Picasso, Miró et Artigas, Arp, Moore, Calder,

Bazaine, Tamayo, Soto, etc., ainsi que Noguchi (jardin japonais) et Burle Marx (patios-jardins).

UNETICE, faciès culturel chalcolithique et du bronze ancien de l'Europe centrale. Il doit son nom à la nécropole préhistorique d'*Únětice,* au sud de Prague. La civilisation d'Unetice constitue l'un des principaux centres européens d'émergence de la métallurgie.

UNGARETTI (Giuseppe), écrivain italien (Alexandrie, Égypte, 1888 - Milan 1970). Sa poésie, qui retrouve la tradition de Pétrarque et de Leopardi, fait de lui le chef de file de l'hermétisme (*Allégresse,* 1931 ; *Sentiment du temps,* 1933 ; *la Douleur,* 1947 ; *Un cri et des paysages,* 1952-1954).

UNGAVA, baie et péninsule du Canada (Québec), au S. du détroit d'Hudson. (→ NOUVEAU-QUÉBEC.)

UNGERER (Jean Thomas, dit **Tomi**), dessinateur français (Strasbourg 1931). Installé aux États-Unis en 1957, puis au Canada en 1971, il pratique un humour virulent (dessins pour des magazines américains, albums comme *America* [1974]) et une fantaisie poétique (livres pour enfants) que l'on retrouve dans ses affiches publicitaires ou dans ses sculptures en matériaux de récupération.

UNGERSHEIM (68190), comm. du Haut-Rhin, à 8,5 km de Guebwiller ; 1 459 hab. Écomusée de haute Alsace.

UNG-NO LEE (Yi Ung-no, dit), peintre coréen (Séoul 1904 - Paris 1989). Installé à Paris (1958), il allie dans son œuvre (encres sur papier, papiers découpés et collés sur toile) l'héritage de la tradition orientale et les recherches abstraites européennes.

UNGUÉAL, E, AUX [ɔ̃geal, o] adj. (lat. *unguis,* ongle). **1.** Relatif à l'ongle. — **2.** *Matrice unguéale,* sillon dans lequel est implanté l'ongle et par lequel il croît. ‖ *Phalange unguéale,* phalange qui porte l'ongle. ‖ *Tablette unguéale,* l'ongle.

UNGUIFÈRE [ɔ̃gɥifɛr] adj. Qui porte un ongle.

UNGUIS [ɔ̃gɥis] n. m. (lat. *unguis,* ongle). Petit os mince, quadrilatère, situé sur la paroi interne de l'orbite. (C'est une des parois du canal lacrymonasal.)

UNI-, préfixe, du lat. *unus,* un seul.

1. UNI → UNIR.

2. UNI, E adj. (de *uni 1*). **1.** Qui est sans inégalités, sans aspérités : *Un terrain uni.* — **2.** Qui est d'une seule couleur : *Étoffe unie.* — **3.** *Litt.* Qui s'écoule sans modification, sans à-coups : *Une vie tout unie.* — **4.** *Armure unie,* syn. de ARMURE TOILE.
◆ **uni** n. m. Étoffe, matériau d'une seule couleur : *Ne porter que de l'uni.*

UNIATE adj. (russe *ounyiat,* du lat. ecclés. *unio,* union). *Églises uniates,* fractions d'Églises de la communion orthodoxe qui ont rétabli la communion avec l'Église catholique romaine, la plus ancienne (XVIe s.) et la plus importante étant celle des Ruthènes ukrainiens, dont la plupart des membres ont dû quitter l'U. R. S. S. (On dit aussi ÉGLISES GRECQUES-CATHOLIQUES, GRECQUES-UNIES.)
◆ n. Fidèle d'une Église uniate. (Syn. GREC-CATHOLIQUE, GREC-UNI.)

UNIATISME n. m. Doctrine qui a pour objectif de rétablir la communion avec Rome d'Églises locales qui gardent leur rite d'origine.

UNIAXE [yniaks] adj. Se dit d'un cristal qui possède un axe de symétrie d'ordre supérieur à deux.

UNICEF (sigle de *United Nations International Children's Emergency Fund,* Fonds des Nations unies pour l'enfance), organisme des Nations unies, institué en 1946 dans le but de promouvoir une aide à l'enfance dans les pays du tiers monde. Son siège est à New York. (Prix Nobel de la paix 1965.)

UNICELLULAIRE adj. Se dit des animaux ou des végétaux constitués durant tout ou presque tout leur cycle reproductif par une seule cellule (bactéries, protozoaires, diatomées, etc.).
◆ n. m. Syn. de PROTISTE.

UNICITÉ n. f. Caractère de ce qui est unique.

UNICOLONNE adj. *Matrice unicolonne,* matrice de type (*n,* 1). [Syn. MATRICE COLONNE.]

UNICOLORE adj. (lat. *unicolor*). D'une seule couleur.

UNICORNE adj. (lat. *unicornis*). Qui n'a qu'une seule corne.

UNICURSAL, E, AUX adj. (du lat. *cursus,* direction). Se dit d'une courbe dont les équations paramétriques sont définies à l'aide de fractions rationnelles.

UNIDIMENSIONNEL, ELLE adj. Qui a une seule dimension.

UNIDIRECTIONNEL, ELLE adj. Qui a une seule direction, qui s'exerce dans une seule direction.

UNIÈME adj. num. ord. (de *un 1*). S'emploie après un numéral pour indiquer le rang correspondant à un nombre composé dont le chiffre des unités est *un : Le vingt et unième jour.*

UNIÈMEMENT adv. Correspond à *unième* pour la formation des adverbes à partir d'adjectifs numéraux composés : *Vingt et unièmement.*

UNIEUX (42240), comm. de la Loire, dans la dépression de Saint-Étienne, près de Firminy ; 8 122 hab. Robinetterie.

UNIFACE ou **UNIFACIAL, E, AUX** adj. Se dit d'un outil préhistorique taillé sur un seul côté.

UNIFIANT, E adj. Qui unifie.

UNIFICATEUR, TRICE adj. et n. Se dit de qqn, de son action qui unifie : *Une politique unificatrice.*

UNIFICATION n. f. **1.** Action d'unifier ; fait d'être unifié : *L'unification d'un pays.* – **2.** *Théories de grande unification,* théories qui tentent de rassembler en un seul champ de jauge (le champ de grande unification) les deux champs d'interaction quantifiés (champ électrofaible et champ des interactions fortes) responsables des propriétés des particules élémentaires et de leurs interactions. (Ces théories prédisent des effets à des énergies telles qu'il est pratiquement impensable de les déceler, mais un effet statique, la désintégration du proton, dont la durée de vie serait d'environ 10^{32} ans, est activement recherché.)

UNIFIER v. t. (bas lat. *unificare,* du lat. class. *unus,* un seul) [conj. 9]. **1.** Constituer un pays en une seule nation, lui donner une unité politique : *Unifier l'Allemagne.* – **2.** Réunir des éléments pour en faire un tout homogène, cohérent ; faire l'unité morale de : *Unifier les mouvements de résistance.* – **3.** Rendre un système uniforme, le standardiser : *Unifier les poids et mesures, l'orthographe.*
◆ **s'unifier** v. pr., **être unifié** v. pass. Se fondre en un tout ; résulter de la fusion de plusieurs autres organisations : *Parti socialiste unifié.*

UNIFILAIRE adj. *Circuit unifilaire,* circuit composé d'un seul fil.

1. UNIFORME adj. (lat. *uniformis,* de *forma,* forme). **1.** Qui ne change pas de forme : *Un ciel uniforme. Une vie uniforme.* – **2.** Qui a toujours le même cours, la même forme, le même aspect, etc. : *Vitesse uniforme.* – **3.** Qui est le même pour tous, sans différence : *Horaire uniforme pour tout le personnel.* • **Phys.** Se dit d'un champ dont la grandeur, scalaire ou vectorielle, a même valeur en tout point. ‖ *Mouvement uniforme,* mouvement d'un point matériel dans lequel la norme du vecteur vitesse reste constante. – **Probab.** *Loi uniforme,* loi d'une variable aléatoire continue pouvant prendre toutes les valeurs d'un intervalle $[a, b]$ et ayant pour densité de probabilité $f(x) = 0$ pour $x \notin [a, b]$ et $f(x) = 1/(b - a)$ pour $x \in [a, b]$.

2. UNIFORME n. m. (de *habit uniforme*). **1.** Vêtement de coupe et de couleur réglementaires porté par divers corps de l'État et diverses catégories de personnels (pilotes, gardes-chasse, etc.) – **2.** Habit militaire. (L'uniforme et les accessoires forment la tenue.) – **3.** L'armée, l'institution militaire : *Le prestige de l'uniforme.* – **4.** *Endosser l'uniforme,* devenir militaire.

UNIFORMÉMENT adv. **1.** De façon uniforme dans toute son étendue, sa durée : *Ciel uniformément gris. Vie uniformément triste.* – **2.** D'une façon commune à tout le monde : *Ils sont vêtus uniformément du même complet bleu.*

UNIFORMISATION n. f. Action de rendre uniforme ; fait de devenir uniforme : *L'uniformisation des modes de vie.*

UNIFORMISER v. t. (conj. 3). Rendre uniforme ; standardiser : *Uniformiser les droits de douane.*

UNIFORMITARISME n. m. Raisonnement scientifique attribuant une cause unique à chaque phénomène, parfois utilisé comme syn. de ACTUALISME.

UNIFORMITÉ n. f. (bas lat. *uniformitas*). **1.** Caractère de ce qui est semblable dans toutes ses parties, de ce qui est sans à-coups : *L'uniformité d'un mouvement.* – **2.** Caractère de ce qui ne présente aucune variété dans son aspect : *L'uniformité d'un lotissement.*

Unigenitus *(bulle),* constitution *(Unigenitus Dei Filius)* promulguée le 8 sept. 1713 par Clément XI à l'encontre des écrits jansénistes de l'oratorien Quesnel. Sa réception, à travers tout le XVIIIe s., rencontra, dans une partie de l'épiscopat et du clergé français, une opposition farouche.

UNIGRAPHIE n. f. Comptabilité à partie simple (par oppos. à *digraphie*).

UNIJAMBISTE adj. et n. Se dit de qqn qui a subi l'amputation d'une jambe.

UNIJONCTION n. f. *(Transistor) unijonction,* élément semi-conducteur comportant une seule jonction dont la conductibilité s'amorce pour une valeur précise, dite « tension de pic », de la tension appliquée à la jonction.

UNILATÉRAL, E, AUX adj. **1.** Qui a pour origine, ou qui engage une seule des parties en présence : *Décision unilatérale.* – **2.** Qui est situé d'un seul côté : *Stationnement unilatéral.* – **3.** Qui porte sur un seul côté des choses : *Un jugement unilatéral.* – **4.** Se dit d'un acte juridique qui émane de la volonté d'une seule personne (testament) ou qui ne fait naître d'obligation qu'à l'égard d'une partie (contrat de prêt).

UNILATÉRALEMENT adv. De façon unilatérale.

Unilever, groupe anglo-hollandais créé en 1930 qui, dès sa fondation, a dominé le marché mondial des corps gras. Un des leaders mondiaux de l'industrie alimentaire, le groupe produit aussi des détergents, des produits de toilette, des matériaux d'emballage, etc.

UNILIGNE adj. *Matrice uniligne,* matrice de type (1, *p*). [Syn. MATRICE LIGNE.]

UNILINÉAIRE adj. Se dit d'un mode de filiation qui ne tient compte que de l'une des ascendances, soit l'ascendance maternelle (matrilinéaire), soit l'ascendance paternelle (patrilinéaire).

UNILINGUE adj. Syn. de MONOLINGUE.

UNILINGUISME n. m. Syn. de MONOLINGUISME.

UNILOCULAIRE adj. Se dit d'un ovaire à une seule loge.

UNIMENT adv. (de *uni 2*). *Litt.* **1.** De façon égale, uniforme. — **2.** *Tout uniment,* simplement, sans façons : *Il a présenté tout uniment sa demande.*

UNIMODAL, E, AUX adj. **1.** Se dit d'une loi de probabilité, d'une distribution statistique à un seul mode. — **2.** Syn. de MONOMODAL.

UNIMODULAIRE adj. Se dit d'un nombre complexe de module 1.

UNINOMINAL, E, AUX adj. Se dit d'un vote qui ne porte que sur un nom, d'un scrutin qui ne peut se faire qu'en indiquant un seul nom.

UNIO n. m. (lat. *unio,* sorte d'oignon). Nom générique de la mulette.

UNION n. f. (bas lat. *unio,* du lat. class. *unus,* un seul). **1.** Relation existant entre deux ou plusieurs choses, deux ou plusieurs personnes qui forment un ensemble : *Le problème de l'union de l'âme et du corps. L'union de l'homme et de la femme dans le mariage.* — **2.** Mariage, lien conjugal : *Une union réussie.* — **3.** Conformité de sentiments, de pensées, de comportements entre des personnes ou des groupes : *L'union doit régner entre nous.* — **4.** Action de réunir, de rassembler, d'associer des éléments jusqu'alors séparés : *L'union de plusieurs atomes.* — **5.** Groupement de personnes ou de collectivités associées pour mener une action, défendre une même cause : *Une union de consommateurs ;* nom pris par certaines de ces associations. — **6.** *Union (d'États),* acte qui regroupe deux ou plusieurs États sous un même gouvernement ; États ainsi unis. (Dans ce sens, prend une majusc.) — **7.** *Union de deux ensembles,* syn. de RÉUNION (de deux ensembles). ‖ *Union internationale,* association contractuelle groupant, en vue de défendre des intérêts communs, les représentants de plusieurs États. ‖ *Union libre,* concubinage. ‖ *Union nationale,* expression désignant, en France, les gouvernements formés avec des membres de la plupart des partis, en raison des circonstances : par ex., le cabinet Poincaré pour le salut du franc (1926-1928). ‖ *L'Union sacrée,* expression employée par le président R. Poincaré en 1914, pour caractériser le rassemblement de tous les Français en face de l'agresseur.

union *(Actes d'),* nom porté par deux lois qui établirent, la première, l'union de l'Angleterre et de l'Écosse (1707), formant le royaume de Grande-Bretagne, la seconde l'union de la Grande-Bretagne et de l'Irlande (1800), formant le Royaume-Uni de Grande-Bretagne et d'Irlande.

Union *(Sainte)* ⟶ LIGUE (Sainte).

Union des annonceurs (U. D. A.), association créée en 1916 et qui représente la majorité des entreprises faisant appel à des agences de publicité.

Union des artistes modernes (U. A. M.), groupement d'architectes et de décorateurs français fondé en 1929-30. Son premier comité directeur comprenait Hélène Henry, R. Herbst, Francis Jourdain, R. Mallet-Stevens et Raymond Templier. Le mouvement « Formes utiles », fondé en 1949 avec Herbst, André Hermant, Ch. Perriand, l'architecte Georges Pingusson, J. Prouvé, etc., a prolongé son activité.

Union des assurances de Paris (U. A. P.), groupe français d'assurances, créé en 1968. Il occupe la première place sur le marché français de l'assurance et de la capitalisation. Le groupe a été privatisé en 1994.

Union des démocrates pour la République (U. D. R.), nom donné au parti gaulliste, de 1971 à 1976, en remplacement de celui d'*Union pour la défense de la République,* porté de 1968 à 1971. (⟶ U. N. R.)

Union pour la démocratie française (U. D. F.), formation politique constituée le 1er février 1978 par le parti radical, le parti républicain et le Centre des démocrates sociaux, afin de soutenir la politique de V. Giscard d'Estaing. Elle regroupe auj. le parti radical, le parti républicain, Force démocrate (structure issue de la refondation du Centre des démocrates sociaux avec, pour allié, le parti social-démocrate), le Parti populaire pour la démocratie française et le groupe des Adhérents directs. Son succès aux élections législatives de 1978 se confirme lors des élections européennes de 1979, mais l'U. D. F. est ébranlée par la défaite de V. Giscard d'Estaing à l'élection présidentielle de mai 1981. Entrée dans l'opposition après les élections législatives de juin 1981, l'U. D. F. élabore avec le R. P. R. une plate-forme de gouvernement en janv. 1986. À la suite de la victoire de cette coalition aux élections législatives de mars 1986, plusieurs membres de l'U. D. F. participent au gouvernement de J. Chirac. Après la réélection de F. Mitterrand à la présidence de la République et les élections législatives de juin 1988, l'U. D. F. retourne dans l'opposition (le Centre des démocrates sociaux [C. D. S.], tout en restant au sein de l'U. D. F., constitue à l'Assemblée nationale un groupe autonome appelé Union du centre). La présidence de l'U. D. F., assurée depuis la création de la formation par J. Lecanuet, est confiée en 1988 à V. Giscard d'Estaing. Sous la conduite de ce dernier, la liste commune U. D. F.-R. P. R. réalise un très bon score aux élections européennes de juin 1989 (devançant la liste socialiste). En 1990, une nouvelle alliance est signée avec le R. P. R., l'Union pour la France (U. P. F.). Celle-ci remporte une victoire écrasante aux élections législatives de mars 1993. L'U. D. F. reconstitue un groupe parlementaire unique, incluant les députés C. D. S. Elle est largement représentée dans le gouvernement d'É. Balladur. Lors des élections européennes de juin 1994, l'U. D. F. et le R. P. R. présentent de nouveau une liste commune. À l'élection présidentielle de 1995, l'U. D. F. soutient majoritairement É. Balladur au premier tour, avant de se rallier à J. Chirac au second tour. Ce dernier l'ayant emporté, l'U. D. F. participe très massivement aux gouvernements d'Alain Juppé. En 1996, François Léotard succède à V. Giscard d'Estaing à la présidence de l'U. D. F.

Union démocratique et socialiste de la Résistance (U. D. S. R.), groupement politique français issu de la Résistance, formé en juin 1945, constitué en parti politique en juillet 1946. Présidée par René Pleven (1946-1953), puis par François Mitterrand (1953-1958), l'U. D. S. R. disparut en 1958.

Union économique et monétaire (U. E. M.), processus d'unification en trois étapes des politiques monétaires et économiques des pays membres de la C. E. La première étape « représente l'engagement du processus de création de l'Union économique et monétaire » (libération complète des mouvements de capitaux à l'intérieur de la C. E., achèvement du marché intérieur, etc.). La deuxième, qui a pour objectif la poursuite de l'effort de convergence, s'est ouverte en 1994 avec la création de l'Institut monétaire européen (I. M. E.). La troisième étape, qui doit débuter en 1999, prévoit la création de la Banque centrale européenne, remplaçant l'I. M. E., et la conversion des monnaies en une monnaie unique, l'euro.

Union des écrivains d'U. R. S. S., organisation, créée sur l'initiative du parti en 1932, qui rassemblait « tous les écrivains souhaitant participer à l'édification socialiste ».

Union européenne, union entre plusieurs États européens, instituée par le traité de Maastricht (févr. 1992), entrée en vigueur en novembre 1993 et ayant pour objectifs principaux la réalisation d'une union monétaire et l'organisation d'une coopération en matière de politique étrangère, de défense et de sécurité intérieure. En 1995, l'Union européenne regroupe quinze pays (Allemagne, Autriche, Belgique, Danemark, Espagne, Finlande, France, Grande-Bretagne, Grèce, Irlande, Italie, Luxembourg, Pays-Bas, Portugal, Suède).

ENCYCL. Point d'aboutissement actuel du processus de construction européenne, l'Union européenne repose sur trois piliers : les Communautés européennes (premier pilier), la politique étrangère et de sécurité commune ou P. E. S. C. (deuxième pilier), les affaires intérieures et judiciaires (troisième pilier). Ces trois piliers s'inscrivent dans un cadre institutionnel unique (v. COMMUNAUTÉS EUROPÉENNES). Cependant, les deux nouveaux piliers échappent aux règles institutionnelles communautaires et relèvent pour l'essentiel de procédures intergouvernementales, caractérisées par la prise des décisions à l'unanimité. De plus, les conventions destinées à la mise en œuvre de la coopération judiciaire et policière (qui concerne, par ex., la circulation des personnes, l'émigration et l'asile) sont soumises à la ratification des Parlements nationaux, ce qui ralentit considérablement leur application. Contrairement aux communautés, l'Union ne dispose pas de la personnalité juridique.
Prévue par le traité de Maastricht, une conférence intergouvernementale s'est ouverte en mars 1996 à Turin en vue de la révision des institutions et de leur adaptation aux futurs élargissements de l'Union en direction de l'Est et du Sud. L'opposition de la Grande-Bretagne à l'extension du vote majoritaire et les réticences de certains États à s'engager en faveur d'une défense européenne laissent prévoir une différenciation dans l'intégration (comme il en existe déjà diverses formes dans la participation au S. M. E., au domaine social [à laquelle la Grande-Bretagne ne s'est pas associée], à l'U. E. O., à l'O. T. A. N. ou encore à l'U. E. M. – la Grande-Bretagne et le Danemark ayant obtenu à Maastricht le droit de rester éventuellement à l'écart de l'union monétaire). Une telle différenciation s'imposera d'autant plus que l'Union est appelée à s'élargir à une dizaine de nouveaux membres. Elle permettrait à certains pays de développer (dans l'Union ou en marge de l'Union) des formes d'intégration ou de coopération renforcée.

Union de l'Europe occidentale (U. E. O.) → COMMUNAUTÉS EUROPÉENNES.

Union européenne de football association (U. E. F. A.), organisme gérant le football européen et responsable notamment de compétitions interclubs.

Union évangélique, entente formée, en mai 1608, entre les villes et les princes protestants allemands. Elle provoqua, en riposte, la coalition en 1609 de la Sainte Ligue* allemande.

Union française, nom donné par la Constitution de 1946 à l'ensemble formé, d'une part, par la République française (France métropolitaine, départements et territoires d'outre-mer ainsi que l'Algérie), d'autre part par les territoires et États associés. Constatant l'échec de l'Union française, la Constitution de 1958 met en place une nouvelle structure, la Communauté*.

Union générale, banque française fondée à Paris en 1876 et qui réunissait des capitaux catholiques, faisant pièce, ainsi, aux intérêts protestants et israélites, alors prédominants dans la haute banque. De graves difficultés amenèrent la banque à la faillite en 1882. Ce désastre retentit sur tous les marchés de l'Europe.

Union internationale des chemins de fer (U. I. C.), organisation créée en 1922 et groupant la plupart des administrations ferroviaires d'Europe, du Moyen-Orient, d'Asie du Sud-Est, du sud de l'Afrique, ainsi que quelques réseaux d'Amérique. Elle a pour but de rationaliser et de standardiser la construction et l'entretien du matériel, de favoriser l'application de l'informatique à la gestion, à la réservation des places, etc.

Union internationale des télécommunications (U. I. T.) → TÉLÉCOMMUNICATIONS.

Union Jack (« pavillon de l'Union »), nom du drapeau national du Royaume-Uni. Créé en 1606, il unit sur fond bleu la croix de Saint-George anglaise, rouge avec liséré blanc, et la croix de Saint-André écossaise, blanche. La croix de Saint-Patrick, irlandaise, fut ajoutée en 1800, lors de l'union avec l'Irlande.

Union latine, union monétaire conclue entre la France, la Belgique, l'Italie et la Suisse (déc. 1865), rejointes par la Grèce en 1868. Elle resta en vigueur jusqu'à la Première Guerre mondiale.

Union nationale des centres sportifs de plein air (U. C. P. A.), organisme de loisirs sportifs, dépendant du ministère de la Jeunesse et des Sports, dont le but est de favoriser le développement du sport de plein air (ski et sports nautiques).

Union nationale des étudiants de France (U. N. E. F.), organisation étudiante fondée à Lille en 1907 sous le nom d'*Union nationale des associations générales d'étudiants de France.* Influente au moment de la guerre d'Algérie et de mai 1968, elle a connu de nombreuses scissions.

Union nationale pour l'indépendance totale de l'Angola (U. N. I. T. A.), organisation créée par Jonas Savimbi en 1965 et qui a mené, depuis 1975, des actions de guérilla contre le gouvernement angolais. Soutenue jusqu'en 1988-89 par l'Afrique du Sud, elle s'engage à partir de 1991 dans un processus de paix qui tarde à aboutir.

Union pour la nouvelle République (U. N. R.), nom pris par le parti gaulliste de 1958 à 1962. Fondée en 1958 par les partisans du général de Gaulle, l'U. N. R. remporte les élections de 1958 et se renforce par celles de 1962. La même année, elle se groupe avec l'Union démocratique du travail (fondée en 1959), pour former l'U. N. R.-U. D. T. En 1967, cette dernière prend le nom d'Union des démocrates pour la Ve République (U. D. R.). Après les événements de mai 1968, le parti gaulliste, rebaptisé Union pour la défense de la République (U. D. R.), remporte un important succès électoral (juin). Affaiblie par le départ du général de Gaulle (1969), touchée par l'échec de son candidat J. Chaban-Delmas aux élections présidentielles de 1974, l'U. D. R. soutient cependant la politique du président V. Giscard d'Estaing et l'un de ses membres, J. Chirac, devient Premier ministre. En 1976, ce dernier fonde le Rassemblement pour la République (R. P. R.), afin de rénover le mouvement gaulliste.

Union postale universelle (U. P. U.), institution spécialisée de l'O. N. U. (depuis 1948), créée en 1874, et qui siège à Berne. Elle est chargée notamment de réglementer et de perfectionner les relations postales entre les Etats membres et de favoriser la coopération internationale dans ce domaine.

Union et Progrès, en turc **Ittihad ve Terakki,** comité politique ottoman issu de la fusion, en sept. 1907, de la Société ottomane de liberté (fondée l'année précédente à Salonique) et du mouvement des Jeunes-Turcs*, en exil. Il joua un rôle majeur dans la révolution de juill. 1908 puis devint un véritable parti dont les chefs dirigèrent l'Empire ottoman de 1913 à 1918.

Union républicaine, groupe des députés républicains ralliés à Gambetta et formant l'extrême gauche de la Chambre (1876-1882).

UNION DES RÉPUBLIQUES SOCIALISTES SOVIÉTIQUES ou **UNION SOVIÉTIQUE** → U. R. S. S.

UNION SUD-AFRICAINE → AFRIQUE DU SUD *(République d').*

UNION (L') [31240], comm. de la Haute-Garonne, banlieue N.-N.-E. de Toulouse ; 11 778 hab.

UNION SHOP n. m. Pratique syndicale, en Belgique, dans les pays anglo-saxons, qui oblige l'employeur à n'embaucher que des travailleurs s'engageant à adhérer à un syndicat déterminé.

UNIONIDÉ n. m. Nom d'une famille de mollusques bivalves d'eau douce tels que les *unios* (mulettes) et les *anodontes.*

UNIONISME n. m. Opinion de ceux qui voulaient maintenir l'union de l'Irlande et de la Grande-

Bretagne. (Lorsque Gladstone voulut faire appliquer le Home Rule [1885], une importante fraction du parti libéral, conduite par J. Chamberlain, se sépara de lui pour fonder le parti libéral-unioniste [1886]. Il se rapprocha progressivement des conservateurs et se confondit avec eux à partir de 1905.)

UNIONISTE adj. **1.** Relatif à l'unionisme. – **2.** *Parti unioniste,* parti formé aux Pays-Bas par la réunion des catholiques et des libéraux belges contre la domination hollandaise (1828).

◆ adj. et n. **1.** Membre des Unions chrétiennes de jeunes gens et de jeunes filles (éclaireurs, éclaireuses), qui constituent le principal mouvement du scoutisme protestant. – **2.** Partisan du maintien de l'union dans un État confédéré.

UNIOVULÉ, E [ynio-] adj. Se dit des carpelles à un seul ovule (renoncule, capucine, euphorbe, ombellifères).

UNIPARE adj. **1.** Se dit d'un mammifère dont la femelle n'a qu'un seul petit à chaque portée (à l'exception des jumeaux). – **2.** Se dit d'une femme qui n'a eu qu'un enfant.

◆ n. f. Femme unipare.

UNIPERSONNEL, ELLE adj. *Entreprise unipersonnelle à responsabilité limitée (E. U. R. L.),* type d'entreprise constituée par un seul associé. (Créée en France en 1985, l'E. U. R. L. permet de séparer son patrimoine personnel de celui qui est affecté à l'entreprise.)

UNIPHASIQUE adj. (amér. *uniphasic*). Se dit de questionnaires de personnalité qui n'ont de valeur prédictive que pour un aspect de la personnalité. (Contr. MULTIPHASIQUE.)

UNIPOLAIRE adj. **1.** Qui n'a qu'un pôle. – **2.** *Câble unipolaire,* câble comportant un seul conducteur isolé. ‖ *Neurone unipolaire,* neurone dont le corps cellulaire ne possède qu'un seul prolongement qui le relie latéralement à l'axone. (Syn. NEURONE EN T.)

UNIQUE adj. (lat. *unicus,* de *unus,* un seul). **1.** Qui est seul, qui existe en un seul exemplaire, par oppos. à *double, triple,* etc. : *Régime de parti unique.* – **2.** Qui est le même pour plusieurs personnes ou choses : *Commandement unique.* – **3.** Qui est seul de son espèce dans un contexte donné : *C'est son unique fille.* – **4.** Qui se distingue des autres par son originalité, ses qualités : *Un livre unique au monde. Une femme unique.* – **5.** *Fam.* Qui étonne par son caractère bizarre, singulier, exceptionnel : *C'est un type unique.* – **6.** *Enfant unique,* qui n'a ni frère ni sœur.

UNIQUEMENT adv. **1.** De façon unique, exclusive : *Le résultat uniquement comptait à ses yeux.* – **2.** Indique une restriction : *Tu fais cela uniquement pour m'ennuyer.*

UNIR v. t. (lat. *unire,* de *unus,* un seul) [conj. **32**]. **1.** Mettre des choses ensemble, de façon à constituer un tout : *Nous pourrions unir nos efforts.* – **2.** Établir ou constituer un moyen de liaison, de communication : *Les lignes aériennes qui unissent l'Europe et l'Amérique.* – **3.** Établir entre des pays, des groupes des liens politiques, économiques, administratifs : *Des pays qu'unit une certaine solidarité économique.* – **4.** Marier deux personnes : *Le maire unit les deux jeunes gens.* – **5.** Lier des personnes, des groupes, établir entre eux une alliance par des liens de parenté, d'intérêt, etc. : *Ce mariage a uni deux familles d'origines très différentes.* – **6.** Établir entre des personnes, des groupes une communauté de sentiments, de pensées, de comportements : *Un même amour de la musique les unissait.* – **7.** Renfermer conjointement des qualités différentes : *Unir en soi de nombreuses contradictions.*

◆ **être uni** v. pass. Vivre dans la concorde, la bonne entente : *Un ménage uni.*

◆ **s'unir** v. pr., **être uni** v. pass. **1.** Se grouper, s'associer en vue d'une action commune : *Des États unis contre la menace extérieure.* – **2.** Se lier par le mariage : *S'unir pour le meilleur et pour le pire.* – **3.** *Litt.* S'accoupler : *Unis dans une folle étreinte.* – **4.** En parlant d'un caractère, exister en même temps qu'un autre : *Chez lui, le courage s'unit à la lucidité.* – **5.** Se combiner avec : *Le préfixe s'unit au radical pour former un mot dérivé.*

UNIRÉFRINGENT, E adj. Qui ne produit qu'une seule réfraction.

UNISÉRIÉ, E adj. **1.** Qui ne forme qu'une série. – **2.** Qui est disposé sur un seul rang.

UNISEXE adj. Se dit d'un vêtement, d'une coiffure, etc., qui conviennent indifféremment à l'un ou à l'autre sexe.

UNISEXUÉ, E adj. **1.** Se dit des individus ou des espèces qui ne possèdent qu'un seul sexe. – **2.** Syn. de DICLINE.

UNISSON n. m. (lat. médiév. *unisonus*). **1.** Émission simultanée de deux sons soit à la même hauteur, soit à distance d'une ou plusieurs octaves. – **2.** Égalité de hauteur de ton entre les différentes parties d'une pièce de tissu ou d'un lot de textiles, à laquelle doit conduire une teinture. – **3.** *À l'unisson,* en parfait accord de pensées, de sentiments : *Leurs cœurs battent à l'unisson.*

Unisys → BURROUGHS CORPORATION et REMINGTON RAND COMPANY.

U. N. I. T. A., sigle de UNION* NATIONALE POUR L'INDÉPENDANCE TOTALE DE L'ANGOLA.

UNITAIRE adj. (de *unité*). **1.** Qui tend à l'unité d'action politique, syndicale ou qui est marqué par cette unité : *Un défilé unitaire.* – **2.** *Matrice unitaire,* matrice carrée M à coefficients dans le corps ℂ des nombres complexes, qui est inversible et telle que son adjointe est égale à son inverse ($M^* = M^{-1}$). ‖ *Théories unitaires,* théories visant à inclure les phénomènes électromagnétiques et la gravitation dans une théorie géométrique unique de l'espace-temps. ‖ *Vecteur unitaire,* vecteur dont la norme est égale à 1.

UNITARISME n. m. Doctrine de certains groupes dissidents de la Réforme (Michel Servet, Fausto et Lelio Socin) qui niaient le dogme de la Trinité parce qu'ils y voyaient un abandon du monothéisme.

UNITÉ n. f. (lat. *unitas,* de *unus,* un seul). **1.** Caractère de ce qui est un, unique : *L'unité et la pluralité.* – **2.** Caractère de ce qui est considéré comme formant un tout dont les diverses parties concourent à constituer un ensemble indivisible : *L'unité du moi.* – **3.** Caractère de ce qui est commun à plusieurs, qui est identique pour plusieurs personnes : *L'unité de pensée. Unité de vue.* – **4.** Qualité de ce qui est homogène, non composite : *L'unité architecturale d'un édifice.* – **5.** Nombre un, à la base de la formation des autres nombres : *Le nombre peut être défini comme une collection d'unités.* – **6.** Chacun des objets d'une collection, d'une production en série : *Assiettes vendues à l'unité. Chaîne produisant 50 unités par jour.* – **7.** Grandeur prise comme étalon de mesure des grandeurs de même espèce : *Les unités monétaires des différents États.* – **8.** Élément de base d'un ensemble de caractère structuré : *La cellule, unité fondamentale des organismes vivants.* – **9.** Structure organisée, cohérente au sein d'un ensemble plus vaste : *Unité de production. Unité de recherche.* • **Biol.** *Unité de l'individu,* maintien, entre les organes vitaux des êtres pluricellulaires, d'une relation de dépendance le plus souvent réciproque. – **Écon.** *Unité de compte,* étalon de valeur servant à établir la valeur des dettes ou des créances, les soustrayant aux fluctuations des monnaies nationales. (Par ex., le D. T. S. ou l'Unité de compte européenne, devenue en 1979 l'écu.) ‖ *Unité de compte agricole (U. C. A.),* unité servant aux échanges communautaires agricoles. (Syn. DOLLAR VERT.) – **Enseign.** *Unité d'enseignement et de recherche (U. E. R.),* cellule de base de l'enseignement universitaire. (Créées en 1968, les U. E. R. sont remplacées en 1985 par des U. F. R., par des instituts ou par des écoles.) ‖ *Unité de formation et de recherche (U. F. R.),* une des composantes de l'enseignement universitaire. ‖ *Unité de valeur (U. V.),* dans une université, enseignement correspondant à une discipline et sanctionné par un contrôle des connaissances. – **Fin.** *Unité budgétaire,* règle selon laquelle le budget est présenté au Parlement pour l'année à venir, dans un document unique et de façon détaillée. – **Géogr.** *Unité urbaine,* en France, expression désignant toute ville isolée ou tout ensemble de communes comptant au moins 2 000 habitants agglomérés. – **Géol.** Subdivision des différentes catégories stratigraphiques (ère, période, époque et âge). – **Industr.** Groupe d'appareils, dans une usine, capables de réaliser une opération industrielle indépendamment des autres installations de cette usine. ‖ *Unité pilote,* installation de laboratoire, ou semi-industrielle, reproduisant à petite échelle les conditions technico-économiques d'une fabrication. ‖ *Unité semi-industrielle,* installation reproduisant exactement les conditions de marche d'un procédé à étudier ou d'une fabrication à mettre au point, mais à une échelle réduite, par exemple 1 pour 1 000. – **Inform.** Partie d'un ordinateur effectuant une tâche donnée. ‖ *Unité centrale,* partie d'un ordinateur comprenant les circuits arithmétiques, logiques et de contrôle. ‖ *Unité d'échange,* partie d'un ordinateur qui gère les opérations d'entrée-sortie. ‖ *Unité d'entrée,* périphérique permettant l'introduction de données dans un ordinateur. ‖ *Unité de sortie,* périphérique permettant l'impression ou l'enregistrement de résultats. ‖ *Unité de traitement* ou *unité arithmétique et logique,* partie d'un ordinateur effectuant les opérations arithmétiques et logiques. – **Ling.** *Unité linguistique,* élément discret identifié à un certain niveau d'analyse et caractéristique de ce niveau. (Les phonèmes au niveau phonématique, les morphèmes au niveau morphématique, les phrases au niveau phrastique.) – **Littér.** *Règle des trois unités,* règle dramatique d'après laquelle la pièce doit se développer en une seule action principale *(unité d'action),* dans un lieu unique *(unité de lieu),* dans l'espace d'une journée *(unité de temps),* et qui régit le théâtre classique français au nom de la vraisemblance. – **Mar.** Appellation donnée à des bâtiments de la marine nationale, quelle que soit leur importance. – **Math.** *Élément unité,* élément neutre, s'il existe, d'une opération interne notée multiplicativement. (On le note généralement 1.) ‖ *Matrice unité,* matrice (α_{ij}) carrée telle que $\alpha_{ij} = 1$ si $i = j$, et $\alpha_{ij} = 0$ si $i \neq j$. – **Métrol.** Grandeur particulière prise comme terme de comparaison avec des grandeurs de même espèce. (Les nombres qui résultent de ces comparaisons donnent les mesures de ces grandeurs.) [→ *encycl.*] ‖ *Système d'unités,* ensemble d'unités choisies de façon à simplifier certaines formules physiques reliant plusieurs grandeurs. ‖ *Unités de base* ou *unités fondamentales,* unités desquelles on dérive les autres unités d'un

TABLEAU DES UNITÉS DE MESURE LÉGALES FRANÇAISES

(Décret du 3 mai 1961 modifié par les décrets du 5 janvier 1966, du 4 décembre 1975 et du 26 février 1982.)

Les unités de base du système SI sont écrites en **MAJUSCULES GRASSES.**
Les unités dérivées du système SI sont écrites en MAJUSCULES.
Les unités admises internationalement avec le système SI sont écrites en minuscules.
Les autres unités légales françaises sont écrites en *italique.*
Les unités marquées d'un astérisque ne sont plus légales depuis le 1er janvier 1986.

MULTIPLES ET SOUS-MULTIPLES DÉCIMAUX

exa	E	1 000 000 000 000 000 000 d'unités	déci	d	0,1	unité
peta	P	1 000 000 000 000 000 d'unités	centi	c	0,01	unité
téra	T	1 000 000 000 000 d'unités	milli	m	0,001	unité
giga	G	1 000 000 000 d'unités	micro	µ	0,000 001	unité
méga	M	1 000 000 d'unités	nano	n	0,000 000 001	unité
kilo	k	1 000 unités	pico	p	0,000 000 000 001	unité
hecto	h	100 unités	femto	f	0,000 000 000 000 001	unité
déca	da	10 unités	atto	a	0,000 000 000 000 000 001	unité

I. UNITÉS GÉOMÉTRIQUES

longueur		
MÈTRE	m	
mille	....	1 852 m
aire ou superficie		
MÈTRE CARRÉ	m^2	
are	a	100 m^2
hectare	ha	10 000 m^2
barn	b	10^{-28} m^2
volume		
MÈTRE CUBE	m^3	
litre	l (ou L)	0,001 m^3
angle plan		
RADIAN	rad	
tour	tr	2 π rad
grade (ou *gon*)	gon	π/200 rad
degré	°	π/180 rad
minute	′	π/10 800 rad
seconde	″	π/648 000 rad
angle solide		
STERADIAN	sr	

II. UNITÉS DE MASSE

masse		
KILOGRAMME	kg	
(les préfixes s'associent au nom « gramme »)		
tonne	t	1 000 kg
GRAMME	g	0,001 kg
carat métrique	....	0,0002 kg
unité de masse atomique	u	1,660 57·10^{-27} kg
masse linéique		
KILOGRAMME PAR MÈTRE	kg/m	
tex	tex	0,000 001 kg/m
masse surfacique		
KILOGRAMME PAR MÈTRE CARRÉ	kg/m^2	
masse volumique, concentration		
KILOGRAMME PAR MÈTRE CUBE	kg/m^3	
volume massique		
MÈTRE CUBE PAR KILOGRAMME	m^3/kg	

III. UNITÉS DE TEMPS

temps		
SECONDE	s	
minute	min	60 s
heure	h	3 600 s
jour	d (ou j)	86 400 s
fréquence		
HERTZ	Hz	

IV. UNITÉS MÉCANIQUES

vitesse		
MÈTRE PAR SECONDE	m/s	
nœud	....	1 852/3 600 m/s
kilomètre par heure	km/h	1/3,6 m/s
vitesse angulaire		
RADIAN PAR SECONDE	rad/s	
tour par minute	tr/min	2 π/60 rad/s
tour par seconde	tr/s	2 π rad/s
accélération		
MÈTRE PAR SECONDE CARRÉE	m/s^2	
gal	Gal	0,01 m/s^2
accélération angulaire		
RADIAN PAR SECONDE CARRÉE	rad/s^2	

force		
NEWTON	N	
moment d'une force		
NEWTON-MÈTRE	N-m	
tension capillaire		
NEWTON PAR MÈTRE	N/m	
énergie, travail quantité de chaleur		
JOULE	J	
wattheure	Wh	3 600 J
électronvolt	eV	$1{,}602\ 19 \cdot 19^{-19}$ J
puissance		
WATT	W	
pression, contrainte		
PASCAL	Pa	
bar	bar	100 000 Pa
*millimètre de mercure**		133,322 Pa
viscosité dynamique		
PASCAL-SECONDE	Pa-s	
*poise**	P	0,1 Pa-s
viscosité cinématique		
MÈTRE CARRÉ PAR SECONDE	m^2/s	
*stokes**	St	0,000 1 m^2/s
V. UNITÉS ÉLECTRIQUES		
intensité de courant électrique		
AMPÈRE	A	
force électromotrice, différence de potentiel (ou tension)		
VOLT	V	
puissance		
WATT	W	
puissance apparente		
WATT (ou *voltampère*)	W (ou VA)	
puissance réactive		
WATT (ou *var*)	W (ou *var*)	
résistance électrique		
OHM	Ω	
conductance électrique		
SIEMENS	S	
intensité de champ électrique		
VOLT PAR MÈTRE	V/m	
quantité d'électricité, charge électrique		
COULOMB	C	
ampère-heure	Ah	3 600 C
capacité électrique		
FARAD	F	
inductance électrique		
HENRY	H	
flux d'induction magnétique		
WEBER	Wb	
induction magnétique		
TESLA	T	
intensité de champ magnétique		
AMPÈRE PAR MÈTRE	A/m	
force magnétomotrice		
AMPÈRE	A	
VI. UNITÉS THERMIQUES		
températures		
KELVIN	K	
température Celsius		
DEGRÉ CELSIUS	°C	
quantité de chaleur voir unités mécaniques (énergie)		
flux thermique		
WATT	W	
capacité thermique, entropie		
JOULE PAR KELVIN	J/K	
capacité thermique massique, entropie massique		
JOULE PAR KILOGRAMME-KELVIN	J/(kg-K)	
conductivité thermique		
WATT PAR MÈTRE-KELVIN	W/(m-K)	
VII. UNITÉS OPTIQUES		
intensité lumineuse		
CANDELA	cd	
intensité énergétique		
WATT PAR STÉRADIAN	W/sr	
flux lumineux		
LUMEN	lm	
flux énergétique		
WATT	W	
éclairement lumineux		
LUX	lx	
éclairement énergétique		
WATT PAR MÈTRE CARRÉ	W/m^2	

TABLEAU DES UNITÉS DE MESURE LÉGALES FRANÇAISES
(Décret du 3 mai 1961 modifié par les décrets du 5 janvier 1966, du 4 décembre 1975 et du 26 février 1982.)

luminance lumineuse CANDELA PAR MÈTRE CARRÉ.........	cd/m^2	
vergence des systèmes optiques 1 PAR MÈTRE (ou *dioptrie*)..............	m^{-1} (ou δ)	
VIII. UNITÉS DE LA RADIOACTIVITÉ		
activité radionucléaire BECQUEREL...........	Bq	
*curie**	Ci.......	$3{,}7 \cdot 10^{10}$Bq
exposition de rayonnements X ou γ COULOMB PAR KILOGRAMME.........	C/kg	
*röntgen**	R........	$2{,}58 \cdot 10^{-4}$ C/kg
dose absorbée, kerma GRAY	Gy	
*rad**	rd.......	0,01 Gy
équivalent de dose SIEVERT...............	Sv	
*rem**..................	rem	0,01 Sv
IX. QUANTITÉ DE MATIÈRE		
MOLE	mol	

système. — **Mil.** Formation militaire constituée de façon permanente dans les armées de terre et de l'air. (On dit aussi UNITÉ ORGANIQUE, UNITÉ AÉRIENNE.) ‖ *Grande unité,* formation militaire d'importance égale ou supérieure à la brigade. ‖ *Petite unité,* formation militaire d'importance inférieure à la brigade. ‖ *Unité de combat,* formation militaire qui est pourvue en permanence des moyens nécessaires à l'accomplissement de certaines missions de combat. — **Pétr.** *Unité de raffinage,* installation industrielle où s'effectue la transformation ou le traitement du pétrole par un procédé de raffinage. — **Polit.** *Unité nationale,* cohésion des ressortissants d'un État, essentiellement invoquée lorsque l'existence de celui-ci est menacée de l'intérieur ou de l'extérieur. — **Polym.** *Unité de constitution,* syn. de MOTIF MONOMÈRE. — **Stat.** Unité statistique, fait élémentaire à étudier. — **Télév.** *Unité de programme,* division administrative responsable, au sein d'une chaîne de télévision, du choix et de la diffusion d'un type donné d'émissions (variétés, documentaires, etc.). — **Usin.** *Unité d'usinage,* partie d'une machine spéciale, autonome et généralement standard, à commande électromécanique, hydraulique ou pneumatique, qui effectue une opération particulière (perçage, alésage, taraudage, etc.).

ENCYCL. **Métrol.** La Ire Conférence générale des poids et mesures, en 1889, adopta les nouveaux étalons du mètre et du kilogramme, qui furent déposés au Bureau international des poids et mesures pour servir de base internationale du système métrique. Depuis, ce système s'est étendu et perfectionné. La XIe Conférence générale des poids et mesures, en 1960, lui a donné le nom de « système international d'unités » ou, en abrégé, SI, dans toutes les langues. Le SI comporte aujourd'hui sept unités de base : mètre, kilogramme, seconde, ampère, kelvin, candela et mole, à partir desquelles on forme les unités dérivées par des relations simples. Ces unités de base sont parfois redéfinies, au gré des progrès scientifiques et techniques, à partir de phénomènes physiques invariables, mais la valeur de l'unité reste inchangée.

• *Noms, préfixes et symboles.* Les noms des unités sont grammaticalement des noms communs : leur première lettre n'est pas une majuscule et ils suivent les règles du pluriel ; en revanche, leurs symboles sont invariables et utilisent souvent des majuscules. Dans le SI, comme dans le système métrique, on peut adjoindre au nom d'une unité un préfixe convenable pour former le nom d'un multiple ou d'un sous-multiple décimal de l'unité ; le symbole correspondant s'obtient en adjoignant le symbole du préfixe au symbole de l'unité (v. tableau).

United Air Lines, compagnie aérienne américaine dont l'origine remonte à 1926. Elle est la première compagnie aérienne au monde par le nombre de ses appareils. Elle dessert la totalité du réseau intérieur américain et d'importantes lignes internationales. Elle a pris en 1987 le nom d'*Allegis.* La compagnie a été rachetée par ses salariés en 1994.

United Artists, nom anglais de la firme de production Artistes associés.

United Brands, société américaine qui, créée en 1899 sous le nom de « United Fruit Company », reprit les activités de plusieurs firmes adonnées à l'industrie du fruit et qui détenaient d'importantes propriétés en Amérique centrale, du Sud et aux Antilles. À la suite de diverses fusions, elle devint, en 1970, l'« United Brands ». La société a pour activité principale la production, le traitement et la distribution de fruits, produits carnés, corps gras, boissons sucrées.

PRINCIPALES UNITÉS DE MESURE ANGLO-SAXONNES				
nom anglais	*symbole*	*nom francisé*	*valeur*	*observations*
longueur				
inch	in (ou ″)	pouce	25,4 mm	
foot	ft (ou ′)	pied	0,304 8 m	vaut 12 in
YARD	yd	yard	0,914 4 m	vaut 3 ft
fathom	fm	brasse	1,828 8 m	vaut 2 yd
statute mile	m (ou mile)	mille terrestre	1,609 km	vaut 1,760 yd
nautical mile		mille marin britannique	1,853 km	vaut 6 080 ft
international nautical mile		mille marin international	1,852 km	
masse – avoirdupois (commerce)				
ounce	oz	once	28,349 g	
POUND	lb	livre	453,592 g	vaut 16 oz
capacité				
US liquid pint	liq pt	pinte américaine	0,473 l	
pint	UK pt	pinte britannique	0,568 l	
US GALLON	US gal	gallon américain	3,785 l	vaut 8 liq pt
IMPERIAL GALLON	UK gal	gallon britannique	4,546 l	vaut 8 UK pt
US bushel	US bu	boisseau américain	35,239 l	
bushel	bu	boisseau britannique	36,369 l	vaut 8 UK gal
US barrel (petroleum)	US bbl	baril américain	158,987 l	vaut 42 US gal
force				
poundal	pdl		0,138 2 N	
puissance				
horse power	hp	cheval-vapeur britannique	745,7 W	
température				
FAHRENHEIT DEGREE	°F	degré Fahrenheit	une température de *t* degrés Fahrenheit correspondant à $\frac{5}{9}(t - 32)$ degrés Celsius 212 °F correspond à 100 °C 32 °F correspond à 0 °C	
chaleur, énergie, travail				
British thermal unit	Btu		1 055,06 J	

United Press International (UPI), agence de presse américaine créée par E. W. Scripps en 1907 sous la dénomination « United Press Associations » (UPA). En 1958, UPA a fusionné avec l'International News Service (fondé en 1909 par W. R. Hearst) et est devenue United Press International. Son siège est à New York.

UNITED STATES OF AMERICA, nom officiel anglais des États-Unis, abrégé souvent par les initiales USA.

United States Lines, compagnie de navigation maritime américaine dont l'origine remonte à la fin de la guerre de Sécession (1865). Créée sous le nom de « American Line », pour assurer le service régulier Philadelphie-Liverpool, elle compta, au sein de sa flotte, les premiers détenteurs du célèbre trophée Hales (« Ruban bleu »), décerné au navire le plus rapide du monde. La société s'est largement reconvertie dans le transport des marchandises.

United States Steel Corporation, groupe industriel, créé en 1901 à partir des actifs d'une puissante entreprise de la sidérurgie américaine, la Carnegie Co, et qui contrôlait à sa fondation 65 % de la production sidérurgique des États-Unis. Le groupe, qui demeure un des premiers sidérurgistes mondiaux, s'est intéressé par ailleurs à l'exploitation du pétrole et du gaz. Il a adopté, en 1986, le nom de USX Corporation.

UNITIF, IVE adj. (lat. médiév. *unitivus*). *Vie unitive,* vie de perpétuelle union avec Dieu.

UNIVALENT, E adj. Syn. de MONOVALENT.

UNIVALVE adj. À une seule valve.

UNIVERS n. m. (lat. *universum*). **1.** Ensemble de tout ce qui existe. (En astrophysique, prend une majusc.) — **2.** *Litt.* La terre habitée tout entière ; l'ensemble de l'humanité : *Voyager aux quatre coins de l'univers. L'univers entier a salué cette découverte.* — **3.** Milieu, environnement, domaine psychologique de qqn, d'un groupe : *Son village était tout son univers. L'univers de l'enfance, du rêve.* — **4.** Ensemble de concepts, d'objets abstraits considéré comme un système organisé : *L'univers mathématique.* — **5.** Ensemble que l'on peut munir d'une probabilité. — **6.** *Univers du discours,* domaine des objets mis en jeu par un raisonnement. (Par ex., dans l'arithmétique, l'univers du discours est constitué par l'ensemble $\mathbb{N}$ des entiers naturels.)

ENCYCL. **Astron.** Les galaxies, avec les étoiles et la matière interstellaire qu'elles renferment, constituent l'unité de peuplement de l'Univers. On admet à présent que l'Univers, initialement très chaud, très dense et concentré dans un très petit volume, est brutalement entré en expansion il y a env. 15 milliards d'années (big bang), ne cessant depuis de se dilater et de se refroidir. Les plus récents acquis de la physique des particules permettent de retracer son évolution jusqu'à une fraction infime de seconde après le big bang. Quand la température, en diminuant, devint de l'ordre de 10^9 K, des réactions thermonucléaires s'établirent et réalisèrent la synthèse de noyaux atomiques légers. Trois minutes après l'explosion primordiale, la synthèse des noyaux d'hydrogène et d'hélium était déjà terminée. Quelques centaines de milliers d'années plus tard, les électrons se combinèrent aux noyaux pour former les premiers atomes. La lumière commença à se propager et l'Univers devint transparent. Env. un milliard d'années après le big bang se formèrent les premières galaxies.

Universal, société américaine de production et de distribution de films, constituée en 1912 par Carl Laemmle.

UNIVERSALISATION n. f. Action d'universaliser ; fait de devenir universel.

UNIVERSALISER v. t. (conj. 3). Rendre universel, commun à tous les hommes ; répandre, généraliser.

UNIVERSALISME n. m. Caractère d'une doctrine, d'une religion universalistes.

UNIVERSALISTE adj. Qui s'adresse à tous les hommes, au monde tout entier.
◆ adj. et n. Syn. de LATITUDINAIRE.

UNIVERSALITÉ n. f. (bas lat. *universalitas*). **1.** Caractère de ce qui concerne, implique tous les hommes : *L'universalité du langage.* — **2.** Caractère de ce qui convient distributivement à tous les individus d'une classe. — **3.** *Universalité budgétaire,* règle selon laquelle le budget présenté au Parlement réunit dans un document la masse de recettes et dans un autre les dépenses, afin de ne pas subordonner une dépense à la réalisation d'une recette correspondante. ‖ *Universalité juridique,* bien distinct des éléments qui le composent, ceux-ci étant considérés comme tangibles (ex. le fonds de commerce).

UNIVERSAUX n. m. pl. (pl. de l'anc. fr. *universal,* universel). **1.** Dans la terminologie scolastique, issue de l'Antiquité, mots comme *homme, chien,* etc., qui sont des notions générales résultant par abstraction de la rencontre d'objets singuliers. — **2.** Concepts ou éléments qui sont communs, hypothétiquement, à toutes les langues naturelles existantes. (Le singulier *universal* est rare.) — **3.** *Querelle des universaux,* controverse sur la nature et l'origine des notions générales de l'esprit, qui agita toute la scolastique et qui opposa rationalistes, empiristes et conceptualistes (Abélard).

UNIVERSEL, ELLE adj. (bas lat. *universalis*). **1.** Qui concerne l'Univers, le cosmos : *Gravitation universelle.* — **2.** Qui s'étend sur toute la surface de la terre : *Domination universelle d'une superpuissance.* — **3.** Qui a des connaissances en tout : *Un homme universel.* — **4.** Qui embrasse la totalité des êtres et des choses : *Une valeur universelle.* — **5.** Qui s'applique à tous les cas : *Remède universel.* — **6.** Se dit de certains instruments ou appareils à usages multiples : *Robot universel.* • **Dr.** *À titre universel,* se dit de ce qui porte sur une fraction du patrimoine. ‖ *Communauté universelle,* régime matrimonial conventionnel où tous les biens présents et à venir de chacun des époux tombent dans la communauté. — **Électr.** *Moteur universel,* moteur électrique pouvant fonctionner en courant continu et en courant alternatif. — **Inform.** Se dit d'un calculateur numérique dont la programmation lui permet de traiter toutes sortes de problèmes. — **Ling.** *Grammaire universelle,* perspective de recherche portant sur les universaux du langage. (La grammaire universelle s'inscrit dans la lignée cartésienne de la grammaire générale des XVIIe et XVIIIe s.) — **Log.** et **Math.** *Quantificateur universel,* symbole noté $\forall$ (qui s'énonce *pour tout*) et exprimant qu'une certaine propriété appartient à tous les éléments d'un ensemble. — **Log.** et **Philos.** Qui a le caractère de l'universalité. ‖ *Proposition universelle,* proposition dont le sujet est considéré dans toute son extension.

◆ **universel** n. m. Ce qui est universel : *S'élever du particulier à l'universel.*

UNIVERSELLEMENT adv. De façon universelle, par tout le monde.

UNIVERSITAIRE adj. Relatif à l'université, qui relève de l'enseignement supérieur : *Titres universitaires.*
◆ n. **1.** Enseignant dans une université. — **2.** En Belgique, personne pourvue d'un diplôme de fin d'études à l'université.

UNIVERSITÉ n. f. (lat. médiév. *universitas,* communauté). **1.** Au Moyen Âge, institution ecclésiastique jouissant de privilèges royaux et pontificaux et chargée de l'enseignement. — **2.** Ensemble d'établissements scolaires relevant de l'enseignement supérieur regroupé dans une circonscription administrative : *L'université de Caen, de Paris-X.* (→ encycl.) — **3.** Bâtiments d'une université. — **4.** Ensemble du personnel enseignant et administratif des universités d'un pays. — **5.** Ensemble des membres de l'enseignement public des divers degrés, dépendant de l'Éducation nationale. — **6.** *Conseil d'université,* organisme chargé de veiller à la gestion et au fonctionnement d'une université. ‖ *Université d'été,* ensemble de réunions et de conférences qu'organisent certains partis politiques pendant les vacances d'été à l'intention de leurs militants, en partic. des plus jeunes d'entre eux, et destinées à compléter la formation de ceux-ci, à susciter des débats, à proposer des thèmes de réflexion, etc. ‖ *Universités populaires,* associations destinées à répandre l'instruction dans les milieux populaires. (La première a été créée en 1898 par G. Deherme.) ‖ *Université du troisième âge,* ensemble de cours et de conférences que certains établissements d'enseignement supérieur proposent aux personnes retraitées ; service chargé de l'organisation de ces cours et de ces conférences, des inscriptions des auditeurs, etc.
ENCYCL. Le troisième concile du Latran (1179) décida que toute église cathédrale devait entretenir un maître chargé d'instruire les clercs de l'Église. C'est de l'école épiscopale de Paris que naquit la plus ancienne université de France. Une charte de Philippe Auguste (1200), puis une bulle papale (1215) donnèrent à l'Université les droits et privilèges d'une corporation ecclésiastique ; elle obtint le droit exclusif de conférer les grades de bachelier, de licencié et de docteur aux étudiants, répartis en quatre facultés *(arts libéraux, droit canon, médecine, théologie).* Au XIIIe s. apparurent les premiers établissements fixes d'enseignement. Le plus célèbre fut ouvert par Robert de Sorbon en 1253. La période qui s'étend du XIIIe au XVe s. marqua l'apogée de l'Université de Paris. Le déclin commença au XVIe s. : hostile à la Renaissance humaniste, elle fut concurrencée par le Collège des lecteurs royaux (Collège de France) puis par les collèges de jésuites. Seule la Sorbonne, c'est-à-dire la faculté de théologie, garda une certaine importance jusqu'au XVIIIe s. En province, des universités s'étaient créées à l'image de celle de Paris dont les plus anciennes sont celles de Toulouse (1229-30) et de Montpellier (1289). En 1793, la Convention supprima toutes les universités de l'Ancien Régime.
Les lois napoléoniennes (1806, 1808, 1811) créèrent sous le nom d'Université l'organisation nationale de l'enseignement. Elle fut dirigée par un grand maître, assisté d'un Conseil de l'Université ; l'Empire français fut divisé en académies, régies chacune par un recteur. L'université fut placée sous la surveillance directe de l'État.
La loi d'orientation de l'enseignement supérieur du 12 nov. 1968 modifia radicalement la notion d'université ; elle posa le triple principe de l'autonomie, de la participation et de la pluridisciplinarité. Gérées par un conseil élu, les universités furent dotées d'une large autonomie administrative, financière et pédagogique. Chacune d'elles regroupa des unités d'enseignement et de recherche (U. E. R.) qui, en application de la loi du 26 janv. 1984, furent remplacées en 1985 par des unités de formation et de recherche (U. F. R.), par des instituts ou par des écoles.

universités partiellement ou entièrement de langue française *(Association des)* **[A. U. P. E. L. F.],** association constituée en 1961 sur l'initiative de Canadiens de langue française et dont le siège est à Montréal. Elle rassemble les universités d'expression française de plus de 30 pays.

UNIVITELLIN, E adj. (du lat. *vitellum,* jaune d'œuf). Syn. de MONOZYGOTE.

UNIVOCITÉ n. f. Caractère univoque de qqch.

UNIVOLTIN, E adj. (ital. *univoltano,* de *volta,* fois). Se dit d'une espèce d'insectes ayant une seule génération annuelle. (Le syn. MONOVOLTIN s'emploie surtout pour les vers à soie. Pour les plantes, on dit simplement ANNUEL. S'oppose à BIVOLTIN [deux générations annuelles] et à POLYVOLTIN [plusieurs générations annuelles].) [Syn. MONOCYCLIQUE.]

UNIVOQUE adj. (bas lat. *univocus,* du lat. class. *vox, vocis,* voix). **1.** Se dit d'un signe, d'un mot, qui garde le même sens dans ses différents emplois, qui n'est pas équivoque. — **2.** Se dit d'une relation logique entre deux objets qui ne s'exerce que dans un sens (par oppos. à *biunivoque*).

UNKEI, sculpteur japonais (Kyōto v. 1148 - ? 1223). Fils du sculpteur Kōkei, il lui succède à la tête de l'école fondée par leur ancêtre, le célèbre Jōchō*. Il donne un souffle nouveau à la statuaire de l'époque Kamakura et renoue avec le réalisme du VIIIe s. : *Gardiens* géants de la porte sud du Tōdai-ji de Nara (1203), *Miroku* et portraits de *Seshin* et *Muchaku* du Kōfukuji de Nara.

Unkiar-Skelessi *(traité d')* [8 juill. 1833], traité signé à Hünkâr iskelesi, sur la rive asiatique du Bosphore, entre l'Empire ottoman et la Russie, venue au secours du premier à la suite de l'invasion de Méhémet-Ali en Anatolie.

U. N. R., sigle de UNION* POUR LA NOUVELLE RÉPUBLIQUE.

UNRUH (Fritz VON), poète allemand (Coblence 1885 - Diez, Rhénanie-Palatinat, 1970). Officier de la garde, il se fit connaître par ses drames (*Louis-Ferdinand, prince de Prusse,* 1913), puis évolua vers une inspiration pacifique dans ses poèmes (*Marche au sacrifice,* 1916), ses pièces de théâtre (*Une famille,* 1918 ; *Place,* 1920 ; *Orage,* 1922) et ses récits (*le Livre de la paix,* 1925).

UNTEL, UNETELLE n. Désigne anonymement une personne. (Souvent avec une majusc. et parfois en deux mots.)

Unter den Linden (« Sous les tilleuls »), avenue de Berlin, qui part de la porte de Brandebourg.

UNTERWALD, en all. **Unterwalden** (« Sous les forêts »), canton de la Confédération suisse, au S. du lac des Quatre-Cantons ; 767 km² ; 62 069 hab. Ce canton groupe les deux demi-cantons, restés autonomes, de Nidwald et d'Obwald. Il occupe la zone des Préalpes helvétiques et vit surtout de l'élevage laitier, du bois et du tourisme (Engelberg).
— **Hist.** Unterwald fut un des trois cantons de la première Confédération (1291). Resté catholique, il fit partie du Sonderbund (1845-1847).

UNVERDORBEN (Otto), chimiste allemand (Dahme, près de Potsdam, 1806 - *id.* 1873). En 1826, il a découvert l'aniline.

UNZEN, massif volcanique du Japon, dans l'ouest de l'île de Kyūshū ; 1 360 m. Parc national de 256 km².

UPĀDHYĀYA BRAHMABANDAV, mystique indien (1861 - v. 1907). Issu d'une famille de brahmanes bengalī, il entra dans l'Église catholique en 1892 et tenta de concilier l'hindouisme et le christianisme. Il fut arrêté l'année de sa mort par les Britanniques, qui l'accusaient de sédition.

Upaniṣad, mot sanskrit désignant les textes sacrés hindous considérés comme révélé et dont l'ensemble (plus de 200) forme le *vedānta.* Beaucoup sont récents, mais certains remontent à une période très ancienne (entre 700 et 300 av. J.-C.). Leur but est la libération de l'homme de la transmigration. Conditionné par la force de l'ignorance, celui-ci doit déchirer le voile de l'illusion et reconnaître l'identité du soi individuel (ātman) et du soi universel ou absolu (Brahman).

UPAS [ypas] n. m. (mot malais). Arbre (moracée) de Malaisie dont le latex toxique est utilisé pour empoisonner les flèches.

UPDIKE (John), écrivain américain (Shillington, Pennsylvanie, 1932). Poète, nouvelliste au *New Yorker* (*les Plumes du pigeon,* 1962), il donne, à travers la reprise de mythes, une vaste représentation de la comédie sociale américaine et de ses fantasmes (*la Fête à l'asile,* 1959 ; *Cœur de lièvre,* 1960 ; *le Centaure,* 1963 ; *Couples,* 1968 ; *Rabbit est riche,* 1981 ; *Bech est de retour,* 1982 ; *les Sorcières d'Eastwick,* 1984 ; *Ce que pensait Roger,* 1986 ; *Rabbit en paix,* 1990 ; *Brésil,* 1994).

UPÉRISATION n. f. (de *Uper,* n. pr.). Procédé de stérilisation continue des liquides en vrac, le lait notamment, par injection directe de vapeur surchauffée dans le produit maintenu sous pression, ce qui le porte à 150 °C pendant moins d'une seconde.

UPÉRISER v. t. (conj. 3). Soumettre à l'upérisation.

UPI, abrév. de UNITED* PRESS INTERNATIONAL.

UPITS (Andrejs), écrivain letton (Skriveri 1877 - Riga 1970). La révolution russe de 1905 inspira ses romans sociaux sur la vie paysanne (*les Robežniek,* 1912-1933) et le prolétariat letton (*Éclaircie,* 1951).

UPOLU, île de Polynésie, une des Samoa ; 1 127 km² ; 108 600 hab. V. princ. *Apia.*

UPPERCUT [ypɛrkyt] n. m. (mot angl., de *upper,* supérieur, et *cut,* coup). En boxe, coup de poing délivré bras fléchi, de bas en haut.

UPPSALA, v. de Suède centrale, ch.-l. de province ; 147 000 hab. Archevêché luthérien, siège métropolitain du royaume. Importante université fondée en 1477. Cathédrale gothique entreprise à la fin du XIIIe s. Château érigé par Gustave Vasa (XVIe-XVIIIe s.). Industries pharmaceutiques et alimentaires. Textile. Céramique. — À 4 km au N. se trouve *Gamla Uppsala* (le Vieil Uppsala), centre politique et religieux du royaume de Svea aux temps vikings.

UPSILON [-lɔn] n. m. (gr. *u psilon, u* simple). Vingtième lettre de l'alphabet grec (υ, Y). [Il est transcrit *y* dans les mots empruntés au grec : *hystérie, hydrologie.*]

UP TO DATE [œptudɛt] loc. adj. inv. (mots angl. signif. *jusqu'à la date où l'on est*). *Vx.* Moderne, au goût du jour.

U. P. U., sigle de UNION* POSTALE UNIVERSELLE.

UPUPIDÉ n. m. (lat. *upupa,* huppe). Nom de famille créé pour une seule espèce d'oiseaux, la huppe.

UPWELLING [œpwɛliŋ] n. m. (mot angl., de *up,* vers le haut, et *to well,* jaillir). Syn. de REMONTÉE* D'EAU FROIDE.

'UQBA IBN NĀFI', général arabe (v. 630-683). Il conquit la Tunisie (670), fonda Kairouan puis soumit tout le Maghreb central jusqu'à Tanger. Il fut tué par des rebelles. Son tombeau est situé à Sidi Okba, au sud de Beskra (Algérie).

UR → OUR.

'URĀBĪ PACHA ou **'ARĀBĪ PACHA,** officier égyptien (près de Zagazig 1839 - Le Caire 1911). Colonel en 1879, il fut imposé comme ministre de la Guerre en 1881. Soutenu par l'armée et les ulémas, il s'opposa aux Britanniques qui firent bombarder Alexandrie et le défirent à Tell el-Kébir (sept. 1882). Il fut alors déporté (jusqu'en 1901) par les autorités britanniques.

URACILE n. m. Base pyrimidique entrant dans la constitution des molécules d'A. R. N.

URAÈTE n. m. (lat. sc. *uroætus,* aigle à queue). Grand aigle d'Australie et de Nouvelle-Guinée, se nourrissant de moutons, de kangourous, de lapins et de reptiles, nichant dans les arbres.

URAEUS [yreys] n. m. inv. (lat. mod. *uraeus,* du gr. *ouraios,* qui concerne la queue). Serpent naja femelle qui figure dressé au front de la couronne du pharaon et de certaines divinités égyptiennes. (Il symbolise l'œil de Rê brûlant de fureur.)

URANATE n. m. Sel dérivant de l'anhydride UO_3.

URANE n. m. (all. *Uran,* de *Uranus,* n. pr.). Oxyde d'uranium UO_2.

URANEUX adj. m. Se dit des dérivés de l'uranium tétravalent.

URANIDES n. m. pl. Groupe d'éléments chimiques comprenant l'uranium, le neptunium, le plutonium et l'américium, dont les propriétés chimiques sont voisines.

URANIE n. f. (lat. sc. *urania,* du lat. class. *Urania,* Uranie). Grand papillon de l'île de Madagascar, brillant des teintes les plus vives.

URANIE, muse de l'Astronomie.

URANIFÈRE adj. Qui contient de l'uranium.

URANINITE n. f. Oxyde d'uranium, cubique.

URANIQUE adj. 1. Qui se rapporte à l'uranium. – 2. *Sels uraniques,* sels d'uranium qui dérivent du radical uranyle et dans lesquels l'uranium a la valence 6.

URANISME n. m. (all. *Uranismus,* du gr. *Ourania,* surnom d'Aphrodite). *Litt.* Homosexualité masculine.

URANITE n. f. Syn. de AUTUNITE.

URANIUM [-njɔm] n. m. (de *urane*). Métal lourd, radioactif. (Élément chimique de symbole U.)

Numéro atomique : 92
Masse atomique : 238,03
Masse volumique : 19,07 g/cm³
Température de fusion : 1 132 °C

ENCYCL. Dernier élément naturel dans le tableau périodique, l'uranium a été isolé par Péligot en 1841. C'est un solide ayant l'aspect du fer, qui s'oxyde facilement et se combine au chlore, au soufre, à l'azote et au carbone. L'oxyde uraneux UO_2 est un solide noir, à propriétés basiques ; l'oxyde salin U_3O_8 est vert foncé ; l'anhydride uranique UO_3 est amphotère et donne des sels d'uranyle et des uranates. Les sels uraniques sont jaunes et doués d'une phosphorescence verte caractéristique. L'hexafluorure d'uranium UF_6 sert à séparer ^{235}U de ^{238}U.

• *Extraction de l'uranium.* L'uranium est présent dans de nombreux minerais ainsi que dans l'eau de mer, mais à des teneurs très faibles. On exploite les gisements où cette teneur atteint quelque 1/1 000, les traitements mécaniques et chimiques effectués au voisinage de la mine permettant d'obtenir un concentré contenant 60 à 70 % d'uranium. La purification et l'élaboration finale du produit sont réalisées dans des usines souvent éloignées des centres miniers. Elles aboutissent à la production soit d'hexafluorure d'uranium (UF_6), soit d'uranium métallique. L'hexafluorure est envoyé dans une installation d'enrichissement* et, après enrichissement, converti en oxyde (UO_2).

L'uranium naturel est un mélange de trois isotopes radioactifs dont les nombres de masse, les périodes radioactives et les proportions dans l'uranium naturel sont les suivants :

U 238 $4{,}5 . 10^9$ ans, 99,28 % ;
U 235 $7{,}2 . 10^9$ ans, 0,71 % ;
U 234 $2{,}5 . 10^5$ ans, 0,006 %.

L'isotope 235 est le seul nucléide naturel qui soit fissile*.

L'uranium est utilisé comme combustible* dans les réacteurs nucléaires sous forme d'oxyde, d'alliage métallique ou encore de carbure. Certains réacteurs emploient l'uranium *naturel,* mais la grande majorité utilise comme combustible un uranium dit *enrichi,* dans lequel la proportion de l'isotope 235 a été augmentée pour atteindre, dans le cas des réacteurs modérés et refroidis à l'eau ordinaire, qui équipent plus des deux tiers des centrales électronucléaires, une proportion voisine de 3 %.

– **Géogr.** La production mondiale annuelle (en métal contenu) avoisine 35 000 tonnes. Le Canada occupe le premier rang mondial (9 000 tonnes), loin devant le Niger (3 000 tonnes), le

Kazakhstan, l'Ouzbékistan, la Russie et l'Australie (2 000 à 3 000 tonnes chacun). La France est le premier producteur européen (1 700 tonnes). Les réserves sont estimées à plus de 1,5 million de tonnes (dont environ 25 000 tonnes en France).

— **Géol.** L'uranium se concentre dans le liquide résiduel au cours de la cristallisation magmatique et on le trouve dans les roches très différenciées. Sa distribution peut être modifiée par les phénomènes hydrothermaux ou l'altération. Les gisements d'uranium sont généralement détectés par radiométrie. La désintégration des isotopes de l'uranium est utilisée dans la datation des roches. (→ GÉOCHRONOLOGIE.)

URANOPHANE ou **URANOTILE** n. f. Silicate hydraté naturel d'uranium et de calcium, monoclinique.

URANOPILITE n. f. Sulfate hydraté naturel d'uranium, monoclinique.

URANOSCOPE n. m. (gr. *ouranoskopos,* qui regarde le ciel). Poisson perciforme vivant sur les fonds des mers chaudes, et dont les yeux sont en position dorsale sur la tête. (L'uranoscope chasse à l'affût et attire ses proies grâce à un petit appendice vermiforme de sa mandibule.)

URANUS → OURANOS.

URANUS, planète du système solaire située au-delà de Saturne.

Inconnue des Anciens, Uranus n'a été découverte qu'en 1781 par William Herschel. Bien qu'appartenant à la famille des planètes géantes, elle est sensiblement plus petite et plus dense que Jupiter et Saturne. On la connaît mieux depuis son survol par la sonde américaine Voyager 2 en 1986. Son atmosphère, à base d'hydrogène, renferme env. 12 % d'hélium ainsi qu'une faible proportion de méthane, notamment sous forme de nuages. Elle tourne sur elle-même en une durée voisine de 17 h mais, contrairement aux autres planètes, autour d'un axe pratiquement situé dans le plan de son orbite. Ainsi, pendant les 84 années terrestres que dure sa révolution autour du Soleil, chacun de ses pôles reste alternativement exposé au Soleil pendant 42 ans. Cependant, sa température est pratiquement identique à l'équateur et aux pôles (– 215 °C). Voyager 2 a révélé l'existence d'un champ magnétique dipolaire, dont l'axe est fortement incliné (55°) par rapport à l'axe de rotation de la planète. Uranus est ainsi entourée d'une vaste magnétosphère, dont la morphologie s'apparente à celle de la magnétosphère de Jupiter.

Un imposant cortège de satellites accompagne Uranus. Les cinq plus gros ont été découverts de la Terre : Miranda*, Ariel*, Umbriel*, Titania* et Obéron*, du plus proche de la planète au plus éloigné. Dix autres, dont les diamètres vont de 40 à 170 km, ont été identifiés sur des photographies prises par Voyager 2. À des distances du centre d'Uranus comprises entre 42 000 et 51 000 km ont été décelés, depuis la Terre, en 1977, neuf anneaux de matière, elliptiques, très fins (20 à 30 m d'épaisseur) et très étroits (1 à 10 km de large, sauf pour le plus extérieur dont la largeur varie de 20 à 100 km). Voyager 2 les a photographiés et étudiés et a permis d'en découvrir deux autres, dont un beaucoup plus large (2 500 km) et diffus. Tous ces anneaux sont très sombres, comme la surface des satellites, et constitués sans doute de matière carbonée.

CARACTÉRISTIQUES PHYSIQUES D'URANUS	
diamètre équatorial	51 100 km (4 fois celui de la Terre)
diamètre polaire	48 100 km
aplatissement	0,06
masse par rapport à celle de la Terre	14,5
densité moyenne	1,26
période de rotation sidérale	17,2 h
inclinaison de l'équateur sur l'orbite	98°
albédo	0,46

CARACTÉRISTIQUES ORBITALES D'URANUS	
demi-grand axe de l'orbite	2 875 000 000 km, soit 19,218 1 ua
distance maximale au Soleil	3 008 000 000 km
distance minimale au Soleil	2 742 000 000 km
excentricité	0,047
inclinaison sur l'écliptique	0° 46'
période de révolution sidérale	84 ans 7,4 j
vitesse orbitale moyenne	6,81 km/s

URANYLE n. m. Radical UO_2 divalent, contenu dans certains sels uraniques, que l'on appelle aussi *sels d'uranyle.*

URAONS, population dravidienne du Bengale indien, et comprenant environ 350 000 membres.

URAPTÉRYX n. m. Nom générique de la phalène du sureau, dont la chenille vit sur le sureau, le lierre, le prunellier.

URATE n. m. Sel ou ester de l'acide urique.
ENCYCL. L'acide urique est éliminé par l'urine partiellement à l'état d'urates. Ceux-ci peuvent précipiter dans l'organisme sous forme d'urate sodique dans la goutte, d'urate calcique ou ammoniacal dans les calculs urinaires.

URAWA, v. du Japon, ch.-l. de préf., dans la banlieue de Tōkyō ; 365 000 hab. Centre administratif et résidentiel.

URBAIN, E adj. (lat. *urbanus*). **1.** Qui appartient à la ville : *Les populations urbaines. L'éclairage urbain.* — **2.** *Litt.* Qui fait preuve d'urbanité. — **3.** *Agglomération urbaine,* ensemble de communes dont la population regroupée atteint au moins 2 000 habitants. ‖ *Cohorte urbaine,* unité militaire de la Rome antique, chargée de faire respecter l'ordre, à l'époque impériale. ‖ *Commune urbaine,* commune comprenant une agglomération de population suffisant à former une ville isolée, ou qui participe, avec une ou plusieurs communes voisines, à la formation d'une agglomération urbaine. ‖ *Population urbaine,* population des villes, et, en France, population vivant dans les communes de plus de 2 000 habitants. ‖ *Sociologie urbaine,* étude des villes et de leurs habitants, des rapports et des conflits sociaux qui les caractérisent, de leurs modes de vie spécifiques et de l'utilisation des espaces.

URBAIN Ier *(saint)* [† Rome 230], pape de 222 à 230.

URBAIN II *(bienheureux)* [Odon ou Eudes DE LAGERY] (Châtillon-sur-Marne v. 1042 - Rome 1099), pape de 1088 à 1099. Moine clunisien, auxiliaire de Grégoire VII dans son effort de réforme, il poursuivit, devenu pape, l'œuvre de rénovation disciplinaire de l'Église : comme ses prédécesseurs, il se heurta aux prétentions impériales. En 1095, à Clermont, il annonça la première croisade.

URBAIN III (Uberto CRIVELLI) [Milan v. 1120 - Ferrare 1187], pape de 1185 à 1187. Il lutta contre Frédéric Ier Barberousse, qui occupait ses États.

URBAIN IV (Jacques PANTALÉON) [Troyes v. 1200 - Pérouse 1264], pape de 1261 à 1264. Il institua la fête du Saint-Sacrement (1264).

URBAIN V *(bienheureux)* [Guillaume DE GRIMOARD] [château de Grizac, Lozère, 1310 - Avignon 1370), pape de 1362 à 1370. Installé à Rome en 1367, il dut revenir à Avignon dès 1370. Protecteur des lettres et des universités, il fut aussi un grand bâtisseur.

URBAIN VI (Bartolomeo PRIGNANO) [Naples v. 1318 - Rome 1389], pape de 1378 à 1389. Par son intransigeance et son agressivité, il provoqua (1378) le Grand Schisme d'Occident, ses adversaires lui opposant Clément VII, qui s'installa à Avignon.

URBAIN VII (Giovan Battista CASTAGNA) [Rome v. 1521 - *id.* 1590], pape du 15 au 27 sept. 1590.

URBAIN VIII (Maffeo BARBERINI) [Florence 1568 - Rome 1644], pape de 1623 à 1644. Son pontificat fut marqué par la condamnation de Galilée (1633) et par la condamnation en 1642 (bulle *In eminenti,* 1643) du livre de Jansénius l'*Augustinus.*

URBAIN (Georges), chimiste français (Paris 1872 - *id.* 1938). Il est parvenu à séparer les éléments qui composent les terres rares et à y caractériser le lutétium (1907). (Acad. des sc., 1921.)

URBANIA, anc. **Casteldurante,** v. d'Italie, dans les Marches, sur le Métaure, au S.-O. d'Urbino ; 6 300 hab. Anc. centre de production de majolique. (→ CASTELDURANTE.)

URBANIFICATION n. f. Aménagement d'un territoire suivant les principes de l'urbanisme.

URBANIFIER v. t. (conj. 9). Appliquer les lois de l'urbanisme.

URBANISATION n. f. Phénomène démographique se traduisant par une tendance à la concentration de la population dans les villes.
ENCYCL. Localement ancienne (le mouvement d'urbanisation a débuté au Moyen-Orient au VIIIe ou au VIIe millénaire avant notre ère, avec l'apparition des premiers sites urbains, en Palestine et en Anatolie), l'urbanisation, jusqu'au XVIIIe s., reste limitée à moins de 20 % de la population totale, et généralement de 1 à 5 ou 10 %. Ce sont la révolution agricole, la révolution des transports et la révolution industrielle qui provoquent son accélération. Dès la fin du XIXe s., la Grande-Bretagne compte 80 % de citadins, situation vers laquelle tendent les pays industriels.
Cette accélération s'est traduite aussi par la multiplication des très grandes villes qui s'étalent en agglomérations de plus en plus envahissantes. Les grandes métropoles se disposent parfois en mégalopoles, comme au Japon ou en Amérique du Nord (de Boston à Washington, de Pittsburgh à Chicago, de Detroit à Québec ou de

San Diego à San Francisco). Des évolutions analogues se dessinent en Europe. Mais le trait récent le plus frappant est l'urbanisation des zones rurales suffisamment peuplées : la vieille opposition des villes et des campagnes s'efface. Dans le tiers monde, l'urbanisation a rapidement progressé depuis 1950, mais ici souvent les bidonvilles et autres formes d'habitat spontané se multiplient à la périphérie des villes.

URBANISER v. t. (conj. 3). Transformer un lieu en lui donnant les caractères de la ville.
◆ **s'urbaniser** v. pr., **être urbanisé** v. pass. **1.** Se transformer en zone urbaine : *Une banlieue fortement urbanisée.* — **2.** Comporter de plus en plus de villes, un nombre relatif de villes : *Pays peu urbanisé.*

URBANISME n. m. (de *urbain*). **1.** Art, science et technique de l'aménagement des agglomérations humaines. — **2.** Ensemble des règles et mesures juridiques qui permettent aux pouvoirs publics de contrôler l'affectation et l'utilisation des sols. (Divers plans d'urbanisme sont élaborés à cet effet : schéma* directeur, plan d'occupation* des sols, etc.) — **3.** *Certificat d'urbanisme,* certificat délivré par l'Administration à la demande du propriétaire d'un terrain et portant à la connaissance de celui-ci les conditions d'utilisation et de construction de son terrain, compte tenu des diverses réglementations qui peuvent lui être appliquées.

1. URBANISTE ou **URBANISTIQUE** adj. Relatif à l'urbanisme.

2. URBANISTE n. (de *urbanisme*). Technicien spécialisé dans l'aménagement et l'ordonnancement des villes et autres groupements humains, ainsi que dans tout ce qui concerne la planification territoriale. (Il peut être, ou non, un architecte [*architecte urbaniste*].)

3. URBANISTE n. (de *Urbain VI,* n. pr.). Partisan du pape romain Urbain VI, lors du Grand Schisme d'Occident en 1378 (par oppos. à *clémentin*).

URBANITÉ n. f. (lat. *urbanitas*). *Litt.* Politesse, courtoisie.

URBEC n. m. Syn. de CIGARIER.

URBI ET ORBI [urbiɛtɔrbi] loc. adj. et adv. (mots lat. signif. *à la ville de Rome et à l'univers*). **1.** Se dit des bénédictions solennelles adressées par le souverain pontife à Rome et au monde entier. — **2.** Litt. *Clamer une nouvelle urbi et orbi,* la raconter partout.

URBINO, v. d'Italie, dans les Marches (prov. de Pesaro e Urbino) ; 17 000 hab. Archevêché. Université.
— **Bx-arts.** Patrie de Raphaël et de Bramante, Urbino, sous l'impulsion du duc Federico da Montefeltro, devint au milieu du XVᵉ s. un brillant foyer d'art. L'architecte L. Laurana transforma le château existant en palais Renaissance dans l'esprit d'Alberti ; F. di Giorgio Martini le compléta. Le *studiolo* du duc fut revêtu de marqueteries en trompe-l'œil surmontées par les portraits des « hommes illustres » dus à Juste de Gand et à Berruguete (une partie en place, le reste au Louvre). Outre ce vaste palais, qui abrite la Galerie nationale des Marches (peintures de Piero Della Francesca, Berruguete, Uccello, Baroche, etc.), Urbino possède encore, notamment, l'oratoire S. Giovanni Battista (fresques des Salimbeni, début du XVᵉ s.) et, aux environs, l'église S. Bernardino (2ᵉ moitié du XVᵉ s.).

URBINO *(duché d'),* ancien État de l'Italie péninsulaire, qui appartint successivement à la famille de Montefeltro (XIIIᵉ s.) puis aux Della Rovere (début du XVIᵉ s.) avant d'être uni aux États de l'Église (1631), dont il suivit la destinée. Cap. *Urbino.*

Urbino *(faïences d').* La ville est célèbre pour ses majoliques du XVIᵉ s. ornées de décors historiés (scènes bibliques et mythologiques) dont le style se diffuse en Italie et en France (Lyon, Nevers).

URDŪ ou **OURDOU** n. m. Langue indo-aryenne parlée en Inde du Nord et au Pākistān, où c'est la langue officielle. (Malgré quelques différences lexicales, l'urdū et l'hindī constituent une seule et même langue, séparées cependant par leur écriture : alphabet arabo-persan pour l'urdū, devanāgarī pour l'hindī.)

URE → URUS.

URÉDINALE n. f. (lat. *uredo, -inis,* charbon). Champignon basidiomycète, parasite des végétaux, produisant les maladies connues sous le nom de *rouilles.*
ENCYCL. Les urédinales ont un cycle reproductif très complexe. Chez certaines espèces, celui-ci s'effectue sur la même plante hôte (parasite *autoïque*) ; chez d'autres, il nécessite le passage sur deux hôtes distincts (parasite *hétéroïque*). C'est le cas de la rouille noire du blé, dont une phase se déroule sur l'épine-vinette.

URÉDOSPORE n. f. (du lat. *uredo, -inis,* charbon). L'un des types de spores des urédinales ou « rouilles ».

URÉE n. f. (de *urine*). Diamide carbonique $H_2N—CO—NH_2$, principale forme d'élimination des déchets azotés du métabolisme des protides chez les mammifères. (Syn. CARBAMIDE.)
ENCYCL. **Chim.** La synthèse de l'urée, réalisée en 1828 par Wöhler, a jeté le premier pont entre la chimie minérale et la chimie organique. Industriellement, l'urée est fabriquée par action de l'ammoniac sur l'anhydride carbonique. C'est

un solide incolore, fondant à 132 °C, très soluble dans l'eau et l'alcool, légèrement basique. Ses propriétés chimiques sont celles d'un amide. Son hydrolyse conduit à l'acide carbonique et à l'ammoniaque, ce qui en fait un engrais azoté important. Elle réagit avec les aldéhydes RCHO en donnant des résines thermodurcissables (aminoplastes). Avec les dérivés de l'acide malonique, elle donne les malonylurées ou acides barbituriques*.
— **Méd.** C'est le foie qui est le foyer le plus actif de production de l'urée. Le taux sanguin normal est de 0,15 à 0,50 g/l. Il s'élève par excès de formation (régime trop riche en protéines, exagération du catabolisme protidique), ou par défaut de son excrétion (insuffisance cardiaque, cirrhose, néphropathies ou obstruction de l'appareil urinaire). Il s'abaisse dans certaines affections hépatiques graves ou en cas de carence en protéines alimentaires.

URÉE(-)FORMOL n. f. inv. *Résine urée(-) formol,* composé obtenu par polycondensation de l'urée et du formol et constituant une des classes essentielles des aminoplastes.

URÉIDE n. m. (de *urée*). Corps obtenu à partir de l'urée, par substitution d'un ou de deux radicaux acides à un ou deux atomes d'hydrogène. (Les uréides à chaîne fermée constituent, entre autres, les barbituriques.)

URÉIQUE adj. Qui a rapport à l'urée.

URÉMIE n. f. (de *urée*). **1.** Ensemble des manifestations cliniques et biologiques en rapport avec une insuffisance rénale sévère. (L'urée n'est que le témoin, et non la cause, de l'insuffisance rénale due à des troubles hydroélectrolytiques.) — **2.** Syn. de HYPERAZOTÉMIE. — **3.** En zoologie, présence normale d'une forte dose d'urée dans le sang.

URÉMIQUE adj. et n. Relatif à l'urémie ; qui est en état d'insuffisance rénale.

URÉNA n. m. Arbrisseau des régions chaudes, cultivé pour ses fibres textiles dont les usages sont ceux du jute.

URÉOGENÈSE ou **URÉOGÉNIE** n. f. Ensemble des réactions qui aboutissent à la transformation dans l'organisme des groupements aminés ou ammoniacaux toxiques en urée atoxique. (Il existe des maladies héréditaires par absence d'une des enzymes de l'uréogenèse, se traduisant presque toujours par un retard mental.)

URÉOMÈTRE n. m. Appareil destiné au dosage gazométrique de l'urée.

URÉOTÉLIE n. f. Mode d'excrétion azotée de l'homme et des espèces animales uréotéliques. (S'oppose à *ammonotélie* et à *uricotélie.*)

URÉOTÉLIQUE adj. **1.** Se dit des animaux dont l'excrétion azotée se fait principalement sous forme d'urée. (C'est le cas de l'homme et des mammifères.) — **2.** Se dit des poissons chondrichtyens marins dont l'isotonie au milieu marin est obtenue par une forte teneur du sang en urée.

URÉTÉRAL, E, AUX adj. Qui concerne l'uretère.

URETÈRE n. m. (gr. *ourêtêr*). Canal qui conduit l'urine du rein à la vessie.
ENCYCL. Chaque uretère a une longueur moyenne de 25 cm ; il fait suite au bassinet, descend verticalement à la partie postérieure de l'abdomen, puis du bassin ; il pénètre dans la paroi postéro-inférieure de la vessie et se termine à ce niveau par un orifice étroit, appelé *orifice urétéral.* L'uretère est animé de mouvements péristaltiques intenses, qui chassent l'urine du bassinet dans la vessie.

URÉTÉRITE n. f. Inflammation de l'uretère.

URÉTÉROPYÉLOGRAPHIE n. f. *Urétéropyélographie rétrograde,* radiographie de l'uretère dans sa totalité et du bassinet, à l'aide d'une sonde spéciale introduite dans l'orifice urétéral, permettant l'injection d'un liquide opaque aux rayons X.

URÉTÉROSTOMIE n. f. Intervention consistant à aboucher l'uretère à la peau ou dans le côlon sigmoïde.

URÉTÉRO-VÉSICAL, E, AUX adj. Qui appartient à l'uretère et à la vessie.

URÉTHANNE ou **URÉTHANE** n. m. Nom générique des carbamates de formule générale RNH—CO—OR'.

URÉTRAL, E, AUX adj. Qui a rapport à l'urètre.

URÈTRE n. m. (bas lat. *urethra,* du gr. *ourêthra,* de *ouron,* urine). Canal allant de la vessie au méat urinaire, servant à l'écoulement de l'urine et, chez l'homme, livrant aussi passage au sperme.
ENCYCL. L'urètre féminin a une longueur moyenne de 3 cm ; il va directement du col de la vessie à la partie antérieure de la vulve. L'urètre masculin mesure environ 16 cm ; on y distingue : un *segment prostatique,* qui traverse la prostate ; un *segment membraneux,* très court, qui traverse la partie antérieure du périnée et qui est entouré par le sphincter strié ; un *segment spongieux,* entouré par les organes érectiles et qui s'étend du périnée à la partie terminale de la verge. Dans son trajet prostatique, l'urètre présente une saillie médiane, appelée *veru montanum,* sur laquelle s'ouvrent l'utricule prostatique et les canaux éjaculateurs.

URÉTRITE n. f. Inflammation de l'urètre.
ENCYCL. Les urétrites sont causées par le gonocoque (blennorragie), le staphylocoque, les tri-

chomonas, les levures *(Candida albicans).* Les urétrites à chlamydia et à mycoplasme sont parmi les plus fréquentes des maladies sexuellement transmissibles.

URÉTROGRAPHIE n. f. Radiographie de l'urètre après injection d'un liquide opaque aux rayons X.

URÉTROPLASTIE n. f. Reconstitution chirurgicale de l'urètre.

URÉTRO-VÉSICAL, E, AUX adj. Qui a rapport à l'urètre et à la vessie.

UREY (Harold Clayton), chimiste américain (Walkerton, Indiana, 1893 - La Jolla, Californie, 1981). Il a découvert en 1931 l'eau lourde et le deutérium, puis a étudié l'enrichissement de l'uranium en isotope 235 par diffusion gazeuse de son fluorure. (Prix Nobel de chimie 1934.)

URFA, anc. **Édesse,** v. de Turquie, à proximité de la frontière syrienne ; 276 528 hab. Ruines d'une forteresse et de remparts. Barrage.

URFÉ (Honoré D'), écrivain français (Marseille 1567 - Villefranche-sur-Mer 1625). Après avoir soutenu la Ligue, il gagna la confiance d'Henri IV et entreprit, tout en poursuivant une vie aventureuse, la composition de *l'Astrée**, roman mêlé de prose et de vers, dont l'influence fut considérable sur le goût de la société cultivée de la première moitié du XVIIe s. On lui doit également un poème pastoral (*Sireine de messire,* 1604) et des *Épîtres morales* (1598).

URGENCE n. f. **1.** Caractère de ce qui est urgent, de ce qui ne souffre aucun retard : *L'urgence d'une solution à la crise.* — **2.** Nécessité d'agir vite : *Des mesures d'urgence.* — **3.** Situation nécessitant une intervention médicale ou chirurgicale, dans des délais brefs : *Accueil des urgences dans un hôpital.* — **4.** Situation qui peut entraîner un préjudice irréparable s'il n'y est porté remède à bref délai et qui permet au juge de prendre certaines mesures par une procédure rapide (référé, assignation à jour fixe) ; la procédure elle-même. — **5.** *D'urgence, de toute urgence, d'extrême urgence,* immédiatement, sans le moindre retard. ‖ *État d'urgence,* régime restrictif des libertés publiques sur tout ou partie du territoire métropolitain ou des départements d'outre-mer, prévu par la loi en cas d'atteinte grave à l'ordre public ou en cas de calamité publique et qui autorise un accroissement des pouvoirs de police des autorités civiles. (L'*état d'urgence* est déclaré par décret en Conseil des ministres ; sa prorogation au-delà de 12 jours ne peut être autorisée que par une loi qui en fixe la durée définitive. Il a été appliqué en France de 1961 à 1963.) ‖ *Procédure d'urgence,* technique de procédure législative qui permet au gouvernement de limiter à une lecture par assemblée l'examen d'un projet ou d'une proposition de loi. ‖ *Procédure d'urgence absolue,* procédure qui donne pleins pouvoirs au ministre de l'Intérieur pour expulser un étranger en cas de nécessité impérieuse pour la sûreté de l'État ou la sécurité publique.
◆ **urgences** n. f. pl. Service hospitalier où sont dirigés les blessés et les malades dont l'état nécessite un traitement immédiat.

URGENT, E adj. (lat. *urgens, -entis*). Dont on doit s'occuper sans retard : *Une lettre urgente.*

URGER v. i. (de *urgent*) [conj. **17**]. *Fam.* Presser, être urgent : *Ça urge, il faut se décider.*

URGONIEN n. m. (de *Orgon,* n. pr.). Faciès du crétacé inférieur calcaire du sud de la France et de certaines régions européennes.

URI, canton de la Confédération suisse ; 1 076 km² ; 34 208 hab. (catholiques et de langue allemande). Ch.-l. *Altdorf.* La vallée de la Reuss constitue l'axe vital (passage routier et ferroviaire vers l'Italie) de ce canton alpestre, qui s'étend du col du Saint-Gothard au lac des Quatre-Cantons. Le tourisme et l'industrie l'emportent sur l'élevage traditionnel.
— **Hist.** Jouissant de l'immédiateté d'Empire dès 1231, Uri fut l'un des trois cantons de la première Confédération. Resté catholique, il fit partie du Sonderbund.

URIAGE (38410), hameau de l'Isère (comm. de Saint-Martin-d'Uriage), au S.-O. de la chaîne de Belledonne. Station thermale pour les rhumatismes et les maladies de la peau.

URICÉMIE n. f. Taux d'acide urique dans le sang. (Normalement compris entre 40 et 60 mg par litre, ce taux varie en fonction de la richesse du régime en purines.)

URICOSURIQUE ou **URICOÉLIMINATEUR** adj. et n. m. Se dit d'un médicament augmentant l'élimination urinaire de l'acide urique (traitement de la goutte).

URICOTÉLIE n. f. Mode d'excrétion azotée des animaux uricotéliques. (S'oppose à *ammonotélie* et à *uréotélie.*)

URICOTÉLIQUE adj. Se dit des animaux (oiseaux et reptiles) dont l'excrétion azotée se fait principalement sous forme d'acide urique et d'urates.

URIDINE n. f. Nucléoside entrant dans la constitution de l'A. R. N. et dont l'hydrolyse fournit l'uracile et le ribose.

URINAIRE adj. **1.** Qui se rapporte à l'urine. — **2.** *Appareil urinaire,* les reins et les voies urinaires. ‖ *Fistule urinaire,* trajet anormal donnant passage à l'urine soit à l'extérieur (fistule cutanée), soit dans un organe creux (côlon), ou, chez la femme, dans le vagin (fistule vésico-vaginale). ‖ *Méat urinaire,* orifice externe de l'urètre. ‖ *Voies urinaires,* ensemble des organes qui concourent à l'évacuation des urines, calices, bassinets et uretères (ou voies supérieures) ; vessie et urètre (ou voies inférieures).

URINAL n. m. (pl. *urinaux*) [bas lat. *urinal*]. Vase à col incliné, en verre ou en matière plastique, permettant de faire uriner les hommes alités. (Syn. PISTOLET.)

URINE n. f. (lat. *urina*). Liquide sécrété par le rein et émis par la vessie.

ENCYCL. L'urine est un liquide jaune ambré, sécrété par le rein, qui l'extrait du sang. Sa densité moyenne est 1,018 à 1,022 ; sa réaction est acide à l'émission. L'homme sain en excrète 1 500 ml environ par vingt-quatre heures. Les analyses portant sur cette quantité donnent, comme résultats moyens : urée, 18 à 22 g ; acide urique, 600 mg ; chlorure de sodium, 12 g ; phosphates, 3 g ; sulfates (à l'état de sels de calcium, de magnésium, de potassium, etc.), 4 g. Il existe, en outre, de la créatinine et des bases puriques. Ces taux moyens varient considérablement avec l'alimentation.

URINER v. i. (conj. 3). Évacuer son urine par les voies naturelles.

URINIFÈRE adj. Qui transporte, qui conduit l'urine.

URINOIR n. m. Édicule ou installation sanitaire aménagés pour permettre aux hommes d'uriner.

URIQUE adj. (de *urée*). *Acide urique,* trihydroxypurine, terme final du métabolisme des purines chez l'homme. ‖ *Calcul urique,* calcul d'acide urique. ‖ *Diathèse urique,* disposition de l'organisme à produire une grande quantité d'acide urique. (La plus grande partie de l'acide urique est éliminée dans les urines. Le trouble métabolique principal de l'acide urique constitue la goutte.)

URIS (Leon), écrivain américain (Baltimore 1924), auteur de romans à succès (*les Collines de la colère,* 1955 ; *Exodus,* 1957).

ŪRṆĀ n. m. inv. (mot sanskr. signifiant *touffe de poils entre les sourcils*). Dans le bouddhisme, l'une des 32 marques des prédestinés, caractéristiques des bouddhas.

URNE n. f. (lat. *urna*). **1.** Vase servant à conserver les cendres des morts. — **2.** Vase en terre ou en bronze, qui servait aux Anciens à puiser l'eau. — **3.** Boîte servant à recevoir les bulletins de vote, les numéros tirés au sort, etc. — **4.** Sporange des mousses. — **5.** *Aller aux urnes,* voter.

UROBILINE n. f. Pigment, dérivé des pigments biliaires par réduction de ceux-ci dans l'intestin. (Normalement, seule une faible partie de l'urobiline est éliminée dans l'urine. En cas d'insuffisance hépatique, son taux augmente.)

UROBILINURIE n. f. Taux urinaire d'urobiline.

UROCÈRE n. m. Le plus grand et le plus commun des sirex européens, introduit d'Amérique du Nord, et dont la larve vit dans les conifères.

UROCHROME [-krom] n. m. Principal pigment urinaire responsable de la couleur jaune de l'urine.

UROCORDÉ n. m. Syn. de TUNICIER.

UROCYON n. m. Renard gris d'Amérique, très frugivore, grimpant aisément aux arbres mais ne creusant pas de terrier.

URODÈLE n. m. (du gr. *dêlos,* visible). Amphibien pourvu, à l'état adulte, de 4 membres, d'un corps allongé et d'une longue queue, tel que les tritons et salamandres. (Très différents des anoures, les *urodèles* forment un ordre ou une sous-classe.)

ENCYCL. Les larves des urodèles diffèrent peu de l'adulte (les branchies externes peuvent persister chez l'adulte). En général, pourtant, l'adulte acquiert des poumons, de structure simple. La métamorphose manque même totalement chez certaines espèces comme l'axototl, dont la forme adulte est exceptionnelle.

UROGÉNITAL, E, AUX adj. Syn. de GÉNITO-URINAIRE.

UROGRAPHIE n. f. Technique d'exploration radiologique de l'arbre urinaire, consistant à injecter par voie intraveineuse un produit iodé qui, en s'éliminant par le rein, opacifie les cavités urinaires.

UROKINASE n. f. Enzyme extraite de l'urine humaine utilisée en thérapeutique pour dissoudre des caillots intravasculaires.

UROLAGNIE n. f. (du gr. *lagneia,* commerce intime). Syn. de ONDINISME.

UROLOGIE n. f. Branche de la chirurgie consacrée à l'étude des affections du rein, des voies urinaires chez les deux sexes et de l'appareil génito-urinaire mâle.

UROLOGIQUE adj. Relatif à l'urologie.

UROLOGUE n. Spécialiste d'urologie.

UROMYCES [-sɛs] n. m. Champignon (urédinale) déterminant des rouilles chez certaines graminées des prairies, les légumineuses, la betterave, etc.

UROPODE n. m. Syn. de PATTE-NAGEOIRE.

UROPYGE ou **UROPYGIDE** n. m. Nom d'ordre d'arachnides, vivant dans des endroits obscurs et humides des régions chaudes. (Les *uropyges* se nourrissent d'insectes, de vers, de limaces, même parfois de petits batraciens.)

UROPYGIEN, ENNE adj. Qui concerne le croupion des oiseaux. (La *glande uropygienne* sécrète une substance grasse dont les oiseaux enduisent leurs plumes pour les rendre imperméables.)

UROŠ → ÉTIENNE IV.

URQUIZA (Justo José DE), homme politique argentin (Arroyo de la China, Entre Ríos, 1800 - San José, Entre Ríos, 1870). Gouverneur de l'Entre Ríos (1841), il participa au renversement de Rosas (1852). Il fut président de la confédération (1853-1860) et promulgua une constitution (1853).

URRAQUE, en esp. **Urraca** (v. 1081 - Saldaña 1126), reine de Castille et de León (1109-1122), fille du roi Alphonse VI et de Constance de Bourgogne. Elle épousa vers 1095 Raimond de Bourgogne, comte de Galice, dont elle eut le futur Alphonse VII, puis, en 1109, Alphonse Ier le Batailleur, roi d'Aragon et de Navarre. Mais le roi et la reine se brouillèrent, le mariage fut annulé, la guerre éclata entre les deux États (1110). Alphonse dut reconnaître l'indépendance de la Castille, mais Urraque céda devant Alphonse VII, que les Galiciens reconnurent comme roi (1112).

URRUTY (Jean), joueur français de pelote basque (Saint-Palais 1913). À seize ans, il remporta cinq titres de champion de France, devint professionnel à dix-huit ans, pour triompher sur tous les frontons du monde pendant une vingtaine d'années.

URSEREN *(val),* région de Suisse (cant. d'Uri) formée par la vallée supérieure de la Reuss. Tourisme.

URSIDÉ n. m. (du lat. *ursus,* ours). Nom de famille attribué aux ours.

URSIDES, essaim de météorites et météores associés observables dans la constellation de la Petite Ourse entre le 17 et le 24 décembre.

URSINS (JUVÉNAL ou JOUVENEL DES) → JUVÉNAL.

URSINS (Marie-Anne DE LA TRÉMOILLE, *princesse* DES) [Paris 1642 - Rome 1722]. Veuve d'Adrien Blaise de Talleyrand, prince de Chalais, elle se remaria en 1675 avec Flavio Orsini. Après son deuxième veuvage (1698), elle fut envoyée en Espagne comme *camarera mayor* de la reine Marie-Louise (1701). Elle exerça une grande influence sur Philippe V, son entourage, et la politique espagnole, jusqu'à sa disgrâce en 1714.

URSODÉSOXYCHOLIQUE [-kɔlik] adj. *Acide ursodésoxycholique,* acide biliaire utilisé pour dissoudre les calculs biliaires de cholestérol.

U. R. S. S. *(Union des républiques socialistes soviétiques),* en russe **S. S. S. R.** *(Soïouz sovietskikh sotsialistitcheskikh respoublik),* ancien État d'Europe et d'Asie (1922-1991). Elle était constituée, après la Seconde Guerre mondiale, de quinze républiques : Arménie, Azerbaïdjan, Biélorussie, Estonie, Géorgie, Kazakhstan, Kirghizistan, Lituanie, Lettonie, Moldavie, Ouzbékistan, Russie, Tadjikistan, Turkménistan, Ukraine. CAP. *Moscou.*

Histoire.

• *Les débuts du régime soviétique.*

1917 : Au lendemain de la révolution d'Octobre est formé le Conseil des commissaires du peuple, composé uniquement de bolcheviks et présidé par Lénine.

1918 : La République socialiste fédérative soviétique de Russie est proclamée. L'Allemagne lui impose le traité de Brest-Litovsk. La guerre civile oppose l'Armée rouge et les armées blanches. Le « communisme de guerre » est instauré et les nationalisations sont généralisées.

1919 : L'Internationale communiste est fondée à Moscou.

1920 : La Russie soviétique reconnaît l'indépendance des États baltes. La dernière armée blanche évacue la Crimée.

1921 : L'Armée rouge occupe l'Arménie et la Géorgie ; la paix est signée avec la Pologne. La nouvelle politique économique (NEP) est adoptée.

1922 : Staline devient secrétaire général du Parti communiste. L'U. R. S. S. est créée.

1924 : Lénine meurt.

1925-1927 : Staline élimine de la direction du parti Zinoviev, Kamenev et Trotski.

• *La période stalinienne.*

1929 : La NEP est abandonnée. Le premier plan quinquennal donne la priorité à l'industrie lourde et la collectivisation massive des terres est entreprise.

1934 : L'U. R. S. S. est admise à la S. D. N.

1936-1938 : La police politique envoie dans les camps du Goulag de nombreux déportés et fait disparaître la vieille garde du parti.

1939 : Le pacte germano-soviétique est conclu.

1939-40 : L'U. R. S. S. annexe la Pologne orientale, les États baltes, la Carélie, la Bessarabie et la Bucovine du Nord.

1941 : Elle est attaquée par l'Allemagne.

1943 : Elle remporte la bataille de Stalingrad.

1944-45 : Les forces soviétiques progressent en Europe orientale et, conformément aux accords de Yalta (févr. 1945), occupent la partie orientale de l'Allemagne. L'U. R. S. S. a perdu vingt millions d'hommes pendant la guerre. Elle en sort cependant agrandie et elle contrôle des régimes calqués sur le sien, instaurés dans l'ensemble de l'Europe de l'Est de 1947 à 1949. La guerre froide se développe.

1950 : Un traité d'amitié est signé avec la Chine populaire.

1953 : Staline meurt.

• *Les limites de la déstalinisation et de la détente.*
1953 : Khrouchtchev est élu premier secrétaire du parti.
1955 : L'U. R. S. S. signe avec sept démocraties populaires le pacte de Varsovie.
1956 : Le XXe Congrès dénonce certains aspects du stalinisme. L'armée soviétique écrase la tentative de libération de la Hongrie.
1957 : Le premier satellite artificiel (Spoutnik I) est lancé.
1962 : L'installation à Cuba de missiles soviétiques provoque une grave crise avec les États-Unis.
1964 : Khrouchtchev est destitué ; Brejnev le remplace à la tête du parti.
1968 : L'U. R. S. S. intervient militairement en Tchécoslovaquie.
1969 : La tension avec la Chine s'accroît.
1972-1979 : L'U. R. S. S. signe les accords SALT I et SALT II, qui tentent de limiter la course aux armements nucléaires.
1979 : Les troupes soviétiques occupent l'Afghānistān.
1982 : À la mort de Brejnev, Andropov devient secrétaire général du parti.
1984 : Tchernenko lui succède.
• *La perestroïka.* À partir de 1985, Gorbatchev assume la direction du parti et entreprend le renouvellement de ses cadres. Il met en œuvre la restructuration (perestroïka), promouvant des réformes en vue d'une plus grande efficacité économique et d'une démocratisation des institutions, et relance la déstalinisation. Il renoue le dialogue avec les États-Unis, avec lesquels il signe (1987) un accord sur l'élimination des missiles de moyenne portée en Europe.
1989 : L'U. R. S. S. achève le retrait de ses troupes d'Afghānistān. Les premières élections à candidatures multiples ont lieu.
Les revendications nationales se développent, notamment dans les pays Baltes et au Caucase. Les tensions entre les nationalités s'aggravent et s'exacerbent en Arménie et en Azerbaïdjan. Par ailleurs, l'U. R. S. S. ne s'oppose pas à l'évolution démocratique de l'Europe de l'Est.
1990 : Le rôle dirigeant du parti est aboli et un régime présidentiel est instauré. Gorbatchev est élu à la présidence de l'U. R. S. S. par le Congrès des députés du peuple. L'U. R. S. S. accepte l'unification de l'Allemagne. La désorganisation économique, qui met en cause l'efficacité de la réforme visant à l'instauration d'une économie de marché, et les tensions entre le gouvernement central et les républiques fédérées menacent la survie de la fédération soviétique.
• *La dissolution de l'Union soviétique.*
1991 : La tentative de coup d'État (août) des conservateurs contre Gorbatchev échoue grâce à la résistance menée par Ieltsine. La restauration de l'indépendance des pays Baltes (Estonie, Lettonie, Lituanie), reconnue par la communauté internationale (sept.), est suivie par la dissolution de l'U. R. S. S. et la démission de Gorbatchev (déc.).
La Russie, l'Ukraine, la Biélorussie, la Moldavie, les républiques d'Asie centrale et celles du Caucase proclament, à leur tour, leur indépendance. Elles créent la Communauté d'États indépendants (C. E. I.).

U. R. S. S. A. F. (sigle de *Unions de Recouvrement des cotisations de Sécurité Sociale et d'Allocations Familiales*), organismes autonomes, obligatoires depuis 1960, chargés du recouvrement, au niveau départemental en principe, des cotisations de sécurité sociale et d'allocations familiales, ainsi que du contrôle et du contentieux du recouvrement.

URSULE *(sainte),* martyre à Cologne (IIIe s. ?). Cette sainte connut une popularité extraordinaire, à la mesure de l'histoire des onze mille vierges qui auraient été martyrisées avec elle.

URSULINE n. f. Nom porté par des religieuses (moniales ou sœurs) relevant de plusieurs congrégations féminines se réclamant du patronage de sainte Ursule et se vouant généralement à la contemplation et à l'enseignement. (La plus importante est le groupe des *Ursulines de l'Union romaine,* ou *ordre de Sainte-Ursule,* fondé en 1535, à Brescia, par sainte Angèle Merici.)

URTICACÉE n. f. (lat. *urtica,* ortie). Famille de plantes aux fleurs apétales et généralement unisexuées, telles que l'ortie, la pariétaire et la ramie.

URTICAIRE n. f. (lat. *urtica,* ortie). **1.** Dermatose ressemblant aux piqûres d'orties, provoquée par une réaction à des agressions d'origines diverses et caractérisée par une papule œdémateuse accompagnée d'un prurit intense avec sensation de brûlure. (→ *encycl.*) — **2.** Fam. *Donner de l'urticaire à qqn,* le préoccuper, l'agacer. ‖ *Urticaire géante,* syn. de ŒDÈME* DE QUINCKE. ‖ *Urticaire pigmentaire,* forme la plus courante de mastocytose.
ENCYCL. Les papules, de taille variable, se rejoignent en plaques pouvant atteindre la dimension de la paume de la main. L'urticaire, apparue et disparue brusquement après quelques heures, ne laisse pas de traces. Ses causes sont nombreuses : contact avec des plantes ou des animaux (méduses, chenilles) ; exposition au soleil ou au froid ; aliments (fraises, crustacés, etc.) ou médicaments (sérothérapie, aspirine, sulfamides, pénicilline, etc.) ; parasitose intestinale, allergie microbienne ou mycosique *(Candida albicans) ;* facteurs nerveux (urticaire cholinergique).

URTICALE n. f. (lat. *urtica,* ortie). Plante aux fleurs apétales. (L'ordre des *urticales* comprend les familles des urticacées [ortie, pariétaire, ramie], des ulmacées [orme, micocoulier], des moracées [mûrier, figuier] et des cannabinacées [chanvre, houblon].)

URTICANT, E adj. **1.** Se dit des animaux ou des végétaux dont le contact produit la sensation brûlante d'une piqûre d'ortie. — **2.** *Poil urticant,* poil creux, relié à une vésicule à venin, qui déverse son contenu quand le poil entre dans un corps étranger (ortie, certaines chenilles).

URTICARIEN, ENNE adj. **1.** Qui a rapport à l'urticaire. — **2.** Se dit d'une éruption cutanée qui a l'aspect de l'urticaire.

URTICATION n. f. Réaction inflammatoire de la peau, accompagnée d'une sensation de brûlure.

URUBAMBA, riv. du Pérou, née sous le nom de Vilcanota et formant, avec l'Apurímac, l'Ucayali ; 725 km.

URUBU n. m. (angl. *urubu,* du tupi). Petit vautour d'Amérique tropicale.

URUBUPUNGÁ, site du haut Paraná, au Brésil. Aménagement hydroélectrique.

URUGUAY, fl. de l'Amérique du Sud, long de 1 580 km et drainant un bassin d'environ 350 000 km². Né au Brésil, il sépare successivement l'Argentine du Brésil et de l'Uruguay et reçoit le río Negro, avant de rejoindre le río Paraná pour former le Río de la Plata. Les navires de mer remontent jusqu'à Paysandú.

URUGUAY, État de l'Amérique du Sud, entre l'Argentine et le Brésil ; 177 500 km² ; 3 200 000 hab. *(Uruguayens).* CAP. *Montevideo.* LANGUE : *espagnol.* MONNAIE : *peso uruguayen.*

Géographie. Plaines et collines constituent l'essentiel des paysages du pays, largement ouvert sur l'Atlantique. Le climat est tempéré et les pluies plus abondantes au nord (1 300 mm) qu'au sud (900 mm). La population, vieillie, est urbaine à 85 %. Montevideo, à elle seule, regroupe environ 50 % de la population totale et concentre la majorité des industries. Celles-ci dépendent largement du secteur agricole, fondamental dans l'économie et dominé par les grandes propriétés d'élevage bovin et ovin. Néanmoins se développent les cultures des agrumes et de la canne à sucre, la riziculture et le maraîchage. Le pays a mis en valeur son potentiel hydraulique, qui fournit les deux tiers de la production d'électricité. Le chômage et l'inflation persistent, tandis que les importations de pétrole et la dette extérieure pèsent sur l'équilibre économique. Les principaux partenaires commerciaux sont le Brésil et l'Argentine.

Histoire.
XVIe s. : La côte est explorée par les Espagnols.
Vers 1726 : Ils fondent la forteresse de Montevideo.
La région se peuple de *gauchos,* qui pratiquent l'élevage.
1821 : Après l'échec du soulèvement du gaucho Artigas, le pays est annexé par le Brésil.
1828 : L'Uruguay accède à l'indépendance et forme un État-tampon entre ses deux puissants voisins, l'Argentine et le Brésil.
1838-1865 : La vie politique est marquée par les luttes entre les libéraux *(colorados)* et les conservateurs *(blancos)* et par la « grande guerre » (1839-1851) contre l'Argentine.
1890 : L'arrivée au pouvoir des « civilistes » ouvre une ère de démocratisation. La population s'accroît rapidement (90 000 hab. en 1850, 1 million en 1900), grâce à une immigration massive.
1919 : Une Constitution libérale est mise en place.
1933-1942 : Frappé par la crise économique mondiale, l'Uruguay connaît la dictature du président Terra.
1966 : Une réforme constitutionnelle renforce le rôle du président. La guérilla urbaine des Tupamaros se développe.
1972-1976 : Le président Bordaberry laisse l'armée mener la répression.
1976-1984 : Les militaires dirigent le pays.
1984 : Le pouvoir civil est rétabli avec l'élection à la présidence du libéral Julio Sanguinetti (qui entre en fonctions en 1985).
1990 : Le conservateur Luis Lacalle devient président de la République.
1995 : J. Sanguinetti revient à la tête de l'État.

URUGUAYEN, ENNE [yrygwɛjɛ̃, ɛn] adj. et n. D'Uruguay.

Urundi → RUANDA-URUNDI.

URUS [yrys] ou **URE** n. m. (lat. *urus*). Aurochs. (Emploi rare.)

US [ys] n. m. pl. (lat. *usus,* usage). *Les us et coutumes,* les usages, les traditions d'un pays, d'un peuple, d'un milieu.

USA, sigle de UNITED STATES OF AMERICA (États-Unis d'Amérique). [On trouve aussi US.]

U. S. A., trilogie romanesque de Dos Passos, composée du *Quarante-Deuxième Parallèle* (1930), de *1919* (1932), de *la Grosse Galette* (1936). Chronique sociale de l'Amérique de 1900 à 1930, écrite dans un style inspiré du cinéma, de la presse et de la peinture.

USA Today, quotidien américain créé en 1982 par le groupe Gannett Newspapers, l'un des plus forts tirages des quotidiens américains.

USABLE adj. Qui peut s'user.

USAGE n. m. (de *us*). **1.** Fait de se servir de qqch : *L'usage de la micro-informatique s'est largement répandu. Perdre l'usage de la parole.* – **2.** Fait d'employer qqch pour sa consommation, pour ses besoins personnels, etc. : *Interdire l'usage du tabac.* – **3.** Destination, fonction de qqch, emploi qu'on peut en faire : *Un couteau à divers usages. Des locaux à usage commercial.* – **4.** Pratique habituellement observée dans un groupe, dans une société ; coutume : *Aller contre l'usage établi.* – **5.** *Litt.* Civilité, politesse : *Manquer d'usage.* – **6.** *À l'usage,* par l'expérience qu'on a de l'emploi de qqch. ‖ *À l'usage de qqn, d'un groupe,* à son intention ; destiné à : *Des informations à l'usage des écoles.* ‖ *Avoir l'usage de qqch,* pouvoir l'utiliser : *Ils ont l'usage du jardin contigu.* ‖ *D'usage,* d'un emploi habituel : *Formules d'usage.* ‖ *Faire de l'usage,* durer longtemps, être résistant. ‖ *Faire usage de qqch,* l'utiliser, l'employer. • **Dr.** *Droit d'usage,* ou *usage,* droit réel, incessible et insaisissable, de se servir d'une chose appartenant à autrui et d'en prélever la portion de fruits nécessaire à ses besoins et à ceux de sa famille. ‖ *Prêt à usage,* syn. de COMMODAT. ‖ *Usage de faux,* utilisation, avec une intention de nuire, d'une pièce fausse ou falsifiée pouvant éventuellement causer un préjudice. – **Hist.** Règle juridique fondée sur une pratique ancienne. – **Ling.** Ensemble des règles et des interdits, en matière grammaticale, phonétique et lexicale, qui caractérisent la langue utilisée par le plus grand nombre de locuteurs à un moment donné et dans un milieu social donné. ‖ *Bon usage,* ensemble des prescriptions langagières constituant un modèle socioculturel. (Il peut être emprunté à la pratique des couches dirigeantes [Vaugelas] ou à l'autorité de certains écrivains [Grévisse].) ‖ *Dictionnaire d'usage,* dictionnaire unilingue dont la nomenclature correspond au lexique commun à tous les groupes sociaux de la communauté linguistique à laquelle il est destiné.

◆ **usages** n. m. pl. Comportements considérés comme les meilleurs à l'intérieur d'un groupe social : *Oublier les usages.*

USAGÉ, E adj. (de *usage*). Qui a servi, qui a perdu l'aspect du neuf : *Des vêtements usagés.*

USAGER n. m. (de *usage*). **1.** Personne qui a recours à un service, en partic. à un service public, ou qui emprunte le domaine public : *Les usagers de la route.* – **2.** Personne utilisant une langue : *Les usagers du français.* – **3.** Titulaire d'un droit d'usage. (Le fém. USAGÈRE est rare.)

UŞAK, v. de Turquie, ch.-l. de prov., à l'E. d'Izmir ; 70 800 hab.

USANCE n. f. (de *user*). Délai le plus long imposé par la Banque de France aux effets de commerce.

USANT, E adj. *Fam.* Qui use la santé, les forces, qui fatigue : *Un travail usant.*

USER v. t. ind. (bas lat. *usare,* du lat. class. *usum,* de *uti,* utiliser) [conj. 3]. **1.** Se servir de qqch, l'utiliser : *Il usait parfois de tranquillisants. User de son influence.* – **2.** Litt. *En user avec qqn,* se comporter d'une certaine façon à son égard : *En user trop familièrement avec ses supérieurs.*

◆ v. t. **1.** Faire perdre de sa substance à qqch, par le frottement, par une érosion lente : *Les vagues usent la base de la falaise.* – **2.** Détériorer qqch progressivement par l'usage qui en est fait : *User ses chaussures au talon.* – **3.** Consommer, dépenser une matière, un produit : *Ce radiateur use trop d'électricité.* – **4.** Affaiblir, épuiser qqn : *User sa santé par des excès de table.*

◆ **être usé** v. pass. **1.** Avoir été trop utilisé pour conserver une quelconque valeur : *Une plaisanterie usée.* – **2.** En parlant d'un vin, avoir perdu ses qualités par suite d'une conservation trop longue ou mal faite.

◆ **s'user** v. pr., **être usé** v. pass. **1.** Devenir impropre à l'usage, du fait d'une utilisation prolongée ou d'une action lente d'érosion, de destruction : *Un vêtement qui s'use aux coudes.* – **2.** S'épuiser lentement, décliner considérablement : *S'user au travail.* – **3.** Perdre progressivement de son influence, de son prestige : *Son autorité commençait à s'user.*

USHUAIA, v. d'Argentine, ch.-l. du territoire de la Terre de Feu ; 11 000 hab. C'est l'agglomération la plus australe du monde. Base navale. Tourisme.

USINABILITÉ n. f. Aptitude d'un matériau solide à se laisser usiner.

USINABLE adj. Qui peut être usiné.

USINAGE n. m. Action d'usiner ; fait d'être usiné.
ENCYCL. L'usinage d'une pièce se décompose en une succession d'opérations, définie par la *gamme d'usinage* établie par le bureau des méthodes à partir du dessin de définition issu du bureau d'études. L'usinage traditionnel s'effectue en respectant les règles de la coupe* des métaux, sur des machines-outils* classiques, ou automatisées à des degrés divers. Pour l'usinage de matériaux réfractaires ou de grande dureté, ou, dans certains cas, pour faire baisser les coûts de production, on utilise d'autres procédés mettant en œuvre des techniques nouvelles *(usinage à coupe vibrée, usinage à chaud, usinage à très grande vitesse, usinage par ultrasons*).*
Outre ces procédés mécaniques, l'enlèvement de matière peut encore être obtenu par voie physique : *usinage par faisceau d'électrons**, ou *par laser,* ou par voie chimique : *usinage chimique*, électrolytique*, électroérosion**.

USINE n. f. (lat. *officina,* atelier). **1.** Établissement industriel où, à l'aide de machines, s'effectue la transformation des matières premières ou semi-ouvrées en produits finis. – **2.** *Fam.* Lieu qui est le siège d'une intense activité, qui évoque l'industrie : *Son cabinet dentaire, c'est une vraie usine.*

USINE CENTER n. m. (pl. *usine centers*). Syn. de MAGASIN D'USINE.

USINER v. t. (conj. 3). **1.** Soumettre une pièce à l'action d'une ou de plusieurs machines-outils, essentiellement dans le cas où cette action consiste en un enlèvement de matière. – **2.** Syn. de MONDER.

USINIER, ÈRE adj. Relatif à l'usine, à l'industrie.

Usinor *(Union sidérurgique du nord et de l'est de la France),* société française, résultant de diverses fusions (1948-1979) d'entreprises sidérurgiques du nord et de l'est de la France. Dans les années 80, la société s'est progressivement rapprochée de Sacilor, pour aboutir, en 1988, à la création d'une société holding commune, *Usinor-Sacilor,* privatisée en 1995.

USITÉ (ÊTRE) v. pass. (lat. *usitatus*). En parlant d'une forme de la langue, être en usage : *Un temps peu usité.*

USKÜB → SKOPJE.

ÜSKÜDAR → SCUTARI.

USLAR-PIETRI (Arturo), écrivain et homme politique vénézuélien (Caracas 1906), auteur de nouvelles (*Barrabás y otros relatos,* 1928 ; *Pasos y pasajeros,* 1965), de romans historiques (*les Lances rouges,* 1931), d'essais (*La vuelta al mundo en diez trancos,* 1971) et de pièces de théâtre.

USNÉE [ysne] n. f. (lat. sc. *usnea,* de l'ar. *uchna,* mousse). Lichen à fructifications grises, entourées de longs cils. (L'*usnée barbue* ou *barbe-de-capucin* est une espèce commune, pendant aux branches des arbres en longs filaments entremêlés.)

UṢṆĪṢA n. m. inv. (mot sanskr. signifiant *turban, diadème*). Dans le bouddhisme, l'une des 32 marques des prédestinés. (En art bouddhique, c'est devenu vers le IVe s. la protubérance crânienne caractéristique de toutes les représentations des bouddhas.)

USPALLATA *(col d')* → CUMBRE *(col de la).*

USSAT-LES-BAINS (09400 Tarascon sur Ariège), station thermale de l'Ariège (comm. d'*Ornolac-Ussat-les-Bains*), sur l'Ariège, à 438 m d'alt.

USSEL (19200), ch.-l. d'arrond. de la Corrèze ; 11 988 hab. *(Ussellois).* Maisons anciennes à tourelles, dont l'hôtel de Ventadour, du XVIe s. Musée du Pays d'Ussel. Métallurgie. Industrie du bois.

USTARITZ (64480), ch.-l. de cant. des Pyrénées-Atlantiques, dans le Pays basque, sur la Nive ; 4 502 hab. Anc. capitale du Labourd. Centre touristique.

USTENSILE n. m. (moyen fr. *ustensile,* du lat. *utensilia,* tout ce qui est utile, avec l'infl. de *user*). Objet servant aux travaux domestiques, en partic. à la cuisine.

USTER, v. de Suisse (cant. de Zurich) ; 23 700 hab. Constructions mécaniques et électriques. Textile.

USTICA, île volcanique d'Italie, située au N. de la Sicile ; 8,1 km ; 1 100 hab.

USTILAGINALE n. f. (bas lat. *ustilago,* chardon sauvage). Nom d'ordre de champignons parasites de plantes supérieures, agents de charbon ou de carie.

ÚSTÍ NAD LABEM, v. de la République tchèque (Bohême), sur le Labe (Elbe) ; 99 739 hab. Centre industriel. Château fort de Střekov (XIVe-XVIe s.).

USTINOV (Peter), acteur, metteur en scène et écrivain britannique (Londres 1921), auteur de pièces satiriques (*l'Amour des quatre colonels,* 1951), de films (*Billy Budd,* 1962), de romans (*Krumnagel,* 1971) et de Mémoires (*Cher moi,* 1977).

USUCAPION n. f. (lat. *usucapio*). **1.** Un des modes d'acquisition de la propriété chez les Romains, fondé sur une possession prolongée et ininterrompue. – **2.** Prescription acquisitive, et, partic., prescription des immeubles.

USUEL, ELLE adj. (bas lat. *usualis*). **1.** Qui est d'un usage courant : *Des objets usuels.* – **2.** Qui se rencontre fréquemment : *Une expression usuelle.*

◆ **usuel** n. m. Ouvrage qui, dans une bibliothèque, est à la disposition du public (dictionnaires, grandes collections).

USUELLEMENT adv. De façon usuelle.

USUFRUCTUAIRE adj. (bas lat. *usufructuarius*). Qui concerne l'usufruit ; qui donne simplement l'usufruit.

USUFRUIT n. m. (lat. *usufructus,* de *usus,* usage, et *fructus,* jouissance). Démembrement du droit de propriété conférant à son titulaire l'usage d'un bien appartenant à autrui et le droit d'en percevoir les fruits naturels et civils.

USUFRUITIER, ÈRE adj. et n. Relatif à l'usufruit ; qui a l'usufruit d'un bien.

USUMACINTA, fl. d'Amérique centrale séparant le Guatemala et le Mexique, avant de se jeter dans le golfe du Mexique ; 1 000 km environ.

USUMBURA, anc. nom de Bujumbura.

USURAIRE adj. (lat. *usurarius,* dont on a l'usage). 1. Relatif à l'usure, entaché d'usure. – 2. *Taux usuraire,* taux d'intérêt constitutif du délit d'usure.

USURAIREMENT adv. D'une manière usuraire.

1. **USURE** n. f. (lat. *usura,* intérêt de l'argent). 1. Intérêt perçu au-delà du taux licite. – 2. Délit consistant à stipuler dans un prêt d'argent un intérêt à un taux excessif dépassant celui que permet la réglementation. – 3. Litt. *Avec usure,* au-delà de ce qu'on a reçu.

2. **USURE** n. f. (de *user*). 1. Détérioration progressive par frottement, érosion, utilisation : *L'usure des roches. L'usure des vêtements.* – 2. *Litt.* Affaiblissement, altération d'une qualité, de la santé : *Usure nerveuse.* – 3. Fam. *Avoir qqn à l'usure,* persévérer jusqu'à ce qu'il cède. ‖ *Guerre d'usure,* conflit dans lequel on tente d'user nerveusement l'adversaire.

USURIER, ÈRE n. (de *usure 1*). Personne qui prête à usure.

USURPATEUR, TRICE n. (bas lat. *usurpator*). 1. Personne qui s'empare par des moyens illégitimes d'une souveraineté, d'un pouvoir, d'un bien, etc. – 2. *L'Usurpateur,* nom que les partisans des Bourbons donnaient à Napoléon Ier.
◆ adj. *Litt.* Qui usurpe : *Pouvoir usurpateur.*

USURPATION n. f. (bas lat. *usurpatio*). 1. Action d'usurper, fait d'être usurpé : *Usurpation du trône.* – 2. *Usurpation d'état civil,* délit commis par celui qui a pris le nom d'un tiers dans des circonstances ayant déterminé ou susceptibles de déterminer l'inscription d'une condamnation au casier judiciaire de ce tiers. ‖ *Usurpation de nom, de titre, de fonction,* fait d'user sans droit d'un nom, d'un titre, de s'immiscer dans les fonctions publiques, civiles ou militaires. ‖ *Usurpation de pouvoir,* action d'un agent de l'Administration qui empiète sur le domaine de l'autorité judiciaire et qui constitue une voie de fait engageant la responsabilité personnelle de cet agent, ou celle de l'Administration.

USURPATOIRE adj. Se dit d'une action qui a le caractère de l'usurpation.

USURPER v. t. (lat. *usurpare,* faire usage de) [conj. 3]. S'approprier indûment une dignité, un bien, etc. : *Usurper un titre. Une réputation usurpée.*

USUS [yzys] n. m. (lat. *usus*). L'un des attributs du droit de propriété (avec l'abusus et le fructus), celui d'utiliser la chose dont on est propriétaire.

USWĀN → ASSOUAN.

UT [yt] n. m. inv. (de *Ut queant laxis,* premiers mots de l'hymne lat. à saint Jean-Baptiste). Note de musique, syn. anc. de DO.

UT, abrév. internationale pour TEMPS* UNIVERSEL.

U. T. A. (sigle de *Union de Transports Aériens*), anc. société de transports aériens résultant de la fusion, en 1963, de l'Union aéromaritime de transports (U. A. T.) et des Transports aériens intercontinentaux (T. A. I.). Longtemps deuxième compagnie aérienne française, présente notamment en Asie, en Océanie, en Australie et, surtout, en Afrique, U. T. A. a été rachetée (1990) puis absorbée (1992) par Air France.

UTAGAWA, lignée de peintres japonais. Le fondateur de cet atelier d'Edo, spécialiste de l'ukiyo-e, fut **Utagawa Toyoharu** (1735-1814) ; **Toyokuni** (1769-1825) fut à l'origine du style décoratif qui devint le canon stéréotypé de l'école et auquel **Kuniyoshi** (1797-1861) apporta une certaine originalité.

UTAH, lac de l'État d'Utah (États-Unis), qui se déverse par le Jordan dans le Grand Lac Salé ; 388 km².

UTAH, État de l'ouest des États-Unis ; 220 000 km² ; 1 722 850 hab. Cap. *Salt Lake City.* Situé dans la Sunny Belt, l'Utah connaît un rapide accroissement de sa population. Des plateaux au climat quasi désertique y encadrent de hautes montagnes dépassant 4 000 m. Les richesses minières (cuivre, or, pétrole, plomb, argent, zinc) constituent les principales ressources devant l'agriculture irriguée (fourrages, fruits, betterave à sucre), développée depuis le XIXe s. par les colons mormons, au pied des monts Wasatch.
– **Hist.** Colonisé par les mormons à partir de 1847, le territoire devint un État de l'Union en 1896.

Utah-Beach, nom de code de la plage du Cotentin où débarqua, le 6 juin 1944, le 7e corps américain à hauteur de Saint-Martin-de-Varreville.

UTAMARO (KITAGAWA UTAMARO, dit), maître japonais de l'estampe (1753 - Edo, auj. Tōkyō, 1806). Après une série d'œuvres signées Toyoaki ou Toyoshō, dans le style de Torii Kiyonaga et de Harunobu, il prend en 1782 le nom de Utamaro, sous lequel il restera l'un des plus célèbres maîtres de l'ukiyo-e. Portraitiste du charme féminin, il excelle dans l'expression des visages triomphants ou lassés et dans celui du traitement des chairs nues, selon une représentation très personnelle de femmes « aux grands visages ». Ainsi les admirables ensembles : *Dix Études de physiognomonie féminine ; Dix Types de visages féminins ; Douze Heures des quartiers de plaisir ;* etc. Parmi ses livres illustrés, citons : *Dons de la marée basse* (1789).

UTC, abrév. internationale pour TEMPS* UNIVERSEL COORDONNÉ.

UTÉRIN, E adj. (bas lat. *uterinus*). Relatif à l'utérus.
◆ adj. et n. Se dit des membres de la branche maternelle d'une famille, en comprenant à chaque génération les seuls enfants des filles de cette famille. (Les frères et sœurs utérins s'opposent aux frères et sœurs consanguins, qui sont du même père mais d'une mère différente, et aux frères et sœurs germains, qui ont le même père et la même mère.)

UTÉRINITÉ n. f. Qualité de frères ou de sœurs utérins.

UTÉRO-OVARIEN, ENNE adj. (pl. *utéro-ovariens, ennes*). **1.** Qui appartient à l'utérus et à l'ovaire. — **2.** *Ligaments utéro-ovariens,* cordons fibreux tendus entre l'utérus et l'ovaire.

UTÉRO-PLACENTAIRE [-sɛ̃-] adj. (pl. *utéro-placentaires*). Qui se rapporte à la fois à l'utérus et au placenta.

UTÉRO-SACRÉ, E adj. (pl. *utéro-sacrés, es*). **1.** Relatif à l'utérus et au sacrum. — **2.** *Ligaments utéro-sacrés,* cordons fibreux tendus de chaque côté, entre l'utérus et le sacrum.

UTÉRO-VAGINAL, E, AUX adj. **1.** Qui appartient à l'utérus et au vagin. — **2.** *Plexus utéro-vaginal,* ensemble des plexus veineux utérin et vaginal.

UTÉRUS [-rys] n. m. (lat. *uterus*). Organe de l'appareil génital de la femme et des mammifères femelles, compris entre les trompes de Fallope et le vagin, et destiné à héberger l'œuf fécondé jusqu'à son complet développement et à l'expulser au terme de la grossesse. (Syn. vieilli MATRICE.)
ENCYCL. **Anat.** Chez la femme, l'utérus est un organe musculaire creux. Il est situé entre la vessie en avant et le rectum en arrière, au-dessus du vagin, au-dessous des anses intestinales et du côlon sigmoïde. Il a la forme d'une poire aplatie d'avant en arrière, de 6 à 7 cm de long. Il présente un étranglement appelé « isthme », qui sépare l'organe en une partie inférieure, le col, qui s'ouvre dans le vagin par le « museau de tanche » et une partie supérieure, plus volumineuse, le corps, dont le fond reçoit le ligament rond (organe de fixation) et la trompe de Fallope.
— **Zool.** L'évolution utérine des mammifères se traduit par un passage de deux organes latéraux à un seul organe médian. Les marsupiaux ont deux vagins, la rate et la lapine deux cols utérins s'ouvrant dans un seul vagin, la truie un seul col mais deux cavités utérines, puis l'utérus devient simple et corné (la plupart des mammifères), enfin il est parfaitement médian chez la femme et les primates.
La muqueuse interne de l'utérus (endomètre) assure la nidation du fœtus ; s'il n'y a pas fécondation, elle est résorbée ou expulsée. La tunique musculaire (myomètre) se contracte pour l'expulsion du jeune.

UTES, Indiens uto-aztèques des plaines d'Amérique du Nord (réserves de l'Utah, du Nouveau-Mexique et du Colorado).

U THANT (Sithu) → THANT.

'UTHMĀN IBN 'AFFĀN († Médine 656), troisième calife à la mort de 'Umar, en 644. Membre de la famille des Omeyyades, marié à une des filles du Prophète, il fit établir la version officielle du Coran. Il fut assassiné alors que se développait le conflit entre les partisans de 'Alī (les futurs chī'ites) et les partisans des Omeyyades.

UTICA, v. des États-Unis (New York), sur la Mohawk et le canal de l'Érié ; 75 600 hab. Centre commercial et universitaire.

UTILE adj. (lat. *utilis,* de *uti,* se servir de). **1.** Qui peut servir à qqn, lui être profitable, lui procurer un avantage : *Cette carte routière vous sera utile.* — **2.** Qui a un rôle efficace, qui est nécessaire : *Ce n'est pas utile d'y aller. Une mesure utile.* — **3.** *En temps utile,* au moment opportun. ‖ *Jour utile,* jour pendant lequel on peut agir en procédure.
◆ n. m. Ce qui a un caractère de nécessité : *Préférer l'utile à l'agréable.*

UTILEMENT adv. De façon utile, profitable.

UTILISABLE adj. Qui peut être utilisé.

UTILISATEUR, TRICE n. Personne, groupe qui fait usage de qqch, qui utilise un appareil, un service : *Les utilisateurs du gaz.*

UTILISATION n. f. Action, manière d'utiliser ; emploi, usage.

UTILISER v. t. (de *utile*) [conj. 3]. **1.** Recourir à qqch, à qqn pour un but, un usage précis : *Utiliser l'avion.* — **2.** Tirer profit de qqn ou de qqch ; exploiter : *Utiliser des relations dans sa carrière.*

UTILITAIRE adj. (de *utilité,* p.-ê. d'apr. l'ang. *utilitarian*). **1.** Dont le but, le principe est essentiellement l'utilité : *Le rôle utilitaire d'un appareil. Des calculs utilitaires.* — **2.** *Véhicule utilitaire* ou *utilitaire* (n. m.), voiture commerciale, camionnette ou camion destinés au transport des marchandises ou des personnes.
◆ n. m. Programme d'intérêt général assurant des fonctions auxiliaires (recopie de bandes magnétiques, gestion de bibliothèques de programmes, etc.) dans un système de traitement de l'information.

UTILITAIREMENT adv. De façon utilitaire.

UTILITARISME n. m. (de *utilitaire,* p.-ê. d'apr. l'angl. *utilitarism*). Doctrine politique et morale fondée sur l'utilité. (La philosophie utilitariste s'est constituée au XVIIIe s. avec J. Bentham et au XIXe s. avec J. Stuart Mill.)

UTILITARISTE adj. et n. Relatif à l'utilitarisme ; partisan de l'utilitarisme.

UTILITÉ n. f. (lat. *utilitas*). **1.** Fait de servir à qqch : *L'utilité du livre pour la diffusion des connaissances.* – **2.** Caractère, qualité de qqch ou de qqn qui sert à qqch : *Le téléphone est d'une grande utilité.* – **3.** Aptitude d'un bien à satisfaire un besoin ou à créer les conditions favorables à cette satisfaction. (Syn. DÉSIDÉRABILITÉ.) – **4.** *Utilité publique,* intérêt général au nom duquel l'Administration accorde un avantage (reconnaissance d'utilité publique) ou impose une sujétion (servitude d'utilité publique, expropriation pour cause d'utilité publique.)
◆ **utilités** n. f. pl. **1.** Fluides et produits qu'il faut fournir à une installation pour ses besoins en énergie motrice, chaleur et services auxiliaires. – **2.** *Jouer les utilités,* n'avoir qu'un emploi (notamment au théâtre) subalterne et accessoire.

UTINET ⟶ HUTINET.

uti possidetis (mots lat. signif. *comme vous possédez*). Principe en vertu duquel un État nouveau s'engage à conserver comme frontières celles qu'il avait avant son indépendance.

UTIQUE, en lat. **Utica,** ville antique d'Afrique du Nord, au N.-O. de Carthage. Comptoir phénicien antérieur à Carthage, Utique tomba sous sa tutelle au Vᵉ s. av. J.-C. Lors de la troisième guerre punique, elle se donna à Rome, et devint municipe en 36 av. J.-C. Elle fut ruinée à la fin de l'Antiquité par l'ensablement de son port.
– **Archéol.** Nécropoles, seuls vestiges de la vie phénicienne, dont les sépultures les plus anciennes remontent à 700 av. J.-C. L'absence de stèles de tophet semble indiquer une tradition religieuse différente de Carthage. Maisons et thermes romains du IIᵉ s. apr. J.-C. Mosaïques.

UTM (abrév. de *Universal Transverse Mercator*), représentation cylindrique conforme transverse d'un modèle ellipsoïdique, utilisée notamment par les services militaires des pays occidentaux. (⟶ *projection de* MERCATOR.)

UTO-AZTÈQUE n. m. (amér. *uto-aztecan*). Famille de langues indiennes parlées au Mexique et dans l'ouest des États-Unis.

UTOPIE n. f. (de *Utopia,* mot créé par Thomas More, du gr. *ou,* non, et *topos,* lieu). **1.** Construction imaginaire et rigoureuse d'une société, qui constitue, par rapport à celui qui la réalise, un idéal ou un contre-idéal. – **2.** Projet dont la réalisation est impossible, conception imaginaire : *Une utopie pédagogique.*

Utopie, roman politique et social de Thomas More, écrit en latin (1515-16), traduit en anglais en 1551. L'auteur y critique l'Angleterre et les autres États européens et imagine une île inconnue où les hommes vivraient heureux, en paix avec eux-mêmes et tous maîtres de leur destin.

UTOPIQUE adj. **1.** Qui a le caractère d'une utopie. – **2.** *Socialisme utopique,* nom péjoratif donné par F. Engels aux doctrines socialistes fondées sur un idéal sentimental et réformateur, telles que le saint-simonisme, le fouriérisme, etc., par opposition au *socialisme scientifique,* fondé sur la lutte des classes et la dictature du prolétariat en vue de leur disparition.

UTOPISME n. m. Attitude de qqn qui se berce d'utopies, de rêveries chimériques.

UTOPISTE adj. et n. **1.** Se dit d'un esprit attaché à des vues utopiques. – **2.** Auteur d'un système utopique.

UTPALA, mot sanskr. signif. *lotus bleu* et désignant l'attribut de Śiva, Gaṇeśa, Durgā, du bodhisattva Mañjuśrī, etc.

UTRAQUISME n. m. Doctrine des utraquistes.

UTRAQUISTE n. (lat. *sub utraque specie,* sous chacune des deux espèces). Syn. de CALIXTIN.

UTRECHT, v. des Pays-Bas, ch.-l. de la *province d'Utrecht* (1 330 km² ; 1 015 515 hab.) ; 230 000 hab. (près de 500 000 hab. avec les banlieues). Archevêché. Centre administratif, commercial, culturel, nœud routier et ferroviaire, sur le canal d'Amsterdam au Rhin, ville industrielle (constructions mécaniques et électriques, chimie, textile, agroalimentaire).
– **Hist.** La ville s'est développée autour d'une forteresse romaine, fondée en 48 av. J.-C. Occupée par les Mérovingiens, puis par les Frisons (VIIᵉ s.), elle est reconquise par Pépin de Herstal. En 780, elle devient le siège d'un évêché. Capitale d'une puissante principauté ecclésiastique, Utrecht connaît jusqu'au XIVᵉ s. une grande prospérité. Incorporée aux Pays-Bas habsbourgeois (1528), érigée en archevêché (1559), elle se convertit au calvinisme et se révolte contre les Espagnols (1577). L'Union d'Utrecht y est signée en 1579. Foyer de l'orthodoxie calviniste, la ville tolère pourtant le maintien d'une hiérarchie catholique. Mais la diffusion du jansénisme provoque un conflit avec Rome, qui aboutit à la formation de l'Église janséniste d'Utrecht (1723).
– **Bx-arts.** Cathédrale gothique des XIIIᵉ-XVIᵉ s. (beau clocher isolé du XIVᵉ) ; église St-Pierre, en partie romane (XIᵉ s.) ; autres églises et demeures anciennes. Musée central (dans l'anc. couvent Ste-Agnès), groupant collections d'archéologie et d'histoire locale, d'arts décoratifs, de peinture (école d'Utrecht : Van Scorel ; maniéristes comme Wtewael et Bloemaert ; caravagesques comme Terbrugghen, Van Honthorst, Van Baburen) ; musée national des Religions.

Utrecht *(traités d')* [1713-1715], traités conclus entre la France et l'Espagne, d'une part, et les puissances de la troisième coalition européenne (moins l'Empire), d'autre part, et qui mettent fin à la guerre de la Succession* d'Espagne. Philippe V, reconnu roi d'Espagne et des colonies espagnoles, cède à l'Angleterre Gibraltar et Minorque. Le duc de Savoie recouvre ses États, agrandis, et reçoit le titre de roi de Sicile. L'Électeur de Brandebourg est reconnu roi « en Prusse ». Les Provinces-Unies obtiennent une ligne de huit forteresses à la frontière française. L'Angleterre fait reconnaître le droit au trône britannique de la reine Anne. La France lui cède Terre-Neuve, l'Acadie et la baie d'Hudson. Ces traités établissent la prépondérance maritime de l'Angleterre et instaurent un nouvel équilibre européen, aucun État, France, Autriche ou Angleterre, ne pouvant prétendre à l'hégémonie sur le continent.

Utrecht *(Union d')* [23 janv. 1579], union des sept provinces protestantes des Pays-Bas (Hollande, Zélande, Utrecht, Gueldre, Overijssel, Frise et Groningue) conclue pour rejeter l'autorité de tout prince étranger, en réponse à l'Union d'Arras (6 janv. 1579), formée par les provinces catholiques des Pays-Bas.

Utrecht *(velours d')*, velours dans lequel le poil de chèvre remplace la soie, fabriqué à Utrecht à la fin du XVIIe s. et imité au XVIIIe s. en France.

UTRICULAIRE n. f. (lat. sc. *utricularia,* du bas lat. *utriculus,* petite outre). Petite plante aquatique vivace à feuilles flottantes porteuses de pièges capables de capturer et de digérer de minuscules proies telles que les daphnies.

UTRICULE n. m. (bas lat. *utriculus,* petite outre). **1.** Partie de l'oreille interne des vertébrés (labyrinthe membraneux) dans laquelle débouchent les 3 canaux semi-circulaires, et dont la paroi porte un organe sensoriel d'équilibration. — **2.** Chez les végétaux, très petit organe en forme d'outre, jouant, par exemple, le rôle de flotteur ou de piège (utriculaire). — **3.** *Utricule prostatique,* conduit médian, borgne, situé dans l'épaisseur de la prostate et aboutissant au sommet du veru montanum.

UTRILLO (Maurice), peintre français (Paris 1883 - Dax 1955). Fils naturel de S. Valadon, très tôt alcoolique, il exécute à partir de 1903 de nombreuses vues de Montmartre et de la banlieue parisienne. Son style devient personnel, à la fois naïf et raffiné, avec sa féconde « époque blanche » (v. 1909-1915), que caractérise une âpre mélancolie dans l'interprétation des sites montmartrois. La célébrité arrive. À partir de 1923, cloîtré par sa famille, qui redoute son comportement d'ivrogne, Utrillo se livre à une intense production, notamment d'après des cartes postales. Il se marie en 1935, cesse de boire, devient pieux et finit prostré.

UTSUNOMIYA, v. du Japon, ch.-l. de préf., au pied du mont Nikkō ; 390 000 hab. Centre industriel et commercial. Université.

UTTAR PRADESH, État du nord de l'Inde ; 294 400 km² ; 138 760 417 hab. Cap. *Lucknow.* V. princ. *Kānpur, Bénarès, Āgrā, Allāhābād.* L'État le plus peuplé de l'Inde s'étend essentiellement sur la plaine indo-gangétique, région de circulation aisée, où sont situées de grandes villes de pèlerinage. L'agriculture est la principale ressource. Intensifiée par l'irrigation, elle se compose de cultures d'hiver (blé, orge, pois chiche) et de cultures d'été (riz, maïs, millet, canne à sucre, coton, arachide, pavot), qui bénéficient de la mousson. À l'artisanat (tissage) s'ajoute un secteur industriel varié (textile, cuir, chimie, alimentation, matériel ferroviaire et aéronautique, engrais, ciment).

UTUY TATANG SONTANI, écrivain indonésien (Cianjur 1920 - Moscou 1979). Auteur de romans, de nouvelles sur le petit peuple indonésien (*les Misérables,* 1951) et de pièces de théâtre allégoriques (*la Flûte,* 1948), mythologiques (*Sang Kuriang,* 1959) ou réalistes (*Awal et Mira,* 1952).

UTZON (Jørn), architecte danois (Copenhague 1918). Sa formation fut internationale, auprès, notamment, d'Aalto, de Wright. Lauréat du concours pour l'Opéra de Sydney en 1957, il a réalisé de 1963 à 1966 (avec l'agence O. Arup) la structure de cet édifice, articulation éloquente d'énormes coquilles en voile de béton.

U. V. n. m. Abrév. de ULTRAVIOLET.

UVAL, E, AUX adj. (lat. *uva,* raisin). **1.** Relatif au raisin. — **2.** *Cure uvale,* régime consistant à consommer plusieurs kilos de raisin par jour.

UVAROV (*sir* Boris Petrovitch), naturaliste britannique, d'origine russe (Ouralsk 1888 - Londres 1970). Il montra en 1928 que les acridiens migrateurs existent sous deux formes : une forme solitaire, confinée dans certaines *aires,* et une forme grégaire, qui se disperse par bandes dans de vastes territoires. On lui doit de ce fait les principes sur lesquels repose la lutte préventive contre les criquets migrateurs.

UVÉA → OUVÉA (Loyauté).

UVÉA ou **OUVÉA** *(île),* la principale des îles Wallis (Polynésie) ; 96 km² ; 8 084 hab. Ch.-l. *Mata-Utu.*

UVÉAL, E, AUX adj. Qui a rapport à l'uvée.

UVÉE n. f. (lat. médiév. *uvea,* du lat. class. *uva,* grappe). Ensemble de tissus oculaires, d'origine mésodermique, comprenant l'iris, le corps ciliaire et la choroïde.

UVÉITE n. f. **1.** Inflammation de l'uvée. — **2.** *Uvéite antérieure,* syn. de IRIDOCYCLITE.

UVIFÈRE adj. (du lat. *uva,* raisin). Qui porte des raisins.

UVULAIRE adj. **1.** Qui a rapport à l'uvule. — **2.** *Consonne uvulaire* ou *uvulaire* (n. f.), consonne dont le lieu d'articulation se situe à l'extrémité postérieure du palais mou, au niveau de la luette. (Par ex. le *R* du français standard, noté par [R] ou [ʁ].)

UVULE n. f. (lat. *uvula,* petite grappe). Nom scientifique de la luette.

UXELLODUNUM, oppidum de Gaule, qui fut l'un des derniers à résister à César (51 av. J.-C.). Plusieurs sites du midi de la France, dont le Puy-d'Issolud (Lot), correspondent à la description de la forteresse antique.

UXMAL, anc. ville maya du nord du Yucatán (Mexique), construite vers 600-950 apr. J.-C., bel exemple de l'architecture maya de style Puuc*. Grande Pyramide, pyramide du Devin, quadrilatère des Nonnes, palais rectangulaires et palais du Gouverneur.

UXORILOCAL, E, AUX adj. (du lat. *uxor, -oris,* épouse). Se dit du mode de résidence de jeunes époux qui doivent aller habiter le village des parents de la femme et y construire leur demeure.

UZBEK → OUZBEK.

UZBÉKISTAN → OUZBÉKISTAN.

UZEL (22460), ch.-l. de cant. des Côtes-d'Armor, à 15 km au N.-O. de Loudéac ; 981 hab. *(Uxellois).*

UZERCHE (19140), ch.-l. de cant. de la Corrèze, dominant la Vézère ; 2 891 hab. *(Uzerchois).* Ville pittoresque, conservant un église romane (XIe-XIIe s.) au clocher limousin typique, des maisons à tourelles des XIVe-XVe s. Industrie du bois. Constructions électriques. Salaisons.

UZÈS (30700), ch.-l. de cant. du Gard, dans les Garrigues, sur l'Alzon ; 7 955 hab. *(Uzétiens).* « Duché », château avec parties du XIe au XVIe s. Anc. cathédrale au clocher roman cylindrique (« tour Fenestrelle »), reconstruite au XVIIe s. Demeures anciennes. Musée. Haras national. Confiserie. Marché aux truffes.

UZÈS (Marie-Clémentine DE ROCHECHOUART-MORTEMART, *duchesse* D') [Paris 1847 - château de Dampierre 1933]. Veuve d'Emmanuel de Crussol, duc d'Uzès, en 1878, elle finança le boulangisme, dans l'espoir d'une restauration. Elle fut une féministe militante. Elle pratiqua la sculpture sous le pseudonyme de Manuela.

UZNAM, en all. **Usedom,** île qui, avec celle de Wolin, limite vers la Baltique la rade de Szczecin. L'extrémité orientale, avec la ville de Świnoujście (Swinemünde), est polonaise, le reste est allemand ; 445 km², dont 354 km² en Allemagne. Tourisme.

UZUN HASAN (Diyarbakır 1423 - Tabriz 1478), souverain des Akkoyunlu (1453-1478). Il conquit la Perse, s'allia à Venise contre l'Ottoman Mehmed II et fut battu par celui-ci en 1473.

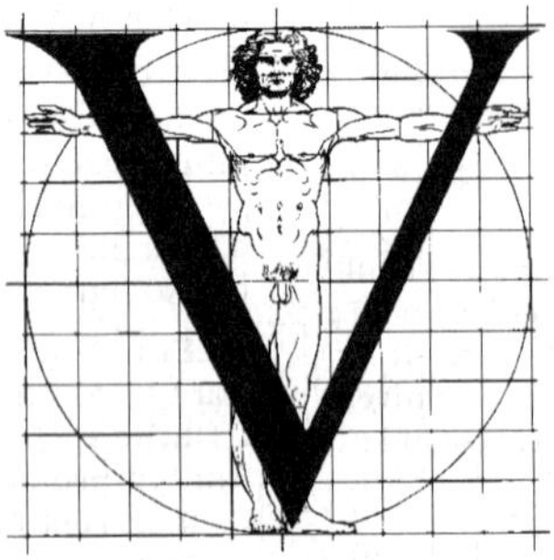

V n. m. **1.** Vingt-deuxième lettre de l'alphabet français. — **2.** Consonne constrictive labiodentale sonore. — **3.** Ce qui est en forme de V : *Un virage en V. Le V de la victoire.*

v abrév. • **Comm.** V° signifie *verso.* — **Relig.** Signifie *verset* dans la division des chapitres du texte de la Bible.

V abrév. Chiffre romain valant 5. • **Chim.** Symbole du *vanadium.* — **Comm.** V/C signifie *votre compte.* — **Impr.** Dans les livres, V. ou v. signifie *voyez* et indique un renvoi. — **Métrol.** Symbole du *volt,* unité SI de force électromotrice et de différence de potentiel électrique (ou tension). ‖ *V/m,* symbole du *volt par mètre.*

Vö, symbole de la *vitesse initiale d'un projectile* (à la distance zéro de l'arme).

V1, V2 n. m. (initiales de l'all. *Vergeltungswaffen,* armes de représailles). Systèmes d'armes à base de missiles sol-sol à long rayon d'action, utilisés par les Allemands en 1944 et 1945.

ENCYCL. Les V1 étaient de petits avions sans pilote, mus par un pulsoréacteur et pouvant emporter 500 kg d'explosifs à 250 km de distance. Leur vitesse relativement réduite (650 km/h) et leur faible altitude de vol (800 à 900 m) en faisaient des proies faciles pour l'aviation de chasse et la D. C. A. ; ainsi, seulement 23 % des V1 atteignirent Londres et 15 % Anvers.

Les V2 furent les véritables précurseurs des missiles balistiques. Mis au point par von Braun et son équipe à Peenemünde, ils atteignaient une altitude de 100 à 120 km et une vitesse de 5 000 km/h et lâchaient une tonne d'explosifs sur des objectifs distants de 350 km. Seul le bombardement intensif et fréquent des bases de départ permit de les combattre avec succès.

VA ! interj. (impér. de *aller*). **1.** Exprime l'affection, l'encouragement, la menace, le dédain, etc. : *Je te rattraperai, va !* — **2.** Pop. *Va donc !,* précède une injure : *Va donc ! eh ! pauvre type !* ‖ Fam. *Va pour,* d'accord pour, c'est OK pour.

VA, symbole du *voltampère.*

VAA (Aslaug), femme de lettres norvégienne (Vinje 1889 - Oslo 1965), auteur de poèmes (*la Voie étrange,* 1949) et de drames lyriques (*l'Oiseau de miel et le Léopard,* 1965), écrits en nynorsk.

VAAL, riv. de l'Afrique du Sud, affl. de l'Orange (r. dr.) ; 1 200 km.

VAASA, en suéd. **Vasa,** port de Finlande, sur le golfe de Botnie, ch.-l. de la province homonyme ; 53 800 hab. Centre industriel.

VABRE (81330), ch.-l. de cant. du Tarn, près du confluent du Gijou et de l'Agout ; 937 hab. *(Vabrais).* Textile.

VACANCE n. f. (de *vacant*). **1.** Situation d'une charge, d'une place, d'un poste momentanément dépourvus de titulaire : *La vacance d'un siège au Sénat.* — **2.** Temps pendant lequel une fonction, un poste est sans titulaire. — **3.** *Vacance du pouvoir,* absence totale d'autorité de la part des instances détenant le pouvoir politique.

◆ **vacances** n. f. pl. **1.** Période d'arrêt légal de travail dans les écoles, les universités, fixées selon un calendrier. — **2.** Période légale d'arrêt de travail des salariés, pendant laquelle de nombreuses personnes se déplacent : *Avoir cinq semaines de vacances.* — **3.** *Grandes vacances,* les vacances scolaires d'été. — **4.** *Centre de vacances et de loisirs.* Syn. de COLONIE DE VACANCES. ‖ *Vacances judiciaires,* période annuelle pendant laquelle les audiences des tribunaux sont suspendues légalement. ‖ *Vacances parlementaires,* période pendant laquelle le Parlement n'est pas en session.

VACANCIER, ÈRE n. Personne qui est en vacances qqpart.

◆ adj. Relatif aux vacances : *Une atmosphère vacancière.*

VACANT, E adj. (lat. *vacans, -antis,* qui est inoccupé). **1.** Se dit d'une charge, d'un poste momentanément sans titulaire : *Emploi vacant.* – **2.** Se dit d'une place non retenue, non occupée. – **3.** *Biens vacants* ou *sans maître,* biens n'ayant pas fait l'objet d'une appropriation ou objets abandonnés. ‖ *Succession vacante,* succession ouverte pour laquelle il n'y a pas d'héritier connu ou à laquelle les héritiers appelés renoncent. (Le curateur à une succession vacante est l'Administration des domaines.)

VACARME n. m. (moyen néerl. *wacharme !* malheur à moi). Bruit assourdissant, tapage, chahut : *Arrêter ce vacarme !*

VACATAIRE adj. et n. Qui est rémunéré à la vacation.

VACATION n. f. (lat. *vacatio,* de *vacare,* être libre). **1.** Temps consacré à l'examen d'une affaire ou à l'accomplissement de certaines fonctions. – **2.** Rémunération de ce temps.

VACCARÈS *(étang de),* le plus vaste étang de la Camargue (Bouches-du-Rhône, comm. des Saintes-Maries-de-la-Mer) ; 6 000 ha en moyenne. Une longue digue le sépare de la Méditerranée. Il constitue une réserve zoologique et botanique.

VACCIN [vaksɛ̃] n. m. (de *vaccine*). **1.** Substance d'origine microbienne (microbes vivants atténués ou tués, substances solubles) qui, administrée à un individu ou à un animal, lui confère l'immunité à l'égard de l'infection déterminée par les microbes mêmes dont elle provient et parfois à l'égard d'autres infections. (→ *encycl.*) – **2.** Substance microbienne analogue, mais utilisée dans un dessein curatif et non plus préventif. – **3.** Ce qui immunise contre un mal, un danger : *Un vaccin contre la passion.* – **4.** *Vaccin polyvalent,* vaccin préparé avec plusieurs microbes différents.

ENCYCL. Le vaccin est une substance riche en antigènes sécrétés par un microbe quelconque et capable de provoquer dans l'organisme la formation des anticorps correspondants ou la stimulation des cellules phagocytaires de façon à lui faire acquérir une immunité contre ce microbe. On peut distinguer les vaccins antivirus et les vaccins destinés à combattre les maladies dues à des bactéries. Il existe des vaccins associés (vaccins polyvalents), par ex. quadruples tétravalents (diphtérie, tétanos, poliomyélite et coqueluche), ou quintuples pentavalents (diphtérie, tétanos, poliomyélite, coqueluche et rougeole).

Si les vaccins contre les maladies virales sont d'une efficacité indiscutable (poliomyélite, rage, fièvre jaune, grippe, rubéole, rougeole, etc.), il n'en est pas toujours de même des vaccins contre les infections bactériennes. La vaccination contre le tétanos ou contre la diphtérie est hautement efficace car elle concerne l'immunisation contre la toxine de ces bactéries. En revanche, dans les vaccins bactériens employant des bactéries entières, l'efficacité est discutable (vaccin antityphoïdique, anticholérique, anticoquelucheux). Le cas du B. C. G. dans la vaccination antituberculeuse est particulier : il s'agit d'un puissant stimulant de l'immunité non spécifique.

VACCINABLE [-ksi-] adj. Qui peut être vacciné.

VACCINAL, E, AUX [-ksi-] adj. Relatif au vaccin, à la vaccination.

VACCINATEUR, TRICE [-ksi-] adj. et n. Se dit de qqn qui pratique la vaccination.

VACCINATION [-ksi-] n. f. Introduction dans l'organisme d'un vaccin, soit en vue de créer l'immunité à l'égard de l'infection correspondante (vaccin préventif), soit en vue de développer les défenses de l'organisme contre une infection déjà installée (vaccinothérapie).

ENCYCL. La première vaccination est celle que Jenner réalisa en 1796 contre la variole, en inoculant à l'homme l'exsudat de lésions humaines d'une maladie voisine, mais bénigne, la *vaccine* ou *cow-pox.* La maladie en question était ensuite retransmise à une génisse, afin de conserver la souche de virus et de procéder aux vaccinations avec le produit des pustules apparaissant chez cet animal.

Il fallut attendre les travaux de Pasteur pour que l'immunisation contre une maladie soit obtenue par inoculation de produits pathologiques de la même maladie. Le créateur de la microbiologie ouvrit d'emblée la voie des virus atténués en réalisant le vaccin contre la rage et en vaccinant pour la première fois un homme (Joseph Meister, 1884) contre cette affection, toujours mortelle auparavant. Puis successivement furent mis au point les vaccins contre la peste (Yersin, Haffkine, 1895), le choléra, la fièvre typhoïde (pendant la Première Guerre mondiale), la diphtérie (avec la première anatoxine, Ramon, 1923), la tuberculose (travaux de Calmette et de Guérin aboutissant au B. C. G.), la poliomyélite (vaccin Salk 1955, perfectionné par Lépine), la grippe (Institut Pasteur).

CALENDRIER DES VACCINATIONS recommandées par la Direction générale de la santé (1995)	
Dès le 1er mois B.C.G.	La vaccination par le **B.C.G.** doit être pratiquée pour **l'entrée en collectivité.** La vaccination **B.C.G.** précoce est réservée aux enfants vivant dans un milieu à risque. L'épreuve tuberculinique doit être pratiquée 3 à 12 mois plus tard.
À partir de 2 mois **Diphtérie, Tétanos, Coqueluche, Polio** Haemophilus influenzae b** **Hépatite B** 1re injection	Le vaccin **polio injectable** est recommandé, surtout pour les primo-vaccinations, en réservant le vaccin polio oral pour des situations épidémiques. Il est recommandé, à partir de 2 mois, de pratiquer l'association **diphtérie, tétanos, coqueluche, polio.**
3 mois **Diphtérie, Tétanos, Coqueluche, Polio** Haemophilus influenzae b **Hépatite B** 2e injection	2e injection.
4 mois **Diphtérie, Tétanos, Coqueluche, Polio** Haemophilus influenzae b **Hépatite B** 3e injection	3e injection.
À partir de 12 mois **Rougeole, Oreillons, Rubéole.**	La vaccination associée **rougeole, oreillons, rubéole** est recommandée de façon indiscriminée pour les petits **garçons** et les petites **filles.** **La vaccination contre la rougeole** doit être pratiquée plus tôt (à partir de 9 mois pour les enfants vivant en collectivité), suivie d'une revaccination 6 mois plus tard en association avec celles contre les **oreillons** et la **rubéole.** En cas de menace d'épidémie dans une collectivité d'enfants, on peut vacciner tous les sujets de plus de 9 mois supposés réceptifs ; la vaccination immédiate peut être efficace si elle est faite moins de 3 jours après le contact.
16-18 mois **Diphtérie, Tétanos, Coqueluche,** **Polio** (1er rappel) Haemophilus influenzae b (rappel) **Hépatite B** 4e injection	On peut faire simultanément, en un site d'injection séparé, la vaccination associée **rougeole, oreillons, rubéole.**
Avant 6 ans B.C.G.	La vaccination par le **B.C.G.** doit être pratiquée pour **l'entrée en collectivité.** L'épreuve tuberculinique doit être pratiquée 3 à 12 mois plus tard.
6 ans **Diphtérie, Tétanos,** **Polio** (2e rappel) **Rougeole, Oreillons, Rubéole** **Hépatite B** (1er rappel)	La vaccination associée **rougeole, oreillons, rubéole** est recommandée chez les enfants n'ayant **pas encore été vaccinés.** L'entrée à l'école est une bonne occasion de vacciner éventuellement le même jour que le rappel diphtérie, tétanos, polio et/ou le **B.C.G.**

11-13 ans	
Diphtérie, Tétanos, Polio	
Oreillons.	Pour les enfants non vaccinés et n'ayant pas eu la maladie.
Rubéole	Pour toutes les filles, en primo- ou en revaccination.
B.C.G.	Les sujets aux tests tuberculiniques négatifs, **vérifiés notamment par IDR (intradermo-réaction)**, seront vaccinés ou revaccinés.
Hépatite B	Soit une injection de rappel si la vaccination complète a été pratiquée dans l'enfance, soit un schéma complet en 4 injections.
16-18 ans	
Diphtérie, Tétanos, Polio. **Rubéole** pour les jeunes femmes non vaccinées. **Épreuve tuberculinique** suivie du B.C.G. en cas de négativité.	Vaccination contre la **rubéole** : chez les jeunes femmes qui n'ont pas été vaccinées, la vaccination est recommandée, par exemple lors d'une visite de contraception, ou prénuptiale ; la sérologie préalable et post-vaccinale n'est pas utile. Il est nécessaire de s'assurer de l'absence d'une grossesse débutante (1er mois) et d'éviter toute grossesse dans les deux mois suivant la vaccination. Si la sérologie **prénatale est négative ou inconnue**, la vaccination devra être pratiquée immédiatement après l'accouchement, **avant la sortie de la maternité.**
18-60 ans	
Tétanos, Polio	Tous les 10 ans.
Rubéole	Jusqu'à 45 ans pour les femmes non vaccinées et non immunisées.
Hépatite B	Tous les 5 ans.
Après 70 ans	
Tétanos, Polio	Tous les 10 ans.
Vaccination antigrippale	Annuelle.

VACCINE [-ksin] n. f. (lat. sc. *variola vaccina,* variole de vache). **1.** Maladie d'abord observée chez la vache (d'où son nom), puis chez le cheval, et qui est caractérisée par l'éruption de pustules d'aspect variable et quelques symptômes généraux plus ou moins intenses. (→ *encycl.*) – **2.** Évolution des symptômes déterminés chez l'homme par l'inoculation du vaccin contre la variole.

ENCYCL. L'inoculation du virus de la vaccine (virus du groupe des *poxvirus*) provenant de la vache *(cow-pox)* ou du cheval *(horse-pox)* détermine une maladie bénigne similaire, la vaccine, qui rend l'organisme réfractaire aux atteintes de la variole. La vaccine et la variole sont réciproquement immunisantes.

VACCINÉ, E [-ksi-] n. Personne immunisée contre une maladie infectieuse, soit par une atteinte antérieure de cette maladie, soit par une vaccination.

VACCINER [-ksi-] v. t. (de *vaccin*) [conj. **3**]. **1.** Immuniser qqn contre une maladie infectieuse à l'aide du vaccin approprié : *Vacciner contre la poliomyélite.* — **2.** Immuniser qqn contre un mal quelconque, le mettre à l'abri d'une peine, d'un désagrément : *Deux expériences malheureuses l'ont vacciné contre le mariage.*

VACCINOSTYLE [-ksi-] n. m. Lancette à vacciner constituée par une plume métalique non fendue.

VACCINOTHÉRAPIE [-ksi-] n. f. Ensemble des méthodes thérapeutiques fondées sur l'emploi de vaccins curatifs.

VACHARD, E adj. *Pop.* Méchant, sévère, dur : *Une réponse vacharde.*

VACHE n. f. (lat. *vacca*). **1.** Femelle reproductrice de l'espèce bovine. (→ *encycl.*) – **2.** Viande de vache. — **3.** *Pop.* Personne dure, sans pitié, très sévère. (On dit aussi PEAU DE VACHE.) – **4.** *Pop.* Agent de police. — **5.** *Pop.* Gradé, dans l'armée. — **6.** *Coup (de pied) en vache,* ruade de côté ; coup en traître. ‖ Fam. *La vache !,* exclamation qui exprime le dépit ou l'admiration. ‖ Fam. *Il pleut comme vache qui pisse,* il pleut très fort. ‖ *Vache à lait,* vache consacrée principalement à la production de lait ; personne que l'on considère sous le seul point de vue de l'argent qu'elle donne ou prête (fam.). • **Bot.** *Arbre à la vache,* syn. de BROSIMUM. — **Mar.** *Nœud de vache,* nœud voisin du nœud plat, que l'on emploie pour réunir deux filins quand ceux-ci doivent être facilement dénoués. — **Peauss.** Peau brute d'un bovin femelle ou cuir fini en provenant. — **Tour.** *Vache à eau,* récipient pliant, en toile ou en matière plastique, utilisé par les campeurs pour mettre de l'eau. — **Vétér.** *Maladie de la vache folle,* encéphalopathie spongiforme bovine.

◆ adj. *Fam.* **1.** Qui est très sévère : *Il est drôlement vache.* – **2.** Qui est très pénible, dur : *C'est vache ce qui lui arrive.* – **3.** Qui est très difficile : *Un problème vache.* – **4.** *Amour vache,* amour violent, brutal. ‖ Pop. *Un(e) vache (de),* qqch de très difficile ou de sensationnel : *Un vache problème. Une vache de moto.*
ENCYCL. La génisse prend le nom de « vache » après avoir donné naissance à son premier veau, entre 24 et 36 mois selon les races. Par la suite, on s'efforce d'obtenir une mise bas par an, la durée de la gestation étant en moyenne de 285 jours. La production laitière, qui commence avec la naissance du veau, varie notamment en fonction des caractères individuels de la vache, de son âge, de sa race, de son alimentation, du temps écoulé depuis la mise bas. La quantité totale de lait produite jusqu'à la fin de la période de traite, déterminée par le tarissement, est appelée *lactation.* La sélection génétique a considérablement augmenté la lactation (durée normalisée : 305 jours), les meilleures vaches laitières pouvant dépasser une production de 8 000 kg de lait par lactation. Pour les vaches spécialisées dans la production d'animaux de boucherie, la sélection porte surtout sur des caractères de conformation des animaux et sur la vitesse de croissance.
– **Relig.** Dans l'hindouisme, la vache est considérée comme un animal sacré, attitude dont l'origine remonte aux débuts de la culture védique. Dans le rituel brahmanique, les cinq produits de la vache (lait, lait caillé, beurre, urine et bouse) sont des instruments de purification.

VACHÉ (Jacques), écrivain français (Lorient 1896 - Nantes 1919). Il exerça sur André Breton (*Lettres de guerre,* 1919) une influence qui fut décisive dans la création du surréalisme.

VACHEMENT adv. (de *vache*). *Pop.* Indique un très haut degré : *Un film vachement drôle.*

VACHER, ÈRE n. (lat. pop. **vaccarius,* du lat. class. *vacca,* vache). Personne qui garde, qui soigne les vaches, les bovins.

VACHERAUVILLE (55100), comm. de la Meuse, sur la rive droite de la Meuse ; 145 hab. Théâtre de violents combats pendant la bataille de Verdun (juill.-oct. 1916).

VACHERIE n. f. *Pop.* **1.** Caractère sévère de qqn qui se comporte de manière très dure : *Les examinateurs ont été d'une grande vacherie.* – **2.** Parole, action méchante ; saloperie : *Je ne lui parle plus, il m'a fait une vacherie.* – **3.** Événement pénible et injuste : *Ce retard du train est une vacherie.* – **4.** Ensemble des vaches d'une exploitation agricole.

VACHERIN n. m. (de *vache*). **1.** Fromage au lait de vache, affiné, à pâte molle et très onctueuse, fabriqué en Suisse et dans le Jura français. – **2.** Pâte à meringue garnie de glace et de crème chantilly.

VACHETTE n. f. **1.** Petite ou jeune vache. – **2.** Peau légère provenant d'un jeune bovin.

VACILLANT, E [vasijɑ̃, -ɑ̃t] adj. *Litt.* **1.** Qui n'est pas stable : *Une démarche vacillante.* – **2.** Qui est incertain, instable : *Santé vacillante.*

VACILLATION [-sijasjɔ̃] n. f. (lat. *vacillatio*). *Litt.* **1.** Mouvement de ce qui vacille. – **2.** Fait de vaciller dans ses décisions, ses actes.

VACILLEMENT [-sijmɑ̃] n. m. État de ce qui vacille : *Le vacillement d'un arbre. Vacillement de la raison.*

VACILLER [-sije] v. i. (lat. *vacillare*) [conj. **3**]. **1.** Osciller, balancer d'un côté et de l'autre et risquer de tomber : *Le poteau vacille dangereusement. Vaciller sur ses jambes.* – **2.** Subir des variations d'intensité, scintiller faiblement : *Une lueur vacillait dans ses yeux.* – **3.** *Litt.* Être incertain, manquer d'assurance, de fermeté : *Mémoire qui vacille.*

VA-COMME-JE-TE-POUSSE (À LA) loc. adv. *Fam.* Avec négligence, sans soin : *Coiffé à la va-comme-je-te-pousse.*

VACQUERIE (Auguste), écrivain et journaliste français (Villequier, Seine-Maritime, 1819 - Paris 1895). Il fut un admirateur passionné de Victor Hugo (son frère épousa Léopoldine, la fille de Hugo), et écrivit des poèmes romantiques et des pièces de théâtre.

VACUITÉ n. f. (lat. *vacuitas,* de *vacuus,* vide). *Litt.* **1.** État de ce qui est vide. – **2.** Vide intellectuel, absence de valeur : *La vacuité d'une existence.*

VACULÍK (Ludvík), écrivain et journaliste tchèque (Brumov 1926). Romancier de la désillusion (*la Hache,* 1966) et de la parabole (*les Cobayes,* 1970), protagoniste du « printemps de Prague », il a dirigé une édition clandestine qui a publié son journal, *la Clé des songes* (1980), et des feuilletons.

VACUOLAIRE adj. **1.** Relatif aux vacuoles. – **2.** *Membrane vacuolaire,* syn. de TONOPLASTE. ‖ *Roche vacuolaire,* roche cohérente qui présente des vacuoles. ‖ *Suc vacuolaire,* contenu liquide des vacuoles cellulaires végétales (eau, sels minéraux, pigments, déchets) dont la pression osmotique joue un rôle capital dans la vie de la plante.

VACUOLE n. f. (lat. *vacuum,* le vide). **1.** Enclave inerte se formant dans le cytoplasme de la cellule. (Dans les cellules végétales adultes, les vacuoles sont de grande taille ; parfois une grande vacuole unique occupe la majeure partie de la cellule. Dans la cellule animale, les vacuoles sont réduites et souvent invisibles en microscopie ordinaire.) – **2.** Cavité millimétrique à centimétrique à l'intérieur d'une roche.

VACUOME n. m. (de *vacuole*). Ensemble de toutes les vacuoles d'une cellule.

VACUOMÈTRE n. m. (lat. *vacuus,* vide). Dispositif qui indique la valeur de la pression des gaz résiduels dans un tube à vide. (Syn. INDICATEUR DE VIDE.)

VADÉ (Jean Joseph), chansonnier et auteur dramatique français (Ham, Somme, 1720 - Paris 1757). Auteur de vaudevilles et d'opéras-comiques (*le Bouquet du roi,* 1752), il créa le chef-d'œuvre du genre poissard, en reproduisant le langage des poissonniers de la Halle (*les Racoleurs,* 1756).

VADE-MECUM [vademekɔm] n. m. inv. (lat. *vade mecum,* viens avec moi). *Litt.* Guide, manuel que l'on garde avec soi pour le consulter.

Vade retro, Satana ! *(Retire-toi, Satan !),* parole de Jésus dans les Évangiles de Marc (VIII, 33) et de Matthieu (IV, 10 et XVI, 23). Cette expression est employée pour repousser un mauvais conseiller ou ses propositions.

VADIER (Marc Guillaume), homme politique français (Pamiers 1736 - Bruxelles 1828). Député (1789 et 1792), très violent, il trouvait Robespierre trop conciliant. Il fut compromis dans la conspiration de Babeuf (1796), et exilé en 1816.

VADIM (Roger Vadim PLEMIANNIKOV, dit **Roger**), cinéaste français (Paris 1928). Il facilite les débuts de Brigitte Bardot, qu'il épouse ensuite, avant de la diriger dans son premier long métrage *Et Dieu créa la femme* (1956), d'une grande liberté de ton. Il tourne ensuite *Sait-on jamais* (1957), *les Liaisons dangereuses 1960* (1959), etc.

VADIMON *(lac),* en lat. **Vadimonis lacus.** Lac de l'Italie, en Étrurie. Victoire des Romains sur les Gaulois en 283 av. J.-C. C'est l'actuel *lac de Bassano.*

VADODARA, anc. **Baroda,** v. de l'Inde (Gujerāt) ; 744 000 hab. Anc. cap. marathe. Industrie du verre. Pétrochimie. Mécanique.

1. VADROUILLE n. f. (mot lyonnais, du préf. intensif *va- et drouilles,* vieilles hardes). **1.** Bouts de cordage défaits fixés à l'extrémité d'un manche et servant à laver le pont d'un navire. – **2.** Au Canada, balai en tissu frangé.

2. VADROUILLE n. f. (de *vadrouiller*). *Pop.* Promenade, balade, le plus souvent sans but : *Partir en vadrouille avec des copains.*

VADROUILLER v. i. (de *vadrouille 1*) [conj. 3]. *Pop.* Flâner, se promener sans but précis.

VADROUILLEUR, EUSE adj. et n. *Pop.* Qui aime vadrouiller.

VADUZ, cap. du Liechtenstein, sur le Rhin ; 5 000 hab. Centre touristique. – Au-dessus du bourg, château de Liechtenstein.

VA-ET-VIENT n. m. inv. **1.** Mouvement d'un objet qui va alternativement d'un point à un autre : *Le va-et-vient d'un balancier, d'un piston.* – **2.** Mouvement de personnes ou de choses qui vont et viennent : *Faire le va-et-vient entre deux services.* – **3.** Mouvement plus ou moins confus de personnes, de véhicules qui entrent et sortent : *Un café où il y a beaucoup de va-et-vient.* • **Bât.** Charnière spéciale de porte, à ressort, permettant l'ouverture du battant dans les deux sens. – **Électr.** Montage qui permet, à l'aide d'interrupteurs inverseurs, d'allumer ou d'éteindre une lampe électrique de deux ou de plusieurs endroits différents. – **Mar.** Cordage tendu entre deux points et servant à établir une communication entre deux navires ou entre un navire et la côte, en partic. pour des opérations de sauvetage.

Vae victis ! (mots lat. signif. *Malheur aux vaincus !*), d'après Tite-Live (V, 48), mots adressés aux Romains par Brenn, chef des Gaulois qui s'étaient emparés de Rome. Au moment où l'on pesait la rançon de la ville, les Romains se plaignirent que les poids étaient faussés ; il leur ajouta son épée et son baudrier.

VAGA (Perin ou Perino del) → PERIN OU PERINO DEL VAGA.

VAGABOND, E adj. (bas lat. *vagabundus,* du lat. class. *vagari,* errer). *Litt.* **1.** Se dit d'un animal domestique qui erre : *Des chiens vagabonds.* – **2.** Qui mène une vie errante, nomade : *Tribus vagabondes.* – **3.** Qui va sans cesse d'un objet à l'autre, à l'aventure : *Imagination vagabonde.*

◆ **vagabond** n. m. Personne qui n'a ni domicile ni ressources fixes, qui est en état de vagabondage.

VAGABONDAGE n. m. **1.** Le fait de vagabonder, d'errer sans but précis. – **2.** *Litt.* Habitude de laisser divaguer son esprit au gré de la rêverie : *Le vagabondage de la pensée.* – **3.** Délit qui consiste pour une personne à ne pas avoir de domicile certain ni de moyens de subsistance.

VAGABONDER v. i. (de *vagabond*) [conj. 3]. **1.** Errer çà et là, à l'aventure, sans but précis : *Vagabonder sur les routes.* – **2.** *Litt.* Passer sans cesse d'un sujet, d'un objet à un autre : *Son esprit vagabonde.*

VAGAL, E, AUX adj. Relatif au nerf vague.

VAGANOVA (Agrippina Iakovlevna), danseuse et chorégraphe russe (Saint-Pétersbourg 1879 - *id.* [Leningrad] 1951). Tardivement nommée danseuse étoile (1915) au théâtre Mariinski à Saint-Pétersbourg, elle se consacra à l'enseignement à partir de 1919. Attachée à l'école de ballet de Leningrad (1934-1951) [dénommé Institut Vaganova à partir de 1957], elle a été titulaire de la chaire de chorégraphie au conservatoire de Leningrad (1946-1951). Elle a écrit *les Fondements de la danse classique* (1934).

VAGIN n. m. (lat. *vagina,* gaine). Canal musculo-muqueux auquel aboutit le col de l'utérus, et qui s'ouvre dans la vulve.

ENCYCL. Le vagin est l'organe femelle de la copulation. Il joue également un rôle lors de l'accouchement. Il présente une forme cylindrique, aplatie d'avant en arrière. Sa longueur moyenne est de 10 cm, sa largeur est de 3 cm. Son extrémité supérieure coiffe le col de l'utérus. Son extrémité inférieure s'ouvre au niveau du vestibule de la vulve. Elle est rétrécie chez la vierge par un repli membraneux, l'hymen.

VAGINAL, E, AUX adj. **1.** Qui appartient, qui se rapporte au vagin. — **2.** *Tunique vaginale* ou *vaginale* (n. f.), chez l'homme, membrane séreuse qui enveloppe la quasi-totalité du testicule et de l'épididyme.

VAGINALITE n. f. Inflammation de la tunique vaginale du testicule.

VAGINISME n. m. Contraction spasmodique douloureuse et involontaire des muscles périvaginaux, rendant les rapports sexuels difficiles.

VAGINITE n. f. Inflammation de la muqueuse du vagin se traduisant par des leucorrhées. (Elle est due à des germes microbiens [pyogènes banals, gonocoque, chlamydia, mycoplasme, etc.], à des parasites comme le trichomonas ou à des champignons comme le *Candida albicans.*)

VAGIR v. i. (lat. *vagire*) [conj. **32**]. **1.** Crier, en parlant du nouveau-né. — **2.** Crier, en parlant du lièvre ou du crocodile.

VAGISSANT, E adj. Qui vagit.

VAGISSEMENT n. m. (de *vagir*). **1.** Cri particulier à l'enfant nouveau-né. — **2.** Cri faible et plaintif de certains animaux.

VAGOLYTIQUE adj. et n. m. Se dit d'une substance qui paralyse le nerf pneumogastrique (ou nerf vague).

VAGOTOMIE n. f. Section du nerf vague ou pneumogastrique.

VAGOTONIE n. f. Dystonie neurovégétative dont les manifestations prédominent au niveau du système parasympathique.

VAGOTONIQUE adj. Relatif à la vagotonie.

1. VAGUE adj. (lat. *vagus*). **1.** Se dit d'une forme, d'un son indistinct, qu'on identifie mal : *Une forme vague dans la nuit. Un vague bruit de musique.* — **2.** Se dit d'une sensation, d'une impression, qu'on ressent sans pouvoir en déterminer avec certitude la nature, l'origine : *Ressentir une douleur vague dans le côté.* — **3.** Qui manque de précision, qui prête à diverses interprétations, laisse place au doute : *Sa réponse a été vague.* — **4.** Dont la qualité, la nature, la valeur n'est pas clairement établie : *C'est un vague cousin à lui.* — **5.** Se dit d'un vêtement qui a de l'ampleur. — **6.** *Nerf vague,* ou *vague* n. m., syn. de NERF PNEUMOGASTRIQUE.

◆ n. m. **1.** *Litt.* Caractère de ce qui est sans netteté, sans précision : *Rester dans le vague.* — **2.** *Regarder, avoir les yeux dans le vague,* ne fixer aucun objet précis. ‖ *Vague à l'âme,* sentiment de tristesse, sans cause discernable.

2. VAGUE adj. (lat. *vacuus,* vide). *Terrain vague,* terrain à proximité d'une agglomération et qui n'est ni cultivé ni construit.

3. VAGUE n. f. (anc. scand. *vágr*). **1.** Onde forcée produite par effet de friction du vent à la surface de la mer ou d'un lac : *Vague de tempête.* (→ encycl.) — **2.** Mouvement d'ondulation de la chevelure (surtout pl.). — **3.** Masse d'air chaud ou froid qui arrive brusquement : *Vague de chaleur, de froid.* — **4.** Phénomène d'ampleur assez considérable qui apparaît subitement : *Une vague de suicides.* — **5.** Masse importante de personnes qui se déplacent ensemble : *Premières vagues de touristes.* — **6.** Manifestation ample et subite d'un sentiment : *Une vague de tendresse l'envahit.* — **7.** *La nouvelle vague,* la nouvelle génération, spécialement les jeunes cinéastes et romanciers aux environs de 1960. ‖ *Pêche dans la vague,* syn. de SURF-CASTING. ‖ *Vague (d'assaut),* pendant la Première Guerre mondiale, unités de premier échelon dans une attaque ; formation serrée d'avions de bombardement ou de transport, échelon de bateaux de débarquement ou d'assaut. ‖ *Vague de gaz,* émission massive de gaz de combat.

ENCYCL. Engendrées par le vent local soufflant dans la mer, les vagues entretiennent une agitation confuse de la surface de celle-ci. En quittant leur aire de génération, elles se régularisent en dimensions (hauteur, longueur d'onde), en vitesse et en direction pour devenir des houles. Vagues et houles passant sur des fonds de profondeur inférieure à la moitié de leur longueur d'onde subissent des modifications en profil (déferlement) et en trace (réfraction, diffraction, réflexion).

Vague *(Nouvelle),* dénomination appliquée, en 1958, par la critique à certains cinéastes français (François Truffaut, Jean-Luc Godard, Claude Chabrol, Éric Rohmer, Jacques Rivette, Jacques Demy, Agnès Varda, Jacques Rozier) qui, réagissant contre les structures générales du cinéma français, défendaient la notion d'« auteurs de film ».

VAGUELETTE n. f. Petite vague.

VAGUEMENT adv. **1.** De façon imprécise, peu distincte, peu visible : *Distinguer vaguement quelqu'un dans la pénombre.* — **2.** De façon incertaine, peu marquée : *Il était vaguement concerné.*

VAGUEMESTRE n. m. (all. *Wagenmeister,* maître des équipages). **1.** Sous l'Ancien Régime, officier chargé de la conduite des convois militaires. — **2.** Sous-officier chargé du service postal d'une unité.

VAGUER v. i. (lat. *vagari,* errer) [conj. **3**]. *Litt.* **1.** Errer à l'aventure, sans but précis. — **2.** Flotter d'un objet à l'autre sans se fixer : *Laisser vaguer son imagination.*

VÁH, riv. de Slovaquie, affl. du Danube (r. g.), qui naît dans les basses Tatras ; 378 km (bassin de 10 641 km^2). Hydroélectricité.

VAHINÉ [vaine] n. f. (mot tahitien). Femme de Tahiti.

VAÏGATCH, île russe de l'océan Arctique entre la Novaïa Zemlia et le continent ; 3 383 km^2.

VAIGRAGE n. m. Ensemble des vaigres d'un navire.

VAIGRE n. f. (néerl. *weger*). Madrier qui recouvre le côté intérieur des membrures d'un navire.

VAILLAMMENT adv. De façon vaillante.

VAILLANCE n. f. (de *vaillant*). *Litt.* **1.** Courage physique en face du danger. — **2.** Résistance à l'adversité, à la souffrance : *Faire preuve de vaillance au moment du décès d'un être cher.*

VAILLAND (Roger), écrivain français (Acy-en-Multien, Oise, 1907 - Meillonnas, Ain, 1965). Fondateur de la revue surréaliste *le Grand Jeu,* résistant, romancier engagé, ironique et mordant (*Drôle de jeu,* 1945), sympathisant communiste (*les Mauvais Coups,* 1948 ; *325 000 Francs,* 1955). Il a écrit également *la Loi* (1957), *la Truite* (1964) et a donné au théâtre *Monsieur Jean* (1959).

VAILLANT, E adj. (anc. part. prés. de *valoir*). **1.** *Litt.* Qui fait preuve de bravoure, de courage en face du danger : *De vaillants soldats.* — **2.** *Litt.* Qui a de la force d'âme, de l'énergie au travail : *Une vaillante infirmière.* — **3.** *Fam.* Qui a une santé robuste : *Il ne se sent plus guère vaillant depuis sa grippe.*

VAILLANT (Wallerand), peintre, pastelliste et graveur flamand (Lille 1623 - Amsterdam 1677). Formé à Anvers, il travailla à Amsterdam, en Allemagne, à Paris (1659-1665), etc. Ses portraits peuvent être comparés aux œuvres de R. Nanteuil ou de S. Bourdon.

VAILLANT (Sébastien), botaniste français (Vigny, Val-d'Oise, 1669 - Paris 1722). Directeur du Jardin des Plantes, il y établit, en 1714, la première serre chaude en France. (Acad. des sc., 1716.)

VAILLANT (Jean-Baptiste Philibert), maréchal de France (Dijon 1790 - Paris 1872). Il participa aux campagnes de Russie (1812) et d'Allemagne (1813) avant de participer à la prise d'Alger (1830). Ministre de la Guerre de 1854 à 1859, il fut nommé en 1859 commandant en chef de l'armée d'Italie. (Acad. des sc., 1853.)

VAILLANT (Marie Édouard), homme politique français (Vierzon 1840 - Saint-Mandé 1915). Ingénieur des Arts et Manufactures (1862) et docteur en médecine, socialiste de tendance blanquiste, il participa à la Commune de 1871 et dut s'exiler en Grande-Bretagne, où il fréquenta Marx. Rentré en France en 1880, il dirigea le Comité révolutionnaire central et fut député de Paris dès 1893. À partir de 1905, à la S. F. I. O., il fut un chef de file assez proche de Jaurès.

VAILLANT (Auguste), anarchiste français (Mézières v. 1861 - Paris 1894). Il lança une bombe en pleine séance de la Chambre des députés (déc. 1893). Condamné, il fut exécuté.

VAILLANT-COUTURIER (Paul), écrivain et homme politique français (Paris 1892 - *id.* 1937). Député communiste, il fut successivement membre du comité directeur (1920-21 puis 1922-1924), du comité central (1925-26 et 1932-1936) du P. C. F. et rédacteur en chef de *l'Humanité* de 1929 à sa mort.

VAILLY-SUR-AISNE (02370), ch.-l. de cant. de l'Aisne, à l'E.-N.-E. de Soissons ; 1 986 hab. *(Vaillysiens).*

VAIN, E adj. (lat. *vanus,* vide). **1.** Se dit d'une action qui ne produit pas l'effet souhaité : *Opposer une vaine résistance. Il serait vain de protester.* — **2.** Qui est sans fondement, sans justification : *De vaines espérances.* — **3.** *Litt.* Qui est sans valeur, futile, insignifiant : *Des plaisirs vains.* — **4.** *Litt.* Qui ne s'occupe que de choses futiles, superficielles, qui est plein de suffisance, de vanité : *Un homme vain.* — **5.** *En vain,* sans obtenir le moindre résultat ; inutilement, en pure perte : *Se sacrifier en vain.* ‖ *Un vain mot,* un mot vide de sens, sans signification.

VÄINÄMÖINEN, héros principal de la mythologie finlandaise. Contemplatif, il emploie peu les armes et triomphe par des paroles magiques.

VAINCRE v. t. (lat. *vincere*) [conj. **114**]. **1.** Soumettre un pays, une armée par les armes, gagner la guerre, la lutte engagée contre eux : *Vaincre un ennemi supérieur en nombre.* — **2.** Dominer un adversaire, l'emporter dans une lutte, une compétition : *Vaincre un camarade à la lutte.* — **3.** Parvenir à dominer une force, un phénomène, à surmonter un obstacle : *Vaincre la tempête. Vaincre des oppositions. Vaincre sa paresse.* — **4.** *Litt.* Faire disparaître un mal, le supprimer : *Vaincre la maladie.* — **5.** Réaliser le premier l'ascension d'une montagne : *Vaincre l'Everest.*

◆ **être vaincu** v. pass. Avoir subi une défaite, un échec dans un combat, une compétition : *Consoler son adversaire vaincu.*

VAINCU, E n. **1.** Personne qui a essuyé une défaite dans un combat, une compétition. — **2.** Personne qui d'avance renonce à la lutte : *Avoir une attitude de vaincu.*

VAINEMENT adv. Inutilement, en vain : *Attendre vainement.*

VAINQUEUR n. m. (de *vaincre*). **1.** Celui qui a remporté la victoire dans un conflit, une guerre ; qui a gagné un match, une compétition, un concours : *Le vainqueur du 100 mètres.* — **2.** Personne qui a vaincu une grande difficulté, un obstacle : *Le vainqueur de l'Everest.*

◆ adj. **1.** Qui remporte ou a remporté une victoire : *L'équipe vainqueur du championnat.* — **2.** *Litt.* Qui résiste victorieusement : *Vainqueur de ses passions.* — **3.** *Litt.* Qui marque la victoire : *Un air vainqueur.* (Le fém. est aussi *victorieuse* : l'équipe victorieuse du championnat.)

VAIR n. m. (lat. *varius,* tacheté). **1.** Nom anc. de la fourrure du petit-gris. — **2.** En héraldique, fourrure censée représenter les ventres et les dos de l'écureuil gris et constituée d'une alternance de clochettes (ou cloches ou pans) d'argent et d'azur, disposées sur plusieurs rangées horizontales (ou tires).

VAIR (Guillaume DU), homme d'État et philosophe français (Paris 1556 - Tonneins 1621). Conseiller au parlement en 1584, il faisait partie des politiques qui se rallièrent à la candidature d'Henri de Navarre. Il devint évêque de Lisieux en 1616. Il a écrit des traités de morale où il tente de concilier stoïcisme et morale chrétienne ; il fut un grand orateur (*Exhortation à la paix,* 1592).

VAIRAO, site du Centre océanologique du Pacifique, dans l'île de Tahiti.

VAIRES-SUR-MARNE (77360), ch.-l. de cant. de Seine-et-Marne, à 5 km à l'O. de Lagny-sur-Marne ; 11 227 hab. Centrale thermique.

VAIRON adj. m. (de *vair*). Se dit des yeux qui sont de couleurs différentes.

◆ n. m. Petit poisson (cyprinidé) des eaux douces, cylindrique, verdâtre, tacheté, vivant dans les mêmes eaux que la truite, et utilisé comme vif pour pêcher celle-ci.

VAIRONNER v. i. (conj. 3). **1.** Pêcher la truite à l'aide d'un vairon mort. — **2.** Poursuivre les vairons et les manger, en parlant de la truite.

VAISON-LA-ROMAINE (84110), ch.-l. de cant. de Vaucluse, sur l'Ouvèze ; 5 701 hab. *(Vaisonnais).* Centre commercial et touristique. Constructions mécaniques.

— **Archéol.** et **Bx-arts.** C'est l'antique *Vasio,* capitale du peuple gaulois des Voconces, conquis par Rome en 123 av. J.-C. Les plus anciens niveaux archéologiques remontent à l'époque d'Auguste (théâtre) avec une urbanisation qui ne possède pas encore de cadastre régulier ; celui-ci s'élabore à partir du Iᵉʳ s. avec des maisons construites selon l'ordonnance à la romaine axée sur l'atrium (maison du « Dauphin »). La ville possède une basilique romane, anc. cathédrale (vestiges du VIᵉ s., cloître), des maisons anciennes.

1. VAISSEAU n. m. (bas lat. *vascellum,* du lat. class. *vasculum,* petit vase). **1.** Navire d'assez grandes dimensions, en partic. bâtiment de guerre de fort tonnage. — **2.** Espace intérieur, en général allongé, occupant la plus grande partie de la hauteur d'un bâtiment, ou, au moins, plusieurs étages. (La nef, le transept, voire le chœur des églises en croix latine se composent d'un ou de plusieurs vaisseaux.) — **3.** *Vaisseau spatial,* astronef de grandes dimensions ou, plus particulièrement, astronef utilisé pour des vols humains dans l'espace. — **4.** *Vaisseau de ligne* ou *de haut bord,* autref. vaisseau destiné à combattre en ligne, c'est-à-dire en escadre ; auj., grand bâtiment de combat dont l'arme principale est l'artillerie, bien qu'il ne combatte plus en ligne. ‖ *Vaisseau de permission,* privilège concédé en mars 1713 par Philippe V d'Espagne à l'Angleterre, selon lequel les Anglais pouvaient envoyer chaque année, en rade de Portobelo, un navire de 500 tonneaux, dit « vaisseau de permission », qui introduisait en franchise des marchandises anglaises.

2. VAISSEAU n. m. (de *vaisseau 1*). **1.** Chez les êtres vivants, canal (artère, veine, capillaire, lymphatique, bois et liber) servant à la circulation du sang, de la lymphe ou de la sève. — **2.** File de cellules du tissu ligneux dans lesquelles circule la sève ascendante et dont les cloisons transversales se résorbent pour faciliter cette circulation. (Le vaisseau est alors un *vaisseau parfait,* ou trachée. Parfois, cette résorption fait défaut, et l'on a des *vaisseaux imparfaits,* ou trachéides. Les parois des vaisseaux, cellulosiques à l'origine se lignifient peu à peu au cours du développement.)

Vaisseau fantôme *(le),* opéra romantique en 3 actes inspiré d'un récit de Heine, poème et musique de Richard Wagner (Dresde, 1843).

VAISSELIER n. m. Buffet surmonté d'étagères sur lesquelles on dispose de la vaisselle. (On dit aussi BUFFET VAISSELIER.)

VAISSELLE n. f. (lat. pop. **vascella,* pl. du bas lat. *vascellum,* petit vase). **1.** Ensemble des pièces et accessoires destinés au service de la table : *Vaisselle de porcelaine.* – **2.** Action de laver et d'essuyer les assiettes, les plats, etc., qui ont servi au repas : *Le préposé à la corvée de vaisselle.* – **3.** *Eau de vaisselle,* eau dans laquelle on a lavé la vaisselle ; boisson, potage clair ou douteux.

VAISSELLERIE n. f. **1.** Industrie qui comprend la fabrication des seaux, écuelles, gamelles, salières, etc. – **2.** Ensemble des objets ainsi fabriqués ; vaisselle.

VAIŚYA, mot sanskr. signif. *les gens du commun* et désignant la troisième des quatre classes de la société hindoue, correspondant aux professions productives comme celles de l'agriculture, du commerce.

VAJANSKÝ (Svetozár) → HURBAN VAJANSKÝ (Svetozár).

VAJRA n. m. (mot sanskr. signif. *foudre*). Dans les Veda, nom de l'arme d'Indra.

VAJRAYĀNA, mot sanskr. signif. *la voie du diamant.* Ce terme correspond au bouddhisme tantrique, ou *mantrayāna* (« la voie du mantra », c'est-à-dire le mot ou la phrase que l'on répète constamment pour garder l'esprit concentré sur un point). Ce courant s'est développé en Inde entre les VIe et XIe s. et s'est répandu au Népal et au Tibet, particulièrement à partir de l'arrivée d'Atīsá en 1042. Ce type de bouddhisme a donné naissance à plusieurs sectes qui font appel aux pratiques du tantrisme et du yoga pour atteindre l'illumination.

VAKH (le), riv. de Russie, dans la Sibérie occidentale, affl. de l'Ob (r. dr.) ; 964 km (bassin de 76 700 km^2).

VAKHCH, riv. du Tadjikistan, l'une des branches mères de l'Amou-Daria ; 524 km (bassin de 39 100 km^2). Hydroélectricité.

VAL n. m. (pl. *vals* ou, rarement, *vaux*) [lat. *vallis,* vallée]. **1.** Section de vallée, généralement assez large. – **2.** Dépression allongée et évasée correspondant à un synclinal, dans le relief de type jurassien.

Val (abrév. de *Véhicule Automatique Léger*), moyen de transport en site propre, à petit gabarit, à grande fréquence et entièrement automatique, développé par Matra. La première ligne, longue de 12,5 km, a été ouverte dans sa totalité en 1984 dans la Communauté urbaine de Lille, suivie d'une seconde ligne en 1989. D'autres lignes sont à l'étude ou en cours de réalisation, en France (Lille-Roubaix-Tourcoing, Toulouse, Rennes) et à l'étranger (Turin, Brescia, Porto, Copenhague...).

VALABLE adj. (de *valoir*). **1.** Qui remplit les conditions pour être reçu en justice : *Acte valable.* – **2.** Qui a, garde sa valeur : *Ticket encore valable.* – **3.** Qui est fondé, qu'on ne conteste pas : *Excuse valable.* – **4.** Qui a les qualités requises pour qqch : *Interlocuteur valable.* – **5.** Qui a un certain mérite, une certaine valeur artistique, littéraire : *Écrivain valable.*

VALABLEMENT adv. **1.** De façon valable, à bon droit : *S'excuser valablement de son retard.* – **2.** D'une manière efficace : *On peut valablement changer de méthode.*

VALACHIE, anc. principauté danubienne, qui a formé avec la Moldavie le royaume de Roumanie. Elle constitue aujourd'hui deux régions géographiques de Roumanie : la Munténie, à l'E. de l'Olt, et l'Olténie, à l'O.

– **Hist.** La création de la voïvodie de Valachie *(Tara Românească)* résulte de l'unifi cation des diverses organisations politiques sises entre les Carpates et le Danube sous l'égide de Basarab Ier (v. 1310-1352). Contrainte de payer un tribut aux Ottomans (1396), malgré l'habile politique de Mircea le Grand (1386-1418), la Valachie conserve son autonomie ; l'élection de ses princes (voïvodes) par l'archevêque métropolitain et la noblesse doit être confirmée par le sultan ottoman. Michel le Brave (1593-1601) parvient à chasser les Turcs (1598) qui imposent à nouveau leur tribut après sa mort. Les Ottomans confient le gouvernement de la Valachie à des Phanariotes après l'échec de Constantin Brîncoveanu (1688-1714) qui s'était allié aux Russes. Puis la Valachie passe sous la protection russe après le traité de Kutchuk-Kaïnardji (1774). La révolte de 1821, d'abord soutenue par l'hétairie grecque, entraîne le remplacement des Phanariotes par des princes autochtones. Sous le régime du « statut organique » (1831-32) instauré après l'occupation russe de 1828, la Valachie est, à la suite de la guerre de Crimée, placée sous la protection des Puissances (1856). Après l'élection d'Alexandre Cuza (1859), l'union des principautés de Moldavie et de Valachie est proclamée définitive en 1862. Le nouvel État prend le nom de Roumanie en 1866.

VALADON (Marie Clémentine, dite **Maria,** puis **Suzanne**), peintre français (Bessines-sur-Gartempe 1865 - Paris 1938). Elle vint très jeune à Paris, où elle fut modèle professionnel pour Puvis de Chavannes, Renoir, Toulouse-Lautrec, Degas. Ce dernier, au vu de ses dessins, l'encouragea à persévérer. Son œuvre peint (à partir de 1892 : nus, portraits, natures mortes), influencé par Gauguin, est remarquable par la fermeté du trait cernant des couleurs vives. Elle suscita le goût de la peinture chez son fils, Utrillo.

VALAIS, en all. **Wallis,** canton de la Confédération suisse, dans la haute vallée du Rhône ; 5 226 km² ; 249 817 hab. *(Valaisans),* en grande majorité catholiques et de langue française (le reste de langue allemande). Ch.-l. *Sion.*
Bordé au sud par les massifs cristallins des Alpes Pennines (Cervin, mont Rose), et au nord par de puissants massifs calcaires, le couloir constitué par la haute vallée du Rhône ouvre sur les grands passages transalpins du Grand-Saint-Bernard et du Simplon. Le tourisme d'été et d'hiver est partout très important. En amont de Brigue, le haut Valais est le domaine des forêts et des alpages tandis que vers l'aval, sous un climat plus chaud, domine une polyculture intensive et irriguée (vergers, maïs, légumes, vignobles). Le secteur industriel (aluminium, chimie) est né des aménagements hydroélectriques (Grande Dixence).
— **Hist.** Conquis par les Romains en 54 av. J.-C., ce territoire fut christianisé dès le IIIe s. Il fut donné en 999 aux évêques de Sion, qui s'y maintinrent jusqu'à la Révolution. Occupé par les Français en 1798, le Valais forma le département du Simplon en 1810 puis devint en 1815 le vingtième canton de la Confédération suisse.

VALAISAN, ANNE adj. et n. Du Valais.

VAL-ANDRÉ (le), écart de la comm. de *Pléneuf-Val-André* (Côtes-d'Armor). Station balnéaire. Gisement préhistorique.

VALANGINIEN n. m. Étage du système crétacé.

VALAQUE adj. et n. De Valachie.

VALAQUES ou **VLAQUES,** nom donné par les Slaves à un peuple de bergers, sans doute des Thraco-Daces romanisés. Ceux des Carpates sont les ancêtres des Roumains (→ VALACHIE, ROUMANIE) ; ceux de la péninsule balkanique achevèrent de se fondre parmi les Grecs et les Serbes.

VALBERG *(col de),* col des Alpes-Maritimes, entre un affluent de la vallée supérieure du Var et les gorges supérieures du Cians, utilisé par la route de Guillaumes à Beuil ; 1 669 m. Sports d'hiver.

Valbonne *(camp de la),* camp militaire de 1 600 ha, situé sur la commune de Pérouges (Ain), à 25 km de Lyon.

VALBONNE *(plateau de),* site des Alpes-Maritimes, au N. de Cannes, en partie sur le territoire de la *commune de Valbonne* (code postal 06560 ; 4 032 hab.). Complexe scientifique *(Sophia-Antipolis).*

VAL-CENIS (73480 Lanslebourg Mont Cenis), station de sports d'hiver (alt. 1 500-2 800 m) de la Savoie, dans la haute Maurienne, près du col du *Mont-Cenis.*

VALDAHON (25800), comm. du Doubs, à 30 km à l'E.-S.-E. de Besançon ; 4 679 hab. Camp national militaire de 2 760 ha.

VALDAÏ *(plateau du),* ensemble de collines du nord-ouest de la Russie culminant à 343 m. Château d'eau, d'où descendent la Dvina occidentale, le Dniepr et la Volga.

VAL-D'AJOL (Le) [88340], comm. des Vosges, dans les Vosges méridionales ; 4 947 hab. *(Ajolais).* Centre d'excursions.

VAL-D'ARLY → FLUMET.

Val-de-Grâce (le), hôpital militaire de Paris (Ve arrond.), siège de l'École d'application du Service de santé pour l'armée de terre.
En 1621, Anne d'Autriche acquit l'hôtel du Petit-Bourbon et y installa les bénédictines venues de l'abbaye du Val-de-Grâce, près de Bièvres. Les travaux de la chapelle, commencés en 1645, furent confiés successivement à Mansart, Lemercier, Le Muet, Le Duc. Un dôme inspiré de celui de St-Pierre de Rome surmonte la coupole, décorée par P. Mignard, avec sculptures de M. Anguier. L'ensemble des bâtiments conventuels subsiste en arrière de l'église (cloître à double galerie). Supprimée par la Révolution, l'abbaye fut transformée en 1793 en hôpital militaire. L'ensemble a été agrandi, restauré et modernisé de 1975 à 1993.

VAL DE LOIRE → LOIRE *(Val de).*

VALDEMAR Ier le Grand (Slesvig 1131-Vordingborg 1182), roi de Danemark (1157-1182). Il entreprit de nombreuses expéditions contre les Vendes, conquit l'île de Rügen, et fit renforcer les fortifications du Danevirke. Il restitua au Danemark sa puissance et son unité intérieure. — **Valdemar II** *Sejr* (« le Victorieux ») [1170-Vordingborg 1241], roi de Danemark (1202-1241), successeur de son frère Knud IV. Il lutta contre les Estoniens et fit codifier les lois et établir un inventaire fiscal du royaume. — **Valdemar III** *den Unge* (« le Jeune ») [v. 1314-1364], roi de Danemark (1326-1330). — **Valdemar IV** *Atterdag* (v. 1320-1375), roi de Danemark (1340-1375), fils de Christophe II. Sa conquête de l'île de Gotland (1361) dressa contre lui les villes hanséatiques, la Suède et le Holstein. Il ne put empêcher la Hanse d'étendre son influence sur le Danemark.

VALDEMAR (v. 1240 - Stockholm 1302), roi de Suède (1250-1275), le premier de la dynastie des Folkung. Il fut détrôné par son frère Magnus (1275).

VAL-DE-MARNE [94], dép. de la Région Île-de-France ; ch.-l. de dép. *Créteil ;* ch.-l. d'arrond. *L'Haÿ-les-Roses, Nogent-sur-Marne ;* 3 arrond. ; 49 cant. ; 47 comm. ; 245 km² ; 1 215 538 hab.

(Val-de-Marnais). Le dép. appartient à l'académie de Créteil, à la cour d'appel de Paris, à la région militaire Île-de-France.
La vallée de la Seine, jalonnée de centres industriels (Villeneuve-Saint-Georges, Vitry-sur-Seine, Alfortville, Ivry-sur-Seine), sépare deux secteurs à caractère plus résidentiel (Arcueil, Cachan, L'Haÿ-les-Roses à l'O., vallée de la Marne et communes limitrophes du bois de Vincennes à l'E.). Le sud-est, plus éloigné de Paris, conserve encore un caractère partiellement rural, malgré l'urbanisation progressive.

VAL-DE-MEUSE (52140), ch.-l. de cant. de la Haute-Marne, à environ 20 km au N.-E. de Langres ; 2 261 hab. Industrie alimentaire.

VAL-DE-REUIL → VAUDREUIL *(Le).*

VALDÈS (Pierre) → VALDO.

VALDÉS (Juan DE), humaniste espagnol (Cuenca fin du XVe s. - Naples 1541). Réfugié à Naples pour échapper à l'Inquisition, il écrivit des œuvres théologiques et un *Dialogue de la langue* (1536), relatif au castillan de son époque.

VALDÉS LEAL (Juan DE), peintre espagnol (Séville 1622 - *id.* 1690). Il est le dernier maître andalou du Siècle d'or et le plus résolument baroque. Coloriste raffiné, il tend à une expressivité parfois violente ou macabre (deux allégories des « Fins dernières », 1672, hospice de la Caridad, Séville).

VALDEZ, port de la côte méridionale de l'Alaska, exportant le pétrole extrait à Prudhoe Bay et amené par oléoduc ; 3 100 hab.

VALDINGUER v. i. (de *valser* et *dinguer*) [conj. 3]. *Pop.* **1.** Tomber, s'étaler. – **2.** *Envoyer valdinguer,* éconduire qqn, faire tomber qqch ou qqn.

VAL-D'ISÈRE (73150), comm. de la Savoie, en Tarentaise, sur l'Isère ; 1 702 hab. Station de sports d'hiver (alt. 1 850-3 650 m). Centrale hydroélectrique.

VALDIVIA, port du Chili ; 103 000 hab. Centre commercial et industriel. Université.

VALDIVIA *(culture de),* culture précolombienne qui s'épanouit, entre 3200 et 1800 av. J.-C., en Équateur sur les côtes des provinces du Guayas, d'El Oro, ainsi que dans la province de Manabí, et le long du fleuve Daule, et dont l'un des traits marquants est l'apparition de la céramique, probablement dès 3000 av. J.-C., avec de nombreuses figurines féminines.

VALDIVIA (Pedro DE), conquistador espagnol (La Serena, prov. de Badajoz, 1497-Tucapel, Chili, 1553). Il fut un compagnon de Pizarro (1535), puis il parcourut le Chili (1540), où il fonda Santiago (1541), Valparaíso (1544), Concepción (1550) et Valdivia (1552).

VALDO ou **VALDÈS** (Pierre), en lat. *Valdesius,* dit **Pierre de Vaux,** fondateur de la secte des vaudois* (Lyon 1140 - en Bohême ? v. 1217). Riche marchand lyonnais, il se convertit en 1176 à la pauvreté absolue et fonda la secte des « pauvres de Lyon », dits vaudois, qui fut persécutée par l'Église.

VALDOIE (90300), ch.-l. de cant. du Territoire de Belfort, banlieue nord de Belfort ; 4 354 hab. Constructions mécaniques. Textile.

VAL-D'OISE [95], dép. de la Région Île-de France ; ch.-l. de dép. *Pontoise ;* ch.-l. d'arrond. *Argenteuil, Montmorency ;* 3 arrond. ; 39 cant. ; 185 comm. ; 1 246 km^2 ; 1 049 598 hab. *(Valdoisiens).* Le dép. appartient à l'académie et à la cour d'appel de Versailles, à la région militaire Île-de-France.
En dehors de son extrémité méridionale et de la vallée de l'Oise (Persan, Beaumont et Cergy-Pontoise), secteurs correspondant à des axes de circulation où l'industrie (métallurgie, chimie) et les services se sont développés, le département a encore une vocation largement agricole. À l'O. de l'Oise, les plateaux du Vexin français portent des cultures céréalières et betteravières. À l'E., au-delà des massifs forestiers (Montmorency, L'Isle-Adam), apparaissent les plateaux dénudés du pays de France, domaines de la grande culture. La proximité de Paris, l'aménagement de la ville nouvelle de Cergy-Pontoise expliquent l'importance des grands ensembles résidentiels (Sarcelles) et des lotissements.

Valdo-Niello *(forêt domaniale de),* forêt de Corse, dans la vallée supérieure du Golo, principalement plantée de pin laricio et comportant aussi du sapin et du hêtre, traitée en futaie jardinée à la révolution de 360 ans (4 434 ha.).

VAL-D'OR, v. du Canada, dans l'ouest du Québec ; 19 900 hab. Mines de cuivre et d'or.

VALDÔTAIN, E adj. et n. (de *Val d'Aoste*). De la vallée d'Aoste.

VALÉE (Sylvain Charles, *comte*), maréchal de France (Brienne-le-Château 1773 - Paris 1846). Inspecteur général de l'artillerie (1814), il succéda à Damrémont en Algérie et enleva Constantine (1837). Gouverneur général d'Algérie, vainqueur d'Abd el-Kader (mai 1840), il occupa Cherchell (1839), Médéa et Miliana (1840) avant d'être remplacé par Bugeaud.

VALEN (Fartein), compositeur et pédagogue norvégien (Stavanger 1887 - Haugesund 1952). Il pratiqua le dodécaphonisme et se situe ainsi à la base de l'école contemporaine norvégienne (*le Cimetière marin,* 1934 ; *La Isla de las Calmas,* 1934).

VALENÇAY n. m. (de *Valençay,* n. pr.). Fromage de chèvre, de forme pyramidale à base carrée, fabriqué dans le Berry.

VALENÇAY (36600), ch.-l. de cant. de l'Indre, aux confins de la Touraine et du Berry ; 3 122 hab. *(Valencéens).* Château de la Renaissance, dont la construction fut poursuivie aux XVIIe et XVIIIe s. Il a été redécoré intérieurement en style Empire pour Talleyrand.

1. VALENCE n. f. (angl. *valency,* du bas lat. *valentia,* capacité, avec l'infl. de *équivalence*). **1.** Nombre possible des atomes d'une nature donnée qui peuvent se lier chimiquement à un atome déterminé. (→ *encycl.*) — **2.** *Bande de valence,* bande de plus haute énergie des niveaux électroniques d'un solide, qui, à température suffisamment basse, est complètement occupée par des électrons. ‖ *Électrons de valence,* électrons d'un atome responsables des liaisons de cet atome avec d'autres atomes.

ENCYCL. Envisagée de la façon la plus simple, la valence d'un non-métal est le nombre d'atomes d'hydrogène auxquels un atome de cet élément est uni dans la formule de son composé hydrogéné le plus simple ; par exemple, le chlore est monovalent (HCl) ; l'oxygène, divalent (H_2O) ; l'azote, trivalent (H_3N), etc. Celle d'un métal est le nombre d'atomes d'hydrogène remplacés par un atome du métal pour passer de l'acide à la formule du sel ; ainsi NaCl, chlorure de sodium, dérive de HCl, acide chlorhydrique, donc le sodium est monovalent ; $CaSO_4$, sulfate de calcium, dérive de H_2SO_4, donc le calcium est divalent, etc. La notion de valence s'étend aux radicaux. L'échange d'une valence entre deux atomes se représente par un tiret dans la formule développée du composé : H—Cl et H—O—H. La valence ainsi définie est insuffisante, car elle est variable pour un élément donné ; aussi a-t-on construit des théories de valence, où l'on distingue plusieurs modes de liaison entre atomes (→ LIAISON).

2. VALENCE ou **VALENCIA** n. f. inv. (de *Valence,* v. d'Espagne). Orange de maturité tardive, qui occupe une grande place dans le commerce international.

VALENCE (26000), ch.-l. de la Drôme, à 560 km au S.-E. de Paris, sur le Rhône ; 65 026 hab. *(Valentinois).* Évêché. Marché agricole (fruits) et centre industriel (constructions mécaniques et électriques, textiles chimiques, bijouterie, stylos, etc.), élément principal d'une agglomération d'environ 110 000 hab.
— **Bx-arts.** Cathédrale romane remontant à la fin du XIe s. Chapelle Renaissance dite « le Pendentif » ; maisons de la même époque. Au musée, sanguines et dessins d'Hubert Robert.

VALENCE, en esp. **Valencia,** v. d'Espagne, cap. d'une communauté autonome et de prov., sur le Guadalaviar (ou Turia), près de la Méditerranée ; 752 000 hab. Métropole du Levant espagnol, troisième ville du pays, Valence a complété les activités agricoles de sa huerta (agrumes, primeurs, riz) par un secteur industriel varié (mécanique, textile, chimie, meubles).
— **Hist.** Colonie grecque puis romaine, Valence fut la capitale d'un royaume arabe *(taifa de Valencia)* de 1021 à 1238, sauf au moment du règne du Cid Campeador (1094 à 1099). Pendant la guerre civile espagnole, la ville fut à deux reprises le siège du gouvernement républicain.
— **Bx-arts.** Cathédrale (fondée en 1262) et autres monuments religieux gothiques, souvent transformés à l'époque baroque, riches en œuvres italianisantes des peintres de l'école valencienne du XVIe s. (tel Juan de Juanes). Remarquables monuments civils, de la Lonja de la Seda (gothique du XVe s.) au palais de Dos Aguas (façade d'un baroque exacerbé, 1740). Le peintre Ribalta est bien représenté au collège du Patriarche (fin du XVIe s.), ainsi qu'au riche musée des Beaux-Arts. Autres musées. La ville fut un centre de production de céramique hispanomauresque.

VALENCE ou **RÉGION DE VALENCE,** en esp. **Valencia** ou **País Valenciano,** communauté autonome d'Espagne, sur la Méditerranée, regroupant les provinces d'Alicante, de Castellón de la Plana et de Valence ; 23 305 km² ; 3 898 241 hab. Limitée au N. par les monts Ibériques et au S. par la chaîne Bétique, la région est peuplée et mise en valeur, surtout dans les plaines côtières (agrumes, cultures maraîchères). Ailleurs sont cultivés les oliviers, la vigne et les céréales. L'industrie est ponctuelle en dehors de l'agroalimentaire. Le tourisme se développe surtout au S. du cap. de la Nao.

VALENCE ou, parfois, **VALENCE-D'AGEN** (82400), ch.-l. de cant. de Tarn-et-Garonne, sur le canal latéral à la Garonne ; 5 130 hab. *(Valenciens).* Bastide de la fin du XIIIe s.

VALENCE-D'ALBIGEOIS (81340), ch.-l. de cant. du Tarn, dans le Ségala ; 1 358 hab. Bastide de la fin du XIIIe s.

VALENCE-GRAMME n. f. (pl. *valences-grammes*). Quotient de la masse molaire atomique d'un élément chimique par son électrovalence.

VALENCE-SUR-BAÏSE (32310), ch.-l. de cant. du Gers ; 1 166 hab. *(Valenciens).* Bastide du XIIIe s. Vins et eaux-de-vie d'Armagnac. Restes de l'abbaye cistercienne de Flaran.

VALENCIA → VALENCE 2.

VALENCIA, v. du Venezuela, cap. de l'État de Carabobo ; 367 200 hab. Centre commercial et agricole avec quelques industries.

VALENCIENNES n. f. Dentelle aux fuseaux, très prisée au XVIIIe s., fabriquée à Valenciennes.

VALENCIENNES (59300), ch.-l. d'arrond. du Nord ; 39 276 hab. *(Valenciennois)*. Université. La ville est l'élément principal d'une agglomération de plus de 350 000 hab., étirée principalement dans la vallée de l'Escaut et marquée par l'industrie (métallurgie, chimie). La ville est reliée par autoroute à Paris, Bruxelles, Lille et aussi Dunkerque, ville à laquelle l'unit également une voie fluviale à grand gabarit.
— **Hist.** L'ancienne *Valentiana* est connue à partir du VIIe s. Ville opulente au XIVe s., Valenciennes fut un foyer de culture sous les ducs de Bourgogne, au XVe s.
— **Bx-arts.** Église St-Géry (parties de la fin du XIIe s.). Bibliothèque dans l'ancien collège des Jésuites (XVIIe-XVIIIe s.). Production au XVIIIe s. de faïence fine, puis de porcelaine dure. Monument à Watteau par Carpeaux. Riche musée des Beaux-Arts (peintures des écoles flamande [Rubens], française [Pater], etc. ; fonds Carpeaux).

VALENCIENNES (Pierre Henri DE), peintre et théoricien français (Toulouse 1750 - Paris 1819). Après avoir étudié à Toulouse, puis à Paris, il voyagea en France et en Italie, rapportant de nombreuses esquisses de paysages peintes sur nature (Louvre), qui lui servirent pour l'élaboration de ses paysages historiques et pour son enseignement à l'Académie. Excellent pédagogue, il eut notamment pour élèves Bertin et Michallon, les maîtres de Corot.

VALENCIENNES (Achille), zoologiste français (Paris 1794 - *id.* 1865). On lui doit une magistrale *Histoire naturelle des poissons* (22 vol. ; 1828-1848). Ses travaux sur les vers parasites de l'homme eurent une grande influence en pharmacologie. (Acad. des sc., 1844.)

VALENCIENNOIS, E adj. et n. De Valenciennes.

VALENDRÉ, E adj. Se dit de toute pièce de verre ou de poterie gauchie par l'action du feu.

VALENS (Flavius) [Cibalae, Pannonie, v. 328 - Hadrianopolis 378], empereur romain (364-378). Il fut associé à l'Empire par son frère Valentinien Ier*, qui lui confia les provinces orientales. Il se convertit à l'arianisme et fut battu et tué par les Wisigoths à Hadrianopolis (Andrinople).

VALENSI (Henry), peintre français (Alger 1883 - Bailly, Oise, 1960), initiateur du musicalisme*.

VALENSOLE (04210), ch.-l. de cant. des Alpes-de-Haute-Provence, sur *le plateau de Valensole ;* 2 213 hab. *(Valensolais)*. Église du XIIIe s. Distilleries de lavande.

VALENTIA *(île de),* île d'Irlande (prov. de Munster, comté de Kerry), reliée à la côte par un pont. Station balnéaire. Pêche. Point de départ des câbles transatlantiques vers Terre-Neuve. Station météorologique.

VALENTIGNEY (25700), ch.-l. de cant. du Doubs, banlieue sud-est de Montbéliard, sur le Doubs ; 13 204 hab. Cycles.

VALENTIN n. m. Jeune homme qui était choisi par une jeune fille le jour de la Saint-Valentin, et qui était tenu, à cette occasion, de lui offrir des présents.

VALENTIN *(saint),* martyr romain (IIIe s.). La Saint-Valentin (14 févr.) est traditionnellement la fête des amoureux.

VALENTIN († Rome 827), pape durant 40 jours en 827.

VALENTIN, gnostique d'origine égyptienne († v. 160). Sa doctrine, fort répandue, fut combattue par saint Irénée et Tertullien.

VALENTIN (Valentin DE BOULOGNE, dit), peintre français (Coulommiers 1590/91-Rome 1632). Le plus original des caravagesques français travaillant à Rome (dès 1614 ?), il conféra une profondeur inusitée aux thèmes habituels du caravagisme. Sensible aux nuances psychologiques, son art est plein d'ardeur fiévreuse, de noblesse et d'une mélancolie « préromantique » (deux *Concert,* la *Diseuse de bonne aventure,* etc., Louvre ; *Judith et Holopherne,* La Valette ; *Martyre des saints Procès et Martinien,* 1629, Vatican).

VALENTINE n. f. Jeune fille qui choisissait un valentin.

VALENTINIEN Ier, en lat. **Flavius Valentinianus** (Cibalae, Pannonie, 321 - Brigetio, Pannonie, 375), empereur romain (364-375), fils de Gratien, comte d'Afrique. Il fut proclamé empereur par l'armée. Il s'associa son frère Valens et s'établit à Milan. Il chassa les Alamans de Gaule, pacifia la Bretagne menacée par les Scots et les Saxons et l'Afrique troublée par les donatistes. Il mourut en combattant les Quades en Pannonie.

VALENTINIEN II, en lat. **Flavius Valentinianus** (v. 371 - Vienne 392), empereur romain (375-392), fils de Valentinien Ier. Il fut associé au pouvoir de son frère aîné Gratien. Sa mère Justine gouverna à sa place. Son tuteur, Arbogast, le fit peut-être mettre à mort.

VALENTINIEN III, en lat. **Flavius Placidus Valentinianus** (Ravenne 419 - Rome 455), empereur romain (425-455), fils de Constance III et de Galla Placidia, successeur d'Honorius en Occident. Il perdit la Bretagne et laissa les Vandales s'établir en Afrique. Il assassina Aetius (454), qui avait longtemps gouverné à sa place, puis tomba sous les coups des conjurés de son entourage.

VALENTINITE n. f. (de B. *Valentin,* n. pr.). Oxyde naturel d'antimoine Sb_2O_3. (On trouve ce minerai en cristaux orthorhombiques translucides.)

VALENTINO (Rodolfo Alfonzo GUGLIELMI, dit **Rudolph**), acteur américain d'origine italienne (Castellaneta 1895 - New York 1926). Jouant de son charme latin, il s'imposa au début des années 20 comme une star internationale (*les Quatre Cavaliers de l'Apocalypse,* 1921 ; *le Cheik,* 1921 ; *Arènes sanglantes,* 1922 ; *l'Aigle noir,* 1925).

VALENTINOIS, pays du Dauphiné, correspondant à l'ancien diocèse de Valence, comté (XIIe s.), puis duché-pairie (1499). Le titre ducal fut attribué par Louis XIII à la famille de Monaco.

VALENTON (94460), ch.-l. de cant. du Val-de-Marne, banlieue sud-est de Paris, sur la Seine ; 11 185 hab. Industrie aéronautique.

VALERA (Eamon DE) → DE VALERA.

VALERA Y ALCALÁ GALIANO (Juan), homme politique et écrivain espagnol (Cabra 1824 - Madrid 1905). Diplomate, député (1859), ministre, il unit dans ses romans le classicisme et l'idéalisme (*Pepita Jiménez,* 1874).

VALÈRE MAXIME, historien romain (Ier s. av. J.-C. - Ier s. apr. J.-C.). Il a laissé 9 livres de *Faits et Dits mémorables,* recueil d'un millier d'anecdotes.

VALÉRIANACÉE n. f. (de *valériane*). Famille d'herbes aux fleurs parfois irrégulières, toujours gamopétales, telles que la valériane et le centranthe.

VALÉRIANE n. f. (lat. médiév. *valeriana,* du lat. class. *Valeria,* n. d'un district de Pannonie). **1.** Herbe vivace (valérianacée) ayant une saveur amère et une odeur forte, telle que l'herbe-aux-chats, et possédant des propriétés antispasmodiques et sédatives. — **2.** *Valériane rouge,* nom usuel du *centranthe.*

VALÉRIANELLE n. f. (de *valériane*). Autre nom de la *mâche.*

VALÉRIEN, en lat. **Publius Licinius Valerianus** († 260), empereur romain (253-260). Proclamé empereur par ses troupes, après la mort de Trebonianus Gallus, il associa à l'Empire son fils Gallien et lui confia la défense de l'Occident. Il persécuta les chrétiens (édits de 257 et 258). Il fut capturé par Châhpuhr Ier, roi des Perses, devant Édesse assiégée (juin 259 ou 260).

VALÉRIEN *(mont),* colline de 161 m, dominant Suresnes à l'O. de Paris, sur la rive gauche de la Seine. Le fort joua un grand rôle au cours du siège de Paris (1871). Ses fossés furent, de 1941 à 1944, le lieu de nombreuses exécutions de patriotes. Un mémorial et une crypte des martyrs de la Résistance y ont été édifiés. Le mont Valérien est depuis 1947 le siège des moyens de transmission d'infrastructure de l'armée de terre.

VALERIUS FLACCUS (Lucius), consul romain du Ier s. av. J.-C. Il fut consul en 100 av. J.-C. avec Marius, puis interroi en 82. Il fit voter la *lex Valeria,* qui donnait des pouvoirs dictatoriaux à Sulla.

VALERIUS FLACCUS (Caius), poète épique (v. 45-v. 90), auteur de l'épopée mythologique les *Argonautiques*.*

VALERIUS MESSALLA CORVINUS (Marcus), orateur et général romain (Rome 64 av. J.-C. - 8 apr. J.-C.). D'abord partisan de Brutus, proscrit par les triumvirs en 43, il se rallia à Octavien après la bataille de Philippes et commanda une partie de la flotte à Actium. Il fut un érudit et un poète.

VALERIUS PUBLICOLA (Publius), l'un des fondateurs de la République romaine, d'après la tradition († 503 av. J.-C.). Riche patricien, consul en 509, il fut favorable aux libertés du peuple et au régime républicain.

VALÉRY (Paul), écrivain français (Sète 1871 - Paris 1945). Disciple de Mallarmé et ami de Gide, il rêve de « jouir sans fin de son propre cerveau », rompt avec ses idoles (amour, amitié, symbolisme) et s'intéresse un temps aux mathématiques. Décidé à établir l'unité créatrice de l'esprit, il publie une *Introduction à la méthode de Léonard de Vinci* (1895) et se crée un mentor en la personne de *Monsieur Teste* (1896). Après une période consacrée à la politique et à l'économie, Valéry revient à une poésie « essentielle », très différente de la prose (*la Jeune Parque,* 1917), où il unit abstraction et volupté, puis il publie *Charmes** (1922) où figure *le Cimetière* marin.* Ensuite, il compose des essais sur la langue, la peinture, la musique, les sciences (*Variété,* 1924-1944 ; *Regards sur le monde actuel,* 1931 ; *Tel quel,* 1941-1943) et des dialogues de forme socratique (*Eupalinos ou l'Architecte,* 1923 ; *l'Âme et la Danse,* 1923). Auteur de ballets-mélodrames (*Amphion,* 1931 ; *Sémiramis,* 1934), professeur au Collège de France (1937), poète et scrutateur, Valéry a laissé plusieurs œuvres posthumes parmi lesquelles *Mon Faust,* son testament spirituel, et ses *Cahiers,* qui réunissent cinquante et un ans de vie spirituelle d'une rare intensité. (Acad. fr., 1925.)

VALET n. m. (lat. pop. **vassellittus,* dimin. du bas lat. *vassus,* du celt. *vasso-,* homme). **1.** Serviteur à gages. — **2.** Personne d'une complaisance servile et intéressée à l'égard de qqn, d'une autorité : *Les valets du pouvoir.* — **3.** Terme générique utilisé autref. pour désigner certains ouvriers agricoles (par ex. valet d'écurie, valet de ferme). — **4.** Nom donné à la carte de chaque couleur qui porte la figure d'un valet ou servant d'armes. — **5.** *Valet de pied,* serviteur en livrée chargé du service de table et de maison dans certaines maisons, certains hôtels, ou dans des cérémonies d'apparat. • **Bât.** Longue barre de fer servant à immobiliser un vantail de porte en position fermée. — **Chim.** Support de forme cylindrique en liège, métal, élastomère, pour ballons, capsules, etc. — **Féod.** Syn. de VARLET. — **Menuis.** Pièce de fer coudée qui sert à maintenir une pièce de bois sur l'établi. — **Mobil.** *Valet de nuit,* cintre monté sur pied, avec porte-pantalon et socle à chaussures, sur lequel on peut y déposer ses vêtements. — **Théâtr.** *Valet de comédie,* rôle de valet de théâtre, hérité des rôles d'esclaves des comédies grecques et latines et de domestiques fripons de la comédie italienne. (Il est à la fois confident et maître de l'intrigue, rusé et parfois fourbe.)

VALETAILLE n. f. *Péjor.* Ensemble des valets, de la domesticité.

VALETTE (La), en ital. **La Valletta** ou **Città Valletta,** en angl. **Valletta,** cap. de l'île de Malte, sur la Méditerranée ; 9 000 hab. (102 000 hab. dans l'agglomération). Monuments anciens. Centre touristique et commercial.

VALETTE-DU-VAR (La) [83160], ch.-l. de cant. du Var, banlieue nord-est de Toulon ; 20 863 hab. Église des XIIe-XVIe s.

VALÉTUDINAIRE adj. et n. (lat. *valetudinarius,* malade, de *valetudo,* état de santé). *Litt.* Qui a une santé chancelante.

VALEUR n. f. (bas lat. *valor, -oris,* du lat. class. *valere,* valoir). **1.** Ce que vaut un objet susceptible d'être échangé, vendu, et, en partic., son prix en argent : *Terrain qui a doublé sa valeur.* — **2.** Équivalent d'une quantité : *Ajoutez la valeur de deux cuillerées de rhum.* — **3.** Mesure conventionnelle attachée à qqch, à un symbole, à un signe : *La valeur des cartes à jouer.* — **4.** Ce par quoi qqn est digne d'estime sur le plan moral, intellectuel, professionnel, etc. : *Recrue de grande valeur.* — **5.** *Litt.* Courage, vaillance guerrière. — **6.** Caractère de ce qui remplit les conditions requises pour être valable : *Sans signature, cet acte n'a aucune valeur.* — **7.** Caractère de ce qui produit l'effet voulu : *Valeur d'une méthode.* — **8.** Importance, prix attaché subjectivement à qqch : *Attacher de la valeur à des souvenirs de famille.* — **9.** Ce qui est posé comme vrai, beau, bien, d'un point de vue personnel ou selon les critères d'une société et qui est donné comme un idéal à atteindre, comme qqch à défendre : *Nous avions des systèmes de valeurs différents.* — **10.** Nuance de sens que prend un mot dans la phrase considérée, effet littéraire produit. — **11.** *Mettre qqch en valeur,* faire en sorte que ses qualités ressortent : *Un maquillage qui met son visage en valeur ;* utiliser qqch au mieux : *Mettre ses idées en valeur.* ‖ *Mettre qqn en valeur, se mettre en valeur,* faire en sorte qu'il apparaisse sous un jour avantageux, se faire valoir. • **Banq.** *Jour de valeur,* chacun des jours qui séparent la date* de valeur et la date de l'opération ayant généré sur un compte un crédit ou un débit. — **Bours.** *Valeur mobilière,* titre qui matérialise les droits acquis par ceux qui ont apporté à une personne morale, publique ou privée, les espèces ou les biens nécessaires à son fonctionnement. (→ *encycl.*) — **Bx-arts.** Degré de clarté d'un ton, relativement aux autres tons d'une peinture. (La distribution des valeurs, dans un tableau, permet de rendre le modelé des objets et la profondeur de l'espace.) — **Dr.** *Valeur déclarée,* valeur de la chose transportée, indiquée par l'expéditeur en vue de fixer le montant de la responsabilité du transporteur en cas de perte ou de détérioration au cours du transport. ‖ *Valeur vénale,* valeur de réalisation d'un bien. — **Écon.** *Analyse de la valeur,* méthode d'analyse économique consistant à repérer les fonctions (principales, accessoires, superflues) remplies par un produit, ses éléments composants ou ses procédés de fabrication, et à leur associer un coût. ‖ *Valeur ajoutée,* différence entre la valeur des produits consommés par une entreprise au cours de son processus de production dans une période donnée et la valeur finale de sa production pour cette période. ‖ *Valeur en compte,* valeur portée au compte de celui qui doit toucher la somme énoncée dans une lettre de change. ‖ *Valeur d'échange,* faculté que donne un bien ou un service d'en acquérir d'autres ; pour Marx, proportion dans laquelle des valeurs d'usage différentes s'échangent entre elles. ‖ *Valeur d'usage,* valeur qui procède de la propriété, pour les biens et les services, de satisfaire les besoins ; pour Marx, objet matériel ou intellectuel, service, etc., qui ont une utilité sociale et qui résultent du travail humain. — **Ling.** Chez Saussure, signification d'une unité linguistique telle qu'elle se dégage des positions relatives à cette unité à l'intérieur du système de la langue. — **Log.** *Valeur de vérité,* propriété de toute proposition. (Les logiques bivalentes considèrent qu'il n'existe que deux valeurs de vérité, le vrai et le faux.) — **Math.** Pour une fonction f en un point x_0 *image de* x_0 *par* f, quand elle existe, notée $f(x_0)$. — **Mus.** Durée relative des figures de notes et de silences. (Elle s'exprime directement par leur forme.) — **Phys.** *Valeur instantanée,* valeur d'une grandeur variable à l'instant considéré. ‖ *Valeur moyenne,* moyenne de toutes les valeurs que la grandeur prend pendant une période. — **Post.** *Valeur déclarée,* lettre ou paquet dont l'acheminement est spécialement surveillé par l'administration de La Poste.

◆ **valeurs** n. f. pl. *Échelle des valeurs,* hiérarchie établie dans les valeurs morales.

ENCYCL. **Bours.** et **Dr.** Les *valeurs mobilières* représentent les droits des associés ou des prêteurs à long terme (actions, obligations). C'est, pour le particulier, un procédé d'épargne et, sur un plan collectif, une technique de financement d'entreprises qui permet de mobiliser, pour effectuer les investissements, une fraction des patrimoines des particuliers ou des investisseurs institutionnels. Ces titres, nominatifs ou au porteur, sont aujourd'hui pratiquement tous dématérialisés. La Bourse* des valeurs constitue le marché sur lequel on peut acquérir ou vendre ces valeurs.

Valeur militaire *(croix de la)* **[V. M.],** décoration française créée en 1956 pour récompenser les actions d'éclat des militaires ou des civils participant aux opérations de sécurité et de maintien de l'ordre.

Valeur militaire *(médaille de la),* décoration italienne instituée en 1833 par le roi Charles-Albert. — Première décoration créée par l'État d'Israël, en 1949, pour récompenser les actes de bravoure exceptionnelle.

VALEUREUSEMENT adv. *Litt.* Avec vaillance.

VALEUREUX, EUSE adj. (de *valeur*). *Litt.* Qui a du courage : *De valeureux soldats.*

VALGAUDEMAR, vallée des Alpes (Hautes-Alpes), entre le Champsaur et l'Oisans.

VALGUS, fém. **VALGA** adj. (lat. *valgus,* bancal). Se dit d'une déviation d'un membre ou d'un segment de membre en dehors, par oppos. à *varus : Hallux valgus.*

VAL-HALL, en all. **Walhalla,** dans la mythologie scandinave, séjour éternel des guerriers morts en héros.

VALIDATION n. f. **1.** Action de valider ; fait d'être validé : *La validation d'un passeport.* — **2.** Confirmation par l'autorité compétente de la régularité juridique d'un acte ou d'une opération qui a été contestée. (Ex : validation d'une élection par le Conseil constitutionnel.)

VALIDE adj. (lat. *validus*). **1.** Qui est en bonne santé, capable de travail. — **2.** Qui est recevable comme vrai, fondé : *Excuse valide.* • **Dr.** Se dit d'un acte juridique, d'un document qui n'est entaché d'aucune cause de nullité. — **Log.** Se dit de ce qui répond à des lois et à des règles, les unes et les autres étant posées préalablement. ‖ *Proposition valide,* énoncé qui est vrai dans la mesure où il n'obéit qu'aux seules lois et aux seules règles de formation du langage dans lequel il est exprimé. (C'est donc une tautologie.) — **Psychol.** Se dit d'un test qui mesure bien ce qu'il est censé mesurer.

VALIDEMENT adv. De manière valide.

VALIDER v. t. (bas lat. *validare*) [conj. 3]. Rendre ou déclarer valide juridiquement : *Faire valider son bulletin de Loto national.*

VALIDEUSE n. f. Appareil qui sert à enregistrer le jeu du Loto national.

VALIDITÉ n. f. (bas lat. *validitas*). Qualité de ce qui est valide : *Validité d'un ticket de métro. Validité d'une excuse.*

VALIER *(mont)* ou **PIC DE MONTVALLIER,** sommet des Pyrénées ariégeoises, entre le Lez et le Salat ; 2 838 m.

VALINCO *(golfe de),* golfe du littoral sud-ouest de la Corse (dép. de la Corse-du-Sud).

VALINE n. f. Acide aminé dont la carence dans la nutrition entraîne des troubles sensitifs et moteurs.

VALISE n. f. (ital. *valigia,* p.-ê. de l'ar. *walīha,* sac à blé). **1.** Bagage de forme rectangulaire, fait pour être porté à la main. — **2.** *Faire sa valise, ses valises,* y ranger les affaires qu'on désire emporter ; s'apprêter à déménager, à partir. ‖ *Valise diplomatique,* privilège international dont bénéficie le transport du courrier, par voie diplomatique ; le courrier lui-même. (La valise diplomatique bénéficie de l'inviolabilité et est dispensée de tout contrôle douanier.)

Valjean (Jean), héros des *Misérables* de V. Hugo. Bagnard libéré et repenti, devenu industriel et maire, décidé à faire le bien, il sacrifiera sa carrière et sa vie pour faire le bonheur de Cosette.

Val-Joly *(parc du),* parc de loisirs du dép. du Nord, dans l'Avesnois. Plan d'eau créé par une retenue sur l'Helpe Majeure.

VALKYRIE ou **WALKYRIE** n. f. (anc. scand. *valkyria,* de *val,* champ de bataille, et *kyria,* celle qui choisit). **1.** Chacune des trois divinités scandinaves féminines envoyées par Odin pour choisir les héros tombés au combat, qu'elles emmènent au *Val-Hall,* où ils trouveront une vie éternelle. — **2.** *Fam.* Femme impressionnante par sa stature, sa volonté combative.

VALLA ou **DELLA VALLE** (Lorenzo), en lat. **Laurentius Vallensis,** humaniste, philologue et philosophe italien (Rome 1407 - Naples 1457). Il chercha, à travers une critique de l'aristotélisme médiéval, à concilier la sagesse antique avec la foi chrétienne. Sa pensée influença Ficin et Érasme.

VALLABRÈGUES (30300), comm. du Gard, au N.-N.-O. de Tarascon ; 1 023 hab. Au S., aménagement hydroélectrique sur une dérivation du Rhône.

VALLADOLID, v. d'Espagne, cap. de la communauté autonome de Castille-León, ch.-l. de prov. ; 330 000 hab. Archevêché. Université. Centre industriel (automobile, pneumatiques, aluminium, textile, engrais).
— **Bx-arts.** La ville paraît d'origine arabe. Elle a été un séjour favori des rois de Castille, jusqu'en 1621. Nombreux monuments des XVe-XVIe s., dont l'ensemble formé par l'église S. Pablo et le collège de S. Gregorio, aux façades-retables envahies d'un fantastique décor sculpté (fin du XVe s.). Cathédrale commencée vers 1580 sur plans de J. de Herrera. La ville fut le centre d'une remarquable école de sculpture polychrome : œuvres d'A. Berruguete, de Juan de Juni, G. Hernandez, etc., présentes dans les églises et surtout au riche musée national de Sculpture du collège S. Gregorio. Autres musées (archéologique, diocésain, de Peinture).

Vallardi, maison d'édition italienne fondée à Milan, spécialisée dans les ouvrages d'art et les albums pour la jeunesse.

VAḶḶATŌḶ NĀRAYAṆA MENON, poète indien de langue malayālam (1879-1958). Compagnon de lutte de Gāndhī pour l'indépendance, auteur d'une œuvre engagée et généreuse (*Ode à la vérité,* 1918), il a adapté la métrique dravidienne à la poésie en malayālam.

VALLAURIS (06220), ch.-l. de cant. des Alpes-Maritimes, près de Cannes ; 24 406 hab. *(Vallauriens).* Picasso, qui a contribué en 1946-1948 à relancer la traditionnelle production céramique de la ville (poteries décorées), a laissé deux œuvres à Vallauris : le bronze de l'*Homme au mouton* et des peintures dans une chapelle de l'anc. prieuré de Lérins. Petit musée municipal (céramiques ; œuvres de Magnelli).

VALLEDUPAR, v. du nord de la Colombie, ch.-l. du dép. de Cesar ; 180 000 hab.

VALLÉE n. f. (de *val*). **1.** Dépression allongée, plus ou moins évasée, creusée par un cours d'eau ou par un glacier. — **2.** *Vallée aveugle,* en relief karstique, vallée dont les eaux pénètrent dans le sol et qui est fermée par un mur vers l'aval. ‖ Litt. *Vallée de larmes, de misère,* ce bas monde (par oppos. au Ciel, considéré comme séjour de la béatitude). ‖ *Vallée médiane,* dépression longitudinale occupant la partie axiale d'une dorsale océanique lente. ‖ *Vallée morte,* vallée qui n'est plus drainée par un cours d'eau. ‖ *Vallée suspendue,* vallée affluente, au-dessus de la vallée principale, de laquelle elle est séparée par un gradin de confluence.

VALLÉE (Grande) → GRANDE VALLÉE et CALIFORNIE.

VALLÉE (Henri Pierre Michel), vétérinaire français (Dijon 1874 - *id.* 1947). Il révéla, avec son collaborateur Catre, l'existence de plusieurs « types » antigéniques et immunogéniques du virus aphteux, découverte fondamentale dans le domaine de la virologie générale.

VALLE-INCLÁN (Ramón DEL VALLE Y PEÑA, dit **Ramón María del**), écrivain espagnol (Villanueva de Arosa 1866 - Saint-Jacques-de-Compostelle 1936). Après des récits (*Sonates,* 1902-1905), une comédie (*le Marquis de Bradomín,* 1907) et trois romans (tel *Comme un vol de gerfauts,* 1908-09) de facture moderniste, animés par son double, le Marquis de Bradomín, il adopta un style plus réaliste dans *les Comédies barbares* (1907-1922) et le cycle romanesque du *Tour ibérique.* Il a caricaturé le monde réel dans ses « esperpentos » (épouvantails), courtes pièces en prose.

VALLEJO (César), poète péruvien (Santiago de Chuco 1892 - Paris 1938). Hanté par la souffrance humaine et par la mort (*Los heraldos negros,* 1918), il exprime, par des fantaisies typographiques et une syntaxe débridée (*Trilce,* 1922), son désarroi devant un monde hostile. Militant marxiste établi à Paris (1923), il écrit un roman « prolétarien », *le Tungstène* (1931), espère en une vie meilleure (*Poèmes humains,* 1939), et chante l'horreur de la guerre civile espagnole.

VALLERAUGUE (30570), ch.-l. de cant. du Gard, au pied de l'Aigoual ; 1 099 hab. *(Valleraugois).* Centre touristique. Vergers (pommiers).

VALLERYSTAL, localité de la Moselle (comm. de Troisfontaines). Verrerie.

VALLÉS, plaine d'Espagne, en Catalogne, au N.-E. de Barcelone. Agriculture diversifiée.

VALLÈS (Jules), écrivain et journaliste français (Le Puy 1832 - Paris 1885). Révolutionnaire dans l'âme, il publie, pour se nourrir, un livre pamphlet, *l'Argent* (1857), puis se tourne vers le journalisme *(la Presse, la Liberté, la Revue européenne),* rassemble ses chroniques dans *les Réfractaires* (1865), *la Rue* (1866), et fonde un hebdomadaire de ce même nom. Élu comme représentant du XXe arrondissement de Paris au Comité central républicain (1870), il fonde *le Cri du peuple.* Communard actif, Vallès doit se réfugier à Londres, où il vit péniblement de sa plume, avant de regagner la France en 1883. Il reste célèbre pour sa trilogie romanesque autobiographique de Jacques Vingtras *(l'Enfant, le Bachelier, l'Insurgé,* 1879-1886).

VALLESPIR, région des Pyrénées orientales, constituée par la haute vallée du Tech (en amont de Céret). Stations climatiques et thermales (Amélie-les-Bains).

VALLET (44330), ch.-l. de cant. de la Loire-Atlantique, à l'E.-S.-E. de Nantes ; 6 293 hab. *(Valletais).* Vignobles (muscadet).

VALLETTE (Alfred), écrivain et éditeur français (Paris 1858 - *id.* 1935). Fondateur et directeur du *Mercure de France* (1889), il en fit la citadelle du mouvement symboliste.

VALLEUSE n. f. (altér. du norm. *avaleuse,* descente de falaise). Vallon, généralement sec, suspendu par rapport au niveau de la mer à la suite du recul d'une falaise.

VALLEYFIELD, v. du Canada (Québec), sur le Saint-Laurent ; 30 000 hab. Centre industriel.

VALLIN (Émile), médecin militaire français (Nantes 1833 - Montpellier 1924), fondateur de l'École de santé militaire de Lyon.

VALLIN (Eugénie, dite **Ninon**), soprano française (Montalieu-Vercieu, Isère, 1886 - Lyon 1961). Elle fut à partir de 1916 une des étoiles préférées du Teatro Colón de Buenos Aires. Elle s'imposa également dans la mélodie et assura maintes créations.

VALLISNÉRIE n. f. (lat. sc. *vallisneria,* de A. *Vallisneri,* n. pr.). Plante herbacée aquatique vivace (hydrocharidacée) des eaux bien éclairées, dont les feuilles, rubanées, peuvent atteindre 80 cm de longueur. (Les fleurs mâles se détachent à maturité et flottent jusqu'aux fleurs femelles, venues à la surface par déroulement du pédoncule et qui, sitôt fécondées, redescendent dans l'eau.)

VALLOIRE (73450), comm. de la Savoie, en Maurienne ; 1 017 hab. Station de sports d'hiver (alt. 1 450-2 430 m), sur la route du Galibier. Église du XVIIe s. (beaux décors).

VALLON n. m. (ital. *vallone,* grande vallée). Petite vallée.

VALLONÉE n. f. Syn. de VÉLANÈDE.

VALLONET *(grotte du),* grotte des Alpes-Maritimes, près de Roquebrune-Cap-Martin. Elle a livré des éclats de pierre taillée dans des sédiments villafranchiens qui témoignent de la haute antiquité de l'homme sur le territoire français (glaciation de Günz).

VALLONNEMENT n. m. État de ce qui est vallonné.

VALLONNER (SE) v. pr., **ÊTRE VALLONNÉ** v. pass. (conj. 3). Présenter des successions de buttes et de vallons, de légères ondulations.

VALLON-PONT-D'ARC (07150), ch.-l. de cant. de l'Ardèche, près de l'Ardèche et du *pont d'Arc** ; 1 990 hab. *(Vallonnais).* Centre de séjour. Vignobles. Aux environs grotte ornée, dite « grotte Chauvet » : sanctuaire paléolithique dont les remarquables peintures rupestres comptent pour certaines parmi les plus anciennes connues (– 30 000 à – 25 000) et appartiennent à l'aurignacien.

VALLORBE, comm. de Suisse (cant. de Vaud), dans un vallon du Jura ; 3 400 hab. Gare internationale sur la ligne Paris-Lausanne.

VALLORCINE (74660), comm. de la Haute-Savoie, dans le nord du massif du Mont-Blanc ; 331 hab. Station de sports d'hiver.

VALLOT (Joseph), astronome et géographe français (Lodève 1854 - Nice 1925). Il fonda à Chamonix un observatoire et installa sur le mont Blanc, à 4 372 m d'alt., un refuge et un observatoire.

VALLOTTON (Félix), peintre et graveur suisse (Lausanne 1865 - Paris 1925), naturalisé français en 1900. Lié aux nabis, critique amer de la société de son temps, il se fit connaître par de mordantes gravures sur bois, publiées dans de nombreux journaux à partir de 1892, puis en albums (*Intimités,* 1897-98). Ses peintures, aux fréquentes discordances chromatiques, où la stylisation (nus et paysages notamm.) le dispute à un réalisme quasi photographique, sont parfois d'une présence hallucinante.

VALLOTTON (Benjamin), écrivain suisse d'expression française (Gryon 1877 - Sanary-sur-Mer 1962). Créateur dans ses romans du commissaire Potterat, au gros bon sens et au langage savoureux (*M. Potterat se marie,* 1906), et auteur d'ouvrages moralisants (*Te rappelles-tu ?,* 1934).

VALLOUISE (05290), comm. des Hautes-Alpes, dans le massif du Pelvoux ; 629 hab. Église du XVe s. Station de sports d'hiver (1 106-1 400 m).

VALLUM [-lɔm] n. m. (lat. *vallum*). **1.** Palissade de rondins garnissant un talus, dans la fortification romaine antique. — **2.** Ensemble de la palissade et du talus, précédé d'un fossé, qui constituait la défense ordinaire des camps romains.

VALLUY (Jean), général français (Rive-de-Gier 1899 - Paris 1970). Chef d'état-major du général de Lattre de Tassigny à la Ire armée (1944), il prit le commandement supérieur des troupes françaises en Extrême-Orient (1946-1948). Représentant de la France au groupe permanent de l'O. T. A. N. (1953), il remplaça le maréchal Juin à la tête des forces alliées atlantiques du secteur Centre-Europe (1956-1960). Il a publié en 1968 *la Première Guerre mondiale* (2 vol.).

VĀLMĪKI, sage de l'Inde antique qui aurait vécu au IVe s. av. J.-C. et à qui sont attribués le *Rāmāyaṇa* et le *Yogavāṣiṣtha.*

VALMOREL (73260 Aigueblanche), station de sports d'hiver (1 250-2 400 m) de la Savoie, près de Moûtiers.

VALMY (51800), comm. de la Marne, à 11 km à l'O. de Sainte-Menehould ; 293 hab. Monuments élevés à Kellermann et au général Miranda.

Valmy *(bataille de)* [20 sept. 1792], bataille remportée par les Français, commandés par Dumouriez et par Kellermann, sur les Prussiens aux ordres du duc de Brunswick. Simple canonnade (pertes françaises : 300 hommes ; prusiennes : 184), Valmy marqua l'arrêt de l'invasion et rendit confiance à l'armée française.

VALOCHE n. f. *Pop.* Valise.

VALOGNES (50700), ch.-l. de cant. de la Manche, dans le Cotentin ; 7 651 hab. *(Valognais).* La ville a été très endommagée en 1944. Vestiges gallo-romains au faubourg d'Alleaume. Église St-Malo, conservant des parties des XIVe et XVe s. Hôtels anciens. Musées du Cidre et des Vieux Métiers.

VALOIR v. i. (lat. *valere*) [conj. **60**]. **1.** Avoir telle valeur vénale : *Une étoffe qui vaut cinquante francs le mètre.* — **2.** *Fam.* Avoir une fortune ou des revenus estimés à telle somme ; mériter tel salaire sur le marché du travail : *Un homme d'affaires qui vaut un million de dollars.* — **3.** Mériter telles conditions d'existence, tel sort, par ses qualités propres : *Vous valez mieux que cela.* — **4.** *Valoir quelque chose, ne valoir rien, pas grand-chose,* avoir une certaine valeur ou, au contraire, être médiocre, dépourvu d'intérêt, de qualité : *Que vaut ce jeune poète ?* — **5.** *Valoir pour qqn, qqch,* lui être applicable, le concerner : *Ma remarque vaut pour tout le monde.* — **6.** *À valoir sur qqch,* se dit d'une somme versée qui sera déduite d'une dette lors du règlement définitif. ‖ *Faire valoir,* produire un argument dans une discussion ; exploiter un bien pour lui faire produire des revenus ; user d'un droit, l'exercer ; mettre en valeur, présenter qqn, qqch sous un jour favorable. ‖ *Il vaut mieux, mieux vaut,* il est préférable de, que : *Il vaut mieux se taire que de dire des sottises.* ‖ *Rien qui vaille,* rien de bon, d'utile : *Tout ça ne me dit rien qui vaille.* ‖ *Se faire valoir,* faire ressortir ses qualités ou ses droits, se faire apprécier ; s'attribuer des qualités que l'on n'a pas, se mettre en avant. ‖ *Vaille que vaille,* tant bien que mal.

◆ v. t. (sans passif) **1.** Être équivalent à une autre chose, l'égaler, ou pouvoir lui être comparé : *En musique, une blanche vaut deux noires. Après tout, son film en vaut bien un autre.* — **2.** Présenter un intérêt qui justifie l'effort fait pour l'obtenir : *Un spectacle qui vaut le déplacement.* — **3.** Être la cause qui permet à qqn de recevoir qqch : *Cette série d'articles nous a valu un important courrier.* — **4.** *Ne rien valoir,* être préjudiciable, nuisible à qqn, contraire à qqch : *La vie qu'il mène ne lui vaut rien.* ‖ *Rien ne vaut qqch,* il n'y a rien de mieux que. ‖ *Valoir le coup, valoir la peine,* présenter un certain intérêt.

◆ **se valoir** v. pr. **1.** Avoir la même valeur, être équivalent, comparable : *Deux sportifs qui se valent.* — **2.** Fam. *Ça se vaut,* il n'y a pas de différence marquée, c'est à peu près pareil.

VALOIS, région de l'Île-de-France historique (Oise principalement et Aisne), située sur la rive gauche de l'Oise, au S. de Compiègne. Ch.-l. *Crépy-en-Valois.* Riche région agricole (céréales, betterave à sucre, fourrages).

— **Hist.** Le comté, que les Capétiens convoitèrent dès leur avènement, fut uni au domaine royal sous Philippe Auguste. Il a souvent été donné en apanage aux cadets de la famille royale. Charles V donna le Valois à Louis d'Orléans, et le pays appartint à la branche ducale d'Orléans, en qualité de duché-pairie (1406).

VALOIS, dynastie de rois qui régnèrent sur la France de 1328 à 1589. À la mort de Charles IV le Bel (1328), dernier Capétien* direct, son cousin Philippe, comte de Valois, lui succède sous le nom de Philippe VI. La dynastie commence par les Valois directs PHILIPPE VI (1328-1350), JEAN II *le Bon* (1350-1364), CHARLES V *le Sage* (1364-1380), CHARLES VI *le Bien-Aimé* (1380-1422), CHARLES VII (1422-1461), LOUIS XI (1461-1483), CHARLES VIII (1483-1498). Charles VIII étant mort sans postérité, accède alors au trône la branche Valois-Orléans, issue de Louis Ier, duc d'Orléans, deuxième fils de Charles V. Elle est représentée par le seul LOUIS XII (1498-1515). Après lui, faute d'héritier mâle direct, règnent les Valois-Angoulême, branche cadette de la maison des Valois-Orléans, issue du troisième fils de Louis Ier d'Orléans, Jean (1399-1467). Ses représentants sont FRANÇOIS Ier (1515-1547), HENRI II (1547-1559), FRANÇOIS II (1559-1560), CHARLES IX (1560-1574) et HENRI III (1574-1589), mort sans postérité. Parvenus au pouvoir en négociant avec les grands barons, les Valois eurent à l'origine une autorité limitée. Puis ils bénéficièrent du développement du sentiment national à la faveur de la guerre de Cent Ans et parvinrent, au XVIe s., à faire progresser l'unification territoriale et la centralisation politique de la France.

VALOIS (Ninette DE) → DE VALOIS (Ninette).

VALOISIEN, ENNE adj. Se dit du parti radical-socialiste (du nom de la rue de Valois, à Paris, où se tient le siège du parti).

VALOREM (AD) → AD VALOREM.

VALORISABLE adj. Qui peut être valorisé.

VALORISANT, E adj. Qui valorise, qui donne du prestige, de la valeur : *Une situation valorisante.*

VALORISATION n. f. **1.** Hausse de la valeur marchande d'un produit ou d'un service, provoquée au moyen de manœuvres volontaires ou, éventuellement, par une mesure légale. – **2.** Action de donner de la valeur, plus de valeur à qqch ou à qqn ; fait d'être valorisé : *La valorisation de certaines idées nouvelles.* – **3.** Transformation d'un déchet en vue d'une utilisation plus noble. – **4.** Ensemble de mesures prises pour provoquer le relèvement du cours d'une monnaie dépréciée ou des rentes d'État tombées au-dessous du pair. – **5.** *Valorisation des stocks,* affectation d'une valeur conventionnelle aux stocks détenus par une entreprise, pour les besoins de sa comptabilité.

VALORISER v. t. (lat. *valor,* valeur) [conj. 3]. **1.** Donner, faire prendre de la valeur à qqch : *Une nouvelle gare valorise les terrains avoisinants.* – **2.** Donner une importance accrue à qqch, le mettre en valeur : *Son succès l'a valorisé aux yeux de ses amis.*

VALPARAI, v. de l'Inde (Tamil Nadu), au S. de Coimbatore ; 116 000 hab.

VALPARAÍSO, principal port du Chili, au débouché de la vallée de l'Aconcagua ; 276 737 hab. (600 000 hab. pour l'agglomération). Centre industriel (raffinage du pétrole, métallurgie du cuivre).

VALPOLICELLA [valpɔlitʃela] n. m. Vin rouge italien fruité et léger, produit dans la région du même nom (prov. de Vérone).

VALRAS-PLAGE (34350), comm. de l'Hérault, à l'embouchure de l'Orb ; 3 054 hab. Station balnéaire.

VALRÉAS (84600), ch.-l. de cant. de Vaucluse dans l'est du Tricastin ; 9 248 hab. *(Valréassiens).* Église en partie du XIIe s. Mairie dans un hôtel du XVe-XVIIIe s. Maisons anciennes. Cartonnages. Mobilier métallique. Abattoir (ovins). – Le cant. est enclavé dans le département de la Drôme.

VALROMEY, région du sud du Jura (dép. de l'Ain), drainée par le Séran. Le Valromey fut cédé à Henri IV par la maison de Savoie (1601). Louis XIII l'érigea en duché.

VAL-SAINT-LAMBERT, localité de Belgique (prov. de Liège), près de Seraing. Importante cristallerie, fondée vers 1875 dans une anc. abbaye cistercienne.

VALSALVA (Antonio Maria), anatomiste italien (Imola 1666 - Bologne 1723). Il fut à Bologne l'élève et l'ami de Malpighi. Il a laissé un ouvrage sur l'anatomie de l'ouïe (1704).

Valsalva *(sinus de),* dilatations que présente l'aorte à son origine, en regard des valvules sigmoïdes.

VALSE n. f. (all. *Walzer*). **1.** Danse ancienne à 3/4, de rythme lent, exécutée par couple et en tournant. – **2.** Danse de salon standardisée, à 3 temps, avec une légère accentuation sur le premier, exécutée par couple et en tournant ; air sur lequel elle se danse. (→ *encycl.*) – **3.** *Fam.* Changement fréquent de personnes dans une même fonction, à un même poste : *La valse des ministres.* – **4.** *Fam.* Modification, remplacement continuels de choses : *La valse des étiquettes, des prix.* – **5.** *Valse anglaise,* syn. de BOSTON. ‖ *Valse musette,* valse dérivée de la valse viennoise, dansée dans les bals musettes, au son de l'accordéon, et tournée aussi bien à droite qu'à gauche. ‖ *Valse viennoise,* forme de valse, de rythme vif et rapide, classée dans les danses de salon standardisées.

ENCYCL. D'abord danse paysanne, proche des ländler (Walzer), la valse devint danse de la bourgeoisie et de la haute société.

La valse affecte un caractère un peu différent selon qu'elle est de type français (parisien) ou viennois. Dans sa version purement instrumentale, elle tend à s'immiscer dans les formes de la sonate ou de la symphonie, mais c'est l'opérette qui l'accueille le plus favorablement (les Strauss, Lehár). Elle peut devenir le centre d'une composition individuelle (*Invitation à la valse,* de Weber, *la Valse* de Ravel) ou fournir tout un recueil (*Valses* de Chopin, *Valses nobles et sentimentales* de Ravel).

VALSE-HÉSITATION n. f. (pl. *valses-hésitations*). *Fam.* Comportement hésitant, devant une position à adopter.

VALSER v. i. (conj. 3). **1.** Danser une valse. – **2.** *Fam.* Être projeté, lancé violemment : *Sur le coup, il alla valser contre le mur.* – **3.** Être soumis à un mouvement, à un changement intensif et plus ou moins désordonné : *Les ministres valsent. Les millions valsent entre ses mains.* – **4.** Fam. *Envoyer valser qqn, qqch,* le renvoyer sans égards, le lancer loin de soi. ‖ Fam. *Faire valser qqn,* le déplacer sans égards. ‖ Fam. *Faire valser l'argent,* dépenser sans compter.

◆ v. t. Exécuter en valsant : *Valser une mazurka.*

VALSEUR, EUSE n. Personne qui valse ou qui sait valser.

VALS-LES-BAINS (07600), ch.-l. de cant. de l'Ardèche, dans le Vivarais, au N. d'Aubenas ; 3 748 hab. *(Valsois).* Station thermale (maladies de l'appareil digestif et maladies métaboliques).

VALTAT (Louis), peintre français (Dieppe 1869 - Paris 1952). Influencé par Toulouse-Lautrec, par Gauguin, par le néo-impressionnisme, il prélude dès 1895 au fauvisme (*Chez Maxim's,* Petit Palais, Genève ; *les Porteuses d'eau à Arcachon,* 1897, *ibid.*). Son œuvre comprend paysages (par ex. de l'Esterel), figures et natures mortes.

VALTELINE, en ital. **Valtellina,** vallée alpestre d'Italie, entre les sources de l'Adda et le débouché de cette rivière dans le lac de Côme.
— **Hist.** Possession milanaise, la Valteline passa en 1512 aux ligues suisses. Le protestantisme s'y développa et les conflits religieux déchirèrent la région. La France l'occupa en 1635-1637.

VAL-THORENS (73440 St Martin de Belleville), station de sports d'hiver (alt. 2 300-3 400 m) de la Savoie, dans la Vanoise, à 21 km au S.-S.-E. de Saint-Martin-de-Belleville.

VALTOURNANCHE, station estivale et de sports d'hiver d'Italie, dans le Val d'Aoste, au pied du Cervin ; 2 100 hab.

VALVAIRE adj. Relatif aux valves des végétaux.

VALVE n. f. (lat. *valvae,* battants d'une porte). **1.** Clapet, en partic. clapet antiretour. — **2.** Petite soupape à clapet obturant l'orifice de gonflage d'une chambre à air. — **3.** Dispositif thermoïonique ou à semi-conducteur, présentant une conductibilité unilatérale et utilisé comme détecteur ou redresseur. — **4.** Chacune des deux parties constitutives d'une coquille bivalve. (→ *encycl.*) — **5.** Chacun des éléments qui s'écartent ou se séparent lors de la déhiscence d'une anthère ou d'un fruit, à la maturité d'une inflorescence, etc. — **6.** *Valve cardiaque,* chacune des lames membraneuses entrant dans la constitution des valvules des orifices auriculo-ventriculaires ; prothèse destinée à remplacer une valvule cardiaque.

◆ **valves** n. f. pl. En Belgique, tableau d'affichage placé sous une vitre.

ENCYCL. **Zool.** On distingue chez les mollusques bivalves une valve droite et une valve gauche, unies par une articulation dorsale, tandis que chez les brachiopodes l'une des valves est dorsale et l'autre ventrale. Un mollusque est *équivalve* si ses deux valves sont symétriques l'une de l'autre. Une valve dont l'avant et l'arrière sont symétriques est dite *équilatérale.* On nomme aussi « valves » les deux flancs de la carapace des crustacés ostracodes ou branchiopodes.

VALVÉ, E adj. Se dit d'un organe formé de deux ou de plusieurs valves.

VALVULAIRE adj. Muni de valvules.

VALVULE n. f. (lat. *valvulae,* gousse). **1.** Repli membraneux qui , dans les vaisseaux et conduits de l'organisme, dirige les liquides dans un sens donné et les empêche de refluer en amont (valvules mitrale, tricuspide, sigmoïdes des orifices auriculo-ventriculaires ; valvules situées au niveau des veines des membres inférieurs). — **2.** *Valvule spirale,* repli longitudinal de la muqueuse intestinale des poissons, à disposition spiralée, qui ralentit la progression du chyle. ‖ *Valvule de Vieussens,* lame de substance blanche qui forme la partie supérieure du toit du IVe ventricule.

VALVULITE n. f. Inflammation des valvules cardiaques.

VALVULOPATHIE n. f. Atteinte pathologique d'une valvule cardiaque.

VAMP [vɑ̃p] n. f. (angl. *vamp,* abrév. de *vampire*). **1.** Actrice de cinéma qui jouait les rôles de femme fatale. — **2.** *Fam.* Type de femme fatale.

VAMPER v. t. (conj. 3). *Fam.* Essayer de séduire qqn par des allures de vamp.

VAMPIRE n. m. (all. *Vampir,* du slave *upuri*). **1.** Mort qui, suivant la superstition populaire, sort la nuit de sa tombe pour sucer le sang des vivants. — **2.** *Litt.* Personne qui commet de nombreux assassinats ou des violations de sépulture. — **3.** *Litt.* Personne qui s'enrichit du travail et du bien d'autrui. — **4.** Petite chauve-souris (desmodontidé) d'Amérique du Sud, se nourrissant du sang de mammifères et d'oiseaux endormis. (Les vampires peuvent transmettre à l'homme et aux animaux domestiques la rage, ainsi que des maladies parasitaires [trypanosomiases].)

Vampires *(les),* sérial français, réalisé par Louis Feuillade en 1915, et dont Musidora fut la vedette.

VAMPIRIQUE adj. *Litt.* Relatif aux vampires ou au vampirisme.

VAMPIRISER v. t. (conj. 3). **1.** En parlant d'un vampire, sucer le sang d'une de ses victimes. — **2.** *Fam.* Mettre qqn sous sa totale dépendance affective et psychologique.

VAMPIRISME n. m. **1.** Croyance selon laquelle des morts sortent provisoirement de leur tombeau afin d'aller sucer le sang des vivants, entraînant ainsi leur prospérité et l'anémie des donneurs. (Ces croyances, présentes en Europe orientale du XVe s. au XIXe s., ont alimenté le cinéma et la littérature populaire du XXe s.) — 2. *Litt.* Avidité de ceux qui s'enrichissent du bien ou du travail d'autrui : *Le vampirisme des usuriers.*

1. **VAN** [vɑ̃] n. m. (lat. *vannus*). Corbeille large et peu profonde à laquelle on imprime des secousses rapides, pour vanner les grains.

2. **VAN** [vɑ̃] n. m. (angl. *van,* abrév. de *caravan,* voiture de ménagerie). **1.** Véhicule fermé, aménagé pour le transport des chevaux. — **2.** Voiture du type fourgon ou minibus, aménagée pour le transport des personnes.

VAN, v. de Turquie, ch.-l. de prov., près du *lac de Van,* dans l'ancienne Arménie ; 93 000 hab. De nombreux Arméniens y furent massacrés en 1895 et 1896.
— **Bx-arts.** Au pied de la citadelle, ruines grandioses de la ville, dévastée par la Première Guerre mondiale (belles mosquées).

VAN *(lac de),* lac de la Turquie orientale, situé à 1 646 m d'alt., dominé par des montagnes volcaniques de plus de 3 000 m ; 3 700 km² environ.

VAN ACKER (Achille), homme politique belge (Bruges 1898 - *id.* 1975). Député socialiste (1927), il dirigea le gouvernement de 1945 à 1946 et de 1954 à 1958. Il fit ratifier les accords de Paris et surmonta les difficultés créées par la loi scolaire (1955). Il présida la Chambre des représentants de 1961 à 1974.

VANADEUX adj. m. Se dit de l'oxyde V_2O_3, des acides correspondants et des dérivés du vanadium trivalent.

VANADIÉ, E adj. Se dit d'un corps contenant du vanadium.

VANADIFÈRE adj. Se dit d'une roche sédimentaire qui contient du vanadium.

VANADINITE n. f. Chlorovanadate naturel de plomb, hexagonal.

VANADIQUE adj. Se dit de l'anhydride V_2O_5, des acides correspondants et des composés du vanadium pentavalent.

VANADIUM [-djɔm] n. m. (lat. sc. *vanadium,* de *Vana-dís,* surnom de la divinité scand. Freyja). Métal blanc, présentant des analogies chimiques avec le phosphore. (Élément chimique de symbole V.)

ENCYCL. Découvert en 1801 dans un minerai de plomb, le vanadium est un métal gris argent qui ne s'oxyde pas à froid au contact de l'air, mais brûle à chaud en donnant l'anhydride vanadique V_2O_5, poudre jaune-rouge.

Comme élément d'addition, le vanadium sert à préparer des aciers et fontes alliés, des alliages de titane, des alliages réfractaires ou des superalliages. Le carbure de vanadium est additionné, en métallurgie des poudres, à d'autres alliages pour donner des « métaux durs » servant dans des outils de coupe.

Numéro atomique : 23
Masse atomique : 50,94
Masse volumique : 6,11 g/cm³
Température de fusion : ≃ 1 890 °C

VAN AKEN (Piet), écrivain belge d'expression néerlandaise (Terhagen, Malines, 1920 - Anvers 1984). Ses récits, tantôt réalistes, tantôt introspectifs, se déroulent dans la région du Rupel (*Dieu en vain,* 1942 ; *Chiens endormis,* 1965).

VAN ALLEN (James Alfred), physicien américain (Mount Pleasant, Iowa, 1914). Il a découvert, en 1958, grâce aux mesures des premiers satellites artificiels américains, l'existence, autour de la Terre, de ceintures* de rayonnement auxquelles on a donné son nom.

VAN ALMONDE (Filips), amiral hollandais (Brielle 1644 - Oegstgeest, près de Leyde, 1711). Vice-amiral (1677), il décida de la victoire de la Hougue (mai 1692), et dirigea les escadres anglo-hollandaises opérant dans l'Atlantique (1694).

VAN ALSLOOT (Denijs), peintre flamand (Malines v. 1570 - Bruxelles 1628). Ses paysages, animés de figures, ont pour base des sites des environs de Bruxelles.

VAN ARTEVELDE (Jacob), bourgeois de Gand (Gand v. 1290 - *id.* 1345). Riche marchand drapier, il donna le signal du soulèvement contre le comte de Flandre, Louis de Nevers. Capitaine général de Gand (1337), il se heurta au particularisme des grandes cités (1345) et fut assassiné par le peuple. — Son fils, FILIPS (Gand 1340 - Rozebeke 1382), fut choisi pour chef lors de la révolte flamande de 1379. Après avoir écrasé l'armée du comte de Flandre (1382), il fut tué à la bataille de Rozebeke, remportée par le roi de France Charles VI.

VAN BABUREN (Dirck), peintre néerlandais (Utrecht v. 1590 - *id.* 1624). À Rome, vers 1611-1620, il fut profondément influencé par le Caravage. Parmi ses œuvres, citons la *Mise au tombeau* de S. Pietro in Montorio (Rome), *le Jeune Musicien* du musée d'Utrecht.

VAN BENEDEN (Edouard), embryologiste et cytologiste belge (Louvain 1846 - Liège 1910). À la suite de recherches sur la morphologie cellulaire, la fécondation, l'embryologie des mammifères, il a découvert, en 1883, le phénomène de la réduction chromatique ou méiose.

VAN BOENDALE (Jan), poète flamand (Boendale, près de Tervuren, 1279 - Anvers v. 1350), également appelé **Jan de Clerc.** Disciple de J. Van Maerlant dont il poursuivit les écrits historiques *(Gestes brabançonnes),* il a laissé un traité de morale (*Miroir des laïcs,* 1325-1333).

VAN BROUCHOVEN ou **VAN BROECKHOVEN** (Jan), homme politique flamand (Anvers 1644 - Malines 1725). Membre du Conseil des Pays-Bas, ambassadeur extraordinaire du roi d'Espagne Charles II à Utrecht, il fut Premier ministre à Madrid.

VANBRUGH (*sir* John), architecte et dramaturge anglais (Londres 1664 - *id.* 1726). Militaire de carrière, arrêté à Calais comme espion (1690), il est emprisonné à Vincennes et à la Bastille. Libéré, il écrit des comédies (*la Chute,* 1696 ; *la Femme provoquée,* 1697), puis se tourne vers l'architecture. Il est, à côté de Hawksmoor, l'un des meilleurs architectes de son pays au début du XVIIIe s., à la fois palladien et baroque, soucieux d'effets de masse animés par la lumière et l'ombre (Castle Howard, Yorkshire, à partir de 1699 ; immense palais de Blenheim, à Woodstock, à partir de 1705).

VAN BUREN (Martin), homme d'État américain (Kinderhook, New York, 1782 - *id.* 1862). Avocat (1803), sénateur démocrate (1821), vice-président (1833), puis président de l'Union (1837-1841), il poursuivit l'œuvre de Jackson mais dut faire face à la crise financière et économique de 1837.

VAN CAMPEN (Jacob), peintre et architecte néerlandais (Haarlem 1595 - Randenbroek, Amersfoort, 1657). Architecte du prince d'Orange, il a donné les plans du majestueux ancien hôtel de ville d'Amsterdam (1648-1655), dans un style inspiré de Palladio. Il a participé au décor pictural du palais Huis ten Bosch à La Haye.

Van Cleef et Arpels, joaillerie française établie place Vendôme, à Paris, en 1906, par trois frères, JULIEN, LOUIS et CHARLES **Arpels,** et leur beau-frère ALFRED **Van Cleef.** Ils ont mis au point, en 1935, le serti invisible des pierres. Succursales dans divers pays.

VAN CLEVE (Joos), peintre flamand (Clèves ? v. 1490 - Anvers v. 1541). Maître à Anvers en 1511, auteur d'œuvres religieuses (retables de *la Mort de la Vierge,* Cologne et Munich), il fut aussi l'un des meilleurs portraitistes de son temps (*François Ier,* v. 1530 ?, musée de Philadelphie).

VAN CLEVE (Corneille), sculpteur français (Paris 1645 - *id.* 1732). Élève de M. Anguier, il obtint le prix de Rome en 1671 et, à son retour (1677), entra à l'Académie. Il a travaillé pour Versailles, Marly et au dôme des Invalides.

VAN COEHOORN (Menno, *baron*), ingénieur et général hollandais (Britsum, près de Leeuwarden, 1641 - La Haye 1704). Surnommé « le Vauban hollandais », il a dessiné les fortifications de Nimègue, Breda et surtout Bergen op Zoom, longtemps regardées comme impénétrables.

VAN CONINXLOO (Gillis), peintre flamand (Anvers 1544 - Amsterdam 1607). Partant d'une conception bruegélienne du paysage panoramique et composé, il évolua vers une approche plus réaliste, intime et lyrique de la nature, ouvrant la voie au paysage baroque du XVIIe s.

VANCOUVER, v. du Canada, métropole de la Colombie britannique ; 471 844 hab., troisième agglomération du pays (1 409 361 hab.). L'établissement, en 1886, du terminus du Canadien Pacific Railway, le peuplement de la Prairie, le développement des pays du Pacifique, l'ouverture du canal de Panamá ont marqué le développement de la ville. Premier port canadien (exportation de blé et de charbon), c'est un centre administratif, universitaire, industriel (bois, construction navale, mécanique, alimentation) et touristique.

VANCOUVER *(île),* grande île canadienne de l'océan Pacifique, dépendance de la Colombie britannique, dont elle est séparée par des bras de mer encombrés d'îles (détroits de Juan de Fuca, de Géorgie et de la Reine-Charlotte) ; 32 137 km² ; 375 000 hab. V. princ. *Victoria.* Montagneuse et forestière (parcs provinciaux), elle est surtout touristique.

VANCOUVER *(mont),* sommet d'Amérique du Nord, dans la chaîne Saint Elias, sur la frontière entre le Yukon et l'Alaska ; 4 785 m.

VANCOUVER (George), navigateur britannique (King's Lynn, Norfolk, 1757 - Richmond, Surrey, 1798). Il participa aux expéditions de Cook puis, de 1791 à 1795, il fit le premier relevé exact de la côte ouest du Canada.

VANČURA (Vladislav), médecin et romancier tchèque (Háje, près d'Opava, 1891 - Prague 1942). Chef de file de l'avant-garde tchèque, présidant le groupe Devětsil, il décrit dans un style fait d'images et de sons un monde souvent tragique et grotesque (*le Boulanger Jan Marhoul,* 1924 ; *Un été capricieux,* 1926 ; *la Famille Horvat,* 1938).

VANDA n. f. (hindī *vandā*). Orchidée épiphyte de l'Asie méridionale et d'Océanie, cultivée en serre pour ses fleurs originales.

VANDALE adj. et n. (lat. *Vandali,* les Vandales). **1.** Relatif aux Vandales. — **2.** Se dit de qqn qui détruit, endommage gravement des édifices publics, des œuvres d'art.

VANDALES, peuple germanique établi au sud de la Baltique au Ier s. apr. J.-C. Il est partagé en deux grandes tribus, les Silings, établis au IIIe s. sur le Main supérieur, et les Hasdings, installés sur le Danube, au IVe s. Au début du Ve s., avec d'autres peuples barbares, ils passent dans les Gaules (407), qui sont pillées, puis en Espagne (à partir de 409). Sous la pression des Wisigoths, chargés par Rome de reconquérir l'Espagne, ils s'embarquent pour l'Afrique en 429 avec leur roi Geiséric (428-477). Acceptés comme fédérés (435), ils détruisent Carthage (439), conquièrent les îles (Baléares, Sicile, Sardaigne et Corse). Établis dans les villes, après s'être emparés des grands domaines, ils adoptent le latin et conservent une bonne partie des institutions romaines d'Afrique. Attachés à l'arianisme, les Vandales ont avec l'Église catholique de très mauvais rapports. Lorsque Hildéric (523-530), favorable au catholicisme, est détrôné par Gélimer, Justinien y trouve le prétexte d'une intervention. Le Byzantin Bélisaire débarque en 533, bat les Vandales et détruit leur État.

VANDALISER v. t. (conj. 3). Se livrer au vandalisme, commettre des déprédations : *Vandaliser une cabine téléphonique.*

VANDALISME n. m. Comportement de celui qui détruit ou endommage gravement et gratuitement des œuvres d'art, des objets de valeur, des édifices publics, etc.

VAN DAM (Joseph VAN DAMME, dit **José**), baryton belge (Bruxelles 1940). Il appartient à l'Opéra de Berlin dès 1967 et poursuit une carrière internationale dans un répertoire qui s'étend de Monteverdi à Messiaen.

VANDAMME (Dominique), comte **d'Unsebourg,** général français (Cassel 1770 - *id.* 1830). Commandant le 1er corps de la Grande Armée en 1813, il fut battu à Culm. En juin 1815, il dirigea la retraite de l'arrière-garde sur Paris.

VAN DANTZIG (Rudi), danseur et chorégraphe néerlandais (Amsterdam 1933). Il a dirigé le Het National Ballet et a collaboré avec Noureïev.

VAN DE CAPPELLE (Jan), peintre néerlandais (Amsterdam 1626 - *id.* 1679). Les thèmes de prédilection de cet artiste dilettante (riche teinturier par ailleurs) furent les paysages d'hiver et surtout les marines. Il excelle dans les vues de mer calme, d'une palette argentée.

VAN DE GRAAFF (Robert Jemison), physicien américain (Tuscaloosa, Alabama, 1901 - Boston 1967). Il réalisa, dès 1933, les premières grandes machines électrostatiques modernes, produisant des différences de potentiel de plusieurs millions de volts, destinées à l'accélération des particules.

VANDELVIRA (Andrés DE), architecte espagnol, peut-être d'origine flamande (Alcaraz 1509 - Jaén v. 1575). Élève de D. de Siloé, il fut nommé en 1548 maître d'œuvre de la cathédrale de Jaén, où il innova un type architectural d'une grande noblesse, très imité par la suite en Andalousie. Autres œuvres à Ubeda.

VANDENBERG, localité des États-Unis (Californie), sur le Pacifique, à l'O.-N.-O. de Los Angeles. Base de l'US Air Force équipée par la NASA pour le lancement d'engins spatiaux, en complément du centre spatial John F. Kennedy*.

VAN DEN BERGHE (Frits), peintre belge (Gand 1883 - *id.* 1939). Membre (1904-1914) de la seconde école de Sint-Martens-Latem, influencé ensuite par l'expressionnisme allemand, il a donné à partir de 1925-26 une version bien flamande du surréalisme, hallucinante et sarcastique.

VANDEN BOEYNANTS (Paul), homme politique belge (Forest 1919). Député (1949) puis président du parti social-chrétien (1961-1981), il est Premier ministre en 1966, mais la reprise de la querelle linguistique l'oblige à démissionner (1968). Il préside de nouveau le gouvernement en 1978-79.

VAN DEN BOSCH (Johannes, *comte*), administrateur et homme d'État néerlandais (Herwijnen, Gueldre, 1780 - La Haye 1844). Gouverneur général des Indes néerlandaises (1830-1833), puis ministre des Colonies (1835-1839), il imagina un système de cultures destiné à pallier le déficit des Indes néerlandaises : les paysans javanais réservaient le cinquième de leurs basses terres et donnaient le cinquième de leurs journées de travail à des cultures fixées par le gouvernement général, et les produits récoltés étaient cédés obligatoirement à l'État à un prix fixé d'avance.

VAN DEN VONDEL (Joost), poète hollandais (Cologne 1587 - Amsterdam 1679). Poète lyrique et satirique, traducteur des tragiques grecs et auteur de 24 tragédies avec chœurs, il est le plus grand poète dramatique de son pays (*Lucifer,* 1654 ; *Adam exilé,* 1664).

VAN DE PASSE, famille de graveurs néerlandais. — CHRISPIJN Ier (Arnemuiden, Zélande, v. 1560 - Utrecht 1637) travailla à Utrecht, à Amsterdam, à Cologne, peut-être à Paris, exécutant portraits et illustrations (*les Métamorphoses* d'Ovide, l'*Instruction du roi* [Louis XIII]). — Son fils CHRISPIJN II, dit en France *Crispin de Passe* (Cologne v. 1593 - Amsterdam v. 1670), travailla à Paris de 1618 à 1630.

VAN DE POELE (Karel Joseph), technicien belge (Lichtervelde 1846 - Lynn, Massachusetts, 1892). Parmi ses nombreuses inventions, concernant pour la plupart des applications de l'électricité, figure la traction électrique par trolley (1885).

VANDEPUTTE (Henri), écrivain belge de langue française (Schaerbeek, Bruxelles, 1877 - Ostende 1952). Directeur avec Christian Beck de la revue symboliste *Antée* (1905-1908), il a donné des recueils poétiques (*la Planète,* 1901 ; *Voix nues,* 1936).

VANDERBILT (Cornelius), financier américain (Stapleton, Staten Island, 1794 - New York 1877). Fils d'un fermier d'origine hollandaise, il fit fortune dans la construction de chemins de fer. Il fonda l'université Vanderbilt à Nashville.

VANDERCAMMEN (Edmond), poète belge de langue française (Ohain, Brabant, 1901-Bruxelles 1980). Évoluant de l'inspiration bucolique à l'évocation cosmique, ses recueils poétiques gardent un caractère profondément humain (*le Sommeil du laboureur,* 1933 ; *le Sang partagé,* 1963).

VAN DER GOES (Hugo), peintre flamand (Goes, en Zélande ?, entre 1435 et 1445 - Auderghem 1482). Franc maître à Gand en 1467, il se retira en 1478 dans un couvent et fut atteint en 1481 de troubles mentaux. Innovant tant sur le plan du style que sur celui de l'iconographie, usant de contrastes affirmés, monumental et pathétique, il a imprimé au réalisme flamand la marque de son esprit angoissé (*Adoration des mages,* Berlin-Dahlem ; *Triptyque Portinari,* avec l'*Adoration des bergers,* v. 1475-1478, Offices ; diptyque du musée de Vienne, avec le *Péché originel* et la *Déploration du Christ ; Adoration des bergers,* Berlin-Dahlem ; *la Mort de la Vierge,* Bruges).

VAN DER HELST (Barthelomeus), peintre néerlandais (Haarlem 1613 - Amsterdam 1670). Portraitiste brillant et précis, il a évoqué complaisamment l'aisance matérielle et la jovialité de la bourgeoisie d'Amsterdam (*Banquet des officiers de Saint-Georges,* 1648, Rijksmuseum).

VAN DER HEYDEN (Jan), peintre et graveur néerlandais (Gorinchem 1637 - Amsterdam 1712). Établi à Amsterdam, il fut un spécialiste du paysage urbain, qu'il rend avec sensibilité et précision (*le Herengracht,* Louvre). Il a peint des vues de plusieurs villes allemandes et de Bruxelles.

VAN DER MEER (Simon), physicien néerlandais (La Haye 1925). Il a inventé une méthode de réalisation de faisceaux d'antiprotons suffisamment fins pour pouvoir circuler dans le grand anneau de collision du Cern, élément déterminant dans la découverte, en 1983, des bosons W et Z. (Prix Nobel de physique, avec C. Rubbia, 1984.)

VAN DER MEERSCH (Jan André), général flamand (Menin 1734 - Dadizeele 1792). À la tête des insurgés brabançons (1789), il prit Turnhout, Bruges, Bruxelles et la Campine. Accusé à tort de trahison, il fut libéré par les Autrichiens.

VAN DER MEERSCH (Maxence), écrivain français (Roubaix 1907 - Le Touquet 1951). Auteur de romans à caractère régional et social consacrés au Nord et à la Flandre (*la Maison dans la dune,* 1932 ; *l'Empreinte du dieu,* 1936), il a aussi critiqué certains milieux médicaux (*Corps et Âmes,* 1943).

VAN DER MEULEN (Adam Frans), peintre flamand (Bruxelles 1632 - Paris 1690). Élève du peintre de sujets militaires Pieter Snayers, il se spécialisa dans les paysages et les scènes de bataille. Appelé en France par Le Brun (1664), il entra à l'Académie (1673) et devint peintre ordinaire de Louis XIV, dont il a représenté les campagnes, les chasses et les voyages avec une scrupuleuse exactitude. Il est représenté dans les musées de Bruxelles, de Paris et au château de Versailles. La manufacture des Gobelins, pour laquelle il a travaillé (collaboration à la tenture des *Maisons royales*), conserve de nombreux dessins de sa main.

VANDERMONDE (Alexandre), mathématicien français (Paris 1735 - *id.* 1796). Il étudia les fonctions invariantes par permutation des racines d'une équation, abordant ainsi le problème général de la résolution des équations algébriques. Ses travaux ont aussi préparé la théorie générale des déterminants.

VAN DER NEER (Aert), peintre néerlandais (Amsterdam ? v. 1603 - *id.* 1677). Un des meilleurs paysagistes du XVIIe s., il a surtout représenté des couchers de soleil, des clairs de lune, des incendies.

VAN DER POST (Laurens), écrivain sud-africain d'expression anglaise (Philippolis, État d'Orange, 1906). Son œuvre est marquée par un antiracisme psychologique (*le Cœur du chasseur,* 1961 ; *Une histoire semblable au vent,* 1972 ; *A Far off Place,* 1974).

VAN DER ROHE (Ludwig MIES) → MIES VAN DER ROHE.

VANDERVELDE (Émile), homme politique belge (Ixelles 1866 - Bruxelles 1938). Député socialiste (de 1894 à sa mort), président de la IIe Internationale (1900), il accepta d'entrer comme ministre d'État dans le cabinet d'union nationale (août 1914). Plusieurs fois ministre, notamment des Affaires étrangères (1925-1927), il signa le pacte de Locarno (1925).

VAN DER VOORT ou **VERVOORT** (Michiel), sculpteur flamand (Anvers 1667 - *id.* 1737). Il est l'auteur des chaires baroques des cathédrales d'Anvers et de Malines, de tombeaux et de bustes. Ses œuvres trahissent l'influence d'un séjour de quatorze ans à Rome.

VAN DER WAALS (Johannes Diderik), physicien néerlandais (Leyde 1837 - Amsterdam 1923). Connu pour avoir donné une équation d'état des fluides plus précise que l'équation des gaz parfaits, il a découvert la loi des états correspondants et étudié les forces d'attraction entre molécules. (Prix Nobel de physique 1910.)

Van der Waals *(force de),* force attractive d'origine électrostatique qui s'exerce entre les molécules et qui varie très rapidement avec la distance r entre les molécules (variation en $1/r^7$). Quoique faibles, les forces de Van der Waals jouent un rôle considérable : elles assurent la cohésion des liquides et de certains solides.

VAN DER WEYDEN (Rogier) ou **ROGIER DE LA PASTURE,** peintre des Pays-Bas du Sud (Tournai 1399/1400 ? - Bruxelles 1464). Après être passé par l'atelier de R. Campin, il reçoit en 1432 la maîtrise de la guilde de Tournai, puis est nommé en 1435 peintre de la ville de Bruxelles. Son style n'est pas insensible aux apports de Van Eyck, mais garde une originalité qui, après la nervosité des œuvres de jeunesse, évolue vers une rigueur austère. Celle-ci confère à un chef-d'œuvre comme le *Jugement dernier* de l'hôtel-Dieu de Beaune (1445-1448) une rare grandeur. La tendance dramatique du peintre privilégie la recherche des attitudes et des expressions de douleur ou de pitié, tandis que le fond de ses tableaux décrit des paysages irréels, ou demeure d'or à la façon gothique (*Descente de croix,* imitant les retables sculptés, v. 1435, Prado). Peintre essentiellement religieux (*Retable des sept sacrements,* apr. 1450, musée d'Anvers ; *Retable Bladelin,* apr. 1456, Berlin), moraliste et didactique, Rogier a également exécuté des portraits où, malgré une tendance à l'idéalisation, le modèle acquiert, par l'acuité du dessin et la vérité du coloris, une réelle présence (*l'Homme à la flèche,* musées de Bruxelles).

VAN DER ZEE (James), photographe noir américain (Lenox, Massachusetts, 1886 - Washington 1983). Installé à Haarlem, entre 1916 et 1969, il réalisa une œuvre de portraitiste (près de 75 000 plaques), véritable chronique de son quartier.

VAN DE VELDE, famille de peintres néerlandais du XVIIe s., dont voici les principaux : ESAIAS (Amsterdam v. 1590 - La Haye 1630), surtout connu pour avoir, le premier, donné du paysage hollandais une traduction réaliste, dans des toiles ayant pour thèmes des sites ruraux et des vues de rivières ou de dunes ; — WILLEM, dit *le Jeune* (Leyde 1633 - Greenwich 1707), neveu du précédent, qui se situe aux premiers rangs de l'école néerlandaise pour ses batailles navales et ses marines ; — ADRIAEN (Amsterdam 1636 - *id.* 1672), son frère, à qui l'on doit des paysages, des vues de plages et des figures d'animaux dans le goût de Berchem et de Dujardin.

VAN DE VELDE (Henry), architecte et artiste décorateur belge (Anvers 1863 - Zurich 1957). D'abord peintre néo-impressionniste, il se consacra à partir de 1890 aux métiers d'art, devenant un des principaux animateurs du mouvement moderniste en Europe. Directeur, en 1906, de l'école des arts appliqués de Weimar, il tenta, au sein du *Werkbund* allemand, de résister au courant qui conduisait à la standardisation industrielle. Il a notamment construit le musée Kröller-Müller à Otterlo (1921 et 1935-1953).

VAN DE VENNE (Adriaen Pietersz.), peintre et graveur néerlandais (Delft 1589 - La Haye 1662). Ses tableaux sur bois, de petit format, s'apparentent dans un premier temps à ceux de Bruegel de Velours (Saisons, paysages). Il a donné aussi des sujets historiques à la gloire de la famille d'Orange, des scènes populaires traitées en grisaille, des portraits.

VAN DE WOESTIJNE (Karel), écrivain belge d'expression néerlandaise (Gand 1878 - Zwijnaarde, Gand 1929). Ses récits (*Janus au double visage,* 1908) et ses recueils de vers (*l'Ombre dorée,* 1910) trahissent une lutte constante entre le mysticisme et la sensualité. — Son frère GUSTAAF (Gand 1881 - Uccle 1947) fut peintre, membre du premier groupe de Sint-Martens-Latem.

VAN DEYSSEL (Karel Johan Lodewijk ALBERDINGK THIJM, dit **Lodewijk**), publiciste et critique néerlandais (Amsterdam 1864 - Haarlem 1952). Il se fit l'apologiste du naturalisme de Zola, puis du sensitivisme de Maeterlinck.

VAN DIEMEN (Anthony), administrateur néerlandais (Culemborg 1593 - Batavia 1645). Gouverneur général pour la Compagnie des Indes néerlandaises (1636-1645), il donna son premier nom à la Tasmanie (« terre de Van Diemen »).

VANDIER (Jacques), égyptologue français (Haubourdin 1904 - Paris 1973). Conservateur en chef des antiquités égyptiennes au musée du Louvre (1936-1945), il est notamment l'auteur d'un *Manuel d'archéologie égyptienne* (8 vol., 1952-1964).

VAN DIJK (Peter), danseur et chorégraphe allemand (Brême 1929). Créateur des *Algues* (1953) de J. Charrat, danseur étoile à l'Opéra de Paris (1955), directeur de la danse à l'Opéra de Hambourg (1962-1972), il dirige le Ballet du Rhin (1974-1978) avant d'être maître de ballet au Grand Théâtre de Genève (1978). Très attaché à la tradition classique, il s'exprime avec une grande musicalité et des lignes pures (*Symphonie inachevée,* 1957 ; *Turangalîla,* 1960 ; *Abraxas,* 1965 ; *Pour Schubert,* 1978). On lui doit en outre une version de *Roméo et Juliette* (1961), de *Petrouchka* (1965), de *Giselle* (1967).

VAN DINE (Willard Huntington WRIGHT, dit **S. S.**), écrivain américain (Charlottesville, Virginie, 1888 - New York 1939). Philosophe, critique d'art et spécialiste du roman policier intellectuel, il a créé le détective Philo Vance (*la Mystérieure Affaire Benson,* 1926 ; *Un enlèvement,* 1936).

VAN DOESBURG (Christian Emil Marie KÜPPER, dit **Theo**), architecte, peintre et théoricien hollandais (Utrecht 1883 - Davos 1931). Proche de Mondrian, il crée avec lui en 1917 le groupe et la revue *De Stijl** dont il va assurer le rayonnement en animateur infatigable. Il fonde en 1922 la revue *Mecano* (de tendance dada), crée l'« élémentarisme », qui s'éloigne de la rigueur orthogonale du néoplasticisme (*Contre-composition,* 1924, Stedelijk Museum d'Amsterdam) et, en 1930, édite le numéro unique de la revue *Art concret.*

VANDŒUVRE-LÈS-NANCY (54500), ch.-l. de cant. de Meurthe-et-Moselle, banlieue sud de Nancy ; 34 420 hab. Centres de recherches scientifiques.

VANDOISE n. f. (gaul. **vindisia,* poisson blanc). Poisson cyprinidé des eaux douces, voisin du chevaine, mais plus élancé.

VAN DONGEN (Cornelis Theodorus Marie, dit **Kees**), peintre néerlandais naturalisé français en 1929 (Delfshaven 1877 - Monte-Carlo 1968). Un goût marqué (manifesté dès avant son installation à Paris en 1900) pour les simplifications énergiques et les coloris éclatants le fit se rallier au fauvisme (1905), qu'il développa dans un sens expressionniste et auquel il demeura en partie fidèle après être devenu le portraitiste des célébrités et de la vie mondaine.

VAN DYCK ou **VAN DIJK** (Ant[h]onie ou Anto[o]n), peintre flamand (Anvers 1599 - Londres 1641). Reçu maître dès 1618, il devient l'assistant de Rubens, dont il subit fortement l'influence. Fixé de 1623 à 1627 à Gênes, il y renouvelle l'art du portrait d'apparat (idéalisation, raffinement, puissance et variété des effets chromatiques) et compose pour les églises des œuvres d'une sentimentalité un peu mièvre, d'un baroquisme élégant. À Anvers, il revient, tout en affinant sa technique, à la formule flamande du portrait à mi-corps et donne de nouvelles compositions religieuses (églises d'Anvers, de Malines, de Gand...). Appelé en Angleterre en 1632, peintre du roi, comblé d'honneurs, il exécute près de quatre cents portraits, dont certains sont des chefs-d'œuvre de virtuosité, d'une distinction extrême (*Trois Enfants de Charles Ier,* 1635, galerie Sabauda, Turin). Son influence sur l'école anglaise sera immense.

VAN DYCK (Ernest), ténor belge (Anvers 1861 - Berlaar 1923). Il créa *Werther* (Vienne, 1892) et fut interprète de Wagner à Bayreuth de 1888 à 1912.

VANE *(sir* Henry), homme politique anglais (Debden, Essex, 1613 - Londres 1662). Puritain, il fut gouverneur du Massachusetts (1636-37). Rentré en Angleterre, il succéda à Pym à la tête du parti parlementaire (1643). Nommé à la direction des services de l'Amirauté, il restaura la puissance de la flotte anglaise. Emprisonné lors de la Restauration (1661), il fut condamné à mort et exécuté.

VAN EEDEN (Frederik), médecin et écrivain néerlandais (Haarlem 1860 - Bussum 1932). Son théâtre (*les Frères,* 1894) et ses romans ont marqué la génération de 1880.

VAN EFFEN (Justus), publiciste néerlandais (Utrecht 1684 - Bois-le-Duc 1735). Auteur dramatique (*les Petits Maîtres,* 1719), sa revue de critique, *le Spectateur hollandais* (1731-1735), eut une influence considérable.

VANEL (Charles), acteur français (Rennes 1892 - Cannes 1989). Il débuta au théâtre en 1908 et interpréta son premier film, *l'Âtre,* en 1919. Il ne cessa, dès lors, de tourner. Citons : *Pêcheur d'Islande* (1924), *le Grand Jeu* (1934), *Jenny* (1936), *la Belle Équipe* (1936), *Le ciel est à vous* (1943), *le Salaire de la peur* (1953), *les Diaboliques* (1954), *la Vérité* (1960), *l'Aîné des Ferchaux* (1962), *Trois Frères* (1981).

VÄNERN, grand lac de la Suède du Sud-Ouest, tributaire du Skagerrak par le Göta älv ; 5 585 km^2.

VANES, lignée de dieux scandinaves de la Fertilité et Prospérité. L'*Edda* de Snorri Sturluson relate la guerre entre les Ases et les Vanes.

VANESSE n. f. (lat. sc. *vanessa*). Beau papillon (nymphalidé) roux, brun et jaune dont les chenilles sont épineuses mais non poilues et les chrysalides toujours suspendues. (Les principales espèces françaises sont le vulcain, la belle-dame, la grande et la petite tortue, le paon de jour, le morio, la carte géographique.)

VAN EVERDINGEN (Caesar), peintre néerlandais (Alkmaar v. 1616 ? - *id.* 1678). Il travailla à

Alkmaar, La Haye, Haarlem et Amsterdam, donnant des portraits et des scènes d'histoire ou de genre aux volumes affirmés, rendus par un modelé de tons gris-brun porcelainés. — Son frère Allaert (Alkmaar 1621 - Amsterdam 1675), peintre et graveur, tira l'essentiel de son inspiration des paysages sauvages découverts lors d'un voyage en Suède et en Norvège (v. 1640). Il a influencé J. Van Ruisdael, son cadet.

VAN EYCK (Jan), peintre flamand (Maaseik ? v. 1390 ? - Bruges 1441). Entré jeune au service de Jean de Bavière, futur comte de Hollande (quelques-unes des miniatures des *Très Belles Heures de Notre-Dame,* musée municipal de Turin), il devient « valet de chambre » de Philippe le Bon en 1425, est chargé de missions diplomatiques et se fixe à Bruges vers 1430. Déjà bien établie, sa renommée grandit avec l'inauguration à Gand, en 1432, du retable de *l'Agneau* mystique,* qui, selon une inscription d'authenticité controversée, aurait été entrepris par un Hubert Van Eyck († Gand 1426), peut-être frère aîné de Jan (et à qui reviendrait en partie le panneau central, dont le retable tire son nom). Associant diverses techniques (dont l'huile) pour donner aux transparences de la matière picturale un pouvoir de suggestion inédit, dégagé du maniérisme ornemental du « gothique international », accueillant largement la vie, Jan Van Eyck est, avec le Maître de Flémalle, le fondateur de la grande école flamande, tant par ses tableaux religieux (*Vierge dans l'église,* musée de Berlin-Dahlem ; *Vierge au chancelier Rolin,* Louvre ; *Vierge au chanoine Van der Paele,* 1436, Bruges ; etc.) que par ses portraits, parmi lesquels la représentation en pied d'*Arnolfini* et sa femme* (1434, National Gallery de Londres), chef-d'œuvre inaugural de la scène d'intérieur profane, dont tous les peintres des anciens Pays-Bas se souviendront.

VAN GENNEP (Arnold Kurr, dit **Arnold**), ethnographe et folkloriste français (Ludwisburg 1873 - Épernay 1957). Il est l'auteur du monumental *Manuel de folklore français contemporain* (1937-1958), et a créé une méthode de recueil et de classement des faits folkloriques.

VAN GOGH (Vincent), peintre néerlandais (Groot Zundert, Brabant, 1853 - Auvers-sur-Oise 1890). Sa vie, tragique et brève, se concentre, postérieurement à une expérience pastorale au milieu des mineurs du Borinage, dans son fulgurant itinéraire pictural. Après un apprentissage qui le montre proche de la tradition réaliste hollandaise (*les Mangeurs de pommes de terre,* 1885, trois versions), mais aussi préoccupé par le problème de la couleur, Van Gogh vient à Paris (1886), découvre les impressionnistes et les néo-impressionnistes, ainsi que Toulouse-Lautrec et Gauguin. À ces contacts, il adopte des couleurs pures et simplifie les formes dans un souci d'unité que renforce l'importante découverte de l'estampe japonaise. En Provence (1888), il se laisse emporter par l'éblouissement des jaunes solaires, par l'éclat bleu du ciel et de la nuit. Il exécute de nombreux dessins faits de hachurations, d'une exceptionnelle maîtrise, et peint (série des *Tournesols ; le Café de nuit,* université Yale, New Haven) avec une énergie et une tension qui le laissent désemparé lorsqu'une tentative de vie et de travail communs avec Gauguin s'achève par une grave altercation : il se mutile l'oreille gauche, puis se laisse hospitaliser à Saint-Rémy-de-Provence (1889). Son style prend alors une véhémence qui emporte dans un même mouvement et une même torsion champs, ciels, oliviers et cyprès, tandis qu'ocres et gris viennent tempérer sa palette (*le Champ de blé au cyprès,* diverses versions). À Auvers-sur-Oise (1890), auprès du docteur Gachet, le peintre retrouve une certaine confiance, reprenant thèmes ruraux, vues de village (*l'Église d'Auvers,* musée d'Orsay) et portraits, mais le désespoir et la solitude, exprimés dans une dernière toile (*le Champ de blé aux corbeaux,* musée national Vincent-Van Gogh, Amsterdam), le minent : il se tire une balle dans la poitrine et meurt deux jours plus tard. Fauves et expressionnistes renoueront avec son langage au début du XXe s.

VAN GOYEN (Jan Josephsz.), peintre néerlandais (Leyde 1596 - La Haye 1656). Ses premiers tableaux, frais et pittoresques — à la manière de son maître, Esaias Van de Velde —, laissent bientôt la place au paysage, devenu, avec les jeux de lumière de ciels immenses et le scintillement des plans d'eau, le sujet essentiel de ses œuvres. Il transcrit les valeurs lumineuses grâce à une palette monochrome aux tonalités argentées ou dorées, s'opposant à de profondes zones d'ombre. Une composition simplifiée (*Paysage avec deux chênes,* 1641, Rijksmuseum d'Amsterdam) accentue le caractère monumental de ses toiles, animées de petits personnages parfaitement intégrés à la nature qui les environne. Van Goyen a exercé une grande influence sur ses contemporains, mais aussi sur la génération suivante des paysagistes hollandais.

VAN GULIK (Robert Hans), écrivain néerlandais (Zutphen 1910 - La Haye 1967). Érudit, spécialiste de la Chine ancienne (*la Vie sexuelle dans la Chine ancienne,* 1961), il est aussi l'auteur de romans policiers dont le héros est un personnage historique du VIIe s., le juge Ti (*Meurtre à Canton,* 1964).

VAŇHAL (Jan Křtitel), en all. **Johann Baptist Wanhal,** compositeur tchèque (Nové Nechanice, Bohême, 1739 - Vienne 1813). Il contribua largement à populariser le quatuor à cordes à Vienne, et, de 1765 à 1775 environ, joua un rôle essentiel dans l'évolution de la symphonie.

VAN HASSELT (André Marie), écrivain belge d'expression française (Maastricht 1806 - Bruxelles 1874). Influencé par Lamartine, Hugo et la littérature allemande, il est la principale figure du mouvement romantique belge (*les Quatre Incarnations du Christ,* 1867).

VAN HEEMSKERCK (Maarten), peintre néerlandais (Heemskerk, près de Haarlem, 1498 - Haarlem 1574). Principal disciple de Van Scorel, il fut, après lui, le représentant le plus marquant de l'italianisme dans les Pays-Bas du Nord. Son style, sobre dans le portrait, s'exaspère dans d'immenses retables (*la Passion,* v. 1540, cathédrale de Linköping, Suède), où se mêlent raffinements maniéristes et formes puissantes héritées de Michel-Ange.

VAN HELMONT (Jan Baptist), médecin, alchimiste et chimiste belge (Bruxelles 1579 - Vilvoorde 1644). Il imagina le terme de « gaz » et découvrit le gaz carbonique, les acides sulfhydrique et chlorhydrique. Il reconnut le rôle du suc gastrique dans la digestion et créa le thermomètre, utilisant la dilatation de l'eau dans une enveloppe de verre.

VAN HEMESSEN (Jan Sanders), peintre flamand (Hemiksem v. 1500 - Haarlem v. 1563). Franc maître à Anvers en 1524, il se serait fixé à Haarlem vers 1551. Réalisme, frénésie du mouvement, intensité du modelé et de la couleur caractérisent son art, d'un maniérisme crispé et monumental (*l'Enfant prodigue,* 1536, musée des Beaux-Arts de Bruxelles).

VAN HOECKE (Micha), danseur et chorégraphe belge (né en 1945). Entré au Ballet du XXᵉ siècle, il y excelle dans les rôles de caractère et de composition dans des ballets de Maurice Béjart avant d'assumer (1973) la direction du groupe Chandra constitué par Maurice Béjart. Il réalise *Saint Julien l'Hospitalier* (1977) pour le groupe Mudra. Il dirige (1982) l'Ensemble, groupe de danseurs professionnels issus de Mudra.

VAN HOGENDORP (Gijsbert Karel, *comte*), homme politique hollandais (Rotterdam 1762 - La Haye 1834). Pensionnaire de Rotterdam (1787-1795), il forma (1813) à La Haye le triumvirat qui rappela Guillaume d'Orange et rédigea la Constitution de mars 1814.

VAN HONTHORST (Gerrit), dit **Gherardo delle Notti** (« Gérard des Nuits »), peintre et graveur néerlandais (Utrecht 1590 - *id.* 1656). Marqué par la leçon du Caravage, qu'il assimila lors d'un séjour à Rome (1610-1620) et qu'il devait faire connaître dans son pays, il s'illustra par de nombreuses scènes nocturnes aux éclairages contrastés à la bougie (*le Reniement de saint Pierre,* av. 1620, musée de Rennes). Rentré aux Pays-Bas, il se consacra surtout à la scène de genre, traitée avec un réalisme expressif (*l'Entremetteuse,* 1625, musée d'Utrecht), et au portrait.

VAN HOOGSTRATEN (Samuel), peintre et théoricien néerlandais (Dordrecht 1627-*id.* 1678). Élève de Rembrandt, il se consacra surtout à la peinture de genre dans la manière de P. De Hooch (*les Pantoufles,* Louvre). On lui doit une *Introduction à l'école supérieure de la peinture* (1678), important document sur l'école hollandaise.

VAN HUYSUM (Jan), peintre néerlandais (Amsterdam 1682 - *id.* 1749). Fils du peintre Justus Van Huysum (1659-1716), qui avait pratiqué notamment la composition florale, il se spécialisa lui-même dans les bouquets de fleurs. Parti du style de J. D. De Heem, il s'orienta vers des compositions plus mouvementées, d'une facture précise mais froide. Il fut très imité (Jan Van Os, Gérard Van Spaendonck).

VANIER (Georges), général et diplomate canadien (Montréal 1888 - Ottawa 1967). Ambassadeur en France (1939-40 et 1944-1953), il a été gouverneur général du Canada de 1959 à sa mort.

VANIKORO, île volcanique de l'archipel de Santa Cruz, dépendance des Salomon (Mélanésie). C'est là que périt l'expédition de La Pérouse (1788).

VANILLE [-nij] n. f. (esp. *vainilla,* de *vaina,* gaine). **1.** Fruit des vanilliers. — **2.** Gousse ou extrait de ce fruit utilisé pour parfumer des préparations de confiserie ou de pâtisserie et dans la fabrication du chocolat. — **3.** *Crème de vanille,* liqueur faite en infusant des gousses de vanille dans de l'eau-de-vie.

VANILLÉ, E [-je] adj. Se dit d'une préparation parfumée à la vanille.

VANILLERAIE [-nijrɛ] ou **VANILLIÈRE** [-jɛr] n. f. Terrain où l'on cultive le vanillier.

VANILLIER [-je] n. m. Orchidacée des régions chaudes qui fournit la vanille.

ENCYCL. Le vanillier, originaire d'Amérique, est une liane aux racines adventives, donnant des gousses longues de 15 à 25 cm et de la grosseur du petit doigt. Ces gousses sont plongées dans l'eau bouillante puis exposées au soleil sous des couvertures. Enfermées dans les boîtes en fer-blanc, elles y développent leur parfum.

VANILLINE [-lin] n. f. ou **VANILLAL** n. m. Principe odorant de la gousse de vanille, que l'on prépare industriellement à partir de l'eugénol. (On l'emploie en parfumerie, en pharmacie et en pâtisserie.)

VANILLINÉ, E [-line] adj. Se dit d'une substance alimentaire parfumée à la vanilline.

VANILLISME [-lism] n. m. Maladie parasitaire, surtout professionnelle, provoquée par un acarien, *Tyroglyphus siro,* présent dans les moisissures de gousses de vanille.

VANILLON [-jɔ̃] n. m. Variété de vanille qui exhale une forte odeur de coumarine.

VANINI (Giulio Cesare), humaniste et philosophe italien (Taurisano, près de Lecce, 1585 - Toulouse 1619). Ordonné prêtre, il écrivit les *Discours sur les secrets de la nature* (1616). Menacé par la Sorbonne, il se réfugia à Toulouse, où l'Église le fit arrêter, condamner pour athéisme et brûler vif.

VANISAGE n. m. Mode de tricotage, dans lequel deux fils différents sont tricotés ensemble de telle façon que l'un d'eux recouvre exactement l'autre.

VANISÉ, E adj. Se dit du fil recouvert par un autre fil, lorsqu'on pratique le vanisage, et des tricots ou articles obtenus par ce procédé.

VANITÉ n. f. (lat. *vanitas*). **1.** *Litt.* Satisfaction de soi-même, sentiment d'orgueil : *Satisfaire la vanité de quelqu'un.* — **2.** Défaut de qqn qui étale sa satisfaction de soi-même : *Il est d'une immense vanité.* — **3.** *Litt.* Caractère de ce qui est vain, futile, vide de sens : *La vanité de sa conversation finissait par me lasser.* — **4.** Composition, nature morte le plus souvent, évoquant les fins dernières de l'homme. (Rappelant par l'association d'objets symboliques [crâne, sablier, bougie, fleurs et fruits, etc.] que la mort est inéluctable, la peinture de vanités se développa au XVIIᵉ s. en Hollande [P. Claesz, W. C. Heda, J. D. De Heem, etc.], en France [Ph. de Champaigne, S. Stoskopff, J. Linard, etc.], en Espagne [allégories de Valdés Leal].) — **5.** *Sans vanité,* sans vouloir se vanter. ‖ *Tirer vanité de qqch,* s'en glorifier.

VANITEUSEMENT adv. *Litt.* Avec vanité ; par vanité.

VANITEUX, EUSE adj. et n. Qui s'admire soi-même et demande l'admiration des autres pour ses qualités réelles ou supposées.

VANITY-CASE [vanitikez] n. m. (pl. *vanity-cases*) [mot angl. *vanity case,* de *vanity,* chose futile, et de *case,* mallette.] Petit bagage rigide destiné à contenir divers produits et accessoires de toilette.

VAN KESSEL, famille de peintres flamands dont le principal est JAN Iᵉʳ (Anvers 1626 - *id.* 1679). Élève de son oncle Jan II Bruegel, il a peint, souvent sur cuivre, des bouquets de fleurs, des guirlandes, ainsi que de minuscules et fidèles compositions de petits animaux.

VAN LAER ou **VAN LAAR** (Pieter), dit **il Bamboccio** ou **Bamboche,** peintre et graveur néerlandais (Haarlem 1599 - *id.* 1642). Installé à Rome de 1626 à 1638, il excella à représenter des scènes de la vie populaire qu'on appela « bambochades » d'après son surnom (dû à sa stature médiocre et difforme) et dont la technique empruntait à la tradition hollandaise et au caravagisme. Il fut très imité.

VAN LANGENDONCK (Prosper), poète belge d'expression néerlandaise (Bruxelles 1862 - *id.* 1920). Il ouvrit les lettres néerlandaises aux grands courants européens (*Poèmes,* 1900-1918).

VAN LEEUWENHOEK (Antonie), naturaliste hollandais (Delft 1632 - *id.* 1723). Avec les loupes composées (microscopes) qu'il construisit, il découvrit les protozoaires, les spermatozoïdes, les microbes, les levures, les rotifères, les globules sanguins, et observa la circulation du sang dans les capillaires d'une larve d'anguille.

VAN LERBERGHE (Charles), écrivain belge d'expression française (Gand 1861 - Bruxelles 1907). Son théâtre (*les Flaireurs,* 1889) et ses recueils poétiques (*la Chanson d'Ève,* 1904) ont fait de lui le maître du symbolisme belge.

VAN LEYDEN (Lucas) → LUCAS DE LEYDE.

VAN LOO ou **VANLOO,** famille de peintres français d'origine néerlandaise. — Le plus célèbre est CHARLES ANDRÉ, dit CARLE (Nice 1705 - Paris 1765). Formé en Italie, il travailla à Rome et à Turin. Rentré à Paris en 1734, reçu académicien en 1735, il connut une brillante carrière officielle (premier peintre du roi en 1762). Représentant du « grand style » au sein de l'esthétique rococo, il s'adonna à divers genres : tableaux d'église, compositions mythologiques, scènes de fantaisie (« turqueries » pour Mᵐᵉ de Pompadour), panneaux décoratifs (*Chasse à l'ours, à l'autruche...* pour le cabinet du roi, 1736, auj. au musée d'Amiens), portraits. — On citera en outre : JACOB (Sluis, Zélande, v. 1614 - Paris 1670), surtout portraitiste, installé à Amsterdam, puis à Paris ; LOUIS ABRAHAM (Amsterdam v. 1656 - Nice 1712), son fils, qui travailla à Aix-en-Provence ainsi qu'à Toulon et eut Carle parmi ses enfants ; JEAN-BAPTISTE (Aix-en-Provence 1684 - *id.* 1745), frère aîné de Carle, peintre d'histoire et portraitiste plein de brio et d'élégance, actif en Italie, à Paris et à Londres ; LOUIS MICHEL (Toulon 1707 - Paris 1771), fils du précédent, compagnon de son oncle Carle à Rome et bon portraitiste, qui fit carrière à la cour d'Espagne (1736-1753) et à Paris ; CHARLES AMÉDÉE (Rivoli 1719 - Paris 1795), frère du précédent, surtout actif à la cour de Prusse ; CÉSAR (Paris 1743 - *id.* 1821), fils de Carle, paysagiste d'un goût préromantique.

VAN MAERLANT (Jacob), poète flamand (près de Bruges v. 1220 - fin du XIIIe s.). Traducteur et imitateur des romans français, il écrivit trois dialogues moraux (les *Martins*), tableaux de la société de ce temps.

VAN MANDER (Carel), peintre et écrivain d'art flamand (Meulebeke 1548 - Amsterdam 1606). En Italie (1573-1577), il rencontra Vasari et Spranger, dont son œuvre de peintre maniériste révèle l'ascendant. Mais ce cofondateur (avec Goltzius) de l'académie de Haarlem est surtout célèbre pour son *Livre de peinture* (Haarlem, 1604), qui apporte un témoignage précieux sur les peintres flamands, néerlandais et allemands des XVe et XVIe s.

VAN MANEN (Hans), danseur et chorégraphe néerlandais (Amsterdam 1932). Il a dirigé le Nederlands Dans Theater (1960-1970).

VAN MIERIS, famille de peintres hollandais, dont le plus important est FRANS le Vieux (Leyde 1635 - *id.* 1681). Il a peint, dans la tradition de son maître G. Dou, des portraits et des scènes de genre d'une minutieuse précision, d'un coloris délicat (*les Bulles de savon,* Mauritshuis, La Haye).

VAN MUSSCHENBROEK (Petrus), physicien hollandais (Leyde 1692 - *id.* 1761). Il découvrit, en 1745, la « bouteille de Leyde », premier condensateur électrique.

VANNAGE n. m. (de *vanner 1*). **1.** Séparation des grains battus de leur balle et de leurs impuretés, soit en les lançant en l'air avec une pelle, soit en les secouant dans un van. — **2.** Syn. de DÉFLATION.

1. VANNE n. f. (bas lat. *venna,* d'orig. celt.). **1.** Dispositif mobile utilisé dans les barrages, les usines hydroélectriques, les écluses, etc., susceptible d'être manœuvré en charge et permettant à volonté d'intercepter ou de laisser libre le passage de l'eau. — **2.** Syn. de ROBINET-VANNE. — **3.** Fam. *Ouvrir les vannes,* laisser libre cours à qqch.

2. VANNE n. f. (anc. fr. *vanner,* railler). *Pop.* Plaisanterie, critique méchante : *Lancer une vanne à quelqu'un.*

VANNEAU n. m. (de *van 1*). Oiseau migrateur (charadriidé) d'Eurasie tempérée, à longues pattes rouges et huppe érectile noire, affectionnant les prairies humides et les zones marécageuses, où il nidifie au printemps.

VANNÉE → VANNURE.

VANNELLE n. f. Syn. de VANTELLE.

VANNELLERIE n. f. Syn. de VANTELLERIE.

1. VANNER v. t. (de *van 1*) [conj. 3]. **1.** Opérer le vannage du grain. — **2.** *Fam.* Fatiguer qqn à l'extrême : *Cette marche l'a vanné.*

◆ **être vanné** v. pass. *Fam.* Être extrêmement fatigué.

2. VANNER v. t. (de *vanne 1*) [conj. 3]. Munir de vannes.

VANNERIE n. f. (de *van 1*). **1.** Fabrication d'objets tressés à l'aide de tiges fines et flexibles, dont les principales sont celles d'osier et de rotin. — **2.** Objets ainsi fabriqués. (La vannerie correspondait autrefois aux exigences de la manutention et du transport des produits agricoles. Cet usage a beaucoup régressé. La fabrication d'objets en rotin, les sièges notamment, relève de la vannerie.) — **3.** Type d'ornementation imitant le tressage d'osier.

VANNES (56000), ch.-l. du Morbihan, à 450 km à l'O.-S.-O. de Paris, au N. du golfe du Morbihan ; 48 454 hab. *(Vannetais).* Centre touristique, administratif, commercial et industriel (tréfilerie, agroalimentaire, bateaux de plaisance, confection).
— **Hist.** Ce fut l'antique *Darioritum,* capitale des Vénètes, puis une des capitales du duché de Bretagne.
— **Bx-arts.** La vieille ville conserve une partie de ses remparts, sa cathédrale (reconstruite à partir du XVe s.), de belles maisons anciennes. Musée archéologique (préhistoire) dans l'anc. hôtel du parlement de Bretagne. Aquarium.

VANNEUR, EUSE n. Personne qui vanne les grains.

◆ **vanneuse** n. f. Syn. de TARARE.

VANNIER n. m. (de *van 1*). **1.** Ouvrier fabricant des objets de vannerie. — **2.** *Culture des vanniers,* l'une des phases de la culture amérindienne d'Anasazi, dite aussi des « basket makers ».

VANNIER (Léon), médecin homéopathe français (Segré 1880 - Quiberon 1963). Disciple d'Antoine Nebel, il est à l'origine de l'essor de l'homéopathie en France. Il a écrit : *la Pratique de l'homéopathie, les Remèdes homéopathiques des états aigus, le Précis de matière médicale homéopathique* (avec Jean Poirier).

VANNI-MARCOUX (Jean Émile Diogène MARCOUX, dit), baryton-basse français (Turin 1877 - Paris 1962). Riche de 240 emplois, il assura de nombreuses créations. Il fut directeur du Grand-Théâtre de Bordeaux de 1948 à 1952.

VANNUCCI (Pietro) → PÉRUGIN *(le).*

Van Nu en Straks, revue littéraire belge d'expression néerlandaise (1893-94 et 1896-1901). Animée par A. Vermeylen, P. Van Langendonck, elle joua un rôle capital dans le renouveau culturel néerlandais.

VANNURE ou **VANNÉE** n. f. (de *vanner 1*). Poussière et impuretés qui proviennent du vannage des grains.

VANOISE *(massif de la),* massif des Alpes, en Savoie, entre la vallée de l'Isère (Tarentaise), au N., et celle de l'Arc (Maurienne), au S. ; 3 852 m à la *pointe de la Grande Casse.* La majeure partie du massif (dépassant souvent 3 000 m) est englobée dans le parc national de la Vanoise, créé en 1963.

VAN OLDENBARNEVELT (Johan) → OLDENBARNEVELT.

VAN ORLEY (Barend ou Bernard), peintre et décorateur des Pays-Bas du Sud (Bruxelles v. 1488 - *id.* 1541). Peintre de Marguerite d'Autriche, puis de Marie de Habsbourg, il domina la peinture bruxelloise de la 1re moitié du XVIe s., en l'orientant vers l'art italien. Pompeux dans le tableau d'église (*le Jugement dernier,* 1525, musée d'Anvers), il est plus convaincant dans le portrait et surtout dans les travaux décoratifs, telle la création de cartons pour le vitrail et la tapisserie (dessins pour la tenture des *Chasses de Maximilien,* 1521-1530, conservée au Louvre).

VAN ORT (Aert), dit **Arnoult de Nimègue** ou **Arnoult de la Pointe,** peintre verrier néerlandais (Nimègue v. 1475 - Anvers ? apr. 1538). Il collabore vers 1490-1500 aux vitraux historiques de la cathédrale de Tournai ; puis il s'établit à Rouen, où il signe un *Martyre de saint Étienne,* auj. à l'église St-Romain, et le grand *Arbre de Jessé* de St-Godard (1506). En 1513, il s'inscrit à la guilde de Saint-Luc d'Anvers, travaille pour la Normandie de nouveau, pour un couvent de Malines, etc. Son art, qui intègre progressivement les motifs de la Renaissance, se signale par un fort modelé obtenu à l'aide de la grisaille.

VAN OSTADE (Adriaen), peintre et graveur néerlandais (Haarlem 1610 - *id.* 1685). Influencée par Brouwer, son œuvre, abondante, est empreinte d'humour et de chaleur humaine. Quelques touches délicates illuminent le clair-obscur et l'atmosphère enfumée de ses estaminets, de ses chaumières rustiques où s'agitent de petits personnages (*le Maître d'école,* 1662, Louvre). — Son frère ISAAC (Haarlem 1621 - *id.* 1649) subit son ascendant, puis se spécialisa dans les paysages, où il se montra habile à rendre la transparence de l'air et la diversité de la lumière.

VAN OSTAIJEN (Paul), poète belge d'expression néerlandaise (Anvers 1896-Miavoye, près de Dinant, 1928). Il introduisit en Flandre la poésie surréaliste (*le Signal,* 1918).

VAN OVERSTRAETEN (Raoul), général belge (Ath 1885 - Ixelles 1977). Conseiller militaire de Léopold III, il prit une part déterminante dans la conduite des armées belges et la cessation de leur combat en 1940.

VAN PARYS (Georges), compositeur français (Paris 1902 - *id.* 1971). Auteur de musique de scène et d'opérettes, il a composé également la musique de nombreux films (*les Grandes Manœuvres, Fanfan-la-Tulipe, Si tous les gars du monde, Casque d'or,* etc.). Il servit aussi beaucoup le répertoire de Maurice Chevalier.

VAN POELENBURGH (Cornelis), peintre néerlandais (Utrecht v. 1586/1595 - *id.* 1667). Travaillant à Rome, à Florence et à Utrecht, il mit au point un type raffiné de paysages italianisants, peuplés de figures pastorales ou mythologiques.

VAN RIJN (Rembrandt Harmenszoon) → REMBRANDT.

VAN RISEN BURGH ou **VAN RISAMBURGH,** famille d'ébénistes parisiens du XVIIIe s., d'origine néerlandaise, portant le même prénom, Bernard, et utilisant la même estampille, B. V. R. B. — BERNARD Ier († 1738), maître avant 1722, a pratiqué la marqueterie de cuivre et d'écaille dans le genre de Boulle. — BERNARD II, son fils († 1765/66), maître avant 1730, et BERNARD III († 1800), fils de Bernard II, ont laissé une œuvre d'une qualité exceptionnelle. Le décor riche et varié de leurs meubles fait appel, à côté des bronzes dorés, à la marqueterie, à la laque ou au vernis ainsi qu'aux plaques de porcelaine.

VAN ROOME (Jan) ou **JEAN DE BRUXELLES,** peintre décorateur flamand documenté à Bruxelles de 1498 à 1521. Il fit pour Marguerite d'Autriche des dessins de statues, des projets de sceaux, de tapisseries et de vitraux. On lui attribue de nombreuses tapisseries bruxelloises qui juxtaposent, dans des architectures migothiques, mi-Renaissance, des groupes de personnages richement vêtus à l'expression calme et mélancolique (tenture de *David et Bethsabée,* château d'Écouen).

VAN RUISDAEL → RUISDAEL.

VAN RUUSBROEC ou **VAN RUYSBROECK** ou **VAN RUSBOCK** (*bienheureux* Jan), dit **l'Admirable,** théologien et écrivain brabançon (Ruusbroec, près de Bruxelles, 1293 - Groenendaal, près de Bruxelles, 1381). Son enseignement et ses écrits marquèrent grandement Geert Groote* et par là même l'ensemble du courant mystique de la Devotio* moderna.

VAN RUYSDAEL → RUISDAEL.

VAN RYSSELBERGHE (Théodore, dit **Théo**), peintre belge (Gand 1862 - Saint-Clair, Var, 1926). Membre fondateur du cercle des XX (1884) puis de la Libre Esthétique, il attira à leurs expositions ses confrères français. Ami de Signac, il fut l'un des introducteurs du néo-impressionnisme en Belgique (*Réunion de famille dans un verger,* 1890, musée Kröller-Müller, Otterloo) et le chaînon privilégié entre les peintres et ses amis écrivains, Verhaeren, Maeterlinck, Gide, etc. (*la Lecture,* 1903, musée de Gand). Il s'installa à Paris en 1898, à Saint-Clair en 1910.

VANS (Les) [07140], ch.-l. de cant. de l'Ardèche, dans le sud du bas Vivarais, près du Chassezac ; 2 694 hab. *(Vanséens).* Centre commercial et de séjour. Traitement de fibres synthétiques. — Aux environs, bois de Païolive.

VAN SCHENDEL (Arthur), romancier néerlandais (Batavia 1874 - Amsterdam 1946), peintre des paysages et de la vie de la province hollandaise (*la Frégate « Jeanne-Marie »,* 1930).

VAN SCHUURMAN ou **VAN SCHURMAN** (Anna Maria), femme de lettres néerlandaise (Cologne 1607 - Wiewerd, Frise, 1678). Auteur d'ouvrages savants de réputation européenne, parlant huit langues, elle cultivait tous les beaux-arts.

VAN SCOREL (Jan), peintre néerlandais (Schoorl ou Scorel, près d'Alkmaar, 1495 - Utrecht 1562). Après divers voyages (Allemagne, Italie..., 1518-1524), il vint s'établir à Utrecht. Propagateur de l'italianisme, il fut à l'origine d'un renouveau de l'école hollandaise, ayant transmis à ses compatriotes le sens de la monumentalité romaine, la tension stylistique et l'acidité du coloris des maniéristes, ainsi que le luminisme des Vénitiens ; mais son expressionnisme est proprement néerlandais (*Polyptyque de Marchiennes,* v. 1540, musée de Douai).

VAN SLYKE (Donald Dexter), biochimiste américain (Pike, New York, 1883 - Garden City, Long Island, 1971), auteur de travaux sur la pathologie rénale. On lui doit en particulier une méthode pour apprécier l'épuration, ou clairance*, de l'urée *(épreuve de Van Slyke).*

VANTAA, v. de Finlande, banlieue d'Helsinki ; 134 000 hab. Aéroport international.

VANTAIL n. m. (pl. *vantaux*) [de *vent*]. **1.** Partie mobile d'une porte. (Syn. BATTANT.) — **2.** Châssis mobile d'une fenêtre ouvrant à la française ou à l'anglaise ; volet.

VANTARD, E adj. et n. Se dit de qqn qui aime se vanter de ses propos.

VANTARDISE n. f. Habitude de se glorifier avec excès de ses qualités ou de ses actions ; propos de vantard, fanfaronnade.

VANTELLE n. f. (de *vanne 1*). Petite vanne placée sur une porte d'écluse. (Syn. VANNELLE.)

VANTELLERIE n. f. Ensemble des dispositifs permettant le remplissage ou la vidange du sas d'une écluse. (Syn. VANNELLERIE.)

VANTER v. t. (lat. *vanitare*) [conj. 3]. **1.** Faire l'éloge de qqch, de qqn, en énoncer les mérites : *Texte qui vante l'amitié.* — **2.** Présenter qqch à qqn de façon très élogieuse, le mettre en valeur : *On nous a vanté l'efficacité de ce médicament.*

◆ **se vanter** v. pr. **1.** Étaler son propre mérite, réel ou imaginaire. — **2.** Tirer orgueil, vanité de qqch, en être fier : *Se vanter de sa réussite.* — **3.** Se faire fort de faire qqch : *Il se vante de réussir.*

VAN'T HOFF (Jacobus Henricus), chimiste néerlandais (Rotterdam 1852 - Berlin 1911). Il est, avec Le Bel, le créateur de la stéréochimie. Il formula la théorie du carbone asymétrique et posa, en 1884, les fondements de la cinétique chimique. En 1886, il signala l'analogie entre les solutions et les gaz, et donna une théorie de la pression osmotique d'où se déduisent les lois de la tonométrie, de l'ébulliométrie et de la cryométrie. (Prix Nobel de chimie 1901.)

VAN TIEGHEM (Philippe Édouard Léon), botaniste français (Bailleul 1839 - Paris 1914). Outre d'importantes études sur les champignons et les bactéries, il a proposé une classification nouvelle des angiospermes, fondée sur les caractères de l'ovule. (Acad. des sc., 1877.)

VAN TIÊN DUNG, général vietnamien (né en 1912). Juriste, militant communiste dès 1937, il est l'un des organisateurs de l'Armée populaire. Il joue un rôle important à Diên Biên Phu (1954), dans la prise de Saïgon (1975) et lors du conflit sino-vietnamien (1979). Il succède au général Vô Nguyên Giap comme chef d'état-major (1975) puis comme ministre de la Défense (1980-1987).

VANTONGERLOO (Georges), peintre et sculpteur belge (Anvers 1886 - Paris 1965). Cofondateur du mouvement De Stijl en 1917, il donna à la rigueur du néoplasticisme des fondements mathématiques, qu'il devait appliquer à ses peintures puis à ses œuvres tridimensionnelles. En France à partir de 1919, il participa au groupe Abstraction-Création (1931), évolua vers l'utilisation des formes courbes et de matériaux nouveaux (fil de fer, Plexiglas, etc.).

VANUA LEVU, une des îles Fidji ; 5 535 km^2 ; 94 000 hab.

VANUATU, anc. **Nouvelles-Hébrides,** État d'Océanie au N.-E. de la Nouvelle-Calédonie ; 12 200 km^2 ; 174 000 hab. *(Vanuatuans).* CAP. *Port-Vila.* LANGUES : *anglais, bichlamar* et *français.* MONNAIE : *vatu.*

Géographie. De la soixantaine d'îles montagneuses et forestières qui composent l'archipel, Vaté, Espiritu Santo et Mallicolo regroupent la moitié de la population. Sous un climat chaud (26 °C en moyenne) et très humide (2 à 4 m de pluies), les plantations de cocotiers (exportations de coprah) et la pêche sont les seules ressources commerciales.

Histoire. Découvert par les Portugais en 1606, puis de nouveau par Bougainville (1768), l'archipel est baptisé Nouvelles-Hébrides par Cook en 1774. Colonisé par la France et l'Angleterre à la fin du XIXe s., la rivalité entre les deux pays et leurs missionnaires aboutit, en 1887, à la création d'une commission navale franco-britannique, puis à l'établissement d'un condominium (1906). À cette occasion, deux hauts-commissaires résidents remplacent l'administration militaire. Pendant la Seconde Guerre mondiale, les Nouvelles-Hébrides deviennent une base essentielle pour les Alliés. En 1980, l'archipel devient indépendant sous le nom de Vanuatu.

VA-NU-PIEDS n. inv. **1.** Personne qui vit misérablement. — **2.** *Révolte des Va-nu-pieds,* révolte populaire qui embrasa la Normandie en 1639-40.

VAN VALCKENBORCH, famille de paysagistes flamands qui émigrèrent en Allemagne. — LUCAS (Louvain v. 1530 - Francfort-sur-le-Main 1597) travailla en Autriche dans les années 1581-1593, puis à Francfort. Ses paysages et ses scènes populaires s'apparentent, en plus anecdotique, à l'art de Bruegel (*Tour de Babel,* Munich et Louvre). — Son frère MAARTEN (Louvain v. 1535 - Francfort 1612) peignit dans le même esprit des paysages et des sujets religieux ; il eut deux fils peintres, FREDERIK et GILLIS.

VAN VELDE (Bram), peintre et lithographe néerlandais (Zoeterwoude, près de Leyde, 1895 - Grimaud, Var, 1981), un des principaux représentants, depuis 1945 environ, de l'abstraction lyrique européenne. — Son frère GEER (Lisse 1898 - Cachan 1977) fut également peintre.

VAN VELDEKE (Hendrik), en all. **Heinrich von Veldeke,** poète originaire de la région de Maastricht (Veldeke, près de Spalbeek, v. 1128 ou v. 1140 - entre 1190 et 1210). Il a élevé le parler limbourgeois à la dignité de langue littéraire et fut l'un des créateurs de la littérature courtoise germanique avec son *Énéide* (v. 1174-v. 1190), qui transforme les héros virgiliens en chevaliers galants. On lui doit aussi une *Vie de saint Servais.*

VANVES (92170), ch.-l. de cant. des Hauts-de-Seine, proche banlieue sud de Paris ; 26 190 hab. Église St-Rémi, surtout du XVe s. Industries mécaniques. Centre national d'enseignement à distance.

VANVITELLI (Luigi), architecte, ingénieur et peintre italien (Naples 1700 - Caserte 1773), fils du peintre néerlandais Caspar Van Wittel, établi en Italie. Formé à Rome, il a créé à partir de 1752, pour Charles III de Bourbon, son œuvre majeure : l'immense palais royal de Caserte, près de Naples, dont la scénographie baroque se soumet à une réserve expressive annonciatrice du néoclassicisme.

VAN VLECK (John Hasbrouck), physicien américain (Middletown 1899 - Cambridge, Massachusetts, 1980). Spécialiste de la théorie quantique, il a partagé, en 1977, avec P. W. Anderson et N. F. Mott, le prix Nobel de physique pour son étude des propriétés électroniques des solides amorphes.

VAN VOGT (Alfred Elton), écrivain américain d'origine canadienne (Winnipeg 1912). La majeure partie de son œuvre appartient à l'« âge d'or de la science-fiction » (la série des *Non-A,* 1948-1984) entrecoupée de romans et de nouvelles composés de collages de vieux textes et de récits où se mêlent science-fiction et commentaires didactiques (*Rencontre cosmique,* 1979).

VAN WASSENHOVE (Joos), peintre flamand, reçu maître à Anvers en 1460, sans doute parti pour l'Italie en 1469. On l'identifie généralement à Juste* de Gand.

VAN ZEELAND (Paul), homme politique belge (Soignies 1893 - Bruxelles 1973). Membre du parti catholique. Premier ministre (1935-1937), il procéda à une forte dévaluation du franc belge, institua les congés payés et la semaine de travail de 40 heures. Ministre des Affaires étrangères (1949-1954), il défendit l'idée européenne.

VANZETTI → SACCO ET VANZETTI *(affaire).*

VAPES n. f. pl. (de *vapeurs*). Pop. *Être dans les vapes,* être un peu abruti, endormi ou dans un état d'hébétude. ‖ Pop. *Tomber dans les vapes,* s'évanouir.

VAPEUR n. f. (lat. *vapor*). **1.** Gaz résultant de la vaporisation d'un liquide ou de la sublimation d'un solide. — **2.** Fines gouttelettes d'eau en suspension dans l'air : *Repassage à la vapeur. Des nappes de vapeur au-dessus de l'étang.* — **3.** Vapeur d'eau employée comme force motrice : *Locomotive à vapeur.* — **4.** *À la vapeur,* mode de cuisson des aliments disposés dans un panier au-dessus d'eau en ébullition. ‖ Fam. *À toute vapeur,* à grande vitesse. ‖ *Bain de vapeur,* séjour dans une atmosphère saturée de vapeur d'eau à une température élevée, intermédiaire entre le bain d'eau et le bain d'air chaud. ‖ *Dépôt en phase vapeur,* syn. de VAPOMÉTALLURGIE. ‖ *Machine à vapeur,* machine mue par la force élastique de la vapeur d'eau. (→ *encycl.*) ‖ *Pression* ou *tension de vapeur,* pression exercée par les vapeurs émises par un produit pétrolier, mesurée dans des conditions normalisées. ‖ *Renverser la vapeur,* changer le sens de marche d'une locomotive à vapeur pour l'arrêter rapidement ; adopter une conduite contraire à celle qu'on suivait auparavant.

◆ n. m. *Vx.* Navire propulsé par une machine à vapeur.

◆ **vapeurs** n. f. pl. **1.** Exhalaisons, émanations de qqch, en partic. qui troublent le cerveau : *Les vapeurs de l'alcool.* — **2.** Fam. *Avoir des vapeurs,* avoir des bouffées de chaleur. ‖ Fam. et vx. *Avoir ses vapeurs,* éprouver un malaise, être sur le point de s'évanouir. ‖ Litt. *Les vapeurs du vin, de l'alcool,* l'ivresse.

ENCYCL. **Therm.** À la pression atmosphérique, une goutte d'eau à l'état de vapeur occupe un volume 1 700 fois plus grand qu'à l'état liquide ; il en résulte une force d'expansion qui a été mise à profit comme force motrice dans les techniques, l'industrie, la navigation, etc. À 100 °C, la vapeur d'eau soulève la masse d'air qui pèse sur la surface du liquide, et qui équivaut à une pression de 1 bar. Sa force élastique croît rapidement avec la température.

Développée à la suite des travaux de Denis Papin et de Savery (1698), la *machine à vapeur* est entrée dans la pratique industrielle avec T. Newcomen et J. Watt. La vapeur qui sert à l'alimentation est produite dans un générateur dit « chaudière » ; elle est ensuite utilisée dans le moteur proprement dit, et s'échappe finalement dans l'atmosphère ou dans un condenseur. L'ensemble des organes réglant l'admission et l'échappement constitue la distribution de vapeur. La pression acquise par la vapeur dans la chaudière est utilisée soit directement dans les moteurs à piston à mouvement alternatif, soit indirectement par transformation en énergie cinétique dans les turbines* à vapeur. Les plus hauts rendements ont été atteints par les chaudières à charbon pulvérisé, injecté par de l'air sous pression dans un brûleur qui remplace le foyer, ainsi que par le tirage artificiel des foyers.

VAPOCRAQUAGE n. m. Procédé de production d'oléfines qui consiste à soumettre certaines fractions du pétrole brut ou certains constituants des gaz naturels à une décomposition non catalytique sous l'effet conjugué d'une haute température et d'une faible pression en présence de vapeur d'eau.

VAPOCRAQUER v. t. (de *vapeur* et de *craquer*) [conj. 3]. Procéder au vapocraquage d'une coupe pétrolière.

VAPOCRAQUEUR n. m. Installation pétrochimique de vapocraquage.

VAPOMÉTALLURGIE n. f. Ensemble des procédés d'obtention de dépôts métalliques minces par évaporation sous vide de métaux chauffés et par leur condensation sur les parois froides à revêtir. (On dit aussi DÉPÔT EN PHASE VAPEUR.)

VAPOREUX, EUSE adj. (lat. *vaporosus,* de *vapor,* vapeur). **1.** Qui est voilé de brume, de nuages : *Ciel vaporeux.* — **2.** *Litt.* Dont l'éclat est comme voilé par un brouillard : *Lumière vaporeuse.* — **3.** Qui est transparent, flottant et léger : *Un déshabillé vaporeux.*

VAPORISAGE n. m. Opération industrielle ayant pour objet de soumettre à l'action de la vapeur des fils ou des tissus.

VAPORISATEUR n. m. **1.** Flacon de toilette muni d'un dispositif permettant de vaporiser un liquide, en particulier du parfum. — **2.** Syn. de VAPORISEUR.

VAPORISATION n. f. **1.** Transformation d'un liquide ou d'un solide en gaz ou en vapeur. (Syn. VOLATILISATION.) — **2.** Action de disperser un liquide en fines gouttelettes. — **3.** Syn. de PULVÉRISATION.

VAPORISER (de *vapeur*) [conj. 3]. **1.** Opérer la vaporisation d'un corps. (Syn. VOLATILISER.) — **2.** Disperser un liquide en gouttelettes fines : *Vaporiser un parfum.* — **3.** Projeter sur qqch une substance en goutellettes fines : *Vaporiser ses cheveux avec un fixateur.*

◆ **se vaporiser** v. pr. Se transformer en vapeur.

VAPORISEUR n. m. Échangeur ou récipient dans lequel on procède à la vaporisation d'un liquide. (Syn. VAPORISATEUR.)

VAPORISTE n. m. *Fam.* et *vx.* Agent de conduite d'une locomotive à vapeur.

VAQUER v. i. (lat. *vacare*) [conj. 3]. Cesser de fonctionner, interrompre ses fonctions : *Les tribunaux vaquent ce mois-ci.*

◆ v. t. ind. S'occuper de qqch, s'y adonner : *Vaquer à ses affaires.*

VAQUERO n. m. (mot esp., de *vaca,* vache). En Espagne et en Amérique du Sud, bouvier, conducteur de troupeaux de bœufs ou de taureaux de combat.

VAR n. m. (abrév. de *volt-ampère-réactif*). Nom spécial donné au watt pour la mesure de la puissance réactive dans les circuits parcourus par des courants alternatifs. (Symb. var.)

VAR, fleuve côtier de la Provence orientale, qui n'appartient plus au département auquel il a donné son nom ; 120 km. Né près du col de la Cayolle, il coule à travers des gorges, s'élargit (après avoir reçu la Vésubie) puis finit par un petit delta, à l'ouest de Nice.

VAR (83), dép. de la Région Provence-Alpes-Côte d'Azur ; ch.-l. de dép. *Toulon* ; ch.-l. d'arrond. *Brignoles, Draguignan* ; 3 arrond. ; 41 cant. ; 153 comm. ; 5 973 km² ; 815 449 hab. *(Varois).* Le dép. appartient à l'académie de Nice, à la cour d'appel d'Aix-en-Provence, à la région militaire Méditerranée.
Une dépression, domaine des cultures fruitières et du vignoble, importante voie de passage, sépare le massif des Maures, peu peuplé, des plateaux et chaînons calcaires du nord. Les cultures fruitières et légumières (souvent irriguées) se sont ajoutées à la vigne et à l'élevage ovin. L'industrie, en dehors de l'extraction de la bauxite (autour de Brignoles), est peu développée. L'importance du secteur tertiaire est partiellement liée à celle du tourisme estival, développé notamment sur l'ensemble du littoral, qui concentre plus de 80 % de la population (plus de 50 % dans la seule agglomération de Toulon).

VARACTOR n. m. (angl. *varactor,* de *var,* var, et *reactor,* réacteur). Élément semi-conducteur destiné à la génération d'harmoniques en hyperfréquences.

VARADES (44370), ch.-l. de cant. de l'est de la Loire-Atlantique, dans la vallée de la Loire (r. dr.) ; 3 225 hab.

VARAIGNE n. f. (p.-ê. var. dialect. de *varenne*). Ouverture par laquelle on introduit l'eau de mer dans les marais salants.

VARĀMIN ou **VERAMIN,** v. d'Iran, à 40 km au S. de Téhéran. Mausolées des XIIIᵉ et XIVᵉ s. ; mosquée du XIVᵉ s.

VARAN n. m. (ar. *waran*). Grand lézard (1,8 à 3 m de long) de l'Ancien Monde tropical, agile et carnassier, à cou long et mince, à langue bifide. ENCYCL. Les varans sont tous carnassiers et agressifs. Ils avalent leurs proies entières, sans les mâcher, à la manière des serpents. Ils pondent leurs œufs dans le sable ou dans une termitière.

VĀRĀṆASĪ, autre nom de Bénarès.

VARANGERFJORD, large fjord du nord de la Norvège (Finnmark).

VARANGÉVILLE (54110), comm. de Meurthe-et-Moselle, sur la Meurthe ; 4 016 hab. *(Varangévillois).* Église du XIVᵉ s. Salines. Industrie chimique.

VARANGUE n. f. (anc. scand. *vrong,* cloison). Raidisseur primaire transversal d'un fond de navire.

VARAPPE n. f. (de *Varappe,* n. d'un couloir rocheux du Salève). Technique de l'escalade le long d'une paroi rocheuse.

VARAPPER v. i. (conj. 3). Faire de la varappe.

VARAPPEUR, EUSE n. Alpiniste qui fait de la varappe.

VARCES-ALLIÈRES-ET-RISSET (38760), comm. de l'Isère, à 12 km au S. de Grenoble ; 6 383 hab.

VARDA (Agnès), cinéaste française (Ixelles, Belgique, 1928). Photographe, elle collabore avec le Théâtre national populaire de 1948 à 1958. Elle débute dans le cinéma en 1954 par *la Pointe courte,* film qui annonce la Nouvelle Vague française. Puis elle tourne notamment *Cléo de 5 à 7* (1962), *le Bonheur* (1965), *Lions Love* (1970), *L'une chante, l'autre pas* (1977), *Sans toit ni loi* (1985), *Jane B. par Agnès V.* (1988), *Kung Fu Master* (1988), *Jacquot de Nantes* (1991), hommage à son mari Jacques Demy.

VARDAR, fl. de Macédoine et de Grèce, qui se jette dans le golfe de Thessalonique ; 420 km.
— **Mil.** La vallée du Vardar fut, de 1916 à 1918, le théâtre d'importants combats entre les Alliés et les Bulgares.

VARDZIA, ensemble de grottes de Géorgie (converti en musée en 1938), situé dans la région d'Aspindzski. Il se compose d'églises et d'habitations étagées dans le tuf, représentatives de plusieurs siècles d'art géorgien, depuis le haut Moyen Âge.

VARECH [varɛk] n. m. (anc. scand. *vágrek,* épave). **1.** Ensemble des algues brunes de diverses espèces qui constituent les laisses d'algues sur les plages ou qui vivent sur les rochers du bord de la mer et que l'on récolte pour l'extraction de l'iode ou leur utilisation comme engrais. (Syn. GOÉMON.) — **2.** Soude extraite des varechs.

VARÈGUES, en russe **Variagui** (du scand. *varingjar,* allié), Vikings qui pénétrèrent chez les Slaves orientaux aux VIIIᵉ-IXᵉ s. Empruntant la Dvina occidentale, le Volkhov, le Dniepr et la Volga, ils pratiquèrent un commerce actif entre la Baltique, la mer Noire et les contrées avoisinant la mer Caspienne. Intervenant dans la vie des cités des Slaves orientaux, ils leur ont donné leur première dynastie, les Riourikides.

VARENNE n. f. (var. de *garenne*). Nom générique donné dans plusieurs régions aux sols sableux.

VARENNES-EN-ARGONNE (55270), ch.-l. de cant. de la Meuse, sur l'Aire ; 681 hab. Musée de l'Argonne.
— **Hist.** C'est là que le 22 juin 1791 Louis XVI et la famille royale, qui avaient quitté le 20 les Tuileries pour gagner la frontière, furent arrêtés, après avoir été identifiés le 21 par Jean-Baptiste Drouet, fils du maître de poste de Sainte-Menehould.

VARENNES-SUR-ALLIER (03150), ch.-l. de cant. de l'Allier, dans la Limagne bourbonnaise ; 4 650 hab. *(Varennois).* Mobilier.

VARENNES-VAUZELLES (58640), comm. de la Nièvre, dans la banlieue nord de Nevers ; 10 668 hab. Ateliers ferroviaires.

VARESE, v. d'Italie, en Lombardie, ch.-l. de prov., près du *lac de Varese ;* 89 000 hab. Palais municipal Estense (XVIIIe s.), avec beaux jardins. Centre touristique et industriel. – Aux environs, chemin du Sacro Monte, jalonné de 14 chapelles (groupes en terre cuite et peintures du XVIIe s.).

VARÈSE (Edgard), compositeur français naturalisé américain (Paris 1883 - New York 1965). Il étudia à Paris avec d'Indy, Roussel et Widor. En 1915, il partit pour les États-Unis, où, en 1919, il fonda le New Symphony Orchestra puis l'International Composer's Guild. Entre 1920 et 1934, il écrivit ses premières œuvres maîtresses dont *Amériques* pour orchestre (1921), *Arcana* pour grand orchestre (1927) et *Ionisation* pour 37 instruments à percussion (1931). Il revint à Paris de 1928 à 1933. De retour à New York (1933), il y travailla avec le physicien et électronicien Léon Thérémin. De cette époque ne subsistent que *Densité 21,5* pour flûte seule (1936) et *Étude pour « Espace »* (1947). En 1950, il commença les parties instrumentales de *Déserts* (achevées en 1952). Suivirent *la Procession de Vergès,* destinée à un film sur Joan Miró (1955), *Poème électronique* (1958) et *Nocturnal* (1961). En considérant le timbre comme un phénomène en soi, en donnant à la musique une dimension spatiale, mais aussi par ses nouveautés en matière de rythme, de mélodie et de forme, Varèse ouvrit la voie à la musique électroacoustique.

VAREUSE n. f. (de *varer,* forme dialect. de *garer,* protéger). **1.** Blouse d'uniforme des matelots et quartiers-maîtres de la Marine nationale. – **2.** Veste assez ample. – **3.** *Vareuse d'officier,* vêtement ajusté d'uniforme qui, à partir de 1913 et jusqu'en 1945, remplaça le dolman.

VARGA (Ievgueni Samouïlovitch), homme politique et économiste soviétique d'origine hongroise (Budapest 1879 - Moscou 1964). Commissaire du peuple aux Finances puis président du Conseil économique suprême de la République des Conseils (mars-août 1919), il se réfugia ensuite en Autriche puis en Russie. Il y joua un rôle important comme technicien de l'économie.

VARGAS (Getúlio), homme d'État brésilien (São Borja, Rio Grande do Sul, 1883 - Rio de Janeiro 1954). Gouverneur du Rio Grande do Sul (1928), il renverse en 1930 le président Prestes et forme un gouvernement provisoire (1930-1934). Il fait approuver la Constitution de 1934, d'inspiration corporatiste, et se fait élire président. Il promulgue en 1937 une Constitution dictatoriale mais conduit d'importantes réformes sociales. Allié des États-Unis, il déclare la guerre à l'Axe (1942). Renversé en 1945, il est réélu président en 1950 mais, aux prises avec une violente campagne d'opposition, il se suicide.

VARGAS LLOSA (Mario), écrivain possédant la double nationalité péruvienne (d'origine) et espagnole (Arequipa 1936). Il publie un recueil de nouvelles à Madrid, *les Caïds* (1958), séjourne à Paris, Londres et Barcelone, puis il rentre au Pérou où il publie des romans qui forment une fresque, à la fois impitoyable et attendrie, parfois bouffonne, de la société péruvienne (*la Ville et les Chiens,* 1962 ; *la Maison verte,* 1965 ; *Conversation à la cathédrale,* 1970 ; *Pantaleón et les Visiteuses,* 1973). Il a aussi donné *la Guerre de la fin du monde* (1981), d'inspiration historique, *Histoire de Mayta* (1984), *l'Homme qui parle* (1987), des essais et des pièces de théâtre. En 1990, il se présente à l'élection présidentielle à la tête d'une coalition conservatrice, mais il est battu.

VARI n. m. Nom spécifique d'un maki de Madagascar.

VARIA n. m. pl. (lat. *varia,* choses diverses). **1.** *Litt.* Collection de livres divers, recueil d'articles variés. – **2.** Article portant sur des sujets variés, souvent anecdotiques.

VARIABILITÉ n. f. **1.** État, nature, propriété de ce qui est variable : *La variabilité du temps.* – **2.** *Litt.* Disposition de qqn à varier, à changer d'avis. – **3.** Aptitude à varier, à subir des variations.

VARIABLE adj. (bas lat. *variabilis*). **1.** Qui varie, peut varier : *Des revenus variables.* – **2.** Qui est divers, différent selon les cas (au pl.) : *D'une personne à l'autre, les avis sont très variables.* – **3.** Dont les caractéristiques sont modifiables et se prêtent à divers usages : *Un robot à vitesse variable.* – **4.** Qui change dans un temps assez court, qui n'est pas stable : *Temps variable.* – **5.** Qui est inégal, en partic. sur le plan de la qualité : *Qualité variable des programmes de télévision.* – **6.** Se dit d'une étoile dont l'éclat subit des fluctuations au cours du temps. – **7.** Se dit des mots dont la forme est susceptible de se modifier en raison de phénomènes d'accord (genre, nombre) et/ou de la fonction dans la phrase.

◆ n. f. Élément qui peut prendre des valeurs différentes à l'intérieur d'un ensemble, d'un système, d'une relation. • **Inform.** Information identifiée par un nom ou par une adresse, et pouvant prendre une ou plusieurs valeurs numériques, logiques ou alphanumériques, au cours du déroulement d'un programme. – **Log.** *Variable apparente* ou *variable liée,* celle qui figure dans une expression dont la valeur ne dépend pas de cette variable. ‖ *Variable libre,* celle qui peut prendre différentes valeurs dans un domaine de variation bien défini. — **Log.** et **Math.** Terme indéterminé qui, dans une relation ou une fonction, peut être remplacé alternativement par divers termes déterminés (constantes) qui en sont les valeurs. — **Math.** Nom qui désigne un élément quelconque d'un ensemble. ‖ *Fonction de plusieurs variables,* fonction f définie sur une partie de $\mathbb{R}^n$ ou de $\mathbb{C}^n$, dont la variable X est notée plus souvent $(x_1, ..., x_n)$. [Sa valeur f(X) est notée $f(x_1, ..., x_n)$ et on parle de fonction de n variables.] — **Min.** *Variable régionalisée,* variable (telle que la teneur ou la puissance dans un gisement) dont les variations spatiales présentent un caractère régionalisé (fluctuant à petite échelle et structuré à plus grande échelle). — **Stat.** Grandeur susceptible de varier dans un ensemble donné, et telle qu'à chaque valeur prise par cette grandeur puisse correspondre, au moins théoriquement, un effectif de personnes ou une fréquence en pourcentage.

VARIABLEMENT adv. De façon variable.

VARIANCE n. f. (de *varier*). **1.** Moyenne arithmétique des carrés des écarts à la moyenne. (C'est le moment centré d'ordre 2.) — **2.** *Analyse de variance,* marche méthodique de calculs dissociant la covariance en une somme de termes, dont chacun représenterait l'influence d'une certaine cause sur la variabilité des données provenant d'un ensemble d'observations ou d'expériences. — **3.** *Variance d'un système physico-chimique,* nombre maximal de paramètres d'un système dont on peut fixer indépendamment la valeur. ‖ *Variance d'une variable aléatoire* X, moment centré d'ordre 2 noté V (X), Var (X) ou σ^2. ($V(X) = E[(X - E(X))^2]$.)

VARIANTE n. f. (de *varier*). **1.** Chose qui diffère légèrement d'une autre de la même espèce. — **2.** Texte d'un auteur qui, dans un passage déterminé, diffère de la leçon communément admise, soit que la tradition manuscrite offre plusieurs leçons, soit que l'auteur lui-même ait rectifié le texte d'une première édition. — **3.** Chacune des différences que présente une réplique ou une copie par rapport à l'œuvre d'art première. — **4.** Itinéraire d'alpinisme légèrement différent de la voie classique ou de la voie normale et s'y raccordant. — **5.** Aux échecs, suite de coups réalisable, parmi d'autres, pour atteindre un objectif. — **6.** Réalisation particulière que peut connaître un phonème ou un morphème en fonction du locuteur ou en fonction de sa position et de son environnement dans la chaîne parlée.

VARIATEUR n. m. **1.** Dispositif permettant de faire varier le flux lumineux d'un appareil d'éclairage, notamment d'une lampe à halogène. — **2.** *Variateur de vitesse,* appareil permettant de transmettre le mouvement d'un arbre à un autre arbre, avec possibilité de modifier, de façon continue, le rapport de leurs vitesses.

VARIATION n. f. (lat. *variatio*). **1.** État de ce qui varie, modification, changement, écart, différence entre deux états : *Enregistrer des variations de prix.* — **2.** Production, œuvre, énoncé, etc., différents mais portant sur un thème déjà utilisé : *Une variation sur le thème de la justice.* • **Astron.** Inégalité du mouvement de la Lune, due à la fluctuation de l'attraction résiduelle du Soleil sur la Lune au cours d'une lunaison. — **Biol.** Différence ou ensemble des différences qu'un individu animal ou végétal d'un âge défini présente avec ses parents et autres ascendants, considérés au même degré de développement. (Lorsque la variation est transmissible par hérédité, c'est une *mutation ;* lorsqu'elle ne l'est pas, c'est une *somation,* ou *accomodat,* si elle se produit régulièrement dans certaines conditions de milieu. Si elle était totalement imprévisible, il s'agit d'une *anomalie* ou *monstruosité.*) — **Chorégr.** Enchaînement constituant les deuxième et troisième parties d'un grand pas de deux. (Syn. anc. PAS SEUL.) — **Ling.** *Variation linguistique,* syn. de CHANGEMENT LINGUISTIQUE. — **Mar.** Angle que forme l'aiguille d'un compas avec le méridien géographique. (C'est la somme algébrique des écarts imposés à l'aiguille aimantée d'un compas par la *déclinaison* et par la *déviation.*) — **Math.** Pour une fonction numérique f de la variable x, façon dont les valeurs des images des éléments du domaine de définition de f se situent les unes par rapport aux autres. ‖ *Calcul des variations,* branche du calcul différentiel dont un des objectifs est de déterminer les extremums de fonctions à valeurs réelles, dont les ensembles de départ sont des espaces fonctionnels. — **Mus.** Transformation d'une phrase musicale par divers procédés d'écriture qui touchent, séparément ou simultanément, à la mélodie, au rythme, à la mesure, au mode, au ton, à l'harmonie, à la polyphonie, tout en laissant le thème original discernable. (→ *encycl.*) — **Stat.** et **Probab.** *Coefficient de variation,* rapport, exprimé sous forme de pourcentage, de l'écart-type à la valeur absolue de la moyenne ou de l'espérance mathématique. (Syn. COEFFICIENT DE DISPERSION.)

ENCYCL. **Mus.** Si la variation est un exercice de style pour maints compositeurs habiles à remanier un thème de chanson, de fugue, de choral, ou d'opéra, ce jeu d'écriture, apparemment plein de sujétion, peut ouvrir, dans les œuvres majeures du genre, sur des horizons sonores inexplorés (*Variations Goldberg* pour clavecin de J. S. Bach ; *Variations Diabelli* pour piano de Beethoven ; *Variations sérieuses* pour piano de Mendelssohn ;

Études symphoniques pour piano de Schumann ; *Variations sur un thème de Paganini* pour piano de Brahms ; *Danse macabre* pour piano et orchestre de Liszt ; *Variations symphoniques* pour piano et orchestre de Franck ; *la Péri* pour orchestre de Dukas ; *Boléro* pour orchestre de Ravel ; *Métaboles* pour orchestre de Dutilleux).

VARIATIONNEL, ELLE adj. Relatif à la variation d'une grandeur, en partic. au calcul des variations.

VARICE n. f. (lat. *varix, -icis*). Dilatation permanente d'une veine.

ENCYCL. Les varices les plus fréquentes sont celles des membres inférieurs. Elles se voient surtout chez les personnes qui, pour des raisons professionnelles, demeurent debout sans se déplacer. On rencontre aussi des varices œsophagiennes par hypertension portale, notamment chez le cirrhotique. Ces varices peuvent se rompre et entraîner des hémorragies sévères.

VARICELLE n. f. (de *variole*). Maladie infectieuse, très contagieuse, atteignant électivement les enfants, due à un herpès virus *(Herpesvirus varicellæ)*, assimilé au virus du zona *(H. zosteri)*.

ENCYCL. Après une incubation de quinze jours, la varicelle se manifeste par des papules qui se transforment rapidement en vésicules et que l'on retrouve sur l'ensemble du corps. Très prurigineuses, elles passent par un stade de dessiccation, puis disparaissent sans laisser de traces. La maladie est en général bénigne, à moins qu'elle ne survienne sur un terrain immunodéprimé.

VARICOCÈLE n. f. (de *varice*). Tuméfaction molle formée par la dilatation variqueuse des veines du cordon spermatique.

VARIER v. t. (lat. *variare*) [conj. 9]. **1.** Apporter de la variété dans qqch ; diversifier : *Varier son alimentation.* — **2.** *Varier un air,* ajouter soit des ornements, soit une suite de variations, soit un développement à un air.

◆ v. i. **1.** Prendre différentes valeurs entre des limites : *Une grandeur qui varie de zéro à l'infini.* — **2.** Présenter des différences, des aspects divers : *Les mœurs varient selon les lieux.* — **3.** Changer d'avis, d'opinion, de comportement : *Il n'a jamais varié dans ses idées politiques.*

◆ **être varié** v. pass. **1.** Présenter des différences, des contrastes : *Des couleurs variées.* — **2.** Être composé d'éléments différents : *Un menu varié.* — **3.** Être différents les uns des autres, être divers (au pl.) : *Des aliments variés.* — **4.** *Mouvement varié,* mouvement d'un mobile dont la vitesse varie avec le temps.

VARIÉTAL, E, AUX adj. Relatif à une variété de plante.

VARIÉTÉ n. f. (lat. *varietas,* de *varius,* varié). **1.** Caractère de qqch dont les éléments sont divers, différents : *La variété de la végétation dans un jardin.* — **2.** Différences, diversité dans qqch, dans des actions, parmi des personnes : *Rechercher la variété dans ses lectures.* — **3.** Type, sorte, espèce d'un même ensemble : *Il y a différentes variétés d'hommes.* — **4.** Unité systématique plus petite que l'espèce, et dont les représentants possèdent un caractère commun qui les différencient des individus des autres variétés de la même espèce, avec lesquels ils sont cependant interféconds. — **5.** Ensemble des genres vocaux (chanson) ou instrumentaux (danse) propres au divertissement d'un large public et situés hors du répertoire de la musique savante.

◆ **variétés** n. f. pl. **1.** Spectacle de music-hall présentant une succession d'attractions variées (tours de chant, danses, acrobaties, etc.). — **2.** *Émission de variétés,* émission de radio ou de télévision composée de chansons et de divers numéros.

Variétés *(théâtre des),* situé à Paris, boulevard Montmartre depuis 1807. Fondé en 1790 par la Montansier au Palais-Royal, il s'est consacré successivement aux vaudevilles, à l'opérette et à la comédie de mœurs.

VARIETUR (NE) → NE VARIETUR.

VARIGNON (Pierre), mathématicien français (Caen 1654 - Paris 1722). Ami des Bernoulli, il fut un des premiers mathématiciens français à adopter le calcul infinitésimal. Il est l'auteur d'un traité de statique, la *Nouvelle Mécanique* (1725), où est énoncée pour la première fois la règle de composition des forces concourantes.

VARILHES (09120), ch.-l. de cant. de l'Ariège, en bordure de la chaîne du Plantaurel, sur l'Ariège ; 2 361 hab. *(Varilhois).*

VARIN (Quentin), peintre français (Beauvais v. 1570 - Paris 1634). Après un séjour aux Andelys, où il encouragea le jeune Poussin, il se fixa en 1516 à Paris. Son style a évolué d'un matérialisme mi-flamand, mi-bellifontain vers un art ouvert aux influences de l'Italie du Nord, celle des Bassano notamment (*la Présentation au Temple,* 1624, église des Carmes à Paris).

VARIN ou **WARIN** (Jean), graveur et sculpteur français d'origine wallonne (Liège 1604 - Paris 1672). Établi à Paris, il devint contrôleur général des poinçons et effigies et imposa l'usage du balancier à la Monnaie de Paris. Il grava les coins des monnaies des règnes de Louis XIII et de Louis XIV, s'illustra dans la frappe de médailles d'un style opulent et donna des bustes de Louis XIII, Richelieu, etc.

VARIOLE n. f. (bas lat. *variola,* maladie tachetée). Maladie infectieuse, extrêmement contagieuse et épidémique, due à un poxvirus. (Les communautés antigéniques de ce virus avec celui de la vaccine sont à l'origine de la vaccination.)
ENCYCL. La variole a persisté à l'état endémique en France et en Amérique jusqu'à la fin du XIXe s., entraînant une mortalité élevée. La dernière épidémie en France a été observée dans la région de Nantes en 1955. La variole a été déclarée officiellement éradiquée dans le monde entier par l'O. M. S. en 1978. Une loi de 1979 a supprimé l'obligation vaccinale en France. Outre sa létalité importante (jusqu'à 50 % des sujets atteints), la variole laissait des cicatrices atrophiques indélébiles.

VARIOLÉ, E adj. et n. Qui a des cicatrices laissées par la variole.

VARIOLEUX, EUSE adj. Qui appartient à la variole ; atteint de variole.

VARIOLIFORME adj. Qui a l'aspect de la variole.

VARIOLIQUE adj. Qui a rapport avec la variole.

VARIOLISATION n. f. Méthode employée avant la vaccination jennérienne, et qui consistait à inoculer une variole bénigne pour éviter une variole grave.

VARIOLITE n. f. (de *variolé*). Roche basaltique à sphérolites d'albite, que l'on trouve en galets dans la Durance et qui correspond à des fragments d'écorce de pillow-lavas.

VARIOLITIQUE adj. Se dit d'une roche sombre présentant des sphérolites clairs.

VARIOMÈTRE n. m. **1.** Indicateur de la vitesse moyenne verticale d'un avion ou d'un planeur, constitué par un manomètre différentiel sensible à des variations de vitesse de 0,5 m/s. — **2.** Syn. de BALANCE* MAGNÉTIQUE.

VARIORUM [-rɔm] n. m. (abrév. du lat. *cum notis variorum scriptorum,* avec des notes de divers écrivains). *Vx.* Ouvrage classique imprimé avec des notes de divers commentateurs.

VARIQUEUX, EUSE adj. et n. (lat. *varicosus*). Relatif aux varices ; qui a des varices.

VARISCITE n. f. (de *Variscia,* anc. n. d'une région, en Allemagne). Phosphate hydraté naturel d'aluminium, orthorhombique.

VARISQUE adj. Se dit de la direction des plis hercyniens de l'Europe du Nord-Ouest, d'orientation S.-S.-O. - N.-N.-E.

VARISTANCE n. f. (de *variable* et *résistance*). Élément semi-conducteur dont la résistance varie avec la tension appliquée à ses bornes.

VARIURE n. f. (de *varier*). Silhouette présentée par le panneton d'une clef.

VARLET n. m. (var. de l'anc. fr. *vaslet,* valet). Jeune noble placé en service auprès d'un seigneur pour faire l'apprentissage de la chevalerie.

VARLIN (Louis Eugène), homme politique, syndicaliste et coopérateur français (Claye-Souilly, Seine-et-Marne, 1839 - Paris 1871). Ouvrier relieur, il prit une part active à la création de la Ire Internationale (alors A. I. T.), dont il devint un des dirigeants. Il milita pour le syndicalisme, la coopérative de consommation et la propriété collective du sol. Membre de la Commune de Paris (26 mars 1871), il y joua un rôle important. Il fut fusillé par les versaillais.

VARLOPE n. f. (néerl. *voorloper,* qui court devant). Grand rabot à poignée, destiné au corroyage du bois.

VARLOPER v. t. (conj. 3). Travailler à la varlope.

VARMÈTRE n. m. Appareil destiné à mesurer une puissance électrique réactive.

VARMIE → WARMIE.

VARṆA n. m. (mot sanskr., de la racine *vṛ,* signif. *apparence extérieure*). Chacune des quatre classes ou castes en lesquelles, selon l'hindouisme, doit être divisée une société bien organisée.

VARNA, de 1949 à 1956 **Stalin,** port de Bulgarie, ch.-l. de distr., sur la mer Noire, à proximité de l'ancienne colonie grecque d'Odessos (VIe s. av. J.-C.) ; 295 000 hab. Université. Musées. Bien reliée à l'intérieur et escale de navigation vers Constanța, Odessa et Istanbul, Varna est le premier port bulgare. Centre industriel (chantiers navals, machines, moteurs, industries chimiques) et, surtout, principal centre de tourisme balnéaire de Bulgarie.

Varna *(bataille de)* [10 nov. 1444], bataille remportée par le sultan ottoman Murad II sur les forces chrétiennes conduites par Ladislas III Jagellon et Jean Hunyadi.

VARNA (Henri VANTARD, dit **Henri**), comédien, revuiste, metteur en scène, directeur de théâtre et de music-hall français (Marseille 1887 - Paris 1969). Associé à Oscar Dufrenne, il dirigea le Concert-Mayol (1914), les Ambassadeurs (1923), le Palace (1934) ainsi que l'Empire (1924) et le Casino de Paris (1924), où il monta des revues à grand spectacle. En 1939, il prit la direction de Mogador pour y créer des opérettes modernes.

VÁRNALIS (Kóstas), écrivain grec (Burgas, Bulgarie, 1884 - Athènes 1974). Poète, il allie l'espérance chrétienne à l'engagement politique (*la Lumière qui brûle,* 1922 ; *les Esclaves assiégés,* 1927). Prosateur, il déploie un humour caustique (*la Véritable Apologie de Socrate,* 1931 ; *les Dictateurs,* 1956).

VAROIS, E adj. et n. Du Var.

Varole *(pont de),* syn. de PROTUBÉRANCE ANNULAIRE*.

VARROA n. m. Acarien parasite de l'abeille, causant d'importants dégâts en apiculture.

VARRON n. m. (anc. provenç. *varron,* du lat. *varus,* pustule). **1.** Phase terminale sous-cutanée de l'hypodermose. — **2.** Nom usuel donné aux larves de l'hypoderme. — **3.** Trou provoqué par le varron dans le cuir des bovins.

VARRON, en lat. **Terentius Varro,** consul romain du IIIe s. av. J.-C. Il livra et perdit la bataille de Cannes contre Hannibal, en 216 av. J.-C.

VARRON, en lat. **Marcus Terentius Varro,** écrivain latin (Reate, auj. Rieti, 116-27 av. J.-C.), issu d'une famille noble sabine. Lieutenant de Pompée, il se réconcilie avec César qui le charge d'organiser la première bibliothèque publique de Rome. De son œuvre abondante, touchant à la grammaire, à l'histoire, au droit, à la technique et à la philosophie, il ne reste que des fragments des *Satires Ménippées,* d'un traité de grammaire *(De lingua latina),* les trois livres d'un manuel d'agriculture *(Rerum rusticarum libri III)* et un ouvrage sur l'archéologie *(Des antiquités).*

VARRONNÉ, E adj. Se dit d'un animal parasité par le varron, ou d'une peau perforée par les varrons.

VARS *(col de),* col routier des Alpes, entre le Queyras et la vallée de l'Ubaye ; 2 111 m. — Au N. station de sports d'hiver (1 670-2 580 m) de *Vars-les-Claux.*

VARSOVIE, en polon. **Warszawa,** cap. de la Pologne, ch.-l. de voïévodie, sur la Vistule ; 1 600 000 hab. *(Varsoviens)* [1 850 000 dans l'agglomération].
— **Géogr.** Carrefour sur les axes Berlin-Moscou et Baltique-Danube, Varsovie occupe une position relativement centrale en Pologne. La ville ne regroupe guère que 5 % de la population du pays, mais elle en demeure la métropole politique, culturelle, commerciale et aujourd'hui industrielle (métallurgie de transformation, textile, agroalimentaire, chimie). Le centre, autour de la vieille ville, minutieusement reconstruite, est parsemé de grands édifices publics. La périphérie est formée de grands ensembles résidentiels, aérés, mais de qualité médiocre.
— **Hist.** Varsovie, devenue au XIIIe s. la résidence des ducs de Mazovie, fut incorporée au royaume de Pologne en 1526. Au lendemain de l'Union de Lublin (1569), elle devint la résidence favorite des rois de Pologne puis leur capitale officielle (1596). Occupée par les Suédois (1655-1657) et, à plusieurs reprises au cours du XVIIIe s., par les Russes, la ville fut cédée à la Prusse lors du troisième partage de la Pologne (1795), devint la capitale du grand-duché de Varsovie (1807-1814), puis, à partir de 1815, celle du royaume de Pologne, dont le souverain était le tsar de Russie. Centre de la vie intellectuelle polonaise (université fondée en 1816) et foyer de la résistance contre l'occupant russe, Varsovie fut le théâtre des révolutions de 1830 et de 1863.
La ville connut un important essor industriel. Occupée par les Allemands (août 1915), elle redevint la capitale de la Pologne libérée en nov. 1918. Pendant la Seconde Guerre mondiale, Varsovie, occupée dès sept. 1939 par les Allemands, subit d'énormes destructions et pertes humaines, particulièrement lors de l'anéantissement du ghetto (avr.-mai 1943) et lors de l'insurrection commandée par Bór (août-oct. 1944), qui ne fut pas soutenue par les Soviétiques. Les forces polono-soviétiques investirent la ville en janv. 1945.
— **Bx-arts.** Cathédrale (XIVe s.) et château royal (XVIIe-XVIIIe s.) reconstruits, comme la Vieille Ville, après la Seconde Guerre mondiale. Nombreux palais et églises, allant de la 2e moitié du XVIIe au XIXe s., dont le palais de Wilanów, baroque, et le palais « des Bains » (Łazienki), néoclassique de la fin du XVIIIe s. (tous deux musées). Musée national ; Musée historique de la ville.

Varsovie *(convention de)* [1929], convention instituant un régime juridique du transport aérien international et qui a unifié notamment les règles de responsabilité du transporteur.

Varsovie *(pacte de),* alliance militaire qui regroupait autour de l'Union soviétique l'Albanie (jusqu'en 1968), la R. D. A., la Bulgarie, la Hongrie, la Pologne, la Roumanie et la Tchécoslovaquie. Créé en 1955 pour faire pièce à l'entrée de l'Allemagne fédérale dans l'O. T. A. N., il fut dissous en 1991.

VARSOVIE *(duché* ou *grand-duché de),* État constitué sous ce nom par Napoléon Ier, avec l'ensemble des provinces polonaises annexées par la Prusse en 1772, 1793 et 1795, à l'exception de Dantzig (Gdańsk), érigée en ville libre, et du cercle de Białystok, attribué à la Russie (traités de Tilsit, 7 et 9 juill. 1807). Confié à l'Électeur de Saxe Frédéric-Auguste Ier, doté d'un statut constitutionnel, du Code Napoléon, le grand-duché entretenait une armée qui participa, sous la conduite de Dąbrowski et de Poniatowski, aux campagnes napoléoniennes jusqu'en 1813-14. Il fut agrandi, par la paix de Vienne (14 oct. 1809), des départements de Cracovie, de Radom, de Lublin et de Siedlce. Le congrès de Vienne (1815) stipula sa transformation en royaume de Pologne au profit de la Russie (à l'exception des régions de Toruń et de Poznań, qui revinrent à la Prusse, et de Cracovie, érigée en ville libre).

VARUṆA, dieu védique du Ciel nocturne, chef suprême du monde physique et moral et gardien de l'ordre cosmique.

VARUS, fém. **VARA** adj. (lat. *varus,* tourné en dedans). Se dit d'une déviation d'un membre ou d'un segment de membre qui est tourné en dedans, par oppos. à *valgus* : *Pied bot varus. Cuisse vara.*

VARUS (Publius Quintilius), général romain (v. 46 av. J.-C. - Teutoburger Wald 9 apr. J.-C.). Légat en Germanie, il mécontenta la population par une fiscalité trop lourde. Un Germain romanisé, Arminius, le fit s'égarer dans le Teutoburger Wald, où il fut massacré avec son armée.

VARVE n. f. (suéd. *varv*). Sédiment lacustre finement lité, déposé en avant des glaciers. (En comptant les alternances de dépôts fin et grossier correspondant respectivement à la sédimentation hivernale et estivale, on peut dater les dépôts périglaciaires quaternaires.)

VARZY (58210), ch.-l. de cant. de la Nièvre, dans le Nivernais ; 1 533 hab. *(Varzycois).* Église du XIVe s., et autres témoignages du passé. Musée. Textile.

VASA, v. de Finlande → VAASA.

VASA ou **WASA,** famille suédoise originaire de l'Uppland, qui donna une dynastie royale à la Suède entre 1523 (Gustave Ier Vasa) et 1644 (Christine), et à la Pologne de 1587 (Sigismond III Vasa) à 1668 (Jean II Casimir).

Vasa *(ordre de),* ordre suédois institué par Gustave III en 1772 pour récompenser les services civils distingués.

Vasaloppet, la plus célèbre course annuelle de ski nordique. Elle réédite (en sens inverse) le parcours de 85,8 km, de Mora à Sälen, effectué à ski en 1521 par Gustave Ier Vasa, futur roi de Suède.

VASARD adj. m. et n. m. (de *vase 2*). Se dit d'un fond sablonneux et vaseux.

VASARELY (Victor), peintre hongrois naturalisé français (Pécs 1908). Formé à Budapest dans l'esprit du Bauhaus (académie Muhely, 1929), il vint se fixer à Paris en 1931, travaillant dans la publicité. Abstraite depuis 1947, son œuvre développe un vocabulaire de base caractéristique de l'art cinétique, alphabet de formes élémentaires (à partir du carré et du cercle) et gamme de couleurs (avec leurs tons dégradés) qui constituent une combinatoire illimitée, adaptable à des fins diverses, notamment monumentales. L'artiste a créé à Gordes un « musée didactique Vasarely » et à Aix-en-Provence une fondation consacrée aux recherches d'environnement.

VASARI (Giorgio), dessinateur, peintre, architecte, collectionneur et écrivain d'art italien (Arezzo 1511 - Florence 1574). Décorateur maniériste virtuose, notamment à Rome, puis à Florence (maître d'œuvre, à partir de 1554, des vastes peintures pariétales du Palazzo Vecchio), architecte des Offices, il est célèbre, par-dessus tout, pour ses *Vies* d'artistes italiens (1550 ; réédition, 1568), qui, malgré un parti pris accentuant le rôle historique de l'école florentine, demeurent une source fondamentale.

VASA-VASORUM n. m. pl. (mots lat. signif. *vaisseaux des vaisseaux*). Capillaires sanguins qui servent à l'irrigation des parois des gros vaisseaux artériels et veineux.

VASCO DE GAMA → GAMA.

VASCONCELOS (Mário Cesariny DE), poète portugais (Lisbonne 1923). Peintre truculent de la réalité portugaise (*Corpo Visível,* 1950 ; *Pena Capital,* 1957), il est un des représentants majeurs du surréalisme portugais (*Vieira da Silva e Arpad Szenes ou o Castelo Surrealista,* 1984).

VASCONS, peuple antique d'Espagne qui occupait la Navarre actuelle et quelques portions des provinces voisines. Les Vascons sont les ancêtres des Basques. À peu près soumis à Rome et partiellement romanisés, ils se révoltèrent à plusieurs reprises sous la domination wisigothe, et certains migrèrent vers la Novempopulanie, dans la région qui prit le nom de *Vasconia* (Gascogne).

VASCOSAN (Michel DE), imprimeur d'origine milanaise (Amiens 1505 - Paris 1576). Imprimeur du roi, il a publié, entre autres, un *Quintilien,* une *Vie des hommes illustres* et les *Œuvres morales* de Plutarque, traduits par Amyot.

VASCULAIRE adj. (lat. *vasculum,* vaisseau). **1.** Relatif aux vaisseaux, et particulièrement aux vaisseaux sanguins. — **2.** Se dit de troubles, de maladies résultant d'un défaut d'irrigation des tissus dû à un spasme, à une thrombose, à une embolie ou, au contraire, à une rupture vasculaire provoquant une hémorragie locale. — **3.** Se dit des plantes qui possèdent des vaisseaux conducteurs. — **4.** *Plante vasculaire,* syn. de TRACHÉOPHYTE.

VASCULARISATION n. f. **1.** Disposition des vaisseaux d'une région, d'un organe (la vascularisation de la main, par ex.). — **2.** Densité du réseau vasculaire. — **3.** Organisation des vaisseaux dans un tissu inflammatoire ou tumoral.

VASCULARISÉ, E adj. Qui contient, qui est irrigué par des vaisseaux.

VASCULARITE n. f. Syn. de ANGÉITE.

VASCULO-NERVEUX, EUSE adj. (pl. *vasculo-nerveux, euses*). Qui est formé de vaisseaux et de nerfs.

1. VASE n. m. (lat. *vas, vasis*). **1.** Récipient, de matière, de grandeur et de forme variables : *Vase à boire. Vase funéraire.* — **2.** Récipient utilisé comme élément décoratif. — **3.** *Vase (de nuit),* pot de chambre. — **4.** *En vase clos,* sans contact avec l'extérieur, dans un milieu fermé : *Vivre en vase clos.* • **Arts décor.** *Vase sculpté,* vase en matière dure, décoré en relief et servant à l'ornementation des jardins ou de certains monuments. — **Hortic.** Corolle en forme de vase. ‖ Forme donnée aux arbres fruitiers par redressement des branches en cercle. — **Liturg.** *Vases sacrés,* vases qui sont destinés à la célébration de la messe (calice et patène) ou à la conservation de l'eucharistie (ciboire, custode, lunule). — **Phys.** *Vases communicants,* vases qui communiquent entre eux par des tubes ou des ouvertures, et qui servent à l'étude de l'équilibre des liquides. (Si des vases communicants de formes quelconques contiennent un même liquide en équilibre, les surfaces libres sont dans un même plan horizontal.) — **Therm.** *Vase d'expansion,* récipient, en communication ou non avec l'atmosphère, permettant à une installation de chauffage de liquide d'absorber les changements de volume liés aux changements de température.

Vases communicants, œuvre d'André Breton (1932), consacrée aux découvertes de Freud sur le rêve.

2. VASE n. f. (germ. **wasa*). Sédiment meuble à forte teneur en eau, riche en particules de diamètre inférieur à quelques dizaines de micromètres, et contenant une faible quantité d'éléments plus grossiers (terrigènes ou biogènes).

VASECTOMIE ou **VASOTOMIE** n. f. Résection des canaux déférents pratiquée après l'enlèvement de la prostate pour éviter les infections ascendantes du testicule, ou comme moyen de stérilisation de l'homme (non licite en France).

VASECTOMISER v. t. (conj. 3). Pratiquer une vasectomie.

VASELINE n. f. (angl. *vaseline,* de l'all. *Wasser,* eau, et gr. *elaion,* huile). **1.** Mélange d'hydrocarbures obtenus par traitement des fractions lourdes de certains pétroles bruts, utilisé comme excipient pour les pommades. (On dit aussi VASELINE OFFICINALE.) — **2.** *Vaseline liquide* ou *huile de vaseline,* mélange purifié des hydrocarbures liquides supérieurs obtenus à partir des pétroles. (Improprement appelée *huile de paraffine,* elle est employée comme laxatif.)

VASELINER v. t. (conj. 3). Enduire de vaseline.

VASEUX, EUSE adj. (de *vase 2*). **1.** Qui contient de la vase : *Rivière vaseuse.* — **2.** *Fam.* Se dit de qqn qui se sent faible, sans énergie, mal réveillé : *Être vaseux après une mauvaise nuit.* — **3.** *Fam.* Qui est confus, obscur, incertain : *Des idées vaseuses.* — **4.** *Fam.* Qui est vraiment médiocre ; pitoyable : *Une astuce vaseuse.*

VASICOLE adj. Syn. de LIMICOLE.

VASIÈRE n. f. (de *vase 2*). **1.** Étendue côtière ou sous-marine couverte de vase. — **2.** Parc à moules. — **3.** Réservoir disposé en tête et au point culminant d'un marais salant, pour y stocker, entre deux grandes marées, les eaux destinées à son alimentation. (Syn. JAS.)

VASISTAS [vazistas] n. m. (altér. de l'all. *was ist das ?,* qu'est-ce que c'est ?). Petit vantail vitré s'ouvrant dans un tympan ou un vantail de baie.

VASOCONSTRICTEUR, TRICE adj. et n. m. Se dit d'un nerf ou d'un médicament qui provoque ou règle la constriction des vaisseaux.

VASOCONSTRICTION n. f. Diminution du calibre des vaisseaux, sous l'action des nerfs vasoconstricteurs ou de certains médicaments.

VASODILATATEUR, TRICE adj. et n. m. Se dit d'un nerf ou d'un médicament qui provoque une augmentation du calibre des vaisseaux.

VASODILATATION n. f. Augmentation du calibre des vaisseaux sous l'action du système nerveux autonome ou de certains médicaments.

VASOMOTEUR, TRICE adj. *Nerf vasomoteur* ou *vasomoteur* (n. m.), filet nerveux qui se distribue sur la paroi musculaire des vaisseaux et qui détermine leur contraction ou leur relâchement. (On distingue des nerfs *vasoconstricteurs* et des nerfs *vasodilatateurs.*) ‖ *Troubles vasomoteurs,* troubles circulatoires dus à un relâchement des vaisseaux (rougeur) ou à leur constriction (pâleur), en rapport avec des troubles fonctionnels du système nerveux végétatif.

VASOMOTRICITÉ n. f. Variation de calibre des vaisseaux.

VASOPLÉGIE n. f. Vasodilatation généralisée produite par les ganglioplégiques au cours d'une anesthésie.

VASOPRESSINE n. f. Hormone polypeptidique sécrétée par l'hypothalamus et stockée dans la posthypophyse, qui favorise la réabsorption de l'eau au niveau du rein, contracte les artères et artérioles et élève la pression artérielle. (Syn. HORMONE ANTIDIURÉTIQUE.)

VASOTOMIE → VASECTOMIE.

VASOUILLAGE n. m. *Fam.* Action de vasouiller, de s'empêtrer.

VASOUILLARD, E adj. *Fam.* Qui dénote une grande incertitude, un manque de netteté : *Réponse vasouillarde.*

VASOUILLER v. i. (de *vaseux*) [conj. 3]. *Fam.* **1.** Hésiter, s'empêtrer dans ses actes ou ses propos : *Il a vasouillé à l'oral.* — **2.** Évoluer vers la confusion, la médiocrité : *Affaire qui vasouille.*

VASQUE n. f. (ital. *vasca*). **1.** Large cuvette placée au-dessus du bassin d'une fontaine, ou formant ce bassin même. — **2.** Coupe évasée et peu profonde, qui, souvent fleurie, sert à décorer une table.

VASSAL, E, AUX n. (lat. médiév. *vassalus,* de *vassus,* serviteur). Personne liée à un seigneur par l'obligation de foi et hommage.
◆ adj. et n. Qui est en état de dépendance par rapport à un autre : *État vassal.*
ENCYCL. **Hist.** En échange de son dévouement, le vassal bénéficiait de la protection d'un plus puissant que lui. Il tenait généralement un fief de son seigneur, à qui il devait en échange assistance quand celui-ci rendait la justice (plaid), secours financier en diverses circonstances, et aide militaire (ost et chevauchée). Le vassal pouvait avoir à son tour un vassal : la société féodale est donc une société solidement hiérarchisée.

VASSALIQUE adj. Relatif à la vassalité.

VASSALISER v. t. (conj. 3). Asservir, réduire à la condition de sujet.

VASSALITÉ n. f. **1.** Syn. de VASSELAGE. – **2.** Système féodal reposant sur l'existence de liens entre seigneurs et vassaux. — **3.** *Litt.* État de servilité, de dépendance étroite. — **4.** Soumission juridique d'un État dominé à un État dominant au XIXe s.

VASSÉ (Louis Claude), sculpteur français (Paris 1716 - *id.* 1772). Fils et petit-fils de sculpteurs, élève de Bouchardon, il fut Prix de Rome et académicien. Il est l'auteur du tombeau de Stanislas Leszczyński à Nancy (église N.-D.-de-Bon-Secours).

VASSELAGE n. m. État, condition de vassal. (Syn. VASSALITÉ.)

VASSIEUX-EN-VERCORS (26420), comm. de la Drôme, à 31 km au N. de Die ; 283 hab. Le village fut entièrement détruit par les Allemands et la milice le 21 juill. 1944, et 75 de ses habitants furent massacrés. Cimetière national du Vercors.

VASSILEVSKI ou **VASSILIEVSKI** (Aleksandr Mikhaïlovitch), maréchal soviétique (Novaïa Goltchikha, gouvern. de Kostroma, 1895 - Moscou 1977). Chef de la section du personnel au sein du Comité central du parti communiste, il joua un rôle important dans l'élimination des ennemis de Staline dont il gagna ainsi la confiance. Il succéda à Chapochnikov comme chef d'état-major en 1942. En mars 1945, Staline lui confia le commandement du troisième front de Russie blanche, puis un peu plus tard la direction de la campagne contre le Japon. Il succéda en 1949 à Boulganine, comme ministre de la Défense, à qui il céda la place après la mort de Staline (1953). Il fut membre du Comité central jusqu'en 1961.

VASSILI Ier ou **BASILE Ier** (1371-1425), grand-prince de Vladimir et de Moscou (1389-1425). Fils aîné de Dimitri Donskoï, il agrandit le domaine moscovite. — **Vassili II** *l'Aveugle* ou **Basile II** (1415-1462), grand-prince de Vladimir et de Moscou (1425-1462). Fils et successeur de Vassili Ier, il affermit son pouvoir au terme d'une lutte longue et cruelle contre ses rivaux et les princes apanagés. Il fit élire Jonas métropolite de Russie (1448) en remplacement d'Isidore qu'il avait fait emprisonner pour avoir souscrit à l'union avec Rome (1439). — **Vassili III** ou **Basile III** (1479-1533), grand-prince de Vladimir et de Moscou (1505-1533). Fils d'Ivan III et de Zoé (Sophie) Paléologue, il tint à affirmer son autorité d'autocrate et la nature quasi divine de sa fonction.

VASSILI CHOUÏSKI (1552 - Gostynin, près de Varsovie, 1612), tsar de Russie (1606-1610). Boyard depuis 1584, il se fit proclamer tsar en 1606 et combattit le gouvernement rival établi à Touchino par le Second Faux Dimitri (1608-09) en faisant appel aux Suédois (1609). Vaincu en juin 1610 par les troupes polonaises qui envahirent le pays, il fut renversé.

VASSILIEV (Vladimir Viktorovitch), danseur russe (Moscou 1940). Attaché à la troupe du Bolchoï depuis 1958, il a été le dernier partenaire de Galina Oulanova. Il fait ses débuts de chorégraphe avec *Icare* (1971), puis donne *Promenade* (1978), *Macbeth* (1979), *Rétrospectives* (1983).

VASSILIKÓS (Vassílis), écrivain grec (Kaválla 1934). Romancier engagé (*Z,* 1966 , adapté au cinéma par Costa-Gavras [1968] ; *le Fusil harpon,* 1972 ; *l'Eau de Kos,* 1979), il se livre dans ses essais à une critique sociale aiguë.

VASSIVIÈRE *(lac de),* retenue (et base nautique) d'environ 1 000 ha, créée par un barrage sur la Maulde, aux confins de la Creuse et de la Haute-Vienne.

VASSY (14410), ch.-l. de cant. du Calvados, dans le Bocage normand ; 1 618 hab. *(Vasséens).*

VASTADOUR n. m. (ital. *guastatore,* de *guastare,* ravager). Au XVIe s., soldat assurant le service de terrassier ou de mineur.

VASTE adj. (lat. *vastus*). *Litt.* **1.** Qui a une grande étendue, qui s'étend au loin : *La vaste mer.* — **2.** Qui est particulièrement grand et spacieux : *De vastes placards.* — **3.** Se dit d'un vêtement ample, large : *Une vaste cape de velours noir.* — **4.** Qui offre un grand nombre d'aspects, de sujets de réflexion, d'étude, de recherche : *Les*

sciences sont un domaine très vaste. Un vaste sujet. — 5. *Fam.* Indique un très haut degré dans qqch de péjoratif : *Une vaste rigolade.*
◆ adj. et n. m. Se dit de deux des trois portions du muscle triceps brachial et de deux des quatre portions du muscle quadriceps.

VASTEMENT adv. *Litt.* Largement, grandement.

VÄSTERÅS, v. de Suède, ch.-l. de prov., sur le lac Mälaren ; 118 000 hab. Château du XIVe s. ; cathédrale gothique du XIIIe s. Centre industriel. Port fluvial.

VASTITUDE n. f. (lat. *vastitudo*). *Litt.* Caractère vaste de qqch ; immensité.

VATAN (36150), ch.-l. de cant. de l'Indre, dans la Champagne berrichonne ; 2 030 hab. *(Vatanais).*

VATANEN (Ari), coureur automobile finlandais (Tuupovaara 1952), vainqueur de la plupart des grands rallyes internationaux (dont le Paris-Dakar 1987, 1989, 1990 et 1991).

VATÉ *(île),* anc. **Efaté,** île de l'archipel de Vanuatu, où se trouve la capitale, *Port-Vila ;* 915 km².

VATEL (Fritz-Karl WATEL, dit) [† Chantilly 1671]. Maître d'hôtel de Fouquet, puis du prince de Condé, il fut chargé en 1671 par ce dernier d'organiser un souper en l'honneur de Louis XIV. La marée n'étant pas arrivée à temps, il se crut déshonoré et se suicida.

VA-T-EN-GUERRE n. inv. *Fam.* et *vx.* Fanfaron toujours prêt à combattre.

Vater *(ampoule de),* petite cavité où s'abouchent le canal cholédoque et le canal de Wirsung ; elle aboutit dans la deuxième portion du duodénum.

VATHÍ, port de Grèce, sur l'île de Sámos ; 5 500 hab. Musée archéologique.

VATICAN *(État de la Cité du),* État souverain dont le pape est le chef, constitué à la suite des accords du Latran* (11 févr. 1929), « pour assurer au Saint-Siège l'indépendance absolue et visible, avec une souveraineté indiscutable, garantie même dans le domaine international ».
Ce petit État (44 ha ; env. 700 hab.) comprend essentiellement la place et la basilique Saint-Pierre, les jardins et le palais qui s'étagent sur la colline. Le pape y exerce le pouvoir exécutif et législatif par l'intermédiaire d'une commission cardinalice présidée par le cardinal secrétaire d'État.

Vatican *(premier concile du),* concile œcuménique qui se tint dans la basilique Saint-Pierre de Rome du 8 décembre 1869 au 18 juill. 1870.
Convoqué pour examiner la position de l'Église face au monde moderne, ce concile fut, en fait, consacré à la primauté et surtout à l'infaillibilité pontificale. Malgré l'opposition d'une minorité agissante, la définition de l'infaillibilité papale — laquelle ne se manifeste que lorsque le pape s'exprime *ex cathedra* sur un point de doctrine — fut votée par la grande majorité des Pères le 13 juill. 1870. Certains opposants de langue allemande firent alors schisme en constituant les Vieux-Catholiques.

Vatican *(deuxième concile du),* dit **Vatican II,** concile œcuménique qui s'est tenu à Rome, en quatre sessions, de 1962 à 1965.
Son but, dans l'esprit de Jean XXIII, qui le convoque, est à la fois d'assurer le renouveau *(aggiornamento)* de l'Église en face du monde moderne, et de préparer l'unité chrétienne. Par l'importance et la nouveauté des schémas et des décrets votés par les Pères — notamment la Constitution dogmatique sur l'Église *Lumen Gentium* (1964), et la Constitution pastorale sur l'Église dans le monde de ce temps *Gaudium et Spes* (1965) —, le concile Vatican II bouleverse profondément la mentalité des catholiques, les incitant à être plus attentifs aux courants de pensée contemporaine et, tout en les rendant plus exigeants quant à la manière de vivre leur foi, les amenant à la tolérance et à la compréhension vis-à-vis des autres chrétiens, des autres croyants et des non-croyants. Paul VI, qui succède à Jean XXIII en 1963 et clôt le concile, s'attache à créer des organismes originaux — secrétariats pour l'unité des chrétiens, pour les non-chrétiens, pour l'apostolat des laïcs... — dont l'activité assure le prolongement du concile. Dans le même esprit, il crée le *Synode épiscopal,* véritable concile en réduction, dont les sessions sont périodiques.

Vatican *(musées du).* Le musée PIO CLEMENTINO est consacré aux antiques (*Laocoon, Apollon* « du Belvédère »), de même que le MUSÉE CHIARAMONTI (le *Doryphore*). Le MUSÉE GRÉGORIEN, fondé par Grégoire XVI, réunit des collections égyptiennes et étrusques. La GALERIE DES TAPISSERIES abrite surtout des tentures des Flandres. La BIBLIOTHÈQUE, fondée par Nicolas V au XVe s., contient de très précieux manuscrits (*Codex Vaticanus,* Virgile, Térence) et de nombreux incunables. La PINACOTHÈQUE est riche en peintures des écoles italiennes essentiellement, de Giotto au Caravage et à G. Reni. Depuis 1973, enfin, les appartements Borgia (décorés par Pinturicchio, 1492-93) abritent un vaste MUSÉE D'ART SACRÉ MODERNE.

Vatican *(palais du),* vaste ensemble de constructions au N. de la basilique Saint-Pierre* de Rome, dont le noyau primitif, dû à Nicolas III (fin du XIIIe s.), a été sans cesse transformé, agrandi ou complété. Le Vatican a reçu de Bramante son ordonnance moderne ; les galeries ou loges du deuxième étage dominant la cour St-Damase ont été décorées par Raphaël et ses élèves, ainsi que les Chambres* *(Stanze)*. Parallèlement à l'axe de Saint-Pierre s'élève la chapelle Sixtine*, entreprise par Sixte IV et peinte notamment par Michel-Ange. Ce premier ensemble monumental fut relié par Bramante à la villa du Belvédère. Cette perspective grandiose a été compromise par l'adjonction de bâtiments perpendiculaires à l'axe central : salon de la Bibliothèque (1588) et « Braccio nuovo » (le « Bras neuf », 1817).

VATICANE adj. f. (lat. *Vaticanus,* le Vatican). Qui concerne le Vatican, le Saint-Siège : *Politique vaticane.*
◆ **Vaticane** n. f. La Bibliothèque vaticane.

VATICINATEUR, TRICE n. (lat. *vaticinator,* de *vaticinari,* prophétiser). Personne qui prétend, sous l'effet d'une inspiration surnaturelle, raconter l'avenir.

VATICINATION n. f. (lat. *vaticinatio*). **1.** Oracle d'un vaticinateur. — **2.** *Litt.* Prophétie rabâchée et pompeuse.

VATICINER v. i. (lat. *vaticinari,* de *vates,* devin) [conj. 3]. *Litt.* Prophétiser avec emphase.

VATNAJÖKULL, région du sud-est de l'Islande, entre 1 300 et 1 700 m d'altitude, couverte par une vaste calotte glaciaire.

VA-TOUT n. m. inv. **1.** Aux jeux de cartes ou aux dés, mise, sur un coup, de tout l'argent qu'on a devant soi. — **2.** *Jouer son va-tout,* risquer sa dernière chance, son dernier enjeu.

VATOUTINE (Nikolaï Fedorovitch), général soviétique (Tchepoukhino, région de Koursk, 1901-1944). Chef d'état-major du front nord-ouest en 1941, il prit en 1942 le commandement du front de Voronej puis dirigea le front sud-ouest. À la tête du premier front d'Ukraine, il libéra Kiev après s'être distingué à Stalingrad.

VATTEL (Emmer DE), juriste suisse (Couvet 1714 - Neuchâtel 1767). Ses œuvres sur le droit naturel (*le Droit des gens...,* 1758) font de lui un des fondateurs du droit international moderne.

VÄTTERN, grand lac de la Suède centrale, tributaire de la Baltique par le Motala ; 1 912 km².

VATU n. m. Unité monétaire de Vanuatu.

VAU n. m. (pl. *vaux*) [var. de *veau*]. Autre forme de VEAU (bâtiment).

VAUBAN (Sébastien LE PRESTRE, *seigneur* DE), maréchal de France (Saint-Léger-de-Foucheret, auj. Saint-Léger-Vauban, Yonne, 1633 - Paris 1707). Ingénieur du roi (1655), il dirigea en présence de Louis XIV les sièges victorieux de Tournai, de Douai et de Lille (1667) puis fortifia les places de Flandre. Commissaire général des fortifications (1678), il conduisit avec succès cinquante-trois sièges dont, parmi les plus remarquables, Philippsburg (1688), Mons (1691) et Namur (1692). Il perfectionna également les procédés d'attaque (tir par ricochet), généralisa l'usage des grenades et dota l'infanterie du fusil à baïonnette (1703). Constructeur de près de 300 places fortes, il porta la fortification bastionnée à son plus haut degré d'efficacité. Apprécié de Louis XIV comme ingénieur et homme de guerre, Vauban s'aliéna la faveur royale par son activité réformatrice ; le 14 févr. 1707, son projet de *Dîme royale* (impôt que paieraient tous les Français) est proscrit par un arrêt du Conseil quelques semaines avant sa mort. Ses ouvrages les plus importants sont un *Traité de l'attaque et de la défense des places* (1739) et un *Traité des mines* (1740).

VAUCANSON (Jacques DE), mécanicien français (Grenoble 1709 - Paris 1782). Il établit d'abord sa réputation de mécanicien en construisant et exhibant de 1738 à 1743 trois automates demeurés célèbres : le joueur de flûte traversière, le tambourinaire provençal et le canard. À partir de 1741, il fut chargé par le gouvernement de réorganiser l'industrie française de la soie, ce qui l'amena à la création de nombreuses machines ainsi que d'un outillage perfectionné destiné à les fabriquer. Cet ensemble de prototypes, groupés dans les ateliers modèles de l'hôtel de Mortagne, rue de Charonne à Paris, fut repris par les pouvoirs publics et forma le premier fonds du musée du Conservatoire national des arts et métiers. (Acad. des sc., 1746.)

VAUCHAMPS (51210), comm. de la Marne, à 6 km à l'E. de Montmirail ; 241 hab. Victoire de Napoléon sur Blücher (14 févr. 1814).

VAUCHER (Jean Pierre Étienne), botaniste genevois (Genève 1763 - *id.* 1841). Pasteur, professeur d'histoire ecclésiastique, il écrivit une *Histoire des conferves d'eau douce* (1803). Il découvrit le rôle des spores et entrevit les organes de reproduction des algues.

VAUCHÉRIE n. f. (de J. P. É. *Vaucher,* n. pr.). Algue verte (xanthophycée), filamenteuse, des fonds d'eaux douces et des vases marines littorales. (La reproduction donne des œufs très résistants.)

VAUCLERC *(plateau de),* plateau situé à l'extrémité méridionale du chemin des Dames. Âpres combats en sept. 1914 et en avr.-mai 1917.

VAUCLIN (Le) [97280], comm. de la Martinique, sur la côte sud-est de l'île ; 7 769 hab.

VAUCLUSE [84], dép. de la Région Provence-Alpes-Côte d'Azur ; ch.-l. de dép. *Avignon ;* ch.-l. d'arrond. *Carpentras, Apt ;* 3 arrond. ; 24 cant. ; 151 comm. ; 3 567 km² ; 467 075 hab. *(Vauclusiens)*. Le dép. appartient à l'académie d'Aix-en-

Provence-Marseille, à la cour d'appel de Nîmes, à la région militaire Méditerranée.
L'ouest est formé par la plaine du Comtat, transformée par l'irrigation en une riche région maraîchère et fruitière (fraises, melons, pêches, abricots, tomates), portant localement des vignobles (Châteauneuf-du-Pape). Densément peuplé, surtout dans la vallée du Rhône, grand axe de circulation, il s'oppose à l'E., constitué de hauteurs calcaires arides (Ventoux, monts de Vaucluse, Lubéron), domaines de l'élevage ovin et de la culture de la lavande, et en voie de dépeuplement. L'industrie, partiellement liée à l'agriculture (agroalimentaire), est moins développée que le secteur tertiaire. Le tourisme est particulièrement actif (Avignon, Orange, Vaison-la-Romaine, fontaine de Vaucluse).

VAUCLUSE *(fontaine de),* résurgence située sur la commune de Fontaine-de-Vaucluse, à 25 km à l'E. d'Avignon. Elle rassemble souterrainement les eaux d'environ 165 000 ha de massifs calcaires et les ramène au jour. Le gouffre d'où jaillit la Sorgue est profond de 51 m.

VAUCLUSE *(monts de),* plateau calcaire karstifié, au N. du bassin d'Apt, et culminant au *signal Saint-Pierre* (1 256 m).

VAUCLUSIEN, ENNE adj. et n. **1.** Du Vaucluse. – **2.** Se dit d'une résurgence (telle la fontaine de Vaucluse) qui, à l'aval d'un karst barré par un compartiment imperméable, comporte la branche ascendante d'un siphon.

VAUCOULEURS (55140), ch.-l. de cant. de la Meuse, sur la Meuse ; 2 413 hab. *(Valcolorois).* Restes de fortifications.
– **Hist.** C'est au sire de Baudricourt, capitaine du roi à Vaucouleurs, que Jeanne d'Arc demanda une escorte pour aller trouver le roi à Chinon (début 1429).

VAUCRESSON (92420), comm. des Hauts-de-Seine, à 8 km à l'O.-S.-O. de Paris ; 8 304 hab. *(Vaucressonnois).*

VAUD, en all. **Waadt,** canton de Suisse, sur la rive nord du lac Léman ; 3 219 km^2 ; 601 816 hab. *(Vaudois),* de langue française et de religion protestante pour plus des trois quarts. Ch.-l. *Lausanne.* D'ouest en est se succèdent la partie sud du Jura (1 679 m au mont Tendre), au climat humide et frais, puis les plateaux et collines du Mittelland qui tombent doucement sur le Léman à l'O. de Lausanne, plus abruptement à l'est, et au S.-E. une partie des Préalpes (Diablerets). Les céréales, les cultures industrielles et la vigne dominent dans le Mittelland où s'est développé l'agroalimentaire. La mécanique et les arts graphiques autour de Lausanne, la chimie dans la vallée du Rhône complètent les industries du canton qui a par ailleurs un rôle de passage et des fonctions commerciales (Lausanne) et touristiques importantes.
– **Hist.** Occupé par les Burgondes au Vᵉ s., le *pagus Valdensis* passa sous la domination du royaume de Bourgogne (888), et, avec lui, sous celle du Saint-Empire (1032). Mais les comtes de Savoie s'imposèrent dans la région au cours des XIIIᵉ et XIVᵉ s. Berne en conquit la majeure partie en 1536 et y introduisit la Réforme. Envahi par les Français en 1798, le pays de Vaud devint le canton du Léman de la République helvétique, puis après l'Acte de médiation (1803) le canton de Vaud.

VAUDAIRE n. f. (de *Vaud,* n. pr.). Vent d'est violent, qui souffle de la vallée vaudoise du Rhône sur le Léman.

VAUDERIE n. f. Doctrine, organisation des vaudois.

VAUDEVILLE n. m. (sans doute altér. de **vauder,* tourner, et *virer*). **1.** Chanson strophique gaie, satirique et malicieuse, chantée en France du XVᵉ au XIXᵉ s. – **2.** Petite comédie légère, d'une intrigue amusante et vive, mêlée de couplets souvent composés sur un air connu et populaire. – **3.** Comédie légère fondée sur l'intrigue et le quiproquo.
ENCYCL. **Littér.** À l'origine chants satiriques ou bachiques, le vaudeville (ou vaudevire) fut intégré au XVIIIᵉ s., par Lesage et Fuzelier, à leur comédies du Théâtre de la Foire. De la même veine mais avec une prépondérance musicale, naquit, avec Grétry, Philidor et Monsigny, l'opéra-comique. Concurrencé par la comédie et l'opérette, le vaudeville évolua vers la comédie légère, illustrée par Labiche.

Vaudeville *(théâtre du),* théâtre de Paris, boulevard des Capucines. Fondé rue de Chartres, en 1792, par l'auteur dramatique Piis, il s'établit place de la Bourse, puis boulevard des Capucines. Après avoir joué les œuvres de Scribe, Ancelot, etc., le Vaudeville accueillit celles de Dumas fils, Sardou, Sacha Guitry. En 1927, il fut transformé en cinéma.

VAUDEVILLESQUE adj. Qui a un comique de vaudeville.

VAUDEVILLISTE n. Auteur de vaudevilles.

1. VAUDOIS, E adj. et n. (de *Vaud,* n. pr.). Du canton de Vaud.

2. VAUDOIS, E adj. (de *Valdo,* n. pr.). Relatif à la secte des vaudois.
◆ n. Membre de la secte fondée par Pierre Valdo dans le dernier quart du XIIᵉ s.
ENCYCL. Le mouvement vaudois se rattache à Pierre Valdo*, qui, au nom de l'Écriture sainte, prêchait le retour à la pauvreté évangélique et refusait le système romain et féodal ainsi que le

culte des saints, les indulgences, le purgatoire. Excommuniés, dès 1184, constamment persécutés et marginalisés, les vaudois, au XVIe s., finissent, au contact des hussites et des frères moraves, par adhérer à la Réforme protestante, au sein de laquelle ils continuent à animer des communautés très vivantes, en Amérique et en Italie notamment.

VAUDOISES *(vallées),* en ital. **Valli Valdesi,** région d'Italie (Piémont) formée par la vallée alpine du Pellice (affl. du Pô [r. g.]) et par celle du Chisone, affl. du Pellice. La région regroupe les principales communautés vaudoises, largement francophones.

VAUDOU n. m. (dahoméen *vodu*). **1.** À Haïti, culte animiste greffé sur une croyance monothéiste et selon lequel il vaut mieux s'adresser aux dieux qu'à Dieu, trop lointain et trop respectable. (C'est un syncrétisme de rites animistes africains et de rites catholiques.) — **2.** Divinité adorée par les adeptes du vaudou.

◆ **vaudou, e** adj. Relatif à ce culte.

VAUDOYER (Léon), architecte et théoricien français (Paris 1803 - *id.* 1872). Il a aménagé l'ancien prieuré de St-Martin-des-Champs, à Paris, en Conservatoire des arts et métiers (1845-1872) et a donné les plans, néoromans (v. 1852-1857), de la cathédrale de Marseille, achevée par ses élèves Espérandieu et Révoil.

VAUDREMER (Joseph), architecte français (Paris 1829 - Antibes 1914). Nommé architecte de la Ville de Paris en 1860, influencé par le rationalisme, il a construit l'église St-Pierre-de-Montrouge (1864-1870), la prison de la Santé (1865-1885), plusieurs lycées.

VAUDREUIL (Le) [27100], nom de deux communes du dép. de l'Eure. La « traditionnelle » commune du Vaudreuil, entre la forêt de Louviers et l'Eure, compte 3 091 hab. La « nouvelle » commune du Vaudreuil a pris le nom de Val-de-Reuil en 1984, est devenue ch.-l. de cant. en 1985 et, comptant 11 828 hab., est en fait une ville nouvelle (à 25 km de Rouen), dans la plaine de confluence formée par la réunion de la Seine, de l'Eure et de l'Andelle.

VAUDREUIL (Philippe DE RIGAUD, *marquis* DE), administrateur français (en Gascogne 1643 - Québec 1725). Gouverneur général du Canada (1703-1725), il ne put empêcher les Anglais de s'emparer de l'Acadie et de Terre-Neuve (1713). — Son fils, PIERRE (Québec 1698 - Muides-sur-Loire, Loir-et-Cher, 1778), fut gouverneur de la Louisiane (1743-1755), puis gouverneur général du Canada (1755-1760). Après la mort de Montcalm, il ordonna la capitulation de Montréal, qui mit fin à la résistance du Canada.

VAUGELAS (Claude FAVRE, *seigneur* DE), grammairien français (Meximieux, Ain, 1585 - Paris 1650). Il fréquente le salon de Mme de Rambouillet, où son goût et son jugement sur les questions de langue étaient reconnus. Protégé de Richelieu, il participe à la fondation de l'Académie française et dirige les travaux de mise en route du *Dictionnaire.* Ses *Remarques* sur la langue française* (1647) ont pour but de donner le « bon usage », celui de l'élite sociale et intellectuelle ; elles ont eu un succès immense et ont joué un rôle important dans la constitution du français standard.

VAUGHAN, v. du Canada (Ontario), banlieue de Toronto ; 103 535 hab.

VAUGHAN (Sarah), chanteuse de jazz américaine, surnommée **Sassy** (Newark, New Jersey, 1924 - Los Angeles 1990). Elle poursuivit une carrière internationale, dans les domaines du jazz et de la chanson populaire, maîtrisant une technique vocale d'une grande virtuosité, et douée d'une tessiture d'une rare étendue.

VAUGHAN WILLIAMS (Ralph), compositeur britannique (Down Ampney, Gloucestershire, 1872 - Londres 1958). Attaché à la tradition classique et populaire anglaise, il édita des madrigaux élisabéthains qu'il commence à réunir après 1903, ainsi que des œuvres de Purcell. Cette expérience le révèle à lui-même. Il compose *la Fantaisie sur un thème de Thomas Tallis* (1910), qui consacre sa célébrité. Il laisse 9 symphonies, 5 concertos, quelque 60 mélodies, des oratorios (*Sancta Civitas,* 1923-1925), 3 ballets (dont *Job* [1931]) et 6 opéras (*Riders to the Sea,* d'après Synge, 1925-1932 ; créé en 1937). En coupant les ponts avec les traditions musicales italiennes et germaniques, il réussit à donner à la musique anglaise une force nationale féconde qui fait de lui un des grands musiciens de notre temps.

Vaugirard, quartier du S.-O. de Paris (XVe arrond.), localité ancienne annexée en 1860.

VAUGNERAY (69670), ch.-l. de cant. du Rhône, dans les monts du Lyonnais ; 3 597 hab. *(Volnegriens).*

VAUGRIS, écart de la comm. de Reventin-Vaugris (Isère). Aménagement hydroélectrique sur le Rhône.

VAUJOURS (93410), comm. de la Seine-Saint-Denis, banlieue E.-N.-E. de Paris ; 5 480 hab. *(Vaujouriens* ou *Valjoviens).* Plâtre. Industrie nucléaire.

VAU-L'EAU (À) adv. (de *avau,* var. de *aval,* et *eau*). **1.** Au fil de l'eau, au gré du courant : *Barque s'en allant à vau-l'eau.* — **2.** *Aller, s'en aller à vau-l'eau,* péricliter peu à peu.

VAULX-EN-VELIN (69120), ch.-l. de cant. du Rhône, banlieue E.-N.-E. de Lyon ; 44 535 hab. Verrerie.

VAUPÉS *(río)* ou, en port., **UAUPÉS,** riv. de Colombie et du Brésil, affl. du río Negro ; 800 km environ.

VAUQUELIN (Nicolas), seigneur **des Yveteaux,** écrivain français (La Fresnaye-au-Sauvage, près de Falaise, 1567 - Brianval, près de Meaux, 1649), fils de Vauquelin de La Fresnaye. Précepteur du duc de Vendôme, puis du Dauphin, fils d'Henri IV, il fut disgracié pour son indépendance d'esprit. Les libertins virent en lui leur maître.

VAUQUELIN (Nicolas Louis), chimiste français (Saint-André-d'Hébertot, près de Pont-l'Évêque, 1763 - *id.* 1829). Il découvrit le chrome, la glucine et étudia les sels de platine. Il est l'auteur de nombreux travaux de chimie organique et minérale. (Acad. des sc., 1795.)

VAUQUELIN DE LA FRESNAYE (Jean), magistrat et poète français (La Fresnaye-au-Sauvage, près de Falaise, 1536 - Caen 1606). Il est l'auteur de *Foresteries* (1555), églogues imitées de Théocrite et de la Pléiade, d'un *Discours pour la monarchie de ce royaume* (1563), de *Satires* (1581-1583), imitées d'Horace et surtout d'un *Art poétique français* (1605) qui rend hommage à la poésie du Moyen Âge.

VAUQUOIS (55270), comm. de la Meuse, à 6 km au S.-E. de Varennes-en-Argonne ; 29 hab.
— **Mil.** La *butte de Vauquois* (280 m), occupée en sept. 1914 par les Allemands, fut reprise par les Français en mars 1915 et résista ensuite à de nombreux assauts allemands.

1. VAURIEN, ENNE n. (de *valoir* et *rien*). **1.** Personne sans aucune valeur morale. — **2.** Enfant malicieux et indiscipliné.

2. VAURIEN n. m. (nom déposé). Dériveur monotype de régate à voile, dessiné en 1952 par J.-J. Herbulot. (Longueur 4,10 m ; largeur 1,47 m ; tirant d'eau dérive basse, 0,95 m ; surface de voilure 8,10 m^2 ; déplacement 85 kg.)

VAUTEL (Clément VAULET, dit **Clément**), journaliste et écrivain français (Tournai, Belgique, 1876 - Paris 1954), auteur, parfois en collaboration, de romans populaires (*Mon curé chez les riches,* 1920).

VAUTHIER (Jean), auteur dramatique français (Grâce-Berleur, Belgique, 1910 -Paris 1992). Face aux difficultés de la vie, ses personnages retrouvent « le don poétique de métamorphoser les choses » (*Capitaine Bada,* 1952 ; *Ton nom dans le feu des nuées, Élisabeth,* 1976).

VAUTOUR n. m. (lat. pop.* *vulturem,* du lat. class. *vultur, -uris*). **1.** Nom commun à divers oiseaux rapaces charognards diurnes, au plumage terne, à la tête et au cou déplumé, au bec puissant, aux ailes longues et larges. (→ *encycl.*) — **2.** Homme dur et rapace.

ENCYCL. Les espèces de l'Ancien Monde sont des accipitridés, ceux des Amériques forment la famille des cathartidés (condors, urubu et vautour pape). On trouve en France le *vautour fauve,* devenu très rare (Pyrénées occidentales), le percnoptère ou *vautour d'Égypte* (Provence et Pyrénées), enfin, le gypaète barbu, le seul a avoir tête et cou emplumés (Corse et Pyrénées).

VAUTRAIT n. m. (anc. fr. *vautrayer,* du bas lat. *vertragus,* chien courant). Équipage de chiens courants spécialement destinés à la chasse au sanglier.

VAUTRER (SE) v. pr., **ÊTRE VAUTRÉ** v. pass. (lat. pop. **volutulare,* du lat. class. *volutum,* de *volvere,* rouler) [conj. 3]. **1.** S'étendre qqpart avec un abandon, un laisser-aller total : *Se vautrer sur l'herbe.* — **2.** *Litt.* Se laisser aller à ses mauvais penchants, à ses vices, etc. : *Se vautrer dans la débauche.*

VAUTRIN (Jean HERMAN, dit **Jean**), metteur en scène et écrivain français (Pagny-sur-Moselle 1933). Cinéaste (*Adieu l'ami,* 1967 ; *l'Œuf,* 1971) et un des chefs de file du roman noir (*À bulletins rouges,* 1973 ; *Billy Ze Kick,* 1974 ; *Canicule,* 1982), il a aussi publié des nouvelles (*Baby boom,* 1985). *Un grand pas vers le Bon Dieu* lui a valu le prix Goncourt en 1989.

Vautrin, personnage de Balzac, qui apparaît dans *le Père Goriot, Illusions perdues, Splendeurs et misères des courtisanes,* et dans le drame de *Vautrin.* Forçat évadé doué d'une intelligence aiguë, en lutte contre la justice et la société, il exerce ses rêves de puissance par l'intermédiaire de Rastignac et de Rubempré et devient chef de la police secrète. Le personnage a été en partie inspiré par l'histoire de Vidocq.

VAUVENARGUES (Luc DE CLAPIERS, *marquis* DE), écrivain français (Aix-en-Provence 1715 - Paris 1747). Ayant eu les jambes gelées à la retraite de Prague (1742), il abandonne la carrière militaire et s'installe à Paris en 1745 où il vit misérablement. Encouragé par Voltaire et par Marmontel, il publie en 1746, sans grand succès, une *Introduction à la connaissance de l'esprit humain,* accompagnée de *Conseils à un jeune homme,* de *Réflexions critiques sur quelques poètes,* enrichis, à titre posthume, de *Caractères* et de *Dialogues.* Moraliste sensible : « il faut avoir de l'âme pour avoir du goût », réhabilitant l'homme contre le pessimisme de La Rochefoucauld, il préconise un culte de l'énergie qui fera de lui un des maîtres de Stendhal.

VAUVERT (30600), ch.-l. de cant. du Gard, au S.-S.-O. de Nîmes ; 10 333 hab. *(Vauvertois).*

VAUX n. m. pl. Pluriel anc. de VAL.

Vaux *(fort de),* fort situé sur un éperon des hauts de Meuse, au S. du village de Vaux-devant-Damloup (Meuse). Dominant Verdun, il succomba, après une héroïque résistance du commandant Raynal, le 7 juin 1916. Le fort fut réoccupé le 2 nov. par les Français de Mangin.

VAUX-LE-PÉNIL (77000), comm. de Seine-et-Marne, au-dessus de la Seine, banlieue de Melun ; 8 157 hab. Église des XIIe-XVe s.

Vaux-le-Vicomte *(château de),* sur la commune de Maincy (Seine-et-Marne), somptueuse résidence bâtie et décorée pour le surintendant Fouquet, de 1656 à 1661, par Le Vau, Le Brun et Le Nôtre, auxquels Louis XIV confia ensuite les travaux de Versailles.

VAVASSEUR ou **VAVASSAL** n. m. (pl. *vavassaux*) (lat. médiév. *vassus vassorum,* vassal des vassaux). Syn. de ARRIÈRE-VASSAL.

VA-VITE (À LA) loc. adv. Trop rapidement et sans apporter le soin ou la réflexion nécessaire.

VÄXJÖ, v. de Suède, près du lac Helgasjö ; 66 000 hab. Cathédrale remontant au XIIe s. Musées.

VAYRAC (46110), ch.-l. de cant. du nord du Lot ; 1 183 hab. Marché.

VAZOV (Ivan), écrivain bulgare (Sopot, auj. Vazovgrad, 1850 - Sofia 1921). Ses poèmes (*Épopée des oubliés,* 1881-1884), ses nouvelles (*Sans feu ni lieu,* 1883), son célèbre roman *Sous le joug* (1889-90) et ses drames historiques (*Borislav,* 1909) inspirés par la beauté de son pays et son admiration pour les héros de la lutte pour l'indépendance bulgare ont fait de Vazov un des plus grands noms de la littérature bulgare moderne.

VÁZQUEZ (Lorenzo), architecte espagnol, actif en Castille à la fin du XVe et au début du XVIe s. Il semble avoir, le premier, introduit en Espagne le goût du quattrocento italien (façade du collège de S. Cruz à Valladolid, v. 1491).

V. C. C. n. m. Abrév. de VIN* DE CONSOMMATION COURANTE.

V. D. Q. S. n. m. Abrév. de VIN* DÉLIMITÉ DE QUALITÉ SUPÉRIEURE.

VÉ n. m. Cale en forme de V, utilisée lors du traçage et du contrôle d'une pièce cylindrique.

VEAU n. m. (lat. *vitellus*). **1.** Petit de la vache. — **2.** Chair de cet animal. — **3.** Peau brute provenant de la dépouille d'un jeune bovin. — **4.** *Fam.* Personne lourde de corps ou d'esprit. — **5.** *Fam.* Véhicule lent qui n'a pas de reprises. — **6.** Partie supérieure de la ferme d'un cintre supportant tout ou partie d'une voûte pendant sa

NOMENCLATURE DES MORCEAUX DE VEAU			
région anatomique	*désignation des morceaux*	*mode d'utilisation principal*	
		cuisson lente	*cuisson rapide*
membre postérieur	jarret arrière	*	
	sous-noix		*
	noix patissière		*
	noix		*
	culotte		*
	quasi		*
région lombaire	longe		*
dos	carré raccourci		*
	bas de carré		*
	dessus de côtes	*	
membre antérieur	épaule		*
	jarret avant	*	
parois thoraciques	poitrine	*	
	tendron	*	
	haut-de-côtes	*	
cou	collet	*	

construction. (Syn. VAU.) — **7.** Fam. *Crier, pleurer comme un veau,* pousser de grands cris, pleurer à chaudes larmes. ‖ *Le veau d'or,* l'idole que les Hébreux adorèrent au pied du mont Sinaï ; symbole de la richesse, de l'argent. ‖ *Tuer le veau gras,* faire de grandes réjouissances de table à l'occasion d'un événement remarquable. ‖ *Veau marin,* phoque des régions tempérées des océans des deux hémisphères.

ENCYCL. **Zootechn.** Le veau de boucherie est abattu vers l'âge de trois mois. Il reçoit une alimentation exclusivement lactée, favorisant la production d'une chair faiblement pigmentée *(veau blanc).* Lorsqu'il tète la mère, il est dit *veau sous la mère.* De plus en plus, on le nourrit avec des laits reconstitués à partir de lait écrémé et de matières grasses diverses *(veau de batterie).* Le veau d'élevage nourri au lait, aux concentrés et aux fourrages est destiné à faire un broutard, un reproducteur ou un gros bovin de boucherie.

VEAUCHE (42340), comm. de la Loire, sur la Loire ; 7 317 hab. Église des Xe-XVIe s. Verrerie. Armes de chasse.

VEBER (Jean), peintre et dessinateur français (Paris 1864 - *id.* 1928). Il a exercé sa verve satirique dans *le Rire, l'Assiette au beurre, le Journal, Gil Blas, l'Illustration.*

VEBLEN (Thorstein), économiste et sociologue américain (Manitowoc, Wisconsin, 1857 - près de Menlo Park, Californie, 1929). S'inspirant d'abord du marxisme pour expliquer le caractère humain des faits économiques, il met en lumière le désir d'émulation sociale qui engendre une consommation ostentatoire et éclaire sous l'angle économique le phénomène du loisir.

VECCHI (Orazio), compositeur italien (Modène 1550 - *id.* 1605). Il annonça l'opéra avec ses madrigaux de style « représentatif ». Son chef-d'œuvre, *l'Amfiparnaso, comedia harmonica* à 5 voix (1594 ; publié en 1597), adapte le style madrigalesque à une action inspirée de la commedia dell'arte.

VECCHIETTA (Lorenzo DI PIETRO, dit **il**), peintre, sculpteur et architecte italien (Castiglione d'Orcia, près de Sienne, 1410 - Sienne 1480). Influencé par Donatello dans ses sculptures, il a apporté à la peinture siennoise une note énergique dans ses fresques (salle du Pèlerinage de l'hôpital de Sienne, 1441 ; etc.), elles aussi touchées par les innovations florentines.

VECELLIO (Tiziano) ⟶ TITIEN.

VÉCÉS n. m. pl. *Fam.* W.-C., waters.

VECTEUR, TRICE adj. (lat. *vector,* qui transporte, de *vectum,* supin de *vehere,* porter). *Insecte vecteur,* insecte susceptible de transmettre à l'homme, aux animaux ou aux plantes une maladie bactérienne ou virale dont il héberge les agents.

◆ **vecteur** n. m. **1.** Tout véhicule aéronautique capable de transporter une arme en vue de la lancer sur un objectif. — **2.** Animal, plante, etc., qui sert de support à la transmission de maladies épidémiques : *Le rat est le grand vecteur de la peste.* — **3.** Ce qui sert de support à la transmission des informations, d'un message, etc. : *Les principaux vecteurs de la presse.* — **4.** En informatique, ensemble de données d'un même type présentées sous la forme d'une suite de mots de mémoire tous séparés par le même incrément, en vue de leur traitement par un ordinateur vectoriel. — **5.** Élément d'un espace vectoriel. — **6.** *Vecteur du plan* P, classe d'équivalence pour la relation d'équivalence, appelée relation d'équipollence et notée $\sim$, définie dans l'ensemble des bipoints de $P \times P$ par : $(A, B) \sim (C, D)$ si [AD] et [BC] ont le même milieu, c'est-à-dire si ABDC est un parallélogramme. (⟶ *encycl.*) ‖ *Vecteur énergétique,* forme intermédiaire (électricité, hydrogène, essence, méthanol, etc.) en laquelle est transformée l'énergie d'une source primaire pour son transport, son stockage avant son utilisation.

◆ **vectrice** n. f. Plante dont le pollen germe en donnant un tube pollinique qui conduit le noyau mâle jusqu'à l'ovule. (C'est le cas de toutes les angiospermes et de la plupart des gymnospermes actuelles.)

ENCYCL. **Math.** Si (A, B) est un représentant de la classe d'équivalence, le vecteur peut se noter $\overrightarrow{AB}$ ou $\vec{U} = \overrightarrow{AB}$. Graphiquement, si (A, B) est un représentant de $\vec{U}$, $\vec{U}$ est représenté par une « flèche » d'origine A et d'extrémité B.

La somme de deux vecteurs $\vec{U}$ et $\vec{V}$ ayant pour représentants (A, B) et (B, C) est le vecteur $\vec{U} + \vec{V}$ de représentant (A, C). Le produit du vecteur $\vec{U}$ par un réel λ est le vecteur $\lambda\vec{U}$ ayant pour représentant (A, C), où C est le point de la droite (AB) tel que : $\overrightarrow{AC} = \lambda\overrightarrow{AB}$. Ainsi muni de ces deux lois de composition, l'ensemble des vecteurs du plan a une structure d'espace vectoriel sur $\mathbb{R}$.

— **Phys.** De nombreuses grandeurs physiques (mécaniques, électromagnétiques, etc.) sont représentées par des vecteurs, c'est-à-dire par un nombre (module ou norme) et par une droite orientée. On distingue les *vecteurs liés,* attachés à un point déterminé, des *vecteurs libres,* et les *vecteurs polaires,* indépendants de l'orientation du trièdre de référence, des *vecteurs axiaux,* auxquels est associé un axe de rotation.

VECTOCARDIOGRAPHIE n. f. Procédé d'exploration électrocardiographique, fondé sur la représentation de l'activité électrique du cœur par un vecteur dont la grandeur est le potentiel enregistré et dont la direction est l'axe de la dérivation. (Cette méthode reste au stade expérimental.)

VECTOGRAMME n. m. En cartographie, diagramme représentant les valeurs de phénomènes au moyen de vecteurs.

VECTORIEL, ELLE adj. (de *vecteur*). **1.** Qui a rapport aux vecteurs, aux espaces vectoriels. — **2.** *Analyse vectorielle,* branche des mathématiques consacrée à l'étude de notions relatives aux champs de vecteurs. ‖ *Espace vectoriel* E *sur un corps commutatif* K, *ou* K-*espace vectoriel* E, groupe commutatif additif E muni d'une loi externe (notée ·) sur K × E vérifiant :

$\forall (\lambda, \mu) \subset K \times K, \forall (x, y) \subset E \times E$

$(\lambda + \mu) \cdot x = \lambda \cdot x + \mu \cdot x$

$\lambda \cdot (x + y) = \lambda \cdot x + \lambda \cdot y$

$\lambda \cdot (\mu \cdot x) = (\lambda\mu) \cdot x$

$1 \cdot x = x$. (Syn. ESPACE LINÉAIRE.) [→ *encycl.*] ‖ *Fonction vectorielle,* fonction à valeurs dans un espace vectoriel. ‖ *Produit vectoriel des vecteurs* x *et* y *d'un espace vectoriel euclidien* E *orienté et de dimension* 3, vecteur z de E, noté $x \wedge y$, tel que $z = 0$ si x et y sont linéairement dépendants et, dans le cas contraire, z est orthogonal à x et à y, (x, y, z) étant une base directe de E et z ayant pour norme

$$\|x\| \times \|y\| \times \sqrt{1 - \cos^2 (x,y)}.$$

‖ *Sous-espace vectoriel d'un K-espace vectoriel* E, partie E′ non vide de E stable pour les opérations de E. • **Inform.** *Calculateur, ordinateur vectoriel,* ordinateur très puissant destiné au calcul scientifique, qui est conçu pour traiter simultanément un ensemble de données à partir d'une même instruction.

ENCYCL. **Math.** *Espace vectoriel.* La structure d'espace vectoriel sur un corps K est une des notions de base de l'algèbre linéaire. En géométrie, un espace affine étant défini à partir d'un espace vectoriel, toute étude dans l'espace affine se ramène à une étude dans l'espace vectoriel associé. L'étude des espaces vectoriels dont les éléments sont des fonctions, munis d'une norme convenable, est devenue un des éléments essentiels de l'analyse. Les principaux exemples d'espaces vectoriels sont les ensembles formés des éléments suivants : les polynômes* à une indéterminée, les matrices* de type (n,p) sur un corps K ; les applications linéaires* du K-espace vectoriel E dans le K-espace vectoriel F, les formes linéaires d'un K-espace vectoriel E.

Tout K-espace vectoriel E admet au moins deux sous-espaces vectoriels, le singleton { 0 } et E lui-même. L'ensemble de toutes les combinaisons linéaires finies d'éléments d'une partie A de E est un sous-espace vectoriel de E. Le sous-espace vectoriel F engendré par n éléments $x_1, x_2, ..., x_n$ de E est le sous-espace vectoriel des combinaisons linéaires de $x_1, x_2, ..., x_n$; on dit que $x_1, x_2, ..., x_n$ est une partie génératrice de F. Si l'espace E est lui-même engendré par un nombre fini de ses éléments, il est dit de dimension finie.

L'étude des applications linéaires entre deux espaces vectoriels de dimension finie à partir de leur base conduit au calcul matriciel, celle de la notion de forme multilinéaire à la théorie des déterminants et celle des formes linéaires d'un espace vectoriel aux notions de dual et de tenseur.

1. VÉCU → VIVRE.

2. VÉCU n. m. (de *vécu 1*). L'expérience réellement vécue, les faits, les événements de la vie réelle : *Ce documentaire, c'est du vécu.*

Veda, mot sanskr. signif. *connaissance* et désignant un ensemble de textes brahamaniques (allant jusqu'aux Upaniṣad) qui sont à la base des rites, des croyances et de l'organisation de la société hindoue. Les Veda ont été transmis oralement avant d'être écrits en sanskrit archaïque à une époque tardive. Le principal texte est le *Rigveda**, livre du prêtre responsable du sacrifice, acte essentiel de la société indienne primitive.

VEDĀNTA, mot sanskr. signif. *la fin des Veda,* et qui fait référence aux Upaniṣad considérées comme la fin des Veda tant dans un sens chronologique que dans un sens figuré, c'est-à-dire l'« essence » des Veda.

VEDDAS, ancienne population de Ceylan (Sri Lanka), qui, aujourd'hui, a presque totalement disparu.

VEDEL (Georges), juriste français (Auch 1910). Professeur de droit, membre du Conseil économique et social (1969 et 1974), membre du Conseil constitutionnel (1980-1989), auteur de nombreux rapports officiels, il a joué un grand rôle dans l'élaboration doctrinale du droit public français (*Traité de droit administratif,* 1959).

VEDÈNE (84270), comm. de Vaucluse, au N.-E. d'Avignon ; 6 959 hab.

VEDETTARIAT n. m. **1.** Condition sociale des vedettes. — **2.** Système fondé sur la promotion des vedettes : *Le vedettariat joue un rôle essentiel dans la vie politique.*

1. VEDETTE n. f. (ital. *vedetta,* lieu élevé où on place une sentinelle). **1.** Fait d'avoir le rôle principal dans une pièce, un film, etc. : *Tenir la vedette.* — **2.** Acteur principal d'une pièce ou d'un film et dont le nom figure en tête sur le programme. — **3.** Acteur, chanteur, artiste, sportif, etc., très connu du public : *Vedettes du music-hall.* — **4.** Personne, chose dont on parle beaucoup, qui tient une place éminente : *Être la* *vedette de l'actualité. Mannequin vedette d'une maison de couture.* — **5.** Mot placé en tête d'une fiche de bibliographie ou de catalogue. — **6.** Syn. de ENTRÉE (d'un dictionnaire). — **7.** Autref., sentinelle à cheval ou guetteur posté pour signaler la venue de l'ennemi ; auj., sentinelle chargée de la sécurité sur un champ de tir. — **8.** *En vedette,* mis en relief, en évidence par un procédé typographique. ‖ *Mettre en vedette,* mettre en vue : *Son exploit l'avait mis en vedette pour la saison.* ‖ *Vedette anglaise,* artiste dont le nom occupe la troisième place sur l'affiche, le programme ou le générique.

2. VEDETTE n. f. (de *vedette 1*). **1.** Embarcation automobile assurant le service des officiers d'un bâtiment de guerre, la surveillance d'une rade. — **2.** *Vedette de combat,* petit bâtiment de guerre très rapide. ‖ *Vedette de croisière,* embarcation automobile de plaisance, conçue pour naviguer en haute mer. (Syn. CABIN-CRUISER.) ‖ *Vedette lance-torpilles,* vedette armée de torpilles et de mitrailleuses lourdes ou de canons antiaériens de petit calibre. ‖ *Vedette lance-missiles,* vedette armée de missiles. (Syn. PATROUILLEUR LANCE-MISSILES.)

VEDETTISATION n. f. Action de vedettiser ; fait d'être vedettisé.

VEDETTISER v. t. (conj. 3). Mettre qqn au rang de vedette, de star.

VEDIKĀ n. f. (mot sanskr. dérivé de *vedī,* autel). Balustrade entourant une aire particulière (caitya, stūpa, etc.). [Elle reçoit souvent un abondant décor sculpté : Bhārhut, Sāñcī.]

VÉDIQUE adj. **1.** Relatif aux Veda. — **2.** *Sanskrit védique* ou *védique* (n. m.), langue dans laquelle sont composés les textes sacrés des Veda et des Brāhmaṇa.

VÉDISME n. m. Ensemble des rites et des croyances renfermés dans les Veda.

VEDRINES (Jules), aviateur français (Saint-Denis 1881 - Saint-Rambert-d'Albon 1919). Vainqueur de la course Paris-Madrid (1911), il remporta aux États-Unis la coupe Gordon-Bennett (1912). Il exécuta de nombreuses « missions spéciales » pendant la Première Guerre mondiale avant de se rendre célèbre en atterrissant sur le toit des Galeries Lafayette (19 janv. 1919).

VÉDUTISME n. m. (ital. *vedutismo,* de *veduta,* vue). Art de la vue, du paysage urbain ou suburbain, et spécialement de ses représentants italiens du XVIIIe s. (Canaletto, Guardi, Bellotto, Pannini, etc.).

VÉDUTISTE n. Peintre qui pratique le védutisme.

VEGA [vega] n. f. (esp. *vega,* plaine). Dans les provinces méridionales d'Espagne, plaine fertile bordant en général le cours inférieur des rivières ou des fleuves.

VEGA (La) ou **CONCEPCIÓN DE LA VEGA,** v. de la République Dominicaine, au pied de la Cordillère centrale et à l'amont de la *dépression de la Vega Real ;* 52 000 hab. Bois. Tabac.

VÉGA, nom donné à l'étoile α de la Lyre*. Magnit. visuelle 0 (c'est l'étoile la plus brillante du ciel boréal). Distance 26,5 al.

VEGA (Ventura DE LA), poète espagnol (Buenos Aires 1807 - Madrid 1865), auteur de poésies lyriques et de comédies de mœurs (*Hombre de mundo,* 1845).

VEGA CARPIO (Félix Lope DE), écrivain espagnol (Madrid 1562 - *id.* 1635). Des satires, composées à la suite d'un amour malheureux, lui valent l'exil ; il participe peu après à l'expédition de l'Invincible Armada, puis se retire à Valence où, auprès de sa femme, il réunit une petite cour littéraire et écrit quelques-unes de ses meilleures œuvres. Autorisé à rentrer en Castille, il s'installe à Alba de Tormes où il écrit son roman pastoral *Arcadia* (1598). Rentré à Madrid (1596) après la perte de sa femme et de ses enfants, il y connaît diverses fortunes amoureuses, se remarie, et finit par recevoir les ordres en 1614, mais il connaîtra encore une vie passionnée. La majeure partie de la vie de Lope de Vega semble donc avoir été consacrée aux femmes, qu'il a évoquées dans ses 1 800 comédies, ses 400 *autos* et dans ses *loas.* Prenant ses sujets dans la Bible, la mythologie, les légendes orientales, les chansons populaires et les événements politiques (*Nouvel Art de faire la comédie,* 1609), il crée la formule définitive de la tragi-comédie : 3 actes ; 3 000 vers ; double interprétation tragique puis comique d'un fait, etc. Si ses comédies de mœurs constituent le meilleur de son œuvre (*l'Alcade* de Zalamea,* 1600 ; *Peribáñez y el comendador de Ocaña,* 1614 ; *l'Hameçon de Phénice,* 1617 ; *le Chien* du jardinier,* 1618 ; *Fuenteovejuna,* 1618 ; *la Dorothée,* 1632 ; *le Cavalier d'Olmédo,* écrite avant 1606, publiée en 1641), Lope de Vega a également donné des drames d'inspiration médiévale biblique (*la Hermosa Ester,* 1610) ou mystique (*le Romancero spirituel,* 1619).

VÉGÈCE, en lat. **Flavius Vegetius Renatus,** écrivain militaire latin (fin IVe s. apr. J.-C.-début Ve s.), auteur d'un *Traité de l'art militaire* dans lequel il étudie notamment les armées romaines.

VÉGÉTAL, E, AUX adj. (lat. médiév. *vegetalis,* du bas lat. *vegetare,* croître). **1.** Relatif aux végétaux, aux plantes : *La vie végétale.* — **2.** Composé de plantes, extrait de plantes : *Huile végétale.* — **3.** *Règne végétal,* grande division des êtres vivants, à côté du *règne animal.* (Les limites du règne végétal sont imprécises : au sens le plus large, il englobe tous les êtres vivants, même aussi simples que des virus, et ne laisse en dehors que les animaux au sens strict du mot ; plus souvent, on le restreint aux espèces non animales pluricellulaires, et on rassemble tous les unicellulaires dans un troisième règne vivant.)

◆ **végétal** n. m. Être vivant généralement chlorophyllien et fixé au sol, doué d'une sensibilité et d'une mobilité extrêmement discrètes, capable de se nourrir principalement ou exclusivement de sels minéraux et de gaz carbonique, et dont les cellules sont habituellement limitées par des membranes squelettiques de nature cellulosique. (De vastes groupes sans chlorophylle [champignons, bactéries] sont cependant rangés parmi les végétaux.)

ENCYCL. **Bot.** Les cellules des végétaux ont une membrane cytoplasmique doublée extérieurement d'une paroi cellulosique épaisse, peu perméable, capable de subsister longtemps après la mort et qui peut s'imprégner de divers composés organiques (lignine, subérine, cutine, etc.). Les cellules vivantes peuvent contenir des « plastes* » (grains de chlorophylle, d'amidon ou de pigments divers). Leurs vacuoles, très développées, s'accroissent et se réunissent souvent rapidement, rejetant le cytoplasme vers les parois et conduisant finalement la cellule à sa mort. Cependant, un tissu mort (bois de « cœur », par ex.) contribue, d'une façon importante, au soutien des parties vivantes du végétal. La morphologie des végétaux permet de distinguer les thallophytes*, plantes très peu différenciées, sans racines ni tiges, constituées par un thalle, et les cormophytes*, plantes avec racines et tiges et possédant un ensemble de rameaux feuillés, à cellules différenciées formant notamment les vaisseaux conducteurs. Les thallophytes sont le plus souvent couchées sur le sol (champignons, lichens, hépatiques) ou soutenues par le milieu aquatique (algues). Les cormophytes possèdent des axes verticaux croissant vers le haut, selon trois grands « ports » : arborescent, buissonnant, herbacé. Plus rarement, la plante forme une liane, très longue tige rampante ou volubile, ou une rosette de feuilles sans tige (pissenlit).

• *Physiologie.* Tous les végétaux ont de vastes surfaces (thalle, mycélium, racines) permettant une absorption* très rapide de l'eau, des ions minéraux et, éventuellement, chez les plantes parasites et saprophytes, des substances organiques dissoutes. Seules les plantes vertes (chlorophylliennes) captent l'énergie lumineuse (photosynthèse*), ce qui leur permet d'effectuer des synthèses organiques de glucides, de corps gras et de protéines qui font d'elles les nourrices du monde vivant tout entier. Mais les plantes perdent, par respiration*, transpiration*, sécrétions* diverses et par la mort de certains organes (feuilles d'automne), une partie des substances précédemment synthétisées.

• *Reproduction.* V. ce mot.

VÉGÉTALIEN, ENNE ou **VÉGÉTALISTE** adj. et n. Relatif au végétalisme ; adepte du végétalisme.

VÉGÉTALISME n. m. Régime des personnes qui se nourrissent exclusivement de végétaux.

VÉGÉTARIEN, ENNE adj. et n. Relatif au végétarisme ; adepte du végétarisme.

VÉGÉTARISME n. m. Système d'alimentation dans lequel on supprime toutes les espèces de viandes mais non certains aliments d'origine animale [œufs, lait, beurre, fromage, miel] qui sont proscrits dans le végétalisme*.

VÉGÉTATIF, IVE adj. (lat. médiév. *vegetativus,* du bas lat. *vegetare,* croître). **1.** Se dit des fonctions biologiques assurant le maintien de l'homéostasie interne du corps (respiration, circulation, sécrétions glandulaires, digestion, thermorégulation). [Le contrôle de ces fonctions est assuré par le système nerveux végétatif.] (→ *encycl.*) — **2.** Qui se limite à l'entretien des fonctions vitales sans faire intervenir les facultés intellectuelles : *Vie végétative.* — **3.** *État végétatif,* coma chronique dans lequel le malade a gardé la possibilité de respirer, de déglutir, mais est supposé n'avoir plus aucune conscience du monde extérieur et aucune possibilité de communiquer avec lui. ‖ *Noyau végétatif,* structure nerveuse appartenant au système nerveux central et assurant le contrôle de la vie végétative. ‖ *Organes végétatifs,* ensemble des racines, des tiges et des feuilles (par oppos. aux *organes reproducteurs* que sont les fleurs). ‖ *Période végétative,* saison de croissance des plantes. ‖ *Point végétatif,* méristème terminal d'un organe en voie de croissance. ‖ *Système nerveux végétatif,* partie du système nerveux impliquée dans le contrôle des viscères et de la vie végétative. (Syn. SYSTÈME NERVEUX AUTONOME.).

ENCYCL. **Neurol.** Le *système nerveux végétatif* comporte : un système périphérique effecteur et récepteur, comprenant le système sympathique et le système parasympathique ; un système central de commande, comportant la formation réticulée du tronc cérébral (avec les structures de commande de la respiration, de la circulation : cœur et pression artérielle) et des centres hypothalamiques réglant la fonction d'alimentation. Ce système est en relation avec d'autres structures nerveuses, notamment le système limbique et le cortex cérébral.

VÉGÉTATION n. f. (bas lat. *vegetatio*). **1.** Fait, pour une plante, de végéter. — **2.** Ensemble des plantes, des formations végétales qui peuplent un même lieu. — **3.** Lésion papillomateuse pathologique qui s'élève irrégulièrement sur la peau, les muqueuses ou les organes, à la façon d'une tête de chou-fleur ou des doigts d'une taupe. ‖ *Végétation vénérienne,* syn. de CONDYLOME* ACUMINÉ.

◆ **végétations** n. f. pl. *Végétations adénoïdes,* hypertrophie des amygdales pharyngiennes, déterminant une gêne respiratoire par obstruction nasale.

VÉGÉTER v. i. (bas lat. *vegetare,* croître, du lat. class. *vegetus,* vigoureux) [conj. **18**]. **1.** En parlant d'une plante, croître et différencier des organes végétatifs (feuilles, rameaux), mais sans former de fleurs. — **2.** Ne pas progresser, rester à un niveau médiocre ; stagner : *Végéter dans un emploi subalterne.*

VEGHORÍTIS *(lac de)* ou **LAC D'OSTROVO,** lac de Grèce, en Macédoine ; 65 km².

VEGLIA → KRK.

VÉHÉMENCE n. f. (lat. *vehementia*). Caractère véhément de qqn, de qqch ; exaltation : *La véhémence d'une discussion.*

VÉHÉMENT, E adj. (lat. *vehemens, -entis*). Qui s'exprime avec emportement, fougue ; passionné, enflammé : *Un orateur véhément. De véhéments reproches.*

VÉHÉMENTEMENT adv. *Litt.* Avec violence, avec passion.

VÉHICULAIRE adj. (de *véhicule*). *Langue véhiculaire* ou *véhiculaire* (n. m.), langue de communication entre des communautés d'une même région ayant des langues maternelles différentes.

VÉHICULE n. m. (lat. *vehiculum*). **1.** Tout moyen de transport : *Véhicule à moteur.* — **2.** Ce qui sert à transmettre qqch ; vecteur : *La langue, véhicule de la pensée.* • **Arm.** *Véhicule de l'avant blindé (V. A. B.),* véhicule blindé à roues français en dotation dans l'infanterie depuis 1976. (Doté d'une capacité amphibie, il peut être équipé du missile Hot.) ‖ *Véhicule de combat d'infanterie (V. C. I.),* véhicule blindé à roues ou à chenilles, destiné à l'infanterie mécanisée (qui combat en véhicule). ‖ *Véhicule de transport de troupes (V. T. T.),* véhicule blindé à roues ou à chenilles, destiné à l'infanterie motorisée (qui combat à pied). — **Astronaut.** *Véhicule spatial,* engin spatial destiné principalement au transport d'une charge utile. — **Opt.** Système de lentilles ou de prismes redressant l'image dans une lunette d'observation terrestre. — **Pharm.** Excipient liquide. — **Relig.** Dans l'hindouisme, le bouddhisme et le jaïnisme, moyen de transport utilisé par un dieu, et caractéristique de ce dieu. ‖ *Grand véhicule,* tradition bouddhiste mahāyāna. ‖ *Petit véhicule,* tradition bouddhiste hīnayāna.

VÉHICULER v. t. (conj. 3). **1.** Transporter qqch au moyen d'un véhicule : *Véhiculer des marchandises.* — **2.** Être le support de la diffusion de qqch, le transmettre : *Un ouvrage qui véhicule une idéologie contestable.*

VÉHICULEUR n. m. Produit utilisé dans la teinture des textiles à base de polyester, pour accélérer la vitesse de diffusion des colorants dans la fibre, qui est particulièrement hydrophobe.

Vehme ou **Sainte-Vehme,** en all. *Femgericht,* nom donné à des tribunaux secrets actifs dès le XIe s. en Westphalie et qui se multiplièrent dans le Saint Empire pendant le Grand Interrègne (1250-1273). Tenant des séances secrètes, et probablement dominés par des bourgeois des villes, ils condamnaient les malfaiteurs et les chevaliers-brigands à la pendaison immédiate. Ces tribunaux disparurent progressivement à partir du XVe s. avec l'établissement des principautés territoriales modernes.

VEHMIQUE adj. Qui appartient à la Vehme.

VÉIES, en lat. **Veii,** en ital. **Veio,** ville étrusque d'Italie, située près du Tibre. Son apogée se situe aux VIIIe-VIe s. av. J.-C. Très proche de Rome, Véies fut pendant des siècles en lutte avec sa jeune rivale. De là diverses légendes, telle celle des 306 Fabius. Elle fut détruite après un long siège (405-395 ou 396-386 av. J.-C.). Elle continua d'être habitée et devint colonie sous César, puis municipe.
— **Archéol.** Vestiges de remparts, d'habitations et de plusieurs temples, dont celui de Minerve à Portonaccio qui a livré des terres cuites architectoniques, rares témoignages de la statuaire étrusque (Apollon, tête d'Hermès, etc., 510-490 av. J.-C.). Importante nécropole (tombes archaïques ornées de peintures murales).

VEIL (Simone), femme politique française (Nice 1927). Ministre de la Santé publique (1974-1979), chargée également de la Sécurité sociale (1976) puis de la Famille (1978), elle libéralisa l'accès à la contraception (1974) et fit voter la loi sur l'interruption volontaire de grossesse (1975). Député au Parlement européen de 1979 à 1993, elle en a été la présidente de 1979 à 1982. Elle a été ministre des Affaires sociales, de la Santé et de la Ville (1993-1995).

VEILLE n. f. (lat. *vigilia*). **1.** Action de monter la garde, en partic. de nuit : *Tour de veille.* — **2.** Action, fait de ne pas dormir aux heures généralement consacrées au sommeil : *De longues heures de veille réservées à l'étude.* — **3.** État de qqn qui est éveillé : *Être entre la veille et le sommeil.* — **4.** Journée qui précède celle dont on parle ou un événement particulier : *Nous sommes arrivés la veille au soir.* — **5.** *Veille technologique,* dans une entreprise, un organisme, etc., activité consistant à se tenir informé des innovations dans le secteur les concernant. — **6.** *À la veille de,* dans la période qui précède juste, juste avant : *La France à la veille de la Révolution ;* sur le point de : *Être à la veille de se marier.* ‖ *Veille aérienne,* mission de surveillance radar et électronique, confiée à des avions dotés de matériel spécifique. (→ *encycl.*)

ENCYCL. **Mil.** Les appareils affectés à la veille aérienne permettent d'accomplir des missions très variées : alerte avancée (détection d'avions ou de missiles balistiques intercontinentaux) en éventuelle coopération avec des satellites ; guidage des intercepteurs vers leurs objectifs ; surveillance du champ de bataille ; analyse de signaux émis par les systèmes adverses (radars, télécommunications, etc.) ; patrouille maritime ; repérage des moyens terrestres ennemis. Le Boeing E-3 Sentry (AWACS) et le Northrop Grumman E-8 Joint-STARS américains, le Beriev A-50 russe et le Dassault Atlantique 2 français peuvent effectuer ce type de missions.

VEILLÉE n. f. (de *veiller*). **1.** *Vx.* Temps passé après le repas du soir et avant le coucher : *Passer la veillée à jouer à la belote.* — **2.** Action de passer la soirée en groupe à des jeux, des chants, des discussions, etc. : *Faire une veillée en colonie de vacances.* — **3.** Action de veiller un malade, ou un défunt avant les obsèques. — **4.** *Veillée d'armes,* nuit de méditation qui précédait l'adoubement du chevalier ; veille pendant laquelle on se prépare psychologiquement à une action importante.

VEILLER v. i. (lat. *vigilare*) [conj. 4]. **1.** Ne pas aller dormir le soir, rester éveillé : *Veiller jusqu'à minuit.* — **2.** Être en état d'éveil, faire preuve de vigilance : *Les gardiens veillent.*

◆ v. t. ind. **1.** Porter ses soins attentifs sur qqch, qqn pour les protéger : *Veiller sur sa santé.* — **2.** Faire attention à qqch, s'en occuper : *Veillez à ce que cela ne se reproduise plus.*

◆ v. t. **1.** Passer la nuit au chevet de qqn, pour le surveiller dans son sommeil : *Veiller un malade.* — **2.** Passer la nuit près du lit où est couché un mort.

VEILLEUR, EUSE n. **1.** Soldat de garde. — **2.** *Veilleur de nuit,* garde de nuit d'un établissement public ou privé.

◆ **veilleuse** n. f. **1.** Petite lampe donnant une lumière qui ne gêne pas le sommeil. — **2.** Petite flamme d'un appareil à gaz ou à mazout qu'on peut laisser brûler pour permettre l'allumage automatique de l'appareil. — **3.** *Être en veilleuse, se mettre en veilleuse,* fonctionner au ralenti : *Depuis sa maladie, il s'est mis en veilleuse.*

◆ **veilleuses** n. f. pl. Feux de position d'un véhicule automobile.

VEINAGE n. m. Aspect décoratif du bois veiné.

VEINARD, E adj. et n. (de *veine*). *Fam.* Qui a beaucoup de chance.

VEINE n. f. (lat. *vena*). **1.** Vaisseau qui ramène le sang des organes vers le cœur, par opposition à l'*artère.* (→ *encycl.*) — **2.** Longue ligne colorée qui, dans une roche, diffère des parties voisines : *Veines du marbre.* — **3.** Filet coloré ou dessiné dans qqch : *Veines d'un cuir.* — **4.** Inspiration artistique, ressources de l'esprit : *La veine poétique.* — **5.** *Fam.* Chance, heureux hasard : *Quelle veine !* — **6.** Fam. *Être en veine, se sentir en veine,* être sous le coup de l'inspiration ; avoir de la chance au jeu. ‖ *Être en veine de,* être largement disposé à tel sentiment, tel comportement : *Être en veine de confidences.* • **Anat.** *Grande veine lymphatique,* tronc lymphatique inconstant qui se jette à droite dans le confluent des veines jugulaire interne et sous-clavière. — **Bois.** Vaisseau longitudinal du bois ; fibre. ‖ Dessin que forme, sur un débit ou un placage, la répartition de ces fibres ou la trace des zones colorées concentriques. ‖ *Veine rouge,* syn. de BOIS DE COMPRESSION*. — **Min.** Terme général pour filon, couche ou filon-couche. — **Phys.** Ensemble des filets d'un fluide groupés. — **Techn.** *Veine de soufflerie,* ensemble du conduit fermé où s'écoule l'air dans une soufflerie aérodynamique. — **Verr.** Défaut se présentant en fines stries dans la masse.

◆ **veines** n. f. pl. Image de ce qui contient la force de vie, le dynamisme : *Avoir du feu dans les veines.*

ENCYCL. **Anat.** Les veines sont formées de trois tuniques : endothéliale (interne), musculaire (moyenne) et conjonctive (externe) ; elles présentent de distance en distance des valvules qui empêchent le sang de retourner vers la périphérie. Tout le sang des veines vient aboutir à la *veine cave supérieure* et à la *veine cave inférieure ;* la *veine porte* reçoit le sang veineux des viscères abdominaux. Les veines *pulmonaires* reçoivent du poumon du sang rouge oxygéné.

VEINER v. t. (conj. 4). **1.** *Litt.* Dessiner sur qqch des lignes qui évoquent des veines : *Les nervures qui veinent une feuille.* — **2.** Donner à qqch l'aspect d'un bois, d'un marbre possédant des veines colorées : *Veiner un cuir de beige.*

◆ **être veiné** v. pass. **1.** Être parcouru de veines (de telle couleur) en parlant de certaines pierres, d'un bois : *Un marbre veiné (de rouge).* — **2.** Comporter des veines bien apparentes : *Bras à la peau veinée.*

VEINETTE n. f. (dimin. de *veine*). Brosse plate employée par les peintres décorateurs pour imiter les veines du bois ou du marbre.

VEINEUX, EUSE adj. **1.** Composé de veines. — **2.** *Sang veineux,* sang que les veines de la grande circulation ramènent vers le cœur.

VEINOSITÉ n. f. Petite veine superficielle visible sous la peau.

VEINULE n. f. (bas lat. *venula*). Veine de petite dimension.

VEINURE n. f. Aspect veiné du bois, du marbre, etc.

VEKSLER (Vladimir Iossifovitch), physicien soviétique (Jitomir 1907 - Moscou 1966). Spécialiste de la production des hautes énergies, il a donné le principe du synchrotron, imaginé un accélérateur d'électrons et dirigé la construction de l'accélérateur de Doubna.

VELA (Vincenzo), sculpteur suisse de l'école italienne (Ligornetto, Tessin, 1820 -*id.* 1891). Professeur à Turin, il a exécuté divers monuments pour cette ville. Son haut-relief des *Victimes du travail* (1883, galerie nationale d'Art moderne, Rome) unit préoccupation sociale et style « vériste ».

VÉLABRE (le), en lat. **Velabrum,** quartier de la Rome antique, construit sur un terrain marécageux entre le Palatin et le Capitole.

VÊLAGE n. m. (de *vêler*). **1.** Action de vêler, en parlant de la vache. (Syn. VÊLEMENT.) — **2.** Rupture, affectant une falaise de glace ou une barrière, dont se détachent des blocs ou des icebergs.

VÉLAIRE adj. et n. f. (de *voile 1*). Se dit d'un phonème dont le lieu d'articulation se situe dans la région du voile du palais ou du palais mou. (Ainsi, les voyelles postérieures, les occlusives [k] et [g].)

VÉLAMENTEUX, EUSE adj. (lat. *velamentum,* membrane anatomique). Qui a rapport aux membranes de l'œuf humain.

VÉLANÈDE n. f. (gr. mod. *belanidi,* du gr. class. *balanos,* gland). Nom commercial des cupules du vélani. (Syn. VALLONÉE.)

VÉLANI n. m. (gr. mod. *belanidi,* du gr. class. *balanos,* gland). Chêne de Grèce et d'Asie Mineure, au fruit renfermé dans une énorme cupule hérissée d'écailles (appelée vélanède ou vallonée), recherchée pour la teinture, le corroyage et la tannerie.

VÉLAR n. m. (lat. *vela,* cresson d'hiver). Nom usuel commun au sisymbre officinal et à l'erysimum.

VÉLARET n. m. Nom usuel du *sisymbre.*

VÉLARISATION n. f. (de *vélaire*). Déplacement du lieu d'articulation d'un phonème vers l'arrière de la cavité buccale (palais mou). Syn. anc. GUTTURALISATION.

VÉLARISER v. t. (conj. 3). Effectuer la vélarisation d'un phonème.

VELARIUM [-rjɔm] n. m. (lat. *velarium,* de *velum,* voile). Syn. de VELUM.

VELASCO (Luis DE), vice-roi espagnol (Carrión de los Condes, Espagne, v. 1511- Mexico 1564). Vice-roi de la Nouvelle-Espagne à partir de 1550, il prit diverses dispositions en faveur des Indiens (réglementation du travail, lutte contre l'esclavagisme).

VELASCO ALVARADO (Juan), général et homme d'État péruvien (Castilla 1910-Lima 1977), artisan du coup d'État militaire de 1968 et qui, jusqu'en 1975, dirigea un gouvernement nationaliste et réformiste.

VELASCO IBARRA (José María), homme d'État équatorien (Guayaquil 1893 - Quito 1979). Élu cinq fois président (1934, 1944-1947, 1952-1956, 1960-61, 1968-1972), il dut faire face à l'opposition constante de l'oligarchie et de l'armée.

VELATE ou **BELATE** *(col de),* col des Pyrénées espagnoles (Navarre), emprunté par la route de Pampelune à Bayonne ; 847 m.

VELAUX (13880), comm. des Bouches-du-Rhône, à 6 km au N.-N.-E. de Rognac ; 7 297 hab.

VELAY, ancienne province du Massif central, correspondant à la majeure partie du dép. de la Haute-Loire (arrondissements du Puy-en-Velay et d'Yssingeaux). [Hab. *Vellaves.*]

VELÁZQUEZ (Diego DE SILVA), dit en fr. **Vélasquez,** peintre espagnol (Séville 1599 - Madrid 1660). De père portugais et de mère andalouse, il se forme auprès de F. Pacheco, dont il épouse la fille en 1618. Tableaux religieux, portraits et scènes de genre de cette époque sévillane sont déjà d'une étonnante perfection (maniement de la lumière, vigueur du relief) dans leur registre, celui du ténébrisme caravagesque. Installé à Madrid en 1623, le jeune peintre va devenir l'artiste préféré de Philippe IV, et son serviteur (il est « huissier de la Chambre » en 1627). Au contact des peintures vénitiennes de la collection royale, puis grâce à un premier voyage en Italie (1629-1631), il fait subir à sa manière une évolution profonde, éclaircissant sa palette, allégeant sa touche, renouvelant l'iconographie et la composition de toiles destinées à la décoration des résidences royales : œuvres profanes (*la Reddition de Breda,* 1635, Prado) qui constituent une exception, magistrale, dans le Siècle d'or espagnol, portraits des membres de la famille royale, des nains et bouffons de la Cour. En 1649-1651, il prend prétexte d'une mission d'achat d'œuvres d'art pour retourner en Italie (portrait *d'Innocent X,* galerie Doria, Rome). Au cours de sa dernière période madrilène, le peintre parvient à un style encore plus libre, suggérant formes et matières à travers la vibration des taches de couleur, faisant montre d'une virtuosité unique dans le rendu de la lumière et de l'espace. Alors qu'il donne avec *les Ménines (las Meninas*)* et *les Fileuses* ses suprêmes chefs-d'œuvre (v. 1656-57, Prado), Velázquez peint beaucoup moins, absorbé par de lourdes tâches d'administration. Par-delà sa brillante maîtrise de l'espace figuratif classique, il est un précurseur que salueront les impressionnistes.

VELBERT, v. d'Allemagne (Rhénanie-du-Nord-Westphalie), dans la Ruhr, au S. d'Essen ; 95 000 hab. Centre industriel.

VELCHE ou **WELCHE** adj. et n. (all. *Welsch,* gaulois). Terme de mépris appliqué par les Allemands à tout ce qui est étranger, en particulier français et italien, ou par les Suisses alémaniques aux Romands.

VELCRO n. m. Nom déposé d'un type de fermeture contact.

VELD n. m. (néerl. *veld,* champ). Prairie tempérée d'Afrique du Sud dont les arbres sont exclus par suite d'une insuffisance des précipitations et de la rigueur des hivers.

Vél' d'Hiv *(rafle du)* [16-17 juill. 1942], arrestations de Juifs étrangers opérée à Paris, sur ordre des autorités allemandes, avec la collaboration de la police parisienne. Cette opération, menée dans le cadre de la politique nazie d'extermination des Juifs de toute l'Europe occupée, entraîna l'arrestation de 12 884 personnes (dont 5 802 femmes et 4 051 enfants), dont la plupart furent entassées dans l'enceinte du Vél' d'Hiv (vélodrome d'Hiver) avant leur déportation.

VELEBIT, chaîne dinarique calcaire de Croatie, dominant le littoral ; 1 758 m.

VÉLELLE n. f. (lat. sc. *velella,* du lat. class. *velum,* voile). Petit cnidaire marin siphonophore discoïdal, pourvu d'une sorte de voile triangulaire qui donne prise au vent quand l'animal flotte à la surface. (Les vélelles forment des bancs importants en surface par temps calme.)

VÊLEMENT n. m. Syn. de VÊLAGE.

VÊLER v. i. (anc. fr. *veel,* veau) [conj. **4**]. Mettre bas, en parlant de la vache.

VÊLEUSE n. f. Appareil destiné à faciliter le vêlage.

VÉLEZ DE GUEVARA (Luis), écrivain espagnol (Écija 1579 - Madrid 1644). Un des collaborateurs littéraires de Philippe IV et auteur de pièces de théâtre, il est célèbre pour son roman satirique *le Diable* boiteux* (1641), que Lesage imita en 1707.

VELHAS *(rio das),* riv. du Brésil, affl. du São Francisco (r. dr.) ; 1 135 km.

VELIČKOVIĆ (Vladimir), peintre yougoslave (Belgrade 1935). Depuis son installation en France (1966), ses toiles offrent le contrepoint d'un expressionnisme surréalisant et d'un simulacre scientifique (mesures, décomposition du mouvement) [série des « Gibets », 1968-1970, etc.].

VÉLIE n. f. (lat. sc. *velia*). Punaise presque sans ailes, qui poursuit ses proies en marchant à la surface des eaux calmes.

VÉLIGÈRE adj. (du lat. *velum,* voile). Qui est muni d'un voile (par ex. la larve véligère des mollusques).

VELIKIE LOUKI, v. de Russie, à l'O. de Moscou ; 102 000 hab. Carrefour ferroviaire et centre industriel.

VELIKO TĂRNOVO, TĂRNOVO ou **TIRNOVO,** v. de Bulgarie, sur le plateau prébalkanique ; 65 000 hab. Tărnovo fut la capitale du second Empire bulgare (1187-1393). Vestige d'un palais royal du XIIIe s. Églises médiévales et du XIXe s. Université. Centre touristique. Électronique. Textile.

VÉLIN n. m. (anc. fr. *veel,* veau). **1.** Peau de veau ou de mouton préparée pour l'écriture, la peinture, etc., plus lisse et plus fine que le parchemin ordinaire. — **2.** Papier de luxe fabriqué autref. pour imiter la blancheur et l'uni du vélin ; auj. papier ne présentant pas de vergeures. (Syn. PAPIER VÉLIN.) — **3.** *Toile vélin,* toile métallique employée dans les ateliers de la Banque de France pour estamper les signes et les lettres constituant le filigrane des billets de banque.

VÉLIPLANCHISTE n. (de *planche à voile*). Syn. de PLANCHISTE.

VÉLIQUE adj. (lat. *velum,* voile). **1.** Qui a rapport aux voiles. — **2.** *Point* ou *centre vélique,* point d'application de la résultante des forces exercées par le vent sur les voiles d'un navire.

VÉLITE n. m. (lat. *veles, -itis*). **1.** Dans l'armée romaine, soldat des troupes d'infanterie légère, au IIe et au début du Ier s. av. J.-C. — **2.** *Vélite de la garde,* jeune soldat appartenant à une école de cadres créée par Bonaparte dans la Garde des consuls, puis dans la Garde impériale en 1805, pour former les futurs gradés.

VÉLIVOLE ou **VÉLIVOLISTE** n. (lat. *velivolus,* qui marche à la voile). Personne qui pratique le vol à voile.

◆ adj. Relatif au vol à voile.

VÉLIZY-VILLACOUBLAY (78140), ch.-l. de cant. des Yvelines, à l'E. de Versailles ; 22 034 hab. *(Véliziens).* Aérodrome. Construction aéronautique. Électronique. Industrie automobile. Centre commercial.

— **Mil.** Base aérienne de Villacoublay, qui abrite notamment le commandement du transport aérien militaire (C. O. T. A. M.), le commandement des transmissions de l'armée de l'air et celui du génie de l'air.

VELLÉDA, prophétesse germaine, qui prédit la victoire de Civilis et des Bataves révoltés contre les Romains (69 apr. J.-C.). Après la défaite des insurgés, elle fut livrée aux Romains. Son personnage a inspiré à Chateaubriand un épisode des *Martyrs.*

VELLÉITAIRE adj. et n. (de *velléité*). Qui est incapable de s'en tenir à une décision prise.

VELLÉITÉ n. f. (lat. médiév. *velleitas*). Volonté de principe en général non suivie de réalisation : *Une velléité de se mettre au travail.*

VELLEIUS PATERCULUS, historien latin (v. 19 av. J.-C. - v. 31 apr. J.-C.). Son œuvre historique relate l'histoire de Rome depuis les origines.

VELLUR ou **VELLORE,** v. de l'Inde (Tamil Nadu), à l'O. de Madras ; 247 000 hab. Forteresse du XVIe s. enchâssant un temple du style de Vijayanagar.

VÉLO n. m. (abrév. de *vélocipède*). *Fam.* **1.** Bicyclette. — **2.** Sport, pratique de la bicyclette.

VÉLOCE adj. (lat. *velox, -ocis*). *Litt.* Qui se déplace très rapidement ; agile.

VÉLOCIMÉTRIE n. f. **1.** Mesure des vitesses. — **2.** *Vélocimétrie Doppler,* mesure de la vitesse de circulation du sang dans les vaisseaux grâce à l'effet Doppler.

VÉLOCIPÈDE n. m. (de *véloce* et *-pède*). Appareil de locomotion à deux roues et un siège, qui était mû grâce à des pédales fixées sur le moyeu de la roue avant. (C'est un ancêtre de la bicyclette.)

VÉLOCISTE n. (de *vélo*). Spécialiste de la vente et de la réparation des cycles.

VÉLOCITÉ n. f. (lat. *velocitas*). **1.** *Litt.* Grande rapidité dans le mouvement : *Courir avec vélocité.* — **2.** Extrême rapidité de mouvement exigée par l'exécution d'un morceau vocal ou instrumental.

VÉLOCROSS n. m. Vélo tout terrain analogue au bicross.

VÉLODROME n. m. (de *vélo,* sur *hippodrome*). Ensemble d'une piste (couverte ou non) réservée à la compétition cycliste et des installations attenantes (tribunes, vestiaires, etc.).

Vélodrome d'Hiver, en abrégé **Vél' d'Hiv,** ancienne salle de sports parisienne ouverte en 1910 dans le quartier de Grenelle, près de la Seine, démolie en 1959. C'est là, notamment, que se déroulaient les célèbres courses cyclistes des Six Jours. Ce fut, en 1942, le théâtre de la rafle du Vél'* d'Hiv.

VÉLOMOTEUR n. m. Motocyclette légère ou bicyclette équipée d'un moteur auxiliaire.

VÉLOMOTORISTE n. Personne qui utilise un vélomoteur.

VÉLO-PALATIN, E adj. (pl. *vélo-palatins, es*). Relatif au voile du palais.

VÉLOSKI n. m. Syn. de SKI-BOB.

VELOURS n. m. (anc. fr. *velous,* du lat. *villosus,* velu). **1.** Étoffe rase d'un côté et couverte de l'autre de poils dressés, très serrés, maintenus par les fils du tissu. (→ *encycl.*) — **2.** *Litt.* Ce qui est doux au toucher : *Une peau de velours.* — **3.** Ce qui produit un effet de douceur : *Une brune aux yeux de velours.* — **4.** Liaison incorrecte par substitution de *s* ou *z* à *t (ce n'est point-z-à moi).* — **5.** *À pas de velours,* sans faire de bruit en marchant. ‖ *Bois de velours,* bois du cerf récemment repoussés et couverts d'une peau veloutée. ‖ Vx. *C'est du velours,* c'est facile. ‖ *Faire patte de velours,* présenter sa patte en rentrant ses griffes, en parlant d'un chat ; cacher de mauvais desseins sous des dehors caressants. ‖ *Jouer sur le velours,* ne miser au jeu que ce qu'on a déjà gagné ou, fam., obtenir ce qu'on désire sans risques.

ENCYCL. **Text.** On distingue deux grandes catégories de velours, suivant que l'effet de velours est formé par les fils de trame ou par les fils de chaîne.

• *Les velours par trame* comprennent une seule chaîne et une seule trame ; mais certaines duites servent de liage, alors que d'autres forment l'effet de velours.

• *Les velours par chaîne* comprennent toujours deux chaînes différentes (la chaîne de fond, qui réalise le liage du tissu, et la chaîne de poil, qui forme l'effet de velours) et une seule trame.

VELOUTÉ n. m. (de *velours*). **1.** Caractère de ce qui est soyeux, doux au toucher : *Le velouté d'une étoffe.* — **2.** Caractère de ce qui est doux, agréable à l'ouïe, au goût : *Le velouté de la voix. Le velouté d'une crème.* — **3.** Potage à base de fond blanc, lié à l'œuf. — **4.** Sauce blonde à base d'un fond blanc, entrant dans la préparation de diverses sauces.

VELOUTEMENT n. m. *Litt.* Reflet et moelleux du velours ; aspect velouté.

VELOUTER v. t. (de *velours*) [conj. 3]. *Litt.* Donner à qqch l'apparence du velours.

◆ **être velouté** v. pass. **1.** Être doux, agréable au toucher : *La peau veloutée de la pêche.* — **2.** Être doux, moelleux, onctueux et agréable au goût : *Un vin velouté.* — **3.** *Papier velouté,* papier de tenture obtenu par flocage de fibres textiles sur un support enduit d'un adhésif.

VELOUTEUX, EUSE adj. Qui a le toucher, l'aspect du velours.

VELOUTIER n. m. Ouvrier qualifié conduisant un ou plusieurs métiers mécaniques en vue de la fabrication d'articles de velours.

VELOUTINE n. f. Étoffe de soie du XVIIIe s. souvent ornée de dessins brochés en or ou en argent.

VELPEAU (Alfred), chirurgien français (Parçay, Indre-et-Loire, 1795 - Paris 1867). Il a donné son nom à une bande de contention.

VELSEN, v. des Pays-Bas (Hollande-Septentrionale), à l'E. d'IJmuiden ; 58 000 hab. Sidérurgie. Chimie. Mécanique.

VELU, E adj. (bas lat. *villutus,* du lat. class. *villosus,* velu). Couvert de poils.

VELUM ou **VÉLUM** [velɔm] n. m. (lat. *velum,* voile). **1.** Pièce de tissu simulant un plafond et servant soit à diminuer la hauteur d'un local, soit à protéger un lieu du soleil. — **2.** Grand voile que l'on étendait au-dessus des spectateurs, dans les théâtres et amphithéâtres romains. (Syn. VELARIUM.) — **3.** Repli annulaire interne du bord de l'ombrelle chez les méduses craspédotes, assurant la locomotion par ses contractions régulières. (Syn. VOILE.)

VELUWE, région de collines (107 m) des Pays-Bas, entre l'IJsselmeer et la vallée du Rhin. C'est une lande en cours de reboisement. Parc national (musée Kröller-Müller).

VELVENTINE ou **VELVANTINE** n. f. (de *velvet*). Velours de coton uni.

VEMA *(zone de fracture),* ensemble des reliefs accidentés décalant d'environ 250 km vers l'E. l'axe de la dorsale médio-atlantique à la latitude de 11° N. (profondeur maximale 5 210 m).

VENACO n. m. (de *Venaco,* n. pr.). Fromage au lait de chèvre, à croûte molle lavée, fabriqué en Corse.

VENAISON n. f. (lat. *venatio,* chasse). Chair comestible de gros gibier.

VENAISSIN *(Comtat)* → COMTAT.

VÉNAL, E, AUX adj. (lat. *venalis*). **1.** Qui est relatif à une transaction commerciale : *Valeur vénale d'un produit.* — **2.** Qui s'acquiert, se donne à prix d'argent : *L'amour vénal.* — **3.** Qui est prêt à se vendre par intérêt, que l'on peut corrompre.

VÉNALEMENT adj. *Litt.* De façon vénale.

VÉNALITÉ n. f. (bas lat. *venalitas,* du lat. class. *venalis,* vénal). **1.** Caractère de ce qu'il est possible d'acquérir à prix d'argent : *La vénalité des charges.* — **2.** Caractère de qqn qui est prêt à se vendre par intérêt. — **3.** *Vénalité des offices,* faculté pour le titulaire d'un office d'indiquer son successeur, moyennant le versement par celui-ci d'un capital correspondant à la valeur vénale estimée de l'office. (Dès la fin du XVe s. et jusqu'en 1789, les offices furent ainsi considérés comme négociables et transmissibles héréditairement.)

VENANCE FORTUNAT *(saint),* poète latin chrétien et évêque de Poitiers (Trévise v. 530 - Poitiers apr. 600). La liturgie chrétienne a adopté dans le bréviaire romain deux de ses hymnes, le *Pange lingua* et le *Vexilla regis.*

VENANT, E adj. *Arbre mal venant,* dans une forêt, arbre ne satisfaisant pas aux normes de la sylviculture.

◆ **venant** n. m. *À tout venant,* au premier venu ; à toute occasion, à tout le monde : *Ouvrir sa bourse à tout venant.*

VENAREY-LÈS-LAUMES (21150), ch.-l. de cant. de la Côte-d'Or, dans l'Auxois ; 3 620 hab. Produits laitiers. Métallurgie.

VENASQUE (84210), comm. de Vaucluse, à 12 km au S.-E. de Carpentras ; 789 hab. Anc. évêché du Comtat, qui a donné son nom au Comtat Venaissin. Petite église romane ayant pour annexe une chapelle quadrilobée du XIe s.

VENCE (06140), ch.-l. de cant. des Alpes-Maritimes, à l'O. de Nice ; 15 354 hab. *(Vençois).* Restes d'enceinte du XIIIe s. Anc. cathédrale reconstruite au XIe s., très remaniée par la suite. Chapelle du Rosaire (1950), conçue et décorée par Matisse. Centre commercial, touristique et artisanal.

VENCESLAS *(saint),* en tchèque **Václav,** duc (924-935) et saint patron de la Bohême (? 907 - Stará Boleslav 935). Petit-fils de Ludmila, qui avait été baptisée dans le rite slave, il fut élevé chrétiennement. Au pouvoir à partir de 924, il fut assassiné par son frère Boleslav le Cruel. Il fut aussitôt canonisé.

VENCESLAS Ier (1205 - Beroun 1253), roi de Bohême (1230-1253), fils aîné et successeur de Otakar Ier Přemysl. — **Venceslas II** (1271 - Prague 1305), roi de Bohême (1278-1305) et de Pologne (1300-1305), fils et successeur de Otakar II Přemysl. — **Venceslas III** (1289 - Olomouc 1306), roi de Hongrie (1301-1305), de Pologne, puis de Bohême (1305-06), fils et successeur de Venceslas II et dernier des Přemyslides. — **Venceslas IV** (Nuremberg 1361 - Prague 1419), roi de Bohême (1378-1419), margrave de Brandebourg (1373-1378), roi des Romains (1376-1400), duc de Luxembourg (1383-1419). Fils de l'empereur Charles IV, il fut confronté après la mort de celui-ci (1378) au schisme d'Occident qui venait d'éclater et à propos duquel sa politique fut indécise. Mécontents, les princes allemands, soutenus par le pape Benoît XIII, le déposèrent en 1400. Il tenta vainement de reprendre l'Empire. Demeuré roi de Bohême, il adopta une attitude de neutralité bienveillante à l'égard du mouvement hussite naissant.

VENDA, anc. bantoustan d'Afrique du Sud (supprimé en 1994). Devenu « indépendant » en nov. 1979, il couvrait 6 500 km² et comptait 514 000 hab. Cap. *Thohoyandou.*

VENDABLE adj. Qui peut être vendu.

VENDANGE n. f. (lat. *vindemia,* de *vinum,* vin, et *demere,* récolter). **1.** Récolte du raisin destiné à produire du vin ; le raisin récolté : *Faire la vendange, les vendanges.* — **2.** Temps de la récolte du raisin (surtout pl.) : *Pendant les vendanges.*

VENDANGEABLE adj. En état d'être vendangé.

VENDANGEOIR n. m. Hotte ou panier de vendangeur.

VENDANGEON ou **VENDANGERON** n. m. Syn. de AOÛTAT.

VENDANGER v. t. (lat. *vindemiare*) [conj. **17**]. Récolter le raisin d'une vigne.
◆ v. i. **1.** Faire la vendange. — **2.** *Machine à vendanger,* syn. de VENDANGEUSE.

VENDANGEUR, EUSE n. Personne qui fait la vendange.
◆ **vendangeuse** n. f. **1.** Machine automotrice pour la récolte du raisin, dotée de batteurs agissant sur les souches pour en faire tomber les grains de raisin qui sont ensuite nettoyés. (Syn. MACHINE À VENDANGER.) — **2.** Nom usuel de la *sternbergie.*

VENDAS ou **BAVENDAS,** population bantoue d'Afrique du Sud, comptant environ 250 000 membres.

VENDÉE (85), dép. de la Région Pays de la Loire ; ch.-l. de dép. *La Roche-sur-Yon ;* ch.-l. d'arrond. *Fontenay-le-Comte, Les Sables-d'Olonne ;* 3 arrond. ; 31 cant. ; 283 comm. ; 6 720 km² ; 509 356 hab. *(Vendéens).* Le dép. appartient à l'académie de Nantes, à la cour d'appel de Poitiers, à la région militaire Atlantique.
Le Bocage vendéen occupe la majeure partie du département. Il est formé de hauteurs dominant des plateaux où les céréales ont reculé devant l'élevage et les plantes fourragères. Cette région sépare le Marais breton, transformé en polder (élevage de bovins et de volailles), du Marais poitevin (où se retrouve le même type d'économie, avec apparition de cultures sur les terres relativement hautes), qui est prolongé à l'E. par la Plaine, où l'élevage bovin (pour le lait) a progressé aussi aux dépens des cultures céréalières. Le littoral est animé par la pêche, l'ostréiculture, la mytiliculture et le tourisme estival (Les Sables-d'Olonne, Saint-Jean-de-Monts, îles d'Yeu et de Noirmoutier). L'industrie s'est développée (constructions mécaniques et électriques, alimentation, mobilier), malgré la faiblesse de l'urbanisation.

Vendée *(guerre de),* insurrection contre-révolutionnaire de Vendée qui a duré de 1793 à 1796 et a causé près de 500 000 morts. Les paysans de Vendée, Loire-Inférieure et Maine-et-Loire se soulèvent, à partir du 10 mars 1793, à l'occasion de la levée de 300 000 hommes votée par la Convention (23 févr.), qui ne frappe pourtant que 18 000 d'entre eux. Sous l'autorité de roturiers (Cathelineau, Stofflet) ou de nobles (Bonchamps, Elbée, Lescure, La Rochejaquelein) s'organise une armée catholique et royale. Aidée par les émigrés et la première coalition, après avoir surpris les troupes républicaines, elle prend des villes (en mars, Cholet ; en juin, Saumur, Angers ; en mai, Bressuire, Thouars, Parthenay, Fontenay). Les généraux républicains échouent contre un adversaire qui se dilue dans le bocage, et seul le renfort des « Mayençais » de Kléber permet une victoire décisive à Cholet (17 oct. 1793). L'insurrection qui n'a pas cessé dans le Marais (fief de Charette) reprend, à l'initiative de Stofflet et de La Rochejaquelein, dans les Mauges, puis s'étend partout après l'échec et le massacre de Quiberon (juin 1795). Mais les vendéens ne peuvent tenir devant Hoche qui fait fusiller Stofflet (févr. 1796) et Charette (mars 1796).

VENDÉEN, ENNE adj. et n. **1.** De Vendée. — **2.** *Mouton vendéen,* race ovine de grande taille, prolifique, en forte extension dans le Centre-Ouest.
◆ n. Pendant la Révolution, insurgé royaliste des provinces de l'Ouest.

VENDÉMIAIRE n. m. (lat. *vindemia,* vendange). Premier mois de l'année républicaine, commençant à l'équinoxe d'automne (suivant les années le 21, le 22 ou le 23 septembre) et finissant le 21, le 22 ou le 23 octobre.

vendémiaire an IV *(journée du* **13***)* [5 octobre 1795], journée insurrectionnelle royaliste parisienne provoquée par le décret « des deux tiers » (30 août) visant à maintenir dans la future assemblée deux tiers d'anciens conventionnels. Les insurgés furent dispersés par 4 000 soldats et 1 500 patriotes commandés par Barras, qui s'adjoignit Bonaparte.

VENDERESSE n. f. (fém. de *vendeur*). Femme qui effectue une vente et, plus spécialement, qui vend un immeuble. (N'est employé que dans certains actes et jugements.)

VENDES, autre forme de WENDES, nom all. des Sorabes* de Lusace.

VENDETTA [vɑ̃-] n. f. (ital. *vendetta,* vengeance). Dans certaines régions méditerranéennes (Corse, Sardaigne, Sicile), poursuite de la vengeance d'une offense ou d'un meurtre, qui se transmet à tous les parents de la victime.

VENDEUR, EUSE n. (de *vendre*). **1.** Personne physique ou morale qui procède à une vente, fait un acte de vente. (Le fém. peut être *venderesse*.) — **2.** Personne spécialement chargée de la vente, dans un magasin, une entreprise : *Vendeuse dans un grand magasin.* — **3.** Petit marchand de certains produits : *Vendeuse de légumes.*

◆ adj. et n. Qui désire vendre : *Je suis vendeur d'un terrain à bâtir.*

◆ adj. Qui fait vendre : *Un argument vendeur.*

VENDEUVRE-DU-POITOU (86380), comm. de la Vienne, à 21 km au N. de Poitiers ; 2 333 hab. Église romane et gothique. — Aux environs, vestiges d'une ville gallo-romaine aux *Tours Mirandes.*

VENDEUVRE-SUR-BARSE (10140), ch.-l. de cant. de l'Aube, dans la Champagne humide ; 2 846 hab. *(Vendeuvrois).* Château des XIIe-XVIIe s., église remontant au début du XVIe. Menuiserie industrielle.

VENDIN-LE-VIEIL (62880), comm. du Pas-de-Calais, à 6 km au N.-N.-E. de Lens ; 6 954 hab. *(Vendinois).* Industrie chimique.

VENDÔME n. m. (de *Vendôme,* n. pr.). Fromage de vache du val de Loire, affiné dans la cendre.

VENDÔME (41100), ch.-l. d'arrond. de Loir-et-Cher, sur le Loir ; 18 359 hab. *(Vendômois).* Ruines féodales. Porte fortifiée du XIVe s. Église de la Trinité, anc. abbatiale des XIe-XVIe s., avec remarquable clocher roman (XIIe s.) et façade flamboyante (début du XVIe s.) ; musée dans les bâtiments abbatiaux. Imprimerie. Fromagerie. Ganterie. La ville s'est développée à partir du XIe s. avec la construction de l'abbaye bénédictine de la Trinité.

VENDÔME (Charles, *cardinal* DE) → BOURBON (1560-1594).

VENDÔME (César DE BOURBON, *duc* DE), prince français (Coucy-le-Château-Auffrique 1594 - Paris 1665), fils légitimé d'Henri IV et de Gabrielle d'Estrées. Il participa aux révoltes des Grands sous la régence de Marie de Médicis, au complot de Chalais (1626), qui lui valut la prison et l'exil, et à la cabale des Importants (1643). Il battit la flotte espagnole devant Barcelone (1655). — Son fils aîné LOUIS **de Bourbon,** duc **de Mercœur** puis (1665) **de Vendôme** (Paris 1612 - Aix-en-Provence 1669), épousa Laure Mancini (1651). Veuf (1657), il entra dans les ordres et devint cardinal (1667) et légat a latere en France. — Le fils aîné de Louis, LOUIS JOSEPH **de Bourbon,** duc **de Penthièvre** et **de Mercœur** puis (1669) **de Vendôme** (Paris 1654 - Vinaroz 1712), lieutenant général (1688), général des galères (1694), prit Barcelone (1697), subit avec le duc de Bourgogne la défaite d'Oudenaarde (1708) et gagna la bataille de Villaviciosa (1710). — Le frère de Louis Joseph, PHILIPPE **de Bourbon,** dit **le Prieur de Vendôme** (Paris 1655 - *id.* 1727), chevalier de Malte (1666), élu grand prieur de France, lieutenant général (1693), fut disgracié pour son rôle négatif à la bataille de Cassano (1705).

Vendôme *(place),* à Paris (Ier arrond.) La construction de cette place royale, décidée en 1686 à l'initiative de Louvois, fut menée pour l'essentiel sur les plans de J. H.-Mansart, à partir de 1699. Appelée place *Louis-le-Grand* et ornée d'une statue équestre de Louis XIV par Girardon, elle reçut son nouveau nom en 1799 et la statue, abattue en 1792, fut remplacée sous l'Empire par la *colonne Vendôme* (imitée de la colonne Trajane et commémorant la victoire d'Austerlitz).

VENDÔME (Jean), joaillier français (Lyon 1930). Pionnier du bijou contemporain, s'écartant avec audace des formes traditionnelles, il travaille le métal avec le souci de faire écho à la nature des pierres.

VENDÔMOIS, pays de l'ancienne province de l'Orléanais, dont le centre est la vallée du Loir. V. princ. *Vendôme.* Rattaché au domaine royal en 1214, il passa au XIVe s. à la maison de Bourbon, fut érigé en duché en 1515 et revint à la couronne en 1712.

VENDRE v. t. (lat. *vendere*) [conj. **73**]. **1.** Céder la propriété de qqch à qqn, en échange d'une certaine somme d'argent : *Il m'a vendu 500 francs son vélomoteur.* — **2.** Faire le commerce de qqch : *Le boucher vend de la viande.* — **3.** Faire commerce de qqch, de personnes contre des bénéfices, sans souci moral : *Vendre son corps, son talent. Vendre de la drogue.* — **4.** *Fam.* Trahir qqn, un groupe, les dénoncer contre de l'argent ou un avantage quelconque : *Vendre ses complices à la police.* — **5.** *Fam.* Convaincre le public de qqch, faire passer, accepter une idée, un projet grâce à des moyens publicitaires.

◆ **se vendre** v. pr., **être vendu** v. pass. **1.** Être en vente, faire l'objet d'une transaction commerciale : *Le terrain à Paris se vend cher.* — **2.** Se mettre au service de qqn pour un avantage, sans souci moral ; être corrompu, vénal : *Se vendre à l'ennemi.*

◆ **se vendre** v. pr. **1.** Être échangé, acquis ou donné contre de l'argent : *Tout se vend et tout s'achète.* — **2.** Faire commerce de son corps ; se prostituer. — **3.** Accepter de prêter son concours, sa voix, son talent, etc., pourvu qu'il y ait bénéfice.

VENDREDI n. m. (lat. *Veneris dies,* jour de Vénus). **1.** Cinquième jour de la semaine. — **2.** *Vendredi* *saint,* vendredi de la semaine sainte, jour anniversaire de la mort de Jésus-Christ.

Vendredi, personnage de *Robinson* Crusoé* de Daniel Defoe. Arraché à la mort par Robinson, il devient son fidèle compagnon.

1. VENDU → VENDRE.

2. VENDU, E n. *Pop.* Personne qui a aliéné sa liberté, qui a trahi ou accepté certaines compromissions pour de l'argent.

VENELLE n. f. (dimin. de *veine*). Ruelle.

VENELLES (13770), comm. des Bouches-du-Rhône, banlieue nord d'Aix-en-Provence ; 7 076 hab. Matériel d'irrigation.

VÉNÉNEUX, EUSE adj. (bas lat. *venenosus*). **1.** Se dit des animaux et des plantes dont l'ingestion, voire le simple contact, provoque des troubles, éventuellement mortels. — **2.** Se dit d'une substance qui contient un poison. — **3.** *Litt.* Qui est empreint de méchanceté : *Des pensées vénéneuses.*
ENCYCL. **Biol.** Nombreux sont les champignons mortels (amanites phalloïde, vireuse, printanière, cortinaire des montagnes), dangereux (fausse oronge), ou vénéneux dans certaines conditions seulement. Parmi les plantes supérieures vénéneuses, souvent d'usage médical à faible dose, citons la ciguë (ombellifère), la belladone et la jusquiame (solanacée), la digitale (scrofulariacée), le strychnos (loganiacée), etc. Les animaux vénéneux sont plus rares.
— **Pharm.** Les substances vénéneuses peuvent être d'origine végétale, animale ou minérale ; bénéfiques à certaine dose, elles ne deviennent un poison que lorsque celle-ci est dépassée. Elles sont classées en produits dangereux, toxiques et stupéfiants. Les listes de ces trois catégories constituent les tableaux*.

Venera (mot russe désignant Vénus), famille de sondes spatiales soviétiques destinées à l'étude rapprochée de la planète Vénus. Venera 1, lancée le 12 févr. 1961, fut la première sonde spatiale envoyée en direction d'une planète du système solaire, mais tomba en panne quelques semaines après son départ. Venera 4, en 1967, réalisa les premières mesures de pression et de température dans l'atmosphère de la planète. Venera 8, en 1972, fut le premier engin à fonctionner sur le sol d'une autre planète. Venera 9 et 10, en 1975, transmirent les premières photographies du sol vénusien. Venera 15 et 16, en 1983, se satellisèrent autour de Vénus pour en observer la surface au moyen de radars à balayage latéral.

VÉNÉRABLE adj. (lat. *venerabilis*). **1.** Qui est digne d'être respecté en raison de son âge : *Une vénérable institution.* — **2.** Se dit de qqn dont la vie exemplaire justifie l'étude de la cause de béatification. — **3.** *D'âge vénérable,* très vieux.
◆ adj. et n. m. Président d'une Loge maçonnique. (On dit aussi VÉNÉRABLE MAÎTRE.)

VÉNÉRABLEMENT adv. *Litt.* De façon vénérable.

VÉNÉRATION n. f. (lat. *veneratio*). **1.** Respect profond que l'on a pour qqn : *Regarder quelqu'un avec vénération.* — **2.** Sentiment de piété, d'adoration, de respect mêlé de crainte, pour les choses saintes : *Professer une profonde vénération pour les reliques d'un saint.*

VÉNÉRÉOLOGIE n. f. (de *vénérien*). Partie de la médecine qui étudie et traite les maladies vénériennes.

VÉNÉRER v. t. (lat. *venerari*) [conj. **18**]. **1.** Rendre à Dieu, à un saint le culte qui lui est dû. — **2.** Éprouver pour qqn, qqch un attachement profond : *Vénérer ses ancêtres.*

VÉNÉRICARDE n. f. (lat. sc. *venericardium,* cœur de Vénus). Beau mollusque bivalve, dont la coquille cordiforme, épaisse, solide, est ornée de grosses côtes rayonnantes.

VÉNÉRIDÉ n. m. (lat. *Venus, -eris,* Vénus). Nom de famille de mollusques bivalves ayant pour type le genre *venus,* ou praire.

VÉNERIE n. f. (anc. fr. *vener,* chasser, du lat. *venari*). **1.** Art de chasser avec des chiens courants des animaux sauvages, tels que le cerf, le chevreuil, le sanglier, le lièvre, le renard. (Syn. CHASSE À COURRE.) — **2.** Autref., administration des officiers de chasse d'un souverain.
ENCYCL. La vénerie, aux règles codifiées, a pour objet de poursuivre à courre le gibier et de le forcer à se rendre. Un équipage de vénerie se compose d'un maître d'équipage, de piqueurs et de valets de limiers, qui, avec l'aide des chiens, repèrent l'animal de chasse. Les équipages sont constitués en sociétés dites « rallyes ».

VÉNÉRIEN, ENNE adj. (lat. *venerius,* relatif à Vénus). **1.** *Vx.* Relatif à la copulation, à l'union des sexes : *L'acte vénérien.* — **2.** *Maladie vénérienne,* maladie contagieuse qui se contracte et se communique par les rapports sexuels. (La syphilis, les gonococcies, le chancre mou, la maladie de Nicolas-Favre sont les principales maladies vénériennes.) [Ce terme tend à être remplacé par celui de MALADIE SEXUELLEMENT* TRANSMISSIBLE.]

VÉNÈTE n. m. Langue indo-européenne parlée dans le nord-est de l'Italie avant l'ère chrétienne et rattachée soit au groupe italique, soit au groupe illyrien.

VÉNÈTES, en lat. **Veneti,** nom porté, dans l'Antiquité, par des peuples divers, les mieux connus étant les Vénètes de l'Adriatique (qui ont laissé leur nom à la Vénétie), et les Vénètes de l'Armorique (qui ont laissé leur nom au Vannetais). Ceux-ci, marins, transportaient l'étain et les esclaves de la Bretagne insulaire. Ils furent battus sur mer par César en 56 av. J.-C.

VÉNÉTIE, en ital. **Venezia,** région historique de l'Italie du Nord-Est, adossée aux Alpes au N., au lac de Garde à l'O., au Pô au S., mais largement ouverte sur l'Adriatique au S.-E. On y distingue la *Vénétie Euganéenne* (en ital. *Veneto*), qui forme la plus grande partie de la région, la *Vénétie Tridentine,* au N., et la *Vénétie Julienne,* à l'E., unie au Frioul. Peuplée à l'origine par des Vénètes, intégrée à l'Italie romaine (IIe s. av. J.-C.), la Vénétie fut envahie par les Ostrogoths (Ve s.), puis par les Lombards (VIe s.) et les Carolingiens (VIIIe s.). Des communes telles que Padoue et Vérone s'y développèrent et furent absorbées dans les États de Terre Ferme de Venise (XVe s.). Cédée à l'Autriche (traité de Campoformio (1797), incorporée par Napoléon Ier au royaume d'Italie (1805), la Vénétie entra dans le royaume lombard-vénitien (1815) avant d'être unie à l'Italie (1866). En 1947, une partie de la Vénétie orientale (Julienne) fut rattachée à la Yougoslavie.

VÉNÉTIE, en ital. **Veneto,** région de l'Italie du Nord, englobant les provinces de Belluno, Padoue, Rovigo, Trévise, Venise, Vérone et Vicence ; 18 364 km² ; 4 363 157 hab. Cap. *Venise.* Entre le lac de Garde, le Pô, les Alpes et l'Adriatique, la région s'étend sur les Alpes (Dolomites), les collines et la plaine du Pô. Elle associe une agriculture diversifiée (blé, maïs, betterave, vigne, fruits et légumes) à des industries traditionnelles (carrières, coton, meubles) et modernes (laine, métallurgie, pétrochimie) et au tourisme, balnéaire et culturel (Venise, Vérone, Padoue, Vicence).

VÉNÉTIE JULIENNE, en ital. **Venezia Giulia,** petite région d'Italie, formée des provinces de Trieste et Gorizia (678 km² ; 418 000 hab.), partie de l'ensemble *Frioul-Vénétie* Julienne,* dont elle représente moins du dixième de la superficie, mais concentre (grâce à Trieste) plus du tiers de la population.

VENETSIANOV (Alekseï Gavrilovitch), peintre russe (Moscou 1780 - Poddoubie, gouvern. de Tver, 1847), auteur de scènes de la vie paysanne d'un réalisme poétisé.

VENETTE n. f. (dimin. de l'anc. fr. *vesne,* vesse). *Pop.* et *vx.* Peur.

VENEUR n. m. (lat. *venator,* chasseur). **1.** Chasseur qui pratique la chasse à courre. — **2.** *Grand veneur,* chef de la vénerie d'un souverain. ‖ *Sauce grand veneur,* sauce poivrade additionnée d'un fond de gibier et de gelée de groseille.

VENEZIANO, surnom de divers peintres italiens → DOMENICO, LORENZO, PAOLO VENEZIANO.

VENÉZIS (Ilías), écrivain grec (Ayvalık, Anatolie, 1904 - Athènes 1973), auteur d'une trilogie sur le drame des réfugiés d'Asie Mineure (*Matricule 31.328,* 1931 ; *Sérénité,* 1939 ; *Terre éolienne,* 1943).

VENEZUELA, État de l'Amérique du Sud, sur la mer des Antilles ; 912 050 km² ; 22 300 000 hab. *(Vénézuéliens).* CAP. *Caracas.* LANGUE : *espagnol.* MONNAIE : *bolivar.*

Géographie.

• *Le milieu naturel.* Les Andes forment deux cordillères qui culminent au pic Bolívar (5 007 m) et encadrent le golfe de Maracaibo. Le centre est constitué par les Llanos, bassin sédimentaire drainé par les affluents de gauche de l'Orénoque, et bordé au nord par les chaînes Caraïbes, parallèles à la côte. L'Orénoque longe le rebord du massif guyanais, partie est du pays. Entre 1° et 12° de latitude Nord, le pays a un climat tropical : saison humide de mai à décembre, saison sèche de janvier à mai. Les pluies sont plus importantes au sud, domaine de la forêt amazonienne.

• *La population et l'économie.* La population, dont la croissance est encore forte (plus de 2 % par an), est inégalement répartie. La région de Caracas regroupe près de 20 % d'une population urbanisée à 90 %. L'économie est dominée par l'extraction des hydrocarbures (pétrole et gaz naturel), provenant encore en partie de la région du lac de Maracaibo. En outre, les réserves sont très importantes. Le fer, l'or et la bauxite sont les autres ressources du sous-sol. La métallurgie du fer et de l'aluminium est en essor, de même que la pétrochimie. Dans les autres domaines, l'industrialisation reste modeste. L'agriculture, longtemps négligée, est en expansion, mais ne couvre pas les besoins du pays ; le maïs et le riz sont les principales cultures vivrières, complétées par l'élevage (surtout bovin). La réduction de l'inflation et une croissance plus soutenue n'ont pas résolu les graves problèmes sociaux (pauvreté, malnutrition, analphabétisme).
La grande dépendance par rapport au pétrole et une forte dette extérieure compromettent la lutte contre le chômage et les inégalités régionales. Les États-Unis restent le premier partenaire commercial.

Histoire.

1498 : La contrée est découverte par C. Colomb. Le pays est appelé Venezuela (« petite Venise ») par les conquérants espagnols, qui développent la culture du caféier et du cacaoyer.
1811 : Miranda proclame l'indépendance du pays.
Après l'échec de ce dernier, Simon Bolívar reprend la lutte contre les Espagnols et fonde

la « Grande Colombie » (Colombie, Venezuela) en 1819.
1821 : Les Espagnols sont vaincus à Carabobo.
1830 : Le Venezuela quitte la fédération de Grande Colombie.
1858-1870 : Le pays est confronté à une guerre civile.
1870-1887 : A. Guzmán Blanco laïcise et modernise l'État.
1910-1935 : Dictature de J. V. Gómez, qui bénéficie de l'essor de la production pétrolière.
1935-1941 : Sous la présidence de López Contreras s'amorce un processus de démocratisation.
1948-1958 : L'armée impose le général Marco Pérez Jiménez comme président.
1959-1964 : Rómulo Betancourt consolide les institutions démocratiques, malgré l'opposition des militaires conservateurs et d'une guérilla castriste. Il est remplacé par Raúl Leoni, à qui succède Rafael Rodríguez Caldera (1969-1974).
1974-1979 : Sous la présidence de Carlos Andrés Pérez Rodríguez, l'industrie pétrolière est nationalisée.
1979-1984 : Présidence de Herrera Campins.
1984 : Jaime Lusinchi est élu président de la République.
1989 : C. A. Pérez Rodríguez revient au pouvoir.
1993 : Accusé de corruption, il est destitué.
1994 : R. Rodríguez Caldera retrouve la présidence de la République ; il doit faire face à une grave crise financière.

VENEZUELA *(golfe de),* golfe formé par la mer des Antilles, constituant le débouché du lac de Maracaibo. Exploitations pétrolières.

VÉNÉZUÉLIEN, ENNE adj. et n. Du Venezuela.

VENGEANCE n. f. **1.** Action de se venger, de se dédommager d'un affront, d'un préjudice : *Méditer une vengeance.* — **2.** Litt. *Crier, demander, réclamer vengeance,* demander avec insistance qu'un crime soit vengé ; être un témoignage frappant d'une criante injustice, d'un crime qui doit être vengé : *Le sang innocent crie vengeance.* ‖ *Tirer vengeance (de qqn, de qqch),* se venger. ‖ Litt. *Vengeance céleste, divine,* malheurs qui arrivent à un coupable, et que l'on considère comme une punition de Dieu.

VENGER v. t. (lat. *vindicare*) [conj. **17**]. **1.** Procurer réparation d'une offense, d'un préjudice en en punissant l'auteur : *Venger ses parents. Il vengera cette insulte.* — **2.** Constituer le dédommagement, la compensation d'un préjudice subi : *Ce succès le vengeait de ses échecs passés.*

◆ **se venger** v. pr. **1.** Obtenir pour soi réparation d'un acte jugé offensant : *Se venger d'une humiliation.* — **2.** Agir de façon à punir l'auteur de l'offense qu'on a reçue, lui rendre la monnaie de sa pièce : *Se venger d'un concurrent indélicat.* — **3.** Compenser un dommage subi en se procurant quelque autre satisfaction : *Il se vengeait en dénigrant les prix littéraires.* — **4.** Calmer sa colère par un comportement violent : *Il se venge sur le premier objet venu.*

VENGERON n. m. En Suisse, nom du gardon.

VENGEUR, ERESSE adj. et n. (bas lat. *vindicator*). Qui venge qqn, ses intérêts, qui est animé par l'esprit de vengeance.

◆ adj. *Litt.* Qui venge, qui sert la vengeance : *Un bras vengeur.*

VÉNIEL, ELLE adj. (bas lat. *venialis,* pardonnable, excusable, du lat. class. *venia,* pardon). **1.** Se dit d'un manquement à la volonté de Dieu, qui n'empêche pas l'orientation foncière de l'être vers Dieu dans la grâce. — **2.** *Litt.* Qui a peu de gravité : *Oubli véniel.*

VÉNIELLEMENT adj. *Litt.* D'une manière vénielle.

VENIMEUSEMENT adv. *Litt.* De manière venimeuse.

VENIMEUX, EUSE adj. (anc. fr. *venim,* venin). **1.** Se dit des animaux et des plantes qui peuvent injecter un venin à leurs prédateurs ou à leurs proies au moyen d'un organe vulnérant spécialisé : *Serpent venimeux.* — **2.** Se dit parfois d'animaux ou de plantes dont le venin n'est pas injecté mais dont le contact peut irriter ou intoxiquer. — **3.** Qui contient, qui peut sécréter du venin : *Organe venimeux.* — **4.** *Litt.* Qui est malveillant, méchant à l'égard des autres : *Lancer des paroles venimeuses.*

VENIN n. m. (lat. pop. **venimen,* du lat. class. *venenum,* poison). **1.** Liquide toxique sécrété par les organes de certains animaux et de certaines plantes, et pouvant être, en général, inoculé par piqûre ou par morsure. (→ *encycl.*) — **2.** *Litt.* Malveillance blessante et haineuse : *Regard chargé de venin.*

ENCYCL. Les venins ne sont connus chez les plantes qu'au cas exceptionnel où, comme l'ortie, elles peuvent l'inoculer. Au contraire, presque tous les embranchements animaux ont des espèces venimeuses : méduses, oursins, poulpes, cône, raies, vive et synancée, héloderme, nombreux serpents, ornithorynque mâle, scorpions, araignées, mille-pattes, enfin hyménoptères aculéates (abeilles, guêpes, fourmis).
Les substances toxiques des venins sont pour la plupart des protéines douées d'une action enzymatique rapide sur le sang ou le système nerveux, lorsqu'elles sont introduites par piqûre, morsure ou par le contact d'une plaie. En revanche, leur introduction buccale est inoffensive si les muqueuses ne comportent aucune plaie ou lésion. Tous les venins de serpent ont

une action accélératrice sur la coagulation, à l'exception de celui du cobra, qui est anticoagulant et hémorragipare.

VENING MEINESZ (Felix), géophysicien et géodésien néerlandais (Scheveningen 1887 - Amersfoort 1966). On lui doit la découverte d'un procédé de mesure de la pesanteur en mer à l'aide de deux pendules oscillant en opposition de phase (1920).

VENIR v. i. (lat. *venire*) [conj. **40** ; auxil. *être*]. **1.** Se rendre jusqu'où se trouve celui qui parle ou à qui l'on parle ou se diriger vers lui : *Ils viennent chez nous toutes les semaines. La voiture vient vers nous.* — **2.** Entrer dans un groupe, une institution, en devenir membre : *Il faudrait qu'il y ait des jeunes qui viennent dans notre syndicat.* — **3.** S'étendre jusqu'à tel endroit, s'élever jusqu'à tel niveau : *L'eau lui venait à mi-jambes.* — **4.** *Venir après, avant, à telle position,* être, se placer, se situer ainsi (dans le temps, l'espace, un classement, etc.) : *Pour moi, cela vient avant tout le reste.* — **5.** Apparaître, jaillir, en parlant d'un fluide : *Ouvrez la vanne, l'eau va venir.* — **6.** Arriver, apparaître, se produire : *La nuit vient. L'heure de la décision est venue.* — **7.** Croître, pousser, se développer : *Un sol pauvre où les céréales viennent mal.* — **8.** Se manifester chez qqn, se présenter à sa conscience : *L'envie m'est venue de tout laisser là.* — **9.** Arriver, provenir de tel lieu : *Ces conserves viennent du Havre.* — **10.** Avoir pour origine, pour source : *Il vient d'une famille bourgeoise. Ce terme vient de l'anglais.* — **11.** Être donné, transmis à qqn : *Ce mobilier lui vient de sa mère.* — **12.** Être tiré de qqch, en parlant d'un produit : *Un matériau qui vient du pétrole.* — **13.** Découler de qqch, en résulter : *Vos ennuis viennent de votre étourderie.* — **14.** *Venir + inf.,* indique une éventualité, un fait fortuit : *Ce rêve est encore venu me troubler cette nuit.* — **15.** *Venir à + inf.,* indique une éventualité soudaine, imprévue : *S'il venait à disparaître, que deviendraient les siens ?* — **16.** Commencer à s'intéresser à qqch, à s'adonner à une activité : *Comment est-il venu au sport ?* — **17.** *Venir de + inf.,* indique que l'action exprimée par l'infinitif s'est achevée tout récemment : *Je viens de lui parler, il est d'accord.* — **18.** *À venir,* qui va arriver ; futur : *Les générations à venir.* ‖ *Ça vient ?,* se dit pour manifester une impatience : *Alors ça vient ?* ‖ *(En) venir à,* aborder un point dans un examen, une analyse, un discours, etc. : *Venons-en aux faits ;* arriver en fin de compte à telle situation extrême, telle conclusion : *En venir à se battre.* ‖ *Être bien, mal venu,* se dit d'un être vivant qui s'est bien, mal développé et a bonne, mauvaise apparence ; qui a été bien, mal élaboré, qui est réussi, manqué. ‖ *Être mal venu de,* avoir peu de motifs de. (S'écrit aussi en un seul mot : MALVENU.) ‖ *Laisser venir, voir venir,* attendre, ne pas se presser d'agir, laisser les choses se préciser. ‖ *Prendre les choses comme elles viennent,* avec philosophie, calmement. ‖ *Qui vient,* qui se situe après ; suivant, futur : *Les années qui viennent.* ‖ *S'en aller, repartir comme on est venu,* se retirer, partir ou mourir sans apporter aucun changement, sans bénéfice personnel. ‖ *Venir au vent, au lof,* gouverner le bateau plus près du vent qu'on ne le faisait. ‖ Fam. *Voir venir (de loin),* prévoir qqch (longtemps à l'avance) ; pénétrer les intentions de qqn. ‖ Fam. *Y venir,* en arriver à admettre qqch, à se rallier à qqch, se résigner à accepter qqch.

◆ **s'en venir** v. pr. *Litt.* S'avancer, arriver, venir : *Un homme s'en venait à leur rencontre.*

VENISE, en ital. **Venezia,** v. d'Italie, ch.-l. de prov. et cap. de la Vénétie ; 338 000 hab. *(Vénitiens).*

Géographie. La ville est établie dans un site exceptionnel, sur un archipel au milieu d'une lagune séparée de la mer par un cordon littoral à 4 km de la terre ferme (pont ferroviaire et routier). Elle doit à son histoire et à la richesse engendrée son actuel attrait touristique et commercial. S'y ajoutent un rôle administratif et culturel (Biennale d'art, festival cinématographique) et des activités industrielles non négligeables (métallurgie, pétrochimie). La pollution et l'affaissement de la ville font peser sur cet ensemble de sérieuses menaces.

Histoire. Fuyant les invasions des Huns, des Ostrogoths et des Lombards (Vᵉ-VIIᵉ s.), les populations de la côte de Vénétie se réfugient en partie dans les îlots de la lagune de l'Adriatique, donnant ainsi naissance à diverses bourgades vivant de la pêche, de l'exploitation du sel et du commerce maritime. Protégé par son isolement, cet ensemble de petites cités s'organise en dehors de l'exarchat byzantin et élit un magistrat suprême, le doge (« duc »), dès 726. Venise même devient le siège du doge au début du IXᵉ s. Elle se dit cité au Xᵉ s. Mettant à profit sa situation favorable, elle établit des comptoirs lointains (Zara, Raguse, au XIᵉ s.) et jette les bases d'un empire commercial, qui s'épanouit grâce à l'aide byzantine. Venise soutient l'Empire byzantin contre les Normands (XIᵉ-XIIᵉ s.) et y gagne des privilèges commerciaux (1082). Elle participe aux croisades, surtout à la IVᵉ, dont le doge Enrico Dandolo est un des instigateurs. Cette expédition se révèle très fructueuse pour la ville (1204-1205). Relations et comptoirs s'établissent de l'Adriatique à l'Orient lointain (Marco Polo visite la Chine) malgré la concurrence de Pise et surtout de Gênes. Le commerce se développe aussi dans l'Ouest, jusqu'à l'Angleterre et à la Flandre. Cette prospérité est favorisée par l'équilibre et la stabilité du régime républicain et oligarchique où le pouvoir du doge est tempéré et contrebalancé par des assemblées : Grand Conseil, Conseil des Dix (organe de police politique), Quarantia, sénat. Au XIVe s., Venise est peuplée de 100 000 habitants, riche (le ducat d'or vénitien, créé en 1284, est avec le florin un des étalons monétaires de l'époque) et puissante, malgré les guerres longues et difficiles contre Pise et Gênes (guerre de Chioggia, 1378-1381). Devant le développement d'États territoriaux (dont Milan et Florence), Venise entreprend, sous l'impulsion du doge Francesco Foscari (1423-1457), la création d'un État de Terre Ferme, qu'elle réussit à préserver difficilement des convoitises des autres puissances. Malgré la chute de Constantinople (1453) et les progrès des Turcs (contenus à Lépante, 1571), les Vénitiens réussissent à maintenir leurs contacts avec l'Orient. Le changement d'axe commercial qui suit la découverte des nouvelles routes atlantiques (fin du XVe s.) porte le coup le plus dur au commerce méditerranéen et vénitien en particulier. Si la ville se couvre de splendides monuments (palais du Grand Canal, ensemble de la place Saint-Marc) et connaît un grand éclat culturel (musique avec Vivaldi, littérature avec Goldoni, peinture avec Tiepolo et Canaletto), le déclin est patent. Après avoir perdu peu à peu ses comptoirs (Chypre, 1571 ; la Crète, 1699 ; la Morée, 1718), Venise ne peut résister aux troupes de Bonaparte, qui la cède à l'Autriche (traité de Campoformio, 1797). Les troubles de 1848 font naître l'éphémère république de Daniele Manin, qui ne résiste pas au siège des Autrichiens (1849). La ville est rattachée à l'Italie en 1866.

Beaux-arts. Les liens de la cité avec Byzance expliquent l'adoption pour la basilique Saint-Marc*, reconstruite à partir de 1063, d'un dispositif en croix grecque surmonté de cinq coupoles (ossature de brique recouverte de marbres ; mosaïques à fond d'or ; œuvres d'art). Les XIIe-XIIIe s. voient se fixer le type vénitien du palais conçu à la fois comme entrepôt de commerce et habitation patricienne, avec entrée principale formant embarcadère sur un canal. Entre deux tours non saillantes, la façade offre portique et loggia (fondaco dei Turchi, sur le Grand Canal, remontant au XIIIe s.) ; puis les tours s'alignent en hauteur sur la partie centrale, très ajourée (palais Loredan), que l'âge gothique va parer d'une grâce nerveuse (Ca' d'Oro, 1421). L'élévation du palais des Doges*, reconstruit à partir de 1309 environ, inverse le rapport habituel des masses en évidant les étages inférieurs et en faisant jouer au-dessus l'assemblage de marbres bicolores. La croisée d'ogives est adoptée à partir du milieu du XIIIe s. dans les deux églises des Dominicains *(S. Zanipolo)* et des Franciscains (les *Frari*). L'esprit inventif de l'architecture vénitienne se maintient lors de la première Renaissance, qui voit l'adaptation d'éléments lombards ou toscans (P. Lombardo : S. Maria dei Miracoli, 1481 ; M. Coducci : S. Zaccaria, palais Vendramin-Calergi) et l'association de la sculpture et de l'architecture, notamment dans les monuments funéraires (P. Lombardo et son fils Tullio ; A. Rizzo). Une ampleur nouvelle est apportée, en sculpture, par l'intervention de Verrocchio (statue de B. Colleoni), puis, en architecture, par celle d'un autre Florentin, J. Sansovino, auteur du fastueux décor de la *Piazzetta* (à partir de 1536). D'une harmonie plus cérébrale sont les églises de Palladio, dont un disciple, Scamozzi, élève les *Nouvelles Procuraties* sur le côté sud de la place Saint-Marc* (1584). Le XVIIe s. apporte l'animation des chefs-d'œuvre de Longhena : la *Salute,* triomphe du thème de la coupole centrale, le palais Pesaro, à la façade puissamment modelée. Dès le milieu du XVIIIe s., Giorgio Massari revient à un classicisme assez strict (église des *Gesuati*), auquel succède le néoclassicisme de Giannantonio Selva (théâtre de La Fenice, détruit par un incendie en 1996). Ce qui sera construit ensuite ne fera guère que déparer Venise, et l'on ne peut demander au XXe s. finissant autre chose que la préservation du plus captivant des ensembles métropolitains qu'offre l'Europe.

Les galeries de l'Accademia, le musée Correr, le palais des Doges (surtout pour ses prolixes décors du XVIe s.), la Ca' Rezzonico (pour le XVIIIe s.) rendent compte de la richesse de l'école picturale de Venise et de la Vénétie. Paolo et Lorenzo Veneziano en marquent les débuts, suivis par les Vivarini, Crivelli, les Bellini, Carpaccio (« Scuola » di S. Giorgio degli Schiavoni). Une vision nouvelle est inaugurée par la brève carrière de Giorgione, qui fait de la couleur un langage intime et sensible, auquel se réfèrent Palma le Vieux, Sebastiano del Piombo et surtout Titien, au succès international. Le Tintoret développe un langage dramatique qui culmine à la Scuola di S. Rocco, J. Bassano peint pastorales et nocturnes, Véronèse se plaît aux somptueux effets décoratifs... Ce grand style revit à l'aube du XVIIIe s. avec S. Ricci, suivi de Piazzetta et des Tiepolo, tandis que Canaletto et F. Guardi magnifient, de façon bien différente, la *veduta.* Fondée en 1895, la Biennale internationale d'art de Venise a donné à la ville un rôle nouveau de confrontation des tendances contemporaines ; l'établissement d'un musée d'Art moderne à la Ca' Pesaro en a été une conséquence.

• *Arts décoratifs.* Venise a brillé dans la verrerie (depuis le IXe s., activité transférée à Murano au

XIIIe s.), la faïence, la dentelle (aux motifs géométriques puis floraux soulignés d'un fort relief et reliés entre eux par des brides), et aussi dans l'émaillerie, le damasquinage, le tissage (velours), l'ébénisterie (cabinets aux riches incrustations, meubles de Brustolon, etc.).

VENISE *(golfe de),* golfe formé par l'extrémité nord de l'Adriatique, de Ravenne à Pula. Deux grands ports sont situés sur ses rives : Trieste et Venise.

VENISE *(lagune de),* vaste étendue d'eau, séparée de l'Adriatique par des langues de terre (les « lidos » de Malamocco et de Pellestrina), coupées de trois *porti.*

Venise *(ligue de)* [mars 1495] → LIGUE *(Sainte).*

VÉNISSIEUX (69200), ch.-l. de cant. du Rhône, banlieue S.-S.-E. de Lyon ; 60 744 hab. *(Vénissians).* Centre industriel (véhicules utilitaires, matériel ferroviaire, industries alimentaires) et résidentiel.

VÉNITIEN, ENNE adj. et n. (ital. *Veneziano,* de *Venezia.* Venise). **1.** De Venise. — **2.** *Blond vénitien,* blond chaud, tirant sur le roux. ‖ *École vénitienne,* école d'art qui s'est développée à Venise*.

◆ **vénitien** n. m. Dialecte de l'Italie du Nord, proche du Toscan, parlé en Vénétie.

Veni, vidi, vici (mots lat. signif. *Je suis venu, j'ai vu, j'ai vaincu*), mots par lesquels César annonça au sénat la rapidité de la victoire qu'il venait de remporter sur Pharnace, roi du Pont (47 av. J.-C.).

VENIZÉLOS (Elefthérios), homme politique grec (La Canée, Crète, 1864 - Paris 1936). Ministre de la Justice du gouvernement autonome de la Crète (1899-1901), il est un des principaux dirigeants de la révolte de 1905 contre le prince Georges. Il est imposé par la Ligue militaire comme Premier ministre en 1910 et accomplit une importante réforme politique et économique. À l'issue des campagnes des Balkans (1912-13), la Grèce récupère le sud de l'Épire, la Macédoine du Sud et la plupart des îles de la mer Égée. Pendant la Première Guerre mondiale, Venizélos s'oppose au roi Constantin Ier et forme à Thessalonique un gouvernement dissident (oct. 1916). Il parvient, après juin 1917, à engager la Grèce aux côtés des Alliés. Il obtient de nouveaux agrandissements territoriaux aux traités de Neuilly et de Sèvres puis entre en guerre contre le gouvernement d'Ankara. Battu aux élections de nov. 1920, il s'exile. Pendant la deuxième république grecque (1924-1935), il dirige à nouveau le parti libéral et est Président du Conseil de 1928 à 1932. — Son fils SOFOKLÍS (Athènes 1894 - en mer au large de la Crète 1964) fut chef du gouvernement (1950-51), puis ministre des Affaires étrangères (1951-52).

VENLO, v. des Pays-Bas (Limbourg), sur la Meuse ; 63 000 hab. Centre commercial et industriel d'une région horticole.

Venn *(diagramme de),* représentation graphique d'opérations telles que réunion, intersection, etc., effectuées sur des ensembles considérés comme parties d'un référentiel.

VENNBERG (Karl), poète suédois (Blädinge, Småland, 1910). Poète pessimiste et critique engagé, il est un des chefs de file de la poésie moderne suédoise (*Torches de paille,* 1944 ; *Post-scriptum,* 1960 ; *Poèmes autour de zéro,* 1983).

VENOSTA *(val),* en all. **Vintschgau,** vallée du haut Adige, dans le Tyrol italien, en amont de Merano, reliant la vallée de l'Adige et l'Engadine (Inn). Hydroélectricité.

VENT n. m. (lat. *ventus*). **1.** Mouvement de l'air se déplaçant d'une zone de hautes pressions vers une zone de basses pressions. (→ *encycl.*) — **2.** Souffle, mouvement de l'air produit par un moyen quelconque : *Faire du vent avec un éventail.* — **3.** Gaz intestinal : *Avoir des vents.* — **4.** Tendance générale des influences qui se manifestent à un moment donné : *Sentir passer le vent de la défaite. Le vent est à la révolte.* — **5.** *Aller, courir comme le vent,* se déplacer très vite. ‖ *Aller selon le vent,* régler sa navigation sur le vent, suivre, en naviguant, la direction du vent ; s'accommoder aux circonstances (litt.). ‖ *Aux quatre vents, à tous les vents,* dans toutes les directions, de tous côtés. ‖ Fam. *Avoir du vent dans les voiles,* être ivre. ‖ *Avoir vent de qqch,* en entendre parler, en avoir quelque écho. ‖ Fam. *Bon vent !,* se dit de qqn qu'on a assez vu, dont on veut se débarrasser. ‖ *Contre vents et marées,* en dépit de tous les obstacles. ‖ *Coup de vent,* augmentation brutale, mais passagère, de l'intensité du vent. (En marine, on dit aussi COUP DE TEMPS.) ‖ *Dans le vent,* à la mode. ‖ *Du vent,* chose, en partic. promesse, sans existence réelle, sans valeur, sans fondement : *Tout ce qu'il dit ou promet, c'est du vent.* ‖ Fam. *Du vent !,* va-t'en, allez-vous-en ! ‖ *En coup de vent,* très rapidement. ‖ *En plein vent,* à découvert ; en plein air. ‖ *Être logé aux quatre vents,* habiter une maison ouverte de tous côtés. ‖ *Jeter au vent,* disperser au hasard ; envoyer promener qqch. ‖ *Prendre le vent,* voir la tournure que prennent les événements pour régler sa conduite. ‖ *Quel bon vent vous amène ?,* formule d'accueil courtois. ‖ *Tourner, virer à tout vent,* être très versatile, très influençable. • **Astron.** *Vent solaire,* flux de particules chargées, principalement protons et électrons, qui s'échappe en permanence de la couronne solaire et dont l'expansion dans le milieu interplanétaire est contrôlée par les champs magnétiques du Soleil. (Au voisinage de l'orbite terrestre, sa vitesse moyenne est de 400 km/s, mais il peut être localement et transitoirement accéléré lors d'éruptions solaires.) — **Hydrol.** *Courant de vent,* syn. de COURANT DE DÉRIVE*. — **Mar.** *Au vent,* se dit de qqch qui se trouve par rapport à un navire du côté d'où souffle le vent (par oppos. à *sous le vent*). ‖ *Entre vent et marée,* poussé dans un sens par le vent et dans l'autre par la marée. ‖ *Sous le vent,* se dit de qqch qui se trouve, par rapport à un navire, dans la direction opposée à celle d'où le vent souffle. — **Mus.** *Instrument à vent,* instrument de musique dont le son est formé grâce aux vibrations d'une colonne d'air. (Appelés aérophones par les organologues, les *instruments à vent* comprennent les bois et les cuivres.) — **Peauss.** *Mise au vent,* opération de corroyage effectuée sur le cuir tanné humide avant le séchage et consistant à l'étirer pour lui donner une surface plane. — **Véner.** et **Chass.** Odeur laissée par un animal chassé.

◆ **vents** n. m. pl. Instruments à vent.

ENCYCL. **Climatol.** et **Météo.** Les vents sont déterminés par les centres d'action (anticyclones et dépressions). Ils tendent à s'écouler des régions de haute pression vers les régions de basse pression, avec une déviation vers la droite dans l'hémisphère Nord, liée à la force de Coriolis. La vitesse, exprimée en m/s, km/h, nœuds, ou degrés Beaufort, se mesure à l'aide de l'anémomètre. Elle est proportionnelle au gradient de pression et inversement proportionnelle au sinus de la latitude, c'est-à-dire que, toutes autres conditions égales, elle est plus forte aux basses latitudes. On comprend ainsi la violence extrême des vents dans les régions tropicales. En fait, la vitesse du vent varie pratiquement sans cesse du fait de leur turbulence. Les vents, dont la direction est déterminée à partir du lieu d'origine, sont souvent classés en *vents généraux* (comme les vents d'ouest des latitudes moyennes ou les alizés), *vents régionaux* (mistral ou tramontane) et *vents locaux* (brises de mer ou de terre).

VENT *(canal du* ou *au),* passage entre Cuba et Haïti, large de 85 km.

VENT *(îles du),* ensemble des îles des Antilles, entre Porto Rico et la Trinité, directement exposé au souffle de l'alizé du nord-est. Les Anglais appellent *Windward* Islands* (« îles du côté du Vent ») un groupe d'îles des Petites Antilles qui comprend, dans le sud des îles du Vent, Grenade, Sainte-Lucie et la Dominique. Les Antilles néerlandaises et vénézuéliennes, qui bordent la côte du Venezuela (Aruba, Curaçao, Bonaire, Blanquilla) et vers lesquelles souffle l'alizé, sont dites *îles Sous-le-Vent.*

VENT *(îles du),* partie orientale de l'archipel de la Société (Polynésie française), englobant notamment Tahiti.

VENTA (La), centre cérémoniel olmèque du Mexique (État de Tabasco), actif entre le XIIe et le Ve s. av. J.-C. Différentes structures en terre, dont une grande pyramide, attestent l'importance du site. Une série de sculptures monumentales — stèles, autels et têtes colossales (probables portraits dynastiques) — ont été recueillies ainsi que des statuettes en jade.

VENTADOUR (Bernard DE) → BERNARD de Ventadour.

VENTADOUR (Henri de LÉVIS, *duc* DE) → LÉVIS.

VENTAGE n. m. Syn. rare de VANNAGE.

VENTAIL n. m. (pl. *ventaux*) ou **VENTAILLE** n. f. (de *vent*). Partie de la visière d'un casque clos par laquelle le combattant pouvait respirer.

1. VENTE n. f. (lat. pop. *vendita,* du lat. class. *venditus,* de *vendere,* vendre). **1.** Action de vendre qqch, d'échanger une marchandise contre de l'argent. — **2.** Contrat par lequel une partie (le vendeur) transfère ou s'engage à transférer la propriété d'une chose ou un droit à l'autre partie (l'acheteur, ou acquéreur), qui s'oblige à en payer le prix en argent. (Syn. CESSION.) — **3.** Commerce, métier de celui qui vend ou, dans une entreprise, fonction de ceux qui sont chargés d'écouler les marchandises produites ou achetées ; service commercial chargé de cette fonction. — **4.** Partie de forêt dont le bois, vendu ou en instance d'être vendu, est prêt à être exploité ; ensemble des arbres d'une partie de forêt qui viennent d'être abattus. — **5.** *Asseoir des ventes,* marquer le bois qui doit être vendu et coupé. ‖ *En vente,* destiné à être vendu : *Maison en vente.* ‖ *Hôtel des ventes,* immeuble où s'effectuent les ventes mobilières aux enchères dans les villes d'une certaine importance. (À Paris, l'*hôtel des commissaires-priseurs,* plus connu sous le nom de *hôtel Drouot,* a été construit en 1852 ; il est situé rue Drouot. Un nouveau bâtiment a remplacé l'ancien en 1980 et une annexe, *Drouot Montaigne,* a été ouverte en 1988 dans l'enceinte du Théâtre des Champs-Élysées.) ‖ *Vente par correspondance (V. P. C.),* vente réalisée au moyen de l'envoi au client éventuel d'un catalogue et réglementée afin de respecter le consentement de l'acheteur. (Les envois forcés sont interdits.) ‖ *Vente directe,* vente par un industriel de ses produits déclassés, sans intermédiaire et dans un lieu inhabituel, pour laquelle une autorisation est nécessaire. ‖ *Vente à domicile,* mode de vente strictement réglementé, par lequel le vendeur effectue des opérations de démarchage ou de colportage au domicile ou sur les lieux de travail de l'acheteur. ‖ *Vente d'immeuble à construire,* contrat par lequel le vendeur s'oblige à édifier un immeuble dans un délai déterminé et à en transférer la propriété à l'acheteur. (Elle peut être conclue à terme ou en l'état futur d'achèvement.) ‖ *Vente judiciaire,* vente publique de biens imposée à un débiteur par décision de justice. ‖ *Vente publique,* vente aux enchères de meubles ou d'immeubles. (Elle peut être volontaire ou forcée [meubles après saisie] ou judiciaire [immeubles].) ‖ *Vente par téléphone,* système de vente analogue à celui de la vente par correspondance, mais qui se pratique par téléphone. ‖ *Vente à terme,* vente dont les obligations respectives des parties seront exécutées à une date plus ou moins éloignée de celle de sa formation (vente à livrer, vente à crédit).

2. VENTE n. f. (ital. *vendita*). **1.** Réunion de carbonari ; lieu de cette réunion. — **2.** *Vente suprême,* comité directeur de la société des carbonari.

VENTÉ, E adj. (de *vent*). Où le vent n'est pas freiné ou atténué par des obstacles naturels : *Un sommet venté.*

VENTER v. i. (de *vent*) [conj. 3 ; seulem. 3e pers. du sing.]. **1.** *Il vente,* il souffle, il fait du vent. — **2.** Vx. *Qu'il vente, qu'il pleuve ou qu'il grêle* (ou *neige*), quoi qu'il arrive.

VENTEUX, EUSE adj. Où il fait du vent : *Plage venteuse. Jour venteux.*

VENTILATEUR n. m. (de *ventiler*). Appareil mettant l'air en mouvement, soit dans une ambiance, soit dans un circuit aéraulique.

1. VENTILATION n. f. (lat. *ventilatio*). **1.** Action, manière de ventiler ; fait d'être ventilé : *La ventilation d'un local.* — **2.** Technique ou installation permettant de ventiler. — **3.** *Ventilation assistée,* syn. de ASSISTANCE* RESPIRATOIRE. ‖ *Ventilation pulmonaire,* renouvellement de l'air des alvéoles pulmonaires, provoqué par les mouvements respiratoires.

2. VENTILATION n. f. (de *ventiler 2*). **1.** Action de répartir certaines sommes entre divers comptes ou entre diverses personnes. — **2.** Action de répartir des personnes, des choses par groupes, par ensembles.

1. VENTILER v. t. (lat. *ventilare,* aérer) [conj. 3]. **1.** Faire circuler l'air dans une ambiance, soit en puisant de l'air extérieur ou conditionné, soit en extrayant l'air pollué, ou en combinant les deux actions. — **2.** Procéder à la ventilation assistée d'un malade.

2. VENTILER v. t. (lat. *ventilare,* discuter) [conj. 3]. **1.** Répartir certaines dépenses ou certains frais entre différents comptes. — **2.** Répartir des choses ou des personnes, les distribuer par groupes, par ensembles : *Ventiler les dossiers.* — **3.** Évaluer la valeur respective de divers biens qui ont été vendus ensemble pour un prix global.

VENTILEUSE n. f. Abeille qui bat des ailes, à l'entrée de la ruche, pour abaisser la température intérieure.

VENTIS [vɑ̃ti] n. m. pl. (de *vent*). Arbres abattus par les vents.

VENTÔSE n. m. (lat. *ventosus,* venteux). Sixième mois de l'année républicaine, commençant le 19, le 20 ou le 21 février, et finissant le 20 ou le 21 mars.

Ventôse *(décrets de)* [8 et 13 ventôse, 26 févr. et 3 mars 1794], décrets votés par la Convention à l'instigation de Saint-Just. Ils ordonnaient la confiscation des biens des ennemis de la République et l'établissement d'une liste d'indigents à qui seraient distribuées gratuitement les terres. Ils ne furent pas appliqués.

1. VENTOUSE n. f. (bas lat. *ventosa,* abrév. du lat. class. *ventosa cucurbita,* courge pleine de vent). **1.** Petit récipient de verre avec lequel on produit une aspiration de sang à la surface de la peau, grâce au vide créé par la combustion d'un morceau de coton qui y est placé. (L'utilisation des ventouses est pratiquement abandonnée en thérapeutique.) — **2.** Organe de certains animaux (poulpe) servant à la fixation, par application de la couronne périphérique sur un support solide et rétraction du disque central. (→ *encycl.*) — **3.** Calotte de caoutchouc qui peut être maintenue par la pression de l'air sur une surface plane. — **4.** En apposition indique un véhicule en stationnement gênant et prolongé : *Voiture ventouse.* — **5.** *Faire ventouse,* adhérer fortement. ‖ *Ventouse obstétricale,* appareil à vide utilisé lors d'un accouchement pour aider à l'extraction du fœtus.

ENCYCL. **Zool.** On trouve des ventouses chez des animaux très divers : parasites (trématodes et cestodes), sangsues, céphalopodes, ptérobranches, larves d'ascidies, poissons (rémora), échinodermes, rainettes, geckos, insectes (mouche).

2. VENTOUSE n. f. (de *vent*). **1.** Orifice de prise d'air d'un conduit. — **2.** Ouverture réglable servant à faire varier le débit d'air sous la grille d'un foyer.

VENTOUX *(mont),* montagne calcaire du Vaucluse, au N.-E. de Carpentras ; 1 909 m. On accède au sommet par une route touristique, itinéraire de courses cyclistes et automobiles. Observatoire météorologique. Sports d'hiver. Plusieurs milliers d'hectares ont été reboisés dans la 2e moitié du XIXe s., en chêne vert dans les parties basses et en diverses espèces dans les parties hautes.

VENTRAL, E, AUX adj. (lat. *ventralis*). **1.** Relatif au ventre, à l'abdomen. — **2.** Qui se rapporte à la face antérieure du corps de l'homme (par oppos. à *dorsal*).

VENTRE n. m. (lat. *venter, -tris*). **1.** Grande cavité qui contient le tube digestif ; région du corps où est située cette cavité : *Se coucher sur le ventre.* – **2.** Ensemble des viscères, des organes internes de l'abdomen, et en partic. l'estomac, l'intestin et les organes génitaux internes : *Avoir mal au ventre.* – **3.** Siège de la gestation dans le corps de la femme : *Dans le ventre de sa mère.* – **4.** *Fam.* Intérieur de qqch de complexe où se situent les organes moteurs, les éléments essentiels : *Ouvrir le ventre d'un ordinateur.* – **5.** Partie renflée d'un objet creux : *Le ventre d'une cruche.* – **6.** *À plat ventre,* complètement allongé sur le ventre ; dans une attitude servile. ‖ *Avoir la peur, la rage au ventre,* être saisi d'une peur, d'une rage violente. ‖ *Avoir quelque chose, n'avoir rien dans le ventre,* avoir ou ne pas avoir du courage, une forte personnalité. ‖ *Danse du ventre,* danse orientale caractérisée par la trépidation du ventre nu. ‖ Fam. *Faire mal au ventre à qqn,* lui être très désagréable, lui répugner. ‖ *Le ventre de Paris,* les anciennes Halles. ‖ Fam. *Marcher, passer sur le ventre de qqn,* triompher de lui par tous les moyens et sans se soucier des conséquences. ‖ *Savoir, voir ce que qqn a dans le ventre,* ce qu'il pense vraiment, ses intentions secrètes. ‖ Fam. *Taper sur le ventre de (à) qqn,* le traiter trop familièrement. ‖ *Ventre à terre,* avec une extrême vitesse. • **Anat.** Partie charnue de certains muscles. – **Bât.** *Faire ventre,* en parlant d'un mur, présenter un renflement qui le fait sortir de l'aplomb. – **Mar.** Partie centrale d'un navire. – **Métall.** Zone médiane élargie de la cuve du haut-fourneau. – **Phys.** Point, ligne ou surface d'un système d'ondes stationnaires où l'amplitude vibratoire est maximale, par oppos. à *nœud.* – **Zool.** Face du tronc des animaux normalement tournée vers le sol ou le fond de l'eau. ‖ Chez les quadrupèdes domestiques, partie du corps située sous les flancs entre le passage de sangle et la région inguinale.

Ventre de Paris *(le),* roman d'Émile Zola (1873), troisième tome de la série des *Rougon-Macquart.* Autour des Halles de Paris, que qualifie le titre, se noue le destin tragique du forçat évadé Florent, héros, parmi les autres, de cette fresque sociale.

VENTREBLEU ! interj. (altér. de *ventre de Dieu*). Juron ancien.

VENTRE-DE-BICHE adj. inv. *Litt.* D'une couleur blanc roussâtre.

VENTRÉE n. f. *Pop.* Nourriture dont on s'emplit l'estomac ; repas où l'on mange beaucoup.

VENTRICULAIRE adj. **1.** Relatif aux ventricules. – **2.** *Complexe ventriculaire,* syn. de VENTRICULOGRAMME. ‖ *Liquide ventriculaire,* liquide qui remplit les ventricules cérébraux. ‖ *Systole ventriculaire,* contraction des ventricules du cœur.

VENTRICULE n. m. (lat. *ventriculus,* petit ventre). **1.** Cavité de divers organes du corps. – **2.** Chacune des deux cavités du cœur dans lesquelles s'amasse le sang venu des oreillettes. – **3.** *Ventricules cérébraux,* cavités situées au centre des hémisphères cérébraux (ventricules latéraux), du cerveau intermédiaire (troisième ventricule) et du tronc cérébral (quatrième ventricule) et contenant du liquide céphalo-rachidien. (Ils communiquent entre eux et, par le trou de Magendie, avec les espaces sous-arachnoïdiens.) ‖ *Ventricule laryngé* ou *ventricule de Morgagni,* chacun des deux diverticules latéraux que présente le larynx.

VENTRICULOGRAMME n. m. Partie de l'électrocardiogramme où se manifeste l'activité électrique du ventricule. (Syn. COMPLEXE VENTRICULAIRE.)

VENTRICULOGRAPHIE n. f. **1.** Radiographie des ventricules du cœur. – **2.** Radiographie des ventricules cérébraux après injection de produit opaque aux rayons X. (Son utilisation s'est réduite depuis l'avènement de la scanographie.)

VENTRIÈRE n. f. (de *ventre*). Sangle dont on se sert pour tenir les chevaux suspendus.

VENTRILOQUE n. et adj. (bas lat. *ventriloquus*). Artiste de music-hall qui réussit à parler sans remuer les lèvres et en faisant en sorte que sa voix paraisse sortir de la bouche du pantin qui lui sert généralement de partenaire.

VENTRILOQUIE [-ki] n. f. Art du ventriloque.

VENTRIPOTENT, E adj. (de *ventre,* sur *omnipotent*). *Fam.* Qui a un gros ventre.

VENTRU, E adj. et n. Qui a un gros ventre.
◆ adj. Qui est renflé, bombé : *Un vase ventru.*

VENTURA (Raymond, dit **Ray**), chef d'orchestre français (Paris 1908 - Palma de Majorque 1979). Son orchestre « les Collégiens » formé de musiciens à la fois acteurs et chanteurs connut le succès dans des chansons-sketches (*Tout va très bien, Madame la Marquise, Qu'est-ce qu'on attend pour être heureux,* 1938).

VENTURA (Lino BORRINI, dit **Lino**), acteur de cinéma français d'origine italienne (Parme 1919 - Saint-Cloud 1987). D'abord acteur de composition, il s'impose ensuite comme un comédien viril au métier solide : *Montparnasse 19* (1958), *Classe tous risques* (1960), *Un taxi pour Tobrouk* (1960), *les Tontons flingueurs* (1963), *les Grandes Gueules* (1966), *le Deuxième Souffle* (1966), *le Clan des Siciliens* (1969), *la Gifle* (1974), *Cadavres exquis* (1976), *Garde à vue* (1981).

VENTURE-CAPITAL n. m. (angl. *venture-capital,* capital chance). Syn. de CAPITAL-RISQUE.

VENTURI n. m. (de G. B. *Venturi,* n. pr.). Tube comportant un rétrécissement, utilisé pour la mesure des débits de fluides. (On dit aussi TUBE DE VENTURI.)

VENTURI (Giovanni Battista), physicien italien (Bibbiano, près de Reggio Emilia, 1746 - Reggio Emilia 1822). Il a construit la tuyère à cônes divergents qui porte son nom, et étudié l'étendue des sons audibles.

VENTURI (Adolfo), administrateur, professeur et écrivain d'art italien (Modène 1856 - Santa Margherita Ligure 1941). On lui doit notamment une monumentale *Histoire de l'art italien* (1901-1941). – Son fils LIONELLO (Modène 1885 - Rome 1961) a donné le catalogue raisonné de l'œuvre de Cézanne (1936), une *Histoire de la critique d'art* (même date), des *Archives de l'impressionnisme* (1939), etc.

VENTURI (Robert), architecte américain (Philadelphie 1925). Un des théoriciens du postmodernisme, il a publié *Complexity and Contradiction in Architecture* (1966), remise en cause du purisme architectural des années 30 et réflexion historiciste proche des idées de L. I. Kahn. *Learning from Las Vegas* (1972) est une étude sur le symbolisme en architecture et une réhabilitation du paysage urbain américain dans son foisonnement désordonné.

VENTURIA n. m. Champignon ascomycète, agent des tavelures du pommier et du poirier.

VENTURON n. m. Petit passereau (fringillidé) des forêts de conifères des montagnes, voisin de la linotte.

VENU → VENIR.

VENUE n. f. **1.** Action, fait de venir, d'arriver en un lieu : *Annoncer la venue d'un visiteur.* – **2.** Fait d'apparaître, de survenir, de se produire : *La venue du printemps est proche.* – **3.** *Venue (au monde),* naissance : *Un enfant dont la venue n'était pas souhaitée.* – **4.** En fonderie, facilité avec laquelle un métal coulé remplit le moule en suivant les détails de gravure de l'empreinte. – **5.** *D'une belle, d'une bonne, d'une seule venue,* se dit d'un végétal pour caractériser son développement, ou des actions de qqn pour souligner la manière satisfaisante dont elles ont été conçues et élaborées.

VÉNUS [-nys] n. f. (de *Vénus,* n. pr.). **1.** *Litt.* Femme d'une grande beauté. – **2.** Type de beauté féminine d'un lieu ou d'une époque : *La vénus hottentote est stéatopyge.* – **3.** Statuette, statue de la déesse Vénus ou d'un type de beauté idéal. – **4.** Nom générique de la praire et des mollusques bivalves voisins.

VÉNUS, divinité romaine, déesse de l'Amour, par assimilation à l'Aphrodite* des Grecs. La déesse italique primitive a été une déesse protectrice des potagers, du charme (magique ou amoureux). Elle acquit une plus grande importance quand elle fut assimilée à Aphrodite, dont elle prit le caractère érotique. Diverses épithètes rappelaient ses pouvoirs telles *Venus Genitrix,* patronne des matrones, *Venus Verticordia,* déesse de la chasteté.
– **Iconogr.** Les artistes romains ont repris les modèles grecs d'Aphrodite*, en s'inspirant des œuvres de Praxitèle et de ses successeurs. Sont ainsi appelées « Vénus » des statues grecques ou leurs répliques romaines : *Vénus de Milo, du Capitole, d'Arles, de Médicis,* etc. En peinture, le thème a inspiré Botticelli *(la Naissance de Vénus)* comme Cranach. Vénus nue et couchée a fourni l'occasion de chefs-d'œuvre à Giorgione, Titien, Velázquez. Ses rapports avec Mars ont inspiré de nombreux peintres. *La Toilette de Vénus* est aussi un thème courant, notamment au XVIIIe s. En sculpture, on peut citer les œuvres de Giambologna, Allegrain, Coyzevox, Guillaume II Coustou, Pigalle, Canova.

VÉNUS, planète du système solaire située entre Mercure et la Terre.
C'est l'astre le plus lumineux du ciel après le Soleil et la Lune. Première « étoile » qui s'allume le soir et dernière qui s'éteint le matin, elle est très populaire sous le nom d'*étoile du Berger.* Ses particularités ont été mises en évidence, notamment, depuis 1962, par diverses sondes spatiales (sondes américaines Mariner 2, 5 et 10, Pioneer Venus 1 et 2, Magellan ; sondes soviétiques Venera).
• *Atmosphère.* Vénus est enveloppée complètement et en permanence d'une épaisse atmosphère nuageuse, à base de gaz carbonique (96,5 %) et d'azote (3,5 %). Les nuages s'étendent entre 50 et 70 km d'altitude et se répartissent en trois couches qui diffèrent par la concentration et la dimension des aérosols qu'elles renferment. La couche supérieure est constituée principalement de gouttelettes d'acide sulfurique en solution aqueuse. Dans les couches inférieures, ces gouttelettes donnent des précipitations d'acide sulfurique qui s'évaporent bien avant d'atteindre la surface, formant une région de brume sulfurique, sous les nuages. Mais, à moins de 30 km d'altitude, l'atmosphère reste toujours limpide. La haute température de la surface vénusienne s'explique par un effet de serre dû au gaz carbonique de l'atmosphère. La circulation atmosphérique est complexe. Des cellules de convection assurent le transfert vers les pôles de la chaleur reçue du Soleil à l'équateur. Mais cette circulation nord-sud, assez lente (25 km/h), est

CARACTÉRISTIQUES PHYSIQUES DE VÉNUS	
diamètre équatorial	12 102 km (0,949 fois celui de la Terre)
diamètre polaire	12 102 km
aplatissement	0,0
masse par rapport à celle de la Terre	0,815
densité moyenne	5,25
période de rotation sidérale	243,01 j (rétrograde)
inclinaison de l'équateur sur l'orbite	2°
albédo	0,7

CARACTÉRISTIQUES ORBITALES DE VÉNUS	
demi-grand axe de l'orbite	108 200 000 km, soit 0,723 3 ua
distance maximale au Soleil	109 000 000 km
distance minimale au Soleil	107 400 000 km
excentricité	0,007
inclinaison sur l'écliptique	3° 23′
période de révolution sidérale	224,701 j
vitesse orbitale moyenne	35,03 km/s

éclipsée par une rapide rotation est-ouest de la couverture nuageuse (400 km/h à l'équateur, au sommet des nuages). Par ailleurs, les régions polaires correspondent à des zones tourbillonnaires où le plafond des nuages s'abaisse d'environ 15 km.

• *Rotation.* De longues séries d'observations au radar ont montré que Vénus tourne sur elle-même en 243 j, en sens inverse des autres planètes. Cette particularité, conjuguée à la période de révolution de Vénus autour du Soleil (224,7 j), vaut au jour solaire vénusien d'avoir une durée de 117 jours terrestres.

• *Topographie.* Dissimulé derrière un voile de nuages, le relief de Vénus est révélé par des mesures au radar réalisées depuis la Terre à l'aide de puissants radiotélescopes ou par des sondes automatiques placées en orbite vénusienne. Les données les plus complètes sont celles obtenues grâce à la sonde américaine Magellan de 1990 à 1994. Environ 85 % de la surface sont occupés par des plaines. Deux grands plateaux ayant les dimensions de continents terrestres, *Aphrodite Terra* et *Ishtar Terra,* dominent les plaines. Sur le second se trouve, à l'est, le plus haut sommet de Vénus, le mont Maxwell (11 800 m). L'une des principales surprises a été la découverte de très nombreuses structures volcaniques et de coulées de laves en de nombreuses régions. Dans les plaines, des groupes d'édifices volcaniques ont été mis en évidence ainsi que des zones fracturées, témoins d'une déformation importante de la surface sous les contraintes tectoniques.

• *Structure interne.* Vénus possède vraisemblablement une structure interne voisine de celle de la Terre. Toutefois, la croûte, nettement plus épaisse, ne se serait pas morcelée en une série de plaques tectoniques, comme le suggèrent les formes abruptes des volcans et la morphologie non érodée d'une majorité des cratères d'impact observés à la surface.

Vénus *(mont de)* → MONT.

VÉNUSIEN, ENNE adj. Relatif à la planète Vénus. ◆ n. Habitant supposé de la planète Vénus.

VÉNUSTÉ n. f. (lat. *venustas,* de *Vénus*). *Litt.* Beauté gracieuse et élégante.

VÊPRES n. f. pl. (lat. médiév. *vesperae,* du lat. class. *vespera,* soirée). Heure de l'office que l'on célèbre le soir, au coucher du soleil.

Vêpres siciliennes, émeute durant laquelle furent massacrés les Français de Sicile, du 30 mars à la fin avr. 1282. Elle éclata à Pâques, à l'heure des vêpres. Le mouvement gagna toute l'île et fut repris en main par les nobles. Il devait aboutir au couronnement de Pierre d'Aragon comme roi de Sicile insulaire.

Vêpres siciliennes *(les),* tragédie de C. Delavigne (1819), mettant en scène le soulèvement de 1282. Scribe et Duveyrier en ont tiré le livret d'un opéra de Verdi (1855).

VER n. m. (lat. *vermis*). **1.** Animal pluricellulaire de forme allongée, n'ayant aucune partie dure, complètement ou presque complètement dépourvu de pattes. (Trois embranchements : annélides*, némathelminthes*, plathelminthes*, rassemblent l'immense majorité des vers.) — **2.** Nom usuel désignant divers parasites, surtout intestinaux, de l'homme et des animaux domestiques, agents des helminthiases. — **3.** Nom usuel donné à diverses larves d'insectes dévorant la laine (mite), le bois (vrillette), les fruits (ver des pommes), les cadavres humains, etc., ou au contraire à des larves d'insectes utiles à l'industrie (ver à soie). — **4.** Nom donné à certains insectes adultes sans ailes, tels que le lampyre femelle (ver luisant), ou à d'autres animaux invertébrés (ver des digues). — **5.** *Le ver est dans le fruit,* qui porte en lui le germe de sa propre destruction. ‖ Fam. *Tirer les vers du nez à qqn,* lui faire dire habilement ce qu'il voulait garder secret. ‖ *Ver blanc,* larve du hanneton. (Autre nom *man*). ‖ *Ver macaque,* dermatobie. ‖ *Ver de farine,* larve des ténébrions. ‖ *Ver fourchu,* syn. de SYNGAME. ‖ *Ver de Guinée* ou *ver de Médine,* filaire. ‖ *Ver luisant,* nom usuel des lampyres et des lucioles. ‖ *Ver palmiste,* larve des charançons ou calandres *(rhynchophorus),* qui attaque les palmiers. (Ces larves sont comestibles.) ‖ *Ver plat,* plathelminthe. ‖ *Ver des pommes,* chenille d'un carpocapse. ‖ *Ver rond,* némathelminthe. ‖ *Ver solitaire,* syn. courant de TÉNIA. ‖ *Ver à soie,* chenille d'un lépidoptère, *Bombyx mori* (nom usuel *bombyx du mûrier,* famille des bombycidés), élevé pour la soie de son cocon. ‖ *Ver de terre,* lombric ; symbole de la plus humble condition. ‖ *Ver de vase,* nom commun à la larve d'un diptère, le chironome, et à un oligochète, le tubifex. ‖ *Ver de viande,* asticot.

VÉRACITÉ n. f. (lat. *verax, -acis,* vrai). **1.** *Litt.* Habitude de dire le vrai. — **2.** Qualité de ce qui est vrai, conforme à la vérité : *La véracité d'un témoignage.*

VERACRUZ, port et station balnéaire du Mexique, dans l'État du même nom, au bord du golfe du Mexique ; 305 000 hab. Archevêché. Vieille place typique et château de San Juan de Ulúa. Centre industriel.

VERACRUZ *(État de),* État du Mexique, en bordure du golfe du Mexique ; 72 815 km^2 ; 5 388 000 hab. Cap. *Jalapa.*

VÉRAISON n. f. (mot dialect., du moyen fr. *vérir,* mûrir). **1.** Moment où les fruits et surtout les raisins commencent à prendre la couleur qu'ils auront à maturité. — **2.** État des fruits pendant cette période.

VERAMIN → VARĀMIN.

VÉRANDA n. f. (angl. *veranda,* du port. *varanda,* du lat. *vara,* bâton). **1.** Galerie légère, protégeant du soleil, édifiée au pourtour de certaines habitations de l'Inde ou de l'Extrême-Orient. — **2.** En Europe, pièce ou galerie vitrée, en général hors œuvre, annexe du bâtiment principal. (La véranda, ou *serre,* est auj. partie composante de nombreuses maisons solaires.)

VÉRATRE n. m. (lat. *veratrum*). Liliacée vivace, à larges feuilles ovales, à souche charnue, mortellement toxique pour le bétail. (Le vératre blanc ressemble à la grande gentiane jaune, le vératre pourpre est plus petit.)

VÉRATRINE n. f. Mélange d'alcaloïdes extrait des vératres et des cévadilles, doué de propriétés hypotensives, mais toxique à haute dose.

VERBAL, E, AUX adj. (lat. *verbalis,* de *verbum,* parole). **1.** Qui est relatif à la parole, aux mots, au langage : *Sur un plan verbal.* — **2.** Qui se fait de vive voix et non par écrit : *Accord verbal.* — **3.** Qui concerne seulement la forme de l'expression, non l'idée : *Une explication purement verbale.* • **Dr.** *Note verbale,* correspondance échangée entre un ministère des Affaires étrangères et un agent diplomatique résumant une conversation, mais paraphée et revêtue du sceau. — **Ling.** Qui concerne le verbe ou qui lui est propre. ‖ Se dit d'une phrase, d'une proposition qui contient un verbe. ‖ *Adjectif verbal,* en grammaire latine, forme exprimant que l'action verbale doit être subie par le nom ; en grammaire française, adjectif le plus souvent dérivé du participe présent du verbe (par ex. *obéissant, e*). ‖ *Locution verbale,* locution ayant, pour le sens, la valeur d'un verbe (par ex. *faire grâce*). ‖ *Nom verbal,* appellation donnée parfois à l'infinitif et au participe. ‖ *Syntagme verbal* ou *SV,* syntagme constitué soit d'un verbe et de son auxiliaire, suivis ou non d'un syntagme nominal et/ou d'un syntagme prépositionnel, soit de la copule *être* et de l'auxiliaire suivis d'un syntagme nominal, adjectival ou prépositionnel (par ex. [*Pierre*] *court, mange sa soupe, est ingénieur, est à la maison,* etc.). ‖ *Thème verbal,* suite de morphèmes servant de base à la conjugaison d'un verbe. — **Psychol.** Se dit de tests ou d'items qui mettent en jeu la communication orale. (Les tests les plus importants comprennent des items verbaux, comme le Binet-Simon, le WISC, etc.)

VERBALEMENT adv. De vive voix, et non par écrit.

VERBALISATEUR adj. m. *Agent verbalisateur* ou *verbalisateur* (n. m.), tout agent de l'Administration qui dresse un procès-verbal.

VERBALISATION n. f. Action de verbaliser.

VERBALISER v. i. (conj. **3**). **1.** Dresser procès-verbal. — **2.** Faire des remarques destinées à figurer dans un procès-verbal.

◆ v. t. Formuler de vive voix ce qui était intériorisé : *Verbaliser son angoisse.*

VERBALISME n. m. Défaut de qqn qui masque sous un flot de paroles une indigence d'idées.

VERBANIA, v. d'Italie, dans le Piémont, sur le lac Majeur ; 32 900 hab. Industries chimiques et alimentaires. L'écart de *Pallanza* est une station de villégiature (point de départ pour les îles Borromées).

VERBANO *(lac),* autre nom du lac Majeur.

VERBASCACÉE n. f. (lat. *verbascum,* bouillon-blanc). Plante (scrofulariacée) à fleurs gamopétales et personées, telle que la molène ou bouillon-blanc.

1. VERBE n. m. (lat. *verbum,* mot). **1.** *Litt.* Parole, expression de la pensée par les mots, le langage oral ou écrit : *La magie du verbe. Avoir le verbe haut.* — **2.** La deuxième personne de la Sainte-Trinité, incarnée en Jésus-Christ. (Avec une majusc.)

2. VERBE n. m. (de *verbe 1*). Catégorie grammaticale qui regroupe l'ensemble des formes composées d'une base lexicale et d'un certain nombre d'affixes pertinents variant en nombre, en personne, en temps, dont la fonction syntaxique est de structurer les termes de l'énoncé, et dont le rôle sémantique est de décrire les actions, les états, les modifications relatifs aux éléments auxquels réfèrent les noms sujets.

ENCYCL. **Ling.** Un mot appartient à la classe du verbe s'il signifie un procès et s'il est, de surcroît, apte à exprimer un repère dans le temps ou une durée. On différencie, ainsi, en français : les verbes d'état *(être, rester)* et les verbes d'action *(venir) ;* les verbes perfectifs (qui évoquent un procès exprimant un terme [*heurter*]) et les verbes imperfectifs (évoquant un procès n'impliquant pas de terme [*marcher*]) ; les verbes factitifs *(faire),* les verbes performatifs *(dire, jurer).* Le classement traditionnel des verbes oppose les verbes réguliers (verbes du premier groupe [en *-er*] et du deuxième groupe [en *-ir,* au participe présent en *-issant*]), les verbes irréguliers (verbes du troisième groupe [en *-re, -oir, -ir*]) et les verbes auxiliaires *(avoir, être).* Enfin l'étude des environnements dans le cadre de la phrase conduit à distinguer les verbes transitifs et les verbes intransitifs, à dégager une classe de verbes pronominaux et à définir trois types de voix (active, passive, pronominale).

VERBÉNACÉE n. f. (lat. *verbena,* verveine). Nom de famille de plantes dicotylédones aux fleurs gamopétales plus ou moins irrégulières telles que la verveine, le palétuvier, le teck, etc.

VERBERCKT (Jacob ou Jacques), sculpteur décorateur flamand (Anvers 1704 - Paris 1771). Élève de son oncle M. Van der Voort, il vint à la cour de France et fut le principal sculpteur de boiseries du temps de Louis XV (appartements du château de Versailles, etc.).

VERBERIE (60410), comm. de l'Oise, dans la vallée de l'Oise, en aval de Compiègne ; 2 640 hab. Constructions métalliques.

VERBEUSEMENT adv. De façon verbeuse.

VERBEUX, EUSE adj. (lat. *verbosus,* de *verbum,* parole). Qui use d'un flot de paroles superflues, vides de sens : *Orateur verbeux.*

VERBIAGE n. m. (moyen fr. *verboier,* gazouiller, de l'anc. fr. *werbler,* chanter en modulant). Flot de paroles superflues masquant la pauvreté de la pensée : *Cette dissertation n'est que du verbiage.*

VERBIER, localité de Suisse (cant. du Valais, comm. de Bagnes). Sports d'hiver.

VERBIEST (Ferdinand), missionnaire français (Pittem, Flandre, 1623 - Pékin 1688). Jésuite, venu en Chine en 1659, il devint sous le règne personnel de Kangxi président du bureau des mathématiques. Il poursuivit l'œuvre de M. Ricci, mettant sa science au service de l'empereur, et exerçant un apostolat intellectuel auprès des lettrés chinois.

VERBIGÉRATION n. f. (lat. *verbigerare,* se quereller). Dévidage automatique de mots ou de phrases entières, sans suite et incohérents, que l'on rencontre surtout dans les états démentiels.

VERBOQUET n. m. (de *virer* et *bouquet*). Cordage qui sert à guider, du sol, un fardeau que l'on hisse.

VERBOSITÉ n. f. (bas lat. *verbositas*). *Litt.* Défaut de qqn, d'un propos verbeux.

VERBRUGGEN ou **VERBRUGGHEN,** famille de sculpteurs flamands dont le plus connu est HENDRIK FRANS (Anvers 1655 - *id.* 1724), auteur de meubles d'église garnis de statues, au décor abondant et mouvementé (confessionnaux et stalles de Grimbergen ; chaire de l'église des jésuites de Louvain, auj. dans la cathédrale St-Michel de Bruxelles).

VERCEIL, en ital. **Vercelli,** v. d'Italie, ch.-l. de prov., dans le Piémont ; 52 000 hab. Archevêché. Carrefour de communications, centre commercial (riz) et industriel (textile, mécanique, chimie). Victoire de Marius sur les Cimbres en 101 av. J.-C.

— **Bx-arts.** Basilique S. Andrea, édifice du premier art gothique (1219-1227), fondé par les chanoines de St-Victor de Paris (portails sculptés de l'école d'Antelami). Dans l'église S. Cristoforo (1526), important décor à fresque de G. Ferrari. Musées Leone (antiquités) et Borgogna (ensemble de peintures des écoles piémontaise et vercellienne des XVe-XVIe s. : Defendente et Gaudenzio Ferrari, le Sodoma, Gerolamo Giovenone, Bernardino Lanino ; etc.).

VERCEL-VILLEDIEU-LE-CAMP (25530), ch.-l. de cant. du Doubs, à l'E. du camp de Valdahon, sur le *plateau de Vercel ;* 1 212 hab.

VERCHÈRES (Madeleine Jarret de), héroïne canadienne (Verchères, Québec, 1678 - La Pérade 1747). En 1692, aidée de deux soldats, elle réussit à mettre en fuite une troupe d'Iroquois qui attaquaient le fort de Verchères.

VERCINGÉTORIX, chef gaulois (en pays arverne v. 72 - Rome 46 av. J.-C.). Issu d'une noble famille arverne, il fut un moment un ami de César. Lors de la révolte de 52, il parvint à unir les Gaulois sous son commandement. Après quelques insuccès, il adopta la tactique de la terre brûlée. Retranché dans Gergovie, il résista au siège de César. Mais il dut livrer bataille près de Dijon et, vaincu, s'enferma dans Alésia, où assiégé, il dut se rendre. Il fut six ans captif à Rome, puis exécuté après avoir figuré au triomphe de César (46).

VERCORS (le), massif calcaire, d'accès difficile, le plus vaste des Préalpes françaises du Nord, entre la Drôme et l'Isère (dép. de la Drôme et de l'Isère) ; 2 341 m au *Grand-Veymont.* (Hab. *Vertacomiriens.*)
L'économie repose sur l'exploitation des forêts (en déclin toutefois), qui couvrent plus de la moitié de la région, et sur l'élevage bovin laitier. Mais le tourisme a pris, notamment dans le nord vers Villard-de-Lans et Autrans, une place prépondérante. Il doit être stimulé par la création (en 1970) du *parc naturel du Vercors,* couvrant 236 000 ha sur une cinquantaine de communes de l'Isère et de la Drôme.

Vercors *(bataille du),* bataille qui opposa en 1944, dans la région du Vercors, des maquisards français aux troupes allemandes. Le 6 juin 1944 se rassemblèrent 3 500 hommes sur le plateau du Vercors qui s'organisa en territoire libéré. Mais les Allemands cernèrent le plateau avec 10 000 hommes et montèrent à l'assaut le 19 juillet. Le 21, Vassieux-en-Vercors fut incendié. La répression s'abattit sur les civils comme sur les combattants, dont 600 furent tués malgré l'ordre de dispersion donné le 23 juillet.

VERCORS (Jean Bruller, dit), dessinateur et écrivain français (Paris 1902 - *id.* 1991). Après des recueils de dessins, il a publié clandestinement son chef-d'œuvre *le Silence de la mer* (1942), récit sur la Résistance. On lui doit des romans (*le Tigre d'Anvers,* 1986), une pièce de théâtre (*Zoo ou l'Assassin philanthrope,* 1963), des essais, des Mémoires et une biographie (*Moi, Aristide Briand,* 1981).

VERDAGUER I SANTALÓ (Jacint), poète catalan (Folgarolas, près de Vich, 1845 - Vallvidrera, Barcelone, 1902). Son poème *l'Atlàntida* (1877) et son épopée *le Canigou* (1886) mêlent les légendes locales, les mythes antiques et le merveilleux chrétien.

VERDÂTRE adj. (anc. fr. *verd,* vert). Qui tire sur un vert un peu trouble : *Un teint verdâtre.*

VERDELET, ETTE adj. (dimin. de l'anc. fr. *verd,* vert). *Litt.* Se dit d'un vin très jeune, un peu acide.

VERDEROLLE n. f. Petite fauvette tachetée des marécages du Midi.

VERDET n. m. (dimin. de l'anc. fr. *verd,* vert). Nom donné à divers acétates de cuivre, à cause de leur couleur verte.

◆ **verdets** n. m. pl. Bandes royalistes du midi de la France qui, lors de la Terreur blanche (1815), arborant une cocarde verte, couleur du comte d'Artois, s'attaquèrent aux Jacobins et aux protestants.

VERDEUR n. f. (anc. fr. *verd,* vert). **1.** État du bois non encore sec. — **2.** Acidité, rudesse d'un fruit vert, d'un vin encore jeune. — **3.** Ardeur, vigueur physique propre à la jeunesse, ou chez qqn qui n'est plus jeune : *Un vieillard encore plein de verdeur.* — **4.** Caractère libre, spontané et osé du langage.

VERDI (Giuseppe), compositeur italien (Roncole, près de Busseto, prov. de Parme, 1813 - Milan 1901). Formé auprès de l'organiste local et du maître de chapelle de la cathédrale de Busseto, il écrit ses premières œuvres pour la Société philharmonique de cette ville et aidé par un mécène, Antonio Barezzi, poursuit ses études à Milan. En 1836, il commence son premier opéra *Oberto,* qui triomphe à la Scala de Milan en 1839. Le succès de Verdi ne se démentira plus. Avec *Nabucco* (1842) et *I Lombardi* (1843), il se fait le chantre d'une Italie indépendante puis devient célèbre dans toute l'Europe avec *Ernani, I Masnadieri, Jérusalem* (version des *Lombards,* 1847), *Macbeth* (1847). Après *Luisa Miller* (1849), d'après Schiller, il compose ses trois opéras les plus populaires : *Rigoletto**, d'après *Le roi s'amuse* de V. Hugo (1851), le *Trouvère** (1853) et *la Traviata**, d'après *la Dame aux camélias* d'Alexandre Dumas fils (1853). Puis se succèdent *les Vêpres* siciliennes* (1855), *Simon Boccanegra* (1857), *Un bal masqué* (1859), *la Force du destin* (1862), la version modifiée de *Macbeth* (1865), *Don Carlos** (1867), *Aïda** (1871). Son goût pour le théâtre de Shakespeare l'incite ensuite à composer ses deux derniers chefs-d'œuvre : *Otello** (1887) et *Falstaff** (1893). Verdi s'est également consacré à la composition d'œuvres religieuses (*Requiem,* en 1874 ; *Pater noster* et *Ave Maria,* pour soprano et cordes, en 1880) et d'un quatuor à cordes (1873). Sa dernière œuvre consiste en un recueil de motets.
Dramaturge d'instinct, Verdi oppose au germanisme de Wagner, qui l'influencera néanmoins

quant à l'orchestre et à la continuité du discours, la tradition italienne qu'il reçoit de Bellini, Rossini et Donizetti.

VERDICT [-dikt] n. m. (angl. *verdict,* du lat. médiév. *veredictum,* véritablement dit). **1.** Déclaration solennelle par laquelle la cour et le jury d'assises répondent aux questions qui sont posées à l'issue des débats et se prononcent sur la culpabilité de l'accusé. — **2.** Jugement sévère, de caractère définitif sur un sujet quelconque : *Le verdict de l'opinion publique est sans appel.*

VERDIER n. m. (anc. fr. *verd,* vert). Petit passereau (fringillidé) vert et jaune des champs et des jardins.

VERDIER (Jean), prélat français (Lacroix-Barrez, Aveyron, 1864 - Paris 1940). Supérieur général des sulpiciens, cardinal (1929), il fut archevêque de Paris de 1929 à sa mort. Il entreprit la construction de nombreuses églises dans le cadre des *Chantiers du cardinal.*

VERDINE n. f. (de *vert*). Roulotte hippomobile des Tsiganes.

VERDIR v. i. (anc. fr. *verd,* vert) [conj. **32**]. **1.** Devenir vert. — **2.** Se couvrir de verdure : *On voit verdir les prairies au printemps.* — **3.** Se couvrir de vert-de-gris : *Le cuivre verdit rapidement.* — **4.** Pâlir extrêmement sous l'effet d'une émotion, d'un malaise ; blêmir : *Verdir de peur.*
◆ v. t. Rendre vert : *La lumière verdit les feuilles.*

VERDISSAGE n. m. *Litt.* Action de donner une teinte verte ; fait de devenir vert.

VERDISSANT, E adj. *Litt.* Qui verdit : *Les arbres verdissants.*

VERDISSEMENT n. m. **1.** *Litt.* Fait de devenir vert. — **2.** Coloration verte des branchies des huîtres, due à la diatomée bleue, et observée à Marennes.

VERDOIEMENT n. m. *Litt.* Fait de verdoyer, de se couvrir de verdure.

VERDON, riv. des Alpes du Sud, affl. de la Durance (r. g.) ; 175 km. Il passe à Allos, Saint-André-les-Alpes, Castellane, entre ensuite dans des gorges profondes et célèbres, longées par une route touristique. Des retenues ont été créées pour la production électrique (en amont des barrages de Castillon, de Sainte-Croix surtout, de Quinson, de Gréoux-les-Bains) et pour l'irrigation (→ *canal de* PROVENCE).

VERDON-SUR-MER (Le) [33123], comm. de la Gironde, à l'embouchure de la Gironde ; 1 352 hab. Avant-port de Bordeaux.

VERDOYANT, E adj. Qui verdoie, qui est couvert d'une verdure abondante.

VERDOYER v. i. (anc. fr. *verd,* vert) [conj. **13**]. *Litt.* Verdir, en parlant des végétaux, de la campagne.

VERDUN (55100), ch.-l. d'arrond. de la Meuse, sur la Meuse ; 23 427 hab. *(Verdunois).* Évêché. Petite métallurgie, laiterie, textile, etc.
— **Hist.** Oppidum gaulois *(Verodunum),* puis bourgade gallo-romaine, Verdun fut un foyer de la renaissance carolingienne. Gouvernée par ses évêques, ville libre impériale au XIIIe s., elle subit le sort des Trois-Évêchés et l'annexion à la France en 1552. La place, fortifiée par Vauban, fut prise par les Prussiens le 2 sept. 1792 et en nov. 1870.
— **Bx-arts.** Porte Chaussée, du XIVe s. Cathédrale de tradition carolingienne (XIe et XIIe s.) souvent remaniée par la suite (sculptures romanes ; crypte ; cloître gothique). Évêché du XVIIIe s., hôtel de la Princerie (musée municipal), hôtel de ville du XVIIe s. (musée de la Guerre) et autres monuments.

Verdun *(bataille de)* [févr.-déc. 1916], bataille qui opposa les armées françaises défendant le camp retranché de Verdun aux armées allemandes assaillantes (tués et blessés : 362 000 Français, 336 000 Allemands). Après avoir joué sous le commandement (IIIe armée) de Sarrail le rôle de pivot de la manœuvre du général Joffre lors de la bataille de la Marne* en 1914, la région fortifiée de Verdun, affaiblie par les conséquences d'un décret d'août 1915 sur les places fortes, est choisie par l'état-major allemand pour vaincre l'armée française par épuisement de ses forces. Commandés par le Kronprinz, les Allemands attaquent le 21 février la rive droite de la Meuse, bousculent les défenses françaises (bois des Caures) et prennent le fort de Douaumont (25 févr.). Pétain, chargé par Joffre de la défense de Verdun, organise la résistance et l'arrivée des renforts par la « Voie sacrée ». Le 6 mars, l'offensive allemande s'étend à la rive gauche sans réussir à prendre le Mort-Homme ni la cote 304. Une véritable bataille d'usure s'engage en avril et en mai, où Nivelle remplace Pétain à la tête de la IIe armée. En juin (prise du fort de Vaux par les Allemands) et en juillet, les attaques allemandes se succèdent en vain jusqu'à la crête de Souville, à 3 km de Verdun. À la fin d'août, les conséquences de l'offensive alliée sur la Somme se font sentir et l'initiative change de camp. Mangin reprend Douaumont le 24 octobre, puis Vaux le 2 novembre et Hardaumont, Bezonvaux et Vacherauville le 15 décembre. Enfin, l'offensive de Guillaumat (23 août 1917) permettra de dégager complètement la région de Verdun.

Verdun *(forêt domaniale de),* forêt de 12 400 ha créée par reboisement, dans l'ancienne « zone rouge » de la Première Guerre mondiale (pin noir, pin sylvestre, épicéa, sapin, aulne).

Verdun *(traité de)* [août 843], accord négocié et conclu à Verdun entre les fils de l'empereur Louis le Pieux. Louis le Germanique recevait la Germanie à l'est du Rhin, plus Mayence, Spire et Worms ; Charles le Chauve, les pays à l'ouest de l'Escaut, de l'Argonne, de la Saône et des Cévennes ; Lothaire, la zone intermédiaire de la mer du Nord au sud de l'Italie, avec le titre impérial et les capitales Aix-la-Chapelle et Rome.

VERDUN, v. du Canada (Québec), banlieue de Montréal ; 61 000 hab. Zone résidentielle et industrielle.

VERDUNISATION n. f. (de *Verdun,* n. pr.). Syn. de JAVELLISATION.

VERDUN-SUR-GARONNE (82600), ch.-l. de cant. de Tarn-et-Garonne ; 2 882 hab. *(Verdunois).* Église à deux vaisseaux du XVe s. Matériel d'irrigation. Coopérative viticole.

VERDUN-SUR-LE-DOUBS (71350), ch.-l. de cant. de Saône-et-Loire, au confluent de la Saône et du Doubs ; 1 080 hab.

VERDURE n. f. (anc. fr. *verd,* vert). **1.** *Litt.* Couleur verte de la végétation : *La verdure des prés.* — **2.** Végétation d'un lieu (arbres, plantes, herbes, feuillage) : *Un tapis de verdure.* — **3.** *Fam.* Légumes verts, salades qu'on mange crus : *Qui veut encore de la verdure ?* — **4.** Tapisserie dans laquelle des feuillages tiennent la plus grande place. — **5.** *Théâtre de verdure,* théâtre en plein air, dans un décor de verdure.

VERDY (Nelly GUILLERM, dite **Violette**), danseuse française (Pont-l'Abbé 1933). Créatrice du *Loup* (de R. Petit, 1953), elle poursuit une brillante carrière au sein du New York City Ballet, dès 1957, où elle crée des œuvres de Balanchine et de J. Robbins. Nommée à la direction de la danse à l'Opéra de Paris (1978-1980), elle est directrice artistique associée au Ballet de Boston (1980-1984).

VEREENIGING, v. de l'Afrique du Sud (au S. de Johannesburg), sur le Vaal ; 149 000 hab. Métallurgie. Constructions électriques. Traité négocié à Vereeniging, mais signé à Pretoria, qui mit fin à la guerre des Boers par l'annexion des Républiques d'Orange et du Transvaal à l'Empire britannique (1902).

VERES (Péter), écrivain hongrois (Balmazújváros 1897 - Budapest 1970). Valet de ferme, ouvrier agricole, il prit part à la révolution hongroise de 1918-19 et devint ministre de la Défense (1948). Il a écrit des romans sur la condition des paysans hongrois entre 1919 et 1940 (*Épreuve,* 1951).

VERESSAÏEV (Vikenti Vikentievitch SMIDOVITCH, dit), écrivain russe (Toula 1867 - Moscou 1945). Médecin, il publia un roman à succès sur l'« intelligentsia » (*Sans route,* 1895) et sur son évolution marxiste (*les Sœurs,* 1933).

VÉRÉTILLE n. f. (lat. *veretilla,* animal marin). Colonie de cnidaires vivant dans les sables littoraux des océans, sur un axe charnu.

VÉREUX, EUSE adj. (de *ver*). **1.** Qui est gâté par des vers : *Poire véreuse.* — **2.** Qui est malhonnête, suspect, louche : *Affaire véreuse. Avocat véreux.*

VERFEIL (31590), ch.-l. de cant. de la Haute-Garonne, dans le Terrefort ; 2 271 hab. *(Verfeillois).*

VERGA (Giovanni), écrivain italien (Catane 1840 - *id.* 1922). D'abord peintre des passions amoureuses dans la haute société dont il fréquente les salons (*Eva,* 1873 ; *Eros,* 1875), il devient un des meilleurs représentants du « vérisme » (*Nedda,* 1874). Son projet d'un vaste cycle romanesque sur l'apparition de la vie moderne en Italie, *les Vaincus,* se limitera aux deux premiers tomes (*les Malavoglia,* 1881 ; *Maître Don Gesualdo,* 1889). La transposition lyrique (1890) de sa nouvelle *Cavalleria rusticana* (musique de Mascagni) connut un vif succès.

VERGANI (Orio), écrivain italien (Milan 1899 - *id.* 1960). Pionnier du journalisme sportif, critique littéraire, fondateur et directeur du Théâtre d'art de Rome (1924), il a publié des nouvelles et des romans (*Bella Italia amate sponde...,* 1930 ; *Procès à huis clos,* 1957).

VERGE n. f. (lat. *virga*). **1.** Autref., instrument de punition corporelle formé d'une baguette flexible ou d'une poignée de brindilles. — **2.** Tringle de métal. — **3.** Membre viril ; pénis. (→ *encycl.*) — **4.** Au Canada, unité de mesure valant trois pieds. — **5.** Ancienne unité de mesure agraire, équivalant à un quart d'arpent, ou 0,1276 ha. — **6.** Barreau susceptible de vibrer pour produire un son. — **7.** Tige d'une ancre, qui relie les pattes à l'organeau. — **8.** Litt. *Donner des verges pour se faire fouetter,* fournir à d'autres des armes contre soi-même. ‖ *Verge d'or,* nom usuel d'une espèce de solidago.

ENCYCL. **Anat.** La verge est l'organe mâle de la copulation. Organe érectile, elle est constituée par des tissus vasculaires, les corps caverneux, qui en forment les parties latérales, et le corps spongieux, qui s'encastre entre ces derniers et qui entoure l'urètre.

VERGÉ, E adj. (lat. *virgatus,* tressé). **1.** Se dit d'une étoffe renfermant quelques fils de soie plus grossiers que le restant, ou dont la teinture est plus forte ou plus faible. — **2.** *Fil vergé,* fil ayant diverses couleurs. ‖ *Papier vergé,* papier présentant des vergeures.

VERGENCE n. f. (de *convergence*). Inverse de la distance focale d'un système optique centré. (La convergence est une vergence positive ; la divergence, une vergence négative. L'unité SI de vergence est le un par mètre [symb. m^{-1}].)

VERGENNES (Charles GRAVIER, *comte* DE), homme d'État et diplomate français (Dijon 1719 - Versailles 1787). Il est ambassadeur à Constantinople (1754-1768), où il améliore les relations franco-turques, puis en Suède (1771-1774). Secrétaire d'État aux Affaires étrangères (1774), il veut rétablir le prestige de la France, terni après la guerre de Sept Ans. Il conclut une alliance avec les États-Unis insurgés (6 févr. 1778), ce qui lui permet par le traité de Versailles (3 sept. 1783) de recouvrer le Sénégal et Tobago perdus en 1763. Il s'attache ensuite au maintien de la paix et de l'équilibre en Europe, conclut un traité de commerce avec l'Angleterre (sept. 1786). Tout en gardant l'alliance franco-autrichienne, il empêche Joseph II d'annexer la Bavière, mais il refuse tout agrandissement français vers les Pays-Bas. Il s'oppose au partage de l'Empire ottoman, projeté par l'Autriche et la Russie. À sa mort (1787), la France est redevenue l'arbitre de l'Europe.

VERGEOISE n. f. (de *verge*). Sucre roux provenant du raffinage des sucres bruts.

VERGER n. m. (lat. *viridiarium,* de *viridis,* vert). **1.** Parcelle plantée d'arbres fruitiers. — **2.** Ensemble des plantations d'arbres fruitiers d'une région, d'un pays.

VERGETÉ, E adj. (de *verge*). **1.** Se dit d'une peau marquée de petites raies rougeâtres ou violacées. — **2.** Se dit de l'écu partagé en vergettes.

◆ **vergeté** n. m. Écu ou quartier vergeté.

VERGETTE n. f. (dimin. de *verge*). **1.** Petite verge. — **2.** Marque sur la peau, qui ressemble à une marque de verge. — **3.** En héraldique, pal diminué de largeur. — **4.** Chacune des baguettes de fer qui servent à raidir un panneau de vitrail, liées aux plombs de celui-ci par de petites attaches en plomb.

VERGETURE n. f. **1.** *Litt.* Fine marque de coup de verge ou de fouet. — **2.** Atrophie cutanée, affectant l'abdomen, les hanches, les seins, de forme allongée, linéaire, d'abord rougeâtre et plus tard blanche, provenant de la distension et de la perte d'élasticité de la peau. (Les vergetures apparaissent surtout pendant la grossesse, après des pertes de poids importantes ou un traitement prolongé par les corticoïdes.)

VERGEUR adj. et n. m. (de *vergé*). Se dit d'un feutre spécial dont les fils de chaîne, en relief, marquent la surface de certains papiers.

VERGEURE [-ʒyr] n. f. (de *verge*). **1.** Chacun des fils de laiton, très serrés et parallèles, dont l'ensemble constitue une sorte de toile métallique destinée à retenir la pâte, dans la fabrication du papier à la main. — **2.** Ligne claire que présente le papier dans les endroits qui correspondent aux fils de laiton.

◆ **vergeures** n. f. pl. Filigrane continu d'un papier, constitué de lignes parallèles très rapprochées.

VERGÈZE (30310), comm. du Gard, à 17 km au S.-O. de Nîmes ; 2 563 hab. Eau minérale gazeuse. Usine d'embouteillage.

VERGHÍNA → AIGAI.

VERGLACER v. i. (de *verglas*) [conj. **16** ; seulem. 3ᵉ pers. du sing.]. Faire du verglas : *Il verglace aujourd'hui.*

◆ v. t. Recouvrir de verglas : *Le froid après la pluie risque de verglacer les routes.*

◆ **être verglacé** v. pass. Être couvert de verglas : *Route verglacée.*

VERGLAS [-gla] n. m. (de *verre* et *glas,* anc. var. de *glace*). **1.** Couche de glace mince et transparente, qui se forme à la surface du sol ou des objets, lorsque de grosses gouttes de pluie en surfusion se congèlent brusquement à leur contact. — **2.** Couche de glace lisse constituée par une pluie non surfondue tombant sur un sol glacé ; couche rugueuse et glissante par endroits, qui se forme lorsque la neige au sol, après avoir fondu, se congèle de nouveau.

1. VERGNE ou **VERNE** n. m. (gaul. **verno,* aulne). Nom régional de l'aulne glutineux.

2. VERGNE n. f. (de *vergne 1*). Digue de rivière, faite de pieux et de fascines.

VERGNIAUD (Pierre Victurnien), homme politique français (Limoges 1753 - Paris 1793). Avocat, député à la Législative puis à la Convention, il fut un des chefs des Girondins. Il contribua, le 10 août, à la déchéance de Louis XVI et vota la mort du roi. Arrêté le 2 juin 1793 avec les autres chefs de la Gironde, il fut exécuté.

VERGOBRET n. m. (lat. *vergobretus*). Sorte de dictateur annuel, civil, chez les Éduens.

VERGOGNE n. f. (lat. *verecundia,* pudeur). *Sans vergogne,* effrontément, sans scrupule : *Mentir sans vergogne.*

VERGT (24380), ch.-l. de cant. de la Dordogne, à 21 km au S. de Périgueux ; 1 441 hab. Ancienne bastide. Marché des fraises.

VERGUE n. f. (var. norm. de *verge*). Espar cylindrique, effilé à ses extrémités, placé en travers d'un mât pour soutenir et orienter une voile. (Les vergues sont désignées par le nom des voiles qu'elles portent.)

VERGUETTE n. f. Syn. de SEUIL.

VERHAEREN (Émile), poète belge de langue française (Sint-Amands 1855 - Rouen 1916).

D'abord naturaliste (*les Flamandes,* 1883), puis mystique (*les Moines,* 1886), il écrit à la suite d'une crise spirituelle les poèmes désespérés des *Soirs* et des *Debâcles* (1888), puis des *Flambeaux noirs* (1888-1891), désespoir qui se mue en angoisse (*les Campagnes hallucinées,* 1893 ; *les Villes tentaculaires,* 1895), mais qui évolue vers un lyrisme social (*les Forces tumultueuses,* 1902 ; *les Rythmes souverains,* 1910). En une versification assouplie, il célèbre l'amour (*les Heures claires,* 1896) et les paysages de son pays natal (*Toute* la Flandre,* 1904-1911). Désabusé par la guerre, Verhaeren s'engage dans la « mêlée » (*les Ailes rouges de la guerre,* 1916). On lui doit en outre des contes, des pages de critique littéraire et des pièces de théâtre.

VERHOEVEN (Abraham), imprimeur et graveur flamand (Anvers v. 1575 - *id.* 1652). Il a publié en 1605 la première gazette périodique : *Nieuwe Tydinghen.*

VERHULST (Rombout), sculpteur flamand (Malines 1624 - La Haye 1698). Il fit une carrière brillante aux Pays-Bas, participant à la décoration de l'hôtel de ville d'Amsterdam et donnant de nombreux tombeaux (*Amiral Tromp* à Delft, *Guillaume Van Lyere* à Katwijk, etc.).

VÉRIA ou **VÉRRIA,** v. de Grèce, en Macédoine, au pied du Vérmion ; 38 000 hab. Vestiges de remparts. Vieilles églises. Musée archéologique.

VÉRICONDITIONNEL, ELLE adj. Relatif aux conditions de vérité d'un énoncé.

VÉRIDICITÉ n. f. *Litt.* Caractère véridique ; véracité, exactitude : *La véridicité d'une anecdote.*

VÉRIDIQUE adj. (lat. *veridicus,* de *verus,* vrai, et *dicere,* dire). **1.** *Litt.* Qui dit la vérité, qui rapporte exactement les faits : *Historien véridique.* – **2.** Qui est conforme à la vérité, au réel : *Témoignage véridique.*

VÉRIDIQUEMENT adv. *Litt.* De façon véridique.

VÉRIFIABILITÉ n. f. Caractère de ce qui est vérifiable.

VÉRIFIABLE adj. Qui peut être vérifié.

VÉRIFICATEUR, TRICE n. Personne qui est chargée de vérifier, de contrôler : *Un vérificateur des poids et mesures.*

◆ adj. Qui a pour objet de vérifier, de contrôler : *Des mesures vérificatrices.*

◆ **vérificateur** n. m. 1. Instrument exécutant des contrôles métrologiques. – **2.** *Vérificateur orthographique,* syn. de CORRECTEUR ORTHOGRAPHIQUE.

◆ **vérificatrice** n. f. Machine à cartes perforées utilisée pour contrôler l'exactitude du travail d'une perforatrice.

VÉRIFICATIF, IVE adj. *Litt.* Qui sert de vérification.

VÉRIFICATION n. f. **1.** Action de vérifier, de s'assurer de l'exactitude de qqch en le confrontant avec ce qui peut servir de preuve. – **2.** Action de contrôler qqch pour s'assurer de sa conformité, de sa légalité, etc. : *Vérification des travaux.* – **3.** *Principe de vérification,* principe suivant lequel tout constat empirique susceptible de relever d'une loi générale doit pour cela être étayé par l'observation de tous les faits susceptibles d'entrer dans cette loi. ‖ *Vérification approfondie de la situation fiscale d'ensemble (V. A. S. F. E.),* contrôle de comptabilité d'une entreprise associé à l'examen de la situation patrimoniale et des éléments du train de vie de ses dirigeants. ‖ *Vérification de comptabilité,* contrôle sur place de la comptabilité des contribuables tenus d'établir une comptabilité professionnelle (ou ayant opté en ce sens). [Syn. CONTRÔLE FISCAL.] ‖ *Vérification des pouvoirs,* procédure préliminaire à la délibération d'une assemblée générale d'une société commerciale en vue de contrôler l'existence et la validité des pouvoirs donnés par les actionnaires empêchés d'assister à l'assemblée ; examen par une assemblée élective de la validité de l'élection de chacun de ses membres. (En France, c'est le Conseil constitutionnel qui procède à la vérification des pouvoirs des députés et des sénateurs.)

VÉRIFICATIONNISME n. m. Principe du positivisme logique selon lequel la signification d'un énoncé réside dans la méthode par laquelle il est confirmé ou infirmé.

VÉRIFICATIONNISTE adj. et n. Relatif au vérificationnisme ; partisan du vérificationnisme.

VÉRIFIER v. t. (bas lat. *verificare,* du lat. class. *verus,* vrai) [conj. 9]. **1.** Soumettre qqch à un examen, à une confrontation avec des faits, des preuves pour en contrôler l'exactitude : *Vérifier l'hypothèse par l'expérience.* – **2.** Examiner, s'assurer que : *Vérifier si la porte est bien fermée.* – **3.** Soumettre qqch à un examen ou à des tests pour en contrôler l'état ou le fonctionnement : *Faire vérifier sa vue. Vérifier un moteur.* – **4.** Être la preuve de qqch, établir son exactitude : *Cet événement a vérifié nos prévisions.* – **5.** Être solution d'une équation ; satisfaire à une condition.

◆ **se vérifier** v. pr. Être confirmé.

VÉRIN n. m. (lat. *veruina,* petite broche). **1.** Appareil à vis placé sous des charges pour les soulever sur une faible course ou pour les soutenir. – **2.** Appareil composé d'un cylindre, dans lequel se déplace un piston sous l'action d'une pression hydraulique ou pneumatique, et d'une tige solidaire du piston, qui peut tirer ou pousser une charge située à l'extérieur du cylindre. (Suivant que la pression du fluide peut s'exercer d'un seul côté ou des deux côtés du piston, le vérin est dit *à simple effet* ou *à double effet.*) — 3. *Vérin rotatif,* appareil composé d'un arbre portant une ou plusieurs palettes et tournant dans un cylindre de révolution aplati définissant une ou plusieurs chambres que l'on met sous pression afin d'assurer la rotation des palettes.

VÉRISME n. m. (ital. *verismo,* de *vero,* vrai). École littéraire et artistique italienne axée sur la représentation de la réalité quotidienne et des problèmes sociaux. (Le nom s'étendit à l'école musicale qui se développa en Italie à la même époque en donnant des opéras à tendance réaliste : Leoncavallo avec *Paillasse,* Mascagni avec *Cavalleria rusticana.*)

VERÍSSIMO (Érico), romancier brésilien (Cruz Alta, Rio Grande do Sul, 1905 - Porto Alegre 1975). Ses romans régionalistes du Sud ont connu une vogue internationale, surtout la trilogie historique *le Temps et le Vent* (1949-1961), de même que ses romans politiques (*le Président,* 1967).

VÉRISTE adj. et n. Relatif au vérisme ; partisan du vérisme.

VÉRITABLE adj. (de *vérité*). 1. Qui est authentique, conforme à la réalité : *Son véritable nom est inconnu.* — 2. Se dit d'un matériau, d'un objet qui est réellement ce qu'on dit qu'il est, qui n'est ni mélangé ni imité, etc. : *C'est du cuir véritable.* — 3. Qui possède toutes les propriétés conformes à sa nature : *Un amour véritable.* — 4. Souligne la justesse de l'image choisie : *C'est une véritable folie de skier par ce temps !*

VÉRITABLEMENT adv. D'une manière véritable : *Être véritablement affligé.*

Veritas ou **Bureau Veritas** (le), société de classification française fondée en 1828 à Anvers et qui a son siège à Paris depuis 1832. Le Bureau Veritas vérifie la construction des navires, appose les marques de franc-bord, délivre les certificats correspondants et oblige les navires à des visites de sécurité périodiques. Il cote tous les bâtiments français ainsi que de nombreux navires étrangers.

VÉRITÉ n. f. (lat. *veritas,* de *verus,* vrai). 1. Adéquation entre la réalité et l'homme qui la pense. — 2. Idée, proposition qui emporte l'assentiment général ou s'accorde avec le sentiment que qqn a de la réalité : *Les vérités éternelles.* — 3. Connaissance ou expression d'une connaissance conforme à la réalité, aux faits tels qu'ils se sont déroulés ; les faits réels eux-mêmes : *Le témoin a caché la vérité.* — 4. Caractère de ce qui existe réellement et est bien tel qu'il apparaît : *On ne saurait douter de la vérité de ses sentiments.* — 5. Qualité de ce qui exprime pleinement la réalité de qqch, expression fidèle de la nature : *La vérité des personnages de ce roman.* — 6. Expression, attitude sincère de celui qui dit ce qu'il sait, qui parle avec conviction : *Son air de vérité a conquis l'auditoire.* — 7. En apposition, indique que ce qui est fait vise à établir la réalité des faits : *Opération-vérité.* — 8. En logique, position d'une proposition par rapport aux conditions imposées par un langage donné et par rapport à un état de fait. — 9. *À la vérité,* il est vrai, j'en conviens. ‖ *Dire à qqn ses (quatre) vérités,* lui dire avec franchise ce qu'on pense de lui, ce qu'on lui reproche. ‖ *En vérité,* à dire vrai (pour introduire une rectification, une précision) ; assurément, certainement (pour renforcer une assertion). ‖ *Minute, quart d'heure de vérité,* moment où, dans une épreuve, une confrontation, il n'est plus possible à qqn de donner le change. ‖ *Sérum de vérité,* substance barbiturique dont l'administration aurait pour effet de faire avouer malgré lui un coupable. ‖ *Vérité de La Palice,* syn. de LAPALISSADE. ‖ *Vérité des prix,* politique économique qui tend à faire correspondre le prix des services publics à leur coût réel.

VERJUS n. m. (de *vert* et *jus*). 1. Suc acide extrait de raisins cueillis verts. — 2. Vin très aigre.

VERJUTÉ, E adj. Se dit d'un vin acide comme du verjus.

VERKHOÏANSK, v. de Russie, en Sibérie orientale, sur l'Iana, à l'E. des *monts de Verkhoïansk ;* 2 000 hab. La région de Verkhoïansk, où l'on a enregistré des températures de - 70 °C, constitue l'un des pôles du froid du globe.

VERLAINE (Paul), poète français (Metz 1844 - Paris 1896). De brillantes études n'aboutissent qu'à une carrière de « poète-fonctionnaire » à laquelle il préfère la fréquentation des salons littéraires et une collaboration au *Parnasse contemporain.* Athée et républicain convaincu, déjà possédé, comme Baudelaire, par l'alcool, il cherche à vaincre ses démons à travers la poésie. La mort de sa cousine, qu'il aime, accentue sa fragilité nerveuse. Si les *Poèmes saturniens* (1866), de facture parnassienne, révèlent un poète authentique, certes, mais encore réduit aux tâtonnements, les *Fêtes* galantes* (1869) et *la Bonne Chanson* (1870), inspirées par ses fiançailles et son mariage heureux avec Mathilde Mauté de Fleurville (1870), confirment avec éclat l'écrivain véritable. Mais au bonheur tranquille succèdent la tempête et le chaos, apportés par Rimbaud, qui, en s'installant chez le jeune ménage, le brisera. En juill. 1872, Verlaine et Rimbaud s'enfuient en Belgique, puis à Londres, où leurs brouilles et leurs réconciliations aboutissent au drame de Bruxelles : le 10 juill. 1873, Verlaine tire sur Rimbaud, qui veut le quitter, et le blesse. Il purge deux ans de prison à Mons, où s'épanouit son génie poétique (*Romances sans paroles,* 1874). Libéré, il publie *Sagesse** (1881), recueil d'inspiration religieuse composé en prison. Après des allers et retours de France en Angleterre, où il professe un temps et vit avec un élève, enlevé à Rethel, Verlaine, qui a de nouveau sombré dans l'alcool, se fixe en France (1880) et publie encore *Jadis* et Naguère* (1884), qui comporte quelques chefs-d'œuvre comme *l'Art poétique,* de 1874, ainsi que des recueils religieux (*Amour,* 1888 ; *Bonheur,* 1891 ; *Liturgies intimes,* 1892), érotiques (*Chansons pour elle,* 1891) ou divers (*Invectives,* 1896). Si son originalité et sa mauvaise réputation fascinent, tant à Paris qu'à l'étranger, il n'en finira pas moins sa vie en errant de garnis en hôpitaux.

VERLAN n. m. (inversion de *l'envers*). Argot codé qui procède par inversion des syllabes à l'intérieur du mot (par ex. *zarbi,* bizarre ; *ripou,* pourri).

VERLION n. m. Syn. anc. de LAMPROMYIE.

VERMAND (02490), ch.-l. de cant. de l'Aisne, dans le Vermandois ; 120 hab. Outillage.

VERMANDOIS, région du nord du Bassin parisien, seuil (moins de 150 m) entre les bassins parisien et flamand. Voie de passage : canaux de Saint-Quentin et du Nord. Culture céréalière et betteravière.
— **Hist.** Dès le IXe s., le Vermandois fut érigé en comté par Charlemagne. À la fin du XIIe s., Philippe Auguste le réunit à la Couronne (1191 et 1213).

VERMANDOIS (Herbert, *comte* DE) [† 942]. Gendre du roi Robert Ier, il fit prisonnier par ruse le roi Charles le Simple (923), qui mourut en captivité.

VERMANDOIS (Raoul Ier, *comte* DE) [† 1152]. Prince capétien, petit-fils du roi Henri Ier. Il aida Louis VI à débarrasser l'Île-de-France des seigneurs pillards et il fut corégent du royaume, avec Suger, sous Louis VII.

VERMÉE n. f. (anc. fr. *verm,* ver). Chapelet de vers enfilés sur un morceau de laine pour attirer et prendre les anguilles.

VERMEER (Johannes), dit **Vermeer de Delft,** peintre néerlandais (Delft 1632 - *id.* 1675). Le XIXe s. a sorti de l'oubli ce peintre à l'œuvre rare (une quarantaine de toiles d'authenticité certaine) pour le porter au sommet de l'art non seulement hollandais, mais universel. On sait peu de chose sur la formation de Vermeer, mais celui-ci a connu à l'évidence la peinture italienne, notamment le courant caravagesque, et, s'il a subi des influences (Terbrugghen, Fabritius...), il les a assimilées et dépassées très vite. Ses thèmes, scènes d'intérieur (*la Dame à la fenêtre,* Metropolitan Mus. de New York ; *la Laitière,* Rijksmuseum d'Amsterdan), portraits (*Jeune Fille au turban,* v. 1665, Mauritshuis, La Haye), paysages (*Vue de Delft, ibid.*), sont issus de la vie quotidienne (*la Dentellière,* Louvre) ; ses toiles baignent dans le silence feutré d'un intérieur bourgeois (*le Collier de perles,* Berlin-Dahlem) ou dans le calme d'une ville hollandaise d'alors. Une sorte de distance apporte une part de rêve à des visions pourtant réalistes, mais d'où l'anecdote est absente, ou presque (*le Couple à l'épinette,* palais de Buckingham). La qualité de ces œuvres est une totalité qu'on ne peut réduire à la rigueur de la technique et de la composition, à la richesse et à la pureté de la matière et des tons (accords de bleus et de jaunes ; rouges), au rendu de la lumière et de l'espace. Par la vertu d'un art qui transmute les êtres et les choses, c'est une essence de la réalité qui semble atteinte.

VERMEIL, EILLE adj. (lat. *vermiculus,* cochenille). *Litt.* D'un rouge vif un peu plus foncé que l'incarnat : *Vin vermeil.*
◆ **vermeil** n. m. **1.** Argent doré. — **2.** *Carte vermeil,* carte qui permet aux voyageurs à partir de 60 ans de bénéficier de réductions sur les tarifs des transports de la S. N. C. F.

VERMENOUZE (Arsène), poète et journaliste français (Vieilles, Cantal, 1850 - *id.* 1910). Chantre de son terroir en langue d'oc (*Flour de brousso* [*Fleur de bruyère,* 1895], *Jous la cluchado* [« Sous le chaume », trad. fr. *Mon Auvergne,* 1908]) et en français (*En plein vent,* 1900), animateur de la revue *Lo Cobreto,* où il publia un manifeste fameux à la gloire de la langue d'oc, il est un des poètes les plus représentatifs de la renaissance occitane.

VERMENTON (89270), ch.-l. de cant. de l'Yonne, sur la Cure ; 1 114 hab. (*Vermentonnais*). Église des XIIe et XIIIe s.

VERMET n. m. (anc. fr. *verm,* ver). Mollusque gastropode vermiforme marin, enfermé dans une coquille en forme de tube irrégulier et qui vit fixé sur les coraux, les pierres, les coquilles mortes.

VERMEYLEN (August), écrivain belge d'expression néerlandaise (Bruxelles 1872 - Uccle 1945). Cofondateur de la revue *Van Nu en Straks,* il est l'auteur d'essais et de romans (*le Juif errant,* 1906 ; *Deux Amis,* 1943) qui exercèrent une grande influence sur le renouveau culturel néerlandais.

VERMICELLE n. m. (ital. *vermicelli,* pl. de *vermicello,* petit ver). Pâte à potage ayant la forme d'un filament fin plus ou moins long.

VERMICELLERIE n. f. **1.** Atelier ou usine où sont fabriqués les vermicelles. — **2.** Fabrication du vermicelle.

VERMICIDE adj. et n. m. Se dit d'une substance qui détruit les vers, en partic. substance anthelminthique.

VERMICULAGE n. m. Travail vermiculé d'un objet, d'une surface. (Syn. VERMICULURE.)

VERMICULAIRE adj. (lat. *vermiculus,* petit ver). **1.** Qui ressemble à un ver ; qui en a la forme. — **2.** *Mouvement vermiculaire,* contraction successive des différentes parties d'un canal musculeux.

VERMICULÉ, E adj. (lat. *vermiculatus*). **1.** Garni de vermiculures. (En parlant, notamm., de bossages.) — **2.** *Caillou vermiculé,* caillou dont la surface présente de petits sillons et cannelures contournés comme des vers.

VERMICULER v. i. (de *vermiculé*) [conj. 3]. Présenter des vermiculures, en parlant d'un acier extra-doux.

VERMICULITE n. f. (de *vermiculé*). Minéral argileux, fréquent dans les sols des régions tempérées, comme les sols bruns, et provenant de la transformation ménagée des micas au cours de la formation du sol. (La vermiculite, augmentant de volume en se déshydratant sous l'effet de la chaleur, est employée comme isolant thermique.)

VERMICULURE n. f. (de *vermiculé*). **1.** Motif d'ornementation architecturale rustique, en creux ou en relief, rappelant la forme sinueuse d'une galerie de ver ou du ver lui-même. — **2.** Syn. de VERMICULAGE. — **3.** Défaut de surface des tôles et feuillards d'acier extra-doux recuits, apparaissant après déformation par cambrage ou emboutissage sous l'aspect de fines veines.

VERMIDIEN n. m. Ancien groupe d'animaux vermiformes, sans parenté réelle.

VERMIFORME adj. **1.** Qui a l'aspect ou la forme d'un ver. (Syn. HELMINTHOÏDE.) — **2.** *Larve vermiforme,* larve d'insecte.

VERMIFUGE adj. et n. m. Syn. de ANTHELMINTHIQUE.

VERMILINGUE adj. Se dit d'un animal à la langue allongée comme un ver.

VERMILLER v. i (lat. pop. **vermicellus,* du lat. class. *vermiculus,* petit ver) [conj. 3]. En parlant du sanglier, du cochon et de certains oiseaux, fouiller le sol pour y trouver de la nourriture (racines, insectes et vers).

VERMILLIS [-miji] n. m. pl. Traces que laissent sur le sol le cochon, le sanglier en vermillant.

VERMILLON [-mijɔ̃] n. m. (de *vermeil*). Sulfure rouge de mercure, qui existe sous la forme de pigment artificiel et de produit naturel (cinabre). ◆ adj. inv. et n. m. Rouge vif.

1. VERMILLONNER v. t. (de *vermillon*) [conj. 3]. *Litt.* Colorer, teindre de vermillon.

2. VERMILLONNER v. i. (de *vermiller*) [conj. 3]. En parlant du blaireau, fouir la terre pour y trouver sa nourriture.

VERMINE n. f. (anc. fr. *verm,* ver). **1.** Ensemble des parasites externes (la plupart arthropodes) de l'homme et des vertébrés. — **2.** *Litt.* Ensemble de gens méprisables ; racaille. — **3.** Terme d'injure désignant qqn de malhonnête.

VERMINEUX, EUSE adj. **1.** *Litt.* Qui est couvert de vermine. — **2.** Qui est produit par des vers parasites (helminthes).

VÉRMION, usuellement **Vérmio,** massif montagneux de Grèce, en Macédoine.

VERMIOTHE ou **VERMIOTTE** n. m. Substance produite par la surface ulcérée de l'épithélioma spino-cellulaire et qui apparaît sous forme de filaments jaunâtres quand on exerce une pression sur la lésion.

VERMIS [vɛrmis] n. m. (lat. *vermis,* ver). Partie médiane impaire du cervelet des vertébrés, que ses divers sillons transversaux font ressembler à un ver. (Une lésion du vermis entraîne une atteinte du tonus musculaire.)

VERMISSEAU n. m. (lat. pop. **vermiscellus,* du lat. class. *vermiculus*). *Litt.* **1.** Petit ver de terre. — **2.** Personne chétive ou sans aucune force de caractère.

VERMONT, État des États-Unis, en Nouvelle-Angleterre ; 24 887 km² ; 562 758 hab. Cap. *Montpelier.* Limité à l'O. par la dépression du lac Champlain-Hudson et à l'E. par la vallée du Connecticut, il est formé de petites montagnes, les Green Mountains. L'exploitation forestière, l'élevage, la production fruitière et le tourisme sont les principales ressources de l'État.
— **Hist.** Exploré par Champlain (1609), le pays fut colonisé par les Anglais à partir de 1724. Il se proclama indépendant en 1777 et entra dans l'Union en 1791.

VERMOULER (SE) v. pr. (conj. 3). *Litt.* Devenir vermoulu.

VERMOULU, E adj. (de *ver* et *moulu*). **1.** Qui est miné par les larves d'insectes. — **2.** *Litt.* Qui est vieux, suranné : *Des institutions vermoulues.*

VERMOULURE n. f. (de *vermoulu*). **1.** Trace que les larves d'insectes laissent dans ce qu'elles ont rongé. — **2.** Poudre de bois qui sort des trous faits par les vers.

VERMOUTH ou **VERMOUT** [-mut] n. m. (all. *Wermut,* absinthe). Apéritif à base de vin blanc alcoolisé, rendu amer par un extrait de plantes aromatiques.

VERMUDO → BERMUDE.

VERNACULAIRE adj. (lat. *vernaculus,* indigène, de *verna,* esclave né dans la maison du maître).

Langue vernaculaire ou *vernaculaire* (n. m.), langue parlée seulement à l'intérieur d'une communauté, parfois restreinte (par oppos. à *langue véhiculaire*). ‖ *Nom vernaculaire,* nom usuel d'une espèce animale ou végétale dans son pays d'origine.

VERNAL, E, AUX adj. (lat. *vernalis,* de *vernis,* printanier). *Plante vernale* ou *vernale* (n. f.), plante qui fleurit au printemps. ‖ *Point vernal,* point (symb. γ) de la sphère céleste situé à celle des deux intersections de l'équateur et de l'écliptique que le Soleil franchit en ayant une déclinaison croissante. (Syn. ÉQUINOXE, POINT GAMMA.)
ENCYCL. Le point γ marque le début du printemps, du point de vue astronomique. Il est animé d'un lent mouvement rétrograde sur l'écliptique, qui se traduit par une avance annuelle de l'instant de l'équinoxe de printemps (précession).

VERNALISATION n. f. (de *vernal*). **1.** Transformation physiologique, due à une assez longue période de basses températures, nécessaire aux plantes bisannuelles et annuelles d'hiver pour qu'elles se développent complètement. (Syn. JAROVISATION.) — **2.** Traitement par le froid des graines ou des jeunes plants pour agir sur leur développement. (Syn. PRINTANISATION, JAROVISATION.)

VERNALISER v. t. (conj. **3**). Appliquer la vernalisation à une graine, à une plante.

VERNANT (Jean-Pierre), philosophe et historien français (Provins 1914). Entré au C. N. R. S. en 1948, il devient professeur au Collège de France en 1975. Il a créé un nouveau domaine, l'histoire des concepts philosophiques. Il a mis ainsi en lumière la naissance de la rationalité occidentale à partir des premiers penseurs grecs (*Mythe et pensée chez les Grecs,* 1965).

VERNE → VERGNE 1.

VERNE (Jules), écrivain français (Nantes 1828 - Amiens 1905). Esprit inventif, romancier fécond, il s'essaya d'abord au théâtre (*les Pailles rompues,* 1850) puis il publia dans *le Magasin d'éducation et de récréation* de Hetzel son roman *Cinq Semaines en ballon,* édité en volume en 1863, qui marquait à la fois la naissance de la science-fiction et la célébrité de l'auteur, dont la plupart des intuitions allaient se confirmer. J. Verne publia ensuite *Voyage* au centre de la Terre* (1864), *De la Terre à la Lune* (1865), *les Enfants du capitaine Grant* (1867-68), suivis de *Vingt* Mille Lieues sous les mers* (1870) et de *l'Île mystérieuse* (1874), *le Tour* du monde en quatre-vingts jours* (1873), *Michel Strogoff* (1876), *Mathias Sandorf* (1885), *Robur le Conquérant* (1886), etc. En 1994 est publié un inédit datant de 1863 : *Paris au XXe siècle.*

VERNEAU (Jean Édouard), général français (Vignot 1890 - Buchenwald 1944). Chef d'état-major de l'armée d'armistice (juin 1942), il s'engagea dans la Résistance dès nov. 1942. À la tête de l'Organisation de résistance de l'armée (O. R. A.), il étendit son activité à la zone Nord et participa à l'encadrement du maquis. Il fut arrêté en oct. 1943.

VERNER (Karl), linguiste danois (Århus 1846 - Copenhague 1896). Il a attaché son nom à une loi phonétique (1876) qui a permis de compléter la loi formulée par Grimm en 1822 et qui a renforcé l'idée que les lois phonétiques agissent avec une régularité absolue.

VERNET (Joseph), peintre français (Avignon 1714 - Paris 1789). Il travailla près de vingt ans à Rome, puis rentra en France, où ses envois d'Italie — vues urbaines, paysages habités, tempêtes, clairs de lune, naufrages — l'avaient rendu célèbre, pour se consacrer de 1753 à 1762 à la grande commande officielle de 20 vues des ports de France (15 exécutées, la plupart au musée de la Marine, Paris), œuvres d'un classicisme un peu sec. Il maintint sa veine italienne dans d'autres tableaux, répondant au sentiment préromantique que ses contemporains avaient de la nature. — Son fils ANTOINE CHARLES HORACE, dit *Carle* (Bordeaux 1758 - Paris 1836), peintre et lithographe, académicien en 1789 (pour quelques mois aux côtés de son père), fut un peintre d'histoire, un spécialiste élégant du cheval (courses et chasses) et un caricaturiste (*Incroyables* et *Merveilleuses*). — HORACE (Paris 1789 - *id.* 1863), fils et petit-fils des précédents, fut surtout un peintre de scènes militaires, témoin officiel de la conquête de l'Algérie.

VERNET-LES-BAINS (66820), comm. des Pyrénées-Orientales, au pied du Canigou ; 1 637 hab. Station thermale pour les rhumatismes (eaux sulfureuses). Église romane. Centre d'excursions vers le Canigou.

VERNEUIL (Catherine Henriette DE BALZAC D'ENTRAGUES, *marquise* DE) → ENTRAGUES.

VERNEUIL (Achod MALAKIAN, dit **Henri**), cinéaste français d'origine arménienne (Rodosto, Turquie, 1920). Il est l'auteur de plusieurs grands succès populaires : *la Vache et le Prisonnier* (1959), *Un singe en hiver* (1962), *Mélodie en sous-sol* (1963), *Week-end à Zuydcoote* (1964), *le Clan des Siciliens* (1969), *le Casse* (1971), *I comme Icare* (1979), *les Morfalous* (1984). Il réalise ensuite *Mayrig* (1991) et *588 rue Paradis* (1992), d'inspiration autobiographique.

VERNEUIL-EN-HALATTE (60550), comm. de l'Oise, dans la vallée de l'Oise, en amont de Creil ; 3 629 hab. Église des XIIe-XVIe s. Vestiges d'un château Renaissance de Du Cerceau. Centre d'études et de recherches des Charbonnages de France.

VERNEUIL-SUR-AVRE (27130), ch.-l. de cant. de l'Eure ; 6 722 hab. (*Vernoliens*). Donjon du XIIe s. Églises de la Madeleine (XIIe-XVIe s. ; tour flamboyante) et Notre-Dame (XIIe s. ; statuaire). Vieilles maisons. Machines-outils. Disques. Industries alimentaires.

VERNEUIL-SUR-SEINE (78480), comm. des Yvelines, en amont de Meulan et en bordure des *bois de Verneuil ;* 12 703 hab. Plan d'eau.

1. VERNI n. m. **1.** Cuir verni, en partic. pour les chaussures, les sacs, les ceintures : *Un sac en verni noir.* — **2.** Soulier verni.

2. VERNI, E adj. et n. (de *vernir*). *Fam.* Qui a de la chance : *Il a gagné au Loto, il est verni.*

VERNIER n. m. (de P. *Vernier,* n. pr.). **1.** Réglette divisée permettant d'augmenter la précision de la lecture d'une échelle divisée, rectiligne ou circulaire. (→ *encycl.*) — **2.** *Moteur vernier,* moteur-fusée de faible poussée utilisé pour changer la direction du mouvement ou l'orientation d'un lanceur ou d'un véhicule spatial.

ENCYCL. **Métrol.** Le zéro de la réglette constitue l'index proprement dit. Suivant que l'on veut lire le dixième, le vingtième ou le cinquantième de division de l'échelle, la réglette comprend 10, 20 ou 50 traits dont l'équidistance est légèrement plus petite que celle des traits de l'échelle, respectivement de 1/10, 1/20 ou 1/50 de division, et qui sont numérotés de 0 à 10, 20 ou 50 dans le même sens que ceux de l'échelle.
Ainsi, le vernier « au dixième », correspondant à une échelle graduée en millimètres, a une longueur 9 mm, divisée en 10 intervalles de 0,9 mm. Lorsque l'index du vernier se trouve entre deux divisions de l'échelle, il suffit de lire le rang *p* du trait de la réglette qui se trouve en face d'un trait de l'échelle pour en déduire que la position de l'index correspond à *p* dixièmes de millimètre.

VERNIER, comm. de Suisse, banlieue industrielle de Genève ; 28 000 hab.

VERNIER *(marais),* marais de la basse Seine (Eure), entre la Seine et la Risle ; 4 500 ha. Asséché, il porte des prairies et des cultures.

VERNIQUET (Edme), architecte français (Châtillon-sur-Seine 1727 - Paris 1804), surtout connu pour son célèbre *Plan de Paris* en 72 feuilles (1771-1799).

VERNIR v. t. (de *vernis*) [conj. 32]. **1.** Enduire qqch de vernis, y étaler du vernis : *Vernir un tableau.* — **2.** *Litt.* Rendre qqch brillant comme par un vernis : *Le soleil vernissait les feuilles des arbres.*

◆ **être verni** v. pass. Être rendu brillant par application de vernis : *Chaussures vernies.*

VERNIS [-ni] n. m. (ital. *vernice,* du bas lat. *veronix,* sorte de résine odorante). **1.** Préparation non pigmentée, composée de liants, de solvants et, éventuellement, de diluants et d'adjuvants, susceptible de donner, par application en couches minces sur des subjectiles convenablement préparés, des films adhérents et durs, translucides et brillants. — **2.** Apparence brillante, mais superficielle : *Avoir un vernis de science.* — **3.** Nom donné à divers végétaux qui fournissent des sucs servant à préparer du vernis. (On peut citer divers sumacs [vernis du Japon (ou ailante) et du Canada], différentes espèces de badamiers, le vernis de Siam [anacardiacée], dont la laque dorée recouvre les statues du Cambodge.) — **4.** Enduit mince, transparent, souvent très plombifère et très fusible, employé principalement pour les articles en terre cuite ou la faïence commune. — **5.** *Vernis* (à *ongles*), produit composé d'une substance filmogène dérivée de la cellulose, de solvants et de pigments. ‖ *Vernis désertique,* patine brune à noirâtre, à aspect vitrifié et brillant, qui recouvre les roches en région désertique. ‖ *Vernis isolant,* vernis destiné à l'isolation de fils de bobinage (fils émaillés). ‖ *Vernis laque,* vernis à séchage rapide sans cuisson.

VERNIS-ÉMULSION n. m. (pl. *vernis-émulsions*). Vernis dont le liant est constitué par les éléments non volatils d'émulsions de résines.

VERNISSAGE n. m. **1.** Action d'appliquer une couche de vernis sur un objet, une surface quelconque. — **2.** Réception qui inaugure une exposition artistique. (Jadis, lors de cette inauguration, les peintres étaient censés passer la dernière couche de vernis sur leurs œuvres.) — **3.** Dans les industries graphiques, application d'un vernis sur un support, imprimé ou non.

VERNISSER v. t. (de *vernis*) [conj. 3]. Recouvrir des poteries d'une glaçure transparente ou opaque.

◆ **être vernissé** v. pass. **1.** Être enduit d'une couche de vernis : *Tuile vernissée.* — **2.** *Litt.* Avoir un brillant comparable à celui du vernis. — **3.** *Poterie vernissée,* poterie recouverte d'une glaçure plombifère transparente, qui lui donne, après cuisson, un aspect brillant.

VERNISSEUR, EUSE n. Personne qui applique des vernis.

VERNIX CASEOSA [vɛrnikskazeoza] n. m. Enduit gras qui recouvre le corps du fœtus et flotte dans le liquide amniotique, sous forme d'amas, pendant la vie intra-utérine.

VERNON (27200), ch.-l. de cant. de l'Eure, sur la Seine, entre les forêts de Bizy et *de Vernon ;*

24 943 hab. *(Vernonnais)*. Tour des Archives, du XIIe s. Église Notre-Dame, des XIe-XVIe s. (œuvres d'art). Musée. Chaussures. — Au S.-O., château (XVIIIe et XIXe s.) et parc de Bizy.

VERNOUILLET (28500), comm. d'Eure-et-Loir, banlieue S.-O. de Dreux ; 11 775 hab. Constructions mécaniques.

VERNOUILLET (78540), comm. des Yvelines, sur la Seine, en amont de Meulan ; 8 697 hab. Église des XIIe et XIIIe s. Amiante-ciment.

VERNOUX-EN-VIVARAIS (07240), ch.-l. de cant. de l'Ardèche ; 2 083 hab. *(Vernousains)*. Industrie alimentaire.

VERNY (57420), ch.-l. de cant. de la Moselle, à 13 km au S. de Metz ; 1 555 hab.

VÉROLE n. f. (bas lat. *variola*). **1.** Syn. pop. de SYPHILIS. — **2.** Vx. *Petite vérole,* la variole.

VÉROLÉ, E adj. et n. *Pop.* Syphilitique.

VÉRONAL n. m. Syn. anc. de BARBITAL.

VÉRONE, en ital. **Verona,** v. d'Italie, en Vénétie, ch.-l. de prov. ; 261 000 hab.
— **Géogr.** Sur l'Adige, au contact plaine-montagne, sur la route du Brenner, c'est un nœud de communication, un centre agricole et touristique avec quelques industries (mécanique, alimentation, imprimerie).
— **Hist.** D'origine préromaine (colonie romaine en 89 av. J.-C.), Vérone fut le lieu d'une victoire décisive de Théodoric (489). Commune libre (1164), elle lutta contre les Hohenstaufen (ligue de Vérone, 1164). Déchirée entre guelfes et gibelins, elle tomba entre les mains d'Ezzelino da Romano (1232-1259), puis de la famille Della Scala (1261-1387) avant de faire partie des possessions de Milan (1387) et de Venise (1405). Elle se révolta contre Bonaparte (Pâques véronaises, 17-23 avr. 1797). Elle fut rattachée au royaume d'Italie en 1866.
— **Bx-arts.** Vestiges romains (dont les grandioses arènes, du Ier s.), belle basilique romane S. Zeno (porche et portes de bronze sculptés ; campanile et cloître ; triptyque de Mantegna), cathédrale en partie romane, Castelvecchio (XIVe s. ; musée d'art : peintures de Stefano et Liberale da Verona, de Pisanello, des Bellini, de Mantegna, de Véronèse et de l'école vénitienne...) et nombreux autres monuments, dont ceux des places *delle Erbe* et *dei Signori* (tombeaux gothiques des Sacaliger, édifices de la Renaissance, etc.). Maison de Juliette Capulet avec son légendaire balcon (→ ROMÉO ET JULIETTE).

Vérone *(congrès de)* [oct.-déc. 1822], congrès réunissant les puissances de la Sainte-Alliance, la Grande-Bretagne, la France et les souverains italiens, qui décidèrent d'envoyer une expédition française en Espagne pour soutenir Ferdinand VII contre les libéraux.

VÉRONÈSE (Paolo CALIARI, dit **Paolo Veronese,** en fr.), peintre italien (Vérone 1528 - Venise 1588). Dans ses premières œuvres, la tradition de Giovanni Bellini se mêle aux apports du Corrège et de J. Romain. L'artiste s'installe en 1553 à Venise, donne des compositions pour des plafonds au palais ducal (où d'autres œuvres suivront) et à la Libreria ; son style ample et aisé, son amour de la couleur, du mouvement et des perspectives d'architectures feintes s'affirment notamment dans l'ensemble de *l'Histoire d'Esther* et de *la Vie de saint Sébastien* à S. Sebastiano (1555-56). En 1562 se situe la lumineuse décoration à fresque de la villa Barbaro à Maser (plafond de *l'Olympe*). Un autre sommet est atteint avec les fameuses et vastes toiles peintes pour des réfectoires de communautés, tels *les Noces de Cana* (1563, Louvre) et *le Repas chez Lévi* (1573, Accademia, Venise), qui reflètent la vie mondaine de la Venise du XVIe s. en même temps que les dons de portraitiste du peintre. Vers la fin de la carrière de Véronèse, sa production, avec des aides, demeure intense, tandis que des œuvres plus intimes et lyriques apparaissent, jusqu'au *Miracle de saint Pantaléon* de l'église du même nom (1587).

1. VÉRONIQUE n. f. (lat. sc. *veronica*). Nom générique de 250 espèces de scrofulariacées aux fleurs gamopétales à tube très court, telles que le petit chêne, aux fleurs bleues ornementales, le thé d'Europe et diverses plantes des jardins.

2. VÉRONIQUE n. f. (esp. *verónica*). Passe dans laquelle, la cape tenue à deux mains devant lui, le torero attend sans bouger la charge du taureau, qu'il déviera au dernier instant de son corps en déplaçant la cape.

VÉRONIQUE *(sainte),* sainte femme de la tradition chrétienne, qui aurait essuyé la face de Jésus lors de la montée au Calvaire avec un linge, sur lequel se seraient ainsi conservés les traits du Christ de la Passion.

Véronique, opéra-comique en 3 actes de A. Messager, sur un livret d'Albert Vanloo et Georges Duval (Paris, Bouffes-Parisiens, 1898). Le duo « De-ci de-là, cahin-caha » et celui en forme de valse « Poussez, poussez l'escarpolette » sont célèbres.

VÉROT [-ro] n. m. (de *ver*). Défaut en surface d'une pièce métallique coulée, se présentant sous l'aspect de sillon ou de boursouflure allongée évoquant un ver.

VÉROTER v. i. (de *vérot,* petit ver) [conj. **3**]. Chercher des vers pour la pêche ou, en parlant d'oiseaux, pour s'en nourrir.

VERPILLIÈRE (La) [38290], ch.-l. de cant. de l'Isère, dans le bas Dauphiné ; 5 691 hab. Constructions électriques. Matériel frigorifique. Chemiserie.

VERRAILLE n. f. Ensemble de menus objets de verrerie.

VERRANNE n. f. (de *verre* et *Fibranne*). Fibre de verre discontinue, d'un diamètre inférieur à 10 µm. (De longueurs comprises entre 5 et 80 cm, les fibres de verranne sont filées ou feutrées.)

VERRAT n. m. (anc. fr. *ver,* du lat. *verres,* porc). Mâle reproducteur de l'espèce porcine. (Utilisables pour la reproduction dès l'âge de 8 mois, les verrats sont renouvelés dans les élevages tous les 18 mois.)

VERRAZZANO ou **VERRAZANO** (Giovanni da), en fr. **Jean de Verrazane,** explorateur d'origine italienne (Val di Greve, près de Florence, ou Lyon ? 1485 - Antilles 1528). Au service de François Ier, il explore, en 1524, la côte atlantique des États-Unis actuels (des Carolines au Maine) et reconnaît le site de New York. Il fait un deuxième voyage au Brésil en 1526-27 puis un troisième aux Antilles où il est tué et dévoré par des cannibales.

Verrazano *(pont),* pont routier des États-Unis, à l'entrée de la baie de New York, entre Brooklyn et Staten Island, un des plus grands ponts suspendus du monde (portée de 1 298 m entre les deux piles).

VERRE n. m. (anc. fr. *voirre,* du lat. *vitrum*). **1.** Substance minérale fabriquée, transparente et isotrope. (→ *encycl.*) – **2.** Récipient en verre, en cristal, en plastique, pour boire : *Verre à liqueur.* – **3.** Son contenu : *Boire un petit verre d'alcool.* – **4.** Consommation, boisson, en partic. alcoolisée : *Prendre un verre.* – **5.** Plaque, lame de verre : *Mettre un verre sur le bureau pour le protéger.* – **6.** *Maison de verre,* maison, entreprise où il n'y a rien de secret. ‖ *Se casser comme du verre,* être très fragile. ‖ Fam. *Souple comme un verre de lampe,* très raide. ‖ *Verre de lampe,* manchon de verre qui entoure la mèche des lampes à pétrole, à essence, etc. • **Abras.** *Papier de verre,* papier à usage d'abrasif, dont la surface est enduite de poudre de silex. (Syn. PAPIER VERRÉ.) – **Bx-arts.** *Peinture sur verre,* peinture de vitrail, ou fixé* *(sous* ou *sur verre).* ‖ *Verre d'eau,* ensemble composé de verre à boire, carafe, carafon et sucrier, sur plateau (XIXe s.). – **Géol.** Matière minérale amorphe. (Les verres naturels [obsidienne, pechstein, tectites, fulgurites, etc.] sont produits par le refroidissement brutal des produits de la fusion des roches [magmas, liquides silicatés].) – **Métall.** *Verre métallique,* substance métallique obtenue à l'état amorphe. (Syn. ALLIAGE AMORPHE.) [Obtenus par trempe très rapide, les verres métalliques se sont révélés riches de retombées technologiques possibles : électronique, matériaux composites, etc.] – **Polym.** *Verre organique,* verre constitué par un polymère transparent. (Les principaux verres organiques, comme le poly[méthacrylate de méthyle] et certaines résines allyliques, sont moins fragiles que le verre minéral, mais plus sensibles aux agressions chimiques.) – **Verr.** *Rideau de verre,* syn. de PAN* DE VERRE. ‖ *Soie, laine* ou *ouate de verre,* fibre de verre d'un diamètre de 1 à 15 µm, d'une longueur de 2 m environ, présentée en écheveaux et employée pour l'isolation phonique. ‖ *Verre allégé,* verre moins épais, et moins solide, que le verre utilisé traditionnellement pour le conditionnement de certains produits. ‖ *Verre armé,* verre laminé de sécurité obtenu en incorporant dans la masse un treillis en fil de fer pendant l'opération de laminage. ‖ *Verre de Bohême,* autre nom du cristal de Bohême. ‖ *Verre double,* syn. de PLAQUE ; verre à vitre d'épaisseur comprise entre 3 et 3,5 mm. ‖ *Verre flotté,* syn. de GLACE FLOTTÉE. ‖ *Verre mousse* ou *multicellulaire,* verre calorifuge formé d'une multitude de bulles (cellules) accolées et séparées par de minces cloisons de verre. ‖ *Verre neutre,* verre pour ampoules pharmaceutiques. ‖ *Verre d'optique,* verre caractérisé par sa parfaite transparence (absence de coloration), son homogénéité chimique et son absence de tensions internes. ‖ *Verre soluble,* silicate de sodium ou de potassium soluble dans l'eau (liqueur des cailloux).

◆ **verres** n. m. pl. Lunettes, verres correcteurs : *Il va lui falloir porter des verres.*

ENCYCL. **Verr.** Le verre résulte de la fusion d'un mélange complexe renfermant des éléments vitrifiants, comme la silice ou l'anhydride borique, fondants, comme les alcalis, et stabilisants, comme la chaux. La matière vitreuse est dans un état dérivant d'une façon continue de l'état liquide et lui est analogue. Mais, du fait de son refroidissement, elle atteint un tel degré de viscosité qu'elle est rigide pour toutes les applications pratiques. La fusion, ou fonte, est suivie de l'affinage, destiné à éliminer les bulles, et de la braise, destinée à ramener le verre à la température du façonnage, qui se fait pendant que le verre est plastique. Ces opérations se déroulent successivement, dans les pots ou creusets (fabrication discontinue), ou simultanément, dans les fours à bassin (fabrication continue). On distingue les *verres plats* (verres de vitrage et verres coulés), fabriqués par le procédé de flottage sur bain d'étain, et les *verres creux* (gobeleterie, bouteillerie, tubes, briques, etc.), obtenus par moulage, pressage ou soufflage. Les *fibres de verre* (fibres textiles et fibres isolation) sont obtenues par étirage de verre fondu à partir d'orifices de fibrage. Les *verres techniques* comprennent essentiellement les verres d'optique (crowns et flints), qui sont de plus en plus fabriqués en continu dans des petits fours à cuve chauffés électriquement, mais aussi des verres présentant des qualités mécaniques ou électriques spécifiques : *vitrocéramiques**, *fibres** *optiques, verres semi-conducteurs, verre de silice,* à grande résistance thermique, et *verres au fluor,* utilisés dans les lasers et les guides d'ondes.

VERRÉ, E adj. *Papier verré,* syn. de PAPIER DE VERRE*.

VERRERIE n. f. **1.** Technique de la fabrication du verre et des objets en verre. – **2.** Industrie du verre. – **3.** Établissement où l'on fabrique le verre. – **4.** Magasin où on vend des verres, des objets en verre. – **5.** Objets en verre.

VERRES (Caius Licinius), homme politique romain (v. 119 - 43 av. J.-C.). Proquesteur en Asie (79), il se signala par ses déprédations. Préteur urbain en 74, il abusa de son pouvoir. Propréteur en Sicile (73-71), il pilla la province et l'accabla d'impôts. Poursuivi en justice par les cités, qui confièrent leur cause à Cicéron, il s'exila (70) dès les premiers discours de ce dernier (→ VERRINES [*les*]). Il mourut proscrit par Antoine.

VERRI (Pietro), économiste italien (Milan 1728 - *id.* 1797). Ses *Méditations sur l'économie politique* (1771) contiennent une analyse des phénomènes monétaires et commerciaux.

VÉRRIA → VÉRIA.

VERRIER, ÈRE adj. Qui se rapporte au verre, à l'industrie du verre.

◆ **verrier** n. m. **1.** Industriel de la verrerie. – **2.** Artisan qui fait du verre, des ouvrages de verre et, en partic., des vitraux. (Syn. MAÎTRE[-]VERRIER, PEINTRE[-]VERRIER.) – **3.** Panier pour ranger les verres à boire.

◆ **verrière** n. f. **1.** Toit ou partie de toit vitrés d'un local à éclairage zénithal. – **2.** Baie garnie de vitrail. – **3.** Grand vitrage. – **4.** Élément profilé, en matière plastique transparente, protégeant l'habitacle du pilote sur les avions.

VERRIÈRE (La) [78320], comm. des Yvelines, englobée dans la ville nouvelle de Saint-Quentin-en-Yvelines ; 6 289 hab.

VERRIÈRES-DE-JOUX (25300), comm. du Doubs, à 11 km à l'E. de Pontarlier ; 399 hab. C'est par le *col des Verrières* (933 m) que l'armée de Bourbaki se replia sur la Suisse en 1871.

VERRIÈRES-LE-BUISSON (91370), comm. de l'Essonne, dans la banlieue sud de Paris, au pied du *bois de Verrières ;* 15 791 hab. *(Verriérois).* Industrie aéronautique. Victoire d'Exelmans sur les Prussiens (1815).

VERRINE n. f. (anc. fr. *verrin,* qui est en verre, du lat. pop. **vitrinus*). Manchon ou calotte en verre creux, utilisé pour couvrir une source de lumière.

Verrines *(les),* nom donné aux discours composés par Cicéron contre le propréteur de Sicile Verres, accusé en 70 av. J.-C. de concussion. *Les Verrines* constituent un document exceptionnel sur l'administration des provinces romaines et demeurent un des chefs-d'œuvre de l'art oratoire romain.

VERROCCHIO (Andrea DI CIONE, dit **il**), orfèvre, sculpteur et peintre italien (Florence 1435 - Venise 1488). À partir de 1465, il dirige à Florence un important atelier, rival de celui des Pollaiolo. Il exécute avec la même autorité *le Christ et saint Thomas* pour Orsammichele (bronze, v. 1466-1483), le tombeau de Pierre et Jean de Médicis à S. Lorenzo (1472), puis, reprenant des thèmes de Donatello, un *David* (1476, Bargello) et une statue équestre d'un style puissant et individualisé, celle de B. Colleoni (Venise), dont le bronze ne sera fondu qu'après sa mort. Peintre engagé dans la mutation qu'entraîne l'adoption progressive de l'huile, il a parmi ses élèves Léonard de Vinci (qui collabore au *Baptême du Christ,* v. 1470-1475, Offices) et le Pérugin.

VERROTERIE n. f. (de *verre*). Menus objets en verre travaillé, généralement coloré, constituant une bijouterie de faible valeur.

VERROU n. m. (lat. *veruculum,* petite broche). **1.** Serrure caractérisée par un pêne que l'on fait coulisser pour l'engager dans une gâche. – **2.** Obstacle qui empêche le déroulement d'une action. – **3.** Dispositif d'immobilisation des lames d'une aiguille d'un aiguillage s'opposant au déplacement latéral de ces lames pendant le passage des trains. – **4.** Barre rocheuse transversale obstruant une vallée glaciaire. – **5.** *Sous les verrous,* en prison. ‖ *Verrou de culasse,* pièce permettant, sur certaines armes à feu à culasse calée, de rendre la culasse solidaire du canon.

VERROUILLABLE adj. Qui peut être verrouillé.

VERROUILLAGE n. m. **1.** Action de verrouiller ; fait d'être verrouillé. – **2.** Dispositif mécanique, électrique, etc., destiné à maintenir une pièce, un contacteur, etc., dans une certaine position. – **3.** Opération qui a pour but, avant le départ du coup d'une arme à feu, de rendre la culasse solidaire du canon au moyen d'un verrou. – **4.** Immobilisation des deux lames d'aiguilles d'un aiguillage, l'une collée, l'autre décollée. – **5.** Dispositif du matériel ou du logiciel d'un ordinateur empêchant des conflits d'accès ou l'utilisation d'informations non valides. – **6.** *Verrouillage du capital,* contrôle d'une société par un groupe d'actionnaires qui veut éviter toute prise de contrôle par des actionnaires extérieurs.

VERROUILLER v. t. (moyen fr. *verrouil,* verrou) [conj. 3]. **1.** Fermer une porte avec un verrou. — **2.** Bloquer les éléments d'un mécanisme dans la position prévue pour son fonctionnement : *Verrouiller une arme.* — **3.** Enfermer qqn qqpart à double tour. — **4.** Bloquer l'accès d'un lieu, le rendre inaccessible : *La police a verrouillé le quartier.* — **5.** Empêcher qqch de sortir de certaines limites. — **6.** Immobiliser une aiguille d'un aiguillage par un verrou. — **7.** Contrôler qqch, un groupe en s'assurant la maîtrise de son évolution, de son comportement : *Verrouiller son capital. Verrouiller une équipe gouvernementale.*

VERROUILLEUR n. m. Au rugby, joueur limitant la longueur de l'alignement des avants lors d'une touche. (Il appartient obligatoirement à l'équipe qui effectue la remise en jeu.)

VERRUCOSITÉ n. f. (lat. *verrucosus,* qui a une verrue). Toute excroissance cutanée ou muqueuse de consistance ferme et cornée, la faisant ressembler à une verrue.

VERRUE n. f. (lat. *verruca*). **1.** Tumeur bénigne de l'épiderme due à un virus à A. D. N. du groupe des *papovavirus.* (→ *encycl.*) — **2.** *Litt.* Chose, excroissance qui enlaidit un lieu : *Les îlots insalubres sont des verrues à faire disparaître.* — **3.** *Verrue séborrhéique,* tumeur bénigne de la peau (dos, poitrine, visage), recouverte d'un enduit kératosique gras qui se détache facilement.

ENCYCL. Les verrues sont contagieuses, par contact direct ou indirect. Elles sont auto-inoculables. Les *verrues vulgaires,* siégeant aux mains et aux doigts, aux genoux (enfants), parfois au visage, forment des excroissances grisâtres sèches. Les *verrues plantaires,* très douloureuses, se développent en profondeur et peuvent recouvrir presque toute la plante du pied *(verrues en mosaïque).* Les *verrues planes,* lisses, nombreuses, se voient chez les enfants et les sujets jeunes (front et menton, avant-bras, dos des mains).

VERRUGA n. f. *Verruga péruvienne,* forme bénigne, éruptive, de la bartonellose.

VERRUQUEUX, EUSE adj. (lat. *verrucosus*). **1.** Qui est de la nature de la verrue ou qui en a l'aspect. — **2.** Dont la surface présente des excroissances arrondies.

1. VERS [vɛr] prép. (lat. *versus,* du côté de, de *vertere,* tourner). Indique : **1.** la direction dans laquelle un mouvement se fait : *Il se tourna vers moi.* — **2.** l'orientation, le point, le côté vers lesquels est orienté qqch : *La façade de l'immeuble regarde vers le sud.* — **3.** l'orientation des idées, des aspirations de qqn, le terme ou le sens de l'évolution de qqch, d'un processus : *Être porté vers l'action. Le temps évolue vers le beau.* — **4.** l'approximation, devant l'expression d'une heure, d'une date : *Cette fête a lieu vers la mi-juin.* — **5.** la région proche, voisine, les alentours devant l'expression d'un lieu : *Vers 2 000 m d'altitude, la végétation se raréfie.*

2. VERS n. m. (lat. *versus*). Assemblage de mots, mesurés selon certaines règles (coupe, rime, etc.), rythmés d'après la quantité des syllabes, comme chez les Grecs et les Latins *(vers métriques),* d'après leur nombre, comme en France *(vers syllabiques),* ou d'après l'accentuation comme chez les Anglais et les Allemands *(vers rythmiques).*

VERSAILLAIS, E adj. et n. **1.** De Versailles. — **2.** Nom donné par les communards aux soldats de l'armée régulière organisée par Thiers au camp de Satory, sous le commandement de Mac-Mahon, pour combattre la Commune (1871) ainsi qu'aux partisans du gouvernement de Versailles en 1871.

VERSAILLES (78000), ch.-l. des Yvelines, à 15 km à l'O.-S.-O. de Paris ; 91 029 hab. *(Versaillais).*
— **Géogr.** Anc. résidence royale, Versailles est d'abord un centre touristique et résidentiel, mais aussi une ville administrative, un centre juridique (cour d'appel), religieux (évêché), le siège d'une académie, alors que demeure la fonction militaire. La ville possède enfin quelques industries (électronique, armement, constructions électriques).
— **Hist.** Louis XIV s'installa définitivement en 1682 à Versailles, qui devint en fait la capitale du royaume jusqu'en 1789. La Révolution y commença avec la réunion des États généraux, le serment du Jeu de paume et les journées des 5-6 oct. 1789, qui forcèrent la cour à se transférer à Paris. L'Empire allemand fut proclamé dans la galerie des Glaces (18 janv. 1871). L'armistice franco-allemand (28 janv.) et les préliminaires de paix (26 févr. 1871) furent signés à Versailles. Pendant la Commune de Paris, le gouvernement y résida. L'Assemblée nationale, puis les deux chambres y siégèrent jusqu'en 1879. Sous les IIIe et IVe Républiques, les congrès s'y réunirent pour élire les présidents. Le traité de paix du 28 juin 1919 avec l'Allemagne fut signé dans la galerie des Glaces.
— **Bx-arts.** En dehors du château, Versailles possède des monuments intéressants : les églises Notre-Dame (par J. H.-Mansart, 1684) et St-Louis (auj. cathédrale, œuvre de Mansart de Sagonne, 1743-1754), le lycée Hoche (anc. couvent des augustines, par Mique), le théâtre Montansier, la bibliothèque municipale (anc. hôtel des Affaires

étrangères et de la Marine) et de nombreux hôtels particuliers, dont celui qui abrite le musée municipal.

Versailles *(château de)*. À l'origine du château de Versailles, un des creusets de l'art classique français, se place la décision de Louis XIV d'agrandir le rendez-vous de chasse que s'était fait construire son père. Une première campagne est menée de 1662 à 1665 par Le Vau, Le Nôtre et Le Brun (ornementation du noyau initial, avec la cour dite « de Marbre » du côté de l'entrée ; addition de deux nouvelles ailes du même côté ; premier tracé du jardin et du parc autour de l'axe est-ouest). En 1667, Louis XIV entreprend de transformer le domaine à la mesure de l'idée qu'il se fait de la fonction royale. Du côté des jardins, le château s'enveloppe de trois corps de bâtiments, dus à Le Vau et à D'Orbay (au premier étage, appartements du Roi et de la Reine). La façade, à l'étage noble, comporte une terrasse centrale entre deux pavillons qu'animent des avant-corps à colonnes. Entre 1678 et 1684, J. H.-Mansart substitue à la terrasse la grande galerie des Glaces (que Le Brun et son équipe décorent avec somptuosité) et étire la façade par les deux longues ailes, en retrait, du Midi et du Nord. Celles-ci serviront à loger la Cour et l'Administration, de même que les ailes des Ministres, en brique et pierre, qui, du côté de la ville, viennent amplifier, avec un ressaut de plus, le dispositif des cours d'entrée (au-delà desquelles prennent encore place Grandes et Petites Écuries). Le Nôtre, durant tout ce temps, aménage ou remanie les jardins : le parterre d'Eau de la terrasse centrale, le parterre du Nord, aboutissant à l'allée d'Eau, le parterre du Midi, dominant l'orangerie de Mansart (1687), l'allée Royale, prolongée par le miroitement du Grand Canal et encadrée de « bosquets » — dont les décors, en général disparus, marquaient la part de la fantaisie baroquisante dans cet ensemble rigoureux —, complètent l'œuvre architecturale par leur exaltation de l'espace environnant. Toute une équipe de sculpteurs, sous la direction de Girardon et de Coyzevox, les enrichit de vases ciselés, de statues, de groupes allégoriques et mythologiques. Sous Louis XIV se situent encore la construction du Trianon* de marbre (Mansart, 1687 ; réaménagé sous Napoléon Ier) et celle de l'originale chapelle entreprise par Mansart (1699) et achevée par de Cotte (peintures d'A. Coypel et de La Fosse).
De nouveaux appartements sont aménagés sous Louis XV et sous Louis XVI (salon d'Hercule, au plafond de F. Lemoyne ; petits appartements). Au premier des deux règnes reviennent le Petit Trianon et l'Opéra, par J. A. Gabriel, ainsi que les apports de sculpteurs comme L. S. Adam et Pajou ; au second, les travaux de Mique : jardin du Petit Trianon et Hameau de la Reine.
La Révolution a été moins néfaste au château (cependant vidé de son mobilier) que le gouvernement de Louis-Philippe : l'organisation du musée dédié « à toutes les gloires de la France » a grandement altéré les dispositions primitives (aménagement de la galerie des Batailles, des salles des Croisades, etc.), sacrifiant notamment les appartements du rez-de-chaussée. Ces derniers, restitués (état de 1789) et remeublés entre 1978 et 1986, constituent désormais, avec une centaine d'autres salles remaniées, le musée de l'Histoire de France, renfermant plus de 6 000 peintures, anciennes (XVIe-XVIIIe s.) et modernes (grands tableaux du XIXe s.), ainsi que des sculptures et des objets d'art.
Le château de Versailles abrite également, depuis 1987, un Centre de musique baroque.

Versailles *(1er traité de)* [1er mai 1756], traité d'alliance conclu entre Louis XV et Marie-Thérèse d'Autriche à la veille de la guerre de Sept Ans. Frédéric II s'étant allié à l'Angleterre (traité de Westminster, 16 janv. 1756), la France substitua l'alliance de l'Autriche à celle de la Prusse. Un deuxième traité (1er mai 1757), provoqué par l'attaque prussienne en Saxe, transforma l'alliance défensive, conclue lors du 1er traité, en alliance offensive.

Versailles *(traité de)* [3 sept. 1783], traité conclu entre l'Angleterre, les États-Unis, la France, l'Espagne et les Provinces-Unies et qui mit fin à la guerre de l'Indépendance américaine. L'Angleterre reconnaissait l'indépendance des treize États unis d'Amérique et restituait Minorque et la Floride à l'Espagne, le Sénégal et Tobago à la France.

Versailles *(traité de)* [28 juin 1919], traité de paix qui mit fin à la Première Guerre mondiale entre l'Allemagne et les puissances alliées et associées. Il fut signé dans la galerie des Glaces, là où l'Empire allemand avait été proclamé, le 18 janv. 1871.
Pour rétablir l'état de paix avec l'Allemagne, les 27 puissances victorieuses alliées ou associées (en fait, 32, le Royaume-Uni parlant au nom du Canada, de l'Australie, de l'Afrique du Sud, de la Nouvelle-Zélande et de l'Inde) s'étaient réunies en conférence de la paix à Paris (18 janv. 1919-10 août 1920). Selon les vœux du président américain Wilson, le pacte de la Société des Nations fut incorporé au texte du traité de paix sous forme de préambule.
Les principales clauses territoriales concernaient la restitution de l'Alsace-Lorraine à la France, l'administration de la Sarre par la S. D. N. et l'organisation d'un plébiscite au Slesvig et en Silésie. Toruń était cédée à la Pologne ; un

couloir dit « de Dantzig » assurant à cet État un accès à la mer. Enfin, l'Allemagne renonçait à toutes ses colonies au profit des puissances alliées, la S. D. N. ayant charge d'en attribuer le mandat à certaines d'entre elles.
L'armée allemande était ramenée à 100 000 hommes et la marine à 15 000. La fabrication d'un nouveau matériel de guerre était interdite et les ouvrages fortifiés devaient être détruits sous le contrôle de la Commission des réparations. L'Allemagne devait, à titre transitoire, verser 20 milliards de marks-or en attendant que la Commission des réparations fixe le montant des réparations destinées à rembourser les dommages de guerre. Pour garantir l'exécution des clauses du traité, la rive gauche du Rhin ainsi que trois têtes de pont sur la rive droite devaient être occupées pendant quinze ans, au maximum, par les Alliés ; la Rhénanie était démilitarisée et l'Allemagne devait reconnaître sa responsabilité dans les dommages causés du fait de la guerre. Ce traité rigoureux fut considéré par les Allemands comme un *Diktat* et contribua au réveil du nationalisme. Il ne satisfit pas plus la France car son rejet par le Sénat américain (20 nov. 1919) lui enlevait toute garantie en cas d'agression.

VERSANT n. m. (de *verser*). **1.** Surface topographique comprise entre un talweg et une ligne de faîte. – **2.** Assemblage de portions de surface topographique, liées ou non à la présence de vallées, auquel se ramène tout relief. (→ *encycl.*) – **3.** Aspect de qqch qui présente deux volets opposés ou simplement différents : *Les deux versants d'une même politique.* – **4.** Pan de couverture, limité en tête par un faîtage, dans le bas par un égout et sur les côtés par des rives, des arêtiers ou des noues.

ENCYCL. **Géogr.** De la pente et de la forme des versants dépend la distinction entre les grands types de relief. L'aspect des versants dépend à la fois de la raideur des pentes, de la lithologie et d'une interférence de processus de façonnement sous le contrôle du climat et de la couverture végétale. Sur les flancs des vallées, ce n'est que dans un stade initial de l'encaissement du réseau hydrographique que le talweg règle le destin des versants. Leur évolution se prolonge selon des modalités diverses (incluant notamment l'intervention de l'homme, qui peut déclencher un emballement de la dynamique érosive).

VERSATILE adj. (lat. *versatilis,* de *versare,* tourner). Qui change facilement d'opinion, qui est sujet à des volte-face subites.

VERSATILITÉ n. f. *Litt.* Caractère versatile : *Personne d'une grande versatilité.*

VERSE n. f. (de *verser*). **1.** Accident de végétation atteignant principalement les céréales, provoqué par la pluie, le vent ou une attaque de parasites et couchant les tiges au sol. – **2.** Lieu où sont déversés des matériaux en vrac *(verse à stérile,* ou terril, *verse à remblai).* [Syn. DÉCHARGE.] – **3.** *Pleuvoir à verse,* pleuvoir abondamment.

VERSÉ, E adj. (lat. *versatus,* habitué). Qui a la pratique, la connaissance approfondie de qqch (art, technique, etc.) : *Être très versé en architecture.*

VERSEAU n. m. (de *verser*). Glacis au-dessus d'un entablement ou d'un bandeau.

VERSEAU (en lat. *Aquarius, -ii*), constellation zodiacale, entre le Capricorne et les Poissons. Les Anciens y voyaient la figure d'un homme agenouillé, versant l'eau d'une amphore.
– **Astrol.** Onzième signe du zodiaque, que le Soleil traverse du 20 janv. au 19 févr.

VERSEMENT n. m. **1.** Action de verser de l'argent à qqn, à un organisme, sur son compte, etc. : *Le versement d'une pension.* – **2.** Somme versée : *Un versement de 1 000 francs.*

VERSER v. i. (lat. *versare,* fréquentatif de *vertere,* tourner) [conj. 3]. **1.** Se renverser sur le côté, basculer au sol accidentellement : *Nous avons versé dans le fossé.* – **2.** Évoluer de façon regrettable, dans un sens fâcheux : *Verser dans le pessimisme. Cette discussion verse dans la polémique.* – **3.** En parlant des céréales, se coucher sur le sol sous l'effet de la verse.
◆ v. t. **1.** *Vx.* Renverser sur le côté, par accident, un véhicule, ses occupants, son chargement. – **2.** Coucher les épis à terre : *De violents orages ont versé les blés.* – **3.** Faire couler un liquide, une matière granuleuse, poudreuse en penchant le récipient où il est contenu : *Verser le sirop dans les pots. Versez-leur à boire.* – **4.** *Litt.* Répandre qqch en abondance sur qqch, le prodiguer à qqn : *Le soleil verse sa lumière sur la montagne.* – **5.** Affecter qqn à une unité, à un service, etc., ou le faire passer d'une affectation à une autre : *Verser un navigant dans le service à terre.* – **6.** Remettre à qqn, à un organisme une somme d'argent, en paiement ou en dépôt : *Nous lui versons une commission sur les ventes.* – **7.** Apporter qqch, pour qu'il soit joint, annexé à autre chose : *Verser de nouveaux documents au dossier.* – **8.** *Verser des larmes,* pleurer. ‖ *Verser le sang,* tuer des personnes dans une lutte, une guerre, un crime, etc. ‖ *Verser son sang pour qqn, qqch,* être blessé ou tué pour eux.

VERSET n. m. (de *vers 2*). **1.** Court paragraphe numéroté subdivisant chacun des chapitres de la Bible, du Coran, d'un livre sacré. – **2.** Division d'un texte consistant en une courte phrase qui offre un sens complet et une certaine unité rythmique. — **3.** Partie de psaume récitée en cantillation par un soliste ou en alternance entre deux chœurs ; courte pièce d'orgue, écrite ou improvisée, destinée à alterner avec le chant des versets.

VERSEUR, EUSE adj. **1.** Qui sert à verser : *Un bec verseur.* — **2.** *Panier verseur,* syn. de CARROSSE.
◆ **verseuse** n. f. Cafetière à poignée droite.

VERSICOLORE adj. (lat. *versicolor*). **1.** *Litt.* Dont la couleur est changeante ou qui a plusieurs couleurs. — **2.** Se dit des plantes dont les pétales changent de couleur au cours de la floraison.

VERSIFICATEUR, TRICE n. (lat. *versificator*). Personne qui fait des vers sans inspiration.

VERSIFICATION n. f. (lat. *versificatio*). Art de composer des vers.

VERSIFIER v. t. (lat. *versificare,* de *versus,* vers, et *facere,* faire). Mettre en vers : *Versifier un conte.*
◆ v. i. **1.** Faire des vers. — **2.** *Péjor.* Composer des vers sans valeur poétique.

VERSION n. f. (lat. médiév. *versio,* de *vertere,* tourner). **1.** Chacun des divers aspects que peut prendre un même texte selon des traditions ou dans des langues différentes : *La version grecque des Écritures.* — **2.** Chacun des états d'un texte, d'une œuvre littéraire ou artistique qui subit des modifications : *Les versions successives du même roman.* — **3.** Manière de raconter, de rapporter, d'interpréter un fait : *Il y a différentes versions de cet accident.* — **4.** Exercice scolaire consistant à traduire un texte d'une langue étrangère dans la langue de l'élève (s'oppose au *thème*). — **5.** Manœuvre ayant pour objet de modifier la position du fœtus dans l'utérus en vue d'obtenir une présentation jugée plus favorable. — **6.** *Version originale* (abrév. *v. o.*), version d'un film comportant la bande sonore originale (texte parlé), par oppos. à la *version doublée* (en France, la *version française,* ou *v. f.*).

VERS-LIBRISME n. m. **1.** Emploi du vers libre moderne. — **2.** École des adeptes du vers libre.

VERS-LIBRISTE adj. et n. (pl. *vers-libristes*). **1.** Relatif au vers-librisme ; qui compose des vers libres modernes. — **2.** Partisan du vers libre moderne.

VERSO n. m. (pl. *versos*) [lat. *folio verso,* sur le feuillet qui est à l'envers]. Seconde page d'un feuillet, le recto étant la première.

VERSOIR n. m. (de *verser*). Partie de la charrue qui retourne la bande de terre que le soc détache.

VERSTE n. f. (russe *versta*). Ancienne unité de mesure itinéraire usitée en Russie, à partir du XVIIIe s., et valant 1,067 km.

VERSUS [-sys] prép. (lat. *versus,* du côté de). Par opposition à. (S'emploie en linguistique, surtout sous la forme *vs,* quand on a affaire à des oppositions de type binaire : masculin *vs* féminin.)

VERT, E adj. (lat. *viridis*). **1.** Se dit de la couleur située entre le bleu et le jaune dans le spectre de la lumière blanche : *Une grenouille verte.* — **2.** Qui est devenu livide, en partic. sous l'effet d'une maladie, d'une émotion : *Être vert de peur.* — **3.** Qui est encore loin de la maturité : *Du raisin vert.* — **4.** Se dit des végétaux qui ont encore de la sève, qui sont frais, qui ne sont pas secs : *Bois vert.* — **5.** Qui est resté vigoureux et vif malgré l'âge avancé : *Un homme vert pour son âge.* — **6.** Se dit de propos volontairement sévères, cinglants : *Recevoir une verte réprimande.* — **7.** Qui a trait à l'agriculture, au monde rural : *L'Europe verte dans la Communauté économique européenne.* — **8.** Qui a trait aux écologistes : *Candidats verts.* — **9.** *Avoir, donner le feu vert,* avoir, donner l'autorisation d'entreprendre qqch. ‖ *Le billet vert,* le dollar. ‖ Litt. *Vert galant,* homme d'un certain âge encore alerte et entreprenant auprès des femmes. • **Agric.** *Révolution verte,* adaptation et diffusion des techniques modernes dans les pays en voie de développement, notamment dans le domaine de la production de variétés de semences améliorées et de l'emploi d'engrais. — **Aquac.** *Huître verte,* huître creuse ayant subi le verdissement. — **Bot.** *Végétal vert, plante verte,* espèce végétale pourvue de chlorophylle. — **Cuis.** *Sauce verte,* mayonnaise additionnée d'une purée d'herbes. ‖ *Vert-pré,* se dit d'une grillade accompagnée de cresson et d'un beurre manié au persil. — **Écon.** *Taux vert,* taux servant, dans la Communauté économique européenne, à exprimer la valeur d'un prix agricole communautaire exprimé en écus en l'une des monnaies nationales des pays de la Communauté. — **Œnol.** *Vin vert,* vin au goût acide, dû au manque de maturité du raisin. — **Peauss.** *Cuir vert,* peau, matière première de la tannerie. — **Pêch.** *Morue verte,* morue non desséchée, mais salée. — **Télécom.** *Numéro vert,* numéro téléphonique qui permet d'appeler gratuitement une entreprise, celle-ci prenant à sa charge le coût de la communication. — **Tour.** *Station verte,* commune rurale homologuée pour favoriser le tourisme en zone rurale. — **Transp.** *Feu vert,* feu de signalisation routière lumineux indiquant le passage libre.

◆ **vert** n. m. **1.** Couleur verte : *Teindre une robe en vert.* — **2.** Couleur verte des signaux de voie libre dans la signalisation ferroviaire ou routière : *Attendre que le feu passe au vert.* — **3.** Fourrage frais. — **4.** *Fam.* Fascicule à couverture verte comportant le budget voté de chaque ministère. — **5.** *Mettre un animal au vert,* le laisser brouter en liberté pour se refaire. ‖ Fam. *Se mettre au vert,* prendre des vacances à la campagne. ‖ *Vert à* *l'iode,* colorant électif des membranes lignifiées des végétaux. — **6. Hist.** v. les Bleus et les Verts.

◆ **verte** n. f. Fam. *Des vertes et des pas mûres,* des choses renversantes, choquantes ou pénibles.

◆ **verts** n. m. pl. Militants écologistes, en particulier en Allemagne et en France, constitués en partis politiques. (En Allemagne, ils ajoutent à la défense directe de la nature une action non-violente énergique contre le surarmement ou s'associent aux actions féministes, régionalistes, antiracistes et au mouvement alternatif.)

ENCYCL. **Peint.** Les *pigments verts minéraux* sont obtenus soit directement (vert oxyde de chrome, vert émeraude, vert de cobalt), soit par mélange de pigments minéraux bleus et jaunes en cours de fabrication (vert de chrome, vert de zinc).

Les colorants organiques solubles, d'origine naturelle ou artificielle, en faible concentration dans des solvants organiques, sont utilisés sous forme de vernis et dans la préparation des encres typographiques. Les *pigments verts organiques* sont principalement des verts de phtalocyanine. Les laques vertes, obtenues par fixation, sur un support généralement minéral, de nombreux colorants organiques, ont trouvé certains emplois dans les encres d'imprimerie.

VERT *(cap),* promontoire de la côte du Sénégal, extrémité de la *presqu'île du Cap-Vert,* site de Dakar.

VERTAIZON (63910), ch.-l. de cant. du Puy-de-Dôme, dans la Limagne ; 2 295 hab. Ruines féodales et église des XIIe-XVe s.

VERT-DE-GRIS n. m. inv. Hydrocarbonate de cuivre qui se forme dans l'air humide sur les objets de ce métal, sous l'action du gaz carbonique.

VERT-DE-GRISER (SE) v. pr., **ÊTRE VERT-DE-GRISÉ** v. pass. (conj. **3**). Se couvrir de vert-de-gris.

VERTE *(aiguille),* sommet du massif du Mont-Blanc (Haute-Savoie) ; 4 122 m. Première ascension par E. Whymper, C. Almer et F. Biener (29 juin 1865).

VERTÉBRAL, E, AUX adj. **1.** Relatif aux vertèbres, à la colonne* vertébrale ; formé par les vertèbres. — **2.** *Artère vertébrale,* branche de l'artère sous-clavière qui, après avoir monté verticalement à partir du niveau de la quatrième vertèbre cervicale, pénètre dans la boîte crânienne par le trou occipital et se réunit à la vertébrale du côté opposé, sur la face antérieure du tronc cérébral, pour former le tronc basilaire. ‖ *Lame vertébrale,* chacune des deux parties postérieures des vertèbres qui s'unissent pour former l'apophyse épineuse. ‖ *Trou* ou *canal vertébral,* vaste orifice situé au centre de chaque vertèbre. (La superposition des trous vertébraux constitue le canal rachidien, qui contient la moelle.)

VERTÈBRE n. f. (lat. *vertebra,* de *vertere,* tourner). Chacun des os courts qui, juxtaposés, forment la colonne vertébrale, ou rachis, axe et soutien du corps de l'homme et de tous les animaux de l'embranchement des vertébrés.

ENCYCL. **Anat.** Chez l'homme, il existe 24 vertèbres vraies, placées les unes au-dessus des autres et reliées par des fibrocartilages appelés disques intervertébraux. Elles se divisent en 7 vertèbres cervicales, dont les deux premières prennent les noms d'atlas* et d'axis*, 12 vertèbres dorsales supportant 12 paires de côtes, 5 vertèbres lombaires, plus volumineuses que les autres. À ces vertèbres libres, il faut ajouter les 5 vertèbres sacrées, soudées entre elles pour former le sacrum*, et les 5 ou 6 vertèbres coccygiennes, également soudées entre elles et qui constituent le coccyx*.

Toute vertèbre comprend une partie antérieure renflée, le corps vertébral ; un arc osseux à concavité antérieure, l'arc neural, circonscrivant avec la face postérieure du corps vertébral le trou vertébral, ou trou rachidien, que traverse la moelle ; une saillie médiane et postérieure, l'apophyse épineuse ; deux éminences horizontales et transversales, les apophyses transverses ; quatre saillies verticales (deux supérieures, deux inférieures), les apophyses articulaires, qui s'articulent avec celles des vertèbres voisines.

VERTÉBRÉ, E adj. Qui a des vertèbres. (Contr. INVERTÉBRÉ.)

◆ **vertébré** n. m. Animal ayant une colonne vertébrale.

ENCYCL. **Zool.** L'embranchement des vertébrés (50 000 espèces environ) comprend 6 classes : agnathes, poissons, amphibiens, reptiles, oiseaux et mammifères. Un profond remaniement de cette classification semble cependant se préparer. Les vertébrés font partie du clade des cordés (épineuriens, deutérostomiens). Ils présentent les caractères suivants : symétrie bilatérale, peau à épiderme stratifié, riche en organes protecteurs (écailles, plumes, poils) et en glandes cutanées ; squelette interne ayant pour pièce maîtresse une colonne vertébrale* abritant l'axe nerveux (moelle épinière) ; crâne abritant un encéphale différencié ; organes sensoriels surtout céphaliques ; région thoracique ou dorsale de la colonne portant des côtes ; au maximum deux paires de membres locomoteurs, rattachés ou non à la colonne par leurs ceintures (épaule, bassin) ; appareil circulatoire clos, contenant un sang rouge (hémoglobine fixée sur ses globules) ; organes respiratoires (branchies ou poumons) constitués à partir de replis de la région pharyngienne du tube digestif ; bouche généralement munie de deux mâchoires (portant des dents ou un bec corné) dont une au moins mobile par rapport au crâne dans le plan de symétrie ; tube digestif reliant deux orifices éloignés et ordinairement parcouru en sens unique par les aliments ; existence d'une langue, d'un système de glandes endocrines commandées par une hypophyse, d'un cœur compartimenté, etc. ; appareil génital en relations anatomiques avec l'appareil urinaire ; sexes presque toujours séparés.

VERTÉBROTHÉRAPEUTE n. Praticien de la vertébrothérapie.

VERTÉBROTHÉRAPIE n. f. Traitement par manipulation des vertèbres.

VERTEMENT adv. D'une manière rude, vive, énergique.

VÉRTES *(massif* ou *collines de),* massif forestier de la Dorsale hongroise, séparé des monts Bakony par la trouée de Székesfehérvár et se prolongeant au N. par le massif de Gerecse, au N.-E. par celui de Pilis.

VÉRTESSZOŐLLŐS, gisement préhistorique de Hongrie, situé sur les bords du Danube, à 50 km de Budapest. On y a découvert des restes d'*Homo erectus,* accompagnés d'outils en pierre et de traces de foyers, datés de 300 000 ans environ.

VERTEX n. m. inv. (lat. *vertex, -icis,* sommet culminant). **1.** Sommet de la tête, tant chez l'homme et les vertébrés que chez les insectes. — **2.** Point de latitude maximale d'une courbe tracée sur une surface de révolution.

Vert-Galant (le), surnom donné à Henri IV.

VERTICAL, E, AUX adj. (bas lat. *verticalis,* du lat. class. *vertex, -icis,* sommet). **1.** Qui suit la direction du fil à plomb, de la pesanteur : *Le mur n'est pas très vertical ici.* — **2.** Se dit d'une droite ou d'un plan perpendiculaire à un plan horizontal de référence. — **3.** Qui est organisé selon un schéma hiérarchique : *Structures verticales d'un organisme.* — **4.** *Intégration verticale,* contrôle ou absorption par une entreprise d'une ou de plusieurs autres entreprises placées à un niveau différent de la filière concernée, tendant à la maîtrise des approvisionnements ou à celle du marché. *(S'oppose à* *intégration horizontale.)* ‖ *Plan vertical de projection,* syn. de PLAN FRONTAL* DE PROJECTION. ‖ *Tir vertical,* syn. de TIR COURBE*.

◆ **vertical** n. m. Grand cercle de la sphère céleste qui contient la verticale du lieu d'observation.

◆ **verticale** n. f. **1.** Droite verticale. — **2.** Position verticale : *Falaise qui s'élève à la verticale.* — **3.** Direction de la pesanteur en un lieu, matérialisée par la direction du fil à plomb. — **4.** *Déviation de la verticale,* angle formé, en un point donné, par la direction de la verticale et par celle de la normale à l'ellipsoïde choisi comme modèle de Terre.

VERTICALEMENT adv. Dans la direction de la verticale.

VERTICALITÉ n. f. État, nature, position de ce qui est vertical.

VERTICILLE n. m. (lat. *verticillus,* peson de fuseau). Ensemble des ramifications secondaires apparaissant sur le même nœud de l'axe primaire d'un végétal. (Le verticille est constitué par plusieurs organes disposés en rayons autour d'un axe ou d'un point central. Les feuilles, les rameaux peuvent être verticillés, les pièces florales [calice, corolle, androcée, pistil] le sont ordinairement.)

VERTICILLÉ, E adj. Disposé en verticille.

VERTICILLIOSE n. f. Nom générique des maladies des plantes causées par un champignon du genre *verticillium* et qui provoquent la mort par invasion et obturation des vaisseaux (trachéomycose).

VERTIGE n. m. (lat. *vertigo, -inis,* de *vertere,* tourner). **1.** Peur, malaise ressentis au-dessus du vide, se traduisant par la sensation d'être attiré par celui-ci et par des pertes d'équilibre : *Avoir le vertige en montagne.* — **2.** Sensation de déplacement, généralement rotatoire, des objets environnants par rapport au sujet, ou inversement, accompagnée de nausée ou de vomissements et de troubles de l'équilibre pouvant être à l'origine de chutes. — **3.** Trouble, exaltation, égarement dû à qqch d'intense : *Le vertige de la gloire.*

VERTIGINEUSEMENT adv. De façon vertigineuse ; très fortement : *Les prix ont monté vertigineusement.*

VERTIGINEUX, EUSE adj. (lat. *vertiginosus*). **1.** Qui s'accompagne de vertiges. — **2.** *Litt.* Qui donne le vertige par sa très grande hauteur, par son altitude : *Tour vertigineuse.* — **3.** Qui est très grand, très haut, très profond, très rapide : *Un gouffre vertigineux. Une hausse des prix vertigineuse. Un rythme vertigineux.*

VERTISOL n. m. Sol fertile, mais difficile à travailler, des climats chauds à fortes alternances saisonnières, dont une saison sèche très accentuée (régions méditerranéennes, tropicales sèches et même danubienne). [Syn. RÉGUR.]

VERTOLAYE (63480), comm. du Puy-de-Dôme, au N. d'Ambert ; 617 hab. Industrie pharmaceutique.

VERTOU (44120), ch.-l. de cant. de la Loire-Atlantique, au-dessus de la Sèvre Nantaise ; 18 538 hab. *(Vertaviens).* Vignoble (muscadet). Constructions électriques. Industrie alimentaire.

VERTOV (Denis KAUFMAN, dit **Dziga**), metteur en scène de cinéma soviétique (Białystok 1895 - Moscou 1954). Opérateur d'actualités pendant la guerre civile, il fonde en 1922 le magazine filmé *Kino-Pravda* et forme le groupe de tendance futuriste des « kinoks ». Il réalise successivement *En avant les Soviets* (1926), *l'Homme à la caméra* (1929), *la Symphonie du Donbass* (1930), *Trois Chants sur Lénine* (1934). Ses théories sur le montage ont influencé de très nombreux cinéastes (école documentariste anglaise, néoréalisme italien, free cinema, adeptes du cinéma-vérité).

VERTU n. f. (lat. *virtus, -utis*). **1.** Disposition spirituelle à agir avec persévérance en accord avec la loi divine. — **2.** Disposition particulière pour tel devoir, telle bonne action : *La vertu de modestie.* — **3.** Chasteté féminine : *Attenter à la vertu d'une femme.* — **4.** Qualité, propriété particulièrement bonne, efficace de qqch ; pouvoir, propriété : *Les principales vertus d'une plante.* — **5.** Représentation allégorique des vertus de la théologie chrétienne. (Avec une majusc.) — **6.** Pendant la Révolution, figure qui remplaçait la dame dans les jeux de cartes. — **7.** Vx. *De petite vertu,* se disait d'une femme aux mœurs légères. ‖ *En vertu de,* en conséquence de ; par l'effet de : *En vertu d'une loi ;* au nom de : *En vertu des bons principes.*

ENCYCL. **Théol.** Les vertus *naturelles,* ou *morales,* se fondent sur la nature de l'être humain ; les principales d'entre elles, qui conditionnent les autres, sont appelées *cardinales** : la prudence, la justice, la force et la tempérance. Les vertus *surnaturelles,* ou *infuses,* sont données par Dieu dans le dynamisme de la grâce. L'Écriture et la Tradition privilégient, sous le nom de vertus *théologales**, trois de ces vertus : ce sont la foi, l'espérance et la charité.

VERTUBLEU ! VERTUCHOU ! VERTUDIEU ! interj. Jurons anciens.

VERTUEUSEMENT adv. De façon vertueuse.

VERTUEUX, EUSE adj. (de *vertu*). **1.** *Litt.* Qui manifeste de la vertu, des qualités morales : *Conduite vertueuse.* — **2.** Chaste, pudique ou fidèle (en partic. pour une femme). — **3.** Qui est inspiré par de nobles sentiments : *Un vertueux mensonge.*

VERTUGADIN n. m. (de *vertugade*). **1.** Bourrelet que les femmes portaient autour des hanches pour faire bouffer la jupe. (Fin XVIe et début XVIIe s.) — **2.** Robe rendue bouffante par ce bourrelet. — **3.** Pelouse disposée en amphithéâtre.

VERTUMNE, en lat. **Vertumnus** ou **Vortumnus,** dieu italique très ancien, d'origine étrusque et à caractère champêtre.

VERTUS (51130), ch.-l. de cant. de la Marne, en bordure de la côte de l'Île-de-France ; 2 556 hab. *(Vertusiens).* Église du XIIe s., très restaurée après 1940. Vins de Champagne.

VERULAM *(baron)* → BACON (Francis).

VERU MONTANUM [-nɔm] n. m. (lat. *veru,* broche, et *mons, montis,* montagne). Saillie médiane située à la face postérieure de l'urètre prostatique.

VERUS (Lucius Ceionius Commodus Aelius) [† 138 apr. J.-C.], césar romain (136-138) du fait de son adoption par l'empereur Hadrien. — Son fils VERUS (Lucius Aelius Aurelius Ceionius Commodus) [Rome 130-169 apr. J.-C.] devint empereur romain (161-169) par son adoption par l'empereur Antonin. Il partagea le pouvoir avec Marc Aurèle et fut chargé des opérations militaires.

VERVE n. f. (lat. pop. **verva,* du lat. class. *verbum,* parole). **1.** Qualité de qqn qui parle ou écrit avec brio et enthousiasme : *Être en verve.* — **2.** *Litt.* Inspiration, imagination créatrice : *Verve poétique.*

VERVEINE n. f. (lat. pop. **verbena*). **1.** Herbe ou sous-arbrisseau aux petites fleurs lilas ou bleues, à calice et à corolle tubulée. (La *verveine hybride* est cultivée pour les tisanes et comme ornementale. La verveine officinale est antispasmodique et tonique ; la verveine odorante est utilisée en infusions digestives.) — **2.** Infusion obtenue à partir de la variété médicinale de cette plante *(Lippia citriodora).* — **3.** Liqueur préparée avec la verveine.

VERVET n. m. Syn. de GRIVET.

VERVEUX n. m. (lat. *vertere,* tourner). Filet de pêche en forme de nasse, composé d'une manche maintenue ouverte par des cercles rigides, posé sur le fond des cours d'eau.

VERVIERS, v. de Belgique, ch.-l. d'arrond. de la prov. de Liège, dans les Ardennes ; 54 800 hab. *(Verviétois).* Monuments des XVIe-XIXe s. Musées. Centre industriel : textile, constructions mécaniques et électriques, fibres de verre, chimie.

VERVINS (02140), ch.-l. d'arrond. de l'Aisne, dans la Thiérache ; 2 923 hab. *(Vervinois).* Église des XIIIe, XVe et XVIe s. Centre commercial. Industries alimentaires.

Vervins *(traité* ou *paix de)* [2 mai 1598], traité conclu à Vervins entre Henri IV et Philippe II d'Espagne à l'issue des guerres de Religion. Il confirmait la paix du Cateau-Cambrésis*. Philippe II restituait en particulier à la France une série de places en Picardie.

VERVOORT (Michiel) → VAN DER VOORT.

VERWEY (Albert), poète néerlandais (Amsterdam 1865 - Noordwijk 1937). Opposé au naturalisme, il s'inspira de l'histoire nationale et de la recherche d'une harmonie entre l'homme et la nature (*De legende van de ruimte,* 1926).

VERWOERD (Hendrik Frensch), homme politique sud-africain (Amsterdam 1901 - Le Cap 1966). Premier ministre (1958-1966), il poursuivit et renforça la politique d'apartheid et fut assassiné en 1966.

VÉRY (Pierre), écrivain français (Ballon, Charente-Maritime, 1900 - Paris 1960), auteur de romans policiers à caractère fantastique, dont plusieurs signés **Toussaint-Juge** (*l'Assassinat du Père Noël,* 1934 ; *les Disparus de Saint-Agil,* 1935), et de romans de science-fiction (*le Pays sans étoiles,* 1945).

VERZENAY (51360), comm. de la Marne, sur le versant nord de la Montagne de Reims ; 1 062 hab. Vins de Champagne.

VERZY (51380), ch.-l. de cant. de la Marne, au flanc de la Montagne de Reims ; 997 hab. Vins de Champagne.

VESAAS (Tarjei), écrivain norvégien (Ytre Vinje, Telemark, 1897 - Oslo 1970). D'origine paysanne, s'exprimant en néonorvégien (nynorsk), à la fois réaliste et féru de légende, il donne, après *les Chevaux noirs* (1928) et un drame, *Ultimatum* (1934), des romans pleins de finesse sur la vie paysanne (*le Grand Jeu,* 1934 ; *À la maison les femmes appellent,* 1935) puis évolue vers une écriture symbolique avec le roman *la Maison dans les ténèbres* (1945), tendance qui se développe avec *les Oiseaux* (1957), *l'Incendie* (1961) ; *le Palais de glace* (1963), romans empreints d'un lyrisme que l'on retrouve dans ses nouvelles (*Un beau jour,* 1959). Vesaas a réalisé la conjonction entre l'attachement à la nature et la réflexion moderne sur un monde décadent.

VÉSALE (André), en néerl. **Andries Van Wesel** et en lat. **Andreas Vesalius,** anatomiste flamand (Bruxelles 1514 ou 1515 - île de Zante 1564). Il a publié en 1539 sa célèbre *Epistola docens venam axillarem dextri cubiti in dolore laterali secandam.* En 1543, il obtient une chaire à Bologne et publie un ouvrage complet d'anatomie : *De humani corporis fabrica libri septem ;* il y critique les opinions de Galien et des Anciens. Alors qu'il se trouve à Madrid, il est déféré à l'Inquisition (1561), qui le condamne à mort comme coupable d'avoir opéré la dissection d'un homme vivant. Philippe II obtient que la peine soit commuée en un pèlerinage à Jérusalem. Il s'y trouve lorsque le sénat de Venise lui offre la chaire d'anatomie, mais le vaisseau qui le ramène est jeté par la tempête sur l'île de Zante, où il meurt de faim et de fatigue.

Vésale *(trou de),* orifice que présente la grande aile du sphénoïde.

VÉSANIE n. f. (lat. *vesania*). *Litt.* Dérèglement d'esprit ; folie.

VESCE [vɛs] n. f. (lat. *vicia*). Légumineuse fourragère annuelle (papilionacée), généralement cultivée en rotation avec une céréale.

VESCOVATO (20215), ch.-l. de cant. de la Haute-Corse, au S. de Bastia ; 2 344 hab.

VESDRE, riv. de Belgique, affl. de l'Ourthe (r. dr.) à Verviers ; 71 km.

VÉSICAL, E, AUX adj. (bas lat. *vesicalis*). Relatif à la vessie.

VÉSICANT, E adj. et n. m. (bas lat. *vesicans, -antis,* de *vesicare,* gonfler). **1.** Qui produit des vésicules, des bulles sur la peau ou les muqueuses. — **2.** Se dit de gaz de combat, tel l'ypérite, provoquant de graves lésions phlycténulaires de la peau et des voies respiratoires.

VÉSICATION n. f. (bas lat. *vesicare,* gonfler). Action locale produite par une substance vésicante ou un topique vésicatoire.

VÉSICATOIRE adj. et n. m. Se dit de tout topique produisant des vésicules sur la peau.
◆ n. m. Vésicule produite par un topique vésicatoire.

VÉSICO-RECTAL, E, AUX adj. **1.** Relatif à la vessie et au rectum. — **2.** *Fistule vésico-rectale,* ouverture pathologique mettant en communication la vessie et le rectum.

VÉSICULAIRE adj. Relatif à une vésicule, qui a la forme, l'aspect d'une vésicule.

VÉSICULE n. f. (lat. *vesicula,* dimin. de *vesica,* vessie). **1.** Organe creux ayant la forme d'un sac. — **2.** Renflement plein de gaz qui, chez les plantes aquatiques (fucus, ascophylle, utriculaire), joue le rôle d'un flotteur. — **3.** Petit soulèvement circonscrit de l'épiderme, contenant un liquide clair (ex. vésicules de l'herpès, du zona). — **4.** Une des parties du tube neural primitif. (On distingue ainsi un premier stade à trois vésicules, qui sont le prosencéphale, le mésencéphale et le rhombencéphale, puis un second stade à cinq vésicules : télencéphale, diencéphale, mésencéphale, métencéphale et myélencéphale. C'est à partir de ces cinq vésicules que naît le cerveau définitif.) — **5.** *Vésicule biliaire,* réservoir membraneux, en forme de poire, appliqué sur la face inférieure du foie. (Elle est drainée par le canal cystique, qui s'unit au canal hépatique pour former le canal cholédoque.) ‖ *Vésicule germinative,* noyau de l'ovocyte. ‖ *Vésicule de Purkinje,* noyau de l'ovule. ‖ *Vésicule pulmonaire,* petit sac terminal de chaque bronchiole, portant des boursouflures (alvéoles) à travers les minces parois desquelles s'effectue l'hématose. ‖ *Vésicule synaptique,* élément qui, dans la partie de l'axone proche d'une synapse, contient un médiateur chimique. ‖ *Vésicule vitelline* ou *ombilicale,* annexe embryonnaire commune à la plupart des vertébrés et qui renferme les réserves nutritives de l'œuf. (Syn. SAC VITELLIN.)

VÉSICULÉ adj. m. (de *vésicule*). Se dit d'un alevin qui n'a pas encore totalement résorbé sa vésicule vitelline.

VÉSICULEUX, EUSE adj. **1.** Qui est renflé à la manière d'une vessie, d'une vésicule. — **2.** Qui porte des vésicules.

VÉSICULO-DÉFÉRENTIEL, ELLE adj. Qui se rapporte aux vésicules séminales et aux canaux déférents.

VÉSICULOGRAPHIE n. f. Radiographie des vésicules séminales.

VÉSINET (Le) [78110], ch.-l. de cant. des Yvelines, banlieue ouest de Paris, près de la Seine ; 16 110 hab. *(Vésinettois* ou *Vésigondins).* Constructions mécaniques et électriques.

VESLE (la), riv. de Champagne, qui passe à Reims, affl. de l'Aisne (r. g.) ; 143 km.

VESNINE (les frères), architectes russes : LEONID (Nijni Novgorod 1880 - Moscou 1933), VIKTOR (Iourienets 1882 - Moscou 1950) et ALEKSANDR (Iourienets 1883 - Moscou 1959). Ils furent parmi les principaux promoteurs du constructivisme dans les années 1924-1932 (projets comme celui du bureau moscovite de la *Leningradskaïa Gazeta,* 1924). Aleksandr, également peintre, donna de remarquables décors et costumes pour le « Théâtre de chambre » de Taïrov (*Phèdre,* 1922).

VESOU n. m. (mot créole). Jus obtenu par broyage de la canne à sucre, dont on tire le sucre.

VESOUL (70000), ch.-l. du dép. de la Haute-Saône, à 362 km à l'E.-S.-E. de Paris, sur le Durgeon ; 19 404 hab. *(Vésuliens).* Église St-Georges, du XVIIIe s. (mobilier, statues). Musée. Centre administratif et commercial. Constructions mécaniques. Textile.

VESPASIEN, en lat. **Titus Flavius Vespasianus** (près de Reate, auj. Rieti, 9 apr. J.-C. - Aquae Cutiliae, Sabine, 79), empereur romain (69-79). Fils d'un publicain, il commande une légion en Germanie, puis en Bretagne, où il soumet l'île de Wight. En 66, comme proconsul en Judée, il entreprend de réprimer la révolte des Juifs. Après la mort de Néron (68), il laisse la direction des opérations de Judée à son fils Titus, qui entreprend le siège de Jérusalem. Proclamé empereur en Égypte (69), il se rend maître de Rome, inaugurant ainsi la dynastie flavienne. Il réussit à s'attribuer des pouvoirs plus étendus que ceux d'Auguste, associe Titus au pouvoir dès 71, renouvelle les équipes dirigeantes, sénatoriales et équestres, améliore la discipline militaire et réduit les effectifs de la garde prétorienne. En Gaule, il réprime les révoltes du Batave Civilis et du Lingon Sabinus (70). Il restaure les finances, multiplie les impôts et réalise des économies budgétaires. Il fait construire l'amphithéâtre flavien (Colisée), le temple de la Paix et reconstruire les édifices qui avaient souffert des troubles. Mais il se heurte à une forte opposition du sénat et doit faire face à des conjurations. Son règne a donné les premières années de la « paix romaine ».

VESPASIENNE n. f. (du n. de l'empereur *Vespasien,* qui avait établi un impôt sur les urinoirs publics). *Vx.* Urinoir établi sur la voie publique.

VESPÉRAL, E, AUX adj. (bas lat. *vesperalis,* du lat. class. *vesper,* le soir). *Litt.* Relatif au soir, au couchant ; qui se produit le soir : *Clarté vespérale.* ◆ **vespéral** n. m. Livre d'église qui contient ce qui se chante aux vêpres.

VESPERTILIO n. m. (lat. sc. *vespertilio*). Aspect d'une dermatose (lupus érythémateux, par ex.) qui se développe symétriquement sur les ailes du nez et les pommettes.

VESPERTILION n. m. (lat. *vespertilio,* chauve-souris). Petite chauve-souris cosmopolite insectivore, à grandes oreilles, à queue importante, dépourvue de feuille nasale. (Syn. MURINE.)

VESPERTILIONIDÉ n. m. Nom de famille attribué au vespertilion et aux genres voisins (murin, sérotine, noctule, pipistrelles, barbastelle, oreillards et minioptère).

VESPIDÉ n. m. (lat. *vespa,* guêpe). Nom de famille attribué aux guêpes.

VESPUCCI (Amerigo), en fr. **Améric Vespuce,** navigateur italien (Florence 1454 - Séville 1512). Installé en Espagne (1490), il réalisa pour le compte de l'Espagne et du Portugal plusieurs voyages vers le Nouveau Monde (Surinam, 1499 ; Brésil, 1501-1502). Le géographe Waldseemüller lui attribua la découverte du Nouveau Continent désigné depuis par son prénom.

VESSE n. f. (de *vesser*). *Pop.* et *vx.* Émission de gaz nauséabond faite sans bruit par l'anus.

VESSE-DE-LOUP n. f. (pl. *vesses-de-loup*). Champignon basidiomycète du genre *lycoperdon,* comestible à l'état jeune, formant ensuite un sac sphérique plein de spores noires.

VESSER v. i. (moyen fr. *vessir,* du lat. pop. *vissire*) [conj. **4**]. *Pop.* et *vx.* Lâcher une vesse.

VESSIE n. f. (lat. pop. *vessica,* du lat. class. *vesica,* poche). **1.** Réservoir musculo-membraneux où s'accumule l'urine dans l'intervalle des mictions.

(→ *encycl.*) – **2.** Vessie desséchée d'un animal ou membrane quelconque formant sac : *Vessie d'un ballon.* – **3.** *Prendre des vessies pour des lanternes,* se tromper grossièrement. ‖ *Vessie natatoire,* diverticule du tube digestif des poissons actinoptérygiens, empli de gaz et intervenant dans l'équilibre hydrostatique.

ENCYCL. **Anat.** La vessie est située derrière la symphyse pubienne, au-dessous du péritoine, en avant du rectum chez l'homme, en avant de l'utérus chez la femme. Sa capacité physiologique est de 250 à 300 ml. En arrière, elle reçoit les uretères ; en bas et en avant, elle s'ouvre dans l'urètre par une partie amincie, le col de la vessie, qui, chez l'homme, est entouré par la prostate. La paroi de la vessie est constituée de trois tuniques : une tunique externe, conjonctive ; une tunique interne, muqueuse ; une tunique moyenne, musculaire, le détrusor.

VESSIGON n. m. (ital. *vessigone*). Tare molle qui se forme sur le jarret du cheval.

VESTA, divinité romaine d'origine indo-européenne, identifiée à l'Hestia grecque. C'était la déesse du Foyer domestique et public. Ses prêtresses étaient les vestales*.

VESTA, astéroïde n° 4, découvert le 27 mars 1807 par l'astronome allemand Olbers. Demi-grand axe de son orbite 2,362 ua (soit env. 353 millions de km). Période de révolution 3,63 ans. Diamètre 540 km. Sa surface est très brillante.

VESTALE n. f. (lat. *vestalis,* de *Vesta*). **1.** Prêtresse de Vesta, qui entretenait le feu sacré et était astreinte à la chasteté. – **2.** *Litt.* Fille, femme d'une grande chasteté.

VESTDIJK (Simon), médecin et écrivain néerlandais (Harlingen 1898 - Utrecht 1971). Poète, alliant à une virtuosité formelle une sensibilité profonde, parfois teintée d'ironie (*le Vaisseau fantôme,* 1941), critique littéraire (*Rilke, artiste baroque,* 1938) et musical, il a publié des romans psychologiques (le cycle d'*Anton Wachter,* 1934-1960) et historiques (*l'Île au rhum,* 1940 ; *les Voyageurs,* 1949).

VESTE n. f. (ital. *vesta,* du lat. *vestis,* vêtement). **1.** Vêtement à manches, boutonné devant, qui couvre le buste jusqu'aux hanches. – **2.** Chacune des couches successives du cocon du ver à soie. – **3.** Fam. *Ramasser, prendre une veste,* subir un échec. ‖ Fam. *Retourner sa veste,* changer de parti, d'opinion. ‖ *Veste d'intérieur,* vêtement d'intérieur s'arrêtant à mi-cuisses. ‖ *Veste tailleur,* veste à col à revers, dont la coupe est inspirée par la forme du veston. (Syn. JAQUETTE.)

VESTERÅLEN, archipel norvégien, au N. des îles Lofoten ; 2 400 km^2 ; 35 000 hab. environ. Pêcheries.

VEST FJORD, fjord séparant le littoral du Nordland (Norvège) de l'archipel des Lofoten. Long de 160 km, il est large de 80 km environ.

VESTIAIRE n. m. (lat. *vestiarium,* armoire à vêtements). **1.** Lieu où on dépose les manteaux, chapeaux, parapluies, etc., dans certains établissements. – **2.** Meuble fermant à clef dans lequel le personnel des entreprises, les élèves des établissements scolaires peuvent déposer leurs vêtements. – **3.** Locaux dépendant d'un stade, d'une salle de sports, de danse, d'une piscine, etc., où on peut se changer, se mettre en tenue et laisser ses vêtements (surtout pl.). – **4.** Syn. de DRESSING-ROOM. – **5.** Objets, vêtements déposés au vestiaire : *Prendre son vestiaire.* – **6.** *Litt.* Ensemble des vêtements propres à une personne. – **7.** Officier du palais byzantin qui était chargé de la garde des vêtements impériaux.

VESTIBULAIRE adj. **1.** Relatif au vestibule de l'oreille interne ou au vestibule buccal. – **2.** *Syndrome vestibulaire,* syn. de SYNDROME LABYRINTHIQUE.

VESTIBULE n. m. (lat. *vestibulum*). **1.** Pièce ou couloir d'entrée d'une maison, d'un édifice, donnant accès aux autres pièces ou salles et à l'escalier. – **2.** Partie moyenne du labyrinthe osseux de l'oreille interne. – **3.** Chez la femme, dépression vulvaire limitée latéralement par les petites lèvres. – **4.** *Vestibule buccal,* partie antérieure de la bouche, située en avant des arcades gingivodentaires. ‖ *Vestibule du larynx,* étage supérieur du larynx.

VESTIGE n. m. (lat. *vestigium*). **1.** Marque, trace laissée par qqch qui a été détruit : *Les vestiges d'un ancien temple grec.* – **2.** *Litt.* Ce qui reste du passé, d'un sentiment, d'une idée, etc. : *Les vestiges d'une grandeur disparue.*

VESTIGIAL, E, AUX adj. Se dit d'un organe animal ou végétal qui semble avoir subi une régression phylogénétique.

VESTIMENTAIRE adj. (lat. *vestimentum,* vêtement). Relatif aux vêtements : *Dépenses vestimentaires.*

VESTING HOLLAND, nom donné au réduit de défense de la Hollande couvert par des inondations sur la ligne Amsterdam-Utrecht.

VESTMANNAEYJAR, petit archipel volcanique proche de la côte sud de l'Islande et dont Heimaey est l'île principale. Pêche.

VESTON n. m. (de *veste*). Veste d'un complet masculin.

VESTRIS (les), en ital. **Vestri,** famille de danseurs italiens d'origine florentine, installés en France. – GAÉTAN (Gaetano Apolline Baldassare) [Florence 1729 - Paris 1808] fut élève de Louis Dupré à l'Académie royale de musique (1748) ; il dirigea l'école de danse à partir de 1767, puis succéda à

Dupré comme maître et compositeur de ballet. Il créa le rôle de Jason dans *Médée et Jason* (1763) de Noverre. Type du danseur noble, il fut aussi un très grand virtuose. — Son fils MARIE JEAN AUGUSTIN, dit **Auguste Vestris,** dit aussi **Vestr' Allard** ou **Vestris II** (Paris 1760 - *id.* 1842), devint rapidement célèbre comme « danseur seul » (1776) et « en double ». Au contraire de son père, il rejeta les théories et réformes de Noverre et fit de la virtuosité une fin en soi. Son style et sa technique annonçaient une forme nouvelle de danse, le ballet romantique.

VÉSUBIE (la), riv. des Alpes-Maritimes, affl. du Var (r. g.) ; 48 km. Gorges.

VESUNNA, nom antique de Périgueux.

VÉSUVE (le), en ital. **Vesuvio,** volcan actif de l'Italie méridionale, en Campanie, sur le golfe de Naples, au S.-E. de la ville. Il est formé de deux cônes superposés ; le plus ancien, la *somma,* est un vaste hémicycle de 4 km de diamètre, continu au N. (1 132 m), démantelé au S. ; il encercle le cône récent, qui culmine à 1 277 m. Depuis l'époque historique, l'activité volcanique s'est plusieurs fois manifestée ; la période comprise entre 63 et 79 se termina par la destruction de trois villes : Herculanum, Pompéi et Stabies. La dernière éruption eut lieu en 1944. Un observatoire surveille le volcan. Les pentes du Vésuve, régulières et fertiles, sont couvertes de vignobles (lacrima-christi).

VÉSUVIANITE n. f. Syn. de IDOCRASE.

VESZPRÉM, v. de Hongrie, ch.-l. de dép., au S. des monts Bakony ; 59 000 hab. Centre touristique. Université. — Évêché (1099), ancienne résidence des reines de Hongrie (XIe-XIVe s.), reconstruite au XVIIIe s., la ville conserve des monuments du Moyen Âge (chapelle Gisèle, du XIIIe s. [fresques], subsistant dans le palais épiscopal de style baroque). Musée Bakonyi.

VETCHE n. m. inv. (mot russe). Assemblée des habitants des villes de Russie (fin Xe s.-XVe s.).

VÊTEMENT n. m. (lat. *vestimentum*). **1.** Tout ce qui sert à couvrir le corps humain pour le protéger ; pièce de l'habillement. — **2.** *Litt.* Ce qui habille, recouvre qqch ; parure, manteau : *Un vêtement de brume.*

VÉTÉRAN n. m. (lat. *veteranus,* de *vetus, -eris,* vieux). **1.** Soldat ayant accompli un long service. — **2.** *Litt.* Personne qui a une longue pratique dans une profession, une activité : *Les vétérans de l'enseignement primaire.* — **3.** (par l'anglo-américain). Ancien combattant : *Les vétérans de la guerre de Corée.* — **4.** Soldat romain qui avait obtenu son congé. (Il bénéficiait automatiquement du droit de cité romaine.) — **5.** Aux XVIIIe et XIXe s., militaire âgé ou blessé servant encore dans des unités spéciales. (Les compagnies de vétérans, réduites dès 1848, sont peu à peu supprimées sous le second Empire.) — **6.** Sportif ayant dépassé l'âge senior.

VÉTÉRANCE n. f. État de vétéran. (De 1818 à 1824, chaque soldat libéré était classé pendant six ans dans la vétérance. Une classe fut rappelée pour l'expédition d'Espagne en 1823.)

vétérance *(médaillon de)* ou **ordre des Deux Épées,** distinction créée par Louis XV et conférée de 1771 à 1791 aux soldats totalisant au moins 24 ans de service.

VÉTÉRINAIRE adj. (lat. *veterinarius,* de *veterinus,* relatif aux bêtes de somme). **1.** Relatif à la médecine des animaux. — **2.** *Art vétérinaire* ou *médecine vétérinaire,* médecine des animaux, en partic. des animaux domestiques.

◆ n. Personne qui, diplômée d'une école nationale vétérinaire, exerce la médecine vétérinaire.

vétérinaires *(Écoles nationales),* établissements d'enseignement supérieur installés à Maisons-Alfort, Lyon, Nantes et Toulouse. Les études, qui durent quatre ans, sont sanctionnées par un doctorat vétérinaire délivré par une faculté de médecine après soutenance de thèse.

VÉTILLE [-tij] n. f. (de *vétiller*). Chose insignifiante, qui ne mérite pas qu'on s'y arrête : *Perdre son temps à des vétilles.*

VÉTILLER v. i. (anc. fr. *vette,* ruban) [conj. **3**]. *Litt.* S'amuser à des vétilles, critiquer sur des riens.

VÉTILLEUX, EUSE adj. *Litt.* Qui s'attache à des vétilles, aux seuls menus détails.

VÊTIR v. t. (lat. *vestire*) [conj. **44**]. *Litt.* **1.** Habiller qqn de qqch : *Vêtir un enfant d'un manteau.* — **2.** Fournir qqn de vêtements : *Vêtir les pauvres.* — **3.** Revêtir qqch, le mettre sur soi : *Vêtir une robe de chambre.*

◆ **être vêtu** v. pass. Porter tel vêtement, s'habiller d'une certaine manière : *Il était vêtu d'un imperméable gris.*

VÉTIVER [-vɛr] n. m. (tamoul *vettivern*). Graminée de l'Inde, de la Réunion, des Philippines, du genre *andropogon,* dont la racine odorante est utilisée en parfumerie.

VETO [veto] n. m. inv. (lat. *veto,* je m'oppose). **1.** Acte par lequel un individu ou un organe s'oppose temporairement ou définitivement à l'entrée en vigueur d'une décision d'un autre individu ou d'un autre organe. (→ *encycl.*) — **2.** Opposition, refus formel à une discussion quelconque : *Directeur qui met son veto à toute augmentation de personnel.* — **3.** Prérogative conférée aux cinq États membres permanents du Conseil de sécurité des Nations unies, qui leur permet de s'opposer à toute question autre que

de procédure. — 4. *Veto (suspensif)*, droit que la Constitution de 1791 accordait au roi de s'opposer pendant deux législatures à la promulgation des lois votées par l'Assemblée législative.
ENCYCL. **Dr.** Le veto à l'encontre des textes législatifs est, la plupart du temps, une prérogative du chef de l'État (roi de France en 1791, 1814 et 1830 ; président aux États-Unis), mais il peut être également attribué à l'une des chambres (Bundesrat en Allemagne) ou au peuple demandant par pétition qu'une loi votée soit soumise à référendum *(veto populaire)*. Aux États-Unis, le Congrès peut s'opposer à un veto présidentiel en revotant la loi à la majorité des deux tiers.

Veto *(monsieur* et *madame)*, surnoms donnés par les patriotes à Louis XVI et à Marie-Antoinette, après que la Constitution de 1791 leur eut donné le droit de veto.

1. VÊTU → VÊTIR.

2. VÊTU n. m. (de *vêtu 1*). Partition en forme de losange dont les quatre angles touchent les bords de l'écu.

VETULONIA, localité d'Italie, en Toscane (prov. de Grosseto, comm. de Castiglione della Pescaria). Vestiges d'une cité étrusque prospère ; riches nécropoles.

VÊTURE n. f. (de *vêtir*). 1. Syn. rare de PRISE D'HABIT. — 2. Bardage isolant pour murs extérieurs.

VÉTUSTE adj. (lat. *vetustus*). Qui est vieux, détérioré par le temps : *Une maison vétuste.*

VÉTUSTÉ n. f. (lat. *vetustas*). État de détérioration produit par le temps.

VEUF, VEUVE adj. et n. (lat. *vidua,* veuve, de *viduus,* veuf). 1. Dont le conjoint est mort. — 2. *Fam.* Qui est temporairement séparé de son conjoint.
◆ **veuve** n. f. 1. *Fam.* et *vx.* La potence, puis la guillotine. — 2. Petit passereau africain, voisin du moineau, dont le mâle porte en période nuptiale une longue queue et un magnifique plumage. (Il est recherché comme oiseau de cage.) — 3. *Enfants de la Veuve,* les francs-maçons, dans le langage maçonnique. ‖ *Veuve noire,* nom usuel du *latrodecte.*

VEUGLAIRE n. f. ou m. (moyen néerl. *vogelaer,* canon à tirer les oiseaux, de *vogel,* oiseau). Pièce d'artillerie qui se chargeait par la culasse (XIVe et XVe s.).

VEUILLOT (Louis), journaliste et écrivain français (Boynes 1813 - Paris 1883). Catholique militant, rédacteur (1843) puis rédacteur en chef de *l'Univers,* il en fit un organe ultramontain d'une grande audience auprès du bas clergé. Il attaqua l'université, les catholiques libéraux, puis la politique italienne de Napoléon. Il est l'auteur de nombreux ouvrages, dont *Rome et Lorette* (1841) et *les Odeurs de Paris* (1866).

VEULE adj. (lat. pop. **volus,* frivole). Qui manque d'énergie, de volonté et de courage, qui est faible, voire lâche.

VEULERIE n. f. Caractère, état d'une personne veule.

VEURNE, en fr. **Furnes,** v. de Belgique, ch.-l. d'arrond. de la Flandre-Occidentale ; 11 200 hab. Sur la Grand-Place, église Ste-Walburge, gothique, hôtel de ville Renaissance (v. 1600), maisons des XVIe et XVIIe s.
— **Hist.** Puissante place fortifiée au Moyen Âge, Veurne fut maintes fois assiégée au XVIIe s. par les armées françaises. Elle fut, de 1914 à 1918, la capitale de la « Belgique libre ».

VEUVAGE n. m. (de *veuve*). 1. État d'une personne veuve et non remariée. — 2. *Assurance veuvage,* système institué en 1980 dans le cadre du régime général de la Sécurité sociale, dans le but de venir en aide par le versement d'une allocation aux veuves ou aux veufs qui ne peuvent prétendre à la pension de réversion en raison de leur âge. (La cotisation est exclusivement à la charge des salariés.)

VEUVE → VEUF.

Veuve joyeuse *(la),* opérette en 3 actes de Franz Lehár, sur un livret de V. Léon et L. Stein, d'après *l'Attaché d'ambassade,* comédie d'Henri Meilhac (Vienne, 1905). Le livret français est de R. de Flers et G. de Caillavet.

Vever, joaillerie française fondée à Metz en 1821 par Pierre *Vever* (Metz 1794 - *id.* 1853). Son fils ERNEST (Metz 1823 - Paris 1884) la transféra à Paris en 1871. Reprise en 1880 par les deux fils de ce dernier, PAUL (Metz 1851 - Paris 1915) et HENRI (Metz 1854 - Les Noyers, Eure, 1942), la firme acquit alors une grande réputation (succès à l'Exposition de 1900, avec, notamm., des bijoux exécutés sur dessins d'E. Grasset). Elle a fermé ses portes en 1969.

VEVEY, v. de Suisse (cant. de Vaud), sur le Léman ; 16 000 hab. *(Veveysans).* Temple St-Martin, anc. église des XIIe et XVe s. Musées. Centre touristique et industriel. Siège de la société Nestlé (construit en 1960 par Jean Tschumi).

VEXANT, E adj. 1. Qui vexe, cause une blessure d'amour-propre : *Un refus vexant.* — 2. *Fam.* Qui contrecarre le projet, l'action de qqn, ou constitue un échec : *C'est vexant de ne pas pouvoir partir.*

VEXATEUR, TRICE adj. et n. (lat. *vexator*). *Litt.* Qui cause des vexations.

VEXATION n. f. (lat. *vexatio*). Action, parole ou situation qui inflige une blessure d'amour-propre à qqn : *Essuyer des vexations.*

VEXATOIRE adj. (de *vexer*). Qui vexe, a le caractère d'une vexation.

VEXER v. t. (lat. *vexare*) [conj. 4]. Froisser la susceptibilité de qqn : *Cet échec l'a vexé.*
◆ **se vexer** v. pr., **être vexé** v. pass. Être blessé, offensé dans son amour-propre.

VEXILLAIRE n. m. Porte-enseigne qui portait le vexillum.

VEXILLE n. m. (lat. *vexillum,* étendard). Ensemble des barbes situées du même côté du rachis d'une plume d'oiseau, formant, du fait de la fixation de ces barbes entre elles par les crochets de leurs barbules, une nappe continue.

VEXILLOLOGIE n. f. (lat. *vexillum,* étendard). Syn. de PAVILLONNERIE.

VEXILLOLOGUE n. Spécialiste des pavillons et des drapeaux.

VEXILLUM [-lɔm] n. m. (pl. *vexilla*) [lat. *vexillum*]. Étendard en usage dans les unités de cavalerie et les détachements de l'armée romaine.

VEXIN, région de France, bordée à l'O. par la vallée de l'Andelle, à l'E. par celle de l'Oise, au S. par la Seine. L'Epte la divise en un *Vexin normand* (dép. de l'Eure) à l'O. et un *Vexin français* (parc naturel régional) [Val-d'Oise et Yvelines] à l'E.
— **Hist.** Ancien pays du peuple des *Véliocasses,* le Vexin fut séparé par le traité de Saint-Clair-sur-Epte (911) en deux parties, Vexin normand et Vexin français.

VEYNE (Paul), historien français (Aix-en-Provence 1930). Spécialiste de l'Antiquité, professeur au Collège de France depuis 1976, il est l'auteur d'un ouvrage d'épistémologie historique (*Comment on écrit l'histoire,* 1971) et d'études sur la vie quotidienne et la mentalité anciennes (*le Pain et le Cirque,* 1976 ; *Les Grecs ont-ils cru à leurs mythes ?,* 1983).

VEYNES (05400), ch.-l. de cant. des Hautes-Alpes, à 26 km à l'O. de Gap ; 3 295 hab. *(Veynois).* Mairie dans un anc. château du XVIe s. Capteurs solaires. Station d'altitude (824 m).

VEYRE-MONTON (63960), ch.-l. de cant. du Puy-de-Dôme, dans la Limagne ; 3 406 hab.

VEYRIER-DU-LAC (74290), comm. de la Haute-Savoie, sur le lac d'Annecy, au pied de la *Montagne de Veyrier* (1 291 m) ; 1 982 hab. Station touristique.

VEYS *(baie des),* partie de la baie de Seine, où débouchent la Vire et l'Aure. Ostréiculture et mytiliculture.

VÉZELAY (89450), ch.-l. de cant. de l'Yonne, en bordure du Morvan, dominant la Cure ; 575 hab. *(Vézeliens).* C'est l'ancienne *Vizeliacum.*
— **Hist.** et **Bx-arts.** Vézelay doit son origine à un monastère bénédictin fondé au IXe s. et qui devint, au XIe, un important lieu de pèlerinage (reliques légendaires de Marie-Madeleine). Saint Bernard y prêcha la deuxième croisade en 1146. Magnifique basilique romane, anc. abbatiale (v. 1120-1150), d'un type différent de celui de Cluny (élévation à deux étages de la nef [chapiteaux], couverte de voûtes d'arêtes) ; façade refaite au XIXe s. ; sculptures figuratives des trois baies intérieures du narthex ; chœur du premier gothique. Maisons anciennes dans le bourg.

VÉZELISE (54330), ch.-l. de cant. de Meurthe-et-Moselle, dans la Lorraine méridionale ; 1 397 hab. *(Vézelisiens).* Monuments des XVe-XVIIIe s. Brasserie. Laiterie.

VÉZÉNOBRES (30360), ch.-l. de cant. du Gard, au S.-S.-E. d'Alès, dans les Garrigues ; 1 391 hab. *(Vézénobriens).* Ruines féodales, maisons médiévales et château d'époque Louis XV.

VÉZÈRE (la), riv. du Limousin et du Périgord, affl. de la Dordogne (r. dr.) ; 192 km. Elle alimente plusieurs modestes centrales hydroélectriques. Sa vallée inférieure est un haut lieu de la préhistoire.

VÉZERONCE-CURTIN (38510), comm. de l'Isère ; 1 330 hab. Bataille entre Clodomir, roi d'Orléans, qui y trouva la mort, et le roi des Burgondes Gondemar (524).

V. F. n. f. Abrév. de VERSION* FRANÇAISE.

VFR (abrév. de *Visual Flight Rule,* règle de vol à vue), symbole international servant à désigner, sur les plans de vol des aéronefs, le cas d'un avion qui peut effectuer une navigation à vue pendant la totalité de son voyage, compte tenu des conditions météorologiques favorables.

VHF, abrév. de l'angl. *Very High Frequencies,* parfois utilisée pour désigner les fréquences comprises entre 30 et 300 MHz (domaine des ondes métriques).

VHS, abrév. de l'angl. *Video Home System,* norme de vidéocassette et de magnétoscope introduite en 1976 par la firme japonaise JVC.

VIA prép. (lat. *via*). **1.** Par la voie de ; en passant par : *Départ pour New York, via Southampton.* — **2.** *Fam.* Par l'intermédiaire de : *Je vous ferai passer le dossier, via M. Durand.*

VIABILISATION n. f. Action de viabiliser.

VIABILISER v. t. (conj. 3). Réaliser les travaux de viabilité sur un terrain à bâtir.

1. VIABILITÉ n. f. (de *viable 1*). **1.** Aptitude à vivre qu'un organisme donné présente à sa naissance et, en partic., aptitude à vivre d'un nouveau-né. — **2.** Caractère viable de qqch : *Viabilité d'une entreprise.*

2. VIABILITÉ n. f. (lat. *via,* chemin). **1.** Bon état d'une route, permettant d'y circuler. — **2.** Ensemble des travaux d'intérêt général (voirie, réseaux d'égout, eau, gaz, électricité, téléphone, etc.) à exécuter avant toute opération immobilière. — **3.** *Matériau de viabilité,* ensemble des roches utilisées dans la construction des routes.

1. VIABLE adj. (de *vie*). **1.** Se dit d'un nouveau-né apte à vivre : *Enfant (né) viable.* — **2.** Qui est susceptible de durer, de continuer d'exister : *L'entreprise est viable moyennant quelques restructurations.* — **3.** Qu'on peut mener à bien, qui peut aboutir : *Projet viable.*

2. VIABLE adj. (lat. *via,* chemin). Se dit d'une voie apte à la circulation des véhicules.

VIADUC n. m. (angl. *viaduc,* du lat. *via,* voie, et *ducere,* conduire, avec l'infl. de *aqueduc*). Ouvrage routier ou ferroviaire franchissant à grande hauteur une brèche, ou comportant de nombreuses travées.

VIAGER, ÈRE adj. (anc. fr. *viage,* durée de la vie). **1.** Se dit d'un droit qui s'éteint à la mort de son titulaire ou d'une tierce personne. — **2.** *Rente viagère* ou *viager* (n. m.), rente dont les arrérages sont dus jusqu'à la mort du bénéficiaire ou d'une tierce personne : *Acheter une maison en viager.*

VIALA (Joseph Agricol), patriote français (Avignon 1780 - près d'Avignon 1793). Engagé dans la Garde nationale malgré son jeune âge, il fut tué en défendant le passage de la Durance aux royalistes.

VIALA (Pierre), agronome français (Lavérune, Hérault, 1859 - Paris 1936). Il étudia les maladies de la vigne et, après l'attaque du phylloxéra, reconstitua le vignoble français par les cépages américains.

VIALAR (Paul), écrivain français (Saint-Denis 1898 - Vaucresson 1996), auteur de comédies (*l'Âge de raison,* 1924), de romans (*la Grande Meute,* 1943 ; *l'Homme du fleuve,* 1981) et de trois grands cycles romanesques (*La mort est un commencement,* 8 vol., 1946-1951 ; *la Chasse aux hommes,* 10 vol., 1952-53 ; *Chronique française du XXe siècle,* 10 vol., 1955-1961).

VIALLAT (Claude), peintre français (Nîmes 1936). Depuis 1966, il utilise un seul motif formel (rappel d'une maille de filet un peu distordue) que, dans l'esprit des manipulations chères au groupe Support/Surface, il multiplie sur les supports textiles les plus variés (en nature et en forme, souvent de récupération). Ses dons de coloriste agissant, il tire de cette matrice unique la plus grande diversité.

Via Mala, célèbre route alpestre du canton suisse des Grisons, le long du Rhin postérieur, entre Thusis et Zillis.

VIAN (Boris), écrivain français (Ville-d'Avray 1920 - Paris 1959). Ingénieur, trompettiste de jazz et écrivain, signant parfois ses romans **Vernon Sullivan** (*J'irai cracher sur vos tombes,* 1946), il fut une des personnalités les plus originales de Saint-Germain-des-Prés, après la guerre. La contestation, la parodie, l'invention verbale, l'amour fou furent les ingrédients de ses poèmes (*Cantilènes en gelée,* 1950 ; *Je voudrais pas crever,* 1962), de son théâtre (*le Goûter des généraux,* 1951) et de ses romans (*l'Écume des jours,* 1947 ; *l'Arrache-Cœur,* 1953).

VIANA DO CASTELO, port du Portugal septentrional, ch.-l. de distr. ; 13 500 hab. Ville pittoresque, avec des monuments anciens, de belles demeures, un musée.

VIANDE n. f. (lat. pop. **vianda,* du bas lat. *vivanda,* ce qui sert à la vie). **1.** Aliment tiré des muscles des animaux, principalement des mammifères et des oiseaux. (→ *encycl.*) — **2.** *Pop.* Chair, corps humain. — **3.** *Viande blanche,* viande qui conserve une couleur blanche après la cuisson (veau, lapin, volaille). ‖ *Viande de boucherie,* viande vendue en boucherie (bœuf, mouton, porc). ‖ Litt. *Viande creuse,* aliment peu nourrissant, insuffisant. ‖ Fam. *Viande froide,* cadavre. ‖ *Viande noire,* viande qui prend une couleur noire avec la cuisson (sanglier, chevreuil, bécasse). ‖ *Viande rouge,* viande qui conserve une couleur rouge à la cuisson.

ENCYCL. La viande est composée de faisceaux de fibres musculaires accompagnés de graisse (responsables de la couleur et de la saveur) maintenus entre eux par du tissu conjonctif (responsable de la dureté ou de la tendreté). La viande a une composition peu variable (75 % d'eau, 20 % de protéines et 2 à 3 % de lipides). Elle constitue un excellent aliment, apportant des matières azotées de haute qualité, riches en acides aminés indispensables (lysine notamment).

viandes, de l'élevage et de l'aviculture *(Office national interprofessionnel des)* **[OFIVAL],** établissement public à caractère industriel et commercial, créé en 1983, ayant pour mission d'intervenir sur les marchés des produits de l'élevage afin d'en assurer le bon fonctionnement. Il est compétent pour l'ensemble des viandes, pour les œufs et pour les cuirs et les peaux.

VIANDEN, ch.-l. de cant. du grand-duché du Luxembourg, sur l'Our ; 1 500 hab. Centre touristique. Ruines d'un puissant château remontant à 1096. Deux églises gothiques. Centrale hydroélectrique.

VIANDER v. i. (de *viande*) [conj. 3]. Manger, brouter, en parlant du cerf, du daim.

◆ **se viander** v. pr. *Pop.* Avoir un grave accident de voiture, de moto, en alpinisme.

VIANNET (Louis), syndicaliste français (Vienne, Isère, 1933). Membre du parti communiste, il est secrétaire général de la C. G. T. depuis 1992.

VIANNEY (Jean-Marie), curé d'Ars ⟶ JEAN-MARIE VIANNEY (saint).

VIARDOT (Pauline), soprano française (Paris 1821 - *id.* 1910). Fille de Manuel García, sœur cadette de la Malibran, elle débuta en 1839 (Desdémone, dans l'*Otello* de Rossini), puis épousa Louis Viardot. Elle créa *le Prophète* de Meyerbeer en 1849 (rôle de Fidès) et *Sapho* de Gounod (1851), écrits à son intention.

VIAREGGIO, station balnéaire d'Italie, en Toscane, sur la mer Tyrrhénienne ; 58 000 hab.

Viareggio *(prix),* prix littéraire italien. Fondé en 1929 par L. Repaci, A. Colantuoni et C. Salsa, il récompense chaque année les auteurs de romans, d'essais et de poèmes.

VIARMES (95270), ch.-l. de cant. du Val-d'Oise, en bordure de la forêt de Carnelle ; 4 329 hab. Église des XIIe-XVIe s.

VIATIQUE n. m. (lat. *viaticum*). **1.** *Vx.* Argent, provisions que l'on donne à qqn pour un voyage. — **2.** Sacrement de l'eucharistie donné à un chrétien en danger de mort. — **3.** *Litt.* Ce qui aide et soutient pour les besoins de l'existence.

VIATKA (la), riv. de Russie orientale, affl. de la Kama (r. dr.) ; 1 314 km (bassin de 129 000 km²).

VIATKA, de 1934 à 1991 **Kirov,** v. de Russie, sur la *Viatka ;* 441 000 hab. Métallurgie.

VIAU (Théophile DE), poète français (Clairac 1590 - Paris 1626). Huguenot mais libertin, il doit s'exiler à la suite de la publication du *Cabinet satirique.* Converti au catholicisme, il publie ses œuvres poétiques (3 vol., 1621-1626) qui contiennent sa tragédie *Pyrame et Thisbé,* jouée avec succès en 1621. Condamné et emprisonné pour l'audace de ses récits (le *Parnasse des poètes satiriques,* 1622), il est gracié. Théophile de Viau a exercé une grande influence tout au long du XVIIe s., rivalisant avec Malherbe.

VIAUR (le), riv. du Massif central, affl. de l'Aveyron (r. g.) ; 155 km. Les retenues du Pont-de-Salars et de Pareloup alimentent quelques centrales hydroélectriques. — Le *viaduc du Viaur* (460 m de long), à 120 m au-dessus de la rivière, est un pont ferroviaire (entre Rodez et Albi).

VIAZMA, v. de Russie, à l'E.-N.-E. de Smolensk ; 44 000 hab. Viazma fut détruite en 1812 lors de la retraite des Français. En oct. 1941, les groupements blindés allemands y rejoignirent et anéantirent les forces soviétiques. L'Armée rouge réoccupa les ruines de la ville le 13 mars 1943.

VIBICE n. f. (lat. *vibex, -icis,* ecchymose). Lésion purpurique linéaire formant une strie. (Souvent pl.)

VIBORD ou **VIBOR** n. m. (anc. scand. *vigi,* parapet d'un bateau, et *bord,* bord). Partie de la muraille d'un navire qui renferme les gaillards.

VIBORG, v. du Danemark, dans le Jylland central ; 39 000 hab. Carrefour ferroviaire et centre industriel. Ancienne capitale du Jylland, la ville devint le siège d'un évêché au XIe s. Sa cathédrale, construite au XIIe s., ne garde aujourd'hui que la crypte de cette époque. Musées.

VIBRAGE n. m. Action de soumettre à des vibrations.

VIBRAM n. f. (nom déposé). Semelle de caoutchouc à gros relief, pour chaussure d'alpinisme.

VIBRANT, E adj. **1.** Qui vibre. — **2.** Qui émet de fortes vibrations sonores : *Une voix vibrante.* — **3.** Qui manifeste de l'enthousiasme, de la passion, de l'émotion dans ses propos : *Un discours vibrant de patriotisme.* — **4.** *Consonne vibrante* ou *vibrante* (n. f.), consonne dont l'émission comporte une interruption intermittente de l'air expiré, provoquée par les battements répétés de la pointe de la langue contre les alvéoles (par ex. le [r] de certains parlers régionaux). ‖ *Mouche vibrante,* nom usuel donné aux ichneumons.

VIBRAPHONE n. m. Instrument de musique composé d'une série de lames d'acier percutées, placées au-dessus de tubes de résonance. (Une palette à rotation électrique sert à provoquer un vibrato à l'intérieur de chaque lame.)

VIBRAPHONISTE n. Musicien jouant du vibraphone.

VIBRATEUR n. m. Appareil qui produit des vibrations.

VIBRATILE adj. (de *vibrer*). **1.** *Cil vibratile,* cil ou flagelle porté par une cellule vivante et animé de vibrations constantes. — **2.** *Cellule vibratile,* cellule libre qui se déplace grâce aux mouvements de ses cils vibratiles, ou cellule de certains épithéliums (arbre trachéo-bronchique, par ex.), qui est siège de mouvements de vibration *(mouvement vibratile).*

VIBRATION n. f. (bas lat. *vibratio,* du lat. class. *vibrare,* vibrer). **1.** Mouvement d'oscillation rapide (surtout pl.) : *Les vibrations d'une corde.* — **2.** Saccade répétée à un rythme rapide, trépidation : *Les vibrations d'un moteur.* — **3.** Modulation d'un son, d'un timbre : *Vibration de la voix.* — **4.** Impression de frémissement provoquée par une vive chaleur : *Vibration de l'air.* — **5.** Procédé consistant à communiquer à une masse de béton des vibrations permettant d'en augmenter le tassement, la densité et la compacité, et, par suite, d'en augmenter les résistances mécaniques et la durabilité. — **6.** *Vibration acoustique* ou *mécanique,* mouvement des particules d'un milieu élastique de part et d'autre d'une position d'équilibre. (→ *encycl.*)

ENCYCL. **Phys.** Tout mouvement périodique dont une caractéristique (élongation, vitesse, accélération) est définie par une fonction du temps peut être considéré comme la superposition de mouvements simples décrits par une fonction sinusoïdale. Chaque mouvement composant se produit à une fréquence qui est un multiple entier de la fréquence du mouvement considéré. Cette décomposition est appelée analyse de Fourier de la vibration. La mesure des vibrations s'effectue généralement en transformant l'oscillation mécanique en oscillation électrique à l'aide de transducteurs de différents types : capteurs, accéléromètres ou microphones électromagnétiques, électrodynamiques, électrostatiques, piézoélectriques, etc.

VIBRATO n. m. (pl. *vibratos*) [ital. *vibrato,* de *vibrare,* imprimer un mouvement vibratoire]. Légère ondulation du son produite sur les instruments de musique (cordes ou vents) ou avec la voix.

VIBRATOIRE adj. **1.** Relatif aux vibrations. — **2.** *Massage vibratoire,* massage effectué à l'aide d'un vibromasseur. ‖ *Sens vibratoire,* perception de vibrations de fréquence infrasonore (chez l'homme et les animaux).

VIBRAYE (72320), ch.-l. de cant. de la Sarthe, près de la *forêt de Vibraye ;* 2 618 hab. Produits pharmaceutiques.

VIBRER v. i. (lat. *vibrare*) [conj. 3]. **1.** Être soumis à une série d'oscillations, à des vibrations : *Cordes vocales qui vibrent. Vitres qui vibrent au passage du train.* — **2.** Faire entendre un bruit tremblé soutenu : *La sonnerie du téléphone vibra.* — **3.** Être modulé, trembler, en partic. sous l'effet de l'émotion, en parlant de la voix, d'un chant. — **4.** *Litt.* Être agité, frémir sous l'effet d'une émotion intense : *Tout son corps vibrait de plaisir.* — **5.** *Faire vibrer,* toucher qqn dans ce qui l'émeut particulièrement.

◆ v. t. *Vibrer du béton,* lui faire subir l'opération de la vibration.

VIBREUR n. m. Dispositif électromécanique constitué d'un électroaimant et d'une armature vibrante, destiné à interrompre un circuit à fréquence acoustique ou à servir d'avertisseur acoustique.

VIBRION n. m. (lat. sc. *vibrio*). Bactérie en forme de bâtonnet recourbé en virgule, muni à son extrémité d'un ou de plusieurs cils qui lui confèrent sa mobilité. (Syn. BACILLE VIRGULE.)

ENCYCL. Les vibrions sont Gram négatif, aérobies et anaérobies facultatifs. Quelques-uns sont pathogènes : *vibrion septique,* découvert par Pasteur en 1876 dans la gangrène gazeuse ; *vibrion cholérique,* découvert par Koch en 1883.

VIBRIONNER v. i. (de *vibrion*) [conj. 3]. *Fam.* S'activer en tous sens.

VIBRIOSE n. f. Maladie sexuellement transmissible des bovins, due à un vibrion, se traduisant chez les femelles par des avortements.

VIBRISSE n. f. (lat. *vibrissae,* poils du nez). **1.** Poil situé à l'intérieur des narines de l'homme. — **2.** Long poil sensoriel situé sur les côtés de la tête des mammifères (carnivores, pinnipèdes, rongeurs) et des oiseaux. (Les vibrisses, ou moustaches, servent à détecter les obstacles notamment chez les animaux nocturnes, aquatiques ou fouisseurs.) [Syn. SOIE.]

VIBROCULTEUR n. m. Instrument de travail superficiel du sol, à dents vibrantes. (Syn. CULTIVATEUR-HERSE.)

VIBROGRAPHE n. m. Appareil de contrôle servant à mesurer, par comparaison avec un étalon de temps de haute précision, les écarts de marche des montres, réveils, pendulettes, et à déceler certains défauts touchant aux engrenages, à l'échappement.

VIBROMASSEUR n. m. Appareil de massage, dans lequel des pièces en caoutchouc sont mises en vibration par un moteur électrique.

VIBROMOULEUSE n. f. Engin de production du béton dans lequel, sur un bâti fixe, sont montés simultanément les organes d'approvisionnement, le moule, les vibrateurs et les dispositifs de démoulage.

VIC *(étang de),* étang littoral du bas Languedoc, au N.-E. de l'étang de Thau ; env. 1 300 ha.

VICAIRE n. m. (lat. *vicarius,* remplaçant). **1.** Prêtre adjoint à un curé pour desservir, sous son autorité, une paroisse, et le suppléer en cas d'absence ou de maladie. (On dit aussi VICAIRE PAROISSIAL.) — **2.** Dans l'Empire romain, à partir de Dioclétien, chef civil d'un diocèse. — **3.** Au haut Moyen Âge, officier chargé par les comtes de la perception des impôts et de la moyenne et basse justice. — **4.** *Vicaire apostolique,* évêque chargé par le Saint-Siège de l'administration d'un pays de mission, non encore autonome. ‖ *Vicaire aux armées,* titre porté depuis 1952 par l'archevêque de Paris, qui est le supérieur ecclésiastique des aumôniers militaires catholiques. ‖ *Vicaire de l'Empire,* sorte de vice-roi nommé par l'empereur romain germanique et chargé d'administrer un district. ‖ *Vicaire épiscopal,* prêtre délégué de l'évêque pour un secteur ou une catégorie de personnes de son diocèse. ‖ *Vicaire général,* prêtre nommé par l'évêque pour l'administration d'ensemble de son diocèse. ‖ *Vicaire de*

Jésus-Christ, titre donné au pape, représentant du Christ dans l'Église.

Vicaire de Wakefield *(le),* roman d'Oliver Goldsmith (1766), épopée domestique, sentimentale et didactique.

VICARIAL, E, AUX adj. Relatif au vicaire, au vicariat.

VICARIANT, E adj. (de *vicaire*). **1.** *Litt.* Qui remplace qqch d'autre. – **2.** Se dit d'une espèce animale ou, plus souvent, végétale qui remplace une espèce voisine en occupant la même niche écologique. – **3.** Se dit d'un organe qui supplée, par son propre fonctionnement, à l'insuffisance fonctionnelle d'un autre organe.

VICARIAT n. m. (de *vicaire*). Fonction, charge d'un vicaire.

VICAT (Louis), ingénieur français (Nevers 1786 - Grenoble 1861). Ingénieur au corps des Ponts et Chaussées, il se spécialisa dans l'étude des chaux et des mortiers. Il démontra que les propriétés des chaux hydrauliques naturelles dépendaient de leur teneur en argile. Cette découverte fit généraliser le bétonnage dans la fondation des ponts.

VIC-BILH (le), petite région du nord-est des Pyrénées-Atlantiques, juxtaposant cultures céréalières (maïs) et vignobles. Gisement de pétrole.

VICE n. m. (lat. *vitium*). **1.** *Litt.* Ensemble des pratiques du mal, des dispositions au mal : *Le vice et la vertu.* – **2.** Penchant particulier pour qqch (jeu, boisson, drogue, pratiques sexuelles, etc.) que la religion, la morale, la société réprouvent : *Le mensonge est un vice.* – **3.** Goût, habitude du libertinage, de la débauche : *Vivre dans le vice.* – **4.** Penchant excessif pour qqch : *Travailler tant, c'est du vice.* – **5.** Imperfection, défaut, qui rend qqch inutilisable : *Vice de fabrication.* – **6.** *Vice apparent,* défaut d'une chose vendue qui peut être décelé par un simple examen attentif. ‖ *Vice caché,* défaut d'une chose vendue non décelable par un examen attentif et qui la rend impropre à l'usage pour lequel elle a été vendue. ‖ *Vice de construction,* défaut d'un bâtiment ou autre ouvrage, dû à sa construction. ‖ *Vice du consentement,* altération du consentement résultant d'une erreur, d'une violence, d'un dol, pouvant entraîner l'annulation de l'acte qui en est entaché. ‖ *Vice de forme,* défaut que présente un acte juridique auquel manque une des formalités extérieures exigées par la loi pour sa validité. ‖ *Vice de la possession,* vice qui empêche l'accomplissement des effets légaux de la possession.

VICE-, préfixe, du lat. *vice,* à la place de, exprimant une fonction de suppléant ou d'adjoint.

VICE-AMIRAL n. m. (pl. *vice-amiraux*). Officier général de la marine, de grade égal à celui de général de division *(vice-amiral)* ou à celui de général de corps d'armée *(vice-amiral d'escadre).*

VICE-CONSUL n. m. (pl. *vice-consuls*). Personne qui aide un consul ou qui en tient lieu dans un pays où il n'y a pas de consul.

VICE-CONSULAT n. m. (pl. *vice-consulats*). **1.** Fonctions de vice-consul. – **2.** Résidence, bureaux du vice-consul.

VICELARD, E adj. et n. *Fam.* Vicieux.

VIC-EN-BIGORRE (65500), ch.-l. de cant. des Hautes-Pyrénées, au N. de Tarbes ; 5 351 hab. *(Vicquois).* Église des XIVe-XVIe s. Marché.

VICENCE, en ital. **Vicenza,** v. d'Italie, en Vénétie, ch.-l. de prov. ; 112 000 hab. Églises et palais surtout du XIIe au XVIe s. Édifices de Palladio*, dont le palais Chiericati (Musée municipal). Centre ferroviaire et industriel (textile, imprimerie, chimie).

VICENNAL, E, AUX adj. (lat. *vicennalis*). Qui concerne une période de vingt ans.

VICENTE (Gil), auteur dramatique et orfèvre portugais (Guimarães v. 1465 - Lisbonne v. 1536). Créateur du théâtre national portugais, il est l'auteur de comédies, farces et moralités et de pièces très populaires parfois écrites en espagnol et ouvertes à l'influence humaniste, d'inspiration tantôt religieuse (*la Trilogie des barques,* 1516-1519), tantôt aristocratique (*l'Exhortation à la guerre,* 1514) ou populaire (*Inês Pereira,* 1523), qui ont donné un tableau précis de la société de son temps. Il créa la farce portugaise avec l'*Auto de l'Inde* (1509).

VICENTE LÓPEZ, agglomération de la banlieue N.-O. de Buenos Aires ; 291 000 hab. Centre résidentiel et station balnéaire.

VICE-PRÉSIDENCE n. f. (pl. *vice-présidences*). Fonction de vice-président.

VICE-PRÉSIDENT, E n. (pl. *vice-présidents, es*). Personne chargée de seconder et, éventuellement, de remplacer le président.

VICE-RECTEUR n. m. (pl. *vice-recteurs*). **1.** Titre que portait, jusqu'en 1920, le recteur de fait de l'académie de Paris, le recteur en titre étant le ministre de l'Instruction publique. – **2.** Dans les facultés catholiques, second du recteur.

VICE-ROI n. m. (pl. *vice-rois*). Gouverneur d'un vaste territoire, souvent étranger et résultant d'une conquête, dépendant d'une monarchie. (Le titre fut spécialement donné aux gouverneurs de possessions espagnoles en Italie et en Amérique, et à ceux de l'Irlande et de l'Inde britannique.)

VICE-ROYAUTÉ n. f. (pl. *vice-royautés*). **1.** Dignité de vice-roi. — **2.** Pays gouverné par un vice-roi.

VICÉSIMAL ou **VIGÉSIMAL, E, AUX** adj. (lat. *vicesimus* ou *vigesimus,* vingtième). Qui a pour base le nombre vingt.

VICE VERSA [viseversa ou visversa] loc. adv. (lat. *vice versa,* la place étant tournée). Réciproquement, inversement : *Il aime les enfants et vice versa.*

VIC-FEZENSAC (32190), ch.-l. de cant. du Gers, sur l'Osse ; 3 741 hab. *(Vicois).* Église des XIIe, XVe et XVIIe s. Vignobles. Commerce de vins et d'eaux-de-vie d'Armagnac. Mobilier. Travail des plastiques.

VICH, en catalan **Vic,** v. d'Espagne, en Catalogne (prov. de Barcelone) ; 30 200 hab. Monuments anciens, souvent très restaurés ou reconstruits. Musée épiscopal (art catalan roman et gothique).

VICHY n. m. (de *Vichy,* n. pr.). **1.** Étoffe de coton généralement fabriquée avec des effets d'ourdissage et de tramage combinés de manière à former des carreaux. (On dit aussi TOILE DE VICHY.) — **2.** Eau minérale de Vichy : *Boire un vichy fraise.* — **3.** *Carottes Vichy,* carottes cuites à l'eau salée et servies saupoudrées de persil haché.

VICHY (03200), ch.-l. d'arrond. de l'Allier, sur l'Allier, à 349 km au S.-S.-E. de Paris ; 28 048 hab. *(Vichyssois).* Son rôle curatif et touristique a décliné, mais (comme le rôle commercial) demeure encore notable avec un casino et la création d'un plan d'eau [dit *lac d'Allier*]. Devenue sous-préfecture de l'Allier, elle s'est industrialisée (constructions mécaniques, confection, industrie alimentaire, produits pharmaceutiques). Vichy est le centre d'une agglomération comptant près de 65 000 habitants.
— **Hist.** Déjà connue par les Romains *(Aquae Calidae),* Vichy devint une ville d'eaux fréquentée à partir du XVIIe s. Elle a été la capitale de l'État français de 1940 à 1944. (→ *gouvernement de* VICHY.)
— **Méd.** Les eaux sont bicarbonatées sodiques, plus ou moins gazeuses selon les sources, à des températures allant de 17 à 66 °C. On les utilise dans le traitement des maladies du foie et des voies biliaires, de l'estomac et de l'intestin.

Vichy *(gouvernement de),* gouvernement de l'État français, installé à Vichy (1940-1944) et qui, sous l'autorité du maréchal Pétain, dirigea la France pendant l'occupation allemande. Président du Conseil à partir du 16 juin 1940, Pétain s'installe à Vichy après l'armistice ; ayant obtenu de l'Assemblée nationale (à l'exception de 80 députés) les pleins pouvoirs, il promulgue une nouvelle Constitution. Chef de l'« État français », qui succède ainsi à la IIIe République (juill. 1940), il proclame l'instauration d'un « ordre nouveau » et la nécessité de la « Révolution nationale », fondée sur les notions de « travail, famille, patrie ». Influencé par l'idéologie maurrassienne, le régime prône le retour aux traditions nationales, tandis que son hostilité à la démocratie et au parlementarisme ainsi que sa conception autoritaire de l'État l'apparentent au fascisme.
Présidé par Laval (de juill. à déc. 1940 et d'avr. 1942 à août 1944) et par l'amiral Darlan (de févr. 1941 à avr. 1942), le gouvernement de Vichy restreint les libertés publiques, institue des juridictions exceptionnelles (procès de Riom*) et impose aux Juifs un statut discriminatoire. Sur le plan économique, le gouvernement, qui a supprimé les syndicats, met en place un système corporatif contrôlé par l'État (Charte du travail, 1941) et encourage le retour à la terre. L'entrevue de Montoire entre Pétain et Hitler (oct. 1940) marque le début de la collaboration avec l'Allemagne, qui ira en s'accentuant sous l'impulsion de Laval (création de la Légion des volontaires français contre le bolchevisme [1941], développement des persécutions contre les Juifs à partir de 1942, création de la Milice et du Service du travail obligatoire en Allemagne [1943]). Après l'invasion de la zone libre (nov. 1942), les Allemands, qui ont imposé à Pétain le second ministère Laval, contrôlent totalement le régime, qui s'effondre lors de la défaite allemande. En août 1944, les Allemands contraignent Laval et Pétain à gagner Belfort, puis Sigmaringen. Dans le même temps, le Gouvernement* provisoire de la République française, présidé par le général de Gaulle, a succédé à Paris au gouvernement de Vichy.

Vichy *(sel de),* mélange complexe extrait des eaux de Vichy, utilisé contre l'acidité gastrique sous forme de tablettes à sucer.

VICHYSME n. m. Attitude favorable au gouvernement de Vichy.

VICHYSSOIS, E adj. et n. **1.** De Vichy. — **2.** Syn. anc. de VICHYSTE.

VICHYSTE adj. et n. Relatif au gouvernement de Vichy ; partisan du gouvernement de Vichy.

VICIABLE adj. Qui peut être vicié.

VICIATION n. f. *Litt.* Action de vicier.

VICIER v. t. (lat. *vitiare,* de *vitium,* vice) [conj. 9]. **1.** Entacher un acte juridique d'un défaut qui le rend nul : *L'absence de date vicie le contrat.* — **2.** *Litt.* Polluer l'air, l'atmosphère : *Les usines vicient l'air de leurs fumées.* — **3.** *Litt.* Dénaturer, pervertir qqch : *L'argent a tout vicié.*
◆ **être vicié** v. pass. Être pollué : *Atmosphère viciée.*

VICIEUSEMENT adv. De façon vicieuse.

VICIEUX, EUSE adj. et n. (lat. *vitiosus,* de *vitium,* vice). **1.** Qui a des goûts dépravés, pervers, en partic. sur le plan sexuel. — **2.** *Fam.* Qui a des habitudes, des goûts bizarres : *Pour aimer ces films stupides, il faut être vicieux.*

◆ adj. **1.** Qui est inspiré par le vice, en partic. en matière sexuelle : *Regard vicieux.* — **2.** Se dit d'un animal ombrageux, rétif : *Mule vicieuse.* — **3.** Qui contient un défaut, un vice : *Locution vicieuse.* — **4.** Qui cherche à tromper : *Un calcul vicieux. Une balle vicieuse.* — **5.** *Cal vicieux,* cal fixant les fragments d'un os fracturé en mauvaise position.

VICINAL, E, AUX adj. (lat. *vicinalis,* de *vicinus,* voisin). *Chemin vicinal,* chemin qui met en communication des villages entre eux.

VICINALITÉ n. f. **1.** Qualité de chemin vicinal. — **2.** Ensemble des chemins vicinaux.

VICISSITUDES n. f. pl. (lat. *vicissitudo*). Succession d'événements bons ou mauvais, et, en partic., ensemble des événements malheureux qui affectent l'existence humaine : *Les vicissitudes de la fortune.*

VICKERS (Edward), métallurgiste britannique (1804-1897). Il fonda en 1828, à Vadsley, près de Sheffield, une fabrique d'outillage, qui devint, en 1867, la Vickers' Sons and Co. et se transforma, en 1888, en manufacture d'armes.

Vickers, société anglaise dont les origines remontent à 1867. Le groupe a des activités très diversifiées : automobile, moteurs, défense et aérospatiale, génie maritime, machines-outils, matériel médical, constructions mécaniques, etc.

VICKSBURG, v. des États-Unis (Mississippi) ; 25 500 hab.

— **Hist.** Lors de la guerre de Sécession, la capitulation de Vicksburg ouvrit la voie du Mississippi aux nordistes (4 juill. 1863).

VIC-LE-COMTE (63270), ch.-l. de cant. du Puy-de-Dôme, dans la Limagne, près de l'Allier ; 4 175 hab. *(Vicomtois).* Ruines féodales. Une sainte chapelle d'env. 1510 (œuvres d'art) forme le chœur de l'église (du XIXe s.). Imprimerie et papeterie.

VICO (20160), ch.-l. du cant. des Deux-Sorru (Corse-du-Sud), au N. d'Ajaccio ; 931 hab.

VICO (Giambattista), philosophe italien (Naples 1668 - *id.* 1744). Ses études d'histoire, et plus particulièrement sa théorie des cycles de civilisation, ont largement influencé la pensée occidentale. Il affirme en effet que la civilisation passe par trois stades successifs (âge divin, âge héroïque et âge humain) dont le dernier est suivi d'un retour au début du cycle. Il a écrit notamment *Principes de la philosophie de l'histoire* (1725).

VICOMTAL, E, AUX adj. Relatif à un vicomte ou à une vicomté.

VICOMTE n. m. (bas lat. *vicecomes, -itis,* du lat. class. *vice,* à la place de, et *comes, -itis,* compagnon). **1.** Titre de noblesse immédiatement inférieur à celui de comte et porté en particulier par les fils cadets du comte et leur descendance. — **2.** Seigneur d'une terre ayant titre de vicomté.

Vicomte de Bragelonne *(le),* roman d'A. Dumas père (1850), dernier épisode de la trilogie des « Mousquetaires ».

VICOMTÉ n. f. **1.** Titre de noblesse attaché à certaines terres dont le propriétaire portait le titre de vicomte. — **2.** Étendue où s'exerçait la juridiction d'un vicomte.

VICOMTESSE n. f. **1.** Femme d'un vicomte. — **2.** Femme possédant de son chef une vicomté.

VICQ D'AZYR (Félix), médecin et anatomiste français (Valognes 1748 - Paris 1794). Il fonda, avec Joseph Marie de Lassone (1717-1788), la Société royale de médecine (1776), dont il devint le secrétaire perpétuel. Il a étudié la médecine, l'art vétérinaire, et surtout l'anatomie. (Acad. des sc., 1774 ; Acad. fr., 1788.)

VIC-SUR-AISNE (02290), ch.-l. de cant. de l'Aisne ; 1 784 hab. *(Vicois).* Industrie alimentaire. Vitrerie.

VIC-SUR-CÈRE (15800), ch.-l. de cant. du Cantal, dans le massif du Cantal ; 2 043 hab. *(Vicois).* Église en partie romane ; maisons pittoresques. Eaux minérales. Centre touristique.

VIC-SUR-SEILLE (57170), ch.-l. de cant. de la Moselle, au S.-E. de Château-Salins ; 1 534 hab. *(Vicois).* Église et maisons des XVe-XVIe s. Mobilier.

VICTIMAIRE n. m. (lat. *victimarius*). Prêtre chargé de frapper la victime.

VICTIME n. f. (lat. *victima*). **1.** Personne qui a péri dans une guerre, une catastrophe, un accident, un meurtre, etc. : *L'explosion n'a pas fait de victime.* — **2.** *Fam.* Souffre-douleur en butte à l'hostilité réelle ou supposée de qqn, d'un groupe : *Être la victime de ses collègues.* — **3.** Créature vivante offerte en sacrifice à une divinité. — **4.** Toute personne qui a subi un préjudice corporel, matériel, moral ou dans son honneur en raison d'un accident ou d'une infraction.

◆ adj. et n. f. **1.** Qui sacrifie volontairement sa vie, son bonheur : *Être victime de son dévouement.* — **2.** Qui a subi un mal, un dommage : *Victime d'un vol.* — **3.** Qui est atteint d'une maladie, d'un mal subit : *Il a été victime d'une crise cardiaque.* — **4.** Qui pâtit, qui subit les effets d'une situation, d'événements, de choses néfastes : *Victime de son inexpérience. Le franc, victime de la crise.* — **5.** *Victime du devoir,* qui périt dans l'exercice de ses fonctions.

victimes de l'Invasion *(médaille des)* ⟶ INVASION *(médaille des victimes de l')*.

VICTIMOLOGIE n. f. Branche de la criminologie qui s'intéresse aux victimes de crimes ou de délits.

VICTOIRE n. f. (lat. *victoria*). **1.** Issue favorable d'une bataille, d'une guerre : *Fêter la victoire.* — **2.** Succès remporté dans une lutte, une compétition : *La victoire d'un joueur d'échecs.* — **3.** *Crier, chanter victoire,* annoncer qu'on a gagné. ‖ *Victoire !,* cri par lequel on exprime la joie d'avoir vaincu, gagné. ‖ *Victoire sur soi-même,* occasion où l'on domine ses passions, ses défauts. ‖ *Victoire à la Pyrrhus,* victoire chèrement acquise, comme celle de Pyrrhus (Pyrrhos) sur les Romains à Héraclée, où il subit de si lourdes pertes qu'elle équivalait à un désastre.

Victoire *(médaille de la)* ⟶ INTERALLIÉE DE LA GUERRE *(médaille commémorative)*.

Victoire *(ordre de la),* ordre militaire russe. Créé en 1943, il constitua la plus haute distinction de l'U. R. S. S. et fut attribué aux commandants d'armée ou de groupes d'armées de la Seconde Guerre mondiale.

VICTOIRE DE FRANCE (Louise Marie Thérèse), princesse française (Versailles 1733 - Trieste 1799), cinquième fille de Louis XV et de Marie Leszczyńska. Elle eut un rôle effacé à la cour de Versailles. Elle émigra en 1790.

VICTOR (Aurelius) ⟶ AURELIUS VICTOR.

VICTOR Ier *(saint)* [† Rome 199], pape de 189 à 199.

VICTOR II (Gebhard, *comte* DE DOLLNSTEIN-HIRSCHBERG) [† Arezzo 1057], pape de 1055 à 1057.

VICTOR III *(bienheureux)* [Desiderio DA MONTECASSINO] (Bénévent v. 1027 - Mont-Cassin 1087), pape en 1086-1087.

VICTOR IV (Ottaviano DI MONTICELLI) [Tivoli 1095 - Lucques 1164], antipape (1159-1164). Frédéric Barberousse l'opposa au pape légitime Alexandre III.

VICTOR (Claude PERRIN, dit), duc **de Bellune,** maréchal de France (Lamarche, Vosges, 1764 - Paris 1841). Placé à la tête des troupes bataves (1800-1804), il fut ambassadeur de France au Danemark (1805-06) avant de prendre un commandement dans la Grande Armée (1807) et de contribuer à la victoire de Friedland (14 juin 1807). Il participa aux campagnes de l'Empire de 1812, 1813 et 1814. Ministre de la Guerre de Louis XVIII (1821-1823), il se rallia après la révolution de Juillet à Louis-Philippe.

VICTOR (Paul-Émile), explorateur français (Genève 1907 - Bora Bora 1995). À partir de 1934, il a dirigé de nombreuses expéditions au Groenland, en Laponie et en terre Adélie. En 1947, il a créé les Expéditions polaires françaises, qu'il a dirigées jusqu'en 1976. On lui doit des ouvrages décrivant ses expéditions et la vie des Esquimaux.

VICTOR-AMÉDÉE Ier (Turin 1587 - Verceil 1637), duc de Savoie (1630 - 1637), fils de Charles-Emmanuel Ier. Il acquit une partie du Montferrat (1630), mais dut céder Pignerol à la France (1631). — **Victor-Amédée II** (Turin 1666 - Rivoli 1732), duc de Savoie (1675-1730), roi de Sicile (1713) puis de Sardaigne (1720-1730), fils et successeur de Charles-Emmanuel II. Il pratiqua une politique de balance dans les conflits opposant la France et les Habsbourg. Au traité d'Utrecht (1713), il reçut la couronne de Sicile, qu'il dut échanger contre celle de Sardaigne (1720). Il améliora l'administration de ses États (conseil d'État, 1717 ; code de 1723-1729 ; cadastre général). — **Victor-Amédée III** (Turin 1726 - Moncalieri 1796), roi de Sardaigne (1773-1796). Fils et successeur de Charles-Emmanuel III, il réorganisa son armée selon le modèle prussien. Pendant la Révolution française, il accueillit de nombreux émigrés. Vaincu par Bonaparte, il dut renoncer à la Savoie et à Nice (1796).

VICTOR-EMMANUEL Ier (Turin 1759 - Moncalieri 1824), roi de Sardaigne (1802-1821), fils de Victor-Amédée III. Il succéda à son frère Charles-Emmanuel IV mais, réfugié en Sardaigne, il ne recouvra ses possessions continentales qu'en 1815. Sa politique réactionnaire face aux insurrections aboutit à son abdication en faveur de son frère Charles-Félix. — **Victor-Emmanuel II** (Turin 1820 - Rome 1878), roi de Sardaigne (1849-1861), puis d'Italie (1861-1878). Fils de Charles-Albert, il devint roi après le désastre de Novare (23 mars 1849) et l'abdication de son père. Il continua à l'intérieur la politique libérale, et conserva la Constitution. Il soutint la politique extérieure de son ministre Cavour visant à l'unification de l'Italie, dont il reçut la couronne en 1861. Après la mort de Cavour, la même ligne politique prévalut, et il chercha à imposer son pouvoir personnel à ses ministres. En 1870, il s'établit à Rome. — **Victor-Emmanuel III** (Naples 1869 - Alexandrie, Égypte, 1947), roi d'Italie (1900-1946). Devenu roi après l'assassinat de son père, Humbert Ier, il contribua à restaurer la popularité de la dynastie en s'établissant près du front de 1915 à 1918. Il facilita l'arrivée au pouvoir de Mussolini en le chargeant de former le gouvernement (oct. 1922). Le régime fasciste lui enleva tout rôle politique, mais le nomma empereur d'Éthiopie (1936) et roi d'Albanie (1939). En 1943, il fit arrêter Mussolini, en accord avec le Grand Conseil fasciste. À la libération, sous la pression des partis politiques, il dut abdiquer en faveur de son fils Humbert (9 mai 1946) puis s'exila.

1. VICTORIA n. f. (du n. de la reine *Victoria*). Voiture hippomobile découverte, à quatre roues.

2. VICTORIA n. m. (du n. de la reine *Victoria*). Nymphéacée aquatique des régions tropicales de l'Amérique du Sud, dont les feuilles flottantes atteignent 2 m de diamètre. (Les graines, féculentes, sont comestibles, d'où son nom de *maïs d'eau.*)

VICTORIA, un des États d'Australie ; 227 600 km^2 (3 % de la superficie du pays) ; 4 243 719 hab. Cap. *Melbourne.* Limité au N. par le Murray et traversé par l'extrémité de la Cordillère australienne, l'État est agricole (élevage bovin et ovin, vergers) mais concentre les deux tiers de sa population dans l'agglomération de Melbourne. Extraction du lignite et d'hydrocarbures marins. — **Hist.** Découverte en 1802 par J. Murray, la région se détacha de la Nouvelle-Galles du Sud en 1851 et prit le nom de Victoria. En 1901, l'État entra dans le Commonwealth d'Australie.

VICTORIA, port du Canada, cap. de la Colombie britannique, à l'extrême sud-est de l'île Vancouver ; 64 000 hab. Cité résidentielle et touristique, avec quelques industries. Observatoires météorologique et astronomique. Université.

VICTORIA, port du Cameroun, ch.-l. de dép., au pied du mont Cameroun ; 31 200 hab.

VICTORIA, centre urbain principal de l'île de Hongkong, cap. de la colonie, sur le *Victoria Harbour,* en face de Kowloon ; 633 100 hab.

VICTORIA, cap. des Seychelles, sur l'île Mahé ; 23 000 hab.

VICTORIA *(chutes),* chute (108 m) du Zambèze, en Zambie, près de Maramba. Le fleuve s'y rétrécit de 1 700 m à 50 m de largeur. Aménagement hydroélectrique. — Au S., parc national.

VICTORIA *(Grand Désert),* étendue désertique occupant, au S.-O. de l'Australie, une partie des deux États de l'Australie-Occidentale et de l'Australie-Méridionale.

VICTORIA *(île),* île de l'archipel arctique canadien, 212 200 km^2.

VICTORIA, anc. **Victoria Nyanza,** nappe lacustre de l'Afrique équatoriale, la plus importante en superficie (68 100 km^2) de l'Afrique, partagée entre l'Ouganda, la Tanzanie et le Kenya. Le principal de ses tributaires est la Kagera ; son émissaire, le Nil Victoria, emporte les eaux vers le lac Kyoga, puis vers le lac Mobutu. Pêcheries.

VICTORIA *(mont),* montagne du Canada (Colombie britannique), dans l'île de Vancouver ; 2 163 m.

VICTORIA *(terre),* région de l'Antarctique, en bordure de la mer de Ross, accidentée de volcans.

VICTORIA Ire (Londres 1819 - Osborne, île de Wight, 1901), reine de Grande-Bretagne et d'Irlande (1837-1901) et impératrice des Indes (1876-1901). Petite-fille de George III, elle accède au trône après la mort de son oncle Guillaume IV, qui est sans héritier. À son avènement, la couronne est alors fort discréditée. Habilement conseillée par lord Melbourne, par son oncle Léopold Ier de Belgique puis par Albert de Saxe-Cobourg-Gotha (qu'elle épouse en 1840), Victoria lui redonne rapidement dignité et prestige. La conscience aiguë de sa fonction, son application, son austérité et la dignité de sa vie permettent aux classes moyennes de reconnaître en elle leurs idéaux. Elle sera le dernier souverain à marquer de son empreinte personnelle la vie politique britannique. Sur le plan intérieur, Victoria suit toutes les affaires, et se trouve plus d'une fois en conflit avec ses ministres. Elle contrôle de très près la politique étrangère, où elle fait preuve d'un patriotisme exigeant. La mort du prince Albert, en 1861, la frappe d'autant plus que le prince héritier (le futur Édouard VII) développe une personnalité contraire à ses aspirations. La déférence de Disraeli parvient cependant à ranimer les intérêts de la reine, dont il fait avec habileté une impératrice des Indes (1876). Chez Victoria se mêlent alors une volonté de plus en plus têtue de conservatisme politique et social, et un esprit impérialiste. Les dernières années du règne voient certaines difficultés s'amonceler, avec la radicalisation des problèmes sociaux, la naissance du travaillisme et la montée de la concurrence économique extérieure. Néanmoins, quand la reine meurt, la Grande-Bretagne est dans tout l'éclat de sa grandeur.

VICTORIA (Tomás Luis DE), compositeur espagnol (Ávila 1548 - Madrid 1611). Maître de chapelle du Collegium germanique de Rome, il reçut les ordres et, à partir de 1578, il rejoignit la communauté des prêtres de l'Oratoire de saint Philippe Neri. Organiste du couvent des Déchaussées-Royales de Madrid, il y finit sa vie, loin des postes officiels.
Son œuvre, uniquement religieuse, constitue le plus important monument de la musique espagnole. Elle comporte des recueils intitulés *Motecta* (Venise, 1572 ; Rome, 1583), des livres de messe et de psaumes, des Magnificats, des *Motets pour toutes les fêtes de l'année,* un *Office pour les défunts* (Madrid, 1605), et surtout un *Office pour la semaine sainte,* qui est un sommet de son œuvre.

Victoria and Albert Museum, musée londonien fondé au milieu du XIXe s. et installé dans le quartier de Kensington. Il abrite de vastes collections d'arts décoratifs et de beaux-arts, surtout du Moyen Âge et de la Renaissance, de l'Orient et de l'Extrême-Orient. Peinture anglaise (fonds Constable ; Gainsborough, Reynolds, peintres de genre et paysagistes du XIXe s., etc.). Riche cabinet des dessins et des estampes.

Victoria Cross *(croix de Victoria),* décoration militaire britannique, instituée par la reine Victoria en 1856.

VICTORIA DE DURANGO, v. du Mexique → DURANGO.

VICTORIA DE LAS TUNAS ou **LAS TUNAS,** v. de Cuba, ch.-l. de prov., à l'O. de Holguin ; 85 000 hab. Centre agricole.

Victoria et Albert *(ordre de),* ordre pour les dames institué en 1862 pour commémorer l'heureux mariage de la reine Victoria.

VICTORIAVILLE, v. du Canada (Québec), au N. de Sherbrooke ; 22 000 hab. Centre industriel.

VICTORIEN, ENNE adj. **1.** Relatif à Victoria Ire, à son règne, à l'atmosphère conservatrice qui le caractérise. — **2.** Relatif au style solennel, à la mode en Grande-Bretagne à cette époque.

VICTORIEUSEMENT adv. De façon victorieuse.

VICTORIEUX, EUSE adj. (lat. *victoriosus*). **1.** Qui a remporté la victoire : *L'armée victorieuse.* — **2.** Qui l'emporte sur qqn d'autre, sur une difficulté : *Sortir victorieux d'une dispute, d'une maladie.* — **3.** Qui manifeste l'orgueil du succès obtenu : *Avoir un air victorieux.*

VICTORINUS (Marcus Piavonius Victorinus Augustus) [† Cologne 270], empereur romain des Gaules (269-270). Il fut associé à l'Empire par Postumus, puis régna seul. Il fut tué dans une sédition.

VICTUAILLES n. f. pl. (anc. fr. *vitaille,* du bas lat. *victualia,* du lat. class. *victus,* nourriture). Provisions alimentaires.

VIDAGE n. m. **1.** Action de vider, de se vider : *Le vidage d'une machine à laver.* — **2.** *Fam.* Expulsion des indésirables. — **3.** Opération consistant à recopier les informations contenues dans une mémoire centrale, volatile, sur un support extérieur, permanent.

VIDAL (Peire) → PEIRE VIDAL.

VIDAL (Gore), écrivain américain (West Point, New York, 1925). Ses essais, *Rocking the Boat* (1962), *la Seconde Révolution américaine* (1982), ses romans, *Messiah* (1954), *Washington D. C.* (1967), *Duluth* (1983), dénoncent la corruption politique et notent la libération des mœurs. On lui doit aussi des pièces de théâtre (*The Best Man,* 1960).

VIDAL DE LA BLACHE (Paul), géographe français (Pézenas 1845 - Tamaris, Var, 1918). Occupant la chaire de géographie de la Sorbonne (1898-1908), s'inspirant des exemples allemands (Ritter et Ratzel, qu'il critique pourtant), des historiens (Michelet, Longnon) et des géologues (Élie de Beaumont, A. de Lapparent), il est le créateur de l'école géographique française, analysant les relations des hommes et de leur milieu. Fondateur (1892) des *Annales de géographie,* il rédigea, notamment, *le Tableau de la géographie de la France* (1903), introduction à l'*Histoire de France* de Lavisse, mais mourut avant l'achèvement des *Principes de géographie humaine* (1922) et la réalisation de la *Géographie* universelle,* dont il fut l'initiateur.

VIDAME n. m. (bas lat. *vicedominus,* du lat. class. *vice,* à la place de, et *dominus,* seigneur). Représentant d'une abbaye ou d'un évêché pour la défense de leurs intérêts temporels.

VIDAMIE n. f. **1.** Terre d'un vidame. — **2.** Dignité, titre, fonctions de vidame.

VIDANGE n. f. (de *vider*). **1.** Action de vider pour nettoyer ou rendre de nouveau utilisable : *La vidange d'un réservoir.* — **2.** Dispositif permettant de vider un lavabo, une baignoire, une citerne, etc. — **3.** Remplacement de l'huile usée d'un moteur thermique par de l'huile neuve. — **4.** En Belgique, verre consigné. — **5.** Opération qui consiste à amener l'eau dans le sas au niveau du bief aval. — **6.** Enlèvement de la totalité des bois abattus d'une coupe. — **7.** *Matières de vidange,* matières extraites des fosses d'aisances.

VIDANGER v. t. (de *vidange*) [conj. **17**]. **1.** Vider un récipient de son contenu. — **2.** Opérer la vidange d'une coupe. (Syn. VIDER.)

VIDANGEUR n. m. Celui qui vide les fosses d'aisances.

VIDE adj. (anc. fr. *vuide,* du lat. pop. **vocitus,* du lat. class. *vacuus*). **1.** Se dit d'un contenant qui ne contient rien : *Une boîte vide.* — **2.** Où il n'y a pas d'occupant : *Cet appartement est vide. Paris est vide au mois d'août.* — **3.** Où on ressent l'absence de qqn : *Sans lui la maison est vide.* — **4.** Qui est sans intérêt, sans valeur, sans signification : *Sa vie était vide.* — **5.** Qui n'a pas d'intérêt ni de profondeur psychologique : *Un homme courtois mais vide.* — **6.** Qui n'a pas qqch, qui en est dépourvu : *Des rues vides de voitures. Un mot vide de sens.* — **7.** Se dit d'un mot qui sert uniquement à assurer des liaisons à l'intérieur de l'énoncé (par ex. les prépositions). — **8.** Se dit d'un ensemble qui n'a pas d'élément. — **9.** *Avoir l'estomac vide,* ne pas avoir mangé ; avoir faim. ‖ *Les mains vides,* sans rien apporter ou sans rien emporter.

◆ n. m. **1.** Espace assez vaste qui ne contient rien, et en partic. espace libre que l'on considère d'en haut : *Penché au-dessus du vide.* — **2.** Espace qui n'est pas occupé par qqch : *Il y a des vides dans la bibliothèque.* — **3.** Espace de temps pendant lequel une personne est inoccupée : *Les vides d'une journée.* — **4.** Situation, place vacante : *Combler les vides dans les cadres d'une administration.* — **5.** Solution de continuité où il manque qqch : *Entre ces deux arguments, il y a un vide.* — **6.** Absence complète d'idées : *Il y a un vide dans ma tête.* — **7.** Caractère de ce qui manque de réalité, de valeur : *Le vide de l'existence.* — **8.** Sentiment de manque, de privation dû à l'absence, au départ de qqn : *Sa mort a fait un grand vide dans ma vie.* — **9.** *À vide,* sans rien contenir, sans transporter personne : *Le bus est parti à vide ;* sans effet, sans objet : *Raisonner à vide.* ‖ *Faire le vide,* essayer de ne penser à rien ; éloigner les amis, les relations, créer une situation de solitude. ‖ *Parler dans le vide,* sans auditeur ou sans objet. ‖ *Regarder dans le vide,* sans rien fixer de précis. • **Bât.** *Pousser, tirer au vide,* perdre son aplomb, en parlant d'un mur. ‖ *Vide sanitaire,* espace libre continu et ventilé, de 20 cm de hauteur au minimum, entre le sol et les planchers bas de rez-de-chaussée, dans des bâtiments ne comportant pas de sous-sol. — **Chim.** *Distillation sous vide,* fractionnement de produits lourds, pour lequel il est nécessaire de faire le vide dans l'appareil de distillation. — **Dr.** *Vide juridique,* absence de toute loi, de tout règlement concernant un sujet donné. — **Électron.** *Indicateur de vide,* syn. de VACUOMÈTRE. — **Phys.** État correspondant à l'absence totale de toute particule réelle. (Selon les théories quantiques et relativistes, le vide est perpétuellement animé par l'apparition et la disparition de « particules » virtuelles, des couples particule-antiparticule. Il s'agit donc d'un véritable milieu matériel capable d'interagir avec les objets physiques.) — **Phys.** et **Techn.** État d'un gaz raréfié. ‖ Ambiance correspondant à un état dont la pression est inférieure à celle de l'atmosphère. (→ *encycl.*) ‖ *Vide moléculaire,* état d'un milieu défini par le fait que les molécules se rencontrent très rarement entre elles. — **Trav. publ.** *Essorage par le vide,* élimination de l'eau en excès dans un béton par succion, au moyen d'une pompe à vide, au travers de perforations dans les coffrages munis de toiles. (Syn. VACUUM CONCRETE.)

ENCYCL. **Métall.** L'application du vide en métallurgie s'est développée dans l'élaboration, l'affinage et la coulée des métaux ou d'alliages qui doivent être protégés de toutes réactions possibles avec l'air, ou qui doivent être affinés par des réactions qui sont considérablement accélérées par le vide, telles que la décarburation et la désoxydation simultanées ou la déshydrogénation. L'évaporation de métaux chauffés sous vide ou leur vaporisation par décharge électrique ou ionisation, suivie de leur condensation sur des parois refroidies, ont conduit aux traitements de métallisation sous vide.

— **Techn.** On divise conventionnellement le domaine du vide en plusieurs intervalles de pression appelés : *vide grossier* (entre 10^5 et 10^2 Pa), *vide moyen* (de 10^2 à 10^{-1} Pa), *vide poussé* (de 10^{-1} à 10^{-5} Pa) et *ultravide* ($< 10^{-5}$ Pa). À chacun correspondent des moyens de réalisation et des utilisations différents. Le vide grossier est le domaine des pompes mécaniques (pompes à palettes, à piston tournant, dépresseur Roots) ; dans le vide moyen commence à intervenir l'effet des parois du récipient et le libre parcours moyen des molécules. En effet, quand la pression est suffisamment basse, les molécules sont raréfiées au point de ne plus entrer en collision entre elles mais seulement avec les parois. Le vide poussé correspond au domaine des pompes à diffusion, dans lesquelles un fluide entraîne le gaz à pomper en lui communiquant une certaine quantité de mouvement. À l'ultravide, il y a moins de 10^6 particules par centimètre cube et il faut faire appel à des procédés ioniques (les molécules résiduelles sont mises en contact avec des substances très réactives) ou cryostatiques (les molécules sont condensées sur des surfaces portées à très basse température).

VIDÉASTE n. Auteur ou réalisateur qui enregistre des images en vidéo, tourne des films en vidéo.

VIDE-BOUTEILLE(S) n. m. (pl. *vide-bouteilles).* Siphon terminé en haut par un robinet permettant de vider un récipient sans avoir besoin de le déboucher.

VIDE-CAVE n. m. inv. Turbine actionnée par de l'eau en pression fournie par un tuyau d'incendie pour vider les caves inondées.

VIDE-CHARGÉ adj. m. (pl. *vides-chargés*). *Dispositif vide-chargé,* dispositif manuel d'adaptation du freinage des wagons à la charge.

VIDE-GOUSSET n. m. (pl. *vide-goussets*). *Vx.* Voleur.

VIDELA (Jorge Rafael), général et homme d'État argentin (Mercedes, prov. de Buenos Aires, 1925). Après le coup d'État militaire de 1976, il est porté à la présidence, qu'il assume jusqu'en 1981. Jugé et condamné en 1985 à la réclusion à perpétuité pour les crimes commis par la répression durant son mandat, il est gracié en 1990.

VIDÉO adj. inv. **1.** Se dit d'une application ou d'un appareil relatif à la formation, l'enregistrement, le traitement ou la transmission d'images

ou de signaux occupant une largeur de bande comparable à celle d'un signal de télévision. — **2.** *Art vidéo,* forme d'art fondée sur l'enregistrement et la fabrication d'images électroniques restituables en direct ou en différé. ‖ *Bande vidéo,* bande magnétique destinée à l'enregistrement des signaux d'image. ‖ *Caméra vidéo,* caméra enregistrant l'image sur un support autre que photographique, en général magnétique. ‖ *Cassette vidéo, club vidéo, fréquence vidéo,* syn. de VIDÉOCASSETTE, VIDÉOCLUB, VIDÉOFRÉQUENCE. ‖ *Jeu vidéo,* jeu dont l'action se déroule sur un écran de type télévision. ‖ *Photo vidéo,* procédé vidéo de réalisation d'images fixes en couleurs. ‖ *Signal vidéo,* signal électrique dont le spectre est compris dans la bande des vidéofréquences.
◆ n. f. **1.** Ensemble des techniques relatives à la formation, l'enregistrement, le traitement ou la transmission d'images ou de signaux de type télévision. — **2.** Film tourné en vidéo : *Enregistrer une vidéo.*

VIDÉOCASSETTE n. f. Cassette contenant une bande portant ou permettant l'enregistrement d'un programme de télévision ou d'un film cinématographique.

VIDÉOCLIP n. m. (angl. *clip,* extrait). Court métrage tourné en vidéo, qui illustre une chanson, présente le travail d'un artiste.

VIDÉOCLUB [-klœb] n. m. Boutique qui loue ou vend des vidéocassettes enregistrées.

VIDÉOCOMMUNICATION n. f. Mode de communication fondé sur la transmission et la visualisation d'images.

VIDÉOCONFÉRENCE → VISIOCONFÉRENCE.

VIDÉODISQUE n. m. Disque sur lequel sont enregistrés des programmes audiovisuels qui peuvent être restitués sur un récepteur de télévision à l'aide d'un appareil de lecture approprié.
ENCYCL. Un vidéodisque se présente comme un disque de matière plastique de 30 cm de diamètre et 0,15 mm d'épaisseur. Chaque face porte une piste continue, en spirale, matérialisée par une succession de cuvettes microscopiques, de profondeur et de largeur constantes mais de longueur variable (1 à 3 μm). La modulation du signal enregistré correspond aux variations des intervalles successifs séparant les bords des cuvettes. La capacité de stockage de l'information est très importante : chaque centimètre carré gravé contient 100 millions de bits. La lecture se fait par un procédé optique, à l'aide d'un laser de faible puissance dont le faisceau est focalisé sur la surface réfléchissante du disque. Une cellule photoélectrique reçoit le faisceau renvoyé qui est d'intensité différente selon qu'il y a ou non une cuvette. Un dispositif électronique couplé à la cellule transforme ces différences d'éclairement en une suite de signaux qui reconstruisent chaque ligne de l'image. Il existe aussi des vidéodisques dont la lecture s'effectue par contact, à l'aide d'un capteur électromécanique en appui sur le disque et guidé par un sillon. La reproduction d'un vidéodisque se fait par pressage, à partir d'une matrice, comme pour un disque microsillon. Le support de la gravure est un disque de verre épais, recouvert d'une mince couche de résine photosensible. Les technologies développées pour le vidéodisque ont autorisé la mise au point du disque optique numérique et du disque audionumérique. En 1988, a été lancé le Compact Disc Video.

VIDÉOFRÉQUENCE n. f. Fréquence appartenant à la bande des fréquences qui contient les composantes spectrales d'un signal d'image en télévision.

VIDÉOGRAMME n. m. Tout support permettant l'enregistrement, la conservation et la reproduction d'un programme audiovisuel ; ce programme lui-même.

VIDÉOGRAPHIE n. f. **1.** Télécommunication dans laquelle des informations sont transmises généralement sous forme numérique, de manière à pouvoir être présentées sur un écran de type télévision. — **2.** Édition de programmes audiovisuels. — **3.** *Vidéographie diffusée,* syn. de TÉLÉTEXTE. ‖ *Vidéographie interactive,* syn. de VIDÉOTEX.

VIDÉOGRAPHIQUE adj. Relatif à la vidéographie.

VIDÉOLECTEUR n. m. Appareil de lecture de vidéodisques.

VIDÉOPHILE n. Amateur de vidéo.

VIDÉOPHONE → VISIOPHONE.

VIDÉOPHONIE → VISIOPHONIE.

VIDÉOPROJECTEUR n. m. Appareil de vidéoprojection.

VIDÉOPROJECTION n. f. Projection d'une image de télévision sur un grand écran.

VIDE-ORDURES n. m. inv. Conduit installé verticalement sur la hauteur d'un immeuble, dans lequel les ordures ménagères à évacuer sont introduites par des vidoirs.

VIDÉOTEX n. m. (de *vidéo télex*). Vidéographie dans laquelle la transmission des demandes d'informations des usagers et des messages obtenus en réponse est assurée par un réseau de télécommunications, en partic. le réseau téléphonique. (Le Minitel est un terminal vidéotex.) (Syn. VIDÉOGRAPHIE INTERACTIVE.)

VIDÉOTHÈQUE n. f. **1.** Collection de vidéocassettes. — **2.** Meuble ou lieu où on les entrepose.

VIDÉOTRANSMISSION n. f. Transmission d'images et de sons par les réseaux de télécommunications ou de télédiffusion hertziens, ou par des satellites.

VIDE-POCHES n. m. inv. **1.** Autref., petit meuble, auj. corbeille, coupe où l'on dépose les menus objets que l'on avait sur soi dans la journée. — **2.** Dans une automobile, compartiment ouvert servant à recevoir des objets divers.

VIDE-POMME n. m. inv. Ustensile servant à ôter le cœur des pommes sans les couper.

VIDER v. t. (lat. pop. **vocitare*, de **vocitus*, vide) [conj. 3]. **1.** Retirer de qqch, d'un lieu, d'un contenant tout ce qu'il contient : *Vider un tiroir.* — **2.** Faire évacuer : *L'alerte à la bombe avait vidé tous les bureaux.* — **3.** Faire s'écouler complètement le contenu (liquide, grains, poudre) de qqch : *Vider la baignoire de son eau. Vider l'eau de la baignoire.* — **4.** Boire, manger tout le contenu de qqch : *Vider son verre.* — **5.** Épuiser, surmener qqn physiquement ou nerveusement : *Ce cross m'a vidé.* — **6.** Faire le vide dans l'esprit de qqn, éliminer toute préoccupation : *Videz votre esprit et décontractez-vous.* — **7.** Enlever les entrailles d'un animal, une partie d'un fruit pour le rendre propre à la consommation. — **8.** Retirer son sens, son contenu, etc., à qqch en l'altérant : *Vous videz l'expression de son sens en la traduisant ainsi.* — **9.** *Fam.* Expulser qqn, le chasser, le faire partir d'un lieu, d'un groupe : *Il s'est fait vider du lycée.* — **10.** Copier tout ou partie du contenu d'une mémoire d'un ordinateur sur un support extérieur (bande, imprimante, etc.). — **11.** Syn. de VIDANGER. — **12.** *Vider un délibéré,* prononcer le jugement d'une affaire mise en délibéré. ‖ *Vider un différend, une querelle,* les terminer, les régler. ‖ *Vider les lieux, le plancher,* s'en aller. ‖ Fam. *Vider son sac,* dire tout ce qu'on a sur le cœur, tout son ressentiment.

◆ **être vidé** v. pass. **1.** *Fam.* Être extrêmement fatigué, sans force, épuisé. — **2.** En héraldique, syn. de ÊTRE PERCÉ.

◆ **se vider** v. pr. **1.** S'écouler, se déverser, en parlant du contenu : *Les eaux usées se vident dans l'égout.* — **2.** Déverser son contenu, perdre de son contenu : *La poche d'air se vide peu à peu.* — **3.** Avoir de moins en moins d'habitants, d'occupants, etc. : *Au mois d'août Paris se vide.*

VIDEUR, EUSE n. Personne qui vide qqch : *Un videur de volailles.*

◆ **videur** n. m. Homme chargé d'expulser les clients jugés indésirables d'un dancing, d'un établissement public.

VIDE-VITE n. m. inv. Dispositif de vidange presque instantanée d'une installation, d'un réservoir, utilisé en cas de danger.

VIDICON n. m. (de *vidéo* et *iconoscope*). Tube analyseur à photoconduction, employant comme semi-conducteurs des sulfures d'antimoine plus ou moins dopés.

VIDIE (Lucien), mécanicien français (Nantes 1805 - Paris 1866). Il inventa en 1844 le baromètre anéroïde.

VIDIEN, ENNE adj. (de *Vidus Vidius,* surnom d'un médecin de Florence). Se dit d'un canal que limitent les deux racines de l'apophyse ptérygoïde. (Il livre passage à l'*artère vidienne,* branche de la maxillaire interne, et au *nerf vidien.*)

VIDIGRAPHE n. m. Syn. de KINESCOPE.

VIDIMUS [-mys] n. m. (lat. *vidimus,* nous avons vu). Acte délivré par une autorité, sous la garantie de son sceau, et contenant la transcription d'un acte antérieur.

VIDIN, v. de Bulgarie, ch.-l. de distr., sur le Danube ; 61 000 hab. Port fluvial. Centre artisanal et industriel. Citadelle.

VIDOCQ (François), aventurier français (Arras 1775 - Paris 1857). Ancien soldat, ancien bagnard évadé, il devint chef de la brigade de sûreté, recrutée parmi les forçats libérés. Ses *Mémoires* (1828-29) ne sont pas de lui. Balzac s'en inspira pour créer le personnage de Vautrin.

VIDOIR n. m. (de *vider*). **1.** Orifice supérieur d'un vide-ordures. — **2.** Cuvette de métal ou de céramique dans laquelle on déverse des eaux usées, résiduaires.

VIDOR (King), cinéaste américain, d'origine hongroise (Galveston, Texas, 1894 ? - Paso Robles, Californie, 1982). Il s'imposa avec *la Grande Parade* (1925) comme l'un des meilleurs metteurs en scène américains puis réalisa : *la Foule* (1928), *Hallelujah* (1929), *Notre pain quotidien* (1934), *Stella Dallas* (1937), *Duel au soleil* (1946), *l'Homme qui n'a pas d'étoile* (1955), *Guerre et paix* (1956).

VIDRECOME n. m. (all. *wiederkommen,* revenir). Grand verre à boire que les convives se passaient tour à tour (Allemagne, XVIe-XVIIIe s.).

VIDUITÉ n. f. (lat. *viduitas,* de *viduus,* veuf). **1.** *Vx.* État de veuve. — **2.** *Délai de viduité,* délai imparti à une femme divorcée ou veuve avant de pouvoir se remarier (en principe, 300 jours après le décès ou l'ordonnance autorisant la résidence séparée en cas de divorce et ce afin d'éviter toute confusion sur la paternité d'un enfant à naître).

VIDURE n. f. (de *vider*). Ce qu'on retire en vidant un animal.

VIE n. f. (lat. *vita*). **1.** Caractère propre aux êtres possédant des structures complexes (macromolécules, cellules, organes, tissus), capables de résister aux diverses causes de changement, aptes à renouveler, par assimilation, leurs éléments constitutifs (atomes, petites molécules), à croître et à se reproduire. – **2.** Suite de phénomènes qui font évoluer l'œuf fécondé (zygote) vers l'âge adulte, la reproduction et la mort. – **3.** Ensemble des conditions et caractéristiques d'existence propres à un type d'êtres vivants : *Étudier la vie des animaux. Vie végétale.* – **4.** Durée d'existence d'un individu : *Certaines plantes ont une vie de cinq ans.* – **5.** Fait de vivre ; existence, en partic. humaine : *Sauver la vie à quelqu'un.* – **6.** Manière de vivre propre à un groupe, caractérisée par un ensemble de conditions sociales, économiques, culturelles, historiques, etc. : *La vie des femmes au XIXe siècle.* – **7.** Durée de l'existence humaine ; ensemble des événements qui se succèdent dans cette existence : *Elle m'a raconté sa vie.* – **8.** Biographie : *Lire la vie d'un écrivain.* – **9.** Mode d'existence de qqn, d'un groupe que définissent un ensemble d'occupations, d'activités ou de préoccupations spécifiques : *Distinguer sa vie privée et sa vie publique.* – **10.** Puissance considérée comme régissant l'ensemble des événements de l'existence humaine, ces événements dans ce qu'ils ont d'imprévisible et d'inéluctable : *Les hasards de la vie.* – **11.** Durée de fonctionnement, d'utilisation de qqch : *Cette machine aura eu la vie courte.* – **12.** Ensemble des activités, des situations, des relations entre personnes qui marquent l'existence et le fonctionnement d'un secteur, d'un groupe : *La vie de l'entreprise.* – **13.** Domaine d'activités, ensemble de productions spécifiques, évolutions particulières à un secteur, à un milieu : *La vie artistique en France au XXe siècle.* – **14.** Ensemble des conditions, en partic. matérielles, dans lesquelles on passe son existence ; ensemble des choses dont on a besoin, des biens de consommation permettant d'assurer son existence : *La vie est chère.* – **15.** Dynamisme, élan, vitalité qui caractérise qqn, une action, une œuvre ; animation dans un lieu : *Il y a de la vie dans ce film.* – **16.** *À vie,* pour tout le temps qui reste à vivre. ‖ *À la vie (et) à la mort,* pour toujours, jusqu'à la mort. ‖ Fam. *C'est la vie,* les choses sont ainsi, c'est comme ça. ‖ Fam. *Ce n'est pas une vie,* c'est une situation très désagréable, une existence intenable. ‖ *De la vie (de ma vie, de sa vie),* jamais, en aucun cas : *Je ne lui pardonnerai de ma vie.* ‖ *Donner la vie,* engendrer qqn, le mettre au monde ; animer qqch, y mettre du mouvement, de l'activité, de l'entrain : *L'industrie donne la vie à toute la région.* ‖ *Double vie,* existence cachée qu'on mène en marge de sa vie normale. ‖ *En vie,* vivant. ‖ *Entre la vie et la mort,* dans un danger de mort imminent ; agonisant. ‖ *Faire la vie,* se livrer à des parties de plaisir. ‖ Fam. *Faire la vie à qqn,* faire une scène, être insupportable pour son entourage. ‖ *Faire sa vie,* construire, organiser son existence à son idée de manière indépendante. ‖ *La belle vie, la bonne vie, la vie de château, la vie de cocagne,* une existence insouciante, oisive et agréable. ‖ *Perdre la vie,* mourir. ‖ *Pour la vie,* pour toujours, jusqu'à la mort ; pour un temps très long. ‖ *Refaire sa vie,* la recommencer sur des bases différentes. ‖ *Rendre la vie à qqn,* le rassurer, le faire sortir d'un état physique ou psychique alarmant. ‖ *Rendre la vie dure, intenable, impossible à qqn,* le harceler, le faire souffrir. ‖ *Sans vie,* mort, ou, simplement, évanoui. ‖ *Vie d'artiste, vie de bohème,* vie irrégulière, non conformiste. ‖ *Vie ralentie,* état biologique, dans lequel l'activité vitale est fortement ralentie, sans que la mort s'ensuive, tel que l'anhydrobiose, l'hibernation, la diapause des insectes, la dormance des bourgeons, l'état de spore ou de graine, etc. ‖ *Vie moyenne,* durée moyenne de l'existence d'un système atomique ou nucléaire dans un état déterminé. (Pour des radionucléides, la vie moyenne est l'inverse de la constante* de désintégration.)

ENCYCL. **Biol.** • *Origine de la vie.* Les progrès de la synthèse des substances organiques les plus complexes ont démontré que ces « briques de la vie », qui abondent dans le cosmos, ont pu aussi se former sur la Terre dans l'atmosphère qui régnait il y a environ 5×10^{9} ans. Si l'apparition de l'autoreproduction reste inconnue, les progrès vers la cellule, tant eucaryote que procaryote (c'est-à-dire avec ou sans noyau délimité), peuvent déjà être dépistés sur des traces fossiles du précambrien. En revanche, l'étude des météorites a conduit à rejeter l'idée d'une pénétration de cellules vivantes depuis le cosmos (panspermie). L'immense réussite de la reproduction du vivant s'est traduite dès la fin du précambrien par l'arrêt de toute « génération spontanée » (abiogenèse) et par une diversification explosive des formes de la vie maritime. Mais il faut attendre la fin du silurien pour rencontrer des traces de vie en milieu exondé. En effet, seule l'action prolongée des végétaux verts a pourvu l'atmosphère en oxygène respirable et, par là même, en ozone, écran protecteur contre les rayons ultraviolets mortels.

• *Déroulement de la vie.* Toute cellule vivante, simple ou complexe, connaît en alternance deux formes d'assimilation : la croissance et la multiplication. Les êtres pluricellulaires présentent en outre une différenciation organisatrice entre leurs cellules, faisant apparaître tissus et organes. L'apparition, très précoce, de la reproduction sexuée biparentale a permis qu'à la succession des vies individuelles se superpose le lent déroulement d'une évolution des formes de vie dans les diverses lignées (→ ÉVOLUTION). Seules les

cellules sexuelles (gamètes) assurent la transmission des caractères spécifiques, tandis que le reste du corps est appelé à mourir et à réintroduire sa substance dans les grands cycles biosphériques. Tant chez les plantes que chez les animaux, la vie commence sous la forme d'un embryon incapable de s'alimenter par lui-même et qui vit sur des réserves ou est nourri par l'individu-mère. Cette dépendance peut continuer après la ponte (animaux) ou la dispersion des graines (végétaux) jusqu'à l'éclosion ou au rejet des enveloppes protectrices. L'ordre des phénomènes peut d'ailleurs s'inverser : chez les mammifères, l'éclosion se confond avec la mise-bas, et l'allaitement prolonge la dépendance du jeune, il y a viviparité.
Le stade suivant, la croissance autonome, prend fin, en général, quand apparaît l'aptitude à la reproduction chez les animaux. Il n'en va pas de même chez les végétaux vivaces, qui croissent jusqu'à leur mort.

- *Conditions de la vie* ⟶ BIOSPHÈRE.
- *Formes de la vie* ⟶ VIVANT, E, adj.

vie *(Une),* roman de G. de Maupassant (1883) : le récit de l'existence d'une femme qui découvrira que « la vie, ça n'est jamais si bon ni si mauvais qu'on croit ».

vie commune *(Frères de la),* communauté religieuse fondée en 1381 par le mystique néerlandais Geert Groote, disciple de J. Van Ruusbroec et qui joua un rôle primordial dans le rayonnement de l'humanisme chrétien au XVe s., notamment en Rhénanie et aux Pays-Bas.

Vies des dames galantes, titre sous lequel fut publiée une partie des Mémoires de Brantôme (1665). Ces anecdotes souvent gauloises, contées dans une langue savoureuse, mettent en scène les grandes dames de la cour des Valois.

vie dévote *(Introduction à la),* ouvrage de saint François de Sales, écrit en 1604 et publié en 1609. C'est un traité de spiritualité, de style aimable, destiné aux gens du monde désireux d'accéder à un haut degré de vie intérieure.

vie est un songe *(La),* drame de Calderón (v. 1635). Un roi tient enchaîné dans une caverne son fils qu'un oracle a désigné comme la ruine du trône. Pris de remords, il lui fait boire un narcotique et le transporte dans son palais. Au réveil, traité en prince, ce fils révèle sa cruauté. On le replonge dans les ténèbres, mais une révolte l'en tire à nouveau. Le prince s'amende alors, de crainte que le songe de sa vie royale ne s'évanouisse.

Vie de Klim Samguine, roman-épopée (1925-1936) de Gorki : le portrait impitoyable d'un intellectuel bourgeois.

Vie de Marianne *(la), ou les Aventures de la comtesse de...,* roman inachevé de Marivaux (1731-1741). Ce roman d'apprentissage décrit la conquête par une jeune femme orpheline et pauvre de son autonomie et de sa place dans la société.

Vie parisienne *(la),* hebdomadaire illustré, fondé par le dessinateur Marcelin en 1862 pour traiter des mœurs parisiennes, des théâtres, de la mode. Interrompue de 1943 à 1948, elle a définitivement cessé de paraître en 1972.

Vie parisienne *(la),* opérette en 5 actes de J. Offenbach, sur un livret de H. Meilhac et L. Halévy (Paris, Bouffes-Parisiens, 1866).

Vie de saint Alexis, poème du XIe s., en cinquains de décasyllabes, qui narre la vie ascétique d'un jeune noble romain. C'est l'un des plus anciens monuments de la littérature française.

Vies parallèles (communément *Vie des hommes illustres*), par Plutarque (Ier s. apr. J.-C.), récits biographiques consacrés aux grands hommes de la Grèce et de Rome, et groupés deux par deux. L'œuvre eut une extraordinaire fortune littéraire et fut surtout popularisée en France par la traduction d'Amyot.

Vie pour le tsar (*la*), opéra de Glinka, sur un livret de G. F. Rosen (1836), également connu sous le nom de *Ivan Soussanine,* titre original adopté en Union soviétique. Il marque la naissance de l'opéra national russe.

VIEDMA , v. d'Argentine, sur le río Negro, qui doit être le site de la nouvelle capitale du pays ; 25 000 hab.

VIEIL ⟶ VIEUX.

VIEIL ARMAND (le), surnom donné par les soldats français à l'éperon vosgien de l'Hartmannswillerkopf* pendant la Première Guerre mondiale.

Vieil Homme et la mer *(le),* roman d'Hemingway (1952) : à travers l'histoire d'un pêcheur cubain, les grands symboles de l'œuvre d'Hemingway : l'homme et la nature, la lutte et l'héroïsme, la dépossession et la grandeur de l'échec.

VIEILLARD n. m. (de *vieil*). Homme très âgé. (Au fém. on dit *vieille* ou qqf *vieillarde* [litt. et péjor.].)
◆ **vieillards** n. m. pl. Ensemble des personnes très âgées des deux sexes ; les vieux, le grand âge.

1. VIEILLE ⟶ VIEUX.

2. VIEILLE n. f. (de *vieille 1*). Nom d'un labre.

VIEILLE (Paul), ingénieur français (Paris 1854 - *id.* 1934). L'étude du mode de déflagration des substances explosives le conduisit, en 1884, à l'invention des poudres B. Il fit également des recherches sur les ondes de choc et sur les pressions ondulatoires. (Acad. des sc., 1904.)

VIEILLERIE n. f. **1.** Objet ancien, usé, passé de mode : *Avoir un tas de vieilleries à la cave.* — **2.** Idée rebattue, œuvre surannée qui n'a plus d'intérêt : *Théâtre qui ne joue que des vieilleries.*

VIEILLESSE n. f. (de *vieil*). **1.** Dernière période de la vie normale, caractérisée par un ralentissement des fonctions ; fait d'être vieux : *Avoir une vieillesse heureuse.* (→ encycl. Biol.) — **2.** Diminution des forces physiques et fléchissement des facultés mentales qui accompagnent habituellement cette période : *Vieillesse de l'esprit.* — **3.** *Litt.* Grand âge de qqch : *La vieillesse d'une civilisation.* — **4.** Ensemble des personnes âgées : *Aide à la vieillesse.* — **5.** *Assurance vieillesse,* branche de la Sécurité sociale qui assure le versement des prestations en espèces (pensions) aux personnes retirées de la vie active du fait de leur âge. (→ *encycl.* Dr.) ‖ *Stade de vieillesse,* dernière phase de l'évolution du relief dans la conception davisienne.

ENCYCL. **Biol.** La vieillesse ne peut être considérée comme pathologique que si elle débute prématurément (sénilisme). Quand elle est physiologique (sénilité), elle se manifeste par un remplacement progressif des éléments nobles des organes par un tissu conjonctif (sclérose) et par un ralentissement des diverses fonctions. Ces phénomènes sont extrêmement variables d'un individu à un autre, et souvent l'âge biologique ne correspond pas à l'âge chronologique.

— **Dr.** *Assurance vieillesse.* Dans le cadre de la Sécurité sociale, il faut distinguer le régime général pour les salariés, les régimes spéciaux de salariés (agents de la R. A. T. P., d'E. D. F.-G. D. F., personnel des Mines, etc.), les régimes des travailleurs indépendants (industriels et commerçants ; artisans ; professions libérales) et les régimes agricoles (salariés agricoles ; exploitants et assimilés). Les fonctionnaires, enfin, bénéficient du régime des pensions civiles et militaires géré par l'État. Pour les régimes complémentaires, très nombreux et organisés sur une base le plus souvent professionnelle, une loi de 1972 a rendu obligatoire l'affiliation des salariés à un régime complémentaire minimal. Il existe diverses institutions de coordination, notamment l'A. R. R. C. O. (Association des régimes de retraites complémentaires) et, pour les régimes de retraite des cadres, l'A. G. I. R. C. (Association générale des institutions de retraites des cadres). On distingue les droits contributifs proprement dits — pension de retraite et pension de réversion — de diverses allocations non contributives, servies en complément (ex. majoration pour assistance d'une tierce personne), ou en l'absence de droits constitutifs (ex. allocation aux vieux travailleurs salariés). Enfin, l'allocation supplémentaire F. N. S. (Fonds national de solidarité) procure à toute personne âgée, dont les droits et les ressources sont inférieurs à un plafond, un montant minimum de ressources uniforme quel que soit le régime auquel elle est rattachée ; c'est l'adjonction de cette allocation supplémentaire qui permet l'obtention du « minimum vieillesse ».

• *Assurance vieillesse des parents au foyer.* Sous réserve de certaines conditions de ressources et de charges de famille, la personne isolée et, pour un couple, l'un ou l'autre de ses membres n'exerçant pas d'activité professionnelle sont affiliées à l'assurance vieillesse du régime général et ont donc vocation à une allocation vieillesse. Les cotisations d'assurance sont versées par les organismes débiteurs des prestations familiales.

VIEILLEVILLE (François DE SCEPEAUX, seigneur DE), comte **de Durtal,** maréchal de France (1510 - Durtal, Maine-et-Loire, 1571). Il se distingua dans les guerres de François Ier et Henri II et prit part aux négociations du traité du Cateau-Cambrésis (1559). Maréchal (1562), il lutta longtemps contre les protestants de province.

VIEILLIR v. i. (de *vieil*) [conj. 32]. **1.** Prendre de l'âge, aller peu à peu vers une période plus avancée de sa vie : *Chaque jour qui passe nous fait vieillir.* — **2.** Paraître plus vieux, donner l'impression d'avoir un âge plus avancé : *Qu'est-ce qu'elle a vieilli depuis que je l'ai vue !* — **3.** Passer de la force de l'âge, de la maturité, à la période décroissante qui suit : *Nous vieillirons ensemble.* — **4.** Être atteint par les signes habituels de la vieillesse : *Il a vieilli de corps mais pas d'esprit.* — **5.** Rester très longtemps dans un métier, une fonction, etc. : *Vieillir dans l'Administration.* — **6.** Voir s'élever la moyenne d'âge des membres d'un groupe : *Population qui vieillit.* — **7.** Être atteint par les marques du temps : *Le papier a vieilli, jauni.* — **8.** Perdre de sa modernité, de son actualité : *Une théorie qui a vieilli.* — **9.** Acquérir des qualités particulières par une conservation plus ou moins longue : *Laisser vieillir un vin.*

◆ v. t. **1.** Faire devenir qqn rapidement vieux : *Les malheurs l'ont vieilli.* — **2.** Faire paraître qqn plus vieux qu'il n'est : *Cette coiffure le vieillit.* — **3.** Attribuer à qqn un âge plus avancé que son âge réel. — **4.** Soumettre un vin au vieillissement. — **5.** Faire subir à un alliage un traitement de vieillissement pour modifier ses caractéristiques mécaniques.

◆ **être vieilli** v. pass. **1.** Porter les marques de l'âge, d'un âge plus avancé : *Je l'ai trouvée vieillie.* — **2.** En parlant d'un mot, d'une expression, tendre à tomber en désuétude sans disparaître complètement de l'usage.

◆ **se vieillir** v. pr. **1.** Se faire paraître vieux ou plus vieux : *Acteur qui s'est vieilli pour les besoins du film.* — **2.** Se dire plus vieux qu'on ne l'est.

VIEILLISSANT, E adj. 1. Qui commence à devenir vieux. — 2. Qui commence à perdre de sa vigueur ou de sa vogue : *Un art vieillissant.*

VIEILLISSEMENT n. m. 1. Fait de devenir vieux, ensemble des phénomènes qui marquent l'évolution d'un organisme vivant vers la mort : *Le vieillissement de la peau.* (→ encycl.) — 2. Syn. de SÉNESCENCE. — 3. Fait pour un groupe de voir sa moyenne d'âge s'élever progressivement : *Vieillissement du personnel d'une entreprise.* (Le vieillissement de la population atteint tous les pays développés où il pose des problèmes d'ordre économique [répartition des actifs et des non-actifs, charges des retraites, frais de santé] et social.) — 4. Fait pour qqch de se démoder, de ne plus correspondre aux besoins d'une époque : *Le vieillissement d'une doctrine.* — 5. Action de donner artificiellement l'aspect d'une personne âgée à qqn : *Le vieillissement d'un acteur pour les besoins d'un film.* — 6. Action de donner artificiellement l'aspect du vieux à qqch : *Le vieillissement d'un bois avec un vernis spécial.* — 7. Modification que subit avec le temps un vin, un alcool, etc., conservé dans des conditions déterminées, ce qui lui confère des qualités gustatives nouvelles. — 8. Propriété générale des systèmes chimiques peu stables dont les propriétés évoluent avec le temps. (Spontané ou induit par des effets extérieurs, le vieillissement est combattu par addition d'antioxydants, de stabilisants, etc.) — 9. Phénomène qui se manifeste, sur certains alliages trempés ou écrouis, par une augmentation notable de dureté, due à une évolution structurale, au cours d'un maintien prolongé à une température peu élevée. — 10. Évolution d'un film de peinture ou de vernis au cours du temps, sous l'influence des agents atmosphériques ou d'autres formes accidentelles d'altération.

ENCYCL. **Biol.** Chez les animaux homéothermes (mammifères, oiseaux), et notamment chez l'homme, la plus générale des dégradations liées à l'âge est la perte d'élasticité des tissus, qui commence d'ailleurs dès la naissance. Cette sclérose atteint notamment la vessie urinaire, le tissu conjonctif ou derme (rides), le cristallin de l'œil (presbytie), les disques cartilagineux intervertébraux (dos raide, diminution de la taille), le tissu pulmonaire (respiration moins profonde), enfin et surtout les grosses artères (hypertension) et les petites artères (fragilisation). Le vieillissement se marque aussi par l'épuisement du stock cellulaire des tissus les plus « nobles » (neurones du cerveau), qui ne peuvent pas se multiplier. Interviennent aussi des désordres dans le métabolisme du calcium (fracture du col du fémur, chute des dents), la perte ou la décoloration des poils et cheveux, un ralentissement ou un affaiblissement diffus des fonctions sensorielles (ouïe), psychiques, neuro-motrices (tremblement) et de la force musculaire ainsi que la cessation des fonctions reproductrices, brutale chez la femme (ménopause), lente et progressive chez l'homme.
Pour le vieillissement des plantes → SÉNESCENCE.

VIEILLOT, OTTE adj. 1. *Vx.* Qui est quelque peu vieux ou paraissant tel : *Une mine vieillotte.* — 2. Qui est désuet, gentiment suranné et un peu ridicule : *Un de ces becs de gaz vieillots.*

VIEIRA (António), écrivain portugais (Lisbonne 1608 - Bahia 1697). Jésuite, il mena au Brésil un combat infatigable pour l'évangélisation et la défense des Amérindiens. Ses *Sermons* (1697) et sa *Correspondance* en font un des classiques des lettres portugaises.

VIEIRA (João Bernardo), militaire et homme d'État de la Guinée-Bissau (Bissau 1939). Commandant en chef (1973-1978), il prend le pouvoir et devient chef de l'État en 1980. Élu président du Conseil d'État en 1984, réélu en 1989, il remporte l'élection présidentielle pluraliste de 1994.

VIEIRA DA SILVA (Maria Elena), peintre portugais naturalisé français (Lisbonne 1908 - Paris 1992). Installée à Paris en 1928, elle a développé, avec retenue, un langage personnel où le graphisme aigu et les perspectives disloquées créent un espace labyrinthique (celui des « villes » ou des « bibliothèques », thèmes privilégiés), vide de présence humaine, aux résonances parfois fantastiques ; d'autres toiles évoquent le plein air, les éléments naturels.

VIÈLE n. f. (anc. fr. *viele,* var. de *viole*). Tout instrument de musique dont les cordes sont frottées par un archet ou par une roue (vielle) indépendamment de la forme et du nombre des cordes.

VIELÉ-GRIFFIN (Francis), poète français d'origine américaine (Norfolk, Virginie, 1864 - Bergerac 1937). Adepte du vers libre dont il se fit le théoricien, il subit l'influence de Mallarmé. Outre des recueils lyriques (*la Clarté de la vie,* 1897), il composa des poèmes dramatiques inspirés des mythologies antique (*Voix d'Ionie,* 1914) et germanique (*la Chevauchée d'Yeldis,* 1893).

VIELLA, v. d'Espagne, en Catalogne (prov. de Lérida), principale agglomération du val d'Aran ; 2 800 hab. Centre touristique. — Le *tunnel de Viella,* long de 5 km, relie le val d'Aran au versant espagnol des Pyrénées.

VIELLE n. f. (anc. provenç. *viola*). *Vielle à roue,* vièle à clavier dont les cordes sont frottées par une roue mise en rotation par une manivelle.

VIELLER v. i. (conj. **4**). Jouer de la vielle.

VIELLEUR, EUSE ou **VIELLEUX, EUSE** n. Personne qui joue de la vielle.

VIEN (Joseph Marie), peintre français (Montpellier 1716 - Paris 1809). Prix de Rome, il rompit avec la tradition rococo, devenant l'initiateur de la mode « à la grecque » et donc du néoclassicisme en peinture (*la Marchande d'amours,* 1763, château de Fontainebleau). David fut son élève.

VIENNE (la), riv. du centre-ouest de la France, affl. de la Loire (r. g.) ; 350 km (bassin de plus de 20 000 km²). Née sur le plateau de Millevaches, elle coule dans le Limousin, puis dans le Poitou et en Touraine, passe à Limoges, Châtellerault et Chinon et conflue en amont de Saumur. Le Clain et la Creuse sont ses principaux affluents. Son régime est de type pluvial océanique.

VIENNE (86), dép. de la Région Poitou-Charentes ; ch.-l. de dép. *Poitiers* ; ch.-l. d'arrond. *Châtellerault, Montmorillon* ; 3 arrond. ; 38 cant. ; 281 comm. ; 6 990 km² ; 380 005 hab. *(Viennois).* Le dép. appartient à l'académie et à la cour d'appel de Poitiers, à la région militaire Atlantique.
La majeure partie du département s'étend sur les plaines du haut Poitou (ou seuil du Poitou), où l'économie rurale varie avec la nature des sols : élevage (bovins, porcs) sur les terres de brandes, améliorées, du sud-est ; cultures céréalières et fourragères, localement vigne, à l'O. du Clain, où affleurent les calcaires ; céréales et élevage bovin dans le nord. L'industrie est représentée par l'industrie automobile, les constructions électriques et mécaniques, les pneumatiques, et se localise surtout à Châtellerault et à Poitiers, desservies par autoroute.

VIENNE (Haute-) [87], dép. de la Région Limousin ; ch.-l. de dép. *Limoges ;* ch.-l. d'arrond. *Bellac, Rochechouart ;* 3 arrond. ; 42 cant. ; 201 comm. ; 5 520 km² ; 353 593 hab. *(Haut-Viennois).* Le dép. appartient à l'académie et à la cour d'appel de Limoges, à la région militaire Atlantique.
Il s'étend sur la majeure partie du Limousin, forme ici de lourds plateaux, entaillés par des vallées profondes (Vienne, Gartempe). L'amélioration des communications de la région, longtemps isolée, a permis l'essor d'un important élevage bovin, pour la viande, favorisé par l'humidité du climat et l'extension des prairies naturelles. En dehors des branches extractives (gisements d'uranium), l'industrie est représentée principalement par la porcelaine (née de la présence du kaolin à Saint-Yrieix), les constructions électriques et mécaniques, la papeterie. Elle se localise essentiellement à Limoges, dont l'agglomération groupe la moitié de la population totale du département.

VIENNE (38200), ch.-l. d'arrond. de l'Isère, dans le bas Dauphiné, sur le Rhône, à 27 km en aval de Lyon ; 30 386 hab. *(Viennois).* La ville garde d'importants vestiges romains (temple de Rome et d'Auguste, grand théâtre, quartier Saint-Romain-en-Gal) et des monuments médiévaux (anc. cathédrale St-Maurice, des XIIe-XVIe s. ; église St-André-le-Bas, surtout des IXe et XIIe s. [chapiteaux romans ; cloître abritant un musée d'Art chrétien] ; anc. église St-Pierre, des VIe et IXe - XIIe s., auj. Musée lapidaire). Musée des Beaux-Arts. Marché régional et centre industriel (textile, constructions électriques, chaussures, chimie), élément principal d'une agglomération de plus de 40 000 hab.
— **Hist.** Capitale des Allobroges, puis colonie romaine, capitale de province sous Dioclétien, archevêché au IVe s., Vienne appartint successivement aux Burgondes, aux Francs, à la Lotharingie. Capitale du royaume de Bourgogne et Provence en 879, elle fut vite détrônée par Arles. Ville impériale gouvernée par son archevêque, elle fut réunie au royaume de France en 1349.

VIENNE, en all. **Wien,** cap. de l'Autriche ; 1 512 000 hab.
— **Géogr.** Site de ponts sur le Danube, la ville est au carrefour de la voie N.-S. qui joint la Baltique à l'Adriatique, et de la voie O.-E. qui relie l'Europe de l'Ouest aux Balkans.
Poste militaire aux frontières nord de l'Empire romain, capitale des Habsbourg, centre de l'Empire austro-hongrois sont les grandes étapes de l'extension et du rayonnement de la ville qui atteint son apogée à la fin du XIXe s. Vienne était alors, avec 2 200 000 hab., la première ville germanique, un pôle culturel, un port fluvial, un centre commercial et industriel relié aux pays tchèques. Après une période de déclin, dû aux deux guerres mondiales et à l'occupation de la ville jusqu'en 1955, Vienne a retrouvé de nouvelles fonctions : centre commercial en relation avec les pays de l'Est, terre d'asile, centre universitaire, culturel et touristique, qui accueille congrès et conférences internationales, avec un secteur industriel diversifié : électrotechnique, mécanique, alimentation, métallurgie, confection, chimie, textile, bois et papier. Elle regroupe actuellement le cinquième de la population autrichienne.
— **Hist.** Forteresse romaine qui protégeait la frontière de la Pannonie, la cité apparut sous le nom celtique de *Vindobona.* Ruinée par les invasions barbares, elle ne connut à nouveau un grand développement qu'au XIIe s. grâce aux Babenberg qui devinrent ducs d'Autriche. Elle fut acquise en 1276 par les Habsbourg et les bourgeois tentèrent à plusieurs reprises de s'affranchir de leur tutelle. Mais le mouvement

communal y fut définitivement brisé en 1522. Le luthéranisme y fut sévèrement combattu par la Contre-Réforme et les jésuites. Résidence des empereurs du Saint Empire (la plupart du temps à partir de 1438, définitivement à partir de 1611), Vienne devint une capitale politique et culturelle d'importance européenne. Elle fut assiégée par les Turcs en 1529, puis en 1683 (devant alors son salut à Charles de Lorraine et à Jean III Sobieski). Sous François-Joseph (1848-1916), après l'écrasement de la révolution de 1848 dont elle fut un des principaux foyers, la ville connut son apogée. Après l'effondrement de l'Empire austro-hongrois (1918), elle constitua la capitale hypertrophiée (2 millions d'hab.) de la République autrichienne et fut gérée jusqu'en 1934 par une municipalité social-démocrate. Durement touchée par les bombardements de la Seconde Guerre mondiale, la ville fut soumise à l'occupation des quatre Grands jusqu'au traité de 1955, qui restaura la souveraineté de la République d'Autriche.

— **Bx-arts.** Cathédrale reconstruite en style gothique aux XIVe-XVIe s. (tombeau de l'empereur Frédéric III par Nikolaus Gerhaert de Leyde, 1469) ; église Maria am Gestade (XIVe-XVe s., vitraux). La ville est une capitale du baroque grâce aux édifices des Fischer von Erlach père et fils (résidence impériale d'été de Schönbrunn, à partir de 1695 ; Karlskirche, 1716 ; Bibliothèque de la Hofburg, 1723) et de Hildebrandt (palais du Belvédère, 1714), grâce à des peintures monumentales comme celles de Maulbertsch à la Piaristenkirche, grâce aux sculptures de Permoser ou de G. R. Donner (statues de la fontaine du Neuer Markt). La seconde moitié du XIXe s. voit l'aménagement du *Ring,* ceinture verdoyante de boulevards autour du noyau de la vieille ville, animée d'édifices éclectiques tels que le Parlement, l'hôtel de ville, l'université, l'opéra, le Burgtheater, le Kunsthistorisches* Museum, l'académie des Beaux-Arts, le musée des Arts appliqués. Outre les collections et appartements de la Hofburg (anc. résidence impériale) et de Schönbrunn, Vienne possède de nombreux autres musées : historique de la Ville, de l'Albertina*, du Baroque et d'Art autrichien dans les palais du Belvédère, d'Art moderne, etc.

Carrefour de la pensée européenne à la fin du XIXe s., la ville connaît une brillante activité artistique au sein de la *Sécession,* mouvement fondé en 1897 par les architectes J. M. Olbrich et J. Hoffmann (élèves d'O. Wagner), le peintre Klimt et le graphiste K. Moser. Bien que corrigeant l'Art nouveau dans le sens d'un géométrisme hiératique et précieux, la Sécession fut sévèrement critiquée par A. Loos, ennemi de tout ornement.

Vienne *(cercle de),* groupe d'intellectuels qui, à Vienne, entre les deux guerres mondiales, se sont donné pour tâche de proposer une nouvelle conception du monde, fondée sur les dernières découvertes scientifiques, et de constituer une encyclopédie des connaissances, au nom de la « conception scientifique du monde » illustrée par Einstein, Russell, Wittgenstein.

Les principaux représentants de cette école sont Moritz Schlick, Otto Neurath, et ses sympathisants, Kurt Gödel et André Tarski. Carnap et Popper ont participé aux réunions sans faire partie du groupe. La société se dispersa dans les années 30, et une partie de ses membres se réfugia aux États-Unis.

Vienne *(congrès de),* congrès prévu par le premier traité de Paris (30 mai 1814) pour réorganiser l'Europe après la chute de Napoléon, et réuni à Vienne (Autriche). Les décisions y furent prises par les quatre grands vainqueurs et leurs représentants : Autriche (Metternich), Russie (Nesselrode), Grande-Bretagne (Castlereagh), Prusse (Hardenberg). Talleyrand y représentait la France de Louis XVIII. L'acte final, synthèse de plusieurs traités antérieurs, fut signé le 9 juin 1815. Il s'inspirait des principes du droit monarchique et de l'équilibre européen. Il ignorait le droit des peuples, idée révolutionnaire. Il prévoyait cependant l'abolition de la traite des Noirs.

La Russie s'agrandissait de la Finlande, de la Bessarabie et de la majeure partie de la Pologne. La Prusse réduisait sa part de Pologne, mais recevait la Poméranie suédoise, le tiers de la Saxe, la Westphalie, une partie de la rive gauche du Rhin. L'Autriche renonçait aux Pays-Pas et aux duchés souabes, mais prenait ou reprenait le Tyrol, Salzbourg, la Galicie, la côte dalmate, le Royaume lombard-vénitien. Pour surveiller la France, outre la Prusse rhénane, était créé le royaume des Pays-Bas (Hollande, Belgique, Luxembourg) au profit de la maison néerlandaise d'Orange. La Confédération helvétique, neutre, s'agrandissait de trois cantons. Le royaume de Piémont-Sardaigne annexait Gênes. Au nord, le Danemark cédait la Norvège à la Suède et obtenait Holstein et Lauenburg. L'Allemagne et l'Italie restaient morcelées. La Confédération* germanique, présidée par l'empereur d'Autriche, réunissait trente-huit États souverains. Sur les sept États italiens, un appartenait à l'Autriche, trois avaient des princes autrichiens. L'Angleterre gagnait Helgoland, Malte et les îles Ioniennes, la Guyane et quelques Antilles, le Cap, l'île Maurice, Ceylan.

L'œuvre du congrès de Vienne allait assurer à l'Europe quarante ans de paix relative. Mais le mouvement des nationalités, caractéristique du XIXe s., devait entraîner sa ruine.

Vienne *(école de),* groupe d'économistes qui, à la fin du XIXe s., constitua avec l'école de Lausanne, l'école de Cambridge et l'école suédoise le courant principal du marginalisme et de la pensée néoclassique.

Vienne *(école de),* groupe formé par le compositeur A. Schönberg et ses élèves, dont A. Berg et A. Webern. Leur communauté de conceptions les a amenés à dépasser les fonctions harmoniques de la tonalité.

Vienne *(groupe de)* groupe d'écrivains et d'artistes autrichiens animé à partir des années 1950 par H. C. Artmann et qui rassembla l'avant-garde culturelle de l'Autriche : poésie concrète, poésie dialectale, renaissance du surréalisme. Ses principaux membres furent Konrad Bayer (1932-1964), Friedrich Achleitner (né en 1930), Gerhard Rühm (né en 1930) et Oswald Wiener (né en 1935).

Vienne *(manufacture de),* manufacture de porcelaine dure fondée à Vienne en 1718 par Claudius Du Paquier, d'origine hollandaise (mort en 1751), avec l'aide d'artistes de Meissen. Devenue manufacture impériale en 1744, elle fut en activité jusqu'en 1864. Marque : écusson généralement bleu, coupé par des petits traits horizontaux.

Vienne *(paix de)* [14 oct. 1809], paix qui conclut la campagne de 1809. L'Autriche, qui perdait tous ses accès à la mer, devait en outre limiter ses armées à 150 000 hommes et verser une indemnité.

Vienne *(traité de)* [30 avr. 1725], traité signé par Philippe V d'Espagne et l'empereur Charles VI, qui renonçaient à leurs prétentions respectives. La succession d'Espagne était ainsi définitivement réglée.

Vienne *(traité de)* [1738], traité signé le 2 mai 1738 entre la France et l'Autriche, confirmant les préliminaires de 1735 et concluant la guerre de la Succession de Pologne. Stanislas Leszczyński, beau-père de Louis XV, renonçait à la Pologne et recevait la Lorraine et le Barrois, qui passeraient à la France à sa mort. François de Lorraine, époux de Marie-Thérèse d'Autriche, perdait son duché, mais recevait Parme, Plaisance et la Toscane.

VIENNE (Jean DE), amiral français (v. 1341-Nicopolis 1396). Il organisa la marine de Charles V, qui le fit amiral de France (1373).

VIENNOIS, E adj. et n. **1.** De l'une des villes appelées Vienne. — **2.** Se dit des articles de viennoiserie. — **3.** *Escalope viennoise,* escalope de veau panée servie avec des rondelles de citron, un filet d'anchois, des miettes d'œufs durs, des câpres et du persil.

VIENNOISE (la), en lat. **Viennensis,** diocèse de la Gaule romaine. Au Bas-Empire, il s'étendait de l'Aquitaine aux Alpes.

VIENNOISERIE n. f. Produits de boulangerie fabriqués avec une pâte fermentée pouvant contenir du sucre, du lait, des matières grasses et des œufs (pains au lait, aux raisins, croissants, etc.).

VIENTIANE, cap. du Laos, sur le Mékong ; 176 600 hab. Port fluvial relié à Luang Prabang et à Savannakhet. Centre commercial peu industrialisé.
— **Hist.** et **Archéol.** Vieng Chan Vieng Kham fit partie de l'Empire khmer (XIIIe s.), puis du royaume de Lan Xang (XIVe s.), dont elle devint la capitale en 1563 ; de cette époque date le Vat Pra Keo, temple élevé pour abriter le Pra Keo ou bouddha d'émeraude. Elle fut plusieurs fois ravagée par les Thaïs qui ont emporté le Pra Keo. En 1947, elle est devenue capitale du Laos unifié.

VIEQUES *(île)* ou **ÎLE DES CRABES,** île américaine des Antilles, à l'E. de Porto-Rico, dont elle dépend ; 132 km² ; 7 800 hab. Base navale.

VIERGE adj. (lat. *virgo, -inis*). **1.** Qui n'a jamais eu de relations sexuelles ; puceau, pucelle. — **2.** Se dit de l'individu femelle adulte qui ne s'est pas accouplé, ou du gamète femelle mûr qui n'a pas été fécondé : *Génisse vierge. Œuf vierge.* — **3.** Qui est encore intact, qui n'a pas été touché, utilisé : *Une neige vierge.* — **4.** Se dit d'une substance non mélangée, non traitée : *Pure laine vierge.* — **5.** Se dit d'un support (d'écriture, d'enregistrement, etc.) qui est vide, qui n'est pas encore utilisé : *Une cassette vierge.* — **6.** Où on n'a pas encore pénétré : *Y a-t-il encore des régions vierges ?* — **7.** Qui est exempt de qqch, qui n'en a reçu aucune atteinte : *Une réputation vierge de toute critique.* — **8.** Se dit d'une huile obtenue par pression à froid des graines ou fruits oléagineux et qui peut être directement livrée à la consommation. — **9.** Syn. de NATIF. — **10.** *Casier judiciaire vierge,* qui ne comporte aucune condamnation. ‖ *Forêt vierge,* forêt primaire équatoriale (syn. SYLVE). ‖ *Terre vierge,* terre qui n'a pas encore été cultivée.
◆ n. f. **1.** Fille qui n'a jamais eu de relations sexuelles. — **2.** Titre donné à une sainte qui, ayant gardé la chasteté, est vénérée par l'Église. — **3.** Chrétienne qui s'est consacrée au service de Dieu en renonçant au mariage. — **4.** *La Vierge, la Sainte Vierge, la Vierge Marie,* la mère de Jésus.

Vierge aux rochers *(la),* tableau d'autel de Léonard de Vinci, entrepris vers 1482-83 et dont il existe deux versions autographes, au Louvre (collection de François Ier) et à la National Gallery de Londres. Dans cette toile d'une étrange et silencieuse poésie, Léonard révèle son intérêt pour la géologie et la botanique et poursuit tant l'étude du clair-obscur et de la perspective aérienne que celle, plus intellectuelle, du groupement équilibré des personnages et du contrepoint gestuel des attitudes.

VIERGE (en lat. *Virgo, -inis*), constellation zodiacale, entre le Lion et la Balance. Son étoile la plus brillante est l'Épi* (ou *Spica*). Elle renferme un très important amas de galaxies (amas *Virgo*), situé au centre du Superamas* local.
— **Astrol.** Sixième signe du Zodiaque, que le Soleil quitte à l'équinoxe d'automne.

VIERGE (Daniel URRABIETA, dit **Daniel**), dessinateur espagnol (Madrid 1851 - Boulogne-sur-Seine 1904). Installé à Paris dès 1869, il fut, dans *le Monde illustré,* un remarquable chroniqueur de la guerre de 1870 et de la Commune. Il a illustré Hugo, Cervantès, Quevedo, Chateaubriand, Michelet.

VIERGES *(îles),* en angl. **Virgin Islands,** archipel des Petites Antilles, situé à l'E. de Porto Rico, entre l'Atlantique et la mer des Antilles. Les îles Sainte-Croix (217 km²), Saint Thomas (83 km²) et Saint John (52 km²) ont été achetées en 1917 par les États-Unis au Danemark ; 95 200 hab. au total (ch.-l. *Charlotte Amalie,* dans l'île Saint Thomas). Tourisme. Les autres îles (Tortola, Anegada, Virgin Gorda, etc.) forment une colonie britannique (153 km² ; 11 000 hab. ; ch.-l. *Road Town,* dans l'île Tortola).

VIERNE (Louis), organiste et compositeur français (Poitiers 1870 - Paris 1937). Organiste de Notre-Dame de Paris (1900-1937), improvisateur réputé, il a orienté la littérature de son instrument vers le style « symphonique », composant notamment 6 symphonies pour orgue (1899-1930), *24 Pièces en style libre* (1913), 4 volumes de *Pièces de fantaisie* (1927).

VIERSEN, v. d'Allemagne (Rhénanie-du-Nord-Westphalie), dans la Ruhr ; 83 000 hab. Centre industriel.

VIERWALDSTÄTTER SEE, nom allemand du lac des Quatre-Cantons*.

VIERZON (18100), ch.-l. d'arrond. du Cher, à la limite de la Sologne et de la Champagne berrichonnes, sur l'Yèvre et le Cher ; 32 900 hab. *(Vierzonnais).* Carrefour ferroviaire et ville industrielle (matériel agricole, appareillage hydraulique, caoutchouc, porcelaine, matériel de bureau, accumulateurs, etc.). Église des XIIe et XVe s. Hôtel de ville dans une anc. abbaye (XVIIe-XVIIIe s.). — La *forêt domaniale de Vierzon* (chênes surtout), au N. de la ville, s'étend sur 5 301 ha.

Viêt-cong (abrév. de *Viêt-nam* et *congsan,* rouge), nom donné, au Viêt-nam du Sud, pendant la guerre du Viêt-nam, aux communistes et à leurs alliés regroupés en 1960 dans le *Front national de libération.*

VIÈTE (François), mathématicien français (Fontenay-le-Comte 1540 - Paris 1603). Avocat au parlement de Paris en 1571, il fut conseiller au parlement de Bretagne (1573), maître des requêtes (1580) et conseiller au parlement de Paris (1589). Son œuvre est capitale pour la symbolisation de l'algèbre et son application à la géométrie. Il introduisit l'usage des lettres pour représenter à la fois quantités connues (consonnes) et inconnues (voyelles), fonda la logistique spécieuse, dont la loi d'homogénéité et les règles de calcul s'appliquent aux nombres et aux grandeurs. Il donna également une méthode d'approximation des racines des équations numériques, les relations entre coefficients et racines, ainsi que la solution géométrique de l'équation cubique.

VIETINGHOFF (Heinrich VON), dit **Scheel,** général allemand (Mayence 1887 - Pfronten, Bavière, 1952). Après avoir exercé plusieurs commandements, Pologne (1939), France (1940), Balkans, Russie (1941), il prit la tête du front sud-ouest (oct. 1944) et du groupe d'armées de Courlande (janv. 1945). Il signa la capitulation des forces allemandes d'Italie et d'Autriche (Caserte, 29 avr.).

Viêt-minh (abrév. de *Viêt-nam Dôc Lâp Dông Minh Hôi,* Front de l'indépendance du Viêt-nam), organisation fondée en Chine méridionale par Hô Chi Minh et ses camarades de lutte en mai 1941. Ayant adopté un programme préparé par le parti communiste indochinois (P. C. I.), le Viêt-minh, auquel se rallièrent des nationalistes, s'empara du pouvoir en août 1945, peu après le coup de force japonais (9 mars), qui avait réduit la France à l'impuissance. Rejeté dans le maquis par l'arrivée des troupes alliées puis françaises, il devint le *Liên Viêt* (Front national uni du Viêt-nam) en 1951, mais le terme Viêt-minh persista jusqu'à la fin des hostilités (21 juill. 1954).

VIÊT-NAM, État de l'Asie du Sud-Est ; 335 000 km² ; 76 160 000 hab. *(Vietnamiens).* CAP. *Hanoi.* LANGUE : *vietnamien.* MONNAIE : *dông.*

Géographie. Le pays, où dominent montagnes et hauts plateaux, comprend, du nord au sud, trois régions : le Tonkin (Bac Bô), l'Annam (Trung Bô) et la Cochinchine (Nam Bô).
• *Le milieu naturel.* Après la dépression qui longe la frontière chinoise, les reliefs orientés N.-O.-S.-E., culminent au Fan Si Pan (3 142 m). Massifs et plateaux, très arrosés, sont coupés de vallées, notamment celle du Sông Hông (fleuve Rouge) et du Sông Da (rivière Noire), qui se terminent en deltas très peuplés dans le golfe du Tonkin. Ensuite, la cordillère Annamitique, peu peuplée,

orientée N.-O.-S.-E., forme la frontière avec le Laos, et tombe en versants raides sur la plaine côtière. De hauts plateaux, peu peuplés, lui succèdent jusqu'au delta du Mékong, qui occupe la partie sud du pays.

• *La population et l'économie.* Les Vietnamiens, originaires de la Chine méridionale, représentent 84 % de la population, le reste se partageant en une soixantaine d'ethnies vivant surtout dans les montagnes. Celles-ci s'opposent fortement aux plaines, qui, sur moins de la moitié du territoire, regroupent plus des trois quarts de la population. L'accroissement naturel annuel dépasse 2 %. L'agriculture occupe 70 % de la population active. Elle est dominée par la riziculture, très intensive dans le delta du Sông Hông et de ses bras (moins intensive dans le delta du Mékong). Des plantations d'hévéas sont situées au nord et à l'est du delta du Mékong, tandis que les plaines littorales du Viêt-nam central, jalonnées de ports de pêche, associent le riz à la canne à sucre et que les hauts plateaux produisent du thé et du café. Le seul élevage notable est celui des porcs.
Les ressources minières traditionnelles (charbon, phosphates) sont maintenant complétées par le pétrole. Le secteur industriel, peu développé (sidérurgie, engrais, ciment, textile), est localisé surtout au nord, où il a été reconstruit après la guerre. Le sous-emploi est important, les infrastructures sanitaires et scolaires déficientes et la production d'électricité insuffisante. Cependant, les petites entreprises se multiplient, et le pays tente d'attirer les investisseurs étrangers et devrait bénéficier de l'amélioration des relations avec ses voisins (Chine et Thaïlande, notamment).

Histoire.

• *Les origines.* Au néolithique, le brassage des Muongs, des Viêts et d'éléments chinois dans le bassin du fleuve Rouge donne naissance au peuple vietnamien.

IIIe-IIe s. av. J.-C. : Le pays est conquis par la Chine des Qin puis des Han.

Vers 543-603 : Indépendance du Viêt-nam sous la dynastie des Ly antérieurs.

VIIe-Xe s. : La Chine des Tang établit son protectorat sur l'Annam.

968 : Dinh Bô Linh établit l'empire sous le nom de Dai Cô Viêt.

1010-1225 : La dynastie des Ly postérieurs affermit l'empire, où se poursuit l'essor du confucianisme et du bouddhisme.

1225-1413 : La dynastie des Trân poursuit l'œuvre des Ly et tient tête aux Mongols.

1428-1789 : Après une période de troubles, la dynastie des Lê consacre le triomphe du confucianisme et assure l'essor des arts.

Au XVIIe s., le pays voit s'affronter deux clans seigneuriaux : les Nguyên (qui gouvernent le Sud et contrôlent le delta du Mékong) et les Trinh, au Nord. Les jésuites diffusent le catholicisme et mettent au point la latinisation de la langue vietnamienne.

1789 : Le dernier empereur Lê est déposé par un soulèvement populaire dirigé par les trois frères Tây Son.

• *L'empire du Viêt-nam et la domination française.* Nguyên Anh, survivant de la famille Nguyên, reconquiert la Cochinchine, la région de Huê et celle de Hanoi avec l'aide des Français.

1802 : Devenu empereur sous le nom de Gia Long, il fonde la dynastie des Nguyên et l'empire du Viêt-nam.

1859-1867 : La France conquiert la Cochinchine.

1884 : Elle impose son protectorat à l'Annam et au Tonkin, dont les conquêtes sont reconnues par la Chine.

1887 : Le pays est intégré avec le Cambodge et le Laos dans l'Union indochinoise.

1930 : Hô Chi Minh crée le parti communiste indochinois.

1941 : Le Front de l'indépendance du Viêt-nam (Viêt-minh) est fondé.

1945 : Les Japonais mettent fin à l'autorité française. Une république indépendante est proclamée. La France reconnaît le nouvel État mais refuse d'y inclure la Cochinchine.

1946 : Déclenchement de la guerre d'Indochine, opposant le Viêt-minh à la France.

1954 : La perte de Diên Biên Phu conduit aux accords de Genève, qui partagent le pays en deux suivant le 17e parallèle.

• *Nord et Sud Viêt-nam.* Dans le Sud est instaurée en 1955 la République du Viêt-nam (cap. Saigon), présidée par Ngô Dinh Diêm. Elle bénéficie de l'aide américaine. Dans le Nord, la République démocratique du Viêt-nam (cap. Hanoi), dirigée par Hô Chi Minh, bénéficie de l'aide soviétique et chinoise.

1963 : Assassinat de Ngô Dinh Diêm.

1965 : Les États-Unis interviennent directement dans la guerre du Viêt-nam aux côtés des Sud-Vietnamiens.

1969 : À la mort d'Hô Chi Minh, Pham Van Dông devient Premier ministre.

1973-1975 : En dépit des accords de Paris et du retrait américain, la guerre continue.

1975 : Les troupes du Nord prennent Saigon.

• *Le Viêt-nam réunifié.*

1976 : Le Viêt-nam devient une république socialiste, que tentent de fuir des milliers d'opposants *(boat people).*

1978 : Le Viêt-nam signe un traité d'amitié avec l'U. R. S. S. et envahit le Cambodge, dont le régime des Khmers rouges était soutenu par la Chine.

1988 : Do Muoi devient Premier ministre.

1989 : Les troupes vietnamiennes se retirent totalement du Cambodge.
1991 : Vo Van Kiet devient Premier ministre. Le pays normalise ses relations avec la Chine et opère un rapprochement diplomatique avec les États-Unis.
1992 : La nouvelle Constitution maintient l'idéologie socialiste et le système du parti unique tout en garantissant les droits de l'économie privée.
1994 : L'embargo commercial, imposé par les États-Unis depuis 1975, est levé.
1995 : Le Viêt-nam devient membre de l'ASEAN.

Viêt-nam *(guerre du),* nom donné au conflit qui a opposé de 1954 à 1975 le Nord Viêt-nam au Sud Viêt-nam.
• *Le désengagement français (1954-1956).* Les deux États du Viêt-nam, créés en 1954, de part et d'autre du 17e parallèle, font appel l'un au camp socialiste, l'autre aux États-Unis. L'aide matérielle américaine commence dès août 1954. Les Français, déjà engagés dans la guerre d'Algérie, évacuent leurs dernières troupes fin avril 1956.
• *Révolte du Viêt-cong (1956-1959).* Dès la fin de 1956, les communistes rallient les opposants au régime de Diêm au sein du Viêt-cong. Après plusieurs interventions de guérilla en Cochinchine, puis dans l'Annam central et enfin dans tout le Sud, le Nord Viêt-nam envoie instructeurs, troupes et matériel vers le Sud. Les États-Unis renforcent la mission du général O'Daniel et entreprennent la construction de 46 bases aériennes et 11 bases navales.
• *Montée du F. N. L. (1960-1965).* L'armée sud-vietnamienne encadrée en déc. 1961 par 15 000 « conseillers » américains, et entraînée en vue d'un conflit du type de la guerre de Corée, ne réussit pas à enrayer le développement du F. N. L. (Front national de libération), dont l'emprise grandissante conduit peu à peu les États-Unis à l'intervention directe, décidée par Johnson fin 1964.
• *L'effort américain (1965-1968).* La réaction américaine est vigoureuse : bombardements sur le Nord (500 000 t de bombes de févr. 1965 à avr. 1968), intervention directe dans le Sud. L'armée sud-vietnamienne est portée à 700 000 réguliers et 200 000 miliciens. Les effectifs du Viêt-cong passent de 135 000 hommes au début de 1965 à plus de 300 000 en 1968. Le bombardement des pistes Hô Chi Minh restera sans effet. En 1966, les opérations se déroulent autour de la zone du 17e parallèle, puis, dès 1967, autour de Da Nang, Quang Tri et même en Cochinchine, au N.-O. de Saigon. L'offensive communiste généralisée, dite « offensive du Têt » (30 janv. 1968), menace Huê ainsi que Saigon. La base de Khe Sanh, harcelée depuis nov. 1967, est attaquée en force dès la mi-février et subit un siège de 77 jours. L'offensive du Têt est finalement un échec militaire mais l'armée américaine a été mise en difficulté. Le retentissement est grand dans l'opinion publique américaine. Johnson renonce à un nouveau mandat et décide d'arrêter sans conditions les bombardements au Nord (mai 1968). Des négociations préliminaires aboutissent à l'ouverture officielle de la conférence de Paris* (janv. 1969).
• *Le retrait américain (1969-1973).* La politique de « vietnamisation » de Nixon, qui succède à Johnson au début de 1969, vise à un retrait total des forces terrestres après renforcement des armées sud-vietnamiennes. En revanche, les forces navales et aériennes bénéficient d'un accroissement notable. De 1969 à 1972, événements militaires et diplomatiques sont étroitement liés. La poussée des forces américaines et sud-vietnamiennes au Cambodge (30 avr. 1970), destinée à saper le soutien logistique des pistes Hô Chi Minh, entraîne la suppression des pouvoirs spéciaux du président américain concernant la guerre du Viêt-nam. Profitant du retrait unilatéral des États-Unis, la République démocratique du Viêt-nam procède à une nouvelle attaque généralisée le 30 mars 1972. Les États-Unis réagissent en minant par avion les ports d'arrivée des cargos soviétiques et chinois ; l'armée sud-vietnamienne réussit à dégager An Lôc, Kontum et la route de Phnom Penh.
• *La fin de la guerre (1973-1975).* À la suite de la démission de Nixon (août 1974), les États-Unis abandonnent Thiêu. En mars 1975, les communistes lancent une nouvelle offensive d'envergure. Quang Tri, Huê, Da Nang sont abandonnées presque sans combat. Thiêu quitte le pouvoir au profit de Minh (21 avr.). Les blindés nord-vietnamiens mettent fin à des tentatives de négociations en entrant à Saigon le 30 avr. 1975.

VIETNAMIEN, ENNE adj. et n. Du Viêt-nam.
◆ **vietnamien** n. m. Langue parlée principalement au Viêt-nam, où elle est langue officielle.
ENCYCL. **Ling.** Selon les auteurs, le vietnamien fait partie soit du groupe môn-khmer soit du groupe thaï, cette hésitation étant due aux influences profondes et variées qu'il a subies (khmer, thaï, indonésien, chinois). Comme le chinois (dont il utilisait les idéogrammes et auquel il a emprunté un large vocabulaire), c'est une langue monosyllabique et variotonique. Il s'écrit aujourd'hui avec l'alphabet latin (système quôc-ngu).

Vieussens *(anneau de),* saillie que présente la face droite de la cloison interauriculaire du cœur.

VIEUX, VIEIL (devant un n. masc. sing. commençant par une voyelle ou un *h* muet), **VIEILLE** adj. (bas lat. *veclus,* du lat. class. *vetulus,* dimin. de *vetus,* vieux). **1.** Qui est très avancé en âge, dans la dernière période de sa vie : *Un vieil homme. Un vieux cheval.* — **2.** Qui est marqué par la vieillesse : *Il a un visage vieux.* — **3.** Qui a les idées, l'allure ou le comportement attribués à la vieillesse : *À vingt ans, il était déjà vieux.* — **4.** Qui existe depuis longtemps : *La vieille ville.* — **5.** Qui s'est passé il y a fort longtemps : *Le bon vieux temps.* — **6.** Qui exerce depuis longtemps une activité, qui mène depuis longtemps la même vie : *Un vieux mélomane.* — **7.** Avec qui on est depuis longtemps dans la même relation : *Mon vieil ami.* — **8.** *Fam.* S'emploie dans des apostrophes amicales, ou, au contraire, injurieuses : *Salut vieille branche ! Ce n'est qu'un vieil imbécile.* — **9.** Que l'on a depuis longtemps et à quoi on est attaché : *Retrouver ses vieilles habitudes.* — **10.** Qui est déjà usé, entamé, par oppos. à ce qui est neuf : *Un vieux costume.* — **11.** Qui est hors d'usage, périmé : *Jeter un vieux billet.* — **12.** Se dit de l'état ancien d'une langue ; dans un dictionnaire, marque stylistique (abrév. *vx*) indiquant qu'un mot, un emploi ou une locution sont sentis comme n'appartenant plus à l'usage courant. — **13.** Se dit d'un vin, d'un alcool conservés pendant une période plus ou moins longue et qui ont acquis des qualités particulières, spécialement du bouquet. — **14.** *Se faire vieux,* commencer à vieillir ; commencer à s'ennuyer ou à se faire du souci (pop.). ‖ *Vieille France,* qui évoque la noblesse ou la grande bourgeoisie traditionnelle française. ‖ *Vieux comme Hérode, Mathusalem, comme le monde,* extrêmement vieux, très ancien. ‖ *Vieux garçon, vieille fille,* célibataire.

◆ **vieux, vieille** n. **1.** Personne qui a atteint un grand âge ; vieillard : *Un petit vieux.* — **2.** *Pop.* Père ou mère : *Il va demander à son vieux.* — **3.** *Pop.* et *vx.* Patron, patronne. — **4.** *Mon vieux, ma vieille,* interpellation familière à l'adresse de qqn (d'un âge quelconque). ‖ Fam. *Un vieux de la vieille,* un vétéran, un ancien dans le métier, l'organisation, etc.

◆ **vieux** n. m. **1.** Ce qui est usagé, ancien : *Ce n'est pas avec du vieux qu'on fait du neuf.* — **2.** Fam. *Coup de vieux,* brusque et sensible vieillissement : *Il a pris un sacré coup de vieux.*

◆ **vieille** n. f. *Les quatre vieilles,* les quatre contributions directes (foncière, personnelle mobilière, patente, impôt des portes et fenêtres) instituées à partir de 1790 et dont découlent la taxe foncière, la taxe d'habitation et la taxe professionnelle.

Vieux Cordelier *(le)* → CORDELIER (le Vieux).

Vieux de la montagne, nom donné par les croisés et par les historiens occidentaux aux chefs de la secte chī'ite ismaélienne des Assassins.

VIEUX-CATHOLIQUE, VIEILLE-CATHOLIQUE adj. et n. (pl. *vieux-, vieilles-catholiques*). Nom donné aux catholiques qui, sous l'égide de l'historien allemand Ignaz von Döllinger, refusèrent d'adhérer à la définition de l'infaillibilité pontificale, promulguée en 1870 par le Ier concile du Vatican, et fondèrent une Église dissidente, implantée aux États-Unis et en Hollande.

Vieux-Colombier-Jacques-Copeau *(théâtre du),* théâtre fondé à Paris en 1913 par Jacques Copeau, qui y développa un théâtre de recherches artistiques. Après avoir accueilli pendant quelque temps des spectacles de variétés, il a été – après rénovation – rattaché à la Comédie-Française (1990).

VIEUX-CONDÉ (59690), comm. du Nord, sur l'Escaut ; 10 939 hab. *(Vieux-Condéens).* Industrie automobile.

VIEUX-CROYANT n. m. (pl. *vieux-croyants*). Adepte des anciens rites de l'Église orthodoxe russe. (Ayant refusé les réformes du patriarche Nikon [1652-1666], les vieux-croyants ont été condamnés comme schismatiques par le concile de 1666-67.)

VIEUX-HABITANTS (97119), comm. de la Guadeloupe, sur la côte ouest de la Basse-Terre ; 7 455 hab.

VIEUX-LILLE n. m. inv. Fromage de Maroilles dont l'affinage est long et dont le goût est très prononcé.

VIF, VIVE adj. (lat. *vivus*). **1.** *Vx.* Qui est en vie : *Être brûlé vif.* — **2.** Qui est plein de vie : *Un regard vif.* — **3.** Qui est prompt, rapide dans sa façon d'agir, de réagir, de comprendre : *Un élève vif.* — **4.** Qui fait preuve d'impatience, d'emportement, d'excès : *Échanger des propos fort vifs.* — **5.** Se dit d'un feu très actif, d'une lumière intense, éclatante : *Faire revenir la viande à feu vif.* — **6.** Se dit d'une couleur éclatante, lumineuse ; se dit ce qui a cette couleur : *Rouge vif.* — **7.** Se dit de l'air, du climat, du vent qui est vivifiant : *L'air est vif au bord de la mer.* — **8.** Indique une grande intensité, une grande acuité, en partic. dans ce qu'on ressent : *Éprouver un vif plaisir.* — **9.** Se dit d'un angle, d'une pointe, d'une arête tranchants : *Arêtes vives d'une roche.* — **10.** Qui saisit avec une certaine brutalité, avec mordant : *Douleur vive.* — **11.** *Eau vive,* eau courante naturelle. ‖ *Haie vive,* haie faite d'arbrisseaux enracinés. • **Archit.** *À joints vifs,* se dit d'une construction en pierres de taille posées à sec, sans mortier. — **Bouch.** *Poids vif,* poids de l'animal de boucherie sur pied. — **Chass.** Se dit d'un lieu riche en gibier. — **Inform.** *Mémoire vive,* mémoire dont le contenu peut être lu, effacé ou modifié à volonté. (Ce type de mémoire est souvent désigné par le sigle anglais RAM. Il s'oppose à mémoire morte ou ROM.) — **Œnol.** Se dit d'un vin léger, frais et relativement acide. — **Pyrotechn.** Se dit d'une poudre dont la déflagration est rapide, par oppos. à la *poudre lente.* — **Sylvic.** Se dit d'un arbre dont le tronc est sans aucun défaut. ‖ *Bois vif,* arbre ou arbuste qui a conservé toute sa frondaison.

◆ **vif** n. m. **1.** Chair vivante : *Tailler dans le vif.* — **2.** Le point le plus important ou le plus intéressant, le plus significatif de qqch : *Entrer dans le vif du sujet.* — **3.** *À vif,* sans être recouvert, protégé par la peau, un tégument, la dent, etc. : *La plaie est à vif.* ‖ *Sur le vif,* dans un contexte réel, selon la réalité, dans ce qu'elle a de plus éphémère, de plus vivant. ‖ *Trancher, couper dans le vif,* sacrifier résolument certaines choses pour sauver le reste ; prendre d'énergiques résolutions. • **Bât.** et **Carr.** Partie dure d'une pierre, d'un moellon, par oppos. à la moie. — **Dr.** Personne vivante. — **Pêch.** Petit poisson vivant servant d'appât pour la pêche des poissons carnassiers.

VIF (38450), ch.-l. de cant. de l'Isère, au S. de Grenoble ; 5 852 hab. *(Vifois).* Église en partie romane. Cimenterie.

VIF-ARGENT n. m. (pl. *vifs-argents*) [lat. *argentum vivum,* mercure]. **1.** Nom donné couramment au mercure. — **2.** Vx. *Avoir du vif-argent dans les veines, être du vif-argent,* se dit d'une personne très vive, très remuante.

VIGAN (Le) [30120], ch.-l. d'arrond. du Gard, dans les Cévennes ; 4 637 hab. *(Viganais).* Musée cévenol. Pont gothique. Centre d'excursions. Bonneterie.

VIGANO (Salvatore), danseur et chorégraphe italien (Naples 1769 - Milan 1821). Il était le neveu du compositeur Boccherini. Beethoven composa pour lui son ballet *les Créatures de Prométhée,* créé à Vienne en 1801. À partir de 1813, il fut maître de ballet à la Scala de Milan. Il a été un des premiers chorégraphes à avoir recours à la musique classique. Il s'est montré un précurseur des théories modernes. Initiateur du drame chorégraphique (*Gli Strelizzi,* 1809), il a composé plus de quarante ballets.

VIGARNY (Philippe ou Felipe [DE]) → BIGUERNY.

VIGÉE-LEBRUN (Louise *Élisabeth* VIGÉE, Mme), peintre français (Paris 1755 - *id.* 1842). Portraitiste au talent délicat et flatteur, elle a surtout attaché son nom à la reine Marie-Antoinette, dont elle fit plus de trente effigies. Sous la Révolution, elle se réfugia à l'étranger (Italie, Vienne, Saint-Pétersbourg), y peignant la société des cours.

VIGELAND (Gustav), sculpteur norvégien (Mandal 1869 - Oslo 1943). Son naturalisme expressif doit beaucoup à Rodin. La grande œuvre de sa vie (de 1905 à sa mort) est le jardin de sculptures du parc Frogner à Oslo, « cycle de la vie » monumental comprenant une multitude de groupes (granite ou bronze) aux figures enchevêtrées.

VIGEOIS (19410), ch.-l. de cant. de la Corrèze, dans le Limousin, au-dessus de la Vézère ; 1 213 hab. Église, anc. abbatiale, en partie romane.

VIGÉSIMAL → VICÉSIMAL.

VIGEVANO v. d'Italie, en Lombardie, dans la vallée du Tessin ; 65 200 hab. Place Ducale de la fin du XVe s. ; monuments des XIVe-XVIe s. Centre agricole et industriel.

VIGIE n. f. (port *vigia,* de *vigiar,* veiller). **1.** À bord d'un navire, homme de veille dans une hune ou le nid-de-pie, qui était chargé de surveiller tout l'horizon. — **2.** Homme qui était chargé à terre de surveiller le large et de faire des signaux.

VIGIL, E adj. (lat. *vigil,* éveillé). **1.** Se dit de ce qui survient à l'état de veille. — **2.** *Coma vigil,* coma au stade 1.

VIGILAMMENT adv. *Litt.* De façon vigilante.

VIGILANCE n. f. (lat. *vigilantia,* habitude de veiller). **1.** Surveillance soutenue et attentive : *Redoubler de vigilance.* — **2.** État d'activation du cortex cérébral pendant la phase de veille du cycle nycthéméral. (Cet état est sous la dépendance de la réticulée activatrice du tronc cérébral.) — **3.** Installation permettant de contrôler que l'agent de conduite observe les signaux en temps voulu et enregistre cette observation. — **4.** *Troubles de la vigilance,* ensemble des troubles de la conscience impliquant une altération quantitative de la vigilance (comas, obtusion, obnubilation, stupeur, syncope, ivresse, confusion mentale).

VIGILANT, E adj. (lat. *vigilans, -antis*). **1.** Qui fait preuve d'une attention dévouée ; qui veille avec beaucoup de soin : *Des soins vigilants.* — **2.** Qui fait preuve d'une attention soutenue aux événements susceptibles de le concerner pour être prêt à se défendre contre toute atteinte éventuelle.

1. VIGILE n. m. (lat. *vigil,* veilleur). **1.** Personne chargée de la surveillance de locaux administratifs, industriels, universitaires, etc. — **2.** Dans la Rome antique, membre de cohortes chargées de combattre les incendies et de veiller, la nuit, à la sécurité de la ville.

2. VIGILE n. f. (lat. *vigilia,* veille). Jour qui précède et qui prépare une fête religieuse.

VIGILE (Rome fin du Ve s. - Syracuse 555), pape de 537 à 555.

VIGNA (Pietro DELLA) → DELLA VIGNA.

VIGNE n. f. (lat. *vinea,* de *vinum,* vin). **1.** Arbrisseau grimpant (vitacée), dont une espèce cultivée produit le raisin. (→ *encycl.*) — **2.** Terrain planté de vigne cultivée. — **3.** Litt. *Être dans les vignes du*

Seigneur, être ivre. || *Feuille de vigne,* feuille stylisée imitant celle de la vigne, par laquelle on cache le sexe des personnages représentés nus dans les œuvres d'art. || *Vigne vierge,* arbrisseau grimpant, souvent ornemental, (ampélidacée) qui s'accroche aux surfaces lisses par ses vrilles formant ventouses.

ENCYCL. **Vitic.** Les vignes européennes, variétés (cépages) de l'espèce *Vitis vinifera,* sont cultivées pour le raisin de cuve, de table ou à sécher. Les vignes américaines servent de porte-greffes et d'hybrides producteurs directs. Elles ont été utilisées pour reconstituer le vignoble européen détruit par le phylloxéra dans la 2e moitié du XIXe s. Les vignes asiatiques sont ornementales. La vigne est une plante de climat tempéré qui se développe sur des sols très variés. La plantation est réalisée à partir de plants greffés-soudés ou de greffage sur place. Autrefois culture exigeant beaucoup de main-d'œuvre, la vigne est maintenant conçue pour une mécanisation poussée ; la vendangeuse se répand très vite, la machine à tailler en est au stade expérimental.

Il existait environ 10 millions d'ha de vigne dans le monde à la fin des années 1980. L'Espagne (1 710 000 ha), l'Italie (1 380 000 ha), l'U. R. S. S. (1 280 000 ha), la France (1 175 000 ha) étaient les pays disposant des vignobles les plus étendus.

vigne et du vin *(Office international de la)* **[O. I. V.],** organisme dans lequel s'échangent les résultats des recherches en viticulture et en œnologie, et qui cherche à harmoniser les législations des pays viticoles.

VIGNEAU → VIGNOT.

VIGNEAULT (Gilles), auteur-compositeur et interpète canadien (Natashquan, Québec, 1928). Avec une conviction et un entrain communicatifs, il évoque, à travers de nombreuses chansons, son pays et sa culture *(Mon pays, Tam ti delam).*

VIGNEMALE, point culminant des Pyrénées françaises, à la frontière espagnole, au S. de Cauterets ; 3 298 m. Première ascension par H. Cazaux et B. Guilhembet, en 1837.

VIGNERON, ONNE n. (de *vigne*). Personne qui cultive la vigne, fait du vin.

◆ adj. Relatif à la vigne, au vigneron.

VIGNETAGE n. m. Assombrissement visible des angles ou des bords de l'image fournie par un appareil photographique, qui se produit lorsque les rayons lumineux marginaux transmis par l'objectif sont arrêtés, totalement ou partiellement, par la monture de l'objectif, par un parasoleil ou par la présence d'un cache.

VIGNETER v. i. (de *vignette*) [conj. 27]. Produire un vignetage.

VIGNETTE n. f. (de *vigne,* à cause des pampres et des ceps qui entraient souvent dans ce genre d'ornement). **1.** Carré ou bande de papier collé sur un objet et ayant une valeur légale attestant le paiement d'un droit. – **2.** Petit motif tel que fleuron, en-tête, lettre ornée, cul-de-lampe, etc., décorant les pages d'un livre. – **3.** Petite illustration de livre. – **4.** Tout motif, inscription sur papier ou plastique à coller sur un support à des fins de décoration, d'information, etc. – **5.** Ornement tissé ou brodé sur le bord d'un mouchoir. – **6.** *Vignette (automobile),* document fiscal sous forme d'étiquette à coller sur le pare-brise, attestant le paiement de la taxe différentielle annuelle sur les automobiles, instituée en 1956. – **7.** Timbre attaché à certaines spécialités pharmaceutiques, et que l'assuré social doit coller sur sa feuille de maladie. – **8.** Bande de papier imprimé, collée sur les emballages de tabac, de cigarettes, d'allumettes et pouvant avoir un caractère fiscal. – **9.** *Encre vignette,* encre noire de très bonne qualité, utilisée pour l'impression typographique.

VIGNETTISTE n. Personne qui dessine ou grave des vignettes de livres.

VIGNETURE n. f. (de *vignette*). Bordure ornée de rameaux de vigne d'une miniature, d'une pièce d'orfèvrerie (XIVe-XVe s.).

VIGNEULLES-LÈS-HATTONCHÂTEL (55210), ch.-l. de cant. de la Meuse, dans la Woëvre ; 1 422 hab. Dans l'église d'Hattonchâtel, retable en pierre attribué à L. Richier.

VIGNEUX-SUR-SEINE (91270), ch.-l. de cant. de l'Essonne, sur la rive droite de la Seine, en amont de Villeneuve-Saint-Georges ; 25 265 hab. *(Vigneusiens).* Sablières.

VIGNOBLE n. m. (anc. provenç. *vinhobre,* du lat. pop. **vineoporus,* du lat. class. *vinea,* vigne, et gr. *ampelophoros,* qui porte des vignes). **1.** Territoire planté de vignes. – **2.** Ces vignes elles-mêmes. – **3.** Ensemble des vignes d'une région, d'un pays : *Le vignoble espagnol.*

VIGNOBLE, bordure occidentale du Jura français entre Lons-le-Saunier et la vallée de la Loue. Les coteaux portent un vignoble développé (Arbois, Poligny, L'Étoile, Château-Chalon, Saint-Amour).

VIGNOLE (Iacopo BAROZZI, dit **il Vignola,** en fr.), architecte et théoricien italien (Vignola 1507 - Rome 1573). Après des années passées à Bologne, Rome, Fontainebleau (1541-1543), il s'installe définitivement à Rome, travaille à la villa Giulia, de goût maniériste (1550 et suiv.), construit la chapelle S. Andrea sulla Via Flaminia, au plan ovale annonciateur du baroque (1554), le palais Farnèse de Caprarola (1559-1573), etc. Son œuvre la plus célèbre est l'église du Gesù (à partir de 1568), prototype des églises de la Contre-Réforme. L'influence de Vignole ne sera pas moins grande avec sa *Règle des cinq ordres* (1562), qui, grâce à la vigoureuse simplicité de son interprétation de l'antique, deviendra pour plus de trois siècles la base des études académiques dans toute l'Europe.

VIGNOLES (Charles Blacker), ingénieur britannique (Woodbrook, Irlande, 1793 - Hythe, Hampshire, 1875). Il introduisit en Angleterre le profil de rail à patin dû à l'Américain Robert Stevens, et qui, depuis, porte à tort son nom.

VIGNON (Claude), peintre et graveur français (Tours 1593 - Paris 1670). Formé à Paris et en Italie, ouvert aux influences les plus diverses, de l'esthétique maniériste à l'art du Caravage, d'Elsheimer aux Vénitiens, il a laissé une œuvre abondante, variée, qui reflète un tempérament fougueux et imaginatif (*Adoration des Mages,* église St-Gervais, Paris).

VIGNON (Pierre Alexandre), architecte français (Paris 1763 - *id.* 1828), auteur principal (1806-1828) de l'église de la Madeleine à Paris.

VIGNORY (52320), ch.-l. de cant. de la Haute-Marne, dans le Barrois, à l'O. de la Marne ; 339 hab. Église de la 1re moitié du XIe s., très restaurée au XIXe (nef charpentée avec claire-voie ; chapiteaux ; sculptures des XIVe-XVIe s.).

VIGNOT ou **VIGNEAU** n. m. (de *vigne*). Autres noms usuels du *bigorneau.*

VIGNY (Alfred, *comte* DE), écrivain français (Loches 1797 - Paris 1863). Déçu par la vie militaire, il quitte l'armée en 1827 avec le grade de capitaine et fréquente les cénacles romantiques, catholiques et légitimistes. Il publie ses premiers *Poèmes* (1822), les *Poèmes* antiques et modernes* (1826) et un roman historique *Cinq-Mars** (1826) dont le succès l'encourage dans la voie du récit en prose ; il écrit alors deux ouvrages à thèse : *Stello** (1832) et *Servitude* et Grandeur militaires* (1835). Au théâtre, il participe à la bataille romantique (*Othello,* 1829) et fait représenter un drame en prose, *la Maréchale d'Ancre* (1831), et surtout *Chatterton** (1835). Après 1837, date de la mort de sa mère et de sa rupture avec l'actrice Marie Dorval, Vigny s'éloigne des milieux littéraires et publie quelques grands poèmes dans *la Revue des Deux Mondes* (« la Mort du loup », 1843 ; « la Maison du Berger », « le Mont des Oliviers », 1844 ; « la Bouteille à la mer », 1854). Élu, après cinq échecs, à l'Académie française, en 1845, il est blessé par la réponse du comte Molé à son discours de réception. Vivant tantôt dans la solitude du Maine-Giraud, dans l'Angoumois, tantôt à Paris, il est d'abord enthousiasmé par la révolution de 1848, mais l'évolution des événements et son propre échec aux élections en Charente lui apportent une nouvelle déception : il se rallie à l'Empire. Après sa mort ont paru *les Destinées** (1864), une suite de *Stello, Daphné* (1912), et le *Journal d'un poète* (1867-1948).

VIGO, port d'Espagne, en Galice, au fond d'une ria ; 259 000 hab. Port de pêche, de commerce et de voyageurs. Chantiers navals. Construction automobile. Industries alimentaires.

VIGO (Jean), cinéaste français (Paris 1905 - *id.* 1934). De son père, Miguel Almereyda, il avait hérité une conception de la vie assez anarchiste, et ses films furent violemment anticonformistes. Il tourna d'abord deux documentaires : *À propos de Nice* (1930) et *Taris* (1931). En 1932, il réalisa son premier grand film, *Zéro de conduite,* qui fut interdit par la censure pendant de nombreuses années. *L'Atalante* (1934) a été sa dernière œuvre.

VIGOGNE n. f. (esp. *vicuña,* du quechua). **1.** Petit lama sauvage (camélidé), au pelage laineux, des hautes montagnes du Pérou, du Chili et de Bolivie. – **2.** Laine fabriquée avec le poil de cet animal ; tissu léger et chaud fait avec cette laine.

VIGOUREUSEMENT adv. **1.** Avec force, puissance : *Un coup vigoureusement appliqué.* – **2.** Avec vigueur : *Protester vigoureusement.*

1. VIGOUREUX, EUSE adj. (de *vigueur*) **1.** Qui est plein de santé, qui a de la vigueur, de l'énergie, de la force : *Un garçon vigoureux.* – **2.** Qui est fait, appliqué avec vigueur : *Une vigoureuse poignée de main.* – **3.** Qui manifeste de la détermination, de la fermeté : *Un style vigoureux. Des mesures vigoureuses contre l'inflation.*

2. VIGOUREUX n. m. (de *Vigoureux,* n. pr.). **1.** Mode de teinture dans lequel on imprime transversalement des bandes de couleur sur des rubans de laine peignée. (En filature, le mélange de plusieurs de ces rubans donne un effet chiné.) – **2.** *Fil Vigoureux,* fil obtenu par ce procédé.

VIGUERIE n. f. (anc. provenç. *viguaria,* de *viguier*). **1.** Charge, fonction du viguier. – **2.** Territoire soumis à sa juridiction.

VIGUEUR n. f. (lat. *vigor*). **1.** Force physique ; capacité de résistance, de développement d'un être vivant : *La vigueur de la jeunesse.* – **2.** Grande force musculaire : *Vigueur d'un athlète.* – **3.** Puissance, fermeté, force manifestée dans la pensée, le style, l'expression : *S'exprimer avec vigueur.* – **4.** Aptitude des végétaux à se développer. – **5.** *En vigueur,* en application, en usage.

VIGUIER n. m. (anc. provenç. *viguier,* du lat. *vicarius*). **1.** Dans le midi de la France, juge qui rendait la justice au nom d'un comte ou du roi. – **2.** Magistrat et chef militaire d'Andorre.

V. I. H. n. m. (sigle de *virus d'immunodéficience humaine*). Dénomination française officielle du virus responsable du sida.

VIHĀRA n. m. inv. (mot sanskr. signif. *résidence*). **1.** Ensemble de logements construits, en Inde, pour abriter les moines bouddhistes. (Souvent rupestres, les cellules de ces monastères étaient ornées d'un décor peint ou sculpté.) — **2.** En Thaïlande, sanctuaire, lieu de prêche, de méditation et de prière.

VIHIERS (49310), ch.-l. de cant. de Maine-et-Loire, dans les Mauges ; 4 157 hab. *(Vihiersois)*. Textile. Laiterie.

VIHUELA n. f. (esp. *vihuela*). Instrument de musique espagnol à cordes pincées ou frottées, de la même famille que le luth et la guitare, et comportant une caisse plate de taille variable et échancrée, souvent percée de plusieurs petites rosaces.

VIJAYANAGAR, cap., auj. en ruine, d'un grand empire du même nom (1336-1565), située sur les rives de la Tungabhadra, dans le Karnātaka. À une époque où la région était déchirée par les conflits internes des monarques et les invasions des sultanats musulmans, ce royaume se souleva pour défendre l'hindouisme et l'unité culturelle hindoue. Ce fut une période de grande activité créatrice pour le sanskrit et la langue régionale kannara. Remarquablement organisé, en relation avec les Portugais et les musulmans, le Vijayanagar, dont un des plus célèbres empereurs fut Kriṣṇa Deva Rāya (1509-1529), devait être vaincu par une coalition de quatre sultans du Deccan à Talikoṭa (1565). La capitale se distinguait par son urbanisme, ses aménagements hydrauliques, l'importance et l'originalité de ses édifices, couverts d'une profusion de sculptures et de peintures (disparues).

VIJAYAVADA ou **BEZWADA,** v. de l'Inde (Andhra Pradesh), sur la Krishnā ; 545 000 hab. Pèlerinage hindou et bouddhique. Nœud ferroviaire et centre commercial et industriel.

VIKING [-kiɲ] adj. et n. Qui appartient aux Vikings.

Viking, programme américain de sondes spatiales automatiques destinées à l'exploration de la planète Mars. Deux sondes ont été lancées, en 1975. Chacune comprenait un module orbital, ou *Orbiter,* destiné à se satelliser autour de la planète, et un module d'atterrissage, ou *Lander,* destiné à se poser en douceur sur Mars pour procéder à des études in situ du sol et de l'atmosphère. Le Lander de Viking 1 atterrit le 20 juill. 1976 et celui de Viking 2 le 3 sept. 1976 ; le premier fonctionna jusqu'en nov. 1982, le second jusqu'en avr. 1980. Chaque engin comportait : une caméra à balayage panoramique ; un bras télécommandé muni d'une pelle permettant de prélever des échantillons de sol ; une petite station météorologique ; et trois expériences biologiques intégrées dans un même appareil, pour déceler la présence éventuelle de micro-organismes sur le sol martien. Ces expériences n'ont pas révélé de traces de vie.

VIKINGS, nom donné aux guerriers, navigateurs et marchands des pays scandinaves qui menèrent des expéditions maritimes de la fin du VIIIe s. au début du XIe s. Vers l'E., ils sont connus sous le nom de Varègues* ; vers le S., sous le nom de Normands*. Ils ont colonisé les Féroé, les Shetland, le nord de l'Écosse, la côte du Yorkshire, la région de Dublin, l'Islande, le sud du Groenland, et ils ont peut-être atteint la côte du Labrador en Amérique (Vinland).
L'archéologie scandinave a découvert les restes de villes-marchés (tombes, traces de remparts, armes et monnaies). Dans la sculpture sur bois, les Vikings ont associé au sens géométrique de la décoration barbare, favorable aux entrelacs, le style figuratif (figures fantastiques ornant les *drakkars*). On leur doit également les pierres runiques, levées, avec des inscriptions en style ornemental. La fin de l'« époque viking » (fin du VIIIe s.-début du XIe s.) correspond au regroupement des petits royaumes vikings en un seul royaume (Danemark, Norvège).

VIL, E adj. (lat. *vilis*). *Litt.* **1.** Qui suscite le plus profond mépris : *Un vil amour du gain.* — **2.** *À vil prix,* très bon marché.

VILA → PORT-VILA.

VILA CABRAL → LICHINGA.

VILA DE JOÃO BELO ou **JOÃO BELO** → XAI-XAI.

Világos *(capitulation de)* [13 août 1849], capitulation des insurgés hongrois devant les troupes russes, qui eut lieu à Világos (auj. Şiria, au N.-E. d'Arad).

1. VILAIN n. m. (bas lat. *villanus,* paysan, du lat. class. *villa,* ferme). Dans le système féodal, personne du peuple, roturier (par oppos. au noble) ; villageois, paysan (par oppos. au bourgeois) ; paysan libre par opposition au serf.

2. VILAIN, E adj. (de *vilain 1*). **1.** Qui est assez laid, désagréable à voir, qui déplaît : *Il a de vilaines mains.* — **2.** Qui est moralement laid, malhonnête ou indécent : *Avoir de vilaines pensées.* — **3.** Se dit d'un mal, d'une plaie qui laisse présager qqch de plus grave : *Une vilaine blessure.* — **4.** Se dit d'un temps désagréable : *Un vilain temps.*
◆ adj. et n. **1.** Se dit d'un enfant, de sa conduite, qui est désagréable, désobéissant. — **2.** *Fam.* Qui

n'est pas gentil (en partic. dans le langage des enfants) : *Un vilain monsieur.*
◆ **vilain** adv. Fam. *Il fait vilain,* il fait mauvais temps.
◆ n. m. Fam. *Du vilain,* des choses désagréables et fâcheuses ; scandale ; grabuge : *Ça va faire du vilain.*

VILAINAGE ou **VILENAGE** n. m. **1.** Condition de vilain. — **2.** Terre roturière.

VILAINE (la), fl. de Bretagne ; 225 km. Elle passe à Vitré, Rennes et Redon, puis coule dans une vallée élargie, coupée par un barrage près de son embouchure (à Arzal).

VILAINEMENT adv. *Litt.* D'une façon vilaine, contraire à la beauté, à la civilité, à la morale : *Un corps vilainement bâti.*

VILA-LOBOS (Heitor) → VILLA-LOBOS.

VILA NOVA DE GAIA, v. du Portugal (distr. de Porto), sur le Douro ; 61 000 hab. Centre du commerce de vins (porto). Céramique et verreries.

VILAR (Jean), acteur et metteur en scène français (Sète 1912 - *id.* 1971). Élève de Charles Dullin, excellent comédien, il créa en 1947 le festival d'Avignon et dirigea de 1951 à 1963 le Théâtre national populaire (T. N. P.). Il donna une vie nouvelle à des œuvres classiques françaises et étrangères, initiant un large public notamment à Brecht, O'Casey et Kleist.

VILA REAL, v. du Portugal, dans le Trás-os-Montes, ch.-l. de district, au pied de la serra do Marão ; 13 000 hab. Cathédrale gothique. Belles demeures du XVIe s.

VILA VELHA, v. du Brésil (État d'Espirito Santo), banlieue sud de Vitória ; 124 000 hab.

VILAYET n. m. (turc *vilâyet,* de l'ar. *wilāya*). Unité administrative, dans certains pays musulmans, notamment dans l'Empire ottoman.

VILBENOÎT (Marc), syndicaliste français (Versailles 1936). Secrétaire général de la Confédération française de l'encadrement-C. G. C. à partir de 1990, il en devient président en 1993.

VILCABAMBA *(cordillère de),* chaîne des Andes du Pérou, au N.-O. de Cuzco.

VILDRAC (Charles MESSAGER, dit **Charles**), écrivain français (Paris 1882 - Saint-Tropez 1971). Il fonda en 1906 le groupe de l'Abbaye, avec son beau-frère Georges Duhamel. Poète de la fraternité (*Livre d'amour,* 1910), il a illustré avec succès dans son théâtre l'esthétique intimiste (*le Paquebot « Tenacity »,* 1919 ; *Madame Béliard,* 1925 ; *la Brouille,* 1930).

VILEBREQUIN n. m. (moyen fr. *wimbelkin,* du moyen néerl. *wimmel,* vrille, avec l'infl. de *virer, vibrer* et *libre*). **1.** Outil manuel formé d'une tige coudée portant à une extrémité un dispositif de fixation (carré, mandrin) pour mèche de perçage ou clef de serrage, dont il permet la mise en action par rotation. — **2.** Arbre grâce auquel le mouvement rectiligne alternatif d'un dispositif piston-bielle est transformé en un mouvement de rotation. (Le vilebrequin d'une automobile est un arbre coudé, en acier forgé ou coulé, ou en fonte moulée, tourillonné sur des paliers placés à la partie inférieure du bloc-cylindres du moteur.)

VILEMENT adv. *Litt.* De façon vile, bassement malhonnête.

VILENAGE → VILAINAGE.

VILENIE [vilni ou vileni] n. f. (de *vilain*). *Litt.* **1.** Caractère vil de qqn, d'un comportement. — **2.** Action ou parole vile, basse et mesquine.

VILIOUÏ, riv. de Russie, en Iakoutie, affl. de la Lena (r. g.) ; 2 650 km (bassin de 454 000 km^2). Hydroélectricité.

VILIPENDER v. t. (bas lat. *vilipendere,* du lat. class. *vilis,* sans valeur, et *pendere,* estimer) [conj. **3**]. *Litt.* Traiter qqn, qqch avec beaucoup de mépris.

VILLA n. f. (ital. *villa,* du lat. *villa,* maison de campagne). **1.** Maison de plaisance située dans un lieu de villégiature : *Les villas du front de mer.* — **2.** Maison individuelle située en banlieue, en général plus luxueuse qu'un pavillon. — **3.** Petite rue ou impasse privée, avec les habitations qui la bordent. — **4.** Domaine rural ou riche demeure de villégiature à Rome et en Gaule romaine. (Aux temps mérovingiens et carolingiens, la villa latifundiaire domina, le type antique de la villa de plaisance ne réapparaissant qu'avec la Renaissance en Italie.)

VILLA (Doroteo ARANGO, dit **Francisco Villa** et surnommé **Pancho**), révolutionnaire mexicain (San Juan del Río, État de Durango, 1878 - Parral, État de Chihuahua, 1923). Paysan pauvre devenu voleur de bétail, il se joignit en 1910 à la lutte contre la dictature de Díaz dans le Nord. Après l'assassinat de Madero (1913), il lutta contre le dictateur V. Huerta en créant une armée révolutionnaire, la « Division du Nord », qui contrôlait une grande partie du pays en 1914. Battu en 1915 par Obregón, il mena la guérilla jusqu'en 1920 puis se rallia. Resté trop puissant, il fut assassiné.

VILLACH, v. d'Autriche (Carinthie), au confluent du Gail et de la Drave ; 40 000 hab. Églises anciennes, dont St-Jacques, des XIVe-XVe s. (pierres tombales, mobilier). Musée. Nœud ferroviaire.

VILLA CISNEROS → DAKHLA.

VILLACOUBLAY → VÉLIZY-VILLACOUBLAY.

VILLAFRANCA DI VERONA, v. d'Italie, en Vénétie (prov. de Vérone) ; 25 000 hab.
— **Hist.** Les préliminaires, qui, après Solferino, furent conclus à Villafranca (11 juill. 1859), mirent fin à la guerre d'Italie. Ils avaient été précédés d'un armistice (8 juill.).

VILLAFRANCHIEN n. m. (de *Villafranca,* n. pr.). Étage situé entre le pliocène et le pléistocène.

VILLAGE n. m. (bas lat. *villagium*). **1.** Groupement d'habitations permanentes, dont la majeure partie de la population est engagée dans le secteur agricole. — **2.** Ensemble des habitants d'une telle localité : *Tout le village est en émoi.* — **3.** Ensemble organisé de structures d'accueil, en partic. pour les séjours de vacances, de convalescence, de retraite, etc. : *Village de toile. Village-club.*

VILLAGEOIS, E n. Personne qui habite un village.
◆ adj. Relatif au village et aux villageois.

VILLAHERMOSA, v. du Mexique, cap. de l'État de Tabasco ; 390 161 hab. Musée du Tabasco (archéologie). Centre industriel dans une région pétrolière. Université. — Aux env., site archéologique de La Venta*.

VILLAINES-LA-JUHEL (53700), ch.-l. de cant. du nord-est de la Mayenne ; 3 273 hab. *(Villainais).* Appareils ménagers. Constructions mécaniques et électriques.

VILLA-LOBOS ou **VILA-LOBOS** (Heitor), compositeur brésilien (Rio de Janeiro 1887 - *id.* 1959). Autodidacte, il se passionne pour les traditions musicales de son pays, et donne dès 1915 des concerts de ses œuvres, à l'écriture pittoresque. De 1930 à 1944, il organise la vie musicale brésilienne et fonde l'Académie brésilienne de musique (1945). C'est surtout avec la série des 14 *Choros* (1920-1929), où se combinent les thèmes populaires, les rythmes des danses brésiliennes, la richesse des timbres et des harmonies, et avec les 9 *Bachianas brasileiras* (1930-1945) que Villa-Lobos a pris rang parmi les maîtres du Nouveau Continent.

VILLANCICO n. m. (esp. *villancico,* chant de Noël). Cantique populaire de Noël chanté en Espagne et en Amérique latine.

VILLANDRY (37510), comm. d'Indre-et-Loire, sur le Cher, à 17 km à l'O.-S.-O. de Tours ; 778 hab. Église romane. Château des XIVe et XVIe s. ; jardins à trois niveaux de parterres, restitués dans l'esprit de la Renaissance.

VILLANELLE n. f. (ital. *villanella,* de *villano,* paysan). **1.** Composition polyphonique, originaire de Naples ou de Venise, de caractère populaire, en vogue au XVe s. et au XVIe s. — **2.** À partir du XVIe s., chanson pastorale et populaire codifiée en un poème composé d'un nombre impair de tercets et terminé par un quatrain.

VILLANOVIEN, ENNE adj. et n. m. Se dit d'une civilisation du premier âge du fer en Italie, qui s'épanouit entre le IXe et le VIe s. av. J.-C. dans la région de Bologne (notamm. près du village de *Villanova*) et entre le IXe et le VIIIe s. av. J.-C. en Italie centrale et dont la principale caractéristique est l'incinération des morts (urnes cinéraires, biconiques ou en forme de cabane, en terre cuite, puis en bronze).

VILLANUEVA (Juan DE), architecte espagnol (Madrid 1739 - *id.* 1811). Fils d'un sculpteur déjà prénommé JUAN (1681-1765), formé à Rome, néoclassique, il a construit les deux *Casitas del Principe* de l'Escorial et du Pardo, le musée du Prado (1784), l'observatoire de Madrid (1790).

VILLARCEAU (Antoine YVON) → YVON VILLARCEAU.

VILLARD de Honnecourt, architecte et dessinateur français du début du XIIIe s. Il est célèbre par son album de croquis de 33 feuillets (B.N., Paris) : plans, machines de guerre, scènes diverses, objets d'orfèvrerie, figures construites sur des tracés géométriques. Il voyagea à travers l'Europe et collabora sans doute à la construction de la cathédrale de Cambrai.

VILLARD (Paul Ulrich), physicien français (Lyon 1860 - Bayonne 1934). Il a découvert et identifié en 1900 le rayonnement gamma des corps radioactifs. (Acad. des sc. 1908.)

VILLARD-BONNOT (38190), comm. de l'Isère, dans le Grésivaudan ; 6 395 hab. (→ BRIGNOUD.)

VILLARD-DE-LANS (38250), ch.-l. de cant. de l'Isère, dans le Vercors ; 3 497 hab. *(Villardiens).* Station climatique et de sports d'hiver (alt. 1 050-2 170 m).

VILLARET DE JOYEUSE (Louis Thomas, *comte* DE), amiral français (Auch 1747 - Venise 1812). Il livra, à la tête de l'escadre de Brest, les combats de prairial an II (28 mai-2 juin 1794), contre l'escadre anglaise de Howe. Après avoir commandé l'expédition contre Saint-Domingue (1801), il fut nommé capitaine général de la Martinique et de Sainte-Lucie (1802-1809).

VILLAROCHE, hameau de la comm. de Réau (Seine-et-Marne), au N. de Melun. Base aérienne de *Melun-Villaroche.* Construction aéronautique.

VILLARODIN-BOURGET (73500), comm. de la Savoie, en bordure de l'Arc, près de Modane ; 514 hab. Centrale hydroélectrique alimentée par le réservoir du Mont-Cenis. Sports d'hiver.

VILLARS (42390), comm. de la Loire, banlieue N.-O. de Saint-Étienne ; 8 295 hab. Château du XVIe s. Chaudronnerie.

VILLARS (Nicolas DE MONTFAUCON, *abbé* DE), écrivain français (près de Toulouse 1635 - assassiné sur la route de Lyon 1673). Célèbre pour un ouvrage sur les sciences occultes, *le Comte de Gabalis* (1670), il fut un critique acerbe, attaquant notamment Racine, Corneille et Pascal.

VILLARS (Claude Louis Hector, *duc* DE), maréchal de France (Moulins 1653 - Turin 1734). Il se distingue dans la guerre de Hollande, puis remplit des missions diplomatiques en Bavière et en Autriche. Dans la guerre de la Succession d'Espagne, il est vainqueur à Friedlingen (14 oct. 1702), ce qui lui vaut de devenir maréchal de France, puis à Höchstädt (20 sept. 1703). Envoyé dans les Cévennes contre les camisards, il obtient la soumission de Cavalier (1704). Créé duc en 1705, il combat encore sur le Rhin, en Italie et dans le Nord. Il est battu à Malplaquet (11 sept. 1709), non sans infliger de lourdes pertes à ses adversaires, le prince Eugène et Marlborough. Sa victoire décisive contre le prince Eugène à Denain (24 juill. 1712) hâte et facilite les négociation d'Utrecht (1713) et de Rastatt (1714). Après la mort de Louis XIV, il est membre du Conseil de régence (1718) et ministre d'État (1723). En 1733, Louis XV le nomme maréchal général et le charge d'un commandement en Italie, où il meurt. (Acad. fr., 1714.)

VILLARS-LES-DOMBES (01330), ch.-l. de cant. de l'Ain, dans la Dombes ; 3 449 hab. *(Villardois).* Église des XIVe-XVe s. Marché. Parc ornithologique.

VILLARS-SUR-OLLON, station d'été et de sports d'hiver de Suisse (cant. de Vaud), au-dessus de la vallée du Rhône.

VILLAVICENCIO, v. de Colombie, au S.-E. de Bogotá ; 98 000 hab. Industries alimentaires. Travail du cuir.

Villaviciosa *(bataille de)* [10 déc. 1710], bataille de la guerre de la Succession d'Espagne au cours de laquelle le duc de Vendôme battit les Anglais et les impériaux à Villaviciosa de Tajuña (au N.-E. de Guadalajara).

VILLE n. f. (lat. *villa,* maison de campagne). **1.** Agglomération relativement importante et dont les habitants ont des activités professionnelles diversifiées. (Sur le plan statistique, une ville compte au moins 2 000 habitants agglomérés.) [→ *encycl.*] — **2.** Ensemble des habitants de cette agglomération : *Toute la ville est en émoi.* — **3.** Les habitants des villes, par oppos. aux gens de la campagne ou, jadis, de la Cour. — **4.** Vie que l'on mène en ville : *Préférer la ville à la campagne.* — **5.** Administration de la ville : *Être chauffé par la ville.* — **6.** Partie d'une agglomération constituant une entité particulière : *La vieille ville.* — **7.** *À la ville,* dans la vie quotidienne, dans la vie privée, en partic. par oppos. à l'écran, à la scène. ‖ *De ville,* se dit des vêtements mis habituellement pour la vie ou les sorties courantes, sans spécificité (par oppos. à *de sport, de soirée,* à *uniforme, etc.*). ‖ *Dîner en ville,* réunion mondaine rassemblant des personnalités, en particulier du monde politique. ‖ *En ville,* dans la ville, par oppos. à la banlieue, au village, aux alentours ou à la campagne : *Aller en ville ;* dans la partie la plus commerçante de l'agglomération : *Faire ses courses en ville ;* hors de chez soi, dans un restaurant, un théâtre, ou chez des amis ; mention portée sur l'enveloppe d'une lettre quand celle-ci n'est pas adressée par la voie postale, mais directement déposée par qqn. (Abrév. E.V.) ‖ *Travaux* ou *ouvrages de ville,* syn. de BILBOQUET. ‖ *Ville nouvelle,* ville créée à proximité d'une agglomération urbaine importante et où est prévu le développement simultané des fonctions économiques et de résidence. (→ *encycl.*) ‖ *Ville franche,* ville qui avait reçu une charte de franchises. ‖ *Ville libre,* ville qui était devenue vassale au lieu d'être sujette. ‖ *Ville neuve,* ville fondée par une autorité seigneuriale pour être un centre de peuplement, et dotée en même temps de franchises. (Dans le Midi, elles étaient appelées *bastides.*) ‖ *Ville ouverte,* ville qui n'est pas défendue en temps de guerre.

ENCYCL. **Géogr.** La ville, dans son acception pratique (c'est-à-dire englobant des banlieues administrativement au moins partiellement autonomes), concentre environ la moitié de la population mondiale (→ URBANISATION). Un phénomène majeur récent quant à son extension planétaire est le développement, voire l'hypertrophie, de la grande ville, souvent la capitale dans les pays dits en voie de développement.

Aujourd'hui, on compte plus de 300 villes ou agglomérations millionnaires, dont une trentaine de plus de 5 millions d'habitants. Parmi ces dernières, on retrouve New York, Paris, Londres, Moscou ou Tōkyō, mais en majorité aujourd'hui des villes du tiers monde, comme les grandes métropoles d'Asie du Sud (Calcutta, Bombay, Delhi, Karāchi) et du Sud-Est (Jakarta, Bangkok), d'Amérique latine (Mexico notamment), d'Afrique même (Le Caire, bientôt rejoint par Lagos et Kinshasa).

• La *ville nouvelle* est née en Grande-Bretagne après la Seconde Guerre mondiale, destinée notamment à enrayer la croissance de l'agglomération londonienne. En France, autour de Paris, cinq villes nouvelles (Cergy-Pontoise, Saint-Quentin-en-Yvelines, Melun-Sénart, Évry, Marne-la-Vallée) ont été aménagées. D'autres villes nouvelles se sont développées aussi en province, à proximité (relative) de grandes agglomérations (L'Isle-d'Abeau entre Lyon et Grenoble, Le Vaudreuil ou Val-de-Reuil [près de

Rouen], Rives-de-l'Étang-de-Berre [près de Marseille]). Les villes nouvelles n'ont pas toujours obtenu les résultats escomptés (maintien de migrations pendulaires), en raison notamment de la crise économique, aussi de la réticence de communes concernées.

VILLE (Antoine DE), capitaine conseiller et chambellan de Charles VIII. Il se rendit célèbre par l'ascension, sur ordre du roi, du mont Aiguille (en Dauphiné) en 1492. Cette ascension constitue la première escalade dans l'histoire de l'alpinisme.

VILLE (Georges), agronome français (Pont-Saint-Esprit, Gard, 1824 - Paris 1897). Il a pressenti, avant que la preuve expérimentale en soit fournie, l'assimilation de l'azote gazeux atmosphérique par les légumineuses.

VILLÉ (67220), ch.-l. de cant. du Bas-Rhin, dans les hautes Vosges ; 1 556 hab.

VILLEBOIS-MAREUIL (Georges DE), officier français (Nantes 1847 - Boskop, Transvaal, 1900). Après avoir participé à la guerre franco-allemande et servi en Algérie (1881), il s'engagea dans la guerre des Boers (1899). Commandant une troupe de partisans contre les forces anglaises de Methuen, il fut tué lors d'un combat.

VILLEBON-SUR-YVETTE (91140), ch.-l. de cant. de l'Essonne, à 2 km au S. de Palaiseau ; 9 183 hab.

VILLE-CHAMPIGNON n. f. (pl. *villes-champignons*). Ville à l'accroissement de population très rapide.

VILLECRESNES (94440), ch.-l. de cant. du sud-est du Val-de-Marne ; 7 995 hab. Cultures de roses.

VILLE-D'AVRAY (92410), comm. des Hauts-de-Seine, dans les bois des Fausses-Reposes, au N.-E. de Versailles ; 11 645 hab. Église d'époque Louis XVI (peintures de Corot).

VILLEDIEU (Marie Catherine Hortense DESJARDINS, dite **Mme de**), femme de lettres française (Alençon ? v. 1631 ou 1640 - près d'Alençon 1683). Elle mena une vie aventureuse et lança la mode des romans courts sur un thème historique (*Anaxandre,* 1667 ; *Cléonice,* 1669).

VILLEDIEU-DU-CLAIN (La) [86340], ch.-l. de cant. de la Vienne, à 15 km au S. de Poitiers ; 1 367 hab. Église romane.

VILLEDIEU-LES-POÊLES (50800), ch.-l. de cant. de la Manche, dans le Bocage normand ; 4 615 hab. *(Sourdins).* Église du XVIe s. Marché agricole et petit centre industriel.

VILLEFONTAINE (38090), ch.-l. de cant. de l'Isère, partie de la ville nouvelle de L'Isle-d'Abeau ; 16 295 hab.

VILLEFORT (48800), ch.-l. de cant. de la Lozère, au pied du mont Lozère ; 708 hab. *(Villefortais).* Barrage sur l'Altier.

VILLEFRANCHE-DE-CONFLENT (66500), comm. des Pyrénées-Orientales, sur la Têt ; 264 hab. Anc. cap. du Conflent, fondée en 1095. Enceinte des XIIIe-XVe s., remaniée par Vauban. Église des XIIe-XIIIe s. (portails romans ; œuvres d'art) et nombreuses maisons anciennes.

VILLEFRANCHE-DE-LAURAGAIS (31290), ch.-l. de cant. de la Haute-Garonne, au S.-E. de Toulouse ; 3 337 hab. *(Villefranchois).* Église de style gothique méridional (XIIIe - XIVe s.), avec clocher-mur toulousain. Marché.

VILLEFRANCHE-DE-PANAT *(lac de),* retenue d'eau du dép. de l'Aveyron, couvrant environ 300 ha à l'extrémité occidentale du Lévezou, au N.-E. de Réquista.

VILLEFRANCHE-DE-ROUERGUE (12200), ch.-l. d'arrond. de l'Aveyron, aux confins du Massif central, sur l'Aveyron ; 13 301 hab. *(Villefranchois).* Bastide du XIIIe s., fortifiée au XIVe. L'église Notre-Dame (XIIIe-XVIe s.), au clocher-porche puissant, ferme un côté d'une remarquable place bordée de couverts. Chapelle des Pénitents-Noirs, du XVIIe s. Sur la rive gauche de l'Aveyron, importante chartreuse du XVe s., occupée par l'hospice. Agroalimentaire. Centre commercial.

VILLEFRANCHE-SUR-MER (06230), ch.-l. de cant. des Alpes-Maritimes, sur la *rade de Villefranche,* près de Nice ; 8 123 hab. Église du XVIIe s. Citadelle du XVIe s. Chapelle décorée par J. Cocteau. Station balnéaire. Centre de recherches sur le milieu marin.

VILLEFRANCHE-SUR-SAÔNE (69400), ch.-l. d'arrond. du Rhône, dans le Beaujolais ; 29 889 hab. (*Caladois,* du nom d'une paroisse englobée dans Villefranche). Église N.-D.-des-Marais, des XIIe-XVIe s. Maisons anciennes. Centre d'expédition du vin et de fabrication de matériel vinicole. Port fluvial. Constructions mécaniques et électriques. Industries chimiques, textiles et alimentaires.

VILLEGAIGNON ou **VILLEGAGNON** (Nicolas DURAND DE), marin français (Provins v. 1510 - Beauvais, près de Nemours, 1571). Il prit part à l'expédition de Charles Quint contre Alger et défendit Malte contre les Turcs (1541). Commandeur de Malte, il ramena Marie Stuart en France en évitant les escadres anglaises chargées de l'intercepter. Il fut chargé par Coligny de fonder une colonie de protestants dans la baie de Rio (1555).

VILLÉGIATURE n. f. (ital. *villeggiatura,* de *villeggiare,* aller à la campagne). Séjour à la campagne, à la mer, etc., pendant la belle saison, pour se reposer, prendre des vacances : *Aller en villégiature sur la côte basque.*

VILLÉGIATURER v. i. (conj. 3). *Fam.* et *vx.* Être en villégiature.

VILLEHARDOUIN, famille française d'origine champenoise, dont une branche s'illustra en Orient, à partir du XIIIe s., à la tête de la principauté d'Achaïe*. — GEOFFROI **de Villehardouin** (1148 - en Thrace 1213) fut maréchal de Champagne. Lors de la formation de la quatrième croisade (1199), il recommanda l'intervention des croisés dans les affaires de l'Empire byzantin. Après la prise de Constantinople (1204), il devint maréchal de Romanie et le principal conseiller du roi de Thessalonique, Boniface de Montferrat. Il a écrit une chronique de la croisade et des établissements latins. (→ *Histoire de la conquête de* CONSTANTINOPLE.) — GEOFFROI Ier, GEOFFROI II → GEOFFROI. — GUILLAUME II, second fils de Geoffroi Ier, fut prince d'Achaïe de 1246 à 1278. (→ ACHAÏE.)

VILLEJUIF (94800), ch.-l. de cant. du Val-de-Marne, banlieue sud de Paris ; 48 671 hab. Hôpital psychiatrique. Institut Gustave-Roussy (traitement du cancer). Hospice. Constructions électriques.

VILLÈLE (Jean-Baptiste Guillaume Joseph, *comte* DE), homme d'État français (Toulouse 1773 - *id.* 1854). Officier de marine établi à la Réunion de 1793 à 1807, il participe au soulèvement royaliste de Toulouse en 1814, critique la Charte et réclame le retour à l'Ancien Régime. Maire de Toulouse, et député en 1815, il est le chef le plus écouté des ultras. Ministre (févr. 1820), il juge trop modérée la politique de Richelieu et démissionne (juill. 1821). Il revient vite au pouvoir comme ministre des Finances (déc. 1821) puis président du Conseil (sept. 1822). L'expédition d'Espagne (1823) a lieu malgré lui. Il fait voter le mandat de sept ans pour les députés de la Chambre « retrouvée » (1824) et le milliard des émigrés (1825). Les pairs rejettent son projet rétablissant le droit d'aînesse (1826) et il doit retirer celui de Peyronnet sur la presse (1827). Il dissout alors la Garde nationale (avr. 1827) puis la Chambre (nov. 1827). Les élections donnant une majorité libérale, il démissionne (janv. 1828).

VILLEMAIN (Abel François), critique et homme politique français (Paris 1790 - *id.* 1870). Professeur à la Sorbonne, ministre de l'Instruction publique (1839-1844), il entreprit une réforme de l'enseignement secondaire. Son *Cours de littérature française* (1828-29), ses études de littérature ancienne et étrangère marquèrent le début de la littérature comparée. (Acad. fr., 1821.)

VILLE-MARIE, anc. nom de Montréal.

VILLEMESSANT (Hippolyte CARTIER DE), journaliste français (Rouen 1812 - Monte-Carlo 1879), fondateur du *Figaro* (1854).

VILLEMIN (Jean Antoine), médecin militaire français (Prey, Vosges, 1827 - Paris 1892). Il a démontré, dès 1865, la transmissibilité de la tuberculose.

VILLEMOMBLE (93250), ch.-l. de cant. de la Seine-Saint-Denis, banlieue est de Paris, au pied du plateau d'Avron ; 27 000 hab. *(Villemomblois).* Jouets.

VILLEMOT (Bernard), affichiste français (Trouville 1911 - Paris 1989). Son œuvre, qui s'est imposée après la Seconde Guerre mondiale, se caractérise par l'énergie de la ligne, la simplification des formes (campagnes *Orangina, Bally,* etc.).

VILLEMUR-SUR-TARN (31340), ch.-l. de cant. de la Haute-Garonne, sur le Tarn ; 4 903 hab. *(Villemuriens).* Équipement électrique. Industrie alimentaire.

VILLE-MUSÉE n. f. (pl. *villes-musées*). Ville riche en monuments de valeur et en œuvres d'art.

VILLENA (Enrique DE ARAGÓN, dit **marquis de**), écrivain espagnol (Torralba 1384 - Madrid 1434). Descendant naturel du roi Henri II le Magnifique, il écrivit des *Coplas* pour les fêtes de Saragosse et traduisit Virgile et Dante.

VILLENAUXE-LA-GRANDE (10370), ch.-l. de cant. de l'Aube, au N.-E. de Nogent-sur-Seine ; 2 157 hab. *(Villenauxiers).* Église St-Pierre-et-St-Paul, des XIIIe-XVIe s. Porcelaine et faïence.

VILLENAVE-D'ORNON (33140), ch.-l. de cant. de la Gironde, au S. de Bordeaux ; 25 957 hab. Vins rouges. Triage ferroviaire. Électronique.

VILLENEUVE (12260), ch.-l. de cant. de l'Aveyron, aux confins du Massif central ; 1 907 hab. Deux portes fortifiées. Église romane (fin du XIe s.) et gothique. Marché.

VILLENEUVE (Arnaud DE) → ARNAUD DE VILLENEUVE.

VILLENEUVE (Pierre Charles DE), marin français (Valensole 1763 - Rennes 1806). Commandant l'escadre de Toulon chargée de débloquer Brest pour permettre le débarquement en Angleterre, il dut se réfugier, après un combat indécis, au large du Ferrol (22 juill. 1805), dans la rade de Cadix. Il fut battu par l'escadre de Nelson au large du cap Trafalgar le 21 oct. 1805.

VILLENEUVE-D'ASCQ (59650), ch.-l. de cant. du Nord, à l'est de Lille, formé en 1970 par la fusion des trois comm. d'Annappes, Ascq et Flers-lez-Lille ; 65 695 hab. Musée d'art moderne (donation Masurel : Braque, Picasso, Modigliani, Léger, Bauchant, Lanskoy, etc.).

VILLENEUVE-DE-BERG (07170), ch.-l. de cant. de l'Ardèche, dans le bas Vivarais ; 2 373 hab. Petit centre touristique.

VILLENEUVE-DE-MARSAN (40190), ch.-l. de cant. des Landes, sur la bordure est du Marsan ; 2 124 hab. Église du XIIe s.

VILLENEUVE-LA-GARENNE (92390), ch.-l. de cant. des Hauts-de-Seine, banlieue nord de Paris, sur la Seine ; 23 872 hab. Port fluvial. Parc départemental. Constructions mécaniques.

VILLENEUVE-L'ARCHEVÊQUE (89190), ch.-l. de cant. de l'Yonne, sur la Vanne ; 1 153 hab. Église des XIIIe et XVIe s. (sculptures).

VILLENEUVE-LE-ROI (94290), ch.-l. de cant du Val-de-Marne, banlieue sud de Paris, près de l'aéroport d'Orly, sur la Seine ; 20 378 hab. *(Villeneuvois)*. Église des XIIe et XVIIe s. Constructions mécaniques.

VILLENEUVE-LÈS-AVIGNON (30400), ch.-l. de cant. du Gard, sur le Rhône, en face d'Avignon ; 10 785 hab. *(Villeneuvois)*. Anc. chartreuse (auj. Centre national pour les écritures dramatiques) fondée en 1356 par le pape Innocent VI ; fort St-André construit sur ordre du roi Charles V. Église et demeures de cardinaux de la même époque ; musée municipal dans l'hôtel Pierre de Luxembourg (*Couronnement de la Vierge* d'E. Quarton).

VILLENEUVE-LOUBET (06270), comm. des Alpes-Maritimes, à l'O. de l'embouchure du Var ; 11 625 hab. *(Villeneuvois)*. Château médiéval. Constructions mécaniques. Électronique. Musée dans la maison natale d'A. Escoffier.

VILLENEUVE-SAINT-GEORGES (94190), ch.-l. de cant. du Val-de-Marne, banlieue S.-E. de Paris, sur la Seine ; 27 476 hab. *(Villeneuvois)*. Église des XIIIe et XVIe s. Gare de triage. Matériel ferroviaire. Centre hospitalier.

VILLENEUVE-SUR-LOT (47300), ch.-l. d'arrond. de Lot-et-Garonne ; 23 760 hab. *(Villeneuvois)*. Anc. bastide construite de 1254 à 1264. Marché avec quelques industries (agroalimentaire, travail du bois, petite centrale hydroélectrique).

VILLENEUVE-SUR-YONNE (89500), ch.-l. de cant. de l'Yonne, au pied du pays d'Othe ; 5 072 hab. *(Villeneuviens)*. Anc. bastide du XIIe s., avec deux portes fortifiées et une église de style gothique bourguignon (façade Renaissance ; statues, vitraux).

VILLENEUVE-TOLOSANE (31270), comm. de la Haute-Garonne, à 12 km au S.-O. de Toulouse ; 7 594 hab.

VILLENNES-SUR-SEINE (78670), comm. des Yvelines, sur la Seine, en aval de Poissy ; 4 513 hab. Centre de villégiature ; plage.

VILLEPARISIS (77270), comm. de Seine-et-Marne, au pied des hauteurs de Vaujours ; 18 925 hab. *(Villeparisiens)*. Produits pharmaceutiques.

VILLEPINTE (93420), ch.-l. de cant. de la Seine-Saint-Denis, banlieue N.-E. de Paris ; 30 412 hab. *(Villepintois)*. Matériel photographique. Parc des expositions.

VILLEPREUX (78450), comm. des Yvelines, à 10 km à l'O.-N.-O. de Versailles ; 8 847 hab.

VILLEQUIER (76490), comm. de la Seine-Maritime, sur la Seine, en aval de Caudebec-en-Caux ; 831 hab. Dans le cimetière, tombeaux de Léopoldine Hugo et de son mari Charles Vacquerie, de Mme Victor Hugo et d'Adèle Hugo.

VILLERÉAL (47210), ch.-l. de cant. de Lot-et-Garonne, sur le Dropt ; 1 217 hab. *(Villeréalais)*. Bastide du XIIIe s. : place à cornières, église fortifiée, halle à étage (XIVe-XVIIe s.).

VILLEREST (42300), comm. de la Loire, sur la Loire, en amont de Roanne ; 4 157 hab. Barrage (destiné à régulariser le régime du fleuve) et centrale hydroélectrique.

VILLERMÉ (Louis René), médecin et sociologue français (Paris 1782 - *id.* 1863). Médecin dans les armées napoléoniennes, il se consacra à des recherches sociales et économiques après 1830. Il réalisa alors une enquête considérable à travers les régions industrielles françaises, dont il a tiré le *Tableau de l'état physique et moral des ouvriers dans les fabriques de coton, de laine et de soie* (1840).

VILLEROI (Nicolas DE NEUFVILLE, *seigneur* DE), diplomate et homme d'État français (Paris 1542 - Rouen 1617). Secrétaire d'État, il négocia avec les protestants les édits de pacification de Bergerac (1577) et de Fleix (1580). Destitué par Henri III (1588), il adhéra à la Ligue en 1589. Il se rallia à Henri IV (1593), qui le rétablit dans sa charge de secrétaire d'État. Il eut une forte influence politique jusqu'à sa destitution par Marie de Médicis en 1616. — Son petit-fils NICOLAS **de Neufville,** marquis, puis duc (1663) **de Villeroi,** maréchal de France (Paris 1598 - *id.* 1685), fut commandant de la place de Pignerol (1631-1635) et gouverneur de Louis XIV (1646). — Le fils du précédent, FRANÇOIS **de Neufville,** duc **de Villeroi,** maréchal de France (Lyon 1644 - Paris 1730), élevé avec Louis XIV, fut nommé maréchal de France (1693) par la faveur du roi. Il subit, devant le duc de Marlborough, la lourde défaite de Ramillies (23 mai 1706). Chef du Conseil des finances, et ministre d'État (1714), il prit part au Conseil de régence. En 1722, il fut exilé par le Régent.

VILLERS-BOCAGE (14310), ch.-l. de cant. du Calvados, dans le Bocage normand ; 2 851 hab. Marché. Industrie alimentaire.

VILLERS-BOCAGE (80260), ch.-l. de cant. de la Somme, dans la Picardie centrale ; 1 158 hab. *(Villardins).*

VILLERS-COTTERÊTS (02600), ch.-l. de cant. de l'Aisne, dans le Valois, entouré par la *forêt de Villers-Cotterêts ;* 8 904 hab. Château royal rebâti pour François Ier (décors intérieurs sculptés). Constructions métalliques. Industrie automobile. — La *forêt de Villers-Cotterêts* fut le point de départ de la première contre-offensive de Foch (18 juill. 1918) qui marqua le début du retournement de la situation stratégique en faveur des Alliés.

Villers-Cotterêts *(ordonnance de)* [août 1539], ordonnance promulguée par François Ier et rédigée par le chancelier Guillaume Poyet. Elle imposait notamment l'usage du français dans les actes politiques et judiciaires, et exigeait l'usage des registres de baptême (origine de l'état civil).

VILLERSEXEL (70110), ch.-l. de cant. de la Haute-Saône, sur l'Ognon ; 1 560 hab. Combat victorieux de l'armée de Bourbaki, les 8 et 9 janv. 1871 contre le corps d'armée Werder.

VILLERS-LE-LAC (25130), comm. du Doubs, à l'E. de Morteau, au-dessus du Doubs ; 4 217 hab. *(Villeriers).* Centre touristique. Horlogerie et décolletage.

VILLERS-LÈS-NANCY (54600), comm. de Meurthe-et-Moselle, banlieue S.-O. de Nancy ; 16 601 hab.

VILLERS-SAINT-PAUL (60870), comm. de l'Oise, dans la vallée de l'Oise, en amont de Creil ; 5 441 hab. *(Villersois).* Église romane et gothique. Industries chimique et métallurgique.

VILLERS-SEMEUSE (08000), ch.-l. de cant. des Ardennes, banlieue S.-E. de Charleville-Mézières ; 3 608 hab. Château de la fin du XVIe s.

VILLERS-SUR-MER (14640), comm. du Calvados, sur la Manche ; 2 023 hab. Station balnéaire.

VILLE-RUBAN n. f. (pl. *villes-rubans*). Syn. de CITÉ* LINÉAIRE.

VILLERUPT (54190), ch.-l. de cant. de Meurthe-et-Moselle, près du Luxembourg, sur l'Alzette ; 10 139 hab. *(Villeruptiens).* Métallurgie.

VILLE-SATELLITE n. f. (pl. *villes-satellites).* Ville ou village géographiquement séparé d'un centre plus important, mais qui a des relations étroites avec lui, bien qu'administrativement autonome.

VILLETANEUSE (93430), comm. de la Seine-Saint-Denis, au N. de Saint-Denis ; 11 194 hab. Industrie phonographique. Centre universitaire. Parc.

Villette (la), quartier du nord-est de Paris (XIXe arrond.), ancien centre du marché du bétail.

Villette *(parc de la),* établissement public créé le 13 juill. 1979 pour aménager les 55 ha de l'ancien site du marché national de la viande. Il comprend la *Cité des sciences et de l'industrie* au nord du site, la *Cité de la musique* au sud, reliées par un parc d'une trentaine d'hectares. La Cité des sciences et de l'industrie, ouverte en 1986, abrite, outre des salles d'exposition, des salles de découvertes réservées aux très jeunes, des salles d'actualité, un planétarium, une médiathèque, un centre de conférences et une salle de cinéma hémisphérique (la *Géode*) située à l'extérieur du bâtiment. La Cité de la musique est un lieu de formation, de diffusion et de pratique de la musique. Le Conservatoire national supérieur de musique y a été transféré en 1990. Les lieux ouverts au public ont été inaugurés en 1995 (le musée de la Musique en 1997).

VILLEURBANNE (69100), ch.-l. de cant. du Rhône, banlieue est de Lyon ; 119 848 hab. *(Villeurbannais).* Centre industriel (constructions mécaniques et électriques, textile, chimie). Institut national de physique nucléaire et de physique des particules (IN 2 P 3). I.N.S.A. de Lyon. École Nationale Supérieure des Sciences de l'Information et des Bibliothèques (E.N.S.S.I.B.). Théâtre national populaire. Musée d'art contemporain. Maison du Livre, de l'Image et du Son (œuvre de Mario Botta).

VILLEUX, EUSE adj. (lat. *villosus,* velu). **1.** Se dit d'un animal ou d'un végétal couvert de poils. (Syn. HISPIDE, TOMENTEUX.) — **2.** Se dit d'une tumeur d'aspect touffu, que l'on rencontre surtout au niveau du côlon.

VILLIAUMITE n. f. (de *Villiaume,* n. pr.). Fluorure naturel de sodium, cubique.

VILLIÉ-MORGON (69910), comm. du Rhône, dans le Beaujolais ; 1 630 hab. Vins rouges.

VILLIERS, ducs **de Buckingham** → BUCKINGHAM.

VILLIERS (George William Frederick), 4e comte **de Clarendon,** homme politique et diplomate britannique (Londres 1800-*id.* 1870). Ambassadeur à Madrid de 1833 à 1838, il y négocia le règlement de la succession espagnole. Lord-lieutenant d'Irlande (1847-1852), il dirigea le Foreign Office en 1853-1858, 1865-66 et 1868-1870.

VILLIERS (Gérard DE), écrivain français (Paris 1929). En 1965, il créa, dans *S. A. S. à Istanbul,* le personnage de S. A. S., héros de ses nombreux romans d'espionnage.

VILLIERS DE L'ISLE-ADAM (Philippe DE), grand maître de l'ordre de Malte (Beauvais 1464 - Malte 1534). Il s'illustra par la défense héroïque de

Rhodes contre Soliman le Magnifique (déc. 1522). En 1530, il obtint de Rome l'installation de son ordre à Malte.

VILLIERS DE L'ISLE-ADAM (Auguste, *comte* DE), écrivain français (Saint-Brieuc 1838 - Paris 1889). Issu d'une des plus anciennes grandes familles de France, ruinée par la Révolution, il fréquente à Paris les milieux littéraires. Dégoûté des mœurs contemporaines, il cherche à concilier rêve et logique, fantastique et réalité. Si ses *Premières Poésies* (1859), son roman *Isis* (1862) et ses drames (*le Nouveau Monde,* 1875) sont des échecs, son grand message, *Axel** (1890), trouve quelque écho après sa mort et, de nos jours il reste connu pour ses *Contes* cruels* (1883), *l'Ève future* (1886), *Tribulat Bonhomet* (1887), les *Histoires insolites* et les *Nouveaux Contes cruels* (1888).

VILLIERS-LE-BEL (95400), ch.-l. de cant. du Val-d'Oise, à l'E. de la forêt de Montmorency ; 26 223 hab. *(Beauvilérois* ou *Beauvilésois).* Église gothique et Renaissance (statues des XVIe et XVIIe s.). Centre hospitalier.

VILLIERS-MORIAMÉ (Antoine), pharmacien français (Carcassonne 1854 - Paris 1932). Il fut premier titulaire de la chaire de chimie analytique à l'École supérieure de pharmacie de Paris (1886-1925). Ses travaux portent notamment sur les ptomaïnes (1880), les alcaloïdes, l'analyse d'un curare *(Strychnos toxifera).*

VILLIERS-SUR-MARNE (94350), ch.-l. de cant. du Val-de-Marne, banlieue est de Paris, près de la Marne ; 22 815 hab. Église du XVIe s. Musée.

VILLINGEN-SCHWENNINGEN, v. d'Allemagne (Bade-Wurtemberg) ; 78 400 hab. Cathédrale des XIIe-XIIIe s. Centre industriel (horlogerie, mécanique).

VILLMANSTRAND → LAPPEENRANTA.

VILLON (François), poète français (Paris 1431 - apr. 1463). Villon a fait de sa vie, à laquelle la légende s'est vite mêlée, le thème de ses plaisanteries. Licencié et maître ès arts en 1452, le meurtre d'un prêtre dans une rixe l'oblige à se cacher. Il obtient des lettres de rémission de Charles VII, mais participe peu après au vol du collège de Navarre. En 1461, il est arrêté à Meung-sur-Loire et jeté dans les prisons de l'évêque d'Orléans, mais l'avènement de Louis XI le délivre. Condamné par le prévôt de Paris à être pendu, il échappe à la sentence : il est alors banni de Paris pendant 10 ans (1463). Outre ses deux chefs-d'œuvre, le *Lais** (1456) et le *Testament** (1461), il a composé des poésies diverses *(Ballade des dames du temps jadis).* Virtuose du vers, doué d'une imagination qui surprend par la vivacité du trait et la vraisemblance de la caricature, Villon apparaît comme le premier en date des grands poètes lyriques français modernes.

VILLON (Gaston DUCHAMP, dit **Jacques**), peintre et graveur français (Damville, Eure, 1875 - Puteaux 1963), frère de M. Duchamp et de R. Duchamp-Villon. Son art, fait d'intelligence et de travail rigoureux, s'attache essentiellement aux rapports de forme et de couleur qui organisent la composition. S'il doit beaucoup au cubisme (il participe en 1912 à la « Section d'or », peint en 1913 ses *Soldats en marche* du M. N. A. M.), il s'en distingue par une recherche chromatique riche et subtile, qui l'a mené un moment aux confins de l'abstraction. Jusqu'en 1910, il avait donné des dessins humoristiques. Son œuvre comporte encore des illustrations, des tapisseries, des vitraux (cathédrale de Metz, 1957).

VILLOSITÉ n. f. (lat. *villosus,* velu). **1.** État d'une surface velue ; ensemble des poils qui recouvrent cette surface. — **2.** Chacune des petites rugosités ou saillies de certaines surfaces qui leur donnent une apparence velue. — **3.** *Villosité choriale,* villosité de l'enveloppe externe de l'œuf des mammifères. ‖ *Villosité intestinale,* villosité de l'intestin grêle conique, plus ou moins large, et dont la hauteur ne dépasse pas 1 mm. (Ce sont les organes de l'absorption intestinale.)

VILMORIN (Louise LEVÊQUE DE, dite **Louise de**), femme de lettres française (Verrières-le-Buisson 1902 - *id.* 1969). Amie de Malraux, elle a donné une œuvre élégante et profonde, tant poétique (*Fiançailles pour rire,* 1939), que romanesque (*Madame de...,* 1951 ; *la Lettre dans un taxi,* 1958).

VILNIUS, anc. en russe **Vilna** ou **Vilnious,** cap. de la Lituanie ; 544 000 hab. Métallurgie et mécanique. Chimie. Électronique. Textile. Alimentation. Bois.
— **Hist.** Fondée au Xe s., elle devint la capitale de la Lituanie (1323). Elle fut enlevée à la Lituanie en oct. 1920 par les Polonais *(Wilno)* qui la conservèrent jusqu'à l'arrivée des troupes soviétiques (sept. 1939).
— **Bx-arts.** Vestiges du château médiéval, bâtiments universitaires, église St-Pierre-et-St-Paul, baroque (XVIIe s.), cathédrale reconstruite à l'époque néoclassique, etc. Musées.

VILVORDE, en néerl. **Vilvoorde,** comm. de Belgique, ch.-l. d'arrond. (avec Halle) du Brabant flamand ; 33 000 hab. Église gothique des XIVe-XVe s. (mobilier baroque). Centre industriel.

VIMĀNA n. m. inv. (mot sanskr. signif. *char divin*). En architecture indienne, type particulier de sanctuaire à superstructures pyramidales (par ex., temple de Śiva Brihadiśvara à Thanjāvūr).

VIMEU, région de Picardie, au S. de l'estuaire de la Somme. Élevage. La serrurerie, partiellement rénovée (robinets, coffres-forts, mobilier de bureau), se maintient.

VIMINAL *(mont),* l'une des sept collines de Rome, située à l'E. de la ville et du mont Quirinal et où furent bâtis les thermes de Dioclétien.

VIMOUTIERS (61120), ch.-l. de cant. de l'Orne, dans le pays d'Auge ; 4 801 hab. *(Vimonastériens).* Centre commercial.

VIMY (62580), ch.-l. de cant. du Pas-de-Calais, à 11 km au N.-N.-E. d'Arras ; 4 594 hab. *(Vimynois).* — La *crête de Vimy* fut abandonnée par les Français en 1915. Les Canadiens de l'armée de Byng reconquirent la ville et ses environs au cours de trois offensives (avr., juill. et sept. 1917). Un monument aux morts canadiens y a été édifié.

VIN n. m. (lat. *vinum*). **1.** Boisson fermentée préparée à partir de raisin ou de jus de raisin frais. (→ *encycl.*) — **2.** Nom donné à tous les jus dont une partie ou la totalité du sucre est transformée en alcool par fermentation : *Vin de riz.* — **3.** Dans le rite eucharistique, signe sacramentel du sang du Christ. — **4.** *Avoir le vin gai, triste, mauvais, etc.,* manifester de la gaieté, de la tristesse, de la méchanceté, etc., en état d'ivresse. ‖ *Être entre deux vins,* être quelque peu ivre. ‖ *Grand vin,* vin des crus les plus renommés. ‖ *Petit vin,* vin de terroir, de pays. ‖ *Route des vins,* itinéraire touristique reliant les localités produisant les crus fameux d'un vignoble réputé. ‖ *Vin d'appellation d'origine contrôlée (A. O. C.),* vin répondant à des critères bien définis concernant l'aire de production, les cépages utilisés, le rendement à l'hectare, la technique de vinification, le degré alcoolique minimal. ‖ *Vin aromatisé,* vin utilisé pour la fabrication d'apéritifs à base de vin (vermouth, quinquinas). ‖ *Vin de café,* vin rosé dont la cuvaison a duré moins de vingt-quatre heures. ‖ *Vin chaud,* boisson faite de vin rouge chauffé dans lequel on fait macérer des épices. ‖ *Vin de consommation courante (V. C. C.),* vin qui n'appartient à aucun régime particulier. (Ils représentent 62 % de la récolte de vin en France.) ‖ *Vin de coupage,* vin obtenu par le mélange de vins de provenances différentes. ‖ *Vin cuit,* vin provenant de moût concentré à chaud, qu'on laisse fermenter. ‖ *Vin délimité de qualité supérieure (V. D. Q. S.),* vin d'appellation simple, donnant au consommateur une garantie de qualité et qui doit être produit dans des conditions bien définies (aire de production, encépagement, degré alcoolique, rendement maximal à l'hectare). [Cette appellation est en voie de disparition.] ‖ *Vin doux naturel,* vin possédant naturellement une richesse alcoolique d'au moins 14° et enrichi en cours de fermentation de 5 à 10 % d'alcool. ‖ *Vin d'honneur,* petite cérémonie au cours de laquelle on boit du vin en l'honneur d'un personnage de marque, ou pour fêter un événement. ‖ *Vin de messe,* vin naturel utilisé dans la liturgie romaine. ‖ *Vin naturellement doux,* ou *moelleux,* ou *liquoreux,* vin n'ayant été l'objet d'aucune addition d'alcool, mais dont la fermentation n'a pas transformé tout le sucre en alcool. ‖ *Vin nouveau* ou *vin de primeur,* vin commercialisé rapidement après la vendange. ‖ *Vin de raisins secs,* vin obtenu par macération de raisins secs dans de l'eau chaude, puis par fermentation. ‖ *Vin de riz,* vin préparé à partir de riz cuit à la vapeur, puis soumis à fermentation. ‖ *Vin de table,* vin de consommation courante.

ENCYCL. Le vin de raisin frais est rouge, rosé ou blanc selon le mode de vinification *. Il contient cinq cents constituants : eau, alcool, acides organiques, sucres, matières minérales, composés phénoliques, substances azotées, pectines, vitamines du groupe B, composants volatils. La dégustation du vin fait appel à un vocabulaire spécial et très étendu qui permet de caractériser son aspect, son odeur, son goût. Des goûts désagréables peuvent être causés par certains cépages (vin foxé, musqué) ou par les récipients (goût de fût, de bois, de métal, etc.). Le vin peut être atteint d'altérations chimiques (casse, trouble) ou microbiennes (acescence, piqûre, graisse, etc.). Le vin peut être falsifié par adjonction de produits divers : eau (mouillage), alcool (vinage), colorants, conservateurs.

La *production mondiale* avoisine 300 millions d'hectolitres. L'Italie occupe le premier rang avec 60 millions d'hectolitres, suivie par la France (55), l'Espagne (25), l'Argentine (22), les États-Unis (17). Les plus gros consommateurs sont les États européens méditerranéens (France incluse).

vins *(Office national interprofessionel des)* **[O. N. I. vins],** établissement à caractère industriel et commercial, créé en 1983, avec pour mission de préparer et d'exécuter les décisions relatives aux vins et aux produits de la vigne, à l'exception des raisins de table et des raisins secs.

VĪNĀ n. f. inv. Cithare indienne sur bâton, à quatre cordes, munie de deux calebasses comme résonateurs.

VIÑA DEL MAR, v. du Chili, sur le Pacifique ; 253 100 hab. Faubourg nord de Valparaiso et station balnéaire.

VINAGE n. m. (de *viner*). Addition d'alcool au vin ou au moût, opération licite pour la préparation des mistelles et des vins spéciaux.

VINAIGRE n. m. (de *vin* et *aigre*). **1.** Produit obtenu par la fermentation acétique de boissons ou de dilutions alcooliques. (Outre son usage pour l'assaisonnement, le vinaigre est utilisé comme agent conservateur de fruits et légumes ainsi qu'en parfumerie.) [→ *encycl.*] — **2.** Fam. *Faire vinaigre,* se dépêcher. ‖ Fam. *Tourner en, au vinaigre,* s'aigrir, en parlant d'un vin ; prendre une fâcheuse tournure : *La discussion tournait au vinaigre.*

ENCYCL. Le vinaigre s'obtient par la transformation, en présence de l'oxygène de l'air, de l'éthanol en acide acétique et eau (acétification) sous l'influence de bactéries (acétobacter). Certaines de ces bactéries se développent à la surface du liquide alcoolique pour donner un voile *(mère du vinaigre).* Il existe trois méthodes de production industrielle du vinaigre. Le procédé traditionnel (pratiquement abandonné), dit « d'Orléans », consiste à mettre dans de grands fûts de chêne du vinaigre puis du vin dont l'alcool s'acétifie en quinze jours. La méthode dite « rapide » mise au point en Allemagne au XIXe s. par Schützenbach et aujourd'hui dépassée met en œuvre le développement d'acétobacter sur des copeaux de bois. On utilise désormais la méthode par culture immergée, appliquant des techniques de la fabrication des antibiotiques, qui permet à l'acétification de se développer dans un liquide chargé de bulles mais sans support. Pour la fabrication du vinaigre, on utilise des vins de table de faible degré, le cidre, des fruits fermentés (pamplemousse, dattes), la bière, l'hydromel.

VINAIGRE *(mont),* point culminant de l'Esterel (Var) ; 618 m. Panorama.

VINAIGRER v. t. (conj. 4). Assaisonner un aliment avec du vinaigre.

VINAIGRERIE n. f. **1.** Usine ou atelier où est élaboré le vinaigre. — **2.** Industrie du vinaigre.

VINAIGRETTE n. f. **1.** Sauce froide préparée avec du vinaigre, de l'huile et des condiments. — **2.** Véhicule ancien à deux roues, en forme de chaise à porteurs, dans lequel on se faisait traîner par un homme.

VINAIGRIER n. m. **1.** Personne qui élabore le vinaigre. — **2.** Personne qui dirige une vinaigrerie. — **3.** Récipient domestique pour la fermentation et le soutirage du vinaigre. — **4.** Burette pour servir le vinaigre. — **5.** L'un des noms usuels du carabe doré.

VINAIRE adj. (lat. *vinarius*). Relatif au vin.

VINASSE n. f. (de *vin*). **1.** *Fam.* Vin faible et fade, de mauvaise qualité : *Sentir la vinasse.* — **2.** Résidu de la distillation des moûts fermentés utilisé pour l'alimentation du bétail (vinasses de pommes de terre) ou comme engrais (vinasses de betteraves). ◆ adj. inv. et n. m. Rouge violet mal défini, un peu sale.

VINAY (38470), ch.-l. de cant. de l'Isère, dans la vallée de l'Isère ; 3 444 hab. *(Vinois).*

VINBLASTINE n. f. Alcaloïde indolique extrait de la pervenche rose *(Vinca rosea),* utilisé pour son action antimitotique, en partic. dans le traitement de la maladie de Hodgkin.

VINÇA (66320), ch.-l. de cant. des Pyrénées-Orientales, au pied des contreforts du Canigou ; 1 677 hab. *(Vinçanais).* Barrage-réservoir sur la Têt.

VINĆA, site préhistorique de Yougoslavie, au S. de Belgrade, sur le Danube, éponyme d'un faciès culturel du néolithique moyen et récent qui se développe entre 4000 et 3500 av. J.-C. dans le nord des Balkans. Cette culture se caractérise par une poterie noire lustrée à décor cannelé et par un grand nombre d'idoles féminines en terre cuite.

VINCAMINE n. f. Alcaloïde des feuilles de la petite pervenche *(Vinca minor),* possédant un pouvoir oxygénateur cérébral et vasodilatateur de la microcirculation.

VINCENNES (94300), ch.-l. de cant. du Val-de-Marne, proche banlieue est de Paris, au N. du *bois de Vincennes ;* 42 651 hab. *(Vincennois).* Centre résidentiel et industriel (produits photographiques, constructions mécaniques et électriques ; imprimeries, etc.).

Vincennes *(bois de),* à Paris, parc de l'E. de la capitale, situé au-delà du boulevard périphérique. C'est une partie de l'ancienne forêt de Bondy. Transformé en parc en 1731, réaménagé sous Napoléon III, il comprend un parc zoologique, un parc floral, un hippodrome, le musée des Arts* d'Afrique et d'Océanie, l'Institut national du sport et de l'éducation physique.

Vincennes *(château de),* château historique situé à Vincennes, entre cette ville et le bois de Vincennes. Vaste forteresse bâtie à l'emplacement d'un ancien rendez-vous de chasse, l'édifice fut commencé par Philippe VI et achevé par Charles V : enceinte rectangulaire aux 9 tours (arasées sous l'Empire), puissant donjon (transformé en prison d'État par Louis XI), sainte-chapelle (terminée au XVIe s.). Embelli du temps de Mazarin par Le Vau (pavillons du Roi et de la Reine), le château accueillit au XVIIIe s. une manufacture de porcelaine. L'ensemble devint arsenal sous Napoléon Ier, puis fort entouré de casemates et de glacis. La réhabilitation a débuté sous le second Empire. Le donjon abrite un Musée historique, tandis que les pavillons royaux sont occupés par les Services historiques de l'armée de terre (1946), de l'armée de l'air et de la marine (1974).

Vincennes *(hippodrome de),* principal hippodrome parisien, réservé aux courses de trot. La piste a 2 000 m de tour et est éclairée (courses en nocturne).

Vincennes *(manufacture de),* manufacture de porcelaine tendre fondée en 1738 au château de Vincennes par les frères G. et R. Dubois et qui, devenue manufacture royale (1753), fut transférée (1756) à Sèvres. De nombreux artistes, dont Boucher, ont participé aux créations de décors ; les célèbres fonds de couleur (bleu lapis, bleu céleste, jaune, vert) et les statuettes en biscuit ont fait la réputation de Vincennes, et de Sèvres par la suite.

VINCENNITE n. f. (de *Vincennes,* n. pr.). Gaz de combat à base d'acide cyanhydrique liquéfié, utilisé pendant la Première Guerre mondiale.

VINCENOT (Henri), écrivain français (Dijon 1912 - *id.* 1985), chantre de la Bourgogne (*le Pape des escargots,* 1972 ; *la Billebaude,* 1978 ; *les Étoiles de Compostelle,* 1982), et auteur des *Mémoires d'un enfant du rail* (1980).

VINCENT *(saint),* martyr (Huesca ? - Valence 304). Diacre de Saragosse, il fut supplicié par les Romains. Son culte est resté très populaire en Espagne. Il est le patron des vignerons.

VINCENT de Lérins *(saint),* moine d'origine gauloise et écrivain ecclésiastique († Saint-Honorat av. 450). Son *Commonitorium* (aide-mémoire), composé vers 434, est un document important de la pensée théologique du Vᵉ s. : il insiste sur l'importance de la Tradition dans la vie de foi.

VINCENT FERRIER *(saint),* dominicain espagnol (Valence, Espagne, 1350 - Vannes 1419). À partir de 1399, il se livre, à travers l'Europe, à un extraordinaire apostolat, appelant vigoureusement les chrétiens à la pénitence et fustigeant les vices des clercs. Canonisé en 1455.

VINCENT DE PAUL *(saint),* prêtre français (Pouy, auj. Saint-Vincent-de-Paul, 1581 - Paris 1660). Fils du pays landais, il est ordonné prêtre en 1600. Aumônier de la reine Marguerite de Valois (1610), curé de Clichy (1612), puis de Châtillon-sur-Chalaronne (1617) et aumônier général des galères (1619), il se « convertit » à la charité au contact de l'effroyable misère de son temps. Après avoir regroupé les confréries des dames de Charité sous l'autorité de Louise de Marillac, il fonde, avec cette dernière (1633), la communauté des Filles de la Charité ; en même temps, il se consacre à l'œuvre des Enfants trouvés et aux réfugiés chassés par la guerre de Trente Ans puis par la Fronde. Frappé de l'état déplorable du clergé, « Monsieur Vincent » crée la Société des Prêtres de la Mission (1625), dits « lazaristes », pour la formation des séminaristes et la réévangélisation des campagnes. Auréolé d'une autorité morale et d'un rayonnement exceptionnels, il assiste Louis XIII mourant (1643) et entre au Conseil de conscience. Canonisé en 1737.

VINCENT de Beauvais, dominicain français (v. 1190 - Beauvais 1264), conseiller de Saint Louis, auteur du *Speculum majus* (v. 1244), immense compilation où il présentait l'histoire du monde depuis la création jusqu'au XIIIᵉ s. apr. J.-C.

VINCENT (François-André), peintre et dessinateur français (Paris 1746 - *id.* 1816). Prix de Rome, tour à tour influencé par Fragonard puis par David (qu'il a toutefois précédé sur la voie du néoclassicisme), il occupe une place originale dans l'art de la fin du XVIIIᵉ s. (*Bélisaire,* 1776, musée Fabre, Montpellier ; *le Président Molé et les Factieux,* 1779, Palais-Bourbon ; *la Leçon d'agriculture,* 1801, Bordeaux).

VINCENT (Hyacinthe), médecin militaire français (Bordeaux 1862 - Paris 1950). Il fut professeur au Collège de France. Il a découvert l'infection fuso-spirillaire et l'angine qu'elle détermine. Il a contribué à la prophylaxie de la fièvre typhoïde, par un vaccin à l'éther. (Acad. des sc., 1922.)

Vincent *(angine de),* angine aiguë entraînant une ulcération unilatérale sur une amygdale. Cette angine est due à l'association d'un bacille du genre *fusiformis (bacille de Vincent)* et d'un spirochète ou spirille du genre *borrelia.*

VINCENT (le P. Louis Hugues), archéologue français (Saint-Alban-de-Varèze, Isère, 1872 - Jérusalem 1960). Dominicain, membre de l'École biblique et archéologique française à Jérusalem, il a été le spécialiste de l'archéologie palestinienne ; parmi ses ouvrages citons : *Jérusalem, recherches de topographie, d'archéologie et d'histoire* (2 vol., 1912-1922, avec le P. Abel).

VINCENT (Jean-Pierre), acteur, metteur en scène et directeur de théâtre français (Paris 1942). Directeur du Théâtre national de Strasbourg (1975-1983), puis administrateur de la Comédie-Française (1983-1986), il succède en 1990 à P. Chéreau à la direction du Théâtre des Amandiers, à Nanterre.

VINCI (Léonard de) → LÉONARD.

VINCKBOONS ou **VINGBOONS,** famille d'artistes hollandais d'origine flamande. — DAVID (Malines 1576 - Amsterdam v. 1629), peintre, s'est inspiré de G. Van Coninxloo pour ses paysages, de Bruegel le Vieux pour ses scènes de genre. — Son fils PHILIP, architecte (Amsterdam 1607/08 -*id.* 1678), a construit de nombreuses maisons à Amsterdam, dans un style classique qui a été très imité. — JUSTUS, frère du précédent, également architecte (Amsterdam 1620/21 - *id.* 1698), est l'auteur de la *Trippenhuis* à Amsterdam (1660).

VINCRISTINE n. f. Alcaloïde de la pervenche d'Amérique *(Vinca rosea)* utilisé, à l'état de sulfate notamment, dans le traitement des leucémies aiguës.

VINDEX (Caius Julius), général romain d'origine gauloise (Ier s. apr. J.-C.). Propréteur en Gaule, il se révolta contre Néron en faveur de Galba. Battu devant Besançon (68), il se tua.

VINDHYA *(monts),* région de l'Inde, dans le Deccan. Elle domine au N. le fossé de la Narbadā ; 850 m d'alt. environ.

VINDICATIF, IVE adj. (lat. *vindicare,* venger). **1.** Qui est porté à se venger. — **2.** Qui est inspiré par le désir de vengeance.

VINDICTE n. f. (lat. *vindicta*). *Litt.* **1.** Punition des crimes : *Exercer des vindictes.* — **2.** *La vindicte publique, populaire,* la poursuite d'un crime au nom de la société : *Désigner quelqu'un à la vindicte populaire.*

VINDOBONIEN n. m. (lat. *Vindobona,* de Vienne, en Autriche). Subdivision du miocène groupant les étages helvétien et tortonien.

VINDONISSA, important camp militaire romain (Ier-Ve s.), dont les ruines se trouvent non loin de l'actuelle *Windisch,* près de Brugg (Suisse) et qui participait à la défense du limes rhénan.

VINÉE n. f. **1.** Récolte du vin. — **2.** Branche à fruits dans la taille longue de la vigne.

VINER v. t. (de *vin*) [conj. 3]. Opérer le vinage.

VINET (Alexandre), théologien protestant et critique littéraire suisse (Ouchy 1797 - Clarens 1847). Sa pensée religieuse marqua le renouveau suisse et français du Réveil*. Défenseur de la liberté intérieure du chrétien, il affirma l'indépendance totale de l'Église à l'égard de l'État.

VINEUIL (41350), ch.-l. de cant. de Loir-et-Cher, près de la Loire ; 6 288 hab. Édition. Industrie alimentaire.

VINEUX, EUSE adj. (lat. *vinosus*). **1.** Se dit d'un vin riche en alcool. — **2.** Se dit d'une année où le vin est bon. — **3.** Se dit d'une région riche en vignobles. — **4.** Qui rappelle le goût ou l'odeur du vin : *Haleine vineuse.* — **5.** Qui rappelle la couleur du vin rouge : *Teint vineux.*

VINGBOONS → VINCKBOONS.

VINGT [vɛ̃ ; vɛ̃t devant une voyelle ou un *h* muet et dans les formes composées] adj. num. card. inv. (variable dans QUATRE-VINGTS, v. ce mot) [bas lat. *vinti,* du lat. class. *viginti*]. **1.** Deux fois dix : *Vingt hommes.* — **2.** S'emploie au sens de « vingtième » pour indiquer une numérotation, un rang : *Page vingt.* — **3.** Indique un nombre indéterminé mais important : *Je vous l'ai répété vingt fois.* — **4.** *Vingt ans,* symbolise la jeunesse : *Je n'ai plus mes jambes de vingt ans.*

◆ n. m. inv. Nombre 20 (désigne, selon les cas, le jour du mois, le numéro d'une maison, etc.) : *On se voit le vingt.*

Vingt ou **XX** *(cercle des),* association artistique belge fondée à Bruxelles, en 1883, par O. Maus. Ensor, Khnopff, Van Rysselberghe, G. Vogels. Des étrangers comme J. Toorop, Rodin, Signac en firent partie. Des Salons annuels étaient organisés, ouverts à toute l'avant-garde européenne, auxquels ceux de la *Libre Esthétique* succédèrent en 1894, alors que s'affirmait l'ascension du symbolisme.

VINGTAINE [vɛ̃tɛn] n. f. Quantité représentant vingt unités ou environ : *Le nombre des blessés atteint la vingtaine.*

VINGT-DEUX [vɛ̃tdø] adj. num. card. inv. *Renvoi aux vingt-deux (mètres),* au rugby, coup de pied en drop, donné sur la ligne des vingt-deux mètres par un joueur de l'équipe défendante pour une remise en jeu.

◆ interj. Pop. *Vingt-deux !* s'emploie pour avertir de la présence, de l'arrivée inopportune de qqn, en partic. de la police.

VINGT-ET-UN n. m. inv. Jeu de hasard (analogue au trente-et-un) dans lequel on reçoit deux cartes devant totaliser vingt et un points ou s'en approcher.

VINGTIÈME [vɛ̃tjɛm] adj. num. ord. **1.** Qui occupe le rang marqué par le nombre vingt : *La vingtième année.* — **2.** Qui est contenu vingt fois dans un tout : *La vingtième partie d'une somme.*

◆ n. m. **1.** Partie contenue vingt fois dans un tout. — **2.** *Impôt du vingtième,* impôt direct frappant de 5 % tous les revenus, privilégiés ou non, et qui fut institué en mai 1749 (édit de Marly) par Machault d'Arnouville. (Il fut aboli en 1786.)

VINGTIÈMEMENT [vɛ̃tjɛ-] adv. En vingtième lieu.

Vingt Mille Lieues sous les mers, roman de J. Verne (1870) : un extraordinaire voyage dans les profondeurs de l'océan à bord du *Nautilus,* submersible commandé par le capitaine Nemo.

VINGT-QUATRE [vɛ̃tkatr] adj. num. card. *Vingt-quatre heures,* un jour entier.

VINH, v. du Viêt-nam, ch.-l. de prov., dans la plaine du Sông Ca ; 44 000 hab. Centre du commerce du bois. Le port de Ben Thuy dessert la ville. Industries chimique et textile. Métallurgie.

VINICOLE adj. Relatif à la viniculture.

VINICULTURE n. f. Ensemble des activités d'élaboration, de conservation, de conditionnement et de commerce du vin.

VINIFÈRE adj. Qui est apte à la culture de la vigne, qui produit du vin.

VINIFICATEUR, TRICE n. Personne qui réalise la vinification.

VINIFICATION n. f. (de *vin*). Ensemble des techniques mises en œuvre pour transformer le raisin ou le jus de raisin en vin.
ENCYCL. Le traitement mécanique de la vendange comprend le foulage (éclatement du grain), l'égrappage (séparation du grain de la rafle), l'égouttage (séparation du jus qui s'écoule avant tout pressurage) et le pressurage qui fournit le jus ou le vin de presse.
La fermentation alcoolique, sous l'action de levures, s'effectue soit sur le jus obtenu par pressurage de raisins blancs ou noirs (vin blanc), soit sur la vendange de raisins noirs foulée et macérée (vin rouge). Le vin rosé s'obtient soit par une vinification en blanc de raisins noirs très colorés, soit par une vinification en rouge de raisins peu teintés, soit encore par une vinification en rouge avec un temps très bref de macération. Dans la macération carbonique, le raisin, mis en cuve sans être foulé, est additionné de gaz carbonique, et au bout de quelques jours le grain de raisin éclate. Quand la fermentation est achevée, on soutire le vin pour le séparer des lies. Il peut être coupé, clarifié, collé avant d'être mis en bouteille. Certains vins se commercialisent dans l'année qui suit la vendange (vins nouveaux notamment), d'autres vieillissent en tonneau ou en bouteille avant d'être mis sur le marché (élevage du vin). Les vins doux sont obtenus en arrêtant la fermentation alcoolique afin que le vin conserve une certaine teneur en sucre. Les vins mousseux sont obtenus soit spontanément (la fermentation se produit dans les bouteilles et donne le gaz carbonique), soit par la méthode champenoise.

VINIFIER v. t. (conj. 9). Procéder à la vinification.

VINIQUE adj. Qui provient du vin.

VINJE (Aasmund Olafsson), poète et journaliste norvégien (Vinje, Telemark, 1818 - Gran, Oppland, 1870). Opposé au traditionalisme et au romantisme littéraire, il fut un grand poète lyrique (*Poèmes,* 1864 ; *Grand Garçon,* 1866) et l'un des pionniers du *landsmål* (néonorvégien).

VINKENOOG (Simon), écrivain hollandais (Amsterdam 1928). Poète et romancier, il fut l'un des animateurs, dans les années 50, des « expérimentalistes » (*Atonaal,* 1951).

VINLAND (« Terre de vignes »), le plus occidental des pays découverts par les Vikings (v. 1000 apr. J.-C.). Il se situe sans doute en Amérique du Nord, peut-être à Terre-Neuve.

VINNITSA, v. d'Ukraine, sur le Boug méridional ; 367 000 hab. Centre industriel.

VINOGRADOV (Ivan Matveïevitch), mathématicien soviétique (Milolioub, Veliki Louki, 1891 - Moscou 1983). Il est le principal représentant de l'école soviétique en théorie analytique des nombres.

VINOGRADOV (Oleg Mikhaïlovitch), danseur et chorégraphe russe (Leningrad 1937). Il collabore comme chorégraphe avec le Ballet du Bolchoï (*Assel,* 1967), le Jeune Ballet (d'Igor Moïsseïev) [*Grand Pas classique,* 1968], le Ballet du Kirov (*Alexandre Nevski,* 1970), le ballet du théâtre Malyï (où il sera directeur de la danse de 1972 à 1977) [version de *la Fille mal gardée,* 1970]. En 1977, il est nommé directeur artistique au Ballet du Kirov, où il présente *la Ballade du hussard* (1980), *la Fée des montagnes de Ronda, le Revizor* (d'après Gogol) [1981].

VINOMÈTRE n. m. Appareil permettant de mesurer la température du vin.

VINOSITÉ n. f. (bas lat. *vinositas*). Qualité d'un vin vineux, qui a une forte teneur en alcool.

VINOY (Joseph), général français (Saint-Étienne-de-Saint-Geoirs 1800 - Paris 1880). Chef de la IIIe armée lors de la guerre franco-allemande, il participa à la défense de la capitale. Il succéda à Trochu à la tête de l'armée de Paris (22 janv. 1871) et signa l'armistice qui mit fin au siège de la ville.

VINSON *(mont),* point culminant de l'Antarctique, dans les monts d'Ellsworth (Antarctide occidentale) ; 4 897 m.

VINTAGE n. m. (angl. *vintage,* grand cru). Vin de Porto, récolté les années exceptionnelles, et qu'on laisse vieillir pendant au moins dix ans.

VINTIMILLE, en ital. **Ventimiglia,** v. d'Italie, en Ligurie (prov. d'Imperia), à l'embouchure de la Roya, près de la frontière française ; 26 300 hab. Station-frontière internationale. Commerce de fleurs.

VINYLACÉTYLÈNE n. m. Hydrocarbure insaturé $H_2C{=}CH{-}C{\equiv}CH$, obtenu par dimérisation à basse température de l'acétylène et employé pour la préparation du butadiène et du chloroprène.

VINYLAL n. m. Fibre chimique d'alcool polyvinylique acétalisé.

VINYLBENZÈNE n. m. Syn. de STYROLÈNE.

VINYLE n. m. (de *vin,* d'apr. *éthyle*). **1.** Radical monovalent $H_2C{=}CH{-}$. – **2.** Nom donné improprement aux matières plastiques obtenues par polymérisation des monomères vinyliques. — **3.** *Acétate de vinyle,* composé $H_2C=C=OCO=CH_2$, employé en synthèse organique et comme monomère du poly(acétate de vinyle). ‖ *Chlorure de vinyle,* gaz $H_2C=CH-Cl$, employé comme réfrigérant, comme intermédiaire en synthèse organique et pour la fabrication du poly(chlorure de vinyle). [Syn. CHLORÉTHYLÈNE.] — **4.** Disque microsillon en Vinylite (par opp. à *disque compact*) [Syn. DISQUE NOIR.]

VINYLIQUE adj. Se dit des composés renfermant le groupe vinyle.

VINYLITE n. f. (nom déposé). Copolymère de chlorure et d'acétate de vinyle, utilisé pour le pressage des disques microsillons.

VINYLOGIE n. f. Relation existant entre deux molécules qui diffèrent par l'intercalation d'une double liaison carbone-carbone. (Deux molécules vinylogues présentent des propriétés chimiques analogues. Par ex. : l'éthylène et le butadiène.)

VINYLOGUE adj. Relié par vinylogie.

VIOC, VIOQUE n. et adj. (anc. fr. *viot,* vieillard). *Arg.* Vieux, vieille, père, mère.

VIOL n. m. (de *violer*). **1.** Acte de pénétration sexuelle commis sur la personne d'autrui par violence, contrainte ou surprise et qui constitue un crime. — **2.** *Litt.* Action de violer qqch : *Viol d'un secret professionnel.* — **3.** *Litt.* Fait de forcer, de contraindre qqn contre sa pensée : *Un viol de conscience.*

VIOLACÉE n. f. (lat. *viola,* violette). Nom de famille d'herbes ou arbustes dicotylédones aux fleurs zygomorphes munies d'un éperon inférieur, tel que la violette et la pensée.

VIOLACER v. t. (conj. **16**). Donner une teinte qui tire sur le violet : *Le froid violaçait ses joues.* ◆ **se violacer** v. pr., **être violacé** v. pass. Devenir violet, tirer sur le violet.

VIOLATEUR, TRICE n. (lat. *violator*). *Litt.* **1.** Personne qui s'introduit par effraction dans un lieu. — **2.** Personne qui enfreint un engagement.

VIOLATION n. f. (lat. *violatio*). **1.** Action de transgresser une règle, la loi, un accord : *Violation d'un traité.* — **2.** Action de pénétrer de force dans un lieu : *Violation d'un territoire.* — **3.** Profanation d'un lieu sacré causée par des actes délictueux graves, et qui entraîne l'interdiction du culte dans ce lieu jusqu'à ce qu'il y ait réparation accomplie par une liturgie pénitentielle appropriée. — **4.** *Violation des correspondances,* délit commis par celui qui, de mauvaise foi, ouvre ou supprime la correspondance adressée à un tiers. ‖ *Violation de domicile,* délit commis par celui qui s'introduit ou se maintient irrégulièrement au domicile d'autrui et contre son gré. ‖ *Violation de la loi,* méconnaissance ou mauvaise application d'une disposition légale ou réglementaire commise dans une décision de justice. (Elle donne lieu au recours en cassation ou au recours pour excès de pouvoir.) ‖ *Violation du secret professionnel,* délit commis par la personne qui révèle à des tiers un secret qui lui a été confié du fait de son état ou de sa profession. ‖ *Violation de sépulture* ou *de tombeau,* délit qui consiste en une voie de fait portant outrage à un mort inhumé ou ayant fait l'objet d'apprêts funéraires.

VIOLÂTRE adj. (de *violet*). *Litt.* D'une couleur tirant sur le violet.

VIOLE n. f. (anc. provenç. *viola*). **1.** Tout instrument à cordes frottées, comportant des frettes sur son manche. (→ *encycl.*) — **2.** *Viole d'amour,* instrument à cordes frottées et à cordes sympathiques, de la famille des violons, mais ayant la morphologie d'une viole. ‖ *Viole de bras,* viole qui se joue à l'épaule, soutenue par le bras. ‖ *Viole de gambe,* viole qui se joue sur ou entre les jambes.

ENCYCL. La viole apparaît en Europe à la fin du XVe s. et sera utilisée jusqu'au milieu du XVIIIe s. Les violes ont toujours existé dans des tailles différentes : dessus, alto, ténor, basse et contrebasse (violone). Elles sont montées de six cordes accordées par quarte avec une tierce majeure centrale. À la fin du XVIIe s., les virtuoses français rajoutèrent une septième corde à la basse.

VIOLEMMENT adv. **1.** Avec une force extrême : *Le vent souffle violemment.* — **2.** Avec de la violence dans ses actes ou ses propos : *Il s'est jeté violemment sur moi.* — **3.** Avec une grande intensité, une grande vigueur, avec passion : *S'insurger violemment contre un projet.*

VIOLENCE n. f. (lat. *violentia*). **1.** Caractère de ce qui se manifeste, se produit ou produit ses effets avec une force intense, brutale et souvent destructrice : *Le vent souffle avec violence. La violence d'un choc.* — **2.** Caractère extrême d'un sentiment : *Violence des passions.* — **3.** Caractère de qqn qui est susceptible de recourir à la force brutale, qui est emporté, agressif : *Quand il est ivre, il peut être d'une grande violence.* — **4.** Extrême véhémence, grande agressivité, grande brutalité dans les propos, le comportement : *La violence de sa lettre nous fit peur.* — **5.** Abus de la force physique : *User de violence.* — **6.** Ensemble des actes caractérisés par des abus de la force physique, des utilisations d'armes, des relations d'une extrême agressivité : *Climat de violence.* — **7.** Contrainte, physique ou morale, exercée sur une personne en vue de l'inciter à réaliser un acte déterminé. — **8.** *Faire violence,* contraindre qqn par la force ; interpréter qqch d'une manière forcée : *Faire violence à un texte.* ‖ Fam. *Se faire une douce violence,* n'avoir pas à se forcer beaucoup pour faire qqch qu'en fait on aime particulièrement faire.

◆ **violences** n. f. pl. Actes violents volontairement commis aux dépens d'une personne et qui, suivant les circonstances, constituent soit un délit, soit l'élément constitutif d'un délit, ou une circonstance aggravante, soit un fait générateur d'excuse ou encore une voie de fait.

VIOLENT, E adj. (lat. *violentus*). **1.** Qui a une force impérieuse et brutale : *Une violente tempête.* – **2.** Se dit d'une couleur, d'un son, d'un goût, etc., qui est très marqué : *Un rouge violent.* – **3.** Qui exige une très grande force physique : *Détester les exercices violents.* – **4.** *Fam.* Qui est excessif : *C'est un peu violent ce qui lui est arrivé.* – **5.** Qui fait preuve d'un vif emportement, d'une grande brutalité envers qqn : *Il a été très violent avec moi.* – **6.** *Mort violente,* mort due à une cause externe (accident, homicide) ou à un suicide, par oppos. à *mort naturelle.* ‖ *Poison violent,* qui agit avec une rapidité et une force extrêmes.

◆ adj. et n. Qui est enclin à user avec brutalité de sa force physique, qui est très emporté, susceptible d'utiliser des armes : *Attention, c'est un violent.*

VIOLENTER v. t. (de *violent*) [conj. 3]. **1.** Commettre sur qqn un viol ou une tentative de viol. – **2.** *Litt.* Faire violence à qqn, à ses penchants.

VIOLER v. t. (lat. *violare*) [conj. 3]. **1.** Commettre un viol sur la personne de qqn. – **2.** Transgresser volontairement une loi, une règle, etc. – **3.** Ouvrir qqch ou pénétrer dans un lieu, de force : *Violer un coffre-fort.* – **4.** *Fam.* Obliger qqn à faire qqch en le poussant dans ses derniers retranchements. – **5.** *Violer les consciences,* leur imposer une idéologie, des idées contre leur volonté. ‖ *Violer le secret d'une correspondance,* en prendre connaissance indûment.

VIOLET, ETTE adj. (de *violette*). **1.** Se dit d'un pigment, d'un colorant ou d'une laque dont la couleur constitue l'une des limites visibles du spectre de décomposition de la lumière solaire et se rapproche de celle de la fleur nommée « violette ». – **2.** Dont la peau prend cette teinte, en partic. sous l'effet du froid : *Avoir les doigts violets de froid.*

◆ **violet** n. m. **1.** Couleur violette : *Les évêques sont habillés en violet.* – **2.** Nom usuel donné au microcosme des côtes de la Méditerranée à cause de sa peau violette à chair jaune.

ENCYCL. **Peint.** On distingue les pigments violets minéraux (violet de cobalt, violet d'outremer), les colorants violets organiques (violet de méthylène) ou d'origine animale (pourpre), et les laques violettes, utilisées dans les encres d'imprimerie.

Violet *(école)* ⟶ ÉLECTRICITÉ* ET DE MÉCANIQUE INDUSTRIELLES *(École d').*

VIOLETER v. t. (conj. 27). Teinter de violet.

VIOLETTE n. f. (anc. fr. *viole,* violette, du lat. *viola*). **1.** Herbe des sous-bois qui porte au début du printemps des fleurs souvent parfumées, de couleur violette ou blanche. (On cultive la violette pour la parfumerie, les espèces voisines ou *pensées* comme ornementales.) – **2.** *Bois de violette,* variété de palissandre du Brésil, de ton violacé veiné de noir, utilisé en ébénisterie et en tabletterie. ‖ *Violettes de Toulouse,* violettes cristallisées dans un sirop de sucre.

VIOLEUR, EUSE n. **1.** Personne qui a commis un viol sur qqn. – **2.** Personne qui viole qqch, un lieu, un contrat, etc. : *Violeur de coffre-fort.*

VIOLIER n. m. (anc. fr. *viole,* violette). Nom usuel de diverses giroflées, notamment de la quarantaine, et de diverses matthioles.

VIOLINE adj. et n. m. (de *violette*). D'une couleur violet pourpre.

VIOLISTE n. (de *viole*). Musicien qui joue de la viole.

VIOLLE (Jules), physicien français (Langres 1841 - Fixin 1923). En 1875, il fit au mont Blanc les premières déterminations de la constante solaire. Il inventa, en 1882, le calorimètre à refroidissement, dont le principe a conduit à la fabrication des bouteilles isolantes. (Acad. des sc., 1897.)

VIOLLET-LE-DUC (Eugène), architecte et théoricien français (Paris 1814 - Lausanne 1879). Il travaille, au sortir du collège, chez des architectes, fait des voyages archéologiques en France (1832-33) puis en Italie (1836-37). Mérimée, inspecteur général des Monuments historiques, lui fait confier des restaurations d'édifices comme l'abbatiale de Vézelay (1840), la Sainte-Chapelle de Paris (sous la direction de Duban), puis Notre-Dame, les cathédrales d'Amiens, de Chartres, de Reims, la basilique de Saint-Denis, etc. Sa théorie veut que la « restitution » d'un édifice soit établie en fonction des principes architectoniques dont découlent ses formes ; il est ainsi amené à interpréter des monuments selon une rationalité scientifique parfois peu accordée à l'invention créatrice des constructeurs médiévaux. Il fut sévèrement critiqué, mais grâce à lui furent sauvegardés de nombreux monuments. On lui doit une œuvre écrite de grande importance, notamment deux *Dictionnaires raisonnés,* consacrés l'un à l'architecture (10 vol., 1854-1868), l'autre au mobilier (6 vol., 1858-1875) du Moyen Âge français, ainsi que le projet, réalisé après sa mort, du musée des Monuments français. Il a en outre jeté, dans ses *Entretiens sur l'architecture* (1863-1872), les bases d'un nouveau rationalisme, incluant l'emploi du métal.

VIOLON n. m. (de *viole*). **1.** Instrument de musique à cordes frottées, muni d'un manche. (→ *encycl.*) — **2.** Personne qui joue du violon dans un orchestre. — **3.** *Fam.* Local de sûreté dépendant d'un poste de police, d'un corps de garde. — **4.** Fam. *Payer les violons (du bal),* faire les frais de qqch sans en avoir le profit. ‖ Fam. *Second* ou *troisième violon,* rôle subalterne. ‖ *Violon d'Ingres,* talent qu'une personne cultive en marge de son activité principale.
ENCYCL. Issu des anciennes vièles et violes de bras, le violon apparaît sous sa forme caractéristique au milieu du XVIᵉ s. L'instrument est monté de quatre cordes *(sol, ré, la, mi).* La famille des violons est composée du violon proprement dit (dessus), de l'alto (quinte), du violoncelle (basse) et de la contrebasse. Il existe d'autres tailles de violons d'étude pour enfants : le quart, le demi (53 cm) et le trois-quarts (56 cm). Les premiers violons ont été construits à Füssen en Bavière (Tieffenbrucker), en Italie à Brescia (Gasparo da Salo) et Crémone (A. et N. Amati). Les luthiers les plus célèbres ont été notamment les Gagliano, C. F. Gand, A. Guarneri, L. Guersan, A. Stradivari, J. Stainer, D. Montagnana. L'école italienne perdit sa prééminence au XIXᵉ s. au bénéfice de Paris (Nicolas Lupot, Jean-Baptiste Vuillaume).

VIOLONCELLE n. m. (ital. *violoncello*). Instrument de musique de la famille du violon, dont il constitue la basse. (Plus puissant que la basse de viole de gambe, il la supplanta définitivement vers 1750.)

VIOLONCELLISTE n. Musicien qui joue du violoncelle.

VIOLONE n. m. (ital. *violone,* grosse viole). Contrebasse de viole à six cordes.

VIOLONÉ, E adj. (de *violon*). Se dit d'un dossier de fauteuil, d'un objet chantournés, rappelant la forme du violon. (Style Louis XV.)

VIOLONEUX n. m. (de *violon*). **1.** Violoniste de village qui escorte les noces et participe aux manifestations populaires. — **2.** Mauvais joueur de violon.

VIOLONISTE n. Musicien qui joue du violon.

VIOMÉNIL (Charles Joseph Hyacinthe DU HOUX, *marquis* DE), maréchal de France (Ruppes, Vosges, 1734 - Paris 1827). Après avoir participé à la guerre de Sept Ans, puis combattu en Amérique avec Rochambeau (1780-1782), il fut nommé gouverneur de la Martinique (1789). Il fut maréchal général des armées portugaises (1801).

VIOMYCINE n. f. Antibiotique ayant une action bactériostatique sur le bacille tuberculeux.

VIOQUE → VIOC.

VIORNE n. f. (bas lat. *viburna,* du lat. class. *viburnum*). Arbuste (caprifoliacée) aux feuilles velues et grisâtres, aux fleurs en corymbe, aux fruits rouges virant soudain au noir. (L'obier, la boule-de-neige, le laurier-tin sont des viornes.)

VIOTTI (Giovanni Battista), violoniste et compositeur italien (Fontanetto Po, Verceil, 1755 - Londres 1824). Il fit des tournées de virtuose en Europe, puis se fixa à Paris, où il dirigea l'Opéra de Paris (1818-1821). Fondateur de l'école française de violon de la fin du XVIIIᵉ et du début du XIXᵉ siècle, il laisse des concertos qui forment l'essentiel de sa production. On lui doit aussi des duos pour violon, des sonates pour violon et basse.

VIOULÉ n. m. Nom usuel du *microcosme.*

V. I. P. [veipe] n. (sigle de l'angl. *very important person,* personne très importante). *Fam.* Personnalité de marque.

VIPÈRE n. f. (lat. *vipera,* p.-ê. de *vivipara,* vivipare). **1.** Serpent venimeux solénoglyphe, vivipare (vipéridé) des régions chaudes et tempérées froides de l'Ancien Monde. (→ *encycl.*) — **2.** Personne malfaisante ou médisante. — **3.** *Vipère de mer,* syn. de ENTÉLURE.
ENCYCL. Les vipères sont les plus septentrionaux des serpents venimeux. On les distingue à leur queue courte et brusquement rétrécie et à leur pupille en fente verticale ou, plus difficilement, à leur tête triangulaire et à l'étroitesse de la grande écaille interoculaire. Elles possèdent des crochets venimeux creusés d'un canal, portés en avant de la mâchoire par des maxillaires très courts, qui basculent à l'ouverture de la bouche et sont ainsi prêts à frapper. La mandibule permet l'ingestion de proies volumineuses. Le nom de vipère s'applique à plusieurs genres de serpents des régions chaudes : céraste, bitis, causus, ou vipère à cornes, etc. Les 3 espèces françaises : péliade, aspic, vipère d'Ursini, sont classées dans le genre *vipera.*
Bien que dangereuses par leur morsure, les vipères se rendent utiles en détruisant nombre de petits rongeurs.

VIPEREAU ou **VIPÉREAU** n. m. Jeune vipère.

VIPÉRIDÉ n. m. Nom de famille de serpents venimeux solénoglyphes tels que les vipères et les crotales.

VIPÉRIN, E adj. (lat. *viperinus*). **1.** Relatif à la vipère ou qui lui ressemble. — **2.** *Couleuvre vipérine,* couleuvre de mœurs aquatiques dont l'écaillure rappelle celle de la vipère. ‖ Litt. *Langue vipérine,* personne méchante et médisante.

◆ **vipérine** n. f. Herbe (borraginacée) velue, très décorative, aux feuilles rudes, aux fleurs groupées en cymes.

VIRACOCHA, dieu créateur et héros civilisateur du panthéon inca.

VIRAGE n. m. (de *virer*). **1.** Changement de direction d'un véhicule, de qqn en ski, en luge, etc. : *Faire un virage à droite.* – **2.** Partie courbe d'une route, d'une piste : *Virage dangereux.* – **3.** Changement d'orientation, de conduite : *Le virage à droite d'un parti de gauche.* – **4.** Changement de couleur d'un réactif coloré. – **5.** Opération transformant une photographie achrome en une image colorée. – **6.** *Virage de la cuti-réaction,* apparition de l'allergie dans l'organisme, la cuti-réaction précédemment négative devenant positive suite à la primo-infection tuberculeuse ou à l'administration du B. C. G.

VIRAGO [virago] n. f. (lat. *virago,* de *vir, viri,* homme). Femme d'allure masculine, autoritaire et criarde.

VIRAL, E, AUX adj. **1.** Relatif aux virus. – **2.** Provoqué par un virus : *Maladie virale.* – **3.** *Particule virale,* ensemble constitué par un axe d'acide nucléique (A. D. N. ou A. R. N.), caractéristique du virus en cause, et une coque de protéines (capside) qui l'entoure. (Syn. VIRION.)

VIRCHOW (Rudolf), médecin et homme politique allemand (Schivelbein, Poméranie, 1821 - Berlin 1902). Député progressiste à la Chambre prussienne (1862), puis au Reichstag (1880-1893), il combattit Bismarck, mais le soutint dans la lutte contre les catholiques, et lança l'expression de « Kulturkampf* ». Auteur d'importants travaux d'anatomie pathologique, il est le créateur de la pathologie cellulaire.

VIRE n. f. (de *virer*). Terrasse étroite, généralement horizontale, sur la paroi d'une montagne.

VIRE, fl. côtier du Bocage normand, passant à Vire et à Saint-Lô, et finissant dans la baie des Veys ; 118 km.

VIRE (14500), ch.-l. d'arrond. du Calvados, dans le Bocage normand ; 13 869 hab. *(Virois).* Église des XIIIe-XVe s., restaurée. Produits laitiers. Constructions mécaniques. Articles de table. La ville a beaucoup souffert des combats d'août 1944.

VIRÉE n. f. (de *virer*). *Fam.* **1.** Promenade ou voyage relativement brefs, faits en vue de se distraire : *Faire une virée en voiture.* – **2.** Fait d'aller d'un café, d'un établissement de loisirs, d'un lieu à un autre pour se distraire : *Une virée dans les cafés du centre-ville.*

VIRELAI n. m. (anc. fr. *vireli,* de *virer*). Petite pièce comptant quatre strophes dont la première, dite « strophe-refrain », est reprise intégralement ou partiellement après chacune des trois autres.

VIREMENT n. m. (de *virer*). **1.** Opération par laquelle un transfert de fonds est effectué du compte d'une personne au compte d'une autre. – **2.** *Virement de bord,* action de changer d'amures. ‖ *Virement de crédits,* changement d'affectation de crédits d'un chapitre budgétaire à un autre, en raison de la modification de la nature des crédits votés par le Parlement.

VIRÉN (Lasse), athlète finlandais (Myrskylä 1949). Il a été champion olympique du 5 000 m et du 10 000 m aux jeux Olympiques de 1972 et 1976.

VIRER v. i. (lat. pop. **virare,* du lat. class. *vibrare,* balancer) [conj. 3]. **1.** Tourner sur soi-même ; changer complètement de direction : *L'hirondelle tourne et vire sans cesse.* – **2.** Prendre un virage : *Virer à droite.* – **3.** Changer d'opinion et s'orienter politiquement vers telle idéologie. – **4.** Exercer un effort sur un cordage ou sur une chaîne par enroulement sur un treuil ou sur un guindeau. – **5.** *Manquer à virer,* ne pas réussir la manœuvre du virement de bord. ‖ *Virer de bord,* changer de direction pour se diriger vers un point se trouvant à l'opposé ou presque. (On vire de bord vent devant ou lof pour lof [vent arrière].)

◆ v. t. **1.** Transférer une somme d'un compte à un autre, faire un virement. – **2.** *Pop.* Enlever qqch (de qqpart), s'en débarrasser : *On devrait virer tous ces vieux papiers. Virer le vieux buffet au grenier.* – **3.** *Fam.* Expulser qqn d'un lieu, d'un groupe ; vider : *On l'a viré du syndicat.* – **4.** *Pop.* Congédier qqn ou s'en séparer : *Il a viré son employé.* – **5.** Changer la direction de la route du navire. – **6.** Soumettre une photographie à l'opération du virage. – **7.** *Virer l'ancre,* faire effort sur la chaîne pour retirer l'ancre du fond. ‖ *Virer un filet,* le sortir de l'eau ; le mettre de telle façon que l'on puisse en extraire le poisson.

◆ v. t. ind. Changer de couleur, de goût : *Le mauvais vin vire à l'aigre.*

VIRESCENCE [-rɛsɑ̃s] n. f. (lat. *virescere,* devenir vert). Verdissement pathologique des pétales d'une fleur, dû à une infestation microbienne.

VIRETON n. m. (de *virer*). Flèche d'arbalète à laquelle un empennage de lames obliques imprimait un mouvement rotatif.

VIREUR n. m. Tourteau circulaire percé de trous sur sa surface extérieure et monté sur l'arbre d'une machine pour la faire virer à froid.

VIREUX, EUSE adj. (lat. *virosus,* d'odeur fétide, de *virus,* poison). **1.** Se dit de produits végétaux, généralement toxiques tels que la ciguë et l'opium, qui ont une odeur ou une saveur nauséabondes. – **2.** Se dit de cette odeur ou de cette saveur elles-mêmes.

VIREVOLTE n. f. (de *virevolter*). **1.** Tour rapide que qqn fait sur lui-même. – **2.** Changement de direction, d'opinion.

VIREVOLTER v. i. (altér. du lat. *gyrare,* avec l'infl. de l'ital. *giravolta,* tour en rond, et du lat. pop. **volvitare,* tourner) [conj. 3]. Tourner et retourner rapidement sur soi-même ; s'agiter en tous sens avec une certaine légèreté : *Elle virevoltait dans la maison, d'un invité à l'autre.*

VIRGATION n. f. (lat. *virga,* baguette). Torsion de l'axe d'une structure plissée qui détermine en plan, sur une carte géologique, une disposition arquée.

VIRGILE, en lat. **Publius Vergilius Maro,** poète latin (Andes, auj. Pietole, près de Mantoue, 70 av. J.-C. - Brindes 19 av. J.-C.). Né dans une famille modeste, il fait ses études à Crémone, à Milan et à Rome. De retour dans sa patrie, il fréquente le cercle littéraire d'Asinius Pollio, dont la protection lui permet d'obtenir la restitution de ses terres confisquées au profit des vétérans d'Octave. Le succès des *Bucoliques** qu'il compose entre 42 et 39 av. J.-C., l'amitié de Mécène et du futur empereur Auguste font alors du poète un des écrivains les plus estimés du nouveau régime. C'est près de Naples, où il passera presque toute sa vie, qu'il compose, entre 39 et 29, une grande fresque de la vie rustique, *les Géorgiques**, et, à partir de 29, une vaste épopée nationale, *l'Énéide**. Cette dernière œuvre n'est pas entièrement achevée lorsque Virgile meurt au retour d'un voyage en Grèce. Il aurait voulu que l'on détruise *l'Énéide,* qu'il jugeait imparfaite, mais, sur l'ordre d'Auguste, l'épopée est publiée et immédiatement considérée comme l'œuvre la plus importante de la latinité. Quant au poète, sa renommée ne cessa de grandir et tout un cycle de légendes se forma autour de sa mémoire.

1. VIRGINAL, E, AUX adj. (lat. *virginalis*). **1.** Qui appartient ou convient aux vierges, qui a qqch de chaste : *Candeur virginale.* – **2.** *Litt.* Qui est d'une pureté, d'une blancheur éclatantes, qui n'a jamais été touché : *La neige virginale.*

2. VIRGINAL n. m. ou **VIRGINALE** n. f. (pl. *virginals*) [angl. *virginal*]. Épinette rectangulaire très répandue en Angleterre au XVIIe s., où elle suscita un vaste répertoire.

VIRGINALISTE n. (de *virginal 2*). Musicien qui joue du virginal ou qui compose pour cet instrument.

VIRGIN GORDA, île des Petites Antilles (Leeward Islands), dans l'archipel des îles Vierges ; 21 km^2 ; 1 000 hab. Centre touristique.

VIRGINIA BEACH, v. des États-Unis (Virginie) ; 262 000 hab. Station balnéaire.

VIRGINIAMYCINE n. f. Antibiotique élaboré par un *streptomyces* voisin du *S. Virginæ,* actif sur les germes Gram positif et certains germes Gram négatif.

VIRGINIE n. m. Type de tabac originaire de Virginie, très cultivé.

VIRGINIE, nom donné officiellement en 1584, par Élisabeth Ire (la Reine vierge), à toute la région de la côte atlantique occupée, en Amérique, par les Anglais.

VIRGINIE, en angl. **Virginia,** État de la façade atlantique des États-Unis ; 105 586 km^2 ; 6 187 358 hab. Cap. *Richmond.* L'État, qui s'étend des Appalaches à la plaine côtière, fut la plus riche colonie aux XVIIe et XVIIIe s. Les activités sont diversifiées : agriculture (maïs, arachide, fourrage, tabac), élevage bovin et ovin, pêche et ostréiculture, industries (alimentation, textile, tabac, travail du bois et des métaux, construction navale, raffinage du pétrole).
— **Hist.** Colonisée à partir de 1607, devenue colonie royale en 1624, la région se donne une constitution dès 1776 et adhère à l'Union en 1788. L'État a donné aux États-Unis quatre grands présidents, Washington, Jefferson, Madison et Monroe. S'étant rangée du côté des sudistes (1861), la Virginie, vaincue, perdit ses comtés occidentaux, devenue l'État de Virginie-Occidentale (1863).

VIRGINIE, en lat. **Virginia** ou **Verginia,** jeune Romaine († Rome 449 ou 441 av. J.-C.) désirée par le décemvir Appius Claudius, qui avait tenté de faire usage de son pouvoir de magistrat pour arriver à ses fins. Le père tua sa fille pour lui éviter le déshonneur, puis se réfugia avec la plèbe sur l'Aventin.

VIRGINIEN, ENNE adj. et n. De Virginie.

VIRGINIE-OCCIDENTALE, en angl. **West Virginia,** État de l'est des États-Unis, détaché de la Virginie lorsque celle-ci fit sécession en 1862 ; 62 759 km^2 ; 1 793 477 hab. Cap. *Charleston.* Les forêts couvrent les trois quarts de l'État. Le travail du bois, le charbon, la production de coke et la métallurgie sont ses principales ressources.
— **Hist.** En avr. 1861, la Virginie se sépara de ses comtés occidentaux, hostiles à l'esclavage, qui devinrent un État de l'Union en 1863.

VIRGINITÉ n. f. (lat. *virginitas*). **1.** État de qqn qui n'a jamais eu de rapports sexuels : *Garder sa virginité.* – **2.** *Se refaire une virginité,* retrouver sa réputation.

VIRGULAIRE n. f. Cnidaire pennatulidé dont les tiges cornées, hautes de 1 m et couvertes de polypes, forment de véritables prairies sur certains fonds marins. (Syn. FUNICULINE.)

VIRGULE n. f. (lat. *virgula*). **1.** Signe de ponctuation (,) servant à distinguer, à l'intérieur de la phrase, des mots, des groupes de mots ou des propositions qu'il est utile de séparer ou d'isoler pour la clarté du contenu. – **2.** Signe servant à séparer, dans la notation décimale d'un nombre, partie entière et partie décimale. — **3.** Forme recourbée et terminée en pointe vers le bas comme une virgule : *Deux virgules de cheveux blonds.* — **4.** *Bacille virgule,* syn. de VIBRION (en partic. le vibrion cholérique). ‖ *Ne pas changer une virgule à un texte,* ne pas y apporter la moindre modification.

VIRGULER v. t. (conj. 3). Marquer de virgules : *Virguler un texte.*

VIRIAT (01440), ch.-l. de cant. de l'Ain, à 6 km au N. de Bourg-en-Bresse ; 4 723 hab. *(Viriates).* Stockage souterrain d'éthylène.

VIRIATHE, en lat. **Viriatus** ou **Viriathus,** chef des Lusitaniens révoltés contre la domination romaine († 139 av. J.-C.). Pâtre, il souleva ses compatriotes et battit les généraux romains mais ceux-ci le firent assassiner.

VIRIL, E adj. (lat. *virilis*). **1.** Qui concerne le sexe masculin : *Membre viril.* — **2.** *Litt.* Qui est relatif à l'homme adulte : *Âge viril.* — **3.** Qui possède les qualités traditionnellement reconnues à l'homme adulte : *Tenir un langage viril.* — **4.** Se dit d'un homme dont l'instinct sexuel est développé. — **5.** *Toge virile,* toge normale des citoyens romains adultes.

VIRILEMENT adv. De façon virile.

VIRILISANT, E adj. Qui provoque chez la femelle l'apparition de caractères sexuels secondaires de type masculin. (Syn. MASCULINISANT.)

VIRILISATION n. f. Apparition chez une femelle de caractères sexuels secondaires de type masculin. (Syn. MASCULINISATION.)

VIRILISER v. t. (conj. 3). Donner à qqn un air viril, masculin.

VIRILISME n. m. Aspect masculin d'une femelle. (Chez la femme, développement du système pileux, modification de la voix, hypertrophie clitoridienne.)

VIRILITÉ n. f. (lat. *virilitas*). **1.** Ensemble des caractères physiques de l'homme adulte ; ce qui constitue le sexe masculin : *Les attributs de la virilité.* — **2.** Capacité d'engendrer ; vigueur sexuelle. — **3.** Mâle énergie, courage.

VIRILOCAL, E, AUX adj. (lat. *vir, viri,* mari, et *locus,* lieu). Se dit du mode de résidence de jeunes époux qui doivent résider, ou construire leur demeure, dans le village des parents du mari.

VIRION n. m. Syn. de PARTICULE VIRALE*.

viris illustribus urbis Romae *(De),* par Lhomond (v. 1775) : ouvrage d'enseignement, qui contient en latin un abrégé de l'histoire romaine.

VIROFLAY (78220), ch.-l. de cant. des Yvelines, à l'E. de Versailles ; 14 735 hab. *(Viroflaysiens).* Agglomération résidentielle.

VIROÏDE n. m. Agent pathogène composé d'un acide ribonucléique libre de très petite dimension et dont le mode de réplication est inconnu. (On trouve notamm. des viroïdes dans la maladie des tubercules en fuseau de la pomme de terre, le rabougrissement du chrysanthème).

VIROLA n. m. Syn. de BABOEN.

VIROLAGE n. m. Action de viroler.

VIROLE n. f. (lat. *viriola,* de *viria,* bracelet, avec l'infl. de *virer*). **1.** Anneau plat de métal, qu'on met au bout de certains objets (manche d'outil, de couteau, etc.) pour les empêcher de se fendre, de s'user, etc. — **2.** Syn. de FRETTE-ÉCROU. — **3.** Bague en acier trempé destinée à recevoir le flan d'une médaille et à en maintenir le métal au moment de la frappe. — **4.** Tube métallique placé à l'extrémité de certains brins de cannes à pêche pour permettre de les réunir entre eux. — **5.** Cylindre métallique ou en béton précontraint, utilisé comme élément de construction d'enceintes et de réservoirs cylindriques.

VIROLER v. t. (conj. 3). **1.** Munir de viroles un manche d'outil, de couteau, etc. — **2.** Introduire les flans, destinés à produire des monnaies, dans la virole.

VIROLEUR n. m. Ouvrier qui fait des viroles.

VIROLOGIE n. f. Partie de la microbiologie qui a pour objet l'étude des virus.

VIROLOGIQUE adj. Relatif à la virologie.

VIROLOGISTE ou **VIROLOGUE** n. Spécialiste des virus et des maladies virales.

VIROSE n. f. Maladie provoquée par une infection virale.

VIRRÈS (Henry BRIERS, dit **Georges**), écrivain belge de langue française (château de Scherpenberg, près de Tongres, 1869 - château de Lummen, Limbourg, 1946). Disciple chrétien des naturalistes, il a peint dans ses romans les êtres frustes ou passionnés de sa Campine limbourgeoise (*Glèbe héroïque,* 1899 ; *les Gens de Tiest,* 1903 ; *la Route imprévue,* 1933).

VIRTON, v. de Belgique, ch.-l. d'arrond. de la prov. de Luxembourg, dans les Ardennes ; 10 440 hab. Centre touristique. Musée régional.

VIRTUALITÉ n. f. Caractère de ce qui est virtuel ; chose virtuelle : *Ce ne sont là que des virtualités.*

VIRTUEL, ELLE adj. (lat. médiév. *virtualis*). **1.** Qui n'est qu'en puissance, qu'en état de simple possibilité (par oppos. à ce qui est *en acte*) [contr. ACTUEL.]. — **2.** Qui comporte en soi-même les conditions de sa réalisation ; potentiel, possible. — 3. *Foyer virtuel,* point où se coupent les prolongements des rayons lumineux. ‖ *Objet virtuel,* objet dont les différents points se trouvent sur le prolongement des rayons incidents dans un système optique, et n'ont pas de réalité matérielle. ‖ *Principe des travaux virtuels,* principe de la mécanique, selon lequel pour tout déplacement virtuel d'un solide, compatible avec les liaisons à partir d'une position d'équilibre, la somme des travaux des forces appliquées au solide est nulle. ‖ *Quantons virtuels, particules virtuelles,* particules fictives permettant d'expliquer, en physique quantique, l'interaction entre quantons. (Cette notion remplace celle de champs de la physique classique.)

VIRTUELLEMENT adv. 1. De façon virtuelle, potentielle : *Nous sommes virtuellement libres.* — 2. Selon toute vraisemblance : *Ce club est virtuellement champion de France.*

VIRTUOSE n. (ital. *virtuoso*). 1. Instrumentiste capable de résoudre, avec aisance, les plus grandes difficultés techniques. — 2. Personne extrêmement habile dans un art, une technique, une activité : *Un virtuose du pinceau.*

VIRTUOSITÉ n. f. 1. Talent et habileté du virtuose en musique. — 2. Grande habileté artistique ou technique en général : *Faire preuve de virtuosité au volant.*

Virtuti militari, ordre militaire polonais, créé en 1792, supprimé en 1793, rétabli en 1807 comme ordre militaire du duché de Varsovie, devenu ordre russe en 1831, restauré en 1919.

VIRUÉS (Cristóbal DE), poète espagnol (Valence 1550 ? - *id.* 1609 ?). Il suivit le métier des armes, se fit connaître au théâtre par des tragédies pleines d'horreur. Il fut le rival de Lope de Vega à ses débuts. Son œuvre majeure est une épopée religieuse : *El Monserrate* (1587).

VIRULENCE n. f. (bas lat. *virulentia*). 1. Intensité du pouvoir pathogène d'une bactérie, d'un germe, d'un agent infectieux. — 2. Caractère d'âpreté violente : *Des critiques pleines de virulence.* — 3. Caractère dangereux et persistant de qqch : *La virulence de l'inflation.*

VIRULENT, E adj. (bas lat. *virulentus*). 1. Qui se rapporte à la virulence d'un germe, d'un parasite, ou qui en est doué. — 2. Qui est nocif et violent : *Poison virulent.* — 3. Qui a un caractère agressif très violent et mordant : *Un discours virulent.*

VIRULICIDE adj. et n. m. Se dit des substances qui détruisent les virus.

VIRUNGA ou, parfois, **BIRUNGA** *(chaîne des),* chaîne montagneuse volcanique aux confins du Ruanda, de l'Ouganda et du Zaïre. Le Karisimbi (4 507 m) est le volcan le plus élevé ; le plus connu par ses éruptions récentes est le Nyiragongo (3 470 m). Parc national.

VIRURE n. f. (de *virer*). File de bordages ou de tôles s'étendant de l'avant à l'arrière de la carène d'un navire.

VIRUS [-rys] n. m. (lat. *virus,* poison). 1. Micro-organisme invisible au microscope optique, traversant les filtres qui arrêtent habituellement les bactéries, possédant un seul type d'acide nucléique A. R. N. ou A. D. N., et parasite obligatoire des cellules eucaryotes. (Syn. vieillis VIRUS FILTRANT, ULTRAVIRUS, INFRAVIRUS.) [→ *encycl.*] — 2. *Litt.* Principe, source de contagion : *Le virus révolutionnaire.* — 3. Instruction ou suite d'instructions parasite(s) introduite dans un programme informatique et susceptible d'entraîner diverses perturbations dans le fonctionnement de l'ordinateur.

ENCYCL. La preuve de l'existence des virus a été apportée en 1898 par les travaux de Löffler et de Paul Frosch (1860-1928), qui ont inoculé la fièvre aphteuse au moyen de produit du grattage des pustules, apparemment stérile. En 1935, Stanley isola le virus de la mosaïque du tabac. Depuis cette date, l'ultracentrifugation, le microscope électronique et divers procédés de culture ont permis de préciser les propriétés des virus.

• *Caractères physiques.* La dimension des virus, est de 10 à 300 nm. Le microscope électronique montre que leur constitution est corpusculaire. Les virus ne se cultivent pas sur les milieux utilisés habituellement en bactériologie, mais seulement sur certains tissus vivants.

• *Structure.* Les virus, les plus simples des « êtres vivants », sont composés d'une seule chaîne d'acide nucléique, A. D. N. ou A. R. N. selon les cas, entourée de protéines formant une coque (capside) et provenant des cellules parasitées par le virus. Le virus ne peut donc vivre qu'en parasite dans une cellule (cellule hôte). Dès que la particule virale pénètre dans une autre cellule, elle perd son enveloppe (sa coque) et s'interpose dans le métabolisme de l'hôte, en s'associant à l'A. D. N. ou à l'A. R. N. de celui-ci, provoquant des désordres plus ou moins importants : si les métabolismes sont gravement perturbés, la cellule est tuée, le virus se reproduit et envahit d'autres cellules avec la coque qu'il s'est faite dans les précédentes (maladies infectieuses à virus) ; si les désordres sont moins importants, les cellules parasitées intègrent la partie nucléique du virus dans leur patrimoine chromosomique et deviennent des cellules transformées capables de divisions atypiques (cellules cancéreuses).

Selon le type de leur acide nucléique (A. R. N. ou A. D. N.), les virus sont classés en deux groupes.

Mais la découverte de la « reverse transcriptase » a permis de comprendre le mode d'action de certains virus à A. R. N. (rétrovirus) s'intégrant dans un génome sans être de l'A. D. N. Il s'agit de virus oncogènes tel celui du sarcome de Rous ou du virus lav (appelé aussi HIV ou V. I. H.) du sida. Parmi les réactions que présente la cellule hôte infestée par un virus, il faut noter la formation d'une substance nouvellement découverte, l'interféron*.

VIRY-CHÂTILLON (91170), ch.-l. de cant. de l'Essonne, à 17 km au S. de Paris, sur la Seine ; 30 738 hab. *(Castelvirois).* Constructions mécaniques. Plan d'eau.

VIS [vis] n. f. (lat. *vitis,* vrille de la vigne). **1.** Pièce comportant une partie filetée et une tête permettant de la faire tourner, de manière à en assurer la pénétration dans une pièce taraudée (par ex. un écrou), ou dans un milieu résistant, et servant à exercer une pression, notamment pour réaliser un assemblage, ou à transmettre un mouvement. (→ *encycl.*) — **2.** Escalier tournant autour d'un noyau *(vis à noyau)* ou d'un vide central *(vis à jour)* selon une courbe proche de l'hélice. (On dit plutôt ESCALIER À VIS ou EN VIS.) — **3.** Fam. *Donner un tour de vis, serrer la vis à qqn,* restreindre ses libertés, le traiter avec sévérité. ‖ *Vis d'Archimède,* hélice de tôle tournant autour de son axe dans une goulotte, et assurant ainsi le déplacement de matériaux pâteux ou pulvérulents. ‖ *Vis autotaraudeuse,* vis à extrémité légèrement conique, dont le filetage taraude, par refoulement de la matière, le trou dans lequel on la visse. ‖ *Vis à bois,* vis dont la partie filetée est conique et terminée par une pointe, qui ne nécessite pas le perçage préalable d'un trou, et qui est utilisée notamment pour les assemblages dans le bois. ‖ *Vis de direction,* vis sans fin disposée à l'extrémité inférieure de la colonne de direction, actionnée par le volant et commandant le déplacement du bras de direction. ‖ *Vis mère,* sur un tour, vis de pas rigoureux qui, lors des opérations de filetage, assure au traînard et à l'outil un déplacement de translation en relation avec le mouvement de rotation de la pièce à fileter. ‖ *Vis platinée,* chacune des pastilles de contact au tungstène des allumeurs classiques. ‖ *Vis de Saint-Gilles,* escalier à noyau plein sur voûte en berceau hélicoïdale. ‖ *Vis sans fin,* vis dont les filets agissent sur les dents d'une roue dentée placée dans le plan de l'axe de la vis. (Une rotation d'un tour de la vis fait tourner la roue d'un angle correspondant à une dent.) ‖ *Vis à tête fraisée,* vis dont la tête, conique en dessous et plate en dessus, peut se loger exactement dans un chanfrein du trou qui la reçoit.

ENCYCL. **Techn.** Une vis est caractérisée par son diamètre extérieur, le pas et le profil de son filetage*, la forme de sa tête, sa longueur sous tête et sa longueur filetée.

• La *vis d'assemblage* est, en général, à profil triangulaire. Associée à un *écrou,* elle constitue un *boulon.*

• La *vis de transmission* manœuvre dans un écrou. Le plus souvent, la vis tournante est immobilisée dans le sens axial, et l'écrou est entraîné en translation (manœuvre des organes de machines). Lorsque l'écrou, tournant, est immobilisé en translation, la vis se déplace longitudinalement (vérin, presse à vis, etc.).

La *vis sans fin* qui s'accouple à une roue dentée permet le renvoi transversal du mouvement et une très grande démultiplication.

VIS, en ital. **Lissa,** île croate de l'Adriatique, en Dalmatie ; 90 km^2 ; 6 800 hab. Pêche au thon. Vignobles. Oliviers. Tourisme.

VISA n. m. (lat. *visa,* choses vues, de *videre,* voir). **1.** Sceau, signature ou paraphe apposés sur un document, soit pour le valider, soit pour attester le paiement d'un droit. — **2.** Cachet authentique, valant autorisation de séjour, apposé sur un passeport par les services diplomatiques (ambassade, consulat ou représentation) des pays dans lesquels désire se rendre le demandeur. — **3.** Forme de contrôle préalable de l'engagement ou du paiement des dépenses publiques.

VISAGE n. m. (anc. fr. *vis,* du lat. *visus*). **1.** Face humaine, partie antérieure de la tête : *Un joli visage.* — **2.** Personne identifiée par sa face, sa figure : *Aimer voir de nouveaux visages.* — **3.** Expression des traits de la face : *Un visage souriant.* — **4.** *Litt.* Aspect sous lequel se présente qqch : *La ville offrait un visage de fête.* — **5.** *À visage humain,* qui prend en compte les aspirations individuelles dans leur diversité. ‖ *Faire bon visage à qqn,* l'accueillir aimablement. ‖ *Visage de bois,* visage fermé, air froid.

VISAGISTE n. Coiffeur, esthéticien qui a pour technique de mettre en valeur la spécificité d'un visage.

VISAKHAPATNAM ou **VISHAKHAPATNAM,** anc. **Vizagapatam,** v. de l'Inde (Andhra Pradesh), sur le golfe du Bengale ; 1 051 918 hab. Centre industriel (chantiers navals, raffinerie de pétrole, chimie, travail du jute) et port d'exportation (fer, manganèse, sucre, arachides).

1. VIS-À-VIS DE prép. (anc. fr. *vis,* visage). **1.** Juste en face de qqch, de qqn : *Des statues placées vis-à-vis l'une de l'autre.* — **2.** Envers qqn, à l'égard de qqn, de qqch : *Vis-à-vis de moi-même je suis plein d'indulgence.* (Certains puristes considèrent que seuls les noms de personne peuvent être compl. de *vis-à-vis.*)

◆ **vis-à-vis** adv. **1.** Face à face. — **2.** *Faire vis-à-vis à qqn,* se trouver en face de lui.

2. VIS-À-VIS n. m. inv. (de *vis-à-vis de*). **1.** Personne ou chose qui se trouve en face de qqn, de qqch d'autre : *J'avais pour vis-à-vis à table la présidente.* — **2.** Bâtiment, immeubles voisins que l'on voit en face d'une fenêtre.

VISAYAS ou **BISAYAS,** groupe insulaire de l'archipel des Philippines, entre Luçon et Mindanao, et comprenant notamment les îles de Cebu, Leyte, Masbate, Panay, Samar ; 61 077 km^2 ; 9 274 000 hab.

VISAYAS ou **BISAYANS,** population malaise des Philippines, rassemblant quelque 11 millions de membres.

VISBY, port de Suède, dans l'île de Gotland, sur la Baltique ; 20 100 hab. Enceinte médiévale. Cathédrale des XIIe-XIIIe s. Églises romanes et gothiques en ruine, maisons à colombages. Musée des antiquités de Gotland. Centre touristique.

VISCACHE n. f. (esp. *vizcacha,* du quechua). **1.** Gros rongeur de la pampa argentine, voisin du chinchilla, qui creuse des terriers complexes (viscachères) dans les prairies. (Syn. LAGOSTOME, LIÈVRE DES PAMPAS.) — **2.** *Viscache de montagne,* rongeur vivant dans les Andes centrales jusqu'à 5 000 m d'altitude.

VISCACHÈRE n. f. Terrier de la viscache.

VISCÉRAL, E, AUX [vise-] adj. (bas lat. *visceralis,* du lat. class. *viscus, -eris,* entrailles). **1.** Qui se rapporte aux viscères, qui les contient : *Cavité viscérale.* — **2.** Qui vient des profondeurs de l'être : *Une haine viscérale.* — **3.** *Arc viscéral,* pièce squelettique, cartilagineuse ou osseuse, soutenant la région bucco-pharyngée des vertébrés. (→ *encycl.*) ‖ *Squelette viscéral,* ensemble des arcs viscéraux.

ENCYCL. **Zool.** Chez les poissons et les larves d'amphibiens, on distingue un arc antérieur, dit mandibulaire, formant le soutien squelettique des mâchoires, suivi de l'arc hyoïde, articulé au neurocrâne, et qui « suspend » l'arc mandibulaire. Ces deux arcs sont suivis de 4 à 7 arcs branchiaux, qui soutiennent la région postérieure de la cavité pharyngienne, dévolue à la respiration branchiale. Le passage à la vie terrestre apporte les plus profondes modifications à ce squelette viscéral, dont les pièces changent de fonction et de position, et deviennent souvent minuscules.

VISCÉRALEMENT [vise-] adv. De façon viscérale.

VISCÈRE [visɛr] n. m. (lat. *viscus, -eris*). Nom générique des organes principaux tels que le cœur, l'estomac, les poumons, le foie, etc., situés dans les grandes cavités du corps.

VISCÉROMOTEUR, TRICE [vise-] adj. Se dit des voies et centres nerveux qui gouvernent les mouvements des viscères.

VISCÉRORÉCEPTEUR ou **VISCÉROCEPTEUR** [vise-] n. m. Organe sensoriel situé dans la muqueuse des viscères des vertébrés.

VISCHER, fondeurs et sculpteurs nurembergeois des XVe-XVIe s. L'atelier constitué par PETER L'ANCIEN (v. 1460-1529) et ses fils HERMANN LE JEUNE, PETER LE JEUNE, HANS et PAULUS pratiqua surtout l'art funéraire, vendant dans toute l'Allemagne et en Europe centrale dalles gravées, reliefs et statues dont le style gothique animé et décoratif évolue vers plus d'ampleur par une adhésion progressive à la Renaissance italienne (mausolée ou « châsse » de saint Sébald, laiton, 1488-1519, à Nuremberg).

VISCOÉLASTICITÉ n. f. **1.** Comportement rhéologique d'un matériau dont la réponse à une sollicitation donnée comporte une partie instantanée et une partie différée. — **2.** Ensemble des phénomènes (fluage, relaxation) caractérisant les polymères qui, sous l'action d'une contrainte, subissent des déformations permanentes.

VISCOÉLASTIQUE adj. (de *viscosité* et *élastique*). Relatif à la viscoélasticité.

VISCONTI (les), famille qui domina Milan de 1277 à 1447. — OTTON (Ottone) [1207 - Chiaravalle, près de Milan, 1295], seigneur de Milan (1277-78 et 1283-1295). Archevêque de Milan en 1262, il lutta contre la famille rivale des Della Torre et devint maître de la ville en 1277. Il fit élire capitaine du peuple (1287) son petit-neveu MATHIEU Ier *(Matteo)* [Invorio, près de Novare, 1250 - Crescenzago, près de Milan, 1322], qui devint vicaire impérial de Lombardie (1294) et prit le titre de seigneur général de Milan. Attaqué par les guelfes, il dut laisser le pouvoir à son fils GALÉAS Ier *(Galeazzo)* [1277 - Pescia 1328], seigneur de Milan (1322-1328), qui poursuivit la lutte contre les guelfes. — AZZON (Azzone), fils du précédent (Ferrare 1302 - † 1339), fut vicaire impérial (1329-30), puis seigneur général de Milan (1330-1339). Ses successeurs défendirent ou accrurent les possessions de la seigneurie, un moment partagée entre trois frères, MATHIEU II *(Matteo)* [v. 1319-1355], BARNABÉ (Bernabo) [1323-1385] et GALÉAS II *(Galeazzo)* [1320 - Pavie 1378]. Barnabé tomba entre les mains de son neveu, JEAN-GALÉAS (Gian Galeazzo) [1351 - Melegnano 1402], qui le fit empoisonner (1385) et obtint de l'empereur Venceslas les titres de duc de Milan et de duc de Lombardie (1397). Ses deux fils lui succédèrent : JEAN-MARIE (Giovanni Maria) [1389-1412], duc de Milan (1402-1412), après avoir emprisonné sa mère (1404), laissa le gouvernement au condottiere Facino Cane et mourut assassiné par des gibelins. PHILIPPE-MARIE (Filippo Maria) [1392-1447], son frère, comte de Pavie, seigneur de Milan (1412-1447), réussit à s'imposer comme seul maître du duché (1413) et reconstitua l'ensemble des domaines de son père, mais dut reconnaître l'indépendance de Gênes. Sans héritier mâle, Philippe-Marie donne en mariage sa fille naturelle BLANCHE-MARIE (Bianca Maria) [1425-1468] au condottiere François Sforza (1441). À la mort de Philippe-Marie s'éteint la branche ducale des Visconti. (→ SFORZA, MILAN.)

VISCONTI (Louis Tullius Joachim), architecte français (Rome 1791 - Paris 1853). Élève de Percier, auteur de divers travaux à Paris (fontaines monumentales, tombeau de Napoléon...), il fut chargé en 1851 de réunir le Louvre aux Tuileries et entreprit ce « nouveau Louvre », de style néo-Renaissance, que Lefuel allait réaliser.

VISCONTI (Luchino), cinéaste et metteur en scène de théâtre italien (Milan 1906 - *id.* 1976). D'abord assistant de Jean Renoir en France, il retourne ensuite en Italie et se consacre à la mise en scène théâtrale et cinématographique. Au cinéma, il a donné : *Ossessione* (1943), *La Terre tremble* (1950), *Senso* (1954), *Rocco et ses frères* (1960), *le Guépard* (1963), *Sandra* (1965), *les Damnés* (1969), *Mort à Venise* (1971), *le Crépuscule des dieux* (1973), *Violence et Passion* (1974) et *l'Innocent* (1976). Au théâtre, il a mis en scène de nombreuses pièces classiques et modernes, ainsi que des œuvres lyriques, pour Maria Callas notamment.

VISCOPLASTICITÉ n. f. Comportement rhéologique d'un matériau, caractérisé par le fait que si les contraintes restent inférieures à un certain seuil, les déformations sont petites.

VISCOPLASTIQUE adj. Relatif à la viscoplasticité.

VISCORÉDUCTION n. f. Diminution de la viscosité de résidus pétroliers par craquage modéré.

VISCOSE n. f. (de *visqueux* et *cellulose*). Dérivé de la cellulose obtenu par xanthation de cette matière, puis décomposition du xanthate par une solution acide, et employé à la fabrication de la rayonne, de la Fibranne et des pellicules cellulosiques transparentes (Cellophane).

VISCOSIMÈTRE n. m. Appareil utilisé pour mesurer la viscosité des fluides, principalement des huiles de graissage.

VISCOSIMÉTRIE n. f. **1.** Mesure de la viscosité des fluides. — **2.** Ensemble des mesures permettant de caractériser un polymère par détermination de sa viscosité. (La mesure du temps d'écoulement d'un polymère dilué dans un capillaire permet en particulier d'estimer sa masse molaire.)

VISCOSIMÉTRIQUE adj. Qui se rapporte à la viscosimétrie.

VISCOSITÉ n. f. (lat. médiév. *viscositas*). **1.** État de ce qui est visqueux, gluant. — **2.** Résistance d'un fluide au glissement d'une couche par rapport à une autre. — **3.** Lenteur d'adaptation des phénomènes économiques les uns aux autres. — **4.** Propriété physique d'un fluide, impliquant une relation entre les contraintes et les vitesses de déformation. — **5.** *Viscosité cinématique,* quotient de la viscosité dynamique d'un fluide par sa masse volumique à la température considérée. (Unité SI : le m^2/s.) ‖ *Viscosité dynamique,* coefficient caractéristique d'un fluide, égal à la force nécessaire au déplacement de l'unité de surface plane du fluide, avec une vitesse unité, par rapport à une autre surface plane du même fluide qui lui est parallèle à une distance unité. (Unité SI : le pascal-seconde.) ‖ *Viscosité électrique,* résistance qu'opposent les gaz au passage de l'étincelle électrique. ‖ *Viscosité mentale,* syn. de GLISCHROÏDIE.

VISÉ, en néerl. **Wezet,** v. de Belgique (prov. de Liège), au N.-E. de Liège, sur la Meuse ; 16 700 hab. Dans l'église, châsse de saint Hadelin, aux reliefs en argent repoussé (XIe-XIIe s.).

VISÉE n. f. **1.** Action de diriger le regard, une arme, un appareil photo vers qqch, un but, un objectif. — **2.** But assigné à une action, ce que l'on cherche à atteindre (surtout pl.) : *Des visées politiques.* — **3.** Dans la phénoménologie, orientation de l'esprit vers un objet. — **4.** *Ligne de visée,* ligne joignant l'œil du tireur à l'intersection des lignes de foi verticale et horizontale du collimateur d'un appareil de pointage. ‖ *Plan de visée,* plan vertical passant par l'œil du pointeur et la ligne de foi verticale du collimateur de l'appareil. ‖ *Tête de visée,* équipement de bord d'un avion, placé devant les yeux du pilote et faisant partie d'un système de tir et de bombardement. ‖ *Visée reflex, visée télémétrique,* visée obtenue avec un viseur reflex, avec un viseur à télémètre.

VISÉEN n. m. (de *Visé,* n. pr.). Étage du système carbonifère.

1. VISER v. i. (lat. pop. *visare,* du lat. class. *videre,* voir) [conj. 3]. **1.** Fixer avec attention, concentration son regard sur l'objectif qu'on veut atteindre. — **2.** *Viser haut,* avoir des projets ambitieux.

◆ v. t. **1.** Diriger son tir vers un objet, un but, une personne à atteindre : *Viser la quille en clignant de l'œil.* — **2.** Avoir un objectif en vue ; briguer : *Viser la place de quelqu'un.* — **3.** Chercher à obtenir qqch ; rechercher : *Viser des résultats concrets.* — **4.** Concerner qqn, qqch, leur être applicable : *Cette nouvelle mesure vise les professions libérales.* — **5.** *Fam.* Regarder qqch,

qqn qui sollicite l'attention (à l'impératif) : *Vise-moi cette toilette ridicule !* – **6.** *Viser un point marqué,* diriger la ligne de mire ou la ligne de visée sur l'objectif ou sur un point de pointage auxiliaire.
◆ v. t. ind. Avoir qqch en vue, poursuivre tel résultat : *Il vise à se concilier tout le monde. Un style qui vise à la sobriété.*

2. VISER v. t. (de *visa*) [conj. 3]. Marquer un document d'un visa qui le rend valable.

VISEU, v. du Portugal, dans la Beira ; 16 600 hab. Cathédrale en partie romane (voûte manuéline ; mobilier, œuvres d'art), et autres monuments. Musée Grão Vasco (œuvres de V. Fernandes* et d'autres peintres de l'école de Viseu [XVIe s.] ; sculptures, arts décoratifs, etc.). Carrefour routier. Centre agricole et artisanal.

VISEUR, EUSE n. Personne qui vise ; tireur au but.
◆ **viseur** n. m. **1.** Dispositif monté sur un appareil de prise de vues, permettant de délimiter, et parfois de mettre au point, l'image à enregistrer. – **2.** Instrument servant à viser. – **3.** Appareil analogue à une lunette astronomique, mais où l'objet est à distance finie.

VISEUX (Claude), sculpteur français (Champagne-sur-Oise 1927). Souvent faites d'un assemblage soudé de pièces industrielles en acier inoxydable, ses œuvres constituent une signalétique imaginaire et poétique dont la destination privilégiée est l'espace urbain (*Grand Sablier,* 1977, Saint-Martin-d'Hères).

VISHAKHAPATNAM → VISAKHAPATNAM.

VISHNOU → VIṢṆU.

VISHNOUISME, VISHNOUITE → VIṢṆUISME, VIṢṆUITE.

VISIBILITÉ n. f. (bas lat. *visibilitas*). **1.** Qualité de ce qui est visible, perceptible facilement : *Couleur qui augmente la visibilité d'un panneau.* – **2.** Possibilité de voir à une certaine distance : *Manque de visibilité dans un virage.* – **3.** Degré de transparence de l'air.

VISIBLE adj. (lat. *visibilis*). **1.** Qui est perceptible par la vue : *Des corps visibles à l'œil nu.* – **2.** Qui apparaît de manière manifeste, qu'on peut constater objectivement : *La situation s'améliore, c'est visible.* – **3.** Être en état de recevoir ou disposé à recevoir une visite : *Elle est visible tous les jours de midi à quatre heures.*
◆ n. m. *Litt.* Ensemble du monde, des choses, tels qu'ils se présentent à l'œil.

VISIBLEMENT adv. D'une façon évidente.

VISIÈRE n. f. (anc. fr. *vis,* visage). **1.** Pièce de casque qui se hausse et se baisse à volonté devant le visage. – **2.** Partie d'une casquette, d'un képi, qui abrite le front et les yeux. – **3.** Accessoire qui, fixé autour de la tête, protège les yeux de la lumière. – **4.** Litt. *Rompre en visière,* attaquer qqn de front, le contredire ouvertement ; prendre à partie, critiquer violemment qqch.

VISIGOTHS → WISIGOTHS.

VISIOCONFÉRENCE ou **VIDÉOCONFÉRENCE** n. f. Téléconférence permettant, en plus de la transmission de la parole et de documents graphiques, la transmission d'images animées des participants éloignés.

VISION n. f. (lat. *visio*). **1.** Perception par l'organe de la vue : *Troubles de la vision.* (→ encycl.) – **2.** Fait, action de voir, de regarder qqch : *La vision de ce film peut choquer certaines personnes.* – **3.** Manière de voir, de concevoir, de comprendre qqch de complexe : *Nous n'avons pas la même vision du monde.* – **4.** *Litt.* Image mentale de qqch qui s'impose à l'esprit : *Cette vision soudaine le troubla.* – **5.** Apparition, forme, être, représentation mentale qu'on voit ou qu'on croit voir, dont on attribue l'origine à des puissances surnaturelles : *Malade qui a des visions.*
ENCYCL. **Physiol.** et **Zool.** La vision, chez l'homme, comprend quatre fonctions étroitement liées, mais distinctes : la vision des formes, celle des distances, celle des couleurs et celle des mouvements.
1° La vision des formes peut être obtenue d'un seul œil et subsiste à éclairage réduit (scotopsie), bien qu'elle soit plus précise en lumière vive (photopsie).
2° La vision des distances est binoculaire et se fonde sur la comparaison cérébrale entre les images fournies simultanément par l'œil droit et par l'œil gauche, qui sont différentes.
3° La vision des couleurs a pour base la très légère diffusion de la lumière dans l'œil. Sur la fovéa, chaque « point » lumineux est une tache couvrant quatre cellules rétiniennes voisines, mais de microstructure différente.
4° La vision des mouvements a pour base la courte persistance des images sur la rétine, qui permet au cerveau de comparer deux positions successives d'un objet et d'en noter la différence.
De nombreuses espèces animales voient dans l'infrarouge ou dans l'ultraviolet, d'autres ne distinguent pas les couleurs, et la plupart d'entre elles ignorent la vision binoculaire de type humain. Lorsque l'œil* est trop différent du nôtre, comme chez les insectes, il est difficile de se représenter la vision.

VISIONIQUE n. f. Technique de réalisation et de mise en œuvre des systèmes de vision artificielle.
ENCYCL. Les systèmes électroniques de vision comportent des caméras vidéo compactes connectées à des processeurs et à des systèmes informatiques utilisant des algorithmes de re-

connaissance des formes issus des techniques d'intelligence artificielle. Ils procèdent en plusieurs étapes : acquisition et prétraitement de l'image, segmentation et interprétation de la scène ou de l'objet observés. Dans certains cas, on a recours à des caméras couleurs et à des systèmes complexes de reconnaissance tridimensionnelle. Le contrôle ou l'identification automatiques de pièces et le guidage d'engins mobiles ou de robots constituent les principales applications industrielles des systèmes de vision artificielle.

VISIONNAGE n. m. Action de visionner un film, des photos, une émission, etc.

VISIONNAIRE adj. et n. **1.** Qui a ou croit avoir des visions surnaturelles. — **2.** *Litt.* Qui est capable d'anticipation, qui a l'intuition de l'avenir : *Jules Verne fut un visionnaire.*

VISIONNER v. t. (de *vision*) [conj. 3]. **1.** Examiner un film ou des diapositives à la visionneuse. — **2.** Regarder un film, une émission, etc., à titre professionnel avant leur passage en public ou leur mise en forme définitive.

VISIONNEUSE n. f. Appareil assurant la vision, directe ou par projection, de microcopies, de diapositives ou de films de cinéma.

VISIOPHONE ou **VIDÉOPHONE** n. m. (de *vision* et *téléphone*). Appareil permettant la visiophonie.

VISIOPHONIE ou **VIDÉOPHONIE** n. f. Association de la téléphonie et de la télévision, permettant à deux correspondants au téléphone de se voir, s'ils le désirent, pendant leur conversation.

VISITAGE n. m. **1.** Inspection oculaire ou automatique des étoffes ou des articles confectionnés après fabrication ou ennoblissement, pour en déceler les défauts. (Syn. VISITE.) — **2.** Atelier où s'effectue cette opération.

VISITANDINE n. f. Religieuse de l'ordre de la Visitation.

VISITATION n. f. (lat. *visitatio,* de *visitare,* visiter). **1.** Visite de Marie à sa cousine Élisabeth, dans le sixième mois de la conception de Jean-Baptiste, pour la féliciter de cet événement ; fête que l'Église célèbre en mémoire de cette visite. (Avec une majusc.) — **2.** Œuvre d'art représentant cette visite.

Visitation Sainte-Marie *(ordre de la),* ordre de moniales contemplatives, fondé en 1610, à Annecy, par saint François de Sales et sainte Jeanne de Chantal.

VISITE n. f. (de *visiter*). **1.** Fait de se rendre auprès de qqn pour lui tenir compagnie, s'entretenir avec lui, prendre de ses nouvelles, etc. : *Vos visites se font rares.* — **2.** Fait de se rendre à l'étranger pour un entretien avec un homme d'État, un membre du personnel politique, diplomatique, etc. : *Attendre la visite d'un chef d'État étranger.* — **3.** Action de visiter un lieu, un édifice : *Visite guidée de Paris.* — **4.** Action de visiter pour examiner, vérifier, expertiser, etc. : *Visite d'un appartement.* — **5.** Dans certaines professions (médicales, paramédicales, sociales, etc.), action de se rendre auprès du patient, du client. — **6.** *Rendre visite à qqn,* aller auprès de lui, chez lui. ‖ *Visite (médicale),* examen médical assuré dans le cadre d'une institution (médecine du travail, médecine scolaire, etc.). • **Ch. de f.** Opération de vérification du matériel à marchandises, effectué selon un espacement kilométrique. — **Dr.** Ensemble des recherches que fait la douane à bord d'un navire de commerce. (La surveillance douanière a un caractère directement national.) ‖ *Droit de visite,* autorisation accordée par une décision judiciaire de recevoir périodiquement un enfant dont on n'a pas la garde ; droit de contrôle exercé sur les navires de commerce par des navires de guerre après un coup de semonce, et comprenant la vérification des papiers de bord, puis celle des actes de nolisement, et enfin, s'il y a lieu, la fouille. ‖ *Permis de visite,* autorisation de rendre visite à un détenu, délivrée par un magistrat. — **Mil.** *Visite des postes,* ronde d'officier ou de sous-officier pour contrôler la bonne exécution du service. — **Relig.** *Visite pastorale,* inspection régulière faite par l'évêque dans les paroisses et les institutions religieuses de son diocèse. — **Text.** Syn. de VISITAGE.

VISITE-CONFÉRENCE n. f. (pl. *visites-conférences*). Visite guidée d'un lieu, accompagnée d'une conférence sur celui-ci.

VISITER v. t. (lat. *visitare*) [conj. 3]. **1.** Parcourir un lieu pour en examiner les caractéristiques, les curiosités, les sites, les monuments, etc. : *Visiter l'Italie.* — **2.** Regarder attentivement toutes les parties d'un local : *Visiter des appartements en vue d'un achat.* — **3.** Se rendre dans un lieu, une administration, un service, etc., pour l'inspecter : *L'évêque visite son diocèse.* — **4.** Examiner soigneusement le contenu de qqch : *Les douaniers visitent tous les bagages.* — **5.** *Fam.* Pénétrer par effraction dans un appartement, une cave, un local pour les cambrioler. — **6.** *Fam.* Rendre visite à qqn, aller le voir : *Elle est allée visiter sa grand-mère.* — **7.** Se rendre auprès de qqn, d'un type de personnes par charité, par bienveillance, pour leur procurer un soutien : *Visiter les prisonniers.* — **8.** Se rendre auprès d'un client, en parlant de représentants, de médecins, etc. — **9.** *Litt.* Se manifester à l'esprit de qqn : *Il dit que Dieu l'a visité.* • **Ch. de f.** Effectuer la visite de contrôle du matériel. ‖ *Fosse à visiter,* fosse en maçonnerie qui sert à visiter les pièces situées sous les caisses du matériel roulant. — **Text.** Pratiquer l'opération de visitage.

VISITEUR, EUSE n. **1.** Personne qui rend visite à qqn : *Attendre un visiteur.* — **2.** Touriste, voyageur, personne qui visite un musée, un château, un site, etc. : *Il y a cinq cents visiteurs par jour.* — **3.** *Fam.* Personne qui pénètre par effraction quelque part pour voler, ou animal qui s'immisce dans un lieu pour prendre de la nourriture. • **Ch. de f.** Agent chargé de la visite des wagons. — **Dr.** *Visiteur de prison,* personne qui rencontre bénévolement des personnes incarcérées, pour les soutenir et participer à la préparation de leur reclassement social et familial. — **Méd.** *Visiteur médical,* représentant d'un laboratoire pharmaceutique chargé de faire connaître aux médecins les spécialités fabriquées par ce laboratoire. — **Text.** Ouvrier qui est chargé de l'opération de visitage.

◆ **visiteuse** n. f. Machine conçue pour l'opération de visitage.

VIṢṆU ou **VISHNOU,** l'une des plus grandes divinités de l'hindouisme actuel, constituant avec Brahmā et Śiva la triade nommée « trimūrti ». Son rôle est de préserver l'univers et, pour cela, il s'y manifeste par des *avatāra* chaque fois que l'ordre universel *(dharma)* est troublé.

VIṢṆUISME ou **VISHNOUISME** n. m. L'une des principales formes de l'hindouisme.

VIṢṆUITE ou **VISHNOUITE** adj. et n. Relatif à Viṣṇu, au viṣṇuisme ; adorateur de Viṣṇu.

VISO *(mont),* sommet d'un massif des Alpes occidentales, à la frontière franco-italienne ; 3 841 m. Le massif domine toute la plaine piémontaise. Tourisme. La première ascension du mont Viso a été réalisée en août 1861 par W. Mathews, J. W. Jacomb, avec M. et J. B. Croz.

VISON n. m. (du lat. pop. **vissio,* puanteur). **1.** Petit mammifère carnivore (mustélidé), aux oreilles rondes, à la queue touffue, élevé pour sa fourrure. — **2.** Fourrure de cet animal. (On distingue les visons Emba et Blackglama produits en Amérique, les visons Saga produits dans les pays scandinaves et les visons Norka produits par la Russie.)

VISONNIÈRE n. f. Établissement où l'on élève des visons.

VISQUEUX, EUSE adj. (bas lat. *viscosus,* du lat. class. *viscum,* glu). **1.** Se dit d'un fluide qui possède de la viscosité. — **2.** Qui a une consistance à la fois molle et résistante : *La chair visqueuse de la pieuvre.* — **3.** Qui est couvert d'un enduit gluant : *La peau visqueuse du crapaud.* — **4.** Qui est mielleux, trop souple et indigne de confiance, dont le contact répugne.

VISSAGE n. m. **1.** Action de visser : *Le vissage d'une serrure.* — **2.** *Fam.* Action de serrer la vis à qqn, de lui imposer une discipline sévère. — **3.** Syn. de DÉPLACEMENT HÉLICOÏDAL.

VISSCHER (Charles DE) → DE VISSCHER.

VISSER v. t. (de *vis*) [conj. 3]. **1.** Serrer qqch, le fermer en le faisant tourner sur un pas de vis : *Visser un robinet.* — **2.** Fixer avec des vis : *Visser une serrure.* — **3.** Faire rester qqn qqpart, l'y retenir très longtemps : *Ce travail le vissait à son bureau.* — **4.** *Fam.* Soumettre qqn, un groupe à une discipline et une surveillance très sévères.

VISSERIE n. f. **1.** Vis et articles apparentés, comme écrous et boulons. — **2.** Établissement où l'on fabrique des vis.

1. VISTA n. f. (esp. *vista,* vue). Image collée à l'intérieur de certains coffrets de cigares. (Les vistas font l'objet de collection.)

2. VISTA n. f. (esp. *vista*). *Fam.* Bonne vision qu'un sportif a du jeu, du geste à effectuer.

VISTAVISION n. f. (n. déposé). Procédé de prises de vues cinématographiques (1954), utilisant le déroulement horizontal du film dans la caméra.

VISTULE (la), en polon. **Wisła,** principal fleuve de Pologne ; 1 068 km (bassin de 194 000 km^2, dont 169 000 en Pologne). Issue des Carpates occidentales, à 1 106 m d'altitude, près de la frontière tchèque, elle passe à Cracovie et Varsovie, rejoignant la Baltique dans le golfe de Gdańsk. Ses principaux affluents sont le Dunajec, la Wisłoka et le San, le Wieprz, la Narew et le Boug occidental. Gelée de 20 à 40 jours par an, elle a un écoulement important (débit moyen de 900 m^3/s) une grande partie de l'année.

VISU (DE) → DE VISU.

VISUALISABLE adj. Qu'on peut visualiser, rendre visible.

VISUALISATION n. f. (angl. *visualization*). **1.** Action de rendre visible d'une façon matérielle l'action et les effets d'un phénomène. — **2.** Présentation visuelle sur un écran, sous forme d'image alphanumérique ou graphique, d'un ensemble d'informations traitées par des moyens informatiques.

VISUALISER v. t. (angl. *to visualize*) [conj. 3]. **1.** Rendre qqch visible, le mettre en évidence de façon matérielle : *Visualiser le déplacement d'un mobile au moyen d'une courbe.* — **2.** Présenter des données, des résultats, etc., sur un écran. — **3.** Se représenter mentalement qqch : *Visualiser une figure dans l'espace.*

VISUEL, ELLE adj. (bas lat. *visualis,* de la vue). **1.** Relatif au sens de la vue : *Acuité visuelle.* — **2.** Relatif aux images, à ce que l'on perçoit par la vue : *Mémoire visuelle.*

◆ n. Personne chez qui la mémoire visuelle, les sensations visuelles prédominent.

◆ **visuel** n. m. 1. Dans les stands de tir, nom donné au centre noir ou blanc d'une cible. – 2. Dispositif de visualisation sur écran des informations traitées par un système informatique. – 3. Thème en image d'une publicité (par oppos. à *rédactionnel*).

visuel *(Groupe de recherche d'art)* **[G. R. A. V.]**, groupe artistique formé à Paris (1960-1968) par les Argentins Horatio García-Rossi (né en 1929) et Julio Le Parc (1928), l'Espagnol Francisco Sobrino (1932), les Français Morellet*, Joël Stein (1926) et Yvaral (1934, fils de Vasarely). Dans la mouvance de l'art cinétique, il a développé un art essentiellement spatial où la lumière et le mouvement jouaient un rôle important. Environnements, jeux, manifestations faisant appel à la participation du public ont été les principaux modes d'expression du groupe.

VISUELLEMENT adv. De façon visuelle, par la vue.

VISUOMOTEUR, TRICE adj. *Coordination visuomotrice,* fonction qui règle les mouvements d'après les informations venant de la vision.

VIT [vi] n. m. (lat. *vectis,* levier). *Pop.* Membre viril ; pénis, verge.

VITACÉE n. f. (lat. *vitis,* vigne). Syn. de AMPÉLIDACÉE.

VITAL, E, AUX adj. (lat. *vitalis,* de *vita,* vie). 1. Qui est relatif à la vie : *Fonctions vitales des organes.* – 2. Qui est essentiel à la vie : *Se nourrir est vital pour l'homme.* – 3. Qui est essentiel, indispensable à qqn, à son existence : *La lecture est vitale pour lui.* – 4. Qui est absolument nécessaire pour maintenir l'existence, le niveau de développement d'un groupe, d'une région, d'une entreprise, etc. : *L'agriculture est vitale pour le pays.*

VITAL *(saint),* martyr (Ier s.). Il fut l'un des premiers chrétiens de Milan. Exécuté à Ravenne, il est le patron de cette ville.

VITALEMENT adv. D'une façon qui concerne directement la vie.

VITALIEN *(saint),* en ital. **Vitaliano** (Segni v. 600 - Rome 672), pape de 657 à 672.

VITALISME n. m. (de *vital*). Doctrine philosophique qui pose l'existence d'un principe vital distinct à la fois de l'âme et de l'organisme, et qui fait dépendre de lui toutes les actions organiques. (Elle est le fait de l'école de médecine de Montpellier au XVIIIe s. avec notamment Barthez et Bichat. Cette doctrine s'oppose au mécanisme de Descartes. Jacques Monod a montré que la persistance de ce courant de pensée, bien que sans fondement scientifique, était le reflet d'une analyse aux termes de laquelle le déterminisme a, en biologie, une définition et une place spécifique et fondamentale.)

VITALISTE adj. et n. Relatif au vitalisme ; partisan du vitalisme.

VITALITÉ n. f. (lat. *vitalitas*). 1. Qualité de qqn, d'un groupe dont l'énergie, le dynamisme se manifestent par l'activité : *Un enfant plein de vitalité.* – 2. Aptitude à produire des résultats nombreux et importants : *La vitalité d'une théorie.*

VITALLIUM n. m. (n. déposé). Alliage de cobalt, de chrome et de molybdène, utilisé pour la fabrication de prothèses en chirurgie orthopédique et en dentisterie.

VITAMINE n. f. (angl. *vitamine,* du lat. *vita,* vie, et angl. *amine,* amine). Substance organique active, vitale, indispensable en infime quantité à la croissance et au bon fonctionnement de l'organisme, qui ne peut en effectuer lui-même la synthèse.

ENCYCL. Le terme « vitamine » a été créé par Casimir Funk en 1912. Le besoin journalier de l'organisme en chacune des vitamines n'est que de quelques microgrammes à quelques milligrammes. À l'inverse des substances nutritives, qui sont pour l'organisme des éléments de constitution ou de réserve, les vitamines remplissent des fonctions catalytiques : elle permettent l'anabolisme et le catabolisme des principaux éléments nutritifs et dirigent ainsi le métabolisme. Les fonctions des vitamines dans le métabolisme sont très spécifiques ; en cas de carence, on assiste à des troubles donnant lieu à des symptômes caractéristiques.
On distingue les vitamines liposolubles (vitamines A, D, E et K) et les vitamines hydrosolubles (vitamines B, PP, C et P). [V. tableau.]

VITAMINÉ, E adj. Qui contient une ou plusieurs vitamines.

VITAMINIQUE adj. Relatif aux vitamines.

VITAMINISATION n. f. 1. Technique de préparation ou de transformation d'une vitamine. – 2. Addition de vitamines à un aliment ou à un médicament.

VITAMINOTHÉRAPIE n. f. Emploi des vitamines à des fins thérapeutiques. (Les doses utilisées sont de beaucoup supérieures aux doses physiologiques.)

Vita nuova, recueil poétique accompagné d'un récit-commentaire en prose, de Dante Alighieri (1292-93). Le commentaire à caractère autobiographique définit l'amour du poète à la fois comme une expérience étendue dans le temps et l'espace, comme une aventure spirituelle transcendante et comme le fondement même de toute parole poétique.

PRINCIPALES VITAMINES			
	non chimique	*sources principales*	*carence*
vitamine A ***antixérophtalmique***	axérophtol ou rétinol	huiles de foie de poissons, légumes, produits laitiers	troubles de la vision crépusculaire, xérophtalmie, héméralopie
groupe B		levure de bière, cuticule de riz, foie et reins des animaux	
vitamine B1 ***antinévritique***	aneurine ou thiamine		béribéri
vitamine B2	riboflavine ou lactoflavine		troubles cutanés et muqueux
vitamine B5	acide pantothénique		arrêt de la croissance, troubles cutanés
vitamine B6	pyridoxine		troubles cutanés et neurologiques
vitamine B12 ***antianémique***	hydroxocobalamine	foie, rein, jaune d'œuf	anémie de Biermer
vitamine C ***antiscorbutique***	acide ascorbique	fruits frais, légumes	scorbut
vitamine D ***antirachitique***		huiles de foie de poissons, produits laitiers	troubles de la calcification (rachitisme ; ostéomalacie)
vitamine D2	ergocalciférol		
vitamine D3	cholécalciférol		
vitamine E ***de fertilité***	tocophérol	germes des céréales	arrêt de la spermatogenèse, avortement
vitamine F	acide linoléique et linolénique	huiles végétales	troubles cutanés
vitamine H	biotine	rein, foie, jaune d'œuf	troubles cutanés
vitamine K ***antihémorragique***		végétaux verts	hémorragies
vitamine K1	phylloquinone		
vitamine K2	ménaquinone		
vitamine K3	ménadion		
vitamine P	citrine, rutine, esculoside	fruits	troubles capillaires
vitamine PP ***antipellagreuse***	nicotinamide	levure de bière, foie de mammifères	pellagre, troubles nerveux.

VIT-DE-MULET [vidmylɛ] n. m. (pl. *vits-de-mulet*). Ferrure articulée qui relie au mât la bôme d'un bateau à voiles, et permet à celle-ci de s'orienter horizontalement et verticalement.

VITE adv. (anc. fr. *viste,* p.-ê. du bas lat. **visitus,* qui y voit bien). **1.** À une vitesse relativement grande : *Courir vite.* – **2.** En relativement peu de temps : *Elle sera vite guérie.* – **3.** Avec hâte, en se dépêchant ; précipitamment : *Vous avez parlé trop vite.* – **4.** *Aller plus vite que les violons, que la musique,* trop se presser. ‖ *Aller vite, un peu vite,* agir inconsidérément ; exagérer. ‖ *Au plus vite,* le plus promptement possible. ‖ *C'est vite dit,* indique que qqch est beaucoup plus facile à dire qu'à faire. ‖ *Faire vite,* se hâter, se dépêcher. ‖ *Vite !,* hâtez-vous ! ‖ Fam. *Vite fait,* souligne la rapidité de qqch.
◆ adj. Qui est très rapide, en partic. un sportif : *L'homme le plus vite du monde.*

VITEBSK, v. de Biélorussie, sur la Dvina occidentale ; 330 000 hab. Port et nœud ferroviaire et centre industriel : industries textiles, constructions mécaniques et électriques, travail du bois, chaussures, industries alimentaires. Napoléon y entra en 1812. La ville fut prise par les Allemands en juill. 1941 et libérée par les Russes en mai 1944.

VITELLIN, E adj. (lat. *vitellus,* jaune d'œuf). **1.** Qui se rapporte au vitellus ; qui le contient. – **2.** *Membrane vitelline* ou *vitelline* (n. f.), syn. de MEMBRANE PELLUCIDE. ‖ *Sac vitellin,* syn. de VÉSICULE* VITELLINE et de VITELLUS.

VITELLIUS (Aulus) [15 apr. J.-C. - Rome 69], empereur romain (janv.-déc. 69). Il fut acclamé empereur par l'armée de Germanie inférieure, à la mort de Galba. Il remporta la bataille de Bédriac contre Othon, qui se tua. Mais, en Égypte, Vespasien fut proclamé empereur, ses partisans l'emportèrent à Crémone, et Vitellius fut massacré par la foule, à Rome.

VITELLUS [vitelys] n. m. (lat. *vitellus,* jaune d'œuf). **1.** Ensemble des substances qui constituent l'œuf, en dehors du noyau et de la membrane d'enveloppe. – **2.** Réserve alimentaire appendue à la face ventrale des alevins de nombreuses espèces de poissons et dont la résorption progressive assure leur nourriture jusqu'au moment où ils sont devenus capables de capturer des proies. (Syn. SAC VITELLIN.)

VITERBE, en ital. **Viterbo,** v. d'Italie, dans le Latium, ch.-l. de prov. ; 58 000 hab. Centre agricole et commercial. Églises romanes et gothiques ; cathédrale des XIIe-XVIe s. ; quartier médiéval bien conservé, avec le palais des Papes, du XIIIe s. – Aux environs, église Renaissance de S. Maria della Quercia ; à Bagnaia, villa Lante (fin XVe-fin XVIe s. ; beaux jardins).

VITESSE n. f. (de *vite*). **1.** Rapport de la longueur du chemin parcouru par un mobile au temps mis à le parcourir. – **2.** Grandeur définie par le temps mis à accomplir une action : *Il travaille à la vitesse d'un escargot.* – **3.** Allure à laquelle se produit un phénomène, temps pris par qqch pour évoluer, se transformer, se produire, etc. : *Ses cheveux poussent à une vitesse incroyable.* – **4.** Nombre de tours accomplis par un axe, un arbre ou un autre organe moteur pendant l'unité de temps : *Une perceuse à trois vitesses.* – **5.** Grande rapidité dans l'action : *J'aime sa vitesse de décision.* – **6.** Allure très rapide d'un véhicule, action d'aller très vite avec un véhicule : *Faire de la vitesse sur autoroute.* – **7.** *À deux vitesses,* inégalitaire : *Une couverture sociale à deux vitesses.* ‖ *En perte de vitesse,* qui perd de son dynamisme, de son succès. ‖ *En vitesse* ou, fam., *en quatrième vitesse,* rapidement ; au plus vite, rondement. ‖ *Prendre, gagner qqn de vitesse,* le devancer, avoir fait plus vite que lui. ‖ *Prendre de la vitesse,* accélérer. • **Aéron.** *Perte de vitesse,* situation d'un avion en vol dont la vitesse devient inférieure à celle nécessaire à sa sustentation. – **Arm.** *Vitesse initiale d'un projectile* (abrév. V°), celle dont le projectile est animé à l'origine de sa trajectoire. – **Autom.** et **Cycl.** Chacune des combinaisons d'engrenages d'une boîte de vitesses ; chacun des rapports de démultiplication de cette boîte. (→ *encycl.*) – **Chim.** *Vitesse de réaction,* variation rapportée à l'unité de temps du quotient de l'accroissement algébrique du nombre de moles d'un réactif ou d'un produit par le coefficient stœchiométrique de ce réactif ou de ce produit. – **Phys.** *Vitesse initiale,* vitesse à l'instant origine. ‖ *Vitesse instantanée,* limite de la vitesse moyenne lorsque la durée tend vers zéro. ‖ *Vitesse moyenne,* vitesse calculée entre deux instants t_1 *et* t_2 *séparés par une durée finie.* (→ *encycl.*) – **Sports.** *Course de vitesse,* course sur piste, généralement de courte distance (100, 200 et 400 m, en athlétisme ; de l'ordre du kilomètre en cyclisme).

ENCYCL. **Autom.** La puissance d'un moteur à combustion interne est fonction de sa vitesse de régime. La plage de régimes dans laquelle il est utilisé au mieux du couple moteur maximal qu'il peut développer est obtenue en interposant un changement de vitesse entre l'arbre moteur et les arbres de roue. Ce mécanisme comporte généralement quatre ou cinq rapports de marche avant et un rapport de marche arrière.

Le changement de vitesse mécanique est du type à baladeurs. Il comporte un arbre primaire, solidaire du moteur par l'intermédiaire de l'embrayage, et un arbre secondaire relié aux roues motrices. On intercale, en parallèle, un arbre intermédiaire, la prise directe exigeant que les

deux arbres soient dans le prolongement l'un de l'autre. Enfin, un arbre intermédiaire assure la marche arrière. Le levier de changement de vitesse sélectionne le baladeur, qui est verrouillé sur un engrenage de l'arbre intermédiaire, assurant la prise avec l'arbre moteur.
De nombreux perfectionnements ont été apportés au changement de vitesse. La synchronisation amène à même vitesse les deux engrenages qui doivent venir en prise. Les engrenages à taille hélicoïdale, toujours en prise, assurent le silence. On tend de plus en plus vers les solutions automatiques, soit hydrauliques, soit mécaniques, avec ou sans régulation électronique.
— **Phys.** Soit un mobile allant de M_1 à M_2 entre les instants t_1 et t_2, en décrivant une courbe C de longueur s entre M_1 et M_2. La vitesse du mobile sur la trajectoire a pour valeur $V_m = s/(t_2 - t_1)$; c'est un nombre représentant la vitesse numérique moyenne entre t_1 et t_2. Lorsque l'intervalle de temps $t_2 - t_1$ tend vers zéro, on obtient la vitesse numérique instantanée, égale à la dérivée de la longueur de C par rapport au temps : $v = ds/dt$.
On introduit par ailleurs un *vecteur vitesse moyen* entre t_1 et t_2 :

$$\vec{V}_m = \overrightarrow{M_1 M_2} / (t_2 - t_1),$$

dont la limite, lorsque $t_2 - t_1$ tend vers zéro, est le *vecteur vitesse instantané.* C'est ce dernier qui intervient dans les lois de la dynamique. On montre que c'est un vecteur tangent à la trajectoire, et dont la norme est égale à la vitesse numérique instantanée.

VITEZ (Antoine), acteur et metteur en scène de théâtre français (Paris 1930 - *id.* 1990). Directeur du Théâtre national de Chaillot de 1981 à 1988, il avait été nommé en juin 1988 administrateur général de la Comédie-Française. Il considérait que le décor est partenaire de l'acteur et que les signes visuels ont autant d'importance que le texte.

Vitiaz, nom donné à deux navires océanographiques russes. Le premier effectua entre 1886 et 1889 une grande campagne circumterrestre. Le second a effectué à partir de 1949 d'importantes recherches dans le Pacifique et l'océan Indien.

VITICOLE adj. Relatif à la culture de la vigne et à la production de vin.

VITICULTEUR, TRICE n. Personne qui cultive la vigne pour la production du vin.

VITICULTURE n. f. Culture de la vigne.
ENCYCL. Il existe 268 variétés (cépages) de vigne *(Vitis vinifera)* dans les vignobles français. La culture en coteaux donne de meilleurs produits qu'en plaine. On multiplie la vigne par bouturage, marcottage ou greffage. La taille de la vigne prépare la fructification. Variable selon que la vigne est sur échalas, hautains ou sans support, elle est réalisée en automne ou en hiver et complétée par le pincement, l'ébourgeonnage, l'épamprage, effectués sur la vigne en végétation. Les traitements contre les maladies et les parasites (sulfatage, soufrage, épandage d'insecticides) sont renouvelés dès qu'une menace apparaît. Labours et façons superficielles peuvent être évités par l'emploi d'herbicides.

VITIGÈS († en Asie 542), roi des Ostrogoths (536-540) qui succéda à Théodat. Il laissa prendre Rome par Bélisaire, et dut capituler dans Ravenne (540).

VITI LEVU, la plus grande des îles Fidji ; 10 388 km² ; 395 000 hab. Canne à sucre, coton, coprah, bananes. Or. Tourisme.

VITILIGO n. m. (bas lat. *vitiligo,* tache blanche). Dermatose caractérisée par l'apparition de taches dépigmentées entourées de zones plus foncées que la peau normale.
ENCYCL. Plus fréquent dans les pays ensoleillés, en particulier en Afrique du Nord, le vitiligo affecte surtout les mains, le cou, le visage, les organes génitaux. L'évolution est imprévisible. Les poils et les cheveux peuvent être atteints (mèches blanches).

VITIM, riv. de Russie, en Sibérie, affl. de la Lena (r. dr.) ; 1 837 km (bassin de 225 000 km²).

VITIVINICOLE adj. Relatif à la vitiviniculture.

VITIVINICULTURE n. f. Ensemble des activités de la viticulture et de la viniculture.

VITOLD le Grand → VYTAUTAS.

VITOLD (Michel), acteur et metteur en scène français d'origine russe (Kharkov 1914 - Clamart 1994). Il doit sa célébrité au rôle de Garain dans *Huis clos* (1944) de Sartre, puis à celui de Marat dans le *Marat-Sade* (1966) de Peter Weiss. Acteur de cinéma *(Maigret et l'affaire Saint-Fiacre, Judex),* il a également tourné pour la télévision.

VITOLE n. f. (esp. *vitola,* gabarit). Ensemble des caractéristiques définissant le format d'un cigare.

VITORIA, v. d'Espagne, cap. du Pays basque et ch.-l. de la prov. d'Álava ; 193 000 hab. Centre industriel (mécanique, pneumatiques, industries alimentaires). Dans la vieille ville, cathédrale S. Maria, reconstruite au XIVe s., autres églises et demeures anciennes. Place à arcades de la fin du XVIIIe s. Musées.
— **Mil.** Le 21 juin 1813, victoire des Anglo-Espagnols de Wellington sur les Français.

VITÓRIA, anc. **Victoria,** port du Brésil, cap. de l'État d'Espírito Santo, sur l'Atlantique ; 258 000 hab. Centre industriel. Exportation de fer.

VITORIA (Francisco DE), juriste espagnol (Burgos v. 1483 - Salamanque 1546). Dominicain, professeur à Salamanque (1526), il est à l'origine du droit international.

VITOŠA *(monts),* massif montagneux de Bulgarie, dominant Sofia ; 2 290 m au pic Noir (Černi Vrăh).

VITRAC (Roger), écrivain français (Pinsac, Lot, 1899 - Paris 1952). Influencé par le mouvement dada et théoricien de la poésie nouvelle (*Cruautés de la nuit, Connaissance de la mort,* 1927), il fut le représentant le plus caractéristique du surréalisme au théâtre (*les Mystères de l'amour,* 1924 ; *Victor ou les Enfants au pouvoir,* 1928 ; *les Demoiselles du large,* 1935).

VITRAGE n. m. **1.** Action de vitrer un bâtiment, de poser des vitres sur des ouvertures. – **2.** Châssis de verre servant de séparation ou de fermeture. – **3.** Ensemble des vitres par lesquelles un bâtiment prend jour sur l'extérieur. – **4.** Type de rideau droit garnissant le battant d'une fenêtre. – **5.** Nom générique des verres plats transparents, et notamment de ceux destinés à l'équipement des immeubles et des automobiles.

VITRAIL n. m. (pl. *vitraux*) [de *vitre*]. Composition translucide faite de pièces de verre, en général colorées, assemblées à l'aide de plombs et d'une armature de fer ou à l'aide d'un ciment, et servant à clore une baie, voire à créer une vaste paroi lumineuse et décorative.

ENCYCL. Si les fouilles ont mis au jour des débris plus anciens (Ravenne, VIe s.), les fragments qui constituent les premiers vitraux connus ne remontent pas au-delà du IXe s. (tête de Christ de l'abbaye de Lorsch, Allemagne). On possède d'assez nombreux vitraux romans du XIIe s., dans les pays germaniques (Augsbourg, Strasbourg), en Angleterre et surtout en France (Le Mans, Poitiers, Angers, Châlons-en-Champagne...). S'enchâssant dans des ouvertures encore étroites, entourés de complexes bordures décoratives, ils se composent d'un assemblage de médaillons carrés ou circulaires et sont faits de verres de teintes claires, découpés en petites pièces scintillantes.

Des compositions comme, à Chartres, *Notre-Dame de la belle verrière* marquent une transition vers l'épanouissement du vitrail gothique au XIIIe s. L'amenuisement des murs transforme la vitrerie en véritable paroi lumineuse, à laquelle une coloration assombrie (accord rouge-bleu virant au violet) donne une densité nouvelle ; la technique se simplifie et abandonne le graphisme rigide de l'âge roman pour un modelé plus souple (styles divers de la première moitié du XIIIe s. aux cathédrales de Laon, Soissons, Amiens, Paris, Bourges, Le Mans ; richesse de Chartres ; unité de la Sainte-Chapelle de Paris). Vers le milieu du XIIIe s., l'influence du vitrail français s'étend en Espagne, en Italie, en Allemagne...

Dès la seconde moitié du XIIe s., notamment dans les églises cisterciennes, existaient des vitraux non colorés, appelés *grisailles,* compositions décoratives peintes sur verre blanc. La seconde moitié du XIIIe s. voit l'amorce de compositions associant grisailles et panneaux de couleur (bande médiane) dans la même fenêtre (St-Urbain de Troyes). Cette pratique, répandue en France et en Angleterre, appelle une gamme légère de couleurs, à laquelle concourt le *jaune d'argent* employé en revêtement. Le style se raffine (cathédrale d'York, v. 1310 ; St-Ouen de Rouen ; Évreux, v. 1320). Puis, sous l'influence du style gothique international, l'espace figuratif commence à se creuser (Gloucester v. 1350 ; Évreux ; Bourges v. 1400 ; XVe s. anglais). Les pays germaniques s'acheminent vers la même élégance complexe, mais restent fidèles à la pleine couleur. Au XVe s., le vitrail européen s'oriente, sous l'influence de l'art flamand, vers plus de réalisme visuel (modelé, perspective) ; les compositions tendent à s'affranchir de la structure de la fenêtre, en une même scène pouvant s'étendre sur plusieurs lancettes (Évreux, v. 1420 ; Rouen, Le Mans, région de la Loire... ; Riom, Moulins ; *rose* de la Sainte-Chapelle de Paris, v. 1490).

Les vitraux de Ghiberti, Donatello, Uccello et Andrea del Castagno pour le dôme de Florence marquent le passage du style gothique tardif aux conceptions de la Renaissance. Celles-ci touchent l'Europe du Nord au début du XVIe s. Dans les anciens Pays-Bas subsistent de magnifiques ensembles, certains dus à des peintres comme Gossart ou Van Orley. Le vitrail germanique reste d'esprit gothique avec les cartons de Holbein l'Ancien ou de Dürer, s'italianise avec V. Bousch à Metz (v. 1525). L'abondante production française de la première moitié du XVIe s. est dominée par la personnalité de A. Van Ort à Rouen (où il est installé de 1500 à 1513) et par le génie du Beauvaisien E. Leprince. La tradition gothique se maintient dans les nombreuses verrières champenoises (vitraux narratifs troyens à petites scènes juxtaposées, répétés industriellement d'après les mêmes cartons, souvent issus de gravures flamandes ou allemandes), ainsi qu'à Brou, tandis qu'en d'autres lieux l'influence de l'école de Fontainebleau répand l'italianisme (églises d'Écouen ou de Gisors ; rares vitraux civils conservés).

La recherche d'une lumière franche, qui accompagna le développement de l'architecture classique, condamnait le vitrail coloré. Les efforts de ressourcement du XIXe s. lui redonnèrent une actualité (par ex. chez les préraphaélites) qu'ont entretenue de nombreux peintres du XXe s., de M. Denis à Chagall. En marge du vitrail traditionnel s'est créée une technique distincte, celle des dalles de verre enchâssées dans un ciment.

VITRAIN n. m. ou **VITRINITE** n. f. (de *vitre*). Composant des charbons, noir et brillant, correspondant à un gel de matière organique.

VITRE n. f. (lat. *vitrum,* verre). 1. Plaque ou carreau de verre, de glace ou d'une autre matière translucide placé dans une ouverture par l'intermédiaire d'un châssis, et qui sert à empêcher l'introduction de l'air extérieur, tout en laissant pénétrer la lumière. (Les vitres ne sont en usage dans les habitations privées que depuis le XVe s.) — 2. Fam. *Casser les vitres,* faire du scandale. ‖ *Faire trembler les vitres,* parler, chanter d'une voix puissante.

1. VITRÉ → VITRER.

2. VITRÉ n. m. (lat. *vitreus,* transparent). Milieu transparent et visqueux situé dans l'œil, en arrière du cristallin et limité extérieurement par la rétine et le corps ciliaire. (Syn. CORPS VITRÉ, HUMEUR VITRÉE.)

VITRÉ (35500), ch.-l. de cant. d'Ille-et-Vilaine ; sur la Vilaine ; 15 055 hab. *(Vitréens).* Remparts et important château fort (XIVe-XVe s. ; musée). Église flamboyante (XVe-XVIe s.). Maisons anciennes. Chaussures, matériel agricole, alimentation, travail du caoutchouc et des plastiques.

VITRECTOMIE n. f. Ablation chirurgicale, totale ou partielle, du vitré pratiquée en cas d'hémorragie, dans la chirurgie de la cataracte ou du décollement de rétine.

VITREOUS n. m. (mot amér.). Nom générique de produits céramiques se situant entre les faïences fines feldspathiques et les grès fins blancs.

VITRER v. t. (conj. 3). Garnir de vitres ou de vitrages : *Vitrer une véranda.*

◆ **être vitré** v. pass. 1. En parlant d'une ouverture, être garnie de vitres : *Porte vitrée.* — 2. *Corps vitré* ou *humeur vitrée,* syn. de VITRÉ.

VITRERIE n. f. 1. Fabrication et commerce des vitres. — 2. Marchandises du vitrier. — 3. Ensemble de vitraux, de vitrages d'un édifice.

VITREUX, EUSE adj. (de *vitre*). 1. Se dit des yeux, d'un regard ternes, sans éclat. — 2. Se dit de la texture d'une roche constituée en grande partie par du verre. — 3. Se dit de la cassure d'une roche dont la forme et l'éclat évoquent ceux du verre. — 4. *État vitreux,* état physique d'un solide non cristallin présentant le phénomène de transition vitreuse. ‖ *Transition vitreuse,* passage d'un liquide à l'état solide sans qu'il y ait de discontinuités des grandeurs thermodynamiques.

VITRIER n. m. 1. Marchand ou fabricant de verre à vitre. — 2. Ouvrier qui pose les vitres dans leur châssis.

VITRIFIABLE adj. 1. Susceptible d'être changé en verre ou incorporé dans une structure vitreuse. — 2. *Mélange vitrifiable,* mélange homogène de matières, en proportions définies, donnant après fusion le verre de composition désirée.

VITRIFICATEUR, TRICE ou **VITRIFICATIF, IVE** adj. Qui vitrifie, est propre à vitrifier.

VITRIFICATION n. f. 1. Action de vitrifier une surface. — 2. Transformation, opérée par fusion, d'une substance cristalline et qui laisse cette substance à l'état vitreux après refroidissement. — 3. Action d'enrober des déchets radioactifs de haute activité, préalablement calcinés, dans un réseau vitreux, en vue d'un stockage de longue durée.

VITRIFIER v. t. (conj. 9). 1. Rendre vitreux par fusion. — 2. Recouvrir une surface, un sol d'un vernis transparent et dur pour la protéger et lui donner un bel aspect. — 3. Détruire entièrement une ville, un pays par des bombes nucléaires. — 4. Procéder à la vitrification de déchets radioactifs.

VITRINE n. f. (anc. fr. *verine,* vitrail, avec l'infl. de *vitre*). 1. Partie d'un magasin séparée de la rue par un vitrage et où l'on expose des objets à vendre. — 2. Le vitrage lui-même. — 3. Ensemble des objets mis en vitrine : *Une belle vitrine.* — 4. Armoire, table munie d'un châssis vitré, afin de laisser voir les objets qui y sont placés. — 5. Ce qui sert à présenter, à mettre en valeur qqch : *Cette ville est la vitrine de l'Occident.* — 6. Mollusque gastropode pulmoné des montagnes, caractérisé par sa petite coquille translucide, qui ne le protège que très incomplètement.

VITRINITE → VITRAIN.

VITRIOL n. m. (bas lat. *vitriolum,* du lat. class. *vitreolus,* de verre). 1. Nom donné autref. aux sulfates. — 2. Anc. nom de l'acide sulfurique concentré. (On disait aussi HUILE DE VITRIOL.) — 3. *Vx.* Alcool très fort et de mauvaise qualité. — 4. Litt. *Au vitriol,* mordant, très caustique.

VITRIOLAGE n. m. Action de vitrioler qqn.

VITRIOLER v. t. (conj. 3). Lancer du vitriol au visage de qqn pour le défigurer.

VITRIOLEUR, EUSE n. Personne qui en vitriole une autre.

VITRO (IN) → IN VITRO.

VITROCÉRAMIQUE n. f. Matière apparentée aux produits céramiques, obtenue par des techniques verrières et constituée de microcristaux dispersés dans une phase vitreuse résiduelle. (D'une résistance mécanique supérieure à celle du verre, des vitrocéramiques sont employées dans la construction de miroirs, de télescopes, d'ustensiles de cuisine, dans l'industrie chimique et l'électronique.)

VITROLLES (13127), comm. des Bouches-du-Rhône, près de l'étang de Berre ; 35 617 hab. *(Vitrollais).* Zone industrielle et commerciale.

VITROLLES (Eugène François D'ARNAULD, *baron* DE), homme politique français (château de Vitrolles, Hautes-Alpes, 1774 - Paris 1854). Émigré en 1791, rentré en France en 1799, il défendit en 1814 la cause des Bourbons auprès des Alliés. Aux Cent-Jours, il tenta en vain de soulever le Midi. Il fut ensuite député ultra et ministre d'État (1815 et 1824).

VITROPHANIE n. f. Étiquette autocollante qui s'applique sur une vitre et qui peut être lue par transparence.

VITROPRESSION n. f. Examen des lésions de la peau à travers un verre de montre appliqué fortement sur la peau par sa face convexe.

VITRUVE, en lat. **Vitruvius** (sans doute Marcus Vitruvius Pollio), architecte romain du Ier s. av. J.-C. Sa notoriété tient à son traité *De architectura,* en 10 livres, le seul traité d'architecture qui nous soit parvenu de l'Antiquité, sans doute rédigé v. 30-25 av. J.-C. Les copies, adaptations illustrées et extrapolations de cette œuvre, réalisées à partir du XVe s., ont nourri l'évolution du classicisme européen.

VITRY (Philippe DE) → PHILIPPE DE VITRY.

VITRY (Louis DE L'HOSPITAL, *marquis* DE), homme de guerre français (v. 1555 - Paris 1611). Ligueur, il participa à la défense de Paris (1590), puis, après l'abjuration d'Henri IV, lui livra Meaux dont il était gouverneur (1593). — Son fils NICOLAS **de L'Hospital,** marquis puis duc **de Vitry,** maréchal de France (1581 - Nandy, près de Melun, 1644), gouverneur de Meaux et capitaine des gardes (1611), assassina Concini le 24 avr. 1617 sur l'ordre de Louis XIII et fut nommé maréchal de France. Il fut gouverneur de Provence en 1635. Richelieu le fit emprisonner à la Bastille (1637-1643).

VITRY-EN-ARTOIS (62490), ch.-l. de cant. du Pas-de-Calais, sur la Scarpe ; 4 750 hab. Centre commercial.

VITRY-LE-FRANÇOIS (51300), ch.-l. d'arrond. de la Marne, sur la Marne ; 17 483 hab. *(Vitryats).* Petit carrefour fluvial et centre industriel (pâte à papier, constructions mécaniques, faïencerie, agroalimentaire). Fondée (1545) par François Ier sur le village de Moncourt pour remplacer Vitry-en-Perthois, brûlé par les impériaux, la ville fut ravagée durant la Seconde Guerre mondiale. Église Notre-Dame, des XVIIe-XIXe s.

VITRY-SUR-SEINE (94400), ch.-l. de cant. du Val-de-Marne, banlieue S.-E. de Paris, sur la rive gauche de la Seine ; 82 820 hab. Centre industriel (centrales thermiques, constructions mécaniques et électriques, chimie). Église St-Germain, des XIIIe-XIVe s.

VITTEAUX (21350), ch.-l. de cant. de la Côte-d'Or, dans l'Auxois ; 1 072 hab. *(Vittelliens).* Église gothique (œuvres d'art).

VITTEL (88800), ch.-l. de cant. de l'ouest des Vosges ; 6 340 hab. *(Vittellois).* Importante station thermale : les eaux, froides, sulfatées, calciques et magnésiennes, sont employées pour le traitement des lithiases et affections urinaires. Les eaux minérales sont commercialisées (usine d'embouteillage). Tourisme (casino, hippodrome, etc.). Église St-Rémy, des XIIe-XVIe s.

Vittel *(Société générale des eaux minérales de),* société française créée en 1853. Premier producteur français d'eaux minérales plates, la société s'est également implantée à l'étranger.

VITTORIA (Alessandro), sculpteur et décorateur italien (Trente 1525 - Venise 1608). Il fut la personnalité la plus marquante de la sculpture vénitienne après J. Sansovino, dont il avait été l'élève : bustes et statues d'un style élégant, décors souvent marqués d'inventions pittoresques.

VITTORINI (Elio), écrivain italien (Syracuse 1908 - Milan 1966). Traducteur de romanciers américains (Faulkner, Caldwell et Saroyan), critique et romancier, il est lié à tous les grands débats de l'après-guerre sur la littérature engagée (*Conversation en Sicile,* 1941 ; *les Femmes de Messine,* 1949).

VITTORINO DEI RAMBALDONI, dit **da Feltre,** pédagogue italien (Feltre 1378 - Mantoue 1446). Son enseignement était fondé sur l'étude des langues anciennes, de la philosophie, des mathématiques et des sciences les plus diverses dont il reposait ses élèves par la musique et le sport.

VITTORIO VENETO, v. d'Italie, en Vénétie (prov. de Trévise) ; 30 600 hab. Monuments anciens. Musée dans la *loggia Serravallese,* du XVe s. Centre commercial et industriel.
— **Mil.** Victoire décisive des Italiens du général Diaz sur les Autrichiens (24 oct. 1918).

VITULAIRE adj. (lat. *vitulus,* veau). *Fièvre vitulaire,* névrose caractérisée par une paraplégie chez la vache, après le vêlage, due à une hypocalcémie aiguë.

VITUPÉRATION n. f. (lat. *vituperatio*). Injures, récriminations à l'adresse de qqn ou de qqch (surtout pl.).

VITUPÉRER v. t. ind. (lat. *vituperare*) [conj. **18**]. Proférer des injures, des récriminations contre

qqn, qqch, les blâmer avec force : *Vitupérer contre la hausse des prix.*
◆ v. t. *Litt.* Attaquer par des injures qqn ou un groupe, une institution : *Il vitupérait le gouvernement.*

VIVABLE adj. **1.** Où l'on peut vivre commodément. — **2.** Qui est facile à vivre, qui a bon caractère. — **3.** Se dit d'une situation qu'on peut supporter.

1. VIVACE adj. (lat. *vivax, -acis*). **1.** Se dit d'une plante dont la période de végétation s'étend sur plusieurs années, même lorsque les parties souterraines (organes dits *pérennants* : rhizomes, bulbe, tubercule, etc.) subsistent seules en hiver. — **2.** Se dit d'un sentiment, d'une idée qui dure, subsiste longtemps : *Des préjugés vivaces.*

2. VIVACE [vivatʃe] adj. inv. (ital. *vivace,* vif). Terme d'exécution qui indique un tempo rapide et précise le caractère animé d'un morceau.

VIVACITÉ n. f. (lat. *vivacitas*). *Litt.* **1.** Promptitude, rapidité à se mouvoir, à agir : *Il se tourna avec vivacité.* — **2.** Caractère de qqn, de son comportement, de son esprit qui est vif, rapide à comprendre, plein de vie, d'élan : *Vivacité du regard.* — **3.** Caractère soudain, vif, brusque d'une action, d'un comportement : *Vivacité d'une attaque.* — **4.** Caractère intense très vif d'une perception, d'un sentiment : *Vivacité d'une impression.* — **5.** Caractère d'une couleur, d'un tissu, etc., dont l'éclat est très vif. — **6.** Coefficient qui caractérise l'aptitude d'une poudre à émettre plus ou moins rapidement des gaz dans sa combustion en vase clos.

VIVALDI (Antonio), dit **Il Prete rosso** *(le Prêtre roux),* compositeur italien (Venise 1678 - Vienne 1741). Ordonné prêtre en 1703, il est nommé *maestro di violino,* puis *maestro di coro* à l'Ospedale della Pietà de Venise, où il restera jusqu'en 1740. Pour les filles recueillies par cette institution, instrumentistes réputées, il écrivit une partie de ses sonates et concertos.
L'œuvre de Vivaldi comporte, dans le domaine vocal religieux, des messes ou fragments de messes *(Gloria),* des psaumes, des motets, des oratorios, et dans le domaine vocal profane, des cantates pour solistes, des sérénades, des opéras (*Orlando furioso,* 1727 ; *La Fida Ninfa,* 1732). Mais la réputation du « Prete rosso » lui vient surtout de sa musique instrumentale. Elle comporte des sonates pour soliste ou pour plusieurs instruments, des concertos pour un ou plusieurs solistes *(La Notte),* dont certains sont groupés en recueils (*L'Estro armonico,* 1712 ; *La Stravaganza,* v. 1712-13 ; *Il Cimento dell'armonia,* v. 1725, qui comporte « les Quatre Saisons » ; *la Cetra,* 1727). L'influence de la musique instrumentale de Vivaldi a été considérable en Europe car il fixa la structure du concerto pour soliste en trois parties, allegro, adagio, allegro.

VIVANDIER, ÈRE n. (anc. fr. *vivendier,* de *viandier,* de *viande,* avec l'infl. de *vivres*). Personne qui suivait une armée pour y vendre des vivres, des boissons et des objets de nécessité (XVIIe-XIXe s.).
◆ **vivandière** n. f. Syn. de CANTINIÈRE.

VIVANT, E adj. **1.** Qui a les caractéristiques de la vie, par oppos. à ce qui est inanimé, inerte : *Organisme vivant.* — **2.** Où se manifestent les fonctions de la vie, par oppos. à *mort* : *Il respire, il est vivant.* — **3.** Qui survit, est encore vivace : *Une coutume encore bien vivante.* — **4.** Qui est plein de vie, d'élan, de dynamisme : *Un enfant vivant.* — **5.** Se dit d'un lieu très animé : *Un quartier vivant.* — **6.** Qui exprime avec force la vie, en donne une vive impression : *Un portrait vivant.* — **7.** Qui est fait d'êtres animés, et en partic. de personnes : *Les soldats formaient un mur vivant.* — **8.** Indique que qqn est l'incarnation, la personnification de qqch : *C'est une encyclopédie vivante.* — **9.** *Moi, lui vivant,* pendant le temps qu'il me (lui) reste à vivre. — **10.** *Êtres vivants,* êtres organisés (animaux, végétaux, unicellulaires) présentant ou ayant présenté les caractères de la vie et susceptibles d'être classés en espèces et en groupes. (→ *encycl.*) ‖ *Fossile vivant,* unique espèce actuelle d'un groupe animal ou végétal disparu. ‖ *Langue vivante,* langue actuellement parlée dans une communauté linguistique (par oppos. à *langue morte*).
◆ **vivant** n. m. **1.** Ce qui a les caractères spécifiques de la vie : *Le biologiste travaille sur le vivant.* — **2.** *Bon vivant,* qui prend la vie du bon côté, qui aime les plaisirs, en partic. ceux de la table. ‖ *Du vivant de qqn, de son vivant,* pendant sa vie.
◆ **vivants** n. m. pl. Les hommes en vie : *Rayer quelqu'un du nombre des vivants.*
ENCYCL. **Biol.** On distingue plusieurs millions d'espèces vivantes, tant actuelles que fossiles. Les différences les plus importantes entre celles-ci portent sur le degré d'organisation et sur le mode de nutrition.
• *Degré d'organisation.* L'état précellulaire n'est plus aujourd'hui représenté que par les virus qui ne peuvent se multiplier qu'à l'intérieur d'une cellule d'une autre espèce. Les formes unicellulaires sont soit des procaryotes (bactéries surtout), soit des eucaryotes, dont l'unique cellule est au moins aussi complexe que chacune des cellules humaines (protozoaires, levures, certaines algues). Les formes pluricellulaires constituent l'immense majorité des animaux et des plantes de dimensions non microscopiques.
• *Modes de nutrition.* Les espèces chlorophylliennes (plantes vertes) tirent parti de l'énergie lumineuse (phototrophie). Certaines bactéries, dites chimiotrophes, exploitent l'énergie chimi-

LE MONDE VIVANT
État précellulaire : coccoïdes, sphéroïdes, virus
État cellulaire procaryote : bactéries, mycoplasmes, cyanophytes
État cellulaire eucaryote :
• ***chlorophylle :*** VÉGÉTAUX (au sens strict) UNICELLULAIRES (certaines algues)
PLURICELLULAIRES : – pas de vaisseaux : algues, mousses, hépatiques – des vaisseaux : PLANTES VASCULAIRES *sans graines :* fougères, prêles *à graines :* gymnospermes (conifères) angiospermes ; monocotylédones (blé, lis) dicotylédones (haricot, chêne, marguerite)
• ***pas de chlorophylle :*** UNICELLULAIRES : PROTISTES
PLURICELLULAIRES : – pas de bouche : CHAMPIGNONS – plusieurs bouches : SPONGIAIRES – une seule bouche : ANIMAUX (au sens strict) : *pas de cœlome typique :* cnidaires, plathelminthes, némathelminthes *un cœlome typique :* le blastopore devient la bouche : PROTOSTOMIENS (annélides, mollusques, arthropodes) le blastopore devient l'anus : DEUTÉROSTOMIENS (échinodermes cordés : procordés VERTÉBRÉS)

que de leur milieu. Les unes et les autres sont donc autotrophes et peuvent se passer de nourriture organique. Tous les autres vivants sont hétérotrophes, et vivent en saprophytes (champignons), en parasites (ténia), en symbiotes associés à des plantes vertes (convolute), ou, plus souvent, en phagotrophes, c'est-à-dire en capturant des proies à l'aide d'une bouche, comme tous les animaux supérieurs.
Le milieu respiratoire permet de distinguer des anaérobies (quelques bactéries) qui vivent sans oxygène et les aérobies, qui représentent le cas général, tant chez les espèces aquatiques que chez les espèces terrestres ; ces dernières seules peuvent avoir un métabolisme assez intense pour conquérir l'homéothermie, c'est-à-dire un milieu intérieur aux caractères constants (« vertébrés à sang chaud » : oiseaux, mammifères).

VIVARAIS, région montagneuse de la bordure orientale du Massif central, et correspondant pratiquement à l'actuel département de l'Ardèche*.

VIVARINI, peintres vénitiens du XVe s., originaires de Murano. — ANTONIO (documenté à Venise de 1440 env. à 1470) se situe à la charnière du style gothique international et de la sensibilité de la Renaissance (trois retables de l'église S. Zaccaria, 1443-44 ; *Polyptyque de Praglia,* Brera, Milan). — BARTOLOMEO (Murano v. 1430 - ? apr. 1491), son frère, a signé avec lui, en 1450, le polyptyque de la chartreuse de Bologne. Il est sensible comme lui, et plus encore, à l'énergie d'un Mantegna, qu'il associe à une couleur brillante, comme vitrifiée. — ALVISE (Venise v. 1445 - *id.* v. 1505), fils d'Antonio, reflète les influences de son oncle, d'Antonello da Messina et de Giovanni Bellini.

VIVARIUM [-rjɔm] n. m. (lat. *vivarium*). Établissement aménagé en vue de la conservation de petits animaux vivants dans des aquariums (animaux aquatiques, poissons), insectariums (insectes) et terrariums (petits vertébrés terrestres).

VIVAT ! [viva ou vivat] interj. (lat. *vivat,* qu'il vive !). Acclamation en l'honneur de qqn.
◆ **vivats** n. m. pl. Applaudissements, cris en l'honneur de qqn : *Les vivats des spectateurs.*

1. VIVE ! interj. (de *vivre 1*). Cri par lequel on exprime un souhait de longue vie ou son admiration, ou une simple approbation : *Vive* ou *vivent les vacances ! Vive la République !*

2. VIVE n. f. (anc. fr. *vivre,* vipère, du lat. *vipera*). Poisson (trachinidé) allongé, comprimé, dont la première dorsale et l'opercule portent des épines venimeuses. (Les vives chassent à l'affût, enfouies dans la vase des fonds marins. Leur chair est très appréciée.)

VIVE-ARÊTE n. f. (pl. *vives-arêtes*). Arête d'une pièce de bois dont les angles sont vifs.

VIVE-EAU n. f. (pl. *vives-eaux*). Marée de nouvelle ou de pleine lune pendant laquelle le marnage est maximal.

VIVEKĀNANDA, nom religieux de **Narendranath Datta,** disciple de Rāmakrishna (Calcutta 1862 - *id.* 1902). Ayant rencontré Rāmakrishna en 1880, il passa six ans en retraite dans l'Himālaya. En 1893, il fut envoyé au congrès des religions à Chicago. Il séjourna longuement en Amérique et en Europe et créa, en 1897, la mission Rāmakrishna, dont le rôle s'exerça en Inde et en Occident. Son œuvre, fondée sur le Vedānta, tend à instaurer une Église universelle.

VIVEMENT adv. **1.** Avec promptitude, rapidité : *Il sortit vivement de sa chambre.* — **2.** *Litt.* Avec vigueur ; sur un ton vif, d'une manière brusque : *Interpeller vivement quelqu'un.* — **3.** *Litt.* D'une manière vive, avec éclat : *Des tissus vivement colorés.* — **4.** Avec intensité : *Être vivement troublé.* — **5.** Exprime le vif souhait de voir un événement arriver, se produire au plus tôt : *Vivement dimanche !*

VIVERRIDÉ n. m. (lat. *viverra,* furet). Nom de famille de mammifères carnivores de l'Ancien Monde, de petite taille, à queue longue et membres courts, à fourrure souvent tachetée ou rayée, souvent pourvus de glandes odorantes, tels que les civettes, les genettes, les mangoustes et le fossa.

VIVES (Juan Luis), humaniste espagnol (Valence 1492 - Bruges 1540). Professeur à Louvain (1519), à Oxford (1523), il fut le précepteur de Marie Tudor. Il a consacré une partie de ses écrits à un projet de rénovation de l'enseignement.

VIVEUR n. m. (de *vivre*). *Vx.* Personne qui mène une vie de plaisirs. [Le fém. VIVEUSE est rare.]

Viviane, nom d'une fée, la Dame* du lac, appelée aussi NINIANE.

VIVIANI (René), homme politique français (Sidi-bel-Abbès 1863 - Le Plessis-Robinson 1925). Député socialiste (1893-1902) puis socialiste indépendant (1906-1922), il participa avec Jaurès à la fondation de *l'Humanité* (1904) et fut le premier ministre du Travail (1906-1910). Ministre de l'Instruction publique (1913-14), il devint président du Conseil (1914-15), ordonna la mobilisation générale (1er août 1914) et, après les premiers revers, forma un gouvernement d'union, ouvert aux socialistes.

VIVIANITE n. f. (de J. G. *Vivian,* n. pr.). Phosphate hydraté naturel de fer, monoclinique.

VIVIDITÉ n. f. (lat. *vividus,* vif). Force avec laquelle les images mentales s'imposent à notre esprit.

VIVIEN (Pauline M. TARN, dite **Renée**), femme de lettres française, d'origine anglo-américaine (Londres 1877 - Paris 1909). Traductrice de Sappho (1903) et fervente admiratrice de Baudelaire, elle a chanté comme lui les amours de Lesbos (*Cendres et Poussières,* 1902 ; *À l'heure des mains jointes,* 1906).

VIVIEN DE SAINT-MARTIN (Louis), géographe français (Saint-Martin-de-Fontenay, Calvados, 1802 - Paris 1897). Il a dirigé le *Nouveau Dictionnaire de géographie universelle,* terminé par Louis Rousselet (1879-1895).

VIVIER n. m. (lat. *vivarium,* de *virus,* vivant). **1.** Enclos où sont introduits les poissons, les crustacés après leur capture ou leur récolte en attente de leur destination définitive. — **2.** Récipient dans lequel on conserve les poissons vivants. — **3.** Bateau muni d'un réservoir dans lequel on conserve le poisson vivant. — **4.** Lieu, institution où l'on forme et où l'on trouve en grand nombre une catégorie particulière de personnes : *Cette école est un vivier d'ingénieurs.*

VIVIER (Robert), écrivain belge de langue française (Chênée-lès-Liège 1894 - La Celle-Saint-Cloud 1989). Poète (*Tracé par l'oubli,* 1951 ; *S'étonner d'être,* 1978) et romancier « populiste » (*Folle qui s'ennuie,* 1933 ; *Délivrez-nous du mal,* 1936), il a témoigné d'un perpétuel souci de la forme. On lui doit aussi des essais, des chroniques et des traductions.

VIVIERS (07220), ch.-l. de cant. de l'Ardèche, sur la rive ouest du Rhône ; 3 430 hab. *(Vivarois).* Évêché. Cathédrale des XIIe-XVIIe s. Maisons anciennes. Cimenterie. Marrons glacés et conserves.

VIVIEZ (12110), comm. de l'Aveyron, dans le bassin de Decazeville ; 1 680 hab. Métallurgie du zinc.

VIVIFIANT, E adj. **1.** Qui vivifie, donne de la force : *Le grand air est vivifiant.* — **2.** *Litt.* Qui donne la vie à l'âme, qui est la source de la vie spirituelle.

VIVIFIER v. t. (bas lat. *vivificare,* du lat. class. *vivus,* vivant, et *facere,* faire) [conj. **9**]. **1.** *Litt.* Ranimer les forces physiques d'un être vivant : *Ce séjour en altitude va vous vivifier.* — **2.** Ranimer les activités économiques d'une région, d'un secteur : *Le développement du tourisme a vivifié cette* *région.* – **3.** *Litt.* Donner à qqn les moyens de faire s'épanouir sa vie spirituelle.

VIVIPARE adj. et n. (bas lat. *viviparus,* du lat. class. *vivus,* vivant, et *parere,* enfanter). **1.** Se dit des animaux dont les petits naissent sans enveloppe ni coquille, en général à un état déjà assez développé. (Chez les insectes, on distingue les *larvipares,* qui engendrent des larves, et les *pupipares,* qui engendrent des nymphes.) – **2.** Se dit des plantes dont les graines germent sur la plante mère (palétuvier).

VIVIPARIDÉ n. m. Mollusque gastropode vivipare des eaux douces, tel que la paludine.

VIVIPARITÉ n. f. (de *vivipare*). Mode de reproduction des êtres vivants vivipares. (Contr. OVIPARITÉ, DISSÉMINATION.)

ENCYCL. **Biol.** La viviparité est exceptionnelle chez les animaux, sauf chez les mammifères. Chez les espèces vivipares *gestantes* (mammifères, certains requins), l'embryon est nourri du sang de sa mère à travers un placenta ; chez les espèces *incubantes* (vipère, salamandre noire), il est nourri des réserves de l'œuf ou de la substance de ses frères. La reprise de l'œuf fécondé ou du très jeune embryon par l'un des parents dans une cavité de son corps jusqu'à éclosion (hippocampe, marsupiaux) est la paraviviparité.

VIVISECTION n. f. (lat. *vivus,* vivant, et *section*). Dissection anatomique et expérimentation physiologique opérées sur un être vivant.

VIVOIR n. m. (de *vivre 1*). Au Canada, salle de séjour, living-room.

VIVONNE (86370), ch.-l. de cant. de la Vienne, au confluent du Clain et de la Vonne ; 2 966 hab. *(Vivonnois).* Église des XIIe-XVe s. Industries alimentaires.

VIVONNE (Louis Victor DE ROCHECHOUART, *comte* puis *duc* [1675] DE MORTEMART et DE), maréchal de France (Paris 1636 - *id.* 1688), frère de la marquise de Montespan. Général des galères (1669), il participa à des opérations navales et terrestres (Candie, 1669, guerre de Hollande, 1672). Il secourut les Siciliens révoltés contre l'Espagne, avec le titre de vice-roi de Sicile (victoires sur mer de Messine, 1675, et Palerme, 1676).

VIVOTER v. i. (de *vivre 1*) [conj. 3]. **1.** Vivre avec peine, faute de moyens. – **2.** Témoigner d'une activité ralentie : *L'entreprise vivote péniblement.*

1. VIVRE v. i. (lat. *vivere*) [conj. **90**]. **1.** Présenter les phénomènes propres à la vie : *Les plantes vivent.* – **2.** Être vivant, en vie : *Son grand-père a vécu près de cent ans.* – **3.** Avoir telles conditions, telles particularités de vie : *Plantes qui vivent dans l'eau.* – **4.** Passer son existence ou une partie de son existence d'une certaine façon, et en partic. habiter qqpart : *Vivre en ville. Il vit dans un petit appartement.* – **5.** *Vivre avec qqn,* former un couple avec qqn sans être marié. – **6.** Avoir, mener tel type d'existence, donner telle orientation à sa vie : *Vivre libre et indépendant.* – **7.** Profiter, jouir de la vie, connaître des expériences diverses : *Manifester un grand appétit de vivre.* – **8.** Tendre toute son énergie vers un certain but : *Vivre pour le théâtre.* – **9.** Être qqpart en pensée de manière relativement permanente : *Un rêveur qui vit dans un autre monde.* – **10.** Éprouver un sentiment en permanence : *Vivre dans l'angoisse.* – **11.** Tirer sa subsistance, ses ressources de qqch, s'en nourrir exclusivement : *Vivre de lait et de fruits. Vivre de son travail.* – **12.** Se nourrir d'une idée, trouver dans une pensée un soutien, une raison de vivre : *Vivre de chimères.* – **13.** Donner l'impression de la vie : *Un tableau qui vit.* – **14.** Avoir les caractéristiques de naissance, d'évolution, de modification, de disparition. – **15.** Se perpétuer, conserver un intérêt, une utilité, une influence à travers le temps : *Son souvenir vit dans nos mémoires.* – **16.** Être en activité, être dynamique : *Pour que notre entreprise vive.* – **17.** Exploiter le bénéfice d'un acquis passé, sans rien faire pour acquérir autre chose : *Il vit sur sa réputation.* – **18.** Fam. *Apprendre à vivre à qqn,* le mener avec rudesse, le soumettre à une discipline sévère. ‖ *Avoir vécu,* avoir eu une vie riche, fournie en expériences ; être révolu, désuet, devoir être remplacé : *Une théorie qui a vécu.* ‖ *(Être) facile, difficile à vivre,* avoir un caractère accommodant ou être insociable. ‖ *Faire vivre qqn,* lui fournir les moyens d'assurer sa subsistance : *Cette activité est loin de le faire vivre ;* être un motif de réconfort pour lui, l'aider à affronter les difficultés : *C'est sa foi qui le fait vivre.* ‖ *Ne plus vivre, ne pas vivre,* être plongé dans une inquiétude permanente. ‖ *Se laisser vivre,* ne pas faire beaucoup d'efforts ; ne pas s'inquiéter de l'avenir. ‖ Fam. *Vivre d'amour et d'eau fraîche* (ou *claire*), se dit des amoureux à qui leur passion fait oublier les préoccupations matérielles.

◆ v. t. **1.** Avoir une vie marquée par un caractère dominant, mener une existence d'une certaine sorte : *En somme, vous avez vécu une vie tranquille. Il a vécu une vie de plaisirs.* – **2.** Traverser une époque, des événements : *Nous vivons une période de crise.* – **3.** Éprouver qqch, qqn ou le considérer comme tel : *Elle a très mal vécu son divorce.* – **4.** *Vivre sa vie,* mener sa vie à sa guise, se libérer des contraintes.

◆ **être vécu** v. pass. **1.** S'être effectivement passé dans la vie réelle : *Histoires vécues.* – **2.** Être éprouvé par qqn dans sa subjectivité : *Sentiment vécu.*

2. VIVRE n. m. (de *vivre 1*). *Le vivre et le couvert,* la nourriture et le logement.

◆ **vivres** n. m. pl. Ensemble des aliments qui assurent une subsistance : *Rationner les vivres.*

VIVRÉ, E adj. Se dit d'une pièce héraldique dont les bords sont en dents de scie.

VIVRIER, ÈRE adj. (de *vivre 2*). Se dit des cultures dont les produits sont destinés à l'alimentation humaine.

VIX (21400), comm. de la Côte-d'Or ; 95 hab.
— **Archéol.** Le mont Lassois est un oppidum du premier et du second âge du fer, entouré d'un système de défense de type celtique. En 1953 a été dégagée une sépulture à char sous tumulus du début du Ve s. av. J.-C., qui contenait le squelette d'une femme accompagné d'un riche mobilier funéraire — dont un célèbre cratère en bronze — conservé au musée de Châtillon-sur-Seine.

VIZIANAGARAM, port de l'Inde (Āndhra Pradesh), au pied des Ghāts orientaux ; 115 000 hab. Jute. Exportation de manganèse.

VIZILLE (38220), ch.-l. de cant. de l'Isère, au S. de Grenoble, sur la Romanche ; 7 268 hab. *(Vizillois).* Papeterie. Industrie chimique. Métallurgie. Imposant château, rebâti de 1611 à 1620 pour le duc de Lesdiguières ; longtemps affecté à la présidence de la République, il est depuis 1984 centre de documentation et musée de la Révolution française.
— **Hist.** Les états du Dauphiné, réunis au château, le 21 juill. 1788, réclamèrent le rétablissement du parlement et la convocation d'états généraux avec double représentation du tiers et vote par tête.

VIZIR n. m. (ar. *wazīr*). **1.** Traduction moderne du Premier ministre (*tjati* en égyptien) du pharaon. — **2.** Ministre d'un prince musulman. (Le titre et la fonction sont attestés dès l'époque omeyyade, mais celle-ci ne connaît son plein développement que sous les 'Abbāssides. Le titre fut attribué par les Ottomans aux principaux dignitaires de l'État à partir de 1380. Sous Mehmed II (1451-1481), l'un d'eux reçut la prééminence avec l'appellation de *grand vizir.*)

VIZIRAT n. m. Dignité, fonctions du vizir ; exercice, durée de ces fonctions.

VIZZAVONA *(col de),* col routier (entre Ajaccio et Corte) de la Corse, à 1 163 m d'alt., entre le monte d'Oro et le monte Renoso, dans la *forêt de Vizzavona.*

VLAARDINGEN, port des Pays-Bas (Hollande-Méridionale), banlieue ouest de Rotterdam ; 76 000 hab. Centre industriel.

VLAD ŢEPEŞ l'Empaleur († apr. 1476), prince de Valachie (1448 ; 1456-1462 et 1476), surnommé Dracula*.

VLADIKAVKAZ, de 1954 à 1990 **Ordjonikidze,** v. de Russie, cap. de la République d'Ossétie du Nord, sur le versant nord du Grand Caucase ; 303 000 hab. La ville commande la route du haut Terek, qui permet d'atteindre la Géorgie. Centre industriel.

VLADIMIR, v. de Russie, à l'E.-N.-E. de Moscou ; 326 000 hab. Siège d'un ancien grand-duché russe, centre religieux du Moyen Âge, la ville a conservé des monuments intéressants : cathédrale de la Dormition (XIIe s. ; fresques de Daniil Tchernyï et Roublev, 1408) ; église St-Dimitri (1194), élégant édifice à coupole unique. Centre industriel.
— **Hist.** Fondée en 1108 par Vladimir Monomaque, la ville fut choisie pour capitale de la principauté de Vladimir-Souzdal* par André Bogolioubski en 1157. L'invasion mongole (1238) brisa son essor.

VLADIMIR Ier († 1015), grand-prince de Kiev (v. 980-1015). Il reçut le baptême, épousa Anne, sœur de l'empereur byzantin Basile II, et, après avoir fait venir à Kiev des prêtres grecs et bulgares, il baptisa les Kiéviens et fit détruire leurs idoles (988-989). Il fut canonisé par l'Église orthodoxe au début du XIIIe. — **Vladimir Monomaque** (1053-1125), grand-prince de Kiev (1113-1125). Il conduisit de grandes expéditions contre les Polovtses (1103, 1107, 1111) et essaya de refaire l'union des princes russes. Il écrivit à l'intention de ses fils une *Instruction.*

VLADIMIR-SOUZDAL *(principauté de),* principauté qui se développa du Xe au XIIIe s. dans le nord-est de la Russie et qui eut pour capitales successives Rostov (jusqu'en 1125 env.), Souzdal (de 1125 à 1157 env.), puis Vladimir (apr. 1157). André Bogolioubski (1157-1174) délaissa Kiev et s'établit à Vladimir ; Vsevolod le Grand Nid (1176-1212) prit le titre de grand-prince de Vladimir. Héritière de Kiev, ouverte aux influences occidentales, la principauté de Vladimir, qui entretenait des relations commerciales avec les pays du Caucase et de l'Orient musulman, connut un grand essor économique et culturel, que vint interrompre la conquête mongole (1238). Le *iarlyk* (charte octroyée par le khān de la Horde d'Or) de grand-prince de Vladimir conférait au prince qui le recevait la suprématie en Russie du Nord. Les princes de Moscovie l'ont détenu à partir du XIVe s.
— **Bx-arts.** L'architecture vladimiro-souzdalienne du XIIe s. se distingue nettement du type kiévien. De petites dimensions, les églises, bâties sur plan carré, sont coiffées d'une seule coupole et offrent des façades sculptées d'une grande richesse décorative (église de l'Intercession-de-la-Vierge sur la Nerl, 1165).

VLADIMIRESCU (Tudor), patriote roumain (Vladimir, Olténie, 1780 - † 1821). Il dirigea l'insurrection de la Valachie contre les Ottomans (1821), puis il se brouilla avec les Grecs et, livré à A. Ypsilanti, il fut exécuté.

VLADISLAV II JAGELLON (1456 - Buda 1516), roi de Bohême (1471-1516) et de Hongrie (1490-1516) [ULÁSZLÓ II], fils de Casimir IV Jagellon. Après la mort de Mathias Corvin, il fut élu roi de Hongrie (1490). En mariant ses enfants Anne et Louis II à des Habsbourg, il rendit possible l'accession de cette famille au trône de Hongrie.

VLADIVOSTOK, port de Russie, en Extrême-Orient, sur la mer du Japon, au terminus du Transsibérien ; 648 000 hab. Fondée en 1860, la ville fut occupée par les Japonais de 1918 à 1922. Vladivostok est une base navale et militaire, le port d'attache de la flotte de pêche (chantiers navals) du Pacifique. Le port de commerce de Nakhodka a été mis en service dans les années 50.

VLAMINCK (Maurice DE), peintre français (Paris 1876 - Rueil-la-Gadelière, Eure-et-Loir, 1958). Autodidacte refusant tout intellectualisme, exalté par le travail de la couleur, dont il avait eu la révélation devant les toiles de Van Gogh, il mena avec Derain l'expérience la plus explosive du fauvisme. Vers 1908, il apaisa son style par une construction plus solide et équilibrée (influence de Cézanne), des tons assourdis, puis se tourna, à partir de 1915, vers un réalisme teinté d'expressionnisme, non sans monotonie dans la véhémence (paysages à la pâte épaisse, aux ciels zébrés). Il a publié divers écrits, notamment autobiographiques et polémiques.

VLAN ! ou **V'LAN !** interj. (onomat.). Accompagne ou imite un coup porté brusquement ou un bruit soudain.

VLASSOV (Andreï Andreïevitch), général soviétique (Lomakino, prov. de Nijni Novgorod, 1900 - Moscou 1946). Engagé dans l'Armée rouge en 1918, il fut conseiller militaire de Jiang Jieshi de 1938 à 1940. Lors de la guerre germano-soviétique, il participa à la défense de Kiev et à la bataille de Moscou. Fait prisonnier par les Allemands (1942), il accepta de travailler au service du Reich et forma avec des prisonniers soviétiques une armée dite « de la libération russe », qui fut engagée en France, en Belgique, en Silésie et à Prague. Capturé par les Américains et remis aux Soviétiques, il fut pendu en 1946.

VLBI, abrév. de l'express. angl. *Very Long Baseline Interferometry* qui désigne la technique d'interférométrie à très longue base. (→ RADIO-INTERFÉROMÈTRE.)

VLEUGHELS (Nicolas), peintre français (Paris 1668 - Rome 1737). Auteur de quelques tableaux proches des Vénitiens par le coloris et de Watteau par la vivacité de la touche, il doit l'essentiel de sa notoriété aux fonctions qu'il remplit excellemment, à partir de 1727, à la tête de l'Académie de France à Rome.

VLISSINGEN → FLESSINGUE.

VLORË, v. d'Albanie ; 73 800 hab. Port et centre industriel.

VLT (sigle de l'angl. *Very Large Telescope*), très grand télescope européen de l'ESO*, en cours d'implantation au Chili, sur le Cerro Paranal. Lorsqu'il sera achevé, vers 2002, il comportera quatre télescopes de 8 m de diamètre chacun, qui pourront être utilisés soit indépendamment, soit groupés en réseau, l'ensemble formant alors un instrument équivalent à un télescope unique dont le miroir aurait 16 m de diamètre.

VLTAVA (la), en all. **Moldau,** riv. de la République tchèque, affluent (r. g.) du Labe (Elbe) avec lequel elle conflue au N. de Prague, principale ville traversée ; 434 km (bassin de 28 090 km^2). Hydroélectricité.

V. O. n. f. Abrév. de VERSION* ORIGINALE.

VOANDZEIA ou **VOANDZOU** n. m. Légumineuse (papilionacée) cultivée pour sa graine comestible, qui ressemble à un haricot, de grande importance dans l'alimentation humaine en Afrique tropicale.

VOBULATEUR n. m. (de *vobuler*). Générateur de courants ou de tensions dont la fréquence varie périodiquement entre deux limites de façon à permettre l'étude d'un phénomène acoustique ou celle du fonctionnement d'un appareil électroacoustique dans la bande de fréquences ainsi délimitée.

ENCYCL. On utilise des vobulateurs de haute fréquence pour l'alignement des circuits accordés des récepteurs de radio et de télévision. Les vobulateurs de basse fréquence sont principalement employés conjointement avec un haut-parleur pour engendrer un son « ululant » servant à des mesures de réverbération en acoustique des bâtiments.

VOBULATION n. f. Action de vobuler.

VOBULER v. t. (angl. *to wobble,* osciller) [conj. 3]. Changer périodiquement la fréquence d'une tension alternative et, plus généralement, d'un phénomène périodique.

VOCABLE n. m. (lat. *vocabulum*). **1.** Mot, terme d'une langue considéré surtout sous le rapport de sa signification, de son individualité lexicale (*petit, petite, petits* sont trois formes d'un même vocable). — **2.** Nom du saint ou du mystère sous le patronage duquel une église est placée.

VOCABULAIRE n. m. (lat. médiév. *vocabularium,* du lat. class. *vocabulum,* mot). **1.** Ensemble des mots, des vocables d'une langue : *Le vocabulaire français.* – **2.** Ensemble des termes propres à une science, à une technique, à un groupe, à un milieu, à un auteur : *Le vocabulaire de la philosophie. Vocabulaire argotique. Le vocabulaire de Hugo.* – **3.** Ouvrage comportant les termes spécifiques d'une discipline, d'une technique. – **4.** Ensemble de mots répertoriés dans un dictionnaire, une banque de données, une nomenclature, etc.

VOCAL, E, AUX adj. (lat. *vocalis*). **1.** Relatif à la voix : *Organe vocal.* – **2.** *Musique vocale,* musique écrite expressément pour les voix, même si celles-ci s'adjoignent un accompagnement instrumental.

VOCALEMENT adv. Au moyen de la voix.

VOCALIQUE adj. **1.** Qui concerne les voyelles. – **2.** Dans la théorie des traits acoustiques, se dit des phonèmes caractérisés par une structure de formants nettement définie. (Ce sont les voyelles et certaines consonnes comme /l/ et /r/.)

VOCALISATION n. f. **1.** Art ou action de vocaliser. – **2.** Passage d'un phonème de la qualité de consonne à la qualité de voyelle. – **3.** En linguistique sémitique, introduction de voyelles à l'intérieur de la racine consonantique.

VOCALISE n. f. (de *vocaliser*). Formule mélodique, écrite ou non, chantée sur des voyelles et de préférence sur *a.* (L'enseignement du chant utilise la vocalise comme procédé permettant de contrôler la régularité et la qualité de l'émission du son.)

VOCALISER v. i. (de *vocal*) [conj. 3]. **1.** Chanter de la musique sur une ou plusieurs syllabes, sans prononcer les paroles ni nommer les notes. – **2.** Effectuer une vocalisation.

VOCALISME n. m. Ensemble des caractéristiques du système vocalique d'une langue, par oppos. à son *consonantisme.*

VOCALISTE n. Chanteur dans un orchestre de jazz.

VOCATIF n. m. (lat. *vocativus,* qui sert à appeler). Cas des langues à déclinaisons, en particulier du grec et du latin, exprimant l'apostrophe, l'interpellation directe.

VOCATION n. f. (lat. *vocatio*). **1.** *Litt.* Destination d'un être, ce vers quoi sa nature ou le destin semblent l'appeler : *La vocation maternelle de la femme.* – **2.** Destination privilégiée de qqch, d'un pays, d'un groupe, du fait de sa nature, de ses caractéristiques : *La vocation touristique d'une région.* – **3.** Inclination, penchant particulier pour un certain genre de vie, un type d'activité : *Avoir la vocation du célibat. Avoir une vocation artistique.* – **4.** Acte par lequel Dieu prédestine tout homme à un rôle déterminé, qui constitue sa fin personnelle, en partic. destination, appel au sacerdoce ou à la vie religieuse. – **5.** *Avoir vocation pour,* être qualifié pour.

VOCERATRICE [vɔtʃeratriʃe ou vɔseratris] n. f. (mot corse). Chanteuse de vocero.

VOCERO [vɔtʃero ou vɔsero] n. m. (pl. *voceri*) [corse *voceru,* de *voce,* voix]. Chant funèbre corse, appelant à la vengeance, à la suite d'un assassinat ou d'une mort violente.

VO CHI CONG, homme d'État vietnamien (Viêt-nam central 1914). Personnalité marquante du Front national de libération du Viêt-nam du Sud, ministre des Pêches (1976-77) puis de l'Agriculture (1977-78), vice-Premier ministre (1976-1982 et 1986-87), il est chef du Conseil d'État de 1987 à 1991.

VOCIFÉRATEUR, TRICE n. (bas lat. *vociferator*). *Litt.* Personne qui vocifère.

VOCIFÉRATION n. f. (lat. *vociferatio*). Parole dite en criant et avec colère (surtout pl.).

VOCIFÉRER v. t. ind. (lat. *vociferari*) [conj. **18**]. Injurier qqn, qqch avec colère, s'en prendre à eux verbalement avec violence : *La foule se mit à vociférer contre l'orateur.*

◆ v. t. Dire qqch en criant avec violence : *Il vociférait des injures, qu'on l'avait volé.*

VOCODEUR n. m. (de *vocal* et *codeur*). Dispositif électronique permettant la synthèse de réponses vocales par un système informatique. (La synthèse s'effectue par mots, par phonèmes ou par diphonèmes codés, qui sont restitués par des circuits électroniques recevant ces codages comme entrées.)

VOCOÏDE n. f. Expression acoustique d'une voyelle.

VODKA n. f. (russe *vodka,* dimin. de *voda,* eau). Eau-de-vie de grain, d'un usage très répandu en Russie, en Pologne, etc.

VODNIK (Valentin), poète et publiciste slovène (Zgornja Šiška, près de Ljubljana, 1758 - Ljubljana 1819). Créateur du premier périodique en slovène, il composa des poèmes, d'inspiration néoclassique, et des odes (l'*Illyrie ressuscitée,* 1811).

VŒU n. m. (lat. *votum*). **1.** Promesse faite à la divinité pour obtenir sa faveur ou en remerciement d'une prière exaucée. – **2.** Vif souhait, vif désir de voir se réaliser qqch : *Le résultat est conforme à vos vœux.* – **3.** Souhait particulier, fait dans certaines occasions, liées à une tradition, une coutume, des superstitions, etc. : *Faire un vœu quand on voit une étoile filante.* – **4.** *Faire vœu*

de qqch, s'engager religieusement, solennellement à cela ; s'engager vis-à-vis de soi-même.
◆ **vœux** n. m. pl. **1.** Entre dans des formules de souhait de bonheur, de réussite, pour les occasions importantes, et en partic. pour la nouvelle année : *Envoyer ses vœux.* — **2.** Les trois conseils évangéliques (chasteté, pauvreté, obéissance) qui constituent la vie religieuse et que le moine, la moniale, le religieux ou la religieuse s'engagent à observer. (On dit aussi VŒUX DE RELIGION et PROFESSION RELIGIEUSE.) — **3.** *Vœux du baptême,* promesse faite par le parrain, au nom de l'enfant, de vivre conformément à la loi chrétienne. ‖ *Vœux perpétuels,* vœux qui suivent les vœux temporaires et qui expriment un engagement définitif. ‖ *Vœux solennels,* vœux déclarés comme tels par le Saint-Siège, par opposition aux *vœux simples.* ‖ *Vœux temporaires,* vœux par lesquels on s'engage dans la vie religieuse pour un temps déterminé.

VOGEL (Hermann Karl), astronome et physicien allemand (Leipzig 1841 - Potsdam 1907). Fondateur et directeur de l'observatoire de Potsdam (1882), il mesura le premier la vitesse de rotation du Soleil par application de l'effet Doppler-Fizeau (1871) et publia en 1883 le premier catalogue de spectres stellaires.

VOGELGRUN (68600), comm. du Haut-Rhin, à l'E. de Neuf-Brisach ; 418 hab. Usine hydroélectrique sur le grand canal d'Alsace.

VOGELS (Guillaume), peintre belge (Bruxelles 1836 - Ixelles 1896). Son impressionnisme personnel, tachiste et nerveux, dérivé de Chintreuil et des Maris, se transforme en expressionnisme dans certaines toiles travaillées au couteau (*la Neige le soir,* 1886, musées des Beaux-Arts de Bruxelles). Il fut un des fondateurs du cercle des Vingt.

VOGELSBERG, massif volcanique de l'Allemagne, au S.-E. du Massif schisteux rhénan et sur la bordure N.-E. du bassin de Mayence ; 774 m. Tourisme.

VOGLITE n. f. (de J. F. *Vogl,* n. pr.). Carbonate naturel d'uranium, de cuivre et de calcium, triclinique.

VOGOULS ou **MANSIS,** peuple d'origine finno-ougrienne de Russie, établi principalement dans la vallée de l'Ob.

VOGT (Nils Collett), écrivain norvégien (Christiania, auj. Oslo, 1864 - *id.* 1937). Influencé par la rébellion intellectuelle des années 1880, il évolua vers une poésie, riche en images (*Retour,* 1917 ; *Vent et Vagues,* 1927), rêve panthéiste et patriotique de l'homme mûr dont les Mémoires se révèlent pleins d'humour : *De l'adolescence à l'homme mûr* (1932).

VOGUE n. f. (de *voguer*). **1.** Faveur, popularité, en général déterminée par la mode, dont jouit qqn, qqch : *La vogue des cheveux longs.* — **2.** *En vogue,* qui bénéficie d'un grand succès assurant une large diffusion : *Chanteur en vogue.*

VOGÜÉ (Eugène Melchior, *vicomte* DE), écrivain français (Nice 1848 - Paris 1910). Il fit connaître en France les romanciers russes (*le Roman russe,* 1886 ; *Maxime Gorki,* 1905). Il a également publié des romans (*Jean d'Agrève,* 1897). [Acad. fr., 1888.]

VOGUER v. i. (anc. bas all. **wogon,* se balancer) [conj. 3]. *Litt.* **1.** Avancer sur l'eau, en parlant d'un bateau, des passagers : *Voguer vers l'Amérique.* — **2.** Nager en surface : *Les dauphins voguaient contre le vent.* — **3.** Errer au hasard comme un objet flottant : *Ainsi voguaient mes souvenirs.*

VOICI adv. (de *vois,* impér. de *voir,* et *ci*). **1.** Suivi d'un nom ou précédé d'un pronom, montre qqn ou qqch de présent ou proche, un événement actuel, ce qui va être fait ou dit : *Nous voici arrivés. Voici mes intentions.* — **2.** Par oppos. à *voilà,* désigne qqn ou qqch plus proches que d'autres par rapport à la personne qui parle : *Voici Pierre et là-bas voilà Paul.* — **3.** Annonce ce que l'on va faire ou dire, par oppos. à ce qui vient de se faire ou de se dire : *Voilà ce que j'ai fait, voici ce que je vais faire.* — **4.** Présente une action comme prochaine, donne une explication, etc. : *Voici pourquoi je partirai.* — **5.** *Voici tel temps que,* il y a exactement tel laps de temps. — **6.** *Me voici,* j'arrive, je suis là. ‖ *Voici venir qqn, qqch,* attire l'attention sur la venue, la survenue imminente.

VOID-VACON (55190), ch.-l. de cant. de la Meuse, près de la Meuse ; 1 630 hab. Restes d'un château (XIVe s.) des évêques de Toul.

VOIE n. f. (lat. *via*). **1.** Tout ce qui mène, permet d'aller d'un endroit à un autre, sur terre, sur l'eau et dans les airs : *Une voie d'accès à l'usine. Voie navigable.* — **2.** Rue, route dans le langage admin. : *Voie à sens unique.* — **3.** Subdivision de la chaussée permettant la circulation d'une file de véhicules, généralement délimitée par des marques sur la chaussée : *Une route à trois voies.* — **4.** Chemin de roulement constitué par une ou deux files de rails parallèles fixés sur des traverses et sur lequel circulent les métros, les trains : *Ne pas traverser la voie.* (→ encycl. Ch. de f.) — **5.** Dans une gare, chacune des installations correspondant à la circulation d'un train : *Le train entre en gare sur la voie 14.* — **6.** *Litt.* Accès à qqch, à un état : *La voie de la connaissance.* — **7.** Ligne, itinéraire à suivre dans la conduite d'une action, d'une carrière, dans la poursuite d'un but : *Trouver sa voie.* — **8.** Mode d'administration d'un médicament : *Comprimés à pren-*

dre par voie buccale. — **9.** Série d'intermédiaires qui conduisent d'un point, d'un état à un autre : *Suivre la voie hiérarchique.* — **10.** Moyen dont on se sert pour arriver à une fin : *La voie des négociations est la seule valable.* — **11.** *Bonne, mauvaise voie,* celle qui mène au bien, aux valeurs positives ou, au contraire, au mal, aux valeurs négatives. ‖ *En bonne voie,* dont l'évolution laisse présager une issue heureuse. ‖ *En voie de,* dans une évolution qui conduit à tel état ; en train de. ‖ *Être, mettre qqn sur la voie,* être, mettre qqn dans la bonne direction par rapport au but poursuivi. ‖ *La voie est libre,* on peut agir librement. ‖ *Montrer la voie,* être le premier à réaliser qqch, jouer le rôle de pionnier. ‖ *Ouvrir la voie à qqch,* créer un précédent ; préparer les conditions nécessaires à la réalisation de qqch. • **Alp.** Itinéraire d'ascension d'un sommet. — **Autom.** Distance entre les roues d'un même essieu. — **Bois.** Nom donné communément à la largeur du trait de scie. ‖ *Donner de la voie à une scie,* lui donner une forme telle que la partie coupante agisse seule et que le frottement du bois coupé sur la lameproprement dite soit moindre. ‖ *Voie d'une scie,* inclinaison latérale donnée à la pointe des dents. — **Ch. de f.** *Appareil de voie,* dispositif permettant à une voie de se diviser en deux (branchement) ou d'en recouper une autre (traversée). ‖ *Voie principale,* voie affectée à la circulation des trains dans les gares et à la traversée des gares, ou à la réception ou au départ des trains de voyageurs dans les gares. ‖ *Voie unique,* ligne à une seule voie parcourue dans les deux sens. — **Chim.** et **Techn.** Mode selon lequel on opère pour effectuer une réaction chimique ou le traitement de matériaux. ‖ *Voie humide,* emploi des solvants ou d'un milieu liquide. ‖ *Voie sèche,* opération conduite sans emploi de liquides. — **Dr.** *Clause de voie parée,* syn. de PACTE COMMISSOIRE*. ‖ *Voie de droit,* utilisation d'une règle, d'un moyen juridique ou légal. ‖ *Voie de fait,* acte matériel commis par l'Administration et qui porte atteinte aux libertés publiques ou au droit de propriété par une irrégularité manifeste ; acte d'agression physique ou morale d'une brutalité atténuée. ‖ *Voie publique,* route, rue ou chemin ouvert à la circulation générale et qui fait partie du domaine public (par oppos. à *voie privée*). ‖ *Voie de recours,* action en justice par laquelle on peut intenter un recours. (→ *encycl.*) — **Électr.** *Voie d'enroulement,* ensemble des sections d'un induit à collecteur en série entre deux balais consécutifs de signes contraires. — **Hist.** *Voies romaines,* ensemble de routes et itinéraires routiers, construits par la Rome antique. (La qualité de leur construction et l'étendue de leur réseau ont contribué à la cohésion de l'Empire.) — **Min.** Tout ouvrage de communication souterraine (galerie, puits). — **Télécomm.** *Voie de transmission,* ensemble des moyens nécessaires pour assurer une transmission de signaux dans un seul sens entre deux points. — **Véner.** Odeur répandue sur le chemin parcouru par le gibier ; ensemble des marques qui trahissent son passage.

◆ **voies** n. f. pl. **1.** *Litt.* Desseins selon lesquels Dieu guide la conduite des hommes : *Les voies du Seigneur sont impénétrables.* — **2.** Ensemble des organes, structures et canaux qui participent à une fonction (voies nerveuses, optiques, etc.) ou qui contribuent à la sécrétion et à l'excrétion d'un liquide organique (voies biliaires, urinaires, etc.). — **3.** *Voies et moyens,* liste complète des recettes fiscales et non fiscales retracées par la loi de finances.

ENCYCL. **Ch. de f.** La voie est constituée par des rails parallèles, fixés sur des traverses. Celles-ci reposent sur une couche de ballast, qui assure à la voie une bonne élasticité et lui permet de résister aux efforts transversaux. Les rails, d'une longueur unitaire de 36 m, en France, sont soudés en atelier pour constituer des barres élémentaires (de 288 m à plus de 400 m), puis assemblés sur le terrain. Les traverses sont en bois, en béton ou en métal. Les rails sont fixés par des gros clous (crampons) ou, le plus souvent en Europe, par des tirefonds ou boulons-tirefonds. Aujourd'hui, on utilise de plus en plus l'attache à élasticité mesurée qui maintient constamment l'effort de serrage du rail contre les traverses.

— **Dr.** *Voie de recours.* La voie de rétraction tend à un deuxième examen du procès par la juridiction qui avait déjà statué (opposition, recours en révision) ; la voie de réformation tend à un examen de l'affaire par une juridiction supérieure à celle qui avait été préalablement saisie (appel). On distingue les voies de recours ordinaires (appel, opposition) et les voies de recours extraordinaires (tierce opposition, recours en révision, pourvoi en cassation).

VOIE LACTÉE, bande blanchâtre, floue, irrégulière, qui ceinture tout le ciel étoilé. Les Anciens en attribuaient l'origine à des gouttes de lait tombées du sein de la déesse Junon alors qu'elle allaitait Hercule. Galilée, le premier, l'observa à la lunette et découvrit qu'elle est formée d'une multitude d'étoiles non décelables à l'œil nu. Elle constitue la trace, dans le ciel, de la Galaxie*, vue par la tranche, de l'emplacement où se trouve le Soleil dans ce vaste système.

Voie de la liberté, itinéraire de 980 km suivi, lors de la libération de la France en 1944, par la IIIe armée américaine du général Patton, d'Avranches à Metz.

Voie maritime du Nord, route maritime équipée et exploitée régulièrement entre Mourmansk et

Vladivostok par le détroit de Béring. L'utilisation des brise-glace, le recours à l'aviation pour guider les convois ont permis d'étendre la période de navigation pendant 2 à 3 mois l'été. Nombreux ports ; bases militaires et stations de recherche.

Voie sacrée, la route de Bar-le-Duc à Verdun, qui fut pendant la bataille de Verdun l'élément essentiel de la logistique française.

VOÏÉVODE, VOÏÉVODIE → VOÏVODE, VOÏVODIE.

VOILÀ adv. (de *vois,* impér. de *voir,* et *là*). **1.** Suivi d'un nom ou précédé d'un pronom, attire l'attention sur qqn ou qqch de proche, un événement actuel : *Voilà l'argent. Le voilà qui arrive.* – **2.** Par oppos. à *voici,* présente qqn ou qqch de plus éloigné par rapport à la personne qui parle, ou l'événement le plus éloigné, ou ce qui a été fait ou dit. – **3.** Marque dans une phrase la conclusion, la constatation (souvent précédé de *et*) : *Et voilà, c'est ainsi que l'affaire s'est terminée.* – **4.** Indique une explication : *Voilà pourquoi je n'ai rien pu faire.* – **5.** *Voilà que,* indique une action qui arrive soudainement. – **6.** *Voilà qui,* met en évidence un phénomène : *Voilà qui est bizarre.* – **7.** *Voilà tel temps que,* il y a exactement tel laps de temps que : *Voilà trois mois qu'il est parti.* ‖ *En veux-tu en voilà,* sert à indiquer une grande quantité. ‖ *Me voilà,* j'arrive, je suis là. ‖ Fam. *(Ne) voilà-t-il pas que,* attire l'attention sur un événement surprenant. ‖ *Nous voilà bien !,* souligne une situation délicate, désagréable voire dangereuse. ‖ *Voilà ce que c'est de,* telles sont les conséquences de cette action. ‖ *Voilà tout,* il n'y a rien d'autre à dire.

1. VOILAGE n. m. (de *voile 1*). Grand rideau de fenêtre en voile.

2. VOILAGE n. m. (de *voiler 2*). État d'une surface plane présentant des défauts de planéité, à la suite d'un mauvais dégauchissage ou de déformations.

1. VOILE n. m. (lat. *velum*). **1.** Pièce d'étoffe, le plus souvent légère, qui sert à couvrir, à cacher qqch à la vue : *Ôter le voile qui couvre une statue.* – **2.** Étoffe très légère de laine, de coton, de soie, de textiles artificiels ou synthétiques, utilisée pour la confection de vêtements ou pour la fabrication de rideaux de fenêtre. – **3.** Pièce d'étoffe servant à cacher le bas du visage ou à couvrir la tête des femmes dans certaines circonstances : *Les femmes musulmanes portent un voile. Voile d'infirmière, de première communiante, de deuil.* – **4.** Pièce d'étoffe légère et transparente dans laquelle qqn se drape : *La danseuse s'enroulait dans ses voiles.* – **5.** *Litt.* Tout ce qui cache, dérobe à la vue ou fait paraître plus flou : *Un voile de brume.* – **6.** *Litt.* Un semblant, qqch qui en a l'apparence : *Je vis dans son regard un voile de tristesse.* – **7.** *Avoir un voile sur (devant) les yeux,* avoir un trouble de la vision ; être aveuglé, être le jouet de vaines illusions, qui empêchent de voir la réalité. ‖ *Jeter, tirer, mettre un voile (pudique) sur qqch,* le tenir caché. ‖ *Lever le voile,* révéler ce qui était caché ou ignoré. ‖ *Prendre le voile,* se faire religieuse. ‖ *Sans voile(s),* sans détour, sans rien dissimuler. ‖ *Voile de (la) mariée,* tissu qui accompagne une robe de mariée et que revêt pendant la cérémonie une femme qui se marie. • **Aéron.** et **Astronaut.** Ensemble de perturbations physiologiques dues à de fortes accélérations (supérieures à 4 *g*) et qui se manifestent par des troubles de la vision. (→ *encycl.*) – **Anat.** *Voile du palais,* cloison musculo-membraneuse qui prolonge en arrière la voûte palatine, et qui sépare la partie nasale de la partie buccale du pharynx. (Syn. PALAIS MOU.) – **Autom.** Disque à surface conique qui, dans une roue, assure la liaison entre le moyeu et la jante. – **Bât.** *Voile mince,* structure de grande surface et de faible épaisseur (6 à 10 cm au plus) en ciment ou en matière plastique armés. (Les voiles fournissent des coques autoportantes à courbure simple [en demi-cylindre] ou doubles [coupoles, paraboloïdes hyperboliques].) – **Bot.** Enveloppe qui réunit le chapeau des champignons basidiomycètes au pied, et dont on retrouve parfois les débris, après ouverture, sous forme d'anneau sur le pied et d'écailles sur le chapeau. ‖ *Racine voile,* racine aérienne d'orchidée épiphyte, comportant un manchon de cellules mortes remplies d'air, absorbant l'humidité atmosphérique. – **Charp.** Charpente moderne formée d'une nappe de lamelles disposées en réseau. – **Méd.** Lésion peu importante du poumon, qui correspond à un aspect radiologique de diminution homogène de la transparence. (Il peut s'agir de tuberculose, ou d'une pneumopathie banale.) – **Œnol.** Pellicule microbienne que l'on rencontre sur le vin et les boissons alcooliques laissées en vidange. – **Opt.** Altération du brillant spéculaire d'une surface caractérisée par la présence de plages diffusantes. – **Phot.** Noircissement parasite d'une émulsion, qui peut être dû à la nature de la surface sensible, au développement, à une oxydation aérienne ou à un vieillissement. – **Text.** Assemblage léger de fibres textiles obtenu à la sortie de la carde. – **Zool.** Syn. de VELUM.

ENCYCL. **Aéron.** et **Astronaut.** Le *voile noir* obscurcit la vision lorsque le cerveau n'est plus irrigué et se vide peu à peu de son sang. Il cesse en même temps que l'accélération. Le *voile rouge* résulte, au contraire, d'un afflux de sang au cerveau. Il est plus grave car il s'accompagne de la rupture de vaisseaux sanguins. Les combinaisons de vol dites « anti-*g** » évitent ces perturbations.

2. VOILE n. m. (de *voiler 2*). **1.** Déformation accidentelle subie par une roue d'un véhicule. – **2.** Écart de planéité d'une surface imparfaitement plane. – **3.** Déformation d'une pièce tournante qui n'est pas rigoureusement perpendiculaire à son axe de rotation.

3. VOILE n. f. (lat. pop. **vela*, du lat. class. *velum*, voile de navire). **1.** Assemblage de pièces de toile ou d'autres tissus cousues ensemble pour former une surface capable de recevoir l'action du vent et de servir à la propulsion d'un bateau. (→ *encycl.* Mar.) – **2.** Le bateau lui-même. – **3.** Pratique sportive de la navigation à voile : *École de voile. Faire de la voile.* (→ encycl. Sports.) – **4.** *Faire voile (vers un lieu),* naviguer (dans une direction donnée). • **Astronaut.** *Voile solaire,* surface réfléchissante se déplaçant dans l'espace sous l'effet de la pression de rayonnement du Soleil. (Ce mode de propulsion économique pourrait être utilisé pour de futures missions d'exploration du système solaire.) – **Bât.** *Voile prétendue,* structure tendue à double courbure inverse, formée en général d'un réseau de câbles garni de plaques d'étanchéité. – **Mar.** *Bateau sous voiles,* bateau dont les voiles sont établies. ‖ *Mettre à la voile,* appareiller. ‖ *Voile de l'avant,* chacune des voiles du mât de misaine, ainsi que chacun des divers focs.

ENCYCL. **Mar.** Le développement de la voile a entraîné l'apparition de coques sans cesse améliorées, de mâtures plus légères et plus résistantes, et un rendement propulsif des voilures, accru grâce aux recherches et aux essais en tunnel. Les principales nouveautés ont été l'emploi de voiles très solides et imputrescibles en Nylon, puis en polyester ; l'adoption pour les grandes voiles de la forme *Marconi ;* l'utilisation du *spinnaker,* très léger, utilisable aux allures du vent arrière.

– **Sports.** La compétition distingue la course-croisière (en haute mer) et la régate. Celle-ci est pratiquée notamment aux jeux Olympiques, où les séries retenues varient (aux jeux Olympiques de 1996 à Atlanta : Laser, Finn, 470, Tornado, Star, Soling, pour les hommes ; Europe, 470, pour les femmes ; plus la planche à voile [hommes et femmes]). Les courses-croisières se sont multipliées (courses transatlantiques notamment). Le sport de la voile est géré au niveau mondial par l'IYRU (International Yacht Racing Union), créée en 1907 et siégeant à Londres, au niveau national par la Fédération française de voile (plus de 150 000 licenciés).

Voile latine *(la),* revue suisse d'expression française (1904-1910). Elle regroupa des écrivains comme les frères A. et Ch. Cingria, Robert de Traz, Gonzague de Reynold, qui souhaitaient « renouveler les lettres suisses par l'idée d'art ».

VOILEMENT n. m. (de *voiler 2*). Syn. de GAUCHISSEMENT.

1. VOILER v. t. (lat. *velare,* de *velum,* voile) [conj. 3]. **1.** *Litt.* Couvrir qqch d'un voile, d'un tissu, pour le cacher à la vue : *Voiler sa nudité.* – **2.** *Litt.* Atténuer l'éclat, la clarté, la netteté de qqch en y produisant comme un voile : *L'émotion voilait sa voix.* – **3.** Rendre développable une partie des sels d'argent qui n'entrent pas dans la composition de l'image photographique.

◆ **être voilé** v. pass. **1.** Exprimer qqch de manière plus ou moins obscure, ne pas être clair, net, évident : *Allusion à peine voilée.* – **2.** En parlant d'un film, d'une photographie, présenter un voile.

◆ **se voiler** v. pr., **être voilé** v. pass. **1.** Porter un voile, une voilette : *Les musulmanes se voilent le visage.* – **2.** Se couvrir de légers nuages, de nuées ; disparaître un peu derrière des nuages, en parlant du soleil, de la lune, des étoiles : *Le ciel se voile.* – **3.** Voir son éclat, sa clarté, sa netteté altérés par qqch : *Son regard se voila.*

2. VOILER v. t. (de *voile 3*) [conj. 3]. Déformer qqch en donnant un voile : *Il a voilé sa roue en tombant dans le fossé.*

◆ **se voiler** v. pr., **être voilé** v. pass. Être affecté d'un voilement, d'un voile, être légèrement tordu : *Le disque est voilé.*

3. VOILER v. t. (anc. fr. *veilier,* mettre un navire à la voile) [conj. 3]. **1.** Garnir un bateau de ses voiles. – **2.** Adapter à un bateau un type de voilure déterminé.

VOILERIE n. f. (de *voile 3*). Atelier où l'on confectionne ou répare des voiles.

VOILES (en lat. *Vela, -orum*), constellation australe issue de la subdivision de l'ancienne constellation du Navire* Argo.

VOILETTE n. f. (de *voile 1*). Morceau de voile de tulle posé au bord d'un chapeau et recouvrant le visage en partie ou en totalité.

VOILIER n. m. (de *voile 3*). **1.** Navire à voiles. (Pour la réglementation maritime, un voilier est un navire marchant exclusivement à la voile.) [→ *encycl.*] – **2.** Ouvrier qui fait ou répare des voiles. – **3.** Nom usuel de poissons à nageoire dorsale très développée, voisins de l'espadon. – **4.** *Oiseau bon, mauvais voilier,* dont le vol est puissant et soutenu, ou au contraire faible et saccadé.

ENCYCL. Les voiliers de plaisance comprennent les dériveurs, les bateaux de croisière, les bateaux de course et ceux de course au large. Leurs coques sont en bois moulé, contreplaqué, acier, alliages légers, plastique ou ciment armé. Les bateaux de course et de course au large bénéficient des techniques les plus raffinées : essais en bassin, calcul par ordinateur, alliages très résistants, accastillage sophistiqué. Les grands multicoques sont de plus en plus présents dans les courses au large ; leur légèreté et leur faible surface mouillée leur confèrent des performances élevées et leur permettent de concurrencer avec succès les grands monocoques.

VOILURE n. f. (de *voile 3*). **1.** Ensemble des voiles d'un bâtiment ou d'un de ses mâts. – **2.** Surface de voiles sous laquelle navigue un bâtiment. – **3.** Ensemble de la surface portante d'un avion. – **4.** Surface de toile d'un parachute. – **5.** *Voilure tournante,* surface en rotation permettant l'envol et la descente verticaux des giravions.

VOIR v. t. (lat. *videre*) [conj. 62]. **1.** Percevoir qqn, qqch par les yeux, les organes de la vue : *Sans lunettes, il ne peut rien voir.* – **2.** Être le témoin visuel d'un fait, d'un événement, assister à qqch en spectateur : *Il avait vu toute la scène. Je dois aller voir cette pièce prochainement.* – **3.** Regarder, examiner qqch, visiter un lieu : *J'ai vu trois appartements dans la journée.* – **4.** Se trouver en présence de qqn, lui rendre visite, le rencontrer : *Il faudra voir un avocat.* – **5.** Être en relation avec qqn, le fréquenter : *Je ne le vois plus depuis un an.* – **6.** Prendre conscience de qqch, le connaître, en faire l'expérience : *J'ai vu la situation changer.* – **7.** Se représenter mentalement une réalité qui n'est pas présente : *La nuit dernière, je vous ai vu en rêve.* – **8.** Être le témoin d'une époque, d'un événement ; être le lieu, le moment où qqch se produit : *Une région qui a vu plusieurs invasions.* – **9.** Envisager qqn, qqch de telle ou telle façon : *Je le vois très bien professeur.* – **10.** Remarquer un fait ; se rendre compte, constater ; prendre connaissance de qqch : *Je vois que vous êtes d'un avis différent.* – **11.** S'occuper de qqch, de qqn, en partic. dans le cadre du travail : *J'ai encore cinq clients à voir.* – **12.** Envisager qqch ; savoir, percevoir par l'esprit : *Nous allons voir si une solution est intervenue. Maintenant, je vois que je me suis trompé.* – **13.** Saisir tous les éléments, toutes les données d'un problème, d'une situation : *Un candidat qui a (bien) vu le sujet.* – **14.** Considérer qqch, qqn, les comprendre, les juger d'une certaine façon : *Voir tout en noir. Voir un concurrent d'un mauvais œil.* – **15.** Devant une proposition infinitive, a une valeur d'auxiliaire correspondant à une tournure avec *avoir, connaître : Cette industrie a vu croître fortement sa production.* – **16.** Pop. *Aller se faire voir,* aller au diable. ‖ *À voir + n.,* si l'on en juge par : *À voir son train de vie, on le croirait très riche.* ‖ *Ça n'a rien à voir,* ça n'a aucun rapport avec notre sujet. ‖ Fam. *En voir, en faire voir (à qqn),* subir, faire subir à qqn des épreuves, des avanies de toutes sortes. ‖ *Être à voir,* offrir de l'intérêt : *Ce spectacle est à voir.* ‖ *Faire voir (qqch),* montrer, permettre de constater. ‖ *Je voudrais (bien) vous y voir,* si vous étiez à ma place, vous ne feriez sans doute pas mieux. ‖ *Laisser voir,* permettre de regarder ; faciliter la vue de ; ne pas dissimuler ce qu'on ressent. ‖ *N'avoir rien à voir dans qqch,* n'être absolument pas concerné par qqch. ‖ Fam. *Ne pas pouvoir voir qqn, qqch (en peinture),* ne pas pouvoir les supporter. ‖ *Ne voir que qqch,* n'avoir pas d'autre objectif, pas d'autre souci. ‖ *Se faire voir qqpart,* se trouver, se montrer en un lieu où l'on a intérêt à être vu. ‖ *Voir, voyez* (abrév. *V.*), indication par laquelle on introduit un renvoi à une autre partie d'un ouvrage : *Voyez p. 100.*

◆ v. t. ind. Litt. *Voir à, voir à ce que,* être attentif à faire qqch, faire en sorte que, veiller à ce que : *Nous verrons à ce que tout soit en place.*

◆ v. i. **1.** Percevoir les images des objets par les organes de la vue : *Mettez des lunettes pour voir.* – **2.** *Fam.* A une valeur d'insistance après un impératif et devant un infinitif : *Dites voir.* – **3.** *Façon, manière de voir,* manière propre à qqn de juger les choses ; opinion, point de vue de qqn sur qqch. ‖ *Je verrai,* exprime qu'on remet à plus tard une réponse. ‖ *Pour voir,* pour tenter une expérience. ‖ *Voir juste,* bien juger, être perspicace. ‖ *Voir loin,* avoir de la prévoyance, être perspicace. ‖ *Voyons,* sert à exhorter qqn à agir ou à parler, ou bien à le rappeler à l'ordre : *Pressez-vous, voyons, il faut partir.*

◆ **être vu** v. pass. **1.** *Être bien, mal vu,* être, ne pas être observé, compris dans tous ses détails : *Ses personnages sont bien, mal vus ;* jouir d'une bonne, d'une mauvaise réputation : *Être bien vu de ses supérieurs.* – **2.** Fam. *C'est tout vu,* c'est une chose réglée, décidée et sur laquelle il n'y a pas à revenir. ‖ *Ni vu ni connu,* se dit quand qqn réussit à agir sans se faire remarquer ou quand une action habile a lieu secrètement.

◆ **se voir** v. pr. **1.** Percevoir sa propre image : *Se voir dans la glace.* – **2.** S'imaginer, se représenter mentalement dans tel état, telle situation : *Je ne me vois pas acceptant cette solution.* – **3.** Avoir conscience de son état, se sentir : *Il ne se voit pas sombrer dans la décrépitude.* – **4.** Être dans tel état, telle situation : *Je me vois dans l'obligation de refuser.* – **5.** Se rencontrer, se fréquenter, avoir des relations suivies : *Les deux familles ne se voient plus.* – **6.** Pouvoir être distingué facilement, être apparent, visible : *Un stoppage qui ne se voit pas.* – **7.** Se rencontrer, se produire, exister : *Une telle chaleur, ça ne se voit pas tous les jours.* – **8.** *Ils ne peuvent pas (plus) se voir,* ils se détestent.

VOIRE adv. (lat. pop. *vera,* vraiment, du lat. class. *verus,* vrai). *Litt.* **1.** Vraiment (dans une réponse dubitative et ironique) : *C'est le plus grand peintre de l'époque. – Voire !* – **2.** *Voire (même),* introduit l'éventualité d'un degré supérieur, d'un sens plus fort : *Quelques auditeurs, voire même la majorité,* *se plaignaient.* (*Voire même* est critiqué par quelques puristes.)

VOIRIE n. f. (anc. fr. *voierie,* de *voier,* voyer, avec l'infl. de *voie*). **1.** Élément du domaine public, constitué par l'ensemble du réseau de voies de circulation terrestre, fluviale, maritime, aérienne, et de leurs dépendances. – **2.** Administration qui a pour objet l'établissement, la conservation, l'entretien et l'alignement de toutes les voies de communication affectées à la circulation publique. – **3.** Lieu où l'on dépose les ordures, les épaves ramassées dans la rue, etc. – **4.** *Contravention de voirie,* contravention sanctionnant tout fait portant atteinte ou susceptible de porter atteinte à l'intégrité des voies de circulation terrestre, de compromettre leur conservation ou leur utilisation normale. ‖ *Droit de voirie,* taxe payée pour tout ce qui est posé sur la voie publique (matériaux, devantures, étalages, kiosques, distributeurs d'essence...). ‖ *Servitudes de voirie,* servitudes grevant les propriétés riveraines des voies publiques.

VOIRON (38500), ch.-l. de cant. de l'Isère, à l'entrée de la cluse de Voreppe ; 19 221 hab. *(Voironnais).* Centre industriel (constructions mécaniques et électriques, produits pharmaceutiques, skis, liqueur, papeterie).

VOISARD (Alexandre), poète suisse d'expression française (Porrentruy 1930). Il a chanté son pays dans ses poèmes (*Liberté à l'aube,* 1973) et écrit des récits fantastiques (*l'Année des treize lunes,* 1984).

VOISÉ, E adj. et n. f. (de *voix*). Se dit des phonèmes dont l'émission comporte la vibration périodique des cordes vocales. (Syn. SONORE.)

VOISEMENT n. m. **1.** Propriété des phonèmes voisés. (Syn. SONORITÉ.) – **2.** Syn. de SONORISATION.

VOISENON (Claude Henri DE FUSÉE, *abbé* DE), écrivain français (Voisenon, près de Melun, 1708 - *id.* 1775). Son esprit fit de lui le modèle des abbés mondains du XVIIIe s. Il a composé des comédies, des poésies galantes et des contes (*le Sultan Misapouf,* 1746). [Acad. fr., 1762.]

VOISIN, E adj. (lat. pop. **vecinus,* du lat. class. *vicinus*). **1.** Qui est situé à côté, à proximité de qqch : *Les régions voisines de l'équateur.* – **2.** *Litt.* Qui est peu éloigné dans le temps : *Les siècles voisins du nôtre.* – **3.** Se dit d'êtres ou de choses peu différents, proches dans leur nature, leurs caractéristiques : *Nous avons des idées voisines. Deux espèces animales voisines.*

◆ adj. et n. **1.** Qui est placé, qui se trouve à côté d'une autre personne dans telle circonstance : *Mon voisin de table était agréable.* – **2.** Qui habite près d'une autre personne : *Aller chez une voisine demander du beurre.* – **3.** Se dit de groupes, de peuples, de pays qui sont établis à proximité les uns des autres : *Nos voisins les Suisses.*

◆ n. L'autre, le prochain : *L'herbe du voisin est toujours plus verte.*

VOISIN (Catherine MONVOISIN, dite **la**) [Paris v. 1640 - *id.* 1680]. Fille de M. Deshayes et épouse d'Antoine Monvoisin, elle était à la fois sage-femme, avorteuse, devineresse et sorcière. Consultée par des personnes de haut rang, elle fut compromise dans l'affaire des Poisons, condamnée par la Chambre ardente et brûlée vive (22 févr. 1680).

VOISIN (les frères), ingénieurs et industriels français. – GABRIEL (Belleville-sur-Saône 1880 - Ozenay, Saône-et-Loire, 1973). La société qu'il fonda, en 1906, avec son frère Charles, fut la première entreprise industrielle de construction aéronautique en France. À partir de 1918, il se consacra à la construction automobile ; en ce domaine, il fut l'un des premiers à s'efforcer d'améliorer l'aérodynamisme des carrosseries. – CHARLES (Lyon 1882 - mort dans un accident d'automobile à Corselles, Rhône, 1912). Il fut l'un des premiers aviateurs français (vol de 80 m, à Bagatelle, le 30 mars 1907).

VOISIN (Joseph), écrivain français (Yzeure, Allier, 1882 - *id.* 1969). Disciple d'Émile Guillaumin, il a publié des romans et des essais liés pour la plupart à son Bourbonnais natal *(l'Académie de Mérival-les-Chaumes,* 1909 ; *Mathurin Barot,* 1927).

VOISINAGE n. m. **1.** Proximité dans l'espace : *Le voisinage de la montagne lui procurait des sources de loisirs.* – **2.** *Litt.* Proximité dans le temps : *Le voisinage du printemps.* – **3.** Lieux environnants : *Les maisons du voisinage.* – **4.** *Litt.* Fait d'avoir telle personne comme voisin : *Le voisinage d'un élève studieux lui a profité.* – **5.** Ensemble des voisins : *Un voisinage agréable.* – **6.** Pour un point x ou une partie A d'un espace topologique E, partie de E qui contient un ouvert de E contenant x ou A. – **7.** *Troubles de voisinage,* inconvénient anormal de voisinage, mettant en jeu la responsabilité de celui qui en est l'auteur.

VOISINER v. t. ind. (de *voisin*) [conj. 3]. Se trouver près de qqch, être placé à côté, être avec : *Dans la vitrine, des diamants voisinaient avec des saphirs.*

◆ v. i. *Litt.* Se fréquenter entre voisins, entretenir des relations de voisinage : *Des gens qui voisinent peu.*

VOISINS-LE-BRETONNEUX (78960), comm. des Yvelines, partie de la ville nouvelle de Saint-Quentin-en-Yvelines ; 11 242 hab.

VOITURAGE n. m. Dans le contrat de transport, ancienne appellation du transport terrestre.

VOITURE n. f. (lat. *vectura,* de *vehere,* transporter). **1.** Véhicule susceptible de conduire, porter ou transporter des personnes ou des marchandises : *Voiture à bras. Voiture hippomobile.* – **2.** Automobile : *Il change de voiture tous les ans.* – **3.** Véhicule ferroviaire destiné au transport des voyageurs (par oppos. au *wagon*, utilisé pour le transport des marchandises). [→ *encycl.*] – **4.** Chargement d'un véhicule, d'un camion, etc. : *Une voiture de pierres.* – **5.** *En voiture !,* avertissement aux voyageurs au moment du départ d'un train. ‖ *Petite voiture,* modèle réduit d'automobile pour jeux ou collection ; fauteuil roulant de handicapé, d'infirme. ‖ *Voiture d'enfant,* nacelle montée sur roues, pour promener un bébé. ‖ *Voiture de liaison (V. L.),* automobile de tourisme servant aux liaisons de commandement militaire.

ENCYCL. **Ch. de f.** La caisse des voitures modernes constitue avec le châssis un ensemble tubulaire unique rigide (caisse autoportante). L'aptitude aux vitesses élevées nécessite un profil aérodynamique (carénages). La caisse repose sur deux bogies à deux essieux assurant une excellente stabilité de marche et un faible niveau de bruit grâce à leur double étage de suspension. L'aménagement intérieur des voitures pour trains de jour est réalisé soit avec compartiments séparés desservis par un couloir latéral, soit sans compartiment avec couloir central. Les trains comportent deux classes de voiture. Pour les trains de nuit, il existe des *voitures-couchettes* et des *voitures-lits.*

Les voitures des trains de banlieue et des trains régionaux sont généralement à couloir central avec de vastes plates-formes d'un accès commode et capables d'accueillir les voyageurs debout pour les petits parcours aux heures de pointe. Les voitures à deux niveaux permettent d'accroître encore la capacité.

VOITURE (Vincent), écrivain français (Amiens 1597 - Paris 1648). Rival par ses *Lettres* de Guez de Balzac, il souleva à l'hôtel de Rambouillet par ses madrigaux et ses sonnets de véritables querelles littéraires. Il apparaît comme le grand maître du jeu littéraire et mondain de la société précieuse. (Acad. fr., 1634.)

VOITURE-BALAI n. f. (pl. *voitures-balais*). Voiture qui, dans une course cycliste, recueille les coureurs qui abandonnent.

VOITURE-BAR n. f. (pl. *voitures-bars*). Voiture de chemin de fer aménagée en bar. (Syn. anc. WAGON-BAR.)

VOITURÉE n. f. *Vx.* Ensemble des personnes ou des choses qui se trouvent dans un même véhicule.

VOITURE-LIT n. f. (pl. *voitures-lits*). Voiture de chemin de fer aménagée pour permettre aux voyageurs de dormir dans un lit. (Syn. anc. WAGON-LIT.)

VOITURE-POSTE n. f. (pl. *voitures-poste*). Voiture de chemin de fer réservée au service de la poste. (Syn. anc. WAGON-POSTE.)

VOITURE-PULLMAN n. f. (pl. *voitures-pullmans*). Syn. de PULLMAN.

VOITURER v. t. (conj. 3). *Vx.* Transporter par le moyen d'un véhicule quelconque des marchandises, des gens.

VOITURE-RESTAURANT n. f. (pl. *voitures-restaurants*). Voiture de chemin de fer aménagée pour le service des repas. (Syn. anc. WAGON-RESTAURANT.)

VOITURE-SALON n. f. (pl. *voitures-salons*). Voiture de chemin de fer disposée en salon.

VOITURETTE n. f. **1.** Voiture de petites dimensions. – **2.** Petite voiture automobile, de faible puissance (49 à 125 cm^3).

VOITURIER n. m. **1.** *Vx.* Conducteur de véhicule hippomobile. – **2.** Dans un hôtel, un restaurant, employé chargé de garer les voitures des clients. – **3.** Nom donné, dans le contrat de transport terrestre, au transporteur.

VOÏVODE ou **VOÏÉVODE** n. m. (serbo-croate *vojvoda*). **1.** Chef d'armée, puis gouverneur dans les pays slaves. – **2.** Titre porté par les princes de Moldavie et de Valachie.

VOÏVODIE ou **VOÏÉVODIE** n. f. (polon. *województwo*). Division administrative de la Pologne, approximativement l'équivalent du département français.

VOIX n. f. (lat. *vox, vocis*). **1.** Faculté d'émettre des sons, en parlant de l'homme ; ensemble des sons produits par les vibrations périodiques des cordes vocales : *Reproduire la voix humaine.* (→ encycl.) – **2.** Faculté d'émettre des cris de l'espèce, en parlant de certains animaux. – **3.** Utilisation à des fins musicales de l'émission des sons en vue de produire le chant. – **4.** Chanteur, cantatrice : *Une des plus belles voix du monde.* – **5.** Personne qui, par son métier à la radio, à la télévision ou dans l'écriture, a fait connaître sa parole ou ses idées : *Une grande voix de la radio s'est éteinte.* – **6.** Personne qui parle mais dont on ne précise pas l'identité : *C'est bien, dit une voix au fond de la salle.* – **7.** Expression vigoureuse d'une opinion, d'un sentiment : *Écouter la voix du peuple.* – **8.** *Litt.* Son produit, émis par qqch : *La voix du vent dans les arbres.* – **9.** Hallucination auditive : *Entendre des voix.* – **10.** Ce qui en nous-mêmes nous enseigne, nous inspire, nous avertit : *Écouter la voix de la* *raison.* – **11.** Suffrage exprimé lors d'un vote : *La motion est adoptée par 40 voix de majorité.* – **12.** *De vive voix,* en parlant et non par écrit. ‖ *Donner de la voix,* parler très fort ; crier, en parlant du chien courant. ‖ *Être sans voix,* demeurer interdit sous l'effet d'une vive émotion. ‖ *Parler par la voix de qqn,* s'exprimer par son entremise. • **Électro-acoust.** *Voix artificielle,* son complexe, dont la composition spectrale correspond à celle de la voix humaine moyenne. – **Ling.** Catégorie grammaticale associée au verbe et à son auxiliaire, qui indique le type de relation existant entre le verbe, le sujet (ou l'agent) et l'objet. (Dans la voix active, le sujet grammatical est aussi l'agent du procès : *Le soleil brunit la peau ;* dans la voix passive, il subit le procès réalisé par le complément : *La peau est brunie par le soleil ;* dans la voix pronominale, il est à la fois agent et patient du procès : *La peau se brunit au soleil.*) – **Mus.** Partie confiée à chaque exécutant dans une composition vocale ou instrumentale.

ENCYCL. **Mus.** La voix est caractérisée par son timbre, dépendant de la morphologie et propre à chaque chanteur ; chaque voix possède aussi son étendue, ou tessiture. D'une manière générale, les voix d'homme sont le haute-contre, le ténor, le baryton et la basse ; les voix de femme, le soprano et le contralto. Mozart fut au XVIIIe s. un des premiers à codifier la typologie vocale en fonction du caractère de ses personnages.

– **Physiol.** La voix humaine normale se forme, au niveau du larynx, grâce à un courant d'air issu des poumons sous une certaine pression et séparé en bouffées successives par la vibration des cordes vocales, qui s'affrontent et délimitent une ouverture appelée « glotte ». Le rôle important dans l'émission du son est tenu par le nerf moteur du larynx (nerf récurrent). La vibration des cordes vocales est un acte purement neuromusculaire, commandé par les influx moteurs issus du cerveau.

Voix du Nord *(la),* journal et mouvement de la Résistance créés à Lille en avril 1941. Le journal est devenu le plus important quotidien du nord de la France.

Voix intérieures *(les),* recueil de poésies de V. Hugo (1837), dédié à la mémoire de son père.

VOJVODINE, en serbo-croate **Vojvodina,** région du nord de la Yougoslavie ; 21 506 km^2 ; 2 043 000 hab. Ch.-l. *Novi Sad.* La population, d'origines variées, est à majorité serbe mais compte une forte minorité hongroise. Région de plaines et de bas plateaux, coupée de grandes vallées (Danube, Tisza et Save), la Vojvodine possède de bonnes terres agricoles (céréales, tournesol, betterave à sucre et élevage). L'agroalimentaire est complété par la chimie et la production de gaz naturel.

1. VOL n. m. (de *voler 1*). **1.** Action de voler ; suite de mouvements d'ailes coordonnés au moyen desquels les oiseaux, les insectes se soutiennent dans les airs et s'y déplacent : *Le vol des abeilles.* – **2.** Distance qu'un oiseau parcourt ou peut parcourir en volant sans se reposer : *Le vol de la perdrix n'est pas long.* – **3.** Groupe d'oiseaux, d'insectes se déplaçant ensemble : *Un vol d'oies sauvages.* – **4.** Fait pour un avion, un engin de se déplacer dans l'air, dans l'espace : *Vol en rase-mottes.* – **5.** Parcours fait avec un avion, un engin ; l'avion lui-même : *À quelle heure part le vol 506 ?* – **6.** *Litt.* Déplacement d'un objet léger dans l'air : *Le vol des flocons de neige.* – **7.** *Au vol,* pendant le mouvement d'un oiseau dans l'air : *Tuer un faisan au vol ;* en l'air : *Arrêter un ballon au vol ;* pendant la marche d'un véhicule : *Prendre le bus au vol ;* rapidement et avec à-propos : *Il faut saisir l'occasion au vol.* ‖ *De haut vol,* qui vole habituellement haut ; de grande envergure. ‖ *Prendre son vol,* s'envoler, en parlant des oiseaux, et, litt., prendre son essor, améliorer sa situation. • **Aéron.** *Vol à voile,* mode de déplacement d'un planeur, utilisant les courants aériens. (→ *encycl.*) ‖ *Vol d'onde,* vol à voile utilisant les ascendances d'ondes. ‖ *Vol de pente,* vol à voile utilisant les ascendances de pente. – **Fauconn.** Chasse faite avec des oiseaux de proie. ‖ Équipage d'oiseaux de proie dressés à chasser le gibier. ‖ *Oiseaux de bas vol,* l'autour, l'épervier. ‖ *Oiseaux de haut vol,* les faucons, le pèlerin, le gerfaut, le sacre, l'émerillon, le hobereau. – **Sports.** *Vol libre,* sport aérien pratiqué à l'aide d'une aile libre. – **Théâtr.** Appareil qui descend des dessus du théâtre et sert à faire paraître ou se mouvoir dans l'air les divinités, les apparitions.

ENCYCL. **Aéron.** Pour la sécurité aérienne, on distingue le *vol à vue,* désigné par le symbole international VFR, et le *vol aux instruments,* désigné par le symbole international IFR.

• *Principe de la sustentation et mécanique du vol.* Sur les ailes d'un avion volant en palier, l'action de l'air se décompose en une force de résistance, ou « traînée », dirigée vers l'arrière, que doit vaincre la force propulsive du moteur, et en une force de sustentation, ou « portance* », qui s'oppose en grandeur et en direction au poids de l'appareil. Dans le vol en piqué, le pilote règle la vitesse de l'avion de manière que la résultante des forces de traînée et de portance soit égale et opposée à la résultante de la force propulsive et de la pesanteur. En montée, le poids de l'avion se décompose en une force perpendiculaire au sens du déplacement, contrebalancée par la portance, et en une force parallèle et opposée au mouvement, dont l'effet s'ajoute à celui de la traînée. La force propulsive doit alors être suffisamment grande pour vaincre à la fois cette

résistance aérodynamique et la composante du poids, tout en assurant la propulsion nécessaire à l'entretien du mouvement ascendant.
Lors d'un virage, la portance se décompose en deux forces, en raison de l'inclinaison que l'on fait prendre à l'avion : l'une verticale, s'opposant au poids, l'autre horizontale, s'opposant à la force d'inertie centrifuge. Quand l'inclinaison est correcte, ces forces sont respectivement égales et opposées au poids et à la force centrifuge.
• *Vol à voile.* L'art du vol à voile réside dans la recherche et l'utilisation des courants ascendants de l'atmosphère. Pour conserver une faible vitesse de descente en air calme, un planeur doit avoir une grande finesse aérodynamique, une voilure à grand allongement et une construction assez légère. Il doit cependant être suffisamment robuste pour affronter des zones de très forte turbulence atmosphérique. Le planeur ne peut acquérir seul une vitesse et une altitude suffisantes pour évoluer dans une zone d'ascendance. Il faut soit le haler par un câble s'enroulant sur un treuil mécanique, soit le remorquer par avion, le câble de remorque étant largué par le pilote du planeur au lieu et à l'altitude désirés.
— **Zool.** • Le *vol des oiseaux* est favorisé par une faible densité corporelle (plumage, sacs aériens), une forme aérodynamique, de puissants muscles alaires, des ailes et une queue au plumage étendu et réglable. On distingue le *vol ramé,* où les ailes, par de rapides battements, prennent appui sur l'air, et le *vol plané,* où, les ailes étendues, l'oiseau glisse sur l'air, s'élevant dans les courants ascendants ou demeurant au point fixe. Le *vol bourdonnant* des colibris, semblable à celui des insectes, leur permet de stationner en l'air et de se déplacer latéralement.
• Le *vol des insectes* est toujours de type bourdonnant (de 9 à 1 000 battements par seconde) ou ramé, sauf peut-être chez les grandes libellules. Certains insectes (sphinx, æschne, taon) atteignent une vitesse de 55 km/h. Les criquets migrateurs parcourent en vol d'énormes distances.
• Les chauves-souris volent en « battant des mains », leur membrane alaire étant tendue entre leur flanc et quatre doigts démesurément développés. Les autres animaux dits « volants » (exocet, pétaure, etc.) ne font que planer en descendant.

2. VOL n. m. (de *voler 2*). **1.** Action de qqn qui dérobe, vole, soustrait frauduleusement ce qui appartient à autrui : *Commettre un vol.* — **2.** Fait de vendre un article, un service à un prix excessif : *À ce prix, c'est du vol.* — **3.** *Vol aggravé,* vol commis avec violences (ayant entraîné la mort, une infirmité permanente ou une incapacité totale de travailler) ou avec une arme apparente ou cachée (puni de la réclusion criminelle). ‖ *Vol qualifié,* vol accompagné d'une ou plusieurs des circonstances aggravantes définies par la loi (effraction, escalade, fausses clefs, la nuit, etc.) et qui, selon le cas, est puni d'une peine d'emprisonnement ou de la réclusion criminelle. ‖ *Vol simple,* vol qui n'est accompagné d'aucune des circonstances aggravantes définies par la loi, puni d'une peine d'emprisonnement et (ou) d'une amende.

Vol de nuit, roman de Saint-Exupéry (1931), témoignage sur l'héroïsme quotidien des pilotes de l'aviation civile.

VOLAGE adj. (lat. *volaticus*). Dont les sentiments sont changeants, qui est peu fidèle en amour.

VOLAILLE n. f. (anc. fr. *volille,* du bas lat. *volatilia,* animaux qui volent). **1.** Oiseau élevé dans une basse-cour ou selon les techniques de l'aviculture. — **2.** Ensemble des oiseaux d'une basse-cour, et particulièrement de gallinacés. — **3.** Viande de ces oiseaux : *Manger de la volaille.*

VOLAILLER, ÈRE ou **VOLAILLEUR, EUSE** n. Personne qui élève ou fait le commerce des volailles.

1. VOLANT, E adj. (de *voler 1*). **1.** Qui vole, a la faculté de se mouvoir dans les airs : *Insecte volant.* — **2.** Qui se déplace dans les airs, traverse l'espace : *Soucoupe volante.* — **3.** Se dit de certains objets suspendus et mobiles : *Échafaudage volant.* — **4.** Qu'on peut déplacer facilement : *Table volante.* — **5.** Se dit de personnels, de services, de groupes mobiles pouvant assurer leur fonction en divers endroits : *Secrétariat volant.*
◆ **volant** n. m. Dans l'aviation, membre du personnel navigant. (Contr. RAMPANT.)

2. VOLANT n. m. (de *voler 1*). **1.** Organe circulaire sur lequel le conducteur d'un véhicule routier, le pilote d'un bateau à moteur agit pour guider le véhicule. — **2.** *As du volant,* champion de la conduite automobile. ‖ *Volant de sécurité,* marge, réserve permettant, en toute sûreté, le bon accomplissement d'opérations de production ou de commercialisation ; réserve en matériel ou en personnel permettant de faire face à l'imprévu. • **Cycl.** *Volant magnétique,* dispositif d'allumage des moteurs à deux temps de motocyclette, fondé sur le principe de la magnéto à aimants tournants. — **Dr.** Portion libre et détachable de chaque feuille d'un livre à souches. — **Écon.** *Volant de trésorerie,* somme dont une entreprise dispose pour assurer sa trésorerie. — **Jeux.** Petite sphère de liège ou de Nylon garnie d'une collerette de plumes ou de plastique qu'on lance avec une raquette. ‖ Jeu auquel on se livre avec cet objet. — **Mécan.** Organe d'un moteur ou d'une machine tournante présentant un moment d'inertie important par rapport à son axe de rotation et destiné à en réguler la vitesse. (On dit aussi VOLANT D'INERTIE.) ‖ Roue servant à transmettre une manœuvre à un mécanisme. — **Mobil.** et **Cout.** Bande de tissu rapporté qui, froncée, plissée ou à plat et évasée, sert de garniture.

VOLAPÜK n. m. (de *vol* et *pük,* mots de cette langue tirés des termes anglais *world,* univers, et *to speak,* parler). Langue auxiliaire universelle créée en 1879 par J. M. Schleyer et qui fut supplantée par l'espéranto.

VOLATIL, E adj. (lat. *volatilis,* de *volare,* voler). **1.** Qui se vaporise, s'évapore facilement. — **2.** Qui est très mobile, très fluctuant : *Un électorat très volatil.* — **3.** Se dit d'une mémoire d'ordinateur dont le contenu s'efface lorsque l'alimentation électrique est coupée. — **4.** *Huile volatile,* syn. de ESSENCE.

VOLATILE n. m. (anc. fr. *volatilie,* ensemble des oiseaux, avec l'infl. du lat. *volatilis,* qui vole). Oiseau et, en partic., oiseau de basse-cour.

VOLATILISABLE adj. Qui peut se volatiliser.

VOLATILISATION n. f. **1.** Fait de se volatiliser, de disparaître. — **2.** Syn. de VAPORISATION. — **3.** Procédé de vernissage des grès consistant à jeter du sel marin dans le four à la fin de la cuisson.

VOLATILISER v. t. (de *volatil*) [conj. 3]. **1.** Syn. de VAPORISER. — **2.** *Fam.* Subtiliser, voler qqch à qqn : *Dans le métro on lui a volatilisé son portefeuille.* ◆ **se volatiliser** v. pr. **1.** Se transformer en vapeur. — **2.** Disparaître comme en s'évaporant : *Où est mon stylo ? Il ne s'est quand même pas volatilisé.* — **3.** Disparaître d'un coup, sans qu'on s'en aperçoive : *Au dessert, elle s'est volatilisée.*

VOLATILITÉ n. f. Caractère de ce qui est volatil.

VOL-AU-VENT n. m. inv. (de *voler au vent,* à cause de la légèreté de la pâte). Moule cylindrique de pâte feuilletée, garni de compositions diverses (viande, poissons, champignons, etc.).

VOLCAN n. m. (ital. *Vulcano,* du lat. *Vulcanus,* dieu du Feu). **1.** Relief, en général de forme conique, formé par les produits magmatiques qui atteignent la surface du globe, aérienne ou sous-marine. (→ *encycl.*) — **2.** *Litt.* Personne d'une nature impétueuse, ardente. — **3.** Symbole de ce qui, calme en apparence, peut devenir soudain très dangereux : *Dormir sur un volcan.*

ENCYCL. **Géol.** L'intérieur du globe est essentiellement à l'état solide et les volcans résultent d'une fusion partielle des matériaux profonds, dans des conditions particulières, qui produit un magma. Les zones où se produit cette fusion partielle sont liées à la dynamique du globe et la distribution des volcans à la surface de la Terre est expliquée de façon cohérente par la théorie des plaques. Les volcans jalonnent les grands accidents lithosphériques et peuvent être classés en fonction des mouvements induits par le déplacement des plaques : zones de divergence ou d'ouverture comme les dorsales océaniques ou comme certains bassins d'effondrement (rifts), zones de convergence ou de subduction qui donnent naissance aux arcs insulaires (Japon, Sonde) et aux cordillères de limites de plaques (Andes), volcans « intraplaque » liés à des points chauds. La profondeur et la composition des matériaux soumis à la fusion partielle déterminent la composition des magmas : ainsi le volcanisme lié aux zones de divergence est de nature tholéiitique, le volcanisme lié à la subduction est calco-alcalin et le volcanisme intraplaque est plutôt alcalin.

Les produits volcaniques sont classés selon leur composition chimique et minéralogique ou selon leurs propriétés physiques. On distingue ainsi les laves, les projections et les gaz. Les laves sont l'expression fluide des magmas ; elles forment des coulées ou des extrusions selon leur plus ou moins grande viscosité. En général, les laves basiques sont plus fluides que les laves acides, qui se solidifient rapidement et sont souvent très bulleuses. Les projections résultent des phases explosives. On les classe, en fonction de leurs dimensions, en blocs, scories, cendres, lapilli et poussières. La cimentation de ces projections forme des tufs volcaniques. Les gaz, quant à eux, se dissolvent dans l'eau ou dans l'atmosphère, dont ils sont le principal facteur d'évolution. La forme des édifices volcaniques dépend de la dynamique magmatique, c'est-à-dire des propriétés physiques des produits émis, ainsi que de la profondeur et du volume du réservoir magmatique. Les volcans présentent des périodes de « repos » (phase de léthargie) plus ou moins longues (de 100 à 10 000, voire 100 000 ans). Les éruptions peuvent être très brutales. Parmi les plus meurtrières, on peut citer celles du Krakatoa (1883), de la montagne Pelée (1902), du Nevado del Ruiz (1985).

Volcans d'Auvergne *(parc naturel régional des),* parc créé en 1977, couvrant environ 350 000 ha sur plus d'une centaine de communes des dép. du Cantal et du Puy-de-Dôme et englobant les massifs des monts Dôme, des monts Dore et du Cantal.

VOLCANIQUE adj. **1.** Se dit d'un relief, d'une roche, d'un gaz ou d'un phénomène lié à la dynamique des volcans. (→ *encycl.*) — **2.** *Litt.* Qui est plein de fougue, de violence, d'ardeur : *Une passion volcanique.*

ENCYCL. **Géol.** Le relief volcanique dépend essentiellement du type d'éruption, conditionnant la nature des produits émis. Les cônes de scories aux pentes raides (30 à 35°), constitués de

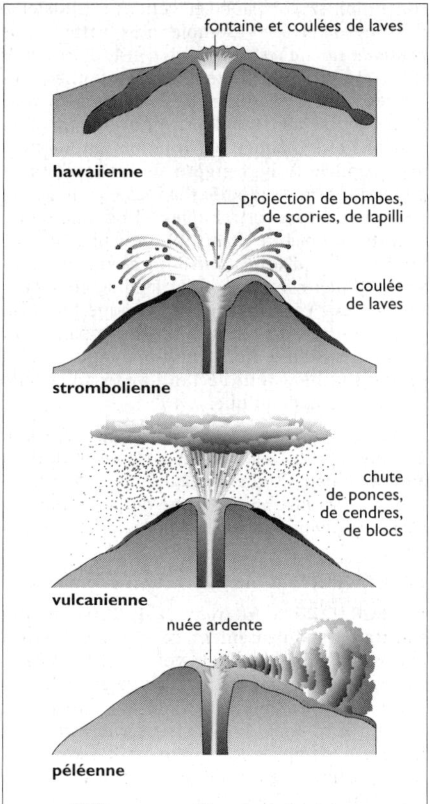

Différents types d'éruption volcaniques.

pyroclastites accumulées autour de la cheminée (ex. des puys auvergnats), naissent d'activités stromboliennes ou vulcaniennes. Les dômes, ou cumulo-volcans, au profil convexe jusqu'à la base des versants, résultent de la consolidation d'une lave visqueuse au-dessus des points d'émission (ex. de la montagne Pelée, du puy de Dôme). Les vastes volcans boucliers aux pentes faibles sont le produit de l'empilement de laves fluides émises par des fissures ou des cratères sur une épaisseur parfois considérable (volcans hawaiiens du Mauna Loa ou de la Fournaise à la Réunion). Les strato-volcans juxtaposent, en venues éruptives successives, des produits pyroclastiques (cendres, ponces, brèches) et des coulées de lave issues de multiples bouches disséminées sur les flancs d'édifices énormes (Vésuve, Etna ou Demāvend, par ex.).

L'érosion modifie ces formes « primitives », dégageant des produits consolidés dans les cheminées (culots et necks), dans des structures (dykes), entaillant des coulées étendues de basalte (découpe des planèzes du Cantal) ou, plus facilement, ravinant les cônes de scories (formation de barrancos).

VOLCANISME n. m. Ensemble des phénomènes volcaniques.

VOLCANOLOGIE ou, vx, **VULCANOLOGIE** n. f. Science qui étudie les volcans et les phénomènes volcaniques.

VOLCANOLOGIQUE ou, vx, **VULCANOLOGIQUE** adj. Relatif à la volcanologie.

VOLCANOLOGUE ou, vx, **VULCANOLOGUE** n. Spécialiste des volcans.

VOLCES ou **VOLQUES,** peuple de la Gaule indépendante, divisé en deux groupes, les Arécomiques (établis dans la haute vallée de la Garonne) et les Tectosages (en bas Languedoc).

VOLE n. f. (de *voler 1*). *Faire la vole,* aux cartes, gagner toutes les levées d'une manche. (Syn. FAIRE LA VOLTE.)

1. VOLÉ, E adj. (de *voler 1*). Se dit de pas sautés commencés sur les deux pieds et achevés sur un seul (entrechat, brisé).

2. VOLÉ, E n. (de *voler 2*). Victime d'un vol.

VOLÉE n. f. (de *voler 1*). **1.** *Litt.* Action de prendre son essor, de voler. — **2.** *Litt.* Distance parcourue par des oiseaux sans repos à terre. — **3.** Groupe d'oiseaux qui volent ensemble ou s'envolent : *Une volée de moineaux.* — **4.** *Litt.* Groupe de personnes qui courent ensemble : *Une volée de gamins traversa la place.* — **5.** Décharge, tir simultané de plusieurs projectiles : *Volée d'obus.* — **6.** *Litt.* Son d'une cloche mise en branle ; la mise en branle elle-même : *Des volées de cloches venaient du village.* — **7.** Suite de coups nombreux : *Recevoir une volée de coups de bâton.* — **8.** Série de gifles, de coups : *Flanquer une volée à un enfant.* — **9.** *Pop.* Défaite cuisante : *Prendre une volée au ping-pong.* — **10.** *À la volée,* en éparpillant : *Semer le blé à la volée ;* en l'air, au vol : *Attraper une balle à la volée ;* au passage : *Saisir une allusion à la volée.* ‖ *À la volée, à toute volée,* avec violence, en jetant d'un geste violent, appuyé. ‖ *De haute volée,* se dit de qqch de haut niveau ou de qqn de grande envergure. ‖ Litt. *Prendre sa volée,* s'envoler ; quitter son foyer ; s'émanciper. ‖ *Sonner à toute volée,* en donnant à la cloche le plus grand branle possible. ‖ *Une volée de bois vert,* des critiques violentes et acerbes. • **Bât.** Partie rampante d'un escalier, entre deux paliers ou repos. — **Charronn.** Pièce de bois disposée de chaque côté du timon d'un véhicule et à laquelle les chevaux sont attelés. — **Chass.** *Tirer à la volée,* tirer très vite, d'instinct, sans viser. — **Chorégr.** *À la volée,* qualifie l'exécution d'un pas commencé à partir d'une jambe en l'air. (Ces pas sont dits alors *de volée.*) — **Manut.** Syn. de

FLÈCHE. — **Min.** Ensemble des trous de mine amorcés simultanément et qui détonent successivement avec des décalages imposés par des artifices à retard. ‖ Ensemble des produits abattus par un tir. — **Sports.** Reprise d'une balle, d'un ballon avant qu'ils aient touché terre. ‖ Parcours de la balle ou du ballon ainsi frappé. ‖ *Monter à la volée,* au tennis, avancer, se rapprocher du filet pour pouvoir placer une volée. — **Trav. publ.** Dans certains ponts mobiles, travée qui se déplace en position de console pour dégager une passe navigable. — **Usin.** *À la volée,* se dit de la marche d'un tour dont la broche, donnant le mouvement de rotation, est entraînée directement par la poulie de commande sans passer par l'intermédiaire d'un harnais.

VOLÉMIE n. f. Volume total du sang (globules et plasma) contenu dans le compartiment intravasculaire de l'organisme. (La volémie est d'environ 68 ml/kg chez l'homme et 66 ml/kg chez la femme.)

1. VOLER v. i. (lat. *volare*) [conj. 3]. **1.** Se soutenir et se mouvoir, se déplacer dans l'air : *Les oiseaux volent. Rêver qu'on peut voler.* — **2.** Piloter un avion, faire partie de son équipage ou être à son bord : *Nous volons vers Rome.* — **3.** Passer dans l'air, traverser l'espace : *Les flèches volaient au-dessus de leur tête.* — **4.** Se déplacer avec une grande vitesse et une grande légèreté : *Elle vole vers la porte.* — **5.** Se livrer à la chasse au vol. — **6.** *Voler au secours de quelqu'un,* s'y précipiter. ‖ Fam. *Voler bas,* être d'un niveau plutôt lamentable, en parlant de propos, de conversations, etc.

2. VOLER v. t. (p.-ê. de *voler 1*). [conj. 3]. **1.** Prendre, s'approprier qqch qui est le bien d'autrui par la ruse ou par la force : *On lui a volé son portefeuille.* — **2.** Commettre un vol, un cambriolage chez qqn : *On m'a volé, on m'a tout pris.* — **3.** S'approprier indûment qqch : *Voler des idées à un auteur étranger.* — **4.** Léser sciemment qqn, lui faire perdre de l'argent, lui faire payer trop cher qqch : *Commerçant qui vole ses clients.* — **5.** Prendre qqch à la dérobée, rapidement, subrepticement ou malgré les obstacles apparents : *Voler un baiser à quelqu'un.* — **6.** Fam. *Ne pas l'avoir volé,* l'avoir bien mérité.
◆ v. i. Commettre un vol : *Il vole dans les grands magasins.*

VOLERIE n. f. Mode de chasse pour lequel on emploie des oiseaux de proie.

VOLET n. m. (de *voler 1,* par analogie avec des ailes). **1.** Panneau de bois ou de métal participant à la fermeture d'une baie ; contrevent, persienne. — **2.** Partie plane d'un objet pouvant se rabattre sur celle à laquelle elle tient : *Les trois volets d'un permis de conduire.* — **3.** Partie ayant son unité, sa cohésion, et venant s'articuler à d'autres dans un ensemble plus vaste : *Une politique sociale en trois volets.* — **4.** *Trier sur le volet,* choisir, sélectionner des personnes, des choses selon des critères très sévères. • **Aéron.** Partie d'une aile ou d'une gouverne d'avion pouvant être braquée par rotation autour d'un axe parallèle à l'envergure de l'aile ou à la gouverne, afin de modifier la forme générale et, par suite, les caractéristiques aérodynamiques. — **Autom.** *Volet de départ,* obturateur placé sur l'entrée d'air d'admission d'un carburateur, en vue d'enrichir le mélange et faciliter le départ. — **Bx-arts.** Vantail d'un polyptique. — **Cin.** Liaison entre deux plans, le second apparaissant à l'intérieur d'une frontière mobile qui envahit progressivement tout l'écran. — **Mécan.** Ailette d'une roue hydraulique.

VOLETER v. i. (de *voler 1*). [conj. 27]. *Litt.* **1.** Voler çà et là, légèrement, comme en flottant au gré de l'air : *L'oiseau voletait d'une branche à l'autre.* — **2.** Être agité, animé de petits mouvements : *Flammèches qui volettent dans la cheminée.*

VOLETTEMENT n. m. *Litt.* Action de voleter.

VOLEUR, EUSE n. (de *voler 2*). **1.** Personne qui soustrait frauduleusement ce qui appartient à autrui, personne qui vit du vol. — **2.** *Au voleur !,* cri pour appeler au secours contre un voleur. ‖ *Comme un voleur,* en tâchant de passer inaperçu.
◆ adj. et n. *Fam.* **1.** Qui fait payer trop cher qqch, qui trompe volontairement et à son profit sur un compte, etc. : *Ce restaurateur est voleur.* — **2.** Qui prend qqch par la ruse ou par la force : *Un chat voleur.*

Voleur de bicyclette *(le),* film italien de Vittorio De Sica (1948). Tourné sans acteurs professionnels, ce film néoréaliste évoque, avec une sobriété et une justesse remarquables, le drame d'un chômeur qui, ayant trouvé un emploi, se voit privé de son instrument de travail.

VOLGA (la), fl. de Russie, le plus long d'Europe. 3 690 km. Bassin de 1 360 000 km². Issue des hauteurs du Valdaï, la Volga coule selon une direction O.-E., reçoit l'Oka à Nijni Novgorod, puis la Kama. Elle s'oriente ensuite selon une direction N.-N.-E./S.-S.-O. Après avoir traversé Samara et Volgograd, elle se divise en deux bras et se jette dans la Caspienne par un delta de 10 000 km². Sous un climat continental, le fleuve est pris par les glaces de 3 à 4 mois l'hiver. Il a ses hautes eaux au printemps, son étiage en été, et connaît une remontée à l'automne. Artère navigable majeure, il est la pièce maîtresse du système des Cinq-Mers et réalise 50 % du trafic fluvial russe (bois, produits pétroliers, matériaux de construction). La Volga a été équipée de nombreux barrages et centrales électriques, ce qui a entraîné des perturbations des équilibres naturels et une baisse sensible du niveau de la Caspienne.

VOLGA *(République des Allemands de la),* anc. république autonome de la R. S. F. S. de Russie (U. R. S. S.) [1924-1945], où vivaient les descendants de colons allemands qui s'y étaient établis au XVIIIe s.

Volga-Baltique *(voie fluviale)* ou **Lénine** *(canal),* anc. *Mariinskaïa Vodnaïa Sistema* (« Système de navigation de Marie »), ensemble de voies navigables de la Russie, reliant le lac Ladoga (lui-même relié à la mer Blanche et à la mer Baltique) et la Volga par le lac Blanc *(Bieloïe Ozero),* la Cheksna et la Souda. On compte 1 100 km environ de la Volga à la Baltique, accessibles aux navires de 5 000 t.

Volga-Don *(canal),* voie fluviale de la Russie qui porte le nom de *canal Lénine,* longue de 101 km, et qui part de la Volga au S. de Volgograd et rejoint le Don près de Kalatch.

VOLGOGRAD, anc. **Tsaritsyne** et, de 1925 à 1961, **Stalingrad,** v. de Russie, sur la Volga ; 1 007 300 hab. La ville a été complètement détruite pendant la Seconde Guerre mondiale. Reconstruite, elle s'étend sur 60 km du N. au S., le long de la Volga. Un barrage, en amont de la ville, fournit l'énergie. Le complexe industriel associe industries métallurgiques, constructions mécaniques et industries chimiques.

VOLHYNIE, région agricole et forestière du nord-ouest de l'Ukraine ; 20 200 km². V. princ. *Soutsk.* — **Hist.** La principauté de Vladimir-Volynski, créée à la fin du Xe s. au sein de l'État de Kiev, fut réunie à la Galicie en 1199. Rattachée au grand-duché de Lituanie (XIVe s.) puis à la Pologne (1569) et enfin à l'Empire russe (1793 et 1795), la Volhynie fut partagée entre la Pologne et la R. S. S. d'Ukraine en 1921 et revint tout entière à l'U. R. S. S. en 1939.

VOLIÈRE n. f. (de *voler 1*). **1.** Grande cage, et, en général, tout endroit où l'on élève et nourrit des oiseaux. — **2.** Réduit entouré de grillage et couvert, où l'on élève des pigeons, des faisans, etc. — **3.** *Fam.* Pièce remplie de personnes en train de bavarder à voix haute et de s'agiter.

VOLIGE n. f. (norm. *latte voliche,* de *voler 1*). **1.** Chacune des planches minces utilisées, jointives (à la différence des liteaux), pour la réalisation de couvertures. — **2.** Planche de bois mince (12 mm).

VOLIGEAGE n. m. **1.** Action de voliger, de clouer des voliges sur les chevrons. — **2.** Surface constituée par des voliges et destinée à supporter, notamment, ardoises ou bardeaux.

VOLIGER v. t. (de *volige*) [conj. **17**]. Garnir un toit de voliges.

VOLIS [-li] n. m. (moyen fr. *bois volis,* branche abattue par le vent). Partie d'un arbre cassé par le vent et tombée à terre.

VOLITIF, IVE adj. (de *volition*). Relatif à la volition.

VOLITION n. f. (lat. *volo,* je veux). Acte de volonté, manifestation de la volonté.

VOLJSKI, v. de Russie, sur la Volga, en face de Volgograd ; 278 400 hab. Chimie.

Volk *(Het),* quotidien catholique belge de langue néerlandaise, créé en 1891 à Gand par A. Verhaegen et G. Eylenbosch.

VÖLKLINGEN, v. d'Allemagne, dans la Sarre ; 47 000 hab. Houille. Métallurgie. — Une usine sidérurgique ancienne y est protégée.

Volkmann *(syndrome de),* nécrose des muscles fléchisseurs aboutissant à une rétraction des doigts. Cette affection se voit surtout chez l'enfant, à la suite d'un traumatisme du coude ou de l'avant-bras ayant nécessité un appareil plâtré.

VOLKOV (Fedor Grigorievitch), directeur de théâtre russe (Kostroma 1729 - Moscou 1763). Créateur d'une troupe théâtrale à Iaroslav, directeur de la scène impériale, il fonda le Théâtre de Moscou (1756).

Volkssturm (mot all. signif. *assaut du peuple*), levée en masse des hommes valides de 16 à 60 ans, proclamée par Hitler en sept. 1944 pour contribuer à la défense locale.

Volksunie (Union populaire flamande), mouvement politique flamand qui se caractérise par son intransigeance face aux Wallons.

Volkswagen, firme de construction automobile allemande fondée en 1937, à Wolfsburg, pour la production en grande série d'une voiture populaire, créée en 1934 par l'ingénieur F. Porsche. Produisant des voitures de tourisme et des véhicules utilitaires, elle figure parmi les principaux constructeurs mondiaux.

VOLLAND (Louise Henriette, dite **Sophie**), maîtresse et confidente de Diderot, qui échangea avec elle, de 1755 à sa mort, une correspondance qui forme un des chefs-d'œuvre du genre épistolaire.

VOLLARD (Ambroise), marchand de tableaux, éditeur et écrivain français (Saint-Denis, île de la Réunion, 1868 - Paris 1939). Installé rue Laffitte à Paris en 1894, il s'intéressa à Cézanne, Gauguin, Bonnard (dont il publia plusieurs albums de lithographies), Van Gogh, Picasso, Rouault (à qui il demanda la suite du *Miserere*), etc. Il est l'auteur d'ouvrages anecdotiques sur *Cézanne*

(1814), *Renoir* (1920)... et de *Souvenirs d'un marchand de tableaux* (1937).

VOLLEY-BALL [vɔlɛbol] ou **VOLLEY** n. m. (pl. *volley-balls*) [angl. *volley-ball,* balle à la volée]. Sport opposant deux équipes de 6 joueurs qui s'affrontent en se renvoyant un ballon avec les mains au-dessus d'un filet tendu horizontalement.

ENCYCL. La partie se joue en trois sets gagnants de 15 points (un écart minimal de deux points étant nécessaire après 14 partout). Le volley-ball est un sport olympique depuis 1964. Le premier championnat du monde se disputa en 1949.

VOLLEYER v. i. (conj. **12**). Au tennis, jouer à la volée.

VOLLEYEUR, EUSE [vɔlɛjœr, øz] n. **1.** Joueur (euse) de volley-ball. — **2.** Personne qui, au tennis, joue à la volée.

VOLNAY [-nɛ] n. m. Bourgogne rouge réputé produit sur la commune de Volnay (Côte-d'Or).

VOLNEY (Constantin François DE CHASSEBŒUF, *comte* DE), philosophe français (Craon, 1757 - Paris 1820). Son œuvre maîtresse, *les Ruines ou Méditation sur les révolutions des empires* (1791), marque un tournant entre l'esprit encyclopédiste du XVIIIe s. et le romantisme. En 1794, il inaugura la chaire d'histoire à l'École normale supérieure.

VOLOGDA, v. de Russie, sur la *Vologda ;* 264 000 hab. Carrefour ferroviaire. Centre industriel.

VOLOGÈSE Ier († v. 77 apr. J.-C.), roi arsacide des Parthes (50/51-v. 77). Son règne marqua une réaction antihellénique très nette. Vologèse fut en guerre avec Rome (54-63) à qui il disputait l'Arménie. — **Vologèse III** († 191 apr. J.-C.), roi des Parthes (v. 147-191), envahit la Syrie et l'Arménie ; mais les généraux de Lucius Verus pénétrèrent dans son royaume et détruisirent Séleucie. Il céda à Rome la haute Mésopotamie. — **Vologèse IV** († v. 209), roi des Parthes (191-v. 209). Septime Sévère envahit ses États et saccagea Ctésiphon (197).

VOLONNE (04290), ch.-l. de cant. des Alpes-de-Haute-Provence, sur la Durance ; 1 399 hab. *(Volonnais).*

VOLONTAIRE adj. (lat. *voluntarius*). **1.** Qui résulte d'une décision librement choisie et non imposée : *Un engagement volontaire dans l'armée.* — **2.** Qui procède de la volonté et non de l'automatisme physiologique : *Mouvements volontaires.* — **3.** Qui marque de la volonté, de l'autoritarisme : *Un menton volontaire.*
◆ adj. et n. **1.** Qui fait preuve d'autorité, de volonté ferme : *Il est volontaire, il sait ce qu'il veut.* — **2.** Qui accepte de son plein gré une mission difficile ou dangereuse, une tâche ou un service bénévole : *On demande des volontaires pour secourir les sinistrés.* — **3.** Soldat qui a contracté un engagement sans y être obligé. (On dit auj. ENGAGÉ VOLONTAIRE.) — **4.** *Volontaires de 1791,* formations militaires issues d'une libre conscription et rassemblées, après la fuite du roi, en bataillons de volontaires. ‖ *Volontaires étrangers,* appellation donnée, pendant les deux guerres mondiales, à des formations d'étrangers venues librement combattre pour la France. ‖ *Volontaires nationaux,* nom donné en 1792 aux gardes nationaux réquisitionnés pour les armées.

VOLONTAIREMENT adv. **1.** De façon volontaire, sans y être obligé : *Il s'est livré volontairement à la justice.* — **2.** De façon intentionnelle, délibérée : *C'est volontairement que nous avons supprimé ce passage.*

VOLONTARIAT n. m. **1.** Participation volontaire à une action, à une mission. — **2.** Service militaire accompli par un volontaire.

VOLONTARISME n. m. **1.** Attitude de qqn, d'un groupe qui pense modifier le cours des événements par la seule volonté. — **2.** Doctrine qui affirme la supériorité de la volonté sur la raison. — **3.** Doctrine qui affirme que la volonté de l'homme peut l'emporter sur les contraintes sociales et psychologiques.

VOLONTARISTE adj. et n. Relatif au volontarisme ; partisan du volontarisme.

VOLONTÉ n. f. (lat. *voluntas, -atis*). **1.** Faculté de déterminer librement ses actes en fonction de motifs rationnels ; pouvoir de faire ou de ne pas faire qqch. — **2.** Disposition de caractère qui porte à prendre des décisions avec fermeté et à les conduire à leur terme sans faiblesse, en surmontant tous les obstacles : *Avoir une volonté de fer. Une entreprise qui exige de la volonté.* — **3.** Ce que veut qqn : *Aller contre la volonté de ses parents.* — **4.** Ce que souhaite, ce que désire une collectivité, un groupe : *La volonté du corps électoral.* — **5.** *À volonté,* autant qu'on le désire, à discrétion : *Vin à volonté.* ‖ *Autonomie de la volonté,* principe de droit selon lequel l'auteur d'un acte a la faculté de le passer librement et d'en déterminer à son gré le contenu et les effets, sauf à respecter l'ordre public et les bonnes mœurs. ‖ *Bonne volonté,* désir de bien faire, d'être obligeant, serviable. ‖ Fam. *Faire les quatre volontés de qqn,* céder à tous ses caprices. ‖ *Les dernières volontés de qqn,* les intentions formulées par qqn et qu'il souhaite voir respectées après sa mort. ‖ *Mauvaise volonté,* résistance à faire qqch qui est demandé.

Volonté de puissance *(la),* ensemble de textes de Nietzsche, écrits entre 1885 et 1888, assemblés et publiés en 1935, et qui traitent du nihilisme et de la transmutation des valeurs que Nietzsche voulait promouvoir.

VOLONTIERS adv. (bas lat. *voluntarie,* du lat. class. *voluntarius,* volontaire). **1.** De bon gré ; avec plaisir : *C'est un film que je reverrais volontiers.* — **2.** Par une tendance naturelle, par habitude : *Il est volontiers satisfait de lui-même.*

VÓLOS, port de Grèce, en Thessalie, au fond d'un large golfe de la mer Égée ; 71 000 hab. Centre industriel.

Volpone ou le Renard, comédie en 5 actes et en vers de Ben Jonson (1606). Sur le conseil de son parasite, un vieillard feint de mourir pour se faire couvrir de cadeaux par de faux amis intéressés. Jules Romains et Stefan Zweig ont donné au théâtre sous le titre de *Volpone* (1928) une libre adaptation de cette œuvre, interprétée au cinéma (1939) par Ch. Dullin, H. Baur et L. Jouvet.

VOLQUES → VOLCES.

VOLSINII ou **VOLSINIES,** métropole religieuse et fédérale de l'Étrurie qui occupait probablement le site actuel de Bolsena.

VOLSQUES, peuple de l'Italie apparenté aux Osques et Ombriens, dont le territoire s'étendait au S.-E. de Rome entre Antium et Terracina. Les Volsques se heurtèrent aux Romains dès le VIe s. av. J.-C.

VOLT n. m. (de A. *Volta,* n. pr.). **1.** Unité SI de force électromotrice et de différence de potentiel ou tension électrique (symb. V), équivalant à la différence de potentiel qui existe entre deux points d'un fil conducteur parcouru par un courant constant de 1 ampère, lorsque la puissance dissipée entre ces points est égale à 1 watt. — **2.** *Volt par mètre,* unité SI de champ électrique équivalant à l'intensité d'un champ électrique exerçant une force de 1 newton sur un corps chargé d'une quantité d'électricité de 1 coulomb.

VOLTA (la), fl. d'Afrique, tributaire du golfe de Guinée. Il est constitué par la réunion de trois cours d'eau issus du Burkina : le Mouhoun (anc. *Volta noire*) ; le Nakambe (anc. *Volta blanche*) et le Nazinon (anc. *Volta rouge*). Ils confluent au Ghana, et forment avec l'Oti le lac Volta (plus de 8 000 km^2) créé par le barrage d'Akosombo.

VOLTA (Haute-) → BURKINA.

VOLTA (Alessandro, *comte*), physicien italien (Côme 1745 - *id.* 1827). Il imagina l'électrophore (1774), l'électroscope condensateur (1782) et l'eudiomètre. Reprenant les expériences de Galvani, il découvrit la pile électrique en 1800. Bonaparte l'appela à Paris un an plus tard et le nomma comte et sénateur du royaume d'Italie.

VOLTAGE n. m. (de *volt*). Syn. impropre de TENSION (électrique).

1. VOLTAÏQUE adj. (de *volt*). Se dit de la pile de Volta et, en général, de l'électricité développée par les piles.

2. VOLTAÏQUE adj. et n. **1.** De Haute-Volta. — **2.** Se dit d'un groupe de langues de la famille nigéro-congolaise parlées dans l'est du Mali, au Burkina et dans le nord de la Côte-d'Ivoire, du Ghana, du Togo et du Bénin. [Syn. GOUR, GUR.]

VOLTAIRE n. m. (de *Voltaire,* n. pr.). Fauteuil à dossier élevé et renversé en arrière, apparu sous la Restauration. (On dit aussi FAUTEUIL VOLTAIRE.)

VOLTAIRE (François Marie AROUET, dit), écrivain français (Paris 1694 - *id.* 1778). Fils d'un notaire parisien, il fait de brillantes études chez les jésuites, au collège de Clermont ; il se fait bientôt remarquer par son esprit dans la société du Temple, où son parrain, l'abbé de Châteauneuf, l'a introduit. Des vers irrévérencieux contre le Régent le font jeter à la Bastille (1717-18) ; il y commence la tragédie d'*Œdipe* (1718) et le *Poème de la Ligue* (1723) qui deviendra *la Henriade* en 1728. Bientôt riche et célèbre, il connaît un nouvel emprisonnement à la suite d'une altercation avec le chevalier de Rohan-Chabot et se voit contraint à l'exil en Angleterre. Ce séjour (1726-1728) oriente définitivement sa pensée et son œuvre vers une philosophie réformatrice. Voltaire célèbre la liberté dans une tragédie (*Brutus,* 1730), critique la guerre (*Histoire de Charles XII,* 1731), les dogmes chrétiens (*Épître à Uranie,* 1733), les fausses gloires littéraires (*le Temple du goût,* 1733) et le régime politique français (*Lettres* philosophiques,* 1734). Hôte de la marquise du Châtelet à Cirey, Voltaire, qui a échappé aux poursuites, cherche à rajeunir la tragédie (*Zaïre**, 1732 ; *la Mort de César,* 1735 ; *Mérope,* 1743). Il parvient, grâce à quelques poésies officielles (*Poème de Fontenoy,* 1745), à l'Académie (1746) et, la même année, à la Cour où il devient historiographe du roi. Invité par Frédéric II, il publie d'abord un conte : *Zadig** (1747), puis il s'établit à Potsdam (1750-1753), où il compose, tout en corrigeant les vers royaux, *le Siècle* de Louis XIV* (1751) et un conte : *Micromégas** (1752). À la suite d'une brouille avec Maupertuis, président de l'académie de Berlin, il quitte la Prusse et, toujours indésirable à Paris, s'établit près de Genève (1755). Mais il choque les catholiques (*la Pucelle,* 1755), les protestants (*Essai sur les mœurs,* 1756) et s'aliène J.-J. Rousseau (*Poème sur le désastre de Lisbonne,* 1756). Voltaire riposte avec un conte : *Candide** (1759), et se réfugie à Ferney, où il reçoit l'élite européenne dont il est devenu la « conscience », joue ses tragédies (*Tancrède,* 1760), poursuit ses contes philosophiques dirigés contre les parvenus (*Jeannot et Colin,* 1764), les abus politiques (*l'Ingénu**, 1767), la corruption et l'inégalité des

richesses (*l'Homme* aux quarante écus,* 1768), les mœurs (*la Princesse de Babylone,* 1768), dénonce le fanatisme clérical et les insuffisances de la justice, obtient la réhabilitation de Calas (1765), de Sirven (1771) et prêche pour le triomphe de la raison (*Traité sur la tolérance,* 1763 ; *Dictionnaire* philosophique,* 1764). Rappelé à Paris en 1778, il est reçu triomphalement à l'Académie et à la Comédie-Française, où son buste est couronné, mais, épuisé, il meurt le 30 mai.
Si, dans une œuvre aussi diversifiée, Voltaire a préféré sa production épique et tragique, ce sont ses contes et ses lettres qui se sont imposés, et le philosophe apparaît comme le porte-parole des Lumières : celui autour duquel se rassemblèrent les adversaires du romantisme.

VOLTAIRIANISME n. m. **1.** Philosophie de Voltaire et de ses disciples. — **2.** État d'esprit irréligieux.

VOLTAIRIEN, ENNE adj. et n. Relatif à Voltaire ; partisan de Voltaire, du voltairianisme.

VOLTAMÈTRE n. m. (de A. *Volta,* n. pr.). Syn. de ÉLECTROLYSEUR.

VOLTAMPÈRE n. m. Nom spécial donné au watt pour la mesure de la puissance apparente dans les circuits parcourus par des courants électriques alternatifs (symb. VA).

VOLTA REDONDA, v. du Brésil (État de Rio de Janeiro), au N.-O. de Rio ; 193 000 hab. Centre sidérurgique.

VOLTE n. f. (ital. *volta,* tour, du lat. pop. **volvita,* du lat. class. *volvere,* rouler). **1.** Mouvement que le cavalier fait exécuter à sa monture en la menant en rond ; cercle tracé par le cheval dans ce mouvement. — **2.** Danse tournante des XVIe et XVIIe s., exécutée par couples, de mesure à 6/8, proche de la gaillarde et du tourdion, d'origine provençale et populaire. — **3.** *Faire la volte,* syn. de FAIRE LA VOLE.

VOLTE-FACE n. f. inv. (ital. *voltafaccia,* de *voltare,* tourner, et *faccia,* visage). **1.** Mouvement par lequel on se retourne du côté opposé à celui qu'on regardait : *Faire volte-face.* — **2.** Brusque changement d'opinion, de manière d'agir : *Les volte-face d'un homme politique.*

VOLTER v. i. (ital. *voltare,* tourner) [conj. 3]. Exécuter une volte ou faire exécuter une volte à son cheval.

VOLTERRA, v. d'Italie, en Toscane (prov. de Pise) ; 14 500 hab. Ville pittoresque ceinte de murs étrusques et médiévaux. Palazzo dei Priori, du XIIIe s. (pinacothèque). Cathédrale des XIIe-XVIe s. Maisons-tours des XIIe-XIIIe s. Musée diocésain et Musée étrusque (plus de 600 urnes cinéraires). Travail de l'albâtre.
— **Hist.** et **Archéol.** Volterra fut, sous le nom de Velathri, une des douze cités étrusques. Alliée de Rome, vers 281-280 av. J.-C., elle fut assiégée par les partisans de Sulla en 81-80 av. J.-C. Ce fut un municipe sous l'Empire.

VOLTERRA (Vito), mathématicien et physicien italien (Ancône 1860 - Rome 1940). Il a fondé la théorie des fonctionnelles, a résolu des équations intégrales et en a étudié les applications, notamment en biométrie.

VOLTIGE n. f. (de *voltiger*). **1.** Exercice de manège ou acrobatie de cirque qui consiste à sauter de diverses manières sur un cheval au galop *(voltige au galop)* ou arrêté *(voltige de pied ferme).* — **2.** Saut exécuté par un trapéziste après qu'il a été propulsé par le ballant de son trapèze vers un porteur ou lancé par ce dernier vers un trapèze qu'il rattrape. — **3.** Ensemble des manœuvres inhabituelles dans le pilotage ordinaire d'un avion, et qui font l'objet d'un apprentissage particulier ; acrobatie aérienne. — **4.** Entreprise périlleuse et risquée.

VOLTIGEANT, E adj. *Litt.* Qui voltige, qui se déplace dans l'air, çà et là.

VOLTIGEMENT n.m. *Litt.* Action de voltiger ; mouvement de ce qui voltige.

VOLTIGER v. i. (ital. *volteggiare*) [conj. **17**]. **1.** Voler çà et là, à fréquentes reprises, à petites distances : *Les abeilles voltigent de fleur en fleur.* — **2.** Être emporté, flotter au gré des vents : *Des flocons de neige voltigeaient.* — **3.** Se déplacer, se mouvoir, danser avec rapidité et légèreté : *Les patineurs voltigeaient sur la glace.* — **4.** Passer, sauter rapidement d'un objet à l'autre : *Voltiger d'un livre à l'autre.*

VOLTIGEUR, EUSE n. Acrobate exécutant des sauts.
◆ **voltigeur** n. m. **1.** Soldat de certaines unités d'élite d'infanterie légère (XIXe s.). — **2.** Ancienne appellation des grenadiers-voltigeurs.

VOLTMÈTRE n. m. **1.** Appareil destiné à mesurer une différence de potentiel électrique. — **2.** *Voltmètre électronique,* voltmètre auquel sont adjoints des circuits électroniques conçus pour réduire le courant électrique qu'il prélève aux points de mesure.

VOLUBILE adj. (lat. *volubilis,* qui tourne). **1.** Qui parle beaucoup, très vite et avec aisance. — **2.** Se dit d'une plante dont la tige grêle, parfois très longue, s'enroule soit de gauche à droite, soit de droite à gauche, autour des corps voisins, telle que le liseron, le houblon, la glycine.

VOLUBILEMENT adv. *Litt.* De façon volubile.

VOLUBILIS [-lis] n. m. (lat. sc. *volubilis,* liseron). Nom usuel de la patate douce (convolvulacée) lorsqu'elle est cultivée pour ses fleurs, qui rappellent celles du liseron.

VOLUBILIS, site archéologique du Maroc, au pied du djebel Zerhoun. Anc. cité berbère, elle fut une agglomération importante sous Juba II à la fin du Ier s. av. J.-C. Son apogée se situe aux IIe et IIIe s. apr. J.-C. Forum, capitole, basilique, arc de triomphe, etc., ont été dégagés dans le centre urbain ainsi que plusieurs maisons richement décorées de sculptures et de mosaïques.

VOLUBILITÉ n. f. (lat. *volubilitas*). Abondance, rapidité et aisance de la parole.

VOLUCELLE n. f. (lat. sc. *volucella,* du lat. class. *volucer,* qui vole). Mouche (syrphidé), parasite des nids de guêpes ou de bourdons.

VOLUCOMPTEUR n. m. (n. déposé). Appareil de mesure et de distribution de liquides qui fait apparaître automatiquement la quantité débitée et le prix à payer.

VOLUDÉPRIMOMÈTRE n. m. Instrument de mesure du débit des gaz comprimés utilisant la chute de pression lors du passage du gaz à travers un orifice calibré.

VOLUME n. m. (lat. *volumen,* livre roulé). **1.** Livre broché ou relié : *Ouvrage en deux volumes.* — **2.** Espace occupé par un corps ou défini par des limites ; mesure de cet espace : *Serrer un paquet pour qu'il fasse moins de volume.* — **3.** Espace occupé par qqch, considéré dans son rapport avec d'autres, et en partic. dans son effet esthétique : *Admirer la répartition des volumes.* — **4.** Effet permettant de rendre les trois dimensions dans les arts plastiques ou graphiques : *Le jeu des ombres donne du volume.* — **5.** Force, intensité d'un son : *Augmenter le volume d'un appareil de radio.* — **6.** Masse d'eau que débite un fleuve, une fontaine. — **7.** Gonflant d'une chevelure, de certains tissus, de certains objets : *Shampooing qui donne du volume aux cheveux.* — **8.** Masse, quantité globale de qqch : *Le volume des exportations.* • **Antiq.** Manuscrit, de parchemin ou de papyrus, roulé autour d'un bâtonnet. — **Inform.** Unité amovible de mémoire auxiliaire d'un ordinateur. ‖ *Volume mémoire,* quantité d'informations que peut contenir une mémoire, exprimée en Kbits ou Koctets. — **Math.** Valeur commune des volumes inférieur et supérieur pour une partie cubable. ‖ *Volume inférieur* (resp. *supérieur) d'une partie bornée* B *de* $\mathbb{R}^3$, nombre obtenu comme limite lorsque k, entier, tend vers l'infini de la suite croissante majorée $(n_k/2^3{}_k)$ [resp. décroissante minorée $(n'_k/2^{3k})$, où n_k et n'_k sont respectivement, pour m, n et p parcourant $\mathbb{Z}$, le nombre de pavés

$$[m/2^k, (m + 1)/2^k[\times [n/2^k, (n + 1)/2^k[\times [p/2^k, (p + 1)/2^k[$$

inclus dans ou rencontrant B. — **Pyrotechn.** *Volume gazeux spécifique,* volume, rapporté à l'unité de masse, des gaz produits par l'explosion d'une substance explosive.

VOLUMÈTRE n. m. Appareil de mesure qui sert à apprécier le volume sonore.

VOLUMÉTRIE n. f. **1.** Mesure des volumes. — **2.** Aspect d'un bâtiment du point de vue des grandes masses, du gabarit. — **3.** Procédé d'analyse quantitative qui consiste à verser un réactif de concentration connue dans un volume connu d'une solution de concentration inconnue.

VOLUMÉTRIQUE adj. **1.** Qui a rapport à la volumétrie. — **2.** Se dit d'un compteur, d'une pompe, d'un compresseur, dans lesquels l'écoulement du fluide qui les traverse se fait par masses successives, définies par le déplacement d'un piston ou d'une palette. — **3.** *Rapport volumétrique,* pour un moteur thermique à piston linéaire ou rotatif, rapport du plus grand volume offert à la charge de mélange admise dans le cylindre à la fin du temps d'admission au plus petit volume qu'elle occupe à la fin du temps de compression.

VOLUMINEUX, EUSE adj. (de *volume,* d'apr. bas lat. *voluminosus,* sinueux). **1.** Qui occupe beaucoup de place, qui est de grandes dimensions : *Les paquets volumineux ne sont pas acceptés dans l'avion.* — **2.** Qui est constitué de nombreuses pièces : *Une volumineuse correspondance.*

VOLUMIQUE adj. Se dit d'une grandeur qui est rapportée à l'unité de volume.

VOLUNTARY [vɔləntari] n. m. (pl. *voluntaries*) [angl. *voluntary*]. En Angleterre, au XVIe s., court morceau d'orgue improvisé avant le culte ou pièce pour clavecin. (L'école des virginalistes en a laissé de nombreux exemples. Blow et Purcell l'amplifièrent, ouvrant la voie aux compositeurs des XVIIIe [J. Stanley] et XIXe s. [S. Wesley]).

VOLUPTÉ n. f. (lat. *voluptas*). **1.** Plaisir sensuel, intense et raffiné ; vive jouissance, délectation : *Boire avec volupté.* — **2.** Plaisir sexuel. — **3.** Caractère sensuel, lascif de qqch : *La volupté d'une danse.*

Volupté de l'honneur *(la),* comédie en trois actes de Pirandello (1917). Un homme, peu scrupuleux, se fait le gardien de l'honneur d'une famille et se prend à son propre jeu.

VOLUPTUAIRE adj. Qui a un caractère de luxe, d'agrément.

VOLUPTUEUSEMENT adv. Avec volupté, en recherchant le plaisir des sens.

VOLUPTUEUX, EUSE adj. et n. (lat. *voluptuosus*). **1.** Qui recherche la volupté, les satisfactions raffinées. — **2.** Qui a un penchant marqué pour les plaisirs érotiques.

noms	notations	volumes	noms	notations	volumes
cube	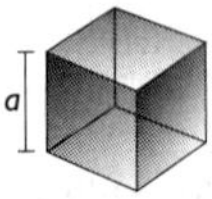	$V = a^3$	sphère	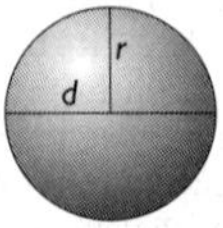	$V = \frac{4}{3} \pi r^3$ ou $V = \frac{1}{6} \pi d^3$
parallélépipède	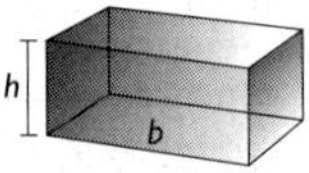	$V = b \times h$	segment sphérique	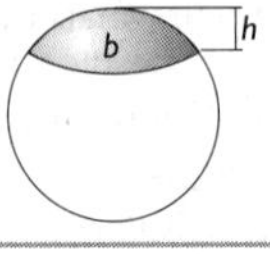	$V = \frac{1}{6} \pi h^3 + \frac{b \times h}{2}$
tétraèdre	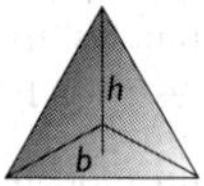	$V = \frac{1}{3} b \times h$	secteur sphérique	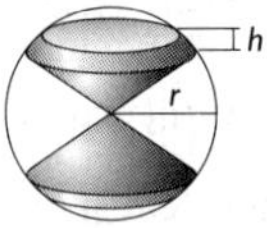	$V = \frac{2}{3} \pi r^2 \times h$
rhomboèdre	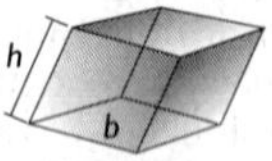	$V = b \times h$	anneau sphérique	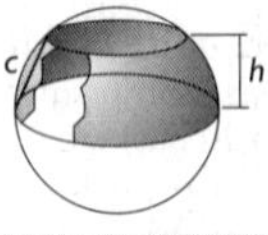	$V = \frac{1}{6} \pi c^2 h$
tas de sable	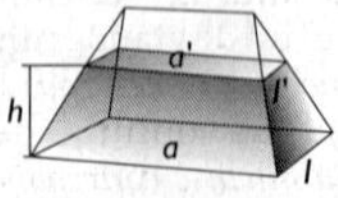	$V = \frac{h}{6} [\, l\,(2a + a') + l'\,(2a' + a)]$	tonneau	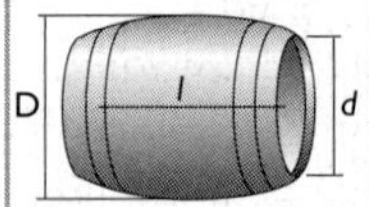	$V = \pi l \left[\frac{d}{2} + \frac{2}{3}\left(\frac{D}{2} - \frac{d}{2}\right)\right]^2$
prisme droit	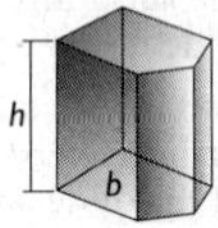	$V = b \times h$	cône oblique	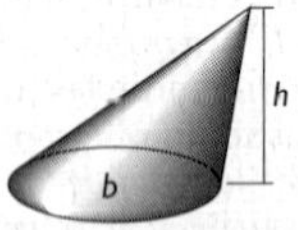	$V = \frac{1}{3} b\ h$
prisme oblique	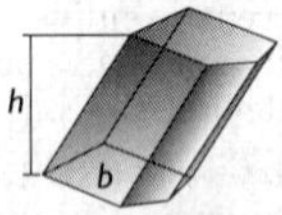	$V = b \times h$	cône tronqué	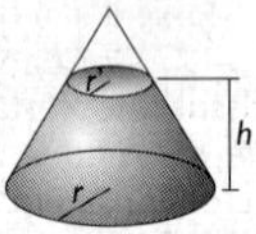	$V = \pi \frac{h}{3} (r^2 + r'^2 + r\,r')$
prisme tronqué	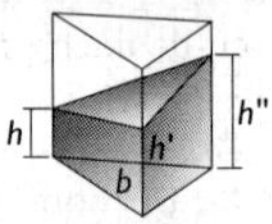	$V = b \left(\frac{h + h' + h''}{3}\right)$	cylindre tronqué	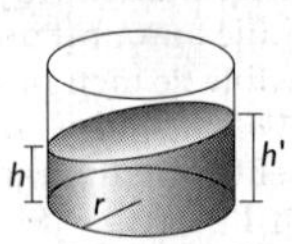	$V = \pi r^2 \left(\frac{h + h'}{2}\right)$
pyramide	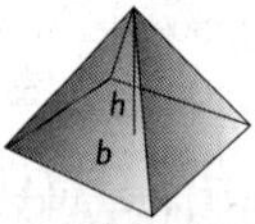	$V = \frac{1}{3} b \times h$	cylindre oblique	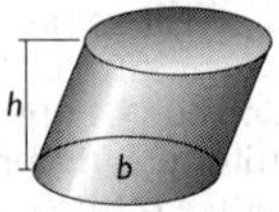	$V = b \times h$
pyramide tronquée	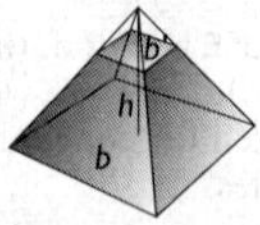	$V = \frac{h}{3} (b + b' + \sqrt{b\,b'})$	V : volume h, h', h" : hauteur b, b' : aire de la base D, d, d' : diamètre		r : rayon a : arête c : corde l : largeur

◆ adj. Qui inspire ou exprime la volupté : *Pose voluptueuse.*

VOLUSIANUS (Caius Vibius) [† 253], empereur romain (251-253), fils de l'empereur Gallus. Il fut massacré avec son père par les soldats.

Völuspå, poème mythologique scandinave, le premier de l'*Edda poétique* (v. 1000), qui raconte l'histoire de l'univers.

VOLUTE n. f. (ital. *voluta,* du lat. médiév. *voluta,* du lat. class. *volvere,* rouler). **1.** Enroulement en spirale décorant les angles du chapiteau ionique. (Les crosses épiscopales, les consoles de meubles, les consoles ou ailerons d'architecture présentent également, plus ou moins, un enroulement en volute.) — **2.** Ce qui a approximativement la forme d'une spirale : *Des volutes de fumée.* — **3.** Ligne contournée que font certains feuillages ou certaines lianes : *Les volutes du lierre.* — **4.** Mollusque gastropode des mers chaudes à coquille épaisse magnifiquement colorée. — **5.** Spirale qui termine le chevillier de certains instruments de musique à corde. (Syn. CROSSE.)

VOLVAIRE n. f. (lat. sc. *volvaria,* du lat. class. *volva,* vulve). Champignon comestible à lames roses, muni d'une volve à la base du pied. (Certaines espèces sont cultivées.)

VOLVATION n. f. (lat. *volvere,* rouler). Réaction défensive des animaux qui se roulent en boule (cloportes, gloméris, hérissons, trilobites de l'ère primaire, etc.).

VOLVE n. f. (lat. *volva*). Voile membraneux qui enveloppe complètement le chapeau et le pied de certains champignons jeunes (amanites, volvaires) et qui se déchire à maturité, laissant un étui à la base du pied.

VOLVIC (63530), comm. du Puy-de-Dôme, en bordure des monts Dôme ; 4 165 hab. *(Volvicois).* Église avec chœur roman (chapiteaux). Carrière de laves *(pierre de Volvic).* Eaux minérales. — Aux environs, ruines du château fort de Tournoël.

Volvo, société suédoise de production d'automobiles créée en 1915 à Göteborg. Première entreprise privée suédoise, elle s'est diversifiée dans différents secteurs : matériels de travaux publics, moteurs marins et industriels, pharmacie, pétrole et gaz, secteur agroalimentaire, etc.

VOLVOCALE n. f. Nom d'ordre donné aux phytomonadines.

VOLVOX [vɔlvɔks] n. m. (lat. sc. mod. *volvox,* infusoire). Algue verte des eaux douces, formée par une colonie de cellules à deux flagelles, en forme de sphère creuse. (Type de l'ordre des *volvocales.*)

VOLVULUS [-lys] n. m. (lat. *volvere,* rouler). Torsion d'un organe autour de son pédicule. (Le volvulus provoque une occlusion de l'anse intestinale nécessitant l'intervention chirurgicale d'urgence.)

VOLYNINE ou **VOLININE** (Alexandre), danseur russe (Moscou 1882 - Paris 1953). Il dansa avec les Ballets russes (1910) et fut le partenaire d'Anna Pavlova (1914-1927). Il ouvrit à Paris, avec Théodore et Thamara d'Erlanger, une école réputée.

VOMER [-mɛr] n. m. (lat. *vomer,* soc de charrue). Os impair symétrique, mince, irrégulièrement quadrilatère, qui forme la partie supérieure de la cloison des fosses nasales.

VOMI n. m. *Fam.* Vomissure.

1. VOMIQUE adj. (lat. médiév. *vomica nux,* du lat. class. *vomicus,* qui fait vomir). *Noix vomique,* graine toxique du vomiquier, contenant des alcaloïdes (strychnine et brucine).

2. VOMIQUE n. f. (lat. *vomica,* abcès). Rejet, par expectoration, d'une collection purulente passée par effraction dans les bronches. (Elle est caractéristique de l'abcès du poumon et de la rupture d'un kyste hydatique du poumon.)

VOMIQUIER n. m. (de *vomique 1*). Arbre de l'Inde (loganiacée) dont l'écorce (fausse angusture), très amère, renferme de la brucine et un peu de strychnine et dont le fruit est la noix vomique.

VOMIR v. i. (lat. pop. **vomire,* du lat. class. *vomere*) [conj. **32**]. **1.** Rejeter par la bouche le contenu de l'estomac : *Il a vomi sur le tapis.* — **2.** *Être à vomir, donner envie de vomir,* se dit ce qui provoque le dégoût, la répulsion, de ce qui est très mauvais ou très laid.

◆ v. t. **1.** Rejeter par la bouche des aliments non digérés ou un liquide, une sécrétion organique : *Vomir son déjeuner.* — **2.** *Litt.* Projeter qqch au loin, avec violence ou en masse : *Volcan qui vomit de la lave.* — **3.** *Litt.* Proférer des paroles avec violence : *Vomir des injures.* — **4.** *Fam.* Détester qqch, qqn, le rejeter avec dégoût : *Je vomis ce genre de littérature.*

◆ v. t. ind. Proférer contre qqch ou qqn les pires critiques : *Certains vomissent sur les artistes modernes.*

VOMISSEMENT n. m. **1.** Action de vomir. — **2.** Matières vomies ; vomissure.

ENCYCL. **Méd.** Le vomissement s'observe dans divers états pathologiques de l'appareil digestif. Il peut aussi être le signe d'une méningite, d'une tumeur du cerveau, d'une dystonie neurovégétative (grossesse), de troubles névrotiques. Chez le nourrisson, il peut provenir d'une occlusion néonatale, d'une hernie diaphragmatique, d'une atrésie de l'œsophage. Il peut entraîner une déshydratation et des désordres électrolytiques graves.

VOMISSURE n. f. Matières vomies, rejetées de l'estomac.

VOMITIF, IVE adj. et n. m. (lat. *vomitum,* de *vomere,* vomir). Syn. de ÉMÉTIQUE.

VOMITOIRE n. m. (lat. *vomitorium*). Chacun des larges passages qui, dans les théâtres et les amphithéâtres, donnaient accès aux différents étages et gradins.

VOMITO NEGRO n. m. (esp. *vomito negro,* vomissement noir). **1.** Vomissement abondant de sang noir observé dans la fièvre jaune. — **2.** La fièvre jaune elle-même.

VONDEL (Joost VAN DEN) → VAN DEN VONDEL.

VO NGUYÊN GIAP, général vietnamien (An Xa, Viêt-nam du Nord, 1911). Membre du parti communiste, ministre de l'Intérieur puis de la Guerre du gouvernement Hô Chi Minh (1945), il organise les forces militaires du Viêt-minh et dirige les opérations contre les Français de 1947 à 1954 (Diên Biên Phu). Ministre de la Défense en 1960, tout en restant commandant en chef, il anime l'effort de guerre du Nord Viêt-nam à partir de la reprise des hostilités (1964) et jusqu'à la chute de Saigon (1975). Il quitte ses fonctions de ministre de la Défense en 1980 et est évincé du bureau politique en 1982 mais il demeure membre du Comité central et vice-Premier ministre (jusqu'en 1991). Il effectue également des missions diplomatiques (en Chine notamm., en 1990). Il est l'auteur de *Guerre du peuple, armée du peuple* (1959).

VONNEGUT (Kurt), écrivain américain (Indianapolis 1922). Il a donné à son œuvre, qui s'apparente à la science-fiction, des caractéristiques toutes personnelles (*le Berceau du chat,* 1963 ; *le Breakfast du champion,* 1973 ; *Gibier de potence,* 1979 ; *Galapagos,* 1985).

VOR (abrév. de l'angl. *very high frequency omnidirectional range*), système de radionavigation aérienne donnant la direction d'une balise fixe par la comparaison de trois émissions effectuées par cette balise.

VORACE adj. (lat. *vorax, -acis*). **1.** Qui dévore, qui mange avec avidité : *Un bébé vorace. Appétit vorace.* — **2.** Qui engloutit toutes sortes de ressources : *Une usine vorace en énergie.*

VORACEMENT adv. D'une manière vorace.

VORACITÉ n. f. (lat. *voracitas*). **1.** Avidité à manger, à satisfaire un besoin : *La voracité des loups.* — **2.** Avidité à satisfaire un besoin, à gagner de l'argent.

VORAGINE → JACQUES DE VORAGINE.

VORARLBERG, prov. de l'ouest de l'Autriche, séparée du reste du pays par le massif de l'Arlberg ; 2 601 km² ; 333 128 hab. Ch.-l. *Bregenz.* Vallées (Rhin, Inn et Ill), collines et montagnes composent des paysages variés d'une province qui joint au secteur agricole (cultures intensives de vallée, production laitière et fromagère) et au secteur industriel (textile, mécanique, bois) un tourisme très actif, d'été et d'hiver.

VOREPPE (38340), comm. de l'Isère, dans la *cluse de Voreppe ;* 8 668 hab. *(Voreppins).* Cimenterie. Industries mécaniques. Papeterie. Centre de recherches (aluminium).

VOREPPE *(cluse de)* ou, parfois, **CLUSE DE GRENOBLE,** dépression des Préalpes (Isère), drainée par l'Isère et séparant les massifs de la Chartreuse et du Vercors.

VOREY (43800), ch.-l. de cant. de la Haute-Loire, au confluent de l'Arzon et de la Loire ; 1 337 hab. *(Voréziens).*

VORKOUTA, v. de Russie (République des Komis), dans le nord de l'Oural ; 90 000 hab. Houille. Mécanique.

VOROCHILOV (Kliment Iefremovitch), maréchal soviétique (Verkhneïe, région de Lougansk, 1881 - Moscou 1969). Membre du parti bolchevik depuis 1903, il dirigea, avec Staline, en 1918, la défense de Tsaritsyne (auj. Volgograd) et devint chef de la garde rouge (1919-20). Nommé commissaire du peuple à la Défense (1925-1940), il dirigea en 1941 la défense de Leningrad. Il fut président du praesidium du Conseil suprême de 1953 à 1960.

VOROCHILOVGRAD → LOUGANSK.

VORONEJ, v. de Russie, au S. de Moscou ; 840 000 hab. Nœud ferroviaire et centre industriel.

VORONTSOV ou **VORONZOV,** famille russe dont les membres les plus illustres furent : ALEKSANDR ROMANOVITCH, comte (1741-1805), qui dirigea les Affaires étrangères de 1802 à 1804 ; — MIKHAÏL SEMENOVITCH, prince (1782 - Odessa 1856), qui commanda les troupes russes d'occupation en France (1815-1818) et fut vice-roi du Caucase (1844-1854).

VÖRÖSMARTY (Mihály), poète hongrois (Kápolnásnyék 1800 - Pest 1855). Ses poésies épiques (*la Fuite de Zalán,* 1825) et lyriques (*Appel,* 1837, devenu le chant national) ont fait de lui un des créateurs de la poésie hongroise moderne. On lui doit aussi des drames romantiques (*le Sacrifice,* 1840), une épopée (*les Deux Châteaux voisins,* 1831) et un conte dramatique.

VORSTER (Balthazar Johannes), homme d'État sud-africain (Jamestown, prov. du Cap, 1915 - Le Cap 1983). Premier ministre (1966-1978), il prit position pour l'apartheid, pratiqua une sévère répression et développa la politique des bantoustans. Il présida la République en 1978-79.

VORTEX [-tɛks] n. m. (lat. *vortex, -icis*). **1.** Tourbillon creux qui prend naissance, sous certaines conditions, dans un fluide en écoulement. — **2.** Ensemble de nuages enroulés en spirale, spécifique d'une dépression.

VORTICELLE n. f. (lat. sc. *vorticella,* du lat. class. *vortex,* tourbillon). Protozoaire cilié holotriche très commun dans les eaux douces, qui vit le plus souvent fixé par un long pédoncule sur les végétaux submergés. (Il peut rétracter brusquement ce pédoncule, créant ainsi dans l'eau un courant qui attire vers lui ses proies microscopiques.)

VORTICISME n. m. (angl. *vorticism*). Mouvement artistique anglais d'avant-garde (1914-15). [Dérivé du futurisme et du cubisme, il a réuni, entre autres, les peintres P. W. Lewis et Edward Wadsworth, les sculpteurs Epstein et Gaudier-Brzeska, le poète E. L. Pound.]

VORTICISTE adj. et n. (angl. *vorticist*). Qui se rapporte ou appartient au vorticisme.

VOS → VOTRE.

VOSGES, massif, souvent boisé, de l'est de la France, aux confins de l'Alsace et de la Lorraine ; 1 424 m au Grand Ballon ou ballon de Guebwiller. Les altitudes s'abaissent du S. au N. Les cols (Bussang, Schlucht, Bonhomme) sont relativement élevés. L'ensemble constitue une barrière climatique. Le versant lorrain en pente douce vers l'O., exposé aux influences océaniques, est assez humide. Le versant alsacien, abrupt, abrité, est plus sec et plus ensoleillé, avec des amplitudes thermiques saisonnières importantes.

Au S., les *hautes Vosges* s'allongent depuis la porte d'Alsace jusqu'au Donon, dominées par des sommets arrondis (les ballons). L'élevage bovin y a reculé devant le tourisme (parc naturel régional des Ballons des Vosges). Le textile des vallées a aussi décliné, le travail du bois, lié à la couverture forestière, se maintient mieux.

Les *basses Vosges* (ou Vosges gréseuses) sont encore plus boisées. À côté de la sylviculture survit la verrerie. Le tourisme a été encouragé par la création du parc des Vosges du Nord. Mais l'ensemble du massif s'est fortement dépeuplé et les villes, en situation périphérique (comme Saint-Dié ou Épinal), ne constituent pas des pôles d'attraction.

— **Allus. hist.** *La ligne bleue des Vosges,* expression empruntée au testament de Jules Ferry et associée à la reconquête de l'Alsace-Lorraine.

VOSGES (88), dép. de la Région Lorraine ; ch.-l. de dép. *Épinal ;* ch.-l. d'arrond. *Neufchâteau, Saint-Dié ;* 3 arrond. ; 31 cant. ; 516 comm. ; 5 874 km² ; 386 258 hab. *(Vosgiens).* Le dép. appartient à l'académie de Nancy-Metz, à la cour d'appel de Nancy, à la région militaire Nord-Est. Il s'étend principalement sur les hautes Vosges à l'est, région d'élevage et de forêts, sur le Plateau lorrain, gréseux et calcaire, à l'ouest, pays découvert, d'habitat groupé, où la polyculture à base céréalière a reculé devant l'élevage, favorisé par l'humidité du climat. Le textile, développé après 1870 avec le repli d'Alsaciens, représenté dans les principales villes (Épinal, Saint-Dié, Remiremont) et bien qu'en déclin, demeure la branche majeure d'une industrie complétée par le travail du bois, la papeterie, la verrerie, le tourisme et le thermalisme (Vittel, Contrexéville, Plombières-les-Bains).

Vosges *(place des),* anc. *place Royale,* à Paris, dans le Marais. Entreprise en 1605 sur l'impulsion d'Henri IV, elle est bordée de maisons à arcades, en brique à chaînages de pierre et toits d'ardoise, et occupée en son centre par un square où s'élève une statue équestre de Louis XIII (refaite au XIXᵉ s.). De nombreux personnages célèbres y ont résidé, dont Hugo (au nº 6, auj. musée Victor-Hugo).

Vosges du Nord *(parc naturel régional des),* parc occupant l'extrémité septentrionale du massif des Vosges (dép. de la Moselle et surtout du Bas-Rhin), créé en 1976, couvrant environ 120 000 ha à la frontière allemande, sur le territoire de près d'une centaine de communes.

VOSGIEN, ENNE [voʒjɛ̃, ɛn] adj. et n. De la région ou du département des Vosges.

Voskhod, vaisseau spatial habité soviétique, dérivé du Vostok, dont deux exemplaires ont volé (1964-65). Voskhod 1 emporta dans l'espace le premier équipage de plusieurs cosmonautes, et Voskhod 2 mit à son actif la première sortie d'un homme (Alekseï Leonov) hors de sa cabine, le 18 mars 1965.

VOSKOVEC (Jiří), auteur dramatique, metteur en scène et acteur tchèque (Sázava-Budy 1905 - Pear Blossom, Californie, 1981). Avec Jan Werich, il composa et joua, pour le « théâtre libéré » de Prague (1927-1938), près de 30 revues et pièces à l'esprit antifasciste, mais pleines de verve (*Vest pocket Revue,* 1927 ; *le Bourreau et le Fou,* 1934 ; *le Poing sur l'œil,* 1938) qui les obligèrent à s'exiler aux États-Unis après Munich. Après un passage à Prague (1946-1948), Voskovec s'installa définitivement comme comédien aux États-Unis.

VOSNE-ROMANÉE (21700), comm. de la Côte-d'Or ; 467 hab. Vins rouges (dont le *romanée-conti*).

VOSS (Johann Heinrich), érudit et poète allemand (Sommersdorf, Mecklembourg, 1751 - Heidelberg 1826). Traducteur d'Homère et de Virgile, célèbre auteur de *Louise* (1795), idylle en trois chants sur la vie des paysans et des petits bourgeois de l'Allemagne du Nord.

VOSSIUS (Gerardus Johannis), humaniste hollandais (Heidelberg 1577 - Amsterdam 1649). Professeur d'histoire à l'académie d'Amsterdam (1631), il a laissé des ouvrages pédagogiques pour l'étude du grec et du latin, des ouvrages historiques et critiques sur les historiens de l'Antiquité, ainsi que des études sur l'histoire des religions. — Son fils et élève, ISAACUS (Leyde 1618 - Windsor 1689), fut historiographe des états de Hollande, puis bibliothécaire de la reine Christine de Suède.

VOSTELL (Wolf), artiste allemand (Leverkusen 1932). Associé au mouvement Fluxus, il a organisé des environnements, actions et happenings où interviennent de multiples techniques, dessin, photomontage, assemblage, film, télévision, vidéo, etc. Attaché à l'osmose de la vie et de l'art, il les confronte, significativement, à une thématique de destruction et de mort.

Vostok, premier vaisseau spatial habité soviétique, monoplace, d'une masse voisine de 4,5 t. Vostok 1 emporta dans l'espace le 12 avr. 1961 le premier cosmonaute, Iouri Gagarine. Cinq autres vols de Vostok furent réalisés, entre 1961 et 1963.

VOTANT, E n. Électeur ayant effectivement participé à un scrutin.

VOTATION n. f. **1.** Action de voter. — **2.** En Suisse, syn. de VOTE. — **3.** *Votation populaire,* en Suisse, syn. de RÉFÉRENDUM.

VOTE n. m. (angl. *vote,* du lat. *votum,* vœu). **1.** Manifestation de volonté, individuelle ou globale, à l'occasion d'une élection ou prise de décision. (En principe, le vote est secret [enveloppe, isoloir, absence de signes sur les bulletins], égal [un votant, une voix], personnel et libre.) — **2.** Opinion exprimée dans une assemblée, un corps : *Compter les votes favorables à une motion.* — **3.** *Droit de vote,* droit que possède tout citoyen présentant les conditions requises pour être électeur. ‖ *Vote bloqué,* procédure parlementaire prévue par la Constitution de 1958, qui donne la possibilité au gouvernement de demander que l'assemblée saisie se prononce par un seul vote sur tout ou partie du texte en discussion en ne retenant que les amendements proposés ou acceptés par lui. ‖ *Vote obligatoire,* système selon lequel le citoyen doit, sous peine de sanctions, participer au scrutin, l'abstention étant interdite (Belgique, par ex.).

VOTER v. i. (angl. *to vote*) [conj. 3]. **1.** Donner son vote, son suffrage, dans une élection, dans une délibération. — **2.** Exprimer son opinion par un vote : *Voter contre la peine de mort.* — **3.** *Machine à voter,* appareil automatique qui enregistre les votes.

◆ v. t. Sanctionner qqch par un vote, contribuer par son vote à faire adopter, à faire décider qqch : *Voter les crédits.*

VOTIF, IVE adj. (lat. *votivus*). **1.** Qui est exécuté ou offert pour acquitter un vœu : *Tableau votif.* — **2.** *Messe votive,* messe célébrée en l'honneur d'un saint ou d'un mystère en dehors du jour de fête de ce saint ou de ce mystère.

VOTRE, pl. **VOS** adj. poss. (lat. *voster,* var. de *vester*). Correspond à « *de vous* », avec toutes les relations impliquées par *de* (possession, appartenance, relation familiale, sociale, etc.) : *J'ai connu votre père.*

VÔTRE pron. poss. (forme tonique de *votre*). **1.** *Le, la vôtre, les vôtres,* ce qui est à vous : *J'ai mon opinion, vous avez la vôtre.* — **2.** S'emploie sans art. comme attribut : *Considérez cette maison comme vôtre.* — **3.** Fam. *À la (bonne) vôtre,* à votre santé. ‖ *Les vôtres,* vos parents, vos compatriotes, vos amis, vos invités ; ceux de votre parti, de votre société.

VOTYAK ou **VOTIAK** n. m. Langue finno-ougrienne du groupe permien, parlée en Russie entre la Viatka et la Kama par environ 750 000 locuteurs (Votyaks).

VOUCHER [vuʃɛr] n. m. (angl. *voucher,* reçu). Bon émis par une agence de voyages, et donnant droit à certains services.

VOUER v. t. (de *vœu*) [conj. 6]. **1.** Consacrer qqn, qqch à une divinité, à un saint, par un vœu, le mettre sous sa protection : *Vouer son enfant à la Vierge.* — **2.** Employer activement son temps, ses facultés, etc., pour la défense ou l'accomplissement de qqch : *Vouer sa vie à la peinture.* — **3.** Porter durablement un sentiment à qqn : *Vouer une haine mortelle à un ennemi.* — **4.** Désigner qqn pour qqch, le prédestiner à qqch : *Cette mission le vouait à la mort.*

◆ **être voué** v. pass. Être promis, être fatalement destiné à qqch : *Entreprise vouée à l'échec.*

◆ **se vouer** v. pr. Se consacrer, s'appliquer à qqch de façon assidue : *Se vouer à la défense des déshérités.*

VOUET (Simon), peintre français (Paris 1590 - *id.* 1649). Après une importante période romaine (1614-1627), il fit à Paris, grâce à son style aisé et décoratif (coloris vif, mouvement des compositions), une carrière officielle brillante : ensembles destinés au décor d'hôtels parisiens et de châteaux, auj. perdus ou dispersés ; grandes toiles comme *le Temps vaincu par l'Amour* du musée de Bourges, ou le *Martyre de saint Eustache* de St-Eustache à Paris ; cartons de tapisserie. Le Brun fut un de ses nombreux élèves.

VOUGE n. m. (bas lat. *vidubium,* du gaul.). Arme d'hast et de taille à large lame tranchante et asymétrique (XIIIe-XVIe s.).

VOUGEOT (21640), comm. de la Côte-d'Or ; 176 hab. Vins rouges du *clos Vougeot* (Côte de Nuits). Château du *Clos-Vougeot* (XIIe et XVIe s.).

VOUGLANS (39260), écart de la comm. de Lect (Jura), sur l'Ain. Barrage créant une retenue (plan d'eau de 1 500 ha) et alimentant une centrale hydroélectrique.

VOUILLÉ (86190), ch.-l. de cant. de la Vienne, à l'O. de Poitiers ; 2 610 hab. *(Vogladiens).* Église du XIIe s. Clovis y remporta, en 507, sur Alaric II, roi des Wisigoths, la victoire qui établit les Francs en Aquitaine.

VOUIVRE n. f. (anc. fr. *vuivre,* var. de *guivre,* du lat. *vipera,* vipère). Serpent fabuleux qui apparaît souvent dans le folklore.

VOUJEAUCOURT (25420), comm. du Doubs ; 3 199 hab. Industrie automobile.

1. VOULOIR v. i. (lat. pop. **volere,* du lat. class. *velle*). Avoir de la volonté (surtout dans des sentences ou des maximes) : *Quand on veut, on peut.*
◆ v. t. **1.** Appliquer sa volonté, son énergie à obtenir qqch : *Il veut le pouvoir. Vouloir réussir.* — **2.** Désirer qqch, souhaiter que qqch se produise : *Les agriculteurs veulent de la pluie.* — **3.** Souhaiter avoir qqn pour remplir telle fonction : *Elle le voulait pour époux.* — **4.** Désirer ou accepter la présence de qqn, qqch en tel lieu, dans tel état, etc. : *Je les voudrais bien comme voisins. Elle ne veut plus ce piano ici.* — **5.** Avoir l'intention de : *J'ai voulu me lever et je suis tombé.* — **6.** *Vouloir bien,* accepter qqch, y consentir : *Elle veut bien que tu viennes ;* se prêter à une action : *Si la voiture veut bien démarrer.* — **7.** Ordonner qqch, le réclamer : *Il veut qu'on lui obéisse.* — **8.** Exiger qqch de la part de qqn, qqch, le requérir : *Que voulez-vous de moi ? Le règlement veut une minute de silence.* — **9.** Exiger tant en échange de qqch, le demander comme prix : *Ils veulent combien de leur voiture ?* — **10.** Accepter qqch, le laisser se produire, ou faire qu'il se produise, en parlant en partic. d'une force, du destin : *La chance a voulu me donner cette occasion.* — **11.** Affirmer, dire qqch : *C'est la théorie qui le veut.* — **12.** *Dieu veuille !,* souhait que l'on formule, en partic. dans des moments d'inquiétude. ‖ *Faire ce que l'on veut de qqn,* avoir un grand empire sur lui. ‖ *Que veux-tu, que voulez-vous !,* exprime la résignation. ‖ *Sans le vouloir,* involontairement, par mégarde. ‖ *Savoir ce qu'on veut,* être résolu. ‖ *Si on veut, si vous voulez,* se dit comme une concession. ‖ *Veuillez + inf.,* introduit un ordre poli, entre dans des formules de politesse : *Veuillez croire à l'expression de mes meilleurs sentiments.* ‖ *Voulez-vous, veux-tu (bien),* expriment un ordre poli ou violent selon l'intonation. ‖ *Vouloir du bien à qqn,* être animé de bonnes intentions à son égard.
◆ v. t. ind. **1.** Accepter de prendre qqn en tant que tel : *Je ne veux pas de lui comme collaborateur.* — **2.** Accepter de recevoir qqch (surtout négatif) : *Je ne veux pas de son argent.* — **3.** Fam. *En vouloir,* être ambitieux, avoir un comportement de gagneur. ‖ *En vouloir à qqn,* lui garder de la rancune pour telle action, tel comportement, lui reprocher qqch. ‖ *En vouloir à l'argent, au bien de qqn,* vouloir le détourner à son profit. ‖ *En vouloir à la vie de qqn, à ses jours,* former le projet de le tuer.
◆ **être voulu** v. pass. **1.** Être fait avec intention, volontairement : *Une répétition voulue.* — **2.** Être nécessaire, exigé, requis, imposé par les circonstances : *Remplir les conditions voulues pour ce poste.* — **3.** Avoir été préalablement décidé : *Entrer au moment voulu.*
◆ **s'en vouloir** v. pr. Se reprocher qqch, regretter amèrement son propre comportement : *Elle s'en veut de l'avoir laissé partir.*

2. VOULOIR n. m. (de *vouloir 1*). *Bon vouloir,* bonne volonté. ‖ *Bon vouloir de qqn,* libre décision de qqn.

VOULOIR-VIVRE n. m. inv. Selon certains philosophes à la suite de Schopenhauer, tendance, fondamentale et permanente, qui domine toute l'activité du corps et de l'esprit de l'être vivant.

VOULTE-SUR-RHÔNE (La) [07800], ch.-l. de cant. de l'Ardèche ; 5 141 hab. Château des XIVe-XVIe s. Vieilles maisons. Machines-outils. Textile.

VOUNEUIL-SUR-VIENNE (86210), ch.-l. de cant. de la Vienne, à 12 km au S. de Châtellerault ; 1 634 hab.

VOUS pron. pers. de la deuxième personne du pluriel des deux genres (lat. *vos*). **1.** Représente un groupe de personnes à qui l'on s'adresse ou bien la personne à qui l'on s'adresse et une ou plusieurs autres personnes constituant avec elle un groupe ; forme atone avant le verbe, il peut être sujet, objet direct, indirect : *Vous êtes mes amis. Je vous vois. Je vous parle (vous,* compl. d'un impératif affirmatif, se place après le verbe auquel il est joint par un trait d'union : *Taisez-vous) ;* forme accentuée, il peut être apposé (emphase), complément après une préposition, attribut du sujet, sujet inversé : *Nous irons avec vous. C'est vous. Resterez-vous longtemps ?* — **2.** Représente la personne à qui l'on parle dans l'emploi dit de politesse, en dehors des relations familiales ou de camaraderie où on emploie *tu* (le verbe est au pluriel, mais le participe, l'attribut ou l'apposition sont au singulier : *Vous êtes arrivée*). – **3.** S'emploie en apostrophe : *Vous, là-bas, venez ici !* – **4.** S'emploie comme objet indirect fictif pour intéresser le lecteur ou l'auditeur à l'action racontée : *Et ces chenapans vous le mettent en pièces en deux temps, trois mouvements.* – **5.** Représente comme compl. une ou des personnes indéterminées : *Ce monument a un air de grandeur qui vous ravit.* – **6.** Peut être renforcé par *même,* auquel il est lié par un trait d'union, ou *autre* : *Faites le vous-même, vous autres les artistes.*

VOUSSOIEMENT n. m. *Vx.* Vouvoiement.

VOUSSOIR n. m. (anc. fr. *vous,* voûté, du lat. pop. **volsus,* du lat. class. *volvere,* rouler). **1.** Syn. de CLAVEAU (d'arc, de voûte). – **2.** Élément courbe préfabriqué en béton ou en fonte, assemblé par compression, pour former le revêtement d'un tunnel. – **3.** Élément de structure d'un pont en béton précontraint.

VOUSSOYER v. t. (conj. **13**). *Vx.* Vouvoyer.

VOUSSURE n. f. (anc. fr. *vous,* voûté). **1.** Montée ou portion de montée d'une voûte. – **2.** Petite voûte couvrant l'embrasure d'une baie ébrasée. – **3.** Adoucissement du pourtour d'un plafond. – **4.** Partie cintrée de menuiserie surmontant une baie. – **5.** Bombement de terrain. – **6.** Exagération de la convexité du thorax dans une région limitée.

VOÛTAIN n. m. **1.** Quartier, portion de voûte délimitée par des arêtes ou des nervures. (Syn. anc. PENDENTIF.) – **2.** Chacune des petites voûtes longitudinales pouvant former entrevous entre les poutrelles d'un plafond.

VOÛTE n. f. (lat. pop. **volvita,* du lat. class. *volvere,* rouler). **1.** Ouvrage généralement cintré, formé d'éléments appareillés, maçonnés (pierre, brique, béton), voire assemblés (bois, métal), couvrant un espace construit. (→ *encycl.*) – **2.** Partie supérieure des chambres souterraines, des grottes. ‖ *Voûte mouillante,* syn. de

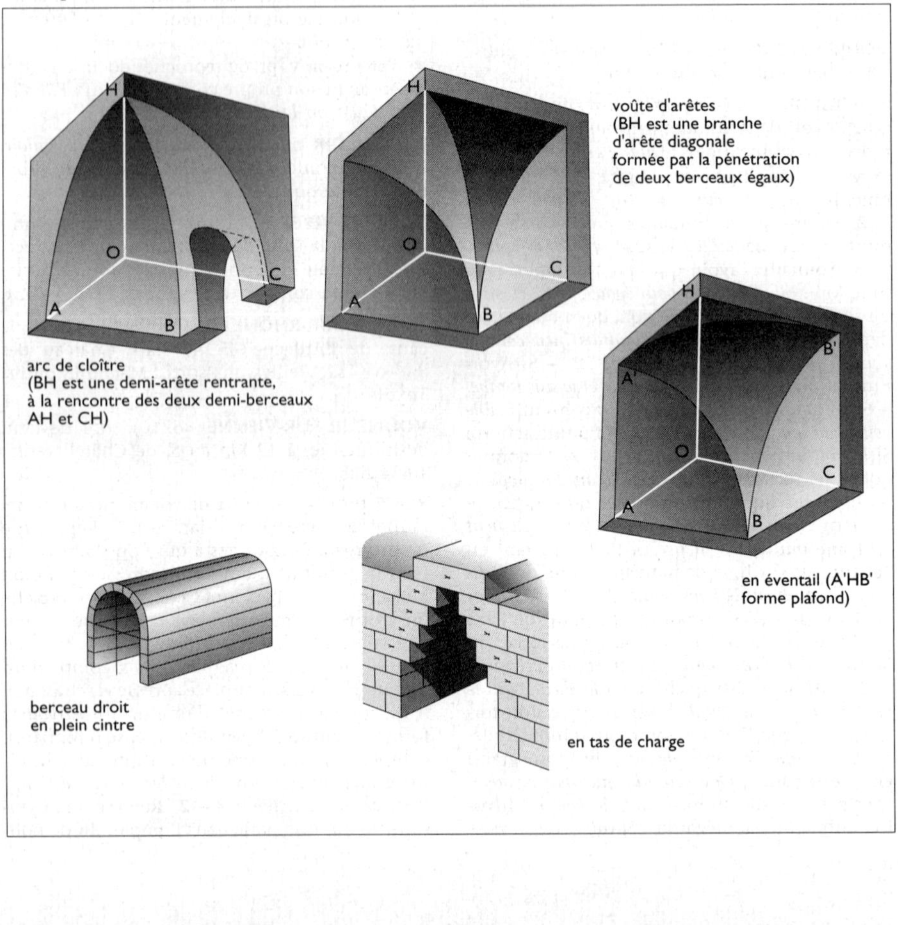

SIPHON. — **3.** Partie supérieure d'un four, disposée en forme de dôme. — **4.** Partie arrière de la coque d'un navire, située au-dessus du gouvernail. — **5.** Partie antérieure de l'arc d'un fer à cheval, opposée à la pince. — **6.** *En voûte,* en forme de demi-cylindre, d'hémisphère. ‖ Litt. *Voûte céleste, azurée, étoilée,* le ciel. ‖ *Voûte du crâne,* partie supérieure de la boîte osseuse que forment les os du crâne. ‖ *Voûte du palais,* ou *voûte palatine,* cloison qui forme la paroi supérieure de la bouche et la paroi inférieure des cavités nasales. ‖ *Voûte plantaire,* ensemble des courbes à concavité inférieure que présente la face plantaire du pied. (Son affaissement constitue le pied plat.)

ENCYCL. **Archit.** et **Bât.** Les voûtes traditionnelles de maçonnerie sont formées de pierres taillées, claveaux ou voussoirs, qui tiennent en place par la pression qu'ils exercent les uns sur les autres ; les types principaux sont les coupoles*, voûtes en berceau*, voûtes d'arêtes*, voûtes sur croisée d'ogives*, voûtes en arc* de cloître. On appelle parfois « fausses voûtes », d'une part, les ouvrages de maçonnerie en tas de charge (en encorbellement), d'autre part les ouvrages légers de lambris, qui, les uns et les autres, peuvent revêtir l'aspect d'un berceau, d'une coupole, etc. Le ciment armé permet les coques* en voiles minces.

VOÛTEMENT n. m. Ensemble, système des voûtes d'un édifice ou d'une partie d'édifice.

VOÛTER v. t. (de *voûte*) [conj. 3]. **1.** Couvrir d'une voûte : *Voûter le chœur d'une église.* — **2.** Courber anormalement qqn, son dos : *L'âge l'a complètement voûté.*

◆ **être voûté** v. pass. Avoir une voûte pour couvrement : *Cave voûtée.*

◆ **se voûter** v. pr., **être voûté** v. pass. Avoir le dos qui se courbe, qui est anormalement courbé : *Avoir le dos voûté.*

VOUVOIEMENT n. m. Action de s'adresser à qqn en utilisant la deuxième personne du pluriel (dite « de politesse »).

VOUVOYER v. t. (de *vous*) [conj. 13]. S'adresser à qqn en utilisant la deuxième personne du pluriel.

VOUVRAY n. m. Vin blanc récolté sur les coteaux de Vouvray.

VOUVRAY (37210), ch.-l. de cant. d'Indre-et-Loire, sur la Loire ; 2 973 hab. *(Vouvrillons).* Vins blancs. Habitations troglodytiques.

VOUZIERS (08400), ch.-l. d'arrond. des Ardennes, dans la vallée de l'Aisne ; 5 081 hab. *(Vouzinois).* Église avec portail sculpté de la Renaissance. Constructions mécaniques.

VOVES (28150), ch.-l. de cant. d'Eure-et-Loir, en Beauce ; 2 824 hab.

VOX POPULI n. f. (adage lat. *vox populi, vox Dei,* signif. *voix du peuple, voix de Dieu*). L'opinion du plus grand nombre.

VOYAGE n. m. (lat. *viaticum,* provisions de route). **1.** Action de voyager, de se rendre ou d'être transporté en un autre lieu ; trajet ainsi fait : *Le voyage se fera par bateau. Ressentir les fatigues du voyage.* — **2.** Déplacement, allées et venues, en partic. pour transporter qqch : *Monter toutes les valises en un seul voyage.* — **3.** Action de se rendre dans un lieu relativement lointain ou étranger ; séjour ou périple ainsi fait : *Aimer les voyages.* — **4.** *Litt.* Exploration, découverte, description de qqch qu'on suit comme un parcours : *Ce livre est un voyage dans l'âme d'un condamné.* — **5.** État hallucinatoire provoqué par l'usage d'une drogue, en partic. le L. S. D. ‖ *Article de voyage,* nom générique des articles destinés à contenir les effets et objets personnels d'un voyageur. — **6.** *Agence de voyages,* entreprise qui fournit des billets de transport, réserve des chambres et vend des voyages à prix forfaitaire. ‖ *Faire le grand voyage,* mourir. ‖ *Voyage au long cours,* grand voyage sur mer. ‖ *Gens du voyage,* artistes ambulants, banquistes, forains.

Voyage en Amérique, par Chateaubriand. Récit du voyage que fit l'auteur en 1791, à la recherche aussi bien de l'homme de la nature que du « miracle » de la révolution américaine. Il témoigne de nombreux emprunts à des récits de voyageurs ou de naturalistes.

Voyage au bout de la nuit, roman de Céline (1932), épopée de la misère des hommes après la guerre, mais aussi épopée du beau langage auquel on tord le cou.

Voyage autour de ma chambre, par Xavier de Maistre (1795). Cette aimable parodie de Sterne mêle les confidences sentimentales et les observations humoristiques. Son succès suscita une suite moins réussie : *l'Expédition nocturne autour de ma chambre* (1825).

Voyage de Monsieur Perrichon *(le),* comédie d'Eugène Labiche et Édouard Martin (1860). Un couple, leur fille et les deux prétendants de celle-ci font un voyage en Suisse au cours duquel s'affronteront les deux rivaux.

Voyage en Occident *(le),* roman chinois de Wu Cheng'en (1500-1582), parabole pleine d'humour et d'imagination sur la nature et le destin de l'homme.

Voyage du pèlerin *(le),* allégorie mystique de J. Bunyan (1678-1684), qui exerça une notable influence sur l'esprit religieux en Angleterre.

Voyage sentimental *(le)*, de L. Sterne (1768), suite de réflexions et de descriptions pleines d'humour et de fantaisie.

VOYAGER v. i. (de *voyage*) [conj. **17**]. **1.** Faire un ou des voyages, partir ailleurs, dans une autre région, un autre pays : *Aimer voyager à l'étranger.* – **2.** Faire un parcours, un trajet (de telle façon) : *Voyager en première classe.* – **3.** Être transporté en parlant de choses, d'animaux : *Denrées qui voyagent en camion frigorifique.*

Voyager, programme américain de sondes spatiales automatiques destinées principalement à l'étude et à la photographie rapprochées de Jupiter, de Saturne, et des satellites de ces planètes. Deux sondes ont été lancées en 1977 ; elles ont survolé Jupiter en 1979, puis Saturne en 1980 et 1981 respectivement. Voyager 2 s'est en outre approchée d'Uranus en 1986 et de Neptune en 1989.

VOYAGEUR, EUSE n. **1.** Personne qui fait un trajet en empruntant un moyen de transport en commun : *Les voyageurs changent de train.* – **2.** Personne qui se déplace fréquemment hors de son pays, de son lieu de résidence, qui a l'habitude de voyager : *C'est une grande voyageuse.* – **3.** *Voyageur (de commerce),* représentant qui a le statut de V. R. P., chargé de prospecter la clientèle et de prendre les commandes, en effectuant des voyages pour l'entreprise qui l'emploie. ‖ *Voyageur représentant placier (V. R. P.),* intermédiaire du commerce qui prospecte la clientèle et reçoit les commandes pour le compte d'une (ou plusieurs) entreprise(s), dans la localité où elle est installée (placier), ou en dehors de cette localité (voyageur, représentant).
◆ adj. **1.** *Vx.* Qui effectue fréquemment de longs déplacements, qui voyage habituellement : *Être peu voyageur.* – **2.** *Litt.* Qui se passe en déplacements : *Existence voyageuse.* – **3.** *Litt.* Qui pousse à voyager souvent : *Humeur voyageuse.*

VOYAGEUR-KILOMÈTRE n. m. (pl. *voyageurs-kilomètres*). Unité de mesure du trafic utilisée pour les transports publics, correspondant au transport d'un voyageur sur une distance de un kilomètre.

VOYAGISTE n. m. Personne ou entreprise qui conçoit et vend des voyages organisés à une agence de voyages ou directement à la clientèle. (Syn. TOUR-OPERATOR, TOUR-OPÉRATEUR.)

VOYANCE n. f. Syn. de CLAIRVOYANCE.

VOYANT, E n. Syn. de CLAIRVOYANT.
◆ adj. Qui attire l'œil, se voit de loin, en partic. à cause d'un aspect criard, trop vif, éclatant : *Une couleur voyante.*
◆ **voyant** n. m. **1.** Appareil, dispositif, avertissant visuellement de l'existence ou de la variation d'un phénomène. – **2.** Plaque de deux couleurs, rouge et blanc en général, mobile le long de la tige d'un jalon. – **3.** Partie caractéristique d'un signal (balise, bouée, amer, etc.), de forme géométrique nettement visible, qui permet de reconnaître la nature du signal.

VOYELLE n. f. (anc. fr. *voieul,* du lat. *vocalis,* qui rend un son). **1.** Son du langage dont l'articulation est caractérisée par le libre écoulement du flux d'air expiré à travers le conduit vocal qui ne comporte aucun obstacle susceptible d'engendrer la formation d'un bruit audible. – **2.** Lettre utilisée pour noter ce genre de son.
ENCYCL. **Phon.** La classification des voyelles s'effectue en considérant leur lieu d'articulation (antérieur ou postérieur) et leurs modes d'articulation qui dépendent de trois facteurs : l'aperture, qui permet de répartir les voyelles en 4 catégories (très fermée, fermée, ouverte, très ouverte) ; la configuration des lèvres (protractées pour les arrondies et étirées ou neutres pour les non-arrondies) ; la disposition du voile du palais (ouvert pour les nasales et fermé pour les orales).

VOYER [vwaje] n. m. (lat. *vicarius,* de *vice,* à la place de). **1.** Agent qui était préposé à l'entretien des chemins et des rues. – **2.** *Grand voyer de France,* officier d'administration des voies publiques, dont la fonction fut créée par Henri IV pour Sully (1599). [Cet office disparut en 1626.]

VOYER D'ARGENSON (DE) → ARGENSON (d').

VOYEUR, EUSE n. (de *voir*). **1.** Personne atteinte de voyeurisme. – **2.** Personne qui aime à observer les autres, sans participer, qui aime à photographier, à filmer.

VOYEURISME n. m. Déviation sexuelle consistant à épier autrui à son insu dans des conduites impliquant l'intimité (rapports sexuels, toilette, défécation, miction).

VOYEURISTE adj. Relatif au voyeurisme.

VOYOU n. m. (de *voie,* d'apr. *filou*). **1.** Individu de mœurs crapuleuses, qui fait partie du milieu. – **2.** Garçon qui traîne dans les rues, plus ou moins délinquant. – **3.** Enfant terrible, garnement : *Petit voyou.*
◆ adj. Propre aux voyous : *Un air voyou.* (On trouve parfois le fém. VOYOUTE).

VOYOUCRATIE n. f. Pouvoir exercé par des voyous, gouvernement des voyous.

VOYRON (Émile Jean François Régis), général français (Dieulefit 1838 - La Voulte 1921). Blessé à Bazeilles (1870), il se distingua ensuite à Madagascar (1895) lors de la prise de Tananarive. Pendant la guerre des Boxers (1900-01), il commanda les troupes françaises en Chine.

VOYSEY (Charles Francis Annesley), architecte et décorateur britannique (Hessle, Yorkshire, 1857 - Winchester 1941). Il a réalisé vers les années 1890-1910 une série de maisons de campagne qui, dans leur simplicité, marquent une évolution des styles vernaculaires anglais vers ce que seront les « maisons de la prairie » et l'architecture organique de Wright.

VOZNESSENSKI (Andreï Andreïevitch), poète russe (Moscou 1933). Architecte de formation, disciple de Pasternak et Maïakovski, à la fois fasciné et angoissé par la science, la technique, le décor artificiel du monde moderne, il tente, au travers d'associations insolites, verbales, sonores et visuelles, de définir la place de l'homme et de sa sensibilité dans un univers inhospitalier (*Mosaïque, Paraboles,* 1960 ; *le Cœur d'Achille,* 1966 ; *l'Ombre d'un son,* 1970 ; *Tentation,* 1978).

V. P. C. n. f. Abrév. de VENTE* PAR CORRESPONDANCE.

VRAC n. m. (moyen néerl. *wrac,* gâté). **1.** Marchandise telle que charbon, minerais, phosphates, etc., qui ne demande pas d'arrimage et qui n'est pas emballée. – **2.** Mode de distribution où le produit n'est pas conditionné. – **3.** *En vrac,* sans emballage particulier : *On charge les grains en vrac ;* en désordre : *Poser ses livres en vrac sur son bureau.*

VRACA, v. du N.-O. de la Bulgarie, au pied du Balkan ; 73 000 hab. Centre culturel et industriel.

VRAI, E adj. (lat. pop. **veracus,* du lat. class. *verax, -acis,* de *verus,* vrai). **1.** Se dit d'une affirmation conforme à la réalité ou qui n'implique pas contradiction et à laquelle l'esprit ne peut que souscrire : *Il n'y a pas grand-chose de vrai dans son récit.* – **2.** Qui appartient à la réalité et n'est pas une création de l'esprit : *Rechercher les vraies causes d'un phénomène.* – **3.** Qui est bien conforme à son apparence : *Une vraie rousse.* – **4.** Se dit, dans le domaine artistique et littéraire, des êtres et des choses créés qui donnent l'impression de la vie, du naturel, de la sincérité : *Un romancier qui peint des personnages vrais.* – **5.** Se dit d'un élément qui, parmi d'autres semblables, apparaît comme le seul important ou le seul déterminant : *On ignore le vrai motif de sa démission.* – **6.** Qui convient le mieux à qqn ou à qqch, est le plus approprié à une fin, à une destination : *Croyez-moi, c'est le vrai moyen de leur venir en aide.* – **7.** *Litt.* Qui se comporte avec franchise et naturel, qui n'a rien d'affecté, d'artificiel : *Être vrai en toutes circonstances.* – **8.** *Aussi vrai que,* s'emploie pour attester la vérité d'une assertion qui peut sembler surprenante. ‖ *Il est vrai que,* sert à introduire une explication, une restriction ou une atténuation à ce qui a été dit précédemment. ‖ Fam. *Pas vrai ?,* n'est-ce pas ? ‖ *Un vrai + n. pr.,* qqn qui réunit en lui les caractères remarquables d'un personnage connu : *C'est un vrai Gargantua...* • **Astron.** *Hauteur vraie,* hauteur d'un astre corrigée de la réfraction (par oppos. à la *hauteur apparente*). ‖ *Midi vrai,* heure de passage du Soleil au méridien d'un lieu donné. – **Mar.** *Cap vrai,* cap corrigé de la variation du compas. ‖ *Route vraie,* cap vrai corrigé de la dérive.

◆ **vrai** adv. **1.** Conformément à la vérité, à la réalité ; de façon franche, sincère : *Parler vrai.* – **2.** D'une manière qui donne l'impression du vrai et du naturel : *Des acteurs qui jouent vrai.* – **3.** *À vrai dire, à dire vrai,* pour être tout à fait exact, précis, en fait. ‖ *Dire vrai,* dire la vérité. ‖ *Vrai !,* en tête de phrase, ponctue ce qui va suivre : *Vrai ! ce qu'on a pu rire !*

◆ n. m. **1.** Ce qui est vrai, la vérité : *Essayer de distinguer le vrai et le faux.* – **2.** Ce qui existe effectivement, la réalité : *Peindre le vrai. Le vrai et l'imaginaire.* – **3.** Reproduction, expression conforme à notre conception du réel ; ce qui donne une impression d'authenticité : *Donner le sentiment du vrai.* – **4.** Litt. *Au vrai,* à dire vrai. ‖ Fam. *Pour de vrai,* pour de bon, véritablement, et non par jeu ou pour plaisanter.

VRAI-FAUX, VRAIE-FAUSSE adj. **1.** Se dit de documents établis par une autorité administrative compétente mais portant une fausse identité. – **2.** *Fam.* Se dit de qqch qui n'est pas ce qu'il paraît être.

VRAIMENT adv. (de *vrai*). **1.** D'une manière réelle, effective, et qui ne peut être mise en doute : *Je vous assure que tout cela est vraiment arrivé.* – **2.** D'une manière certaine, véritable : *Se soigne-t-il vraiment ?* – **3.** Devant un adj. ou un adv., très, tout à fait : *Il écrit vraiment bien.* – **4.** S'emploie pour renforcer une affirmation ou une négation : *Vraiment, il est incorrigible.* – **5.** Dans une interrogation, une exclamation, peut exprimer le doute, l'étonnement, l'exaspération : *Ah ! vraiment, on ne peut te faire confiance !*

VRAISEMBLABLE adj. (de *vrai* et *semblable*). **1.** Qui a toutes les apparences du vrai ; plausible : *Une explication vraisemblable.* – **2.** Qui a toutes les probabilités de se produire : *Son succès est vraisemblable.* – **3.** Se dit d'une fiction qui pourrait être vraie, conforme à une situation réelle possible : *Rien n'est vraisemblable dans ce film.*

◆ n. m. Ce qui est vraisemblable, ce qu'on peut estimer probable, vrai, réel.

VRAISEMBLABLEMENT adv. Selon toute vraisemblance : *C'est vraisemblablement demain qu'il viendra.*

VRAISEMBLANCE n. f. (de *vraisemblable,* d'apr. *semblance*). **1.** Caractère de vérité possible de qqch : *La vraisemblance d'une explication.* – **2.** Probabilité proche de la certitude : *Il y a peu de vraisemblance que ça se passe ainsi.* – **3.** Conformité à la réalité : *Respecter la vraisemblance au théâtre.*

VRANGEL ou **WRANGEL** *(île),* île de la mer de Sibérie orientale, près du détroit de Béring, sur le 180e méridien ; 7 300 km².

VRANGEL (Petr Nikolaïevitch) → WRANGEL.

VRANITZKY (Franz), homme politique autrichien (Vienne 1937), chancelier de la République d'Autriche depuis 1986.

VRAQUIER n. m. (de *vrac*). Syn. de TRANSPORTEUR* DE VRAC.

VRATISLAV Ier († 921), duc de Bohême (v. 905-921). – **Vratislav II** († 1092), duc (1061-1085), puis roi (1085-1092) de Bohême.

VRBAS, riv. de Bosnie-Herzégovine, affl. de la Save (r. dr.) ; 240 km (bassin de 5 906 km²). Hydroélectricité.

VRCHLICKÝ (Emil Frida, dit **Jaroslav**), poète tchèque (Louny 1853 - Domažlice 1912). Poète intimiste (*Rêves de bonheur,* 1876) et épique (*Fragments d'épopée,* 1886), auteur de tragédies historiques et de comédies (*Nuit à Karlštejn,* 1884), il fut le chef de file des « cosmopolites », épris de culture universelle.

VREDEMAN DE VRIES (Hans), peintre décorateur et architecte néerlandais (Leeuwarden 1527 - ? 1604). Il travailla à Malines, à Anvers, en Allemagne, à Liège, Prague, La Haye, etc. Influencé par C. Floris de Vriendt, par Serlio et l'école de Fontainebleau, il a publié des recueils de gravures (perspectives, fantaisies architecturales et scénographiques, ornements, etc.) qui ont beaucoup influencé les écoles du Nord. – Ses fils SALOMON (Anvers 1556 - La Haye 1604) et PAUL (Anvers 1567 - Amsterdam v. 1630) ont collaboré avec lui.

VRENELI n. m. En Suisse, pièce d'or de 20 francs.

VRIDI, localité industrielle de la Côte-d'Ivoire, près d'Abidjan.

Vridi *(canal de),* chenal de Côte-d'Ivoire, au S. d'Abidjan, dans le cordon littoral qui séparait la lagune Ébrié de l'Atlantique. Il a permis l'aménagement moderne du port d'Abidjan.

VRIES (DE) → DE VRIES.

VRILLAGE n. m. (de *vriller*). **1.** Torsion donnée aux pales d'une hélice ou à une aile d'avion lors de leur construction. – **2.** Effet dû à une mauvaise fixation de la torsion des fils et se traduisant par une inclinaison des colonnes de mailles dans un tricot. – **3.** Défaut présenté par les fils textiles qui ont subi une torsion trop poussée. – **4.** Torsion sur soi-même des fils de pêche.

VRILLE [vrij] n. f. (anc. fr. *vedille,* du lat. *viticula,* de *vitis,* vigne). **1.** Organe filiforme, simple ou ramifié, qui s'enroule autour d'un support et permet à certaines plantes grimpantes de se fixer et de s'élever. – **2.** Figure de voltige aérienne dans laquelle le nez de l'avion descend rapidement selon une trajectoire en spirale d'axe vertical tandis que les extrémités de la voilure décrivent des spirales concentriques à la première. – **3.** Outil à percer le bois, constitué par une tige métallique, usinée à son extrémité en forme de vis à bois à pas très allongé et se terminant par une pointe aiguë. – **4.** En gymnastique, figure qui consiste en une combinaison d'un salto et d'une rotation complète autour de l'axe longitudinal du corps. – **5.** Queue du sanglier.

VRILLEMENT n. m. Action de vriller.

VRILLER v. t. (conj. 3). Occasionner le vrillage des fils de pêche.

◆ v. i. **1.** Se mouvoir en décrivant une hélice : *Une fusée qui vrille.* – **2.** Faire des vrilles : *Avion qui a tendance à vriller.* – **3.** Se tordre en hélice, en parlant d'un poteau ou d'une pièce de bois. – **4.** Se tordre sur soi-même, en parlant des fils de pêche.

◆ **être vrillé** v. pass. **1.** En parlant d'un tronc, avoir le fil du bois enroulé en hélice, ce qui donne, au débit, des pièces à fil oblique ou tranché. – **2.** Être muni de vrilles.

VRILLERIE n. f. **1.** Fabrication de vrilles et autres outils de métal. – **2.** Nom donné par les taillandiers aux limes, forets, ciseaux, poinçons, vrilles, etc.

VRILLETTE [vrijɛt] n. f. (de *vrille*). Nom usuel des anobies.

VROMBIR v. i. (onomat.) [conj. 32]. Produire un ronflement vibrant, caractéristique d'objets en rotation rapide.

VROMBISSANT, E adj. Qui vrombit : *Toupie vrombissante.*

VROMBISSEMENT n. m. Bruit de ce qui vrombit : *Le vrombissement des avions.*

VROUBEL (Mikhaïl Aleksandrovitch), peintre russe (Omsk 1856 - Saint-Pétersbourg 1910). Grande figure du symbolisme et de l'Art nouveau dans son pays, il traduit en artiste visionnaire tout le frémissement d'un monde onirique et angoissant (*Azraël, le séraphin à six ailes,* 1904, Musée russe de Saint-Pétersbourg).

V. R. P. n. m. Abrév. de VOYAGEUR* REPRÉSENTANT PLACIER.

VS prép. Abrév. de *versus.*

VSAT (sigle de l'angl. *Very Small Aperture Terminal*). Terminal d'émission ou de réception par satellite doté d'une antenne de faible dimension.

V. S. O. P., abrév. de *Very Special Old Pale,* désignant une eau-de-vie ayant au moins cinq ans d'âge.

VTOL (abrév. de l'angl. *Vertical Take Off and Landing,* décollage et atterrissage verticaux). Désigne tout aéronef à décollage vertical. La formule retenue aujourd'hui est celle de l'avion doté d'un turboréacteur dont les gaz sont éjectés par plusieurs tuyères orientables (avions de combat subsoniques du type Harrier britannique). L'utilisation de turboréacteurs séparés pour assurer la propulsion et la sustentation a été abandonnée, car trop complexe et d'utilisation délicate (Mirage III-V français).

V. T. T. n.m. (sigle de *Vélo Tout Terrain*). Vélo à roues épaisses et crantées, sans suspension ni garde-boue, utilisé sur des parcours accidentés ; sport pratiqué avec ce vélo.

1. VU → VOIR.

2. VU n. m. (de *voir*). *Au vu et au su de qqn, de tous,* d'une manière ouverte, sans se cacher. ‖ *Au vu, sur le vu de qqch,* après examen, contrôle, constatation de qqch. ‖ *Du déjà vu,* qqch qui est sans originalité, éculé, banal.

3. VU prép. **1.** *Vu qqch, vu que,* attendu, étant donné, eu égard à cela, considérant cela : *Vu les difficultés de l'entreprise, nous renonçons.* – **2.** Sert à exposer les références d'un texte légal ou réglementaire ou d'un jugement, d'un arrêt, etc.

VUČEDOL, localité de Croatie, près de Vukovar, au S.-E. d'Osijek, éponyme d'un faciès culturel du chalcolithique récent.

VUE n. f. (de *voir*). **1.** Faculté de voir, de percevoir la lumière, les couleurs, la forme, le relief des objets : *Avoir une bonne vue.* – **2.** Action, fait de regarder : *Un magnifique paysage s'offre à la vue.* – **3.** Ce qui se présente au regard, en partic. espace qu'on peut voir d'un point déterminé : *D'ici, on a une vue sur la mer. Avoir une vue plongeante sur un décolleté.* – **4.** Dessin, illustration, photographie d'un lieu, d'un édifice : *Une magnifique vue de Rio.* – **5.** Manière de voir, d'interpréter, de concevoir qqch : *C'est une vue pessimiste de la situation.* – **6.** *À première vue,* au premier regard, sans examiner ni observer longuement. ‖ *Avoir qqch en vue,* y songer, l'attendre comme possible dans un futur proche. ‖ *Avoir qqn en vue,* songer à lui pour un travail, une mission, etc. ‖ *À vue,* sans le secours d'instruments, en se guidant uniquement sur ce qu'on peut voir : *Piloter à vue ;* sur simple présentation d'un effet de commerce, d'un titre de paiement : *Retrait à vue.* ‖ *De vue,* seulement par la vue, sans autre connaissance. ‖ *Double vue, seconde vue,* prétendue faculté de voir des choses qui existent ou se passent dans des lieux éloignés ; clairvoyance que posséderait une personne plongée dans le sommeil magnétique ; grande perspicacité. ‖ *En mettre, en jeter plein la vue à qqn,* l'éblouir par son aspect, ses manières ou ses connaissances. ‖ *En vue de,* à une distance d'où l'on peut apercevoir qqch : *Le navire a sombré en vue du port ;* de façon à rendre cette chose possible, réalisable ; dans l'intention précise de : *Travailler en vue de l'examen.* ‖ *Être bien en vue,* être en évidence, en valeur. ‖ *Être en vue,* être visible, manifeste, dans une position qui attire l'attention socialement ou intellectuellement ; être à la portée du regard ; ne pas être loin de se produire, être imminent. ‖ *Hors de vue,* plus loin que les regards ne peuvent porter, à l'abri des regards. ‖ *Tirer à vue,* faire feu dès qu'on voit l'objectif. ‖ *Vue de l'esprit,* conception qui ne tient pas suffisamment compte de la réalité, des faits matériels. • **Banq.** *Dépôt à vue,* dépôt d'argent que le dépositaire s'engage à restituer à tout moment, sur réquisition du déposant. ‖ *Payable à tant de jours de vue,* payable à tant de jours après la présentation. – **Dr.** *Servitude de vue,* obligation, pour le propriétaire d'un fonds, d'accepter les ouvertures pratiquées à distance légale dans l'immeuble voisin et donnant vue sur son fonds. – **Géom.** et **Dess.** *Point de vue,* en perspective classique, point correspondant à l'œil de l'observateur, situé à une distance déterminée du plan figuratif et constituant le sommet de la pyramide visuelle. (Également appelé *centre de projection.*) – **Grav.** *Vue d'optique,* estampe faite pour être vue dans une optique* (XVIIIe s.).

◆ **vues** n. f. pl. **1.** Projets, desseins : *Contrarier les vues de quelqu'un.* – **2.** *Avoir des vues sur qqn, qqch,* les convoiter.

Vuelta (mot esp. signif. *tour*), le Tour d'Espagne cycliste.

VUILLARD (Édouard), peintre français (Cuiseaux 1868 - La Baule 1940). Membre du groupe des nabis, il en représente la tendance la plus intimiste. Sa peinture, d'abord en aplats vibrants, a évolué vers des tons rapprochés et rompus, convenant à l'évocation pleine de sensibilité de l'atmosphère familiale dans laquelle il a puisé l'essentiel de son inspiration.

VUILLAUME (Jean-Baptiste), luthier français (Mirecourt 1798 - Paris 1875). Sa maison devint l'une des plus importantes de Paris (1828). Spécialisé dans l'imitation des instruments anciens italiens (Stradivarius, Guarnerius, Amati, Maggini), il réussit parfois à égaler ses modèles.

VUILLEMIN (Joseph), général français (Bordeaux 1883 - Lyon 1963). Il servit pendant la Première

Guerre mondiale dans l'aviation de bombardement. Il effectua de grands raids aériens en Méditerranée et en Afrique, où il dirigea la « croisière noire aérienne » (1933-34). Chef d'état-major de l'armée de l'air (1938), il commanda en chef les forces aériennes françaises en 1939-1940.

VULCAIN n. m. (de *Vulcain,* n. pr.). Nom usuel d'une vanesse.

VULCAIN, dieu romain du Feu et du Travail des métaux, d'origine italique. À Rome, son culte et la fête des *vulcanales* sont aussi anciens que la ville. Il avait un autel au pied du Capitole et un sanctuaire au champ de Mars. Son culte était célébré particulièrement à Ostie, où il protégeait les navires de l'incendie. Il fut identifié à Héphaïstos.

VULCANIEN, ENNE adj. (de *Vulcano,* n. pr.). Se dit d'un type de volcanisme fournissant des laves très visqueuses et des explosions fréquentes dont les produits constituent le cône volcanique.

VULCANISANT n. m. Agent de réticulation plus particulièrement utilisé pour les caoutchoucs.

VULCANISATION n. f. (angl. *vulcanization*). Opération consistant à relier entre elles les macromolécules d'un élastomère de façon à empêcher que, par écoulement visqueux, il ne prenne des déformations permanentes. (Découverte en 1839 par Goodyear, la vulcanisation du caoutchouc naturel par le soufre consiste en un masticage à chaud [100-140 °C] au cours duquel sont introduits des plastifiants, de l'oxyde de zinc, des accélérateurs et du soufre [3 à 10 %].)

VULCANISER v. t. (angl. *to vulcanize*) [conj. 3]. Soumettre un élastomère à la vulcanisation.

VULCANO *(île),* île volcanique d'Italie, dans l'archipel des Éoliennes, à proximité de la Sicile ; 21 km^2 ; 430 hab.

VULCANOLOGIE, VULCANOLOGIQUE, VULCANOLOGUE → VOLCANOLOGIE, VOLCANOLOGIQUE, VOLCANOLOGUE.

VULCI, ville étrusque, située à 20 km au nord de Tarquinia (prov. de Viterbe). L'un des centres commerciaux et artistiques les plus actifs de l'Étrurie, florissant au VIe s. av. J.-C. La ville devient romaine en 281 av. J.-C. Riches nécropoles (IXe s. av. J.-C. au Ier s. apr. J.-C.) abritant des chambres funéraires ornées d'éléments sculptés et de peintures murales : tombes des Chars, des Inscriptions, François, etc.

VULGAIRE adj. (lat. *vulgaris*). **1.** Qui est sans aucune élévation, qui est ordinaire, prosaïque, bas, commun : *Des préoccupations vulgaires.* — **2.** Qui manque d'éducation, de délicatesse, qui fait preuve de grossièreté : *Un homme vulgaire. Des goûts vulgaires.* — **3.** Qui est quelconque, ne dépasse pas le niveau moyen : *Un vulgaire fonctionnaire sans avenir.* — **4.** Qui appartient à la langue courante, non scientifique : *Le nom vulgaire d'une plante.* — **5.** Se dit de la forme d'une langue qui est employée par l'ensemble de la population (par oppos. à une autre forme, écrite ou littéraire). — **6.** *Latin vulgaire,* latin parlé dans l'ensemble des pays qui constituaient l'Empire romain et qui a donné naissance aux différentes langues romanes.
◆ n. m. **1.** Comportement, choses vulgaires : *Tomber dans le vulgaire.* — **2.** La langue vulgaire.

VULGAIREMENT adv. **1.** De façon courante, ordinaire : *Une hypothèse vulgairement admise.* — **2.** Avec vulgarité, sans distinction, d'une manière grossière : *S'exprimer vulgairement.*

VULGARISATEUR, TRICE n. Personne qui fait de la vulgarisation.

VULGARISATION n. f. Action de mettre à la portée du plus grand nombre, des non-spécialistes des connaissances techniques et scientifiques.

VULGARISER v. t. (conj. 3). **1.** Mettre des connaissances, des idées à la portée de tous, les faire connaître au grand public : *Vulgariser une science.* — **2.** *Litt.* Faire perdre à qqch son caractère distingué, délicat : *Vulgariser un air d'opéra par une prononciation canaille.*

VULGARISME n. m. **1.** Expression populaire qui n'est pas admise dans le bon usage. — **2.** Tendance de certains écrivains grecs modernes à substituer la langue démotique à la langue littéraire traditionnelle.

VULGARITÉ n. f. (lat. *vulgaritas*). **1.** Caractère de qqn, de qqch qui manque de distinction, de délicatesse, qui heurte le goût, les bienséances. — **2.** Parole ou action grossière : *Dire des vulgarités.*

Vulgate (la) [du lat. *vulgatus,* populaire], traduction latine de la Bible, version officielle de l'Église catholique romaine. Rendue nécessaire par l'abandon de la langue grecque dans l'Église, elle est l'œuvre de saint Jérôme. Déclarée normative et authentique par le concile de Trente (1546), elle a été modernisée en 1979.

VULGUM PECUS [vylgɔmpekys] n. m. inv. (calqué sur *servum pecus,* troupeau servile [Horace, *Épîtres,* I, XIX, 19]). *Fam.* La multitude ignorante, le commun des mortels.

VULNÉRABILISER v. t. (conj. 3). Rendre qqn plus vulnérable.

VULNÉRABILITÉ n. f. Caractère vulnérable de qqch ou de qqn.

VULNÉRABLE adj. (bas lat. *vulnerabilis*). **1.** Qui est exposé à recevoir des blessures, des coups : *La* *cuirasse des chevaliers laissait peu d'endroits vulnérables.* — **2.** Qui est exposé aux atteintes d'une maladie, qui peut servir de cible facile aux attaques d'un ennemi : *Une position vulnérable.* — **3.** Qui, par ses insuffisances, ses imperfections, peut donner prise à des attaques : *Une argumentation vulnérable.* — **4.** Au bridge contrat, se dit de l'équipe qui a déjà gagné une manche et qui est exposée à de plus fortes pénalités si elle ne remplit pas son contrat.

1. VULNÉRAIRE adj. et n. m. (lat. *vulnerarius,* de *vulnus, -eris,* blessure). Se disait d'une substance propre à guérir une blessure, une plaie.

2. VULNÉRAIRE n. f. Légumineuse fourragère et ornementale, autref. utilisée pour soigner les plaies.

VULPIAN (Alfred), médecin français (Paris 1826 - *id.* 1887). Il a surtout étudié la physiologie du système nerveux. On lui doit : *Leçons sur la physiologie générale et comparée du système nerveux* (1866). [Acad. des sc., 1876.]

VULPIN n. m. (lat. *vulpinus,* de renard). Graminée vivace des prairies humides, donnant un fourrage d'excellente qualité. (N. usuel *queue-de-renard.*)

VULPIUS (Christian August), écrivain allemand (Weimar 1762 - *id.* 1827). Romancier (*Rinaldo Rinaldini,* 1789-1800), Goethe le fit nommer secrétaire du théâtre de Weimar, puis inspecteur du cabinet des Médailles. — Sa sœur, CHRISTIANE (Weimar 1765 - *id.* 1816), maîtresse puis épouse de Goethe, donna un fils à ce dernier.

VULTUEUX, EUSE adj. (lat. *vultuosus,* de *vultus,* visage). Se dit de la face quand elle est congestionnée et gonflée.

VULTURE (le), massif volcanique d'Italie, dans l'Apennin méridional, en Basilicate (1 327 m).

1. VULVAIRE adj. (de *vulve*). Qui appartient à la vulve.

2. VULVAIRE n. f. (lat. bot. *vulvaria*). Herbe (chénopodiacée) des décombres, aux feuilles malodorantes. (N. usuel *arroche puante.*)

VULVE n. f. (lat. *vulva*). Ensemble des parties génitales externes, chez la femme et les femelles des animaux.

ENCYCL. La vulve comprend chez la femme, d'avant en arrière : le pénil ou mont de Vénus, les grandes et les petites lèvres, qui limitent un espace triangulaire appelé « vestibule », à la partie antérieure duquel se trouvent le clitoris et le méat urinaire ; en arrière de ceux-ci, l'orifice externe du vagin, qui est rétréci chez les vierges par l'hymen.

VULVITE n. f. Inflammation de la vulve, isolée ou associée à une inflammation du vagin, de l'utérus ou des annexes. (Elle est due à des germes banals, des champignons *[Candida albicans]* ou des germes de maladie sexuellement transmissible.)

VULVO-VAGINAL, E, AUX adj. **1.** Qui appartient à la vulve et au vagin. — **2.** *Glandes vulvo-vaginales,* les glandes de Bartholin.

VULVO-VAGINITE n. f. (pl. *vulvo-vaginites*). Inflammation simultanée de la vulve et du vagin.

VUMÈTRE n. m. (angl. *volume unit* et *mètre*). Volumètre normalisé.

VUNG TAN, port du sud du Viêt-nam ; 108 000 hab.

VYBORG, port de Russie, sur le golfe de Finlande ; 81 100 hab.
— **Hist.** Vyborg a pour origine un château fort élevé (1293) par les Suédois. Aux XVIe et XVIIe s., la cité devint une des places les plus florissantes du commerce de la Baltique. Cédée à la Russie (Nystad, 1721) et incorporée au grand-duché de Finlande, elle fut annexée par l'U. R. S. S. (1940), reconquise par les Finlandais (1941), et définitivement cédée à l'U. R. S. S. en 1947.

VYCHINSKI (Andreï Ianouarievitch), homme politique et juriste soviétique (Odessa 1883 - New York 1954). Maître du droit soviétique à partir de 1936, procureur général de l'U. R. S. S. (1935-1939), il requit la peine de mort contre les accusés des grands procès de Moscou (1936-1938). Il fut ministre des Affaires étrangères de 1949 à 1953.

VYCHNEGRADSKI (Ivan), compositeur français d'origine russe (Saint-Pétersbourg 1893 - Paris 1979). Sous l'influence à la fois de Skriabine et de la philosophie hindoue, il poursuivit des recherches sur les micro-intervalles (*Journée de l'existence,* 1917, création en 1978). En 1920, il s'installa en France. Il est l'un des premiers à avoir préconisé l'abandon de l'échelle chromatique tempérée traditionnelle (*Étude sur le carré magique sonore,* pour piano, 1956).

VYROUBOVA (Nina), danseuse française d'origine russe (Gourzouf, Crimée, 1921), une des plus grandes interprètes du ballet français. Étoile à l'Opéra de Paris (1949), elle crée, entre autres, *les Noces fantastiques* (1955). Passée dans le Grand Ballet du marquis de Cuevas (1957-1961), elle s'impose dans *l'Amour et son destin* (1957), *la Mort de Narcisse* (1957), *la Somnambule* (1958). En 1964, elle triomphe dans *Roméo et Juliette,* à Buenos Aires.

VYTAUTAS ou **VITOLD le Grand** (1344-Trakai 1430), grand-duc de Lituanie (1392-1430). Associé en 1392 par son cousin Jagellon au gouvernement du grand-duché, il gouverna seul dès 1401 sous la suzeraineté de ce dernier. Tous deux défirent les chevaliers Teutoniques à Grunwald (1410).

VYTCHEGDA, riv. de Russie (République des Komis), qui conflue avec la Soukhona pour former la Dvina septentrionale à Kotlas ; 1 130 km (bassin de 121 000 km^2).

Vytis *(ordre de la croix de),* ordre national lituanien avec croix de guerre, créé en 1920 pour récompenser les services militaires rendus au pays.

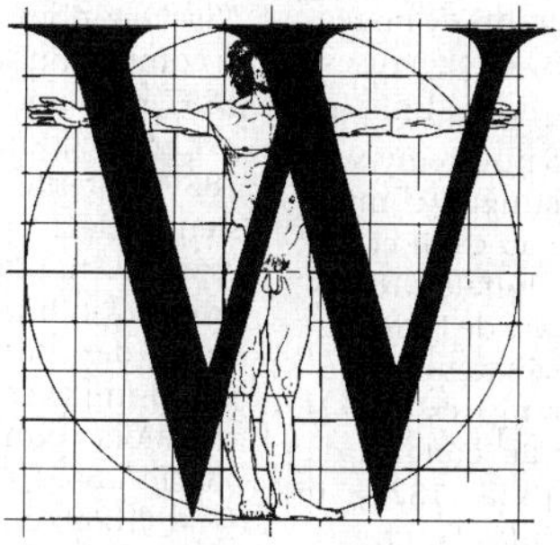

W [dubləve] n. m. Vingt-troisième lettre de l'alphabet français, servant à noter soit la consonne [v] (par ex. *wagon*), soit la semi-voyelle [w] (par ex. *watt*).

W abrév. Immatriculation française à utilisation restrictive permettant la circulation d'un véhicule en essai ou en réparation conduit exclusivement par un professionnel de l'automobile. • **Biol.** *Chromosome W,* celui des deux chromosomes sexuels d'une femelle hétérogamétique (oiseau par exemple) qui diffère des chromosomes sexuels du mâle, notés Z. (C'est le chromosome W qui oriente le développement sexuel de l'embryon dans le sens femelle.) — **Chim.** Symbole du *tungstène.* — **Géogr.** Abrév. de *West,* mot angl. signif. *ouest.* — **Métrol.** Symbole du *watt,* unité SI de puissance. ‖ *W/(m·K),* symbole du watt par mètre-kelvin. ‖ *W/sr,* symbole du watt par stéradian.

W *(parc national du),* parc naturel d'Afrique, sur la rive droite du fleuve Niger, aux confins du Niger, du Burkina et du Bénin.

WAAGE (Peter), chimiste norvégien (Flekkefjord 1833 - Oslo 1900). Il énonça, avec C. Guldberg, la loi d'action* de masse sur les équilibres physico-chimiques, et lui donna une forme quantitative.

WAAL, la plus méridionale des deux branches du Rhin en aval d'Emmerich (Allemagne). Le Waal passe à Nimègue et finit par se confondre avec la Meuse.

WAAS ou **WAES,** région de Belgique (Flandre-Orientale), sur l'Escaut. C'est une plaine basse qui a été asséchée, et qui ravitaille les populations urbaines de la région gantoise et du bas Escaut. Les activités industrielles se localisent à Beveren et Sint-Niklaas.

WABASH (le), riv. des États-Unis (Indiana et Illinois), affl. de l'Ohio (r. dr.) ; 764 km.

WABUSH *(lac),* lac du Canada, dans le Labrador. — Gisement de minerai de fer.

WACE (Robert), poète anglo-normand (Jersey v. 1100-1175). Protégé d'Henri II et chanoine de Bayeux, il est l'auteur du *Roman de Brut* (1155), première œuvre en langue vulgaire qui relate les aventures du roi Arthur, et du *Roman de Rou* ou *Geste des Normands* (1155-1170), histoire de la Normandie jusqu'en 1106.

WACKENRODER (Wilhelm Heinrich), poète allemand (Berlin 1773 - *id.* 1798). Ses *Effusions sentimentales d'un moine ami des arts,* publiées avec L. Tieck en 1797, et dans lesquelles il prêchait un retour au Moyen Âge et au catholicisme, exercèrent une notable influence sur les romantiques d'Iéna.

WACO, v. des États-Unis (Texas), au S. de Dallas ; 101 300 hab. Centre agricole et industriel.

WAD [wad] n. m. Nom sous lequel on désigne une série d'oxydes naturels hydratés de manganèse, de texture généralement terreuse.

WAD (El-), anc. **El-Oued,** oasis du Sahara algérien (wilaya de Biskra), dans le Souf ; 72 100 hab. (pour la commune). Marché. Musée.

WADDEN [wadɛn] n. m. inv. (néerl. *wadden*). Estran vaseux, alternativement couvert et découvert par la marée, à l'exception des chenaux qui sillonnent la vase.

WADDEN *(mer des)* ou **WADDENSEE,** bras de mer bordant le littoral des Pays-Bas et isolé de la mer du Nord par l'archipel de la Frise occidentale. La mer des Wadden est encombrée de bancs de sable et couverte du côté de la terre par des sables vaseux émergeant à basse mer : les wadden. La salinité y est faible, les courants de marée, rapides, et les ondes de tempêtes, dangereuses.

WADDINGTON (William Henry), homme politique et archéologue français (Saint-Rémy-sur-Avre 1826 - Paris 1894). Il se distingua comme numismate et sa collection entra au cabinet des Médailles de la Bibliothèque nationale (1897). Député républicain (1871), ministre de l'Instruction publique (1873, 1876-77), sénateur (1876-1894), ministre des Affaires étrangères (1877-1879), il participa efficacement au congrès de Berlin (1878). Président du Conseil (1879), il favorisa les projets éducatifs de Jules Ferry.

WAD EL-FIDDHA, anc. **Oued Fodda,** v. d'Algérie (Wilaya d'Ech-Cheliff) ; 35 600 hab. Barrage sur l'oued Fodda.

WADERS [wɛdœrs] n. m. pl. (angl. *waders,* de *to wade,* patauger). Pantalons de pêche étanches, permettant d'entrer dans l'eau jusqu'au-dessus de la ceinture.

WĀDĪ L-MADANĪ → Ouad-Médani.

WADING [wɛdiŋ] n. m. (angl. *wading,* de *to wade,* patauger). Pêche en rivière, pratiquée en entrant dans l'eau.

WAD SIG, anc. **Saint-Denis du Sig,** puis **Sig,** v. d'Algérie (wilaya de Mouaskar), dans la plaine du Sig ; 39 750 hab. Centre commercial.

WAES → Waas.

Wafd (mot ar. signif. *délégation*), parti nationaliste égyptien qui triompha aux élections de 1924 et fut dirigé de 1927 à 1952 par Naḥḥas Pacha. Dissous avec les autres partis en 1953, il fut reconstitué en 1977 et légalisé en 1983.

WAGAGE [wagaʒ] n. m. (néerl. *wak,* humide). Limon de rivière, utilisé comme amendement.

WAGHEMAKERE (de), famille d'architectes flamands. — Herman (Anvers v. 1430 - *id.* 1503) et son fils Domien (Anvers v. 1460 - *id.* 1542) ont travaillé à la cathédrale d'Anvers, aux églises d'Anvers, de Lier, etc., dans le style gothique brabançon.

WAGNER (Richard), compositeur et dramaturge allemand (Leipzig 1813 - Venise 1883). Admis à l'université de Leipzig, il travaille la musique avec le cantor de St-Thomas. Il est chef des chœurs à Würzburg (1833), puis directeur musical à Magdeburg. Il épouse la chanteuse Minna Planer. Il voyage et compose *Rienzi* (1838-1840), *le Vaisseau fantôme* (1841). Il rencontre Berlioz qui l'influencera, ainsi que Heine et surtout Liszt. Il obtient le titre de maître de chapelle de la cour de Dresde (1843) et compose *Tannhäuser* (1845). Mais ses idées révolutionnaires l'obligent à fuir. Il gagne Weimar, où Liszt dirige *Lohengrin* (1850), puis la Suisse. Il conçoit alors l'idée du *Nibelung,* dont le texte est achevé en 1852 et dont la composition s'échelonnera de 1853 à 1874. En 1857, son amour pour Mathilde Wesendonk lui inspire l'écriture de *Tristan* et Ysolde*. En sept. 1859, il tente de triompher sur la scène parisienne de l'Opéra, mais une cabale ruine ses espoirs. En 1861, amnistié, il regagne l'Allemagne, s'établit à Vienne et entreprend la composition des *Maîtres* chanteurs de Nuremberg.* Sa rencontre avec Louis II de Bavière (1864) apparaît alors comme inespérée alors que *Tristan et Ysolde* (1865), *les Maîtres chanteurs* (1868), *l'Or du Rhin* (1869) et *la Walkyrie* (1870) sont représentés à Munich. Neuf ans après sa rupture avec Minna Planer, il épouse Cosima Liszt (1870), pour qui il écrit *Siefried-Idyll* et découvre peu après Bayreuth, où la première pierre de son théâtre sera posée en 1872. En 1876, le cycle complet de *la Tétralogie* (*l'Or du Rhin, la Walkyrie, Siegfried* et *le Crépuscule des dieux*) y est créé. L'année suivante, le compositeur ébauche *Parsifal**, sa dernière œuvre. Il meurt sans avoir pu donner forme aux *Vainqueurs,* projet d'opéra bouddhique.
Héritier de la grande tradition germanique de Bach et de Beethoven, mais aussi tributaire de Liszt et de Berlioz, le génie de Wagner s'épanouit dans le domaine du théâtre, où il se trouvait sans rival dans l'Allemagne de son temps. Partant du modèle italien ou de Meyerbeer, il évolue vers une conception du drame qu'il veut art total, synthèse de la poésie, de la musique, de la danse et de la mise en scène. — Son fils Siegfried (Tribschen, près de Lucerne, 1869 - Bayreuth 1930), compositeur et chef d'orchestre, dirigea dès 1896 les représentations du festival de Bayreuth, qu'il anima jusqu'à sa mort. – Le fils de Siegfried, Wieland (Bayreuth 1917 - Munich 1966), directeur artistique du festival Richard Wagner de 1951 à sa mort, sut, par ses mises en scène très neuves, redonner vie au festival de Bayreuth.

WAGNER (Adolph), économiste allemand (Erlangen 1835 - Berlin 1917). On lui doit la « loi de Wagner », au terme de laquelle le développement économique entraîne un accroissement plus que proportionnel des dépenses des collectivités publiques.

WAGNER (Otto), architecte autrichien (Penzing, près de Vienne, 1841 - Vienne 1918). La première partie de sa carrière est marquée par l'éclectisme. En 1894, il est nommé professeur à l'académie de Vienne et son style évolue spectaculairement des confins de l'Art nouveau (stations du métro de Vienne, 1894-1899) au rationalisme de la Caisse d'épargne postale (1904, avec son hall d'acier et de verre) et à l'élégance retenue de l'église *Am Steinhof* (1905).

WÄGNER (Elin), romancière suédoise (Lund 1882 - Lilla Björka 1949). Journaliste et romancière engagée, elle prit parti pour l'émancipation de la femme (*la Ligue de Norrull,* 1908 ; *le Réveil,* 1942) et la protection de la nature (*Paix avec la terre,* 1940) et écrivit une biographie de *Selma Lagerlöf* (2 vol., 1942-43).

WAGNÉRIEN, ENNE [vag-] adj. et n. Relatif au musicien R. Wagner ; partisan, admirateur de R. Wagner.

WAGNÉRISME [vag-] n. m. Système musical de R. Wagner.

WAGNÉRITE [vag-] n. f. (de F. M. von *Wagner,* n. pr.). Fluophosphate naturel de magnésium, monoclinique.

WAGNER-JAUREGG (Julius), médecin autrichien (Wels, Haute-Autriche, 1857 - Vienne 1940). Il est l'initiateur du traitement de la paralysie générale syphilitique par l'inoculation du paludisme (impaludation thérapeutique). [Prix Nobel de médecine 1927.]

WAGON [vagɔ̃] n. m. (angl. *waggon,* du néerl. *wagen*). **1.** Véhicule ferroviaire remorqué, destiné au transport des marchandises ou des animaux, par oppos. à *voiture ;* son contenu. — **2.** *Wagon couvert,* wagon à caisse fermée par un toit et comportant sur chacune des faces latérales une ou plusieurs portes coulissantes ainsi que, en général, des volets d'aération.

WAGON-BAR [va-] n. m. (pl. *wagons-bars*). Syn. anc. de VOITURE-BAR.

WAGON-CITERNE ou, vx, **WAGON-RÉSERVOIR** [va-] n. m. (pl. *wagons-citernes, wagons-réservoirs*). Wagon destiné au transport des liquides. (Syn. CITERNE.)

WAGON-ÉCURIE [va-] n. m. (pl. *wagons-écuries*). Wagon aménagé pour l'embarquement facile et le transport des bêtes fragiles (chevaux de course, étalons).

WAGON-FOUDRE [va-] n. m. (pl. *wagons-foudres*). Wagon comportant un ou plusieurs foudres en bois de chêne, utilisé autrefois pour le transport des boissons.

WAGON-LIT [va-] n. m. (pl. *wagons-lits*). Syn. anc. de VOITURE-LIT.

WAGONNET [va-] n. m. Petit wagon, généralement équipé d'une benne basculante, utilisé sur les réseaux industriels ou miniers, sur les chantiers de travaux publics.

WAGON-POSTE [va-] n. m. (pl. *wagons-poste*). Syn. anc. de VOITURE-POSTE.

WAGON-RESTAURANT [va-] n. m. (pl. *wagons-restaurants*). Syn. anc. de VOITURE-RESTAURANT.

wagons-lits et du tourisme *(Compagnie internationale des),* société belge créée en 1876 à Bruxelles sous le nom de « Compagnie internationale des wagons-lits et des grands express européens », et qui a adopté sa raison sociale actuelle en 1967. Son activité a trait au développement des voyages, du tourisme et des loisirs. Elle assure l'exploitation de voitures-lits, voitures-couchettes et voitures-restaurants, l'organisation et la vente de voyages, la restauration collective et autoroutière.

WAGON-TOMBEREAU [va-] n. m. (pl. *wagons-tombereaux*). Wagon à bord hauts et portes latérales, utilisé pour le transport en vrac. (Syn. TOMBEREAU.)

WAGON-TRÉMIE [va-] n. m. (pl. *wagons-trémies*). Wagon dont le châssis supporte une ou plusieurs trémies pour le transport et le déchargement rapide des matériaux en vrac (ballast, minerai, charbon, etc.).

WAGRAM ou **DEUTSCH WAGRAM,** localité d'Autriche (Basse-Autriche), dans la *plaine de Wagram (Marchfeld),* au N.-E. de Vienne.

Wagram *(bataille de)* [5-6 juill. 1809], bataille gagnée par Napoléon sur les Autrichiens de l'archiduc Charles. Après avoir reçu le renfort de l'armée d'Italie du prince Eugène, les troupes françaises, concentrées dans l'île de Lobau, passèrent le Danube dans la nuit du 4 au 5 juill. 1809 et se heurtèrent aux Autrichiens le 5 au soir. La bataille reprit le 6 au matin à Aderklaa et à Aspern. L'archiduc Charles, pour éviter l'encerclement, battit en retraite, après avoir perdu 50 000 hommes. Le 11 juillet, s'étant replié en Moravie, il se décida à l'armistice.

WAHHĀBISME [waabism] n. m. Doctrine des Wahhābites.

WAHHĀBITE [waabit] adj. et n. Relatif au wahhābisme ; partisan du wahhābisme.

WAHHĀBITES, membres d'une tendance islamique puritaine née au Nadjd, répandue en Arabie Saoudite et à Qaṭar. Celle-ci fut fondée par Muḥammad ibn ʿAbd al-Wahhāb (1703-1792). Son influence gagna l'Afrique noire, le Maroc et l'Inde. Sunnites de l'école ḥanbalite, rigoristes, les wahhābites sont opposés aux confréries et aux chīʿites et militent pour l'obéissance stricte à la *charīʿa.*

WAHRĀN → ORAN.

WAH-WAH → WA-WA.

WAIKATO, fl. de la Nouvelle-Zélande, dans le nord-ouest de l'île du Nord ; 425 km. Hydroélectricité.

WAIKIKI, centre touristique des Hawaii, dans l'agglomération d'Honolulu.

WAILLY (Charles DE) → DE WAILLY.

WAIN (John Barrington), écrivain britannique (Stoke-upon-Trent 1925). Poète (*Wildtrack,* 1965), critique (*Essays on Literature and Ideas,* 1963), romancier (*le Laveur de carreaux,* 1953 ; *Un hiver dans les collines,* 1970 ; *Young Shoulders,* 1982), il s'inscrit dans la lignée des « Jeunes Gens en colère ».

WAIS (abrév. de l'amér. *Wechsler Adult Intelligence Scale*) ou **WECHSLER-BELLEVUE,** échelle d'intelligence pour adultes, mise au point en 1955 par le psychologue américain David Wechsler, qui travaillait au Bellevue Hospital de New York, et comportant des tests verbaux et des tests de performance. Cette échelle permet d'apprécier le niveau intellectuel par rapport à la classe d'âge, et par rapport aux niveaux antérieurs de l'individu (détérioration).

WAIT AND SEE, expression angl. signif. *attendez et voyez,* utilisée pour exhorter à la patience.

WAJDA (Andrzej), cinéaste polonais (Suwałki 1926). Avec J. Kawalerowicz et A. Munk, il est le principal représentant de la jeune école qui renouvela dans les années 1954-1956 les tendances cinématographiques traditionnelles de la Pologne. Ses principaux films sont *Kanal* (1957), *Cendres et Diamant* (1958), *Samson* (1961), *Tout est à vendre* (1969), *Paysage après la bataille* (1970), *le Bois de bouleaux* (1970), *les Noces* (1973), *la Terre de la grande promesse* (1975), *l'Homme de marbre* (1976), *l'Homme de fer* (1981), *Danton* (1982), *Un amour en Allemagne* (1983), *Chronique des événements amoureux* (1986), *les Possédés* (1988), *Korczak* (1990), *l'Anneau de crin* (1994).

WAKA (mot jap.) n. m. inv. À l'origine, ensemble des différentes formes poétiques de langue japonaise. (Le *Manyō-shū** en constitue la première anthologie. Il a été assimilé au tanka.)

WAKAMATSU, port du Japon, partie de la conurbation de Kita-Kyūshū dans l'île de Kyūshū ; 87 200 hab.

WAKAMATSU, v. de l'île de Honshū → AIZU-WAKAMATSU.

WAKASH n. m. Groupe de langues indiennes parlées dans l'île de Vancouver et dans l'État de Washington, en particulier par les Nootkas et les Kwakiutls.

WAKAYAMA, port du Japon, ch.-l. de préf., dans l'île de Honshū ; 403 000 hab. Université. Métallurgie. Chimie.

WAKE, île américaine du Pacifique, au N.-N.-O. des îles Marshall ; 8 km^2 ; 1 600 hab. Base de l'armée de l'air américaine. Découverte en 1796 par le capitaine Wake, annexée par les États-Unis en 1900, Wake fut occupée par les Japonais en déc. 1941 et reprise par les Américains en 1945.

WAKEFIELD, v. de Grande-Bretagne (West Yorkshire), au S. de Leeds ; 60 000 hab. Cathédrale en partie du XVe s. Musées. Textile. Chimie.

WAKEFIELD (Edward Gibbon), colonisateur britannique (Londres 1796 - Wellington, Nouvelle-Zélande 1862). Il créa en 1834 l'Association de l'Australie-Méridionale afin d'encourager l'immigration, puis en 1837 l'Association de la Nouvelle-Zélande, dont il entreprit la colonisation.

WAKHĀN, région de l'Afghānistān, formant à l'E. du Badakhchān un appendice limité par le Tadjikistan au N., par le Xinjiang chinois à l'E., par le Cachemire et par le nord du Pākistān au S.

WAKSMAN (Selman Abraham), microbiologiste américain d'origine russe (Prilouki, près de Kiev, 1888 - Hyannis, Massachusetts, 1973). Ses recherches sur les antibiotiques, en particulier sa découverte, avec Albert Schatz, de la streptomycine, lui ont valu le prix Nobel de médecine en 1952.

WALAHFRID STRABO, écrivain franc (Souabe 808 ou 809-849). Précepteur de Charles, fils de Louis le Pieux, et abbé de Reichenau (838), il écrivit des *Homélies,* des épopées chrétiennes et des biographies.

WAŁBRZYCH, v. du sud-ouest de la Pologne, au cœur du bassin houiller de basse Silésie ; 137 000 hab. Cokeries et carbochimie ; constructions métalliques ; verrerie et céramique. Textile.

WALBURGE *(sainte)* → WALPURGIS.

WALCHENSEE, lac glaciaire d'Allemagne, dans les Alpes bavaroises, utilisé pour la production d'hydroélectricité ; 16,4 km^2. Centre touristique.

WALCHEREN, anc. île des Pays-Bas (Zélande), dans l'estuaire de l'Escaut, auj. réunie à Zuid-Beveland, elle-même rattachée au continent ; 210 km^2 ; 104 000 hab. Ch.-l. *Middelburg.* Agriculture. Tourisme. Occupée par les Français le 18 mai 1940, conquise par les Allemands le 24, l'île, qui verrouillait l'accès d'Anvers, fut bombardée par l'aviation alliée en 1944.

WALCOTT (Derek), écrivain antillais de langue anglaise (Castries, Sainte-Lucie, 1930). Poète (*Another Life,* 1973) et dramaturge, influencé par les avant-gardes poétiques, il se tourne ensuite vers les traditions orales antillaises. (Prix Nobel 1992.)

WALCOURT, comm. de Belgique, dans la province de Namur ; 13 900 hab. Anc. place forte. Basilique St-Materne, surtout des XIIIe-XVe s. (mobilier, trésor).

WALD (George), biologiste américain (New York 1906). Lauréat du prix Nobel de physiologie et de médecine, avec Granit et Hartline, en 1967, il a montré notamment le rôle de la vitamine A dans le mécanisme photochimique de la rétine.

WALDECK, ancien État allemand (cap. *Arolsen*) qui fut administré par la Prusse à partir de 1867.

WALDECK-ROUSSEAU (Pierre), homme politique français (Nantes 1846 - Corbeil 1904). Député républicain (1879-1889), ministre de l'Intérieur dans les cabinets Gambetta (1881-82) et Jules Ferry (1883-1885), il fit voter la loi sur les syndicats (1884). Avocat, il défendit Eiffel dans le procès de Panamá (1893). Il fut sénateur (1894-1904), constitua (1899-1902) le cabinet de Défense républicaine et fit gracier Dreyfus (1899). La loi de 1901 sur les associations est son œuvre.

WALDEN (Georg LEVIN, dit **Herwarth**), musicien et écrivain allemand (Berlin 1878 - Saratov 1941 ?), fondateur de la revue *Der Sturm* (1910) et animateur du mouvement expressionniste.

Waldenström *(maladie de)* [du n. du médecin suéd. Jan Gösta *Waldenström* (né en 1906)], syndrome lymphoprolifératif caractérisé par une infiltration de la moelle osseuse (et éventuellement d'autres organes), associée à une sécrétion d'IgM monoclonale (macroglobulinémie*) au niveau du sérum. L'évolution de la maladie est lente.

WALDERSEE (Alfred, *comte* VON), maréchal prussien (Potsdam 1832 - Hanovre 1904). Adjoint de Moltke, il lui succéda à la tête du grand état-major (1888-1891) puis dirigea le corps international en Chine contre les Boxers (1900-01).

WALDHEIM (Kurt), diplomate et homme d'État autrichien (Sankt Andrä-Wördern, Basse-Autriche, 1918). Il entre en 1945 dans les services consulaires autrichiens et est ministre des Affaires étrangères de 1968 à 1970. Secrétaire général de l'O. N. U. de 1972 à 1981, il a été président de la République autrichienne de 1986 à 1992. Ses activités durant la Seconde Guerre mondiale ont fait l'objet d'une vive controverse.

WALDMÜLLER (Ferdinand Georg), peintre autrichien (Vienne 1793 - Hinterbrühl, Basse-Autriche, 1865). Paysagiste, peintre de genre, de portraits et de natures mortes, il fut un pionnier du pleinairisme en Autriche, épris d'une stricte exactitude réaliste.

WALDSTÄTTE, nom donné à l'ensemble des quatre cantons suisses de Schwyz, Uri, Unterwald et Lucerne.

WALDSTEIN → WALLENSTEIN.

WALDTEUFEL (Émile), compositeur et pianiste français (Strasbourg 1837 - Paris 1915). Maître des bals de l'Opéra, il a composé une centaine de danses (valses, polkas, galops) dont le célèbre *Pas des patineurs.*

WALENSEE, WALLENSEE ou **LAC DE WALLENSTADT,** lac de Suisse (cant. de Saint-Gall et de Glaris) ; 30 km² env.

WALES, nom anglais du pays de Galles.

WAŁĘSA (Lech), homme d'État polonais (Popowo, près de Wrocław, 1943). Il devient en août 1980 le leader du mouvement de grève des chantiers Lénine à Gdańsk, puis, en tant que président du Comité des grèves interentreprises, il est cosignataire des accords de Gdańsk (31 août 1980). Il dépose en sept. 1980 une demande d'enregistrement du syndicat indépendant Solidarność, dont il est élu président en oct. 1981. Arrêté et placé en résidence surveillée (déc. 1981), il est libéré en nov. 1982. Continuant à animer Solidarność (mis hors la loi en oct. 1982) au temps de la clandestinité, il se trouve investi d'une responsabilité politique accrue — même s'il n'occupe pas de fonctions officielles — après le rétablissement du pluralisme syndical et l'accession de Solidarność au Parlement et à la direction du gouvernement (1989). De 1990 à 1995, il est président de la République. (Prix Nobel de la paix 1983.)

WALEWSKA (Maria ŁACZYŃSKA, *comtesse* **Marie**), noble polonaise (1789 - Paris 1817). Mariée (1804) au comte Walewski, elle devint la maîtresse de Napoléon à Varsovie (1807) et en eut un fils.

WALEWSKI (Alexandre Joseph COLONNA, *comte*), homme politique français (Walewice, Pologne, 1810 - Strasbourg 1868), fils naturel de Napoléon Ier et de Marie Walewska. Polonais naturalisé français après l'échec de l'insurrection de 1830, il fut officier en Algérie jusqu'en 1837, puis, à partir de 1840, chargé de diverses missions diplomatiques. Habile négociateur, il devint ministre des Affaires étrangères (1855-1860). En désaccord avec Napoléon III sur la politique italienne, il devint ministre d'État, avec la direction des Beaux-Arts (1860-1863), puis il présida le Corps législatif (1865-1867).

WALGAU, région formée par la basse vallée de l'Ill, en Autriche (Vorarlberg), au climat favorable aux vergers et aux vignobles. Industrie textile.

WALHALLA → VAL-HALL.

WALI n. m. (ar. *wali*). **1.** Dans certains pays musulmans, gouverneur militaire et civil d'un territoire. — **2.** Dans l'Algérie contemporaine, fonctionnaire placé à la tête d'une wilaya. — **3.** Dans le soufisme, ami de Dieu, saint.

WALKIE-TALKIE [wokitoki] n. m. (pl. *walkies-talkies*) [amér. *walkie-talkie*]. Syn. vieilli de TALKIE-WALKIE.

WALKMAN (wokman] n. m. (n. déposé). Casque à écouteurs relié à un lecteur de cassettes ou à un récepteur de radio portatifs, dont il permet l'écoute tout en se déplaçant. (Syn. BALADEUR.)

WALK-OVER [wokɔvœr] n. m. inv. (angl. *to walk over,* gagner facilement). Compétition dans laquelle un participant n'a pas d'adversaire. (Abrév. W.-O.)

WALKYRIE → VALKYRIE.

Walkyrie *(la)* → TÉTRALOGIE.

WALLABY [walabi] n. m. (pl. *wallabies*). Petit marsupial herbivore australien. (Ils sont répartis en sept genres.)

WALLACE (*sir* William), héros de l'indépendance écossaise (près de Paisley, Renfrew, 1270 - Londres 1305). En 1297, il prit la tête de la résistance aux Anglais et remporta la bataille de Stirling (sept.). Nommé régent d'Écosse, il fut écrasé à Falkirk (1298) par le roi Édouard Ier d'Angleterre. Il fut capturé en 1305 et exécuté.

WALLACE (*sir* Richard), philanthrope et amateur d'art britannique (Londres 1818 - Paris 1890). Son nom reste attaché aux petites fontaines publiques dont il dota Paris en 1872 et, surtout, à la Wallace* Collection de Londres.

WALLACE (Alfred Russel), voyageur et naturaliste britannique (Usk, Monmouthshire, 1823 - Broadstone, Dorset, 1913). Il conçut, sans avoir eu connaissance des recherches de Darwin, le principe de la sélection naturelle (*Contributions to the Theory of Natural Selection* [1870]). Ses travaux de géographie zoologique ont souligné le rôle du morcellement des terres d'Océanie dans la distribution et l'évolution des espèces. Son nom a été donné à une ligne imaginaire passant à l'ouest de Bali, entre Bornéo et Célèbes, et à l'est des Philippines et séparant des faunes insulaires très différentes.

WALLACE (Lewis, dit **Lew**), romancier américain (Brookville, Indiana, 1827 - Crawfordsville, Indiana, 1905), célèbre pour son roman *Ben* Hur* (1880), récit des premiers temps du christianisme.

WALLACE (Edgar), écrivain britannique (Londres 1875 - Hollywood, Californie, 1932). D'abord journaliste au *Daily Mail,* il écrivit *les Quatre Justiciers* (1905), puis se spécialisa dans le roman policier (plus de 160) [*l'Archer vert, le Cercle rouge, les Yeux noirs de Londres*], des nouvelles terrifiantes et des mélodrames sentimentaux.

Wallace Collection, à Londres, collection commencée au début du XIXe s. par le troisième et le quatrième marquis de Hertford, enrichie par sir R. Wallace, qui en avait hérité, et que sa veuve légua en 1897 à l'État anglais. Conservée à Hertford House, elle comprend des sculptures (G. Pilon, Houdon), un grand nombre d'objets d'art (mobilier français et porcelaines de Sèvres du XVIIIe s.), ainsi que des tableaux de maîtres français (du XVIIIe s. notamm.), italiens, hollandais, flamands et espagnols.

WALLASEY, v. de Grande-Bretagne (Merseyside), sur la mer d'Irlande ; 90 000 hab.

WALLENSEE → WALENSEE.

WALLENSTEIN (Albrecht Wenzel Eusebius VON), ou **Waldstein,** en tchèque **Albrecht z Valdštejna,** général d'origine tchèque au service de l'Empire (Hermanič, Bohême, 1583 - Eger, auj. Cheb, 1634). Né d'une famille noble de rite utraquiste, il se convertit au catholicisme sous l'influence des jésuites (1606). Il prend le parti de l'empereur en 1618 lors de l'insurrection des États de Bohême, ce qui lui vaut d'acquérir des biens de nobles protestants et d'être créé duc de Friedland (1624). Sur ses propres ressources, il réunit une armée au service de l'empereur, qui était alors dépendant des forces de la Sainte Ligue. Vainqueur d'Ernst von Mansfeld à Dessau (1626), il soumet toute l'Allemagne du Nord. Avec les duchés de Sagan et de Meklembourg, il reçoit le titre d'« Amiral de la mer Océane et Baltique » (1628), mais doit se retirer en 1630, les princes de la Ligue ayant contraint l'empereur à le congédier (diète de Ratisbonne). La menace suédoise (1631) amène cependant Ferdinand II à le rappeler au commandement de l'armée impériale avec des pouvoirs accrus. Mais, vaincu à Lützen en 1632, Wallenstein adopte une stratégie purement défensive et entame des négociations secrètes avec les protestants. Révoqué par l'empereur pour haute trahison, il est assassiné en 1634.

Wallenstein, trilogie dramatique de Schiller, qui comprend *le Camp de Wallenstein* (1798), *les Piccolomini* (1799), *la Mort de Wallenstein* (1799).

WALLER (Edmund), poète anglais (Coleshill, 1606 - Beaconsfield 1697). Cousin de Cromwell, il complota pour le roi (1643), trahit ses complices, fut exilé, puis devint l'un des favoris de Charles II et Jacques II. Pionnier du style néoclassique (*Poèmes divins,* 1685), il transplanta le goût français en Angleterre.

WALLER (Maurice WARLOMONT, dit **Max**), poète belge de langue française (Bruxelles 1860 - Sint-Gillis 1889). Chef de file du mouvement de la Renaissance belge, il fonda (1881) et dirigea jusqu'à sa mort le journal *la Jeune Belgique.* Un recueil de vers, *la Flûte à Siebel* (1891), et un roman, *Daisy* (1892), parurent après sa mort.

WALLER (Thomas, dit **Fats**), chanteur, organiste, pianiste et compositeur de jazz américain (New York 1904 - Kansas City 1943). Une des plus fortes personnalités du jazz, il est le grand maître du piano stride. Compositeur fécond, chanteur plein de fantaisie et de truculence, il a enregistré *Saint Louis Blues* (1926), *Christopher Colombus* (1936), *Sweet Heartache* (1937), *Go Down Moses* (1938), *Anita* (1939), *Georgia on my Mind* (1941), *Ain't Misbehavin* (1943).

WALLÉRIEN, ENNE adj. (de *Waller,* n. pr.). Se dit d'un type de dégénérescence du bout distal d'une fibre nerveuse, consécutive à une lésion de l'axone ou du corps cellulaire.

WALLERS (59135), comm. du Nord, à 6 km au N. de Denain ; 5 883 hab.

WALLIA († 418), roi des Wisigoths (415-418), successeur d'Athaulf. Il se mit au service de l'empereur Honorius pour libérer l'Espagne des Alains et des Vandales. Puis il s'établit en Aquitaine, où se constitua le royaume wisigoth dit de Toulouse.

WALLIN (Johan Olof), poète et prélat suédois (Stora Tuna, Dalécarlie, 1779 - Uppsala 1839). Archevêque d'Uppsala (1837), chantre de l'âme populaire (*Livre des psaumes,* 1819), il composa aussi des poèmes profanes (*l'Ange de la mort,* 1834).

WALLINGANT, E adj. et n. (de *wallon* et de *flamingant*). Nom donné par leurs adversaires aux Wallons favorables à l'autonomie de la Wallonie ou au rattachement de celle-ci à la France.

WALLIS (John), mathématicien anglais (Ashford 1616 - Oxford 1703). Il a libéré l'arithmétique et l'algèbre de la représentation géométrique et reconnu des notions alors contestées de nombre négatif, irrationnel, de fraction continue, de limite (*Arithmetica infinitorum,* 1655). Il a obtenu un développement de $\pi/2$ en produit infini.

WALLIS (Samuel), navigateur britannique (Cornouailles v. 1728 - Londres 1795). Chargé en 1766 d'une expédition dans le Pacifique, il découvrit plusieurs des îles Tuamotu et Tahiti (1767). Il a donné son nom aux *îles Wallis.*

WALLIS-ET-FUTUNA, territoire français d'outre-mer, dans le Pacifique, au N.-E. des îles Fidji ; 255 km². 13 705 hab. Ch.-l. *Mata-Utu.*
— **Géogr.** Entre 13 et 15° de latitude sud, le territoire comprend deux groupes d'îles : au S.-O., Futuna (64 km²) et Alofi (51 km² ; inhabitée) [appelées « îles de Horn » par le Hollandais Schouten en 1617] ; au N.-E., les îles Wallis (159 km²), avec l'île d'Uvéa et 22 îlots enserrés dans le même récif corallien ; 13 705 hab. pour le territoire. Le climat est humide (de 2,5 à 3 m de pluies par an) mais salubre. Malgré quelques cultures, un peu de pêche, la population est dense et l'émigration vers la Nouvelle-Calédonie est intense (env. 14 000 Wallisiens et Futuniens y vivent). Les envois des émigrés, les subventions de la métropole, la vente des timbres de collection et un peu d'artisanat équilibrent les importations.
— **Hist.** L'archipel, découvert en 1767 par le Britannique Samuel Wallis, devint protectorat français en 1886 et territoire français d'outre-mer en 1959.

WALLON, ONNE [wa-] adj. et n. (lat. médiév. *wallo, -onis,* du frq. **walha,* les Romains). De la Wallonie.
◆ **wallon** n. m. Dialecte de langue d'oïl parlé en Belgique romane et, en France, dans la région de Givet. (Le wallon conserve des traits proches du latin et a fait de nombreux emprunts à l'allemand et au néerlandais.)

WALLON (Henri), historien et homme politique français (Valenciennes 1812 - Paris 1904). Il enseigna à la Sorbonne de 1846 à 1871 et publia des ouvrages historiques, dont une *Histoire de l'esclavage dans les colonies* (1847). Député en 1849, puis en 1871, il proposa un célèbre amendement aux lois constitutionnelles qui établit en droit la république (1875). Ministre de l'Instruction publique et des Cultes (1875-76), il favorisa la coexistence de l'enseignement d'État et des universités catholiques.

WALLON (Henri), psychologue français (Paris 1879 - *id.* 1962), petit-fils du précédent. Il se spécialisa dans la psychologie de l'enfant et enseigna à la Sorbonne, puis au Collège de France. Résistant, il fut député communiste pendant un an à la Libération. Il prépara avec Langevin un projet de réforme de l'enseignement. Il s'est surtout intéressé au développement affectif et intellectuel de l'enfant. Il a écrit *les Origines du caractère chez l'enfant* (1934, 1949), *De l'acte à la pensée* (1942).

WALLONIE ou **RÉGION WALLONNE,** région de la Belgique, de langue française (avec une minorité germanophone d'à peine 70 000 hab.), formée de cinq provinces (Brabant wallon, Hainaut, Liège, Luxembourg et Namur) ; 16 847 km² ; 3 255 711 hab. *(Wallons).* CAP. *Namur.* — La Wallonie s'est affirmée à partir de la fin du XIXe s. comme une entité culturelle dans les régions de Belgique où sont traditionnellement parlés le français et des dialectes romans, principalement le wallon. Elle est devenue une région partiellement autonome (1970), puis l'une des trois Régions de l'État fédéral de Belgique (1993).

Wallonie *(la),* revue littéraire franco-belge (1886-1892), fondée à Liège par le poète Albert Mockel. Prônant le symbolisme naissant, elle compta parmi ses collaborateurs les Belges Verhaeren,

Maeterlinck, Elskamp, etc., et les Français Verlaine, Mallarmé, Barbey d'Aurevilly, Gide et Valéry.

WALLONISME [wa-] n. m. Mot, expression, tournure particulière au dialecte wallon, et qui s'est introduit dans le français parlé en Belgique.

wallonnes *(Société de langue et de littérature),* association fondée à Liège en 1856, qui provoqua l'évolution de la poésie et du théâtre wallons et le développement des études de dialectologie.

Wallops Island, base de lancement américaine, sur la côte est des États-Unis, en Virginie, utilisée pour des tirs de fusées-sondes et pour des lancements de satellites scientifiques légers.

Wall Street, rue de New York, située près de la pointe sud de Manhattan, où se trouvent la Bourse de New York et le centre financier des États-Unis.

Wall Street Journal *(The),* quotidien américain économique et financier créé en 1889 à New York par H. Dow et E. D. Jones.

WALPOLE (Robert), 1er comte **d'Orford,** homme d'État anglais (Houghton, Norfolk, 1676 - Londres 1745). Député whig (1701), secrétaire à la Guerre (1708) puis trésorier de la Marine (1710), il est disgracié lors de la réaction tory. Revenu au pouvoir avec les hanovriens, il devient trésorier-payeur général des armées et chancelier de l'Échiquier (1715-1717). Après avoir triomphé de la faction whig dirigée par Stanhope et Sunderland, il est chargé comme principal ministre, premier lord de la Trésorerie et chancelier de l'Échiquier (1721), de liquider la crise financière. Vainqueur aux élections de 1722, Walpole brise l'opposition des whigs hostiles à sa politique de paix, écartant Carteret (1724) puis son beau-frère Townshend (1730) du pouvoir. S'appuyant sur une majorité favorable grâce à la corruption, il contrôle la vie politique du pays et jette les bases de l'actuel régime parlementaire britannique. En 1737, la reine Caroline, son plus fidèle soutien, meurt, tandis que le prince de Galles prend la tête de l'opposition à Walpole. Dans le même temps, le rapprochement franco-autrichien, le malaise économique et social affaiblissent la position du ministre. L'opposition se regroupe devant sa politique jugée trop pacifiste, et le roi lui-même le force à entrer en guerre contre la France (1740) [→ *guerre de la* SUCCESSION D'AUTRICHE]. Minoritaire dans son propre cabinet, ne disposant aux Communes que d'une faible majorité, il est contraint de démissionner (1742). — Son frère HORACE, 1er baron **Walpole of Wolterton** (Houghton, Norfolk, 1678 - Wickmere 1757), membre whig de la Chambre des communes (1700-1756), fut plénipotentiaire aux Pays-Bas (1715), où il négocia l'alliance franco-anglaise dans le cadre de la Triple-Alliance (1716-17). Secrétaire au Trésor (1721), il fut nommé ambassadeur extraordinaire à Paris (1723-1730), où il travailla à l'affermissement de la Triple-Alliance.

WALPOLE (Horace), comte **d'Orford,** écrivain britannique (Londres 1717 - *id.* 1797), fils du Premier ministre Robert Walpole. Des voyages en France et en Italie avec son ami d'enfance Th. Gray, des désillusions politiques l'amenèrent à l'écriture : il donna un nouveau style à l'histoire (*Doutes historiques sur la vie et le règne de Richard III,* 1760), et fut un des pionniers du roman noir (*le Château d'Otrante,* 1764).

WALPURGIS, WALDBURGA ou **WALBURGE** *(sainte),* religieuse bénédictine anglaise (dans le Wessex v. 710 - Heidenheim 779). La fête de cette sainte abbesse anglaise tombant le 1er mai, une légende se créa qui voulut que la nuit de Walpurgis les sorcières et les démons se donnaient rendez-vous sur le Blocksberg. Goethe a fait mention de cette légende dans *Faust.*

WALRAS (Léon Marie Esprit), économiste français (Évreux 1834 - Clarens, Suisse, 1910). Il obtint en 1870 la chaire d'économie politique à l'université de Lausanne. Il créa l'économie mathématique, contribua à introduire le calcul à la marge, et est considéré, avec son successeur Pareto, comme le chef de l'école de Lausanne. On lui doit notamment : *Éléments d'économie pure* (1874-1877), *Études d'économie sociale* (1896), *Études d'économie politique appliquée* (1898). L'apport de Walras à la science économique de son temps fut considérable.

WALSALL, v. de Grande-Bretagne (West Midlands), au N.-O. de Birmingham ; 179 000 hab. Métallurgie. Chimie.

WALSCHAP (Gerard), écrivain belge d'expression néerlandaise (Londerzeel 1898 - Anvers 1989). Rénovateur du roman d'inspiration catholique *la Famille Roothooft* (1929, 1931, 1933), mais mal accueilli, il rompit avec l'Église (*Sibylle,* 1938) au profit d'un vitalisme matérialiste et d'une vision tolérante (*Houtekiet,* 1939 ; *Alter ego,* 1964).

WALSER (Robert), écrivain suisse d'expression allemande (Bienne 1878 - Herisau 1956). Interné en 1929, il abandonne l'écriture en 1933 et ne sera reconnu comme l'un des plus grands écrivains de Suisse qu'après sa mort. Il se fit pourtant connaître avec trois romans *les Enfants Tanner,* (1907), *le Commis* (1908), *l'Institut Benjamenta* (1909), caractérisés par l'agencement libre d'éléments décousus aboutissant à une prose courte, style qu'il conserva dans *Kleine Dichtungen* (1914) et *la Rose* (1925).

WALSER (Martin), écrivain allemand (Wasserburg, Wurtemberg, 1927). Ses romans (*Quadrille à Philippsbourg,* 1957 ; *Un cheval qui fuit,* 1978 ; *Ressac,* 1982) et son théâtre (*Chêne et lapins angora,* 1962 ; *le Cygne noir,* 1964) dénoncent l'absurdité du monde contemporain.

WALSH (Raoul), cinéaste américain (New York 1887 - Simi Valley, Californie, 1980). Machiniste puis acteur, il signe son premier film comme réalisateur en 1915 et s'impose dans les westerns et les films de guerre et d'aventure : *le Voleur de Bagdad* (1924), *la Piste des géants* (1930), *Gentleman Jim* (1942), *Aventures en Birmanie* (1945), *la Rivière d'argent* (1948), *L'enfer est à lui* (1949), *les Implacables* (1955), *l'Esclave libre* (1957), *les Nus et les Morts* (1958).

WALTARI (Mika), écrivain finlandais (Helsinki 1908 - *id.* 1979), auteur fécond de romans de mœurs (*la Grande Illusion,* 1928), de romans policiers (*Qui a tué Madame Skroof ?,* 1938) et de romans historiques universellement connus (*Sinouhé l'Égyptien,* 1945 ; *l'Ange noir,* 1952).

WALTER (Hubert), en fr. **Hubert Gautier,** prélat et homme d'État anglais († Teynham, Kent, 1205). Archevêque de Canterbury en 1193, chancelier et justicier de Richard Ier et du roi Jean, il sut maintenir l'ordre en Angleterre en l'absence du roi.

WALTER ou **WALTHER** (Johann), compositeur allemand (Kahla, Thuringe, 1496-Torgau 1570). Ami et conseiller musical de Luther, il est l'auteur du plus ancien recueil polyphonique de chants protestants : *Geystlich Gesangk-Buchleyn* (1524).

WALTER (Bruno Walter SCHLESINGER, dit **Bruno**), chef d'orchestre allemand naturalisé américain (Berlin 1876 - Hollywood 1962). Il dirigea les orchestres européens les plus prestigieux (philharmonique de Berlin, Gewandhaus de Leipzig, Concertgebouw d'Amsterdam notamment), avant de s'exiler aux États-Unis. Il fit connaître Bruckner et son ami G. Mahler.

WALTER TYLER → TYLER (Wat).

WALTHER (Johann) → WALTER.

WALTHER (Johann Gottfried), organiste, lexicographe et compositeur allemand (Erfurt 1684 - Weimar 1748). Lié à J. S. Bach, il a laissé des préludes, des fugues, des chorals (dont beaucoup à variations) pour orgue, une messe. Il est aussi connu par son *Musicalisches Lexicon, oder Musicalische Bibliothek* (1732).

WALTHER von der Vogelweide, poète allemand (v. 1170 - Würzburg ? v. 1230). Premier des *minnesänger* à faire de ses poésies une arme politique, il accabla la papauté d'invectives.

WALTON (Izaak), écrivain anglais (Stafford 1593 - Winchester 1683). Auteur d'une *Élégie sur la mort de John Donne* (1633), il est surtout connu pour son traité didactique dialogué du *Parfait Pêcheur à la ligne* (1653).

WALTON (Ernest Thomas Sinton), physicien irlandais (Dungarvan, Waterford, Irlande, 1903 - Belfast 1995). Il a réalisé en 1932, avec Cockcroft, la première transmutation utilisant des protons artificiellement accélérés. (Prix Nobel de physique 1951.)

WALVIS BAY ou **WALFISH BAY,** territoire de la côte de l'Afrique australe, en Namibie, au débouché du chemin de fer de Windhoek ; 1 124 km². 21 700 hab. Le port de *Walvis Bay* est un centre de pêche.

WAMBA († Burgos 688), roi des Wisigoths d'Espagne (672-680). Il réprima une révolte du duc Paul de Nîmes et réorganisa son armée. Il fut détrôné par Ervige.

WAMBRECHIES (59118), comm. du Nord, banlieue nord de Lille ; 8 271 hab. Industries alimentaires et textiles.

WAMPUM [wɔmpœm] n. m. (de l'algonquin *wompi*). Chez les Indiens d'Amérique du Nord, ceinture de perles en nacre de praires et dont la couleur était porteuse d'un message social (deuil, amitié, guerre).

WANDRILLE *(saint),* moine franc († Fontenelle, Normandie, 668), fondateur, en Normandie, de l'abbaye de Fontenelle, qui prit plus tard son nom.

WANDSWORTH, borough de la banlieue S.-O. de Londres, sur la rive droite de la Tamise ; 258 000 hab.

WANG (les Quatre), peintres chinois de la province du Jiangsu, actifs au début du règne des Qing. Ils sont à l'origine d'une orthodoxie picturale nouvelle (Wang Shimin*, Wang Jian [1598-1677], Wang Hui* et Wang Yuanqi*.)

WANG ANSHI ou **WANG NGAN-CHE,** écrivain, poète et homme d'État chinois (prov. du Jiangxi 1021-1086). Chef des réformateurs, il dirige le gouvernement sous les Song du Nord de 1069 à 1085.

WANG CHE-FOU → WANG-SHIFU.

WANG CHE-MIN → WANG SHIMIN.

WANG CHONG ou **WANG TCH'ONG,** philosophe chinois (27 - v. 97 apr. J.-C.). Dans son *Lunheng (la Critique des opinions),* il s'attaque aux superstitions. Précurseur des matérialistes, il affirme que l'âme est mortelle comme le corps.

WANGGŎN († 942), fondateur de la dynastie coréenne Koryo. Gouverneur de Silla, il se proclama roi de la péninsule et donna le nom de Koryo au royaume (935).

WANG HUI ou **WANG HOUEI,** peintre chinois (Changshu, Jiangsu, 1632 - 1717). L'un des « Quatre Wang », qui tente dans ses paysages la synthèse des maîtres Song et Yuan et se caractérise par son génie éclectique.

WANG JINGWEI ou **WANG TSING-WEI,** homme politique chinois (Canton 1884 - Nagoya 1944). Disciple de Sun Yat-sen, il participa à la révolution de 1911. Il s'opposa souvent à Jiang Jieshi et, en accord avec les Japonais, il constitua à Nankin un gouvernement dissident (1940), liquidé dès la fin de l'occupation nippone.

WANG MANG († 23 apr. J.-C.), empereur chinois (9-23). Ministre, il détrôna le dernier empereur des Han occidentaux et fonda une nouvelle dynastie, dont il fut le seul représentant. Il mourut assassiné.

WANG MENG ou **WANG MONG,** peintre chinois (Wuxing, Zhejiang, v. 1308-1385). Dans ses paysages massifs et dynamiques, son trait dense et touffu est animé d'un frémissement intérieur qui confine au baroque.

WANG SHIFU ou **WANG CHE-FOU,** auteur dramatique chinois du XIIIe s. On lui doit la plus célèbre pièce d'amour du théâtre classique chinois : *le Pavillon de l'Ouest.*

WANG SHIMIN ou **WANG CHE-MIN,** peintre chinois (Taicang, Jiangsu, 1592-1680). L'aîné des « Quatre Wang » et disciple de Dong Qichang. La gaucherie, délibérée, de ses paysages denses et de ses lavis se conforme aux « absences d'effet » chères aux lettrés.

WANG TCH'ONG → WANG CHONG.

WANG TSING-WEI → WANG JINGWEI.

WANG WEI, poète et peintre chinois (Taiyuan, Shanxi, 699-759). Bouddhiste fervent et poète illustre qui consacre ses vers à la nature, il est aussi calligraphe et paysagiste. Il passe pour le créateur de la peinture monochrome à l'encre et ses préceptes deviendront l'idéal de tous les peintres lettrés bien qu'aucune œuvre authentique ne subsiste.

WANG YANGMING ou **WANG YANGMING,** dit aussi **Wang Shouren,** philosophe chinois (Yuyao, Zhejiang, 1472 - Nanen, Jiangxi, 1528). Il est surtout connu pour s'être opposé aux enseignements néoconfucéens de Zhu Xi (XIIe s.). Il pense que l'ordre du monde *(li)* n'est pas une réalité extérieure à la conscience. Il privilégie l'intuition, le « sens spontané ».

WANG YUANQI ou **WANG YUAN-K'I,** peintre chinois (Taicang, Jiangsu, 1642-1715). L'un des « Quatre Wang » et petit-fils de Wang Shimin, il s'inspire surtout de Huang Gongwang et de Ni Zan dans des paysages riches d'allusions plastiques mais d'une admirable cohérence.

WAN-HIEN → WANXIAN.

WANKIE → HWANGE.

WANLI ou **WAN-LI,** nom d'ère du 14e empereur de la dynastie Ming, **Zhu Yijun** (1573-1620) [nom posthume **Ming Shenzong**]. Peu intéressé par le gouvernement, il laissa le pouvoir aux eunuques qui furent incapables de gérer sainement les finances de l'État et dressèrent contre eux l'ensemble des fonctionnaires.

WANTZENAU (La) [67610], comm. du Bas-Rhin, au N.-E. de Strasbourg ; 4 401 hab. Caoutchouc.

WANXIAN ou **WAN-HIEN,** port de Chine, sur le haut Yangzi Jiang (Sichuan) ; 180 000 hab. Centre commercial et industriel.

WANZA (*djebel* **El-**) ou **OUENZA** *(djebel),* montagne de l'Algérie orientale ; 1 289 m. Gisement de fer.

WAPISHANAS ou **WAPISIANAS,** Indiens Arawaks d'Amérique du Sud, occupant la zone de savane du sud-ouest de la Guyane, ainsi que le Roraima au Brésil.

WAPITI [wa-] n. m. (de l'algonquin *wapitik*). Grand cerf des plaines d'Amérique du Nord, très proche du cerf européen.

WAPPERS (Gustave), peintre belge (Anvers 1803 - Paris 1874), principal représentant dans son pays de la peinture d'histoire romantique.

WAQF ou **ḤUBUS,** mots ar. signif. *legs pieux* et désignant des biens inaliénables dont l'usufruit est consacré à une institution religieuse ou d'utilité publique. On utilise en français l'expression maghrébine de « biens habous ».

WĀQIDĪ (al-), historien arabe (Médine 747 - Bagdad 823), auteur d'une *Vie du Prophète* (perdue) et d'une *Histoire des campagnes du Prophète* (conservée).

WARANGAL, v. de l'Inde (Āndhra Pradesh), au N.-E. d'Hyderābād ; 336 000 hab. Temple de Hanamkonda, fondé au XIIe s. Textile.

WARBURG (Emil), physicien allemand (Altona 1846 - Grunau, près de Bayreuth, 1931). Il a étudié le rayonnement du corps noir et découvert l'hystérésis magnétique en 1880.

WARBURG (Aby), historien allemand de l'art et de la culture (Hambourg 1866 - *id.* 1929). Scrutant les modalités de l'influence exercée par l'Antiquité classique sur les hommes de la Renaissance, son étude des mentalités lui révéla le rôle des croyances magiques et la fonction du symbolisme. Il créa en 1921 un centre de recherches qui a été transféré à Londres, en 1933, par son assistant Fritz Saxl (*Institut Warburg,* université de Londres).

WARBURG (Otto Heinrich), physiologiste allemand (Fribourg-en-Brigsau 1883 - Berlin 1970). Ses travaux ont été surtout consacrés aux phénomènes d'oxydation au niveau de la cellule. Il a découvert la cytochrome-oxydase et les étapes de l'oxydation dans les chaînes respiratoires. (Prix Nobel de physiologie et de médecine 1931.)

WARD (Mary Augusta ARNOLD, Mrs. **Humphry**), romancière britannique (Hobart, Tasmanie, 1851 - Londres 1920). Elle s'insurgea contre l'évangélisme au profit d'un renouveau chrétien (*Robert Elsmere,* 1888), et s'opposa au vote des femmes (1908).

Ward-Léonard *(commande),* mode de commande de la vitesse et du sens de rotation d'un moteur à courant continu par réglage du courant d'excitation de la génératrice qui l'alimente.

WAREGEM, comm. de Belgique (Flandre-Occidentale), au N.-E. de Courtrai ; 33 100 hab. Centre industriel.

WAREMME, en néerl. **Borgworm,** comm. de Belgique, ch.-l. d'arrond. de la prov. de Liège ; 12 000 hab. Mécanique.

WARENS (Louise Éléonore DE LA TOUR DU PIL, *baronne* DE) [Vevey 1700 - Chambéry 1762]. Amie de J.-J. Rousseau, qui l'a rendue célèbre par ses *Confessions.*

WARGAME [wargɛm] n. m. (angl. *wargame,* jeu de guerre). Jeu de société qui simule des batailles historiques ou imaginaires et dont les règles suivent les principes de la stratégie ou de la tactique.

WARGLA, anc. **Ouargla,** oasis du Sahara algérien, ch.-l. de wilaya, entre le Mzab et le Grand Erg oriental ; 77 400 hab. Centre administratif au cœur d'une palmeraie. Musée scolaire.

WARHOL (Andy), artiste américain d'origine slovaque (Pittsburgh 1929 - New York 1987). Figure majeure du pop art, il a créé, grâce au procédé impersonnel de la sérigraphie, des œuvres fondées sur la répétition d'une même image standardisée, avec permutation des coloris : séries inspirées de la mythologie contemporaine (« Marilyn », 1962 ; « Mao », 1973) ou de la réalité la plus crue (« Electric Chair », 1964-1968). Il a été également l'un des plus célèbres représentants du cinéma underground (*Sleep,* 1963 ; *Empire,* 1964 ; *Chelsea Girls,* 1966). Musée à Pittsburgh.

WARIN (Jean) → VARIN.

WARKA → OUROUK.

WARLEY, agglomération de la banlieue ouest de Birmingham (Grande-Bretagne) ; 163 400 hab. Centre industriel.

WARMIE, en polon. **Warmia,** région du nord-est de la Pologne. Les chevaliers Teutoniques y établirent un évêché (1243), puis cédèrent cette région à la Pologne (1466). Attribuée à la Prusse en 1722, elle fit retour à la Pologne en 1945.

WARNDT (la), région boisée, à l'O. de Forbach. Houille.

WARNEMÜNDE, avant-port de Rostock, sur la Warnow. Station balnéaire sur la Baltique.

Warner Bros, société américaine de production et de distribution de films créée en 1923 par les quatres frères Warner, HARRY (1881-1958), ALBERT (1884-1967), SAMUEL (1888-1927) et JACK (1892-1978), d'origine polonaise. La firme absorba en 1925 la Vitagraph et reprit en 1929 la production de la First National. Elle joua un rôle décisif dans l'avènement du film parlant. La Warner Bros est l'une des cinq grandes firmes cinématographiques d'Hollywood.

WARNING [warniŋ] n. m. (angl. *warning,* avertissement). Syn. de FEUX DE DÉTRESSE*.

War-Office (le) [de *war,* guerre, et *office,* bureau], ministère de la Guerre britannique.

WARRANT [warɑ̃ ou warɑ̃t] n. m. (angl. *warrant,* de l'anc. fr. *warant,* var. dialect. de *garant*). **1.** Billet à ordre qui permet de constituer un gage sur les marchandises qu'il représente. – **2.** Droit de souscription, attaché à une action ou à une obligation, donnant la possibilité de souscrire à un titre du même type ou d'un type différent, pendant une période donnée et à des conditions fixées d'avance.

WARRANTAGE [wa-] n. m. Action de donner un warrant.

WARRANTER [wa-] v. t. (conj. 3). Donner en garantie au moyen d'un warrant.

WARRAUS ou **WARAOS** ou **GUARAOS,** Indiens d'Amérique du Sud, occupant principalement le nord-ouest de la Guyana ainsi que le delta de l'Orénoque.

WARREN, v. des États-Unis (Michigan), agglomération de la banlieue nord de Detroit ; 161 000 hab. Centre industriel.

WARREN (Earl), juriste et homme politique américain (Los Angeles 1891 - Washington 1974). Nommé en 1953 à la tête de la Cour suprême, il fit voter en 1954 un arrêt qui condamnait la ségrégation raciale dans les écoles. Il présida en 1963-64 la commission d'enquête sur l'assassinat du président John Kennedy.

WARREN (Robert Penn), écrivain américain (Guthrie, Kentucky, 1905 - Stratton, Vermont, 1989). Ses romans (*les Fous du roi,* 1946 ; *l'Esclave libre,* 1955 ; *les Rendez-vous de la clairière,* 1971), ses poèmes (*Chief Joseph of the Nez Percés,* 1983), ses essais (*Selected Essays,* 1958) témoignent d'un esprit cosmopolite lié à la réalité de son Sud natal et de son souci de justice sociale (*Segregation,* 1956).

WARRINGTON, v. de Grande-Bretagne, sur la Mersey, fusionnée avec Runcorn ; 205 000 hab. pour l'ensemble. Centre industriel.

WARTA (la), riv. de Pologne, principal affluent de l'Odra (r. dr.) ; 808 km (bassin de 54 000 km^2). Née au centre du plateau de Cracovie-Częstochowa, elle traverse Częstochowa et Poznań. Ses principaux affluents sont la Prosna et le Noteć.

WARTBURG (Walther VON), linguiste suisse (Riedholz, Soleure, 1888 - Bâle 1971). Il est surtout connu pour avoir conçu le projet et dirigé la réalisation du monumental *Französisches etymologisches Wörterbuch (FEW),* en 25 volumes, publié entre 1922 et sa mort.

Wartburg *(château de la),* château construit près d'Eisenach par les landgraves de Thuringe (v. 1070). Élisabeth de Hongrie y vécut à partir de 1211. Luther, mis au ban de l'Empire, y séjourna secrètement en 1521. Il y travailla à la traduction du Nouveau Testament en allemand.

WARTON (Thomas), écrivain britannique (Basingstoke 1728 - Oxford 1790). Son *Histoire de la poésie anglaise depuis la fin du XIe siècle* (1774-1781) annonce la réaction anticlassique et le retour au gothique.

WARWICK, v. de Grande-Bretagne (Warwickshire), au S.-E. de Birmingham, près de l'Avon ; 18 700 hab. Puissant château du XIVe s., aux décors intérieurs des XVIIe-XVIIIe s., et autres monuments.

WARWICK (*comtes* DE) → NEVILLE et DUDLEY.

WARWICKITE [wɔrwikit] n. f. (de *Warwick,* n. pr.). Borotitanate naturel de magnésium et de fer, orthorhombique.

WAS ou **KAWAS,** population môn-khmère du Yunnan, de Birmanie, estimée à 300 000 membres.

WASA → VASA.

WASATCH, chaîne montagneuse de l'ouest des États-Unis, qui traverse l'Utah sur 400 km environ. Ressources minérales. Tourisme et sports d'hiver.

WASH (le), vaste estuaire découpant les côtes anglaises de la mer du Nord, sur les rivages du Lincolnshire et du Norfolk. Il reçoit l'Ouse et le Welland, et découvre, à marée basse, d'immenses étendues de vases.

WASH AND WEAR [waʃɛ̃dwɛr] adj. inv. (amér. *wash and wear,* de *to wash,* laver, et *to wear,* porter). **1.** Se dit des traitements d'apprêts infroissables, pratiqués notamment sur les tissus de coton, qui évitent le repassage après lavage ménager. — **2.** Se dit du tissu lui-même.

WASHINGTON, État du nord-ouest des États-Unis ; 176 500 km^2 ; 4 866 692 hab. Cap. *Olympia.* Se succèdent, d'O. en E., les chaînes côtières, la dépression du Puget Sound, la chaîne des Cascades (plus de 4 000 m) et un vaste plateau intérieur. L'agriculture (blé, pommes, cerises, houblon), la pêche, le bois sont complétés par de puissantes industries : aéronautique (Boeing à Seattle), aluminium.
— **Hist.** Détaché de l'Oregon* en 1853, le territoire devint un État de l'Union en 1889.

WASHINGTON, capitale fédérale des États-Unis, constituant le district de Columbia ; 606 900 hab. (près de 4 millions dans l'agglomération). La ville a été édifiée de 1800 à 1871, selon le plan du major L'Enfant, en damier coupé de diagonales avec le Capitole et la Maison-Blanche comme pôles symboliques. Les fonctions administratives, financières, militaires, intellectuelles et résidentielles prédominent dans l'agglomération, qui déborde le district fédéral.
— **Hist.** En 1791 fut constitué le district fédéral où devait s'établir la capitale des États-Unis. La construction de la ville, selon les plans du français Pierre L'Enfant, s'acheva en 1800. La cité fut incendiée par les Anglais en 1814. À partir de 1878, Washington fut administrée par trois commissaires nommés par l'État. Depuis sept. 1967, la capitale fédérale est administrée par un maire et par un conseil de neuf membres.
— **Bx-arts.** Principaux musées : la NATIONAL GALLERY OF ART, ouverte en 1941, doit son existence au mécénat de collectionneurs privés (Mellon, Kress, etc.) ; elle est riche en œuvres italiennes (peintures du XIIIe au XVIIIe s.), flamandes, hollandaises, espagnoles, françaises (XVIIe-XXe s.), américaines. — la PHILLIPPS COLLECTION possède notamment une collection de peinture française des XIXe et XXe s. — La CORCORAN GALLERY OF ART offre un large panorama de l'art américain. — Le JOSEPH HIRSHHORN MUSEUM est consacré à la peinture et à la sculpture de la fin du XIXe s. à l'époque contemporaine. — La SMITHSONIAN INSTITUTION englobe plusieurs musées et collections (FREER GALLERY : arts d'Extrême-Orient, peinture américaine ; NATIONAL MUSEUM OF AFRICAN ART, ouvert en 1987 : arts d'Afrique noire).

Washington *(accord de)* ou **Oslo** *(accord d')* [13 sept. 1993], accord israélo-palestinien conclu après la reconnaissance mutuelle d'Israël et de l'O. L. P. Les deux parties souscrivent à la déclaration de principe sur des arrangements intérimaires d'autonomie s'appliquant à une période de cinq ans, au terme de laquelle doit entrer en vigueur le statut définitif, préalablement négocié, des territoires occupés. Il concerne dans un premier temps, la bande de Gaza et la zone de Jéricho, y prévoyant l'instauration d'un régime d'autonomie administrative et le retrait de l'armée israélienne, à l'exclusion des colonies de peuplement.

Washington *(conférence de)* [12 nov. 1921-6 févr. 1922], conférence qui se tint à Washington et qui réunit les États-Unis, la Grande-Bretagne, le Japon, la France, l'Italie, la Belgique, les Pays-Bas, le Portugal et la Chine. Trois traités réglèrent respectivement les questions d'Extrême-Orient, du Pacifique et de la limitation des armements navals. Ce dernier traité, qui consacrait l'égalité des flottes anglaise et américaine, resta en vigueur jusqu'à la conférence de Londres en 1936, où l'Italie et le Japon reprirent leur liberté en matière d'armements navals.

WASHINGTON *(mont),* sommet du nord-est des États-Unis, dans le New Hampshire ; 1 918 m. Observatoire météorologique.

WASHINGTON (George), général et homme d'État américain (comté de Westmoreland 1732 - Mount Vernon 1799), premier président des États-Unis (1789-1797). Propriétaire d'un grand domaine en Virginie, officier de la milice, il est durant la guerre de Sept Ans commandant en chef des troupes de Virginie, jusqu'à la victoire de Fort Duquesne (1755-1758). D'opinion modérée, il s'élève cependant contre les abus de la puissance coloniale ; il est envoyé par la Convention de Virginie aux 1er et 2e Congrès de Philadelphie (1774 et 1775), où il prend position en faveur de l'indépendance. Commandant en chef en 1775, il chasse les Anglais de Boston (1776) mais subit de nombreux revers et défend le principe de l'alliance avec la France, conclue en 1778. En 1781, avec Rochambeau, il obtient à Yorktown la capitulation de Cornwallis, qui met fin à la guerre d'Indépendance. Retiré en 1783, il est de nouveau délégué par la Virginie à la Convention de Philadelphie (1787) et, élu président de l'Assemblée, favorise le vote de la Constitution des États-Unis. Élu président de la Fédération (1789) et réélu en 1792, il soutient la politique de Hamilton, secrétaire au Trésor, dont les mesures visent à renforcer l'indépendance des États-Unis ; il se heurte ainsi à l'opposition des partisans de Jefferson. À l'extérieur, Washington proclame la neutralité des États-Unis en 1793. Il refusera de briguer un troisième mandat en 1797.

Washington Post *(The),* quotidien américain créé à Washington en 1877 par S. Hutchins. Journal de tradition libérale, il a joué un rôle déterminant dans l'affaire du Watergate* grâce à son enquête menée par Bob Woodward et Carl Bernstein.

WASHINGTONIA [waʃintɔnja] n. m. (de *Washington,* n. pr.). Grand palmier ornemental, originaire du sud de la Californie, et qui vit facilement sur la Côte d'Azur.

WASHOUGANNI, capitale du Mitanni. Elle n'a pas encore été retrouvée ; elle était située dans le bassin du haut Khābūr.

WASH-PRIMER [waʃprimər] n. m. inv. (mot angl.). Syn. de PEINTURE PRIMAIRE RÉACTIVE*.

WĀSIṬĪ (Yaḥyā ibn Maḥmūd, dit **al-**), peintre et calligraphe arabe du XIIIe s., originaire de Wāsiṭ, au S. de l'Iraq. On lui doit notamment la copie et l'illustration d'un célèbre manuscrit de Ḥarīrī (B. N. F., Paris).

WASP adj. et n. inv. (abrév. de *White,* blanc, *Anglo-Saxon,* et *Protestant*). Nom donné, aux États-Unis, aux citoyens de race blanche, d'origine anglo-saxonne et de religion protestante, constituant les couches dirigeantes du pays.

WASQUEHAL (59290), comm. du Nord, entre Lille et Roubaix ; 18 067 hab. *(Wasquehaliens).* Industries textiles et chimiques.

WASSELONNE (67310), ch.-l. de cant. du Bas-Rhin, dans les collines sous-vosgiennes ; 4 923 hab. *(Wasselonnais).* Maisons anciennes. Carrières de grès rose.

WASSERBILLIG, port fluvial du Luxembourg, sur la Moselle ; 2 850 hab. Centre touristique. Chimie. Céramique.

WASSERMANN (August VON), médecin allemand (Bamberg 1866 - Berlin 1925). Il a mis au point une réaction sérologique permettant de déceler l'existence de la syphilis.

Wassermann *(réaction de),* autre nom de la RÉACTION DE BORDET-WASSERMANN et, par extension, ensemble des réactions sérologiques appliquées au diagnostic de la syphilis, ou à l'observation de son évolution au cours du traitement. (Abrév. B. W.)

WASSERMANN (Jakob), écrivain allemand (Fürth 1873 - Altaussee, Styrie, 1934). Juif, il s'interrogea sur son identité culturelle (*Ma carrière de Juif et d'Allemand,* 1921), évoquant dans ses romans les opprimés (*l'Homme aux oies,* 1915) qui espèrent dans la justice (*Etzel Andergast,* 1931).

WASSIGNY (02630), ch.-l. de cant. de l'Aisne, aux confins du Cambrésis et du Hainaut ; 1 046 hab.

WASSINGUE [vasɛ̃g] n. f. (mot picard, du flam. *wassching,* lavage). Dans le nord de la France, syn. de SERPILLIÈRE.

WASSY (52130), ch.-l. de cant. de la Haute-Marne, aux confins du Barrois et de la Champagne humide ; 3 566 hab. *(Vasséens).* Église en partie romane. Fonderie.

Wassy *(massacre de)* [1er mars 1562], massacre de protestants qui eut lieu à Wassy. Assemblés dans une grange pour y célébrer leur culte, les protestants furent assaillis par les gens du duc François de Guise. Ce fut le prélude à la première guerre de Religion.

WAST (Gustavo Martínez ZUVIRÍA, dit **Hugo**), écrivain et homme politique argentin (Córdoba 1883 - Buenos Aires 1962), auteur de romans de mœurs provinciales (*Ce que Dieu a uni,* 1945), de romans historiques et de romans d'aventures.

WASTRINGUE [wa-] n. m. (p.-ê. var. de *bastringue*). Outil dérivant de la plane et du rabot.

WAT (Aleksander), écrivain polonais (Varsovie 1900 - Paris 1967). Poète futuriste et nouvelliste engagé (*Lucifer en chômage,* 1927), arrêté puis détenu en U. R. S. S. de 1940 à 1946, il passa en 1958 à l'Ouest, où il poursuivit son objectif : appréhender les contradictions de notre époque (*Lumière obscure,* 1968).

WATELET (Claude Henri), collectionneur, artiste amateur et écrivain français (Paris 1718 - *id.* 1786). Peintre, sculpteur et surtout graveur, il a collaboré à l'*Encyclopédie,* a écrit notamment un *Essai sur les jardins* (1774) et un *Dictionnaire des arts* (publié en 1788 et 1792). [Acad. fr., 1761.]

WATERBURY, v. des États-Unis (Connecticut), 103 300 hab.

WATER-CLOSET [watɛrklɔzɛt] n. m. (pl. *water-closets*) [angl. *water-closet,* de *water,* eau, et *closet,* cabinet). Syn. vx de WATERS. (Abrév. W.-C.)

WATER-FLOODING [watɛrflɔdiŋ] n. m. (angl. *water,* eau, et *flooding,* inondation). Injection d'eau dans un gisement pour améliorer la récupération des hydrocarbures.

WATERFORD, en gaél. **Port Láirge,** v. de la République d'Irlande (prov. de Munster), sur l'estuaire du Suir ; 38 000 hab. Évêchés catholique et protestant. Monuments médiévaux et du XVIIIe s. Port et centre industriel.

WATERGANG [watɛrgɑ̃g] n. m. (moyen néerl. *watergang,* de *water,* eau, et *gang,* voie). Fossé ou canal qui borde un chemin ou un polder, aux Pays-Bas.

Watergate *(scandale du),* affaire d'espionnage politique américaine. Pendant la campagne pour les élections présidentielles, cinq hommes sont arrêtés en train d'« inspecter » dans les locaux du parti démocrate, l'immeuble Watergate à Washington. Ils sont condamnés (juin 1972). Les enquêtes du *Washington Post* conduiront à l'inculpation de cinq collaborateurs de Nixon, puis à la création, en févr. 1973, d'une commission d'enquête sénatoriale. Accusé d'avoir entravé l'action de la justice, Nixon sera contraint de démissionner (août 1974).

WATERINGUE [watrɛ̃g] n. f. (moyen néerl. *wateringe,* de *water,* eau). Ensemble des travaux de dessèchement des pays situés au-dessous du niveau de la mer, dans le nord-ouest de la France, en Belgique et aux Pays-Bas.

WATER-JACKET [watɛrdʒakɛt] n. m. (pl. *water-jackets*) [angl. *water-jacket*]. Syn. de JACKET.

WATERLOO, comm. de Belgique (Brabant), au S. de Bruxelles ; 24 940 hab. Musée Wellington. — Aux environs, monuments commémoratifs divers de la bataille de Waterloo.

Waterloo *(bataille de)* [18 juin 1815], bataille perdue par Napoléon Ier devant les Anglais et les Prussiens. Afin d'empêcher Wellington de secourir Blücher, Napoléon envoya contre lui Ney, qui, trop lent, ne put empêcher les Anglais de se replier sur le plateau de Mont-Saint-Jean, au S. du village de Waterloo. Napoléon, qui de son côté avait battu mais non écrasé les Prussiens de Blücher, chargea Grouchy de poursuivre ceux-ci. La pluie diluvienne ayant empêché l'Empereur d'attaquer le 17, la bataille s'engagea le lendemain vers midi. Napoléon ne put déloger Wellington. Les troupes françaises, découragées par cet échec et par l'arrivée de Blücher alors qu'elles attendaient Grouchy, durent reculer. Seule la Vieille Garde forma les carrés pour protéger la retraite française. Le désastre allait provoquer la chute de l'Empereur.

WATERMAEL-BOITSFORT, en néerl. **Watermaal-Bosvoorde,** comm. de Belgique (Bruxelles-Capitale), banlieue S.-E. de Bruxelles ; 25 700 hab. Centre résidentiel et industriel. Hippodrome.

WATER-POLO [watɛrpolo] n. m. (pl. *water-polos*) [mot angl., de *water,* eau, et *polo,* polo]. Sport en milieu aquatique, opposant deux équipes de 7 joueurs et consistant à faire pénétrer un ballon dans les buts adverses.

ENCYCL. L'aire du jeu a une longueur variant entre 20 et 30 m, une largeur de 8 à 20 m. Une rencontre se déroule en quatre quart-temps de cinq minutes de jeu effectif, entrecoupés de périodes de repos de 2 minutes au cours desquelles les équipes changent de camp.

WATERPROOF [watɛrpruf] adj. inv. (mot angl., de *water,* eau, et *proof,* à l'épreuve de). Se dit d'objets (en partic. de montres) qui sont garantis étanches.

WATERS [watɛr] n. m. pl. (forme abrégée de *water-closets*). **1.** Local aménagé pour la satisfaction des besoins naturels ; toilettes. (Syn. W.-C.) — **2.** Syn. de W.-C. (installation). [En ce sens, on emploie aussi le sing. WATER.]

WATERS (McKinley Morganfield, dit **Muddy**), guitariste et chanteur de blues américain (Rolling Fork, Mississippi, 1915 - Chicago 1983). Il symbolise le passage du blues rural du sud des États-Unis au blues moderne, électrique et urbain. Au sein de ses orchestres successifs s'est formée l'élite des musiciens de l'époque : Little Walter, Big Walter, Horton (harmonica), Otis Spann (piano), Jimmy Rogers, Pat Hare (guitare).

WATERZOI [watɛrzɔj] n. m. (flam. *water-zooi,* eau qui bout). Plat composé de tronçons de poissons d'eau douce ou de morceaux de poulet cuits dans un bouillon et servis avec celui-ci accompagnés de crème fraîche. (Spécialité belge.)

WATLING *(île)* → SAN SALVADOR.

WATSON (Thomas), poète anglais (Londres v. 1557 - *id.* 1592). Pétrarquiste, il inventa le « sonnet » de 18 vers (*Hecatompathia, or Passionate Century of Love,* 1582).

WATSON (*sir* William), poète britannique (Burley in Wharfedale, Yorkshire, 1858 - Ditchling, Sussex, 1935). Il célébra à la fois Tennyson (*Lachrymae Musarum,* 1892) et les souffrances des Arméniens (*The Purple East,* 1896). Un parnassien qui fait de l'histoire un monument (*Lyric Love,* 1892).

WATSON (Thomas John), industriel américain (Campbell, New York, 1874 - New York 1956). En 1914, il prit la direction de la société fondée par H. Hollerith pour fabriquer des machines à cartes perforées et en fit la société qui devint IBM*.

WATSON (John Broadus), psychologue américain (Greenville, Caroline du Sud, 1878 - New York 1958). Il a été le principal théoricien du béhaviorisme : la psychologie ne peut être fondée que sur le comportement. Il a écrit notamment *Behavior* (1914) et *Behaviorism* (1925).

WATSON (James Dewey), biologiste américain (Chicago 1928). Ensemble, Watson, Wilkins* et Crick* précisèrent en 1953 la structure de l'A. D. N. En 1962, le prix Nobel de médecine et physiologie a consacré leur œuvre.

WATSON (Ian), écrivain britannique (North Shields, Tyne and Wear, 1943), un des meilleurs représentants des romans de science-fiction (*l'Enchâssement,* 1973 ; *Ambassade de l'espace,* 1977 ; *le Voyage de Tchekhov,* 1983), au carrefour de la science et de la métaphysique.

WATSONIA [wat-] n. m. Iridacée bulbeuse de l'Afrique du Sud, aux fleurs pourpres ou roses disposées comme celles des glaïeuls et dont plusieurs espèces sont cultivées dans le midi de la France.

WATSON-WATT (*sir* Robert Alexander), physicien écossais (Brechin, Angus, 1892 - Inverness 1973). Il conçut un système de détection et de mesure de distance d'un obstacle au moyen d'ondes radioélectriques, et installa en 1937 sur les côtes anglaises une chaîne de « radars ».

WATSON-WENTWORTH (Charles) → ROCKINGHAM *(marquis de).*

WATT [watt] n. m. (de J. *Watt,* n. pr.). **1.** Unité SI de puissance (symb. W), équivalant au transfert uniforme d'une énergie de 1 joule par seconde. — **2.** *Watt par mètre-kelvin,* unité SI de conductivité thermique [symb. W(m . k)], équivalant à la conductivité thermique d'un corps homogène isotrope dans lequel une différence de température de 1 kelvin produit entre deux plans parallèles, ayant une aire de 1 mètre carré et distants de 1 mètre, un flux thermique de 1 watt. ‖ *Watt par stéradian,* unité SI d'intensité énergétique (symb. Wsr), équivalant à l'intensité énergétique d'une source ponctuelle uniforme qui émet un flux énergétique de 1 watt dans un angle solide de 1 stéradian ayant son sommet sur la source.

WATT (James), ingénieur et mécanicien écossais (Greenock 1736 - Heathfield, près de Birmingham, 1819). Fabricant d'instruments de précision de l'université de Glasgow, il fut chargé en 1763 de réparer un modèle réduit de la machine de Newcomen. Ce fut le point de départ des réflexions qui l'amenèrent à imaginer le condenseur et d'autres perfectionnements, le tout faisant l'objet d'un brevet pris en 1769 mais qu'une loi spéciale fera durer jusqu'en 1800. Toutefois, la production industrielle des machines ne commença qu'en 1776, grâce à l'association avec Boulton. Après 1780, Watt appliqua le double effet, qui permit d'obtenir un mouvement de rotation, ainsi que le régulateur centrifuge, un des premiers exemples de système à rétroaction appliqués dans l'industrie.

WAṬṬĀSIDES, dynastie marocaine qui régna sur le Maroc de 1472 à 1554 après avoir supplanté les Marīnides. Elle eut à lutter contre les Portugais établis sur le littoral, puis fut éliminée par les Sa'diens.

WATTÉ, E [wate] adj. *Courant watté,* syn. impropre de COURANT ACTIF*.

WATTEAU (Antoine), peintre français (Valenciennes 1684 - Nogent-sur-Marne 1721). Il se forme dans l'atelier de Claude Gillot, qui lui donne le goût du dessin et de la comédie italienne, puis chez Claude III Audran. Mais sa fréquentation des collections des marchands d'estampes et la découverte de Rubens et des Vénitiens influencent un style en rupture avec l'académisme du XVIIe s. Après des toiles d'inspiration militaire peintes à Valenciennes, il développe, dans l'ambiance d'une société raffinée, son art des scènes de comédie et surtout des « fêtes galantes » (*Pèlerinage à l'île de Cythère**, 1717, Louvre), genre nouveau qui assure sa célébrité. Dans des paysages qui tiennent à la fois du décor et du cadre naturel, il offre une évasion vers un univers poétique évoqué, avec une extrême sensibilité, par une lumière vaporeuse et des tons dorés ; à l'« illusion comique » se superpose une mélancolie que symbolise le *Gilles* (ou *Pierrot,* Louvre), un des derniers chefs-d'œuvre — avec *l'Enseigne* de Gersaint,* 1720 — d'une carrière brève, mais brillante, qu'illustre encore une admirable production dessinée. L'amateur J. de Jullienne a fait graver l'ensemble de son œuvre en deux recueils. — Watteau eut peu d'émules (Lancret, Pater), mais de nombreux plagiaires. Son neveu LOUIS JOSEPH (Valenciennes 1731 - Lille 1798) ainsi que le fils de ce dernier, FRANÇOIS LOUIS JOSEPH (Valenciennes 1758 - Lille 1823), furent également peintres, connus sous le nom des *Watteau de Lille.*

WATTHEURE [wat-] n. m. Unité de travail ou d'énergie (symb. Wh), représentant le travail d'une machine d'une puissance de 1 watt pendant 1 heure. (1 Wh vaut 3 600 J.)

WATTHEUREMÈTRE [wat-] n. m. Compteur d'énergie active fournie à un circuit.

WATTIGNIES (59139), comm. du Nord, à 8 km au S. de Lille ; 14 636 hab. *(Wattigniens).* Industrie alimentaire.

WATTIGNIES-LA-VICTOIRE (59680), comm. du Nord, à 13 km au N.-E. d'Avesnes-sur-Helpe ; 226 hab. — Victoire de Jourdan, assisté de Carnot, sur les Autrichiens de Frédéric de Saxe-Cobourg (16 oct. 1793).

WATTMAN [watman] n. m. (pl. *wattmen*) [de *watt* et angl. *man,* homme]. *Vx.* Conducteur de tramway électrique.

WATTMÈTRE [wat-] n. m. Instrument destiné à la mesure de la puissance électrique active consommée dans un circuit.

WATTRELOS (59150), comm. du Nord, sur la frontière belge ; 43 784 hab. *(Wattrelosiens).* Industries textiles et mécaniques (électroménager).

WATTS (George Frederic), peintre et sculpteur britannique (Londres 1817 - Compton, Surrey, 1904). Apprécié pour ses portraits, il dut également son succès à l'exécution d'allégories didactiques où se décèle son goût pour un symbolisme chargé de spiritualité (*l'Espérance,* 1885, Tate Gallery).

WAT TYLER → TYLER.

WAUGH (Evelyn), romancier britannique (Londres 1903 - Combe Florey, près de Taunton, 1966). Journaliste, correspondant de guerre (*Waugh in Abyssinia,* 1936), historien des satires (*Diablerie,* 1932 ; *l'Épreuve de Gilbert Pinfold,* 1957), il égratigna le monde contemporain dans ses romans (*Scoop,* 1938 ; *la Capitulation,* 1961).

WAVELL (Archibald Percival, 1er *comte*), maréchal britannique (Colchester, Essex, 1883 - Londres 1950). Après avoir participé à la guerre des Boers (1900) puis à la Première Guerre mondiale, notamment en Palestine (1918), il commanda en 1939 les troupes du Moyen-Orient. Il ne put empêcher en 1940 l'avance initiale des troupes de Graziani, mais réussit en 1941 à chasser l'ennemi des frontières égyptiennes et à occuper Bardia, Tobrouk et Benghazi. Nommé commandant en chef en Inde en juill. 1941, il lutta contre les Japonais en Malaisie et en Birmanie. Il fut vice-roi des Indes de 1943 à 1947.

WAVELLITE [wa-] n. f. (de W. *Wavell,* n. pr.). Phosphate hydraté naturel d'aluminium, orthorhombique, qui tapisse les fentes de certaines roches schisteuses.

Waverley, premier roman historique de Walter Scott (1814) : la tentative de restauration jacobite de 1745.

WAVRE, en néerl. **Waver,** v. de Belgique, ch.-l. du Brabant wallon ; au S.-E. de Bruxelles ; 25 000 hab. Église des XVe-XVIIe s. Centre résidentiel. Hôpital spécialisé.

WAVRIN (59136), comm. du Nord, au S.-O. de Lille ; 7 486 hab. *(Wavrinois).*

WA-WA ou **WAH-WAH** adj. inv. (onomat.). Se dit d'une sourdine permettant au trombone ou à la trompette un certain effet acoustique (la vocalisation du son) ; se dit de cet effet lui-même.

WAX n. m. (angl. *wax,* cire). En Afrique noire, tissu de coton imprimé de qualité supérieure.

WAYANG [wajɑ̃g] n. m. Nom donné, à Java, aux différentes formes de représentations théâtrales. (Les plus importants sont le *wayang kulit,* théâtre d'ombres pratiqué avec des marionnettes en cuir de buffle découpées à l'emporte-pièces, et le *wayang golek,* pratiqué avec des marionnettes de bois sculptées en ronde bosse.)

WAYNE (Marion Michael MORRISON, dit **John**), acteur de cinéma américain (Wintersert, Iowa, 1907 - Hollywood 1979). L'un des acteurs les plus populaires du western, il a tourné notamment sous la direction de Walsh (*la Piste des géants,* 1930), John Ford (*la Chevauchée fantastique,* 1939, *Rio Grande,* 1950, *l'Homme tranquille,* 1952, et *l'Homme qui tua Liberty Valance,* 1962), Hawks (*la Rivière rouge,* 1948, *Rio Bravo,* 1958, *El Dorado,* 1966, *Rio Lobo,* 1970) et Hathaway (*le Grand Sam,* 1959, *Cent Dollars pour un shérif,* 1969). En 1959, il a réalisé un film (qu'il interprétait également), *Alamo.*

WAZIERS (59119), comm. du Nord, banlieue N.-E. de Douai ; 8 862 hab. *(Waziérois).* Industrie chimique.

WAZIRISTĀN, région montagneuse du Pākistān, située aux confins de l'Afghānistān, entre la Kurram et le Gumāl.

WAZYK (Adam), poète polonais (Varsovie 1905 - *id.* 1982). Poète attaché à des recherches formelles (*les Yeux et la Bouche,* 1926), qu'il transposa en prose (*l'Homme en habit gris,* 1930), il revint à une forme plus classique. Chef de file du réalisme socialiste, il rompit avec le communisme (*Poème pour adultes,* 1956) et se mit à observer le monde (*le Labyrinthe,* 1961 ; *les Événements,* 1977). Il fut aussi essayiste (*De Rimbaud à Eluard,* 1965), et théoricien (*Question de goût,* 1966 ; *l'Histoire drôle de l'avant-garde,* 1976).

Wb, symbole du *weber.*

W.-C. [dubləvese ou vese] n. m. (abrév. de *water-closet*). Installation comprenant un siège, une chasse d'eau et destinée à la satisfaction des besoins naturels.
◆ n. m. pl. Syn. de WATERS : *Aller aux W.-C.*

WEALD, région du sud-est de l'Angleterre, au S. de Londres, entre les North Downs et les South Downs (Surrey, Kent et Sussex). Le Weald est une « boutonnière » analogue à celles du Boulonnais et du pays de Bray, en France. Les collines du Weald, boisées, proches de Londres, en font une région de villégiature. L'élevage, les cultures céréalières, l'horticulture alimentent le bassin londonien.

WEALDIEN [wɛldjɛ̃] n. m. (de *Weald,* n. pr.). Faciès continental de la base du système crétacé, faisant suite au faciès purbeckien de la fin du système jurassique.

WEAVER (John), danseur et chorégraphe anglais (Shrewsbury 1673 - *id.* 1760). Véritable créateur de la pantomime et du ballet anglais, il fut également le premier théoricien de la danse en Angleterre, où il poursuivit les mêmes buts que Noverre, Hilferding et Angiolini. Sous le titre d'*Orchesography,* il a publié à Londres, en 1706, la première traduction de la *Chorégraphie* de Feuillet, éditée en France en 1700. Le premier, il entrevit l'importance de l'anatomie humaine dans la danse (*Anatomical and Mechanical Lectures upon Dancing,* 1721).

WEAVER (Warren), mathématicien américain (Reedsburg, Wisconsin, 1894 - New Milford 1978). Il fit connaître la théorie mathématique de la communication de Shannon (1949) et élargit son objet à la communication sociale.

Web ou **WWW** (sigle de l'angl. *World Wide Web,* toile d'araignée mondiale). Système hypermédia le plus utilisé sur le réseau Internet.

WEBB (Philip Speakman), architecte et décorateur britannique (Oxford 1831 - Worth, Sussex, 1915). Ami de W. Morris, surtout constructeur de maisons, il fut, avec R. N. Shaw, le meilleur représentant du *domestic revival* anglais (retour aux traditions nationales gothique et classique).

WEBB (Sidney), baron **Passfield,** socialiste et économiste britannique (Londres 1859 - Liphook, Hampshire, 1947). Partisan d'un socialisme évolutionniste, il fut l'un des fondateurs de la Fabian* Society (1884). Professeur à l'École londonienne d'économie et de science politique (1912-1927), fondateur de l'hebdomadaire *The New Statesman* (1913), il marqua profondément le mouvement travailliste. Élu député en 1922, il participa aux deux gouvernements MacDonald (1924 et 1929-1931). — Il avait épousé en 1892 BEATRICE **Potter,** socialiste et sociologue britannique (près de Gloucester 1858 - Liphook 1943), qui collabora pendant plus de cinquante ans à ses travaux. Ils ont notamment publié : *History of Trade Unionism* (1894) et *English Local Government* (10 vol., 1906-1929).

WEBB (Mary Gladys), romancière britannique (Leighton-under-the-Wrekin, Shropshire, 1881 - Saint Leonards, Sussex, 1927), auteur de récits régionalistes dans la tradition de Thomas Hardy (*la Renarde,* 1917 ; *Sarn,* 1924).

WEBER [vebɛr] n. m. (de W. E. *Weber,* n. pr.). Unité SI de flux d'induction magnétique (symb. Wb), équivalant au flux magnétique qui, traversant un circuit d'une seule spire, y produit une force électromotrice de 1 volt si on l'annule en 1 seconde par décroissance uniforme.

WEBER (Carl Maria VON), compositeur allemand (Eutin 1786 - Londres 1826). Également doué pour les arts plastiques et la littérature, il débute dans la vie musicale en devenant chef d'orchestre du théâtre de Breslau (1804-1806). Il est ensuite à Stuttgart, à Prague, où il dirige le Ständetheater de 1813 à 1816, puis à Dresde, où il dirige le nouvel Opéra allemand. Après son mariage avec la cantatrice Caroline Brandt (1817), il séjournera à Berlin, où *le Freischütz* (1821) et *Euryanthe* (1823) seront créés, puis en Angleterre, où son dernier opéra, *Oberon,* triomphera en 1826. Ses ouvertures (*Jubel-Ouvertüre,* 1819), ses pièces romantiques (*l'Invitation à la valse,* pour piano, 1819) et sa musique de scène pour *Preciosa* (1821) lui valent de grands succès. Weber a créé le grand opéra romantique allemand. Sa musique de chambre est de qualité (*Grand Duo concertant,* pour clarinette et piano, *Divertimento,* pour piano et guitare, *Trio et Quatuor* avec piano, *Quintette,* pour clarinette et cordes).

WEBER (Ernst Heinrich), physiologiste et anatomiste allemand (Wittenberg 1795 - Leipzig 1878). Il a énoncé une loi sur les sensations, avec Fechner, dite lois de Fechner et de Weber.

WEBER (Wilhelm Eduard), physicien allemand (Wittenberg 1804 - Göttingen 1891), frère de E. H. Weber. Il réalisa avec Gauss, en 1833, un télégraphe électrique, puis donna en 1846 la loi fondamentale concernant les forces exercées par les particules électrisées en mouvement. Avec. R. Kohlrausch, il mesura le rapport des unités électrostatiques et électromagnétiques, rapport sensiblement égal à la vitesse de la lumière. De ce calcul devait naître la théorie électromagnétique de la lumière.

WEBER (Max), économiste, sociologue et philosophe allemand (Erfurt 1864 - Munich 1920). Professeur jusqu'en 1903, il publie en 1901 un article qui fera date : « l'Éthique protestante et l'esprit du capitalisme » ; mais son œuvre la plus importante est *Économie et Société,* publiée après sa mort (1922). Son idée essentielle repose sur la séparation du monde de l'action et du monde de la pensée. Pour lui, le monde politique est une lutte sans merci entre deux modèles de fonctionnement : la morale de la conviction, forme d'idéalisme, et la morale de la responsabilité, où apparaît le lien avec l'action. La sociologie est une science de la compréhension : elle décrit par exemple l'opposition du savant et du politique. Weber a été le principal responsable de la rédaction de la Constitution de Weimar.

WEBERN (Anton VON), compositeur autrichien (Vienne 1883 - Mittersill 1945). Il étudia la composition avec Schönberg (1904-1907). Il occupa divers postes de chef d'orchestre avant d'être directeur des Wiener Arbeiter-Symphoniekonzerte (1922-1934). Sa musique fut interdite après l'Anschluss. Ses premières œuvres se rattachent à l'esthétique de Brahms et Mahler. Après avoir quitté le système tonal, il travaille sur des formes sans développement (6 *Bagatelles,* pour quatuor à cordes, 1913 ; 5 *Pièces* pour orchestre 1913), puis s'intéresse à la voix soliste, au chœur, en une suite de lieder et de canons. Il se forge un style personnel dans le *Trio à cordes* (1927) suivi de la *Symphonie de chambre* (1928), du *Quatuor avec saxophone* (1930), des 3 *Lieder de « Viae inviae »* (1934) et du *Concerto pour neuf instruments* (1934). Dans les *Variations pour piano* (1936), le *Quatuor à cordes* (1938) et les *Variations pour orchestre* (1940), il marie la variation, le contrepoint, le sérialisme. Il compose enfin trois œuvres remarquables avec chœur : *Das Augenlicht* (1935), *Première Cantate* (1939), *Deuxième Cantate* (1943), sur des textes de Hildegard Jone.

WEBSTER (John), auteur dramatique anglais (Londres v. 1580 - *id.* v. 1625). Le réalisme de ses pièces en fait un des dramaturges les plus vigoureux du théâtre élisabéthain : *le Démon blanc* (1612), *la Duchesse de Malfi* (1614).

WEBSTER (Noah), publiciste, grammairien et lexicographe américain (West Hartford, Connecticut, 1758 - New Haven 1843). Il publie en 1783, à l'intention des écoles américaines, *The American Spelling Book,* dont le succès considérable ne s'est jamais démenti. Il est aussi l'auteur de l'*American Dictionary of the English Language* (1828), toujours mis à jour et réédité depuis lors.

WEBSTÉRITE n. f. Roche constituée d'ortho- et de clinopyroxène.

Wechsler Adult Intelligence Scale ⟶ WAIS.

Wechsler Intelligence Scale for Children ⟶ WISC.

WEDDELL *(mer de),* mer bordière de l'océan Austral entre la terre de Coats (Antarctique oriental), la péninsule antarctique et les segments méridionaux de l'arc de la Scotia (Shetland, Orcades et Sandwich du Sud), presque entièrement couverte par la banquise.

WEDDELL (James), marin britannique (Ostende 1787 - Londres 1834). Il découvrit les Orcades du Sud (1822) et pénétra en direction du pôle dans une mer libre de glaces qui porte aujourd'hui son nom.

WEDEKIND (Frank), auteur dramatique allemand (Hanovre 1864 - Munich 1918). Son œuvre qui mêle le sublime au grotesque est une des plus caractéristiques incarnations de l'expressionnisme au théâtre (*l'Esprit de la terre,* 1895 ; *la Boîte de Pandore,* 1902).

WEDGWOOD (Josiah), céramiste et industriel britannique (Burslem, Staffordshire, 1730 - *id.* 1795). En 1759, il fonda un premier atelier où il fabriqua des grès vernis au sel et des faïences fines. Son succès l'amena à créer en 1768, près de Burslem, la célèbre manufacture « Etruria », où il produisit des modèles de style néoclassique. Son nom est attaché à des grès fins et mats ornés de bas-reliefs à l'antique se détachant en blanc sur un fond coloré appelés « jasperware ».

WEEDER [widər] n. m. (angl. *weeder,* sarcleuse). Herse légère servant à préparer les lits de semence.

WEEGEE (Arthur Fellig, dit), photographe américain d'origine polonaise (Złoczew, près de Łódź, 1899 - New York 1968). Toujours à l'affût, travaillant de concert avec la police de New York, il capte l'instant sordide ou le fait divers dramatique.

WEEK-END [wikɛnd] n. m. (pl. *week-ends*) [mot angl., de *week,* semaine, et *end,* fin]. **1.** Congé de fin de semaine, comprenant généralement l'après-midi du samedi, ou le samedi entier, et la journée du dimanche. — **2.** Les loisirs pris pendant ce congé : *Partir en week-end.*

WEENIX (Jan Baptist), peintre néerlandais (Amsterdam 1621 - Huister Mey, près d'Utrecht, 1663), auteur de paysages dans le goût italien, animés de scènes bouffonnes ou populaires, et de natures mortes de gibier. — Son fils Jan (Amsterdam 1640 ? - *id.* 1719) traita, avec une virtuosité un peu insistante, des sujets voisins.

WEGENER (Paul), acteur et cinéaste allemand (Bischdorf, Prusse-Orientale, 1874 - Berlin 1948). Il fut au Deutsches Theater de Max Reinhardt un des plus éminents acteurs allemands. Il a joué dans de nombreux films. Son interprétation de *Nathan le Sage,* de Lessing, marqua la renaissance de la vie théâtrale en Allemagne après la Seconde Guerre mondiale.

WEGENER (Alfred), géophysicien et météorologiste allemand (Berlin 1880 - au Groenland 1930). Il participa en qualité de météorologiste aux expéditions polaires danoises au Groenland. On lui doit *Die Entstehung der Kontinente und Ozeane* (1915), où il expose sa théorie de la dérive des continents, que la tectonique des plaques a confortée en donnant une explication au mécanisme de la mobilité continentale.

WEHNELT n. m. (de *Wehnelt,* n. pr.). Électrode circulaire de commande d'un canon à électrons qui permet de régler l'intensité du faisceau d'électrons.

WEHNELT (Arthur Rudolph Berthold), physicien allemand (Rio de Janeiro 1871 - Berlin 1944). Il découvrit l'augmentation de l'émission thermo-électronique des métaux recouverts d'un oxyde alcalinoterreux et imagina, pour régler le débit dans les tubes électroniques, le cylindre qui porte son nom.

Wehrmacht, mot all. signif. *puissance de défense* et qui devint en 1935 le nom officiel des armées du IIIᵉ Reich, à l'exclusion des formations armées du parti nazi (SS, etc.).

WEI, le plus septentrional des Trois Royaumes qui se partagèrent l'empire de Chine au IIIᵉ s. apr. J.-C. Il dura de 220 à 265.

WEI DU NORD ou **BEI WEI,** nom d'une dynastie turco-mongole (tribu Tuoba), qui régna sur la Chine du Nord de 386 à 535.

WEICHI ou **WEIQI** n. m. Nom chinois du jeu de go.

WEI-CHOUEI → Wei He.

WEIDMAN (Charles), danseur, chorégraphe et pédagogue américain (Lincoln, Nebraska, 1901 - New York 1975). Formé à la Denishawn School, collaborateur de Doris Humphrey avec qui il fonda une école (1928-1945), il devint un des principaux représentants de la danse moderne aux États-Unis. À la fois mime et humoriste, il a adapté les principes de Doris Humphrey à la danse masculine. Il créa sa propre école (1945) et une compagnie (1948).

WEIERSTRASS (Karl), mathématicien allemand (Ostenfelde, Westphalie, 1815 - Berlin 1897). Il fut chef de file d'une brillante école d'analystes qui donnèrent des fondements solides et rigoureux aux notions de limite d'une suite de nombres, de variable continue, etc. À cette occasion, il réussit à construire une fonction continue qui n'est dérivable en aucun point. Pour pallier l'absence de fondement logique de l'arithmétique, il élabora une théorie des nombres réels. Il développa la théorie des fonctions analytiques d'une variable complexe en relation avec l'étude des fonction elliptiques et des fonctions abéliennes.

WEIFANG ou **WEI-FANG,** v. de Chine (Shandong), au N.-O. de Qingdao ; 190 000 hab. Centre commercial et industriel.

WEIGEL (Helene), comédienne allemande d'origine autrichienne (Vienne 1900 - Berlin 1971). Mariée à Bertolt Brecht, elle fut l'interprète de ses principales pièces. Elle créa avec Brecht en 1949 le Berliner Ensemble, qu'elle anima après le décès de celui-ci.

WEI HE ou **WEI-HO** ou **WEISHUI** ou **WEI-CHOUEI,** riv. de la Chine occidentale, qui longe, au N., la chaîne des Qinling, et se jette dans le Huang He. La vallée est une région fertile (blé, millet, coton).

WEIL (Simone), philosophe et écrivain français (Paris 1909 - Londres 1943). Agrégée de philosophie, elle travailla en usine, participa à la guerre d'Espagne aux côtés des républicains, découvrit la foi chrétienne sans se convertir et rejoignit les gaullistes à Londres. Elle est l'auteur d'une philosophie spiritualiste fondée sur une dialectique du renoncement aux croyances qui dépossèdent l'homme de lui-même et l'aliènent à des idéologies et des pratiques qui excluent le respect de la personne (*la Pesanteur et la Grâce,* 1947 ; *la Connaissance surnaturelle,* 1949 ; *la Condition ouvrière,* 1951).

WEILL (Kurt), compositeur allemand, naturalisé américain (Dessau 1900 - New York 1950). Son amitié avec Brecht allait susciter des pages significatives : *Die Dreigroschenoper* (*l'Opéra de quat'sous,* 1928), *Grandeur et Décadence de la ville de Mahagonny* (Leipzig, 1930). Chassé d'Allemagne par les nazis, il se réfugia à Paris, où il donna notamment *les Sept Péchés capitaux* (ballet, 1933). Pour Londres, il écrivit l'opérette *A Kingdom for a Cow* (1935). Avec sa femme, l'actrice Lotte Lenya, il se fixa aux États-Unis en 1935. Il y composa de nombreuses comédies musicales. Au cinéma, il a collaboré avec Fritz Lang (*You and Me,* 1938) et Jean Renoir (*Salut à la France,* 1944).

WEIMAR, v. d'Allemagne (Thuringe) ; 64 000 hab. Centre culturel, universitaire et touristique. Constructions mécaniques et électriques.
— **Hist.** Capitale du grand-duché de Saxe-Weimar (v. 1572), la ville fut au XVIIIe s. un des grands centres intellectuels de l'Allemagne.
— **Bx-arts.** Église gothique et baroque *(Herderkirche).* Château ducal reconstruit sous la direction de Goethe (musée d'art allemand). Palais Wittum, baroque, avec musée Wieland. Bibliothèque au *Grünes Schloss* (Renaissance et rococo). Maisons-musées Goethe, Schiller et Franz Liszt ; pavillon du parc Goethe ; musée Herder. Musée de préhistoire de Thuringe.

Weimar *(République de),* nom donné au régime de l'Allemagne après la Première Guerre mondiale (1919-1933). Née de l'effondrement du régime impérial, la première république allemande, proclamée par le social-démocrate Scheidemann à Berlin, le 9 nov. 1918, ne prend forme qu'après l'écrasement de la révolution spartakiste (nov. 1918-janv. 1919). Elle tire son nom de la ville où se réunit en févr. 1919 une Assemblée nationale dominée par les sociaux-démocrates et les modérés, dont les travaux aboutissent à la promulgation (août 1919) d'une Constitution qui fait de l'Allemagne un État fédéral, le *Reich,* composé de 17 États *(Länder)* autonomes, eux-mêmes représentés au *Reichsrat.* Celui-ci partage le pouvoir législatif avec le *Reichstag,* dont les députés sont élus au suffrage universel. Le pouvoir exécutif est représenté par le président du Reich, lui aussi élu au suffrage universel pour un mandat de sept ans. Commandant suprême de la *Reichswehr,* il nomme le gouvernement et son chef, le chancelier, qui est responsable devant le Reichstag. Sous la présidence du social-démocrate Ebert (1919-1925), les premières années de la République de Weimar sont fortement troublées par l'opposition des communistes, des nationalistes et des milieux financiers, notamment en juin 1919 lors de la signature du traité de Versailles. Les difficultés s'accumulent et menacent l'existence de la République : crise économique (le mark s'effondre en 1922), occupation de la Ruhr par la France (1923), mouvements séparatistes (Bavière, Rhénanie, Saxe), tentatives de putschs militaires (Kapp à Berlin en 1920 ; Hitler à Munich en 1923), attentats nationalistes (assassinats d'Erzberger en 1921, de Rathenau en 1922), prolifération des factions armées, tentatives de soulèvements communistes (Hambourg, 1923). Le régime connaît cependant une relative stabilité. Stresemann parvient à trouver avec les Alliés des modalités acceptables de règlement des réparations (plans Dawes en 1924 et Young en 1929 ; accords de Locarno avec la France et l'Angleterre en 1925). La crise économique semble alors enrayée et les passions calmées. L'élection du maréchal Hindenburg à la présidence du Reich après la mort d'Ebert (1925) marque une évolution vers un régime présidentiel. Face à la division des forces de gauche (social-démocratie et parti communiste) s'amorce la revanche des conservateurs, qui se laisseront dépasser par Hitler. Profitant des effets de la crise mondiale qui frappe sévèrement l'Allemagne à la fin des années 1920, les nazis mettent fin au régime républicain lors de l'arrivée d'Hitler à la chancellerie en 1933.

WEINBERG (Steven), physicien américain (New York 1933). Spécialiste de physique des particules, il a orienté ses travaux vers l'étude de la gravitation. Ayant proposé, en 1967, une théorie qui permet d'unifier l'interaction électromagnétique et l'interaction faible, il a partagé en 1979 le prix Nobel de physique avec l'Américain Glashow et le Pakistanais A. Salam.

WEINGARTEN, v. d'Allemagne, dans le Bade-Wurtemberg ; 19 600 hab. Bâtiments du XVIIIe s. d'une abbaye fondée au Xe s. ; la vaste église (1715 et suiv.) est un des chefs-d'œuvre du baroque allemand (fresques de C. D. Asam).

WEINGARTEN (Romain), auteur dramatique français (Paris 1926). Dénonciateur, dans une conception surréaliste, de la fausseté des rapports humains (*Akara,* 1948 ; *la Mandore,* 1974, *la Mort d'Auguste,* 1982), il a aussi donné des recueils lyriques au ton violent.

WEINGARTNER (Felix VON), chef d'orchestre et compositeur autrichien (Zara, auj. Zadar, 1863 - Winterthur 1942). Il prit la direction de l'Opéra (1908-1911), de l'Orchestre philharmonique (1908-1927) et du Volksoper (1919-1924) de Vienne. De 1927 à 1933, il diriga le conservatoire de Bâle. Il a laissé des opéras, des symphonies, des ouvertures, de la musique de chambre, des pièces vocales.

WEINHEBER (Josef), écrivain autrichien (Vienne 1892 - Kirchstetten 1945). Chantre du national-socialisme (*Entre dieux et démons,* 1938), romancier, il écrivit aussi des poèmes en dialecte viennois.

WEINREICH (Uriel), linguiste américain (Wilno, auj. Vilnius, 1926 - New York 1967). Il est l'auteur de nombreux ouvrages sur le yiddish et la culture ashkénaze, ainsi que sur la dialectologie, le bilinguisme et la sémantique.

WEIPA, port d'Australie (Queensland), sur un golfe de la péninsule du Cap York. Extraction, traitement et exportation de la bauxite.

WEIQI → WEICHI.

Weir Mitchell *(maladie de),* syn. de ÉRYTHROMÉLALGIE.

WEISHAUPT (Adam), théologien mystique protestant (Ingolstadt 1748 - Gotha 1830). Il rêva de réunir les hommes en une société fraternelle ; il est à l'origine de l'ordre des Illuminés* de Bavière.

WEISHUI → WEI HE.

WEISMANN (August), biologiste allemand (Francfort-sur-le-Main 1834 - Fribourg-en-Brisgau 1914). La théorie de Weismann repose sur la distinction fondamentale entre un protoplasme nourricier *(morphoplasme* ou *trophoplasme)* et un *idioplasme* porteur des tendances héréditaires. L'idioplasme est décrit dans des termes qui font pressentir la théorie chromosomique et la notion de gène. Weismann admet d'une génération à l'autre une parfaite continuité du plasma germinatif *(germen),* et il nie la transmission des caractères acquis. Il avait prévu la disjonction des caractères parentaux dans la descendance des produits hybrides (l'une des lois de Mendel).

WEISS (Pierre), physicien français (Mulhouse 1865 - Lyon 1940). Il a étendu au ferromagnétisme la théorie du paramagnétisme, introduisant à ce propos la notion d'aimantation spontanée et celle des domaines élémentaires qui portent son nom. (Ces domaines sont les régions d'une substance magnétique dont l'aimantation spontanée est sensiblement uniforme.) [Acad. des sc., 1926.]

WEISS (Peter), écrivain suédois d'origine allemande (Nowawes, près de Berlin, 1916-Stockholm 1982). Fils d'exilés établis en Suède, il écrit ses premiers essais littéraires en suédois. Après la guerre, il publie en allemand un roman (*l'Ombre du corps du cocher,* 1960) et deux autobiographies (*Adieu aux parents,* 1961 ; *Point de fuite,* 1962). Puis il se consacre au théâtre, influencé par l'esthétique brechtienne (*la Persécution et l'Assassinat de Jean-Paul Marat,* 1964) et affirme la nécessité pour l'écrivain de l'engagement politique (*l'Instruction,* 1965 ; *Trotski en exil,* 1970).

WEISSE (Christian Felix), écrivain allemand (Annaberg 1726 - Leipzig 1804). Auteur de comédies qui unissent l'inspiration de Molière à celle de Lessing (*les Poètes à la mode,* 1768) et d'opéras-comiques (*Le Diable est lâché,* 1752), il a laissé des poèmes, des récits et des pièces pour la jeunesse (*l'Ami des enfants,* 1775-1782).

WEISSENBERG (Alexis), pianiste bulgare, naturalisé français (Sofia 1929). Il joue un large répertoire de Bach à Bartók.

WEISSENFELS, v. d'Allemagne (Saxe-Anhalt), sur la Saale ; 39 000 hab. Industrie de la chaussure (musée).

WEISSHORN (« Corne blanche »), sommet des Alpes suisses, dans le Valais, au N.-N.-O. de Zermatt ; 4 505 m. Première ascension en 1861 par J. Tyndall, J. J. Bennen et U. Wenger.

WEISSMULLER (John, dit **Johnny**), nageur et acteur américain (Winbar, Pennsylvanie, 1904 - Acapulco 1984). Premier nageur sur 100 m en moins de 1 minute, cinq fois champion olympique, il fut, au cinéma, le plus célèbre interprète de Tarzan.

WEISWEILER (Adam), ébéniste allemand (Neuwied 1744 ? - Paris 1820 ?), installé à Paris, où il reçut la maîtrise en 1778. Son style, typique de la fin du règne de Louis XVI, est fin et gracieux (bureau de Marie-Antoinette, Louvre).

WEITLING (Wilhelm), homme politique allemand (Madgeburg, 1808 - New York 1871). Ouvrier autodidacte, ayant participé aux mouvements révolutionnaires des années 30, il exposa un système communiste empreint de christianisme et dans lequel il considère la classe ouvrière comme porteuse de l'espoir de libération pour tous les exploités. Il perdit son influence au sein de la ligue des Justes en 1844 au profit des amis de Marx, qui avait d'ailleurs pour lui une grande admiration.

WEIZMAN (Ezer), général et homme d'État israélien (Tel-Aviv 1924). Ministre de la Défense (1977-1980), ministre de la Science et du Développement (1988-1990), il est élu président de l'État d'Israël en 1993.

WEIZMANN (Chaïm), homme d'État israélien (Motyl, Biélorussie, 1874 - Rehovot 1952). Membre du mouvement sioniste, il prit une part importante aux négociations qui aboutirent à la déclaration Balfour (nov. 1917). Président de l'organisation sioniste (1920), de l'Agence juive (1929), il est le premier chef de l'État d'Israël (1949-1952).

WEIZSÄCKER (Richard, *baron* VON), homme d'État allemand (Stuttgart 1920). Député démocrate-chrétien au Bundestag (1969-1981), il devient maire de Berlin (1981-1984) puis président de la République fédérale (1984-1994).

WELCHE ⟶ VELCHE.

WELCHE, ancien nom donné par les Germains aux Romains. Il fut appliqué au haut Moyen Âge à certaines populations rurales de langue latine de Bavière et d'Autriche.

WELF, nom de plusieurs personnages de la famille des Welfs, ou Guelfes*.

Welfare State, expression anglaise, habituellement traduite par « État* providence ».

WELHAVEN (Johan Sebastian), écrivain norvégien (Bergen 1807 - Christiania 1873). Opposé au « norvégianisme » de Wergeland (*Poésie et Polémique de Henrik Wergeland,* 1832), il défendit la tradition classique danoise dans les sonnets satiriques *Crépuscule de la Norvège* (1834). Mais, si ses *Poèmes* (1838) et *Cinquante Poèmes* (1847) chantent ses déboires amoureux, ils prouvent aussi ses attaches profondes avec la nature et les sources populaires norvégiennes et ses sentiments religieux.

Welland *(canal),* canal de la province canadienne d'Ontario, mettant en relation directe les lacs Érié (Port Colborne) et Ontario (Port Weller) et évitant les chutes du Niagara. Long de 44 km, il comporte 8 écluses.

WELLES (Orson), cinéaste et acteur américain (Kenosha, Wisconsin, 1915 - Los Angeles 1985). Il débute au théâtre en Irlande en 1931 ; rentré aux États-Unis, il joue le répertoire shakespearien, fait ses débuts à la radiodiffusion en 1934 et bientôt réalise des émissions. Il réalise en 1941 son premier film, *Citizen* Kane,* qui est une œuvre capitale dans l'histoire du cinéma, puis, l'année suivante, *la Splendeur des Amberson.* Il tourne par la suite *le Criminel* (1946), *la Dame de Shanghai* (1948), *Macbeth* (1948), *Othello* (1952), *Dossier secret* (1955), *la Soif du mal* (1958), *le Procès* (1962), *Falstaff* (1966), *Une histoire immortelle* (1968), *Vérités et Mensonges* (1975). Il a également joué dans de très nombreux films (notamment les siens) et est resté célèbre pour son interprétation du *Troisième Homme* (1949).

WELLESLEY (Richard COLLEY [ou COWLEY] WELLESLEY, 1er *marquis*), homme politique et administrateur colonial britannique (château de Dangan, près de Trim, Meath, 1760 - Londres 1842). Gouverneur général de l'Inde (1797-1805), il imposa son protectorat à l'Aoudh, au Hyderābād, ainsi qu'au gouvernement de Poona (1802). Il détruisit la puissance du Mysore (1799) et annexa le Carnatic en 1801. La suzeraineté britannique est alors reconnue sur tout le Deccan et la plaine du Gange. Désavoué par la Compagnie des Indes après la révolte des Marathes (1803), il démissionna. Rentré en Angleterre, il devint ministre des Affaires étrangères (1809-1912), puis lord-lieutenant d'Irlande (1821-1828, 1833-1834).

WELLESLEY (Arthur) ⟶ WELLINGTON.

WELLINGTON, cap. de la Nouvelle-Zélande, dans l'île du Nord, sur le détroit de Cook ; 370 000 hab. Le port (5 Mt env.) joue un rôle essentiel dans le trafic entre les deux îles. Les industries sont surtout localisées à Lower Hutt.

WELLINGTON (Arthur WELLESLEY, 1er *duc* DE), général et homme politique britannique (Dublin 1769 - Walmer Castle, Kent, 1852), frère de Richard Wellesley. Entré dans l'armée en 1787, il sert en Hollande (1795), puis en Inde, où il remporte de brillantes victoires sur les Marathes (1803). À la tête d'une division au Portugal, il bat Junot à Vimeiro. Après la convention de Sintra et le rembarquement anglais de La Corogne, il retourne au Portugal comme commandant en chef des forces britanniques de la péninsule Ibérique, qu'il va progressivement reconquérir. Après avoir écrasé les Français à Vitoria (21 juin 1813), l'armée de Wellington franchit les Pyrénées au début de 1814 et gagne devant Toulouse la dernière bataille de la guerre. Délégué au congrès de Vienne (1814-15), il reçoit le commandement de l'armée alliée aux Pays-Bas et remporte la victoire décisive de Waterloo (18 juin 1815). Chef des forces d'occupation en France (1815-1818), il est Premier ministre de 1828 à 1830, participe aux cabinets Peel (1834-35, 1841-1846) et est commandant en chef des troupes britanniques en 1827-28 et de 1842 à 1852.

WELLINGTONIA [weliŋtɔnja] n. m. (angl. *wellingtonia,* de A. W. *Wellington,* n. pr.). Syn. de SÉQUOIA.

WELLS, v. de Grande-Bretagne (Somerset), au pied des Mendip Hills, au S. de Bristol ; 8 600 hab. Importante cathédrale gothique (fin XIIe-fin XIVe s.) dont la façade présente près de 300 statues dans des rangées d'arcatures.

WELLS (Horace), dentiste américain (Hartford, Vermont, 1815 - New York 1848), inventeur de l'anesthésie chirurgicale (1844), qu'il réalisa le premier avec le protoxyde d'azote.

WELLS (Herbert George), écrivain britannique (Bromley, Kent, 1866 - Londres 1946). Il débuta comme vulgarisateur scientifique et journaliste.

Le succès de son roman *la Machine à explorer le temps* (1895) l'encouragea à exploiter cette veine (*l'Île* du docteur Moreau,* 1896 ; *l'Homme invisible,* 1897 ; *la Guerre des mondes,* 1898). Il s'attaqua ensuite aux conventions sociales et religieuses (*À la recherche d'une utopie moderne,* 1905 ; *l'Histoire de Mr. Polly,* 1910). L'œuvre s'est achevée sur l'aspect suicidaire des « civilisations » (*Autobiographie,* 1934 ; *l'Esprit au bout du rouleau,* 1945).

WELS, v. d'Autriche (Haute-Autriche), sur la Traun ; 51 000 hab. Belle place aux maisons des XVIe-XVIIIe s. ; église du XIVe s. (vitraux). Foire agricole annuelle.

WELSER, famille de patriciens d'Augsbourg qui jouèrent un rôle économique et politique important au début du XVIe s. grâce aux entreprises commerciales et minières qu'ils avaient fondées au XIVe s. Avec les Fugger, ils soutinrent financièrement l'élection de Charles Quint à l'Empire. Leurs activités, qui étaient alors orientées vers l'Amérique espagnole, déclinèrent à la fin du XVIe s. En 1614, Matthias Welser dut déposer son bilan.

WELSH [wɛlʃ] n. m. (angl. *welsh,* gallois). **1.** Race ovine du pays de Galles, de format moyen, très utilisée dans des systèmes de production à base de croisement. — **2.** Race de poneys originaire du pays de Galles, utilisée pour améliorer des races françaises de poneys.

WELSH RARE BIT [wɛlʃrarbit] ou **WELSH RABBIT** [wɛlʃrabit] n. m. (pl. *welsh rare bits* ou *rabbits*) [angl. *welsh rare bit,* morceau de choix gallois, déformé en *welsh rabbit,* lapin gallois]. Toast doré couvert de fromage fondu dans de l'ale et relevé de moutarde douce, gratiné au four. (Spécialité galloise.)

WELSH-SPRINGER [wɛlʃspringœr] n. m. (pl. *welsh-springers*) [angl. *welsh,* gallois, et *springer,* springer]. Chien anglais de chasse à tir apprécié dans les terrains difficiles.

WELSH-TERRIER [wɛlʃ-] n. m. (pl. *welsh-terriers*) [angl. *welsh,* gallois, et *terrier,* terrier]. Chien originaire du pays de Galles, qui ressemble au fox-terrier à poil dur.

Welt *(Die),* quotidien allemand de tendance conservatrice fondé en 1946 à Hambourg en tant que journal allemand du gouvernement britannique, transféré à Bonn en 1972 et contrôlé par le groupe Axel Springer depuis 1953.

Weltanschauung, mot all. signif. *façon d'envisager le monde.*

WELTER [wɛltɛr] n. m. et adj. (angl. *welter weight,* poids mi-moyen). Syn. de MI-MOYEN.

Weltliteratur, mot créé par Goethe, signif. *littérature universelle* (en angl. *World Literature*) et désignant une discipline normative destinée à étudier selon divers critères, notamment linguistiques, les chefs-d'œuvre de la littérature mondiale.

WELWITSCHIA [velvitʃja] n. m. (de F. *Welwitsch,* n. pr.). Plante des déserts, de l'Afrique chaude, formée de deux grandes feuilles persistantes (plus de 2 m de long) et dont les rosées nocturnes constituent la source d'eau essentielle. (Cette espèce forme à elle seule l'ordre des *welwitschiales,* du sous-embranchement des gymnospermes.)

WELWYN GARDEN CITY, agglomération résidentielle de la région nord de Londres (Hertfordshire) ; 41 000 hab. « Cité-jardin », créée en 1920 par E. Howard.

WEMBLEY, quartier résidentiel du N.-O. de Londres (borough de Brent). Stade de football.

WEMMEL, comm. de Belgique (Brabant flamand), banlieue N.-O. de Bruxelles ; 13 600 hab.

WEMYSS (Rosslyn Erskine, *lord* **Wester**), amiral britannique (Wemyss Castle, Fife, 1864 - Cannes 1933). Après avoir participé à l'expédition des Dardanelles (1915), il fut nommé Premier lord de l'Amirauté (1918) et signa pour la Grande-Bretagne l'armistice de Rethondes (11 nov. 1918).

WENDE [vɑ̃d] n. m. (all. *Wende*). Syn. de SORABE.

WENDEL (DE), famille de maîtres de forges français. En 1704, JEAN-MARTIN WENDEL acquiert la seigneurie et les forges d'Hayange, qu'il remet en activité. Son fils CHARLES (1708-1784) lui succède en 1737, crée de nouvelles installations et livre à l'État des fournitures d'artillerie. À sa mort, sa veuve prend la direction de l'affaire, tandis que son fils IGNACE (1741-1795) procède, dès 1769, à des essais de substitution du coke au charbon de bois et, avec Wilkinson, maître de forges anglais, fonde Le Creusot en 1781. Pendant la Terreur, les forges d'Hayange sont mises sous séquestre. En 1803, les installations sont rachetées par le fils d'Ignace, FRANÇOIS (1778-1825), qui, en 1811, achète également les forges de Moyeuvre. Après la mort de François, la firme est dirigée par CHARLES de Wendel (1809-1870) et son beau-frère Théodore de Gargan. En 1869, la firme est le premier sidérurgiste français. En 1871 est créée la société Les Petits-Fils de François de Wendel et Cie, dirigée par Henri et Robert de Wendel, chargée de regrouper les intérêts de la maison en Lorraine annexée et d'y maintenir la présence française. En 1879, les Wendel font l'acquisition du procédé Thomas. L'essor de la société sera considérable, sous la direction des trois fils d'Henri de Wendel, FRANÇOIS (1874-1949), HUMBERT (1876-1954) et MAURICE (1879-1961). Après la

Seconde Guerre mondiale, le groupe participe à la constitution des grands ensembles sidérurgiques français ; mais le mouvement de concentration, puis de nationalisation, de l'industrie sidérurgique française, au cours des décennies 1970 et 1980, retire aux Wendel tout rôle moteur dans cette industrie.

WENDERS (Wim), cinéaste allemand (Düsseldorf 1945). Avec *l'Angoisse du gardien de but au moment du penalty* (1971), il s'impose comme l'un des chefs de file du nouveau cinéma allemand des années 60 et 70 : *Alice dans les villes* (1973), *Faux Mouvement* (1975), *Au fil du temps* (1976), *l'Ami américain* (1977), *Hammett* (1982), *Paris, Texas* (1984) et *les Ailes du désir* (1987), *Jusqu'au bout du monde* (1991), *Si loin, si proche* (1993), *Lisbonne Story* (1995).

WENDES ou **VENDES,** ancien nom donné par les Allemands aux Sorabes de Lusace.

WENGEN, station estivale et de sports d'hiver de Suisse (cant. de Berne), en face de la Jungfrau, à 1 275 m d'alt. — À proximité, téléphérique conduisant aux champs de ski de Grindelwald et à la descente du Lauberhorn.

wen-jen houa → WENREN HUA.

WENKER (Georg), linguiste allemand (Düsseldorf 1852 - Marburg 1911). Il est le maître d'œuvre du monumental *Deutscher Sprachatlas.*

WENLOCKIEN [wɛn-] n. m. (de *Wenlock,* n. pr.). Étage du système silurien.

wenren hua ou **wen-jen houa,** mots chin. signif. *peinture de lettré* et désignant une tradition picturale inaugurée sous les Song par Su Dongpo et Mi Fu, puis adoptée sous les Ming par l'école de Wu* et popularisée par les écrits de Dong Qichang. Il s'agit d'œuvres d'amateurs, les plus prisées par les Chinois, où dans des paysages le pinceau exprime plutôt des sentiments que des idées.

WENT (Friedrich August), botaniste néerlandais (Amsterdam 1863 - Wassenaar 1935). C'est lui qui a isolé l'hormone de croissance, ou auxine*, des coléoptiles d'avoine, ouvrant ainsi une branche nouvelle de la physiologie végétale.

WEN TCHENG-MING → WEN ZHENGMING.

WEN-TCHEOU → WENZHOU.

WENTWORTH (Thomas), 1er comte **de Strafford,** homme politique anglais (Londres 1593 - *id.* 1641). Député, il s'opposa à Buckingham, puis se rapprocha de la Couronne. Charles Ier le nomma lord-député d'Irlande (1633-1639), où il appliqua une politique brutale et arbitraire. Revenu en Angleterre après le soulèvement de l'Écosse, il devint le principal conseiller du roi. Entré en opposition avec la majorité parlementaire, il fut mis en accusation puis exécuté.

Wenxuan ou **Wen-siuan** → ANTHOLOGIE* DE LA LITTÉRATURE.

WEN YIDUO ou **WEN YI-TO,** poète chinois (dans le Hubei 1889 - Kunming 1946). Spécialiste de la littérature chinoise classique, Wen Yiduo, dont les poèmes (*la Lampe rouge,* 1923 ; *Eaux mortes,* 1926), de forme moderne, atteignent à la perfection, s'inscrit parmi les plus grands poètes chinois du XXe s. Il fut assassiné pour des raisons politiques.

WEN ZHENGMING ou **WEN TCHENMING,** peintre chinois (Suzhou 1470 - 1559). Chef de l'école de Wu avec son maître Shen Zhou, il incarne l'idéal de la peinture lettrée en interprétant, non sans originalité, les grands paysagistes Song et Yuan.

WENZHOU ou **WEN-TCHEOU,** port de Chine (Zhejiang) ; 200 000 hab.

WEÖRES (Sándor), poète hongrois (Szombathely 1913 - Budapest 1989). Virtuose de la forme, il allie la naïveté de l'enfance aux aspirations métaphysiques les plus élevées (*la Tour du silence,* 1956 ; *Psyché,* 1972 ; *Chant sur l'illimité,* 1980).

WERFEL (Franz), écrivain autrichien (Prague 1890 - Beverly Hills, Californie, 1945). Ami de Max Brod et de Kafka, émigré aux États-Unis en 1940, il a donné des poèmes (*l'Ami de l'univers,* 1912 ; *Nous existons,* 1913), des drames expressionnistes, puis plus traditionnels et des romans à succès qui expriment son idéal humaniste (*Juarez et Maximilien,* 1924 ; *Saint Paul parmi les Juifs,* 1926 ; *les Quarante Jours de Musa Dagh,* 1933 ; *l'Étoile de ceux qui ne sont pas nés,* 1946). On lui doit aussi des biographies romancées (*le Chant de Bernadette,* 1941).

WERFÉNIEN [wɛr-] n. m. (de *Werfen,* n. pr.). Étage du système triasique.

WERGELAND (Henrik), poète norvégien (Kristiansand 1808 - Christiania 1845), considéré comme le père du romantisme en son pays. Des *Poèmes* (1829) satiriques et lyriques, une tragédie (*la Mort de Sinclair,* 1828) et une comédie (*Opium,* 1829) précèdent son grand poème *la Création, l'Homme et le Messie* (1830), destiné à éveiller la conscience nationale de son peuple. Champion d'une culture spécifiquement norvégienne, violemment contestée par Welhaven, Wergeland a aussi célébré la nature norvégienne (*Poésie,* 1839) et prôné la tolérance (*le Juif,* 1842).

WERGELD [vɛrgɛld] n. m. (de l'anc. haut all. *wer,* homme, et *geld,* argent). Dans le droit germanique, indemnité que l'auteur d'un crime (ou ses proches) devait payer aux proches de la victime pour se soustraire à leur vengeance.

WERICH (Jan), acteur et auteur dramatique tchèque (Prague 1905 - *id.* 1980). Ami et collaborateur de Jiří Voskovec*, coauteur de revues et pièces qu'ils jouèrent dans leur *Théâtre libéré* (1927-1938), il poursuivit, après la guerre, dans son pays une carrière d'acteur populaire.

WERNER (Abraham Gottlob), minéralogiste allemand (Wehrau, Saxe, 1749-Dresde 1817). Il a été l'un des créateurs de la minéralogie et le principal défenseur de la théorie du neptunisme.

WERNER (Zacharias), auteur dramatique allemand (Königsberg 1768 - Vienne 1823). On lui doit des drames d'inspiration mystique : *la Croix sur les bords de la Baltique* (1806), *Martin Luther ou la Consécration de la force* (1807) et *le Vingt-Quatre Février* (1810), prototype du drame de la « fatalité » *(Schicksalsdrama),* où l'on voit un crime se perpétuer à travers trois générations.

WERNER (Alfred), chimiste suisse (Mulhouse 1866 - Zurich 1919). Il a étudié les complexes organiques du fer, du chrome et du cobalt, en a donné les représentations stéréochimiques et a montré que certains complexes pouvaient présenter une activité optique. [Prix Nobel de chimie 1913.]

WERNER (Pierre), homme politique luxembourgeois (Saint-André, Lille, 1913). Membre du parti chrétien-social, il fut plusieurs fois Premier ministre (1959-1964, 1964-1966, 1966-1974 et 1979-1984).

WERNÉRITE [wɛr-] n. f. (de A. G. *Werner,* n. pr.). Aluminosilicate naturel de sodium et de calcium chloré et carbonaté, quadratique. (Syn. SCAPOLITE.)

WERNICKE (Carl), neuropsychiatre allemand (Tarnowitz, Silésie, 1848 - Thüringer Wald 1905). Sa thèse de doctorat en médecine, *Der aphasische Symptomencomplex (le Complexe symptomatique de l'aphasie),* publiée en 1874, constitue une étape capitale dans le développement des recherches sur les troubles du langage. Elle décrit un nouveau syndrome constitué par une perturbation de la réception du langage qui sera appelé « aphasie sensorielle » ou « aphasie de Wernicke ».

WERRA (la), riv. de l'Allemagne centrale, la principale des branches mères de la Weser ; 292 km (bassin de 5 502 km²).

Wertheim *(opération de),* hystérectomie élargie comportant l'ablation, avec l'utérus, du tissu cellulaire périutérin et des ganglions pelviens, pratiquée comme traitement du cancer du col de l'utérus.

WERTHEIMER (Max), psychologue allemand (Prague 1880 - New York 1943). Il est l'une des figures marquantes de l'école de la *Gestalttheorie.* Il s'est également intéressé aux problèmes d'enseignement.

Werther *(les Souffrances du jeune),* roman épistolaire de Goethe (1774). Incapable de résister à sa passion pour celle qu'il côtoie et qui est l'épouse d'un autre, Werther se tue. Cette œuvre de jeunesse contribua à créer l'image du héros romantique.

Werther, drame lyrique en 4 actes de J. Massenet, sur un livret de E. Blau et P. Milliet d'après Goethe (Vienne 1892 ; Paris, 1893), « Clair de Lune » ou l'air de Werther « Pourquoi me réveiller ? » sont célèbres.

WERVIK, v. de Belgique (Flandre-Occidentale), sur la Lys ; 18 160 hab. Église des XIVe-XVe s.

WESER (la), fl. d'Allemagne, tributaire de la mer du Nord, formé à Münden par la réunion de la Werra et de la Fulda ; 440 km (bassin de 41 094 km²). Dans son cours supérieur, le fleuve draine la région des monts de la Weser. Après la porte de Westphalie, il entre dans la plaine de l'Allemagne du Nord. Son estuaire est long et relativement profond. Il est canalisé à partir de Minden où la Weser croise le Mittellandkanal.

WESER *(monts de la),* chaînons montagneux d'Allemagne, traversés par la Weser à la porte de Westphalie. Leur altitude reste généralement inférieure à 350 m.

WESKER (Arnold), auteur dramatique britannique (Londres 1932). Militant communiste et sioniste, son théâtre (*la Cuisine,* 1957 ; *Soupe au poulet et à l'orge,* 1958 ; *Nous ferons de vous des hommes,* 1962 ; *les Amis,* 1970 ; *Annie Wobbler,* 1983) décrit l'existence des petits Juifs londoniens de l'East End.

WESLEY, famille de réformateurs et de musiciens britanniques. — JOHN, théologien (Epworth, Lincolnshire, 1703 - Londres 1791), prêtre de l'Église anglicane, est avec son frère CHARLES (1707-1788) le fondateur en Angleterre du méthodisme* qui provoqua un important réveil dans le protestantisme. — CHARLES, compositeur, fils de Charles (Bristol 1757 - Londres 1834), écrivit surtout dans le style de Händel. — Son frère SAMUEL (Bristol 1766 - Londres 1837), grand virtuose du violon et de l'orgue, joua un grand rôle dans la diffusion de la musique de J. S. Bach en Angleterre. Il a laissé de nombreuses œuvres. — SAMUEL SEBASTIAN, fils naturel du précédent (Londres 1810 - Gloucester 1876), composa de la musique religieuse en langue anglaise.

WESSELMANN (Tom), peintre américain (Cincinnati 1931). Utilisant la peinture acrylique, le collage d'objets ou leur imitation en matière plastique, il a participé à partir de 1960 au pop art par la transcription, froide et sensuelle à la fois, de quelques thèmes simples (« grand nu américain », « natures mortes », « paysages »...).

WESSEX, royaume saxon fondé à la fin du Vᵉ s. Après une période d'expansion pendant la seconde moitié du VIᵉ s., le Wessex dut reconnaître la suprématie du Kent, puis de la Mercie. Il retrouva sa puissance sous le règne d'Egbert (début du IXᵉ s.) puis Alfred le Grand et ses successeurs permirent à la dynastie du Wessex de réaliser à son profit l'unité anglo-saxonne.

WEST (Benjamin), peintre américain (Springfield, Pennsylvanie, 1738 - Londres 1820). Il émigra en Europe dès 1760, séjourna à Rome, puis s'installa v. 1765 à Londres, où son talent lui valut le succès, au point qu'il succéda à Reynolds, en 1792, à la tête de la Royal Academy. Il n'en est pas moins considéré avec Copley comme l'un des pères de l'école américaine (*la Mort du général Wolfe,* 1770, musée d'Ottawa).

WEST (Mae), actrice américaine (New York 1892 - Hollywood 1980). Encore enfant, elle débute au théâtre et devient actrice de music-hall. Engagée à Hollywood après la naissance du cinéma parlant, elle tourne des films dont elle écrit souvent le scénario. Créatrice d'un personnage de « vamp » quadragénaire aux formes généreuses et au langage provocant, elle est une figure légendaire du cinéma américain : *Lady Lou* (1933), *Je ne suis pas un ange* (1933), *Ce n'est pas un péché* (1934), *Mon petit poussin chéri* (1940).

WEST (Morris), écrivain australien (Melbourne 1916), romancier des passions sourdes et des déchirements de la conscience (*l'Avocat du diable,* 1959 ; *la Poursuite infernale,* 1967 ; *les Bouffons de Dieu,* 1981).

WEST BROMWICH, v. de Grande-Bretagne (West Midlands), banlieue de Birmingham ; 155 000 hab. Métallurgie. Mécanique. Chimie.

WEST END, ensemble des quartiers de l'ouest de Londres, habités par des classes aisées ou réservés au commerce de luxe.

WESTERLIES [westœrliz] n. m. pl. (angl. *westerlies,* vents d'ouest, de *west,* ouest). Nom parfois donné aux vents d'ouest, surtout ceux de la zone tempérée.

WESTERLO, comm. de Belgique (prov. d'Anvers), au N.-N.-E. d'Aarschot, en Campine ; 19 500 hab. Travail du diamant. Chimie.

WESTERMANN (François Joseph), général français (Molsheim 1751 - Paris 1794). Il prit part, à la tête des Fédérés bretons, à la journée du 10 août 1792, puis se signala en remportant deux écrasantes victoires sur l'armée vendéenne au Mans et à Savenay. Ami des dantonistes, il fut destitué, condamné à mort et exécuté.

WESTERN [wɛstɛrn] n. m. (amér. *western,* de l'ouest). **1.** Film dont l'action se situe dans le Far West américain et qui illustre certains épisodes de la conquête des terres de l'Ouest sur les Indiens. — **2.** Genre cinématographique constitué par ces films. — **3.** *Fam.* Action très mouvementée, poursuite, bagarre.

◆ adj. Se dit d'un style qui rappelle celui des décors de western.

WESTERN ISLES → HÉBRIDES.

WESTERN-SPAGHETTI n. m. (pl. *westerns-spaghettis*). Film d'aventures italien qui imite le western américain en reprenant certains archétypes du genre.

WESTERWALD, région d'Allemagne, dans le Massif schisteux rhénan, culminant à 657 m au *Fuchskauten.* Région agricole et touristique. Carrières. Célèbre production (XVIᵉ-XVIIIᵉ s.) de grès à glaçure bleue rehaussée de violet de manganèse.

West-Highlands *(race des),* race de bovins, originaire d'Écosse, possédant de longues cornes, un pelage long et touffu, très abondant au chignon.

WESTINGHOUSE (George), inventeur et industriel américain (Central Bridge, New York, 1846 - *id.* 1914). Il est l'inventeur du frein à air comprimé (1872), adopté sur les chemins de fer du monde entier. L'un des premiers, il préconisa l'emploi de l'électricité dans le domaine ferroviaire, tant pour la traction que pour la signalisation. Il introduisit, aux États-Unis, le système de transport de l'électricité par courant alternatif monophasé à haute tension et créa, en 1886, la *Westinghouse Electric Corporation,* firme de construction électromécanique.

Westinghouse Electric Corporation, société américaine de construction de matériel électrique créée en 1886 par George Westinghouse. La société produit une gamme complète d'équipements pour la production, la distribution, l'utilisation et le contrôle de l'énergie électrique. Le groupe, actif dans le domaine de la radio et de la télévision, construit également des centrales nucléaires.

WESTIQUE n. m. Autre nom du germanique occidental, groupe dont sont issus l'allemand, l'anglais, le néerlandais.

WESTLAKE (Donald Edwin), écrivain américain (New York 1933). Auteur fécond de romans policiers, humoristiques ou « noirs », souvent adaptés au cinéma, qu'il signe de son nom ou de divers pseudonymes (*le Pigeon d'argile,* 1965 ; *Un jumeau singulier,* 1975).

WESTLAND (le), région des Pays-Bas (Hollande-Méridionale), au S. de La Haye. Spécialisé dans les cultures florales, maraîchères et fruitières (serres chauffées).

WESTMACOTT (*sir* Richard), sculpteur britannique (Londres 1775 - *id.* 1856). Élève de Canova à Rome, membre de la Royal Academy en 1811, il a sculpté le fronton du British Museum, un *Achille* colossal (Hyde Park), plusieurs tombeaux à l'abbaye de Westminster.

WEST MIDLANDS, comté métropolitain anglais, centré sur Birmingham ; 899 km^2 ; 2 658 000 hab.

WESTMINSTER, borough du centre de Londres, sur la rive gauche de la Tamise, autour de Westminster Abbey (fondée v. 960) ; 186 000 hab. L'abbatiale fut reconstruite, au XIe s., par Édouard le Confesseur, puis, au XIIIe s., par Henri III, selon un plan que les remaniements, du XIVe au XVIIIe s., ont conservé ; c'est le lieu de couronnement et d'inhumation des rois d'Angleterre, en même temps qu'un panthéon national des hommes célèbres ; chapelle absidiale d'Henri VII, chef-d'œuvre du gothique perpendiculaire. Tout à côté se trouve le palais du Parlement, rebâti à partir de 1840 par Ch. Barry et A. W. Pugin en style néogothique ; la tour de l'Horloge renferme la grosse cloche dite « Big Ben ».

Westminster *(statut de)* [11 déc. 1931], statut qui rendit effective la complète indépendance des dominions britanniques, librement associés au sein du Commonwealth*.

WESTMORELAND (William Childs), général américain (Spartanburg 1914). Il est placé en 1964 à la tête du détachement d'assistance militaire au Sud Viêt-nam, puis nommé commandant en chef. Remplacé en 1968 par le général Abrams, il sera chef d'état-major de l'armée de terre jusqu'en 1972.

WESTMOUNT, v. du Canada, dans l'agglomération de Montréal ; 20 000 hab.

WESTON (Edward), photographe américain (Highland Park, Illinois, 1886 - Carmel, Californie, 1958). À l'origine adepte du pictorialisme, il orienta ensuite ses recherches vers le rendu de la matière et le piqué. Cofondateur (1932), avec A. Adams, du Groupe f. 64, il allie conception rigoureuse et modulation subtile ou brutale de la lumière.

Weston *(pile)* [du n. du physicien britannique Edward *Weston* (Londres 1850 - Montclair, New Jersey, 1936)], élément de pile au sulfate de cadmium utilisé comme étalon de force électromotrice. (Sa force électromotrice à 20 °C est de 1,018 6 volt.)

WESTON-SUPER-MARE, v. de Grande-Bretagne (Somerset), sur l'estuaire de la Severn ; 51 000 hab. Station balnéaire.

WESTPHALIE, en all. **Westfalen,** région historique d'Allemagne. Située à l'O. du cours supérieur et moyen de la Weser et s'étendant jusqu'à la Ruhr, la région doit son nom au peuple saxon des Westphaliens, établi sur l'Ems et la Lippe. Comprise dans le premier duché de Saxe, elle devint elle-même, après le démembrement de ce dernier (1180) par Frédéric Ier Barberousse, le *duché de Westphalie,* au S. de la Lippe, créé au profit de l'archevêque de Cologne. Celui-ci se démembra progressivement en une multitude de petites seigneuries. Dans la partie non ducale de la région, Maximilien Ier institua v. 1500 un cercle du Saint Empire, le *cercle de Westphalie* (ou du Bas-Rhin). En août 1807, Napoléon créa le *royaume de Westphalie,* comprenant des territoires de la Hesse électorale, du Hanovre et du Brunswick. Confié à son frère Jérôme, ce royaume disparut en 1813 et constitua en 1815 une partie de la *province de Westphalie,* province prussienne, qui contribua à former depuis 1946 le Land de Rhénanie-du-Nord-Westphalie, qui fait partie de la R. F. A. depuis 1949.

Westphalie *(traités de),* traités conclus en 1648 entre l'empereur Ferdinand III, la France, la Suède et leurs alliés respectifs pour mettre fin à la guerre de Trente Ans. Les négociations commencent en mai 1644 à Münster pour les délégations catholiques et Osnabrück pour les délégations protestantes. Elles aboutissent à un ensemble de traités séparés, conclus au cours de l'année 1648, réglant aussi bien les différends territoriaux et confessionnels que la constitution du Saint Empire. La France s'y voit confirmer la possession des Trois-Évêchés, reçoit le landgraviat de Haute-Alsace, la préfecture de la Décapole, ainsi que des droits sur de nombreux territoires de Basse-Alsace. La Suède annexe la Poméranie occidentale, les évêchés de Wismar, Brême et Verden. L'Électeur de Brandebourg reçoit la Poméranie orientale, les évêchés de Kamiek, Minden et Halberstadt ainsi que l'expectative de l'archevêché de Magdeburg. Les Provinces-Unies forment un État pleinement souverain, et l'indépendance de la Confédération suisse est officiellement reconnue. La paix religieuse d'Augsbourg (1555) est étendue au calvinisme, reconnu légalement comme troisième confession. Le principe « cujus regio, ejus religio » est confirmé. Les sécularisations ou les restitutions intervenues après 1624 ne sont pas entérinées. Les princes allemands reçoivent un statut de « supériorité territoriale » *(superioritas territorialis, Landeshoheit)* proche de la souveraineté : ils ont le droit de conclure des alliances entre eux ou avec l'étranger à la condition qu'elles ne soient pas dirigées contre l'empereur. Celui-ci doit soumettre sa politique étrangère à l'approbation de la Diète. Le nombre des princes-électeurs est porté à huit : la Bavière conserve la dignité électorale du Palatinat (acquise en 1623) ; le Bas-Palatinat est reconstitué en électorat indépendant. Mettant fin à la dernière des guerres de Religion, les traités de Westphalie ont fondé un nouvel ordre européen et contribué à la ruine du Saint Empire.

WESTPHALIEN, ENNE adj. et n. De Westphalie. ◆ **westphalien** n. m. Étage du système carbonifère.

West Point, terrain militaire situé sur la rive gauche de l'Hudson, au N. de New York (États-Unis), et site d'une académie militaire créée en 1802 et destinée à la formation des jeunes officiers des armées de terre et de l'air des États-Unis. Les filles y sont admises depuis la guerre du Viêt-nam.

West Side Story, film américain (1961) de Robert Wise (cinéaste), Jerome Robbins (chorégraphe), sur une musique de Leonard Bernstein. Reprenant un spectacle du Winter Garden de New York, les auteurs parvinrent à renouveler totalement le style de la comédie musicale filmée. L'argument rappelle celui de Roméo et Juliette, mais transposé à New York dans les décors lépreux des quartiers pauvres, où s'affrontent des bandes rivales d'adolescents.

WEST YORKSHIRE, partie sud-ouest de l'ancien Yorkshire, constituant un comté métropolitain anglais dominé notamment par les villes de Leeds et Bradford ; 2 039 km^2 ; 2 059 000 hab. Ch.-l. *Wakefield.*

WET (Christian DE) → DE WET.

WETBACK n. m. (amér. *wetback,* dos mouillé, par allus. à la traversée à la nage du Rio Grande). Émigré mexicain entré clandestinement aux États-Unis.

WETTEREN, comm. de Belgique (Flandre-Orientale), au S.-E. de Gand, sur l'Escaut ; 23 000 hab. Marché agricole.

WETTERHORN (« Corne des tempêtes »), sommet suisse (Oberland bernois), au-dessus du village de Grindelwald ; 3 701 m.

WETTERSTEIN, massif calcaire des Alpes austro-bavaroises, culminant à la *Zugspitze,* point le plus élevé de l'Allemagne ; 2 963 m.

WETTINGEN, comm. de Suisse (cant. d'Argovie), à l'E. de Baden ; 18 400 hab. Église, reconstruite au XVIe s., d'une anc. abbaye (mobilier baroque ; vitraux dans le cloître).

WEVELGEM, comm. de Belgique (Flandre-Occidentale), au S.-O. de Courtrai ; 29 250 hab. Textile.

WEXFORD, en gaél. **Loch Garman,** port de la République d'Irlande (prov. de Leinster) ; 11 400 hab. Ville ancienne. Tourisme. Mécanique.

WEYGAND (Maxime), général français (Bruxelles 1867 - Paris 1965). Chef d'état-major de Foch qui en fait son proche collaborateur (1914-1923), il est major général des armées alliées en 1918. Envoyé à Varsovie comme conseiller militaire auprès des Polonais lors du conflit polono-soviétique (1920), il est ensuite nommé haut-commissaire de France en Syrie (1923). Promu chef d'état-major général de l'armée (1930), il quitte son service en 1935. Rappelé de sa retraite en 1939 et envoyé à Beyrouth, il reçoit, en pleine bataille, le commandement suprême en France (mai 1940), ne peut rétablir la situation et doit se résoudre à recommander l'armistice. Ministre de la Défense nationale de Pétain (juin-sept. 1940), il est envoyé à Alger comme délégué général du gouvernement de Vichy et prépare l'armée à reprendre le combat contre l'Allemagne (1940-41). Après son rappel, exigé par Hitler (nov. 1941), il est arrêté par la Gestapo (1942) et interné en Allemagne jusqu'à la Libération. Rentré en France (mai 1945), il est traduit devant la Haute Cour de justice, mais obtient un non-lieu sur tous les chefs d'accusation portés contre lui (1948). Weygand est l'auteur de nombreux ouvrages et, notamment, de Mémoires (1953-1957). [Acad. fr., 1931.]

WEYLER Y NICOLAU (Valeriano), marquis **de Tenerife,** général espagnol d'origine allemande (Palma de Majorque 1838 - Madrid 1930). Il réprima très violemment les troubles anarchistes de Catalogne et contribua, par sa dureté à Cuba, à provoquer la guerre hispano-américaine de 1898. Ministre de la Guerre (1901), puis chef d'état-major de l'armée (1920), il fut destitué par Primo de Rivera.

Wh, symbole du *wattheure,* unité d'énergie ou de travail.

WHAMPOA → HUANGPU.

WHANGAREI, port de Nouvelle-Zélande, dans l'île du Nord ; 41 000 hab.

WHARF [warf] n. m. (mot angl.). Appontement en bois ou en métal, perpendiculaire à la rive, auquel les navires peuvent accoster des deux côtés.

Wharton *(canal de),* canal excréteur de la glande sous-maxillaire.

WHARTON (Edith NEWBOLD JONES, Mrs.), romancière américaine (New York 1862 - Saint-Brice,

Seine-et-Marne, 1937). Ses romans évoquent le régionalisme (*Ethan Frome,* 1911), la lutte entre l'aristocratie new-yorkaise et les nouveaux riches (*l'Âge de l'innocence,* 1920 ; *la Récompense d'une mère,* 1925) et les rapports entre l'Amérique et la France (*Madame de Treymes,* 1907).

WHEAT BELT, région agricole des États-Unis, maintenant diversifiée (élevage), où prédominait la culture du blé. Elle occupe maintenant la partie centrale des Grandes Plaines, au S. de la prairie canadienne.

WHEATSTONE (*sir* Charles), physicien britannique (Gloucester 1802 - Paris 1875). Il inventa le stéréoscope (1838), puis le télégraphe électrique à cadran. Il imagina l'emploi des relais en télégraphie et inventa, en 1844, le « pont de Wheatstone », appareil destiné à la mesure des résistances électriques.

WHEELER (*sir* Robert Eric Mortimer), archéologue britannique (Édimbourg 1890 - Leatherhead 1976). Il mit au point une méthode de fouilles archéologiques dont le principe essentiel est de généraliser l'information stratigraphique à l'ensemble d'un chantier et à la préserver pendant la durée des travaux. Il a fait faire des progrès décisifs à la connaissance des civilisations anciennes de l'Indus.

WHEWELLITE [wewelit] n. f. (de W. *Whewell,* n. pr.). Oxalate naturel de calcium, monoclinique.

WHIDDY *(île),* île située au fond de la Bantry* Bay.

WHIG [wig] n. (angl. *whig,* abrév. de *Whiggamores,* n. donné aux insurgés écossais du XVIIe s.). Membre du parti britannique de ce nom, qui soutint les droits du Parlement et des sectes protestantes contre l'autorité monarchique et les privilèges de l'anglicanisme.
◆ adj. Relatif au parti whig.
ENCYCL. Au milieu du XVIIe s., le mot « whig » avait été appliqué par les royalistes aux covenantaires écossais. Le terme fut repris en 1679-80 par les légitimistes, qui l'appliquèrent aux partisans de l'exclusion du trône du futur Jacques II, tandis qu'eux-mêmes se faisaient traiter de tories. Ces termes désigneront désormais les deux partis. Les whigs, protestants et antiabsolutistes, prennent la part la plus active à la révolution de 1688-89 et la succession hanovrienne de 1714 assure leur triomphe. Dirigé par une puissante oligarchie de grands propriétaires, le parti s'appuie sur de larges couches de la bourgeoisie, mais se divise au milieu du XVIIIe s. en multiples coteries. Sous l'influence de la Révolution française, une aile radicale se développe avec Fox, tandis que le reste du parti se rapproche du torysme. L'obstination du conservatisme aristocratique à ne pas vouloir tenir compte des profondes transformations économiques et sociales du royaume suscite, dans la bourgeoisie, une opposition qui revivifie le parti whig, qui obtient, en 1832, la première grande réforme électorale. Au milieu du XIXe s., le parti whig, renforcé par le torysme dissident favorable au libre-échange, devient le parti libéral.

WHIP [wip] n. m. (angl. *whip,* fouet, par allus. au piqueur qui fouette les chiens). Député à la Chambre des communes chargé de surveiller la discipline de vote des membres de son groupe.

WHIPCORD [wipkɔrd] n. m. (angl. *whipcord,* corde à fouet). Étoffe anglaise à tissu serré, présentant un effet de côte oblique assez prononcé.

WHIPPET [wipɛt] n. m. (angl. *whippet*). Petit lévrier d'origine anglaise.

WHIPPLE (George Hoyt), médecin américain (Ashland, New Hampshire, 1878 - Rochester, État de New York, 1976). Ses travaux sur les anémies lui ont valu, avec G. R. Minot et W. P. Murphy, le prix Nobel de physiologie et de médecine de 1934.

WHIPPLE (Fred), astrophysicien américain (Red Oak, Iowa, 1906). Auteur de recherches sur les processus physiques en jeu dans l'évolution du système solaire, il a émis, en 1950, l'hypothèse, aujourd'hui confirmée, selon laquelle le noyau des comètes est constitué d'un conglomérat de glaces, de poussières et de graviers, de faible densité, de quelques kilomètres de diamètre.

WHISKER n. m. Syn. de TRICHITE.

WHISKEY n. m. Nom donné au whisky fabriqué en Irlande et aux États-Unis.

WHISKY [wiski] n. m. (pl. *whiskys* ou *whiskies*) [angl. *whisky,* du gaél. *usquebaugh,* eau-de-vie]. Eau-de-vie originaire d'Écosse, provenant de la distillation de moûts préparés par saccharification des céréales au moyen de malt.

WHIST [wist] n. m. (angl. *whist,* altér. de *whisk,* p.-ê. de *to whisk,* balayer). Jeu de cartes, d'origine britannique, dont le bridge est issu.

WHISTLER (James Abbott McNeill), peintre et graveur américain (Lowell, Massachusetts, 1834 - Londres 1903). Mêlé aux cercles d'avant-garde, à Paris (1855), il subit l'influence de Courbet, puis surtout de Manet et de l'art japonais. Mais c'est à Londres que son œuvre acquit une dimension personnelle, notamment avec ses séries de *Nocturnes* (à partir des années 1865-1870), de *Symphonies* et d'*Harmonies,* paysages ou figures aux variations chromatiques subtiles, qui tiennent du pur esthétisme, mais évoquent aussi l'impressionnisme, tout comme les eaux-fortes de la *Suite vénitienne* (1880).

WHITE (*sir* William Henry), ingénieur maritime britannique (Devonport 1845 - Londres 1913). Entre 1885 et 1902, il dessina plus de 250 bâtiments de guerre.

WHITE (Pearl), actrice américaine (Green Ridge, Missouri, 1889 - Paris 1938). Spécialisée dans les films d'aventures à épisodes, où elle se livre à des acrobaties périlleuses, elle connut une popularité mondiale avec *les Mystères de New York* (1914), *les Exploits d'Elaine, le Masque aux dents blanches.*

WHITE (Patrick), écrivain australien (Londres 1912 - Sydney 1990). Il s'est intéressé à l'expérience intérieure des plus humbles, sans pour autant ignorer les phénomènes politiques et sociaux. Outre des romans (*le Char des élus,* 1961 ; *le Mystérieux Mandala,* 1966 ; *les Incarnations d'Eddie Twyborn,* 1979), il a publié des nouvelles (*les Échaudés,* 1964) et des pièces de théâtre (*Netherwood,* 1983). [Prix Nobel 1973.]

WHITE (Kenneth), écrivain britannique (Glasgow 1936). Poète et romancier, il cherche un nouvel art de vivre dans le contact direct avec la nature et le retour sur soi (*les Limbes incandescents,* 1976), faisant de son activité créatrice *Une apocalypse tranquille* (1985).

WHITE BAY, baie du Canada, dans le nord-est de Terre-Neuve.

Whitehall, avenue de Londres, entre Trafalgar Square et Westminster ; elle a été percée sur l'emplacement d'un ancien palais royal, dont il ne reste que la salle des Banquets (Banqueting House), élevée par I. Jones. Bordée de grands ministères et commandant Downing Street, elle constitue le centre politique du Royaume-Uni.

WHITEHEAD (Robert), ingénieur britannique (Bolton-Le-Moors, Lancashire, 1823 - Beckett Park, Berkshire, 1905). Spécialiste des constructions navales, il inventa les torpilles automobiles (1867) puis les perfectionna en les dotant d'un servomoteur (1876).

WHITEHEAD (Alfred North), philosophe et mathématicien britannique naturalisé américain (Ramsgate, Kent, 1861 - Cambridge, Massachusetts, 1947). Il a collaboré avec B. Russell aux *Principia mathematica* (1910-1913), puis il s'efforça de constituer une philosophie de la nature, plus orientée vers la métaphysique après 1930 (*Adventures of Ideas,* 1953).

WHITEHORSE, v. du Canada, ch.-l. du Yukon, près de la frontière de l'Alaska ; 15 000 hab.

WHITELAW (*lord* William), homme politique britannique (Édimbourg 1918). Député conservateur, leader de la Chambre des communes, en 1970, il devient secrétaire d'État pour l'Irlande du Nord en mars 1972 et fait adopter, par référendum, un nouveau statut de la province de l'Ulster. Ministre de l'Emploi (1973-74), président du parti conservateur (1974-75), puis ministre de l'Intérieur (1979-1983), il est ensuite, de 1983 à 1988, leader de la Chambre des lords et lord du Sceau privé.

WHITE MOUNTAINS, massif des États-Unis, en Nouvelle-Angleterre ; 1 918 m au *mont Washington.*

WHITE-SPIRIT [wajtspirit] n. m. (pl. *white-spirits* ou inv.) [mots angl., de *white,* blanc, et *spirit,* essence]. Produit pétrolier intermédiaire entre l'essence et le lampant, utilisé comme solvant de dégraissage et comme diluant de peinture.

WHITLAM (Edward Gough), homme politique australien (Melbourne 1916). Député (1952) puis chef du parti travailliste (1967), il a été Premier ministre de 1972 à 1975.

WHITMAN (Walt), poète américain (West Hills, Long Island, New York, 1819 - Camden, New Jersey, 1892). Autodidacte, apprenti imprimeur, journaliste, il est tenu pour le plus grand poète américain grâce à son recueil de vers, *Feuilles* d'herbe (Leaves of Grass),* qu'il publia à compte d'auteur en 1855 et qu'il ne cessa de reprendre et d'augmenter, en 9 éditions, jusqu'en 1892. D'inspiration autobiographique, son œuvre — qui déroule dans de longs versets très libres une langue populaire directe, voire crue — fait une exaltation du corps, que ses contemporains tinrent pour obscène. Le lyrisme antilivresque, optimiste et violent de Whitman représente une des définitions les plus durables de la sensibilité américaine.

WHITNEY *(mont),* point culminant des États-Unis (en dehors de l'Alaska), dans la sierra Nevada, en Californie ; 4 418 m.

WHITNEY (William Dwight), linguiste américain (Northampton, Massachusetts, 1827 - New Haven, Connecticut, 1894). Spécialiste de sanskrit et de grammaire comparée à Yale (1854-1894), il s'est également intéressé aux langues amérindiennes, à la lexicographie et à la linguistique générale. On lui doit aussi des ouvrages de synthèse sur le langage, en partic. *The Life and Growth of Language* (1875), qui fut traduit en français et exerça une profonde influence sur F. de Saussure. Par son analyse du signe linguistique, par sa définition du langage comme fait social et instrument de communication, Whitney annonce la linguistique structurale du XXe s.

WHITTLE (*sir* Frank), ingénieur britannique (Coventry 1907 - Columbia, Maryland, 1996). Après avoir apporté de nombreux perfectionnements à la turbine à gaz, qu'il souhaitait utiliser pour la propulsion des avions, il a mis au point le premier turboréacteur, réalisé en 1941 par Rolls Royce.

WHITWORTH (*sir* Joseph), ingénieur et industriel britannique (Stockport, Cheshire, 1803 - Monte-Carlo 1887). En 1841, il préconisa un système uniforme de filetage pour les vis, destiné à remplacer les multiples pas alors employés et auquel son nom est resté attaché. En 1870, il remplaça le marteau par la presse hydraulique pour le forgeage de l'acier.

WHORF (Benjamin Lee), linguiste américain (Winthrop, Massachusetts, 1897 - Wethersfield, Connecticut, 1941). Disciple d'Edward Sapir, il étudie les langues amérindiennes. Sa théorie, connue sous le nom d'« hypothèse de Sapir-Whorf », affirme que chaque langue découpe la réalité selon sa manière propre et que ce découpage affecte aussi bien le lexique que la morphologie et la syntaxe.

Who's Who ?, titre de divers dictionnaires biographiques des personnalités contemporaines. Le *Who's Who in France* est publié depuis 1953.

WHYALLA, port d'Australie (Australie-Méridionale), au N.-E. de la péninsule d'Eyre ; 33 400 hab. Mines de fer. Métallurgie.

WHYMPER (Edward), alpiniste britannique (Londres 1840 - Chamonix 1911). Il a réalisé la conquête de quelques-uns des plus grands sommets des Alpes : barre des Écrins en 1864, pointe est des Grandes Jorasses *(pointe Whymper),* aiguille Verte et Cervin en 1865. Il a mené en 1880 une expédition dans les Andes, au cours de laquelle il gravit le Chimborazo.

WICHELER (Fernand), auteur dramatique belge de langue française (Bruxelles 1874 - Paris 1933). Il est l'auteur, avec Frantz Fonson, de la célèbre comédie *le Mariage de Mlle Beulemans* (1910).

WICHITA, v. des États-Unis (Kansas), sur l'Arkansas ; 279 300 hab. Centre commercial et industriel (viande, aéronautique, raffinerie de pétrole). Université.

WICKLOW, en gaél. **Cill Mhantáin,** port de la République d'Irlande (prov. de Leinster), sur la mer d'Irlande ; 5 200 hab. Pêche. Station balnéaire.

WICKLOW *(monts de),* massif de l'est de l'Irlande (comté de Wicklow), qui atteint 926 m au Lugnaquillia. Centre touristique.

WICKSELL (Knut), économiste suédois (Stockholm 1851 - Stocksund, près de Stockholm, 1926). Spécialisé dans les théories sur l'équilibre monétaire, il annonce Keynes.

WIDAL (Fernand), médecin français (Dellys, auj. Delles, Algérie, 1862 - Paris 1929). Il réalisa avec Chantemesse la première vaccination antityphoïdique sur les animaux de laboratoire. Sa principale découverte est celle du sérodiagnostic de la fièvre typhoïde. Il fit également d'importants travaux sur les maladies des reins. (Acad. des sc., 1919.)

WIDERBERG (Bo), cinéaste suédois (Malmö 1930). Il est l'auteur de plusieurs films parmi lesquels *le Péché suédois* (1962), *le Quartier du corbeau* (1963), *Elvira Madigan* (1967), *Ådalen 31* (1969), *Joe Hill* (1971), *le Chemin du serpent* (1987).

WIDERÖE (Rolf), physicien et ingénieur suisse d'origine norvégienne (Oslo 1902). On lui doit de grands perfectionnements dans le domaine des accélérateurs de particules.

WIDNES, v. de Grande-Bretagne (Cheshire), sur l'estuaire de la Mersey ; 56 700 hab. Centre industriel.

WIDOR (Charles-Marie), organiste et compositeur français (Lyon 1844 - Paris 1937). Organiste de St-Sulpice à Paris (1869-1934), professeur d'orgue puis de composition au Conservatoire de Paris, il fut le principal initiateur d'un style d'orgue « symphonique ». Il a laissé pour son instrument 10 symphonies composées entre 1876 et 1900 (dont « la Gothique » et « la Romane »). Il composa également une *Messe* pour double chœur et deux orgues, 5 symphonies, un ballet, des œuvres dramatiques.

WIDUKIND, chef saxon du VIIIe s., qui combattit âprement Charlemagne de 778 à 785. Vaincu, il se fit baptiser.

WIECHERT (Ernst), écrivain allemand (Kleinort, Prusse-Orientale, 1887 - Uerikon, canton de Zurich, 1950). Son hostilité au nazisme lui valut d'être interné au camp de Buchenwald. Généreux, inquiet, détaché du protestantisme familial, mais nourri de la Bible, il a renforcé dans la littérature allemande la tendance à l'irrationalisme poétique par ses romans (*les Enfants Jéromine,* 1945-1947), ses nouvelles (*la Voiture d'argent,* 1928) et ses récits autobiographiques (*Forêts et hommes,* 1936).

WIED (Gustav), écrivain danois (Holmegaard, près de Nakskov, 1858 - Roskilde 1914). Outre ses récits humoristiques sur les paysans (*Silhouettes,* 1891), pittoresques sur un village (*Knagsted,* 1902), mélancoliques et satiriques (*la Famille,* 1898), il est surtout le créateur de théâtre au « jeux de satyre » agressifs telle sa célèbre pièce *les Souris dansantes* (1905), qui s'en prend à l'absurdité.

WIELAND (Christoph Martin), écrivain allemand (Oberholzheim, près de Biberach, Wurtemberg, 1733 - Weimar 1813). Influencé par la littérature française, il évolua du piétisme (*la Nature des choses,* 1752) à l'esprit philosophique, célébrant dans *le Miroir d'or ou les Rois de Scheschian* (1772) les bienfaits du despotisme éclairé. Appelé à la cour de Weimar comme éducateur des princes Charles-Auguste et Constantin, il fonda *le Mercure allemand.* Surnommé le « Voltaire de l'Allemagne », il exerça par ses poèmes (*Musarion,* 1768 ; *les Grâces,* 1770 ; *Obéron,* 1780-81), ses essais et ses romans (*les Abdéritains,* 1774-1781) une influence profonde sur Goethe et les écrivains allemands.

WIELAND (Heinrich), chimiste allemand (Pforzheim 1877 - Munich 1957). Il a reçu en 1927 le prix Nobel de chimie pour ses recherches sur la constitution des sels biliaires, du venin de crapaud, etc.

WIELICZKA, v. de Pologne, au S.-E. de Cracovie ; 17 000 hab. Célèbres mines de sel, exploitées depuis le XIe s., et dont les principales galeries s'enfoncent entre 63 et 135 m. Musée minier. Centre médical (asthme).

WIEN, nom allemand de Vienne (Autriche) et de la petite rivière, affluent du Danube, qui coule dans cette ville.

WIEN (Wilhelm), physicien allemand (Gaffken, Prusse-Orientale, auj. en Pologne, 1864 - Munich 1928). Il a étudié la décharge électrique dans les gaz raréfiés, les rayons cathodiques et les rayons positifs. En 1893, il a énoncé la loi qui porte son nom et selon laquelle la longueur d'onde λ_m correspondant au maximum d'émission du corps noir à la température absolue T est donnée par : $\lambda_m = C/T$, avec $C = 2{,}897 \cdot 10^{-3}$ m · K. (Prix Nobel de physique 1911.)

WIENE (Robert), cinéaste allemand (en Saxe 1881 - Paris 1938). Acteur et metteur en scène de théâtre, venu au cinéma en 1914, il réalise *Fromont jeune et Risler aîné, le Cabinet* du docteur Caligari* (1919) et connaît le succès, qu'il tente de prolonger avec *Genuine* (1920), *Raskolnikov* (1923) et *les Mains d'Orlac* (1925).

WIENER (Norbert), mathématicien américain (Columbia, Missouri, 1894 - Stockholm 1964). Esprit original, Wiener a ouvert de nouvelles perspectives en mathématiques et a fondé la cybernétique*. Son ouvrage *Cybernetics, or Control and Communication in the Man and the Machine* a suscité un intérêt considérable parmi les savants de disciplines diverses.

WIÉNER (Jean), pianiste et compositeur français (Paris 1896 - *id.* 1982). Après la Première Guerre mondiale, il fonde avec Jean Cocteau ce qui deviendra *le Bœuf sur le toit,* haut lieu de rencontre du tout-Paris artistique de l'entre-deux-guerres. Il s'est intéressé à la chanson, à la musique contemporaine, au jazz et a écrit plus de 300 musiques de film.

WIENER NEUSTADT, v. d'Autriche (Basse-Autriche) ; 41 000 hab. Église de l'Assomption (XIIIe-XVe s.) et autres monuments. Centre industriel.

WIENERWALD, massif boisé d'Autriche (Basse-Autriche), extrémité orientale des Alpes, dominant Vienne et la plaine du Danube. Lieu de villégiature pour les Viennois.

WIENIAWSKI (les), famille de musiciens polonais. — HENRYK, compositeur et violoniste (Lublin 1835 - Moscou 1880). Virtuose officiel de la cour de Saint-Pétersbourg (1848-1872), il fut professeur de violon au Conservatoire de Bruxelles. Son œuvre consiste surtout en deux concertos et de nombreuses études. — Son frère, JÓZEF, pianiste et compositeur (Lublin 1837 - Bruxelles 1912), composa une *Suite romantique* pour orchestre, ainsi que de nombreuses œuvres pour piano. — Leur neveu, ADAM TADEUSZ (Varsovie 1879 - Bydgoszcz 1950), fut directeur de l'École supérieure Chopin à Varsovie (1928).

WIEPRZ, riv. du S.-E. de la Pologne, affl. de la Vistule (r. dr.) ; 303 km.

WIERINGEN, anc. île des Pays-Bas (Hollande-Septentrionale), aujourd'hui reliée au continent et transformée en polder ; 3 398 km^2 ; 8 000 hab.

WIERINGERMEER *(polder du)* ou **POLDER DU NORD-OUEST,** le premier et le plus septentrional des polders conquis sur l'emplacement de l'ancien Zuiderzee (1927) ; 21 019 ha ; 12 200 hab.

WIERTZ (Antoine), peintre belge (Dinant 1806 - Bruxelles 1865). Formé à Anvers, à Paris et à Rome, peintre d'histoire aux ambitions démesurées, il annonce le symbolisme par son imagination romantique souvent macabre et hallucinée (*la Belle Rosine,* 1847, musée Wiertz, Bruxelles).

WIES, village d'Allemagne (Bavière), près de Füssen. Église de pèlerinage construite de 1745 à 1754 par D. Zimmermann, un des chefs-d'œuvre du rococo bavarois.

WIESBADEN, v. d'Allemagne, cap. de la Hesse, au pied du Taunus ; 270 000 hab. Station thermale, ville de congrès, centre administratif, commercial et industriel (chimie, constructions électriques, mécanique, industries graphiques, optique). Anc. capitale du duché de Nassau, la ville fut le siège de l'administration inter-alliée durant l'occupation de la Rhénanie (1919-1930).

WIESEL (Elie), écrivain américain d'expression française (Sighet, Roumanie, 1928). Déporté à Auschwitz à 16 ans, il a placé toute son œuvre sous le signe de son expérience de la souffrance et de la haine et de l'étude de la condition juive (*la Nuit,* 1960 ; *l'Aube,* 1960 ; *le Jour,* 1961), avec, en filigrane, l'espoir puisé dans la tradition et les légendes juives (*le Mendiant de Jérusalem,* 1968). Conscient du conflit entre tradition et contemporanéité (*Zalmen ou la Folie de Dieu,* 1968), attaché à Israël (*Un juif d'aujourd'hui,* 1977), il remonte au cœur du hassidisme (*Contre la mélancolie, célébration hassidique,* 1981) et se livre à une méditation sur l'exécration et le pardon (*Paroles d'étranger,* 1982 ; *Signes d'exode,* 1985 ; *le Crépuscule au loin,* 1987 ; *l'Oublié,* 1989). [Prix Nobel de la paix 1986.]

WIESER (Friedrich VON), économiste autrichien (Vienne 1851 - Sankt Gilgen 1926). Marginaliste, il fut l'un des fondateurs de la première école de Vienne.

WIGHT *(île de),* île au large de la côte sud de l'Angleterre, dont elle est séparée par le bras de mer du Solent ; 381 km^2. L'île forme un comté (118 000 hab.) ; ch.-l. *Newport.* Élevage et cultures maraîchères, chantiers navals, navigation de plaisance. Stations balnéaires sur la côte sud.

WIGMAN (Marie WIEGMANN, dite **Mary**), danseuse et chorégraphe allemande (Hanovre 1886 - Berlin 1973). Formée par Rudolf von Laban, elle ne fut pourtant pas son disciple. Ses idées sur la danse libérée du support musical ont trouvé une large audience en Allemagne, en Suisse et aux États-Unis. L'une des premières, elle utilisa les instruments à percussion. On lui doit *The Language of Dance* (1966).

WIGNER (Eugene Paul), physicien américain d'origine hongroise (Budapest 1902 - Princeton 1995). Ses travaux les plus remarquables portent sur l'étude du rôle des principes de symétrie en théorie quantique. Il a aussi découvert l'« effet Wigner », déplacement d'un atome d'un réseau cristallin par l'action d'une particule de grande énergie. (Prix Nobel de physique, avec M. Goeppert-Mayer et H. D. Jensen, 1963.)

WIGWAM [wigwam] n. m. (algonquin *wikiwam,* cabane). **1.** Village des Indiens de l'Amérique du Nord. — **2.** Hutte ou chaumière indienne.

WILANDER (Mats), joueur de tennis suédois (Växjö 1964), vainqueur à Roland-Garros en 1982, 1985 et 1988, aux Internationaux d'Australie en 1983, 1984 et 1988, et à Flushing Meadow en 1988.

WILAYA [vilaja] n. f. (ar. *wilāya,* commandement). Division administrative de l'Algérie contemporaine.

WILBERFORCE (William), homme politique et philanthrope britannique (Hull, Yorkshire, 1759 - Londres 1833). Membre du Parlement dès 1780, il se fit, à partir de 1787, l'avocat tenace de la cause de l'abolition de l'esclavage.

WILD (Heinrich), ingénieur et constructeur d'appareils de précision suisse (Bilten 1877 - Baden 1951). Il créa les instruments modernes de géodésie et de photogrammétrie.

WILDE (Oscar Fingal O'Flahertie Wills), écrivain irlandais (Dublin 1854 - Paris 1900). Adepte fervent de l'« art pour l'art », il devint rapidement le chef des esthètes. À New York, il fait jouer sa première pièce, *Vera ou les Nihilistes* (1882). À Paris, il s'éprend de Verlaine et du symbolisme. Héritier de Keats et de Pater, il s'inspire, même dans sa phase mondaine, de Huysmans. À son retour en Angleterre, il écrit des contes : *le Prince heureux et d'autres contes* (1888), *le Crime de lord Arthur Saville et d'autres histoires* (1891) et *Une maison de grenades* (1892). Des essais (*Intention,* 1891) précèdent son unique roman, *le Portrait* de Dorian Gray* (1891), évocation d'une amitié masculine qui réitère la théorie des masques : seuls les masques disent vrai, la nature imite l'art. Après *la Duchesse de Padoue* (1891) et *l'Âme de l'homme sous le socialisme,* il s'affirme comme l'un des grands auteurs dramatiques de l'époque (*l'Éventail de lady Windermere,* 1892 ; *Une femme sans importance,* 1893 ; *De l'importance d'être constant,* 1895). En 1893, *Salomé,* pièce écrite en français, est jouée à Paris par Sarah Bernhardt mais interdite en Angleterre dans la traduction qu'en donne son ami lord A. Douglas. Violemment attaqué par le père de son ami, Wilde lui intente un procès en diffamation (1895), qu'il perd. Il purgera une partie de ses deux ans de travaux forcés à la prison de Reading (*Ballade* de la geôle de Reading,* 1898), avant de se retirer en France. Après sa mort, une partie de la lettre à Alfred Douglas, annonçant sa conversion au catholicisme, fut publiée, en 1905, sous le titre de *De profundis.*

WILDENVEY (Herman), écrivain norvégien (Eiker, près de Drammen, 1886 - Larvik 1959). Son œuvre, principalement poétique, débute par *Campanula* (1902), signé HERMAN PORTAAS, et se poursuit, après un séjour aux États-Unis, par les recueils *Nyinger* (1907), *Caresse* (1916), *l'Orchestre de feu* (1923), *le Miroir des étoiles* (1935), *Polyhymnia* (1952), où, dans un style affranchi de contraintes formelles, il chante la nature de son pays, exprime des sentiments pleins de fraîcheur ou livre des méditations mélancoliques, voire mystiques sur la vie. On lui doit aussi des nouvelles et des pièces de théâtre.

WILDER (Thornton Niven), écrivain américain (Madison, Wisconsin, 1897 - Hamden, Connecticut, 1975). Il allia dans ses romans (*le Pont du* *roi saint Louis,* 1927) et ses pièces de théâtre (*Notre petite ville,* 1938) l'esthétisme et les données philosophiques.

WILDER (Samuel, dit **Billy**), cinéaste américain d'origine autrichienne (Sucha, près de Cracovie, 1906). Après quelques films de série, il met en scène *Assurance sur la mort* (1944), *le Poison* (1945), *Boulevard du Crépuscule* (1950), *le Gouffre aux chimères* (1951), *Stalag 17* (1953), *Sept Ans de réflexion* (1955), *Certains l'aiment chaud* (1959), *la Garçonnière* (1960), *Irma la Douce* (1963), *Spéciale Première* (1974).

WILDGANS (Anton), poète autrichien (Vienne 1881 - Mödling 1932). Poète influencé par Rilke et Hofmannsthal (*Sonnets à Ead,* 1913 ; *Poèmes viennois,* 1926), il évolua dans ses drames du naturalisme au lyrisme (*Pauvreté,* 1914 ; *Dies irae,* 1918).

WILES (Andrew John), mathématicien britannique (Cambridge 1953). En 1993, il a proposé la première démonstration intégrale du « grand théorème de Fermat », qu'il a complétée en 1994 avec Richard Taylor.

WILHELMINE (La Haye 1880 - château Het Loo, près d'Apeldoorn, 1962), reine des Pays-Bas (1890-1948), fille de Guillaume III. Elle régna d'abord sous la régence de sa mère (1890-1898). Très populaire, respectant les usages constitutionnels, elle laissa gouverner les partis. Après l'invasion allemande, elle se réfugia à Londres (1940-1945), d'où elle soutint le courage de ses compatriotes. En sept. 1948, elle abdiqua en faveur de sa fille Juliana.

Wilhelm Meister, roman de Goethe composé de deux parties : *les Années d'apprentissage de Wilhelm Meister* (1796) et *les Années de voyage de Wilhelm Meister* (1821). Dans le premier de ces ouvrages, riche d'épisodes sentimentaux et popularisé par l'opéra-comique *Mignon**, le jeune héros se croit appelé à rénover le théâtre allemand. Goethe expose dans ce modèle du roman éducatif (Bildungsroman) ses conceptions en matière de religion, d'art et de morale. La deuxième partie raconte comment W. Meister fait l'éducation de son fils Félix. L'ouvrage marque l'évolution des idées de Goethe vers un idéal social influencé par J.-J. Rousseau, Pestalozzi et le groupe français du *Globe.*

WILHELMSHAVEN, port et station balnéaire d'Allemagne (Basse-Saxe), sur le golfe de Jade (mer du Nord) ; 100 800 hab. Port de guerre à l'origine (1869), devenu un port d'importation (pétrole et bauxite) et un centre industriel.

Wilhelmstrasse, rue de Berlin dans laquelle se trouvait le ministère des Affaires étrangères du Reich. On donna son nom à la diplomatie allemande jusqu'en 1945.

WILKES (John), homme politique et publiciste britannique (Londres 1725 - *id.* 1797). Entré au Parlement en 1757, hostile à George III, il fonda en 1762 le *North Briton.* Ses attaques contre le gouvernement et les persécutions qu'il subit en retour le rendirent très populaire. Élu lord-maire de la Cité de Londres (1774), Wilkes obligea les Communes à reconnaître le droit de publier des comptes rendus de leurs débats.

WILKES (Charles), officier de marine et explorateur américain (New York 1798 - Washington 1877). Il dirigea, de 1838 à 1842, une mission scientifique dans le Pacifique Sud. Longeant la partie orientale de l'Antarctique, il explora le littoral qui porte aujourd'hui son nom.

WILKES *(terre de),* secteur du continent antarctique, limité par les méridiens 102° et 142° 20' E. L'altitude moyenne de la surface de la glace dépasse 2 000 m (3 500 m à Vostok).

WILKIE (*sir* David), peintre britannique (Cults, Écosse, 1785 - en mer, près de Gibraltar, 1841). Il acquit sa renommée par des scènes populaires dans le goût de Teniers, puis s'attaqua à des sujets tirés de l'histoire contemporaine (*les Invalides de Chelsea* [...], 1822, Victoria and Albert Museum).

WILKINS (*sir* George Hubert), explorateur australien (Mount Bryan 1888 - Framingham, Massachusetts, 1958). Après avoir participé à plusieurs expéditions dans l'Arctique, il dirigea en 1928 et en 1929 deux raids aériens au-dessus de l'Antarctique et rapporta de précieux renseignements sur la géographie de ce continent.

WILKINS (Maurice Hugh Frederick), biophysicien britannique (Pongaroa, Nouvelle-Zélande, 1916). Il a confirmé par des expériences de diffraction des rayons X les découvertes de Crick et Watson sur la structure en double hélice de l'acide désoxyribonucléique (A. D. N.). Il a partagé le prix Nobel de physiologie et de médecine pour 1962 avec F. H. C. Crick et J. D. Watson.

WILKINSON (John), industriel britannique (Little Clifton, Cumberland, 1728 - Bradley, Staffordshire, 1808). Il fut l'un des premiers maîtres de forges à utiliser les nouvelles techniques métallurgiques. Il inventa en 1774 une machine à forer et à aléser qui permit d'usiner avec précision l'intérieur d'un cylindre, notamment l'âme des canons.

WILKINSON (*sir* John Gardner), égyptologue britannique (Chelsea 1797 - Llandovery, pays de Galles, 1875), fondateur des études égyptologiques en Grande-Bretagne, qui le premier établit une chronologie des rois d'Égypte. On lui doit d'innombrables relevés de monuments et de papyrus (Griffith Institute, Oxford).

WILKINSON (sir Geoffrey), chimiste britannique (Todmorden, Yorkshire, 1921). Il a étudié les complexes organométalliques des métaux de transition et leurs propriétés catalytiques. (Prix Nobel de chimie, avec E. O. Fischer, 1973.)

WILLAERT (Adriaan), compositeur flamand (Bruges ou Roulers v. 1485 - Venise 1562). Maître de chapelle de la basilique St-Marc, il est tenu pour le fondateur de l'école vénitienne. Son œuvre comprend des motets, des madrigaux, des *Canzoni villanesche alla napolitana,* des chansons françaises et des pièces instrumentales.

WILLAMETTE, riv. des États-Unis (Oregon), affl. de la Columbia (r. g.), rejointe près de Portland ; 295 km.

WILLAUMEZ (Jean-Baptiste Philibert, *comte*), marin français (Le Palais 1763 - Suresnes 1845). Commandant l'escadre de Brest, il lutta avec avantage contre les Anglais au Cap et aux Antilles. Il est l'auteur d'un très complet *Dictionnaire de la marine* (1820).

WILLE (Jean Georges), graveur et dessinateur allemand naturalisé français (près de Königsberg 1715 - Paris 1808). Plus que son burin, ses fonctions de chef d'un important atelier parisien et ses relations avec marchands et amateurs lui valurent d'occuper une place de premier plan dans la vie artistique de son temps.

WILLEBROEK, comm. de Belgique (prov. d'Anvers), sur le Rupel, à l'origine du canal de Bruxelles ; 22 400 hab. Centre industriel.

WILLÉMITE [vi-] n. f. (du n. de Guillaume Ier [néerl. *Willem*], roi de Hollande). Silicate naturel de zinc Zn_2SiO_4, rhomboédrique. (C'est un minerai de zinc.)

WILLEMS (Jan Frans), écrivain belge d'expression néerlandaise (Boechout 1793 - Gand 1846). Poète (*Aux Belges,* 1818), philologue (*Sur la langue et la littérature néerlandaises,* 1819-20), traducteur, il fut l'initiateur du renouveau culturel néerlandais.

WILLEMSTAD, port de l'île de Curaçao, ch.-l. des Antilles néerlandaises ; 50 000 hab. Raffinerie de pétrole.

WILLENDORF, localité d'Autriche (Basse-Autriche), à env. 20 km au S.-O. de Krems. On y a découvert, dans des foyers aurignaciens, une statuette féminine en calcaire de 11 cm, la « Vénus de Willendorf ».

WILLETTE (Adolphe), peintre et dessinateur français (Châlons-sur-Marne 1857 - Paris 1926). Caractéristique de l'esprit montmartrois, son œuvre témoigne tour à tour d'une fantaisie mélancolique (illustrations de livres, travaux décoratifs) et d'un humour acerbe (caricatures du *Courrier français,* du *Rire,* du *Chat noir,* du *Pierrot* [fondé par lui, 1888-1891], etc.).

WILLIAMS n. f. Variété de poire d'été, à chair fine et juteuse, très cultivée.

WILLIAMS (William Carlos), écrivain américain (Rutherford, New Jersey, 1883 - *id.* 1963). Issue de l'imagisme et des tentations de la déconstruction que révèle le souci des couleurs et de la forme, son œuvre se définit par l'affirmation du local et l'attention portée à l'objet (*Sour Grapes,* 1921 ; *Adam & Eve & the City,* 1936 ; *Journey to Love,* 1955). Outre *Paterson* (1946-1958), vaste épopée de l'« homme-ville américain », il a donné des essais (*Au grain d'Amérique,* 1925), des romans et une *Autobiographie* (1951) qui forment autant de portraits de l'Amérique d'aujourd'hui.

WILLIAMS (Thomas Lanier WILLIAMS, dit **Tennessee**), auteur dramatique américain (Columbus, Mississippi, 1911 - New York 1983). Poète, romancier (*le Printemps romain de Mrs. Stone,* 1950), il a décrit dans ses pièces de théâtre des marginaux, proies des frustrations et des excès de la société (*Un tramway nommé désir,* 1947 ; *la Rose tatouée,* 1950 ; *la Chatte sur un toit brûlant,* 1955 ; *Soudain l'été dernier,* 1958 ; *la Nuit de l'iguane,* 1961).

WILLIAMS (Marion), chanteuse de gospel songs américaine (Miami 1927 - Philadelphie 1994). Douée d'une présence scénique exubérante, elle est avec Mahalia Jackson la plus importante vocaliste de la musique religieuse afro-américaine.

WILLIAMS (Betty), femme politique irlandaise (Belfast 1943). Protestante pacifiste, elle a partagé le prix Nobel de la paix en 1976 avec la catholique Mairead Corrigan.

WILLIAMSBURG, v. des États-Unis (Virginie), entre Richmond et Norfolk ; 9 900 hab. Centre touristique. La ville fut capitale de la Virginie de 1699 à 1779. En 1862, durant la guerre de Sécession, s'y déroula une dure bataille. La ville a été restaurée dans le style colonial.

William Shakespeare, ouvrage critique de Hugo (1864). Portrait de l'artiste en génie, l'ouvrage contient l'ensemble de la théorie littéraire de V. Hugo.

WILLIAMSON (Alexander William), chimiste britannique (Londres 1824 - Hindhead, Surrey, 1904). Sa découverte des éthers mixtes lui permit d'élaborer la théorie des types, fondée sur le concept de radicaux, qui sera précisée par

Gerhardt. Il étudia l'estérification et exprima, le premier, la conception d'équilibre dynamique en chimie.

WILLIBRORD ou **WILLIBROD** *(saint),* évêque (en Northumbrie 658 - Echternach 739). Archevêque d'Utrecht (695), fondateur du monastère d'Echternach (698), il évangélisa plusieurs fois la Frise, la Flandre et le Luxembourg. Sa tombe, à Echternach, est le centre d'une grande procession dansante.

WILLOCH (Kåre), homme politique norvégien (Oslo 1928). Secrétaire général du parti conservateur de 1970 à 1974, il a été Premier ministre de 1981 à 1983 et de 1983 à 1986.

WILLOUGHBY (*sir* Hugh), navigateur anglais (Risley, Derbyshire - presqu'île de Kola 1554). Parti à la découverte du passage du Nord-Est (1553), il pénétra dans l'océan Glacial arctique puis dans l'intérieur de la péninsule de Kola, où il périt.

WILLSTÄTTER (Richard), chimiste allemand (Karlsruhe 1872 - Muralto, Locarno, 1942). Ses travaux portent sur la constitution et la synthèse de divers alcaloïdes, en particulier de la cocaïne, sur la chlorophylle et les pigments végétaux et animaux. (Prix Nobel de chimie 1915.)

WILLUMSEN (Jens Ferdinand), peintre et sculpteur danois (Copenhague 1863 - Le Cannet 1958). Influencé par l'école de Pont-Aven, Gauguin, le symbolisme, ainsi que par le Greco, il évolua vers un expressionnisme coloré typiquement nordique. Un musée lui est consacré à Frederikssund, près de Copenhague.

WILLY (Henry GAUTHIER-VILLARS, dit), journaliste et écrivain français (Villiers-sur-Orge 1859 - Paris 1931). Critique redouté, romancier, il fut l'époux et le collaborateur de Colette à ses débuts (1901-1906).

WILM (Alfred), métallurgiste allemand (Niederschellendorf, Silésie, auj. en Pologne, 1869 - Saalberg, basse Silésie, auj. en Pologne, 1937). Il fut en 1910 le créateur du Duralumin*, premier alliage léger.

WILMINGTON, port des États-Unis (Caroline du Nord), sur l'estuaire de la Cape Fear River ; 44 000 hab. Station balnéaire et centre industriel. Pendant la guerre de Sécession, important port de guerre des confédérés.

WILMINGTON, port des États-Unis (Delaware), sur l'estuaire de la Delaware ; 70 200 hab. Centre industriel (chimie).

WILMOTTE (Maurice), philologue belge (Liège 1861 - Bruxelles 1942). Fondateur à l'université de Liège de l'enseignement de la philologie romane, il s'attacha à démontrer que l'origine de l'épopée française est latine et virgilienne (*l'Épopée française,* 1939).

WILNA ou **WILNO** → VILNIUS.

WILSON *(mont),* contrefort méridional des San Gabriel Mountains, en Californie, près de Pasadena ; 1 740 m. Observatoire d'astrophysique.

WILSON (Richard), peintre britannique (Penegoes, pays de Galles, 1714 - Llanberis, pays de Galles, 1782). Installé à Londres, il devint, après un séjour en Italie (1750-1757), le meilleur paysagiste de l'école anglaise du XVIIIe s. Tout en s'inspirant du Lorrain et de Cuyp (paysages composés, parfois d'esprit préromantique), il étudia directement la nature (dessins et esquisses peintes ; vues d'Angleterre et du pays de Galles).

WILSON (Thomas Woodrow), homme d'État américain (Staunton, Virginie, 1856 - Washington 1924). Avocat, gouverneur démocrate du New Jersey en 1911, il est élu président des États-Unis (1912). Réformateur, il diminue les droits de douane, crée l'impôt sur le revenu et démocratise l'élection des sénateurs (1913). Partisan de la neutralité américaine en 1914, il est réélu en 1916 ; mais la décision allemande de pratiquer une guerre sous-marine contre les neutres le contraint à déclarer la guerre aux Empires centraux (avr. 1917). En janv. 1918, il fait connaître au Congrès, en « quatorze points », les principes d'une paix juste et durable en Europe et impose ses vues lors des négociations de paix en 1919. Mais le Sénat refuse de ratifier le pacte de la S. D. N., dont il avait eu l'initiative. Malade, il ne peut se représenter en 1920. (Prix Nobel de la paix 1919.)

WILSON (*sir* Henry Hughes), maréchal britannique (Edgeworthstown, Irlande, 1864 - Londres 1922). Après avoir pris part à la guerre des Boers, il fut chargé de la réorganisation de l'armée britannique et se lia avec Foch. Représentant britannique au Conseil suprême de guerre de Versailles (1917), il fut chef d'état-major impérial de 1918 à 1922. Élu député de l'Irlande du Nord aux Communes, il fut assassiné par des nationalistes irlandais.

WILSON (Charles Thomson Rees), physicien britannique (Glencorse, Midlothian, 1869 - Carlops, Borders, 1959). Il a inventé en 1912 la chambre humide à condensation qui porte son nom et où l'ionisation produite par une particule chargée traversant un gaz sursaturé en vapeur provoque la formation de gouttelettes le long de la trajectoire, permettant sa visualisation. (Prix Nobel de physique, avec A. H. Compton, 1927.)

WILSON (Henry Maitland, 1er *baron*), maréchal britannique (Londres 1881 - près d'Aylesbury,

Buckinghamshire, 1964). Après avoir participé à la guerre contre les Boers de 1900 à 1902 et combattu lors de la Première Guerre mondiale, il commanda les forces britanniques en Grèce, en Palestine et en Syrie (1941). En 1943, sa zone d'action fut étendue à tout le Moyen-Orient. Il remplaça Eisenhower en 1944 comme commandant interallié en Méditerranée et dirigea les opérations en Italie et en Provence.

WILSON (Edmund), écrivain américain (Red Bank, New Jersey, 1895 - Talcottville, État de New York, 1972). Poète, romancier, critique littéraire au *New Yorker,* il fut le témoin de la culture et des problèmes américains (*J'ai pensé à Daisy,* 1929 ; *Mémoires du comté d'Hécate,* 1946 ; *Pardon aux Iroquois,* 1959 ; *Patriotic Gore,* 1962).

WILSON (Theodore, dit **Teddy**), pianiste de jazz américain (Austin, Texas, 1912 - New Britain, Connecticut, 1986). Il a joué avec Louis Armstrong, Jimmie Noone et Benny Carter puis, de 1935 à 1939, fit partie du Benny Goodman Trio. Il a accompagné Billie Holiday. Il a joué ensuite en trio ou en solo.

WILSON (Angus Frank JOHNSTONE-WILSON, dit **Angus**), écrivain britannique (Bexhill, Sussex, 1913 - Bury Saint Edmunds 1991). Son théâtre, ses nouvelles et ses romans constituent une critique acerbe de la société anglaise (*la Ciguë et après,* 1952 ; *Attitudes anglo-saxonnes,* 1956 ; *Comme par magie,* 1973 ; *Embraser le monde,* 1980).

WILSON (Harold), baron **Wilson of Rievaulx,** homme politique britannique (Huddersfield, Yorkshire, 1916 - Londres 1995). Élu député (1945), il devient leader du parti travailliste en 1963 (jusqu'en 1976). Premier ministre (1964-1970), il s'attache à résorber la crise économique par un programme d'austérité et nationalise les industries de l'acier (1967). Sur le plan extérieur, la politique de décolonisation est poursuivie mais rencontre de graves difficultés, surtout en Rhodésie du Sud (1965). De nouveau Premier ministre (1974-1976), il réussit à faire ratifier par référendum (1975) l'entrée de la Grande-Bretagne dans le Marché commun et à améliorer les relations avec les syndicats. Il démissionna en 1976.

WILSON (Georges WILLSON, dit **Georges**), acteur et metteur en scène français (Champigny-sur-Marne 1921). Élève de Pierre Renoir, il fut de 1963 à 1972 le directeur du Théâtre national populaire (T. N. P.).

WILSON (Edward Osborne), biologiste américain (Birmingham, Alabama, 1929). Ses études sur les insectes sociaux l'ont conduit à élaborer une vaste synthèse unissant l'écologie, la génétique et l'éthologie et à fonder la théorie de la sociobiologie.

WILSON (Colin), écrivain britannique (Leicester 1931). Porte-drapeau des « Jeunes Gens en colère » (*l'Homme en dehors,* 1956), chantre du nouvel existentialisme (*Introduction to the New Existentialism,* 1966), il se tourna vers l'exploration de la puissance de l'occulte (*Strange Powers,* 1973). Il a publié, avec D. Seaman, l'*Encyclopédie moderne du meurtre* (1983).

WILSON (Robert), radioastronome américain (Houston 1936). Avec A. Penzias, il a découvert, en 1965, le rayonnement thermique du fond du ciel à 3 kelvins, confortant ainsi la théorie cosmologique de l'explosion primordiale (big* bang). [Prix Nobel de physique 1978.]

WILSON (Robert, dit **Bob**), auteur dramatique américain (Waco, Texas, 1941). Il resta muet jusqu'à l'âge de 17 ans. Dans son théâtre, la parole est soit totalement proscrite (*le Regard du sourd,* 1970), soit dénuée de sa fonction habituelle et le temps y subit une distorsion insolite.

Wilson *(maladie de),* maladie héréditaire consécutive à un trouble du métabolisme du cuivre lié à un déficit de synthèse de la céruléoplasmine. L'affection, qui débute entre 15 et 30 ans, comporte des signes neurologiques avec un faciès figé au sourire inexpressif, des mouvements anormaux et une cirrhose hépatique.

WILTZ, ch.-l. de cant. du grand-duché de Luxembourg, sur la *Wiltz,* affluent de la Sûre ; 4 100 hab. Château médiéval et des XVIIe - XVIIIe s. Centre touristique et commercial. Chimie.

WIMBLEDON, agglomération de la banlieue sud-ouest de Londres, site des Internationaux de Grande-Bretagne de tennis, ou *tournoi de Wimbledon.*

WIMEREUX (62930), comm. du Pas-de-Calais, au N. de Boulogne ; 7 132 hab. *(Wimereusiens).* Station balnéaire. Laboratoire de biologie marine.

WIMPFFEN (Félix, *baron* DE), général français (Minfeld 1744 - Bayeux 1814). Après avoir pris part à la guerre de Sept Ans, il fut élu député de la noblesse (1789). Lieutenant général, il défendit Thionville en 1792 puis, ayant pris la tête des fédéralistes de Normandie, il fut battu et proscrit (1793). — Son petit-fils EMMANUEL FÉLIX (Laon 1811 - Paris 1884) succéda à Ducrot comme commandant en chef de l'armée de Châlons (sept. 1870). Il tenta des percées mais ne put empêcher la capitulation, qu'il négocia avec Bismarck.

WIMSHURST (James), inventeur britannique (Londres 1832 - 1903), créateur, en 1883, de la machine électrostatique à influence qui porte son nom. Il a montré la possibilité de disperser et de réfléchir les rayons X.

WINCH (winʃ) n. m. (pl. *winchs* ou *winches*) [angl. *winch*]. Petit treuil à main sur un yacht, constitué d'une poupée métallique manœuvrée par une manivelle ou un levier à cliquets.

WINCHESTER (winʃɛstɛr) n. m. [de O. F. *Winchester,* n. pr.]. Fusil américain à répétition, qui fut employé pendant la guerre de Sécession. (Calibre 10,7 mm.)

WINCHESTER, v. de Grande-Bretagne, ch.-l. du Hampshire, au N. de Southampton ; 31 100 hab. Winchester College est le plus ancien des établissements d'enseignement anglais.
— **Hist.** L'un des principaux centres brittoniques, la ville devint la capitale du royaume de Wessex (VIe s.) puis de toute l'Angleterre (IXe s.). Cité prospère au Moyen Âge, Winchester vit son rôle décliner dès la fin du XIIIe s. au profit de Londres. Elle est le siège d'un évêché depuis le VIIe s.
— **Bx-arts.** Vaste cathédrale reconstruite de la fin du XIe au XIVe s., collège remontant au XIVe s. et autres témoignages du passé. Important centre monastique d'enluminure de manuscrits, aux Xe et XIIe s. surtout.

WINCKELMANN (Johann Joachim), historien de l'art et archéologue allemand (Stendal, Brandebourg, 1717 - Trieste 1768). Il séjourna à Rome, où il devint bibliothécaire du Vatican, et se livra à une étude méthodique des monuments antiques. Défenseur inconditionnel de l'art grec, il concourut par ses écrits au développement du courant néoclassique (*Histoire de l'art dans l'Antiquité,* 1764).

WINDAUS (Adolf), chimiste allemand (Berlin 1876 - Göttingen 1959). Il a isolé la vitamine antirachitique (vitamine D2, ou calciférol) et établi sa constitution, ce qui lui a valu le prix Nobel de chimie pour 1928. Il a isolé également la vitamine D3 (cholécalciférol) [1931].

WINDERMERE, le plus grand lac de Cumbria, dans le Lake District (Grande-Bretagne) ; 17 km^2. Tourisme.

WINDHOEK, cap. de la Namibie ; 76 000 hab. Centre commercial et administratif.

WINDISCHGRÄTZ (Alfred, *prince* ZU), maréchal autrichien (Bruxelles 1787 - Vienne 1862). Il lutta contre la France (1805-1814) puis écrasa l'insurrection de Prague (1848). Il fut battu par les Hongrois à Gödöllő (1849).

WINDMILL HILL, site préhistorique de Grande-Bretagne (Wiltshire), près d'Avebury, qui a donné son nom à un faciès culturel néolithique et chalcolithique dérivant des cultures continentales de Michelsberg et du chasséen (entre 3500 et 3000 av. notre ère). Regroupées dans des camps installés au sommet de collines et entourés de fossés concentriques interrompus, ces populations, essentiellement pastorales, ont étendu leur influence jusqu'en Écosse et en Irlande.

WINDOWS [windoz] n. f. pl. (pl. de l'angl. *window,* fenêtre). Syn. de PAILLETTES.

WINDSCALE, localité de Grande-Bretagne (Cumbria), près de Whitehaven. Centre de recherches nucléaires. Retraitement des combustibles.

WINDSOR ou **NEW WINDSOR,** v. de Grande-Bretagne (Berkshire), sur la Tamise, en amont de Londres ; 30 100 hab. Vaste château royal construit et remanié du XIIe au XIXe s. (mobilier, œuvres d'art, dessins de maîtres).

Windsor *(traité de)* [1175], traité signé par Henri II et les représentants de Rory O'Connor, roi de Connacht et Áird Rígh d'Irlande, qui reconnaissait la souveraineté anglaise sur toute l'Irlande.

WINDSOR, v. du Canada (Ontario), sur la rivière Detroit, en face de la ville américaine de Detroit, à laquelle elle est reliée par un tunnel et par un pont ; 196 500 hab. Centre industriel et commercial. Université.

WINDSOR (Édouard, *duc* DE) → ÉDOUARD VIII.

WINDSURF [windsœrf] n. m. (n. déposé). Nom d'un type de planche* à voile.

WINDTHORST (Ludwig), homme politique allemand (Kaldenhof, près d'Osnabrück, 1812 - Berlin 1891). Ministre de la Justice du Hanovre (1851-1853 et 1862-1865), député au Reichstag en 1867, il devint le chef du Centre (catholique) et le principal adversaire, au Parlement, de Bismarck lors du Kulturkampf.

WINDWARD ISLANDS, nom donné autrefois aux îles alors britanniques des Petites Antilles, dans la partie méridionale des îles du Vent, formées par Grenade et les Grenadines, Saint Vincent, Sainte-Lucie et la Dominique.

WINGATE (Orde Charles), général britannique (Naini Tāl, Uttar Pradesh, 1903 - en Birmanie 1944). Envoyé en Palestine en 1936, il se passionna pour le mouvement sioniste, auquel il voulut donner une organisation militaire. Il commanda les irréguliers éthiopiens qui réinstallèrent le négus sur son trône (1941) puis organisa, en 1942-43, des groupes francs en Birmanie (les *chindits*), qui, transportés par l'aviation américaine, agirent avec succès sur les arrières des forces japonaises. Wingate fut tué dans un accident d'avion.

WINGLES (62410), ch.-l. de cant. du Pas-de-Calais, à 11 km au N. de Lens ; 8 783 hab. *(Winglois).* Industrie chimique. Verrerie. Échangeurs thermiques.

WINKELMAN (Henri Gerard), général néerlandais (Maastricht 1876 - Soesterberg, prov. d'Utrecht, 1952). Commandant en chef en 1940, il dut capituler la même année et fut interné en Allemagne jusqu'en 1945.

WINKELRIED (Arnold), héros suisse († Sempach 1386). Paysan de Stans, il aurait permis, par son dévouement héroïque au cours de la victoire de Sempach (1386), où il perdit la vie, la victoire de la Confédération suisse.

WINNEBAGO, lac des États-Unis (Wisconsin), se déversant par la Fox River dans la Green Bay, dépendance du lac Michigan ; 557 km^2.

WINNEBAGOS, Indiens Sioux des Grands Lacs d'Amérique du Nord, actuellement parqués dans une réserve du Nebraska.

WINNICOTT (Donald Woods), pédiatre et psychanalyste britannique (Plymouth 1896 - Londres 1971). Ses travaux sont essentiellement centrés sur les relations mère-nourrisson les plus précoces. Leur originalité consiste à considérer ces relations non plus seulement sous l'angle des processus psychiques internes du jeune enfant, mais sous celui d'une unité indissociable de l'enfant et de la mère (ou de celle qui en tient lieu) [« il n'existe pas de bébé sans mère »] située dans le temps avant la phase schizoparanoïde décrite par M. Klein. Selon Winnicott, à cet âge, le développement psychique est intimement lié au vécu corporel de la relation mère-enfant. L'enfant passe d'une fusion primitive avec les objets du monde extérieur au vécu d'une existence propre, différenciée, et ce vécu s'élabore progressivement au travers d'objets et de phénomènes transitionnels. Winnicott a écrit *l'Enfant et sa famille* (1957), *l'Enfant et le monde extérieur* (1957), *Jeu et réalité : l'espace potentiel* (1971) et *Fragment d'une analyse.*

WINNIPEG *(lac),* grand lac du Canada (Manitoba), à 216 m d'alt. ; 24 500 km^2 env. Il reçoit la Saskatchewan, la *Winnipeg,* la Dauphin, la rivière Rouge et s'écoule par le Nelson, tributaire de la baie d'Hudson.

WINNIPEG, cap. du Manitoba, quatrième agglomération du Canada après Toronto, Montréal et Vancouver ; 564 000 hab. La ville a pris de l'importance à partir de l'arrivée du chemin de fer, en 1881. En bordure des Prairies, c'est un nœud ferroviaire important et un centre industriel (matériel ferroviaire, alimentation, pétrochimie, aéronautique, édition).

WINNIPEGOSIS (c'est-à-dire « Petit Winnipeg »), lac du Canada (Manitoba), à l'O. du lac Winnipeg ; 5 440 km^2.

WINOGRADSKY (Serge) ou **VINOGRADSKI** (Sergueï Nikolaïevitch), microbiologiste russe (Kiev 1856 - Brie-Comte-Robert 1953). On lui doit de nombreux travaux sur les bactéries et surtout sur la nitrification. Il a découvert les bactéries chimiosynthétiques et a particulièrement étudié les sulfobactéries, la nitrification du sol, la microflore de la terre arable, la fertilité du sol et l'importance des bactéries qui y vivent. (Acad. des sc., 1924.)

Winslow *(hiatus de)* → HIATUS.

WINSTON-SALEM, v. des États-Unis (Caroline du Nord), au N.-E. de Charlotte ; 132 000 hab. Tabac.

Winter *(écorce de),* nom donné aux écorces toniques et stimulantes d'une magnoliacée *(drymis)* et de deux espèces de *canella.*

WINTERANACÉE [win-] n. f. L'un des noms de famille donné aux arbres du genre *canella.*

WINTERGREEN [wintœrgrin] n. m. (angl. *wintergreen,* de *winter,* hiver, et *green,* feuillage). *Essence de wintergreen,* huile essentielle tirée par distillation des feuilles de la gaultheria, très employée dans la parfumerie à bon marché.

WINTERHALTER (Franz Xaver), peintre allemand (Menzenschwand, Forêt-Noire, 1805 - Francfort-sur-le-Main 1873). Venu à Paris en 1834, il devint le peintre attitré de la Cour. En s'inspirant de Van Dyck, des portraitistes anglais ou du graphisme d'Ingres, il a tendu à la « société » du second Empire le miroir qu'elle souhaitait (*l'Impératrice entourée de ses dames d'honneur,* 1855, château de Compiègne).

WINTÉRISATION [win-] n. f. Syn. de DÉMARGARINATION.

WINTERTHUR, v. de Suisse (cant. de Zurich), sur la Töss, affl. du Rhin ; 86 800 hab. Centre industriel. Riches collections de peintures, anciennes et modernes, du musée des Beaux-Arts ainsi que de la fondation et de la collection Oskar Reinhart.

WINTHROP (John), colonisateur anglais (Edwardstone, Suffolk, 1588 - Boston, Massachusetts, 1649). Puritain ardent, il émigra en Nouvelle-Angleterre et obtint en 1629 la charte de la Compagnie de la baie de Massachusetts. Il fut le fédérateur des colonies de la Nouvelle-Angleterre.

WINTZENHEIM (68920), ch.-l. de cant. du Haut-Rhin, à 6 km à l'O.-S.-O. de Colmar ; 6 907 hab. *(Wintzenheimiens).* Vignobles. Horlogerie.

WINTZINGERODE (Ferdinand, *baron* VON), général et diplomate russe (Allendorf 1770 - Wiesbaden 1818). Diplomate, il noua la troisième coalition contre Napoléon (1805) puis la quatrième (1806). Il fut battu durant la campagne de France à Saint-Dizier (1814).

Wirsung *(canal de),* canal excréteur principal du pancréas. Il se jette dans la deuxième portion du duodénum, soit directement, soit par l'intermédiaire de l'ampoule de Vater.

WISC (abrév. de *Wechsler Intelligence Scale for Children*), échelle destinée à mesurer l'intelligence des enfants, due à D. Wechsler (1949).

WISCONSIN, riv. des États-Unis, affl. du Mississippi supérieur (r. g.) ; 690 km.

WISCONSIN, État de la région des Grands Lacs, aux États-Unis ; 145 348 km^2 ; 4 891 769 hab. Cap. *Madison.* Le nord de l'État, partie du Bouclier canadien, est forestier (1er rang des États-Unis pour le papier), tandis que le sud est agricole. Le Wisconsin vient au 1er rang de l'Union pour les produits laitiers. L'industrie est représentée par l'automobile, les machines agricoles et l'alimentation.
— **Hist.** Française jusqu'en 1763, la région fut occupée par les Anglais jusqu'en 1812 et devint un État de l'Union en 1848.

WISE (Robert), cinéaste américain (Winchester, Indiana, 1914). Il débute dans la réalisation en 1943 et, depuis cette époque, dirige de nombreux films, dont *Nous avons gagné ce soir* (1949), *Marqué par la haine* (1956), *Je veux vivre* (1958), *West Side Story* (1961), *la Mélodie du bonheur* (1965), *la Canonnière du Yang-tsé* (1966), *Star Trek* (1979).

WISEMAN (Nicholas Patrick), prélat catholique britannique (Séville 1802 - Londres 1865). Recteur du collège anglais de Rome, il favorisa le mouvement d'Oxford, contribuant à la conversion de Newman au catholicisme (1845). Initiateur d'une presse catholique en Angleterre, il devint le chef du clergé catholique anglais comme vicaire apostolique (1849), puis archevêque de Westminster et cardinal (1850). On lui doit notamment le roman historique *Fabiola* (1854).

WISHBONE [wiʃbon] n. m. (angl. *wishbone*). **1.** Bôme formée de deux arcs, attachés à leurs extrémités et sur lesquels se fixe une voile. — **2.** Double arceau servant d'écoutes pour la manœuvre d'une planche à voile.

WISIGOTHIQUE ou **WISIGOTH, E** [vi-] adj. **1.** Relatif aux Wisigoths. — **2.** *Écriture wisigothique,* minuscule cursive employée en Espagne du VIIe au XIIe s.

WISIGOTHS ou **VISIGOTHS** (« Goths sages »), primitivement appelés **Tervinges,** ancien peuple germanique appartenant au groupe des Goths. Il se manifeste dans l'histoire au début du IVe s., installé entre Dniepr et Danube, où il est en partie converti au christianisme arien par l'évêque goth Ulfilas. La plus grande partie du peuple passe dans l'Empire et s'établit en Thrace (376). Exploités, les Wisigoths battent et tuent l'empereur Valens à Andrinople (378). Leur roi Alaric Ier les entraîne en Grèce pour la piller (396). Ils passent en Italie, où ils mettent à sac la ville de Rome (410). Les autorités romaines les envoient en Aquitaine et en Espagne et, au cours du Ve s., ils parviennent à conquérir une grande partie de l'Espagne. Ils combattent Attila aux champs Catalauniques (451), mais doivent évacuer une partie de la Gaule (défaite de Vouillé, devant Clovis, 507). Ils adoptent successivement pour capitale Toulouse, Narbonne, Barcelone, Mérida et Tolède. L'établissement dans la péninsule se complète de la soumission des Basques (578) et de la destruction du royaume des Suèves (585). Ariens, ils persécutent les catholiques, jusqu'au moment où le roi Reccared Ier (586-601) se convertit au catholicisme, suivi par le peuple. La persécution tend alors à changer de sens. Le clergé se révèle influent et les décisions de ses conciles, réunis à Tolède, ont un impact législatif essentiel et s'ajoutent aux codifications juridiques ordonnées par les rois Euric, Alaric II, Receswinthe et Ervige. Les lois wisigothes organisent la cohabitation avec les Romains. Les Wisigoths se romanisent un peu. Une certaine culture se répand, qui ajoute les lettres latines aux vieilles sagas gothiques. Le roi possède une bibliothèque et des archives. L'économie paraît prospère : les mines sont exploitées, les terres sont irriguées, les aqueducs entretenus. Un commerce de mer se poursuit avec des marchands grecs. L'aristocratie s'enrichit, les terres se concentrent, une féodalité s'amorce. Le goût de la guerre a disparu. Quand les musulmans de Ṭāriq débarquent en Espagne, la monarchie s'effondre rapidement (711-714).

Wiskott-Aldrich *(syndrome de),* déficit immunitaire constitutionnel à transmission récessive liée au sexe, se manifestant chez les nourrissons du sexe masculin, caractérisé par une thrombopénie, un eczéma et une sensibilité aux infections. (Syn. SYNDROME D'ALDRICH.)

WISMAR, port d'Allemagne (Mecklembourg - Poméranie-Occidentale), au fond de la *baie de Wismar ;* 57 000 hab. Port de pêche et centre industriel. Église St-Nicolas, en brique (XVe s.). Point de jonction le 3 mai 1945 entre les Anglais de Dempsey et les Soviétiques de Rokossovski.

WISSANT (62179), comm. du Pas-de-Calais, sur le pas de Calais ; 1 306 hab. Station balnéaire.

WISSE (Claus), poète strasbourgeois, qui, avec son compatriote Philippe Colin, composa un *Parsifal* (1331-1336) qui complète le poème de Wolfram von Eschenbach.

WISSEMBOURG (67160), ch.-l. d'arrond. du Bas-Rhin, sur la Lauter, à la frontière allemande ; 7 533 hab. Église St-Pierre-et-St-Paul, des XIIIe-XIVe s. (tour romane ; œuvres d'art). Ensemble de demeures anciennes. Musée. Outils de jardinage, pneumatiques, industrie automobile.

Wissembourg *(bataille de)* [4 août 1870], première bataille de la guerre franco-allemande*, où l'armée du prince royal de Prusse surprit et contraignit à la retraite l'avant-garde de Mac-Mahon commandée par Abel Douay.

WISSMANN (Hermann VON), voyageur allemand (Francfort-sur-l'Oder 1853 - Weissenbach, Styrie, 1905). Parti de Luanda pour l'ouest de l'Afrique équatoriale, il atteignit la côte orientale par le Tanganyika (1881-82). En 1886-87, il revint en Afrique centrale et gagna l'océan Indien. En 1895, il devint gouverneur de l'Afrique-Orientale allemande.

WITBANK, v. d'Afrique du Sud, dans le Transvaal-Est ; 42 000 hab. Métallurgie.

WITENAGEMOT [wi-] n. m. (mot anglo-saxon signif. *assemblée des sages*). Conseil des rois anglo-saxons.

WITHER (George), poète anglais (Bentworth, Hampshire, 1588 - Londres 1667). Auteur de satires et de pastorales (*la Chasse du berger,* 1615 ; *la Belle Vertu,* 1622), il publia également des « proverbes » religieux et politiques (*Wither's Motto,* 1621).

WITHÉRITE [witerit] n.f. (de W. *Withering,* n. pr.). Carbonate naturel de baryum $BaCO_3$, orthorhombique.

WITKIEWICZ (Stanisław Ignacy), dit **Witkacy,** peintre, théoricien et écrivain polonais (Varsovie 1885 - Jeziory, Volhynie, 1939). Formé à l'Académie des beaux-arts de Cracovie (atelier de Mehoffer), il se lie en 1918 avec les « formistes » et exécute des peintures expressionnistes d'un esprit convulsif et burlesque ; en 1928, il fonde, par dérision des conventions picturales, l'« atelier de portraits S. I. Witkacy », à la riche production d'effigies hallucinées. Witkiewicz a illustré son esthétique générale, fondée sur la « forme pure », par une œuvre dramatique (*la Métaphysique d'un veau à deux têtes,* 1921 ; *la Poule d'eau,* 1922 ; *la Mère,* 1924 ; *Sonate de Belzébuth,* 1925) et romanesque (*l'Inassouvissement,* 1930) qui, méconnue de son vivant, marquera profondément la littérature un quart de siècle plus tard. Il est le principal représentant du « catastrophisme » polonais.

WITLOOF [witlɔf] n. f. (mot flam. signif. *feuille blanche*). Autre nom de l'*endive.*

WITT (Cornelis DE), homme d'État hollandais (Dordrecht 1623 - La Haye 1672). Bourgmestre de Dordrecht (1666), puis député aux états (1667), il s'illustra avec l'amiral Van Ghent dans la bataille livrée à l'embouchure de la Tamise (1667). Ayant refusé de signer l'abrogation de l'Acte d'exclusion, il fut accusé d'avoir tenté de faire assassiner Guillaume d'Orange et massacré par les orangistes. — Son frère JOHAN (en fr. *Jean*) [Dordrecht 1625 - La Haye 1672], conseiller pensionnaire de Hollande (1653), conclut la paix avec Cromwell (1654). Combattant l'ambition de Guillaume d'Orange, il fit adopter l'Acte d'exclusion (1667), qui abolit le stathoudérat de Hollande. Par ailleurs, il favorisa les libertés urbaines et assainit les finances, obérées par la guerre avec l'Angleterre. Les Anglais ayant occupé la colonie de La Nouvelle-Amsterdam et des comptoirs hollandais en Afrique en 1664, il se résigna à la guerre (1665) et envoya une escadre forcer la Tamise. Ayant obtenu une paix de compromis (Breda, 1667), il forma la triple alliance de La Haye avec l'Angleterre et la Suède, en vue d'arrêter les ambitions françaises (1668). En 1672, la guerre éclata et les Provinces-Unies furent envahies par les armées de Louis XIV. Rendu responsable de cet échec, Jean de Witt fut massacré avec son frère par la population de La Haye.

WITT (Katarina), patineuse allemande (Staaken 1965), championne d'Europe (de 1983 à 1987) quadruple championne du monde (1984, 1985, 1987 et 1988) et double championne olympique (1984 et 1988) de patinage artistique.

WITTE (Sergueï Ioulievitch, *comte*), homme politique russe (Tiflis 1849 - Petrograd, auj. Saint-Pétersbourg, 1915). Il dirigea le ministère des Finances de 1892 à 1903. Pour financer l'industrialisation, qu'il privilégia, il comptait sur les capitaux étrangers, qui, après la stabilisation et la dévaluation de la monnaie de 1897-1899, trouvèrent en Russie des conditions favorables. La construction ferroviaire et la production industrielle connurent un essor très rapide de 1890 à 1900. Witte favorisa la construction du Transsibérien (1891-1903) et obtint de la Chine de le faire passer par la Mandchourie (1896). Mais il s'opposa à la rupture avec le Japon et démissionna en août 1903. Rappelé par Nicolas II en oct. 1905, il incita l'empereur à promulguer le manifeste d'octobre. Il obtint au début de 1906 le placement d'un nouvel emprunt en France, qui sauva la monarchie de la banqueroute. Cependant, l'ordre étant rétabli, Nicolas II le limogea en avr. 1906.

WITTELSBACH, famille princière de Bavière, issue d'Otton de Scheyern, qui devint comte palatin de Bavière v. 1116 et acquit le château de Wittelsbach. L'un de ses descendants, OTTON **de Wittelsbach** (1180-1183), obtint de Frédéric Ier Barberousse le duché de Bavière en fief. Son fils, LOUIS Ier (1183-1231), augmenta le domaine du comté palatin du Rhin (1214). Un partage intervint en 1255 entre une branche aînée (Haute-Bavière et Palatinat) et une branche cadette (Basse-Bavière). Après l'extinction de cette dernière, les biens des Wittelsbach furent un temps réunis entre les mains de LOUIS IV (1294-1347), devenu empereur en 1328, puis repartagés en 1329 entre une branche palatine et une branche bavaroise. La branche palatine reçut par la Bulle d'Or (1356) la dignité électorale, qui lui fut enlevée en 1623 par la Bavière, puis bénéficia de la création d'un nouvel Électorat à la paix de Westphalie (1648). Elle donna en outre un roi à la Suède en la personne de CHARLES X GUSTAVE (1654-1660). La branche bavaroise, dont est issu CHARLES VII ALBERT, empereur (1742-1745), qui brigua la succession d'Autriche contre Marie-Thérèse, s'éteignit en 1777. La ligne palatine réunit alors l'ensemble des biens des Wittelsbach dans les mains de MAXIMILIEN Ier JOSEPH (1799), à qui Napoléon accorda en 1806 la dignité royale, que se transmirent ses descendants jusqu'en 1918.

WITTELSHEIM (68310), comm. du Haut-Rhin, à 12 km au N.-O. de Mulhouse ; 10 482 hab. Extraction de la potasse.

WITTEN, v. d'Allemagne (Rhénanie-du-Nord-Westphalie), dans la Ruhr, au S.-O. de Dortmund ; 107 000 hab. Centre industriel.

WITTENBERG, v. d'Allemagne (Saxe-Anhalt), sur l'Elbe ; 52 000 hab. Elle doit sa célébrité à l'activité de Luther et de Melanchthon, qui en firent la capitale de la Réforme.

WITTENHEIM (68270), ch.-l. de cant. du Haut-Rhin, au N. de Mulhouse ; 14 366 hab. Extraction de la potasse. Textile. Cycles.

WITTFOGEL (Karl August), historien et sociologue américain d'origine allemande (Woltersdorf, Hanovre, 1896 - New York 1988). Membre de l'Institut de recherches sociales de Francfort, il émigra aux États-Unis en 1933. Il y écrivit *le Despotisme oriental* (1957), qui étudie les modes sociaux du fonctionnement du pouvoir dans la perspective marxiste.

WITTGENSTEIN (Ludwig), philosophe autrichien naturalisé britannique (Vienne 1889 - Cambridge 1951). Après avoir servi dans l'armée autrichienne pendant la Première Guerre mondiale, il publia le *Tractatus logico-philosophicus* (1921) puis se fixa à Cambridge tout en effectuant de nombreux voyages. D'autres textes sont posthumes, notamment les *Investigations philosophiques.* Dans le *Tractatus,* Wittgenstein propose une analyse du langage et la constitution d'un langage qui serait entièrement désambiguïsé. Cette thèse logiciste est abandonnée dans les autres écrits au profit d'une sorte d'anthropologie concernant les fondements des mathématiques.

WITTIG (Monique), femme de lettres française (Dannemarie, Haut-Rhin, 1935). À travers ses romans (*l'Opoponax,* 1964 ; *les Guérillères,* 1969), elle recherche un langage qui échappe aux règles de la rationalisation, de la morale et du sexisme.

WITTIZA († 709 ou 710), roi des Wisigoths d'Espagne (702-709 ou 710).

WITTKOWER (Rudolf), historien d'art allemand (Berlin 1901 - New York 1971). Il séjourna à Rome, enseigna à Londres (institut Warburg, 1934-1955), puis à New York. Il a approfondi notre compréhension de l'architecture et de la sculpture italiennes des XVIe-XVIIe s. (*Principes de l'architecture à l'âge de l'humanisme,* 1949).

WITWATERSRAND (en abrégé **Rand**), [littéralement, en afrikaans, « Crête des eaux blanches »], région d'Afrique du Sud, partie de la province de Gauteng, à la limite nord des hauts plateaux, entre 1 500 et 1 800 m d'alt. Son centre est occupé par la région urbaine de Johannesburg. Depuis 1886, on y a extrait 78 % de l'or produit dans le monde entier. Les gisements actuels sont situés à l'extérieur de l'agglomération, le gisement s'étendant en arc de cercle sur près de 500 km.

WITZ n. m. (mot allemand). En psychanalyse, mot d'esprit jouant sur la consonance d'un mot avec un autre et induisant un glissement de sens que l'auteur du mot d'esprit n'a pas voulu.

WITZ (Konrad), peintre suisse d'origine souabe (Rottweil [?] entre 1400 et 1410 -Bâle ou Genève v. 1445), reçu bourgeois de Bâle en 1435. Sous l'influence des styles bourguignon et flamand, il a pratiqué une peinture d'un puissant effet plastique, au coloris saturé (panneaux de retables dispersés entre les musées de Bâle, Dijon, Berlin, Nuremberg, Strasbourg). Son attention à la réalité du monde visible le conduisit à ce prototype du paysage dans l'art germanique qu'est *la Pêche miraculeuse* de Genève.

WITZLEBEN (Erwin VON), maréchal allemand (Breslau 1881 - Berlin 1944). Après avoir commandé en 1940 la Ire armée engagée sur la Sarre, il fut mis à la retraite en 1942. Hostile au régime nazi, il fut l'un des premiers à entrer aux côtés de Beck dans la conjuration qui aboutit à l'attentat du 20 juill. 1944 contre Hitler. Arrêté aussitôt, il fut pendu le 8 août.

WLÉRICK (Robert), sculpteur français (Mont-de-Marsan 1882 - Paris 1944). Formé à Paris auprès de Schnegg et de Despiau, son compatriote, il a construit ses œuvres en volumes pleins et synthétiques, mais modelés avec sensibilité (bronzes surtout : nombreux nus).

WŁOCŁAWEK, v. de Pologne, sur la Vistule, ch.-l. de voïévodie ; 113 000 hab. Principale ville de la région de Kujawy, centre industriel et port fluvial à l'aval d'une longue retenue sur la Vistule (centrale hydro-électrique). Cathédrale des XVe-XIXe s.

Wobbe *(indice de),* quotient du pouvoir calorifique d'un gaz combustible par la racine carrée de sa densité par rapport à l'air. L'indice de Wobbe est l'une des caractéristiques du débit calorifique d'un brûleur, l'autre étant la pression du gaz.

WODEHOUSE (*sir* Pelham GRENVILLE), humoriste américain d'origine britannique (Guildford, Surrey, 1881 - New York 1975). Il donna la peinture bouffonne du snobisme anglais à travers des héros au succès constant : Psmith (de *A Public School Story,* 1909, à *The World of Psmith,* 1974), Bertie Wooster et son valet Jeeves (de *My Man Jeeves,* 1919, à *Much Obliged, Jeeves,* 1971), lord Emsworth et sa truie (de *Lord Emsworth and Others,* 1937, à *Sunset at Blandings,* 1977).

WODZISŁAW ŚLĄSKI, v. du sud de la Pologne, près de la frontière tchèque ; 107 000 hab. Charbon.

WŒRTH (67360), ch.-l. de cant. du Bas-Rhin, dans les collines sous-vosgiennes ; 1 644 hab. Constructions électriques. Chaussures. Dans le château, petit musée de la guerre de 1870.

WOËVRE (la), plaine argileuse de l'ouest de la Lorraine (Meuse et Meurthe-et-Moselle), entre les Côtes de Meuse et de Moselle. La Woëvre est un pays de forêts, d'étangs (pisciculture), en partie cultivé (blé) sur les plaques de limon calcaire.

WOGENSCKY (André), architecte et urbaniste français (Remiremont 1916). Collaborateur de Le Corbusier à partir de 1945, il a achevé certaines œuvres de celui-ci (unité d'habitation de Firminy, 1962-1968). Parmi ses propres œuvres, citons la maison des Jeunes d'Annecy (1962), deux centres hospitaliers universitaires à Paris (Saint-Antoine et Necker, 1961-1968), la maison de la culture de Grenoble (1965), la préfecture de Nanterre (1965-1972).

WÖHLER (Friedrich), chimiste allemand (Eschersheim, près de Francfort-sur-le-Main, 1800 - Göttingen 1882). Il a isolé l'aluminium (1827), le bore et réalisé en 1828 la première synthèse de chimie organique, celle de l'urée. Il a mis au point la préparation de l'acétylène par action de l'eau sur le carbure de calcium.

WOHLFAHRTIA [volfarsja] n. f. Mouche commune d'Europe orientale, dont la larve se développe souvent dans les plaies ou les cavités naturelles chez l'homme et chez les animaux, causant des myiases très graves.

WOIPPY (57140), ch.-l. de cant. de la Moselle, banlieue N.-O. de Metz ; 14 385 hab. Château des XIII-XVIe s. Gare de triage. Constructions métalliques.

WOJTYŁA (Karol) → JEAN-PAUL II.

WOK [wɔk] n. m. (chin *guō*). Grande poêle en fer à fond semi-sphérique et à deux anses utilisée dans la cuisine chinoise.

WOLF (Christian VON) → WOLFF.

WOLF (Friedrich August), philologue allemand (Haynrode, Thuringe, 1759 - Marseille 1824). Il affirma dans ses *Prolegomena ad Homerum* (1795) que *l'Iliade* et *l'Odyssée* avaient été composées par plusieurs aèdes, à des époques différentes.

WOLF (Rudolf), astronome suisse (Fällanden, près de Zurich, 1816 - Zurich 1893). Il fut un pionnier de l'étude des variations cycliques de l'activité solaire d'après l'observation des taches solaires.

WOLF (Charles), astronome français (Vorges, Aisne, 1827 - Saint-Servan 1918). Il découvrit en 1867, en collaboration avec Georges Rayet, un type d'étoiles chaudes dont le spectre se caractérise par de larges raies d'émission et que l'on désigne à présent sous le nom d'*étoiles de Wolf-Rayet.*

WOLF (Hugo), compositeur autrichien (Windischgraz, auj. Slovenj Gradec, Slovénie, 1860 - Vienne 1903). Il est l'un des grands maîtres du lied germanique. Il composa quatre grands cycles sur des textes de Goethe, Eichendorff, Mörike et G. von Keller, puis s'inspira de Shakespeare, Byron et Michel-Ange. D'après P. von Heyse, il écrivit l'*Italienisches Liederbuch,* recueil comprenant 22 lieder (1892), et le *Spanisches Liederbuch* d'après Heyse et Geibel, comprenant 44 lieder (1900).

WOLF (Max), astronome allemand (Heidelberg 1863 - *id.* 1932). Il substitua à l'observation visuelle l'emploi de la photographie pour la recherche des astéroïdes. Il découvrit ainsi une quarantaine de petites planètes.

WOLF (Christa), femme de lettres allemande (Landsberg 1929). Ses romans évoquent les problèmes politiques et culturels de l'Allemagne de l'Est (*Christa T.,* 1968 ; *Aucun lieu, nulle part,* 1979 ; *Cassandre,* 1983).

WOLFE (James), général britannique (Westerham, Kent, 1727 - Québec 1759). Envoyé au Canada en 1758, il reçut en 1759 le commandement de l'expédition contre Québec. Il battit Montcalm dans les plaines d'Abraham, mais il fut mortellement blessé pendant l'action.

WOLFE (Thomas Clayton), romancier américain (Asheville, Caroline du Nord, 1900 - Baltimore, Maryland, 1938). Auteur de pièces de théâtre (*le Retour de Buck Gavin,* 1926), il tenta de décrire l'ensemble de la vie américaine dans de grands romans lyriques, qui forment une des plus vastes autobiographies de la littérature des États-Unis (*Que l'ange regarde de ce côté,* 1929 ; *le Temps et le Fleuve,* 1935 ; *la Toile et le Roc,* 1939 ; *Vous ne pouvez pas revenir,* 1940).

WOLFE (Tom), écrivain et journaliste américain (Richmond, Virginie, 1931). Il s'attache dans son œuvre critique et romanesque (*Acid* Test,* 1968 ; *l'Étoffe des héros,* 1979 ; *le Bûcher des vanités,* 1987) à une peinture acerbe de l'Amérique contemporaine.

WOLFENBÜTTEL, v. d'Allemagne (Basse-Saxe) ; 50 700 hab. Centre industriel. Château Renaissance et baroque ; maisons à colombages.

WOLFERS (Philippe), orfèvre et sculpteur belge (Bruxelles 1858 - *id.* 1929). Né dans une famille d'orfèvres, il s'est d'abord consacré au bijou, domaine où il s'est montré un des maîtres les plus féconds de l'Art nouveau dans sa tendance florale. Vers 1905, il s'est tourné vers la petite sculpture, associant au marbre et au bronze l'ivoire, les émaux, les pierres fines, le cristal.

WOLFF ou **WOLF** (Christian VON), juriste, mathématicien et philosophe allemand (Breslau 1679 - Halle 1754). Disciple de Leibniz, il a proposé un système, le rationalisme dogmatique, qui a eu une forte influence au XVIIIe s. et qui a fait l'objet de violentes critiques de la part de Kant. Il a écrit *Philosophie première* (1729), *Philosophie pratique* (1738).

Wolff *(canal de),* uretère primaire des vertébrés. Au cours de l'évolution phylogénétique, le canal de Wolff acquiert, chez le mâle, des fonctions génitales, tandis qu'il disparaît chez la femelle.

WOLFF (Étienne), biologiste français (Auxerre 1904 - Paris 1996), auteur d'importants travaux de tératologie animale expérimentale, de cancérologie et de culture in vitro de tissus animaux. (Acad. des sc., 1963 ; Acad. fr., 1971.)

WOLFF-BEKKER (Elizabeth, dite **Betje**), femme de lettres hollandaise (Flessingue 1738 - La Haye 1804). Avec son amie Aagje Deken, elle composa des romans épistolaires (*Histoire de Sara Burgerhart,* 1782).

WOLF-FERRARI (Ermanno), compositeur italien de père allemand (Venise 1876 - *id.* 1948). Ses opéras connurent de grands succès (*Le Donne curiose,* 1903 ; *Il Segreto di Susanna,* 1909 ; *I Gioielli della Madonna,* 1911 ; *Il Campiello,* 1936 ; *La Dama boba,* 1939 ; *Gli dei a Tebe,* 1943). Il laisse 6 concertos pour divers instruments, des pages d'orchestre, des oratorios, cantates et chœurs.

WOLFFIA [volfja] n. m. (de J. F. *Wolff,* n. pr.). Très petite plante aquatique (lemnacée), réduite à une petite lentille hémisphérique de 1 mm de diamètre, dépourvue de racines, se multipliant par bourgeonnement.

WÖLFFLIN (Heinrich), historien d'art suisse (Winterthur 1864 - Zurich 1945). Professeur à Bâle, à Berlin, à Munich, à Zurich, il a renouvelé les fondements de sa discipline dans ses *Principes fondamentaux de l'histoire de l'art* (1915) : analysant les œuvres de grands artistes, de Dürer à Bernin, il étudie les motivations internes des styles et l'opposition classique-baroque au travers de couples de catégories tels que le *linéaire* et le *pictural,* la *forme fermée* et la *forme ouverte,* etc.

WOLFGANGSEE ou **ABERSEE,** lac d'Autriche, aux confins des provinces de Salzbourg et de Haute-Autriche, à l'E.-S.-E. de Salzbourg. Tourisme.

WÖLFLI (Adolf), artiste suisse (Berne 1864 - La Waldau, près de Berne, 1930). Ouvrier agricole puis manœuvre interné en 1895 à la suite de tentatives de viol sur des fillettes, il a réalisé une quantité de dessins aux crayons de couleur, entretissés de textes délirants, où thèmes et motifs obsessionnels nourrissent une cosmogonie d'une grande richesse ornementale et iconologique (Kunstmuseum, Berne ; musée de l'Art brut, Lausanne).

WOLFRAM n. m. ou **WOLFRAMITE** [vɔl-] n. f. (all. *Wolfram,* de *Wolf,* loup, et *Rahm,* crème). **1.** Tungstate naturel de fer et de manganèse, que l'on trouve associé au quartz, en masses clivables. (C'est le principal minerai de tungstène.) — **2.** Syn. de TUNGSTÈNE.

WOLFRAM von Eschenbach, poète allemand (Eschenbach, Bavière, v. 1170 - v. 1220). Auteur de trois grandes épopées : *Parzival,* où il traite de la légende du Graal ; *Willehalm,* qui conte la lutte de Guillaume d'Aquitaine contre les Sarrasins, et

Titurel, dont il ne reste que 170 strophes, qui évoque les amours du chevalier Schionatulander et de la belle Sigune.

WOLFRAMATE [vɔl-] n. m. Syn. de TUNGSTATE.

WOLFSBURG, v. d'Allemagne (Basse-Saxe), au N.-E. de Brunswick ; 127 000 hab. Centre industriel (automobile).

WOLGEMUT (Michael), peintre et graveur allemand (Nuremberg 1434 - *id.* 1519). Il dirigea pendant quarante ans l'atelier le plus prospère de Nuremberg, celui de son maître Hans Pleydenwurff († 1472). Dürer fut de ses élèves. Sa production de retables se signale par un dessin anguleux et compliqué, un coloris brillant.

WOLIN, île polonaise séparant la lagune de Szczecin (où débouche l'Odra) de la Baltique ; 265 km^2. Parc national (site ornithologique).

WOLINSKI (Georges), dessinateur et humoriste français (Tunis 1934). Son œuvre se caractérise par une satire cinglante des mœurs et des opinions (*Je ne veux pas mourir idiot,* 1968 ; *C'est dur d'être patron,* 1977 ; *À bas l'amour copain,* 1980).

WOLKER (Jiří), poète tchèque (Prostějov 1900 - *id.* 1924), principal représentant de la poésie prolétarienne tchèque (*l'Heure grave,* 1922).

WOLLASTON (William Hyde), physicien et chimiste britannique (East Dereham, Norfolk, 1766 - Londres 1828). Il découvrit en 1802 la polarisation des piles, signala l'existence de l'ultraviolet et la présence de raies noires dans le spectre solaire. En 1803, il découvrit le palladium et le rhodium.

WOLLASTONITE [vɔ-] n. f. (de W. H. *Wollaston,* n. pr.). Silicate naturel de calcium, triclinique.

WOLLONGONG ou **GREATER WOLLONGONG,** v. d'Australie (Nouvelle-Galles du Sud), au S. de Sydney ; 197 100 hab. Centre houiller et industriel.

WOLLSTONECRAFT → GODWIN (Mary).

WOLOF → OUOLOF.

WOLOFS → OUOLOFS.

WOLS (Wolfgang SCHULZE, dit), peintre allemand (Berlin 1913 - Paris 1951). Installé à Paris en 1932, il se lie avec les surréalistes, pratique la photographie et exécute ses premiers dessins et aquarelles. Il aborde la peinture à l'huile en 1946. Prolongeant cette sorte d'automatisme qui dicte le foisonnement des visions notées sur le papier (villes imaginaires suspendues dans l'espace, linéaments organiques...), ses toiles inaugurent, sur un mode angoissé et fulgurant, une peinture « informelle » parente de l'action painting de Pollock aux États-Unis.

WOLSELEY (Garnet Joseph, *vicomte*), maréchal britannique (Golden Bridge, comté de Dublin, 1833 - Menton 1913). Il participa aux campagnes de Birmanie (1852), de Crimée (1854), de l'Inde (1857) et de la Côte-de-l'Or (1873). Après avoir administré le Natal (1874), Chypre (1878) et le Transvaal (1879), il délivra Khartoum (1884) et fut nommé commandant en chef de l'armée britannique (1895-1901).

WOLSEY (Thomas), prélat et homme politique anglais (Ipswich v. 1475 - Leicester 1530). Chapelain d'Henri VII (1507), puis aumônier d'Henri VIII (1509), membre du Conseil privé (1511), il devint archevêque d'York (1514), cardinal et lord-chancelier (1515). Très influent auprès du roi, il dirigea pendant près de 15 ans la politique anglaise. À l'intérieur, il brida la noblesse et tenta d'améliorer le sort des classes pauvres. À l'extérieur, il inaugura une politique d'équilibre entre François Ier et Charles Quint. Inquiet des succès de ce dernier, il se rapprocha de la France, ce qui accrut son impopularité. L'échec de son intervention auprès du pape, lors de l'affaire du divorce d'Henri VIII, provoqua sa disgrâce (1529).

WOLUWE-SAINT-LAMBERT, en néerl. **Sint-Lambrechts-Woluwe,** comm. de Belgique (Bruxelles-Capitale), banlieue est de Bruxelles ; 47 800 hab.

WOLUWE-SAINT-PIERRE, en néerl. **Sint-Pieters-Woluwe,** comm. de Belgique (Bruxelles-Capitale), banlieue est de Bruxelles ; 42 700 hab.

WOLVERHAMPTON, v. de Grande-Bretagne (West Midlands), au N.-O. de Birmingham ; 252 500 hab. Église de style gothique perpendiculaire. Métallurgie. Mécanique.

WOMBAT [vɔ̃ba] n. m. Gros marsupial fouisseur d'Australie, herbivore et terrestre, à denture évoquant celle des rongeurs.

WON [won] n. m. Unité monétaire de la Corée du Nord et de la Corée du Sud.

WONDER (Steveland MORRIS, dit **Stevie**), pianiste, harmoniciste, chanteur, compositeur américain (Saginaw, Michigan, 1950). Aveugle de naissance, il débute à dix ans. Fortement influencé par Ray Charles, il connaît en 1962 son premier succès avec *Fingertips.* À sa majorité, il s'affirme comme un authentique créateur qui fusionne en toute liberté la soul music noire avec les rythmes du rock.

WONSAN, port de Corée du Nord, sur la mer du Japon ; 215 000 hab. Chantiers navals. Matériel ferroviaire. Chimie.

WOOD (Robert Williams), physicien américain (Concord, Massachusetts, 1868 - Amityville, New York, 1955). Étudiant les propriétés optiques des vapeurs métalliques, il obtint un écran filtrant laissant passer les radiations ultraviolettes de longueurs d'onde voisines de 3 660 angströms. Ces radiations, connues sous le nom de *lumière de Wood* ou de *lumière noire,* ont reçu, grâce aux fluorescences qu'elles déterminent, diverses applications.

Wood *(alliage de),* alliage à bas point de fusion (72 °C), utilisé comme fusible de sécurité, alliage de moulage, etc.

Woods Hole Oceanographic Institution, organisme de recherches océanographiques des États-Unis fondé en 1930 au cap Cod (Massachusetts).

WOODWARD (Robert Burns), chimiste américain (Boston 1917 - Cambridge, Massachusetts, 1979). Il a réalisé la synthèse de la quinine (1944), du cholestérol et de la cortisone (1951), d'acides aminés tranquillisants et de la strychnine (1955). Il a découvert en 1961 la synthèse de la chlorophylle. (Prix Nobel de chimie 1965.)

WOODWARD (*sir* John Forster), amiral britannique (Marazion, Cornwall, 1932). Il commanda en chef la force d'intervention aux îles Falkland (avr.-juin 1982).

WOOFER [wufœr] n. m. (amér. *woofer,* de l'angl. *to woof,* aboyer). Syn. de BOOMER.

WOOLF (Virginia), romancière britannique (Londres 1882 - Lewes, Sussex, 1941). Influencée par Proust et Joyce, elle tenta de rendre sensible la vie mouvante de la conscience et de saisir les impressions fugitives et quotidiennes dans ses romans, où l'action et l'intrigue ne jouent presque aucun rôle (*la Traversée des apparences,* 1915 ; *la Chambre de Jacob,* 1922 ; *Mrs. Dalloway,* 1925 ; *la Promenade au phare,* 1927 ; *les Vagues,* 1931 ; *les Années,* 1937). Elle fut également éditeur (K. Mansfield et T. S. Eliot) et critique littéraire (*The Common Reader,* 1925-1932).

WOOLLEY (*sir* Leonard), archéologue britannique (Londres 1880 - *id.* 1960). On lui doit la découverte d'Our, en Mésopotamie, et de ses tombes royales (1922-1934).

Woolwich *(Académie militaire royale de),* école militaire britannique fondée en 1741 pour la formation des officiers d'artillerie et du génie. Elle a fusionné, en 1947, avec le Collège royal de Sandhurst.

WOOLWORTH (Frank Winfield), homme d'affaires américain (Rodman, New York, 1852 - Glen Cove, New York, 1919). Il créa en 1879 son premier magasin populaire (à Utica). Il multiplia ensuite ce type de boutique aux États-Unis, au Canada et en Angleterre.

Wootz *(acier),* syn. de DAMAS.

WORCESTER, v. de Grande-Bretagne, ch.-l. de comté, sur la Severn ; 75 000 hab. Cathédrale surtout des XIIIe et XIVe s. (crypte romane). Maisons anciennes. Musées, dont un consacré à la porcelaine. Victoire de Cromwell sur l'armée de Charles II, le 3 sept. 1651.

Worcester *(porcelaine de).* La première manufacture fut établie en 1751. L'activité s'y est poursuivie jusqu'à nos jours. La porcelaine se caractérise par sa pâte rendue très blanche et très malléable grâce à l'introduction de stéatite de Cornouailles.

WORCESTER, v. des États-Unis, au centre du Massachusetts ; 161 800 hab. Centre universitaire et industriel. Musée d'art.

WORDSWORTH (William), poète britannique (Cockermouth, Cumbria, 1770 - Rydal Mount, Cumbria, 1850). Après des études à Cambridge où il découvre Rousseau, il gagne la France révolutionnaire. Il fait paraître ses premiers poèmes (*la Promenade du soir, les Esquisses descriptives,* 1793), mais, ami des Girondins, il frôle la guillotine et retourne en Angleterre, profondément marqué par les « errements de la Terreur ». Avec son ami Coleridge, il publie les *Ballades* lyriques* (1798), véritable manifeste romantique. Cultivant un nationalisme de plus en plus conservateur (*À l'indépendance nationale et à la Liberté,* 1802-1816 ; *Peter Bell,* 1819), devenu poète lauréat en 1843, il œuvre à une autobiographie spirituelle en vers, *le Reclus,* dont un extrait, *l'Excursion,* est publié en 1814 et dont *le Prélude* (1805-1850) ne paraîtra qu'après sa mort. Génie de la rétrospection (l'imagination, passion sage, rassemble dans sa paix les tumultes de l'émotion vécue), son souci d'authenticité marque une date dans l'histoire de la subjectivité.

WORKHOUSE [wɔrkauz] n. m. (angl. *workhouse,* de *work,* travail, et *house,* maison). En Angleterre et au pays de Galles, établissement officiel qui, du XVIe au début du XXe s., hébergeait et faisait travailler les pauvres et les vagabonds. (En Écosse, on employait le terme *poorhouse.*)

WORKSHOP n. m. (angl. *workshop,* atelier). Nom que prirent aux États-Unis et en Angleterre plusieurs écoles théâtrales d'avant-garde. (Le plus ancien workshop fut celui de G. P. Baker à l'université Harvard [1905-1924] ; celui d'E. Piscator, le *Dramatic Workshop,* fut fondé en 1940 ; celui de Littlewood, le *Theatre Workshop,* fut créé en 1945.)

World Journal and Tribune, quotidien américain issu en 1966 de la fusion du *New York Herald Tribune* avec d'autres journaux.

WORMHOUT (59470), ch.-l. de cant. du Nord, en Flandre, au S.-S.-E. de Dunkerque ; 5 131 hab. *(Wormhoutois).*

WORMIEN [vɔrmjɛ̃] adj. m. (de O. *Worm,* n. pr.). Se dit de chacun des petits os surnuméraires engrenés dans les sutures du crâne.

WORMS, v. d'Allemagne (Rhénanie-Palatinat), sur le Rhin ; 74 000 hab. Majestueuse cathédrale romane, à deux chœurs opposés, des XIIe et XIIIe s., et autres églises médiévales, restaurées. Musée dans un anc. couvent. Centre commercial et industriel.
— **Hist.** En sept. 1122 y fut signé le *concordat de Worms,* qui mit fin à la querelle des Investitures. En 1495, une diète y siégea, au cours de laquelle Maximilien Ier fit adopter d'importantes réformes de l'Empire. En 1521, au cours d'une autre diète, Luther comparut devant Charles Quint et refusa de se rétracter. L'*édit de Worms* le mit, ainsi que ses partisans, au ban de l'Empire.

WORRINGER (Wilhelm), historien d'art et esthéticien allemand (Aix-la-Chapelle 1881 - Munich 1965). Passionné de gothique, il en vint à élaborer une théorie qui, pour tenter de définir la part déterminante de ce style dans l'art européen, se centra sur l'étude psychologique des formes, regardées comme l'expression de types spécifiques de mentalités (primitive, classique, orientale et gothique) [*Abstraktion und Einfühlung,* 1908 ; *l'Art gothique,* 1911].

WORSTED [wɔrstɛd] n. m. (de *Worsted,* n. pr.). **1.** Fil de laine uni et compact, formé des fibres les plus longues, que le peignage a disposées parallèlement. — **2.** Étoffe faite avec ces fils. (Syn. LAINE PEIGNÉE.)

WORTH (Charles Frédéric), couturier français (Bourn, Lincolnshire, Angleterre, 1825 - Paris 1895). Il fut le premier à créer chaque saison une collection de modèles de couture et à les présenter à la clientèle sur des mannequins vivants. La femme lui doit d'avoir été délivrée de la crinoline.

WÖRTHER SEE, lac d'Autriche (Carinthie), près de Klagenfurt ; 18,8 km^2.

WORTHING, station balnéaire et centre résidentiel de Grande-Bretagne (West Sussex), à l'O. de Brighton ; 92 000 hab.

WOTAN → ODIN.

Wotan *(ligne),* nom donné par les Allemands, pendant la Première Guerre mondiale, à la première position de la ligne Hindenburg*, couvrant Douai et Cambrai.

WOU → WU.

Wou *(école de)* → WU *(école de).*

WOU-HAN → WUHAN.

WOU-HOU → WUHU.

WOU-KIANG → WUJIANG.

WOURI, fl. côtier du Cameroun, sur l'estuaire duquel se trouve Douala ; 160 km.

WOU SAN-KOUEI → WU SANGUI.

WOU-SI → WUXI.

WOU-T'AI-CHAN → WUTAISHAN.

WOU TAO-TSEU → WU DAOZI.

WOU-TCH'ANG → WUCHANG.

WOU TCHEN → WU ZHEN.

WOU-TCHEOU → WUZHOU.

WOUTERS (Rik), peintre et sculpteur belge (Malines 1882 - Amsterdam 1916). Principal représentant du « fauvisme brabançon », il a laissé une œuvre aux solides qualités techniques et expressives (*la Folle Danseuse,* bronze, 1912 ; *le Flûtiste,* toile, 1913, musées de Bruxelles).

WOUTERS (Liliane), femme de lettres belge de langue française (Ixelles 1930). Poétesse d'un lyrisme concis (*le Gel,* 1966), elle a aussi écrit pour le théâtre (*la Salle des profs,* 1983).

WOU TI → HAN WUDI.

WOU-T'ONG-K'IAO → WUTONGQIAO.

WOU TSÖ-T'IEN → WU ZETIAN.

WOU WEI → WU WEI.

WOUWERMAN (Philips), peintre néerlandais (Haarlem 1619 - *id.* 1668). Les thèmes de chasses, de scènes militaires ou de vie paysanne sont pour lui prétexte à mettre en scène des chevaux, dont il analyse avec virtuosité les attitudes et les pelages. Sa renommée européenne fut immense (nombreux tableaux dans les musées néerlandais, allemands, au Louvre, etc.).

Wozzeck, opéra en 3 actes d'Alban Berg, sur un livret du compositeur d'après le drame de Georg Büchner (1837) [Berlin, 1925]. Il est marqué par la progression dramatique et par l'utilisation du *Sprechgesang,* superposé à une masse orchestrale importante.

WRANGEL (Carl Gustaf), comte **de Salmis et de Sölvesborg,** général suédois (Skokloster, Uppland, 1613 - Spieker, Rügen, 1676). Il participa avec succès à la guerre de Trente Ans, remportant notamment la bataille de Zusmarshausen avec Turenne (17 mai 1648). Amiral général, il remporta la victoire assurant la Fionie aux Suédois (1658). Il fut privé de son commandement après la défaite de Fehrbellin (1675).

WRANGEL ou **VRANGUEL** (Petr Nikolaïevitch), général russe (Novo-Aleksandrovsk, gouvern. de Kaunas, 1878 - Bruxelles 1928). Successeur, en 1920, de Denikine à la tête de l'armée blanche d'Ukraine, il combattit l'Armée rouge pendant la guerre polono-soviétique et organisa un gouvernement qui fut reconnu par la France en août 1920. Battu, il se replia en Crimée, d'où ses troupes furent évacuées à Gallipoli puis en Yougoslavie. Wrangel ne renonça à la lutte qu'en 1925 et se retira en Belgique.

WRANGELL, massif (plus de 3 000 m) partiellement englacé de l'Alaska, qui prolonge vers le N.-O. les monts Saint Elias (Yukon).

WRAPPING [rapiɲ] n. m. (angl. *wrapping,* emballage, de *to wrap,* envelopper). Dans un ensemble électronique, technique de connexion qui consiste à enrouler un fil dénudé, fortement tendu, autour d'une tige présentant des arêtes vives.

WRAY (John) → RAY (John).

WREDE (Karl Philipp, *prince* DE), maréchal bavarois (Heidelberg 1767 - Ellingen 1838). Il commanda les troupes bavaroises (1805-1812) puis prit part à la campagne de France (1814). Il fut généralissime bavarois en 1822.

WREN (*sir* Christopher), architecte britannique (East Knoyle, Wiltshire, 1632 - Hampton Court 1723). Scientifique de formation, il aborde l'architecture en 1663 (chapelle à Cambridge, théâtre à Oxford) et s'y consacre entièrement après l'incendie de Londres (1666), chargé qu'il est de reconstruire une cinquantaine d'églises ainsi que la cathédrale St Paul (1675-1710). « Surveyor general » des bâtiments royaux de 1669 à 1718, il réalise notamment les hôpitaux de Chelsea (1682) et de Greenwich. Empruntant aussi bien au palladianisme qu'au classicisme français et au baroque hollandais, il n'en a pas moins élaboré un style personnel, fait de grandeur et de rigueur, dont se souviendront les maîtres néoclassiques.

WRIGHT *(mont),* montagne du Canada (Québec), dans la péninsule du Labrador. Minerai de fer.

WRIGHT (Thomas), savant britannique (Byer's Green, près de Durham, 1711 - *id.* 1786). Il imagina, le premier, en 1750, que les étoiles sont groupées en systèmes isolés dans l'Univers et expliqua de façon globalement correcte l'apparence de la Voie lactée par l'appartenance du Soleil à l'un de ces systèmes.

WRIGHT (Frank Lloyd), architecte américain (Richland Center, Wisconsin, 1867-Taliesin West, près de Phoenix, Arizona, 1959). Après de brèves études d'ingénieur, il travaille avec L. H. Sullivan à Chicago, puis affirme rapidement sa personnalité. Adoptant des conceptions très en avance sur son temps, il développe dès 1895 le type des « maisons de la prairie », maisons basses caractérisées par un plan « en ailes de moulin », un nouveau rapport intérieur-extérieur et une volonté d'intégration dans le paysage. À un moment où son influence pénètre en Europe grâce à une publication de l'éditeur allemand Wasmuth (1910), il va travailler au Japon (Imperial Hotel de Tōkyō, 1916) ; il connaît dans son pays une éclipse de réputation, suivie, en 1936, d'un retour décisif à l'avant-garde de l'architecture mondiale avec, d'une part, la « Maison sur la cascade » (Kaufmann House, Bear Run, Pennsylvanie), qui a servi de point de départ à B. Zevi pour définir l'architecture *organique,* et, d'autre part, les bâtiments administratifs de la compagnie Johnson Wax (Racine, Wisconsin), dont le parti de diffusion de la lumière par en haut, déjà choisi pour le siège de la société Larkin à Buffalo (1904, détruit), sera retenu pour le musée Guggenheim. Après 1945, il réalise des maisons dites « usoniennes », fondées sur l'ellipse et la spirale en plan, thème qui trouve sa consécration au Solomon R. Guggenheim Museum de New York (1943-1959). Wright a, en outre, créé des meubles, qu'il considérait, à l'opposé de Le Corbusier, comme le reflet de l'architecture : meubles hexagonaux pour une maison hexagonale.

WRIGHT (les frères), WILBUR (Millville, Indiana, 1867 - Dayton, Ohio, 1912) et ORVILLE (Dayton 1871 - *id.* 1948), précurseurs de l'aviation américains. Dès 1902, ils se livrèrent à des essais de vol plané. En septembre 1904, Wilbur effectue le premier virage en vol, puis réussit le premier vol en circuit fermé. Le 17 déc. 1903, à bord du *Flyer,* un avion doté d'un moteur de 16 ch et de deux hélices, Orville réussit, à Kitty Hawk, le premier vol propulsé et soutenu d'un appareil plus lourd que l'air. Les deux frères exécutèrent ensuite de nombreux vols.

Wright *(système),* ensemble de groupes sanguins érythrocytaires associés au système MNSs.

WRIGHT (Richard), écrivain américain (Natchez, Mississippi, 1908 - Paris 1960). De race noire, il vit une jeunesse difficile, qu'il raconte dans *les Enfants de l'Oncle Tom* (1938), *Un enfant du pays* (1940) et *Black* Boy* (1945), récits qui dénoncent l'horreur de la ségrégation et qui prendront par la suite une coloration plus politique : *le Transfuge* (1953), *Black Power* (1954).

WRIGHT OF DERBY (Joseph WRIGHT, dit), peintre britannique (Derby 1734 - *id.* 1797). Peintre d'histoire, paysagiste, portraitiste, empruntant certains de ses éclairages aux caravagesques d'Utrecht, il innove par ses sujets industriels ou scientifiques (*la Pompe à air,* 1768, Tate Gallery).

Wrisberg *(nerf intermédiaire de),* nerf situé entre les nerfs facial et auditif. Il constitue la partie sensitive du nerf facial et innerve en outre les glandes linguales, sous-maxillaires et sublinguales. Il assure l'innervation sensitive (gustation) des deux tiers antérieurs de la langue, en avant du V lingual.

WRÓBLEWSKI (Walery Antoni), militant révolutionnaire polonais (Żołudek 1836 - Ouarville, Eure-et-Loir, 1908). Chef de l'insurrection polonaise (1863-64) pour les districts de Grodno et de Lublin, il fut ensuite l'un des généraux de la Commune de Paris. Condamné à mort par contumace, il s'exila à Londres (1872-1880).

WROCŁAW, v. du sud-ouest de la Pologne, en basse Silésie, ch.-l. de voïévodie ; 631 000 hab. Centre administratif, culturel (université) et industriel (métallurgie, mécanique, électronique, chimie, confection). Important nœud de communications routières et ferroviaires et port fluvial sur l'Odra.
— **Hist.** Ville slave, activement colonisée à partir du XIIIe s. par les Allemands (en all. *Breslau*), elle fut rattachée à la Bohême en 1335 et au domaine des Habsbourg en 1526. Annexée par la Prusse en 1742, elle est redevenue polonaise à la suite des accords de Potsdam (1945). La population allemande a été évacuée et la ville a été repeuplée par des Polonais.
— **Bx-arts.** Hôtel de ville gothique (XIVe-XVIe s.). Cathédrale reconstruite à l'époque gothique (très restaurée après 1945) et autres églises anciennes. Édifice baroque (début du XVIIIe s.) de l'université. Musée de Silésie.

WROŃSKI (Józef Maria **Hoene-**), philosophe polonais (Wolsztyn, près de Poznań, 1776 - Neuilly 1853). Officier de l'armée polonaise, puis de l'armée russe, il fit des études de philosophie et de mathématiques en Allemagne avant de s'établir en France, en 1801. Il est l'auteur d'une philosophie dont l'objet fondamental est l'union des contraires. Il est fortement opposé à Hegel. Il a écrit *Introduction à la philosophie des mathématiques* (1811), *Métapolitique messianique* [...] (1840). Il était persuadé d'avoir rencontré l'Absolu, disait avoir mis au point une méthode pour y accéder, qu'il essaya de faire connaître et de vendre.

WTEWAEL ou **WTTEWAEL** (Joachim), peintre néerlandais (Utrecht v. 1566 - *id.* 1638). Artiste virtuose, il appartient, comme Bloemaert, au courant maniériste tardif influencé par Goltzius, Spranger, etc. (*Persée délivrant Andromède,* Louvre).

WU [wu] ou **WOU** n. m. Dialecte chinois parlé au Jiangsu (au sud du Yangzi Jiang) et dans la plus grande partie du Zhejiang.

Wu ou **Wou** *(école de),* peintres lettrés chinois, groupés autour de Shen Zhou et de Wen Zhengming, dans la région de Wumen (auj. Suzhou), à l'époque Ming. Fonctionnaires lettrés et peintres « amateurs », ils se réfèrent aux anciennes traditions classiques du paysage des Song du Nord.

WUCHANG ou **WOU-TCH'ANG,** v. de Chine (Hubei), sur le Yangzi Jiang, partie sud de l'agglomération de Wuhan.

WUCHÉRERIOSE [vyʃererjoz] n. f. Syn. de BANCROFTOSE.

WUCHOW → WUZHOU.

WU DAOZI ou **WOU TAO-TSEU,** peintre chinois (Yangzhai, Henan, 701-? 792). Fresquiste célèbre de l'époque Tang, dont rien ne subsiste. Il rendait personnages et paysages avec spontanéité et par des traits vigoureux, s'attachant aux expressions. Il eut une influence considérable.

WUDI → HAN WUDI.

WUHAN ou **WOU-HAN,** conurbation de la Chine centrale, à la rencontre du Yangzi Jiang et du Han Shui ; ch.-l. de la prov. de Hubei ; env. 2 millions d'hab. Composée des trois villes de Hankou, Hanyang et Wuchang, c'est un centre industriel (textile, sidérurgie, pétrochimie, aluminium, constructions mécaniques et électriques) et un carrefour ferroviaire (ligne Pékin-Canton et Sichuan-Shanghai).

WUHU ou **WOU-HOU,** port et centre industriel de Chine (Anhui), sur le Yangzi Jiang ; 350 000 hab.

WU JIANG ou **WOU-KIANG,** riv. de la Chine méridionale, affl. du Yangzi Jiang ; 800 km. (Bassin de 88 000 km^2.)

Wujing ou **Wou king,** ensemble des cinq grandes œuvres classiques du confucianisme, à partir des Han : le *Chunqiu (les Printemps et Automnes),* le *Shujing (Livre de l'histoire* ou *des documents),* le *Shijing (Livre des odes),* le *Yijing (Livre des mutations)* et le *Liji (Mémoire sur les rites).*

WULFÉNITE [vyl-] n. f. (de F. X. von *Wulfen,* n. pr.). Molybdate naturel de plomb, quadratique.

WULFILA → ULFILAS.

WULUMUQI → OUROUMTSI.

WUNDT (Wilhelm), psychologue et physiologiste allemand (Neckarau, auj. à Mannheim, 1832 - Grossbothen, près de Leipzig, 1920). Il est l'un des premiers, sinon le premier, à avoir créé un laboratoire de psychologie expérimentale, dans les années 1876-77. Il a écrit *Éléments de psychologie physiologique* (1873-74).

WUOLIJOKI (Hella), femme de lettres finlandaise de langue finnoise (Helme, Estonie, 1886 - Helsinki 1954). Auteur de drames à succès (*Niskavuori,* 1936-1953), sous le nom de JUHANI

TERVAPÄÄ, elle reçut B. Brecht exilé et participa à la création de *Maître Puntila et son valet Matti* en 1940.

WUPATKI, site archéologique du centre de l'Arizona, à l'est du Little Colorado. Parc archéologique conservant les ruines de plusieurs monuments de culture pueblo (citadelle, XIe-XIIIe s.).

WUPPER (la), riv. d'Allemagne, dans le Massif schisteux rhénan, affl. de droite du Rhin ; 114 km.

WUPPERTAL, v. d'Allemagne (Rhénanie-du-Nord-Westphalie), dans la vallée de la *Wupper ;* 392 000 hab. Elle a été formée par la réunion, en 1930, des villes d'Elberfeld, Barmen, Cronenberg, Ronsdorf et Vohwinkel. Centre industriel (textile, chimie, mécanique). Université.

WÜRM [vyrm] n. m. (de *Würm,* n. pr.). Quatrième et dernière glaciation du quaternaire dans les régions alpines, entre – 80000 et – 10000 av. J.-C.

WÜRM, nom d'un lac (appelé aussi *Starnbergersee*) et d'une rivière du plateau bavarois (Allemagne) qui a servi à désigner la plus récente des quatres glaciations alpines.

WÜRMIEN, ENNE [vyr-] adj. Relatif à la glaciation de Würm.

WURMSER (Dagobert Siegmund, *comte* VON), maréchal autrichien (Strasbourg 1724 - Vienne 1797). Officier français (1745), passé au service de l'Autriche (1762), il commanda l'armée autrichienne du Rhin. Il fut battu en Italie par Bonaparte, qui le contraignit à la capitulation à Mantoue (2 févr. 1797).

WURTEMBERG, en all. **Württemberg,** ancien État du S.-O. de l'Allemagne, aujourd'hui réuni au pays de Bade.
— **Hist.** Partie intégrante du duché de Souabe jusqu'au XIIe s., le Wurtemberg apparut comme comté rassemblant les biens de Conrad de Wirtinisberc, qui avait élevé son burg (v. 1080) sur le Rotenberg, près de Stuttgart. Liés au Hohenstaufen, les comtes étendirent leurs domaines dans les vallées du Neckar et de la Rems, bénéficiant de l'anarchie du Grand Interrègne (1250-1273) et de la dislocation du duché de Souabe. Malgré les tentatives des Habsbourg visant à reconstituer celui-ci à leur propre profit, Eberhard V le Barbu (1459-1496), fondateur de l'université de Tübingen (1477), obtint le titre ducal en 1495. Son neveu, Ulrich Ier (1498-1550), fut chassé en 1520 par la Ligue souabe, soutenue par Charles Quint. Revenu à la faveur de la guerre des Paysans (1524-1526) et des troubles de la Réforme, Ulrich adhéra au luthéranisme et à la ligue de Smalkalde, mais ne recouvra ses droits qu'en 1547. Le duché, allié à la Suède pendant la guerre de Trente Ans, fut dévasté et occupé par les impériaux (1634). Il ne retrouva son indépendance qu'aux traités de Westphalie (1648). Allié de la France contre l'Autriche en 1805, le Wurtemberg obtint les possessions autrichiennes de la Haute-Souabe et, érigé en royaume (déc. 1805), adhéra à la Confédération du Rhin (juill. 1806). Les revers de Napoléon à Leipzig (oct. 1813) l'incitèrent à se rallier à la 6e coalition. Royaume de la Confédération germanique (1815), il entra dans l'Empire allemand en 1871 et disparut avec celui-ci en 1918. Land de la République de Weimar, il jouit d'une constitution républicaine, que Hitler supprima en 1933. Divisé en 1945 entre les Länder de Wurtemberg-Hohenzollern, occupé par les Français, et de Wurtemberg-Bade, occupé par les Américains, le Wurtemberg retrouva son unité dans l'État fédéré de Bade-Wurtemberg (1951), Land de la R. F. A.

WURTEMBERG (Albrecht, *duc* DE), général allemand (Vienne 1865 - Altshausen, Biberach, 1939). Époux de l'archiduchesse Marguerite-Sophie d'Autriche, il commanda la IVe armée (1914-1917) puis un groupe d'armées en Flandres et en Lorraine (1917-18).

WURTZ (Charles Adolphe), chimiste français (près de Strasbourg 1817 - Paris 1884). Il a découvert les amines (1849), le glycol (1855), l'aldol (1872) et a établi la constitution de la glycérine. Il a imaginé une méthode de synthèse générale en chimie organique, grâce à l'emploi du sodium (1854). Auteur de nombreux ouvrages, il fut le promoteur de la théorie atomique en France. (Acad. des sc., 1867.)

WURTZITE [vyr-] n. f. (de *Wurtz,* n. pr.). Sulfure naturel de zinc, hexagonal, forme dimorphe de la blende.

WÜRZBURG v. d'Allemagne (Bavière), ch.-l. de la Basse-Franconie, sur le Main ; 126 900 hab. Centre commercial, administratif, universitaire et industriel.
— **Hist.** Centre d'un duché (depuis 704) et siège d'un évêché fondé en 741, dont les évêques exercèrent l'autorité ducale à partir de 1168, la ville fut définitivement rattachée à la Bavière en 1814.
— **Bx-arts.** La ville est riche en églises d'origine romane ou gothique ainsi qu'en monuments baroques, dont la magnifique Résidence des princes-évêques (architecte principal B. Neumann, à partir de 1719 ; fresques de G. B. Tiepolo). Musée régional.

Würzburg *(école de),* école de psychologues allemands du début du XXe s., dont les principaux membres ont été N. Ach, K. Bühler, O. Külpe et qui a pratiqué une méthode appelée *introspection expérimentale.*

WU SANGUI ou **WOU SAN-KOUEI,** général chinois (1612-1678). Il est chargé, sous la dynastie des Ming, d'arrêter l'invasion des Mandchous, avec lesquels il conclut en fait un traité qui leur permit de fonder la dynastie des Qing. Il conquit pour son propre compte l'ouest de la Chine, mais mourut au cours de la lutte.

WUSHU n. m. Art martial d'origine chinoise.

WUTAI SHAN ou **WOU-T'AI-CHAN,** massif ancien de la Chine, dans le nord-est du Shanxi. Il culmine vers 3 000 m ; c'est l'une des montagnes sacrées du bouddhisme.

WUTONGQIAO ou **WOU-T'ONG-K'IAO,** v. de Chine (Sichuan), au S. de Chengdu ; 140 000 hab. Extraction du sel. Industrie de la laine.

WU WEI ou **WOU WEI,** peintre chinois (Jiangxia, Hubei, 1459-1508). Individualiste, son inspiration personnelle et sa liberté de trait s'épanouissent dans des scènes de genre et des paysages pleins de force.

WUXI ou **WOU-SI,** v. de Chine (Jiangsu), dans la région du bas Yangzi Jiang ; 650 000 hab. Centre commercial et industriel (soie, coton, machines agricoles, alimentation).

WU ZETIAN ou **WOU TSÖ-T'IEN,** de son nom personnel **Wu Zhao,** impératrice de Chine (684-705). Concubine de Tang Taizong, puis de son fils Tang Gaozong, qui l'éleva au rang d'impératrice (684), elle prit elle-même le titre suprême en 690 et fonda la dynastie des Zhou.

WU ZHEN ou **WOU TCHEN,** peintre chinois (Jiaxing, Zhejiang, 1280-1354). L'un des « Quatre Grands Maîtres Yuan », il peint des bambous et des paysages, avec des poèmes, dans un style direct et d'un expressionnisme très personnel.

WUZHOU ou **WOU-TCHEOU,** dit aussi **Wuchow,** v. de Chine (Guangxi), sur le Xi Jiang ; 200 000 hab. Centre industriel.

WW, immatriculation française temporaire, permettant au nouveau propriétaire d'un véhicule de circuler pendant la durée limitée des formalités d'immatriculation définitive.

WWF, sigle de *World Wildlife Fund,* en fr. Fonds mondial pour la nature, organisation internationale privée de protection de la nature. Le WWF collecte des capitaux et finance des projets de sauvegarde des espèces et de protection de l'environnement.

WYANDOTTE n. f. et adj. (de *Wyandotte,* n. pr.). Race de poules d'origine américaine, bonne pondeuse.

WYAT ou **WYATT** (*sir* Thomas), poète anglais (Allington Castle, Kent, v. 1503 - Sherborne, Dorset, 1542). Diplomate en disgrâce après le procès d'Ann Boleyn, il s'inspira du pétrarquisme européen et illustra l'« amorisme » (*Tottel's Miscellany,* 1557).

WYAT ou **WYATT** (*sir* Thomas), dit **le Jeune,** soldat anglais (v. 1521 - Londres 1554). Il prit part à la conspiration destinée à empêcher le mariage de la reine Marie avec Philippe d'Espagne et marcha sur Londres (1554), mais échoua et fut condamné à mort.

WYATT (James), architecte britannique (Burton-Constable, Staffordshire, 1746 - Marlborough, Wiltshire, 1813). Les deux œuvres majeures de cet architecte superficiel et brillant, rival des Adam, ont été détruites : Panthéon de Londres, théâtre néoclassique (1770), et Fonthill Abbey, extraordinaire création néogothique pour W. Beckford (autour de 1800).

WYCHERLEY (William), auteur dramatique anglais (Clive, près de Shrewsbury, 1640 - Londres 1716). Il fut le plus virulent des maîtres de la comédie de la Restauration anglaise (*l'Amour dans un bois,* 1671 ; *l'Homme sans détours,* 1676, inspiré de Molière).

WYCLIFFE ou **WYCLIF** (John), théologien anglais (North Riding of Yorkshire v. 1330 - Lutterworth, Leicestershire, 1384). Érudit et chef d'école, il manifesta très tôt un anticléricalisme virulent : ses vues réformatrices remettaient en cause l'autorité ecclésiastique et certains dogmes essentiels du catholicisme, notamment la présence réelle dans l'Eucharistie. Proche des vaudois, il voyait dans une Église pauvre la seule qui soit conforme à l'Évangile et mettait l'accent sur l'autorité exclusive de la Bible. Wycliffe influença nombre de mouvements hétérodoxes aux XVe-XVIe s. Après sa mort, le concile de Constance (1415) le condamna comme hérétique.

WYLER (William), cinéaste américain d'origine suisse (Mulhouse 1902 - Los Angeles 1981). Il reste l'une des grandes figures du cinéma américain entre 1935 et 1970, signant notamment *Dodsworth* (1936), *Rue sans issue* (1937), *l'Insoumise* (1938), *les Hauts de Hurlevent* (1939), *la Vipère* (1941), *Mrs. Miniver* (1942), *les Plus Belles Années de notre vie* (1946), *l'Héritière* (1949), *Vacances romaines* (1953), *Ben Hur* (1959), *Funny Girl* (1968).

WYNDHAM (J. W. Parkes Lucas BEYNON HARRIS, dit **John**), écrivain britannique (Knowle, Warwickshire, 1903 - Petersfield, Hampshire, 1969), auteur de récits de science-fiction (*les Triffides,* 1951 ; *les Coucous de Midwich,* 1957).

WYOMING, État de l'ouest des États-Unis ; 253 500 km² ; 453 588 hab. Cap. *Cheyenne.* Le Wyoming est formé de parties des Rocheuses boisées et bien arrosées (Bighorn, Wind River, Yellowstone) encadrant de hauts bassins arides. État peu peuplé (2 hab./km²), dont les ressources sont l'élevage (extensif) et les mines (charbon, pétrole, uranium). Colonisé à partir de 1820, le territoire devint un État de l'Union en 1890.

WYSIWYG (sigle de l'expression angl. *What You See Is What You Get,* littéralement « ce que vous voyez est ce que vous obtenez » ou, en plus concis, « tel écran, tel écrit »). Expression utilisée en publication assistée par ordinateur pour signifier que l'édition que l'on aura correspond tout à fait à ce qui est affiché sur le visuel d'un poste de travail.

WYSPIAŃSKI (Stanisław), peintre et écrivain polonais (Cracovie 1869 - *id.* 1907). Un des représentants majeurs du modernisme de la « Jeune Pologne », il s'est exprimé dans de multiples domaines. Plasticien, il a conçu aussi bien des ensembles décoratifs, des vitraux que des illustrations de livres (pour *l'Iliade*). Dans la perspective d'un théâtre total, il a voulu renouveler l'esprit du drame et la mise en scène. Son œuvre dramatique (*la Varsovienne,* 1898, sur l'insurrection de 1830 ; *les Noces,* 1901 ; *la Nuit de novembre,* 1904 ; *le Retour d'Ulysse,* 1907) a fait de lui le plus grand tragique polonais.

WYSS (Johann David), pasteur suisse (Berne 1743 - *id.* 1818), connu par son *Robinson* suisse,* publié en 1812-1827 par son fils JOHANN RUDOLF (Berne 1781 - *id.* 1830).

WYSZYŃSKI (Stefan), prélat polonais (Zuzela, Mazovie, 1901 - Varsovie 1981). Archevêque de Gniezno et de Varsovie (1948) et cardinal (1953), il s'opposa au gouvernement communiste et fut incarcéré de 1953 à 1956.

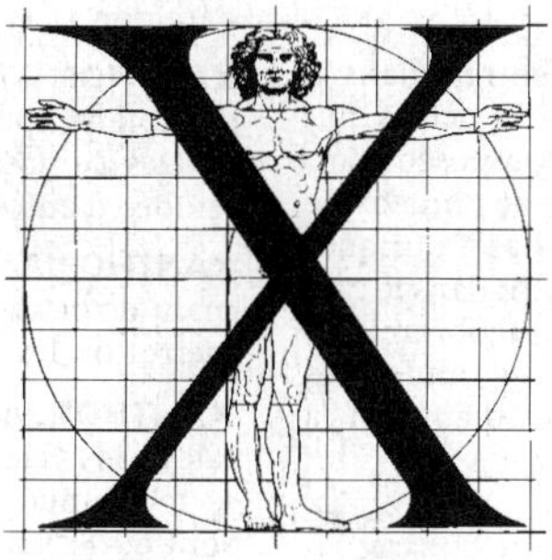

X n. m. **1.** Vingt-quatrième lettre de l'alphabet français, servant à noter les groupes consonantiques [ks] *(taxi)* et [gz] *(examen)* ou les consonnes [s] *(soixante)* et [z] *(dixième)*. — **2.** Sert à désigner qqn, qqch qu'on ne veut ou qu'on ne peut pas nommer ou déterminer : *Pendant x années. Ouvrir une information contre X.* — **3.** Objet formé de parties croisées comme les barres d'un X. — **4.** Dénomination usuelle de la catégorie des films « pornographiques ou d'incitation à la violence », créée en 1975. (Les films classés X ne peuvent être projetés que dans des salles spécialisées.) — **5.** Sur un voilier, dispositif en forme de X qui supporte la bôme quand la voile est amenée. — **6.** Support ou siège pliant à pieds croisés en X.
◆ n. *Arg. scol.* Élève ou ancien élève de l'École polytechnique.
◆ n. f. École polytechnique.

x, lettre qui désigne en algèbre une inconnue, en géométrie l'abscisse et souvent, en analyse, une variable réelle.

X abrév. **1.** X vaut *dix* dans la numération romaine. — **2.** *Chromosome X,* chromosome sexuel commun aux deux sexes lorsque c'est le mâle qui est hétérogamétique. (Dans ce cas, qui est celui de l'espèce humaine, des mammifères, de certains insectes, la formule femelle est XX, la formule mâle XY.) — **3.** *Rayons, rayonnement X,* rayonnement électromagnétique correspondant à des longueurs d'onde de l'ordre de l'angström. (→ *encycl.*)
ENCYCL. Découvert en 1895 par Röntgen, le rayonnement X est dû à des transitions quantiques des électrons internes des atomes ou au rayonnement de freinage* d'électrons de haute énergie. Il est couramment produit par des tubes* à rayons X ou, auprès des accélérateurs de particules, par rayonnement synchrotron*. L'absorption des rayons X par la matière est proportionnelle à la longueur d'onde de ces rayons (ceux de courte longueur d'onde, dits « rayons durs », sont les plus pénétrants) et au numéro atomique de l'élément chimique constituant le matériau (principe de la radiographie* médicale ou industrielle). Ils ionisent les gaz qu'ils traversent, ce qui permet de doser leur intensité (compteur Geiger-Müller), et leur diffusion ou leur diffraction par la matière permettent la détermination de la structure atomique des cristaux.

XAINTRAILLES ou **SAINTRAILLES** (Jean POTON, *seigneur* DE), maréchal de France (v. 1400 - Bordeaux 1461). Il fut un compagnon d'armes de La Hire et de Jeanne d'Arc et combattit les Anglais en Normandie et en Aquitaine. Charles VII le fit grand écuyer (1429) et maréchal (1454).

XAI-XAI, anc. **Vila de João Belo** ou **João Belo,** v. du Mozambique, près de l'embouchure du Limpopo ; 64 000 hab.

XANROF (Léon FOURNEAU, dit), auteur, chansonnier et compositeur français (Paris 1867 - *id.* 1953). Sa chanson la plus célèbre est *le Fiacre,* interprété par Yvette Guilbert. Il est aussi l'adaptateur et le librettiste d'opérettes, dont *Rêve de valse* (1910), de Franz Lehár.

XANTHE, en gr. **Xanthos,** autre nom du Scamandre.

XANTHÉLASMA n. m. Tache jaune, légèrement saillante, siégeant sur les paupières, provoquée par un dépôt de cholestérol.

XANTHELLE n. f. Algue (péridinien) de couleur brune, vivant en symbiose dans les tissus des madrépores et de certains mollusques marins. (Syn. ZOOXANTHELLE.)

XÁNTHI, v. de Grèce, en Thrace, à l'O. de Kavála ; 34 000 hab.

XANTHINE n. f. **1.** Base purique entrant dans la composition des nucléotides et des acides nucléiques, dont la structure est composée d'un noyau pyrimidine et d'un noyau imidazole accolés. — **2.** Nom générique des bases puriques méthylées, présentes principalement dans le café et le thé (caféine, théophylline, théobromine), utilisées en thérapeutique pour stimuler les fonctions cérébrales, le rythme cardiaque et la diurèse. (Syn. BASE XANTHIQUE.)

XANTHIPPE, femme de Socrate, dont le caractère acariâtre est passé en proverbe.

XANTHIPPOS, homme d'État athénien, père de Périclès (ve s. av. J.-C.). Il fit condamner Miltiade après son échec de Paros (489) et fut lui-même ostracisé en 484. Stratège en 479, il inaugura l'expansion athénienne en s'emparant de Sestos.

XANTHIPPOS, général lacédémonien (IIIe s. av. J.-C.). Il réorganisa l'armée des mercenaires de Carthage et battit Regulus (255).

XANTHIQUE adj. **1.** Relatif à la xanthine. — **2.** *Acide xanthique,* syn. de ACIDE XANTHOGÉNIQUE. ‖ *Base xanthique,* syn. de XANTHINE.

XANTHOCHROMIE [-kro-] n. f. Coloration jaune de la peau ou d'un tissu, due le plus souvent à une caroténodermie, siégeant surtout à la paume des mains et à la plante des pieds.

XANTHODERME adj. et n. Se dit d'un représentant de l'espèce humaine à la peau jaune.

XANTHOGÉNATE ou **XANTHATE** n. m. Sel ou ester de l'acide xanthogénique.

XANTHOGÉNIQUE adj. *Acide xanthogénique,* ester de l'acide dithiocarbonique, de formule générale RO—CS—SH, dont les sels se forment par action des alcoolates ROM sur le sulfure de carbone CS_2. (Le xanthogénate de la cellulose est la viscose.) [Syn. ACIDE XANTHIQUE.]

XANTHOMATOSE n. f. Maladie générale, souvent familiale et héréditaire, caractérisée par un trouble du métabolisme des lipides et par des dépôts lipidiques multiples (xanthomes et xanthélasmas).

XANTHOME n. m. Petite tumeur bénigne, d'un jaune d'or, constituée de cellules riches en cholestérol, siégeant surtout aux coudes, aux genoux, au cuir chevelu, au niveau des tendons.

XANTHONE n. f. Dibenzopyrone $C_{13}H_8O_2$, dont certains dérivés hydroxylés sont des colorants jaunes.

XANTHOPHYCÉE n. f. Nom de classe d'algues vertes, tant unicellulaires que siphonées et filamenteuses, des eaux douces et des sols humides, telles que le *tribonema* et la *vaucheria.* (Leur caractère commun est l'incapacité à synthétiser l'amidon.) [Anc. nom *hétérokontée.*]

XANTHOPHYLLE n. f. Pigment dérivé du β-carotène, présent dans le jaune d'œuf, les pétales de nombreuses fleurs jaunes et dans les feuilles d'automne.

XANTHORIA n. m. Lichen très commun formant de petites rosettes de couleur jaune sur les pierres ou les écorces, voisin de la parmélie.

XANTHOS, ville antique d'Asie Mineure, capitale de la Lycie. Elle a laissé de beaux vestiges, tels le monument des Harpies, dont les bas-reliefs sont au British Museum, et celui des Néréides.

XANTHOSOMA n. m. Aracée vivace de l'Amérique tropicale, cultivée pour ses feuilles (chou des Caraïbes) et pour ses tubercules alimentaires, riches en amidon (taro).

XAVIER *(saint)* → FRANÇOIS-XAVIER (saint).

Xe, symbole chimique du *xénon.*

XENAKIS (Iannis), compositeur grec naturalisé français (Brăila, Roumanie, 1922). Il fit des études musicales et scientifiques. Membre actif de la résistance antinazie, gravement blessé, condamné à mort, il s'enfuit et arriva à Paris en 1947. Il a travaillé pendant douze ans avec Le Corbusier (1947-1960), participant à la mise en œuvre des « cités radieuses », du couvent de la Tourette, de Chandigarh et établissant une correspondance entre la musique et l'architecture. En 1966, il a créé, dans le cadre de l'École pratique des hautes études, l'ÉMAMU (Équipe de mathématique et d'automatique musicales), devenue en 1972 le CÉMAMU (Centre d'études de mathématique et automatique musicales). Sous le nom de « musique stochastique », il applique à des ensembles complexes d'événements sonores la loi des grands nombres. *Metastasis,* pour un orchestre de 61 instruments (1954), inaugure cette méthode. À partir de *ST/10,* pour 10 instruments (1956-1962), il utilise un ordinateur pour ses calculs. Sous le nom de « musique stratégique », il introduit également dans ses œuvres la théorie des jeux : *Duel* pour 2 orchestres avec 2 chefs (1959) et *Stratégie* (1962). Enfin, à l'aide de la théorie des ensembles, de la logique mathématique et de la théorie des cribles, Xenakis en arrive à la « musique symbolique », illustrée par *Herma,* pour piano (1961), *Akrata,* pour 16 instruments à vent (1965) ou encore *Nomos Alpha,* pour violoncelle seul (1966).
Il évolue ensuite vers un lyrisme plus direct avec notamment *Nomos Gamma,* pour orchestre de 98 musiciens éparpillés dans le public (1968), *Persephassa,* pour 6 percussionnistes (1969), *Polytope* de Cluny, spectacle lumineux et sonore avec bande magnétique 7 pistes (1972), *Jon-*

chaies, pour grand orchestre de 108 instruments (1977), *Shaar,* pour orchestre à cordes (1982), *Akea,* pour quatuor à cordes et piano (1986), *Waarg,* pour 13 instruments (1988).

XÉNARTHRE n. m. Nom d'ordre de mammifères plantigrades d'Amérique du Sud, ayant des articulations vertébrales d'un type particulier, tels que les paresseux, les fourmiliers et les tatous.

XÉNIE n. f. Ensemble des caractères génétiques d'origine paternelle observables dans l'albumen d'une graine (maïs notamment).

XÉNOCRATE, philosophe grec (Chalcédoine v. 400 av. J.-C. - 314). Disciple de Platon, il succéda à Speusippe dans la direction de l'Académie (339). Il s'efforça de concilier la philosophie de Platon et les doctrines du pythagorisme.

XÉNODIAGNOSTIC n. m. Méthode diagnostique qui repose sur l'identification du parasite chez un hôte intermédiaire préalablement infecté par le sang du patient.

XÉNOGLOSSIE n. f. Phénomène au cours duquel un sujet se montre capable, dans un état modifié de conscience, de parler une langue étrangère véritable qu'il ne connaît pas à l'état conscient.

XÉNOLITE n. f. Enclave dans une roche magmatique.

XÉNOMORPHE adj. Qui affecte une forme autre que sa forme habituelle. (Contr. AUTOMORPHE.)

XÉNON n. m. (angl. *xenon*). Gaz rare de l'atmosphère, découvert en 1898 par Ramsay et Travers. (Élément chimique de symbole Xe.)
ENCYCL. De numéro atomique 54 et de masse atomique 131,3, le xénon est le plus lourd des gaz rares de l'atmosphère. L'atmosphère en contient $9 \cdot 10^{-6}$ %. Gaz incolore et inodore, de densité 4,5, il est utilisé dans l'industrie nucléaire et dans les chambres à bulles.

XÉNOPHANE, philosophe grec, fondateur de l'école d'Élée*, né à Colophon, en Ionie (VIe-Ve s. av. J.-C.). Adversaire de l'anthropomorphisme des poètes, il s'est attaché à démontrer l'unité et la perfection de Dieu. Sa philosophie est un panthéisme idéaliste.

XÉNOPHILE adj. et n. *Litt.* Qui manifeste de la sympathie pour les étrangers.

XÉNOPHILIE n. f. *Litt.* Sympathie pour les étrangers.

XÉNOPHOBE adj. et n. Qui est hostile aux étrangers.

XÉNOPHOBIE n. f. Hostilité systématique manifestée à l'égard des étrangers.

XÉNOPHON d'Athènes, philosophe et historien grec (Erkhia, Attique, v. 430 av. J.-C. - v. 355). Disciple de Socrate, après avoir suivi les leçons de Prodicos, il prend part à l'expédition menée par Cyrus le Jeune contre son frère Artaxerxès. Après avoir joué un rôle décisif dans la retraite des Dix Mille, qu'il raconte dans *l'Anabase**, il se met au service des Spartiates, ce qui lui vaut d'être banni par les Athéniens, contre lesquels il combat à Coronée en 394. Il se retire à Scillonte, près d'Olympie, où il compose la plupart de ses ouvrages. Grâce au rapprochement de Sparte et d'Athènes, Xénophon est autorisé à rentrer dans sa patrie. Se présentant comme un témoignage vécu sur les événements et les mouvements intellectuels de cette période, son œuvre abondante se compose de traités relatifs à Socrate *(les Mémorables, l'Apologie de Socrate),* de récits historiques *(les Helléniques*),* d'ouvrages techniques *(l'Économique, l'Équitation),* politiques *(la Constitution des Lacédémoniens, Des revenus)* et d'un roman historique et philosophique *(la Cyropédie).*

XÉNOPLASTIQUE adj. *Greffe* ou *transplantation xénoplastique,* syn. de HÉTÉROGREFFE.

XÉNOTIME n. m. (du gr. *timê,* honneur). Phosphate naturel d'yttrium.

XÉNOTROPISME n. m. Réaction d'attirance ou de répulsion d'un parasite à l'égard d'un hôte.

XÉRÈS → JEREZ.

XÉROCOPIE n. f. (n. déposé). Procédé de reproduction, variante de la Xérographie.

XERODERMA PIGMENTOSUM n. m. Dermatose héréditaire rare, débutant dès les premières semaines de la vie, caractérisée par l'apparition sur les régions de la peau exposées à la lumière de taches pigmentées sur lesquelles se développent des cancers cutanés.

XÉROGRAPHIE n. f. (n. déposé). Procédé de reproduction sans contact. (La Xérographie utilise deux principes : la photoconductivité et l'attraction entre deux corps chargés d'électricité statique de signe différent.)

XÉROGRAPHIQUE adj. Relatif à la Xérographie.

XÉROPHILE adj. **1.** Se dit des plantes qui sont adaptées aux milieux secs. — **2.** *Période xérophile,* période chaude et sèche qui s'étend de 6500 à 2500 av. J.-C.

XÉROPHTALMIE n. f. Kératinisation et sécheresse de la conjonctive *(xérosis)* et de la cornée (*xérophtalmie* proprement dite), résultant de l'oblitération des glandes ou de l'avitaminose A et pouvant provoquer la perte de la vue.

XÉROPHYTE n. f. Plante capable de vivre dans des régions habituellement sèches (déserts) ou dans des milieux physiologiquement secs (sols salés). [Selon le mode d'adaptation, on distingue les éphémérophytes, les sclérophytes, les cryptophytes et les plantes grasses.]

XÉROPHYTIQUE adj. Qui a trait aux plantes xérophytes.

XÉROSIS [-zis] n. f. (gr. *ksêrôsis*). Kératinisation de la conjonctive, marquant le début de la xérophtalmie.

XÉROSOL n. m. Sol des régions subdésertiques, où l'évolution pédologique reste très limitée et où la vie biologique dans les sols est réduite à quelques mois par an.

XÉROSTOMIE n. f. Sécheresse excessive de la bouche, en rapport avec une diminution, voire une abolition de la sécrétion salivaire.

XÉROTHERMIQUE adj. Se dit de certaines stations chaudes et sèches situées au milieu de régions qui sont beaucoup plus humides et renfermant des plantes et des animaux particuliers.

Xerox, groupe américain dont les origines remontent à 1906. Un des leaders mondiaux de la reprographie, le groupe est présent dans les domaines du traitement de textes, des copieurs et télécopieurs, des périphériques d'ordinateurs, des imprimantes, etc.

XERTIGNY (88220), ch.-l. de cant. du sud des Vosges, dans la Vôge ; 2 995 hab. Laiterie. Mobilier, etc.

XÉRUS [kserys] n. m. (mot lat. ; du gr. *xêros,* sec). Rongeur d'Afrique voisin de l'écureuil, et appelé usuellement *rat palmiste.* (Long. 20 cm sans la queue.)

XERXÈS, nom de deux rois des Perses. — **Xerxès Ier** (486-465 av. J.-C.), fils et successeur de Darios Ier, organisa une expédition pour venger l'échec de Marathon. Auparavant, il avait écrasé les révoltes de l'Égypte et de Babylone, qu'il détruisit (482). Pendant la deuxième guerre médique (480-479), il traversa la Thrace, la Macédoine, puis vainquit les Grecs aux Thermopyles et à l'Artémision et prit Athènes. Vaincu à Salamine, il rentra en Asie. Il périt assassiné. — **Xerxès II,** fils et successeur d'Artaxerxès Ier en 424.

XESTOBIUM [-bjɔm] n. m. Anobie des habitations, qui, en frappant sur le bois, fait entendre un bruit qui lui vaut le nom d'« horloge de la mort ».

Xg *(système),* système sanguin représenté par l'antigène Xg^a, qui, présent sur le globule rouge, définit le groupe sanguin Xg (a^+). En son absence, le sujet est Xg (a^-).
Le groupe Xg^a constitue un marqueur privilégié ; à partir de son gène, on a pu commencer à établir la carte génique de l'X. Il a permis également de localiser les gènes de certaines maladies héréditaires portés par le chromosome X.

XHOSA n. m. Langue bantoue, très proche du zoulou, parlée en Afrique du Sud par environ 6 millions de locuteurs.

XHOSAS ou **XOSAS,** population bantoue de l'Afrique australe, appartenant au groupe des Ngonis.

XI ou **KSI** n. m. Quatorzième lettre de l'alphabet grec (Ξ, ξ), servant à noter le groupe consonantique [ks].

XIA ou **HIA,** la première des trois dynasties royales de la Chine (fin du IIIe millénaire - v. 1770 av. J.-C.), dont l'existence n'a pas encore été incontestablement authentifiée par l'archéologie.

XIAGUAN ou **HIA-KOUAN,** v. de Chine (Yunnan), où se croisent la route de Kunming au Tibet et la route de Birmanie ; 500 000 hab. Centre commercial.

XIA GUI ou **HIA KOUEI,** peintre chinois (originaire de Qiantang [Zhejiang], actif vers 1190-1225). Membre de l'Académie des Song du Sud, à Hangzhou, et cofondateur avec Ma Yuan de l'école Ma Xia, il investit l'espace du paysage d'une écriture elliptique et audacieuse, d'une forte intensité expressive.

XIAMEN → AMOY.

XI'AN ou **SI-NGAN** ou **SIAN,** v. de Chine, cap. du Shaanxi, dans le bassin du Wei He ; 1 500 000 hab. À cet emplacement se trouvait Changan, capitale de la Chine sous les dynasties Han et Tang. Industries textiles et chimiques, constructions mécaniques et électriques.
— **Archéol.** et **Bx-arts.** Dès le XIIe s. av. J.-C., la ville est la cap. des Zhou (vestiges de tumulus royaux). Sous le nom de Changan, elle est cap. des Tang et conserve des monuments vénérables : la Grande Pagode des oies sauvages *(Dayanta),* élevée en 652 au centre du Temple de la Grande Bienveillance *(Daciensi) ;* la Petite Pagode des oies sauvages *(Xiaoyanta) ;* la Grande Mosquée *(Qingzhensi),* fondée en 742, dont les bâtiments actuels datent de la fin du XIVe s. Dans les environs, nécropoles Tang avec certaines sépultures ornées de peintures murales. Musées.

XIANG n. m. Dialecte chinois parlé au Hunan.

XIANGFAN ou **SIANG-FAN,** v. de Chine, dans le nord du Hubei ; 150 000 hab. Carrefour ferroviaire et centre commercial.

XIANG JIANG ou **SIANG-KIANG,** riv. de Chine, principal tributaire du lac Dongting, qui forme l'axe essentiel de la province du Hunan ; 800 km.

XIANGTAN ou **SIANG-T'AN,** v. de Chine (Hunan), sur le Xiang Jiang ; 281 000 hab. Port fluvial. Centre industriel.

XIANYANG ou **HIEN-YANG,** v. de Chine (Shaanxi), sur le Wei He ; 70 000 hab. Centre commercial. Textile.
– **Archéol.** Xianyang était l'ancienne capitale de Qin Shi Huangdi († 210 av. J.-C.), fondateur de l'Empire chinois, puis des Han antérieurs (jusqu'en 23 av. J.-C.). On y a découvert la sépulture d'un Premier ministre du IIe s. av. notre ère et surtout celle sous tumulus de l'empereur Qin* Shi Huangdi. Riche musée.

XIE HE ou **SIE HO,** peintre et théoricien chinois (v. 500).

XIGAZE → CHIGATSE.

XI JIANG ou **SI-KIANG** (« Fleuve de l'Ouest »), fl. de la Chine méridionale, qui traverse successivement le Yunnan, le Guizhou, le Guangxi et le Guangdong ; 2 000 km env. Il se termine en un delta à plusieurs branches, sur l'une desquelles (« rivière des Perles ») s'est établie Canton.

XIKANG ou **SI-K'ANG,** région montagneuse de Chine, dans l'ouest du Sichuan.

XIMENIA n. m. (lat. sc. *ximenia*). Plante des régions tropicales, au fruit acide comestible ayant les usages du citron.

XINDIAN ou **SIN-TIEN,** v. de Taiwan, au S.-S.-E. de Taibei ; 123 500 hab.

XINGTAI ou **SING-T'AI,** v. de Chine (Hebei), au S. de Shijiazhuang ; 100 000 hab.

XINGU (le), riv. du Brésil (Mato Grosso et Pará), affl. de l'Amazone (r. dr.). 1 980 km.

XINGU, région du Mato Grosso, où vivent de nombreuses populations autochtones.

XINHAILIAN → LIANYUNGANG.

XINING ou **SI-NING,** v. de Chine, cap. du Qinghai, dans une oasis, à l'E. du lac Qinghai ; 300 000 hab. Centre commercial. Travail de la laine et du cuir. Sidérurgie.

XINJIANG ou **SIN-KIANG** *(Région autonome ouïgoure du),* région du nord-ouest de la Chine ; 1 646 800 km² ; 13 800 000 hab. Cap. *Ouroumtsi.* Le Xinjiang, qui occupe le sixième de l'espace chinois, est peuplé par une douzaine de « nationalités », parmi lesquelles seuls les Chinois et les Ouïgours sont sédentaires. Les hauts massifs des Tian Shan (4 000 à 5 000 m d'alt.) séparent deux vastes bassins peu arrosés : celui de Dzoungarie au N. et celui du Tarim au S. L'élevage est très important (25 M de têtes), surtout ovin, et l'agriculture est limitée aux oasis de l'ancienne route de la soie et aux fronts pionniers des piémonts des Tian Shan. Le pétrole vient en tête des ressources du sous-sol (or, cuivre, plomb, zinc, houille, fer). Ouroumtsi est reliée par voie ferrée à Pékin (par Lanzhou et Xi'an).

XINXIANG ou **SIN-HIANG,** v. de Chine (Henan), sur la voie ferrée Pékin-Hankou ; 203 000 hab.

XINZHU ou **HSINCHU,** port du nord-ouest de Taiwan, 330 576 hab.

XIONGNU ou **HIONG-NOU,** nomades d'Asie dont le nom apparaît dans les Annales chinoises au IIIe s. av. J.-C. et disparaît au IVe s. apr. J.-C. Au IIIe s. av. J.-C., leurs tribus s'unissent en une confédération établie au nord de la Chine. Les Chinois, après avoir pratiqué à leur égard une politique de paix et d'amitié, construisirent la Grande Muraille et lancèrent contre eux des expéditions militaires. Ils brisèrent leur unité : les Xiongnu du Sud, installés le long de la Grande Muraille, se soumirent à la Chine et les Xiongnu du Nord se désintéressèrent de leur puissant voisin.

XIPE TOTEC, dieu précolombien de la Végétation et de son renouveau.

XIPHIIDÉ n. m. (gr. *ksiphias,* espadon). Nom de famille attribué aux espadons.

XIPHO ou **XIPHOPHORE** n. m. Petit poisson (poeciliidé) des eaux douces d'Amérique centrale, souvent élevé en aquarium. (La caudale du mâle porte un prolongement en forme d'épée.)

XIPHODYME adj. (de *xiphoïde* et *didyme*). Se dit d'un monstre dont le corps est double supérieurement jusque vers l'appendice xiphoïde et qui n'a que deux membres inférieurs.

XIPHOÏDE adj. *Appendice xiphoïde,* extrémité inférieure du sternum.

XIPHOÏDIEN, ENNE adj. Qui se rapporte à l'appendice xiphoïde.

XIPHOPAGE adj. Se dit d'un monstre formé de deux individus unis depuis l'appendice xiphoïde jusqu'à l'ombilic.

XIPHOSURE n. m. Nom de sous-classe créé pour la limule actuelle et diverses formes fossiles.
ENCYCL. La partie antérieure des xiphosures est recouverte par un bouclier dorsal, le reste du corps par une autre carapace ; une pointe (épée) termine le corps en arrière. La plupart des xiphosures sont des espèces fossiles du primaire.

XISHAQUNDAO → PARACEL *(îles).*

XIXABANGMA, GOSAINTHAN ou **SHISHA PANGMA** (« l'arête au-dessus des nuages » en tibétain), sommet de l'Himālaya, en territoire tibétain ; 8 046 m. Première ascension par une expédition chinoise conduite par Xiu Jing en 1964.

Xixiang Ji ou **Si-siang-ki** *(le Pavillon de l'Ouest),* pièce de théâtre chinoise de Wang Shifu (début XIVe s.), dont les amants symbolisent les peines et les joies de l'amour.

XIZANG ou **SI-TSANG,** nom chinois du Tibet.

XOANON n. m. (gr. *ksoanon,* de *kseîn,* polir). Dans la sculpture grecque archaïque, effigie en bois encore proche du tronc d'arbre ou de la planche.

XOCHICALCO, ville précolombienne de la période classique (250-950), située dans l'État de Morelos (Mexique). Important centre cérémoniel (temple de Quetzalcóatl et temple des Stèles).

XOCHIMILCO, v. du Mexique (État de Morelos). À partir de la fin du XIIe s., Xochimilco fut le centre d'un petit État indépendant, qui fut conquis par les Aztèques dans la 2e moitié du XVe s. et dont les habitants ont inauguré la culture sur des chinampas.

XOCHIPILLI ou **MACUIL XBOCHITL,** dieu aztèque de la Jeunesse, de la Joie, de la Beauté, de l'Amour. Il était aussi le patron des jeux, de la danse, de la musique et de la poésie.

X-OGRAPHIE n. f. (n. déposé). Procédé d'impression pour la reproduction de photographie en relief, utilisant le principe de la sélection et d'une trame gaufrée (Bonnet, 1939).

XOLOTL, dieu aztèque des Monstres, des Doubles et des Jumeaux, assimilé à Quetzalcóatl.

XUANHUA ou **SIUAN-HOUA,** v. de Chine (Hebei), au N.-O. de Pékin ; 200 000 hab.

XUAN YE ou **HIUAN-YE,** nom personnel de Kangxi*.

XUANZONG ou **HIUAN-TSONG** → TANG XUANZONG.

XU BEIHONG ou **SIU PEI-HONG,** peintre chinois (Yixing, Jiangsu, 1896 - Pékin 1953), connu en Europe sous le nom de **Jupéon.** Il étudie à Shanghai, Paris et Berlin et devient en 1947 directeur de l'Académie nationale de Pékin. Son œuvre (arbres, oiseaux et surtout chevaux) est une tentative de synthèse entre les peintures à l'huile et à l'encre.

XU DAONING ou **SIU TAO-NING,** peintre chinois (Hejian, Hebei, actif dans la première moitié du XIe s.). Il travaille à ses débuts dans le style de Li Cheng, puis atteint plus de simplicité dans des paysages austères, aux pics arides et abrupts, d'une facture très originale.

XU WEI ou **SIU WEI,** peintre chinois (Shaoxing, Zhejiang, 1521-1593). Calligraphe, poète, dramaturge et peintre, c'est l'ancêtre, par son originalité et sa vie agitée, des individualistes du XVIIe s. et des excentriques du XVIIIe s. La profusion sauvage de ses bambous, bananiers et vignes confine au baroque.

XUZHOU ou **SIU-TCHEOU,** dit aussi **Süchow,** v. de Chine (Jiangsu) ; 1 100 000 hab. Centre d'une région productrice de charbon. Machines-outils. Coton.

XYLANNE n. m. Polyholoside provenant de la polycondensation du D-xylose, présent en association avec la cellulose dans de nombreux tissus végétaux.

XYLÈME n. m. Nom scientifique du bois.

XYLÈNE n. m. Dénomination courante des diméthylbenzènes. (Il y a trois xylènes isomères : ortho, méta et para. On les utilise surtout comme solvants et comme intermédiaires pour la préparation des acides phtalique, isophtalique et téréphtalique.)

XYLIDINE n. f. Nom des six arylamines isomères $(CH_3)_2C_3H_3NH_2$ qui dérivent des xylènes. (La xylidine commerciale est utilisée pour l'obtention de colorants azoïques.)

XYLITE n. f. Dénomination courante du trinitrométaxylène $C_8H_7N_3O_6$, employé comme explosif.

XYLOCOPE n. m. (lat. sc. *xylocopa,* du gr. *ksulokopos,* qui coupe le bois). Grosse abeille solitaire, ordinairement noire avec les ailes violacées, qui creuse son nid, divisé en cellules, dans le bois altéré. (Nom usuel *abeille charpentière.*)

XYLOGRAPHE n. Graveur sur bois.

XYLOGRAPHIE n. f. **1.** Impression à l'aide de planches en bois portant des textes et/ou des images gravés. – **2.** Estampe ainsi obtenue. (Le mot s'emploie surtout pour la production de la fin du Moyen Âge.)

XYLOGRAPHIQUE adj. Relatif à la xylographie.

XYLOL n. m. Mélange des trois xylènes employé en microscopie et utilisé en médecine en solution ou en pommade pour le traitement de la phtiriase.

XYLOLOGIE n. f. Science du bois, de sa structure et de ses propriétés physiques, mécaniques et chimiques.

XYLOLOGIQUE adj. Relatif à la xylologie.

1. XYLOPHAGE adj. et n. (gr. *ksulophagos,* qui mange le bois). Se dit des insectes qui se nourrissent de bois. (Syn. LIGNIVORE.)

ENCYCL. Outre les termites, des xylophages se rencontrent dans divers ordres : coléoptères (bostryche, anobie, longicornes, buprestes, lymexylon), hyménoptères (sirex), papillons (cossus gâte-bois). Leur intestin héberge toujours des symbiotes (bactéries, protistes) qui digèrent le bois pour l'insecte.

2. **XYLOPHAGE** n. m. Mollusque bivalve voisin de la pholade, vivant surtout dans les pièces de bois immergées, en concurrence avec les tarets.

XYLOPHAGIE n. f. Régime alimentaire des insectes xylophages.

XYLOPHONE n. m. Instrument de musique constitué d'un jeu de lames en bois, accordées, disposées en clavier au-dessus d'une cavité ou tenues par un cadre et frappées avec des baguettes ou des mailloches.

XYLOPIA n. m. Arbre (anonacée) des régions tropicales, qui fournit des bois commerciaux brunâtres et tendres, appelés aussi *okala,* ainsi qu'un condiment stimulant, le « poivre d'Afrique » ou « poivre de Guinée ».

XYLOSE n. m. Aldose dont l'antipode dextrogyre est obtenu par hydrolyse des xylannes.

XYSTE n. m. (gr. *ksustos*). **1.** Piste d'entraînement droite et aplanie dans le gymnase grec. – **2.** Chez les Romains, galerie couverte dans un jardin.

Y [igrɛk] n. m. **1.** Vingt-cinquième lettre de l'alphabet français, servant à noter soit la voyelle [i], soit la consonne [j]. (À l'initiale du mot, *y* n'admet généralement ni élision ni liaison [*le yachting, les yaourts*], sauf dans quelques mots [*yèble, yeuse, yeux, ypérite, Yonne*].) — **2.** Figure des objets prolongés d'abord en ligne droite et ensuite bifurqués (forme du Y majuscule).

y, lettre qui désigne en géométrie l'ordonnée, en algèbre la deuxième inconnue dans un système d'équations et en analyse une fonction de la variable réelle ou complexe.

Y, symbole chimique de l'*yttrium.* • **Génét.** *Chromosome Y,* celui des deux chromosomes sexuels d'un mâle hétérogamétique qui diffère des chromosomes sexuels de la femelle, notés X. (L'existence du chromosome Y dans le noyau de l'œuf fécondé est responsable de l'orientation du développement sexuel de l'embryon dans le sens mâle.)

Y [i] adv. et/ou pron. pers. (lat. *hic,* ici) [placé immédiatement avant le verbe, sauf à l'impératif]. **1.** Indique le lieu ; à, en, dans cet endroit-là : *Ce quartier, j'y demeure depuis vingt ans. Mets-toi là et restes-y.* — **2.** Représente un nom de chose ou une proposition complément de verbe ou qqf d'adjectif précédé de la prép. *à* (qqf *sur, dans, en*) : *Le plat est brûlant, n'y touchez pas. J'y compte bien ;* plus rarement, un nom de personne, avec des verbes comme *penser, croire, se fier, s'intéresser à : Pensez-vous encore à Jean ? — J'y pense souvent. Je ne m'y fierais pas.* — **3.** Entre dans des locutions verbales : *S'y connaître. Savoir s'y prendre.* — **4.** Transcrit la prononciation pop. [i] des pronoms *il* ou *lui* : *C'est-y pas gentil ?* — **5.** *Y être, n'y être pas,* être, ne pas être chez soi ou en quelque lieu ; saisir ou non de quoi ou de qui il s'agit, il est question. ‖ *Y être pour qqch, n'y être pour rien,* avoir une part de responsabilité, n'avoir aucune responsabilité dans qqch.

YACHINE ou **IACHINE** (Lev Ivanovitch), footballeur soviétique (Moscou 1929 - *id.* 1990). D'une grande sûreté, 75 fois international, il fut le plus célèbre gardien de but de son époque (1955-1965).

YACHIYŌ, v. du Japon (Honshū), à l'E. de Tōkyō ; 134 500 hab.

YACHT [jɔt] n. m. (angl. *yacht,* du néerl. *jacht*). Bâtiment de plaisance (à voile, à moteur ou mixte [voile et moteur]), de compétition, de cérémonie ou d'apparat.
ENCYCL. Les yachts ont des dimensions variables, depuis le petit dériveur de 2,35 m de long jusqu'aux grands yachts à moteur de 1 800 t et 80 m de long. On les divise en deux grandes catégories, les yachts de croisière et les yachts de course. Les yachts de croisière sont des voiliers à moteur auxiliaire ou des navires à moteur. Les yachts (ou bateaux) à voiles de course sont divisés en séries. Les séries monotypes englobant en général les petits yachts, les plus grands constituent les séries à restriction et les séries handicaps pour la course-croisière*.

YACHT-CLUB [jɔtklœb] n. m. (pl. *yacht-clubs*) [angl. *yacht-club*]. Nom porté en France et à l'étranger par des associations ayant pour objet la pratique des sports nautiques, en particulier de la voile. (Le Yacht Club de France a été fondé en 1867.)

YACHTING [jɔtiŋ] n. m. Pratique de la navigation de plaisance, en partic. de la voile.

YACHTMAN ou **YACHTSMAN** [jɔtman] n. m. (pl. *yacht[s]men*). *Vx.* Sportif pratiquant le sport de la voile.

YACINE (Kateb) → Kateb (Yacine).

YACIRETÁ, barrage sur le Paraná, à la frontière de l'Argentine et du Paraguay.

YACK ou **YAK** n. m. (angl. *yak,* du tibétain *gyak*). Gros mammifère ruminant (bovidé), sauvage ou domestique, des hauts plateaux de l'Asie centrale. (Le yack porte une bosse dorsale et une forte crinière, une fourrure longue et épaisse. On le trouve jusqu'à 6 000 m d'altitude, en troupeaux nombreux. Le yack domestique [Tibet] est élevé comme bête de somme et pour son lait, sa chair et son cuir.)

YACOUBAS → Dans.

YADÉ *(massif de),* massif aux confins de la République centrafricaine et du Cameroun ; 1 420 m.

Yagi *(antenne)* [du n. de l'inventeur japonais], antenne directive utilisée notamment pour la réception de la télévision.

YAHATA ou **YAWATA,** localité du Japon, dans l'île de Kyūshū, partie de la conurbation de Kita-kyūshū. Sidérurgie.

YAHGANS ou **YAMANAS,** Indiens qui habitaient la Terre de Feu quand les Européens y arrivèrent.

YAHVÉ(H), JAHVÉ(H) ou **IAHVÉ(H),** nom du Dieu d'Israël cité dans la Bible après le tableau de la création (Genèse II, 4).

YAHVISTE adj. m. Se dit d'un document représentant une des quatre sources du Pentateuque et caractérisé par l'emploi du terme Yahvé pour désigner Dieu.

YAHYĀ *(Tepe),* site archéologique d'Iran méridional (prov. de Kermān), aux confins du désert de Dacht-e Lut et au carrefour des routes traversant le plateau iranien. Occupé dès la fin du Ve millénaire et jusqu'aux époques parthe et sassanide, Tepe Yahyā fut une agglomération importante à la fin du IVe millénaire et à l'époque protoélamite, vers 3000 av. J.-C. (niveau VI) ; le site a livré des tablettes de comptabilité et des sceaux-cylindres.

YAḤYĀ KHĀN (Āghā Muḥammad), général et homme d'État pakistanais (Peshāwar 1917 - Rāwalpindī 1980). Il se distingua en 1965 dans la guerre indo-pakistanaise et devint président de la République de mars 1969 à déc. 1971, date à laquelle il démissionna et céda le pouvoir à Ali Bhutto.

Yajurveda, un des quatre Veda, contenant les formules sacrificielles.

YAKIMAS, Indiens d'Amérique du Nord occupant l'aval de la rivière Yakima dans le centre-sud de l'État de Washington.

YAKITORI n. m. (jap. *yaki,* grillé, et *tori,* poulet). Brochette de volaille grillée. (Spécialité japonaise.)

YAKOUTES → Iakoutes.

Yakushi-ji, temple japonais fondé en 680, près de Nara, centre de la secte bouddhique Hossō. Les bâtiments actuels sont surtout du XIIIe s. Il comprend une remarquable sculpture, la *Triade de Yakushi* (726), et une pagode orientale du VIIe ou du VIIIe s., seul exemple préservé de l'architecture ancienne de Nara.

YAKUZA n. m. inv. (mot jap.). Au Japon, membre du milieu, de la mafia.

Yale *(université),* université américaine située à New Haven (Connecticut). Fondée en 1701, transférée à Saybrook (1707), puis à New Haven (1716), elle prit le nom de son bienfaiteur, Elihu *Yale* (Boston 1648 - Londres 1721), ancien gouverneur de la Compagnie des Indes orientales. Peabody Museum of Natural History (paléontologie), Galerie d'art (peinture européenne, notamm. école italienne [XIIe-XVIIIe s.] et avant-garde du début du XXe s.) et Centre d'étude de l'art britannique.

YALONG JIANG ou **YA-LONG-KIANG,** riv. de Chine (Sichuan), affl. du Yangzi Jiang ; 1 100 km.

YA-LOU → Yalu.

YALOW (Rosalyn), physicienne américaine (New York 1921). Elle a mis au point la méthode radio-immunologique permettant l'identification et le dosage des hormones de l'hypothalamus. Elle a partagé, avec R. Guillemin et A. Schally, le prix Nobel de physiologie et de médecine pour 1977.

YALTA ou **IALTA,** port d'Ukraine, station balnéaire et climatique de la Crimée, sur la mer Noire ; 77 000 hab.

Yalta *(conférence de)* [4-11 févr. 1945], conférence qui réunit à Livadia (Yalta) Roosevelt, Churchill et Staline en vue de régler les problèmes posés par la défaite proche des Allemands. Roosevelt désirait obtenir de Staline l'assurance d'une intervention soviétique contre le Japon. En échange de cet engagement, l'Europe de l'Est resterait dans la zone d'influence de l'U. R. S. S., qui obtint en outre la restitution des territoires perdus en 1905. Churchill, bien qu'opposé à ce projet, dut céder, mais il obtint en particulier que la France participât à l'occupation de l'Allemagne. L'organisation des Nations unies fut précisée à Yalta par l'annonce d'une conférence devant se tenir à San Francisco.

YALU ou **YA-LOU,** en coréen **Amnok,** fl. de l'Asie orientale, suivi par la frontière sino-coréenne ; 790 km. Il prend sa source dans le Changbai Shan, se dirige vers le S.-O. et atteint la mer Jaune dans le rentrant de la baie de Corée. Hydroélectricité. Le Yalu fut le théâtre de violents combats, en 1894, entre Japonais et Chinois et, en 1904, entre Russes et Japonais.

YAMA, divinité de l'Inde et de l'Iran. C'est le premier homme et le premier mort, le roi des esprits des ancêtres, le souverain du royaume des morts et le juge suprême.

YAMAGATA, v. du Japon, dans le nord de l'île de Honshū ; 237 000 hab. Métallurgie et textiles. Laque et verrerie. Université.

YAMAGATA ARITOMO *(marquis),* maréchal et homme politique japonais (Chōshū 1838 - Odawara 1922). Il commanda une armée contre la Chine (1894), fut chef du gouvernement (1898-1900) et chef d'état-major général pendant la guerre russo-japonaise (1904-05). Il présida le Conseil secret d'État de 1905 à 1913.

YAMAGUCHI, v. du Japon, dans le sud-ouest de Honshū ; 114 700 hab. Ancienne cité (temples). Centre industriel.

Yamaha, marque sous laquelle la société japonaise Nippon Gakki commercialise certains de ses produits (motos, articles de sports, instruments de musique). Fondée en 1887 par *Yamaha* Torakusu (Wakayama 1851 - Hamamatsu 1916), la firme devient la Nippon Gakki and Co. en 1897.

YAMAMOTO ISOROKU, amiral japonais (Nagaoka 1884 - dans les îles Salomon 1943). Commandant en chef de la flotte japonaise (1939), il fut chargé de préparer et de diriger l'attaque sur Pearl Harbor (7 déc. 1941). Il commanda ensuite les opérations navales contre la flotte américaine du Pacifique, à laquelle il infligea de très lourdes pertes. Au cours de la bataille des îles Salomon, les Américains réussirent à abattre l'avion qui le conduisait à Bougainville.

YAMANAS → YAHGANS.

YAMATO, région historique du Japon, correspondant à l'actuelle préfecture de Nara ; le nom désigne aujourd'hui, littérairement, l'ensemble du Japon traditionnel.

YAMATO, v. du Japon (Honshū), au S.-O. de Tōkyō ; 167 900 hab. Centre résidentiel. Automobile. Disques.

YAMATO-E, mot jap. signif. *peinture à la japonaise* et désignant la japonisation, vers le Xe s., du style « à la chinoise » dit *kara-e.* Les grands représentants en sont les écoles Tosa, Maruyama-Shijō, Sōtatsu-Kōrin et, au XIXe s., l'*ukiyo-e**. Cette école se distingue des modèles chinois par ses tendances narratives et décoratives, avec des couleurs intenses et une recherche du mouvement.

YAMDROK TSO ou **YAMZHO YUMCO,** lac du Tibet au S. de Lhassa.

YAMÉOGO (Maurice), homme d'État voltaïque (Koudougou 1921 - au cours d'un transfert sanitaire aérien, entre Abidjan et Ouagadougou, 1993). Militant du Rassemblement démocratique africain, il fut président de la République de Haute-Volta (1959-1966). Il fut renversé par un coup d'État.

YAMOUSSOUKRO, cap. (depuis 1983) de la Côte-d'Ivoire, à l'E.-S.-E. de Bouaflé ; 85 000 hab. Université. Basilique Notre-Dame-de-la-Paix (réplique de Saint-Pierre de Rome).

YAMUNĀ, nom de la branche occidentale du Brahmapoutre, au Bangladesh.

YAMUNĀ, JUMNA ou **JAMNĀ,** riv. de l'Inde, affl. du Gange ; 1 370 km. C'est l'une des rivières sacrées de l'hindouisme. Elle passe à Delhi et Āgrā. Son confluent, à Allāhābād, est un lieu vénéré. Ses eaux alimentent des canaux d'irrigation au N. (Pendjab et Rājasthān) et au S. (Uttar Pradesh) de son cours.

YAN'AN ou **YEN-NGAN,** v. de Chine, dans le nord du Shaanxi. Siège du gouvernement communiste chinois à l'issue de la Longue Marche (1935).

YANAON, poste créé par la Compagnie française des Indes sur le delta de la Godāvari. Perdu en 1759, il fut laissé à la France par le traité de Paris (1763) et rétrocédé à l'Union indienne (État de Madras) en 1954.

YANBU' ou **YAMBO,** v. de l'Arabie Saoudite, sur la mer Rouge ; 10 000 hab. env. C'est le port de Médine. Terminal et port pétrolier.

YANG [jɑ̃g] n. m. (mot chin.). Dans la pensée chinoise, un des deux états de la réalité, correspondant par ex. au versant éclairé de la montagne, à l'activité, au soleil, à la chaleur, au jour, à l'homme, etc. (par oppos. à *yin*).

YANG (Chen Ning), physicien américain d'origine chinoise (Hefei 1922). Il a découvert, avec Tsung Dao Lee, la non-conservation de la parité dans les interactions faibles, en observant que la désintégration de certains noyaux atomiques se faisait selon des directions privilégiées. (Prix Nobel de physique, avec T. D. Lee, 1957.)

YANGBAN, dans la Corée ancienne, aristocratie qui joua un rôle politique particulièrement important sous la dynastie des Li (1392-1910).

YANG-CHAO → YANGSHAO.

YANGCHOW → YANGZHOU.

YANG GUANG ou **YANG-KOUANG,** dernier empereur de la dynastie des Sui (605-617), de nom posthume **Sui Yangdi,** célèbre pour sa folie des grandeurs (construction de murailles, de canaux, lancement d'expéditions maritimes...).

YANG GUIFEI ou **YANG KOUEI-FEI,** concubine de l'empereur chinois Tang Xuanzong (712-756). D'une beauté légendaire, elle détourna l'empereur de sa charge et fit attribuer de hautes fonctions aux membres de sa famille. Ce népotisme provoqua la révolte d'An Lushan (755). Yang Guifei fut assassinée.

YANGQUAN ou **YANG-TS'IUAN,** v. de Chine (Shanxi), à l'E. de Taiyuan ; 200 000 hab. Centre métallurgique.

YANG SHANGKUN ou **YANG CHANG-K'OUEN,** général et homme d'État chinois (dans le Sichuan 1907). Il a été président de la République de 1988 à 1993.

YANGSHAO ou **YANG-CHAO,** site archéologique chinois (Henan), éponyme d'une culture néolithique (courant IIIe millénaire) dont l'aire de diffusion recouvre le bassin inférieur du fleuve Jaune et qui est caractérisée par sa poterie rouge ornée de motifs géométriques spiralés. Cette culture appartient à une population d'agriculteurs pratiquant l'élevage, la chasse et la pêche.

YANG-TSEU-KIANG ou **YANG-TSEU** → YANGZI JIANG.

YANG-TS'IUAN → YANGQUAN.

YANGZHOU ou **YANG-TCHEOU,** dit aussi **Yangchow,** v. de Chine (Jiangsu), au N. du Yangzi Jiang, non loin du débouché du Grand Canal ; 200 000 hab.

Yangzhou ou **Yang-tcheou** (les Huit Excentriques de), groupe de peintres chinois expressionnistes et non conformistes, du début de la dynastie des Qing, dont firent partie Jin Nong et Luo Ping.

YANGZI JIANG, YANG-TSEU-KIANG ou **CHANG JIANG,** le plus long fleuve de la Chine (5 980 km) ; le débit moyen est de 29 000 m^3/s ; le bassin s'étend sur 1 830 000 km^2, et plus de 200 millions de personnes y vivent. Issu des hautes terres du Tibet, le fleuve, après avoir traversé en gorges les Wu Shan, entre Chongqing et Yichang, n'est plus qu'à 40 m d'alt. à 1 600 km de son embouchure. Dans la cuvette du Hubei, les lacs Dongting et Poyang le régularisent. Après une série de défilés, il entre, à Nankin, dans le delta qu'il a construit. En raison de la mousson, ses hautes eaux se situent en été. Les crues peuvent être énormes et dévastatrices et des travaux considérables ont été effectués pour édifier des barrages, dans le Hubei notamment. Voie navigable majeure, jalonnée de grands centres urbains (Chongqing, Yichang, Wuhan, Nankin, Shanghai), le Yangzi Jiang a toujours connu un grand trafic. Actuellement, les navires de 15 000 t atteignent Wuhan ; ceux de 4 000 t, Yichang. La pêche est très active.

YANINA → IOÁNNINA.

YANKEE [jɑ̃ki] n. (pl. *Yankees* [jɑ̃kiz]) [angl. *Yankee,* p.-ê. de l'écossais *Jankee,* dimin. de *Jan,* employé comme surnom]. Sobriquet donné par les Anglais aux colons révoltés de la Nouvelle-Angleterre, puis par les sudistes aux nordistes et, depuis, appliqué à tous les habitants anglo-saxons des États-Unis.

◆ **yankee** adj. Des États-Unis.

◆ n. m. Grand foc, dont le point d'écoute est relevé.

YANKTONS, Indiens Sioux d'Amérique du Nord, principalement localisés à l'est du Dakota du Nord et à l'est du Dakota du Sud.

YANOMAMIS ou **YANOMANIS,** Indiens d'Amérique du Sud, occupant les régions frontalières entre le Brésil et le Venezuela.

YANQI ou **YEN-K'I** ou **KARACHAR,** ancienne cité située dans le Xinjiang, aux abords du lac du même nom, au N. du bassin du Tarim. C'était une étape des caravanes entre l'Iran et la Chine. Dans les environs, anciens monastères bouddhiques (VI-VIIe s.).

YANTAI ou **YEN-T'AI,** anc. **Tche-fou** ou **Chefoo,** port de Chine (Shandong), dans la péninsule du Shandong ; 200 000 hab. Pêche. Chantiers navals. Agroalimentaire.

YANTRA n. m. (mot sanskr. signif. *instrument*). Dans l'hindouisme et dans le tantrisme, diagramme mystique utilisé en partic. pour stimuler la méditation, pour rassembler l'attention profonde vers le centre de l'être.

YAO n. m. Groupe de langues parlées par les Yaos, proches des langues miao et appartenant soit au sino-tibétain, soit au thaï.

YAO, v. du Japon, dans le sud de Honshū, banlieue d'Ōsaka ; 272 700 hab. Centre résidentiel et industriel (chimie, textile).

YAOS, population sino-tibétaine dispersée en Chine du Sud, en Birmanie, en Thaïlande, au Viêt-nam et dans le nord du Laos, estimée à 4 millions de membres.

YAOS, population bantoue du Mozambique, également dispersée en Tanzanie et au Malawi.

YAOUNDÉ, cap. du Cameroun ; 500 000 hab. Vers 700 m d'alt., c'est un centre administratif et commercial. Université.

YAOURT [jaurt], **YOGHOURT** ou **YOGOURT** n. m. (bulgare *jaúrt*). **1.** Lait caillé ayant subi une fermentation acide. — **2.** Fam. *Pot de yaourt,* petite voiture.

YAOURTIÈRE n. f. Récipient clos calorifugé permettant la fabrication domestique des yaourts.

YAP, archipel volcanique du Pacifique, constituant l'un des États fédérés de Micronésie ; 101 km^2 ; 8 200 hab.

YAPURÁ (en esp.) ou **JAPURÁ** (en port.), riv. de la Colombie et du Brésil, affl. de l'Amazone (r. g.) ; 2 800 km.

YA'QŪB (Abū Yūsuf) [† Algésiras 1286], souverain marīnide (1258-1286). Il élimina le dernier Almohade de Marrakech (1269), fonda Fès-la-Nouvelle et entreprit plusieurs expéditions en Espagne.

YA'QŪB AL-MANṢŪR (Abū Yūsuf) [† 1199], souverain almohade (1184-1199). Il poursuivit l'expansion almohade, battit les Almoravides en Afrique, près de Gafsa (1187) et les troupes d'Alphonse VIII de Castille à Alarcos (1195).

YAQUE, rivière de la République Dominicaine (île d'Haïti) : le *Yaque del Norte* (385 km), tributaire de l'Atlantique, et le *Yaque del Sur* (129 km), tributaire de la mer des Antilles.

YAQUI, fl. du Mexique, tributaire du golfe de Californie ; 550 km (bassin de 75 000 km^2). Irrigation dans le cours inférieur.

YAQUIS, Indiens Uto-Aztèques du Mexique, que l'on trouve aussi dispersés dans les États de l'Arizona et de la Californie.

YARA-YARA n. m. Dénomination courante d'un dérivé méthoxylé du naphtalène, à l'odeur de fleur d'oranger et employé en parfumerie.

YARD [jard] n. m. (angl. *yard*). Unité principale de longueur (symb. yd) du système de mesures coutumier dans les pays anglo-saxons, valant 0,914 m.

YARHMURĀSAN ou **YARHAMRĀSAN** (Abū Yaḥyā ibn Zayyān) [v. 1208-1283], fondateur de la dynastie des 'Abdalwādides, ou Zayyānides de Tlemcen (1235-1283).

YARKAND ou **YARKANT,** fl. de Chine dans le Xinjiang, descendu des monts Kunlun et qui rejoint le Tarim.

YARKAND ou **YARKANT,** en chin. **Suoche,** oasis de Chine, dans le sud-ouest du Xinjiang ; 100 000 hab. Centre commercial et artisanal ; c'était une étape sur la route du Tibet et de la Russie.

YARKON (le), petit fleuve côtier d'Israël, rejoignant la Méditerranée, dans la banlieue nord de Tel-Aviv-Jaffa. La majeure partie de ses eaux a été détournée (par conduite) vers le Néguev.

YARMOUK, riv. du Proche-Orient, affl. du Jourdain (r. g.) ; 80 km. Il draine le sud du Hauran, sert de frontière entre la Syrie et la Jordanie, puis entre Israël et la Jordanie, et atteint le Jourdain au S. du lac de Tibériade.

YARMOUTH → GREAT YARMOUTH.

YASAK, loi fondamentale des Mongols, instituée par Gengis Khān.

YAŞAR KEMAL (Kemal Sadık GÖKÇELI, dit), écrivain turc (Osmaniye, près d'Adana, 1923). Son œuvre (*Mémed le Mince,* 1955 ; *Terre de fer, ciel de cuivre,* 1963 ; *Meurtre au marché des forgerons,* 1973 ; *Salman le Solitaire,* 1980 ; *le Retour de Mémed le Mince,* 1984) évoque les paysans d'Anatolie.

YAŚOVARMAN, nom (signifiant, en sanskr., *qui a la gloire pour cuirasse*) porté par deux souverains du Cambodge : **Yaśovarman Ier** (889-v. 900), qui fonda Yaśodharapura (la 1re Angkor) ; **Yaśovarman II** (?-1165), successeur plus ou moins immédiat de Sūryavarman II (fondateur d'Angkor Vat).

YASS → JAZZ.

YASSA n. m. (du créole de Casamance, *frire*). En Afrique, ragoût de poisson, de poulet ou de mouton dont la sauce est aromatisée au citron.

YATAGAN [jatagɑ̃] n. m. (turc *yatağan*). Sabre incurvé en deux sens opposés, à la lame très tranchante. (Il était en usage chez les Turcs et les Arabes.)

YATÉ (la), riv. de l'est de la Nouvelle-Calédonie. Centrale sur le cours inférieur, dont l'énergie est utilisée pour la métallurgie du nickel.

YATHRIB, nom ancien de Médine.

YATSUSHIRO, port du Japon, dans l'île de Kyūshū ; 108 200 hab.

YAWATA → YAHATA.

YAWL [jol] n. m. (angl. *yawl,* du néerl. *jol,* yole). Voilier muni de deux mâts, le grand mât et le mât de tape-cul, ce dernier, de petite taille, se trouvant à l'extrême arrière, derrière la mèche du gouvernail.

YAXCHILÁN, ville maya du Mexique (État du Chiapas), sur la rive gauche du fleuve Usumacinta, florissante à l'époque classique (250-950). Son centre cérémoniel comporte plusieurs temples-pyramides décorés de sculptures en pierre et un jeu de balle. Stèles et linteaux à inscriptions.

YAYAMADOU n. m. Nom donné au baboen en Guyane française.

YAYOI, culture protohistorique japonaise qui succède à la culture Jōmon vers le IIIe s. av. J.-C., au nord-est de Kyūshū, et semble résulter d'influences venues de Chine par la Corée du Sud. Elle se caractérise par une céramique montée à la main, parfois ornée de motifs géométriques tracés au peigne ou à la roulette, par la métallurgie du bronze et du fer, par divers modes d'architecture et de sépultures et par la culture du riz irrigué.

YAZD → YEZD.

YAZDGARD Ier († 420), roi sassanide de Perse (399-420), fils de Châhpuhr III. Il succéda à Bahrâm IV et fut un protecteur des chrétiens. — **Yazdgard II** († 457), roi sassanide de Perse (438-457), fils et successeur de Bahrâm V. Il contint les Huns Hephthalites et persécuta les chrétiens. — **Yazdgard III** (617 - près de Merv 651), dernier roi sassanide de Perse (632-651). Sous son règne, vers 637, les Arabes prirent la Mésopotamie ; en 642, la bataille de Nehavend leur donna la Perse. Réfugié à Merv, Yazdgard fut assassiné.

YAZĪD Ier IBN MU'ĀWIYA (644 - près d'Émèse 683), second calife omeyyade (680-683). Il ne fut pas reconnu à La Mecque et à Médine. Il battit et tua son rival Ḥusayn, fils de 'Alī, à Karbalā' (680), puis assiégea et prit La Mecque.

YAZILIKAYA, site de Cappadoce, voisin de Hattousa, l'anc. ville hittite. Vestiges d'un sanctuaire (XIIIe s. av. J.-C.) où des constructions s'associent aux chambres naturelles d'un cirque rocheux. Reliefs rupestres représentant le panthéon hittite.

Yb, symbole chimique de l'*ytterbium.*

YEAGER (Charles), pilote d'essai américain (Hamlin, Virginie, 1923). Il a été le premier pilote au monde à franchir le mur du son, le 14 oct. 1947, sur Bell X-1.

YEARLING [jœrliŋ] n. m. (angl. *yearling,* qui a un an). Cheval de race pure âgé de un an.

YEATS (William Butler), écrivain irlandais (Sandymount, près de Dublin, 1865 - Roquebrune-Cap-Martin 1939). Fils d'un portraitiste célèbre, il publie des poèmes et des pièces en vers où il donne libre cours à ses tendances mystiques (*les Errances d'Oisin,* 1889 ; *la Comtesse Kathleen,* 1892 ; *le Pays du désir du cœur,* 1894). Devenu l'âme, avec lady Gregory, de la renaissance irlandaise, cofondateur de l'Abbey Theatre (1904), il donne à la scène une tragédie, *Deirdre* (1907), inspirée du théâtre japonais. Occultiste et militant (sénateur de 1922 à 1928), il se consacre entièrement à son art à partir de 1930, affirmant dans ses poèmes sa croyance à l'existence du monde surnaturel des légendes et des puissances occultes (*la Tour,* 1928 ; *l'Escalier en spirale,* 1929 ; *Purgatoire,* 1939). [Prix Nobel 1923.]

YÈBLE → HIÈBLE.

YEDO → EDO.

YEHOSHUA (Avraham), écrivain israélien (Jérusalem 1936). Un climat d'angoisse et de détresse pèse sur ses romans et nouvelles (*la Mort du vieillard,* 1962 ; *Face aux forêts,* 1968 ; *Divorce tardif,* 1981 ; *l'Année des cinq saisons,* 1990).

YELLOWHEAD PASS ou **COL DE LA TÊTE-JAUNE,** col des montagnes Rocheuses canadiennes, emprunté par le Canadian National Railway ; 1 133 m.

YELLOWKNIFE, v. du Canada, cap. des Territoires du Nord-Ouest, sur le grand lac de l'Esclave ; 9 500 hab. — À proximité, gisements aurifères.

YELLOWSTONE, riv. du nord-ouest des États-Unis, affl. du Missouri (r. dr.) ; 1 080 km (bassin de 181 300 km²). Elle traverse le *parc national de Yellowstone* et le lac homonyme.

Yellowstone *(parc national de),* parc national créé en 1872, s'étendant sur un plateau volcanique à 2 500 m d'alt. environ, au N.-O. du Wyoming, et débordant sur les États voisins du Montana et de l'Idaho ; 9 000 km² env. L'activité volcanique se manifeste par des solfatares, des sources jaillissantes et des geysers qui lancent régulièrement leur jet d'eau bouillante et de vapeur. Tourisme.

YÉMEN n. m. (de *Yémen,* n. pr.). Fourrure plate, moirée, du chevreau d'Arabie.

YÉMEN, en ar. **al-Yaman,** région de la péninsule arabique. Les principaux royaumes du Yémen antique sont le royaume minéen (au nord), celui de Saba*, probablement fondé au XIe s. av. J.-C. (au centre), celui de Qatabān (au sud-ouest) et celui de l'Hadramaout (au sud). Prospères grâce à la production de parfums et d'aromates et à leur rôle de plaque tournante du commerce entre l'Inde, l'Afrique orientale et la Méditerranée, ils sont dominés sans doute à partir du Ier s. apr. J.-C. par les Ḥimyarites. Occupé par les Éthiopiens (521-575), puis par les Perses Sassanides, le Yémen devient après 628 une province de l'Empire musulman. À partir du IXe s., des dynasties, quasi indépendantes de Bagdad, gouvernent ses différentes régions. Les imāms zaydites, professant un chī'isme modéré, fondent dans le Nord une dynastie (893) qui régnera jusqu'en 1962. Ta'izz et la plaine côtière restent sunnites. Les Ottomans s'emparent des plaines côtières du Yémen (1517) et d'Aden (1538) ; en 1871, ils organisent le vilayet ottoman du Yémen après la conquête de Ṣan'ā'. Les Britanniques conquièrent Aden (1839) et établissent leur protectorat sur tout le sud du Yémen (→ *protectorat d'*ADEN, fédération d'ARABIE DU SUD). Le nord du pays, libéré des Ottomans en 1920, est gouverné par les imāms zaydites, qui doivent reconnaître en 1934 l'annexion de l''Asīr par l'Arabie Saoudite. Ceux-ci font adhérer le Yémen à la Ligue arabe dès sa fondation (1945). Ils sont renversés par le coup d'État de 1962. En 1990, les deux Yémens sont réunifiés et forment la République du Yémen*.

YÉMEN, État du sud de l'Arabie, sur la mer Rouge et le golfe d'Aden ; 485 000 km^2 ; 15 070 000 hab. *(Yéménites).* CAP. *Ṣan'ā'*. V. PRINC. *Aden.* LANGUE : *arabe.* MONNAIE : *rial yéménite.*

Géographie. Le Yémen occupe la partie sud de la péninsule arabique, sur une superficie presque égale à celle de la France. Les plaines côtières arides, Tihāma en bordure de la mer Rouge et littoral du golfe d'Aden, sont dominées par le rebord du socle arabique, hautes terres bien arrosées à l'ouest, désertiques à l'est, coupées de vallées irriguées et d'oasis. En dehors de quelques ports (pêche) et d'Aden, longtemps site stratégique, les villes sont situées dans la « montagne » : Ta'izz et surtout Ṣan'ā', la capitale, ville la plus peuplée aujourd'hui. L'agriculture occupe la majeure partie de la population active. Céréales, coton, café, fruits et légumes sont complétés par l'élevage (ovins et caprins). L'extraction pétrolière s'est développée récemment. Les difficultés économiques du pays se sont encore accrues lors de la guerre du Golfe (1990-91), celle-ci ayant provoqué la suspension de l'aide de l'Arabie Saoudite ainsi que le retour des émigrés qui y travaillaient.

Histoire. Peuplé dès le IIIe millénaire, le Yémen est divisé en royaumes, dont celui de Saba. Pénétré par le judaïsme puis par le christianisme, ce royaume est à son apogée au IIIe s. av. J.-C. Mais, conquis en 525, il devient une vice-royauté éthiopienne et, v. 570, une satrapie perse.

VIIe s. : L'islām s'y répand, sous la forme du chī'isme. Les principautés musulmanes retrouvent leur autonomie à l'égard des califes au IXe s., et prospèrent grâce au commerce.

1570-1635 : Le Yémen est intégré à l'Empire ottoman qui, après 1635, n'a plus d'autorité réelle.

Le déclin du pays permet aux Britanniques de s'emparer d'Aden (1839) et à l'Arabie Saoudite d'annexer une principauté du Nord (1926). Le Yémen, sous le régime patriarcal et autoritaire des Zaydites, stagne.

1963 : Aden et la plupart des sultanats du protectorat britannique forment la fédération d'Arabie du Sud.

1967 : Celle-ci accède à l'indépendance.

• *Les deux Républiques.*

• *Yémen du Nord (Ṣan'ā').*

1962 : Un coup d'État instaure un régime républicain. Appuyé par l'Égypte, celui-ci lutte jusqu'en 1969 contre les royalistes soutenus par l'Arabie Saoudite et la Grande-Bretagne. Un accord instable entre les combattants favorise l'arrivée au pouvoir, en 1972, des éléments les plus conservateurs. Cette évolution politique accroît la tension avec la République démocratique du Yémen.

1974 : Une junte militaire s'empare du pouvoir.

1977-78 : Période de grande instabilité politique. Assassinat du chef de l'État.

1978 : Le lieutenant-colonel 'Alī 'Abdallāh al-Ṣaliḥ est élu président.

1979 : Un processus d'unification est relancé.

• *Yémen du Sud (Aden).*

1970 : 'Alī Rubayyi' instaure une République démocratique et populaire d'inspiration marxiste-léniniste.

1978 : Assassinat d''Alī Rubayyi'.

1980 : 'Alī Nāṣir Muḥammad devient chef de l'État.

1986 : Abū Bakr al-'Aṭṭās le renverse et prend le pouvoir.

• *L'unification.* À la suite des accords signés en 1988 et 1989 entre les deux Yémens, l'unification est proclamée en 1990. La nouvelle République est présidée par 'Alī 'Abdallāh al-Ṣaliḥ. Mais, très rapidement, des tensions apparaissent entre le Nord et le Sud, qui dégénèrent, en 1994, en une guerre civile, mettant en danger l'unité du pays.

YÉMÉNITE adj. et n. Du Yémen.

YEN [jɛn] n. m. Unité monétaire principale du Japon (symb. Y).

YENNE (73170), ch.-l. de cant. de la Savoie, sur le Rhône ; 2 477 hab. *(Yennois).* Église romane et gothique.

YEN-NGAN → YAN'AN.

YEN-T'AI → YANTAI.

YEOMAN [joman] n. m. (pl. *yeomen* [-mɛn]) [angl. *yeoman*]. 1. Franc tenancier de l'Angleterre médiévale. — 2. Tout roturier exerçant un office à la Cour ou auprès d'un notable. — 3. *Yeomen de la garde,* corps créé en 1485 par Henri VII, pour assurer la garde des souverains britanniques.

YEOMANRY [jomanri] n. f. (angl. *yeomanry*). 1. Ensemble des yeomen. — 2. Formation territoriale de cavalerie anglaise, créée à la fin du XVIIIe s. et utilisée ensuite comme infanterie montée.

YEPES (Narciso), guitariste et compositeur espagnol (Lorca 1927). Il a composé notamment la musique du film *Jeux interdits* (1952). Il joue un répertoire qui va de Bach aux contemporains.

YERRES (91330), ch.-l. de cant. de l'Essonne, sur l'*Yerres* ; 27 268 hab. *(Yerrois).*

YERSIN (Alexandre), bactériologiste français d'origine suisse (Aubonne, cant. de Vaud, 1863 - Nha Trang, Viêt-nam, 1943). Il entra en 1886 à l'Institut Pasteur, où il collabora avec Émile Roux aux recherches qui aboutirent à la découverte de la toxine diphtérique. Il découvrit à Hongkong le microbe de la peste (1894) et montra l'unicité de la maladie du rat et de celle de l'homme, puis il créa un laboratoire à Nha Trang, sur la côte d'Annam, pour fabriquer le sérum antipesteux.

Yersin et Kitasato *(bacille de),* bacille trouvé presque simultanément par Yersin et le bactériologiste japonais Kitasato Shibasaburo (1852-1931), agent pathogène de la peste. C'est un coccobacille épais Gram négatif, voisin morphologiquement des *pasteurella ;* il n'a pas de cils et n'est pas mobile. Il est aérobie et anaérobie facultatif. Son nom actuel est *Yersinia pestis.* (Famille des enterobacteriaceæ.)

YERSINIA n. f. Genre bactérien de la famille des enterobacteriaceæ comportant six espèces actuellement décrites (*Yersinia pestis,* agent de la peste, et cinq autres espèces responsables d'affections intestinales et de septicémies).

YERSINIOSE n. f. Infection provoquée par une bactérie du genre *yersinia.*

YERUPAYA *(Nevado),* sommet et point culminant de la cordillère de Huayhuash, dans les Andes du Pérou ; 6 634 m. Première ascension par la cordée américaine D. Harrah - J. Maxwell (1950).

YERVILLE (76760), ch.-l. de cant. de la Seine-Maritime, dans le pays de Caux ; 1 956 hab. *(Yervillais).*

YESEVÎ (Ahmed) ou **YASAWĪ** (Aḥmad) [† Yasī, auj. Tourkestan, Kazakhstan, 1166], cheikh soufi turc de l'Asie centrale, fondateur de la confrérie Yasawiyya.

YESHIVA n. f. (pl. *yeshivot*) [mot hébr.]. Établissement d'enseignement supérieur hébraïque où l'étude du Talmud est intensive et continuelle.

YEŞIL IRMAK (« fleuve Vert »), fl. de Turquie, tributaire de la mer Noire à l'E. de Samsun ; 415 km. Hydroélectricité.

YEŞILKÖY, localité de Turquie, dans la banlieue sud-ouest d'Istanbul. Aéroport international.

YESO ou **YEZO,** anc. nom de Hokkaidō.

YETI [jeti] n. m. (mot tibétain). Animal légendaire de l'Himālaya, désigné communément sous le nom d'*abominable homme des neiges.*

YEU *(île d')* [85350], île française de l'Atlantique (Vendée), couvrant 23 km², formant une commune et un canton de 4 951 hab. Ch.-l. *Port-Joinville.* La pêche avec l'aquaculture (homards) et le tourisme estival y constituent les principales ressources. Pétain y fut interné de 1945 à 1951.

YEUSE [jøz] n. f. (anc. provenç. *euze,* du lat. *ilex, -icis*). Nom usuel du *chêne vert.*

YEUX n. m. pl. Pl. de ŒIL.

YÉ-YÉ [jeje] adj. inv. (angl. *yeah yeah,* altér. pop. de *yes,* oui). **1.** Se dit d'un style de musique, de chansons adaptées des succès américains, en vogue parmi les jeunes dans les années 60. (Il est représenté par Johnny Hallyday, Eddy Mitchell, Sylvie Vartan, Richard Anthony, Claude François, Françoise Hardy.) — **2.** Qui concerne ou rappelle cette mode : *Orchestre yé-yé.*

◆ adj. inv. et n. inv. Se dit d'un chanteur ou d'un fan de musique yé-yé.

◆ n. m. inv. La musique yé-yé.

YEZD ou **YAZD,** v. du centre de l'Iran ; 136 000 hab. Textile. Il y subsiste quelques zoroastriens. Mausolées, dont le tombeau des Douze Imāms, v. 1037 ; Grande Mosquée, 1375.

YI n. m. Syn. de LOLO 2.

YI ou **LOLOS,** groupe de populations sino-tibétaines de la Chine du Sud, du Laos, du Viêt-nam et de Thaïlande, comptant environ 3 millions de membres, surtout établies en Chine.

YIBIN, YI-PIN ou **IPIN,** v. de Chine (Sichuan), sur le Yangzi Jiang, près du Yunnan ; 190 000 hab. Nœud de communications.

YICHANG, YI-TCH'ANG ou **ICHANG,** port de Chine, sur le Yangzi Jiang (Hubei), au point où ce dernier entre en plaine ; 200 000 hab. Centre commercial et industriel.

YICHUN ou **YI-TCH'OUEN,** v. de Chine (Heilongjiang), sur la bordure sud-ouest du Petit Khingan ; 300 000 hab.

YIDDISH [jidiʃ] n. m. inv. (angl. *yiddish,* de l'all. *jüdisch,* juif). Langue germanique parlée par les Juifs ashkénazes. (Syn. JUDÉO-ALLEMAND.)

◆ adj. inv. Relatif au yiddish.

ENCYCL. **Ling.** Le yiddish est une langue germanique par son vocabulaire et ses structures grammaticales. Il possède un important apport slave de vocabulaire et de diminutifs ainsi qu'un fonds hébraïque et des créations composites où les mots hébreux sont dotés de suffixes germaniques ou slaves. Les variations dialectales entre un yiddish occidental et un yiddish oriental portaient sur certains faits lexicaux et sur la prononciation des voyelles mais n'empêchaient pas l'intercompréhension. Le yiddish s'écrit à l'aide de l'alphabet hébreu. Depuis la Seconde Guerre mondiale, le nombre des utilisateurs du yiddish a considérablement diminué, en Europe, du fait de l'holocauste.

— **Littér.** La littérature en vieux yiddish est caractérisée par trois courants : le genre épique, le roman courtois, illustré par Elia Levita, et les œuvres religieuses et didactiques. Dans la seconde moitié du XVIIIe s., le mouvement hassidique englobe la plus grande partie des Juifs d'Europe orientale. Le yiddish n'est plus seulement la langue du peuple, il est promu à la prière et s'enrichit de nouvelles expressions. Malgré l'opposition de la *Haskala* dans la période des lumières, le yiddish confirme son rôle de langue littéraire : une littérature « éclairée » apparaît. L'épanouissement de cette littérature, dont l'initiateur est I. M. Dick, date de l'œuvre d'Abramovitz, dit Mendele Mocher Sefarim, le premier de la triade des « classiques », que complètent Cholem Aleichem et I. L. Peretz. Tandis que se développe une presse en yiddish (le premier hebdomadaire, *la Voix qui annonce,* d'A. Zederbaum, date de 1862), les récits de J. Dineson et les pièces d'A. Goldfaden touchent un large public. La fin du XIXe s. et le début du XXe voient une floraison d'écrivains majeurs : Cholem Asch, David Bergelson, Pinkhes Kahanovitch, dit Der Nister, H. D. Nomberg, Abraham Reisen. Varsovie avec Perets Markich, Vilna avec Chaim Grade, New York avec Jacob Glatstein sont de grands centres de culture yiddish. En U. R. S. S., les formes d'expression de la littérature yiddish furent supprimées en deux temps, à la fin des années 30 et à partir de 1948. Nombre d'écrivains disparurent : Max Erik, Moise Kulbak, A. Kacyzne, L. Kvitko, David Hofstein. Certains revinrent des camps, comme Samuel Halkin. Dans les années 80, la vie littéraire yiddish en U. R. S. S. est fortement limitée. Les États-Unis accueillirent au XIXe et au XXe s. de nombreux émigrés : parmi eux, J. Gordin, Vinchevsky et Morris Rosenfeld, les pionniers de la poésie ouvrière, S. Niger, J. Opatoshu, H. Leivick, I. B. Singer (prix Nobel en 1978). Dans l'État d'Israël, la littérature yiddish, illustrée par J. Papiernikov ou Eli Schechtman, connaît un développement particulier depuis la Conférence mondiale pour la langue et la culture yiddish tenue à Jérusalem en 1976. Il faut également mentionner la « littérature d'holocauste », répertoriée à la Bibliothèque nationale de Paris sous la vedette *Yizkor* (« À la mémoire »).

YI-HING → YIXING.

Yijing ou **Yi-king** *(Livre des mutations),* manuel chinois de divination fondé sur l'étude des hexagrammes, qui est l'un des cinq classiques *(wujing)* du confucianisme.

YIN [jin] n. m. (mot chin.). Dans la pensée chinoise, un des deux états de la réalité, correspondant par ex. au versant non éclairé d'une montagne, à la passivité, à l'humidité, à la nuit, à la femme, etc. (par oppos. à *yang*).

YIN, autre nom de la dynastie chinoise des Shang.

YIN-CHAN → YIN SHAN.

YINCHUAN ou **YIN-TCH'OUAN,** v. de Chine, cap. de la Région autonome de Ningxia, près du Huang He ; 200 000 hab. Centre commercial, administratif et industriel.

YINGKOU, YING-K'EOU ou **YINGKOW,** port de la Chine du Nord-Est (Liaoning), à l'embouchure du Liao He ; 200 000 hab. Centre commercial et industriel.

YINING ou **YI-NING** → KOULDJA.

YIN SHAN ou **YIN-CHAN,** massif ancien de Chine, qui borde au S.-E. le plateau de Gobi et culmine à 2 850 m.

YIN-TCH'OUAN → YINCHUAN.

YINZHEN → YONGZHENG.

YI-PIN → YIBIN.

YI-TCH'ANG → YICHANG.

YIXING ou **YI-HING,** v. de Chine (Jiangsu), au S. de Changzhou. Centre de production, du XVIe s. à nos jours, de grès bruns lustrés servant à fabriquer des théières exportées vers l'Europe depuis le XVIIe s.

YIZHAR (Yizhar SMILANSKY, dit **S.**), écrivain israélien (Rehovot 1916), l'un des chefs de file de la littérature israélienne des années 40 (*les Jours de Tziklag,* 1958).

YIZRE'ÊL → JEZRE'EL.

YLANG-YLANG ou **ILANG-ILANG** [ilɑ̃ilɑ̃] n. m. (pl. *ylangs-ylangs*). **1.** Nom commun à divers arbres aromatiques de la famille des anonacées. – **2.** Essence parfumée extraite des fleurs de ces arbres.

YMIR ou **YMER,** géant de la mythologie germanique.

YOCCOZ (Jean-Christophe), mathématicien français (Paris 1957). Spécialiste de la théorie des systèmes dynamiques, on lui doit aussi, dans le cadre de l'étude des fractales de Mandelbrot, l'invention des « puzzles de Yoccoz ». Il a reçu la médaille Fields en 1994.

YOD n. m. (mot hébr.). Consonne constrictive dorso-palatale sonore [j] (comme dans *maillot* [majo], *soleil* [sɔlɛj]).

1. YODLER, IODLER, IOULER ou **JODLER** [jɔdlœr] n. m. (all. *Jodler*). Chant populaire sans paroles exécuté en vocalises sur des syllabes en changeant brusquement de registre (voix de tête, voix de poitrine) et avec de grands intervalles (Tyrol, Polynésie, Chine et Inde orientale).

2. YODLER, IODLER, IOULER ou **JODLER** [jɔdle] v. i. (conj. 3). *Litt.* Chanter en vocalisant comme dans les yodlers.

YOF, banlieue de Dakar, sur la côte nord de la péninsule du Cap-Vert. Aéroport.

YOGA n. m. (sanskr. *yoga,* jonction). **1.** Très ancienne méthode d'obtention de l'illumination, systématisée dans le texte des *Yogasūtra.* – **2.** Discipline spirituelle et corporelle issue de cette méthode et qui vise à libérer l'esprit des contraintes du corps par la maîtrise de son mouvement, de son rythme et du souffle.

Yogasūtra, texte fondamental de la science du yoga, attribué à Patañjali (env. IIe s. av. J.-C.). Il constitue le premier effort pour systématiser l'ancienne pratique du yoga et lui donner un statut d'autorité au sein de l'hindouisme. De nos jours, ce texte sert de point de comparaison pour les différentes formes de yoga issues de la tradition.

YOGHOURT ou **YOGOURT** → YAOURT.

YOGI n. m. (sanskr. *yogin*). Ascète indien pratiquant le yoga et plus particulièrement membre de certaines sectes de renonçants (les sādhu).

YOGIQUE adj. Qui concerne le yoga.

YOHIMBINE [jɔimbin] n. f. Alcaloïde extrait d'un arbre du Cameroun (yohimbehe) et dont le chlorhydrate est sympatholytique et vasodilatateur périphérique. (Son activité aphrodisiaque est discutée.)

YOKKAICHI, v. du Japon (Honshū), sur la baie d'Ise ; 255 400 hab. Centre industriel.

YOKO-GARBI ou **JOKO-GARBI** n. m. (basque *joko garbi,* jeu pur). À la pelote basque, jeu de blaid, pratiqué avec un petit chistera.

YOKOHAMA, v. du Japon, dans l'île de Honshū, sur la baie de Tōkyō, ch.-l. de préf. ; 2 774 000 hab. Aujourd'hui réuni à Tōkyō dans l'ensemble urbain de Keihin, c'est le 1er port du Japon, important surtout du pétrole, du gaz, du fer et du bois et exportant des produits manufacturés. Les industries (pétrochimie, sidérurgie, chantiers navals, automobile, outillage, tissages) sont localisées dans des zones gagnées sur la baie.

YOKOSUKA, port du Japon, sur la baie de Tōkyō ; 421 100 hab. Centre résidentiel et industriel. Arsenaux. Chantiers navals.

YOKOYAMA TAIKAN, peintre japonais (Mito 1868 - Tōkyō 1958). Un des pionniers du renouveau de la tradition picturale nationale *(nihonga)* au tournant des XIXe et XXe s., il s'est illustré par la qualité de son encre, de ses couleurs, fondée sur une connaissance profonde de la peinture ancienne chinoise et japonaise, ainsi que par le sentiment de la nature et la musicalité qui imprègnent ses œuvres.

YOLANDE DE FLANDRE ET DE HAINAUT († 1219), impératrice latine d'Orient (1217-1219). Après la mort de son frère, l'empereur Henri de Flandre, elle partagea le pouvoir avec son époux, Pierre II de Courtenay († 1217).

YOLDIA n. f. Mollusque bivalve propre aux mers arctiques, à la coquille elliptique luisante.

YOLE [jɔl] n. f. (néerl. *jol,* du dan. *jolle*). Embarcation légère, étroite et allongée, propulsée à l'aviron.

Yomiuri Shimbun, quotidien d'information japonais fondé en 1874 par Koyasu Takashi.

Yom Kippour ou **Kippour,** une des plus grandes solennités de la religion juive, célébrée dix jours après le nouvel an juif (Rosh* ha-Shana). C'est le jour du Grand Pardon, jour de pénitence et de prière pour l'expiation des fautes commises envers Dieu et le prochain.

YONAGO, port du Japon (Honshū), sur la mer du Japon ; 127 400 hab.

YONEZAWA, v. du Japon, dans le nord de Honshū ; 92 800 hab.

YONGLE ou **YONG-LO,** nom d'ère (1403-1424) de l'empereur de Chine **Zhudi** de la dynastie Ming (nom posthume **Ming Chengzu**).

YONGZHENG ou **YONG-TCHENG,** nom d'ère de **Yinzhen** (1677-1736), empereur de Chine (1723-1736), de la dynastie Qing (nom posthume **Qing Shizong**), fils et successeur de Kangxi. Il persécuta les missionnaires catholiques.

YONI n. f. (mot sanskr.). Dans l'hindouisme, représentation de la vulve, qui, en relation avec le linga, est considérée comme le signe de la puissance créatrice.

YONKERS, v. des États-Unis (New York), faubourg de New York sur l'Hudson ; 195 400 hab. Centre industriel.

YONNE, riv. du Bassin parisien, affl. de la Seine (r. g.) ; 293 km (bassin de près de 11 000 km^2). Née dans le Morvan, elle passe au pied de Château-Chinon, à Clamecy, Auxerre, Sens et finit au pont de Montereau. La Cure et surtout l'Armançon sont ses principaux affluents. L'Yonne est le plus irrégulier des affluents de la Seine (crues de la mi-hiver à la fin du printemps) ; un barrage a été construit à Pannesière-Chaumard (Nièvre) pour régulariser son cours et celui de la Seine (d'autres barrages ont été aménagés dans son bassin, sur la Cure notamment). Le débit moyen, supérieur à celui de la Seine au confluent, est de 105 m^3/s.

YONNE (89), dép. de la Région Bourgogne ; ch.-l. de dép. *Auxerre ;* ch.-l. d'arrond. *Avallon, Sens ;* 3 arrond. ; 42 cant. ; 451 comm. ; 7 247 km^2 ; 323 096 hab. *(Icaunais).* Le dép. appartient à l'académie de Dijon, à la cour d'appel de Paris, à la région militaire Nord-Est.

Il est formé de plateaux et de plaines calcaires (Sénonais, Auxerrois, Tonnerrois), voués surtout aux cultures céréalières, localement à la vigne (Chablis), ou argileux et marneux (pays d'Othe, Puisaye), régions d'élevage bovin. La vallée de l'Yonne, voie de passage importante (avec celle de l'Armançon), est jalonnée par les principales villes (Auxerre et Sens) et juxtapose peupleraies et prairies. L'industrie est représentée par les constructions mécaniques et électriques, le travail du bois, l'agroalimentaire.

YORCK VON WARTENBURG (Ludwig, *comte*), maréchal prussien (Potsdam 1759 - Klein Oels, auj. Oleśniczka, Pologne, 1830). Il contribua à la refonte de l'armée, commanda en Russie le corps auxiliaire prussien de la Grande Armée (1812) et signa la convention de Tauroggen avec les Russes, prélude au retournement de la Prusse (déc.).

Yorick, bouffon du roi de Danemark auquel il est fait allusion dans *Hamlet** de Shakespeare. – Ce nom servit de pseudonyme à Sterne.

YORITOMO → MINAMOTO NO YORITOMO.

YORK, v. du Canada (Ontario), banlieue de Toronto ; 140 525 hab.

YORK, v. de Grande-Bretagne (North Yorkshire), dans la *plaine d'York,* sur l'Ouse ; 100 000 hab. Archevêché. Matériel ferroviaire. Musée du chemin de fer. Université.
– **Hist.** Capitale militaire de l'île *(Eboracum* ou *Eburacum)* durant l'occupation romaine, York fut conquise au VIe s. par les Angles et devint la capitale de la Northumbrie. Évêché (VIIe s.) puis archevêché, la ville fut au IXe s. un important établissement danois. Ruinée par la conquête normande (XIe s.), elle retrouva vite son importance et fut durant tout le Moyen Âge la deuxième ville du royaume. Elle déclina au XIXe s., victime de la crise de l'Angleterre rurale.
– **Bx-arts.** Prestigieuse cathédrale appartenant aux styles gothiques primitif (transept, à partir de 1220), décoré (nef, XIVe s.) et perpendiculaire (chœur, fin du XIVe s. ; tour-lanterne et tours de façade, XVe s.) ; vitraux. Enceinte du XIIIe s. et autres témoins de la ville médiévale. Ensembles de maisons anciennes. Musée du Yorkshire (archéologie), galerie d'art (peinture) et musée de folklore.

YORK *(cap),* pointe la plus septentrionale de l'Australie, terminant, sur le détroit de Torres, la massive *péninsule d'York* (Queensland), qui sépare le grand golfe de Carpentarie de la mer de Corail (océan Pacifique).

YORK *(duché d'),* un des principaux « honneurs » anglais aux XIVe et XVe s., détenu par des membres de la famille royale. Le premier titulaire fut Edmond de Langley, fils d'Édouard III. Les droits à la Couronne de son petit-fils Richard firent de lui un dangereux rival pour la famille de Lancastre. Craintes et ambitions nées de cette situation devaient provoquer la guerre des Deux-Roses*. Depuis les Stuarts, le titre est porté par le deuxième fils du souverain régnant.

YORK (Edmond DE LANGLEY, *duc* D') [King's Langley, Hertfordshire, 1341 - *id.* 1402], fils d'Édouard III. Il combattit en France, en Bretagne et en Espagne et fut plusieurs fois régent sous Richard II. – Son fils ÉDOUARD **Plantagenêt,** duc **d'York** (v. 1373-1415), servit en France sous Henri V et fut tué à Azincourt. – Son neveu RICHARD, duc **d'York** (1411 - Wakefield 1460), fils de Richard de Cambridge et d'Anne Mortimer, arrière-petite-fille de Lionel de Clarence, devint l'unique héritier de la maison d'York après la mort de son père et de son oncle (1415). Ses droits à la Couronne pouvant être considérés comme supérieurs à ceux d'Henri VI, il apparaît comme un dangereux rival aux Beaufort, héritiers possibles des Lancastres, qui cherchent à l'écarter. Se sentant menacé, Richard riposte par la force et déclenche la guerre des Deux-Roses* (1455). Victorieux à Saint Albans, il acquiert une influence prépondérante au Conseil mais doit reprendre les hostilités (1459). La victoire de ses alliés à Northampton (1460) semble lui assurer la succession, mais il est vaincu et tué par l'armée de la reine Marguerite d'Anjou. Son fils aîné, Édouard, hérita de ses droits et devint, en 1461, le roi Édouard IV.

YORK (Jacques, *duc* D'), titre porté par le futur Jacques II* avant son avènement au trône d'Angleterre.

YORKSHIRE, vaste comté historique de Grande-Bretagne, rassemblé au Moyen Âge autour de la métropole religieuse et militaire de York et actuellement divisé en trois circonscriptions (North Yorkshire, West Yorkshire et South Yorkshire), qui comptent ensemble 4 054 000 hab.

YORKSHIRE-TERRIER n. m. Petit chien de compagnie, d'origine anglaise.

YORKSHIRE WOLDS, ligne de hauteurs du nord de la Grande-Bretagne (North Yorkshire, Humberside) entre l'estuaire du Humber et la rivière Hertford.

YORKTOWN, village des États-Unis (Virginie), au S.-E. de Richmond. La capitulation de cette place (19 oct. 1781), défendue par les Anglais de Cornwallis et assiégée par les Franco-Américains de Rochambeau et de Washington, marqua la fin de la guerre de l'Indépendance.

YORUBA n. m. Langue nigéro-congolaise du groupe kwa, parlée par les Yorubas.

YORUBAS ou **YOROUBAS,** peuple du sud-ouest du Nigeria, également installé au Togo et au Bénin, comptant env. 12 millions de membres.

Yosemite National Park, parc national des États-Unis (Californie), sur le versant occidental de la sierra Nevada. Tourisme d'été et d'hiver (sports d'hiver).

YOSHIDA SHIGERU, homme politique japonais (Tōkyō 1878 - Oiso, près de Tōkyō, 1967). Vice-ministre des Affaires étrangères (1928), il fut emprisonné pour avoir tenté d'empêcher la prolongation de la guerre (1945). Président du parti libéral, Premier ministre (1946-47, 1948-1954), il obtint des États-Unis la signature du traité de paix de San Francisco (8 sept. 1951) mettant fin au régime d'occupation et restaurant la souveraineté internationale du Japon.

YOSHIHITO → TAISHŌ TENNŌ.

YOSHINOBU → TOKUGAWA YOSHINOBU.

YOSHITSUNE → MINAMOTO NO YOSHITSUNE.

YOSHIWARA, quartier des plaisirs d'Edo (l'actuelle Tōkyō). Il abritait les courtisanes et les chanteuses et fut l'un des sujets de prédilection de l'estampe japonaise.

YOSU, port de Corée du Sud, sur le détroit de Corée ; 161 000 hab. Constructions navales. Raffinerie de pétrole. Pétrochimie. Pêche.

YOUGOSLAVE adj. et n. De Yougoslavie.

YOUGOSLAVIE, en serbo-croate **Jugoslavija,** ancien État de l'Europe méridionale constitué, de 1945-46 à 1992, de six Républiques fédérées (Bosnie-Herzégovine, Croatie, Macédoine, Monténégro, Serbie, Slovénie). CAP. *Belgrade.*

Histoire. Le royaume des Serbes, Croates et Slovènes est créé en 1918. Il réunit les Slaves du Sud, qui, avant la Première Guerre mondiale, étaient divisés entre la Serbie et l'Empire austro-hongrois (Croatie et Slovénie).

1919-20 : Les traités de Neuilly-sur-Seine, de Saint-Germain-en-Laye, de Trianon et de Rapallo fixent ses frontières.

1921-1934 : Alexandre Ier établit un régime autoritaire et centralisé.

Le royaume prend le nom de Yougoslavie en 1929. Les Croates s'opposent au centralisme serbe. Ils créent la société secrète Oustacha (1929) et recourent au terrorisme.

1934 : Alexandre Ier est assassiné par un extrémiste croate. Son frère Paul assume la régence au nom de Pierre II.

1941 : Paul, qui s'est rapproché davantage de l'Allemagne nazie, est renversé par une révolution à Belgrade. La Serbie est occupée par l'Allemagne. En Croatie est créé un État indépendant sous contrôle allemand et italien.

La résistance est organisée, d'une part, par D. Mihailović, de tendance royaliste et nationaliste, d'autre part, par le communiste J. Broz (Tito). Pierre II se réfugie à Londres. Avec le Comité national de libération qu'il dirige, Tito libère Belgrade (1944) et Zagreb (1945).

1945 : La république est proclamée et une constitution fédérative élaborée. Tito dirige le gouvernement.

1948-49 : Staline exclut la Yougoslavie du monde socialiste.

1950 : L'autogestion est instaurée.

1955 : Khrouchtchev normalise les relations entre l'U. R. S. S. et la Yougoslavie.

1961 : Une conférence des pays non-alignés se réunit à Belgrade.

1974 : Une nouvelle Constitution renforce les droits des républiques.

1980 : Mort de Tito.

Les fonctions présidentielles sont désormais exercées collégialement. À partir de 1988, les tensions interethniques se développent (notamment au Kosovo) et la situation économique, politique et sociale se détériore.

1990 : La Ligue communiste yougoslave renonce au monopole politique du pouvoir. Les premières élections libres sont remportées par l'opposition démocratique en Croatie et en Slovénie.

1991 : La Croatie et la Slovénie proclament leur indépendance. Des combats meurtriers opposent les Croates à l'armée fédérale et aux Serbes de Croatie. La Macédoine se déclare indépendante.

1992 : La communauté internationale reconnaît l'indépendance de la Croatie, de la Slovénie et de la Bosnie-Herzégovine, où éclate une guerre particulièrement meurtrière.

La Serbie et le Monténégro créent un nouvel État yougoslave (avr. 1992), qui n'est pas reconnu par la communauté internationale.

YOUGOSLAVIE (République fédérale de), en serbe **Savezna Republika Jugoslavija,** État de l'Europe méridionale, formé des républiques fédérées de Serbie (englobant les territoires du Kosovo et de la Vojvodine) et du Monténégro ; 102 200 km^2 ; 10 870 000 hab. *(Yougoslaves).* CAP. *Belgrade.* LANGUE : *serbe.* MONNAIE : *dinar yougoslave.*

Géographie. Du bassin pannonien à l'Adriatique, la Yougoslavie juxtapose une partie septentrionale appartenant aux plaines du Danube et de la Save, et une partie méridionale (plus étendue), au relief plus accidenté, formée de moyennes montagnes, en partie boisées, et appartenant réellement à la péninsule balkanique. La densité moyenne de la population est de l'ordre de celle de la France. Cette population est globalement

formée d'une nette majorité de Serbes (auxquels on peut associer les Monténégrins), mais avec une notable minorité de Hongrois de souche en Vojvodine et une très large prépondérance numérique des Albanais (musulmans) dans le Kosovo. En revanche, des minorités serbes sont présentes en Croatie et surtout en Bosnie-Herzégovine. Belgrade est la seule grande ville. L'agriculture conserve une place importante, occupant sans doute environ 25 % des actifs. Les plaines du Nord sont propices aux céréales (maïs et blé) ; l'élevage (bovins et ovins), l'exploitation du bois dominent plus au sud.
L'hydroélectricité est la principale source énergétique, bien qu'il existe quelques modestes gisements de charbon et d'hydrocarbures (également de bauxite et de cuivre). Le secteur industriel est diversifié, mais dépend largement d'importations des pays développés. De plus, l'éclatement de l'ancienne Yougoslavie prive à la fois le nouvel État de clients et de fournisseurs obligés. Le développement économique reste tributaire de l'évolution de la situation politique. Celle-ci est particulièrement complexe et de nombreux problèmes internes et externes restent à résoudre.

Histoire.
Avr. 1992 : La Serbie et le Monténégro proclament la République fédérale de Yougoslavie, qui n'est pas reconnue par la communauté internationale. De nombreux Serbes vivant en Croatie et en Bosnie-Herzégovine revendiquent leur rattachement au nouvel État.
À partir de 1996 : La Yougoslavie est reconnue progressivement par l'ensemble des pays de la communauté internationale ainsi que par les États issus de l'ex-Yougoslavie.

YOUGOSLAVISME n. m. Mouvement des Slaves du Sud pour constituer un État indépendant.

YOULOU (Fulbert), homme d'État congolais (Madibou, près de Brazzaville, 1917 - Madrid 1972). Prêtre catholique (1946), maire de Brazzaville (1956), il devint président de la République du Congo (1959). Contraint par les syndicats à démissionner (1963), il fut emprisonné et s'évada en 1965.

YOUNG (Edward), poète anglais (Upham, Hampshire, 1683 - Welwyn, Hertfordshire, 1765). Poète courtisan (*le Jugement dernier,* 1713) et auteur dramatique (*Busiris,* 1719), il composa à la mort de sa femme, de son gendre et de sa fille *la Complainte* (*The Complaint or Night Thoughts on Life, Death and Immortality* [1742-1745]), qui, célèbre sous le nom de *Nuits,* dictera au préromantisme sa tonalité mélancolique et religieuse.

YOUNG (Arthur), agronome britannique (Londres 1741 - *id.* 1820). Il publia des ouvrages riches d'observations sur l'agriculture de la Grande-Bretagne ainsi qu'une célèbre description de la vie des Français à la veille de la Révolution (*Voyages en France,* 1792).

YOUNG (Thomas), médecin et philologue britannique (Milverton, Somerset, 1773 - Londres 1829). Il découvrit la propriété que possède le cristallin de s'accommoder pour la vision nette aux différentes distances ainsi que le phénomène des interférences lumineuses. Il fit aussi des travaux d'égyptologie.

YOUNG (Brigham), chef religieux américain (Whitingham, Vermont, 1801 - Salt Lake City 1877). Successeur de Joseph Smith, il dirigea le grand exode mormon de l'Illinois en Utah et fonda Salt Lake City.

YOUNG (Lester Willis), surnommé **Prez** (le Président), saxophoniste ténor de jazz américain (Woodville 1909 - New York 1959). De 1936 à 1940, improvisateur totalement neuf, il annonça la révolution bop à venir et symbolisa le passage du jazz classique au jazz moderne. Son influence auprès des saxophonistes (de Charlie Parker à Stan Getz) fut immense.

Young *(plan),* plan signé, le 7 juin 1929, par une commission interalliée réunie à Paris. Ce plan remplaçait le plan Dawes relatif aux réparations dues par l'Allemagne à la suite de la Première Guerre mondiale. Il doit son nom à l'un des membres de la Commission, l'expert américain Owen D. *Young* (1874-1962). Entré en vigueur le 17 mai 1930, le plan Young, pas plus que le plan Dawes, ne fut exécuté.

Young-Helmholtz *(théorie de),* théorie de la vision proposée par Th. Young, perfectionnée par Helmholtz, pour expliquer le mécanisme des sensations colorées. D'après cette théorie, chaque élément rétinien reçoit trois fibres nerveuses, respectivement excitables l'une par les vibrations correspondant au rouge, l'autre par les vibrations correspondant au violet, la troisième enfin par des vibrations intermédiaires correspondant au vert-bleu.

Young Men's Christian Association (YMCA) [en fr. *Union chrétienne de jeunes gens*], association de jeunesse protestante fondée en 1844, à Londres, par sir George Williams pour la protection physique, morale et religieuse des jeunes gens. Organisée au congrès de Paris (1855), elle s'est étendue au monde entier et compte quelque 7 ou 8 millions de membres.

YOUNGSTOWN, v. des États-Unis (Ohio) ; 115 400 hab. Métallurgie. Université. Musée.

YOUPI ! interj. (p.-ê. de l'amér. *whoopee*). *Fam.* Cri de joie, d'enthousiasme.

YOUPIN, E n. et adj. (déformation arg. de l'ar. algérien *youdi,* var. de *yaoudi,* juif). *Pop.* Terme raciste et ordurier pour désigner un Juif.

YOURCENAR (Marguerite DE CRAYENCOUR, dite **Marguerite**), femme de lettres de nationalité française et américaine (Bruxelles 1903 - Mount Desert Island, Maine [É.-U.], 1987). Parvenue à la notoriété par ses *Mémoires d'Hadrien* (1952), elle a publié des romans *(l'Œuvre au noir,* 1968), des *Nouvelles orientales* (1938), des poèmes, des essais (*Sous bénéfice d'inventaire,* 1978), des souvenirs familiaux (*le Labyrinthe du monde,* trilogie : *Souvenirs pieux,* 1973 ; *Archives du Nord,* 1977 ; *Quoi ? l'Éternité,* 1988 [inachevé et posthume]) dominés par les mythes de l'Antiquité, la mort et la fugacité des choses (*le Temps, ce grand sculpteur,* 1984). Elle a été, en 1980, la première femme élue à l'Académie française.

YOURTE n. f. (russe *jorta*). **1.** Tente démontable, à armature extensible de bois, sur laquelle sont tendues des plaques de feutre. (C'est l'habitation des nomades turcs et mongols d'Asie centrale.) — **2.** Tente conique d'écorce utilisée traditionnellement par certains peuples sibériens.

YOUSOUF (Joseph VANTINI ou VANINI, dit), général français (île d'Elbe 1808 - Cannes 1866). Interprète dans l'armée française, il leva un corps de cavaliers indigènes et joua un rôle important dans la conquête de l'Algérie. Il fut commandant de la province d'Alger avant de prendre la tête de la 10e division militaire à Montpellier.

YOUSSOUFIA, anc. **Louis-Gentil,** v. du Maroc (prov. de Safi), sur le plateau des Gantour ; 22 400 hab. Phosphates.

YOUTKEVITCH (Sergueï), cinéaste soviétique → IOUTKEVITCH.

YOUTRE n. (all. *Jude,* avec insertion de *r*). *Pop.* Terme raciste et ordurier (plus violent encore que *youpin*) pour désigner un Juif.

1. YOUYOU n. m. (p.-ê. d'un dialecte chin.). Petite embarcation de service à tableau arrière, manœuvrée à la godille ou par une paire d'avirons.

2. YOUYOU n. m. (onomat.). Cri poussé par les femmes des pays arabes à l'occasion de certaines cérémonies.

YO-YO n. m. inv. (n. déposé). Jouet fait de deux disques, réunis par un axe, et que l'on fait monter et descendre le long d'un fil.

YŌZEI TENNŌ, 107e empereur du Japon → GO-YŌZEI TENNŌ.

YPÉRITE n. f. (de *Yper,* n. flam. de *Ypres,* où elle fut utilisée pour la première fois par les Allemands, le 11 juill. 1917). Liquide huileux à base de sulfure d'éthyle dichloré, utilisé comme gaz de combat vésicant, persistant et insidieux. (Syn. GAZ MOUTARDE.)

YPÉRITÉ, E adj. Qui a été soumis à l'action de l'ypérite.

YPONOMEUTE → HYPONOMEUTE.

YPORT (76111), comm. de la Seine-Maritime, près de Fécamp ; 1 148 hab. *(Yportais).* Port de pêche et station balnéaire.

YPRÉAU n. m. (de *Ypres,* n. pr.). Nom régional du peuplier blanc.

YPRES, en néerl. **Ieper,** v. de Belgique (Flandre-Occidentale), ch.-l. d'arrond. ; 34 600 hab. *(Yprois).* Monuments remontant au XIIIe s. (majestueuse halle aux draps et son beffroi ; cathédrale de style gothique français ; etc.), reconstruits après les destructions de 1914-1918. Textile. Brasserie.
— **Hist.** Fondée au Xe s., Ypres devint un des grands centres drapiers de la chrétienté au XIIe s. Dotée de franchises étendues, elle forma avec Bruges et Gand les « trois membres de Flandre », qui, au XIIe s., disputèrent au comte le gouvernement du pays. Ensanglantée par les luttes sociales entre patriciens et artisans, elle combattit le roi de France Philippe le Bel à Courtrai en 1302 et participa aux grandes révoltes du XIVe s. contre le pouvoir comtal. Ces luttes contribuèrent à accélérer sa décadence industrielle. À partir du XVIe s., Ypres ne fut qu'un point stratégique, disputé par les Français aux XVIIe et XVIIIe s.

Ypres *(batailles d'),* nom donné à l'ensemble des combats menés de 1914 à 1918 par les troupes britanniques et alliées dans la région d'Ypres. Après avoir chassé les Allemands d'Ypres en oct. 1914, les Anglais de French y résistèrent à toutes les attaques ennemies. Le *saillant d'Ypres* fut organisé défensivement pour couvrir la base de Calais ; il fut de nouveau attaqué par les Allemands, qui, utilisant pour la première fois des gaz asphyxiants (mai 1915), resserrèrent leur étreinte. De juin à nov. 1917, les Anglais de Haig ramenèrent les Allemands sur leurs positions de 1914. Lors de l'offensive allemande d'avr. 1918, Ypres résista encore à tous les assauts et, le 27 sept., les Alliés libérèrent définitivement la région.

Ypres *(conférence d')* [21 mai 1940], réunion tenue par Weygand pour mettre au point, avec Léopold III, le général Billotte et les Anglais, le plan, dit *plan Weygand,* destiné à rétablir la liaison entre les armées des Flandres et celles de la Somme.

YPRES (1er *comte* D') → FRENCH (John Denton Pinkstone).

YPRÉSIEN n. m. (de *Ypres,* n. pr.). Étage du système éocène.

YPSILANTI ou **YPSILÁNDIS,** famille phanariote qui donna à la Moldavie et à la Valachie plusieurs princes entre 1774 et 1806. Ses membres les plus illustres sont : ALEXANDRE (Istanbul 1792 - Vienne 1828), ami d'Alexandre Ier, général de l'armée russe (1817), il présida l'Hétairie (1820-21) et prépara la révolte des peuples des Balkans contre les Ottomans. Il dirigea le soulèvement de la Moldavie (1821) et fut défait par les Turcs. — DÉMÉTRIOS (Istanbul 1793 - Vienne ou Nauplie 1832), frère du précédent. Il fut nommé en 1828 commandant en chef des troupes de la Grèce orientale.

YS, cité bretonne légendaire, située dans la baie de Douarnenez. Elle aurait été submergée au IVe ou au Ve s. par la faute de la fille du roi Gradlon. (→ *le* ROI D'YS.)

YSAYE (Eugène), violoniste et chef d'orchestre belge (Liège 1858 - Bruxelles 1931). Il fonda la Société de concerts Ysaye (1894). De 1918 à 1922, il dirigea l'orchestre de Cincinnati aux États-Unis. Il fut également maître de la chapelle royale de Belgique (1922). De grands compositeurs lui ont dédié leurs œuvres (sonate de Franck, *Poème* de Chausson, quatuor de Debussy).

Ysengrin ou **Isengrin** (germ. *isan,* fer, et *grim,* masque). Nom du loup dans le *Roman de Renart.*

YSER, fl. côtier des Flandres française et belge, tributaire de la mer du Nord ; 78 km.

Yser *(bataille de l')* [18-27 oct. 1914], bataille d'arrêt menée lors de la « mêlée des Flandres » par les forces belges, soutenues par les Français, pour bloquer l'offensive allemande contre les ports de la mer du Nord. Malgré une résistance acharnée, les forces belges, soutenues par les unités françaises du général d'Urbal, durent abandonner la boucle de l'Yser, rendant inévitable le recours à l'inondation. Le 27 octobre, l'eau couvrait toute la région de Nieuport à Dixmude. Bien que cette dernière ville ait été prise par les Allemands le 10 novembre, le front fut fixé derrière les inondations jusqu'en 1918.

Yser *(médaille de l'),* médaille commémorative belge, créée en 1918 en faveur des militaires belges et alliés ayant pris part, en 1914, à la bataille de l'Yser.

YSOPET ou **ISOPET** [izopɛ] n. m. (de *Ésope,* n. pr.). Au Moyen Âge, recueil de fables, imitées ou non d'Ésope.

YSSINGEAUX (43200), ch.-l. d'arrond. de la Haute-Loire, dans le nord-est du Velay ; 6 689 hab. *(Yssingelais).* Textile. Métallurgie.

Yt *(système),* ensemble de groupes sanguins érythrocytaires représentés par deux antigènes Yt^a et Yt^b. L'antigène Yt^a s'observe chez plus de 99 % des individus.

YTTERBINE n. f. Oxyde d'ytterbium Yb_2O_3.

YTTERBIUM [-bjɔm] n. m. (de *Ytterby,* n. pr.). Métal blanc argent, brillant, du groupe des lanthanides. (Élément chimique de symbole Yb, de numéro atomique 70 et de masse atomique 173,04.)

YTTRIA n. m. Oxyde naturel d'yttrium Y_2O_3.

YTTRIALITE n. f. Silicate naturel d'yttrium, de thorium, etc.

YTTRIFÈRE adj. Qui contient de l'yttrium.

YTTRIQUE adj. **1.** Se dit de l'oxyde d'yttrium Y_2O_3 et des sels correspondants. — **2.** *Terres yttriques,* l'un des groupements de l'ensemble des terres rares.

YTTRIUM [itrijɔm] n. m. (de *Ytterby,* n. pr.). Métal qui se rapproche du groupe des lanthanides. (Élément chimique de symbole Y.)

ENCYCL. Découvert par Gadolin en 1794, l'yttrium a pour numéro atomique 39 et pour masse atomique 88,9. Solide gris fer, de densité 4,47, il est utilisé pour donner la coloration rouge dans les tubes de téléviseurs couleurs.

L'yttrium radioactif (^{90}Y) est utilisé en implantations, sous forme d'aiguilles ou de pellets, notamment pour réaliser une hypophysectomie.

YTTROTANTALITE n. f. ou **YTTROTANTALE** n. m. Tantalate naturel d'yttrium, orthorhombique.

YU *(mont),* point culminant de Taiwan ; 3 950 m.

YUAN n. m. Unité monétaire principale de la République populaire de Chine.

YUAN, dynastie mongole qui régna en Chine de 1279 à 1368. Elle fut fondée par Kūbilāy, qui poursuivit la conquête de la Chine méridionale et mit fin à la dynastie des Song du Sud. Formant une petite minorité au milieu de la population chinoise, les Mongols s'efforcèrent d'associer les Chinois à la gestion du pays mais maintinrent de fortes discriminations ethniques. Ils s'aliénièrent ainsi la population chinoise, qui commença à se soulever dès 1300.

YUAN CHE-K'AI → YUAN SHIKAI.

YUAN JIANG ou **YUAN-KIANG,** riv. de Chine, tributaire du lac Dongting, qui draine la province du Hunan ; 800 km.

YUAN SHIKAI ou **YUAN CHE-K'AI,** homme d'État chinois (Xiangcheng, Henan, 1859 - Pékin 1916). Il reçut en 1884 le commandement des troupes chinoises en Corée, où il fut résident impérial de 1885 à 1894. Il assura le succès du coup d'État conservateur fomenté par l'impératrice Cixi (1898) et protégea les étrangers lors de la révolte des Boxers (1900). Il devint vice-roi du Zhili (Hebei) [1901] et fut exilé à la mort de Cixi (1908). Rappelé pour combattre l'insurrection républicaine d'oct. 1911 et nommé Premier ministre, il négocia à Shanghai avec les chefs républicains. Sun Yat-sen se retira et il fut élu président de la République (oct. 1913). Yuan Shikai gouverna en dictateur et interdit le Guomindang (1913). Il essaya en vain de fonder en 1915-16 une nouvelle dynastie impériale.

YUCATÁN, péninsule du sud-est du Mexique, table karstifiée, trouée de dépressions circulaires appelées cenotes. Les deux États du Yucatán (39 340 km^2 ; 1 034 000 hab. ; cap. *Mérida*) et de Campeche se partagent la péninsule avec le territoire de Quintana Roo. La forêt humide du Petén passe à la forêt sèche à feuilles caduques, puis à la brousse épineuse vers le nord.
Le Yucatán est surtout connu par l'intérêt de ses sites archéologiques mayas. Les Mayas constituent le fonds de la population indienne, qui refusa longtemps la culture hispano-mexicaine. Encore aujourd'hui, la moitié de la population parle un dialecte maya. Tourisme côtier (Cancún).
— **Hist.** La civilisation maya y fut florissante. Conquis par les Espagnols à partir de 1527-28, le Yucatán fut indépendant du Mexique de 1839 à 1843.

YUCCA [juka] n. m. (taïno *yucca,* manioc). Liliacée sous-ligneuse ou arborescente aux feuilles réunies en touffes, aux grandes fleurs violettes ou d'un blanc crème. (Originaires d'Amérique centrale surtout, les yuccas sont cultivés pour leur port élégant. Leur pollinisation est assurée par le papillon *tegeticula.*)

YU DAFU ou **YU TA-FOU,** écrivain chinois (Fuyang, Zhejiang, 1896 - Sumatra 1945). Ses nouvelles autobiographiques ouvrirent le monde de l'introspection à la littérature chinoise (*Noyade,* 1921 ; *la Brebis perdue,* 1928).

YUE n. m. Autre nom du cantonais.

YUKAWA HIDEKI, physicien japonais (Tōkyō 1907 - Kyōto 1981). En 1935, il émit l'hypothèse de l'existence du méson pour expliquer l'interaction entre nucléons, particule qui fut découverte l'année suivante dans les rayons cosmiques. (Prix Nobel de physique 1949.)

YUKON, fl. de la partie septentrionale de l'Amérique du Nord (Canada et Alaska), tributaire de la mer de Béring ; 2 554 km.

YUKON, territoire fédéral du nord-ouest du Canada ; 482 515 km^2 ; 27 797 hab. Cap. *Whitehorse.*
Le Yukon comprend essentiellement un haut plateau (1 200 à 1 500 m) encadré de montagnes culminant à près de 6 000 m. À l'exception du littoral et des hautes montagnes, le territoire est couvert par la forêt boréale, une de ses richesses majeures. Le Yukon a surtout des ressources minérales en partie exploitées (or, argent, plomb, zinc, cuivre, amiante, charbon). Le chemin de fer *White Pass and Yukon* relie le réseau routier à Skagway. Whitehorse est la seule ville notable.

Yumen ou **Yu-men,** gisement pétrolifère de l'ouest de la Chine (Gansu), dont la production est raffinée sur place.

YUNGANG ou **YUN-KANG,** grottes bouddhiques chinoises, près de Datong, au Shanxi, aménagées de 460 à 493 par les souverains de la dynastie Wei. Dans la statuaire, l'esthétique chinoise se mêle peu à peu aux thèmes venus de l'Inde par l'Asie centrale.

YUNGAS [juɲgas] n. f. pl. (mot quechua). Nom donné en Bolivie et dans le Pérou méridional aux vallées de la Cordillère orientale orientées vers le N. et abondamment arrosées par des pluies tièdes.

YUN-KANG → YUNGANG.

YUNNAN ou **YUN-NAN,** prov. de la Chine méridionale ; 436 200 km^2 ; 37 000 000 d'hab. Cap. *Kunming.* La plus montagneuse des provinces chinoises, le Yunnan se caractérise par un peuplement très divers et un climat tropical d'altitude permettant une grande variété de productions agricoles (canne à sucre, coton, oranger, thé, riz, tabac). L'industrie, peu développée, se limite à la métallurgie (zinc, cuivre, étain). S'y ajoutent des ressources en houille et fer. Longtemps insuffisantes, les relations avec le reste de la Chine se sont améliorées : Kunming est reliée par voie ferrée à Chongqinq via Guiyang.

YUNNANFU ou **YUN-NAN-FOU,** nom porté par la ville chinoise de Kunming avant 1911.

YUNUS EMRE, poète turc (v. 1238-v. 1320). Son style populaire et son inspiration mystique ont fait de lui l'une des grandes références de la poésie turque moderne, en réaction contre le classicisme ottoman. Il est le héros de légendes nombreuses.

YUPANQUI (Héctor Roberto CHAVERO, dit **Atahualpa**), guitariste, chanteur, poète et écrivain argentin (El Campo de la Cruz, Argentine, 1908 - Nîmes 1992). Au gré d'une carrière internationale, il a interprété aussi bien le répertoire classique que la musique folklorique argentine, à la renaissance de laquelle il participe.

YUPPIE n. (de l'angl. *young,* jeune, *urban,* de la ville, *professional,* professionnel). Aux États-Unis, nom donné aux jeunes cadres dynamiques et ambitieux.

Yuste *(monastère de),* monastère de hiéronymites, en Espagne (Estrémadure, prov. de Cáceres), où se retira Charles Quint en 1556 ; église et cloître des XVe-XVIe s.

YŪSUF (Mūlāy) [† 1927], sultan ʿalawīte du Maroc (1912-1927), proclamé après l'abdication de son demi-frère Mūlāy Ḥāfiẓ.

YŪSUF (Abū Yaʿqūb) [† 1184], souverain almohade (1163-1184). Il paracheva la conquête de l'Espagne musulmane et fut mortellement blessé au siège de Santarém.

YŪSUF BULUKKĪN (ou **BOLOGGIN**) **IBN ZĪRĪ** († 984), fondateur de la dynastie des Zīrides du Maghreb (972-984).

YŪSUF IBN TĀCHFĪN († 1106), souverain almoravide (1061-1106). Fondateur de la dynastie almoravide, il conquit le Maroc du Nord et le Maghreb central jusqu'à Alger. Il remporta sur Alphonse VI la bataille de Zalaca (ou Sagrajas) [1086].

YUTZ (57110), ch.-l. de cant. de la Moselle, sur la Moselle, banlieue est de Thionville ; 13 987 hab. Brasserie. Métallurgie.

YVAIN (Maurice), compositeur français (Paris 1891 - Suresnes 1965). Il a rénové l'opérette Française (*Ta bouche,* 1922) et ses premières chansons ont été rendues célèbres par M. Chevalier et Mistinguett (*Mon homme*).

Yvain ou le Chevalier au lion, roman de Chrétien de Troyes, composé vers 1177. À la suite d'un récit entendu à la cour du roi Arthur, Yvain décide d'affronter la fontaine magique de Brocéliande. Il tue le chevalier qui la gardait et réussit à épouser la châtelaine Laudine. Mais, répondant à l'appel d'autres aventures, il oublie le contrat fixant la date de son retour : d'où sa folie et la lente reconquête, par une série d'épreuves, aidé par un lion de parabole, d'un bonheur mieux fondé sur la vérité.

YVELINES (78), dép. de la Région Île-de-France ; ch.-l. de dép. *Versailles ;* ch.-l. d'arrond. *Mantes-la-Jolie, Rambouillet, Saint-Germain-en-Laye ;* 4 arrond. ; 40 cant. ; 262 comm. ; 2 284 km^2 ; 1 307 150 hab. *(Yvelinois).* Le dép. appartient à l'académie et à la cour d'appel de Versailles, à la région militaire Île-de-France.
La forêt de Rambouillet sépare l'extrémité nord-est de la Beauce, céréalière, des plateaux limoneux du Mantois, également céréaliers, entaillés de vallons (qui portent des vergers) et limités au nord par la vallée de la Seine. Celle-ci s'est urbanisée et industrialisée, comme le Nord-Est, où cependant l'industrie s'efface largement devant les services et la fonction résidentielle (Versailles, Saint-Germain-en-Laye, Chevreuse), celle-ci liée au maintien des forêts (Saint-Germain, Marly).

YVERDON-LES-BAINS, anc. **Yverdon,** v. de Suisse (cant. de Vaud), sur le lac de Neuchâtel ; 20 800 hab. Château du XIIIe s. (musée). Machines de bureau. Réparations ferroviaires. Tabac. Établissement thermal.

YVES de Chartres *(saint),* évêque, théologien et canoniste (en Beauvaisis v. 1040 - Chartres 1116). Évêque de Chartres (1090), il est l'auteur d'écrits théologiques et canoniques qui ont beaucoup influencé la pensée religieuse médiévale et le droit canon.

YVES *(saint),* prêtre (Kermartin, Bretagne, 1253 - Louannec 1303). Curé de Trédrez (1284), la façon dont il exerçait son ministère le fit surnommer « l'Avocat des pauvres ». Son tombeau, à Tréguier, devint un lieu de pèlerinage presque universel. Canonisé en 1347. Patron des gens de loi.

YVETOT (76190), ch.-l. de cant. de la Seine-Maritime, dans le pays de Caux ; 10 968 hab. *(Yvetotais).* Église circulaire à paroi-vitrail (1951-1956). Marché. Industries alimentaires et textiles.
— **Hist.** Fief du duché de Normandie, érigé entre 1370 et 1392 en principauté de franc-alleu relevant directement de la Couronne de France. Son prince en fut qualifié parfois de roi.

YZEURE (03400), ch.-l. de cant. de l'Allier, banlieue est de Moulins ; 13 890 hab. *(Yzeuriens).* Église en partie romane. Constructions mécaniques.

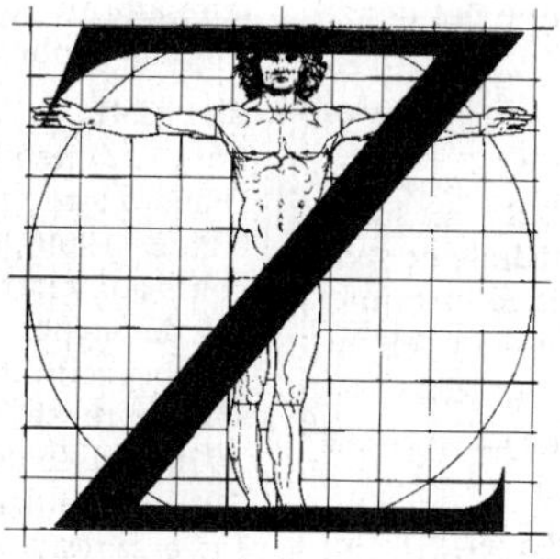

Z [zɛd] n. m. Vingt-sixième et dernière lettre de l'alphabet français, servant à noter la consonne constrictive sonore [z].

z, lettre qui désigne, en géométrie, la troisième coordonnée (appelée « cote » en géométrie descriptive) ; en algèbre, désigne la troisième inconnue dans un système d'équations ou représente un nombre ou une variable complexes.

Z. *Chromosome Z,* chromosome sexuel commun aux deux sexes lorsque c'est la femelle qui est hétérogamétique. (Dans ce cas, qui est celui des oiseaux et de certains insectes, la formule mâle est ZZ, la formule femelle WZ.) • **Mil.** Appellation générique et conventionnelle adoptée après la Première Guerre mondiale pour désigner ce qui était relatif aux gaz de combat (matériel Z, officier Z).

$\mathbb{Z}$, symbole représentant l'ensemble des entiers relatifs, soit : ... (– 3) ; (– 2) ; (– 1) ; 0 ; 1 ; 2 ; 3 ; ...
Le sous-ensemble noté $\mathbb{Z}^+$, égal à {0 ; 1 ; 2 ; 3 ; ...}, est l'ensemble des entiers relatifs positifs ; le sous-ensemble noté $\mathbb{Z}^-$, égal à {... (– 3) ; (– 2) ; (– 1) ; 0}, est l'ensemble des entiers relatifs négatifs. On a $\mathbb{N} = \mathbb{Z}^+$ et $\mathbb{N} \subset \mathbb{Z} \subset \mathbb{D} \subset \mathbb{Q} \subset \mathbb{R} \subset \mathbb{C}$.
ENCYCL. L'ensemble $\mathbb{Z}$ muni de l'addition a une structure de groupe commutatif. On le construit en associant, à tout entier naturel n de $\mathbb{N}$, son opposé – n. De cette façon, l'équation $x + a' = a$, qui n'a de solution dans $\mathbb{N}$ que si $a' \leqslant a$, a toujours dans $\mathbb{Z}$ une solution $x = x + (-a')$ où $(-a')$ est l'opposé de a'.
Dans $\mathbb{Z}$, la multiplication est définie de telle sorte qu'elle prolonge la multiplication dans $\mathbb{N}$ et qu'elle soit distributive par rapport à l'addition ; elle est donc interne, associative, commutative, admet 1 comme élément neutre ; de plus $(\mathbb{Z}, +, \times)$ a une structure d'anneau commutatif unitaire. Muni de la relation d'ordre $x \leqslant b$, si $b - a \in \mathbb{Z}^+$, c'est un anneau totalement ordonné et archimédien. C'est d'ailleurs l'exemple de base de la notion de structure d'anneau et les notions de multiples, diviseurs, division euclidienne, nombres premiers, décomposition en facteurs premiers, idéal sont étudiées en arithmétique.

ZA ou **EL-HAI** *(oued),* riv. du Maroc oriental, affl. de la Moulouya (r. dr.) ; 300 km env.

ZAANDAM, v. des Pays-Bas, banlieue industrielle nord-ouest d'Amsterdam (comm. de Zaanstadt).

ZAB *(monts du)* ou **MONTS DES ZIBAN,** montagnes de l'Algérie méridionale, entre les Ouled Naïl, à l'O., et le massif de l'Aurès, à l'E. ; 1 313 m au *djebel Mimouna.* Ils relient le bassin du Hodna et le Sahara. — Les *oasis du Zab,* ou *des Ziban,* s'allongent au S. des monts du Zab et de l'Aurès.

ZĀB, nom de deux rivières de l'Asie occidentale, le *Grand Zāb* (430 km) et le *Petit Zāb* (370 km). Affluents du Tigre (r. g.), dans le Kurdistān. Hydroélectricité.

ZABŁOCKI (Franciszek), écrivain polonais (en Volhynie 1752 - Końskowola 1821), père de la comédie moderne polonaise (*le Superstitieux,* 1781 ; *le Sarmatisme,* 1785).

ZABRE n. m. (lat. sc. *zabrus*). Carabe qui cause parfois de grands dégâts aux cultures céréalières.

ZABRZE, anc. en all. **Hindenburg,** v. de Pologne, en haute Silésie, l'un des plus importants centres miniers (charbon) et industriels de la conurbation de Katowice ; 196 000 hab.

ZABULON, personnage biblique, dixième fils de Jacob, qui a donné son nom à l'une des douze tribus de l'ancien Israël.

Z. A. C. n. f. Abrév. de ZONE* D'AMÉNAGEMENT CONCERTÉ.

ZACATECAS, v. du Mexique, cap. d'État, sur le plateau central ; 68 000 hab. Cathédrale de style baroque (XVIIIe s.). Centre ferroviaire et minier (argent, plomb, cuivre et zinc). Fonderie. Manufacture de tabac.

ZACCARIA (*saint* Antoine-Marie) → ANTOINE-MARIE ZACCARIA (saint).

ZACCARIA (Benedetto), amiral génois († 1307). En 1284, il battit sur mer les Pisans à la Meloria. Il devint ensuite amiral de Sanche IV de Castille, puis de Philippe le Bel.

ZACHARIE *(saint),* prêtre du Temple de Jérusalem au temps d'Hérode Ier le Grand (Ier s.). La tradition chrétienne primitive (Évangile de Luc, I) fait de lui le père de Jean-Baptiste.

ZACHARIE *(saint)* [† Rome 752], pape de 741 à 752. Il reconnut Pépin le Bref comme roi des Francs (751).

ZACHARIE, prophète biblique (un des douze petits prophètes) de la fin du VIe s. av. J.-C. Ses oracles concernent la restauration matérielle et spirituelle du Temple et de la communauté juive revenue de l'Exil de Babylone.

ZACHÉE, riche publicain ou chef des collecteurs d'impôts de Jéricho. La visite que lui fit Jésus illustre l'universalité du message chrétien.

Z. A. D. n. f. Abrév. de ZONE* D'AMÉNAGEMENT DIFFÉRÉ.

ZADAR, en ital. **Zara,** port de Croatie, sur le littoral adriatique ; 76 000 hab. Archevêché catholique.
— **Hist.** Port de la Dalmatie du Nord, Zadar fut, après la chute de Ravenne (751), la plus importante base de l'Empire byzantin dans l'Adriatique. Elle fut la capitale d'un duché autonome au IXe s., puis épisodiquement soumise à Venise et à la Hongrie. Incorporée à la République de Venise (1409-1797), elle fut soumise à l'Autriche de 1813 à 1918 et de nouveau italienne de 1920 à 1944-1947.
— **Bx-arts.** Vestiges de fortifications (romaines, médiévales, vénitiennes). Monuments médiévaux, dont l'église St-Donat, monumentale rotonde du IXe s., et la cathédrale, en grande partie romane du XIIe s. (fresques ; trésor). Musée archéologique.

Zadig *ou la Destinée,* conte de Voltaire (1748). Devenu Premier ministre par son seul mérite, le jeune et sage Zadig réussit, au terme d'une série d'épreuves, à épouser la reine Astarté et à devenir roi de Babylone. Dans ce récit initiatique, Voltaire affirme sa foi dans la Providence, dont le roi-philosophe est l'incarnation.

ZADKINE (Ossip), sculpteur russe naturalisé français (Vitebsk 1890 - Neuilly-sur-Seine 1967). D'abord attiré par le cubisme lors de son arrivée à Paris (1909), il a donné progressivement libre cours aux tendances baroques et expressionnistes de sa personnalité. Reliefs et évidements, courbes et droites, ombres et lumières organisent ses œuvres selon des rythmes inventifs (*Orphée,* 1930, musée des Arques ; *la Ville détruite,* 1947-1953, Rotterdam). Son atelier parisien, rue d'Assas, et sa résidence d'été des Arques (Lot) sont auj. musées Zadkine.

ZAFFARINES ou **ZAFARINES** ou **CHAFFARINES,** en esp. **Chafarinas,** petit archipel espagnol de la côte méditerranéenne du Maroc.

ZAFRA n. f. À Cuba, récolte de la canne à sucre.

ZAFY (Albert), homme politique malgache (Betsiak, prov. d'Antsiranana, 1927). Principal candidat de l'opposition, il est élu président de la République en 1993.

ZAGAZIG, v. d'Égypte, en Basse-Égypte, ch.-l. de la prov. de Charkièh ; 203 000 hab. Carrefour routier et ferroviaire. Centre commercial (coton).

ZAGHOUAN *(djebel),* montagne escarpée de la Dorsale tunisienne ; 1 290 m env. Émetteur de télévision. Ruines romaines.

ZAGLOSSUS [-sys] n. m. Syn. de PROÉCHIDNÉ.

ZAGORA, v. du Maroc, au S. de l'Atlas, sur le Dra. Étape touristique aux portes du désert.

ZAGORSK → SERGUIEV POSSAD.

ZAGREB, en all. **Agram,** cap. de la Croatie ; 763 000 hab. La vieille ville a abandonné l'essentiel des fonctions administratives et commerciales à la ville de la fin du XIXe s., construite en damier. Elle s'est récemment étendue au-delà de la Save. Important carrefour routier et ferroviaire, Zagreb est un centre industriel notable (machines et matériel ferroviaire, chimie et pharmacie, textile, agroalimentaire). Foire internationale annuelle.
— **Hist.** Ancienne ville romaine, puis slave (VIIIe s.), Zagreb prit son nom après sa conquête par les Hongrois qui y fondèrent un évêché (1094). Épargnée par les Turcs, elle devint le foyer du nationalisme croate.
— **Bx-arts.** Monuments historiques de la vieille ville : cathédrale reconstruite en style gothique du XIIIe au XVe s., églises (Ste-Catherine, 1620) et palais baroques, etc. Nombreux musées (Archéologie, Arts décoratifs, Ethnographie...), galeries

d'Art moderne et d'Art contemporain (reflétant le rôle de la ville, notamment depuis Meštrović*).

ZAGROS, chaîne de montagnes du S.-O. de l'Iran, entre le plateau iranien au N.-E., la plaine mésopotamienne et le golfe Persique au S.-O. Allongé sur près de 1 800 km du N.-O. au S.-E. depuis la frontière turque (où il se raccorde au Taurus oriental) jusqu'au-dessus de Bandar ʻAbbās et du détroit d'Ormuz, large de 250 km en moyenne, le Zagros atteint 4 500 m d'altitude dans la partie centrale au S.-S.-O. d'Ispahan. Montagne de climat méditerranéen, arrosée (600 à 800 mm annuels sur les sommets), couverte à l'état naturel d'une forêt de chênes, le Zagros était voué à la vie sédentaire. Ravagé par les invasions médiévales turco-mongoles, il abrite au contraire depuis cette époque, outre les semi-nomades kurdes et lor qui constituent le fond autochtone, de très importants groupes de grands nomades organisés en imposantes confédérations, maintenant en voie de fixation partielle et progressive.

ẒĀHER CHĀH (Moḥammad) [Kaboul 1914], roi d'Afghānistān (1933-1973). Il fut renversé par le coup d'État de M. Dāʻud (1973) et dut s'exiler.

ẒĀHIRĪ ou **ẒĀHERI** (Moḥammad al-Samarqandi), écrivain persan (XIIᵉ s.). Outre un grand *Miroir des princes,* on garde de lui la meilleure version du célèbre *Livre des sept vizirs,* ou *Livre de Sindbād,* exemple remarquable de contes encadrés dans un récit principal, comme le sont *les Mille et Une Nuits.*

ZAHLÉ ou **ZAHLEH,** v. du Liban, dans la Beqaa ; 60 000 hab. Siège d'évêchés maronite, melkite et grec orthodoxe.

ZÄHRINGEN, famille princière allemande originaire du Brisgau, fondée par Berthold Iᵉʳ († 1078). Une de ses branches s'éteignit en 1218 après avoir acquis de vastes possessions dans la Suisse actuelle, la Bourgogne et la Souabe. Une autre branche donna au Bade ses margraves, grands-ducs puis princes.

ZAIBATSU [zajbatsu] n. m. inv. (jap. *zaibatsu*). Au Japon, conglomérat formé d'entreprises travaillant dans différents secteurs de l'économie.

ZAÍMIS (Aléxandhros), homme d'État grec (Athènes 1855 - Vienne 1936). Chef du gouvernement (1897-1899, 1901-02, puis pendant la Première Guerre mondiale), il se retira avec le roi devant l'ultimatum de l'Entente (juin 1917). Il fut président de la République de 1929 à 1935.

ZAIN [zɛ̃] adj. m. (ital. *zaino,* de l'ar.). Se dit d'un cheval ou d'un chien dont la robe est dépourvue de poils blancs.

ZAINER (Günther), graveur et imprimeur allemand (Reutlingen ? - Augsbourg 1478). Il introduisit l'imprimerie à Augsbourg en 1468 et donna la première édition des *Méditationes de vita Christi.* — Son proche parent JOHANN (Reutlingen ? - Ulm v. 1527), premier imprimeur à Ulm (1472), publia des ouvrages illustrés.

ZAÏRE n. m. Unité monétaire du Zaïre.

ZAÏRE (le) ou **CONGO** (le), fl. d'Afrique centrale, tributaire de l'Atlantique ; 4 700 km (bassin de 3 800 000 km²). Issu du sud du Shaba, le fleuve porte le nom de Lualaba jusqu'à Kisangani. Il reçoit l'Oubangui, puis le Kasaï et débouche dans le Pool Malebo (anc. Stanley Pool), site de Kinshasa et Brazzaville. Vers l'aval, le cours redevient accidenté jusqu'à Matadi, accessible aux navires de haute mer. Le débit moyen à l'embouchure est de 42 000 m³/s, et le régime, assez régulier, connaît son maximum principal en décembre. Le fleuve et ses affluents constituent un important réseau navigable, mais avec des biefs isolés et des risques d'ensablement. La pêche est active et le potentiel hydroélectrique encore peu exploité.

ZAÏRE, anc. Congo belge puis **République du Congo,** État de l'Afrique centrale ; 2 345 000 km² ; 45 280 000 hab. *(Zaïrois).* CAP. *Kinshasa.* LANGUE : *français.* MONNAIE : *zaïre.*

Géographie. Le bassin du fleuve Zaïre, correspondant à une cuvette, occupe le centre du pays. Autour s'étendent des plateaux dont l'altitude est voisine de 1 000 m. Ils sont dominés à l'est par de hauts massifs (Ruwenzori, monts Virunga) entrecoupés par des lacs d'effondrement (Tanganyika, Kivu). Le climat est équatorial dans le Centre, qui reçoit plus de 1 500 mm de pluies par an, ce qui explique la présence de la forêt dense. Le Nord et le Sud sont tropicaux, avec une saison sèche de 3 à 7 mois, et portent des savanes et des forêts claires. Dans l'Est, l'altitude modifie le climat et la végétation. La population compte plus de 500 tribus, qui, outre le français, utilisent plusieurs langues véhiculaires. Sa répartition est très inégale et son accroissement naturel important. Par ailleurs, un fort exode rural a entraîné un accroissement de la population urbaine (35 % de la population totale).
La majeure partie des actifs se consacre à l'agriculture, largement vivrière (manioc, maïs, banane plantain). L'élevage se développe. Des plantations fournissent de l'huile de palme et des palmistes, du café et du caoutchouc, qui sont exportés, mais la production est en baisse. Le pays ne satisfait d'ailleurs pas à ses besoins alimentaires et doit importer. Les ressources minières sont abondantes et variées : le cuivre vient en tête, extrait au Shaba, de même que le cobalt, le zinc, l'argent, le manganèse et l'étain. S'y ajoutent l'or, les diamants et le pétrole.

L'électricité est d'origine hydraulique (Inga), mais le potentiel hydroélectrique est encore largement sous-utilisé. Le secteur industriel comprend la métallurgie, l'agroalimentaire, le textile, le travail du bois et la chimie. Il est concentré dans les trois pôles de Kinshasa (près de la moitié), Lubumbashi et Kisangani. Le pays exporte des matières premières, aux cours fluctuants. L'endettement est très important et la situation économique s'est détériorée, avec un fort sous-emploi, de flagrantes inégalités sociales, régionales et ethniques.

Histoire.

• *Les origines et l'époque coloniale.* La région est occupée par deux groupes ethniques : les Pygmées, qui peuplent la forêt équatoriale, et les Bantous, établis à l'embouchure du Congo et sur les plateaux du Katanga. Vers 1500, le cours inférieur du Congo est dominé par plusieurs États dont le royaume du Kongo, où les Portugais diffusent le christianisme. Au sud, dans la région du Shaba, se forment plusieurs États : le royaume louba (qui apparaît avant 1490), l'Empire lunda (à son apogée aux XVIIe-XVIIIe s.) et le royaume kouba (constitué à la fin du XVIe s.). Ils s'enrichissent grâce au commerce du cuivre et du sel et à la traite des Noirs.

1876-77 : L'explorateur Stanley traverse le bassin du Congo d'est en ouest. Il passe au service de Léopold II de Belgique, fondateur de l'Association internationale africaine, qui étend son contrôle sur la région.

1885 : La conférence de Berlin reconnaît à Léopold la propriété personnelle de l'État indépendant du Congo.

La colonie est intensément exploitée grâce au travail forcé des indigènes.

1908 : La Belgique assume l'héritage de Léopold II.

• *L'indépendance.*

1960 : Après des années d'agitation nationaliste, le Congo belge accède à l'indépendance sous le nom de République du Congo, dite « Congo-Kinshasa ». Le nouvel État connaît une profonde crise politique marquée par la sécession du Katanga, l'opposition entre le président J. Kasavubu et son Premier ministre, P. Lumumba (assassiné en 1961). L'intervention des forces de l'O. N. U. et des troupes belges (1961-1964) permet la reconquête du Katanga et le maintien des intérêts occidentaux dans le pays.

1965 : L'armée installe au pouvoir le général Mobutu.

1971 : Le pays prend le nom de Zaïre.

1977-78 : Des troubles au Shaba amènent une intervention des parachutistes français. Tandis que les problèmes économiques et financiers du pays s'aggravent, le régime doit faire face à une opposition croissante. Malgré la légalisation de certains partis en 1990, de graves troubles se produisent en 1991, mais le régime refuse une démocratisation complète des institutions.

Depuis 1992 : La crise politique provoquée par la lutte entre Mobutu et le pouvoir de transition ne cesse de se développer, aggravée à partir de 1994 par l'afflux massif de réfugiés ruandais.

Zaïre, tragédie de Voltaire (1732). Nérestan, chevalier chrétien, tente de dissuader sa sœur Zaïre, captive aimée et amoureuse du prince musulman Orosmane, d'épouser celui-ci ; mais, ignorant leur parenté et surprenant le rendez-vous, Orosmane se croît trahi, poignarde Zaïre, découvre son erreur et se donne la mort après avoir ordonné la libération de tous les chrétiens prisonniers.

ZAÏROIS, E adj. et n. Du Zaïre.

ZAKAT n. m. (mot ar. signif. *purification*). Dans l'islām, aumône légale, impôt que l'on doit payer sur ses biens suivant un taux déterminé.

ZAKHAROV (Adrian Dimitrievitch), architecte russe (Saint-Pétersbourg 1761 - *id.* 1811). Il étudia à Paris avec Chalgrin et visita l'Italie. Son chef-d'œuvre est le remodelage de l'Amirauté de Saint-Pétersbourg, temple néoclassique de 300 m de long, alternant parties nues et groupes de colonnes engagées (1805-1823).

ZAKHAROV (Rostislav Vladimirovitch), chorégraphe soviétique (Astrakhan 1907 - Moscou 1984). Il fut directeur du ballet au théâtre Bolchoï (1936-1956) et l'un des fondateurs du GITIS, faculté de chorégraphie. Il est l'auteur de : *la Fontaine de Bakhtchissaraï* (1934), *le Prisonnier du Caucase* (1938), *Taras Boulba* (1941), *le Cavalier de bronze* (1949), une version du *Pavot rouge* (1946), *Sous les cieux d'Italie* (1952). Il a écrit *l'Art du chorégraphe* (1959).

ZAKOPANE, v. du sud de la Pologne, au pied des Tatry (ou Tatras) ; 30 000 hab. Principale station de sports d'hiver du pays.

ZAKOUSKI [zakuski] n. m. pl. (russe *zakouska*). Petits mets variés, chauds et froids, servis en assortiment avant le repas. (Cuisine russe.)

ZÁKROS, site archéologique de Crète orientale, où une ville minoenne côtoie un vaste complexe palatial (v. 1575 av. J.-C.).

ZÁKYNTHOS ou **ZANTE,** île grecque, la plus méridionale des îles Ioniennes, au large du Péloponnèse. V. princ. *Zákynthos* ou *Zante.*

Zalaca ou **Sagrajas** *(bataille de)* [1086], victoire des Almoravides sur le roi de Castille Alphonse VI.

ZALAEGERSZEG, v. de Hongrie, ch.-l. du dép. de Zala, en Transdanubie ; 53 500 hab.

ZALEW SZCZECIŃSKI, nom polonais de la lagune de Szczecin, où débouche l'Odra ; 687 km² (dont 400 en Pologne) ; profondeur de 9 m. Elle communique avec la Baltique par 3 grandes passes.

ZALEW WIŚLANY, nom polonais de la lagune de la Vistule, en bordure orientale du golfe de Gdańsk (ou Zatoka Gdańska) ; une longue flèche de sable (ou Mierzeja Wiślana) la sépare de la Baltique. Elle couvre 838 km² (dont 510 en Russie, où se trouve la seule passe).

ZAMA, anc. localité de la Numidie, où Scipion l'Africain battit Hannibal. Cette victoire mit fin à la deuxième guerre punique (202 av. J.-C.). Son emplacement n'est pas déterminé.

ZAMAK n. m. (n. déposé). Dénomination commerciale d'alliages à base de zinc, additionnés d'aluminium, de magnésium, et éventuellement de cuivre, très employés en construction mécanique.

ZAMBELLI (Carlotta), danseuse d'origine italienne (Milan 1877 - *id.* 1968). Sans rivale à son époque dans *la Korrigane, Namouna, les Deux Pigeons, Sylvia, Coppelia,* etc., elle cessa de danser en 1934 et dirigea l'école de danse de l'Opéra jusqu'à sa retraite en 1955.

ZAMBÈZE, fl. de l'Afrique australe ; 2 260 km (bassin de 1 240 000 km²). Issu des confins du Zaïre, de la Zambie et de l'Angola, le fleuve coule en Zambie, sert de frontière entre ce pays et le Zimbabwe puis traverse le Mozambique pour se jeter dans l'océan Indien en un grand delta. Semé de rapides et de chutes (Victoria Falls), il a un débit relativement modeste (3 000 m³/s) et est équipé pour fournir de l'hydroélectricité (Kariba, Cabora Bassa).

ZAMBÉZIE, en port. **Zambezia,** nom désignant, anc., les régions constituant le bassin du Zambèze.

ZAMBIE, anc. **Rhodésie du Nord,** État de l'Afrique australe ; 746 000 km² ; 9 720 000 hab. *(Zambiens).* CAP. *Lusaka.* LANGUE : *anglais.* MONNAIE : *kwacha.*

Géographie. Les collines et les plateaux de ce pays de hautes terres (1 200 à 1 500 m) se relèvent dans l'Est (monts Muchinga) et le Sud-Est (escarpement du Zambèze). L'Ouest (plaine du Barotseland) est recouvert de dépôts sableux. Le climat est tropical et les pluies, qui tombent de novembre à avril, passent de 700 mm dans le Sud à 1 500 mm dans le Nord. Le Zambèze et ses affluents drainent la majeure partie du pays, seul le Nord-Nord-Est appartient au bassin du Zaïre. La végétation naturelle est la forêt claire, souvent dégradée en savane. La population, qui comprend plus de 70 groupes ethniques, est très inégalement répartie. Elle est urbanisée à 50 %. Près de 60 % des actifs vivent de l'agriculture. Les cultures vivrières (maïs, manioc, haricots) sont complétées notamment par le coton, la canne à sucre, le café. Mais les productions ne suffisent pas à couvrir les besoins alimentaires du pays, qui doit importer. L'essentiel des ressources du pays est fourni par les mines. Le cuivre vient en tête, associé au cobalt, à l'or et à l'argent. Il fournit 90 % des exportations en valeur, mais sa production a reculé. L'électricité est surtout d'origine hydraulique. Le secteur industriel est dominé par la métallurgie, complétée par le textile, la chimie et l'agroalimentaire. Les communications intérieures restent médiocres et les liaisons extérieures compliquées par l'enclavement du pays. Endettée, la Zambie fait appel à l'aide internationale. Ses premiers partenaires commerciaux sont la Grande-Bretagne et l'Afrique du Sud pour les importations, le Japon pour les exportations.

Histoire. Peuplée par des Bantous, la région est explorée par Livingstone entre 1853 et 1868.
1899 : Le pays est entièrement occupé par les Britanniques, à l'initiative de Cecil Rhodes, placé à la tête de la British South Africa Chartered Company.
1911 : Les territoires occupés par Cecil Rhodes sont divisés en Rhodésie du Nord (actuelle Zambie) et Rhodésie du Sud (actuel Zimbabwe). L'exploitation du cuivre connaît une forte expansion dans les années 1920.
1953-1963 : La Rhodésie du Nord fait partie de la Fédération de Rhodésie et du Nyassaland.
1964 : Sous le nom de « Zambie », la Rhodésie du Nord obtient l'indépendance, dans le cadre du Commonwealth.
Dirigée par le président Kenneth Kaunda, qui met en place un régime à parti unique, elle cherche à obtenir l'indépendance économique à l'égard du Zimbabwe, en se rapprochant de la Tanzanie (construction d'une voie ferrée qui désenclave le pays).
1991 : Après le rétablissement du multipartisme, l'opposition remporte les élections législatives et présidentielles ; Frederick Chiluba devient chef de l'État.

ZAMBIEN, ENNE ad. et n. De Zambie.

ZAMBOANGA, port des Philippines, à l'extrémité de la péninsule occidentale de Mindanao, sur le détroit de Basilan ; 262 000 hab.

ZAMENHOF (Lejzer Ludwik), linguiste polonais (Białystok 1859 - Varsovie 1917). D'origine juive, il eut très tôt le projet d'une langue internationale qui rapprocherait les peuples. En

1887, il publia sous le pseudonyme de « Doktoro Esperanto » une brochure qui fondait l'espéranto.

ZAMENIS [-menis] n. m. (lat. sc. *zamenis,* du gr. *dzamenês,* impétueux). Grande couleuvre terrestre des régions tempérées, se nourrissant surtout de rongeurs et d'oiseaux, telle que la couleuvre vert et jaune, qui mesure jusqu'à 2 m.

ZAMET (Sébastien), financier français d'origine italienne (Lucques v. 1549 - Paris 1614). Grâce à son habileté d'intrigant de cour, de négociateur politique et de financier, il amassa une fortune considérable et fut le confident des rois Henri III et Henri IV.

ZAMIA n. m. Arbre gymnosperme (cycadacée) à tronc court des régions chaudes de l'Amérique.

ZAMIATINE (Ievgueni Ivanovitch), écrivain russe (Lebedian, près de Tambov, 1884 - Paris 1937). Auteur de récits, il décrivit dans son roman d'anticipation (*Nous autres,* 1924) l'univers totalitaire du futur.

ZAMORA, v. d'Espagne, en Castille-León, ch.-l. de prov., sur le Douro ; 58 600 hab. Nombreuses églises romanes du XIIe s., dont la cathédrale (1151-1174 ; beau cimborio). Musée de la cathédrale (4 immenses tapisseries de la *Guerre de Troie,* Tournai, XVe s.).

ZAMORA (Niceto ALCALÁ) → ALCALÁ ZAMORA.

ZAMOŚĆ, v. du sud-est de la Pologne, ch.-l. de voïévodie ; 53 000 hab. Église collégiale de style Renaissance (fin du XVIe s.).

ZAMOYSKI, famille noble polonaise dont le membre le plus marquant fut JAN (Skokówka 1542 - Zamość 1605), chancelier (1578) et hetman de la Couronne (1581) d'Étienne Ier Báthory, dont il avait favorisé l'élection.

ZAMPIERI (Domenico) → DOMINIQUIN (le).

ZANCLE ou **ZANCLIDÉ** n. m. (gr. *dzagklon,* faucille). Poisson des récifs coralliens, au corps comprimé, à la dorsale munie d'un long fouet, aux couleurs éclatantes, se nourrissant d'invertébrés minuscules, hôte apprécié des aquariums marins.

ZANDÉS ou **AZANDÉS,** population répartie entre la République centrafricaine, le Soudan et le Zaïre, divisée en trois groupes.

ZANDVLIET, écart de la comm. d'Anvers, sur l'estuaire de l'Escaut, à la frontière néerlandaise. Écluse d'une longueur de 500 m, d'une largeur de 57 m.

ZANDVOORT, station balnéaire et touristique des Pays-Bas, sur la mer du Nord, à l'O. de Haarlem ; 16 500 hab. Circuit automobile d'un développement de 4,2 km.

ZANGĪ ('Imād al-Dīn) [† 1146], gouverneur seldjoukide de Mossoul, il réunit à son domaine Alep (1128) et Ḥamā et enleva Édesse aux croisés (1144).

ZANGUEBAR *(côte de)* [« le pays des Zendj »], nom ancien de la côte orientale d'Afrique, du sud de la Somalie au nord du Mozambique.

ZANGUEZOUR *(chaîne de),* en russe **Zanguezourski Khrebet,** montagnes de l'Arménie, à l'E. du lac Sevan, près de la frontière de l'Azerbaïdjan (3 904 m au Kapoutdjoukh).

ZANGWILL (Israel), écrivain britannique (Londres 1864 - Midhurst, Sussex, 1926). Animateur actif du mouvement sioniste, sa peinture de la vie des communautés juives (*le Roi des mendigots,* 1894 ; *le Creuset,* 1908) lui valut d'être appelé « le Dickens juif ».

ZANNI ou **ZANI** [dzani] n. m. (altér. de *Giovanni* en dialecte vénitien). Personnage de serviteur bouffon dans la commedia dell'arte.

ZĀNSKĀR → ZĀSKĀR.

ZANTE → ZÁKYNTHOS.

ZÁNZALOS → BARADÉE.

ZANZIBAR ou **ZANZI** n. m. (de *Zanzibar,* n. pr.). **1.** Jeu de hasard qui se joue avec trois dés à deux joueurs ou plus. — **2.** Jet des dés amenant trois points identiques et constituant le tirage le plus fort à ce jeu.

ZANZIBAR, île corallienne de l'océan Indien, à 36 km du continent africain ; 1 658 km² ; 310 000 hab. Cap. *Zanzibar.*

— **Géogr.** L'île, traversée dans sa longueur par une chaîne de collines (le point culminant atteint 216 m), a un climat chaud et humide (riz, cocotier). Pêche. — Les *îles de Zanzibar et de Pemba* forment la Tanzanie insulaire (2 642 km² ; 560 000 hab.).

— **Hist.** Habitée dès les IXe-Xe s. par des Arabes, des Bantous Zendj et des Persans dits « Shirazis », l'île était un centre du commerce à longue distance de l'océan Indien. Les Portugais en font le centre de leur domination en Afrique orientale (1503-1730). Les sultans d'Oman, moyennant tribut, aident les îles de Zanzibar et de Pemba ainsi que les ports swahilis de la côte à leur résister au XVIIe s. Les sultans s'installent à Zanzibar en 1832. L'île devient le plus grand entrepôt d'esclaves de la région jusqu'à la suppression de la traite sous la pression britannique en 1873 et l'abolition de l'esclavage sur l'île en 1897. Le sultanat doit accepter le protectorat britannique en 1890. La société, dominée par les Arabes à qui appartiennent les terres, n'accorde aucun pouvoir aux descendants d'esclaves et aux populations autochtones noires et métisses de Persans. Après l'accession à l'indépendance (1963), une révolte chasse le sultan et 8 000 Arabes sont massacrés. Zanzibar s'unit alors au Tanganyika pour former la Tanzanie (1964).

ZANZIBAR, cap. de la Tanzanie insulaire, dans l'île du même nom ; 125 000 hab. Les Arabes en firent le plus grand port de l'Afrique orientale, spécialisé dans la vente des esclaves et de l'ivoire, par la suite reconverti dans l'exportation des clous de girofle (produits dans l'île de Pemba) et dans la pêche. Industries alimentaires.

ZANZOTTO (Andrea), écrivain italien (Pieve di Soligo, Trévise, 1921). Ses poèmes expriment l'amour de sa terre natale (*La belta,* 1968 ; *Fosfeni,* 1982).

ZAOUÏA → ZĀWIYA.

ZAO WOU-KI, peintre chinois naturalisé français (Pékin 1921). Maître des techniques graphiques chinoises, mais attiré par la peinture occidentale, il s'est installé à Paris en 1948. Depuis 1953, ses œuvres, au lyrisme intense, relèvent d'une abstraction à la fois « paysagiste » et « calligraphique ».

ZAOZHUANG ou **TSAO-TCHOUANG,** v. de Chine (Shandong), au S. de Jining ; 100 000 hab. Extraction du charbon. Centrale thermique.

ZAPATA (Emiliano), révolutionnaire mexicain (Anenecuilco, Morelos, v. 1879 - hacienda de Chinameca, Morelos, 1919). Petit propriétaire métis, il se souleva en 1911 en faveur de Madero, et devint le chef d'une révolution agraire dont il fit connaître le programme dans le « plan d'Ayala ». Il occupa Mexico en 1914 et combattit Carranza de 1915 à 1919. Il fut assassiné par traîtrise.

ZAPATEADO [sapateado] n. m. (esp. *zapata,* soulier). Danse espagnole caractérisée par les martèlements rythmés des talons du danseur. (Le zapateado est également très populaire au Mexique.)

ZAPOLSKA (Gabriela KORWIN-PIOTROWSKA, dite **Gabriela**), femme de lettres polonaise (Podhajce, Ukraine, 1857 - Lwów 1921). Elle écrivit des comédies satiriques (*la Moralité de Mme Dulska,* 1906 ; *Mademoiselle Maliczewska,* 1910) ainsi que des romans et des nouvelles naturalistes (*la Ménagerie humaine,* 1893).

ZÁPOLYA ou **SZAPOLYAI,** famille hongroise dont les membres les plus importants sont Jean*, roi de Hongrie (1526-1540), et Jean Sigismond, prince de Transylvanie (1541-1571).

ZAPOROGUES, cosaques établis au-delà des rapides du Dniepr (XVIe-XVIIIe s.).

ZAPOROJIE, en ukrainien **Zaporijjia,** v. de l'Ukraine, juxtaposée au grand barrage de Dnieprogues ; 897 000 hab. Port fluvial et centre industriel. À proximité, centrale nucléaire.

ZAPOTÈQUES, peuple de la vallée d'Oaxaca (Mexique), fondateur d'une civilisation précolombienne théocratique qui fut à son apogée durant la période classique (250-950 apr. J.-C.) avec Monte Albán pour principal centre cérémoniel. On leur doit une écriture hiéroglyphique, une architecture sobre et harmonieuse et surtout des urnes funéraires décorées d'effigies divines aux coiffures élaborées. Le centre de Mitla succède à celui de Monte Albán, mais, vers le XIIIe s., les Zapotèques sont supplantés par les Mixtèques. Estimés à 400 000 individus environ, les Zapotèques vivent auj. dans des communautés villageoises.

ZÁPOTOCKÝ (Antonín), homme d'État tchèque (Zákolany, près de Kladno, 1884-Prague 1957). C'est un des fondateurs du parti communiste de Tchécoslovaquie. Il devint secrétaire de la Confédération générale du travail de son pays et joua un rôle essentiel dans les événements de févr. 1948. Président du Conseil, il procéda à la collectivisation des terres et des usines. Il fut président de la République en 1953.

ZAPPA (Francis VINCENT, dit **Frank**), guitariste, chanteur et compositeur américain (Baltimore 1940 - Los Angeles 1993). Passionné par le rhythm and blues noir et par les œuvres d'Edgard Varèse, auteur complet, interprète, metteur en scène de cinéma et réalisateur vidéo, il a fondé en 1964 le groupe Mothers of Invention puis a abandonné la formule pour créer « le Grand Orchestre électrique », le Grand Wazoo.

ZAPPER v. i. (conj. **4**). Pratiquer le zapping.

ZAPPING [-piɲ] n. m. (angl. *zapping,* de *zap,* onomat.). Pratique du téléspectateur qui change fréquemment de chaîne à l'aide de sa télécommande.

ZARA, nom italien de Zadar.

ZARATHUSHTRA ou **ZOROASTRE** (Rhagès ?, Iran, 628 av. J.-C. - 551 av. J.-C.), fondateur du zoroastrisme, ou mazdéisme réformé, dont les disciples sont appelés en Inde les pārsis. Il dit avoir eu une vision de Ahura-Mazdâ, le seigneur de la Sagesse, et reçu de lui la mission de prêcher la vérité. Il enseigna que Ahura-Mazdâ était le plus grand des dieux, parmi une multitude d'autres divinités, seul digne d'adoration.

ZARF n. m. Pied en forme de coquetier, sur lequel les Turcs posent les tasses qui contiennent le café.

ZARHLŪL (Sa'd), homme politique égyptien (Gharbièh, Basse-Égypte, 1860 - Le Caire 1927). Il prit en 1919 la tête de la délégation (Wafd) qui demanda l'indépendance de l'Égypte et fonda le parti nationaliste du même nom. Déporté aux Seychelles (1921-1923), il fut Premier ministre (1924).

ZARIA, v. du Nigeria, au S.-O. de Kano ; 200 800 hab. Capitale de l'ancien royaume haoussa du même nom. Centre industriel.

ZARLINO (Gioseffo), compositeur et théoricien italien (Chioggia 1517 - Venise 1590). Maître de chapelle à la basilique St-Marc (1565), il est l'auteur d'écrits théoriques (*Institutioni harmoniche* [1558], *Dimostrationi harmoniche* [1571] et *Sopplimenti musicali* [1588]) qui contribuèrent à faire progresser le langage musical vers le système tonal moderne.

ZARQĀ', v. de Jordanie, au N.-E. d''Ammān ; 269 800 hab. Raffinerie de pétrole.

ZARQĀLĪ (Abū Isḥāq Ibrāhīm ibn Yaḥyā **al-**), dit aussi **Arzachel,** astronome et mathématicien arabe (v. 1029 - Cordoue 1100). Il inventa divers instruments d'observation du ciel et dressa des tables astronomiques, dites *tables de Tolède.*

ZARZUELA [sarswela] n. f. (esp. *zarzuela,* du n. de la *Zarzuela,* résidence royale et théâtre de Madrid). Représentation dramatique et musicale espagnole caractérisée par l'alternance de la déclamation et du chant.

ZĀSKĀR ou **ZĀNSKĀR,** massif de l'Himālaya, situé dans le Cachemire indien, au N. du Grand Himālaya, entre la Suru et la Sutlej ; il culmine à plus de 7 000 m.

ZASSOULITCH (Vera Ivanovna), révolutionnaire russe (Mikhaïlovka, près de Smolensk, 1849 - Petrograd, auj. Saint-Pétersbourg, 1919). Populiste, elle tira à coups de revolver sur le gouverneur de Saint-Péterbourg (1878). Acquittée, elle émigra. Elle adhéra à un cercle marxiste en 1883 et devint un des leaders des mencheviks en Russie.

ZATOKA GDAŃSKA ou **GOLFE DE GDAŃSK,** large golfe hémicirculaire (5 500 km²) de la Baltique, échancrant, sur une centaine de kilomètres, le littoral oriental de la Pologne (profondeur maximale 117 m ; salinité très faible [7 à 8 ‰]). La Vistule y débouche par un delta qui colmate le fond du golfe. Sur la côte ouest s'est implanté le plus grand ensemble portuaire du pays (Gdańsk-Gdynia).

ZÁTOPEK (Emil), athlète tchèque (Kopřivnice 1922). Premier coureur de fond à dépasser les 20 km dans l'heure (20,052 km en 1951), il a été champion olympique du 10 000 m en 1948, des 5 000 et 10 000 m, et du marathon en 1952.

ZAVATTA (Achille), auguste et directeur de cirque (La Goulette, Tunisie, 1915 - Ouzouer-des-Champs, Loiret, 1993). Il connut la consécration comme auguste d'abord avec ses frères Michel, puis Rolph, avant de se passer de clown blanc et de se faire donner la réplique par des partenaires sans maquillage. Il a dirigé plusieurs cirques et créé, en 1978, le *Cirque Achille Zavatta.*

ZAVATTINI (Cesare), scénariste et écrivain italien (Luzzara 1902 - Rome 1989). Journaliste et critique dramatique, il a été l'un des plus importants théoriciens du néoréalisme et a écrit de nombreux scénarios, notamment ceux de tous les films de V. De Sica, à l'exception du *Jardin des Finzi-Contini* et du *Voyage.*

ZAVENTEM, comm. de Belgique (Brabant flamand), à l'E. de Bruxelles, au S. de l'aéroport de Bruxelles ; 25 400 hab.

ZĀWIYA ou **ZAOUÏA** n. f. inv. (ar. *zāwiya*). Oratoire musulman.

ZĀWIYA → ZIWIYÉ.

ZĀWIYE (*djebel* **el-**), massif montagneux de Syrie, à l'E. du Rhāb, qui domine la vallée de l'Oronte.

ZAY (Jean), homme politique français (Orléans 1904 - Molles, Allier, 1944). Député radical-socialiste (1932-1942), ministre de l'Éducation nationale (1936-1939), il présida à d'importantes réformes. Partisan de la Résistance dès juin 1940, il fut assassiné par les miliciens.

ZĀYANDÈ RUD (le), riv. de l'Iran, sur le versant nord-oriental du Zagros ; 350 km. Il irrigue l'oasis d'Ispahan.

ZAYDITE n. et adj. Membre d'une branche chī'ite ne reconnaissant que les quatre premiers imāms 'alīdes, établie au Yémen où un imāmat héréditaire se perpétua de 893 à 1962.

ZAZEN n. m. (jap. *zazen,* méditer en position assise). Type de zen pratiqué par la secte japonaise sōtō. (Il fut introduit au Japon au XIIIe s. par Shōyō Daishi, fondateur de la secte sōtō.)

ZAZOU n. m. (onomat.) En France, juste après la Seconde Guerre mondiale, jeune qui se distinguait par sa tenue excentrique, et qui était grand amateur de jazz.

◆ adj. et n. Qui rappelle les zazous. (On trouve parfois le fém. *zazoue.*)

ZAZZO (René), psychologue français (Paris 1910 - *id.* 1995). Il s'est intéressé aux jumeaux, notamment en raison de la possibilité qu'ils offrent d'analyser les différences individuelles. Ses travaux concernent également la construction de l'image de soi dans ses rapports avec la construction de l'espace. Il est l'auteur de : *les Jumeaux, le Couple et la Personne* (1960), *Conduites et Conscience* (1962 et 1968).

ZEAMI MOTOKIYO, acteur japonais (1363-1443). Il écrivit avec son père, Kanami, plus de la moitié des pièces du répertoire traditionnel du nō et laissa des traités de doctrine théâtrale (*Kadenshō* [*le Livre de la transmission de la fleur de l'art*]).

ZÈBRE n. m. (port. *zebra*). **1.** Mammifère équidé à robe rayée, voisin du cheval. (→ *encycl.*) — **2.** *Fam.* Individu quelque peu bizarre ou inquiétant : *Un drôle de zèbre, ce type-là.* — **3.** Fam. *Courir, filer comme un zèbre,* courir très vite.

ENCYCL. Il existe quatre espèces de zèbres, chacune divisée en sous-espèces géographiques. Le type général est le zèbre du Cap. Tous les zèbres habitent l'Afrique du Sud et de l'Est. Plusieurs types ont disparu par excès de chasse. Les zèbres vivent en groupes sociaux réunissant plusieurs femelles et leurs petits autour d'un mâle. Les femelles font un petit tous les 4 ans.

ZÉBRER v. t. (de *zèbre*) [conj. **18**]. Marquer une surface de lignes sinueuses, de raies, de rayures : *Les éclairs zèbrent le ciel.*

ZÉBRURE n. f. Rayure, marque vive de forme allongée, plus ou moins sinueuse : *Les zébrures des éclairs.*

ZÉBU n. m. (p.-ê. tibétain *zeba,* bosse du chameau). Mammifère ruminant domestique (bovidé) propre à l'Asie et à l'Afrique tropicales et à Madagascar, et caractérisé par une gibbosité musculaire sur les épaules et par ses cornes souvent très grandes.

ZECCA (Ferdinand), cinéaste français (Paris 1864 - *id.* 1947). Acteur, scénariste, réalisateur, il a produit une série de courts métrages, drames ou comédies : *Histoire d'un crime* (1901), *les Sept Châteaux du diable* (1901), *les Victimes de l'alcoolisme* (1902) et *l'Affaire Dreyfus* (1908).

ZÉDÉ (Gustave), ingénieur français (Paris 1825 - *id.* 1891). On lui doit, en 1887, les plans du sous-marin *Gymnote,* premier spécimen de la flottille française de sous-marins.

ZEDELGEM, comm. de Belgique (Flandre-Occidentale), au S. de Bruges ; 19 300 hab. Métallurgie.

ZEDILLO PONCE DE LEÓN (Ernesto), homme politique mexicain (Mexico 1951), président de la République depuis 1994.

ZÉE n. m. (lat. *zeus*). Syn. de SAINT-PIERRE.

ZEEBRUGGE, port et station balnéaire de Belgique (Flandre-Occidentale, comm. de Bruges), sur la mer du Nord. Port pétrolier et centre industriel. Service de voyageurs vers la Grande-Bretagne. Pêche. En avr. 1918, les Britanniques réussirent à embouteiller le port de Zeebrugge, que les Allemands avaient équipé en base d'opérations navales.

ZEELAND → ZÉLANDE.

ZEEMAN (Pieter), physicien néerlandais (Zonnemaire, Zélande, 1865 - Amsterdam 1943). Il a découvert en 1896 la modification du spectre de raies d'émission d'un corps soumis à un champ magnétique (*effet Zeeman*) et étudié la propagation de la lumière dans les milieux en mouvement, confirmant ainsi les théories relativistes. (Prix Nobel de physique, avec Lorentz, 1902.)

ZÉEN [zeɛ̃] adj. m. (ar. *zān*). *Chêne zéen,* chêne d'Afrique du Nord, qui fournit un bois d'œuvre et de chauffage de belle qualité.

ZEFFIRELLI (Franco), metteur en scène de théâtre et cinéaste italien (Florence 1923). Acteur, décorateur, il devient l'un des metteurs en scène d'opéra et de théâtre les plus recherchés en Italie. Assistant d'Antonioni, Rossellini et Visconti, il réalise notamment *la Mégère apprivoisée* (1967) et *Roméo et Juliette* (1968). En 1978, il signe un *Jésus de Nazareth* puis s'efforce de renouveler le style du film d'opéra (*la Traviata,* 1982 ; *Otello,* 1986 ; *Toscanini,* 1988).

ZEGADŁOWICZ (Emil), écrivain polonais (Bielsko 1888 - Sosnowiec 1941). Membre du groupe littéraire Zdrój (« la Source ») de Poznań, il fonde (1922) son propre groupe, Czartak, qui prône le régionalisme contre la civilisation moderne. Auteur de ballades populaires (*les Vagabonds des Beskides,* 1923) et de récits autobiographiques (*la Vie de Nicolas Écrit-à-l'Argent,* 1927-1929), il a donné également des pièces de théâtre qui évoquent les mystères et les moralités du Moyen Âge (*les Visionnaires,* 1924 ; *la Vigile,* 1932).

ZEHRFUSS (Bernard), architecte français (Angers 1911 - Neuilly-sur-Seine 1996). Influencé par l'architecture méditerranéenne (il a travaillé de 1943 à 1948 en Tunisie et en Algérie, et à nouveau dans les années 60 [université de Tunis]), il a surtout utilisé le béton pour des ensembles d'habitation, des usines, des sièges sociaux, des ambassades, des édifices scolaires. Il a collaboré au C. N. I. T. à la Défense (1958) et au siège de l'Unesco (Paris, 1958, 1966 et 1969).

ZEÏA, riv. de Russie, en Sibérie orientale, affl. de l'Amour (r. g.) ; 1 242 km (bassin de 233 000 km²).

ZEILLER (René), ingénieur et naturaliste français (Nancy 1847 - Paris 1915). Ses travaux portent sur les végétaux fossiles, notamment sur ceux de la houille. (Acad. des sc., 1901.)

ZÉINE n. f. Protéine extraite du maïs.

ZEISS (Carl), mécanicien et opticien allemand (Weimar 1816 - Iéna 1888). Il fonda en 1846 les ateliers d'optique d'Iéna.

ZEIST, v. des Pays-Bas (prov. d'Utrecht), à l'E. d'Utrecht ; 62 000 hab.

Zeit *(Die),* hebdomadaire d'information allemand de tendance libérale, créé à Hambourg en 1946, qui jouit d'une grande notoriété.

ZEITZLER (Kurt), général allemand (Gossmar 1895 - Hohenaschau 1963). Chef d'état-major de l'armée de terre en 1942, il fut chassé par Hitler après le putsch du 20 juill. 1944 et remplacé par Guderian.

ZEJEL n. m. (esp. *zejel*). Poème de la littérature espagnole médiévale, dérivé de la poésie mozarabe.

ZEK n. (russe *zek,* abrév. de *zakliouttchennyï*). En U. R. S. S., nom donné aux détenu(e)s d'un camp du Goulag.

ZÉLANDE, en néerl. **Zeeland** (« pays de la mer »), prov. du sud-ouest des Pays-Bas ; 1 790 km^2 ; 355 947 hab. Ch.-l. *Middelburg.*
– **Hist.** Comté au haut Moyen Âge, la Zélande est réunie au comté de Hollande dont elle suit dès lors le sort. Elle fait partie, depuis 1815, du royaume des Pays-Bas.

ZÉLATEUR, TRICE n. (bas lat. *zelator*). **1.** *Litt.* Personne qui montre un zèle ardent, le plus souvent intempestif, pour une idée, une personne. — **2.** Dans les associations pieuses, personne qui est chargée de stimuler le zèle du groupe dont elle fait partie.

ZELAYA (José Santos), homme d'État nicaraguayen (Managua 1853 - New York 1919). Amené au pouvoir par une révolte libérale (1893), il gouverna en dictateur jusqu'en 1909. Il modernisa le pays et s'opposa à la politique impérialiste des États-Unis, qui le contraignirent à l'exil (1910).

ZÈLE n. m. (lat. *zelus,* du gr. *dzêlos*). **1.** Ardeur, empressement au service de qqn, d'une idée ; vive application à très bien faire son travail : *Excès de zèle.* — **2.** *Faire du zèle,* montrer un vif empressement, voire une ardeur excessive et ostensible dans ce qu'on fait (souvent ironiq.).

ZÉLÉ, E adj. (de *zèle*). Qui a, qui montre du zèle, qui s'acquitte de son travail avec conscience et empressement : *Un défenseur zélé des libertés.*

ZELE, comm. de Belgique (Flandre-Orientale), au N.-O. de Dendermonde ; 19 600 hab.

ŻELEŃSKI (Tadeusz), écrivain polonais, connu aussi sous le pseudonyme de **Boy** (Varsovie 1874 - Lwów 1941). Traducteur des chefs-d'œuvre de la littérature française, il est également l'auteur d'ouvrages de critique et de monographies historiques (*Études et essais sur la littérature française,* 1920-1922 ; *Marysieńka Sobieska,* 1937).

ZELENTCHOUK, localité de Russie, au N. du Caucase. À proximité, à 2 070 m d'alt., observatoire astronomique (télescope de 6 m de diamètre, radiotélescope en anneau de 600 m de diamètre).

ŽELEV (Želju) ou **JELEV** (Jeliou), philosophe et homme politique bulgare (Veselinovo, près de Šumen, 1935). Ancien opposant au régime communiste, il est président de la République de 1990 à janvier 1997.

ŻELIGOWSKI (Lucjan), général polonais (Nieśwież, près de Minsk, 1865 - Londres 1947). Il se distingua lors du conflit polono-soviétique. En oct. 1920, il s'empara de Wilno, où il tenta de créer un gouvernement de Lituanie centrale. Un plébiscite entraîna en janv. 1922 la cession de Wilno à la Pologne. Nommé inspecteur de l'armée (1922), il fut ministre de la Guerre (1925) jusqu'au coup d'État de Piłsudski.

ZELKOWA ou **ZELKOVA** n. m. Grand arbre rustique, voisin de l'orme et aux mêmes usages, très décoratif, introduit en France au début du XVIIIe s.

ZELL AM SEE, v. d'Autriche, au bord du *lac de Zell,* à 757 m d'alt. ; 7 500 hab. Tourisme estival et sports d'hiver.

ZELLER (Marie André), général français (Besançon 1898 - Paris 1979). Il participa à la campagne de Tunisie, puis au débarquement en Italie sous les ordres du général Juin (1943-44). Chef d'état-major et inspecteur général de l'armée (1955), en désaccord avec le ministre, il démissionna en 1956. Rappelé par de Gaulle (13 mai 1958), il servit de nouveau comme chef d'état-major jusqu'à sa retraite (1959). Responsable du coup d'État d'Alger aux côtés de Salan, Jouhaud et Challe (avr. 1961), il se constitua prisonnier après son échec. Destitué, il fut condamné à quinze ans de détention criminelle ; gracié, il fut amnistié (1966) et réintégré dans les cadres (1974).

ZELLER SEE ou **UNTERSEE** (« lac Inférieur »), extrémité occidentale du lac de Constance, d'où sort le Rhin à Stein am Rhein.

ZÉLOTE n. m. (gr. *dzêlôtês,* fanatique). Nom donné aux membres d'un mouvement nationaliste juif, qui joua un rôle actif dans la révolte juive de 66-70 contre l'occupant romain. (Leur dernier bastion fut la forteresse de Massada, qui tomba en 73.)
◆ adj. Relatif aux zélotes.

ZELTWEG, v. d'Autriche (Styrie) ; 8 000 hab. – À proximité, circuit automobile d'un développement de 5,9 km.

ZELZATE, comm. de Belgique (Flandre-Orientale), sur le canal maritime de Gand à Terneuzen ; 13 000 hab. Chimie. Sidérurgie.

ZEMAN (Karel), cinéaste tchécoslovaque (Ostroměř 1910 - Gottwaldov, auj. Zlín, 1989). Il a réalisé des œuvres d'animation (la série des *Monsieur Prokouk,* 1947-1959 ; *le Roi Lavra,* 1950), combinant le dessin animé et les poupées (*le Trésor de l'île aux oiseaux,* 1952), ajoutant enfin au monde des marionnettes la présence d'acteurs vivants (*Voyage dans la préhistoire,* 1954). Ses films suivants, *le Baron de Crac* (1961), *Chronique d'un fou* (1964), *le Dirigeable volé* (1967), *Sur la comète* (1970), confirment son sens de l'humour et son habileté.

ZEMIS [-mis] n. m. pl. Idoles des Antillais précolombiens, faites de craie, de pierre, de coton ou de terre cuite.

zemski sobor, assemblée représentative de Russie, convoquée par le tsar ou, en son absence, par le métropolite ou le patriarche (1550-1653 env.).

ZEMSTVO [zjɛmstvo] n. m. (mot russe). Assemblée territoriale assurant l'administration locale dans les gouvernements de la Russie d'Europe (1864-1917).

ZEN n. m. (jap. *zen,* du chin. *chan,* du sanskr. *dhyāna,* méditation). Importante école bouddhiste introduite au Japon à partir de la Chine au XIIe s. par Eisai (école Rinzai) et au XIIIe s. par Shōyō Daishi (école Zazen).
◆ adj. inv. Relatif au zen.
ENCYCL. Le zen donne la préférence à l'instruction de maître à élève, les écritures et les doctrines étant réduites au minimum. Au XVIe s., les moines zen ont joué un rôle important dans l'histoire du Japon et ont apporté une grande contribution à la culture. De nos jours, la pratique du zen a largement débordé au-delà des frontières du Japon.
— **Bx-arts.** Atteignant son plein épanouissement au Japon aux XVe-XVIe s., le zen y transforme l'esthétique et trouve dans la peinture à l'encre *(sumi-e)* une expression de prédilection avec notamment les paysages de Sesshū, où le lavis donne l'illusion de la spontanéité. Le zen eut également une profonde influence sur les arts du thé et des jardins.

ZÉNANA n. f. (mot d'origine hindī). Étoffe cloquée, de soie ou de coton, utilisée pour robes d'intérieur, peignoirs, etc.

ZEND [zɛ̃d] n. m. Nom parfois donné à l'avestique.

Zend-Avesta ⟶ AVESTA.

ZENDEROUDI (Hossein), peintre iranien (Téhéran 1937). Installé à Paris à partir de 1961, il combine les héritages de l'écriture coufique et de l'art décoratif persan pour élaborer une peinture, abstraite, faite de signes et de formes calligraphiques rythmés.

Zener *(diode de),* diode à semi-conducteur, utilisée pour stabiliser des tensions d'alimentation.

ZENICA, v. de Bosnie-Herzégovine, dans la vallée de la Bosna ; 63 500 hab. Métallurgie.

ZÉNITH n. m. (lecture erronée de l'ar. *samt ar-ra's,* chemin au-dessus de la tête). **1.** Point de la sphère céleste représentatif de la verticale ascendante, en un lieu donné. — **2.** *Être au zénith, être à son zénith,* être au degré le plus élevé, à l'apogée de sa situation, de sa gloire, etc.

ZÉNITHAL, E, AUX adj. **1.** Relatif au zénith. — **2.** *Distance zénithale* ou *zénithale* (n. f.), distance angulaire d'un point de la sphère céleste au zénith. (Elle se compte de 0 à 180° à partir du zénith.) ‖ *Éclairage zénithal,* éclairage naturel venant du haut, par verrières, lanternons, skydomes, etc. ‖ *Lunette zénithale photographique,* lunette astronomique d'axe vertical spécialement conçue pour photographier les étoiles au voisinage du zénith. (Elle est souvent désignée par l'abréviation PZT [*Photographic Zenith Tube*].)

Zenker *(dégénérescence de),* altération de la fibre musculaire, par suite de laquelle la striation disparaît ; en même temps, la substance de la fibre devient hyaline.

ZENO (famille), famille de navigateurs vénitiens. L'un d'eux, CATERINO (v. 1450-fin XVe s.), voyageur et diplomate, fut envoyé en Perse en 1472 puis dans les cours d'Europe pour solliciter une aide contre les Turcs. Il a laissé une relation de son voyage en Perse.

ZENO (Apostolo), écrivain italien (Venise 1668 - *id.* 1750). Cofondateur du *Giornale de' Letterati d'Italia,* poète impérial de la cour de Vienne (1718-1728), il donna ses règles au mélodrame.

ZÉNOBIE († Italie apr. 274 apr. J.-C.), reine de Palmyre (267-272). Après la mort de son second mari, Odenath, elle régna au nom de leur fils Vaballath. Elle réussit à contrôler la Syrie, une partie de l'Asie Mineure et l'Égypte. Aurélien, en 271-272, reprit les territoires occupés, prit Palmyre et captura Zénobie.

ZÉNODORE, mathématicien grec qui vivait entre le IIe s. av. J.-C. et le Ier s. apr. J.-C. Il entrevit que, de tous les solides de même surface, la sphère est celui qui possède le volume maximal.

ZÉNON, Grec de Carie (IIIe s. av. J.-C.). Intendant d'un domaine dans le Fayoum, il a laissé des archives écrites sur papyrus, capitales pour la connaissance de l'Égypte lagide.

ZÉNON de Cition, philosophe grec (v. 335-v. 264 av. J.-C.). Il a établi la terminologie grammaticale à l'aide de sa lecture d'Aristote. Sa philosophie se rattache au stoïcisme.

ZÉNON d'Élée, philosophe grec, disciple de Parménide, né entre 490 et 485 av. J.-C. Il s'est attaché à montrer l'impossibilité du mouvement à partir de l'hypothèse que tout espace est divisible à l'infini. Ses arguments (paradoxe de la tortue qui ne sera jamais rattrapée par Achille), appelés « antinomies », ont entraîné un renouveau de la logique énonciative et une réflexion sur l'espace-temps. Ses textes sont perdus mais sa pensée nous est connue par Simplicius et surtout par Aristote.

ZÉNON (v. 426-491), empereur d'Orient (474-491). Isaurien d'origine, gendre de Léon Ier, régent sous Léon II, il régna seul après la mort de celui-ci. Il dut lutter deux ans pour s'imposer, avec l'aide des Ostrogoths. Il promulgua, au sujet des querelles religieuses nées du monophysisme, l'*Édit d'union,* ou *Henotikon* (482), qui amena la rupture avec Rome en 484.

ZÉOLITE n. f. (lat. sc. *zeolithus,* du gr. *dzeîn,* bouillir, et *lithos,* pierre). Nom donné à un groupe d'aluminosilicates naturels hydratés des métaux alcalins ou alcalinoterreux.

ENCYCL. Les zéolites, constituées de tétraèdres AlO_4 et SiO_4, comportent un réseau de canaux, cages, cavités dans lesquels se placent les cations M^+ en des points où ils équilibrent les charges négatives portées par les tétraèdres AlO_4. Elles sont utilisées dans l'industrie comme absorbants sélectifs, comme tamis moléculaires et comme catalyseurs.

ZÉOLITIQUE adj. Relatif aux zéolites.

ZÉOLITISATION n. f. Phénomène hydrothermal conduisant à la cristallisation de zéolites dans une roche.

ZÉOTROPE ou **ZÉOTROPIQUE** adj. (du gr. *dzeîn,* bouillir). Se dit d'un mélange qui ne présente pas le phénomène d'azéotropie. (Pendant son ébullition sous pression constante, sa température et sa composition varient continuellement.)

ZÉPHYR n. m. (lat. *zephyrus,* du gr. *dzephuros*). **1.** Chez les Anciens, le vent d'ouest, divinisé (avec une majusc.). — **2.** *Litt.* Vent doux et agréable. — **3.** Toile fine de coton utilisée pour les vêtements d'enfants et les chemises d'hommes.

ZÉPHYRIN *(saint)* [† Rome 217], pape de 199 à 217.

ZEPPELIN n. m. (de *Zeppelin,* n. pr.). Dirigeable rigide, construit par les Allemands de 1900 à 1930.

ZEPPELIN (Ferdinand, *comte* VON), officier, puis industriel allemand (Constance 1838 - Berlin 1917). À partir de 1890, il se consacra à la construction des dirigeables rigides, dont le premier fut essayé au-dessus du lac de Constance à la fin de l'année 1900.

ZERALDA, comm. d'Algérie (wilaya d'Alger), près de la côte du Sahel ; 14 600 hab. — À proximité, complexe touristique des Sables-d'Or.

ZERAVCHAN *(chaîne du),* montagne du Tadjikistan, en Asie moyenne, qui se détache en même temps que la chaîne du Turkestan de la chaîne de l'Alaï, et dont les sommets culminent à plus de 5 000 m d'alt. Le torrent glaciaire du *Zeravchan* approvisionne en eau d'irrigation une des plus anciennes oasis d'Asie moyenne *(oasis du Zeravchan),* s'assèche progressivement et ne parvient pas à rejoindre l'Amou-Daria. Samarkand et Boukhara sont les deux villes principales.

ZERHOUN *(djebel),* massif du Maroc qui domine le plateau de Meknès ; 1 119 m. Au milieu se trouve la ville sainte de Moulay-Idriss.

ZERMATT, comm. de Suisse (cant. du Valais), dans la vallée de la Viège (Visp), à 1 616 m d'alt., entre les massifs du Mont-Rose, du Cervin, du Weisshorn ; 3 550 hab. Zermatt est une des stations touristiques les plus fréquentées de la Suisse.

ZERMATTEN (Maurice), écrivain suisse de langue française (Saint-Martin, près de Sion, 1910). Il est l'un des écrivains les plus représentatifs du Valais (*la Colère de Dieu,* 1940 ; *la Fontaine d'Aréthuse,* 1958 ; *À l'est du grand couloir,* 1983).

ZERMELO (Ernst), mathématicien allemand (Berlin 1871 - Fribourg-en-Brisgau 1953). Il a démontré le théorème du bon ordre : « Tout ensemble peut être bien ordonné » et a donné, en 1908, une première axiomatisation de la théorie des ensembles, qui fut complétée dans les années 20 par Fraenkel et Skolem.

ZERNIKE (Frederik), physicien néerlandais (Amsterdam 1888 - Naarden 1966). Il imagina la méthode du contraste de phase, permettant de rendre visibles au microscope des détails parfaitement transparents. (Prix Nobel de physique 1953.)

ZÉRO n. m. (ital *zero,* contraction de *zefiro,* de l'ar. *ṣifr,* vide). **1.** Le plus petit élément de l'ensemble $\mathbb{N}$ des naturels et le seul à ne pas avoir de prédécesseur dans $\mathbb{N}$; chiffre qui représente ce nombre. — **2.** Valeur, quantité, grandeur numérique nulle : *Sa fortune est réduite à zéro.* — **3.** *Fam.* S'emploie en guise de réponse pour repousser une éventualité ou pour indiquer qu'on a raté qqch : *La Côte d'Azur au mois d'août, zéro pour moi !* — **4.** Fam. *Un (triple) zéro,* personne dont les capacités sont nulles, pour laquelle on n'a aucune considération. — **5.** Fam.

Avoir le moral à zéro, être extrêmement découragé, abattu, déprimé. ‖ *Partir de zéro,* commencer en partant de rien avec ses seules capacités. ‖ *Reprendre à zéro,* recommencer au début. • **Balist.** *Point zéro (P.Z.),* dans l'explosion aérienne d'un projectile nucléaire, projection verticale à la surface du sol du point d'éclatement de l'ogive nucléaire. — **Ling.** Absence d'un trait formel ou sémantique, prenant valeur de trait pertinent, dans un système où les unités se définissent les unes par rapport aux autres par la présence ou l'absence de ce trait. — **Mar.** *Zéro hydrographique* ou *zéro des cartes,* plan de référence à partir duquel sont mesurées les profondeurs portées sur les cartes marines et sont évaluées les hauteurs d'eau prédites dans les annuaires de marée. (En France, il correspond au niveau des plus basses mers.) — **Math.** Élément neutre (noté 0) des groupes additifs. ‖ Cardinal de l'ensemble vide. ‖ *Zéro d'une fonction* f, solution de l'équation $f(x) = 0$. ‖ *Zéro d'un polynôme,* racine de ce polynôme. — **Métrol.** *Appareil de zéro,* appareil de mesure dans lequel l'égalité de deux grandeurs est constatée par le retour d'une indication à la graduation zéro (balance à bras égaux, ponts de mesures électriques, etc.). — **Phon.** *Zéro acoustique,* syn. de ANTIFORMANT. — **Presse.** Numéro zéro, exemplaire d'une publication périodique précédant le lancement du premier numéro, qui est destiné à roder l'équipe rédactionnelle et à tester les annonceurs. — **Thermodyn.** *Point zéro,* température de la glace fondante, qui correspond à une température Celsius de 0 °C et à une température thermodynamique de 273,15 K. ‖ *Zéro absolu,* état inaccessible (mais dont on sait se rapprocher) où la température thermodynamique serait nulle. (Il correspond à –273,15 °C.) ◆ adj. num. Indique une quantité nulle : *Zéro faute.*

Zero *(groupe),* groupe artistique allemand créé en 1957 à Düsseldorf par Heinz Mack (né en 1931) et Otto Piene (1928), auxquels se joignit en 1961 Günther Uecker (1930). À l'opposé de l'expressionnisme abstrait dominant, ces artistes s'engagèrent dans un domaine — l'espace, la lumière, les ressources des matériaux et de la technologie modernes — où travaillaient également Klein, Fontana, les cinétistes, etc. Le groupe se sépara en 1967.

Zéro et l'Infini *(le),* roman d'Arthur Koestler (1940) : les différentes variétés psychologiques du communisme, un idéaliste contraint à s'accuser de crimes imaginaires « pour la cause », la nécrologie des espoirs placés dans la révolution russe.

ŻEROMSKI (Stefan), écrivain polonais (Strawczyn, près de Kielce, 1864 - Varsovie 1925). Auteur de nouvelles, de poèmes en prose, de pièces de théâtre (*la Caille,* 1924) et de romans où il combat les oppressions politiques et sociales (*les Cendres,* 1904 ; *Histoire d'un péché,* 1908 ; *l'Avant-Printemps,* 1925), Żeromski a uni le pathétique et la virtuosité stylistique à une conscience aiguë des réalités de son temps.

ZEROUAL (Liamine), militaire et homme politique algérien (Batna 1941). Ministre de la Défense depuis 1993, il est nommé à la tête de l'État en 1994. Il est confirmé dans ses fonctions par une élection présidentielle en 1995.

ZERYNTHIA n. f. Syn. de THAÏS.

ZEST n. m. (onomat.). Vx. *Être entre le zist et le zest,* hésiter entre deux partis.

ZESTE n. m. (rad. onomat.). **1.** Écorce d'un agrume qui, découpée en lamelles ou râpée, sert à aromatiser des préparations. — **2.** *Fam.* Très petite quantité ; une pointe de : *Il a un zeste d'accent du Midi.*

ZESTER v. t. (conj. 3). Dépouiller un citron, une orange de son zeste.

ZÊTA [dzɛta] ou **DZÉTA** n. m. **1.** Sixième lettre de l'alphabet grec (Z, ζ), servant à noter le groupe consonantique [dz] ou la consonne [z]. — **2.** *Fonction zêta,* fonction de la variable *s* définie par $\zeta(s) = \sum_{n=1}^{\infty} 1/n^s$.

ZETA, anc. région, appelée auparavant *Dioclée,* qui correspondait à peu près au Monténégro.

ZÉTÉTIQUE n. f. (gr. *dzêtêtikos,* qui recherche). Méthode philosophique qui consiste à rechercher la solution d'un problème en le supposant résolu et en remontant de cette solution jusqu'aux termes initiaux en vérifiant le bien-fondé de chaque étape.

ZETKIN (Clara), révolutionnaire allemande (Wiederau, Saxe, 1857 - Arkhanguelskoïe, près de Moscou, 1933). Elle adhéra au parti social-démocrate d'Allemagne en 1878 ; spécialiste des questions féminines, membre de l'Internationale communiste, elle fut député au Reichstag de 1920 à 1933.

ZETLAND *(îles)* → *Shetland (îles).*

ZEUGITANE, nom donné au temps de Dioclétien à l'ancienne Afrique proconsulaire.

ZEUGITES [zøʒit] n. m. pl. (gr. *dzeugitai,* de *dzeûgos,* joug). Citoyens athéniens de la troisième classe, dans la constitution solonienne. (Ils possédaient un revenu minimum et un attelage de bêtes de somme. Ils avaient accès aux magistratures et servaient comme hoplites.)

ZEUGMA ou **ZEUGME** n. m. (gr. *dzeûgma,* lien). Coordination de deux ou plusieurs éléments qui ne sont pas sur le même plan syntaxique ou sémantique. (Par ex. *Vêtue de probité candide et de lin blanc* [Hugo].)

ZEUGOPODE n. m. (du gr. *dzeûgos,* couple). Segment du membre des vertébrés tétrapodes, soutenu par deux os parallèles, radius et ulna (cubitus), au membre antérieur, tibia et fibula (péroné) au membre postérieur.

ZEUS, dieu suprême des Grecs, fils de Cronos et de Rhéa. Le Zeus primitif aurait été le symbole du ciel, de son éclat, de ses orages, de ses pluies. Maître de l'univers, Zeus devient peu à peu le dieu qui fait régner sur le monde l'ordre, la sagesse, la justice. Si les mythes grecs lui prêtent toutes les faiblesses humaines, et en particulier d'innombrables aventures amoureuses, Zeus n'en reste pas moins le dieu sauveur, celui qui protège les familles, les cités et la communauté hellénique elle-même ; celui qui se penche avec bienveillance et équité sur la condition des humains. D'innombrables sanctuaires lui sont consacrés, les plus vénérables étant celui de Dodone, en Épire, et celui d'Olympie. Les Romains assimileront Jupiter à Zeus.
— **Iconogr.** Dès l'époque archaïque, Zeus est représenté tel un guerrier casqué ; son combat contre les Géants illustre le fronton du temple de Corfou ainsi que de nombreux vases en céramique. Souvent on le trouve aussi tenant le foudre (bronze de Dodone). Le type imaginé par Phidias — statue colossale chryséléphantine du dieu assis sur son trône tenant d'une main le sceptre et de l'autre une victoire — a marqué plusieurs générations d'artistes et a inspiré le Jupiter latin.

ZEUXIS, peintre grec actif à la fin du Vᵉ s. et au début du IVᵉ s. av. J.-C., né à Héraclée (Lucanie). Il est mentionné par Platon et Aristophane, mais son œuvre ne nous est connue que par des descriptions qui vantent son rendu de la lumière et l'expression puissante et réaliste de ses personnages.

ZEUZÈRE n. f. (lat. sc. *zeuzera*). Papillon nocturne (cossidé) robuste, à ailes blanches, pointillées de noir ou de bleu, dont la chenille creuse de profondes galeries dans le tronc des arbres.

ZÉVACO (Michel), écrivain français (Ajaccio 1860 - Eaubonne, Yvelines, 1918). Dans la lignée de Paul Féval et de Paul de Kock, il a laissé des romans de cape et d'épée (*les Pardaillan,* 1907 ; *Buridan,* 1911).

ZEVI (Bruno), architecte et théoricien italien (Rome 1918). Formé à Harvard, il revint en Italie après la guerre et entreprit de combattre les positions rationalistes au nom des conceptions de Wright sur une architecture organique. Critique, professeur, directeur de la revue *L'Architettura,* il a écrit : *Apprendre à voir l'architecture* (1948), *Storia dell'architettura moderna* (1950), etc.

ZÉZAIEMENT n. m. Trouble de l'articulation des consonnes constrictives, dû au placement de la langue trop près des incisives. (Syn. ZOZOTEMENT.)

ZÉZAYANT, E adj. Atteint de zézaiement.

ZÉZAYER v. i. (conj. **11**). Prononcer avec un zézaiement. (Syn. ZOZOTER.)

ZÊZERE (le), fl. du Portugal, affl. du Tage (r. dr.) ; 200 km. Hydroélectricité.

ZHANGJIAKOU ou **TCHANG-KIA-K'EOU,** nom chinois de Kalgan.

ZHANG XUAN ou **TCHANG SIUAN,** peintre chinois, actif à Changan (auj. Xi'an) dans la première moitié du VIIIᵉ s. Spécialiste des scènes de la vie du palais, il avait le souci du mouvement et de la profondeur. On connaît deux de ses œuvres grâce à des copies exécutées par Song Huizong.

ZHANG YIMOU, cinéaste chinois (Xi'an 1950). Assistant de Chen Kaige pour deux films, il connaît le succès international dès son premier long métrage, *le Sorgho rouge* (1988), suivi de *Ju Dou* (1990) puis de *Épouses et concubines* (1991) et de *Qui Ju, une femme chinoise* (1992, Lion d'or au festival de Venise).

ZHANG ZUOLIN ou **TCHANG TSO-LIN,** homme politique et maréchal chinois (Haicheng, Liaoning, 1873 - Moukden 1928). Gouverneur de la Mandchourie (1911), il occupa ensuite Pékin (mars 1918 et juill. 1920), constitua un triumvirat avec Wang Shangyuan et Caokun (1921) mais fut refoulé par Wu Peifu sur la Mandchourie (1922) ; il agit alors en chef indépendant tout en soutenant Sun Yat-sen. Après la défaite de Wu Peifu, il réoccupa Pékin (1926-1928).

ZHANJIANG ou **TCHAN-KIANG,** port de Chine (Guangdong), anc. cap du territoire de Guangzhouwan (français de 1898 à 1946).

ZHAO KUANGYIN ou **TCHAO K'OUANG-YIN,** premier empereur de la dynastie des Song (960-976) [nom posthume **Song Taizu**]. Général des Zhou postérieurs (951-960), il fut porté au pouvoir par ses troupes.

ZHAO MENGFU ou **TCHAO MONG-FOU,** peintre chinois (Huzhou, Zhejiang, 1254 -1322). Bien que membre de la famille impériale Song, il fait carrière à la cour des Yuan, ce qui lui vaut l'animosité des lettrés. Il prêche un retour aux styles Tang et du début des Song dans des paysages, des bambous, des rochers imprégnés d'un archaïsme austère.

ZHAO ZIYANG ou **TCHAO TSEU-YANG,** homme politique chinois (distr. de Huaxian,

Henan, 1919). Membre du parti communiste chinois à partir de 1938, lié à Liu Shaoqi et à Deng Xiaoping, il doit s'effacer pendant la Révolution culturelle et est réhabilité en 1971. Membre du comité central depuis 1973, il entre au bureau politique en 1979. Succédant à Hua Guofeng à la tête du gouvernement en 1980, il conserve ce poste jusqu'en nov. 1987. Nommé en janv. 1987 secrétaire général du parti (confirmé en nov.), il est limogé en juin 1989, accusé de s'être montré trop conciliant à l'égard de la contestation estudiantine et populaire.

ZHEJIANG ou **TCHÖ-KIANG,** prov. du sud-est de la Chine, sur la mer de Chine orientale ; 101 000 km² ; 41 400 000 hab. Cap. *Hangzhou.* Elle comprend deux régions naturelles : au N. une plaine alluviale (basse vallée du Zhe Jiang, sud du delta du Yangzi Jiang), et au S. une vaste région montagneuse (1 900 m) prolongée au large par des îles. Le climat est subtropical (janv. 8 °C) avec un été chaud et très arrosé (1 500 mm de pluies par an). Aussi la végétation est-elle luxuriante et l'agriculture variée. La pêche est active, surtout dans l'archipel des Zhoushan. Le Zhejiang a du fer (Shaoxing) et de l'alun, de la houille au N.-O. et des marais salants, mais produit surtout de l'hydroélectricité (sur le Xinan Jiang) destinée à la région de Shanghai.

ZHELING ou **TCHÖ-LING** *(passe de),* seuil de Chine, entre le Hunan et le Guangxi, aujourd'hui emprunté par la voie ferrée Guangzhou-Hankou.

ZHENG ou **TCHENG** n. m. Cithare chinoise sur table, de forme oblongue et dont les cordes sont en soie.

ZHENG CHENGGONG → KOXINGA.

ZHENGZHOU ou **TCHENG-TCHEOU,** v. de Chine, cap. du Henan, au croisement des voies ferrées de Pékin à Hankou et du Longhai ; 800 000 hab. Centre industriel (coton, mécanique, tabac, alimentation).
— **Bx-arts.** On a retrouvé les vestiges de la ville des Shang (v. 2100 av. notre ère) ainsi que leur riche nécropole dont le mobilier funéraire est conservé dans le musée provincial du Henan.

ZHIFU → YANTAI.

ZHOB (le), riv. du Pākistān, dans le N.-E. du Baloutchistan, qui conflue avec le Gumāl, affluent de l'Indus.

ZHONGYANG SHAN ou **TCHONG-YANG-CHAN,** massif de Taiwan, dans l'est de l'île, parallèle à la côte ; il culmine à près de 4 000 m.

ZHOU ou **TCHEOU,** dynastie royale chinoise (v. 1025-256 av. J.-C.). À une période d'unité (jusqu'en 771), durant laquelle l'autorité royale était respectée, succéda une ère de divisions et de guerres incessantes entre principautés rivales. En dépit de l'instabilité politique, la période qui s'étend du VIIIe au IIIe s. av. J.-C. est un véritable âge d'or de la pensée chinoise antique.

ZHOU CHEN ou **TCHEOU TCH'EN,** peintre chinois (Suzhou, Jiangsu, v. 1450 -1535). Connu pour ses représentations caricaturales du petit peuple de Suzhou et du monde paysan, il est aussi paysagiste, influencé par Li Tang et par l'école Ma-Xia.

ZHOU ENLAI ou **TCHEOU NGEN-LAI** ou **CHOU EN-LAI,** homme d'État chinois (Huai'an, Jiangsu, 1898 - Pékin 1976). Fondateur, en 1920-21, à Paris, de la section française du parti communiste chinois, il poursuit à Moscou, à partir de 1927, son initiation au marxisme-léninisme. À la fin de la Longue Marche (1934), il prépare les négociations entre le P.C.C. et le Guomindang, qui débouchent, en 1936, sur un front uni contre l'invasion japonaise. En 1944, il est le lien obligé entre nationalistes, Américains et communistes. Ministre des Affaires étrangères (1949-1958) et Premier ministre, il assume en fait la tâche de mettre en place le nouveau régime. Présent dans la Révolution culturelle (1966), il joue un rôle prépondérant à l'extérieur comme véritable ambassadeur extraordinaire de la Chine populaire et prépare le rapprochement sino-américain de 1972. Malade, il fait réhabiliter Deng Xiaoping en 1973.

ZHOUKOUDIAN ou **TCHEOU K'EOU-TIEN** ou **CHOU KOU-TIEN,** très importante grotte préhistorique située à 40 km de Pékin. Les multiples niveaux archéologiques sont riches en industries lithiques et en traces de foyers (500 000 et 200 000 ans). Des restes humains correspondant à plus de 40 individus (sinanthropes) y ont été découverts, qui représentent l'*Homo erectus* de l'Asie continentale.

ZHOUSHAN ou **TCHEOU-CHAN** ou **TCHOU-SAN** *(îles),* archipel chinois situé sur la côte nord du Zhejiang. Pêche. Culture du riz.

ZHOU WENJU ou **TCHEOU WEN-KIU,** peintre chinois originaire de Jugong (Jiangsu), actif dans la seconde moitié du Xe s. Le plus important des maîtres de Nankin et grand peintre de personnages, il fut un des initiateurs de la peinture de genre.

ZHUANG ou **TCHOUANG,** population de la Chine du Sud (Guangxi, Guangdong, Guizhou), estimée à 7,8 millions de membres.

Zhuangzi ou **Tchouang-tseu,** ouvrage fondamental du taoïsme dont l'auteur, Zhuangzi, vécut à la fin du IVe s. av. J.-C.

ZHU DA → BADA SHANREN.

ZHU DE ou **TCHOU TÖ** ou **CHOU TEH,** homme politique et maréchal chinois (Manchang, Sichuan, 1886 - Pékin 1976). Il contribue, avec Mao Zedong et Zhou Enlai, à l'organisation de l'armée rouge dont il devient commandant en 1931. Il lutte contre les armées de Jiang Jieshi et doit opérer une dure retraite, la « Longue Marche », sous la pression du Guomindang (1934). Il collabore cependant avec Jiang Jieshi contre les Japonais (1937-1941), puis mène une guerre indépendante et réussit à immobiliser une partie des forces japonaises (1941-1945). De 1946 à 1949, il conduit à la victoire les armées de Mao Zedong et conquiert toute la Chine continentale. Commandant suprême des forces armées chinoises, vice-président de la République (1954), Zhu De est nommé membre permanent du bureau politique du comité central.

ZHU DI → YONGLE.

ZHUJIANG ou **TCHOU-KIANG,** nom chinois de la « rivière des Perles », cours inférieur du Xi Jiang, qui passe à Canton.

ZHU XI ou **TCHOU HI,** philosophe chinois (You Xi, Fujian, v. 1130-1200). Très célèbre penseur de la dynastie des Song, il fut le fondateur du néoconfucianisme. Ses interprétations des classiques étaient considérées comme les seuls commentaires valables aux concours de mandarins.

ZHU YIJUN → WANLI.

ZHU YUANZHANG → HONGWU.

ZHUZHOU ou **TCHOU-TCHEOU,** v. de Chine (Hunan), au S.-S.-E. de Changsha ; 286 000 hab. Marché rural et centre industriel.

Z. I. n. f. Abrév. de ZONE* INDUSTRIELLE.

ZIA UL-HAQ (Mohammad), général et homme d'État pakistanais (Jullundur 1924 - dans un accident d'avion, près de Bahāwalpur, 1988). Général en 1972 et chef d'état-major général en 1976, il dirigea le coup d'État militaire de 1977. Devenu en 1978 président du Pākistān, il se fit confirmer dans ses fonctions par référendum (1984).

ZIBAN → ZAB.

ZIBELINE n. f. (ital. *zibellino,* d'orig. slave). **1.** Petite martre au corps mince et long, à queue courte, à tête large, des forêts de conifères de Sibérie, Mongolie et Mandchourie. (La zibeline est recherchée pour sa fourrure d'hiver, soyeuse et dense. Après avoir été presque exterminée, elle est aujourd'hui élevée et protégée.) — **2.** Fourrure de cet animal.

ZIBO ou **TSEU-PO** ou **TZEPO,** v. de Chine (Shandong), à l'E. de Jinan ; 1 200 000 hab. Centre industriel.

ZICRAL n. m. (n. déposé). Nom générique d'alliages d'aluminium avec addition de zinc, utilisés pour la fabrication d'articles de sport (skis, etc.).

ZICRONE n. f. (lat. sc. *zicrona,* de l'hébreu *zicron,* odorant). Punaise qui se rend utile en attaquant et en détruisant les doryphores, les altises et des papillons nuisibles, dont elle pique les œufs, les larves ou les chenilles.

ZIDOVUDINE n.f. Médicament utilisé pour ses propriétés antivirales dans le traitement du sida.

ZIEGFELD (Florenz Jr.), producteur de revues de music-hall américain (Chicago 1868 - Hollywood 1932). En 1907, il créa un genre où il excella : la revue. Sous le nom de *Ziegfeld's Follies,* dès 1909, ses revues révolutionnent le spectacle traditionnel de music-hall par leur luxe, leur élégance, leur audace et leurs vedettes.

ZIEGLER (Henri DE), écrivain suisse d'expression française (Genève 1885 - *id.* 1970). Romancier, voyageur, il a donné les ouvrages les plus divers : *le Monde occidental ou Poésie de l'Amérique* (1931), *l'École des esclaves* (1947).

ZIEGLER (Karl Waldemar), chimiste allemand (Helsa, près de Kassel, 1898 - Mülheim an der Ruhr 1973). Il a mis au point un procédé de fabrication à basse pression des polyéthylènes à structure rectiligne, pour lequel il avait découvert un catalyseur spécifique. (Prix Nobel de chimie 1963, avec Natta.)

Ziehl-Neelsen *(coloration de),* coloration utilisée pour mettre en évidence des bactéries acido-alcoolo-résistantes du genre *mycobacterium,* notamment le bacille de Koch et le bacille de Hansen.

ZIELONA GÓRA, v. de l'ouest de la Pologne, sur l'Odra ; 108 000 hab. Centre industriel (textile, matériel ferroviaire).

ZIEMIA LUBUSKA → LUBUSZ (terre de).

ZIERIKZEE, v. des Pays-Bas (Zélande), dans l'île de Schouwen-Duiveland ; 8 900 hab. Ville principale de la Zélande insulaire, conservant son hôtel de ville du XVIe s., des ensembles de maisons anciennes à pignon.

ZIEUTER → ZYEUTER.

Z. I. F. n. f. Abrév. de ZONE* D'INTERVENTION FONCIÈRE.

ZIG → ZIGUE.

ZIGGOURAT [zigurat] n. f. (assyrien *ziggouratou*). Édifice religieux d'origine mésopotamienne, fait de la superposition de plates-formes de dimensions décroissantes, dont la plus petite, au sommet, porte une chapelle.
ENCYCL. Les plus anciennes ziggourats, succédant à de simples plates-formes qui supportaient un temple, apparaissent sous la IIIe dynastie d'Our (2111-2003). Elles étaient associées au

temple de la divinité principale de chaque cité. On pense qu'elles étaient symbole de la montagne primordiale et lieu de rencontre du ciel et de la terre. Construites en briques crues, elles furent pour la plupart entretenues jusqu'à la dynastie néobabylonienne (626-539).
Les mieux conservées sont celles de Tchoga Zanbil, d'Our, de Barsippa et de Dour-Kourigalzou. Elles sont à l'origine de la légende de la tour de Babel.

ZIGONG ou **TSEU-KONG** ou **TZEKUNG,** v. de Chine (Sichuan), dans le bassin Rouge, au S.-S.-E. de Chengdu ; 300 000 hab. Pétrole et gaz naturel.

ZIGOTO n.m. (de *zig*). *Pop.* **1.** Individu inquiétant, bizarre, extraordinaire, ou qui cherche à épater. — **2.** *Faire le zigoto,* faire le malin.

ZIGOUILLER v. t. (mot poitevin, de *zigue-zigue,* mauvais couteau) [conj. **3**]. *Pop.* Égorger, tuer, assassiner.

ZIGUE ou **ZIG** n. m. (altér. de *gigue*). *Pop.* Individu, type : *Un bon zigue.*

ZIGUINCHOR, port du Sénégal, sur la basse Casamance ; 73 000 hab. Pêche et conserveries.

ZIGZAG n. m. (rad. onomat. *zik-,* exprimant un mouvement rapide). **1.** Ligne brisée formant des angles alternativement saillants et rentrants : *La route fait des zigzags.* — **2.** Mouvement qui suit une ligne sinueuse : *Les zigzags d'un ivrogne sur le trottoir.* — **3.** Évolution sinueuse de qqn : *Une carrière politique en zigzag.* • **Archit.** Ornement courant fait d'une suite de chevrons ou de bâtons rompus. (Art roman.) — **Cout.** *Couture zigzag, point zigzag,* mode d'assemblage à la machine à coudre de deux pièces placées bord à bord. — **Électr.** *Couplage en zigzag des circuits polyphasés,* connexion en étoile dont chaque branche est composée par des enroulements appartenant à des phases différentes. — **Zool.** Nom usuel du bombyx disparate *(Lymantria dispar).*

ZIGZAGANT, E adj. Qui va en zigzag, qui fait des zigzags.

ZIGZAGUER v. i. (conj. 3). **1.** Avancer en faisant des zigzags : *La voiture zigzaguait sur la route.* — **2.** Former des zigzags : *La route zigzague à flanc de montagne.*

ZILAHY (Lajos), écrivain hongrois (Nagyszalonta, auj. Salonta, 1891 - Novi Sad, Yougoslavie, 1974). Romancier à succès (*Deux Prisonniers,* 1926), il a peint dans son théâtre les mœurs de son temps (*Le soleil brille,* 1924 ; *Clochers de bois,* 1943).

ŽILINA, v. de Slovaquie (région de la Slovaquie-Centrale), dans la vallée du Váh ; 88 000 hab. Église romane du XIIIe s. et autres monuments. Nœud ferroviaire. Centre industriel.

ZILLEBEKE, anc. comm. de Belgique (Flandre-Occidentale), à 4 km au S.-E. d'Ypres ; auj. intégrée à Ypres. Violents combats en 1914, 1917, 1918.

ZILLERTAL, vallée du Tyrol (Autriche), à l'E. d'Innsbruck, qui a donné son nom aux montagnes environnantes. Centres de sports d'hiver et d'alpinisme.

ZIMBABWE, site d'une ancienne ville, au nord du plateau rhodésien, à proximité du Zambèze. Occupé dès le IVe s., le site s'est développé à partir des Xe-XIe s. Il connut son apogée aux XIVe-XVe s. grâce à l'or exporté vers l'océan Indien, ce dont témoignent de puissants remparts. Le site perdit de son importance vers le XVe s. quand fut créé l'empire du Monomotapa.

ZIMBABWE, anc. **Rhodésie du Sud,** puis **Rhodésie,** État de l'Afrique australe, 390 000 km^2 ; 11 520 000 hab. *(Zimbabwéens).* CAP. *Harare.* LANGUE : *anglais.* MONNAIE : *dollar du Zimbabwe.*

Géographie. Le pays, enclavé, n'a pas d'unité géographique. Sa partie centrale, le haut Veld (plus de 1 400 m d'altitude), est parcourue par le Great Dyke, affleurement de roches basiques riches en minerais. Elle se raccorde aux hautes terres de l'Est qui culminent à 2 600 m. Le moyen Veld, au N.-O. et au S.-O. du pays, se situe entre 700 et 1 400 m d'altitude, tandis que les vallées du Zambèze et du Limpopo constituent le bas Veld. La population comprend deux groupes principaux : les Shonas (77 % de la population) et les Ndébélés (18 %). La population blanche, métis et asiatique, représente environ 3 % du total. L'accroissement naturel est de 3 % par an environ. Le pays se démarque progressivement des structures héritées de la colonisation, en particulier dans le domaine agricole. Le maïs vient en tête, suivi du millet et de l'arachide. S'y ajoutent l'élevage et des cultures commerciales (tabac, coton, canne à sucre, café et thé) qui fournissent environ le quart des exportations. Le chrome, l'or et le nickel sont les principaux minerais extraits, mais la production stagne. L'industrie est la plus développée de l'Afrique australe après celle de l'Afrique du Sud. La métallurgie vient en tête, suivie par l'agroalimentaire, la chimie et la pétrochimie, le textile, la confection, le cuir et le tabac. Par ailleurs, le tourisme progresse.
La Grande-Bretagne et l'Afrique du Sud sont les deux premiers partenaires commerciaux du pays.

Histoire. Aux premiers occupants, les Bochimans, viennent se mêler des populations bantoues, qui exploitent l'or et le cuivre de la région.
XIVe-XVe s. : Des constructions en pierre sont élevées sur de nombreux sites, notamment à Zimbabwe.

XVe s. : Fondation de l'empire du Monomotapa.
XVIe s. : Les Portugais étendent leur influence sur le Monomotapa, dont l'empire se morcelle.
Dans le dernier quart du XIXe s., Cecil Rhodes occupe la région pour le compte de la Grande-Bretagne, à la tête de la British South Africa Chartered Company.
1911 : Les territoires conquis sont divisés en Rhodésie du Nord (actuelle Zambie) et Rhodésie du Sud (actuel Zimbabwe).
1953-1963 : Une fédération unit le Nyassaland et les deux Rhodésies.
1965 : Chef de la minorité blanche, le Premier ministre Ian Smith proclame unilatéralement l'indépendance de la Rhodésie du Sud.
1970 : Instauration de la république.
Le gouvernement, rejeté par la communauté internationale en raison de sa politique raciale et confronté à une guérilla grandissante, doit composer avec l'opposition noire modérée.
1979 : Constitution d'un gouvernement multiracial.
1980 : Des élections portent au pouvoir Robert Mugabe, leader nationaliste noir. L'indépendance du Zimbabwe est reconnue.
Le nouveau pouvoir met en place un régime socialiste.
1987 : À la suite de l'établissement d'un régime présidentiel, R. Mugabe devient chef de l'État. Il est reconduit à la tête de l'État en 1990 et en 1996.

ZIMBABWÉEN, ENNE adj. et n. Du Zimbabwe.

ZIMMERMANN (Dominikus), architecte allemand (Gaispont, auj. dans Wessobrunn, Bavière, 1685 - Wies 1766). Ses chefs-d'œuvre, d'un baroque original, sont les églises de pèlerinage de Steinhausen, en Souabe (1727), et de Wies (1746), à l'allègre décor rococo desquelles a participé son frère JOHANN BAPTIST (1680-1758), peintre et stucateur.

ZIMMERMANN (Bernd Alois), compositeur allemand (Bliesheim, près de Cologne, 1918 - Königsdorf, auj. dans Cologne, 1970). Sa première période, dite expressionniste, débuta avec le ballet *Alagoana* (1940-1950), et se poursuivit avec la *Symphonie en un mouvement* (1947-1953). Avec l'opéra *Die Soldaten,* d'après l'œuvre de Jakob Lenz, commença sa deuxième période, dite pluraliste, poursuivie avec une sonate pour violoncelle (1960). Les œuvres électroniques *Tratto !* (1966) et *Intercomunicazione* pour violoncelle et piano (1967) constituent l'ultime période créatrice, avec *Requiem pour un jeune poète* (1969) et *Ich wandte mich um und sah an alles Unrecht, das geschah unter der Sonne,* « action ecclésiastique » pour 2 récitants, basse et orchestre (1970). Il mit fin à ses jours.

Zimmerwald *(conférence de)* [5-8 sept. 1915], conférence socialiste internationale qui rassembla 30 délégués de 11 pays à Zimmerwald (près de Berne). Elle adopta un manifeste, rédigé par Trotski, réclamant une paix sans annexion et affirmant le droit des peuples à disposer d'eux-mêmes.

ZINC [zɛ̃g] n. m. (all. *Zink*). **1.** Métal blanc bleuâtre, peu altérable, susceptible d'un beau poli. (Élément chimique de symbole Zn.) [→ *encycl.*] — **2.** *Fam.* Comptoir d'un débitant de boissons. — **3.** *Fam.* Petit café, petit bar. — **4.** *Fam.* Avion.

ENCYCL. Le zinc est un solide blanc, cassant à froid, malléable et ductile entre 100 °C et 150 °C. C'est un métal réducteur amphotère. Assez électropositif, il est facilement attaqué par les acides, avec production d'hydrogène pour les acides non oxydants. Il déplace de leurs solutions salines les métaux moins électropositifs (cuivre, plomb, argent). À l'air humide, il se couvre d'une couche protectrice d'hydrocarbonate. L'oxyde ZnO est une poudre blanche, employée sous le

Numéro atomique : 30
Masse atomique : 65,37
Masse volumique : 7,14 g/cm^3
Température de fusion : 419 °C
Température d'ébullition : 907 °C

nom de *blanc de zinc* (peintures, industrie du verre, etc.). Oxyde amphotère, il se combine aux acides pour donner des sels de zinc et aux alcalis pour donner des zincates.
Le chlorure $ZnCl_2$ est utilisé contre la putréfaction du bois ; le sulfure ZnS, blanc, existe dans la nature sous forme de blende ; le sulfate $ZnSO_4$ est employé pour le traitement des eaux industrielles et dans l'industrie pharmaceutique.
— **Bot.** La carence en zinc provoque une diminution de taille, une modification de la disposition des feuilles (en rosette) et de leur coloration, et fait apparaître des malformations (maïs, arbres fruitiers).
— **Géogr.** La production mondiale de minerai s'élève à 6,5 Mt (poids de métal contenu) contre 1,86 Mt en 1939. Elle est dominée par le Canada (1 Mt), devant l'Australie (0,9), le Pérou (0,7), alors que l'apport américain, autrefois prédominant, a reculé (0,6 Mt). La géographie de la production de fonderie est différente, grâce à une implantation ancienne dans des pays pas ou peu producteurs de minerai comme la France, la Belgique ou l'Allemagne en Europe occidentale, le Japon.
— **Métall.** Deux groupes de minerais sont exploités : les minerais oxydés, type *calamine* (carbo-

nate et silicate de zinc), et surtout les minerais sulfurés, type *blende* (sulfure de zinc mêlé de sulfure de plomb). L'enrichissement du minerai s'effectue généralement par flottation. Avant traitement métallurgique, on procède à un grillage pour amener les concentrés à l'état d'oxyde. Les deux procédés d'élaboration sont la voie sèche (voie thermique) et la voie humide par électrolyse (ou hydrométallurgie), aujourd'hui prépondérante.
L'extraction *par voie thermique* est fondée sur la réduction de l'oxyde de zinc par le carbone ou l'oxyde de carbone à haute température (env. 1 000 °C), le métal passant à l'état de vapeur, que l'on condense. Un raffinage par liquation au four ou/et par distillation fractionnée est ensuite nécessaire pour obtenir le métal pur. L'extraction *par voie humide* se fait par électrolyse d'une solution de sulfate de zinc obtenue par lixiviation, décantation et filtration ; elle donne un métal de grande pureté.
Le zinc est employé sous forme de revêtement pour la protection contre la corrosion atmosphérique (galvanisation, métallisation, zingage, etc.) et sous forme massive pour la protection de l'acier (anodes sacrificielles). Il entre enfin dans la composition de nombreux alliages : Zamak*, Kayem*, laitons*, maillechorts*, etc.
— **Pharm.** Le *sulfate de zinc,* associé au sulfate de cuivre, constitue le principe actif de l'eau de Dalibour. L'*oxyde de zinc* est surtout utilisé à l'extérieur, comme topique isolant, en nature ou sous forme de pommades diverses. Le zinc, associé ou non à des protamines, constitue avec l'insuline des complexes qui confèrent à cette dernière une action « retard ».

ZINCATE n. m. Sel dérivant de l'hydroxyde de zinc.

ZINCIFÈRE ou **ZINCIQUE** adj. Qui contient du zinc.

ZINCIRLI, nom actuel de Sam'al, cap. d'un royaume situé à l'est de l'Amanos. D'abord néohittite, cet État passa à une dynastie araméenne (fin du Xe s. av. J.-C.), qui dépendit ensuite de l'Assyrie, avant d'être détruit, au VIIIe s. av. J.-C., par cette dernière.

ZINCITE n. f. Oxyde naturel de zinc ZnO du système hexagonal.

ZINCOGRAPHIE n. f. Impression lithographique obtenue avec des plaques de zinc comme formes d'impressions.

ZINDER, v. du centre-est du Niger ; 58 000 hab. Zinder a été la capitale de la colonie du Niger jusqu'en 1926.

ZINGAGE ou **ZINCAGE** n. m. **1.** Action de couvrir de zinc. — **2.** Procédé de protection qui consiste à recouvrir une tôle ou toute pièce d'acier doux d'une mince couche de zinc, par immersion dans un bain de zinc fondu *(galvanisation),* par dépôt électrolytique *(zingage électrolytique),* par chauffage dans du zinc pulvérulent *(shérardisation),* ou encore par pulvérisation au pistolet (*métallisation*).

ZINGARO [dzin-] n. m. (pl. *zingari*). Nom italien des bohémiens, des tsiganes.

ZINGIBÉRACÉE n. f. (lat. *zingiber,* gingembre). Nom d'une famille de plantes monocotylédones des régions tropicales, telles que le gingembre, l'amomne et le curcuma. (Les fleurs des zingibéracées possèdent une seule étamine fertile, un rhizome épais et noueux, et renferment des huiles volatiles. Elles sont recherchées pour leur saveur amère et piquante et pour leur beauté.)

ZINGIBÉRALE n. f. (lat. *zingiber,* gingembre). Nom d'ordre de plantes monocotylédones telles que le gingembre, le bananier, le ravenala et le strelitzia. (Syn. SCITAMINALE.)

ZINGUER v. t. (conj. 3). Déposer du zinc sur une pièce.

ZINGUERIE n. f. **1.** Atelier où l'on façonne le zinc. — **2.** Ensemble d'objets de zinc.

ZINGUEUR n. m. **1.** Ouvrier qui travaille le zinc par découpage, cintrage et soudure à l'étain. — **2.** Ouvrier couvreur chargé notamment des revêtements en zinc.

ZINJANTHROPE n. m. (de *Zinj,* n. pr.). Nom donné par L. Leakey à l'australopithèque robuste qu'il découvrit en 1959 à la base des niveaux d'Oldoway (Tanzanie) et qui est daté de 1,75 million d'années.

Zinn *(tendon de)* [du n. de Johann Gottfried *Zinn* (1727-1759)], tendon d'origine, commun aux quatre muscles droits de l'œil. Il circonscrit deux orifices : l'un interne, l'autre externe, ou *anneau de Zinn.*

ZINNEMANN (Fred), cinéaste américain d'origine autrichienne (Vienne 1907). Il débuta dans le long métrage en 1942 et devint, après le succès des *Anges marqués* (1948), l'un des réalisateurs les plus cotés d'Hollywood : *C'étaient des hommes* (1950), *Teresa* (1951), *Le train sifflera trois fois* (1952), *Tant qu'il y aura des hommes* (1953), *Un homme pour l'éternité* (1966), *Julia* (1977).

ZINNIA n. m. (lat. sc. *zinnia,* de J. G. *Zinn,* n. pr.). Plante composée ornementale, originaire du Mexique et du Texas, au feuillage d'un beau vert foncé, aux fleurs d'un jaune-orange brillant à disque noirâtre.

ZINNIK, nom néerlandais de Soignies.

ZINNWALDITE n. f. (de *Zinnwald,* n. pr.). Substance minérale, monoclinique, appartenant à la famille des micas. (Cette espèce contient du lithium et du fluor ; on la trouve dans les granites stannifères.)

ZINOVIEV (Grigori Ievseïevitch RADOMYSLSKI, dit), homme politique soviétique (Ielizavetgrad 1883-?1936). Il fut à partir de 1902-03 un des principaux lieutenants de Lénine. Rentré à Petrograd en 1917 avec ce dernier, il s'opposa à sa décision de passer à l'insurrection armée dès octobre. Membre du Politburo du parti (oct. 1917-1926), président du soviet de Petrograd (déc. 1917-1926), il dirigea le comité exécutif de l'Internationale communiste de 1919 à 1926. Dès 1923, il se rapprocha de Staline, formant avec lui et Kamenev la *troïka.* Mais, il s'opposa à Staline en 1925, s'allia à Trotski en 1926 et fut exclu dès lors des postes qu'il occupait. Jugé en 1935 moralement responsable de l'assassinat de Kirov, il fut exécuté à l'issue d'un second procès. Il a été réhabilité en 1988.

ZINOVIEV (Aleksandr Aleksandrovitch), écrivain russe (près de Kostroma 1922). Dissident, il tente au travers d'une vision satirique du monde soviétique une approche du « phénomène totalitaire » (*les Hauteurs béantes,* 1976 ; *l'Avenir radieux,* 1977 ; *Homo sovieticus,* 1983 ; *Va au Golgotha,* 1986 ; *Katastroïka,* 1990).

ZINZENDORF (Nikolaus Ludwig, *comte* VON), chef religieux saxon (Dresde 1700-Herrnhut 1760), fondateur de la forme actuelle de l'Église des Frères moraves*.

1. ZINZIN n. m. (onomat.). *Fam.* **1.** Appareil bruyant. — **2.** Désigne n'importe quel objet.
◆ adj. et n. *Fam.* Qui est bizarre, un peu fou.

2. ZINZIN n. m. (abrév. phonétique plaisante). *Fam.* Nom donné à la Bourse aux investisseurs* institutionnels.

ZINZOLIN, E adj. (ital. *giuggiolino,* de l'ar. *djudjulān,* sésame). *Litt.* D'une couleur violacée tirant sur le rougeâtre.

ZIP n. m. (n. déposé). Type de fermeture à glissière étanche.

ZIPHIIDÉ n. m. Mammifère cétacé pélagique, à museau long étroit, se nourrissant de calmars. (La famille des ziphiidés comprend 16 espèces, appelées *baleine à bec.*)

ZIPPER v. t. (de *Zip*) [conj. 3]. Équiper d'une fermeture à glissière un vêtement, un sac, une trousse.

ZIRAME n. m. Fongicide de faible toxicité utilisé contre de nombreuses maladies des plantes cultivées.

ZIRCALOY n. m. (n. déposé). Nom de divers alliages de zirconium et d'autres métaux utilisés pour gainer le combustible des réacteurs nucléaires.

ZIRCON n. m. (altér. de l'esp. *girgonça,* jacinthe). Gemme naturelle transparente, constituée par du silicate de zirconium, jaune, verte, brune, rouge-orange ou incolore, ou bleu-vert.

ZIRCONE n. f. Oxyde de zirconium ZrO_2. (Solide blanc, très réfractaire, employé à la confection de creusets.)

ZIRCONIUM [-njɔm] n. m. (de *zircon*). Métal blanc-gris qui se rapproche du titane. (Élément chimique de symbole Zr.)

ENCYCL. Le zirconium, dont l'oxyde, la zircone, a été reconnu en 1789, n'a été préparé à l'état pur qu'en 1925. Sa production industrielle date des années 50 ; sa très faible section efficace d'absorption des neutrons le fait employer dans le gainage (Zircaloy) des combustibles de réacteurs nucléaires. Le zirconium se combine aux halogènes, à l'oxygène, à l'azote et à l'hydrogène. Chauffé dans l'air, il brûle avec une lumière vive. Son minerai principal est le *zircon* $ZrSiO_4$. On l'emploie dans l'industrie chimique, en électronique et en métallurgie, pour affiner les bains d'acier fondu et fabriquer des alliages.

Numéro atomique : 40
Masse atomique : 91,22
Température de fusion : 1 852 °C

ZIRCONYLE n. m. Radical divalent ZrO, qui entre dans la composition de certains sels de zirconium.

ZĪRIDES, dynastie berbère dont une branche régna dans l'est de l'Afrique du Nord (972-1167) et l'autre en Espagne (Grenade) [1025-1090]. Gouverneurs des Fāṭimides, ils rejetèrent l'obédience du Caire en 1051-52. Ils subirent alors l'invasion des Banū Hilāl.

ZIRYĀB (Abū al-Ḥasan ʿAlī ibn Nāfiʿ), musicien arabe (Iraq 789 - Córdoba v. 857). Il fut le fondateur des traditions musicales de l'Espagne musulmane et l'auteur de plusieurs réformes qui ont marqué profondément l'art de l'époque, notamment la *nūba* et la facture du ʿūd (luth).

ZIST → ZEST.

ZITA ou **ZITE** *(sainte),* servante italienne (Monsagrati, près de Lucques, 1218 - Lucques 1278). Canonisée en 1696. Patronne des gens de maison.

ZITA DE BOURBON-PARME, impératrice d'Autriche, reine de Hongrie (Villa Pianore, près de Viareggio, 1892 - abbaye de Zizers, Grisons, 1989). Elle avait épousé en 1911 le futur empereur Charles Ier.

ŽIVKOV (Todor), homme d'État bulgare (Pravec, près de Sofia, 1911). Nommé premier secrétaire du parti en 1954 (titre changé en 1981 en celui de secrétaire général), il en élimine les « staliniens » (dont Červenkov). Il préside le Conseil des ministres (1962-1971) puis devient président du Conseil d'État. En 1989, il démissionne de ses fonctions à la tête du parti et de l'État.

ZIWIYÉ ou **ZĀWIYA,** site archéologique d'Iran, au S.-E. du lac d'Ourmia, à l'emplacement de la citadelle antique de Zibié qui fut révélée grâce à la découverte d'un tombeau princier contenant un riche mobilier funéraire du Ier millénaire où se décèle l'influence de l'Assyrie, des Scythes et de l'Ourartou et qui annonce les formules artistiques des Mèdes.

ZIYAD BARRE (Muḥammad) → SIYAD BARRE.

ZIYA GÖKALP (Mehmed), philosophe et poète turc (Diyarbakır 1876 - Constantinople 1924). Il a joué un rôle intellectuel très important dans le mouvement nationaliste turc. Il est l'auteur d'ouvrages de sociologie et de poèmes (*Qızıl Elma,* 1914).

ZIYA PAŞA (Abdülhamid), poète et homme politique turc (Istanbul 1825 - Adana 1880). Il fut l'un des premiers animateurs du mouvement libéral en Turquie. Auteur de plusieurs ouvrages de compilation, il traduisit aussi l'*Émile* de Rousseau.

ZIZ *(oued),* fl. du Maroc saharien, né dans le Grand Atlas oriental ; 280 km. Il conflue avec l'oued Rheris pour former l'oued Daoura, qui se perd, vers le S., dans le désert. Aménagement hydraulique.

ZIZANIA n. m. (lat. ecclés. *zizania,* ivraie). Graminée d'Asie et d'Amérique, à longue graine comestible constituant le « riz indien ». (L'infestation de l'espèce asiatique par un champignon fait apparaître à la base de ses tiges des organes bulbeux comestibles.)

ZIZANIE n. f. (lat. ecclés. *zizania,* ivraie, du gr. *dzidzanion,* mauvaise herbe). Désunion, mésintelligence qu'on fait naître dans un groupe : *Semer la zizanie dans un couple.*

1. ZIZI n. m. (onomat.). *Fam.* Dans le langage enfantin, sexe, en partic. celui des garçons.

2. ZIZI n. m. (onomat.). Bruant sédentaire, commun en France, nichant dans les haies ou à même le sol.

ŽIŽKA (Jan), chef hussite (Trocnov, près de České Budějovice, v. 1360 ou 1370 - près de Přibyslav 1424). Chef des insurgés tchèques et hetman des taborites depuis 1420, il devint aveugle en 1421 et poursuivit la lutte, pourchassant hors de Bohême les troupes impériales.

ZIZYPHE n. m. Syn. de JUJUBIER.

ZLATNI PJASĂCI → SABLES-D'OR (les).

ZLATOOUST, v. de Russie, dans l'Oural, à l'O. de Tcheliabinsk ; 198 000 hab. Métallurgie.

ZLÍN, de 1948 à 1990 **Gottwaldov,** v. de la République tchèque (région de la Moravie-Méridionale) ; 84 000 hab. Centre industriel (chaussures [Bat'a], machines-outils, mécanique, pneumatiques) et culturel (studios de cinéma, musées, théâtre).

ZŁOTY n. m. Unité monétaire de la Pologne (symb. ZŁ).

Zn, symbole chimique du *zinc.*

ZNANIECKI (Florian Witold), philosophe et sociologue polonais émigré aux États-Unis (Świątniki Górne 1882 - Champaign, Illinois, 1958). *The Polish Peasant in Europe and America* (1918-1921), écrit avec W. I. Thomas, lui a conféré une notoriété internationale en sociologie.

ZNOJMO, v. de la République tchèque (Moravie-Méridionale), près de la frontière autrichienne ; 39 200 hab. Anc. place forte, conservant de nombreux monuments de l'époque romane au baroque.

ZOANTHAIRE ou **ZOANTHIDE** n. m. Nom d'ordre de cnidaires marins coloniaux sans squelette, dont la base encroûtante recouvre souvent les coquilles de gastropodes abritant des pagures.

ZOCHTCHENKO (Mikhail Mikhaïlovitch), écrivain soviétique (Saint-Pétersbourg 1895 - *id.* [Leningrad] 1958). Ses courts récits forment une chronique satirique de la vie soviétique (*Récits de Nazar Ilitch,* 1922).

ZODIAC n. m. (nom déposé). Canot en caoutchouc, pouvant être équipé d'un moteur hors-bord.

ZODIACAL, E, AUX adj. **1.** Relatif au zodiaque. — **2.** *Constellations zodiacales,* constellations que traverse l'écliptique. ‖ *Lumière zodiacale,* faible lueur du ciel nocturne, approximativement centrée sur l'écliptique, et due à la diffusion de la lumière solaire sur un nuage de poussières interplanétaires qui s'étend en forme de lentille autour du Soleil *(nuage zodiacal).*

ZODIAQUE n. m. (lat. *zodiacus,* du gr. *dzôdiakos,* de *zôon,* être vivant). **1.** Zone de la sphère céleste qui s'étend sur environ 8° de latitude de part et d'autre de l'écliptique, et dans laquelle on voit se déplacer le Soleil, la Lune et les planètes principales du système solaire sauf Pluton. — **2.** Représentation symbolique de cette zone, avec ses douze « signes ».
(Le plus célèbre zodiaque antique est celui qui a été trouvé en Égypte dans le temple de Dendérah.)

ENCYCL. Le zodiaque est partagé depuis l'Antiquité en douze signes, qui s'étendent chacun sur 30° de longitude : le Bélier, le Taureau, les Gémeaux, le Cancer, le Lion, la Vierge, la Balance, le Scorpion, le Sagittaire, le Capricorne, le Verseau et les Poissons. Ces signes portent les noms de constellations avec lesquelles ils coïncidaient il y a environ 2 000 ans. À cette époque, le passage du Soleil par le point vernal (équinoxe de printemps) coïncidait avec son entrée dans le signe qui abritait la constellation du Bélier. Mais, par suite du phénomène de la précession des équinoxes, le point vernal rétrograde sur l'écliptique à raison de 50,26″ par an, soit de 30° (ou un signe du zodiaque) en 2 150 ans. Il existe donc actuellement un décalage d'environ une unité entre les signes du zodiaque et les constellations correspondantes. D'autre part, il existe une treizième constellation, Ophiucus (ou le Serpentaire), entre le Scorpion et le Sagittaire, que le Soleil traverse dans son mouvement apparent annuel dans le ciel, mais à laquelle ne correspond aucun signe du zodiaque.

ZOÉ n. f. (lat. sc. *zoea,* du gr. *dzôê,* vie). Forme larvaire pélagique de nombreux crustacés décapodes, souvent pourvue de longues épines.

Zoé, premier réacteur nucléaire réalisé en France, qui a divergé pour la première fois le 15 déc. 1948 à Fontenay-aux-Roses et qui est maintenant déclassé.

ZOÉ PORPHYROGÉNÈTE (v. 978-1050), impératrice byzantine (1028-1050). Elle fit disparaître son époux Romain III Agyre (1034) pour épouser Michel IV le Paphlagonien qu'elle plaça sur le trône impérial. En 1041-42 le neveu et successeur de Michel IV, Michel V, tenta en vain de l'enfermer dans un couvent. Elle épousa ensuite Constantin IX Monomaque et régna avec lui.

ZOÉCIE n. f. (gr. *dzôon,* animal, et *oikia,* maison). Chacun des individus d'une colonie des bryozoaires ectoproctes.

ZOETERMEER, v. des Pays-Bas (Hollande-Méridionale), à l'E. de La Haye ; 78 000 hab.

ZOG ou **ZOGU Ier** (Burgajet 1895 - Suresnes 1961), roi d'Albanie (1928-1939). Il s'empara du pouvoir à la fin de 1924, et fit proclamer la République dont il devint le président (1925). Il s'allia avec l'Italie de Mussolini (traités de 1926 et 1927) et institua la monarchie en 1928. Il s'exila lors de l'invasion italienne (avr. 1939).

Zohar ou **Sepher ha-Zohar** *(le Livre de la splendeur),* ouvrage fondamental de la littérature kabbalistique juive dont la tradition attribue l'essentiel à Rabbi Siméon bar Yoḥaï, mais que la critique moderne attribue au kabbaliste Moïse de León († 1305). Cet ouvrage majeur de l'ésotérisme juif s'oppose au rationalisme diffus du judaïsme espagnol.

ZOÏDE n. m. Chacun des individus, spécialisé ou non, d'une colonie de cnidaires. (Ce mot est surtout employé en suffixe sous son autre forme de ZOÏTE.)

ZOÏDOGAME adj. Se dit d'une fleur dont la pollinisation est faite par des animaux. (S'il s'agit d'insectes, on dit plutôt *entomophile.*)

ZOÏLE, sophiste grec, adversaire d'Isocrate (IVe s. av. J.-C.). Il a relevé les contradictions d'Homère et son nom a longtemps été un sobriquet appliqué à un critique tatillon et mesquin.

ZOÏSITE n. f. (de von *Zois,* n. pr.). Silicate hydraté naturel d'aluminium et de calcium, orthorhombique.

ZOÏTE → ZOÏDE.

ZOJI LA, col du Cachemire (Inde), dans le Grand Himālaya ; 3 529 m. Passage le moins élevé de l'Himālaya occidental, emprunté par la route de Srinagar à Leh, il met en relation le val du Cachemire avec la haute vallée de l'Indus, le Ladakh.

ZOLA (Émile), écrivain français (Paris 1840 - *id.* 1902). Il passe son enfance à Aix-en-Provence où il se lie d'amitié avec Paul Cézanne. À 18 ans, il quitte la Provence pour Paris où il mène une vie de bohème littéraire. Un modeste emploi à la Librairie Hachette, où le sert son intuition de ce qui deviendra la publicité, lui permet de se lancer dans le journalisme. Dans les études de critique qu'il donne à *l'Événement,* au *Figaro* et au *Gaulois,* il exprime à propos de Balzac, de Flaubert ou des Goncourt son souhait de voir la littérature adopter la rigueur méthodologique des travaux scientifiques. Tout en se battant pour les impressionnistes (*Édouard Manet,* 1867), il se débarrasse progressivement de ses tendances romantiques (*Contes à Ninon,* 1864 ; *la Confession de Claude,* 1865 ; *le Vœu d'une morte,* 1866) et annonce le « naturalisme », non encore baptisé, avec *Thérèse* Raquin* (1867). La lecture des travaux de Claude Bernard et du Dr Lucas détermine son orientation. Il entreprend d'écrire *les Rougon-Macquart*, histoire naturelle et sociale d'une famille sous le second Empire.* Le premier volume, *la Fortune des Rougon* (1869-1871), est suivi de dix-neuf autres dont *la Faute* de l'abbé Mouret* (1875), *l'Assommoir** (1877), *Nana** (1880), *Au bonheur des dames* (1883), *Germinal** (1885), *la Terre** (1887), *le Docteur Pascal* (1893) qui clôt le cycle. Soumis aux lois de l'hérédité, les personnages appartiennent à tous les milieux. Ainsi, de la petite ville de Plassans partent à l'assaut de l'Empire prêtres, soldats, financiers, filles publi-

ques, ouvriers, paysans, ministres ou artistes. Nourri par une minutieuse enquête préalable, chaque roman constitue l'étude d'un cas. (Les textes de ces enquêtes sont réunis et publiés en 1987 [*Carnets d'enquêtes*].)
Séduit par les théories de Fourier et de Guesde, plaçant sa foi dans la science, Zola évolue ensuite vers une vision messianique de l'avenir humain (*les Quatre Évangiles,* 1899-1903). Il participe activement à l'affaire Dreyfus, défendant celui-ci (*J'accuse,* pamphlet publié dans *l'Aurore* le 13 janv. 1898), et s'exile en Angleterre à la suite du procès retentissant qu'il suscite, puis rentre en France en juin 1899.
S'il fut d'abord romancier, Zola a joué aussi un rôle dans l'histoire du théâtre, influençant Antoine, le fondateur du « Théâtre-Libre », adaptant pour la scène certains de ses romans ou composant des livrets d'opéras. Son œuvre critique (*le Roman expérimental,* 1880 ; *le Naturalisme au théâtre,* 1881) complète la perspective qu'il prenait sur une époque écartelée entre les traditions, le pessimisme de Schopenhauer et les « grandes espérances » d'une Science aux appétits illimités.

Zolder, circuit automobile de Belgique (développement de 4,262 km), dans le Limbourg, au N. de Hasselt, près de l'anc. comm. de Zolder.

Zollinger-Ellison *(syndrome de),* affection caractérisée par une hypersécrétion gastrique, des ulcères duodénaux d'évolution grave, et une diarrhée, en rapport avec une tumeur pancréatique des îlots de Langerhans.

Zollverein *(Deutscher)* [*Union douanière allemande*], association douanière des États allemands, entrée en vigueur le 1er janv. 1834, sous l'impulsion de la Prusse. Elle comprenait à l'origine, outre la Prusse, la Bavière, le Wurtemberg, la Saxe et les États de Thuringe ; dès 1842, elle groupait 25 États. Pratiquant le libre-échange en son sein, mais protectionniste à l'extérieur, le Zollverein accéléra l'unification économique de l'Allemagne au profit de la Prusse. Il dessina le cadre territorial à l'intérieur duquel se constitua le IIe Reich en 1871.

ZOMBA, v. du Malawi, anc. cap. dans le sud du pays ; 20 000 hab. Université.

ZOMBI ou **ZOMBIE** [zɔ̃bi] n. m. (créole *zonbi*). **1.** Dans le folklore vaudou, revenant au service d'un sorcier. — **2.** *Fam.* Personne qui a un air absent, qui est dépourvue de toute volonté.

ZONA n. m. (bas lat. méd. *zona*). Maladie infectieuse correspondant à la récidive focale de l'infection par un virus du groupe des herpès virus *(Herpesvirus zosteri),* assimilé au virus de la varicelle *(Herpesvirus varicellæ).* [Syn. HERPÈS ZOSTER.]

ENCYCL. Le zona survient toujours chez un sujet ayant eu une varicelle (apparente ou non) qui réalise la primo-infection de la maladie. Le virus responsable resterait quiescent dans le ganglion d'une racine rachidienne postérieure.
Le zona se caractérise par une éruption de vésicules précédée, pendant quelques jours, d'une sensation de brûlure. Cette éruption a une disposition strictement unilatérale et s'accompagne de douleurs intenses. Les vésicules s'affaissent puis se recouvrent d'une croûte noirâtre avant de laisser la place, au bout d'une quinzaine de jours, à une cicatrice dépigmentée caractéristique.
Cette éruption a pour sièges : la région intercostale, le territoire cutané du nerf ophtalmique avec risque de complications oculaires, la zone du ganglion géniculé avec éruption localisée à la conque de l'oreille.

ZONABRIS [-bris] n. m. Syn. de MYLABRE.

ZONAGE n. m. **1.** Division d'une ville en zones réservées à telles ou telles fonctions, selon des principes jugés rationnels. — **2.** Division d'une mémoire informatique, d'une liste, etc., en zones contenant un ensemble homogène d'informations, selon divers critères.

ZONAL, E, AUX adj. Se dit des caractères d'ensemble de toute une zone.

ZONALITÉ n. f. (de *zonal*). Disposition des caractères du milieu naturel selon les zones climatiques, résultant de la variation du flux solaire selon la latitude.

ZONARAS (Jean), en gr. **Iôannês Zônaras,** écrivain byzantin († mont Athos v. 1150). Il a laissé un *Abrégé d'histoire universelle,* qui va jusqu'en 1118.

ZONARD, E n. (de *zone*). *Fam.* Jeune, en partic. des banlieues, vivant plus ou moins en marge de la société.

ZONATION n. f. Division de la Terre en zones. (On parlera de la zonation thermique du globe, de sa zonation pluviométrique, de la zonation de sa circulation atmosphérique. La combinaison de ces tendances zonales aboutit au schéma climatique zonal. Celui-ci est dominé par les températures [climats froids, tempérés, chauds].)

ZONCA (Vittorio), architecte italien (Padoue 1568 - *id.* 1602). On a publié de lui, en 1607, un *Nouveau Théâtre de machines,* qui est une source de renseignements de premier ordre sur les techniques industrielles dans la seconde moitié du XVIe s.

Zond, famille d'engins spatiaux soviétiques utilisés de 1964 à 1970 pour la mise au point de sondes interplanétaires automatiques et de vaisseaux circumlunaires pilotables.

ZONE n. f. (lat. *zona,* ceinture, du gr. *dzônê*). **1.** Étendue de terrain, espace d'une région, d'une ville, d'un pays, etc., définis par certaines caractéristiques : *Zone désertique. Zone résidentielle.* — **2.** Portion d'espace quelconque : *Ne pas entrer ici, zone interdite.* — **3.** Portion d'un espace abstrait, d'un domaine d'activité, de pensée : *Il y a dans sa vie quelques zones sombres. Zone d'influence.* — **4.** *De deuxième, de troisième zone,* de second plan, mineur, médiocre, mauvais. ‖ *La zone,* autref., espace militaire qui s'étendait au-delà des anciennes fortifications de Paris, occupé illégalement par des constructions légères et misérables ; auj., espace à la limite d'une ville, caractérisé par la misère de son habitat. • **Ch. de f.** *Zone de desserte,* ensemble des gares desservies à partir d'une gare de triage. — **Cybern.** *Zone morte,* syn. de INSENSIBILITÉ. — **Dr.** Zone d'aménagement concerté (Z. A. C.), zone à l'intérieur de laquelle une collectivité publique ou un établissement public réalise une opération d'aménagement et d'équipement de terrains qui sont ensuite cédés ou concédés à des utilisateurs privés ou publics. ‖ *Zone d'aménagement différé (Z. A. D.),* zone à l'intérieur de laquelle l'État ou la collectivité locale ont un droit de préemption en cas de vente de terrain. ‖ *Zone contiguë,* bande maritime s'étendant au-delà des eaux territoriales (12 milles au maximum à partir des côtes) et sur laquelle l'État riverain peut exercer le contrôle nécessaire en vue de prévenir et réprimer les contraventions à ses lois de police douanière, fiscale, sanitaire ou d'immigration. ‖ *Zone économique maritime,* syn. de MER PATRIMONIALE*. ‖ *Zone d'extension urbaine* ou *d'urbanisation,* zone délimitée, dans le plan d'aménagement d'une agglomération, comme étant destinée à recevoir de nouveaux quartiers ou groupes d'habitations. ‖ *Zone frontière,* territoire longeant la frontière d'un État et soumis à une réglementation particulière dans l'intérêt de la défense nationale. ‖ *Zone industrielle (Z. I.),* zone spécialement localisée et équipée en vue d'accueillir des établissements industriels. ‖ *Zone d'influence,* ensemble d'États ou de territoires réservés en fait ou en droit à l'influence politique exclusive d'un État. ‖ *Zone d'intervention foncière (Z. I. F.),* zone destinée à permettre la création de réserves foncières au profit de l'État ou de la collectivité locale par droit de préemption, mais à l'intérieur de zones déjà urbanisées. ‖ *Zone à urbaniser par priorité (Z. U. P.),* zone délimitée par arrêté ministériel et destinée à développer des constructions, à réaliser son urbanisation et à prévenir la spéculation par l'usage du droit de préemption. (Instituées en 1958, les Z. U. P. ont constitué l'élément essentiel de la réglementation de l'urbanisme jusqu'à la création des Z. A. C. et des Z. I. F.) — **Écon.** *Zone économique spéciale,* en Chine, zone dans laquelle se déroulent des expériences d'économie de type capitaliste. ‖ *Zone de libre-échange,* ensemble de territoires douaniers entre lesquels les droits de douane et les réglementations restrictives des échanges commerciaux ont été éliminés. ‖ *Zone monétaire,* ensemble de pays à l'intérieur duquel les monnaies, mutuellement convertibles, ont entre elles des parités fixes ou ajustables dans certaines limites ; zone formée par des pays dont la monnaie est rattachée à celle d'un pays centre, exerçant le rôle de monnaie dominante. — **Géogr.** Espace délimité approximativement par des parallèles (zone tropicale, par ex.). — **Géol.** Partie d'un étage comprenant l'ensemble des dépôts formés pendant le temps que caractérise une association de fossiles. — **Inform.** *Zone de mémoire,* partie de la mémoire centrale d'un ordinateur dont la capacité, exprimée en mots, caractères ou octets, est affectée à un rôle donné. — **Métall.** *Fusion de zone,* méthode de purification des métaux, qui consiste à déplacer une petite zone fondue le long d'un barreau métallique dans le but de repousser aux extrémités de celui-ci les différentes impuretés qu'il contient. — **Mil.** *Zone d'action,* étendue de terrain à l'intérieur de laquelle une unité militaire est appelée à agir. ‖ *Zone de combat terrestre,* portion d'un théâtre d'opérations où les forces terrestres et les forces aériennes tactiques sont appelées à agir. ‖ *Zone de défense,* depuis 1950, subdivision du territoire national à l'intérieur de laquelle s'exercent la coordination des efforts civils et militaires et la conduite interarmées des opérations. ‖ *Zone de déploiement,* partie de territoire où une grande formation réalise son dispositif en vue de son engagement immédiat ou ultérieur.

◆ pl. **Écol.** *Zones humides,* ensemble des biotypes aquatiques, marécageux ou lagunaires, continentaux ou littoraux.

ZONER v. t. (de *zone*) [conj. 3]. Effectuer un zonage.

◆ v. i. 1. *Pop.* Errer dans les rues, se promener sans rien faire, perdre son temps. — **2.** Mener une existence au jour le jour, plus ou moins en marge de la société, en vivant d'expédients.

◆ **être zoné** v. pass. En parlant d'un coquillage, d'une roche, etc., avoir des bandes concentriques colorées.

ZONGULDAK, port de Turquie, ch.-l. de prov., sur la mer Noire ; 108 700 hab. Centre houiller.

ZONHOVEN, comm. de Belgique (Limbourg), dans la Campine ; 16 000 hab. Métallurgie. Confection.

ZONIER, ÈRE adj. et n. *Vx.* Relatif à la zone autour de Paris ; habitant de cette zone.

ZONITE n. m. En zoologie, syn. de ANNEAU.

ZONITES [-tɛs] n. m. (gr. *dzônitis,* marqué de bandes). Grand escargot carnivore pourvu d'une coquille déprimée, de mœurs nocturnes, et dont une espèce se rencontre en Provence.

ZONNEBEKE, comm. de Belgique (Flandre-Occidentale) ; 11 100 hab. Combats en 1914, 1917 et 1918.

ZONULE n. f. (lat. *zonula,* petite ceinture). Ensemble de fibrilles disposées circulairement et tendues entre la périphérie du cristallin et le corps ciliaire.

ZONURE n. m. (lat. sc. mod. *zonurus,* du gr. *dzônê,* ceinture). Lézard d'Afrique australe et orientale, au corps et à la queue recouverts d'écailles épineuses.

ZOO [zoo ou zo] n. m. Abrév. de JARDIN ZOOLOGIQUE*.

ZOOANTHROPOLOGIE n. f. Étude des pratiques sociales mises en œuvre dans les sociétés qui recourent à certains animaux comme objets de spectacle (combats de coqs, de chiens, etc.).

ZOOCÉCIDIE n. f. Galle provoquée chez un végétal par l'action d'un animal invertébré : insecte (entomocécidie), acarien (acarocécidie), nématode (nématocécidie), etc.

ZOOCÉNOSE n. f. Biocénose animale.

ZOOCHLORELLE [-klɔrɛl] n. f. Chlorelle vivant d'ordinaire en association symbiotique avec des animaux (rhizopodes, ciliés, spongilles, hydre verte, planaires, convolute). [L'équilibre de cette symbiose repose sur la digestion d'une certaine proportion de zoochlorelles par l'hôte ; sa pérennité, sur la migration de quelques chlorelles dans les ovocytes.]

ZOOCHORE [-kɔr] adj. Se dit des végétaux dont les semences sont dispersées par les animaux. (Les fruits crochus de la bardane se prennent dans la toison des moutons, certains fruits sont mangés par les animaux qui rejettent les graines vivantes dans leurs excréments.)

ZOOFLAGELLÉ n. m. Protiste flagellé dépourvu de chlorophylle pendant tout son cycle reproductif.

ZOOGÈNE adj. (gr. *dzôogenês,* de nature animale). Se dit d'une roche sédimentaire qui tire son origine d'animaux, soit par construction (récif), soit par accumulation de tests ou de débris de tests.

ZOOGÉOGRAPHIE n. f. Étude de la répartition des animaux sur la Terre.

ZOOGLÉE n. f. (du gr. *gloios,* matière visqueuse). Voile qui se forme à la surface de certains liquides (vinaigre, eaux résiduaires), constitué de bactéries dont les cellules s'entourent de capsules visqueuses.

ZOOGRAPHIQUE adj. *Lettres zoographiques,* lettres formées de figures d'animaux, diversement agencées.

ZOOÏDE adj. (gr. *dzôoeidês*). Qui a la forme d'une figure d'animal ou d'une partie d'un animal.

ZOOLÂTRE n. et adj. Adorateur d'animaux.

ZOOLÂTRIE n. f. Adoration d'animaux divinisés.

ZOOLOGIE n. f. (lat. sc. *zoologia*). Étude scientifique des animaux.

ENCYCL. La morphologie, ou zoologie descriptive, décrit les animaux ; la systématique les classe en catégories bien définies : embranchement, classe, ordre, famille, tribu, genre et espèce ; la taxinomie les nomme suivant la règle binominale établie par Linné. L'anatomie étudie la structure des organes ; l'histologie étudie les tissus, la cytologie les cellules. L'embryologie étudie le développement des animaux, de l'œuf à l'adulte ; la paléontologie animale, ou paléozoologie, se consacre aux espèces fossiles, tandis que la phylogénie cherche à établir les filiations entre espèces. La génétique étudie la transmission des caractères d'une génération à la suivante. La zoogéographie étudie la répartition des espèces animales à la surface du globe. L'éthologie est l'étude des comportements des animaux entre eux, et l'écologie, celle de leurs rapports avec le milieu. La physiologie animale étudie le fonctionnement des organismes ou des organes. La biochimie se consacre à l'étude des molécules propres au règne animal, et la biophysique, à celle des mécanismes physiques du fonctionnement organique. On distingue aussi, selon le groupe animal étudié, l'ornithologie (oiseaux), l'entomologie (insectes), la malacologie (mollusques), etc.

• *Histoire.* C'est Aristote qui fonde la zoologie rationnelle, en réunissant les types animaux connus de son temps en deux catégories : animaux pourvus de sang et animaux exsangues (auj. vertébrés et invertébrés). À partir du XVIe s., les grands voyages maritimes sont l'occasion d'une immense récolte d'échantillons et d'observations.

Le XVIIe s. est surtout l'époque des physiologistes et des biologistes ; Malpighi (1628-1694), Van Leeuwenhoek (1632-1723) et Swammerdam (1637-1680) font, les premiers, usage du microscope.

Au XVIIIe s., Réaumur (1683-1757) observe les mœurs des insectes, et Buffon (1707-1788) est un peintre brillant de la nature. La systématique naît en Suède grâce à Linné (1707-1778), auteur d'un *Système de la nature.*

Avec la Révolution apparaît l'âge héroïque de la zoologie française, avec la fondation du Muséum d'histoire naturelle, où travaillent Lamarck (1744-1829), Lacepède (1756-1825), les Geoffroy Saint-Hilaire (Étienne [1772-1844] et Isidore [1805-1861]) et enfin Georges Cuvier (1769-1832), qui est le premier à étudier systématiquement les animaux fossiles mais demeure résolument fixiste. Le Britannique Charles Darwin* (1809-1882) donne une explication globale d'une extrême solidité à l'évolution des faunes et des flores.

Le XXe s. voit apparaître la zoologie quantitative, la biochimie, la biophysique. Mais c'est surtout au cours des trois dernières décennies que la zoologie a fortement progressé.

ZOOLOGIQUE adj. **1.** Relatif à la zoologie, aux animaux. — **2.** *Parc* ou *jardin zoologique,* lieu public où sont présentés aux visiteurs des animaux en captivité ou en semi-liberté et appartenant à des espèces exotiques ou rares. (Syn. ZOO.) [→ *encycl.*]

ENCYCL. En France, c'est la Révolution française qui créa le Muséum national d'histoire naturelle, ainsi qu'une ménagerie dans l'enceinte de l'ancien Jardin des plantes médicinales du Roi. C'était le premier jardin zoologique.

Jusqu'à la fin du XIXe s., les animaux furent présentés au public dans des cages, parfois très étroites. Vers le début du XXe s., Carl Hagenbeck, de Hambourg, eut l'idée de supprimer les barreaux des cages et de présenter les animaux en plein air, sur des plateaux bordés par des fossés. Cette méthode a été utilisée dans de nombreux établissements (zoo de Vincennes, à Paris).

La plupart des grandes villes ont des parcs zoologiques importants.

ZOOLOGISTE ou **ZOOLOGUE** n. Spécialiste de zoologie.

ZOOM [zum] n. m. (angl. *zoom,* de *to zoom,* bourdonner). **1.** Objectif photographique à focale variable. — **2.** Effet obtenu avec cet objectif en faisant varier la focale pendant la prise de vues.

ZOOMER v. i. (conj. 3). Filmer en utilisant un zoom.

ZOOMORPHE ou **ZOOMORPHIQUE** adj. (gr. *dzôomorphos*). Qui revêt la forme d'un animal.

ZOOMORPHISME n. m. Fait de présenter la forme d'un animal. (Les arts primitifs, de l'Antiquité, du Moyen Âge offrent maints exemples de zoomorphisme : chapiteaux, vases plastiques, masques, etc.)

ZOONOSE n. f. Maladie ou infection qui se transmet naturellement des animaux vertébrés à l'homme et inversement.

ZOOPARASITE n. m. Parasite ayant pour hôte un animal.

ZOOPATHIE n. f. Délire au cours duquel le sujet croit qu'un animal habite son propre corps.

ZOOPHILE adj. et n. Relatif à la zoophilie ; atteint de zoophilie.

ZOOPHILIE n. f. Syn. de BESTIALITÉ.

ZOOPHYTE n. m. (gr. *dzôophuton*). Nom sous lequel Cuvier regroupait un grand nombre d'animaux fixés, sans parenté réelle, caractérisés par leur symétrie radiaire, notamment les cnidaires, les bryozoaires et les échinodermes.

ZOOPLANCTON n. m. Ensemble des espèces animales faisant partie du plancton.

ZOOPROPHYLAXIE n. f. Procédé de prévention du paludisme consistant à parquer à proximité des habitations des animaux domestiques par lesquels les anophèles sont attirés.

ZOOPSIE n. f. Hallucination visuelle complexe dans laquelle le sujet voit des animaux.

ZOOSPORANGE n. m. Nom parfois donné à un sporange lorsqu'il libère des zoospores.

ZOOSPORE n. f. Cellule reproductrice nageuse, flagellée ou ciliée, existant chez les algues et chez les champignons vivant dans l'eau.

ZOOTECHNICIEN, ENNE n. Spécialiste de zootechnie.

ZOOTECHNIE n. f. Science qui s'occupe de l'élevage et de la reproduction des animaux domestiques.

ZOOTECHNIQUE adj. Qui concerne la zootechnie.

ZOOTHÈQUE n. f. Collection d'animaux naturalisés ou de squelettes, destinés à être présentés au public.

ZOOTROPE n. m. Sorte de phénakistiscope inventé par William George Horner en 1834, et qui fut un jouet en vogue tout au long du XIXe s.

ZOOXANTHELLE n. f. Syn. de XANTHELLE.

ZOREILLE n. m. *Fam.* Dans les départements et territoires d'outre-mer, nom donné aux habitants nés en France métropolitaine.

ZORILLE n. f. (esp. *zorilla*). Mammifère carnivore d'Afrique, proche de la belette, à la robe noire marquée de bandes longitudinales claires, et très malodorant, d'où son autre nom de « moufette africaine ».

ZORN (Anders), peintre et graveur suédois (Mora, Dalécarlie, 1860 - *id.* 1920). Grand voyageur, il eut comme points d'attache Paris (1888-1896), puis sa province natale. Le même style fluide et animé caractérise ses peintures (surtout paysages suédois, intérieurs rustiques, nus) et ses eaux-fortes, aux larges hachures (portraits, etc.).

ZOROASTRE → ZARATHUSHTRA.

ZOROASTRIEN, ENNE adj. et n. Relatif à Zarathushtra, ou à sa doctrine ; partisan des doctrines de Zarathushtra.

ZOROASTRISME n. m. Syn. de MAZDÉISME.

ZOROBABEL, prince juif, gouverneur de la province de Judée entre 520 et 518 sous la domination perse, au temps de Darios Ier. Il aida les exilés juifs à rentrer dans leur patrie et à restaurer le Temple de Jérusalem et son culte.

ZORRILLA DE SAN MARTÍN (Juan), écrivain uruguayen (Montevideo 1855 - *id.* 1931). Il est l'auteur de l'épopée nationale *Tabaré* (1886), récit des amours tragiques d'un métis avec la sœur d'un conquistador espagnol.

ZORRILLA Y MORAL (José), poète espagnol (Valladolid 1817 - Madrid 1893). Il a emprunté le sujet de ses poèmes (*Los cantos del trovador,* 1841) et de ses drames (*Don Juan Tenorio,* 1844) à l'histoire légendaire et aux traditions populaires de l'Espagne.

ZORRINO n. m. (esp. *zorrino*). Fourrure du zorille, souple, au poil soyeux, plus court que celui du sconse.

Zorro, personnage créé en 1919 par le romancier américain Johnston McCulley. Ce cavalier vêtu de noir est devenu dans la mythologie populaire l'archétype du vengeur masqué. Il fut incarné au cinéma notamment par Douglas Fairbanks et Tyrone Power.

ZOSER → DJOSER.

ZOSIME *(saint)* [† Rome 418], pape en 417-418.

ZOSIME, historien grec païen de la seconde moitié du ve s. apr. J.-C. Il écrivit une *Nea Historia* qui démontrait que la décadence de Rome était due aux empereurs chrétiens.

ZOSTÈRE n. f. (lat. *zoster,* du gr. *dzôstêr,* ceinture). Herbe marine vivace (potamogétonacée), à feuilles linéaires, à fleurs verdâtres, formant de vastes prairies sous-marines dites « herbiers ».

ZOSTÉRIEN, ENNE adj. et n. Qui a rapport au zona ; atteint de zona.

ZOTTEGEM, comm. de Belgique (Flandre-Orientale), au S.-O. d'Aalst ; 25 000 hab. Nœud ferroviaire. — À proximité, zone industrielle de *Grotenberge-Zottegem.*

ZOU ! interj. Accompagne un geste brusque, vif, invitant souvent à sortir.

ZOUAVE n. m. (berbère *Zwava,* n. d'une tribu kabyle). **1.** Soldat d'un corps d'infanterie français d'Afrique. (→ *encycl.*) — **2.** *Zouave pontifical,* soldat d'un corps d'infanterie constitué en 1860 par des volontaires, à la demande du pape Pie IX, pour la défense des États pontificaux. (Le corps des zouaves pontificaux fut dissous en 1871.) — **3.** Pop. *Faire le zouave,* crâner, faire le malin ; faire le clown, le pitre.

ENCYCL. Créé en sept. 1830, le corps des zouaves fut organisé en 1831 et a été l'embryon des troupes indigènes (tirailleurs algériens, chasseurs d'Afrique, spahis). Après la création de ces corps indigènes, les zouaves furent groupés en régiments composés exclusivement de Français. Ils furent engagés en Crimée, en Italie, lors des deux guerres mondiales, en Indochine et en Algérie, avant d'être dissous en 1962.

ZOUERATE ou **ZOUEIRAT,** localité de la Mauritanie, au N. de la Kédia d'Idjil. Extraction de fer, transporté à Cansado par voie ferrée.

ZOUG, en all. **Zug,** v. de Suisse, ch.-l. de canton, sur le *lac de Zoug ;* 21 600 hab. Noyau ancien pittoresque. Centre commercial, touristique et industriel.

ZOUG *(canton de),* canton de Suisse, en bordure des Alpes, autour du *lac de Zoug ;* 239 km^2 ; 85 546 hab. Ch.-l. *Zoug.*
La route et la voie ferrée de Zurich au Saint-Gothard traversent le canton dont les ressources sont agricoles (élevage, polyculture, vergers) et industrielles (mécanique, textile, alimentation). — **Hist.** Le canton de Zoug a suivi les destinées de la ville, acquise par les Habsbourg en 1273. Il entra dans la Confédération suisse en 1352. Il resta fidèle au catholicisme.

ZOUG *(lac de)* ou **ZUGER SEE,** lac de Suisse, au N. du lac des Quatre-Cantons, dont il est séparé par le Rigi ; 38 km^2.

ZOULOU, E adj. et n. Qui appartient aux Zoulous.

◆ **zoulou** n. m. Langue bantoue, très proche du xhosa, parlée en Afrique du Sud (province du Kwazulu-Natal) par plus de 3 millions de locuteurs.

ZOULOULAND ou **ZULULAND,** région de l'Afrique du Sud, partie de la province du Kwazulu-Natal.

ZOULOUS ou **ZULUS,** population bantoue d'Afrique du Sud, occupant la côte orientale de la province du Kwazulu-Natal, estimée à 7 millions de membres, rassemblant différents groupes ngonis. Des populations ngonis mirent progressivement au point à partir du XVIe s. une organisation sociale guerrière pour accroître les terres du groupe. Chaka (1818-1828) prit la tête d'une confédération dans la région du Natal. Des groupes imposèrent l'organisation zouloue dans une zone s'étendant sur plus de 3 000 km dans la direction du lac Victoria. La nation zouloue résista au protectorat britannique établi en 1887 et se révolta encore en 1906-1908. En 1972, la réserve tribale des Zoulous fut érigée en un bantoustan autonome appelé Kwazulu. Celui-ci a été aboli par la nouvelle Constitution de l'Afrique du Sud, entrée en vigueur en 1994.

ZOUTE (le), station balnéaire de Belgique (comm. de Knokke-Heist), sur la mer du Nord.

ZOUTLEEUW → LÉAU.

ZOZO n. m. (altér. enfantine de *oiseau*). *Fam.* Garçon niais et gauche.

ZOZOTEMENT n. m. Syn. fam. de ZÉZAIEMENT.

ZOZOTER v. i. (onomat.) [conj. 3]. Syn. fam. de ZÉZAYER.

Zr, symbole chimique du *zirconium.*

ZRENJANIN, anc. **Veliki Bečkerek,** puis **Petrovgrad,** v. de Yougoslavie (Vojvodine) ; 59 600 hab.

ZRÍNYI (Miklós ou Nicolas), chef militaire et écrivain hongrois (Csáktornya 1620 - *id.* 1664). Ban de Croatie (1647), il commanda plusieurs campagnes victorieuses contre les Turcs. Ses écrits et ses faits d'armes s'inspirent de la volonté de libérer son pays (*le Désastre de Sziget,* 1651 ; *Remède contre le poison turc,* 1660).

ZSIGMONDY (Richard), chimiste autrichien (Vienne 1865 - Göttingen 1929). Ses recherches sur les colloïdes l'amenèrent à construire, en 1903, avec l'Allemand H. Siedentopf, le premier ultramicroscope. (Prix Nobel de chimie 1925.)

ZUCCARI (Taddeo), peintre italien (Sant' Angelo in Vado, Urbino, 1529 - Rome 1566). Meilleur représentant, comme fresquiste, du maniérisme tardif, il réalisa de nombreux décors monumentaux à Rome (églises, palais du Vatican...) et dans la région (palais Farnèse de Caprarola). — Son frère FEDERICO (Sant'Angelo in Vado v. 1540 - Ancône 1609), peintre et théoricien, collabora avec lui et évolua vers l'éclectisme académique ; il travailla en Angleterre et en Espagne (Escorial).

ZUCCHI (Virginia), danseuse italienne (Parme 1847 - Monte-Carlo 1930). Elle remporta d'éclatants succès à Rome, Naples, Madrid, Milan, Turin, Berlin, Londres et Paris. Au Théâtre impérial de Saint-Pétersbourg (1885-1892), elle parut dans tous les grands ballets de Marius Petipa. Elle fut la première danseuse à porter en Russie le modèle de la technique italienne.

ZUCKMAYER (Carl), écrivain suisse d'origine allemande (Nackenheim, Hesse, 1896 -Visp, Valais, 1977). Il a traité dans son théâtre des problèmes actuels dans une tonalité réaliste et expressionniste (*la Vigne joyeuse,* 1925 ; *le Capitaine de Köpenick,* 1931 ; *le Général du diable,* 1945 ; *le Chant de la fournaise,* 1950 ; *le Dératiseur de Hameln,* 1973).

ẒUFĀR ou **DHOFAR,** région de l'Arabie méridionale, dans le sud du sultanat d'Oman, séparée du reste de l'État par le désert du Rub' al-Khālī. Elle comporte, au-dessus d'une plaine littorale aride (port de Salālah), le rebord montagneux de la péninsule, arrosé par les pluies de la mousson d'été (encens et myrrhe). La population est sunnite, à la différence du reste du pays. La région a été le théâtre d'une grave rébellion (1964-1977).

ZUG → ZOUG.

ZUGER SEE → ZOUG (lac de).

ZUGSPITZE, sommet du Wetterstein, à la frontière de l'Autriche et de l'Allemagne (Bavière) [dont il constitue le point culminant] ; 2 963 m. Observatoire météorologique.

ZUHAYR IBN ABĪ SULMĀ, poète arabe antéislamique (seconde moitié du VIe s.). On lui attribue une des sept *mu'allaqāt.*

ZUID BEVELAND → BEVELAND.

ZUIDERZEE, ancien golfe de la mer du Nord, appelé aussi lac d'IJssel *(IJsselmeer)* depuis qu'il a été barré par une digue en 1932. À l'abri de celle-ci, quatre grands polders ont été successivement créés : le Polder du Nord-Est, le Flevoland oriental, le Flevoland méridional et le Markerwaard.
Les premiers polders étaient surtout destinés à un usage agricole ; les plus récents ont aussi pour fonction d'accueillir le trop-plein d'activités et de population de l'ouest des Pays-Bas (les polders comptent aujourd'hui plus de 120 000 hab.).

ZUIHITSU n. m. (mot jap. signif. *au fil du pinceau*). Genre littéraire japonais qui se caractérise par une totale liberté de forme et qui permet à l'auteur d'exprimer, au gré de son humeur et des impressions, opinions ou expériences qu'il relate, sa subjectivité. (Inauguré au Xe s. par Sei Shōnagon, le genre continue d'être cultivé dans la littérature japonaise moderne.)

ZUKOR (Adolph), producteur de cinéma américain (Ricse, Hongrie, 1873 - Los Angeles 1976). Il fonda en 1912 la Famous Players, puis avec Jesse Lasky, en 1916, la Famous Players Lasky Corporation, qui deviendra, en 1917, la Paramount.

ŻUŁAWY, région du delta de la Vistule, en Pologne. Zone basse, partiellement sous le niveau marin (– 1,8 m), elle est intensivement mise en valeur (blé, betterave à sucre, élevage).

ZULIA, État du Venezuela, sur le lac de Maracaibo ; 63 100 km^2 ; 1 504 000 hab. Cap. *Maracaibo.* Gisements de pétrole.

ZULOAGA (Ignacio), peintre espagnol (Éibar, Guipúzcoa, 1870 - Madrid 1945). Cherchant à renouer avec la tradition du Siècle d'or, il s'affirma (ses portraits mondains mis à part) comme le peintre d'une Espagne profonde, privilégiant scènes et types populaires traduits dans un expressionnisme parfois grinçant.

ZÜLPICH, v. d'Allemagne (Rhénanie-du-Nord-Westphalie), à l'O. de Bonn ; 17 000 hab. Site de l'anc. Tolbiac. Église romane.

ZULULAND → ZOULOULAND.

ZUMÁRRAGA (Juan DE), ecclésiastique espagnol (Durango, Espagne, v. 1475 -Mexico 1548). Franciscain, il fut le premier évêque de Mexico. Il organisa l'Église mexicaine et protégea les Indiens contre les abus des conquistadores.

ZUMTHOR (Paul), critique suisse et canadien (Genève 1915 - Montréal 1995), spécialiste de la littérature du Moyen Âge (*le Masque et la Lumière, la poétique des grands rhétoriqueurs,* 1978 ; *Présence de la voix,* 1983).

ZUÑIS, Indiens Pueblos des États-Unis, principalement établis au nord-ouest du Nouveau-Mexique.

ZUNYI ou **TSOUEN-YI,** v. de Chine (Guizhou) ; 200 000 hab. Constructions mécaniques et électriques.

Z. U. P. n. f. Abrév. de ZONE* À URBANISER PAR PRIORITÉ.

ŽUPA ou **JOUPA** n. m. inv. (mot slave). Territoire administré par un župan. (La division territoriale en župa se perpétua en Croatie et en Slovaquie jusqu'en 1918.)

ŽUPAN ou **JOUPAN** n. m. inv. (mot slave). Dans les pays slaves, au Moyen Âge, titre correspondant à celui de comte en Occident.

ZUPPA INGLESE n. f. (ital. *zuppa inglese,* soupe anglaise). Génoise fourrée de crème pâtissière et de fruits confits macérés dans de l'alcool. (Spécialité italienne.)

ZURBARÁN (Francisco DE), peintre espagnol (Fuente de Cantos, Badajoz, 1598 - Madrid 1664). Après des débuts mal connus, il donne à partir de 1626 de nombreuses peintures pour les couvents sévillans, collabore avec Velázquez à la décoration du Buen Retiro à Madrid (1634), puis exécute les majestueux ensembles destinés à la chartreuse de Jerez (musée de Cadix, etc.) et au monastère de Guadalupe (1639-1647). Lorsque les commandes se font plus rares (et que monte l'étoile de Murillo), il peint des saintes martyres et des apôtres pour l'Amérique, puis des Vierges à l'Enfant et des Immaculées ; plus remarquables sont ses natures mortes, sobres et rigoureuses. Redécouvert au XIXe et au XXe s., son art, qui mêle les influences du naturalisme caravagesque, des Flamands, des Vénitiens et aussi de la sculpture polychrome espagnole, se caractérise par un dessin énergique, des couleurs disposées en zones nettement tranchées et un statisme monumental qui prêtent aux éléments les plus simples et quotidiens une étrange intensité spirituelle.

ZURICH, en all. **Zürich,** v. de Suisse, la plus peuplée de la Confédération, située à la sortie de la Limmat du *lac de Zurich,* ch.-l. du *canton de Zurich ;* 357 000 hab. (840 000 dans l'agglomération) [*Zurichois*].

— **Géogr.** La ville doit à une situation de carrefour sa fonction très ancienne de centre du commerce transalpin. Elle est devenue la métropole économique du pays. Les constructions mécaniques se sont ajoutées au textile traditionnel, mais le secteur tertiaire est devenu prédominant (banques, assurances, commerce de gros, université, activités culturelles).

— **Hist.** Castellum romain *(Turicum),* bourgade alémanique au VIe s., Zurich fut proclamée ville libre et impériale (1218). La révolte de 1336 ouvrit le gouvernement aux artisans des corporations. La ville adhéra à la Confédération helvétique en 1351, mais son alliance aux autres cantons ne fut définitivement consolidée qu'en 1450. Au faîte de sa puissance dans la seconde moitié du XVe s. et au XVIe s., la ville jouait un rôle prépondérant. Zwingli la fit adhérer à la Réforme en 1523, imposa l'austérité et enrichit la communauté bourgeoise en sécularisant les monastères. Le développement de l'industrie et des banques au XIXe s. ainsi que le rayonnement de la vie culturelle (université [1833], école polytechnique [1855]) placèrent à nouveau Zurich au premier plan des villes de la Confédération.

— **Bx-arts.** *Grossmünster,* cathédrale romane des XIIe-XIIIe s., *Fraumünster,* église des XIIe-XVe s. (cloître roman ; vitraux de Chagall), et autres monuments.

Principaux musées : musée des Beaux-Arts (*Kunsthaus :* peintures du XIIIe au XXe s., sculptures de l'Antiquité à nos jours) ; Musée national suisse (œuvres et objets d'art helvétiques) ; musée national de la Céramique, dans la maison *zur Meise* (XVIIIe s.) ; collection Bührle, riche en peintures impressionnistes et de l'école de Paris ; musée Rietberg dans la villa Wesendonk (arts extra-européens).

ZURICH *(canton de),* canton de Suisse, dans le N.-E. du Mittelland ; 1 729 km^2 ; 1 179 044 hab. Ch.-l. *Zurich.* Dans un paysage de collines entrecoupées de lacs, le secteur agricole (élevage et vergers) est de loin dépassé par les industries qui ont gagné la campagne à partir de Zurich et de Winterthur : textile (coton, laine, soie), mécanique, agroalimentaire, chimie.

— **Hist.** Dès les XIVe-XVe s., la ville de Zurich avait acquis la presque totalité du territoire de l'actuel canton. Devenu un département de la République helvétique (1798), le canton fut restauré en 1803. La constitution de 1830 établit l'égalité de tous les habitants du canton.

Zurich *(batailles de),* batailles remportées par Masséna sur les Autrichiens (4 juin 1799 et 25-27 sept. 1799).

Zurich *(paix de)* [10 nov. 1859], ensemble d'accords signés à la suite de la victoire des Franco-Sardes sur les Autrichiens. Ils transféraient la Lombardie de l'Autriche à la France et de la France au Piémont, et envisageaient la création d'une Confédération italienne. (→ *guerre d'*ITALIE, 1859.)

ZURICH *(lac de),* lac de Suisse, dans la région du Mittelland, à 409 m d'alt. ; 90 km². Il est divisé en deux à Rapperswil, par une digue en partie naturelle, utilisée par une voie ferrée et par la route Il reçoit la Linth et s'écoule, à Zurich même, par la Limmat.

ZURLA n. m. Hautbois populaire yougoslave.

ZURLINDEN (Émile Thomas), général français (Colmar 1837 - Paris 1929). Il participa à la guerre franco-allemande de 1870, puis fut ministre de la Guerre de janvier à oct. 1895, puis du 5 sept. 1898 au 17 septembre, date à laquelle il démissionna de ses fonctions pour ne pas intervenir dans la révision du procès Dreyfus.

ZÜRS, station estivale et de sports d'hiver (alt. 1 724-2 450 m) d'Autriche, dans le Vorarlberg, à l'E. de Bludenz.

ZUSE (Konrad), ingénieur allemand (Berlin 1910 - Hünfeld, Hesse, 1995). Il réalisa, à partir de 1938, différents modèles de calculateurs électromécaniques programmables. L'un d'eux, le Z3 (1941), qui utilisait les nombres binaires et le procédé de calcul en virgule flottante, peut être considéré comme le premier ordinateur.

ZUT ! interj. *Fam.* Exprime le dépit, la lassitude, l'indifférence, le mépris, le refus.

ZUTPHEN, v. des Pays-Bas (Gueldre), sur l'IJssel ; 30 700 hab. Anciennes portes de ville. Église Ste-Walburge, du XVᵉ s. Centre touristique.

ZUYDCOOTE (59123), comm. du Nord, sur la mer du Nord ; 1 620 hab. Station balnéaire.

ZVOLEN, v. de Slovaquie (Slovaquie-Centrale) ; 36 700 hab. Château fort du XIVᵉ s., transformé à la Renaissance.

ZWANZE [zwɑ̃z] n. f. ou n. m. (mot bruxellois). Forme d'humour caractéristique de la Belgique francophone, en partic. de Bruxelles ; histoire, plaisanterie relevant de cette forme d'humour.

ZWEIBRÜCKEN → DEUX-PONTS.

ZWEIG (Stefan), écrivain autrichien (Vienne 1881 - Petrópolis, Brésil, 1942). Sensible à toutes les manifestations de la culture européenne, adaptateur de *Volpone* avec J. Romains, auteur dramatique (*la Maison au bord de la mer,* 1912 ; *la Brebis du pauvre,* 1930), il s'attacha dans ses romans et ses nouvelles à explorer les profondeurs de la conscience (*Amok,* 1922 ; *la Confusion des sentiments,* 1926 ; *la Pitié dangereuse,* 1938). Désespéré de voir l'Europe asservie à Hitler, il se suicida.

ZWEIG (Arnold), écrivain allemand (Glogau 1887 - Berlin-Est 1968). Il devint célèbre avec son roman *le Débat au sujet du sergent Grischa* (1927), violente critique du militarisme. Émigré en Palestine en 1933, il revint en 1948 en Allemagne de l'Est.

ZWETTL, v. d'Autriche (Basse-Autriche), sur la Kamp, affl. du Danube ; 12 000 hab. Monuments médiévaux. — Aux environs, abbaye cistercienne fondée en 1138 (église gothique avec façade baroque d'env. 1725 ; cloître romano-gothique ; etc.).

ZWEVEGEM, comm. de Belgique (Flandre-Occidentale), à l'E. de Courtrai ; 22 800 hab.

ZWICKAU, v. d'Allemagne (Saxe) , sur la Mulde ; 123 000 hab. Cathédrale gothique du XVᵉ s., et autres monuments. Centre industriel (mécanique, textile, chimie).

ZWICKY (Fritz), astrophysicien suisse d'origine bulgare (Varna 1898 - Pasadena 1974). Après avoir établi, en 1934, avec W. Baade, la distinction entre novae et supernovae, il entreprit une recherche et une étude systématiques des supernovae. Il fut aussi le premier à envisager, en 1935, l'existence d'étoiles à neutrons. Il étudia ensuite les galaxies et leur distribution dans l'Univers. On lui doit notamment un catalogue photographique de galaxies.

ZWIN ou **ZWYN,** golfe étroit et profond qui s'est formé, au Vᵉ s. apr. J.-C., sur le littoral des Flandres. Au fond fut édifié au IXᵉ s. un débarcadère qui est à l'origine de la ville de Bruges.

ZWINGLI (Ulrich ou Huldrych), réformateur suisse (Wildhaus, cant. de Saint-Gall, 1484 - Kappel 1531). Curé de Glaris (1506-1516) puis d'Einsiedeln (1516-1518), il est gagné aux idées d'Érasme et découvre le luthéranisme lorsqu'il est nommé à la collégiale de Zurich (1519). Rejeté de la communion catholique, il expose, en 1523, dans le *Commentaire des 67 thèses,* une doctrine proche de celle de Luther et qui, rapidement, gagne une grande partie des cantons suisses. Progressivement, avec l'appui du conseil de la ville de Zurich, il transforme le culte et la constitution de l'Église locale, ne gardant que ce qui est justifié par l'Écriture sainte. Parallèlement, il s'efforce de fonder un véritable État chrétien. Il meurt à la bataille de Kappel.

ZWINGLIANISME [zvɛ̃-] n. m. Doctrine de Zwingli et de ses disciples.

ZWINGLIEN, ENNE [zvɛ̃-] adj. et n. Relatif à Zwingli, au zwinglianisme ; partisan de Zwingli.

ZWITTERION n. m. Ion dipolaire.

ZWOLLE, v. des Pays-Bas, ch.-l. de la prov. d'Overijssel, sur l'IJssel ; 87 000 hab. Restes d'enceinte bastionnée. Grande Église et hôtel de ville du XVe s. Musée provincial. Centre administratif, commercial et industriel.

ZWORYKIN (Vladimir Kosma), ingénieur américain d'origine russe (Mourom 1889 - Princeton 1982). Auteur de travaux d'optique électronique, il reste surtout connu pour son invention, en 1934, de l'iconoscope, le premier d'une longue lignée de tubes électroniques analyseurs d'image qui ont fait faire à la télévision des progrès considérables.

ZWYN → ZWIN.

ZYDECO n. m. ou f. (altér. du fr. *les haricots*). Musique populaire interprétée par les Noirs et les créoles de Louisiane, née de la fusion du blues, du rythm and blues et du folklore cajun d'origine française.

ZYEUTER ou **ZIEUTER** v. t. (de *yeux,* précédé de l'article *les*) [conj. 3]. *Pop.* Regarder, en partic. avec attention, insistance.

ZYGÈNE n. f. (bas lat. *zygaena,* du gr. *dzugaina,* requin). Papillon aux fortes antennes, protégé de ses prédateurs par l'acide cyanhydrique dont son corps est imprégné. (L'espèce commune en France, aux ailes rouge et noir, vit sur la spirée et le lotier.)

ZYGNÉMA n. m. Algue filamenteuse, type de l'ordre des zygnémales.

ZYGNÉMALE n. f. Nom d'ordre d'algues conjuguées filamenteuses des eaux douces, qui ne forment pas de spores, mais dont les filaments unisériés de sexe opposé s'unissent par des ponts cellulaires, à la faveur desquels chaque cellule mâle vide son contenu dans la cellule femelle qui lui fait face, de façon à former un œuf. (Les diverses espèces se reconnaissent à la forme de leurs chloroplastes.)

ZYGOCACTUS [-tys] n. m. Syn. de ÉPIPHYLLUM.

ZYGODACTYLE adj. Se dit des oiseaux, souvent grimpeurs, qui ont deux orteils dirigés vers l'avant et deux vers l'arrière.

ZYGOMA n. m. (lat. sc. médiév. *zygoma,* du gr. *dzugoûn,* joindre). Apophyse zygomatique.

ZYGOMATIQUE adj. (de *zygoma*).**1.** Se dit d'une apophyse que présente l'écaille du temporal et qui s'articule avec le bord postérieur de l'os malaire. – **2.** *Muscle zygomatique* ou *zygomatique* (n. m.), chacun des trois muscles peauciers de la pommette : *muscle grand zygomatique, muscle petit zygomatique* et *muscle petit zygomatique accessoire* (faisceau inconstant du muscle orbiculaire des paupières).

ZYGOMORPHE adj. Se dit des fleurs qui ont un seul plan de symétrie, généralement vertical, comme les pois, les violettes, les linaires, les orchidacées, etc., ce qui est l'indice d'une évolution très poussée. (Syn. IRRÉGULIER.)

ZYGOMORPHIE n. f. Caractère des fleurs zygomorphes.

ZYGOMYCÈTE n. m. Champignon siphomycète tel que les mucorales et les entomophtorales, caractérisé par un mycélium non cloisonné et une reproduction sexuelle par isogamie, conduisant à la formation de zygospores.

ZYGOPETALUM [-lɔm] ou **ZYGOPÉTALE** n. m. Très belle orchidacée épiphyte de la tribu des vandées, originaire des régions chaudes de l'Amérique, cultivée en serre.

ZYGOPHYCÉE n. f. Syn. de CONJUGUÉE.

ZYGOPHYLLACÉE n. f. Nom de famille d'herbes, d'arbrisseaux ou d'arbres à feuilles opposées, stipulées, généralement composées pennées, tels que le tribulus.

ZYGOPTÈRE n. m. Insecte odonate, tel que les lestes et les agrions, au vol lent et indécis, aux ailes relevées et appliquées l'une contre l'autre quand l'animal est au repos. (Les larves ont l'abdomen terminé par des appendices foliacés fonctionnant à la fois comme palettes natatoires et comme branchies.) [S'oppose à *anisoptère.*]

ZYGOSPORE n. f. Cellule particulière des champignons de la classe des zygomycètes, joignant des caractères de spore et de zygote.

ZYGOTE n. m. (gr. *dzugôtos,* attelé). Nom scientifique donné à l'œuf fécondé, c'est-à-dire à la cellule vivante, encore non divisée, mais déjà diploïde (2 *n* chromosomes), résultant d'une fécondation, tant chez les plantes que chez l'homme et les animaux.

ENCYCL. Le zygote est une cellule « active », lieu d'une intense activité chimique qui le conduit à sa première division en deux blastomères au bout de quelques minutes déjà. Il devient alors un embryon au stade 2, sauf si les deux blastomères se séparent et donnent chacun un individu (cas des « vrais jumeaux »).

ZYGOTÈNE adj. (de *zygote*). *Stade zygotène,* le deuxième stade de la prophase de la première division de la méiose marqué par l'appariement côte à côte des chromosomes homologues sur toute leur longueur. (Syn. SYNAPSIS.)

ZYKLON n. m. Nom allemand de l'acide prussique, ou acide cyanhydrique, employé dans les chambres à gaz des camps d'extermination nazis, de 1943 à 1945.

ZYMASE n. f. Syn. anc. de ENZYME.

ZYMOGÈNE adj. (du gr. *dzumê,* levain). *Pouvoir zymogène,* propriétés des cellules de fabriquer leurs propres enzymes ; propriété des glandes spécialisées de produire les enzymes nécessaires à l'organisme.

ZYMOTIQUE adj. *Vx.* Qui concerne la fermentation.

ZYRIANES → KOMIS.

ZYTHUM [-tɔm] ou **ZYTHON** [-tɔ̃] n. m. (lat. *zythum,* du gr. *dzuthos*). Nom donné par les savants du XIXe s. à la bière fabriquée dans l'Égypte pharaonique.

ATLAS

A

Afghanistan
Afrique du Sud
Albanie
Algérie
Allemagne
Andorre → Espagne
Angola
Antigua-et-Barbuda → Antilles
Antilles
(Antigua-et-Barbuda, Barbade, Dominique, Grenade, Sainte-Lucie, Saint-Kitts-et-Nevis, Saint-Vincent et les Grenadines : dépendances)
Arabie Saoudite
Argentine
Arménie
Australie
Autriche
Azerbaïdjan

B

Bahamas
Bahreïn
Bangladesh
Barbade → Antilles
Belgique
Belize
Bénin
Bhoutan
Biélorussie
Birmanie
Bolivie
Bosnie-Herzégovine
Botswana
Brésil
Brunei → Malaysia
Bulgarie
Burkina
Burundi

C

Cambodge
Cameroun
Canada
Cap-Vert
Centrafricaine (Rép.)
Chili
Chypre
Chine
Colombie
Comores → Madagascar
Congo
Corée du Nord
Corée du Sud
Costa Rica
Côte d'Ivoire
Croatie
Cuba

D

Danemark
Djibouti → Éthiopie
Dominicaine (Rép.)
Dominique → Antilles

E

Égypte
Émirats Arabes Unis
Équateur
Érythrée
Espagne
Estonie
États-Unis
Éthiopie

F

Fidji
Finlande
France

G

Gabon
Gambie
Géorgie
Ghana
Grande-Bretagne
Grèce
Grenade → Antilles
Guatemala
Guinée
Guinée-Bissau
Guinée équatoriale
Guyana

H

Haïti
Honduras
Hongrie

I

Inde
Indonésie
Iran
Iraq
Irlande
Islande
Israël
Italie

J

Jamaïque
Japon
Jordanie

K

Kazakhstan
Kenya
Kirghizistan
Kiribati → Océanie
Koweït

L

Laos
Lesotho
Lettonie
Liban
Liberia
Libye
Liechtenstein
Lituanie
Luxembourg

M

Macédoine
Madagascar
Malaysia
Malawi
Maldives
Mali
Malte
Maroc
Marshall → Océanie
Maurice
Mauritanie
Mexique
Micronésie (États fédérés de) → Océanie
Moldavie
Monaco
Mongolie
Mozambique

N

Namibie
Nauru → Océanie
Népal
Nicaragua
Niger
Nigeria
Norvège
Nouvelle-Zélande

O

Océanie (Kiribati, Marshall, Micronésie, Nauru, Palau, Tonga, Tuvalu ; dépendances)
Oman
Ouganda
Ouzbékistan

P

Pakistan
Palau → Océanie
Panamá
Papouasie-Nouvelle-Guinée
Paraguay
Pays-Bas
Pérou
Philippines
Pologne
Portugal

Q

Qatar

R

Roumanie
Russie
Ruanda

S

Saint-Marin
Sainte-Lucie → Antilles
Saint-Kitts-et-Nevis → Antilles
Saint-Vincent et les Grenadines → Antilles
Salomon
Salvador
Samoa occidentales
São Tomé et Príncipe
Sénégal
Seychelles
Sierra Leone
Singapour
Slovaquie
Slovénie
Somalie
Soudan
Sri Lanka
Suède
Suisse
Surinam
Swaziland
Syrie

T

Tadjikistan
Taiwan
Tanzanie
Tchad
Tchèque (Rép.)
Thaïlande
Togo
Tonga → Océanie
Trinité-et-Tobago
Tunisie
Turkménistan
Turquie
Tuvalu → Océanie

U

Ukraine
Uruguay

V

Vanuatu
Vatican
Venezuela
Viêt Nam

Y

Yémen
Yougoslavie

Z

Zaïre
Zambie
Zinbabwe

AFGHANISTAN

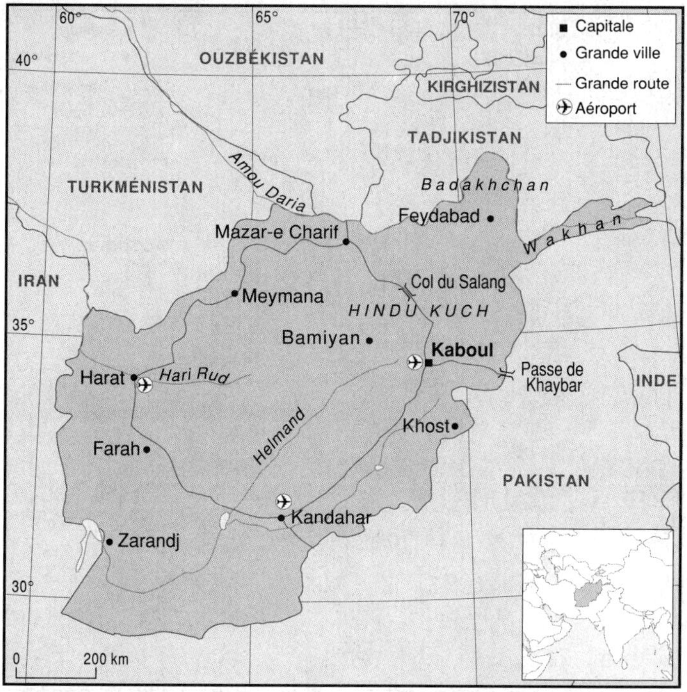

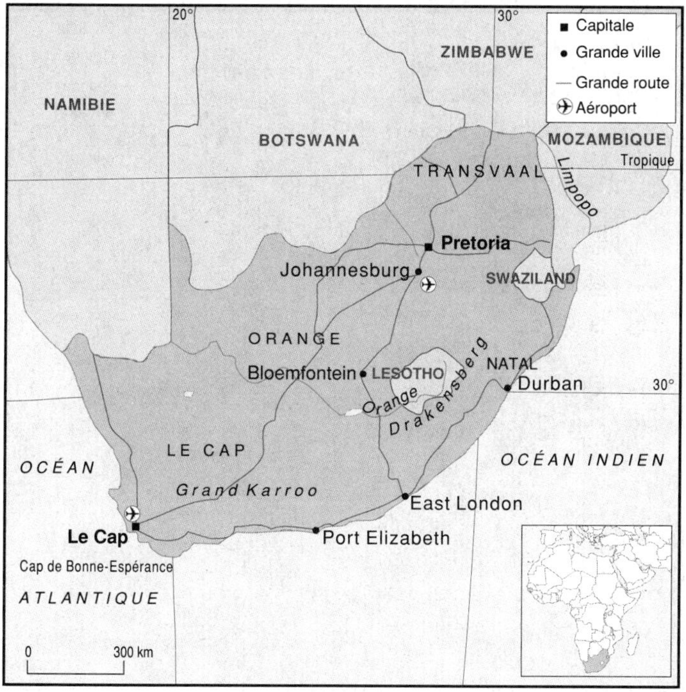

AFRIQUE DU SUD

ALBANIE

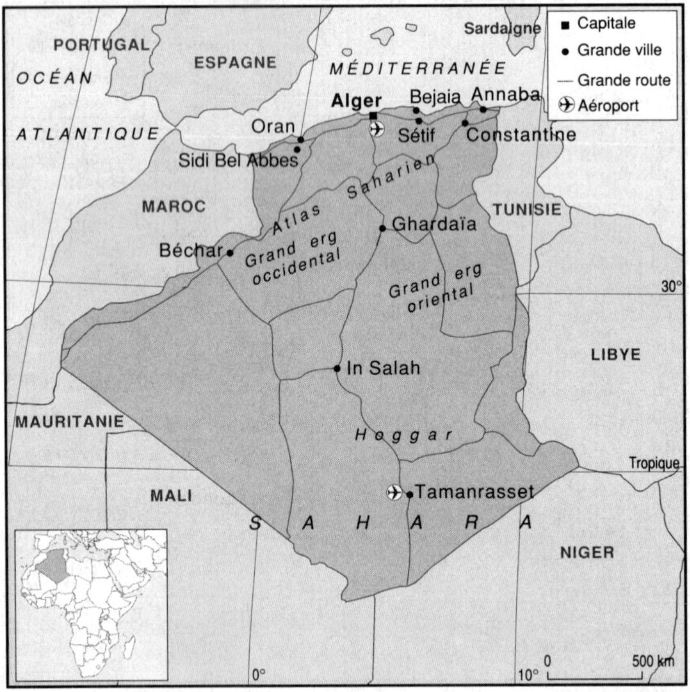

ALGÉRIE

ALLEMAGNE

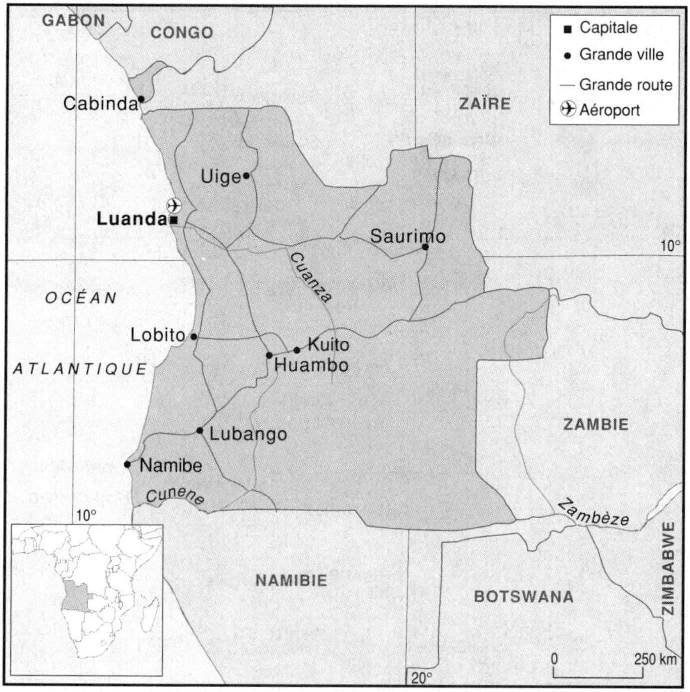

ANGOLA

ANTILLES

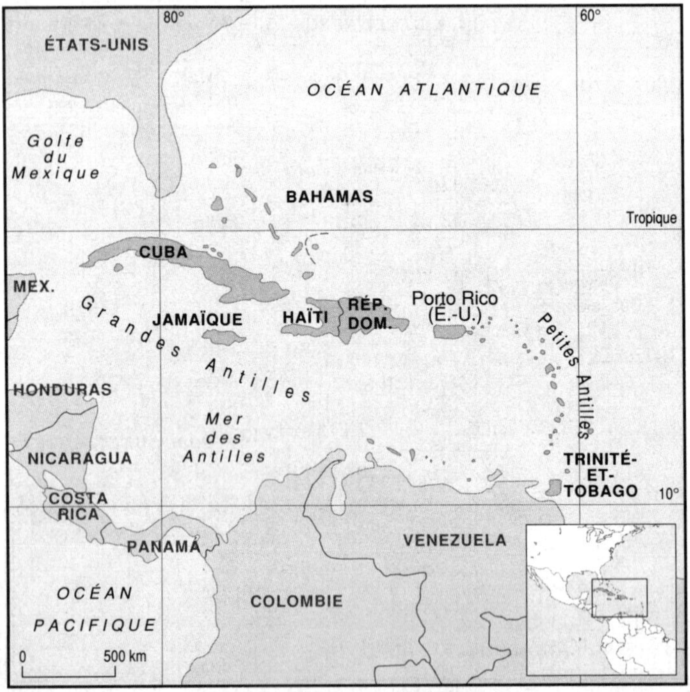

80°
60°
ÉTATS-UNIS
OCÉAN ATLANTIQUE
Golfe du Mexique
BAHAMAS
Tropique
CUBA
MEX.
Grandes Antilles
JAMAÏQUE
HAÏTI
RÉP. DOM.
Porto Rico (É.-U.)
Petites Antilles
HONDURAS
Mer des Antilles
NICARAGUA
TRINITÉ-ET-TOBAGO
10°
COSTA RICA
PANAMÁ
VENEZUELA
OCÉAN PACIFIQUE
COLOMBIE
0
500 km

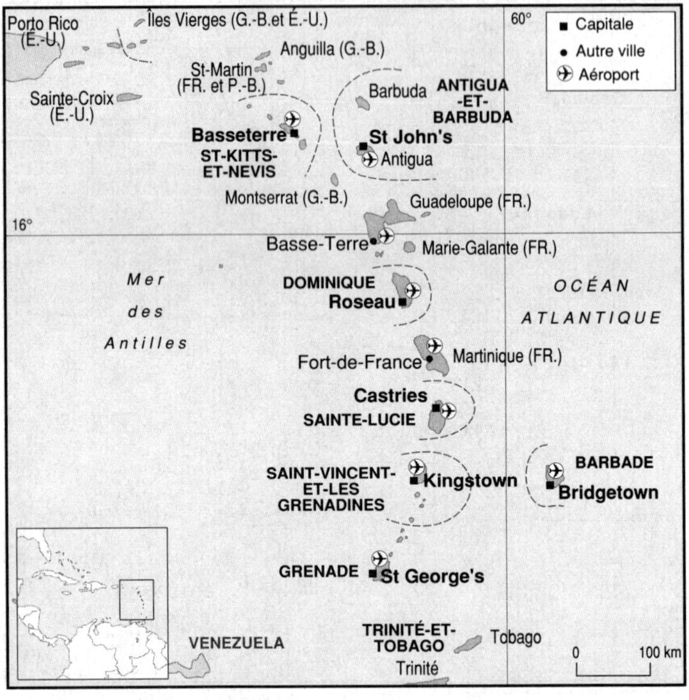

Porto Rico (É.-U.)
Îles Vierges (G.-B.et É.-U.)
60°
Capitale
Autre ville
Aéroport
Anguilla (G.-B.)
St-Martin (FR. et P.-B.)
Barbuda
ANTIGUA -ET- BARBUDA
Sainte-Croix (É.-U.)
Basseterre
St John's
ST-KITTS-ET-NEVIS
Antigua
Montserrat (G.-B.)
Guadeloupe (FR.)
16°
Basse-Terre
Marie-Galante (FR.)
Mer des Antilles
DOMINIQUE
Roseau
OCÉAN ATLANTIQUE
Fort-de-France
Martinique (FR.)
Castries
SAINTE-LUCIE
SAINT-VINCENT-ET-LES GRENADINES
Kingstown
BARBADE
Bridgetown
GRENADE
St George's
VENEZUELA
TRINITÉ-ET-TOBAGO
Tobago
Trinité
0
100 km

ARABIE SAOUDITE

ARGENTINE

ARMÉNIE

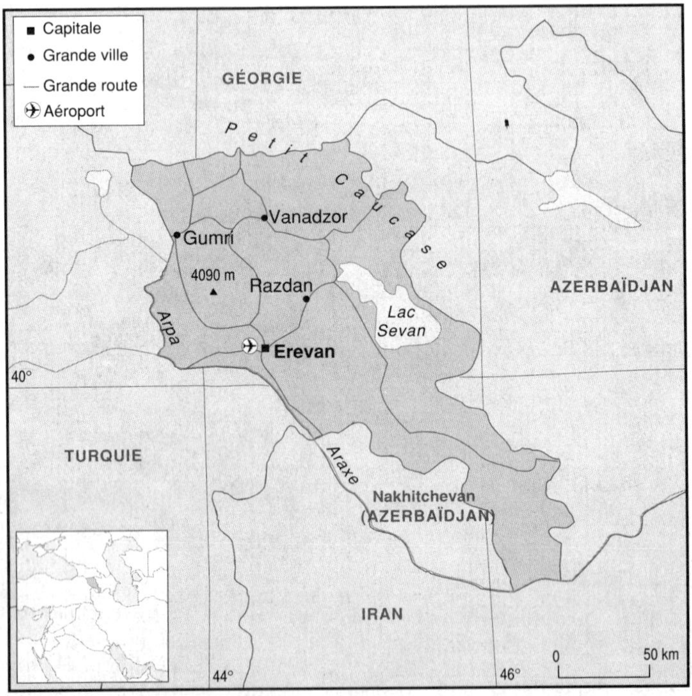

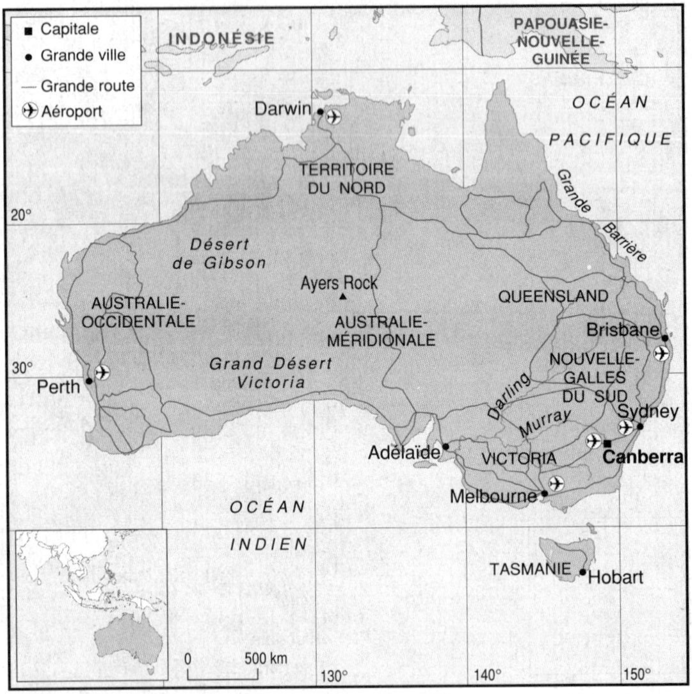

AUSTRALIE

AUTRICHE

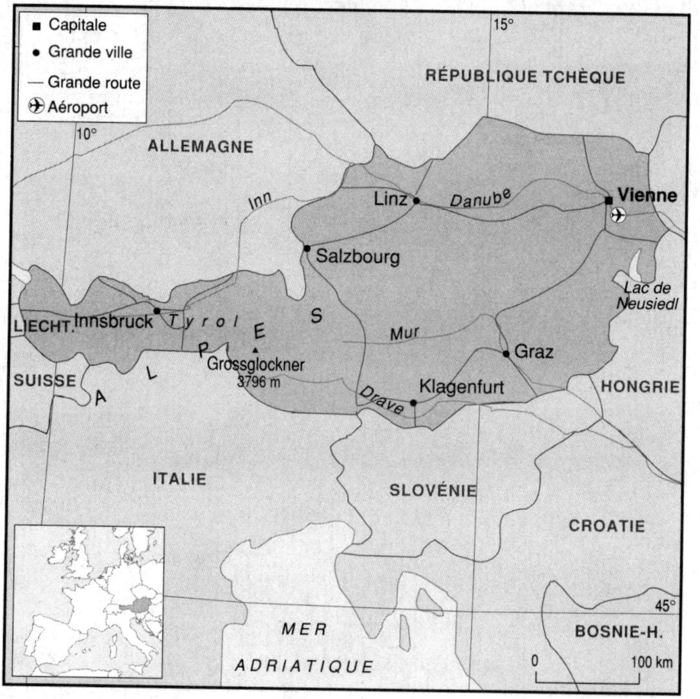

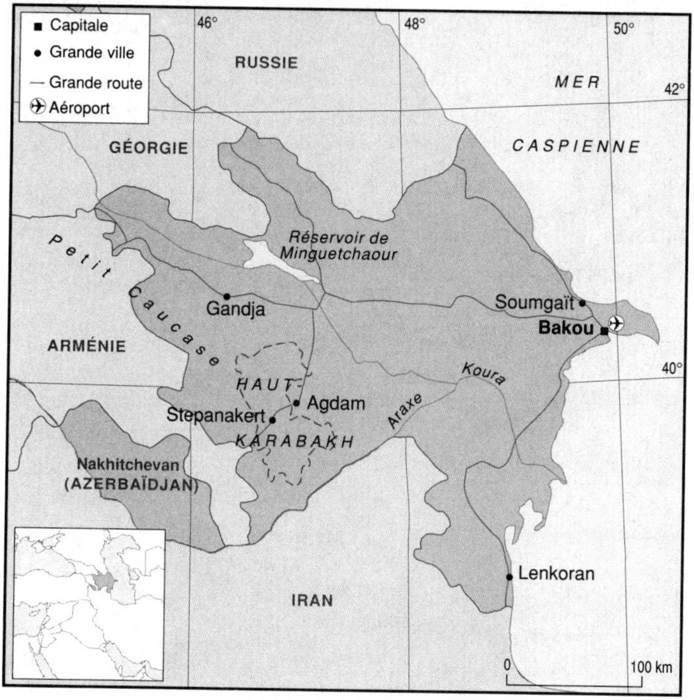

AZERBAÏDJAN

BAHAMAS

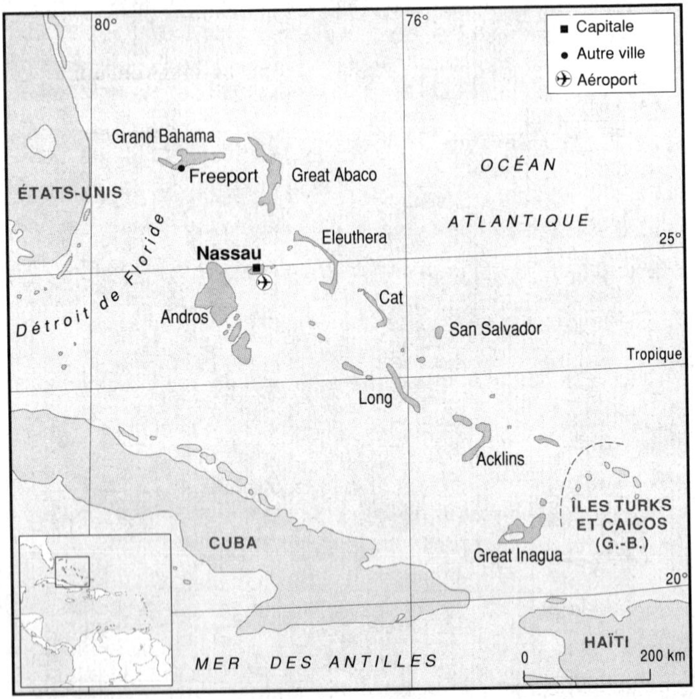

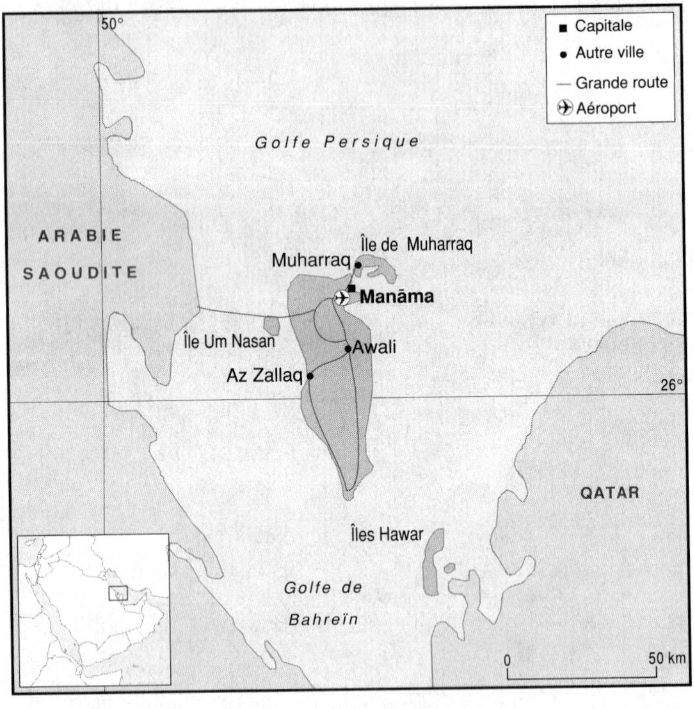

BAHREÏN

BANGLADESH

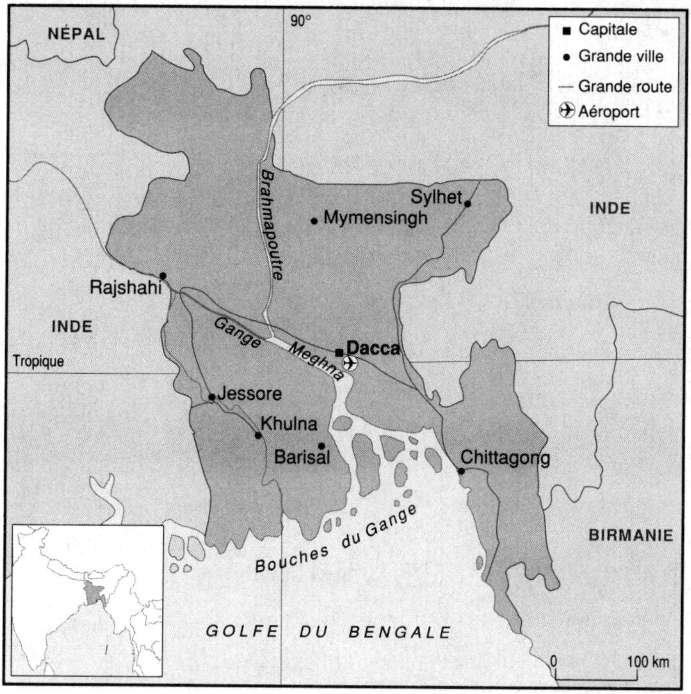

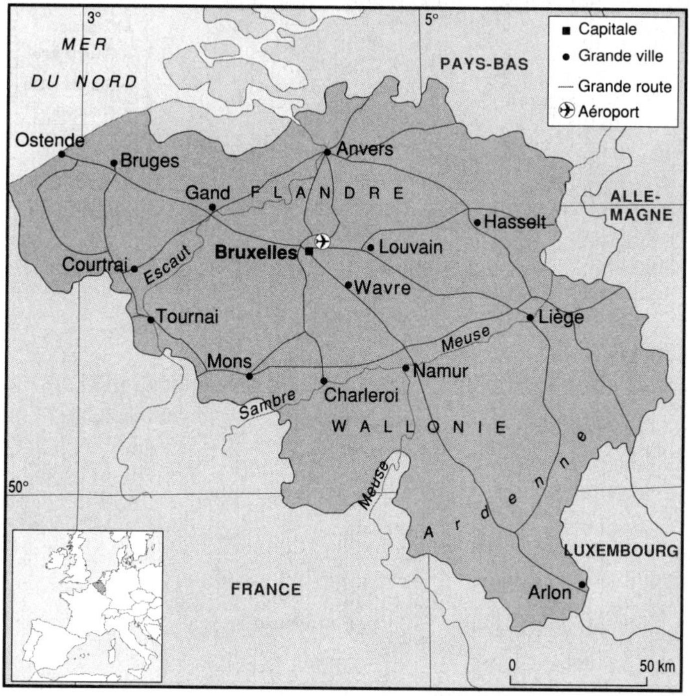

BELGIQUE

BELIZE

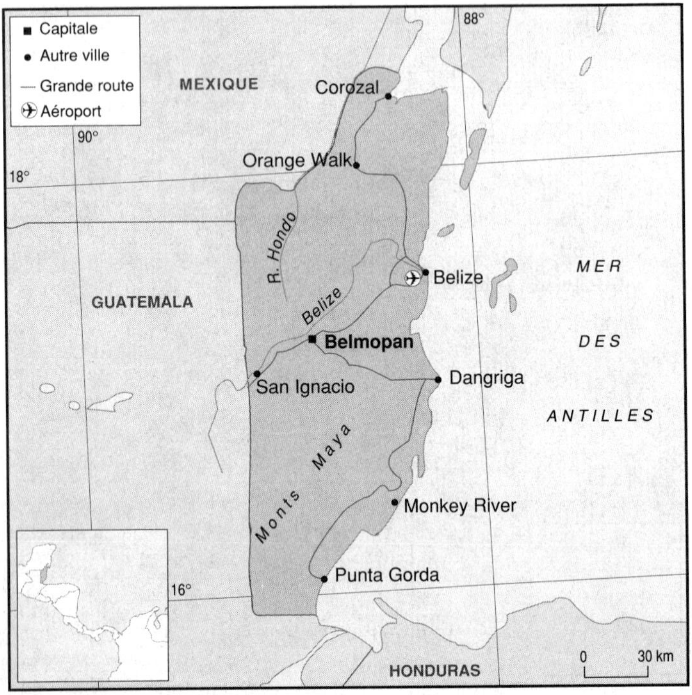

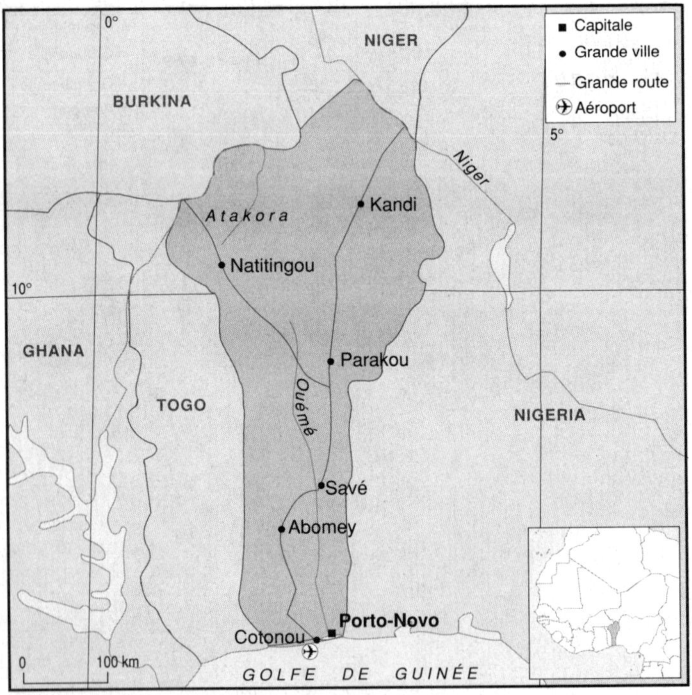

BÉNIN

BHOUTAN

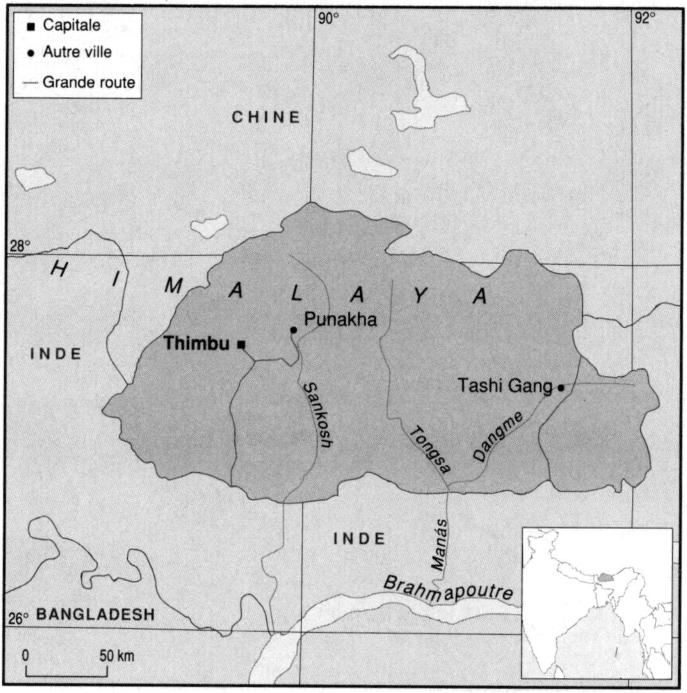

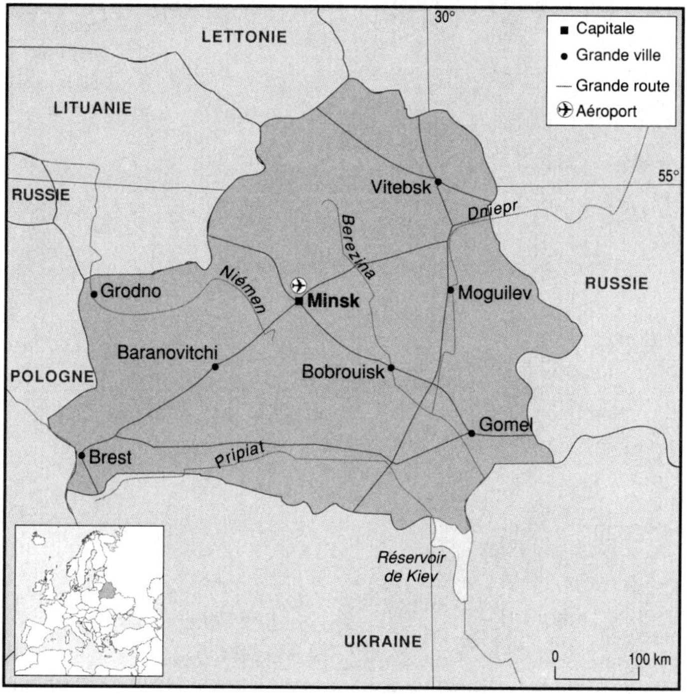

BIÉLORUSSIE

BIRMANIE

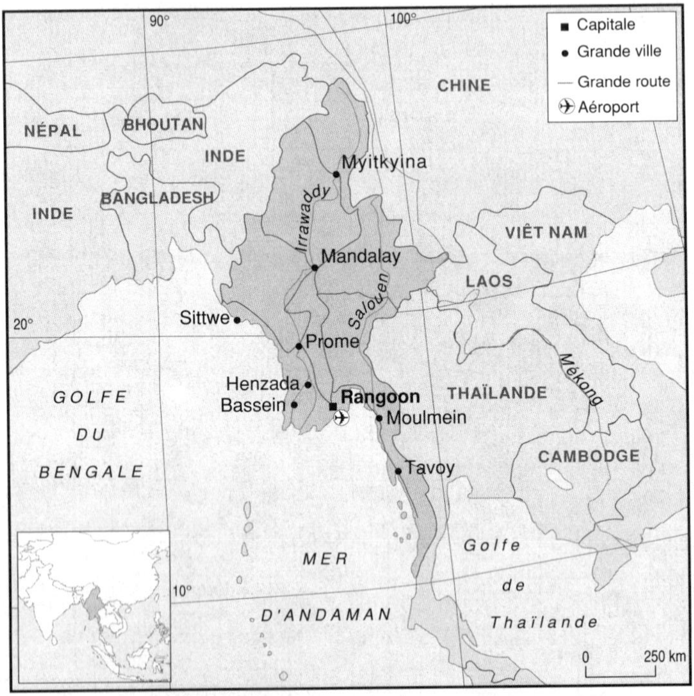

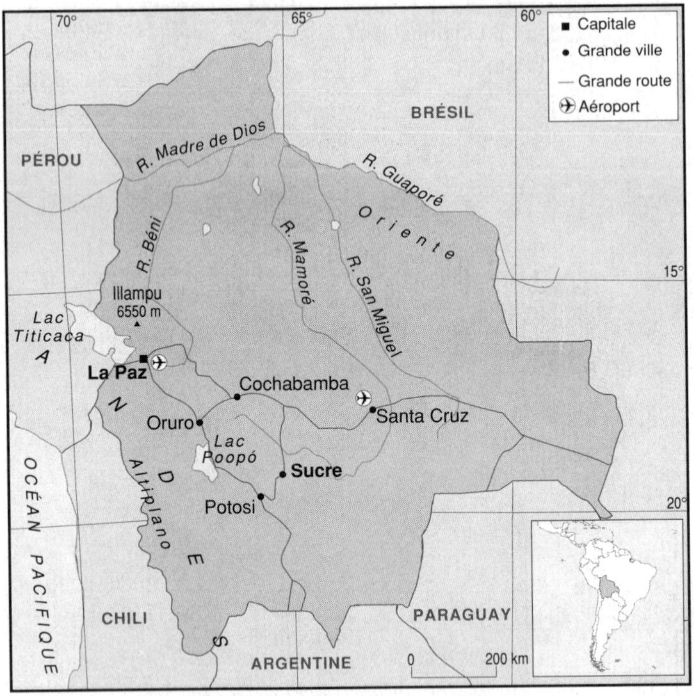

BOLIVIE

BOSNIE-HERZÉGOVINE

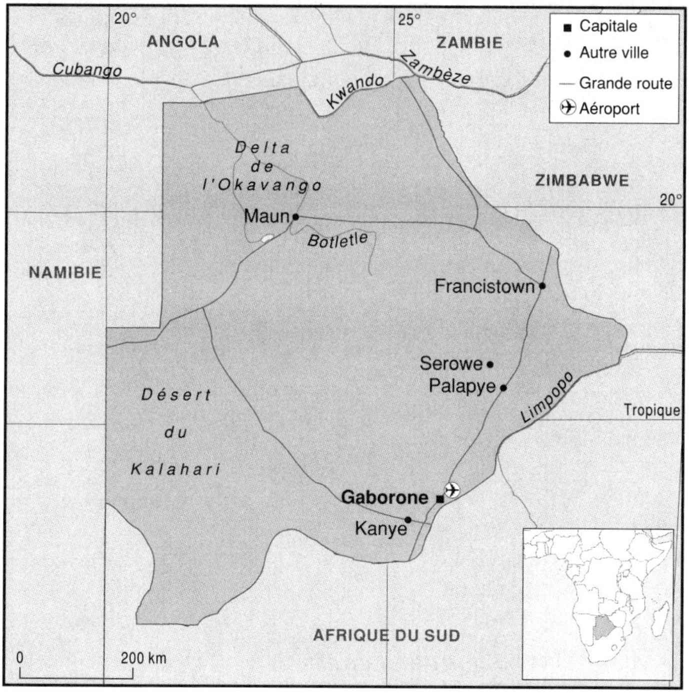

BOTSWANA

BRÉSIL

BULGARIE

BURKINA

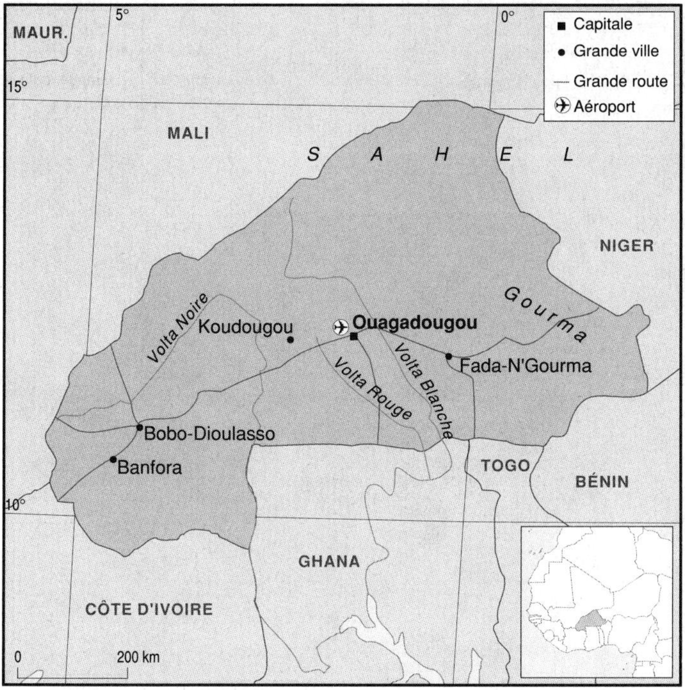

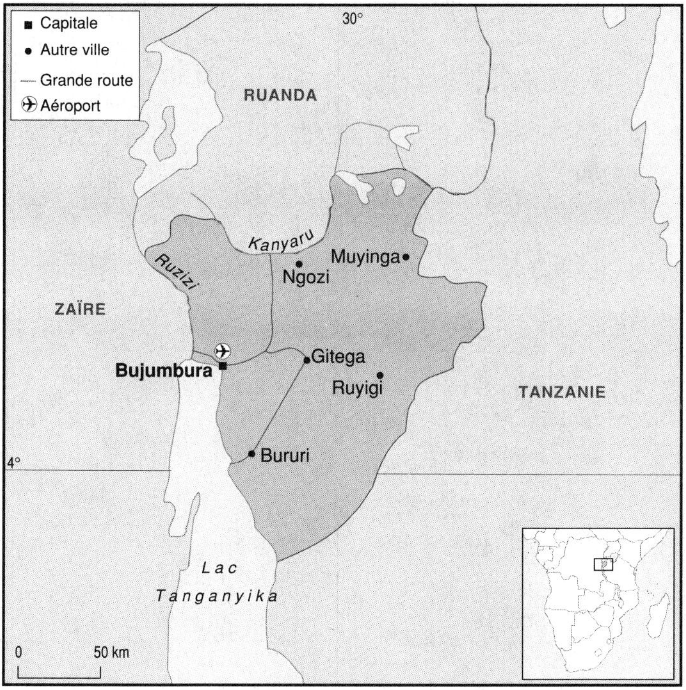

BURUNDI

CAMBODGE

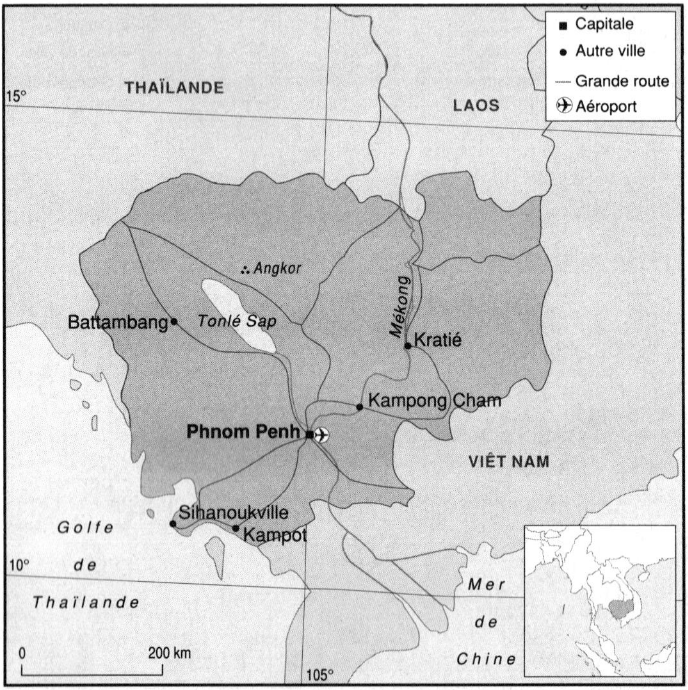

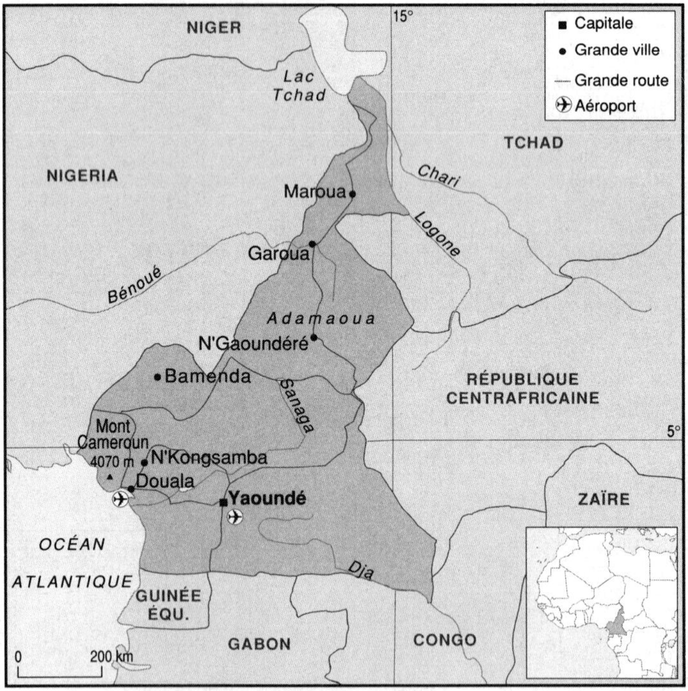

CAMEROUN

CANADA

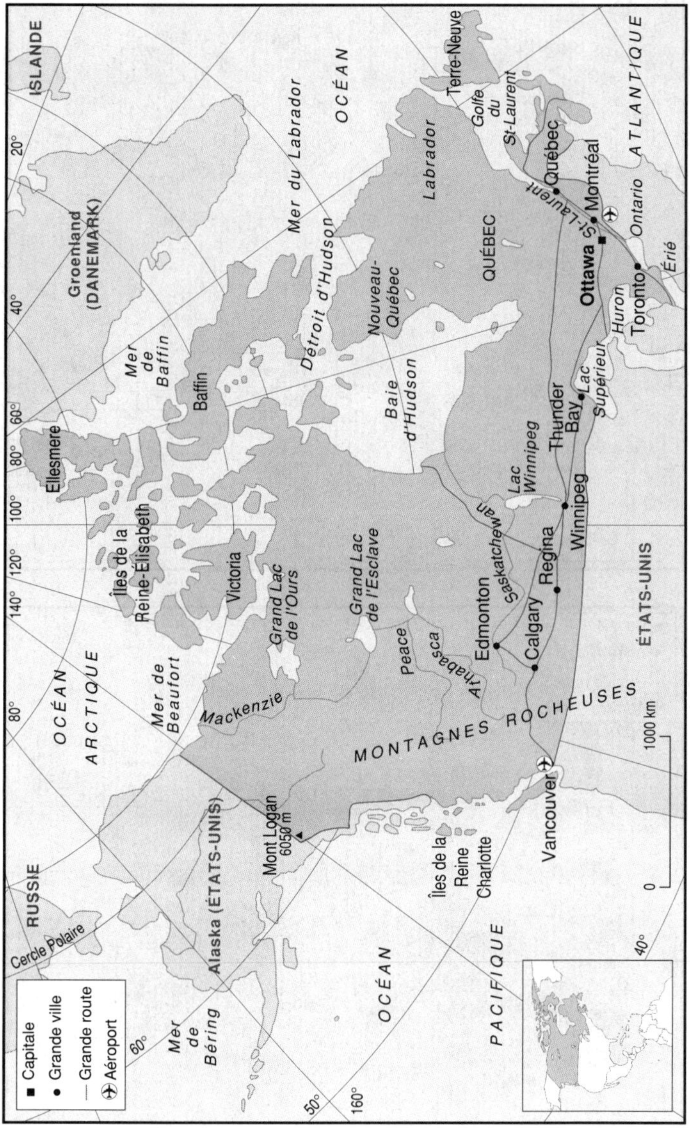

ISLANDE
Groenland (DANEMARK)
Mer de Baffin
Mer du Labrador
OCÉAN ATLANTIQUE
Terre-Neuve
Golfe du St-Laurent
Labrador
Québec
Montréal
St-Laurent
Ottawa
QUÉBEC
Nouveau-Québec
Détroit d'Hudson
Baie d'Hudson
Ontario
Érié
Toronto
Huron
Lac Supérieur
Thunder Bay
Lac Winnipeg
Winnipeg
Regina
Saskatchewan
Calgary
Edmonton
Athabasca
Peace
Grand Lac de l'Esclave
Grand Lac de l'Ours
Mackenzie
Victoria
Îles de la Reine-Élisabeth
Ellesmere
Baffin
Mer de Beaufort
OCÉAN ARCTIQUE
MONTAGNES ROCHEUSES
ÉTATS-UNIS
Vancouver
Îles de la Reine Charlotte
Mont Logan 6050 m
Alaska (ÉTATS-UNIS)
RUSSIE
Cercle Polaire
Mer de Béring
OCÉAN PACIFIQUE
0
1000 km
20°
40°
60°
80°
100°
120°
140°
160°
50°
Capitale
Grande ville
Grande route
Aéroport

CAP-VERT

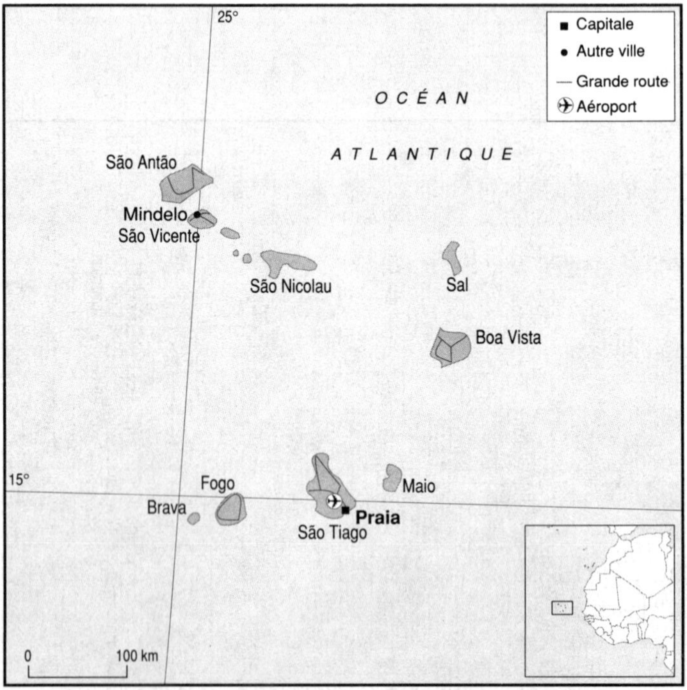

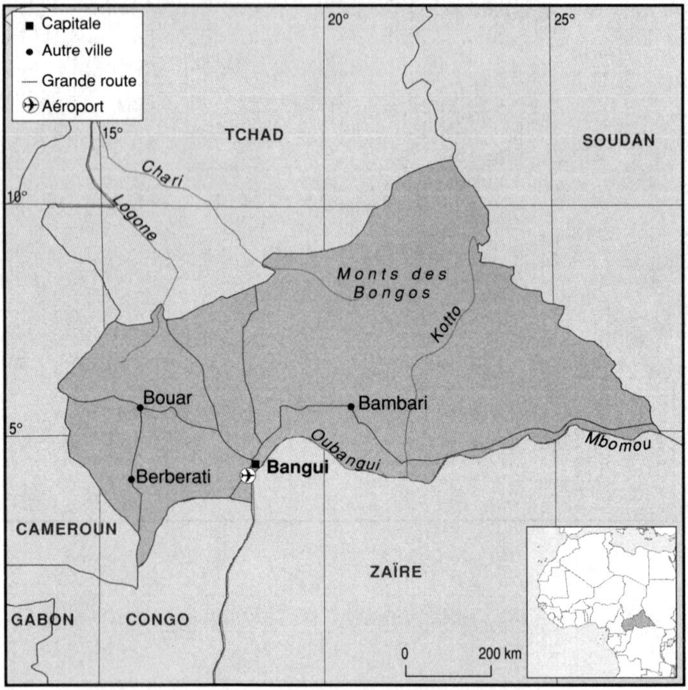

CENTRAFRICAINE (RÉPUBLIQUE)

CHILI

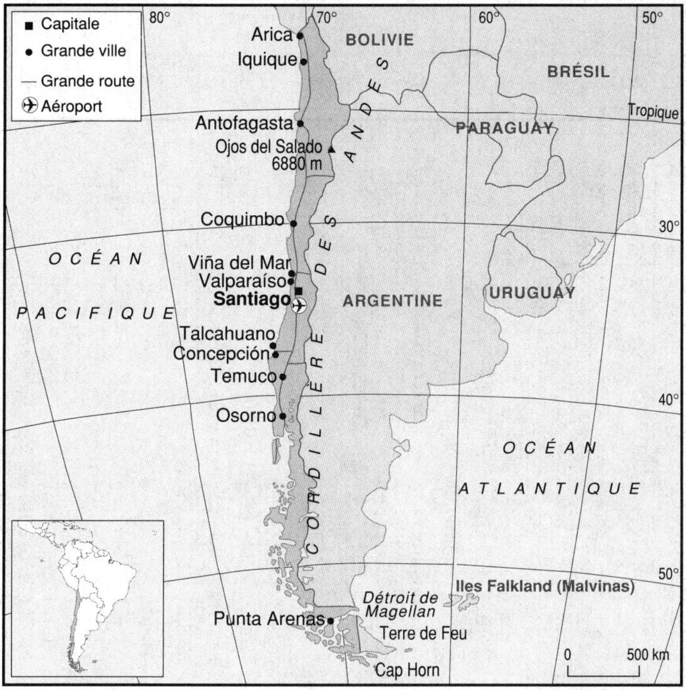

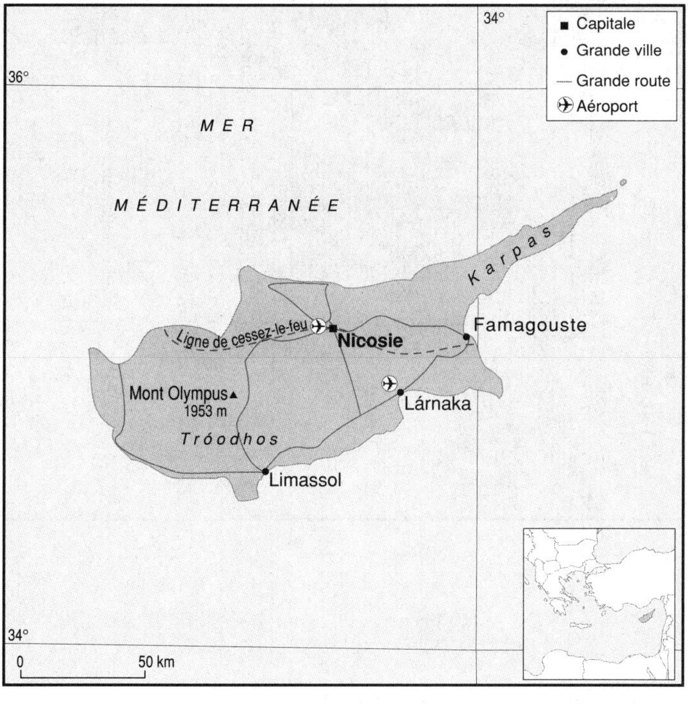

CHYPRE

CHINE

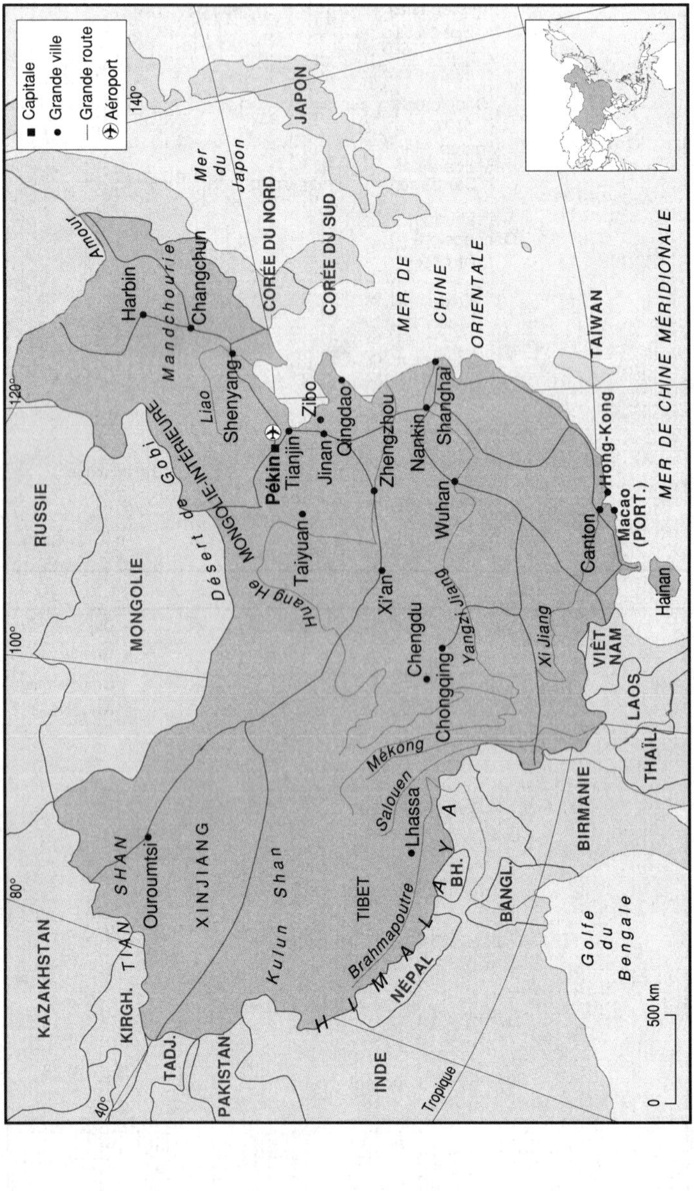

Capitale
Grande ville
Grande route
Aéroport
140°
120°
100°
80°
40°
RUSSIE
MONGOLIE
KAZAKHSTAN
KIRGH.
TADJ.
PAKISTAN
INDE
NÉPAL
BH.
BANGL.
BIRMANIE
THAÏL.
LAOS
VIÊT NAM
CORÉE DU NORD
CORÉE DU SUD
JAPON
TAÏWAN
Mer du Japon
MER DE CHINE ORIENTALE
MER DE CHINE MÉRIDIONALE
Golfe du Bengale
Tropique
XINJIANG
TIBET
MONGOLIE-INTÉRIEURE
Mandchourie
Désert de Gobi
TIAN SHAN
Kulun Shan
HIMALAYA
Amour
Liao
Huang He
Yangzi Jiang
Xi Jiang
Mékong
Salouen
Brahmapoutre
Pékin
Harbin
Changchun
Shenyang
Tianjin
Zibo
Jinan
Qingdao
Taiyuan
Zhengzhou
Nankin
Shanghai
Wuhan
Xi'an
Chengdu
Chongqing
Canton
Hong-Kong
Macao (PORT.)
Hainan
Lhassa
Ouroumtsi
0
500 km

COLOMBIE

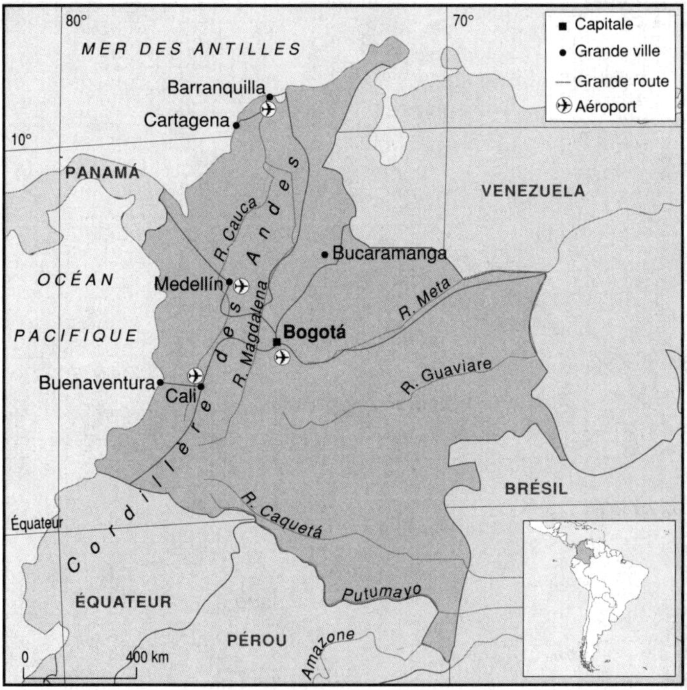

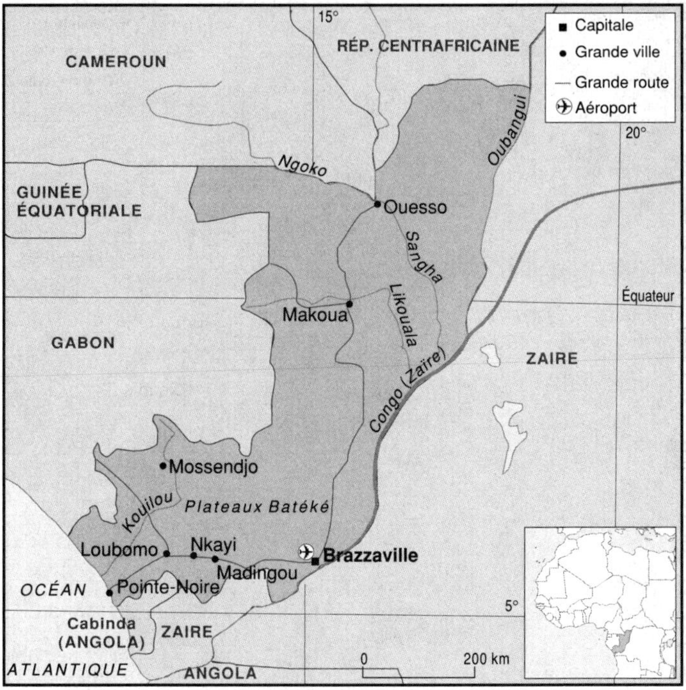

CONGO

CORÉE DU NORD

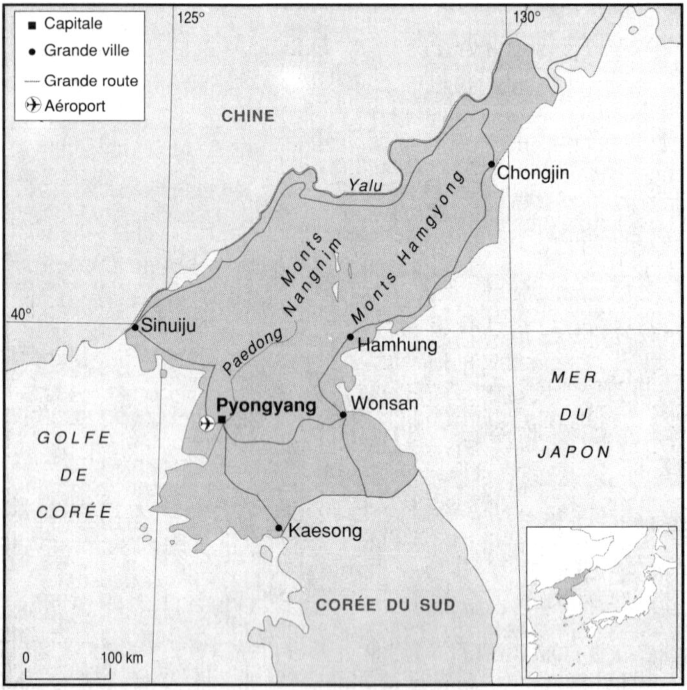

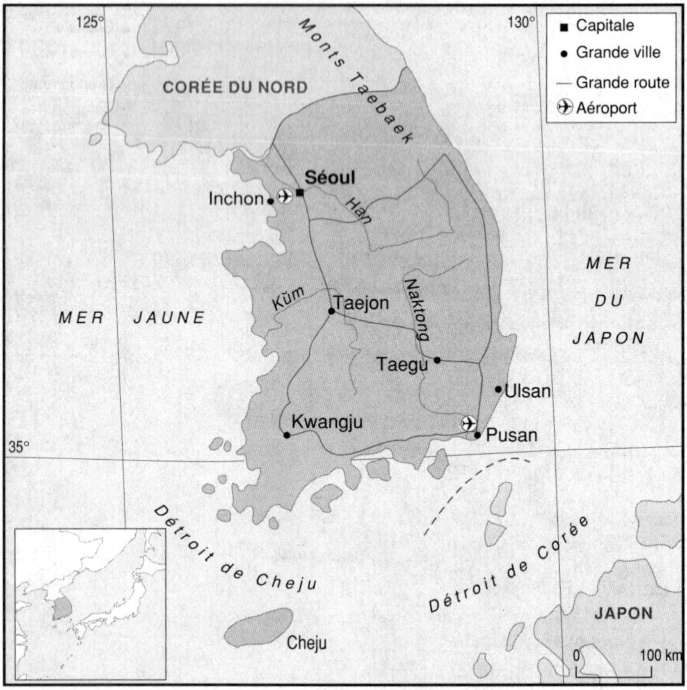

CORÉE DU SUD

COSTA RICA

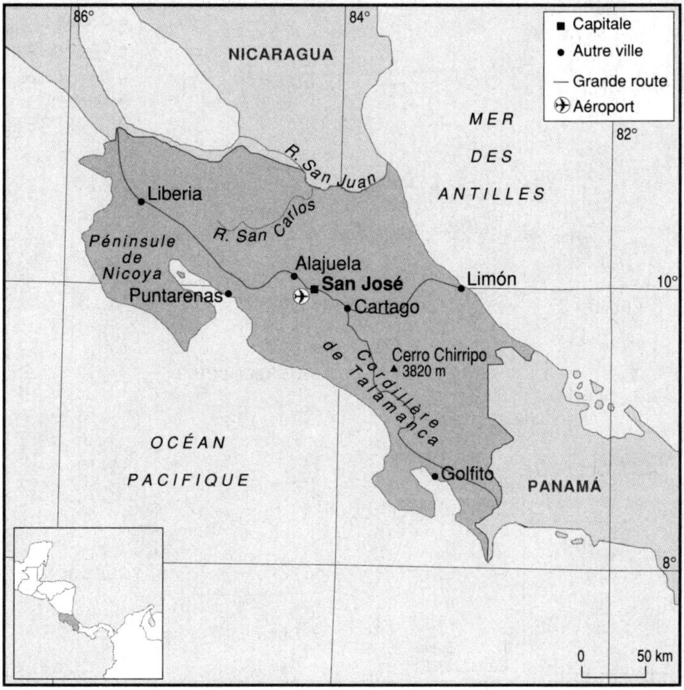

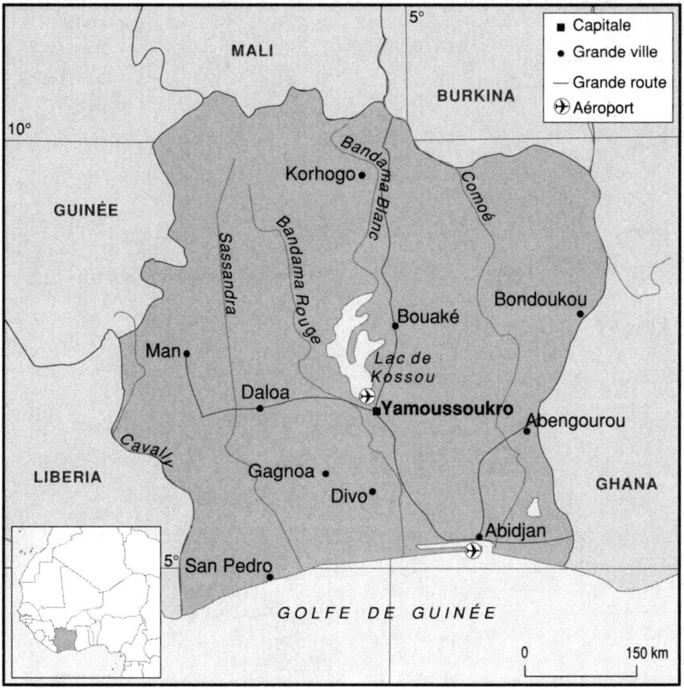

CÔTE D'IVOIRE

CROATIE

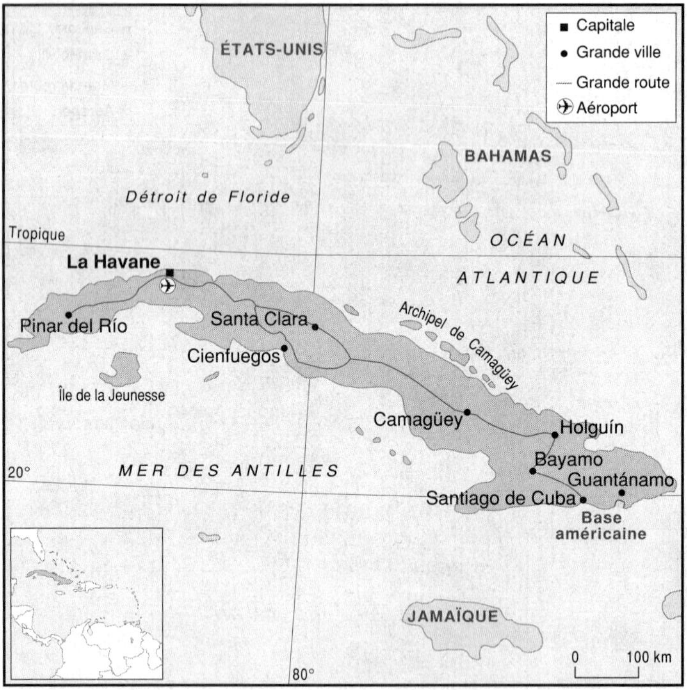

CUBA

DANEMARK

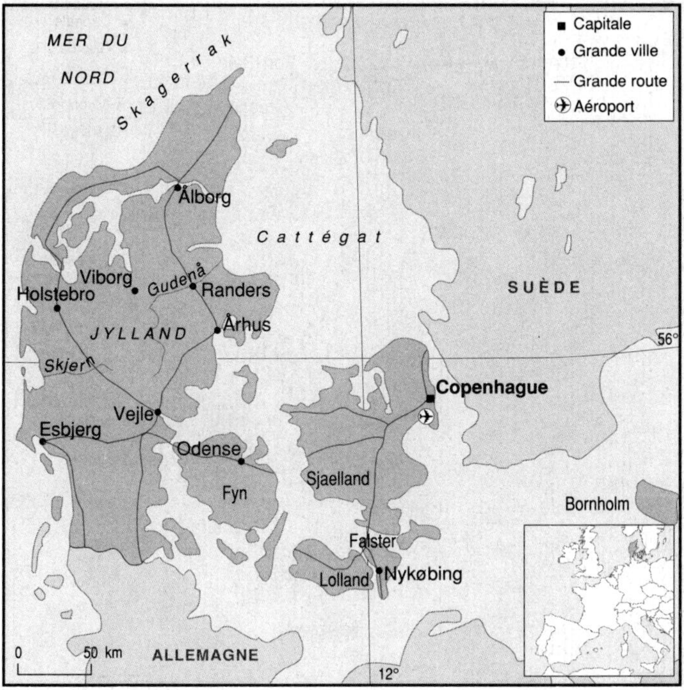

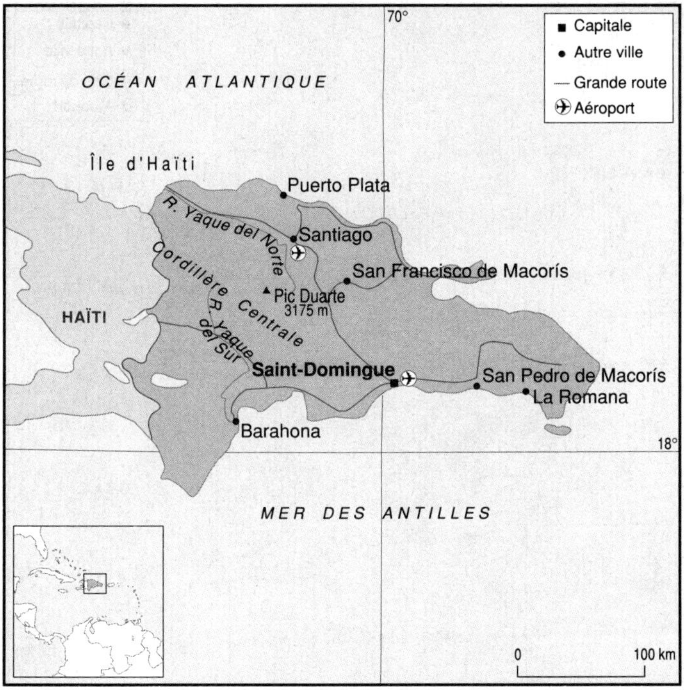

DOMINICAINE (RÉPUBLIQUE)

ÉGYPTE

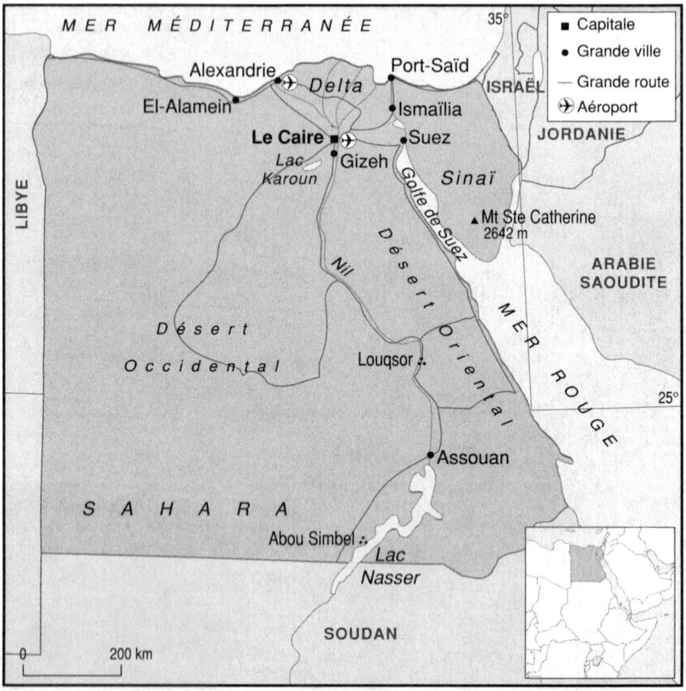

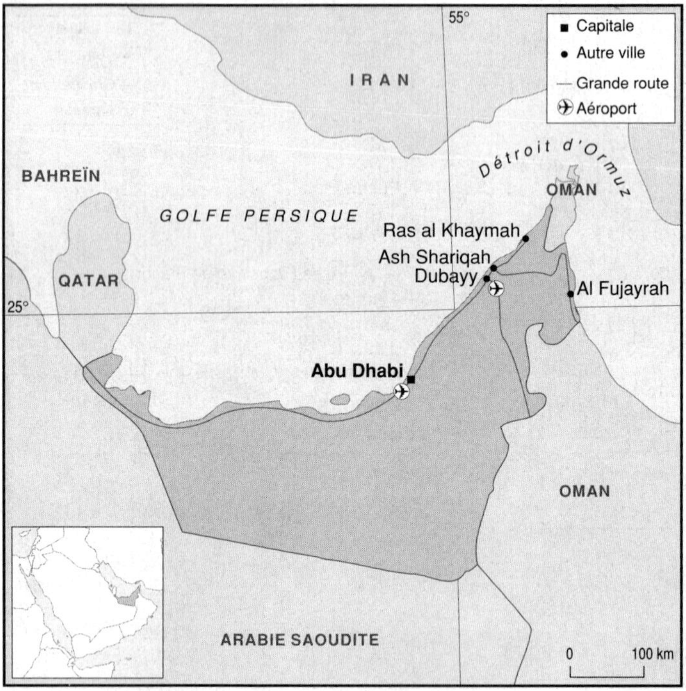

ÉMIRATS ARABES UNIS

ÉQUATEUR

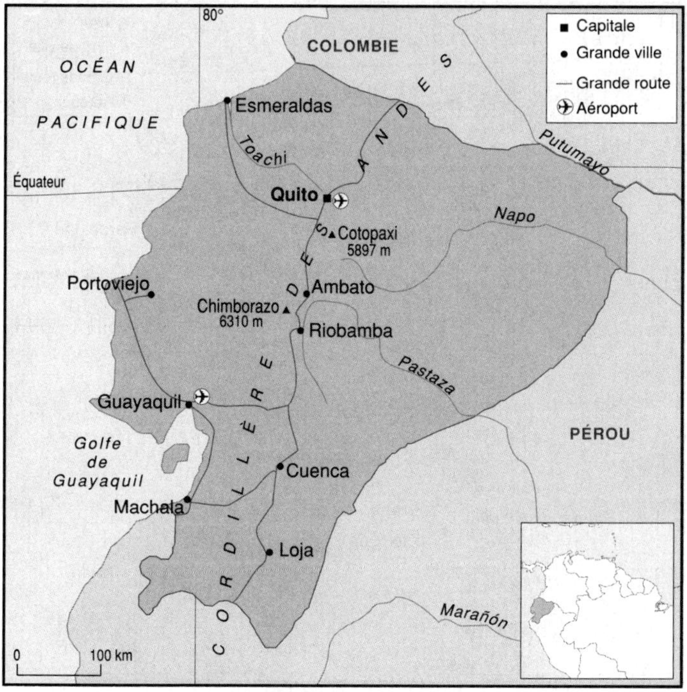

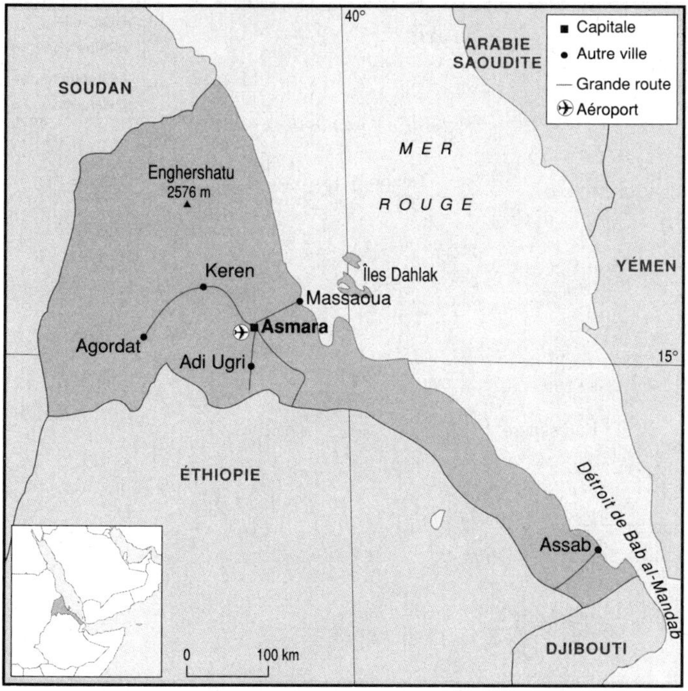

ÉRYTHRÉE

ESPAGNE

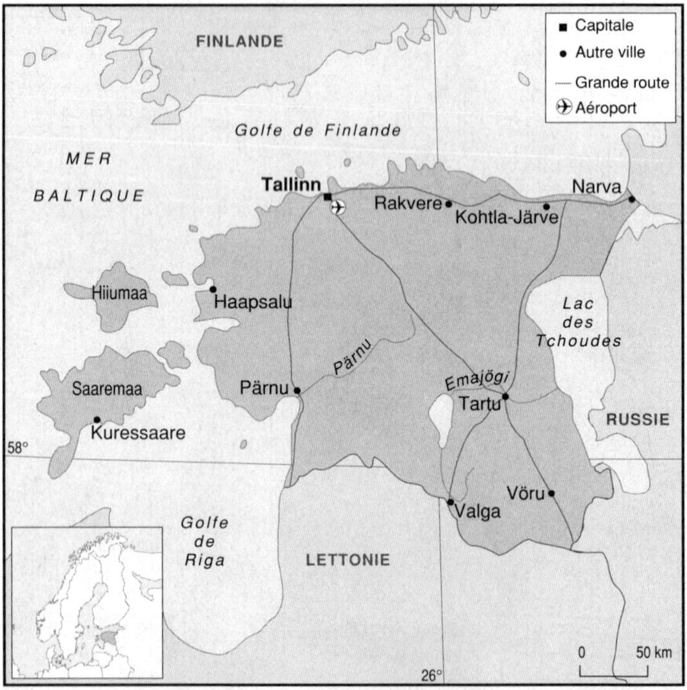

ESTONIE

ÉTATS-UNIS

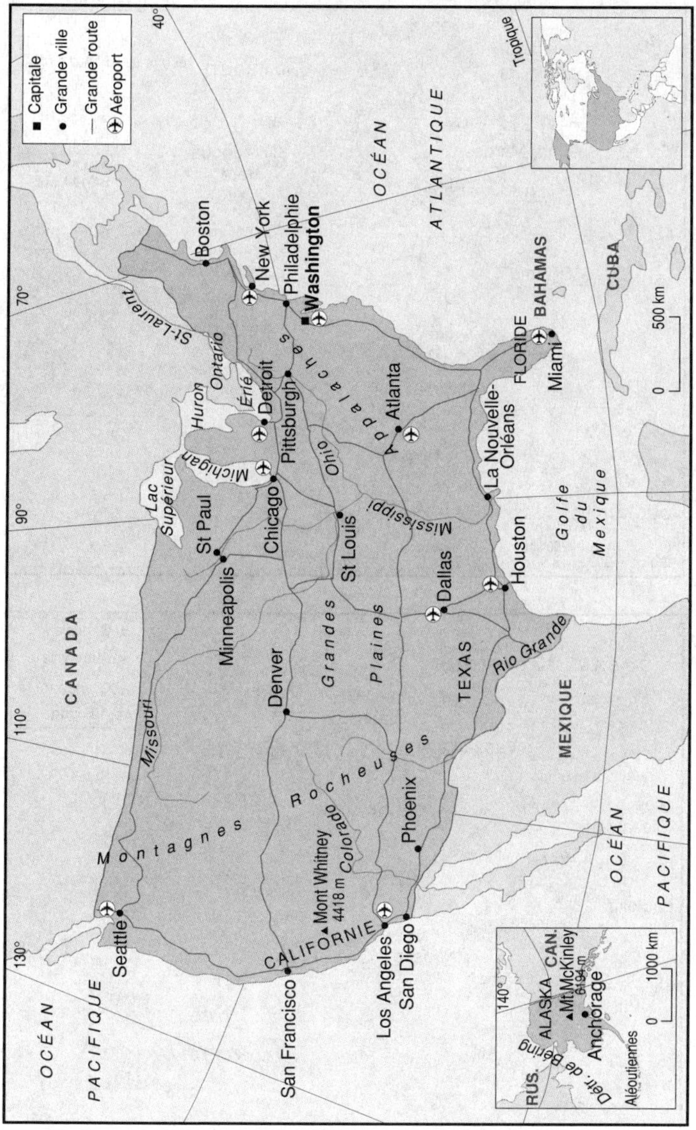

Capitale
Grande ville
Grande route
Aéroport
CANADA
OCÉAN PACIFIQUE
OCÉAN ATLANTIQUE
MEXIQUE
CUBA
BAHAMAS
FLORIDE
TEXAS
CALIFORNIE
Golfe du Mexique
Washington
Seattle
San Francisco
Los Angeles
San Diego
Phoenix
Denver
Minneapolis
St Paul
Chicago
St Louis
Dallas
Houston
La Nouvelle-Orléans
Atlanta
Miami
Pittsburgh
Detroit
Philadelphie
New York
Boston
Mont Whitney 4418 m
Montagnes Rocheuses
Grandes Plaines
Appalaches
Missouri
Mississippi
Ohio
Colorado
Rio Grande
St-Laurent
Lac Supérieur
Michigan
Huron
Érié
Ontario
130°
110°
90°
70°
40°
Tropique
0
500 km
RUS.
ALASKA
CAN.
Mt McKinley 6194 m
Anchorage
Détr. de Bering
Aléoutiennes
140°
1000 km

ÉTHIOPIE

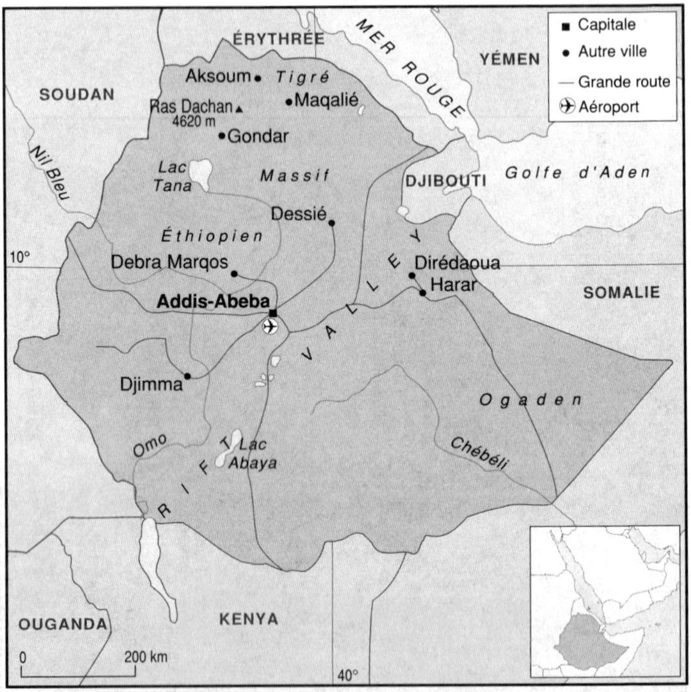

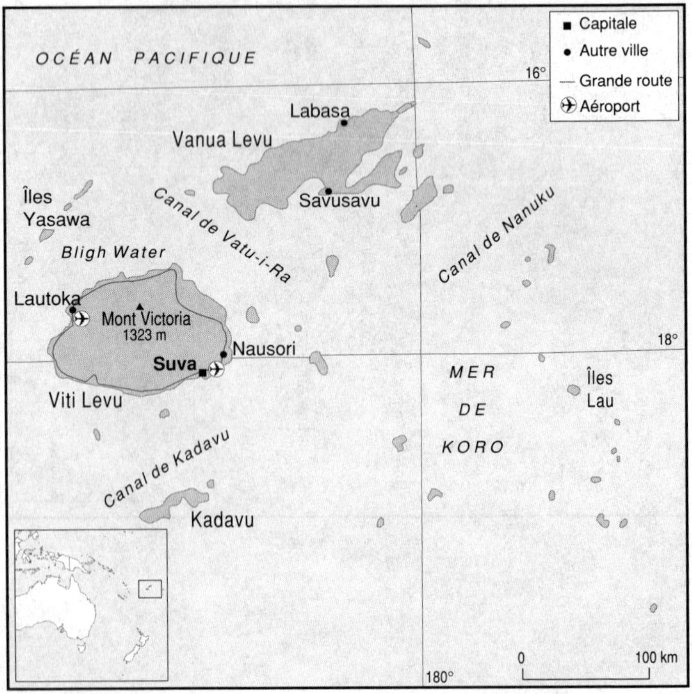

FIDJI

FINLANDE

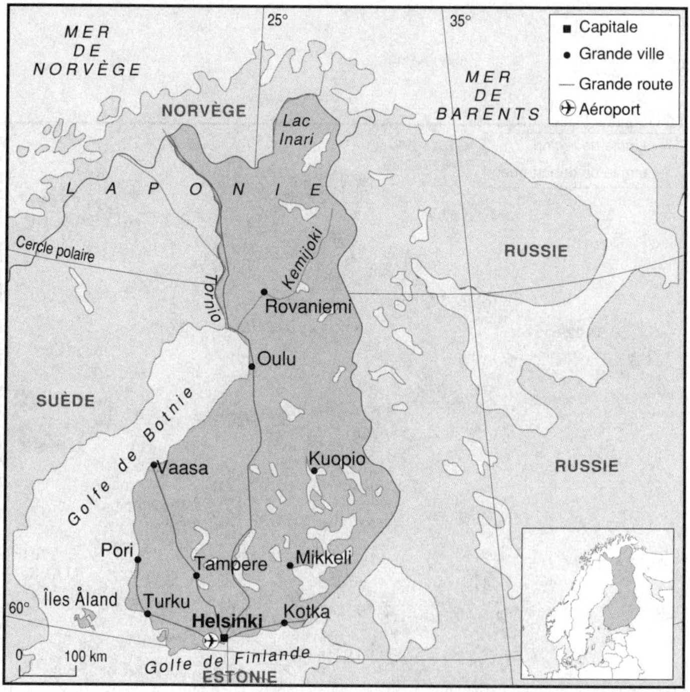

FRANCE

FRANCE

— Limite de région
--- Limite de département
GRANDE-BRETAGNE
BELGIQUE
ALLEMAGNE
LUX.
SUISSE
ITALIE
MON.
ANDORRE
ESPAGNE
Manche
OCÉAN ATLANTIQUE
MER MÉDITERRANÉE
NORD-PAS-DE-CALAIS
62 59
PICARDIE
80 60 02
HAUTE-NORMANDIE
76 27
BASSE-NORMANDIE
50 14 61
BRETAGNE
29 22 35 56
ÎLE-DE-FRANCE
78 91 77
CHAMPAGNE-ARDENNE
08 51 10 52
LORRAINE
55 57 54 88
ALSACE
67 68
PAYS DE LA LOIRE
53 72 44 49 85
CENTRE
28 45 41 37 36 18
BOURGOGNE
89 21 58 71
FRANCHE-COMTÉ
70 90 25 39
POITOU-CHARENTES
79 86 17 16
LIMOUSIN
87 23 19
AUVERGNE
03 63 15 43
RHÔNE-ALPES
01 74 42 69 73 38 07 26
AQUITAINE
33 24 47 40 64
MIDI-PYRÉNÉES
46 12 82 32 81 31 65 09
LANGUEDOC-ROUSSILLON
48 30 34 11 66
PROVENCE-ALPES-CÔTE D'AZUR
05 04 06 84 13 83
CORSE
2B 2A
ÎLE-DE-FRANCE
95 78 93 77 75 92 94 91
0 100 km

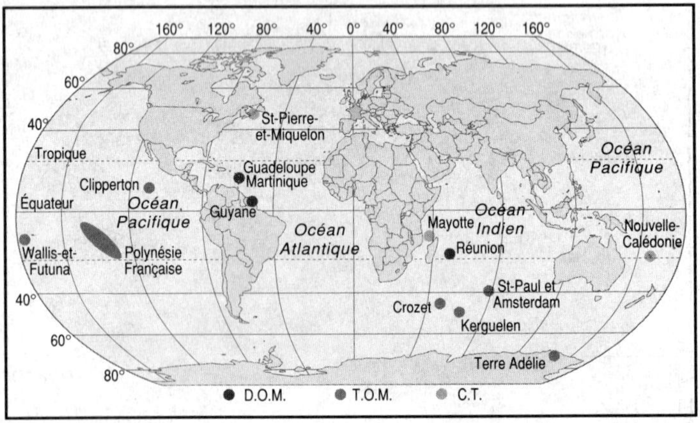

160° 120° 80° 40° 0° 40° 80° 120° 160°
80° 60° 40° Tropique Équateur 40° 60° 80°
St-Pierre-et-Miquelon
Guadeloupe
Martinique
Guyane
Clipperton
Océan Pacifique
Wallis-et-Futuna
Polynésie Française
Océan Atlantique
Mayotte
Océan Indien
Réunion
St-Paul et Amsterdam
Crozet
Kerguelen
Terre Adélie
Océan Pacifique
Nouvelle-Calédonie
D.O.M.
T.O.M.
C.T.

GABON

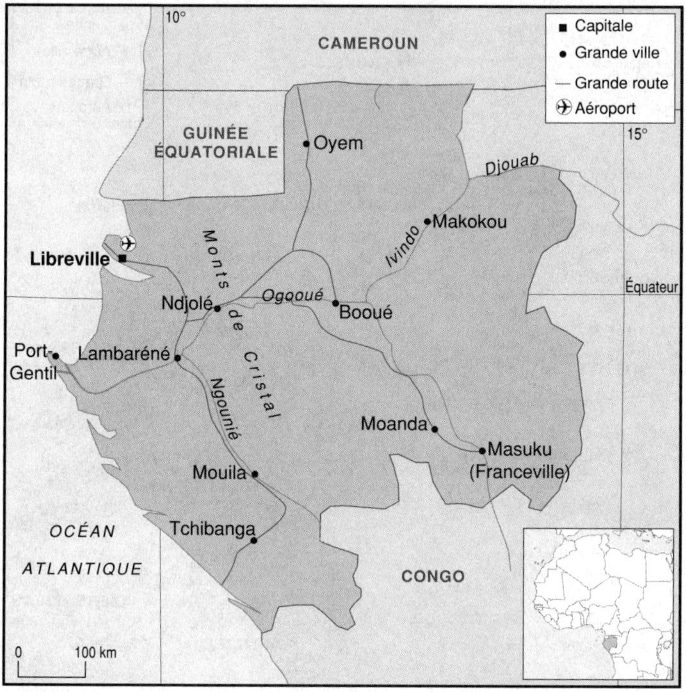

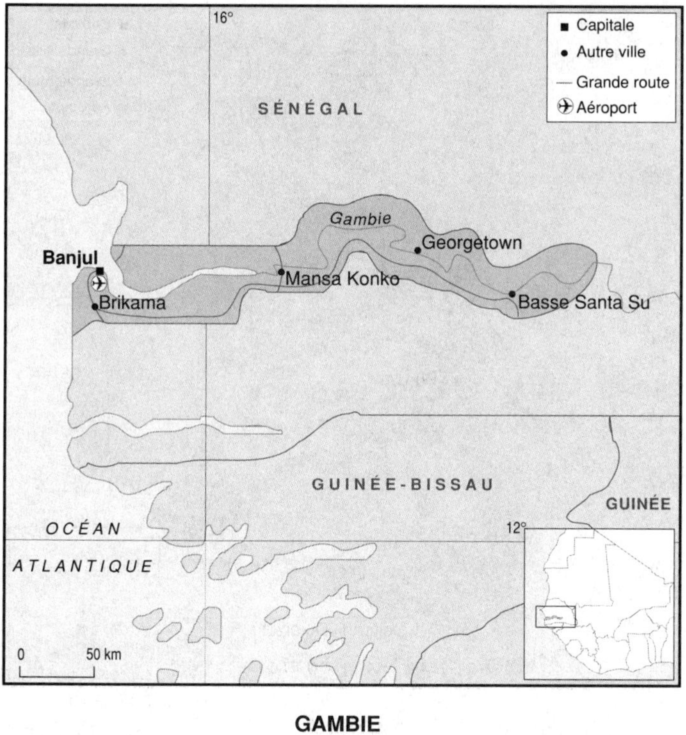

GAMBIE

GÉORGIE

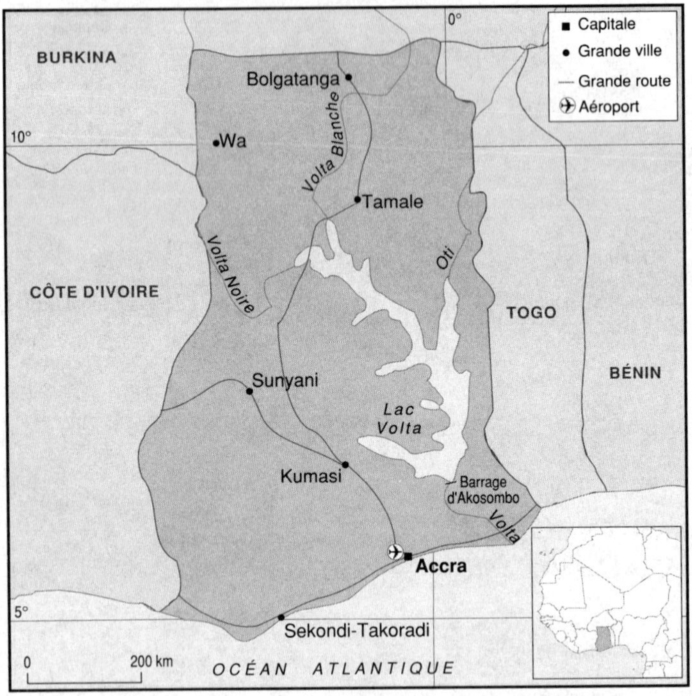

GHANA

GRANDE-BRETAGNE

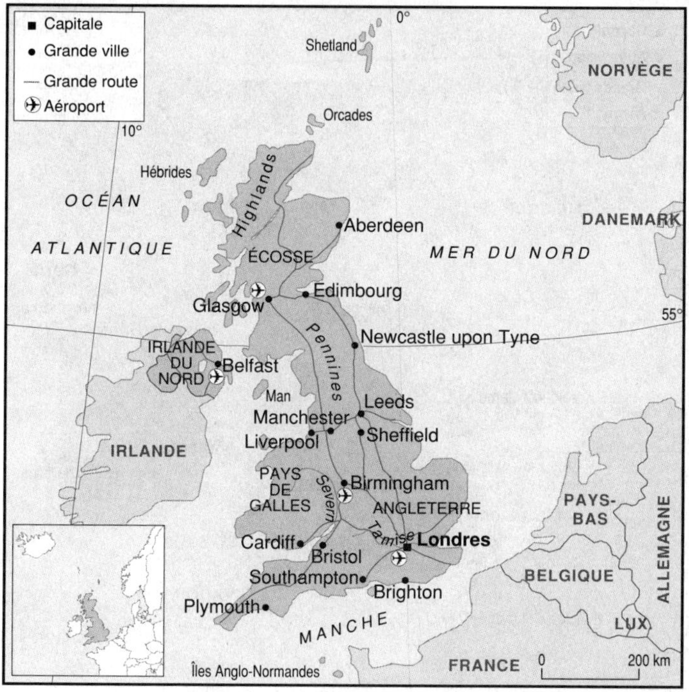

GRÈCE

GUATEMALA

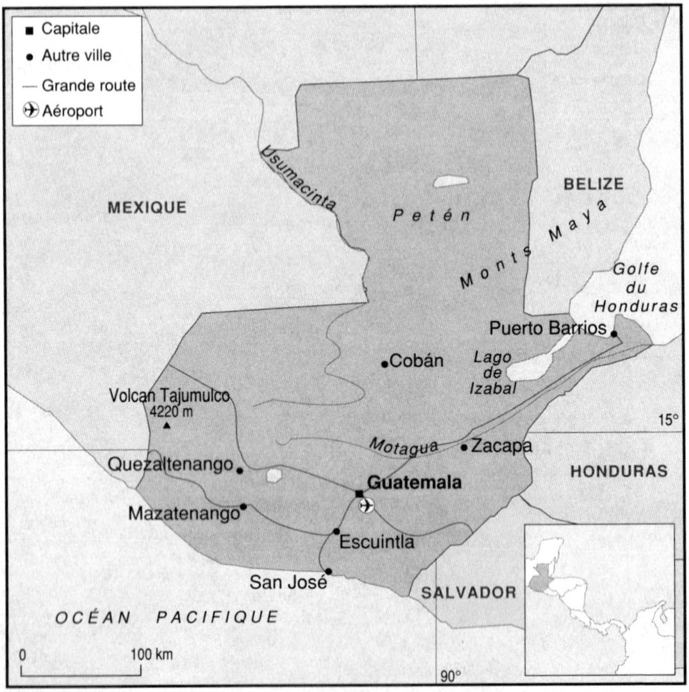

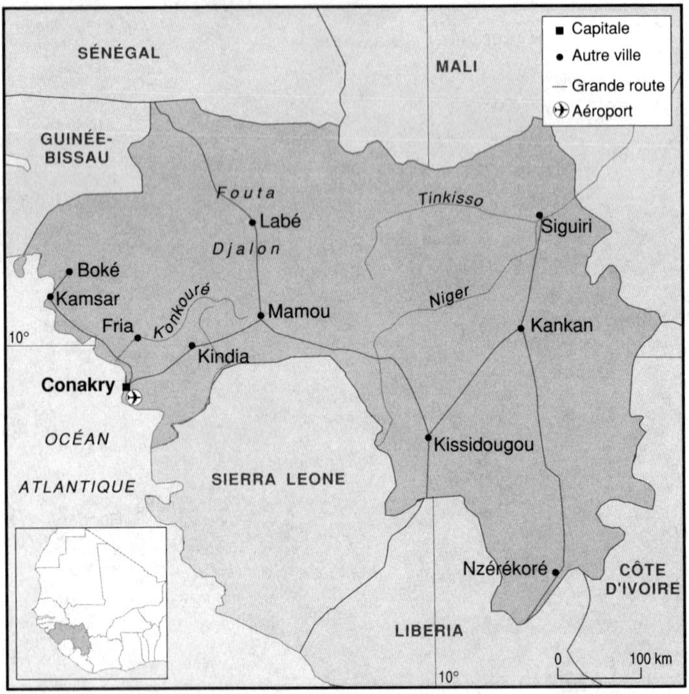

GUINÉE

GUINÉE-BISSAU

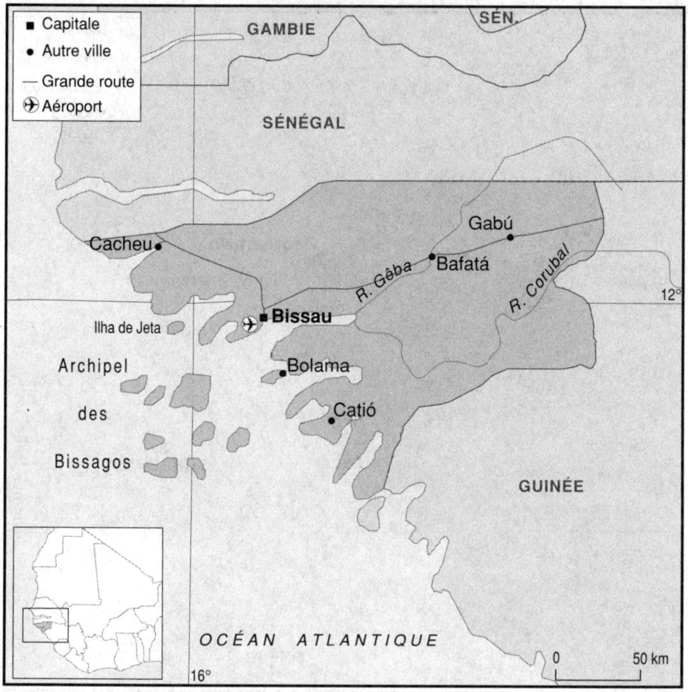

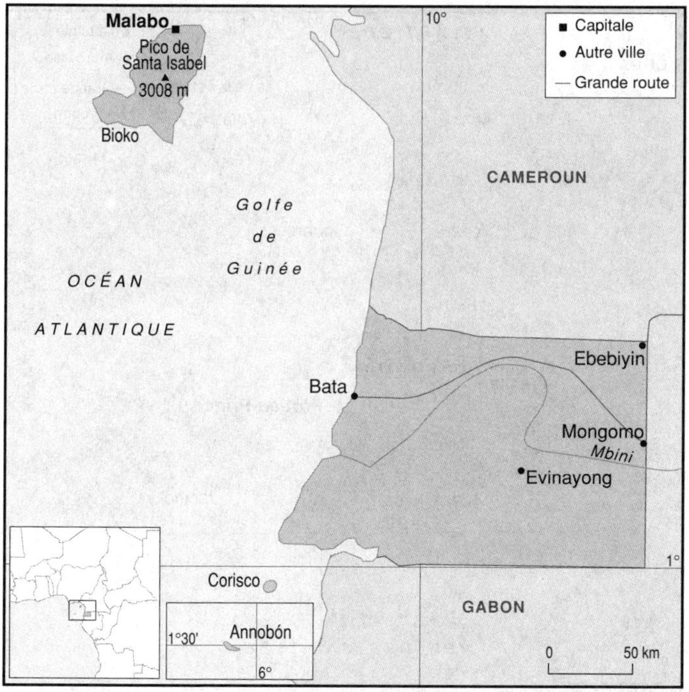

GUINÉE ÉQUATORIALE

GUYANA

HAÏTI

HONDURAS

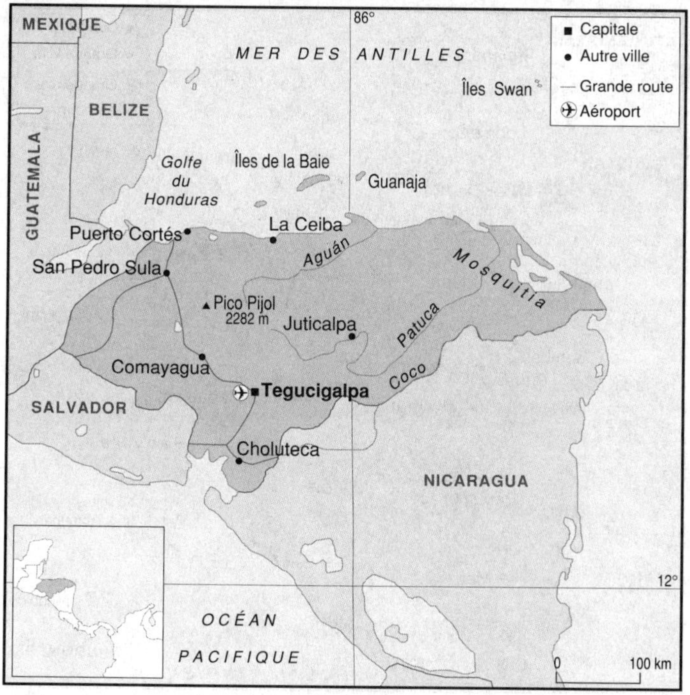

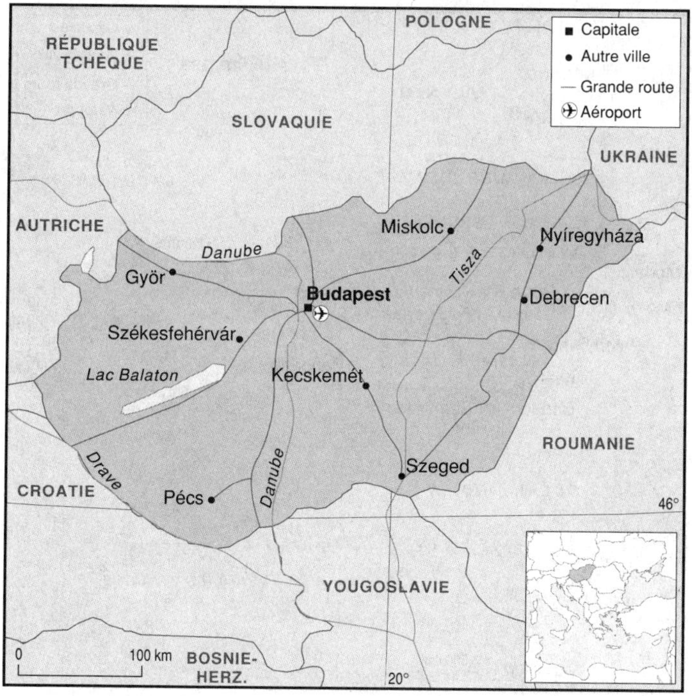

HONGRIE

INDE

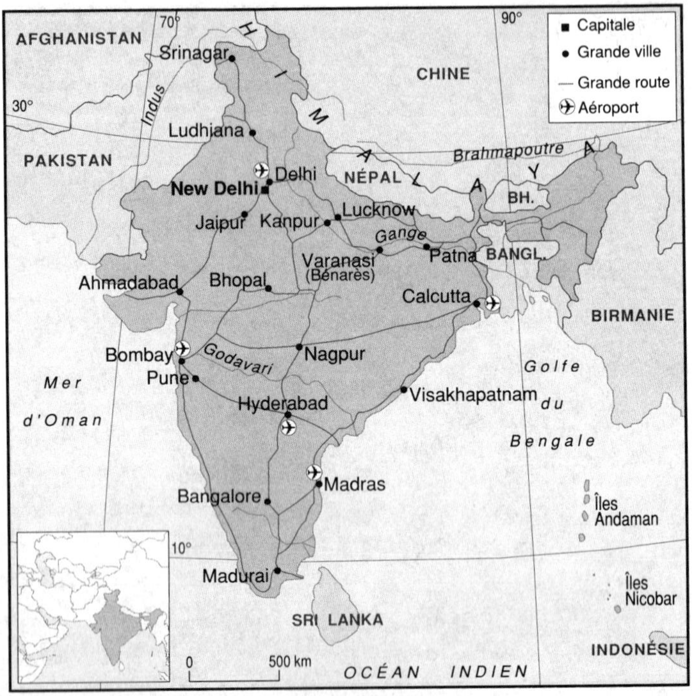

INDONÉSIE

IRAN

Capitale
Grande ville
Grande route
Aéroport
ARM.
AZERBAÏDJAN
TURQUIE
AZ.
Mer
Caspienne
TURKMÉNISTAN
Lac d'Ourmia
Tabriz
Recht
Kurdistan
Elbourz
Demavend
5671 m
Atrak
Téhéran
Mechhed
Qom
Lac Namak
Kermanchah
Monts du Zagros
Dez
Zard Kuh
4548 m
Ispahan
Khersan
AFGHANISTAN
IRAQ
Ahvaz
Abadan
Persépolis
Kerman
Chiraz
KOWEÏT
Zahedan
Mand
ARABIE SAOUDITE
Golfe Persique
Bandar Abbas
Détroit d'Ormuz
OMAN
PAKISTAN
QATAR
Golfe d'Oman
É.A.U.
OMAN
Tropique
40°
30°
50°
60°
0
200 km

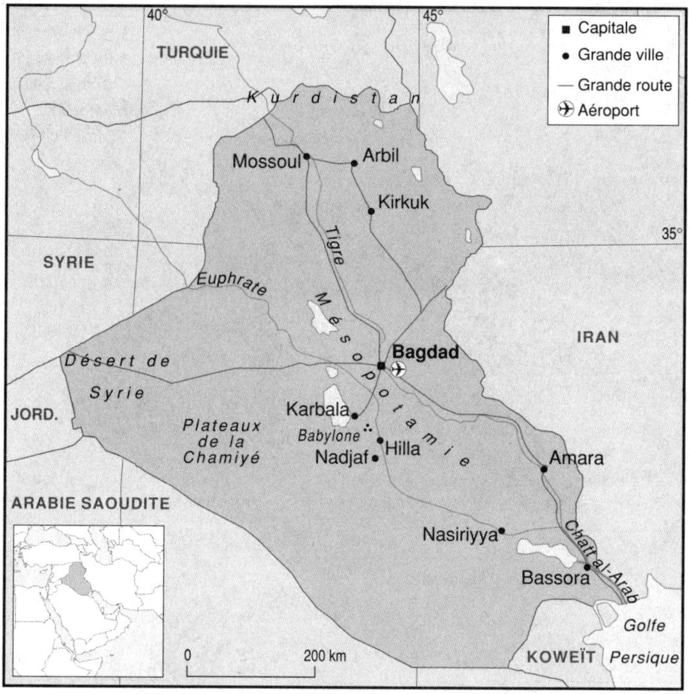
Capitale
Grande ville
Grande route
Aéroport
40°
45°
TURQUIE
Kurdistan
Mossoul
Arbil
Kirkuk
Tigre
35°
SYRIE
Euphrate
Mésopotamie
IRAN
Bagdad
Désert de Syrie
JORD.
Karbala
Plateaux de la Chamiyé
Babylone
Hilla
Nadjaf
Amara
ARABIE SAOUDITE
Nasiriyya
Chatt al-Arab
Bassora
Golfe Persique
KOWEÏT
0
200 km

IRAQ

IRLANDE

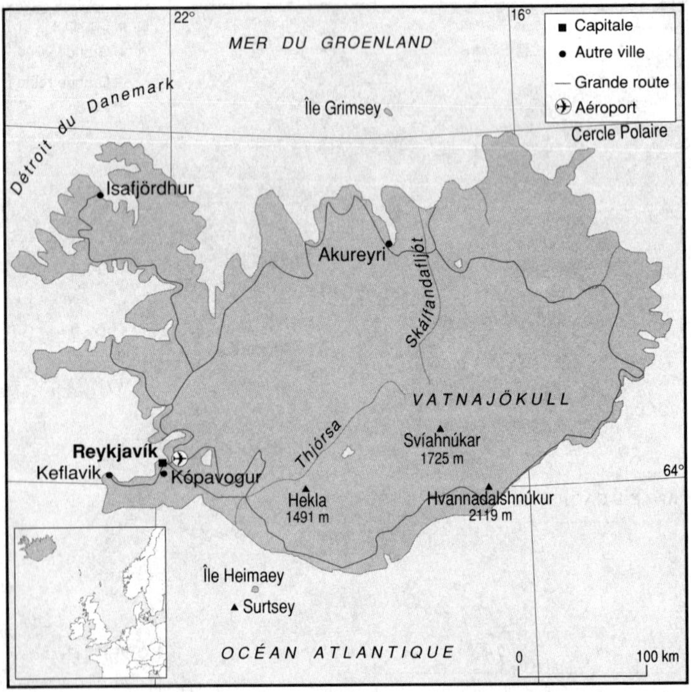

ISLANDE

ISRAËL

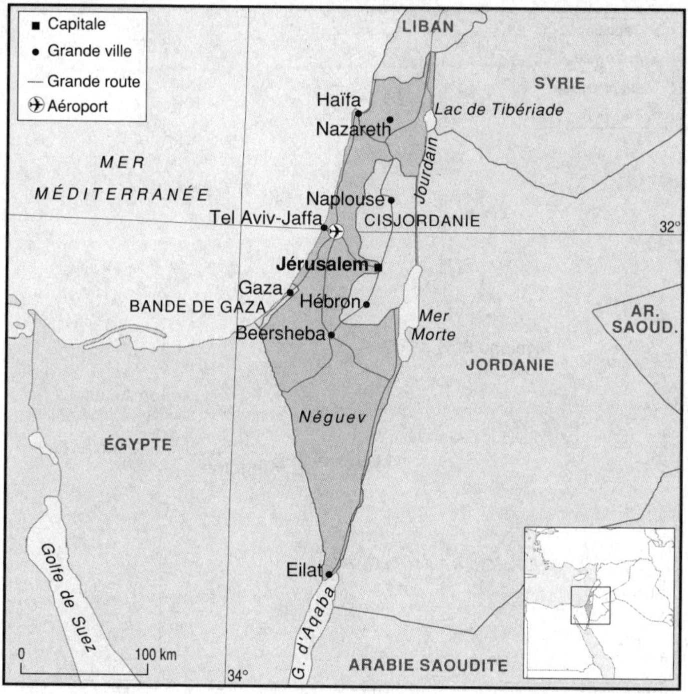

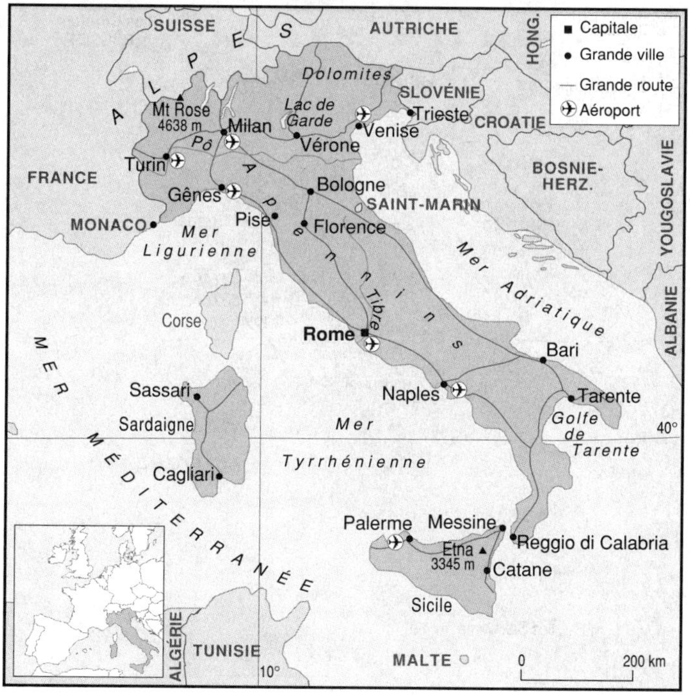

ITALIE

JAMAÏQUE

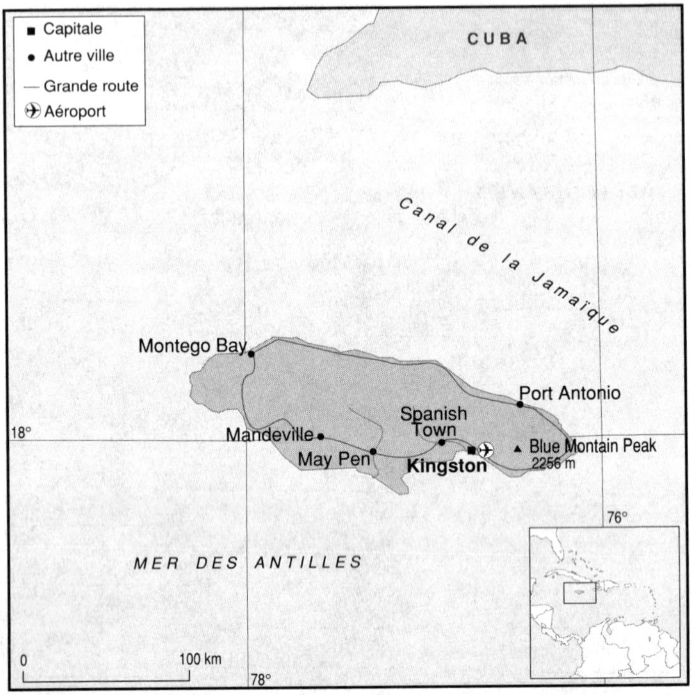

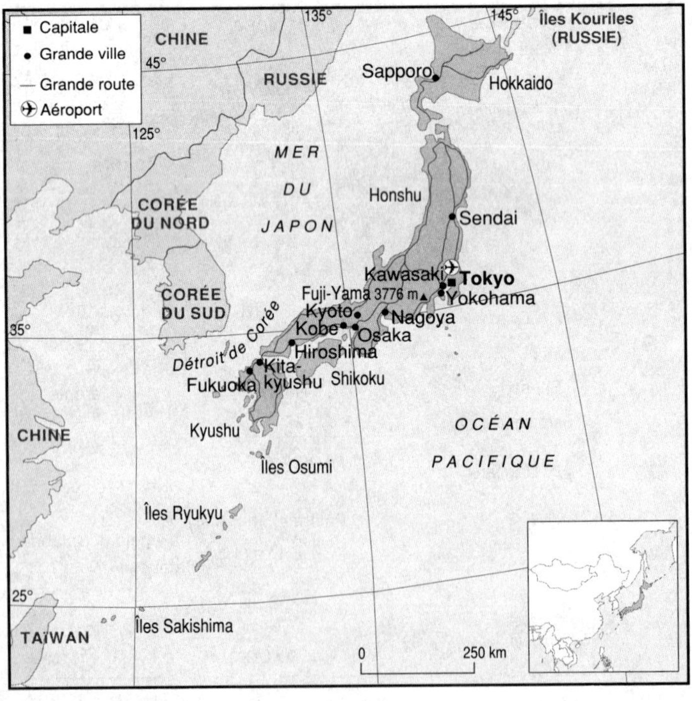

JAPON

JORDANIE

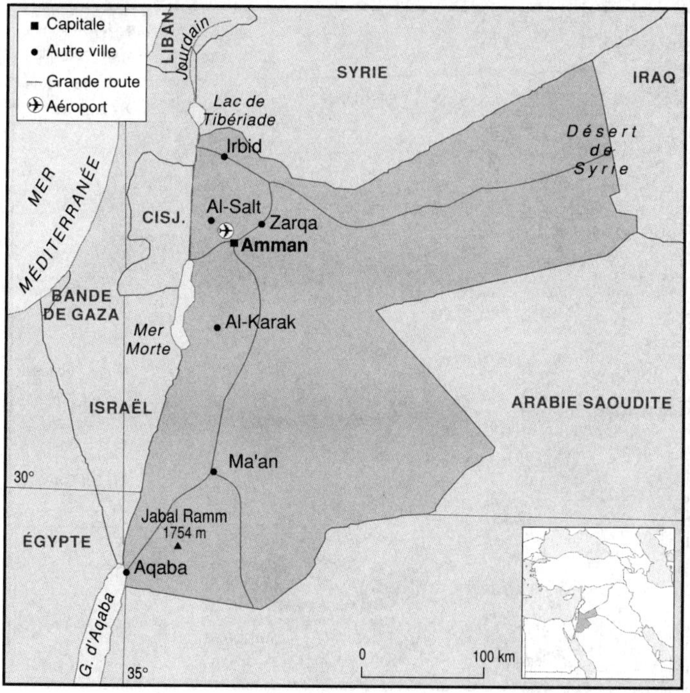

KAZAKHSTAN

KENYA

KIRGHIZISTAN

KOWEÏT

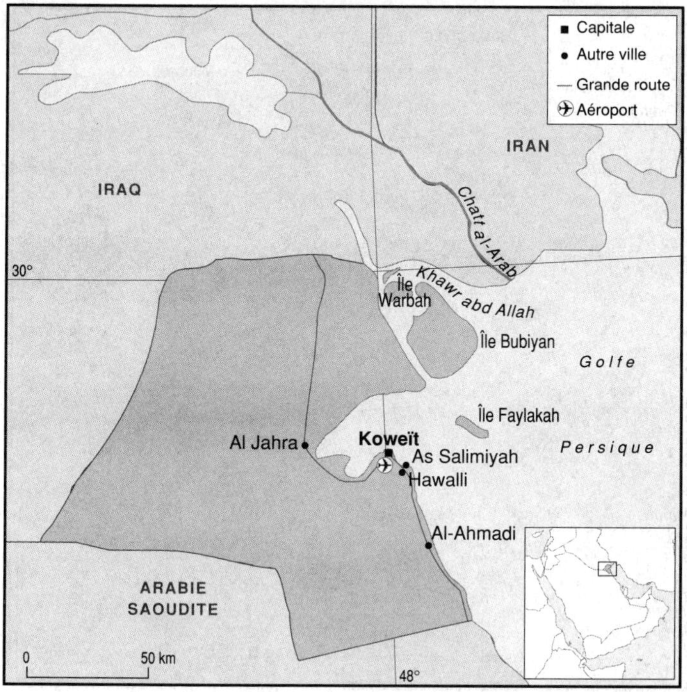
Capitale
Autre ville
Grande route
Aéroport
IRAN
IRAQ
Chatt al-Arab
30°
Khawr abd Allah
Île Warbah
Île Bubiyan
Golfe
Île Faylakah
Koweït
Al Jahra
As Salimiyah
Hawalli
Persique
Al-Ahmadi
ARABIE SAOUDITE
0
50 km
48°

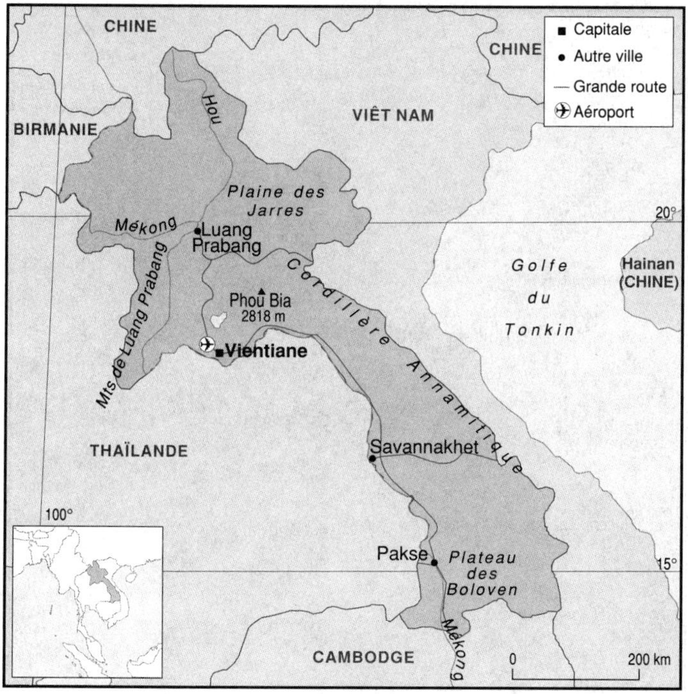
CHINE
CHINE
Capitale
Autre ville
Grande route
Aéroport
Hou
VIÊT NAM
BIRMANIE
Plaine des Jarres
Mékong
Luang Prabang
20°
Golfe du Tonkin
Hainan (CHINE)
Cordillère Annamitique
Phou Bia 2818 m
Mts de Luang Prabang
Vientiane
THAÏLANDE
Savannakhet
100°
Pakse
Plateau des Boloven
15°
Mékong
CAMBODGE
0
200 km

LAOS

LESOTHO

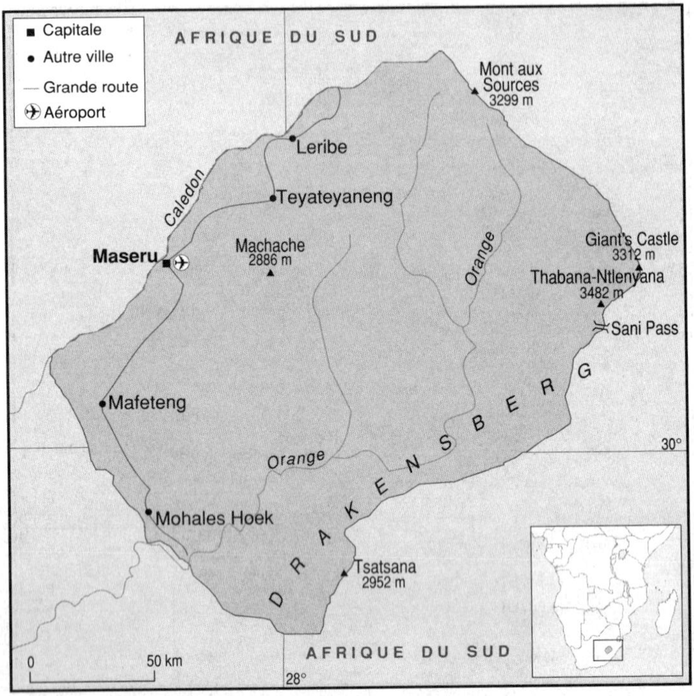

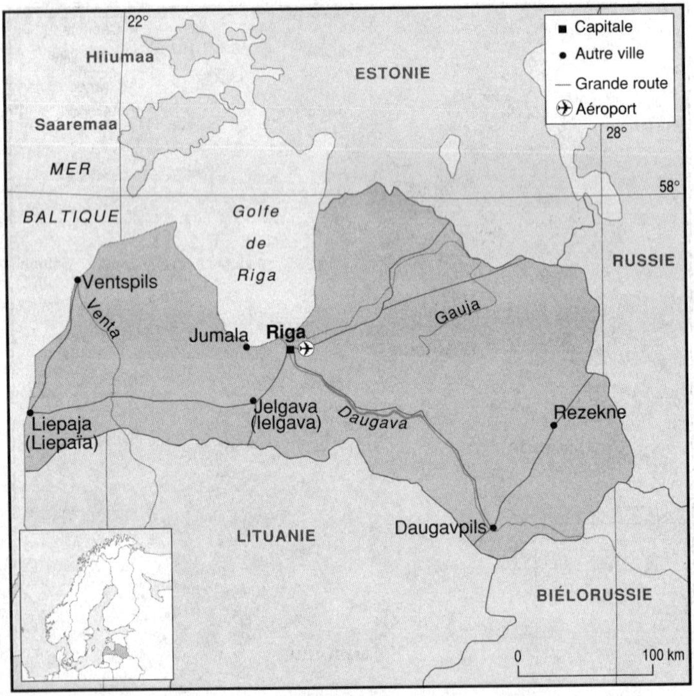

LETTONIE

LIBAN

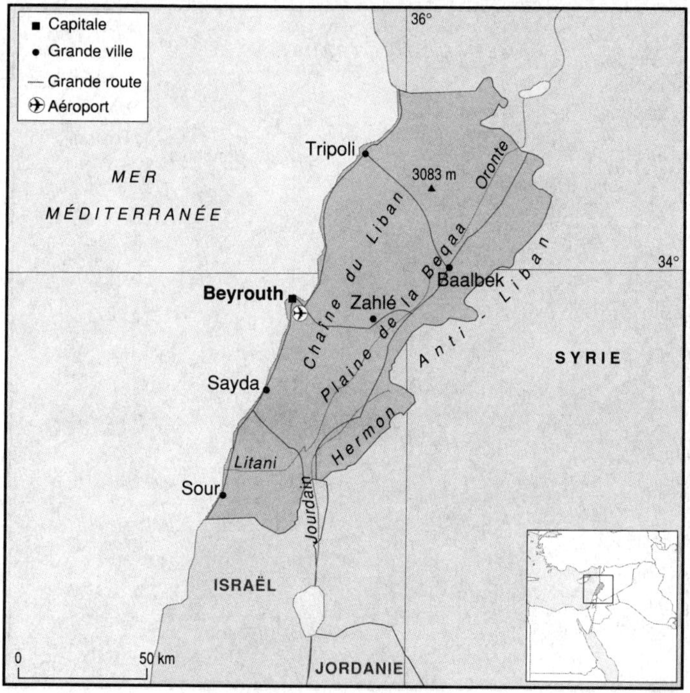

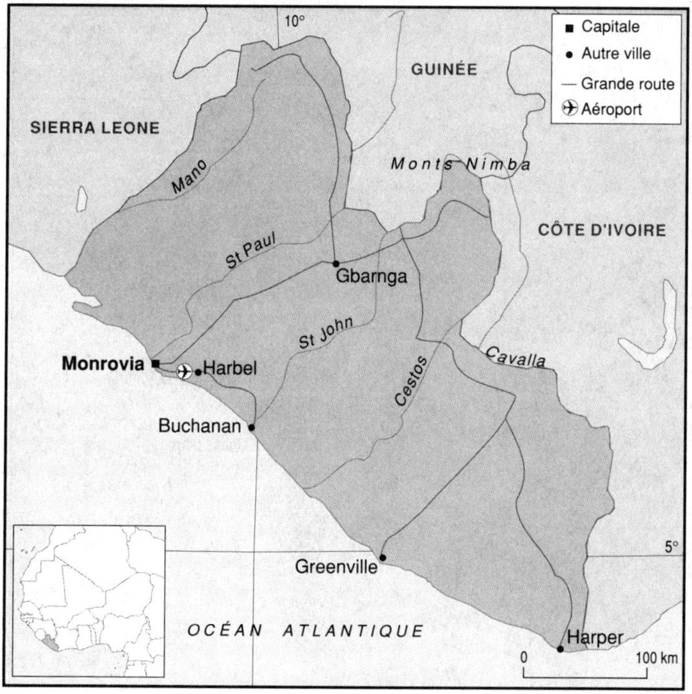

LIBERIA

LIBYE

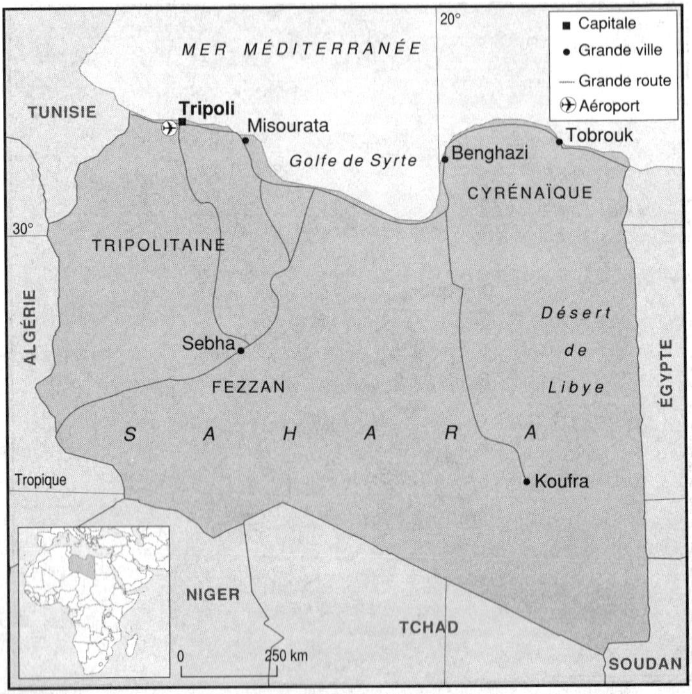

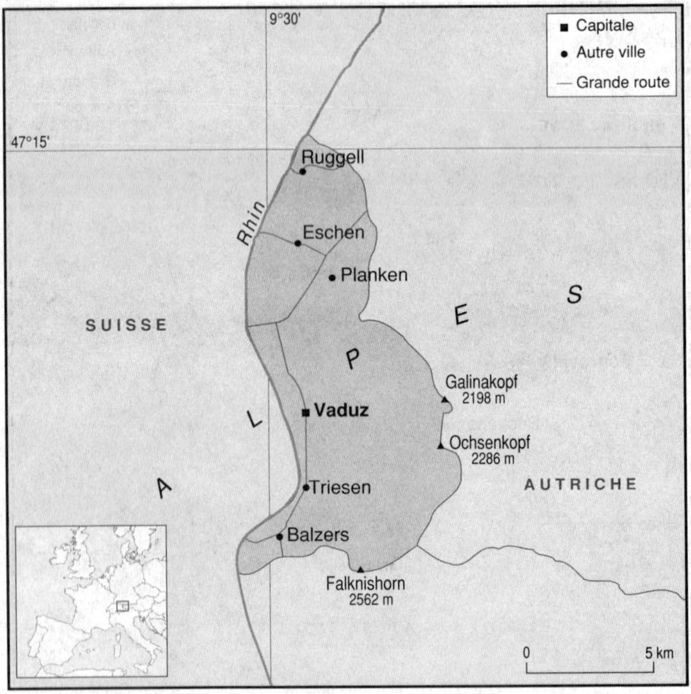

LIECHTENSTEIN

LITUANIE

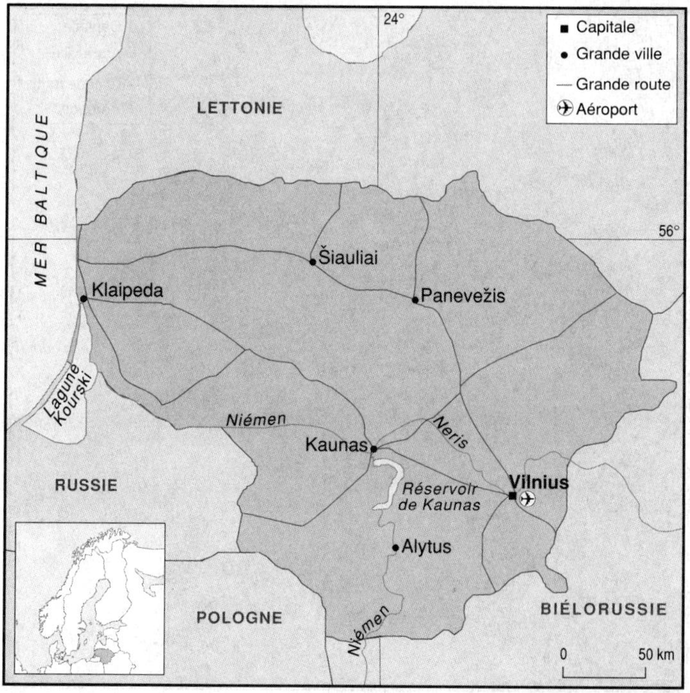

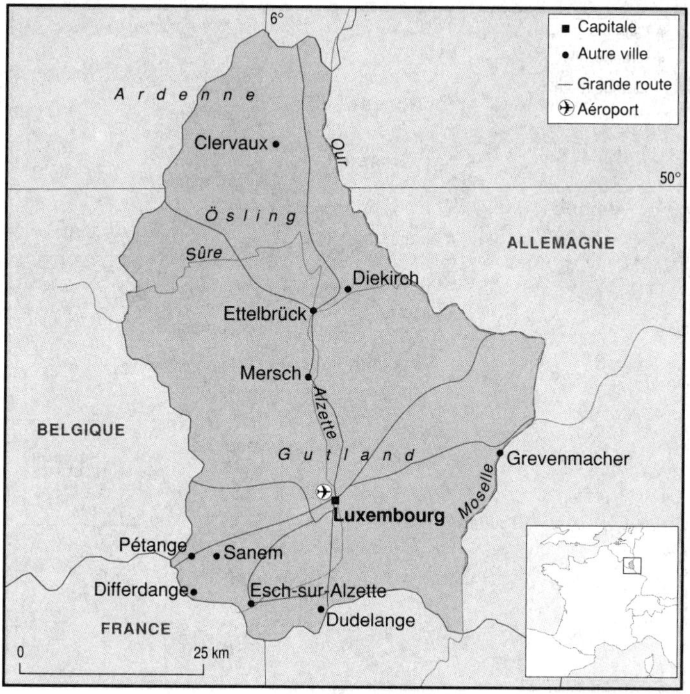

LUXEMBOURG

MACÉDOINE

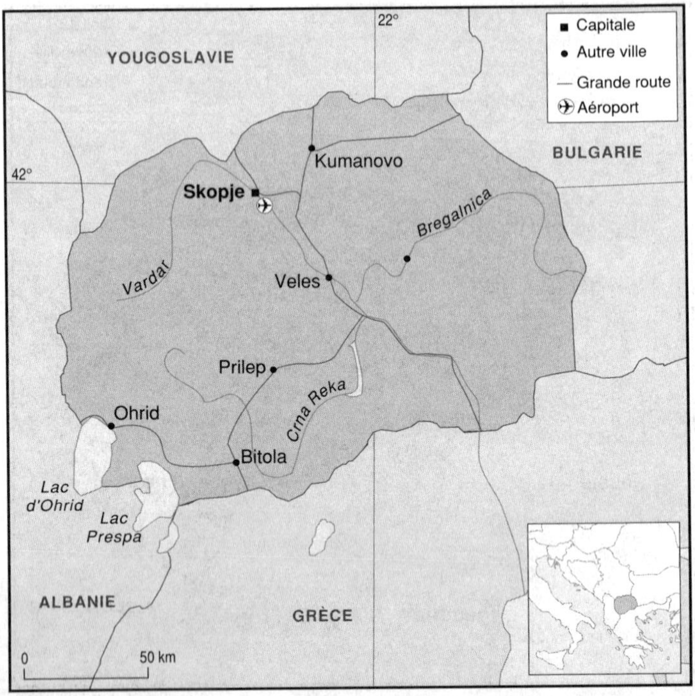

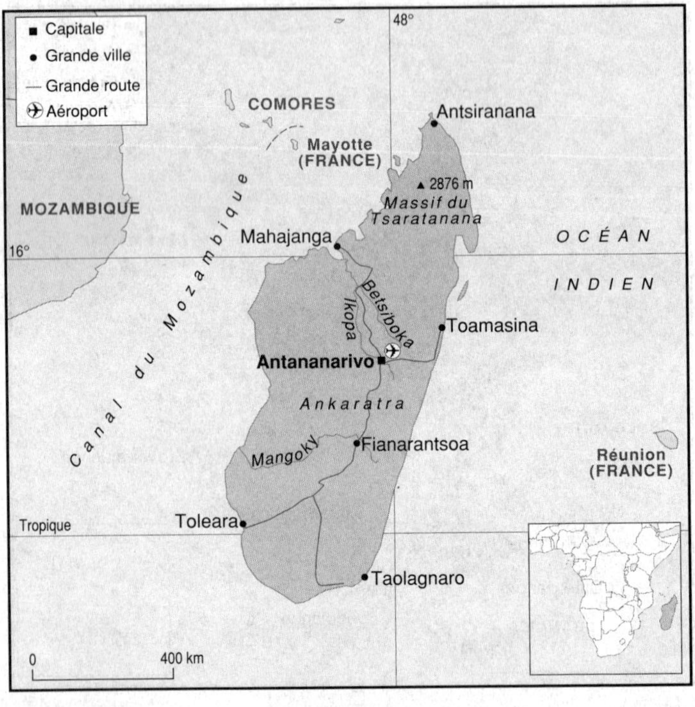

MADAGASCAR

MALAWI

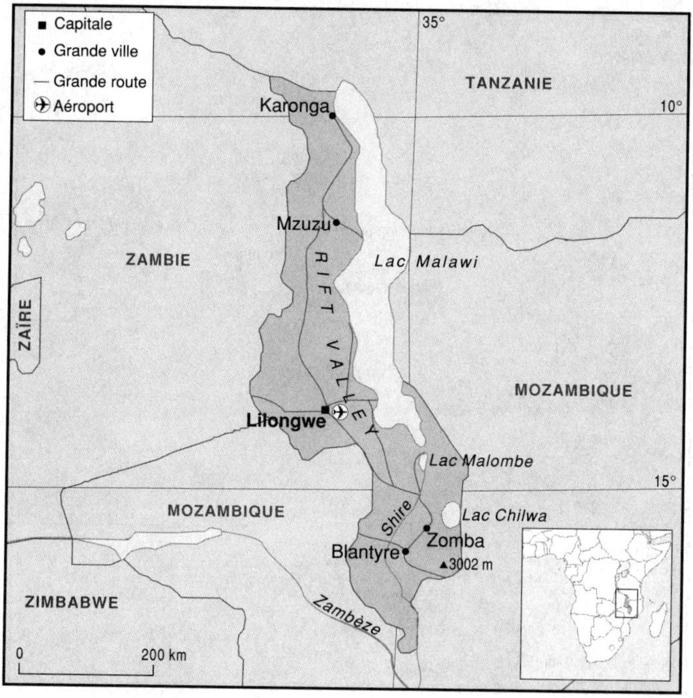

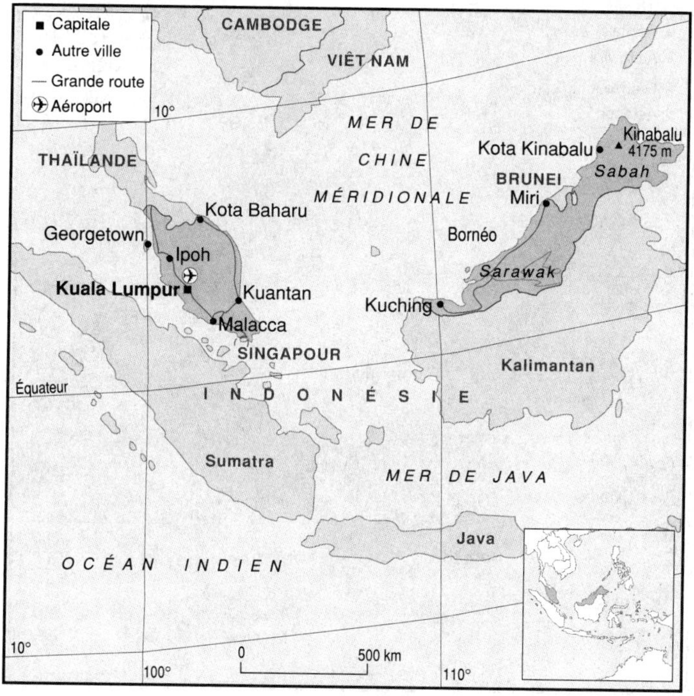

MALAYSIA

MALDIVES

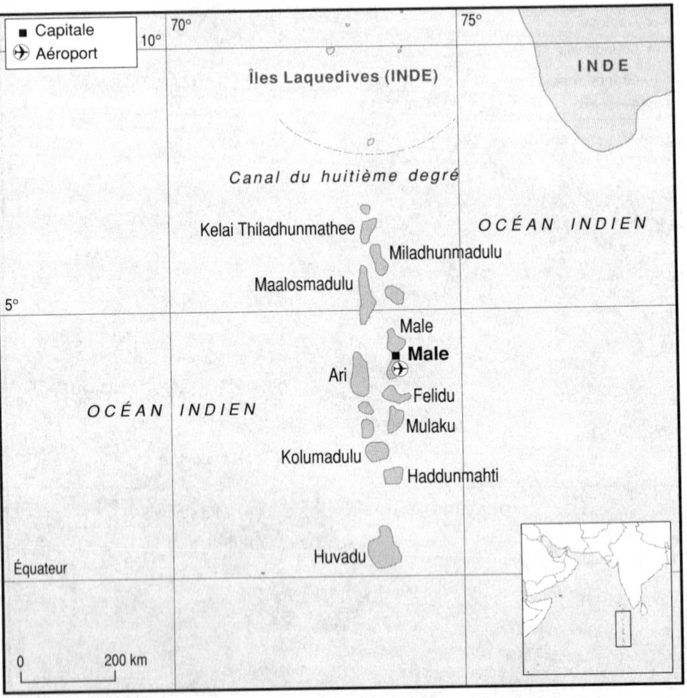

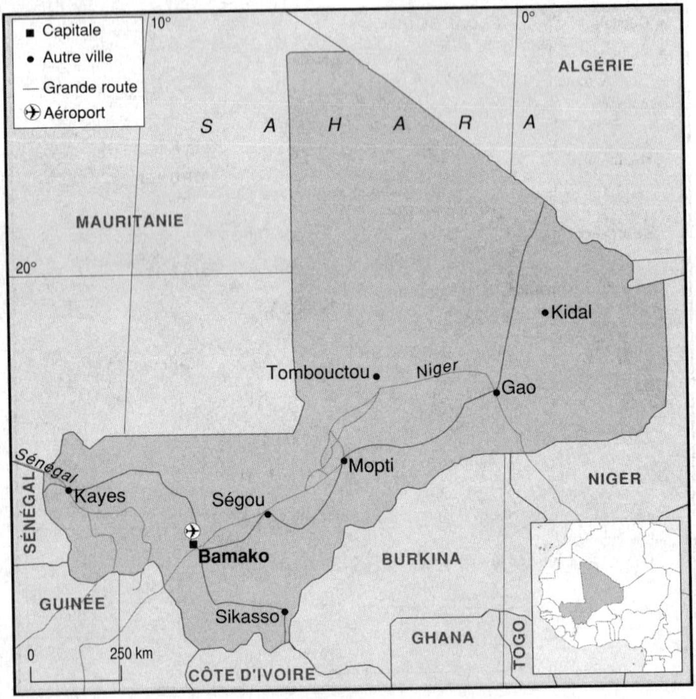

MALI

MALTE

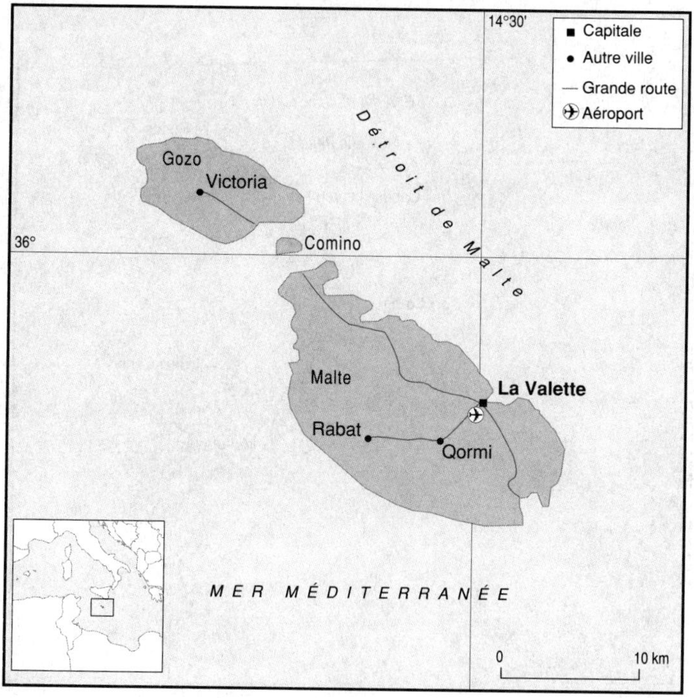

14°30'
Capitale
Autre ville
Grande route
Aéroport
Détroit de Malte
Gozo
Victoria
36°
Comino
Malte
La Valette
Rabat
Qormi
MER MÉDITERRANÉE
0
10 km

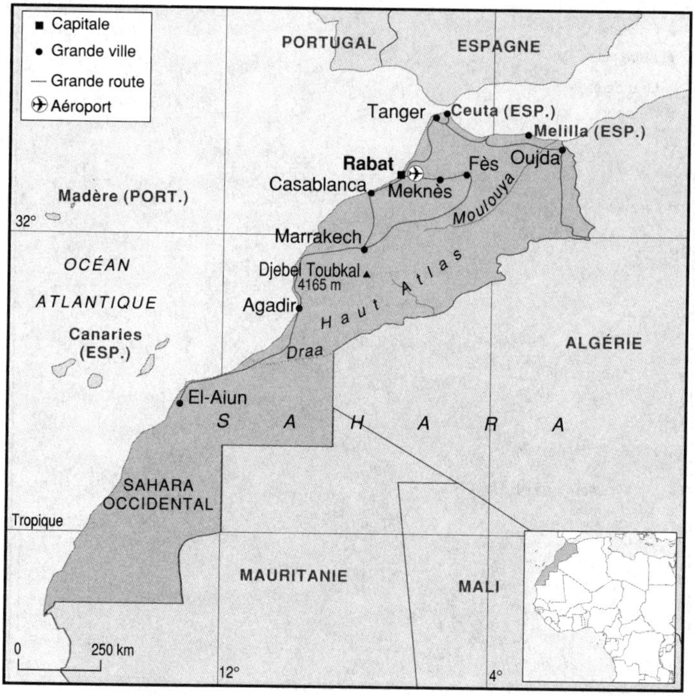

Capitale
Grande ville
Grande route
Aéroport
PORTUGAL
ESPAGNE
Tanger
Ceuta (ESP.)
Melilla (ESP.)
Rabat
Fès
Oujda
Casablanca
Meknès
Madère (PORT.)
32°
Moulouya
Marrakech
OCÉAN
ATLANTIQUE
Djebel Toubkal
4165 m
Haut Atlas
Agadir
Canaries
(ESP.)
Draa
ALGÉRIE
El-Aiun
S A H A R A
SAHARA
OCCIDENTAL
Tropique
MAURITANIE
MALI
0
250 km
12°
4°

MAROC

MAURICE

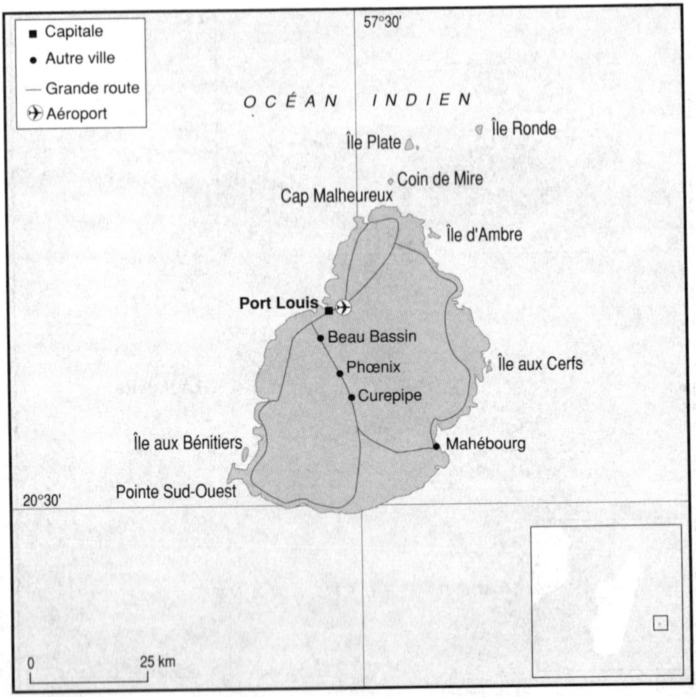

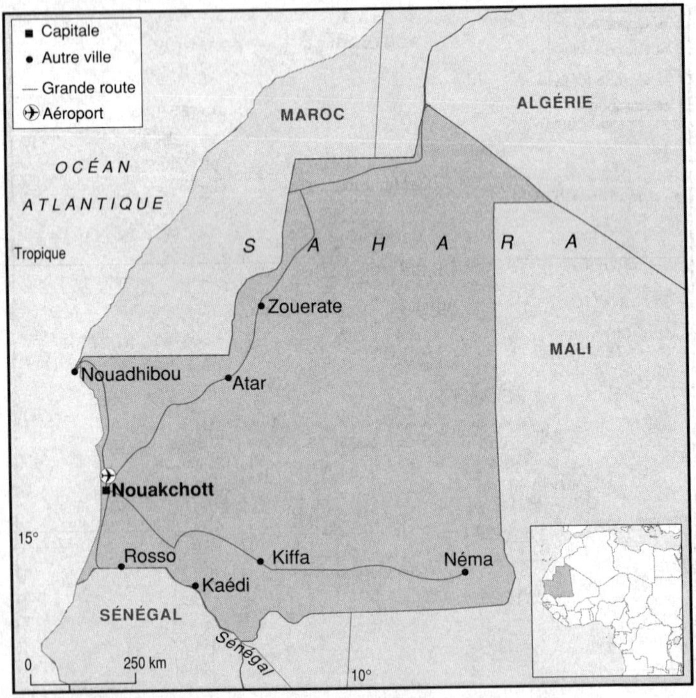

MAURITANIE

MEXIQUE

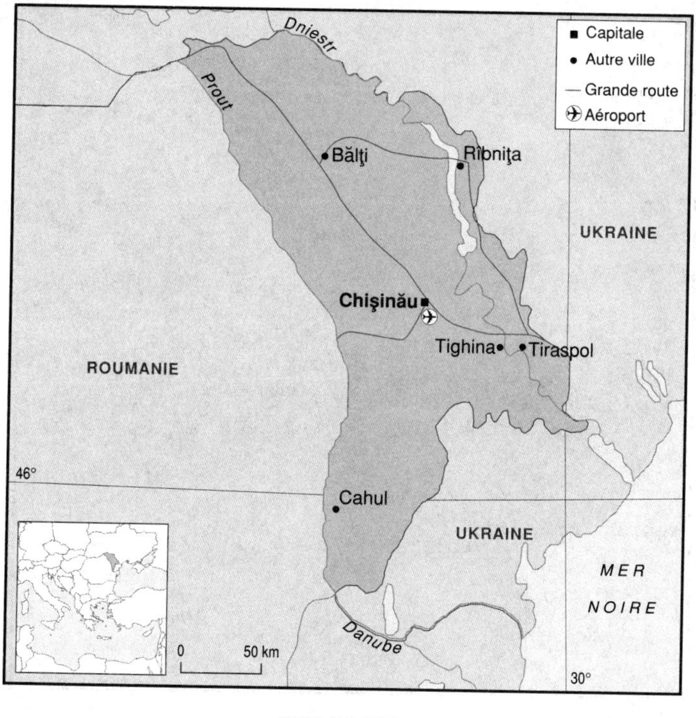

MOLDAVIE

MONACO

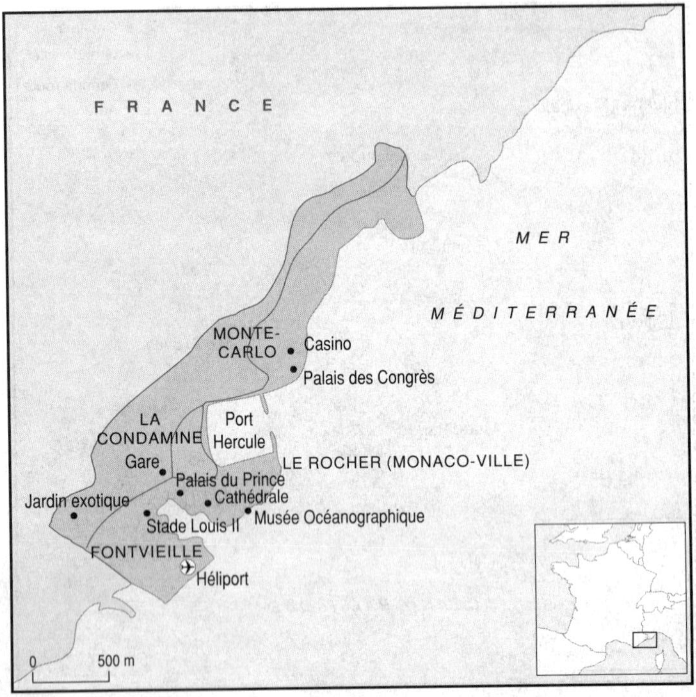

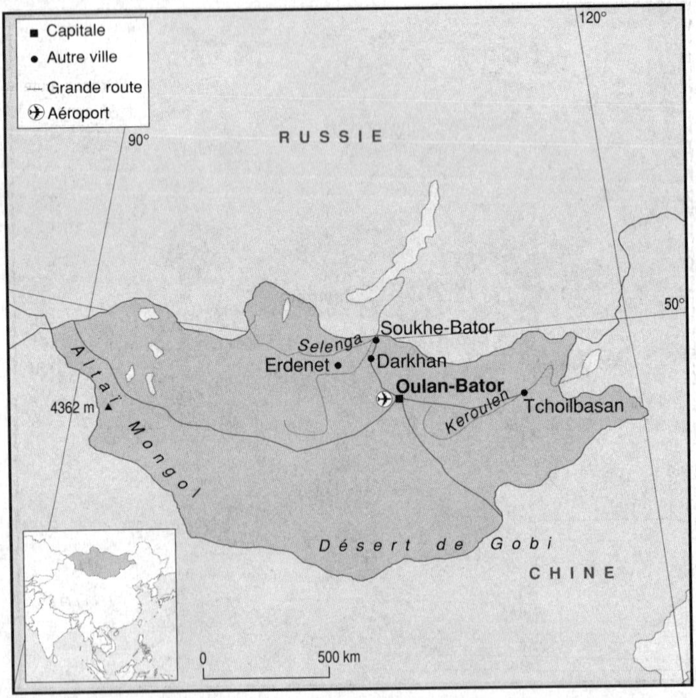

MONGOLIE

MOZAMBIQUE

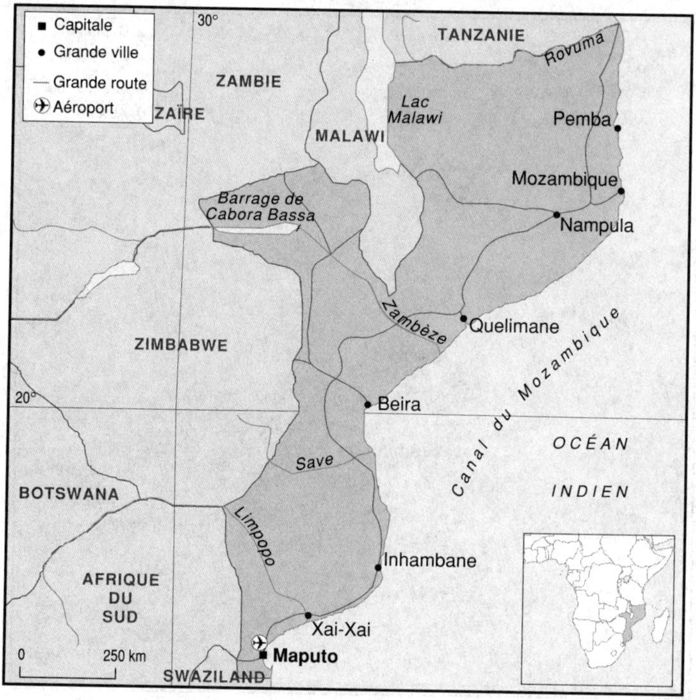

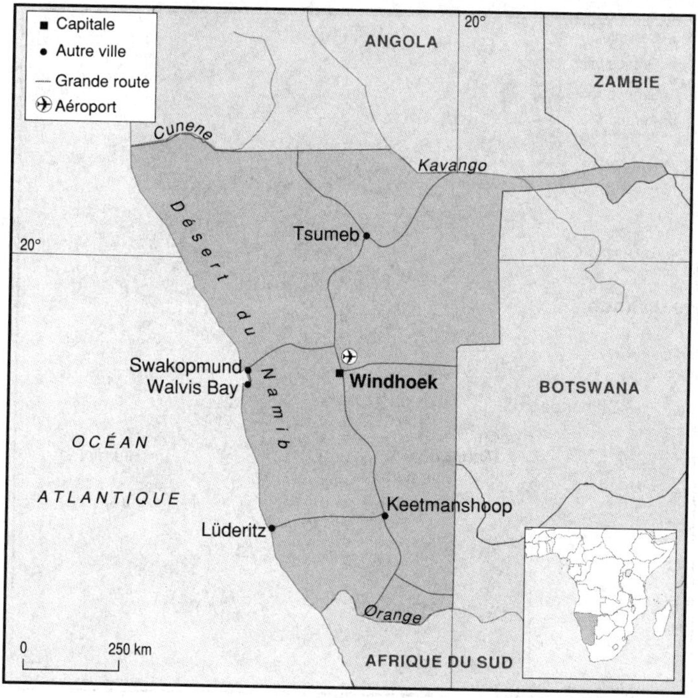

NAMIBIE

NÉPAL

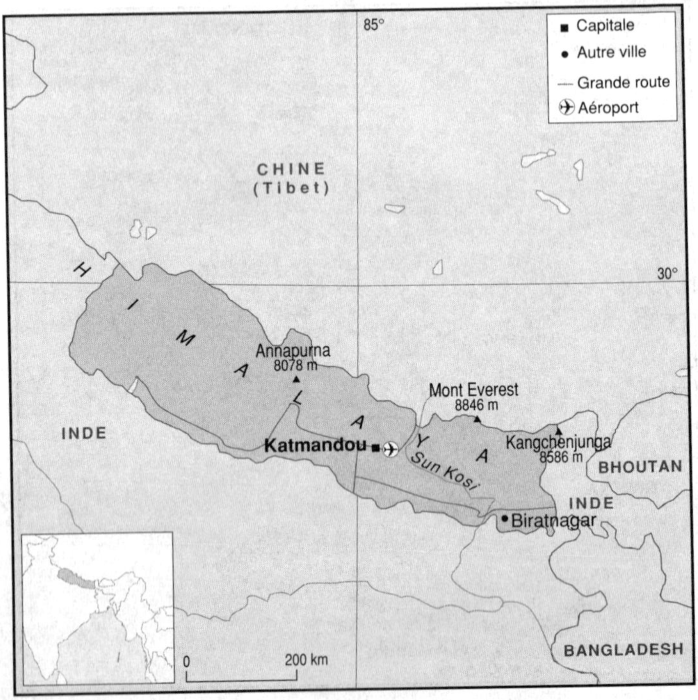

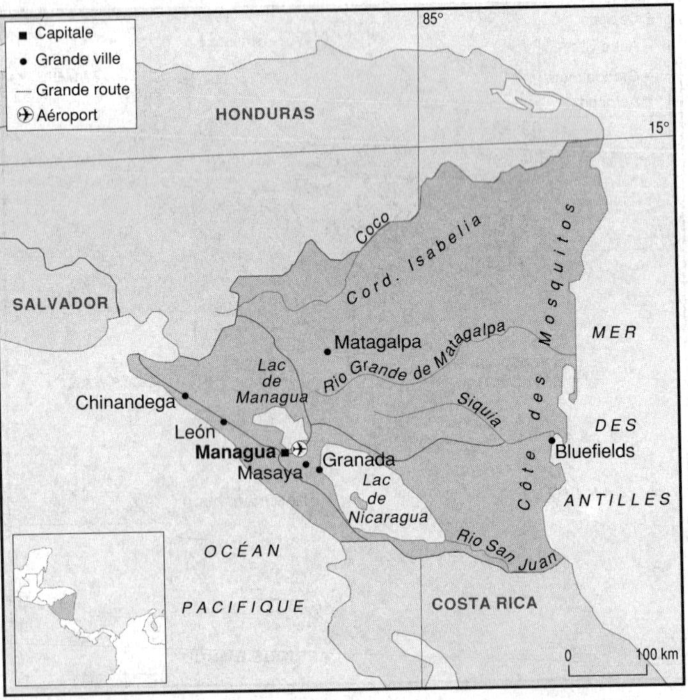

NICARAGUA

NIGER

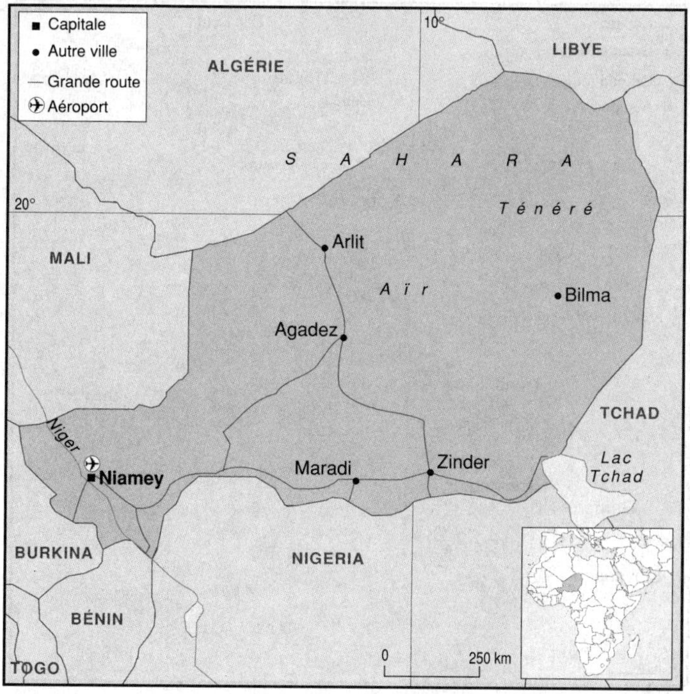

NIGERIA

NORVÈGE

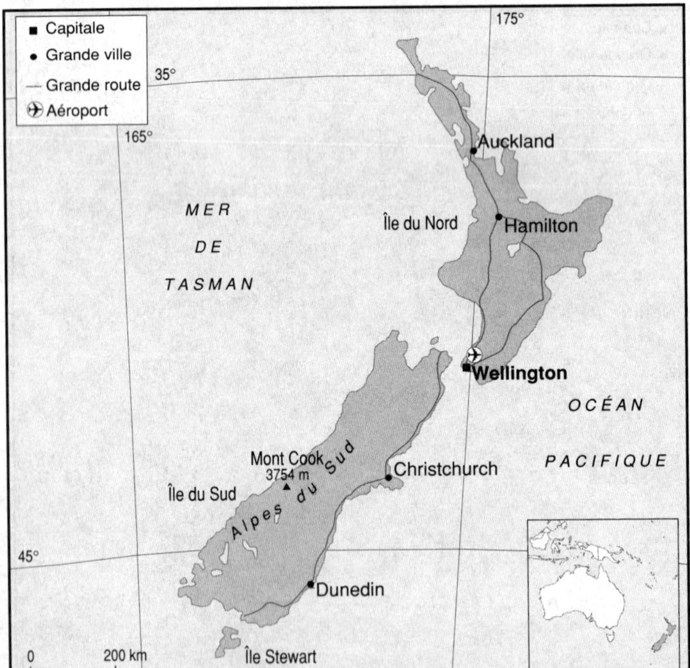

NOUVELLE-ZÉLANDE

OCÉANIE

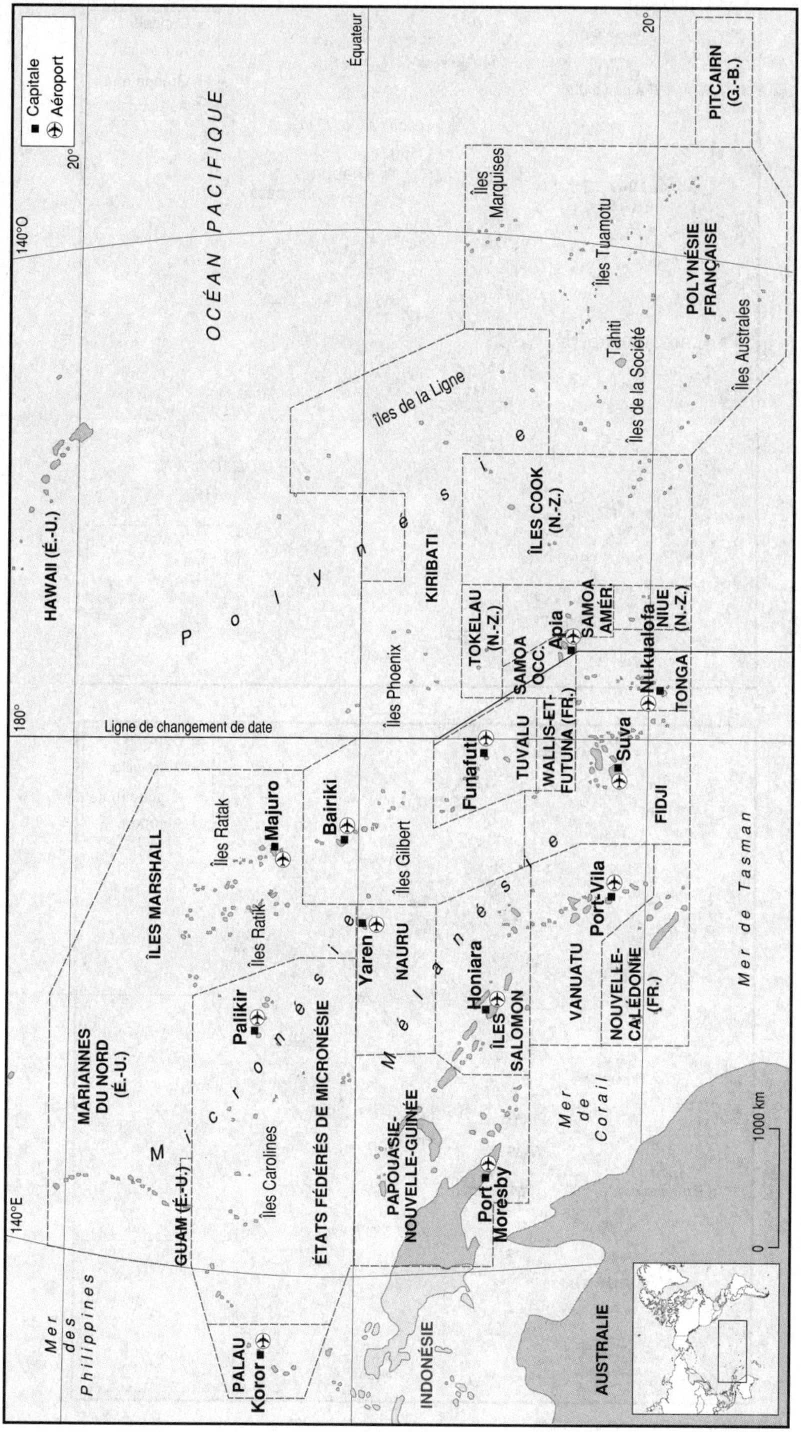

Capitale
Aéroport
OCÉAN PACIFIQUE
Équateur
Ligne de changement de date
140°E
140°O
180°
20°
HAWAII (É.-U.)
Polynésie
Micronésie
Mélanésie
MARIANNES DU NORD (É.-U.)
GUAM (É.-U.)
PALAU
Koror
Mer des Philippines
Îles Carolines
ÉTATS FÉDÉRÉS DE MICRONÉSIE
Palikir
ÎLES MARSHALL
Îles Ratak
Îles Ratik
Majuro
Bairiki
Îles Gilbert
Yaren
NAURU
KIRIBATI
Îles Phoenix
Îles de la Ligne
Îles Marquises
Îles Tuamotu
Tahiti
Îles de la Société
Îles Australes
POLYNÉSIE FRANÇAISE
PITCAIRN (G.-B.)
ÎLES COOK (N.-Z.)
TOKELAU (N.-Z.)
SAMOA OCC.
Apia
SAMOA AMÉR.
NIUE (N.-Z.)
TONGA
Nukualofa
TUVALU
Funafuti
WALLIS-ET-FUTUNA (FR.)
FIDJI
Suva
VANUATU
Port-Vila
NOUVELLE-CALÉDONIE (FR.)
ÎLES SALOMON
Honiara
PAPOUASIE-NOUVELLE-GUINÉE
Port Moresby
INDONÉSIE
AUSTRALIE
Mer de Corail
Mer de Tasman
0
1000 km

OMAN

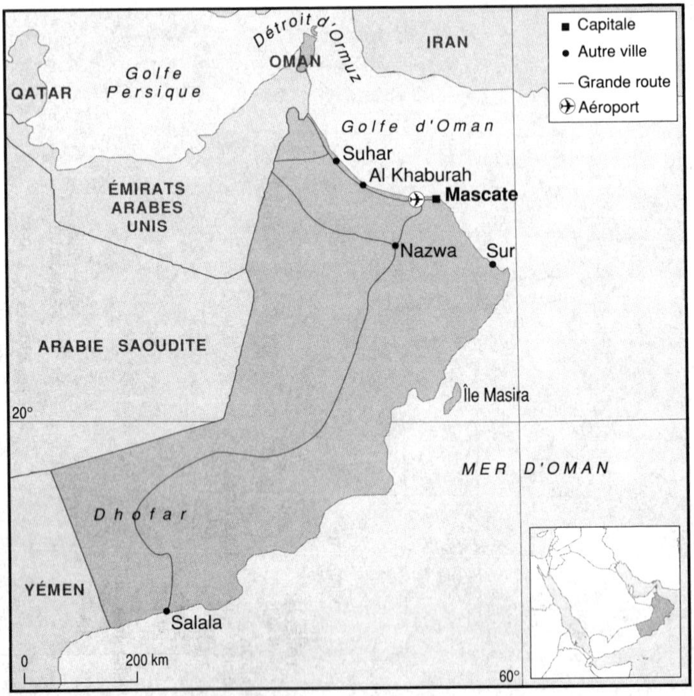

OUGANDA

OUZBÉKISTAN

PAKISTAN

PANAMA

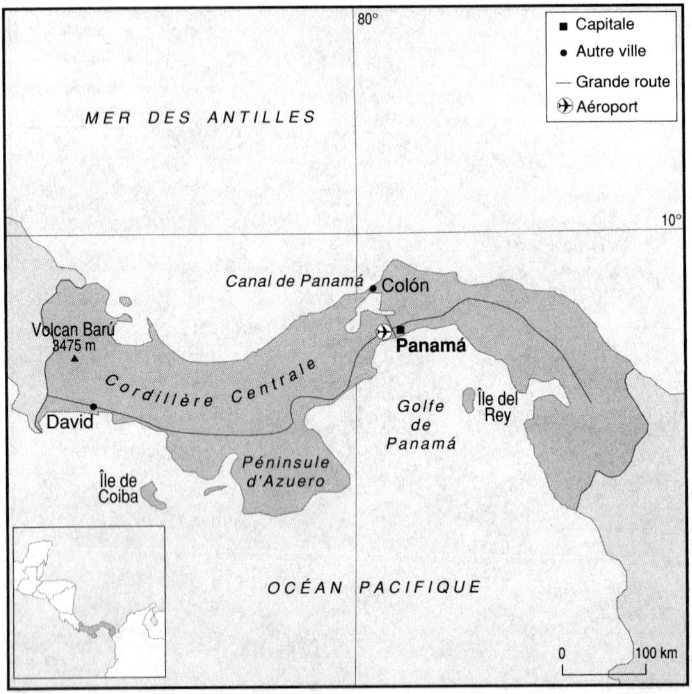

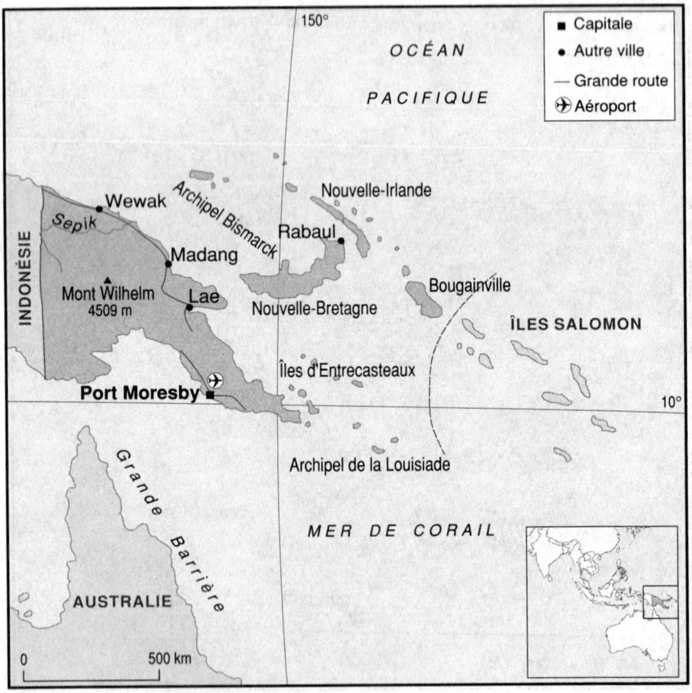

PAPOUASIE-NOUVELLE-GUINÉE

PARAGUAY

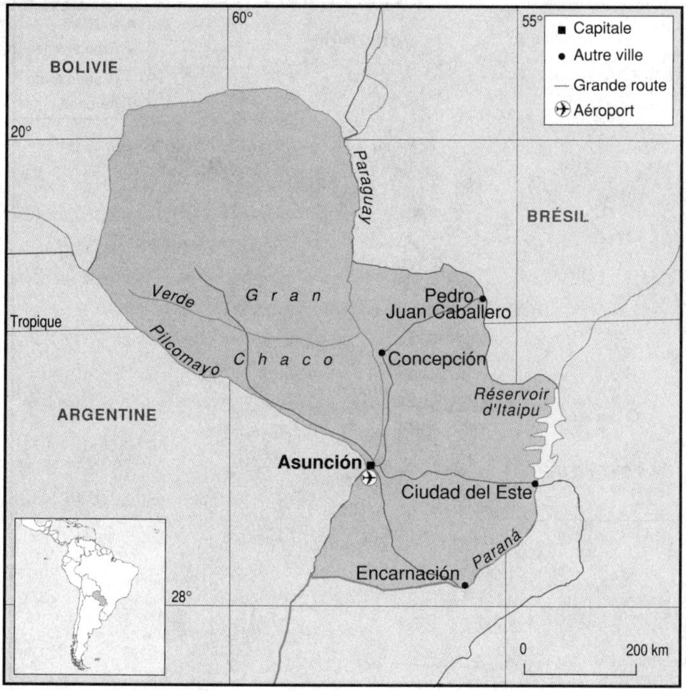

PAYS-BAS

PÉROU

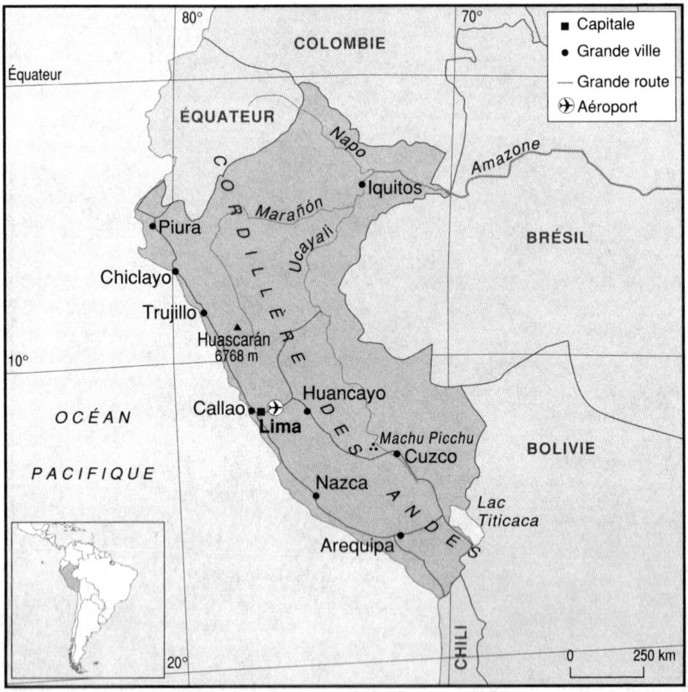

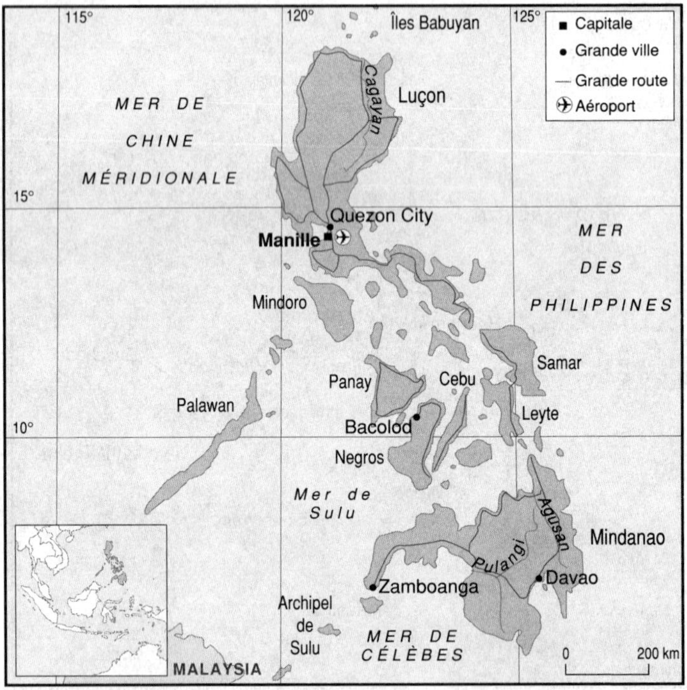

PHILIPPINES

POLOGNE

PORTUGAL

QATAR

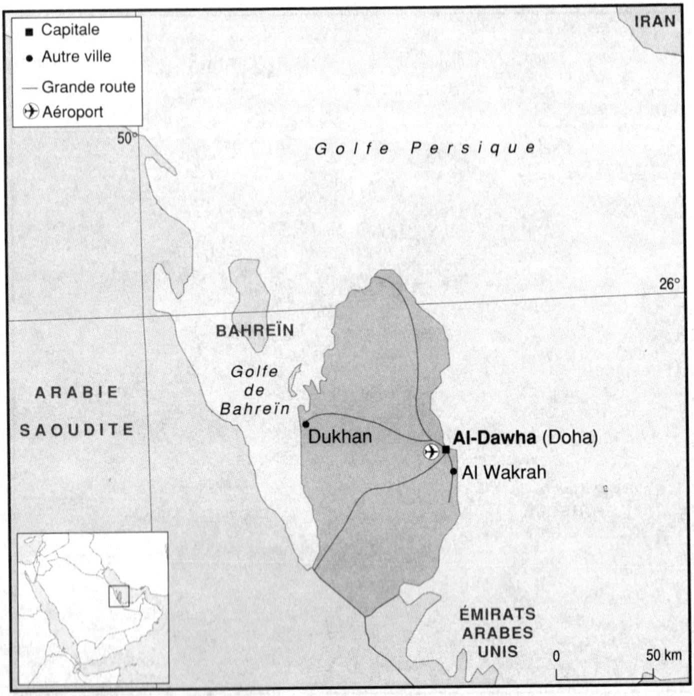

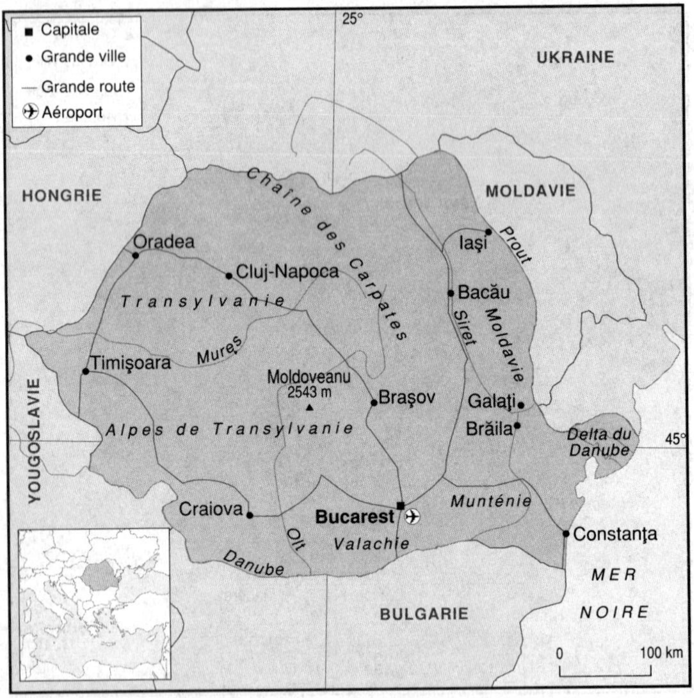

ROUMANIE

RUSSIE

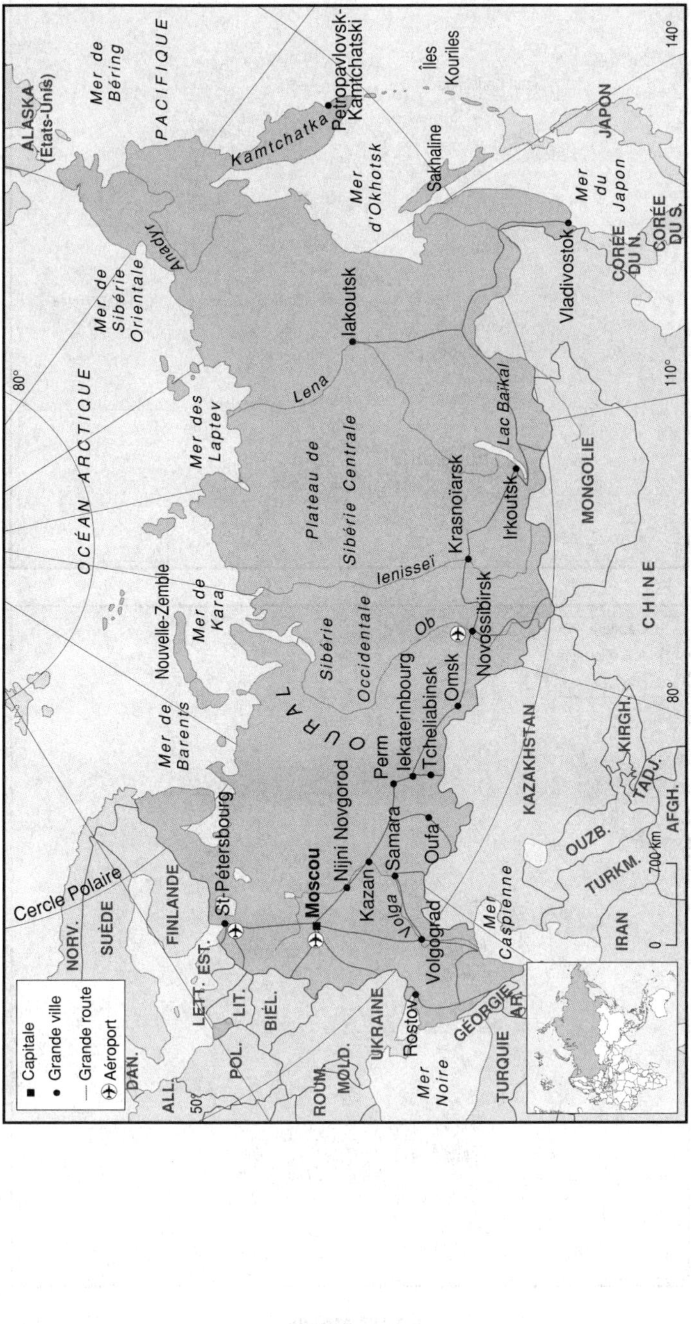
Capitale
Grande ville
Grande route
Aéroport
OCÉAN ARCTIQUE
PACIFIQUE
Mer de Barents
Mer de Kara
Mer des Laptev
Mer de Sibérie Orientale
Mer de Béring
Mer d'Okhotsk
Mer du Japon
Mer Noire
Mer Caspienne
Cercle Polaire
Nouvelle-Zemble
OURAL
Sibérie Occidentale
Plateau de Sibérie Centrale
Kamtchatka
Sakhaline
Îles Kouriles
Lac Baïkal
Lena
Ienisseï
Ob
Volga
Anadyr
Moscou
St-Pétersbourg
Nijni Novgorod
Kazan
Samara
Volgograd
Rostov
Perm
Iekaterinbourg
Tcheliabinsk
Oufa
Omsk
Novossibirsk
Krasnoïarsk
Irkoutsk
Iakoutsk
Vladivostok
Petropavlovsk-Kamtchatski
ALASKA (États-Unis)
JAPON
CORÉE DU N.
CORÉE DU S.
CHINE
MONGOLIE
KAZAKHSTAN
KIRGH.
TADJ.
AFGH.
OUZB.
TURKM.
IRAN
TURQUIE
GÉORGIE
AR.
UKRAINE
MOLD.
ROUM.
BIÉL.
LIT.
LETT.
EST.
POL.
ALL.
DAN.
NORV.
SUÈDE
FINLANDE
50°
80°
110°
140°
0
700 km

RUANDA

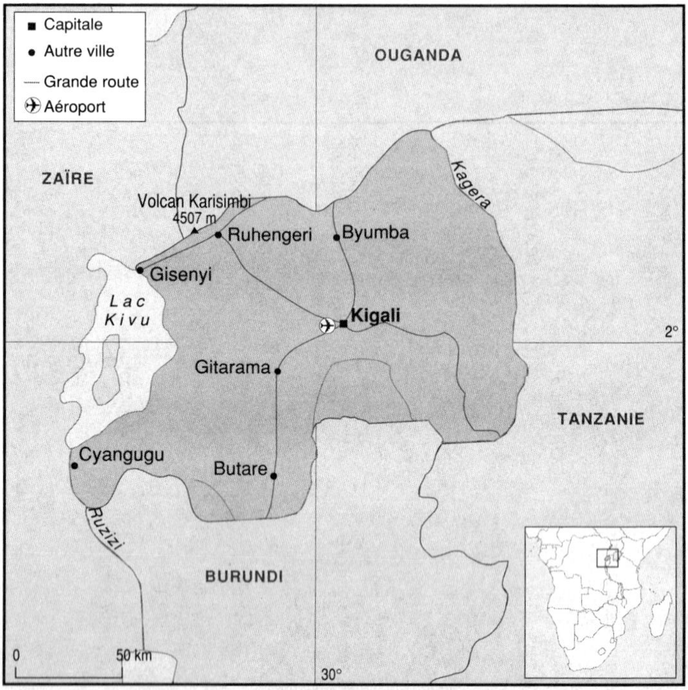

SAINT-MARIN

SALOMON

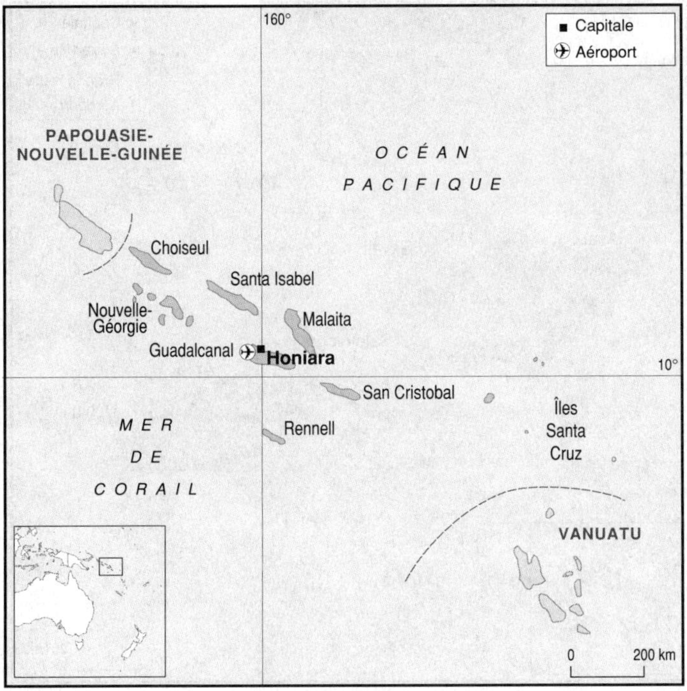

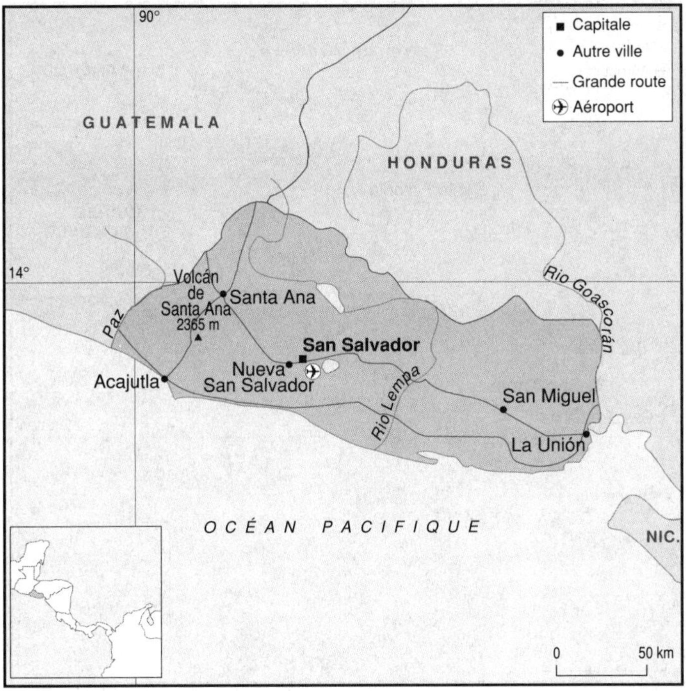

SALVADOR

SAMOA OCCIDENTALES

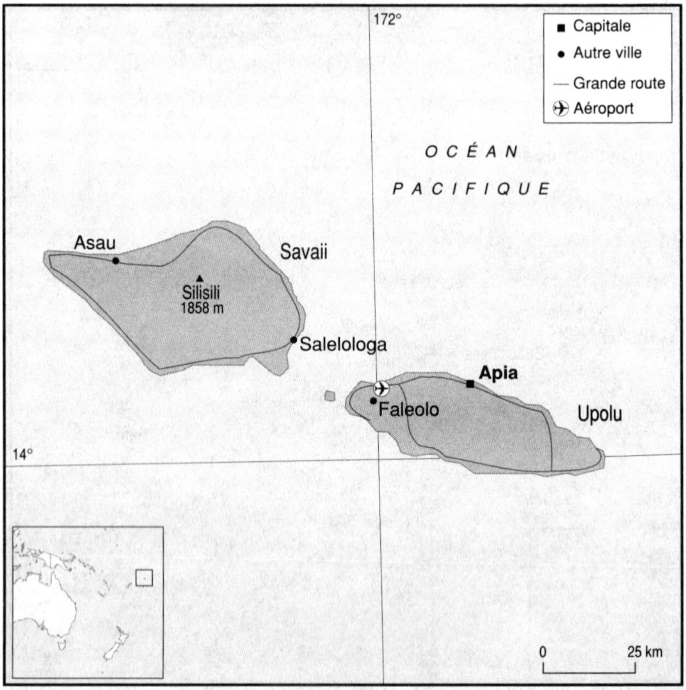

SÃO TOMÉ-ET-PRÍNCIPE

SÉNÉGAL

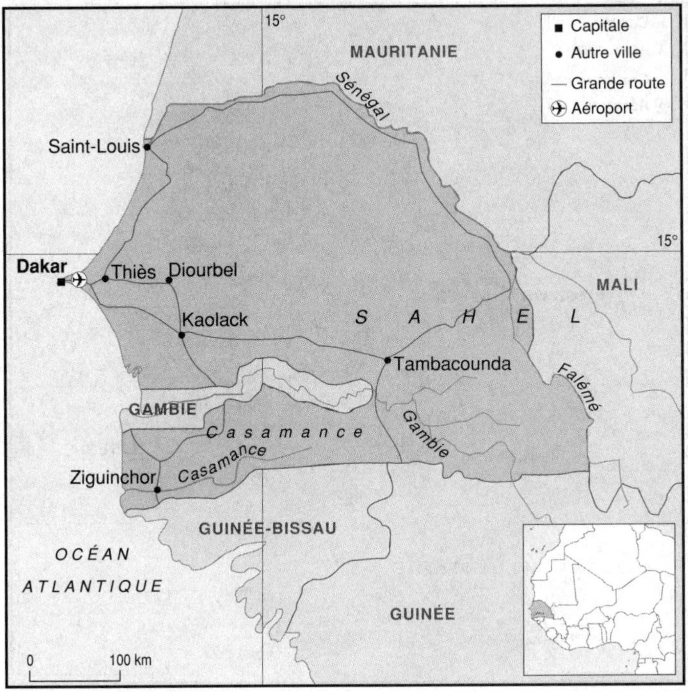

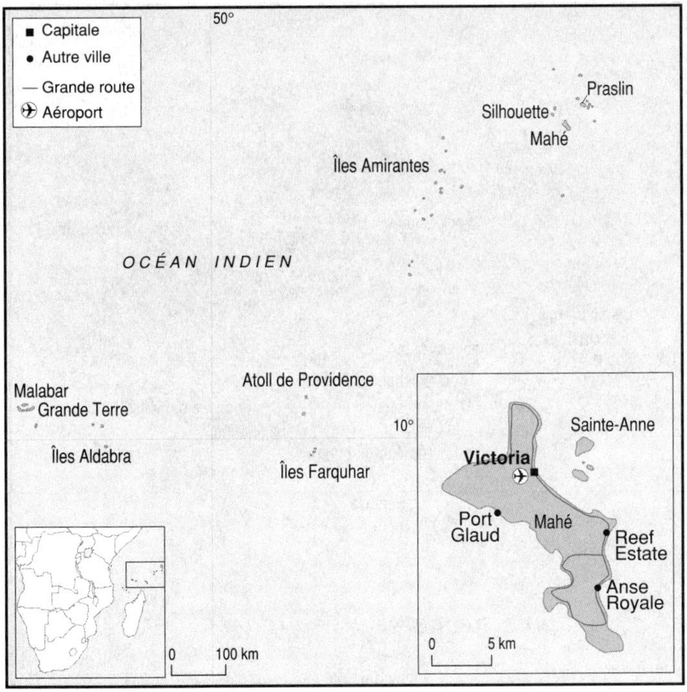

SEYCHELLES

SIERRA LEONE

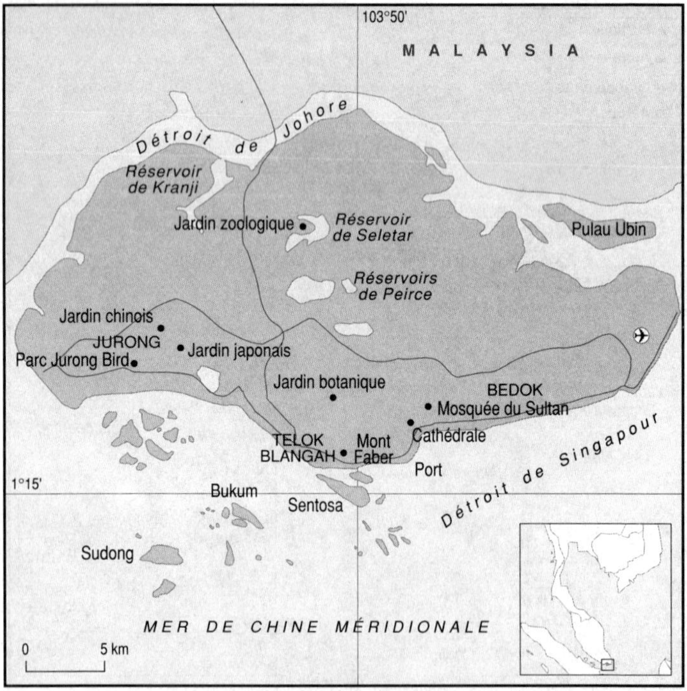

SINGAPOUR

SLOVAQUIE

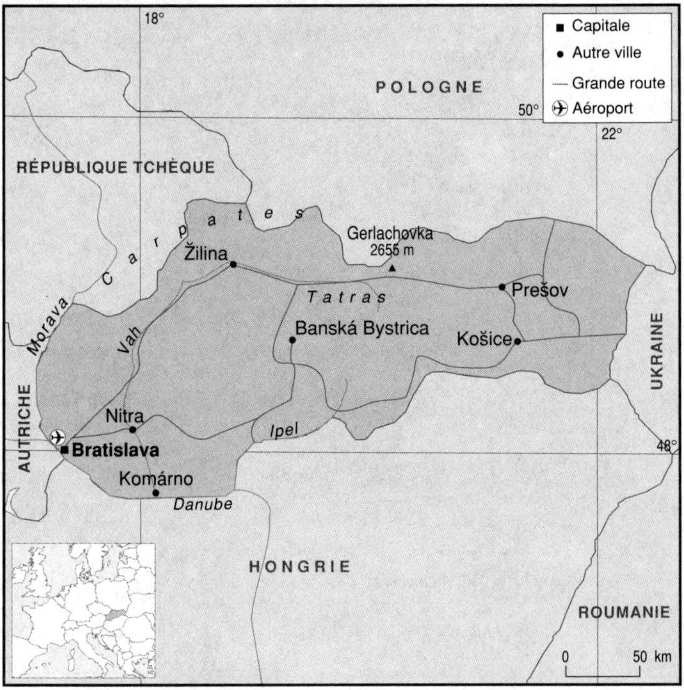

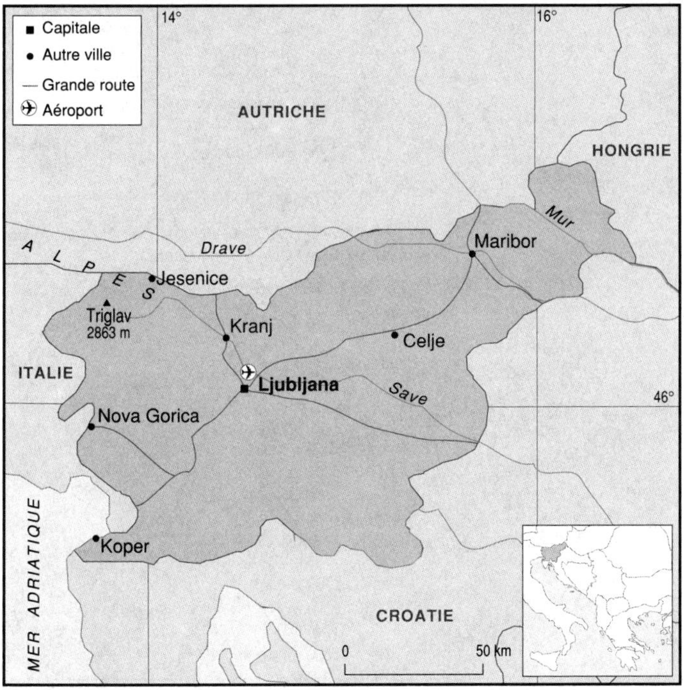

SLOVÉNIE

SOMALIE

SOUDAN

SRI LANKA

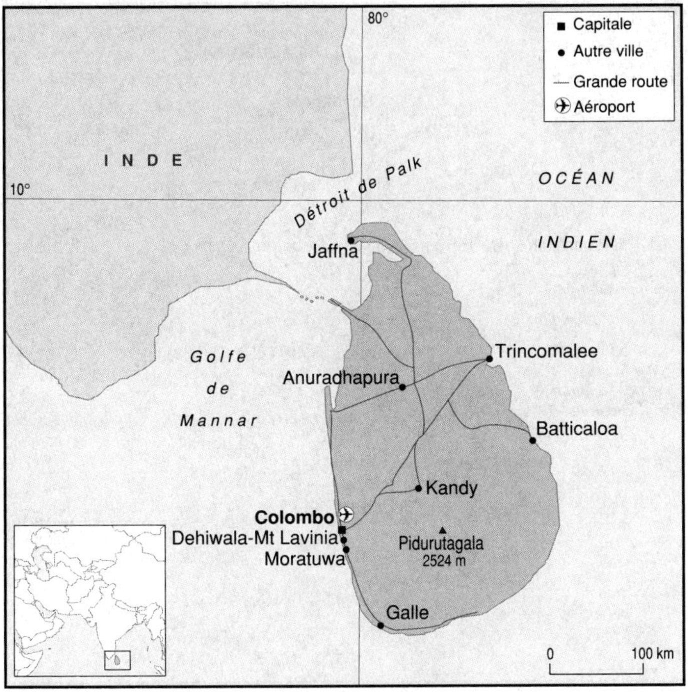

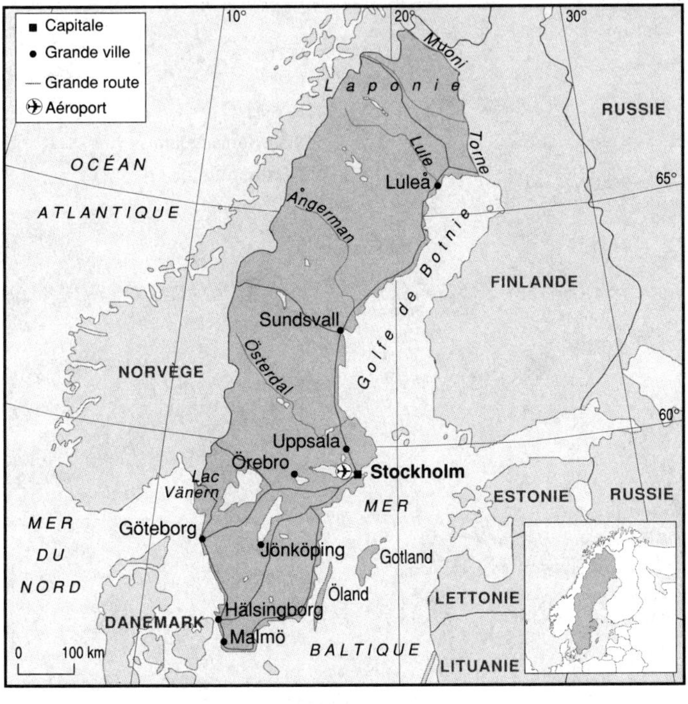

SUÈDE

SUISSE

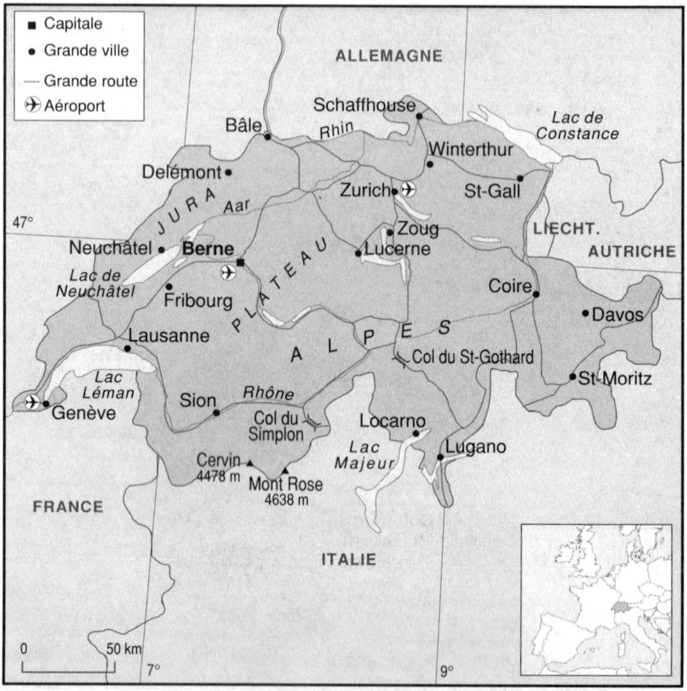

SURINAME

SWAZILAND

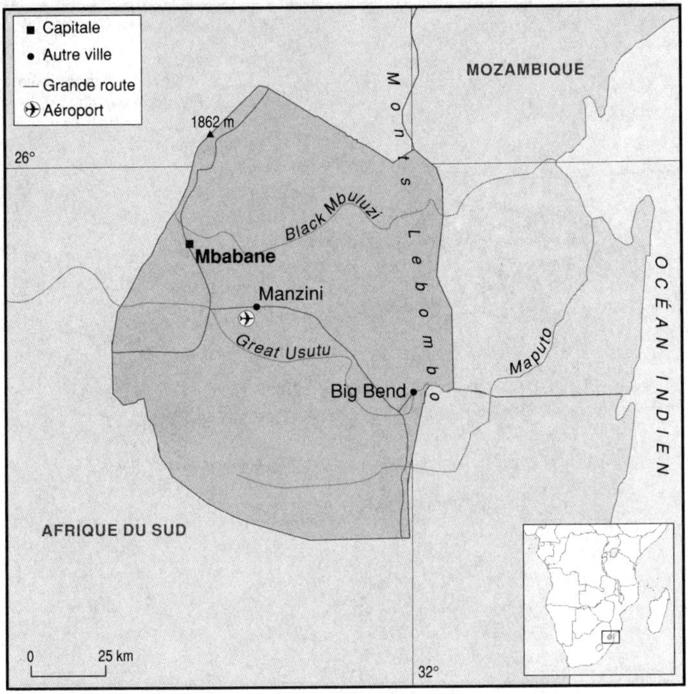

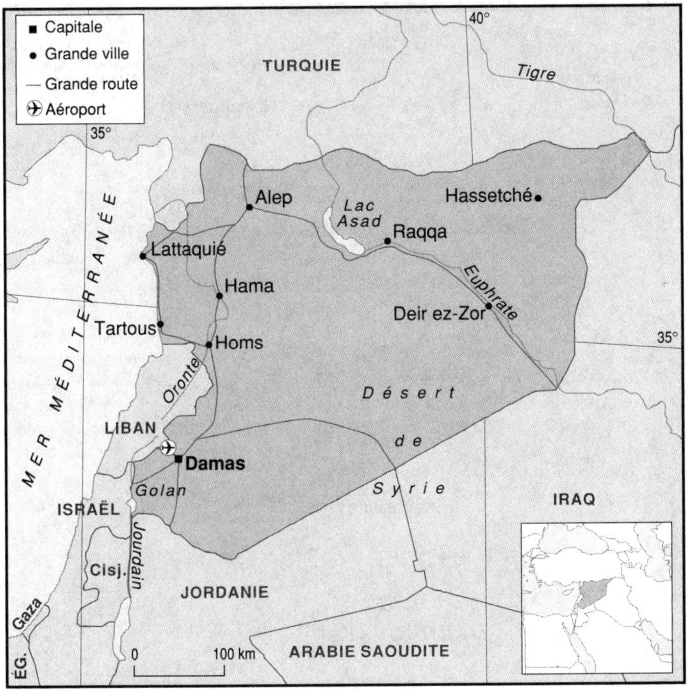

SYRIE

TADJIKISTAN

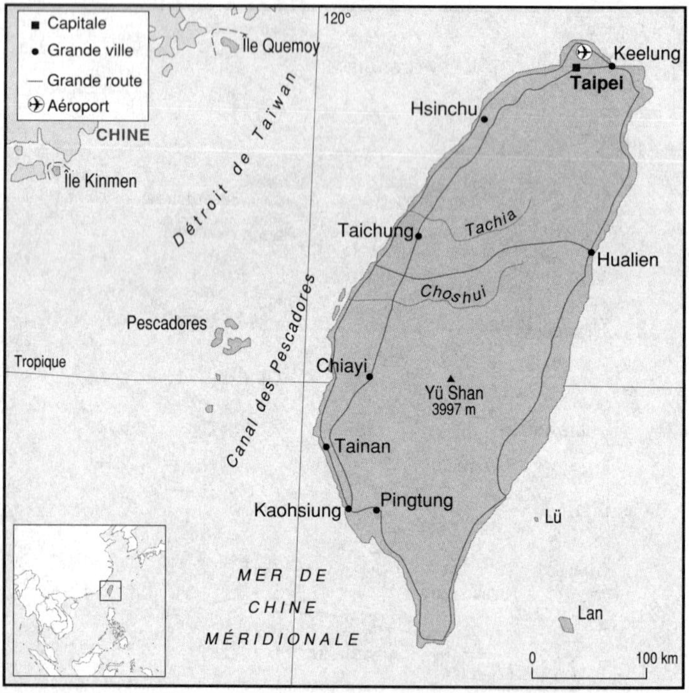

TAÏWAN

TANZANIE

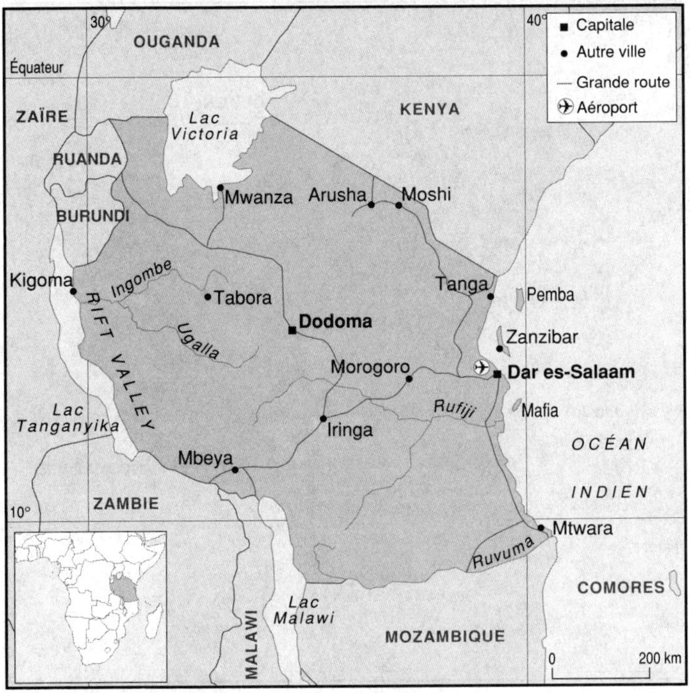

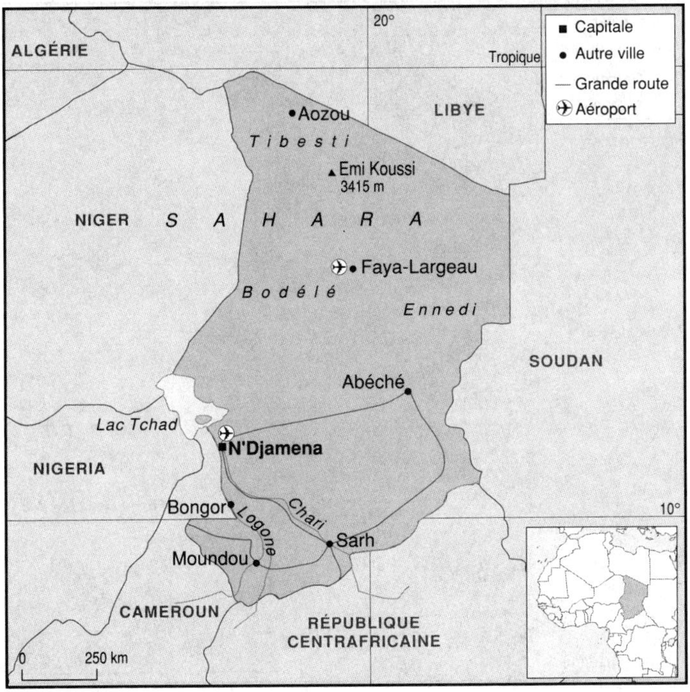

TCHAD

TCHÈQUE (RÉPUBLIQUE)

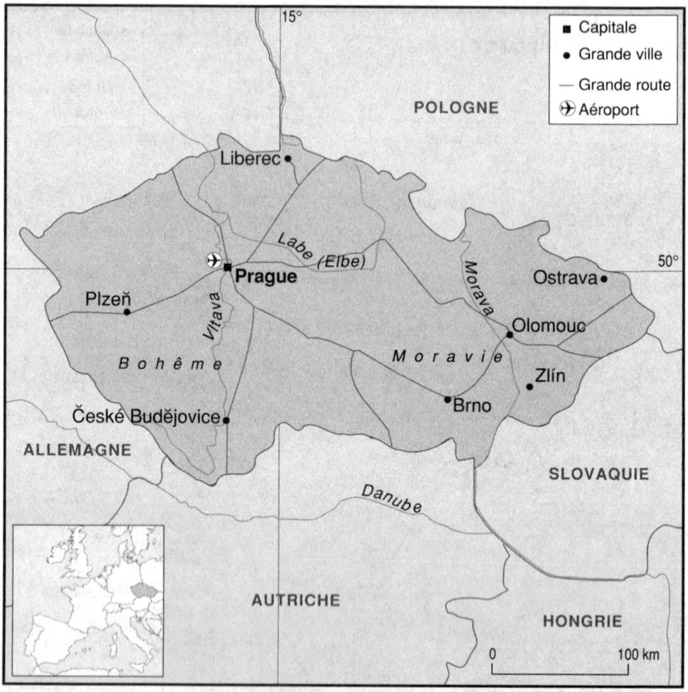

THAÏLANDE

TOGO

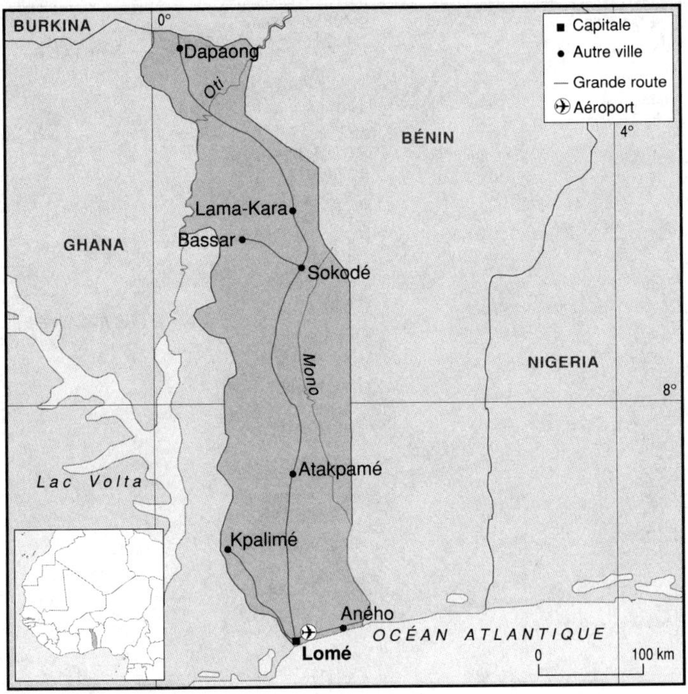

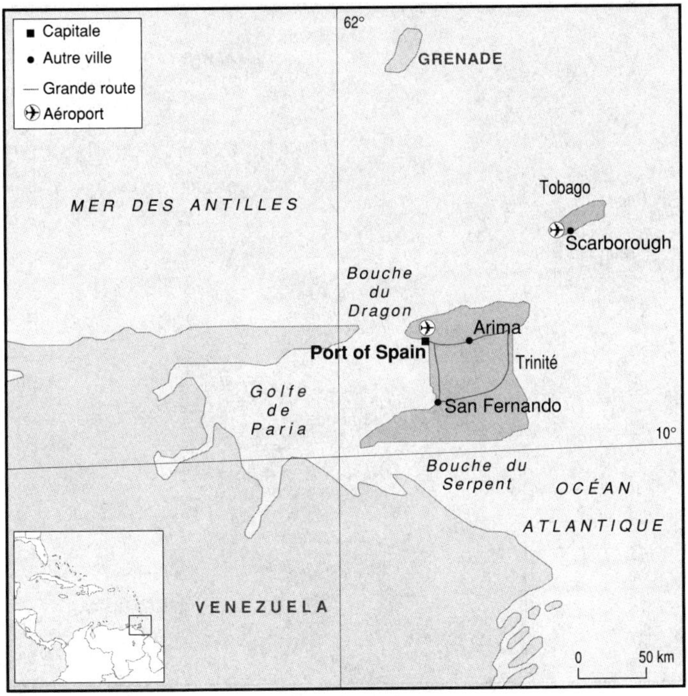

TRINITÉ-ET-TOBAGO

TUNISIE

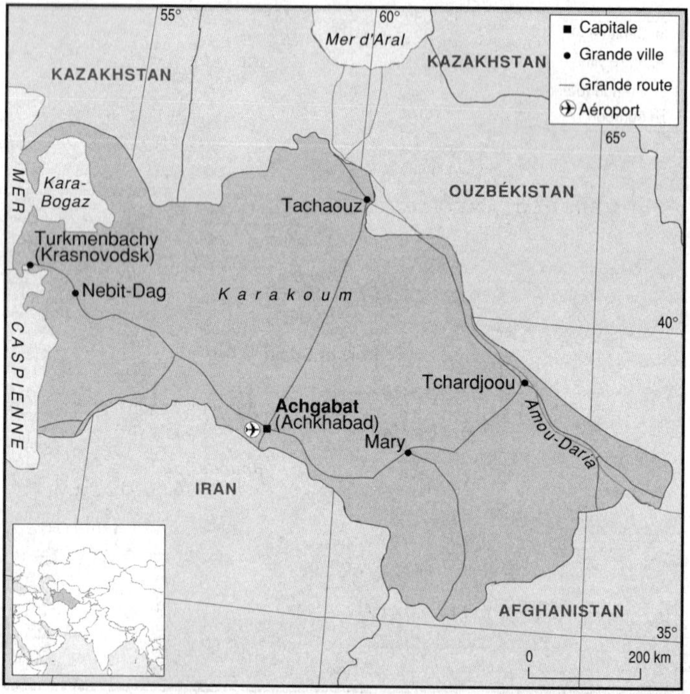

TURKMÉNISTAN

TURQUIE

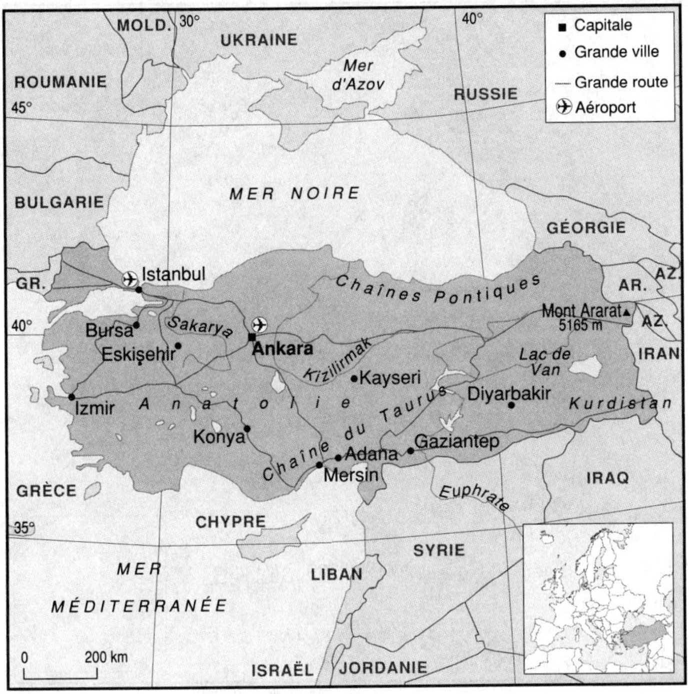

UKRAINE

URUGUAY

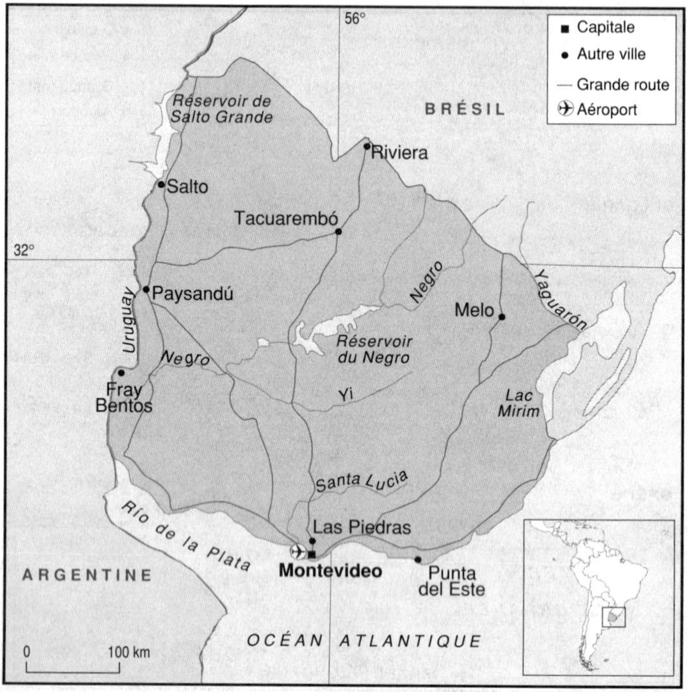

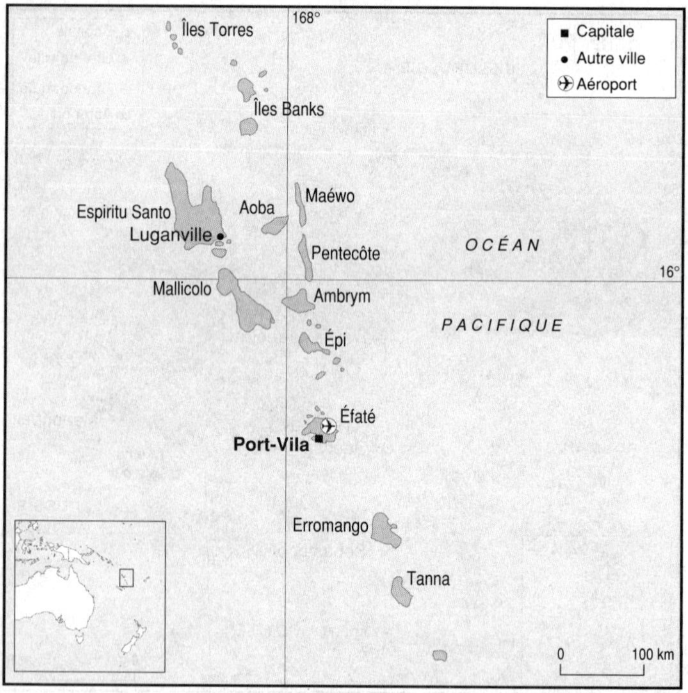

VANUATU

VATICAN

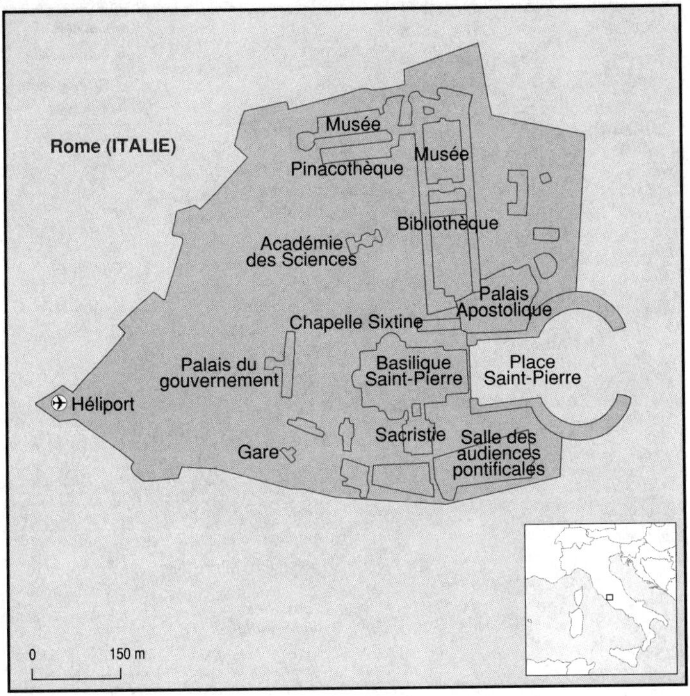

VENEZUELA

VIÊT NAM

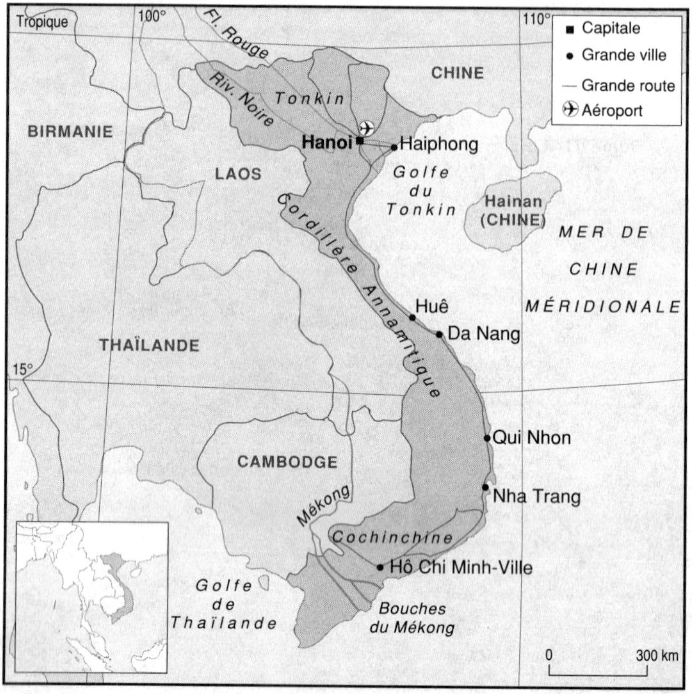

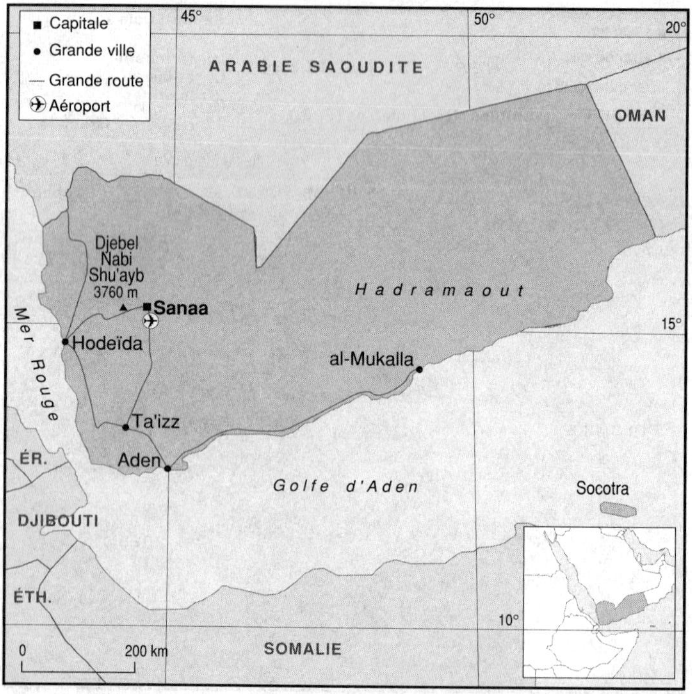

YÉMEN

YOUGOSLAVIE

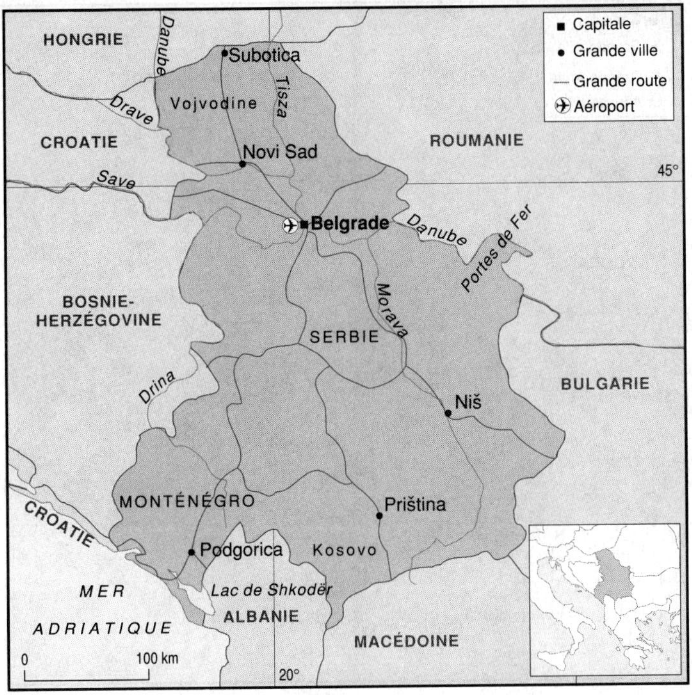

ZAÏRE

ZAMBIE

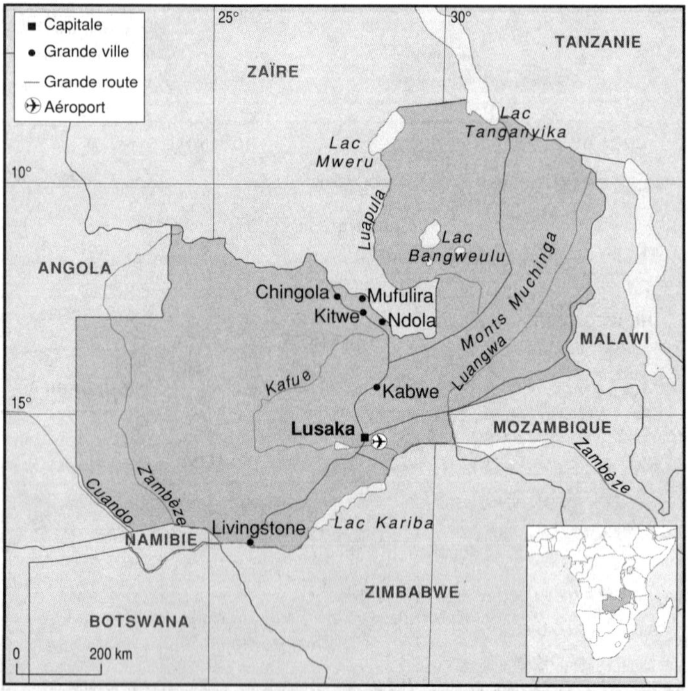

ZIMBABWE